JURISPRUDENCE GÉNÉRALE.

RÉPERTOIRE

MÉTHODIQUE ET ALPHABÉTIQUE

DE LÉGISLATION,

DE DOCTRINE ET DE JURISPRUDENCE

EN MATIÈRE DE DROIT CIVIL, COMMERCIAL, CRIMINEL, ADMINISTRATIF
DE DROIT DES GENS ET DE DROIT PUBLIC.

TOME XXXV.

Tout exemplaire de cet ouvrage dont les tomes 1er et 2me ne porteraient pas la signature du Directeur de la Jurisprudence générale, sera réputé contrefait.

PARIS. — IMPRIMERIE P. MOUILLOT, 13, QUAI VOLTAIRE. — 16724

JURISPRUDENCE GÉNÉRALE.

RÉPERTOIRE

MÉTHODIQUE ET ALPHABÉTIQUE

DE LÉGISLATION,

DE DOCTRINE ET DE JURISPRUDENCE

EN MATIÈRE DE DROIT CIVIL, COMMERCIAL, CRIMINEL, ADMINISTRATIF
DE DROIT DES GENS ET DE DROIT PUBLIC.

TOME XXXV.

Tout exemplaire de cet ouvrage dont les tomes 1er et 2me ne porteraient pas la signature du Directeur de la Jurisprudence générale, sera réputé contrefait.

PARIS. — IMPRIMERIE P. MOUILLOT, 13, QUAI VOLTAIRE. — 16724

JURISPRUDENCE GÉNÉRALE

RÉPERTOIRE

MÉTHODIQUE ET ALPHABÉTIQUE

DE LÉGISLATION

DE DOCTRINE ET DE JURISPRUDENCE

EN MATIÈRE DE DROIT CIVIL, COMMERCIAL, CRIMINEL, ADMINISTRATIF, DE DROIT DES GENS ET DE DROIT PUBLIC.

NOUVELLE ÉDITION,

CONSIDÉRABLEMENT AUGMENTÉE ET PRÉCÉDÉE D'UN ESSAI SUR L'HISTOIRE GÉNÉRALE DU DROIT FRANÇAIS

PAR M. D. DALLOZ AINÉ,

Ancien Député, Avocat à la Cour d'appel de Paris, ancien Président de l'Ordre des Avocats au Conseil d'État et à la Cour de Cassation, Officier de la Légion d'honneur, Membre de plusieurs Sociétés savantes;

ET PAR

M. ARMAND DALLOZ, SON FRÈRE,

Avocat à la Cour d'appel de Paris, Auteur du Dictionnaire général et raisonné de Législation, de Doctrine et de Jurisprudence Chevalier de la Légion d'honneur et Membre des académies de Besançon, de Toulouse,

avec la collaboration de plusieurs jurisconsultes.

TOME TRENTE-CINQUIÈME

A PARIS

AU BUREAU DE LA JURISPRUDENCE GÉNÉRALE

RUE DE LILLE, N° 19

1855

JURISPRUDENCE GÉNÉRALE.

RÉPERTOIRE

MÉTHODIQUE ET ALPHABÉTIQUE

DE LÉGISLATION, DE DOCTRINE

ET DE JURISPRUDENCE.

PACAGE. — Mot qui exprime soit le droit de mener paître des bestiaux sur certains fonds, soit le lieu où ils paissent. — V. Usage; V. aussi Action possess., n°s 220, 484; Bois et charbons, n° 14; Commune, n° 834; Douanes, n° 356 et suiv., 371 et suiv., 378 et suiv.; Droit rural, n°s 52, 57, 111 : Forêts, n°s 1400 et suiv.; Prescription, servitude.

PACOTILLE. — Se dit des marchandises embarquées par les gens de mer à titre de port permis, ou sans en payer les frais; c'est là la convention dite *contrat de pacotille*. — V. Droit maritime, n°s 31, 482, 650, 655 et s., 1529, 1610 et s., 1976.

PACTE. — Ce mot qui, en droit romain, se distinguait du contrat, exprime dans notre langue toute convention, tout accord. —V. Obligation; V. aussi v° Échange, n° 4.

PACTE COMMISSOIRE. — Mot qui exprime qu'un contrat de vente sera résolu si le prix n'est pas payé dans un délai fixé, ou qu'un bien donné en gage appartiendra au créancier s'il n'est pas payé dans le délai convenu. — V. Nantissement, n°s 8, 157 et suiv., 262 et suiv.; Vente; V. aussi Enreg., n°s 2377 et suiv.; Louage emphyt., n° 36; Servitude, Vente publique.

PACTE DE FAMILLE. — Se dit du règlement des intérêts d'une famille entre ses membres. — V. Disposit. entre-vifs et testam., Obligat.

PACTE DE PRÉFÉRENCE. — Celui en vertu duquel un individu doit être préféré dans le cas où un propriétaire aliénerait sa chose. — V. Vente.

PACTE *DE QUOTA LITIS*. — C'est celui par lequel il est convenu que partie d'une créance appartiendra à celui qui en procurera le payement. — V. Avocat, n°s 22, 267 et suiv.; Honoraires, n°s 4, 6; Obligat.

PACTE DE RACHAT. — V. Vente; V. aussi v° Action, n°s 247, 296.

PACTE DE SUCCESSION FUTURE. —V. Succession.

PACTE NU. — C'était en droit romain une convention qui ne produisait pas d'action, ce qui n'est pas admis chez nous où toutes les conventions ou pactes sont de bonne foi et produisent effet (V. Oblig.). — V. aussi Domicile élu, n° 76.

PAGE.—V. copie de pièces, n°s 15 et s.; Huissier, n°s 70 et s.

PAILLE. — Tuyau des épis, des grains; elle comprend les roseaux. — V. ce mot; V. aussi Biens, n°s 61, 100; Louage, n°s 746, 858 et suiv.; Octroi, Règlement de police, Voirie.

PAIN. — Aliment produit par la farine pétrie et cuite. — V. Boulanger; Commune, n°s 1251 et suiv.; Contravention, n° 453; Halles, n° 16; Règlement admin., Secours publics.

PAIR DE FRANCE.—PAIRIE.—V. Souveraineté; V. aussi v^{is} Agent diplomat., n° 218; Avocat, n° 176; Banquier, n° 24; Chasse, n°s 112, 443; Compétence criminelle, n°s 176, 221, 700 et suiv.; Contrainte par corps, n° 25; Domicile, n° 102; Droit constit., n° 57; Droit polit., n°s 95, 352; Liberté individuelle, n°s 47 et s.; Majorat, n° 5; Peine.

PAISSANCE.—Pâturage des animaux.—V. Forêt, n°s 1420 et s., Usage.

PAISSON. — Mot qui exprime soit le droit de faire paître les porcs dans une forêt, lors de la glandée, soit ce qui, dans les bois et forêts, sert de nourriture aux bestiaux. — V. Usage.

PAIX. — Temps où l'on n'est point en guerre.—V. Droit nat., n° 66; Traité internat.; V. aussi v° Commune, n° 43.

PALAIS.—V. Dom. de la cour., n°s 24 et s.; Archives, n°s 4, 6, 22; Huissier, n° 12-6°; Impôt direct, n° 52. — A l'égard des palais de justice, V. Organ. jud.

PALÉOGRAPHE. — (Archiviste, Traitement). — Décret relatif au traitement des archivistes paléographes (14 fév.-2 mars 1851, D. P. 51. 4. 43).

PANAGE. — Droit de faire pâturer les porcs en forêt. — V. Usage; V. aussi v^{is} Commune, n° 834; Droit rural, n° 111; Forêts, n°s 1396, 1400 et suiv., 1547.

PANDECTES ou DIGESTE. — Recueil des décisions des anciens jurisconsultes romains, fait sous l'empereur Justinien. — V. le Précis de l'histoire du droit au tome 1 de cet ouvrage.

PANIER. — V. Vol.

PANONCEAUX. — Écusson ou marque aux armes de France placé à l'entrée d'une maison, et qui indique qu'elle est placée sous la sauvegarde de l'autorité. — V. Notaire, n° 321; V. aussi Affiche, n° 20.

PAPE.—Souverain de l'Église catholique.—V. Culte, n°s 26, 30, 172, 211, 311, 331, 347 et s., 703.

PAPETERIE. — V. Manufacture; Patente; V. aussi Industrie, p. 664, 666 et suiv., et n° 153.

PAPIER. — Mot qui exprime soit le produit des papeteries (V. ce mot), soit un titre (V. Obligation), soit un effet de commerce (V. ce mot). — V. aussi Affiche, n° 131; Bibliothèque, n°s 3 et suiv.; Impôts indir., n° 515.

PAPIER DE BORD. — V. Droit maritime, n°s 405 et suiv.

PAPIER DE L'ÉTAT. — V. Scellé.

PAPIER DIPLOMATIQUE. — V. Agent diplomat., n° 198.

PAPIERS DOMESTIQUES. — Ce sont en général les écrits ou registres par lesquels on constate les opérations qui intéressent la famille, la maison.—V. Actes de l'état civil, n°s 117 et s., 345; Douanes, n° 828; Obligation, Registre, Succession.

PAPIER-MONNAIE. — **1**. On entend en général par ce mot, les titres ou promesses auxquels un acte d'un gouvernement (loi ou décret) confère la qualité de monnaie; mais on a donné plus spécialement, à l'époque de la révolution française, le nom de *papier-monnaie* : 1° aux assignats affectés sur les domaines nationaux qui ont eu cours de monnaie depuis 1790 jusqu'à l'an 4; 2° aux mandats territoriaux créés, pour remplacer les assignats, par la loi du 28 vent. an 4, et supprimés par celle du 16 pluv. an 5. — Il ne faut pas confondre le papier-monnaie avec la monnaie de papier. Le papier-monnaie n'existe qu'en vertu d'une disposition légale des pouvoirs politiques, qui lui confèrent un cours forcé, tandis que la monnaie de papier qui a sa source dans les obligations, commerciales ou industrielles, est librement acceptée ou refusée dans les payements (V. Banque, nos 13 et suiv., 55 et suiv., 62; Économie politique, nos 76 et suiv.; Effets de commerce, n° 25). — La monnaie de métal a une valeur intrinsèque, le papier-monnaie n'a qu'une valeur relative et indépendante de la matière avec laquelle il est confectionné. C'est une des causes de sa dépréciation. — V. n° 6.

Division.

Art. 1. — *Historique et législation.*

2. Il est impossible de déterminer l'époque, où les gouvernements ont imaginé le papier-monnaie. Cependant un passage d'Eschine le philosophe, cité par Heeren, atteste l'existence à Carthage d'une monnaie sans valeur intrinsèque : c'était une monnaie de cuir. Il semble que cette monnaie ne pouvait tirer sa valeur que d'un décret du gouvernement, et alors elle était ce que nous appelons papier-monnaie; mais si elle ne consistait que dans une valeur de crédit, alors elle n'était autre chose qu'une monnaie de papier, comme sont tous les billets de banque et de commerce. — V. Dict. d'écon. polit., v° Papier-monnaie.

3. Le premier essai qu'on fit en France du papier-monnaie eut lieu sous le régent.—V, à cet égard ce qui est dit v° Banque, nos 34 et suiv.; V. aussi Trésor public.

4. Un siècle n'était pas écoulé que la situation financière de la France, devait donner lieu à un nouveau système de papier-monnaie.—Tout le monde connaît le déficit que les états généraux trouvèrent dans les caisses publiques au moment de notre grande révolution. Ils devaient y apporter de prompts remèdes : tel avait été le but de leur convocation. Le service des administrations réclamait, d'ailleurs, des sommes assez fortes.—L'assemblée constituante, pressée par les besoins du gouvernement et la nécessité de satisfaire ses créanciers, avait ordonné la vente de 400 millions des biens du domaine et de l'Église.—Décréter la vente d'une partie des biens du clergé était chose facile, mais parvenir à effectuer cette vente était fort difficile.— Il était plus que probable qu'au moment de l'aliénation, le clergé et les classes élevées, généralement hostiles à la révolution, useraient de toute leur influence pour éloigner les enchérisseurs. En admettant même la possibilité de réaliser les ventes, on ne pouvait vendre tous ces biens à la fois sans réduire extrêmement leur valeur.

5. Bailly proposa de les transmettre aux municipalités, qui les achèteraient en masse pour les revendre ensuite peu à peu, de manière que la mise en vente n'eût pas lieu tout à la fois. Les communes, n'ayant pas de fonds, prendraient des engagements à temps, et l'État payerait ses créanciers avec des bons sur les communes, qu'elles devraient acquitter successivement. — Ces bons que, dans la discussion, on appela papier municipal, donnèrent la première idée des assignats ou papier-monnaie (M. Thiers, Révol. franç., t. 1, p. 226).—Ce moyen simple était en même temps très-ingénieux pour parvenir à la vente des biens du clergé sans dépréciation; il pouvait arriver cependant que ni les créanciers de l'État, ni tous autres, en raison des nuages politiques qui planaient sur la France, ne voulussent acquérir ces biens : alors ces bons ou assignats ne se trouveraient entre les mains des créanciers qu'un titre sans valeur, les communes ne pouvant pas acquitter le prix de biens qu'elles n'auraient pas vendus; c'est alors qu'on imagina de faire circuler comme monnaie ces bons donnés en payement par le trésor, c'est-à-dire qu'on leur conféra un cours forcé. De là les assignats ou papier-monnaie : *assignats*, parce que leur payement était garanti par la vente des biens; *papier-monnaie*, parce que le cours de ce papier était obligatoire. — A partir du 10 août 1790 (L. du 29 juillet précédent), ces assignats portant *intérêt* à 3 pour 100, hypothéqués sur les biens nationaux, et remboursables sur le prix de leurs ventes, remboursement protégé en outre, par le vote et la rentrée d'une contribution patriotique (L. des 21 déc. 1789-1er janv. 1790), durent être reçus comme espèces dans les caisses publiques et particulières (L. des 16-17-22 avr. 1790), on prit les plus grandes précautions pour leur *impression* et leur *fabrication* (L. des 21 oct., 4-10 nov. 1790); on organisa même une administration chargée de surveiller les opérations qui y étaient relatives (L. du 1er mars 1793); des peines sévères étaient décrétées contre les *contrefacteurs* (L. du 4-6 nov. 1790), et même, il faut le dire à regret, pour parvenir à la sanction de ces dispositions pénales, des encouragements étaient offerts à la délation (L. des 5-15 mai 1791). — A mesure que les assignats rentreraient dans les mains de l'État, ils devaient être *brûlés* conformément à un décret de l'assemblée. — Créés pour une circonstance spéciale, le payement des dettes de l'État, leur raison d'être cessait dès que ces dettes se trouvaient payées. Mais nous allons voir qu'il en fut tout autrement.

6. Ces précautions infinies ne remédièrent en rien au vice capital que l'opération renfermait en elle-même, et qui tenait à la nature même de la valeur décrétée. — Le papier, quel qu'il soit, n'est ni *or* ni *argent*, il n'est pas, comme l'a dit Bailly, une réalité physique. — La pièce d'or ou d'argent porte avec elle sa propre *valeur*, le papier-monnaie ne peut, au contraire, avoir de valeur que par le *crédit* ou par la confiance qu'inspire le débiteur (État ou particulier) qui le fait circuler. Il en est de même pour les effets de commerce : les billets du commerçant cessent d'avoir cours du jour même où ses opérations n'inspirent plus de confiance. — Le papier-monnaie ne peut donc avoir la même solidité que le numéraire : de là sa dépréciation rapide, quand, à ce motif de perte, qui tient à la nature même de l'instrument, s'unissent, ou des désordres dans l'administration des finances, ou des obstacles dans la marche régulière du gouvernement, ou des charges nouvelles et imprévues dont l'État se trouve grevé, comme la guerre, et que toutes ces causes de dépréciation se réunissent et se combinent toutes à la fois. — Aussi, dès que le gouvernement avait besoin de valeurs, il décrétait une nouvelle émission de papier-monnaie. Il battait monnaie, suivant l'expression de l'époque, avec la planche aux assignats, et l'abus qu'il en fit jeta rapidement un *discrédit* complet sur ces valeurs : bientôt le chiffre de leur émission excéda de beaucoup le gage qui leur était affecté (L. des 24 oct. 1792, 6 juin-5 sept. 1793). — Des peines furent alors portées contre ceux qui refuseraient d'en recevoir en payement, ou même feraient des achats, ventes, traités, conventions ou transactions autrement qu'en assignats (L. 1er août 1793). — En 1793, sur 5 milliards 100 millions environ d'assignats fabriqués depuis la création, 840 millions étaient rentrés par les achats de biens nationaux et avaient été brûlés; 484 millions n'avaient pas été émis; il restait donc, tant en circulation que dans les coffres de l'État, 3 milliards 776 millions. Sur cette somme, 800 millions avaient été créés sous Louis XVI et portaient l'effigie royale. Or cette série d'assignats, disait-on alors, serait mieux traitée que les autres en cas de contre-révolution, et seraient admis pour une partie au moins de leur valeur; aussi valaient-ils 12 à 15 pour 100 de plus que les assignats républicains, qui étaient tout à fait discrédités. — En effet, en juin 1793, 1 fr. métal valait 3 fr. assignats; en août, 1 fr. argent valait 6 fr. assignats. Ainsi, le rapport de diminution, qui était d'un à trois, s'était élevé de un à six dans l'espace de deux mois.—Le numéraire se trouvait rester seul comme mesure réelle des valeurs.—Rien ne nuit à une monnaie contestée, dit avec beaucoup de sens M. Thiers, comme la rivalité d'une monnaie certaine et incontestée; l'une se resserre et refuse de se donner, tandis que l'autre s'offre en abondance et se discrédite en s'offrant (Hist. de la révol., t. 4, p. 328).

7. La convention, reconnaissant ce fâcheux état de choses, rendit, sur la proposition de Cambon, la loi des 15, 16, 17 et 24 août 1793, d'après laquelle les porteurs d'assignats étaient autorisés à les convertir en inscriptions sur le grand-livre; et, pour le payement des transactions, on établit une échelle de proportion calculée sur le progrès de l'émission ou de la rentrée des assignats (L. 5 mess. an 3). — Cette mesure fut complétée par la loi du 25 mess. an 3, loi révolutionnaire, mais juste et indispensable, par laquelle le remboursement de toutes les rentes fut suspendu (V. n° 17), et l'on put refuser le remboursement des capitaux dus pour obligations antérieures au 1er vend. an 4 (L. 12 frim. an 4). — Quoique les assignats fussent reçus en payement par le trésor public (L. 3 niv. an 4), la confiance n'existant plus, leur disparition presque absolue dans toutes les transactions, dut être nécessairement la suite de ces mesures; cependant les besoins de l'État étaient des plus pressants, car il fallait que le gouvernement subvînt aux nécessités de la guerre étrangère et d'une guerre intestine; alors on imagina de créer les mandats territoriaux, qui semblaient offrir plus de garantie, puisqu'ils emportaient avec eux hypothèque, privilége et délégation spéciale sur tous les domaines nationaux (L. 28 vent. an 4). Les peines contre ceux qui refuseraient d'en recevoir en payement, et l'annulation de toutes conventions portant promesses de sommes stipulées autrement qu'en mandats furent renouvelés (L. 7 germ. an 4).

8. La prétendue valeur réelle de ces mandats fit bientôt lever la suspension des remboursements qu'avait nécessitée la dépréciation des assignats (L. 15 germ. an 4). Mais leur règne devait être de courte durée; le défaut de confiance minait tous les projets. On suspendit de nouveau les remboursements (L. 29 mess. an 4). Les particuliers furent libres de contracter comme bon leur semblerait (L. 5 therm. an 4); les engagements qui les liaient, antérieurs à l'émission des nouvelles valeurs, durent être véritablement exécutés (L. 15 pluv. an 5). Enfin les mandats cessèrent d'avoir cours forcé (L. 16 pluv. an 5), et l'on dut, pour traduire les obligations, avoir égard à la dépréciation du papier-monnaie au moment du contrat dans le département où il avait été fait (L. 5 mess. an 5).

9. Pour cette réduction, on établit la présomption que les obligations contractées depuis le 1er janv. 1792 jusqu'à la publication de la loi du 29 mess. an 4 avaient été consenties valeur nominale du papier-monnaie ayant cours, lorsque le contraire ne serait pas prouvé par le titre même ou par des écrits émanés des débiteurs ou par leur interrogatoire sur faits et articles. Des règles fixes ont, du reste, été posées (L. 11 frim. an 6).

10. Il en a été de même pour ce qui concerne les ventes d'immeubles : l'action en rescision, pour cause de lésion d'outre moitié, d'abord abolie (L. 14 fruct. an 3), ne tarda pas à être rétablie en faveur des vendeurs (L. 3 germ. an 5). Pour prévenir de longues et pénibles contestations, plusieurs lois furent alors rendues. Elles respectent également le droit des deux contractants par l'expertise qu'elles ordonnnent (L. 16 niv. an 6). —V. n° 64.

11. Le mode de payement des arrérages de rentes et pensions n'était fixé, par la loi du 13 pluv. an 5, que relativement à quelques genres d'obligations, et seulement pour une partie du temps pendant lequel ils n'avaient pas été payés; il était instant de prendre des mesures pour les faire acquitter en entier et par rapport à toute espèce de convention. Ainsi, ils devront toujours être payés en numéraire métallique, mais en entier, si les rentes ont été créées au moyen de capitaux non réductibles, et suivant que le capital a dû être réduit d'après le tableau de dépréciation, lorsqu'il était susceptible de réduction (L. 26 brum. an 6, art. 4 et 5). Pour demander cette réduction, un délai fatal a été imposé aux débiteurs (L. 13 pluv. an 6).—V. n° 55.

12. Les loyers des maisons et fermages ont aussi été l'objet de la sollicitude du législateur. Ils étaient, comme le montant des obligations, et le prix des ventes d'immeubles, payables en assignats ou mandats (L. 2 therm. an 4, 15 germ. an 4). On leur a appliqué le mode de réduction en valeur métallique établi par la loi du 5 mess. an 5, et l'on a levé ainsi les difficultés qui privaient plusieurs citoyens d'une portion essentielle de leurs revenus (L. 9 fruct. an 5, 17 mess. an 5).

13. La révolution de 1848 a donné naissance à une espèce de papier-monnaie qui ne présente aucun des inconvénients signalés dans les systèmes de 1720 et de 1790. — Avant 1848, les billets de la banque de France n'avaient pas le caractère de monnaie; c'était de simples billets de confiance. Mais un décret du gouvernement provisoire, du 15 mars 1848 (D. P. 48. 4. 49), déclara monnaie légale pour toute la France les billets de cette banque; et d'après un autre décret du 25 mars suivant, les billets des banques départementales ont été également déclarés monnaie légale dans la circonscription du département où chacune de ces banques a son siége.

14. Cet exposé rapide suffira pour donner une idée de la législation sur le papier-monnaie et faciliter l'intelligence des arrêts assez nombreux qui existent sur cette matière et dont l'intérêt s'efface de jour en jour, ce qui nous dispense de la traiter d'une manière plus développée.

TABLEAU DE LA LÉGISLATION RELATIVE AU PAPIER-MONNAIE.

19 et 21 déc. 1789 (janvier 1790) (lett. pat.). — Décrets concernant la caisse d'escompte, et portant établissement d'une caisse de l'extraordinaire, dont l'art. 12 porte : « Il sera créé, sur la caisse de l'extraordinaire des assignats portant intérêt à 5 pour 100, jusqu'à concurrence de la valeur desdits biens à vendre; lesquels assignats seront admis de préférence dans l'achat desdits biens. Il sera éteint desdits assignats, soit par lesdites ventes, soit par les rentrées de la contribution patriotique, et par toutes les autres recettes extraordinaires qui pourront avoir lieu, 120 millions en 1791, 100 millions en 1792, 80 millions en 1793, 80 millions en 1794 et le surplus en 1795.

17 (16 et)-22 avril 1790 (lett. pat.). — Décret concernant les dettes du clergé, les assignats et les revenus des domaines nationaux.

Art. 1. A compter de la présente année, les dettes du clergé sont réputées nationales; le trésor public sera chargé d'en acquitter les intérêts et les capitaux. — La nation déclare qu'elle regarde comme créanciers de l'État, tous ceux qui justifieront avoir légalement contracté avec le clergé, et qui seront porteurs de contrats de rentes assignées sur lui. Elle leur affecte et hypothèque, en conséquence, toutes les propriétés et revenus dont elle peut disposer, ainsi qu'elle fait pour toutes ses autres dettes.

2. Les biens ecclésiastiques qui seront vendus et aliénés en vertu des décrets des 19 déc. 1789 et 17 mars dernier, sont affranchis et libérés de toute hypothèque de la dette légale du clergé dont ils étaient ci-devant grevés, et aucune opposition à la vente de ces biens ne pourra être admise de la part desdits créanciers.

3. Les assignats créés par les décrets des 19 et 21 déc. 1789, sanctionnés par le roi, auront cours de monnaie entre toutes personnes dans toute l'étendue du royaume, et seront reçus comme espèces sonnantes dans toutes les caisses publiques et particulières.

4. Au lieu de 5 pour 100 d'intérêt par chaque année qui leur étaient attribués, il ne leur sera plus alloué que 3 pour 100, à compter du 15 avril de la présente année; et les remboursements, au lieu d'être différés jusqu'aux époques mentionnées dans lesdits décrets, auront lieu successivement par la voie du sort, aussitôt qu'il y aura une somme de 1 million réalisée en argent, sur les obligations données par les municipalités pour les biens qu'elles auront acquis, et en proportion des rentrées de la contribution patriotique des années 1791 et 1792. Si les payements avaient été faits en assignats, ces assignats seraient brûlés publiquement, ainsi qu'il sera dit ci-après, et l'on tiendra seulement registre de leurs numéros.

5. Les assignats seront depuis 1,000 liv. jusqu'à 200 liv. L'intérêt se comptera par jour; l'assignat de 1,000 liv. vaudra 1 sou 8 deniers par jour; celui de 300 liv., 6 deniers; celui de 200 liv., 4 deniers.

6. L'assignat vaudra chaque jour son principal, plus l'intérêt acquis, et on le prendra pour cette somme. Le dernier porteur recevra au bout de l'année le montant de l'intérêt, qui sera payable à jour fixe par la caisse de l'extraordinaire, tant à Paris que dans les différentes villes du royaume.

7. Pour éviter toute discussion dans les payements, le débiteur sera toujours obligé de faire l'appoint, et par conséquent de se procurer le numéraire d'argent nécessaire pour solder exactement la somme dont il sera redevable.

8. Les assignats seront numérotés; il sera fait mention en marge de l'intérêt journalier, et leur forme sera réglée de la manière la plus commode et la plus sûre pour la circulation, ainsi qu'il sera ordonné.

9. En attendant que la vente des domaines nationaux qui seront désignés soit effectuée, leurs revenus seront versés, sans délai, dans la caisse de l'extraordinaire, pour être employés, déduction faite des charges, au payement des intérêts des assignats : les obligations des municipalités pour les objets acquis y seront deposées également; et à mesures des rentrées de deniers, par les ventes que feront lesdites municipalités de ces biens, ces deniers y seront versés sans retard et sans exception, leur produit et celui des emprunts qu'elles devront faire, d'après les engagements qu'elles auront pris avec l'assemblée nationale, ne pouvant être employés, sous aucun prétexte, qu'à l'acquittement des intérêts des assignats et à leur remboursement.

10. Les assignats emporteront avec eux hypothèque, privilége et délégation spéciale, tant sur le revenu que sur le prix desdits biens; de sorte que l'acquéreur qui achètera des municipalités, aura le droit d'exiger qu'il lui soit également prouvé que son payement sert à diminuer les obligations municipales et à éteindre une somme égale d'assignats; à cet effet, les payements seront versés à la caisse de l'extraordinaire, qui en

donnera son reçu à valoir sur l'obligation de telle ou telle municipalité.

11. Les 400 millions d'assignats seront employés, premièrement, à l'échange des billets de la caisse d'escompte, jusqu'à concurrence des sommes qui lui sont dues par la nation, pour le montant des billets qu'elle a remis au trésor public, en vertu des décrets de l'assemblée nationale.—Le surplus sera versé successivement au trésor public, tant pour éteindre les anticipations à leur échéance, que pour rapprocher d'un semestre les intérêts arriérés de la dette publique.

12. Tous les porteurs de billets de la caisse d'escompte feront échanger ces billets contre des assignats de même somme à la caisse de l'extraordinaire, avant le 15 juin prochain; et à quelque époque qu'ils se présentent dans cet intervalle, l'assignat qu'ils recevront portera toujours intérêt à leur profit, à compter du 15 avril; mais s'ils se présentaient après l'époque du 15 juin, il leur sera fait décompte de leur intérêt, à partir du 15 avril jusqu'au jour où ils se présenteront.

13. L'intérêt attribué à la caisse d'escompte sur la totalité des assignats qui devaient lui être délivrés, cessera à compter de ladite époque du 15 avril, et l'État se libérera avec elle par la simple restitution successive qui lui sera faite de ses billets, jusqu'à concurrence de la somme fournie en ces billets.

14. Les assignats à 5 pour 100 que la caisse d'escompte justifiera avoir négociés avant la date des présentes, n'auront pas cours de monnaie, mais seront acquittés exactement aux échéances, à moins que les porteurs ne préfèrent de les échanger contre des assignats-monnaie. Quant à ceux qui se trouveront entre les mains des administrateurs de la caisse d'escompte, ils seront remis à la caisse de l'extraordinaire, pour être brûlés en présence des commissaires qui seront nommés par l'assemblée nationale, et qui en dresseront procès-verbal.

15. Le renouvellement des anticipations sur les revenus ordinaires cessera entièrement à compter de la date du présent décret, et des assignats ou des promesses d'assignats seront donnés en payement aux porteurs desdites anticipations, à leur échéance.

16. En attendant la fabrication des assignats, le receveur de l'extraordinaire est autorisé, jusqu'à la délivrance des assignats, à endosser, sous la surveillance de deux commissaires de l'assemblée, les billets de caisse d'escompte destinés à être envoyés dans les provinces seulement, en y inscrivant les mots *promesse de fournir assignats;* et ladite promesse aura cours comme assignat, à la charge d'être endossée de nouveau par ceux qui les transmettront dans les provinces, et qui les y feront circuler.—Toutes lesdites promesses seront retirées aussitôt après la fabrication des assignats.

17. Il sera présenté incessamment à l'assemblée nationale, par le comité des finances, un plan de régime d'administration de la caisse de l'extraordinaire, pour accélérer l'exécution du présent décret.

17-22 avril 1790.—Décret relatif à l'emploi des billets de la caisse d'escompte en payement des dépenses publiques.

29 juillet-8 août 1790.—Décret relatif à l'échange des assignats contre les billets de la caisse d'escompte ou promesses d'assignats.

L'assemblée nationale, sur le rapport qui lui a été fait par son comité des finances, a décrété ce qui suit :

1° A compter du 10 août prochain, les assignats créés par les décrets des 19 et 21 déc. 1789, 16 et 17 avril et 1er juin 1790, seront échangés, par le trésorier de l'extraordinaire, contre les billets de la caisse d'escompte ou promesses d'assignats, qui seront présentés à cet effet par le public, jusqu'à concurrence des sommes qui lui seront dues par la nation, pour le montant des billets ou promesses d'assignats qu'elle aura remis au trésor public, en vertu des décrets de l'assemblée nationale.

2° Il ne sera délivré et échangé que dix mille assignats par jour, de 1,000 liv., 300 et 200 liv. indistinctement; il sera pris les dispositions nécessaires pour éviter la confusion et le désordre que pourrait occasionner l'empressement de ceux qui demanderont successivement l'échange de leurs billets.

3° Le comité des finances présentera un projet de décret, pour constater l'annihilation d'autant de billets qu'il en sera échangé pour des assignats.

4° Lesdits billets seront brûlés en présence de commissaires nommés par l'assemblée nationale; les commissaires en dresseront procès-verbal, en se conformant dans cette disposition à l'art. 14 du décret des 16 et 17 avril.

5° Pour la facilité de ces échanges, déterminer et fixer les fonctions de la caisse de l'extraordinaire, et être assuré que le service du public sera rempli sans interruption, les sommes qui devront être fournies au trésor public continueront à lui être délivrées en billets de caisse, servant de promesses d'assignats, sur l'autorisation qui en sera donnée successivement par l'assemblée nationale, jusqu'à la concurrence de la somme de 95 millions, laquelle, avec la somme de 170 millions précédemment versée par la caisse d'escompte, conformément aux décrets des 19 et 21 décembre, et de celle de 135 millions qui a été successivement fournie par ladite caisse, en conformité des décrets des 17 avril, 11 mai, 1er et 19 juin et 4 juillet, complétera celle de 400 millions, montant total des assignats qui ont été destinés au service des années 1789 et 1790, et qui, par les échanges qui en sont ordonnés à la caisse de l'extraordinaire, contre les billets de caisse ou promesses d'assignats, fournis en exécution des décrets de l'assemblée nationale, éteindront en totalité les dettes de la nation envers la caisse d'escompte.

12-18 sept. 1790. — Décret concernant le cours des assignats ou promesses d'assignats.

4-10 nov. 1790.—Décret concernant la fabrication des assignats.

18-24 nov. 1790.—Décret concernant les assignats.

5-15 mai 1791.—Décret qui accorde des gratifications à plusieurs citoyens qui ont dénoncé une fabrique de faux assignats.

6-13 mai 1791. — Décret relatif à une fabrication d'assignats de 5 livres.

28 nov.-9 déc. 1791. — Décret qui ordonne un supplément de 15 millions en petits assignats de 5 livres pour le service journalier des caisses de la trésorerie nationale et de l'extraordinaire.

8-9 déc. 1791. — Décret relatif à la fabrication du papier destiné pour les assignats de 10 et de 25 livres.

6-16 juin 1793. — Décret relatif à la fabrication des assignats de 10, 15 et 50 sous et de 10 livres.

1er-1er août 1793. — Décret portant des peines contre ceux qui refuseraient des assignats-monnaie, ou les donneraient ou les recevraient à une perte quelconque.

24 (15, 16, 17 et) août 1793. — Décret qui ordonne la formation d'un grand-livre pour inscrire et consolider la dette publique non viagère, et qui permet de convertir les assignats en une inscription sur le grand-livre, à raison de 5 pour 100 du capital (art. 96 et suiv.). — V. Trésor pub.

30 août-5 sept. 1793. — Décret qui règle la manière dont les assignats à face royale seront admis en payement dans les caisses nationales, et détermine le mode de leur annulement.

5 sept. 1793. — Décret relatif aux personnes prévenues d'avoir fait le commerce d'assignats, d'en avoir refusé en payement, ou d'avoir cherché à les décréditer.

14 mess. an 2. — Décret qui détermine les formalités à observer par les propriétaires pour retirer les extraits d'inscription sur le grand-livre.— V. Trésor public.

3 mess. an 3 (21 juin 1795). — Décret portant établissement d'une échelle de proportion pour les payements et recettes, calculée sur le progrès de l'émission ou de la rentrée des assignats.

25 mess. an 3 (13 juill. 1795). — Décret relatif à l'enregistrement des assignats à face au-dessus de 100 liv.

La convention nationale, après avoir entendu son comité des finances, sur l'interprétation de la loi du 23 mess. dernier, décrète qu'elle n'a pas entendu déroger à la loi du 22 flor. dernier, consignant l'enregistrement des assignats à face au-dessus de 100 liv.

25 mess. an 3 (13 juill. 1795). — Décret qui suspend provisoirement les remboursements de toutes les rentes créées avant le 1er janv. 1792.

Art. 1. Aucun créancier ne peut être contraint de recevoir le remboursement de ce qui lui est dû, avant le terme porté au titre de la créance.

2. Les remboursements de toutes les rentes créées avant le 1er janv. 1792, quelles que soient leur nature et la cause dont elles procèdent, sont provisoirement suspendus.

3. Sont compris dans cette suspension provisoire les remboursements des capitaux qui, en cas de dissolution du mariage, doivent être restitués par le mari ou ses héritiers, à la femme ou aux héritiers de la femme.

4. La suspension prononcée par l'article précédent n'aura lieu que dans le cas de dissolution du mariage par la mort d'un des époux, ou par l'effet du divorce prononcé sur la demande du mari sans cause déterminée.

5. La présente loi ne pourra être opposée à la femme ou à ses héritiers qui déclareront ne pas vouloir en profiter; et elle ne préjudiciera point aux remboursements qui seront volontairement acceptés, pourvu qu'il soit stipulé, dans l'acte qui constatera le remboursement, que celui qui l'a accepté avait connaissance de la présente loi.

6. La présente suspension n'aura lieu qu'à compter de ce jour.

18 therm. an 3 (5 août 1795).—Décret qui excepte les créanciers des successions bénéficiaires, etc., de la défense d'anticiper les payements.

8 fruct. an 3 (20 août 1795). — Décret qui prononce des peines contre tout dépositaire qui, ayant disposé d'un dépôt, ne le rétablirait pas en effets de la même nature.

12 frim. an 4 (3 déc. 1795). — Loi qui autorise le refus de remboursement de capitaux dus par obligations antérieures au 1er vend.

Art. 1. Tout créancier qui se croira lésé par le payement ou remboursement qui lui serait offert de capitaux à lui dus par obligations publiques ou privées antérieures au 1er vend., autres que les effets de commerce de négociant à négociant, sera libre de refuser, jusqu'à ce qu'il en ait été autrement statué.

2. Toute procédure commencée à raison du refus de recevoir les payements ou remboursements désignés dans l'article précédent, demeure suspendue.

28 vent. an 4 (18 mars 1796). — Loi portant création de 2 milliards 400 millions de mandats territoriaux.

29 vent. an 4 (19 mars 1796). — Loi qui autorise la trésorerie nationale à délivrer des promesses de mandats.

29 vent. an 4 (19 mars 1796). — Proclamation du directoire exécutif, relative aux mandats territoriaux.

7 germ. an 4 (27 mars 1796). — Loi concernant des peines contre les fabricateurs et distributeurs de faux mandats.

7 germ. an 4 (27 mars 1796). — Loi qui supprime la formalité de l'endossement pour les promesses de mandats.

15 germ. an 4 (4 avril 1796). — Loi qui lève la suspension des remboursements, et détermine le mode de payement des obligations, des loyers et des fermages.

Le conseil... considérant qu'après avoir assuré aux mandats une valeur réelle en fixant le montant de leur émission, et leur affectant spécialement un gage qui lui est bien supérieur, il ne reste aucun motif de prolonger la suspension des payements ordonnés par les lois des 25 messidor et 12 frimaire derniers; — Considérant qu'il faut promptement chercher à concilier avec le nouvel ordre dans les finances, les intérêts des débiteurs et des créanciers, de manière à ne pas rendre onéreux le sort des premiers, et à conserver aux autres ce que la justice les mettait en droit d'exiger... — Prend la résolution suivante:

Art. 1. Les lois des 25 messidor et 12 frimaire derniers, qui suspendent provisoirement les remboursements, sont abrogées.

2. En exécution de la loi du 28 ventôse dernier, toutes les obligations antérieures au 1er janv. 1792, ou contractées depuis en numéraire ou lingots d'or et d'argent, seront, tant en principal qu'intérêts, acquittées en mandats. Les arrérages des rentes viagères entre particuliers seront payés en mandats.

3. Quant aux autres obligations contractées et non spécifiées en valeur numéraire postérieurement à l'époque du 1er janv. 1792, leur valeur réelle, pour ce qui en reste dû, sera fixée de la manière suivante: — Les obligations contractées depuis le 1er janv. 1792 au 1er janv. 1793, seront réduites à 95 fr. p. 100;—Celles contractées pendant les cinq premiers mois de 1793, seront réduites à 85 fr. p. 100; — Celles contractées pendant les mois de juin, juillet, août et septembre, jusqu'au 1er vend. an 2, et pendant les six premiers mois de l'an 2, seront réduites à 75 fr. p. 100; — Celles contractées pendant les six derniers mois de l'an 2, et jours complémentaires, seront réduites à 65 fr. p. 100; — Celles contractées pendant les trois mois de vendémiaire, brumaire et frimaire de l'an 3, seront réduites à 60 fr. p. 100; — Celles contractées dans les mois de nivôse et pluviôse même année, seront réduites à 50 fr. p. 100; — Celles contractées en ventôse et germinal, à 40 fr. p. 100;—Celles contractées en floréal, seront réduites à 30 fr. p. 100; — Celles contractées en prairial, seront réduites à 20 fr. p. 100; — Celles contractées en messidor et thermidor, à 15 fr. p. 100;—Celles contractées en fructidor et jours complémentaires, à 10 fr. p. 100;— Celles contractées en vendémiaire an 4, à 8 fr. p. 100; —Celles en brumaire, à 6 fr. p. 100;—Celles en frimaire, à 4 fr. p. 100; — Celles contractées en nivôse, à 3 fr. p. 100; — Celles contractées depuis, à 2 fr. p. 100.—Le montant de la valeur réelle des obligations ainsi réduites, soit en capital, soit en intérêts, sera acquitté en mandats.

4. Les fermages non payés des biens ruraux, ceux des moulins à blé, et les arrérages des rentes foncières pour l'an 3 et années antérieures, seront payés en grains pour la partie déterminée par les lois ou par les conventions; et pour le surplus, en mandats.

5. Les fermages des usines non stipulés en nature seront payés en mandats.

6. Les loyers des maisons dont les baux sont stipulés en numéraire seront payés en mandats.

7. Tous les loyers des maisons non stipulés en numéraire seront payés, pour le temps qui s'est écoulé jusqu'au 1er germinal courant, comme ils l'ont été pour le terme précédent.

8. Les locataires qui n'ont pas de baux par écrit continueront de payer de la même manière les trois mois suivants.

9. Les locataires qui jouissent en vertu d'un bail antérieur au 1er niv. de l'an 3 seront tenus de payer en mandats pour le temps qui s'écoulera depuis le 1er germinal.

10. A l'égard de baux passés depuis le 1er niv. de l'an 3, les propriétaires et les locataires auront respectivement la faculté de les résilier, en s'avertissant trois mois d'avance, si mieux n'aiment les locataires payer en mandats le prix stipulé dans leur bail. La faculté de déclarer la résiliation devra être exercée dans les deux mois à compter de la présente loi.—Les loyers du temps qui écherra jusqu'à la résiliation effectuée seront payés comme ils l'ont été pour le terme précédent, jusqu'au 1er messidor, et pour le temps postérieur, en mandats au trentième du prix stipulé.

11. Tout dépôt sera rendu en nature.

12. Tout débiteur pour compte courant dont le solde se trouve payable en assignats, et tout négociant-commissionnaire qui, pour compte de ses commettants, aura vendu des marchandises, ou reçu des lettres de change payables en assignats, dont on aura laissé le produit entre ses mains, sans empêchement de sa part à ce qu'il en ait été autrement, sera censé dépositaire des assignats qui lui restent en main par suite de ces opérations, et il ne pourra être tenu qu'à les fournir ou à les déposer. Il sera de même tenu de fournir les autres valeurs telles qu'il les aura reçues.

13. La loi du 29 niv. an 4 relative aux retraites de lettres de change sur l'étranger, continuera d'être exécutée.

29 mess. an 4 (17 juill. 1796).—Loi qui rapporte les art. 2 et 3 de la loi du 15 germinal dernier, sur les transactions entre citoyens.

Le conseil... considérant qu'au moment où il s'occupe des moyens de rétablir un juste équilibre dans les transactions entre particuliers, il est pressant de prévenir l'abus qu'on pourrait faire des dispositions des art. 2 et 3 de la loi du 15 germinal, et de rapporter ces deux articles..... prend la résolution suivante :— Les art. 2 et 3 de la loi du 15 germinal dernier, sur le payement des transactions entre citoyens, sont rapportées.

5 therm. an 4 (23 juill. 1796).— Loi relative aux transactions entre citoyens.

Art. 1. A dater de la publication de la présente loi, chaque citoyen sera libre de contracter comme bon lui semblera : les obligations qu'il aura souscrites seront exécutées dans les termes et valeurs stipulées.

2. Nul ne pourra refuser son payement en mandats au cours du jour et du lieu où le payement sera effectué.

3. Les dispositions des lois contraires à la présente sont abrogées.

15 pluv. an 5 (3 fév. 1797).— Loi qui détermine le mode du payement des arrérages de rentes et pensions entre particuliers.

Le conseil.... après avoir entendu le rapport qui lui a été fait, au nom d'une commission spéciale, relativement aux transactions entre particuliers, notamment sur une pétition de plusieurs créanciers de rentes, de pensions et de capitaux exigibles, dus en vertu de titres d'une date antérieure à l'émission des papiers monnaies, lesquels demandent qu'en attendant la confection des travaux du conseil sur la généralité des transactions entre particuliers, la suspension soit levée par rapport aux arrérages et intérêts échus depuis que les payements ne se font plus entre particuliers qu'en argent ou en mandats au cours, et pour ceux qui écherront à l'avenir; qu'en conséquence, leurs débiteurs soient obligés, suivant leurs engagements, de les payer en numéraire métallique ;—Considérant qu'en attendant le complément des lois sur les transactions entre particuliers, desquels le conseil s'occupera sans retardement et sans discontinuation, il est juste de rétablir promptement le cours naturel et l'exécution de ces sortes d'engagements.....

Prend la résolution suivante:

Art. 1. Les arrérages des rentes, tant perpétuelles que viagères, et des pensions, ainsi que les intérêts des capitaux exigibles dus entre particuliers, fondés sur des titres qui ont une date antérieure au 1er juill. 1790, échus à cette époque, et qui peuvent encore être dus, ainsi que ceux échus depuis le 1er vend. an 5, et qui écherront à l'avenir, pourront être exigés, dès la publication de la présente, en numéraire métallique.

2. Seront acquittés de la même manière les arrérages des rentes et pensions, ainsi que les intérêts des capitaux exigibles, dont les titres ont été créés dans l'intervalle du 1er juill. 1790 au 1er vend. an 5, lorsqu'ils auront été stipulés payables en numéraire métallique, ou lorsqu'ils rappelleront des créances qui avaient une date, soit authentique, soit reconnue par le débiteur, antérieure au 1er juill. 1790.

3. Les rentes et autres prestations stipulées en grains, denrées ou marchandises, continueront d'être acquittées en nature, aux termes convenus entre les parties.

4. Les conventions au sujet des retenues à faire sur les rentes, pensions et intérêts dont il s'agit, auront leur exécution.

A défaut de stipulation, elles seront réglées, relativement aux arrérages et intérêts échus avant le 1er juill. 1790, suivant les lois alors en vigueur; et pour ceux échus depuis le 1er vend. an 5, au cinquième quant aux intérêts et aux rentes perpétuelles, et au dixième par rapport aux pensions et rentes viagères.

16 pluv. an 5 (4 fév. 1797). — Loi portant que les mandats n'auront plus cours forcé de monnaie entre particuliers.

30 pluv. an 5 (18 fév. 1797). — Loi portant que les sommes versées dans les caisses des receveurs des consignations seront restituées en mêmes espèces.

3 germ. an 5 (23 mars 1797).— Loi qui lève la suspension des actions en rescision de contrats de vente pour cause de lésion d'outre-moitié.

Le conseil.... considérant que le papier-monnaie n'ayant plus de cours forcé, les motifs de la suspension prononcée par la loi du 14 fruct. an 3, de toute action en rescision pour vente ou pour contrat équivalent à vente, deviennent sans objet; qu'en conséquence, elle doit être levée, et qu'on ne peut trop se hâter de rendre aux citoyens l'exercice de leurs droits.... prend la résolution suivante :

Art. 1. La suspension provisoire de toute action et de toute instance en rescision des contrats de vente ou équipollents à vente, pour cause de lésion d'outre-moitié, ordonnée par l'art. 2 de la loi du 14 fructidor, est levée.

2. Dans les délais fixés par les lois pour la prescription ne sera pas compté le temps qui sera écoulé depuis la publication de la loi de suspension jusqu'à la publication de la loi qui interviendra sur la présente résolution.

5 mess. an 5 (23 juin 1797).— Loi relative aux transactions passées entre particuliers, pendant la durée de la dépréciation du papier-monnaie.

Le conseil.... considérant que pour parvenir à donner des règles sur les transactions passées pendant la durée de la dépréciation du papier, il est indispensable de fixer sans délai cette même dépréciation à ses différentes époques.... prend la résolution suivante :

Art. 1. Lorsqu'il y aura lieu de réduire en numéraire métallique la valeur nominale d'une obligation, la réduction sera faite eu égard à la valeur d'opinion du papier-monnaie, au moment du contrat, dans le département où il aura été fait.

2. Pour régler la valeur d'opinion du papier-monnaie, il sera fait dans chaque département un tableau des valeurs successives de ce papier, à partir du 1er janv. 1791 pour les pays renfermés dans l'ancien territoire de la France, et pour ceux réunis par différentes lois, ainsi que pour l'île de Corse et les colonies, à partir de l'introduction dans ces pays du papier-monnaie.

3. L'époque à laquelle a cessé la circulation forcée du papier-monnaie, valeur nominale, est et demeure fixée au jour de la publication de la loi du 29 mess. an 4.

4. Pour former le tableau prescrit par l'art. 2, il sera envoyé à chaque administration centrale, avec la présente, un extrait des notes tenues à la trésorerie nationale, du cours du papier-monnaie; ces notes seront combinées avec celles qui pourraient avoir été tenues dans des places de commerce du département, et avec la valeur qu'auront eue les immeubles,

les denrées et les marchandises, dans leur libre cours, aux époques correspondant avec ces notes.

5. L'administration centrale, pour procéder à ce tableau, s'adjoindra quinze citoyens des plus éclairés dans ce genre d'affaires; elle le fera imprimer, et l'enverra aux tribunaux du département et au directoire exécutif, lequel formera de tous les tableaux une collection qu'il transmettra pareillement aux tribunaux.

6. Il sera procédé à ce tableau dans un mois à compter de la publication de la présente; et en cas qu'une administration centrale n'eût pas envoyé son tableau dans le délai ci-dessus aux tribunaux du département, ils prendront pour règle dans leurs jugements, jusqu'à ce qu'ils l'aient reçu, celui du département le plus voisin, que le commissaire du directoire exécutif sera tenu de se procurer et de présenter.

9 fruct. an 5 (26 août 1797). —Loi relative au mode de payement des fermages des biens nationaux. —V. Dom. nat., p. 330.

14 fruct. an 5 (31 août 1797). —Loi relative au payement des obligations contractées postérieurement au 1er janv. 1791. (Résolution du 19 thermidor.)

Art. 1. Seront acquittées en numéraire métallique, et sans réduction, les obligations dont le titre produit aurait une date postérieure au 1er janv. 1791, ou à l'introduction des assignats en mandats dans les pays réunis, la Corse et les colonies, lorsque ce titre rappellera l'origine de la créance ou un titre antérieur à l'une ou à l'autre de ces époques, ou qu'il sera dit sans novation.

2. Il en sera de même s'il est prouvé par d'autres écrits émanés du débiteur, ou par son interrogatoire sur faits et articles, que le titre est relatif à une obligation contractée avant le 1er janv. 1791.

15 fruct. an 5 (1er sept. 1797). —Loi relative aux transactions entre particuliers antérieures à la dépréciation du papier-monnaie. (Résolution du 19 thermidor.)

Art. 1. La suspension des remboursements et payements résultant de la loi du 29 mess. an 4, ou d'arrêtés de représentants du peuple en mission dans les pays réunis, est levée par rapport aux obligations désignées ci-après.

2. Toutes les obligations d'une date antérieure au 1er janv. 1791 seront acquittées en numéraire métallique, sans réduction.

3. Les obligations contractées dans les pays réunis par différentes lois à l'ancien territoire de la République française, ainsi que dans ceux de l'île de Corse et dans les colonies, avant l'introduction dans ces pays des assignats et des mandats, seront également acquittées en numéraire métallique.

4. L'époque où le papier-monnaie a eu cours forcé au pair dans chacun de ces pays sera fixée par l'administration centrale dans les départements où il y en a d'établies; et, dans les lieux où il ne s'en trouve pas, par le directoire exécutif ou par ses agents.

5. Tous traités, accords ou transactions, faits depuis le 1er janv. 1791, ou depuis les époques indiquées dans l'art. 3, contenant fixation en numéraire métallique, réduction ou atermoiement d'une créance résultant d'un autre titre, quelle qu'en soit la date ou quelle que soit la valeur exprimée dans ces nouveaux actes, auront leur pleine et entière exécution.

6. Seront aussi exécutées de la même manière les obligations expressément stipulées payables en numéraire métallique, à quelque époque qu'elles aient été consenties. — Seront également acquittées de la même manière les obligations contractées dans les départements réunis, qui ne contiennent pas la stipulation expresse d'être payables en assignats.

7. Il en sera de même des obligations par lesquelles on aura promis de faire des délivrances en grains, denrées, matières d'or ou d'argent, ou autres marchandises.

8. Les tribunaux, tant de première instance que de causes d'appel, pourront accorder au débiteur dont l'obligation est antérieure à la publication de la loi du 5 therm. an 4, un délai qui ne pourra excéder un an, et qui courra, pour toutes les obligations échues ou à échoir indistinctement, à compter de la publication de la présente; mais à la charge par le débiteur de payer l'intérêt de sa dette pendant la durée du délai.

9. Il ne sera point accordé de délai pour sommes dues par les dépositaires, séquestres ou mandataires.

10. Les tribunaux pourront aussi, suivant les circonstances, adjuger des provisions aux créanciers, en attendant le jugement du fond; et il sera passé outre à l'exécution du jugement provisoire, nonobstant l'appel, comme en matières sommaires.

11. La présente n'est point applicable aux loyers et fermages.

4 vend. an 6 (25 sept. 1797). —Loi contenant une nouvelle rédaction de l'art. 14 de la loi du 9 fruct. an 5, relative au payement des fermages.

26 brum. an 6 (16 nov. 1797). — Loi relative au mode de payement des arrérages de rentes et pensions, etc. (résol. du 3 brumaire).

Le conseil,... considérant que la loi du 13 pluv. dernier ne prescrit des règles sur les arrérages de rentes et pensions, et sur les intérêts, que relativement à quelques genres d'obligations, et seulement pour une partie du temps pendant lequel ils n'ont pas été payés; et qu'il est nécessaire et instant de prendre des mesures pour les faire acquitter en entier, et par rapport à toute espèce de conventions..., adopte l'acte d'urgence et la résolution suivante:

Art. 1. La suspension résultant de la loi du 29 mess. an 4, pour le payement des arrérages des rentes et pensions et des intérêts, est levée.

2. Les intérêts et arrérages des rentes perpétuelles et viagères et des pensions, quelle que soit leur origine, qui ont couru depuis le 1er juill. 1790 jusqu'au 1er janv. 1791, ou jusqu'à l'introduction du papier-monnaie dans les pays énoncés en l'art. 3 de la loi sur les transactions antérieures à sa dépréciation, et qui pourraient être encore dus, seront acquittés en numéraire métallique, sans réduction.

3. Les intérêts et arrérages procédant des mêmes obligations, qui ont couru depuis le 1er janv. 1791, ou depuis l'introduction du papier-monnaie dans les pays dont il est parlé en l'article précédent, jusqu'à la publication de la loi du 29 mess. an 4, seront acquittés en numéraire métallique, d'après la réduction qui en sera faite à chaque époque de dépréciation que présentera le tableau, sans égard aux termes d'échéance stipulés, et sans y déroger pour l'époque des payements à venir.

4. Ceux dus, tant en vertu d'obligations antérieures aux époques ci-dessus que d'obligations d'une date postérieure, pour des capitaux non réductibles, et qui ont couru à compter de la publication de la loi du 29 mess. an 4, ainsi que ceux qui écherront à l'avenir, seront de même acquittés en numéraire métallique.

5. Quant à ceux qui ont couru à compter de la publication de la loi du 29 mess. an 4, qui écherront à l'avenir, procédant de capitaux susceptibles de réduction, ils seront acquittés en numéraire métallique, mais seulement pour la totalité des intérêts qui résulteront du capital réduit suivant le tableau de dépréciation.

6. Les intérêts et arrérages de toute nature qui ont couru depuis le 12 niv. an 3 jusqu'à la publication de la loi du 29 mess. an 4, et qui sont dus en vertu d'aliénation de fonds ruraux, bois, moulins, ou en vertu de fixation de douaire, de dot, de droits successifs, de légitime ou avancement d'hoirie, hypothéqués et spécialement affectés sur des fonds ruraux, seront acquittés, savoir: en leur entier, ceux dont les capitaux ne seront réductibles d'après la loi, et de la même manière qu'ont été ou ont dû être payés les fermages des biens ruraux pendant le même intervalle de temps, conformément à la loi du 2 therm. an 3 et autres subséquentes; et ceux dont les capitaux seront réductibles, de la même manière pour l'intérêt résultant du capital réduit.

7. Les parcs et jardins d'agrément, et ceux inhérents aux maisons d'habitation, ne peuvent être considérés comme biens ruraux; mais si un créancier de la classe mentionnée en l'article précédent faisait la preuve par écrit que le propriétaire, son débiteur, a été payé en tout ou partie de la location desdits parcs ou jardins, sur le pied réglé par la loi du 2 thermidor et autres subséquentes, les intérêts de sa créance lui seraient payés de la même manière que l'a été la partie ainsi louée et payée; et ce, dans la proportion de la valeur du parc ou jardin, comparativement à la valeur du restant de l'immeuble hypothéqué, dont la location n'aurait été payée qu'en assignats.

8. Les dispositions des lois relatives aux payements définitifs et aux consignations, auront leur exécution pour les intérêts et arrérages mentionnés dans la présente loi.

9. Interprétant, en tant que de besoin, le mot *échu*, employé dans la loi du 13 pluviôse dernier, relativement au payement des arrérages et intérêts, lorsqu'il s'agira de payer en numéraire métallique, sans réduction, pour régler ce qui devra être payé ainsi, on comptera jour par jour, sans égard aux termes d'échéance, et sans déroger à ces termes pour l'époque des payements à venir.

11 frim. an 6 (1er déc. 1797). — Loi qui fixe le mode de remboursement des obligations contractées pendant la dépréciation du papier-monnaie. (Résolution du 16 vendémiaire.)

Le conseil; — Considérant qu'ayant déjà réglé le sort des transactions antérieures à la dépréciation du papier-monnaie, il n'est pas moins instant de fixer le mode de remboursement des obligations contractées pendant cette dépréciation, et que l'intérêt d'une foule de citoyens sollicite, à cet égard, de promptes et équitables mesures..., adopte l'acte d'urgence et la résolution suivante:

Art. 1. Toute suspension de payements est levée à l'égard des obligations énoncées en la présente, survenues pendant la durée de la dépréciation du papier-monnaie.

2. Les obligations contractées pour simple prêt, en dette à jour ou autrement, depuis le 1er janv. 1791, dans les anciens départements de la France, ainsi que celles contractées dans les départements qui y ont été réunis, et dans l'île de Corse, depuis l'introduction du papier-monnaie dans ces pays, jusqu'à la publication de la loi du 29 mess. an 4, seront censées consenties valeur nominale du papier-monnaie ayant cours, lorsque le contraire ne sera pas prouvé par le titre même, et, à ce défaut, par des écrits émanés des débiteurs, ou par leur interrogatoire sur faits et articles.

3. Sont exceptées les obligations contractées dans la ci-devant Belgique, lesquelles, en conformité de l'art. 6 de la loi du 15 fruct. an 5, seront censées consenties en numéraire métallique, à défaut d'expression contraire.

4. Le montant des obligations désignées en l'art. 2 sera, sauf les conditions ci-après, et pour toutes les sommes qui y ont donné lieu, réduit en numéraire métallique, suivant le tableau de dépréciation ordonné par la loi.

5. Lorsque l'obligation aura été passée à plus de deux ans de terme au delà de l'époque du 29 mess. an 4, le débiteur ne sera admis à demander la réduction en numéraire métallique qu'autant qu'il aura légalement notifié au créancier, dans les deux mois qui suivront la publication de la présente pour tout délai, à peine de déchéance, sa renonciation aux termes à échoir, avec offre de rembourser le capital réduit dans le délai d'une année, sans préjudice néanmoins de la prorogation autorisée par l'art. 18 ci-après.

6. Le délai ci-dessus ne courra, à l'égard des billets au porteur, ainsi

que des billets à ordre à longs termes, que du jour de leur présentation.

7. Les réductions qui seront requises et ordonnées en exécution des art. 4 et 5 ci-dessus ne pourront l'être qu'à la charge par le débiteur de payer, au taux de 5 pour 100, les intérêts échus ou à échoir du capital réduit, et ce suivant le mode de payement qui sera établi, pour les intérêts et pensions, par une loi particulière, ce qui aura lieu quand même, en considération des termes ou autrement, les intérêts du capital fourni en papier-monnaie auraient été stipulés à des taux inférieurs, ou même qu'il n'en aurait été stipulé aucun.

8. L'art. 7 de la loi du 15 fructidor dernier n'est point applicable aux prêts en papier-monnaie pour le remboursement desquels l'emprunteur s'est soumis de fournir une quantité fixe de grains, denrées ou marchandises, à une époque déterminée, ou leur valeur courante au temps de l'échéance. — Les engagements ainsi conçus pourront, à la réquisition du débiteur, être réduits d'après l'échelle de dépréciation, lorsqu'il sera vérifié que la valeur de la quantité promise de grains, denrées ou marchandises, excédait de moitié, au temps du contrat, celle du capital prêté; et si ce capital n'a pas été exprimé, la preuve de sa consistance pourra être faite par d'autres écrits du créancier, ou par son interrogatoire sur faits et articles.

9. Lorsqu'une obligation susceptible de réduction rappellera un droit certain ou un autre acte antérieur et dont les causes sont néanmoins postérieures au 1er janv. 1791, ou bien lorsqu'il sera prouvé, de la manière indiquée dans l'art. 2, que ladite obligation dérive d'un plus ancien prêt en papier-monnaie, la réduction sera faite eu égard aux valeurs réellement fournies, en remontant à l'origine de la dette; le tout sans préjudice de l'exécution de la loi du 14 fructidor dernier, pour les obligations originairement dues en espèces métalliques.

10. Quant le débiteur aura emprunté une somme en papier-monnaie pour se libérer envers un ancien créancier, le capital ainsi prêté sera soumis à l'échelle de réduction du jour de la nouvelle obligation, sans que le nouveau créancier qui en a fourni le montant puisse se prévaloir, quant à ce, de la subrogation aux droits, ainsi qu'à l'hypothèque ou au privilége de l'ancien créancier qui a été remboursé de ses deniers. — Il en sera usé de même à l'égard du coobligé qui s'est fait subroger aux droits d'un créancier commun en payant la part d'un autre codébiteur.

11. La réduction ci-dessus n'est pas applicable : 1° aux simples cessions et transports de dettes; 2° aux endossements d'effets négociables; 3° aux délégations et indications de payements, même aux délégations acceptées.—Dans tous ces cas, et sauf les exceptions légales, les cessionnaires ou délégataires pourront faire valoir en entier les droits des cédants ou délégants contre les débiteurs cédés ou délégués.

12. Tous dépositaires et séquestres volontaires ou judiciaires seront valablement libérés, en remettant en même nature les sommes qu'ils auront reçues aux susdits titres, de quelque cause qu'elles proviennent, ou leur valeur représentative en d'autre papier-monnaie, lorsqu'elle aura été échangée en conformité des lois. — Sont et demeurent exceptés ceux qui ont été en demeure de restituer lesdites valeurs, de même que les dépositaires qui se seraient soumis d'en payer l'intérêt. — Dans ces cas, les capitaux légitimement dus seront remboursés en numéraire métallique, néanmoins d'après l'échelle de dépréciation, eu égard aux époques, soit de la demeure, soit de la stipulation d'intérêt.

13. A l'égard des mandataires à titre onéreux ou gratuit qui auront reçu des sommes en papier-monnaie pour le compte de leurs commettants, il en sera usé selon la disposition générale du droit; et ce dont ils seront déclarés débiteurs sera réduit d'après l'échelle, en partant de l'époque où ils auront été reconnus en demeure.

14. Les sommes dues : 1° pour vente de droits successifs, ou en conséquence des traités sur les droits et prétentions de même nature; 2° pour gages ou salaires de domestiques, autres que ceux qui ont été fixés en papier-monnaie; 3° pour les émoluments et salaires tant des greffiers que de tous officiers ministériels, lorsqu'ils auront été taxés d'après les anciens règlements, seront payés en numéraire métallique, sans réduction.

15. La même disposition aura lieu en ce qui concerne le prix des ventes des matières d'or et d'argent, marchandises et autres choses mobilières, ou pour fournitures de grains et denrées, si mieux l'acheteur n'aime en payer l'estimation au temps du contrat, pareillement en numéraire métallique.

16. Les tuteurs ou curateurs rendront aux mineurs, en numéraire métallique : 1° les capitaux qu'ils auront reçus en même nature pendant la durée de leur administration, et dont ils n'auraient pas fait emploi dans les délais prescrits par les lois;

2° Le prix estimatif des valeurs mobilières inventoriées antérieurement au 1er janv. 1791, avec la crue dans les pays où elle est usitée, lorsqu'ils auront négligé de les faire vendre à l'encan; à moins qu'ils n'en aient été dispensés, en tout ou en partie, par une délibération des parents, ou par la disposition du père de famille.—Quant aux capitaux par eux reçus en papier-monnaie, ainsi qu'au prix estimatif des valeurs mobilières inventoriées depuis le 1er janv. 1791, de même qu'aux capitaux provenus de la vente judiciaire d'icelles, les tuteurs et curateurs, à défaut d'emploi, ne seront tenus de les restituer que d'après l'échelle de réduction, selon les époques; si mieux les mineurs ne préfèrent, à l'égard des meubles, de se prévaloir de ceux qui seront encore existants.

17. Les sommes, rentes et pensions dues à titre de pures libéralités, par des actes entre-vifs ou à cause de mort, quand même elle seraient affectées sur des successions ouvertes depuis la dépréciation du papier-monnaie, seront acquittées en numéraire métallique, sauf la réductibilité desdites sommes, rentes et pensions, dans les cas seulement où elle est autorisée par la loi du 17 niv. an 2.

18. Tout ce qui a été prescrit par les art. 8, 9 et 10 de la loi du 15 fructidor dernier, sera observé, quant au délai qui peut être accordé aux débiteurs dont les dettes sont échues, et aux provisions qui pourront être requises par les créanciers.

16 niv. an 6 (5 janv. 1798). — Loi additionnelle à celle du 11 frim. an 6, relative au mode de remboursement des obligations contractées pendant la dépréciation du papier-monnaie (Bull., n° 1650).

Le conseil des anciens, adoptant les motifs de la déclaration d'urgence qui précède la résolution ci-après, approuve l'acte d'urgence. — Suit la teneur de la déclaration d'urgence et de la résolution du 23 frimaire : — Le conseil des cinq-cents, après avoir ouï le rapport de la commission spéciale sur les transactions entre particuliers pendant les dépréciations des papiers-monnaie; — Considérant que la loi du 11 du présent mois, et la résolution du 28 vendémiaire dernier, relatives à plusieurs cas d'exception, renferment quelques omissions qu'il importe de réparer promptement, — Déclare qu'il y a urgence, et prend la résolution suivante :

Art. 1. Toutes les conditions prescrites par les art. 5 et 7 de la loi du 11 du présent mois, aux débiteurs à longs termes, pour obtenir la réduction en numéraire métallique des capitaux par eux dus, sont communes aux débiteurs par contrats de constitution de rente ayant pareillement pour cause un capital fourni en papier-monnaie. — Ils seront, en conséquence, soumis à notifier à leurs créanciers, dans le délai de deux mois, à dater de la publication de la présente, et à peine de déchéance, leur renonciation à la faculté de rembourser à volonté le principal desdites rentes, et leur soumission de payer au taux de 5 p. 100 les intérêts échus et à échoir du capital réduit.

2. Néanmoins les débiteurs par contrats de constitution de rente qui auront fait leur option de la manière ci-dessus jouiront d'un délai de deux années, à dater de la publication de la loi du 11 du présent mois, pour le remboursement par moitié, à l'expiration de chaque année, du capital réduit d'après l'échelle, si les créanciers ne préfèrent d'en recevoir la totalité à la dernière échéance, sans préjudice des provisions qui pourront être accordées à leur réquisition.

3. Dans le cas de la réduction ordonnée par l'art. 8 de ladite loi à l'égard des prêts en papier-monnaie dont le remboursement aurait été stipulé, soit en une quantité fixe de grains, denrées ou marchandises, soit au choix du débiteur, en leur valeur courante au terme de l'échéance, les intérêts du capital ainsi réduits seront alloués au créancier, à raison de 5 p. 100, à dater de l'époque de l'engagement.

4. Le vendeur aura, dans tous les cas, comme l'acquéreur, la faculté de s'en tenir aux clauses du contrat, pour se soustraire à l'expertise, en le notifiant à l'acquéreur dans le délai prescrit par l'art. 2 de la résolution du 28 vendémiaire dernier; auquel cas il ne pourra prétendre que le remboursement du prix ou restant du prix, d'après l'échelle de dépréciation.

5. Les débiteurs de rentes perpétuelles ayant pour cause une aliénation d'immeubles seront tenus, dans le cas du rachat, de rembourser le capital en numéraire métallique, si mieux ils n'aiment remplir les conditions prescrites par l'art. 6 de la susdite résolution, pour le prix de ventes qui sont dus à longs termes, ce qu'ils seront tenus d'opter et de notifier à leurs créanciers dans le délai de deux mois, à dater de la publication de la présente; et en ce cas, tout ce qui a été prescrit par les art. 1, 2, 3, 4 et 5 de la même résolution sera observé pour déterminer le capital remboursable.

6. Il n'est rien innové par l'art. 13 de la même résolution, à la disposition des coutumes d'égalité parfaite, quant aux constitutions de dot qui ont eu lieu dans ces coutumes antérieurement à la loi du 17 niv. an 2 : elles seront en conséquence réductibles, de même que celles qui ont été faites dans les mêmes coutumes et ailleurs postérieurement, lorsqu'elles excéderont le montant d'une portion héréditaire sur les biens du constituant, au temps du contrat.

7. Les préciputs et autres avantages matrimoniaux à prélever sur les communautés en pays coutumiers seront, dans tous les cas, assujettis aux mêmes réductions dont la portion de la dot qui a formé la mise en communauté serait susceptible, quand même ils n'auraient pas été fixés par la stipulation en proportion d'icelle.

16 niv. an 6 (5 janv. 1798). — Loi concernant les ventes d'immeubles, etc., pendant la dépréciation du papier-monnaie (Bull., n° 1651).

Art. 1. Toute suspension de payement est levée à l'égard des obligations énoncées en la présente.

Tit. 1. — *Des aliénations d'immeubles.*

2. Les sommes dues à raison de ventes d'immeubles faites, soit en propriété, soit en usufruit, depuis le 1er janv. 1791 jusqu'à la publication de la loi du 29 mess. an 4, seront acquittées en espèces métalliques, néanmoins d'après la réduction et liquidation qui en seront faites ainsi qu'il suit, si l'acquéreur ne préfère s'en tenir aux clauses du contrat; ce qu'il sera tenu de notifier au vendeur dans le délai de trois mois, à dater de la publication de la présente.

3. Pour déterminer la réduction, lorsqu'elle devra avoir lieu, soit sur la totalité du prix si elle est encore due, soit sur la portion restante, les parties seront, en cas de non-conciliation, renvoyées à des experts, qui vérifieront et estimeront la valeur réelle que l'immeuble vendu pouvait avoir en numéraire métallique au temps du contrat, eu égard à son état à la même époque, et d'après la valeur ordinaire des immeubles de même nature dans la contrée.

4. L'acquéreur sera tenu, à peine des dommages-intérêts du vendeur, de faire procéder au rapport des experts dans quatre décades pour tout délai,

à dater de la signification qui lui aura été faite du jugement interlocutoire; et les frais de la première expertise seront toujours à sa charge, à moins qu'il n'ait fait préalablement au vendeur une offre jugée suffisante par l'événement de l'estimation.

5. Les acquéreurs qui ont payé en papier-monnaie, conformément aux lois existantes, une partie du prix convenu, sont valablement acquittés d'une semblable quotité proportionnelle de la valeur estimative de l'immeuble vendu; de sorte que, s'ils ont payé la moitié ou les trois quarts du prix stipulé, ils ne pourront être considérés comme débiteurs que de la moitié ou du quart restant de la valeur estimative, telle qu'elle sera réglée par l'expertise; sans préjudice toutefois de l'action en lésion d'outre-moitié, dans le cas de droit, et pour les contrats antérieurs à la publication de la loi du 14 fruct. an 3, dont le mode et les effets seront réglés par une loi particulière.

6. L'acquéreur ne pourra, au surplus, demander la réduction autorisée par les art. 2 et 3, qu'aux conditions suivantes : 1° de payer, au taux de 5 pour 100, et selon le mode qui sera établi pour le payement des intérêts dus en vertu d'aliénation d'immeubles, les arrérages d'intérêts du prix ou de la portion du prix réductible, dont il se trouvera débiteur ; 2° de renoncer, le cas échéant, aux termes stipulés par le contrat de vente, qui auraient été portés à plus de trois ans au delà de la publication de la loi du 29 mess. an 4.

7. Les rentes viagères créées pour cause d'aliénation d'immeubles, soit qu'elles l'aient été sans préfixion de capital, ou moyennant un capital formant partie du prix de vente, continueront d'être acquittées en espèces métalliques et sans réduction, si mieux le débiteur n'aime résilier le contrat, en acquittant les arrérages; ce qu'il sera tenu d'opter et de notifier dans les deux mois de la publication de la présente.

8. A l'égard des rentes perpétuelles qui ont la même origine, elles seront également acquittées en numéraire et sans réduction, jusqu'au rachat d'icelles.

9. Lorsque le vendeur s'est réservé, par clause expresse, la jouissance de l'immeuble vendu, pendant un certain nombre d'années, moyennant un prix de location correspondant à l'intérêt légal du prix de la vente stipulé en papier-monnaie, le montant de la location, même pour les arrérages qui en sont dus, est réductible, à dire d'experts, dans la même proportion et de la même manière que le serait le principal du susdit prix au cas prévu par les art. 2 et 3.

10. Toutes délégations et indications de payements, résultant de contrats de vente passés pendant le cours du papier-monnaie, obligent l'acquéreur à rapporter au vendeur les quittances des créanciers délégués, aux droits desquels il demeure réciproquement subrogé lorsqu'ils ont été remboursés de ses deniers.

Dans le cas ci-dessus prévu, l'acquéreur a la faculté de résilier, s'il se croit lésé; et tout ce qu'il a payé au vendeur ou à sa décharge, lui sera remboursé d'après l'échelle de dépréciation, selon les époques de chaque payement.

11. Tout ce qui a été prescrit par la loi du 15 fruct. an 3, au sujet de la prorogation de délai que les tribunaux ont la faculté d'accorder aux débiteurs, et des provisions qui peuvent être requises par les créanciers, sera, à dater de la publication de la présente, observé à l'égard des obligations énoncées dans les tit. 1, 2, 3, 4 et 5 de ladite résolution.

TIT. 2. — *Des licitations et partages.*

12. Les dispositions contenues dans le tit. 1 auront leur effet à l'égard des sommes dues pour prix de licitation d'immeubles, ou pour soulte et retour dans les partages entre cohéritiers ou communistes, survenus aux époques ci-dessus énoncées, sans qu'à raison de ce le débiteur puisse rappeler les autres intéressés à partage, à moins qu'il n'y eût lésion du tiers au quart dans les premiers actes entre eux intervenus.

TIT. 3. — *Des dots et avantages matrimoniaux.*

13. Les constitutions de dot en avancement d'hoirie, de même que celles qui ont été faites pour tenir lieu d'un droit acquis, seront acquittées en numéraire métallique sans réduction. Il en sera de même des constitutions faites postérieurement à la loi du 17 niv. an 2, à moins qu'elles n'excèdent le montant d'une portion cohéréditaire sur les biens du constituant, eu égard à l'état de sa fortune au temps du contrat; auquel cas seulement elles pourront être réduites par les tribunaux jusqu'à concurrence de ladite portion. — Cette réduction ne pourra néanmoins avoir lieu, lorsque, pour le payement de la somme constituée, il aura été remis, par clause expresse, un immeuble en nantissement, dont les fruits sont compensables sur les intérêts du capital promis.

14. Les douaires préfix, l'augment et contre-augment, ainsi que tous autres avantages matrimoniaux stipulés par les contrats de mariage, seront pareillement acquittés en numéraire métallique, et sans autre réduction ni limitation dont la dot elle-même sera susceptible, lorsque lesdits avantages ont été fixés en proportion d'icelle, et sauf l'exécution de ce qui est prescrit par la loi du 17 niv. an 2, pour la conversion, le cas échéant, desdits avantages en usufruit de moitié sur les biens du constituant.

15. Les restitutions des dots et autres reprises matrimoniales, seront faites par les maris ou par leurs héritiers, en numéraire métallique, pour tout ce qu'ils en auront reçu ou dû recevoir de la même manière; et en valeurs réduites d'après le tableau de dépréciation, pour tout ce qu'ils auront reçu en papier-monnaie, en partant des époques des payements, à moins que les maris n'en aient fait un emploi ou remploi, dans les pays et seulement dans les cas où ils y étaient soumis; et en ce dernier cas, le bénéfice de l'emploi ou remploi appartiendra à la femme.

TIT. 4. — *Des rapports dans les successions des légitimes et des donations répudiées.*

16. Les enfants ou petits-enfants venant à partage, de même que les légitimaires qui demanderont l'expédition de leur légitime, ou qui auront droit au supplément d'icelle, rapporteront à la masse, en numéraire métallique, ce qui sera justifié avoir été reçu par eux ou leurs auteurs, pareillement en numéraire ; et en valeurs réduites d'après le tableau de dépréciation, le montant de ce qui leur aura été payé sur leurs droits successifs ou de légitime, à compte ou autrement, en papier-monnaie, pendant qu'il a eu cours.

Il en sera usé de même dans le cas du rapport des dots, et des rapports qui seront faits dans les successions collatérales.

17. Dans le cas où une donation serait répudiée et les parties remises en conséquence dans leur premier état, le donataire, en rendant compte des dettes actives et autres capitaux qu'il a reçus pendant sa jouissance, ainsi que des payements par lui faits à la décharge des biens, sera assujetti aux mêmes règles et distinctions établies par l'article précédent à l'égard des cohéritiers et des légitimaires; de manière que tout ce qu'il aura exigé ou payé pendant la dépréciation du papier-monnaie, sera soumis à l'échelle de réduction, à moins qu'il n'apparaisse que les payements par lui faits ou reçus l'ont été en espèces métalliques

TIT. 5. — *Des engagements et liquidations de commerce.*

18. Lorsqu'à la suite d'une dissolution de société, ou à l'occasion d'une liquidation de commerce pendant le cours du papier-monnaie, il y aura eu, de la part d'un associé, vente de sa portion de fonds au profit d'un autre associé, ou lorsque le fonds entier d'un commerce aura été cédé ou transporté à un tiers, le prix ou restant du prix ne pourra être acquitté qu'en numéraire métallique et sans réduction, si mieux l'acheteur ou cessionnaire n'aime payer la valeur de l'objet vendu ou cédé au temps de la convention des parties, selon l'estimation qui en sera faite pareillement en numéraire, sur la représentation des inventaires, livres-journaux, états à double ou factures, et autres documents.

19. Les arrangements ci-dessus énoncés ne peuvent porter aucune atteinte aux droits et à l'action directe des créanciers du commerce contre les personnes dénommées dans la raison sociale, ou qui s'y trouvent comprises sous la désignation de *compagnie*, sauf leur recours entre elles ainsi qu'elles aviseront.

20. Dans toutes les contestations qui pourront s'élever, 1° entre associés, avant comme après la dissolution de la société, au sujet de leur remise de fonds, ou du remboursement, le cas échéant, soit de leurs comptes courants, obligés ou libres, soit des profits liquidés ; 2° entre les associés et ceux qui n'ont fait que prêter leur nom au commerce; 3° entre les associés libres et les commanditaires, les parties seront tenues de se régler d'après l'usage de chaque place de commerce; à l'effet de quoi, et sur la réquisition de l'une d'elles, elles seront renvoyées par-devant des négociants arbitres, qui, en conformité du tit. 4 de l'ordonnance de 1673, statueront sur le différend, même, le cas échéant, sur l'application de l'échelle de dépréciation du papier-monnaie.

21. Les engagements de commerce souscrits, à quelque titre, pour quelque cause et à quelque terme que ce soit, au profit de tierces personnes, pendant la durée de la dépréciation du papier-monnaie, et dont le montant se trouve encore dû, seront soumis en tout point aux règles établies pour les obligations ordinaires survenues pendant le même intervalle, quant à la réduction des capitaux en numéraire métallique et aux délais des payements.

22. Tout débiteur par compte courant, dont le solde est payable en papier-monnaie, de même que tout négociant commissionnaire qui, par ordre et pour compte de ses commettants, aura vendu, pareillement en papier-monnaie, des marchandises, ou exigé des effets négociables dont le produit aura été laissé entre ses mains, seront valablement libérés en rendant en même nature ce qu'ils ont reçu, ou sa valeur d'après l'échelle de dépréciation au temps de la suppression du papier-monnaie; à la charge cependant de justifier, dans l'un et l'autre cas, par leur correspondance ou autrement, qu'aussitôt après la réception des mêmes fonds, ils les ont tenus à la disposition de leurs créanciers ou commettants. — Dans le cas contraire, ils en seront présumés rétentionnaires par leur propre fait, et ils en payeront la valeur, réduite d'après l'échelle de dépréciation à l'époque où leur compte aurait dû être arrêté et soldé.

13 pluv. an 6 (1er fév. 1798). — Loi relative aux rentes viagères créées pendant la durée de la dépréciation du papier-monnaie.

Art. 1. La suspension des payements est levée à l'égard des obligations énoncées en la présente.

2. Les rentes viagères créées par des contrats antérieurs au 1er janvier 1792 inclusivement, continueront d'être acquittées valeur nominale et sans réduction.

3. A l'égard de celles qui ont été établies par des contrats postérieurs à ladite époque, elles ne seront pareillement soumises à aucune réduction, 1° quand elles auront eu pour cause un capital fourni en espèces métalliques ou en denrées, en marchandises ou meubles, non estimés en papier-monnaie ; 2° quand elles auront été stipulées payables en numéraire ou en grains et autres denrées; 3° lorsque le changement des espèces aura été expressément prévu par le titre constitutif, et qu'en conséquence le débiteur se sera soumis d'acquitter la rente en la monnaie qui aurait cours aux échéances; 4° lorsqu'il sera justifié de la manière prescrite par la loi du 14 fruct. an 3, que la rente viagère existante n'est que la représentation d'une autre créance, ou d'un droit certain, antérieur au 1er janvier 1791.

4. Ne seront pareillement sujettes à aucune réduction les rentes via-

gères promises et stipulées par contrat, ou accordées par jugement pendant la durée de la dépréciation du papier-monnaie, sans expression d'aucun capital fourni, soit pour tenir lieu d'aliments, soit pour toute autre cause.

5. A l'égard des rentes viagères créées moyennant un capital fourni en papier-monnaie, depuis ladite époque du 1er janvier 1792 jusqu'au 1er juillet 1793, elles sont maintenues et elles seront acquittées valeur nominale en numéraire, lorsqu'elles n'excéderont pas le *maximum* de 10 pour 100 sur la tête d'un prêteur âgé de soixante-dix ans accomplis, en partant de l'époque du contrat ; de 9 pour 100 sur la tête d'un sexagénaire ; de 8 pour 100 sur une seule tête d'un âge inférieur, et de 7 pour 100 sur deux ou plusieurs têtes de tout âge.

6. Les rentes de même nature qui ont été créées depuis le 1er juillet 1793 jusqu'au 22 sept. 1794, correspondant au premier jour de l'an 3 de la république, sont réductibles dans les proportions suivantes, savoir : à 7 pour 100 sur la tête d'un septuagénaire, à 6 pour 100 sur la tête d'un sexagénaire, à 5 pour 100 sur la tête d'un prêteur d'un âge inférieur, et à 4 pour 100 sur deux ou plusieurs têtes de tout âge.

7. Quant aux rentes créées pareillement, au moyen d'un capital en papier-monnaie, depuis le premier jour de l'an 3 jusqu'à la publication de la loi du 12 frim. an 4, elles demeurent, sauf les exceptions ci-après, assujetties à un *maximum* de 3 et demi pour 100 en vendém. an 3, et à un *minimum* de 1 pour 100 sur une seule tête en brumaire et frim. an 4 ; et elles sont en conséquence réductibles selon les proportions établies par le tarif de leur dépréciation graduelle de mois en mois, lequel est annexé à la présente.

8. Les rentes qui auront été créées dans le même intervalle sur la tête de personnes âgées de plus de 60 ans à l'époque des contrats, seront portées dans chaque classe du tarif énoncé en l'article précédent, à demi pour 100 de plus que celles des rentiers d'un âge inférieur ; et celles qui ont été créées sur la tête de septuagénaires, seront pareillement portées à 1 pour 100 de plus : en sorte que le *maximum* des premières sera fixé en vendémiaire an 3, à 4 pour cent ; celui des secondes à 4 et demi pour 100 ; et que leur *minimum*, en brumaire et frimaire an 4, sera, pour les premières, de 1 et demi pour 100, et, pour les secondes, de 2 pour 100.

9. A l'égard des rentes créées, dans le même intervalle du 1er de l'an 3 à la loi du 12 frimaire an 4, sur deux ou plusieurs têtes de tout âge, elles restent soumises à une diminution de 1 pour 100 dans chaque classe du tarif ; et, néanmoins, leur *minimum* dans les dernières classes ne pourra être porté au-dessous de 1 et demi pour 100.

Sont exceptées de la disposition ci-dessus les rentes créées sur deux têtes âgées de soixante ans accomplis ; et elles seront acquittées sans diminution, conformément au tarif de l'art. 7.

10. Dans aucun des cas ci-dessus, le débiteur ne pourra être obligé de payer annuellement plus du capital de la valeur des assignats réduits d'après l'échelle de dépréciation du département où le contrat a été passé.

11. Les fixations et réductions faites par les art. 5, 6, 7, 8 et 9, sont sans préjudice de l'exécution des conventions des parties, dans le cas où les rentes viagères auraient été créées à des taux inférieurs.

12. En ce qui concerne les rentes viagères créées depuis la publication de la loi du 12 frimaire an 4 jusqu'à celle du 15 germinal suivant, le capital fourni en assignats sera réduit au centième de sa valeur nominale, conformément à l'art. 7 de la loi du 19 du susdit mois de frimaire, relative à l'emprunt forcé ; et, sur le capital ainsi déterminé, il sera reconstitué une nouvelle rente de 15 pour 100 au profit des septuagénaires, de 12 pour 100 au profit des sexagénaires, et de 10 pour 100 au profit de tous les prêteurs d'un âge inférieur.

13. Dans tous les cas ci-dessus prévus, il sera libre aux débiteurs de rentes viagères, d'en requérir la réduction aux divers taux réglés par les articles 5, 6, 7, 8, 9 et 12 ; ce qu'ils seront tenus de dénoncer aux créanciers, à personne ou à domicile, dans le délai de deux mois, à dater de la publication de la présente, à défaut de quoi ils seront censés avoir opté pour la continuation du payement de la rente au taux et à la valeur nominale déterminés par la convention.

Tarif de la réduction graduelle et proportionnelle que doivent subir les rentes viagères constituées depuis le commencement de l'an 3 jusqu'à la publication de la loi du 12 frimaire an 4, à raison d'un *maximum* de 3 et demi pour 100 sur une seule tête dans le premier mois, et d'un *minimum* de 1 pour 100 dans les deux derniers mois.

Lesdites rentes sont réductibles dans les proportions suivantes, savoir : dans le courant de vendémiaire an 3, sur le pied du *maximum* fixé par l'art. 7 de la présente loi, 3 1/2 pour 100 ; en brumaire suivant, 3, 2/5 ; en frimaire, 3 1/5 ; en nivôse, 3 ; en pluviôse, 2 4/5 ; en ventôse, 2 3/5 ; en germinal, 2 2/5 ; en floréal, 2 1/5 ; en prairial, 2 ; en messidor, 1 4/5 ; en thermidor, 1 3/5 ; en fructidor et dans les jours complémentaires, 1 2/5 ; en vendémiaire an 4, 1 1/5 ; en brumaire et frimaire, sur le pied du *minimum* de 1.

Nota. Il sera ajouté, dans chacune desdites classes, 1 pour 100 de plus en faveur des septuagénaires, et 1/2 pour 100 de plus en faveur des sexagénaires.

Il sera, au contraire, déduit 1 pour 100 sur les rentes originairement créées sur plusieurs têtes au-dessous de soixante ans, sans qu'elles puissent être réduites au-dessous du *minimum* de 1/2 pour 100.

6 flor. an 6 (25 avril 1798). — Loi relative aux rentes viagères créées moyennant un capital fourni en mandats.

6 flor. an 6 (25 avril 1798). — Loi qui rectifie plusieurs articles de celles des 11 frim. et 16 niv. an 6, concernant les transactions entre particuliers (résolution du 11 germ.).

8 flor. an 6 (27 avril 1798). — Loi relative aux formalités à observer pour la présentation des effets négociables à longs termes. —V. Effets de commerce, n° 18.

9 flor. an 6 (28 avril 1798). — Loi portant prorogation du délai pour l'option relativement aux obligations à longs termes, etc. (résolution du 11 germ.).

Le Conseil... ; considérant que les difficultés survenues et les réclamations exercées au sujet de l'exécution de l'art. 5 de la loi du 11 frim. dernier sur les transactions entre particuliers, et des art. 1 et 5 de la loi supplémentaire du 16 niv. suiv., n'ont pas permis à nombre de débiteurs d'user de l'option autorisée par les mêmes articles ; et qu'il est instant de les relever de la déchéance qu'ils ont involontairement encourue..... approuve l'acte d'urgence et la résolution suivante :

Art. 1. Les débiteurs pour cause d'obligations à longs termes ou par contrats de constitution de rentes dérivant de prêts en papier-monnaie ou de ventes d'immeubles, jouiront d'un nouveau délai d'un mois, à dater de la publication de la présente, pour les options autorisées par l'art. 5 de ladite loi du 11 frim. et par les art. 1 et 5 de celle du 16 niv. (n° 1650) ; passé lequel délai ils seront irrévocablement déchus.

2. Le délai ne courra point contre les héritiers pendant le temps accordé par la loi pour faire inventaire et délibérer : à l'égard des simples promesses, il ne courra contre eux que du jour de la présentation du titre. — Il courra contre les personnes qui sont sous l'administration d'autrui, sauf leur recours contre les administrateurs de leurs biens.

3. Dans le cas où, soit par négligence, soit par collusion avec son créancier, le débiteur n'aurait fait aucune option dans les délais prescrits par lesdites lois des 11 frim. et 16 niv., les créanciers postérieurs pourront, en exerçant à cet égard les droits du débiteur commun, faire eux-mêmes en son nom, dans le susdit délai d'un mois, les notifications auxquelles il était soumis ; auquel cas elles produiront, pour la conservation de leurs propres droits, le même effet que si elles avaient été signifiées par le débiteur.

4. A la réception de la présente loi dans chaque administration de canton, le commissaire du directoire exécutif près ladite administration sera tenu, sous sa responsabilité, de faire afficher en forme d'*avis*, et aux lieux accoutumés, l'entière disposition de l'art. 1 ci-dessus.

19 flor. an 6 (8 mai 1798). — Loi relative à l'action en rescision pour cause de lésion, contre les ventes d'immeubles faites pendant la dépréciation du papier-monnaie (résolution du 27 vent.).

Le Conseil... ; considérant qu'il importe de déterminer promptement dans quels cas et de quelle manière la lésion d'outre-moitié du juste prix pourra être opposée et établie contre les ventes dont le prix a été stipulé en assignats, approuve l'acte d'urgence et la résolution suivante :

Art. 1. Pour juger s'il y a lésion dans les ventes faites en papier-monnaie entre particuliers depuis le 1er janv. 1791, époque de la dépréciation des assignats, jusqu'à la publication de la loi du 14 fruct. de l'an 3, qui a supprimé, pour l'avenir, l'action en rescision pour cause de lésion, les tribunaux ordonneront l'estimation par experts de la juste valeur contre assignats qu'avait l'immeuble vendu, au temps du contrat, eu égard : 1° à son état et à son produit à la même époque ; 2° à la valeur contre assignats qu'avaient dans la contrée, ou dans les lieux les plus voisins, les immeubles de même nature, à l'époque de la vente ou aux époques les plus rapprochées ; 3° aux facilités et avantages résultant des termes accordés pour le payement du prix de la vente.

2. Si la lésion se trouve prouvée de la manière ci-dessus prescrite, le contrat sera résilié, si mieux n'aime l'acquéreur, ainsi qu'il en a le droit, suppléer le juste prix, au temps de la vente, de la portion de l'immeuble correspondante à la quotité du prix que représente le supplément ; ce qu'il sera tenu de déclarer dans le mois, à compter de la signification du jugement. Dans ce dernier cas, la portion de l'immeuble correspondante sera estimée conformément à l'art. 3 de la loi du 16 niv. dernier, relative aux sommes dues à raison de ventes d'immeubles.

3. Si l'acquéreur offre de payer le supplément, il aura pour se libérer un délai d'une année, à compter du jour de son option, à la charge de payer l'intérêt du supplément, à 5 pour 100, à compter du jour de la demande.

4. Si au contraire l'acquéreur préfère résilier le contrat, le vendeur rentrera en possession de son immeuble, en remboursant les sommes par lui reçues, d'après l'échelle de dépréciation du département de la situation de l'immeuble, et eu égard aux époques de chacun des payements.

5. Il sera, en outre, fait raison à l'acquéreur de la plus-value résultant des réparations et améliorations par lui faites à l'immeuble, sous la déduction des dégradations qui auraient pu être commises ; le tout suivant la vérification et l'estimation qui en seront faites par les mêmes experts.

6. Le vendeur ne pourra évincer l'acquéreur qu'après l'avoir pleinement désintéressé. Il est accordé à cet effet au vendeur un délai d'un an, à compter de l'option de l'acquéreur, ou de l'expiration du mois qui lui est accordé pour la faire.

7. L'action en rescision pour cause de lésion contre les ventes faites depuis le 1er janv. 1791 jusqu'à la publication de la loi du 14 fruct. de l'an 3, ne sera plus recevable après l'expiration de l'année qui suivra la publication de la présente.

8. Il n'est rien innové pour ce qui concerne les ventes faites en numéraire métallique, soit avant, soit depuis le 1er janv. 1791 jusqu'à la promulgation de la loi du 14 fruct. de l'an 3. Les demandes formées ou à former contre ces ventes doivent être jugées d'après les anciennes lois.

21 flor. an 6 (10 mai 1798). — Loi relative aux traités et transactions faits entre particuliers sur des droits litigieux ouverts avant et pendant la dépréciation du papier-monnaie.

26 prair. an 6 (14 juin 1798). — Loi portant prorogation du délai accordé par celle du 13 pluviôse, pour la réduction des rentes viagères dont les capitaux ont été fournis en papier-monnaie (résolution du 16 prairial).

26 prair. an 6 (14 juin 1798). — Loi relative aux obligations entre particuliers contractées dans les neuf départements réunis par la loi du 9 vend. an 4 (résolution du 17 prairial).

6 mess. an 6 (24 juin 1798). — Loi additionnelle à celle du 9 fruct. an 5, concernant la liquidation et le payement des fermages (résolution du 22 ventôse).

Art. 1. Les fermiers, soit de propriétés privées, soit de biens nationaux ou administrés comme tels, qui ayant, d'après la loi du 9 fruct. an 5, droit à la réduction du prix de leur bail, ne l'auraient pas demandée dans le délai fixé par l'art. 10 de ladite loi, pourront la demander encore pendant le mois qui suivra la publication de la présente.

2. Sont compris dans l'art. 6 de la loi du 9 fruct. an 5, et susceptibles de la réduction mentionnée audit article, tous baux stipulés, en tout ou partie, à prix d'argent, passés entre le 1er janv. 1792 et la publication de la loi du 5 therm. an 4, relatives aux transactions entre citoyens, quelques expressions et dénominations de monnaie qui y aient été employées.

3. Les prix des fermages de biens nationaux ou administrés comme tels, affermés à la chaleur des enchères, et moyennant une quantité fixe de denrées, seront susceptibles de réduction dans les cas prévus et de la manière prescrite par les articles suivants.

4. La réduction du prix des fermages mentionnés dans l'article précédent ne pourra avoir lieu qu'autant que lesdits fermages, liquidés ainsi qu'il est dit aux art. 11 et 16 de la loi du 9 fructidor dernier, n° 1379, se trouveraient excéder de plus de moitié, soit le prix du bail de 1790, augmenté des objets mentionnés en l'art. 7 de la loi du 9 fruct. an 5, n° 1383, s'il existait en 1790 un bail distinct et séparé des mêmes objets, soit, à défaut de bail, le prix estimé par experts, valeur de 1790. — Le prix sera payé, suivant l'un et l'autre cas, ou conformément au prix du bail de 1790, calculé ainsi qu'il vient d'être dit, conformément à l'expertise.

5. La loi du 9 fruct. an 5, relative à la réduction du prix des baux passés postérieurement au 1er janv. 1792, s'applique aux baux mentionnés dans les précédents articles, et dont le produit réel aurait augmenté ou diminué de plus de moitié entre l'époque de l'ancien bail et celle du bail dont la réduction est demandée.

6. Les experts, dans les cas prévus par les art. 4 et 5 ci-dessus, seront respectivement nommés par le préposé de la régie des domaines et le fermier réclamant: ce dernier supportera seul les frais d'expertise.

7. Les dispositions ci-dessus sont communes aux propriétaires réintégrés dans leurs biens ci-devant réputés nationaux ou administrés comme tels.

8. Les fermiers qui provoqueraient la réduction du prix de leur bail ne le pourront, à peine d'être déclarés non recevables, que dans le mois qui suivra la publication de la présente, et qu'en payant dans le même mois, ou au propriétaire, ou au receveur du domaine, suivant les cas, soit le montant des termes échus, d'après le bail existant en 1790, soit, à défaut de bail ou dans le cas de l'art. 5 ci-dessus, quatre fois la contribution foncière de l'an 5 des objets dont il s'agit, sauf à compter et parfaire, ou même à répéter, s'il y a lieu, lors de la liquidation définitive. — Les quittances des contributions et autres sommes payées à l'acquit du propriétaire, et à valoir sur le prix du bail, seront précomptées sur le payement ordonné au présent article.

9. Tout propriétaire d'un bail dont la réduction sera ou aura été demandée, et qui se croirait lésé par le prix porté dans le bail de 1790, pourra en réclamer l'expertise. — Si la valeur fixée par experts n'excède pas le prix du bail de 1790, augmenté des objets mentionnés dans l'art. 7 de la loi du 9 fruct. an 5, les frais occasionnés par l'expertise seront à la charge du propriétaire: dans le cas contraire, ils seront supportés par le fermier.

10. Hors le cas prévu par l'art. 5 ci-dessus, et quelque résultat que présente l'expertise, jamais le prix ne pourra être réduit au-dessous de celui porté dans le bail existant en 1790, augmenté des objets mentionnés en l'art. 7 de la loi du 9 fruct. an 5. — Dans aucun cas, il ne pourra l'être au-dessous de la somme stipulée, réduite en valeur métallique d'après le tableau de dépréciation du papier-monnaie, laquelle devra être, en tout état de cause, prise pour base de la liquidation, si le propriétaire le requiert.

11. Les art. 9 et 10 ci-dessus sont communs aux baux des biens nationaux, et à ceux des particuliers réintégrés dans leurs biens ci-devant réputés nationaux ou administrés comme tels.

12. La réduction, dans le cas où elle a lieu, ne porte et ne peut s'opérer que sur les prix ou portions de prix encore dus, proportionnellement et sans répétition des sommes antérieurement payées. — De sorte que si le fermier, preneur ou adjudicataire, a payé, conformément aux lois alors existantes, la moitié ou les trois quarts du prix stipulé, il ne pourra être considéré comme débiteur que de la moitié ou du quart du prix de 1790, tel qu'il résultera de l'ancien bail ou de l'expertise; lequel sera, pour lesdites portions, et conformément aux règles établies par la loi du 9 fruct. an 5, liquidé et payé comme le serait celui d'un bail passé en 1790.

13. Dans les cas de réduction ci-dessus, le propriétaire aura, en avertissant le fermier dans le mois qui suivra la demande, la faculté de résilier, laquelle résiliation aura son effet à l'expiration de l'année de jouissance commencée. La résiliation pourra être, dans le même délai, provoquée par la régie du domaine, s'il s'agit d'un bien national ou administré comme tel.

14. La disposition de l'art. 15 de la loi du 9 fruct. an 5, portant que les fermiers qui ont payé la totalité de leurs fermages, soit de l'an 4, soit de l'an 3 et années antérieures, conformément aux lois existantes aux époques de payement, en sont valablement libérés, est applicables aux fermiers qui ont payé de la sorte la totalité d'un ou plusieurs termes de fermages payables en divers termes pour chaque année, quoique le montant entier de l'année de ferme dont les termes ainsi payés faisaient partie, ne fût pas complétement soldé avant la loi du 9 fruct. an 5, et sans préjudice néanmoins de l'art. 16 de ladite loi, pour les payements faits par anticipation et avant la loi du 2 therm. an 3, sur les fermages de l'an 3 et années suivantes.

15. Toute contestation non définitivement terminée sera jugée en conformité de la présente.

16. Dans les cas de réduction en valeur métallique mentionnés aux art. 20, 21, 25 et 26 de la loi du 9 fructidor dernier, si le tableau de dépréciation du papier-monnaie s'arrête avant les époques auxquelles devront être calculées lesdites réductions, il y sera suppléé, savoir par le dernier cours publié par le directoire exécutif, dans les cas prévus aux art. 20, 21 et 26; et dans le cas de l'art. 25, par le taux moyen des mêmes cours publiés pendant therm. an 4.

17. Les dispositions ci-dessus ne s'appliquent pas aux baux passés par anticipation, et dont le fermier ou preneur ne serait pas encore entré en jouissance, aux baux à vie, aux baux à longues années, c'est-à-dire dont la durée excède neuf ans, ni aux baux passés entre acquéreurs et vendeurs et faisant condition de la vente, sur lesquels il sera statué incessamment et par une loi particulière.

18. Elles s'appliquent à tous les objets compris dans l'art. 17 de la loi du 9 fructidor dernier, relative à la liquidation et au payement des fermages dus pour l'an 3, l'an 4 et années antérieures, laquelle, ainsi que celles du même jour, relatives, l'une au mode de payement des fermages de biens nationaux, l'autre à la réduction du prix des baux passés postérieurement au 1er janv. 1792, continuera d'être exécutée, suivant les cas, dans tout ce à quoi il n'est pas dérogé par la présente.

9 mess. an 6 (27 juin 1798). — Loi relative aux marchés faits avec des entrepreneurs de bâtiments pendant le cours du papier-monnaie.

17 mess. an 6 (5 juill. 1798). — Loi relative aux cas et au mode de réduction du prix et de résiliation des baux à ferme passés pendant la dépréciation du papier-monnaie (résolution du 27 germinal).

Art. 1. Les baux de neuf ans et au-dessous, de biens ruraux, bois, moulins, usines et autres propriétés foncières quelconques, stipulés en tout ou en partie à prix d'argent, passés entre le 1er janv. 1792 et la publication de la loi du 5 therm. an 4, relative aux transactions entre citoyens, et dont le fermier ou preneur ne serait pas encore entré en jouissance, pourront être résiliés, soit par le propriétaire, soit par le fermier réciproquement, en s'avertissant par écrit dans le mois qui suivra la publication de la présente. — La résiliation néanmoins ne pourra avoir lieu, si le fermier consent à payer en entier, en valeur métallique, la somme énoncée dans le bail, ou si le propriétaire consent à sa réduction d'après le tableau de dépréciation du papier-monnaie à l'époque où le bail a été passé; ce qui devra être déclaré dans les quinze jours qui suivront la demande.

2. Les baux à vie, soit qu'ils aient été faits pour la durée de la vie du propriétaire, soit qu'ils l'aient été pour la durée de la vie du fermier ou preneur, ainsi que les baux à longues années, c'est-à-dire au-dessus de neuf ans, quels qu'en soient la durée et le terme, stipulés en tout ou en partie à prix d'argent, seront susceptibles de réduction dans les cas prévus, pour les autres baux, par les art. 6 et 8 de la loi du 6 fruct. an 5. — La réduction en sera faite par experts, valeur de 1790, et sans égard au prix du bail précédent. — Elle devra, à peine d'en être déchu, être demandée par écrit dans le mois qui suivra la publication de la présente.

3. Dans le cas de réduction ci-dessus, le propriétaire aura, en avertissant le fermier par écrit dans les deux mois de la publication de la présente, la faculté de résilier le bail; laquelle résiliation aura lieu à l'expiration de l'année de jouissance commencée, si le bail a déjà reçu son exécution, et à l'instant même de la demande, si le fermier ou preneur n'est pas encore entré en jouissance.

4. Si la résiliation a lieu, le fermier sera remboursé, par le propriétaire ou bailleur, de la plus-value résultant des améliorations de son fait, sauf à imputer ou compenser, s'il y a lieu, le montant des dégradations, suivant la vérification et l'estimation qui seront faites du tout, en cas de contestation, aux frais de la partie qui sera, quant à ce, reconnue débitrice. — Il en sera de même des sommes avancées à titre de pot-de-vin, ou de toute autre manière équivalente, dans la proportion du nombre d'années du bail qui restait à courir.

5. La résiliation mentionnée en l'art. 3 ci-dessus, ne pourra avoir lieu, à moins d'un consentement réciproque des parties, s'il a été fait, sur l'objet affermé, des constructions nouvelles ou augmentations qui en aient élevé la valeur vénale au double de celle qu'il avait à l'époque où le prix a été passé. — Le prix du bail sera donc dans ce cas, et tant pour les termes dus que pour ceux à échoir, payé sur le pied de l'estimation qui en sera faite.

6. Dans les cas d'estimation prévus aux art. 2 et 5 ci-dessus, les experts auront égard, non-seulement au produit ou à la valeur locative de l'objet affermé à l'époque où le bail a été passé, mais encore à la valeur même du fonds, à raison de sa position plus ou moins favorable, aux avantages et charges réciproquement stipulés, entre les parties, à ceux de la plus ou moins longue jouissance, et autres circonstances particulières résultant de la durée et de la nature du bail. — Ce prix ne pourra jamais être réduit au-dessous de celui qui résulterait du tableau de la dépréciation du papier-monnaie, auquel le propriétaire ou bailleur sera toujours libre de s'en référer, sans renoncer par là au droit de résilier le bail, dans le cas où la résiliation est admise.

7. Tout bailleur à vie ou à longues années qui aurait été, par suite de la loi du 18 fruct. an 4, contraint à la réduction du prix de son bail, pourra résilier dans les cas prévus, en avertissant dans le mois qui suivra la publication de la présente, si mieux n'aime le fermier ou preneur s'en tenir aux clauses du bail, et acquitter, sans réduction, tant le complément des termes échus que ceux à échoir.

8. Les baux passés entre acquéreur et vendeur, faisant condition de la vente, ou stipulés entre eux dans le même contrat, seront, si la vente a eu lieu depuis le 1er janv. 1791 jusqu'à la publication de la loi du 29 mess. an 4, susceptibles de réduction dans les cas prévus et de la manière prescrite par les articles suivants.

9. Si le prix de la vente étant encore dû en entier, l'acquéreur veut user, pour sa réduction, du droit de le faire estimer, qui lui est accordé par la loi du 16 nivôse dernier, le prix de ferme sera également réduit par experts à sa vraie valeur à estimée à raison de la nature du bail, de son plus ou moins de durée, et de l'état de l'objet affermé à l'époque où le bail a été passé.

10. Si le prix de la vente a été en entier payé en papier-monnaie, le prix de ferme sera aussi réduit par experts, et suivant la nature du bail, non à la vraie valeur de l'objet affermé, mais à raison du capital fourni, préalablement réduit en valeur métallique, et dans la proportion ordinaire du rapport des fonds de même nature dans le même département.

11. Si partie seulement du prix de la vente a été payée en papier-monnaie, et soit que le surplus en soit payé sur estimation, soit que l'acquéreur consente à l'acquitter intégralement en valeur métallique, soit enfin que le vendeur consente à le recevoir d'après le tableau de dépréciation, le prix du bail sera réglé ainsi qu'il est dit en l'article précédent, et calculé tant sur la somme déjà payée, réduite en valeur métallique, que sur le capital effectif fourni pour complément du prix de la vente.

12. Les fermiers obligés par leur bail à payer la contribution foncière à la décharge du propriétaire resteront soumis à cette obligation, et le montant en viendra pour eux en diminution sur le nouveau prix du fermage.

13. Il n'y aura lieu à aucune réduction du prix de ferme, lorsque, la totalité du prix de la vente étant encore due, l'acquéreur aura déclaré, dans le délai fixé par la loi du 16 nivôse dernier, vouloir s'en tenir aux clauses et conditions du contrat.

14. Les lois du 9 fruct. an 5, relatives, l'une à la liquidation et au payement des fermages dus pour l'an 3, l'an 4 et années antérieures, l'autre au mode de payement des fermages des biens nationaux, s'appliquent aux baux mentionnés ci-dessus, suivant les cas, et en tout ce à quoi il n'est pas dérogé par la présente.

15. La faculté de résilier les baux dans les divers cas prévus soit par la présente, soit par la loi du 9 fruct. an 5, n'est point applicable aux exploitations déjà commencées de bois-futaie vendus en masse pour être exploités à volonté dans le courant d'un nombre déterminé d'années, par telles parties et à telles époques du délai que bon semblerait à l'acheteur. — Les ventes de ce genre seront soumises, pour la réduction et le mode de payement des parties du prix encore dues, aux règles établies pour le payement des prix de ventes d'immeubles par les lois du 16 niv. an 6 et autres lois subséquentes.

2 therm. an 6 (20 juill. 1798). — Loi relative aux baux à cheptel.

Le conseil des anciens, adoptant les motifs de la déclaration d'urgence qui précède la résolution ci-après, approuve l'acte d'urgence. — Suit la teneur de la déclaration d'urgence et de la résolution du 12 prairial : — Le conseil des Cinq-Cents, considérant que la loi du 15 germ. an 3, relative aux baux à cheptel, n'est plus susceptible d'exécution depuis que les assignats et mandats ont cessé d'avoir cours forcé de monnaie, et qu'il ne saurait, dans l'intérêt des particuliers et de l'agriculture, être pris des mesures trop promptes pour y suppléer, déclare qu'il y a urgence, et prend la résolution suivante :

Art. 1. A compter de ce jour, tous ceux à qui il a été donné des bestiaux à titre de cheptel, cabal, commande, ou à toute autre condition équivalente à celles-ci, seront, lors de la remise, exiguë ou partage, tenus de les rendre au propriétaire, ou à celui qui le représente, soit tête pour tête, soit d'après estimation, soit de toute autre manière, suivant la nature, les clauses et les conditions du bail; et à défaut de bail, suivant les usages des lieux.

2. S'il s'agit d'un bail à cheptel passé depuis le 1er janv. 1792, dans les anciens départements de la France, ou dans les départements qui y ont été réunis, et dans l'île de Corse depuis l'introduction du papier-monnaie dans ce pays jusqu'à la publication de la loi du 5 therm. an 4, relative aux transactions entre citoyens, les estimations de bestiaux portées audit bail seront censées avoir été faites en papier-monnaie; le montant en sera réduit en valeur métallique d'après le tableau de dépréciation, et les bestiaux rendus, suivant la nature et les clauses du bail, pour le montant de la somme ainsi réduite.

3. Dans le cas de l'article précédent, le propriétaire et le cheptellier auront réciproquement, en le signifiant quinze jours au moins avant l'échéance, ou dans les quinze jours qui suivront la première demande du propriétaire, s'il s'agit d'un bail déjà expiré, le droit d'exiger ou d'offrir la remise desdits bestiaux, tête pour tête, en même nombre, espèce et qualité qu'ils auront été donnés ; auquel cas, celui qui fera l'option sera tenu d'en établir le nombre, l'espèce et la qualité, soit par son bail, soit par tous autres documents écrits qui pourront les faire connaître; et à leur défaut, ou en cas d'insuffisance, par voie d'enquête devant le juge de paix du lieu. — L'enquête sera sommaire; elle devra être terminée dans la quinzaine de la demande, et sera aux frais de celui qui l'aura provoquée.

4. Lorsqu'en vertu de l'article précédent, la remise des bestiaux sera faite tête pour tête, les parties ne se feront respectivement raison de la plus ou moins-value, qu'autant qu'elle résultera de la différence des qualités.

5. Ne sont point compris dans les dispositions des art. 2, 3 et 4 ci-dessus, les baux à cheptel, quelle qu'en soit la date, dont les estimations ont été faites nommément en valeur métallique, ou qui, sans contenir de prisée nouvelle, ne font que rappeler celle stipulée dans un bail antérieur à l'époque mentionnée auxdits articles : la remise des bestiaux, dans ce cas, se fera pour la somme entière, et suivant qu'il est dit en l'art. 1.

6. Les comptes et partages de cheptel entièrement consommés, soit qu'ils l'aient été par suite de jugements, soit qu'ils l'aient été en vertu d'arrangements définitifs faits de gré à gré, sont maintenus, et sortiront leur plein et entier effet, à quelque époque et dans quelque proportion qu'aient été faits lesdits comptes et partages.

7. A l'égard des comptes et partages échus, mais non définitivement consommés, ils seront réglés suivant les conventions et les lois ou usages antérieurs à la loi du 15 germ. an 3, sauf l'exécution des art. 2, 3 et 4 ci-dessus, pour les cas auxquels ces articles s'appliquent.

8. L'estimation à faire, s'il y a lieu, pour la rendue des bestiaux, dans le cas de l'article précédent, sera faite en valeur métallique, au prix moyen de 1790, et nonobstant toute estimation déjà faite pendant la dépréciation du papier-monnaie. — Cette estimation sera faite à raison de l'état du bétail rendu, s'il est encore sur les lieux. Dans le cas contraire, les experts qui auraient opéré la remise, et à leur défaut tous autres experts témoins, seront appelés, et procéderont de nouveau, d'après leurs mémoires, leurs connaissances particulières ou tous autres documents, conformément aux règles prescrites par la présente.

9. Les fermiers cessionnaires des droits des propriétaires leur remettront les bestiaux à l'expiration de leur jouissance, et à moins de clauses contraires écrites, tels et de la même manière qu'ils les auront reçus, en vertu de la présente, des colons et preneurs à cheptel.

10. Les foins, pailles, fumiers, effets aratoires, et généralement tout ce qu'à son entrée en jouissance le fermier ou colon reçoit pour être par lui rendus lors de sa sortie, sont assimilés, pour la rendue, aux bestiaux donnés à cheptel; et la remise s'en fera, soit d'après les articles précédents pour les cas qui y sont prévus, soit d'après les conventions ou les lois et usages antérieurs à la loi du 15 germ. an 3, pour tous autres.

11. Toute disposition contraire à la présente résolution est et demeure abrogée.

27 therm. an 6 (14 août 1798). — Loi contenant des dispositions additionnelles à celles relatives aux transactions faites lors de la dépréciation du papier-monnaie (résolution du 27 prairial).

Le conseil des anciens; considérant qu'il est nécessaire de compléter sans retard les lois relatives aux transactions faites lors de la dépréciation du papier-monnaie, approuve l'acte d'urgence. — Suit la teneur de la déclaration d'urgence et de la résolution du 24 prairial ; — Le conseil des cinq-cents, après avoir ouï le rapport d'une commission spéciale ; — Considérant que la loi du 16 nivôse dernier, n° 1651 du Bulletin des lois, servant de suite à celle du 11 frimaire précédent sur les transactions entre particuliers pendant la dépréciation du papier-monnaie exige diverses additions et interprétations, dont il est instant de s'occuper ; — Déclare qu'il y a urgence, et prend la résolution suivante :

TIT. 1. — *Dispositions additionnelles au titre 1 de la loi du 16 nivôse n° 1651, et à la loi du même jour, n° 1650.*

Art. 1. L'option faite par l'acquéreur, en exécution de l'art. 2 de la loi du 16 nivôse dernier, n° 1651, de s'en tenir aux clauses du contrat de vente en renonçant à l'expertise, l'oblige à payer le prix ou restant du prix, aux termes convenus en numéraire métallique, et sans réduction. — Quant à l'option faite par le vendeur, en conformité de l'art. 4 de la loi additionnelle du susdit jour 16 nivôse, n° 1650, elle le soumet à recevoir le prix ou restant du prix, réduit d'après l'échelle de dépréciation du lieu de la situation de l'immeuble.

2. Les acquéreurs et les vendeurs qui n'auraient pas opté dans les délais prescrits par lesdites lois, pourront réciproquement faire leur option, savoir, les acquéreurs, dans un nouveau délai d'un mois, à dater de la publication de la présente, et les vendeurs, dans la décade suivante : passé lesquels délais, ils seront irrévocablement déchus.

3. Dans le cas prévu par l'art. 7 de la loi du 16 nivôse, n° 1651, l'acquéreur, en résiliant dans le délai ci-après prorogé le contrat de vente portant création d'une rente viagère, aura l'option d'en payer les arrérages en espèces métalliques, valeur nominale, et sans réduction, ou de restituer les fruits et loyers par lui perçus ou qu'il a dû percevoir depuis sa jouissance, ainsi que le montant des coupes de bois qu'il aura fait exploiter; le tout selon les vérification, estimation et liquidation qui en seront faites par experts, sauf l'imputation néanmoins, d'après l'échelle de dépréciation, de tout ce qu'il aura payé sur les échutes de la rente depuis sa création. — Les frais de la première expertise, pour la liquidation des fruits restituables, seront à sa charge, à moins qu'il n'ait fait préalablement une offre suffisante.

4. Sont non recevables à user du bénéfice de ladite option, les acquéreurs qui, en exécution du susdit art. 7, ont légalement notifié leur intention de résilier, avec offre pure et simple, sans réserve ni protestation, de payer les arrérages de la rente viagère de la manière prescrite par le même article; et cela quand même ils auraient notifié une seconde option conditionnelle.

5. Ceux qui n'ont acquis que la nue propriété d'un immeuble dont le vendeur s'est réservé l'usufruit ou jouissance ne seront soumis, en cas de

résiliation, à aucun payement des arrérages de rente viagère, ni à la restitution des fruits ou loyers ; mais ils ne pourront demander aucune restitution de ce qu'ils ont payé sur les annualités échues antérieurement à la publication de la loi du 29 mess. an 4.

6. Dans tous les cas où la résiliation est autorisée par ladite loi du 16 nivôse, n° 1651, le vendeur est tenu, de plein droit, de restituer à l'acquéreur : 1° tout ce qu'il a reçu directement sur le prix, ou à titre de pot-de-vin, de même que ce qui a été payé à sa décharge en diminution du prix, selon la réduction qui sera faite du tout d'après l'échelle de dépréciation du lieu de la situation de l'immeuble aux époques de chaque payement; 2° plus-value résultant des constructions, réparations et améliorations en tout genre qui ont été faites par l'acquéreur, sauf à imputer ou compenser, le cas échéant, et à due concurrence, le montant des dégradations, selon les vérification, estimation et liquidation qui en seront faites aux formes ordinaires.

7. Tout ce qui est prescrit par la présente et par l'art. 7 de ladite loi au sujet des rentes viagères créées pour cause de tradition de fonds, sera observé à l'égard de celles qui ont eu pour cause la cession de l'usufruit ou jouissance d'un immeuble réel.

8. Sont exceptés de la disposition de l'art. 7 de la même loi : 1° les acquéreurs de terrains sur lesquelles ont été construites des usines, fabriques ou manufactures, depuis l'aliénation qui en a été faite; 2° ceux qui, par des constructions de bâtiments, auraient doublé la valeur du sol compris dans le contrat de vente; 3° ceux qui, par des réparations, plantations, améliorations et autres mises de fonds dans des immeubles ruraux, en auraient augmenté la valeur d'un tiers en sus du prix de l'aliénation.

9. Dans l'un et l'autre cas, il sera réciproquement libre au vendeur et à l'acquéreur, pour se soustraire à la résiliation, de requérir que le terrain vendu soit estimé par experts à la plus haute valeur du temps présent, relativement à son état au temps de la vente ; et le prix ainsi fixé en espèces métalliques, sera, pour la portion correspondante à la rente viagère, acquitté par l'acquéreur, avec intérêts à 5 p. 100 depuis que ladite rente a cessé d'être payée.—Les frais de la première expertise seront réglés comme dans le cas de l'art. 3.

10. Lorsque l'acquéreur ne pourra restituer ou procurer la restitution, en tout ou en partie, de l'immeuble compris dans la vente sujette à la résiliation, il sera autorisé à offrir pareillement l'estimation de l'objet aliéné, à la plus haute valeur du temps présent; à moins que le second acquéreur n'ait été expressément soumis à remplir les engagements résultant du premier contrat d'aliénation.

11. Tout acquéreur volontaire ou judiciaire qui, par clause de son titre, s'est soumis au payement d'un douaire, en diminution du prix d'achat, quoique stipulé en papier-monnaie, est tenu : 1° de payer le capital dudit douaire, si le droit est ouvert, ou lors de son ouverture, de la manière prescrite par l'art. 14 de la loi du 16 nivôse, n° 1651; 2° de servir jusqu'alors la rente en numéraire métallique, si mieux il n'aime résilier, en conformité de l'art. 10 de ladite loi. — Quant à l'acquéreur qui ne s'est pas soumis au payement du douaire, il peut se libérer du restant du prix envers le vendeur, selon le mode prescrit par l'art. 5 de la même loi, sans préjudice toutefois aux droits et hypothèques des créanciers dudit douaire, sur les biens aliénés.

12. Le vendeur est autorisé à refuser la résiliation, en consentant, dans le cas de l'art. 7 de ladite loi du 16 nivôse, n° 1651, à la réduction de la rente viagère; et dans le cas de l'art. 10 de la même loi, ainsi que dans celui qui est prévu par le précédent article, à la réduction de la portion du prix qui a été déléguée; le tout dans la proportion de la valeur estimative de l'immeuble vendu, telle qu'elle sera fixée par experts, eu égard à son état au temps du contrat : à la charge néanmoins par lui de renoncer aux délégations existantes, et de faire cesser toute recherche de la part des délégataires.

13. Dans le cas de l'article précédent, si la rente viagère a été créée sans préfixion de capital, la réduction consentie par le créancier pour éviter la résiliation du contrat, sera faite sur l'estimation du prix de l'immeuble en numéraire, dans les proportions suivantes, savoir : — A 8 p. 100 sur une seule tête âgée de moins de cinquante ans accomplis, lors du contrat; — A 10 p. 100 sur une tête de cinquante à soixante ans; — A 12 p. 100 sur une tête de soixante à soixante-dix ans; — A 15 p. 100 sur une tête âgée de plus de soixante-dix ans; — Les rentes créées sur plusieurs têtes survivancières ne seront payées qu'au taux réglé pour la tête la plus jeune.

14. Il n'est point dérogé par les lois du 16 nivôse dernier, et par la présente, aux clauses résolutoires ni aux clauses prohibitives expressément apposées dans les contrats d'aliénation d'immeubles pendant la dépréciation du papier-monnaie.

15. Si la vente de l'immeuble s'est faite moyennant une rente viagère, et, en outre, moyennant une somme déterminée à payer une fois, avec la stipulation expresse qu'à défaut de payement de la rente convenue, le vendeur rentrerait dans la jouissance du fonds pour lui tenir lieu de payement de ladite rente pendant qu'elle aurait cours, ou que l'acquéreur pourrait abandonner cette jouissance au vendeur pour lui tenir lieu pareillement du payement de ladite rente, sauf, dans l'un et l'autre cas, à reprendre l'immeuble lorsque la rente serait éteinte, l'acquéreur ne sera point tenu, pour se dispenser de payer ladite rente en numéraire métallique et sans réduction, d'offrir de résilier le contrat, conformément à ce qui est prescrit par l'art. 7 de la loi du 16 nivôse, n° 1651; il lui suffit d'abandonner au créancier la jouissance viagère de l'immeuble, pour lui tenir lieu du payement de ladite rente.

16. Dans le cas où la vente contiendrait tout à la fois la stipulation d'une rente viagère, formant partie du prix, et la réserve d'une rente constituée au moyen d'un capital formant le restant du prix, il sera libre à l'acquéreur ou de résilier, ou d'offrir de continuer sans réduction le payement de la rente viagère ainsi créée; et, en ce dernier cas, il pourra requérir l'expertise pour la fixation, en numéraire métallique, du capital correspondant à la rente constituée, à la charge par lui de remplir ce qui est prescrit par l'art. 5 de la loi additionnelle du 16 nivôse, n° 1650.

17. Tout ce qui a été ordonné par les art. 2, 3, 4, 5 et 6 de la loi du 16 nivôse, n° 1651, au sujet du mode de remboursement du prix de vente d'immeubles, sera observé à l'égard des sommes stipulées en papier-monnaie, à titre de plus-value ou retour dans les échanges.

18. Le vendeur et l'acquéreur jouiront réciproquement, pour les remboursements prescrits par la présente, du même délai de trois ans, à dater de la publication de la loi du 29 mess. an 4, qui a été fixé par les deux lois du 16 nivôse, pour les prix de vente payables à long terme ou convertis en rente constituée. — Les intérêts des capitaux remboursables courront à 5 pour 100 jusqu'à l'échéance. — Néanmoins l'acquéreur ne pourra, dans aucun cas, être dépossédé qu'après son entière indemnité.

19. L'acquéreur qui voudra résilier en exécution de l'art. 10 de ladite loi sera tenu de le notifier, si fait n'a été, au vendeur, dans les deux mois qui suivront la publication de la présente, à peine de déchéance ; et le vendeur à dater du jour de la notification ainsi faite, jouira d'un autre délai de deux mois pour faire aux créanciers délégués, le cas échéant, la notification prescrite par l'art. 5 de la loi du 11 frimaire.

20. Les diverses options autorisées et les notifications prescrites par la présente loi seront pareillement faites, à peine de déchéance, dans les deux mois qui suivront sa publication.

21. Quand le contrat sera résilié, en exécution de la loi du 16 nivôse, n° 1651, et de la présente, le vendeur, en rentrant en possession de l'immeuble vendu, sera tenu d'entretenir les baux existants, passés par l'acquéreur pendant sa jouissance, si mieux il n'aime indemniser le fermier ou locataire.

22. La résiliation, lorsqu'elle s'opère, ne donne lieu qu'à un droit fixe de 1 fr. pour l'enregistrement.

23. Les mots, « à l'égard des obligations énoncées dans les titres 1, 2, 3, 4 et 5 de ladite résolution, » insérés dans l'art. 11 de la loi du 16 nivôse, n° 1651, sont remplacés par ceux-ci : « à l'égard des obligations énoncées dans les tit. 1, 2, 3, 4 et 5 de la présente. »

24. A la réception de la présente dans chaque administration de canton, le commissaire du directoire exécutif sera tenu, sous sa responsabilité, de faire afficher, aux lieux accoutumés, un avis indicatif des prorogations de délai accordées par les art. 2, 19 et 20 ci-dessus.

Tit. 2.—*Dispositions additionnelles au tit. 3 de la loi du 16 niv., n° 1651.*

25. Quand, par suite d'une renonciation de la femme à la communauté, ou de la dissolution de ladite communauté par le divorce, par la séparation de biens, ou par la mort de l'un des époux, il écherra de liquider les reprises de la femme, en exécution de l'art. 15 de la loi du 16 nivôse, n° 1651, le mari, à défaut d'emploi de la dot et des créances mobilières, ne devra à sa femme, ou à ses héritiers, que les valeurs qu'il a reçues, selon l'échelle de dépréciation, aux époques de chaque payement et remboursement; et, s'il en a fait emploi, même au nom de la communauté, la femme ou ses héritiers seront tenus de l'accepter pour leur tenir lieu des créances ainsi remboursées pendant le cours du papier-monnaie.

26. Il en sera de même à l'égard des remplois qui auront été faits par le mari, des deniers provenus soit de l'aliénation des propres, soit du remboursement des capitaux de rentes constituées dans les pays où elles sont réputées immeubles; le tout, néanmoins, pourvu qu'il y ait eu de sa part déclaration d'emploi et acceptation du remploi par la femme pendant la communauté.

24 niv. an 7 (13 janv. 1799). — Loi qui déclare l'art. 11 de celle du 15 germ. an 4, sur la remise des dépôts, applicable aux syndics ou directeurs de créanciers unis.

2 prair. an 7 (21 mai 1799). — Loi relative à la lésion dans les actes de partage. — V. Succession.

15-16 mars 1848. — Décret qui donne cours forcé aux billets de la banque de France et qui dispense la banque de l'obligation de rembourser ses billets en espèces (D. P. 48. 4. 49).

Art. 2. — *Du cours forcé du papier-monnaie.*

15. Nous avons dit que, par décrets des 19-21 déc. 1789 et 16-17 avril 1790, le gouvernement avait créé un papier-monnaie, sous le nom d'*assignats*, et que les domaines nationaux étaient affectés comme garantie à ces valeurs. L'art. 4 du décret des 16-17 avril 1790 porte : « Les assignats, créés par les décrets des 19-21 déc. 1789, auront cours de monnaie entre toutes personnes dans toute l'étendue du royaume, et seront reçus comme espèces sonnantes dans toutes les caisses publiques et particulières; » et le décret des 12-18 sept. 1790 dit : « Art. 4. En exécution du décret des 16-17 avril dernier, toutes sommes stipulées par acte payables en espèces, pourront être payées en assignats ou promesses d'assignats, nonobstant toutes clauses ou dispositions à ce contraires. » Ainsi, à partir de cette époque, non-seulement on était obligé de recevoir en payement les assignats, mais même toutes stipulations opposées à la faculté de s'acquitter en cette valeur étaient déclarées nulles par la loi.

16. Il a été jugé dans ce sens : 1° que le débiteur d'une somme en espèces a pu se libérer valablement en assignats (Cass. 22 vent., aff. Lebel; 6 germ. an 2, aff. Charpellier) ;—2° Qu'une lettre de change a pu être remboursée en assignats, quoiqu'elle eût été stipulée payable en espèces, et dans un pays où les assignats n'avaient point cours (Cass. 5 oct. 1793, aff. Dupuis-Lejosne *C.* Desmarteaux); — 3° Que, durant le cours du papier-monnaie, un effet de commerce peut être acquitté en assignats; que, par suite, le débiteur ne peut être condamné à payer en numéraire ou à suppléer en assignats la perte que ce papier éprouve sur la place (Cass. 5 frim. an 2 (1); 22 vent. an 2, aff. Lebel; 6 germ. an 2, aff. Charpellier, V. Effets de com., n° 576); —4° Que le débiteur d'un émigré s'est libéré valablement en papier-monnaie, au trésor public, des sommes dues à l'émigré, nonobstant 1° la clause insérée dans le contrat et prohibitive du remboursement en papier-monnaie, 2° une clause spéciale portant que le payement ne pourrait avoir lieu qu'en pays étranger (cons. d'Ét. 22 oct. 1817, aff. Grasset *C.* Montagut).

Art. 3. — *De la suspension des remboursements.*

17. La première loi à laquelle donna lieu la dépréciation du papier-monnaie fut celle du 25 mess. an 3. Un grand nombre de débiteurs étaient très-satisfaits de pouvoir se libérer de leurs dettes avec des assignats. Ils avaient reçu, par exemple, 4,000 fr. en or, ils trouvaient très-commode de payer en assignats portant une valeur nominale semblable, mais qui, en réalité, ne valaient plus que 2,000 fr., que 1,000 fr. et même moins, suivant l'époque de la dépréciation et le lieu où le payement s'effectuait; aussi s'empressaient-ils de s'acquitter avant l'échéance des termes convenus. On n'avait jamais vu des débiteurs si exacts à payer leurs dettes. Un pareil état de choses eût été cause de la ruine d'une multitude de familles si le législateur ne fût pas venu au secours des créanciers par la loi du 25 mess. an 3, qui porte : « Art. 1. Aucun créancier ne peut être contraint de recevoir le remboursement de ce qui lui est dû *avant le terme* porté au titre de la créance. »

18. Cette loi, basée sur un grand principe d'équité, donna néanmoins lieu à de nombreuses contestations. D'abord, comme l'art. 2 porte que « le remboursement de toutes les rentes créées avant le 1er janv. 1792, quelles que soit la nature et la cause d'où elles procèdent, sont provisoirement suspendues, » on imagina de soutenir que la loi ne s'appliquait pas aux créances et rentes postérieures à janvier 1792. Mais l'art. 1 faisait justice de cette objection; aussi a-t-il été jugé que la loi du 25 mess. an 3 est applicable aux créances constituées depuis le 1er janv. 1792, comme à celles qui l'ont été antérieurement (Cass. 21 fév. 1814, M. Cassaigne, rap., aff. Jolly; 1er mars 1814, aff. Beaulier, V. n° 23).

19. La magistrature, guidée par un sentiment de haute équité plutôt que par les principes du droit strict, a étendu autant qu'elle le pouvait les dispositions de la loi du 25 mess. an 3. En effet, elle a jugé : 1° que cette loi est applicable à ceux qui ont, par le titre constitutif de leurs dettes mêmes, la faculté de se libérer dans un temps donné : « Attendu que le jugement attaqué ne contient pas de contravention expresse, soit au texte des art. 1 et 5 de la loi du 25 mess. an 3, soit à l'esprit de cette loi; rejette » (Req. 3 vent. an 10, MM. Merlin, proc. gén., c. conf., Poriquet, rap., aff. Leblanc *C.* Pillard).—Dans l'espèce, le débiteur n'était tenu de se libérer que dans le cours de dix années à partir du 5 flor. an 2; — 2° Qu'elle s'étendait même à toutes les dettes qui n'étaient pas exigibles lors de sa publication, encore que le débiteur se fût réservé la faculté, qui est de droit commun, de se libérer avant le terme, et que le créancier pût réclamer, avec le capital, les intérêts qui en auraient couru, abstraction faite du remboursement, lorsqu'ils sont expressément stipulés dans l'acte d'obligation (Req. 7 déc. 1809) (2).

Comme conséquence de la suspension des remboursements prononcée par la loi, il a été jugé, avec raison, que l'art. 2 de la loi du 25 mess. an 3, ayant provisoirement suspendu le remboursement de toutes les rentes créées avant le 1er janv. 1792, quelles que soient leur nature et la cause dont elles procèdent, il en résulte que les tribunaux ne peuvent déclarer valables les offres réelles faites au préjudice de cette suspension (Cass. 19 vend. an 7, M. Botot, rap., aff. Bohuet *C.* Delattre).—V. en outre n° 28.

20. Les termes de l'art. 1 étaient formels. La loi ne suspendait le payement que des créances non exigibles. — Aussi a-t-il été jugé que la loi du 25 mess. an 3 n'ayant suspendu le remboursement que des obligations à terme, il s'ensuit que le créancier d'une somme exigible lors de sa publication, qui a été payée en assignats, n'est pas recevable à demander la réduction de la quittance qu'il a fournie, encore qu'il eût, après l'exigibilité, accordé un délai indéterminé, à la charge de payer annuellement les intérêts, mais sans toutefois s'interdire les poursuites (Rej. 3 mars 1819, MM. Brisson, pr., Carnot, rap., aff. Saint-Hubert *C.* Lenfant).

21. La loi voulait venir au secours des créanciers contre les débiteurs de mauvaise foi, mais si, par des circonstances quelconques, les créanciers avaient pressé le remboursement avant l'échéance, la raison de la loi n'existait plus. Aussi a-t-il été jugé que les lois relatives à la suspension des remboursements en assignats n'ayant eu d'autre objet que de réprimer l'avidité des débiteurs de mauvaise foi, qui profitaient de la dépréciation du papier-monnaie pour se hâter de se libérer, envers leurs créanciers, en des valeurs à peu près nulles, il en résulte qu'elles ne peuvent être invoquées par des créanciers qui ont eux-mêmes, dans leur propre intérêt, provoqué avant l'échéance le payement de ce qui leur était dû (Cass. 20 déc. 1816, MM. Brisson, pr., Legendre, rap., aff. Franck *C.* Delaval).

22. L'opposition formée au sceau de lettres de ratification, équivalant à une demande en payement, a exclu le créancier opposant du bénéfice de la suspension de remboursement (Req. 21 vend. an 9, M. Lachèze, rap., aff. Guichard *C.* Racle).

23. Mais tout en protégeant les créanciers contre la mauvaise foi des débiteurs, la loi ne pouvait invalider les remboursements qui étaient acceptés volontairement; et pour qu'il n'y ait à cet égard ni erreur ni malentendu, elle exigea (art. 5) qu'il fût stipulé dans l'acte de remboursement que celui qui l'accepte a connaissance de la disposition de loi qui l'autorise à le refuser.—Il a été jugé dans ce sens : 1° que la loi du 25 mess. an 3 exigeant, sans distinction, et non pas seulement pour l'intervalle de temps qui devait s'écouler entre son émanation et sa publication, que l'acte qui constate le remboursement en assignats d'une créance non encore exigible, constate en même temps qu'elle était connue de celui qui l'a acceptée, il s'ensuit que, depuis sa publication, aucun remboursement ne peut être valablement fait, si cette formalité n'a pas été remplie (Req. 3 mess. an 10 (3).—

(1) (Dathis *C.* Boursier.) — Le tribunal; — Vu la disposition de l'art. 3 L. 16 août 1790;—Vu encore l'art. 4 L. 12 sept. 1790;—Casse le jugement du tribunal du district de Lille, du 19 mars 1793, qui a confirmé le jugement de Valenciennes qui condamne Dathis à exécuter une disposition prescrite par les lois citées, et à payer en numéraire ou à suppléer en assignats la perte que Boursier prétendait que les assignats éprouvaient sur la place de Valenciennes, ce qui est en opposition auxdits articles.

Du 5 frim. an 2.-Trib. cass., sect. civ.-MM. Delalonde, pr.-Abrial, commiss.

(2) (Bellon *C.* les commissaires de l'anc. comp. de l'arsenal de Marseille.)—La cour;—Attendu, 1° que l'art. 1 de la loi du 25 mess. an 3 s'applique à toutes les espèces de créances; 2° que l'exigibilité d'une créance ne s'étend que du jour où le créancier peut en exiger le payement, soit que le débiteur se soit ou ne se soit pas réservé la faculté, qui est de droit commun, de payer avant le terme d'exigibilité;—Attendu que la cour d'appel n'a pas dû déclarer les vendeurs non recevables à exercer une action contre laquelle il ne s'élevait ni prescription prononcée par la loi ni prescription conventionnelle;—Attendu que les intérêts de la somme restée due par le demandeur sont expressément stipulés dans le contrat du 27 sept. 1792;—Rejette, etc.

Du 7 déc. 1809.-C. C., sect. req.-MM. Henrion, pr.-Poriquet, rap.

(3) (Carteley *C.* Vareigne.) — La cour; — Considérant que l'art. 5 de la loi du 25 mess. an 3 veut généralement, et sans distinction, que l'acte qui constate le remboursement constate en même temps que celui qui l'a accepté avait connaissance de cette loi du 25 messidor, pour que l'on puisse considérer le remboursement comme valablement fait, et qu'elle n'a point borné la nécessité de cette formalité au seul intervalle

Conf. Cass. 5 vent. an 10, aff. Leblanc, V. n° 19; 24 mess. an 11, aff. Bogard, V. ci-après; Nîmes, 2 mess. an 13, aff. Boyer *C.* Verdier);—2° Que peu importe que la vente eût eu pour objet des biens nationaux, et que le vendeur ait pu se libérer envers le trésor en assignats (Cass. 24 mess. an 11) (1);—3° Que peu importe aussi que les assignats aient été employés utilement par celui qui les a reçus, et qu'ils lui aient servi à se libérer envers la nation de pareille somme que celle portée en la quittance (Cass. 1er mars 1814; 23 août 1819 (2).—Conf. Cass. 21 fév. 1814, M. Cassaigne, rap., aff. Jolly).

24. Nous avons dit, n° 18, que la loi du 25 messidor était applicable aux créances constituées depuis 1792, comme à celles qui l'avaient été antérieurement. C'est donc avec raison qu'il a été jugé que cette loi s'appliquait également aux remboursements faits depuis sa promulgation comme à ceux faits avant (Req. 2 mess. an 11, M. Poriquet, rap., aff. Pairon *C.* Gobert; Cass. 5 vent. an 10, aff. Leblanc; 3 mess. an 10, aff. Cartely; 24 mess. an 11, aff. Bogard, V. le numéro précédent; Merlin, Quest. de droit, v° Pap.-monn., § 1).

25. La loi du 25 mess. a été exécutoire du jour de son émission, même pour les dettes créées depuis le papier-monnaie, et à quelque distance de Paris que se soit opéré le remboursement (Cass. 3 niv. an 13, aff. Bome). — Jugé cependant qu'elle ne s'applique pas aux remboursements faits le jour même, avant l'instant de l'émission de la loi (Cass. 22 avril 1806, MM. Coffinhal, rap., Merlin, pr. gén., c. conf., aff. Boyer *C.* Plouvié).

26. Cette loi, qui suspend provisoirement les remboursements, reçoit une exception du décret du 18 therm. an 3, qui excepte les créanciers des successions bénéficiaires et des faillites, de la défense d'anticiper les payements; un décret du 3 thermidor, même année, ordonne que tout dépositaire soit tenu de rétablir les effets déposés en mêmes espèce et nature.—V. n° 48.

27. La loi du 25 messidor avait suspendu spécialement le remboursement des rentes. Celle du 12 frim. an 4, eut pour but d'autoriser le créancier à refuser le remboursement *des capitaux* dus pour obligations antérieures au 1er vendémiaire précédent. Le législateur complétait ainsi la loi du 25 messidor. — Il a été jugé que la loi du 12 frimaire, qui permettait à tout créancier, qui se croirait lésé par le payement ou remboursement qui lui serait offert, de le refuser, est applicable même à un remboursement offert, suivi d'une consignation antérieure à cette loi, mais faite provisoirement, en vertu d'un jugement dont appel a été interjeté après la publication de la même loi (Req. 15 brum. an 13, M. Genevois, rap., aff. Sicard *C.* Villar).

28. L'art. 1 de la loi dit que le créancier sera libre de refuser le remboursement de toutes obligations publiques ou privées, mais il ajoute : « autres que les effets de commerce de négociant à négociant. » On comprend, en effet, que législateur ne pouvait étendre la loi aux effets de commerce, sans arrêter le cours de toutes les opérations commerciales (V. n° 84). — Le créancier qui, sous la loi du 12 frim. an 4, refuse de recevoir le payement qui lui est offert en assignats, n'est pas obligé de motiver son refus. — Dès lors, les offres faites par le débiteur ne peuvent pas être déclarées valables lorsque le créancier refuse de les accepter, bien qu'il ne donne aucun motif de son refus (Cass. 21 niv. an 9) (3). — V. n° 19.

---

de temps qui devait s'écouler entre son émanation et sa publication; —Rejette, etc.

Du 3 mess. an 10.-C. C.-MM. Malleville, pr -D'Outrepont, rap.

(1) (Bogard *C.* Plumerel.)—La cour;—Vu les art. 1 et 5 de la loi du 25 mess. an 3; — Considérant qu'il est reconnu que Plumerel s'est libéré du prix de son acquisition le 5 frim. an 4, et par conséquent longtemps avant l'échéance des termes convenus par l'acte de vente consenti en sa faveur; — Considérant que le fondé de pouvoir des vendeurs n'a pas déclaré dans sa quittance que les vendeurs eussent connaissance de la loi du 25 mess. an 3; — Que cependant le tribunal, dans le jugement attaqué, a déclaré que Plumerel avait été libéré du prix de son acquisition à l'aide de ce payement;—Que le tribunal a violé, par cette décision, les art. 1 et 5 de cette loi, dont les dispositions ont été en vigueur jusqu'à l'époque de la loi du 15 germ. an 4; — Que ce tribunal a fait en outre une fausse application des lois des 3 niv. an 4 et 2 prair. an 7; que, par la première de ces lois, le législateur a uniquement déclaré que la loi du 12 frim. an 4 n'était point applicable aux sommes dues au trésor public;—Qu'il s'agit au contraire, dans la cause, d'une revente particulière faite par Bogard et consorts à Plumerel;—Que, par l'effet de ce contrat, Plumerel a été constitué débiteur de Bogard et consorts, et non du trésor public;—Que la loi du 2 prair. an 7 a simplement rejeté l'action en rescision à l'égard des ventes et reventes des domaines nationaux; —Que cette loi n'a aucun rapport à l'espèce de la cause, puisqu'il ne s'agit pas d'une action en rescision contre une vente, mais bien d'un payement fait en contravention aux dispositions de la loi du 25 mess. an 3; —Casse le jugement rendu par le tribunal d'appel de Nancy, le 23 prair. an 9.

Du 24 mess. an 11.-C. C., sect. civ.-M. Vergès, rap.

(2) 1re *Espèce* :—(Beaulier *C.* Pierre.)—La cour;—Vu les art. 1, 2 et 5 de la loi du 25 mess. an 3;—Attendu, 1° que l'art. 1 de cette loi dispose qu'aucun créancier ne peut être contraint de recevoir le remboursement de ce qui lui est dû avant le terme porté au titre de créance; — Que cette disposition est générale; qu'il ne s'y trouve aucune distinction, ni entre les créances constituées avant ou après le 1er janv. 1792, ni entre celles constituées avant ou après la création du papier-monnaie, ni entre celles dont les termes de payement seraient échus avant ou après la démonétisation de ce papier; qu'en conséquence, elle s'applique à toutes les créances, quelles que soient la date des titres et les époques des échéances; — Qu'à la vérité, la disposition qui se trouve dans l'art. 2 de la même loi est particulière aux rentes créées avant le 1er janv. 1792; — Mais que la disposition de l'art. 5 se rapporte, tant à l'art. 1 qu'à l'art. 2, puisqu'elle dit, d'une manière générale, que la présente loi ne préjudiciera point aux remboursements qui seront volontairement acceptés, pourvu qu'il soit stipulé dans l'acte qui constatera le remboursement, que celui qui l'a accepté avait connaissance de la présente loi; — D'où il suit que la loi du 25 mess. an 3 est applicable à une créance constituée par acte du 5 frimaire précédent, et qui a été remboursée avant l'échéance des termes, postérieurement à l'émission de cette loi;—2° Que la disposition de l'art. 5 de ladite loi est absolue et impérative; qu'elle ne fait aucune distinction; qu'elle n'admet aucune exception; que cependant l'arrêt dénoncé a décidé que cette disposition générale n'était pas applicable au cas particulier où le créancier avait profité des assignats qui lui avaient été remboursés avant l'échéance des termes, quoiqu'il ne fût pas stipulé dans l'acte constatant le remboursement que le créancier avait connaissance de la loi du 25 mess. an 3; que cet arrêt a donc modifié une disposition générale, créé arbitrairement une exception, et fait céder le texte clair et précis de la loi à un prétendu motif d'équité qu'il n'appartenait qu'au législateur de vérifier et d'adopter; — D'où il suit qu'il a commis un excès de pouvoir et formellement violé la disposition de l'art. 5 de la loi précitée; — Par ces motifs, casse, etc.

Du 1er mars 1814.-C. C., sect. civ.-M. Chabot, rap.

2e *Espèce* :—(Berquin et cons. *C* Guindre et Jacquin.)—La cour;—Vu la loi du 25 mess. an 3, art. 1 et 5;—Considérant qu'en délivrant, en l'an 4, quittance d'une somme qui leur avait été payée en assignats, les Berquin n'ont pas déclaré qu'ils avaient connaissance de la loi ci-dessus citée du 25 mess. an 3; qu'il résulte de cette loi que le payement reçu sans cette stipulation n'a pu préjudicier à leurs droits, et par conséquent que la demande qu'ils ont portée devant les tribunaux était fondée; qu'en rejetant cette demande sous le prétexte que les assignats remboursés aux Berquin leur avaient été profitables, l'arrêt attaqué a contrevenu à la loi ci-dessus, dont la disposition est générale et n'admet pas l'exception que la cour royale a adoptée; — Vu l'art. 2262 c. civ.; — Considérant que la demande des Berquin tendait uniquement à obtenir ce qui leur restait dû sur le prix de la vente qu'ils avaient passée à Villard; que le résultat de cette demande n'était pas de faire déclarer nulle la quittance qu'ils avaient délivrée, puisqu'ils reconnaissaient que cet acte devait produire son effet conformément à la loi du 25 mess. an 3, puisque, d'ailleurs, leur demande aurait pu être accueillie sans qu'il fût besoin de prononcer la nullité de cette quittance; — Considérant qu'aux termes de l'art. 2262 c. civ., l'action qui tend à recouvrer le prix d'une vente d'immeubles peut être exercée pendant trente ans; qu'ainsi, en déclarant cette action soumise à la prescription de dix ans, l'arrêt attaqué a fait une fausse application de l'art. 1304 c. civ. et violé l'article ci-dessus cité; — Casse.

Du 23 août 1819.-C. C., sect. civ.-MM. Desèze, 1er pr.-Zangiacomi, r.

(3) (Pulvignon *C.* Decaen.) — La cour; — Vu les art. 1 et 2 de la loi du 12 frim. an 4; — Et attendu qu'à l'époque où les offres dont il s'agit ont été déclarées valables par le tribunal de commerce de Paris, la loi du 12 frim. an 4 était obligatoire; qu'aux termes de cette loi, le créancier qui refusait n'était point obligé de motiver son refus; — Que la faculté de rembourser, malgré le refus du créancier, n'était réservée par cette loi qu'aux débiteurs d'effets de commerce, et que ce n'était point à ce titre que les frères Pulvignon étaient créanciers de Decaen; — Que, dès lors, le tribunal de commerce, en déclarant, le 14 frim. an 4, que les offres faites par Decaen aux frères Pulvignon étaient valables, et en autorisant la consignation des sommes offertes, est contrevenu à la loi précitée; — Que le tribunal civil du département de la Seine, en confirmant ce jugement du tribunal de commerce, s'est rendu propre la contravention dont il est vicié; — Casse, etc.

Du 21 niv. an 9.-C. C., sect. civ.-M. Basire, rap.

29. Nous avons dit que d'après l'art. 5 de la loi du 25 mess. an 5, la loi ne reconnait pas la validité du remboursement volontairement accepté si le créancier ne déclare pas dans l'acte qu'il avait connaissance de la loi. — Il résulte implicitement de ces dispositions que le créancier qui a reçu, même librement, a une action contre son débiteur, si l'acte ne contient pas la déclaration ci-dessus énoncée. — Mais quel est le caractère et la durée de cette action? Est-ce une action en nullité de la quittance prescriptible par dix ans, aux termes de l'art. 1304? Est-ce une action prescriptible par trente ans, aux termes de l'art. 2262? — Il avait été jugé que cette action était soumise à la prescription de trente ans (Metz, 28 mai 1813, aff. de Fourolles). Depuis, il a été décidé qu'on devait appliquer la prescription de dix ans (Metz, 6 juill. et 10 août 1814, aff. Besseret et Berquin; 2 mai 1817, aff. Menal).—Mais la cour suprême a cassé tous les arrêts qui appliquaient la prescription de dix ans (Cass. 3 déc. 1817; 7 avril 1818 (1); 7 déc. 1809, aff. Belon, V. nº 19; 23 août 1819, aff. Berquin, V. nº 23; 30 août 1820, M. Brisson, pr., aff. François C. Menal. — Conf. Merlin, Quest., vº Papier-monnaie, § 1).

Art. 4. — *Du payement et de la réduction des obligations. — Tuteurs. — Dépositaires. — Emigrés.*

30. La dépréciation successive des assignats et celle des mandats territoriaux qui les avaient remplacés (V. nº 7), fit reconnaître au législateur qu'il y avait nécessité de prendre des mesures pour apporter remède au préjudice qu'éprouvaient les particuliers dans leurs diverses transactions; de là : 1º la loi du 25 mess. an 3, qui suspend le remboursement des rentes, et dont nous avons exposé les dispositions, nºs 17 et suiv.; — 2º La loi du 12 frimaire an 4, qui autorise le refus de remboursement des capitaux dus par obligations antérieures au 1er vend. an 4, autres que les effets de commerce (V. nº 27); — 3º La loi du 15 germ. an 4 qui, en raison de l'émission d'un nouveau papier-monnaie, les mandats, lève la suspension des remboursements, et détermine en outre le mode de payement des loyers et fermages; — 4º La loi du 29 mess. an 4, qui rapporte les art. 2 et 3 de la loi du 15 germ. précédent, en raison de la dépréciation rapide des mandats; — 5º La loi du 5 therm. an 4, d'après laquelle chaque citoyen devient libre de contracter comme bon lui semble, et dispose que les obligations souscrites devront être exécutées dans les termes et valeurs stipulés; — 6º La loi du 16 pluv. an 5, portant que les mandats n'auront plus cours forcé de monnaie entre particuliers; — 7º La loi du 5 mess. an 5, statuant que, pour les cas où il y aura lieu à réduction dans les transactions passées entre particuliers pendant la durée du papier-monnaie, il sera fait dans chaque département un tableau de la dépréciation progressive. — L'art. 1 de cette loi pose le principe général en vertu duquel on doit opérer. Il porte : « Lorsqu'il y aura lieu à réduire en numéraire métallique la valeur nominale d'une obligation, la réduction sera faite eu égard à la *valeur d'opinion* du papier-monnaie au moment du contrat, dans le département où il aura été fait; » et ce principe général ne résulte pas seulement de cette loi, il découle de l'ensemble de toutes les dispositions législatives de cette époque, des art. 9 et 15 de la loi du 11 frim. an 6, de l'art. 22 de celle du 16 niv. et de l'art. 1 du 9 mess. an 6. — La pensée dominante du législateur a été que, dans les réductions, on remontât à l'origine connue de la dette, sans s'arrêter à la date du titre.—Il a été jugé, conformément à ce principe, qu'il faut, pour opérer la réduction en numéraire de fournitures faites pendant le cours du papier-monnaie, se reporter, non à l'époque du règlement des comptes, mais à celle de la livraison des fournitures (Cass. 12 vent. an 10) (2). — C'est la somme réduite d'après l'échelle de dépréciation qui doit déterminer le degré de juridiction et non celle portée sur l'obligation. V. Degré de jur., nº 90-3º.

31. Enfin d'autres lois ont été rendues dans le même but, ce sont : 1º la loi du 14 fruct. an 5, d'après laquelle devaient être acquittées en numéraire et sans réduction les obligations contractées après le 1er janv. 1791, si le titre indiquait que la créance était antérieure, et qu'à défaut d'indication la preuve pouvait résulter d'autres écrits émanés du débiteur ou de son interrogatoire sur faits et articles; — 2º La loi du 15 fruct. an 5, qui détermine le mode de remboursement des obligations entre particuliers d'une date antérieure au 1er janv. 1791, ou à l'introduction du papier-monnaie; — 3º La loi du 11 frim. an 6, qui fixe le mode de remboursement des obligations contractées pendant la dépréciation du papier-monnaie (V. cette loi, p. 6, complétée par la loi additionnelle du 16 niv. suivant). Quant aux décrets et lois concernant le payement des rentes, V. nº 59, des fermages, V. nº 57.

32. En retraçant le but et les dispositions principales des diverses lois que nous venons de rappeler, on suit en quelque sorte pas à pas l'histoire du papier-monnaie et ses vicissitudes pendant le cours de la révolution.

33. D'après l'art. 1 de la loi du 11 frim. an 6, toute suspension de payements était levée à l'égard des obligations survenues durant la dépréciation du papier. L'art. 2 porte : « Les obligations contractées pour simple prêt, en dette à jour ou autrement, depuis le 1er janv. 1791 jusqu'à la publication de la loi du 29 mess. an 4, seront censées consenties valeur nomi-

(1) 1re *Espèce :* — (Blanc C. Gérardot.)— La cour; — Vu l'art. 5 de la loi du 25 mess. an 3, portant : « La présente loi ne pourra être opposée à la femme ou à ses héritiers, qui déclareront ne pas vouloir en profiter, et elle ne préjudiciera point aux remboursements qui seraient volontairement acceptés, pourvu qu'il soit stipulé dans l'acte qui constatera le remboursement que celui qui l'a accepté avait connaissance de la présente loi; » — Vu aussi l'art. 1356 c. civ., conçu en ces termes : « L'aveu judiciaire est la déclaration que fait en justice la partie ou son fondé de pouvoir spécial. Il fait pleine foi contre celui qui l'a fait. Il ne peut être divisé contre lui..... » — Attendu que la demande de Blanc est fondée en titre, et que le défendeur n'a pas justifié de sa libération; — Attendu que, si le demandeur est convenu d'avoir reçu de Gérardot le montant du prix de la vente dont il s'agit, il a modifié son aveu par la déclaration qu'il a faite de n'avoir reçu son remboursement qu'en assignats, postérieurement à la loi du 25 mess. an 3, dont il ne connaissait pas la teneur; — Et attendu qu'il ne s'est pas écoulé un temps suffisant pour prescrire, depuis la dette contractée par le défendeur, jusqu'à l'introduction de l'instance; — Casse, etc.

Du 3 déc. 1817.-C. C., sect. civ.-MM. Desèze, 1er pr.-Carnot, rap.-Joubert, av. gén., c. conf.-Leroy de Neuf-Villette, av.

2e *Espèce :* — (Labbé et Paumier C. Clausse.) — La cour (ap. dél. en ch. du cons.); — Vu l'art. 2262 c. civ.; — Considérant que la demande de Paumier et de Labbé tendait uniquement à obtenir ce qui leur restait dû sur le prix de la vente qu'ils avaient passée à Clausse; que le résultat de cette demande n'était pas de faire déclarer nulle la quittance qu'ils avaient délivrée à Clausse, puisqu'ils reconnaissaient positivement que cet acte devait produire son effet conformément à la loi du 25 mess. an 3, puisque, d'ailleurs, leur demande aurait pu être accueillie sans qu'il fût besoin de prononcer la nullité de cette quittance; — Considérant qu'aux termes de l'art. 2262 c. civ., l'action qui tend à recouvrer le prix d'une vente d'immeubles peut être exercée pendant trente ans; qu'ainsi, en déclarant cette action soumise à la prescription de dix ans, l'arrêt attaqué a fait une fausse application de l'art. 1304 c. civ., et violé l'article ci-dessus; — Casse.

Du 7 avril 1818.-C. C. sect. civ.-MM. Brisson, pr.-Zangiacomi, rap.-Joubert, av. gén., c. conf.-Guény et Delagrange, av.

(2) (Pézé C. veuve Doyen.) — La cour; — Attendu que le jugement attaqué pouvait d'autant moins s'arrêter à la date du règlement du tiers arbitre, que l'art. 1 de la loi du 5 mess. an 5 porte : Lorsqu'il y aura lieu à réduire en numéraire métallique la valeur nominale d'une obligation, la réduction sera faite eu égard à la valeur d'opinion du papier-monnaie, au moment du contrat, dans le département où il aura été fait; — Attendu que les art. 9 et 15 de la loi du 11 frim. an 6, l'art. 22 de celle du 16 nivôse, et l'art. 1 de celle du 9 mess. an 6, et une foule d'autres parfaitement d'accord avec les dispositions ci-dessus citées, prouvent que l'intention aussi juste qu'invariable des législateurs a été que, dans les réductions, on remontât à l'origine connue de la dette, sans s'arrêter à la date du titre; — Attendu que le tribunal civil du département de Seine-et-Oise a supposé, avec les juges de première instance, sans la moindre preuve, que le tiers arbitre avait mis à l'écart toutes les lois, et avait estimé la totalité des fournitures et des constructions faites par le demandeur à une somme en assignats, valeur du 18 niv. an 4, c'est-à-dire, à une somme ne valant pas même 130 liv. en numéraire, supposition vraiment révoltante et désavouée par la défenderesse même, qui, par de simples à-compte, a payé au demandeur des valeurs assignats montant à plusieurs millions de livres écus, selon ses propres aveux; d'où il résulte que le jugement attaqué n'a pas moins violé les lois ci-dessus relatées, que les principes d'équité et de justice; — Casse, etc.

Du 12 vent. an 10.-C. C., sect. civ.-M. d'Outrepont, rap.

nale du papier-monnaie ayant cours, lorsque le contraire ne sera pas prouvé par le titre même, et à ce défaut par des écrits émanés des débiteurs ou par leur interrogatoire sur faits et articles. » — Et « le montant de ces obligations, ajoute l'art. 4, sauf certaines conditions énoncées ci-après et pour toutes les sommes qui y ont donné lieu, sera réduit en numéraire métallique, suivant le tableau de dépréciation ordonné par la loi. »

34. Les dispositions de ces diverses lois ont donné lieu à de nombreuses contestations. Comme aujourd'hui elles ont perdu toute espèce d'intérêt, nous nous bornons à les rappeler sommairement.—Jugé que le remboursement stipulé en matière d'or ou d'argent, ou en assignats, s'ils ont encore cours au moment du payement, doit être fait en numéraire, si le cours des assignats a cessé (Cass. 1er therm. an 10) (1); —... Et sans réduction (Sect. réun., cass. 15 flor. an 12 (2); Rennes, 15 juin 1819, aff. Bounté C. Blin; Merlin, Quest., v° Pap.-monn., § 5).—La stipulation en numéraire reste et doit recevoir son exécution pleine et entière, du moment que les assignats n'existent plus comme monnaie au moment du remboursement. — Si cependant le débiteur avait remboursé en assignats et, d'après l'échelle de dépréciation, une plus forte somme nominale, il ne pourrait répéter cet excédant, attendu qu'il n'a fait en cela que remplir une obligation naturelle (Grenoble, 25 août 1809, aff. Meruell C. Rosset).

35. Celui qui, pendant le cours du papier-monnaie, a accepté l'obligation d'acquitter une créance en numéraire, ne peut demander qu'elle soit réduite d'après l'échelle de dépréciation (Cass. 8 brum. an 12, aff. Blanc C. Jourdan).—De même, lorsqu'un débiteur a été condamné par un jugement en dernier ressort à payer sa dette en numéraire, on ne peut ensuite, sans violer la chose jugée, l'autoriser à payer en assignats, d'après l'échelle de dépréciation (Cass. 23 niv. an 7, MM. Bayard, pr., Arraud, rap., aff. Hubert C. Lorrin).

36. La réduction en numéraire de la valeur nominale d'une obligation doit être faite d'après l'échelle de dépréciation du département où l'obligation a été contractée et doit être exécutée, et non d'après celle où le débiteur est domicilié (Cass. 28 mess. an 13, M. Cochard, rap., aff. Rossigneux, C. Belot).

37. Celui qui durant le cours du papier-monnaie s'était obligé de faire un remboursement en piastres, n'a pu se libérer en valeur correspondant en assignats, suivant l'échelle de dépréciation (L. 15 fruct. an 5, art. 5 et 6; L. 11 frim. an 6, art. 5; Rennes, 15 juin 1819, aff. Bonté C. Blin et Salentin.)

38. Quoique les lois intervenues sur les transactions passées durant le cours du papier-monnaie n'aient pas astreint les débiteurs à payer en numéraire, lors même qu'il y aurait à cet égard une stipulation expresse, elles les y ont néanmoins soumis pour les cas où il résulte des circonstances particulières que telle a été l'intention des parties. Ainsi, il n'y a pas ouverture à cassation contre un arrêt qui rejette la demande en réduction formée par un acquéreur, sur le fondement que l'intention de payer en numéraire résulte évidemment des clauses du contrat de vente, notamment de celle par laquelle l'acquéreur s'interdit la faculté d'anticiper le payement, attendu que ce n'est qu'à cette condition, et sous la foi de son exécution, que la vente en a été consentie et le prix déterminé (Rej., 21 vent. an 10, M. Pajon, rap. aff. Moyard C. Saint-Denis).

39. La loi du 11 frim. an 6 porte, art. 5 : « Lorsque l'obligation a été passée à plus de deux ans de terme au delà de l'époque du 29 mess. an 4, le débiteur ne sera admis à demander la réduction en numéraire métallique qu'autant qu'il aura légalement notifié au créancier, dans les deux mois qui suivront la publication de la présente pour tout délai, à peine de déchéance, la renonciation aux termes à échoir, avec offre de rembourser le capital réduit dans le délai d'une année, sans préjudice néanmoins de la prorogation autorisée par l'art. 18 ci-après. »

40. Jugé que l'art. 5 de cette loi, qui prescrivait au débiteur d'une obligation constituée en valeur de papier-monnaie de notifier au créancier, dans les deux mois, sa renonciation aux termes à échoir, avec offre de rembourser en numéraire le capital réduit suivant l'échelle de dépréciation, le tout sous peine de ne pouvoir plus demander de réduction, ne s'appliquait pas aux obligations dont l'échéance était éventuelle et indéterminée, comme si, par exemple, elle était fixée après le décès d'une ou plusieurs personnes (Req. 25 juin 1833) (3).—L'échéance de l'obligation était fixée, dans l'espèce, après le décès de deux époux qui étaient conjointement débiteurs ; et ce double décès ne s'est réalisé qu'en 1819, tandis que l'obligation était du 27 vent. an 4.

41. Ce n'est qu'autant qu'il a légalement notifié au créancier, dans les deux mois de la publication de la loi du 11 frim. an 6, sa renonciation aux termes à échoir, avec offre de rem-

---

(1) (Veuve Carboué C. Duchâtel.) — LA COUR ; — Vu l'art. 5 de la loi du 15 fruct. an 5, et les art. 2, 4 et 8 de celle du 11 frim. an 6 ; — Attendu que dans l'espèce, la stipulation en numéraire est très-expresse, puisque les prêteurs ont expressément prévu le cas de la suppression des assignats, et bien expressément voulu être payés en numéraire métallique, ce cas arrivant ; — Attendu qu'une pareille stipulation a dû être exécutée quoique accompagnée de l'alternative (ou en assignats s'ils avaient cours), puisque cette alternative étant anéantie par la disparition des assignats, cette stipulation ne peut plus être exécutée qu'en numéraire métallique; — Attendu qu'il n'est pas possible de donner à une pareille stipulation, qui n'avait rien de contraire aux lois existantes lorsqu'elle fut faite, moins d'effet qu'à des stipulations prohibées par les lois du temps où elles ont été faites, et pourtant maintenues par la loi de fruct. an 5 ; — Attendu d'autre part, que la loi de fruct. an 5, embrassant par la généralité des expressions de son art, 6, les prêts en papier-monnaie stipulés payables en numéraire métallique, on ne peut appliquer qu'aux prêts en papier-monnaie où telle stipulation ne se rencontre pas les art. 2 et 4 de celle de frim. an 6, qui, ne contiennent aucune expression de laquelle on puisse induire une dérogation à l'art. 6 de celle de fructidor ; —Attendu qu'on peut d'autant moins présumer qu'en frim. an 6, les législateurs aient voulu déroger en ce point à la loi de fruct. an 5, que dans l'art. 8 de la loi de frim. an 6, on trouve une dérogation expresse à l'art. 7 de la loi de fruct. an 5, car d'un côté cette dérogation spéciale emporte la confirmation du surplus de la loi de fruct. an 5, d'après la règle *qui de uno dicit de altero negat*, d'autre côté, cette dérogation-là même étant limitée au cas de lésion d'outre moitié, est inconciliable avec l'idée que les législateurs aient voulu que les prêts en papier-monnaie, stipulés payables en numéraire, fussent sujets à réduction pour si légère que fût sa lésion ; — Casse, etc.

Du 1er therm. an 10.-C. C., sect. civ.-MM. Riolz, rap.-Lecoutour, subst., c. conf.

(2) (Carboué C. Duchâtel.) — LA COUR ; — Vu l'art. 6 de la loi du 15 fruct. an 5 ; — Et considérant que la loi du 11 frim. an 6 ne statue généralement que par rapport aux obligations contractées en assignats, sans condition expresse sur le mode de remboursement; — Que cela est démontré par la loi même, qui, voulent modifier la disposition de l'art. 7 de la loi du 15 fruct. an 5, relatif aux obligations dont le remboursement avait été stipulé en grains, denrées ou marchandises, a fait pour cet objet une disposition particulière dans son art. 8, et autorisé la réduction de semblables obligations, si le remboursement stipulé excédait de moitié la valeur des assignats fournis;—Que cette disposition, particulière pour le cas qu'elle exprime, prouve que l'intention du législateur ne fut pas que la loi du 22 frim. an 6 s'étendît généralement à toutes les obligations contractées en assignats, quelle qu'eût été la convention des parties sur le mode de remboursement ;—Qu'aucune disposition de cette loi ne modifie l'art. 6 de la loi du 15 fruct. an 5, et qu'ainsi cet article doit être exécuté, comme aurait dû l'être l'art. 6, s'il n'eût été modifié ; — Que par l'acte du 5 août 1785, le remboursement a été stipulé en espèces de matière d'or ou d'argent, ou assignats, s'ils avaient cours au terme du payement ; que les assignats étant anéantis à cette époque, l'obligation, d'alternative qu'elle était, est devenue pure et simple, comme si elle avait été uniquement faite à charge de payer en numéraire métallique ; que telle fut même l'intention des parties en souscrivant un engagement aléatoire, dont la chance pouvait aussi bien tourner contre le prêteur que contre l'emprunteur; — D'où il suit qu'en recevant le défendeur à payer suivant l'échelle de réduction, le jugement attaqué a fait une fausse application de la loi du 11 frim. an 6, et a violé l'art. 6 de celle du 15 fruct. an 5 ; en conséquence; casse, etc.

Du 15 flor. an 12.-C. C., sect. réun.-MM. Maleville, pr.-Gandon, rap.-Merlin, pr. gén., c. conf.-Gérardin, av.

(3) (Joubert C. Caffin et autres.) — LA COUR ; — Sur le troisième moyen : — Attendu que, s'agissant dans la cause d'une dette vraiment constituée en valeur de papier-monnaie, et dont l'échéance était éventuelle, indéterminée, il n'y avait pas lieu à l'application de l'art. 5 de la loi du 11 frim. an 6 ; — Qu'ainsi, en se fondant sur la date de l'obligation, sur les termes de l'acte, l'intention et la volonté des parties, pour ordonner la réduction de la dette, d'après l'échelle de dépréciation des assignats à l'époque où elle fut contractée, l'arrêt (de la cour de Poitiers du 9 mars 1831), loin de violer l'art. 5 de la loi du 11 frim. an 6, s'est justement conformé à l'art. 2 de ladite loi, dont il a fait une saine et équitable application à la cause ; — Rejette.

Du 25 juin 1833.-C. C., ch. req.-MM. Zangiacomi, pr.-Gartempe, r.

pour un prix en assignats, a transporté avec garantie une rente établie par un titre antérieur à 1791, ne peut être contraint, lorsque la garantie est exercée contre lui, qu'à restituer au cessionnaire le prix du transport au taux de l'échelle de dépréciation du papier-monnaie (Req. 4 fruct. an 12) (1); — 3° Que les intérêts qui ont couru pendant la circulation du papier-monnaie, doivent être réduits conformément aux tableaux de dépréciation (Agen, 11 juin 1809, M. Bergognié, pr., aff. Lavignan *C.* Mascazas; Cass. 17 mars 1824, MM. Brisson, pr., Vergès, rap., Cahier, av. gén., c. conf., aff. Belin *C.* Valès); — 4° Que, de même, les intérêts d'un legs fait pour tenir lieu de légitime à un enfant, courus dans le même intervalle, sont, comme ceux des pensions, soumis à la retenue d'après le tableau de dépréciation (Cass. 13 fév. 1833, MM. Portalis, pr., Vergès, rap., aff. Albarel); — 5° Qu'il en est de même des arrérages d'une rente dont le capital a été employé au payement du prix d'un immeuble, avec subrogation aux droits du vendeur (Paris, 7 fruct. an 12, aff. Dumoutier *C.* Dorcy).

53. En ce qui concerne les *rentes foncières*, il a été jugé : 1° qu'une rente foncière, stipulée rachetable, et créée durant le cours du papier-monnaie sur un immeuble qui a successivement passé en plusieurs mains, devant être considérée comme une charge inhérente à l'immeuble, et non simplement comme le prix des dernières ventes, son capital ne peut pas être sujet à la réduction dont parle la loi du 16 niv. an 6 (Req. 13 frim. an 12, MM. Target, pr., Genevois, rap., aff. Leprieur *C.* Derlieu); — 2° Que le débiteur d'une rente foncière qui l'a rachetée en papier-monnaie, ne peut pas se refuser à la réduction de ce qu'il a droit de réclamer de son codébiteur (Cass. 7 nov. 1809) (2).

54. En ce qui concerne les *rentes viagères*, constituées au profit d'une personne, la loi du 13 pluv. an 6, relative aux rentes viagères créées pendant la durée de la dépréciation du papier-monnaie, détermine les cas dans lesquels ces rentes doivent être acquittées avec ou sans réduction (V. la loi, p. 8). — Il a été jugé : 1° qu'une rente viagère constituée pendant le cours des assignats au profit d'un individu, pour prix de sa part dans une société, devant être considérée comme provenant d'un capital fourni en valeur métallique, ne peut pas, aux termes de l'art. 3 de la loi du 13 pluv. an 6, être soumise à la réduction (Cass. 6 vend. an 11, M. Pajon, rap., aff. Joyer *C.* Daubré); — 2° Que les rentes viagères créées pour des capitaux fournis en papier-monnaie, encore qu'elles soient réductibles, ne sont pas remboursables au gré du débiteur : peu importe que ce débiteur soit mineur, et ait intérêt à se libérer (Cass. 28 flor. an 9, M. Aumont, rap., aff. Mathevot *C.* Brachet); — 3° Qu'une rente viagère créée pendant le cours du papier-monnaie n'est payable que d'après réduction, encore que l'acte constitutif contienne une délégation par le créancier, débiteur lui-même d'une autre rente payable en numéraire (Cass. 3 frim. an 9, M. Babille, rap., aff. Duchesne *C.* Vallet); — 4° Qu'une délégation imparfaite qui ne fait pas acquérir aux délégataires les droits des déléguants contre les délégués, ne peut avoir la force d'imposer au débiteur d'une rente viagère créée en assignats l'obligation de la servir sans réduction (Cass. 14 flor. an 9, M. Marmont, rap., aff. Bourgoin *C.* Bureau).

55. La loi du 13 pluv. an 6 dispose dans son art. 13 ainsi qu'il suit : « Dans tous les cas ci-dessus prévus, il sera libre aux débiteurs de rentes viagères d'en requérir la réduction aux divers taux réglés par les art. 5, 6, 7, 8, 9 et 12, ce qu'ils seront tenus de dénoncer à personne ou à domicile, dans le délai de deux mois à dater de la publication de la présente; à défaut de quoi, ils seront censés avoir opté pour la continuation de paye-

---

Attendu que, dans l'espèce, il s'agissait seulement d'arrérages de rentes et pensions; — Que les arrérages étaient échus pour partie dans l'intervalle du 1er janv. 1791 à la publication de la loi du 29 mess. an 4, et, par conséquent, à une époque où, quoique stipulés expressément payables en numéraire, ils ne pouvaient cependant être exigés qu'avec réduction;

Que, d'ailleurs, la promesse expresse de payer le capital et les arrérages en numéraire est insérée dans un acte du 30 sept. 1790, et antérieur, par conséquent, au 1er janv. 1791; — Et qu'ainsi le jugement attaqué, en ordonnant, d'après l'art. 2 de la loi du 15 pluviôse et l'art. 5 de celle du 15 fruct an 5, le payement même de cette portion d'arrérages en numéraire et sans réduction, a tout ensemble violé cet art. 2 de la loi du 15 pluviôse, ainsi que l'art. 3 de celle du 26 brumaire, et fait une fausse application de l'art. 5 de celle du 15 fructidor; — Casse et annule le jugement rendu par le tribunal d'appel de Nîmes, le 3 germ. an 9.

Du 29 brum. an 11.-C. C., sect. civ.-M. Babille rap.

(1) (Hennet *C.* Hennet.) — La cour; — Considérant que la loi du 14 fruct. an 5 ne rappelle l'origine de la dette que pour assujettir le débiteur à l'acquitter selon la valeur réelle qu'elle avait alors, et que loin de vouloir que le papier-monnaie qui a formé le prix du transport d'une dette originairement contractée en numéraire fût restitué en numéraire, il est clair qu'elle a entendu que pour opérer exactement cette restitution, on remontât simplement à la date de la délivrance de la somme à restituer; — Considérant que la loi du 11 frim. an 6, qui règle le mode de payement des obligations causées pour simple prêt, et renouvelées à des époques diverses, ne s'applique aux cessionnaires de ces obligations que pour leur donner les mêmes droits qu'auraient les cédants contre les débiteurs cédés, et qu'en cela elle n'impose aux débiteurs aucune charge au delà de ce dont ils sont convenus au moment même où ils se sont obligés; — Considérant que pour donner aux art. 9 et 11 de cette loi un sens tel que le cessionnaire eût jamais le droit de se faire restituer par son cédant une valeur supérieure à celle qui a réellement formé le prix du transport, il faudrait renoncer à l'acception naturelle du mot *restituer*, et supposer au législateur l'intention d'ériger en règles de droit une injustice évidente; d'où il résulte qu'on reconnaît, dans la loi du 11 frim. an 6, le même principe d'équité que dans celle susdite du 14 fruct. an 5; — Considérant que le même principe se retrouve dans la loi du 16 niv. an 6, à l'égard des débiteurs de rentes, soit viagères, soit perpétuelles, qui ont été créées pour cause d'aliénations d'immeubles, puisqu'elle n'assujettit les débiteurs de ces rentes à les acquitter en numéraire, sans réduction, que dans le cas où, reconnaissant spontanément la souveraine équité de ce mode d'acquittement, ils le préfèrent à l'exercice de la faculté qu'elle leur réserve de résilier le contrat d'aliénation;

Considérant que la loi du 27 thermidor suivant est encore basée sur la même règle d'équité; que l'esprit général de toute cette législation est que tout débiteur se libère en payant la valeur réelle de sa dette, et qu'il ne puisse jamais être contraint de payer au delà de cette valeur; — Considérant ensuite que l'obligation de ladite veuve Hennet, quelque nom qu'on lui donne, ne peut point remonter au delà du jour du contrat qu'elle a passé avec le sieur Hennet; — Considérant que les capitaux de deniers qui ont formé le prix du transport du 25 flor. an 3 consistaient en assignats qui n'avaient de valeur réelle que celle résultante de l'échelle de dépréciation du papier-monnaie, à cette époque, et que c'est précisément sur cette valeur réelle que le jugement attaqué a condamné la dame veuve Hennet à en faire la restitution au sieur Hennet; — De tout quoi il résulte, que loin d'y contrevenir, le tribunal d'appel de Douai s'est parfaitement conformé à l'esprit et à la lettre des lois des 14 fruct. an 5, 11 frim., 16 niv. et 27 therm. an 6; — Rejette.

Du 4 fruct. an 12.-C. C., sect. req.-MM. Target, pr.-Bailly, rap.-Pons, subst., c. conf.-Gérardin, av.

(2) (Champagnac *C.* Champagnac.) — La cour; — Vu les art. 10 et 11 de la loi du 11 frim. an 6; — Et attendu que les art. 1 et 2 de la loi du 29 décembre 1790 ne font que poser les principes généraux sur le rachat des rentes établies sur des fonds possédés par plusieurs copropriétaires, et qu'ils ne peuvent pas avoir leur application à des payements faits en papier-monnaie, qui sont régis par des lois particulières; que la loi du 11 frim. an 6 a établi des exceptions à ces règles générales pour les payements faits en papier-monnaie, et a disposé expressément que le créancier dont les deniers ont été employés avec subrogation au payement d'une dette ancienne et non sujette à réduction, ne peut se prévaloir de cette subrogation pour s'exempter de la réduction de sa créance, et qu'il en est de même du coobligé qui s'est fait subroger aux droits du créancier commun; — Que les créanciers qui ont rapporté une subrogation expresse des droits des créanciers anciens payés de leurs deniers ne peuvent se soustraire à la réduction, à plus forte raison doit-on y soumettre ceux qui n'ont qu'une subrogation tacite; — Que l'art. 11 de cette même loi, en faisant l'énumération des cas auxquels la réduction n'est pas applicable, n'y a pas compris les payements faits à la décharge d'autrui, mais seulement les cessions ou transports de dettes et les délégations ou indications de payement; que ce n'est que les cessionnaires ou délégataires qu'elle autorise à faire valoir en entier les droits des cédants et déléguants contre les débiteurs cédés ou délégués; — Que Benoît Champagnac n'avait pas rapporté cession des droits des anciens créanciers de la rente dont il s'agit; qu'il avait, au contraire, déclaré expressément qu'il entendait acquitter une dette de la succession de son père, et qu'il n'avait requis qu'une simple quittance, sans demander seulement la subrogation aux droits du créancier payé; — D'où il suit que l'arrêt attaqué, en exemptant de la réduction le payement fait par Benoît Champagnac en papier-monnaie, le 16 therm. an 4, a fait une fausse application de la loi du 29 déc. 1790, et a violé les art. 10 et 11 de la loi du 11 frim. an 6; — Casse, etc.

Du 7 nov. 1809.-C. C., sect. civ.-MM. Liborel, pr.-Audier-Massillon, rap.-Lecoutour, subst., c. conf.-Gérardin, av.

ment de la rente au taux et à la valeur nominale déterminés par la convention. — Le législateur, par l'art. 1 de la loi du 26 prair. an 6, a *prorogé* d'un mois le *délai* de deux mois fixé par la loi précédente.

56. Ces délais accordés sont-ils des délais de rigueur, ou ne renferment-ils qu'une disposition simplement comminatoire?—Il a été jugé : 1° que les tribunaux n'ayant pas le droit de faire des distinctions qui ne sont pas dans la loi, il s'ensuit qu'ils ne peuvent, sans excès de pouvoir, accorder la réduction d'une rente viagère à un débiteur qui ne l'a pas requise dans les délais prescrits par les lois des 13 pluv. et 26 prair. an 6, sous prétexte qu'il a soutenu ne rien devoir (Cass. 23 therm. an 9, M. Oudot, rap., aff. Poulin *C.* Cottu); — 2° Que le débiteur d'une rente viagère créée pour un capital fourni en papier-monnaie, qui n'a fait aucune déclaration ou notification tendante à réduction, ni dans les deux mois à compter de la publication de la loi du 13 pluv. an 6 (art. 13), ni dans le délai de faveur d'un mois accordé à partir de sa publication, par la loi du 26 prair. an 8, est irrévocablement déchu de la faculté de demander cette réduction, et les tribunaux ne peuvent, sans excès de pouvoir, décider que la déchéance n'a commencé à courir que du jour de la présentation du titre par le créancier (Cass. 19 germ. an 12, MM. Maleville, pr., Bailly, rap., aff. Vial *C.* Savalette);—3° Qu'un créancier ne pouvant pas avoir des droits plus étendus que son débiteur, il s'ensuit qu'après l'expiration d'un mois, à partir de la publication de la loi du 9 floréal, ou, en tous cas, de celle du 26 prair. an 6, il est déchu de la faculté de demander la réduction du capital d'une rente viagère créée par son débiteur pendant le cours du papier-monnaie. Substituer à ce délai légal un autre délai quelconque, celui, par exemple, de la production du titre de la rente dans le procès-verbal d'ordre, serait ouvrir la porte à une foule d'abus et de fraudes au préjudice du droit incontestablement acquis (Cass. 21 vent. an 13, MM. Maleville, pr., Bailly, rap., aff. Labarre *C.* Delaunay).

Quant au payement des rentes viagères crées pour cause d'aliénation d'immeubles, V. p. 7, l'art. 7 de la loi du 16 niv. an 6 (Bull., n° 1651).

ART. 6. — *Du payement des fermages de biens ruraux et loyers des maisons.*

57. Le mode de payement des fermages de biens ruraux et de loyers de maisons a été réglé pendant la révolution par plusieurs lois qui sont aujourd'hui sans intérêt. Nous nous bornons à les rappeler sommairement : 1° le décret du 16 brum. an 2 (placé par erreur dans toutes les collections de lois sous la date du 16 frim. an 2), portant que les baux des biens nationaux produisant des grains, du foin ou des légumes à gousse seront payés en nature à compter du jour de la publication du décret (V. Domaine nat., p. 318); — 2° La loi du 28 therm. an 2, qui porte que « les fermiers de biens nationaux qui sont dans l'impossibilité de satisfaire à celle du 16 brum. (précédent), concernant le payement en nature pourront se libérer en assignats (V. Domaine nat., p. 318);» — 3° Le décret du 2 therm. an 3, relatif au payement de la contribution foncière du prix des baux stipulés en argent, et aux demandes en dégrèvement;—4° La loi du 18 fruct. an 4, qui autorise la réduction du prix des baux passés postérieurement au 1er janv. 1792;—5° La loi du 9 fruct. an 5, relative également à la réduction du prix des baux passés postérieurement au 1er janv. 1792;—6° Une autre loi du même jour, du 9 fruct. an 5, concernant le mode de payement des fermages des biens nationaux;—7° La loi des 6 et 17 mess. an 6, relative au cas et au mode de réduction du prix et de résiliation des baux à ferme passés pendant la dépréciation du papier-monnaie; — 8° Enfin l'art. 9 de la loi du 16 niv. an 6, qui règle le mode de payement de la location pour le cas où le vendeur de l'immeuble s'en est réservé la jouissance pendant un certain temps.

58. Ces lois, dont les effets n'ont été sensibles que pendant la durée de l'époque révolutionnaire, n'ont donné lieu à aucune contestation dont il soit resté des traces, si ce n'est aux arrêts suivants. — Il a été jugé : 1° que la réduction du loyer d'une maison ne doit jamais avoir lieu que conformément aux art. 3 et 9 combinés de la loi du 16 niv. an 6. On ne peut donc pas substituer à ces bases la charge de prendre en considération, pour la fixation de ce loyer, une rente à laquelle la maison est affectée, et que le locateur, originairement vendeur, s'est expressément obligé à rembourser (Cass. 10 prair. an 12, M. Cochard, rap., aff. Millin *C.* Bonnardot); — 2° Que les loyers de maisons d'habitation échus pendant le cours du papier-monnaie, devant, aux termes de l'art. 17 de la loi du 9 fruct. an 5, être payés en assignats, valeur nominale, les arrérages ne peuvent en être exigés que d'après réduction, encore que le prix en eût été fixé en numéraire, à une époque antérieure à l'émission du papier-monnaie (Cass. 11 niv. an 12, M. Henrion, rap., aff. Molinier *C.* Pié).

59. En ce qui concerne les biens ruraux, il a été jugé que toutes les fois qu'il y a lieu à liquider des à-compte payés ou fournis sur des fermages de biens non nationaux, les juges, conformément à la deuxième loi du 9 fruct. an 5, ont à faire deux opérations distinctes : l'une pour déterminer quel est, en numéraire, le prix réel et effectif du bail, l'autre pour connaître à quelle somme le fermage s'élevait, aussi en numéraire, aux époques de payement des à-compte, et de quelle portion de ce fermage les à-compte ont opéré libération; mais ensuite, et pour un tout autre objet, cette portion ne fournit plus qu'un terme de comparaison pour fixer la portion semblable du prix réel et effectif du bail, que le fermier est réputé avoir payée, et, par conséquent, ce qui lui reste à payer de ce prix réel et effectif, en numéraire sans réduction (Cass. 17 fév. 1807, M. Bailly, rap., aff. Jouenne *C.* Lecœur).

ART. 7. — *Du mode d'acquittement des sommes dues par suite d'aliénations d'immeubles. — Expertise. — Lésion d'outre moitié.*

60. Dans son art. 1, la loi du 16 niv. an 6, relative au payement des ventes d'immeubles pendant la dépréciation du papier-monnaie, lève la suspension de payement qui existait dans les lois antérieures, puis elle dispose, dans son art. 2, ainsi qu'il suit : — « Les sommes dues à raison de ventes d'immeubles faites, soit en propriété, soit en usufruit, depuis le 1er janv. 1791 jusqu'à la publication de la loi du 29 mess. an 4 (V. p. 5), seront acquittées en espèces métalliques, néanmoins d'après la réduction et liquidation qui en seront faites ainsi qu'il suit, si l'acquéreur ne préfère de s'en tenir aux clauses du contrat; ce qu'il sera tenu de notifier au vendeur dans le délai de trois mois, à dater de la publication de la présente. » — Cette disposition de l'art. 2 est confirmé par l'art. 3, qui renvoie les parties devant des experts pour déterminer la réduction (V. n° 64), par l'art. 6 de la même loi, qui détermine à quelles conditions la demande en réduction pourra être accueillie.—Il faut donc reconnaître comme un principe général incontesté (et conformément à la jurisprudence, V. n° 64) que ces diverses lois veulent que tous les prix ou restant de prix d'immeubles vendus en papier-monnaie, soient réduits d'après estimation par experts, à moins que dans le délai prescrit pour opter, l'acquéreur n'ait opté et déclaré s'en tenir aux clauses du contrat.

L'*option*, du reste, n'était pas accordée seulement à l'acquéreur, car, aux termes d'une loi du même jour 16 niv. an 6 (Bull., 1650), tandis que celle dont nous venons de parler est sous le n° 1651, « le vendeur (art. 4) a, dans tous les cas, comme l'acquéreur la faculté de s'en tenir aux clauses du contrat, pour se soustraire à l'expertise, en le notifiant à l'acquéreur dans le délai prescrit par l'art. 2 de la résolution du 28 vendémiaire dernier (c'est-à-dire de l'art. 2 de la loi du 16 nivôse, Bull., n° 1651), auquel cas il ne pourra prétendre que le remboursement du prix ou restant du prix, d'après l'échelle de dépréciation. »—Cette faculté d'opter en faveur du vendeur est confirmée par l'art. 1 de la loi du 27 therm. an 6, qui porte : « Quant à l'option faite par le vendeur, en conformité de l'art. 4 de la loi additionnelle du susdit jour, 16 nivôse, elle le soumet à recevoir le prix ou restant du prix, réduit d'après l'échelle de dépréciation du lieu de la situation de l'immeuble.

61. Nous venons de dire qu'aux termes de l'art. 2 de la loi du 16 niv. an 6, l'acquéreur a l'option ou de payer en espèces d'or ou d'argent avec réduction, ou bien de s'en tenir aux clauses du contrat, et qu'il est obligé de faire connaître sa détermination au vendeur dans le délai fixé par la loi. — Il a été jugé en ce sens : 1° qu'il y a lieu à la réduction du prix d'une vente toutes les fois que l'acquéreur n'a pas déclaré, dans les trois mois de la publication de la loi du 16 niv. an 6, vouloir s'en tenir aux clauses du contrat (Rej. 22 nov. 1809, M. Botton, rap., aff. Pauchaud C. Tourton); — 2° Qu'il en est de même à l'égard de ventes d'immeubles faites depuis le 1er janv. 1791 jusqu'à la publication de la loi du 29 mess. an 4 (Cass. 19 vend. an 12, MM. Vasse, pr., Rupérou, rap., aff. Dubost C. Lafrasse); — 3° Que tous prix ou restants de prix de ventes d'immeubles consenties durant le cours du papier-monnaie, doivent nécessairement être réduits, d'après estimation, toutes les fois que l'acquéreur, loin d'avoir déclaré dans les trois mois de la publication de la loi du 16 niv. an 6, qu'il voulait payer en numéraire, a manifesté une intention contraire (Cass. 7 flor. an 11) (1).

62. Le *délai* de trois mois fixé par l'art. 1 de la loi du 16 niv. an 6 était-il un délai de rigueur ? — La cour de cassation avait d'abord jugé que le délai était fatal (Cass. 25 prair. an 10, M. Aumont, rap., aff. Periac C. Valton; .. mess. an 10, aff. Despiney C. Mutin; Paris, 15 mars 1820, aff. Dasson); mais elle est revenue depuis à l'opinion contraire : elle a jugé 1° que celui qui, pendant le cours du papier-monnaie, s'est rendu acquéreur d'un immeuble, peut toujours obtenir la réduction de son prix, d'après estimation par experts; aucune loi ne l'a soumis à demander cette réduction dans un délai fatal (Cass. 6 germ. an 13 (2). — Conf. Cass. 18 vend. an 12, MM. Vasse, pr., Rupérou, rap., aff. Dubost C. Saint-Romain; 22 nov. 1809, M. Botton, rap., aff. Pauchaud C. Tourton; Merlin, v° Papier-monnaie, § 6);—2° Que l'acquéreur avec indication de payement qui, dès avant la loi du 16 niv. an 6, avait offert au vendeur la résiliation du marché, n'a pas été tenu, pour pouvoir profiter du bénéfice de l'art. 10 de cette loi, de faire une nouvelle offre dans les trois mois de sa publication (Rej. 29 flor. an 10, aff. Duviquet C. Forestier).

63. En ce qui concerne la réduction et liquidation du prix des ventes d'immeubles dont parle l'art. 2 de la loi de nivôse an 6, il a été jugé : 1° Que la stipulation de payer le prix d'une vente d'immeubles convertie, durant le cours du papier-monnaie, en espèces sonnantes, ou en bons effets ayant cours, et non autrement, ne peut plus être exécutée qu'en numéraire métallique, nonosbtant la disposition de la loi du 16 niv. an 6, lorsqu'il a été formellement stipulé que le payement aurait lieu en numéraire métallique (Cass. 1er therm. an 10) (3), et qu'il doit en être ainsi, surtout lorsque la stipulation de payer en espèces sonnantes, a eu lieu sous la condition alternative de payer en espèces ayant cours, et qu'au moment du payement, le cours des assignats avait cessé (même arrêt); — 2° que la loi du 16 niv. an 6, qui accorde aux acquéreurs d'immeubles, pendant la circulation du papier-monnaie, la faculté de faire liquider et réduire le prix de la vente, d'après la valeur des biens au moment de l'aliénation, est applicable aux ventes faites sans terme, comme à celles où un terme a été stipulé ; et, par exemple, si le payement a eu lieu au moyen de la souscription d'un effet, l'acquéreur n'est pas fondé à prétendre que la réduction doit avoir lieu sur la somme portée au billet, d'après le tableau de l'échelle de dépréciation des assignats dans le département (Req. 2 juill. 1828) (4); — 3° Que la mention faite, dans des contrats de vente passés depuis 1791, sous l'empire du papier-monnaie, que ces ventes ont été faites moyennant tant de livres ou de florins payés comptant, ne suffit pas pour écarter la présomption établie par les lois des 11 frim. et 16 niv. an 6, que les ventes passées à l'époque dont il s'agit ont été faites en assignats. En conséquence, si ces ventes ont eu pour objet des propres de communauté, aliénés sans remploi, les récompenses auxquelles elles donnent lieu doi-

(1) (Davez C. Guichard.)—LA COUR ; — Vu l'art. 2 de la loi du 16 niv. an 6, n° 1651 ; — Vu pareillement l'art. 1 de la loi du 27 therm. an 6; — Attendu qu'il résulte de ces dispositions que tous les prix ou restants de prix de ventes d'immeubles doivent être réduits d'après estimation, à moins que l'acquéreur n'ait déclaré, dans le délai prescrit, qu'il préfère de s'en tenir aux clauses de son contrat, c'est-à-dire de payer en numéraire métallique et sans réduction, option qu'il est tenu de faire dans les trois mois; — Attendu que, dans l'espèce, Marc Davez, loin d'avoir annoncé dans ce délai qu'il entendait payer en numéraire, sans réduction, en déclarant s'en tenir aux clauses de son contrat, a manifesté une intention toute contraire par l'offre qu'il a faite de payer d'après l'échelle de dépréciation du papier-monnaie ; — Que, par conséquent, le tribunal civil de Grasse, en le condamnant à payer en numéraire métallique, sans réduction, le prix du contrat dont il s'agit, a violé ouvertement la disposition de l'article précité de la loi du 16 niv. an 6 ; — Par ces motifs, casse.

Du 7 flor. an 11.-C. C., sect. civ.-M. Rupérou, rap.

(2) (Dumany C. Grignet.) — LA COUR ; — Vu les art. 2 et 6 de la loi du 16 niv. an 6 et les art. 1 et 2 de celle du 27 therm. de la même année; — Considérant que ces divers articles ont formellement établi en principe général, que tous les prix ou restants de prix d'immeubles vendus en papier-monnaie, doivent être réduits, d'après estimation par experts, à moins que, dans le délai prescrit pour opter, l'acquéreur ou le vendeur n'ait opté et déclaré s'en tenir aux clauses de son contrat ; — Que l'art. 20 de la loi du 27 thermidor, qui ne parle que d'options autorisées et de notifications prescrites, ne déroge nullement à ce principe général, et que l'art. 17 de la même loi est entièrement étranger à la cause présente, dans laquelle on ne voit ni stipulation de rente viagère ni réserve de rente constituée ; — Que le principe général de la réduction par experts était d'autant plus applicable au cas particulier, que le sieur Dumany, après avoir renoncé aux longs termes stipulés dans le contrat dont il s'agit, avait offert l'intérêt légal de ce qui restait dû du prix de son acquisition, et que le sieur Grignet n'avait élevé aucune difficulté sur ce que cette offre avait été faite seulement à l'audience du 25 prair. an 7;—De tout quoi il résulte que le tribunal d'appel de Besançon a commis une contravention directe aux art. 2 et 6 de la loi du 16 niv. an 6, n° 1651, et faussement appliqué les art. 17 et 20 de celle du 27 therm. suivant, en condamnant le sieur Dumany à payer en numéraire métallique, sans réduction, le prix de son acquisition du 19 brum. an 3; — Casse, etc.

Du 6 germ. an 13.-C. C., sect. civ.-MM. Vasse, pr.-Bailly, rap.

(3) (Philippe C. Michelin.) — LA COUR ; — Vu l'art. 6 de la loi du 15 fruct. an 5 ;—Vu aussi l'art. 2 de la loi du 16 niv. an 6. — Et attendu que, d'après l'art. 6 de la loi du 15 fruct. an 5, toute stipulation expresse en numéraire métallique oblige le débiteur à payer ainsi et sans réduction, à quelque époque que l'obligation ait été consentie ;—Que la loi du 16 niv. an 6, relative aux aliénations d'immeubles pendant la dépréciation du papier-monnaie, ne déroge point à cet article de la loi du 15 fructidor, puisque, en soumettant par son art. 2 l'acquéreur au payement de son prix d'après réduction à dire d'experts, elle n'ajoute pas, même dans le cas où le payement de ce prix serait stipulé expressément en numéraire métallique;—Et qu'ainsi ces deux lois ne sont pas inconciliables entre elles, et doivent être exécutées chacune dans les cas qu'elles ont respectivement réglés;—Attendu que, dans l'espèce, le contrat de vente du 14 vent. an 3 porte expressément que le prix sera payé en espèces sonnantes, et par conséquent en numéraire métallique ;—Et que cette stipulation de payer le prix en espèces sonnantes a dû s'exécuter, quoique accompagnée de la condition alternative de payer ou en bons effets ayant cours, puisque cette condition alternative ayant disparu avec le papier-monnaie, la stipulation relative au payement ne peut plus être autrement exécutée qu'en numéraire métallique ;—D'où il suit que le jugement attaqué, en condamnant à payer, d'après réduction à dire d'experts, un prix de vente expressément stipulé en numéraire métallique pour le cas arrivé où il n'y aurait plus de papier-monnaie, a violé l'art. 6 de la loi du 15 fruct. an 5, et faussement appliqué l'art. 2 de la loi du 16 niv. an 6;—Casse, etc.

Du 1er therm. an 10.-C. C., sect. civ.-M. Babille, rap.

(4) (Duplantier C. de Poudens.)—LA COUR ; — Sur le moyen que le demandeur fait résulter d'une fausse application de l'art. 6 de la loi du 16 niv. an 6, et d'une violation de l'art. 10 de la même loi ; — Attendu que ladite loi de l'an 6 a statué sur toutes les ventes d'immeubles passées pendant le temps de la circulation du papier-monnaie; que son art. 6 prévoit l'un des cas qui peuvent se rencontrer dans ces contrats, celui où des termes de payement ont été stipulés ; mais que ladite loi, dans toutes ses autres dispositions, statue d'une manière générale, et qui lui soumet aussi tous les contrats dans lesquels il n'a pas été stipulé de termes, et à l'égard desquels cependant le payement n'avait pas été entièrement effectué; qu'en le décidant ainsi dans l'espèce, l'arrêt attaqué, loin d'avoir violé ou faussement appliqué ladite loi, s'est conformé à ses dispositions, et que particulièrement elle n'a pas faussement appliqué l'art. 10 de ladite loi, puisque cet article se réfère aux délégations et indications de payement résultant des contrats de vente, et que l'espèce sur laquelle l'arrêt attaqué a statué, ne se rattachant à aucune stipulation de cette nature, ledit arrêt n'a pu faire et n'a fait en effet aucune application de cet article.—Rejette le pourvoi contre l'arrêt de la cour de Pau, du 19 fév. 1827.

Du 2 juillet 1828.-C. C., ch. req.-MM. Favard, pr.-Borel, rap.

vent être faites en valeurs, réduites suivant la date des contrats, et d'après le tableau de dépréciation (Douai, 14 fév. 1832, M. de Quardeville, 1er pr., aff. hérit. Lefebvre);—4° Qu'il suffit qu'un cohéritier, en vendant un de ses immeubles, moyennant un prix convenu en assignats, ait stipulé que l'acquéreur retiendrait une partie de ce prix, à charge par lui d'amortir certaines rentes dues par la succession commune, pour que ses cohéritiers n'aient été tenus de lui rembourser le capital des rentes amorties que d'après l'échelle de dépréciation du papier-monnaie au moment de la vente, alors même que l'acquéreur n'aurait amorti ces rentes que depuis l'extinction du papier-monnaie, et en numéraire (Req. 7 janv. 1836) (1).

64. *Expertise.* — Comment pouvait-on parvenir à opérer la réduction autorisée par la loi du 16 niv. an 6. — L'art. 3 porte : « Pour déterminer la réduction, lorsqu'elle devra avoir lieu, soit sur la totalité du prix, si elle est encore due, soit sur la portion restante, les parties seront, en cas de non-conciliation, renvoyées à des experts, qui vérifieront et estimeront la valeur réelle que l'immeuble vendu pouvait avoir en numéraire métallique au temps du contrat, eu égard à son état à la même époque, et d'après la valeur des immeubles de même nature dans la contrée. » Cette disposition d'équité conciliait tous les intérêts. — Il a été jugé que lorsque le vendeur créancier du prix d'un immeuble vendu pendant le cours des assignats, usant de l'option qui lui est laissée par la loi du 16 niv. an 6, d'exiger le prix énoncé au contrat, d'après l'échelle de dépréciation ou de provoquer une expertise, a choisi ce dernier parti, les experts ont pu estimer les biens au-dessous de la valeur que donnait le prix primitif réduit d'après l'échelle (Paris, 3e ch., 19 avril 1815, aff. Gagnage *C.* Renard).

65. Et en ce qui concerne le pouvoir d'appréciation des juges, quant aux résultats de l'expertise, il a été jugé que les juges peuvent, sans être astreints à se conformer à l'avis des experts, fixer le prix en numéraire d'un immeuble vendu pendant le cours du papier-monnaie (Req. 14 déc. 1808, M. Poriquet, rap., aff. Patin).

66. Celui qui, au lieu de demander l'estimation de l'immeuble, a opté pour la fixation du prix, d'après l'échelle de dépréciation du papier-monnaie, ne peut se plaindre de ce que l'estimation de l'immeuble n'a pas été ordonnée (L. 16 niv. an 6, art. 2 et 4; Req. 24 août 1809, MM. Henrion, pr., Bailly, rap., Merlin, proc. gén., c. conf., aff. Bertaut *C.* Faneau).

67. *Délégation.*—L'art. 10 de la loi du 16 niv. an 6, porte: « Toutes *délégations* et indications de payement résultant de contrats de vente passés pendant le cours du papier-monnaie, obligent l'acquéreur à rapporter au vendeur les quittances des créanciers délégués, aux droits desquels il demeure réciproquement subrogé, lorsqu'ils ont été remboursés de ses deniers. Dans le cas ci-dessus prévu, l'acquéreur a la faculté de résilier, s'il se croit lésé; et tout ce qu'il a payé au vendeur ou à sa décharge lui sera remboursé d'après l'échelle de dépréciation, selon les époques de chaque payement. » — La question s'est élevée de savoir si les simples *indications* de *payement* devaient être considérées comme une délégation. Il a été jugé que l'art. 10 de la loi du 16 niv. an 6, s'appliquant à toute espèce de délégation parfaite et imparfaite, il s'ensuit que l'acquéreur d'un immeuble vendu pendant le cours du papier-monnaie ne peut demander la réduction de son prix, sous prétexte que l'acte de vente ne contient qu'une simple indication de payement (Cass. 22 therm. an 11) (2). — Mais il a été décidé que l'obligation de payer à une personne la somme de..., provenant en partie d'une vente consentie durant le cours du papier-monnaie, et après son décès à

---

(1) *Espèce :* — (De Kergorlay *C.* Laleu.) — Le marquis de Faudoas décède, en 1784, laissant pour héritiers, ses deux fils, le comte et le vicomte de Faudoas. Sa succession est grevée de plusieurs rentes passives. — Le 20 juill. 1793, le comte de Faudoas, fils aîné, vend à un sieur Dupont la terre de la Bretonnière, qui lui appartient en propre. Cette vente est faite moyennant 437,000 liv. en assignats. — Il est convenu que l'acquéreur retiendra 310,182 fr., pour servir ou amortir diverses rentes dues par le vendeur, au nombre desquelles figurent plusieurs rentes s'élevant à 5,647 fr. qui proviennent de la succession du marquis de Faudoas, et dont les deux frères Faudoas se trouvent encore débiteurs. — Le sieur Dupont rembourse ou amortit, en assignats, pour 2,853 fr. des rentes de la succession Faudoas. — En 1806, le sieur de Kergorlay, représentant du comte de Faudoas, décédé, rend au sieur Laleu, curateur à la succession vacante du vicomte de Faudoas, décédé, le compte de divers objets de succession du père commun, et entre autres, de ces rentes. — Des difficultés s'élèvent entre les parties relativement aux rentes amorties par Dupont. — Un jugement du 31 déc. 1810, confirmé par arrêt de la cour de Caen, du 15 janv. 1815, statue sur cette contestation. — Depuis 1810, plusieurs rentes de la succession du marquis de Faudoas ont été encore amorties, mais en numéraire, soit par le sieur Dupont, soit par son successeur.— Le curateur à la succession vacante du vicomte de Faudoas prétend que l'amortissement des rentes, opéré depuis 1810, doit profiter à cette succession, et que le remboursement du capital de ces rentes, doit être effectué d'après l'échelle de dépréciation du papier-monnaie au 20 juill. 1793, jour de la vente au sieur Dupont. — Jugement qui rejette ces prétentions. — Appel. — 25 juill. 1834, arrêt de la cour de Caen, qui infirme en ces termes : — « Considérant, sur le fond, que le comte de Faudoas, en chargeant Dupont d'amortir ou acquitter les rentes à la charge des deux frères, agissait dans l'intérêt commun, et qu'il ne peut avoir droit qu'au remboursement des valeurs au moyen desquelles il a opéré la libération des rentes à la charge de son frère; — Considérant qu'en accueillant les offres faites par le curateur, de tenir compte au sieur de Kergorlay du capital déprécié, laissé entre les mains de Dupont, pour toutes les rentes à la charge du vicomte, qui ont été amorties ou anéanties, de telle manière que les représentants de Faudoas ne soient exposés à aucune action de la part des créanciers, on indemnise entièrement les représentants du comte, de ce qu'il a payé pour son frère, tandis que si l'on confirmait le jugement dont est appel, on leur ferait faire un bénéfice sur la succession du vicomte, ce qui ne serait pas juste, et ce qui n'a pu être le but de l'acte de 1793.—Pourvoi pour violation des art. 10 et 11 de la loi du 11 frim. an 6. — Arrêt.

LA COUR; — Attendu que le comte de Faudoas, pour se libérer des rentes dues par la succession de son père, du payement desquelles il était tenu, conjointement avec le vicomte de Faudoas, son frère, a chargé Dupont de servir lesdites rentes ou d'en opérer le remboursement avec le prix de la vente qu'il lui avait faite, le 20 juill. 1793, de sa terre de la Bretonnière; que c'est sur ce prix que Dupont a opéré les remboursements par lui faits; — Attendu que le comte de Faudoas, ou ses représentants, ne peuvent réclamer, du vicomte de Faudoas ou de ceux qui sont aujourd'hui à ses droits, le remboursement de la portion des rentes amorties par Dupont, qui tombait à la charge du vicomte de Faudoas, que dans les valeurs au moyen desquelles l'extinction desdites rentes a été obtenue; qu'en le décidant ainsi, l'arrêt attaqué, loin de violer la loi invoquée, s'y est, au contraire, exactement conformé, et qu'il a maintenu l'égalité qui doit toujours être observée entre copartageants; — Rejette.

Du 7 janv. 1836.-C. C., ch. req.-MM. Zangiacomi, pr.-Brière, rap.

(2) (Leciaque *C.* Boirie, etc.)— LA COUR;— Vu l'art. 10, n° 1651, de la loi du 16 niv. an 6; — Considérant que le contrat de vente dont il s'agit, du 31 mars 1792, contient réellement une délégation faite par Barbé à la dame Boirie de ce que Leciaque devait pour le prix de cette vente; que peu importe que, moyennant cette délégation, Barbé devait être libéré envers la dame Boirie, parce que cela n'empêchait pas que la dame Boirie eût été indiquée par Barbé pour toucher au lieu de celui-ci, ni que cette indication fût suffisante pour nécessiter l'application de l'article qui vient d'être transcrit, article qui s'explique généralement de toutes délégations, tant parfaites qu'imparfaites, et qui, spécialement pour le cas de simple indication de payement, accorde à l'acquéreur qui se croirait lésé, en rapportant au vendeur la quittance du créancier indiqué, la faculté de résilier la vente, et par suite d'exiger de son vendeur le remboursement de tout ce qu'il a payé à lui-même ou à sa décharge, d'après l'échelle de dépréciation prise à l'époque de chaque payement;— Considérant que la minorité de Barbé, au moment de la vente, ne peut point autoriser à le placer hors de la loi citée, qui ne fait nulle exception en faveur des mineurs, parce que les mineurs doivent, comme les majeurs, exécuter les lois générales toutes les fois qu'ils n'en sont pas formellement exceptés par une disposition particulière;—Considérant que la quittance absolue qui a été donnée par la dame Boirie à Barbé, loin de pouvoir le faire échapper à la résiliation, était précisément une raison de l'y assujettir, parce que cette quittance, en opérant la libération du débiteur primitif, et en lui substituant l'acquéreur, convertissait l'indication de payement en délégation parfaite;— D'où il résulte qu'en refusant cette résiliation, le jugement attaqué a contrevenu au texte formel de l'article ci-dessus invoqué, sans néanmoins que cela puisse rien changer à la position directe de Leciaque vis-à-vis de la dame Boirie :— Par ces motifs, rejette la demande en cassation de Leciaque, en ce qui touche la dame Boirie; — Mais, respectivement à Barbé, casse et annule le jugement du tribunal d'appel de Pau, rendu à son profit contre Leciaque, le 23 niv. an 9.

Du 22 therm. an 11.-C. C., sect. civ.-M. Bailly, rap.

son gendre, ne caractérise pas une indication de payement, qui, aux termes de l'art. 11 de la loi du 11 frim. an 6, puisse rendre le débiteur non recevable à en demander la réduction (Cass. 14 vent. an 10, M. de Lacoste, rap., aff. Drevon C. Lecoq).

68. L'acquéreur d'un immeuble, à qui un tiers a été indiqué pour le payement, et qui se croit lésé, peut, dans tous les cas, rapportant au vendeur la quittance du créancier indiqué, faire résilier la vente et exiger le remboursement de tout ce qu'il a payé d'après l'échelle de dépréciation à l'époque de chaque payement, encore que le vendeur, mineur lors de la vente, y ait fait procéder par autorité de justice (Cass. 22 therm. an 11, aff. Leciaque, V. n° 67).

69. Les délégations ou indications de payement qui ne sont pas expressément contenues dans le contrat de vente, mais qui résultent d'un acte postérieur, n'enlèvent pas à l'acquéreur la faculté d'obtenir la réduction de tout ou partie du prix de son acquisition, faite pendant le cours du papier-monnaie (Cass. 10 niv. an 14, M. Oudart, rap., aff. Trancard C. Cabet).

70. Lorsqu'un acte de vente passé durant le cours du papier-monnaie ne contient ni délégation ou indication de payement, ni obligation personnelle de payer en numéraire, et que seulement dans la suite l'acquéreur est obligé à en garder le prix entre ses mains pour acquitter un douaire à la charge du vendeur, il ne peut être contraint à payer ce douaire sans réduction (Rej. 22 nov. 1809, M. Bellon, rap., aff. Pauchaud C. Tourton).

71. Un acquéreur qui, en déduction du prix de son adjudication, payable en numéraire, a ensuite conservé entre ses mains, durant le cours du papier-monnaie, une somme déterminée pour le service d'une rente viagère, avec délégation, ne peut pas faire considérer sa nouvelle obligation comme un simple prêt soumis à réduction aux termes de la loi du 11 frim. an 6 (Cass. 30 germ. an 11, M. Rousseau, rap., aff. Lafaye, etc. C. Sanegon).

72. L'acquéreur d'un immeuble, qui est tenu de payer en numéraire à un créancier délégué une partie du prix de son acquisition faite pendant le cours du papier-monnaie, n'est libéré envers son vendeur que d'une quotité proportionnelle, de la même manière que si cette partie du prix avait été payée en papier-monnaie (Req. 10 vend. an 12) (1).

73. *Lésion d'outre-moitié. — Action en rescision des ventes d'immeubles.* — Une loi du 14 fructidor an 3, voulant maintenir toutes les stipulations faites en assignats, avait décidé (article 1) que « l'action en rescision des contrats de vente ou équipollents à vente entre majeurs, pour lésion d'outre-moitié, était abolie à l'égard des ventes qui seraient faites à compter de la publication de la loi. » A l'égard des actions pendantes, la loi (art. 2) les déclarait provisoirement suspendues; et par le même article, la convention renvoyait à son comité de législation pour régler ce qui concerne l'exercice des actions qui, à l'avenir, pourraient être intentées relativement aux ventes existantes. — Lorsque le moment de la dépréciation des assignats arriva et que l'argent reprit la place du papier, on ne put s'empêcher d'être frappé du préjudice énorme qu'allait subir le vendeur, qui avait reçu ou qui allait recevoir des valeurs mortes ou mourantes, et alors le conseil reconnaissant la nécessité de revenir à l'ancien droit, rétablit et régla l'action pour lésion d'outre-moitié par la loi du 19 flor. an 6 (V. la loi, p. 9). — Aux termes de l'art. 1, pour juger s'il y a *lésion* d'outre-moitié dans les ventes faites en papier-monnaie, depuis le 1er janv. 1791 jusqu'à la loi du 14 fruct. an 3, qui avait supprimé l'action en rescision, les tribunaux doivent ordonner l'estimation par experts, en se basant sur la valeur de l'immeuble au temps du contrat et pour établir cette valeur d'une manière juste et régulière, ils doivent prendre pour base de leur opération : 1° l'état et le produit de l'immeuble au moment du contrat; 2° la valeur contre assignats qu'avaient dans la contrée les immeubles de même nature à l'époque de la vente; 3° les facilités et avantages des termes accordés pour le payement. — Aux termes de l'article 2, si la lésion se trouve prouvée, le contrat est résilié, à moins que l'acquéreur n'aime mieux suppléer le juste prix au temps de la vente de la portion de l'immeuble correspondante à la quotité du prix que représente le supplément. — V. en outre, p. 9, les art. 3 et suiv. pour les délais accordés à l'acquéreur, s'il offre de payer le supplément; dans le cas contraire, et pour le cas de résiliation, la rentrée du vendeur en possession de l'immeuble, etc.

74. En ce qui concerne l'expertise ordonnée par l'art. 1 de la loi, la mission des experts et la validité de leur rapports, il a été jugé : 1° que l'art. 1 de la loi du 19 flor. an 6 n'ayant prescrit aux experts nommés à l'effet de constater la lésion dans une vente d'immeubles en assignats, que d'avoir égard à l'état et au produit de ces immeubles et de ceux de même nature dans les lieux voisins, à l'époque de la vente, on ne peut, alors d'ailleurs qu'ils ont eu égard à ces documents, annuler leur rapport, en ce qu'il ne donnerait de détails ni sur cet état et ce produit des immeubles, ni sur leur valeur comparative. Les juges auraient pu seulement, si leur religion n'était pas assez éclairée, demander d'autres renseignements (Cass. 13 pluv. an 11, MM. Vasse, pr.-Babille, rap., aff. Cinget C. Dubour; 21 therm. an 11, MM. Maleville, pr.-Rousseau, rap., aff. Huré C. Tassin; Rej. 24 niv. an 13, MM. Maleville, pr., Rupérou, rap., aff. Cheyron C. Bertrand); — 2° Que quand, pour déterminer la valeur d'un immeuble dont la vente, faite pendant le cours du papier-monnaie, est attaquée pour lésion d'outre-moitié, deux expertises ont été successivement ordonnées pour remplir le vœu de l'art. 1 de la loi du 19 flor. an 6, les juges peuvent, si les rapports des experts sont insuffisants, y suppléer par leurs connaissances personnelles et les documents mis sous leurs yeux; ils ne sont pas obligés d'adopter le résultat de l'expertise comme base unique de leurs décisions, et, par exemple, ils peuvent adopter un moyen terme entre les deux rapports, sans que leur décision puisse être cassée : il importe peu que les seconds experts aient déclaré, dans leur rapport, que les contrats qui ont été mis sous leurs yeux ne leur ont pas donné des moyens de comparaison satisfaisants (Req. 2 janv. 1828, MM. Borel, pr., Rousseau, rap., Vatimesnil, av. gén., c. conf., aff. Gauthier C. Brivazac); — 3° Que le rapport d'un tiers expert nommé en vertu de la loi du 19 flor. an 6, a pu être annulé s'il n'exprimait pas ou s'il ne contenait rien d'où l'on ait pu induire qu'il eût eu égard au produit du fonds au moment de la vente (Rej. 11 flor. an 13, MM. Maleville, pr., Lasaudade, rap., aff. Jaillac C. Bayle).

75. Quant à l'action en rescision, on a jugé : 1° que les lois des 16 niv. et 19 flor. an 6 n'admettant l'exercice de l'action en rescision de ventes d'immeubles dont le prix a été stipulé en papier-monnaie, que dans les cas de droit, c'est-à-dire dans les cas où les lois anciennes l'autorisaient, il s'ensuit qu'elle ne peut plus

(1) (Lotzburk C. Meyer.) — La cour; — Vu les art. 2, 3, 5 et 10 de la loi du 16 niv. an 6.— Considérant que, dans ces articles, comme dans le surplus de ses dispositions, la loi n'a entendu pourvoir qu'au payement de ce qui restait dû sur les prix d'immeubles stipulés en assignats; que nulle part elle n'ordonne de faire considération des valeurs dans lesquelles ont été payées les parties du prix de vente qui ont été acquittées;

Que le législateur avait cependant en vue des engagements qui pouvaient soumettre l'acquéreur à payer en numéraire certaines portions du prix de vente, tels que des délégations au profit d'anciens créanciers; — Que, dans ce cas, sur lequel prononce l'art. 10, la loi ne dit pas qu'il sera fait considération pour réduire le prix, de ce que les délégations devront être payées en numéraire; qu'elle donne seulement à l'acquéreur la faculté de résilier;—Que l'acquéreur qui ne résilie pas reste soumis aux dispositions générales, communes à tous les acquéreurs, qui, lors de la promulgation de la loi, devaient encore à leurs vendeurs une partie du prix de leur acquisition;— Que, quand l'art. 5 dit que ceux qui ont payé en papier-monnaie, conformément aux lois existantes, une partie du prix convenu, sont valablement libérés d'une quotité proportionnelle, elle énonce ce cas comme le seul sur lequel il pût y avoir du doute, et que c'est la même chose que si elle eût dit, les acquéreurs qui ont payé une partie du prix, quand bien même c'eût été en papier-monnaie, pourvu que ce fût conformément aux lois, etc.— Que, suivant le même art. 5, chaque acquéreur est libéré d'une partie proportionnelle de l'estimation de la valeur réelle de l'immeuble, en raison de la valeur nominale des sommes qu'il a payées, et n'a pas droit à une plus grande libération.— Que le jugement attaqué ayant décidé le contraire par une disposition de laquelle il pourrait même résulter qu'un acquéreur resté, lors du contrat, débiteur d'une moitié du prix convenu, et n'en ayant payé depuis qu'un quart, se trouverait cependant ne rien devoir aujourd'hui, il s'ensuit qu'il y a dans ce jugement violation de la loi du 16 niv. an 6;— Casse, etc.

Du 10 vend. an 12.-C. C., sect. req.-MM. Malleville, pr.-Aumont, rap.-Arnaud, subst., c. conf.-Chabroul et Guichard, av.

être recevable toutes les fois que, par acte postérieur au contrat de vente, le vendeur a reçu un supplément de prix (Rej. 15 mess. an 12, MM. Delacoste, pr., Oudot, rap., aff. Chateil C. Plagniol); —2° Que cette loi ayant dérogé à la jurisprudence des tribunaux de la ci-devant province de Franche-Comté relativement aux effets de la lésion énormissime, il en résulte que ces tribunaux, loin de pouvoir aujourd'hui annuler une vente faite pendant le cours du papier-monnaie, pour cause de cette lésion, doivent se borner à en prononcer la résiliation, de manière que l'acquéreur ait le droit d'opter ou pour la nullité du contrat, ou le supplément du juste prix (Cass. 7 flor. an 11, M. Coffinhal, rap., aff. Lambert C. Audrey).

76. *Biens nationaux.* — La loi du 19 flor. an 6 n'était pas applicable aux ventes de ces biens. L'art. 3 de la loi du 2 prair. an 7 porte : « Les ventes et reventes de biens nationaux ne peuvent être attaquées en rescision pour cause de lésion, en quelque valeur que le prix en ait été stipulé. » — Il a été jugé en ce sens, que la loi du 2 prair. an 7 qui déclare inapplicable aux ventes de biens d'origine nationale l'action en lésion consacrée par la loi du 19 flor. an 6, pour les ventes faites en papier-monnaie, n'a pas eu d'effet rétroactif quant à la validité des transactions intervenues sous l'empire de la loi qui laissait la question indécise (Cass. 10 prair. an 12, MM. Malleville, pr., Bailly, rap., aff. Bouchot C. Lagarde).

ART. 8. — *Du mode d'acquittement des sommes dues par suite de licitations, de constitutions de dots, rapports, engagements de commerce.*

77. Tout ce qui est relatif aux stipulations et opérations effectuées pendant le cours et la dépréciation du papier-monnaie, concernant : 1° les licitations et partages; 2° les dots et avantages matrimoniaux; 3° les rapports dans les successions; 4° les engagements et liquidations de commerce, a été réglé par la loi du 16 niv. an 6 et par la loi additionnelle du 27 therm. même année.

78. *Licitations et partages.*—La loi du 16 niv. an 6 porte : Art. 12. « Les dispositions contenues dans le tit. 1 (même loi, V. p. 7 et s.) auront leur effet à l'égard des sommes dues pour prix de licitation d'immeubles, ou pour soulte et retour dans les partages entre cohéritiers ou communistes, survenus aux époques ci-dessus énoncées, sans qu'à raison de ce, le débiteur puisse rappeler les autres intéressés à partage, à moins qu'il n'y eût lésion du tiers au quart dans les premiers actes entre eux intervenus. »—Ainsi les sommes dues doivent être acquittées en *espèces métalliques*, mais sous la *réduction* réglée par la loi. Pour déterminer la réduction, les parties (art. 3, même loi) sont renvoyées devant des experts qui estiment la valeur réelle que l'immeuble vendu pouvait avoir en numéraire métallique au temps du contrat. — La loi du 2 prair. an 7 sur l'action en rescision pour lésion dans les actes de partage, porte :—Art. 1. « Le mode d'estimation pour vérifier la lésion d'outre moitié, dans les contrats de vente dont le prix a été stipulé en papier-monnaie, établi par la loi du 19 flor. an 6, est applicable à la lésion du tiers au quart, et à toute autre lésion établie par les lois et coutumes, relativement aux actes de partage, ou autres actes équipollents à partage, suivant les mêmes lois et coutumes. Lorsque les conventions auront été stipulées en papier-monnaie, et d'après l'art. 2, l'action en rescision doit être exercée dans l'année à compter de la loi, sous peine de déchéance.—Il a été jugé que la déchéance prononcée par la loi du 2 prair. an 7, pour les cas où la demande en rescision pour cause de lésion des actes de partage, ou équipollents à partage, dont le prix a été stipulé en papier-monnaie, n'aurait pas été formée dans l'année, est applicable à un traité fait en assignats sur des droits légitimaires. — Cette prescription ou déchéance peut être proposée en tout état de cause » (Cass. 8 déc. 1812, aff. Bled-Charreton C. Saureplane).

79. *Dots et conventions matrimoniales.*— La loi du 16 niv. an 6 dit :—Art. 13. « Les constitutions de dot en avancement d'hoirie, de même que celles qui ont été faites pour tenir lieu d'un droit acquis, seront acquittées en numéraire métallique, sans réduction.—Il a été jugé qu'un père qui a constitué une dot à sa fille, sous l'empire de la loi du 17 niv. an 2, ne peut pas en demander la réduction (Paris, 6 flor. an 13, aff. Bussy C. Chantemerle). Quant aux constitutions faites postérieurement à la loi du 17 niv. an 2, V. la loi, même art., p. 8.

80. Les art. 14 et 15 de la même loi décident que « Les douaires préfix, l'augment et contre-augment, ainsi que tous autres avantages matrimoniaux stipulés par les contrats de mariage, doivent pareillement être acquittés en numéraire métallique, et sans autre réduction ni limitation que celles dont la dot elle-même sera susceptible, lorsque lesdits avantages ont été fixés en proportion d'icelle, et sauf l'exécution de ce qui est prescrit par la loi du 17 niv. an 2, pour la conversion, le cas échéant, desdits avantages en usufruit de moitié sur les biens du constituant. — Quant aux restitutions des dots et autres reprises matrimoniales qui doivent être faites par les maris ou par leurs héritiers soit en numéraire métallique, soit en valeurs réduites d'après le tableau de dépréciation (V. la loi, art. 15, p. 8)—Il a été jugé 1° que les conventions matrimoniales faites pendant la durée du papier-monnaie doivent être réduites d'après l'échelle de dépréciation (Paris, 1er juin 1811, aff. Cerveau C. Larue); — 2° Que si le mari a payé des dettes communes avec du papier-monnaie, il doit lui en être tenu compte suivant le cours du jour des payements, et non suivant celui du jour du décès de la femme (Paris, 1er juill. 1814, aff. Bormaus C. Cotelle); —3° Que lorsque la dot a été constituée et payée en papier-monnaie, l'augment coutumier tacite, ou même expressément stipulé, doit être fixé en proportion de la valeur réelle de la dot payée, et non pas de sa valeur nominale. En conséquence, il doit, comme la dot, subir une réduction suivant l'échelle de dépréciation du papier-monnaie (L. 11 frim. et 15 niv. an 6, art. 13, 14, 17; Toulouse, 27 mars 1835, aff. Rozis); — 4° Que de l'art. 15 de la loi du 11 frim. an 6, portant que le prix des ventes de mobilier est payable, non en papier-monnaie, mais en numéraire, et de l'ancien comme du nouveau droit (art. 1551 c. civ.), d'après lequel l'estimation de la dot mobilière dans le contrat de mariage, en fait vente au mari, il résulte que si le prix d'une dot mobilière a été évalué dans un contrat passé pendant le cours du papier-monnaie, la restitution doit en être faite aujourd'hui à la femme en numéraire et sans diminution, eu égard à la dépréciation du papier-monnaie (Req. 29 mai 1827) (1); — 5° que la loi du 26 brum. an 6, suivant laquelle les *arrérages* qui avaient couru depuis le 12 niv. an 3 jusqu'à la publication de la loi du 29 mess.

(1) *Espèce :* — (Brisson, etc. C. dame Normand.) — En 1794, mariage des époux Normand. — La future apporte en dot tous ses biens-meubles et immeubles : les meubles, remis au mari, sont évalués à 10,000 fr. — Depuis, le mari a contracté des dettes. — En 1822, la dame Normand s'est fait séparer de biens; son mari lui a cédé tous ses biens pour la remplir de ses reprises. — Après ce traité, des créanciers du mari font saisir les meubles garnissant la maison des époux. — Demande de la part de la dame Normand, en mainlevée de la saisie. —Les créanciers demandent la nullité de l'acte d'abandon. — Expertise pour estimer les meubles cédés. — Alors les créanciers soutiennent que les 10,000 fr. portés au contrat de mariage doivent être réduits aux taux de l'échelle de dépréciation des assignats. — Jugement du tribunal de Cognac; et, sur l'appel, arrêt de la cour de Bordeaux, du 3 déc. 1825, qui rejette les prétentions des créanciers.

Pourvoi en cassation de la part des sieurs Brisson et Delaunay, pour violation de l'art. 15 de la loi du 11 frimaire an 6. — D'après les dispositions de cette loi, toutes obligations contractées pendant le cours du papier-monnaie, sont censées l'avoir été en ce papier, à moins de stipulation contraire, et l'on peut actuellement les acquitter en numéraire métallique, d'après le taux de l'échelle de dépréciation.— Dans l'espèce, Normand est censé avoir reçu en assignats les 10,000 fr. de dot mobilière de sa femme; il ne devait donc les rembourser qu'au taux de l'échelle de dépréciation. En agissant autrement, il a frustré ses créanciers, qui peuvent se prévaloir de cette fraude. — La loi (art. 15) excepte seulement le prix des ventes de matières d'or et d'argent, marchandises et autres choses mobilières, fournitures de grains et denrées, vendues pour un prix certain et spécifiées dans l'acte de vente. On voit que cette exception n'est pas applicable à la cause. — Arrêt.

LA COUR; — Attendu qu'aux termes de l'art. 15 de la loi du 11 frim. an 6, le prix des ventes de mobilier était payable en numéraire; qu'il était de principe dans l'ancienne législation, principe reproduit par l'art. 1551 c. civ., que la dot, composée d'objets mobiliers mis à prix par le contrat, en faisait vente au mari qui restait débiteur du prix; d'où il suit qu'en jugeant, dans l'espèce, que ce prix était payable par le mari en numéraire, l'arrêt attaqué a fait une juste application de ces lois; — Rejette.

Du 29 mai 1827.-C. C., ch. req.-MM. Henrion, pr.-Hua, rap.

an 4 devaient être payés moitié en grains moitié en assignats, est seule applicable aux arrérages de *douaires* préfix constitués avant l'émission du papier-monnaie, et il n'y a pas lieu d'appliquer celle du 16 nivôse suivant, qui, en disposant que les douaires préfix, ainsi que tous les avantages matrimoniaux, seraient acquittés en numéraire métallique, n'a en vue que les douaires établis pendant le cours du papier-monnaie (Cass. 31 mars 1824, aff. Gouy d'Arty *C.* Franconville).

81. *Renonciation à la communauté, reprises de la femme.* — Lorsque par suite d'une renonciation de la femme à la communauté, ou de la dissolution de ladite *communauté* par le divorce, par la séparation de biens ou par la mort de l'un des deux époux, il écherra de liquider les *reprises* de la femme en exécution de la loi du 16 niv. an 6, la loi du 27 therm. an 6, art. 25, déclare que le mari, à défaut d'emploi de la dot et des créances mobilières, ne devra à la femme ou à ses héritiers que les valeurs qu'il a reçues, selon l'*échelle de dépréciation*, aux époques de chaque payement et remboursement; et s'il en a fait emploi, même au nom de la communauté, la femme ou ses héritiers seront tenus de l'accepter, pour leur tenir lieu des créances ainsi remboursées pendant le cours du papier-monnaie. Quant aux remboursements faits par le mari, V. l'art. 26 de la même loi, p. 12.

82. *Rapports dans les successions légitimes et donations déguisées.* — Ce qui concerne les rapports dans les cas ci-dessus exprimés est réglé par les art. 16 et 17 de la loi du 16 niv. an 6 (Bull. n° 1650). Comme aucune contestation ne s'est élevée à cet égard, nous renvoyons au texte de la loi, p. 7.

83. *Engagements et liquidations de commerce.*—Ce qui concerne ces engagements et liquidations est réglé par la loi du 16 niv. an 6, art. 18, 19, 20, 21, 22 (V. la loi, p. 7). — Ces dispositions étant aujourd'hui sans intérêt, nous nous bornons à relater une décision qui est intervenue sur les contestations entre associés; il a été jugé que la loi du 16 niv. an 6 est applicable à la liquidation d'une société, et pour des effets y relatifs, souscrits pendant l'existence du papier-monnaie (Req. 20 fév. 1809, MM. Henrion, pr., Basire, rap., aff. Jongla). — V. aussi Compte courant, n° 138.

84. *Effets de commerce.*—Aux termes de l'art. 1 de la loi du 12 frim. an 4, tout créancier qui se croit lésé par le remboursement de capitaux à lui dus, est libre de le refuser; mais la loi excepte les *billets de commerce*, exception qui était exigée par la force des choses, et par la nécessité de ne pas entraver les opérations commerciales. — Il a été jugé sous l'empire de cette loi qu'une charte partie n'est pas un effet de commerce, et dès lors l'indemnité due par suite de son inexécution n'a pu être considérée comme comprise dans l'exception contenue à l'égard de ces effets dans la loi du 12 frim. an 4, portant suspension des remboursements (Cass. 19 germ. an 7, aff. Hornbostet *C.* Rabaud).

85. La loi du 8 flor. an 6 détermine les formalités à observer pour la présentation des effets négociables à longs termes (V. v° Effets de com., n° 18). Il a été jugé sous l'empire de cette loi : 1° que les dispositions des art. 8, 9 et 10 de la loi du 8 flor. an 6 étant facultatives, aucune peine ne doit être attachée à leur inexécution; dès lors le débiteur d'un billet à ordre ou au porteur, souscrit pendant le cours du papier-monnaie, n'est pas déchu de la faculté d'en demander la réduction, par cela seul qu'à défaut de présentation, il n'a pas fait, dans le délai prescrit, sa déclaration au greffe, le délai de la déchéance ne commençant jamais à courir que du jour de la présentation par le créancier (Cass. 6 niv. an 12) (1); — 2° Que le créancier, porteurs de billets à ordre à longs termes, souscrits pendant la circulation du papier-monnaie, ne peut se prévaloir de la renonciation du débiteur aux termes convenus, qu'autant qu'il y a eu présentation des billets dans les formes prescrites, ces formes ne peuvent être suppléées par des actes équivalents (notamment par la comparution des parties en bureau de conciliation); d'où l'on eût présumé la renonciation du débiteur au bénéfice de la loi (Cass. 21 germ. an 10) (2). — V. Effets de commerce, n° 576.

---

(1) (Bouteiller *C.* Gosset-Larousserie.) — LA COUR; — Vu les art. 5 et 6 de la loi du 11 frim. an 6, les art. 1, 8 et 9 de celle du 8 floréal de la même année; — Considérant que la disposition de l'art. 6 de la loi du 11 frim. an 6, qui porte que le délai accordé au débiteur pour notifier sa renonciation au long terme, ne courra, à l'égard des billets à ordre, que du jour de leur présentation, n'a été ni révoquée ni abrogée par la loi du 8 floréal suivant; — Que l'art. 1 de la loi du 8 floréal impose de nouveau au créancier porteur de billets à ordre, à longs termes, l'obligation d'en faire la présentation suivant le mode indiqué et dans le délai prescrit par les articles qui suivent; — Que l'art. 8 de la même loi, portant qu'à défaut de la présentation de la manière susdite, il sera libre au débiteur de faire sa déclaration au greffe, ainsi que l'art. 9, qui permet le dépôt après l'expiration d'une année, ne sont que facultatifs; — Qu'il résulte du rapport qui a précédé la loi du 8 floréal, que les législateurs n'ont point eu en vue d'aggraver le sort des débiteurs des billets à ordre, et de leur imposer la nécessité de faire une déclaration, à peine de déchéance du bénéfice de la réduction, lors même que le créancier aurait négligé d'en faire la présentation; qu'au contraire, ils n'ont eu en vue que de fournir au débiteur le moyen d'accélérer sa libération, tandis que le créancier ayant un intérêt contraire négligerait de provoquer par la présentation de son titre une réduction sur sa créance, ou de remédier aux inconvénients qui pourraient résulter des trop fréquentes manœuvres, à l'aide desquelles la présentation du billet étant dérobée à la connaissance du débiteur de celui-ci, se pourrait trouver ainsi frustré de l'avantage de faire sa notification dans le délai prescrit; — Que si, à défaut de présentation et de déclaration, le débiteur jouit tout à la fois du bénéfice du long terme et du bénéfice de la réduction, ce qui, au premier aperçu, semble devoir être incompatible, c'est au porteur du billet, qui pouvait mettre le débiteur en déchéance en faisant sa présentation dans le délai, à s'imputer sa propre négligence; — Considérant qu'en fait il est constaté par l'instruction et reconnu qu'il n'a été fait par Gosset aucune présentation des billets dont il s'agit, dans le délai et dans les formes prescrites par la loi du 8 flor. an 6; qu'ainsi les Bouteiller n'ont jamais pu encourir la déchéance du bénéfice de la réduction, et que le jugement qui les condamne à payer sans réduction est contrevenu formellement aux articles des lois ci-dessus citées; — Casse, etc.

Du 6 niv. an 12.-C. C., sect. civ.-MM. Vasse, pr. d'âge.-Lasaudade, rap.-Lecoutour, subst., c. conf.-Godard et Guichard, av.

(2) (Jullerat *C.* Marquet.) — LE TRIBUNAL; — Vu les art. 5 et 6 loi 11 frim. an 6; — Vu aussi les art. 1, 2, 3, 4, 5, 8 et 11 de celle du 8 flor. an 6; — Considérant qu'aux termes de l'art. 1 L. 8 flor. an 6, tout créancier porteur de billets à ordre à longs termes devait les présenter au tireur ou débiteur originaire, dans le délai de trois mois, à dater de la publication; que, suivant l'art. 6, L. 11 frim. an 6, le délai pour la renonciation aux longs termes de la part du débiteur ne courait que du jour de la présentation de ses billets; qu'il est reconnu que le défendeur n'a pas présenté le billet qui fait l'objet du procès, dans les formes déterminées par l'art. 5 L. 8 flor. 6; que les formes prescrites pour cette présentation ne pouvaient être suppléées par des actes supposés équivalents, et qu'en admettant ces prétendus équivalents, le jugement attaqué est contrevenu formellement à la disposition précise dudit art. 5 L. 8 flor. an 6; — Considérant que le demandeur était, comme débiteur de billets négociables, autorisé par l'art. 6 L. 11 frim. an 6 à faire, dans les deux mois de la présentation légale de son billet, les notifications de sa renonciation aux termes à échoir; que le jugement du tribunal de La Châtre, en admettant la présomption de la renonciation du débiteur au bénéfice de la loi, lorsqu'il était encore dans les termes qu'elle a déterminés pour faire la notification légale, a violé les art. 5 et 6 L. 11 frim. an 6; — Casse.

Du 21 germ. an 10.-C. C., sect. civ.-M. Aumont, rap.

Table sommaire des matières.

Table chronologique des lois, décrets, arrêts, etc.

PAPIER PUBLIC. — V. Droit maritime, n° 130.

PAPIER TIMBRÉ. — V. Enregistrement, n°s 6058 et suiv.

PAQUEBOT. — Navire destiné au transport des dépêches de l'État. — V. Organisation maritime, Postes.

PAQUET CACHETÉ. — V. Postes, Scellés.

PARAFE. — Trait de plume ou marque dont on accompagne son nom pour le bien désigner. — V. Obligation (preuve litt.); V. aussi v[is] Acte de l'état civil, n°s 46 et suiv., 52, 375; Avoué, n°s 85 et suiv.; Bourse de com., n° 515; Brevet d'invention, n° 126; Commerç., n°s 237 et s.; Commissaire de pol., n° 43; Compulsoire, n° 47; Disp. test., Droit marit., n° 421; Droit polit., n° 560; Enreg., n°s 5312 et s.; Faillite, n°s 441 et s.; Faux incid., n°s 223 et suiv.; Jugem., n° 220; Notaire, n°s 217 et s., 684; Procès-verbal.

PARAGES. — V. Prise maritime.

PARAPET. — V. Place de guerre.

PARAPHE. — V. Parafe.

PARAPHERNAL. — Synonyme du mot Extradotal. — V. Contrat de mar., n°s 12, 31 et suiv., 172, 194, 1921, 2055 et suiv.; 3183, 3765, 4244 et suiv., et t. 13, p. 30, n°s 112 et suiv.; V. aussi v[is] Compte, n° 26; Conciliation, n° 125; Exploit, n° 375; Frais et dép., n° 39; Privil. et hyp.

PARATITLES. — Mot qui exprimait les sommaires que Justinien avait permis de placer sur le code et sur le digeste. Il désigne aussi dans un livre de jurisprudence les sommaires ou résumés qui servent à indiquer les solutions les plus importantes.

PARC. — V. Forêts, n°s 2032 et s.; Pêche, Vol.

PARCHEMIN. — V. Obligation.

PARCOURS. — Droit que des communes ont de s'envoyer réciproquement leurs bestiaux paître sur leur territoire. — V. Droit rural, n°s 6, 10 et suiv., 27 et suiv., 154 et suiv., Usage; V. aussi v[is] Action possessoire, n°s 44, 482; Boucher, n°s 32, 119; Commune, n°s 664 et suiv., 1794 et suiv.; Compétence criminelle, n° 369-5°; Contravent., n° 496; Forêts, n°s 97, 1421; Règlem. admin., Servitude.

PARÉATIS. — Se dit de l'acte par lequel un jugement étranger est rendu exécutoire. — V. Arbitre, n°s 1196 et s., Droit civil, n°s 416 et s.; Jugement, n°s 403 et s.; V. aussi v[is] Affiche, n° 11; Descente de lieux, n° 27.

PARENTÉ-ALLIANCE. — **1.** La *parenté* est le lien établi, soit par la nature entre des personnes qui descendent les unes des autres ou d'un auteur commun, soit par le seul effet de la loi, entre l'adoptant, par exemple, et l'adopté. L'*alliance* est le lien résultant du mariage entre un époux et son conjoint et les parents de celui-ci. Cette sorte de parenté, quoiqu'elle ne résulte que des usages sociaux, identifie tellement un époux à l'autre, qu'elle produit presque toujours les mêmes effets que celle qui dérive des liens du sang. — Les rapports de famille sont de droit naturel (V. Droit naturel, n° 47). La loi, il est vrai, peut faire cesser les effets qu'elle attache à la parenté, mais elle ne peut aller jusqu'à briser les droits du sang : *jura sanguinis nullo jure civili dirimi possunt* (L. 8, ff., *De reg. jur.*). — La parenté se reconnaît particulièrement à deux signes, la prohibition de mariage et la capacité de succéder.

2. Le mot parent vient de *parere*, engendrer. A Rome, dans son acception primitive, il désignait les ascendants : *Tutela parentum*, tutelle des ascendants, disent les Institutes. Mais peu à peu ce mot perdit sa signification première, et sous Justinien il s'applique à toutes les personnes unies par le lien du sang (Toullier, t. 4, n° 153). — Le droit romain distinguait trois sortes de parenté : la *cognation*, l'*agnation* et la *gentilité*.

3. Le mot *cognatio*, pris dans un sens général, exprimait la *parenté naturelle*. Mais, dans un sens plus restreint, la cognation comprenait uniquement la parenté par les femmes. Cette parenté ne donnait naissance à aucun droit de famille ; ainsi la loi des Douze Tables ne mentionne pas les cognats parmi les parents appelés à succéder. Ce ne fut que plus tard que le droit prétorien apporta sur ce point quelques adoucissements à la rigueur du droit quiritaire. — V. Succession.

4. La parenté civile, la seule qui constitue la famille, *familia*, c'est l'*agnation*. Deux caractères essentiels la distinguent : la descendance par les mâles et la puissance paternelle : *Sunt autem agnati per virilis sexus personas cognatione juncti, quasi à patre cognati, veluti frater eodem patre natus, fratris filius, neposve ex eo, item patruus et patrui filius et nepos ex eo* (Gaius, 1, § 156). — Mais c'est la puissance paternelle qui est le principal caractère de l'agnation : est-on soumis à cette puissance, on est agnat; en est-on sorti, on ne l'est plus. La volonté du père de famille peut à elle seule former ou détruire le lien d'agnation. Ainsi, sont agnats, non-seulement ceux qui, nés de justes noces sont par là soumis à la puissance paternelle (V. ce mot), mais aussi les étrangers que le chef a fait entrer dans la famille par adoption ou adrogation (V. Adoption, n° 8). — De même, il peut briser le lien d'agnation en émancipant ses enfants (V. Minorité, n° 8). — L'étymologie du mot *familia* (*famel*, mot osque qui signifiait *esclave* : V. M. Guérard, Essai sur le droit privé des Romains, p. 225) indique bien quelle a été l'étendue du pouvoir paternel à Rome. Les droits du père sur les enfants, dit Denys d'Halicarnasse, étaient même plus forts que ceux du maître sur ses esclaves : *Data patri in filium majore potestate quàm domino in mancipium* (V. M. Guérard, p. 199). — A la mort du père de famille, chaque enfant devient *sui juris* et recommence lui-même une famille dont il est à son tour le chef; mais les liens d'agnation ne sont pas brisés pour cela : *Communi jure familiam dicimus omnium agnatorum; nam etsi, patre familias mortuo, singuli singulas familias habent tamen omnes* qui sub unius potestate fuerunt, *rectè ejusdem familiæ apellabuntur qui ex eâdem domo et gente* (Ulpien, L. 195, § 2, D., *De verb. signif.*). — L'agnation peut donc être définie, l'ensemble des personnes qui ont été ou ont pu être soumises à la puissance d'un même chef (*qui sub unius potestate fuerunt*). Telle est aussi l'opinion adoptée par M. Laferrière, t. 1, p. 80.—D'autres auteurs pensent, au contraire, que les agnats sont tous ceux qui descendent d'un auteur commun, quelque reculé qu'il soit, sous la puissance duquel ils seraient placés si cet auteur vivait encore (V. M. Ortolan, t. 1, p. 24).

5. Le mot *familia* avait plusieurs sens. Outre celui dont nous venons de parler et qui désignait le chef ainsi que la femme et les enfants soumis à sa puissance, on comprenait encore sous ce mot les esclaves : *Familiæ appellatio omnes servos comprehendit, sed et filii continentur* (Ulpien, L. 195, § 3, D., *De verb. signif.*), ainsi que les affranchis (même loi, § 1). — Il exprimait aussi, soit la réunion de tous les parents par mâles, l'ensemble des diverses familles qui seraient toutes sous la puissance du chef commun, s'il vivait encore, *qui ex eâdem domo et gente proditi sunt* (même loi, § 2), soit tout un corps de cognation (même loi, § 2). Enfin, par le mot *familia* on désignait tous les biens, tout le patrimoine du chef : *Adgnatus proximus familiam habeto* (Loi des Douze Tables).

6. Outre la parenté civile connue sous le nom d'agnation, il existait à Rome une autre sorte d'agrégation civile nommée la *gentilité*. Suivant la loi des Douze Tables, à défaut d'agnats, la succession passait aux gentils : *Si agnatus non erit, tunc gentilis heres esto.* Ce droit de gentilité, qui tombait déjà en désuétude sous les premiers empereurs, est encore pour nous un mystère. Gaïus, qui signalait cette désuétude (V. Comm. 3, § 17), donnait, à l'occasion de la tutelle légitime, des détails sur les *gentes*. Mais, par malheur, le passage qui contenait ces explications n'a pu être déchiffré sur le manuscrit (V. Instit. de M. Blondeau, t. 2, p. 125). — Cicéron définit ainsi les gentils : *Qui inter se eodem nomine sunt; qui ab ingenuis oriundi sunt; quorum majorum nemo servitutem servivit; qui capite non sunt deminuti.* — On lit aussi dans Festus : *Gentilis dicitur et ex eodem genere ortus, et is qui simili nomine appellatur, ut ait Cincius : gentiles mihi sunt qui meo nomine appellantur.* — Enfin Varron, 8, § 4, dit : *Ut in hominibus quædam sunt agnationes et gentilitates, sic in verbis : ut enim ab Æmilio homines orti, Æmilii ac gentiles; sic ab Æmilii nomine declinatæ voces in gentilitate nominali... et sic reliqua quæ sunt stirpis.* —Ce sont là les textes principaux au moyen desquels on a cherché à reconstruire un des éléments perdus de la famille romaine. Avant Niebuhr, on reconnaissait généralement que les gentils descendaient, par les mâles, d'un auteur commun. Les gentils étaient ceux qui portaient le *nomen*, les agnats ceux qui portaient le *cognomen*. Les gentils n'étaient donc que des agnats à des degrés plus éloignés (Heineccius, Ant. rom. 3, 2. 2; V. M. Guérard, p. 212). — Niebuhr rejeta ce système : il prétendit que les gentils n'étaient unis par aucun rapport de consanguinité; qu'ils formaient une division dans l'ordre politique, et que la *gens* n'était autre chose que la décade, fraction de la curie (V. M. Guérard, p. 214 et suiv.). Cette opinion a peu de partisans aujourd'hui.— M. Guérard, p. 224 et suiv., a imaginé un nouveau système. Suivant cet auteur, Rome vit à son origine deux législations rivales exister dans ses murs : celle des patriciens et celle des plébéiens.—La *familia*, les agnats, la puissance paternelle, la *manus*, c'est là le droit plébéien.—Chez les patriciens, au contraire, l'agnation n'existe pas, ils ne reconnaissent que la parenté naturelle; le père de famille qui porte le titre honorable de *pater* (d'où *patricii*) et non celui de *paterfamilias*, n'a pas sur ses enfants le pouvoir absolu comme chez les plébéiens sous le nom de puissance paternelle; enfin la femme patricienne, qui porte le nom d'*uxor* et non de *materfamilias*, n'est jamais *in manu*. Le mot *gens* est particulier à la famille patricienne, comme le mot *familia* est particulier à la famille plébéienne.— Ce système, quelque ingénieux qu'il soit, nous paraît difficilement acceptable. Il nous semble impossible de le combiner avec la loi des Douze Tables qui donnait aux gentils, à défaut d'agnats, les droits de succession et la tutelle. Comment expliquer que deux familles séparées par le sang, par les mœurs, par la législation, comme ont dû l'être, dans l'opinion de M. Guérard, les patriciens et les plébéiens à l'époque de la loi des Douze Tables, aient pu avoir ensemble des rapports tels qu'ils autorisassent la transmission d'une hérédité ou d'une tutelle d'une *familia* plébéienne à une *gens* patricienne.—M. Ortolan, t. 1, p. 24, pense, à son tour, que la *gens* c'est la famille unie par la parenté civile, dont l'origine étant l'ingénuité, n'a pu appartenir aux plébéiens qui, tous, dans l'origine, étaient des clients. Mais, comme dans la manière de voir de M. Ortolan à l'égard des agnats, l'agnation et la gentilité seraient, en s'arrêtant à ces termes, identiquement la même chose, il pense que, pour trouver une application possible de la loi des Douze Tables, la *gens* devait comprendre aussi, outre les gentils de race, les clients ou affranchis qui en étaient dérivés civilement. M. Laferrière, t. 1, p. 457, combat, et avec raison, selon nous, ce système. — Celui que ce dernier auteur propose nous paraît préférable.—D'abord la *gens* n'est pas exclusivement patricienne. L'ingénuité en est le principal caractère et non le patriciat. Il a donc pu exister certaines familles plébéiennes qui pouvaient revendiquer le droit de gentilité, lorsqu'elles remontaient à une origine toujours ingénue, de même que rien ne fait supposer que l'agnation fût étrangère aux familles patriciennes. Ensuite, les gentils portant le même nom et descendant d'un auteur commun par les mâles, puisque les femmes ne transmettent pas le nom, ils ont, dans leur origine lointaine, l'agnation pour point de départ; mais ce qui distingue la gentilité de l'agnation, c'est la possibilité ou l'impossibilité de soumission à la puissance du même chef de famille. — V., au reste, pour plus de détails, M. Laferrière, t. 1, p. 78 et suiv.

7 La parenté, ainsi qu'on l'a dit, v° Mariage, n°s 219 et s., est, dans le droit moderne, ou purement *naturelle*, ou purement *civile*, comme l'adoption (V. ce mot, n° 174), ou à la fois *naturelle* et *civile*. Dans ce dernier cas, on l'appelle aussi parenté *mixte* ou parenté *légitime* (V. L. 4, § 2, D. *De grad.*). — Les parents sont paternels ou maternels, selon qu'ils sont du côté du père ou du côté de la mère. L'expression *parents maternels* comprend les parents par les femmes tout aussi bien que les parents par les mâles, du côté du père (V. Success., n° 129).—Les parents sont encore ou *germains*, ou *consanguins*, ou *utérins*.—Les germains sont à la fois parents paternels ou maternels (V. Minor., n°s 182 et suiv.); le lien de parenté qui les unit est double, c'est ce qu'on nomme le double lien. De là il suit qu'ils succèdent dans les deux lignes (V. Success., n° 133); que les frères germains représentent les deux lignes dans le conseil de famille (V. Minor., n°s 182 et suiv.); que deux frères germains du mineur peuvent être ensemble tuteur et subrogé tuteur (V. *eod.*, n° 293). Les consanguins ne sont parents que du côté du père; les utérins que du côté de la mère (V. Toullier, t. 4, n° 156).—Le mot *consanguinité* s'emploie aussi pour indiquer toute sorte de parenté (V. Merlin, Rép., v° Consanguinité; Toullier, t. 1, n° 531). — Dans certaines coutumes, on désignait par les mots *demi-frère*, *demi-sœur*, les frères et sœurs consanguins ou utérins (V. Merlin, Rép., v° Demi-frère).

8. La parenté consanguine et utérine donne lieu à des complications singulières. — Il peut arriver que le frère de mon frère ne soit pas mon parent, ainsi mon frère consanguin a un frère utérin. Aucun lien de parenté ne m'unit avec ce dernier (V. Toullier, t. 4, n° 157). — Il peut se faire encore que les liens de parenté se confondent de telle manière que deux individus soient parents utérins quoique descendants de mère et d'aïeule différentes, et de mêmes parents consanguins bien qu'issus de père et d'aïeuls différents. Par exemple, deux veuves, *Prima* et *Secunda*, ont chacune un fils de leur premier mariage; *Prima* épouse le fils de *Secunda*, et de ce mariage il naît un fils, Charles; *Secunda* épouse le fils de *Prima* et en a un fils, Adrien; Adrien et Charles sont parents utérins, et cependant ils n'ont ni l'un ni l'autre la même mère ni la même aïeule. — Deux individus peuvent être l'un parent utérin du second, et celui-ci parent consanguin du premier, ce qui aura lieu si on suppose la veuve *Prima* ayant une fille et au lieu de *Secunda*, *Secundus* veuf, ayant un fils, puis un double mariage comme dans l'espèce précédente (V. du reste, sur ce point, Toullier, t. 4, n° 157).

9. La ligne comprend les personnes de tout sexe appartenant à une même famille, et qui sortent d'un même souche. — La ligne se divise en ligne directe et en ligne collatérale. — La ligne directe est celle qui comprend une suite de personnes descendant l'une de l'autre. Elle se subdivise elle-même en ligne directe ascendante et en ligne directe descendante. — La ligne collatérale ne comprend que les personnes qui ne descendent pas l'une de l'autre, mais qui descendent d'un auteur commun. — On appelle *degré* de parenté la distance qu'il y a entre ceux qui sont unis par les liens du sang. La computation des degrés est réglée par les art. 736, 737 et 738 c. nap. — Le degré de parenté sert à déterminer l'ordre des successions (V. Succession). — Les lois romaines présentent un calcul assez curieux du nombre des parents de chaque degré. Au 1er degré, 2 personnes, au 2e, 12, au 3e, 32, au 4e, 80, au 5e, 124, au 6e, 448, au 7e, 1024 (V. L. 10, §§ 12 et suiv., ff., *De gradibus*).— Ces lois contiennent une énumération fort longue de tous les parents compris dans chaque degré.

10. On distingue trois sortes de parents : les *ascendants*, les *descendants* et les *collatéraux*. — Les Romains avaient des termes particuliers pour exprimer les six premiers degrés d'ascendants : 1° *pater*, 2° *avus*, 3° *proavus*, 4° *abavus*, 5° *atavus*, 6° *tritavus*, au delà les ascendants portaient tous le nom de *majores* (V. L. 10, § 7, D. *De gradibus*). — Les noms usités dans notre langue ne dépassent pas les quatre premiers degrés : 1° le père, 2° l'aïeul, 3° le bisaïeul, 4° le trisaïeul (V. v° Aïeul). — Il est à remarquer que le nombre des ascendants va toujours en doublant à chaque degré : 2 au 1er, 4 au 2e, 8 au 3e, 16 au 4e, et au 25e degré, Toullier, t. 4, n° 162, dit qu'une personne compte 33,554,452 ascendants. — A l'égard de la ligne descendante, les Romains avaient également une dénomination pour chacun des six premiers degrés : 1° *filius*, 2° *nepos*, 3° *pronepos*, 4° *abnepos*, 5° *adnepos*, 6° *trinepos*, les autres degrés portaient le nom de *posteriores*.—La langue française ne connaît que le fils, le petit-fils, et l'arrière-petit-fils; elle n'a pas de nom particulier au delà du troisième degré.—Le mot général de *descendants* comprend les enfants, les petits-enfants, sans distinction de degré ni de sexe.

11. Les termes *fils*, *fille*, s'emploient, suivant la différence du sexe, pour désigner les enfants d'une personne. — Quelquefois, le mot *fils* comprend les filles, mais le mot *filles* ne comprend jamais les fils (L. 45, ff. *De legat.*; 2°, L. 116, 122, ff. *De verb. sign.*)—Souvent le mot *fils* comprend les *petits-fils* (L. 84, ff. *De verb. sign.*; V. Rolland de Villargues, v° Fils). — Il a été jugé que l'expression de *fils* ou de *petit-fils*, contenue dans un legs, doit s'appliquer à l'enfant légitime plutôt qu'à l'enfant naturel ou adultérin (Paris, 9 mai 1831, aff. Dugommier, V. Dispos. entre-vifs). — La dénomination d'*enfants* comprend quelquefois les petits-enfants (V. Contrat de mariage, nos 1092, 1173). — Mais cette expression employée dans un acte de libéralité ne comprend pas l'enfant naturel reconnu (Besançon, 7 fév. 1846, aff. Desjardins, D. P. 47. 2. 106).

12. Les parents collatéraux sont les *frères* et *sœurs*, les *oncles* et *neveux*, les *tantes* et *nièces*, les *cousins* entre eux. —Les mots *frères* et *sœurs* servent à exprimer le degré de parenté qui existe entre les enfants de sexe différent, nés d'un même père et d'une même mère, ou de l'un des deux seulement. — Les sœurs sont comprises sous la dénomination de *frères*, à moins qu'il ne résulte clairement, soit de l'ensemble de la phrase dans laquelle on a employé le mot *frères*, soit de tout autre document, que l'on n'a pas voulu y comprendre les sœurs (L. 35, ff. *De pactis*; l. 38, *Familiæ erciscundæ*; L. 93, § 3, *De leg.* 3°. — Poth., *Des donat. et test.*, ch. 7, règl. 21; Merl., *Quest. de dr.*, v° Sœur; M. Rolland de Villargues, v° Frère).—Mais les frères ne sont pas compris sous la dénomination de sœur.—(Despeisses, *Des succ.*, part. 1, tit. 3, not. 1, 3. Graverend sur Larocheflavin, liv. 6, tit. 61, art. 1er; Merlin, quest. v° Sœur; M. Rolland de Villargues, v° Frère et Sœur n° 2.) — A Rome, on appelait *patruus* l'oncle paternel, *avunculus* l'oncle maternel, *amita* la tante paternelle, *matertera* la tante maternelle; les cousins germains portaient vulgairement le nom de *consobrini*, mais, pour plus d'exactitude, on appelait les enfants de deux frères *fratres patrueles*, *sorores patrueles*, les enfants des deux sœurs *consobrini*, *consobrinæ*, les enfants d'un frère et d'une sœur *amitini*, *amitinæ*; il y avait encore des noms particuliers pour désigner les autres parents collatéraux, soit dans la ligne ascendante, soit dans la ligne descendante (V. à cet égard la loi 1, § 6 et 7, L. 3, ff. *De gradibus*).

13. Comment se *prouve* la parenté?—V. Actes de l'état civil, nos 113 et s.; Mariage, nos 330 et s.; Paternité et filiation.— En matière de succession, la preuve des degrés de parenté ne se juge pas d'après les mêmes principes que pour les questions d'état (V. Succession n° 139).

14. L'ensemble des personnes descendant d'un auteur commun forme la *famille* (V. ce mot). *Appellatur familia*, dit la loi 195, D. *De verb. sign.*, *plurium personarum quæ ab ejusdem ultimi genitoris sanguine proficiscuntur* (V. n° 5). — Chaque enfant qui se marie et procrée des enfants forme une nouvelle famille dont il est l'auteur ou le tronc commun. Néanmoins, il continue d'être de la famille de son père, de son aïeul et ainsi de suite, de sorte que chaque famille particulière est comprise dans une seconde famille, celle-ci dans une troisième, etc.—Les *amis* sont quelquefois appelés à faire partie accidentelle de la famille en servant à composer le conseil de famille (V. Minorité, nos 192 et s.).—Quelquefois le mot famille comprend tous ceux qui sont soumis au chef de la maison (V. Communes nos 2313 et s.).

15. L'*alliance*, comme on l'a dit n° 1, est l'affinité qui est produite par le mariage entre l'un des époux, et les parents de l'autre. —On appelle *alliés* ceux entre lesquels existe cette union.—Ainsi, tous les parents du mari sont les alliés de la femme, et tous les parents de la femme sont les alliés du mari; réciproquement, on a pour alliés les maris de ses parentes et les femmes de ses parents (Pothier, v° du Contr. de mar., nos 150 et s.).—Il y a alliance entre l'un des époux et les parents naturels de son conjoint. Ainsi, l'enfant naturel, incestueux ou adultérin de la femme est l'allié du mari (Crim. cass. 6 avril 1809, aff. Ferrand, V. Témoin).—C'est ce que décide également la loi romaine : *Privignus etiam is est, qui vulgo conceptus ex ea natus est quæ postea mihi nuptit* (L. 7, ff. *De gradib.*).—Mais il n'y a point d'affinité entre les parents du mari et ceux de la femme : *affinis affinitatem non generat*. Un frère n'est pas l'allié de la belle-sœur de son frère, ni un père l'allié de la femme dont son fils aura épousé la fille (Crim. cass. 5 prair. an 13, aff. S..., V. Témoins; 11 avr. 1811, aff. Billon, *eod.*; 16 mars 1821, aff. Joly, *eod.*). — L'*adoption* produit l'alliance entre le conjoint de l'adopté et l'adoptant (V. Adoption, n° 176). — La langue latine, si riche d'expressions, avait des dénominations particulières pour exprimer les divers rapports qui existaient entre les alliés. Ainsi, ils appelaient, d'une part, *socer*, *socrus*, le beau-père et la belle-mère opposés à gendre, *gener*, et à bru, *murus*; d'autre part, *vitricus*, *noverca*, ce que nous appelons encore beau-père et belle-mère, mais opposés à beau-fils, belle-fille, que les romains nommaient *privignus*, *privigna*. Le frère du mari est beau-frère de la femme, en latin *levir*; la sœur du mari est belle-sœur de la femme, en latin *glos*; les femmes de deux frères sont appelées *janitrices* (V. L. 4, § 6, ff., *De grad.*; V. Mariage, n° 629). — A Rome, l'alliance n'avait pas de degrés, *gradus autem adfinitati nulli sunt* (L. 4, § 5, D., *De gradibus*). Mais, suivant la loi française, les alliés sont au même degré que les parents qui produisent l'alliance.

16. La dissolution du mariage fait-elle cesser l'alliance? La négative consacrée par une jurisprudence imposante nous paraît devoir être admise (V. Minorité, n° 189). — Jugé ainsi que l'alliance ne cesse pas par le décès sans enfants de la personne qui la produisait; par suite, et sauf les cas prévus par le législateur, les effets de l'alliance continuent de subsister (Dijon, 6 janv. 1827, aff. Saint-Aignan, V. Disposit. entre-vifs; Cass. 16 juin 1834, aff. Mailly, *eod.*; Rej. 16 juin 1834, aff. Vigne, *eod.*; Crim. rej. 10 sept. 1840, aff. Mauguin, V. Témoin);—Soit, par exemple, au sujet d'audition de témoins en matière civile (V. Enquête, n° 461) ou en matière criminelle (Crim. rej. 10 oct. 1839, aff. Peytel, V. Témoins; 10 sept. 1840, aff. Mauguin, V. *eod.*); — Soit pour la récusation d'un juge (c. pr. 378, V. Récusation); — Soit en cas de soustraction au préjudice d'une belle-mère dont la fille qui produisait l'alliance est morte sans laisser de postérité (c. pén. 380) : «attendu, porte l'arrêt, que l'alliance subsiste malgré le décès sans postérité du conjoint qui l'avait produite, et que s'il pouvait y avoir doute à cet égard, il est de principe qu'en matière criminelle l'interprétation la plus favorable est de droit acquise au prévenu» (C. d'assises de Vaucluse,

19 avril 1836, M. Rousselier, pr., aff. Fabre *C* min. pub.); — Soit à l'égard des prohibitions de mariage. Ainsi le mari survivant ne peut épouser la fille naturelle de sa femme, bien qu'il n'ait pas eu d'enfants de son mariage avec celle-ci;... et peu importe que cette fille n'ait pas été légalement reconnue, si sa filiation n'est pas contestée et est établie par une possession d'état conforme aux énonciations de l'acte de naissance (trib. de la Seine, 7 fév. 1850, aff. Juclier, D. P. 50. 3. 15). — Toutefois, il a été jugé que l'alliance entre un individu et les enfants d'un premier lit de sa femme est dissoute par la mort de cette dernière sans enfants de son second lit; qu'en conséquence le vol commis par l'une de ces personnes au préjudice de l'autre, postérieurement à la mort de la femme, ne peut être excusé, conformément à l'art. 380 c. pén. (Crim. rej. 11 avril 1822) (1).

17. Les cas dans lesquels la loi fait cesser les effets de l'alliance par suite du décès du conjoint sans enfant, sont, notamment, ceux prévus : 1° par l'art. 206 c. nap., relatif aux aliments à fournir par le gendre et la belle-fille (V. Mariage, n° 632); — 2° L'art. 378 c. pr. sur la récusation des juges (V. Récusation); et l'art. 283, en matière d'enquête (V. Enquête, n° 461), à l'égard des parents autres que le beau-père, le gendre et les beaux-frères.

18. La parenté et l'alliance créent des droits et des obligations, quelquefois elles sont une cause de privilége. Enfin, elles donnent lieu à de certaines prohibitions. C'est ce que l'on va examiner; mais remarquons d'abord que l'alliance n'est, en général, d'aucune considération dans les transactions de la vie civile, non plus que dans la transmission légale des biens. — V. Succession.

19. Parmi les *droits* qui dérivent de la parenté, et au premier rang, se placent le droit de *succession*, la *puissance paternelle*, ce qui comprend le droit de *correction*, l'*usufruit légal* (V. Puissance paternelle), le droit de *consentir au mariage* (V. Mariage, nos 95 et s.).—Quels parents ont le droit de former opposition au mariage? (V. ce mot, nos 260 et suiv., 285 et suiv.) en demander la nullité? (V. *eod.*, nos 541 et suiv.)—Les parents ont le droit soit de provoquer l'interdiction d'un autre parent (V. Interdiction, nos 32 et suiv.), soit de les détenir s'ils sont fous ou furieux (V. Liberté ind., n° 71). — Quels parents ont le droit de demander la sortie d'un aliéné déposé dans une maison de santé? (V. Aliéné, nos 138 et suiv.)— Quels sont ceux qui ont le droit de s'opposer à sa sortie? (V. *eod.* n° 140) — Un parent a-t-il qualité pour intenter l'action civile à raison de dommage causé à son parent? (V. Instr. crim., nos 93 et suiv., 100 et suiv.) — Un *père* peut être considéré comme le *fondé de pouvoir* de ses enfants mineurs, en cas d'appel en matière criminelle. —V. Appel crim., n° 242.

20. Les *obligations* créées par la parenté ou l'alliance sont, entre autres : 1° l'obligation réciproque des ascendants et des descendants de se fournir des *aliments* lorsqu'ils sont dans le besoin (V. Mariage, nos 621 et suiv.); — 2° Celle de composer le *conseil de famille* (V. Minorité, nos 170 et suiv.), et d'accepter la tutelle (V. *eod.*, n° 319); ils peuvent en requérir la convocation du conseil (V. *eod.* nos 202 et suiv.); — 3° La *responsabilité* qui pèse sur les père et mère relativement aux délits de leurs enfants *mineurs* (V. Douanes, n° 1008; Forêts, n° 461; Responsabilité). — Les parents doivent recevoir la *copie d'un exploit* en l'absence de la partie (V. Exploit, n° 257). En quel sens doit-on entendre ce mot *parent?* (V. *eod.* nos 259 et suiv.)—Les exploits ne peuvent être remis à un parent du maire (V. *eod.* n° 428).

21. Quant aux *priviléges*, la parenté ou l'alliance du débiteur avec son créancier est une cause d'exemption de la *contrainte par corps*, soit en matière civile (V. Contrainte par corps, nos 324 et suiv.), soit en matière commerciale (V. *eod.*, nos 480 et suiv.), soit en matière criminelle (V. *eod.*, n° 625), soit à l'égard des étrangers (V. *eod.*, n° 533). Cette exemption s'étend-elle à l'arrestation provisoire des *étrangers?* (V. *eod.*, n° 592).

22. Les *prohibitions* et *incompatibilités* qui resultent de la parenté ou de l'alliance, sont extrêmement nombreuses, et l'on comprend sans peine que lorsque la loi garde le silence, il est souvent difficile pour les juges d'en prononcer. — En première ligne, se place la prohibition de mariage (V. ce mot, nos 43, 224 et suiv.). —Dans l'ordre judiciaire, la parenté et l'alliance sont des causes d'incompatibilité entre les membres d'un même tribunal ou d'une même cour comme juges, officier du ministère public ou greffier, à moins de dispenses (V. Greffier, nos 20, 36; Minist. publ., n° 77; Organisat. judic.); toutefois, deux beaux-frères peuvent remplir, l'un les fonctions de juge de paix, l'autre du ministère public dans un tribunal de police (avis cons. d'Ét., 23 avril 1807, V. Organisation judiciaire). — La parenté et l'alliance sont aussi des causes de *récusation* (c. pr., 378, V. Récusation); elles autorisent à demander le *renvoi de la cause* (c. pr. 368 et suiv.; V. Appel, nos 659, 825, 879, 1020 et Renvoi); le juge est même obligé de s'abstenir : ainsi, un président de tribunal transgresse ses devoirs, s'il connaît d'une affaire dans laquelle son *gendre* est intéressé (V. Discipl., n° 141). — Par la même raison, un père ne peut être arbitre dans une cause qui intéresse son fils, et réciproquement (V. Arbitr., n° 343). —Néanmoins, les *juges* et officiers du *ministère public*, peuvent défendre devant les tribunaux, les causes de leurs femmes, parents et alliés en ligne directe (c. pr., 86, V. Min. publ., n° 75, Organ. jud.). — La parenté n'est pas une cause d'incompatibilité pour les *jurés* (V. Instr. crim., nos 1478 et suiv.), et elle ne l'est pas non plus pour les membres d'un *conseil de discipline* de la garde nationale (V. ce mot, n° 546). —La parenté est-elle une cause de récusation des agents de la police judiciaire? (V. Instr. crim., n° 272 et suiv.). — Les parents ou alliés au quatrième degré du failli, ne peuvent être nommés *syndics* (V. Faillite, n° 415).

23. Un *huissier* ne peut instrumenter pour ses parents ou alliés (V. Huissier, n° 35). Cette défense s'applique-t-elle à sa femme divorcée et aux parents de celle-ci? Oui, car l'alliance qui ne cesse pas par le décès (V. n° 16) ne cesse pas non plus par le divorce. — Mais, du brocard *affinitas affinitatem non parit* (V. n° 15), il suit qu'un huissier peut signifier un acte soit pour le mari d'une cousine germaine de sa femme (Lyon, 29 juill. 1824) (2), soit pour le mari de la tante de sa femme (Pau, 9 nov. 1831) (3).—Les *avoués*, au contraire, peuvent occuper pour leurs

---

(1) (Jouleau *C.* min. pub.) — LA COUR; — Attendu que le réclamant était issu d'un premier mariage de la femme qui avait épousé en secondes noces Chevrot; — Que cette femme est morte sans enfants issus de ce second mariage; que, dès lors, l'alliance qui avait existé momentanément entre Chevrot et le réclamant a été dissoute; que le vol en question a été commis par le réclamant au préjudice de Chevrot postérieurement à la dissolution de leur alliance; que dès lors l'art. 380 c. pén. n'était point applicable à l'espèce ;—Rejette le pourvoi formé contre l'arrêt de la cour d'assises de la Seine-et-Oise du 12 mars dernier.

Du 11 avril 1822.-C. C., sect. crim.-MM. Barris, pr.-Basire, pr.

(2) (Jacquet et consorts *C.* Bonnevoy et Plasse.) — LA COUR; — En ce qui touche la nullité résultante de ce que la femme de l'huissier est la cousine germaine de la femme Jacquet, l'un des appelants; — Attendu que l'art. 66 c. pr., défend à l'huissier d'exploiter pour ses parents ou alliés, en ligne collatérale, jusqu'au degré de cousin, issu de germain, mais que cette prohibition ne s'étend point aux alliés de sa femme au même degré; que de simples alliés collatéraux de la femme ne sont pas alliés du mari : ils lui sont étrangers, et il n'y a point de motif pour que l'huissier ne puisse procéder en leurs noms;—Met l'appel au néant.

Du 29 juill. 1824.-C. de Lyon, 2e ch.-M. de Montriol, pr.

(3) (Ricaud *C.* Galand Bayle.) — LA COUR; — Attendu, sur la nullité de l'acte d'appel et des divers autres actes de procédure, prise de ce que l'huissier Lay, qui les a signifiés, serait neveu de l'appelant; qu'il résulte des explications données, et convenues à l'audience, que l'huissier a épousé la nièce de la femme de l'appelant, et qu'il n'existe pas autrement entre eux de rapports de parenté; que, dès lors, d'après la maxime *affinis affinitatem non generat*, l'huissier n'est pas l'allié de l'appelant, bien qu'il le soit de sa femme; or l'art. 66 c. pr., après avoir déclaré que l'huissier ne pourrait instrumenter pour ses parents et alliés, et ceux de sa femme en ligne directe, s'étant borné à dire, relativement à la ligne collatérale, « ni pour ses parents et alliés jusqu'au degré de cousin germain,» on doit conclure du silence qu'elle a gardé dans ce cas relativement aux alliés de la femme, et de la grande différence qui existe entre les deux lignes, que la loi, qui s'est expliquée pour l'une, n'a pas voulu ce qu'elle n'a pas dit pour l'autre, surtout si l'on considère que les incapacités doivent être rigoureusement restreintes aux cas pour losquels la loi les prononce; d'où il suit que ce moyen de nullité doit être écarté; — ...Rejette la demande en nullité de l'acte d'appel...

Du 9 nov. 1831.-C. de Pau.-M. Bascle de Lagrèze, pr.

parents (V. Avoué, n° 53). Mais, d'un autre côté, on admet qu'ils ne sont pas obligés de prêter leur ministère contre leurs proches parents. — V. Avoué, n° 82.

24. Un *notaire* ne peut recevoir des actes dans lesquels ses parents ou alliés sont parties (L. 25 vent. an 11, art. 8, V. Notaire, nos 365 et s.; Oblig. [Preuve litt.], et M. A. Dalloz, Man. du not., t. 2, p. 22, n° 143). — Les parents des parties ne peuvent être *témoins* soit dans un acte authentique (V. Contrat de mar., nos 254 et suiv.; Dispos. entre-vifs, Oblig.), soit pour assister à une saisie exécution (V. ce mot).—Les parents d'une partie peuvent-ils être témoins dans un acte de notoriété qui la concerne? (V. Acte de notor., n° 41.) — La prohibition de parenté entre les témoins et les parties n'existe pas pour les actes de l'état civil (V. ce mot, nos 194, 284), l'officier de l'état civil peut même recevoir les actes de ses parents (V. *eod.*, n° 38).—La parenté rend un témoin reprochable (V. Enquête, nos 459 et suiv.).—De même, en matière criminelle, le témoignage des proches parents de l'accusé n'est pas reçu (V. Témoins). — S'il s'agit de constater l'âge ou l'état civil d'une personne, les parents peuvent être témoins (c. pr. 856, V. Proudhon, t. 1, n° 211).

25. Dans un procès, la qualité de parent entre les parties litigantes produit quelques effets. Ainsi, entre parents, les *frais* sont compensés (V. Frais, nos 74, 83 et suiv.).—La parenté peut être prise en considération par le juge dans les rapports entre le *mandant* et le mandataire (V. Mandat, n° 245).— La loi du 16-24 août 1790 avait créé un *tribunal* de famille pour les débats entre époux, enfants et leurs parents (V. Arbitrage, nos 19, 27, 64 et suiv.).—Le jugement rendu contre un individu a-t-il force de *chose jugée* contre ses enfants?—V. les distinctions v° Chose jugée, nos 273 et suiv.

26. En *matière criminelle*, la parenté et l'alliance constituent quelquefois une *excuse* légale (V., à l'égard des excuses, ce qui est dit v° Peines-excuses); par exemple, dans le cas de l'art. 380 c. pén. (V. Vol). Cette excuse peut être invoquée par le *complice* (V. Complicité, nos 79, 213 et suiv.), mais non par le coauteur (V. *eod.*, nos 164 et suiv.).—En cas de meurtre, la qualité de fils de la victime entraîne pour le meurtrier une aggravation de peine (V. Crimes contre les pers., nos 56 et suiv., 75); il en est de même à l'égard des coups et blessures (V. *eod.*, nos 179 et suiv.). — Elle ne peut être invoquée non plus dans des hypothèses autres que celles prévues par la loi. Et, par exemple, en cas de crime d'incendie (V. Domm.-destruct., nos 23, 89) ou de faux (V. Faux, n° 426); ni en cas d'évasion (V. Évasion, n° 58). — Aujourd'hui les peines sont personnelles et elles n'atteignent pas les parents du coupable. Ce principe, qui est développé avec étendue v° Peine-excuse, a souvent été violé (V. *eod.*). Ainsi, la loi atteignait les parents des émigrés (V. Émigré, nos 145 et s.).— Les lois de la conscription, sous l'empire, punissaient la famille du réfractaire (V. Organ. milit.). — Enfin, un accusé peut confier sa *défense* à l'un de ses parents (V. Défense, nos 35, 42 et suiv., 75).

27. En matière *administrative*, la parenté est également une cause d'*incompatibilité* à l'égard des membres des conseils généraux (V. Organ. admin.), des conseils municipaux (V. Commune, n° 209), des commissions administratives des hospices (V. Hospice, nos 48, 249). — Toutefois, les cousins germains peuvent faire partie de la même administration (L. 14 therm. an 6; V. Organ. admin.). — La parenté avec le percepteur ou le garde champêtre peut aussi être un obstacle à la nomination d'un maire (V. Commune, n° 229).— Les parents et alliés des agents forestiers ne peuvent participer aux adjudications (V. Forêts, nos 1077 et suiv., 1089). — Il en est de même en matière de pêche (V. ce mot). — Les préposés de l'administration des forêts ne peuvent être placés sous les ordres de leurs parents (ord. 1er août 1827, art. 33; V. Forêts, n° 206). — Un *médecin* parent du chef d'un établissement d'aliénés ne peut délivrer de certificat de l'état d'un malade déposé dans cet établissement (V. Aliéné, n° 113). — En matière d'*expropriation publique* les parents du propriétaire dont les fonds sont sujets à l'expropriation peuvent faire partie de la commission chargée d'examiner la réclamation (V. Expropriation publique, n° 137). — Ils ne sont pas non plus exclus du jury d'expropriation (V. *eod.*, n° 446).

Table sommaire des matières.

Table chronologique des lois, arrêts, etc.

PARENTHÈSE. — V. Faux, n° 203; V. aussi Oblig.

PARÈRE. — Acte émané d'autorités étrangères, de jurisconsultes ou de notables commerçants, certifiant un point de droit en usage.—V. Lois, n° 118; Oblig. (preuve litt.).

PARI. — V. Jeu, n° 108; V. aussi vis Assur. terr., n° 13; Bourse de com., nos 288, 408 et s.; Contrat aléatoire, Contravention, n° 5; Droit marit., n° 44; Oblig. (rente).

PARIS.—V. Ville de Paris; V. aussi Commune, nos 64, 125, 135, 139; Hospices, nos 471 et suiv.; Impôt ind., nos 59, 140, 183, 287 et suiv.

PARISIS. — V. Monnaie, n° 6.

PARJURE.—On nomme ainsi, soit le crime de celui qui fait un faux serment en justice, soit l'individu qui s'est parjuré. — V. Conciliation, nos 343 et suiv.; Duel, n° 6; Faux, n° 268; Inst. crim., nos 2026 et s., 2753; Serment, Témoins.

PARLANT A. — C'est la mention, dans un exploit, de la personne à laquelle cet acte est remis.—V. Exploit, nos 331, 37, 343 et suiv., 473, 483 et suiv.

PARLEMENT. — Nom que l'on donnait, avant la révolution aux cours souveraines.—V. Loi, Organisation judiciaire; V. aussi vis Action, n° 63; Appel crim., n° 5; Commune, n° 44; Compétence criminelle, n° 30; Conseil d'État, n° 2; Droit constitutionnel, n° 44.

PARLEMENTAIRE.— Se dit de tout individu qui, en temps de guerre, a le droit de porter des propositions à l'ennemi. — V. Agent diplom., nos 55, 102; Traité internat.

PARLIER.—Nom autrefois donné aux avocats.—V. ce mot.

PAROISSE. — V. Commune, nos 61, 172, 1829; Culte, nos 433 et s.; Organisation administ., Usage.

PAROLE. — V. Presse-outrage.

PARQUET. — Se dit du domicile, au palais, des officiers du ministère public. — V. ce mot et Organ. jud.; V. encore Appel civil, n° 1015; Exploit, nos 473, 483 et s.— On connaît aussi le parquet de la bourse (V. ce mot, nos 18, 139). — Ce terme est aussi synonyme du mot Plancher. — V. Biens, n° 106; Louage, nos 627 et suiv.

PARRICIDE.— Meurtre des père et mère légitimes, naturels et adoptifs, ou de tout ascendant légitime. C'est aussi le nom de celui qui a commis ce crime. — V. Crime contre les personnes, nos 56 et s., 74 et s.; V. aussi Adoption, n° 182; Compte, nos 21, 154; Domm.-destr., n° 110; Peines.

PART. — Se dit, soit d'une portion d'une chose divisée ou susceptible de l'être (V. Société), soit d'un enfant qui vient de naître.—On emploie dans la pratique les mots : *Part avantageuse*, *Part d'enfant* (V. Dispos. entre-vifs et test.), *Part héréditaire* (V. *eod.*, et Succession), *Part personnelle* (V. Succession), *Parts inégales* (V. Contrat de mariage, nº 2953 et suiv.), *Part de prises maritimes* (V. ce mot).—En droit criminel, les mots *Supposition ou exposition de part* ont un sens déterminé.—V. Crimes contre les personnes, nºs 244 et s.

PARTAGE.—**1**. Mot qui exprime, soit le contrat par lequel une chose commune est divisée entre les copropriétaires, soit le fait de diviser cette chose.—V. Succession; V. aussi Absent, nºs 44 et suiv.; 271, 323, 346, 443 et suiv., 661 et suiv.; Acquiescem., nºs 295 et suiv., 591; Action possess., nºs 33, 44; Aliéné, nº 272; Commune, Conciliation, nºs 94, 245, 248 et suiv.; Contrat de mar.; Degré de jurid., nºs 418-6º, 470 et suiv., 524; Demande nouvelle, nºs 35, 39 et suiv., 67-3º, 92, 94 et suiv., 104, 114, 171-2º, 176 et suiv., 220 et suiv., 256-2º, 259; Droit politique, nºs 266 et suiv., 863; Droit maritime, nº 192; Eau, nº 320; Enregistrement, Exception, nº 203-5º; Expertise, nºs 118, 301; Faillite, nº 954; Force majeure, nº 39; Frais et dépens, nºs 849 et suiv.; Louage à cheptel, nºs 26, 54 et suiv.; Louage à colon. perpét., nº 1; Mandat, nº 121; Mines, Oblig., Prescript., Privil. et hypoth., Société, Vente jud.

2. Le *partage d'ascendants* est dans un sens analogue, l'acte par lequel les parents font entre leurs enfants ou descendants le partage de leurs biens (c. nap. 105; V. Dispos. entre-vifs).

3. Enfin dans des acceptions différentes, on connaît aussi : 1º le *Partage par feu* (V. Commune, nºs 2177, 2194, 2214 et s., 2228 et s.; Forêts, nºs 1774, 1808 et suiv.; Usage; — 2º Le *Partage de juges ou d'opinions* (V. Appel civil, nºs 1298, 1338; Appel criminel, nº 143; Arbitrage, nºs 612, 618 et suiv., 749 et suiv., 754 et suiv., 763 et suiv.; Avocat, nºs 273 et suiv.; Cassation, nºs 13, 1123; Expert, nº 11; Jugement, nºs 98 et suiv.; Minorité, nº 229; Organisation judic.; —3º Le *Partage de présuccession* (V. Émigré, nº 151 et s.); —4º Le *Partage provisionnel*, lequel est fait en attendant le partage définitif.—V. Succession.

PARTIALITÉ. — V. Discipline, nº 140.

PARTICIPATION. — Action de prendre part à une chose.— V. Abus de confiance, nºs 36, 43, 123; Complicité, nºs 4, 13, 148; Crimes contre les personnes, nºs 27, 67, 124, 188, 211; Forfaiture, nºs 188 et suiv.

PARTICULE. —Conjonctive ou disjonctive.—V. Obligation; V. aussi Disposition testamentaire, Nom, nº 5.

PARTIE. — **1**. Se dit soit des diverses fractions d'une chose (V. Société, Succession [partage]), soit des individus qui figurent dans un acte ou dans un procès (V. Jugement, Obligation [preuve littér.]; V. aussi Absent, nºs 64 et suiv., 168 et suiv., 532, 711; Acte de l'état civil, nºs 61, 193, 423 et suiv., 481 et suiv.; Appel civil, nºs 56, 64, 128, 340, 399, 431, 524, 611 et suiv., 644, 898, 942 et suiv., 950 et suiv., 955, 1075, 1127, 1173, 1242, 1317; Appel incident, nºs 104 et suiv., 174; Archives, nº 36; Avocat, nºs 230 et suiv.; Avoué, nºs 138 et suiv.; Cassation, nºs 263, 266, 336, 346, 360, 1147 et suiv., 1178; Chasse, nº 333; Chose jugée, nºs 13, 57, 223 et suiv., 410; Compulsoire, nºs 4, 21 et suiv., 34, 38; Concession, nºs 34 et suiv.; Conciliation, nºs 201, 268; Conclusion, nº 16; Conflit, nºs 37, 168, 172 et suiv.; Contrainte, nº 13; Contrat de mariage, nºs 396 et suiv., 409, 435, 1593 et suiv.; Défense, nº 75; Demande nouvelle, nº 69; Désaveu, nºs 35, 65 et suiv.; Descente de lieux, nº 39; Désistement, nº 136; Dispos. entre-vifs et testam.; Distribution par contribution, nºs 57, 126; Droit politique, nº 486; Effets de comm., nº 102; Enregistrement, nºs 260 et suiv., 430 et suiv.; Expert, nºs 58, 192, 212, 269, 357; Exploit, nºs 360, 422; Expropriation publique, nºs 249, 302, 685; Faillite, nº 1345; Faux, nº 497; Frais et dépens, nºs 1, 4, 39 et s., 974 et s.; Référé).

2. On nomme : 1º *partie civile*, celui (plaignant ou autre) qui, dans un procès criminel, demande des réparations civiles; —2º *Partie publique*, l'organe des intérêts de la société ou, en d'autres termes, le ministère public.—V. Act. civ., Instr. crim., nºs 22 et s.; Ministère public, nºs 89 et s.; V. aussi Access., nº 97; Acquiescement, nºs 874 et s., 890, 899, 917; Adultère, nºs 29, 31 et suiv.; Affiche, nº 68; Appel crim., nºs 19, 40, 51 et suiv., 58, 92, 108 et suiv., 164, 293, 364 et suiv.; Appel incid., nºs 166, 188 et suiv.; Avoué, nºs 188 et suiv.; Cassation, nºs 170, 217, 367, 410 et suiv., 456, 545, 575, 603 et suiv., 673 et suiv., 766 et suiv., 799, 887, 956, 1061, 1087, 1110, 1347, 2246; Chasse, nºs 404, 432; Chose jugée, nºs 496 et suiv., 531 et suiv., 544, 569 et suiv., 576; Commune, nºs 2747 et suiv.; Compétence civile, nºs 632, 730; Contrainte par corps, nº 708; Contravention, nº 48; Degré de juridiction, nº 660; Demande nouvelle, nº 282; Déni de justice, nº 30; Dénonciation calomnieuse, nºs 122 et suiv.; Désistement, nºs 227, 230, 240 et suiv.; Domicile élu, nº 114; Enreg., nº 4850; Évasion, nº 31; Exploit, nºs 695, 714 et suiv., 724; Faillite, nº 562; Faux, nºs 452, 465; Forêts, nºs 409 et suiv., 425 et suiv.; Frais, nºs 14, 16, 966, 988 et suiv., 999; Grâce, nº 41; Jugement par défaut, nºs 455, 467; Mandat, Prescription crim., Presse, Privil. et hypoth., Témoin, Usure; — 3º *Partie jointe*, soit une partie qui intervient pour conclure dans le même sens que l'une des parties en cause (V. Intervention), soit le ministère public, lorsque n'ayant pas le droit d'agir d'office ou de requérir, il se borne à donner des conclusions pour le demandeur ou le défendeur. — V. Conclusions nº 96; Ministère pub., nºs 89 et s.; V. aussi Appel crim., nº 198.

PASSAGE. — Se dit en général de la voie qui conduit sur un terrain. — V. Servitude; V. aussi Action possessoire, nºs 446 et suiv., 457 et suiv., 463, 467 et suiv., 741, 745 et suiv.; Chose jugée, nºs 107, 115; Commune, nºs 842, 1010 et suiv., 1075; Conflit, p. 107-24º; Contravention, nºs 95 et suiv., 188, 218, 235; Demande nouvelle, nºs 107, 142-3º; Droit naturel, nºs 173 et s.; Droit rural, nºs 31, 55, 195, 210 et s.; Expropriation pub., nºs 4, 590 et s.; Forêts, nºs 384 et s., 682 et s., 692 et suiv.; Impôt direct, nº 257; Quest. préjud., Voirie.

PASSAGER. — Celui qui est transporté d'un lieu dans un autre. — V. Droit maritime, nºs 408, 1050 et suiv.; Organisation maritime; V. aussi Contravention, nº 110.

PASSAVENT. — Expédition destinée à légaliser le transport des boissons ou des marchandises.—V. Douanes, nºs 186 et suiv.; Impôts indirects, nºs 32, 38, 50 et suiv., 69; V. aussi Bourses de commerce, nºs 511 et suiv.; Droit maritime, nº 561.

PASSE. — Terme employé en commerce, en jeu, en imprimerie, en finances, en marine, etc., pour indiquer soit une mise à payer, ou des exemplaires qu'on est dans l'usage de passer (V. Presse, Droit maritime, Trésor public). — On nomme *Passe de sac*, la retenue qui s'opère dans les payements en espèces pour le prix des sacs (V. Obligation [payement]); — *Passe-debout*, le permis délivré aux conducteurs de boissons pour leur passage ou leur séjour pendant un temps.—V. Impôt ind., nº 134, Octroi.

PASSE-PORT ET FEUILLE DE ROUTE. — **1**. Le *passe-port* est, d'après l'Académie, l'ordre par écrit donné par le souverain ou en son nom, pour la liberté ou la sûreté du passage des personnes, des hardes et des marchandises.—Cette définition est exacte dans sa généralité; car bien que le mot *passe-port*, dans son sens usuel, s'applique plus particulièrement aux personnes, il sert aussi à désigner le congé délivré par l'administration des douanes aux navires de commerce (V. Douanes, nº 638; Droit marit., nºs 75, 417). — Dans son acception restreinte, le passe-port est l'acte délivré par l'autorité administrative, qui, en attestant la qualité du porteur et sa destination de voyage, certifie implicitement qu'au moment où il a quitté sa résidence habituelle, il n'était prévenu d'aucun crime ou délit susceptible de compromettre sa liberté : c'est sous ce point de vue seulement qu'il a été envisagé dans le présent travail.—La *feuille de route* est un écrit qui indique les logements d'une troupe en voyage et le chemin qu'elle doit tenir; elle se dit aussi d'un écrit semblable délivré à un militaire qui voyage isolément (Dict. de l'Académie).

Division.

§ 1. — Historique et législation (nº 2).
§ 2. — Des passe-ports pour l'intérieur. — Par quelle autorité et à quelles personnes ils sont délivrés; formes des mesures de police (nº 4).
§ 3. — Des passe-ports pour l'étranger, les colonies et l'Algérie (nº 36).
§ 4. — Des passe-ports spéciaux, de ceux des indigents, des réfugiés étrangers, des condamnés libérés, des militaires.—Feuilles de route (nº 48).
§ 5. — Des passe-ports étrangers (nº 61).

§ 1. — *Historique et législation.*

2. La liberté individuelle, quant au déplacement que chacun peut faire de sa personne, est soumise, en France, à la condition de se munir d'un passe-port. — Avant la révolution de 1789, le mot *passe-port* s'appliquait à la fois aux personnes et aux choses. — Certaines classes d'individus étaient seules assujetties à la formalité du passe-port. Les ouvriers, par exemple, qui se rendaient de Paris dans les provinces pour y chercher de l'ouvrage en faisaient la déclaration aux commissaires de police de leur quartier qui leur délivraient des passe-ports. On en accordait également aux personnes qui voulaient exporter ou importer certains objets de commerce. Mais bien qu'à l'égard des ouvriers on usât d'une très-grande tolérance, l'assemblée nationale vit dans cet état de choses une atteinte portée à la liberté individuelle, et par le tit. 1 de la constitution des 3-14 sept. 1791 elle abolit positivement l'usage des passe-ports en décrétant que : tout homme est libre d'aller, de rester, de partir sans pouvoir être arrêté tant qu'il ne nuit pas à autrui.—Un décret du 28 mars 1792 changea complètement ces principes et rétablit, en les généralisant, les anciennes dispositions réglementaires concernant les voyageurs; mais deux nouveaux décrets, des 8 et 19 sept. 1792, ne tardèrent pas à modifier celui du 28 mars, en supprimant la formalité du passe-port à l'intérieur comme vexatoire et inutile. — La loi du 6 fév. 1793 rétablit provisoirement le décret du 28 mars 1792. — Vint ensuite le décret du 10 vend. an 4, dont les principales dispositions, réunies à celles des décrets des 18 sept. 1807 et 11 juill. 1810, ont été conservées et forment la base de la législation qui régit aujourd'hui la police des passe-ports.—Nous ne parlons pas ici d'une foule d'actes, inspirés par les circonstances, qui aggravèrent momentanément les rigueurs de la législation relative aux passe-ports. Ces actes transitoires, qui n'ont d'intérêt qu'au point de vue historique, sont énumérés dans le tableau de la législation ci-après.

3. La législation sur les passe-ports a été, de la part de certains publicistes, l'objet d'attaques vives et fréquentes. On a accusé cette législation de porter un caractère préventif en opposition avec les principes de liberté individuelle garantis par notre constitution politique; on a invoqué l'exemple de l'Angleterre, où la liberté de circulation pour les individus n'est l'objet d'aucune mesure préventive; enfin on a vu dans le prix perçu pour la délivrance des passe-ports par l'autorité administrative un impôt onéreux, surtout pour les classes pauvres, et nuisible, jusqu'à un certain point, à la circulation. — Malgré ces critiques, la législation sur les passe-ports n'a point été abrogée et a continué d'être en vigueur, et même le produit des passe-ports a été compris expressément dans la loi du budget des recettes. — Toutefois, il est bon de remarquer que cette législation a sa base encore actuellement dans des lois et décrets qui avaient été votés comme provisoires et devaient être abrogés avec les circonstances qui les avaient provoqués, et lorsque la sûreté publique serait suffisamment rétablie. — V. notamment l'art. 19 du décret des 1er fév.-28 mars 1792, le décret du 26 fév. 1793, et l'art. 1 du tit. 3 de la loi du 10 vend. an 4.

TABLEAU DE LA LÉGISLATION RELATIVE AUX PASSE-PORTS.

30 mai-13 juin 1790. — Décret d'après lequel les mendiants et gens sans aveu, non domiciliés dans Paris, doivent demander des passeports, qui leur sont délivrés gratuitement (art. 2 et 3). Il est accordé trois sous par lieue à tout individu porteur d'un passe-port (art. 7). — V. Secours publics.

5-19 déc. 1790.—Décret qui exempte les passe-ports du droit d'enregistrement (art. 11). — V. Enregistrement, n° 22.

12 déc. 1790-18 fév. 1791. — Décret portant que les passeports seront écrits sur papier timbré (art. 3, n° 4). — V. Enregistrement, n° 6060.

21 juin 1791.— Décret qui ordonne d'arrêter toute personne quelconque sortant du royaume.

24 juin 1791. — Décret par lequel l'assemblée nationale déclare que la libre circulation des personnes et des choses dans l'intérieur du royaume, et la marche des courriers et des voyageurs ne pourront être suspendus; néanmoins que, dans les cinq lieues de la frontière, on devra établir une surveillance pour empêcher la sortie du royaume des personnes et des effets, sans qu'il puisse être apporté aucun obstacle à l'exécution des transactions ordinaires du commerce.

28-29 juin 1791. —Décret qui indique les formalités à observer pour sortir du royaume.

Art. 1. La libre sortie du royaume ne sera permise, jusqu'à ce qu'il en ait été autrement ordonné, qu'aux étrangers et aux négociants français, avec les précautions qui vont être indiquées pour les uns et pour les autres.

2. A l'égard des étrangers qui se trouvent à Paris, ceux qui sont nés ou domiciliés dans un état ou royaume qui entretient un ambassadeur ou ministre résidant en France, seront tenus de se munir d'un passe-port du ministre des affaires étrangères, accordé sur l'attestation écrite et signée desdits ambassadeurs ou résidents. Ceux qui sont nés en d'autres pays prendront également un passe-port du ministre des affaires étrangères, qui sera accordé sur l'attestation de la municipalité de Paris, constatant qu'ils sont connus pour étrangers et habitants de la capitale depuis tel temps.

3. Les étrangers habitant dans les autres villes de France se muniront de passe-ports signés de la municipalité du chef-lieu du district qu'ils habitent, ainsi qu'il vient d'être expliqué, sans avoir besoin de celui du ministre.

4. Les négociants français et courriers envoyés par lesdits négociants, qui voudront sortir du royaume, seront également munis d'un passe-port de la municipalité du chef-lieu du district qu'habitent lesdits négociants, et les officiers municipaux attesteront la vérité des faits et indications y contenus.

5. Ceux desdits négociants qui, s'étant mis en route avant le décret du 21 du présent mois, ne pourraient attendre l'arrivée d'un passe-port de leur propre municipalité, s'en procureront un de quelque autre municipalité de chef-lieu de district plus voisine, où ils auront des correspondances et amis en état d'attester aux officiers municipaux leur qualité de négociants.

6. La sortie des armes, munitions, chevaux (autres que ceux qui servent aux courriers, aux étrangers, aux négociants et conducteurs de voitures), et celle des matières et espèces d'or et d'argent, notamment par tous les ports de mer, restent également prohibées jusqu'à nouvel ordre.

7. Tous les passe-ports contiendront le nombre des personnes à qui ils seront donnés, leurs noms, leur âge, leur signalement, la paroisse habitée par ceux qui les auront obtenus, lesquels seront obligés de signer sur les registres des passe-ports et sur les passe-ports eux-mêmes.

3-4 juill. 1791. — Décret qui porte que la permission accordée par le décret du 28 juin, aux étrangers, de sortir du royaume, qui précède, s'étend aux Français attachés comme secrétaires aux ambassadeurs et ministres des puissances étrangères.

30 juill.-6 août 1791. — Décret qui autorise le ministre des affaires étrangères à signer tous les passe-ports nécessaires pour les besoins du service.

3-14 sept. 1791.—Constitution qui abolit les passe-ports (tit. 1er). — V. *suprà*, n° 2, et v° Droit constitutionnel, p. 288.

14-15 sept. 1791. — Décret qui dispose qu'il ne sera plus exigé aucune permission ou passe-port dont l'usage avait été momentanément établi (art. 5). — V. Amnistie, p. 506.

1er fév.-28 mars 1792.— Décret relatif aux passe-ports.

L'assemblée nationale, considérant que, dans les circonstances actuelles, le salut de l'empire exige la surveillance la plus active, et qu'il est nécessaire de prendre toutes les mesures qui peuvent concourir à la sûreté de l'État, décrète qu'il y a urgence; après avoir décrété l'urgence, décrète ce qui suit :

Art. 1. Toute personne qui voudra voyager dans le royaume sera tenue, jusqu'à ce qu'il en ait été autrement ordonné, de se munir d'un passe-port.

2. Les passe-ports seront donnés exclusivement par les officiers municipaux, et contiendront le nom des personnes auxquelles ils seront délivrés, leur âge, leur profession, leur signalement, le lieu de leur domicile et leur qualité de Français ou d'étrangers.

3. Les passe-ports seront donnés individuellement, et seront signés par le maire ou autre officier municipal, par le secrétaire-greffier et par celui qui l'aura obtenu : dans le cas où ce dernier déclarera ne savoir signer, il en sera fait mention et sur le passe-port et sur le registre de la municipalité.

4. Les passe-ports seront expédiés sur papier timbré, conformément au décret des 12 déc. 1790-18 fév. 1791. Les voyageurs qui les obtiendront seront seulement assujettis aux frais du timbre.

5. Les Français ou étrangers qui voudront sortir du royaume le déclareront à la municipalité du lieu de leur résidence, et il sera fait mention de leur déclaration dans le passe-port.

6. Les personnes qui entreront dans le royaume prendront, à la première municipalité frontière, un passe-port.

7. L'ordre signé par un commandant militaire tiendra lieu de passeport, entre les mains de tout agent militaire actuellement employé dans l'étendue du commandement de l'officier qui aura signé ledit ordre.

8. Les gendarmes nationaux, les gardes nationales et les troupes de ligne de service exigeront des voyageurs la représentation de leurs passeports.

9. Le voyageur qui n'en présentera pas sera conduit devant les officiers municipaux, pour y être interrogé et être mis en état d'arrestation, à moins qu'il n'ait pour répondant un citoyen domicilié.

10. Les officiers municipaux, suivant les réponses du voyageur arrêté, ou les renseignements qu'ils en recevront, seront autorisés à le retenir en

état d'arrestation ou à lui laisser continuer sa route : dans ce dernier cas, ils lui délivreront un passe-port.

11. Le temps de l'arrestation ne pourra excéder un mois, à moins qu'il ne soit survenu quelques charges contre le voyageur arrêté.

12. S'il n'y a point de maison d'arrêt dans l'endroit où le voyageur aura été arrêté, il sera conduit dans la maison d'arrêt la plus voisine du lieu de l'arrestation.

13. Il sera néanmoins accordé au voyageur, pour maison d'arrêt, l'étendue de la municipalité dans laquelle il aura été arrêté ou transféré, au moyen d'une caution pécuniaire qu'il fournira lui-même ou qui sera donnée pour lui, à la charge de se représenter pendant le temps déterminé.

14. Si le temps de l'arrestation expiré, il n'est parvenu aucun renseignement satisfaisant sur le compte du voyageur arrêté, les officiers municipaux l'interpelleront de déclarer le lieu où il voudra se rendre, et, d'après sa déclaration, il lui sera délivré un passe-port, contenant les motifs de son arrestation et l'indication de la route qu'il voudra suivre, dont il ne pourra s'écarter.

15. Si le voyageur s'écarte de la route qui lui aura été tracée, il sera arrêté et conduit devant les officiers municipaux du lieu de l'arrestation.

16. Les officiers municipaux, après l'avoir interrogé, pourront, suivant les circonstances, ou le renvoyer avec un nouveau passe-port et une nouvelle indication de route, ou le faire mettre de nouveau dans une maison d'arrêt pour le temps et suivant les formes exprimés dans les articles précédents.

17. Tout Français qui prendra un nom supposé dans un passe-port sera renvoyé à la police correctionnelle, qui le condamnera à un emprisonnement qui ne pourra être moindre de trois mois, ni excéder une année.

18. Il sera dressé pour tout le royaume une formule de passe-port, qui sera annexée au présent décret.

19. L'assemblée nationale, obligée de multiplier temporairement les mesures de sûreté publique, déclare qu'elle s'empressera d'abroger le présent décret aussitôt que les circonstances qui l'ont provoqué auront cessé, et que la sûreté publique sera suffisamment assurée.

20. Le présent décret sera porté dans le jour à la sanction du roi. (Suit le modèle du passe-port.)

20-23 mai 1792. — Décret qui exige que toute personne arrivée à Paris, et qui y fait un séjour de plus de trois jours, exhibe son passe-port, et qui défend, sous peine de 1,000 liv. d'amende et de six mois d'emprisonnement, de donner des logements à ceux qui ne sont pas porteurs de passe-ports.

22-27 mai 1792. — Décret qui détermine la forme des passe-ports étrangers à délivrer aux capitaines de navires étrangers (art. 6). — V. Organisation maritime.

28-29 juill. 1792. — Décret relatif aux passe-ports.

L'assemblée nationale, considérant que, dans le danger de la patrie, tous les citoyens sont en état de réquisition continuelle, et qu'il est nécessaire d'empêcher qu'aucun d'eux ne puisse se soustraire au devoir sacré de marcher au secours de la patrie lorsqu'il en est requis dans les formes légales, décrète qu'il y a urgence. — Après avoir décrété l'urgence, et dérogeant à l'art. 5 de son décret du 1er février dernier, décrète :

Art. 1. Jusqu'à ce que l'assemblée nationale ait déclaré que la patrie n'est plus en danger, il ne pourra plus être délivré de passe-ports pour sortir du royaume à aucun citoyen français. — Les passe-ports qui auraient été accordés jusqu'à ce jour pour sortir du royaume, et dont il n'aurait pas été fait usage, sont déclarés nuls.

2. Il pourra néanmoins être délivré des passe-ports, conformément au décret du 1er février dernier, à ceux qui ont une mission du gouvernement, et à leur suite, qui ne pourra être composée que d'un secrétaire et de deux domestiques, de leurs femmes et enfants, les uns et les autres connus pour tels; aux gens de mer, aux négociants et à leurs facteurs notoirement connus pour être dans l'usage de faire, à raison de leur commerce ou de leurs affaires, des voyages chez l'étranger, ainsi qu'aux cultivateurs, pour l'exploitation de leurs héritages et la vente de leurs denrées.

3. Les passe-ports continueront d'être successivement délivrés par les municipalités, et les ministres n'en pourront délivrer aux citoyens qui se présenteront devant eux pour en obtenir, qu'en visant, dans celui qu'ils donneront, celui délivré par la municipalité.

4. Les préposés des douanes sont, ainsi que les gendarmes nationaux, gardes nationales et troupes de ligne, chargés d'exiger des voyageurs la représentation de leurs passe-ports.

5. Ceux qui, sans passe-ports ou en vertu de passe-ports pris sous des noms supposés, seraient convaincus d'être sortis du royaume, seront réputés émigrés, et, comme tels, soumis aux dispositions des lois rendues contre les émigrés.

6. Les difficultés qui pourraient s'élever sur la validité des passe-ports ou le refus d'en délivrer conformément aux dispositions de l'art. 2 ci-dessus, seront décidées administrativement par les directoires de département, sur l'avis des directoires de district.

15=15 août 1792. — Décret qui permet au conseil général des représentants de la commune de Paris de délivrer des passe-ports, soit aux militaires pour rejoindre leur poste, soit aux fournisseurs d'armes ou de vivres pour l'armée, qui seront porteurs d'ordres donnés par le ministre de la guerre ou par le ministre de la marine; et autorise le comité de surveillance à délivrer aux fonctionnaires publics civils des certificats sur lesquels il leur sera délivré des passe-ports pour se rendre à leur poste.

23=23 août 1792. — Décret relatif aux passe-ports des ambassadeurs et ministres étrangers.

Art. 1. Les passe-ports des ambassadeurs et ministres étrangers continueront à être expédiés par le ministre des affaires étrangères, et seront visés par la municipalité de Paris.

2. Les passe-ports des personnes de la famille, de la suite et du service des ambassadeurs et ministres étrangers, seront expédiés en la même forme, sur le vu du certificat préalable du comité de la section dans l'étendue de laquelle ils habitent, portant que lesdites personnes sont de la famille, de la suite et du service habituel des ambassadeurs et ministres étrangers, et demeurent dans les maisons desdits ministres.

3. Il est enjoint à la municipalité de Paris de veiller à ce que les passe-ports expédiés par le ministre des affaires étrangères dans la forme prescrite soient respectés aux barrières, et elle y enverra, en cas de besoin, des commissaires pour protéger le départ des ministres étrangers.

26-27 août 1792. — Décret relatif aux passe-ports des députés au corps législatif.

L'assemblée nationale, considérant que le corps législatif a seul le droit de délivrer les passe-ports à ceux de ses membres qu'il a autorisés à s'absenter de son sein; voulant empêcher qu'aucun député ne puisse se procurer un passe-port auprès des municipalités, et s'absenter sans avoir obtenu de congé, décrète qu'aucun de ses membres ne pourra s'absenter qu'en vertu d'un congé qui lui tiendra lieu de passe-port, dérogeant, à cet égard seulement, à son décret du 1er février dernier sur les passe-ports.

27-27 août 1792.— Décret qui, dérogeant en ce point seulement aux décrets précédents sur les passe-ports, autorise les ministres à signer de concert les passe-ports nécessaires pour envoyer des agents, soit à l'intérieur, soit à l'extérieur. — Quant aux passe-ports qu'ils signeront individuellement dans leurs départements respectifs, ils continueront de se conformer à ce qui est prescrit par les lois.

27 août=2 sept. 1792. — Décret relatif aux passe-ports à accorder aux ambassadeurs et ministres étrangers.

Article additionnel aux décrets sur les passe-ports à délivrer aux ambassadeurs et ministres étrangers : — « Les passe-ports à délivrer aux chargés d'affaires et secrétaires de légation accrédités seront délivrés en la forme prescrite par l'art. 1 du décret du 23 août. »

28=29 août 1792. — Décret qui autorise, après que les visites domiciliaires qu'il ordonne auront été terminées, la délivrance des passe-ports à ceux qui en demanderont.

8 sept. 1792. — Décret qui rétablit la libre circulation des personnes et qui porte que la loi du 28 mars ne sera exécutée qu'à dix lieues des frontières ou des lieux occupés par les armées étrangères.

19 sept. 1792. — Décret qui assure l'exécution de celui qui précède et qui porte des peines contre ceux qui arrêteraient ou retarderaient le transport des personnes.

25 nov. 1792. — Décret qui suspend l'exécution et l'effet des passe-ports.

7-7 déc. 1792. — Décret relatif aux passe-ports à accorder à ceux qui seraient dans le cas de sortir du territoire français pour leurs affaires.

La convention nationale, après avoir entendu le rapport de son comité de législation, décrète que les personnes non comprises dans l'art. 2 du décret des 27-29 juillet dernier, qui seraient dans la nécessité de sortir du territoire de la République pour leurs intérêts ou pour leurs affaires, s'adresseront aux directoires de département dans le territoire desquels elles sont domiciliées, qui pourront, s'ils jugent les causes légitimes et suffisamment vérifiées, leur accorder des passe-ports dans les formes décrétées par les lois, après avoir préalablement pris l'avis des directoires des districts et des conseils généraux des communes, et dans le cas seulement où les conseils généraux des communes et les directoires de districts approuveraient la demande des passe-ports et en trouveraient les motifs légitimes.

26 fév. 1793. — Décret relatif aux passe-ports.

La convention nationale, considérant qu'il est de la plus grande importance de prendre sur-le-champ des mesures pour mettre les autorités constituées en état de connaître, de faire arrêter et punir les malveillants qui circulent dans différentes parties de la République, et excitent à la violation des lois; et pour empêcher, autant qu'il est possible, toute intelligence criminelle avec les ennemis du dehors, décrète que les décrets des 1er février-28 mars, 28-29 juill. et 7 déc. 1792, relatifs aux passe-ports pour les personnes, seront exécutés, jusqu'à ce qu'il en ait été autrement ordonné, et abroge toutes dispositions contraires au présent décret.

28 fév.-2 mars 1793. — Décret additionnel à celui du 26 février, et qui prescrit à tous les citoyens absents de leur domicile sans passe-port de faire une déclaration à la municipalité.

31 mars 1793. — Décret portant que le décret de suspension des passe-ports ne s'étend pas aux agents ni membres des ambassades des puissances étrangères, reconnus par le pouvoir exécutif.

10=10 avr. 1793. — Décrets relatifs aux passe-ports.

La convention nationale décrète que la loi portant suspension des passe-ports ne s'étend pas sur les agents des puissances étrangères accrédités, ni sur les personnes de leur nation qui sont à leur service, et que le ministre des affaires étrangères est autorisé à délivrer les passe-ports suivant le mode ordinaire.— La convention nationale, en maintenant les dispositions de son décret sur les passe-ports, supprime l'usage des *laissez-passer*, établi par la commune de Paris pour sortir des barrières.

10 mai 1793. — Décret relatif aux passe-ports délivrés par le comité de salut public aux agents qu'il emploie.

24 vend. an 2 (15 oct. 1793). — Décret suivant lequel les indigents qui se rendront aux travaux de secours seront tenus de prendre un passe-port (art. 8); le domicile de secours est refusé à celui qui n'est pas porteur d'un passe-port (art. 6). — V. Secours publics.

6 fruct. an 2 (23 août 1794). — Décret portant que, dans chaque section de Paris, les passe-ports seront délivrés par le comité civil, dans qu'il soit besoin d'en référer à l'assemblée générale de la section.

7 vend. an 3 (28 sept. 1794). — Décret qui dispose que celui qui précède n'est applicable qu'aux passe-ports qui sont délivrés pour voyager dans l'intérieur de la République.

23 mess. an 3 (11 juill. 1795). — Décret portant qu'il sera délivré à chaque étranger une carte portant son signalement, et en tête ces mots : *hospitalité, sûreté;* on ajoutera pour les étrangers nés dans les pays avec lesquels la République est en paix, le mot *fraternité* (art. 7). Tout étranger arrivant en France est tenu de déposer son passe-port à la municipalité frontière (art. 9, 10). — V. Droit civil, p. 33.

10 vend. an 4 (2 oct. 1795). — Décret qui veut que nul ne puisse voyager sans passe-port, et qui indique la forme du passe-port et le mode de délivrance (tit. 3). — V. Commune, nº 92.

14 vent. an 4 (4 mars 1796). — Loi qui détermine le mode de délivrance des passe-ports à l'étranger.

Art. 1. Les passe-ports à l'étranger seront délivrés par les administrations de départements, sur l'avis motivé des municipalités, suivant les formes et aux conditions prescrites par la loi du 7 décembre 1792, qui est maintenue en tout ce qui n'est point contraire à la présente résolution.

2. Les commissaires du pouvoir exécutif près les administrations de département adresseront, chaque décade, au ministre des relations extérieures, l'état circonstancié et certifié des passe-ports à l'étranger qu'aura délivrés l'administration dans les dix jours précédents.

17 vent. an 4 (7 mars 1796). — Loi contenant des mesures pour empêcher les délivrances des passe-ports sous des noms supposés (résolution du 14 ventôse).

Art. 1. Les membres des administrations des autorités chargées par les lois de la délivrance des passe-ports n'en donneront qu'aux citoyens qu'ils connaîtront personnellement ; s'ils ne les connaissent pas, ils ne les délivreront que sur l'attestation de deux citoyens connus, dont les noms seront désignés dans le passe-port, qu'ils seront tenus de signer ; et s'ils ne savent pas signer, il en sera fait mention.

2. Les fonctionnaires publics qui contreviendraient à l'article précédent seront destitués de leurs fonctions, et punis, par voie de police correctionnelle, d'un emprisonnement qui ne pourra être moindre de trois mois ni excéder une année.

3. Les témoins qui attesteraient un nom supposé, dans un passe-port ; les logeurs, aubergistes ou maîtres de maisons garnies qui inscriraient sur leurs registres des noms qu'ils savent n'être pas ceux des individus logés chez eux ; les citoyens qui certifieraient ces déclarations par-devant les autorités constituées, seront punis des mêmes peines.

27 vent. an 4 (17 mars 1796). — Loi qui contient les dispositions suivantes : Toutes personnes arrivées à Paris sont tenus, dans les trois jours de leur arrivée, de déclarer devant l'autorité municipale de leur arrondissement leurs nom et prénom, âge, état ou profession, leur domicile ordinaire, leur demeure à Paris, et exhiber leur passe-port (art. 1). — Indépendamment de la déclaration ci-dessus ordonnée, tout individu habitant Paris qui a un étranger à cette commune logé dans la maison ou portion de maison dont il est locataire, tout concierge ou portier de maison non habitée sont tenus de faire déclaration devant l'autorité municipale de l'arrondissement de chaque étranger logé chez eux dans les vingt-quatre heures de son arrivée (art. 2). — Toute personne qui fait une fausse déclaration est punie par la même voie de six mois d'emprisonnement et d'une année de détention en cas de récidive (*id.*, art. 4). — Chaque déclaration est faite en double sur deux feuilles et signée par le déclarant. Dans le cas où il ne sait pas signer, il en est fait mention. L'un des doubles reste au secrétariat de la mairie; l'autre est remis au déclarant (*id.*, art. 5).

2 germ. an 4 (22 mars 1796). — Arrêté du directoire exécutif portant ; Art. 7. Le registre des passe-ports à tenir par chaque municipalité, en conformité du tit. 3 de la loi précitée (10 vend. an 4), sera, s'il ne l'est déjà, ouvert aussitôt après la réception du présent arrêté. — Art. 8. Les commissaires de police dans les communes où ils sont établis, et l'agent municipal dans les autres communes, veilleront à ce que nul citoyen non domicilié dans le canton ne puisse s'y introduire sans passe-port. — Ils feront arrêter sur-le-champ tout individu voyageant et trouvé hors de son canton sans passe-port, jusqu'à ce qu'il ait justifié être inscrit sur le tableau de la commune de son domicile; et si l'individu arrêté ne justifie pas de cette prescription dans le délai de deux décades, il sera, aux termes de l'art. 7 du tit. 3 de la loi du 10 vend. an 4, réputé vagabond et sans aveu, et traduit comme tel devant les tribunaux compétents.

16 prair. an 4 (4 juin 1796). — Arrêté du Directoire portant que les Français voyageant en pays étrangers, qui réclameront l'autorité des consuls français, devront représenter un passe-port. — V. Droit civil, p. 34.

6 vend. an 5 (27 sept. 1796). — Arrêté du directoire qui dispose que les fournisseurs généraux, leurs agents et autres individus qui ne font pas essentiellement partie de l'armée, sont assujettis, comme tous les Français, aux lois sur les passe-ports.

4 niv. an 5 (24 déc. 1796). — Arrêté du directoire exécutif, qui prescrit des mesures relatives aux passe-ports des étrangers arrivant en France.

Art. 1. Le commissaire du directoire exécutif près l'administration municipale de chaque port de mer ou commune frontière de la République devant laquelle se présentera tout étranger arrivant en France, ainsi qu'il y est obligé par l'art. 9 de la loi du 23 mess. an 3, pour y déposer son passe-port, à l'effet d'être envoyé au ministre de la police générale et être par lui visé, s'il y a lieu, sera tenu d'adresser sur-le-champ copie dûment certifiée de ce passe-port à l'accusateur public et au commissaire du directoire exécutif près le tribunal criminel du département.

2. Il y joindra également copie des pièces étant à la possession de l'étranger, qui paraîtront à l'administration municipale devoir être envoyées au ministre de la police générale.

25 vend. an 6 (19 oct. 1797). — Loi relative aux passe-ports.

Art. 1. Les passe-ports qui, conformément aux dispositions des lois, doivent être délivrés aux citoyens français ou étrangers, désigneront à l'avenir les lieux où les voyageurs doivent se rendre ; ils seront visés par le commissaire du directoire exécutif près de l'administration chargée de la delivrance des passe-ports.

2. Dix jours après la promulgation de la présente, tous passe-ports d'une date antérieure à cette promulgation demeurent annulés. Pendant ce délai, les citoyens absents de leur domicile prendront, auprès de l'administration municipale du canton où ils se trouvent momentanément, un nouveau passe-port, qui ne pourra leur être délivré que sur la réclamation de deux citoyens domiciliés connus dans le canton, dont la déclaration signée sera mentionnée au passe-port, ainsi que sur les registres de l'administration. — Une copie du passe-port ainsi renouvelé sera adressée à l'administration municipale du canton où se trouve le domicile du citoyen qui l'aura obtenu.

3. Les étrangers non domiciliés qui voyagent ou résident actuellement dans l'intérieur de la République seront également obligés de se présenter auprès de l'administration centrale du département où ils se trouvent, pour y faire vérifier leurs passe-ports, et ajouter la désignation des lieux où ils désirent voyager et résider momentanément. Les commissaires du directoire près ces administrations, adresseront copie de ces passe-ports ainsi renouvelés au ministre des relations extérieures et à celui de la police générale.

4. Lorsque des bâtiments entreront dans les ports de la République, l'officier commandant du port conduira les passagers par-devant l'administration municipale du lieu, qui vérifiera leurs passe-ports, et prendra à leur égard les mesures de surveillance déjà prescrites par les dispositions des lois existantes.

5. Les citoyens qui seraient forcés de faire changer sur leurs passe-ports l'indication des lieux où ils veulent se rendre, se présenteront à l'administration municipale du canton où ils se trouvent, pour s'y en faire délivrer de nouveaux. — Une copie du passe-port ainsi renouvelé sera adressée à l'administration municipale du canton où se trouve le domicile du citoyen qui l'aura obtenu.

6. Les administrateurs et commissaires du directoire exécutif qui délivreraient et signeraient des passe-ports sous des noms supposés, ou autrement, pour voyager dans l'intérieur, aux individus qui, d'après les lois du 19 fruct. an 5 et jours suivants, doivent sortir du territoire de la République, seront traduits par-devant le tribunal criminel du département, pour y être condamnés à une détention qui ne pourra durer moins d'un an et ne pourra excéder deux ans.

7. Tous étrangers voyageant dans l'intérieur de la République, ou y résidant sans y avoir une mission des puissances neutres et amies reconnue par le gouvernement français, ou sans y avoir acquis le titre de citoyen, sont mis sous la surveillance spéciale du directoire exécutif, qui pourra retirer leurs passe-ports, et leur enjoindre de sortir du territoire français, s'il juge leur présence susceptible de troubler l'ordre et la tranquillité publique.

28 germ. an 6 (17 avril 1798). — Loi portant que nul ne peut refuser à la gendarmerie l'exhibition de ses passe-ports (art. 127). — V. Gendarme, p. 461.

13 brum. an 7 (3 nov. 1798). — Loi qui exempte de la formalité du timbre les passe-ports des militaires (art. 16-1°). — V. Enregist., nº 6062.

22 frim. an 7 (12 déc. 1798). — Loi qui exempte de la formalité de l'enregistrement les passe-ports délivrés par l'autorité publique (art. 70, § 3, nº 14). — V. Enregist., p. 35.

19 vend. an 8 (11 oct. 1799). — Arrêté du directoire exécutif concernant les passe-ports pour les colonies françaises.

Le directoire exécutif, vu son arrêté du 8 floréal an 4, qui porte que provisoirement, et jusqu'à ce qu'il en soit autrement ordonné, il ne sera délivré aucun passe-port pour les colonies françaises dans les deux hémisphères, sans l'autorisation du directoire exécutif, et charge le ministre des relations extérieures de notifier aux administrations de département cet arrêté, qui ne fut point imprimé ; — Vu l'art. 77 du tit 16 de la loi du 12 niv. an 6 qui porte que tous les déportés quelconques des colonies pourront rentrer dans leur premier domicile à la paix, mais que jusqu'alors le directoire exécutif pourra, selon les motifs de leur déportation, autoriser ces déportés à retourner dans la colonie de laquelle ils ont été déportés ;

— Ouï le rapport du ministre de la marine et des colonies; — Arrête ce qui suit :

Art. 1. Les citoyens qui voudront passer dans les colonies françaises de l'un et l'autre hémisphère s'adresseront aux autorités constituées des lieux de leur domicile, qui leur délivreront des passe-ports dans les cas et dans les formes voulus par la loi.

2. Ces passe-ports n'auront leur effet qu'après avoir été visés par le ministre de la marine et des colonies, lequel ne pourra accorder son *visa* sans l'autorisation spéciale du directoire exécutif.

3. Au moyen des dispositions ci-dessus, l'arrêté du 8 floréal an 4 est et demeure rapporté.

4. Les citoyens qui passeront dans les colonies comme fonctionnaires publics ou employés n'auront besoin d'autre passe-port que de leur ordre de départ, qui leur en tiendra lieu.

12 mess. an 8 (1er juill. 1800). — Arrêté suivant lequel le préfet de police à Paris délivre les passe-ports pour voyager dans l'intérieur de la France, et les vise (art. 3).— V. Préfet de police.

25 therm. an 8 (13 août 1800).— Arrêté relatif aux passe-ports ou sauf-conduits accordés par les ministres ou autres agents diplomatiques des puissances alliées ou neutres.

Art. 1. Les passe-ports ou sauf-conduits accordés par les ministres et autres agents diplomatiques des puissances alliées ou neutres, soit à des individus qui ne sont pas de leur nation, soit à des Français naturalisés chez ces puissances depuis le 14 juillet 1789, ne seront point admis en France.

2. L'entrée du territoire de la République est interdite aux personnes désignées dans l'article précédent, sous peine d'être traitées comme gens sans aveu, ou comme émigrés.

3. Tout étranger actuellement en France en vertu de passe-port à lui délivré par un ministre ou agent d'une puissance alliée ou neutre, et qui se trouve dans le cas de l'art. 1 du présent arrêté, est tenu de faire constater, d'ici au 15 fruct., par un certificat du ministre ou agent de sa nation résidant en France, qu'il est de la nation au nom de laquelle le passe-port lui a été délivré.

4. Tout étranger qui se trouve dans le cas prévu par l'art. 1, et qui n'aura pas satisfait aux dispositions ci-dessus, sera arrêté et conduit hors du territoire de la République.

5. Tout individu né Français, actuellement en France en vertu d'un passe-port étranger, sera tenu, pour pouvoir y continuer son séjour, de se pourvoir, dans le délai de trois jours pour Paris, et de deux décades pour les départements, de la permission expresse du ministre de la police générale, sous peine d'être traité comme prévenu d'émigration.

18 fruct. an 8 (5 sept. 1800).— Arrêté qui autorise les préfets maritimes et les commissaires de marine à proroger le terme des passe-ports accordés aux colons.

Lorsque les colons propriétaires, ou autres citoyens français, munis de passe-ports visés du ministre de la marine et des colonies, auront éprouvé du retard pour leur embarquement dans les colonies, les préfets maritimes dans les grands ports, ou les commissaires principaux de marine dans les ports de commerce, sont autorisés à proroger le terme de ces passe-ports pour trois mois, ou plus, suivant les circonstances, en rendant compte au ministre de la marine et des colonies.

5 brum. an 9 (27 oct. 1800). — Arrêté qui donne aux commissaires généraux de police le droit de délivrer et de viser les passe-ports pour l'intérieur, et de donner les attestations pour obtenir les passe-ports pour l'étranger (art. 3).—V. Commiss. de police, nº 22.

18 vent. an 12 (9 mars 1804). — Arrêté qui charge les délégués des commissaires généraux de police de délivrer et de viser les passe-ports (art. 1 et 2). — V. *eod.*

18 sept. 1807. — Décret concernant les passe-ports.

Art. 1. Les passe-ports accordés pour voyager dans l'intérieur de l'empire, ou pour en sortir, tant aux Français qu'aux étrangers, ne pourront être délivrés que sur un papier fabriqué spécialement à cet effet et sur un modèle uniforme.

2. La feuille disposée pour le passe-port se composera de deux parties : — La première, qui se détachera de la seconde par une coupure ondulée, sera remise au porteur, et constituera le passe-port; — La seconde partie, par forme de *souche* ou *talon*, sera la minute du passe-port délivré, contiendra les mêmes désignations que le passe-port, et restera entre les mains de l'autorité qui aura délivré le passe-port.

3. Le ministre de la police générale de l'empire est spécialement chargé de faire fabriquer et imprimer les exemplaires desdits passe-ports, et les distribuera à toutes les autorités compétentes, qui s'en chargeront sur récépissés.

4. Il ne pourra être payé pour chaque passe-port, pour tous frais, y compris ceux de fabrication et de timbre, que la somme de 2 fr.

5. Les *visa* ordonnés par les lois et règlements sur les passe-ports accordés seront donnés gratuitement, soit aux frontières, soit dans l'intérieur.

6. Au 31 décembre, tous ceux qui, étant en France, seront porteurs de passe-ports délivrés sous une formule autre que celle adoptée par le présent, seront tenus de se pourvoir de passe-ports délivrés dans la nouvelle forme.

7. Les contrevenants à ces dispositions seront soumis aux peines prononcées contre les individus qui voyagent sans passe-port, par les lois des 28 mars 1792 et 10 vend. an 4.

11 juill. 1810. — Décret qui règle la fourniture, la distribution et le prix de passe-ports.—V. Chasse, nº 10.

20 avr.-4 juin 1814. — Ordonnance de S. A. R. Monsieur, concernant les passe-ports.

Art. 1. Les lois et règlements sur les passe-ports, tant à l'étranger qu'à l'intérieur, sont maintenus, et continueront à être exécutés comme par le passé.

2. L'administration de l'enregistrement et des domaines fera confectionner les formules d'après les modèles annexés à la minute de la présente ordonnance, dont le commissaire provisoire au département de la police générale est chargé de l'exécution.

29 oct.-29 nov. 1820. — Ordonnance qui enjoint aux gendarmes de s'assurer de la personne de tout individu circulant sans passe-port ou avec des passe-ports qui ne seraient pas conformes à la loi; ils ont le droit de se faire représenter les passe-ports des voyageurs, et nul ne peut en refuser l'exhibition (art. 179).—V. Gendarme, p. 486.

25 oct.-12 nov. 1833.— Ordonnance qui réglemente les attributions des consuls français à l'étranger relativement aux passe-ports (art. 1, 3, 4, 5, V. Consuls, p. 26).

30 nov.-16 déc. 1834. — Ordonnance du roi concernant la délivrance, aux préfets, des formules de passe-ports et de permis de port d'armes de chasse.

Louis-Philippe, etc.; — Vu l'art. 4 du décret du 11 juill. 1810; — Vu l'art. 10 du même décret; — Vu la décision du 8 avr. 1827, concertée entre les ministres de l'intérieur et des finances, laquelle décision a statué que les formules de passe-port et de permis de port d'armes de chasse ne seraient remises aux préfets qu'en vertu d'autorisation du directeur de la police, transmises à l'administration de l'enregistrement; — Vu les observations du directeur général de cette administration, tendantes à faire modifier la marche suivie pour la délivrance, aux préfets, des formules dont il s'agit; — Vu la lettre par laquelle notre ministre de l'intérieur exprime une opinion conforme à ces observations; — Considérant que l'obligation où se trouve l'administration de l'enregistrement, par suite des dispositions précitées, de ne délivrer aux préfets des passe-ports et permis de port d'armes de chasse qu'en vertu d'autorisation de notre ministre de l'intérieur, entraîne sans nécessité des retards préjudiciables aux intérêts des requérants; — Sur le rapport, etc. :

Art. 1. Les préfets sont autorisés à se faire remettre désormais, sur leur demande, par les directeurs de l'enregistrement dans les départements, les formules de passe-ports et de permis de port d'armes de chasse nécessaires aux besoins de leur service.

1er mars-11 avr. 1854. — Décret dont les art. 287 et 288 contiennent des dispositions relativement au droit accordé à la gendarmerie de se faire représenter les passe-ports (D. P. 54. 4. 40).

§ 2. — *Passe-ports pour l'intérieur. — Par quelle autorité et à quelles personnes ils sont delivrés; formes; mesures de police.*

4. *Autorités chargées de la délivrance des passe-ports.* — La délivrance des passe-ports appartient à l'autorité administrative seule. Aucun acte émané de l'autorité judiciaire ne pourrait en tenir lieu. — Il a donc excès de pouvoirs de la part d'un tribunal correctionnel qui en acquittant un prévenu ordonne qu'il lui sera délivré un extrait du jugement pour lui servir de passe-port (Crim. cass. 23 juill. 1836, aff. Fauconnier, V. Vagabondage).

5. Les passe-ports peuvent être soumis au visa du sous-préfet de l'arrondissement (L. 28 vend. an 6). — Mais il appartient exclusivement aux municipalités, Paris excepté, de les délivrer (décret des 28-29 juill. 1792, art. 3). — Quant aux passe-ports gratuits, ils sont accordés par les préfets, ainsi que les secours de route (V. *infrà*, nº 54). — Les maires ne doivent délivrer des passe-ports qu'aux citoyens qu'ils connaissent personnellement; ils peuvent néanmoins en donner sur l'attestation de deux citoyens connus et domiciliés dont les noms sont désignés dans le passe-port, ainsi que leurs professions et demeures et qui le signent avec le requérant; mention est faite s'ils ne peuvent ou ne savent signer (L. 17 vent. an 4, art. 1). — L'art. 155 c. pén. punit l'infraction à cette règle d'un emprisonnement d'un à six mois (V. Faux, nº 370). — Il a été jugé que la peine établie par l'art. 155 c. pén. contre les officiers publics qui délivrent un passe-port à un individu qu'ils ne connaissent pas, sans avoir fait attester ses noms et qualités par deux citoyens à eux connus, est inapplicable au maire qui a donné un avis favorable par suite duquel un passe-port à l'étranger a été délivré par le préfet sous un nom supposé (Crim. rej. 14 octobre 1853, aff. Fouquet, D. P. 53. 5. 342, V. nº 22). — Le règlement du 20 août 1816 dispose, art. 15 : «Le ministre peut, dans certaines circonstances, interdire à un maire la faculté de délivrer des passe-ports et déléguer, pour remplir cette partie des fonctions municipales dans la commune, soit le maire d'une commune voisine, soit celui du chef-lieu de canton. »

6. Dans chaque commune il est tenu un registre des passe-ports que l'autorité délivre (L. 10 vend. an 4, tit. 3, art. 2). — Les maires envoient à la fin de chaque semaine à la sous-préfecture ; 1° un état des passe-ports délivrés dans le courant de la semaine ; 2° celui des passe-ports visés pendant le même intervalle pour changement de destination.

7. Les maires doivent s'abstenir de délivrer des passe-ports à certaines personnes placées dans des positions spéciales, à moins que ces personnes ne justifient d'une autorisation accordée par qui de droit (M. Bost, t. 2, p. 96). — V., quant aux personnes que concerne cette autorisation, et quant à l'autorisation elle-même, nos 15 et suiv., 58).

8. A Paris, celui qui veut un passe-port se présente au commissaire de police de son quartier pour obtenir le certificat, sur le vu duquel le passe-port est délivré à la préfecture de police : indépendamment des deux témoins qui doivent être produits, le demandeur doit représenter sa carte de sûreté, ou son permis de séjour, ou un ancien passe-port, sa patente s'il est marchand, le consentement de ses parents, tuteur ou maître s'il est mineur, étudiant, femme mariée ou domestique ; la permission de son chef s'il est employé ou comptable ; son livret s'il est ouvrier ; son congé s'il est libéré du service, ou sa libération s'il a été appelé au recrutement (Instruct. du préfet de police du 30 mai 1816 ; V. n° 16). — Si le requérant n'a aucun papier, il doit en faire connaître le motif ; s'il les a perdus, il doit déclarer quels ils étaient, par qui et à quelle époque ils lui avaient été délivrés, où et quand il les a perdus.—Le commissaire de police fait mention de la position où se trouve le requérant et des papiers de sûreté dont il est porteur (inst. préf. de pol. 30 mai 1816).

9. Lorsque des bâtiments entrent dans les ports français, l'officier commandant le port, doit conduire les passagers par-devant l'administration municipale du lieu qui vérifie leurs passe-ports, et prend les mesures de surveillance prescrites par les lois (L. 28 vend. an 6, art. 4).

10. L'art. 6 de la loi des 28-29 juill. 1792, attribue aux administrations de département représentées aujourd'hui par les préfets, la décision des difficultés qui peuvent s'élever sur la validité des passe-ports ou sur le refus d'en délivrer. — Il a été décidé que l'arrêté préfectoral qui renvoie un individu devant l'autorité municipale de son domicile légal, à l'effet d'obtenir un passe-port, est un acte de police administrative qui ne peut être attaqué devant le conseil d'État par la voie contentieuse (ord. cons. d'Ét. 23 août 1836) (1).

11. *A quelles personnes les passe-ports doivent-ils être délivrés?* — Toute personne qui veut voyager dans l'intérieur du royaume est tenue de se munir d'un passe-port (décr. 1er fév.-28 mars 1792, art. 1). — Nul ne peut, porte l'art. 1 de la loi du 10 vend. an 4, quitter le territoire de son canton sans être muni d'un passe-port signé par les officiers municipaux de la commune. — De même les personnes qui, venant de l'étranger, entrent dans l'empire, doivent prendre un passe-port à la municipalité frontière (décr. 1er fév.-28 mars 1792, art. 6).

12. Chaque passe-port doit être individuel, cela résulte implicitement des lois précitées. Toutefois le ministre de l'intérieur, consulté sur la question de savoir si l'on pouvait comprendre sur un même passe-port les membres d'une même famille, a répondu, le 6 août 1827, que tout individu âgé de plus de quinze ans devait avoir un passe-port particulier ; mais qu'on pourrait comprendre dans le même passe-port : 1° le mari et la femme, et même les enfants au-dessous de quinze ans ; 2° deux frères ou deux sœurs, si l'un est en bas âge et sous la surveillance de l'autre, etc. — Cette tolérance ne peut, dans aucun cas, s'étendre aux domestiques. Il faut que ceux-ci soient porteurs de passe-ports séparés (M. Bost, Organ. mun., t. 2, p. 97).

13. Lorsqu'un individu demande à faire comprendre dans son passe-port une femme ou une demoiselle qu'il dit être sa femme ou sa parente, le commissaire de police, avant de délivrer le certificat, doit s'assurer de la vérité de l'assertion à l'effet de prévenir les enlèvements de mineurs (instr. préf. de pol. 30 mai 1816).

14. Lorsque le passe-port comprend deux ou plusieurs personnes et que les unes veulent rester et les autres partir, le commissaire de police doit, suivant l'instruction du préfet de police du 30 mai 1816, délivrer à celles qui restent un certificat motivé pour obtenir un permis de séjour, et laisser aux autres le passe-port pour obtenir le visa de départ : si le passe-port est au nom de la personne qui veut rester, l'autre est obligée de se pourvoir d'un nouveau passe-port.

15. La faculté de voyager étant de droit commun, il en résulte que les passe-ports ne peuvent être refusés à ceux qui ne sont point l'objet de poursuites judiciaires ; cependant, en matière commerciale, on doit s'abstenir de délivrer un passe-port lorsqu'une tierce personne s'y oppose, en vertu d'un jugement qu'elle aurait obtenu et qui emporterait contrainte par corps contre son débiteur (lettre du min. de l'int. au préf. de pol. du 10 avril 1829). — Il a été jugé, de même, que toute opposition à la délivrance d'un passe-port résultant de jugement ou ordonnance du président en *matière civile*, doit empêcher cette délivrance (trib. de la Seine, 2 fév. 1827, aff. N...). — Toutefois, il a été décidé, en sens contraire, qu'un créancier ne peut former opposition à la délivrance d'un passe-port demandé par son débiteur : l'autorité municipale ne doit, par suite, tenir aucun compte d'une pareille opposition (trib. de la Seine 12 juill. 1848, aff. Doze, D. 48. 3. 100). — Cette dernière décision nous semble préférable. La délivrance des passe-ports est une mesure d'ordre public qui est étrangère aux créanciers. Sans doute, l'opposition pourra servir de renseignement auprès de l'autorité qui, selon le plus ou le moins de gravité des motifs sur lesquels elle est fondée, accordera ou refusera le passe-port ; mais elle ne peut avoir d'autre effet.

16. L'administration pourrait-elle refuser un passe-port à une femme mariée, à un mineur, à un domestique ou à un employé qui ne rapporteraient pas le consentement de leurs mari, tuteur ou maître? — L'instruction du préfet de police du 30 mai 1816 (V. n° 8) semble décider l'affirmative. Mais cette solution n'est-elle pas en contradiction avec les principes généraux du droit? En effet, peut-on dire, la faculté de locomotion est de droit naturel ; elle ne peut être soumise qu'à l'observation des lois générales de police qui intéressent l'ordre public, et ne saurait dépendre de la volonté des tiers. L'art. 108 c. nap. déclare que la femme n'a point d'autre domicile que celui du mari, et l'art. 214 ajoute que la femme est obligée d'habiter avec son mari ; si la femme s'absentait, celui-ci pourrait sans doute, en vertu des articles précités et de l'autorisation judiciaire, forcer sa femme rentrer dans le domicile conjugal : mais ce n'est là, de la part à du mari, que l'exercice d'un droit personnel et civil, et il semble qu'il n'appartient pas à l'autorité administrative de prendre à cet égard, dans l'intérêt de ce dernier, une mesure préventive qu'il ne réclame pas. Ne serait-ce pas en effet violer la liberté individuelle? — Nous ne croyons pas ces objections fondées : la mesure administrative nous paraît empreinte de sagesse, qu'on l'applique à la femme mariée ou à un mineur en tutelle ou sous la puissance de ses parents.—Que doit-on décider à l'égard d'un domestique, d'un commis?—La question est toute différente, au moins lorsque ces individus sont en majorité. — Toutefois, la préfecture agirait raisonnablement si elle ne délivrait les passe-ports qu'après en avoir donné avis aux personnes chez lesquelles ils servent ou sont employés.

17. Un officier qui désire voyager avec un passe-port civil doit être muni de la permission du ministre de la guerre ; un

(1) *Espèce :* — (Buffardière.) — Le maire d'Évreux et le préfet de l'Eure avaient refusé de délivrer un passe-port pour la capitale au sieur Buffardière, bien qu'il se fût présenté à eux assisté de deux témoins ; et, sur ses instances, ils le renvoyèrent devant l'autorité de son domicile légal, le maire de Fauville. — Recours.

LOUIS-PHILIPPE, etc. ; — Vu la loi du 10 vend. an 4 et celle du 17 ventôse de la même année ; — Vu la loi du 14 oct. 1790 ; — Considérant que l'arrêté par lequel le préfet de l'Eure a renvoyé le sieur de la Buffardière devant la mairie de Fauville, à l'effet d'obtenir un passe-port, est un acte de police administrative pris dans les limites de ses attributions, et qui ne peut nous être déféré par la voie contentieuse ;

Art. 1. La requête du sieur Buffardière est rejetée.

Du 23 août 1836.-Ord. cons. d'État.-M. Montaud, rap.

officier subalterne doit avoir la permission de son officier supérieur indépendamment de celle de l'état-major. Les officiers de marine doivent préalablement faire viser leurs papiers au ministère de la marine (instr. préf. de pol. 30 mai 1816).

18. Les autorités chargées de la délivrance des passe-ports ne doivent pas les donner : 1° aux jeunes soldats qui ont à se pourvoir de feuilles de route (inst. préf. de pol. 30 mai 1816); 2° aux hommes de la réserve s'ils n'en ont préalablement obtenu l'autorisation de l'autorité militaire (instr. min. guerre 16 nov. 1833); — 3° Aux officiers en non activité, à moins de l'autorisation du préfet (circ. min. 21 mai 1821); — 4° Aux personnes placées sous la surveillance de la haute police (inst. du préf. de pol. 30 mai 1816).

19. *Formes des passe-ports; visa; prix.* — Les passe-ports doivent indiquer les noms, prénoms, âge, professions, pays de naissance, domicile et signalement du requérant, et le lieu où il doit se rendre (décr. de 1792, art. 2 et 3; L. 10 vend. an 4, art. 3; 28 vend. an 6, art. 1).—Les mots raturés et surchargés doivent être approuvés.—Les passe-ports sont soumis au timbre (L. 13 brum. an 7, art. 16-1°); mais ils sont exemptés de la formalité de l'enregistrement (L. 22 frim. an 7, art. 70, § 3, n° 14).

20. L'administration de l'enregistrement fournit les formules de passe-ports conformes aux modèles arrêtés par le gouvernement. Ils sont uniformes et timbrés à Paris pour toute la France, à talon ou souche et reliés en registre (décr. 11 juill. 1810, art. 1, v° Chasse, n° 10.—V. A cet égard le décr. 18 sept. 1807, art. 1 et 2 ci-dessus, p. 33. — L'administration de l'enregistrement adresse au directeur dans chaque département les registres nécessaires sur les ordres du ministre de l'intérieur. Le directeur, sur les ordres du préfet, envoie les registres ou passeports aux receveurs ou percepteurs des contributions de chaque commune (décr. 11 juill. 1810, art. 4 et 5).

21. Chaque maire se fait remettre directement par le percepteur un certain nombre de formules dont il doit lui donner récépissé immédiatement et lui tenir compte après l'emploi; dès que le nombre de formules touche à sa fin, le maire en réclame d'autres du percepteur, lequel les prend au comptant chez le receveur de l'enregistrement du chef-lieu de l'arrondissement (pour le chef-lieu de département au bureau du timbre extraordinaire) en rapportant le récépissé qui justifie de l'emploi du dernier approvisionnement: le percepteur doit faire l'avance du prix de ces formules sur les fonds communaux (circ. min. int. 3 mai 1816; inst. gén. min. fin. 15 déc. 1826, art. 821 et 824).

22. Un passe-port ne peut être rédigé et délivré qu'en présence et avec la coopération du titulaire. — Ainsi il ne peut en être délivré pour une personne absente, encore bien qu'elle ait rempli ou fait remplir par un tiers toutes les conditions prescrites (M. Bost, Organ. mun., t. 2, p. 97). — Les officiers civils qui ne se conformeraient point à cette règle, seraient passibles d'un emprisonnement d'un à six mois; et dans le cas où, instruits d'une supposition de noms, ils auraient délivré un passeport sous le nom supposé, ils seraient punis du bannissement (c. pén. art. 155).—V. n° 5.

23. La personne qui a perdu son passe-port ou son permis de séjour en fait la déclaration à sa municipalité, et à Paris au commissaire de police de son domicile, assisté de deux témoins qui attestent sa moralité. Sur le vu de cette déclaration, il lui est délivré par l'autorité compétente, soit un nouveau passeport, soit un duplicata de son permis de séjour (arr. préf. pol. 13 mess. an 8).

24. Suivant l'art. 5 de la loi du 28 vend. an 6, le voyageur qui voulait se rendre dans un lieu autre que celui qu'il avait d'abord indiqué, était tenu de prendre un nouveau passe-port; mais à cette obligation gênante et dispendieuse, le décret du 18 sept. 1807 a substitué le visa qui se fait toujours gratuitement. —Les visa sont donnés par les fonctionnaires ayant qualité pour délivrer les passe-ports, et doivent, comme ceux-ci, indiquer une destination précise. Lorsque la place manque sur la formule par suite des nombreux visa qui y ont déjà été apposés, on peut, pour de nouveaux visa, ajouter au bas du passe-port un morceau de papier ordinaire de même largeur; le visa qui y est apposé est légalement valable; mais il est nécessaire, dans ce cas, que l'on imprime plusieurs fois le cachet de la mairie sur la partie de l'allonge et du passeport qui se joignent (M. Bost, t. 2, p. 97).

25. Toutes les formalités relatives à l'obtention et à la délivrance des passe-ports sont de rigueur; cependant elles ne doivent pas dégénérer en vexations inutiles, et il est de principe que les erreurs ou négligences qui peuvent quelquefois se glisser dans la délivrance des passe-ports et dans les visa qui doivent y être apposés, sont laissées à l'appréciation des autorités locales, dont le devoir, dicté par la prudence et la justice, est toujours de les rectifier, et non pas de les faire payer par une rigueur inutile aux individus qu'elles peuvent arrêter (M. Lerat de Magnitot, t. 2, p. 325).

26. Les passe-ports ne sont valables que pour un an du jour de leur délivrance (décr. 11 juill. 1810, art. 8).

27. Le prix des passe-ports est fixé ainsi : pour ceux de l'intérieur du royaume, 2 fr.; pour ceux à l'étranger, 10 fr., y compris le papier, le timbre et l'expédition; ces prix sont imprimés sur les passe-ports (art. 9).— Les visa de passe-ports sont gratuits (décr. 18 sept. 1807, art. 5). — La recette du prix des passe-ports est versée chaque mois à la caisse du receveur des contributions, avec indication du nombre des passe-ports délivrés dans le mois. Les receveurs d'arrondissement envoient chaque mois au directeur de l'enregistrement le bordereau indicatif du nombre des passe-ports et de la recette (décr. 11 juill. 1810, art. 6).—La régie peut faire vérifier l'état des registres de passeports (art. 7).

28. Le livret des ouvriers français ne peut suppléer le passeport (V. v° Industr., n°s 145, et M. Bost, t. 2, p. 99; V., pour les ouvriers étrangers, *infrà*, n° 63); et, indépendamment de l'obligation d'être muni d'un passe-port, l'ouvrier est tenu de faire viser son dernier congé par le maire ou son adjoint, et de faire indiquer le lieu où il se propose de se rendre. — Tout ouvrier qui voyagerait sans être muni d'un livret ainsi visé serait réputé vagabond, arrêté et puni comme tel (arrêté du 9 frim. an 12, art. 3).—Mais les feuilles de route remplacent le passe-port pour les militaires.—V. n° 38.

29. *Mesures de police.* — La police relative aux passe-ports est plus ou moins rigoureuse, suivant les circonstances. — Le décret des 1er fév.-28 mars 1792 donne aux gendarmes, gardes nationales et troupes de ligne, le droit d'exiger la représentation des passe-ports des voyageurs (art. 8). — Le décret du 29 juill. 1792 donne le même droit aux préposés des douanes, et en général à tous les agents de l'autorité publique. Le citoyen qui n'en présentera pas sera arrêté, à moins qu'il n'ait pour répondant un citoyen domicilié (décr. 1er fév. 1792, art. 9 et suiv.). Les officiers municipaux, suivant les réponses et les renseignements qu'il donnera, pourront néanmoins lui laisser continuer sa route en lui délivrant un passe-port (art. 10 et suiv.). — La loi du 10 vend. an 4 est conçue dans le même esprit (tit. 3, art. 6, 7, V. Commune, n° 92). — Cette législation se ressent des temps où elle a été rendue, et elle ne saurait en réalité maintenant être mise à exécution, si ce n'est peut-être dans des circonstances extraordinaires.

30. M. Favard (Répert., v° Passe-port, p. 148), examinant la législation relative aux arrestations faute de passe-port, se demande si les individus voyageant sans passe-port peuvent, depuis la promulgation du code d'instruction criminelle et du code pénal, être détenus sur les ordres de l'autorité administrative, ou bien si on doit les traduire à l'instant de leur arrestation, comme tous les prévenus de délit, devant le juge d'instruction, qui seul a le droit de décerner les mandats d'arrêt. En d'autres termes, si l'art. 609 c. d'inst. crim., qui porte que « nulle personne ne pourra être retenue qu'en vertu, soit d'un mandat de dépôt, soit d'un mandat d'arrêt décerné selon les formes prescrites par la loi, etc., » a dérogé aux dispositions des lois du 28 mars 1792, et notamment aux dispositions des art. 6 et 7 du titre 3 de celle du 10 vend. an 4, ci-dessus rapportées. — M. Favard ne résout pas cette question, qui a été controversée; nous n'hésitons pas, quant à nous, à penser que la détention préventive ne peut résulter que d'un mandat de dépôt ou d'arrêt régulièrement décerné ; que l'art. 609 c. d'inst. crim. résout complétement la question.

31. Une circulaire ministérielle du 22 juin 1823 trace ainsi la conduite que doit tenir l'autorité pour la police des passe-ports: « La loi veut que tout voyageur soit muni d'un titre authentique et régulier qui constate son état et qui établisse qu'à l'époque de son départ du lieu de sa résidence, rien ne s'opposait à ce qu'il s'en éloignât. Une surveillance sévère doit atteindre ceux qui, ne se soumettant pas à cette disposition, peuvent, par cela même, être soupçonnés d'avoir de mauvaises intentions. Mais cette simple présomption ne peut justifier un acte de rigueur qui deviendrait une véritable vexation, surtout pour l'étranger de bonne foi que l'ignorance de nos usages à cet égard ne saurait rendre coupable. Lors donc que cette présomption n'est fortifiée d'aucun antécédent défavorable, on se contentera de faire connaître ce qu'exigent les règlements et d'imposer l'obligation de s'y conformer.—La police, protectrice des honnêtes gens, ne doit inspirer de crainte qu'aux malfaiteurs et aux ennemis de l'ordre et de la société. »

32. Si, lors de l'examen d'un passe-port, l'autorité municipale avait de graves raisons de penser qu'il a été fabriqué ou falsifié, ou bien encore que le porteur de ce titre y a pris un nom supposé, elle devrait dénoncer immédiatement les faits au procureur impérial, et, en attendant, ordonner l'arrestation du prévenu (M. Bost, t. 2. p. 106).—Les faux commis dans les passe-ports et feuilles de route sont prévus et punis par les art. 153 et suiv. c. pén. — V. à cet égard, v° Faux, n°s 353 et suiv.

33. Une loi, du 27 vent. an 4 (V. p. 34), renouvelant les dispositions excessives d'un décret du 20 mai 1792 (V. p. 33) exigea avec rigueur des déclarations de ceux qui arrivaient à Paris, et de ceux qui les recevaient chez eux : ces mesures de police prises, dans des moments de crise politique, ont cessé depuis longtemps d'être mises à exécution.—Elles sont remplacées par la surveillance que la police exerce sur les maisons suspectes, sur les maisons publiques et sur les hôtels garnis.—Par exemple, les maîtres d'hôtels garnis et logeurs ne peuvent recevoir chez eux et loger aucun voyageur sans s'être assurés qu'il est porteur d'un passe-port (arr. du préf. de police 30 mai 1816, art. 6).—Malgré les termes de cet article, il arrive souvent que les voyageurs non pourvus de passe-ports sont reçus dans les hôtels garnis. Dans ce cas, il doit en être fait mention sur le registre que les hôteliers sont obligés de tenir.

34. Les arrêtés par lesquels l'autorité municipale ou le préfet défendent aux directeurs des postes, entrepreneurs de voitures par terre et par eau, et aux aubergistes d'inscrire les voyageurs autrement que sur la représentation d'un passe-port, et leur enjoignent de relater sur un registre les indications du passeport, etc., sont obligatoires (V. Crim. cass. 10 avril 1841, aff. Courtorgis, v° Commune, n°s 1195 et suiv.).

35. L'art. 5 d'une ordonnance du préfet de police, du 8 avril 1808, défendait expressément aux maîtres de poste, entrepreneurs de messageries, de diligences et de coches d'eau, du ressort de la préfecture de police, de donner des chevaux ou des places aux voyageurs qui ne justifiaient pas d'un passe-port régulier.—Cette ordonnance n'est plus appliquée dans la pratique, au moins en ce qui concerne les messageries et les bateaux à vapeur.

§ 3. — *Passe-ports pour l'étranger, les colonies et l'Algérie.*

36. La législation relative aux passe-ports pour l'étranger, plus encore que celle des passe-ports à l'intérieur, a dû subir des variations nombreuses par l'effet des circonstances politiques. —Successivement interdite par le décret du 28 juin 1791, autorisée par celui du 28 mars 1792, interdite de nouveau, avec quelques modifications par le décret du 28 juillet suivant, la sortie du royaume des Français non négociants a été régularisée enfin par la loi du 14 vent. an 4 et par un arrêté du gouvernement du 29 vent. an 8.— Aujourd'hui les passe-ports pour aller à l'étranger ou dans les colonies françaises sont délivrés dans les départements par les préfets sur l'avis motivé des maires; à Paris par le préfet de police sur l'avis motivé du commissaire de police du domicile du requérant (L. 14 vent. an 4; arrêté 5 brum. an 9).

37. Les préfets peuvent délivrer les passe-ports à l'étranger sans autorisation préalable du ministre de l'intérieur. Il leur suffit de lui en donner avis en lui adressant un état indicatif des noms, prénoms, âge, domicile, profession et destination des demandeurs. Ils doivent toutefois s'abstenir de donner aux personnes qui se trouvent dans les positions suivantes les moyens de sortir du royaume, si elles ne justifient pas qu'elles y sont autorisées par qui de droit: 1° les mineurs ont à produire le consentement de leurs parents ou tuteurs; 2° les femmes en puissance de maris, le consentement de leurs époux; 3° les comptables et dépositaires des deniers publics, une permission de leurs chefs respectifs; 4° les militaires en activité et en disponibilité, un congé du ministre de la guerre ou de l'officier supérieur commandant la division dans laquelle ils résident (circ. min. int. 11 mars 1823); V. *suprà*, n° 16, nos observations). — Si des individus étrangers au département réclament des passe-ports pour l'étranger les préfets peuvent s'adresser pour avoir des renseignements au préfet du département où ils déclarent avoir leur domicile, ou même faire droit à leur demande, sans délai, sur l'attestation de deux administrés offrant des garanties désirables (circ. 11 mars 1823).

38. Quant aux étrangers qui ne sont pas naturalisés ou qui ne justifient pas d'une autorisation légale de résider en France, on doit les renvoyer à se pourvoir devant un agent consulaire ou diplomatique de leur nation. Néanmoins, s'ils ne pouvaient s'en faire reconnaître, ou s'ils voulaient éviter les retards et les frais d'un déplacement, les préfets ont aussi la faculté de leur délivrer des passe-ports sur formules à l'intérieur, sur l'attestation de deux témoins bien connus (même circ.).

39. Si le requérant semble, par l'indication de son pays natal, être étranger à la France et s'il persiste cependant à obtenir un passe-port comme Français, il doit représenter ses lettres de naturalisation ou l'acte de naissance de son père. Le certificat à délivrer doit faire connaître que le requérant est naturalisé ou qu'il est né à l'étranger de parents français. — Il en est ainsi pour une femme née en pays étrangers, ou d'une étrangère qui a épousé un Français (inst. du préfet de police, 30 mai 1816). — En ce qui touche les passe-ports des agents diplomatiques, V. ce mot, n°s 98 et suiv.

40. Pour obtenir un passe-port à l'étranger, le requérant, quel qu'il soit, doit se présenter à la mairie, ou, à Paris, devant le commissaire de police avec deux témoins. — Il remet une pétition, adressée au préfet, énonciative de la demande et des motifs, et. au bas de cette pétition, le maire ou le commissaire inscrit le certificat qu'il délivre sous le cautionnement de deux témoins (L. du 14 vent. an 4). — Ce que nous avons dit des oppositions qui peuvent être formées à la délivrance des passeports à l'intérieur, s'applique également aux passe-ports pour l'étranger. — V. *suprà*, n° 15.

41. Les formalités imposées par la loi française ne sont pas les seules auxquelles doivent se soumettre les Français qui veulent voyager à l'étranger. Chaque nation est libre d'exiger des étrangers qui viennent la visiter ou vivre chez elle les garanties qu'elle juge nécessaires dans l'intérêt de ses lois et de l'ordre établi par elle.— Ainsi plusieurs puissances étrangères exigent que les passe-ports délivrés par les autorités françaises soient, de plus, visés par les agents diplomatiques ou consulaires qui résident dans le pays de départ.—Faute de ce visa, les voyageurs ne pourraient être admis à voyager et s'exposeraient à être arrêtés aux frontières. Il est donc du devoir de l'autorité d'avertir de ces dispositions les personnes auquelles elles délivrent des passe-ports pour ces contrées—Une circ. min. du 24 juin 1829 a donné les règles à suivre dans ce cas (M. Lerat de Magnitot, t. 2, p. 326).—Si les personnes auxquelles les passe-ports ont été délivrés ne peuvent se procurer ces visa sans un trop grand déplacement, les préfets doivent les expédier au ministre qui veille alors à ce que ces formalités soient accomplies aux ambassades (*idem*).—MM. Eloin et Trébuchet, Dict. de pol., t. 2, p. 565, indiquent les formalités à remplir par les personnes qui veulent se rendre dans les pays suivants : Autriche, Bavière, Hollande, Prusse, Confédération germanique, Brésil.

42. Conformément à l'art. 2 d'une ord. du roi des 25 oct.-12 nov. 1833, tout Français arrivant en pays étranger doit présenter son passe-port au visa du consul, qui l'accorde si ce passeport est régulier.—V. Consul, p. 265 et n° 281, et MM. Declercq et Vallat, Guide-manuel des consuls, p. 610 et suiv.

43. Les passe-ports pour les colonies françaises, délivrés par les préfets, sont ordinairement soumis à la formalité du visa d'embarquement qui est apposé soit par le ministre de la marine, soit par les administrateurs des ports (circ. min. int. 15 déc. 1819).— L'ordre de départ tient lieu de passe-port à ceux qui passent dans les colonies comme fonctionnaires publics ou employés (arr. 19 vend. an 8, art. 4).

44. Une circ. du min. int. du 10 sept. 1838, a rendu la délivrance des passe-ports pour l'Algérie à toutes les autorités qui, en France, ont le droit de les délivrer à l'intérieur et à toutes celles qui, à l'étranger, ont le droit de les délivrer pour la France et ses colonies. — Les passe-ports pour l'Algérie devront être refusés aux individus non valides, aux septuagénaires et aux enfants âgés de moins de seize ans, s'ils ne voyagent, ces derniers, avec leurs ascendants, les vieillards, avec leurs descendants; aux vagabonds et repris de justice; à toute personne, les femmes mariées et les enfants exceptés, qui n'exercera pas une profession ou n'aura pas un métier connu qui puisse lui assurer des moyens d'existence (même circ.). — Tout individu chef de famille pourra faire comprendre, dans un seul et même passe-port, ses ascendants valides, sa femme, ses descendants et même ses parents voyageant avec lui, ainsi que ses serviteurs, ouvriers ou domestiques (même circ.). — Toute personne arrivant en Afrique sans autorisation ministérielle sera tenue de présenter, à son arrivée, une attestation délivrée par l'autorité de sa résidence, constatant sa bonne conduite et la profession qu'elle exerce (même circ.).

45. Le passage gratuit, à bord des bâtiments de l'État, sera accordé sur sa demande à toute personne valide, porteur du certificat de moralité ci-dessus, et exerçant l'une des professions ci-après : maçon, carrier, tailleur de pierre, plâtrier, charpentier, menuisier, peintre en bâtiment, couvreur, tuilier, briquetier, chaufournier, forgeron, serrurier, taillandier, charron, mécanicien, fondeur, paveur, potier de terre, cordier, jardinier, laboureur, terrassier, manœuvre, et en général tout état qui se rattache aux travaux publics, aux constructions et à l'agriculture. — Le passage gratuit sera étendu, sur déclaration nominative, aux conjoints, aux ascendants, descendants, parents à tous degrés, ouvriers ou serviteurs de l'émigrant, et voyageant avec lui.— La ration de bord sera accordée à tout passager embarqué gratuitement (même circ.). — Les demandes de passage gratuit, avec le certificat à l'appui, seront adressées à Paris au ministre de la guerre (direction des affaires d'Afrique); à Toulon, au sous-intendant militaire, chargé de cette partie du service; il sera immédiatement fait droit à la demande, conformément aux instructions données sur les bases ci-dessus indiquées. — Les demandes pourront être formées par des tiers lorsque les passagers devront être employés par eux dans des exploitations agricoles ou industrielles (même circ.) — Tous fonctionnaires de l'ordre administratif, spécialement MM. les préfets, sous-préfets et maires, pourront adresser directement de semblables demandes à M. le ministre de la guerre dans l'intérêt de leurs administrés, et toujours en se conformant aux dispositions qui précèdent (même circ.).

46. Les individus qui auront obtenu les passe-ports pourront, s'ils sont indigents, recevoir, en traversant la France, les secours de route ordinaires, mais ils devront être avertis qu'au moment de leur arrivée au port, de leur embarquement, les secours cesseront de leur être alloués, les lois de finance n'ayant point prévu les dépenses de cette nature (même circul.).

47. Une circulaire du ministre de la guerre du 10 mai 1839 a recommandé aux sous-préfets et maires de ne plus délivrer, sous aucun prétexte, de passe-ports pour l'Algérie aux ouvriers et cultivateurs qui ne seraient pas munis de l'autorisation de passage du ministre de la guerre.

§ 4. — *Des passes-ports spéciaux. — Passe-ports des indigents, des condamnés libérés, des réfugiés étrangers et des militaires.—Feuille de route.*

48. La règle générale qui attribue exclusivement aux préfets la délivrance des passe-ports à l'étranger, et aux maires celles des passe-ports à l'intérieur, a subi quelques exceptions.—Ainsi les présidents et, en leur absence, les officiers des *chambres législatives*, jouissent de la prérogative de délivrer des passe-ports aux membres de la chambre à laquelle ils appartiennent. Ces passe-ports peuvent comprendre leurs femmes, leurs enfants et les domestiques du titulaire (décr. 27 août 1792; circ. min. 20 août 1816). — Les *ministres* et *directeurs généraux* délivrent des passe-ports aux fonctionnaires et agents attachés à leurs départements respectifs qui se rendent à leur poste ou sont chargés de missions particulières (*Ibid.*).

49. Le principe des *passe-ports gratuits* pour les indigents se trouve consigné dans le décret des 30 mai-13 juin 1790, relatif aux mendiants et à l'ouverture des ateliers de secours. — D'après l'art. 7 de ce décret, le secours de route à raison de trois sous par lieue n'est dû qu'aux mendiants qui reçoivent un passe-port gratuit pour retourner au lieu de leur domicile. Le même secours est dû en vertu du même décret et de l'art. 6, tit. 2, de celui du 24 vend. an 2, aux mendiants et gens sans aveu étrangers au royaume, qui devront quitter le territoire. — Ils reçoivent ce secours de dix lieues en dix lieues; c'est devant les maires qu'ils doivent se présenter pour les toucher : mention de ce payement doit être faite au dos du passe-port.

50. Plus tard, on sentit la nécessité d'étendre aux personnes indigentes et reconnues telles par les maires le bénéfice du passe-port gratuit. — L'avis du conseil d'État du 22 déc. 1811 a déclaré, en conséquence, que les passe-ports à délivrer aux personnes véritablement indigentes et reconnues hors d'état d'en acquitter le prix leur sont accordés gratuitement. Les passe-ports gratuits ne sont délivrés que sur un certificat du percepteur de la commune attestant que la personne qui fait la demande d'un titre de cette nature n'est porté sur aucun rôle de contribution, ou qu'elle ne s'y trouve que pour une imposition au-dessous de la valeur de trois journées de travail. — Mais bientôt on en vint à considérer la délivrance du passe-port gratuit comme entraînant de droit en quelque sorte l'indemnité de route; cette fausse interprétation fit naître de nombreux abus. Il arriva, en effet, que les maires auxquels était confiée alors la délivrance des passe-ports d'indigents avec secours de route ne virent dans cette faculté qu'un moyen facile de débarrasser leurs communes de vagabonds et gens sans aveu qui n'avaient aucun droit au bienfait de la mesure (M. Bost, t. 2, p. 102).—Voici comment s'exprimait déjà à cet égard une instruction ministérielle du 22 juin 1813 : « Si des indigents sont dans la nécessité de faire un voyage et qu'ils n'aient pas les moyens de l'entreprendre, ils peuvent solliciter des administrations de bienfaisance de leurs communes les secours dont ils ont besoin pour cet effet. Mais il est abusif de ranger ces individus dans la classe des mendiants auxquels la loi a voulu procurer les moyens de regagner leurs foyers. » — Depuis, plusieurs circulaires ministérielles, notamment celles des 22 juin 1819, 22 nov. 1825 et 25 oct. 1833, ont tracé les règles relatives à l'obtention des passe-ports gratuits et des secours de route.

51. On ne doit considérer comme ayant droit aux passe-ports avec secours de route que les mendiants auxquels la loi a voulu procurer les moyens de regagner leurs foyers, les indigents régnicoles qui, se trouvant éloignés de leur domicile, demandent à y retourner, et les gens sans aveu étrangers au royaume qui doivent quitter le territoire français. — Nul indigent ne peut, dans aucun cas, prétendre aux secours de route pour entreprendre un voyage hors la commune où il est domicilié (circ. 25 oct. 1833). — L'ouvrier qui a quitté le lieu de son domicile pour chercher au loin du travail n'a droit non plus au secours de route que par exception et lorsque son état de dénûment est authentiquement constaté; dans le cas contraire, et lorsque toutefois sa position l'exige, on doit se borner à lui délivrer un certificat pour l'obtention d'un passe-port gratuit sans secours (circ. précitée). — Les dispositions des circulaires que nous venons de reproduire sont conçues surtout dans le but de restreindre autant que possible la distribution des passe-ports gratuits et des secours de route, afin de ménager les deniers publics. Ces motifs ont leur valeur dans le point de vue de l'économie; mais n'eût-il pas été désirable que l'administration supérieure permît aux maires, dans un intérêt d'humanité et souvent de bon ordre, de délivrer dans certains cas dont ils seraient les appréciateurs, des passe-ports gratuits avec secours de route à des indigents honnêtes ou à des pauvres honteux obligés de quitter leur domicile pour aller chercher du travail ou des ressources dans un autre lieu éloigné?

52. Au reste, les secours de route ne s'accordent pas indistinctement à tous les membres des familles pauvres et qui obtiennent des passe-ports gratuits. Quelque nombreuse que soit la famille, le père, la mère et un seul enfant ont droit au secours de 15 cent. par lieue (circ. précitée).

53. Le transport d'un indigent aux frais de l'État n'est admissible que dans un cas déterminé, lorsque, surpris par une maladie accidentelle dans une commune qui n'a point d'hôpital, sa situation ne lui permet pas d'atteindre l'hôpital le plus voisin (circ. 19 sept. 1819).—V. Aussi vº Eaux minérales, nº 33.

54. Aux préfets seuls appartient la délivrance des passe-ports gratuits avec secours de route; tout acte de cette nature délivré par une autre autorité ne serait pas valable (circ. min. du 22 nov. 1825 et 25 oct. 1833).

55. Tout individu qui se présente comme indigent pour obtenir le passe-port et le secours de route est tenu de justifier: 1º qu'il est dépourvu actuellement de toute ressource; 2º que la commune où il désire se rendre est bien le lieu de sa naissance ou le lieu de son domicile. Quant au moyen de transport, la loi n'autorise pas les dépenses extraordinaires (circ. 25 oct. 1833). —A Paris, ceux qui réclament un passe-port gratuit doivent justifier de leur indigence par un certificat du commissaire de police de leur division (ord. préf. de pol. 23 avr. 1812, art. 1).

56. Indépendamment des signalements et professions qui doivent être clairement spécifiés sur le passe-port, soit individuel, soit collectif, il doit contenir en outre l'indication des motifs qui l'ont fait accorder, et tracer l'itinéraire obligé du voyageur (même circ.). —Les formules de passe-ports gratuits, avec ou sans secours, sont remises directement aux préfets par les gardes magasins du timbre (circ. 5 fév. 1835). — Les préfets sont chargés de mettre à la disposition des maires les formules dont ils auraient besoin (même circ.).—D'après l'art. 6 de l'ord. de pol., du 23 avr. 1812, il n'est plus délivré aux personnes qui ont besoin d'un passe-port gratuit et des secours, de feuille de route distincte du passe-port.

57. Le voyageur avec secours de route ne peut séjourner dans un lieu quelconque qu'après avoir présenté son passe-port au maire et en avoir obtenu un permis de séjour, qui lui sert au besoin de justification ultérieure pour le retard qu'il a mis dans son voyage. — S'il s'écarte de l'itinéraire qui lui a été tracé, s'il est trouvé porteur d'un passe-port irrégulier, il est immédiatement conduit devant l'autorité compétente, qui lui délivre gratis un passe-port ordinaire pour continuer sa route, à moins qu'il ne soit prévenu de quelque délit pour lequel il y aurait lieu de le mettre à la disposition du procureur impérial (circ. min. du 25 oct. 1833). — Les frais de route indûment payés aux individus qui s'écarteraient de leur itinéraire ou dont les passe-ports ne seraient pas réguliers restent à la charge des communes (*id.*). — Lorsque l'indigent se trouve dans l'impossibilité de continuer sa route, il doit être reçu dans l'hôpital le plus voisin jusqu'à ce qu'il soit en état de marcher (circ. du 19 sept. 1819). — Arrivé au lieu de sa destination, le voyageur avec secours est tenu de déposer son passe-port entre les mains du maire de la commune qui l'annule et en donne aussitôt avis au préfet qui l'a délivré (circ. min. 25 oct. 1833).

58. Les *feuilles de route* remplacent les passe-ports pour les militaires. L'art. 7 du décret du 28 mars 1792 et le règlement du 20 août 1816 dispensent de passe-ports les militaires et les agents des administrations militaires voyageant pour cause de service avec l'ordre spécial d'un commandant militaire ou avec une feuille de route. — Les feuilles de route sont délivrées aux militaires voyageant en corps ou isolément en formules imprimées qui contiennent l'extrait des règlements sur la marche des troupes et militaires, et indiquent les lieux de passage par cases dans lesquelles les sous-préfets et les maires insèrent les mentions des visa et des fournitures. — Les maires n'ont pas la faculté de délivrer des passe-ports ou feuilles de route aux officiers en non-activité, à moins de l'autorisation du préfet pour les passe-ports et du commandant de la division militaire pour les feuilles de route (circ. 21 mai 1821). — Les militaires qui ne seraient pas porteurs de feuilles de route ou de congés en bonne forme peuvent être arrêtés par les agents de la force publique (ord. 21 oct. 1821, art. 179; V. Organ. milit.). — Il en est de même pour les condamnés libérés.

59. Suivant une décision du ministre de l'intérieur, en date du 29 avr. 1834, les condamnés libérés en surveillance légale ne doivent plus, lorsqu'ils changent de résidence, voyager avec des feuilles de route d'une forme spéciale. Il leur est maintenant délivré des passe-ports gratuits sans secours de route, pour éviter de mettre le public dans la confidence de leur conduite passée, et leur ménager ainsi le moyen de se procurer du travail (M. Bost, t. 2, p. 103). — Les condamnés libérés doivent payer le prix des passe-ports quand il est reconnu qu'ils en ont les moyens (circ. min. 5 fév. 1835).

60. La loi a prescrit certaines mesures spéciales pour la résidence des étrangers réfugiés (V. Droit civ., nºˢ 370 s.).—Par une circulaire du 31 déc. 1831, le ministre de la guerre a donné des ordres pour qu'aucun passe-port ne fût délivré aux réfugiés voyageant dans l'intérieur, sans qu'on lui en ait préalablement référé en lui transmettant sur leur position et le lieu d'où ils viennent les renseignements convenables. Le ministre de l'intérieur a prescrit également de ne leur délivrer aucun visa pour une autre destination que celle indiquée dans les passe-ports qu'ils exhibent.

§ 5. — *Des passe-ports étrangers.*

61. Tout individu né Français qui se trouve en France avec un passe-port étranger ne peut y continuer son séjour sans une permission expresse du ministre de l'intérieur à peine d'être arrêté (arr. 25 therm. an 8).

62. Les membres du corps diplomatique étrangers délivrent des passe-ports aux sujets de leurs souverains respectifs qui, se trouvant à Paris, désirent voyager dans l'intérieur du royaume ou retourner dans leur patrie, mais ces passe-ports ne peuvent être considérés comme authentiques par les autorités françaises que lorsqu'ils sont revêtus du visa du ministre de l'intérieur (circ. 20 août 1816, art. 29). — Les passe-ports délivrés par les consuls étrangers, établis dans les différentes parties du royaume, doivent, d'après le même principe et pour le même motif, être visés par l'autorité administrative du chef-lieu de leur résidence. Ce visa est valable pour un an (*id.*, art. 30).

63. Les lettres de compagnonnage des étrangers sont considérées comme passe-ports; l'autorité peut, suivant les circonstances, exiger le cautionnement écrit de deux personnes domiciliées (M. Bost, t. 2, p. 99).

64. Tout étranger, à son arrivée en France, dans un port de mer ou dans une ville frontière, dépose son passe-port à la préfecture, sous-préfecture ou municipalité, d'où il est envoyé de suite au ministre de l'intérieur. En échange de ce passe-port, il lui est donné une passe ou une carte de sûreté provisoire (décr. 23 mess. an 3, art. 9, V. Droit civil, p. 34; arr. 4 niv. an 5, V. ci-dessus, p. 34, inst. min. pol. 20 août 1816). — Sont exceptés de ces dispositions les courriers extraordinaires et les chargés de missions auprès du gouvernement (décr. 23 mess. an 3, art. 11).

65. Les négociants des pays alliés ou neutres peuvent obtenir de l'autorité locale du lieu de France où ils arrivent, l'autorisation de continuer leur route en France, et copie collationnée de leur passe-port est envoyée au ministre de l'intérieur avec indication de la route qu'ils se proposent de suivre (*id.*, art. 10).

66. Tout étranger voyageant dans l'intérieur de la France ou y résidant sans une mission avouée par le gouvernement français, ou sans y avoir acquis le titre de citoyen est sous la surveillance du gouvernement. Son passe-port peut lui être retiré avec ordre de sortir du royaume si sa présence peut troubler l'ordre ou la tranquillité publique (L. 28 vend. an 6, art. 7).

67. Une ord. du 25 oct.-12 nov. 1833 réglemente les attributions des consuls français à l'étranger relativement aux passe-ports (V. art. 1, 3, 4, 5, vº Consul, p. 265). — V. encore *eod.*, nºˢ 51, 62 et s.; V. encore les explications étendues que donnent sur ce point MM. Declerq et Vallat, Guide-manuel des consuls, p. 610 et suiv.

Table sommaire des matières.

Table chronologique des lois, arrêts, etc.

PASSIF. — C'est l'ensemble des dettes d'un individu. — V. Faillite; V. aussi Contrat de mariage, nos 861 et suiv., 1094 et suiv., 2607 et 2782; Succession.

PASSIONS.—V. Peines, Excuse; V. aussi Abus de confiance, no 4.

PASTEUR. — Prêtre protestant. — V. Culte, nos 707 et suiv.

PATÉ. — V. Chasse, nos 216 et suiv.

PATENTE. — **1.** C'est un impôt qui a pour but de faire contribuer aux charges publiques les industries de toute nature, commerciales ou non, en prélevant une proportion déterminée par la loi sur les revenus et produits présumés de cette industrie. — L'industrie, dans l'acception la plus large de ce mot, se distingue, comme élément de la fortune privée, des immeubles et des capitaux mobiliers; il était donc juste de la frapper d'une contribution spéciale. On a créé pour atteindre ce but un impôt consistant en une redevance annuelle, qui s'acquitte, suivant le taux déterminé par la loi, comme prix d'un acte dont chacun est tenu de se munir pour avoir le libre exercice de sa profession (V. aussi M. Dufour, t. 2, no 991). — Le mot *patente* sert aussi à désigner l'acte ou le titre qui est remis au patentable par le représentant de l'administration des contributions directes (percepteur).

Division.

SECT. 1. — Historique et législation.

2. L'impôt des patentes n'est nouveau qu'en ce qui touche à son mode d'établissement. Longtemps avant la régénération de notre système financier, on avait justement pensé que les revenus produits par le commerce et par l'industrie devaient, comme ceux que produisent les immeubles, être appelés à contribuer aux charges publiques, puisque dans la déclaration de 1776 on trouve, parmi les éléments de la taxe personnelle, les bénéfices de l'industrie fixés au dixième ou au vingtième du prix des journées de la profession exercée par chaque contribuable (art. 7). Cette taille personnelle, qui frappait plus particulièrement les marchands et artisans, fut supprimée, dans les bourgs et villages, à partir du 1er janv. 1778. — Les dixième et vingtième n'étaient pas les seuls droits que l'industrie dût acquitter; les artisans et les marchands devaient encore payer, soit pour les conditions de leur établissement, soit comme prix des privilèges que la loi accordait aux corporations, trois principaux droits perçus dans les corps de marchands et communautés d'artisans: les droits d'apprentissage, les droits de maîtrise, enfin les droits de *jurande*. — Ces droits étaient évalués par M. Bigot de Sainte-Croix (Essai sur la liberté du commerce et de l'industrie), à 12 millions, dont 2 millions pour Paris; mais M. Bailly (Histoire financière de la France) donne une évaluation inférieure, qu'il reconnaît du reste très-modérée, et qu'il fixe à 4,500,000 fr. par an. — Les trois quarts du montant de ces droits étaient perçus au profit du roi, et employés à l'extinction et à l'acquittement des dettes et rentes que les corps et communautés pouvaient avoir contractées tant envers le roi qu'envers des particuliers, ainsi qu'au payement de toutes autres indemnités qui pouvaient être dues (V. ce qui est dit sur les corps et communautés d'arts et métiers v° Industrie; V. aussi MM. Macarel et Boulatignier, t. 3, p. 423 et suiv.; Duvergier, t. 44, p. 231). — Tel était l'état des choses au moment de la révolution de 1789, qui changea complétement la constitution de l'industrie en France, et qui remplaça toutes les impositions qui la frappaient par un droit unique. —V. le décret des 2-17 mars 1791, p. 44.

3. L'assemblée constituante, pénétrée de cet esprit de justice et d'égalité qui a rendu ses travaux à jamais recommandables, prononça la suppression de tous les droits perçus sur le travail, et déclara qu'il serait libre à toute personne de faire tel négoce ou d'exercer telle profession, art ou métier qu'elle trouvera bon, sous la condition de se pourvoir d'une patente (décr. 2 mars 1791, art. 7).—Depuis cette époque, chaque citoyen peut changer de séjour et de métier comme il lui plaît, il peut réunir autant de professions qu'il le juge convenable; au lieu d'une avance en pure perte, il n'acquitte plus qu'une redevance annuelle, faible si son commerce est de peu d'importance, augmentée ou diminuée avec le succès de son établissement, et qui cesse le jour où il vient à se retirer (v° Boucher, n° 77; Industrie, n° 32, 157).— On voit par là que le droit de patente correspond aux jurandes, aux maîtrises, aux vingtièmes d'industrie, et qu'à ce droit est joint un avantage immense bien longtemps réclamé, celui d'établir pour tout le monde la liberté d'industrie et de commerce, et de proportionner l'impôt à la durée du temps pendant lequel on s'y livre et à l'importance des capitaux qu'on y emploie et des profits qu'on en retire.

4. Le prix du loyer ou la valeur locative commença d'abord par servir de base à l'impôt des patentes, qui devait se percevoir uniquement d'après la valeur des maisons d'habitation, boutiques et ateliers occupés par des patentables. Le prélèvement était de 2 s. pour livre jusqu'à 400 liv.; 2 s. 6 den. de 400 à 800; au-dessus 3 s., et même, dans certains cas, il pouvait être porté jusqu'à 8 s. pour livre, c'est-à-dire au quart du prix du loyer. On pensait alors que les grands bénéfices se révélaient par l'importance du logement (V. Impôts, n° 40; Impôts directs, n° 340). Tel était le but de la loi des 2-17 mars 1791; mais bientôt on reconnut que cette base manquait de justesse et que des professions très-lucratives occupaient des locaux relativement sans importance.— Un décret des 17-20 sept.-9 oct. 1791, disposa que toutes les patentes, à l'exception de celles des propriétaires vendant des vins en *détail* pendant six mois au plus, et de celles des *colporteurs*, seraient désignées par *demi-patentes, patentes simples* et *patentes supérieures*; en conséquence les certificats, déclarations et patentes ne devaient contenir la *désignation* d'aucune profession. La demi-patente ne devait servir que pour l'exercice de la profession de *boulanger*; avec la patente simple, on pouvait exercer telle profession ou en *cumuler* autant qu'on le jugerait convenable, à l'exception des professions de *marchand de vin, brasseur, limonadier* et autres désignés dans l'art. 14 du décret des 2-17 mars 1791; avec la patente supérieure, on pouvait exercer toutes les professions et se livrer à tous les commerces et industries, sans aucune exception (Macarel et Boulatignier, Fort. publ., t. 3, p. 441).

La loi de 1791 posait encore, en principe, que la patente incombait à toutes les diverses espèces d'actes de la vie susceptibles d'un profit direct et immédiat. Le soin qu'elle prenait dans les art. 7, 10 et 19 de répéter ces mots *négoce, professions, art* et *métier* quelconque, ne saurait laisser de doute sur l'intention du législateur, et toutes *professions*, même *libérales*, devaient être atteintes dès qu'on trouvait réunies l'intention de lucre, la suite et la fréquence de l'exercice.

5. Comme le nouvel impôt était destiné à remplacer des priviléges, il fut l'objet de vives critiques qui en amenèrent la suspension pendant les années de 1793 et 1794; il ne fut rétabli qu'après la terreur, par le décret du 4 therm. an 3, qui, en rétablissant l'impôt, voulut le restreindre au commerce de gros et de détail et en exempter les arts, métiers et professions. C'était détruire le but du décret de 1791 et circonscrire, dans des limites trop resserrées, le produit d'un impôt destiné à remplacer un revenu important.—Le décret de l'an 3 voulant faire droit au reproche adressé au décret de 1791 d'atteindre les facultés de toute nature et de faire double emploi avec la cote mobilière due pour les revenus mobiliers, chercha un nouvel élément d'appréciation; il classa les diverses industries et le prix des patentes en raison de l'importance relative de ces mêmes industries, combinée avec la population du lieu de l'exercice, ce qui soumettait toutes les industries du même nom au même droit, dans une même commune, sans tenir compte de l'étendue des opérations et de l'inégalité des bénéfices.—Les patentes changèrent alors de dénomination et de division : au lieu de la demi-patente, de la patente simple et de la patente supérieure, on établit les *patentes générales* et *particulières*. Les premières s'appliquaient à tous les négoces exercés divisément ou simultanément suivant la volonté du patentable; elles étaient de 4,000 fr.; les secondes aux négoces ou commerces spécialement désignés, et, dans ce cas, ceux qui voulaient en faire plusieurs étaient obligés de prendre une patente relative à chacun des différents commerces. — Pour les patentes spéciales, une liste des commerces et négoces patentables en réglait le prix en raison directe de leur importance relative combinée avec la population des lieux où ils s'exerçaient. C'était substituer un principe de fixité au principe de proportion de la loi de 1791. — Les commerces ou négoces étaient rangés en six classes ; 1° les armateurs, négociants, marchands en gros et banquiers; 2° les agents de change ou courtiers de marchandises; 3° les marchands commissionnaires, les marchands fabricants en laine, soie, coton, fil, fer et autres matières; 4° les marchands en détail, de toutes sortes, ayant boutique et magasin ; 5° les courtiers de navires et de voitures ; 6° les marchands en détail ayant seulement boutique, etc. — L'exemption constamment accordée aux *cultivateurs*, fut soumise à une restriction dictée par l'esprit de défiance et par les calamités de la disette qui avait sévi contre la France depuis plusieurs années. Les propriétaires, fermiers, cultivateurs ou autres, récoltant des grains, ne purent en conserver, vendre ou emmagasiner au delà de ce que leur récolte d'une année pouvait comporter, à moins d'avoir obtenu une patente de négociant en grains. La loi réglait encore l'achat et l'approvisionnement de grains par les particuliers.

6. Le décret de 1791 avait posé le principe du droit proportionnel, la loi de l'an 3 celui du droit fixe; mais ils avaient donné l'un et l'autre des résultats contraires à l'équité et au but qu'on voulait atteindre. On imagina alors de diviser le droit de patente en *droit fixe* et en *droit proportionnel*; le premier, posé en raison de l'importance de l'industrie combinée dans certains cas avec la population; le second, fixé d'après le loyer des maisons d'habitation, usines, ateliers, magasins et boutiques considéré comme signe indicatif de l'importance de l'industrie et de ses bénéfices. — Ce fut l'objet de la loi du 6 fruct. an 4, dont les dispositions, en ce qui touche les patentes, s'appliquent au commerce, à l'industrie, aux métiers et professions; les *arts* seuls, frappés par la loi de 1791, exonérés par la loi de l'an 3, furent définitivement affranchis. — La loi de l'an 4 divisa les droits de patente en *droits fixes* et *droits proportionnels*. Ce principe, qui est resté en vigueur et qui est encore celui de la loi qui nous régit actuellement fut confirmé par les lois des 9 frim. et 9 pluv. an 5, 7 brum. an 6, et enfin par la loi du 1er brum. an 7, jusqu'en 1844, laquelle, complétée et modifiée par quelques actes postérieurs, fut regardée comme la loi organique de la matière. Relativement aux exceptions, elle a été modifiée et complétée par la loi du 19 frim. an 7, pour les maîtres de postes; — Par une décision du 22 vent. an 7, pour les professeurs et les instituteurs ; — Par l'avis du conseil d'État, du 24 flor. an 8, pour les propriétaires et fermiers de marais salants ; — Par l'arrêté du 16 therm. an 8, pour les porteurs de contrainte ; — Par l'arrêté du 19 vend. an 10, pour les boulangers de la capitale (mais cet arrêté a été rapporté par une ord. royale du 2 déc. 1814); —

Par la loi du 25 vent. an 11, pour les notaires;—Par l'arrêt du conseil d'État du 2 niv. an 12, pour les commissaires-priseurs du département de la Seine; — Par le décret du 25 therm. an 13, pour les médecins, chirurgiens et pharmaciens employés près les hôpitaux civils ou militaires, ou au service des pauvres; — Par le décret du 25 oct. 1806, pour les commandants de navires ou barques faisant le petit cabotage et la pêche; — Par la loi du 21 août 1810, pour les exploitants de mines.—Une loi du 15 flor. an 10 établit une réduction du droit proportionnel en faveur des meuniers. — Un décret du 15 déc. 1813 introduisit des règles spéciales pour l'assiette du droit fixe des marchands de vins en gros et en détail établis dans la ville de Paris. — Depuis la chute de l'empire, la validité de ce dernier décret fut contestée (V. Imp. ind., n° 184; Indust., n° 181; Lois, n° 554), en ce qu'il détruisait l'art. 14 de la loi de brum. an 7, qui déclare en principe que nul ne sera forcé de prendre plus d'une patente, sauf, s'il exerce plusieurs industries, à payer la patente pour la profession qui donne lieu au plus fort droit (V. les art. 1, 2, 6, 8, 9, 10, 12 de ce décret).—Le conseil d'État, consulté en 1829 sur la légalité du décret, fut d'avis qu'il devait recevoir son exécution par le motif qu'il n'avait été rapporté par aucune loi, et qu'il ne pouvait l'être que par une disposition législative (V. MM. Macarel et Boulatignier, *eod.*, p. 165 et s.; V. aussi *infrà*, n° 138).— Sous la restauration, les lois de finances des 25 mars 1817 et 15 mai 1818 portèrent quelques dispositions nouvelles concernant les patentes. Le but de ces dispositions fut de protéger le commerce sédentaire, en élevant les droits sur les colporteurs et sur les marchands forains. — Enfin, un article de la loi du 26 mars 1831 eut pour but de mieux préciser la justice du droit proportionnel et de faire que les locaux servant à l'habitation des patentables fussent partout compris dans l'évaluation. — V. MM. Macarel et Boulatignier, *eod.*, p. 447 et suiv.

7. Toutes ces modifications avaient, comme il faut toujours s'y attendre en semblable matière, soulevé des difficultés innombrables, et la législation était l'objet de vives attaques quant aux droits fixes et proportionnels et aux exceptions admises. Ému par ces réclamations, le gouvernement présenta à la chambre des députés, le 24 janvier 1834, un projet de loi qui avait pour but de compléter le système établi, en remplissant les lacunes des tarifs existant et en modifiant les parties devenues défectueuses. — Mais la commission qui avait été chargée de l'examen préalable du projet de loi, jugea la tâche plus difficile que ne semblait le croire le gouvernement. Le rapporteur déclara que la commission pensait qu'au terme d'une législature il y aurait imprudence à s'engager dans une entreprise si importante et si pleine de difficultés (V. dans MM. Macarel et Boulatignier, *eod.*, p. 496 et s., les principaux passages du discours du rapporteur).— Dans la session suivante, et le 16 déc. 1834, le ministre des finances présenta un nouveau projet dans lequel le gouvernement avait adopté la plupart des modifications qui avaient été indiquées par la commission de la chambre des députés. — Ce projet fut l'objet dans cette chambre d'un second rapport qui concluait à l'adoption du projet du gouvernement; pourtant on n'y donna pas suite. Ce fut seulement le 4 fév. 1843 qu'un projet définitif fut présenté aux chambres, et adopté dans la session suivante, par la chambre des députés le 14 fév. 1844, et par la chambre des pairs les 14 et 15 avr. suivant. Cette dernière loi avait sanctionné quelques exceptions, notamment celle des professions libérales (nos 225 et s.). Mais la loi de finances, du 18 mai 1850 (art. 16 à 24, D. P. 50. 4. 92, 193), est venue faire disparaître tout ce qui concernait ces professions, ne maintenant d'exception que pour les arts et l'agriculture.

8. Les travaux successifs qui depuis 1789 auraient dû assurer l'assentiment général à la loi de 1844, n'ont cependant pas été suffisants pour faire disparaître la controverse. Dès le début de la discussion de cette dernière loi, le droit de patente a été contestée par un très-grand nombre de négociants les plus distingués, qui ont adressé des pétitions à la chambre, et qui ont eu pour organe de leur opinion M. Levavasseur (Mon. 27 fév. 1844, p. 419, 420). «La légitimité d'un pareil impôt, disait alors cet honorable député, me paraît fort contestable et ne dérive, à vrai dire, que d'anciens préjugés, selon lesquels le négoce et le travail industriel étaient choses peu honorables et dignes seulement des attentions du fisc. Ce préjugé, que nous trouvons dans l'antiquité et au moyen âge, n'est pas encore complétement effacé, même en France. L'impôt de la patente, mauvais en ce qu'il blesse les saines doctrines de l'économie politique, en ce qu'il perpétue un fâcheux préjugé contre les classes laborieuses de la société, l'impôt de la patente est encore mauvais dans son assiette, dans sa répartition.» — «Les économistes n'ont pas hésité à réprouver cet impôt, ajoutait dans le même sens M. Taillandier (Mon., p. 422); il frappe le travail, il augmente les frais de production; il est d'une distribution qui prête trop à l'arbitraire. Contrairement à tous les impôts, il prend pour base, non le revenu, mais le capital. En saine économie politique, il ne peut donc se justifier.»

Ces critiques, spécieuses si l'on examine la question au point de vue de la théorie pure, doivent trouver peu d'échos alors qu'il s'agit de les faire passer dans la pratique. Le rapporteur de la loi, M. Vitet, ne suppose même pas que la légitimité de l'impôt des patentes puisse être contesté. «Tout le monde, dit-il, convient que le commerce et l'industrie doivent contribuer aux charges publiques. C'est là un principe hors de discussion: l'assemblée constituante l'a proclamé. La loi du 17 mars 1791 est une loi d'affranchissement et non de libération; elle abolit les maîtrises et les jurandes, mais elle crée le droit de patente en échange des nombreux et lourds tributs que supportait l'industrie sous l'empire du monopole. — Se plaint-on de la trop grande élévation du produit total de cet impôt? Non; il est assez généralement reconnu que ce produit qui, dans la pensée de l'assemblée constituante, devait être, il y a cinquante ans, de 24 millions, en s'élevant aujourd'hui à 32 millions en principal (46 millions avec les centimes additionnels), est loin d'être exorbitant et correspond à peine à l'accroissement qu'ont reçu depuis cette époque toutes les forces productives de la France considérées dans leur ensemble. Si l'impôt est légitime, si son produit total n'est pas trop élevé, quel est donc le vice essentiel qu'on veut corriger? Pourquoi demande-t-on une réforme? Pour changer l'assiette de la contribution et le mode de la répartition individuelle. C'est sur ce point que se dirigent toutes les critiques.»—C'est là, en effet, que sont toutes les difficultés.

Les systèmes les plus divers ont été discutés, dans ces derniers temps, par les publicistes et les économistes: leurs recherches ont été, sans doute, utiles à consulter, mais l'impression que l'esprit a conservée de l'étude de leurs travaux, c'est la conviction des difficultés immenses, on pourrait peut-être dire insurmontables, que rencontre la formation d'une bonne loi sur les patentes, tant les éléments divers et contradictoires se multiplient incessamment sous les formes les plus variées, et viennent déjouer, lorsqu'on descend à la pratique, les combinaisons qui semblent en théorie le plus heureusement ménagées. — Le vice principal de l'ancienne législation était l'inégalité de la répartition de l'impôt; le but essentiel, unique même, de la loi actuelle, a été d'arriver à un système de péréquation le moins imparfait possible. Ce ne sont donc pas des pensées innovatrices qu'il faut rechercher dans la loi. Le législateur de 1844 est venu simplement apporter à l'œuvre du législateur de l'an 7, les améliorations qu'une expérience de cinquante années a dû produire, et introduire dans la loi ancienne les amendements rendus nécessaires par les modifications ou les transformations du commerce et de l'industrie. A-t-il, en cela, satisfait aux besoins de l'époque où nous vivons? — Une loi générale qui, sous le nom d'impôt professionnel, atteindrait tout homme qui exerce son industrie, ne serait-elle pas plus sage? — Nous penchons pour l'affirmative; mais ce n'est pas là ce qui est ici à examiner.

9. En 1791, on évaluait le nombre des patentables à 659,712, savoir: 221,712 marchands de vin, fabricants de tabac et de cartes et 438,000 commerçants. D'après ces évaluations, on se promettait un produit de 23 à 24 millions, on le fit entrer dans les prévisions de recettes pour 20 millions; il fut de beaucoup inférieur. En 1802, le produit était de 19,319,554, mais les guerres de l'empire le firent décroître; en 1815, il n'était plus que de 16,922,603 fr. En 1816, on doubla l'impôt par des centimes extraordinaires, et l'on réalisa pour ce seul exercice 40,453,000 fr.; la loi de 1817 fit cesser ce doublement. Le nombre des patentables était alors de plus de 900,000, nombre qui fut toujours en augmentant; en 1829, il était de 1,101,190, et le produit de 26,880,017 fr.; en 1837, de 1,290,231 patentables, et le produit de 28,992,658 fr.; en 1844, M. le rapporteur fixait ce produit à 32 millions en principal, 46 millions avec les centimes additionnels, et nous le voyons figurer au budget, en 1850, pour 46,484,790 fr.; en 1851, pour 47,141,160 fr.

Avant 1848, si l'impôt des patentes constituait une charge au point de vue politique, il avait créé au profit des patentables des avantages sérieux en entrant pour partie dans la formation du cens électoral. — Considéré sous ce point de vue, l'impôt des patentes pouvait être regardé comme devant servir l'intérêt du perfectionnement social, en ce sens qu'il produisait des censitaires chez lesquels l'intelligence et le travail avaient développé des idées de progrès. — Son influence sur le cens, était du reste, fort restreinte, car voici quel était le résultat de l'introduction des éléments de la patente dans le corps électoral : sur cent électeurs, on en comptait de soixante-huit à soixante-neuf exclusivement propriétaires; vingt-trois à vingt-quatre pouvant être propriétaires patentés, mais électeurs sans la patente; six n'atteignaient ou ne dépassaient le cens de 200 fr. qu'au moyen de la patente; enfin deux et une fraction étaient électeurs en vertu d'un seul impôt de patentes (M. Macarel, n° 962, V. Droit polit., n°s 124, 192, 206, 270). Aujourd'hui, par le rétablissement du suffrage universel, l'impôt de la patente n'offre plus d'avantages politiques et reste seulement comme charge publique.

TABLEAU DES LOIS ET DÉCRETS RELATIFS A L'IMPÔT DES PATENTES.

2-17 mars 1791. — Décret portant suppression de tous les droits d'aides, de toutes les maîtrises et jurandes et établissement de patentes.

Art. 1. A compter du 1er avril prochain, les droits connus sous le nom de *droits d'aides*, perçus par inventaire ou à l'enlèvement, vente ou revente en gros, à la circulation, à la vente en détail sur les boissons; ceux connus sous le nom d'*impôts et billots et devoirs de Bretagne*, d'*équivalent du Languedoc*, de *masphaneng* en Alsace, le privilége de la vente exclusive des boissons dans les lieux qui y étaient sujets; le droit des *quatre membres* et autres de même nature, perçus dans les ci-devant provinces de Flandre, Hainaut, Artois, Lorraine et Trois-Évêchés; le droit d'*inspecteur aux boucheries*, et tous autres droits d'aides ou réunis aux aides, et perçus à l'exercice dans toute l'étendue du royaume; les droits sur les papiers et cartons; le droit maintenant perçu sur les cartes à jouer, et autres dépendant de la régie générale, même les droits perçus pour les marques et plombs que les manufacturiers et fabricants étaient tenus de faire apposer aux étoffes et autres objets provenant de leurs fabriques et manufactures, sont abolis.

2. A compter de la même époque, les offices de perruquiers-barbiers-baigneurs-étuvistes, ceux des agents de change, et tous les autres offices pour l'inspection et les travaux des arts et du commerce, les brevets et les lettres de maîtrise, les droits perçus pour la réception des maîtrises et jurandes, ceux du collége de pharmacie, et tous priviléges de professions, sous quelque dénomination que ce soit, sont également supprimés.—Le comité de judicature proposera incessamment un projet de décret sur le mode et le taux de remboursement des offices mentionnés au présent article.

3. Les particuliers qui ont obtenu des maîtrises et jurandes, ceux qui exercent des professions en vertu de priviléges ou brevets, remettront au commissaire chargé de la liquidation de la dette publique, leurs titres, brevets et quittances de finance, pour être procédé à la liquidation des indemnités qui leur sont dues, lesquelles indemnités seront réglées sur le pied des fixations de l'édit du mois d'août 1776 et autres subséquents, et à raison seulement des sommes versées au trésor public, de la manière ci-après déterminée.

4. Les particuliers reçus dans les maîtrises et jurandes, depuis le 4 août 1789, seront remboursés de la totalité des sommes versées au trésor public. — A l'égard de ceux dont la réception est antérieure à l'époque du 4 août 1789, il leur sera fait déduction d'un trentième par année de jouissance, cette déduction néanmoins, ne pourra s'étendre au delà des deux tiers du prix total; et ceux qui jouissent depuis vingt ans et plus, recevront le tiers des sommes fixées par l'édit d'août 1776 et autres subséquents. Les remboursements ci-dessus énoncés seront faits par la caisse de l'extraordinaire; mais ils n'auront point lieu pour les particuliers qui auraient renoncé à leur commerce depuis plus de deux ans. — Quant aux particuliers aspirant à la maîtrise, qui justifieront avoir payé des sommes à compte sur le prix de la maîtrise qu'ils voulaient obtenir, et qui, à la faveur de ces payements, ont joui de la faculté d'exercer leur profession, ils seront remboursés de ces avances, dans les proportions ci-dessus fixées pour les maîtres qui ont payé en entier le prix de la maîtrise.

5. Les syndics des corps et des communautés d'artisans et marchands seront tenus de représenter ou de rendre leurs comptes de gestion aux municipalités, lesquelles les vérifieront, et formeront l'état général des dettes actives et passives et biens de chaque communauté. Ledit état sera envoyé aux directoires de district et de département, qui, après vérification, le feront passer au commissaire du roi chargé de la liquidation de la dette publique, lequel en rendra compte au comité des finances, pour en être par lui fait rapport à l'assemblée nationale.—Le commissaire du roi ne pourra néanmoins surseoir à la liquidation des remboursements et offices de chaque individu; il se fera remettre les états, titres, pièces et renseignements nécessaires pour constater l'état actuel, et achever, s'il y a lieu, la liquidation des dettes contractées antérieurement au mois de février 1776, par les corps et communautés.

6. Les fonds existant dans les caisses des différentes corporations, après l'apurement des comptes, qui seront rendus au plus tard dans le délai de six mois à compter de la promulgation du présent décret, seront versés dans la caisse du district, qui en tiendra compte à celle de l'extraordinaire. Les propriétés, soit mobilières, soit immobilières desdites communautés, seront vendues dans la forme prescrite pour l'aliénation des biens nationaux, et le produit desdites ventes sera pareillement versé dans la caisse de l'extraordinaire.

7. A compter du 1er avril prochain, il sera libre à toute personne de faire tel négoce, ou d'exercer telle profession, art ou métier qu'elle trouvera bon; mais elle sera tenue de se pourvoir auparavant d'une patente, d'en acquitter le prix suivant le taux ci-après déterminé, et de se conformer aux règlements de police qui sont ou pourront être faits. — Sont exceptés de l'obligation de se pourvoir de patentes : — 1° Les fonctionnaires publics exerçant des fonctions gratuites, ou salariés par le trésor public, pourvu néanmoins qu'ils n'exercent point d'autres professions étrangères à leurs fonctions; — 2° Les cultivateurs occupés aux exploitations rurales; 3° Les personnes qui ne sont pas comprises au rôle de la contribution mobilière pour la taxe de trois journées de travail; — 4° Les apprentis, compagnons et ouvriers à gages, travaillant dans les ateliers de fabricants pourvus de patente; — 5° Les propriétaires et les cultivateurs pour la vente de leurs bestiaux, denrées et productions, excepté le cas où ils vendraient les boissons de leur cru à pinte et à pot;

8. Les vendeurs et vendeuses de fleurs, fruits, légumes, poissons, beurre et œufs, vendant dans les rues, halles et marchés publics, ne sont point tenus de se pourvoir de patentes, pourvu qu'ils n'aient ni boutiques ni échoppes, et qu'ils ne fassent aucun autre négoce, à la charge par eux de se conformer aux règlements de police.

9. Tout particulier qui voudra se pourvoir de patente, en fera, dans le mois de décembre de chaque année, à la municipalité du ressort de son domicile, sa déclaration, laquelle sera inscrite sur un registre à souche; il lui en sera délivré un certificat coupé dans la feuille de sa déclaration. Ce certificat contiendra son nom et la valeur locative de ses habitation, boutique, magasin et atelier. Il se présentera ensuite chez le receveur de la contribution mobilière, auquel il payera comptant le quart du prix de la patente, suivant les taux ci-après fixés, et fera sa soumission de payer le surplus par parties égales, dans les mois de mars, juin et septembre. Ce receveur lui délivrera quittance de l'à-compte, et récépissé de la soumission au dos du certificat; et sur la représentation de ces certificat, quittance et récépissé, qui seront déposés et enregistrés aux archives du district, la patente lui sera délivrée au secrétariat du directoire pour l'année suivante.—Ceux qui auront payé le quart du prix de leurs patentes, et qui négligeront d'acquitter les autres parties aux termes fixés, y seront contraints comme pour le payement de la contribution mobilière. — Les déclarations, certificats, quittances, soumissions et patentes seront sur papier timbré, et conformes au modèle annexé au présent décret.

10. Ceux qui voudront faire le négoce ou exercer une profession, art et métier quelconque, pendant la présente année, seront tenus de se présenter à leurs municipalités avant le 1er avril prochain, et de remplir, avant la fin du même mois, les formalités prescrites par les articles précédents. Ils acquitteront comptant un tiers du droit, et fourniront leur soumission de payer un second tiers dans le courant de juillet prochain, et le surplus dans le courant d'octobre suivant. — La jouissance des patentes qui leur seront délivrées commencera au 1er avril prochain, et les prix en seront fixés aux trois quarts des patentes qui, dans la suite, seront accordées pour une année.

11. Les particuliers qui, dans le courant d'une année, voudront se pourvoir de patentes, en auront la faculté en remplissant les formalités prescrites, et le droit sera compté pour le restant de l'année, à dater du premier jour du quartier dans lequel ils auront demandé des patentes.

12. Les prix des patentes annuelles pour les négoces, arts, métiers et professions, autres que ceux qui seront ci-après exceptés, sera réglé à raison du prix du loyer, ou de la valeur locative de l'habitation, des boutiques, magasins et ateliers occupés par ceux qui les demanderont, et dans les proportions suivantes; — 2 sous pour livre du prix du loyer jusqu'à 400 livres; 2 sous 6 deniers pour livre depuis 400 jusqu'à 800 livres, et 3 sous pour livre au-dessus de 800 livres.

13. Les boulangers qui n'auront pas d'autres commerce ou profession, ne payeront que la moitié du prix des patentes, réglé par l'article précédent.

14. Les particuliers qui voudront réunir à leur négoce, métier ou profession, les professions de marchands de vin, brasseurs, limonadiers, distillateurs, vinaigriers, marchands de bière et de cidre, aubergistes, hôteliers donnant à boire et à manger, traiteurs-restaurateurs, les fabricants et débitants de cartes à jouer, les fabricants et débitants de tabac, ceux même qui n'exerçaient que les professions ci-dessus dénommées, payeront leurs patentes dans les proportions suivantes, savoir : 30 liv. quand le loyer total de leur habitation et dépendances sera de 200 liv. et au-dessous; 3 sous 6 deniers pour livre du prix de ce loyer, quand il sera au-dessus de 200 liv., jusques et compris 400 liv.; 4 sous pour livre du prix de ce loyer, quand il surpassera 400 liv., jusques et compris 600 liv.; 4 sous 6 deniers, quand il sera de 600 liv. à 800 liv.; et enfin 5 sous pour livre pour les loyers au-dessus de 800 liv.

15. Il sera délivré des patentes pour un ou plusieurs mois aux propriétaires et cultivateurs qui voudront vendre en détail des boissons de leur cru ; le prix desdites patentes sera de 3 liv. par mois : elles ne seront délivrées qu'après l'accomplissement des formalités prescrites, et que le prix en aura été acquitté entre les mains du préposé au recouvrement des contributions mobilières et d'habitation ; mais ces patentes ne pourront être accordées pour plus de six mois dans le cours de l'année : au delà de ce terme, elles seront réputées patentes annuelles, et seront payées comme telles.

16. Les colporteurs exerçant le négoce dans les villes, campagnes, foires et marchés, les forains exerçant le négoce ou leur profession hors de leur domicile et hors les temps de foires, seront tenus de se pourvoir de patentes particulières et spéciales, conformément aux modèles annexés au présent décret, et après avoir rempli les formalités prescrites. Le prix entier des patentes des colporteurs et forains sera payé comptant, et fixé suivant les proportions de l'art. 12, mais ne pourra être au-dessous de 10 liv. pour les marchands portant la balle, de 50 liv. pour ceux qui emploieront à leur commerce un cheval ou autre bête de somme, et 80 liv. pour ceux qui se serviront d'une voiture, quand même le prix du loyer de leur domicile établirait une proportion inférieure. Lesdits colporteurs et marchands forains seront tenus, lorsqu'ils en seront requis, de justifier de leur domicile et de leur taxe mobilière et d'habitation, même de représenter leur patente de colporteur ou forain aux officiers municipaux des lieux où ils exerceront leur commerce.

17. Il sera versé 2 sous pour livre du prix de chaque patente dans la caisse de la commune, pour servir à ses dépenses particulières.— Les officiers municipaux tiendront la main à ce qu'aucun particulier ne s'immisce dans l'exercice des professions assujetties à des patentes par le présent décret, sans avoir rempli les formalités ci-devant prescrites, et sans avoir acquitté le droit.

18. Tout particulier qui aura obtenu une patente sera obligé, avant d'en faire usage, de la rapporter à la municipalité, où il sera apposé un visa au bas de la déclaration prescrite par l'art. 9. Tout colporteur et forain sera de plus obligé de faire viser sa patente dans toutes les municipalités, autres que celle de son domicile. Est excepté de cette règle le forain en temps de foire seulement. — Il sera dressé, dans chaque municipalité, une liste ou un registre alphabétique des noms des personnes qui auront obtenu une patente, ainsi que de ceux des forains ou colporteurs qui auront fait viser les leurs. Cette liste sera déposée au secrétariat de la municipalité, et il sera libre à toute personne de la voir.

19. Tout particulier qui fera le négoce, exercera une profession, art ou métier quelconque, sans avoir rempli les formalités prescrites par les articles précédents, et s'être pourvu d'une patente, sera condamné à une amende du quadruple du prix fixé pour la patente dont il aurait dû se pourvoir.

20. Les marchandises qui seront fabriquées ou mises en vente par des personnes non pourvues de patentes, seront confisquées.

21. Toute personne non inscrite sur le registre des pourvus de patentes pourra être appelée au tribunal de district, à la réquisition du procureur syndic du département, de celui du district ou du procureur de la commune, pour déclarer, audience tenante, s'il exerce ou non une profession sujette à la patente, et, en cas d'aveu, être condamné aux peines prescrites par le présent décret.

22. Aucun particulier assujetti à prendre une patente ne pourra former de demande en justice pour raison de son négoce, profession, art ou métier, ni faire valoir aucun acte qui s'y rapporte, par forme ou par moyen d'exception et défense, ou enfin passer aucun acte, traité ou transaction en forme authentique, qui y soit relatif, s'il ne produit sa patente en original ou en expédition ; et il en sera fait mention en tête de l'acte ou exploit. — Tout huissier et notaire qui contreviendra à cette disposition sera condamné à 50 liv. d'amende pour chaque contravention, et en cas de récidive, à 500 liv. — Aucun acte civil ou judiciaire, aucun exploit fait en contravention au présent article, non plus qu'aucun acte sous seing privé, relatif à l'exercice d'une profession soumise à la patente, ne pourront être admis à l'enregistrement, si la patente, en original ou en expédition, prescrite pour l'exercice de la profession à laquelle se rapportent lesdits actes ou exploits, n'est représentée au receveur, qui en fera mention, à peine de 50 liv. d'amende pour chaque contravention, et de 500 liv. en cas de récidive. — Nul ne pourra pareillement présenter ses registres au juge pour recevoir la cote et le parafe, dans le cas où ces formalités sont prescrites par les lois pour l'exercice des professions assujetties à la patente, s'il ne produit en même temps la patente prescrite en original ou en expédition ; et le juge ne pourra, en ce cas, apposer sa cote et son parafe, à peine de 50 liv. d'amende pour chaque contravention. — Nul ne pourra être inscrit sur la liste des personnes éligibles aux tribunaux de commerce, ou sur celles des officiers servant près des tribunaux, ou assermentés et sujets à la patente, s'il n'a produit sa patente en original ou en expédition. — Les commissaires du roi près des tribunaux veilleront à l'exécution du présent décret.

23. Moyennant le payement d'un triple droit, il sera délivré des patentes de supplément à ceux qui, ayant des actions à exercer ou des défenses à proposer pour raison d'une profession soumise à la patente, auraient négligé de s'en pourvoir.

24. Nul ne sera admis à faire déduire de sa contribution mobilière la taxe proportionnelle à la valeur locative de ses ateliers, chantiers, boutiques et magasins, qu'il n'ait produit sa patente en original ou en expédition.

25. Toute personne pourvue d'une patente pourra, en donnant bonne et suffisante caution, requérir la saisie des marchandises fabriquées ou vendues par des fabricants, ouvriers ou marchands dont les noms ne seraient pas inscrits dans la liste ou registre qui sera tenu au secrétariat des municipalités, en vertu de l'art. 18, et en poursuivre la confiscation. — Le procureur de la commune sera obligé de faire ses réquisitions et poursuites quand il y aura lieu.

26. Tout procureur de commune qui aura connaissance d'une profession, fabrication ou négoce exercé sans patente, et sans être poursuivi dans l'étendue d'une autre municipalité du même district, requerra la saisie et poursuivra la confiscation des marchandises ainsi fabriquées ou vendues en contravention. — Les procureurs syndics de district feront, dans les mêmes cas, les mêmes poursuites et réquisitions dans toute l'étendue de leur district, et les procureurs syndics de département dans toute l'étendue de leur département.

27. En cas de poursuites exercées par des particuliers pourvus de patentes, le produit des amendes et confiscations sera partagé par moitié entre le trésor public et eux ; en cas de poursuites de la part d'un procureur de commune, le produit sera partagé entre la caisse municipale et le trésor public. — En cas de poursuites de la part d'un procureur syndic de district ou de département, le produit appartiendra entièrement au trésor public, et sera, dans le premier cas, appliqué aux besoins des particuliers du district ; dans le second, à ceux du département.

28. Les contraventions seront constatées et poursuivies dans les formes prescrites pour les procédures civiles, et devant les tribunaux de district.

10-17 juin 1791. — Décret qui ordonne que les patentes soient délivrées sur papier timbré.

20 sept. (17 et)-9 oct. 1791. — Décret relatif aux patentes.

Art. 1. Les régisseurs nationaux de l'enregistrement, des domaines et des droits réunis seront tenus d'approvisionner tous leurs bureaux de vente de papier timbré, de feuilles imprimées pour la formation des registres à souche destinés à recevoir les déclarations et soumissions pour obtention de patentes.

2. Ces feuilles de registre à souche seront imprimées conformément au modèle annexé au présent décret, et seront fournies par la régie aux municipalités, qui en acquitteront le prix, soit comptant, soit par une reconnaissance payable dans le délai de six mois au plus tard, et se feront rembourser le droit de timbre par les soumissionnaires, en délivrant les certificats, lesquels, ainsi que la quittance, ne seront point assujettis au droit d'enregistrement.

3. Les municipalités qui sont déjà approvisionnées de registres continueront à se servir des mêmes registres pour l'année 1791 seulement.

4. Toutes les patentes, à l'exception de celles des propriétaires vendant des vins en détail pendant six mois au plus, et de celles des colporteurs, seront désignées par *demi-patentes*, *patentes simples et patentes supérieures :* en conséquence, les déclarations, certificats et patentes ne contiendront la désignation d'aucune profession, mais seulement la désignation de *demi-patente*, *patente simple*, *patente supérieure*.

5. Les particuliers qui ne seront pourvus que de la demi-patente ne pourront exercer que la profession de boulanger, conformément à l'art. 13 du décret du 2 mars dernier. — Ceux qui seront pourvus d'une patente simple pourront exercer telle profession ou en cumuler autant qu'ils le jugeront convenable, conformément à l'art. 7 du même décret, à l'exception de celles désignées par l'art. 14 du même décret.—Ceux qui seront pourvus de la patente supérieure pourront exercer toutes les professions et se livrer à tous les commerces ou industries, sans aucune exception.

6. Les directoires de district feront faire, dans les premiers jours de chaque trimestre, le relevé des déclarations portées sur le registre à souche de chaque municipalité.

7. Sur ces relevés, il sera formé, pour chaque municipalité, un rôle qui désignera le nom des soumissionnaires du trimestre précédent, la nature de la patente, le montant du loyer, le prix de la patente, et la distribution des termes de payement, conformément au modèle annexé au présent décret.

8. La réunion des rôles formés par trimestre pour chaque municipalité donnera le montant total du produit du droit de patentes dont le percepteur de la communauté devra compter, à la déduction de 2 sous pour livre alloués à la caisse de la commune, et de 3 deniers pour livre de taxations, entre les mains du receveur du district, et celui-ci à la trésorerie nationale, à la déduction de ses taxations sur le pied d'un denier pour livre.

9. Il sera formé, dans les premiers mois de chaque trimestre, pour toutes les communautés du district, un bordereau général du montant des rôles de patentes expédiées pour le trimestre précédent : et le directoire de district adressera une expédition de ce bordereau, signée et certifiée de lui, au receveur du district, et une seconde sera remise au directoire de département.

10. Le directoire du département, aussitôt après la réunion de ces bordereaux, en formera un état général par district, dont une expédition sera adressée au ministre des contributions publiques, qui en fera passer une copie aux commissaires de la trésorerie nationale.

11. Il sera établi, dans chaque département, des préposés sous le nom de *visiteurs de rôles*, au nombre de six au plus, et dont l'un aura celui de visiteur principal. Ils seront chargés de compulser, dans chaque municipalité, le nombre des déclarations de patentes, et d'aider lesdites municipalités à la formation des matrices de rôles des contributions foncière et mobilière, conformément à l'art. 8 du décret des 11 et 13 juin 1791.

12. Ces visiteurs seront subordonnés à un inspecteur général des rôles, dont la résidence sera fixée dans le chef-lieu et auprès du directoire du département. Les relevés faits par les visiteurs des rôles et visiteur prin-

cipal seront adressées à cet inspecteur général, qui sera chargé de faire former les rôles.

13. Les visiteurs, visiteur principal et inspecteur général des rôles seront tous nommés, pour cette première fois, par le roi, qui ne pourra les choisir, conformément à l'art. 3 du décret du 7 mars dernier, que parmi les personnes qui justifieront avoir été précédemment employées au service de la nation, dans les administrations réduites ou supprimées.

14. A compter du 1er janv. 1792 jusqu'au 1er avril 1794, les directoires de département pourvoiront pareillement à ceux des emplois qui deviendraient vacants, en faveur d'employés des anciennes administrations réduites ou supprimées.

15. A compter dudit jour 1er avril 1794, les visiteurs des rôles seront choisis et nommés par les directoires de département, parmi les employés de leurs bureaux ou de ceux des directoires de district.

16. Le visiteur principal des rôles sera toujours choisi parmi les visiteurs ordinaires du département; mais l'inspecteur général pourra être choisi hors du département parmi tous les visiteurs généraux.

17. Le traitement des visiteurs des rôles sera de 1.500 livres, dont 1,200 livres acquittées sur le produit des patentes, et 300 livres sur les sous pour livre additionnels du département. — Celui de visiteur principal sera de 2,000 liv., dont 1,500 liv. sur le produit des patentes, et 500 livres sur les sous pour livre additionnels. — Enfin, celui de l'inspecteur général sera de 3,600 livres, dont 2,400 livres sur le produit des patentes, et 1,200 livres sur les sous pour livre additionnels.

18. Pourront, au surplus, les directoires de département délibérer en faveur desdits employés telles gratifications qu'ils jugeront convenables, de manière cependant que le traitement des visiteurs des rôles ne puisse excéder 1,800 livres, celui du visiteur principal, 2,400 livres, et celui de l'inspecteur général, 4,000 liv.

19. Lorsque les inspecteurs et visiteurs reconnaîtront la fausseté ou l'insuffisance des déclarations, ou lorsqu'ils seront avertis de cette fausseté par les municipalités, ils seront tenus d'en dresser procès-verbal, qu'ils remettront dans huitaine au procureur syndic du district, pour être par lui demandé la rectification devant le directoire du district.

2-21 sept. 1792. — Décret relatif aux maîtres d'hôtels garnis, locataires ou propriétaires et marchands de bois de la ville de Paris.

L'assemblée nationale, après avoir ouï le rapport de son comité de l'ordinaire des finances, considérant que toute imposition, pour être juste, doit être proportionnée aux facultés de chaque contribuable, et établie sur des bases certaines et uniformes;

Considérant que ce principe cesserait d'avoir lieu à l'égard des maîtres d'hôtels garnis, locataires ou propriétaires, marchands de bois dans la ville de Paris, si les uns et les autres étaient assujettis à prendre une patente à raison de la localité des bâtiments, cours et hangars, chantiers et ateliers nécessaires à l'exploitation de leur commerce, et d'en payer le prix dans les proportions réglées par les art. 12 et 15 de la loi du 17 mars 1791; trois lectures faites dans les séances des 27 juill., 3 août et cejourd'hui, et après avoir décrété qu'elle est en état de décider définitivement; en interprétant et modifiant, en tant que de besoin, ladite loi du 17 mars 1791, décrète ce qui suit :

Art. 1. Les maîtres d'hôtels garnis, locataires ou propriétaires, et les marchands de bois de la ville de Paris, seront tenus seulement de payer la moitié du prix fixé pour droit de patente par les art. 12 et 15 du décret des 2-17 mars 1791, à raison du montant du loyer ou de la valeur locative de l'habitation des boutiques, magasins et ateliers qu'ils occuperont, et ne pourront être assujettis, dans aucun cas, à un prix plus fort.

2. Le présent décret sera envoyé au département de Paris seulement.

21-22 mars 1793. — Décret portant : Art. 5. — « Les droits de patentes demeurent supprimés à compter du 1er janvier de la présente année; les revenus d'industrie et autres, soumis auxdites patentes, seront pris en considération dans la contribution mobilière. »

23-25 mars 1793. — Décret qui détermine le mode de cotisation des négociants et marchands de Paris, sujets à la patente, aux rôles de la contribution additionnelle de 4 millions.

4 therm. an 3 (22 juill. 1795). — Décret qui rétablit l'impôt des patentes pour toute espèce de commerce.

6 fruct. an 4 (23 août 1796). — Loi portant établissement d'un droit de patente pour l'an 5.

Nota. Cette loi et les suivantes ayant été abrogées par la loi du 1er brum. an 7, art. 1, il est inutile d'en donner le texte.

9 frim. an 5 (29 nov. 1796). — Loi additionnelle à celle du 6 fruct. an 4 sur les patentes.

9 frim. an 5 (29 nov. 1796). — Loi qui rapporte les dispositions de l'art. 19 de la loi du 6 fruct. an 4 par lesquelles les manufacturiers sont dispensés du droit de patente.

12 niv. an 5 (1er janv. 1797). — Décret du conseil des anciens qui rejette la résolution qui excepte du droit de patente les officiers de santé, les peintres, les sculpteurs, graveurs, architectes, etc.

9 pluv. an 5 (28 janv. 1797). — Loi interprétative de celle du 9 frim. an 5 (art. 1 et 2) sur les patentes.

7 brum. an 6 (28 oct. 1797). — Loi contenant des modifications à celles des 6 fruct. an 4, 9 frim. et 9 pluv. an 5 sur les patentes.

1er brum. an 7 (22 oct. 1798). — Loi qui maintient la contribution des patentes, et en règle la perception pour l'an 7. (Résolution du 2 vendémiaire.)

Art. 1. La contribution des patentes est maintenue pour l'an 7; elle sera réglée et perçue suivant les dispositions de la présente loi. Les lois des 6 fruct. an 4, 9 frim., 9 pluv. an 5, et 7 brum. an 6, sont abrogées.

2. Les droits de patente seront perçus conformément au tarif annexé à la présente loi.

3. Dans toute l'étendue de la République, ceux qui exerceront le commerce, l'industrie, les métiers ou professions désignés dans le tarif annexé à la présente, seront tenus de se munir d'une patente, et de payer les droits fixés pour la classe du tarif à laquelle ils appartiendront, suivant la population de leur commune; ou, sans égard à cette population, pour le commerce, l'industrie, les métiers ou professions mis hors classe dans le tarif.

4. Les patentes seront prises dans les trois premiers mois de l'année pour l'année entière, sans qu'elles puissent être bornées à une partie de l'année. Ceux qui entreprendront, dans le courant de l'année, un commerce, une profession, une industrie sujets à patente, ne devront le droit qu'au prorata de l'année, calculée par trimestre, et sans qu'un trimestre puisse être divisé : ils seront tenus de payer le prorata dans le premier mois de leur établissement. Aucune patente ne sera délivrée au prorata que sur le vu du certificat de l'administration municipale du canton, d'après le rapport de l'agent municipal ou de son adjoint de la commune du requérant : ce certificat constatera que le requérant n'a point encore exercé aucun état sujet à patente. Dans les communes où la population excède cinq mille âmes, ces certificats seront délivrés par les officiers municipaux; ils seront présentés au receveur de l'enregistrement lors du payement, et rapportés avec la quittance aux administrateurs chargés de délivrer la patente.

5. Les droits de patente se divisent en droits fixes et en droits proportionnels : les premiers sont ceux réglés par le tarif; les seconds sont le dixième du loyer ou des maisons d'habitation, ou des usines, ou des ateliers, ou des magasins, ou des boutiques, suivant la nature du commerce ou de l'industrie, justifiée par baux authentiques pour les locataires, et par l'extrait du rôle de la contribution foncière pour les propriétaires, ou d'après la simple déclaration du requérant patenté; sauf l'évaluation, s'il y a lieu, au défaut de baux et de cote particulière dans le rôle de la contribution, pour les lieux destinés au commerce ou à l'exercice de l'industrie et profession du propriétaire de maison.

6. Les droits fixes et proportionnels doivent être payés par tous ceux qui sont dans les cinq premières classes du tarif, ou dont le droit fixe est de 40 fr. et au-dessus, quand leur état est hors de classe. Il n'est dû que le droit fixe par ceux qui sont dans la sixième classe et au-dessous, ou dont l'état, quand il est hors des classes, ne donne lieu qu'à un droit fixe de 30 fr. et au-dessous.

7. Les droits de patente seront acquittés en entier, suivant le tarif, entre les mains du receveur de l'enregistrement du domicile du redevable, dans les trois premiers mois de l'an 7. Ce délai passé, les redevables en retard seront contraints : ils seront, en conséquence, avertis par les receveurs de l'enregistrement; dix jours après l'avertissement, le payement sera poursuivi par la saisie et vente des marchandises et meubles des contribuables en retard.

8. Les receveurs tiendront un registre particulier de la recette des droits de patente; il leur sera délivré par le directeur de la régie, sur papier non timbré, et sera coté et parafé par le président de l'administration municipale du canton ou de la commune.

9. Dans le mois de la publication de la présente, les agents de chaque commune seront tenus de dresser un tableau de tous ceux qui y exercent les commerces, industries, métiers ou professions désignées par le tarif. Ce tableau contiendra, par colonnes, les noms, demeures, professions et loyers de ceux qui y sont compris. Une cinquième colonne sera réservée en blanc. Ils remettront ce tableau, avant l'expiration du même mois, au commissaire du directoire exécutif près l'administration municipale du canton.

10. Le commissaire présentera le tableau mentionné en l'article ci-dessus à l'administration municipale du canton, dans la séance qui en suivra immédiatement la remise, pour faire remplir la colonne restée en blanc de la somme due suivant le tarif, et faire arrêter par les administrateurs le montant des sommes fixées dans le tableau de chaque commune. Il pourra faire, lors de ladite opération, toutes observations et réquisitions qu'il jugera convenables.

11. Lorsque les tableaux fournis par l'agent de chaque commune auront été arrêtés par l'administration municipale du canton, le commissaire du directoire exécutif près cette administration réunira avec le même ordre, et en laissant une sixième colonne en blanc, dans un tableau général, tous les tableaux de chaque commune du canton, et l'enverra au commissaire du directoire exécutif près l'administration centrale. Il remettra ensuite à chaque agent le tableau particulier de la commune.

12. Le commissaire du directoire exécutif près l'administration centrale soumettra, sans retard, à cette administration les tableaux généraux de chaque canton, pour être arrêtés par elle, en lui proposant les observations et faisant toutes réquisitions qu'il jugera convenables, et les renverra au commissaire du directoire exécutif près chaque administration de canton.

13. Aussitôt que les commissaires du directoire exécutif près les administrations de canton auront reçu les tableaux arrêtés par l'administration centrale, ils les remettront aux receveurs de l'enregistrement du canton. Ceux-ci feront mention, dans la colonne réservée en blanc, des droits de patente acquittés; et, après l'expiration du délai fixé par l'art. 4, ils

poursuivront, pour la totalité des droits, ceux qui ne les auront point acquittés, et, pour le supplément, ceux qui l'auront payé à un taux moins fort que la taxe du tableau.

14. Dans les communes qui, à raison de leur population, ont pour elles seules une administration municipale, les tableaux mentionnés dans les articles ci-dessus seront dressés par les officiers municipaux, et remis au commissaire du directoire exécutif près cette administration, pour agir conformement à la présente loi.

15. Les droits de patente seront payés, soit avant la remise des tableaux ci-dessus mentionnés, soit par les citoyens qui n'y seraient pas portés parce qu'ils auraient changé de domicile ou formé un établissement sujet à patente, postérieurement à la rédaction du tableau.

16. En cas de payement antérieur à la remise des tableaux, il y aura lieu à un supplément, si la taxe du tableau se trouve plus forte que la somme payée.

17. Les receveurs dresseront un état particulier des citoyens qui auront payé les droits de patente, et qui ne se trouveraient pas compris dans le tableau général; ils l'enverront, à la fin de chaque trimestre, au commissaire du directoire exécutif près l'administration municipale du canton, pour qu'il soit vérifié et arrêté de la manière indiquée par les art. 10 et 11 de la présente.

18. Dans la première décade de chaque mois, les receveurs de l'enregistrement remettront l'état de leurs recettes et de leurs contraintes par chaque commune au commissaire du directoire exécutif près l'administration municipale du canton ou de la commune, lequel enverra un double certifié par lui au commissaire du directoire exécutif près l'administration centrale. Ce dernier dressera, sur les doubles, l'état général de la recette des patentes du département, et l'adressera, chaque mois, au ministre des finances.

19. Les quittances des receveurs seront échangées contre les patentes dans les dix jours de leur date.

20. Les patentes seront expédiées par l'administration municipale du canton ou de la commune: elles seront signées par un des administrateurs et le secrétaire, et visées par le commissaire du directoire exécutif; le sceau de l'administration y sera apposé.

21. Les quittances et patentes seront sur papier timbré, aux frais de ceux à qui elles seront délivrées, et dans la même forme qu'en l'an 5 et en l'an 6. Il ne pourra être perçu aucun autre droit que celui du timbre.

22. Il sera tenu par le secrétaire de l'administration municipale, sur papier non timbré, un registre coté et parafé par le président, sur lequel registre seront inscrites de suite, et par ordre de numeros, toutes les patentes qui seront délivrées. Les quittances seront conservées au secrétariat avec des numéros correspondant à celui de l'inscription sur les registres.

23. Ceux qui se croiront fondés à réclamer soit contre l'insertion de leurs noms au tableau des redevables du droit de patente, soit sur le taux de la taxe, pourront, ou avant l'avertissement du receveur, ou dans les dix jours de cet avertissement, faire leur réclamation, d'abord à l'administration municipale, ensuite à l'administration centrale. Il y sera statué de la manière prescrite pour les réclamations en matière d'impositions, par l'instruction annexée à la loi du 22 brum. an 6.

24. Nul ne sera obligé à prendre plus d'une patente, quelles que soient les diverses branches de commerce, profession ou industrie qu'il exerce ou veuille exercer. — Dans ce cas, la patente est due pour le commerce, profession ou industrie qui donne lieu au plus fort droit.

25. Les patentes sont personnelles, et ne peuvent servir qu'à ceux qui les obtiennent; en conséquence, chaque associé d'une même maison de banque, de commerce en gros et en détail, et de toute autre profession et industrie assujetties à la patente, sera tenu d'avoir la sienne. — Ces dispositions ne s'appliquent pas aux associés en commandite, qui ne sont point assujettis à la patente; ni aux maris et femmes, auxquelles une seule patente suffira, en prenant celle de la classe supérieure, s'ils font plusieurs états, et en payant le droit proportionnel de tous les lieux qu'ils occuperont, quand il est exigible; à moins qu'il n'y ait entre eux séparation de biens, auquel cas chacun d'eux doit avoir sa patente, et payer séparément les droits fixes et proportionnels.— Quand les associés occuperont en commun la même maison d'habitation, les mêmes usines, ateliers, magasins et boutiques, il ne sera dû qu'un droit proportionnel, qui sera payé en entier par l'un d'eux; les autres ne payeront que le droit fixe.

26. Tout citoyen qui, après avoir pris une patente, entreprendra un commerce, une profession ou un métier de classe supérieure à celle de sa patente, sera tenu de prendre une nouvelle patente de cette classe, et d'en payer le droit fixe au prorata, conformément à l'art. 4 ci-dessus: dans ce cas, il y sera fait déduction du premier droit fixe, et il ne sera pas dû un second droit proportionnel quand il aura été payé pour la première patente, mais un supplément au prorata, s'il y a de nouveaux établissements d'une valeur locative supérieure à celle des premiers.

27. Tout citoyen muni d'une patente pourra exercer son commerce, sa profession ou industrie dans toute l'étendue de la République, en payant au receveur de l'enregistrement de toutes les communes où il aura des établissements le droit proportionnel pour les maisons d'habitation, usines, ateliers, magasins et boutiques qu'il occupera. La patente lui sera délivrée dans la commune de son domicile, sur la représentation des quittances des receveurs des communes où il aura des établissements; et il en sera fait mention dans la patente.

28. Si un citoyen patenté change son domicile pendant le courant de l'année, la patente lui servira dans la nouvelle commune qu'il habitera, en payant au prorata le droit proportionnel des maisons d'habitation usines, ateliers, magasins et boutiques qu'il y prendra, et un supplément, aussi au prorata, du droit fixe, s'il est plus fort pour la même classe dans la nouvelle commune. S'il y avait changement de classe supérieure, le droit fixe serait au prorata, conformément à l'art. 26 ci-dessus.

29. Ne sont pas assujettis à la patente :—1° Les fonctionnaires publics et employés salariés par la nation, en ce qui concerne seulement l'exercice de leurs fonctions; — 2° Les laboureurs et cultivateurs, seulement pour la vente des récoltes et fruits provenant des terrains qui leur appartiennent, ou par eux exploités, et pour le bétail qu'ils y élèvent; — 3° Les commis, les ouvriers journaliers, et toutes personnes à gages, travaillant pour autrui dans les maisons, ateliers et boutiques de ceux qui les emploient. — Ne sont point réputés ouvriers travaillant pour le compte d'autrui ceux qui travaillent chez eux pour les marchands et fabricants en gros et en détail, ou pour les particuliers, même sans compagnons, enseignes ni boutiques; ils devront être pourvus de la patente de la sixième classe, ou de celle de leur profession désignée dans le tarif; — 4° Les peintres, graveurs, sculpteurs, considérés comme artistes, et ne vendant que le produit de leur art;—5° Les officiers de santé attachés aux armées, aux hôpitaux ou au service des pauvres, par nomination du gouvernement ou des autorités constituées;—6° Les sages-femmes;—7° Les maîtres de la poste aux chevaux;— 8° Les pêcheurs;— 9° Les cardeurs, fileurs de laine et coton, les blanchisseuses, les savetiers, les tripiers;— 10° Ceux qui vendent en ambulance, dans les rues, dans les lieux de passage et dans les marchés des communes, les fruits, les légumes, le beurre, les œufs, le fromage et autres menus comestibles. Tous ceux qui vendront d'autres objets, même en ambulance, échoppe ou étalage, payeront la moitié des droits que payent ceux qui vendent en boutique.

30. Sont réputés marchands en gros, quel que soit leur commerce, tous ceux qui font des reventes sous les enveloppes usitées pour les premières entrées dans le commerce, des objets commerçables.

31. Tous citoyens placés, d'après la notoriété publique, sur la liste des citoyens sujets à patente, soit comme marchands en gros, soit comme associés à un commerce, et qui se prétendront simplement marchands en détail, commanditaires ou commis, seront admis à justifier, dans le lieu où s'élève la contestation, de la nature de leur commerce et de leur véritable qualité, par la représentation de leurs journaux et registres, ainsi que des actes de société.

32. Sont réputés fabricants ou manufacturiers tous ceux qui convertissent des matières premières en des objets d'une autre forme ou qualité, soit simple, soit composée, à l'exception néanmoins de ceux qui manipulent les fruits de leur récolte. — Ils seront tenus de prendre une patente immédiatement supérieure à celle des marchands qui vendent en détail les mêmes objets du genre de ceux qu'ils fabriquent.

33. Les fabricants à métiers qui n'occupent ou n'entretiennent pas plus de cinq métiers, soit chez eux, soit hors de leur domicile, ne seront assujettis qu'au droit de patente de la cinquième classe. — A l'égard des fabricants qui travaillent par eux-mêmes, sans employer d'ouvriers, et qui, n'ayant ni boutique ni magasin, vendent au fur et à mesure les produits de leurs travaux, ils ne doivent que la patente de la sixième classe.

34. Les maîtres d'hôtel garni ne payeront en droit proportionnel que le quarantième du prix total de la valeur de leur location, et les paumiers le vingtième.

35. Les commerces, industries et professions qui ne sont pas désignés dans le tarif, n'en seront pas moins assujettis à la patente; elle sera délivrée sous la désignation de la classe dans laquelle lesdits commerces, industries ou professions seront placés, d'après l'analogie des opérations ou des objets du commerce, par les administrations chargées de la délivrance des patentes.

36. Les propriétaires ou principaux locataires sujets au droit de patente ne devront le droit proportionnel, quand il aura lieu, qu'à raison de la valeur locative des lieux qu'ils occuperont. En cas de difficultés, il pourra être procédé à une évaluation.

37. Nul ne pourra former de demande, ni fournir aucune exception ou défense en justice, ni faire aucun acte ou signification par acte extrajudiciaire, pour tout ce qui serait relatif à son commerce, sa profession ou son industrie, sans qu'il soit fait mention, en tête des actes, de la patente prise, avec désignation de la classe, de la date, du numéro et de la commune où elle aura été délivrée, à peine d'une amende de 500 fr., tant contre les particuliers sujets à la patente que contre les fonctionnaires publics qui auraient fait ou reçu lesdits actes sans mention de la patente. La condamnation à cette amende sera poursuivie au tribunal civil du département, à la requête du commissaire du pouvoir exécutif près ce tribunal. Le rapport de la patente ne pourra suppléer au défaut de l'énonciation, ni dispenser de l'amende prononcée ci-dessus.

38. Tout citoyen qui expose des marchandises en vente, dans quelque lieu que ce soit, est tenu d'exhiber sa patente toutes les fois qu'il en est requis par les juges-de-paix, commissaires de police, administrateurs, agents ou adjoints municipaux, et commissaires du pouvoir exécutif. — Si celui qui n'est point pourvu de patente, ou qui ne la représente point, vend hors de son domicile, les objets exposés en vente seront saisis ou séquestrés aux frais du vendeur, jusqu'à la représentation d'une patente convenable. S'il vend à son domicile, il sera dressé un procès-verbal qui sera envoyé au commissaire du directoire exécutif près l'administration municipale, pour faire poursuivre le contrevenant conformément à la présente loi.

39. Ceux qui auront besoin de plusieurs expéditions de leur patente pour en justifier dans d'autres cantons que celui de leur domicile, pourront les requérir, sans autres frais que ceux du papier timbré. Il en sera

de même pour ceux qui auront perdu la patente.—Chaque expédition sera notée par première, seconde, troisième, etc., et sera signée par le patenté, s'il sait signer; dans le cas contraire, il en sera fait mention. — Pour empêcher l'abus des *duplicata*, il sera libre aux administrations de faire vérifier les causes qui donneront lieu à des demandes de *duplicata*, et d'en refuser, s'il y a lieu.

40. Les administrations chargées de la délivrance des patentes sont autorisées à faire descendre dans la classe immédiatement inférieure, ou la suivante, les citoyens qui justifieront l'impossibilité où ils sont d'acquitter les droits de leur classe. L'arrêté pris à ce sujet par les administrations sera motivé et mentionné dans la patente; il sera envoyé à l'administration centrale, pour être approuvé par elle, s'il y a lieu.

41. Il sera prélevé, pour contribuer aux dépenses locales de chaque commune, un dixième du produit net des droits de patente qui auront été payés par les domiciliés de leurs arrondissements respectifs; ce dixième, dans tous les cas, sera payé en numéraire. — La délivrance en sera faite par les receveurs de l'enregistrement, sur ordonnance de l'administration centrale de département. Tous les frais de recouvrement à la charge de l'administration municipale seront prélevés sur ce dixième.

42. Toutes dispositions de lois contraires à la présente sont abrogées.

(Suit le tarif du droit de patente, dressé en conformité des lois des 6 fruct. an 4, 9 frim. an 5 et 7 brum. an 6).

19 frim. an 7 (9 déc. 1798). — Loi portant que les maîtres de poste ne sont pas sujets au droit de patente (art. 6). — V. Poste.

9 brum. an 8 (31 oct. 1799). — Loi qui décide que « le n° 6 de l'art. 29 de la loi du 1er brum. an 7 est applicable, *sans distinction*, à tous les officiers de santé attachés aux armées, aux hôpitaux, ou au service des pauvres, par nomination du directoire exécutif ou des autorités constituées, » encore bien qu'indépendamment de ces fonctions, ils exercent leur art chez les particuliers.

24 flor. an 8 (14 mai 1800). — Avis du conseil d'État, relatif aux propriétaires des marais salants.

Le conseil d'État qui, d'après le renvoi des consuls, a discuté un rapport du ministre des finances, qui présente la question de savoir si les propriétaires ou fermiers des marais salants doivent être assujettis au droit de patente, — Est d'avis que l'art. 29 de la loi du 1er brum. an 7, qui porte que les laboureurs et cultivateurs ne sont pas assujettis à la patente pour la vente des récoltes et fruits provenant de terrains qui leur appartiennent, ou par eux exploités, et pour le bétail qu'ils y élèvent, est nécessairement applicable aux propriétaires, fermiers et cultivateurs des marais salants.

16 therm. an 8 (4 août 1800). — Arrêté qui dispose que les porteurs de contrainte ne sont pas assujettis à la patente (art. 18). —V. Impôts dir., p. 261.

15 fruct. an 8 (2 sept. 1800). — Arrêté relatif aux patentes qui statue sur la confection par les contrôleurs des tableaux des citoyens assujettis à la patente, à l'envoi de ces tableaux au préfet, etc. — L'art. 6 de cet arrêté porte : « Il sera statué sur les réclamations formées par les citoyens compris aux rôles des patentes, contre leur taxe, de la manière prescrite par l'arrêté du 24 floréal dernier (V. Impôts dir., p. 260) concernant les décharges et réductions en matières de contributions directes. »

19 vend. an 10 (11 oct. 1801)-2 sept. 1831. — Arrêté des consuls portant que le gouvernement pourra exempter les boulangers des droits de patente (art. 7). — V. Boulanger, n° 87.

26 brum. an 10 (17 nov. 1801). — Arrêté relatif à la perception des droits de patente pour l'an 10.

13 flor. an 10 (3 mai 1802). — Lois de finances (extrait).

Tit. 3. — *Contributions des patentes.*

23. Les patentes seront perçues pour l'an 11 comme en l'an 10.

24. Il sera perçu, en outre du droit principal, 5 cent. par franc, pour former un fonds de dégrèvement et de non-valeur par département.

25. L'art. 40 de la loi du 1er brum. an 7, relatif aux descentes de classe, est abrogé.

Les réclamations qui auront lieu seront faites, présentées et jugées comme celles qui concernent les contributions directes.

26. La cote des citoyens sujets à patentes qui viendront à décéder ne sera exigible que pour le passé et le mois courant. — Les forains payeront la contribution entière dans le premier mois.

27. Les meuniers payeront le droit proportionnel sur le pied du trentième de la valeur locative de leurs maisons, moulins et usines, au lieu du dixième auxquels ils ont été assujettis jusqu'à présent.

25 oct. 1806. — Décret portant que les marins qui commandent des navires ou barques faisant le petit cabotage ou la pêche ne sont pas assujettis au droit de patente pour le fait de ce commandement.

12-22 nov. 1808. — Loi relative au privilége du trésor public pour le recouvrement des droits de patente (art. 2).—V. Imp. dir., p. 264.

28 fév. 1809. — Avis du conseil d'État sur des questions relatives aux centimes additionnels aux patentes.

15 déc. 1813. — Décret qui contient des règles spéciales sur la patente des marchands de vins à Paris.—V. Impôts ind., p. 407.

23-26 déc. 1814. — Ordonnance qui enjoint aux huissiers d'énoncer leurs patentes dans leurs exploits, et les oblige, ainsi que les notaires, avoués ou greffiers, de faire mention de celle des particuliers dans tous les actes de leur ministère.

9 déc. 1814-2 sept. 1831. — Ordonnance sur la patente des boulangers et marchands ambulants et étalagistes de Paris.

Art. 1. A compter de 1815, l'art. 7 de l'arrêté des consuls du 19 vend. an 10 (1801) cessera d'avoir son effet; en conséquence, les boulangers de la ville de Paris acquitteront, dans les termes et délais prescrits par la loi du 1er brum. an 7 (1799), les droits de patente pour lesquels chacun sera porté aux rôles.

2. Les marchands en ambulance ou étalagistes de la ville de Paris continueront à être cotisés à la patente, conformément à l'art. 29 de la même loi, et seront, à compter de la même époque du 1er janvier, assimilés aux marchands forains, et tenus, dès lors, de payer leur patente entière dans le courant du mois de janvier, conformément à l'art. 26 de la loi du 13 flor. an 10 (1802).

3. Pour assurer l'exécution de l'article précédent, il sera, dans les premiers jours de janvier, délivré aux marchands en ambulance ou étalagistes un certificat d'inscription et de quotité de contribution d'après lequel le percepteur recevra et donnera quittance.

4. Sur le vu de la quittance, il sera délivré à chacun d'eux une patente dans la forme accoutumée.

5. Les commissaires et agents de police, chargés de l'inspection des lieux où l'étalage est permis, ne laisseront s'y établir aucun vendeur, qu'il ne leur ait justifié de son payement par la représentation de la patente analogue à la marchandise qu'il expose en vente.

25-26 mars 1817. — Loi sur les finances (extrait).

§ 3. — *Dispositions nouvelles sur les patentes.*

56. Les négociants, les armateurs pour le long cours et pour le grand cabotage, les commissionnaires de marchandises en gros, payeront le droit fixe de patente, d'après les fixations suivantes : — Dans les villes de cinquante mille âmes et au-dessus, 300 fr. — Dans les villes de trente à cinquante mille âmes et dans les ports de mer qui, ayant un entrepôt réel, n'ont pas une population de cinquante mille âmes, 200 fr. — Dans toutes les autres communes, 150 fr.

57. Le droit fixe de fabrication à métier sera augmenté par chaque métier excédant le nombre de cinq, savoir : — Pour les métiers d'une largeur au-dessus d'un mètre, 4 fr. — Pour les métiers d'un mètre et au-dessous, 2 fr. — Le tout jusqu'au maximum de 300 fr., qui ne pourra être dépassé. — Les dispositions de la loi du 1er brum. an 7 continueront à être exécutées en ce qui concerne les fabricants qui n'entretiennent pas plus de cinq métiers, soit chez eux, soit hors de leur domicile.

58. Les filateurs de coton et de laine payeront un droit fixe de 15 fr., quelle que soit la population du lieu de leur domicile, lorsqu'ils n'emploieront pas plus de cinq cents broches, non compris celle des bellys et autres métiers préparatoires. — Ils payeront, en outre, un droit de 3 fr. par chaque cent broches excédant le nombre de cinq cents, jusqu'au maximum de 300 fr., qui ne pourra pas être dépassé. Lesdits filateurs continueront à être assujettis au payement du droit proportionnel.

59. Les fabricants et marchands fabricants qui occupent ou entretiennent plus de cinq métiers seront tenus de faire, devant le maire de la commune de leur domicile, la déclaration du nombre de métiers qu'ils occupent ou entretiennent habituellement, soit chez eux, soit hors de leur domicile. — Les filateurs seront tenus de faire une semblable déclaration du nombre des broches qu'ils entretiennent habituellement, non compris celles des bellys et autres métiers préparatoires.

60. Les déclarations pourront être vérifiées par des commissaires nommés par les maires pour les villes, et par les sous-préfets pour les cantons ruraux. Les commissaires classeront les fabricants, les marchands fabricants et les filateurs, soit d'après les déclarations qui auront été faites, soit d'après les autres renseignements qu'ils auront recueillis. — Les fabricants et les filateurs pourront se pourvoir en décharge et modération devant le conseil de préfecture du département.

61. Le nombre des commissaires ne pourra pas surpasser celui de cinq ni être moindre de trois.

62. Les fabricants, les marchands fabricants et les filateurs qui déclareront qu'ils se soumettent au maximum du droit seront dispensés de toutes autres déclarations et vérifications. — Ceux qui n'auraient pas fait de déclarations seront taxés d'office à un droit double de celui auquel il sera estimé qu'ils sont susceptibles d'être assujettis. Ce double droit ne pourra, toutefois, excéder le maximum.—Ceux qui auraient fait une fausse déclaration seront taxés au maximum du droit, et encourront, en outre, une amende de 200 fr.

63. Le préfet indiquera l'époque des déclarations et des vérifications, ainsi que le délai dans lequel elles doivent être faites; elles ne pourront avoir lieu qu'une fois l'an.

64. Les teinturiers travaillant pour fabricants et pour les marchands, ou qui teignent des étoffes et les matières premières servant à la fabrication des tissus, les imprimeurs d'étoffes, les tanneurs, les manufacturiers de produits chimiques, les entrepreneurs de fonderies, de forges, de verreries, d'aciéries, de blanchisseries, de papeteries et de tous autres établissements industriels, tels qu'ils sont définis par l'art. 32 de la loi du 1er brum. an 7, payeront le droit fixe (sans avoir égard à la population de leur commune) dans les proportions déterminées ci-après : — Première classe, 300 fr.; — Deuxième classe, 200 fr.; — Troisième classe, 150 fr.; — Quatrième classe, 100 fr.; — Cinquième classe, 50 fr.; — Sixième classe, 25 fr. — Ils seront classés, savoir : pour les cantons ruraux, par les sous-préfets, après avoir pris l'avis des maires des communes où sont situés les établissements, et celui des répartiteurs et des contrôleurs des contributions directes; pour les villes, par les maires, après avoir pris l'a-

vis des répartiteurs et des contrôleurs des contributions directes. — Dans les cantons ruraux et dans les villes où, en vertu de l'art. 60, il aura été nommé des commissaires pour le classement des fabricants et des filateurs, ces mêmes commissaires sont chargés de faire le classement des entrepreneurs des établissements industriels compris dans le présent article. — Les teinturiers, imprimeurs d'étoffes, etc., pourront se pourvoir devant le conseil de préfecture du département, en décharge, modération ou descente de classe.

65. Les dispositions de la loi du 1er brum. an 7, auxquelles il n'est pas dérogé par la présente loi, continueront d'être exécutées.

66. Les patentables qui ont plusieurs établissements dans diverses communes payeront le droit fixe dans le lieu où ce droit est le plus élevé.

67. Lorsque, dans une maison de commerce, il y aura plusieurs associés résidant dans la même commune, le principal associé payera le droit fixe en entier, les autres ne payeront qu'un demi-droit fixe chacun.—Néanmoins, dans les établissements de fabrication à métier ou de filature, le droit fixe ne sera payé qu'une seule fois, quel que soit le nombre des associés.

68. A compter du 1er janv. 1817, les marchands forains avec voiture seront assujettis à un droit fixe de patente de 80 fr.; — Les colporteurs avec chevaux et autres bêtes de somme, à un droit fixe de 60 fr.; — Les colporteurs avec balles, soit qu'ils aient ou non domicile, à un droit fixe de 20 fr.

69. Les marchands forains et colporteurs désignés dans l'article précédent seront tenus d'acquitter le montant total de leur patente au moment où elle leur sera délivrée.

70. Les marchands vendant en ambulance, échoppe ou étalage, dans les lieux de passage, places publiques, marchés des villes et communes, des marchandises autres que des comestibles, seront pareillement tenus d'acquitter, au moment, de la délivrance le montant total de la patente à laquelle ils sont assujettis par la disposition finale du nombre 10 de l'art. 29 de la loi du 1er brum. an 7. — Les dénommés aux articles ci-dessus seront tenus d'exhiber leurs patentes acquittées à toute réquisition des officiers de police des lieux où ils voudront exposer en vente les marchandises dont ils font commerce.

15-16 mai 1818. — Loi sur les finances (extrait).

52. Les négociants, les armateurs pour le long cours et pour le grand cabotage, les commissionnaires de marchandises en gros, payeront le droit fixe de patente, d'après les fixations suivantes : dans les villes de cinquante mille âmes et au-dessus, 300 fr.; dans les villes de trente à cinquante mille âmes et dans les ports de mer qui, ayant un entrepôt réel, n'ont pas une population de cinquante mille âmes, 200 fr.; dans toutes les autres communes, 150 fr.

53. Le droit fixe établi par l'art. 35 de la loi du 1er brum. an 7, sur les fabricants qui n'entretiennent pas plus de cinq métiers, sera le même pour les fabricants qui en entretiennent un plus grand nombre, sauf l'augmentation suivante par chaque métier excédant le nombre de cinq, savoir : pour les métiers d'une largeur au-dessus de 1 mètre, 4 fr.; pour les métiers de 1 mètre et au-dessous, 2 fr.— Le tout jusqu'au maximum de 300 fr., qui ne pourra être dépassé. — Les ouvriers à métier qui travaillent chez eux pour le compte des fabricants et marchands-fabricants en gros ou en détail, ne seront point assujettis à la patente, s'ils n'entretiennent qu'un métier et s'ils déclarent le nom et la demeure du fabricant ou marchand-fabricant pour lequel ils travaillent. — Les autres dispositions de l'art. 33 de la loi du 1er brum. an 7, à l'égard des fabricants qui travaillent par eux-mêmes, sans employer d'ouvriers, continueront à être exécutées.

54. Les filateurs de coton et de laine payeront un droit fixe de 15 fr., quelle que soit la population du lieu de leur domicile, lorsqu'ils n'emploieront pas plus de cinq cents broches, non compris celles des bellys et autres métiers préparatoires.—Ils payeront, en outre, un droit de 3 fr. par chaque cent broches excédant le nombre de cinq cents, jusqu'au maximum de 300 fr., qui ne pourra pas être dépassé. Lesdits filateurs continueront à être assujettis au payement du droit proportionnel.

55. Les fabricants et marchands-fabricants qui occupent ou entretiennent plus de cinq métiers seront tenus de faire, devant le maire de la commune de leur domicile, la déclaration du nombre de métiers qu'ils occupent ou entretiennent habituellement, soit chez eux, soit hors de leur domicile. — Les filateurs seront tenus de faire une semblable déclaration du nombre des broches qu'ils entretiennent habituellement, non compris celles des bellys et autres métiers préparatoires.

56. Les déclarations pourront être vérifiées par des commissaires nommés par les maires pour les villes, et par les sous-préfets pour les cantons ruraux. Les commissaires classeront les fabricants et les filateurs, soit d'après les déclarations qui auront été faites, soit d'après les autres renseignements qu'ils auront recueillis. — Les fabricants et les filateurs pourront se pourvoir en décharge et modération devant le conseil de préfecture du département.

57. Le nombre des commissaires ne pourra surpasser celui de cinq ni être moindre de trois.

58. Les fabricants, les marchands-fabricants et les filateurs qui déclareront qu'ils se soumettent au maximum du droit, seront dispensés de toutes autres déclarations et vérifications. — Ceux qui n'auraient pas fait de déclarations seront taxés d'office à un droit double de celui auquel il sera estimé qu'ils sont susceptibles d'être assujettis : ce double droit ne pourra toutefois excéder le maximum. Ceux qui auraient fait une fausse déclaration seront taxés au maximum du droit, et encourront une amende de 200 fr.

59. Le préfet indiquera l'époque des déclarations et des vérifications, ainsi que le délai dans lequel elles doivent être faites; elles ne pourront avoir lieu qu'une fois l'an.

60. Les teinturiers travaillant pour les fabricants et pour les marchands, ou qui teignent les étoffes et les matières premières servant à la fabrication des tissus, les imprimeurs d'étoffes, les tanneurs, les manufacturiers de produits chimiques, les entrepreneurs de fonderie, de forges, de verreries, d'aciéries, de blanchisseries, de papeteries et de tous autres établissements industriels, tels qu'ils sont définis par l'art. 32 de la loi du 1er brum. an 7, payeront le droit fixe (sans avoir égard à la population de leur commune) dans les proportions déterminées ci-après : — Première classe, 300 fr.; — Deuxième classe, 200 fr.; — Troisième classe, 150 fr.; — Quatrième classe, 100 fr.; — Cinquième classe, 50 fr.; — Sixième classe, 25 fr. — Ils seront classés, savoir : pour les cantons ruraux, par les sous-préfets, après avoir pris l'avis des maires des communes où sont situés les établissements, et celui des répartiteurs et des contrôleurs des contributions directes; pour les villes, par les maires, après avoir pris l'avis des répartiteurs et des contrôleurs des contributions directes. — Dans les cantons ruraux et dans les villes où, en vertu de l'art. 56, il aura été nommé des commissaires pour le classement des fabricants et des filateurs, ces mêmes commissaires seront chargés de faire le classement des entrepreneurs des établissements industriels compris dans le présent article. — Les teinturiers, imprimeurs d'étoffes, etc., pourront se pourvoir devant le conseil de préfecture du département, en décharge, modération ou descente de classe.

61. Les patentables qui ont plusieurs établissements dans diverses communes payeront le droit fixe dans le lieu où le droit est le plus élevé.

62. Lorsque, dans une maison de commerce, il y aura plusieurs associés résidant dans la même commune, le principal associé payera le droit fixe en entier; les autres ne payeront qu'un demi-droit fixe chacun.—Néanmoins, dans les établissements de fabrication à métier ou de filature, le droit fixe ne sera payé qu'une seule fois, quel que soit le nombre des associés.

63. Les marchands forains avec voiture continueront d'être assujettis à un droit fixe de patente de 80 fr.;—Les colporteurs avec chevaux et autres bêtes de somme, à un droit fixe de 60 fr.; — Les colporteurs avec balles, soit qu'ils aient ou non domicile, à un droit fixe de 20 fr.

64. Les marchands forains et colporteurs désignés dans l'article précédent seront tenus d'acquitter le montant total de leur patente au moment où elle leur sera délivrée.

65. Les marchands vendant en ambulance, échoppe ou étalage, dans les lieux de passage, places publiques, marchés des villes et communes, des marchandises autres que des comestibles, seront pareillement tenus d'acquitter, au moment de la délivrance, le montant total de la patente à laquelle ils sont assujettis par la disposition finale du nombre 10 de l'art. 29 de la loi du 1er brum. an 7. — Les dénommés aux articles ci-dessus seront tenus d'exhiber leur patente acquittée, à toute réquisition des officiers de police des lieux où ils voudront exposer en vente les marchandises dont ils font commerce.

66. Les dispositions de la loi du 1er vend. an 7, auxquelles il n'est pas dérogé par la présente loi, continueront d'être exécutées.

17-17 juill. 1819. — Loi du budget des recettes (extrait).

20. Les entrepreneurs des moulins à soie sont assimilés, pour la patente, aux filateurs de coton et de laine : ils payeront, en conséquence, un droit fixe de 15 fr., lorsqu'ils n'emploieront pas plus de cinq cents broches correspondantes aux guindres de leurs moulins; ils payeront, en outre, 3 fr. par chaque cent de broches de même nature excédant le nombre de cinq cents; le tout conformément aux règles prescrites par l'art. 30 de la loi du 15 mai 1818.

21. Les fileurs de cocons de soie payeront un droit fixe de 300 fr. par chaque chaudière, quelle que soit la population de leur domicile, sans préjudice du droit proportionnel.

26-31 mars 1831.—Loi qui statue sur l'assiette des droits proportionnels (art. 26).— V. Impôts directs, p. 268.

20-27 juill. 1837. — Loi de finances qui ajoute 3 cent. additionnels à la contribution des patentes pour remplacer le droit de timbre des livres de commerce (art. 4).— V. Enregistr., n° 6070.

10-15 août 1839.—Loi de finances dont l'art. 3 porte : « L'art. 21 de la loi du 17 juill. 1819 est abrogé.—Les fileurs de cocons payeront un droit fixe de 1 fr. 50 c. par chaque bassine ou tour, quelle que soit la population de leur domicile, jusqu'au maximum de 300 fr., qui ne pourra être dépassé, et sans préjudice du droit proportionnel. »

25 avril-7 mai 1844.— Loi sur les patentes.

Art. 1. Tout individu, français ou étranger, qui exerce en France un commerce, une industrie, une profession non compris dans les exceptions déterminées par la présente loi, est assujetti à la contribution des patentes.

2. La contribution des patentes se compose d'un droit fixe et d'un droit proportionnel.

3. Le droit fixe est réglé conformément aux tableaux A, B, C, annexés à la présente loi.— Il est établi : — Eu égard à la population et d'après un tarif général, pour les industries et professions énumérées dans le tableau A;— Eu égard à la population et d'après un tarif exceptionnel, pour les industries et professions portées dans le tableau B;—Sans égard à la population pour celles qui font l'objet du tableau C.

4. Les commerces, industries et professions non dénommées dans ces tableaux n'en sont pas moins assujettis à la patente. Le droit fixe auquel ils doivent être soumis est réglé, d'après l'analogie des opérations ou des objets de commerce, par un arrêté spécial du préfet rendu sur la proposition du directeur des contributions directes, et après avoir pris l'avis du maire. — Tous les cinq ans, des tableaux additionnels contenant la nomenclature des commerces, industries et professions classés par voie d'assimilation, depuis trois années au moins, seront soumis à la sanction législative.

5. Pour les professions dont le droit fixe varie en raison de la population du lieu où elles sont exercées, les tarifs seront appliqués d'après la

population qui aura été déterminée par la dernière ordonnance de dénombrement. - Néanmoins, lorsque ce dénombrement fera passer une commune dans une catégorie supérieure à celle dont elle faisait précédemment partie, l'augmentation du droit fixe ne sera appliquée que pour moitié pendant les cinq premières années.

6. Dans les communes dont la population totale est de 5,000 âmes et au-dessus, les patentables exerçant dans la banlieue des professions imposées eu égard à la population payeront le droit fixe d'après le tarif applicable à la population non agglomérée.— Les patentables exerçant lesdites professions dans la partie agglomérée payeront le droit fixe d'après le tarif applicable à la population totale.

7. Le patentable qui exerce plusieurs commerces, industries ou professions, même dans plusieurs communes différentes, ne peut être soumis qu'à un seul droit fixe.—Ce droit est toujours le plus élevé de ceux qu'il aurait à payer s'il était assujetti à autant de droits fixes qu'il exerce de professions.

8. Le droit proportionnel est fixé au vingtième de la valeur locative pour toutes les professions imposables, sauf les exceptions énumérées au tableau D annexé à la présente loi.

9. Le droit proportionnel est établi sur la valeur locative, tant de la maison d'habitation que des magasins, boutiques, usines, ateliers, hangars, remises, chantiers et autres locaux servant à l'exercice des professions imposables. — Il est dû, lors même que le logement et les locaux occupés sont concédés à titre gratuit.—La valeur locative est déterminée, soit au moyen de baux authentiques, soit par comparaison avec d'autres locaux dont le loyer aura été régulièrement constaté, ou sera notoirement connu, et, à défaut de ces bases, par voie d'appréciation.— Le droit proportionnel pour les usines et les établissements industriels est calculé sur la valeur locative de ces établissements, pris dans leur ensemble et munis de tous leurs moyens matériels de production.

10. Le droit proportionnel est payé dans toutes les communes où sont situés les magasins, boutiques, usines, ateliers, hangars, remises, chantiers et autres locaux servant à l'exercice des professions imposables. — Si, indépendamment de la maison où il fait sa résidence habituelle et principale, et qui, dans tous les cas, sauf l'exception ci-après, doit être soumise au droit proportionnel, le patentable possède, soit dans la même commune, soit dans des communes différentes, une ou plusieurs maisons d'habitation, il ne paye le droit proportionnel que pour celles de ces maisons qui servent à l'exercice de sa profession.—Si l'industrie pour laquelle il est assujetti à la patente ne constitue pas sa profession principale, et s'il ne l'exerce pas par lui-même, il ne paye le droit proportionnel que sur la maison d'habitation de l'agent préposé à l'exploitation.

11. Le patentable qui exerce dans un même local, ou dans des locaux non distincts, plusieurs industries ou professions passibles d'un droit proportionnel différent, paye ce droit d'après le taux applicable à la profession pour laquelle il est assujetti au droit fixe.— Dans le cas où les locaux sont distincts, il ne paye pour chaque local que le droit proportionnel attribué à l'industrie ou à la profession qui y est spécialement exercée.— Dans ce dernier cas, le droit proportionnel n'en demeure pas moins établi sur la maison d'habitation, d'après le taux applicable à la profession pour laquelle le patentable est imposé au droit fixe.

12. Dans les communes dont la population est inférieure à vingt mille âmes, mais qui, en vertu d'un nouveau dénombrement, passent dans la catégorie des communes de vingt mille âmes et au-dessus, les patentables des septième et huitième classes ne seront soumis au droit proportionnel que dans le cas où une seconde ordonnance de dénombrement aura maintenu lesdites communes dans la même catégorie.

13. Ne sont pas assujettis à la patente : — 1° Les fonctionnaires et employés salariés, soit par l'État, soit par les administrations départementales ou communales, en ce qui concerne seulement l'exercice de leurs fonctions; — 2° Les notaires, les avoués, les avocats au conseil, les greffiers, les commissaires-priseurs, les huissiers; — 3° Les avocats; — Les docteurs en médecine ou en chirurgie, les officiers de santé, les sages-femmes et les vétérinaires; — Les peintres, sculpteurs, graveurs et dessinateurs considérés comme artistes, et ne vendant que le produit de leur art; — Les architectes considérés comme artistes, ne se livrant pas, même accidentellement, à des entreprises de construction; — Les professeurs de belles-lettres, sciences et arts d'agrément; les chefs d'institution, les maîtres de pension, les instituteurs primaires; — Les éditeurs de feuilles périodiques; — Les artistes dramatiques; — 4° Les laboureurs et cultivateurs, seulement pour la vente et la manipulation des récoltes et fruits provenant des terrains qui leur appartiennent ou par eux exploités, et pour le bétail qu'ils y élèvent, qu'ils y entretiennent ou qu'ils y engraissent; — Les concessionnaires de mines pour le seul fait de l'extraction et de la vente des matières par eux extraites; — Les propriétaires ou fermiers des marais salants; — Les propriétaires ou locataires louant accidentellement une partie de leur habitation personnelle; — Les pêcheurs, même lorsque la barque qu'ils montent leur appartient; — 5° Les associés en commandite, les caisses d'épargne et de prévoyance administrées gratuitement, les assurances mutuelles régulièrement autorisées; — 6° Les capitaines de navire de commerce ne naviguant pas pour leur compte; — Les cantiniers attachés à l'armée; — Les écrivains publics; — Les commis et toutes les personnes travaillant à gages, à façon et à la journée, dans les maisons, ateliers et boutiques des personnes de leur profession, ainsi que les ouvriers travaillant chez eux ou chez les particuliers, sans compagnons, apprentis, enseigne ni boutique. Ne sont point considérés comme compagnons ou apprentis, la femme travaillant avec son mari, ni les enfants non mariés travaillant avec leurs père et mère, ni le simple manœuvre dont le concours est indispensable à l'exercice de la profession; — Les personnes qui vendent en ambulance dans les rues, dans les lieux de passage et dans les marchés, soit des fleurs, de l'amadou, des balais, des statues et figures en plâtre, soit des fruits, des légumes, des poissons, du beurre, des œufs, du fromage et autres menus comestibles; — Les savetiers, les chiffonniers au crochet, les porteurs d'eau à la bretelle ou avec voiture à bras, les rémouleurs ambulants, les garde-malades.

14. Tous ceux qui vendent en ambulance des objets non compris dans les exemptions déterminées par l'article précédent, et tous marchands sous échoppe ou en étalage, sont passibles de la moitié des droits que payent les marchands qui vendent les mêmes objets en boutique. Toutefois cette disposition n'est pas applicable aux bouchers, épiciers et autres marchands ayant un étal permanent ou occupant des places fixes dans les halles et marchés.

15. Les mari et femme séparés de biens ne doivent qu'une patente, à moins qu'ils n'aient des établissements distincts, auquel cas chacun d'eux doit avoir sa patente et payer séparément les droits fixes et proportionnels.

16. Les patentes sont personnelles, et ne peuvent servir qu'à ceux à qui elles sont délivrées. En conséquence, les associés en nom collectif sont tous assujettis à la patente. — Toutefois l'associé principal paye seul le droit fixe en entier : les autres associés ne sont imposés qu'à la moitié de ce droit, même quand ils ne résident pas tous dans la même commune que l'associé principal. — Le droit proportionnel est établi sur la maison d'habitation de l'associé principal, et sur tous les locaux qui servent à la société pour l'exercice de son industrie. — La maison d'habitation de chacun des autres associés est affranchie du droit proportionnel, à moins qu'elle ne serve à l'exercice de l'industrie sociale.

17. Les sociétés ou compagnies anonymes ayant pour but une entreprise industrielle ou commerciale, sont imposées à un seul droit fixe sous la désignation de l'objet de l'entreprise, sans préjudice du droit proportionnel. — La patente assignée à ces sociétés ou compagnies ne dispense aucun des sociétaires ou actionnaires du payement des droits de patente auxquels ils pourraient être personnellement assujettis pour l'exercice d'une industrie particulière.

18. Tout individu transportant des marchandises de commune en commune, lors même qu'il vend pour le compte de marchands ou fabricants, est tenu d'avoir une patente personnelle, qui est, selon les cas, celle de colporteur avec balle, avec bêtes de somme ou avec voiture.

19. Les commis voyageurs des nations étrangères seront traités, relativement à la patente, sur le même pied que les commis voyageurs français chez ces mêmes nations.

20. Les contrôleurs des contributions directes procéderont annuellement au recensement des imposables et à la formation des matrices de patentes. — Le maire sera prévenu de l'époque de l'opération du recensement, et pourra assister le contrôleur dans cette opération, ou se faire représenter, à cet effet, par un délégué. — En cas de dissentiment entre les contrôleurs et les maires ou leurs délégués, les observations contradictoires de ces derniers seront consignées dans une colonne spéciale. — La matrice dressée par le contrôleur, sera déposée, pendant dix jours, au secrétariat de la mairie, afin que les intéressés puissent en prendre connaissance, et remettre au maire leurs observations. A l'expiration d'un second délai de dix jours, le maire, après avoir consigné ses observations sur la matrice, l'adressera au sous-préfet. — Le sous-préfet portera également ses observations sur la matrice, et la transmettra au directeur des contributions directes, qui établira les taxes conformément à la loi, pour tous les articles non contestés. A l'égard des articles sur lesquels le maire ou le sous-préfet ne sera pas d'accord avec le contrôleur, le directeur soumettra les contestations au préfet avec son avis motivé. Si le préfet ne croit pas devoir adopter les propositions du directeur, il en sera référé au ministre des finances. — Le préfet arrête les rôles et les rend exécutoires.— A Paris, l'examen de la matrice des patentes aura lieu, pour chaque arrondissement municipal, par le maire, assisté soit de l'un des membres de la commission des contributions, soit de l'un des agents attachés à cette commission, délégué à cet effet par le préfet.

21. Les patentés qui réclameront contre la fixation de leurs taxes seront admis à prouver la justice de leurs réclamations, par la représentation d'actes de société légalement publiés, de journaux et livres de commerce régulièrement tenus, et par tous autres documents.

22. Les réclamations en décharge ou réduction, et les demandes en remise ou modération, seront communiquées aux maires; elles seront d'ailleurs présentées, instruites et jugées dans les formes et délais prescrits pour les autres contributions directes.

23. La contribution des patentes est due pour l'année entière, par tous les individus exerçant au mois de janvier une profession imposable. — En cas de cession d'établissement, la patente sera, sur la demande du cédant, transférée à son successeur; la mutation de cote sera réglée par arrêté du préfet. — En cas de fermeture des magasins, boutiques et ateliers, par suite de décès ou de faillite déclarée, les droits ne seront dus que pour le passé et le mois courant. Sur la réclamation des parties intéressées, il sera accordé décharge du surplus de la taxe. — Ceux qui entreprennent, après le mois de janvier, une profession sujette à patente, ne doivent la contribution qu'à partir du 1er du mois dans lequel ils ont commencé d'exercer, à moins que, par sa nature, la profession ne puisse pas être exercée pendant toute l'année. Dans ce cas, la contribution sera due pour l'année entière, quelle que soit l'époque à laquelle la profession aura été entreprise. — Les patentés qui, dans le cours de l'année, entreprennent une profession d'une classe supérieure à celle qu'ils exerçaient d'abord, ou qui transportent leur établissement dans une commune d'une plus forte population, sont tenus de payer au prorata un supplément de droit fixe. — Il est également dû un supplément de droit proportionnel par les patentables qui

prennent des maisons ou locaux d'une valeur locative supérieure à celle des maisons ou locaux pour lesquels ils ont été primitivement imposés, et par ceux qui entreprennent une profession passible d'un droit proportionnel plus élevé. — Les suppléments seront dus à compter du 1er du mois dans lequel les changements prévus par les deux derniers paragraphes auront été operés.

24. La contribution des patentes est payable par douzième, et le recouvrement en est poursuivi comme celui des contributions directes: néanmoins les marchands forains, les colporteurs, les directeurs de troupes ambulantes, les entrepreneurs d'amusements et jeux publics non sédentaires, et tous autres patentables dont la profession n'est pas exercée à demeure fixe, sont tenus d'acquitter le montant total de leur cote, au moment où la patente leur est délivrée. — Dans le cas où le rôle n'est émis que postérieurement au 1er mars, les douzièmes échus ne sont pas immédiatement exigibles: le recouvrement en est fait par portions égales, en même temps que celui des douzièmes non échus.

25. En cas de déménagement hors du ressort de la perception, comme en cas de vente volontaire ou forcée, la contribution des patentes sera immédiatement exigible en totalité. — Les propriétaires, et, à leur place, les principaux locataires, qui n'auront pas, un mois avant le terme fixé par le bail ou par les conventions verbales, donné avis au percepteur du déménagement de leurs locataires, seront responsables des sommes dues par ceux-ci pour la contribution des patentes.—Dans le cas de déménagements furtifs, les propriétaires, et, à leur place les principaux locataires, deviendront responsables de la contribution de leurs locataires, s'ils n'ont pas, dans les trois jours, donné avis du déménagement au percepteur.—La part de la contribution laissée à la charge des propriétaires ou principaux locataires par les paragraphes précédents, comprendra seulement le dernier douzième échu et le douzième courant, dus par le patentable.

26. Les formules de patentes sont expédiées par le directeur des contributions directes sur des feuilles timbrées de 1 fr. 25 c. Le prix du timbre est acquitté en même temps que le premier douzième des droits de patente. — Les formules de patentes sont visées par le maire et revêtues du sceau de la commune.

27. Tout patentable est tenu d'exhiber sa patente lorsqu'il en est requis par les maires, adjoints, juges de paix, et tous autres officiers ou agents de police judiciaire.

28. Les marchandises mises en vente par les individus non munis de patentes, et vendant hors de leur domicile, seront saisies ou séquestrées aux frais du vendeur, à moins qu'il ne donne caution suffisante jusqu'à la représentation de la preuve que la patente a été délivrée. Si l'individu non muni de patente exerce au lieu de son domicile, il sera dressé un procès-verbal qui sera transmis immédiatement aux agents des contributions directes.

29. Nul ne pourra former de demande, fournir aucune exception ou défense en justice, ni faire aucun acte ou signification extrajudiciaire pour tout ce qui sera relatif à son commerce, sa profession ou son industrie, sans qu'il soit fait mention, en tête des actes, de sa patente, avec désignation de la date, du numéro et de la commune où elle aura été délivrée, à peine d'une amende de 25 fr., tant contre les particuliers sujets à la patente que contre les officiers ministériels qui auraient fait et reçu lesdits actes sans mention de la patente. La condamnation à cette amende sera poursuivie, à la requête du procureur du roi, devant le tribunal civil de l'arrondissement. — Le rapport de la patente ne pourra suppléer au défaut de l'énonciation, ni dispenser de l'amende prononcée.

30. Les agents des contributions directes peuvent, sur la demande qui leur en est faite, délivrer des patentes avant l'émission du rôle, après toutefois que les requérants ont acquitté entre les mains du percepteur les douzièmes échus, s'il s'agit d'individus domiciliés dans le ressort de la perception, ou la totalité des droits, s'il s'agit des patentables désignés en l'art. 24 ci-dessus, ou d'individus étrangers au ressort de la perception.

31. Le patenté qui aura égaré sa patente ou qui sera dans le cas d'en justifier hors de son domicile pourra se faire délivrer un certificat par le directeur ou par le contrôleur des contributions directes. Ce certificat fera mention des motifs qui obligent le patenté à le réclamer, et devra être sur papier timbré.

32. Il est ajouté au principal de la contribution des patentes 5 cent. par franc dont le produit est destiné à couvrir les décharges, réductions, remises et modérations, ainsi que les frais d'impression et d'expédition des formules des patentes. — En cas d'insuffisance des 5 cent., le montant du déficit est prélevé sur le principal des rôles. — Il est en outre prélevé sur le principal 8 cent., dont le produit est versé dans la caisse municipale.

33. Les contributions spéciales destinées à subvenir aux dépenses des bourses et chambres de commerce, et dont la perception est autorisée par l'art. 11 de la loi du 23 juill. 1820 seront réparties sur les patentables des trois premières classes du tableau A annexé à la présente loi, et sur ceux désignés dans les tableaux B et C, comme passibles d'un droit fixe égal ou supérieur à celui desdites classes. — Les associés des établissements compris dans les classes et tableaux susdésignés contribueront aux frais des bourses et chambres de commerce.

34. La contribution des patentes sera établie conformément à la présente loi, à partir du 1er janv. 1845.

35. Toutes les dispositions contraires à la présente loi seront et demeureront abrogées, à partir de la même époque, sans préjudice des lois et des règlements de police qui sont ou pourront être faits.

Tableau A. — *Tarif général des professions imposées eu égard à la population.*

CLASSES.	de 100,000 âmes et au-dessus.	de 50,000 à 100,000.	de 30,000 à 50,000.	de 20,000 à 30,000.	de 10,000 à 20,000.	de 5,000 à 10,000.	de 2,000 à 5,000.	de 2,000 âmes et au-dessous.
	fr.	fr.	fr.	fr.	fr.	fr.	fr.	fr.
1re....	300	240	180	120	80	60	45	35
2e....	150	120	90	60	45	40	30	25
3e....	100	80	60	40	30	25	22	18
4e....	75	60	45	30	25	20	18	12
5e....	50	40	30	20	15	12	9	7
6e....	40	32	24	16	10	8	6	4
7e....	20	16	12	8	*8	*5	*4	*3
8e....	12	10	8	6	*5	*4	*3	*2

Le signe * veut dire : exemption du droit proportionnel.

Sont réputés :

Marchands en gros, ceux qui vendent habituellement aux marchands en demi-gros et aux marchands en détail ;

Marchands en demi-gros, ceux qui vendent habituellement aux détaillants et aux consommateurs ;

Marchands en détail, ceux qui ne vendent habituellement qu'aux consommateurs.

(Suit l'énumération des professions reparties en huit classes. Viennent ensuite les tableaux B, C, D.—V. ci-après le tableau général des patentables, ainsi que la note dont il est précédé.)

18-22 mai 1850. — Loi du budget des recettes de 1850, dont les art. 16 à 24 modifient plusieurs dispositions de la loi du 25 avril 1844 qui précède (D. P. 50. 4.)

Tableau alphabétique des professions assujetties a la patente.

Nota. La loi du 25 avril 1844 est suivie de quatre tableaux désignés par les lettres A, B, C, D. — Le tableau A contient la répartition en huit classes des professions dont l'importance peut se mesurer par le chiffre de la population des communes où elles s'exercent, et qui sont imposées *eu égard à cette population* : il détermine dans un état distinct le tarif du droit fixe pour chaque classe, suivant les divers degrés de population (V. cette partie du tableau A ci-dessus à la suite de la loi de 1844). — Le tableau B, qui ne concerne aussi que le droit fixe, est relatif aux professions imposées *eu égard à la population d'après un tarif exceptionnel.* — Le tableau C règle à la fois le droit fixe et le droit proportionnel à l'égard des professions imposées *sans égard à la population;* il se divise en cinq parties. — Enfin le tableau D renferme les *exceptions à la règle générale qui fixe le droit proportionnel au 20e de la valeur locative.*—V. *infra*, nos 13 et suiv.

La loi du 18 mai 1850 est également accompagnée de quatre tableaux, portant les lettres D, E, F, G, correspondant à chacun de ceux de la loi de 1844, le tableau D, divisé en huit classes, au tableau A ; le tableau E au tableau B; le tableau F, divisé en cinq parties, au tableau C ; le tableau G au tableau D.

Ces divers tableaux, à raison de leurs nombreuses divisions et des modifications que la loi de 1850 a fait éprouver à celle de 1844, offrent de très-grands inconvénients pour les recherches. Il nous a paru plus utile de réunir en un seul tableau, présenté dans un ordre alphabétique unique, l'énumération de toutes les professions soumises à la patente, avec l'indication du droit fixe et du droit proportionnel auxquels chaque industrie est assujettie soit par la loi de 1844, soit par la loi de 1850.

Dans ce tableau, on renvoie à chacun des tableaux des deux lois précitées par la lettre qui le désigne. A l'égard des tableaux A, D, divisés chacun en huit classes, D, F, divisés en cinq parties, on a fait suivre la lettre d'un chiffre qui indique la classe ou la partie dans laquelle l'industrie a été rangée. Pour éviter la confusion entre les deux tableaux, qui, dans les deux lois, portent la même lettre D, on a fait suivre celle qui renvoie à la loi de 1844 d'un astérisque : ainsi D* renvoie au tableau D de la loi de 1844, et D au tableau portant cette lettre de la loi de 1850.

On a indiqué le taux du droit fixe pour les professions comprises dans les tableaux B, C, E, F; mais quant à celles énumérées dans les tableaux A et D, on n'a pu faire cette indication, le droit variant en raison de la population. Pour savoir à quel droit fixe telle profession est soumise, il suffira, la population de la localité où elle s'exerce étant connue, de se reporter au tableau qui suit la loi de 1844 ci-dessus.

A l'égard du droit proportionnel, on l'indique par les chiffres 15, 20, 40, etc., précédés des lettres pr.

Indication des signes abréviatifs employés dans le tableau qui suit :

A1	signifie	tableau A	de la loi de 1844	1re classe.
A2	—	tableau A	—	2e classe.
A3	—	tableau A	—	3e classe.
A4	—	tableau A	—	4e classe.
A5	—	tableau A	—	5e classe.
A6	—	tableau A	—	6e classe.
A7	—	tableau A	—	7e classe.
A8	—	tableau A	—	8e classe.
B	—	tableau B	—	
C1	—	tableau C	—	1re partie.
C2	—	tableau C	—	2e partie.
C3	—	tableau C	—	3e partie.
C4	—	tableau C	—	4e partie.
C5	—	tableau C	—	5e partie.
D*	—	tableau D	—	

D1 signifie tableau D de la loi de 1850 1re classe.
D2 — tableau D — 2e classe.
D3 — tableau D — 3e classe.
D4 — tableau D — 4e classe.
D5 — tableau D — 5e classe.
D6 — tableau D — 6e classe.
D7 — tableau D — 7e classe.
D8 — tableau D — 8e classe.
E — tableau E —
F1 — tableau F — 1re partie.
F2 — tableau F — 2e partie.
F3 — tableau F — 3e partie.
F4 — tableau F — 4e partie.
F5 — tableau F — 5e partie.
G — tableau G —
pr.15 signifie droit proportionnel au 15e.
pr.20 — — au 20e.
pr.40 — — au 40e.

Exemple : Abattoir public (concess. ou fermier d'). A2. pr. au 20e sur la maison d'habitation seulement. D*—*signifie :* concessionnaire ou fermier d'abattoir public. Droit fixe, V. le tableau A de la loi de 1844, 3e classe : droit proportionnel au 20e sur la maison d'habitation seulement. Tableau D de la loi de 1844.

Abeilles (march. d'). D6. pr.20 — *signifie :* marchand d'abeilles. Droit fixe, V. le tableau D de la loi de 1850, 6e classe : droit proportionnel au 20e.

Accoutreur. A8. pr.40 *signifie :* accoutreur. Droit fixe, V. le tableau A, 8e classe : droit proportionnel au 40e.

Ardoisières (exploit. d'). F2. 10 fr. Plus 3 fr. par ouvrier jusqu'au maximum de 400 fr. — pr. : au 20e : 1° sur la maison d'habitation ; 2° sur les magasins de vente complétement séparés de l'établissement ; au 25e sur l'établissement industriel. C2 —*signifie :* exploitant d'ardoisières. Tableau F de la loi de 1850, 2e partie : droit fixe, 10 fr. Plus 3 fr. par ouvrier jusqu'au maximum de 400 fr. :—droit proportionnel au 20e : 1° sur la maison d'habitation ; 2° sur les magasins de vente complétement séparés de l'établissement ; au 25e sur l'établissement industriel. Tableau C de la loi de 1844, 2e partie.

On remarquera que la loi de 1844 déclare exempts de tous droits proportionnels, les patentables des septième et huitième classes, résidant dans les communes d'une population inférieure à 20,000 âmes, et les fabricants à métiers ayant moins de dix métiers, et ne travaillant qu'à façon, et que la loi de 1850, art. 20, a réduit à moitié les droits de certains patentables des quatre dernières classes du tableau A.—V. *infrà*, sect. 2, n° 14.

Abattoir public (concess. ou fermier d'). A. Pr. au 20e sur la maison d'habitation seulement. D*.
Abeilles (march. d'). D6. pr.20.
Accordeur de pianos, harpes et autres instruments. A7. pr. 40.
Accouchement (chef de maison d'). A5. pr.: au 20e sur le loyer d'habitation ; au 40e sur les locaux servant à l'exercice de la profession. D*.
Accoutreur. A8. pr.40.
Acheveur en métaux. A7. pr.40.
Acier fondu, ou acier de cémentation (fabrique d'). F3.10 fr. Plus 3 fr. par ouvrier jusqu'au maximum de 300 fr. Ce droit sera réduit de moitié pour les fabriques qui sont forcées de chômer, par crue ou par manque d'eau, pendant une partie de l'année équivalente au moins à quatre mois. — pr. : au 20e : 1° sur la maison d'habitation ; 2° sur les magasins de vente complétement séparés de l'établissement ; au 40e sur l'établissement industriel. C3.
Acier naturel (fabriq. d'). C3. Imposable comme les forges et hauts fourneaux. — V. ci-après.
Acier poli (fabric. d'objets en) pour son compte. A5. pr.20.
Acier poli (fabric. d'objets en) à façon. A7. pr.40.
Affiches (entrepr. de la pose et de la conservation des) A6. pr. 20.
Affiloirs (march. d'). A8. pr.40.
Affinage de métaux autres que l'or, l'argent et le platine. A5. pr.20.
Affineur d'or, d'argent ou de platine. A3. pr.20.
Agaric (march. d'). A6. pr.20
Agence, ou bureau d'affaires (directeur d'). A4. pr.20.
Agent d'affaires. D4. pr.20.
Agent de change. B.
A Paris 1,000 fr. pr.15.
Dans les villes de 100,000 âmes et au-dessus 250 fr. pr.15.
De 50,000 à 100,000 âmes 200 fr. pr.15.
De 30,000 à 50,000, et dans les villes de 15,000 à 30,000 âmes qui ont un entrepôt réel 150 fr. pr.15.
Dans les villes de 15,000 à 30,000 âmes, et dans les villes d'une population inférieure à 15,000 âmes qui ont un entrepôt réel 100 fr. pr.15.
Dans toutes les autres communes 75 fr. pr.15.
Agent dramatique. A6. pr.20.
Agneaux (march. d'). — V. Moutons.
Agrafes (fabriq. d'), par procédés mécaniques. C3.50 fr. pr.: au 20e : 1° sur la maison d'habitation ; 2° sur les magasins de vente complétement séparés de l'établissement ; au 40e sur l'établissement industriel. C3.
Agrafes (fabric. d'), par les procédés ordinaires, pour son compte. A5. pr.20.
Agrafes (fabric. d'), par procédés ordinaires, à façon. A8. pr.40.
Agréé. — V. Mandataire.
Agréeur. A3. pr.20.
Aiguilles à coudre ou à faire des bas, par procédés ordinaires, fabricant pour son compte. 25 fr. pr. : au 20e : 1° sur la maison d'habitation ; 2° sur les magasins de vente complétement separés de l'établissement ; au 25e sur l'établissement industriel. C2.
Aiguilles à coudre, ou à tricoter, ou pour métiers à faire des bas, par procédés mécaniques (manuf. d'), F3.15 fr. Plus 3 fr. par ouvrier, jusqu'au maximum de 300 fr. pr. mêmes droits que le précédent pour l'habitation et les magasins ; au 40e sur l'établissement industriel. C3.
Aiguilles à coudre et à tricoter (march. d') en gros. A1. pr.15. D*.
Aiguilles à coudre et à tricoter (march. d') en demi-gros. A2. pr.20.
Aiguilles à coudre et à tricoter (march. d') en détail. A4. pr.20.
Aiguilles, clefs et autres petits objets pour montres ou pendules (fabric. d'), pour son compte. A6. pr.20.
Aiguilles, clefs et autres petits objets pour montres ou pendules (fabric. d'), à façon. A8. pr.40.
Aiguilles à coudre ou à faire des bas, par procédés ordinaires (fabric. d'), à façon. A8. pr.40.
Aiguilles pour les métiers à faire des bas (mont. d'). A8. pr.40.
Alambics et autres grands vaisseaux en cuivre (fabric. ou march. d'). A4. pr.20.
Albâtre (fabric. ou march. d'objets en). A5. pr.20.
Alevin (march. d'). A7. pr 40.
Alléges (maître d'). A7. pr.40.
Allumettes chimiques (fabric. et march. d'). A6. pr.20.
Allumettes et amadou (fabric. et march. d'). A8. pr.40.
Almanachs, ou annuaires (édit. propr. d'). A5. pr.20.
Amadou (fabric. et march. d'). — V. Allumettes.
Ambulants (march.). Exempts.
Ceux qui vendent dans les rues et dans les marchés, soit des fleurs, de l'amadou, des balais, des statues et figures en plâtre, soit des fruits, des légumes, des poissons, du beurre, des œufs, du fromage et autres menus comestibles.
Tous ceux qui vendent en ambulance des objets non compris dans les exemptions ci-dessus, et tous marchands sous échoppe ou en étalage, sont passibles de la moitié des droits que payent les marchands qui vendent les mêmes objets en boutiques. Toutefois, cette disposition n'est pas applicable aux bouchers, épiciers et autres marchands ayant un étal permanent ou occupant des places fixes dans les halles et marchés (art. 13 de la loi du 25 avr. 1844).
Amidon (fabriq. d'). F2. 10 fr., plus 3 fr. par ouvrier, jusqu'au maximum de 200 fr. pr. : au 20e : 1° sur la maison d'habitation ; 2° sur les magasins complétement séparés de l'établissement ; au 25e sur l'établissement industriel. C2.
Amidon (march. d') en gros. D4. pr.20.
Amidon (march. d') en détail. D6. pr.20.
Anatomie (fabric. de pièces d'). A6. pr.20.
Anatomie (tenant un cabinet d'). A6. pr.20
Anchois (saleur d'). A4. pr.20.
Anes (march. d'). A6. pr.20.
Anes (loueur d'). A7. pr.40.
Annonces et avis divers (entrepren. d'insert. d'). A6. pr.20.
Annuaire (édit. propr. d'). — V. Almanachs.
Apparaux (maître d'). A4. pr.20.
Appareils et ustensiles pour l'éclairage au gaz (fabric. d'). A5. pr.20.
Appeaux pour la chasse (fabric. d'). A8. pr.40.
Appréciateur au mont-de-piété. A4. pr.20.
Appréciateur d'objets d'art. A6. pr.20.
Apprêteur de barbes ou fanons de baleine. A7. pr.40.
Apprêteur de bas et autres objets de bonneterie. A7. pr.40.
Apprêteur de chapeaux de feutre. A8. pr.40.
Apprêteur de chapeaux de paille. A5. pr.20.
Apprêteur d'étoffes pour les fabriques. F4.15 fr. Plus 3 fr. par ouvrier jusqu'au maximum de 150 fr. — pr. : au 20e : 1° sur la maison d'habitation ; 2° sur les magasins de vente complétement séparés de l'établissement ; au 50e sur l'établissement industriel. C4.
Apprêteur d'étoffes pour les particuliers. A5. pr.20.
Apprêteur de peaux. A6. pr.20.
Apprêteur de plumes, laines, duvets et autres objets de literie. A6. pr.20.
Approprieur de chapeaux. A8. pr.40.
Arbres, arbustes. — V. Plants.
Archets (fabric. d'). A7. pr.40.
Architecte. pr.15. G.
Arçon (fabric. ou ferreur d'). D7. pr.40.
Arçonneur A8. pr.40.
Ardoises (march. d') en gros. Celui qui expédie par bateaux et voitures. A3. pr.20.
Ardoises (march. d'). Celui qui vend par millier aux maçons et aux entrepreneurs de bâtiments. A6. pr.20.
Ardoisières (exploit. d'). F2.10 fr. Plus 3 fr. par ouvrier jusqu'au maximum de 400 fr. — pr. : au 20e : 1° sur la maison d'habitation ; 2° sur les magasins de vente complétement séparés de l'établissement ; au 25e sur l'établissement industriel. C2.
Argent (march. d'). — V. Or.
Argenteur et argentures. — V. Doreur et dorures.
Armateur pour le long cours. 40 c. par chaque tonneau, jusqu'au maximum de 400 fr. pr.15. C1.
Armateur pour le grand et le petit cabotage, la pêche de la baleine et celle de la morue. 25 c. par chaque tonneau, jusqu'au maximum de 400 fr. pr.15. C1.
Armes (manuf. d') de guerre. 400 fr. — pr. : au 20e : 1° sur la maison d'habitation ; 2° sur les magasins de vente complétement séparés de l'établissement ; au 40e sur l'établissement industriel. C3.
Armes blanches (fabriq. d'). 100 fr. pr. : Mêmes droits que le précédent. C3.
Armurier. A5. pr.20.
Armurier rhabilleur. A7. pr.40.
Armurier à façon. A7. pr.40.
Arpenteur. A7. pr.40.
Arrimeur. A6. pr.20.
Arrosage (entreprise gén. d'). — V. Entreprise d'.
Arrosage (entreprise particul. d'). A6. pr.20.
Artificier. A6. pr.20.
Artiste en cheveux. A8. pr.40.
Artiste dramatique. Exempt.
Assembleur ou brocheur. D8. pr.40.
Associé en commandite. Exempt (L. 25 avril 1844, art. 13).
Assortisseur (march. de petits coupons d'étoffes). D6. pr.20.
Assurances non mutuelles dont les opérations s'étendent à :
1° Plus de vingt départements 1,000 fr.
2° De six à vingt départements 500 fr.
3° A moins de six départements 300 fr. pr.15. C1.
Assurances mutuelles. Exemptes.—V. art. 13, §3, de la loi de 1844.
Assureur maritime. E.
A Paris 250 fr. pr.15.
Dans les villes de 50,000 âmes et au-dessus 200 fr. pr.15.
Dans les villes de 30,000 à 50,000 âmes et celles de 15 à 30,000 ayant un entrepôt réel 150 fr. pr.15.
Dans les villes de 15 à 30,000 âmes ou les villes au-dessous de 15,000 âmes ayant un entrepôt réel 100 fr. pr.15.
Dans toutes les autres communes 50 fr. pr.15.
Attelles pour colliers de bêtes de trait (fabric. et march. d'). A7. pr. 40.
Aubergiste. A4. pr.20.
Aubergiste ne logeant qu'à pied ou à cheval. D5. pr.20.
Avironnier. A7. pr.40.
Avocats inscrits au tableau des cours et tribunaux. pr.15. G.
Avocats au conseil d'État et à la cour de cassation. pr.15. G.
Avoué. pr.15. G.
Bacs (fermier de), pour un fermage de 1,000 fr. et au-dessus. A4. Pr. au 20e sur les maisons d'habitation seulement. D*.
Bacs (fermier de), pour un prix de fermage au-dessous de 1,000 fr. A6. pr.20. — V. le précédent.
Badigeonneur A7. pr.40.
Baies de genièvre (march. de). A6. pr.20.

Bains publics (entrepren. de). A5. — pr. : au 20e sur le loyer d'habitation : au 40e sur les locaux servant à l'exercice de la profession. D*.
Bains de rivière en pleine eau (entrepren. de). A6 pr.20 et 40, comme le précédent. D*.
Balais de bouleau, de bruyère et de grand millet (march. de), avec voitures ou bêtes de somme. A8. pr.40.
Balai (march. expéd. de). D4. pr. 20.
Balanciers (march. de). A5. pr.20.
Balancier (fabric. de), pour son compte. A6. pr.20.
Balancier (fabric.), à façon. A7. pr.40.
Balançons (march. de). A6. pr.20.
Balayage (entreprise gén. de).—V. Entreprise de.
Balayage (entreprise part. de). A6. pr.20.
Baleines (march. de brins de). A4. pr.20.
Ballons pour lampes (fabric. de), pour son compte. A7. pr.40.
Ballons pour lampes (fabric. de), à façon. A8. pr.40.
Bals publics (entrepren. de). A5. pr.20.
Bandagiste. A6. pr.20.
Bandagiste à façon. A7. pr.40.
Banque de France, y compris ses comptoirs. 10.000 fr. pr.15 C1.
Banque dans les départements, ayant un capital de 2 millions et au-dessous. 1,000 fr. Par chaque million de capital en sus, 200 fr., jusqu'au maximum de 2,000 fr. pr.15. C1.
Banquier. B.
A Paris. 1,000 fr. pr.15.
Dans les villes d'une population de 50,000 âmes et au-dessus 500 fr. pr.15.
Dans les villes de 30,000 à 50,000 âmes, et dans celles de 15,000 à 30,000 âmes, qui ont un entrepôt réel 400 fr. pr.15.
Dans les villes de 15,000 à 30,000 âmes, et dans les villes d'une population inférieure à 15,000 âmes, qui ont un entrepôt réel 300 fr. pr.15.
Dans toutes les autres communes 200 fr. pr.15.
Baquets en sapin (fabric. de).—V. Seaux.
Barbier. A8. pr.40.
Bardeaux (march. de). A6. pr.20.
Bardeaux (fabric. de), pour son compte. A7. pr.40.
Bardeaux (fabric. de), à façon. A8. pr.40.
Baromètres (fabric. ou march. de). A6. pr. 20.
Barques, bateaux ou canaux (construct. de). A6. pr.20.
Barques et bateaux pour le transport des marchandises sur les fleuves, rivières et canaux (entrepr., maître ou patron de), 15 c. par chaque tonneau jusqu'au maximum de 300 fr. pr.15.
Si le conducteur n'est qu'un homme à gages, la patente est due par l'entrepreneur, le maître ou le patron qui l'emploie. F1.
Barriques.—V. Cuves et tonneaux.
Bas et bonneterie (march. de) en gros. A1. pr 15. D*.
Bas et bonneterie (march. de) en demi-gros. A2. pr.20.
Bas et bonneterie (march. de) en détail. A4. pr.20.
Bateaux à laver (exploitant de). A6. pr.20.
Bateaux et paquebots à vapeur, pour le transport des voyageurs (entreprise de).
1° Pour voyages de long cours 300 fr.
2° Sur fleuves, rivières, et le long des côtes 200 fr. pr.15. C1.
Bateaux et paquebots à vapeur, pour le transport des marchandises (entreprise de). 200 fr. pr.15. C1.
Bateaux à vapeur remorqueurs (entreprise de). 150 fr. pr.15. C1.
Batelier. A8. pr.40.
Bâtier. A7. pr. 40.
Bâtiments (entrepren. de). A3. pr.20.
Bâtonnier. A8. pr.40.
Battendier. A6. pr.20
Batteur de bois de teinture. A6. pr.20.
Batteur d'écorce. A6. pr.20.
Batteur de graine de trèfle. A6. pr.20.
Batteur de graine à manège. D6. pr.20.
Batteur d'or et d'argent. A6. pr.20.
Battoirs de paume (fabric. de). A7. pr.40.
Baudelier. A8. pr.40.
Baudruche (apprêt. de). A6. pr.20.
Baugeur. A7. pr.40.
Bazar de voitures (tenant). A3. pr.20.
Beurre frais ou salé (march. de) en gros. A1. pr. 15. D*.
Beurre frais ou salé (march. de) en détail. A6. pr.20.
Biberons (fabric. de), pour son compte. D6. pr.20.
Biberons (fabric. de), à façon. D7. pr.40.
Bière ou cidre (march. ou débit. de), en détail. D6. pr.20
Bijoutier (march. fabric.), ayant atelier et magasin. A2. pr.20.
Bijoutier (march.), n'ayant point d'atelier. A3. pr.20.
Bijoutier (fabric.), pour son compte, sans magasin. A5. pr.20.
Bijoutier à façon. A7. pr.40.
Bijoutier en faux (fabric.), pour son compte. A6. pr.20.
Bijoutier en faux (march. de). A5. pr.20.
Bijoutier en faux (fabric.), à façon. A7, pr.40.
Billards (fabric. de), ayant magasin. A4. pr.20.
Billards (fabric. de), sans magasin. A6. pr.20.
Billard (maître de). D4. pr.20.
Bimbeloterie (fabr. d'objets de), sans boutique ni magasin. A7. pr.40.
Bimbelotier (march.) en gros. A3. pr.20.
Bimbelotier (march.) en détail. A7. pr.40.
Biscuit de mer (fabriq. de). 50 fr. — pr. : au 20e : 1° sur la maison d'habitation; 2° sur les magasins de vente complétement séparés de l'établissement; au 40e sur l'établissement industriel. C3.
Bissette (fabric. et march. de). A6. pr.20.
Blanc de baleine (raffinerie de). F2.15 fr. Plus 3 fr. par ouvrier jusqu'au maximum de 200 fr. — pr. : au 20e : 1° sur la maison d'habitation ; 2° sur les magasins de vente complétement séparés de l'établissement; au 25e sur l'établissement industriel. C2.
Blanc de craie (fabric. et march. de). A6. pr.20.
Blanchisserie de toiles et fils, étoffes de laine, pour le commerce, par procédés mécaniques ou chimiques. F3.15 fr. Plus 3 fr. par ouvrier, jusqu'au maximum de 300 fr. — pr. : au 20e : 1° sur la maison d'habitation ; 2° sur les magasins complétement séparés de l'établissement ; au 40e sur l'établissement industriel. C3.
Blanchisseur de bas de soie. D8. pr.40.
Blanchisseur de toiles et fils, pour les particuliers. A8. pr.20.
Blanchisseur de chapeaux de paille. A7. pr.40.
Blanchisseur de fin. A7. pr.40.
Blanchisseur de linge, ayant un établissement de buanderie. D6. pr.20.
Blanchisseur de linge, sans établissement de buanderie. A8. pr.40.
Blanchisseur sur pré. A7. pr.40.
Blatier avec voiture. A5. pr.20.
Blatier avec bêtes de somme. A6. pr.20.
Blondes (march. de) en gros. A1. pr.15. D*.
Blondes (march. de) en demi-gros. A2. pr.20.
Blondes (march. de) en détail. A4. pr.20.
Blouses (march. de). — V. Sarraux.
Bluteaux ou blutoirs (fabric. et march. de). A6. pr.20.
Bobines pour les manufactures (fabric. de). A8. pr.40.
Boccard, patouillet ou lavoir de minerai. Pour chaque usine 15 fr., jusqu'au maximum de 100 fr. Le droit fixe sera réduit de moitié pour les boccards, patouillets ou lavoirs qui sont forcés de chômer, par crue ou par manque d'eau, pendant une partie de l'année équivalente au moins à quatre mois.—pr. : au 20e : 1° sur la maison d'habitation; 2° sur les magasins de vente complétement séparés de l'établissement; au 40e sur l'établissement industriel. C3.
Bœuf cuit (march. de),—V. Bouillon.
Bœufs (march. de). A3. pr.20.
Bois à brûler (march. de). Celui qui, ayant chantier ou magasin, vend au stère, ou par quantité équivalente ou supérieure. A1. — pr. : au 15e sur le loyer d'habitation ; au 30e sur les locaux servant à l'exercice de la profession. D*.
Bois à brûler (march. de). Celui qui, n'ayant ni chantier ni magasin, vend sur bateau ou sur les ports, au stère ou par quantité équivalente ou supérieure. A2. pr.20.
Bois à brûler (march. de). Celui qui, n'ayant ni chantier, ni magasin, ni bateau, vend par voiture au domicile des consommateurs, le bois tiré directement des coupes dont il n'est pas adjudicataire. D5. pr.20.
Bois à brûler (march. de). Qui vend à la falourde, au fagot et au cotret. A8. pr.40.
Bois de bateaux (march. de). A5. pr.20.
Bois de boissellerie (march. de). A5. pr.20.
Bois de brosses (fabric. de), par procédés mécaniques F3. 5 fr. par perçoir jusqu'au maximum de 150 fr. — pr. : au 20e : 1° sur la maison d'habitation ; 2° sur les magasins complétement séparés de l'établissement; au 40e sur l'établissement industriel. C.3.—V. Brosses.
Bois d'ébénisterie (march. de). A3. pr.20.
Bois feuillard (march. de). A5. pr.20.
Bois de galoches et socques (faiseur de). A8. pr.40.
Bois en grume ou de charronnage (march. de). A3. pr.20.
Bois de marine ou de construction (march. de). A1. — pr. : au 15e sur le loyer d'habitation; au 30e sur les locaux servant à l'exercice de la profession. D*.
Bois merrain (march. de) en gros. S'il vend par bateau ou charrette. A1.—pr. comme le précédent. D*.
Bois merrain (march. de). S'il ne vend qu'aux tonneliers et aux particuliers. A6. pr.20.
Bois de sciage (march. de) en gros. A1. — pr. : au 15e sur le loyer d'habitation ; au 30e sur les locaux servant à l'exercice de la profession. D*.
Bois de sciage (march. de). Si, ayant chantier ou magasin, il ne vend qu'aux menuisiers, ébénistes, charpentiers et particuliers. A3. pr.20.
Bois de teinture (march. de), en demi-gros. A2. pr.20.
Bois de teinture (march. de) en détail. A4. pr.20.
Bois de volige (march. de). A5. pr.20.
Boiseries (march. de) vieilles. A6. pr.20.
Boisselier (march.) en gros. A3. pr.20.
Boisselier (march.) en détail. A6. pr.20.
Boisselier. A7. pr.40.
Boisselier (fabric.), à façon. A8. pr.40.
Boîtes et bijoux à musique (fabric. de mécaniques pour), pour son compte. A5. pr.20.
Boîtes et bijoux à musique (fabric. de mécaniques pour), à façon. A7. pr.40.
Boîtes de pendules en zinc doré ou bronzé (fabric. ou march. de). D5. pr.20.
Bombagiste. A6. pr.20.
Bombeur de verres. A6. pr.20.
Bonbons et confiseries (revendeur de). D7. pr.40.
Bonneterie. — V. Bas.
Bossetier. A6. pr.20.
Bottes remontées (march. de). A7. pr.40.
Bottier, ou cordonnier (march.). Celui qui tient un magasin de chaussures. D4. pr.20.
Bottier, ou cordonnier en boutique, travaillant sur commandes, avec ouvriers. D6. pr.20.
Bottier, ou cordonnier sur commandes, travaillant seul en boutique ou en chambre. D7. pr.40.
Bottier et cordonnier à façon. Celui qui travaille pour des maisons qui lui fournissent la matière D8. pr.40.
Boucher (march.). A4. pr.20.
Boucher en détail. A5 pr.20.
Boucher à la cheville. Celui qui revend par quartier la viande achetée. D5. pr.20.
Boucher en petit bétail ne vendant que veau, mouton, agneau, chevreau. D6. pr.20.
Bouchonnier. A6. pr.20.
Bouchons (march. de) en gros. A3. pr.20.
Bouchons (march. de) en détail. A6. pr.20.
Bouchons de flacons (ajust. de). A8. pr 40.
Bouclerie (fabric. de), pour son compte. A5. pr.20.
Bouclerie (fabric. de), à façon. A8. pr.40.
Boues (entreprise part. de l'enlèvem. des). A6. pr.20.
Bougies, cierges, etc. (fabriq. de). F2.15 fr. Plus 3 fr. par ouvrier, jusqu'au maximum de 300 fr. —pr. : au 20e : 1° sur la maison d'habitation; 2° sur les magasins complétement séparés de l'établissement; au 25e sur l'établissement industriel. C2.
Bougies (march. de) A5. pr.20.
Bouilleur ou brûleur d'eau-de-vie. A6. pr.20.
Bouillon et bœuf cuit (march. de). A6. pr.20.
Boulanger. A5. pr.20.
Boules à teinture (fabric. de). A4. pr.20.
Boules vulnéraires dites d'acier ou de Nancy (fabric. de). A7. pr.40.
Bouquetière (march.) en boutique. A7. pr.40.
Bouquiniste. A7. pr.40.
Bourre de soie (march. de). A6. pr.20.
Bourrées (march. de).—V. Fagots.
Bourrelets d'enfants (fabric. et march. de). A7. pr.40.
Bourrelier. A6. pr 20.
Bourses, gants, m[illegible]ines, réseaux et autres ouvrages à maille (fab. de). D7. pr.40.
Boursier. A7. pr.40.
Bouteilles de verre (march. de). A5. pr.20.
Boutons de métal, corne, cuir bouilli, etc. (fabric. de), pour son compte. A5. pr.20.
Boutons de métal, corne, cuir bouilli (fabric. de), à façon. A8. pr.40.
Boutons de soie (fabric. de), pour son compte. A7. pr.40.
Boutons de soie (fabric. de), à façon. A8. pr.40.
Boyaudier. A6. pr.20.
Brais, goudrons, poix, résines et autres matières analogues (fabriq. de). 25 fr. — pr. : au 20e : 1° sur la maison d'habitation ; 2° sur les magasins de vente complétement séparés de l'établissement; au 25e sur l'établissement industriel. C2.
Brasserie. F3.70 c. par hectol. de capacité brute de toutes les chaudières jusqu'au maximum de 400 fr. Ce droit sera réduit de moitié pour les brasseries qui ne brassent que quatre fois au plus par an. Et d'un quart pour celles qui ne brassent que huit fois au plus par an.—pr. : au 20e : 1° sur la maison d'habitation; 2° sur les magasins de vente complétement séparés de l'établissement; au 40e sur l'établissement industriel. C3.
Brasseur à façon. A6. pr.20.
Bretelles et jarretières (march. de). A6. pr.20.
Bretelles et jarretières (fabric. de), pour son compte. A6. pr.20.
Bretelles et jarretières (fab. de), à façon. A8. pr.40.

Brioches (march. de).—V. Galettes.
Brioleur, avec bêtes de somme. A8. pr.40.
Briou (fabric. de). A6. pr.20.
Briques (fabriq. de). F2.5 fr. Plus 2 fr. par ouvrier ou par série d'ouvriers momentanément employés équivalente à un ouvrier employé complétement, jusqu'au maximum de 100 fr. —pr. : au 20e : 1° sur la maison d'habitation ; 2° sur les magasins de vente complétement séparés de l'établissement ; au 25e sur l'établissement industriel. C2.
Briques (march. de). A6. pr.20.
Briquetier à façon A8. pr.40.
Briquets phosphoriques et autres (fabric. de). A6. pr.20.
Briquets phosphoriques et autres (march. de). A7. pr.40.
Briquettes factices.—V. Bûches.
Brocanteur en boutique ou magasin. A5. pr.20.
Brocanteur dans les ventes, sans boutique ni magasin. D7. pr.40.
Brocanteur d'habits en boutique. A6. pr.20.
Brocanteur d'habits sans boutique. A8. pr.40.
Broches et cannelets pour la filature (fabriq. de), pour son compte. A5. pr.20.
Broches et cannelets pour la filature (fabric. de), à façon. A8. pr.40.
Broches pour la filature (rechargeur de). A7. pr.40.
Broderies (fabric. et march. de) en gros. A3. pr.20.
Broderies (fabric. et march. de) en détail. A5. pr.20.
Broderies (blanchiss. et apprêt. de). A7. pr.40.
Broderies (dessin., imprim. de). A7. pr.40.
Broderies (fabric. à façon de). A7. pr.40.
Brodeurs sur étoffes, en or et en argent. A4. pr.20.
Bronze (metteur en). Celui qui met en couleur de bronze des pendules, candélabres et autres objets en métaux. D7. pr.40.
Bronzes, dorures et argentures sur métaux (march. de) en gros. A1. pr.15. D*.
Bronzes, dorures et argentures sur métaux (march. de) en détail. A4. pr.20.
Brosses (fabric. de bois pour). A8. pr.40.—V. Bois de brosses.
Brossier (march.). A6. pr.20.
Brossier (fabric.), pour son compte. A6. pr.20.
Brossier (fabric.), à façon. A8. pr.40.
Broyeur à manége. D6. pr.20.
Broyeur à bras. D8. pr.40.
Brûleur d'eau-de-vie. — V. Bouilleur.
Brunisseur. A7. pr.40.
Bûches et briquettes factices, mottes à brûler (march. de). D8. pr.40.
Buffletier (march.). A6. pr.20.
Buffletier (fabric.), pour son compte. A7. pr.40.
Buffletier (fabric.), à façon. A8. pr.40.
Buis ou racines de buis (march. de). A6. pr.20.
Bureau de distribution d'imprimés (entrepren. d'un). A5. pr.20.
Bureau d'indication et de placement (tenant un). A5. pr.20.
Bustes en cire pour les coiffeurs (fabric. de). A7. pr.40.
Bustes et figures en plâtre et en terre (moul. ou march. de) D6. pr.20.
Cabaretier. A6. pr.20.
Cabaretier ayant billards. A5. pr.20.
Cabas (faiseur de). A8. pr.40.
Cabinet d'aisances publics (tenant un). A6. pr.20.
Cabinet de figures en cire (tenant un). A7. pr.40.
Cabinet de lecture (tenant un) où l'on donne à lire les journaux et les nouveautés littéraires. A6. pr.20.
Cabinet de lecture (tenant un) où l'on donne à lire les journaux seulement. A7. pr.40.
Cabinet particulier de tableaux, d'objets d'histoire naturelle ou d'antiquités (tenant un). A7. pr.40.
Cabriolet sur place ou sous remise (loueur de), s'il a plusieurs cabriolets. A5. pr.20.
Cabriolet sur place ou sous remise (loueur de), s'il n'a qu'un cabriolet. A7. pr.40.
Cabriolets (maître de station de). Celui qui loue des emplacements où, moyennant une rétribution, les cabriolets peuvent stationner. D7. pr.40.
Cachemires de l'Inde (march. de). A1. pr.15. D*.
Cadrans de montres et de pendules (fabric. de), pour son compte. A6. pr.20.
Cadrans de montres et de pendules (fabric. de), à façon. A8. pr.40.
Cadres pour glaces et tableaux (march. de). A6. pr.20.
Café de chicorée (fabrique de). 50 fr. — pr. : au 20e : 1° sur la maison d'habitation ; 2° sur les magasins de vente complétement séparés de l'établissement ; au 25e sur l'établissement industriel. C2.
Café de chicorée en poudre (march. de). A6. pr.20.
Café tout préparé (débit. de). A8. pr.40.
Cafetier. A4. pr.20.
Cafetières, bouillottes, marabouts (fabric. ou march. de). D6. pr.20.
Cafetières, bouillottes, marabouts (fabric. de), à façon). D8. pr.40.
Cages, souricières et tournettes (fabric. de). A8. pr.40.
Caisse ou comptoir d'avances ou de prêts (tenant). A1. pr.15. D*.
Caisse ou comptoir de recettes et de payement (tenant). A1. pr.15. D*.
Caisse d'épargne administrée gratuitement. Exempte.
Caisse d'escompte (tenant). A1. pr.15. D*.
Caisse de tambour (facteur de). A6. pr.20.
Calandreur d'étoffes neuves. A5. pr.20.
Calandreur de vieilles étoffes ou de chapeaux de paille. D7. pr.40.
Calfat. Radoubeur de navires. A6. pr.20.
Cambreur de tiges de bottes. A7. pr.40.
Camées faux ou moulés (fabric. de). A7. pr.40.
Canaux navigables avec péage ou canaux d'irrigation (concessionn. de). F1.200 fr. Plus 20 fr. par myriam. complet, en sus du premier, jusqu'au maximum de 1,000 fr.—pr.15. C1.
Canevas (dessinat. de). A8. pr.40.
Cannelets pour la filature.—V. Broches.
Cannelles et robinets en cuivre (fabric. de), pour son compte. A6. pr.20.
Cannelles et robinets en cuivre (fabric. de), à façon. A7. pr.40.
Cannes (march. de) en boutique. A6. pr.20.
Cannes (fabric. de), pour son compte. A7. pr.40.
Cannes (fabric. de), à façon. A8. pr.40.
Cannetille (fabric. de). A7. pr.40.
Cantinier, dans les prisons, hospices et autres établissements publics. A6. pr.20.
Cantinier attaché à l'armée. Exempt. — V. l'art. 13, § 6, de la loi de 1844.
Caoutchouc (fabric. ou march. d'objets confectionnés, ou d'étoffes garnies en). A4. pr.20.
Caparaçonnier, pour son compte. A6. pr.20.
Caparaçonnier, à façon. A8. pr.40.
Capitaine de navire, ne naviguant pas pour son compte. Exempt. — V. l'art. 13, § 6, de la loi de 1844.
Capsules ou amorces de chasse (fabric. de). 50 fr. — pr. : au 20e : 1° sur la maison d'habitation ; 2° sur les magasins de vente complétement séparés de l'établissement ; au 25e sur l'établissement industriel. C2.
Capsules métalliques pour boucher les bouteilles (fabric. de). A6. pr.20.
Caractères d'imprimerie (fond. de). A3. pr.20.
Caractères d'imprimerie (fond. de), à façon. A7. pr.40.
Caractères d'imprimerie (grav. en). A7. pr.40.
Caractères mobiles en métal (fabric. de). A5. pr 20.
Caractères mobiles en bois ou en terre cuite (fabric. et march. de). A7. pr.40.
Carcasses ou montures de parapluies (fabric. de), pour son compte. A7. pr.40.
Carcasses ou montures de parapluies (fabric. de), à façon. A8. pr.40.
Carcasses pour modes (fabric. de). A8. pr.40.
Cardes (manuf. de) par procédés mécaniques. F4.25 fr. Plus 5 fr. par métier jusqu'au maximum de 300 fr. — pr. : au 20e : 1° sur la maison d'habitation ; 2° sur les magasins de vente complétement séparés de l'établissement ; au 50e sur l'établissement industriel. C4.
Cardes (fabric. de) par les procédés ordinaires, pour son compte. A6. pr.20.
Cardes (fabric. de) par les procédés ordinaires, à façon. A8. pr.40.
Cardeur de laine, de coton, de bourre de soie, filoselle, etc. A7. pr.40.
Carreaux à carreler (march. de). A6. pr.20.
Carreleur. A7. pr.40.
Carrés de montres (fabric. de), pour son compte. A6. pr.20.
Carrés de montres (fabric. de), à façon. A8. pr.40.
Carrières souterraines ou à ciel ouvert (exploitant de). F5.5 fr. Plus 3 fr. par ouvrier jusqu'au maximum de 200 fr. pr. : au 15e sur la maison d'habitation seulement. C5.
Carrioles (loueur de). A7. pr.40.
Carrossier (fabric.). A2. pr.20.
Carrossier raccommodeur. A5. pr.20.
Cartes de géographie (march. de). A6. pr.20.
Cartes à jouer (march. de). D6. pr.20.
Cartier. Fabricant de cartes à jouer. A4. pr.20.
Carton ou carton-pierre (march. ou fabric. d'ornements en pâte de). A3. pr.20.
Carton en feuille (fabric. de), pour son compte. D6. pr.20.
Carton en feuille (fabric. de), à façon. D7. pr.40.
Cartonnage (fabrique de). 30 fr. par cuve jusqu'au maximum de 150 fr. Ce droit sera réduit de moitié pour les fabriques qui sont forcées de chômer, par manque ou par crue d'eau, pendant une partie de l'année équivalente au moins à quatre mois. — pr. : au 20e : 1° sur la maison d'habitation ; 2° sur les magasins de vente complétement séparés de l'établissement ; au 40e sur l'établissement industriel. C3.
Cartonnage fin (fabric. et march. de). A5. pr.20.
Cartons pour bureaux et autres (fabric. de), pour son compte. A6. pr.20.
Cartons pour bureaux et autres (fabric. de), à façon. A8. pr.40.
Casquettes, toques, bonnets carrés et autres. (fabric. ou march. de). D6. pr.20.
Casquettes, toques, bonnets carrés et autres (fabric. de), à façon. D8. pr.40.
Castine (march. de). A8. pr.40.
Ceinturonnier, pour son compte. A7. pr.40.
Ceinturonnier, à façon. A8. pr.40.
Cendres (laveur de). A6. pr.20.
Cendres gravelées (fabriq. de). 25 fr. — pr. : au 20e : 1° sur la maison d'habitation ; 2° sur les magasins de vente complétement séparés de l'établissement ; au 25e sur l'établissement industriel. C2.
Cendres noires (extract. de) F5.5 fr. Plus 3 fr. pour ouvrier jusqu'au maximum de 200 fr. pr. : au 15e sur la maison d'habitation seulement. C5.
Cendres ordinaires (march. de). A7. pr.40.
Cerceaux (march. de).—V. Cercles.
Cercles ou sociétés (fourniss. des objets de consommation dans les). A5. pr.20e sur les maisons d'habitation seulement. D*.
Cercles ou cerceaux (march. de). A6. pr 20.
Cerclier. A8. pr.40.
Chaînes de fil, laine ou coton, préparées pour la fabrication des tissus (march. de). A6. pr.20.
Chaises (loueur de), pour un prix de ferme de 2,000 fr. et au-dessus. A6. pr..20.
Chaises (loueur de), pour un prix de ferme de 500 à 2,000 fr. A7. pr.40.
Chaises (loueur de), pour un prix de ferme au-dessous de 500 fr. A8. pr.40.
Chaises à porteur (loueur de). D8. pr.40.
Chaises fines (march. et fabric. de). A6. pr.20.
Chaises communes (march. et fabric. de). A8. pr.40.
Châles (march. de) en gros. A1. pr.15. D*.
Châles (march. de) en détail. A3. pr.20.
Chamoiseur, pour son compte. A6. pr.20.
Chamoiseur, à façon. A8. pr.40.
Chandeliers en fer et en cuivre (fabric. de), pour son compte). A6. pr.20.
Chandeliers en fer ou en cuivre (fabric. de), à façon. A8. pr.40.
Chandelles (fabric. de). F2.10 fr. Plus 3 fr. par ouvrier jusqu'au maximum de 100 fr. — pr. : au 20e : 1° sur la maison d'habitation ; 2° sur les magasins de vente complétement séparés de l'établissement ; au 25e sur l'établissement industriel. C2.
Chandelles (march. de) en détail. D5. pr.20.
Changeur de monnaies. A1. pr.15.
Chanvre (march. de) en détail. A6. pr.20.
Chanvre (march. de) en gros et demi-gros. — V. Lin.
Chapeaux (march. de vieux) en boutique ou en magasin). A8. pr.40.
Chapeaux de feutre et de soie ou de paille (fabric. de). D4. pr.20.
Chapeaux de paille (march. de) en gros. A1. pr.15. D*.
Chapeaux de paille (march. de) en demi-gros. A2. pr.20.
Chapeaux de paille (march. de) en détail. A5. pr.20.
Chapeaux (fab. de coiffes de). D8. pr.40.
Chapeaux (garnisseur de). D8. pr.40.
Chapelets (fabric. et march. de). A7. pr.40.
Chapelier en grosse chapellerie. A6. pr 20.
Chapellerie (march. de matières premières pour la). A1. pr.15. D*.
Chapellerie (march. de fournitures pour la). A5. pr.20.
Chapellerie en fin. A5. pr.20.
Charbons de bois (march. de) en gros. A1. — pr. : au 15e sur le loyer d'habitation ; au 30e sur les locaux servant à l'exercice de la profession. D*.
Charbon de bois (march. de) en demi-gros. A3. pr.20.
Charbon de bois (march. de) en détail. A8. pr.40.
Charbon de terre épuré ou non (march. de) en gros. Celui qui vend habituellement par voitures de 1,000 kil. ou au-dessus D2. — pr. : au 20e sur le loyer d'habitation ; au 30e sur les locaux servant à l'exercice de la profession. D*.
Charbon de terre épuré ou non (march. de) en demi-gros. Celui qui vend aux détaillants et consommateurs par quantité inférieure à 1,000 kil. D5. pr.20.
Charbon de terre épuré ou non (march. de) en détail. A8. pr.40.
Charbonnier-voiturier. A8. pr.40.
Charcutier. A4. pr.20.
Charcutier revendeur A6. pr.20.
Chardons pour le cardage (march. de) en gros. D3. pr.20.
Charnières en fer, cuivre ou fer-blanc (fabric. de), par les procédés ordinaires, pour son compte. A7. pr. 40.

Charnières en fer, cuivre ou fer-blanc (fabric. de), par les procédés ordinaires, à façon. A8. pr.40.
Charpentier, entrepreneur fournisseur. A4. p.20.
Charpentier à façon, travaillant à la journée pour des maîtres ou des particuliers qui lui fournissent la matière. D7. pr.40.
Charpie (fab. de), par procédés mécaniques F3. 5 fr. par carde jusqu'au maximum de 400 fr. — pr. : au 20e : 1o sur la maison d'habitation; 2o sur les magasins de vente complètement séparés de l'établissement ; au 40e sur l'établissement industriel. C3.
Charrée (march. de). A6. pr.20.
Charrettes (loueur de). A8. pr.40.
Charron. A6. pr.20.
Charron, à façon, travaillant à la journée pour des maîtres ou des particuliers qui lui fournissent la matière. D7. pr.40.
Chasse (march. d'ustensiles de). A5. pr.20.
Châsses de lunettes (fabric. de), pour son compte. A6. pr.20.
Châsses de lunettes (fabric. de), à façon. A8. pr.40
Chasublier (march.). A4. pr.20.
Chasublier, à façon. A7. pr.40.
Châtaignes (march. de).—V. Marrons.
Chaudières en cuivre (fabric. de). A4. pr.20.
Chaudronnerie pour les appareils à vapeur, à distiller, à concentrer, etc. (fabrique de). 200 fr. — pr. : au 20e : 1o sur la maison d'habitation; 2o sur les magasins de vente complètement séparés de l'établissement; au 40e sur l'établissement industriel. C3.
Chaudronnier (march.). A5. pr.20.
Chaudronnier rhabilleur. A7. pr.40.
Chaussées et routes (entrepren. de l'entretien des). 25 fr. pr.15e sur la maison d'habitation seulement. C5.
Chaussons en lisières (march. de) en gros. D4. pr.20.
Chaussons en lisières et autres (march. de). A7. pr.40.
Chaussons en lisières (fabric. de). A8. pr.40.
Chaussons autres qu'en lisières (fabric. de). D6. pr.20.
Chaux (march. de). A6. pr.20.
Chaux artificielle (fabriq. de).
Pour un four 20 fr.
Pour deux fours. 50 fr.
Pour trois fours et au-dessus 80 fr.
Pr.; au 20e : 1o sur la maison d'habitation; 2o sur les magasins de vente complètement séparés de l'établissement; au 25e sur l'établissement industriel. C2.
Chaux naturelle (fabriq. de). C2.
Pour un four 15 fr.
Pour deux fours 30 fr.
Pour trois fours et au-dessus 50 fr.
Pr. comme le précédent.
Chefs de ponts et pertuis. A6. pr.20.
Chemin de fer avec péage (concess. de). 200 fr. Plus 20 fr. par myriam. en sus du premier, jusqu'au maximum de 1,000 fr. — pr. : au 20e : 1o sur la maison d'habitation; 2o sur les magasins complètement séparés de l'établissement; au 40e sur l'établissement industriel. C3.
Chemins vicinaux (entrepren. de l'entretien des). F5. 10 fr. pr.15 sur la maison d'habitation seulement. C5.
Cheminées dites économiques (fabric. et march. de). A5. pr.20.
Chenille en soie (fab. de), pour son compte. A7. pr.40.
Chenille en soie (fabric. de), à façon. A8. pr.40.
Chevaux (courtier de). A7. pr.40.
Chevaux (loueur de). A5. pr.20.
Chevaux (march. de). A4. pr.20.
Chevaux (tenant pension de). A5. pr.20.
Cheveux (march. de). A5. pr.20.
Chevilleur. A8. pr.40.
Chèvres et chevreaux (march. de). A7. pr.40.
Chicorée en poudre.—V. Café.
Chiffonnier en gros. A1. pr.15. D*.
Chiffonnier en détail. A7. pr.40.
Chiffonnier au crochet. Exempt.
Chineur. A7. pr.40.
Chirurgien dentiste. pr.15. G.
Chocolat (fabric. de) avec machine à vapeur ou ouvriers. D3. pr.20.
Chocolat (fabric. de), n'employant ni machines à vapeur ni ouvriers. D6. pr.20.
Chocolat (march. de) en gros. A3. pr.20.
Chocolat (march. de) en détail. A5. pr.20.
Cidre (march. de) en gros. A3. pr.20.
Cidre (march. et débit. de) en détail. A6. pr.20
Cierges.—V. Bougies.
Ciment (fabriq. de).—V. Mastics.
Cimentier employant moins de cinq ouvriers. A6. pr.20.
Cimentier à manège. D6. pr.20.
Cirage ou encaustique (march. fabric. de). A7. pr.40.
Cire (blanchisserie de) F2.15 fr. Plus 3 fr. par ouvrier jusqu'au maximum de 200 fr. — pr. : au 20e : 1o sur la maison d'habitation; 2o sur les magasins de vente complètement séparés de l'établissement; au 25e sur l'établissement industriel. C2.
Cire (blanchisseur de) employant moins de six ouvriers. A4. pr.20.
Cire brute (march. de).—V. Miel.
Cire à cacheter (fabric. de). A4. pr.20.
Cirier (march.). A4. pr.20.
Ciseleur. A6. pr.20.
Citrons (march. de).—V. Oranges.
Clavecins (fact. de).—V. Pianos.
Clinquant (fabric. de), pour son compte. A6. pr.20.
Clinquant (fabric. de), à façon. A8. pr.40.
Cloches de toutes dimensions (march. de). A5. pr.20.
Cloches et clochettes (fond. de) sans boutique ni magasin. A6. pr.20.
Clous et pointes (fabrique de), par procédés mécaniques. F3. 5 fr. par chaque métier jusqu'au maximum de 400 fr. — pr. : au 20e : 1o sur la maison d'habitation ; 2o sur les magasins de vente complètement séparés de l'établissement; au 40e sur l'établissement industriel. C3.
Cloutier (march.) en gros. A1. pr.15. D*.
Cloutier (march.) en demi-gros. A2. pr.20.
Cloutier (march.) en détail. A5. pr.20.
Cloutier au marteau, pour son compte. A7. pr.40.
Cloutier au marteau, à façon. A8. pr.40.
Coches d'eau (entreprise de). C1.100 fr. pr.15.
Cochons (march. de). A4. pr.20.
Cocons (filerie de) 1 fr. 50 c. par bassine ou tour, jusqu'au maximum de 400 fr.—pr.: au 20e : 1o sur la maison d'habitation; 2o sur les magasins de vente complètement séparés de l'établissement; au 40e sur l'établissement industriel. C3.
Coffretier-malletier en cuir. A5. pr.20.
Coffretier-malletier en bois. A6. pr.20.
Coiffes de femmes (faiseuse et march. de). A7. pr.40.
Coiffeur. A6. pr.20.
Coke (fabric. de). F2.15 fr. Plus 3 fr. par four jusqu'au maximum de 300 fr. — pr. : au 20e : 1o sur la maison d'habitation; 2o sur les magasins de vente complètement séparés de l'établissement; au 25e sur l'établissement industriel. C2.
Collage et séchage de chaînes et tissus (exploitant un établissement de). F4.15 fr. Plus 3 fr. par ouvrier jusqu'au maximum de 150 fr.—pr.: au 20e : 1o sur la maison d'habitation; 2o sur les magasins de vente complètement séparés de l'établissement; au 50e sur l'établissement industriel. C4.
Colle-forte F2.15 fr. Plus 3 fr. par ouvrier jusqu'au maximum de 100 fr.—pr.: au 20e : 1o sur la maison d'habitation; 2o sur les magasins de vente complètement séparés de l'établissement; au 25e sur l'établissement industriel. C2.
Colle de pâte, de peau, de graisse, de gélatine (fabric. ou march. de). D7. pr.40.
Colle solide ou en poudre pour la clarification des vins et liqueurs (fabric. de). D5. pr.20.
Colle végétale pour les papeteries (fabriq. de) F2.15 fr. Plus 3 fr. par ouvrier jusqu'au maximun de 100 fr. — pr. : au 20e : 1o sur la maison d'habitation ; 2o sur les magasins de vente complètement séparés de l'établissement; au 25e sur l'établissement industriel. C2.
Colleur d'étoffes. A5 pr.20.
Colleur de chaînes pour fabrication de tissus. A7. pr.40.
Colleur de papiers peints. A8. pr.40.
Colliers de chiens. D7. pr.40.
Coloriste enlumineur. D8. pr.40.
Cols, collets et rabats (fabric. de), pour son compte. D6. pr.20.
Cols, collets et rabats (march. de). D6. pr.20.
Cols, collets et rabats (fabric. de), à façon. D8. pr.40.
Combustibles (march. de), en boutique. A6. pr.20.
Comestibles (march. de). A3. pr.20.
Commissaire-priseur. pr.15. G.
Commissionnaire entrepositaire. B.
A Paris 250 fr. pr.15.
Dans les villes de 50,000 âmes et au-dessus 200 fr. pr.15.
Dans les villes de 30,000 à 50,000 âmes, et dans celles de 15,000 à 30,000 âmes qui ont un entrepôt réel 150 fr. pr.15.
Dans les villes de 15,000 à 30,000 âmes, et dans les villes d'une population inférieure à 15,000 âmes qui ont un entrepôt réel 100 fr. pr.15.
Dans toutes les autres communes 50 fr. pr.15. D*.
Commissionnaire entrepositaire de vins. B. Mêmes droits fixes que le précédent. — pr.: au 30e de la valeur locative des locaux servant à l'exercice de la profession. D*.
Commissionnaire de transports par terre et par eau. B. Mêmes droits fixes et proportionnels que les commissionnaires entrepositaires.
Commissionnaire en marchandises. B.
A Paris 400 fr.
Dans les villes d'une population de 50,000 âmes et au-dessus 300 fr. pr.15.
Dans les villes de 30,000 à 50,000 âmes, et dans celles de 15,000 à 30,000 âmes qui ont un entrepôt réel 200 fr. pr.15.
Dans les villes de 15,000 à 30,000 âmes, et dans les villes d'une population inférieure à 15,000 âmes qui ont un entrepôt réel 150 fr. pr.15.
Dans toutes les autres communes 75 fr. pr.15. D*
Commissionnaire au mont-de-piété. A4. pr.20.
Commissionnaire-porteur pour les fabricants de tissus. A6. pr.20.
Comptoir d'avances et recettes.—V. Caisse.
Concerts publics (entrepren. de). F5. Le quart d'une recette complète si les concerts ont lieu plus de trois fois par semaine; le huitième si les concerts n'ont lieu qu'une, deux ou trois fois.—pr. au 15e sur la maison d'habitation seulement. C5.
Condition pour les soies (entrepren. ou ferm. d'une). A2. pr.20.
Confiseur. A3. pr.20.
Confiseur en chambre. D7. pr.40.
Conserves alimentaires (march. de). A3. pr.20.
Convois militaires (entreprise gén. des). 1,000 fr. — pr. : au 20e : 1o sur la maison d'habitation; 2o sur les magasins de vente complètement séparés de l'établissement; au 40e sur l'établissement industriel. C3.
Convois militaires (entreprise particul. des) pour une division militaire. 100 fr. — pr. comme le précédent. C3.
Convois militaires (entreprise particul.) pour gîtes d'étapes. 25 fr. — pr. comme le précédent. C5.
Coquetier avec voiture. A6. pr.20.
Coquetier avec bêtes de somme. A7. pr.40.
Coquetier sans voiture ni bête de somme. D8. pr.40.
Coraux (préparat. de). A3. pr.20.
Coraux bruts (march. de). A3 pr.20.
Cordes harmoniques (fabric. de), pour son compte. A6. pr.20.
Cordes harmoniques (fabric. de), à façon. A7. pr.40.
Cordes métalliques (fabric. de), pour son compte. A6. pr.20.
Cordes métalliques (fabric. de), à façon. A7. pr.40.
Cordes (fabrique de), par procédés mécaniques, F4. pour 500 broches ou fuseaux et au-dessous. 10 fr. Plus 1 fr. 50 c. par chaque centaine de broches ou de fuseaux jusqu'au maximum de 400 fr. — pr. : au 20e : 1o sur la maison d'habitation; 2o sur les magasins de vente complètement séparés de l'établissement; au 50e sur l'établissement industriel. C4.
Cordes à puits et liens d'écorce (fabric. de). A8. pr.40.
Cordier, fabric. de câbles et cordages pour la marine ou la navigation intérieure. A4. pr.20.
Cordier (march.). A6 pr.20.
Cordier, fabricant de menus cordages, tels que cordes, ficelles, longes, traits, etc. A7. pr.40.
Cordonnier (march.).—V. Bottier.
Cordonnier en magasin.—V. Bottier.
Cordonnier en chambre.—V. Bottier.
Cordons, lacets, tresses, gances, en fil, soie, laine, coton, etc. (fabric. de), pour son compte. D7. pr.40.
Cordons, lacets, tresses, gances, en fil, soie, laine, coton, etc. (fabric. de), à façon. D8. pr.40.
Corne (apprêt. de), pour son compte A6. pr.20.
Corne (apprêt. de), à façon. A8. pr.40.
Corne (fabric. de feuilles transparentes de), pour son compte. A6. pr.20.
Corne (fabric. de feuilles transparentes de), à façon. A8. pr.40.
Cornes brutes (march. de). A5. pr.20.
Corroyeur (march.). A4. pr.20.
Corroyeur, à façon. A7. pr.40.
Corsets (fabric. et march. de). A6. pr.20.
Cosmétiques (march. de). A7. pr.40.
Cosmorama (directeur de). A6. pr.20.
Costumier. A6. pr.20.
Coton cardé ou gommé (march. de). A7. pr.40.
Coton filé (march. de) en gros. A1. pr.15. D*.
Coton filé (march. de) en demi-gros. D2. pr.20.
Coton filé (march. de) en détail. A4. pr.20.
Coton en laine (march. de) en gros. A1. pr.15. D*.
Cotrets sur bateaux (march. de). A4. pr.20.
Cotrets (débit. de). A8. pr.40.
Couleurs et vernis (fabric. et march. de). A4. pr.20.
Coupeur de poils (march. et fabric.), pour son compte. A6. pr.20.
Coupeur de poils, à façon. A7. pr.40.
Courroies (apprêt. de), pour son compte. A7. pr.40.
Courroies (apprêt. de), à façon. A8. pr.40.
Courtier d'assurances, de navires, de marchandises. B.
A Paris 250 fr. pr.15.
Dans les villes de 50,000 âmes et au-dessus 200 fr. pr.15.
Dans les villes de 30,000 à 50,000 âmes, et dans

celles de 15,000 à 30,000 âmes, qui ont un entrepôt réel 150 fr. pr.15.
Dans les villes de 15,000 à 30,000 âmes, et dans les villes d'une population inférieure à 15,000 âmes, qui ont un entrepôt réel 100 fr. pr.15.
Dans toutes les autres communes 50 fr. pr.15. D*.
Courtier en marchandises, domicilié dans une ville de 50,000 âmes et au-dessus, bien que breveté pour une commune d'une population inférieure. E.200 fr. pr.15. D*.
Courtier de bestiaux. A7. pr.40.
Courtier de mouture. Celui qui se charge de faire moudre le grain des particuliers dans les moulins exploités par d'autres. D7. pr.40.
Courtier-gourmet-piqueur de vins. A6. pr.20.
Coutelier en détail. D5. pr.20.
Coutelier à façon. A7. pr.40.
Coutellerie (fabric. expéd. de). F3. 5 fr. Plus 3 fr. par série d'ouvriers partiellement employés équivalente à un ouvrier employé complétement, jusqu'au maximum de 100 fr. — pr. : au 20e : 1° sur la maison d'habitation; 2° sur les magasins de vente complétement séparés de l'établissement; au 40e sur l'établissement industriel. C3.
Coutellerie (fabric. de) non expédit. F3.4 fr. Plus 2 fr. par série d'ouvriers partiellement occupés équivalente à un ouvrier employé complétement, jusqu'au maximum de 75 fr.—pr. comme le précédent.
Coutellerie (march. de) en gros. D1. pr.15. D*.
Coutellerie (march. de) en demi-gros. D2. pr.20.
Couturière (march.). A6. pr.20.
Couturière en corsets, en robes ou en linge. A7. pr.40.
Couverts et autres objets, en fer battu ou étamé (fabric. et march. de) en gros, par procédés ordinaires. A4. pr.20.
Couverts et autres objets en fer battu ou étamé (fabric. et march. de) en détail. A6. pr.20.
Couverts et autres objets en fer battu (fabric. de), à façon. A8. pr.40.
Couvertures de soie, bourre, laine et coton, etc. (march. de). A4. pr.20.
Couvreur (entrepren.). A4. pr.20.
Couvreur (maître). A6. pr.20.
Couvreur à façon. D7. pr.40.
Couvreur en paille ou en chaume. A7. pr.40.
Cravache (fabric. et march. de).—V. Fouets.
Crayons (fabriq. de). F2.15 fr. Plus 3 fr par ouvrier, jusqu'au maximum de 300 fr. — pr. : au 20e : 1° sur la maison d'habitation; 2° sur les magasins de vente complétement séparés de l'établissement; au 25e sur l'établissement industriel. C2.
Crayons (march. de). A6. pr.20.
Crémier-glacier. A5. pr.20.
Crémier ou laitier. A7. pr.40.
Crépins (march. de) A6. pr.20.
Crepin en bois (fabric. d'articles de), pour son compte. A7. pr.40.
Crépin en buis (fabric. d'articles de) à façon. A8. pr.40.
Creusets (fabriq. de). C2.25 fr. — pr. : au 20e : 1° sur la maison d'habitation; 2° sur les magasins de vente complétement séparés de l'établissement; au 25e sur l'établissement industriel. C2.
Crics (fabric. et march. de). A5. pr 20.
Criblier. A7. pr.40.
Crin (apprêteur, crêpeur ou friseur de), à façon. A8. pr.40.
Crin frisé (apprêt. de). A5. pr.20.
Crin frisé (march. de) en gros. A1. pr.15. D*.
Crin frisé (march. de) en demi-gros. A2. pr.20.
Crin frisé (march. de). A4. pr.20.
Crins plats (march. de). A6. pr.20.
Crinières (fabric. de), pour son compte. A6. pr.20.
Crinières (fabric. de), à façon. A8. pr.40.
Cristaux (manufact. de). C3.300 fr. — pr. : au 20e : 1° sur la maison d'habitation; 2° sur les magasins de vente complétement séparés de l'établissement; au 40e sur l'établissement industriel. C3.
Cristaux (march. de) en gros. A1. pr.15. D*.
Cristaux (march. de) en demi-gros. A2. pr.20.
Cristaux (march. de) en détail. A5. pr.20.
Cristaux (tailleur de). A7. pr.40.
Crochets pour les fabriques d'étoffes (fabric. de), pour son compte. A7. pr.40.
Crochets pour les fabriques d'étoffes (fabric. de), à façon. A8. pr.40.
Cuillers d'étain (fondeur de), ambulant. A8. pr.40.
Cuir bouilli et verni (fabric. ou march. d'objets en). A6. pr.20.
Cuirs tannés, corroyés, lissés, vernissés (march. de) en gros. A1. pr.15. D*.
Cuirs tannés, corroyés, lissés, vernissés (march. de) en détail. A4. pr.20.
Cuirs en vert étrangers (march. de) en gros. A1. pr.15. D*.
Cuirs en vert du pays (march. de) en gros. A3. pr.20.

Cuirs et pierres à rasoirs (fab. et march. de). A6. pr.20.
Cuiseur d'abats.—V. Tripier.
Cuivre de navires (march. de vieux). A6. pr.20.
Cuivre vieux (march. de). A7 pr.40.
Culottier en peau (march. de). A5. pr.20.
Curiosité (march. en boutique d'objets de). A5. pr.20.
Cuves, foudres, barriques et tonneaux (fabric. de). A7. pr.40.
Cylindres pour filatures (tourneur et couvreur de). D5. pr.20.
Cylindres pour filatures (garnisseur de). D8. pr.40.
Dalles (march. de). A6. pr.20.
Damasquineur. A6. pr.20.
Décatisseur. A5. pr.20.
Déchets de soie, laine, cotons, débris de cocons (march. de). D7. pr.40.
Déchireurs de chiffons et vieilles étoffes, par procédés mécaniques F3. 10 fr. par machine jusqu'au maximum de 100 fr. — pr. : au 20e : 1° sur la maison d'habitation; 2° sur les magasins de vente complétement séparés de l'établissement, au 40e sur l'établissement industriel. C3.
Déchireur ou dépeceur de bateaux. A5. pr.20.
Décors et ornements d'architecture (march. de). A4. pr.20.
Découpeur d'étoffes par procédés mécaniques. F3. 5 fr. par métier jusqu'au maximum de 150 fr. — pr. : au 20e : 1° sur la maison d'habitation; 2° sur les magasins de vente complétement séparés de l'établissement; au 40e sur l'établissement industriel. C3.
Découpeur d'étoffes ou de papiers. A8. pr.40.
Découpeur en marqueterie. D7. pr.40.
Découpoirs (fabric. de), pour son compte. A6. pr.20.
Découpoirs (fabric. de), à façon. A8. pr.40.
Décrotteur en boutique. A8. pr.40.
Décreuseur de fil A7. pr.40.
Défrichement ou desséchement (comp. de). 300 fr. pr. 15. C1.
Dégraisseur. A7. pr.40.
Déménagements (entrepren. de). S'il a plusieurs voitures. A3. pr.20.
Déménagements (entrepren. de). S'il a une seule voiture. A6. pr.20.
Denrées coloniales (march. de) en gros. A1. pr.15. D*.
Denteleur de scies. A7. pr.40.
Dentelles (march. de) en gros. A1. pr.15. D*.
Dentelles (march. de) en demi-gros. A2. pr.20.
Dentelles (march. de). A4. pr.20.
Dentelles (entrepren. de fabrication de). Celui qui, fournissant le fil et moyennant un prix convenu, fait fabriquer pour les maisons qui lui donnent des dessins. D3. pr.20.
Dentelles (fact. de). A6. pr.20.
Dents et râteliers artificiels (fabric. ou march. de). D5. pr.20.
Dépeceur de bateaux.—V. Déchireur.
Dépeceur de voitures. A6. pr.20.
Dépolisseur de verres. D7. pr.40.
Dés à coudre en métal autre que l'or et l'argent (fabric. de), pour son compte. A5. pr.20.
Dés à coudre en métal autre que l'or et l'argent (fabric. de), à façon. A8. pr.40.
Desséchement (comp. de).—V. Défrichement.
Desséchement (entrepren. de travaux de). C3.50 fr. pr. au 15e sur la maison d'habitation seulement. D*.
Dessinateur pour fabrique A6. pr.20.
Dessinateur (artiste), ne vendant que le produit de son art. Exempt.
Diamants et pierres fines (march. de). A1. pr.15. D*.
Diamants pour vitriers et miroitiers (monteur de), pour son compte. D6. pr.20.
Diamants pour vitriers et miroitiers (monteur de), à façon. D7. pr.40.
Diligences partant à jours et heures fixes (entrepren. de), parcourant une distance de 2 myriam. et au-dessous. C3.25 fr. Pour chaque myriam. complet, en sus des deux premiers 5 fr. jusqu'au maximum de 1,000 fr. C3. — pr. : au 20e : sur la maison d'habitation; au 40e sur l'établissement industriel. C3.
Diorama, panorama, néorama, géorama (direct. de). A2. pr.20e sur la maison d'habitation seulement. D*.
Distillateur-liquoriste. A3. pr.20.
Distillateur d'essences, eaux parfumées et médicinales. A5. pr.20.
Docteur en chirurgie ou en médecine. pr.15. G.
Doreur et argenteur. A6. pr.20.
Doreur sur bois. A6. pr.20.
Doreur sur cristaux et porcelaines.—V. Peintre.
Doreur sur tranches, sur cuivre, sur papier. D7. pr.40.
Dorures et argentures sur métaux (fabric. ou march. de) en détail. A4. pr.20.
Dorures pour passementeries (march. de). A4. pr.20.
Doublé d'or et d'argent.—V. Plaqué.
Dragueur (entrepren.). 50 fr. pr.15e sur la maison d'habitation seulement. C5.

Draps.—V. Tissus.
Drogues (pileur de). D7. pr.40.
Droguiste (march. de) en gros. A1. pr.15. D*.
Droguiste (march.) en demi-gros. A2. pr.20.
Droguiste (march.) en détail. A3. pr.20.
Droguiste-herboriste.—V. Herboriste-droguiste.
Duvet (march. de).—V. Plumes.
Eau-de-vie (march. d') en gros A1. pr.15. D*.
Eau-de-vie (march. d') en demi-gros. A2. pr.20.
Eau-de-vie (march. d') en détail. A5. pr.20.
Eau-de-vie (débit. d').—V. Liqueurs.
Eau filtrée ou clarifiée et dépurée (entrepren. d'un établissement d'). A3. pr.20.
Eau (entrepren. de distrib. d'), fournissant la ville de Paris en tout ou en partie E 600 fr.; une ville de 50,000 et au-dessus 400 fr.; de 30 à 50,000 âmes 200 fr.; de 15 à 30,000 âmes 150 fr.; au-dessous de 15,000 âmes 75 fr. pr.15. D*.
Eaux minérales et thermales (exploit. d'). C3.150 fr. — pr. : au 20e : 1° sur la maison d'habitation; 2° sur les magasins complétement séparés de l'établissement; au 40e sur l'établissement industriel. C3.
Eaux minérales, naturelles ou factices (march. d'). D1. pr.20.
Ebéniste (march.), ayant boutique ou magasin. A5. pr.20.
Ebéniste (fabric.), pour son compte, sans magasin. A6. pr.20.
Ebéniste (fabric.), à façon. A7. pr.40.
Ecailles d'ables ou ablettes (march. d'). A7. pr.40.
Echalas (march. d'). A7. pr.40.
Echaudeur d'abats.—V. Tripier.
Echelles et râteliers (fabric. et march. d'). D7. pr.40.
Echoppe (march. sous).—V. Ambulants.
Eclairage à l'huile (entrepren. d'). pour le compte des particuliers. A5. pr.20.
Eclairage à l'huile pour les grandes entreprises.—V. Entrepreneur.
Ecorces de bois pour tan (march. d'). A4. pr.20.
Ecorcheur ou équarisseur d'animaux. A7. pr.40.
Ecrans (fabric. d'), pour son compte. A6. pr.20.
Ecrans (fabric. d'), à façon. A8. pr.40.
Ecrivains publics. Exempts.—V. l'art. 13 de la loi de 1844.
Editeur de feuilles périodiques.—Exempt. V. *eodem.*
Elastiques pour bretelles, jarretières, etc. (fabric. d'). A8. pr.40.
Emailleur pour son compte. A6. pr.20.
Emailleur à façon. A7. pr.40.
Emballeur non layetier. A6. pr.20.
Embouchoirs (faiseur d'). A7. pr.40.
Emeri et rouge à polir (march. d'). A8. pr.40.
Emplacement pour dépôt de marchandises (exploit. un). Celui qui, propriétaire ou locataire d'un emplacement, reçoit des marchandises en dépôt moyennant rétribution. D5. pr.20.
Employés à appointements. Exempts.
Encadreurs d'estampes. D8. pr.40.
Encaustique.—V. Cirage.
Enclumes, essieux et gros étaux (manufact. d') 25 fr. par feu jusqu'au maximum de 150 fr.—pr. : au 20e : 1° sur la maison d'habitation; 2° sur les magasins de vente complétement séparés de l'établissement; au 40e sur l'établissement industriel. C3.
Encre d'impression (fabric. d') F2.15 fr. Plus 3 fr. par ouvrier jusqu'au maximum de 200 fr. — pr. : au 20e : 1° sur la maison d'habitation; 2° sur les magasins de vente complétement séparés de l'établissement; au 25e sur l'établissement industriel. C2.
Encre à écrire (fabric. et march. d') en gros. A3. pr.20.
Encre à écrire (fabric. et march. d') en détail. A6. pr.20.
Encriers perfectionnés (fabric. ou march. de), syphoïde, pompe, inoxydable, etc. D4. pr.20.
Enduit contre l'oxydation (applicateur d'). A6. pr.20.
Engrais (march. d') 25 fr.—pr. : au 20e : 1° sur la maison d'habitation; 2° sur les magasins de vente complétement séparés de l'établissement; au 25e sur l'établissement industriel. C2.
Enjoliveur (march.). A6. pr20.
Enjoliveur (fabric.), pour son compte. A7. pr.40.
Enjoliveur (fabric. d'), à façon. A8. pr.40.
Enlèvement des boues.—V. Entreprise d'.
Enlumineur.—V. Coloriste.
Entrepôt (concess., exploit., ou ferm. des droits d'emmagasinage dans un). A2. pr.20e sur la maison d'habitation seulement. D*.
Entrepreneur d'éclairage à l'huile. B.
A Paris 300 fr. pr.15.
Dans les villes de 50,000 âmes et au-dessus. 150 fr. pr.15.
Dans les villes de 30 à 50,000 âmes 100 fr. pr.15.
Dans les villes de 15 à 30,000 âmes 50 fr. pr.15.
Dans toutes les utres communes 25 fr. pr.15.

Entreprise générale du balayage, de l'arrosage ou de l'enlèvement des boues. A2. pr.20.
Eperonnier, pour son compte. A5. pr.20.
Eperonnier, à façon. A7. pr.40.
Epicerie (march. d') en gros. A1. pr.15. D*.
Epicerie (march. d') en demi-gros. A2. pr.20.
Epicier en détail. A5. pr.20.
Epicier-regrattier, s'il ne vend qu'au petit poids et à la petite mesure quelques articles d'épicerie, et joint à ce commerce la vente de quelques autres objets, comme poterie de terre, charbon en détail, bois à la falourde, etc. A7. pr.40.
Epileur. D8. pr.40.
Epingles (manufact. d'), par procédés mécaniques. F3.15 fr. Plus 3 fr. par ouvrier jusqu'au maximum de 300 fr. pr. — : au 20e : 1o sur la maison d'habitation; 2o sur les magasins de vente complètement séparés de l'établissement; au 40e sur l'établissement industriel. C3.
Epingles (fabric. d') par procédés ordinaires. A6. pr.20.
Epingles (march. d') en gros. D1. pr.15. D*.
Epingles (march. d') en demi-gros. D2. pr.20.
Epinglier-grillageur A7. pr.40.
Eponges (march. d') en gros. A3. pr.20.
Eponges (march. d') en détail. A5. pr.20.
Equarrisseur d'animaux.—V. Ecorcheur.
Equarrisseur de bois. A7. pr.40.
Equipage (maître d'). A5. pr.20.
Equipements militaires (march. d'objets d'). A3. pr.20.
Equipeur-monteur A7. pr.40.
Escompteur. A1. pr.15. D*.
Esprit ou eau-de-vie de vin (fabriq. d'). 50 fr. Ce droit sera réduit de moitié pour les fabricants qui fabriquent moins de 100 hectol. F2. — pr. : au 20e : 1o sur la maison d'habitation; 2o sur les magasins de vente complètement séparés de l'établissement; au 25e sur l'établissement industriel. C2.
Esprit ou eau-de-vie de marc de raisin, cidre, poiré, fécules et autres substances analogues (fabriq. d'). C2. 25 fr. — pr. comme le précédent.
Essayeur pour le commerce. A3. pr.20.
Essayeur de soie. A6. pr.20.
Essence d'Orient (fabric. d'). A7. pr.40.
Estaminet (maître d'). A4. pr.20
Estampes et gravures (march. d'). A6. pr.20.
Estampeur en or et argent. A4. pr.20.
Estampeur ou repousseur en métaux autres que l'or et l'argent. D7. pr.40.
Etain (fabriq. d'), pour glace. F2.15 fr. Plus 3 fr. par ouvrier jusqu'au maximum de 300 fr. — pr. : au 20e : 1o sur la maison d'habitation; 2o sur les magasins complètement séparés de l'établissement; au 25e sur l'établissement industriel. C2.
Etain (fabric. de feuilles d'). A5. pr.20.
Etalagiste.—V. Ambulants.
Etameur de glaces. A6. pr.20.
Etameur ambulant d'ustensiles de cuisine. A8. pr.40.
Etoffes (crêpeur d'). Celui qui, après le tissage, crêpe les étoffes pour en faire remonter le duvet. D7. pr.40.
Etoffes de toute nature (march. d'). — V. Nouveautés.
Etoupes (march. d'). A8. pr.40.
Etriers (fabric. d'), pour son compte. A5. pr.20.
Etriers (fabric. d'), à façon. A7. pr.40.
Etrilles (fabric. d'), pour son compte. A5. pr.20.
Etrilles (fabric. d'), à façon. A7. pr.40.
Etuis et sacs de papier. D8. pr.40.
Eventailliste (march. fabric.), ayant boutique ou magasin. A6. pr.20.
Eventailliste (fabric.), pour son compte. A7. pr.40.
Eventailliste (fabric.), à façon. A8. pr.40.
Expert pour le partage et l'estimation des propriétés. A7. pr.40.
Fabrication dans les prisons (entrepren. de), pour un atelier de vingt-cinq détenus et au-dessous. 25 fr. Plus 50 c. par détenu jusqu'au maximum de 500 fr. —pr.15e sur la maison d'habitation seulement. C5.
Fabrication dans les dépôts de mendicité (entrepren. de). Moitié du droit ci-dessus fixe pour les entrepreneurs de fabrication dans les prisons. C5. — pr. même droit que le précédent.
Facteur aux halles de Paris. B.
 Pour les farines, le beurre, les œufs, les fromages et le poisson salé 150 fr. pr.15.
 Pour les grains, graines et grenailles, la marée, les huîtres et les cuirs 100 fr. pr.15.
 Pour le poisson d'eau douce, la volaille, le gibier, les agneaux, cochons de lait, veaux de rivière et de présalé, les veaux, les charbons de bois arrivés par eau, les draps, les toiles, les fourrages 75 fr. pr.15.
 Pour le charbon de bois arrivé par terre ou pour le charbon de terre 50 fr. pr.15.
 Pour les fruits et légumes 25 fr. pr.15.
Facteur de denrées et marchandises (partout ailleurs qu'à Paris). A4. pr.20.
Facteur de fabrique. A6. pr.20.

Facteur d'instruments de musique.—V. Instruments.
Fagots et bourrées (march. de), vendant par voiture. A6. pr.20.
Fagots (march. de), en détail, vendant au fagot. A8. pr.40.
Faïence (manufact. de), par four. C3.25 fr. jusqu'au maximum de 150 fr.— pr. : au 20e : 1o sur la maison d'habitation ; 2o sur les magasins de vente complètement séparés de l'établissement; au 40e sur l'établissement industriel. C3.
Faïence (march. de) en gros D1. pr.15. D*.
Faïence (march. de). A6. pr.20.
Faines (march. de). A8. pr.40.
Falourdes (débit. de). A8. pr.40.
Fanons ou barbes de baleine (march. de) en gros. A1. pr.15. D*.
Fanons (march. de) en demi-gros. A2. pr.. 20
Farines (march. de) en gros. A4. pr.20.
Farines (march. de) en détail. A6. pr.20.
Faux et faucilles (fabriq. de). F3.15 fr. Plus 3 fr. par ouvrier jusqu'au maximum de 300 fr. — pr. : au 20e: 1o sur la maison d'habitation; 2o sur les magasins de vente complètement séparés de l'établissement; au 40e sur l'établissement industriel. C3.
Fécules de pomme de terre (fabriq. de). F2.15 fr. jusqu'au maximum de 200 fr. — pr. mêmes droits que le précédent, pour l'habitation et le magasin, au 25e pour l'établissement industriel. C2.
Fécules (march. de) en gros. D4. pr.20.
Fécules (march. de) en détail. D6. pr.20.
Fendeur de brins de baleine ou de jonc. D7. pr.40.
Fendeur en bois. D7. pr 40.
Fer en barres (march. de) en gros. Celui qui vend habituellement par parties d'au moins 500 kilog. A1. pr.15. D*.
Fer en barre (march. de) en détail. Celui qui vend habituellement une quantité inférieure à 500 kilog. A4. pr.20.
Fer en meubles (march. de). A3. pr.20.
Fer-blanc (fabriq. de). F3.50 fr. Plus 3 fr. par ouvrier jusqu'au maximum de 400 fr. — pr. : au 20e : 1o sur la maison d'habitation; 2o sur les magasins de vente complètement séparés de l'établissement; au 40e sur l'établissement industriel. C3.
Fer vieux (march. de). D4. pr.20.
Ferblantier. A6. pr.20.
Ferblantier en chambre. A7. pr.40.
Ferblantier-lampiste. A5. pr.20.
Ferrailleur. A7. pr.40.
Ferreur de lacets. D8. pr.40.
Ferronnerie, serrurerie et clous forgés (fabric. de). F3.5 fr. Plus 3 fr. par ouvrier jusqu'au maximum de 300 fr. — pr. : au 20e : 1o sur la maison d'habitation ; 2o sur les magasins de vente complètement séparés de l'établissement; au 40e sur l'établissement industriel. C3.
Ferronnier. A5. pr 20.
Feuilles de blé de Turquie (march. de). A8. pr.40.
Feuilles de cuivre imitant l'or battu (march. de). D6. pr.20.
Feutre (fabric. et march. de), pour la papeterie, le doublage des navires, plateaux vernis. A6. pr.20.
Fiacre (loueur de), s'il a plusieurs voitures. A5. pr.20.
Fiacre (loueur de), s'il n'a qu'une voiture. A7. pr.40.
Figures en cire (mouleur de), à façon. A8. pr.40.
Fil de coton, chanvre, lin (retordeur de) F4.
 Au moyen de moulin, pour chaque moulin 5 fr. jusqu'au maximum de 400 fr. pr.20/50.
 Au moyen de broches, pour 500 broches et au-dessous 10 fr. plus 1 fr. 50 pour chaque centaine de broches en sus jusqu'au maximum de 400 fr.
 Pr. : au 20e : 1o sur la maison d'habitation ; 2o sur les magasins de vente complètement separés de l'établissement; au 50e sur l'établissement industriel. C4.
Filagraniste. A6. pr.20.
Filasse de nerfs (fabric. de), pour son compte. A6. pr.20.
Filasse de nerfs (fabric. de), à façon. A8. pr.40.
Filature de coton ou de déchets de bourre de soie F4.
 Au-dessous de 500 broches (non compris les métiers préparatoires). 10 fr. Plus 1 fr. 50 c. par centaine de broches au-dessus de 500, jusqu'au maximum de 400 fr. — pr. : au 20e : 1o sur la maison d'habitation; 2o sur les magasins de vente complètement séparés de l'établissement; au 50e sur l'établissement industriel. C4.
Filature de laine, chanvre, lin F4. Au-dessous de 500 broches (non compris les métiers préparatoires) 15 fr. Plus 3 fr. par centaine de broches au-dessus de 500, jusqu'au maximum de 400 fr. — pr. mêmes droits que le précédent.
Filets pour la pêche, la chasse, etc. (fabric. de). A6. pr.20.
Fileur (entrepren.). A6. pr.20.

Filoselles (march. de).—V. Fleurets.
Filotier. A6. pr.20.
Fils de chanvre ou de lin (march. de) en détail. A4. pr.20.
Finisseur en horlogerie. A7. pr.40.
Fleurets et filoselles (march. de) en gros. A1, pr.15. D*.
Fleurets et filoselle (march. de) en demi-gros. A2. pr.20.
Fleurets et filoselle (march. de) en détail. A4. pr.20.
Fleuriste travaillant pour le compte des marchands. A7. pr.40.
Fleurs artificielles (fabric. et march. de). A5. pr.20.
Fleurs artificielles (march. d'apprêts et papier pour). A6. pr.20.
Fleurs d'oranger (march. de). A6. pr.20.
Flottage (entrepren. de). 25 fr. — pr.15e sur la maison d'habitation seulement. C5.
Fonderie de cuivre (entrepren. de). C3.
 Ayant plusieurs laminoirs 300 fr.
 Un laminoir ou plusieurs martinets 200 fr.
 Se bornant à convertir le cuivre rouge en cuivre jaune 100 fr.
 Pr. : au 20e : 1o sur la maison d'habitation; 2o sur les magasins de vente complètement séparés de l'établissement ; au 40e sur l'établissement industriel. C3.
Fonderie de cuivre et de bronze (entrepren. de). C3.
 Fondant des objets de grande dimension, tels que cylindres ou rouleaux d'impression pour les manufactures ou grandes pièces de mécanique, etc. 200 fr.
 Ne fondant que des objets d'art ou d'ornementation, ou des pièces de mécanique de petite dimension 100 fr.
 Ne fondant que des objets d'un usage commun et de petite dimension, comme robinets, clochettes, anneaux, etc. 50 fr.
 Pr. Mêmes droits que le précédent.
Fonderie en fer, de seconde fusion (entrepren. de). C3.
 Fabricant des objets de grande dimension, tels que cylindres, grilles, colonnes, pilastres, bornes et grandes pièces de mécanique, etc. 200 fr.
 Ne fabriquant que des objets de petite dimension pour l'ornementation, ou de petites pièces de mécanique 100 fr.
 Pr. Mêmes droits que le précédent.
Fondeur d'étain, de plomb, ou fonte de chasse. A6. pr.20.
Fondeur d'or et d'argent. A3. pr.20.
Fondeur en fer, en bronze ou en cuivre (avec des creusets ordinaires). A5. pr.20.
Fontaines à filtrer (fabricant et march. de). A6. pr.20.
Fontaines en grès, à sable (march. de). A7. pr.40.
Fontaines publiques (fermier de). A6. pr.20e sur les maisons d'habitation seulement. D*.
Fontainier, sondeur et foreur de puits artésiens. 50 fr. — pr. : au 20e : sur la maison d'habitation; au 25e sur l'établissement industriel. C2.
Fonte ouvragée (march. de). A4. pr.20.
Forain (march.).—V. Marchands forains.
Forces (fabric. de), pour son compte. A5. pr.20.
Forces (fabric. de), à façon. A7. pr.40.
Forets (fabric. de). A7. pr.40.
Foreur de puits.—V. Fontainier.
Forgeron de petites pièces (canons, platines). A5. pr.20.
Forgeron de petites pièces, à façon. D7. pr.40.
Forgeron. Celui qui fait ou répare les instruments et outils aratoires. D6. pr.20.
Forges et hauts fourneaux. F3.
 Par haut fourneau au coke 200 fr.
 Par haut fourneau au bois 100 fr.
 Par chaufferie, feu, four ou fourneau de seconde fusion de toute usine à fer 25 fr. jusqu'au maximum de 500 fr. Ces droits seront réduits de moitié pour les forges dites catalanes, et pour les forges à un ou deux marteaux, lorsqu'elles seront forcées par manque ou par crue d'eau, de suspendre leur travail en tout ou en partie pendant un temps équivalent au moins à quatre mois.
 Pr. : au 20e : 1o sur la maison d'habitation; 2o sur les magasins de vente complètement séparés de l'établissement; au 40e sur l'établissement industriel. C3.
Formaire pour la fabrication du papier, pour son compte. A6. pr.20.
Formaire pour la fabrication du papier, à façon. A8. pr.40.
Formes à sucre (fabriq. de). F2.15 fr. Plus 3 fr. par ouvrier, jusqu'au maximum de 100 fr. — pr. : au 20e : 1o sur la maison d'habitation; 2o sur les magasins de vente complètement séparés de l'établissement; au 25e sur l'établissement industriel. C2.
Formier. A7. pr.40.
Fosses mobiles inodores (entrepren. de). A4. pr.20.
Foudres (fabric. de).—V. Cuves.
Fouets, cravaches (fabric. ou march. de), pour son compte. A7 pr. 40.

Fouets et cravaches (fabric. de), à façon. A8. pr.40.
Fouleur de bas et autres articles de bonneterie. A6. pr.20.
Fouleur de feutre pour les chapeliers. A6. pr.20.
Foulonnier F3. 3 fr. par pot à fouler ou à laver jusqu'au maximum de 150 fr. — pr. : au 20e : 1o sur la maison d'habitation; 2o sur les magasins de vente complétement séparés de l'établissement; au 40e sur l'établissement industriel. C3.
Foulonnier à la mécanique F3. 10 fr. par machine à fouler ou à laver jusqu'au maximum de 150. — pr. comme le précédent.
Fourbisseur (march.). A6. pr.20.
Fournaliste. A6. pr.20.
Fourneaux potagers (fabric. et march. de). A6 pr.20.
Fournier ou cuiseur. Celui qui fait cuire le pain, la viande ou autres aliments pour les particuliers. D7. pr.40.
Fournisseur général dans les prisons et dépôts de mendicité. C5. A forfait et par tête de détenu, pour une population de 300 détenus et au-dessous. 150 fr. Par cent détenus en sus, 25 fr. jusqu'au maximum de 500 fr. pr.15e sur la maison d'habitation seulement. C5.
Fournisseurs généraux d'objets concernant l'habillement, l'armement, la remonte, le harnachement et l'équipement des troupes, etc. 1,000 fr. pr.15. C1.
—de subsistances aux armées 1,000 fr. pr.15. C1.
—de bois et lumières aux troupes 1,000 fr. pr.15. C1.
Fournisseur des objets ci-dessus indiqués, par division militaire. 150 fr. pr.15. C1.
Fournisseur de fourrages aux troupes, dans les garnisons. 100 fr. pr.15. C1.
Fournisseur de vivres et fourrages, dans un gîte d'étape. 25 fr. pr.15. C1.
Fournisseur de bois et lumière aux troupes, dans les garnisons. 25 fr. pr.15. C1.
Fourrage (march. de), par bateaux, charrettes ou voitures. A5. pr.20.
Fourrage (débitant de), à la botte ou en petite partie au poids. A6. pr.20.
Fourreaux pour sabres, épées, baïonnettes (fabric. de), pour son compte. A7. pr.40.
Fourreaux pour sabres, épées, baïonnettes (fabric. de), à façon. A8. pr.40.
Fourreur. A4. pr.20.
Fourrures (march. de).—V. Pelleteries.
Frangier (march.). A5. pr.20.
Frangier (fabric.), pour son compte. A7. pr.40.
Frangier (fabric.), à façon. A8. pr.40.
Frappeur de gaze. A8. pr.40.
Fretin (march. de). A7. pr.40.
Fripier. A6. pr.20.
Friseur de drap, et autres étoffes de laine. A7. pr.40.
Friteur ou friturier, en boutique. A7. pr.40.
Fromages de Roquefort et autres fromages secs (fabriq. de). F2.50 fr. — pr. : au 20e : 1o sur la maison d'habitation; 2o sur les magasins de vente complétement séparés de l'établissement; au 25e sur l'établissement industriel. C2.
Fromages secs (march. de) en gros. A1. pr.15. D*.
Fromages de pâte grasse (march. de) en gros. A4. pr.20.
Fromages de pâte grasse (march. de) en détail. A6. pr.20.
Fromages secs (march. de) en demi-gros. A4. pr.20.
Fromages secs (march. de) en détail. A6. pr.20.
Fruitier. A7. pr.40.
Fruitier oranger. A6. pr.20.
Fruits sur bateaux (march. de). C5.50 fr. pr.15e sur la maison d'habitation seulement. C5.
Fruits secs (march. de) en gros. A1. pr.15. D*.
Fruits secs (march. de) en demi-gros. A3. pr.20.
Fruits secs (march. de) en détail. A6. pr.20.
Fruits secs pour boissons (march. de). A6. pr.20.
Fumiste. A6. pr.20.
Fuseaux (fabric. de). A8. pr.40.
Gabare (maître de) ou gabier. A7. pr.40.
Gaînier (fabric.), pour son compte. A7. pr.40.
Gaînier, à façon. A8. pr.40.
Galettes, gaufres, brioches et gâteaux (march. de) en boutique. A7. pr.40.
Galochier. A7. pr.40.
Galonnier (march.). A5. pr.20.
Galonnier (fabric.), pour son compte. A7. pr.40.
Galonnier, à façon. A8. pr.40.
Galvanisation du fer (exploit. une usine pour la). F3. 50 fr. par chaque four de fusion jusqu'au maximum de 300 fr. — pr. : au 20e : 1o sur la maison d'habitation; 2o sur les magasins de vente complétement séparés de l'établissement; au 40e sur l'établissement industriel. C3.
Gantier (march. fabric.). A3. pr.20.
Gantier (march). A5. pr.20.
Garde du commerce. A4. pr.20.
Garde-malade. Exempt (L. 25 avril 1844, art. 13).
Gardes-robes inodores (fabric. et march. de). A6. pr.20.
Gare (entrepren. de). 100 fr. pr.15e sur la maison d'habitation seulement. C5.
Gargotier. A7. pr.40.
Garnisseur d'étuis pour instruments de musique. A8. pr.40.
Garnitures de parapluies et cannes, telles que bouts, anneaux, cannes, manches (fabric. de). A8. pr.40.
Gâteaux et gaufres (march. et fabric. de).—V. Galette.
Gaufreur d'étoffes, de rubans, etc. A7. pr.40.
Gaules et perches (march. de). A7. pr.40.
Gaz pour l'éclairage (fabriq. de). B.
Pour les fabriques qui fournissent l'éclairage de tout ou tout partie de la ville de Paris 600 fr.
Des villes de 50,000 âmes et au-dessus 400 fr.
Des villes de 30,000 âmes et au-dessus 200 fr.
Des villes de 15,000 à 30,000 âmes 150 fr.
Des villes au-dessous de 15,000 âmes 75 fr.
Pr. : au 15e sur le loyer d'habitation; au 40e sur les locaux servant à l'exercice de la profession. D*.
Gélatine (fabriq. de), ayant 5 ouvriers et au-dessous. F2.15 fr. Plus 3 fr. par ouvrier jusqu'au maximum de 200 fr. — pr. : au 20e : 1o sur la maison d'habitation; 2o sur les magasins de vente complétement séparés de l'établissement; au 25e sur l'établissement industriel. C2.
Géorama (directeur de).—V. Diorama.
Gibernes (fabric. de), pour son compte. A6. pr.20.
Gibernes (fabric. de), à façon. A8. pr.40.
Gibier (march. de).—V. Volailles.
Glace, eau congelée (march. de). A6. pr.20.
Glaces (manufact. de). 400 fr. — pr. : au 20e : 1o sur la maison d'habitation; 2o sur les magasins de vente complétement séparés de l'établissement; au 40e sur l'établissement industriel. C3.
Glaces (march. de), miroitier. A5. pr.20.
Glacier. A5. pr.20.
Glacier-limonadier. A3. pr.20.
Glacières (maître de). C2.50 fr. — pr. : au 20e : 1o sur la maison d'habitation; 2o sur les magasins de vente complétement séparés de l'établissement; au 25e sur l'établissement industriel. C2.
Globes terrestres et célestes (fabric. et march. de). A6. pr.20.
Glucose (fabriq. de). F2.15 fr. Plus 3 fr. par ouvrier jusqu'au maximum de 200 fr. — pr. : au 20e : 1o sur la maison d'habitation; 2o sur les magasins de vente complétement séparés de l'établissement; au 25e sur l'établissement industriel. C2.
Gobeleterie (manufact. de). 50 fr. par four de fusion, jusqu'au maximum de 300 fr. — pr. : au 20e 1o sur la maison d'habitation; 2o sur les magasins de vente complétement séparés de l'établissement; au 40e sur l'établissement industriel. C3.
Gommeur d'étoffes. A6. pr.20.
Goudrons.—V. Braies.
Graines fourragères, oléagineuses et autres (march. de) en gros. Celui qui vend habituellement par quantité équivalente à 10 hectol. et au-dessus. D1. pr.15. D*.
Graines fourragères, oléagineuses et autres (march. de) en demi-gros. Celui qui vend habituellement par sacs ou balles. D4. pr.20.
Graines fourragères, oléagineuses et autres (march. de) en détail. A7. pr.40.
Graines (march. de) en détail. A6. pr.20.
Graine de moutarde blanche (march. de). A6. pr.20.
Grainetier-fleuriste (expéditeur). A4. pr.20.
Grainetier-fleuriste en détail. A6. pr 20.
Grainier ou grainetier. A7. pr.40.
Grains (march. de) en gros. A4. pr.20.
Grains et farines (commiss. en). D4. pr.20.
Gravatier. A7. pr.40.
Graveur sur bois. A8. pr.40.
Graveur en caractères d'imprimerie. A7. pr.40.
Graveur sur cylindres. A4. pr.20.
Graveur sur métaux (fabric. des timbres secs et gravant sur bijoux). A6. pr.20.
Graveur sur métaux, se bornant à graver des cachets ou des planches pour factures et autres objets dits de ville. A7. pr.40.
Graveur de musique. A8. pr.40.
Graveur (artiste), ne vendant que le produit de son art. Exempt.—V. l'art. 13 de la loi de 1844.
Gravures (march. de).—V. Estampes.
Greffiers. pr.15. G.
Grillageur.—V. Epinglier.
Grue (maître de). A6. pr.20.
Grueur. A7. pr.40.
Guêtrier. A7. pr.40.
Guillocheur. A7. pr.40.
Guimpier. A7. pr.40.
Halage (loueur de bêtes de trait pour le). D7. pr.40.
Halles, marchés et places publiques (ferm. ou adjudic. des droits de place sur les) pour un prix de ferme de 10,000 fr. et au-dessus. D3. pr. au 20e sur la maison d'habitation seulement. D*.
Halles, marchés et places publiques (ferm. ou adjud. des droits de places sur les), sur un prix de ferme de 5 à 10,000 fr. D4. pr.20 comme le précédent.
Halles, marchés et places publiques (ferm. ou adjudic. des droits de place sur les), pour un prix de ferme au-dessous de 5,000 fr. D5. pr. 20 comme le précédent.
Hameçons (fabric. d'). A7. pr.40.
Harmonicas (facteur. d'). A8. pr.40.
Harpes (facteur et march. de), ayant boutique ou magasin. A3. pr.20.
Harpes (facteur de), n'ayant ni boutique ni magasin. A6. pr.20.
Harts pour lier les trains de bois.—V. Rouettes.
Hauts fourneaux.—V. Forges.
Herboriste, expéditeur. A4. pr.20.
Herboriste-droguiste. A6. pr.20.
Herboriste ne vendant que des plantes médicinales. A7. pr.40.
Histoire naturelle (march. d'objets d'). A6. pr.20.
Hongroyeur ou hongrieur. A4 pr.20.
Hongreur. A7. pr.40.
Horloger. A3. pr.20.
Horloger-rhabilleur (march.). A6. pr.20.
Horloger-rhabilleur, non marchand. A7. pr.40.
Horloger repasseur. A7. pr.40.
Horlogerie (march. en gros de pièces d'). A1. pr.15. D*.
Horlogerie (march. de fournitures d'). A4. pr.20.
Horlogerie (fabriq. d'), par procédés mécaniques. F3. 10 fr. Plus 3 fr. par ouvrier jusqu'au maximum de 300 fr — pr. : au 20e : 1o sur la maison d'habitation; 2o sur les magasins de vente complétement séparés de l'établissement; au 40e sur l'établissement industriel. C3.
Horlogerie (fabric. de pièces d'), pour son compte. A6. pr.20.
Horlogerie (fabric. de pièces d'), à façon. A7. pr.40.
Horloges en bois (fabric. ou march. de). A7. pr.40.
Hôtel garni (maître d'), tenant un restaurant à la carte. A3. — pr. : au 20e sur le loyer d'habitation et sur la partie servant au restaurant; au 40e sur les locaux servant à l'exercice de la profession. D*.
Hôtel garni (maître d'). A4. —pr. : au 20e sur le loyer d'habitation; au 40e sur les locaux servant à l'exercice de la profession D*.
Houblon (march. de) en gros. A3. pr.20.
Houblon (march. de) en demi-gros. A4. pr.20.
Huiles (march. d') en gros. A1. — pr. : au 15e sur le loyer d'habitation; au 30e de la valeur locative des locaux servant à l'exercice de la profession. D*.
Huiles (march. d') en demi-gros. A2. pr.20.
Huiles (march. d') en détail. A4. pr.20.
Huissier. pr.15. G.
Huîtres (march. expéd.). N'expédiant ni par chemin de fer ni avec voiture servie par des relais. D2. pr.20.
Huîtres (march. expédit. d'), avec voitures servies par des relais. 100 fr. — pr. : au 20e : 1o sur la maison d'habitation; 2o sur les magasins de vente complétement séparés de l'établissement; au 40e sur l'établissement industriel. C3.
Huîtres (march. d'). A6. pr.20.
Hydromel (fabric. et march. d'). A3. pr.20.
Ifs à bouteilles.—V. Planches.
Images (fabric. ou march. d'). A6. pr.20.
Imprimerie (march. de presses, caractères et ustensiles d'). D3. pr.20.
Imprimeur d'étoffes, C4. pour 25 tables et au-dessous. 50 fr. Plus 3 fr. par table jusqu'au maximum de 400 fr. Un rouleau comptera pour 25 tables, et 4 pérotines pour un rouleau. — pr. : au 20e : 1o sur la maison d'habitation; 2o sur les magasins de vente complétement séparés de l'établissement; au 50e sur l'établissement industriel. C4.
Imprimeur-libraire. A3. pr.20.
Imprimeur-lithographe éditeur. A6. pr.20.
Imprimeur-lithographe non éditeur. A7. pr.40.
Imprimeur sur porcelaine, faïence, verre, cristaux, émail, etc. A7. pr.40.
Imprimeur en taille-douce pour objets dits de ville. A7. pr.40.
Imprimeur typographe. A3. pr.20. Au 40e des locaux servant à l'exercice de la profession s'il emploie des presses mécaniques. D*.
Infirmerie d'animaux (celui qui tient une). D6. pr.20.
Inhumations et pompes funèbres de Paris (entreprises des). B. 1,000 fr. pr.15. D*.
Inhumations et pompes funèbres dans les villes autres que Paris. A1. pr.15. D*.
Instituteur primaire. Exempt (L. 25 avr. 1844, art. 13).
Institution (chef d'). G. pr.15. Les locaux affectés au logement et à l'instruction des élèves ne seront pas compris dans l'estimation de la valeur locative.
Instruments aratoires (fabric. d'). A6. pr.20.

Instruments de chirurgie en métal (fabric. et march. d'). A5. pr.20.
Instruments de chirurgie en gomme élastique (fabric. d'). A6. pr.20.
Instruments de musique (march. expédit. d'). D3. pr.20.
Instruments de musique à vent, en bois ou cuivre (fact. d'). A6. pr.20.
Instruments de musique en cuivre (fact. de pièces d'), pour son compte. D6 pr.20.
Instruments de musique en cuivre (fact. de pièces d'), à façon. D7. pr.40.
Instruments pour les sciences (fact. et march.), ayant boutique et magasin. A4. pr.20.
Instruments pour les sciences (fact. et march.), sans boutique ni magasin. A6. pr.20.
Instruments pour les sciences (fabric. d'), à façon. D8. pr.40.
Ivoire (march. d'objets en). A5. pr.20.
Ivoire (fabric. d'objets en), pour son compte. A6. pr.20.
Ivoire (fabric. d'objets en), à façon. A7. pr.40.
Jais ou jaïet (fabric. ou march. d'objets en). A6. pr.20.
Jambons (march. expédit. de). A3. pr.20.
Jardin public (tenant un). A4. — pr. : au 20e sur le loyer d'habitation; au 40e sur les locaux servant à l'exercice de la profession. D*.
Jardinier.—V. Plants.
Jarretières.—V. Bretelles.
Jaugeage des liquides (adjudic. des droits de).
Pour un prix d'adjudication de plus de 2,000 fr. D6. pr 20e sur la maison d'habitation seulement. D*.
Pour un prix d'adjudication de 500 à 2,000 fr. D7. pr.40.
Pour un prix de ferme de moins de 500 fr. D8. pr.40.
Jaugeur juré pour les liquides. A5. pr.20.
Jeu de paume (maître de). A5. — pr. : au 20e sur le loyer d'habitation; au 40e sur les locaux servant à l'exercice de la profession. D*
Joaillier (fabric. et march.), ayant atelier et magasin. A2. pr.20.
Joaillier (march.), n'ayant point d'atelier. A3. pr.20.
Joaillier (fabric.) pour son compte. A5. pr.20.
Joaillier, à façon. A7. pr.40.
Kaolin (exploit. une usine à pulvériser le), C3. par chaque usine 15 fr. jusqu'au maximum de 100 fr. Ce droit sera réduit de moitié pour les usines qui sont forcées, par manque ou par crue d'eau, de chômer pendant une partie de l'année équivalente au moins à quatre mois. — pr. : au 20e : 1° sur la maison d'habitation; 2° sur les magasins de vente complètement séparés de l'établissement; au 40e sur l'établissement industriel. C3.
Kaolin, pétunzé et manganèse (march. de). A6. pr. 20.
Laboureur et cultivateur. Exempt. Seulement pour la vente et la manipulation des récoltes et fruits provenant des terrains qui leur appartiennent ou par eux exploités, et pour le bétail qu'ils y élèvent et engraissent.—V. l'art. 13 de la loi de 1844.
Lacets et tresses en laine ou coton (fabriq. de), F4. par procédés mécaniques, pour 50 broches ou fuseaux et dessous. 10 fr. Plus 1 fr. 50 c. par centaine de fuseaux ou broches jusqu'au maximum de 400 fr. — pr. : au 20e : 1° sur la maison d'habitation; 2° sur les magasins de vente complètement séparés de l'établissement; au 50e sur l'établissement industriel. C4.
Laine brute ou lavée (march. de) en gros. A1. pr.15. D*.
Laine brute ou lavée (march. de) en détail. A4. pr.20.
Laine filée ou peignée (march. de) en gros. A1. pr.15. D*.
Laine filée ou peignée (march. de) en demi-gros. A2. pr.20.
Laine filée (march. de) en détail. A4. pr.20.
Laineur. A4. pr.20.
Lait (march. expéd. de). D1. pr.15. D*.
Lait (march. de) en gros. Celui qui vend aux crémiers, laitiers, cafetiers. D4. pr.20.
Lait d'ânesse (march. de). A7. pr.40.
Laitier.—V. Crémier.
Lamier-rotier, par procédés mécaniques. C3. 50 fr. — pr. : au 20e : 1° sur la maison d'habitation; 2° sur les magasins de vente complètement séparés de l'établissement; au 40e sur l'établissement industriel. C3.
Lamier-rotier, pour son compte. A7. pr.40.
Lamier-rotier, à façon. A8. pr.40.
Laminerie (entrepren. de). F3.
Par paires de cylindres de 1 mèt. de longueur et au-dessus 100 fr. jusqu'au maximum de 300 fr.
Par paires de cylindres au-dessous de 1 mèt. de longueur jusqu'au maximum de 300 fr. 50 fr.
Pr. : au 20e : 1° sur la maison d'habitation; 2° sur les magasins de vente complètement séparés de l'établissement; au 40e sur l'établissement industriel. C3.
Lamineur, par les procédés ordinaires. A6. pr.20.
Lampiste. A5. pr.20.
Langueyeur de porcs. A8. pr.40.
Lanternier. A6. pr.20.
Lapidaire en pierres fausses (fabric. ou march.), ayant boutique ou magasin. A5. pr.20.
Lapidaire, à façon. A7. pr.40.
Lattes (march. de) en gros. A3. pr.20.
Lattes (march. de) en détail. A6. pr.20.
Laveur de laines. A5. pr.20.
Lavoir public (tenant un). A6. pr.20.
Layetier. A6. pr.20.
Layetier-emballeur. A5. pr.20.
Layettes d'enfant (march. de). A7. pr.40.
Légumes secs (march. de) en gros. A4. pr.20.
Légumes secs (march. de) en détail. A7. pr.40.
Levûre ou levain (march. de). A6. pr.20.
Libraire. A5. pr.20.
Libraire (agent de). D7. pr.40.
Libraire-éditeur. A3. pr.20.
Lie de vin (march. de). A7. pr.40.
Liége brut (march. de) en gros. A1. pr.15. D*.
Liége brut (march. de) en détail. A5. pr.20.
Limailles (march. de). A8. pr.40.
Limes (fabric. de). F3. 10 fr. Plus 3 fr. par ouvrier jusqu'au maximum de 300 fr. — pr. : au 20e : 1° sur la maison d'habitation; 2° sur les magasins de vente complètement séparés de l'établissement; au 40e sur l'établissement industriel. C3.
Limes (tailleur de). A8. pr.40.
Limonadier non glacier. A4. pr.20.
Lin ou chanvre brut ou filé (march. de) en gros. A1. pr.15. D*.
Lin ou chanvre (fabric. de). Celui qui après avoir roué ou battu le lin et le chanvre le vend par bottes. D6. pr.20.
Lin ou chanvre brut ou filé (march. de) en demi-gros. A2 pr.20.
Lin ou chanvre brut ou filé (march. de) en détail. A6. pr.20.
Lin ou chanvre brut ou filé (fabric. de). A7. pr.40.
Linge (march. de vieux). A7. pr.40.
Linge de table et de ménage (loueur de). A6. pr.20.
Linger. A6. pr.20.
Linger fournisseur. A3. pr.20.
Liqueurs (fabric. de). A3. pr.20.
Liqueurs (march. de) en gros. A1. pr.15. D*.
Liqueurs (march. de) en détail. A4. pr.20.
Liqueurs et eau-de-vie (débit. de). A7. pr.40.
Liseur de dessin (celui qui fait les dispositions nécessaires pour reproduire dans les tissus les dessins donnés par les fabricants). D6. pr.20.
Lithochrome (imprimeur). A6. pr.20.
Lithochromies (march. de). A6. pr.20.
Lithographies (march. de). A8. pr.20.
Lithophanies pour stores (fabric. et march. de). A6. pr.20.
Lits militaires (entreprise générale des). C3. 1,000 fr. —pr. : au 20e sur la maison d'habitation; au 40e sur l'établissement industriel. C3.
Livrets (fabric. de) pour les batteurs d'or et d'argent. A8. pr.40.
Logeur de chevaux et autres bêtes de somme. D7. pr.40.
Loueur en garni. A6. — pr. : au 20e sur le loyer d'habitation; au 40e sur les locaux servant à l'exercice de la profession. D*.
Loueur en garni, s'il ne loue qu'une chambre. A8. pr.40.
Loueur de livres. A7. pr.40.
Loueur de tableaux et dessins. A6. pr.20.
Loueur de voitures suspendues. A5. pr.20.
Lunetier (march.). A5. pr.20.
Lunetier (fabric.) A6 pr.20.
Lunettes (fabric. de verres de). A7. pr.40.
Lustres (fabric. et march. de). A4. pr.20.
Lustreur de fourrures. A6. pr.20.
Lutherie (march. de fournitures de). A5. pr.20.
Luthier (fabric.), pour son compte. A5. pr.20.
Luthier (fabric.), à façon. A7. pr.40.
Machines à vapeur, presses pour l'imprimerie, métiers mécaniques pour la filature et pour le tissage, et autres grandes machines (construct. de). C4.
Employant moins de 25 ouvriers 100 fr.
De 50 ouvriers 200 fr.
Plus de 50 ouvriers 300 fr.
Pr. : au 20e : 1° sur la maison d'habitation; 2° sur les magasins de vente complètement séparés de l'établissement; au 50e sur l'établissement industriel. C4.
Maçon (maître). A6. pr.20.
Maçon à façon. D7. pr.40.
Maçonnerie (entrepren.) de). A4. pr.20.
Madragues (ferm. de). 25 fr. pr.15e sur la maison d'habitation seulement. C5.
Magasin de plusieurs espèces de marchandises (tenant un) lorsqu'il occupe habituellement plus de 5 personnes préposées à la vente F1.25 fr. par personne jusqu'au maximum de 1,000 fr. pr.15. G1.
Magasinier. A5. — pr. : au 20e sur le loyer d'habitation; au 40e sur les locaux servant à l'exercice de la profession. D*.
Maillechor et autres compositions métalliques (fabric. ou march. en gros d'objets en). D4. pr.20.
Maillechor ou autres compositions métalliques (march. d'objets en) en détail. D6. pr.20.
Maillechor et autres compositions métalliques (fabric. d'objets en) à façon. D8. pr.40.
Maison particulière de retraite (tenant une). A6. — pr. : au 20e sur la maison d'habitation; au 40e sur les locaux servant à l'exercice de la profession. D*.
Maison particulière de santé (tenant une). C3. 100 fr. — pr. comme le précédent.
Maître, ou patron de barque ou de bateau, naviguant pour son compte, sur les fleuves, rivières ou canaux, soit que la barque ou le bateau lui appartienne, soit qu'il l'ait loué. Si le conducteur n'est qu'un homme à gages, la patente est due par le propriétaire de la barque ou bateau. A5. pr.20.
Maître d'hôtel garni.—V. Hôtel garni.
Malletier.—V. Coffretier.
Mandataire agréé près les tribunaux de commerce. pr.15. G
Mandataire alarié pour administration des faillites (s'il en fait sa profession habituelle). D4. pr.20.
Manége d'équitation (tenant un). A4. — pr. : au 20e : sur le loyer d'habitation; au 40e sur les locaux servant à l'exercice de la profession. D*.
Manganèse.—V. Kaolin.
Marais salants (propr. et ferm. des). Exempt.—V. l'art. 13 de la loi de 1844.
Marbre (march. de) en gros. A3. pr.20.
Marbre factice (fabric. et march. d'objets en). A6. pr.20.
Marbreur sur tranches. A7. pr.40.
Marbrier. A6. pr.20.
Marchand forain. C1.
Avec voiture à un seul collier 60 fr. pr.15.
A deux colliers 120 fr. pr.15.
A trois colliers et au-dessus, ou ayant plus d'une voiture 200 fr. pr.15.
Avec bête de somme 40 fr. pr.15.
Avec balle 15 fr. pr.15.
Les droits fixes ci-dessus sont réduits de moitié lorsque le marchand forain ne vend que de la boissellerie, de la poterie, de la vannerie et des balais.
Marchande à la toilette. A7. pr.40.
Marchés.—V. Halles.
Maréchal expert. A5. pr.20.
Maréchal ferrant. A6. pr 20.
Mareyeur, expéditeur, avec voitures servies par des relais. C3. 100 fr. — pr. : au 20e : 1° sur la maison d'habitation; 2° sur les magasins de vente complètement séparés de l'établissement; au 40e sur l'établissement industriel. C3.
Maroquin (fabriq. de), avec machine à vapeur ou moteur hydraulique. C3. 100 fr. — pr. comme le précédent.
Maroquinier, pour son compte. A5. pr.20.
Maroquinier, à façon. A7. pr.40.
Marrons et châtaignes (march. expédit. de). A5. pr.20.
Marrons (march. de) en détail. A8. pr.40.
Martinets. C3. 15. fr. par arbre de camage, jusqu'au maximum de 200 fr. Le droit fixe sera réduit de moitié pour les fabriques qui sont forcées, par manque ou par crue d'eau, de chômer pendant une partie de l'année équivalente au moins à quatre mois. — pr. : au 20e : 1° sur la maison d'habitation; 2° sur les magasins de vente complètement séparés de l'établissement; au 40e sur l'établissement industriel.
Masques (fabric. et march. de). A6. pr.20.
Mastics et ciments (fabriq. de). 50 fr. — pr. : au 20e : 1° sur la maison d'habitation; 2° sur les magasins de vente complètement séparés de l'établissement; au 25e sur l'établissement industriel. C2.
Matelassier. A8. pr.40.
Matériaux (march. de vieux). A6. pr.20.
Mâts (construct. de). A4. pr.20.
Mécanicien. A4. pr.20.
Mécanicien à façon, travaillant pour des maîtres ou des particuliers qui lui fournissent la matière. D7. pr.40.
Mèches et veilleuses (march. et fabric. de). A8. pr.40.
Médecin. pr.15. G
Mégissier, pour son compte. A5. pr.20.
Mégissier, à façon. A7. pr.40.
Menuisier. A6. pr.20.
Menuisier (entrepren.). A4. pr.20.
Menuisier mécanicien. A5. pr.20.
Menuisier, à façon, travaillant pour des maîtres ou des particuliers qui lui fournissent la matière. D7. pr.40.
Merceries (march. de) en gros. A1. pr.15. D*.
Merceries (march. de) en demi-gros. A2. pr.20.
Merceries (march. de) en détail. A4. pr.20.
Mercerie (march. de menue). A6. pr.20.
Mesurage (fermier des droits de) pour un prix de ferme

de plus de 2,000 fr. D6. pr.20e sur la maison d'habitation seulement.
Pour un prix de ferme de 500 fr. à 2,000 fr. D7. pr. : au 40e; sur la maison d'habitation seulement. D*.
Pour un prix de ferme de moins de 500 fr. D8. pr. : au 40e; sur la maison d'habitation seulement. D*.
Mesures linéaires, règles et équerres (fabric. de), pour son compte. A7. pr.40.
Mesures linéaires, règles et équerres (fabric. de), à façon. A8. pr 40.
Mesureur (juré).—V. Peseur.
Métaux (march. de) en gros, autres que l'or, l'argent, le fer en barres et la fonte. A1. pr.15. D*.
Métaux (march. de) en demi-gros, autres que l'or, l'argent, le fer en barre et la fonte. A2. pr.20.
Métaux (march. de) en détail, autres que l'or, l'argent, le fer en barres et la fonte. A4. pr.20.
Métiers mécaniques.—V. Machines à vapeur.
Métiers (fabriq. à). Pour les métiers réunis dans un corps de fabrique.
Jusqu'à 5 métiers 10 fr.
Et 2 fr. 50 c. en sus par métier, jusqu'au maximum de 400 fr.
Pour les métiers non réunis dans un corps de fabrique 2 fr. 50 c. par chaque métier, jusqu'au maximum de 300 fr.
Les droits sont réduits de moitié pour les fabricants à façon.
Pr. : au 20e : 1o sur la maison d'habitation; 2o sur les magasins de vente complétement séparés de l'établissement; au 50e sur l'établissement industriel. C4.
Sont exempts de tout droit proportionnel les fabricants à métiers résidant dans les communes d'une population inférieure à 20,000 âmes, ayant moins de dix métiers, et ne travaillant qu'à façon. D*.
Métiers à bas (forgeur de), pour son compte. A5. pr.20.
Métiers à bas (forgeur de), à façon. A7. pr.40.
Métreur de bâtiments, de bois, de pierre. D7. pr.40.
Metteur en œuvre, pour son compte. A6. pr.20.
Metteur en œuvre, à façon. A7. pr.40.
Meubles (march. de). A5. pr.20.
Meubles et outils (march. de) d'occasion. D6. pr.20.
Meules à aiguiser (march. et fabric. de). A5. pr.20.
Meules de moulins (fabric. de). A4. pr.20.
Meules de moulins (march. de). D5. pr.20.
Miel et cire brute (march expédit. de). A1. pr.15. D*.
Miel et cire brute (march. non expédit. de). A4. pr.20.
Mine de plomb (march. de) en gros. A1. pr.15. D*.
Mine de plomb (march. de) en détail. A5. pr.20.
Mines (concession. de). Exempts, pour le seul fait de l'extraction et de la vente des matières par eux extraites (L. 21 avril 1810, art. 32; 25 avril 1844, art. 13).
Minerai de fer (march. de), ayant magasin. A5. pr.20.
Minières non concessibles et extraction de minerai de fer (exploitant de). F5.5 fr. Plus 3 fr. par ouvrier jusqu'au maximum de 200 fr. pr.15e sur la maison d'habitation seulement. C5.
Miroitier. A5. pr.20.
Modes (march. de). A3. pr.20.
Modiste. A5. pr.20.
Modiste, à façon. A8. pr.40.
Moireur d'étoffes, pour son compte. A6. pr.20.
Moireur d'étoffes, à façon. A8. pr.40.
Monnaies (directeur des). B.
A Paris 1,000 fr.
Dans toutes les autres villes 500 fr.
Pr. 20e sur la maison d'habitation seulement. D*.
Monteur d'agrès et de manœuvres de navires. D5. pr.20.
Monteur de boîtes de montres, pour son compte. D5. pr.20.
Monteur de boîtes de montres, à façon. D7. pr.40.
Monteur de métiers. A6. pr.20.
Monteur en bronze. A7. pr.40.
Monuments funèbres (entrepren. de). A5. pr.20.
Mosaïques (march. de). A6. pr.20.
Moules de boutons (fabric. de). A8. pr.40.
Moulin ou autre usine à moudre, battre, triturer, broyer, pulvériser. F3. Par paire de meules ou de cylindres, 5 fr. jusqu'au maximum de 300 fr. Les usines fonctionnant au moyen de pilon seront taxées à raison de 1 fr. par pilon. Le droit fixe sera réduit de moitié pour les moulins à vent et pour les moulins à eau qui, par manque ou par crue d'eau, seront forcés de suspendre leur travail en tout ou en partie, pendant un temps équivalent au moins à quatre mois de l'année. — pr. : au 20e : 1o sur la maison d'habitation; 2o sur les magasins de vente complétement séparés de l'établissement; au 40e sur l'établissement. C3.
Moulinier en soie, F3. Par 100 tavelles et au-dessous 10 fr. Plus 10 fr. par chaque centaine de tavelles au-dessus de 100, jusqu'au maximum de 200 fr. 200 broches compteront pour 100 tavelles (le droit sera réduit de moitié pour le moulinier en soie et coton mélangés).—Pr. mêmes droits que le précédent.
Moulures (fabric. de), pour son compte. A5. pr.20.
Moulures (march. de), en boutique. A5. pr.20.
Moulures (fabric. de), à façon. A7 pr.40.
Moutardier (march.) en gros. A4. pr.20.
Moutardier (march.) en détail. A7. pr.40.
Moutons et agneaux (march. de). A4. pr.20.
Muletier. A7. pr.40.
Mulets et mules (march. de). A4. pr.20.
Mulquinier. Celui qui prépare le fil pour les chaînes servant à la fabrication des tissus. A6. pr.20.
Musique (march. de). A5. pr.20.
Nacre brute (march. de). A3. pr.20.
Nacre de perles (fabric. d'objets en), pour son compte. A5. pr.20.
Nacre de perles (march. d'objets en). A5. pr.20.
Nacre de perles (fabric. d'objets en), à façon. A7. pr.40.
Natation (tenant une école de). A5. — pr. : au 20e sur le loyer d'habitation; au 40e sur les locaux servant à l'exercice de la profession. D*.
Nattier. A8. pr.40.
Naturaliste (march.) A6. pr.20.
Naturaliste préparateur à façon. D7. pr.40.
Navetier (fabric.) A7. pr.40.
Navires (construct. de). A3. pr.20.
Nécessaires (march. de). A4. pr.20.
Nécessaires (fabric. de), pour son compte. A6. pr.20.
Nécessaires (fabric. de), à façon. A8. pr.40.
Négociant. B.
A Paris 400 fr. pr.15.
Dans les villes de 50,000 âmes et au-dessus 300 fr. pr.15.
Dans les villes de 30,000 à 50,000 âmes, et dans celles de 15 à 30,000 âmes, qui ont un entrepôt réel 200 fr. pr.15.
Dans les villes de 15,000 à 30,000 âmes, et dans les villes d'une population inférieure à 15,000 âmes, qui ont un entrepôt réel 150 fr. pr.15.
Dans toutes les autres communes 100 fr. pr.15.
Néorama (directeur de).—V. Diorama.
Nerfs (batteur de). A8. pr.40.
Noir animal (fabriq. de) C2.50 fr. pr. : au 20e : 1o sur la maison d'habitation; 2o sur les magasins de vente complétement séparés de l'établissement; au 25e sur l'établissement industriel. C2.
Notaire. pr.15. G.
Nougat (fabric. expéd. de). A4. pr.20.
Nourrisseur de vaches et de chèvres pour le commerce du lait. A6. pr.20.
Nouveautés (march. de) occupant plus de 5 personnes préposées à la vente.—V. Magasin de plusieurs espèces de marchandises.
Nouveautés (march. de) n'occupant pas plus de 5 personnes préposées à la vente. D2. pr.20.
Octroi (adjudicat. des droits d'). Pour un prix d'adjudication de 30,000 fr. et au-dessus. D1 — pr. : au 20e sur le loyer d'habitation seulement. D*.
Octroi (adjudicat. des droits d') pour un prix d'adjudication de 20 à 30,000 fr. D2. pr.20 comme le précédent.
Octroi (adjudicat. des droits d') pour un prix d'adjudication de 10 à 20,000 fr. D3. pr.20 comme les précédents.
Octroi (adjudicat. des droits d') pour un prix d'adjudication de moins de 10,000 fr. D4. pr.20 comme les précédents.
Œillets métalliques (fabric. d'). A8. pr.40.
Œufs et volailles (march. expédit. d'). D1. pr.15. D*.
Œufs (march. d') en détail.—V. Coquetier.
Officier de santé. pr.15. G.
Oignons (cuiseur ou grilleur). D7. pr.40.
Oiselier. A7. pr.40.
Omnibus et autres voitures semblables (entreprises d'). A2. pr.20.
Opticien.—V. Instrum. pour les sciences.
Opticien à façon, travaillant pour des maîtres qui lui fournissent la matière. D8. pr.40.
Or et argent (march. d'). A2. pr.20.
Oranges, citrons (march. expéd. d'). A4. pr.20.
Oranges, citrons (march. d'), en boutique et en détail. A6. pr.20.
Orfèvre (march. fabric.), avec atelier et magasin. A2. pr.20.
Orfèvre (march.), sans atelier. A3 pr.20.
Orfèvre (fabric.), pour son compte. A5. pr.20.
Orfèvre, à façon. A7. pr.40.
Orge (exploitant un moulin à perler l'). A7. pr.40.
Orgues d'église (facteur d'). A4. pr.20.
Orgues portatives (facteur d'), pour son compte. A5. pr.20.
Orgues portatives (facteur d'), à façon. A7. pr.40.
Oribus (faiseur et march. d'). A8. pr.40.
Ornemaniste. A4. pr.20.
Ornements (march. d') d'architecture.—V. Décors.
Orthopédie (ten. des établissem.). C3.100 fr. — pr. : au 20e sur le loyer d'habitation ; au 40e sur les locaux servant à l'exercice de la profession. C3. D*.
Os, pour la fabrication du noir animal (march. d') en gros. A1. pr.15. D*.
Os (fabric. d'objets en), pour son compte. A6. pr.20.
Os (fabric. d'objets en), à façon. A8. pr.40.
Osier (march. d'). A8. pr.40.
Ouate (fabric. et march. de). A7. pr.40.
Ourdisseur de fils. A8. pr.40.
Outils, instruments et harnais à l'usage des ouvriers tisseurs (march. d'). D7. pr.40.
Outres (march. d'). A6. pr.20.
Outres (fabric. d'), pour son compte. A6. pr.20.
Outres (fabric. d'), à façon. A7. pr.40.
Ouvrier, à façon et à la journée. Exempt.
On entend par ouvrier à façon celui qui travaille chez lui et chez les particuliers, sans compagnons, apprentis, enseigne ni boutique. Ne sont point considérés comme compagnons ou apprentis, la femme travaillant avec son mari, ni les enfants non mariés travaillant avec leurs père et mère, ni le simple manœuvre dont le concours est indispensable à l'exercice de la profession (L. 25 avr. 1844, art. 13-6o).
Ovaliste. A7. pr.40.
Pacotilleur. Celui qui expédie par petites quantités dans les colonies et à l'étranger des marchandises diverses et qui reçoit en retour soit de l'argent soit des marchandises d'une autre nature. D3. pr.20.
Paillassons (fabric. de). A8. pr.40.
Paille (fabric. de tissus pour les chapeaux de), pour son compte. A6. pr.20.
Paille (fabric. de tissus pour les chapeaux de), à façon. A7. pr.40.
Paille (fabric. de tresses, cordonnets, etc., en). A7. pr.40.
Paille coupée pour chaises (march. de). D7. pr.40.
Paille teinte (fabric. et march. de). A7. pr.40.
Paillettes et paillons (fabric. de), pour son compte. A6. pr.20.
Paillettes et paillons (fabric. de), à façon. A8. pr.20.
Pain à cacheter et à chanter (fabric. et march. de). A6. pr.20.
Pain (march. de), en boutique. A7. pr.40.
Pain d'épice (fabric. ou march. de), en boutique. A6. pr.20.
Panorama (directeur de).—V. Diorama.
Pantoufles (march. de). D6. pr.20.
Pantoufles (fabric. de), pour son compte. D7. pr.40.
Pantoufles (fabric. de), à façon. D8. pr.40.
Papeterie à la cuve. C3.15 fr. par cuve jusqu'au maximum de 100 fr. Ce droit sera réduit de moitié pour les papeteries à la cuve qui sont forcées, par manque ou par crue d'eau, de chômer pendant une partie de l'année équivalente au moins à quatre mois. — pr. : au 20e : 1o sur la maison d'habitation; 2o sur les magasins de vente complétement séparés de l'établissement; au 40e sur l'établissement industriel. C3.
Papeterie à la mécanique, C3. La première machine. 150 fr. Plus 50 fr. par machine, jusqu'au maximum de 400 fr. — pr. mêmes droits que le précédent.
Papetier (march.) en gros. A1. pr.15. D*.
Papetier (march.) en détail. A4. pr.20.
Papiers de fantaisie, papiers déchiquetés, papier végétal (fabric. de), pour son compte. D6. pr.20.
Papiers de fantaisie, papiers déchiquetés, papier végétal (fabric. de), à façon. D7. pr.40.
Papiers pour emballage et pour sacs (march. de). D6. pr.20.
Papiers peints pour tenture (fabriq. de) Pour 15 tables et au-dessous 40 fr. Plus 3 fr. par table, jusqu'au maximum de 300 fr. Un cylindre sera compté pour 25 tables — pr. : au 20e : 1o sur la maison d'habitation ; 2o sur les magasins de vente complétement séparés de l'établissement; au 40e sur l'établissement industriel. C3.
Papiers peints pour tentures (march. de). A5. pr.20.
Papiers ou taffetas préparés pour usages médicinaux (fabriq. de). F2.50 fr. — pr. : au 20e : 1o sur la maison d'habitation; 2o sur les magasins de vente complétement séparés de l'établissement; au 25e sur l'établissement industriel. C2.
Papiers ou taffetas préparés pour usages médicinaux, (march. de). D5. pr.20.
Papiers verrés ou émerisés (fabric. de). A8. pr.40.
Papiers vieux et imprimés (march. de). D7. pr.40.
Paquebots à vapeur.—V. Bateaux.
Parapluies (fabric. et march. de). A6. pr.20.
Parc aux charrettes (tenant un). A5. — pr. : au 20e sur le loyer d'habitation ; au 40e sur les locaux servant à l'exercice de la profession. D*.

Parcheminier, pour son compte. A6. pr.20.
Parcheminier, à façon. A8. pr.40.
Parfumeur (march.) en gros. A1. pr.15. D*.
Parfumeur (march.) en détail. A5. pr.20.
Parqueteur (menuisier). A6. pr.20.
Passementier (march.). A5. pr.20.
Passementier (fabric.), pour son compte. A7. pr.40.
Passementier (fabric.), à façon. A8. pr.40.
Pastel (march. de) en gros. A1. pr.15. D*.
Pastel (march. de) en détail. A4. pr.20.
Pastilleur. Celui qui fait en pâte sucrée de petites figures, des fleurs et autres objets. D7. pr.40.
Patachier. A7. pr.40.
Pâte de rose (fabric. de bijoux en). A8. pr.40.
Pâtes alimentaires (fabriq. de) F2.15 fr. Plus 3 fr. par ouvrier jusqu'au maximum de 200 fr. — pr. : au 20e : 1o sur la maison d'habitation; 2o sur les magasins de vente complètement séparés de l'établissement; au 25e sur l'établissement industriel. C2.
Pâtes alimentaires (march. de). A6. pr.20.
Pâtissier expéditeur. A3. pr.20.
Pâtissier non-expéditeur. A4. pr.20.
Pâtissier-brioleur. A7. pr.40.
Pavage des villes (entrepren. de). A3. pr.20.
Pavés (march. de). A5. pr.20.
Paveur. A6. pr.20.
Péage.—V. Pont.
Peaussier (march.) en gros. A1. pr.15. D*.
Peaussier (march.) en détail. A4. pr.20.
Peaux en vert ou crues (march. de). A4. pr.20.
Peaux de lièvres et lapins (march. de), en boutique. A6. pr.20.
Pêche (adjudicat. ou ferm. de), pour un prix de 2,000 fr. et au-dessus. A6. pr.20.
Pêche (adjudicat. ou ferm. de), pour un prix de ferme de 500 à 2,000 fr. A7. pr.40.
Pêche (adjudicat. ou ferm. de), pour un prix de ferme au-dessous de 500 fr. A8. pr.40.
Pêcheur, même lorsque la barque lui appartient. Exempt. —V. l'art. 13 de la loi de 1844.
Pêcheur de morue. Celui qui se charge de laver et faire sécher en plein air la morue apportée en vert du banc de Terre-Neuve. D4. pr.20.
Pédicure. A7. pr.40.
Peignerie ou carderie de laine ou de bourre de soie, par procédés mécaniques. F3.5 fr. par assortiment de machines à peigner ou à carder, jusqu'au maximum de 100 fr. — pr. : au 20e : 1o sur la maison d'habitation; 2o sur les magasins de vente complètement séparés de l'établissement; au 40e sur l'établissement industriel. C3.
Peignes (march. de), en boutique. A6. pr.20.
Peignes d'écaille, d'ivoire, de corne, de buis (fabric. de), pour son compte. D6. pr.20.
Peignes d'écaille, d'ivoire, de corne, de buis (fabric. de), à façon. D8. pr.20.
Peignes en cannes ou roseaux, pour le tissage (fabric. et march. de). A8. pr.40.
Peignes à sérancer (fabric. de), pour son compte. A6. pr.20.
Peignes à sérancer (fabric. de). à façon. A8. pr.40.
Peignes de soie (march. de). A5. pr.20.
Peigneur de chanvre, de lin ou de laine. A7. pr.40.
Peigneur ou gratteur de toiles de coton. D7. p.40.
Peintre artiste ne vendant que le produit de son art. Exempt. (L. 25 avril 1844, art. 13).
Peintre en armoiries, attributs et décors. A7. pr.40.
Peintre en bâtiments, non entrepreneur. A6. pr.20.
Peintre ou doreur, soit sur verre ou cristal, soit sur porcelaine, pour son compte. A7. pr.40.
Peintre ou doreur, soit sur verre ou cristal, soit sur porcelaine, à façon. A8. pr.40.
Peintre vernisseur, en voiture ou équipages. A5. pr.20.
Peinture en bâtiments (entrepren. de). A4. pr.20.
Peinture sur verre (exploitant un établissement de). F3.30 fr. par four jusqu'au maximum de 300 fr. — pr. : au 20e : 1o sur la maison d'habitation; 2o sur les magasins de vente complètement séparés de l'établissement; au 40e sur l'établissement industriel. C3.
Pelles de bois (fabric. et march. de). A8. pr.40.
Pelleteries et fourrures (march. de) en gros. S'il tire habituellement des pelleteries de l'étranger, ou s'il en envoie. A1. pr.15. D*.
Pelleteries et fourrures (march. de) en détail. A4. pr.20.
Pendules et bronzes (march. de) en gros. A1. pr.15. D*.
Pendules et bronzes (march. de) en détail. A3. pr.20.
Pension (maître de). G. pr.15. Les locaux affectés au logement et à l'instruction des élèves ne seront pas compris dans l'estimation de la valeur locative.
Pension bourgeoise (tenant). A6. pr.20.
Pension particulière de vieillards (tenant). A6. pr.20.
Pépiniéristes.—V. Plants.
Perceur de perles. A8. pr.40.
Perches (march. de).—V. Gaul s.
Perles fausses (march. de). A5. pr.20.
Perles fausses (fabric. de), pour son compte. A6. pr.20.
Perles fausses (fabric. de), à façon. A8. pr.40.
Perruquier. A7. pr.40.
Pesage et mesurage (ferm. des droits de) Pour un prix de ferme de plus de 2,000 fr. D6. pr.20e sur la maison d'habitation seulement. D*.
Pesage et mesurage (ferm. des droits de), pour un prix de 500 à 2,000 fr. D7. pr.40, comme le précédent.
Peseur et mesureur juré. A6. pr.20.
Petunzé (march.).—V. Kaolin.
Pharmacien. A3. pr.20.
Pianos et clavecins (fact. ou march. de), en boutique ou magasin. A3. pr.20.
Pianos et clavecins (fact. ou march. de), sans boutique ni magasin. A6. pr.20.
Pianos (loueurs de). D6. pr.20.
Pierre artificielle ou factice (fabric. d'objets en). A4. pr.20.
Pierres bleues (march. de), pour le blanchissage du linge. A6. pr.20.
Pierres à brunir (fabric. et march. de). A6. pr.20.
Pierres brutes (march. de). A5. pr.20.
Pierres fausses (fabric. de). A6. pr.20.
Pierres à feu (fabric. expédit. de). 25 fr. — pr. : au 20e : 1o sur la maison d'habitation; 2o sur les magasins de vente complètement séparés de l'établissement; au 25e sur l'établissement industriel. C2.
Pierres fines (march. de). A1. pr.15. D*.
Pierres lithographiques (march. de). A5. pr.20.
Pierres à rasoirs (fabric. et march. de).—V. Cuirs à rasoirs.
Pierres taillées (march. de). A6. pr.20.
Pierre de touche (march. de). A7. pr.40.
Pinceaux (fabric. de), pour son compte. A6. pr.20.
Pinceaux (fabric. de), à façon. A8. pr.40.
Pipes (fabriq. de). 25 fr. par four jusqu'au maximum de 150 fr. — pr. : au 20e : 1o sur la maison d'habitation; 2o sur les magasins de vente complètement séparés de l'établissement; au 25e sur l'établissement industriel. C2.
Pipes (march. de). A6. pr.20.
Piqueur de cartes à dentelles. A8. pr.40.
Piqueur de carton. Celui qui prépare les cartons destinés à reproduire dans les tissus les dessins donnés par les fabricants. D6. pr.20.
Piqueur de grès. A8. pr.40.
Piquonnier A7. pr.40.
Places publiques.—V. Halles.
Plafonneur. A6. pr.20.—V. Plâtrier.
Planches (march. de) en gros. A1. pr.15. C2.
Planches (march. de) en détail. A5. pr.20.
Planches ou ifs à bouteilles (fabric. de). A7. pr.40.
Planeur en métaux. A7. pr.40.
Plants, arbres et arbustes (march. de). Celui qui ne se borne pas à vendre des plants, arbres et arbustes provenant des terrains par lui cultivés. D6. pr.20.
Plaqué ou doublé d'or et d'argent (fabric. et march. d'objets en). A3. pr.20.
Plaqueur. A7. pr.40.
Plâtre (fabriq. de).
Pour un four 15 fr.
Pour deux fours 30 fr.
Pour trois fours et au-dessus 50 fr.
Pr. : au 20e : 1o sur la maison d'habitation; 2o sur les magasins de vente complètement séparés de l'établissement; au 25e sur l'établissement industriel C2.
Plâtre (march. de). A6. pr.20.
Plâtrier et plafonneur (entrepren.) D4. pr.20.
Plâtrier et plafonneur. D6. pr.20.
Plâtrier et plafonneur, à façon. D7. pr.40.
Plâtrier maçon A6. pr.20.
Plieur d'étoffes. A4. pr.20.
Plieur de fils de soie, à façon. A8. pr.40.
Plomb de chasse (fabric. ou march. de). A6. pr.20.
Plombier. A5. pr.20.
Plumassier (fabric. et march.). A5. pr.20.
Plumassier, à façon. A8. pr.40.
Plume et duvet (march. de) en gros. A1. pr.15. D*.
Plume en duvet (march. de) en détail. A3. pr.20.
Plumeaux (march. fabric. de), pour son compte. A7. pr.40.
Plumeaux (fabric. de), à façon. A8. pr.40.
Plumes à écrire, march. expédit. A3. pr.20.
Plumes à écrire (march. de), non expéditeur. A5. pr.20.
Plumes à écrire (apprêt. de). A8. pr.40.
Plumes métalliques (march. fabric. de). A6. pr.20.
Poêlier en faïence, fonte, etc. A6. pr.20.
Pointes (fabriq. de), par procédés ordinaires. F2.10 fr. Plus 3 fr. par ouvrier jusqu'au maximum de 300 fr. — pr. : au 20e : 1o sur la maison d'habitation; 2o sur les magasins de vente complètement séparés de l'établissement; au 25e sur l'établissement industriel. C2.
Poires à poudre (fabric. de), pour son compte. A7. pr.40.
Poires à poudre (fabric. de), à façon. A8. pr.40.
Pois d'iris (fabric. de). A8. pr.40.
Poisson frais (march. de), vendant par forte partie aux détaillants. A5. pr.20.
Poisson salé, mariné, sec et fumé (march. de) en gros. A1. pr.15. D*.
Poisson salé, mariné, sec et fumé (march. de) en demi-gros. A3. pr.20.
Poisson (march. de) en détail. A7. pr.40.
Poix (fabriq. de).—V. Brais.
Polisseur ou tourneur d'objets en acier, cuivre, fer, par procédés mécaniques. F3.15 fr. Plus 3 fr. par ouvrier jusqu'au maximum de 100 fr. — pr. : au 20e : 1o sur la maison d'habitation; 2o sur les magasins de vente complètement séparés de l'établissement; au 40e sur l'établissement industriel. C3.
Polisseur d'objets en or, argent, cuivre, acier, écaille, os, corne. A6. pr.20.
Polytypage (fabric. de). A4. pr.20.
Pommes à cidre (march. de) en gros. D4. pr.20.
Pommes de pin et autres arbres résineux (march. de) en gros. D4. pr.20.
Pommes de terre (march. de) en gros. Celui qui vend habituellement par quantité équivalente à 20 hect. et au-dessus. D4. pr.20.
Pompes à incendie (fabric. de). A4. pr.20.
Pompes de bois et pièces pour la conduite des eaux. D7. pr.40.
Pompes de métal (fabric. de). A5. pr.20.
Pont (concess. ou ferm. de péage sur un). B.
Dans l'intérieur de Paris 200 fr.
Dans l'intérieur d'une ville de 50,000 âmes et au-dessus 100 fr.
Dans l'intérieur d'une ville de 20 à 50,000 âmes 75 fr.
Dans les autres communes d'une population inférieure à 20,000 âmes, lorsque le pont réunit deux parties d'une route royale 75 fr.
D'une route départementale 50 fr.
D'un chemin vicinal de grande communication 25 fr.
D'un chemin vicinal 15 fr.
Pr. au 20e sur la maison d'habitation seulement. D*.
Porcelaine (manufact. de) 30 fr. par four jusqu'au maximum de 300 fr.—pr. : au 20e : 1o sur la maison d'habitation; 2o sur les magasins de vente complètement séparés de l'établissement; au 40e sur l'établissement industriel. C3.
Porcelaine (march. de) en gros. A1. pr.15. D*.
Porcelaine (march. de) en détail. A5. pr.20.
Porces pour les papetiers (fabric. de). A6. pr.20.
Portefeuilles (march. de). A6. pr.20.
Portefeuilles (fabric. de), pour son compte. A6. pr.20.
Portefeuilles (fabric. de), à façon. A8. pr.40.
Porteur d'eau filtrée ou non filtrée, avec cheval et voiture. A8. pr.40.
Porteur d'eau à la bretelle ou avec voiture à bras. Exempt (L. 25 avril 1844, art. 13).
Poterie (fabriq. de). F2.5 fr. Plus 2 fr. par ouvrier jusqu'au maximum de 300 fr. — pr. : au 20e : 1o sur la maison d'habitation; 2o sur les magasins de vente complètement séparés de l'établissement; au 25e sur l'établissement industriel. C2.
Poterie (march. de) en gros. D4. pr.20.
Poterie de terre (march. de). A7. pr.40.
Poterie (march. forain sur bateau de). F1.
Pour un bateau 30 fr.
Pour deux bateaux 60 fr.
Pour 3 bateaux et au-dessus 100 fr. pr.15. C1.
Potier d'étain. A6. pr.20.
Potier de terre, ayant moins de cinq ouvriers. A8. pr.40.
Poudre d'or, de bronze et autres métaux (fabric. et march. de). D6. pr.20.
Poudrette (march. de). A5. pr.20.
Poulieur (fabric.). A6. pr.20.
Presses pour l'imprimerie, métiers, mécaniques pour la filature et pour le tissage et autres grandes machines (construct. de). F4.
Employant moins de 25 ouvriers 100 fr.
Employant de 25 à 50 ouvriers 200 fr.
Employant plus de 300 ouvriers 300 fr.
Pr. : au 20e : 1o sur la maison d'habitation ; 2o sur les magasins de vente complètement séparés de l'établissement, au 50e sur l'établissement industriel. C4.
Presseur de poisson de mer. A4. pr.20.
Presseur de sardines. A4. pr.20.
Presseur d'étoffes pour les teinturiers et les dégraisseurs. D7. pr.40.
Pressoir (maître de) à manége. A6. pr.20.
Pressoir (maître de) à bras. A8. pr.40.
Présurier. A7. pr.40.

Produits chimiques (manufact. de). F3.15 fr. Plus 3 fr. par ouvrier jusqu'au maximum de 500 fr. — pr. : au 20e : 1o sur la maison d'habitation ; 2o sur les magasins de vente complétement séparés de l'établissement; au 40e sur l'établissement industriel. C3.
Professeur de belles-lettres, sciences et art d'agrément. Exempt.—V. l'art. 13 de la loi de 1844.
Propriétaire ou locataire louant accidentellement une partie de leur logement personnel. Exempt.—V. eod.
Pruneaux et prunes sèches (march. de) en gros. A4. pr.20.
Prunes sèches (march. de).—V. Pruneaux.
Puits (maître cureur de). A8. pr.40.
Queues de billard (fabric. de), pour son compte. A6. pr.20.
Queues de billard (fabric. de), à façon. A7. pr.40.
Quilles ou mails (maître de jeu de). D6. pr.20.
Quincaillerie (fabriq. de). F3.10 fr. Plus 3 fr. par ouvrier jusqu'au maximum de 300 fr.—pr. : au 20e ; 1o sur la maison d'habitation; 2o sur les magasins de vente complétement séparés de l'établissement; au 40e sur l'établissement industriel. C3.
Quincailleries (march. de) en gros. A1. pr.15. D*.
Quincaillier en demi-gros. A2. pr.20.
Quincaillier en détail. A4. pr.20.
Ramonage (entrepren. de). A6. pr.20.
Rampiste. A6. pr.20.
Raquettes et volants (fabric. de), pour son compte. D7. pr.40.
Raquettes et volants (fabric. de), à façon. D8. pr.40.
Raseur de velours. D7. pr.40.
Râteliers artificiels.—V. Dents.
Receveur de rentes. A4. pr.20.
Recoupe (march. de).—V. Son.
Référendaires au sceau. pr.15. G.
Registres (fabric. de). A4. pr.20.
Registres (fabric. de), à façon. D7. pr.40.
Régleur de papier. A8. pr.40.
Réglisse (fabriq. de). F2.15 fr. Plus 3 fr. par ouvrier jusqu'au maximum de 200 fr. — pr. : au 20e : 1o sur la maison d'habitation ; 2o sur les magasins de vente complétement séparés de l'établissement; au 25e sur l'établissement industriel. C2.
Regrattier. A7. pr.40.
Relais (entrepren. de), même lorsqu'il est maître de poste. A5. pr.20.
Relieur de livres. A7. pr.40.
Remoulage (march. de).— V. Son.
Remouleur ou repasseur de couteaux. A8. pr.40.
Remouleur ambulant. Exempt.
Rentrayeur ou conservateur de tapis, de couvertures de laine et de coton. D7. pr.40.
Reperceur. A8. pr.40.
Résines (fabriq. de).—V. Brais.
Résines et autres matières analogues (march. de) en gros. A1. pr.15. D*.
Résines et autres matières analogues (march. de) en détail. A5. pr.20.
Ressorts de bandages pour les hernies (fabric. de), pour son compte. A6. pr.20.
Ressorts de bandages pour les hernies (fabric. de), à façon. A7. pr.40.
Ressorts de montres et pendules (fabric. de), pour son compte. A6. pr.20.
Ressorts de montres et pendules (fabric. de), à façon. A7. pr.40.
Restaurateur à la carte. A3. pr.20.
Restaurateur et traiteur à la carte et à prix fixe. A4. pr.20.
Restaurateur et traiteur à prix fixe seulement. A5. pr.20.
Restaurateur sur coches et bateaux à vapeur. 50 fr. pr.15e sur la maison d'habitation seulement. C5.
Revendeuse à la toilette, pour son compte. A7. pr.40.
Rognures de papiers (march. de). D8. pr.40.
Rognures de peaux (march. de). A8. pr.40.
Rogues ou œufs de morue (march. de) en gros. A1. pr.15. D*.
Rogues ou œufs de morue (march. de) en détail. A5. pr.20.
Roseaux préparés pour le tissage (march. de). D7. pr.40.
Rôtisseur. A5. pr.20.
Rouettes ou harts pour lier les trains de bois (march. de). A7. pr.40.
Rouge à polir (march. de).—V. Émeri.
Rouge végétal (march. de) en gros. D1. pr.15. D*.
Rouge végétal (march. de) en détail. D5. pr.20.
Roulage (entrepren. de) B.
A Paris 300 fr.
Dans les villes de 50,000 âmes et au-dessus 200 fr.
Dans les villes de 30,000 à 50,000 âmes, dans celles de 15 à 30,000 âmes, qui ont un entrepôt réel 150 fr.
Dans les villes de 15,000 à 30,000 âmes, et dans les villes d'une population inférieure à 15,000 âmes, qui ont un entrepôt réel 100 fr.
Dans toutes les autres communes 75 fr.
Pr. : au 15e sur le loyer d'habitation ; au 40e sur les locaux servant à l'exercice de la profession. D*.
Rouleaux (tourneur de) pour la filature. A8. pr.40.
Routes (entrepren. de).—V. Chaussées.
Rubans pour modes (march. de). en gros. A1. pr. 15. D*.
Rubans pour modes (march. de) en demi-gros. A2. pr.20.
Rubans pour modes (march. de). en détail. A4. pr.20.
Ruches pour les abeilles (fabric. de), pour son compte. A7. pr.40.
Ruches pour les abeilles (fabric. de), à façon. A8. pr.40.
Sable (march. de). A8. pr.40.
Sabotier (fabric. expédit.). D4. pr.20.
Sabotier (fabric.). A8. pr.40.
Sabots (march. de) en gros. A4. pr.20.
Sabots (march. de) en détail. A8. pr.40.
Sacs de toile (fabric. et march. de). A6. pr.20.
Safran (march. de) en gros. A1. pr.15. D*.
Safran (march. de) en demi-gros. A4. pr.20
Sage-femme. Exempte (L. 25 avril 1844, art. 13).
Saleur d'olives. A5. pr 20.
Saleur de viandes. A5. pr.20.
Salpêtrier. A6. pr.40.
Sangsues (march. de) en gros. A1. pr.15. D*.
Sangsues (march. de) en demi-gros. D4. pr.20.
Sangsues (march. de) en détail. D7. pr.40.
Sarraux ou blouses (march. de) en gros. A3. pr.20.
Sarraux ou blouses (march. de) en détail. A6. pr.40.
Satineur ou lisseur de papiers. D8. pr.40.
Savetier. Exempt (L. 25 avril 1844, art. 13).
Savon (fabriq. de). F2.20 fr. Plus 50 c. par hectol. de capacité de chaudières jusqu'au maximum de 400 fr. — pr. : au 20e : 1o sur la maison d'habitation; 2o sur les magasins de vente complétement séparés de l'établissement ; au 25e sur l'établissement industriel. C2.
Scierie mécanique. F3.
Pour le sciage des bois de construction, bâtisse et menuiserie 2 fr. par lame.
Pour le sciage des bois de marqueterie et de placage 1 fr. par lame.
Pour le sciage des pierres et du marbre 50 c. par lame jusqu'au maximum de 150 fr.
Ces droits seront réduits de moitié pour les scieries qui, par manque ou crue d'eau, sont forcées de suspendre leur travail en tout ou en partie pendant un temps équivalent au moins quatre mois.
Pr. : au 20e sur la maison d'habitation et sur les magasins de vente complétement séparés de l'établissement ; au 40e sur l'établissement industriel. C3.
Scies (fabriq. de). F3.10 fr. Plus 3 fr. par ouvrier, jusqu'au maximum de 300 fr. pr. Mêmes droits que le précédent.
Scieur de long. A7. pr.40.
Sciure de bois (march de). D8. pr.40.
Sculpteur (artiste-), ne vendant que le produit de son art. Exempt.—V. l'art. 13 de la loi de 1844.
Sculpteur en bois, pour son compte. A6. pr.20.
Sculpteur en bois, à façon. A7. pr.40.
Seaux à incendie (fabric. de). A5. pr.20.
Seaux, ou baquets en sapin (fabric. de), pour son compte. A7. pr.40.
Seaux, ou baquets en sapin (fabric. de), à façon. A8. pr.40.
Séchage de chaînes et tissus.—V. Collage.
Sécheur de garance. Celui qui fait sécher la garance récoltée par les propriétaires qui n'ont pas les appareils nécessaires pour la faire sécher eux-mêmes. D6. pr.20.
Séchoir à linge (exploitant un) D7. pr.40.
Sel (raffinerie de). F2.25 fr. Plus 3 fr. par ouvrier jusqu'au maximum de 100 fr.—pr. : au 20e : 1o sur la maison d'habitation ; 2o sur les magasins complétement séparés de l'établissement; au 25e sur l'établissement industriel. C2.
Sel (march. de) en gros. A1. pr.15. D*.
Sel (march. de) en demi-gros. A2. pr.20.
Sel (march. de) en détail. A7. pr.40.
Sellier-carrossier. A3. pr.20.
Sellier-harnacheur. A5. pr.20.
Sellier, à façon. A7. pr.40.
Serrurerie (fabric. de).—V. Ferronnerie.
Serrurerie (march. expédit. d'objets en). A2. pr.20.
Serrurier, à façon, travaillant pour des maîtres qui fournissent la matière. D7. pr.40.
Serrurier entrepreneur. A4. pr.20.
Serrurier non entrepreneur. A5. pr.20.
Serrurier mécanicien. A4. pr.20.
Serrurier en voitures suspendues. A4. pr.20.
Sertisseur ou monteur à façon. Celui qui monte des pierres fines ou fausses. D7 pr.40.
Sirop de fécule de pommes de terre (fabriq. de). F2. 15 fr. Plus 3 fr. par ouvrier jusqu'au maximum de 200 fr. — Pr. : au 20e : 1o sur la maison d'habitation; 2o sur les magasins de vente complétement séparés de l'établissement; au 25e sur l'établissement industriel. C2.
Sociétés (fourniss. des objets de consommation dans les).—V. Cercles.
Socques en bois (fabric. et march. de). A7. pr.40.
Soie (march. de) en gros. A1. pr.15. D*.
Soie (march. de) en demi-gros. A2. pr.20.
Soie (march. de) en détail. A3. pr.20.
Soies de porc ou de sanglier (march. de) en gros. A1. pr.15. D*.
Soies de porc ou de sanglier (march. de) en demi-gros. A2. pr.20.
Soies de porc ou de sanglier (march. de) en détail. A5. pr.20.
Son, recoupe et remoulage (march. de). A6. pr.20.
Sondes (fabric. de grandes). A4. pr.20.
Sondeur de puits.—V. Fontainier.
Soudes végétales indigènes (march. de) en gros. A3. pr.20.
Soufflets (fabric. et march. de gros) pour les forgerons, bouchers, etc. A5. pr.20.
Soufflets ordinaires (fabric. et march. de). A7. pr.40.
Souliers vieux (march. de). A8. pr.40.
Souricières (fabric. de).—V. Cages.
Sparterie pour modes (fabric. de). A5. pr.20.
Sparterie (fabric. et march. d'objets en). A6. pr.20.
Spectacles (directeur de).
1o Le quart d'une représentation complète dans les théâtres où l'on joue tous les jours.
2o Le huitième, si l'on ne joue pas tous les jours, et si la troupe est sédentaire.
3o Si la troupe n'est pas sédentaire, c'est-à-dire si elle ne réside pas quatre mois consécutifs dans la même ville 50 fr.
Pr.15e sur la maison d'habitation seulement. C5.
Sphères (fabric. de). A6. pr.20.
Stucateur. A6. pr.20.
Sucre (raffinerie de). F3.
Ayant moins de 25 ouvriers 100 fr.
De 25 à 50 ouvriers 200 fr.
Plus de 50 ouvriers 300 fr.
Pr. : au 20e : 1o sur la maison d'habitation; 2o sur les magasins de vente complétement séparés de l'établissement; au 40e sur l'établissement industriel. C3.
Sucre de betterave (fabriq. de). C3.
Pour chaque chaudière à déféquer, contenant moins de 10 hectol. 40 fr. pr.
Pour chaque chaudière à déféquer, contenant 10 hect. et au-dessus 60 fr. jusqu'au maximum de 400 fr. Pr. mêmes droits que le précédent.
Sucre brut et raffiné (march. de) en gros. A1. pr.15. D*.
Sucre brut et raffiné (march. de) en demi-gros. A2. pr.20.
Sucre brut et raffiné (march. de) en détail. A5. pr.20.
Suif (fondeur de). F2.10 fr. Plus 3 fr. par ouvrier jusqu'au maximum de 100 fr. — pr. : au 20e : 1o sur la maison d'habitation ; 2o sur les magasins de vente complétement séparés de l'établissement; au 25e sur l'établissement industriel. C2.
Suif fondu (march. de) en gros. A1. pr.15. D*.
Suif fondu (march. de) en demi-gros. A2. pr.20.
Suif fondu (march. de) en détail. A4. pr.20.
Suif en branches (march. de). A4. pr.20.
Sumac (march. de). A6. pr.20.
Tabac (march. de) en gros, dans le département de la Corse. A1. pr.15. D*.
Tabac en feuilles (march. de). A1. pr.15. D*.
Tabac (march. de) en détail, dans le département de la Corse. A6. pr.20.
Table d'hôte (tenant une). A6. pr.20.
Tableaux (march. de). A5. pr.20.
Tableaux (restaurat. de). A7. pr.40.
Tabletier (march.). A6. pr.20.
Tabletterie (march. de matières premières pour la). A3. pr.20.
Tabletterie (fabric. d'objets en), pour son compte. A6. pr.20.
Tabletterie (fabric. d'objets en), à façon. A7. pr.40.
Taffetas gommés ou cirés (fabric. de). 50 fr. — pr. : au 20e : 1o sur la maison d'habitation; 2o sur les magasins de vente complétement séparés de l'établissement; au 25e sur l'établissement industriel. C2.
Taffetas gommés ou cirés (march. de). A5. pr.20.
Taillandier. A5. pr.20.
Tailleur (march.), avec magasin d'étoffes. A3. pr.20.
Tailleur (march.), sans magasin, fournissant sur échantillons. A5. pr.20.
Tailleur (march.) d'habits neufs. A5. pr.20.

Tailleur d'habits, à façon. A7. pr.40.
Tailleur de pierres D7. pr.40.
Tambours, grosses caisses, tambourins (fabric. de). A6. pr.20.
Tamisier (fabric. et march.). A6. pr.20.
Tan (march. de). A6. pr.20.
Tannerie de cuirs forts et mous. F3.10 fr. Plus 25 c. par mètre cube de fosses et de cuves, jusqu'au maximum de 300 fr. — pr. : au 20e : 1o sur la maison d'habitation; 2o sur les magasins de vente complètement séparés de l'établissement; au 40e sur l'établissement industriel. C3.
Tapis de laine et tapisseries (march. de). A3. pr.20.
Tapis peints ou vernis (fabric. de). 50 fr. — pr. : au 20e : 1o sur la maison; 2o sur les magasins complètement séparés de l'établissement; au 25e sur l'établissement industriel. C2.
Tapis peints ou vernis (march. de). A5. pr.20.
Tapisserie à la main (fabric. de). D7. pr.40.
Tapissier (march.). A4. pr.20.
Tapissier, à façon. A6. pr.20.
Teinture (march. en gros de matière première pour la). A1. pr.15. D*.
Teinturier (pour les fabric. et les march.). F3.15 fr. Plus 3 fr. par ouvrier, jusqu'au maximum de 300 fr. — pr. : au 20e : 1o sur la maison d'habitation; 2o sur les magasins de vente complétement séparés de l'établissement; au 40e sur l'établissement industriel. C3.
Teinturier dégraisseur, pour les particuliers. A6. pr.20.
Teinturier en peaux. A6. pr.20.
Terrassier (maître). D6. pr.20.
Têtes en carton, servant aux marchandes de mode (fabric. de). A8. pr.40.
Thé (march. de) en gros. A1. pr.15. D*.
Thé (march. de) en demi-gros. A2. pr.20.
Thé (march. de) en détail. A4. pr.20.
Tir au pistolet (maître de). D5. pr.20.
Tireur d'or et d'argent. A6. pr.20.
Tissage mécanique. Par chaque métier 2 fr. 50 c., jusqu'au maximum de 400 fr. — pr. : au 20e : 1o sur la maison d'habitation; 2o sur les magasins de vente complétement séparés de l'établissement; au 50e sur l'établissement industriel. C4.
Tisserand. A8. pr.40.
Tissus de laine, de fil, de coton, de soie ou de crin (march. de) en gros. D1. pr.15. D*.
Tissus de laine, de fil, de coton, de soie ou de crin (march. de) en demi-gros. D2. pr.20.
Tissus de laine, de fil, de coton, de soie ou de crin (march. de) en détail. D3. pr.20.
Tissus grossiers et communs (march. de), sans assortiment. D6. pr.20.
Toiles cirées ou vernies (fabric. de). 50 fr. — pr. : au 20e : 1o sur la maison d'habitation; 2o sur les magasins de vente complétement séparés de l'établissement; au 25e sur l'établissement industriel. C2.
Toiles cirées ou vernies (march. de). A5. pr.20.
Toiles grasses (fabric. de), pour emballage. A7. pr.40.
Toiles métalliques (fabric. de), pour son compte. A5. pr.20.
Toiles métalliques (fabric. de), à façon. A7. pr.40.
Toiseur de bâtiments. A7. pr.40.
Toiseur de bois. A7. pr.40.
Tôle vernie (fabric. d'ouvrages en). A4. pr.20.
Tôle vernie (march. d'ouvrages en). A5. pr.20.
Tôlier. A6. pr.20.
Tôlier à façon. D8. pr.40.
Tondeur ou presseur de draps et autres étoffes de laine. D7. pr.40.
Tondeur de tapis, par procédés mécaniques, F3. 5 fr. par tondeuse jusqu'au maximum de 100 fr. — pr. : au 20e : 1o sur la maison d'habitation; 2o sur les magasins de vente complétement séparés de l'établissement; au 40e sur l'établissement industriel. C3.
Tonneaux (march. et fabric. de). A7. pr.40.
Tonneaux, barriques (fabriq. de), pour expéditions maritimes et commerciales D4. pr.20.
Tonnelier à façon. Celui qui ne travaille qu'à la réparation ou à l'entretien chez les marchands, les fabricants et les particuliers. D7. pr.40.
Tonnelier (maître) D6. pr.20.
Tontine (société de). 300 fr. pr.15. C1.
Torcher. A7. pr.40.
Tourbe (march. de) en gros. A4. pr.20.
Tourbe (march. de) en détail. A8. pr.40.
Tourbes carbonisées (fabriq. de). 25 fr. — pr. : au 20e : 1o sur la maison d'habitation; 2o sur les magasins de vente complétement séparés de l'établissement; au 25e sur l'établissement industriel. C2.
Tourbières (exploitant de). F5.5 fr. Plus 3 fr. par ouvrier, jusqu'au maximum de 200 fr. pr.15e sur la maison d'habitation seulement. C5.
Tournerie de Saint-Claude (march. expédit. d'articles de). A3 pr.20.
Tournettes (fabric. de) —V. Cages.
Tourneur sur métaux. A6. pr.20.
Tourneur en bois (march.) vendant en boutique divers objets en bois, faits au tour. A7 pr.40.
Tourneur en bois (fabric.), sans boutique. A8. pr.40.
Tourneur en marbre et en pierre. D6. pr.20.
Tours et autres ouvrages pour la coiffure en cheveux, soie (fabric. ou march. de) D6. pr.20.
Tourteaux (march. de). A3. pr.20.
Tourteaux (march. de) en détail. A6. pr.20.
Traçons (maître de). A5. pr.20.
Traiteur donnant à manger chez lui ou portant en ville. D3. pr.20.
Transport de condamnés par voitures cellulaires F3. 300 fr. — pr. : au 20e sur la maison d'habitation; au 40e sur l'établissement industriel. C3.
Transport de la guerre (entreprise gén. du) C3.1,000 fr. pr. mêmes droits que le précédent.
Transport de la guerre (entreprise particul. de), pour une division militaire. C3.100 fr. pr. mêmes droits que le précédent.
Transport de la guerre (entreprise particul. de), pour gîtes d'étapes. C3.25 fr. pr. mêmes droits que le précédent.
Transports militaires (entreprise gén. des). C3.1,000 fr. pr. mêmes droits que le précédent.
Transports des tabacs (entreprise gén. de). C3.1,000 fr. pr. mêmes droits que le précédent.
Travaux publics (entrepren de). C5.50 fr. pr.15e sur la maison d'habitation seulement. C5.
Tréfilerie en fer ou laiton. F3.25 fr. Plus 2 fr. 50 c. par bobine jusqu'au maximum de 400 fr. — pr. : au 20e : 1o sur la maison d'habitation; 2o sur les magasins de vente complétement séparés de l'établissement; au 40e sur l'établissement industriel. C3.
Tréfileur par les procédés ordinaires. A6. pr.20.
Treillageur. A7. pr.40.
Tricots à l'aiguille (fabric. ou march. de). D5. pr.20.
Tripier, cuiseur ou échaudeur d'abats. D7. pr.40.
Truffes (march. de). A4. pr.20.
Tuiles (fabric. de). F2.5 fr. Plus 2 fr. par ouvrier, jusqu'au maximum de 100 fr. — pr. : au 20e : 1o sur la maison d'habitation; 2o sur les magasins de vente complétement séparés de l'établissement; au 25e sur l'établissement industriel. C2.
Tuiles (march. de). A6. pr.20.
Tulles (march. de) en détail. A4. pr.20.
Tuyaux (fabric. de) en fil de chanvre pour les pompes à incendie et les arrosements. A4. pr.20.
Ustensiles de chasse et de pêche (march. d'). A5. pr.20.
Ustensiles de ménage (march. de vieux). A7. pr.40.
Ustensiles en fer battu (fabriq. d') par procédés mécaniques. F3.15 fr. Plus 3 fr. par ouvrier jusqu'au maximum de 300 fr. — pr. : au 20e : 1o sur la maison d'habitation; 2o sur les magasins de vente complétement séparés de l'établissement; au 40e sur l'établissement industriel. C3.
Vaches ou veaux (march. de). A4. pr.20.
Vaisselles et ustensiles de bois (fabric. et march. de). A7. pr.40.
Vanneries (march., expédit. de). A4. pr.20.
Vannerie (march. de) en détail. A6. pr.20.
Vannier emballeur pour les vins. A5. pr.20.
Vannier. Fabricant en vannerie fine. A6. pr.20.
Vannier. Fabricant en vannerie commune. A8. pr.40.
Veilleuses (march. et fabric. de).—V. Mèches.
Ventes à l'encan (dir. d'un établiss. de). A1. pr.15. D*.
Vérificateur de bâtiments. A6. pr.20.
Vernis (fabric. et march. de).—V. Couleurs.
Vernisseur sur cuivre, feutre, carton et métaux. A6, pr.20.
Vernisseur sur cuivre, feutre, carton et métaux, à façon. D7. pr.40.
Verrerie 50 fr. par four de fusion jusqu'au maximum de 300 fr. — pr. : au 20e : 1o sur la maison d'habitation; 2o sur les magasins de vente complétement éparés de l'établissement; au 40e sur l'établissement industriel. C3
Verres blancs et cristaux (march. de) en gros. A1. pr.15. D*.
Verres blancs et cristaux (march. de) en demi-gros. A2. pr.20.
Verres blancs et cristaux (march. de) en détail. A5. pr.20.
Verres bombés (march. de). A6. pr.20.
Verres à vitre (march. de). A4. pr.20.
Verroterie et gobeleterie (march. de) en demi-gros. A2. pr.20.
Verroterie et gobeleterie (march. de) en détail. A6. pr.20.
Vétérinaire. pr.15. G.
Vidange (entrepren. de). A5. pr.20.
Vignettes et caractères à jour (march. de), en boutique. A6. pr.20.
Vignettes et caractères à jour (fabric. de), pour son compte. A6. pr.20.
Vignettes et caractères à jour (fabric. de), à façon. A8. pr.40.
Vinaigre (fabric. de). F2.25 fr. — pr. : au 20e : 1o sur la maison d'habitation; 2o sur les magasins de vente complétement séparés de l'établissement; au 25e sur l'établissement industriel. C2.
Vinaigre (march. de) en gros. A1. pr. 15. D*.
Vinaigrier en détail. A4. pr.20.
Vins (march. de) en gros. Vendant habituellement des vins par pièces ou paniers de vins fins, soit aux marchands en détail et aux cabaretiers, soit aux consommateurs. A1. — pr. : au 15e sur le loyer d'habitation; au 30e sur les locaux servant à l'exercice de la profession. D*.
Vins (march. de), ayant son établissement dans l'entrepôt réel de la ville de Paris. E.100 fr. pr.15. D*.
Vins (march. de) en détail. Vendant habituellement, pour être consommés hors de chez lui, des vins au panier ou à la bouteille. A4. pr.20.
Vins (voiturier, march. de). A4. pr.20.
Vins (march. de) en détail, donnant à boire chez lui et tenant billard. A5. pr.20.
Vins (march. de) en détail, donnant à boire chez lui et ne tenant pas billard. A6 pr.20.
Vins, bière, cidre (débit. au petit détail). Celui qui vend au pot et à la bouteille et ne donne pas à boire chez lui. D7. pr.40.
Vis (manufact. de) par procédés mécaniques. F3.10 fr. Plus 3 fr. par ouvrier, jusqu'au maximum de 300 fr. — pr. : au 20e : 1o sur la maison d'habitation; 2o sur les magasins de vente complétement séparés de l'établissement; au 40e sur l'établissement industriel. C3.
Vis (fabric. de) par procédés ordinaires, pour son compte. A6. pr.20.
Vis (fabric. de), par procédés ordinaires, à façon. A8. pr.40.
Vitraux (faiseur et ajusteur de), pour son compte. D6. pr.20.
Vitraux (faiseur et ajusteur de), à façon. D7. pr.40.
Vitrier, en boutique. A6. pr.20.
Voilier, pour son compte. A5. pr.20.
Voilier, à façon. A6. pr.20.
Voiturier ou roulier, ayant plusieurs équipages. D5. pr.20.
Voiturier ou roulier n'ayant qu'un équipage. D8. pr.40.
Volaille ou gibier (march. de). A6. pr.20.
Volailles truffées (march. de). A4. pr.20.
Yeux artificiels (fabric. de). D6. pr.20.

Sect. 2. — Du droit fixe et du droit proportionnel.

10. Les droits de patente se composent de deux éléments, le droit fixe et le droit proportionnel, et, sur ce point, la loi de 1844 a maintenu l'esprit de l'art. 5 de la loi du 1er brum. an 7, ainsi conçu : « Les droits de patente se divisent en droits fixes et en droits proportionnels. » — La loi nouvelle n'a changé à cette disposition qu'un seul mot important, elle a substitué le mot *se compose* au mot *se divise*, rédaction infiniment plus convenable, puisque ces deux droits sont pour ainsi dire inséparables. Le principe de cette combinaison des deux droits avait été posé par la loi du 6 fruct. an 4, et conservé depuis comme base de perception du nouvel impôt. Voici en quels termes M. Vitet, rapporteur de la loi de 1844, justifiait la conservation de ce principe dans la loi. — « La législation actuelle, disait-il repose sur la combinaison d'un droit fixe qui est établi d'après l'importance relative de chaque profession et d'un droit proportionnel qui varie suivant l'importance des locaux occupés par chaque patenté..... Le droit fixe, sans le droit proportionnel, frapperait d'une taxe égale tous les patentables exerçant la même profession dans une même commune, quelle que fût d'ailleurs l'importance de leurs profits. Le droit proportionnel, sans le droit fixe, produirait des effets non moins injustes, car telle profession, très-lucrative, n'exige qu'un local peu étendu, tandis que telle autre industrie, qui ne donne que de faibles bénéfices, ne peut s'exercer que dans de vastes locaux. La réunion de ces deux droits est donc indispensable, puisque l'un est le correctif de l'autre. »

On va exposer d'abord les règles relatives au droit fixe, puis celles qui régissent le droit proportionnel. — Quant au droit fixe et au droit proportionnel, applicables aux établissements industriels, usines, manufactures, fabriques, comme ils sont régis par des principes spéciaux, nous en ferons l'objet d'un chapitre distinct (V. nos 178 et suiv.).

Art. 1. — *Du droit fixe.*

11. On entend par droit fixe la quotité, le *quantum* que devra payer chaque contribuable et que la loi a fixée par avance, pour chaque cas prévu, et réglé dans divers tableaux contenant la série des industries soumises à cet impôt. Les différentes questions que soulève le droit fixe sont exposées dans les paragraphes suivants, dans lesquels on traite : 1° du classement des industries; 2° du droit fixe principal, du demi-droit fixe et du lieu où ces droits sont dus; 3° de l'application des tarifs; 4° du classement par analogie.

§ 1. — *Classement des industries sous le rapport du droit fixe.*

12. « Le droit fixe, porte l'art. 3 de la loi de 1844, est réglé conformément aux tableaux A, B, C, annexés à la présente loi. Il est établi : eu égard à la population, et d'après un tarif général, pour les industries et professions énumérées dans le tableau A; eu égard à la population et d'après un tarif exceptionnel, pour les industries et professions portées dans le tableau B; sans égard à la population pour celles qui font l'objet du tableau C. » — Il y a dans cette disposition un renversement complet des tarifs de la loi de l'an 7. Les classifications de cette loi ayant été revisées par des lois successives, la loi de 1844 s'est emparée de ces modifications; tout en conservant le principe du droit fixe, elle a rangé les contribuables en catégories mieux combinées entre elles dans des tableaux qui poussent l'investigation de classement jusqu'à ses dernières limites, puisque nous y trouvons énoncées les professions les plus infimes. — Les modifications apportées à la loi de l'an 7 et les classements admis par la loi de 1844, découlent presque généralement d'un travail que l'administration des contributions directes pour le département de la Seine avait fait dresser, pour faciliter l'application du droit fixe aux différentes espèces de commerce et de profession, d'après la législation interprétée par les instructions de l'autorité supérieure et par la jurisprudence. C'est ce qu'il sera facile de reconnaître en rapprochant la jurisprudence antérieure, des classements admis par la loi de 1844. — Du reste ces divisions en catégories et en classes, avec ou sans égard à la population, ne laissent aucun doute sur la pensée qu'a eue le législateur de n'atteindre le patentable qu'en proportion du bénéfice présumé que peut lui donner l'état auquel il se livre. « Il est connu que certaines industries acquièrent plus ou moins d'importance, selon qu'elles sont en rapport avec une population plus ou moins nombreuse; que d'autres, au contraire, prospèrent aussi bien dans des lieux écartés que dans de grands centres de population. La loi de l'an 7 avait donc fait une distinction juste et fondée, mais elle l'avait appliquée d'une manière restreinte et inexacte. Ainsi, de tous les patentables, ceux qui doivent à plus juste titre être taxés sans égard à la population, ce sont assurément les industriels proprement dits, c'est-à-dire ceux qui exploitent des usines, manufactures et autres grands établissements. Ce n'est pas à des consommateurs locaux qu'ils s'adressent, ce n'est donc pas la population du lieu de leur résidence qui peut donner la mesure de leurs profits; et même il faut remarquer qu'en se plaçant hors des villes, ils peuvent diminuer leurs dépenses et augmenter par conséquent leurs chances de succès » (Rapport de M. Vitet). — Lors de la discussion de la loi, la classification par degrés de population a été critiquée par M. Richond des Brus : « Si dans chaque localité, a-t-il dit, il y avait un nombre d'individus exerçant la même profession, proportionné au chiffre des populations, la règle serait équitable. Mais si dans une ville de 2,000 âmes, par exemple, il y a deux épiciers détaillants, et s'il y en a six dans une ville de 4,000 âmes, ces derniers, quoique ayant leur centre d'opérations au milieu d'une population plus considérable, n'en auront pas moins un nombre de personnes tributaires de leur industrie, relativement moins grand que les premiers, et cependant ils sont, d'après la loi, obligés de payer davantage. Voilà ce qui me paraît injuste. — Je pense que le chiffre de la population devrait être combiné avec le nombre relatif des personnes qui y exercent leur profession. Ceci soulèverait peut-être quelques difficultés d'exécution; mais il me semble cependant qu'il ne serait pas impossible de les surmonter. » — L'objection est spécieuse, mais nous sommes loin de croire l'exécution aussi facile que semble l'énoncer M. Richond des Brus.

13. La loi de l'an 7 divisait les patentables en cinq catégories qui comprenaient: la première, les professions qui faisaient partie du tarif général divisé par classes et par degrés de population; la deuxième, les professions hors classes, savoir celles que l'ancienne loi taxait sans égard à la population, plus celles que les lois de 1817 et 1818 soumettaient à un tarif exceptionnel, eu égard à la population; la troisième, les fabriques à métiers; la quatrième, les filatures; la cinquième, tous les établissements industriels dont le classement était fait par les autorités locales. La loi nouvelle a substitué à ces catégories quatre tableaux A, B, C, D, sur lesquels sont inscrites toutes les professions imposables, distribuées dans l'ordre suivant.

Le tableau A comprend les professions dont le principal élément de prospérité est l'affluence des acheteurs, et dont, par conséquent, l'importance peut se mesurer assez exactement par le chiffre de la population des communes où elles s'exercent. Ce sont principalement les professions de marchands en boutiques ou en magasins, c'est-à-dire de la très-grande majorité des patentables. « Sur 1,337,546 personnes soumises actuellement à la contribution des patentes, disait le rapporteur de la loi de 1844, 1,285,612 appartiennent au tableau A. » Toutes les professions qui y sont énumérées sont imposées eu égard à la population.

Le tableau B est une extension du principe introduit par l'art. 56 de la loi du 25 mars 1817. Il comprend certaines professions qui, tout en étant taxées eu égard à la population, ne doivent pas, à raison de leur importance et de la nature de leurs opérations, être soumises au tarif annexé au tableau A, mais imposées d'après un tarif exceptionnel.

Le tableau C contient à lui seul toutes les professions comprises aujourd'hui dans les troisième, quatrième et cinquième catégories, c'est-à-dire les fabriques à métiers, les filatures et tous les autres établissements industriels imposés sans égard à la population, il se divise en cinq parties.

Enfin le tableau D comprend les exceptions au tarif du tableau C, en ce qui concerne la fixation du droit proportionnel.

La loi du 18 mai 1850 est venue augmenter le nombre des professions soumises à la patente, qu'elle classe dans quatre tableaux D, E, F, G, correspondant, le tableau D au tableau A, le tableau E au tableau B, le tableau F au tableau C, et le tableau G au tableau D de la loi de 1844. La nouvelle loi a donc réglé le droit de patente comme la loi de 1844 avec ou sans égard à la population, mais cependant elle a introduit un nouveau principe, celui du droit fixe principal et des demi-droits (V. n° 28).

14. Il y a dans le tableau A, comparé aux tarifs de la loi de l'an 7, augmentation de classes et de degrés, car le tarif général de l'an 7 n'était divisé qu'en sept classes, subdivisées chacune en sept degrés de population. Ici nous trouvons une huitième classe et un huitième degré de population. La nouvelle classe prend rang immédiatement après la première, dont elle est en quelque sorte le dédoublement. Elle concerne plus spécialement les marchands en demi-gros dont n'avait pas parlé la loi de l'an 7, le huitième degré de population s'applique aux communes au-dessous de 2,000 âmes, dont la position est ainsi améliorée, car l'ancien tarif soumettait à la même taxe les patentables des villes de 5,000 âmes et ceux des communes rurales de quelques centaines d'habitants. Les nombreuses réclamations qui en étaient résultées ne pouvaient manquer d'être prises en considération. — Le tarif a été abaissé, à l'égard de ce degré de population, pour plusieurs des classes : ainsi, la patente de la première classe a été réduite de 40 fr. à 35 fr.; celle de la quatrième classe, de 15 fr. à 12 fr. Mais les autres classes ne font que reproduire les chiffres adoptés en l'an 7. Chaque droit est fixé en raison présumée de l'importance des diverses industries qu'elle comprend, et les différences qui existent entre les divers patentables sont déterminées en raison directe du plus ou moins d'importance de la population du lieu où s'exercent ces industries.— Ce tableau présente enfin la nomenclature de toutes les professions soumises à la patente, nomenclature dans laquelle le législateur range par ordre alphabétique, et suivant la classe à laquelle elle doit appartenir, chacune de ces professions. — Quoique, d'après la loi de 1844, les fabricants soient généralement placés dans le tableau C, le tableau A contient néanmoins certains marchands qui fabriquent eux-mêmes les objets qu'ils vendent aux particuliers, par le motif que la population des lieux où ils sont établis est la principale cause et le meilleur indice de l'étendue de leurs affaires. — Le tableau A a été complété par le tableau D de la loi de 1850.—L'art. 20 de cette dernière loi a « réduit à moitié les droits de certains patentables des quatre dernières classes du tableau A travaillant pour leur compte, mais qui, nouvellement établis ou parvenus à la fin de leur carrière, exercent leurs professions dans des conditions d'infériorité vis-à-vis de leurs concurrents. — Cette modération n'est due qu'à ceux qui rempliront les conditions suivantes : la première, c'est que la profession consiste en un travail de fabrication, confection ou main-d'œuvre ; dès lors, la réduction n'est point applicable à un boucher à la cheville, à un épicier, à un libraire, à un boulanger, à un loueur de chevaux, à un loueur en garni, à un barbier, etc., dont les professions consistent principalement en des actes de vente ou de location, ou en une opération qui ne saurait être appelée travail de main-d'œuvre. — La seconde condition, c'est d'exercer sans compagnon ni apprenti. Il est bien entendu que le simple manœuvre, indispensable à l'exercice de la profession, ne sera jamais compté pour un compagnon ou un apprenti » (circ. direct. gén. des contrib. 10 juill. 1850). — C'est par application de cette nouvelle disposition qu'on a jugé que le maréchal ferrant (sixième classe) qui travaille, même pour son compte, avec son fils non marié (V. n° 267), doit être considéré comme travaillant sans compagnon ni apprenti; et qu'il doit profiter de la disposition de l'art. 20 de la loi du 18 mai 1850, qui réduit de moitié les droits à payer par les patentables des quatre dernières classes du tableau A de la loi du 25 avril 1844, qui exercent pour leur compte, mais sans compagnon ni apprenti, des professions consistant en un travail de fabrication, confection ou main-d'œuvre (ord. cons. d'Et. 8 avril 1852, M. Pascalis, rap., aff. Rochet). — Mais il a été décidé que l'art. 20 de la loi de 1850 n'est pas applicable aux bottiers et cordonniers, qui, lorsqu'ils travaillent seuls ont été rangés nominativement dans la septième classe par le tarif de la loi de 1850 (décr. cons. d'Et. 20 mars 1852, aff. Michelet, V. n° 67).

15. «Pour les professions, porte l'art. 5 de la loi de 1844, dont le droit fixe varie en raison de la population du lieu où elles sont exercées, les tarifs seront appliqués d'après la population qui aura été déterminée par la dernière ordonnance de dénombrement. » — Les préfets doivent à cet effet remettre au directeur des contributions directes une copie authentique, par commune, des tableaux de population dont les résultats se trouvent annexés à l'ordonnance royale du 20 déc. 1842, sauf les rectifications prescrites par les ordonnances postérieures. Les directeurs transmettent ensuite un extrait de ces tableaux aux contrôleurs pour les communes de leur division, et s'assurent que la population officielle a été exactement inscrite en tête de la matrice de chaque ville ou commune. Le chiffre de cette population doit servir de base à l'application du tarif, tant qu'il n'a pas été modifié par une nouvelle ordonnance de dénombrement insérée au Bulletin des lois (circ. min. 14 août 1844).

16. « Néanmoins, ajoute l'art. 5, lorsque ce dénombrement fera passer une commune dans une catégorie supérieure à celle dont elle faisait précédemment partie, l'augmentation du droit fixe ne sera appliquée que pour moitié pendant les cinq premières années. » — La commission de la chambre des députés avait hésité un moment à proposer de substituer à la double augmentation pour moitié qui devra avoir lieu, l'une pendant les cinq ans, l'autre à leur expiration, une augmentation successive d'un cinquième, année par année. Mais cette pensée, conçue dans le but de rendre la transition plus insensible, a été aussitôt abandonnée à raison des changements cinq fois répétés qu'ils occasionneraient, et des mécontentements qui en pourraient être la suite. — La circulaire du 14 août 1844 indique comment on devra opérer dans le cas où la population d'une commune a augmenté. — « Lorsqu'une nouvelle ordonnance, y est-il dit, sera promulguée, une copie des tableaux indiquant la nouvelle population sera remise, ainsi qu'il est dit ci-dessus, par le préfet au directeur et par celui-ci aux contrôleurs. Si la comparaison de ces tableaux avec les précédents fait connaître que les communes passent dans une catégorie supérieure à celle dont elles faisaient précédemment partie, le directeur annotera sur la feuille de tête des matrices que l'augmentation du droit fixe ne devra être appliquée que pour moitié pendant cinq ans. » — Lorsqu'il s'agira de faire cette application, le tarif sera modifié ainsi qu'il est indiqué dans un exemple donné par la circulaire précitée.

17. La loi s'occupe dans le second paragraphe de l'art. 5 de l'augmentation du droit de patente, en cas d'accroissement de la population; mais que doit-on décider en cas de décroissement? Nous n'hésitons pas à penser qu'on devra, non pas attendre le délai de cinq ans pour opérer une diminution, mais au contraire que ce dégrèvement devra être opéré aussitôt que la position sera constatée et lors de la formation du rôle annuel qui suivra. Les motifs invoqués en cas d'accroissement révèlent assez la pensée du législateur.

18. Jusqu'en 1844, les patentables qui exerçaient à l'extérieur des villes avaient été aussi fortement imposés que ceux qui exerçaient la même industrie dans l'intérieur. Ce mode de procéder avait soulevé de vives réclamations et c'est à cette inégalité que la loi a voulu apporter un remède. Les patentables domiciliés dans la banlieue ne participant que faiblement aux avantages de l'agglomération, il n'était pas juste qu'ils continuassent d'être soumis au même droit fixe que les patentables de l'intérieur des villes. Il a été en conséquence inséré dans la nouvelle loi une disposition analogue à celle déjà consacrée pour les portes et fenêtres par l'art. 24 de la loi du 21 avril 1832.—L'art. 6 de la loi de 1844 porte : « Dans les communes dont la population totale est de 5,000 âmes et au-dessus, les patentables exerçant dans la banlieue des professions imposées eu égard à la population payeront le droit fixe d'après le tarif applicable à la population non agglomérée. » — Par le mot *banlieue*, il faut entendre la partie du territoire qui, dans le tableau de dénombrement de la population, est en dehors de l'agglomération. — Le projet du gouvernement portait *domiciliés en dehors des limites de l'octroi*. Sur l'observation de la commission que les limites de l'octroi n'exprimaient qu'une pensée incertaine, que plusieurs villes n'ont pas d'octroi, et que pour d'autres les limites de l'octroi embrassent l'intégralité de leur territoire, la chambre a substitué, aux expressions critiquées, celles-ci : *exerçant dans la banlieue*. — Il résulte de cette discussion que la banlieue se distinguera de la ville proprement dite, plutôt par l'état de la population et sa distribution sur le territoire que par les limites municipales.

19. Le tableau, par commune, annexé aux ordonnances ou décrets de dénombrement de la population présente séparément la population totale et la population agglomérée. La différence existant entre le premier chiffre et le second indique la population non agglomérée, et par conséquent le tarif applicable aux patentables faisant partie de cette dernière population. Quant à la désignation de ces patentables, les préfets sont invités à remettre au directeur pour être transmis aux contrôleurs, les documents propres à faire distinguer les habitations comprises dans les banlieues. La matrice des patentes des communes ayant banlieue est divisée en deux parties; l'une comprend les patentables de la ville proprement dite, l'autre ceux de la banlieue. Le directeur des contributions calcule le droit fixe pour les premiers d'après le tarif applicable à la population totale et pour les seconds d'après le tarif applicable à la population non agglomérée. — Supposons une ville dont la population est de 20,447 habitants, mais dont la population agglomérée ne soit que de 17,068, la différence est donc de 3,379, composant la population de banlieue. Les patentables de la ville payent le droit fixe d'après le tarif applicable aux communes de 20,000 à 30,000 âmes, par application du § 2 de l'art. 6 dont il est parlé au numéro suivant, les patentables de la banlieue d'après le tarif applicable aux communes de 2 à 5,000 âmes (circul. min. 14 août 1844).

20. L'agglomération de la population des villes n'exerce donc plus désormais d'influence sur le tarif de la patente des marchands de ces localités; mais doit-on admettre, en sens inverse, que le chiffre de la population non agglomérée de la banlieue, reste sans influence sur le tarif des patentables de la ville? Il ne paraît pas qu'on doive le décider ainsi, car les mêmes motifs qui font abaisser le tarif pour les marchands de la banlieue ne peuvent pas être invoqués par les marchands urbains. La population de la banlieue donne à l'industrie de ces derniers plus d'importance et ajoute à leurs bénéfices : cependant le projet de la commission réclamait un abaissement du tarif pour les marchands urbains, en déduisant de la population totale de la commune, la population non agglomérée de la banlieue. « Le projet de loi ne consacre pas cette réciprocité, dit M. le rapporteur Vitet, il ne favorise que l'habitant de la banlieue, et assujettit dans tous les cas l'habitant de la ville au tarif applicable à la population totale. Or, un grand nombre de villes n'ont pas de banlieue, et jouissent cependant, par le voisinage immédiat d'autres communes, de tous les avantages qu'une ville qui possède une banlieue peut devoir au voisinage des habitants qui y sont domiciliés. Si les patentables de cette dernière ville sont imposés d'après le tarif applicable à la population de toute la commune, tandis que les patentables de la ville sans banlieue ne subissent aucune augmentation d'impôts à raison des populations adjacentes, on fait dépendre d'un hasard de circonscriptions administratives une différence dans les charges de contribuables qui sont en réalité dans des situations identiques. Le seul moyen de prévenir ce résultat peu équitable est de distinguer, dans tous les cas, la population urbaine de la population rurale, et d'appliquer à l'une et à l'autre un tarif particulier. » En conséquence, la commission avait proposé de ne tenir compte pour les patentables domiciliés dans la ville que de la population *agglomérée* et non de la population *totale*. —Mais M. le ministre des finances a fait observer que dans la plupart des cas, la banlieue, le territoire rural se composait de hameaux détachés, d'habitations disséminées, qui, dans un rayon plus ou moins considérable, étaient rattachés à une commune principale. Que dans ce cas il était évident que c'était au centre de la commune que les habitants de ces hameaux venaient faire leurs opérations de commerce; que peu importait pour les marchands établis dans l'intérieur de la commune que les maisons fussent contiguës ou séparées, qu'ils n'en étaient pas moins assurés de la clientèle des habitants de ces hameaux dispersés; que l'impôt de la patente devait donc être le même pour la commune qui a 15,000 habitants de population dispersés dans un rayon de deux ou trois kilomètres que pour la commune dont la population est agglomérée. M. le ministre a de plus ajouté que cette disposition occasionnerait au trésor un déficit de 350,000 fr. Ce dernier argument a convaincu la chambre, et sur la proposition de M. Lacave-Laplagne, comme député, les mots *population agglomérée*, du projet de la commission, ont été remplacés par ceux de *population totale* (Monit. 3 mars, p. 496). C'est ainsi que le § 2 de l'art. 6 porte : « Les patentables exerçant lesdites professions dans la partie agglomérée payeront le droit fixe d'après le tarif applicable à la population totale. »

21. Le tableau B est tout exceptionnel. Gradué comme le précédent, eu égard à la population, il est, en raison de l'importance des professions auxquelles il s'applique, plus élevé que le tableau A. « Il ne concerne aujourd'hui, disait le rapporteur de la loi de 1844, que 12,019 patentables compris dans la deuxième catégorie. Le projet de loi propose d'y faire entrer quelques professions qui sont actuellement taxées d'après le tarif général, savoir : les agents de change, les entreprises d'éclairage à Paris, les facteurs à la halle de Paris, commissionnaires, courtiers, fabricants de gaz, directeurs des monnaies, négociants, et quelques autres. Quant aux banquiers qui faisaient bien partie de la seconde catégorie, mais qui étaient taxés sans égard à la population, ils sont maintenant soumis à la même règle que toutes les professions comprises au tableau B. » — Ce même tableau B distingue, pour certaines professions, les villes d'une population inférieure à 30,000 âmes, qui ont un entrepôt réel, de celles qui n'en ont pas. Dans les premières, le droit fixe doit être réglé, non d'après leur population propre, mais d'après la population des villes placées dans la catégorie immédiatement supérieure. — Les villes au-dessous de 30,000 âmes dans lesquelles il existe un entrepôt réel, sont : Abbeville (Somme), Agde (Hérault), Arles (Bouches-du-Rhône), Bayonne (Basses-Pyrénées), Boulogne (Pas-de-Calais), Calais (Pas-de-Calais), Cette (Hérault), Cherbourg (Manche), Dieppe (Seine-Inférieure), Dunkerque (Nord), Granville (Manche), Honfleur (Calvados), La Rochelle (Charente-Inférieure), le Havre (Seine-Inférieure), le Légué Plérin (Côtes-du-Nord), Lorient (Morbihan), Morlaix (Finistère), Mulhouse (Haut-Rhin), Port-Vendres (Pyrénées-Orientales), Saint-Malo (Ille-et-Vilaine), Saint-Martin-de-Ré (Charente-Inférieure), Saint-Servan (Ille-et-Vilaine), Saint-Valery-sur-Somme (Somme) (circ. min. 14 août 1844).

22. « Le tableau C, disait le rapporteur de la loi de 1844, a pour objet de résoudre un problème difficile, c'est à savoir de classer et de tarifer tous les établissements industriels de quelque nature qu'ils soient, au moyen de signes extérieurs ou facilement appréciables. Cette tentative est toute nouvelle : il s'agit de généraliser le système que les lois de 1817 et 1818 n'ont appliqué qu'aux filatures et aux fabriques à métiers. Ce premier essai ne fut alors tenté que sur les établissements qui, par leur nature, se prêtent le mieux à ce mode d'appréciation : les autres présentant plus de difficultés, la loi ne se chargea pas de les tarifer elle-même et abandonna aux autorités locales le soin d'opérer leur classement sans aucune base déterminée. Nous avons déjà montré combien ce classement arbitraire avait produit de fâcheux résultats. Sauf deux ou trois villes où la suppression des commissions locales paraît devoir causer quelques regrets, on s'applaudira partout de voir substituer un régime légal à un état de choses qui produit les disparates les plus choquantes, les anomalies les plus inexplicables. Ainsi, vainement la loi a-t-elle établi une première classe taxée à 300 fr., jamais ce maximum n'est appliqué : l'établissement le plus important n'est qu'à grand peine rangé dans la seconde classe; et avec un peu de savoir faire, il n'est pas impossible de le faire descendre à la cinquième ou à la sixième. — Déjà en 1835 l'administration avait essayé de s'opposer à cet abus; mais le système qu'elle avait proposé n'était pas heureux. Il consistait à réduire considérablement le droit fixe de tous les établissements industriels, et à s'en reposer uniquement sur le droit proportionnel pour différencier l'impôt selon l'importance relative de ces établissements. Or, quelque faible que fût le droit fixe, il était encore trop lourd pour les petits patentables. La charge était extrême pour les uns, et la faveur excessive pour les autres. Quant au droit proportionnel, on avait beau le fixer tantôt à 15, tantôt à 20 p. 100, il était si facile d'éluder l'application du droit le plus élevé, que tous les patentables eussent été passibles du même droit, ce qui rendait illusoire l'intention de rectifier, par des droits proportionnels variés, l'uniformité du droit fixe. — La loi de 1844 renonce à toutes ces combinaisons factices et compliquées, et se borne à faire rentrer tous les établissements industriels dans le système général de la loi, c'est-à-dire à déterminer d'avance le tarif de chaque industrie en graduant le droit d'après des signes facilement reconnaissables. » — Le droit fixe est réglé sans égard à la population des lieux où sont situés les établissements par la raison que cette population est sans influence sur les bénéfices (circ. min. 14 août 1844).

23. Au nombre des professions comprises dans le tableau C nous trouvons celles des armateurs, banques, bateaux à vapeur, canaux, entreprises de coches, compagnies de défrichement, fournisseurs, magasins consacrés à plusieurs espèces de marchandises et occupant habituellement plus de vingt-cinq personnes, etc. — A l'égard des patentables du tableau C, dont le droit fixe est réglé d'après le nombre d'ouvriers, de broches, fours, chaudières, cuves, forges, hauts fourneaux, cylindres, meules, tavelles, bobines, etc.; le nombre total de ces éléments doit servir à l'établissement du droit, sans toutefois que le maximum puisse être dépassé.—Ainsi, porte la circulaire du 14 août 1844, un fabricant de tuiles qui exploite trois tuileries situées dans trois communes différentes, et dont la première occupe cinq ouvriers, la seconde sept et la troisième dix, sera imposé, au lieu de son domicile, à raison de vingt-deux ouvriers. Comme aussi un maître de forges qui exploite un haut fourneau au coke (200 fr., L. de 1850) dans une commune, une forge avec laminoir (200 fr.) dans une autre commune, et une forge à deux marteaux (50 fr.) dans une troisième commune, devra également payer, sur l'ensemble de ces trois établissements, 450 fr., au lieu de son domicile (même circ.).

24. L'art. 17 de la loi du 18 mai 1850 est venu sur ce point compléter la loi de 1844, en édictant que « les patentables exerçant plusieurs des industries tarifées au tableau C annexé à la loi du 25 avril 1844, et au tableau F annexé à la présente loi, en raison du nombre d'ouvriers, de machines ou instruments, seront imposés d'après tous ces moyens de production, sans toutefois que le droit fixe puisse dépasser le maximum établi pour celle des industries exercées qui est passible du droit fixe le plus élevé. » — L'art. 17 de la loi de 1850 n'est pas seulement venu redresser la loi de 1844, son but est encore, suivant ce que disait le rapporteur de la loi de 1850, de faire disparaître certaines inégalités qui résultaient de l'application du tarif établi au tableau C. En vertu du principe qui n'assujettit qu'à un seul droit fixe le patentable qui exerce deux industries, un meunier, exploitant un moulin à quatre paires de meules, payait 40 fr., attendu que toutes ses meules étaient destinées à moudre du blé, tandis que son voisin, qui avait quatre paires de meules comme lui, ne payait que 15 fr., par la raison que deux de ces paires de meules étaient affectées à la fabrication de l'huile, et que le meunier, étant considéré comme exerçant deux industries, il ne devait payer que pour une. Cette anomalie était choquante, et la loi tend à ce qu'elle disparaisse. Tel doit être l'effet du nouvel article. Toutefois, comme il s'agit d'un droit fixe, il faut un maximum. En conséquence, l'article décide que, quel que soit le nombre des instruments de production, le droit ne pourra dépasser le maximum établi pour celle des industries exercées qui est passible du droit fixe le plus élevé.

25. La loi de 1850, dans le tableau F, correspondant au tableau C de la loi de 1844, ajoute enfin l'administration des contributions directes, « apporte au tableau C de nombreuses modifications ayant pour objet de mieux proportionner les taxes à l'importance des exploitations et surtout de soulager les industries qui s'exercent sur une petite échelle; ainsi l'exploitant de carrières, l'extracteur de cendres noires, le fabricant de ferronnerie, de serrurerie ou de clous forgés n'employant qu'un ou deux ouvriers, au lieu de payer 25 fr. comme les industriels du même genre qui emploient jusqu'à dix ouvriers, ne seront plus soumis qu'à un premier droit de 5 fr., plus 3 fr. par ouvrier. Le fabricant de clous par procédés mécaniques qui, pour un ou deux métiers, était imposé à 50 fr. comme le fabricant qui occupait dix métiers, ne payera plus que 5 fr. par métier. Des modifications analogues ont été adoptées pour les fabricants de briques, de tuiles, etc. — D'après ces dispositions, les agents de l'administration devront considérer comme abrogées les décisions qui avaient permis d'imposer, sous la dénomination de marchand de pierres brutes ou de tailleur de pierres, le carrier travaillant seul ou avec un ou deux ouvriers; comme simple cloutier au marteau, le fabricant de clous n'ayant qu'un seul métier, etc. Désormais, les bases légales de cotisation devront toujours être exactement appliquées » (circ. du direct. gén. des contrib. 10 juill. 1850).

§ 2. — *Du droit fixe principal et du demi-droit fixe. — Où ces droits sont-ils dus?*

26. Aux termes de l'art. 3 de la loi de l'an 7, la patente est due par tous ceux qui exercent les commerces, métiers, industries ou professions énoncés dans les tableaux annexés à cette loi, et l'art. 24 ajoute que nul ne peut être obligé à prendre plus d'une patente, quelles que soient les diverses branches de commerce, profession ou industrie qu'il exerce ou veuille exercer.— De la combinaison de cet article avec ceux qui le suivent, la jurisprudence a induit ce principe que nul ne peut être assujetti à payer plusieurs droits fixes.—C'est ainsi qu'il a été jugé 1° qu'un patentable, et spécialement un marchand de châles, à Paris, ne peut être assujetti à deux droits fixes de patente, bien qu'il entretienne plusieurs métiers dans différentes communes (ord. cons. d'Et. 7 juin 1836, M. Bouchené-Lefer, rap., aff. Ternois). — 2° Que le père qui exerce deux industries (passementier et boulanger), et qui a été imposé à la patente de l'une d'elles (passementier), ne peut être imposé à la seconde en la personne de son fils mineur, qu'il a préposé, avec simple rétribution, à cette seconde industrie : il y a seulement lieu à imposer le père à la patente la plus forte des deux industries (ord. cons. d'Et. 30 juin 1839, M. Saglio, rap., aff. Lebailly).

27. La concurrence active que les marchands *à spécialité*, subissent de la part des marchands qui cumulent l'exercice d'industries très-diverses, avait fait supposer aux premiers, lors de la discussion sur la loi de 1844, que le seul moyen légal de rétablir l'équilibre entre tous, était de frapper d'un droit de patenté chaque industrie spéciale. La commission de la chambre des députés cherche à démontrer les inconvénients de l'innovation réclamée, qui, suivant elle, tournerait souvent au préjudice de ceux mêmes qui la désirent : « On prétend, disait M. le rapporteur, que cet article constitue un privilége exorbitant au profit de quelques négociants de la capitale et de nos grandes villes, qui entassent dans des magasins immenses, dans de véritables bazars, les marchandises les plus diverses, et exercent ainsi, au moyen d'une seule patente, jusqu'à dix ou douze industries. Il est possible qu'il fût plus régulier ou du moins plus conforme aux principes d'égalité et de justice distributive de ne pas faire du droit fixe de patente une taxe purement personnelle, une sorte de droit de licence, ainsi que l'a voulu la loi de l'an 7 : il est possible qu'il fût strictement juste de faire payer autant de droits fixes qu'il y a d'industries exercées; mais on oublie que si cette règle rigoureuse venait à être appliquée, elle n'atteindrait pas seulement les gros marchands qui causent tant d'ombrage au commerce de détail de la capitale, et que plus des deux tiers des patentables de nos campagnes et même de beaucoup de nos villes en seraient pour ainsi dire frappés de mort. S'il fallait leur demander un droit fixe pour l'épicerie, un pour la mercerie, un pour la quincaillerie, un pour chaque branche de leur petit négoce, combien d'entre eux résisteraient à cette aggravation d'impôt? Tout ce qu'on peut faire c'est d'exiger, ainsi que le veut la loi, que ces patentables à profession multiple soient taxés pour celle de leurs industries qui donne lieu au plus fort droit. » — La loi de 1844 a donc consacré les mêmes principes que la loi de l'an 7. Ainsi le § 1 de l'art. 7 veut que « le patentable qui exerce plusieurs commerces, industries ou professions, même dans plusieurs communes différentes, ne puisse être soumis qu'à un seul droit fixe. » Néanmoins, cette disposition n'est point rigoureusement exacte, puisque pour les professions dont le droit fixe est réglé d'après les tarifs, en raison des éléments d'activité qu'elles possèdent, ou en raison du nombre d'ouvriers qu'elles emploient, ce droit fixe se trouve, de fait, s'étendre aux divers établissements que le même contribuable peut posséder, même dans des lieux différents (V. n° 23).

28. La loi des 18-22 mai 1850 a apporté à cet égard une dérogation aux règles posées par les lois de l'an 7 et de 1844.— L'art. 19 de cette loi dispose : « Les patentables compris aux tableaux A et B annexés à la loi du 25 avr. 1844, et aux tableaux D et E annexés à la présente loi, ayant plusieurs établissements, boutiques ou magasins de même espèce ou d'espèces différentes, payeront un droit fixe entier pour l'établissement donnant lieu au droit le plus élevé, soit en raison de la population, soit en raison de la nature du commerce, de l'industrie ou de la profession, et, en outre, pour chacun des autres établissements, boutiques ou magasins, un *demi-droit* fixe calculé en raison de la population et de la profession exercée dans l'établissement.— La somme des demi-droits fixes additionnels ne pourra, dans aucun cas, excéder le double du droit fixe principal » (art. 19). — Cette disposition, qui peut paraître exorbitante, a été justifiée dans le rapport sur cette dernière loi (Mon. 17 mars 1850), par ces considérations « que lorsque le patentable exerce à la fois plusieurs commerces, industries ou professions dans des *locaux*, *boutiques* ou *ateliers distincts et séparés*, il y a réellement lieu de le rendre passible non-seulement du droit adhérent à la profession rangée dans la classe la plus élevée, mais d'un demi-droit pour chacune des autres professions. La possession simultanée de plusieurs établissements permet en effet de supposer que même dans les derniers degrés de population le patentable sera en état de supporter cette aggravation d'impôt. » — Ainsi, lorsqu'un contribuable exerce plusieurs professions, il devra toujours comme droit principal celui de la profession qui donnera lieu à la perception la plus élevée et le demi-droit seulement sur les autres, telles qu'elles sont portées aux tarifs.

29. L'art. 7, § 2, de la loi de 1844, reproduisant la règle posée dans le § 2 de l'art. 24 de la loi de l'an 7, décide que « le droit dû est toujours le plus élevé de ceux que le contribuable aurait à payer s'il était assujetti à autant de droits fixes qu'il exerce de professions. » — Par application de cette disposition il a été jugé, soit avant soit depuis la loi de 1844 : 1° que le contribuable qui exerce simultanément plusieurs industries doit être imposé au droit fixe de patente pour celle de ces industries qui donne lieu au plus fort droit (ord. c. d'Ét. 9 mai 1845, M. de Lavenay, r., aff. Cecire, M. Dumez, rap., aff. Polissard-Jeannon; 12 juin 1845, M. Richaud, rap., aff. Laurent, aff. Ruel de Belle-Isle, aff. W. Johnston et comp., aff. Dubois, Dupuytren et Pénicault, aff. Fortier, aff. Tribaut); — 2° Que celui qui exerce à la fois la profession de fabricant d'huile, de blatier et de marchand de sel en détail, doit être imposé à la patente de fabricant d'huile qui donne lieu au droit le plus élevé (ord. cons. d'Ét. 18 juill. 1844, M. d'Ormesson, rap., aff. Laroucau); — 3° Que le patentable qui exerce en même temps la profession de marchand de galons et de marchand mercier en détail doit être imposé à raison de cette dernière profession (ord. cons. d'Ét. 25 juin 1845, M. Dumez, rap., aff. dame Ferrari); — 4° Que le patentable qui exerce en même temps les deux professions de menuisier et de marchand de bois en magasin, a été justement soumis à la patente à raison de cette dernière profession, laquelle donne lieu au droit le plus élevé (ord. c. d'Ét. 2 juill. 1836, M. Briand, rap., aff. Laporte);—5° Que celui qui exerce dans une commune la profession de marchand de bois, sans chantier ni magasin, et dans une autre commune la profession de marchand de bois avec chantier et magasins, doit être imposé pour cette dernière profession (ord. cons. d'Ét. 28 août 1844, M. Lepelletier-d'Aulnay, rap., aff. Combes); — 6° Que la femme qui exerce à la fois la profession de meunière et celle de marchande de bois en gros doit être imposée à cette dernière patente comme donnant lieu au droit le plus élevé (ord. cons. d'Ét. 31 janv. 1834, M. Montaud, rap., aff. Collin); — 7° Qu'un peintre-vitrier qui se livre à la vente de tableaux doit être assujetti à la patente plus élevée de marchand de tableaux, bien qu'il allègue qu'il n'exerce cette industrie que d'une manière accidentelle (ord. cons, d'Ét. 19 mars 1840, M. de Condé, rap., aff. Deruineau); — 8° Que le perruquier qui revend des parfumeries, doit la patente à raison de cette dernière profession, qui donne lieu au droit le plus élevé : il prétendrait en vain qu'il ne revend qu'à ses pratiques : « Louis-Philippe, etc.; vu la loi du 1er brum. an 7; considérant qu'il résulte de l'instruction que le sieur Chabrolle exerce la profession de revendeur de parfumeries, laquelle donne lieu à un droit fixe plus élevé que celui auquel il devrait être imposé en qualité de perruquier; considérant qu'aux termes de l'art. 24 de la loi du 1er brum. an 7, le droit fixe est dû pour la profession qui donne lieu au droit le plus élevé; l'arrêté est annulé » (ord. cons. d'Ét. 9 nov. 1836, M. Louyer-Villermay, rap., aff. Chabrolle; Conf. ord. cons. d'Ét. 15 juill. 1841, M. Hérelle, rap., aff. Couture);—9° Qu'un maréchal-ferrant qui se livre en même temps à la fabrication de gros outils en fer et d'instruments d'agriculture doit être imposé à la patente de taillandier (ord. cons. d'Ét. 12 janv. 1844, M. Dumez, rap., aff. Mazel), laquelle est aujourd'hui de la cinquième classe); —10° Que le cabaretier qui joint à son débit de vin la vente de café, d'eau-de-vie et de liqueurs, doit être imposé à la patente supérieure de limonadier (ord. cons. d'Ét. 27 fév. 1840, M. Baudon de Mony, rap., aff. Poulet); — 11° Que l'exercice simultané de la même industrie en France et en Algérie ne donne pas lieu à un double droit fixe de patente, mais assujettit le patentable à un seul droit fixe dans le lieu où ce droit est le plus élevé (décr. cons. d'Ét. 10 août 1850, aff. Descous. D. P. 52. 5. 405).

30. Aujourd'hui, ainsi qu'on l'a dit n° 28, chacune des professions exercées simultanément donnera lieu, en vertu des dispositions de la loi de 1850, à l'application d'un demi-droit. — Jugé que le demi-droit fixe dû par le patentable qui a plusieurs magasins, pour ceux de ces magasins qui sont assujettis au droit le moins elevé, est applicable même à un magasin qui ne serait ouvert que les jours de foire et de marché (décr. cons. d'Ét. 15 déc. 1852, aff. Bastide. D. P. 53. 3. 22).

31. En règle générale, le droit fixe est payé au lieu du domicile, et le patentable, comme on vient de le voir, ne peut jamais être assujetti à payer plusieurs droits fixes, alors même que les divers établissements qu'il possède sont situés dans des localités différentes. Mais dans ce cas, où le droit devra-t-il être payé? — Si ces établissements sont soumis chacun à un droit semblable, il y a peu de difficulté, et la jurisprudence a décidé, soit avant soit depuis la loi de 1844 : 1° que le patentable lors même qu'il exerce son industrie dans deux communes différentes doit, lorsque le droit fixe de patente est le même dans les deux localités, être soumis à la patente dans celle des deux communes où il a son domicile (ord. cons. d'Ét. 26 mars 1812, aff. Degrand; 23 déc. 1844, M. Lepelletier d'Aulnay, rap., aff. Millot; 10 sept. 1845, M. Lepelletier d'Aulnay, rap., aff. Muguet), c'est-à-dire, par application de l'art. 102 c. nap. au lieu où il a son principal établissement (ord. cons. d'Ét. 21 oct. 1835, M. Villermay, rap., aff. Grassot, V. Domicile, nos 10, 140); — 2° Que le domicile, quant à la patente, est au lieu où le contribuable paye sa contribution mobilière, bien qu'il justifie de la résidence de fait de sa famille et de lui-même dans une autre commune (ord. cons. d'Ét. 27 fév. 1840, M. Hallez, rap., aff. Baudrand); — 3° Qu'un fabricant à métiers, lorsqu'il a le siége de son principal établissement commercial dans une commune autre que celle de son domicile civil, doit être considéré comme domicilié, relativement à la patente, dans la première de ces communes; par conséquent que c'est là seulement qu'il doit être imposé au droit fixe (ord. cons. d'Ét. 30 déc. 1843, M. d'Ormesson, rap., aff. Picquet).

32. Mais si les droits varient dans les différentes communes, dans laquelle le droit fixe devra-t-il être payé? La loi de l'an 7 ne contenait aucune disposition précise sur ce point. Les lois des 25 mars 1817, art. 66, et 15 mai 1818, art. 61, comblèrent cette lacune en disposant que « les patentables qui ont plusieurs établissements dans diverses communes, payeront le droit fixe dans le lieu où le droit est le plus élevé. » — L'art. 7, § 2, de la loi de 1844, ne s'explique pas positivement sur ce point, et semble régir seulement le cas où le patentable exerce plusieurs professions dans une même commune (V. n° 27). Aussi la commission proposait-elle d'ajouter à cet article un troisième paragraphe ainsi formulé : « Il paye ce droit dans celle de ces communes dont la population donne lieu au droit le plus fort. » — « Bien que le sens de ce paragraphe soit très-clair, disait le rapporteur, il n'est pas inutile d'en déterminer la portée. Celui qui possède une usine située dans un département, et qui, tout en la dirigeant lui-même, est domicilié à Paris, doit-il payer le droit fixe à Paris? Non, à moins que tout ou partie de son domicile ne soit affecté à l'exercice de son industrie. Que si, au contraire, il habite la campagne, tandis que sa maison de commerce est à Paris, c'est à Paris qu'il doit payer le droit fixe. Enfin, s'il a deux maisons de commerce, l'une à Orléans, l'autre à Bordeaux, c'est d'après le tarif applicable à la population la plus élevée qu'il devra être imposé. » — Mais la chambre, pensant que la rédaction primitive était suffisamment claire, surtout après les explications fournies par M. Vitet, rejeta le paragraphe additionnel. Il est, en effet, facile de reconnaître par la relation établie entre le premier et le deuxième paragraphe de l'art. 7, que la loi ne tient compte, quant à l'imposition de la patente, du domicile réel du contribuable, qu'autant qu'il a un seul établissement; mais s'il a plusieurs établissements dans des communes différentes, il doit être imposé, au contraire, dans celle de ces communes où le droit est le plus élevé. La loi de 1850 n'a apporté aucune dérogation à ces principes, sauf l'établissement du demi-droit fixe dont il a été parlé ci-dessus, n° 28. — « D'après les règles en vigueur, porte la circulaire du 10 juillet 1850, le droit fixe est payé au lieu du domicile; il n'y a d'exception qu'à l'égard des patentables qui ont des établissements dans plusieurs communes, cas auquel le droit est établi dans la commune où il est le plus élevé. Ces règles continueront d'être observées. Il sera facile aux contrôleurs de connaître les établissements passibles d'un demi-droit fixe, vu que ces mêmes établissements figurent déjà sur les matrices pour le droit proportionnel. Il ne s'agira que de constater la nature du commerce, de l'industrie ou de la profession exercée. Si les patentables payent le droit fixe entier dans une des communes du contrôle, le contrôleur portera sur la matrice de cette commune les indications nécessaires pour que le directeur puisse calculer les demi-droits. Si les patentables payent le droit entier hors du contrôle, le contrôleur fera connaître au directeur leur nom, leur demeure, ainsi que la nature du commerce, de l'industrie ou de la profession. — Ces renseignements seront transmis par le directeur au contrôleur dans la circonscription duquel les patentables payent le droit fixe entier, s'ils habitent le département, et, dans le cas contraire, au directeur des départements où les patentables payent le droit fixe entier. »

C'est dans le sens des observations qui précèdent qu'il a été jugé avant et depuis la loi de 1844 : 1° que le patentable qui a plusieurs établissements dans diverses communes, paye le droit fixe dans le lieu où ce droit est le plus élevé (ord. cons. d'Ét. 10 janv. 1821; 9 mai 1845 (1); 31 juill. 1833, M. Brian, rap., aff. Esnault; 19 août 1835, M. Villermay, rap., aff. Ondoul; 6 janv. 1837, M. de Martroy, rap., aff. Blanchard; 3 mars 1837, M. de Caffarelli, rap., aff. Durand; 23 juill. 1838, aff. Lemonnier; 30 juin 1839, M. Saglio, rap., aff. Lebailly; 27 avril 1841, M. Condé, rap., aff. Baligaud; 30 août 1842, M. Dumez, rap., aff. Grandidier; 3 fév. 1843, M. Gautier d'Uzerches, rap., aff. Job; 9 fév. 1844, M. de Condé, rap., aff. Balmefrezols; 14 mars 1845, M. Lepelletier-d'Aulnay, rap., aff. Foulc; 2 mai 1845, M. Louyer-Villermay, rap., aff. Vatin; 9 mai 1845, M. Bourlon de Rouvres, rap., aff. Pothier; 5 juin 1845, M. Baudon, rap., aff. Berthoud; V. MM. Macarel, Élément de dr. adm., t. 1, p. 271; Chevalier, Jur. admin., t. 1, p. 253; de Cormenin, v° Contrib. dir., t. 2, p. 268, 4° éd.; de Gerando, Inst. de dr. adm., t. 4, n° 4881; Magnitot et Delamarre, Dict. de dr. admin., t. 1, p. 321);—2° Que s'il l'a payé dans les deux communes par double emploi, il y a lieu de lui restituer le droit fixe le moins élevé (ord. cons. d'Ét. 17 mars 1825, M. Villemain, rap., aff. Germain); — 3° Qu'une maison de commerce doit sa patente dans la ville où est sa maison d'achat, si le droit fixe est plus élevé dans cette ville que dans celle où est la maison de vente : spécialement qu'une maison de commerce de Toulon qui a à Rouen une maison d'achat doit sa patente dans cette dernière ville (ord. cons. d'Ét. 26 oct. 1836, M. Villermay, rap., aff. Nicolas); — 4° Que le fabricant qui a, dans un lieu autre que celui où est sa boutique, un dépôt pour la vente en gros de ses produits, doit la patente de marchand en gros dans le lieu du dépôt, si le droit fixe de cette profession y est plus élevé que celui de fabricant dans le lieu de la fabrique (ord. cons. d'Ét. 22 nov. 1836, M. Villermay, rap., aff. Morel);—5° Qu'un marchand de bois en gros qui occupe deux chantiers, l'un au lieu de sa résidence, l'autre au lieu où il effectue le plus habituellement la vente et la livraison de ses bois, doit être réputé en possession de deux établissements et doit payer le droit fixe au lieu où le droit est le plus élevé (ord. cons. d'Ét. 12 mars 1847, aff. Castex, D. P. 47. 4. 357; du même jour, trois décisions semblables); — 6° Que l'on doit considérer comme ayant deux établissements et devant payer le droit fixe dans le lieu où ce droit est le plus élevé, le marchand de chevaux qui, outre son établissement principal, a, dans une autre ville, une écurie qu'il loue à l'année, et dans laquelle il tient presque constamment des chevaux destinés à être vendus soit par lui-même, soit par un préposé à son compte (ord. cons. d'Ét. 12 mai 1847, aff. Carbonnel).

33. L'administration a encore fait application de ce principe à une nouvelle industrie, celle des chemins de fer. — Le droit fixe d'un concessionnaire de chemin de fer ne peut être fractionné; il doit toujours être porté en entier dans le rôle de la commune où est établi le siége principal de l'exploitation (circ. min. du 14 août 1844).

34. Cependant il faut que le fait du double établissement soit bien constant, pour qu'il y ait lieu à l'application de la règle.— Il a été jugé ainsi : 1° qu'on ne doit pas considérer comme ayant un double établissement donnant lieu à imposer le patentable dans le lieu où le droit de patente est le plus élevé, le loueur de voitures qui transporte des voyageurs du lieu de son domicile dans une autre ville, alors qu'il ne fait dans cette dernière ville qu'un séjour de quelques heures, et qu'il n'y a ni logement, ni écurie, ni remise, ni bureau, ni aucun établissement quelconque (ord. cons. d'Ét. 30 mars 1846, aff. Feydin et Borrot); — 2° Qu'un fabricant de meules, imposé au lieu de son domicile à la patente de cette profession, n'est pas soumis à payer un second droit de patente, dans le port de commerce où il n'a qu'un entrepôt pour l'expédition de ses produits par navires, bien qu'il fasse en ce lieu quelques ventes en détail (ord. cons. d'Ét. 6 juill. 1843, M. d'Ormesson, rap., aff. Prevost).

§ 3. — *Application des tarifs suivant la dénomination de l'industrie.*

35. Après avoir fait connaître comment les lois de 1844 et 1850 ont déterminé le classement des professions, commerces et industries, nous allons examiner l'application qui en a été faite soit par la jurisprudence, soit par l'administration, application

---

(1) 1re *Espèce :* — (Bonus.) — LOUIS, etc.; — Vu la loi du 1er brum. an 7, concernant la contribution des patentes, et celle relative aux finances, du 25 mars 1817; — Considérant qu'aux termes de l'art. 6 de la loi du 1er brum. an 7, il est dû un droit fixe et un droit proportionnel par tous les commerçants compris dans les cinq premières classes du tarif annexé à ladite loi; — Que, d'après l'art. 27, le commerçant peut, muni de la patente à lui délivrée dans la commune où il est domicilié, exercer son commerce, sa profession ou son industrie dans d'autres communes, mais en payant, comme au lieu de son principal établissement, le droit proportionnel pour les maisons d'habitation, usines, ateliers et magasins qu'il y occupe; — Et que, dans le cas de deux domiciles ou de plusieurs établissements, le droit fixe doit être perçu, en vertu de l'art. 28 de la même loi, et de la loi des finances du 25 mars 1817, dans le lieu où ce droit est le plus élevé; — Considérant, dans l'espèce, qu'il résulte du rapport de l'inspecteur des contributions, du procès-verbal de vérification dressé par le contrôleur, et des renseignements recueillis par notre ministre secrétaire d'État des finances, que le requérant est classé parmi les patentables assujettis au double droit, comme étant commissionnaire en plâtre, fer et merrains; qu'il fait son commerce à Bordeaux où il a établi sa principale demeure dès le mois de nov. 1817, et qu'ainsi c'est dans cette ville que le double droit a dû être exigé; — Considérant, d'une autre part, qu'ayant un établissement et des magasins à Cenon-Labastide, il doit y payer le droit proportionnel, aux termes de l'art. 27 de la loi précitée; — Art. 1. La requête du sieur Bonus est rejetée.

Du 10 janv. 1821.-Ord. cons. d'Ét.-M. Jauffret, rap.

2e *Espèce :* — (Martin.) — LOUIS-PHILIPPE, etc. — Vu la loi du 1er brum. an 7 et celle du 15 mai 1818; — En ce qui touche le droit fixe de patente : — Considérant qu'aux termes de l'art. 61 de la loi du 15 mai 1818, les patentables qui ont plusieurs établissements dans diverses communes doivent payer le droit fixe dans le lieu où ce droit est le plus élevé; — Considérant qu'il résulte de l'instruction que le sieur Martin occupe deux chantiers, l'un à Saint-Béat, l'autre à Toulouse; que, le droit fixe étant plus élevé à Toulouse, c'est dans cette ville qu'il doit y être imposé; que dès lors c'est à tort que le conseil de préfecture de la Haute-Garonne lui a accordé décharge du droit fixe de patente auquel il avait été soumis à Toulouse pour 1843; — En ce qui touche le droit proportionnel de patente : — Considérant qu'aux termes de l'art. 26 de la loi du 26 mars 1831, les droits proportionnels de patente sont réglés et perçus d'après la valeur locative des maisons d'habitation, usines, ateliers, boutiques et magasins, des patentables; que dès lors c'est à tort que le conseil de préfecture a déchargé le sieur Martin du droit proportionnel de patente auquel il avait été assujetti à Toulouse, en 1843, pour le chantier qu'il possède dans cette ville; — Art. 1. L'arrêté du conseil de préfecture de la Haute-Garonne en date du 22 mai 1844 est annulé. — Art. 2. Le sieur Martin sera rétabli dans le rôle de la ville de Toulouse pour 1843, aux droits fixe et proportionnel de patente en qualité de marchand de bois en chantier.

Du 9 mai 1845.-Ord. cons. d'Ét.-M. Aubernon, rap.

qui repose sur ce principe constant que l'on ne doit imposer un contribuable que d'après la dénomination de son industrie portée aux tableaux ou déterminée par analogie. C'est ainsi qu'il a été jugé que la profession de couturière en fourrures n'étant pas comprise dans le tableau des patentables annexés à la loi du 25 avril 1844, doit être déchargée de la patente à laquelle elle a été imposée;... sauf renvoi au préfet du règlement de la patente applicable en cas pareil (cons. d'Ét. 5 juill. 1851, aff. Grouchy, D. P. 52. 5. 401).—Quant au classement par analogie, V. nos 141 et s. —La variété infinie des différentes professions commerciales, les caractères indécis de quelques-unes d'entre elles, et parfois l'impossibilité de déterminer les limites de ces professions, ont fait naître, dans l'application des tarifs, d'assez nombreuses difficultés. Mais ici, on le comprend, il ne peut y avoir matière à discussion; c'est presque toujours un simple fait que les tribunaux administratifs ont à examiner. En effet, la plupart des décisions du conseil d'État qui vont être citées ne renferment pas d'autre motif que celui-ci : « Considérant qu'il résulte de l'instruction que N... exerce la profession de... » Aussi se borne-t-on à exposer, à propos de quelques industries qui ont soulevé des difficultés, l'état de la jurisprudence. On a adopté l'ordre alphabétique qui, dans cette matière peu susceptible de vue d'ensemble théorique, est le plus simple et le plus commode pour les recherches.

36. *Agence d'affaires.* — La loi n'a pas défini ce qu'on doit entendre par agence d'affaires. Le petit nombre des opérations, dit M. Dufour, n° 1032, le défaut d'employés, de bureaux ouverts, l'absence de marque et d'annonces, et enfin le plus ou moins d'importance des salaires, n'ont jamais été considérés comme circonstances exclusives de cette profession.—Suivant une décision ministérielle du 22 vent. an 7, l'agent d'affaires est celui qui fait les affaires d'autrui, en provoquant à bureau ou cabinet ouverts les pouvoirs de ceux qui lui accordent leur confiance, et qui se charge de recouvrements sur l'État et les particuliers, des ventes, acquisitions, locations de biens, affaires administratives et contentieuses, etc. Mais cette définition, qui ne présente que les principaux caractères de la profession d'agent d'affaires, ne doit pas être entendue d'une manière limitative. C'est aux juges qu'il appartient, dans le silence de la loi, d'apprécier les faits.

37. Cependant nous pensons, et cela est de principe, qu'on ne doit faire ressortir la qualité d'agent d'affaires que de la gestion *habituelle d'affaires faites sans qualité en vue d'obtenir un salaire.* C'est-à-dire que trois choses constituent cette profession : 1° la gestion et surtout la gestion habituelle; 2° le défaut de qualité; 3° le salaire.—C'est donc avec raison qu'il a été jugé, sous les lois de 1844 et de 1850 comme sous la loi de l'an 7, qu'on doit réputer agent d'affaires : 1° l'individu qui opère habituellement, moyennant bénéfice, des recouvrements de loyers et fermages, pour le compte et en vertu de la procuration des propriétaires (ord. cons. d'Ét. 3 mai 1851, aff. Lagognée, D. P. 51. 3. 56); — 2° L'ancien notaire qui se charge, moyennant salaire, de liquidation, comptes de tutelle, etc., et de suivre les affaires administratives et contentieuses qui lui sont confiées (ord. cons. d'Ét. 13 août 1840, M. Dutillet, rap., aff. Brissot); — 3° L'ancien notaire qui donne habituellement des conseils à ses clients (ord. cons. d'Ét. 28 août 1844, M. Gauthier d'Uzerches, rap., aff. Maison). — Il est à remarquer que, sans ramener à ces termes la situation de l'ancien notaire, le conseil d'État s'est borné à dire : « Considérant qu'il résulte de l'instruction que le sieur Maison exerce la profession d'agent d'affaires; que, dès lors, c'est à tort que le conseil de préfecture l'a déchargé du droit de patente : » —4° Un ancien avoué qui, après avoir vendu sa charge, s'occupe d'affaires particulières, telles que liquidations, achat et vente de domaines, lors même que ces affaires auraient été commencées pendant son exercice (ord. cons. d'Ét. 5 sept. 1840, aff. Longchamps); — 5° Celui qui n'étant ni avocat, ni avoué, ni notaire donne des conseils aux personnes qui le consultent sur la conduite de leurs affaires (ord. cons. d'Ét. 13 avril 1836, M. Caffarelli, rap., aff. Meunier; 20 juin 1844, M. Gautier d'Uzerches, rap., aff. Hazard-Hennequin; 23 juin 1846, M. Pascalis, rap., aff. Pepin-Barbut), et qui se charge de suivre les affaires des particuliers devant la justice de paix (ord. cons. d'Ét. 25 avril 1834, M. Caffarelli, rap., aff. Thiboult; 13 avril 1836, M. Caffarelli, rap., aff. Meunier; 8 avril 1842, M. François, rap., aff. Delisle; 24 fév. 1843, M. de Condé, rap., aff. Hazard-Hennequin; 20 juin 1844, M. Gautier d'Uzerches, rap., aff. Hazard-Hennequin; 23 juin 1846, M. Pascalis, rap., aff. Pepin-Barbut; 26 avril 1847, M. de Chezelles, rap., aff. Salomon), et devant le tribunal de commerce, et fait des lettres missives (ord. cons. d'Ét. 13 avr. 1836, M. Caffarelli, rap., aff. Meunier), ou dans les études des notaires où il sert de conseil aux parties (ord. cons. d'Ét. 25 avril 1834, M. Caffarelli, rap., aff. Thiboult), ou se charge d'affaires litigieuses (ord. cons. d'Ét. 26 avril 1847, M. de Chezelles, rap., aff. Salomon); — 6° Le contribuable qui, en dehors de ses fonctions de syndic de faillites, tient un bureau ouvert au public et s'y livre à des opérations de liquidation et de comptabilité commerciales, « opérations, dit l'ordonnance, qui constituent la profession d'agent d'affaires » (ord. c. d'Ét. 20 mars 1832, M. de Belbœuf, rap., aff. Barraugeard); — 7° Celui qui fait profession de régir des biens pour le compte de plusieurs propriétaires ayant des intérêts distincts (ord. cons. d'Ét. 30 déc. 1843, M. Baudon, rap., aff. Cadet; 25 juill. 1848, aff. Regnaud-Tabur; 30 nov. 1848, aff. Huhail); — 8° Celui qui se livre habituellement à l'achat et à la vente d'immeubles, tant pour son compte personnel que comme mandataire d'autrui (ord. cons. d'Ét. 26 mai 1845 (1); 30 juill. 1840, M. de Condé, rap., aff. Laty; 28 août 1844, M. Gautier d'Uzerches, rap., aff. Stoess); — 9° Le directeur d'une société lorsque, d'après ses statuts, cette société se livre à des opérations qui constituent une agence d'affaires (ord. cons. d'Ét. 30 mars 1844) (2); — 10° L'individu qui se charge de fournir des remplaçants militaires ; et il doit être imposé à la patente d'agent d'affaires et non à celle de directeur d'assurances non mutuelles, bien que ses assurances soient faites en général moyennant une prime convenue à l'avance (ord. cons. d'Ét. 9 fév. 1844, M. de Condé, rap., aff. Balmefrezols ; 14 juin 1847, aff. Liard, D. P. 47. 4. 354); —11° L'individu dont la profession consiste à s'entremettre entre les familles et les remplaçants au service militaire (ord. cons. d'Ét. 6 déc. 1844, M. Louyer-Villermay, rap., aff. Darnaud); —12° Celui qui se livre à des opérations de prêt et d'escompte et assure contre les chances du tirage, non comme représentant de compagnies d'assurances, mais personnellement et à forfait (ord. cons. d'Ét. 18 mai 1846) (3), quoique, en principe, les opérations de prêt et d'escompte constituent une profession donnant lieu à un droit plus élevé (1re classe); mais ici ces

(1) (Samuel.) — La cour; — Considérant qu'il résulte de l'instruction que le requérant se livre habituellement à l'industrie d'achat et de vente d'immeubles, tant pour son compte que comme mandataire; qu'aux termes de l'art. 35 de la loi susvisée, les commerce, profession ou industrie, qui ne sont pas désignés dans le tarif, n'en sont pas moins assujettis à la patente, et sont rangés dans la classe comprenant ceux avec lesquels ils ont le plus d'analogie ; qu'ainsi c'est avec raison que le conseil de préfecture a maintenu le réclamant à la première classe du tarif, par assimilation de son industrie à celle d'agent d'affaires ; — Art. 1. La requête du sieur Marc Samuel est rejetée.

Du 26 mai 1845.-Ord. cons. d'Ét.-M. Roux, rap.

(2) (Vauhon.) — Louis-Philippe, etc.; — Vu la loi du 1er brum. an 7 et le tarif y annexé; — Vu l'art. 26 de la loi du 26 mars 1831 ; — Considérant que, d'après l'art. 1 de ses statuts, la société des nu-propriétaires se livre à des opérations qui constituent une agence d'affaires ; que, dès lors, les directeurs de cette société doivent être imposés comme directeurs d'agences ou bureaux d'affaires, au droit fixe de la première classe du tarif annexé à la loi du 1er brum. an 7;— Considérant qu'aux termes de l'art. 6 de la loi, le droit proportionnel est dû par tous ceux qui sont dans les cinq premières classes du tarif, et qu'aux termes de l'art. 26 de la loi du 26 mars 1831, le droit proportionnel se compose du dixième de la valeur locative non-seulement des locaux servant à l'exercice de l'industrie, mais encore des locaux servant à l'habitation personnelle des patentables ;—Art. 1. La requête du sieur Vauhon est rejetée.

Du 30 mars 1844.-Ord. cons. d'Ét.-M. Villermay, rap.

(3) (Duverger.) — Louis-Philippe, etc. ;— Considérant qu'il résulte de l'instruction que le sieur Duverger s'est livré, en 1843, à des opérations qui constituent la profession d'agent d'affaires ; que, dès lors, c'est avec raison que le conseil de préfecture l'a maintenu, en cette qualité, pour ledit exercice, au rôle des patentes de la ville de Limoges ; — Art. 1. La requête du sieur Duverger est rejetée.

Du 18 mai 1846.-Ord. cons. d'Ét.-M. Pascalis, rap.

opérations ne constituant qu'un accessoire, c'est aux opérations d'assurances que le conseil s'est arrêté; — 15° L'individu qui opère moyennant une remise déterminée, le placement des billets d'une loterie autorisée par le gouvernement (ord. cons. d'Ét. 3 juin 1852, aff. Vincent, D. P. 52. 3. 42).—La jurisprudence du conseil d'État décide invariablement en ce sens, sans avoir égard à l'étendue plus ou moins grande des affaires, qui ont provoqué l'application de l'impôt, pourvu qu'il soit établi que le contribuable s'est livré à ces opérations.

38. Néanmoins, on ne doit considérer comme agents d'affaires que ceux qui opèrent individuellement et ont un intérêt subordonné au succès de l'entreprise, et non ceux qui agissent comme employés, agents directeurs, gérants et mandataires d'une compagnie. Ainsi, tous ceux qui, en ces qualités, assistent, aident ou dirigent des maisons de commerce dans leurs entreprises, moyennant un salaire fixe, n'agissent point en qualité de parties directement intéressées et ne doivent pas être imposés comme agents d'affaires, mais au contraire doivent être exempts de la patente (Conf. M. Dufour, t. 2, n° 1004, V. n°s 276 et s.).

39. Du reste, comme les faits seuls peuvent servir de base à ces décisions, ce n'est pas infirmer le principe que de juger : 1° que l'ancien notaire qui, moyennant un droit de recette, touche les fermages de divers propriétaires qui ont été ses clients, ou avec lesquels il a des intérêts communs, ne doit pas pour cela seul être assujetti à la patente de receveur de rentes (ord. c. d'Ét. 13 juin 1845, M. d'Ormesson, rap., aff. Colette); — 2° Que la loi n'assujettit pas au droit de patente un régisseur particulier (ord. cons. d'Ét. 15 juill. 1841, M. du Berthier, rap, aff. Lebouteiller; 9 fév. 1844, M. de Condé, rap., aff. Vaillant, V. Agent d'affaires, n° 27).

40. *Agents de change.* — La profession d'agent de change et de courtier de commerce, depuis 1791, a été l'objet de nombreuses dispositions législatives en ce qui concerne la patente. La loi de 1844, aussitôt la présentation du projet, souleva encore sur ce point de nombreuses discussions. Le chiffre de cette patente fut d'abord porté par le gouvernement à 1,000 fr.; mais la commission le réduisit à 600 fr. Ce dernier chiffre semblait le plus rationnel si l'on considère, comme l'a fait observer M. Ternaux, lors de la discussion, qu'ils ont un cautionnement de 125,000 fr., et que, d'après la loi de 1841, ces officiers ministériels doivent encore payer un droit de mutation de 2 pour 100 qui ne peut être inférieur au dixième du cautionnement; que les notaires, dont les offices sont très-chers et le cautionnement de 50,000 fr. seulement, payent toujours le droit de mutation de 2 pour 100 sur le prix de la mutation; que ce droit ainsi calculé sur la vente de l'office produit au trésor un bénéfice plus considérable; qu'au contraire, pour les agents de change, c'est le minimum, c'est-à-dire le dixième du cautionnement qui est toujours atteint à raison du bas prix des charges et de l'élévation considérable du cautionnement. On calcule en moyenne que tous les officiers ministériels restent titulaires de leurs offices pendant une durée de dix années en moyenne; ainsi, déboursant 12,500 fr., plus le décime de droit de mutation lorsqu'ils entrent en charge, c'est comme s'ils payaient chaque année un premier droit de 1,375 fr. Le droit proportionnel, calculé sur un loyer taxé bien bas à 3,000 fr., ce droit donne 150 fr., plus 600 fr. de droit fixe proposé par la commission. Total de ces trois droits, 2,125 fr. — Malgré l'importance de ces diverses charges, le chiffre de 1,000 fr. a été maintenu conformément au projet du gouvernement. — V. Bourse de com., n°s 101 et s., 111 et 216.

41. *Armateurs.* — On entend par armateur celui qui expédie les navires affectés à la navigation marchande. La loi de l'an 7 faisait une distinction entre l'armateur et le propriétaire de navire, le premier était compris dans la première classe, le second dans la troisième classe seulement. — Il a été jugé, sous cette loi : 1° que le droit de patente est dû de quelque minime valeur que soit l'embarcation constituant la propriété; que, par exemple, le propriétaire d'embarcations faisant le cabotage doit être porté sur les rôles des patentes en cette qualité, bien qu'elles lui aient été abandonnées par ses créanciers à cause du peu d'importance qu'elles avaient (ord. cons. d'Ét. 23 janv. 1837, M. du Martroy, rap., aff. Vinette); — 2° Que jusqu'à preuve contraire, tout propriétaire de navire est réputé expédier pour son compte; qu'en conséquence, il doit être imposé à la patente d'armateur, bien que le navire soit chargé et expédié par un autre, lequel est patenté (ord. cons. d'Ét. 4 juill. 1838) (1); — 3° Que s'il existe plusieurs propriétaires, le droit de patente n'est dû que par le principal intéressé, celui qui est en nom; que, par exemple, le principal propriétaire d'un navire faisant le cabotage doit seul être imposé à la patente relative à cette industrie (ord. cons. d'Ét. 18 déc. 1840) (2);... mais non tous les copropriétaires ou intéressés dans ce navire, alors surtout qu'ils sont étrangers au négoce (ord. cons. d'Ét. 18 déc. 1840 (3); 11 août 1841, M. Louyer-Villermay, rap., aff. Jacquemont; 26 août 1846, aff. Brejeon, D. P. 47. 3. 2).

42. Au lieu du droit proportionnel auquel étaient soumis

---

(1) (Garcin.) — LOUIS-PHILIPPE, etc. ; — Vu la loi du 21 avr. 1832; — Considérant qu'il résulte de l'instruction que le sieur Garcin est armateur; que, dès lors, c'est à juste titre qu'il a été porté en cette qualité au rôle des patentes pour l'année 1837; — Art. 1. La requête du sieur Garcin est rejetée.

Du 4 juillet 1838.-Ord. cons. d'Etat.-M. Mauzé, rap.

(2) 1re *Espèce:* — (Violle.) — Le sieur Violle, propriétaire des deux tiers d'un navire faisant le cabotage, avait été déchargé de la patente par arrêté du conseil de préfecture des Bouches-du-Rhône, motivé sur ce que la propriété des navires employés à cette industrie étant d'ordinaire subdivisée entre un grand nombre d'individus, le trésor percevrait plusieurs fois l'impôt de patente si tous les copropriétaires ou intéressés y étaient soumis — Recours de M. le ministre des finances, fondé sur ce que s'il est vrai que tous les intéressés dans la propriété d'un navire ne doivent pas être imposés à la patente, il doit être autrement décidé à l'égard de celui qui en est principal propriétaire.

M. le ministre du commerce a donné un avis conforme à la décision du conseil de préfecture : — Une seule exception, dans le système du ministre des finances, a-t-il dit, existerait à l'égard des bâtiments employés au cabotage. La patente, qu'aucun texte n'impose aux navires au long cours ou faisant le cabotage d'une mer dans l'autre, serait demandée aux bâtiments employés au cabotage des côtes. Ainsi l'exception du droit profiterait à la grande navigation et serait refusée à la navigation côtière, véritable école de notre marine, que le législateur a voulu favoriser : témoin l'art. 39 de la loi de brum. an 7, qui exempte les pêcheurs de la patente. Cette conséquence, à laquelle on est conduit forcément par l'interprétation qu'on voudrait donner au texte, est évidemment contraire au principe en matière de patente et à l'intérêt maritime. — Que faut-il donc voir dans la disposition de la loi qui soumet à l'impôt les propriétaires des bâtiments faisant le cabotage? Que le législateur a voulu atteindre le propriétaire faisant le cabotage, et non le bâtiment employé à cette navigation; qu'en fait la confusion a pu s'établir d'autant plus facilement que les propriétaires de barques de cabotage en sont généralement les armateurs, les expéditeurs et souvent même les patrons, et que la réunion habituelle, dans le même individu, de ces diverses qualités, en rendant toute distinction inutile, a dû faire perdre de vue le principe. Mais, au fond, c'est le fait du cabotage, et non la possession du bâtiment que la loi a dû et voulu atteindre, à peine d'arriver à l'étrange anomalie que j'ai signalée plus haut. — La clause de la loi de brum. an 7 sur laquelle on se fonde est restée pendant quarante ans une lettre morte entre les mains de l'administration publique. Or peut-on, après un si long oubli, faire revivre une disposition que condamne son défaut même d'application, surtout lorsqu'au fond, les bâtiments ne pouvant s'armer et s'expédier seuls, l'impôt a toujours trouvé un assujetti dans la personne de l'armateur ou de l'expéditeur?

LOUIS-PHILIPPE, etc. ; — Vu la loi du 1er brum. an 7 et le tarif annexé à ladite loi ; — Considérant que le sieur Violle est principal propriétaire de bâtiments faisant le cabotage; — Considérant que cette profession est rangée dans la troisième classe du tarif annexé à la loi du 1er brum. an 7 ; — Qu'ainsi c'est avec raison qu'il avait été rangé dans cette classe ; — Art. 1. L'arrêté du conseil de préfecture des Bouches-du-Rhône, en date du 31 août 1838, est annulé.

Du 18 déc. 1840.-Ordon. cons. d'Ét.-M. Louyer-Villermay, rap.

(3) *Espèce :* — (Bavoux et Jacquemont.) — MM. Bavoux, conseiller à la cour des comptes, et Jacquemont, officier supérieur d'artillerie, copropriétaires, et intéressés le premier pour un quart, le second pour un douzième, dans un navire faisant le grand cabotage, avaient été imposés à la patente, et un arrêté du conseil de préfecture de la Seine-Inférieure avait rejeté leur réclamation. — Sur leur recours le ministre de finances a exprimé un avis favorable au recours : — La propriété d'un navire ou d'un bâtiment peut se diviser et se subdiviser en une multitude d'actions et de parts d'action qui assujettiraient chacun des possesseurs à un droit de patente égal ou même supérieur au produit de cette copropriété. Ces actions peuvent appartenir à des personnes qui, placées dans une autre

les armateurs et les propriétaires de bâtiments faisant le cabotage, d'après la loi de brum. an 7, la loi du 25 avril 1844 a fixé le droit eu égard au tonnage des bâtiments ; ainsi l'armateur au long cours devra payer 40 c. par tonneau, tandis que l'armateur au cabotage ne devra acquitter qu'un droit de 25 c. par tonneau. —Cependant, ce nouveau droit de tonnage a une limite de maximum fixée à 400 fr. Le motif de ce changement de perception est le bénéfice considérable que font les armateurs mêmes dans les petites villes. — Le droit fixe des armateurs devant être réglé en raison du tonnage, les contrôleurs l'établissent en prenant dans les bureaux de la marine et des douanes les renseignements nécessaires pour l'établissement de ce droit (circ. min. 14 août 1844).—Dès lors, si le même individu est à la fois armateur pour le long cours et armateur pour le grand et le petit cabotage, la pêche de la baleine ou de la morue, les contrôleurs chargés de préparer l'établissement de la taxe doivent indiquer séparément le tonnage des bâtiments ordinairement employés au long cours et celui des bâtiments ordinairement employés au cabotage, à la pêche de la baleine ou à celle de la morue, afin que le directeur puisse appliquer le droit de 40 c. pour les uns et le droit de 25 c. pour les autres, le tout jusqu'au maximum de 400 fr. (même circulaire).

43. La loi de 1844, de même que la loi de l'an 7, soumet d'une manière générale l'armateur à la patente, sans distinguer celui qui fait naviguer pour son propre compte de celui qui navigue lui-même sur son navire : en conséquence, celui-ci ne pourrait se prétendre exempté de la patente comme capitaine au long cours (V. n°s 276 et s.).—Il a été décidé en ce sens, sous la loi de l'an 7, que l'armateur d'un navire employé au grand cabotage, et sur lequel il navigue lui-même, doit être imposé à la patente d'armateur (ord. cons. d'Ét. 5 juin 1845, M. Baudon, rap., aff. Nourrigat et aff. Affre ; du même jour, quatre-vingt douze ordonnances identiques).

44. *Armuriers.* — La loi de 1844, dans son projet, portait sous deux rubriques différentes les marchands d'armes et les marchands armuriers, les premiers portés dans le tableau C, et les seconds dans la cinquième classe du tarif général. M. Lanyer a fait remarquer que, dans la première dénomination, allaient se trouver compris les armuriers de Saint-Étienne, bien qu'ils n'eussent pas de grands ateliers, qu'ils ne fussent pas de grands fabricants, mais seulement des marchands armuriers. M. le rapporteur a reconnu la justesse de l'observation et a proposé de confondre ces deux dénominations dans celle unique d'*armurier*, désignant tout à la fois le petit fabricant et le marchand d'armes. Ce qui a été admis. — Il a été jugé, sous la loi de l'an 7, que l'on doit considérer comme armurier, et non comme fabricant d'armes, celui qui se borne à acheter en gros, toutes confectionnées, les différentes pièces qui entrent dans la composition des armes à feu, et à les faire assembler et ajuster dans son atelier pour en former des armes prêtes à être livrées aux particuliers (ord. cons. d'Ét. 22 août 1844, M. Dumez, rap., aff. Flachat-Peyron).

45. *Assurances.* — La loi de 1844 ne s'était occupée que des assurances *mutuelles* et non mutuelles, sans rien dire des assurances *maritimes*, et le conseil d'État les avait rangées dans la catégorie des agences d'affaires (ord. 9 juill. 1846, M. Roux, rap., aff. Clapier). Un principe pareil avait été déjà posé sous la loi de l'an 7 à l'égard des compagnies d'assurances pour le remplacement militaire. Il a été jugé, en effet, sous cette loi, que le cabaretier qui est en même temps associé d'une telle compagnie doit être soumis à la patente d'agent d'affaires, attendu que l'industrie d'assurance pour le remplacement militaire « n'étant point désignée au tarif annexé à la loi de l'an 7, il y a lieu, aux termes de l'art. 35 de ladite loi, de la classer par voie d'assimilation ;... que l'industrie avec laquelle elle présente le plus d'analogie étant celle des agents d'affaires, c'est à tort que le conseil de préfecture de la Moselle a ordonné que la cote du sieur Roger aux rôles de 1839 serait réduite et ne l'a maintenu qu'à la patente de cabaretier » (ord. c. d'Ét. 1er mars 1842, M. Richaud, rap., aff. Roger).—La loi du 18 mai 1850, dans son tableau E, correspondant au tableau B, range les assureurs maritimes parmi les professions imposées eu égard à la population d'après un tarif exceptionnel. Le droit fixe est réglé comme il suit : à Paris, 250 fr. ; dans les villes de 50,000 âmes et au-dessus, 200 fr. ; dans les villes de 30,000 à 50,000 âmes et celles de 15 à 30,000 âmes ayant un entrepôt réel, 150 fr. ; dans les villes de 15 à 30,000 ou les villes au-dessous de 15,000 âmes ayant un entrepôt réel, 100 fr. ; dans les autres communes, 50 fr.

46. *Aubergistes, hôteliers, logeurs.* — Parmi les professions dont l'objet est le logement ou la réception des étrangers, la loi distingue les logeurs (7e classe), les aubergistes ne logeant qu'à pied (5e classe) et les aubergistes et maîtres d'hôtel garni (4e classe). La distinction à faire entre ces divers établissements ne peut être qu'une appréciation de fait, puisque, suivant les uns, le mot *auberge* vient du mot *heriberga* ou *heribergium* qui se trouve dans les Capitulaires, et qui signifie hôtel, hôtellerie, tandis que, suivant d'autres, auberge viendrait de l'allemand *herbergen* qui signifie loger, d'où l'on peut dire que logeur, aubergiste, hôtellier ou maître d'hôtel sont tout un. — Cependant on entend plus généralement par logeur celui qui tient des chambres garnies pour les ouvriers, et par aubergiste ou maître d'hôtel celui qui tient maison où les voyageurs sont tout à la fois nourris et logés, et où ils trouvent des écuries pour les chevaux, et non pas, comme l'avait dit la loi du 9 frim. an 4, ceux qui vendent du vin à pot et à pinte, qui ne sont que de véritables cabaretiers.

47. La jurisprudence, pour interpréter la loi, a, du reste, constamment posé en principe qu'on ne doit considérer comme maîtres d'hôtel garni, et imposer comme tels, que ceux qui tiennent habituellement des chambres et des appartements meublés à la disposition des voyageurs et des étrangers qui font un séjour plus ou moins long dans les villes d'une certaine importance (ord. cons. d'Ét. 19 nov. 1837, M. Louyer-Villermay, rap., aff. Dubié), tandis qu'on doit considérer comme aubergiste : 1° celui qui d'habitude loge et nourrit les colporteurs et les ouvriers (ord. cons. d'Ét. 30 juill. 1839, aff. dame Charretière), ou les voyageurs, le fait habituel de nourrir et loger ceux qui passent, constituant surtout la profession d'aubergiste (ord. c. d'Ét. 30 juin 1835, aff. Audraud ; 6 juin 1844, M. Richaud, rap., aff. Teissier), et non celle de maître d'hôtel garni (cons. d'Ét. 27 fév. 1852, aff. Delafosse, D. P. 52. 3. 398) ; — 2° Celui qui loue aux voyageurs des chambres et des appartements garnis, et qui donne à boire et à manger à tous ceux qui se présentent (ord. cons. d'Ét. 19 mars 1845, M. d'Ormesson, rap., aff. Virgile) ; — 3° Celui qui a des écuries, des remises et des chambres spécialement destinées aux voyageurs (ord. cons. d'Ét. 19 avril 1844, M. Auber-

---

sphère et loin des ports de mer, ne se mêlent ni de négoce ni de commerce, ne prennent aucune part à l'exploitation du navire et sont dans la même position que les associés en commandite. Une copropriété qui ne repose que sur la jouissance d'actions ou de parts d'action toujours négociables ne peut donner au posssesseur une qualité imposable, à moins qu'il n'exerce lui-même la profession que la loi a voulu imposer. Ce n'est pas la propriété qui doit être imposée à la patente, c'est l'industrie. — Dans l'espèce, la patente doit donc être établie au nom de l'armateur copropriétaire ou locataire du navire, ou de la maison de commerce qui, pour le compte des intéressés, se charge elle-même de l'armement, de l'affrètement, etc., et les associés ne sont personnellement imposables qu'autant que, par leur coopération directe, ils seraient eux-mêmes armateurs ou négociants. Inutilement voudrait-on exciper de la disposition de la loi du 1er brum. an 7, qui assujettit à la patente les propriétaires de bâtiments faisant le petit cabotage : cette disposition confirme le principe qui vient d'être établi. Ce n'est point parce qu'ils sont propriétaires qu'ils sont imposés à la patente, c'est parce qu'ils font le petit cabotage, c'est-à-dire qu'ils exercent une industrie avec leurs propres navires.

LOUIS-PHILIPPE, etc. ; — Vu la loi du 1er brum. an 7, la loi du 25 mars 1817 et celle du 15 mai 1818 ; — Considérant qu'il résulte de l'instruction que le sieur Bavoux n'exerce ni la profession de propriétaire de navires faisant le grand cabotage, ni la profession d'armateur ; — Qu'ainsi c'est à tort qu'il a été porté et maintenu au rôle des patentes de la ville du Havre en ces qualités ; —Art. 1. L'arrêté du conseil de préfecture de la Seine-Inférieure, en date du 9 août 1839, est annulé. — Art. 2. Décharge est accordée au sieur Bavoux des droits de patente auxquels il a été imposé sur le rôle de la ville du Havre.

Du 18 déc. 1840.-Ordon. cons. d'État.-M. Louyer-Villermay, rap. Même décision à l'égard du sieur Jacquemont.

non, rap., aff. Livron); — 4° Un individu qui, bien que bourrelier de son état, reçoit, loge et nourrit des voyageurs (ord. cons. d'Ét. 21 mars 1834, M. Boivin, rap., aff. min. fin. *C.* Rubline); — 5° Le cabaretier, dès qu'il loge des voyageurs, bien que ce fait lui arrive rarement (ord. cons. d'Ét. 24 juin 1840, M. d'Ormesson, rap., aff. Prost. —*Contrà*, 2 fév. 1844, M. Lepelletier d'Aulnay, rap., aff. Dunaigre : dans cette dernière espèce, le cabaretier ne logeait qu'à certaines époques de l'année); — 6° Celui qui tient une table d'hôte et qui met à la disposition des voyageurs des pièces destinées à leur logement (ord. cons. d'Ét. 18 juill. 1844, M. Gautier d'Uzerches, rap., aff. Unzala). Mais il en est autrement si le fait de loger des étrangers n'est qu'accidentel (ord. cons. d'Ét. 1er juill. 1840, M. d'Ormesson, rap., aff. Richard).

48. Nous avons dit qu'on devait considérer comme logeur celui qui tient des chambres pour les ouvriers; cependant il a été jugé que l'individu qui tient un établissement où il reçoit, moyennant salaire, des chevaux et des voitures, doit être imposé, par assimilation de son industrie avec celle de logeur, et non comme si son industrie avait de l'analogie avec celle de loueur de chevaux et de voitures suspendues (ord. cons. d'Ét. 25 janv. 1839, aff. Gouisaud, D. P. 39. 3. 138). D'où la conséquence qu'on doit encore regarder comme logeur, non-seulement celui qui reçoit des ouvriers, mais encore celui qui abrite les bêtes de somme.

49. *Bac.* — Les fermiers de bacs sont assujettis à la patente de 4e classe pour un fermage de 1,000 fr. et au-dessus, et à celle de la 6e classe pour un fermage au-dessous de 1,000 fr.: ce serait percevoir un double droit que d'exiger une patente de leurs représentants ou cessionnaires. Jugé en conséquence que le sous-fermier d'un bac ne peut être valablement imposé à la patente de fermier de bac (ord. cons. d'Ét. 5 juin 1845, M. Baudon, rap., aff. Poiroux. V. Impôts directs, n° 46).

50. *Banques.* — Le droit fixe de patente pour la banque de France, y compris ses comptoirs, est de 10,000 fr. C'est une disposition spéciale; mais le droit fixe des banques dans les départements est de 1,000 fr. pour un fonds capital de 2 millions et au-dessous; ce droit s'accroît de 200 fr. par chaque million de capital en sus jusqu'au maximum de 2,000 fr. « Pour établir le droit fixe des banques dans les départements, porte la circulaire du 14 août 1844, les agents des contributions directes devront consulter les statuts insérés au Bulletin des lois, statuts qui indiquent le fonds capital de chaque banque. » De cette observation il ressort que le droit applicable aux banques des départements ne doit les atteindre qu'autant qu'elles sont légalement autorisées. C'est ce qu'a décidé le conseil d'État en jugeant que, sous la dénomination de banques départementales, atteintes, par la loi du 25 avril 1844, d'un droit fixe au minimum de 1,000 fr., on ne doit entendre que les banques privilégiées et non les banques privées; que le droit fixe applicable à celles-ci est déterminé eu égard à la population des villes où elles sont établies (ord. cons. d'Ét. 29 nov. 1848, aff. Quantin, D. P. 49. 3. 37). — V. Banque, nos 160, 182.

51. *Banquier.* — Sous l'empire de la loi de l'an 7, l'importance de la localité n'entrait pour rien dans l'appréciation du droit applicable aux banquiers, c'était un point de jurisprudence constante. La loi de 1844, au contraire, classe les banquiers selon la population du lieu où ils exercent leur profession : ainsi, à Paris, le droit fixe est de 1,000 fr.; dans les villes d'une population de 50,000 âmes et au-dessus, de 500 fr.; dans les villes de 30,000 à 50,000 âmes, et dans celles de 15,000 à 30,000 âmes, qui ont un entrepôt réel, ce droit est de 400 fr.; dans les villes de 15,000 à 30,000 âmes, et dans les villes d'une population inférieure à 15,000 âmes, qui ont un entrepôt réel, il est de 300 fr.; enfin, dans toutes les autres communes, le droit fixe est de 200 fr. — A ces droits il faut joindre le droit proportionnel du quinzième de la valeur locative des maisons d'habitation et locaux servant à l'exploitation comme nous l'expliquons *infrà*, nos 163 et suiv.

52. La patente de banquier étant dans une catégorie exceptionnelle et d'un prix fort élevé, de nombreuses difficultés se sont produites avant comme après la loi de 1844, sur la question de savoir quels sont les actes ou les négoces qui constituent la profession de banquier, et dans quelles limites doit s'appliquer la loi. — Le comité des finances, dans un avis du 30 mai 1817, avait dit que la qualité de banquier ne dépendait pas de l'existence d'une bourse dans une ville, mais de la cumulation des opérations dites de banque, telles que les crédits, les acceptations, les changes, les traites et remises de place en place. — Aussi avait-il été jugé qu'encore bien qu'il n'existât point de bourse dans la ville où un commerçant faisait des actes qui constituaient la profession de banquier, on ne devait pas moins l'imposer à la patente en cette qualité (ord. cons. d'Ét. 31 oct. 1833, M. Hochet, rap., aff. Bedarrides). Lors de la loi de 1844, les débats ont fixé à peu près en ce sens la qualité de banquier. — « Un banquier, a-t-on dit, est celui qui cumule diverses opérations, telles que le crédit commercial, les acceptations, le change, les traites et remises de place en place; qui prend des effets à l'escompte sur toutes places, qui donne en même temps du papier et des lettres de crédit sur les principales places de commerce, en échange des écus qu'on lui remet; en un mot, c'est celui qui vend et achète du papier, l'escompte, enfin qui fait de ces opérations de banque l'objet *unique ou principal* de son industrie. Si ces opérations sont l'*accessoire* d'une autre industrie, alors le commerçant, l'industriel ne sont imposés qu'eu égard à l'industrie, au commerce qu'ils exercent; mais si ces opérations font l'objet *principal* de l'industrie de celui qui s'y livre, alors c'est en qualité de banquier qu'il doit être patenté. » — Cependant, comme nous allons le reconnaître, la jurisprudence a souvent assujetti à la patente de banquier les commerçants qui se livraient à de simples opérations d'escompte en dehors de leur commerce; mais d'abord posons en principe, avec la jurisprudence, que du moment qu'il y a constatation de ce fait qu'un citoyen se livre habituellement à des opérations de banque, on doit l'imposer comme banquier, la loi ne faisant dépendre la qualité de banquier que de la nature des opérations auxquelles se livre le contribuable, et non de la plus ou moins grande étendue de ces opérations (ord. cons. d'Ét. 14 juill. 1841 (1); 10 juill. 1833, M. Montaud, rap., aff. Loubon, aff. Villebon, aff. Corbeaux, aff. Lebaguais; 14 août 1837, M. Saglio, rap., aff. Monnot; 25 avril 1839, M. Louyer-Villermay, rap., aff. Genson; 30 juill. 1839, M. Reverchon, rap., aff. Rouzé-Mathon; 28 nov. 1839, M. Baudon, rap., aff. Lecomte; 15 fév. 1840, M. M..., rap., aff. Michelot; 12 avril 1844, M. Gauthier d'Uzerches, rap., aff. Laparre; 19 avril 1844, M. Gauthier d'Uzerches, rap., aff. Roussel; 20 juin

(1) *Espèce :* — (Laperrine d'Hautpoul.) — Le ministre des finances s'exprimait ainsi à l'appui de son recours contre la décision du conseil de préfecture de l'Aude, qui avait déchargé le sieur Laperrine d'Hautpoul, de la patente :

« Le sieur Laperrine d'Hautpoul exerce la profession de banquier; l'instruction le prouve, et lui-même en convient; seulement il prétend que ses opérations ne sont ni assez étendues ni assez importantes pour l'assujettir à la patente de banquier, et, à l'appui de cette assertion, il cite plusieurs ordonnances du roi qui avaient semblé d'abord établir effectivement que, pour être soumis à cette patente, il fallait tenir une maison de banque dans laquelle les commerçants pussent trouver en tout temps du papier sur les principales villes de France et de l'étranger. Mais cette jurisprudence a été modifiée depuis, et il suffit aujourd'hui qu'un individu fasse des opérations de banque l'objet habituel de ses spéculations, quelle que soit d'ailleurs l'importance de ces opérations ou de la localité où il les traite, pour qu'il doive la patente de banquier. C'est ce qui résulte de toutes les ordonnances rendues sur la matière depuis 1834. Or, il est constant que le sieur Laperrine d'Hautpoul se livre exclusivement aux opérations de banque depuis qu'il a renoncé à la fabrication des draps. Il doit donc la patente de banquier, et, dès lors, c'est sans raison que le conseil de préfecture l'a dégrevé de la taxe additionnelle qui formait le complément de sa patente de 1838. »

LOUIS-PHILIPPE, etc.; — Vu la loi du 1er brum. an 7; — Considérant que la loi ne fait dépendre la qualité de banquier que de la nature des opérations auxquelles se livre le patentable, qu'elle n'a égard ni à l'étendue de ses affaires, ni à l'origine des fonds dont il dispose, ni à l'importance de la localité où il exerce son industrie; qu'il résulte de l'instruction que le sieur Laperrine d'Hautpoul se livre à des opérations de banque; — Qu'ainsi c'est à tort qu'il lui a été accordé décharge de la patente afférente à la qualité de banquier. — Art. 1. L'arrêté susvisé du conseil de préfecture du département de l'Aude, est annulé; — Art. 2. Le sieur Laperrine d'Hautpoul sera maintenu en qualité de banquier, au rôle des patentes de la ville de Carcassonne (Aude), pour 1838.

Du 14 juill. 1841.-Ord. cons. d'Ét.-M. Hérelle, rap.

1844, M. Jahan, rap., aff. Rolle; 18 juill. 1844, M. Fremy, rap., aff. Grolhier; du même jour, 6 ordonnances identiques; 28 août 1844, M. Gauthier d'Uzerches, rap., aff. Gavelle; 6 déc. 1844, M. Dumez, rap., aff. Michelet; 18 janv. 1845, M. de Missiessy, rap., même partie).

53. On doit donc considérer comme toujours applicables les décisions intervenues en ce sens antérieurement à la loi de 1844 aussi bien que celles qui en ont fait l'application postérieure. — Ainsi jugé : 1° que le fait qu'on trouve chez un négociant du papier en tout temps, pour telle somme que l'on désire sur les principales places de l'intérieur et de l'étranger, suffit pour le faire considérer comme banquier, encore qu'il prétende que les recouvrements et payements qu'il fait n'ont lieu qu'à raison des opérations de son négoce, et que, pour preuve, il allègue que la ville qu'il habite n'est pas assez considérable pour être susceptible de l'établissement d'une maison de banque (ord. cons. d'Ét. 14 janv. 1824, M. Brière, rap., aff. Faure); — 2° Que le négociant qui se livre à des opérations qui n'ont pas pour objet exclusif le mouvement de son commerce, notamment à des opérations de banque, est soumis à la patente de banquier, surtout s'il résulte des faits que les opérations de banque sont bien supérieures à celles de son commerce (ord. cons. d'Ét. 26 mai 1837, M. Louyer-Villermay, rap., aff. veuve Villebranche), ou s'il refuse de produire les registres à l'aide desquels on reconnaîtrait la nature de son commerce et sa véritable qualité (ord. cons. d'Ét. 24 juin 1840, M. Hallez, rap., aff. Poulain; 25 juin 1842, M. Pichon, rap., aff. Aubry-Febvrel; 29 juin 1844, M. Jahan, rap., aff. Frédéric Rolle; 10 sept. 1845, M. Baudon, rap., aff. Horric et cons.); — 3° Que le négociant en vins et eaux-de-vie ou en bijouterie qui se livre à des opérations qui n'ont pas pour objet exclusif le mouvement de son commerce, et spécialement à des opérations de banque, doit être imposé à la patente de banquier, surtout s'il résulte de la vérification de ses registres que les opérations d'argent qu'il a faites s'élèvent à une somme bien plus considérable que celles résultant de ses acquisitions et ventes de marchandises de son commerce (ord. cons. d'Ét. 20 déc. 1836, M. Villermay, rap., aff. Descombes; 17 mai 1837, M. Villermay, rap., aff. Chapuy et Laval); — 4° Que l'entrepreneur de voitures publiques qui se livre à des opérations de banque qui n'ont pas pour objet exclusif l'exploitation des messageries, doit être assujetti à la patente de banquier (L. 27 avr. 1832, art. 29; ord. cons. d'Ét. 24 juin 1840, M. Hallez, rap., aff. Poulin); —5° Que la qualité de banquier, quant à la patente, se détermine par la nature des opérations dont elle résulte, sans considération pour l'étendue plus ou moins restreinte des opérations elles-mêmes, et bien que celui qu'on veut soumettre à la patente n'emploie que ses propres fonds (ord. c. d'Ét. 8 juill. 1840, M. du Berthier, rap., aff. Laperrine). Cependant dans ce dernier cas il a été jugé qu'il ne devait être considéré que comme agent d'affaires (ord. c. d'Ét. 27 fév. 1840, M. de Condé, rap., aff. Gallois); —6° Qu'on doit imposer également à la patente de banquier, et non à celle de négociant, celui qui se livre à des opérations de banque même ailleurs que dans les grandes villes et les places de commerce (ord. cons. d'Ét. 1er fév. 1844, M. de Lavenay, rap., aff. Vieillemard et Lamaligine); — 7° Qu'on doit encore y soumettre toute personne qui s'occupe exclusivement de recouvrements et d'opérations de banque, quelle que soit l'étendue ou l'importance de la localité où il exerce son industrie (ord. cons. d'Ét. 20 juin 1844, M. de Condé, rap., aff. Bourrinet); — 8° Qu'on doit assujettir à la patente de banquier celui qui ouvre des crédits considérables, se charge du recouvrement des effets de commerce et donne du papier sur les principales places de France (ord. cons. d'Ét. 5 janv. 1847, M. de Lavenay, rap., aff. Mallet).

54. Toutes ces décisions sont conformes à l'esprit de la loi de 1844, car jusqu'ici ces décisions sont fondées sur des faits relatifs à des opérations de banque proprement dite, et si le fait d'un commerce accessoire s'y trouve mentionné, les opérations de banque sont toujours énoncées comme l'industrie principale; mais trouverons-nous cet accord lorsque les opérations de banque sont l'accessoire et qu'il s'y joint un commerce principal; nous allons reconnaître la négative. En examinant la loi il semble bien évident que quelques opérations de banque, inévitablement liées avec les opérations commerciales, ne suffisent pas pour transformer en banquier un commerçant qui exploite notoirement une branche de commerce; qu'on doit, en conséquence, s'abstenir de multiplier la qualification de banquier; et que cette patente ne peut justement être demandée qu'à ceux qui font des opérations de banque l'objet habituel et principal de leurs spéculations. Tels étaient les principes primitifs du conseil d'État, qui ne croyait pouvoir soumettre à la patente de banquier, ainsi que nous venons de le voir, que les négociants chez lesquels on trouvait en tout temps et pour toutes sommes du papier sur les principales places de commerce françaises ou étrangères; mais cette sage réserve a successivement disparu et l'impôt de patente comme banquier a bientôt été appliqué à tout individu commerçant ou non qui se livre à des opérations d'escompte et de recouvrement sans avoir égard à l'importance des affaires et à l'origine des capitaux employés.

55. Malgré les explications données sur ce point lors de la discussion sur la loi de 1844, il a été jugé, sous l'empire de cette loi comme précédemment, que le commerçant qui, outre le commerce auquel il se livre, fait habituellement des opérations de banque, telles qu'échange avec escompte d'effets de commerce, emprunts, ouverture de crédit, etc., est sujet à la patente de banquier (ord. cons. d'Ét. 8 avr. 1847, aff. Lageloure, D. P. 47. 4. 354; 27 mai 1847, aff. Lehirigoyen). — Or cette décision constate qu'il y a un commerce, mais elle le néglige pour ne voir que les opérations de banque, sans dire pourtant qu'elles constituent l'industrie principale et ne sont en aucune façon la conséquence du commerce, ce qui est contraire aux principes. — Aussi admettons-nous comme plus conformes ces décisions, qui ont jugé en sens opposé qu'on ne saurait appliquer la patente de banquier à celui qui, bien que négociant en gros ne tient cependant pas une maison où l'on puisse trouver à toutes demandes du papier sur les places principales de commerce (ord. cons. d'Ét. 19 juin 1828, aff. Faudière; 8 avr. 1831, aff. Arnould-Senard).—V. Banquier, n° 23.

56. *Bois* (*marchands de*). — La loi du 1er brum. an 7 n'avait divisé les marchands de bois qu'en deux *catégories*, elle avait placé dans la première classe les marchands de bois en chantier ou magasin, ou *exploitant* ventes dans les bois, forêts et plantations de la République, des communes ou des particuliers, et les marchands de bois de marine; et dans la quatrième classe les marchands de bois *n'exploitant* point de ventes dans les bois, forêts et plantations de la République et des particuliers, et n'ayant ni chantiers ni magasins. — Ces mots *exploiter vente* de la loi de l'an 7 doivent être entendu dans le sens d'exploitation commerciale. Ce que la loi veut atteindre, c'est l'acte de commerce, c'est le fait de livrer à la consommation le produit de l'exploitation et non le fait seul de se rendre adjudicataire d'une coupe de bois. Or, comme la patente n'est véritablement qu'un impôt ayant pour but de prélever une proportion déterminée par la loi sur les bénéfices supposés, il ressort évidemment de là qu'il n'y a lieu à patente que lorsque l'acquéreur a laissé connaître que son achat n'avait pas uniquement pour but ses besoins personnels. La jurisprudence s'est prononcée en ce sens. —Ainsi, il a été décidé qu'un particulier qui s'est rendu adjudicataire d'une coupe de bois, ne doit pas être imposé au rôle des patentes, s'il n'est pas établi qu'il en ait revendu les produits, encore bien qu'on prétende que le bois de cette coupe excède de beaucoup sa consommation (ord. cons. d'Ét. 23 mai 1834, M. Germain, rap., aff. Carentelle).

57. De même, le fait unique et accidentel de vendre du bois ne peut suffire pour être réputé marchand et, comme tel, être soumis à la patente; il faut l'habitude, le commerce en un mot. — Il a été jugé, par exemple : 1° que le boulanger qui se borne à revendre le surplus du bois acheté pour l'alimentation de son four, ne doit pas être imposé à la patente de marchand de bois (ord. cons. d'Ét. 19 mars 1840, M. d'Ormesson, rap., aff. Chambrout, aff. Arnault); —2° que l'acte, par un garde forestier, d'avoir revendu des planches qui excédaient ses besoins pour la reconstruction de sa maison, ne peuvent le faire considérer comme marchand de bois, et, par suite, le faire imposer à la patente en cette qualité (ord. cons. d'Ét. 19 avril 1838, M. Saglio, rap., aff. Peyriguère).

58. La loi de 1844 qui, comme on va le voir, présente à l'égard des marchands de bois une classification toute nouvelle n'a apporté aucune modification à cette règle. — Jugé ainsi que le contribuable qui s'est borné à vendre à un particulier le bois excédant ses besoins dans une coupe dont il s'est rendu acquéreur pour sa consommation ne peut être imposé à la patente de marchand de bois (décr. cons. d'Ét. 8 avril 1852) (1).

59. Mais à l'inverse, dès qu'il y a spéculation, opération commerciale, l'impôt de la patente est dû. — Décidé : 1° qu'il suffit qu'il soit constant qu'un individu a revendu une partie des bois qu'il avait exploités l'année d'auparavant, pour qu'il ait dû être maintenu à la patente de marchand de bois en gros (ord. cons. d'Ét. 20 fév. 1835, M. Louyer-Villermay, rap., aff. Bergé-Gibault); — 2° Que la patente doit être maintenue soit lorsque, de l'aveu du réclamant, il a revendu une partie des bois provenant des coupes de bois de l'État, dont il s'était rendu adjudicataire (ord. cons. d'Ét. 24 oct. 1834, M. Villermay, rap., aff. Guyard); ...soit lorsque, ayant acheté divers lots de bois provenant d'affouages communaux, il en a revendu des portions à des maîtres de forges et à d'autres individus (ord. cons. d'Ét. 7 déc. 1843, M. Lepelletier d'Aulnay, rap., aff. Mairot); — 3° Que celui dont l'industrie consiste à acheter directement des propriétaires le droit de défricher des bois dont la coupe a été vendue à d'autres marchands pour en extraire les racines et en vendre l'écorce aux tanneurs, et le surplus aux consommateurs par quantités assez considérables, doit être imposé à la patente (ord. cons. d'Ét. 24 déc. 1844, M. Louyer, rap., aff. Alard).

60. Le propriétaire qui exploite ses bois lui-même n'est pas soumis à l'impôt de la patente (V. nos 244 et s.).—Mais on ne devrait pas considérer comme tel celui qui, après avoir acquis en commun avec d'autres personnes une forêt pour l'exploiter et la défricher, devient plus tard, par l'effet d'un partage, seul propriétaire de la superficie, la propriété du sol devant passer tout entière à ses coassociés (ord. cons. d'Ét. 9 juill. 1846) (2).

61. La loi du 25 avril 1844, comme on l'a déjà dit, a changé complétement la classification établie par la loi de l'an 7 à l'égard des marchands de bois. Elle a établi plusieurs distinctions fondées sur l'importance des exploitations : ainsi elle place dans la première classe les marchands de bois ayant chantier ou magasin, et vendant au stère ou par quantité équivalente ou supérieure; les marchands de bois de marine ou de construction; les marchands de bois merrain en gros, vendant par bateau ou charrette; les marchands de bois de sciage en gros;—Dans la deuxième classe, les marchands de bois à brûler n'ayant ni chantier ni magasin, vendant sur bateau ou sur les ports, au stère ou par quantité équivalente ou supérieure; les marchands de bois de teinture en demi-gros;—Dans la troisième classe, les marchands de bois d'ébénisterie, de bois en grume ou de charronnage, et les marchands de bois de sciage qui, ayant chantier ou magasin, ne vendent qu'aux menuisiers, ébénistes, charpentiers et particuliers;—Dans la quatrième classe, les marchands de bois de teinture en détail;—Dans la cinquième classe, les marchands de bois à brûler n'ayant ni chantier, ni magasin, ni bateau, et vendant par voiture au domicile des consommateurs; les marchands de bois de bateaux, de bois de boissellerie, de bois feuillard et de bois de voilge;—Dans la sixième classe, les marchands de bois merrain qui ne vendent qu'aux tonneliers;—Enfin dans la huitième classe, les marchands de bois à la falourde, au fagot et au cotret.

62. Ainsi il suffira aujourd'hui encore, comme sous l'ancienne législation, qu'il y ait chantier et magasin pour que le droit de patente de première classe devienne exigible; on devra donc considérer comme devant toujours être suivies les décisions rendues sous la loi de l'an 7, et desquelles il résulte : 1° que, du moment qu'un marchand de bois a un chantier ou magasin, il doit être porté à la première classe (ord. cons. d'Ét. 15 avril 1836, M. Boivin, rap., aff. Fumel; 14 oct. 1836, M. Louyer-Villermay, rap., aff. Alaux et cons.); — 2° Que le marchand de bois de marine et de construction qui a une cour et d'autres locaux dans lesquels il forme de grands approvisionnements de bois de construction, qu'il revend aux particuliers menuisiers et charpentiers par centaines de planches ou de soliveaux, devra être imposé à cette même classe (ord. cons. d'Ét. 24 avril 1837, M. Louyer-Villermay, rap., aff. Raffine); ...encore bien que le chantier serait établi hors d'une ville, et que le marchand ne vendrait en transit que des bois dits de bordage (ord. cons. d'Ét. 22 nov. 1836, M. Saglio, rap., aff. Boutières; 1er août 1837, M. Louyer-Villermay, rap., aff. Azenia); ...ou quelque onéreux que puisse être l'exploitation à raison de la concurrence dans ce commerce et de la faiblesse des bénéfices (ord. cons. d'Ét. 3 janv. 1834, M. de Felcourt, rap., aff. Valette).

63. On doit placer aussi dans la première classe ceux qui, bien que n'ayant pas de chantier, se rendent adjudicataires de coupes et vendent sur place le produit de leur exploitation.—Il a été décidé, sous la législation antérieure à la loi l'an 7 : 1° que ceux qui vendent du bois au stère ne peuvent se soustraire au payement d'une patente de première classe, comme marchands de bois en chantier, sous prétexte qu'ils font leur vente dans la forêt même qu'ils exploitent, et n'ont, par conséquent, pas de chantier; la forêt doit être considérée comme en étant un pour eux (Cass. 22 brumaire an 7) (3); — 2° Sous la loi de l'an 7, qu'il en est ainsi de ceux qui exploitent vente, soit en leur nom, soit en société, dans les bois et forêts d'une commune et de particuliers; ils opposeraient vainement qu'ils n'ont pas de chantier et que leur commerce n'est pas considérable (ord. cons. d'Ét. 14 juin 1838, M. Louyer-Villermay, rap., aff. Gout; 22 juin 1845, M. Gautier d'Uzerches, rap., aff. Dumas).

64. Lors de la loi de 1850, on souleva la question de savoir si le fait seul de prendre du bois dans une coupe dont on n'est pas adjudicataire, pouvait suffire pour faire considérer le patentable comme marchand avec magasin ou chantier. Par suite des explications fournies, il fut décidé que le marchand qui n'a ni chantier, ni magasin, ni bateau, et qui vend par voitures, au domicile des consommateurs, *le bois des coupes dont il n'est pas adjudicataire*, ne pouvait être considéré comme ayant chantier et magasin, et qu'il devait être porté à la cinquième classe.

65. Les avironniers ont été placés dans la septième classe;

(1) (Gobert.) — Louis-Napoléon, etc.; — Vu la loi du 25 avril 1844 et le tarif y annexé; — Considérant qu'il résulte de l'instruction que le sieur Gobert n'a pas exercé en 1850 la profession de marchand de bois à brûler; que, dès lors, c'est à tort que le conseil de préfecture l'a maintenu en cette qualité au rôle des patentes de ladite année :— Art. 1. L'arrêté du conseil de préfecture de Seine-et-Oise en date du 5 nov. 1850 est annulé;—Art. 2. Il est accordé décharge au sieur Gobert des droits de patente auxquels il a été imposé au rôle de la commune d'Eaubonne pour 1850.

Du 8 avril 1852.-Décr. cons. d'Ét.-M. Pascalis, rap.

(2) (Vitu-Sellier.) — Louis-Philippe, etc.; — Vu le rapport de notre ministre des finances tendant à ce qu'il nous plaise annuler un arrêté du conseil de préfecture de l'Aisne, en date du 5 avril 1844, lequel a déchargé le sieur Vitu-Sellier de la patente de marchand de bois exploitant vente à laquelle il avait été assujetti pour les six derniers mois de 1843;— Vu la loi du 1er brum. an 7; — Considérant qu'il résulte de l'instruction que le sol des bois exploités par le sieur Vitu-Sellier ne lui appartient pas; que, dès lors, ledit sieur Vitu-Sellier ne peut prétendre à l'exemption des droits de patente accordée aux propriétaires par l'art. 29 de la loi du 1er brum. an 7 pour la vente des produits de leur récolte, et que c'est à tort que le conseil de préfecture a prononcé la décharge de la patente; — Art. 1. L'arrêté du conseil de préfecture de l'Aisne en date du 5 avril 1844 est annulé; — Art. 2. Le sieur Vitu-Sellier sera rétabli en qualité de marchand de bois exploitant vente au rôle des patentes de la ville de Vervins pour les six derniers mois de l'exercice de 1843.

Du 9 juillet 1846. — Ord. cons. d'Ét. — M. Pascalis rap.

(3) (Mardel.) — Le Tribunal; — Vu le tarif annexé à la loi du 6 fruct. an 4, portant établissement d'un droit de patente pour l'an 5. — Les art. 1 et 2 de la loi du 7 brum. an 6; — Considérant que les marchands dont il s'agit, vendant dans la fôret, à la corde et à la voie, les bois qu'ils exploitent, la forêt est leur chantier; que dès lors ils doivent payer la patente à laquelle sont assujettis les marchands de bois qui vendent au chantier et que la loi a rangés dans la première classe du tarif; que la justice de paix du canton de Loches avait donc justement condamné lesdits marchands de bois à se pourvoir d'une patente de première classe et que conséquemment le tribunal civil du département d'Indre-et-Loire, en annulant les jugements de cette justice de paix, et en autorisant ces marchands à se pourvoir d'une patente de quatrième classe, a commis un excès de pouvoir, et violé les art. 1 et 2 de la loi du 7 brum. an 6; — Casse.

Du 22 brum. an 7.-C. C., sect. civ.-M. Béraud, rap.

mais il est bien évident que cette profession ne peut y être maintenue que si elle s'y exerce seule. — Ainsi, jugé qu'un individu est passible de la patente de marchand de bois de marine, et non pas de celle d'avironnier, lorsqu'il ne se borne point à confectionner lui-même les avirons qu'il vend, mais aussi lorsqu'il fait façonner en avirons, par de nombreux ouvriers, les produits de toute une forêt, et consent des marchés considérables soit avec la marine marchande, soit avec la marine militaire, pour l'approvisionnement des ports de mer (ord. cons. d'Ét. 21 mai 1847, aff. Tardeau et Etcheverry, D. P. 47. 4. 354).

66. *Bottiers-cordonniers.* — Cette profession a donné lieu à un classement très-étendu. La loi de 1844 distinguait deux catégories : 1° les marchands cordonniers et marchands bottiers (4e classe); 2° les bottiers et cordonniers en chambre (7e classe). Dans la première catégorie, on comprenait ceux qui tenaient magasin de chaussures et qui exposaient en vente des souliers confectionnés à l'avance (ord. cons. d'Ét. 12 avril 1844, 23 déc. 1845) (1), ou ceux qui vendaient des chaussures non confectionnées par eux-mêmes (ord. c. d'Ét. 3 sept. 1844) (2).—Les dénominations de la loi de 1844 ne répondaient nullement aux faits, et l'imposition à un même droit fixe d'un assez grand nombre de bottiers ou cordonniers exerçant dans des conditions différentes avait donné lieu à des réclamations que la loi du 18 mai 1850 a fait cesser. Elle range en quatrième classe le marchand bottier ou cordonnier tenant magasin de chaussures; en sixième classe, le bottier ou cordonnier en boutique, travaillant sur commande avec ouvriers; en septième classe, le bottier ou cordonnier sur commande, travaillant seul en boutique ou en chambre, et, en huitième classe, le bottier ou cordonnier à façon (celui qui travaille avec ouvriers pour les maîtres qui lui fournissent la matière) (circ. direct. gén. des contrib. 10 juill. 1850).

67. Par application de la loi de 1850, il a été jugé : 1° que le cordonnier sur commande qui travaille avec un apprenti ne peut être assujetti à la patente de 6e classe comme travaillant avec ouvriers, mais doit être considéré comme travaillant seul, et, par suite, n'être assujetti qu'à la patente de 7e classe (décr. cons. d'Ét. 20 mars 1852, M. Pons de Renepont, rap., aff. Fontaine; 17 juin 1852, aff. Heins, D. P. 52. 2. 44); — 2° Qu'il en est de même pour le cordonnier sur commande qui travaille avec son fils non marié; il doit être considéré comme travaillant seul, et n'est dès lors assujetti qu'à la patente de 7e classe (décr. cons. d'Ét. 20 mars 1852) (3).

68. *Boucher.* — Le projet de loi présenté en 1844 comprenait indépendamment du marchand boucher (4e classe), le boucher en petit bétail (5e classe); dans l'impression des tableaux, on substitua par erreur les mots *boucher en détail* aux mots *boucher en petit bétail*, et cette substitution était devenue une source de difficultés, certains conseils de préfecture croyant pouvoir ranger dans la cinquième classe les bouchers de leur département, sous prétexte que tous vendaient en détail la viande aux consommateurs (V. ord. cons. d'Ét. 2 juill. 1847, aff. Loquos, D. P. 47. 4. 35). — Pour prévenir toute interprétation abusive et proportionner les taxes à l'importance des établissements, la loi nouvelle du 18 mai 1850 range dans la cinquième classe, sous le titre de boucher à la cheville, celui qui revend la viande qu'il a achetée par quartiers à d'autres bouchers, et, dans la sixième classe, sous le titre de boucher en petit bétail, celui qui ne vend que veau, mouton, agneau et chevreau. La dénomination de boucher en détail a disparu de la nomenclature, et l'on doit, par conséquent, continuer d'imposer comme marchands bouchers, à la quatrième classe, tous les bouchers qui vendent la viande du gros bétail qu'ils tuent ou font tuer (circ. direct. gén. des contrib. 10 juill. 1850). — Ce classement, bien préférable à celui qui existait sous l'ancienne législation, permet d'atteindre sans les surcharger les diverses classes de cette industrie.

69. Du reste, il a été jugé avant la loi de 1844 que pour être assujetti à la patente de boucher, il n'est pas nécessaire de vendre toutes sortes de viande, il suffit d'exploiter l'une des branches dont se compose le commerce de la boucherie, et spécialement que le vendeur de viande d'agneaux et de veaux doit être imposé à la patente de boucher (3e classe) (ord. cons. d'Ét. 27 fév. 1840, M. de Condé, rap., aff. Gasquet; V. Boucher, no 25). — Aujourd'hui la patente serait de 6e classe.

70. *Bouchons (marchands de).* — Lors de la discussion de la loi de 1844, M. Houzeau objectait que les marchands de bouchons en gros étant dans la troisième classe, des motifs d'analogie ne permettaient pas de maintenir, sans confusion, les marchands de liége brut à une classe supérieure.—Mais M. Ternaux a répondu avec raison : « que, quand on vendait le liége en gros, il n'était pas encore ouvré; que le bouchon, au contraire, était une matière ouvrée, et que la règle toujours suivie par la législation des patentes, était qu'on devait toujours mettre à la première classe les marchands qui vendent la matière première; que c'est ce qui se passait déjà sous l'empire de la loi de l'an 7.

---

(1) 1re *Espèce :* — (Armand.) — LOUIS-PHILIPPE, etc. ; — Vu la loi du 1er brum. an 7, ainsi que le tarif annexé à ladite loi ;—Considérant qu'il résulte de l'instruction que le sieur Armand exerce la profession de marchand cordonnier; que, dès lors, c'est à tort que le conseil de préfecture de la Haute-Garonne a décidé qu'il ne devait être imposé qu'à la patente de la septième classe du tarif, en qualité de cordonnier à façon.—Art. 1. L'arrêté du conseil de préfecture de la Haute-Garonne, en date du 17 sept. 1842, est annulé ;— Art. 2. Le sieur Armand sera rétabli au rôle de la ville de Toulouse, pour 1842, à la patente de marchand cordonnier.

Du 12 avril 1844.-Ord. cons. d'Ét.-M. Aubernon, rap.

2e *Espèce :*—(Ribes.)- LOUIS-PHILIPPE, etc.;—Vu le rapport de notre ministre des finances contre un arrêté du conseil de préfecture des Hautes-Pyrénées, en date du 24 nov. 1843, lequel a réduit à la septième classe la patente de troisième classe assignée pour 1843 au sieur Ribes, en qualité de bottier, dans la commune de Bagnères ; — Vu la loi du 1er brum. an 7 et le tarif y annexé ; — Considérant qu'il résulte de l'instruction que le sieur Ribes exerce la profession de marchand cordonnier; que, dès lors, c'est à tort que le conseil de préfecture a décidé qu'il ne serait rangé, pour l'exercice 1843, qu'à la septième classe du tarif annexé à la loi du 1er brum. an 7, en qualité de cordonnier;— Art. 1. L'arrêté du conseil de préfecture des Hautes-Pyrénées en date du 24 nov. 1843 est annulé ;— Art. 2. Le sieur Ribes est maintenu à la patente de troisième classe, à laquelle il a été imposé, pour l'exercice 1843, en qualité de marchand cordonnier, au rôle de la commune de Bagnères.

Du 23 déc. 1843.-Ord. cons. d'Ét.-M. Roux, rap.

(2) (Benoît.) — LOUIS-PHILIPPE, etc. ; — Vu le rapport à nous présenté par notre ministre des finances, tendant, etc. ; — Vu la loi du 1er brum. an 7 et le tarif y annexé ; — Considérant qu'il résulte de l'instruction que le sieur Benoît exerce la profession de marchand cordonnier; qu'ainsi c'est avec raison qu'il avait été porté dans la troisième classe du tarif annexé à la loi du 1er brum. an 7;—Art. 1. L'arrêté du conseil de préfecture de l'Ardèche, en date du 16 oct. 1843, est annulé; — Art. 2. Le sieur Benoît sera rétabli au rôle de la commune de Privas, pour l'exercice 1843, aux droits de patente auxquels il avait été imposé en qualité de marchand cordonnier.

Du 3 sept. 1844.-Ord. cons. d'Ét.-M. Jahan, rap.

(3) (Michelet.) — LOUIS-NAPOLÉON, etc. ;— Vu les lois des 25 avril 1844 et 18 mai 1850 ;—Considérant que la loi du 18 mai 1850 a rangé dans la sixième classe les bottiers ou cordonniers travaillant sur commande lorsqu'ils ont des ouvriers, et dans la septième lorsqu'ils travaillent seuls ; qu'il résulte de l'instruction que le sieur Michelet n'est aidé dans sa profession de bottier que par son fils non marié, et qu'aux termes de l'art. 13 de la loi du 25 avril 1844, ne sont pas considérés comme compagnons les enfants non mariés travaillant avec leur père ; qu'ainsi c'est avec raison que le conseil de préfecture de la Haute-Marne a décidé que le sieur Michelet ne devait être imposé qu'à la patente de septième classe ;— Considérant néanmoins que l'art. 20 de ladite loi du 18 mai 1850, qui accorde une réduction de moitié des droits aux patentables des quatre dernières classes qui exercent pour leur compte des professions consistant en un travail de fabrication, confection ou main-d'œuvre, lorsqu'ils travaillent sans compagnon ni apprenti, n'est pas applicable aux bottiers ou cordonniers que le tarif a rangés dans la septième classe dans le cas ou ils travaillent seuls; qu'ainsi c'est à tort que le conseil de préfecture a accordé au sieur Michelet réduction de moitié des droits afférents à la septième classe ; — Art. 1. L'arrêté du conseil de préfecture de la Haute-Marne du 11 août 1851 est réformé dans la disposition par laquelle il a réduit la patente du sieur Michelet à la moitié des droits afférents à la septième classe.— Art. 2. Le sieur Michelet sera imposé à la patente de septième classe ; il lui est accordé décharge de la différence existant entre le droit afférent à cette classe et le droit afférent à la sixième classe.— Art. 3. Le surplus des conclusions du ministre des finances est rejeté.

Du 20 mars 1852.-Décr. cons. d'Ét.-M. Pons de Renepont, rap.

Qu'ainsi, le marchand de liége en gros était de la première classe, où il restait. Que le marchand de bouchons, au contraire, était beaucoup plus bas, parce qu'on n'avait pas distingué le marchand de bouchons en détail et le marchand en gros. Que le marchand de bouchons en gros serait augmenté de beaucoup, puisque de la cinquième classe il serait élevé à la troisième.

71. *Boulangers.* — La loi du 2 mars 1791 avait réduit de moitié, pour les boulangers, le droit de patente lorsqu'ils n'exerçaient pas d'autre commerce ou profession; la loi de 1844 a implicitement abrogé cette disposition. Ils rentrent donc dans la loi commune. — V. Boulanger, nos 83, 109.

72. Les *cabaretiers* et les *gargotiers* ont été placés par la loi de 1844 dans des classes différentes; les premiers appartiennent à la sixième classe, les seconds à la septième. Mais comment déterminer la différence qui existe entre ces deux professions? C'est ce qui semble assez difficile. —Le conseil d'État avait jugé que celui qui ne se borne pas à donner à manger aux ouvriers, mais qui leur vend aussi du vin, doit être considéré, non comme simple gargotier, mais comme cabaretier, et imposé à la patente en cette qualité (ord. cons. d'Ét. 12 janv. 1844 (1); du même jour, aff. Mallarte). — Tandis qu'il a jugé également que l'individu qui donne à manger et à boire à très-bas prix, peut être assujetti à la patente de gargotier et non à celle de cabaretier (ord. cons. d'Ét. 15 sept. 1847, aff. Carrière, D. P. 48. 3. 58). — Ce qui donnerait à conclure que le prix des aliments donnés dans chacun de ces établissements constitue le motif de décider. Cependant telle n'est pas, selon nous, la différence que l'on doit faire entre le gargotier et le cabaretier. Le premier est celui dont le commerce principal consiste à fournir des aliments et pour qui la vente du vin n'est qu'un accessoire, tandis que chez le second c'est la vente du vin qui forme le principal commerce, les aliments ne constituant qu'une vente accidentelle.

73. Nous dirons, en conséquence, avec les ordonnances qui suivent, qu'on doit soumettre à la patente de cabaretier : 1° celui qui est notoirement connu pour exercer cette profession et pour acheter plus de vin que sa consommation personnelle ne l'exige (ord. cons. d'Ét. 10 janv. 1845, M. Guilhem, rap., aff. Lagasse); — 2° Celui dont la profession reconnue est de vendre du vin à la petite mesure et à la bouteille, quelle que soit la dénomination qu'on lui donne (ord. cons. d'Ét. 25 janv. 1838, M. Saglio, rap., aff. Trucy; 12 avr. 1844, M. Gauthier d'Uzerches, rap., aff. Guérin; 20 juin 1844, M. d'Ormesson, rap., aff. Valette; 29 juin 1844, M. Jaban, rap., aff. Vigier; 18 juill. 1844, M. Lepelletier d'Aulnay, rap., aff. Souchon); — 3° Et notamment celui qui, en exerçant une profession particulière (spécialement celle de maréchal), donne en même temps à boire au public : il ne peut en être exempté sous prétexte qu'on ne doit le considérer que comme revendeur, et que la patente due à ce titre, relativement au débit de boissons, se confond avec celle due pour la profession de maréchal (ord. cons. d'Ét. 3 mai 1844 (2), 27 déc. 1844, M. du Berthier, rap., aff. Giboulet).

74. *Cantinier.* — La loi de 1844 a divisé cette profession en deux classes : 1° les cantiniers attachés à l'armée, exempts de la patente (V. no 286), et les cantiniers dans les prisons, hospices et autres établissements publics rangés dans la sixième classe. Le droit dont est atteint cette dernière catégorie doit être appliqué quand bien même l'exercice de la profession ne serait que l'accessoire d'un emploi intérieur plus important.—C'est ainsi qu'il a été jugé : 1° que le porte-clefs d'une citadelle, qui fournit du vin aux militaires en garnison dans cette citadelle, doit être assujetti à la patente de cabaretier ou de cantinier (cons. d'Ét. 1er fév. 1851, aff. Faure, D. P. 52. 3. 400);—2° Qu'il doit en être ainsi du concierge d'une prison militaire qui tient une cantine (ord. cons. d'Ét. 29 janv. 1847, aff. Cordeil; 29 juill. 1847, aff. Escats, D. P. 48. 3. 5).

75. *Cercles.* — Les fournisseurs des cercles ont été placés dans la cinquième classe. La loi, en les désignant, dit : « fournisseur des objets de consommation. » Ces termes, évidemment, ne doivent s'entendre que des objets de consommation de peu d'importance ; mais nous pensons, avec le conseil d'État, que celui qui tient à son compte une table d'hôte où les membres d'un cercle tenu également par lui et les personnes mêmes qui y sont étrangères peuvent dîner chaque soir, moyennant un prix indépendant de l'abonnement annuel, doit être considéré comme traiteur-restaurateur, et assujetti en cette qualité, à une patente plus élevée (ord. cons. d'Ét. 6 mai 1836, M. du Martroy, rap., aff. Lambert).

76. *Cloutier.* — S'il est quelque profession qui vienne justifier cette opinion qu'il est des métiers, petits en apparence, qui produisent en réalité des bénéfices considérables, c'est assurément celle de cloutier, si modeste, et qui donne pourtant lieu à des opérations fort importantes ; aussi la loi a-t-elle divisé les cloutiers en cinq catégories : les marchands cloutiers en gros, en demi-gros, en détail, les cloutiers au marteau pour leur compte, et les cloutiers au marteau à façon.— Il a été jugé, à cet égard, que celui qui ne vend que les clous qu'il fabrique lui-même, ou qu'il fait fabriquer pour son compte, n'est sujet qu'à la patente de cloutier au marteau pour son compte (ord. cons. d'Ét. 8 avr. 1847, aff. Isard, D. P. 47. 4. 356).

77. *Coiffeur.* — L'art de la coiffure, bien qu'il n'ait pas encore atteint chez les peuples modernes l'importance qu'il avait chez les anciens, a cependant attiré l'attention du législateur, qui lui a donné un certain relief en plaçant les coiffeurs dans la sixième classe, tandis qu'il a relégué les *perruquiers* dans la septième classe. On devra donc toujours décider, comme l'avait précédemment décidé la jurisprudence, que ceux qui coiffent les femmes et vendent de la parfumerie, quelle que soit l'étendue de leur industrie, et spécialement, bien qu'ils ne coiffent les femmes que dans la saison du carnaval, doivent être imposés à la patente de coiffeur et non à celle de perruquier (ord. cons. d'Ét. 3 sept. 1836, M. Louyer-Villermay, rap., aff. Portier et aff. Houlard).

78. *Commissionnaires en marchandises.* — Les commissionnaires en marchandises sont ceux qui ne se contentent pas de traiter, d'acheter et de vendre pour une seule personne, mais qui se mettent à la disposition de tous ceux qui ont besoin d'intermédiaires pour une certaine branche de commerce (M. Dufour, t. 2, p. 204, no 1005). Mais la première condition suffit quelquefois. —Ainsi jugé qu'on doit soumettre à la patente de commissionnaire en marchandises celui qui, domicilié en France, y achète habituellement des marchandises qu'il expédie à une maison de commerce étrangère dont il est le représentant (ord. cons. d'Ét. 10 sept. 1845, M. Baudon, rap., aff. Miége). — V. nos 279 et suiv. la distinction entre le commissionnaire patentable et le commis exempté par la loi, et vo Commissionnaire, no 34.

Cependant il a été jugé que le tonnelier qui, accessoirement à sa profession, se charge de conduire chez les vignerons les marchands de vins qui viennent faire des acquisitions, et qui quelquefois fait lui-même les achats pour les expédier à ces mêmes marchands, ne doit pas, par cela seul, être considéré comme commissionnaire (ord. cons. d'Ét. 20 juin 1844, M. de Condé, rap., aff. Naudier). — Mais cette décision reposait probablement sur le peu d'importance des opérations faites par le

---

(1) (Gallet.) — LOUIS-PHILIPPE, etc.; — Vu la loi du 1er brum. an 7 et le tarif y annexé; — Considérant qu'il résulte de l'instruction que le sieur Gallet exerce la profession de cabaretier; qu'ainsi c'est à tort que le conseil de préfecture du Gard ne l'a imposé qu'en qualité de gargotier;

Art. 1. L'arrêté ci-dessus visé du conseil de préfecture du Gard est annulé;—Art. 2. Le sieur Gallet est maintenu au rôle de la commune de Remoulins, pour 1842, à la cinquième classe des patentes, en qualité de cabaretier.

Du 12 janv. 1844.-Ord. cons. d'Ét.-M. Dumez, rap.

(2) (Giboulet.) — LOUIS-PHILIPPE, etc.; — Vu la loi du 1er brum. an 7; — Considérant qu'il résulte de l'instruction que le sieur Giboulet exerce à la fois la profession de cabaretier et celle de maréchal-ferrant; — Qu'aux termes de l'art. 24 de la loi du 1er brum. an 7, la patente est due pour la profession qui donne lieu au droit fixe le plus élevé ; — Qu'ainsi, c'est à tort que le conseil de préfecture du Gard a accordé au sieur Giboulet décharge des droits de la cinquième classe, afférent à la profession de cabaretier, et l'a rangé dans la sixième en qualité de maréchal-ferrant;

Art. 1. L'arrêté du conseil de préfecture du département du Gard, en date du 24 juin 1842, est annulé ; — Art. 2. Le sieur Giboulet sera établi au rôle supplémentaire des patentes de la ville d'Aimargues, pour l'exercice 1841, à la cinquième classe du tarif, en qualité de cabaretier.

Du 3 mai 1844.-Ord. cons. d'Ét.-M. du Berthier, rap.

patentable : car c'est un principe constant que celui qui fait des achats pour expédier à des marchands d'une autre localité doit être imposé comme commissionnaire.

79. *Comptoirs d'escompte.* — Les comptoirs nationaux d'escompte créés par le décret du 7 mars 1848 sont assujettis à la patente. — Jugé : 1° que ces comptoirs doivent être imposés, comme caisse d'escompte, au droit fixe de première classe, eu égard à la population, d'après le tableau A annexé à la loi du 25 avr. 1844, et non, par assimilation aux banques dans les départements, au droit fixe plus considérable déterminé par le tableau C annexé à la même loi (décr. cons. d'Ét. 30 avr. 1852 (1) ; Conf. 14 juin 1851, aff. Rouquerol, D. P. 51. 3. 69; 23 août 1851, aff. Bonnard-Grandmaison, D. P. 51. 3. 3; 12 déc. 1851, aff. comptoir de Poitiers) ; — 2° Que les comptoirs nationaux d'escompte qui ne se livrent qu'aux opérations d'escompte autorisées par leurs statuts, doivent être imposés, comme caisse d'escompte, au droit fixe de première classe, eu égard à la population, d'après le tableau A annexé à la loi du 25 avr. 1844, et non au droit fixe déterminé par le tableau B pour les banquiers (décr. cons. d'Ét. 15 déc. 1852, aff. Heudes, D. P. 53. 3. 21).

80. *Confiseurs.* — M. Taillandier avait voulu, en 1844, faire classer les confiseurs dans des classes différentes, d'après la nature de leur commerce, « car, disait-il, il y a à Paris des confiseurs fabricants qui emploient cent ouvriers, qui ont des commis-voyageurs qui parcourent toute la France. Pour ceux-là, il est parfaitement raisonnable de les maintenir dans la classe n° 3. Mais il y a après cela les confiseurs détaillants qui, soit à Paris, soit en province, ne font qu'un commerce très-secondaire, et ceux-là seraient frappés d'une patente évidemment trop forte. » L'amendement par lui présenté en ce sens a été repoussé sur l'observation faite par M. le ministre des finances, que la disposition actuelle n'est que le maintien de la législation existante. Cependant, lors de la discussion de la loi de 1850, on a ajouté une nouvelle désignation pour les confiseurs en chambre, qui ont été placés dans la septième classe. — Il a été décidé, sous la loi du 1er brum. an 7, que le marchand de bonbons assortis, de sirops et de tous les articles que tiennent les confiseurs doit être imposé à la patente de confiseur (ord. cons. d'Ét. 14 déc. 1844, M. Gomel, rap., aff. dame Lambert).

81. *Courtiers.* — La loi de l'an 7 soumettait à une patente fixe de 200 fr., sans égard à la population, les courtiers de *navires et de marchandises*, et plaçait dans la première classe des patentables, imposés eu égard à la population, les courtiers sans autre désignation. Les courtiers de marchandises seulement se fondaient sur cette distinction pour soutenir qu'ils ne devaient être imposés qu'à la patente de première classe et non à celle de 200 fr. sans égard à la population, attendu que celle-ci n'atteignait que ceux qui étaient à la fois courtiers de navires et de marchandises. Mais cette prétention a été repoussée, et il a été décidé « que les *courtiers de marchandises* sont assujettis, par le tarif annexé à la loi du 1er brum. an 7, au droit de patente de 200 fr., sans égard à la population du lieu où ils exercent leur profession, et que c'est dans ce sens que le tarif a été interprété jusqu'à ce jour par une exécution non interrompue » (ord. cons. d'Ét. 20 mars 1838, M. Gomel, rap., aff. Combacal). — Quant aux droits établis par la loi de 1844, V. *suprà*, p. 55, le tableau, v° Courtier. — V. aussi v° Bourse de com., n° 453.

82. *Coutellerie.* — Dans le tarif de 1844 il n'existait que deux articles pour le commerce de la coutellerie, sous le titre de marchand et fabricant, cinquième classe, et coutelier à façon, septième classe du tableau A. Le coutelier, marchand et fabricant est porté au tableau D de la loi de 1850, mais sous la seule dénomination de marchand coutelier en détail. On considère et on impose comme tel le coutelier en boutique, lors même qu'il a un atelier où il fait finir, repasser, raccommoder et même fabriquer dans la limite des besoins de son débit. De nouveaux articles sont ouverts au même tableau D pour les marchands qui vendent en gros (première classe) ou en demi-gros (deuxième classe) la coutellerie qu'ils achètent à des fabricants, et au tableau F, pour les fabricants de coutellerie expéditeurs ou non expéditeurs. Le fabricant expéditeur sera taxé à un premier droit fixe de 5 fr., et à 5 fr. par ouvrier jusqu'au maximum de 100 fr. (direct. gén. des contribut. 10 juill. 1850, et *suprà*, p. 56, v° Coutellerie).

83. *Dégraisseur.* — Les tarifs de la loi de 1844 ont établi une distinction de classe entre le dégraisseur et le teinturier-dégraisseur. Par application de ses dispositions, il a été jugé que celui qui se borne à dégraisser les étoffes qui lui sont confiées, et les donne à des teinturiers pour les teindre, doit être soumis à la patente de dégraisseur et non à celle de teinturier-dégraisseur (ord. c. d'Ét. 26 avril 1847, aff. Bertrand, D. P. 47. 4. 357).

84. *Droguistes.* — Une observation vraie en principe, mais qui ne pouvait ici trouver sa place, a été faite lors de la loi de 1844 à l'occasion du commerce de la droguerie : on a demandé à la commission si elle n'avait pas reconnu un inconvénient grave à maintenir dans la troisième classe les droguistes en détail. La loi de brumaire an 7 avait classé cette profession ; mais par suite de nombreux abus qu'avait créés la vente en détail de drogueries, par suite des accidents graves qui en avaient été la conséquence, la loi du 21 germ. an 11 avait supprimé la vente de la droguerie en détail. On proposa donc de ne conserver la vente des drogues et des substances délétères que dans la catégorie des commerçants en gros et en demi-gros, cette faculté de vendre des poisons en détail pouvant engendrer beaucoup d'abus, et même, dans certaines circonstances, faciliter des crimes (Mon., p. 439); mais M. le rapporteur a répondu que la loi des patentes était destinée à constater l'existence des industries, mais non à les organiser, ce qui était vrai, mais sans détruire le mérite de l'observation.

85. *Entrepreneur de diligences.* — L'entrepreneur de diligence qui ne fait partir ses voitures que deux ou trois fois par semaine est soumis aux mêmes droits que celui dont le service a lieu tous les jours ; car la loi ne distingue pas. Si un entrepreneur dessert alternativement plusieurs lignes, il ne doit pas être imposé en raison de la distance parcourue sur chaque ligne, mais en raison de la distance qui existe entre le point de départ et le point d'arrivée le plus long. Si un entrepreneur a des voitures sur plusieurs routes avec des destinations différentes, il payera pour chacune de ces voitures les droits fixés par le tarif de la loi de 1844 (tableau C, 3e part.). Enfin si un entrepreneur fait son service avec une petite voiture à deux roues, il ne sera imposé que comme patachier. — V. sur les voituriers, n° 139.

86. *Entrepreneurs de bâtiments.* — L'entrepreneur de bâtiments est celui qui exécute des travaux pour le compte d'autrui. Dès lors, celui qui n'en exécute que pour son propre compte n'est point un entrepreneur, et ne peut être soumis à la patente de cette profession. Avant la loi de 1844, il avait été jugé spécialement qu'on ne pouvait considérer comme entrepreneur de bâtiments celui qui, dans diverses circonstances, a fait des soumissions pour des travaux publics qui ne lui ont pas été adjugés, et qui, dans l'espace de douze années, a acheté et reconstruit cinq maisons et n'en a revendu qu'une (ord. cons. d'Ét. 3 mars 1837, M. Boivin, rap., aff. Leroy), tandis, au contraire, qu'on avait décidé que le peintre en bâtiments qui s'associe avec des entrepreneurs pour l'achat et la reconstruction des vieilles maisons, et qui a pris la qualité d'entrepreneur dans divers actes, doit être considéré comme entrepreneur et imposé à la patente en cette qualité, bien que les nouvelles constructions ne soient pas revendues (ord. cons. d'Ét. 2 fév. 1844, M. du Berthier, rap., aff. Clair). — Il a été jugé, sous la loi de 1844, que le maçon qui occupe plusieurs ouvriers et se charge non-seulement de la main-d'œuvre,

(1) (Compt. nat. d'escompte de Vienne.) — Louis-Napoléon, etc. ; — Vu la loi du 25 avr. 1844 et le tableau A du tarif qui y est annexé ; — Considérant que, d'après le tableau A du tarif annexé à la loi du 25 avril 1844, les caisses d'escompte ne doivent être imposées qu'au droit fixe de patente de première classe, et eu égard à la population ; — Considérant que les opérations du comptoir national de Vienne, telles qu'elles sont prévues et autorisées par ses statuts, rentrent dans celles des caisses d'escompte, et qu'il ne résulte pas de l'instruction que ledit comptoir se soit livré, en 1850, à des opérations d'une autre nature ; que, dès lors, c'est à tort qu'il a été maintenu, pour cette même année, au rôle des patentes de ladite ville en qualité de banque départementale ; — Art. 1. L'arrêté du conseil de préfecture de l'Isère en date du 20 juin 1851 est annulé. — Art. 2. Le droit fixe de patente auquel le comptoir national de Vienne a été imposé en 1850 au rôle de cette ville est réduit à celui dont est passible une caisse d'escompte.

Du 30 avr. 1852. — Décr. cons. d'Ét. — M. de Belbeuf, rap.

mais de la fourniture des matériaux, est sujet à la patente d'entrepreneur de maçonnerie (ord. cons. d'Ét. 21 mai 1847, aff. Mahérault, D. P. 47. 4. 359).

87. Les entrepreneurs se divisent encore en entrepreneurs de travaux publics et en entrepreneurs de travaux particuliers. Ceux-ci exécutent les travaux que leur confient les propriétaires, tandis que les premiers exécutent les travaux pour le compte du gouvernement dont ils sont les soumissionnaires, et la patente étant distincte, on doit imposer dans cette dernière classe l'individu qui traite avec une ville pour le logement des troupes de passage, moyennant la cession qui lui est faite de l'indemnité accordée à la ville par l'État : « Considérant, porte l'ordonnance, que par un tel traité, le défendeur s'est substitué, vis-à-vis de la ville, aux obligations contractées par celle-ci envers le gouvernement; qu'ainsi c'est avec raison qu'il avait été imposé à la patente d'entrepreneur du gouvernement » (ord. cons. d'Ét. 15 août 1839, M. Louyer-Villermay, rap., aff. Bègue).

88. *Escompteur.* — Nous avons dit, n° 52, que le banquier était celui qui cumulait diverses opérations telles que le crédit commercial, les acceptations, le change, les traites et remises de place en place; qui prenait des effets à l'escompte *sur toutes places*, etc.; l'escompteur, au contraire, est celui qui, *sur place*, reçoit des valeurs commerciales et en remet le montant au porteur sous la condition d'une déduction qui se nomme escompte. — Il a été jugé que des prêts faits à domicile par des négociants ou des particuliers, et l'escompte à domicile de billets payables dans le même lieu, ne constituaient pas un véritable commerce de banque, assujettissant les prêteurs à la patente de banquier (ord. cons. d'Ét. 14 janv. 1818) (1). — C'est là, en effet, une simple opération d'escompte et la loi a consacré cette distinction en portant les escompteurs dans la première classe du tableau A, tandis qu'elle met les banquiers dans le tableau B, qui est exceptionnel.

89. Pour la profession d'escompteur comme pour tout autre il faut, ainsi qu'on l'a déjà remarqué, que ces opérations soient habituelles et réitérées, et c'est avec raison qu'on a jugé qu'on ne peut imposer en qualité d'escompteur celui qui se borne à faire, chaque année, des prêts d'argent à un agent de remplacement militaire contre un dépôt de titres et mandats souscrits par les pères de famille (ord. cons. d'Ét. 25 juill. 1848, aff. Leobon-Parant). — En effet, le capitaliste qui place ses capitaux sur des effets de commerce sans réescompter ces mêmes effets pour se procurer des fonds à l'aide desquels il pourrait renouveler cette opération, n'est ni banquier ni escompteur, et, par conséquent, il n'est point, pour ces opérations, assujetti à la patente.

90. La jurisprudence antérieure avait même été bien plus loin, puisqu'elle décidait que celui qui se livre à des opérations de prêt et d'escompte avec ses propres capitaux exclusivement, n'est pas sujet à la patente (ord. cons. d'Ét. 18 mai 1838) (2). Mais cette dernière décision ne saurait être acceptée comme principe sous la loi de 1844; elle ne ressort évidemment que des faits et de leur appréciation quant à la nature exacte des opérations auxquelles se livrait le contribuable.

91. *Fromages.* — Les marchands de fromages étaient classés, par la loi de 1844, en marchands de fromages secs, en gros, demi-gros et en détail; et marchands de fromage de pâte grasse, en gros et détail; la loi de 1850 a ajouté une nouvelle dénomination : les fabricants de fromage de Roquefort et autres. Cette dernière classification a comblé une lacune que la jurisprudence avait signalée. Ainsi, il avait été jugé que la préparation des fromages dits de Roquefort constitue une fabrication, et que, par suite, les fabricants de fromages de Roquefort sont patentables comme fabricants de fromages, et non comme marchands de fromages secs en gros (ord. cons. d'Ét. 20 avril 1847, aff. Rigal, D. P. 48. 3. 75; 22 avril 1848, aff. Barascud, *eod.*); mais que cette industrie ne peut être patentée que par une analogie de classement, à laquelle il appartient au préfet seul de procéder (même décision et décr. cons. d'Ét. 13 août 1852, aff. Vinson, D. P. 53. 3. 11),

92. *Halles et marchés* (adjudicataires des droits de places sur les). — Suivant la loi de 1844, les adjudicataires des droits d'octroi, des droits de place sur les halles et marchés, des droits de jaugeage, mesurage et pesage étaient imposés uniquement en raison de la population des communes, et, dans certains cas, le droit fixe était hors de toute proportion avec la modicité des entreprises. La loi de 1850 gradue les droits en raison des prix d'adjudication, base plus équitable dont l'application ne présentera aucune difficulté, les contrôleurs pouvant relever les prix d'adjudication dans les mairies, sous-préfectures, préfectures et bureaux de l'enregistrement (direct. gén. des contrib. 10 juill. 1850).—V. au tableau, p. 58, v° Halles.

93. *Hospices.* — D'après un avis du comité de l'intérieur, du 31 août 1831, les hospices doivent être soumis au droit de patente lorsqu'ils exploitent un établissement industriel, un établissement de bains, par exemple. — V. Hospices, n° 147.

94. *Jaugeage.*— V. *suprà*, n° 92.

95. *Laitier.*—On confond souvent dans l'usage sous le nom de laitier le nourrisseur qui vend le lait de ses bestiaux et celui qui achète ce lait pour le livrer à la consommation; la loi a cependant établi une différence de classe, et il a été jugé que les nourrisseurs de vaches pour le commerce du lait appartiennent à la sixième classe du tarif annexé à la loi du 25 avr. 1844, et non à la septième classe en qualité de laitiers ou crémiers (ord. cons. d'Ét. 30 juill. 1846) (3). — La loi de 1850 a fixé d'une manière positive ce qu'on devait entendre par laitier. L'importance de ce genre de commerce fait distinguer aujourd'hui quatre catégories de laitiers : 1° le marchand expéditeur de lait (1re classe); 2° le marchand de lait en gros, celui qui vend aux crémiers, laitiers, cafetiers, etc. (4e cl.); 3° le laitier proprement dit, celui qui livre au détail (7e cl.); et 4° le marchand de lait d'ânesse (7e cl.).—V. au tableau v° Lait.

96. *Libraires.*—Le projet de loi de 1844 avait établi trois catégories de libraires : les libraires expéditeurs, placés dans la première classe, et taxés au droit fixe de 300 fr.; les libraires éditeurs, mis dans la troisième classe, au droit fixe de 100 fr.; et enfin les simples libraires, restés seuls dans la cinquième classe, au droit

---

(1) (Brunot.) — LOUIS, etc.; — Vu la lettre du préfet du département des Ardennes, en date du 24 avril 1817, adressée à notre ministre secrétaire d'État des finances, et portant qu'il ne pense pas que les susdénommés puissent être réellement regardés comme banquiers; — Vu celle de notre ministre secrétaire d'État des finances, du 30 sept. dernier, par laquelle il conclut à ce que, d'après les art. 24 et 25 de la loi du 1er brum. an 7, les réclamants soient tous rangés dans la première classe des patentes, comme négociants;—Considérant que des prêts faits à domicile par des négociants ou des particuliers, et l'escompte, à domicile, de billets payables dans le même lieu, ne constituent pas le véritable commerce de banque; d'où il résulte que ces opérations attribuées aux sieurs Brunot, Paté, Morel, Hanotin et Noizet n'autorisaient point à les considérer comme banquiers, et à les taxer, en cette qualité, au rôle des patentes; — Art. 1. L'arrêté du conseil de préfecture qui assujettit les cinq individus y dénommés au droit de la patente de banquier, est annulé.—Les sommes par eux payées pour lesdites patentes leur seront restituées, sauf la déduction des patentes auxquelles ils sont assujettis d'après la classe à laquelle ils appartiennent.

Du 14 janv. 1818.-Ord. cons. d'Ét.

(2) (Vadon.)—LOUIS-PHILIPPE, etc.; — Vu la loi du 1er brum. an 7 et le tarif annexé à ladite loi. — En ce qui touche les conclusions prises par le sieur Vadon, et tendantes au dégrèvement de la patente de 1836; — Considérant qu'il résulte de la vérification des livres du requérant et des autres documents de l'affaire, que les opérations du sieur Vadon se bornent au placement de ses capitaux, et qu'il n'exerce aucune industrie sujette à patente; — Art. 1. L'arrêté du conseil de préfecture de la Loire-Inférieure, en date du 7 août 1837, est annulé.—Art. 2. Le sieur Vadon sera rayé du rôle des patentes pour l'exercice de 1837.—Art. 3. Le surplus des conclusions du sieur Vadon est rejeté.

Du 18 mai 1838.-Ord. cons. d'État.-M. Louyer-Villermay, rap.

(3) (Liévien.) — LOUIS-PHILIPPE, etc.; — Vu la loi du 25 avr. 1844; — Considérant qu'il résulte de l'instruction que la profession exercée en 1845 par le sieur Liévien, est celle de nourrisseur de vaches pour le commerce du lait, portée à la sixième classe du tarif annexé à la loi du 25 avr. 1844; que les crémiers ou laitiers sont portés à la septième classe du même tarif; que, dès lors, le sieur Liévien n'était pas fondé à réclamer contre son inscription à cette dernière classe en qualité de marchand de lait, et que c'est à tort que le conseil de préfecture lui a accordé décharge de la patente à laquelle il avait été imposé en ladite qualité : — Art. 1. L'arrêté du conseil de préfecture du département du Nord du 28 nov. 1845 est annulé; — Art. 2. Le sieur Liévien sera rétabli au rôle de la commune de Wazemmes, pour 1845, comme imposé à la patente qui lui avait été assignée pour ladite année.

Du 30 juill. 1846. — Ord. cons. d'État.-M. Bouchené-Lefer, rap.

de 50 fr. Les libraires ont dit, dans une pétition adressée à la chambre des députés, que le simple libraire devient presque toujours libraire éditeur par la publication d'un ou de plusieurs ouvrages, et expéditeur, si ces ouvrages lui sont demandés de l'étranger. — « On pourrait donc, disait M. Taillandier (Mon. 27 fév., p. 422), au gré des agents du fisc, les faire promener de l'une à l'autre des trois classes ouvertes à leur industrie. La commission a été frappée de cet inconvénient, et elle a retranché la classe des libraires expéditeurs; mais c'est encore trop de laisser une distinction entre le libraire éditeur et le libraire ordinaire. Il faut abandonner au droit proportionnel le droit d'atteindre, par un impôt plus fort, les grandes maisons de librairie, et laisser le droit fixe uniforme pour la classe des libraires. » — Cette dernière observation n'a pas été accueillie par la chambre qui a conservé les deux qualifications de libraire éditeur (3e classe) et libraire (5e classe), auxquelles la loi de 1850 a ajouté celle d'agent de libraire (7e classe).

97. *Lingerie.* — La loi du 25 avr. 1844 fait une distinction entre le marchand de vieux linge, le loueur de linge, le linger fournisseur et le simple linger : en conséquence on doit soumettre à la patente de linger, et non pas seulement à celle de linger fournisseur, celui dont l'industrie consiste à vendre des articles de lingerie qu'il achète tout confectionnés (ord. cons. d'Ét. 25 juin 1845, M. Roux, rap., aff. Sorel).

98. *Marchands.* — La loi du 25 avr. 1844 distingue trois sortes de marchands : les marchands en gros, les marchands en demi-gros et les marchands en détail. Nous allons successivement examiner les principes qui leur sont applicables.

Marchands en gros. — La loi définit les marchands en gros, ceux qui vendent habituellement aux marchands en demi-gros et aux marchands en détail (tabl. A). — D'après l'ancienne législation, tous les marchands en gros, sauf les marchands de grains, étaient assujettis au droit fixe de première classe. La loi nouvelle range dans des classes inférieures les marchands en gros de plusieurs espèces de marchandises. Aussi trouvons-nous dans la deuxième classe les marchands en gros de charbon de terre épuré ou non; — Dans la troisième classe, les marchands en gros d'ardoises, de bimbeloteries, bouchons, broderies, chocolat, cidre, cuirs en vert du pays, encre à écrire, éponges, houblon, lattes, marbres, sarraux ou blouses, soude végétale indigène, tourteaux; — Dans la quatrième classe, les marchands en gros de boissellerie, couverts en fer battu ou étamé par procédés ordinaires, farines, fromages de pâte grasse, grains, légumes secs, moutarde, pruneaux et prunes sèches, sabots, tourbe. — Nous reconnaîtrons facilement par la définition que nous venons de donner, que c'est la nature habituelle des ventes qui doit déterminer la qualification de marchands en gros, demi-gros ou en détail. Un marchand en gros qui vendrait accidentellement à des particuliers n'en devrait pas moins être imposé comme marchand en gros; de même un marchand en détail qui vendrait accidentellement à un autre marchand en détail, ne devrait pas, pour ce fait, être considéré comme marchand en demi-gros (circ. de la dir. gén., du 14 août 1844).

99. Suivant la nature de leurs affaires habituelles, les marchands seront donc ou marchands en gros, ou marchands en demi-gros, ou marchands en détail d'une manière fixe et déterminée, mais on ne devra plus chercher dans des termes nouveaux et que la loi n'a point consacrés, des moyens d'assimilation qui ne peuvent être que préjudiciables aux patentables. C'est l'importance des ventes habituelles en poids, nombre et mesure et la nature de ses relations qui indiquent la catégorie à laquelle appartiendra chaque marchand. — Il suffit donc encore aujourd'hui, comme cela a été jugé avant la loi de 1844, qu'il ne soit pas démontré d'une manière suffisante qu'un particulier exerce la profession de marchand en gros, pour qu'il ne puisse être taxé comme tel (ord. cons. d'Ét. 10 fév. 1835) (1). — Et spécialement un marchand de toiles ne peut être considéré comme marchand en gros par cela seul qu'il vend quelquefois à la pièce (ord. cons. d'Ét. 2 août 1836, M. de Luçay, rap., aff. Agenon).

100. Mais, à l'inverse, il a été décidé : 1° que tout marchand doit être nécessairement imposé à la patente de marchand en gros, dès qu'il résulte de l'instruction que c'est ainsi qu'il fait son commerce. — « Considérant, portent les ordonnances qui l'ont ainsi décidé et qui sont toutes conçues dans des termes identiques, qu'il résulte de l'instruction que le sieur... exerce la profession de marchand en gros; qu'ainsi c'est avec raison que le conseil de préfecture l'a maintenu à la première classe du tarif des patentes pour l'exercice de... » (ord. cons. d'Ét. 23 juill. 1844, M. Jahan, rap., aff. Planche; 26 juill. 1844, M. Jahan, rap., aff. Potel; M. Michaud, rap., aff. Flandin, aff. Sénéchal, etc.; 10 août 1844, M. Berthier, rap., aff. Delabigne, aff. Delille; M. Dumez, rap., aff. Laflèche et Courbil, aff. Frayer, aff. Royer, aff. Brun, aff. Anceau, aff. Hémery; 22 août 1844, M. Berthier, rap., aff. Boquet, aff. Pin, aff. Caron, Marliot et Cormier; aff. Angelard, aff. Delaplanche, aff. Pommereaux; 14 déc. 1844, M. Gomel, rap., aff. Anceau; M. Berthier, rap., aff. Balossier, aff. Sibert; M. Dumez, rap., aff. Hardy; M. Gomel, rap., aff. Lefèvre; 2 mai 1845, M. Louyer-Villermay, rap., aff. Boissay et Francœur; 12 juin 1845, M. Richaud, rap., aff. Menard; 25 juin 1845, M. Louyer-Villermay, rap., aff. Marguerite et Walther; — 2° Que les marchands qui achètent en gros dans les fabriques pour revendre également en gros aux marchands détaillants de Paris et de la province doivent être nécessairement imposés à la patente de marchands en gros (ord. cons. d'Ét. 26 juill. 1844) (2), surtout si ce marchand ne produit aucun document contre la déclaration des agents des contributions établissant qu'il vend par pièces et par demi-pièces aux marchands en détail (ord. cons. d'Ét. 6 déc. 1844, M. Dumez, rap., aff. Lallemand, aff. Cesselin).

101. L'art. 30 de la loi de brumaire réputait marchands en gros, tous ceux qui faisaient des reventes sous les enveloppes usitées pour les premières entrées, dans le commerce, des objets commerçables. La loi de 1844 n'a pas textuellement reproduit cette disposition, mais on comprend très-bien que la rédaction de cette dernière loi laissant la solution de toutes les difficultés à l'appréciation des faits, le principe de la loi de brumaire se trouve, comme indication, implicitement conservé, et que tout commerçant qui vend en gros aux marchands, soit de Paris, soit de la province, et sous les enveloppes usitées pour les premiers envois dans le commerce, doit être soumis à la patente de marchand en gros. — Ainsi l'on doit considérer comme devant encore être suivies, les décisions rendues sous la loi de l'an 7 et desquelles il résulte : 1° que dès qu'il est établi par l'examen des livres d'un commerçant qu'il fait des reventes sous les enveloppes usitées pour la première entrée dans le commerce des objets de son négoce, il doit être imposé comme marchand en gros (ord. cons. d'Ét. 29 janv. 1839, M. Mauzé, rap., aff. Dubreuil; — Conf. 17 sept. 1844, M. Gomel, rap., aff. Paroissien; aff.

---

(1) 1re *Espèce* : — (Valette.) — Le sieur Valette, marchand de fer, est porté sur le rôle des patentes comme marchand en gros, parce qu'il fournit aux divers industriels qui emploient le fer, comme matière première, et que ses ventes, qui sont très-nombreuses, s'élèvent quelquefois à 1,000 fr. Le sieur Valette soutient que quelques grosses ventes isolées ne constituent point le marchand en gros, qu'il faut voir si l'état habituel des affaires n'est pas le détail, et que l'étendue des affaires d'un détaillant ne change pas la nature de la vente.

LOUIS-PHILIPPE, etc.; — Vu le tarif annexé à la loi du 1er brum. an 7; — Considérant qu'il ne résulte pas suffisamment de l'instruction que le sieur Valette exerce la profession de marchand de fer en gros; — Qu'ainsi c'est à tort qu'il a été maintenu au droit fixe de patente afférent à la première classe; — Art. 1. L'arrêté du conseil de préfecture de la Moselle, du 6 sept. 1834, est annulé; — Art. 2. Le droit de patente de Valette, pour 1834, est fixé à 30 fr.; — Art. 3. Il sera fait restitution au requérant de toutes les sommes qu'il justifiera avoir indûment payées.

Du 10 février 1835. — Ord. cons. d'État. — M. Robillard, rap.

2e *Espèce* : — (Teyssot.) — Même jour, décision semblable.

(2) (Laquot.) — LOUIS-PHILIPPE, etc.; — Vu la loi du 1er brum. an 7 et le tarif y annexé; — Considérant qu'il résulte de l'instruction que le sieur Charles Laquot et le sieur Joseph Laquot, son associé, achètent en gros en fabrique des châles et les revendent en gros aux marchands détaillants de Paris et de la province; que, dès lors, c'est avec raison qu'ils ont été imposés, le sieur Charles Laquot au droit fixe de la première classe du tarif comme marchand en gros, et le sieur Joseph Laquot au demi-droit de la première classe en qualité d'associé de marchand en gros; — Art. 1. La requête est rejetée.

Du 26 juill. 1844. — Ord. cons. d'État. — M. Richaud, rap.

vᵉ David; M. Louyer-Villermay, rap., aff. Dastis; M. Gomel, rap., aff. Bertin; aff. Larsonnier frères; aff. Reumont; aff. Bournet-Aubertot et cons.; aff. Dantony; aff. Coué; M. Louyer-Villermay, rap., aff. Mullot; M. Gomel, rap., aff. Bertrand-Vidil; M. Louyer-Villermay, rap., aff. Daviel et Baillon); — 2° Que celui qui expédie habituellement à l'étranger des marchandises sous les enveloppes usitées pour les premières entrées dans le commerce est soumis à la patente de marchand en gros (ord. cons. d'Ét. 18 avril 1835, M. de Felcourt, rap., aff. Poylo); — 3° Que le commerce de mercerie en gros et en détail, et des reventes, sous les enveloppes usitées pour les premières entrées dans le commerce, des objets commerciables, est assujetti au droit de patente le plus élevé (ord. cons. d'Ét. 7 août 1835, M. Prosper Hochet, rap., aff. Lantelme, etc.);—4° Que l'épicier qui a deux établissements, l'un destiné à la vente en détail et l'autre dans lequel la vente se fait ordinairement sous les enveloppes usitées pour la première entrée dans le commerce, et, par exemple, le miel s'y vend par barils de 30 à 40 kilog., doit être réputé marchand en gros et non marchand en demi-gros (ord. cons. d'Ét. 11 avril 1837, M. du Martroy, rap., aff. Debonelle).

102. Toutefois la loi de 1844 n'étant conçue dans aucun sens restrictif, nous semble plus en harmonie avec son but, puisque, malgré la limitation faite par la loi de brumaire, on avait cependant été amené à juger qu'il suffisait qu'un marchand vendît en gros pour qu'il fût passible de la patente de marchand en gros, bien que les objets ne fussent pas de nature à être vendus sous les enveloppes usitées pour les premières entrées dans le commerce, spécialement des ardoises, lattes, résine, chaux, briques, gravier, farines (ord. cons. d'Ét. 7 juin 1836, M. Louyer-Villermay, rap., aff. Lesne), ce qui est rationnel, puisque c'est la nature seule des opérations qui constitue la qualité et non la forme extérieure.

103. Ces décisions indiquent donc, autant qu'il est possible de le faire, ce qu'on doit entendre par marchand en gros, et comme conséquence de leur application, il a été jugé qu'on doit regarder comme tel 1° le marchand de rouennerie qui vend par balles, même incomplètes (ord. cons. d'Ét. 11 mars 1843, M. Dumez, rap., aff. Viguerie),... ou par pièces et demi-pièces (ord. cons. d'Ét. 25 fév. 1844, M. Jaban, rap., aff. Bar; 8 mars 1844, M. Fremy, rap., aff. Tallard),... ou par assortiment aux colporteurs et marchands forains (ord. c. d'Ét. 4 juill. 1845, M. Richaud, rap., aff. Laurent)... ou qui, en un mot, en revendant à d'autres marchands, fait le commerce en gros (ord. cons. d'Ét. 25 avril 1845, M. Aubernon, rap., aff. Lefevre); — 2° Le marchand de tissus qui vend habituellement aux marchands détaillants et accidentellement seulement aux consommateurs (ord. cons. d'Ét. 25 juill. 1846, M. Baudon, rap., aff. Lacordaire-Delyrer); — 3° L'individu qui est reconnu, malgré sa dénégation, exercer le commerce de marchand de nouveautés en gros (ord. cons. d'Ét. 5 juin 1845, M. Aubernon, rap., aff. Labelle; 25 juin 1845, M. Guilhem, rap., aff. Coignet);... ou qui ne vend généralement qu'à des marchands en détail ou à des marchands tailleurs par pièces, demi-pièces et coupons, ou par assortiment (ord. c. d'Ét. 6 déc. 1844, M. Baudon, rap., aff. Loridan);... ou qui exerce la profession de marchand de fournitures de tailleurs en gros (ord. cons. d'Ét. 2 mai 1845, M. Louyer-Villermay, rap., aff. Pillot-Bouffard et Laffore); — 4° Les marchands de soieries qui vendent des parties de pièces à de petits détaillants, à des colporteurs ou à des marchands forains (ord. cons. d'Ét. 4 juill. 1845, M. Richaud, rap. aff. Laurent.—*Contrà*, ord. c. d'Ét. 2 juill. 1836, M. Dode, rap., aff. Plessey frères);—5° Le marchand de tissus et de châles en gros (ord. cons. d'Ét. 10 août 1844, M. Richaud, rap., aff. Chubert; 25 avril 1845, M. Missiessy, rap., aff. Mancelle et Boutheron; 2 mai 1845, M. Louyer-Villermay, rap., aff. Boissage; 25 juin 1845, M. Louyer-Villermay, rap., aff. Jourdan);... ou le marchand qui vend, dans des proportions à peu près égales, aux marchands en détail et aux consommateurs (ord. cons. d'Ét. 27 déc. 1844, M. du Berthier, rap., aff. Bideau); — 6° Le marchand de foulards en gros (ord. cons. d'Ét. 25 avril 1845, M. Missiessy, rap., aff. Grainville); — 7° Le marchand de draps dont le commerce habituel consiste à vendre par pièces entières, demi-pièces et simples coupons, mais toujours par ballots d'assortiments à des détaillants de province (ord. cons. d'Ét. 13 juin 1845, M. Bourlon de Rouvre, rap., aff. Vital-Dufour et comp.);... et celui qui, bien qu'il fasse des ventes au détail, fait en même temps des ventes par pièces expédiées au dehors (ord. cons. d'Ét. 22 fév. 1844, M. de Condé, rapp., aff. Savène).

104. Sont encore marchands en gros : 1° le marchand de chanvre qui est dans l'usage d'effectuer la vente de ses marchandises par balles et par quintaux, encore que sa vente ou son bénéfice puisse n'être pas considérable (ord. cons. d'Ét. 3 janv. 1834, M. Montaud, rap., aff. Latoux; MM. Macarel et Boulatignier, t. 3, n° 1082; Dufour, t. 2, n° 1032); — 2° L'individu exerçant la profession de marchand de blouses en gros (ord. cons. d'Ét. 3 mai 1845, M. Guilhem, rap., aff. Lefebure); — 3° Le mégissier qui ne se borne pas à vendre les laines provenant des bêtes qu'il achète pour son commerce de mégisserie, mais qui achète des lots plus ou moins considérables de laines pour les revendre (ord. cons. d'Ét. 14 déc. 1832, M. de Luçay, rap., aff. Sanselme); —4° Le marchand d'étoffes de laines, s'il résulte de l'instruction qu'il exerce la profession de marchand en gros (ord. cons. d'Ét. 9 mai 1845, M. Dumez, rap., aff. Polissard-Jeannon); — 5° Le marchand droguiste qui achète du sel par bateaux, lorsqu'il le revend par 100, 200 et 300 kil., non-seulement aux consommateurs, mais encore à des marchands (ord. cons. d'Ét. 4 déc. 1835, M. Louyer-Villermay, rap., aff. Biétrix-Sionnest; 12 juill. 1837, M. d'Ormesson, rap., aff. veuve Boutin); ...et il n'est pas besoin, pour qu'il soit soumis à la patente de marchand en gros, qu'il ait magasin ou vende par cargaison, la vente par 50 kil. à des détaillants suffit (ord. cons. d'Ét. 24 avril 1837, M. Louyer-Villermay, rap., aff. Rabat); — 6° Le libraire qui fait le commerce de la librairie en gros (ord. cons. d'Ét. 19 janv. 1836, M. du Martroy, rap., aff. Cormon; 5 déc. 1839, M. du Berthier, rap., aff. Lagier; V. n° 97); — 7° Le marchand de beurre qui achète du beurre en pains, pour le revendre de même, sur les lieux ou par envoi (ord. cons. d'Ét. 12 janv. 1836, M. du Martroy, rap., aff. Arthur; 28 mai 1840, M. Hallez, rap., aff. Dibou);... ou qui vend par paniers de 50 kil. et au-dessus (ord. cons. d'Ét. 14 juill. 1841, M. Joly, rap., aff. Milon);— 8° L'individu qui vend de la quincaillerie, et en fait des envois, bien que la quincaillerie soit fort commune et que les envois soient peu considérables (ord. cons. d'Ét. 25 janv. 1839, M. Dutillet, rap., aff. Grange et Mollard); —9° L'épurateur d'huile qui, au lieu d'épurer pour autrui, achète des huiles brutes pour les revendre épurées (ord. cons. d'Ét. 6 janv. 1837, M. du Martroy, rap., aff. Blanchard); — 10° Le marchand (de verres et de couleurs) qui fait des reventes aux marchands détaillants et des envois dans son département et les départements circonvoisins (ord. cons. d'Ét. 29 janv. 1839, M. Mauzé, rap., aff. Dubreuil).

105. On a aussi considéré comme marchand en gros : 1° le sellier harnacheur, s'il est chargé de la fourniture d'entreprises de voitures publiques, ou si ces ventes s'élèvent à des sommes assez considérables, telles que 5,000, 6,000 fr., alors même qu'il ne vend que ce qu'il fabrique lui-même (ord. cons. d'Ét. 3 mars 1837, M. Louyer-Villermay, rap., aff. Barré); — 2° Le marchand qui exerce sa profession en détail, mais qui fait des envois à l'étranger (ord. cons. d'Ét. 14 août 1838, aff. Prieur), bien qu'il ne se livre qu'accidentellement au commerce en gros (ord. cons. d'Ét. 27 avril 1841, M. Louyer-Villermay, rap., aff. Blery-Cauchy); — 3° Celui dont les livres révèlent un grand nombre de ventes s'élevant au-dessus de 50 kilogrammes (ord. cons. d'Ét. 19 oct. 1837, M. Louyer-Villermay, rap., aff. Vautier et aff. Gondouin); — 4° Celui qui vend habituellement des cuirs aux détaillants et aux consommateurs, la loi de 1844 ne faisant pas pour le commerce des cuirs la distinction du gros et du demi-gros (décr. cons. d'Ét. 3 mai 1851, aff. Caussé, D. P. 52. 5. 402); — 5° Celui qui vend habituellement du papier aux détaillants et aux consommateurs, la distinction du gros et du demi-gros n'étant pas admise pour ce commerce (décr. cons. d'Ét. 10 mai 1851, aff. Esnaud, D. P. 52. 5. 408); — 6° Qu'il en est de même à l'égard des denrées coloniales pour lesquelles le commerce de demi-gros n'est pas non plus admis (décr. cons. d'Ét. 16 mars 1850, aff. Boissé, D. P. 52. 5. 404).

106. Celui, au contraire, dont les ventes n'ont pour but que d'écouler ses produits ne peut être rangé dans la classe des marchands en gros. — Ainsi jugé : 1° que le fabricant filateur qui se borne à vendre au lieu de son domicile les produits de sa fabrication, et dont le magasin est une dépendance de ladite fabrique, ne peut être imposé en qualité de marchand en gros au rôle de la commune de son domicile (ord. cons. d'Ét. 13 déc. 1845, M. Dumez, rap., aff. Fremont); — 2° Que le patentable qui vend dans la commune de son domicile les produits d'une filature de laine qu'il possède dans une autre commune doit être imposé dans la première commune, non comme marchand de laine en gros, mais comme filateur de laine; qu'en conséquence, il doit payer au lieu de son domicile le droit proportionnel, non au quinzième, mais au vingtième de la valeur locative de sa maison d'habitation et des magasins de vente complétement séparés de son établissement (décr. cons. d'Ét. 20 mars 1852) (1).

107. *Marchands en demi-gros.* — Ce sont ceux qui vendent habituellement aux détaillants et aux consommateurs (L. 25 avr. 1844, tabl. A).—La loi du 1er brum. an 7 n'avait fait de distinction qu'entre les marchands en gros et les *détaillants*, et c'est ainsi qu'il avait été jugé que la loi ne classant les marchands qu'en deux catégories : les marchands en gros et les marchands en détail, l'arrêté du conseil de préfecture qui déclarait qu'un commerçant devait être soumis à la patente de marchand en demi-gros devait être annulé (ord. cons. d'Ét. 30 mars 1844, M. Dumez, rap., aff. Péjac).

Mais la loi du 25 avril 1844 a cru devoir créer une classe intermédiaire qui prend rang immédiatement après la première, dont elle est un dédoublement, et qui concerne plus spécialement ceux qui tiennent le milieu entre les marchands en gros et les marchands en détail. La création de cette nouvelle seconde classe était généralement demandée, lorsque le projet de loi de 1834 fut proposé par l'administration. Depuis cette époque, et par suite de l'extrême mobilité des habitudes du commerce, les faits se sont un peu modifiés, et, à l'exception de deux ou trois industries qui font encore des affaires en demi-gros, ce genre de commerce paraît avoir à peu près disparu. Néanmoins, comme il y avait dans le tarif de l'an 7 une trop grande différence entre les taxes de la première classe et celles de la seconde, on a pensé qu'il était bon d'établir une classe intermédiaire dans laquelle pourraient être rangés non-seulement les marchands en demi-gros, mais un certain nombre de patentables auxquels on ne peut équitablement appliquer ni le tarif de la seconde classe ni celui de la première.

108. *Marchands en détail.* — La troisième distinction qui existe entre les différents marchands est celle des marchands en détail, que la loi de 1844 définit ceux qui ne vendent habituellement qu'aux consommateurs (tabl. A).—Ici, comme pour les marchands en gros, c'est l'habitude des opérations qui détermine la classification (V. n° 98). — Ainsi jugé : 1° que celui qui vend des tissus de diverses espèces, mais ne tient ni modes ni vêtements confectionnés, est sujet à la patente de marchand de tissus en détail, et non à celle de marchand de nouveautés (ord. cons. d'Ét. 26 avril 1847, aff. Boesch, D. P. 47. 3. 360); — 2° Que le patentable qui a exercé pendant un exercice la profession de marchand de toiles en détail ne peut être imposé comme marchand en gros (ord. cons. d'Ét. 12 juin 1845, M. Richaud, rap., aff. Josselle et Boué); — 3° Qu'encore bien qu'un épicier vende quelquefois à d'autres marchands, on ne peut cependant lui appliquer que la patente de marchand de détail (ord. cons. d'Ét. 15 mars 1826, aff. Landry), ...et que la notoriété de ses bénéfices ne peut le faire changer de classe (ord. cons. d'Ét. 17 janv. 1838, M. Hely d'Oissel, rap., aff. Verdier); — 4° Que quelques ventes isolées ne suffiraient pas pour faire réputer marchand en gros un patentable, si d'ailleurs, dans l'état habituel de ses affaires, il ne faisait que vendre en détail (ord. cons. d'Ét. 18 fév. 1835, M. Robillard, rap., aff. Valette); — 5° Que l'individu qui vend divers objets d'épicerie dont il se pourvoit chez les marchands en gros, doit être imposé à la patente d'épicier en détail (ord. cons. d'Ét. 19 avril 1844, M. Gauthier d'Uzerches, rap., aff. Soulier).—Remarquons que les marchands en détail ne sont plus compris dans une seule classe, mais qu'ils sont répartis dans les diverses classes suivant l'importance de leur commerce.

109. *Marchés.* — V. ce qui a trait aux halles, n° 92.

110. *Maréchal expert.* — V. ce qui est dit au sujet des vétérinaires, n° 133.

111. *Merceries.*—Les marchands de menues merceries ont été placés dans la sixième classe du tarif général, et il est toujours de jurisprudence que celui qui achète de menues merceries pour les revendre doit, malgré le peu d'importance de son commerce, être imposé à la patente de mercier (ord. cons. d'Ét. 6 août 1839, aff. Bonnaud).

112. *Mesurage.* — V. ce qui est dit des halles, n° 92.

113. *Négociants.* — La loi de l'an 7, avait compris la profession de négociant dans la première classe du tableau général et l'avait assujettie à un droit de 300 fr. au maximum; mais cette profession, avec celles d'armateur et de commissionnaires de marchandises en gros, sont devenues l'objet d'un tarif exceptionnel. Ces professions passant pour être lucratives même dans de très-petites villes, on crut devoir ne pas maintenir en leur faveur l'application des taxes établies dans le tarif général.

114. On doit imposer à la patente de négociant l'individu dont les spéculations embrassent plusieurs genres de commerce. Telle était la pensée de l'art. 9 d'une décision ministérielle, du 30 sept. 1817, qui, expliquant la différence établie entre la classe des marchands en gros et celle des négociants, déclarait négociants ceux dont les spéculations embrassaient indistinctement l'achat et la vente en gros de tous les genres de marchandises, ou dont le commerce réunissait à l'achat et à la vente de marchandises des opérations de banque, lorsque ces opérations n'avaient point assez d'étendue et d'importance pour faire classer leurs auteurs parmi les banquiers.

115. Il suit de là, ainsi que cela a été jugé, qu'on doit réputer négociant le marchand de vins en gros qui se livre aussi à l'escompte (ord. cons. d'Ét. 17 août 1841) (2).

116. Mais il a été décidé qu'il faut l'habitude dans l'exercice de plusieurs professions pour être imposé comme négociant et qu'on ne peut dès lors mettre dans la classe des négociants un

---

(1) (Dobler.)—Louis-Napoléon, etc. ;—Vu la loi du 25 avr. 1844; En ce qui touche le droit fixe : — Considérant qu'il résulte de l'instruction que le sieur Dobler exploite à Tenay une filature de laine et qu'il s'est borné à vendre dans l'établissement qu'il possède à Lyon les produits de ladite filature; d'où il suit que c'est à tort que le conseil de préfecture du Rhône l'a maintenu pour ladite année au rôle des patentes de la ville de Lyon en qualité de marchand de laine en gros, et a refusé de l'imposer en qualité de filateur de laine; — En ce qui touche le droit proportionnel: —Considérant que, d'après le tarif C de la loi du 25 avril 1844, le droit proportionnel de la patente des filateurs de laine doit être calculé au vingtième de la valeur locative de leur maison d'habitation et des magasins de vente complétement séparés de leur établissement : d'où il suit que c'est à tort que le conseil de préfecture du Rhône a maintenu le droit proportionnel de patente du requérant, pour 1850, dans la ville de Lyon, au quinzième de la valeur locative de sa maison d'habitation et des magasins de vente, complétement séparés de sa filature :

Art. 1. Le sieur Dobler sera soumis pour 1850 au droit fixe de patente dans la ville de Lyon en qualité de filateur de laine, à raison de 5,900 broches. — Art. 2. Il est accordé au requérant décharge de la différence qui existe entre ledit droit et le droit fixe de patente de marchand de laine en gros qui lui avait été primitivement assigné. — Art. 3. Le droit proportionnel de patente assigné au sieur Dobler, pour 1850, dans la ville de Lyon, sur sa maison d'habitation et les magasins de vente, sera réduit au vingtième de leur valeur locative. — Art. 4. L'arrêté du conseil de préfecture du département du Rhône en date du 28 fév. 1851 est annulé en ce qu'il a de contraire au présent décret.

Du 20 mars 1852.-Décr. cons. d'Ét.-M. Pons de Renepont, rap.

(2) *Espèce :* — (Ministre des finances *C.* Lambert.)—Le sieur Lambert, patenté comme marchand de vins en gros, se livrait aussi à l'escompte. Considéré comme agent d'affaires à raison de cette dernière industrie, le sieur Lambert se trouvait exercer une double profession commerciale; sa patente fut, pour ce motif, élevée de 40 à 150 fr. comme négociant; mais un arrêté du conseil de préfecture de la Charente, rendu sur sa réclamation, le réduisit au taux primitif, considérant que les opérations d'escompte faites par le sieur Lambert ayant paru insuffisantes pour le faire considérer comme banquier, elles devaient être réputées la conséquence de sa profession de marchand en gros; — Recours du ministre des finances.

Louis-Philippe, etc. ; — Vu les lois du 1er brum. an 7, du 25 mars 1817 et du 15 mai 1818;—Considérant qu'il résulte de l'instruction que les opérations auxquelles se livre le sieur Lambert sont de nature à le faire considérer comme négociant, et qu'ainsi c'est à tort que le conseil

individu qui est seulement épicier ou meunier en gros, et qui ne fait qu'accidentellement le commerce des vins et eaux-de-vie et des fers (ord. cons. d'Ét. 19 mars 1823) (1).

117. De ces principes il ressort qu'on doit déclarer encore applicables aujourd'hui les décisions rendues sous la loi de l'an 7, qui veulent qu'on considère comme négociants et qu'on assujettisse à cette patente : 1° celui qui se livre à l'achat et à la vente de diverses marchandises (ord. c. d'Ét. 12 avr. 1844, M. Jahan, r., aff. Lemarquand); — 2° L'individu qui joint à un commerce de grains et de vins en gros, d'autres spéculations commerciales, telles par exemple que des mises d'intérêt dans des navires employés au grand cabotage (ord. cons. d'Ét. 19 mai 1843, M. d'Ormesson, rap., aff. Lebleis); — 3° Le marchand qui ne borne pas son commerce à la vente en gros des vins et eaux-de-vie, mais qui expédie souvent en outre d'autres objets de commerce, tels que de l'huile, du savon, des bouchons et des tuiles (ord. cons. d'Ét. 12 juin 1845, M. de Lavenay, rap., aff. Fontemoing) ; — 4° Le particulier qui se livre à l'achat et à la vente de diverses sortes de marchandises, encore bien qu'il serait revêtu de la qualité de consul (L. 26 mars 1831, art. 26 ; ord. cons. d'Ét. 14 janv. 1839, M. Louyer-Villermay, rap., aff. Ramon).

118. L'étranger étant soumis, pour la patente, aux mêmes obligations que le regnicole (V. n° 216), il a été décidé, à juste titre, que l'étranger et le Français établis en France et faisant habituellement des achats de marchandises destinées à être revendues même à l'étranger sont soumis à la patente de négociant (ord. cons. d'Ét. 26 juin 1835 (2); 6 déc. 1844, M. Dumez, rap., aff. Edwards; 14 déc. 1844, M. Dumez, rap., aff. Desjardins et de Sèvres). — La raison de douter naissait dans cette dernière affaire de ce que les réclamants français se bornaient à acheter des marchandises, non pour en trafiquer en France, mais uniquement pour les expédier à l'étranger à une maison de commerce dans laquelle ils étaient intéressés. Or le simple achat de marchandises sans le trafic qui en est le but peut-il suffire pour assujettir celui qui s'y livre à l'obligation de la patente, qui d'après la loi du 1er brum. an 7, et celle du 25 avr. 1844, incombe seulement à ceux qui « exercent en France un commerce, une industrie, une profession, non compris dans les exceptions déterminées par la loi (art. 1)? » L'affirmative ne saurait être douteuse, car évidemment on doit frapper d'un impôt tout acte qui offre l'espoir d'en tirer un produit. « Toutes les fois, dit M. Dufour, t. 2, n° 996, qu'un particulier se livre sur le territoire français à des opérations quelconques en vue de réaliser un lucre, et que ces opérations se renouvellent dans un esprit de suite, se succèdent comme habitudes, il ne saurait échapper à l'obligation de se munir d'une patente qu'en vertu d'une exception expresse et formelle. »

119. *Nouveautés* (*marchand de*). — La loi de 1844 n'avait rangé les marchands de nouveautés qu'à la deuxième classe sans se préoccuper de l'étendue des affaires de chaque commerçant. Pour la province ce tarif était suffisant, mais pour Paris il était évidemment trop abaissé; la loi de 1850, pour redresser cette inégalité sans nuire au commerce, reconnait qu'on ne devra désormais imposer sous le titre de marchand de nouveautés à la deuxième classe que les marchands n'occupant pas plus de cinq personnes préposées à la vente. Les marchands qui en occupent un plus grand nombre seront imposés d'après les bases indiquées au tableau F de la loi de 1850, sous la qualification de *tenant un magasin de plusieurs espèces de marchandises* (circ. direct. gén. des contrib. 10 juill. 1850). — V. ci-dessus, p. 59, le tableau, v° Magasin.

120. *Octroi*. — V. ce qui est dit des halles, n° 92.

121. *Orfévres*. — Les orfévres se divisent en trois catégories, le marchand orfévre, fabricant, avec atelier et magasin, le marchand orfévre sans atelier et l'orfévre à façon. Et il a été jugé que l'orfévre qui, indépendamment de son magasin de vente, a un atelier dans lequel il confectionne divers objets qu'il livre à la vente, est sujet à la patente de marchand orfévre fabricant avec atelier et magasin (2e classe), et non à celle de marchand orfévre sans atelier (3e classe) (ord. cons. d'Ét. 14 juin 1847, aff. Gamet, D. P. 47. 4. 361).

122. *Pesage*. — V. ce qui est dit des Halles, n° 92.

123. *Ponts*. — Il a été jugé, sous la loi du 1er brum. an 7, qu'on doit soumettre à la patente, les concessionnaires de ponts alors même qu'ils se seraient formés en société anonyme, qu'ils n'exécuteraient pas les travaux à leurs risques et périls, et qu'ils se borneraient à percevoir le péage destiné à les rembourser (ord. cons. d'Ét. 19 août 1835, aff. concessionnaires du pont de Saint-Andéol). — Et, sous la loi du 25 avril 1844, que la compagnie qui est concessionnaire de plusieurs ponts à péage, doit être assujettie à un droit fixe de patente pour chacun de ces ponts (ord. cons. d'Ét. 21 mai 1847, aff. Hubert; V. Impôts directs, nos 46 et suiv.).—Quant au taux de la patente pour les concessionnaires et fermiers, V. ci-dessus, p. 61, le tableau, v° Pont.

124. *Receveurs de rentes*. — Sous l'empire de la loi du 1er brum. an 7, les receveurs de rentes avaient été assimilés aux agents d'affaires (ord. cons. d'Ét. 30 sept. 1830, M. d'Aubersart, rap., aff. Dauchez-Huré; MM. Macarel et Boulatignier, t. 3, n° 353). — La loi de 1844 a consacré implicitement cette assimilation en les plaçant tous deux dans la quatrième classe. — Comme conséquence, il a été jugé que l'agent d'une compagnie d'assurances non mutuelles qui, indépendamment de ses assurances, reçoit habituellement les pensions de militaires retraités, est sujet à la patente de receveur de rentes (ord. cons. d'Ét. 24 juill. 1847, aff. Meurizet, D. P. 47. 4. 362).

125. *Roulage*. — Le commissionnaire de roulage est celui qui se charge de faire transporter à ses risques et périls les colis qui lui sont remis soit par des hommes à gages, soit par des voituriers avec lesquels il sous-traite ce transport. — C'est ainsi qu'il a été jugé que le patentable qui, tout à la fois exerce la profession de marchand de grains, et possède plusieurs voitures qu'il donne à conduire à des personnes à gages et avec lesquelles il fait publiquement et à prix convenu des transports, tant pour l'aller que pour le retour, doit être considéré comme exerçant, en même temps que la profession de marchand de grains, celle d'entrepreneur de roulage (ord. cons. d'Ét. 20 juin 1844, M. Gautier d'Uzerches, rap., aff. Gendron);—Mais, au contraire, que celui qui transporte à un lieu fixe des denrées et comestibles qu'il achète pour revendre, et ne se charge qu'accidentellement du transport d'effets à destination de ce lieu, ne doit être réputé que voiturier (ord. cons. d'Ét. 18 juill. 1838, M. Saglio, rap., aff. Chapelain).

126. *Sellier-carossier*. — La loi distingue le carossier du sellier-carossier : le premier est celui qui vend des voitures toutes confectionnées et terminées; le second celui qui fait la

---

de préfecture a réduit son droit de patente de 150 à 40 fr.—Art. 1. L'arrêté susvisé du conseil de préfecture de la Charente est annulé.

Du 17 août 1841.-Ord. cons. d'Etat.-M. de Condé, rap.

(1) (Raveau.) —LOUIS, etc.; — Vu la loi du 1er brumaire an 7, qui classe les commerçants de toute espèce, et détermine le taux de leurs patentes respectives;—Vu la loi du 25 mars 1817 et la décision ministérielle du 30 septembre même année qui explique la différence établie entre la classe des marchands en gros et celle des négociants; —Considérant qu'aux termes mêmes de l'art. 9 de ladite décision, visé par l'arrêté du conseil de préfecture de la Vienne, les commerçants désignés dans l'art. 56 de la loi du 25 mars 1817 sont ceux dont les spéculations embrassent indistinctement l'achat et la vente en gros de tous genres de marchandises, ou dont le commerce réunit, à l'achat et à la vente des marchandises, des opérations de banque, lorsque ces opérations n'ont point assez d'étendue et d'importance pour faire classer leurs auteurs parmi les banquiers; Considérant qu'en conséquence de cette définition, il ne résulte pas des faits allégués contre le sieur Raveau-Tambonne, épicier en gros et meunier, qu'il doive être rangé dans la classe des négociants :

Art. 1. L'arrêté... est annulé.—Art. 2. Le sieur Raveau-Tambonne se pourvoira, par devant qui de droit, pour le règlement du taux de sa patente comme épicier en gros, et pour la restitution des droits qu'il aurait indûment payés.

Du 19 mars 1823.-Ord. cons. d'Ét.- M. de Senonnes, rap.

(2) (Aubry.) — LOUIS-PHILIPPE, etc.;—Vu la loi du 1er brum. an 7 et celle du 25 mars 1817; — Considérant que le sieur Aubry est domicilié en France, qu'il y fait habituellement des achats de marchandises destinées à être revendues, et que c'est avec fondement qu'à raison de la nature de ses opérations le conseil de préfecture du département de la Seine l'a maintenu à la patente des négociants; —Art. 1. La requête... est rejetée.

Du 26 juin 1835.-Ord. cons. d'État.-M. de Felcourt, rap.

sellerie nécessaire pour la construction de la voiture. — Il a été décidé qu'on doit imposer à la patente de carrossier le sellier qui vend des voitures, bien qu'il ne soit l'auteur que des seuls ouvrages de sellerie attachés aux voitures qu'il vend, et qu'il fasse confectionner au dehors les ouvrages de carrossier (ord. cons. d'Et. 3 mars 1840) (1). — Tandis qu'on doit maintenir à la patente de sellier celui qui garnit les voitures, mais qui n'en vend pas (ord. c. d'Et. 30 juin 1839, M. Saglio, rap., aff. Gatouillat).

127. *Soies* (*marchand de*). — Le marchand de soies est celui qui livre la soie à la consommation, et non celui qui la prépare. — Jugé que l'individu qui se borne à vendre de la soie provenant d'une filerie qu'il exploite pour son compte, doit être assujetti à la patente de fileur de cocons, et non à celle de marchand de soie en détail (ord. cons. d'Ét. 16 sept. 1848, aff. Doblor; 2 août 1851, aff. Charrasse, D. P. 51. 3. 4); car il ne fait qu'écouler les produits de sa fabrique et ne fait pas de la vente de la matière un commerce spécial et renouvelé par divers achats.

128. *Soie* (*mouliniers en*). — Les mouliniers en soie sont imposés à raison de 10 fr. par centaine de tavelles, au maximum de 200 fr., sans distinction. On doit donc considérer comme étant encore applicable l'ordonnance qui décide que les droits de patente auxquels l'art. 20 de la loi du 17 juill. 1819 soumet les entrepreneurs de moulins à soie s'appliquent sans aucune distinction aux mouliniers qui travaillent à façon comme à ceux qui travaillent pour leur propre compte (ord. cons. d'Ét. 20 juin 1844, M. Aubernon, rap., aff. Bauthéac). — La loi de 1850 a réduit les droits de moitié pour les mouliniers en soie et coton mélangés. — V. ci-dessus, p. 60, le tableau, v° Moulinier en soie.

129. *Tabac* (*marchands de*). — Le marchand de tabac en détail n'est, non plus que le maître de poste, assujetti au droit de patente. Ce principe ne reçoit d'exception que pour la Corse, où le commerce du tabac est libre. Toutefois, en France, un débitant de tabac qui vend, en outre, des pipes et tabatières d'une certaine valeur, doit être imposé à la patente de marchand de pipes (décr. cons. d'Ét. 25 mai 1850, aff. Taillefer, D. P. 51. 3. 13). — Cependant, lorsque cette vente est sans importance et n'est que l'accessoire forcé du débit, il n'y a pas lieu à l'application du droit de patente. — Jugé que pour que la vente des pipes et allumettes dans un bureau de tabac échappe à l'impôt de la patente, il suffit que le peu de valeur de ces objets ne permette de les considérer que comme un accessoire du débit lui-même; qu'il n'est pas exigé que cette vente ait lieu au bénéfice, non d'un gérant, mais du titulaire du débit de tabac (décr. cons. d'Ét. 18 fév. 1854, aff. Lamson, D. P. 54. 5. 45).

130. *Tailleur*. — La loi de 1844 distingue quatre catégories de tailleurs, le marchand tailleur avec magasin d'étoffes (3e cl.), le marchand tailleur sans magasin, fournissant sur échantillons (5e cl.), le marchand tailleur d'habits neufs (5e cl.), le tailleur d'habits à façon (7e cl.). — Jugé, en conséquence, que le tailleur qui, sans tenir un magasin d'étoffes, fournit à ses pratiques le drap et les autres étoffes des vêtements par lui confectionnés, doit être assujetti à la patente de marchand tailleur sur échantillons (décr. cons. d'Ét. 5 janv. 1850, aff. Dufays, D. P. 52. 5. 410).

131. *Tapissiers*. — Le tarif général de la loi de 1844 établit une distinction entre le marchand tapissier et le tapissier à façon, le premier est compris dans la quatrième classe, le second dans la sixième classe; mais le tapissier à façon cesserait de pouvoir user du bénéfice de la loi, s'il était établi qu'il fait des fournitures au lieu de travailler avec celles qui lui seraient remises. C'est ainsi qu'il a été jugé qu'on doit imposer comme marchand tapissier (4e cl.), l'individu qui ne se borne pas à confectionner des meubles avec les étoffes qu'on lui fournit, mais s'approvisionne lui-même d'étoffes qu'il met en œuvre, et qui vend habituellement des meubles confectionnés (décr. cons. d'Ét. 8 avr. 1852) (2).

132. *Tonneliers*. — Le fabricant de cuves, barriques et tonneaux et le simple tonnelier étaient uniformément rangés, par la loi du 25 avr. 1844, dans la septième classe du tableau A. La loi de 1850 a complétement modifié cette classification : aujourd'hui l'exploitant d'une fabrique de tonneaux ou barriques pour expéditions maritimes ou commerciales est rangé dans la quatrième classe; le maître tonnelier est porté dans la sixième classe : le tonnelier à façon, c'est-à-dire celui qui ne travaille qu'à la réparation ou à l'entretien chez les marchands et les fabricants ou chez les particuliers, reste seul imposé à la septième classe (circ. direct. gén. des contrib. 10 juill. 1850).

133. *Vétérinaire*. — La loi de 1844 place le maréchal expert dans la cinquième classe de patentables, avec droit proportionnel du vingtième, la loi de 1850 impose le vétérinaire au droit proportionnel du quinzième, sans droit fixe. Dans les localités où ce dernier droit était le plus avantageux, les maréchaux-experts prenant la qualité de vétérinaire prétendaient échapper au classement de la loi de 1844; mais le conseil d'État a jugé que l'individu qui, pourvu seulement d'un certificat de capacité, traite habituellement les maladies des animaux, ne peut être assujetti à la patente de vétérinaire, que cet individu est soumis à la patente de maréchal-expert, encore qu'il n'aurait pas d'atelier de maréchalerie (décr. cons. d'Ét. 20 mars 1852, aff. Anjuère, D. P. 52. 5. 411).

134. *Vins* (*marchands de*). — Les marchands de vins en gros sont ceux qui vendent habituellement des vins par pièces ou *paniers de vins fins*, soit aux marchands de détail, soit aux particuliers, et la jurisprudence a reconnu comme tels ceux qui ne se livrent à la vente des vins qu'en cercles de la contenance d'un hectolitre et au-dessus (ord. cons. d'Ét. 12 mars 1846 (3); 26 déc. 1834, aff. Neumann), et ceux qui vendent *par paniers* de vingt-cinq bouteilles au moins. — Ainsi, les marchands vendant

---

(1) (Min. des fin. C. Sabatier.) — Louis-Philippe, etc.; — Vu le rapport de notre ministre des finances, ledit rapport tendant à ce qu'il nous plaise annuler un arrêté du conseil de préfecture du département des Bouches-du-Rhône, en date du 6 déc. 1838, lequel a accordé au sieur Sabatier, sellier-carrossier à Marseille, une réduction de 42 fr. sur les droits fixe et proportionnel de patente auxquels il a été imposé pour l'année 1838; — Vu l'art. 24 de la loi du 1er brum. an 7 et le tarif annexé à ladite loi, ensemble les art. 26 et 28 de la loi du 26 mars 1831; — En ce qui touche le droit fixe : — Considérant qu'il résulte de l'instruction que le sieur Sabatier exerce à la fois la profession de sellier et celle de carrossier; qu'aux termes de l'art. 24 de loi du 1er brum. an 7, la patente est due pour la profession qui donne lieu au droit fixe le plus élevé; qu'ainsi c'est à tort que le conseil de préfecture des Bouches-du-Rhône a accordé au sieur Sabatier décharge des droits afférents à la profession de carrossier, — Considérant que le sieur Sabatier, mis en demeure de recourir à la vérification par voie d'experts de la valeur locative des logement et magasin qu'il occupe, a répondu à la notification qui lui a été faite qu'il se désistait de sa demande en expertise de ladite valeur; que, dès lors, il a implicitement reconnu que l'évaluation qui a servi de base à la fixation du droit proportionnel auquel il a été imposé, n'a pas été exagérée;

Art. 1. L'arrêté du conseil de préfecture ci-dessus visé est annulé.

Du 3 mars 1840.-Ord. cons. d'Et.-MM. Léon de la Chauvinière, rap.

(2) (Sontag.) — Louis-Napoléon, etc.; — Vu la loi du 25 avril 1844 et le tarif y annexé; — Considérant qu'il résulte de l'instruction que le sieur Sontag ne se borne pas à confectionner des meubles avec les étoffes qu'on lui fournit, mais qu'il s'aprovisionne lui-même d'étoffes qu'il met en œuvre, et vend habituellement des meubles confectionnés; que ce fait constitue la profession de marchand tapissier, rangée à la quatrième classe du tarif annexé à la loi du 25 avr. 1844; que, dès lors, c'est à tort que l'arrêté attaqué a réduit pour 1850, de la quatrième à la sixième classe, le droit fixe de patente imposé audit sieur Sontag :— Art. 1. L'arrêté du conseil de préfecture de la Haute-Marne en date du 1er fév. 1851 est annulé. — Art. 2. Le sieur Sontag sera rétabli, pour 1850, au rôle de la ville de Langres, en qualité de marchand tapissier.

Du 8 avril 1852.-Décr. cons. d'Et.-M. de Belbeuf, rap.

(3) (Goujon.) — Louis-Philippe, etc.; — Vu le rapport de notre ministre des finances contre un arrêté en date du 28 déc. 1844, par lequel le conseil de préfecture de la Haute-Garonne a réduit les droits de patente de marchand de vins en gros attribués, pour 1844, au sieur Jean Goujon; — Vu la loi du 1er brum. an 7; — Considérant qu'il résulte de l'instruction que le sieur Goujon ne se livre à la vente des vins qu'en cercles de la contenance de 1 hectolitre et au-dessus; qu'ainsi c'est à tort que le conseil de préfecture de la Haute-Garonne, admettant sa réclamation, a réduit, pour 1844, la patente de marchand de vins en gros à celle de marchand de vins en détail et lui a accordé décharge d'une somme de 232 fr. 20 c.; — Art. 1. L'arrêté du conseil de préfecture de la Haute-Garonne en date du 28 déc. 1844 est annulé. — Art. 2. Le sieur Goujon sera rétabli au rôle des patentes de la ville de Toulouse de l'exercice de 1844 pour la somme à laquelle il avait été primitivement imposé.

Du 12 mars 1846.-Ord. cons. d'Ét.-M. Calmon, rap.

des vins fins par paniers sont placés dans la première classe; or, dans la quatrième classe les marchands de vins en détail sont définis ceux qui vendent pour être consommés hors de chez eux *des vins au panier* et à la bouteille, de sorte que la différence entre les deux catégories ne reposent que sur les mots *vins fins* au panier pour l'un et *vins* au panier pour l'autre.

135. Mais comment classer ces diverses natures de vins? Sont-ce non-seulement les vins de liqueurs, mais encore les vins d'un prix élevé? Quelle est la limite du prix des vins fins et de celui des vins ordinaires? A ces objections posées lors de la discussion de la loi de 1844, le ministre des finances a répondu que, relativement aux marchands de vins, le projet du gouvernement, qui en cela n'avait pas été réformé par la commission, s'écartait des dispositions adoptées pour les autres professions; qu'on avait reconnu qu'il n'y avait pas de marchands de vins en gros qui ne vendît directement aux consommateurs; qu'on avait pensé que, pour cette profession, la vente directe aux consommateurs ne devait pas donner lieu à admettre la distinction générale: « La première classe comprend, a ajouté M. le ministre, tous les marchands de vins en gros, alors même qu'il y a conviction qu'ils vendraient directement aux consommateurs. Quant à la quatrième classe, elle ne comprend que ceux des marchands de vins qui vendent directement par paniers et par bouteilles. Ainsi, sans même qu'il soit besoin de se préoccuper de la question des vins, en ce qui concerne la quatrième classe, la distinction est assez tranchée pour qu'il n'y ait pas à craindre d'équivoque. Quant à la première classe, on a voulu que ceux qui se livrent habituellement au commerce des vins fins, et qui ne vendent pas ces vins en pièces, parce que les consommateurs ne les achètent pas en pièces, mais qui les vendent en bouteilles, fussent assimilés aux marchands en gros. — L'assimilation est juste et fondée, et je crois qu'elle ne peut être contestée. »

136. La jurisprudence antérieure avait déjà décidé, d'une part, qu'on doit imposer comme marchand en gros celui qui achète des propriétaires récoltants des vins destinés à être vendus, bien qu'il ait pris une licence, même avant que la vente des vins n'ait lieu: « Considérant, porte la décision, qu'il résulte de l'instruction que le sieur Puyperoux achète, des propriétaires récoltants, des vins destinés à être vendus, et que c'est avec fondement que, à raison de la nature de ces opérations, ledit sieur Puyperoux avait été porté au rôle des patentes en qualité de marchand de vins en gros » (ord. cons. d'Ét. 14 août 1838, aff. Puyperoux, aff. Champignon); — Et d'autre part, qu'on doit imposer comme marchand de vins en détail tout individu vendant habituellement pour être consommés hors de chez lui des vins en paniers et à la bouteille (ord. cons. d'Ét. 10 déc. 1840, M. Aubernon, rap., aff. Champmas). — ...Ces décisions, au surplus, ne sauraient souffrir de discussion aujourd'hui que la loi du 18 mai 1850, par ces mots *au pot et à la bouteille*, a mieux précisé ce qu'il faut entendre par marchand de vins en détail. — V. ci-dessus, p. 63, le tableau, v° Vins.

137. La loi de 1844 a encore introduit à la quatrième classe une autre catégorie de marchands de vins, celle de marchand de vins voiturier, qui n'existait pas dans les tableaux de la loi de l'an 7. — On avait déjà décidé sous la législation antérieure, et par application de l'art. 98 de la loi du 28 avril 1816 sur les contributions indirectes, qu'on devait soumettre à la patente de marchand de vins le roulier, qui, de son aveu, achète des vins, les transporte sur divers points du royaume, et les vend par quantités plus ou moins considérables (ord. cons. d'Ét. 22 fév. 1833, M. Méchin, rap., aff. Isambert), ...aussi bien que ceux qui transportent et reçoivent à dos de cheval ou de mulet, soit pour leur compte, soit pour le compte d'autrui, des futailles ou autres pièces qui, réunies, contiennent plus d'un hectolitre (ord. cons. d'Ét., 14 janv. 1824) (1). — En présence de la disposition de la loi de 1844, il est positif que les motifs de ces ordonnances doivent toujours prévaloir et être maintenus.

138. Un décret du 15 déc. 1813 (V. Impôts indir., p. 407), applicable seulement aux marchands de vins de Paris, les assujettit à payer autant de droits fixes de 100 fr. qu'ils possèdent en ville de caves et débits, outre leur établissement. — Il a été jugé que ce décret est applicable à toute entreprise formée pour la vente du vin en détail dans Paris, et spécialement à l'entreprise connue sous nom de *société bordelaise et bourguignonne* (ord. cons. d'Ét. 28 août 1844, M. Dumez, rap., aff. Vilcoq et comp.). —La loi de 1844 n'abrogeant que les dispositions qui peuvent lui être contraires, nous pensons que ce décret doit être considéré comme toujours en vigueur. C'est, au surplus, ce qui est résulté de la déclaration du ministre, lors de la discussion de la loi de 1844.

139. *Voiturier.*—La loi de 1844 rangeait tous les voituriers dans la huitième classe. La loi du 18 mai 1850 maintient dans la huitième classe le voiturier ou roulier n'ayant qu'un équipage: mais elle place dans la cinquième classe le voiturier ou roulier ayant plusieurs équipages (circ. direct. gén. des contrib., 10 juill. 1850).—V. pour le roulage, n° 125, et pour les diligences, n° 85.

§ 4. — *Classement par analogie.*

140. Aux termes de l'art. 35 de la loi du 1er brum. an 7, les commerces, professions et industries omises, ou nouvellement créés, et qui, par conséquent, n'étaient pas désignés dans le tarif, n'en étaient pas moins assujettis à la patente et devaient être rangés dans la classe comprenant ceux avec lesquels ils avaient le plus d'analogie.

141. Ce classement devait être fait par les administrations chargées de la délivrance des patentes, c'est-à-dire que, les contrôleurs des contributions formaient les tableaux des citoyens assujettis à la patente, ces tableaux étaient communiqués aux maires, qui y consignaient leurs observations, ainsi que le sous-préfet à qui ils étaient ensuite adressés. Sur ces tableaux, après avoir pris connaissance des observations, le directeur des contributions dressait les rôles qui étaient rendus exécutoires par le préfet; l'arrêté du préfet ne faisait donc que clore les opérations (arrêté 15 fruct. an 8, V. *suprà*, p. 48).

142. C'est ainsi qu'il avait été jugé que pour qu'un contribuable fût porté au rôle des patentes par analogie avec une autre profession, lorsque celle qu'il exerçait n'était pas portée sur le tarif de la loi de brumaire, il n'était pas nécessaire que l'analogie eût été préalablement déclarée par le préfet; il suffisait que le tableau sur lequel il était porté eût été dressé par le contrôleur des contributions directes (ord. cons. d'Et. 22 fév. 1838, M. Saglio, rap., aff. Gauthier).

143. Mais ce droit a été transporté aux *préfets* par la loi de 1844, qui porte: « Art. 4. Les commerces, industries et professions non dénommés dans les tableaux n'en sont pas moins assujettis à la patente. Le droit fixe auquel ils doivent être soumis est réglé, d'après l'analogie des opérations ou des objets de commerce, par un arrêté spécial du *préfet* rendu sur la proposition du directeur des contributions directes, et après avoir pris l'avis du maire. » Il y a pourtant ici cette modification importante que l'arrêté n'est plus pris spontanément, comme nous venons de le voir, par le *contrôleur* ou par le préfet seul, mais par le préfet éclairé des avis du directeur et des maires. — Au reste, c'est là la seule dérogation aux anciennes règles, et elle concerne l'arrêté seul.

144. Voici quelques exemples de professions qui ont été soumises à la patente, par voie d'analogie: on a décidé: 1° que le propriétaire d'une chaudière à distiller, qui se borne à louer sa chaudière à des propriétaires voisins, doit être imposé par assimila-

(1) (Min. des fin. C. Bravard.) — Louis, etc.; — Vu l'art. 98 de la loi du 28 avril 1816; — Considérant qu'il résulte des pièces ci-dessus visées que le sieur Bravard et les autres particuliers, au profit desquels l'arrêté attaqué a été pris, reçoivent et transportent, à dos de cheval ou de mulet, soit pour leur compte, soit pour le compte d'autrui, des futailles ou autres qui, réunies, contiennent plus d'un hectolitre, et qu'aux termes de l'art. 98 de la loi du 28 avr. 1816, ils ne sont pas assujettis au droit de détail; que, par conséquent, ils doivent être considérés comme marchands de vins en gros; — Considérant que le droit fixe de la patente des marchands de vins en gros est, pour les lieux d'une population de cinq mille âmes et au dessous, de 40 fr.;

Art. 1. L'arrêté du conseil de préfecture du Puy-de-Dôme, du 4 sept. 1820, est annulé.

Du 14 janv. 1824.-Ord. cons. d'Etat.-M. Brière, rap.

tion, à la patente de maître de pressoir, et non à celle de fabricant d'eau-de-vie (ord. cons. d'Et. 29 juin 1844, M. Baudon, rap., aff. Sicalteau); — 2° Que la profession de marchand de tulle en gros doit être assimilée à celle de marchand de dentelles en gros, et patentée comme telle (ord. cons. d'Et. 24 juin 1840, M. Berthier, rap., aff. Gay-Giraud). Les tarifs, en effet, ne font figurer ni les locateurs de chaudières ni les marchands de tulle en gros. Nous ne trouvons que les marchands de tulle en détail (4e classe), tandis que les marchands de dentelles en gros appartiennent à la première classe; — 3° Que l'entrepreneur de l'entretien des conduites et tuyaux des fontaines d'une ville doit être assimilé à un entrepreneur de pavage et non à un fontainier, lorsqu'il s'est chargé des ouvrages de maçonnerie, plomberie et charpente à faire éventuellement aux fontaines (ord. cons. d'Ét. 30 juill. 1839, M. Richaud, rap., aff. Mauret); — 4° Qu'on doit assimiler aux entrepreneurs de travaux publics, et non aux entrepreneurs de bâtiments, celui qui est chargé de travaux pour l'établissement d'un boulevard (ord. cons. d'Et. 2 mai 1845, M. Lepelletier d'Aulnay, rap., aff. Mouren); — 5° Que les entrepositaires de marchandises exploitant ou dirigeant soit un dock, soit un entrepôt réel ou fictif, doivent être assimilés aux commissionnaires et rangés comme tels dans la première classe des patentables (ord. cons. d'Ét. 10 sept. 1845, M. Richaud, rap., aff. Magneval); — 6° Que les cultivateurs qui fabriquent de l'huile avec les grains qu'on leur apporte et pour le compte d'autrui, doivent être assujettis à la patente de cinquième classe par analogie avec l'industrie des meuniers (ord. cons. d'Ét. 31 juill. 1833, M. de Luçay, rap., aff. Echenoz et Pinondel).

145. Le soin de rechercher les contribuables étant remis au *contrôleur*, si celui-ci, dans sa tournée, trouve un patentable exerçant une industrie non classée, il le portera sur le rôle, et lui assignera provisoirement une classe, sauf au directeur à approuver ou à infirmer la proposition. — V. nos 319 et suiv.

146. Pour assurer l'unité et l'uniformité dans les décisions auxquelles les questions d'assimilation pourraient donner lieu lorsqu'il s'agit d'appliquer cette disposition, le contrôleur explique, dans un *rapport spécial*, en quoi consiste le commerce, l'industrie ou la profession, et désigne l'article des tarifs auquel il lui paraît convenable de l'assimiler d'après l'analogie des opérations ou des objets de commerce. Le rapport est communiqué au maire qui donne son avis sur l'assimilation proposée par les agents des contributions, ce rapport est adressé au directeur des contributions dans le département. Celui-ci doit préalablement demander à l'administration centrale si la nouvelle profession n'a pas été déjà classée dans d'autres départements; selon la réponse, il fait son rapport au préfet avec les pièces à l'appui, et c'est alors seulement que ce fonctionnaire, par un arrêté spécial, règle le droit fixe auquel le commerce, l'industrie ou la profession doit être assujetti (circ. dir. gén. 14 août 1844). — Tous les arrêtés de l'espèce sont adressés par les préfets à l'administration centrale des contributions directes, qui a mission d'assurer, autant que possible, l'unité de jurisprudence et de préparer les tableaux additionnels que la loi prescrit de soumettre tous les cinq ans à la sanction législative.

147. De l'ensemble de ces dispositions, il ressort que, pour les cas d'analogie comme pour les cas ordinaires, il devra être dressé un rôle conformément aux dispositions prescrites par la loi. Le contribuable pourra alors et avant l'arrêté préfectoral adresser ses observations soit au contrôleur ou au directeur, pour repousser l'assimilation ou le classement, soit au maire, soit au préfet pour appeler leur attention sur l'avis du contrôleur et du directeur. Car, a dit le ministre des finances, c'est un droit acquis, et dans l'état des choses la partie intéressée est toujours entendue. Si le réclamant ne réussit pas, il peut alors attaquer l'arrêté du préfet devant le conseil de préfecture et devant le conseil d'État. Cependant le projet de loi avait tenté d'enlever au patentable tout droit de recours contre cette décision : « Les patentables ne sont pas admis, portait-il, à se pourvoir contre la décision du préfet en ce qui touche l'assimilation. » Il est vrai que le même projet ajoutait comme correctif, « qu'il serait statué annuellement par un règlement d'administration publique sur les cas d'assimilation. » Mais ces dispositions du projet ne reçurent l'approbation ni de la commission ni des chambres. « Quels que puissent être les avantages de ce nouveau système, a dit M. le rapporteur, votre commission n'a pas cru devoir vous en proposer l'adoption. Ne plus permettre au contribuable de se pourvoir contre la décision du préfet, ne serait-ce pas violer le droit de défense personnelle, droit sacré surtout en matière d'impôt? Pour celui qui exerce une profession non encore classée, la question de savoir dans quelle classe il sera rangé, c'est-à-dire quelle charge il supportera chaque année, est une question d'une extrême gravité. Et vous voulez qu'il ne puisse plus faire valoir lui-même des raisons qu'il croit avoir pour être classé de telle ou telle manière! Vous lui enlevez ses juges, et vous lui dites d'attendre avec patience qu'une décision générale soit intervenue, décision qui fera foi contre lui, sans qu'il ait pu se faire entendre! On répond, il est vrai, que rien ne l'empêche de présenter, par la voie gracieuse, toute espèce d'explications propres à éclairer l'administration et le conseil d'État; mais quel est le contribuable qui se laissera persuader que cette garantie soit équivalente à celle dont on le dépouille? Indépendamment de ces considérations relatives à l'intérêt particulier de chaque patentable, il en est de plus générales qui ne méritent pas une attention moins sérieuse. Un des avantages des classements par voie de jurisprudence, c'est précisément qu'ils ne sont pas définitifs. Il arrivera souvent qu'une profession nouvellement créée ne se montrera pas d'abord sous son véritable jour, et cependant, dans l'année même de sa naissance, le règlement d'administration publique viendra la classer définitivement. Sans doute, si ce classement est par trop inexact ou injuste, un nouveau règlement d'administration publique pourra plus tard le rectifier. Mais par la raison même que cette manière de statuer a beaucoup plus de solennité qu'une simple ordonnance individuelle, il sera plus difficile de réformer ce qui aura été une fois mal décidé. Une ordonnance, se fondant sur des circonstances nouvelles, changerait la jurisprudence dès qu'il en serait besoin, tandis qu'on maintiendra souvent un classement défectueux, par la crainte d'altérer l'autorité qui doit s'attacher à un règlement d'administration publique.—Quant à ces décisions contradictoires que le projet de loi a pour but de faire disparaître, elles ne sont pas aussi fréquentes qu'on le suppose, et d'ailleurs le gouvernement possède un moyen bien simple de les mettre en concordance, c'est de prescrire aux préfets de se conformer, pour leurs classements par analogie, à l'ordonnance la plus récente rendue en conseil d'État. »

148. Ces motifs, conformes à la plus saine raison, devaient prévaloir et ont prévalu, et c'est en les appliquant que le conseil d'État a jugé que les arrêts d'assimilation pris par les préfets pour l'application du droit de patente ne font pas obstacle à ce que les individus imposés en vertu de cette assimilation réclament par la voie contentieuse contre la patente qui leur a été assignée (déc. cons. d'Ét. 17 mai 1850, aff. Colonjon, D. P. 51. 3. 398; 25 mai 1850, aff. Vachet, D. P. 51. 3. 13).

149. La loi a pris encore une précaution qui tend à faire disparaître les abus qui pourraient résulter des assimilations : « Tous les cinq ans, des tableaux additionnels contenant la nomenclature des commerces, industries et professions classés par voie d'assimilation, depuis trois années au moins, seront soumis à la sanction législative » (L. 25 avril 1844, art. 4). Le pouvoir législatif devra donc contrôler les décisions des préfets et redresser les abus qui ressortiraient de classements mal entendus. Cependant, bien que la loi fixe un délai de cinq ans, en fait, cette révision n'aura lieu que tous les huit ans, puisqu'elle ne devra jamais s'occuper des classements faits depuis trois années. A chaque révision quinquennale, la loi viendra confirmer ou faire disparaître les assimilations qui auront précédé de trois ans et suivi de deux ans la révision précédente. Puisque cette disposition existe, nous devons la respecter; mais répond-elle aux intérêts des redevables? il nous sera permis de ne pas le croire.

150. « Une règle fondamentale, disent MM. Macarel et Boulatignier, de la Fortune publ., t. 2, p. 629, n° 1163, c'est que si une profession a été spécialement désignée au tarif, ou rentre évidemment dans une profession déjà classée, un conseil de préfecture ne peut créer, pour cette profession, une dénomination nouvelle et la classer par analogie, ni modifier les tarifs admis pour leur substituer arbitrairement des tarifs nouveaux que la loi n'autoriserait pas d'une manière positive. » — Ainsi, jugé que la loi de 1844 ayant placé dans la sixième classe le *plâtrier-maçon*, on ne saurait porter à la quatrième classe, sous le prétexte de l'importance de ses affaires, un plâtrier-entrepreneur, profession non classée, quand il a comme analogie le plâtrier-maçon (ord. cons. d'Ét. 30 oct. 1848, aff. Vernadet).

151. Les principes de l'analogie ne s'appliquent qu'au droit fixe et point au droit proportionnel, en ce sens que la quotité de ce dernier droit est toujours celle fixée par la loi pour l'industrie ou la profession qui sert à baser l'analogie et à régler le droit fixe.

Art. 2. — *Du droit proportionnel.*

§ 1. — *Nature du droit proportionnel.—Quelles choses en sont frappées.*

152. Le droit proportionnel de patente consiste en une taxe qui porte, comme celle établie pour la contribution mobilière, sur la valeur locative des locaux ou emplacements occupés par les patentables (V. Imp. dir., nº 186).—Sous la loi de l'an 7, ce droit était dû par tous ceux qui étaient dans les cinq premières classes du tarif, ou dont le droit fixe était de 40 fr. et au-dessus, quand leur état était hors de classe. Il n'était dû que le droit fixe pour ceux qui se trouvaient dans la sixième classe et au-dessous, ou dont l'état, quand il était hors de classe, ne donnait lieu qu'à un droit fixe de 30 fr. et au-dessous. — Il était fixé, pour toutes les professions auxquelles il n'avait pas été attaché d'exception, au dixième du loyer ou des maisons d'habitation, ou des usines, ou des ateliers, ou des magasins, ou des boutiques, suivant la nature du commerce ou de l'industrie. — « La loi de brumaire an 7, disait le rapporteur de la loi de 1844, en fixant le droit proportionnel au dixième du prix du loyer, avait pris une base qui semblait modérée. Les lois antérieures, depuis 1791, avaient toutes admis le dixième comme un minimum. Les loyers, à cette époque, étaient loin d'avoir atteint la valeur qu'ils ont aujourd'hui. Il semblait donc que l'établissement de ce droit ne dût rencontrer aucune difficulté sérieuse; et cependant, soit lorsqu'il fallut mettre la loi à exécution, soit à des époques postérieures, les autorités locales, chargées d'asseoir l'impôt des patentes, renoncèrent presque partout à prélever le dixième de la valeur locative, et imaginèrent un moyen de concilier le respect apparent de la loi avec l'intérêt de leurs administrés. Au lieu de porter sur la matrice la valeur réelle des loyers, elles n'y firent figurer qu'une valeur fictive, par exemple la moitié, quelquefois même le quart de la valeur véritable; puis sur cette valeur ainsi atténuée, elles prélevèrent le dixième, et il fut convenu que la loi était exécutée. Si du moins ces atténuations des valeurs réelles avaient pu être partout les mêmes, il n'en serait résulté de dommage que pour le trésor, et l'égalité proportionnelle entre tous les patentables n'aurait pas été violée. Mais les choses ne se passèrent pas ainsi. Dans certaines localités, on ne dissimula qu'une faible partie de la vérité; dans d'autres, les atténuations furent excessives. En un mot, il n'y eut pas deux départements où l'impôt fût prélevé d'après les mêmes bases. » — Dès qu'il était démontré que le maintien du droit proportionnel au dixième était devenu impraticable, et que c'est à cette taxation exagérée, qu'était surtout imputable l'inégalité qui pesait sur les contribuables, il fallait recourir au dégrèvement. Le projet avait effectivement proposé ce moyen; mais, dans la crainte de diminuer trop sensiblement les ressources du trésor, si la diminution du droit était subitement opérée, il proposait que le retour à un droit proportionnel égal pour tous les patentables fût progressivement amené. Dans cette pensée, le projet comprenait trois ordres de droits proportionnels : au quinzième, pour les trois premières classes du tableau A, ainsi que pour les patentables des tableaux B et C ; au vingtième, pour les quatrième, cinquième et sixième classes du tableau A ; au trentième, pour les septième et huitième classes du même tableau. Les droits proportionnels étaient ainsi conservés inégaux, et la loi, si on l'eût votée d'après cette conception, aurait conservé un caractère transitoire. Il était manifestement préférable d'adopter pour tous les patentables un droit proportionnel uniforme, sauf à en exempter certains contribuables pour qui un abaissement d'impôt est indispensable. — Les motifs qui avaient empêché le gouvernement d'adopter l'égalité immédiate du droit proportionnel, n'ont pas paru assez graves à la commission pour que les chambres se trouvassent dans la nécessité d'ajourner une mesure aussi ardemment désirée par tout le monde. Le rapporteur réfuta avec beaucoup de force les objections opposées par le gouvernement, et la chambre des députés, après diverses tentatives et combinaisons, s'est arrêtée, comme le demandait son rapporteur, au choix d'un droit proportionnel unique pour tous les patentables, sauf à élever ce droit ou à l'abaisser pour certaines classes de négociants ou industriels (V. Mon. 6 mars 1844, p. 511 et suiv.). — En conséquence, l'art. 8 de la loi de 1844 a réduit le droit proportionnel au vingtième de la valeur locative pour toutes les professions imposables, sauf les exceptions énumérées au tableau D qui porte le droit proportionnel, pour certains patentables, au quinzième, au vingt-cinquième, au trentième, au quarantième et au cinquantième, et qui affranchit de tout droit proportionnel les patentables des septième et huitième classes résidant dans les communes d'une population inférieure à vingt mille âmes, et les fabricants à métiers, ayant moins de dix métiers et ne travaillant qu'à façon.

153. « Le droit proportionnel, porte l'art. 9 de la loi de 1844, est établi sur la valeur locative, tant de la maison d'habitation que des magasins, boutiques, usines, ateliers, hangars, remises, chantiers et autres locaux servant à l'exercice des professions imposables. » Les termes de cet article ne sont que la reproduction de l'art. 5 de la loi du 1er brum. an 7, avec l'addition des mots *hangars, remises, chantiers*, qui n'existaient pas dans cette dernière loi. « Ces mots : *hangars, remises, chantiers*, dit l'exposé des motifs de la loi de 1844, ont été ajoutés afin de prévenir le retour des réclamations formées par des marchands de bois, des carrossiers, des entrepreneurs de bâtiments qui ont prétendu ne pas devoir être soumis au droit proportionnel pour leurs hangars, remises et chantiers, qui sont cependant de véritables magasins ou ateliers. » — On voit dès lors qu'il y a lieu, puisque les principes sont les mêmes, de maintenir la jurisprudence antérieure à la loi de 1844, qui décide : 1° qu'il y a lieu de frapper du droit proportionnel tous les magasins et locaux consacrés par un entrepositaire de marchandises à l'exercice de son industrie, alors même que dans le cours de l'année une partie de ces locaux auraient reçu une autre destination (ord. cons. d'Ét. 10 sept. 1845) (1);— 2° Que la valeur locative servant de base au droit proportionnel doit comprendre les magasins qui se trouvent loués par un négociant, pour le dépôt des marchandises, à l'époque où il est imposé à la patente, lors même que les magasins seraient loués au mois (ord. cons. d'Ét. 6 fév. 1839) (2); — 3° Qu'on doit comprendre dans l'évaluation du droit proportionnel non-seulement le magasin qu'un contri-

(1) (Magneval). — Louis-Philippe, etc.; — Considérant qu'il résulte de l'instruction qu'au commencement de l'année 1842, les sieurs Magneval et comp. consacraient encore à l'industrie dont il s'agit (entrepositaires de marchandises exploitant un dock ou un entrepôt réel ou fictif) la totalité des locaux situés à Marseille, quai du Canal, et que ce n'est que postérieurement à l'ouverture de l'exercice qu'ils en ont distrait une partie pour une autre destination; que, dès lors, c'est avec raison qu'ils ont été soumis au droit proportionnel de patente pour lesdits locaux; — Art. 1. La requête des sieurs Magneval et comp. est rejetée.

Du 10 sept. 1845.-Ord. cons. d'Ét.-M. Richard, rap.

(2) *Espèce :* — (Fitch.) — Voici sur quels motifs s'appuyait, dans l'espèce, le conseil de préfecture. Son arrêté porte que, jusqu'à ce jour, les magasins loués au mois par le commerce n'avaient jamais été compris dans les droits proportionnels des négociants locataires; que ces magasins étant loués pour y déposer momentanément des marchandises de transit, il devenait impossible d'atteindre les nombreux locataires qui les occupaient; que l'on ne devait point faire des différences du plus ou du moins de mois qu'ils restaient loués; qu'il était établi que ces magasins pouvaient être quittés de mois en mois, et les clefs remises instantanément au propriétaire; qu'alors le principe devait être adopté dans toutes ses conséquences, c'est-à-dire qu'ils devaient, comme par le passé, être affranchis du payement des droits proportionnels. — Recours de M. le ministre des finances.

Louis-Philippe, etc.; — Vu la loi du 1er brum. an 7; — Vu la loi du 26 mars 1831; — Considérant qu'il résulte de l'instruction et de l'aveu du requérant que, à l'époque où il a été imposé, il tenait à location un magasin situé à Marseille, rue Picpus, nº 2; que, quel que fût le terme du payement de sa location, c'est avec raison que le loyer du magasin dont s'agit a été compris dans la valeur locative qui a servi de base pour établir le droit proportionnel de la patente du requérant;

Art. 1. L'arrêté du conseil de préfecture des Bouches-du-Rhône, en date du 12 avril 1838, est annulé. — Art. 2. Le droit proportionnel

buable occupe dans un entrepôt général, mais encore les magasins qu'il occupe sur d'autres points pour l'exercice de son commerce (ord. cons. d'Ét. 28 fév. 1845, M. d'Ormesson, rap., aff. Noilly)... Par exemple, deux chantiers situés dans des localités différentes (ord. cons. d'Ét. 9 mai 1845, M. Aubernon, rap., aff. Martin); — 4° Qu'en un mot le droit proportionnel doit être établi sur tous les locaux et dans toutes les communes où le contribuable exerce son industrie (ord. cons. d'Ét. 5 juin 1845, M. Baudon, rap., aff. Berthoud);... Quand bien même il y exploiterait en même temps un commerce privilégié exempt de la patente comme celui du tabac (ord. cons. d'Ét. 23 mai 1834) (1); — 5° Que, toutefois, lorsque le réclamant est à la fois cultivateur et négociant, il y a lieu de ne faire porter le droit proportionnel de patente que sur les locaux consacrés à son habitation personnelle et à l'industrie sujette à la patente, et d'en exempter les bâtiments distinctement affectés à son exploitation agricole (ord. cons. d'Ét. 30 mai 1834) (2).

154. L'art. 5 de la loi de l'an 7 portait : Les droits proportionnels sont du dixième du loyer ou des maisons d'habitation *ou* des usines, *ou* des ateliers, *ou* des magasins, *ou* des boutiques, etc. Mais l'art. 27 ajoutait : « Tout citoyen muni d'une patente pourra exercer son commerce, sa profession ou industrie, en payant le droit proportionnel pour les maisons d'habitation, usines, ateliers, magasins *et* boutiques qu'il occupera. » Bien que cette rédaction ne pût laisser de doute sur la pensée du législateur, qui était de frapper du droit proportionnel tout ce qui se rattachait soit directement, soit indirectement au commerce du patentable, néanmoins elle donna lieu à de nombreuses réclamations fondées sur le mot *ou* de l'art. 5 et sur ce que la loi ayant indiqué divisément tous les locaux qui devaient être soumis au droit proportionnel, il n'y avait plus lieu de faire l'application de l'art. 5, lorsque, par exemple, la maison d'habitation était séparée de l'exploitation industrielle La loi du 26 mars 1831, art. 26, fit cesser toute controverse à cet égard, en décidant que le droit proportionnel est dû sur *tous* les locaux servant à l'habitation personnelle *et* au commerce des patentables.—Aussi depuis a-t-il été décidé constamment qu'en toutes circonstances la maison d'habitation doit entrer dans l'évaluation du droit proportionnel (ord. cons. d'Ét. 31 juill. 1833, M. de Luçay, rap., aff. Attenoux ; 22 fév. 1838, M. Louyer-Villermay, rap., aff. Monnier; 23 juill. 1844, M. Jahan, rap., aff. Planche; 26 juill. 1844, M. Jahan, rap., aff. Potel; M. Richaud, rap., aff. Flandin; 10 août 1844, M. Jahan, rap., aff. Esnault, aff. Chevreuse, aff. Jacques Laffitte; M. Richaud, rap., aff. Bernadat; M. du Berthier, rap., aff. Luscols ; 22 août 1844, M. du Berthier, rap., aff. Delaplanche, aff. Pommereau ; 17 sept. 1844, M. Gomel, rap., aff. Johnston, aff. Grandier, aff. Borel de Favancourt, aff. Wapechaut, aff. Heugel, aff. Depensier et Leduc; 6 déc. 1844, M. Dumez, rap., aff. Messier; M. Baudon, rap., aff. Loridan; 27 déc. 1844, M. du Berthier, rap., aff. Bideau; M. Baudon, rap., aff. Debonnelle; 18 avril 1845, M. Guilhem, rap., aff. Dubois et Laplace; 25 avril 1845, M. Aubernon, rap., aff. Lefèvre; 2 mai 1845, M. Louyer-Villermay, rap., aff. Pilhet et cons.; 9 mai 1845, M. Dumez, rap., aff. Polissard-Jeannon; 5 juin 1845, M. d'Ormesson, rap., aff. Pagny; 12 juin 1845, M. Richaud, rap., aff. Laurent, aff. Ruel de Belle-Isle, aff. W. Johnston et comp., aff. Dubois, Dupuytren et Penicault, aff. Fortier, aff. Tribaut, aff. Etcheverry; 13 juin 1845, M. Bourlon de Rouvre, rap., aff. Vital-Dufour et compagnie ; 25 juin 1845, M. Louyer-Villermay, rap., aff. Marguerite et Walther, aff. Jourdan et Morin);... que cette maison soit ou non séparée du local où s'exerce l'industrie (ord. cons. d'Ét. 15 août 1834, M. de Luçay, rap., aff. Delouche; 17 sept. 1844, M. Gomel, rap., aff. Bertin, aff. Paroissien, aff. veuve Duvid; M. Louyer-Villermay, rap., aff. Dastis, aff. Mullot, aff. Duvril et Baillon; M. Gomel, rap., aff. Larsonnier frères, aff. Reumont, aff. Bouruet-Aubertot et autres, 27 déc. 1844, M. Aubernon, rap., aff. Francœur; M. Gomel, rap., aff. Opigez Gagelin),... et, par exemple, qu'on doit faire entrer dans cette évaluation une remise séparée de la maison d'habitation, si elle peut être considérée comme une annexe de cette habitation (ord. cons. d'Ét. 8 août 1834) (3). — Lors de la discussion sur la loi de 1844, les objections anciennes s'étant réveillées, la commission de la chambre des députés prit le soin d'y répondre en ces termes : « Établir dans tous les cas le droit proportionnel sur la maison d'habitation, laquelle est déjà atteinte par l'impôt mobilier, n'est-ce pas, a-t-on dit, imposer, contrairement aux principes, le même objet deux fois? La loi sur la contribution mobilière, en laissant de côté tous les locaux industriels, n'a-t-elle pas fait en quelque sorte la part à la contribution des patentes? N'a-t-elle pas indiqué que les seuls locaux assujettis au droit proportionnel devaient être ceux que n'atteint pas la contribution mobilière ? A cette objection il est facile de répondre : d'abord, aucun principe n'a jamais défendu d'asseoir deux impôts différents sur le même objet, et, pour preuve, il suffit de citer toutes les propriétés bâties qui subissent à la fois et l'impôt foncier, et l'impôt des portes et fenêtres, et la contribution mobilière. Mais quand même ce principe existerait, le droit proportionnel est-il, à proprement parler, un impôt? Est-il assis directement sur l'objet d'après la valeur duquel il est prélevé? Non, car il peut être établi sur un logement concédé à titre gratuit, sur une propriété de l'État, qui par conséquent, de sa nature, n'est pas imposable. On n'impose donc pas la maison d'habitation pas plus

de la patente du sieur Fitch est maintenu tel qu'il a été fixé au rôle de l'année 1838.

Du 6 fév. 1839.-Ord. cons. d'Et.-MM. Mauzé, rap.-Marchand, concl. Même jour, deux ordonnances identiques (Chave et Maurin).

(1) *Espèce* : — (Trifard.) — Trifard soutenait que le droit proportionnel ne devait pas atteindre les bâtiments servant à l'exploitation d'un commerce privilégié, comme la vente du tabac; que cela était tellement juste, que s'il n'avait que son débit il ne payerait ni droit fixe, ni droit proportionnel.

Louis-Philippe, etc.; — Vu l'art. 26 de la loi du 26 mars 1831 : Considérant qu'aux termes de l'art. 26 de la loi du 26 mars 1831, le droit proportionnel de patente est dû pour tous les locaux servant à l'habitation personnelle et au commerce des individus sujets à patente; — Que, dans l'espèce, les locaux et bâtiments sur lesquels le droit proportionnel a été établi sont destinés soit à l'habitation personnelle du sieur Trifard, soit à son commerce de quincaillerie; d'où il suit que c'est à tort que l'arrêt attaqué lui a accordé une réduction sur le droit proportionnel de sa patente.—Art. 1. L'arrêté du conseil de préfecture de la Marne du 5 déc. 1833 est annulé. — Art. 2. Le sieur Trifard reste maintenu sur le rôle de la contribution des patentes de l'exercice de 1832, pour la cote à laquelle il était imposé.

Du 23 mai 1834.-Ord. cons. d'Et.-M. Hochet, rap.

(2) *Espèce* :—(Min. des fin. C. Perrier.)—Perrier, marchand de vin à Châlons-sur-Marne, a fait observer qu'il était en même temps cultivateur et négociant ; que sa maison et les bâtiments qui en dépendent étaient employés pour la majeure partie à la culture; que, dès lors, une moitié seulement devait être considérée comme affectée à son commerce. Le maire, les répartiteurs et le contrôleur ayant émis un avis favorable, le conseil de préfecture de la Marne a admis la réclamation. — Le ministre des finances invoquait dans son pourvoi l'art. 26 de la loi du 26 mars 1831.

Louis-Philippe, etc.; — Vu les art. 5 et 36 de la loi du 1er brum. an 7; — Vu l'art. 85 de la loi du 5 frim. an 7; — Vu l'art. 26 de la loi du 26 mars 1831 : – Considérant que le droit proportionnel de patente est toujours dû pour l'habitation personnelle du contribuable; — Que, dans l'espèce, il résulte de l'instruction que le conseil de préfecture ne s'est pas borné à faire, sur le droit proportionnel de patente du sieur Perrier, la déduction de la portion relative aux bâtiments distinctement affectés à son exploitation agricole, et qu'il a déduit une portion du droit relatif à l'habitation personnelle; – Art. 1. L'arrêté attaqué est annulé. —La cause est renvoyée devant le conseil de préfecture du département de la Marne pour que la cote du droit de patente mise à la charge du sieur Perrier soit établie avec déduction de la portion relative soit aux bâtiments distinctement affectés à son exploitation agricole, soit au sol desdits bâtiments, s'il a été seul compris dans l'évaluation cadastrale, sans qu'il soit fait aucune déduction sur le droit afférent aux bâtiments consacrés à l'habitation personnelle et à l'industrie sujette à la patente.

Du 30 mai 1834.-Ord. cons. d'Et.-M. Villermay, rap.

(3) (Dalayer.) — Louis-Philippe, etc. ; — Vu les lois du 1er brum. an 7, du 26 mars 1831 ; — Considérant qu'aux termes des lois ci-dessus visées, le droit proportionnel de patente est dû pour les maisons d'habitation, usines, ateliers, magasins ou boutiques, suivant la nature du commerce ou de l'industrie; — Considérant qu'il résulte de la destination et de l'emploi de la remise, à raison de laquelle le sieur Dalayer est imposé au droit proportionnel de patente, que cette remise doit être considérée comme une annexe de l'habitation dudit sieur Dalayer, bien qu'elle en soit séparée ; — Art. 1. La requête... est rejetée.

Du 8 août 1834.-Ord. cons d'Et.-M. Caffarelli, rap.

que le local servant à l'industrie, quand on établit sur leur valeur locative le droit proportionnel. On s'en sert comme de signes indicateurs pour apprécier l'importance probable des affaires du patenté. Or, à ce titre, nous pensons qu'il est bon, qu'il est juste de faire entrer dans tous les cas la maison d'habitation au nombre des valeurs qui servent de base au droit proportionnel. Il est à remarquer que, pour certaines professions, les locaux d'exploitation sont à peu près les mêmes, quelle que soit l'étendue des opérations commerciales. Ainsi tout négociant a des bureaux, et dans des bureaux à peu près semblables, l'un fera pour un million d'affaires, l'autre pour 100,000 fr. S'ils habitent la même ville, ils payent l'un et l'autre le même droit fixe; ils payeront également le même droit proportionnel si vous n'établissez le droit que sur les locaux servant à l'exercice de leur profession. Il n'y a donc qu'un moyen de demander, comme le veut la justice, un tribut plus élevé à celui des deux qui fait les plus grandes affaires : c'est d'établir le droit proportionnel sur la valeur des logements personnels de l'un et l'autre. A la vérité, le hasard pourra faire que le plus riche soit aussi le plus économe, et que son logement soit petit et mesquin. Mais il n'y a pas de lois possibles pour les exceptions et les bizarreries humaines. Ce qui est probable, ce qui sera vrai cent fois contre une, c'est que le logement du plus riche sera d'une plus grande valeur. La maison d'habitation est donc un des signes les plus sûrs pour reconnaître l'importance des affaires de chaque patentable, et pour taxer avec une équitable diversité ceux qui exercent la même profession.» L'amendement qui tendait à soustraire la maison d'habitation au droit proportionnel a été écarté, et le projet du gouvernement, d'accord en ce point avec celui de la commission, a été adopté (V. Mon. 5 mars, p. 497).

155. Des principes que nous venons de poser il ressort qu'on doit admettre avec la jurisprudence : 1° que le droit proportionnel de patente doit être basé sur la valeur locative, non-seulement de la maison où est le siége de l'industrie du contribuable, mais encore de son habitation personnelle dans une autre commune (ord. cons. d'Ét. 26 mai 1837, M. Louyer-Villermay, rap., aff. Ferrand); — 2° Que l'habitation personnelle, outre les bâtiments servant à l'exercice de l'industrie, doit toujours être comprise dans l'évaluation du loyer qui sert de base au droit proportionnel de patente : le patenté prétexterait en vain que l'exercice de son industrie n'est que momentané, et qu'il possède depuis longtemps son habitation personnelle en dehors de l'établissement (ord. cons. d'Ét. 22 fév. 1838) (1); — 3° Que le droit proportionnel de patente doit être réglé, sans exception, sur la valeur locative tant des maisons d'habitation que des usines, ateliers, magasins et boutiques des patentables, et spécialement sur la valeur locative des caves servant à un marchand de vin (ord. cons. d'Ét. 19 juill. 1837, M. Saglio, rap., aff. Caquet), mais seulement sur la valeur locative des caves et non de la maison entière, lorsque cette maison n'est pas occupée (ord. cons. d'Ét. 30 mai 1844, M. Gautier d'Uzerches, rap., aff. Chausson frères) ; — 4° Que le liquidateur d'une maison de commerce doit être imposé au droit proportionnel de patente à raison de l'appartement qu'il a conservé au siége de cette maison, bien qu'il ne l'ait pas occupé toute l'année et qu'il en ait un au siége d'une autre maison où il est associé commanditaire (ord. c. d'Ét. 23 août août 1836, M. Saglio, rap., aff. Dufou) ;— 5° Que le droit proportionnel auquel sont soumises les compagnies de chemin de fer doit être établi sur la maison d'habitation, les locaux occupés par l'administration, les bureaux de recette, salles d'attente, magasins, ateliers et tous autres bâtiments servant à l'exploitation des transports (ord. cons. d'Ét. 26 juill. 1844, M. Gautier d'Uzerches, rap., aff. chemin de fer de Mulhouse à Thann); — 6° Qu'une compagnie d'assurances non mutuelles est assujettie au droit proportionnel à raison des bureaux de ses agents dans les départements, encore que les locaux où sont établis ces bureaux ne seraient point loués en son nom (ord. cons. d'Ét. 16 nov. 1850, aff. Gatelet, D. P. 52. 5. 409); — 7° Qu'à l'égard d'un entrepreneur de travaux publics, on doit faire entrer dans l'évaluation du droit proportionnel l'habitation occupée par sa famille dans un département autre que celui de son entreprise (ord. cons. d'Ét. 7 fév. 1837, M. Montaud, rap., aff. Gourville);— 8° Qu'on doit comprendre dans l'évaluation du droit proportionnel l'appartement du directeur d'une société, lorsqu'il est établi que dans cet appartement se trouve fixé le siége de la société, et que ce directeur est chargé de l'administration et de la gestion de toutes les affaires de la société (ord. cons. d'Ét. 30 mars 1841, M. Villermay, rap., aff. Vannois) ; — 9° Qu'il doit en être de même de la maison occupée par l'associé d'une maison de commerce, située dans une autre ville que celle du siége de la société et quel que soit l'éloignement, surtout si à cette maison se rattache un comptoir servant à la distribution des matières à ouvrer et de magasin pour les pièces confectionnées (ordonn. cons. d'Ét. 18 avril 1845, M. de Missiessy, rap., aff. Richard Vatin et comp.) ; — 10° Qu'on doit même ajouter la valeur locative de la maison habitée par l'associé d'un commerçant à la valeur des locaux servant à l'exercice de sa profession pour déterminer le droit proportionnel de patente (ord. cons. d'Ét. 10 août 1844, M. Richaud, rap., aff. Loredan; 14 sept. 1844, M. Gomel, rap., aff. Anceau). — Toutefois, avec cette restriction que si les associés occupent en commun la même maison d'habitation, les mêmes usines, ateliers et magasins, il n'est dû qu'un droit personnel qui doit être payé en entier par l'un d'eux (ord. cons. d'Ét. 25 avril 1845, M. Bouchené-Lefer, rap., aff. Lainé, etc.

156. Cependant il a été jugé que la valeur locative d'un magasin, qui n'a pas été occupé durant toute l'année, ne peut servir de base à la fixation du droit proportionnel de patente (ord. cons. d'Ét. 4 fév. 1836) (2).

157. Il a été également jugé, mais à un autre point de vue, celui de l'utilité publique et de l'absence de trafic, qu'il n'y a pas lieu de soumettre au droit proportionnel de patente les courtiers d'une ville, qui, au cas d'insuffisance des bâtiments de la bourse, louent en commun un bâtiment pour servir aux séances de leur syndicat, aux assemblées de la compagnie et aux ventes publiques autorisées par le tribunal de commerce : un tel local doit être considéré comme un local public exempt du droit proportionnel (ord. cons. d'Ét. 7 décembre 1847, M. Thil, rap., aff. courtiers de Marseille). — La loi, en effet, a voulu que tout ce qui pouvait concourir au bénéfice donné par l'industrie ou la profession fût frappé d'un droit, mais elle n'a jamais eu pour but d'atteindre ce qui était étranger au produit. Ainsi, par exemple, les consuls étrangers ne doivent pas, lorsqu'ils sont en même temps commerçants, être imposés pour les locaux occupés par les bureaux du consulat.

(1) *Espèce* :—(Min. des fin. C. Monnier.)—Le sieur Monnier, avoué, exploitant une manufacture de faïence pour le compte de sa fille mineure, fut soumis, pour cette industrie, à une patente dont le droit proportionnel fut assis sur l'habitation personnelle qu'il possédait comme avoué.— Le 26 déc. 1836, sur ses réclamations, arrêté du conseil de préfecture de la Côte-d'Or, qui décide que son habitation personnelle ne doit pas être comprise dans l'évaluation servant de base au droit proportionnel.— Recours au conseil d'État par le ministre des finances; il invoque les termes de la loi. — Le sieur Monnier répond que ce n'est que par suite des mauvaises affaires des précédents locataires et en attendant qu'il en trouve de nouveaux, qu'il exploite la manufacture de faïence appartenant à sa fille; qu'au surplus l'établissement contient des appartements convenables pour loger les exploitants, et qui n'ont pas été loués; tandis qu'il possède comme avoué, et depuis vingt ans, dans une autre partie de la ville, un domicile indépendant de la manufacture.

Louis-Philippe, etc. ; — Vu l'art. 5 de la loi du 1er brum. an 7 et l'art. 26 de la loi du 26 mars 1831 ;—Considérant que, d'après la loi du 1er brum. an 7 et l'art. 26 de la loi du 26 mars 1831, le droit proportionnel de patentes doit être assis non-seulement sur les bâtiments servant à l'exercice de l'industrie, mais encore sur les bâtiments servant à l'habitation personnelle des patentés ; qu'ainsi, c'est à tort que le conseil de préfecture de la Côte-d'Or a décidé qu'il n'y avait point lieu de comprendre l'habitation personnelle du sieur Monnier dans l'évaluation du loyer servant de base à son droit proportionnel ; — Art. 1. L'arrêté du conseil de préfecture de la Côte-d'Or, du 26 déc. 1836, est annulé.

Du 22 fév. 1838.-Ord. cons d'Ét.-M. Louyer-Villermay, rap.

(2) (Wall.) — Louis-Philippe, etc.; — Vu la loi du 1er brum. an 7; — Considérant qu'il résulte de l'instruction que le magasin à raison duquel le sieur Wall a été cotisé au droit proportionnel sous l'art. 1562 du rôle de 1831, n'a point été par lui occupé durant le cours de cette année ; qu'ainsi, c'est à tort qu'il a été imposé, pour ledit exercice, au dixième de la valeur locative de ce magasin; — L'arrêté du conseil de préfecture des Bouches-du-Rhône est annulé.

Du 4 fév 1836.-Ord. cons. d'Ét.-MM. Louyer-Villermay, rap.

158. La taxe est due lors même que le logement et les locaux occupés sont concédés à titre gratuit. Lorsque des patentables sont logés gratuitement dans des bâtiments appartenant à l'État, aux départements, communes, hospices, etc., le contrôleur qui est chargé de préparer l'établissement de la taxe doit reconnaître les parties de ces bâtiments que ces patentables occupent, tant pour leur habitation que pour l'exercice de leur profession, commerce ou industrie, et il en estime la valeur locative par comparaison avec celle d'autres locaux dont le loyer aura été régulièrement fixé (circul. direct. gén. 14 août 1844). — Spécialement, le concierge d'une maison militaire doit être soumis au droit proportionnel, bien que le logement qu'il occupe soit fourni gratuitement par l'État (ord. cons. d'Ét. 29 juill. 1847, M. Maigne, rap., rap., aff. Escats).

159. Sous la loi de l'an 7, une grave controverse s'était élevée sur le point de savoir si l'on devait imposer au droit proportionnel non-seulement l'habitation habituelle et principale du patentable, mais aussi toutes les maisons où il pouvait momentanément transporter sa résidence. — On jugeait d'une part : 1° que la maison possédée par un meunier à une grande distance de son moulin, bien que dans sa commune, ne doit pas être considérée comme une dépendance de son usine, et servir de base pour l'évaluation du droit proportionnel de sa patente, lorsqu'un logement attenant à son moulin a été compris dans cette évaluation comme étant destiné à son habitation (ord. c. d'Ét. 12 juill. 1837, M. Martroy, rap., aff. Gauthier; 18 déc. 1839, M. Hallez, rap., aff. Luché; 8 mars 1844, M. Fremy, rap., aff. Hauduc);—...Mais si la maison servait à l'habitation personnelle du meunier, son éloignement ne devrait pas être un obstacle à ce qu'elle entrât dans la fixation du droit proportionnel (ord. cons. d'Ét. 26 mai 1837, M. Louyer-Villermay, rap., aff. Ferrand.—V. n° 154);—2° Que le droit proportionnel auquel un patentable est soumis ne doit pas porter sur une maison de plaisance qu'il possède, et qui n'est ni la maison d'habitation servant à sa résidence habituelle ni une maison d'habitation annexée à son établissement industriel (ord. cons. d'Ét. 12 juin 1845, M. Bourlon de Rouvre, rap., aff. Vaquerie); — 3° Que le patentable imposé au droit proportionnel dans la commune où il exerce son industrie, ne doit aucun droit proportionnel pour la maison qu'il possède dans une autre commune, qui ne sert pas à sa résidence habituelle et qui n'est pas annexée à son établissement industriel (ord. c. d'Ét. 15 juill. 1841, M. Berthier, rap., aff. Dezille); — 4° Que la valeur locative servant de base au droit proportionnel de patente ne doit pas comprendre une maison indépendante de l'exploitation ou de l'exercice de l'industrie, bien que située dans la même commune et servant momentanément de résidence au propriétaire, s'il se trouve une maison d'habitation attachée à l'exploitation (ord. cons. d'Ét. 4 juill. 1838, M. du Martroy, rap., aff. Friant); — ...Ni un chantier provisoire (ord. cons. d'Ét. 27 juin 1838, aff. Louise); — 5° Que le contribuable ne doit pas la patente pour une maison lorsque cette maison n'est le lieu ni de son domicile réel ni de sa résidence habituelle, et lorsqu'elle n'est pas annexée à son établissement industriel (ord. cons. d'Ét. 10 janv. 1845, M. de Missiessy, rap., aff. Landrieux); — 6° Que bien qu'un arpenteur géomètre soit soumis au droit fixe de patente dans le lieu où il exerce sa profession, il n'est point passible du droit proportionnel en raison des habitations qu'il peut avoir dans d'autres communes (ord. c. d'Ét. 30 juin 1839, M. Louyer-Villermay, rap., aff. Charpentier);—7° Qu'on ne peut comprendre dans la valeur locative, sur laquelle doit être assis le droit proportionnel de patente, un appartement garni loué au patentable et sous-loué par lui à un tiers (ord. cons. d'Ét. 10 janv. 1845, M. de Missiessy, rap., aff. Fleury).

160. D'autre part, et en sens contraire, on jugeait : 1° que le patentable qui possède son établissement dans une commune et une maison d'habitation dans une autre où il se rend tous les jours de marché pour y traiter des affaires de son commerce, doit, à raison de cette maison d'habitation, être imposé au droit proportionnel de patente (ord. cons. d'Ét. 25 janv. 1839, M. Louyer-Villermay, rap., aff. Decocq) ; — 2° Qu'un courtier de commerce est soumis au droit proportionnel pour la maison dont il est propriétaire dans une autre ville que celle où il est patenté, bien que la nature de sa charge ne permette pas de supposer qu'il puisse exercer sa profession dans une ville qui n'est pas celle de sa résidence (ord. cons. d'Ét. 29 déc. 1840, aff. Biarnès).

161. La loi de 1844 mit fin à cette controverse. L'art. 10 de cette loi porte : « Si indépendamment de la maison où il fait sa résidence habituelle et principale, et qui dans tous les cas, sauf l'exception ci-après, doit être soumise au droit proportionnel, le patentable possède, soit dans la même commune, soit dans des communes différentes, une ou plusieurs maisons d'habitation, il ne paye le droit proportionnel que pour celles de ces maisons qui servent à l'exercice de sa profession. » —Cette disposition, qui ne figurait pas au projet du gouvernement, a été ajoutée sur la proposition de la commission. Son utilité n'est pas contestable en présence des prétentions souvent renouvelées par l'administration d'imposer au droit proportionnel le patentable, non-seulement pour sa maison d'habitation habituelle et principale, mais aussi pour toutes les maisons voluptuaires où il pouvait momentanément transporter sa résidence, prétentions qui, comme on vient de le voir, obtenaient parfois gain de cause. C'est pour prévenir le retour à ces exagérations que la commission a proposé, et que les chambres, après une discussion approfondie (Moniteur 5 et 6 mars 1844), ont agréé le paragraphe en question. — « Au surplus, a dit M. le rapporteur, il ne faudrait pas abuser de ce moyen d'indication (c'est-à-dire des termes de l'art. 9, en ce qui concerne la maison d'habitation), jusqu'à vouloir, comme on l'a tenté quelquefois, établir le droit proportionnel, non-seulement sur la maison où le patentable fait sa résidence habituelle et principale, mais sur toutes les maisons de plaisance ou de campagne qu'il pourrait posséder. Il ne faudrait pas que le propriétaire d'un château, qui ferait exploiter pour son compte, soit un moulin, soit une usine de peu de valeur, pût être imposé au droit proportionnel d'après la valeur locative de son château tout entier. Ainsi, toute maison de pur agrément sera exempte du droit proportionnel, à moins que le patentable n'en possède pas d'autres; car il faut, dans tous les cas, que son logement soit atteint comme un signe de l'étendue probable de ses affaires. »

162. Aux termes de l'art. 10 de la loi de 1844, « si l'industrie pour laquelle il (le patentable) est assujetti à la patente ne constitue pas sa profession principale, et s'il ne l'exerce pas par lui-même, il ne paye le droit proportionnel que sur la maison d'habitation de l'agent préposé à l'exploitation. » —Ainsi un propriétaire, un fonctionnaire, un homme ayant une profession quelconque, possède une usine, un moulin, et habite un château. S'il fait exploiter cette usine, ce moulin, par un agent, par un homme à gages, le droit proportionnel ne frappera pas sa maison d'habitation, son château, mais la maison d'habitation de son agent. — V. n° 155.

§ 2. — *Assiette du droit proportionnel? — Où est dû ce droit?*

163. La quotité du droit proportionnel varie selon les divers genres de commerce et d'industrie, et aussi selon les différentes destinations des locaux occupés par un même patentable. Fixé d'une manière générale au vingtième par l'art. 8, le droit proportionnel est exceptionnellement réglé, par les tableaux C et D de la loi de 1814, pour certaines professions ou industries suivant les tableaux et classes dans lesquels les patentables sont rangés, savoir :

Première catégorie. — Au quinzième, sur la maison d'habitation seulement, pour les patentables compris dans la cinquième partie du tableau C.—Au quinzième sur la maison d'habitation, ainsi que sur les locaux servant à l'exercice du commerce ou de la profession, 1° pour les patentables compris dans la première classe du tableau A; 2° pour les patentables compris dans le tableau B; 3° pour les patentables compris dans la première partie du tableau C, sauf les exceptions suivantes : au quinzième sur l'habitation, et au trentième sur les locaux servant à l'exercice du commerce ou de la profession, pour les marchands de bois en gros, les marchands de charbon de bois compris dans la première classe, les marchands de vins en gros, les marchands d'huiles en gros, les commissionnaires entrepositaires de vins; au quinzième sur l'habitation, au quarantième sur les locaux servant à l'exercice de l'industrie, pour les fabricants de gaz pour l'éclairage et les entrepreneurs de roulage.

Deuxième catégorie.—Au vingtième sur la maison d'habitation, ainsi que sur les locaux servant à l'exercice des professions pour les patentables compris dans les deuxième, troisième, quatrième, cinquième et sixième classes du tableau A, sauf les exceptions suivantes.—Au vingtième sur la maison d'habitation seulement, pour les patentables ci-après désignés : concessionnaire ou fermier d'abattoir public, fermier de bacs, directeur de diorama, panorama, géorama, néorama; concessionnaire exploitant ou fermier des droits d'emmagasinage dans un entrepôt; fermier de fontaines publiques, fournisseur d'objets de consommation dans les cercles ou sociétés; fermier des droits de place dans les halles ou marchés, adjudicataire des droits de jaugeage des liquides, directeur des monnaies, adjudicataire des droits d'octroi, fermier des droits de pesage et mesurage, concessionnaire exploitant ou fermier de péage sur un pont. — Au vingtième sur l'habitation et au trentième sur les locaux servant à l'exercice du commerce, pour les marchands en gros de charbon de terre épuré ou non.

Troisième catégorie. — Au vingtième sur la maison d'habitation, ainsi que sur les magasins de vente complétement séparés de l'établissement, et au vingt-cinquième sur l'établissement industriel, pour les patentables compris dans la deuxième partie du tableau C.

Quatrième catégorie.— Au vingtième sur la maison d'habitation, ainsi que sur les magasins de vente complétement séparés de l'établissement, et au quarantième sur l'établissement industriel, pour les patentables compris dans la troisième partie du tableau C, ou sur les locaux servant à l'exercice de la profession, pour les imprimeurs typographes employant des presses mécaniques, les maîtres d'hôtels garnis, les loueurs en garni, les chefs de maison d'accouchement, les individus tenant une maison particulière de retraite, les magasiniers, les entrepreneurs de bains publics, les entrepreneurs de bains de rivière en pleine eau, les maîtres de jeu de paume, les individus tenant un manége d'équitation, une école de natation, un jardin public, un parc aux charrettes.

Cinquième catégorie. — Au vingtième sur la maison d'habitation, ainsi que sur les magasins de vente complétement séparés de l'établissement, et au cinquantième sur l'établissement industriel, pour les patentables compris dans la quatrième partie du tableau C.

Sixième catégorie. — Au quarantième sur la maison d'habitation, ainsi que sur les locaux servant à l'exercice de la profession pour les patentables des septième et huitième classes du tableau A, mais seulement dans les communes de 20,000 âmes et au-dessus.

Sont affranchis de tout droit proportionnel les patentables des septième et huitième classes du tableau A, dans les communes au-dessous de 20,000 âmes, les fabricants à métiers travaillant à façon et ayant moins de dix métiers.

On voit qu'en ce qui concerne les établissements industriels, la loi établit, pour les magasins de vente complétement séparés de l'établissement, une proportion différente de celle des locaux servant à l'industrie. Pour les magasins de vente, le droit proportionnel doit toujours être calculé sur le pied du vingtième au lieu du vingt-cinquième, du quarantième ou du cinquantième, le législateur n'ayant pas voulu que l'industriel qui ajoute aux bénéfices du fabricant les bénéfices du marchand, fût traité plus favorablement que le marchand auquel il fait concurrence. Il n'est pas besoin de faire remarquer que le taux du vingtième ne s'applique pas aux locaux nécessaires à l'emmagasinage des objets fabriqués, mais uniquement aux magasins indépendants de la fabrique ou manufacture, et spécialement affectés à la vente. Au reste, la loi, en abaissant sensiblement la quotité du droit proportionnel, a entendu que ce droit serait désormais établi sur la valeur locative réelle : c'est un point important sur lequel a été appelée d'une manière toute particulière l'attention des agents. Toute atténuation comme toute exagération blesserait les règles de la justice distributive (circ. dir. gén. 14 août 1844).

164. On vient de voir que dans la quatrième catégorie se trouve l'imprimeur typographe, qui doit des droits proportionnels du quarantième de la valeur locative s'il emploie des presses mécaniques, tandis qu'autrement, et comme appartenant à la troisième classe, le droit serait du vingtième. Par application de ces règles, il a été jugé que la réduction du droit proportionnel (du vingtième au quarantième) accordée par la loi du 25 avr. 1844 aux imprimeurs typographes qui emploient des presses mécaniques, doit leur être accordée, bien qu'ils possèdent également des presses ordinaires (ord. cons. d'Ét. 31 mai 1848, aff. Dufaure).

165. A la disposition de l'art. 5 de la loi de 1844, qui veut que, lorsqu'une ordonnance de dénombrement fait passer une commune dans une classe supérieure, l'augmentation du droit fixe ne lui soit appliquée que pour moitié pendant les cinq premières années (V. n° 16), on doit réunir l'art. 12, qui dispose : « Dans les communes dont la population est inférieure à vingt mille âmes, mais qui, en vertu d'un nouveau dénombrement, passe dans la catégorie des communes de vingt mille âmes et au-dessus, les patentables des septième et huitième classes ne seront soumis au droit proportionnel que dans le cas où une seconde ordonnance de dénombrement aura maintenu lesdites communes dans la même catégorie. » — C'est là une mesure pleine de sagesse et protectrice des classes dont les affaires sont les plus minimes et ont le plus à souffrir de l'augmentation.—D'après la circulaire du 14 août 1844, le directeur des contributions doit porter en tête des matrices des communes qui passeront de la catégorie de dix à vingt mille âmes dans celle de vingt à trente mille âmes, les annotations nécessaires pour que les patentables des septième et huitième classes ne soient imposés qu'au droit fixe pendant toute la période de la première ordonnance de dénombrement, et pour qu'ils soient assujettis au droit proportionnel dans le cas où l'ordonnance suivante aurait maintenu les communes dans la même catégorie.

166. Sous la loi de l'an 7 (art. 7) comme sous la loi de 1844 (art. 9), le droit proportionnel est établie sur la valeur locative. — Mais comment déterminer cette valeur? — D'après l'art. 5 de la loi de l'an 7, la valeur du loyer devait être justifiée par baux authentiques pour les locataires, et par l'extrait du rôle de la contribution foncière pour les propriétaires, ou d'après la simple déclaration du requérant patenté, sauf l'évaluation, s'il y avait lieu. — L'art. 26 de la loi du 26 mars 1831 (V. Impôts directs, p. 269) vint apporter des modifications à cet article en disant : « La valeur locative de tous les bâtiments réunis sera établie au moyen de baux authentiques, si ces bâtiments sont loués ou affermés, et dans le cas contraire, par comparaison avec ceux dont le loyer aura été régulièrement constaté ou sera notoirement connu.» — Il résultait de cette dernière disposition que la valeur locative devait être déterminée de préférence par les baux authentiques, et que ce n'était qu'à défaut de ces documents que les agents du fisc devaient recourir à l'appréciation.—Aussi avait-il été décidé que lorsqu'il y a un bail authentique des locaux servant à l'habitation et à l'industrie d'un fabricant, la valeur locative établie par ce bail ne peut être réduite pour fixer le droit proportionnel de patente, et cela alors même qu'elle serait hors de proportion avec les valeurs locatives adoptées généralement dans les localités pour la fixation de ce droit (ord. cons. d'Ét. 20 déc. 1836, M. Saglio, rap., aff. Tornezy).

167. La loi de 1844 dispose à cet égard d'une manière moins absolue, et laisse beaucoup plus de latitude aux agents de l'administration. « La valeur locative, dit le § 3 de l'art. 9 précité, est déterminée, soit au moyen de baux authentiques, soit par comparaison avec d'autres locaux dont le loyer aura été régulièrement constatéou sera notoirement connu, et, à défaut de ces bases, par voie d'appréciation. » — Cette rédaction diffère, comme on le voit, de la loi de 1831 en ce qu'elle ajoute ces mots : *par voie d'appréciation.* — La commission de la chambre des députés s'est demandé s'il résultait des termes de la nouvelle rédaction une intention d'infirmer en quelque sorte l'autorité des baux authentiques, et d'encourager les agents de l'administration à ne pas attacher plus d'importance à leur témoignage qu'à tout autre moyen d'appréciation? Si l'on prétendait introduire un système nouveau? Si l'on voulait renoncer à celui que la loi de 1831 a consacré? — En conséquence, elle proposait de substituer au projet du gouvernement un autre paragraphe ainsi conçu : « La valeur locative est déterminée au moyen de baux authentiques, ou *s'il n'en existe pas*, par comparaison avec d'autres locaux dont le loyer aura été régulièrement constaté, ou sera notoirement connu, et, à défaut de ces bases, par voie d'appréciation. » — « L'exposé des motifs, a dit M. le rapporteur pour justifier la proposition de la commission, n'indique pas quelle est exactement la portée de la nouvelle rédaction. Mais, dans le doute, votre commission a pensé qu'il était plus sage de reproduire les termes de la loi du 26 mars 1831. Il ne faut pas en conclure que la valeur locative puisse, dans tous les cas, être constatée d'une manière infaillible par la seule production d'un bail authentique. Nous reconnaissons qu'il peut être intervenu entre le bailleur et le locataire des conventions particulières, des arrangements, des transactions qui modifient en plus ou en moins le prix du loyer. Une confiance aveugle dans la lettre du bail favoriserait donc, outre mesure, tantôt le trésor, tantôt le contribuable. Enfin, si la sincérité de ce genre de documents ne pouvait jamais être contestée, il en résulterait une excitation à la fraude; la loi encouragerait les dissimulations en renonçant à les découvrir. Ce qui doit seulement être bien établi, c'est que de tous les moyens d'apprécier la valeur locative, le bail authentique est celui qu'il faut placer en première ligne, parce que, sauf de très-rares exceptions, il est toujours le plus sûr et le plus équitable. Ce ne sera donc que lorsqu'il y aura évidemment lieu de suspecter sa sincérité ou de tenir compte des conditions exceptionnelles qu'il pourra contenir, qu'on devra recourir à d'autres moyens, et, par exemple, à la comparaison avec d'autres locaux dont le loyer sera régulièrement constaté. »

M. de la Plesse, qui soutenait le projet du gouvernement, a fait remarquer que « la commission prenait pour base de la valeur locative les baux authentiques d'abord, et subsidiairement la comparaison avec le loyer des habitations voisines, tandis que le gouvernement, au contraire, admettait le concours des deux modes, puisqu'il disait : « La valeur locative est déterminée, soit au moyen de baux authentiques, soit par comparaison, etc. » Vous voyez, a-t-il ajouté, qu'il y a deux systèmes en présence. Dans le système du gouvernement, on prend concurremment différents modes d'apprécier, afin d'arriver à la vérité; la commission, au contraire, admet la comparaison avec les autres locaux, mais seulement comme moyen subsidiaire. — Eh bien! voici l'inconvénient. Dans plusieurs localités il est extrêmement rare de faire des baux authentiques, et même des baux sous seings privés qui soient soumis à l'enregistrement. Ordinairement les baux se font verbalement, et la forme de l'authenticité n'a lieu que par exception, et lorsque le propriétaire, ayant obtenu un prix de location extraordinaire, a intérêt à s'assurer de l'exécution de la convention. — Eh bien! voudriez-vous que ces baux exceptionnels pussent être opposés sans moyen de contrôle au commerçant qui habite sa maison, qu'ils puissent être pris pour base exclusive des valeurs locatives dans les villes où ils auront existé? Il n'y aurait ni justice ni raison. Laissons donc à l'autorité chargée de faire les évaluations, quelles qu'elles soient, la faculté de s'entourer de tous les documents propres à éclairer sa religion et à trouver les moyens les plus propres, suivant telle ou telle localité, à déterminer la véritable valeur locative. Nous serons tous d'accord sur ce point, je le crois, et, comme la rédaction première du gouvernement me semble avoir cet avantage sur celle de la commission, je demande la priorité pour celle du gouvernement. »

Sur ces observations la commission n'a pas persisté dans sa proposition. « La commission, a dit M. le rapporteur, ne s'oppose pas à ce que l'on revienne à la rédaction du gouvernement; elle avait cru donner une garantie de plus au patentable; mais du moment qu'on la conteste, elle n'a aucune raison d'insister... L'intention de la commission n'avait pas été de prendre pour base unique les baux authentiques; nous avons voulu seulement dire que, lorsqu'il y a bail authentique, il était bon de le consulter, sauf, si dans ce bail il y avait des conditions exceptionnelles, à en tenir compte et à en faire la ventilation. Mais nous n'avons jamais prétendu qu'il fallût prendre uniquement pour base le bail authentique; puisque la rédaction de la commission peut donner lieu à quelque équivoque, la commission pense qu'il est préférable de revenir à la rédaction du gouvernement. » — De ces explications il ressort que l'administration n'est pas liée par les énonciations d'un bail authentique, et que, même malgré la production d'un tel bail, elle pourra chercher des bases d'évaluation dans la comparaison avec la valeur d'autres locaux imposables.

168. Suivant la circulaire ministérielle du 14 août 1844, on ne doit entendre ici que les baux qui sont dans des conditions normales et régulières. Quant aux baux, même authentiques, qui, par suite de circonstances particulières, présenteraient des prix exagérés ou atténués, ils ne doivent être employés, d'une manière absolue, ni pour établir la valeur locative des patentables qui occuperaient les locaux affermés, ni comme termes de comparaison. — On décidait aussi avant la loi de 1844 que le droit proportionnel de patente auquel un contribuable a été soumis doit être maintenu, lorsque l'évaluation des baux qui lui sert de base n'est pas exagérée (ord. cons. d'Ét. 14 déc. 1844, M. du Berthier, rap., aff. Vax). — V. nº 394.

De là il suit encore que le bail n'étant qu'un élément d'appréciation qui cesse de produire effet si sa sincérité peut être suspectée, l'administration a la faculté d'établir par la voie de comparaison indiquée par la loi la valeur locative des bâtiments servant de base au droit proportionnel de patente, lors même que ces bâtiments sont affermés par bail authentique (ord. cons. d'Ét. 14 juill. 1847, aff. Davillier, D. P. 47. 4. 364).

169. Quant à l'appréciation, dans la pensée de la commission, adoptée aussi par la chambre, il paraît bien entendu que l'administration ne doit y recourir que dans le cas où d'autres moyens plus réguliers de constater la valeur locative lui manqueraient. « Il n'est pas toujours question, dit M. le rapporteur, d'évaluer des magasins, des boutiques et autres locaux de ce genre, qui se vendent et se louent chaque jour, et dont il est, par conséquent, facile de connaître, soit directement, soit indirectement, le véritable prix de location. Il existe dans beaucoup de pays certains établissements industriels qui n'ont jamais été ni loués ni vendus, qui sont exploités de père en fils par leurs propriétaires, et qui ne peuvent être comparés à aucun établissement du voisinage dont la valeur locative soit notoirement connue. Dans ce cas, que feront les agents de l'administration? Le projet de loi répond : Ils procéderont par voie d'appréciation. — Ce moyen est bien vague; mais comment en trouver un autre? On ne saurait s'en rapporter aux évaluations de la matrice foncière, car les valeurs qu'elle accuse sont, comme on le sait, tellement affaiblies, que l'impôt est quelquefois supérieur au revenu qui lui sert de base. Les chiffres tout conventionnels portés sur cette matrice sont sans inconvénient pour un impôt de répartition, mais ils ne sont d'aucune utilité pour connaître la valeur locative. On ne peut pas davantage consulter la matrice mobilière, puisqu'elle est aussi destinée à un impôt de répartition, et que d'ailleurs elle est muette quant aux locaux qui ne servent pas à l'habitation. Il n'y a donc d'autre moyen d'obtenir une juste évaluation que de s'entourer de tous les renseignements que peut fournir la localité : avec un peu d'intelligence, on parviendra toujours à estimer approximativement quel pourrait être le loyer de tel ou tel établissement. Si l'appréciation est peu éclairée, ou si elle est partiale, le patentable a un recours ouvert : il demandera l'expertise, et de l'expertise il résultera, sinon la vérité absolue, du moins les éléments d'une nouvelle évaluation qui servira à rectifier la première. »

170. Il a été jugé à cet égard sous la loi du 26 mai 1831, art. 26 : 1° que, dans l'établissement d'un impôt de quotité, et spécialement du droit proportionnel de patente, on doit se baser sur la valeur locative du contribuable, sans prendre en considération l'impôt payé par d'autres contribuables : « Considérant, porte l'ordonnance, que les comparaisons que le sieur Genot prétend établir, ne peuvent être prises en considération dans un impôt de quotité » (ord. cons. d'Ét. 19 déc. 1834, M. Villermay, rap., aff. Genot); — 2° Que la valeur locative de bâtiments qui ne sont ni loués ni affermés ne peut être évaluée pour le droit proportionnel de la patente, d'après le revenu assigné dans le rôle de la contribution foncière; qu'elle ne peut l'être que par comparaison avec celle des bâtiments dont le loyer a été régulièrement constaté, ou est notoirement connu (ord. cons. d'Ét. 4 nov. 1836, M. Villermay, rap., aff. Currère; 18 déc. 1839, M. d'Ormesson, rap., aff. Cosson); — 3° Que c'est d'après la valeur locative réelle des maisons d'habitation et d'industrie, et non d'après la valeur locative qui a servi à déterminer la contribution foncière, que doit être calculé le droit proportionnel de patente (ord. cons. d'Ét. 14 janv. 1839, 19 août 1844 (1); 13 juill. 1825, M. Villebois, rap., aff. Gravier). — ...Ni d'après celle que les répartiteurs ont prise pour base de la contribution mobilière (ord. cons. d'Ét. 30 juill. 1840, M. de Condé, rap., aff. Coymès). — Il est constant que le rôle de la contribution foncière ne présente pas en effet la valeur locative exacte, puisqu'aux termes des art. 82 et 87 de la loi du 3 frim. an 7, le revenu net imposable des maisons et fabriques doit être calculé sous la déduction d'un quart ou d'un tiers de leur valeur locative, par égard pour les dépérissements, les frais d'entretien et les réparations.

171. De même, il a été décidé que le droit proportionnel de patente doit être fixé en prenant uniquement pour base la valeur locative des locaux et bâtiments servant à l'exercice de l'industrie, et non les bénéfices présumés de l'établissement industriel (ord. cons. d'Ét. 13 juill. 1825, M. Villebois, rap., aff. Gravier; 2 mai 1827, M. d'Origny, rap., aff. Carette; 12 avril 1832, M. Montaud, rap., aff. Hazard; 8 fév. 1833, aff. Lasserre, V. n° 204; 30 mai 1834, M. Robillard, rap., aff. Marcou; 27 fév. 1835, M. Bouchené-Lefer, rap., aff. Roussel). — V. Impôts directs, n° 42.

172. Le principe qu'on doit prendre pour base la valeur locative *réelle*, est si absolu qu'on a jugé : 1° que la valeur locative sur laquelle doit être assis le droit proportionnel de la patente, n'est pas seulement celle des lieux tels qu'ils ont été loués, mais encore celle qui résulte de travaux exécutés par le locataire (ord. cons. d'Ét. 3 sept. 1836, M. de Caffarelli, rap., aff. Lepetit); — 2° Que le droit proportionnel de patente doit être fixé, sans aucune déduction, d'après la valeur locative entière des maisons d'habitation, bâtiments, magasins servant à l'exploitation des industries des patentables, surtout si la valeur locative de ces maisons est réellement supérieure à celle indiquée, bien qu'elle n'ait cette valeur que par suite du commerce qui s'y fait (ord. cons. d'Ét. 16 mars 1837, M. Brian, rap., aff. Vincent).

173. Ainsi, à défaut de bail authentique, lorsqu'il s'agira de fixer la valeur locative, on devra rechercher par appréciation quelle est la valeur locative tant des ateliers et magasins que de la maison d'habitation, mais en procédant pour chacun sur les bases qui leur sont spéciales.—C'est pourquoi on a jugé que pour établir le droit proportionnel de patente, on doit comprendre non-seulement le local servant à l'industrie, mais encore la valeur locative de la maison d'habitation en la fixant à défaut de bail authentique, non pas d'après le local de l'industrie, mais par comparaison avec celles régulièrement constatées ou notoirement connues (ord. cons. d'Ét. 4 nov. 1836, M. Louyer-Villermay, rap., aff. Carrère; 22 nov. 1836, M. Louyer-Villermay, rap., aff. Trotyanne; 7 fév. 1845, M. Louyer-Villermay, rap., aff. Husson, Delaye et autres; 25 juin 1845, M. Louyer-Villermay, rap., aff. Jourdan; 23 avril 1847, M. Louyer-Villermay, rap., aff. Dutuit). — De même, si le bail, fait cumulativement pour un même prix, comprend à la fois un local destiné à l'industrie du patentable et des objets d'une nature étrangère à la patente, il y a lieu d'évaluer la portion du loyer qui doit donner lieu à l'impôt. — Il a été jugé, par exemple, que lorsqu'un limonadier a loué dans un jardin public le droit de louer des chaises, d'y donner à lire des journaux, d'y placer des guéridons et des chaises pour y débiter les objets de son commerce, il y a lieu de déterminer par voie d'évaluation la portion du loyer applicable à l'industrie du patentable (ord. cons. d'Ét. 28 fév. 1828, M. Feutrier, rap., aff. Mascré).

174. La loi de 1850, tabl. G, a imposé au droit proportionnel du quinzième certaines professions qui avaient été exonérées par la loi de 1844, ou qui n'y avaient pas été soumises. Ce droit atteint aujourd'hui les architectes, les avocats aux conseils d'État et à la cour de cassation, les avocats inscrits au tableau des cours et tribunaux, les avoués, les chirurgiens-dentistes, les commissaires-priseurs, les docteurs en chirurgie, les docteurs en médecine, les greffiers, les huissiers, les mandataires près les tribunaux de commerce, les notaires, les officiers de santé, les référendaires aux sceaux, les vétérinaires, les chefs d'institution et les maîtres de pension. Toutefois, à l'égard de ces derniers, les locaux affectés au logement et à l'instruction des élèves ne sont pas compris dans l'estimation de la valeur locative. — Les professions dont il s'agit, a dit M. le rapporteur de la loi de 1850, ne peuvent pas être incorporées dans le cadre du tarif. Elles ont un caractère qui leur est propre; toute tentative de les classer par voie

---

(1) 1re *Espèce* : — (Min. fin. *C.* Bichon.) — Le sieur Bichon, constructeur de navires à Lormont, était, en 1836, imposé au droit proportionnel de patente, d'après une valeur locative de 200 fr. — A cette époque, Bichon ayant remplacé les pontons dont les constructeurs se servent pour le carénage et le radoub des navires par une machine connue sous le nom de railway marin, mise en mouvement à l'aide d'un cabestan, sur un rail ou chemin de fer, les agents des contributions directes ont cru devoir augmenter son droit proportionnel de patente. — Un arrêté du conseil de préfecture de la Gironde, admettant le principe de l'augmentation, a fixé la valeur locative du chantier à 1,200 fr.; mais en même temps, il a déduit d'abord un tiers pour les frais d'entretien, ensuite la moitié du revenu fixé à 800 fr., par le motif que, dans la commune de Lormont, les évaluations cadastrales étaient portées seulement à la moitié du revenu réel. — Recours du ministre des finances. — Il a dit que l'arrêté attaqué établissait une confusion en ce que c'est seulement pour l'assiette de la contribution foncière que l'on doit déduire de la valeur locative le tiers ou le quart pour l'entretien ou les réparations selon qu'il s'agit d'usines ou de maisons d'habitation; — Qu'en outre le droit proportionnel de patente, impôt de quotité, à la différence des impôts de répartition, devait s'établir sur la valeur locative réelle de chaque contribuable et sans aucune déduction. — Bichon, défendeur, a soulevé une question délicate, celle de savoir si le railway et le chemin de fer devaient entrer comme éléments dans l'évaluation de la valeur locative du chantier. Il a soutenu que le railway étant comme les pontons qu'il remplace, meuble de sa nature, ne pouvait donner lieu ni à la contribution foncière ni au droit proportionnel de patente; — Qu'il en était de même du chemin de fer, qui devait être considéré comme une dépendance de la machine plutôt que de l'immeuble.

Louis-Philippe, etc.; — Vu la loi du 1er brum. an 7, art. 5 ; — Vu la loi du 26 mars 1831, art. 28 ; — Vu la loi du 21 avril 1832, art. 29 ; — Considérant que, aux termes de l'art. 5 de la loi du 1er brum. an 7, et, d'après l'art. 26 de la loi du 26 mars 1831, le droit proportionnel de patente doit être calculé d'après la valeur locative réelle des maisons d'habitation, usines, ateliers, magasins et boutiques; que, dans l'espèce, le chemin de fer établi par le sieur Bichon, sur son chantier de construction, est une dépendance de l'immeuble sujet au droit proportionnel; — Considérant, d'ailleurs, que le réclamant et les agents des contributions n'étant pas d'accord sur le montant de la valeur de ces immeubles, il y a lieu, conformément à l'art. 28 de la loi du 26 mars 1831 et à l'art. 29 de la loi du 21 avril 1832, de la faire estimer par une expertise contradictoire; — Art. 1. L'arrêté du conseil de préfecture de la Gironde, en date du 15 mars 1838, est annulé. — Le sieur Bichon est renvoyé devant le conseil de préfecture, pour y faire déterminer, par une expertise contradictoire, la valeur locative de son chantier de construction, du chemin de fer établi sur ledit chantier et des autres bâtiments ci-dessus énoncés, pour ensuite être fixé d'après cette valeur le montant de son droit proportionnel.

Du 14 janv. 1839.-Ord. cons. d'Ét.-M. Louyer-Villermay, rap.

2e *Espèce :* — (Leblanc.) — Louis-Philippe, etc. — Vu l'art. 5 de la loi du 1er brum. an 7, l'art. 26 de la loi du 26 mars 1831 et l'art. 29 de la loi du 21 avr. 1832 ; — En ce qui touche les conclusions tendant à ce que la valeur locative de l'usine soit fixée à 400 fr., d'après l'extrait du rôle de la contribution foncière à laquelle ladite usine est assujettie, conformément à l'art. 5 de la loi du 1er brum. an 7 : — Considérant que les droits proportionnels de patente doivent être calculés sur la valeur locative réelle des usines, magasins, ateliers, boutiques et maisons d'habitation des patentables, et non sur la valeur proportionnelle attribuée par le cadastre auxdits bâtiments; que si, aux termes de l'art. 5 de la loi du 1er brum. an 7, le chiffre servant à l'assiette du droit proportionnel doit être établi, à défaut de bail authentique, par l'extrait du rôle de la contribution foncière, cette disposition se trouve rapportée par l'art. 26 de la loi du 26 mars 1831, aux termes de laquelle la valeur locative de tous les bâtiments servant de base au droit proportionnel de patente doit être établie au moyen de baux authentiques, si ces bâtiments sont loués ou affermés, et, dans le cas contraire, par comparaison avec ceux dont le loyer aurait été régulièrement constaté ou serait notoirement connu; — En ce qui touche les conclusions subsidiaires sur l'irrégularité de l'expertise : — Considérant qu'il résulte de l'instruction qu'il a été régulièrement procédé à l'expertise réclamée par le sieur Leblanc pour déterminer la valeur locative de son usine, conformément aux art. 26 de la loi du 26 mars 1831 et 29 de la loi du 21 avril 1832; — Au fond : — Considérant qu'il résulte de l'instruction que la valeur locative servant de base au droit proportionnel de patente du réclamant, portée à 1,200 fr., n'est pas exagérée; — Art. 1. La requête du sieur Leblanc est rejetée.

Du 19 août 1844.-Ord. cons. d'Ét.-M. Gauthier d'Uzerches, rap.

d'assimilation doit donc nécessairement échouer, et si l'on veut les taxer, il n'y a qu'un moyen, c'est de créer pour elles une taxe spéciale. — Cette taxe aura besoin d'être uniforme, car vouloir établir entre ces professions des divisions, des degrés hiérarchiques, en un mot une classification, ce serait s'exposer à un autre genre d'embarras et tenter une chose presque aussi difficile que de les classer par analogie avec des professions dissemblables. — Il suit de là que le droit fixe de patente, droit qui procède par classes et par catégories, ne saurait être appliqué à ces professions, et qu'au lieu de diviser en deux parties l'impôt qu'on veut mettre à leur charge, il faut n'en faire qu'une seule part sous forme de taxe mobilière supplémentaire, ou de droit proportionnel sur le taux des loyers. C'est là le seul moyen d'attribuer à chacun sa juste part du fardeau, sans créer de distinctions imaginaires qu'on ne saurait sur quoi fonder. — Tel est aussi le parti auquel nous nous sommes arrêtés. Nous vous proposons donc de faire figurer les professions libérales par ordre alphabétique sur un tableau spécial, en les assujettissant seulement au droit proportionnel. — Quel sera le taux de ce droit? Nous pensons qu'il y a lieu d'exiger le quinzième, afin de compenser la suppression du droit fixe. Peut-être le produit de cette taxe ainsi réglée ne s'élèvera-t-il pas tout à fait aussi haut que si le taux n'eût été que du vingtième, et qu'on eût en outre exigé un droit fixe.., car, pour compenser absolument la perte du droit fixe, il eût fallu élever au douzième environ le taux du droit proportionnel. Mais devions-nous perdre de vue que des droits d'examen et de diplôme payés à l'État, des cautionnements dont l'intérêt n'est servi qu'à 3 pour 100, des droits de mutation de 2 pour 100, qu'il faut acquitter à chaque transmission d'office, sont des charges spéciales à ces professions, et que ces charges, qui avaient paru suffisantes, il y a six ans, pour motiver une exemption, n'en subsisteront pas moins désormais lorsque l'exemption aura disparu? Peut-être aura-t-il été juste de considérer ces charges comme un équivalent du droit fixe tout entier; or ce n'est pas même la moitié de ce droit qui se trouvera retranchée si, comme nous vous le proposons, le taux du droit proportionnel est fixé au quinzième... — Le produit de ce droit s'élèvera pour le moins à 1,700,000 fr... »

Au surplus, les questions que présentent l'application de l'impôt des patentes à ces diverses professions, présentant un intérêt tout particulier, nous en ferons l'objet d'un examen spécial. — V. nº 221 et suiv.

175. L'art. 11 de la loi de 1844 porte : « Le patentable qui exerce dans un même local, ou dans des locaux non distincts, plusieurs industries ou professions passibles d'un droit proportionnel différent, paye ce droit d'après le taux applicable à la profession pour laquelle il est assujetti au droit fixe. — Dans le cas où les locaux sont distincts, il ne paye pour chaque local que le droit proportionnel attribué à l'industrie ou à la profession qui y est spécialement exercée. — Dans ce dernier cas, le droit proportionnel n'en demeure pas moins établi sur la maison d'habitation d'après le taux applicable à la profession pour laquelle le patentable est imposé au droit fixe. » — Ainsi le patentable qui exerce, dans le même local, la profession de changeur de monnaie (1re cl. dr. prop. 15e) et de marchand bijoutier (3e cl. dr. prop. 20e) doit payer le droit proportionnel du quinzième comme exerçant la profession de changeur comprise dans la première classe, et non celle de marchand bijoutier comprise dans la troisième classe et soumise au droit proportionnel du vingtième. Mais si le bureau de change est distinct du magasin de bijouterie, ce droit proportionnel sera établi au quinzième pour le premier local et au vingtième pour le second; mais le droit proportionnel sur l'habitation devra être calculé à raison du quinzième (circ. min. 14 août 1844). — C'est ainsi encore qu'il a été jugé 1º que l'art. 11 de la loi du 25 avril 1844, suivant lequel le patentable qui exerce plusieurs industries ne doit payer le droit proportionnel sur les locaux qu'il occupe qu'eu égard à l'affectation spéciale de chacun des locaux, ne s'applique qu'aux patentables qui exercent plusieurs industries ou professions distinctes, et non aux négociants dont l'ensemble des opérations ne constitue qu'une seule et même profession (ord. cons. d'Ét. 24 juin 1847, aff. Emler, D. P. 47. 4. 358); — 2º Que lorsqu'un individu exerce cumulativement deux professions dont une seule est sujette à patente, le droit proportionnel doit être établi sur la valeur locative totale des locaux consacrés à son habitation personnelle et de la boutique où il exerce ces deux professions (ord. cons. d'Ét. 24 juill. 1847, aff. Morel, D. P. 47. 4. 358).

176. Doit-il en être toujours ainsi sous la loi de 1850? Le motif de douter vient de ce que cette loi, modifiant celle de 1844, qui n'imposait qu'à un seul droit fixe le patentable qui exerce plusieurs industries, le soumet, en outre de ce droit fixe principal, à autant de demi-droits fixes qu'il exerce de professions. On peut dire, en effet, que si l'art. 11 de la loi de 1844 exige, lorsque les différentes industries s'exercent dans le même local, que le droit proportionnel soit établi d'après le taux applicable à la profession pour laquelle il est assujetti au droit fixe, c'est que ce droit ne pouvait avoir pour base des professions que la loi n'atteignait pas; et qu'aujourd'hui ces professions étant soumises spécialement à l'impôt, il doit y avoir lieu d'établir plusieurs droits proportionnels correspondant aux différents droits fixes en faisant l'appréciation de la valeur locative affectée à chaque industrie par une ventilation. On appliquerait alors le § 2 de l'art. 11 précité qui lorsque les industries s'exercent dans les locaux distincts, n'exige que le droit proportionnel auquel chaque industrie est séparément soumise. — Mais cette opinion ne nous paraît pas exacte, et la règle posée par la loi de 1844 doit ce semble être toujours suivie. Ce n'est pas parce que les industries exercées cumulativement sont exemptées du droit fixe, que la loi de 1844 n'exige qu'un droit proportionnel unique dans le cas où elles sont exercées dans le même local, puisque, alors qu'elles sont exercées dans des locaux distincts, elles donnent lieu à différents droits proportionnels, bien que chacune de ces industries, suivant cette loi, reste exempté du droit fixe qui ne pèse que sur la profession qui donne lieu au droit le plus élevé. La raison qui a fait poser cette règle, c'est la difficulté de déterminer la valeur locative afférente à chaque industrie lorsqu'elles sont réunies et confondues. Cette difficulté est toujours la même, et la circonstance que la loi de 1850 a modifié la loi de 1844 quant au droit fixe, n'est pas suffisante, suivant nous, pour autoriser une autre modification relativement au droit proportionnel, alors qu'elle n'a rien dit à cet égard. Au surplus, la loi de 1850 a eu, en établissant la disposition dont il s'agit, un but évident, c'est celui d'augmenter le produit de l'impôt; le système proposé aurait pour résultat d'en opérer la réduction; il est donc contraire à l'intention du législateur.

177. D'après l'art. 10 de la loi du 25 avril, « le droit proportionnel est payé dans toutes les communes où sont situés les magasins, boutiques, usines, ateliers, hangars, remises, chantiers et autres locaux servant à l'exercice des professions imposables. » — Une disposition analogue existait dans l'art. 27 de la loi de l'an 7. — Par application de cet article, il a été jugé : 1º que le négociant qui loue à l'année, dans une ville, un magasin pour y débiter ses marchandises seulement en temps de foire, doit être néanmoins porté au rôle des patentes de cette ville (ord. cons. d'État 16 fév. 1835) (1); — 2º Que lorsqu'une usine est établie partie sur le territoire d'une commune, et partie sur celui d'une autre, le propriétaire doit payer le droit proportionnel de patente dans les deux communes, mais calculé dans chacune

(1) (Cibiel.) — Les sieurs Cibiel, négociants à Villefranche, attaquent un arrêté du conseil de préfecture de l'Aveyron, qui les maintient au rôle des patentes de la ville de Rodez, au sujet d'un magasin qu'ils louent dans cette ville pour tenir les quatre foires de l'année. Ils soutiennent qu'on ne peut considérer comme un établissement, dans le sens de l'art. 27 de la loi du 1er brum. an 7, l'occupation temporaire de magasins dans une foire.

Louis-Philippe, etc.; — Vu l'art. 27 de la loi du 1er brum. an 7; — Considérant qu'il résulte de l'instruction, que les requérants louent à l'année, dans la ville de Rodez, un magasin pour y débiter leurs marchandises dans le temps des foires; — Qu'aux termes de l'art. 27 de la loi du 1er brum. an 7, les patentables sont passibles du droit proportionnel de patente dans toutes les communes où ils ont des établissements; — Qu'ainsi, c'est avec raison que le conseil de préfecture de l'Aveyron a maintenu la cotisation des requérants dans la ville de Rodez, pour 1833 et 1834; — Art. 1. La requête des sieurs Cibiel est rejetée.

Du 16 fév. 1835.-Ord. cons. d'Ét.-M. Robillard, rap.

d'elles sur les portions de l'usine construites sur son territoire (ord. cons. d'Ét. 10 janv. 1845) (1).

SECT. 3.—Des droits fixes et proportionnels applicables aux usines, manufactures et fabriques.

178. Sous la dénomination générale d'*usines*, nous comprenons non-seulement les usines proprement dites, mais encore les *manufactures* et les *fabriques*, en un mot les *établissements industriels* destinés à l'ourdissage des matières premières suivant l'importance de la fabrication. Les usines sont, en général, assujetties à un droit fixe de 5, 10, 15, 20 et 25 fr., et à un droit additionnel en rapport avec le nombre de broches, métiers, ouvriers, fours, chaudières, cuves, forges, hauts-fourneaux, cylindres, meules, tavelles, bobines, etc., qu'elles emploient. — Quelques-unes, comme les fabriques d'armes, de biscuits de mer, de capsules, de fromages, de fer galvanisé, sont assujetties à un seul droit fixe qui varie de 50 à 400 fr.; d'autres enfin sont frappées d'un droit fixe en rapport avec la nature des produits : telles sont les brasseries, qui payent 70 c. par hectolitre de capacité brute de toutes les chaudières; les scieries mécaniques, qui sont atteintes d'un droit pour le sciage du bois de construction de 2 fr. par lames, et pour le sciage des pierres et du marbre, d'un droit fixe de 50 c.; enfin les fabriques de bois de brosses, d'un droit de 5 fr. par perçoir.

179. La loi de 1844 avait fixé le droit de patente des *brasseries* en le graduant sur la capacité des chaudières depuis 10 hectolitres jusqu'à 60, en réduisant le droit de moitié pour les brasseries qui ne brassent que quatre fois par an. — La loi du 18 mai 1850, Tabl. F., 3e partie, maintient la réduction de moitié pour les brasseries qui ne brassent que quatre fois au plus par an, et accorde une réduction du quart à celles qui ne brassent que huit fois au plus par an. « D'après ces dispositions, porte la circulaire du 10 juill. 1850, il n'y aura plus lieu de distinguer sur la matrice la capacité de chaque chaudière, il suffira d'y exprimer la capacité brute de toutes les chaudières, sans aucune déduction pour les chaudières que l'on avait, sur quelques points, considérées, jusqu'à présent, comme des chaudières de rechange, ou comme excédant les besoins de la fabrication. »

180. A la dénomination de *moulin à blé, à huile, à garance, à tan*, dont se sert la loi de 1844, la loi de 1850, Tabl. F., 3e partie, substitue celle de *moulin ou autre usine à moudre, battre, triturer, broyer, pulvériser*; ce changement implique la suppression de bases particulières de cotisation qui étaient appliquées à certaines usines, comme celles servant à pulvériser le kaolin, l'ocre, etc. Ces usines devront être imposées d'après les nouvelles bases établies pour les moulins; il en sera de même de toute autre usine de l'espèce qui viendrait à s'établir, sans qu'il soit nécessaire de faire prendre des arrêtés d'assimilation. Il convient toutefois de faire remarquer qu'il n'y a lieu de considérer comme moulin susceptible d'être rangé dans les tableaux C et F que celui qui marche par un système mécanique et qui est mû par le vent, l'eau ou la vapeur; les moulins à manége ou à bras appartiennent aux tableaux A et D (circ. dir. gén. des contrib. 10 juill. 1850, V. Impôts directs, no 40).—La loi de 1844 avait établi sur les moulins un droit progressif qui était de 5 fr. pour une paire de meules ou de cylindres, 15 fr. pour deux paires, 25 fr. pour trois paires, 40 fr. pour quatre paires, et 20 fr. par paire en sus jusqu'au maximum de 300 fr. La loi de 1850 a remplacé ces droits par un droit uniforme et proportionnel de 5 fr. par chaque paire de meubles ou de cylindres, et de 1 fr. par pilon.—On lit sur ce point dans la circul. du 10 juill. 1850 : « La décision portant que, dans les moulins à eau, il ne faut compter que le nombre de paires de meules que le moteur peut faire tourner simultanément (circ. no 91), n'a pas été partout bien comprise. Elle ne concerne que les moulins dans lesquels le moteur ne peut, en raison de la construction particulière du mécanisme, être mis simultanément en communication avec toutes les parties de meules. »

181. La loi de 1850, Tabl. F., 3e partie, simplifie aussi la loi de 1844 en ce qui concerne les *maîtres de forges* : il suffira, à l'avenir, de constater et d'inscrire sur la matrice le nombre de hauts fourneaux, de chaufferies, feux, fours ou fourneaux de seconde fusion (circ. dir. gén. des contrib. 10 juill. 1850).

182. Les manufactures de *porcelaines* et les *verreries* ne sont imposées qu'en raison du nombre de fours qu'elles emploient pour la fusion. Ces industries forment des subdivisions qui ont été ajoutées par la loi de 1844 à celles que contenait le tableau C de la loi de l'an 7, divisé ainsi en cinq parties. « Un trop petit nombre de degrés, a dit M. le rapporteur de la loi de 1844, ne permettrait pas de taxer équitablement certaines espèces d'établissements. Ainsi, pour les verreries, pour les manufactures de porcelaine, le projet de loi ne propose qu'un seul droit fixe. Or l'expérience prouve qu'il est possible, et qu'il est juste de tenir compte des différences considérables entre certaines verreries et certaines manufactures de porcelaine. Nous avons, en conséquence, gradué le tarif qui leur est applicable. Peut-être remarquera-t-on que cette manière d'établir le droit fixe à tant par broche, tant par cuve, tant par myriamètre, etc., est un empiétement sur le domaine du droit proportionnel. On demandera peut-être aussi pourquoi, si cette voie est bonne, on ne la suivrait pas jusqu'au bout, c'est-à-dire pourquoi on ne supprimerait pas complétement le droit proportionnel à l'égard de tous les établissements industriels, sauf à porter à un taux plus élevé le droit fixe, tel qu'il est appliqué dans le tableau C. Votre commission a discuté attentivement cette question, et elle a reconnu d'abord : que tous les établissements industriels ne se prêtent pas à ce mode d'appréciation, qu'il faudrait toujours maintenir pour un certain nombre d'entre eux, la distinction des deux droits; en second lieu, que même pour ceux dont on peut calculer l'importance d'après le nombre de certains instruments de fabrication, il est bon de ne pas fonder le droit de patente sur cette seule base, attendu que deux usines garnies du même nombre de ces instruments, mais situées dans des contrées diverses, ou construites dans des bâtiments d'une dimension inégale, donnent souvent des résultats tout à fait différents, et que le droit proportionnel établi par la valeur des locaux peut seul faire ressortir ces différences. »

183. Le droit fixe des fabriques d'*esprits* ou d'*eau-de-vie*, tant de vin que de marc de raisin, cidre, poiré, fécules et autres substances analogues, est réduit de moitié par la loi de 1850 (Tab. F., 2e part.), pour les établissements dans lesquels on fabrique moins de 100 hectolitres. « Les contrôleurs, porte la circulaire du 10 juill. 1850, auront soin de recueillir auprès des préposés des contributions indirectes les renseigements nécessaires pour faire une juste application de cette nouvelle disposition. »

184. La loi de finances, du 17 juill. 1819 avait, par son art. 21, assujetti les fileurs de *cocons* à un droit fixe de 3 fr. par chaque chaudière, sans préjudice du droit proportionnel et sans fixer de maximum : ce fut la loi du 10 août 1839 qui fixa le droit par chaudière à 1 fr. 50 cent., et le maximum à 300 fr. La loi de 1844 a modifié seulement le maximum, qui est porté à 400 fr.

185. D'après la loi du 15 mai 1818, les filateurs de *cotons* et de laine payaient un droit fixe de 15 fr., quand ils n'employaient pas plus de cinq cents broches; plus 3 fr. par chaque cent de broches en sus, jusqu'au maximum de 300 fr. La loi de 1844 maintient les droits de 15 fr. et de 3 fr. pour les filateurs de laine, en élevant le maximum à 400 fr.; elle taxe d'après les mêmes bases les filateurs de chanvre ou de lin, mais elle ré-

(1) (Trayvou.) — Louis-Philippe, etc.; — Vu la loi du 1er brum. an 7; — Considérant que d'après la loi du 1er brum. an 7 tout patentable doit payer le droit proportionnel dans chaque commune dans laquelle il a un établissement industriel; — Considérant qu'il résulte de l'instruction que l'usine du requérant est située à la fois sur les deux communes de Bavans et d'Audelange; que dès lors le droit proportionnel doit être établi à raison des locaux dépendant dudit établissement situés dans chaque commune; qu'ainsi c'est à tort que le conseil de préfecture a déchargé le requérant du droit proportionnel afférent à la portion de son usine située sur la commune de Lavans; — Considérant qu'il résulte de l'instruction que la valeur locative de ladite usine tant sur la commune de Lavans que sur celle d'Audelange a été justement évaluée; — Art. 1. L'arrêté du conseil de préfecture est annulé. — Art. 2. Le sieur Trayvou sera rétabli au rôle des patentes de la commune de Lavans pour la somme à laquelle il avait été primitivement imposé.

Du 10 janv. 1845.-Ord. cons d'Ét.-M. Missiessy, rap.

duit les droits à 10 fr., et à 1 fr. 50 cent. pour les filateurs de coton, tout en portant également le maximum à 400 fr.

186. Au nombre des établissements industriels atteints par la loi de patente, les fabricants à *métiers* ont depuis longtemps été l'objet de dispositions spéciales fondées sur la nature de leur industrie. La loi de brumaire les avait frappés d'un droit fixe mis en rapport avec la population, sans se préoccuper du nombre de métiers qu'ils occupaient. — A cette loi sont venus se joindre les lois des 25 mars 1817, art. 57 et suiv., et 15 mai 1818, art. 53, qui au contraire fixaient les droits en raison du nombre et de la largeur des métiers, et le taux n'en variait en raison ni de la classe, ni de la profession, ni de la population des communes. Il se payait partout où un fabricant possédait ou occupait des métiers. Le droit dû par les fabricants à métier était, dès lors, d'une nature toute différente du droit fixe dont il s'agissait dans la loi du 1er brum. an 7, lequel était unique, variait en raison de la profession des individus et de la population des communes, et ne se payait que dans le lieu où il était le plus élevé. Les lois des 25 mars 1817 et 15 mai 1818 ne réunissaient et ne confondaient pas ces deux droits; elles stipulaient seulement qu'ils ne pouvaient ensemble dépasser le maximum des patentes fixé à 300 fr. — Aussi avait-il été jugé que les fabricants à métier, qui n'en occupaient pas plus de cinq, étaient assujettis à un droit fixe de patente de cinquième classe, et que ceux qui en occupaient un plus grand nombre étaient en outre assujettis, jusqu'à un maximum de 300 fr. qui ne pourrait être dépassé, à un droit de 4 fr. par chaque métier (suivant la largeur) qu'ils occuperaient au-dessus de cinq (ord. cons. d'Ét. 7 juin 1836, M. Bouchené-Lefer, rap., aff. Ternois).

187. Les dispositions des lois de 1817 et 1818 ont été abrogés par la loi de 1844, qui a fixé le droit à 10 fr. jusqu'à cinq métiers, plus 2 fr. 50 cent. pour chaque métier en sus jusqu'au maximum de 400 fr. Toutefois si les métiers ne sont pas réunis en un corps de fabrique, au lieu du droit fixe, il est dû pour tous métiers 2 fr. 50 cent. jusqu'au maximum de 300 fr. — Ce droit est réduit de moitié pour les fabricants à façon.

188. La loi de 1818 prescrivait en outre aux fabricants à métier de faire devant le maire de la commune la déclaration du nombre de métiers qu'ils occuperaient.—Ce système de déclaration, a dit le rapporteur de la loi de 1844, n'est pas entré dans les mœurs du pays. Les déclarations n'ont pas lieu, ou, ce qui est encore pis, elles ne sont pas sincères. Il vaut donc mieux n'en plus demander. La notoriété publique peut très-bien les remplacer. En pareille matière, rarement elle est trompeuse. Les agents de l'administration sauront toujours, même sans vérification préalable, quel est le nombre de broches tournantes dans une filature, ou combien de métiers un fabricant emploie en moyenne dans l'année. S'ils se trompent, le patentable fera rectifier leur erreur par les voies de droit qui lui sont ouvertes. Cette manière de procéder est assurément plus régulière et plus conforme à la vérité que ce qui se pratique aujourd'hui.

189. La disposition relative à la largeur des métiers est également abrogée : le droit auquel est assujetti le fabricant pour chaque métier est fixé seulement d'après le nombre. On a reconnu que la largeur du métier ne pouvait donner aucun indice certain sur la valeur des marchandises fabriquées, et qu'en conséquence il fallait mettre de côté cet élément d'appréciation.

190. Une instruction du 9 avr. 1817, du ministre des finances, porte que le nombre de cent est le terme où le second droit est dû : ainsi, un filateur qui emploie moins de cent broches au-dessus de cinq cents, ne doit pas le nouveau droit. Il faut généralement que le nombre cent soit complet. Nous pensons que cette instruction doit encore aujourd'hui recevoir son application.

191. On doit considérer comme fabricant à métier, non-seulement celui qui fait ouvrer des matières premières qu'il achète, mais encore, ainsi que cela a été jugé, celui dont l'industrie consiste à recevoir de plusieurs maisons de commerce, et à faire fabriquer, à ses risques et périls, par des ouvriers de son choix, payés directement par lui, les matières préparées pour la confection des tissus : c'est en vain qu'il prétendrait n'être qu'un simple contre-maître : « Considérant, portent toutes les ordonnances, qu'il résulte de l'instruction que le sieur... exerce la profession de fabricant à métiers; que, dès lors, c'est à tort que le conseil de préfecture de... a décidé qu'il ne devait pas être assujetti à la patente en cette qualité » (ord. cons. d'Ét. 2 mai 1845, M. Aubernon, rap., aff. Littière, aff. Pelletier; 5 juin 1845, M. Bourlon de Rouvre, rap., aff. Noullet-Proisy; 2 août 1851, aff. Valandot, D. P. 51. 3. 4).

192. Les métiers employés par un fabricant à façon doivent être comptés d'abord une première fois pour établir le droit fixe de ce fabricant, ensuite une seconde fois pour déterminer le droit fixe du marchand fabricant. Si les métiers n'étaient comptés qu'une fois, il arriverait que le fabricant pour son compte, dont tous les métiers auraient été recensés chez des fabricants à façon, ne payerait aucun droit fixe, ce qui ne peut être (circul. min. 24 décemb. 1845). — Comme on ne saurait attribuer à chaque fabricant tous les métiers occupés par lui au moment de la formation des rôles, les contrôleurs devront donc s'attacher à constater le nombre des métiers que chaque fabricant fait battre en moyenne. La base la plus sûre pour déterminer cette moyenne serait la quotité de pièces fabriquées, car en divisant cette quantité par le nombre de pièces que peut rendre un métier travaillant toute l'année, on obtiendrait le nombre de métiers qui doit servir à régler le droit fixe, ce qui est, il est vrai, d'une exécution très-peu facile (même circ.).

193. « Malheureusement, disait le rapporteur de la loi de 1844, toutes les industries ne présentent pas des signes extérieurs aussi facilement appréciables que les broches et les métiers; il en est même qui n'offrent aucun élément quelconque de classement. On ne peut pour celles-là graduer le droit fixe que d'après le nombre des *ouvriers*. Au premier abord, ce mode de classification a soulevé dans la commission des objections assez graves. Il semble que le nombre des ouvriers ne puisse être constaté que par des investigations sur place; qu'admettre cette manière de régler les tarifs, ce soit entrer dans un système d'inquisition entièrement contraire à l'esprit du projet de loi. Et cependant, quand on y réfléchit, on reconnait qu'il en est du nombre des ouvriers comme du nombre des métiers : la notoriété publique suffit pour rendre les investigations inutiles et les erreurs très-rares; la rectification de ces erreurs est, d'ailleurs, chose facile, puisque la preuve de la vérité peut toujours être aisément administrée : les patentables n'ont donc rien à redouter de cette innovation : toutefois, nous avons réduit, autant que possible, le nombre des cas où, à défaut de tout autre indice, ce mode de classement doit être conservé. Nous n'entrerons pas dans l'examen détaillé de tous les signes indicateurs d'après lesquels les droits fixes sont établis dans le tableau C. L'administration ne les a choisis qu'après avoir consulté des hommes spéciaux dans chaque industrie : tantôt elle s'est contentée de distinguer entre les fabriques à la mécanique et les fabriques sans mécaniques, tantôt elle a varié le droit d'après le nombre des hauts fourneaux, des martinets, des laminoirs, des forges, des cylindres, des cuves, des fosses ou des fours; et enfin, pour l'industrie des transports, elle l'a établi à raison du nombre des tonneaux de jauge, ou à raison du nombre des myriamètres parcourus. »

194. Pour tous les établissements dont le droit fixe se règle en raison du nombre des ouvriers, les contrôleurs ne doivent point perdre de vue qu'ils ne doivent tenir compte que des ouvriers employés soit à la préparation des matières, soit à leur mise en œuvre, et nullement des journaliers occupés de travaux indépendants de la fabrication; qu'il faut indiquer le nombre des ouvriers employés en moyenne, et sans égard aux variations en plus ou en moins qui peuvent avoir lieu à certaines époques de l'année (circul. min. 14 août 1844). — Au nombre des ouvriers employés dans une usine, on doit comprendre non-seulement les femmes, mais encore les enfants âgés de douze ans au moins, conformément à la loi du 22 mars 1841, sur le travail des enfants dans les manufactures (même circul.). — Et il a été jugé que le patentable qui exerce une profession dont le droit fixe est régié d'après le nombre des ouvriers, et notamment un exploitant de carrières, est tenu de compter comme ouvriers ses fils non mariés qui travaillent avec lui (ord. cons. d'Ét. 22 déc. 1852, aff. Huet, D. P. 53. 3. 22).

195. Suivant l'art. 17 de la loi du 18 mai 1850, « les patentables exerçant plusieurs des industries tarifées au tableau C, annexé à la loi du 25 avr. 1844, et au tableau F annexé à la présente loi, en raison du nombre d'ouvriers, de machines ou instruments, seront imposés d'après tous ces moyens de production, sans toutefois que le droit fixe puisse dépasser le maximum établi pour celle des industries exercées qui est passible du droit fixe le plus élevé. » — L'administration interprétant cet article et les dispositions portées pour quelques professions comprises dans la deuxième et la troisième partie du tableau F, consacre en principe que lorsque les ouvriers travaillent tantôt pour un établissement, tantôt pour un autre, ou abandonnent les travaux de fabrication une partie de l'année pour se livrer aux travaux des champs, on doit ne pas compter tous les ouvriers, mais porter seulement, dans la matrice, un chiffre moyen exprimant la quantité d'ouvriers nécessaires pour produire, en les supposant complétement occupés, le travail de tous les ouvriers successivement employés. Ces instructions se trouvent confirmées et complétées par les explications qui accompagnent les articles *fabriques de briques, fabricant expéditeur de coutellerie*, où il est dit que le droit fixe variable sera de tant par série d'ouvriers partiellement employés, équivalente à un ouvrier employé complétement (circ. direct. gén. des contrib. 10 juill. 1850).

196. Du tableau C de la loi de 1844, il ressort encore que le droit fixe de certaines fabriques ou usines qui chôment par manque ou par crue d'eau, pendant quatre mois au moins de l'année doit être réduit de moitié : telles sont les fabriques d'acier fondu ou de cémentation, de cartonnages, les papeteries à la cuve, les scieries mécaniques, les forges à un ou deux marteaux, les usines à pulvériser le kaolin, les moulins à blé, huile, garance, tan, les martinets, bocards, patouillets ou lavoirs de minerai. — Mais cette remise n'a lieu que pour les établissements qui chaque année, par leur position, sont obligés de chômer, et non à ceux qui ne se trouvent arrêtés que par un accident rare et imprévu (circ. dir. gén. 14 août 1844). — Ainsi jugé 1° que les tuileries et briqueteries ne doivent pas être considérées comme étant au nombre des usines auxquelles la loi accorde une réduction de droit fixe, pour cause de chômage, pendant quatre mois pour manque ou crue d'eau (ord. cons. d'État 5 août 1848, aff. Marteau), non plus que les fabriques de noir animal (ord. cons. d'Ét., 24 mars 1849, aff. Liebbe); — 2° Que la réduction du droit fixe à moitié accordée aux papeteries pour cause de chômage, par manque ou par crue d'eau, pendant une partie de l'année équivalente au moins à quatre mois, est applicable seulement aux papeteries à la cuve, et non aux papeteries à la mécanique (ord. cons. d'Ét. 3 mai 1851, aff. Flety, D. P. 52. 5. 399); — 3° Que la réduction du droit fixe pour chômage ne s'applique, en ce qui concerne les établissements de forges, qu'aux forges dites catalanes et aux forges à un ou deux marteaux, et non aux usines composées de plusieurs forges à deux marteaux, avec laminoir et autres ateliers constituant ensemble un système de sous-fabrication métallurgique (ord. cons. d'Ét. 9 nov. 1850, aff. Sestier, D. P. 52. 5. 399).

197. Faisons remarquer toutefois que la circ. du 14 août 1844 reconnaît le droit des patentables à obtenir la réduction, quand bien même le chômage ne serait pas de quatre mois consécutifs, pourvu que les divers accidents qui y ont donné lieu équivalent à quatre mois, et que ce fait soit établi par la notoriété. — C'est en ce sens qu'il a été jugé que des meuniers non associés, qui exploitent alternativement pendant le cours de l'année, chacun pour son compte personnel, les moulins dont ils sont copropriétaires, doivent être considérés comme des usiniers atteints d'un chômage de quatre mois au moins, et n'être assujettis chacun à ce titre qu'au demi-droit fixe afférent à leurs moulins (ord. c. d'Ét. 19 déc. 1848, aff. Leger, D. P. 49. 3. 37).

198. Si le chômage de l'usine au lieu d'être entier n'était que partiel, si une partie des machines continuait à fonctionner tandis que l'autre partie seule serait arrêtée, doit-on accorder une réduction proportionnelle ? La négative avait prévalu sous la loi de 1844. — Il a été jugé, par exemple, que la réduction de moitié du droit fixe de patente ne peut être accordée qu'à raison du chômage *complet* du moulin pendant une partie de l'année équivalente à quatre mois, et non pour le chômage de quelques-unes des meules de ce moulin (ord. cons. d'Ét. 14 juin 1847, aff. Freyermuth, D. P. 47. 4. 363, aff. Capette, *eod.*, 364; 2 juill. 1847, aff. Muller, *eod.*, 5 août 1848, aff. Vivent).

199. Cette jurisprudence ne doit plus être suivie sous la loi de 1850, d'après laquelle le droit est toujours réduit de moitié pour les moulins à vent et pour les moulins à eau qui, par manque ou par crue d'eau, sont périodiquement forcés de suspendre leur travail, *en tout ou partie*, pendant un temps équivalent au moins à quatre mois (tabl. F, 3e part.). « Ces conditions, dit la circ. du 10 juill. 1850, diffèrent de celles énoncées dans le tableau C; elles modifient les instructions et la jurisprudence, qui n'admettaient que les chômages affectant l'intégralité de l'usine. La même marche sera suivie pour toutes les usines en faveur desquelles la loi admet le chômage; seulement les agents ne perdront pas de vue que l'on ne doit considérer comme chômage que le temps pendant lequel les usines sont, par manque ou par crue d'eau, périodiquement forcées de suspendre leur travail. Ils n'auront point, par conséquent, à tenir compte des interruptions de travail occasionnées par crue ou par un manque d'eau accidentel, par les repos de jour ou de nuit et des fêtes ou dimanches, par les travaux d'entretien et de réparation, par le défaut de clientèle, en un mot, par toute autre cause que celles énoncées dans la loi. Toutes les exceptions à cette règle qui ont pu être autorisées sont formellement rapportées. »

200. Les observations qui précèdent s'appliquent au droit fixe; quant au droit proportionnel, il est calculé pour les usines et les établissements industriels sur la valeur locative de ces établissements, pris dans leur ensemble et munis de tous leurs moyens matériels de production (art. 9, § 4). — La loi de 1844 modifie essentiellement sur ce point l'état antérieur en ce qui concerne les établissements industriels; jusqu'à cette époque ces établissements étaient traités fort inégalement : pour les forges, moulins et autres usines dont presque tout le mobilier est immeuble par destination, la valeur locative comprenait tout à la fois le bâtiment, la force motrice et le mobilier industriel; pour les filatures et certaines fabriques à procédés mécaniques dont l'outillage est mobile, la valeur locative, au contraire, ne portait que sur les bâtiments et la force motrice; enfin pour les établissements sans outillage fixe et qui n'emploient pas de moteur, la valeur locative ne comprenait que les bâtiments. — Il fallait nécessairement remédier à de telles inégalités. Mais l'évaluation de la valeur locative des usines et établissements industriels présentait des difficultés d'une nature tellement grave que, lors de la discussion de la loi de 1844, ni le gouvernement ni la commission n'ont pu, malgré leurs efforts réciproques, tomber d'accord sur les bases de cette évaluation, et ce n'est qu'après une discussion de plusieurs jours que la chambre a arrêté la rédaction de ce § 4 de l'art. 9, dans les termes où il existe actuellement. — — Devait-on estimer la valeur locative des usines ou établissements industriels, eu égard aux seuls bâtiments d'exploitation, sans y comprendre ni l'outillage ni la force motrice? — Devait-on, au contraire, prendre pour base de l'évaluation la cage des bâtiments munis de l'outillage nécessaire à la production, mais abstraction faite de la valeur de la force motrice? — Ne devait-on pas plutôt estimer l'établissement industriel, eu égard aux bâtiments d'exploitation et à la force motrice, mais sans y comprendre l'outillage et les instruments de fabrication? — Tels étaient les trois systèmes différents qui s'étaient produits d'abord.

Ces différents systèmes, tous les trois susceptibles d'être appuyés des raisons les plus graves, ne constituaient, à vrai dire, qu'un débat de principes, à la solution duquel le trésor et les patentables étaient également désintéressés; car, si, d'une part l'accumulation des éléments imposables pouvait soumettre à l'impôt un capital plus considérable, d'autre part, la quotité de l'impôt devait être abaissée. Il s'agissait seulement de choisir entre les modes d'évaluations, celui qui permettait d'espérer une distribution plus égale de l'impôt entre les industriels. — Des trois systèmes énoncés plus haut, le second et le troisième ont surtout fait l'objet des discussions de la chambre : le second avait été adopté par la commission. Le troisième était celui du gouvernement.

» Le mode d'évaluation, disait la commission, varie selon les départements, on pourrait presque dire selon les arrondissements de contrôle : et cependant l'administration centrale a un système; mais ce système conduit à de telles conséquences, que la plupart des contrôleurs ne savent comment s'y conformer. En effet l'administration comprend dans la valeur locative, non-seulement toutes les constructions de quelque nature qu'elles soient, mais toutes les machines qui, étant scellées à chaux ou à plâtre, doivent être considérées comme immeubles par destination.—Cette distinction peut être excellente en droit civil : mais ici ce n'est pas du code qu'il est question, il s'agit de l'industrie et d'un impôt qui, pesant sur tous, doit être prélevé d'après des bases également applicables à tous. Or, il existe des établissements industriels dont presque toutes les machines sont scellées à chaux et à plâtre; il en est d'autres dont tous les métiers sont légers et portatifs. Est-il raisonnable, dans un cas, d'ajouter à la valeur locative des bâtiments celle de presque tout le mobilier industriel, et, dans l'autre, de ne tenir compte que de la valeur des bâtiments, abstraction faite de tout mobilier?—Évidemment ce système n'est pas soutenable, et votre commission, d'une voix unanime, vous demande de le repousser. Mais il faut que vous en adoptiez un autre, car on ne peut, sur un point aussi important, s'en rapporter au seul discernement des agents des contributions. Or il n'est guère possible de choisir qu'entre deux modes d'appréciation entièrement différents. L'un consiste à n'évaluer, dans tous les cas, que les bâtiments entièrement nus, sans faire la moindre attention aux machines, de quelque nature qu'elles soient; l'autre, au contraire, à prendre l'établissement industriel dans son ensemble, prêt à marcher, et muni, par conséquent, de tous les principaux ustensiles nécessaires à la fabrication. — Hâtons-nous de dire que, quel que soit celui de ces deux moyens qu'on adopte, on peut, par un simple changement dans le taux du droit proportionnel, en rendre les effets, sous le rapport fiscal, à peu près analogues. Si les bâtiments seuls servent de base à l'évaluation, le droit devra être plus élevé; si la valeur des machines est ajoutée à celle des bâtiments, il conviendra que le droit soit beaucoup plus faible; de telle sorte que les contribuables aussi bien que le trésor sont, pour ainsi dire, désintéressés dans la question. Mais à un autre point de vue, il n'en est pas moins très-important de chercher quel est celui de ces deux moyens qui permet d'apprécier le mieux la valeur locative, et dont l'application doit moins souvent donner lieu à d'injustes évaluations.— Sous ce rapport, il nous a semblé que la préférence était due à celui qui, en apparence, est le moins simple, et dont cependant l'emploi sera certainement le plus facile et le plus sûr. Nous croyons qu'il faut évaluer chaque établissement dans son ensemble, tel qu'il est quand il marche, quand il sert à l'exercice de l'industrie imposable, sauf, encore une fois, à diminuer dans une juste mesure le taux du droit proportionnel. — Les raisons qui nous déterminent sont de deux sortes :—D'abord il est impossible de faire abstraction de toutes les machines, et de n'attribuer une valeur locative qu'aux seuls bâtiments, sans détruire toute égalité proportionnelle entre les établissements modernes qui sont pourvus de tous les procédés perfectionnés par la science, et les établissements anciens où la force des hommes et des chevaux est employée concurremment avec quelques moyens mécaniques. Pour les premiers, les bâtiments, c'est-à-dire les enveloppes de briques ou de plâtre qui entourent chaque atelier, ne représentent peut-être pas le quart ou même le cinquième du capital employé à la confection de l'établissement; pour les autres, ils en représentent souvent plus de la moitié. Combien ne voit-on pas encore aujourd'hui de manufactures dont les bâtiments sont considérables et la production peu étendue, tandis que d'autres, dans des bâtiments de dimension fort ordinaire, mais remplis de machines qui centuplent les moyens de fabrication, donnent des produits immenses. Assurément, s'il s'agissait d'accorder une prime à l'intelligence et de décourager les esprits arriérés, l'idée de n'imposer que les bâtiments et de mettre de côté les machines, serait très-bien conçue; mais telle n'est pas la mission d'une loi d'impôt. Il faut, avant tout, qu'elle soit équitable, qu'elle emploie pour tout le monde les mêmes poids et la même mesure, et qu'elle réserve même ses faveurs, si elle peut en donner, pour ceux qui en ont le plus grand besoin.

» En second lieu, rien ne serait aussi difficile que d'attribuer une valeur à des bâtiments industriels indépendamment de leur appropriation. Une maison de ville, un appartement, une boutique, un magasin, peuvent toujours être évalués approximativement, même quand on ignore quels seront les locataires qui s'y établiront, ou quelle nature de profession y sera exercée; mais les bâtiments d'une manufacture, s'il faut en défalquer tout ce qui s'y incorpore, s'il faut les supposer entièrement nus et pouvant servir à un usage quelconque, comment les évaluer? Les moyens d'appréciation échappent complétement. Ces bâtiments ne peuvent être employés qu'à leur destination spéciale. Que faire de ces immenses cages de verre, de ces vastes hangars, si l'industrie pour lesquels ils sont établis n'y est pas exercée? Quel parti en peut-on tirer? On sera donc réduit en quelque sorte à n'estimer que la valeur des matériaux; et le seul motif de taxer une usine à un taux plus élevé, qu'une autre, ce sera que l'une est construite en pierre de taille, et l'autre seulement en moellons.— Ces difficultés disparaissent si vous considérez chaque établissement dans son ensemble, comme un tout homogène dont aucune partie ne peut être détachée. Nous ne voulons pas dire par là qu'il faille dresser un inventaire du mobilier et évaluer pour ainsi dire chaque ustensile, pièce à pièce. Non, les investigations de détail ne seront pas nécessaires : il faudra seulement poser ainsi la question : voilà un établissement qui est monté pour un certain genre de fabrication, qui peut produire une certaine quantité de marchandises; si son propriétaire renonçait à l'exploiter, combien pourrait-il le louer? Les hommes du métier répondront toujours à cette question. Sans doute, la réponse variera selon les circonstances; dans une époque de stagnation, le prix du loyer deviendra presque nul; mais c'est une raison de plus pour adopter ce mode d'appréciation : il est éminemment propre à exprimer avec sincérité, et dans toutes ses variations, la valeur locative industrielle.—Toutefois, pour qu'il soit complétement équitable, il est une condition que nous croyons essentielle, c'est de retrancher complétement et dans tous les cas, un des éléments les plus importants de tout établissement d'industrie, nous voulons parler de la force motrice.— En effet, la valeur locative sera bien différente selon que l'usine qu'il s'agira d'estimer empruntera sa force motrice à un cours d'eau, à une machine à vapeur, ou à l'action des hommes ou des chevaux. Dans le loyer de l'usine qui marche à bras d'hommes ou par des manéges, le salaire des hommes et la nourriture des chevaux ne se trouvent compris pour rien : le locataire ne paye que la valeur de l'usine à l'état immobile, au repos, pour ainsi parler. Au contraire, si la force motrice provient d'un cours d'eau, c'est l'usine en action qu'il s'agit d'apprécier. La force qui la met en mouvement, l'âme de toute la fabrication, entre nécessairement dans le prix du loyer. A côté de ces deux usines, il s'en trouve une troisième qui n'a ni manége ni cours d'eau, mais qui marche par la puissance d'une machine mue par la vapeur. Quelle différence dans le prix du loyer de cette usine, selon que le combustible est ou n'est pas laissé à la charge du locataire? Ainsi, dans un cas, la force motrice est totalement mise en dehors de la valeur locative; dans un autre, elle y est totalement comprise; dans un autre enfin, elle peut à volonté en faire ou n'en faire pas partie. N'est-il pas évident que pour être juste, il faut ou la compter partout ou ne la compter nulle part? Si vous voulez en faire une des bases de la valeur locative, assimilez alors toutes les usines aux usines hydrauliques; attribuez à chaque cheval de vapeur une valeur représentative de la dépense annuelle du combustible, et par une conséquence forcée, quand il sera question d'usines marchant par manége, ajoutez au prix du loyer celui de l'avoine mangée par les chevaux. Mais qui voudrait soutenir sérieusement un tel système? Il y a bien quelques départements où, depuis plusieurs années, les agents de l'administration taxent les chevaux de vapeur en prenant pour base de leur évaluation le prix du charbon consumé par la machine; mais s'il fallait en venir, comme le voudraient la logique et l'équité, à taxer aussi les chevaux vivants, on s'apercevrait bientôt combien ce système est faux et impraticable, combien il est contraire au véritable esprit de la législation des patentes. Évidemment, la loi n'a jamais eu l'intention d'imposer les forces productives, mais seulement les locaux servant à l'exercice des industries. Il faut donc faire partout abstraction de la force immatérielle, de quelque manière qu'elle soit produite.— En pratique, rien ne sera plus facile. Pour les établissements qui n'ont ni moteur hydraulique, ni moteur à vapeur, on n'aura pas à innover; seulement, on comprendra la valeur des manéges et des engrenages qui transmettent le mouvement, dans l'évaluation générale des ustensiles de l'établissement; mais on ne comptera, bien entendu, ni la valeur des chevaux, ni celle de leur nourriture. Pour les établissements marchant à la vapeur, on n'estimera que la valeur de la machine, mais sans tenir compte d'aucun prix pour le chauffage. Si le propriétaire, comme il arrive quelquefois, s'est engagé dans le bail à fournir le combustible, il sera fait un décompte, et le prix du loyer sera établi, déduction faite du chauffage de la machine.—On pourrait même aller jusqu'à dire, que pour ne favoriser personne et établir une similitude complète entre l'usine à vapeur et l'usine à manége, il ne faudrait pas attribuer une valeur locative à la machine elle-même, puisqu'on n'en attribue pas aux chevaux. Mais il ne faut pas pousser trop loin l'assimilation : une légère faveur ne peut-elle pas, d'ailleurs, être accordée aux petits industriels qui, faute de capitaux, travaillent sans le secours de la vapeur? Pourvu qu'il ne soit tenu aucun compte de la valeur du combustible, et que la machine soit évaluée pour sa seule valeur intrinsèque, comme le reste de l'outillage, l'équité sera satisfaite. Quant aux établissements hydrauliques, s'il existe un bail, et si la valeur de la chute d'eau, comme on doit le présumer, est comprise dans le prix du loyer, il sera fait une ventilation, et la valeur locative sera réduite de la somme à laquelle sera évaluée la chute d'eau. Il en sera de même si l'usine n'est ni louée ni affermée. On ne manquera jamais d'éléments pour évaluer les chutes d'eau, car elles sont propriétés immobilières, et leur prix peut toujours être approximativement fixé. Enfin il sera procédé pour les roues et engrenages comme pour la machine à vapeur : on les comprendra dans l'outillage de l'établissement.

« Telles sont les dispositions nouvelles qui nous semblent indispensables pour taxer équitablement, et d'après les règles de l'égalité proportionnelle, nos diverses sortes d'établissements d'industrie. Ainsi, d'une part, nous demandons qu'on évalue en bloc les bâtiments et l'outillage. De l'autre, nous croyons qu'il faut faire abstraction, dans tous les cas, de la force motrice, de quelque façon qu'elle soit créée. Reste maintenant à déterminer quel sera le taux du droit proportionnel. Comme nous croyons que, même en écartant la force motrice, l'addition du mobilier industriel, non scellé à chaux et à plâtre, augmentera assez notablement les valeurs locatives, nous estimons qu'il convient de descendre au-dessous du taux applicable à la généralité des patentables. Nous vous proposons, en conséquence, ainsi qu'on l'a vu plus haut, de fixer, pour les établissements industriels, le droit au vingt-cinquième. Les patentables soumis à ce droit exceptionnel sont énumérés dans la seconde partie du tableau C. »

« Nous ne pensons pas, répondait de son côté le ministre des finances (V. Mon., 6 mars, p. 515), qu'il soit juste d'entrer dans un système qui fait abstraction pour apprécier la valeur locative d'une usine, pour apprécier l'impôt qui doit frapper une industrie, d'un élément aussi essentiel que la force motrice. Il est évident qu'il y a une foule d'industries pour lesquelles la force motrice entre pour beaucoup dans l'appréciation du produit de l'industrie, et que, dans la même industrie, on pourrait s'exposer à de grandes injustices si, pour deux usines montées dans le même système, dont l'une aurait un moteur d'une grande force et l'autre un moteur d'une force moindre, on faisait abstraction de l'un et de l'autre. La commission, pour remédier à l'inconvénient qui pourrait résulter de cette inégalité entre des usines disposées différemment, a adopté une classification dans laquelle elle a imposé à un droit proportionnel bien plus élevé les usines dans lesquelles le moteur entre pour beaucoup dans la valeur locative; à une classification moyenne, l'usine dans laquelle le moteur a une valeur moyenne, et enfin à une proportion peu élevée l'usine dans laquelle le moteur entre pour peu de chose. Elle a cherché ainsi à remédier à l'inégalité que je viens d'indiquer entre les deux industriels. Je dis que cette classification ne remédie pas à l'inégalité que j'ai signalée tout à l'heure entre deux industriels dont l'un a un cours d'eau considérable et l'autre un cours d'eau très-faible. Abstraction faite de la valeur locative du cours d'eau, cette circonstance peut apporter, dans ce cas, des inégalités très-grandes, attendu que l'outillage n'est pas proportionné à la production des deux industries. Voilà les objections que je fais au système de la commission.—Je puis en ajouter une autre : c'est qu'elle fait entrer le même élément, l'outillage, pour le droit fixe et pour le droit proportionnel. Quels sont les motifs qui ont porté la commission à introduire ce système? Je dois l'avouer sans hésiter, ces motifs m'obligeront à faire l'aveu que l'administration n'avait pas jusqu'à présent dans ces matières un mode de procéder parfaitement uniforme. La commission s'est dit : Dans l'état actuel des choses, on prend généralement pour base de l'impôt la valeur locative d'une usine, moins l'outillage, mais avec le moteur tel qu'il résulte des baux. Or, souvent il y a des différences très-grandes entre les moteurs. Ainsi, celui qui loue un cours d'eau a un agent naturel qui met en mouvement son usine, sans qu'il ait de dépenses à faire pour produire ce mouvement; il lui suffit d'avoir monté l'usine. Celui, au contraire, qui loue une machine à vapeur est obligé d'avoir du charbon, des chauffeurs, des mécaniciens, et de faire une dépense journalière pour mettre en mouvement sa machine et son usine. Il est bien évident que celui-là, quand il traitera des conditions du loyer avec le propriétaire, devra tenir compte de ces dépenses journalières qu'il aura à faire, et qu'il ne payera pas un loyer aussi considérable de cette machine que pour un cours d'eau qui lui aurait épargné cette dépense. Ainsi, quand on prend les baux pour base en réalité on impose un droit proportionnel plus fort sur celui qui loue un cours d'eau que sur celui qui loue une machine, car le bail du premier est comparativement plus élevé que celui du second pour produire le même résultat. Je reconnais que cette objection est fondée, et je conçois très-bien qu'elle ait constamment préoccupé la commission, et que, en présence de cette inégalité, elle ait cherché un système qui en empêchât le retour. Il lui a paru simple de faire disparaître les causes d'inégalité en faisant disparaître complétement l'appréciation de la valeur locative des moteurs dans celles qui devaient servir de base à l'impôt. Nous croyons que pour arriver à la vérité, il faut entrer dans un système auquel ne s'appliquera pas l'objection de la commission. Ce sera un système dans lequel on comprendra la valeur de la force motrice telle qu'elle existe réellement, et abstraction faite du plus ou moins de dépenses qu'on ferait pour y arriver, de telle sorte que la valeur locative des usines à cours d'eau deviendra un point de comparaison pour apprécier la valeur des autres usines. Dans ce système, comme je l'ai annoncé tout à l'heure, nous sommes obligés de reconnaître qu'il y aurait des inégalités, et qu'il y a nécessité de tenir compte de ces circonstances, dont la commission a tenu compte de son côté. Il est évident que les forces motrices ont une influence très-inégale sur la mesure de la force des industries, que dans certaines industries la force motrice est presque tout et les constructions ne sont presque rien. Je cite, par exemple, les moulins les plus simples. Si vous prenez pour base, comme le gouvernement le pense, l'appréciation de la force motrice, dans celles sur lesquels l'impôt doit être placé, il est évident que vous devez prendre un droit proportionnel plus faible pour les usines où la force motrice est plus forte; pour les usines, au contraire, dans laquelle la force motrice est peu de chose, vous devez prendre un droit proportionnel plus élevé relativement aux moulins, par exemple, que je citais tout à l'heure.

» Ainsi que je viens de le dire, nous avons à prendre à peu près la classification de la commission; seulement, nous avons à l'appliquer en sens inverse, c'est-à-dire substituer le droit le plus élevé au droit le plus faible, et réciproquement. Nous croyons ce système plus juste, plus exact, plus facile à appliquer que celui de la commission; nous pensons que lorsque la commission vous propose de faire abstraction de la valeur locative du moteur, et de comprendre la valeur locative de l'outillage, elle prive l'administration, pour l'application du droit, de ressources qu'elle rencontre dans la plupart des baux. Nous pensons qu'il est plus fréquent de voir des baux dans lesquels le moteur se trouve loué avec l'ensemble de l'usine, que de voir des baux dans lesquels le moteur n'est pas compris; il est en général compris avec la cage de l'usine, son outillage complet. Nous pensons, dis-je, que dans le premier système, l'administration peut s'aider beaucoup plus des baux, qui sont toujours la règle la plus sûre, même pour procéder par analogie, que dans le second système. Nous craignons que les agents de l'administration, qui, après tout, ne sont pas des hommes au courant de toutes les industries, de tous les procédés appliqués par toutes ces industries ; nous craignons que ces hommes n'aient beaucoup plus de peine, d'embarras, pour apprécier la valeur locative d'une usine munie de son outillage et dégagée de son moteur, que pour apprécier une usine munie de son moteur et dégagée de son outillage. Ainsi, nous croyons que dans la pratique notre système est préférable à celui de la commission. Je dois dire même que, d'après les renseignements que j'ai pris auprès de l'administration, les agents reconnaissent presque leur impuissance pour appliquer le système proposé par la commission. Ils craignent, en outre, que, dans certains cas, et relativement à certaines parties d'outillages, quelques industries ne voient avec peine l'administration obligée en vertu de la loi de venir pénétrer dans leur intérieur même, dans le cas où elles ont des procédés particuliers de fabrication qu'elles désirent tenir secrets. Ces préoccupations de l'administration ont empêché le gouvernement de se rallier à l'avis de la commission, quelque désir qu'il eût de se trouver fortifié dans la discussion qui devait avoir lieu par une communauté d'opinion avec elle. Au surplus, si nous différons sur les moyens, en réalité nous voulons le même but. La commission propose de dégager un élément de la valeur locative, et de varier cette proportion en tenant compte de cet élément; nous proposons de le comprendre, et de varier la proportion de la valeur locative en sens inverse. Ainsi, je le répète, nous sommes d'accord pour les résultats. »

La chambre, comme on le voit, avait à se prononcer entre ces deux systèmes. Un membre, M. Chasseloup-Laubat, proposa alors (Mon. 14 mars 1844, p. 603) un système moyen, qui parut corriger ce que les deux systèmes précédents avaient de trop absolu : il consiste à imposer les établissements industriels munis de tous leurs moyens de production. L'évaluation, dans ce cas, doit porter à la fois sur la cage du bâtiment, sur l'outillage et sur la force motrice. Mais ici une difficulté surgit : elle tient à la nature diverse des forces motrices. Comment faut-il entendre la force motrice imposable? Est-ce le moteur matériel? Est-ce le moteur et l'élément qui l'anime? Est-ce, en un mot, la machine allumée ou la machine éteinte? Des rédactions diverses étaient proposées : il s'agissait de fixer, d'une manière non équivoque, le sens de ces mots : *moyens de production*. Tel a été le but d'une interlocution (V. Mon. 14 mars, p. 605) qui s'est terminé par cette observation de M. Talabot : « M. de Chasseloup-Laubat propose que l'on dise *moyens de production*. M. Lestiboudois propose que l'on dise, *moyens matériels*. Je propose que l'on dise *moyens matériels de production*. — On oppose au mot *matériel*, que la force des cours d'eau n'est pas comprise dans cette dénomination : la force des cours d'eau est un moyen matériel. — On oppose au mot *production*, que le combustible employé pour chauffer pourrait être compris dans les moyens de production par une interprétation fiscale. Le mot *moyen matériel de production* exclut cette interprétation. » — Cette observation a amené la rédaction actuelle du § 4 de l'art. 9.

201. De la discussion élevée sur ce point il ressort que les forces motrices imposables doivent être considérées à l'état de repos, et c'est ce qui a été reconnu par l'administration dans la circulaire du 14 août 1844, qui porte que les machines à vapeur doivent être évaluées à l'état de repos, c'est-à-dire non compris le combustible. — Le conseil d'État a même étendu la portée de cette disposition en jugeant que les moteurs hydrauliques et à vapeur dans les établissements industriels, doivent être imposés non pour toute la force qu'ils sont susceptibles de produire, mais seulement pour la force qui est réellement employée dans la fabrication (ord. cons. d'Ét. 22 juill. 1848, aff. Merlion).

202. Dans les départements où les établissements industriels sont nombreux, il existe des baux qui comprennent à la fois la cage, le moteur et l'outillage, et qui pourront servir de régulateur; d'un autre côté, la notoriété fait généralement connaître la valeur locative d'un établissement monté d'après tel ou tel système, pour tel ou tel genre de fabrication, et pour produire telle ou telle quantité de marchandises; enfin, les contrôleurs devront recueillir tous les faits, relever tous les actes, rassembler tous les documents propres à les diriger dans leur estimation, et à éclairer tant l'administration que les contribuables eux-mêmes sur l'exactitude de leur travail (circ. dir. gén. 14 août 1844). — V. Impôts directs, n° 43.

203. Quant à l'outillage, dans le plus grand nombre de cas, il n'y a pas à en faire l'estimation pièce par pièce pour en déterminer la valeur locative, les contrôleurs devront considérer les établissements dans leur ensemble et tels qu'ils se comportent au moment de fonctionner, puis estimer le prix total de location qu'on pourrait en obtenir, s'ils étaient à louer (circ. dir. gén. 14 août 1844, V. Imp. dir., n° 40). Il n'y aurait lieu de faire une estimation plus détaillée qu'en cas de réclamation et sur la demande des parties intéressées. — En tout cas la valeur locative des ustensiles de rechange ne doit pas être comptée (décis. min. 30 mai 1844).

204. Ce principe s'applique à toutes les industries, quelle que soit leur nature et leur destination. — Il a été jugé avec raison, avant la loi de 1844, que le droit à imposer aux établissements d'eaux minérales et thermales, doit être réglé non d'après le produit des bains ou de la vente des sources exploitées en boissons, mais d'après la valeur locative des bâtiments, maisons d'habitation, cabinets, séchoirs, magasins, dépôts, galeries couvertes, baignoires; en un mot, de toutes les dépendances de l'établissement et de tout le mobilier d'exploitation (ord. cons. d'Ét. 8 fév. 1833 (1); 7 août 1835, M. Caffarelli, rap., aff. Brosson; 20 mars 1838, M. Saglio, rap., aff. Nadau, V. Imp. dir., n° 46); et l'expertise qui n'aurait pas donné l'évaluation exacte de tous les moyens d'exploitation devrait être recommencée (même aff. Nadau).

205. Le droit proportionnel étant dû pour tout ce qui se rattache à l'industrie du patentable, il avait été jugé que le maître de forges qui paye le droit fixe de patente, doit en outre les droits proportionnels pour les divers établissements composant son exploitation; et, par exemple, pour un patouillet à roue, mû par l'eau, servant au lavage de mines, et dépendant de la forge (ord. cons. d'Ét. 23 juin 1830) (2). Cette solution est encore applicable, puisque les lois de 1844 et 1850 n'ont pas modifié à cet égard les principes de la loi de l'an 7. — V. nos 236 et s.

206. Le droit proportionnel des patentes doit être établi, avons-

---

(1) (Lasserre.) — LOUIS-PHILIPPE, etc.; — Considérant que, dans la fixation de la valeur locative de l'établissement thermal du sieur Lasserre, le conseil de préfecture du département des Hautes-Pyrénées s'est écarté des bases indiquées dans l'art. 5 de la loi du 1er brum. an 7, en comprenant dans cette évaluation des produits purement industriels ; — Art. 1. L'arrêté du conseil de préfecture du département des Hautes-Pyrénées, en date du 2 avr. 1832, est annulé. — Art. 2. Il sera procédé par experts, dans les formes déterminées par les lois et règlements, à l'évaluation de la valeur locative de l'établissement thermal du sieur Lasserre, servant de base au droit proportionnel de patente.

Du 8 fév. 1833.-Ord. cons. d'Ét.-M. Caffarelli, rap.

(2) (Gauthier.) — Le sieur Gauthier, maître de forges, avait demandé la décharge d'une somme de 130 fr. 36 c. à laquelle il avait été imposé pour droit proportionnel de patente, comme laveur de mines avec patouillet à roue mû par l'eau; sa demande fut rejetée par les motifs suivants : — « Considérant que l'art. 32 de la loi du 21 avril 1810, sur lequel l'exposant fonde sa demande en décharge du droit proportionnel, n'exempte de la patente que les seules exploitations de minerais pour lesquelles les redevances fixes et proportionnelles sont payées; — Considérant que les patouillets, par leur genre de construction, doivent être considérés comme de véritables usines et imposés à la patente de la cinquième classe. » — Sur ce dernier point, l'arrêté du conseil de préfecture s'étayait d'une décision du ministre des finances du 15 fév. 1827, qui porte « que les patouillets paraissent devoir être rangés dans la cinquième classe, comme les marchands de chaux et de plâtre; et les lavoirs à bras ou cheval dans la sixième classe, comme les plâtriers. » — Recours. On a dit que les patouillets avaient été exemptés de la patente par l'art. 32 de la loi du 21 avril 1810 sur les mines, et que, si les propriétaires de ces établissements pouvaient être imposés à la contribution, ce ne devrait être que par analogie avec les laveurs de cendres qui étant compris dans la sixième classe du tarif annexé à la loi du 1er brum. an 7, ne sont pas, d'après l'art. 6 de cette même loi, passibles du droit proportionnel. — Le ministre des finances a répondu : « La loi du 21 avr. 1810, citée par le requérant, a fait une distinction entre les mines et les minières; elle a considéré l'État comme propriétaire des mines proprement dites, lui a réservé le droit de les concéder, et c'est

[illegible], nos 155 et 167 s.), sur la valeur locative, sur le prix réel des loyers, soit des maisons d'habitation, soit des usines, y compris leur outillage, et non sur la valeur nette, c'est-à-dire déduction faite des frais d'entretien et de réparation à la charge de propriétaires. En prenant pour base du droit proportionnel la valeur locative des locaux occupés par les patentables, la loi a eu pour but de trouver dans cette valeur locative un signe indicateur, un élément propre à faire apprécier l'importance probable des affaires du patenté; il faut donc se contenter de mettre en rapport la valeur locative dont il est question dans la loi des patentes, avec le revenu imposable qui sert de base à la contribution foncière, mais sans les confondre. Dans le premier cas, il n'y a aucune déduction à opérer sur le prix de la location, puisque l'intention de la loi est de faire de ce prix réel et intégral la base de l'impôt; tandis que, dans l'autre cas, l'impôt ne devant atteindre que le revenu net, il y a lieu de faire une certaine déduction en raison du dépérissement et des frais d'entretien et de réparation.

207. Lorsqu'il n'existe pas de bail, l'estimation des établissements industriels, bâtiments et outillages, doit être faite d'après leur état et leur valeur au moment où se confectionne la matrice du rôle (V. nos 319 et suiv.). Si l'on prenait pour point de départ toute autre époque, on risquerait de se livrer à une appréciation arbitraire ou même impossible. — Lorsqu'il n'existe ni bail ni terme de comparaison, l'administration des contributions directes est dans l'usage d'établir le droit proportionnel sur des sommes représentant 5 pour 100 du prix de construction des bâtiments, et 10 pour 100 du prix d'achat de l'outillage. En estimant la valeur locative des bâtiments industriels à 5 pour 100 du capital employé à leur construction, on se conforme à un usage généralement adopté. Cette base d'évaluation, qui n'a pas soulevé d'objections, n'a d'ailleurs rien d'exagéré; quant aux objets, ils se louent nécessairement plus cher que les immeubles, eu égard au capital employé à leur acquisition. La base de 10 pour 100 dans laquelle se trouvent compris et l'intérêt du prix d'achat et un amortissement qui peut, en quatorze ou quinze ans, reconstituer le capital primitif, est généralement adoptée dans les usages de l'industrie lorsqu'on veut établir le prix de location d'un matériel mécanique. Il n'y a pas lieu de descendre au-dessous du taux de 10 pour 100 pour des outillages qui ne s'usent et ne se détruisent que très-lentement, ni d'excéder ce taux pour d'autres outillages, quelque rapide que soit leur détérioration. — Si l'on peut citer certaines industries dont l'outillage se compose en partie de pièces qui, par leur extrême solidité, peuvent résister à une prompte détérioration, un examen attentif démontre qu'à côté de ces pièces, il s'en trouve presque toujours d'autres d'une nature moins résistante, dont l'usure est rapide et inévitable. Toute compensation faite, ces outillages qui, au premier abord, semblent pouvoir être rangés dans une catégorie spéciale, sont, en réalité, à peu près dans les mêmes conditions que tous les autres; et l'on s'exposerait à tomber dans des distinctions arbitraires et sans fondement si l'on cherchait à désigner les mobiliers industriels dont la valeur locative devrait être estimée à moins de 10 pour 100 du capital. — D'un autre côté, si, pour la fabrication de certains produits, on emploie des appareils mécaniques dont la détérioration est assez rapide pour qu'au bout de deux ou trois années, et quelquefois dans un délai plus court, elle équivale à une complète destruction, il ne s'ensuit pas que le loyer de ces appareils puisse être fictivement évalué à 30 ou 50 pour 100 du capital. En opérant ainsi, on perdrait de vue que dans un mobilier industriel, il n'y a de vraiment susceptible d'être loué que les outils qui ont une certaine consistance, et sont d'une certaine durée; que, quant à ceux qui se détruisent pour ainsi dire jour par jour, leur valeur n'entre réellement pas dans le prix du loyer, mais fait partie du capital de roulement. S'ils sont fournis par le propriétaire, il n'y a pas à s'informer si le locataire devra les remplacer deux ou trois fois pendant la durée du bail, il faut se borner à déduire leur valeur locative de leur valeur intrinsèque, calculée au même intérêt que les autres outils. Pour demeurer fidèle aux intentions de la loi, pour rester toujours dans une juste mesure, il convient d'adopter un terme moyen uniforme dans tous les cas, et de prendre pour règle fixe et sans exception le taux en quelque sorte normal de 10 pour 100.

208. Lorsqu'il existe un bail authentique d'un établissement muni de tous ou de quelques-uns des moyens matériels de production, et que le bailleur a stipulé que ce matériel serait entretenu par le preneur et rendu à l'expiration du bail dans l'état où il se trouvait lors de l'entrée en jouissance, il n'y a pas lieu d'ajouter au prix de location constaté par ce bail une certaine somme représentative des frais d'entretien du mobilier industriel à la charge du preneur. D'après la nature du contrat de louage, le preneur est tenu, en fin de bail, de rendre la chose louée en bon état d'entretien, mais non point identiquement telle qu'il l'a reçue, puisque l'usage a dû produire une usure inévitable et que la compensation de cette usure est comprise dans le prix de la location. Si en vertu de stipulations particulières, le bailleur s'est assuré que la chose lui serait rendue exactement telle qu'il l'a livrée et conservant la même valeur, les frais extraordinaires que cette convention impose au preneur ne pouvant être considérés comme faisant réellement partie du loyer, il ne saurait équitablement en être tenu compte pour déterminer la valeur locative de l'objet loué. En conséquence, lorsqu'il résulte des termes d'un bail qu'un mobilier industriel est loué sous la condition qu'il sera rétabli, à la fin de la jouissance, dans son état primitif, les agents de l'administration ne doivent pas faire figurer sur la matrice, comme supplément de loyer, une somme additionnelle quelconque. Au contraire, ils devraient opérer une réduction sur le prix du bail, dans le cas où, par exception, le bailleur se chargerait, moyennant un prix annuel confondu dans le prix de la location, de faire lui-même, outre les réparations qui sont également à sa charge, toutes les réparations dites locatives et les frais d'entretien journaliers. La loi, en parlant de la valeur locative, n'a eu en vue que le prix normal des loyers, c'est-à-dire la somme nécessaire pour jouir de la chose louée d'après les règles qui président ordinairement aux contrats de louage; tout ce qui est en dehors de ces règles doit être comme non avenu, quand il s'agit de déterminer la base du droit proportionnel des patentes. — Si le prix porté au bail pour la location d'un mobilier industriel paraît aux agents de l'administration inférieur au prix véritable, ils sont assurément en droit de déclarer le bail suspect de dissimulation, comme ils le feraient s'il s'agissait d'une maison, d'un magasin, d'une boutique; mais lorsque le bail paraît sincère, lorsque les outils et mécaniques sont loués d'après le taux en usage pour les objets mobiliers, ils ne doivent pas chercher dans telle ou telle clause exceptionnelle du bail des motifs d'augmenter la valeur authentiquement constatée (circul. min. 24 déc. 1845). — Il a été aussi jugé que s'il y a un bail qui ne puisse servir à asseoir le droit proportionnel, par exemple si un particulier prend à bail du gouvernement les bâtiments et le matériel d'une manufacture, et pour le loyer lui fait une remise fixe sur le prix des objets qu'il fabrique, cette remise ne peut servir de base au droit proportionnel de la patente du manufacturier, puisqu'elle varie suivant sa fabrication, et que d'ailleurs elle représente la valeur locative des bâtiments comme celle du matériel; que, par suite, on devra fixer le droit proportionnel d'après la valeur des bâtiments concédés, comparés avec ceux dont le louage est régulièrement constaté et notoirement connu (ord. cons. d'Ét. 25 avril 1833 (1); MM. Macarel et Boulatignier, Fort. publ., t. 3, no 1205).

---

a soumis, en même temps, les concessionnaires à des redevances fixes et proportionnelles qui, d'après la manière dont elles sont établies, atteignent à la fois le produit du sol et l'industrie; dès lors, le législateur a cru devoir exempter de la patente ces mêmes concessionnaires; mais d'après le texte même de la loi, l'exemption ne concerne que les concessionnaires de mines et non les exploitants de minières. »

CHARLES, etc.; — Vu l'art. 32 de la loi du 21 avr. 1810; — Considérant que le sieur Gauthier n'est pas concessionnaire de mines; que c'est comme maître de forges qu'il paye le droit fixe de patente; qu'il doit les droits proportionnels pour les divers établissements qui composent son exploitation, et que le patouillet dont il s'agit constitue l'un de ces établissements; — Art. 1 La requête... est rejetée.

Du 23 juin 1830. -Ord. cons. d'Ét.-M. Hutteau d'Origny, rap.

(1) (Brunon.) — LOUIS-PHILIPPE, etc.; — Vu les lois des 1er brum. an 7 et 26 mars 1831; — Considérant que la déduction stipulée sur le prix des armes fabriquées par le sieur Brunon ne donne qu'une base variable comme la fabrication, qu'elle a été consentie non-seulement pour les bâtiments, mais encore pour une grande portion de matériel livrée

209. Souvent les usines sont exploitées par le propriétaire : dans ce cas il a été jugé que lorsqu'une usine n'est pas louée et lorsqu'il n'existe aucune usine dans le voisinage, dont le loyer ait été régulièrement constaté, ou soit notoirement connu et avec laquelle on puisse la comparer, le conseil de préfecture ne viole aucune loi en appréciant la valeur locative de l'usine non louée (ord. c. d'Ét. 26 avr. 1844, M. Baudon, rap., aff. Jobez).

210. Pour les fabriques de chaux, tuiles, plâtre, poterie, etc., on ne doit pas considérer comme servant à l'exercice de l'industrie et soumis au droit proportionnel le champ duquel on extrait les matières premières employées à la fabrication. Ce droit ne doit atteindre que la valeur locative des bâtiments, des fours et des emplacements servant aux manipulations et au dépôt des bois, ustensiles et objets fabriqués (circ. min. 24 déc. 1845). — Mais on doit comprendre dans la valeur locative servant de base au droit proportionnel, celle des prés sur lesquels les blanchisseurs étendent leur linge (même circ.).

211. La disposition de la loi de 1844 est au surplus conforme aux précédents et à la jurisprudence, qui a toujours décidé, soit avant, soit depuis la loi de 1844, que la valeur locative des établissements industriels devait être établie sur l'état matériel de ces établissements (ord. cons. d'Ét. 31 déc. 1828,, aff. Boignes, V. Impôts directs, n° 40), en comptant dans l'appréciation la valeur des machines et de la force motrice garnissant l'établissement (ord. cons. d'Ét. 8 mai 1841, aff. Montaru Pothée, V. Impôts directs, n° 40; 7 janvier 1842; M. du Martroy, rap., aff. Potée; 6 juin 1844, M. de Condé, rap., aff. Meynard; 9 décembre 1845, M. Bourlon de Rouvres, rap., aff. Tropania)..., et notamment des moteurs hydrauliques (ord. cons. d'Ét. 31 mars 1847, aff. Seillières, D. P. 47. 3. 97). — Il a été jugé encore en ce sens 1° qu'un chemin de fer, établi dans un chantier de construction, pour faciliter et accélérer les travaux, doit être considéré comme une dépendance de ce chantier, et non comme simple objet mobilier, et entrer, dès lors, dans les éléments d'évaluation de sa valeur locative (ord. cons. d'Ét. 14 janv. 1839, M. Louyer-Villermay, rap., aff. Bichon);— 2° Qu'une gare d'eau exploitée par une compagnie de chemin de fer doit être considérée comme une dépendance de l'établissement industriel de cette compagnie, bien que celle-ci ne l'exploite qu'en vertu d'un bail; qu'en conséquence, la compagnie doit être imposée au droit proportionnel de patente calculé au quarantième de la valeur locative de ladite gare (décr. cons. d'Ét. 2 avr. 1852) (1).

212. Le droit proportionnel et même le droit fixe ne sont dus qu'autant que l'usine est en mouvement : un industriel qui déclarerait ne pas vouloir fabriquer et qui ne fabriquerait pas ne serait assujetti à aucun droit, c'est ce qu'a reconnu le conseil d'État en jugeant, sous la législation antérieure à la loi de 1844, que les usines en non activité ne sont pas soumises au droit proportionnel de patente, bien qu'elles chôment par la volonté des propriétaires (ord. cons. d'Ét. 23 juill. 1840) (2). — Et c'est par application du même principe qu'il a été jugé que l'on doit imposer à raison d'un four seulement, et non à raison de deux fours, le maître verrier qui, bien qu'il possède deux fours en vue d'un accident possible, n'en emploie qu'un pour l'exploitation de sa verrerie (ord. cons. d'Ét. 8 avr. 1847, aff. de Girancourt).

213. Dans les établissements industriels, la valeur locative doit comprendre les bureaux et le logement occupé par le gérant dans l'intérêt de la surveillance et de l'exploitation des établissements, mais non les locaux dans lesquels sont logés les ouvriers et autres employés.

214. Le droit proportionnel une fois fixé ne saurait varier tant qu'il ne survient dans l'usine aucun changement, aussi a-t-il été décidé que si depuis l'ordonnance qui a fixé la valeur locative de l'usine d'un patentable l'état des choses n'a pas changé; il y a lieu de maintenir l'évaluation fixée par cette ordonnance (ord. cons. d'Ét. 15 juill. 1835, M. de Felcourt, rap., aff. Laparent).

215. Le droit fixe et le droit proportionnel doivent être appliqués à chaque établissement, séparément. — Jugé que lorsque le patentable possède dans la commune deux usines, dont l'une est affermée, les valeurs locatives devant servir de base au droit proportionnel de patente doivent être fixées d'une manière distincte (ord. cons. d'Ét. 4 juill. 1838, M. Saglio, rap., aff. Goudry-Gouttierre).

SECT. 4. — DES PERSONNES ET PROFESSIONS ASSUJETTIES A L'IMPOT DES PATENTES, ÉTRANGERS, COMMERÇANTS, OFFICIERS MINISTÉRIELS, PROFESSIONS LIBÉRALES.

216. L'impôt des patentes, constituant une charge publique, doit atteindre tous ceux qui invoquent le bénéfice des lois de protection et de sûreté, qu'ils soient Français ou *étrangers*. C'est ce qu'avaient établi déjà les lois des 3-4 frim. an 7, sur la contribution foncière et celle des portes et fenêtres; 21 avril 1832, sur la contribution personnelle et mobilière; 21 mai 1836, sur les prestations, et l'arrêté du comité de l'intérieur, du 1er mars 1826, sur le logement des gens de guerre. La loi de 1844 a confirmé ces obligations. L'art. 1 de cette loi porte : « Tout individu, Français *ou étranger*, qui exerce en France un commerce, une industrie, une profession non compris dans les exceptions déterminées par la présente loi, est assujetti à la contribution des patentes. » Ainsi, en les désignant expressément, la loi soumet aux mêmes charges les étrangers et les regnicoles : ce que la loi de l'an 7 n'avait fait que d'une manière virtuelle en disant : *tous ceux*, etc... — Au reste, sous cette loi, la jurisprudence s'était fixée en ce sens et il avait été jugé qu'un entrepreneur de transports étranger est soumis à la patente, pour ses bureaux de correspondance établis en France (ord. cons. d'Ét. 1er juill. 1839, M. Reverchon, rap., aff. Bosson).

217. Des termes de l'article cité de la loi de 1844, il ressort encore que la patente est due par tous les *commerçants* qui, bien que demeurant ensemble, ont des intérêts distincts; ce qui ne fait que confirmer une décision portant que, bien que le père et le fils résident ensemble, le fils doit être considéré comme exerçant pour son compte personnel la profession de son père, et, dès lors, imposé à la patente s'ils voyagent séparément et salarient chacun l'ouvrier qu'ils occupent. « Considérant, porte l'ordonnance, qu'il résulte de l'instruction que le sieur Étienne Ariès exerce pour son compte personnel la profession de tamisier, et qu'ainsi c'est avec raison que le conseil de préfecture l'a maintenu en cette qualité au rôle supplémentaire des patentes pour l'année 1837 » (ord. cons. d'Ét. 14 janv. 1839, M. Brière, rap., aff. Ariès).

---

au sieur Brunon; — Qu'ainsi elle ne peut servir à fixer la valeur locative des bâtiments occupés par le réclamant, et qu'il y a lieu de déterminer cette valeur par comparaison, conformément à l'art. 26 de la loi du 26 mars 1831; — Art. 1. L'arrêté du conseil de préfecture du département de la Corrèze, en date du 12 avr. 1832, est annulé. — Art. 2. Le droit proportionnel, dû par le sieur Brunon pour sa patente de 1831, sera fixé d'après la valeur locative des bâtiments qui lui ont été concédés, établie par comparaison avec ceux dont le loyer sera régulièrement constaté ou notoirement connu.

Du 25 avr. 1833.-Ord. cons. d'Ét.-M. Ferri-Pisani, rap.

(1) (Chemin de fer de Saint-Étienne.) — LOUIS-NAPOLÉON, etc.;—Vu la loi du 25 avr. 1844; — Considérant qu'il résulte de l'instruction que la gare d'eau exploitée par la compagnie du chemin de fer de Saint-Étienne à Lyon sert à l'exploitation de l'industrie exercée par ladite compagnie, et qu'elle constitue une dépendance de son établissement industriel; — Considérant que, d'après le tableau C annexé à la loi du 25 avr. 1844, les concessionnaires de chemins de fer avec péage doivent le droit proportionnel calculé au quarantième sur l'établissement industriel; qu'ainsi c'est avec raison que la compagnie requérante a été imposée au droit proportionnel calculé au quarantième sur la valeur locative de ladite gare; — Art. 1. La requête de la compagnie du chemin de fer de Saint-Étienne à Lyon est rejetée.

Du 2 avr. 1852.-Décr. cons. d'Et.-M. Louyer-Villermay, rap.

(2) (Bazile et cons.) — LOUIS-PHILIPPE etc.;—Vu la loi du 1er brum. an 7, la loi du 25 mars 1817, la loi du 15 mai 1818 et la loi du 26 mars 1831, art. 26; — Considérant que le droit proportionnel de patente ne peut être assis que sur les usines en cours d'exploitation; que, dans l'espèce, il résulte de l'instruction que la forge de Cosnes et le fourneau de Nod n'étaient pas en activité au moment de l'ouverture de l'exercice 1838; — Art. 1. Les arrêtés du conseil de préfecture de la Côte-d'Or, en date des 7 et 21 janv. 1839, sont annulés. — Art. 2. Décharge est accordée aux sieurs Bazile, Louis, Maître et compagnie, du droit proportionnel assis sur la forge de Cosnes et sur le fourneau de Nod.

Du 23 juill. 1840.-Ord. cons. d'Ét.-M. Louyer-Villermay, rap.

218. Le droit de patente est dû alors même que le commerce ou l'industrie serait soumis à d'autres impôts ou redevances. — Ainsi toute personne munie d'un brevet d'invention, est tenue d'acquitter outre la taxe du brevet, celle des patentes annuelles imposée à toutes les professions d'art et métiers aux termes de l'art. 5, tit. 2, de la loi du 25 mai 1791. — Cet impôt atteint pareillement toute industrie, quelle que soit la qualité de ceux qui l'exercent. Ainsi, bien qu'en principe, il ne soit pas douteux que les hospices, les établissements charitables ne puissent être assujettis à la patente, néanmoins, si un hospice exploitait une usine, un établissement industriel, par exemple un établissement de bains, il ne pourrait être exonéré de l'impôt (avis com. int. 31 août 1831).

219. Il suffit qu'il y ait exercice d'un commerce, d'une industrie, d'une profession, pour qu'il y ait lieu d'appliquer la contribution de la patente sans qu'il soit besoin d'examiner la nature ou la légalité de cet exercice. « L'administration, dit M. Dufour, t. 2, n° 1000, pour la perception des droits de patente, n'a jamais à vérifier si les patentables ont ou non rempli les conditions et formalités exigées de ceux qui veulent embrasser certaines professions, soit dans un intérêt de police, soit dans un intérêt spécial de sûreté ou de salubrité publiques. Elle est et doit toujours rester étrangère à la prescription et à l'observation de ces sortes de mesures. » — Et c'est dans ce sens qu'il a été jugé, sous la loi de 1844, comme sous la loi de l'an 7 : 1° que l'impôt de la patente est dû par toute personne exerçant une industrie, qu'elle soit ou non munie de la permission ou de la licence exigée pour l'exercice de certaines industries (ord. cons. d'Ét. 23 mai 1844) (1).—Conf. ord. cons. d'Ét. 30 août 1843, M. Baudon, rap., aff. Clavel; 12 avril 1844, M. de Lavenay, rap., aff. Brajeon; 19 avril 1844, M. Jahan, rap., aff. Cabanon);—2° Que les industries exercées illégalement sont soumises à la patente comme celles qui sont autorisées (ord. cons. d'Ét. 9 fév. 1844, M. de Condé, rap., aff. Balmefrezols);—3° Que, par exemple, le pharmacien qui a exercé sa profession avant d'avoir obtenu son diplôme est néanmoins assujetti au droit de patente à dater de l'époque où il a commencé son exercice, la contravention aux lois sur l'exercice de la pharmacie ne pouvant servir de titre pour se soustraire au droit de patente (ord. cons. d'Ét. 30 juill. 1839, M. Reverchon, rap., aff. Morlet); — 4° Que l'individu qui exploite une imprimerie pour son compte doit être assujetti à la patente d'imprimeur, encore qu'il ne serait pas muni d'un brevet d'imprimeur (ord. cons. d'Ét. 24 mai 1851, aff. Audiard-Bonnet, D. P. 52. 5. 403);—5° Qu'il est de même du marchand de vins qui a déclaré cesser son commerce, mais qui l'a continué, bien qu'il ne soit pas pourvu de la licence exigée par la loi (ord. cons. d'Ét. 30 août 1843, M. Baudon, rap., aff. Bousquet), ou du cabaretier qui n'est pas pourvu de la licence de débitant de boissons (ord. cons. d'Ét. 14 déc. 1844, M. du Berthier, r., aff. Bertrand; 23 mai 1844, aff. Bonicel, précitée);—6° Qu'on doit imposer aussi à la patente le militaire qui se livre, en dehors du service et pendant la durée de son congé, à une profession sujette à patente, et notamment à celle de coutelier, bien qu'il ne cesse pendant ce temps de faire partie de l'armée : il prétendrait en vain qu'il continue d'être militaire et que la qualité de militaire est exclusive de toute profession (ord. cons. d'Ét. 1er août 1837) (2). — Conf. 12 avril 1838, M. Louyer-Villermay, rap., aff. Charreau) ; — 7° Que les opérations illicites faites par un ex-courtier de commerce, en vertu d'une patente de commissionnaire en gros, qu'il a lui-même requise, opérations pour lesquelles il a subi une condamnation correctionnelle, ne font pas obstacle à ce qu'il soit maintenu sur le rôle des patentes en cette qualité (ord. cons. d'Ét. 14 fév. 1838) (3). — Toutefois, les individus qui se livrent illégalement aux opérations réservées aux agents de change et aux courtiers ne doivent pas pour cela être patentés comme agents de change ou comme courtiers. Mais on doit bien plutôt les imposer comme agents d'affaires, ou comme commissionnaires en marchandises, selon la nature et l'objet de leurs opérations (même décision, aff. Deriencourt-Plé), solution qui nous semble tout à la fois logique et remplir complétement le but de la loi.—Nous ajouterons encore que cette patente ne saurait couvrir le vice originel et devenir un abri contre la répression, ainsi que cela a été décidé à l'occasion de l'exercice du courtage clandestin (V. Bourse de commerce, n° 270), pas plus que la loi ne comprend parmi les conditions nécessaires pour être réputé marchand, l'obligation de se munir d'une patente. — V. Commerçant, nos 94 s.

220. Le droit de patente, s'appliquant à l'exercice d'une profession et non à l'étendue plus ou moins grande des opérations commerciales ou industrielles du contribuable, est dû même pour les actes les plus minimes, s'ils sont énoncés dans la loi. Le conseil d'Etat se retranche avec constance derrière cette règle, et avec raison, suivant nous; autrement il faudrait attribuer aux employés du fisc un droit d'investigation dans le secret des affaires du contribuable; et, outre la difficulté pratique d'une telle appréciation, elle serait vue avec défaveur et blâmée comme pouvant ouvrir des voies à l'arbitraire. — C'est ainsi qu'il a été jugé que celui qui vend une substance non produite par son fonds, de l'huile, par exemple, est soumis à la patente, en raison de cette industrie, bien que son commerce soit sans importance (ord. cons. d'Ét. 20 avril 1840) (4).—V. aussi n° 37 *in fine*.

221. *Officiers ministériels, agréés, syndics salariés.* — La

(1) (Bonicel.) — Louis-Philippe, etc.; — Vu la loi du 1er brum. an 7; — Considérant que, d'après les dispositions de la loi du 1er brum. an 7, l'impôt de la patente est dû pour toute personne exerçant une industrie ou un commerce, qu'elle soit ou non munie de la permission ou de la licence exigée pour l'exercice de certaines industries; — Considérant qu'il résulte de l'instruction que le sieur Bonicel a exercé, pendant les six derniers mois de 1841, la profession de cabaretier; que, dès lors, c'est à tort qu'en se fondant sur ce qu'il n'était pas pourvu d'une licence, le conseil de préfecture de la Lozère l'a déchargé de la patente à laquelle il avait été imposé pour les deux derniers trimestres de 1841; — Art. 1. L'arrêté du conseil de préfecture de la Lozère, en date du 19 août 1842, est annulé.—Art. 2. Le sieur Bonicel sera rétabli au rôle des patentes de la commune de la Malène, pour les six derniers mois de 1841, en qualité de cabaretier.

Du 23 mai 1844.-Ord. cons. d'Ét.-M. Aubernon, rap.

Nota. Du même jour, deux ordonnances identiques (Giral et Trenchessec).

(2) (Min. fin. C. Renard.) — Louis-Philippe, etc.; — Vu la loi du 1er brum. an 7; — Considérant.... que le sieur Renard exerçait, en 1836, la profession de coutelier; que sa qualité de militaire ne pouvait lui donner droit à l'exemption de patente, pour une profession par lui exercée en dehors du service et pendant la durée de son congé; qu'ainsi c'est à tort que le conseil de préfecture de la Haute-Marne l'a affranchi des droits de patente auxquels il avait été soumis, en qualité de coutelier, pour ledit exercice. — Art. 1. L'arrêté du conseil de préfecture de la Haute-Marne, du 30 mars 1836, est annulé.

Du 1er août 1837.-Ord. cons. d'État.-M. Louyer-Villermay, rap.

(3) *Espèce* : — (Deriencourt Plé.) — En 1834, le sieur Deriencourt Plé vend sa place de courtier de commerce à Arras; puis il se fait délivrer une patente de commissionnaire de marchandises en gros, en vertu de laquelle il se livre à des opérations que le tribunal correctionnel frappe, comme illicites, d'une amende de 500 fr. — Le sieur Deriencourt demande la suppression de sa patente; mais un arrêté du conseil de préfecture le maintient sur les rôles. — Recours. Deriencourt soutient qu'il ne peut être soumis à une patente pour des opérations qui lui sont interdites par les lois. M. le ministre des finances fait observer que « du moment que le sieur Deriencourt-Plée a été condamné correctionnellement pour s'être livré à des opérations que, depuis la vente de sa charge, il appartenait à son successeur seul de faire, il ne pense pas qu'il pût être soumis à la patente à raison de ces mêmes opérations, puisqu'elles lui étaient interdites et qu'il ne pouvait pas s'y livrer sans se mettre en contravention à la loi. En prenant un parti contraire, l'autorité administrative légitimerait un acte que l'autorité judiciaire a condamné. Comme il n'est pas prouvé, du reste, que l'exposant ait fait d'autres actes de commerce que ceux qui ont amené sa condamnation par le tribunal de police correctionnelle, il estime qu'il y a lieu de lui adjuger les fins de sa requête, et de prononcer la décharge de sa patente. »

Louis-Philippe, etc.; — Vu la loi du 1er brum. an 7; — Considérant qu'il résulte de l'instruction que c'est sur la demande du sieur Deriencourt qu'il a été inscrit au rôle des patentes en qualité de commissionnaire de marchandises en gros; que les opérations illicites auxquelles il s'est livré n'empêchent point qu'il ne doive être considéré comme exerçant cette profession, et qu'il ne soit, en cette qualité, imposé au rôle des patentes; — Art. 1. La requête du sieur Deriencourt-Plé est rejetée.

Du 14 fév. 1838.-Ord. cons. d'Ét.-M. Saglio, rap.

(4) (Min. fin. C. Lerond.) — Louis-Philippe, etc.; — Vu la loi du 1er brum. an 7 et le tarif annexé à ladite loi; — Considérant qu'il ré-

loi de 1844, art. 13, § 2, exemptait les notaires, les avoués, les avocats au conseil, les greffiers, les commissaires-priseurs, les huissiers. Dans le projet de cette loi présenté par le gouvernement, les officiers ministériels étaient tous indistinctement assujettis à la patente, ou plutôt ce projet n'en exemptait aucun; le projet de la commission reconnaissait, au contraire, qu'en principe tous les officiers ministériels devraient jouir de l'exemption de la patente, et cependant elle ne crut devoir en exempter que ceux d'entre ces officiers qui n'y étaient pas déjà assujettis, et proposa, en conséquence, de maintenir sur les rôles les agents de change, les courtiers, huissiers et les commissaires-priseurs. — « La patente, disait la commission, est, à vrai dire, l'impôt des professions non classées, non organisées, dont l'accès est libre à tout le monde. Elle est le passe-port au moyen duquel on entre dans ces professions. Ce serait donc un contre-sens, un oubli complet des principes de la loi de 1791, que de demander la patente à ceux qui exercent des professions privilégiées, en vertu de brevets dont le nombre est limité, et qui se trouvent, à certains égards, dans les mêmes conditions que les membres de ces corporations qui disparurent le jour où ces patentes furent créées. Ainsi, pour se conformer aux vrais principes, il faudrait que tous les officiers ministériels fussent exempts de la patente. Toutefois, de même que les fonctionnaires publics qui s'écartent du cercle de leurs fonctions peuvent devenir patentables, de même, les officiers ministériels qui, par la nature de leurs charges, sont sans cesse mêlés aux opérations commerciales, non pas en leur propre nom, puisque la loi le leur défend, mais à titre d'intermédiaires, se confondent avec ceux dont ils font les affaires, dont ils pratiquent pour ainsi dire la profession, de telle sorte que le caractère d'officier ministériel ne devient plus en eux qu'accessoire, et qu'on est naturellement conduit à les classer parmi les commerçants. C'est par ce motif que les agents de change et les courtiers ont toujours été soumis à la patente, et que, par analogie, les commissaires-priseurs et même les huissiers, qui servent d'intermédiaire pour les ventes d'objets mobiliers, y ont été également assujettis. En présence du long usage qui a, pour ainsi dire, légitimé cette exception, votre commission n'a pas pensé qu'il fût opportun d'innover...» — Mais la chambre, malgré ces observations, étendit le bénéfice de l'exemption aux huissiers et aux commissaires-priseurs. Le principe semblait définitivement fixé en ce sens, lorsque la loi de 1850 est venu apporter des modifications profondes à la détermination prise par la législation antérieure. Tous ces officiers ministériels sont aujourd'hui assujettis à un droit proportionnel du quinzième de leur loyer (V. les motifs de la nouvelle loi, nº 174).

222. La loi n'ayant pas déterminé d'une manière précise ce qu'on devait comprendre dans le loyer imposable, des difficultés se sont élevées, les patentables soutenant que le loyer imposable était seulement celui du local affecté à l'exercice de la profession. — Mais il a été jugé que la loi du 18 mai 1850 n'a pas modifié les bases de la contribution mobilière, en ce qui concerne les patentables du tableau G, annexé à cette loi (décr. cons. d'Ét. 20 mars 1852, M. Pons de Rennepont, rap., aff. Doublet de Boistribault); — Qu'en conséquence, le droit proportionnel au quinzième, auquel la loi du 18 mai 1850 assujettit, par exemple, les greffiers, doit être calculé sur la valeur locative de la totalité de l'habitation et de ses dépendances (décr. c. d'Ét. 8 avr. 1852) (1).

223. La question de la patente applicable aux *agréés* près les tribunaux de commerce a été l'objet d'un long débat. — Sous la loi de l'an 7, ils avaient été déclarés exempts de la patente d'agents d'affaires, conformément à l'avis du ministre des finances (ord. cons. d'Ét., 1er sept. 1841, M. Villermay, rap., aff. Forastié, etc.; 19 août 1844, M. Aubernon, rap., aff. Bach). — La commission chargée de l'examen de la loi de 1844 ayant émis l'avis de comprendre les agréés dans les exceptions portées par l'art. 13 de cette loi, la proposition fut considérée comme inopportune, attendu que n'étant reconnue par aucune loi, ce serait consacrer leur institution que d'en parler dans la loi des patentes, mais il fut bien entendu que, nonobstant leur suppression de l'art. 13, ils ne seraient point soumis à la patente (V. M. Balmelle sur ce même article). — Malgré ces précédents, un avis du comité des finances au conseil d'État et une décision du ministre des finances du 19 fév. 1845, ont pensé que les agréés devaient par assimilation être assujettis à la patente d'agents d'affaires. — Néanmoins le conseil d'État, persévérant dans sa jurisprudence, a jugé que les agréés près les tribunaux de commerce ne sont pas sujets à la patente (ord. cons. d'Ét., 5 janv. 1847, M. Lucas, rap., aff. Walker; 31 mars 1847, M. Lucas, rap., aff. Julienne et aff. Pain; 20 avril 1847; M. Baudon, rap., aff. Tayac; 2 juillet 1847, M. Guilhem, rap., aff. Delacroix; 24 juillet 1847, M. Lucas, rap., aff. X....; 25 mai 1850, aff. Vaclat; 1er février 1851, aff. Colonjon, D. P. 52. 3. 398). — Mais il a décidé qu'un agréé doit être assujetti à la patente d'agent d'affaires si, en dehors de ses fonctions, il se livre à des opérations qui constituent la profession d'agent d'affaires (décr. cons. d'État, 26 mars 1850, M. Maigne, rap., aff. Fontanié). — Depuis, la loi de 1850 en rétablissant l'impôt de la patente pour les professions devait nécessairement s'occuper des agréés : on proposa de les assimiler aux avocats ou aux négociants, selon qu'ils auraient ou non ce titre. M. Dupin, président de l'assemblée, fit alors remarquer que le titre de licencié n'était qu'un titre universitaire qu'on n'avait pas voulu imposer, et que la patente ne devait atteindre que la profession. C'est, ajoutait-il, le caractère de l'occupation à laquelle on se livre, en vertu du titre, et non le titre, non le signe de l'éducation qu'on a reçue où la capacité qu'on suppose, qui est imposé. — M. Mortimer-Ternaux se référant à cette explication, demanda que les agréés fussent assimilés, sans distinction aucune, aux avocats et aux avoués sous ce titre qui fut adopté : Mandataire près des tribunaux de commerce. — C'est sous cette dénomination qu'ils figurent dans le tableau G de la loi de 1850, imposés au quinzième du loyer comme les officiers ministériels et les professions libérales.

224. En dehors des agréés, les tribunaux ont encore des personnes qui, inscrites sur un tableau spécial du tribunal de commerce, comme investies de la confiance de ce tribunal, sont habituellement désignés sous le titre de *syndics salariés* des faillites; ils ne devaient pas être, plus que les agréés, assujettis à la patente, pourvu toutefois qu'ils se renfermassent exclusivement dans ces fonctions. — Ainsi jugé que les individus qui n'exercent pas d'autre profession que celle de syndics dans les faillites pour lesquelles ils sont désignés par le tribunal de commerce, ne sont pas sujets à patente (ord. cons. d'Ét. 17 fév. 1848, aff. Lescau et aff. Maillet; 21 mars 1849, aff. Maimbourg; 16 fév. 1850, aff. Dupont, D. P. 52. 3. 409; 4 janv. 1851, aff. Conguet, D. P. 51. 3. 40). — Tandis qu'il a été, au contraire, décidé que l'individu qui, en dehors de ses fonctions de syndic de faillite, tient un bureau ouvert au public, et s'y livre à des opérations de liquidation et de comptabilité commerciales, doit être assujetti à la patente d'agent d'affaires (cons. d'Ét. 20 mars 1852, aff. Barraugoard, D. P. 52. 3. 410). — La loi de 1850 n'assimile pas les mandataires salariés pour l'administration des faillites aux agréés, bien

sulte de l'instruction que le sieur Lerond exerce la profession de marchand d'huile en détail; — Que c'est avec raison qu'en vertu de l'art. 35 de la loi du 1er brum. an 7, les marchands d'huile qui ne sont pas désignés dans le tarif annexé à ladite loi ont été, par analogie, assimilés aux marchands de vin, liqueur et vinaigre, placés dans la troisième classe; — Que la modicité des ventes du sieur Lerond ne peut faire varier la quotité des droits de patente régulièrement établis et le faire considérer comme revendeur; — Art. 1. L'arrêt du conseil de préfecture est annulé. — Art. 2. Le sieur Lerond sera maintenu, pour l'année 1839, à la troisième classe des patentes.

Du 20 avril 1840.-Ord. cons. d'Ét.-M. Azevedo, rap.

(1) (Cornu.) — LOUIS-NAPOLÉON, etc.; — Vu les lois des 25 avr. 1844 et 18 mai 1850; — Considérant qu'aux termes de l'art. 9 de la loi du 25 avr. 1844 susvisée, le droit proportionnel de patente est établi sur la valeur locative tant de l'habitation que des autres locaux servant à l'exercice des professions imposables, et que cette disposition n'a été modifiée par la loi du 18 mai 1850, à l'égard des professions comprises dans le tableau G annexé à ladite loi, qu'en ce qui concerne les chefs d'institution et maîtres de pension; que, dès lors, c'est avec raison que le sieur Cornu a été maintenu au droit proportionnel calculé sur la valeur locative de la totalité de son habitation et de ses dépendances;

Art. 1. La requête du sieur Cornu est rejetée.

Du 8 avr. 1852.-Décr. cons. d'Ét.-M. Daverne, rap.

qu'ils soient comme eux choisis par le tribunal; elle les place nominativement dans la quatrième classe du tableau D. Ils sont donc soumis à un droit fixe, à la différence des agréés et des officiers ministériels.

225. *Professions libérales assujetties à la patente.* — Bien que dès le principe la loi ait voulu atteindre toutes les professions sans exception (V. nº 4), cependant l'esprit public est toujours resté imbu de cette pensée que la patente ne devait atteindre que les commerçants. Aussi la loi de 1844 créa-t-elle, malgré l'opposition du gouvernement, de nouvelles exceptions pour les professions libérales. Mais la loi du 18 mai 1850, cédant à l'empire des circonstances (V. nº 174), a fait disparaître les exemptions attribuées à ces professions. Nous allons faire ici connaître les professions imposées par cette dernière loi et nous verrons sous la section suivante celles qui ont été exonérées d'une charge, qui, à notre sens, devrait être générale et ne plus souffrir de restriction, dès que la plupart des professions libérales s'y trouvent assujetties.

226. Sous la dénomination de *professions libérales*, nous comprenons les avocats, médecins, dentistes, vétérinaires, architectes, maîtres de pension, peintres, graveurs, sculpteurs, dessinateurs, professeurs de belles-lettres et artistes dramatiques. Mais toutes ces professions n'ont pas été traitées avec la même égalité par la loi de 1850. Les unes, comme les graveurs, sculpteurs, etc., ont été exonérées de la patente, ou plutôt cette dernière loi a maintenu à leur égard les dispositions libérales de la loi de 1844, tandis qu'elle les reformait pour les autres professions. Nous ne parlerons donc ici que des professions libérales assujetties à la patente et qui comprennent les avocats, médecins, dentistes, vétérinaires, architectes et maîtres de pension.— Quant à celles qui en sont exemptées, V. nº 243.

227. La loi de 1850 assujettit les avocats, médecins, etc., à un droit de patente spéciale qui est uniquement proportionnel et fixé au quinzième de la valeur locative. Jusqu'alors les avocats avaient toujours été exempts de la patente, les médecins, au contraire, avaient été frappés par la loi de l'an 7. La loi de 1844 reconnaissant qu'il y avait là une inégalité injuste, établit le principe de l'exemption pour ces deux professions en leur adjoignant même les vétérinaires. C'était là un acte de justice, car on peut, jusqu'à un certain point, considérer comme leur impôt spécial le sacrifice de temps et d'argent nécessaire pour acquérir soit un diplôme, soit les connaissances sans lesquelles nul ne peut avec succès embrasser ces sortes de professions. Aussi, jamais la contribution des patentes n'a-t-elle été imposée ni aux professeurs ou instituteurs, ni aux artistes, ni aux acteurs, ni à aucune personne possédant un de ces arts qui s'acquièrent par de longues études et qui s'exercent par une simple dépense d'intelligence et d'activité. La commission de 1844 avait même reconnu l'impossibilité où elle se trouvait d'asseoir d'une manière légale sur les personnes de ces professions un impôt de la nature de celui de la patente. En présence de ces déclarations, il devenait assez difficile de justifier cette détermination adoptée en 1850, aussi n'est-ce pas par des considérations tirées du principe de l'équité que la dernière commission a réclamé cette innovation. «Si nous n'étions pas, a dit M. le rapporteur, dans des circonstances qui commandent à tous les citoyens le dévouement et le sacrifice, si nous pouvions impunément nous permettre les libéralités qu'il nous paraît juste et opportun d'accorder à certains patentables, peut-être ne vous proposerions-nous pas de revenir si brusquement sur une décision qui n'a été prise, il y a six ans, qu'après de mûres réflexions et un examen approfondi. La question de savoir si les professions dont il s'agit doivent être assimilées aux professions passibles de la patente n'a pas été, comme on le suppose, résolue seulement par la politique : avant tout, on a écouté des raisons d'équité et de justice distributive qui conservent toute leur force aujourd'hui. Sauf de rares exceptions, ces professions sont loin d'être aussi lucratives qu'on se plaît à le proclamer; elles sont grevées, pour la plupart, de charges spéciales très-lourdes, et la langueur actuelle des affaires, qui diminue sans cesse les profits, ne contribue certes pas à rendre ces charges plus légères. Toutefois, nous le reconnaissons, dans la situation présente, maintenir l'exemption dont jouissent ces professions, ce serait leur accorder une apparence de faveur et de privilége et soulever contre elles des récriminations passionnées.» — De ces déclarations on pourrait induire que l'assemblée nationale n'a entendu prendre qu'une mesure provisoire, puisque la principale considération est la pénurie des affaires publiques. Cependant il y a lieu de croire que le principe sera maintenu, car en matière fiscale on demande toujours, on n'abandonne jamais.

Sous la loi de l'an 7, on avait protesté contre l'exemption admise en faveur des avocats. Pourquoi, disait-on, les exempter de la patente lorsqu'on y assujettit les médecins? L'avocat et le médecin sont dans une position analogue, leurs professions sont toutes deux du nombre de celles qu'on appelle libérales; elles sont libres et accessibles à tous; la science, le talent sont, dans les deux professions, le seul capital; tout finit avec le médecin aussi bien qu'avec l'avocat (MM. Macarel et Boulatignier, Fort. publ., p. 494).

Ces objections étaient vraies en ce sens que les deux professions auraient dû être exemptées. Sous la loi de 1850, c'est le principe contraire qui a prévalu; l'on a même jugé que tout avocat inscrit au tableau est assujetti à la patente déterminée par la loi du 18 mai 1850, encore qu'il n'exercerait pas sa profession, et que, par exemple, il serait employé comme chef de division dans une préfecture (décr. cons. d'Ét. 3 juin 1852, aff. Lyvet, D. P. 52. 3. 42), ou qu'il se bornerait à donner des consultations (décr. cons. d'Ét. 5 mars 1852, aff. Capdeville, D. P. 52. 3. 23).

228. La loi de 1850 soumet à la patente, non pas tout individu qui porte le titre d'avocat, mais seulement celui qui est *inscrit au tableau*. Que décider à l'égard de l'avocat non inscrit au tableau, mais qui donne des consultations? Sera-t-il exempt comme non compris dans les dispositions de la loi?—L'affirmative nous paraît certaine, la loi, en frappant uniquement les avocats inscrits au tableau, a déterminé d'une manière restrictive le signe indicateur de l'exercice de la profession. De sorte que l'on ne peut étendre cette classe d'imposés par voie d'analogie. Ceux qui portent le titre d'avocat sans être inscrits sont aujourd'hui ce qu'ils étaient sous la loi de 1844, et, puisqu'on ne peut les atteindre comme avocats, attendu qu'ils ne rentrent pas dans les termes de la loi nouvelle, on ne peut, pas plus sous la loi de 1850 que sous celle de 1844, les assimiler aux agents d'affaires.—Ainsi, celui qui, non inscrit au tableau, donne des consultations destinées à être produites devant les tribunaux, ou même des consultations verbales, ne doit pas être imposé au droit proportionnel du quinzième, car il ne dépasse pas les limites de sa profession, et la loi ne reconnaît qu'un mode de prouver l'exercice de cette profession, c'est l'inscription au tableau. Il en serait de même de l'avocat stagiaire. — Toutefois, si un avocat inscrit ou non au tableau, acceptait des procurations pour représenter les parties, soit devant les tribunaux de commerce, soit devant la justice de paix, il nous semble qu'il dépouillerait son caractère de défenseur pour prendre celui d'agent d'affaires, et devrait être soumis à la patente qui pèse sur cette profession; car l'avocat est institué, non pour accepter des mandats, pour représenter une partie, mais pour l'assister, pour la défendre. — Il a été jugé en ce sens, avant la loi de 1850, que l'avocat non inscrit au tableau qui fait habituellement métier d'accepter des procurations pour représenter les parties devant la justice de paix, est sujet à la patente d'agent d'affaires (ord. c. d'Ét. 19 mars 1845, aff. Desmarchais, D. P. 47. 3. 96).—V. Avocat, nºs 88, 216.

229. La loi du 1er brum. an 7 avait, en principe, assujetti à la patente les *médecins* et *officiers de santé*, en admettant des exemptions pour les médecins et officiers de santé attachés aux hôpitaux, aux armées et au service des pauvres.—C'est ainsi qu'il avait été jugé : 1º qu'on devait affranchir de la patente les médecins titulaires de la succursale d'un hospice comme les médecins de l'hospice même (ord. cons. d'Ét. 18 août 1833, M. Boivin, rap., aff. Lachèze, aff. Jouvet, aff. Negrier); — 2º Que l'exemption n'était pas restreinte aux médecins des hôpitaux, qu'elle s'appliquait au médecin qui, par une nomination non rapportée, avait été attaché comme chirurgien au service gratuit des pauvres d'une ville (ord. cons. d'Ét. 25 avr. 1834, M. Hochet, rap., aff. Lemonnier); — 3º Qu'elle devait aussi être admise pour le médecin préposé, par nomination de la commission des hospices approuvée par le préfet, à l'admission dans les salles d'un hospice d'une certaine classe de malades (ord. cons. d'Ét. 5 sept. 1816, M. Roux, rap., aff. Daime);... pour l'officier de santé attaché au service des pauvres, bien que le bureau de bienfaisance qu'il desservait fût établi hors du canton de son domicile (ord. cons. d'Ét. 25 déc. 1840, M. du Martroy, rap., aff. Fachan);... pour le professeur de clinique à une école préparatoire, chargé d'un service journalier et permanent (ord. cons. d'Ét. 12 avril 1844, M. Jahan, rap., aff. Thibeaud);... pour le chirurgien adjoint à un hospice qui y fait un service spécial et particulier (ord. cons. d'Ét. 26 avr. 1844, M. Dumez, rap., aff. Marchand);... pour le médecin suppléant chargé d'un service permanent (ord. cons. d'Ét. 28 août 1844, M. Baudon, rap., aff. Mareschal);... pour le médecin attaché, par arrêté du préfet et sur la demande du bureau de bienfaisance, au service d'un dispensaire permanent (ord. cons. d'Ét. 6 déc. 1844, M. Gauthier d'Uzerches, rap., aff. Jouve). — Mais il avait été décidé que le médecin inspecteur d'un établissement thermal particulier ne doit pas être exempté de la patente, comme attaché au service des pauvres, par cela que l'établissement renfermerait une fondation de deux lits pour les pauvres (ord. cons. d'Ét. 14 oct. 1836, M. Brière, rap., aff. Ledemé).

Cette exemption, de même que celle dont jouissaient les avocats, avait soulevé la critique, car, disait-on, c'est là un privilége que ne justifie pas le motif d'où il tire son origine, et qui profite, non à des médecins ou chirurgiens voués exclusivement et gratuitement au service dont il s'agit, mais à ceux qui sont le plus accrédités par leur mérite et leur expérience, souvent même par la nomination qui les attache à tel ou tel établissement (MM. Macarel et Boulatignier, Fort. publ., t. 3, p. 493).

230. En 1844, le législateur adopta de nouvelles bases. Ce qui était la règle sous la loi précédente disparut, et l'exception prévalut comme règle. La loi, par son art. 13, affranchit absolument de la patente les docteurs en médecine et chirurgie, les officiers de santé et même les vétérinaires. Pour justifier cette détermination, lors de la présentation de la loi, la commission soumit à la chambre les considérations les plus sérieuses. « La profession de médecin, dit son rapporteur, n'a jamais joui jusqu'à présent de cette exemption, sauf dans des cas où elle lui était accordée en échange de services publics et gratuits. Cette anomalie ne peut se comprendre que quand on remonte à l'époque où fut organisé le système des patentes, et quand on examine ce qu'était alors la profession de médecin. Depuis 1792 jusqu'en ventôse an 11, il fut permis à tout homme, fût-il sans études, sans lumières, sans instruction, d'exercer la médecine, à la seule condition de se faire délivrer une patente qu'on accordait indifféremment à tous ceux qui se présentaient pour l'obtenir. Mais quand la profession est soumise à des règles, à des conditions; quand il n'est plus loisible d'y pénétrer comme on veut, soit parce que l'exercice n'en est confié qu'à un nombre limité de personnes, soit parce qu'il y a des épreuves de capacité à subir, alors la patente ne peut être demandée que par une sorte de méprise, par un malentendu, et un oubli des principes sur lesquels repose cette nature d'impôt. Il suit de là que les médecins auraient dû être exemptés de la contribution des patentes à dater du jour où la loi de ventôse an 11 vint rétablir la médecine dans son état normal. Mais, tandis que la loi sur le notariat tranchait explicitement la question, la loi sur la médecine se contentait de n'en point parler; son silence, il est vrai, provenait peut-être moins d'un oubli que de l'idée que l'exemption étant de droit, elle devait être tacite. Ce qui semble le prouver, c'est que, dans la même année, le 21 germinal, une autre loi institua la pharmacie, et que, dans cette loi, il fut dit que les pharmaciens payeraient patente. Quoique soumis à des règles d'admission, les pharmaciens sont, avant tout, marchands de médicaments. Le caractère libéral de leur profession n'est qu'accessoire, tandis que les médecins, depuis la loi de l'an 11, n'ont pas même le droit de vendre un médicament, et exercent une profession purement et exclusivement libérale. On pourrait donc prétendre que la loi de germinal était une sorte de commentaire de la loi de ventôse; que le silence de l'une s'expliquait par les paroles de l'autre; et que, puisqu'il fallait dire que les pharmaciens étaient patentables, c'est qu'il allait sans dire que les médecins ne l'étaient pas. — Néanmoins, depuis cette époque, ils ont toujours été et sont encore patentés, mais ils n'ont pas cessé de faire les plus vives protestations. Ils demandent avec raison pourquoi les avocats jouissent d'une immunité qui leur est refusée? Quelle est en effet la différence entre le diplôme d'un avocat et celui d'un médecin? Si l'on compare la durée des études, le nombre des épreuves, la longueur du noviciat, c'est plutôt au médecin que l'exemption paraîtrait due. Pour justifier la préférence que le projet de loi accorde aux avocats, l'exposé des motifs se fonde sur ce qu'ils n'ont pas d'action, comme les médecins, pour le payement de leurs honoraires. Mais cette interdiction ne résulte d'aucune loi. C'est une mesure de discipline intérieure à laquelle on ne sait que trop qu'il est aisé de se soustraire. On ne peut donc s'appuyer sur un tel motif pour exempter les uns et imposer les autres. Il n'y a pas de milieu, selon nous : il faut soumettre à la patente les avocats comme les médecins, ou il faut accorder aux médecins l'exemption qui est acquise aux avocats. Entre ces deux partis, nous ne pensons pas que vous puissiez hésiter. Si vous demandiez une patente à l'avocat, vous devriez nécessairement en demander une à l'artiste, et à quiconque exerce une profession libérale. Toute distinction serait arbitraire et injustifiable. Il vous faudrait imposer en masse les uns comme les autres. Or, indépendamment des difficultés d'une telle entreprise, il est encore un motif pour ne pas assujettir à la patente ces sortes de professions, c'est qu'il est presque impossible de distinguer ceux qui les ont embrassées sérieusement de ceux qui ne les exercent que nominalement : personne ne fait du commerce ou de l'industrie en amateur, tandis qu'on peut très-bien être avocat, artiste, médecin même, sans plaider une cause, sans vendre un tableau, ou sans voir un malade. Comment sortir de ce dédale? Comment trouver des conditions équitables pour appliquer l'impôt? N'est-il pas plus simple, plus naturel et plus juste de réparer la longue erreur commise envers les médecins? Déjà, en 1826, le gouvernement, par l'organe de M. Cuvier, reconnaissait devant la chambre des pairs que cette erreur devait avoir un terme, et peu s'en fallut que les chambres ne consacrassent alors l'exemption que nous vous demandons de prononcer aujourd'hui. La seule considération qui pourrait contre-balancer tant de raisons d'équité, ce serait l'intérêt du trésor. Sans doute, en exemptant les médecins, vous renoncez à un produit que des calculs exacts faisaient monter, en 1827, à 226,000 fr., et qui est aujourd'hui certainement plus élevé, sans qu'il soit possible d'en préciser le chiffre. Mais s'il fallait absolument compenser cette perte, s'il fallait demander non-seulement aux médecins, mais aux avocats et à quelques autres professions libérales, une addition à leurs charges actuelles, ce ne serait qu'à la condition de trouver telle autre taxe mieux appropriée à la nature de ces professions, et plus facile à asseoir équitablement que le droit de patente. »

Ces observations paraissaient sans réplique, et la loi de 1844, en consacrant l'exemption, semblait avoir résolu un point désormais en dehors de toute controverse; mais, sous un prétexte fiscal, cette disposition a bientôt disparu, et la loi de 1850 est venue rétablir le système antérieur à 1844, moins les exceptions. Elle impose les docteurs en chirurgie, les docteurs en médecine, les officiers de santé, les chirurgiens dentistes, d'une manière absolue, sans distinction aucune. — Aussi a-t-il été jugé que sous l'empire de la loi du 18 mai 1850, les médecins attachés au service des pauvres et des établissements de bienfaisance doivent être assujettis à la patente (cons. d'Ét. 27 fév. 1852, aff. Geoffroy, D. P. 52. 3. 21; 15 avril 1852, aff. Bonnefons, aff. Delorme).

231. Il est certain que la loi de 1850, en imposant les médecins à la patente, a voulu atteindre uniquement l'exercice de la profession, et non le titre même de docteur en médecine ou d'officier de santé. Si cela ne résulte pas expressément des termes de la loi, cela s'induit au moins de l'esprit de la législation sur les patentes, qui n'a d'autre but que celui de prélever au profit de l'État une portion du revenu produit par l'industrie ou la profession, et là où il n'y a aucune profession, il n'y a plus de base à l'impôt; la règle doit être, pour les médecins, la même que pour tout autre patentable. — Il suit de là que le docteur en médecine ou en chirurgie, et celui qui a obtenu un diplôme d'officier de santé cessent d'être soumis à l'impôt lorsqu'ils n'exercent plus. — C'est en ce sens qu'il a été jugé, et avec raison, que le médecin directeur d'un asile public d'aliénés, étant fonctionnaire public, doit être dispensé de la patente, s'il n'est pas établi, d'ailleurs, qu'il exerce sa profession de médecin en dehors de l'établissement (cons. d'Ét. 23 avril 1852, aff. Mérier, D. P. 52. 3. 28). — Toutefois il a été décidé, sous la loi de l'an 7, que le médecin qui, après avoir cessé sa profession depuis plusieurs années, accepte les fonctions d'inspecteur d'un établissement thermal particulier, payé par cet établissement, ne peut se prétendre exempt de la patente, comme fonctionnaire public, en ce que sa nomination émanerait du ministre du commerce (ord. cons. d'Ét. 14 oct. 1836, M. Brière, rap., aff. Ledemé).—Mais il y a cette différence entre ces deux espèces, que dans la première il s'agit d'un établissement public, et dans la seconde d'un établissement particulier.

232. Dans les communes où il n'existe pas de pharmaciens, les médecins et officiers de santé sont autorisés à fournir des médicaments, sans être tenu du droit fixe auquel sont assujettis les pharmaciens. — Il a été jugé que l'on ne peut assujettir à la patente de pharmacien le médecin qui, ne tenant pas d'officine dans la commune de sa résidence, se borne à fournir des médicaments aux personnes près desquelles il est appelé comme médecin (ord. cons. d'Ét. 9 juill. 1846, M. Roux, rap., aff. Daval).—Cette décision est exacte : la fourniture des médicaments est, dans l'espèce, une conséquence de l'exercice de la profession de médecins, mais ne constitue pas une profession particulière : les médecins n'ont donc, dans un tel cas, à supporter autre chose que le droit proportionnel du quinzième.

233. La loi de 1850 soumet à la patente le chirurgien dentiste. Ici encore, c'est l'exercice de la profession que la loi veut atteindre, sans s'occuper de savoir si le praticien est ou n'est pas pourvu d'un diplôme.—C'est ainsi qu'il a été jugé que le dentiste non pourvu d'un diplôme, mais autorisé à exercer sa profession par le préfet, sur le rapport du jury médical, est assujetti à la patente de chirurgien-dentiste (cons. d'Ét. 15 avril 1852, aff. Adam, D. P. 52. 3. 27).

234. Les autres professions libérales portées au tableau G et soumises au droit du quinzième, comprennent d'abord les *architectes*, considérés comme artistes, ne se livrant pas, même accidentellement, à des entreprises de construction. Le projet de loi de 1844 n'avait pas primitivement admis l'exemption, le ministre les avait portés parmi les patentables de la troisième classe, et la commission avait admis ce classement, cependant d'après les observations qui furent faites sur la difficulté de distinguer entre les architectes, qui, véritablement hommes de l'art, livrent les produits de leur génie à un entrepreneur qui exécute, et ceux qui agissent pour leur compte, ou bien encore entre les premiers et ceux qui sans être entrepreneurs, surveillent, dirigent les travaux de construction, vérifient les mémoires, font des expertises, d'un commun accord on les fit disparaître des tableaux, en comprenant que les faits seuls permettraient de constater la qualité.—La loi de 1850 a fait encore disparaître cette exemption, et les a imposés au quinzième de la valeur locative. — Il a été jugé que les architectes employés par les départements sont assujettis à la patente comme ceux employés par les particuliers (cons. d'Ét. 22 déc. 1852, aff. Cotin, D. P. 53. 3. 23).—V. Architecte, n° 14 et suiv.

235. La loi de 1844 avait aussi exempté les *chefs d'institution* et les *maîtres de pension*, mais la loi de 1850 les a rétablis sur le tableau G.—Il a été jugé que les chefs d'établissements d'instruction primaire, doivent, comme les chefs d'établissements d'instruction secondaire, être imposés à la patente établie par la loi du 18 mai 1850 (cons. d'Ét. 16 fév. 1853, aff. Dubuyser, D. P. 53. 3. 37). — Dans l'espèce, le chef de l'établissement tenait un pensionnat : à ce point de vue, la décision nous paraît juste. Mais l'instituteur primaire qui tiendrait un externat devrait être affranchi de la patente; car la loi de 1844 exemptait en les désignant par des dénominations particulières, les chefs d'institution, les maîtres de pension, les *instituteurs primaires*. —La loi de 1850, qui a modifié cette loi à l'égard des deux premières professions, ne mentionne pas la troisième. Les instituteurs primaires restent donc placés sous l'exemption de la loi de 1844 tant qu'ils ne se transforment pas en maîtres de pension.

236. En désignant comme imposables au droit proportionnel du quinzième les maîtres de pension, la loi a-t-elle entendu désigner non-seulement les maîtres mais encore les maîtresses de pension? — Il a été jugé, dans le sens de l'affirmative, que la loi du 18 mai 1850, en faisant figurer parmi les professions assujetties à la patente celle des chefs d'institution et maîtres de pension, a compris sous cette désignation générale même les maîtresses de pension, que la législation précédente avait exemptées du droit universitaire (décr. cons. d'Ét. 27 juill. 1853, aff. Mauguin, D. P. 54. 3. 20).—On soutenait, en sens contraire, que la loi du 18 mai 1850 n'avait pas dérogé à l'esprit de la législation antérieure qui ne soumettait au payement du droit universitaire que les maîtres de pension. Ce sentiment était même partagé par le ministre de l'instruction publique, par cette considération surtout que la patente serait un impôt fort onéreux pour un grand nombre de pensionnats de filles, établissements dignes d'intérêt, et qui, loin de rapporter de sérieux bénéfices, ne pouvaient, dans beaucoup de localités, subsister qu'à l'aide de secours. Le ministre des finances, également consulté sur le pourvoi, attribuait au contraire à toutes les désignations de professions un sens général qui n'exclut pas les femmes. — C'est cette dernière opinion qui a été adoptée par le conseil d'État, et elle nous paraît une interprétation exacte de la loi.

SECT. 5. — Des personnes et professions non assujetties à la patente.

237. On va parler, sous la présente section : 1° des fonctionnaires publics; 2° des professions libérales qui sont exemptées de la patente; 3° des laboureurs, cultivateurs, etc.; 4° des concessionnaires de mines et propriétaires de marais salants; 5° des ouvriers; 6° des propriétaires de maisons; 7° des préposés particuliers; 8° des marchands ambulants et de diverses professions.

Art. 1. — *Fonctionnaires publics.*

238. Ne sont pas assujettis à la patente, porte l'art. 13 de la loi de 1844 : 1° les fonctionnaires et employés salariés, soit par l'État, soit par les administrations départementales ou communales, en ce qui concerne seulement l'exercice de leurs fonctions. — « Les fonctionnaires publics, lit-on au rapport, ont toujours été exemptés du droit de patente, soit qu'ils fussent rétribués par l'État, par les administrations départementales ou par les communes. Leur salaire est la juste rémunération de leur travail; on ne pourrait les soumettre à un impôt spécial sans augmenter, en même temps, leur salaire. Mieux vaut donc ne pas leur demander d'impôt. » — Il a été jugé : 1° que l'ingénieur des ponts et chaussées désigné par le ministre des travaux publics pour diriger des travaux exécutés pour le compte d'une ville ne doit pas, à raison de ces travaux, être assujetti à la patente (ord. cons. d'Ét. 27 nov. 1844, M. Dumez, rap., aff. de Montricher); — 2° Que les jurés compteurs des ports compris dans le rayon d'approvisionnement de Paris sont des agents directs d'une administration publique (admin. des ponts et chaussées), comme tels qu'ils doivent être dispensés des droits de patente bien qu'ils ne soient pas salariés par l'État et qu'ils soient rétribués au moyen d'émoluments alloués en raison de leurs travaux (ord. cons. d'Ét. 30 juin 1824, M. Brière, rap., aff. Rabou). — Cette exemption s'applique aussi aux gardes-ports (ord. cons. d'Ét. 30 juin 1824, aff. Ragon, V. Bois et charbons, n° 43).

239. Mais il va sans dire que le fonctionnaire public qui, hors de ses fonctions, exerce une profession imposable, doit être lui-même imposé. Ainsi, le receveur général qui fait des opérations de banque, doit, malgré sa qualité de fonctionnaire public, être atteint par le droit de patente. — Par exemple, doivent être soumis à la patente : le débitant de tabac qui vend des articles de mercerie, quincaillerie, épicerie : l'employé d'une administration départementale ou communale, qui est en même temps libraire, papetier, arpenteur, etc., etc. (circ. 14 août 1844); le conducteur des ponts et chaussées qui, moyennant salaire, dresse des plans et devis de construction pour les communes (ord. cons. d'Ét. 28 janv. 1841, M. de Condé, rap., aff. Imbert). — Toutefois, il a été jugé que le principal d'un collége communal doit être exempté de la patente comme fonctionnaire public, par application de l'art. 13 de la loi du 25 avr. 1844, encore qu'il gérerait pour son propre compte un pensionnat annexé à cet établissement (cons. d'Ét. 16 fév. 1853, aff. Lacombe, D. P. 53. 3. 37). — On sait que depuis la loi de 1850, les chefs d'institution sont frappés d'un droit proportionnel, du quinzième (V. n° 235).

240. L'art. 6 de la loi du 19 frim. an 7 exonérait de la patente les maîtres de poste pour l'exercice du service qui leur était spécialement attribué. En outre, l'art. 12 du règlement du 1er prair. an 7, tout en leur interdisant de faire l'état de loueurs de chevaux, leur a permis de faire le service de conduite pour les voitures publiques annoncées par affiche et partant à heure fixe, et ce droit a été reconnu inhérent à la profession de maître de poste par la loi du 15 vent. an 13.— La loi de 1844 n'a pas reproduit ces dispositions d'une manière expresse; doit-on les regarder comme abrogées? Évidemment non; car, d'une part, les maîtres de poste font un service public, ayant une organisation spéciale; d'autre part, la loi de 1844 n'abroge pas les dispositions antérieures contraires à cette loi. Toutefois, l'exemption ne s'applique qu'à l'exercice des fonctions ainsi entendues; mais si l'on ne peut soumettre à la patente le maître de poste qui se charge de conduire des voitures publiques dans l'étendue de son relai, on doit, au contraire, soumettre à la patente de loueur de chevaux le maître de poste qui ne se borne pas à conduire des voitures publiques, sur le parcours qu'il a le droit de suivre comme maître de poste, mais qui est entrepreneur de diligences pour son propre compte (ord. cons. d'Ét. 15 avr. 1828 (1); 4 nov. 1836, M. Louyer-Villermay, rap., aff. Mouestier; 14 juin 1847, M. Tournouer, rap., aff. Bonneville; circ. min. 14 août 1844).

Dans ce cas, le maître de poste doit nécessairement le droit proportionnel dans tous les endroits où il occupe des locaux destinés à l'exercice de sa profession de loueur de chevaux. — Néanmoins, il ne doit pas être soumis à ce droit dans le lieu même où est établi le relai de poste, si, d'ailleurs, dans ce lieu, il n'y a aucun local spécialement destiné à l'exercice de la profession imposable (même ord. Bonneville).

241. Le service des dépêches par la poste est un service public que l'administration opère, ou par ses propres courriers, ou par des courriers d'entreprise, ou par des estafettes. Tous ces employés ne peuvent être soumis à la patente; et si aucune loi ne les exempte, aucune loi non plus ne les désigne. C'est qu'il n'y a évidemment, dans aucun de ces cas, une opération donnant un produit. — Jugé cependant que si l'entrepreneur d'un service de dépêches transporte des voyageurs dans les diligences affectées par lui au service, il doit alors être considéré comme entrepreneur de voitures publiques, bien que le départ de sa voiture soit fixé par l'administration, et que le transport des voyageurs ne soit qu'accessoire et accidentel (ord. cons. d'Ét. 17 janv. 1838, M. d'Ormesson, rap., aff. Cabrolier; 26 nov. 1841, M. Gomel, rap., aff. Flajollet).

242. Les entrepôts réels de douanes créés par la loi du 8 flor. an 11, sont des établissements publics institués dans l'intérêt du commerce et du trésor. Dès lors, les chambres du commerce qui les administrent, en vertu de la loi précitée, ne peuvent être soumises à la patente d'entreposeur (ord. cons. d'État, 31 octobre 1838, aff. chambre de commerce de Bordeaux), ni à aucune autre patente. — Le ministre des finances soutenait, dans l'espèce, que l'*entrepôt réel des douanes* de Bordeaux présentait la même industrie que celle des entreposeurs ou magasiniers, que cette industrie était exercée au profit d'actionnaires qui en percevaient les produits et qui n'auraient pu échapper à la patente s'ils avaient, chacun individuellement, un magasin particulier, et qu'il ne fallait pas prendre en considération la circonstance que l'entrepôt était administré par la chambre de commerce de la ville; mais ce système n'a pas prévalu.

Art. 2. — *Professions libérales exemptées de la patente.*

243. Au nombre des professions libérales exonérées de la patente, nous trouvons d'abord les peintres, graveurs, sculpteurs et dessinateurs. Considérés comme artistes, ils avaient été omis intentionnellement dans la loi de brumaire; mais cette omission équivalait-elle à une exemption? Pour qu'il n'y eut aucune incertitude à cet égard, la loi du 25 avr. 1844 les a mentionnés d'une manière expresse; mais l'application de l'exemption est restreinte aux *artistes*, sans s'étendre aux lithographes, lithochromes, mouleurs en plâtre, cire et carton, dessinateurs pour broderies, etc., qui sont de véritables industriels. L'artiste lithographe est un dessinateur, l'artiste lithochrome est un peintre, tandis que les lithographes et les lithochromes ne sont, à proprement parler, que des imprimeurs à procédés spéciaux, lesquels ne doivent pas être exempts de la patente. — C'est en ce sens qu'il a été jugé que le peintre qui exploite un procédé de peinture sur verre dont il est l'inventeur doit être considéré comme artiste ne vendant que le produit de son art, et ne peut, à ce titre, être soumis à la patente de fabricant de vitraux (cons. d'Ét. 27 mai 1846, M. Louyer-Villermay, rap., aff. Marechal); — Et qu'il en est de même de l'industriel qui, s'étant associé avec lui pour ladite exploitation, ne fait que participer à l'exécution de ses œuvres (même affaire). — Néanmoins, on a jugé : 1° que le sculpteur qui vend aux particuliers des copies de statues exécutées par d'autres, doit être imposé à la patente et non pas considéré comme un artiste vendant les produits de son art, que ces copies soient exécutées, soit en marbre, soit en bois (cons. d'Ét. 17 déc. 1847, aff. Olive); — 2° Que le graveur doit aussi être soumis aux droits de patente lorsqu'il vend ses gravures en boutique (cons. d'Ét. 3 avril 1834, M. Boivin, rap., aff. Priston).—Sont aussi exempts de la patente, par l'art. 13 de la loi de 1844, les professeurs de belles-lettres, sciences et arts d'agrément.

Art. 3. — *Laboureurs, cultivateurs, etc.*

244. Les laboureurs et cultivateurs ont toujours été exempts de la patente; la loi du 1er brum. an 7 disposait, art. 29, § 2 : « Ne sont pas assujettis à la patente les laboureurs et cultivateurs, seulement *pour la vente des récoltes* et fruits provenant des terrains qui leur appartiennent, ou par eux exploités. » Et l'art. 32 disait : « Sont réputés fabricants ou manufacturiers... à l'exception de ceux qui *manipulent* les fruits de leur récolte. » La loi de 1844 reproduit la disposition de l'art. 29 précité, en réunissant, sur la proposition de la commission, ces mots : « Pour la vente et la *manipulation* des récoltes, etc., » afin de rétablir les agriculteurs dans la plénitude des droits que leur accordait la loi de l'an 7, dans ses art. 29 et 32 combinés, et que, par la suppression du mot *manipulation*, le nouveau projet de loi avait semblé vouloir restreindre. L'exemption, dont jouissent les laboureurs et les cultivateurs, tend surtout à favoriser l'agriculture en facilitant l'écoulement des produits : la loi ne se préoccupe pas de l'importance de l'exploitation, des bénéfices obtenus ou du mode employé par l'exploitant, lorsque le tout n'a rapport qu'aux fruits de la terre et à la propagation, l'entretien, la nourriture et l'amélioration des bestiaux. — C'est ainsi qu'il a constamment été jugé, sous la loi de l'an 7 comme sous celle de 1844, 1° que quelle que soit la quantité de vins vendue par un cultivateur de vignoble, il ne peut être assujetti à la patente de marchand de vins en gros, du moment qu'il est constant qu'il ne vend que le vin de ses récoltes (ord. cons. d'Ét. 10 août 1844 (2); 26 fév. 1846,

(1) (Aubert.) — Charles, etc.; — Vu l'art. 6 de la loi du 19 frim. an 7 (9 déc. 1798), portant que les maîtres de poste ne sont point sujets au droit de patente pour l'exercice public dont ils sont chargés; — Vu l'art. 12 du règlement du 1er prair. an 7 (20 mai 1799), qui, en interdisant aux maîtres de poste de faire l'état de loueur de chevaux, déclare qu'ils peuvent se charger de la conduite des voitures publiques, annoncées par affiches et partant à heures fixes; — Vu la loi du 15 vent. an 13 (6 mars 1805), qui reconnaît que le droit de conduire des voitures publiques sur le parcours de leurs relais, est inhérent à la profession de maître de poste; — Considérant que le sieur Aubert est entrepreneur de diligences pour son propre compte; qu'en cette qualité, il n'a pas droit à l'exemption de patente accordée par la loi aux maîtres de poste qui se chargent, dans l'étendue de leurs relais, de la conduite de voitures publiques dont ils n'ont pas l'entreprise; — Art. 1. La requête... est rejetée.

Du 15 avr. 1828.-Ord. cons. d'Ét.-M. Rontrier, rap.

(2) (Terrel-Deschênes.) — Louis-Philippe, etc.; — Vu la loi du 1er brum. an 7; — Considérant qu'aux termes de l'art. 29 de la loi du

M. Calmon, rap., aff. Mège),... ou qu'il se borne à vendre en détail, mais sans le faire consommer chez lui, le vin provenant de sa récolte (décr. cons. d'Ét. 25 mai 1850, aff. Guiberteau, D. P. 52. 5. 402); — 2° Qu'il en est de même de celui qui se borne à vendre le vin, les huiles et les eaux-de-vie provenant de ses récoltes, bien qu'il ait, dans une commune autre que celle où il récolte et manipule ces produits, une maison où il les fait transporter pour être vendus (ord. cons. d'Ét. 5 juin 1845, M. de Missessy, rap., aff. Malortigue; inst. dir. gén. 14 août 1844, 10 juill. 1850); — 3° Que le propriétaire qui, ayant les vins de ses vignes en dépôt, en dehors d'une ville, chez des commissionnaires patentés, les vend lui-même ou les fait vendre par ses commissionnaires, dans l'intérieur de la ville, n'est point sujet à la patente (ord. cons. d'Ét. 22 juillet 1835) (1); — 4° Que la même règle s'applique au propriétaire qui exploite et vend ses bois, même débités en planches ou convertis en charbon (inst. dir. gén. 14 août 1844; ord. cons. d'Ét. 5 sept. 1846, M. Roux, rap., aff. Charbonnier).

245. Sous la loi de brum. an 7, il avait été jugé, par application du même principe, que les propriétaires qui ne filent que les cocons provenant de leurs récoltes ne sauraient être assujettis à la patente (ord. cons. d'État 14 juill. 1838) (2). — Lors de la discussion de la loi du 18 mai 1850, M. Champanhet a demandé si la transformation qui résulte du dévidage des cocons, pour en faire de la soie, serait considérée comme une transformation patentable?—Non, a répondu M. Vitet, de la commission; il a été dit positivement, en 1844, que le dévidage de ces cocons ne constituait pas une industrie patentable, et il n'est rien changé sur cet objet à la législation existante. — Cette réponse toutefois ne peut point affranchir l'éducateur des vers à soie qui achète des cocons et en vend la soie après les avoir filés (circ. dir. gén. contr. dir. 10 juill. 1850).

246. Mais l'exemption ne saurait profiter : 1° au propriétaire de vignobles qui vend en gros et en cercles des vins qui ne proviennent pas exclusivement de sa récolte (ord. cons. d'Ét. 14 juill. 1831, aff. Drappeau; 2 juin 1843, M. Fremy, rap., aff. Myot), alors d'ailleurs qu'il résulte des déclarations des autorités locales et du registre de mouvement de l'administration des contributions indirectes qu'il fait le commerce de vins en gros (ord. cons. d'Ét. 20 oct. 1819, M. de Crazannes, rap., aff. Lamarque),... ou qui vend, outre le vin qu'il récolte (cent barriques environ), celui qu'il reçoit en payement de ses métayers (vingt barriques environ) (ord. cons. d'Ét. 17 août 1836, M. Villermay, rap., aff. Paralé-Gouber); — 2° A l'individu qui a pris une licence de marchand de vins en gros, s'il ne justifie pas que les vins par lui vendus proviennent de ses récoltes (ord. cons. d'Ét. 19 avr. 1838, M. Louyer, rap., aff. Mignard); — 3° A celui qui, outre le vin qu'il produit, vend les vins qu'il achète (ord. cons. d'Ét. 31 octobre 1838, M. Louyer, rap., aff. Melchior Salabert), et il doit être imposé non au moment de la vente, mais à partir de celui où il fait ses achats); — 4° A celui qui vend le vin qui lui est confié par des propriétaires (ord. cons. d'Ét. 20 août 1840, aff. Brisset); — 5° Aux propriétaires ou cultivateurs qui transforment en eaux-de-vie des vins autres que ceux provenant de leurs récoltes (ord. cons. d'État 26 mai 1845, M. Dumez, rap., aff. Viaud). — On les taxera alors comme fabricants, si la transformation se fait pour leur compte, et comme brûleurs ou bouilleurs, si la transformation se fait pour le compte d'autrui (circ. dir. gén. des contrib. dir. 10 juill. 1850); — 6° A celui qui, indépendamment des raisins, des pommes, olives et autres fruits provenant de ses récoltes, en achète d'autres, qu'il manipule pour vendre les produits de cette manipulation (inst. min. 14 août 1844), et par exemple à celui qui fait des achats considérables de pommes, qu'il brasse et convertit en cidre (ord. cons. d'Ét. 30 juin 1839, M. Saglio, rap., aff. Quibel); — 7° Au laboureur et cultivateur qui vend plus de grain qu'il n'en a récolté (inst. min. 14 août 1844); — Et, spécialement au cultivateur qui ne se borne pas à vendre le produit de ses récoltes, et qui achète des blés étrangers pour les revendre (ord. cons. d'Ét. 11 fév. 1836, M. Brière, rap., aff. Prin; 12 mai 1847, aff. Bouveret); — 8° A un marchand de graines qui soutient qu'il ne vend que pour le compte de cultivateurs (ord. cons. d'Ét. 22 juin 1836, M. de Luçay, rap., aff. Lavigne); — 9° A ceux qui emploient des ouvriers pour la fabrication de la vannerie (circ. dir. gén. contr. dir. 10 juill. 1850).

247. Des observations précédentes il ressort que la loi de 1844 ne fait qu'expliquer la loi de l'an 7, et en étendre la portée, tout en déterminant d'une manière plus précise à quels cas s'applique l'exemption. Ainsi tous les laboureurs et cultivateurs ont le droit non-seulement de vendre tous les produits de leurs terres, mais encore de leur faire subir toute espèce de transformation sans être assujetti à la patente. — Jugé 1° que le cultivateur qui fabrique des objets de vannerie avec des osiers exclusivement récoltés sur ses propriétés jouit de l'exemption de patente établie par l'art. 13 de la loi du 25 avril 1844 en faveur des laboureurs et cultivateurs, pour la vente et la manipulation des récoltes et fruits provenant des terrains qui leur appartiennent ou par eux exploités : il ne peut donc être assujetti à la patente de vannier (cons. d'Ét. 16 mars 1850, aff. Henrion, D. P. 52. 5. 403); — 2° Qu'il en est de même de celui qui met en œuvre des osiers récoltés dans les propriétés qu'il exploite à titre de fermier ou de propriétaire, (ord. cons. d'Ét. 21 janv. 1842, M. du Berthier, rap., aff. Couillé; circ. min. 10 juill. 1850); — 3° Que la patente de marchand de fromages ne peut être imposée à celui qui se borne à vendre les fromages par lui préparés avec le lait de son troupeau (décr. cons. d'Et. 13 août 1852, aff. Vinson, D. P. 53. 3. 11), tandis qu'au contraire le particulier qui vend des fromages qu'il fabrique avec le lait d'un troupeau entretenu non sur son propre fond, mais sur des fonds cultivés par autrui et avec des fourrages qu'il achète doit payer l'impôt (décr. cons. d'Ét. 5 août 1848, aff. Vinson, D. P. 53. 3. 11).

248. Aux termes d'une décis. min. du 22 pluv. an 7, on devait assujettir à la patente les propriétaires qui avaient des établissements hors de leur domicile et de la situation de leurs propriétés, pour y vendre leurs récoltes en gros et en détail; la circ. du 14 août 1844 semble apporter une modération à cette décision, en portant que les laboureurs et cultivateurs peuvent invoquer l'exemption et en jouir, alors même qu'ils vendent

---

1er brum. an 7 les cultivateurs sont exemptés de la patente pour la vente des récoltes et fruits provenant des terrains qui leur appartiennent et qui sont par eux exploités; — Considérant qu'il résulte de l'instruction que le sieur Terrel-Deschênes se borne à vendre les vins provenant de ses récoltes; qu'ainsi, c'est à tort que le conseil de préfecture du département de la Seine l'a maintenu à la patente de marchand de vins en gros pour les exercices 1842 et 1843; — Art. 1. Les arrêtés du conseil de préfecture de la Seine, en date des 20 avr., 27 sept. et 25 déc. 1843, sont annulés. — Art. 2. Il est accordé décharge au sieur Terrel-Deschênes des droits de patente auxquels il a été imposé dans la commune de Charenton-le-Pont, pour les exercices 1842 et 1843, en qualité de marchand de vins en gros.

Du 10 août 1844.-Ordonnance du conseil d'État.-M. du Berthier, rapporteur.

(1) (Blouin.) — Louis-Philippe, etc.; — Vu la loi du 1er brum. an 7, art. 29, et celle du 21 avr. 1832; — Considérant qu'il résulte de l'instruction, que les vins que le sieur Blouin fait vendre à Bercy, par des commissionnaires patentés, proviennent exclusivement de ses récoltes, et que, dès lors, il rentre dans l'exception prévue par l'art. 29 de la loi du 1er brum. an 7, qui dispense de la patente les laboureurs et cultivateurs, pour la vente des récoltes et fruits provenant des terrains qui leur appartiennent ou par eux exploités; — Art. 1. Les deux arrêtés du conseil de préfecture de la Seine, des 7 oct. 1833 et 10 mai 1834, sont annulés. — Art. 2. Le sieur Blouin est déchargé de la patente de marchand de vins en gros, etc.

Du 22 juill. 1835.-Ord. cons. d'Ét.-M. Dutillet, rap.

(2) (Min. fin. C. Plagnol.) — Louis-Philippe, etc.; — Vu l'art. 32 de la loi du 1er brum. an 7, l'art. 21 de la loi du 17 juill. 1819; — Considérant qu'il résulte de l'instruction que le sieur Plagnol se trouve dans le cas d'exception prévu par l'art. 32 de la loi du 1er brum. an 7; que, dès lors, c'est avec raison que le conseil de préfecture du Gard lui a accordé décharge de la patente à laquelle il a été imposé en qualité de fileur de cocons de soie, au rôle de la commune de Cavillargues, pour l'année 1836; — Art. 1. Les conclusions de notre ministre des finances sont rejetées.

Du 14 juill. 1838.-Ord. cons. d'Ét.-M. Saglio, rap.

les fruits provenant de leur exploitation, loin de leur domicile ou de la situation des terrains qu'ils exploitent (circ. dir. gén. 14 août 1844), et il avait même été jugé nonobstant les termes de la décision de l'an 7, que le propriétaire qui vend les bois provenant de ses forêts n'est pas soumis à la patente de marchand de bois, bien qu'il ait un magasin hors du lieu de son domicile et de la situation de ses propriétés (ord. cons. d'Ét. 23 août 1836 (1); 17 janv. 1838, M. Richaud, rap., aff. Riduet; 5 juin 1845, aff. Malortique, V. nº 244-2º.—*Contrà*, ord. cons. d'Ét. 27 fév. 1840, M. Saglio, rap., aff. Milon). Mais dans cette dernière espèce, il paraîtrait que l'instruction avait établi que le réclamant, outre les bois de ses propriétés, avait vendu une certaine quantité de bois achetés : cette circonstance motivait suffisamment la décision du conseil d'État. — Le propriétaire jouirait encore de l'exemption alors même qu'il n'aurait pas son domicile dans le lieu où se trouvent les bois (ord. cons. d'Ét. 26 déc. 1834, M. Humann, rap., aff. Mignot).

249. L'art. 29, § 2, de la loi du 1er brum. an 7 exemptait encore de la patente, les laboureurs et cultivateurs, *pour le bétail qu'ils élèvent*. La loi de 1844 a également maintenu cette dernière disposition; c'est ainsi que, sous l'une comme sous l'autre de ces deux lois, il a été constamment jugé qu'on ne doit pas assujettir à la patente 1º le cultivateur qui se borne à vendre le bétail nourri dans ses pâturages (ord. cons. d'Ét. 15 décembre 1842, M. Boudon, rap., aff. Legeard, Amiard, Beauvais) ; — 2º L'herbager qui nourrit et engraisse dans les herbages qui lui appartiennent les bestiaux qu'il vend (ordonnance conseil d'État 1er juill. 1840, M. Richaud, rap., aff. Berthelot);— 3º Le cultivateur et l'herbager qui non-seulement vendent les bestiaux nés sur leurs terres, mais encore qui achètent des bestiaux maigres pour les revendre après les avoir engraissés sur leurs pâturages, quand bien même ces pâturages seraient tenus à ferme (ord. cons. d'Ét. 14 juin 1837, M. Montaud, rap., aff. Marquis Clermont-Tonnerre; 18 mai 1838, M. du Martroy, rap., aff. Millet; 9 juin 1842, M. de Condé, rap., aff. Drien; 18 août 1842, M. Gomel, rap., aff. Dubuc; 18 mars 1843, M. Gauthier d'Uzerches, rap., aff. Laigle; 6 juin 1844, M. Jahan, rap., aff. Decharme Brevignon et aff. Montagnon), le nombre en excédât-il celui qui est nécessaire pour l'exploitation du domaine (ord. cons. d'Ét. 14 juill. 1838, M. Louyer-Villermay, rap., aff. Ferrand-Versant);—4º Le cultivateur qui, au printemps de chaque année, achète des chevaux pour les revendre en automne, après les avoir fait paître sur les pâturages communaux (ord. cons. d'Ét. 15 déc. 1842) (2).

250. Lors de la discussion de la loi de 1844 la commission a proposé d'étendre la disposition de la loi de l'an 7 relative au bétail, en terminant l'article par ces mots : « Le bétail qu'ils y élèvent, qu'ils y *entretiennent* et qu'ils y *engraissent*, » pour mettre, en ce point, la loi nouvelle en harmonie avec la jurisprudence du conseil d'État. C'est en effet en ces termes qu'est conçu le § 4 de l'art. 13 de la loi de 1844. Il résulte donc à la fois de cette jurisprudence et des termes de la loi nouvelle, que la patente sera seulement payée par ceux qui font des achats et reventes de bestiaux, non pour consommer les produits de leur héritage, mais seulement par spéculation commerciale.—Et c'est ainsi que le conseil d'État a continué à juger que le cultivateur qui se borne à vendre le bétail nourri sur les pâturages qui lui appartiennent ou par lui exploités, n'est pas sujet à la patente de marchand de bétail (ord. cons. d'Ét. 20 fév. 1846, aff. Souchard, D. P. 46. 3. 67; 24 juill. 1847, aff. Charton; 31 mai 1848, aff. Salley; 24 mars 1849, aff. Legal).

251. Ces dispositions, tout en faveur de l'agriculture, ont pour but la consommation des fourrages et le produit des engrais dont les exploitations sont souvent privées; il n'y aurait donc plus lieu à exemption si ce double but n'était pas recherché, et l'on devrait assujettir à la patente le propriétaire ou fermier qui vendrait des bestiaux autres que ceux élevés, entretenus ou engraissés sur son exploitation ; ou l'engraisseur qui n'exploiterait aucun terrain (instr. min. 14 août 1844). — Jugé en conséquence qu'on ne doit pas accorder l'exemption de la patente 1º au marchand de moutons qui ne possède aucune propriété et qui n'exploite aucun terrain à quelque titre que ce soit (cons. d'Ét. 1er juill. 1840, M. Cornudet, rap., aff. Fonton-Esquillot); — 2º A celui qui vend les produits d'un troupeau, qu'au moyen de fourrages par lui achetés, il entretient sur des terrains qui ne lui appartiennent pas, et qui sont cultivés par autrui (décr. cons. d'Ét. 13 août 1852, aff. Vinson, D. P. 53. 3. 11).—Nous pensons qu'on doit aussi regarder comme toujours applicable l'arrêt qui a jugé, sous la législation antérieure à la loi de l'an 7, que dans les départements composés du territoire de la ci-devant province de Normandie, les herbagers qui, non contents de vendre les bestiaux qu'ils élèvent, font ordinairement le commerce de bœufs, doivent être assujettis à la patente comme marchands de bœufs (Cass. 3 flor. an 6) (3).

Il sera facile aux agents des contributions directes de distinguer les propriétaires ou cultivateurs qui, indépendamment de la vente des récoltes, fruits et bestiaux provenant de leur exploitation, font un commerce de vins, grains, cidres, huile, eaux-de-vie et bestiaux. Ceux qui se trouvent dans ce cas doivent nécessairement faire des achats, contracter des engagements, tous actes qui peuvent être constatés par des preuves positives, ou au moins par la notoriété publique; d'un autre côté, les agents pourront connaître les propriétaires ou cultivateurs qui vendent plus de vins, de cidres et eaux-de-vie que leur exploitation n'en

---

(1) *Espèce* : — (Negron-Desaulnat.) — Le sieur Negron a été imposé à la patente de marchand de bois à raison d'un magasin établi par lui dans la ville de Riom, où il vendait les planches et soliveaux de la forêt qui lui appartenait dans la commune d'Issoire. — L'administration s'est fondée sur la facilité que les contribuables auraient d'éluder les droits, en transportant dans leurs magasins, lorsqu'ils seraient éloignés de leur domicile et de leurs propriétés, les marchandises provenant d'acquisition. — Recours au conseil d'État.

Louis-Philippe, etc.; — Vu l'art. 29, § 2, de la loi du 1er brum. an 7 ; vu la décision ministérielle du 22 pluv. même année ; — Considérant qu'il résulte de l'instruction que les bois débités par le sieur Negron-Desaulnat proviennent exclusivement de la forêt dont il est propriétaire dans l'arrondissement d'Issoire, département du Puy-de-Dôme; — Que, dès lors, le requérant se trouverait dans le cas de l'exemption portée à l'art. 29, § 2, de la loi du 1er brum. an 7, et qu'il y avait lieu, par le conseil de préfecture du Puy-de-Dôme, d'admettre la requête du sieur Negron-Desaulnat ; — Art. 1. L'arrêté du conseil de préfecture du Puy-de-Dôme est annulé. — Art. 2. Le sieur Negron-Desaulnat est déchargé de la patente de marchand de bois en détail à laquelle il a été imposé en 1835, au rôle des contributions de la ville de Riom.

Du 23 août 1836.-Ordonnance du conseil d'État.-M. Saglio, rapporteur.

(2) *Espèce* : — (Sublet.) — Le conseil de préfecture de l'Ain avait maintenu le sieur Sublet au rôle des patentes, par le motif que les chevaux qu'il achetait chaque année étaient nourris, non sur ses propriétés mais sur les pâturages communaux ; qu'il vendait ces animaux lorsque la saison ne permettait plus la vaine pâture, que ses propriétés seules ne pourraient lui fournir des produits assez abondants pour leur nourriture.

Louis-Philippe, etc.; — Vu l'art. 29 de la loi du 1er brum. an 7 ; — Considérant qu'il résulte de l'instruction que le sieur Sublet ne vend pas d'autres chevaux que ceux qu'il élève sur les pâturages qu'il a à sa disposition, et qu'ainsi, aux termes du § 2 de l'art. 29 de la loi du 1er brum. an 7, il ne doit pas être assujetti à la patente ;—Art. 1. L'arrêté du conseil de préfecture de l'Ain, en date du 8 janv. 1841, est annulé. — Art. 2. Il est accordé décharge au sieur Sublet de sa cotisation au rôle des patentes de la commune de Lompnes pour l'année 1840.

Du 15 déc. 1842.-Ord. cons. d'Ét.-M. Baudon, rap.

(3) (Min. pub. *C.* Duvrac.) — Le tribunal ;—Attendu qu'il est constant que, dans les départements composés du territoire de la ci-devant province de Normandie, les cultivateurs et herbagers faisaient le commerce des bœufs ; et qu'il résulte du jugement rendu en premier ressort, que Duvrac est porté comme marchand herbager sur le tableau de la commune de Trouville pour l'an 5 ; — Que l'exception portée à la deuxième disposition de l'art. 19 de la loi du 6 fruct. an 4, n'est point applicable aux cultivateurs qui font sur le bétail un commerce particulier et indépendant de la culture et de l'exploitation de leurs terres ; — Attendu enfin qu'en déchargeant Duvrac des condamnations prononcées contre lui en première instance, le tribunal du département de l'Eure a, dans son jugement rendu sur l'appel dudit Duvrac le 29 brum. dernier, fait une fausse application des dispositions de l'art. 19 de la loi du 6 fruct. an 4 ; — Que, par suite de cette fausse application, il a contrevenu à ce qui est prescrit dans la troisième classe du tarif annexé à la loi citée ; — Casse.

Du 3 flor. an 6.-C. C., sect. civ.-M. Lamagdeleine, rap.

peut produire, en consultant des registres des préposés de la régie des contributions indirectes (circ. min. 14 août 1844).

252. Nous avons dit, *suprà*, nos 244, 247, que les cultivateurs ont le droit de faire subir aux produits de leurs terres toute espèce de transformation. L'art. 18 de la loi du 18 mai 1850 est venu définir ce qu'on devait entendre par *transformation*. Il porte : « Ne sont point considérées comme donnant lieu à l'exemption de patente prévue à l'art. 13, § 4, de la loi du 25 avril 1844, les transformations des récoltes et fruits, pratiquées au moyen d'agents chimiques, de machines ou ustensiles, autres que ceux servant aux travaux habituels de l'agriculture. »—Le but de cette loi est de limiter, dans une juste mesure, l'exemption accordée par la loi de 1844 aux laboureurs et cultivateurs, pour la vente et la manipulation des récoltes et fruits provenant des terrains qui leur appartiennent ou par eux exploités. Cette exemption doit-elle avoir pour conséquence d'affranchir la fabrication du sucre indigène, par exemple, ou certaines exploitations en grand de vert-de-gris ou de vannerie, sous prétexte que ce sont des manipulations agricoles? Évidemment, non. L'art. 18 réglera la jurisprudence à ce sujet (extr. du rap. de M. Gouin).—Toutefois avant la loi de 1850, on jugeait 1° que l'exemption de patente s'applique aux cultivateurs fabricants de sucre indigène qui se bornent à manipuler dans leurs fabriques les betteraves provenant des terrains qui leur appartiennent ou par eux exploités; mais que s'ils emploient en outre, pour leur fabrication, des betteraves par eux achetées à des tiers, ils doivent être, en cas pareil, assujettis à la patente de fabricants de sucre de betteraves (décr. cons. d'Ét. 25 mai 1850, aff. Poizot, D. P. 52. 5. 402);—2° Qu'on devrait assujettir à la patente le fabricant de sucre indigène qui ne se borne pas à manipuler les produits de sa récolte, mais qui emploie des betteraves cultivées et récoltées par des tiers, lors même qu'il leur aurait fourni la semence avec convention que la récolte lui serait délivrée moyennant un prix déterminé d'avance (ord. cons. d'Ét. 2 août 1838) (1), ...ainsi que le fabricant de sucre de betteraves qui a pris à location des terres, à la charge par le bailleur de les ensemencer, cultiver et transporter les fruits à l'usine du preneur, cette prétendue location déguisant un achat de marchandises (ord. cons. d'Ét. 18 fév. 1839 (2); Conf. décis. min. 2 nov. 1810). — Mais ces distinctions sont sans objet aujourd'hui. Le fabricant de sucres de betteraves devrait être imposé à la patente lors même que sa fabrication ne porterait que sur les fruits de sa récolte. Cela résulte formellement de l'art. 18 de la loi du 18 mai 1850 précité, tel qu'il est expliqué par le rapporteur; aussi l'administration a-t-elle décidé que *dans aucun cas* l'exemption ne doit être accordée aux propriétaires ou cultivateurs exploitant une fabrique de sucre indigène (circ. dir. gén. 10 juill. 1850).

253. L'exemption doit encore cesser si, au lieu de se borner à tirer parti des produits naturels du fonds, le propriétaire se livre à l'exploitation industrielle de ces produits pour les transformer en objets destinés au commerce. C'est là un principe constant sous la législation actuelle, comme sous la législation antérieure.—Aussi a-t-il été jugé qu'on doit maintenir à la patente 1° le propriétaire qui, avec le produit de ses bois, la pierre calcaire extraite de ses carrières, ou la terre prise sur son fonds, fabrique de la chaux, des tuiles ou des briques pour les livrer au commerce (instr. min. 14 août 1844 ; Conf. ord. c. d'Ét. 1er juill. 1839, M. Louyer-Villermay, rap., aff. Ollivier; 1er juin 1843 (3); 6 déc. 1844, M. Dumez, rap., aff. Bridier-Leclère); — 2° Le particulier qui, après avoir fait fabriquer, dans une tuilerie à lui appartenant, des briques destinées à ses constructions, livre ensuite au commerce une partie non employée de ces briques (ord. cons. d'Ét., 27 oct. 1837, M. Louyer-Villermay, rap., aff. Mazel); — 3° Les exploitants de carrières, sans distinction entre ceux qui exploitent dans leur propre fonds et ceux qui exploitent dans le fonds d'autrui (ord. cons. d'Ét. 30 mars 1846 (4); 29 janv. 1847, aff. Quéré, D. P. 47. 4. 361; 7 déc. 1847, aff. Galaup; 22 juin 1848, aff. Aussant; 25 juill. 1848, aff. Moreau; 18 janv. 1851, aff. Laroche, D. P. 51. 3. 42);—4° Le marchand de plâtre qui prétend qu'il ne fait que fabriquer et vendre les produits d'une carrière à lui appartenant (ord. cons. d'Ét. 3 sept. 1844, M. Richaud, rap., aff. Jouve; 7 sept. 1844, M. Richaud, rap., aff. Issery); — 5° La compagnie qui fabrique des ardoises avec les pierres brutes extraites d'une ardoisière qu'elle possède et les livre ensuite au commerce (ord. cons. d'Ét. 9 déc. 1845, M. de Lavenay, rap., aff. Ardoisière du moulin Sainte-Anne);—6° L'adjudicataire du droit d'extraire les résines de pins dépendant d'une forêt domaniale, à l'effet de se livrer à la fabrication du goudron, de la térébenthine et autres essences : il est alors sujet à la patente de fabricant de résine (décr. cons. d'Ét. 30 oct. 1848, aff. Demande, D. P. 49. 3. 39). — Cela ne peut plus faire de doute en présence de l'art. 18 de la loi de 1850 qui est la consécration de cette jurisprudence.

254. Il est bien compris que le droit de patente est dû à deux conditions, la transformation et le trafic. Mais il n'y aurait pas lieu d'assujettir à la patente 1° des cultivateurs qui extrairaient pour les vendre des pierres de leurs fonds, ils ne devraient pas pour ce fait être réputés exercer l'industrie de carriers (ord. cons. d'Ét. 6 déc. 1844, M. Baudon, rap., aff. Retailleaud; 13 juin 1845, M. Bourlon de Rouvre, rap., aff. Queré; 30 oct. 1848, aff. Chamillé, D. P. 49. 3. 39); — 2° Le propriétaire qui, sans en faire sa spéculation, se borne à vendre les pierres extraites de ses propriétés (ord. cons. d'Ét. 29 janv. 1847, M. Baudon, rap., aff. Delbos, D. P. 47. 4. 362), s'il vend ses pierres brutes, car il a été décidé que le propriétaire qui vend, après les avoir taillées, les pierres extraites de son propre fonds, est sujet à la

---

(1) (Baucq.)— Louis-Philippe, etc.; — Vu la loi du 1er brum. an 7; — Considérant qu'il résulte de l'instruction que le sieur Baucq ne se borne pas à manipuler les fruits de sa récolte, mais qu'il fait entrer, dans sa fabrication de sucre, des betteraves achetées à des tiers; qu'ainsi c'est à tort que le conseil de préfecture du Nord a prononcé la décharge de la patente de fabricant de sucre à laquelle il avait été imposé pour 1837 ; — Art. 1. L'arrêté du conseil de préfecture du Nord, en date du 8 déc. 1837, est annulé. — Art. 2. Le sieur Baucq sera maintenu sur le rôle de la commune de Marchiennes (Nord) à la patente à laquelle il a été imposé pour 1837.

Du 2 août 1838.-Ord. cons. d'Ét.-M. Ladoucette, rap.

(2) *Espèce* :—(Jacquemarcq-Joly et comp.)—Il a été constaté, dans l'espèce, qu'un sieur Bassez avait loué aux sieurs Jacquemarcq et comp., fabricants de sucre de betteraves, pour 500 fr. une partie de terre de la contenance de 46 ares et pour une seule récolte ; que, dans le marché il s'était chargé d'ensemencer ladite terre de betteraves, de les cultiver et de les transporter à l'usine. Le résultat de la récolte, quel qu'il fût, était à la charge des preneurs.

Louis-Philippe, etc.; — Vu la loi du 1er brum. an 7; — Considérant que l'art. 32 de ladite loi n'exempte de la patente que ceux qui manipulent exclusivement les fruits de leur récolte;—Considérant qu'il résulte de l'instruction que les sieurs Jacquemarcq-Joly et comp. ont manipulé des produits autres que ceux provenant de leur récolte, et que, dès lors, c'est avec raison que le conseil de préfecture du Nord a rejeté leur demande en décharge du droit de patente pour l'exercice 1837 ; — Rejette.

Du 18 fév. 1839.-Ord. cons. d'Ét.-M. le Tellier, rap.

(3) (Sourdeau de Beauregard.) — Louis-Philippe, etc. ; — Vu la loi du 1er brum. an 7, art. 29 et 32; l'arrêté du gouvernement du 29 flor. an 8, art. 18; les lois des 25 mars 1817 et 15 mai 1818, art. 64 et 60; la loi du 26 mars 1831 ;—Considérant qu'aux termes de l'art. 29 de la loi du 1er brum. an 7, les laboureurs et cultivateurs sont exemptés de la patente, seulement pour la vente des récoltes et fruits provenant des terrains par eux exploités; que le sieur Sourdeau de Beauregard ne se trouve pas compris dans ladite exemption ; — Qu'il résulte de l'instruction qu'il a été régulièrement placé, en qualité de fabricant de tuile et chaux, à la cinquième classe des patentables désignés par les art. 64 de la loi du 25 mars 1817 et 60 de la loi du 15 mai 1818; — Art. 1. La requête du sieur Sourdeau de Beauregard est rejetée.

Du 1er juin 1843.-Ord. cons. d'Ét.-M. du Berthier, rap.

(4) (Ducaule.) — Louis-Philippe, etc. ; — Vu la loi du 25 avr. 1844 et les tableaux annexés à ladite loi ; — Considérant que les exploitants de carrières sont assujettis à la patente déterminée au tableau C annexé à la loi du 25 avril 1844, et que cette loi n'établit aucune distinction entre ceux qui exploitent des carrières dans leur propre fonds et ceux qui les exploitent dans le fonds d'autrui ;—Considérant qu'il résulte de l'instruction que le sieur Ducaule fait exploiter pour son compte une carrière dans la commune de Saint-Macaire; qu'ainsi c'est à tort que le conseil de préfecture l'a déchargé du droit de patente auquel il avait été imposé pour 1845 ; — Art. 1. L'arrêté du conseil de préfecture de la Gironde du 25 juill. 1845 est annulé. — Art. 2. Le sieur Ducaule sera rétabli au rôle des patentes, pour l'exercice 1845, dans la commune de Saint-Macaire, en sa qualité d'exploitant de carrières.

Du 30 mars 1846.-Ord. cons. d'Ét.-M. Calmon, rap.

patente de piqueur de grès, et non à celle de marchand de pierres taillées (ord. cons. d'Ét. 15 sept. 1847, aff. Joly, D. P. 48. 3. 58), d'où la conséquence que la transformation donne ouverture à la patente, comme on l'a dit au numéro précédent; — 3° Des laboureurs ou cultivateurs qui exploitent des matières pyrito-alumineuses (ord. cons. d'Ét. 8 janv. 1840, M. Saglio, rap., aff. Bergier-Ponsuby); — 4° Le propriétaire qui se borne à vendre la tourbe provenant exclusivement de son fonds, et excédant sa propre consommation (ord. cons. d'Ét. 23 déc. 1835 (1); 3 sept. 1836, M. Villermay, rap., aff. Prioul; 4 nov. 1836, aff. Decocq-Cadick). Dans tous ces cas, il y a vente mais sans manipulation chimique, sans transformation : au contraire l'association formée par plusieurs propriétaires, pour l'exploitation de tourbières à eux appartenant, lorsque l'acte de société a été publié dans les formes prescrites par le code de commerce, a le caractère d'une entreprise commerciale, et, par suite, ils sont imposables à la patente de marchands de tourbes en gros (ord. cons. d'Ét. 4 juill. 1838, M. du Martroy, rap., aff. Friant); — 5° Le propriétaire qui extrait des cendres de sa propriété, lesquelles sont assimilées aux fruits et récoltes : on dirait en vain qu'il n'est ni laboureur ni cultivateur (ord. cons. d'Ét. 8 janv. 1840, M. Saglio, rap., aff. Bergier-Ponsuby);—6° Le pépiniériste qui ne vend que les produits de sa pépinière (ord. c. d'Ét. 31 juill. 1833, M. de Felcourt, r., aff. Noisette; 24 août 1832, M. d'Albon, r., aff. Woogt et Grard; 14 juill. 1838, M. Saglio, r., aff. Plagnol)... Et même le jardinier qui ne vend que des fleurs et des fruits du jardin qu'il cultive (ord. cons. d'Ét. 6 décembre 1836, M. Dutillet, rap., aff. Aldebert)... Toutefois les jardiniers qui ne se bornent pas à vendre les produits de leurs jardins ou pépinières, mais qui de plus achètent des arbustes pour les revendre, n'ont plus droit au bénéfice de la loi (ord. cons. d'Ét., 27 avril 1841) (2).

255. L'exemption ne profite encore qu'à ceux qui exploitent leurs fonds, sans y joindre d'autre industrie, si le cultivateur se livrait tout à la fois à l'agriculture et à une industrie quelconque, il devrait être assujetti à la patente. C'est ainsi qu'il a été jugé qu'un particulier qui, en même temps qu'il se livre aux travaux de l'agriculture, exerce la profession de charpentier, est patentable en cette dernière qualité (ord. cons. d'Ét. 14 janv. 1839) (3).—Mais il faut que l'exercice de cette profession accessoire soit habituel, car il a été jugé, au contraire, que le cultivateur qui, dans la saison où il ne peut employer son attelage à l'exploitation agricole, l'utilise accidentellement à des transports pour le compte d'autrui, ne saurait, à raison de ce fait, être imposé à la patente de voiturier (décr. cons. d'Ét. 5 janv. 1853, aff. Ferrand, D. P. 54. 3. 3).

Art. 4. — *Concessionnaires de mines, propriétaires de marais salants.*

256. Aux propriétaires et fermiers que la loi exonère de la patente lorsqu'ils exploitent leur sol, il faut joindre les concessionnaires de *mines* pour le seul fait de l'extraction et de la vente des matières par eux extraites (L. 25 avril 1844, art. 13, § 4). —La loi de l'an 7 avait été muette à leur égard et cette disposition a été introduite, dans l'intérêt de l'industrie, par l'art. 32 de la loi du 21 avr. 1810, qui porte : « L'exploitation des mines n'est pas considérée comme un *commerce,* » de même que la dispense accordée aux cultivateurs, l'a été dans l'intérêt de l'agriculture. Ces deux priviléges sont fondés sur les besoins publics, ils sont, par conséquent, de droit étroit et ne doivent s'appliquer qu'aux cas expressément prévus par la loi. — V. Mines, n° 270.

257. La question de savoir si la vente, comme l'extraction, dont elle est la conséquence, devait donner lieu à l'exemption de la patente, avait été soulevée sous l'empire des lois antérieures à celle de 1844. La jurisprudence avait admis l'exemption en principe, et il avait été jugé que les dépôts de vente des produits des mines, même au delà des limites de la concession, avaient droit à l'exemption (cons. d'Ét. 7 juin 1836, aff. des mines de Boussagnes; MM. Macarel et Boulatignier, t. 3, p. 509). Pour éviter toutes difficultés, lors de la rédaction de la loi de 1844, on a ajouté aux mots *pour le seul fait de l'extraction*, ceux-ci : *et de la vente*, car, a dit M. le rapporteur, le projet de loi, conformément à la loi du 21 avr. 1810, exempte les concessionnaires de mines, mais seulement pour le fait de l'extraction. Ce serait une vraie déception que de leur permettre d'extraire ce qu'ils ne pourraient pas vendre : nous avons donc ajouté : *et pour la vente des matières par eux extraites.*—Et comme la loi de 1844 n'abroge pas celle de 1810, on doit maintenir, par application du principe, les dispositions de l'ordonnance, qui juge que ceux qui, avant d'avoir obtenu la concession d'une mine, ont été autorisés à vendre les produits extraits dans les travaux de recherche, jouissent de l'exemption de patente accordée par la loi aux concessionnaires (ord. cons. d'Ét. 9 juin 1842) (4); — L'exemption dont il s'agit ici est, au surplus, applicable en quelque lieu que les concessionnaires effectuent la vente de leurs produits (inst. min. 14 août 1844).

258. La loi de 1810 a introduit une disposition spéciale, c'est le maintien de l'exemption alors même qu'il est constitué une société pour l'exploitation de la mine. Ainsi jugé, que l'association entre concessionnaires de différentes mines pour exploiter et vendre en commun le produit de leurs mines, ne donne point lieu à la patente (ord. cons. d'Ét. 7 juin 1836, aff. mines de Boussagnes.—Conf. MM. Macarel et Boulatignier, n° 509).—Mais il a été décidé que l'exemption de patente accordée à l'exploitation des mines ne s'étend pas à l'exploitation des mines étrangères. — Ainsi, celui qui fait en France un commerce des produits des mines étrangères, en qualité de gérant de la compagnie qui exploite ces mines, est assujetti à la patente (ord. cons. d'Ét. 10 août 1844, aff. Levainville, D. P. 45. 3. 72).

259. Les observations qui ont donné lieu à la rédaction de

---

(1) (Lefebvre.) — Louis-Philippe, etc.; — Vu la loi du 1er brum. an 7, et le tarif y annexé; — Considérant que la loi du 1er brum. an 7 exempte de la patente les propriétaires et cultivateurs faisant la vente des fruits provenant exclusivement de leurs fonds; et que ces fonds sont déjà soumis à l'impôt foncier; — Que le sieur Lefebvre se borne à vendre la tourbe provenant exclusivement de son fonds et excédant sa propre consommation; — Art. 1. L'arrêté du 5 fév. 1835, rendu par le conseil de préfecture du Pas-de-Calais, est annulé. — Art. 2. Il sera fait remboursement au sieur Jean-Baptiste Lefebvre de la somme par lui indûment payée.

Du 23 déc. 1835.-Ord. cons. d'Ét.-M. de Cafarelli, rap.

Nota. Même jour, arrêt semblable, affaire Philippe Lefebvre.

(2) (Min. des fin. *C.* Gaujard, etc.) — Louis-Philippe, etc.; — Vu la loi du 1er brum. an 7 et le tarif annexé; — Considérant qu'il résulte de l'instruction que les requérants ne se bornent pas à vendre les produits de leurs jardins ou pépinières, mais qu'ils achètent habituellement des arbustes pour les revendre immédiatement; que, dès lors, ils ne rentrent pas dans l'exception prévue par l'art. 29, n° 2, de la loi du 1er brum. an 7; — Considérant que, aux termes de l'art. 35 de ladite loi, les commerce, profession et industrie qui ne sont pas désignés dans le tarif doivent être rangés dans la classe comprenant ceux avec lesquels ils ont le plus d'analogie; qu'il y a lieu d'assimiler la profession des réclamants à celle d'herboriste; — Qu'ainsi c'est à tort que le conseil de préfecture de l'Indre, par ses arrêtés du 4 sept. 1839, a déchargé les sieurs Gaujard et consorts de la patente de sixième classe du tarif annexé à la loi du 1er brum. an 7; — Art. 1. Les arrêtés du conseil de préfecture de l'Indre, du 4 sept. 1839, sont annulés. — Art. 2. Les sieurs Gaujard (Adam), Gaujard-Coulon (Louis), Gaujard-Coulon (Claude) et Plasseau-Lagoutte, seront maintenus à la patente de sixième classe pour l'année 1838.

Du 27 avril 1841.-Ord. cons. d'Ét.-M. Louyer-Villermay, rap.

(3) (Tellier.)—Louis-Philippe, etc.;—Vu la loi du 1er brum. an 7;—Considérant qu'il résulte de l'instruction que le sieur Tellier exerce la profession de charpentier; et que, dès lors, c'est avec raison qu'il a été maintenu à la patente de cinquième classe, conformément au tarif annexé à la loi du 1er brum. an 7.—Rejette.

Du 14 janv. 1839.-Ord. cons. d'Ét.-M. Letellier, rap.

(4) (Bonnet et Desmartins.) — Louis-Philippe, etc.;—Considérant qu'aux termes de l'art. 32 de la loi du 21 avril 1810 et dans un intérêt général, l'exploitation des mines n'est pas considérée comme un commerce et n'est pas sujette à la patente, mais qu'elle est seulement soumise à des redevances déterminées par la loi; — Que, dans l'espèce, les sieurs Bonnet et Desmartins ont été autorisés, par arrêté du préfet, en date du 10 juillet 1839, à disposer du produit des recherches par eux faites, et que, dès lors, aux termes de l'art. 32 de la loi du 21 avril 1810, ils n'étaient pas sujets à la patente : — Art. 1. Les conclusions de notre ministre des finances sont rejetées.

Du 9 juin 1842.-Ord. cons. d'Ét.-M. de Condé, rap.

l'art. 18 de la loi du 18 mai 1850 (V. n° 252) s'appliquent à l'exploitation des mines et aux transformations subies par les matières extraites et pratiquées au moyen d'agents chimiques, de machines ou ustensiles.—C'était déjà ce que décidait l'administration sous la loi de 1844. Ainsi, le concessionnaire qui se livre à des manipulations autres que celles nécessaires pour la première mise dans le commerce des matières extraites, doit être imposé comme fabricant des produits résultant de ces manipulations (instr. min. 14 août 1844).

260. Mais si, au lieu d'une transformation, les matières extraites ont seulement subi une préparation nécessaire pour opérer la vente, le droit à l'exemption devra être maintenu. — On a donc jugé avec raison: 1° que la compagnie concessionnaire d'une exploitation de mine de houille ne devient pas sujette à patente par cela seul qu'elle convertit en coke les charbons qu'elle a extraits, pour les vendre sous cette forme nouvelle (ord. cons. d'Ét. 21 janv. 1847, M. Baudon, rap., aff. comp. des mines de Chaney, D. P. 47. 3. 98; 22 fév. 1851, aff. des mines de la Loire, D. P. 52. 5. 407); — 2° Qu'on doit admettre le droit à l'exemption du propriétaire qui se borne à extraire, laver et vendre le minerai provenant de terres à mines qui lui appartiennent (ord. cons. d'Ét. 26 avr. 1847, aff. Morris).

261. L'art. 13, § 4, de la loi de 1844 ne s'appliquant qu'aux mines, il faut conserver la distinction que nous avons établie entre les mines et les minières non-concessibles (V. Mines, n° 607 et s.), les premières seules sont exemptes de tout droit de patente, les minières, au contraire, sont assujetties au droit fixe de 3 fr. par chaque ouvrier, et il y a lieu de soumettre à la patente d'exploitant de minières non-concessibles l'individu qui fait extraire habituellement d'un domaine dont il est fermier du minerai de fer qu'il vend ensuite aux maîtres de forges (ord. cons. d'Ét. 25 juill. 1848, aff. Martonnaud).

262. Les dispositions qui favorisent les propriétaires de mines ne sont point non plus applicables à ceux qui fabriquent des tourbes carbonisées : ces derniers sont soumis à un droit fixe de 25 fr.

263. L'exemption dont jouissent les concessionnaires de mines pour certaines manipulations des produits de la mine (V. n° 260), s'applique aussi aux *marais salants* où se préparent les *sels* raffinés (art. 13, § 4, de la loi de 1844). C'est ce qui a été jugé sous la loi du 6 fruct. an 4 (Rej. 22 mess. an 8) (1) et ce qui doit l'être encore aujourd'hui.—Ainsi, il a été jugé que le propriétaire de marais salants qui, au lieu de vendre son sel tel qu'il l'extrait des salines, le soumet au préalable à la pulvérisation, n'est pas sujet à la patente de raffineur, à raison de cette préparation (ord. c. d'Ét. 31 mars 1847, M. Roux, rap., aff. Agard, D. P. 47. 3. 98), non plus que les concessionnaires de sources d'eaux salées, lorsqu'ils procèdent par l'évaporation au dégagement du sel (ord. cons. d'Ét. 20 août 1847, aff. Boisot, D. P. 48. 3. 58; 3 janv. 1848, aff. Noel; 21 avril 1848, aff. Moreau, D. P. 48. 3. 75; 2 mars 1849, aff. Mijonnet, D. P. 49. 3. 69). Ce ne sont pas là, en effet, des manipulations pratiquées à l'aide d'agents chimiques.—Mais le droit à l'exemption ne saurait être maintenu, selon nous, et ce par application de l'art. 18 de la loi de 1850 précitée, si le sel est employé à la fabrication de produits chimiques, tels que les sulfates, carbonates de soude, etc., et les chlorures de toute nature.

264. Bien que la loi de 1844 ne parle que des « propriétaires ou fermiers de marais salants, » néanmoins, les concessionnaires de sources d'eaux salées jouissent aussi de l'exemption de patente, par assimilation aux concessionnaires de mines, encore qu'ils vendent leurs produits dans un lieu autre que celui de l'exploitation des sources. Il en est de même des sociétés formées pour cette exploitation. En conséquence, le concessionnaire d'une source d'eaux salées (ou la société formée pour son exploitation) qui exerce en même temps une seule industrie sujette à patente, doit être imposé à la patente de cette dernière industrie seulement (ord. cons. d'Et. 9 mars 1853, aff. Noel, D. P. 53. 3. 34).

265. On doit encore décider, sous la loi de 1844, comme sous celle de l'an 7, que les salins du Midi présentant les mêmes caractères que les marais salants, doivent jouir comme eux de l'exemption du droit de patente, conformément à l'avis du conseil d'État, du 25 flor. an 8, interprétatif de la loi du 1er brum. (ord. cons. d'Ét. 12 août 1828, M. Feutrier, rap., aff. Bazin).

Art. 5. — *Ouvriers*.

266. La loi de l'an 7 n'avait exempté les *ouvriers* de la patente qu'autant qu'ils travaillaient pour autrui dans les maisons, ateliers, boutiques de ceux qui les employaient (V. Industrie et commerce, n° 100). Tout ouvrier travaillant chez lui était assujetti à la patente. La loi de 1844 introduisit une disposition toute nouvelle en exemptant de la patente « les ouvriers travaillant chez eux ou chez les particuliers, sans compagnons, apprentis, enseigne ni boutique, et en ne considérant point comme compagnons ou apprentis la femme travaillant avec son mari, ni les enfants non mariés travaillant avec leurs père et mère, ni le simple manœuvre dont le concours est indispensable à l'exercice de la profession » (art. 13-6°). M. Demesmay avait même demandé qu'on autorisât l'ouvrier à avoir auprès de lui un apprenti, mais le manœuvre seul a été admis. Ainsi, un *repasseur* qui a un tourneur de roue, le tisserand qui a un tireur ou un lanceur de navettes, le maçon, le couvreur qui sont toujours accompagnés d'un garçon n'ont à acquitter aucun droit de patente, et, comme l'a dit M. Odilon-Barrot, il n'y a que l'emploi du compagnon superflu qui puisse priver l'ouvrier de l'exemption de la patente. « Il est des professions, a dit M. le rapporteur, qu'un homme seul ne peut exercer, et qui exigent impérieusement la force simultanée de deux personnes au moins. Si la loi n'exempte que l'ouvrier qui travaille sans compagnon, ni apprenti, ces professions ne seront-elles pas privées de l'exemption commune ? On cite des villes où presque toute la population ouvrière se trouverait ainsi, contre votre gré, soumise à la patente. A la vérité, l'administration répond que l'exclusion d'un compagnon et d'un apprenti n'entraîne pas celle d'un simple manœuvre; que le compagnon est un ouvrier qui a satisfait à certaines épreuves, que l'apprenti n'est réputé tel que s'il a contracté un engagement d'apprentissage, tandis que le simple manœuvre n'est pour ainsi dire qu'un instrument, un outil, qui ne doit jamais être imposé. Cette distinction est juste, et il paraît qu'en fait elle est observée par l'administration : dès lors, pourquoi ne pas l'inscrire dans la loi ? Il faut éviter toute équivoque, tout sujet de contestation : ce que la loi peut prévoir et régler, il faut le lui faire dire. Il n'est pas nécessaire d'ajouter que cette tolérance (celle de se faire aider par un manœuvre) ne doit être accordée qu'à l'ouvrier qui emploie un seul manœuvre, et non à celui qui en emploierait plusieurs. » —Il ne faut pas confondre, ainsi que le disait le rapporteur, avec le simple manœuvre, le *compagnon* ni l'apprenti. Toutefois si ce compagnon ou cet apprenti tenait la place du manœuvre sans l'aide duquel la profession ne pourrait être exercée, l'exemption n'en devrait pas moins être accueillie.—Le droit auquel étaient soumis les ouvriers sous l'empire de la loi de l'an 7 était de 4 fr., terme moyen : la disposition qui les en exempte impose au trésor un sacrifice de 800,000 fr. profitant à 200,000 ouvriers. C'est un dégrèvement qui a donc une certaine importance.—La loi ne s'occupe non plus ni de l'*âge* ni du *nombre* des enfants. Le projet portait *ni les enfants mineurs*; la commission a proposé de substituer à ce dernier mot ceux de *non mariés*. Ainsi tant qu'un fils travaille chez son père, ouvrier, l'exemption de la patente est due. La pensée d'amélioration de position pour la classe ouvrière était telle de la part du gouvernement, que le projet portait après ces mots *travaillant chez leur père et chez leur mère* : ceux-ci : *tuteur* ou *curateur*; ces mots ont été supprimés sur la proposition de la commission, qui n'a vu aucun motif plausible pour faire profiter les tuteurs et curateurs du bénéfice de la collaboration de leurs pupilles : la commission a même exprimé la crainte que cette faculté, si elle était maintenue, donnât lieu à des abus.

(1) (Vidal.) — Le tribunal; — Vu l'art. 19 de la loi du 6 fruct. an 4; — Considérant que cette loi n'assujettit point expressément au droit de patente ceux qui exploitent des marais salants; et qu'il y a d'ailleurs de l'analogie entre les travaux de ceux qui les exploitent, et ceux des cultivateurs exemptés par l'art. 19 cité; d'où il suit qu'il n'y a dans le jugement du tribunal civil des Bouches-du-Rhône du 27 therm. an 7, aucune contravention directe à la loi.—Rejette, etc.

Du 22 mess. an 8.-C. C., sect. civ.-MM. Tronchet, pr.-Oudot, rap.

267. La jurisprudence ne laisse plus d'incertitude sur tous ces points, et c'est en ce sens qu'il a été jugé : 1° que l'ouvrier cordonnier qui travaille seul chez lui sans compagnons, apprentis, enseigne ni boutique, doit jouir de l'exemption accordée par l'art. 13, § 6, de la loi du 25 avr. 1844, lors même qu'il travaillerait pour son propre compte et non pour celui d'un maître (ord. cons. d'Ét. 26 avr. 1847, aff. Guérard, D. P. 47. 4. 359); — 2° Que l'exemption de patente accordée aux ouvriers travaillant chez eux ou chez les particuliers, sans compagnons, apprentis, enseigne ni boutique, est applicable aux ouvriers qui, achetant eux-mêmes les matières premières et travaillant pour leur propre compte, vendent au public les produits de leur travail (cons. d'Ét. 25 mai 1850, aff. Gaucherot, D. P. 52. 5. 408); — 3° Que le menuisier qui travaille avec le concours de ses fils non mariés doit être considéré comme travaillant sans compagnons ni apprentis, et jouit, par suite, de la réduction de moitié résultant de l'art. 20 de la loi du 18 mai 1850 (cons. d'Ét. 23 avr. 1852, aff. Clémot, D. P. 52. 5. 406); — 4° Qu'on doit décider de même à l'égard d'un maréchal ferrant, travaillant sans compagnon ni apprentis, bien que son atelier soit situé sur la voie publique (ord. c. d'Ét. 8 avr. 1847, aff. Boisgontier, D. P. 47. 4. 359).—C'est en ce sens que l'administration des contributions, dans sa circulaire générale, reconnait qu'un ouvrier tisseur est exempt s'il travaille seul, ou s'il ne travaille qu'avec sa femme et ses enfants non mariés, pour le compte d'un fabricant qui lui fournit les matières premières, soit que les métiers lui appartiennent, soit qu'ils appartiennent au fabricant qui l'emploie (circ. dir. gén. 14 août 1844).

268. Mais il a été décidé, au contraire, que l'ouvrier qui occupe un atelier dans lequel il emploie d'autres ouvriers, bien qu'il travaille dans son domicile pour des marchands ou fabricants, doit être imposé à la patente comme marchand ou fabricant lui-même (ord. cons. d'Ét. 14 janvier 1839, M. Mauzé, rap., aff. Sandré) : cette décision, rendue sous la loi de l'an 7, doit encore être suivie aujourd'hui.

269. L'art. 20 de la loi du 18 mai 1850 a encore accordé une faveur à certains patentables. Cet article dispose : « Les patentables des quatre dernières classes du tableau A, annexé à la loi du 25 avril 1844, et du tableau D, annexé à la présente loi, qui exercent pour leur compte des professions consistant en un travail de fabrication, confection ou main-d'œuvre, ne seront imposés qu'à la moitié des droits, lorsqu'ils travailleront sans compagnon ni apprenti. »—V. à cet égard, n° 14.

270 La loi du 1er brum. an 7 exigeait que l'insculpation du poinçon des fabricants de matières d'or et d'argent n'eût lieu que sur la présentation d'une patente de deuxième classe; mais comme cette patente eût été trop élevée pour les bijoutiers à façon en chambre, on les admit à justifier seulement d'une patente de sixième classe (décis. min. fin. 7 sept. 1841).—L'administration des contributions indirectes a indiqué en ces termes ce qu'elle entendait par ouvriers à façon : « Les bijoutiers à façon sont ceux qui ne travaillent que pour le compte des fabricants proprement dits, dont ils reçoivent la matière première; ne faisant personnellement ni achat, ni vente de matières ou objets d'or et d'argent, ils n'ont aucun bénéfice à espérer et ne retirent de leur travail que le prix de leur temps et leur main-d'œuvre (lett. au direct. de la Seine, 17 sept. 1841).—La loi de 1844 a placé dans la septième classe les bijoutiers, joailliers ou orfèvres à façon.

Art. 6. — *Propriétaires de maisons.*

271. La loi du 1er brum. an 7 n'avait rien décidé à l'égard des propriétaires louant tout ou partie de leur habitation, mais la jurisprudence les avait exonérés de la patente en décidant que l'exemption devait être accordée : 1° au propriétaire qui loue accidentellement à un militaire, puis ensuite à deux amis un appartement garni, et qui justifie que cet appartement a été, immédiatement après, loué en vertu d'un bail, à une personne qui l'a meublé (ord. cons. d'Ét. 14 août 1837, M. Saglio, rap., aff. Rousseau); — 2° A un propriétaire qui, pendant sa résidence à la campagne, a loué son appartement meublé à un ami, qui, lui-même, à son départ, l'a sous-loué à une autre personne, dès qu'il ne résultait pas de l'instruction qu'il loue des appartements meublés (ord. cons. d'Ét. 26 juill. 1837, M. Saglio, rap., aff. Guillermet).

272. La loi de 1844, art. 13, § 4, a réparé cette omission, elle a accordé expressément l'exemption de la patente aux « *propriétaires* et *locataires* louant accidentellement une partie de leur habitation personnelle » — Ainsi les *logeurs* aux eaux et, par analogie, tous les propriétaires qui ne louent en garni qu'accidentellement et pour une seule saison de l'année, tout ou partie de leur maison d'habitation, ne sont pas assujettis à la patente. C'est ce qui était déjà passé en jurisprudence avant la loi de 1844. — Il a été décidé, notamment, que le propriétaire qui, pendant la saison des eaux, loue en garni une partie de sa maison aux étrangers, n'est pas assimilé à un maître d'hôtel garni, lorsqu'il ne donne pas à manger à ses locataires (ord. cons. d'Ét. 7 janv. 1842, M. Richaud, rap., aff. Ferras; 17 déc. 1847, aff. Lavenèze; 5 août 1848, aff. Dumoret; 22 janv. 1849, aff. Filhastre).

273. Mais doit-on imposer à la patente celui qui ne se contente pas de louer tout ou partie de son habitation, mais qui encore, dispose d'autres logements pour les visiteurs? La discussion à la chambre des députés a été pour l'affirmative, qui, du reste, était déjà admise sous la loi de l'an 7. — Il a été décidé, en effet, qu'on doit considérer, soit comme logeur en garni, soit comme maître d'hôtel garni, celui qui fait bâtir ou meubler des maisons ou portions de maisons qu'il n'habite pas, et qu'il consacre à être louées à des étrangers pendant la saison des eaux (ord. cons. d'Ét. 23 mai 1844, M. Lavenay, rap., aff. Taverne; 24 janv. 1845, M. Gauthier d'Uzerches, rap., aff. Verdalle, aff. Trescases, aff. Saint-Paul, aff. Raigot, aff. Boudre, aff. Fourmont, aff. Ferrère; 12 juin 1845, M. de Lavenay, rap., aff. Azémar, aff. Barrau, aff. Huguet, aff. Margaton, aff. Oustan, aff. Saulesat).

274. La disposition du § 4 de l'art. 13 doit être entendue uniquement en ce sens, que les seuls propriétaires ou locataires auxquels s'applique l'exemption, sont ceux qui se restreignent dans leur habitation personnelle pour en louer une partie pendant un temps de courte durée, soit pour le temps des eaux, soit pour le temps des foires, soit par suite d'autres circonstances, tandis qu'elle ne s'applique pas à ceux qui louent, toute l'année, tantôt à une personne, tantôt à une autre, une partie de leur maison garnie, ni à ceux qui, dans les villes de garnison, louent habituellement des chambres aux officiers (instr. min. 14 août 1844).—Aussi est-ce avec raison qu'on a jugé : 1° sous la loi de l'an 7, que le fait d'un propriétaire de louer à l'année ou au mois des chambres garnies dans sa maison (située dans une ville), constitue la profession de logeur, et, par suite, l'assujettit à la patente (ord. c. d'Ét. 23 avr. 1832)(1);—2° sous la loi de 1844, qu'il en est de même du propriétaire qui loue habituellement au mois, dans sa maison, des appartements garnis, outre les gros meubles, de tous les objets accessoires, et qui fournit d'ailleurs, au besoin, le service de domesticité (ord. cons. d'Ét., 14 juin 1847, aff. Lebeaupin); — 3° Qu'on doit soumettre à la patente de loueur en garni celui qui loue habituellement dans sa maison des appartements garnis, surtout lorsque ces appartements sont indépendants de son habitation personnelle (ord. cons. d'Ét., 24 janv. 1845, M. Gauthier d'Uzerches rap., 25 ordonnances semblables, aff. Trou, etc; 5 janv. 1847, M. Perrot de Chezelles, rap., aff. Pavin).

275. En effet, dans ces divers cas, les particuliers qui font ainsi une spéculation habituelle de leurs maisons ou de leurs logements doivent être considérés comme logeurs en garni et imposés comme tels (instr. dir. gén. du 14 août 1844).

(1) (Min. des fin. C. Guyot.) — Louis-Philippe, etc.; — Vu la loi du 1er brum. an 7; — Vu une instruction réglementaire du 30 fruct. an 11; l'art. 475 c. pén., §2; — Considérant que, de son propre aveu, la dame Guyot loue, à l'année ou au mois, des chambres garnies dans sa maison, et que ce fait constitue la profession de logeuse, profession sujette à patente; — Art. 1. L'arrêté du conseil de préfecture de la Haute-Garonne, du 31 déc. 1831, est annulé.

Du 23 avril 1832.-Ord. cons. d'Et.-M. Coulmann, rap.

ART. 7.—*Préposés particuliers, Capitaines de navire.*

276. Au nombre des individus que la loi affranchit de la patente comme préposés recevant un traitement ou des gages du véritable patentable, nous trouvons en première ligne les *capitaines de navire* de commerce ne naviguant pas pour leur compte. — Les armateurs étant seuls compris dans les tarifs des lois sur ces patentes (V. nos 41 et s.), il s'ensuit qu'on ne peut appliquer les dispositions qui les concernent aux capitaines de navires.

277. La loi et la jurisprudence antérieures à la loi de 1844 avaient consacré ce principe, que les marins auxquels est confié le commandement d'un bâtiment n'étant employés que temporairement, ne pouvaient dès lors être regardés que comme des agents qui reçoivent des salaires; d'où il avait été jugé qu'un capitaine au long cours n'étant point armateur ne saurait être assujetti à la patente (ord. cons. d'Ét., 18 avr. 1825, M. Jauffret, rap., aff. Vacquerie). — Les motifs de cette décision se trouvent relatés dans le décret du 25 oct. 1806 qui porte : «Considérant 1° que les capitaines de bâtiments naviguant au petit cabotage, ou les patrons de barques faisant la pêche, ne sont portés dans aucune des classes du tarif des patentes, quoique les propriétaires des bâtiments faisant le petit cabotage soient assujettis au droit de patente, et compris dans la troisième classe du tableau annexé à la loi du 6 fruct. an 4; 2° que les marins auxquels est confié le commandement de ces bâtiments n'étant employés que temporairement ne peuvent et ne doivent être regardés que comme des agents qui reçoivent des salaires; notre conseil d'État entendu, nous avons décrété et décrétons ce qui suit : les marins qui commandent des navires ou barques faisant le petit cabotage ou la pêche ne sont pas assujettis au droit de patente pour le fait de ce commandement.»

278. Viennent ensuite, dans les exemptions légales (art. 13, § 6) comme préposés particuliers : « Les *commis* et toutes les personnes travaillant à gages, à façon et à la journée, dans les maisons, ateliers et boutiques des personnes de leur profession.»

279. Avant comme après la loi de 1844, la question de savoir ce qu'il faut entendre par *commis* a été souvent agitée, car quelquefois de véritables commissionnaires cherchaient à échapper à la patente en se prétendant les simples représentants de maisons de commerce. —Une jurisprudence constante a déclaré qu'on devait exempter comme commis : 1° l'employé d'une maison de commerce que l'instruction reconnaît n'avoir point d'autre qualité (ord. cons. d'Ét. 7 juin 1836, M. Louyer-Villermay, rap., aff. Moyse-Montel); — 2° Celui qui, moyennant appointements fixes, vend des marchandises dans le lieu de sa résidence pour le compte et au nom d'une maison de commerce établie dans une autre ville (ord. cons. d'Ét. 3 sept. 1846, M. Roux, rap., aff. Soupir, D. P. 47. 3. 96; 21 mai 1847, M. Raoul-Tournouer, rap., aff. Daumas); — 3° L'individu qui se borne à effectuer des achats de marchandises pour la maison de commerce à laquelle il est attaché, sans faire aucune opération de commerce pour son propre compte ou pour le compte d'autres personnes (ord. cons. d'Ét. 30 juin 1842, M. Pichon, rap., aff. Plessis; 20 août 1847, aff. Morin, D. P. 48. 3. 47; 31 mai 1848, aff. Barthélemy); — 4° L'individu qui se borne à faire dans les campagnes des achats de grains pour le compte et d'après les ordres d'un marchand de grains patenté (ord. cons. d'Ét. 30 juin 1842, M. de Condé, rap., aff. Charbault); — 5° Celui dont l'industrie consiste à solliciter dans le lieu de sa résidence des commandes de sucre pour une maison dont il reçoit des appointements fixes (ord. cons. d'Ét. 26 mai 1845, aff. Collet); — 6° Celui qui se borne à confectionner pour le compte d'un seul commerçant et avec les matières premières de celui-ci (ord. cons. d'Ét. 23 août 1848, aff. Baudin, D. P. 49. 3. 3); — 7° Le particulier qui, moyennant un droit de commission, vend à Paris des meules pour un marchand habitant dans un département (ord. cons. d'Ét. 22 fév. 1838, aff. Bourgoin); — 8° Les agents des compagnies d'assurance (ord. cons. d'Ét. 4 nov. 1835, M. du Martroy, rap., aff. Debussac; MM. Macarel et Boulatignier, Fortune publ., p. 167); — 9° Celui qui a des appointements fixes, alors même qu'il a en outre une remise proportionnelle ou commission sur les affaires par lui traitées (ord. cons. d'Ét. 29 nov. 1848, aff. Boquet), ou qui a un intérêt dans les bénéfices de cette maison (ord. cons. d'Ét. 5 mars 1852, aff. Moinat, D. P. 52. 3. 400. —Conf. 27 fév. 1836, M. Robillard, rap., aff. Gilly); — 10° Le frère d'un commerçant qui reçoit un traitement fixe dans le cas où les bénéfices nets de la maison ne dépassent pas une somme déterminée, qui ne prend qu'à 5 pour 100 l'intérêt de ses fonds, qui ne participe pas aux pertes, et dont le nom ne figure pas dans la raison de commerce (ord. cons. d'Ét. 12 avril 1838, M. du Martroy, rap., aff. Bethfort; M. Foucart, t. 2, n° 96); — 11° Le gérant d'une maison de commerce, alors qu'une procuration authentique du propriétaire lui donne cette qualité, et qu'aucun acte n'établit qu'il y ait une société de commerce entre eux (ord. cons. d'Ét. 20 janv. 1819, M. Bérard, rap., aff. Dumontel et Descombes); — 12° Le fils qui gère pour son père une brasserie, s'il résulte de l'instruction, et non du rapport de l'inspecteur des contributions directes, que cette brasserie est réellement exploitée par le père (ord. cons. d'Ét. 24 avril 1837, M. de Luçay, rap., aff. Flament); — 13° Le fils mineur qui exploite une maison de draperie pour le compte de son père (ord. cons. d'Ét. 7 avril 1846, M. Roux, rap., aff. Jourdan); — 14° Les individus qui justifient par acte authentique qu'ils sont simplement les gérants ou mandataires, mais non les associés d'une maison de commerce (ord. cons. d'Ét. 14 janv. 1839, aff. Tellier).

280. Au contraire, en règle générale, d'après la jurisprudence, on peut considérer comme commissionnaire, et non comme simple commis, celui qui fait habituellement des achats et des ventes, soit en gros soit en détail, pour le compte de plusieurs maisons de commerce françaises ou étrangères, qui fait comme agent de plusieurs fabriques le placement de leurs produits moyennant un droit de commission, qui procure des commandes à des maisons de commerce établies dans d'autres localités que celle de sa résidence, qu'il ait ou non des comptoirs ou des magasins, que les marchandises lui passent par les mains ou soient expédiées directement sans son intermédiaire, qu'il agisse ou non en vertu d'une procuration à ses risques et périls ou aux risques des mandants, quand bien même des certificats émanés des chefs de ces maisons attesteraient qu'il est leur commis à appointement fixes (ord. cons. d'Ét., 26 juin 1835, aff. Truffier; 28 juin 1835, aff. Bucelle; 7 août 1835, aff. Bucelle; 16 nov. 1836, aff. Halley; 2 juill. 1847, aff. Duprat; 24 mars 1849, aff. Yvonnet Fenouilhet); — Et spécialement 1° celui qui tient un magasin de livres et qui fait des opérations qui constituent la profession de libraire doit être porté comme libraire au rôle des patentes, quand bien même il articulerait qu'il n'est que le commis de plusieurs maisons pour qui il opère et non libraire pour son compte personnel, s'il est constant qu'il bénéficie sur la vente des livres (ord. cons. d'Ét., 9 févr. 1844, M. Frémy, rap., aff. Brenon); — 2° Que celui qui se charge du placement de marchandises (spécialement du placement de vins) pour plusieurs maisons de commerce doit être imposé à la patente de commissionnaire en marchandises : vainement prétendrait-il n'être que le commis salarié des maisons dont il place les produits (ord. cons. d'Ét., 12 juin 1845, M. de Bernon, rap., aff. Perrodin); — 3° Celui dont l'industrie consiste à procurer des commandes à des maisons de commerce de vins en gros, résidant dans différentes localités, alors même qu'il produirait des certificats émanés des chefs de ces maisons, et portant la déclaration qu'il est bien réellement leur commis (ord. cons. d'Ét. 5 juin 1845, M. Aubernon, rap., aff. Degoulet); — 4° Celui qui, dans les campagnes, achète des vins en gros pour le compte des marchands des villes (ord. cons. d'Ét. 18 mars 1842, M. du Berthier, rap., aff. Mouton); — 5° Celui qui, agent de plusieurs fabriques, place leurs produits moyennant un droit de commission (ord. cons. d'Ét. 1er fév. 1844, M. de Lavenay, rap., aff. Wateau); — 6° Celui qui, bien que n'ayant ni comptoir, ni magasin dans la ville qu'il habite, vend en gros et place des marchandises pour le compte de plusieurs maisons de commerce établies dans d'autres villes (ord. cons. d'Ét. 12 mars 1846, M. Calmon, rap., aff. Carrère; 12 mars 1847, M. Raoul Tournouer, rap., aff. Lezat).

281. Ainsi le caractère de commis disparaît toutes les fois qu'un individu agit dans un intérêt personnel, bien qu'il représente une maison de commerce; à plus forte raison doit-on approuver les ordonnances desquelles il résulte : 1° que lorsqu'un fils fabrique des tuiles dans une tuilerie indivise avec son père et que ses intérêts et sa fabrication sont distincts, il doit, comme son père, être soumis à la patente de fabricant de tuiles (ord. cons. d'Ét., 12 avr. 1844, M. Jahan, rap., aff. Lefèvre); — 2° Que, bien que le père et le fils résident ensemble, le fils doit être considéré comme exerçant pour son compte personnel la profession de son père, et, dès lors, imposé à la patente, s'ils voyagent séparément et salarient séparément l'ouvrier qu'ils occupent (ord. cons. d'Ét., 14 janv. 1839, M. Brière, rap., aff. Ariès).

282. Sous la dénomination d'*employés*, on doit comprendre les *surnuméraires* de même que les employés rétribués, et l'on doit admettre au bénéfice de l'exemption tous les commis et *gens à gages* fixes annuels, mensuels et journaliers, alors même que les fonctions qui leur sont confiées sont susceptibles de se concilier avec la résidence hors des magasins ou bureaux de ceux qui les emploient (M. Dufour, n° 2004). — C'est en ce sens qu'il a été jugé que celui qui réside dans une autre ville que celle où est située une maison de consignation à laquelle il se prétend attaché, mais qui ne prend en réalité, par lui-même, livraison d'aucune marchandise, qui ne reçoit aucune consignation et ne fait aucune expédition de marchandises, et dont toutes les opérations consistent à solliciter pour la maison, dont il reçoit des appointements fixes, indépendants de toute chance de pertes ou de gains, des consignations de marchandises dirigées sur cette maison par les fabricants eux-mêmes, n'est qu'un simple commis non patentable (ord. cons. d'Ét. 18 juill. 1838, aff. Florens; 16 mai 1844, aff. Ponsin).

ART. 8. — *Des Marchands ambulants et autres professions diverses.*

283. Il est des industries qui, par leur peu d'importance, ne pourraient supporter sans ruine l'impôt de la patente. Ce sont plutôt des moyens de vivre chaque jour que de véritables industries; aussi la loi de 1844 a-t-elle pris le soin d'exempter (art. 13, § 6 *in fine*) « les personnes qui vendent en ambulance dans les rues, dans les lieux de passage et dans les marchés, soit des fleurs, de l'amadou, des balais, des statues et figures en plâtre, soit des fruits, des légumes, des poissons, du beurre, des œufs, du fromage et autres menus comestibles; » mais ce ne serait qu'autant que ces personnes se livreraient exclusivement aux industries désignées par la loi; si, aux menus comestibles, ils joignaient des marchandises d'une autre nature et non exemptées, la patente serait due. — On a même jugé, mais avec un peu trop de rigueur peut-être, que l'exemption de patente accordée à ceux qui vendent des denrées en ambulance dans les rues, ne profite pas aux personnes qui transportent ces denrées d'une ville dans une autre pour les vendre au marché (ord. cons. d'Ét. 18 nov. 1847, aff. Potel, D. P. 48. 3. 59).

284. L'art. 14 de la loi du 25 avril 1844 dispose : « Tous ceux qui vendent en ambulance des objets non compris dans les exemptions déterminées par l'article précédent, et tous marchands sous échoppe ou en étalage sont passibles de la moitié des droits que payent les marchands qui vendent les mêmes objets en boutique. — Toutefois cette disposition n'est pas applicable aux bouchers, épiciers ou autres marchands ayant un étal permanent ou occupant des places fixes dans les halles et marchés. » La loi de l'an 7 contenait une disposition analogue (art. 29-10°), sauf l'exception relative aux bouchers, épiciers ou autres marchands ayant un étal permanent. — Néanmoins la jurisprudence décidait que les bouchers n'en sont pas moins imposables, bien qu'ils fassent leur commerce sur des étaux (ord. cons. d'Ét. 22 fév. 1821, M. Villemain, rap., aff. Lavigne). — Lors de la discussion de la loi de 1844, on a agité la question de savoir si la disposition de l'art. 14 était applicable aux marchands occupant des places fixes dans les marchés qui ne s'ouvrent que certains jours de la semaine. M. le rapporteur a fait observer que les marchands qui fréquentent les marchés ont presque tous un domicile où ils exercent leur profession et qu'ils sont par conséquent patentés; quant à ceux qui n'ont pas de domicile, qu'ils vont de marché en marché et vendent en réalité chaque jour de la semaine. — Aussi la circulaire de la direction générale du 14 août 1844 dit-elle expressément que dans ce dernier cas le droit entier doit être exigé « même lorsque les marchés ne seraient ouverts que certains jours de la semaine, la loi ne faisant aucune distinction à cet égard. » — Il a été jugé, par application de l'art. 14 de la loi de 1844, qu'un boucher ne peut obtenir la réduction de son droit de patente au demi-droit, en qualité de boucher sous échoppe, lorsqu'il exploite son négoce dans un étal établi en permanence à la halle (ord. cons. d'Ét. 2 juill. 1847, aff. Lognos, D. P. 47. 4. 355).

285. Dans un but d'intérêt général, l'art. 13, § 5, affranchit aussi de la patente les *associés en commandite* (V. n° 303), les *caisses d'épargne* et de prévoyance administrées gratuitement, les *assurances mutuelles* régulièrement autorisées.

286. Enfin les professions et établissements affranchis de la patente par l'art. 13 de la loi de 1844 sont : les *éditeurs* de feuilles périodiques (§ 3). — Avant la loi de 1844, il avait été décidé que l'administration du journal les Petites-Affiches n'est pas de nature à être assujettie à la patente (ord. cons. d'Ét. 2 mai 1845, M. Lepeltier-d'Aulnay, rap., aff. Masson);... Les artistes dramatiques (*eod.*);... Les écrivains publics (§ 6);... Les *pêcheurs*, même lorsque la barque qu'ils montent leur appartient (§ 4) : c'est là une prime donnée pour engager les habitants de nos côtes à s'adonner à la navigation et pour préparer des marins; c'est là aussi un adoucissement à l'inscription maritime qui les oblige si longtemps;... Les *sages-femmes* (§ 3); mais il ne faut pas qu'à l'exercice de la profession protégée par l'exemption se joigne aucune circonstance qui puisse faire considérer cette profession comme industrielle : ainsi, une sage-femme qui tient une maison d'accouchement ne serait pas affranchie de la patente; — ... Les *cantiniers* attachés à l'armée (§ 6) : ce sont de véritables employés à la suite des régiments. La nature du commerce fait par eux est de si médiocre importance et les bénéfices qu'ils obtiennent en faisant le service des soldats sont si restreints que le droit auquel ils eussent été soumis eût empêché et ruiné leur industrie au détriment de l'armée; ... Les *savetiers*, les *chiffonniers* au crochet, les *porteurs d'eau* à la bretelle ou avec voiture à bras, les *rémouleurs ambulants*, les *garde-malades* (§ 6; V. Industrie, n° 156). — Sont encore exempts de la patente, les *porteurs de contrainte* (arr. du 16 mess. an 8; règl. de 1839, art. 54, V. Imp. dir., n° 410); — ... Les fabricants de *salpêtre* commissionnés (L. 10 mars 1819); — ... L'*adjudicataire* de l'enlèvement des *boues*, lorsqu'il ne reçoit de ceux à qui il cède qu'une part proportionnelle au prix d'adjudication : s'il retire, au contraire, un prix plus élevé que celui qu'il paye à la ville, il doit être atteint par l'impôt.

SECT. 6. — DES CONDITIONS SPÉCIALES QUI RÉGISSENT LES MARCHANDS FORAINS ET LES COMMIS VOYAGEURS.

287. La législation antérieure à 1844 avait établi une distinction entre le *marchand forain* et le *colporteur*; le premier était celui qui transportait ses marchandises de commune en commune avec voiture, le second celui qui les transportait avec balle. La loi de 1844 n'a pas reproduit ces distinctions : elle comprend sous le nom générique de *colporteur* tout individu transportant des marchandises de commune en commune : lors même qu'il vend pour le compte de marchands ou fabricants, il est tenu d'avoir une patente personnelle, qui est, selon les cas, celle de colporteur avec balle, avec bêtes de somme ou avec voiture (L. 25 avr. 1844, art. 18). — Cette disposition peut paraître rigoureuse, car les colporteurs sembleraient devoir jouir de l'exemption de patente accordée aux commis ou personnes à gages, lorsqu'ils vendent des marchandises pour le compte de marchands ou de fabricants patentés. Ils ont dû néanmoins être maintenus au rôle des patentes, à raison de la concurrence redoutable qu'ils font aux marchands établis dans les localités qu'ils traversent.

288. Il n'a été établi de distinction que pour les commis qui voyagent avec de simples échantillons. Si, au contraire, le commis d'un fabricant ou marchand, au lieu de se borner à voyager avec des échantillons, transporte et vend des marchandises, il doit être personnellement assujetti à la patente (circulaire du directeur général, 14 aout 1844). — Il avait déjà été jugé en ce sens que celui qui ne se borne pas à voyager avec les échantillons d'un fabricant, mais qui colporte avec chevaux des marchandises, afin de les placer pour le compte de celui-ci, qui lui alloue une commission pour les vendre, ne peut être considéré comme le commis ou le simple mandataire du fabricant, et doit être imposé à la patente des colporteurs avec chevaux (ord. cons. d'Ét. 17 août 1836, M. Saglio, rap., aff. Fletcher). — Il en est de même du commis qu'un marchand colporteur détacherait pour aller vendre, d'un côté, tandis que lui-même vendrait de l'autre (circ. du 14 août 1844), ou du fils qui exercerait l'industrie de marchand forain pour le compte de son père (ord. cons. d'Ét. 21 mai 1847, M. Perrot de Chezelles, rap., aff. Fayon). — On avait même voulu que les colporteurs fussent assujettis à un droit proportionnel dans les communes où ils exposent et vendent leurs marchandises. Cet accroissement d'impôt n'a paru ni au gouvernement ni à la commission, lors de la discussion de la loi de 1844, devoir être proposé, sauf aux administrations municipales à veiller à ce que la loi sur les ventes à l'encan des marchandises neuves soit exactement exécutée.—La règle d'après laquelle le transport des marchandises de commune en commune constitue la profession de colporteur est si absolue qu'il a été jugé qu'on doit regarder comme passible de cette patente : 1° celui qui a vendu dans des communes voisines de son domicile des marchandises qu'il transporte sur une voiture (ord. cons. d'Ét. 4 déc. 1835, M. Louyer Villermay, rap., aff. Ligeon), lors même qu'il n'expose ses marchandises sur aucune place, sur aucun marché, et qu'il rentre chaque soir à son domicile (ord. cons. d'Ét. 25 nov. 1843, M. de Lavenay, rap., aff. Montgreville), quelque rapproché que soit le but de ses voyages, et quelque limité qu'en soit le terme (ord. cons. d'Ét. 21 mai 1840, M. de Condé, rap., aff. Bourlé, aff. Taulet, aff. Lechat et Camus); — 2° Le marchand sédentaire, bien qu'il se borne à fréquenter les foires de l'arrondissement où il est domicilié, et où il paye le droit proportionnel de patente (ord. cons. d'Ét. 3 mars 1840, aff. Véniard; 12 mars 1847, aff. Saint-Gès, D. P. 47. 4. 360; 14 juin 1847, aff. Ariès, *eod.*).

289. Mais il a été jugé qu'il n'en serait pas de même du colporteur qui achète en France des marchandises qu'il va revendre en pays étranger l'année suivante, sans faire, pendant cette seconde année, d'actes de commerce en France (cons. d'Ét. 17 mai 1851, aff. Oddoux, D. P. 52. 5. 400).

290. La taxe fixée par la loi de 1844 est la seule qu'on puisse exiger des colporteurs, et dès que cette taxe est acquittée, on ne peut plus rien exiger soit directement, soit indirectement. Aussi avait-il été jugé, sous la loi de l'an 7, dont l'esprit a été maintenu par la loi de 1844, que le colporteur avec voiture, qui s'arrête dans les villes où il passe, pour y débiter ses marchandises, n'est passible d'aucune contribution en raison du prix de location des lieux où il séjourne (ord. cons. d'Ét. 1er nov. 1838, aff. Astruc, n° 298).

291. De même, le marchand colporteur ne doit rien à raison, par exemple, de l'établissement qu'il pourrait avoir pour le même genre de commerce au lieu qu'il habite ordinairement. — Jugé que celui dont la principale industrie consiste à courir les foires des environs, n'est sujet qu'à la patente de marchand forain, bien qu'il ait boutique ouverte au lieu de son domicile (ord. cons. d'Ét. 12 mars 1847, aff. Saint-Gès, D. P. 47. 4. 360; 14 juin 1847, aff. Arriès, *eod.*).

292. Cependant, d'après le principe général, que c'est le droit de patente le plus élevé qui doit être réclamé du contribuable, si le commerce sédentaire d'un patentable est plus important que celui qu'il fait au dehors, il y a lieu de l'imposer en qualité de marchand sédentaire et non pas en qualité de marchand forain (ord. cons. d'Ét. 22 juin 1848, aff. Haynet).

293. Le mode de transport détermine la nature de la patente, et ce, sans se préoccuper de la question de savoir si le colporteur avec voiture, par exemple, transporte avec ses propres attelages ou avec le concours de tiers traitant avec lui à cet effet. — C'est ainsi qu'on a jugé : 1° que le colporteur qui transporte ses marchandises par la voie du roulage, doit être assimilé à un marchand forain avec voiture et cheval, et non à un colporteur avec balle (ord. cons. d'Ét. 17 juill. 1843) (1);—2° Que le marchand forain qui, n'ayant pas d'attelage propre, transporte ses marchandises de commune en commune à l'aide de voitures et d'animaux loués, est sujet à la patente du marchand forain avec voiture (ord. cons. d'Ét. 30 oct. 1848, aff. Prévost, D. P. 49. 3. 38).

294. On doit aussi imposer comme colporteur avec bête de somme celui qui transporte ses marchandises, non-seulement avec des chevaux, mais aussi avec des bœufs, ou des ânes. C'est ainsi qu'il a été jugé que lorsqu'il résulte de l'instruction qu'un colporteur emploie un âne pour le transport de ses marchandises, l'arrêté du conseil de préfecture qui décide qu'il ne doit être imposé qu'à la patente de colporteur avec balle doit être annulé; que, dans ce cas, le colporteur doit la patente de colporteur avec chevaux et autres bêtes de somme (ord. cons. d'Ét. 19 avr. 1844, M. Aubernon, rap., aff. Batteux-Flamant, aff. Bricourt).

295. Et le colporteur avec cheval qui, par motif de santé, n'exerce sa profession que pendant quelques mois de l'année, et vend son cheval à l'entrée de la mauvaise saison, reste néanmoins assujetti à la patente de colporteur avec cheval, et non à celle de colporteur à balle (ord. cons. d'Ét. 23 avr. 1840, M. de Condé, rap., aff. Olivier).

296. Pour être colporteur avec balle, il suffit de transporter à dos d'homme des marchandises, quelle que soit leur nature.—Aussi avait-il été jugé, avant la loi de 1844, qu'on doit considérer comme colporteur avec balle le marchand d'huîtres et de poissons salés, qui transporte ses marchandises, tantôt dans un département, tantôt dans un autre (ord. cons. d'Ét. 30 juin 1835, M. Louyer Villermay, rap., aff. Chéreau).

297. La position nomade des colporteurs rendait assez difficile la question de savoir où l'on devait les imposer; mais il a été jugé sur ce point que le marchand forain qui n'a pas de domicile fixe doit être imposé à la patente dans la commune où il réside le plus habituellement (ord. cons. d'Ét. 30 oct. 1848, aff. Prévost).

298. Souvent, dans les localités où ils s'arrêtaient, les colporteurs vendaient à l'encan leurs marchandises, et il avait été jugé que les ventes à l'encan que le colporteur avec voiture faisait de ses propres marchandises, ne suffisait pas pour le faire considérer comme directeur de ventes à l'encan, et l'assujettir à la patente de cette profession, aujourd'hui première classe (ord. cons. d'Ét. 1er nov. 1838) (2). Mais la loi du 25 juin 1841, qui interdit la vente des marchandises neuves, leur a retiré ce droit.

---

(1) *Espèce :* — (Villard.) — Le sieur Villard avait été assujetti à la patente de marchand de mousseline en détail; mais, sur sa réclamation, il fut établi qu'il exerçait l'industrie de colporteur, qu'il faisait parvenir ses marchandises par le roulage dans les communes où il les colportait, ensuite de maison en maison. Le contribuable prétendait ne devoir être assujetti qu'à la patente de colporteur à balle. — M. le ministre des finances a été d'avis que le sieur Villard devait être imposé comme marchand forain, par le motif que la patente de colporteur avec balle n'était applicable qu'à celui qui porte ses marchandises à dos, et que le sieur Villard, qui les fait parvenir dans les communes par le roulage et les voitures publiques, a le double avantage d'avoir moins de frais à faire que le marchand forain, qui a cheval et voiture à lui, et d'arriver néanmoins au même résultat, puisqu'il peut expédier dans les localités qu'il doit parcourir telle quantité qu'il lui plaît de marchandises; le colporteur avec balle, au contraire, ne peut en porter avec lui qu'une quantité très-limitée.

Louis-Philippe, etc.; — Vu les lois des 25 mars 1817 et 15 mai 1818; — Considérant qu'il résulte de l'instruction que le sieur Villard, inscrit au rôle des patentes de la ville de Paris, en qualité de marchand de mousseline de laine en détail, n'exerce point cette profession;—Que le mode adopté pour le transport de ses marchandises doit le faire considérer comme marchand forain avec voiture et cheval; — D'où il suit que c'est à tort que le conseil de préfecture de la Seine a déclaré qu'il exerçait l'industrie de colporteur avec balle, et qu'il devait être patenté en ladite qualité; — Art. 1. L'arrêté du conseil de préfecture du département de la Seine est annulé. — Art. 2. Le sieur Villard sera imposé au rôle des patentes de la ville de Paris, pour l'année 1841 en qualité de marchand forain avec voiture.

Du 17 juill. 1843.-Ord. cons. d'Ét.-M. Richaud, rap.

(2) *Espèce :* — (Astruc.) — Le sieur Astruc, de Bordeaux, est imposé dans cette ville à la patente de colporteur avec voiture. — Après avoir débité des marchandises dans plusieurs villes du midi, il arrive à Toulouse, y loue un local particulier, et y fait pendant six jours une vente aux enchères, et par le ministère d'un commissaire-priseur.—Craignant d'être imposé dans cette ville comme directeur d'une vente à l'encan, il quitte le local loué, et se retire dans une salle d'hôtel. Là il continue ses ventes, mais il les fait à prix fixe, et non aux enchères. — Cependant les agents des contributions directes imposent Astruc sur le rôle de

299. « Les commis voyageurs des nations étrangères seront traités, relativement à la patente, sur le même pied que les commis voyageurs français chez ces mêmes nations (L. 25 avr. 1844, art. 19). — Cette disposition est conforme aux usages et aux traditions du droit international.

300. D'après la circulaire du 9 nov. 1846 (D. P. 47. 3. 105), les droits à l'étranger pour les commis voyageurs sont de : Bade, 20 fr.; Belgique, 20 fr.; Brunswick, 40 fr.; Danemark, 200 fr.; Hanovre, 80 fr.; Hesse (grand-duché), 30 fr.; Hesse électorale, 30 fr.; Hollande, 25 fr.; Mecklembourg, 80 fr.; Nassau, 20 fr.; Prusse, 45 fr.; Saxe, 45 fr.; Suède, 100 fr.; Suisse : cantons de Genève, 15 fr.; de Zug, 15 fr.; de Zurich, 15 fr.; d'Unterwalden le bas, 9 fr. — Les droits de patente à acquitter par les commis voyageurs de ces divers États seront donc établis sur les mêmes bases.

SECT. 7. — Réunion de personnes. — Époux séparés. — Société commerciale et en participation.

301. L'art. 25 de la loi du 1er brum. an 7 portait qu'une seule patente suffisait pour le mari et la femme. S'ils faisaient plusieurs états, ils devaient prendre celui de la classe supérieure, et payer le droit proportionnel de tous les lieux qu'ils occupaient; mais si les époux étaient séparés de biens, chacun d'eux devait avoir sa patente et payer séparément les droits fixes et proportionnels (*ibid.*). Cette dernière disposition a été modifiée par l'art. 15 de la loi de 1844, qui porte : « les mari et femme séparés de biens ne doivent qu'une patente, à moins qu'ils n'aient des établissements distincts, auquel cas chacun d'eux doit avoir sa patente et payer séparément les droits fixes et proportionnels. » La loi nouvelle n'a pas trouvé que la séparation de biens dût être un motif pour aggraver la position des époux. — Toutefois, il a été jugé que la disposition de la loi qui permet aux époux, exerçant des industries séparées, de ne prendre pour tous deux qu'une patente (celle de la classe supérieure), ne donne pas droit à deux patentés qui se marient dans le courant de l'année d'obtenir la décharge de la patente la plus faible pour les mois de l'année restant à courir (ordon. cons. d'Ét. 30 déc. 1841, M. du Berthier, rap., aff. Ravion).—Cette décision devrait encore être appliquée aujourd'hui.

302. L'obligation de la patente incombe à la femme, encore bien qu'elle demeure avec son mari non-commerçant, si ce dernier autorise ou tolère le commerce de la femme.—Ainsi jugé que le fait d'une femme d'habiter en commun avec son mari, non-commerçant, la même maison ne peut la soustraire aux obligations qui résultent pour elle de son association avec un tiers, son frère, et aux droits de patente auxquels ladite association doit donner lieu (ord. cons. d'Ét. 3 mai 1845, M. Guilhem, rap., aff. Lefébure).

303. Les sociétés en commandite ne se trouvent frappées d'aucun droit, puisque le nom du commanditaire ne fait pas partie de la raison sociale et qu'il lui est interdit de prendre part à la gestion des affaires sociales. La loi de l'an 7 ne les exemptait que par omission; mais leur exemption a été formellement reconnue par l'art. 13, § 3, de la loi de 1844, comme conséquence forcée de ce principe que les patentes sont imposées aux personnes et non aux choses. Les associés en commandite ne sont pas, légalement parlant, des personnes : ce sont des capitaux, et à ce titre, ils ne sont pas imposables.—Ainsi jugé qu'on ne peut pas imposer comme associé celui qui ne prend aucune part aux affaires commerciales de la maison, dont le nom ne figure pas dans les baux, factures et effets de commerce, qui ne participe point aux bénéfices, et à l'égard duquel il n'existe point d'acte de société (ord. cons. d'Ét. 7 fév. 1837, M. Louyer-Villermay, rap., aff. Coblence; 12 juin 1845, M. de Lavenay, rap., aff. Jouvène).— Si, au contraire, ils s'immiscent dans la gestion, ils sont assimilés aux associés collectifs, et ils sont patentables comme tels. — Cette règle s'applique non-seulement aux sociétés constituées par actes publics ou privés, mais encore aux associations désignées par la notoriété publique ou révélées par des actes extérieurs (circul. direct. contrib. direct., 14 août 1847, D. P. 48. 3. 66).

304. La loi du 18 mai 1850, art. 24, porte : « les dispositions du dernier paragraphe de l'art. 17 de la loi du 25 avr. 1844 (V. *infrà*, n° 316), concernant la patente due par les sociétaires ou actionnaires des sociétés ou compagnies anonymes, lorsqu'ils exercent une industrie particulière, sont déclarées applicables aux gérants et associés solidaires des sociétés en commandite. » — « En conséquence, les gérants et associés solidaires des sociétés en commandite, comme les sociétaires ou actionnaires des sociétés ou compagnies anonymes, sont personnellement assujettis à la patente, lorsqu'ils exercent une industrie particulière, sans qu'ils puissent alléguer comme motif de décharge la quote-part de patente qu'ils supportent en qualité de sociétaires. La question, comme on voit, est d'assimiler sous ce rapport les sociétés en commandite aux sociétés anonymes. Il n'existe aucune raison pour que cette assimilation n'ait pas lieu, et on ne fait, en l'établissant que remplir une lacune de la loi » (rapport de M. Gouin.) — V. Droit politique, n° 226.

305. Pour faciliter les associations et ne point les surcharger de droits, la loi a dû régler leur position d'une manière toute spéciale. — L'art. 16 de la loi de 1844 porte : « Les patentes sont personnelles et ne peuvent servir qu'à ceux à qui elles sont délivrées. En conséquence, les associés en nom collectif sont tous assujettis à la patente. — Toutefois l'associé principal paye seul le droit fixe en entier : les autres associés ne sont imposés qu'à la moitié de ce droit, même quand ils ne résident pas tous dans la même commune que l'associé principal. — Le droit proportionnel est établi sur la maison d'habitation de l'associé principal, et sur tous les locaux qui servent à la société pour l'exercice de son industrie. — La maison d'habitation de chacun des autres associés est affranchie du droit proportionnel, à moins qu'elle ne serve à l'exercice de l'industrie sociale. » — La loi de 1844 introduit ici une modification importante. D'après la loi de l'an 7, tous les associés étaient assujettis à une patente complète, c'est-à-dire comprenant le droit fixe et le droit proportionnel dans son intégralité. Plus tard, pour développer l'esprit d'association en France, les lois de 1817 et de 1818, au contraire, ne réclamèrent le droit fixe en entier que de l'associé principal et ne demandèrent aux autres associés qu'un demi-droit. Le droit intégral devenait exigible dans le cas où l'associé habitait une commune différente. Le projet de loi, en 1844, acceptait les améliorations introduites par les lois de 1817 et de 1818. Il ne demandait même, d'une manière absolue, aux coassociés d'un associé principal le demi-droit, que dans le cas où ils résideraient dans des communes différentes; — Mais, 1° en cas d'établissements multiples formés pour une

---

la ville de Toulouse, au droit de patente de marchand à l'encan, au droit proportionnel basé sur le prix des deux locaux qu'il a occupés, et considérant les personnes qui l'ont secondé dans son commerce, comme ses associés, les imposent, en cette qualité, au demi-droit fixe. — Réclamation d'Astruc : elle est rejetée. — Pourvoi.

Louis-Philippe, etc.; — Vu la loi 1er brum. an 7; — Vu la loi du 25 mars 1817, notamment les art. 69 et 70; celle du 25 mai 1818; — Vu le règlement du 22 juill. 1806; — En ce qui touche le droit fixe auquel le sieur Astruc a été imposé en qualité de directeur d'établissement de vente à l'encan : — Considérant que le sieur Astruc exerce la profession de marchand colporteur avec voiture; qu'il a payé la patente de cette profession à Bordeaux; que les ventes à l'encan de ses propres marchandises, qu'il a pu effectuer à Toulouse, ne suffisent pas pour le constituer directeur ou entrepreneur d'établissement de ventes à l'encan; qu'ainsi c'est à tort qu'il a été porté sur le rôle de Toulouse en cette qualité; — En ce qui touche le droit proportionnel pour lequel il a été porté sur ledit rôle : — Considérant que le sieur Astruc ne possède à Toulouse aucun local servant soit à l'exercice de sa profession soit à son habitation personnelle; — En ce qui touche les droits imposés aux sieurs Alexandre Astruc, David Massé, Samuel Massé et Victor Bayssac, en qualité d'associés du sieur Amédée Astruc : — Considérant que le sieur Astruc ne justifie point de pouvoirs à lui donnés par les susnommés pour se pourvoir en leur nom par-devant nous, en notre conseil d'État; que, dès lors, il est sans qualité;

Art. 1. Décharge est accordée au sieur Astruc des droits de patente auxquels il a été imposé sur le rôle de la ville de Toulouse. Le surplus des conclusions du sieur Astruc est rejeté. — L'arrêté du conseil de préfecture est annulé dans les dispositions contraires à la présente ordonnance.

Du 1er nov. 1838.-Ord. cons. d'Ét.-M. Louyer-Villermay, rap.

même industrie et dépendants d'une société unique, il frappait du droit entier chaque associé gérant de chaque établissement; 2° il imposait tous les associés au droit proportionnel pour son habitation. — Lors de la discussion sur la loi de 1844, la commission reconnaissant ce qu'avait d'exorbitant la législation antérieure, proposa l'art. 16 tel qu'il a été adopté sur les observations du rapporteur, qui en a justifié en ces termes la rédaction : « Nous ne pensons pas, a-t-il dit, que les distinctions édictées par les lois antérieures soient fondées, et les hommes qui connaissent le mieux les usages du commerce partageront certainement notre opinion. Sans doute, il peut arriver qu'un des associés possédant des connaissances spéciales, soit habituellement chargé de la gestion de tel ou tel établissement; mais ce ne peut jamais être à l'exclusion des autres associés, car, étant tous solidaires, ils doivent s'immiscer plus ou moins à la connaissance de toutes les affaires sociales. Et quand même la gestion de certains établissements serait le partage exclusif de l'un d'eux, en quoi cette circonstance justifierait-elle la demande du droit entier? Ces établissements n'en appartiendraient pas moins à la société; pourquoi donc les traiter comme des établissements isolés? Dira-t-on que c'est par esprit de justice, et pour ne pas donner trop d'avantages aux sociétés puissantes qui possèdent plusieurs établissements? Mais pourquoi favoriser plutôt celles dont tous les associés s'occuperont à la fois de la gestion de ces établissements, que celles où ils s'attribueront à chacun un genre particulier de travail? Encore une fois, cette distinction ne saurait se justifier, et nous vous proposons de la faire disparaître de la loi. Nous vous demandons également de n'assujettir au droit proportionnel que la maison d'habitation de l'associé principal, et d'affranchir celles de tous les autres associés. Il peut arriver souvent qu'un homme qui ne s'est associé dans une entreprise que pour une petite part, possède cependant une grande fortune et habite une riche demeure. Serait-il juste de lui demander le vingtième du prix de son loyer, somme peut-être supérieure à ses bénéfices annuels dans la société? On se plaint tous les jours que l'esprit d'association soit languissant en France, et nous irions le décourager ainsi? Nous interdirions, pour ainsi dire, à tout riche capitaliste de jamais prêter son concours à une entreprise industrielle, autrement que comme actionnaire ou commanditaire? Toutefois, si la maison de cet associé n'est pas exclusivement consacrée à son habitation personnelle, si elle contient des magasins, des bureaux, un dépôt de marchandises, si elle sert, en un mot, à l'exercice de l'industrie sociale, elle doit être assimilée aux autres locaux appartenant à la société; et dans ce cas seulement nous admettons par exception qu'elle supporte le droit proportionnel.

» Les divers changements que nous venons de vous proposer nous sont inspirés d'abord par le désir de favoriser autant que possible l'esprit d'association, et surtout par un motif d'équité qui ne doit pas permettre qu'une certaine forme de société commerciale, la société anonyme, reçoive toutes les faveurs de la loi et que les autres soient en butte à sa sévérité. En effet, les sociétés anonymes ne sont imposées qu'à un seul droit fixe : elles peuvent être administrées par une ou plusieurs personnes sans qu'elles payent ni plus ni moins : et, quant au droit proportionnel, elles ne le supportent que sur les locaux destinés à l'exploitation de l'entreprise. La société en commandite ne jouit pas du même privilége, bien que les commanditaires soient exempts de tout droit. En effet, dans cette sorte de sociétés, il faut, indépendamment des commanditaires proprement dits, un ou plusieurs associés solidaires et responsables. Or ceux-ci étant assimilés par le code aux associés en nom collectif, se trouvent soumis par le même projet de loi aux mêmes obligations; ils payent le demi-droit fixe dans tous les cas, le droit entier s'ils gèrent un établissement, plus le droit proportionnel sur la maison d'habitation.

» De toutes ces obligations exceptionnelles, nous ne vous demandons de maintenir que le demi-droit fixe imposé aux associés autres que l'associé principal : et encore, ce n'est pas sans hésitation. Quelques membres de la commission auraient voulu supprimer même ce demi-droit. Ils rappelaient que les lois de 1817 et de 1818 ne l'avaient pas exigé dans tous les cas; que les filatures et les fabriques à métier n'étaient imposées qu'à un seul droit fixe, même quand elles étaient exploitées par plusieurs associés ; qu'il était juste et utile d'appliquer ce principe à tous les genres d'industrie et à tous les genres de sociétés; d'autres voulaient au moins qu'il fût établi un maximum, et que les demi-droits pris ensemble ne dépassassent jamais le droit principal, ou, en d'autres termes, que les trois premiers associés pussent seuls être imposés, l'un au droit entier, les deux autres au demi-droit, et que tous les autres fussent exempts. Mais nous avons reconnu que ces concessions seraient excessives. Sans doute, il ne faut pas protéger exclusivement les actionnaires anonymes et les commanditaires, mais on ne peut méconnaître que les associés en nom collectif sont dans une situation, à certains égards, différente ; que s'ils courent parfois plus de danger, ils recueillent en général de plus grands avantages, qu'ils exercent une profession, qu'ils sont commerçants tout aussi bien que l'associé principal, et qu'à titre de licence personnelle, il est juste qu'ils supportent au moins un demi-droit fixe, charge qui ne peut jamais être très-onéreuse quand le droit proportionnel ne s'y ajoute pas. Nous maintenons donc, quant au demi-droit fixe seulement, la proposition du projet de loi. »

806. C'est donc l'associé principal qui doit payer le droit entier, et l'on doit considérer comme tel le premier en nom dans l'acte de société, s'il a la gestion des affaires; et dans le cas contraire, celui qui a la plus forte mise de fonds (circ. dir. gén. 14 août 1844).—Jugé en conséquence que lorsqu'il résulte de l'instruction qu'un particulier est principal associé d'une maison de commerce en gros, il y a lieu de le maintenir au droit fixe entier (ord. cons. d'Ét. 2 mai 1845, M. Louyer-Villermay, rap., aff. Boissaye), tandis que les associés autres que l'associé principal doivent être assujettis au demi-droit fixe de patente, quoique l'acte de société n'ait point été publié, le défaut de publication ne pouvant pas être opposé à l'administration (décr. cons. d'Ét. 26 mai 1850, aff. Bouillet, D. P. 51. 3. 13; 25 mai 1850, aff. Bartalaix, D. P. 51. 3. 13). — Jugé encore que l'associé qui, ne prenant dans l'acte que le simple titre d'intéressé, s'est cependant réservé la signature sociale, doit être considéré, non comme associé commanditaire, mais comme associé en nom collectif, et en cette qualité soumis au demi-droit de patente, bien que l'acte social ne l'ait qualifié que de commanditaire (ord. cons. d'Ét. 27 août 1839) (1).

807. Par application de ces principes, il a été jugé : 1° que lorsqu'il résulte de l'instruction que des particuliers sont associés et exercent la profession de marchands de couleurs en gros, il y a lieu de les maintenir en ladite qualité au rôle, le premier au droit fixe entier, le deuxième au demi-droit (ord. cons. d'Ét. 3 mai 1845, M. Dumez, rap., aff. Jullemier et Auché);—2° Qu'on doit considérer comme associé et imposer au demi-droit celui qui souscrit des traites et des factures relatives aux affaires de la maison de commerce de son frère et qui y prend une part active (ord. cons. d'Ét. 6 juin 1844, M. Aubernon, rap., aff. Renault);—3° Que l'art. 16 de la loi du 25 avr. 1844, aux termes duquel les associés autres que l'associé principal ne doivent être assujettis qu'au demi-droit fixe de patente, est applicable au commerce de colportage (décr. cons. d'Ét. 2 août 1851, aff. De-

(1) *Espèce* : —(Chénot.)— Une société en nom collectif et en commandite, formée entre Goerg-Leinen et Bernard, et compagnie, admit parmi les sociétaires, avec la simple qualité d'intéressés, les sieurs Chénot, Cailleux et Gourdault : ceux-ci se réservèrent la signature sociale. — Chénot, considéré par l'administration comme associé en nom collectif, fut imposé au droit de patente. — Sur sa réclamation et sur le fondement que l'acte social publié ne portait comme associé en nom collectif que Goerg-Leinen et Bernard, le conseil de préfecture de la Moselle prononça la décharge de Chénot. — Recours du ministre des finances, fondé sur la violation de l'art. 24 c. com.

Louis-Philippe, etc. ; — Considérant qu'aux termes de l'art. 25 de la loi du 1er brum. an 7, la patente est due par tout associé non commanditaire; — Considérant qu'il résulte de l'instruction que le sieur Chénot est associé non commanditaire de la maison Goerg-Leinen et compagnie; qu'ainsi c'est à tort que le conseil de préfecture de la Moselle a accordé à ce contribuable décharge du demi-droit fixe de patente auquel il avait été imposé; — Art. 1. L'arrêté du conseil de préfecture du département de la Moselle, en date du 22 oct. 1838, est annulé. — Art. 2. Le sieur Chénot sera imposé au demi-droit fixe de patente.

Du 27 août 1839.-Ord. cons. d'Ét.-MM. Richaud rap.-Germain, concl.

caux, D. P. 51. 3. 4); —4° Que lorsqu'il résulte de l'instruction qu'un particulier exerce la profession de marchand en gros, et qu'il a des associés, il y a lieu de le maintenir à la patente en cette qualité, et d'imposer ses associés au demi-droit fixe (ord. cons. d'Ét. 2 mai 1845, M. Villermay, rap., aff. Chapusot).

308. Ceci doit être entendu en ce sens que le demi-droit dû par ces associés est toujours la moitié de celui payé par l'associé principal, Ainsi, par exemple, si ce dernier est établi à Paris, c'est la moitié du droit fixe payé par lui à Paris que doivent payer les autres associés dans quelque lieu qu'ils habitent. Si au contraire l'établissement est situé dans une petite commune, comme c'est d'après le tarif applicable à cette commune que l'associé principal est imposé, les autres associés, fussent-ils domiciliés à Paris, ne doivent chacun que la moitié du droit fixe dû au siége de l'établissement (circ. dir. gén. 14 août 1844; Conf. ord. cons. d'Ét. 10 août 1844, M. Richaud, rap., aff. Bazin et Blanchet, aff. Loredan).

309. La circulaire de la direction générale, du 14 août 1844, contenant les instructions pour l'exécution de la nouvelle loi, indique les mesures à prendre pour connaître et imposer les divers associés (V. n° 323). A défaut d'actes et en cas de contestation c'est à l'administration à faire la preuve de l'association. — C'est en ce sens qu'on a jugé: 1° que celui qui affirme n'être que directeur d'une entreprise ne peut être imposé à la patente comme associé dans cette entreprise, sur le seul motif que son association est de notoriété publique et qu'il ne produit rien pour en démentir l'existence, alors d'ailleurs que les vérifications faites n'ont pu faire découvrir aucune preuve positive du fait de l'association (ord. c. d'Ét. 11 juill. 1844) (1); —2° Qu'un individu ne peut être imposé à la patente sur l'allégation d'une prétendue notoriété publique qui le désignerait comme associé à un marchand de bois (ord. cons. d'Ét. 8 mars 1844) (2); — 3° Que le fils qui a placé dans le commerce de son père une somme de 150,000 fr., et qui prend une part active à la gestion des affaires de sa maison, n'est cependant soumis à la moitié du droit fixe de sa patente qu'autant qu'il est prouvé qu'il est l'associé de son père; la notoriété publique est insuffisante pour le faire considérer comme tel (ord. cons. d'Ét. 8 mars 1844, M. Fremy, rap., aff. Desbonnets). —V. n°s 329, 359.

310. Les sociétés sont soumises pour la classe et le droit proportionnel à la taxe qui concerne l'industrie qu'elles se proposent d'exploiter. Ainsi, des particuliers associés pour le commerce de la quincaillerie et de la mercerie en gros, et dont les affaires s'étendent sur une grande échelle dans l'intérieur de la France, doivent être assujettis à la patente de négociant (décis. min. 9 déc. 1843).—Et il a encore été jugé, en ce sens, qu'une société formée dans le but de se livrer à l'achat, l'administration, la vente et l'échange de toutes sortes d'actions et de valeurs mobilières et industrielles, est assujettie à la patente de négociant (décr. cons. d'Ét. 27 fév. 1852, aff. Brouzet, D. P. 52. 3. 21).

311. Le droit de patente n'étant dû que lorsqu'il y a des opérations se rattachant à l'industrie, en principe la maison de commerce dont la société est dissoute n'est pas soumise à la patente si sa liquidation ne donne lieu à aucune opération commerciale (Conf. ord. cons. d'Ét. 7 nov. 1834, M. de Felcourt, rap., aff. Moras et Belot).—Mais on a jugé, au contraire, avec raison, que le liquidateur d'une maison de commerce dont la liquidation donne lieu non-seulement à des opérations de comptabilité, mais encore à des opérations commerciales résultant de la vente des navires qu'elle a en mer et de celle de leurs cargaisons, doit être soumis à la patente, encore bien qu'il serait l'associé de la maison qui a pris la suite des affaires de la première, s'il ne figure que comme associé commanditaire dans cette société (ord. cons. d'Ét. 23 août 1836, M. Saglio, rap., aff. Dufou et cons.).

312. Les étrangers doivent aussi la patente. C'est la disposition de l'art. 1 de la loi de 1844 (V. n° 216). — Jugé en conséquence que l'associé d'une maison de commerce étrangère, établi en France, doit être imposé à la patente de négociant, lorsqu'il se livre habituellement en France à des achats de marchandises qu'il expédie à son associé; qu'en cas pareil, il est même assujetti au droit fixe entier, bien qu'il ne soit qu'un associé commanditaire (ord. cons. d'Ét. 3 janv. 1848, aff. Fauché, D. P. 48. 3. 59).

313. Les observations qui précèdent s'appliquent au droit fixe; quant au droit proportionnel, il n'atteint, avons-nous dit, que la maison d'habitation de l'associé principal et les magasins, ateliers, etc., servant à l'exploitation industrielle. C'est ainsi qu'il a été jugé que lorsqu'il résulte de l'instruction que des associés occupent dans une commune une maison servant d'habitation à l'un d'eux, et un local servant de comptoir pour la distribution des matières à ouvrer, et de magasins pour la réception des pièces confectionnées, la société doit être maintenue au droit proportionnel de patente à raison de ces divers locaux (ord. cons. d'Ét. 18 avril 1845, M. Missiessy, rap., aff. Richard Vatin, etc.).

314. Quant au logement d'un associé secondaire, il a été jugé qu'il doit être affranchi du droit proportionnel, lorsqu'il ne sert pas à l'exercice de l'industrie sociale, bien qu'il se trouve dans la même maison que le logement de l'associé principal (ord. cons. d'Ét. 30 juill. 1847, aff. Maze, D. P. 48. 3. 6). — Et si les associés occupent en commun la même maison d'habitation, les mêmes usines, ateliers et magasins, il n'est dû qu'un droit proportionnel qui doit être payé en entier par l'un d'eux (ord. cons. d'Ét. 25 avril 1845, M. Bouchené-Lefer, rap., aff. Lainé, etc.).

315. La loi du 18 mai 1850 a établi à l'égard de certains associés une dérogation aux règles qui précèdent. Elle décide par son art. 23, que la patente exigible des associés en nom collectif, en vertu de l'art. 16 de la loi du 25 avr. 1844, ne sera que du vingtième du droit fixe payé par l'associé principal, pour les associés habituellement employés comme simples ouvriers dans les travaux de l'association. — Le droit de patente imposé aux associés par l'art. 16 de la loi du 25 avr. 1844 a paru excessif à la commission de la loi de 1850 pour les membres des associations ouvrières qui existaient à cette époque. « C'est une épreuve, a dit M. le rapporteur, qu'il faut tenter sincèrement, et si le succès venait à ne pas répondre aux espérances dont on s'est flatté, il importerait que personne n'eût le droit de dire que la faute en est à l'exigence du fisc et à l'application de taxes trop élevées. » — Dans le cas prévu par l'art. 23 précité comme dans tous les autres cas d'association, la quotité du droit dû par les associés devra être réglée d'après le droit fixe de l'associé principal, tel qu'il pourra résulter de l'application des art. 17 et 19 de la loi du 18 mai 1850 (direct. gén. des contrib., 10 juill. 1850).

(1) *Espèce* : — (Boisdin.) — Boisdin avait été soumis à la patente comme associé d'une entreprise de messageries, et sa réclamation avait été rejetée par le conseil de préfecture, attendu que l'association était de notoriété publique, et que Boisdin ne produisait rien pour en démentir l'existence.

Sur son recours, le ministère a dit qu'une nouvelle vérification faite par l'inspecteur n'avait fait découvrir aucune pièce de laquelle on peut induire que le sieur Boisdin fût réellement associé de l'entreprise de messageries. On ne peut, disait-il, soumettre un individu à la patente sur de simples présomptions.

LOUIS-PHILIPPE, etc.; — Vu la loi du 1er brum. an 7; — Considérant qu'il ne résulte pas de l'instruction que le sieur Boisdin eût exercé la profession de loueur de voitures suspendues dans la ville de Bourbon-Vendée pendant l'année 1843; — Qu'ainsi c'est à tort que le conseil de préfecture de la Vendée l'a maintenu, en ladite qualité, au rôle des patentes de Bourbon-Vendée; — Art. 1. L'arrêté du conseil de préfecture de la Vendée, en date du 5 août 1843, est annulé. — Art. 2. Il est accordé décharge au sieur Boisdin du droit de patente auquel il a été imposé au rôle de Bourbon-Vendée pour l'année 1843, en qualité de loueur de voitures suspendues.

Du 11 juill. 1844.-Ord. cons. d'Ét.-M. Dumez, rap.

(2) *Espèce* : — (Bressol-Lachaume.) — Le conseil d'administration des contributions directes consulté avait répondu en ces termes : — « Considérant qu'il n'est produit aucune preuve directe ou indirecte de l'association du réclamant avec le sieur Bonnamour, et que la clameur publique, en l'absence de faits positifs, ne peut être un motif suffisant pour l'assiette de l'impôt, etc. »

LOUIS-PHILIPPE, etc, — Vu la loi du 1er brum. an 7; — Considérant qu'il ne résulte pas de l'instruction que le sieur Bressol-Lachaume ait exercé la profession de marchand de bois pendant l'exercice 1841, que, dès lors, c'est à tort que le conseil de préfecture l'a maintenu aux droits de patente auxquels il avait été imposé, en cette qualité pour ledit exercice. — Art. 1. L'arrêté du conseil de préfecture de l'Allier, du 24 août 1842, est annulé. — Art. 2. Il est accordé décharge au sieur Bressol-Lachaume des droits de patente auxquels il avait été soumis pour 1841.

Du 8 mars 1844.-Ord. cons. d'Ét.-M. Gautier-d'Uzerches, rap.

316. Le droit pour les sociétés et compagnies anonymes repose sur des bases mises en rapport avec la nature de ces sociétés. « Les sociétés ou compagnies anonymes ayant pour but une entreprise industrielle ou commerciale, porte l'art. 17 de la loi du 25 avril 1844, sont imposées à un seul droit fixe sous la désignation de l'objet de l'entreprise, sans préjudice du droit proportionnel. — La patente assignée à ces sociétés ou compagnies ne dispense aucun des sociétaires ou actionnaires du payement des droits de patente auxquels ils pourraient être personnellement assujettis pour l'exercice d'une industrie particulière. »

317. Les règles qui précèdent sont-elles applicables aux associés en participation? Non, lorsque ces associés ne sont pas commerçants. Ils doivent, comme les associés en commandite, être exemptés de la patente. C'est ce qui résulte de la circ. du 14 août 1844, laquelle ne fait que reproduire les paroles du rapporteur de la loi de 1844 : « Il doit être bien entendu, disait M. Vitet, que l'application du droit fixe ne peut être faite qu'aux associés tels qu'ils sont définis par le code de commerce, et non à toute personne qui, sans exercer la profession de commerçant, aurait fait avec une ou plusieurs autres personnes une affaire en participation. Ainsi, dans nos ports de mer, par exemple, il existe souvent des associations de ce genre, soit pour la construction, soit pour l'armement des navires. Ce ne sont pas des sociétés de commerce, ce sont des réunions d'intéressés, lesquelles ne prennent aucune part à la gestion de l'entreprise, et qui doivent par conséquent être assimilés à de simples commanditaires. L'armateur seul, dans ce cas, doit payer la patente. Nous insistons sur ce point, parce qu'on a voulu quelquefois imposer au demi-droit fixe d'armateur les vingt ou trente intéressés à l'armement d'un seul navire. Cette prétention exorbitante ne devra pas être renouvelée. »

SECT. 8. — DES RÔLES.

318. Les rôles ou matrices de rôles sont des registres spéciaux sur lesquels sont inscrits le nom du contribuable et la somme qu'il doit acquitter suivant la base imposable de chaque état de répartition (V., quant aux règles générales relatives à la formation et la publication des rôles, v° Impôt, n° 417).

La formation des rôles de patente est soumise à certaines conditions particulières que nous allons examiner.

ART. 1. — *Formation des rôles. — Cessation de commerce.*

319. L'art. 20 de la loi du 25 avril 1844 est ainsi conçu : « Les contrôleurs des contributions directes procéderont annuellement au recensement des imposables et à la formation des matrices de patentes. » Aussitôt que l'administration a donné l'ordre de procéder aux travaux concernant l'assiette des patentes, le directeur arrête l'itinéraire des contrôleurs et leur envoie les imprimés nécessaires à la formation des matrices. Huit jours à l'avance le contrôleur annonce au maire (auquel l'art. 20 précité donne la faculté d'assister le contrôleur soit par lui-même, soit par un délégué), ainsi qu'au percepteur, l'époque où il se rendra dans chaque commune, à l'effet de reconnaître quels sont les habitants passibles des droits de patente et de constater leur véritable commerce, industrie ou profession, ainsi que la valeur locative de leur habitation et des établissements sur lesquels doit porter le droit proportionnel. Le percepteur doit se trouver dans la commune au jour fixé. Il communique au contrôleur son livre journal et l'accompagne dans le parcours de la commune (circ. min. 14 août 1844).

Pour éviter les contestations dans l'application des droits l'administration a prescrit à ses contrôleurs certaines mesures préliminaires de nature à l'éclairer. Ainsi chaque contrôleur pour les établissements industriels doit tenir un carnet spécial. « L'assiette des droits, pour ces établissements, porte la circ. de la direct. gén. du 14 août 1844, exigeant des soins particuliers, les contrôleurs ouvriront un carnet portatif dans lequel ils inscriront, pour chacun des établissement de l'espèce, tous les renseignements qu'ils auront recueillis, tant sur le nombre des ouvriers, broches, métiers, fours, fosses, etc., que sur la valeur locative des maisons d'habitation, des bâtiments et moteurs ainsi que de l'outillage. Ce carnet indiquera par commune la nature des établissements, le nom des exploitants, les éléments de droit fixe, les éléments de droit proportionnel. Dans le mois qui suivra la formation des matrices, les contrôleurs enverront un relevé de leur carnet au directeur, qui le transmettra à l'inspecteur; celui-ci comparera, de contrôle à contrôle, les établissements de même nature, tant sous le rapport du droit fixe que sous le rapport du droit proportionnel; il vérifiera les points qui lui paraîtront douteux, et rendra compte du résultat de ses investigations dans un rapport circonstancié que le directeur adressera à l'administration centrale, en l'informant des instructions qu'il aura données pour la rectification des erreurs signalées par l'inspecteur. »

320. Les contrôleurs auront encore soin de comprendre dans les relevés qu'ils font annuellement pour l'amélioration de l'assiette des patentes, tous les faits de commerce qui pourront ressortir de l'enregistrement des actes en tête desquels l'ancienne législation prescrivait aux officiers ministériels de mentionner la patente; les contrôleurs recueilleront non-seulement les renseignements relatifs à des communes de leur division, mais encore tous ceux qui se rapporteront à d'autres communes. Ces derniers renseignements seront portés sur des cadres dressés à cet effet et transmis suivant la marche adoptée. Le directeur fixera les époques des recherches et désignera l'agent à qui elles seront confiées dans les greffes, bureaux et secrétariats correspondant à plusieurs divisions de contrôle (circ. 10 juill. 1850).

321. Dans les villes importantes, où chaque année il est fait un recensement des imposables aux contributions personnelle, mobilière et des patentes, et où l'on est dans l'usage d'établir les matrices par ordre de rues et de numéros de maisons, on peut continuer de procéder simultanément aux opérations concernant les deux contributions à mesure qu'elles seront terminées dans un quartier; la matrice des patentes relative à ce quartier est déposée au secrétariat de la mairie, ce qui donne aux intéressés et aux maires plus de facilité pour prendre connaissance du travail du contrôleur et pour produire leurs observations (circ. min. du 14 août 1844).

322. Pour un grand nombre de communes, le recensement des patentables se fait au moyen de bulletins individuels. « Ce mode, dit la circ. du 10 juill. 1850, dont l'expérience a fait reconnaître les avantages, devra être appliqué à la généralité des communes, dans le moindre délai possible : les bulletins à établir ou à renouveler seront rédigés sur des cadres spéciaux. Il en sera formé même pour les patentables qui, vu leur état d'indigence notoire, ne sont pas susceptibles d'être imposés, et la liste de ces derniers sera jointe à la matrice. Cette liste sera l'objet d'une attention particulière de la part de l'inspecteur et du directeur. Un bulletin séparé sera dressé pour chaque établissement, usine, maison, boutique, magasin, atelier, etc., occupé par un même patentable. Les bulletins concernant des établissements, usines, maisons, boutiques, magasins, ateliers, etc., susceptibles d'être imposés dans une autre commune, resteront compris dans la série des bulletins de la commune de la situation, mais il en sera rédigé des extraits dans la forme indiquée pour être transmis au contrôleur de la commune du lieu de l'imposition. »

323. Pour prévenir toute omission dans le recensement des associés, chaque directeur fait dresser par les contrôleurs résidant dans les villes où il existe des tribunaux de commerce un relevé des actes de société en nom collectif, indiquant la date des actes, les noms et prénoms des associés, leur demeure, les commerce, industrie ou entreprise, objet de la société, et la commune siége de l'établissement principal.—A l'aide de ces relevés, le directeur vérifie si tous les associés domiciliés dans le département ont été compris dans les matrices, et fait réparer les erreurs ou omissions qui auraient pu être commises. Si les associés résident hors du département, le directeur adresse à ses collègues, par l'intermédiaire de l'administration des extraits des relevés faits par les contrôleurs, et y porte le droit fixe auquel l'associé principal est imposé dans la commune siége de l'établissement, afin de mettre les directeurs des départements où résident les associés, à portée de déterminer le demi-droit dû par ces derniers (circ. min. du 14 août 1844).

324. Quant aux marchands forains, il est recommandé aux agents des contributions directes de ne négliger aucun moyen pour assurer l'exécution de la loi à l'égard de cette classe de patentables, mais il importe que, de leur côté, les préfets invitent les maires, adjoints et officiers de police judiciaire à exiger, conformément à l'art. 27 de la loi de 1844, l'exhibition de la patente de tout individu non domicilié dans la commune, qui vient y vendre des marchandises, et, en cas de non-représentation, à exécuter les mesures prescrites par l'art. 28 (circ. min. du 14 août 1844).

325. La matrice doit être dressée par ordre alphabétique. Il ne doit être employé, pour la désignation des commerces, industries ou professions, d'autres dénominations que celles portées dans le tarif général et dans les arrêtés d'assimilation. Si un patentable exerce plusieurs professions, le contrôleur indique toujours celle qui donne lieu au droit fixe le plus élevé; en cas de doute, il les énonce toutes. Si les professions sont exercées dans des communes différentes, le contrôleur en fait mention sur la matrice, afin que le directeur ne soit pas exposé à soumettre les patentables à plusieurs droits fixes (circ. min. du 14 août 1844).

326. Si un particulier, avant l'ouverture d'un exercice, a fait la déclaration qu'il entendait cesser la profession à raison de laquelle il était soumis à la patente, il doit cesser de figurer sur les rôles, à moins qu'il ne soit constaté qu'il a continué sa profession après l'ouverture de l'exercice. Il a été jugé par application de ce principe qu'on doit admettre la demande en décharge d'un contribuable qui a fait cette déclaration, s'il n'est pas établi qu'il ait continué le commerce après sa déclaration (ord. cons. d'Ét. 13 juin 1845 (1); 11 avr. 1834, M. de Luçay, rap., aff. Mouran; 23 mai 1834, M. Hochet, rap., aff. Ferradou).— V. une décision analogue v° Impôts directs, n° 41.

327. D'après la jurisprudence, lorsqu'un particulier a changé de domicile avant la confection des rôles, et qu'il n'a conservé dans la ville qu'il a quittée ni magasin, ni comptoir, ni établissement de commerce, il ne peut être maintenu sur le rôle des patentes de cette ville (ord. cons. d'Ét. 16 nov. 1825) (2)—Et spécialement, la déclaration faite à la mairie du lieu par un ex-banquier portant qu'il cesse cet état, est suffisante pour l'exempter de la patente à laquelle il était assujetti comme banquier. Il n'est pas nécessaire que cette cessation soit certifiée par les autorités locales : ce n'est que surabondamment qu'il produirait pour se faire rayer du rôle où on l'avait maintenu, des certificats délivrés par le tribunal de commerce et les autorités du département (ord. cons. d'Ét. 14 mai 1817, aff. Pignol). — Mais il suffit qu'une personne ait exercé sa profession dans la commune où elle demeurait au commencement de l'année, pour qu'elle ait dû être portée au rôle des patentables de cette commune pour cette année, encore bien qu'elle ait changé de domicile (ord. cons. d'Ét. 3 fév. 1835 (3); V. n°s 336 et suiv.). —V. Impôts dir., n° 216.

328. Le fait de la cessation du commerce, de l'industrie et de la profession suffit, au surplus, pour que le contribuable soit affranchi de la patente. Aussi a-t-il été jugé : 1° que l'individu qui cesse son commerce au mois de septembre n'est pas soumis à la patente pour l'année suivante, bien qu'il n'ait fait aucune réclamation pour se faire rayer des rôles (ord. cons. d'Ét., 12 juillet 1837, M. Robillardeau, rap., aff. Soiderquelk); — 2° Que lorsqu'une société est dissoute et que depuis l'époque de sa dissolution elle ne s'est livrée à aucune opération commerciale, son directeur ne peut être soumis à la patente (ord. cons. d'Ét. 8 mars 1844, M. Frémy, rap., aff. Coste); — 3° Que le médecin qui n'a pas exercé sa profession pendant un exercice doit être déchargé de tous droits de patente pour cet exercice (ord. cons. d'Ét., 25 juin 1845, M. Dumez, rap., aff. Laurier); —4° Qu'un artisan, spécialement un serrurier, qui, bien qu'ayant conservé sa boutique, n'a pas exercé sa profession pendant un exercice, a droit à obtenir le dégrèvement de sa patente (ord. cons. d'Ét., 14 déc. 1844, M. Dumez, rap., aff. Tribouillard); —5° Que le cafetier qui, à l'époque de l'ouverture d'un exercice, avait cessé d'exercer sa profession, est maintenu à tort sur le rôle des patentes pour cet exercice (ord. cons. d'Ét., 5 juin 1845, aff. Martel); — 6° Qu'un entrepreneur de travaux publics ne peut, encore bien qu'il exerçât précédemment cette profession, et qu'il n'ait pas déclaré formellement y renoncer, être imposé à la patente sur le seul motif qu'il aurait soumissionné (mais sans succès) des travaux publics mis en adjudication dans le courant de l'année même, et que, d'ailleurs, dans cette même année, sa garantie se trouve encore engagée pour des travaux antérieurs (ord. cons. d'Ét., 19 mars 1845, aff. Hemery). — Cependant il n'en serait pas ainsi, suivant la jurisprudence, si la cessation était forcée. Il a été jugé, en effet, que le maître de pension qu'une interdiction académique oblige à cesser sa profession, n'a pas droit à la décharge des douzièmes de sa patente qui restent à courir; il ne peut obtenir de dégrèvement que par voie de modération ou de remise (décr. cons. d'Ét. 17 mars 1854, aff. Moutet, D. P. 54. 3. 19).

329. On peut imposer, d'après la *notoriété publique*, toutes espèces de professions sujettes à patente. Tels étaient les termes formels de la loi de l'an 7, art. 31; et bien que les lois de 1844 et de 1850 n'aient pas reproduit ces termes, on peut dire que la pensée s'en retrouve dans la latitude laissée aux contrôleurs par l'art. 20 de la loi de 1844. Ainsi on peut porter au rôle, en qualité de négociant ou de banquier, un particulier qui soutient ne pas exercer ou avoir cessé d'exercer cette fonction (V. cependant n° 309). — Mais qu'est-ce que la notoriété publique? La loi ne s'est point expliquée à cet égard, et la jurisprudence n'offre pas de règle bien certaine, parce que la notoriété publique se compose d'éléments vagues et plus ou moins incertains. — Quelquefois, disent MM. Macarel et Boulat., *eod.*, p. 516, 517, on l'a fait résulter des qualifications données par les *Annuaires* ou les feuilles publiques de la localité; d'autres fois d'annonces et de prospectus émanés des patentables. — Nous pensons, quant à nous, que la notoriété publique ne peut pas exactement se déterminer. Toutes les questions se résoudront à cet égard en appréciation de faits et circonstances dont la preuve incombera à l'administration.

330. L'art. 20, §§ 3 et suiv. de la loi de 1844 dispose : — « En cas de dissentiment entre les contrôleurs et les maires ou leurs délégués, les observations contradictoires de ces derniers seront consignées dans une colonne spéciale. — La matrice dressée par le contrôleur sera déposée, pendant dix jours, au secrétariat de la mairie, afin que les intéressés puissent en prendre connaissance et remettre au maire leurs observations. A l'expiration d'un second délai de dix jours, le maire, après avoir consigné ses observations sur la matrice, l'adressera au sous-préfet. — Le sous-préfet portera également ses observations sur la matrice, et la transmettra au directeur des contributions directes, qui établira les taxes conformément à la loi, pour tous les articles non contestés. A l'égard des articles sur lesquels le maire ou le sous-préfet ne sera pas d'accord avec le contrôleur, le directeur soumettra les contestations au préfet avec son avis motivé. Si le préfet ne croit pas devoir adopter les propositions du directeur, il en sera référé au ministre des finances. »

331. Les attributions conférées au préfet par cet article

(1) (Tilhard.) — LOUIS-PHILIPPE, etc. ; — Vu la loi de brumaire an 7 ; — Vu l'art. 60 de la loi du 15 mai 1818 ; — Considérant qu'il résulte de l'instruction que la dame veuve Tilhard avait cessé avant 1843 l'exploitation de la tuilerie à raison de laquelle elle avait été imposée, et qu'il n'est pas établi qu'elle ait repris ladite exploitation pendant la même année; que, dès lors, c'est à tort que le conseil de préfecture a maintenu ladite dame Tilhard à la patente à laquelle elle avait été imposée pour 1843 ; — Art. 1. L'arrêté susvisé du conseil de préfecture de l'Indre est annulé. — Art. 2. Il est accordé décharge à la dame veuve Tilhard du droit de patente auquel elle avait été imposée pour 1843.

Du 13 juin 1845.-Ord. cons. d'Ét.-M. de Lavenay, rap.

(2) (Lefaucheux.) — CHARLES, etc.; — Considérant qu'il résulte des pièces que le sieur Lefaucheux est domicilié à Paris depuis plusieurs années, et qu'il n'a conservé dans la ville d'Angers ni magasin, ni comptoir, ni établissement de commerce. — Art. 1. L'arrêté du conseil de préfecture du département de Maine-et-Loire, du 24 juin 1824, est annulé, et les sommes que le sieur Lefaucheux a payées en exécution de cet arrêté lui seront restituées.

Du 16 nov. 1825.-Ord. cons. d'Ét.-M. Hutteau d'Origny, rap.

(3) (Vincent.)—LOUIS-PHILIPPE, etc.;—Vu la loi du 1er brum. an 7, art. 4;—Considérant qu'il résulte de l'instruction que le sieur Vincent a exercé la profession de boucher dans la commune de la Guillotière au commencement de l'année 1833; que ce fait n'est pas nié par le réclamant; que dès lors il a été justement compris au rôle des patentables de cette commune pour ladite année. — Art. 1. La requête du sieur Vincent est rejetée.

Du 3 fév. 1835.-Ord. cons. d'Ét.-M. Duillet, rap.

sont une innovation de la loi du 25 avril 1844. — En effet, La loi du 1er brumaire an 7 n'avait prescrit aucun mode particulier pour la formation des rôles de patente. La règle suivie était celle tracée par la loi du 3 frim. an 7, qui avait ordonné (art. 31) que la matrice de rôles originaires serait dressée d'après les matrices générales existant déjà antérieurement à cette loi pour les contributions foncière, mobilière, personnelle et des portes et fenêtres. Ces matrices devaient aussi servir de base à celle du rôle des patentes. Quant à la révision, on suivait encore la prescription de la loi du 3 frim. an 7, qui portait : « Dans la première décade de thermidor de chaque année, l'agent municipal de chaque commune ou son adjoint, et l'un des deux officiers municipaux désignés dans les communes ayant pour elles seules une administration municipale, convoqueront les répartiteurs pour examiner la matrice du rôle, y faire les changements convenables d'après les mutations survenues parmi les propriétaires, les renouveler même s'il y a lieu, etc. » (V. Impôts, p. 243). En 1818, les matrices de rôles des quatre contributions directes ayant été réunies en un seul rôle, celui des patentes dut être dressé à part et devenir l'objet d'une disposition spéciale qui fait aujourd'hui l'objet des art. 20 et suiv. de la loi de 1844.

Le projet de la loi de 1844 faisait de la rédaction des rôles une opération presque complétement étrangère à l'autorité administrative ; le contrôleur procédait au recensement des imposables et à la formation des matrices; il communiquait son travail aux maires qui pouvaient y consigner leurs observations; ce travail était adressé aux directeurs; il revenait aux préfets pour qu'ils rendissent les rôles exécutoires. — Pourquoi le gouvernement supprimait-il l'intervention du préfet et du sous-préfet dans la formation des rôles, et soumettait-il au libre arbitre du directeur d'apprécier la valeur des observations consignées par les maires? — Il est d'autant moins facile de se rendre compte de cette innovation, qu'en 1834 et 1835 les projets de loi soumis aux chambres rendaient les préfets juges souverains des dissidences susceptibles de s'élever entre le maire et le contrôleur. Il est vrai qu'en 1841, le ministre des finances, par une circulaire du 25 fév. de cette année, manifesta la prétention, nouvelle alors, de transporter aux directeurs le droit d'appréciation qui avait appartenu jusqu'ici aux préfets. On sait combien furent vives les réclamations provoquées par cette mesure, dont l'administration cherchait, à tort ce semble, à justifier la légalité en invoquant les art. 2, 3 et 4 de l'arrêté des consuls du 15 fruct. an 8.

Le projet de loi ne faisait donc que reproduire, d'une manière plus précise et plus énergique encore, la doctrine de la circulaire du 25 fév. 1841. — Il n'y a eu qu'une voix pour repousser un système qui laissait, sans garantie, les droits des patentables. — Le rapporteur a exposé en ces termes les points essentiels de la difficulté : « Dans l'intérêt de l'impôt et de la bonne administration, abstraction faite de tout ce qui a pu être réglé et non réglé depuis cinquante ans, à ne juger les choses qu'en elles-mêmes, est-ce au préfet ou au directeur des contributions qu'il convient de donner le droit d'apprécier les observations consignées par les maires sur les matrices? Voilà ce qu'il faut décider. — La question ainsi posée, on soutient d'une part, que si les préfets sont complétement étrangers au travail qui précède la confection du rôle des patentes, s'ils sont obligés de s'en rapporter aveuglément à ce que décident les directeurs des contributions, ils perdront une de leurs attributions les plus importantes et les plus utiles; que les directeurs, hommes spéciaux sans contact avec le public, n'aspirant qu'à l'amélioration de l'impôt, prendront toujours le parti du contrôleur, et que le maire, privé de son défenseur naturel, verra ses observations presque toujours écartées. — De l'autre côté on répond : qu'il ne s'agit nullement de dépouiller le préfet du droit de statuer sur les réclamations en matière de patentes; qu'il usera de ce droit après l'émission du rôle; mais que par la raison même qu'il doit l'exercer à titre de juge, lorsque le patentable s'adresse au conseil de préfecture, il ne convient pas qu'il en use deux fois, et qu'après avoir rendu une première décision il soit appelé à confirmer son jugement ou à se déjuger lui-même. Que ce pouvoir préventif qu'on veut attribuer au préfet, en matière de patentes, ne lui est accordé pour aucun autre impôt : que jamais ni le directeur des douanes, ni le directeur de l'enregistrement, ni le directeur des contributions indirectes ne soumettent au préfet les cas litigieux auxquels peut donner lieu l'application des tarifs. Qu'en matière de patentes, l'unité de principes est indispensable, et que si de département à département le régime de l'impôt vient à être modifié par des décisions divergentes, les conditions de la concurrence industrielle en seront gravement affectées. Que les préfets l'ont compris eux-mêmes, puisque, avant la circulaire de 1841, ils soumettaient de leur propre mouvement toutes les difficultés au ministre des finances; qu'en conséquence il ne s'agit pas d'innover, mais de confirmer sous une autre forme ce qui s'est toujours pratiqué.—On ne peut méconnaître que ces considérations soient en grande partie fondées : mais nous pensons que le projet de loi va trop loin en laissant le préfet dans l'ignorance complète des observations consignées par les autorités locales sur le travail des contrôleurs. Nous admettons qu'il soit préférable, dans l'intérêt non-seulement de l'impôt mais de la bonne administration, que ce ne soit pas les préfets qui statuent officiellement sur ces observations; mais il faut qu'ils en soient instruits, qu'ils puissent en apprécier l'importance, et que s'il y a lieu, ils aient la faculté d'avertir le ministre et de provoquer de sa part une décision.

» Telles seraient donc, selon nous, les attributions du préfet avant l'émission du rôle : il statuerait sur les classements par analogie. Dans tous les autres cas, il lui serait donné communication des dissidences entre les maires et les contrôleurs, et il remettrait au directeur des contributions le soin de statuer, sauf à intervenir auprès du ministre toutes les fois qu'il le croirait nécessaire. Ce système est exactement celui de l'arrêté des consuls de fruct. an 8. Puisque l'administration invoque cet arrêté pour établir le droit des directeurs, il est juste qu'elle admette les conséquences à l'égard des préfets. Nous vous proposons donc de rétablir dans le projet de loi les dispositions de cet arrêté de l'an 8, qui en avaient été retranchées, savoir : la communication de la matrice au sous-préfet et la transmission au directeur, non plus par l'intermédiaire du contrôleur, mais par celui du préfet. Ces modifications ne changent pas d'une manière fondamentale l'économie de l'art. 19, mais elles y introduisent des garanties que nous croyons indispensables. Les principes que l'administration veut faire prévaloir seront satisfaits; les préfets ne connaîtront pas, comme elle le prétend, deux fois des mêmes causes, et l'application de l'impôt ne variera pas de département à département. Mais, d'un autre côté, les préfets n'assisteront pas à une opération aussi importante que la rédaction de la matrice des patentes, sans avoir connaissance des griefs de leurs administrés, et ils pourront toujours, s'ils le croient utile et convenable, faire parvenir ces griefs jusqu'au gouvernement et les recommander à sa justice. » —L'intervention du préfet dans l'assiette de l'impôt a été réclamée, dans la discussion comme une garantie nécessaire pour les redevables. « Le préfet est un des plus hauts fonctionnaires de l'État, disait M. Taillandier (Mon. 27 fév. 1844, p. 422), comme tel il ne peut avoir aucun motif de faire supporter des pertes au trésor; mais, ainsi que je le disais tout à l'heure, son autorité est mixte, tandis que le directeur des contributions est un agent purement fiscal; il n'offre pas dès lors aux populations le même degré d'autorité morale que l'administrateur en chef du département. »

332. Les préfets doivent donner les instructions nécessaires aux maires et aux sous-préfets pour que la transmission des matrices n'éprouve aucun retard. Ils devront leur faire observer que la loi, en fixant des délais, autorise par cela même la direction des contributions directes à passer outre dans le cas où leurs observations ne seraient pas produites en temps utile (circ. dir. gén. 14 août 1844).

333. A la réception des matrices, le directeur examine d'abord si la désignation des commerces, industries et professions est conforme au tarif général ; si la classe des patentables du tableau A est exactement indiquée, et si, pour ceux des tableaux B et C, la matrice présente tous les éléments nécessaires à l'établissement des droits fixes. L'examen du directeur porte ensuite sur le droit proportionnel. Il contrôle les valeurs locatives au moyen des relevés de baux, des anciennes matrices et de tous les autres documents dont il est dépositaire; il donne une attention particulière aux articles concernant les usines et établissements industriels et s'assure que les contrôleurs ont fait entrer dans l'évaluation tous les moyens matériels de production. Le directeur s'assure, en outre, que le taux du droit proportionnel est exactement indiqué, et que, pour les patentables assujettis à des droits différents, la valeur locative de la maison d'habitation et des magasins de vente séparés de l'établissement est distincte de celle des locaux où s'exerce l'industrie. Enfin le directeur examine attentivement les observations consignées sur la matrice, tant par le maire que par le sous-préfet, et, après avoir entendu le contrôleur et fait recueillir, au besoin, de nouveaux renseignements par l'inspecteur, il adresse au préfet son avis motivé sur les points en contestation. Toutes les fois que le préfet ne croit pas devoir adopter les propositions du directeur, il en réfère immédiatement au ministre des finances, et en informe le directeur, qui doit surseoir à l'établissement des taxes pour les articles contestés. Si la décision du ministre n'est pas connue avant l'époque où il est nécessaire de confectionner les rôles, le directeur s'abstient d'y porter les articles contestés, et les comprend ultérieurement dans un rôle supplémentaire (circul. minist. du 14 août 1844). Après l'accomplissement de ces formalités, « le préfet arrête les rôles et les rend exécutoires » (art. 20 de la loi de 1844).

334. « A Paris, porte le dernier paragraphe de l'art. 20 précité, l'examen de la matrice des patentes aura lieu, pour chaque arrondissement municipal, par le maire, assisté soit de l'un des membres de la commission des contributions, soit de l'un des agents attachés à cette commission, délégué à cet effet par le préfet. » — En conséquence, dès que la matrice des patentes est rédigée, le contrôleur en fait le dépôt à la mairie de l'arrondissement municipal, dont le quartier fait partie. — « Les matrices, revêtues des observations du maire de chaque arrondissement, sont centralisées à la commission des contributions, qui, après y avoir aussi consigné ses observations, les transmet au directeur des contributions » (loi du 18 mai 1850, art. 21). — « Cette disposition, qui concerne uniquement la ville de Paris, a pour but de donner un complément nécessaire au dernier paragraphe de l'art. 20 de la loi de 1844, en faisant intervenir pour l'examen de la matrice des patentes, non plus seulement le maire de chaque arrondissement municipal assisté d'un membre de la commission des contributions, mais la commission elle-même pour l'ensemble des douze arrondissements. L'action de cette commission s'étendant à la généralité des patentables, elle pourra faire des rapprochements de quartier à quartier, comparer le classement de chaque profession dans les divers arrondissements, et maintenir efficacement le principe de l'uniformité et de la proportionnalité de l'impôt » (extr. du rapp. du 17 mars 1850).

335. Lorsqu'il ne se trouve dans une commune aucun habitant sujet à patente, le contrôleur rédige un certificat négatif qu'il fait signer par le maire (arrêté du 15 fruct. an 8; circul. 19 août 1816, 25 janv., 9 et 10 avril 1817).

ART. 2. — *Imposition annale.*

336. L'art. 4 de la loi de brumaire portait: Les patentes sont prises dans les trois premiers mois de l'année, pour l'année entière, sans qu'elles puissent être bornées à une partie de l'année. L'art. 25 de la loi de 1844 reproduit le même principe, mais en termes plus généraux. — « La contribution des patentes, dit cet article, est due pour l'année entière, par tous les individus exerçant au mois de janvier une profession imposable. » —Au fond, c'est la même pensée. Aussi la jurisprudence a-t-elle toujours été constante sur ce point. C'est ainsi qu'il a été jugé, sous les deux lois: 1° qu'il suffit qu'un commerçant exerce sa profession au commencement de l'année, pour que le droit de patente soit dû pour l'année entière (ord. cons. d'Ét. 17 juill. 1843 (1); 5 juin 1845, M. Aubernon, rap., aff. Bascon,); — 2° Que l'individu qui exerce au mois de janvier une profession sujette à patente, ne peut ultérieurement demander sa décharge sous prétexte qu'il aurait cessé l'exercice de cette profession, par exemple, au mois de février (ord. cons. d'Ét. 1er juill. 1839, M. Mauzé, rap., aff. Genard); — 3° Que lorsqu'il est constaté qu'un particulier a exercé jusqu'au 8 mai 1843 la profession de marchand de vins en gros, il ne peut lui être accordé décharge pour le dernier trimestre de la même année (ord. cons. d'Ét. 18 avr. 1845, M. Boulon de Rouvre, rap., aff. Beylot); — 4° Que celui qui exerce au commencement de l'année la profession de banquier est justement maintenu pour la durée de cet exercice à la patente à laquelle il a été imposé (ord. cons. d'Ét. 5 juin 1845) (2); — 5° Que la patente d'entrepreneur associé est due par le particulier qui s'est associé à un entrepreneur de travaux publics au commencement d'un exercice, alors même que la dissolution de la société serait ultérieurement prononcée pour cause d'irrégularité (décr. cons. d'Ét. 26 avril 1851, aff. Saphy, D. P. 52. 5. 409); — 6° Que le principe serait applicable quand même le patentable alléguerait qu'il a fait la vente de son fonds de commerce (ord. cons. d'Ét. 24 janv. 1845, M. Aubernon, rap., aff. Barbin Carette; V. cependant nos 326 et s., 403 et s.), ...ou qu'il a cessé le commerce étant nommé à des fonctions publiques (ord. cons. d'Ét. 28 nov. 1834, M. Dutillet, rap., aff. Euzière et Arnaud; du même jour, M. Hochet, rap., aff. Dunez).

337. Le dégrèvement ne peut être demandé ni pour la totalité ni pour partie (ord. cons. d'Ét. 10 fév. 1835) (3).—Ainsi jugé spécialement que le membre associé d'une société dissoute dans le courant de l'année n'est pas recevable à demander le dégrèvement, pour le reste de l'année, de sa part de patente afférente à son intérêt dans la société, les patentes étant prises pour l'année entière, sans pouvoir être bornées à une partie de l'exercice (ord. cons. d'Ét. 23 déc. 1844) (4). Dans ce cas, le patentable ne peut que se pourvoir devant le préfet en remise ou modération.

---

(1) (Pagliano.) — LOUIS-PHILIPPE, etc.; — Vu la loi du 1er brum. an 7 et la loi du 15 flor. an 10, art. 26; — Considérant qu'aux termes de l'art. 4 de la loi du 1er brum. an 7, les patentes doivent être prises dans les trois premiers mois de l'année, pour l'année entière, sans qu'elles puissent être bornées à une partie de l'année; qu'il n'y a d'exception à cette règle que pour cause de décès des patentables, d'après l'art. 26 de la loi du 15 flor. an 10; — Considérant qu'il résulte de l'instruction que, pendant le premier trimestre de 1841, le sieur Pagliano a exercé la profession de courtier de commerce; que, dès lors, la patente dont il était tenu de se munir en cette qualité, aux termes de l'art. 3 de la loi précitée, a été par lui due pour la totalité de l'exercice 1841, et qu'ainsi c'est à tort que le conseil de préfecture des Bouches-du-Rhône a accordé au sieur Pagliano une réduction sur sa patente de 1841; — Art. 1. L'arrêté du conseil de préfecture des Bouches-du-Rhône, en date du 3 janv. 1843, est annulé. — Art. 2. Le sieur Pagliano sera rétabli au rôle primitif de la contribution des patentes de la ville de Marseille, pour la totalité de l'année 1841, en qualité de courtier de commerce.

Du 17 juill. 1843.-Ord. cons. d'Ét.-M. Dumez, rap.

(2) (Pagny.) — LOUIS-PHILIPPE, etc.; — Vu les lois des 1er brum. an 7 et 26 mars 1831; — En ce qui touche le droit fixe: — Considérant qu'il résulte de l'instruction que le sieur Pagny exerçait au 1er janv. 1842 la profession de banquier, et que, dès lors, c'est avec raison que le conseil de préfecture l'a maintenu en ladite qualité au rôle des patentes de la ville de Paris pour l'exercice 1842; — En ce qui touche le droit proportionnel; — Considérant que, d'après les art. 36 de la loi du 1er brum. an 7 et 26 de la loi du 26 mars 1831, les droits proportionnels de patente doivent être réglés et perçus d'après la valeur locative tant de l'habitation personnelle du patentable que des locaux servant à l'exercice de son industrie; — Considérant qu'il résulte de l'instruction que le droit proportionnel du requérant a été établi conformément aux dispositions précitées, et que les évaluations d'après lesquelles le montant dudit droit a été calculé ne sont pas exagérées; — Art. 1. La requête du sieur Pagny est rejetée.

Du 5 juin 1845.-Ord. cons. d'Ét.-M. d'Ormesson, rap.

(3) (Prieur.) — LOUIS-PHILIPPE, etc.; — Vu la loi du 1er brum. an 7; — Considérant qu'aux termes de l'art. 4 de la loi du 1er brum. an 7, les patentes prises dans les trois premiers mois de l'année le sont pour l'année entière, et que la cessation du commerce ou de l'industrie dans le courant de l'année n'autorise point la réduction au prorata; — Art. 1. L'arrêté du conseil de préfecture de la Moselle, du 15 juill. 1834, est annulé; — Art. 2. La cote du sieur Eugène Prieur sera rétablie au rôle des patentes de l'année 1834, de la commune de Metz, à la somme de 207 fr. 10 c., telle qu'elle avait été précédemment fixée.

Du 10 fév. 1835.-Ord. cons. d'Ét.-M. Montaud, rap.

(4) (Flandrin.) — LOUIS-PHILIPPE, etc.; — Vu la requête à nous présentée par le sieur Flandrin, négociant, liquidateur de la maison Sandeur et Flandrin, tendant à ce qu'il nous plaise annuler un arrêté du

338. Le conseil d'État a, du reste, interprété cette disposition dans un sens rigoureux pour les marchands et fabricants qui cessent à la fin d'une année leur commerce ou leur industrie, et peuvent avoir une suite d'affaires à terminer. Il a jugé qu'en pareil cas ces marchands et fabricants doivent continuer d'être maintenus au rôle des patentes jusqu'à la clôture définitive des opérations. — Ainsi doit être maintenu sur les rôles : 1° l'adjudicataire d'une coupe de bois qui, n'ayant pu vendre tous les produits de la coupe dans l'année de son adjudication, a continué à vendre ses bois pendant les premiers mois de l'année suivante (ord. cons. d'Ét. 23 fév. 1837, M. du Martroy, rap., aff. Memain; 23 août 1845, M. Lepelletier d'Aulnay, rap., aff. Reymann). — Et l'on ne peut considérer un particulier comme ayant cessé le commerce de bois et se bornant à vendre les siens, si, de son aveu, il possède dans son chantier des bois qui proviennent des coupes achetées par lui il y a trois ans et qui y sont en vente (ord. cons. d'Ét. 18 juin 1834, M. de Villermay, rap., aff. de Villelongue); — 2° Le bourrelier qui continue à avoir boutique ouverte, quand même il alléguerait qu'il n'occupe plus d'ouvriers, que lui-même est infirme, et qu'il ne cherche plus qu'à se défaire des objets précédemment façonnés : ces faits ne lui donneraient droit qu'à une remise ou modération (ord. cons. d'Ét. 6 nov. 1839) (1); — 3° L'agent d'affaires, sous prétexte qu'il a cessé ses opérations, lorsque l'instruction constate qu'il s'en occupe encore; vainement prétendrait-il qu'il s'occupe seulement de la liquidation des affaires commencées (ord. cons. d'Ét. 27 déc. 1844, M. de Berthier, rap., aff. Cerf); — 4° Le patentable qui a fait sa déclaration de changement de domicile, et néanmoins continue de faire le commerce dans la commune qu'il veut quitter, y possède une habitation où résident sa femme et ses enfants; il n'est pas non plus déchargé du droit fixe de patente auquel il y est imposé, si ce droit est moins élevé dans la nouvelle commune (ord. cons. d'Ét. 25 janv. 1839) (2); — 5° Le marchand qui, au moment de se retirer du commerce, continue à écouler les marchandises qui lui restent, sans en acheter de nouvelles; mais cette circonstance lui donne droit à une remise ou modération (ord. cons. d'Ét. 1er juill. 1840, M. du Berthier, rap., aff. Massot); — 6° Celui qui n'a pas fabriqué dans le cours d'une année, mais a vendu les marchandises provenant de sa fabrication des années précédentes et a fait des approvisionnements pour continuer l'exploitation de son établissement, il doit alors être porté au rôle de la patente en qualité de marchand, et non de fabricant (ord. cons. d'Ét. 20 nov. 1840 (3); 23 juin 1846, M. Pascalis, rap., aff. Depeyras); ... ou l'individu qui, après avoir cessé toute fabrication, continue de vendre les produits de sa fabrication des années antérieures (ord. cons. d'Ét. 3 août 1850, aff. Fonsis, D. P. 52. 3. 407); — 7° Le marchand qui, bien qu'en liquidation et n'achetant plus de marchandises, continue de vendre celles qui sont en magasin (ord. cons. d'Ét. 18 fév. 1839, M. Louyer-Villermay, rap., aff. Agenon); — 8° Le marchand d'eau-de-vie en gros qui, bien que ne se livrant à aucun acte de commerce, conserve néanmoins en magasin des eaux-de-vie provenant de son commerce et destinées à être vendues, et qui a d'ailleurs une licence de marchand d'eau-de-vie en gros (ord. cons. d'Ét. 30 oct. 1848, aff. Lobmeger). — ... Tandis que le contraire a été jugé à l'égard d'un marchand de vins en gros qui avait cessé le commerce, par suite de l'affaiblissement de ses facultés et de l'interdiction prononcée contre lui, quoique ayant encore des vins à écouler (ord. cons. d'Ét. 13 juin 1845, M. Savenay, rap., aff. Perier); — 9° L'individu qui reste commissionné en qualité de courtier de marchandises : il doit en effet continuer d'être maintenu au rôle des patentes, en cette qualité, alors même qu'en fait il aurait cessé depuis longtemps d'exercer cette profession (ord. cons. d'Ét. 9 déc. 1845, aff. Calbrie); — 10° Le patentable à l'égard duquel il est constaté qu'il a vendu, dans le courant de l'année, une partie des marchandises en fonte qui étaient dans ses magasins (ord. cons. d'Ét. 1er nov. 1837, M. Saglio, rap., aff. Hazard-Flamand), ... ou qu'il n'a réellement pas cessé d'exercer la profession pour laquelle il a été soumis à la patente (ord. cons. d'Ét. 21 janv. 1842, M. Condé, rap., aff. Heurtin; 12 janv. 1844, M. Gauthier-d'Uzerches, rap., aff. Paul et aff. Estève).

339. Les rôles des patentes étant établis pour chaque année, il s'ensuit qu'un individu soumis à ces droits ne peut, pour s'y soustraire, exciper d'une décision qui l'aurait déchargé de sa taxe pour une année précédente (ord. cons. d'Ét. 30 sept. 1830, M. d'Haubersaert, rap., aff. Dauchez-Huret).

---

conseil de préfecture de la Seine, en date du 29 avr. 1843, qui a rejeté sa demande en réduction de ses droits de patente pour 1842; — Vu les lois du 1er brum. an 7 et du 21 avril 1832;

En ce qui touche la demande en dégrèvement, tant des impositions portées au nom du sieur Sandeur, ancien associé du requérant, que des impositions afférentes au logement particulier du sieur Flandrin : — Considérant que les patentes sont prises dans les trois premiers mois de l'année pour l'année entière, sans qu'elles puissent être bornées à une partie de l'année; que, dès lors, le sieur Flandrin, liquidateur de la maison Sandeur et Flandrin, ne pouvait demander le dégrèvement des droits de patente portés au nom du sieur Sandeur, pour la portion de l'année 1842 qui a suivi la dissolution de leur société, non plus que la décharge des impositions afférentes au logement particulier qu'il aurait cessé d'occuper dans le courant de l'année 1842; — En ce qui touche la demande en expertise : — Considérant que le sieur Flandrin n'a pas réclamé contre la fixation de la valeur locative servant de base au droit proportionnel de sa patente; que, dès lors, sa demande en expertise constituait une nouvelle demande, qui, aux termes de l'art. 28 de la loi du 21 avr. 1832, aurait dû être adressée au préfet dans les trois premiers mois de l'émission des rôles; — Considérant que ladite demande, présentée le 14 fév. 1843, a été formée hors des délais fixés pour les réclamations relatives à l'exercice de 1842; qu'ainsi c'est avec raison que le conseil de préfecture de la Seine l'a déclarée non recevable; — Art. 1. La requête du sieur Flandrin est rejetée.

Du 23 déc. 1844.-Ord. cons. d'Ét.-M. Aubernon, rap.

(1) (Paquier.) — Louis-Philippe, etc.; — Vu la loi du 1er brum. an 7; — Considérant qu'il résulte de l'instruction que le sieur Paquier n'a pas cessé d'exercer la profession de bourrelier, et que, dès lors, c'est avec raison que le conseil de préfecture de la Vienne l'a maintenu au rôle des patentes; — Considérant que les faits allégués par le requérant ne pouvaient donner lieu, de sa part, qu'à une demande en remise ou modération; — Art. 1. La requête du sieur Paquier est rejetée.

Du 6 nov. 1839.-Ord. cons. d'Et.-MM. Richaud, rap.-Germain, concl.

(2) *Espèce* : — (Decoq.) — Decoq, fabricant d'huiles, a déclaré à la mairie de Saint-Omer qu'il voulait transporter son domicile dans la commune de Wizernes, où il a sa fabrique. — Cependant il a toujours gardé à Saint-Omer une maison d'habitation où résident sa femme et ses enfants; il y vient lui même, chaque semaine, pour son commerce. Devait-il être imposé dans cette ville au droit fixe et au droit proportionnel?

Louis-Philippe, etc.; — Vu la loi du 1er brum. an 7, la loi du 25 mars 1817 et celle du 15 mai 1818; — En ce qui touche les conclusions du sieur Decoq, tendantes à ce qu'il nous plaise lui accorder décharge du droit fixe auquel il a été imposé sur le rôle de Saint-Omer : — Considérant que, aux termes de l'art. 66 de la loi du 25 mars 1817 et de l'art. 67 de la loi du 15 mai 1818, le droit fixe est dû par les patentables dans le lieu où il est le plus élevé; que, dès lors, la déclaration de changement de domicile, faite par le requérant à la mairie de Saint-Omer, ne peut donner lieu, en sa faveur, à la décharge du droit fixe auquel il a été imposé dans cette ville; — En ce qui touche les conclusions du sieur Decoq, tendantes à ce qu'il nous plaise lui accorder décharge du droit proportionnel auquel il a été imposé sur le rôle de la ville de Saint-Omer : — Considérant que, aux termes de l'art. 27 de la loi du 1er brum. an 7, le droit proportionnel est dû par les patentables dans tous les lieux où ils ont des établissements; — Que, aux termes de l'art. 5 de la loi du 1er brum. an 7 et de l'art. 26 de la loi du 26 mars 1831, le droit proportionnel se compose du dixième de la valeur locative des usines, ateliers, magasins, boutiques et maisons d'habitation; — Considérant qu'il résulte de l'instruction que le sieur Decoq possède dans la ville de Saint-Omer une maison d'habitation où il se rend les jours de marché pour y traiter des affaires de son commerce; — Rejette.

Du 25 janv. 1839.-Ord. cons. d'Ét.-M. Louyer-Villermay, rap.

(3) (Couvreur-Lepitre.) — Louis-Philippe, etc.; — Vu le rapport en date du 30 janv. 1840, tendant à ce qu'il nous plaise annuler un arrêté du conseil de préfecture de la Marne, qui a déchargé de la patente de fabricant d'eau-de-vie le sieur Couvreur-Lepitre (Louis-Hubert), demeurant à Rilly-la-Montagne; — Vu la loi du 1er brum. an 7, la loi du 28 pluv. an 8, les lois des 25 mars 1817 et 15 mai 1818; — Considérant que si le sieur Couvreur-Lepitre a cessé en 1839 de fabriquer de l'eau-de-vie, il a pendant ladite année continué la vente des produits de sa fabrication; — Que dès lors, il a dû être maintenu à la patente de fabricant d'eau-de-vie pour l'année 1839; — Art. 1. L'arrêté du conseil de préfecture de la Marne est annulé. — Art. 2. Le sieur Couvreur-Lepitre sera maintenu au rôle des patentes de la ville de Rilly-la-Montagne, pour l'année 1839, en qualité de fabricant d'eau-de-vie.

Du 20 nov. 1840.-Ord. cons. d'Ét.-M. du Berthier, rap.

340. Il a été jugé : 1° que l'art. 4 de la loi de brumaire, qui veut que les patentes soient prises dans les trois premiers mois de l'année pour l'année entière, s'applique au droit proportionnel comme au droit fixe (ord. cons d'Ét. 14 août 1838, aff. Champigneule; 23 juill. 1846, M. Dumez, rap., aff. Guédat); — 2° Que le patentable qui cesse d'habiter dans le cours de l'année la maison dans laquelle il a exercé son industrie durant les premiers mois, doit néanmoins payer pendant toute l'année le droit proportionnel de patente tel qu'il a été réglé d'après l'habitation qu'il avait au commencement de l'année (ord. cons. d'Ét. 15 sept. 1847, aff. Descor, D. P. 48. 3. 58); — 3° Que l'entrepreneur de la construction d'une salle de spectacle n'est pas fondé à demander décharge du droit fixe, ou au moins du droit proportionnel de patente, pour l'année dans laquelle ont été terminés les travaux, sous prétexte qu'ils l'auraient été dans le cours du mois de février (ord. cons. d'Ét. 27 juin 1838, M. Louyer-Villermay, rap., aff. Louise). — La solution serait évidemment la même sous la loi de 1844.

Art. 3. — *Rôles supplémentaires.*

341. En exécution de l'art. 23 de la loi du 25 avril 1844, § 4, qui assujettit à l'impôt ceux qui entreprennent une profession sujette à patente après le mois de janvier, et qui les oblige à payer les droits à partir du 1er du mois dans lequel ils ont commencé à exercer, les contrôleurs doivent, indépendamment des rôles annuels, rédiger tous les trois mois un rôle supplémentaire pour chacune des communes où peuvent se trouver des individus placés dans un des cas prévus par cet art. 23 (circul. min. du 14 août 1844). — A cet effet, ils doivent se transporter dans les principales communes de leur contrôle, et au moins dans les chefs-lieux de perception, pour y recueillir les renseignements et relever les notes consignées sur le livre-journal des percepteurs. Lorsqu'il y a lieu de dresser une matrice supplémentaire, les contrôleurs assistés du maire ou de son délégué, ainsi qu'il est dit à l'art. 20, vont reconnaître sur les lieux mêmes la véritable profession des patentables, ainsi que la valeur locative de leurs maisons d'habitation, bâtiments, etc.; ils ont soin d'indiquer exactement sur la matrice le mois dans lequel les patentables se sont établis ou ont changé de position. Ils suivent, du reste, en ce qui concerne le dépôt des matrices à la mairie et l'avis à donner au directeur, la même marche que pour les matrices primitives. — Les droits ne sont dus alors que pour partie, à moins, porte l'article 23, que, par sa nature, la profession ne puisse pas être exercée pendant toute l'année. Dans ce cas, la contribution sera due pour l'année entière, quelle que soit l'époque à laquelle la profession aura été entreprise. — La première disposition de l'art. 23 consacre un juste principe de proportionnalité : on ne veut pas que l'impôt rétroagisse. — Le second cas présente une hypothèse particulière : il s'agit là d'une de ces industries intermittentes, pour ainsi parler, qui ne peuvent s'exercer continuellement : la loi a pris leur nature en considération, quand elle a déterminé le chiffre de leur patente : ce serait faire fraude à la loi que de vouloir obtenir une réduction qui a déjà été accordée à l'avance. Au nombre des professions désignées par ces dispositions il faut mettre les fileurs de cocons, les fabricants d'huile d'olive, les exploitants d'eaux thermales, de bains de mer, etc. (circ. min. 14 août 1844). — Ainsi jugé que l'art. 23, § 4, de la loi du 25 avril 1844, qui ne soumet à la patente la profession commencée après le mois de janvier qu'à partir du 1er du mois dans lequel cette profession a été entreprise, n'est point applicable à celui qui ne fait que reprendre, dans le courant d'une année, une profession exercée dans l'année précédente : la patente est due, en cas pareil, pour l'année entière (décr. cons. d'Ét. 18 janv. 1851, aff. Higounenc, D. P. 51. 3. 42. — Décision contraire, dans le cas où il y avait eu cessation complète de l'industrie (cons. d'Ét. 29 nov. 1851, aff. Murey, D. P. 52. 5. 408).

342. Cette dernière décision est conforme aux principes de la loi de l'an 7, sous laquelle on avait jugé : 1° qu'on doit porter sur les rôles supplémentaires pour l'année entière, ceux qui, après avoir exercé l'année précédente leur profession, qu'ils déclaraient vouloir quitter, la reprennent dans le courant de l'exercice (ord. cons. d'Ét. 18 mai 1846 (1); 26 décembre 1839, M. Berthier, rap., aff. Nicolas; 14 juillet 1841, M. Lepelletier d'Aulnay, rap., aff. de Belisson; 29 juin 1844, M. d'Ormesson, rap., aff. Thiré); — 2° Que, spécialement, celui qui, après avoir exercé pendant une année la profession de colporteur avec voiture, et pendant les trois premiers mois de l'année suivante celle de marchand de rouenneries en détail, reprend ensuite sa première profession de colporteur avec voiture, doit être patenté pour cette dernière qualité pour la totalité de l'année (ord. cons. d'Ét. 20 juin 1844, M. Aubernon, rap., aff. Martaux); — 3° Que le médecin qui avait cessé d'être porté sur le rôle des patentes, comme ayant renoncé à sa profession, a pu être repris dans un rôle supplémentaire pour l'année entière, si un incident a révélé qu'il n'y a pas renoncé (ord. cons. d'État, 14 oct. 1836, M. Brière, rap., aff. Lédemé). — Mais cependant jugé, sous la loi de 1850, qu'on ne devra pas considérer comme se trouvant dans ce cas, le médecin qui, après avoir renoncé depuis plusieurs années à l'exercice de la médecine, supplée quelquefois son fils, médecin lui-même, en cas d'absence ou d'empêchement de ce dernier (décr. cons. d'Ét. 13 mai 1852, aff. Bordier, D. P. 52. 5. 406).

Il résulte de là que l'interruption de l'industrie première du patentable est considérée comme non avenue. Quelque rigoureux qu'il paraisse de ne pas tenir compte de cette circonstance, on conçoit le préjudice que pourrait éprouver le fisc et l'incertitude qu'il y aurait sur l'assiette de chaque patente, si, au moyen d'un changement temporaire de profession, qui, dans la plupart des cas, ne serait que fictif, les contribuables pouvaient arriver à obtenir ainsi indirectement et subrepticement une diminution de droit.

343. Tout individu, qui exerce un commerce, une industrie, une profession, devant être assujettie à la patente, il ne peut, par aucun moyen, se soustraire à cette obligation, tellement que le patentable exerçant dès le commencement de l'année, qui a été omis dans le rôle primitif, peut être repris pour l'année entière dans l'un des rôles supplémentaires qui se rédigent pour les différents trimestres de l'année (cons. d'Ét. 14 août 1838, M. Louyer-Villermay, rap., aff. Puyperoux). — Il peut l'être même dans celui du dernier trimestre, et pour une profession qu'il a cessé d'exercer dans le second trimestre, et c'est à tort qu'on prétendrait que les rôles supplémentaires de chaque trimestre ne peuvent reprendre le contribuable que pour le trimestre précédent (ord. cons. d'Ét. 3 mars 1837) (2).

344. Les rôles supplémentaires doivent aussi reprendre les contribuables dont la position commerciale s'augmente au cours de l'année. Ainsi, aux termes de l'art. 23 de la loi du 25 avril 1844, « les patentés qui, dans le cours de l'année, entreprennent

(1) (Gambar.) — Louis-Philippe ; — Vu la loi du 1er brum. an 7; — Considérant qu'aux termes de l'art. 4 de la loi du 1er brum. an 7, ceux qui entreprennent une industrie dans le courant de l'année ne doivent le droit de patente qu'au prorata de l'année calculée par trimestres, mais dans le cas seulement où ils n'ont encore exercé aucun état sujet à patente; — Considérant qu'il résulte de l'instruction que le requérant a exercé la profession de commissionnaire en vins en 1842 et dans les années antérieures; qu'après avoir déclaré renoncer à cette industrie pour l'année 1843, il a repris dans les trois derniers mois de la même année l'exercice de ladite profession; que c'est avec raison que le conseil de préfecture a maintenu le requérant à la patente de commissionnaire en vins qui lui avait été assignée pour toute l'année 1843 au rôle supplémentaire du quatrième trimestre de ladite année; — Art. 1. La requête du sieur Gambar est rejetée.

Du 18 mai 1846.-Ord. cons. d'Ét.-M. Roux, rap.

(2) (Min. des fin. C. Worms.) — Louis-Philippe, etc. ; — Vu la loi du 1er brum. an 7 ; — Considérant qu'aux termes de l'art. 4 de la loi du 1er brum. an 7, les patentes doivent être prises dans les trois premiers mois pour l'année entière, sans qu'elles puissent être bornées à une partie de l'année; — Considérant qu'il résulte de l'instruction que, pendant le premier trimestre de 1835, le sieur Worms exerçait la profession de revendeur de farines ; que, dès lors, la patente dont il était tenu de se munir en cette qualité, aux termes de l'art. 3 de la loi précitée, a été par lui due pour la totalité de l'exercice 1835; qu'ainsi c'est à tort que le conseil de préfecture de la Moselle a accordé au sieur Worms décharge de la patente pour laquelle il avait été repris au dernier rôle supplémentaire dudit exercice ; — L'arrêté du conseil de préfecture est annulé.

Du 3 mars 1837.-Ord. cons. d'Ét.-M. Louyer-Villermay, rap.

une profession d'une classe supérieure à celle qu'ils exerçaient d'abord, ou qui transportent leur établissement dans une commune d'une plus forte population, sont tenus de payer au prorata un supplément de droit fixe.» — C'est en ce sens qu'on avait jugé, sous l'ancienne législation, qui portait une disposition semblable, que le principe s'applique lorsqu'un patentable a, au milieu de l'année, agrandi son exploitation, de manière à se faire ranger dans une classe supérieure à celle qu'il occupait, qu'il doit alors être cotisé, pour la fin de l'année, au droit de cette dernière classe (ord. cons. d'Ét. 4 juill. 1834) (1). — Dans ce cas, il est fait *déduction* du premier droit fixe, et il n'est pas dû un second droit proportionnel, quand il a été payé pour la première patente, mais un supplément au prorata, s'il y a de nouveaux établissements d'une valeur locative supérieure à celle des premiers.—La loi du 25 avril 1844, veut encore qu'il soit dû un supplément de droit proportionnel par les patentables qui prennent des maisons ou locaux d'une valeur locative supérieure à celle des maisons et locaux pour lesquels ils ont été primitivement imposés, et par ceux qui entreprennent une profession passible d'un droit proportionnel plus élevé (art. 23, *in fine*). — Mais le conseil d'État n'admet ces reprises que si les faits sont bien constatés. — Ainsi jugé qu'il n'y a lieu d'établir une taxe supplémentaire, dans le courant de l'année, pour augmentation du droit proportionnel d'un patentable qu'autant qu'il est survenu des faits nouveaux dans la consistance de l'établissement depuis la notification du rôle primitif (ord. cons. d'Ét. 14 fév. 1839, M. d'Ormesson, rap., aff. Godart-Desmarets). —Comme corollaire obligé, on a reconnu qu'un patenté peut obtenir une réduction de taxe, lorsque, dans le courant de l'année, il a pris une profession d'une classe inférieure à celle qu'il exerçait lorsqu'il a opéré des diminutions dans ses maisons d'habitation, ateliers, boutiques, etc. (inst. min. 30 fruct. an 11).

345. Les suppléments seront dus à compter du 1er du mois dans lequel les changements prévus par les deux derniers paragraphes auront été opérés (L. 25 avr. 1844, art. 23, § dernier).— Il a été jugé que lorsqu'un patentable devient passible d'un supplément de taxe, à raison de faits postérieurs à la confection du rôle primitif, la taxe supplémentaire qui doit lui être imposée ne doit être établie qu'à partir de l'époque à laquelle les nouveaux moyens d'exploitation ont été mis en activité (ord. cons. d'Ét. 23 avril 1840, M. Louyer-Villermay, rap., aff. de Villepin).

346. La loi ayant prévu les cas dans lesquels le droit supplémentaire est dû par un patentable au cours de l'année, le principe ne saurait s'étendre indéfiniment, au cas d'erreur, par exemple, cas non prévu par la loi. Un rôle supplémentaire ne pourrait donc, au cours d'un exercice, redresser le rôle général, soit que le patentable ait été mal classé, soit que la valeur locative ait été mal évaluée. — Jugé, en conséquence, que l'erreur commise, lors de la confection des rôles, au sujet de la désignation de la profession exercée par un patentable, ne suffit pas pour autoriser l'imposition du patentable en cours d'exercice, au moyen d'un rôle supplémentaire, à un supplément de droit fixe : ce supplément de droit ne peut être imposé dans cette forme que dans les cas et en raison des faits nouveaux prévus par l'art. 23 de la loi du 25 avr. 1844 (décr. cons. d'Ét. 11 janv. 1851, aff. Chauvin, D. P. 51. 3. 40; 11 janv. 1851, aff. Delassaux, *eod.* 41).

347. La taxe est due aussitôt que le rôle supplémentaire est mis en recouvrement, et quand bien même le dernier rôle supplémentaire ne serait mis en recouvrement que dans le premier trimestre de l'exercice suivant, l'impôt n'en serait pas moins légalement dû, le patentable qui a cessé son industrie ne pouvant se prévaloir du retard apporté à la mise en recouvrement. C'est ainsi que l'a décidé constamment la jurisprudence (ordon. cons. d'Ét. 13 août 1840, M. Cornudet, rap., aff. Bijard; 15 juin 1845, M. de Bernon, rap., aff. Leclerc), repris dans le rôle du quatrième trimestre, il n'est pas fondé à demander qu'on ne l'impose qu'à partir de l'exercice suivant (ord. cons. d'Ét. 14 août 1838, M. Louyer-Villermay, rap., aff. Puyperoux). — Jugé enfin que l'exercice d'une profession sujette à patente pendant le premier trimestre de l'année, soumettant à la patente pendant l'année entière, peu importe que le patentable ait été compris dans le rôle supplémentaire dressé dans le dernier trimestre de l'année (ord. cons. d'Ét. 14 août 1838, aff. Champigneule; Conf. 14 oct. 1836, M. Brière, rap., aff. Lédemé.

SECT. 9. — DES RÉCLAMATIONS CONTRE L'IMPOSITION DE LA PATENTE.

348. Le principe qui régit l'impôt des patentes étant le même que celui qui régit les autres contributions directes, les motifs qui peuvent servir de base aux réclamations, sont également les mêmes, en ce sens que les réclamations par la voie contentieuse ne sont admissibles qu'autant qu'elles reposent sur le droit et sur les éléments imposables d'après lesquels la cote a été fixée ; tandis que toutes les autres réclamations ne peuvent être suivies que par la voie gracieuse. Les premières sont les demandes en décharge ou en réduction, les secondes les demandes en remise ou modération.—V. Impôts directs, n° 432.

ART. 1. — *Demandes en décharge ou réduction. — Procédure; compétence des conseils de préfecture et du conseil d'État.*

349. Le conseil de préfecture est seul compétent pour connaître des réclamations qui, reposant sur un droit, appartiennent au contentieux (L. 28 pluviôse an 8, art. 4, V. Impôts directs, n°s 628 et s.).—Les principales causes de réclamation sont les erreurs de classement, les inexactitudes d'évaluation pour l'établissement du droit proportionnel, l'inscription à une industrie non sujette à patente et quelquefois l'omission sur les rôles; mais cette dernière cause a presque complétement disparu depuis que la patente est sans intérêt pour l'exercice du droit électoral; ces réclamations, empreintes d'un caractère juridique, soulèvent des questions contentieuses qui ont pour base l'application des tarifs, l'identité des professions et l'appréciation par analogie; aussi sont-elles placées dans le domaine de la juridiction contentieuse (L. 25 mars 1817, art. 64; 15 mai 1828, art. 60; M. Dufour, n° 1060). — Tout patentable qui aurait été indûment imposé, soit à raison de sa profession, soit à raison du droit fixe ou proportionnel applicables à l'industrie qu'il exerce, peut se pourvoir contre la taxe à laquelle il a été soumis, par une réclamation adressée au conseil de préfecture. — Ainsi, il a été jugé que, lorsqu'un particulier n'exerce pas la profession à laquelle il a été imposé, il doit être déchargé de la patente (ord. cons. d'Ét. 1er fév. 1844, M. Lepelletier-d'Aulnay, rap., aff. Fontan). Mais on ne considère pas comme une cause de décharge des droits de patente l'indigence du patentable (décr. cons. d'Ét. 20 avr. 1849, aff. percepteur de Saint-Parise, D. P. 49. 3. 67; aff. percepteur de Neuvy, *eod.*); cette circonstance ne peut autoriser qu'une demande en remise ou modération (V. n°s 398 et suiv.). — Aux termes de l'arrêté du 15 fruct. an 8, il doit être statué sur les réclamations des patentables, conformément à l'arrêté du 24 flor. an 8, relatif aux décharges et réductions en matière de contributions directes.— Par une circulaire en date du 19 mai 1845, M. le ministre des finances recommande aux agents des contributions directes d'examiner les réclamations avec une bienveillante attention, et de se montrer animés de dispositions conciliantes. Lorsque la position commerciale ou industrielle des réclamants n'a pas un caractère bien déterminé et que

(1) (Bonnefoy.)— LOUIS-PHILIPPE, etc.; — Vu l'art. 4 de la loi du 1er brum. an 7;—Vu la loi du 13 brum. an 10;—Vu l'art. 64 de la loi du 24 mars 1817; — Considérant qu'il résulte de l'instruction que le sieur Bonnefoy exploitait, en 1832, deux fabriques de savon, ce qui l'avait fait ranger, pour cette année, dans la première classe de la cinquième catégorie des patentables, et cotiser au droit fixe de 300 fr.; mais qu'il n'exploitait au commencement de 1833 qu'une seule fabrique, qui devait le faire ranger dans la seconde classe, et l'assujettir à un droit fixe de 200 fr. seulement; qu'ainsi, c'est à tort que le conseil de préfecture a maintenu ledit sieur Bonnefoy au rôle, pour une patente de 300 fr.;—Considérant, d'un autre côté, que le réclamant était, de son propre aveu, passible de ce dernier droit à partir du 1er juillet 1833, à raison de l'agrandissement de son exploitation, et que pour les six derniers mois de cette année, il eût dû être repris dans un rôle supplémentaire, s'il n'avait pas déjà été cotisé à ce droit pour l'année entière; — Art. 1. Il sera restitué au sieur Bonnefoy une somme de 50 fr., sur le montant de sa patente de 1833. L'arrêté du conseil de préfecture des Bouches-du-Rhône est annulé dans les dispositions contraires à celles qui précèdent.

Du 4 juillet 1834.-Ord. cons. d'Ét.-M. Villermay, rap.

le classement peut faire naître des doutes raisonnables, on doit conclure dans le sens le plus favorable au patenté. Le plus grand nombre des réclamations devant porter sur le droit proportionnel, les agents doivent s'assurer, pour toutes les demandes de cette nature, que les valeurs locatives ne dépassent pas le prix commun des locations; il leur est enjoint de prendre en considération les faits ou circonstances qui, depuis la date des baux, ont pu faire baisser le taux aussi bien que les conditions spéciales, écrites ou non, qui en affectent le chiffre. Quand il s'agit des valeurs locatives déterminées par comparaison, les agents doivent enfin reviser avec le plus grand soin les bases de leur appréciation. Les directeurs, de leur côté, doivent aussi, aux termes de la même circulaire, épuiser tous les moyens dont ils disposent pour s'assurer si la réclamation est susceptible d'être accueillie dans une mesure quelconque, et consentir sans délai à toutes les réductions qui leur paraissent justes, de telle sorte que, dans le plus grand nombre des cas, les décisions du conseil de préfecture puissent être conformes à leurs avis. Il vaudrait mieux, dit en terminant la circulaire précitée, céder sur des différences peu considérables que de forcer les contribuables à recourir à des contre-expertises dont l'issue paraîtrait incertaine, et dont les frais pourraient tomber à la charge de l'État.

350. Les réclamations de la compétence du conseil de préfecture sont de deux sortes : les demandes en *décharge* pour ceux qui prétendent n'être assujettis à aucun droit de patente, et les demandes en *réduction* pour ceux qui allèguent que la taxe est trop élevée (V. Impôt direct, n° 434). S'il résulte de l'instruction qu'un individu a été imposé à la patente de la profession qu'il exerce, il n'y a pas lieu de l'en décharger (ord. cons. d'Ét. 18 avr. 1845, M. Aubernon, rap., aff. Brunet; M. du Berthier, rap., aff. Lange). Sa demande, comme nous le verrons au paragraphe suivant, ne donnerait lieu qu'à un recours par la voie gracieuse. — Aux termes de la loi du 25 avr. 1844, les réclamations en décharge et en réduction seront présentées instruites et jugées dans les formes et délais prescrits pour les autres contributions directes.—V. Impôts dir., n°s 433 et suiv.

351. Les réclamations ne peuvent être faites que par la partie au nom de laquelle une cote est ouverte, et qui est la véritable intéressée, ou par son fondé de pouvoirs. C'est un principe constant et consacré par la jurisprudence sous la loi de l'an 7 comme sous les lois de 1844 et 1850. — Ainsi il a été jugé : 1° qu'un particulier réclamant contre l'inscription d'un autre au rôle de la patente, doit être déclaré non recevable s'il ne justifie d'aucun pouvoir émané du patenté (ordon. cons. d'État, 25 mars 1845, M. Aubernon, rap., aff. veuve Leroy); — 2° Qu'il n'y a que celui qui est nominativement inscrit au rôle des patentes qui ait le droit de demander décharge de celle à laquelle il a été imposé, et qu'une maison de commerce, par exemple, n'a pas qualité pour réclamer contre l'inscription au rôle d'un de ses préposés ou commis (ord. cons. d'État, 2 mai 1845, M. Richaud, rap., aff. Boissaye, Francœur et comp.); — 3° Qu'un propriétaire n'a pas qualité, à ce titre, pour réclamer contre la patente de marchand de grains, à laquelle son homme d'affaires a été soumis, par suite de la vente des produits de ses propriétés (ord. cons. d'Ét. 16 juill. 1840, M. Louyer-Villermay, rap., aff. Clausade-Mazieux); — 4° Que le propriétaire d'une usine n'a pas, à ce titre, qualité pour réclamer, au nom de son gérant ou fermier, la décharge ou la réduction de la patente portée au nom de celui-ci (ord. cons. d'Ét. 15 juill. 1841, M. Herelle, rap., aff. Pla); — 5° Qu'un propriétaire est sans qualité pour réclamer au nom du fermier de son moulin la décharge de la patente à laquelle ce dernier a été soumis en qualité de meunier (ord. cons. d'Ét. 10 sept. 1845, M. Baudon, rap., aff. Garot); — 6° Que le cessionnaire d'un établissement est sans qualité pour demander la décharge de la patente prise par son prédécesseur, ou portée au nom de ce dernier (ord. cons. d'État, 7 fév. 1845, M. Louyer-Villermay, rap., aff. Husson et Delaye; 23 juin 1846, M. Bernon, rap., aff. Philbert et Chalmé; 23 juill. 1846, M. Dumez, rap., aff. Guedat); — 7° Que lorsque les personnes qui accompagnent un colporteur et l'assistent dans ses ventes ont été pour ce fait imposées au demi-droit de patente de marchands à l'encan, comme étant ses associés, la réclamation faite par le colporteur ne peut être prise en considération, dans leur intérêt, s'il ne justifie pas que des pouvoirs, à l'effet de réclamer, lui aient été donnés par ces personnes (ord. cons. d'Ét. 1er nov. 1838, aff. Astruc, V. n° 298); — 8° Qu'un fils est sans qualité pour se pourvoir contre l'arrêté du conseil de préfecture par lequel son père a été maintenu au rôle des patentes (ord. cons. d'Ét. 23 juill. 1838, M. du Martroy, rap, aff. Veau). — V. aussi en ce sens, v° Impôts directs, n° 446.

352. Nous venons de poser en principe qu'il n'y a que le véritable intéressé qui puisse réclamer; nous ajouterons que cette qualité ne donnerait pas encore ouverture au droit de réclamation s'il n'existait pas dans le pourvoi d'intérêt réel, ce qui arrive lorsque le patentable demande sa décharge comme assujetti à la patente pour une profession qui n'est pas la sienne, tandis qu'il n'est pas imposé pour la profession qu'il exerce, si d'ailleurs les droits à percevoir sont égaux; lorsqu'il est imposé à une taxe inférieure à celle qui doit l'atteindre, lorsque la différence en plus sur l'un des droits est compensée par la différence en moins sur un autre; lorsqu'en un mot il résulte de l'instruction que le réclamant n'est pas surtaxé. La raison en est, dit M. Cormenin (Dr. adm., v° Rej. des requêtes), que le pourvoi, en un tel cas, est un événement sans intérêt.—Tels sont les principes consacrés par le conseil d'État, qui a constamment jugé : 1° que l'erreur matérielle qui existe dans les énonciations d'une patente ne peut servir à en demander la nullité, si elle ne porte pas préjudice aux droits des contribuables; qu'ainsi, une lingère dont la patente appartient à la cinquième classe du tarif, ne peut demander la nullité de la patente qui lui a été donnée par erreur en qualité de logeuse, cette patente appartenant également à la cinquième classe (ord. cons. d'Ét. 22 fév. 1838) (1);—2° Qu'une erreur commise dans la qualification donnée à un patentable sur l'avertissement, et qui n'a aucune influence sur la fixation du droit proportionnel, doit amener le rejet de la réclamation fondée sur cette erreur (ord. cons. d'Ét. 17 mars 1835, M. Dutillet, rap., aff. Desmichels);—3° Que lorsqu'un contribuable a été assujetti à un droit fixe supérieur à celui qui aurait dû lui être imposé, mais que le droit proportionnel a été réduit à tort d'une somme supérieure à l'excédant du droit fixe, on ne doit pas accorder décharge de cet excédant (décr. cons. d'Ét. 20 mars 1852) (2);— 4° Qu'un réclamant n'est pas fondé à demander la décharge d'une patente à laquelle il a été imposé par erreur pour une profession qu'il n'exerce pas, lorsque sa profession réelle comporte un droit plus élevé (ord. cons. d'Ét. 1er fév. 1844, M. de Lavenay, rap., aff. Watteau; 6 déc. 1844, M. Lepelletier d'Aulnay, rap., aff. Gaucher; 5 juin 1845, M. Aubernon, rap., aff. Degoulet; 23 juin 1845, M. du Berthier, rap., aff. Vauquelin; 12 mars 1846, M. Calmon, rap., aff. Carrère; 30 juill.

(1) *Espèce* : — (Raymond.) — La dame Raymond, lingère à Marseille, fut portée au rôle des patentes en qualité de logeuse, appartenant à la cinquième classe du tarif.—Elle réclame devant le conseil de préfecture qui rejette la demande en réduction. — Recours devant le conseil d'État. La dame Raymond a soutenu que l'arrêté du conseil de préfecture devait être annulé, 1° parce que sa patente contenait une erreur; 2° parce qu'elle ne devait être imposée qu'à une patente de sixième classe, en qualité de revendeuse.

LOUIS-PHILIPPE, etc. ; — Vu la loi du 1er brum. an 7 et le tarif annexé à cette loi; — Considérant qu'il résulte de l'instruction que la dame veuve Raymond a été imposée, pour l'année 1837, à une patente de cinquième classe, à raison de sa profession de lingère; que, par une erreur matérielle, elle a été désignée au rôle sous la dénomination de logeuse; qu'elle tient dans son magasin des articles de lingerie confectionnés; que, dès lors, c'est avec raison que le conseil de préfecture a rejeté sa demande en réduction; — Art. 1. La requête de la dame veuve Raymond est rejetée.

Du 22 fév. 1838.-Ord. cons. d'Ét.-M. Saglio, rap.

(2) (Parent.)—LOUIS-NAPOLÉON, etc. ;—Vu la loi du 25 avril 1844; —Considérant que si, d'une part, il résulte de l'instruction que le sieur Parent a été assujetti à un droit fixe supérieur à celui qui, régulièrement, aurait dû lui être imposé, il est établi, d'autre part, que le droit proportionnel complétant, aux termes des lois, la contribution de patente due par ce contribuable pour la profession exercée par lui en 1850 dans la commune de Decize, a été réduit d'une somme supérieure à l'excédant du droit fixe; que, dès lors, c'est avec raison que le conseil de préfecture de la Nièvre a refusé d'accorder au sieur Parent la réduction par lui demandée sur sa contribution de patente; — Art. 1. La requête du sieur Parent est rejetée.

Du 20 mars 1852.-Décr. cons. d'Ét.-M. Pons de Renepont, rap.

1846, M. Bouchené-Lefer, rap., aff. Liévicn; 26 nov. 1846, M. de Lavenay, rap., aff. Sabatier; 29 janv. 1847, M. Baudon, rap., aff. Quéré; 12 mars 1847, M. Raoul-Tournouer, rap., aff. Lezat; 3 janv. 1848, aff. Fauche; 28 janv. 1848, aff. Brille; 31 mai 1848, aff. Beaudet, D. P. 48. 3. 103; 22 juin 1848, aff. Aussant; 22 fév. 1849, aff. Seguela; 24 mars 1849, aff. Rolle Charlemagne; 18 janv. 1851, aff. Laroche, D. P. 51. 3. 42).

353. La demande en décharge ou réduction doit être rédigée sur papier *timbré* quand la réclamation est d'une taxe ou cote supérieure à 30 fr. (L. 21 avr. 1832, art. 28, § 3, V. Impôt direct, n° 434). Elle doit être accompagnée de la quittance des douzièmes échus, sans que l'on puisse, sous prétexte de réclamation, différer le payement des termes à échoir pendant les trois mois qui suivront la réclamation, et dans lesquels elle devra être jugée définitivement (même article, § 2, V. *eod.*, n° 436). Le contribuable qui contrevient à cette disposition de la loi est passible des frais résultant des poursuites dirigées contre lui (ord. cons. d'Ét. 23 août 1845) (1).

354. La demande doit être déposée dans les trois mois de l'émission des rôles. Le même délai est accordé aux contribuables qui réclament contre leur omission aux rôles (loi 21 avril 1832, art. 28). — Jugé, avant comme depuis la loi de 1844, que tout pourvoi qui n'est pas formé dans ce délai est frappé de déchéance (Ordon. cons. d'État, 18 janv. 1831, M. Janet, rap., aff. Fortin; 15 août 1839, M. Richaud, rap., aff. Therribout; 10 fév. 1843, M. Gauthier d'Uzerches, rap., aff. Mercier; 23 août 1843, M. d'Ormesson, rap., aff. Grosset; 12 avril 1844, M. Lavenay, rap., aff. Charpentier; 19 avril 1844, M. du Berthier, rap., aff. Sassary; 26 avril 1844, M. de Condé, rap., aff. Bougon et Chalot; 14 déc. 1844, M. du Berthier, rap., aff. Vidal frères; 23 mars 1845, M. Aubernon, rap., aff. Hubert; 18 avril 1845, M. Bourlon de Rouvre, rap., aff. Collot).—V. Impôt direct, n°s 438 et suiv.

355. C'est encore par application du même principe qu'il a été décidé : 1° que lorsque les réclamants ne se sont pas pourvus, dans les trois mois de la publication du rôle, pour former leur demande en remboursement de l'excédant du droit proportionnel de leur patente qu'une fixation ultérieure, déterminée par un conseil de préfecture, a réduit à une quotité moindre que la quotité perçue, ils doivent être déclarés non recevables en leur réclamation (ord. cons. d'Ét. 26 déc. 1830, M. Janet, rap., aff. Boigues); — 2° Que cette déchéance doit être appliquée à l'individu qui, ayant abandonné la profession pour laquelle une patente est exigée ne réclame pas sa décharge dans les trois mois de la publication des rôles (ord. cons. d'Ét. 31 juill. 1833, M. Pelcourt, rap., aff. Coutant); — 3° Que c'est en vain que le réclamant alléguerait que, dès avant le commencement de l'exercice, il a déclaré à la mairie la cessation de son commerce, et qu'il l'a effectivement cessé (ord. cons. d'Ét. 5 juin 1845, M. Bourlon de Rouvre, rap., aff. Lebœuf); — 4° Qu'on ne saurait admettre, pour relever le réclamant de la déchéance, ce motif qu'une réclamation par lui formée pour un exercice précédent, et fondée sur les mêmes motifs, n'ayant pas encore été jugée, il n'a pu se pourvoir dans les délais fixés pour l'exercice suivant (ord. cons. d'Et. 13 juin 1845, M. Aubernon, rap., aff. Thibaud; *ibid.*, aff. Desjeon); — 5° Enfin, que l'arrêté d'un conseil de préfecture qui relève un contribuable de la déchéance par lui encourue doit être annulé (ord. cons. d'Ét. 25 avr. 1845, M. Aubernon, rap., aff. Siebert).

356. Cependant la déchéance n'est encourue qu'autant que le réclamant a été mis à même de se pourvoir dans le délae légal, autrement son pourvoi serait encore recevable après l'expiration des trois mois. — Aussi a-t-il été jugé : 1° que le contribuable qui a changé de résidence et qui se trouve imposé à la contribution de la patente tout à la fois dans la commune qu'il habite et dans celle qu'il a quittée n'est déchu du droit de réclamer sa décharge que lorsqu'il s'est écoulé trois mois à partir du moment où il a eu connaissance légale de son inscription aux rôles des deux communes, soit par l'émission des rôles de la commune dans laquelle il a fixé sa nouvelle résidence, soit par l'avertissement à lui donné de son inscription aux rôles de la commune de son ancienne résidence (ord. c. d'Ét. 4 juill. 1845, M. Aubernon, rap., aff. Valentin de Bergue); — 2° Que l'administration doit être repoussée dans ses moyens, à fin de déchéance, si le contribuable justifie qu'il a reçu l'avis tardivement (ord. cons. d'Ét. 12 janv. 1844, M. Dumez, rap., aff. Roche); — 3° Que le contribuable qui a quitté une commune antérieurement à l'émission des rôles doit, même après l'expiration du délai fixé par la loi, être admis à réclamer contre la contribution mise à sa charge dans ladite commune, s'il n'est pas justifié qu'il ait reçu en temps utile l'avertissement du percepteur de cette commune (ord. cons. d'Ét. 20 fév. 1846, M. Aubernon, rap., aff. Martin.—*Contrà*, 6 déc. 1844, M. Lepelletier d'Aulnay, rap., aff. Bousquet). —Mais l'absence de la résidence n'est pas un motif pour être relevé de la déchéance encourue par l'expiration du délai de trois mois accordé pour réclamer contre l'impôt de la patente (ord. cons. d'Ét. 6 juill. 1843, M. Baudon, r., aff. Maillard);—4° Que la demande formée par un des nouveaux patentables imposés au tableau G de la loi du 18 mai 1850, spécialement par un avocat, afin d'obtenir une réduction de sa taxe mobilière proportionnelle à la valeur locative des pièces servant à sa profession, est recevable bien que formée seulement dans les trois mois de la publication du rôle dressé en exécution de la nouvelle loi, et alors que les délais des réclamations contre la cote mobilière étaient expirés (ord. cons. d'Ét. 20 mars 1852, M. Pons de Rennepont, rap., aff. Doublet de Boisthibault). — V. Impôts directs, n° 440.

357. Il faut donc pour que le délai de déchéance puisse être interrompu, que le contribuable n'ait pas eu connaissance de sa taxe; mais ce ne sera pas l'avertissement seul qui l'instruira et fera courir le délai, tous les actes émanés de l'administration des contributions directes auront le même effet. Il faut que le contribuable soit prévenu, voilà la règle; quant à la forme elle est indifférente, et la déchéance commence à courir aussitôt que le patentable a été avisé.—Ainsi jugé que le contribuable imposé dans une commune où il n'est pas domicilié, qui n'a réclamé que plus de trois mois après la notification de la contrainte décernée contre lui, est déchu du droit de demander décharge des droits de patente auxquels il prétend avoir été indûment imposé (ord. cons. d'Ét. 4 juill. 1845, M. Bourlon de Rouvre, rap., aff. Aricot).

358. La réclamation en décharge ou réduction ne doit être admise qu'autant que le réclamant en fait la demande formelle. Jugé que le renvoi fait par un contribuable de l'avertissement de contributions à lui délivré, à cause des inexactitudes de cet avertissement dans l'indication de son domicile, ne doit pas être assimilé à une réclamation portant sur la taxe même imposée à ce contribuable; dès lors, si, par suite de ce renvoi, le conseil de préfecture, sans s'occuper de l'imposition en elle-même, se borne à ordonner la rectification du rôle, le contribuable n'est pas fondé à attaquer l'arrêté rendu à ce sujet, comme statuant sur une réclamation qui n'aurait pas été instruite (ord. cons. d'Et. 25 juin 1843, M. Louyer-Villermay, rap., aff. Jourdan).

359. La loi du 1er brum. an 7 n'admettait, pour certains patentables, qu'un mode fixe de justification pour la nature de leur commerce et de leur véritable qualité. —« Tous citoyens, porte l'art. 31, placés, d'après la notoriété publique, sur la liste des citoyens sujets à patente, soit comme *marchands en gros*, soit

---

(1) (Lesperut.) — LOUIS-PHILIPPE, etc.; — Vu la loi du 21 avril 1832; — Considérant qu'aux termes de l'art. 28 de la loi du 21 avril 1832, tout contribuable qui se trouve surtaxé doit joindre à sa demande en décharge ou réduction la quittance des termes échus de sa cotisation, sans pouvoir, sous prétexte de réclamation, différer le payement des termes qui viendront à échoir pendant les trois mois qui suivront la réclamation, dans lesquels elle devra être jugée définitivement; — Considérant qu'il résulte de l'instruction que c'est le 2 août 1842 que le sieur Lesperut a présenté sa réclamation; que le 2 nov. 1842, date de l'expiration des trois mois depuis ladite réclamation, le sieur Lesperut devait une somme de 459 fr. 10 c. pour le montant des termes échus de sa cotisation; que cependant, à la même époque, il n'avait versé qu'une somme de 274 fr. 15 c.; qu'ainsi c'est avec raison que le conseil de préfecture de la Seine a maintenu à sa charge les frais résultant des poursuites dirigées contre lui;

Art. 1. La requête du sieur Lesperut est rejetée.

Du 23 août 1845.-Ord. cons. d'Ét.-M. Dumez, rap.

comme *associés* à un commerce, et qui se prétendront simplement marchands en détail, commanditaires ou commis, seront admis à justifier, dans le lieu où s'élève la contestation, de la nature de leur commerce et de leur véritable qualité, *par la représentation de leurs journaux et registres, ainsi que des actes de société.*» L'art. 21 de la loi de 1844 étend cette faculté à tous les patentables indistinctement; il admet en outre la production de tous autres documents propres à faire connaître la véritable position des réclamants.—Il est bien d'observer pourtant que si c'est là un moyen de preuve ouvert aux patentables, cette disposition ne donne pas aux agents des contributions directes le droit d'exiger la représentation des actes de société, journaux et livres (circ. 14 août 1844). Rien ne paraît plus logique que cette solution. —Mais, en pareil cas l'administration émet cet avis que, tout individu qui se prétend indument ou mal imposé, et qui refuse de faire les justifications indiquées ci-dessus, doit être considéré, par cela même, comme mal fondé dans sa réclamation (même circul.), ce qui nous paraît une conséquence trop absolue. N'a-t-on pas lieu de craindre, en effet, que cette présomption ne renferme l'élément d'un abus? N'arrivera-t-il pas souvent qu'un commerçant fondé dans sa réclamation, ait un intérêt majeur à ne pas communiquer ses livres de commerce en ce que, par exemple, ils pourraient mentionner des actes sujets à l'enregistrement et même passibles du double droit, ou contiendraient des énonciations étrangères au commerce du réclamant et qu'il ne voudrait pas révéler? Et si, indépendamment de ses livres et registres, le commerçant prouve la légalité de sa réclamation, il nous paraît certain que le refus de communiquer ses livres ne pourrait suffire pour faire rejeter sa demande. Cependant on ne peut se dissimuler que ce refus ne présente une induction défavorable contre lui et ne tende à donner plus d'autorité aux allégations de l'administration. — Toutefois, la jurisprudence a constamment décidé que lorsque des patentables sont classés d'après la notoriété publique (V. n° 329), et qu'ils ont refusé de justifier de la nature de leur commerce par la représentation de leurs journaux et registres, ils doivent être maintenus dans la classe qui leur a été assignée (ord. cons. d'Ét. 13 fév. 1845, M. Bouchené-Lefer, rap., aff. Lecoq; 25 avr. 1845, aff. Lainé, Collomet, Saintard; 10 sept. 1845, M. Baudon, rap., aff. Horrie; 28 nov. 1845, M. Dumez, rap., aff. Hering).—Et cette solution a été appliquée : 1° à un commerçant imposé d'après la notoriété publique, à la patente de marchand en gros de châles et de foulards (ord. cons. d'Ét. 14 mars 1845, M. Baudon, rap., aff. Oulmann; 3 mai 1845, M. Guilhem, rap., aff. Hennequin); — 2° A un marchand qui soutenait ne faire le commerce qu'en détail (ord. cons. d'Ét. 26 mai 1845, M. de Bernon, rap., aff. Senès); — 3° A un banquier qui avait refusé de produire aux agents des contributions ceux de ses livres qui pourraient faire connaître sa véritable profession (ord. cons. d'Ét. 30 août 1843, M. d'Ormesson, rap., aff. Carcenac); — 4° Sans plus ample informé, à un patentable qui soutenait n'être pas dans les conditions édictées par la loi pour être soumis à la patente et qui refusait de produire l'acte d'après lequel sa véritable qualité pourrait seulement alors se trouver établie (ord. cons. d'Ét. 21 juin 1839, aff. Decroux et Roques); —5° A un patentable qui réclamait contre son inscription au rôle de la patente d'associé marchand de dentelles en gros (ord. cons. d'Ét. 25 mars 1845, M. Aubernon, rap., aff. David). — Et il avait été aussi jugé précédemment que si en repoussant la qualification d'associé, un imposé soutenait n'être que simple mandataire de sa maison, il ne pourrait obtenir sa décharge qu'en justifiant de sa véritable qualité, par la représentation de ses journaux et de ses registres, ainsi que des actes de société, conformement à l'art. 31 de la loi du 1er brum. an 7 (ord. cons. d'Ét. 9 mars 1836, M. Germain, rap., aff. Cibiel). — Dans l'espèce, la notoriété publique paraissant incontestable, puisque le sieur Cibiel avait siegé parmi les magistrats consulaires. —V. toutefois ce qui est dit n° 309.

360. Le refus de preuves n'est pas le seul motif qui doive amener le maintien de la patente; il en est de même si le défaut de justification tient à la négligence, à l'impossibilité ou à toute autre cause. — C'est ainsi qu'il a été jugé que le réclamant, qui avait été soumis à patente comme fournisseur de l'État, et qui prétendait n'être que commis de fournisseurs, devait être maintenu sur le rôle, faute par lui d'avoir fait les justifications exigées par la loi (ord. cons. d'Ét. 4 déc. 1835, M. Louyer-Villermay, rap., aff. Forano). — Cette solution, rendue par application de la loi de l'an 7, doit encore prévaloir sous la loi de 1844, qui ne fait qu'étendre la règle posée par la loi antérieure et qui en maintient la pensée originaire.

361. Pour obtenir une décharge il faut que les documents produits soient tous probants et actuellement applicables à la condition du réclamant, c'est ce que le conseil d'État nous semble avoir posé en décidant qu'un acte de société périmé ne peut servir de base à une demande en décharge d'un droit fixe de patente (ord. cons. d'Ét. 14 mars 1845, M. Lepelletier d'Aulnay, rap., aff. Foule).—V. aussi n° 364.

362. L'envoi de la réclamation doit être fait au préfet ou sous-préfet, qui la communique ensuite au maire pour avoir son avis (L. 25 avr. 1844, art. 22). Si l'envoi de la réclamation est fait par la voie postale, il devra être affranchi, les préfets n'ayant pas de ce chef la franchise de poste. Nous pensons qu'on pourrait aussi déposer la réclamation ouverte au secrétariat de la mairie. Le maire devant toujours donner son avis, cette première communication directe éviterait des lenteurs. Ce fonctionnaire devra alors, après avoir consigné ses observations, adresser le tout soit au préfet, soit au sous-préfet, sans prendre l'avis des répartiteurs. — Jugé même, sur ce point, qu'en aucun cas, les réclamations en matière de patentes ne leur sont communiquées (ord. cons. d'Ét. 18 fév. 1854, aff. Montariel, D. P. 54. 3. 45), si ce n'est à Paris, où la commission de répartition est chargée, en ce qui concerne les contributions directes, des opérations attribuées aux maires dans les autres communes (circ. dir. gén. 14 août 1844). — C'est en ce sens qu'il a été, en effet, jugé qu'il suffit que la communication soit faite au maire (ord. cons. d'Ét. 7 déc. 1850, aff. Rabourdin; 14 juin 1851, aff. Valette, D. P. 52. 3. 10); ce qui se conçoit, du reste, puisqu'il s'agit d'un impôt de quotité et non d'un impôt de répartition.—Après réception de l'avis du maire, les pièces sont transmises par le préfet au directeur des contributions qui donne un avis motivé conforme ou contraire à la demande. Si l'avis est contraire, le dossier est retourné à la préfecture ou à la sous-préfecture et invitation est faite au réclamant, d'avoir, dans les *dix jours*, à en prendre communication, à fournir ses observations ou à réclamer l'expertise s'il le juge convenable (L. 21 avr. 1832, art. 29, V. Impôts dir., nos 457 et s.).

363. Comme conséquence de ces principes, la jurisprudence décide : 1° que toutes les justifications produites par le réclamant pour se faire dégrever de ses droits de patente ne peuvent être admises par le conseil de préfecture qu'autant qu'elles ont été communiquées au directeur des contributions directes, à peine de nullité de l'arrêté qui prononcerait le dégrèvement (ord. cons. d'Ét. 28 mai 1840, M. Hallez, rap., aff. Chapelle); —2° Que l'avis du directeur, lorsqu'il est contraire aux réclamants, doit leur être communiqué, afin qu'ils soient mis en demeure de fournir de nouvelles observations ou de requérir la vérification de leurs registres (ord. cons. d'Ét. 23 janv. 1837, M. Louyer-Villermay, rap., aff. Devernieux), ou de requérir l'expertise, conformément à l'art. 29 de la loi du 21 avr. 1832 (ord. cons. d'Ét. 18 juill. 1838, M. Mauzé, rap., aff. Chamaison).

364. Les deux avis du maire et du directeur sont les seuls dont la loi exige la mention et qui doivent servir à former la décision du conseil de préfecture; aucun autre employé des contributions n'a qualité pour les infirmer, et il a été jugé qu'un certificat du receveur des contributions indirectes attestant qu'un marchand de vin ne vend qu'en détail n'est pas une preuve qui puisse détruire celle résultant de l'avis du maire et de la vérification du contrôleur des contributions directes, desquels il résulte que ce marchand vend en gros; dès lors, celui-ci doit être imposé à la patente de marchand en gros (ord. cons. d'Ét. 20 déc. 1836)(1).

(1) (Min. des fin. *C.* Brouchon.)—Louis-Philippe, etc. ; — Vu la loi du 1er brum. an 7; — Considérant qu'il résulte de l'avis du maire de la ville de Bricy et de la vérification du contrôleur des contributions directes, que le sieur Brouchon a continué, pendant l'année 1835, de vendre du vin en pièces; que la preuve de ce fait n'est point détruite par le certificat du receveur des contributions indirectes, sur lequel le

365. Le délai de dix jours, fixé par l'art. 29 précité de la loi du 21 avr. 1832, pour prendre communication des avis du maire et du directeur et les contredire, est un délai fatal, dont l'expiration sans nouvelles observations entraîne acquiescement à ces avis. Une jurisprudence constante décide que, lorsqu'il résulte de l'instruction que des patentables ont été mis en demeure de fournir de nouvelles observations, et de recourir à la vérification par voie d'experts dans les dix jours du dépôt du dossier à la préfecture, ces particuliers ne sont plus recevables à demander plus tard cette vérification, et qu'il doit être statué sans plus ample vérification (ord. cons. d'Ét. 24 décembre 1844; 9 mai 1845 (1). — Conf. 17 mars 1835, M. Dutillet, rap., aff. Desmichels; 27 nov. 1838, M. Louyer-Villermay, rap., aff. Cholet; 17 déc. 1841, M. Lepelletier d'Aulnay, rap., aff. Mercier; 14 janv. 1842, M. Lepelletier d'Aulnay, rap., aff. Walter; 21 janv. 1842, M. de Condé, rap., aff. Heurtin; 30 mars 1842, M. Pichon, rap., aff. Daligault; 29 juin 1842, M. Lepelletier d'Aulnay, rap., aff. Hervier; 30 juin 1842, M. Louyer-Villermay, rap., aff. Gallot; 29 juill. 1842, M. du Berthier, rap., aff. Chapelle; 30 déc. 1843, M. Baudon, rap., aff. Gallier; 18 avr. 1845, M. Missiessy, rap., aff. Richard Vatin et comp.; M. Guilhem, rap., aff. Dubois et Laplace; 25 avr. 1845, M. Aubernon, rap., aff. Lebasle et Occante; M. Missiessy, rap., aff. Grainville; M. Bouchené-Lefer, rap., aff. Lainé, Collomet, Saintard; 2 mai 1845, M. Louyer-Villermay, rap., aff. Chapuzot et autres, aff. Vatin, aff. Boissaye et Francœur, aff. Pilhet et autres; 3 mai 1845, M. Guilhem, rap., aff. Hennequin, aff. Paroissien, aff. Lefébure; M. Dumez, rap., aff. Jullemier; 9 mai 1845, M. Dumez, rap., aff. Polissard-Jeannon; 5 juin 1845, M. Aubernon, rap., aff. Labelle, aff. Martin; 25 juin 1845, M. Guilhem, rap., aff. Coignet et autres; 10 janv. 1846, M. Bourlon de Rouvres, rap., aff. Pinquet; 25 mars 1846, M. Bourlon de Rouvres, rap., aff. Boutry).—V. Imp. dir., nº 463.

366. L'expertise peut être demandée avant d'avoir pris l'avis du maire et du directeur.—Jugé que, lorsqu'un patentable a réclamé l'expertise en formant sa demande, bien qu'il ne l'ait pas renouvelée pour n'avoir pas eu connaissance de l'avis qui le mettait en demeure de le faire, le conseil de préfecture ne peut se refuser à faire procéder à cette vérification sous le prétexte que cette expertise n'a pas été demandée de nouveau lors de l'exécution des formalités prescrites par l'art. 29 de la loi du 21 avr. 1832 (ord. cons. d'Ét. 3 avr. 1841, M. de Condé, rap., aff. Ponsan). — V. Impôts directs, nº 461.

367. Dans le cas où le directeur des contributions émet un avis contraire à la réclamation, il a été jugé que le délai de dix jours pendant lequel le réclamant doit être admis à fournir de nouvelles réclamations, ne commence à courir qu'après sa mise en demeure, en sorte que le conseil de préfecture ne peut statuer sur la réclamation avant l'expiration de ce délai (ord. cons. d'Ét. 2 juill. 1847, aff. Lemare, D. P. 47. 4. 363).

368. Si l'expertise est demandée, les deux experts sont nommés, l'un par le préfet, l'autre par le réclamant; l'expertise se fait en présence du réclamant (V. Imp. dir., nº 466 s.). Le contrôleur rédige le procès-verbal des dires des experts, des parties et y joint ses observations. Le tout est renvoyé au préfet qui transmet aussitôt les pièces au directeur pour donner un dernier avis (arrêté du 24 flor. an 8, V. *eod.*, p. 260). Jugé que l'expertise ordonnée pour l'évaluation du droit proportionnel est régulièrement faite par les deux experts nommés, l'un par l'administration, l'autre par la partie : il n'est pas nécessaire d'en nommer un troisième (ord. cons. d'Ét. 25 juill. 1845, M. Guilhem, rap., aff. Coupé). — Cependant c'est une question controversée que celle de savoir, en cas de dissentiment entre les experts, s'il y a lieu de nommer un tiers expert ou de procéder à une nouvelle expertise. — Il a été jugé, d'une part, que, s'il y a dissentiment sur plusieurs points entre les experts, il y a lieu de procéder à une nouvelle expertise (ord. cons. d'Ét., M. Bouchené-Lefer, rap., 20 fév. 1835, aff. Laserre). — Tandis qu'il a été décidé, d'autre part, que si les deux experts sont en désaccord, il y a lieu de nommer un tiers expert qui ne pourra être pris parmi les représentants de l'administration; qu'ainsi un contrôleur chargé de rédiger le procès-verbal et de donner son avis ne pouvait être nommé tiers expert dans une expertise ordonnée par le conseil de préfecture (ord. cons. d'Ét. 31 janv. 1845) (2);—Et que, dans le cas où, par suite de la nomination du contrôleur comme tiers expert, l'expert du réclamant aurait refusé de procéder à l'expertise, on ne pouvait considérer ce refus comme un désistement (même ord.). — Nous pensons qu'il y aurait lieu de procéder à une nouvelle expertise si le conseil de préfecture n'était pas suffisamment éclairé, mais qu'il ne saurait être nommé de tiers expert, puisque le conseil peut choisir l'avis de l'un ou de l'autre des experts.—V. nº 374.

369. La vérification par expertise en matière de patentes n'étant que l'application de la règle générale qui veut que, toutes les fois que le directeur des contributions émet un avis contraire au recours, le patentable soit mis en demeure de recourir à

---

conseil de préfecture s'est fondé pour réduire la patente du sieur Brouchon; qu'ainsi il y a lieu de rétablir la cote dudit sieur Brouchon au rôle des patentes, en qualité de marchand de vin en gros.

Du 20 déc. 1836.-Ord. cons. d'Ét.-M. du Martroy, rap.

(1) 1re *Espèce* :—(Genissieu.)—Louis-Philippe, etc.;—Vu la requête à nous présentée par le sieur Genissieu, au nom et comme syndic gérant de la compagnie des fonderies et forges de la Loire et de l'Ardèche, tendant à ce qu'il nous plaise annuler un arrêté du conseil de préfecture du département de la Loire, du 17 fév. 1843, lequel a rejeté la demande formée par le sieur Genissieu ès dites qualités, tendant à la réduction du droit proportionnel de patente imposé à ladite compagnie; — Vu la loi du 1er brum. an 7; l'arrêté du gouvernement du 24 flor. an 7; la loi du 26 mars 1831 et celle du 21 avr. 1832; — Considérant qu'aux termes de l'art. 29 de la loi du 21 avr. 1832, dans le cas où le directeur est d'avis qu'il n'y a pas lieu d'admettre la réclamation, il doit exprimer les motifs de son opinion, transmettre le dossier à la sous-préfecture et inviter le réclamant à en prendre communication et à faire connaître dans les dix jours s'il veut fournir de nouvelles observations ou recourir à la vérification par voie d'experts; — Considérant que, conformément à cet article, le réclamant a été mis en demeure de faire connaître dans les dix jours s'il voulait recourir à la vérification par voie d'experts, et que, faute par lui d'avoir réclamé cette expertise dans le délai de dix jours déterminé par ledit article, il n'est plus admissible à la réclamer aujourd'hui devant nous en notre conseil d'État; —Art. 1. La requête du sieur Genissieu est rejetée.

Du 24 déc. 1844.-Ord. cons. d'Ét.-M. Louyer-Villermay, rap.

2e *Espèce* :—(Cécire.)—Louis-Philippe, etc.;—Vu la loi 1er brum. an 7, le décret du 15 déc. 1813, la loi du 21 avr. 1832;—En ce qui touche le droit fixe : — Considérant qu'aux termes de l'art. 25 de la loi du 1er brum. an 7, celui qui exerce plusieurs commerces, industries ou professions, doit la patente pour le commerce, l'industrie ou la profession qui donnent lieu au droit fixe le plus élevé; — Considérant qu'il résulte de l'instruction que le sieur Cécire exerce à la fois la profession de marchand de vins et celle d'épicier en détail, et que, le commerce de vins donnant lieu au droit fixe le plus élevé, c'est avec raison que le sieur Cécire a été imposé à la patente de marchand de vins; — En ce qui touche le droit proportionnel : — Sur la demande en expertise contradictoire : — Considérant qu'il résulte de l'instruction que le sieur Cécire a été averti que le dossier de l'instruction avait été déposé à la préfecture le 3 oct. 1843; qu'il n'a pas réclamé l'expertise dans les dix jours; que dès lors c'est avec raison que le conseil de préfecture a rejeté comme tardive la demande en expertise par lui formée le 13 fév. 1844; — Au fond : Considérant qu'il résulte de l'instruction que l'évaluation qui a été faite de la valeur locative des locaux occupés par le requérant pour son habitation personnelle et l'exercice de son industrie n'est pas exagérée; — Art. 1. La requête du sieur Cécire est rejetée.

Du 9 mai 1845.-Ord. cons. d'Ét.-M. de Lavenay, rap.

(2) (Dandoy, etc.)—Louis-Philippe, etc.;—Vu l'arrêté du 24 flor. an 8; —Sans qu'il soit besoin d'examiner les autres moyens de nullité invoqués par le pourvoi : — Considérant qu'aux termes de l'arrêté du gouvernement du 24 flor. an 8, il doit être procédé à l'expertise par deux experts nommés, l'un par l'administration, l'autre par les réclamants; que le contrôleur des contributions est chargé de rédiger le procès-verbal et de donner son avis; que, dès lors, c'est à tort que l'arrêté du préfet du Nord, du 4 oct. 1842, a désigné le contrôleur des contributions directes pour participer à l'expertise dont il s'agit en qualité de tiers expert; — Considérant qu'ainsi ce refus fait par l'expert des réclamants de procéder aux opérations de l'expertise était fondé, et que c'est à tort que le conseil de préfecture a considéré ce refus comme équivalent à un désistement de la part des réclamants;

Art. 1. L'arrêté du conseil de préfecture du département du Nord, en date du 9 nov. 1842, est annulé. —Art. 2. Les sieurs Dandoy, Maillard, Lebeau, Lucq et compagnie, sont renvoyés devant le même conseil de préfecture pour y être procédé à une nouvelle expertise et à l'examen de leur réclamation.

Du 31 janv. 1845.-Ord. cons. d'Ét.-MM. de Lavenay, rap.

l'expertise, il n'y a pas de raison pour déroger à cette règle plutôt à l'égard du droit fixe de patente qu'à l'égard du droit proportionnel. C'est ainsi qu'il a été jugé que la demande en vérification par voie d'experts est autorisée en cas de réclamation contre le droit fixe de la patente, tout aussi bien qu'au cas de réclamation contre le droit proportionnel (ordon. cons. d'État, 13 juin 1845, M. Bourlon de Rouvres, rap., aff. Castex).

370. L'expertise étant de droit, et ne pouvant être refusée, lorsqu'elle est réclamée, c'est avec raison qu'il a été jugé : 1° qu'il y aurait lieu d'annuler l'arrêté du conseil de préfecture qui rejetterait une demande en réduction du droit fixe de patente sans tenir compte de la demande en vérification par experts (ord. cons. d'Ét., même affaire);—2° Que lorsqu'un contribuable mis en demeure de recourir à l'expertise a réclamé ce moyen de vérification dans les délais fixés par la loi, le conseil de préfecture ne peut statuer sur la réclamation sans qu'il ait été procédé à l'expertise (ord. cons. d'Ét. 7 juin 1836, M. du Martroy, rap., aff. Camart; 9 mai 1838, M. Villermay, rap., aff. Redon; 25 juin 1845, M. Villermay, rap., aff. Jourdan);—3° Que si le patentable conteste l'évaluation donnée à ses bâtiments, pour la fixation du droit proportionnel de patente, le conseil de préfecture ne peut, sans ordonner une nouvelle expertise, réduire l'évaluation, sous prétexte d'une augmentation de loyer survenue dans la commune depuis l'évaluation cadastrale (ord. cons. d'Ét. 18 juill. 1838, M. Letellier, rap., aff. Gesbron); — 4° Que lorsque la valeur locative des bâtiments non loués ou affermés n'a pas été évaluée pour la fixation du droit proportionnel de patente, eu égard à la valeur locative des bâtiments du même genre, les conseils de préfecture ne peuvent rejeter la demande en réduction du contribuable sur le droit proportionnel, même sous prétexte d'établir une sorte de proportionnalité pour les patentables des différentes villes du département (ord. cons. d'Ét. 9 mai 1838, M. Louyer-Villermay, rap., aff. Putz); —5° Que, même lorsqu'une réduction de patentes est demandée, le conseil de préfecture doit procéder à une nouvelle vérification de la profession du patentable, et ne peut l'accorder en se fondant sur le classement attribué à celui-ci les années précédentes et sur ce qu'il n'y aurait eu de changement ni dans le local ni dans l'étendue du commerce du réclamant (ord. cons. d'Ét. 8 janv. 1836) (1). — Toutefois, il a été décidé que «l'expertise n'est établie par la loi que comme l'un des éléments de la décision à intervenir sur les demandes en réduction formées par les contribuables; que, dès lors, elle n'est pas obligatoire pour le conseil de préfecture» (ord. cons. d'Ét. 23 août 1845, M. de Bernon, rap., aff. Reboul). — V. Imp. dir., nos 461 s.

371. Mais ce droit du réclamant doit s'entendre du cas seulement où il y a contestation sur le montant de l'évaluation, car le patentable qui reconnaîtrait payer le loyer sur lequel le droit proportionnel de sa patente a été fixé ne serait pas recevable à réclamer l'expertise pour fixer la valeur locative de ce loyer (ord. cons. d'Ét. 5 juin 1845, M. de Missiessy, rap., aff. Huguenin).

372. L'expertise que le contribuable qui se croit surtaxé a le droit de réclamer, doit être faite conformément à l'arrêté du 24 flor. an 8. — Mais jugé que les formalités prescrites par la loi du 2 mess. an 7, notamment en ce qui concerne la notification au réclamant, du nom des experts choisis par l'administration, n'est pas obligatoire (ord. cons. d'Ét., 19 mars 1845, aff. Boulard, D. P. 45. 2. 127; V. Impôts directs, n° 466). — Comme aussi lorsqu'un contribuable conclut à ce qu'il soit procédé à une expertise pour fixer en même temps les bases de l'impôt foncier et de la patente, il peut être procédé à une seule expertise pour les deux impôts, et le conseil de préfecture peut statuer sur le tout, en se fondant sur les évaluations des experts, bien qu'ils ne se soient occupés véritablement que de l'impôt foncier (ord. cons. d'Ét. 19 août 1844, M. Gauthier d'Uzerches, rap., aff. Leblanc). — V. cependant n° 170.

373. Lorsque l'administration ou le réclamant se croient lésés par le résultat de l'expertise, ils peuvent réclamer du conseil de préfecture une contre-expertise et cette contre-expertise est faite par l'inspecteur des contributions ou un contrôleur autre que celui qui a procédé à la première instruction, en présence du maire ou de son délégué et du réclamant ou de son fondé de pouvoir, sans que cette mission puisse être attribuée à un autre fonctionnaire.—Aussi a-t-il été jugé que le conseil de préfecture qui ordonne une contre-vérification en matière de contributions directes ne peut y faire procéder par le juge de paix, contrairement aux prescriptions de l'art. 29, L. 26 mars 1831, qui veulent que cette opération soit faite par l'inspecteur, puis communiquée au directeur (ord. cons. d'Ét. 24 juin 1846, M. Lucas, rap., aff. Camus).—Toutefois, il a été jugé, avant la loi précitée de 1831, que le conseil de préfecture a pu nommer un juge de paix pour commissaire dans une enquête ordonnée à l'effet de vérifier les faits contestés (ordon. cons. d'État, 6 sept. 1820) (2).

374. Du reste, les résultats de l'expertise, ici, comme en matière ordinaire, ne sont que des éléments de décisions que les juges sont libres d'apprécier selon leur conscience. — Jugé cependant que lorsque l'administration et les experts sont d'accord sur la valeur locative servant de base à l'assiette du droit proportionnel de patente, le conseil de préfecture ne peut rejeter les résultats de l'expertise, et fixer une valeur locative supérieure, sans donner les motifs de sa décision (ord. cons. d'Ét. 27 juin 1838, M. Louyer-Villermay, rap., aff. Louise). — V. Expertise, nos 276, 382; Impôts directs, n° 471.

375. En matière administrative comme en matière ordinaire, l'expertise peut être discutée tant sur le fond que sur la forme, si donc toutes les formalités voulues par la loi n'ont pas été accomplies, le patentable pourra demander la nullité des opérations, mais bien entendu ce sera à lui à justifier ses dires, et s'il ne justifie pas qu'il n'a pas été satisfait aux prescriptions de la loi dans les opérations de l'expertise à laquelle il a été procédé, sa requête sera rejetée (ord. cons. d'Ét. 6 juin 1844) (3).

376. Nous avons émis cette opinion, v° Désist., nos 197 et s., qu'il fallait en matière administrative recourir, en l'absence d'un texte direct, aux règles du droit civil, et qu'on devait appliquer les art. 402, 403 c. pr., mais que le désistement en matière administrative offrait cette différence importante avec le désistement en matière civile que le premier ne s'appliquait pas seulement à l'instance, mais qu'il portait sur le fond. — Il a été décidé à cet égard que le désistement du patentable à la demande d'expertise qu'il avait précédemment formée devait être réputé acquiescement de sa part à l'évaluation à l'aide de laquelle le droit proportionnel a été déterminé, et le rendait non

(1) (Rampal.)—LOUIS-PHILIPPE, etc.;—Vu la loi du 1er brum. an 7;—Considérant que le conseil de préfecture des Bouches-du-Rhône, statuant sur la réclamation de la dame Rampal, au lieu de vérifier quelle était la profession réellement exercée par la réclamante, s'est fondé, pour lui accorder décharge, sur le classement à elle attribué pour les années précédentes, et sur ce qu'il n'y aurait eu de changement ni dans le local de ladite dame, ni dans l'étendue de son commerce; — Considérant que ce classement a pu être erroné, et qu'une erreur ne peut constituer un droit acquis en faveur du patentable; — Art. 1. L'arrêté du conseil de préfecture du département des Bouches-du-Rhône, du 25 avr. 1835, est annulé. La dame Rampal est renvoyée devant ledit conseil pour y faire statuer sur sa demande, après qu'il aura été procédé à une nouvelle vérification ayant pour objet d'établir quelle est la profession par elle exercée.

Du 8 janv. 1836.-Ord. cons. d'Ét.-M. Louyer-Villermay, rap.

(2) (Hanser.) — LOUIS, etc.; — Vu la loi du 1er brum. an 7 et les arrêtés des 24 flor. et 15 fruct. an 8; — Considérant qu'en ordonnant une enquête pour vérifier des faits contestés, le conseil de préfecture n'a point excédé les bornes de sa compétence ni contrevenu aux lois de la matière; — Qu'en nommant commissaire, à cet effet, le sieur Elles, il ne l'a point constitué pour agir en sa qualité de juge de paix, mais comme commissaire délégué par l'autorité administrative; — Art. 1. Il n'y a pas lieu d'annuler les arrêtés du conseil de préfecture du département du Haut-Rhin, des 2 mai et 11 juin 1820.

Du 6 sept. 1820.-Ord. cons. d'Et.-M. Maillard, rap.

(3) (Robert.) — LOUIS-PHILIPPE, etc.; — Vu la loi du 1er brum. an 7; l'arrêté du gouvernement du 24 flor. an 8; la loi du 26 mars 1831; — Considérant que le sieur Robert ne justifie pas qu'il n'ait point été satisfait aux prescriptions de l'arrêté du gouvernement du 24 flor. an 8 dans les opérations de l'expertise à laquelle il a été procédé le 29 déc. 1842; — Au fond : — Considérant qu'il résulte de l'instruction que la valeur locative servant de base au droit proportionnel de patente du sieur Robert, fixée, pour l'année 1842, à 260 fr., n'est pas exagérée; qu'ainsi, c'est avec raison que le conseil de préfecture du Tarn l'a maintenu à ce chiffre par son arrêté du 22 mars 1843; — Art. 1. La requête du sieur Robert est rejetée.

Du 6 juin 1844.-Ord. cons. d'Ét.-M. Richaud, rap.

recevable à se plaindre de l'élévation de ce droit (ord. cons. d'Ét. 3 mars 1840, M. du Berthier, rap., aff. Veniard et aff. Legorgne). —Et le même principe sera applicable si le réclamant, mis en demeure de recourir à l'expertise, a négligé de le faire (ord. cons. d'Ét. 7 juin 1836, M. Louyer-Villermay, rap., aff. Aribaud; 17 déc. 1841, M. Lepelletier d'Aulnay, rap., aff. Mercier; 28 août 1844, M. Richaud, rap., aff. Boulet).— V. Impôts directs, n° 464.

377. Après l'accomplissement de toutes ces formalités, l'affaire est portée devant le conseil de préfecture, qui est seul compétent pour connaître des réclamations qui reposent sur un droit appartenant au contentieux et statue sans qu'il soit besoin d'appeler le réclamant. — C'est ce que le conseil d'État a reconnu en décidant qu'aux termes de la loi du 28 pluv. an 8 (art. 4), c'est au conseil de préfecture qu'il appartient de prononcer sur la rectification de la qualité professionnelle ajoutée au nom d'un patentable sur le rôle, si cette rectification peut avoir pour effet d'entraîner la décharge du droit de patente (ord. cons. d'Ét. 8 janv. 1831, M. Janet, rap., aff. Cazes).

378. Les arrêtés des conseils de préfecture étant de véritables jugements doivent être motivés (V. Jugement, n°s 921 et s.). — Il a été jugé qu'un conseil de préfecture motive suffisamment son arrêté en adoptant les avis des maires et des agents des contributions, lesquels sont basés sur les motifs exposés par le réclamant à l'appui de la demande (ord. cons. d'Ét. 14 fév. 1842, M. Richaud, rap., aff. Beguet; 30 mars 1844, M. Baudon, rap., aff. Aubert).—Si les arrêtés sont contraires aux prétentions du réclamant, ils lui sont notifiés par le préfet.

379. Le conseil de préfecture ne doit opérer la décharge ou la réduction que s'il ressort évidemment des faits que le classement est contraire à la loi ou que l'évaluation du droit proportionnel est fixé sur des bases exagérées. Aussi est-il de jurisprudence que lorsqu'il est démontré par l'instruction que la valeur locative servant de base au droit proportionnel de patente dû par un particulier n'a pas été exagérée, cette valeur locative ne doit pas être réduite par le conseil de préfecture (ord. cons. d'Ét. 17 mars 1825, M. Villemain, rap., aff. Germain; 28 janvier 1841, M. Saglio, rap., aff. Brun-Luizard; 8 mars 1844, M. Gauthier d'Uzerches, rap., aff. Gautier; 30 mars 1844, M. d'Ormesson, rap., aff. Ducarre; 30 mai 1844, M. Lepelletier d'Aulnay, rap., aff. Cousin; 18 juill. 1844, M. Gauthier d'Uzerches, rap., aff. Muller Brouard et comp.; 10 août 1844, M. du Berthier, rap., aff. Delille, aff. Brun, aff. Anceau, aff. Hemery; M. Richaud, rap., aff. Marion et Brun; 19 août 1844, M. Gauthier d'Uzerches, rap., aff. Leblanc; 23 déc. 1844, M. Aubernon, rap., aff. Couannier; 27 déc. 1844, M. du Berthier, rap., aff. Causse; 24 janv. 1845, M. Lepelletier d'Aulnay, rap., aff. Vandenbulcke; 31 janv. 1845, M. de Lavenay, rap., aff. Dufaut; 13 fév. 1845, M. Bouchené-Lefer, rap., aff. Lecoq; 18 avril 1845, M. Guilhem, rap., aff. Dubois Laplace, aff. Tremblay, aff. Richard Vatin et comp.; 25 avril 1845, M. Missiessy, rap., aff. Grainville; 25 avril 1845, M. Aubernon, rap., aff. Lebasle et Decante; 2 mai 1845, M. d'Ormesson, rap., aff. Chaix; 3 mai 1845, M. Dumez, rap., aff. Gasnier; M. Guilhem, rap., aff. Lefebure; M. Dumez, rap., aff. Jullemier et Auche; 5 juin 1845, M. Bourlon de Rouvre, rap., aff. Lescure), ... encore bien que le contribuable fasse valoir qu'elle est plus élevée que celle portée dans la matrice cadastrale (ord. cons. d'Ét. 29 juin 1844, M. Baudon, rap., aff. Sicatteau).— Par suite, l'arrêté du conseil de préfecture qui, sans autre motif, réduit ce droit proportionnel de patente, doit être annulé (ord. cons. d'Ét. 6 juin 1844, M. Richaud, rap., aff. Coulomb; M. Aubernon, rap., aff. Meyrueis; M. Richaud, rap., aff. Tessier; 20 juin 1844, M. Aubernon, rap., aff. Masson; 29 juin 1844, M. Baudon, rap., aff. Reynault, aff. Blanc), ... quand bien même le conseil de préfecture se fonderait sur le peu d'importance du commerce du réclamant (ord. cons. d'Ét. 6 juin 1844, M. de Condé, rap., aff. Guers. — V. n° 220).

380. Mais, au contraire, il a été jugé que, s'il résultait de l'instruction que la valeur locative de la maison d'un contribuable est exagérée, le conseil de préfecture pourrait réduire sa cotisation (ord. cons. d'Ét. 12 avril 1844) (1). — L'arrêté du conseil de préfecture qui accorderait cette réduction devrait être maintenu, s'il ne résultait pas de l'instruction que le conseil de préfecture a fixé cette valeur au-dessous de la valeur locative réelle (ord. cons. d'Ét. 30 mars 1844, M. d'Ormesson, rap., aff. Dohler; 29 juin 1844, M. Richaud, rap., aff. Gély).

381. Le conseil de préfecture comme les tribunaux ordinaires ne doivent statuer que sur les points qui leur sont soumis par les parties, autrement ils jugeraient *ultrà petita.* Ainsi un conseil de préfecture excède ses pouvoirs lorsqu'il prononce la réduction du droit proportionnel de patente sans qu'elle ait été demandée (ord. cons. d'Ét. 8 mars 1844, M. Frémy, rap., aff. Tallard; 6 juin 1844, M. Aubernon, rap., aff. Tallard). —Et lorsqu'un patentable demande *une réduction* de son droit fixe ou proportionnel, attendu que sa possession ou la valeur locative de ces établissements a été mal appréciée, le conseil de préfecture ne peut lui accorder une décharge *pleine et entière* (V. ord. cons. d'Ét. 8 janv. 1836, 27 oct. 1837; Macarel, p. 658, 659).—Comme aussi, d'après le même principe, mais en sens inverse, un conseil de préfecture ne pourrait, sur la demande en descente de classe d'un patentable, l'imposer, au contraire, d'après le tarif de la classe supérieure (ord. cons. d'Ét. 27 juin 1838, M. Villermay, rap., aff. Dontail-Joly, et aff. Raulhac).

382. Les conseils de préfecture ont la connaissance non-seulement des demandes en décharge, mais encore de toutes les contestations qui peuvent s'élever sur l'exécution des rôles. Ainsi c'est au conseil de préfecture qu'il appartient de prononcer sur les contestations relatives au point de savoir à qui du père ou du fils une patente doit être attribuée (ord. cons. d'Ét. 4 juill. 1834, M. de Gérando, rap., aff. Miquen).

383. Les conseils de préfecture doivent aussi se conformer aux tarifs et ne peuvent, sous aucun prétexte, déroger au classement établi par les lois de 1844 et 1850. C'est ainsi qu'il a été jugé qu'on doit annuler un arrêté de conseil de préfecture : 1° lorsqu'il impose un individu comme cabaretier et qu'il résulte de l'instruction qu'il exerce la profession d'aubergiste (ord. cons. d'Ét. 6 juin 1844, M. Lepelletier d'Aulnay, rap., aff. Cellier); — 2° Lorsqu'il déclare qu'on ne doit imposer un commerçant que comme marchand en détail et qu'il résulte de l'instruction qu'il exerce la profession de rouenneries en gros (ord. cons. d'Ét. 6 juin 1844, M. Aubernon, rap., aff. Tallard); — 3° Lorsqu'il impose un marchand comme vendeur de cidre en détail et que l'instruction établit qu'il a exercé pendant l'année la profession de cabaretier (ord. cons. d'Ét. 5 juin 1845, M. Bourlon de Rouvre, rap., aff. Lescure). — Au contraire l'arrêté doit être confirmé, s'il fait une saine application de la loi. Ainsi, lorsqu'il résulte de l'instruction qu'un particulier est associé à un commerce de laines en gros, l'arrêté du conseil de préfecture qui l'a assujetti en cette qualité au demi-droit fixe de patente doit être confirmé (ord. cons. d'Ét. 25 avril 1845, M. Aubernon, rap., aff. Billet et autres).

384. Lorsqu'un contribuable a été mis dans une classe supérieure à la sienne, le conseil de préfecture peut redresser cette erreur de classement. Ainsi jugé que, sur la réclamation de celui qui, exerçant la profession de voiturier, a été imposé à la patente de cabaretier, le conseil de préfecture doit, non pas prononcer la décharge de tout droit de patente, sauf aux agents de l'administration à imposer plus exactement le contribuable, mais réduire le droit à celui qui affecte la profession réellement exercée (ord. cons. d'Ét. 29 oct. 1839, M. Richaud, rap., aff. min. des fin. *C.* Née).

385. Lorsqu'il y a connexité, liaison entre deux ou plusieurs pourvois, et que dans l'intérêt des parties il doit être statué par un seul arrêté, le conseil de préfecture peut, comme en matière ordinaire, en ordonner la jonction (V. v° Instruct. admin.,

(1) (Blanc.) — Louis-Philippe, etc.; — Vu les lois des 1er brumaire an 7 et 26 mars 1831; — Considérant qu'il résulte de l'instruction que la valeur locative de la maison occupée par le sieur Blanc, fixée à 150 francs, était exagérée; qu'ainsi, c'est avec raison que le conseil de préfecture du Gard a prononcé la réduction; — Art. 1. Les conclusions du rapport de notre ministre des finances sont rejetées.

Du 12 avril 1844.-Ord. cons. d'Ét.-M. Aubernon, rap.

nos 12 et s.). Ainsi jugé que les pourvois formés par divers associés contre la patente à laquelle ils ont été soumis, et fondés sur les mêmes moyens, doivent être réunis pour y être statué par la même ordonnance, encore qu'ils se rattachent à des exercices différents (ord. cons. d'Ét. 25 juin 1845, M. Guilhem, rap., aff. Coignet et cons.).

386. Les rôles étant dressés par l'administration et rendus exécutoires par le préfet, les conseils de préfecture ne sauraient y apporter de changement sans empiéter sur des attributions qui leur sont étrangères. Ils peuvent redresser une erreur, mais non pas les rôles. Ainsi le conseil de préfecture qui décharge un contribuable de la patente ne peut mettre cette patente par voie de mutation de cote à la charge d'un autre contribuable (ord. cons. d'Ét. 18 janv. 1845, M. Aubernon, rap., aff. Paillard-Laurent; 23 juin 1846, M. Bernon, rap., aff. Philbert et Chalmé).

387. Les conseils de préfecture ne peuvent rapporter leurs arrêtés et ce, parce que ce sont de véritables jugements qui appartiennent aux parties. Aussi est-il de jurisprudence que le conseil de préfecture ne peut, sans excès de pouvoirs, statuer sur une réclamation à l'occasion de laquelle il a déjà rendu un arrêté contradictoire (ord. cons. d'Ét. 12 juin 1845, M. Richaud, rap., aff. Josselle et Boué; 25 juin 1845, M. Louyer-Villermay, rap., aff. Jourdan).—V. Jugement, nos 927 et suiv.

388. Si, comme on va le voir au paragraphe suivant, les préfets ont seuls le droit de statuer sur les demandes en remise ou modération, il leur est par contre interdit de statuer, seuls, sur les demandes en décharge ou réduction, ou sur les difficultés qui s'élèvent dans l'application des rôles. Ainsi, jugé qu'un préfet n'est pas compétent pour décider qu'un marchand de bois prendra patente dans telle commune, lorsque déjà il en a pris une dans un autre département; cette question appartient au conseil de préfecture (ord. cons. d'Ét. 20 nov. 1815, aff. Chevalier).

389. L'exécution des arrêtés de préfecture, au cas où la réclamation est admise, a lieu par voie de restitution par l'intermédiaire et sur une ordonnance du préfet.

390. Le contribuable dont la demande a été rejetée peut se pourvoir contre la décision du conseil de préfecture dans les *trois mois* de la date de la notification. — La *forme* du pourvoi est la même que celle de la réclamation, c'est-à-dire qu'elle n'est assujettie qu'à l'obligation du *timbre*. Ce pourvoi est transmis au gouvernement ou directement par le réclamant, ou par l'intermédiaire du préfet et sans frais (L. du 21 avril 1832, art. 30; V. Imp. dir. p. 270). — Ce *délai* de trois mois, comme les délais que nous avons indiqués ci-dessus, est fatal; ainsi le recours au conseil d'État contre la décision d'une autorité qui y ressortit ne serait plus recevable trois mois après la notification de cette décision (ord. cons. d'Ét. 7 fév. 1845, M. Louyer-Villermay, rap., aff. Husson et Delage). — V. Conseil d'État, nos 175 et s.

391. Le principe qui veut que la réclamation portée devant le conseil de préfecture soit formée par l'ayant droit seul ou son fondé de pouvoir (V. no 361), s'applique au recours devant le conseil d'État contre la décision du conseil de préfecture.—C'est ainsi qu'il a été jugé : 1° que le pourvoi au conseil d'État contre la décision du conseil de préfecture qui rejette la demande en décharge de patente formée par un contribuable ne peut être formé au nom de celui-ci par un tiers qui ne justifie pas de sa qualité (ord. cons. d'Ét. 27 déc. 1844, M. Bourlon de Rouvre, rap., aff. Rohant); — ... Et que le tiers qui n'a point réclamé lui-même contre son inscription au rôle de la patente doit aussi être déclaré non recevable à attaquer devant le conseil d'État l'arrêté du conseil de préfecture qui l'y a maintenu (ord. cons. d'Ét. 23 mars 1845, M. Aubernon, rap., aff. veuve Leroy); — 2° Que l'associé d'un patentable qui n'a pas été partie dans l'arrêté du conseil de préfecture rendu sur la réclamation de son associé, et qui n'a pas figuré dans la requête sommaire par laquelle ce dernier s'est pourvu devant le conseil d'État contre la décision du conseil de préfecture, n'est pas recevable à intervenir dans la requête ampliative par laquelle le pourvoi de son associé est développé (ord. cons. d'Ét. 10 août 1844, M. Richaud, rap., aff. Chabert); — 3° Qu'un commerçant est sans qualité pour se pourvoir lui-même au conseil d'État contre l'arrêté du conseil de préfecture qui rejette la demande de son préposé (ord. cons. d'Ét. 23 mai 1844, M. Richaud, rap., aff. Boissaye); — 4° Que lorsque plusieurs individus ont été assujettis à la patente, à raison de la même cause, et qu'un seul a réclamé devant le conseil de préfecture, puis s'est pourvu devant le conseil d'État, les autres ne sont pas recevables à s'adjoindre au pourvoi, la demande de ces derniers n'étant pas susceptible d'être portée directement au conseil d'État (ord. cons. d'Ét. 1er sept. 1841, M. Louyer-Villermay, rap., aff. Forastié et cons.); — 5° Qu'un individu marchand de vins en gros n'est pas recevable à attaquer devant le conseil d'État l'arrêté du conseil de préfecture, qui maintient sa sœur sur le rôle des patentes, en qualité de marchande en détail (ord. cons. d'Ét. 27 juin 1838, M. du Martroy, rap., aff. Chabance; V. Conseil d'État, nos 154 et s.; Impôts dir., no 635).

392. Le conseil d'État est à l'égard du conseil de préfecture une véritable cour d'appel qui ne peut en conséquence statuer que lorsqu'il y a arrêté du conseil de préfecture, aussi est-ce une jurisprudence constante que la demande en décharge des droits de patente ne peut être portée directement devant le conseil d'État (ord. cons. d'Ét. 26 déc. 1830, M. Janet, rap., aff. Boigues et fils ; 27 avril 1841, M. de Condé, rap., aff. Baligaud; 18 nov. 1842, M. Dumez, rap., aff. Suzer; 27 déc. 1844, M. Gomel, rap., aff. Spiger Gagelin; 18 janv. 1845, M. Aubernon, rap., aff. Paillard-Laurent; 23 mars 1845, M. Aubernon, rap., aff. Hubert; 18 avril 1845, M. Guilhem, rap., aff. Dubois Laplace; M. Missiessy, rap., aff. Richard Vatin et comp.; 25 avril 1845, M. Missiessy, rap., aff. Maneille et Boutheron; M. Aubernon, rap., aff. Billet et consorts; 2 mai 1845, M. Louyer-Villermay, rap., aff. Vatin; aff. Oulin, aff. Heuzey et Demirousse, aff. Coignet et Serre, aff. Chapuzot et cons.; 3 mai 1845, M. Demez, rap., aff. Jullemier et Auché; M. Guilhem, rap., aff. Hennequin; 9 mai 1845, M. Dumez, rap., aff. Polissard-Jeannon; 13 déc. 1845, aff. Bouruet Aubertot, V. no 396-3°; 23 juin 1846, M. Bernon, rap., aff. Philbert et Chalme). — Et spécialement il a été jugé 1° qu'un patentable ne peut se plaindre devant le conseil d'État de la surélévation du droit proportionnel de sa patente, lorsqu'il n'a pas réclamé sur ce chef devant le conseil de préfecture (ord. cons. d'Ét. 10 août 1844, M. du Berthier, rap., aff. Delabigne, aff. Brayer; M. Dumez, rap., aff. Laflèche et Courbil, aff Royer; M. Jahan, rap., aff. Chevreux et Legentil; 6 déc. 1844, M. Dumez, rap., aff. Lallemand; 14 déc. 1844, M. Dumez, rap., aff. Hardy; M. Gomel, rap., aff. Lefebvre); — 2° Que celui qui n'a pas réclamé devant le conseil de préfecture contre le droit fixe de sa patente est non recevable à attaquer par devant le conseil d'État la fixation dudit droit (ord. cons. d'Ét. 9 mai 1845, M. Louyer-Villermay, rap., aff. Menard);—3° Qu'il en est de même de la demande en réduction de la valeur locative (ordon. cons. d'État, 19 janvier 1836, M. du Martroy, rap., aff. Arthur; 30 juin 1842, M. Louyer Villermay, rap., aff. Gallot); — 4° Que le moyen qui n'a pas été soumis au conseil de préfecture, et tiré de ce que le réclamant, étant déjà assujetti à la patente dans un département, ne doit pas être imposé dans un autre, ne peut être invoqué pour la première fois devant le conseil d'État (ord. cons. d'Ét. 3 sept. 1844, M. Richaud, rap., aff. Lignières, 28 nov. 1845, M. Dumez, rap., aff. Ménard);— 5° Qu'on ne peut présenter pour la première fois devant le conseil d'État, l'exception tirée de ce que le réclamant résiderait dans une autre ville où il serait inscrit au rôle des patentes et en acquitterait le montant (ord. cons. d'Ét. 14 déc. 1844, M. Dumez, rap., aff. Desjardin et de Sèvres, aff. Hardy); — 6° Qu'un contribuable ne peut, sur le recours formé contre un arrêté du conseil de préfecture qui a refusé d'accorder sa décharge pour l'exercice courant, demander pour la première fois, devant le conseil d'État, sa décharge sur l'exercice suivant mis depuis en recouvrement (ord. c. d'Ét. 1er sept. 1841, M. Louyer-Villermay, rap., aff. Forastié et consorts); — 7° Qu'on ne peut soumettre au conseil d'État une demande en décharge de patente, fondée sur ce que le patentable a cessé tout commerce avant l'ouverture de l'exercice, lorsque cette demande n'a pas été préalablement soumise au conseil de préfecture (ord. cons. d'Ét. 17 sept. 1844, M. Gomel, rap., aff. Johnstone, aff. Depensier et Leduc);—8° Qu'un patentable ne peut prendre devant le conseil d'État des conclusions tendant à être déchargé de la patente, à raison de la cessation de son commerce, ou subsidiairement à obtenir une descente de classe, lorsque le conseil de préfecture n'a pas été préalablement saisi d'une réclamation (ord. cons. d'Ét. 14 déc. 1844, M. Bouchené-Lefer, rap., aff. Parent); — 9° Que la demande d'une nouvelle expertise n'est pas admissible devant le conseil d'État lorsqu'elle n'a pas été faite d'abord devant le conseil de préfecture (ord. cons. d'Ét. 30 déc. 1843, M. d'Ormesson, rap., aff. Lemarchand); — 10° Que lorsqu'un patentable n'a demandé devant le conseil de préfecture qu'à être rangé dans la septième classe du tarif, il est non recevable à demander directement devant le conseil d'État la décharge des droits de patente auxquels il a été assujetti (ord. cons. d'Ét. 2 mai 1845, M. Louyer-Villermay, rap., aff. Greinheiser); — 11° Que lorsqu'il résulte des documents de l'affaire que le réclamant, mégissier de son état, exerce réellement la profession de marchand de laines en gros, il y a lieu de le maintenir sur le rôle des patentes en cette dernière qualité, sans que celui-ci puisse déférer directement au conseil d'État une demande en rétablissement d'une précédente patente, laquelle n'a point été soumise au conseil de préfecture (ord. cons. d'Ét. 14 déc. 1832, M. de Luçay, rap., aff. Sanselme); — 12° Que lorsqu'il résulte également de l'instruction que la valeur locative de l'habitation personnelle du patentable a été omise par les experts et que par suite le conseil de préfecture n'y a pas statué, il y a lieu par le conseil d'État de renvoyer, sur ce point, le patentable devant le conseil de préfecture (ord. cons. d'Ét. 18 juill. 1844, M. Gauthier d'Uzerches, rap., aff. Heddebaut).

393. Le conseil d'État, comme cour d'appel, ne pouvant en effet décider que les points sur lesquels il a été prononcé en première instance, il en résulte qu'un arrêté du conseil de préfecture qui, sur la réclamation d'un patentable se prétendant à la tête de deux établissements imposés séparément se borne à décider que l'un de ces deux établissements a été à tort inscrit à un autre nom que celui du réclamant, ne préjuge rien quant au point de savoir si les deux établissements doivent ou non être imposés séparément, comme constituant des entreprises distinctes, et s'il y a, par suite, lieu ou non à confusion de droits, et que le ministre des finances est non recevable à requérir l'annulation de cet arrêté, sur le motif qu'il lèse les droits du trésor (ord. cons. d'Ét., 28 août 1844, M. d'Ormesson, rap., aff. Hopwood).

394. Le conseil d'État, de même que le conseil de préfecture, ne peut *réduire* la valeur locative servant de base au droit proportionnel, s'il ne repose pas sur des bases exagérées, mais au contraire s'il résulte de l'instruction que l'évaluation du loyer, qui a servi de base à l'arrêté du conseil de préfecture pour fixer le droit proportionnel de patente d'un contribuable, est véritablement trop élevé, cet arrêté pourra être réformé par le conseil d'État (ord. cons. d'Ét., 6 avril 1836, M. de Martroy, rap., aff. Lucotte).—Si en effet il n'a pas le pouvoir de redresser les rôles, néanmoins, il est compétent pour réparer une erreur. — Ainsi jugé que le conseil d'État, en accueillant une réclamation relative au droit de patente d'une profession que le réclamant avait quittée, peut le soumettre au droit proportionnel auquel une nouvelle profession par lui embrassée donnerait lieu (ord. cons. d'Ét. 27 oct. 1837, M. Louyer-Villermay, rap., aff. Jacquet).

395. MM. Macarel et Boulatignier (Fort. publ., t. 2, p. 661) enseignent que le moyen le plus ordinaire d'information est l'expertise. Mais la demande en expertise n'est plus recevable devant le conseil d'État, lorsqu'elle n'a pas été formée devant le conseil de préfecture (V. n° 392-9°).—Du reste, il est seul appréciateur de l'opportunité de cette voie, et on a jugé avec raison que le conseil d'État, sur une expertise contradictoire dans laquelle les experts n'avaient pu se mettre d'accord, peut fixer lui-même la valeur locative devant servir de base au droit proportionnel (ord. cons. d'Ét. 16 nov. 1835, M. Bouchené-Lefer, rap., aff. Laserre), sans être tenu d'employer aucune voie supplémentaire d'instruction.

396. En principe, aucune disposition de la loi n'autorise à prononcer des condamnations aux dépens ou à la charge des administrations publiques qui procèdent soit devant le conseil de préfecture, soit devant le conseil d'État (ord. cons. d'Ét., 17 sept. 1844, M. Louyer-Villermay, rap., aff. Philippe; 14 déc. 1844, M. Bouchené-Lefer, rap., aff. Parent; 2 mai 1845, M. Louyer-Villermay, rap., aff. Greinheiser; 12 juin 1845, M. Richaud, rap., aff. Josselle et Boué. — V. Frais et dépens, n°s 60, 998 et suiv., 1200). — Telle est la disposition formelle de l'arrêté du 24 flor. an 8, art. 17, qui veut que si le réclamant succombe et qu'il n'ait pas réclamé d'expertise, il ne puisse être condamné à aucuns frais; mais que si, au contraire, l'expertise a été faite, le conseil de préfecture ou le conseil d'État puissent prononcer condamnation, mais seulement des frais de cette expertise (M. Dufour, droit administr., t. 2, n° 1065).— Jugé en conséquence : 1° que le contribuable qui refuse la réduction proposée par les agents des contributions sur sa demande en réduction du droit proportionnel de patente, est tenu des frais de l'expertise qu'il a provoquée, s'il ne lui est définitivement accordé une réduction plus forte que celle proposée (ord. cons. d'Ét. 9 mai 1838, M. Gomel, rap., aff. Douce); —2° Que lorsque c'est par le fait de l'une des parties qu'une expertise ordonnée n'a pas eu lieu, les frais doivent en demeurer à sa charge (ord. cons. d'Ét. 18 mars 1842, M. du Berthier, rap., aff. Trépied); mais que les frais de vérification doivent être supportés par la commune, lorsque la demande du réclamant est reconnue fondée (ord. cons. d'Ét., 26 avr. 1844, M. Baudon, rap., aff. Jobez); — 3° Qu'enfin lorsque, en matière de patente, l'expertise ordonnée est favorable sur un point au réclamant et contraire sur l'autre, les frais de vérification et d'expertise doivent être mis tant à la charge dudit réclamant qu'à celle de la commune (ord. cons. d'Ét. 13 déc. 1845) (1).

397. Disons, en terminant, que la demande en réduction du droit fixe de patente est non recevable, lorsqu'il est établi que la quotité du droit proportionnel dû par le même patentable a été diminué lors de la confection des rôles d'une somme supérieure à l'excédant de droit fixe allégué (décr. cons. d'Ét., 20 mars 1852, aff. Parent, D. P. 52. 5. 404).

ART. 2. — *Demandes en remise ou modération. — Compétence des préfets.*

398. Sous l'empire de la loi du 1er brumaire an 7, les administrations chargées de la délivrance des patentes étaient autorisées à faire descendre dans la classe immédiatement inférieure ou la suivante, les citoyens hors d'état d'acquitter les droits de leur classe. Cette faculté leur a été retirée par la loi du 13 flor. an 10. Cependant les lois des 25 mars 1817, art. 64, et 15 mai 1818, art. 60, avaient rétabli le principe en ce qui concerne les fabricants et les manufacturiers. La loi de 1844 a fait disparaître toute incertitude sur ce point, en substituant aux classes un droit fixe en rapport avec l'importance de l'industrie exploitée. Aujourd'hui donc le principe de la loi du 1er brum. an 7, en ce qui touche la descente de classe, doit être considéré comme absolument abrogé, et tout contribuable qui se trouverait dans l'impossibilité d'acquitter les droits de la patente, n'a pas d'autre voie de dégrèvement que celle de la demande en remise ou modération, dont on a déterminé le caractère ci-dessus, n° 348.

(1) (Bourguet-Aubertot, etc.) — LOUIS-PHILIPPE, etc.; —Vu la loi du 1er brum. an 7, l'art. 21 de la loi du 26 mars 1831, l'arrêté du gouvernement du 24 flor. an 8; —En ce qui touche le chef de conclusions tiré de ce que les requérants auraient été imposés à la contribution mobilière d'après une base contraire à celle de la loi du 21 août 1832 : — Considérant que ce chef de conclusions n'a pas été soumis au conseil de préfecture, et que, dès lors, il ne peut nous être présenté directement; —En ce qui touche les frais d'expertise : —Considérant que c'est par le fait des requérants que l'expertise annoncée pour le 22 fév. 1834 n'a point eu lieu; que, dès lors, les frais doivent en demeurer à leur charge; —Considérant que leur réclamation portait tant sur le chiffre du droit proportionnel de leur patente que sur celui de leurs contributions mobilières; que, par conséquent, l'expertise devait porter sur ces deux contributions; —Considérant que le résultat de l'expertise à laquelle il a été procédé a été de constater que le droit proportionnel de la patente des requérants n'avait point été exagéré, et qu'ils n'avaient subi de surtaxe que sur leurs contributions mobilières; que, dès lors, c'est avec raison que le préfet de la Seine, par son arrêté du 15 juillet 1844, a mis les frais de ladite expertise tant à la charge des requérants qu'à celle de la ville de Paris; —Art. 1. La requête des sieurs Bourguet-Aubertot père et Gardien est rejetée.

Du 13 déc. 1845.-Ord. cons. d'Ét.-M. Baudon, aud. rap.

399. Ces demandes sont ordinairement fondées sur des circonstances particulières et ont pour but de solliciter une faveur plutôt que de réclamer un droit. Aussi appartiennent-elles exclusivement à la voie gracieuse.—L'on doit considérer d'après la jurisprudence comme une demande en remise ou modération : 1° une demande en dégrèvement de patente, fondée sur ce que le patentable ayant commencé, dans les derniers mois de l'exercice, la liquidation de ses affaires, il n'a fait, durant l'exercice suivant, qu'achever d'écouler les marchandises qui lui restaient en magasin, en les vendant aux consommateurs, sans en acheter de nouvelles (décr. cons. d'Ét. 31 mars 1849, aff. Lorin, D. P. 49. 3. 69); — 2° La demande en réduction de patentes formée par un contribuable, à raison des circonstances dans lesquelles il dit se trouver (ord. cons. d'Ét. 14 déc. 1844, M. Bouchené-Lefer, rap., aff. Parent); — 3° La demande en réduction de patente formée par un contribuable qui a quitté son commerce avant la fin de l'année par suite de mauvaises affaires (ord. cons. d'Ét. 27 nov. 1844) (1); — 4° La demande en réduction fondée sur le peu d'importance et la situation embarrassée du commerce d'un patentable (décr. cons. d'Ét. 30 nov. 1850, aff. Hérault, D. P. 51. 3. 43).

400. Tout contribuable dans ces cas, fondant sa demande sur des faits dont le préfet seul est appréciateur, la conséquence logique en est que le préfet seul est *compétent* pour statuer sur une demande en remise ou modération du droit de patente (arrêté du 24 flor. an 8, art. 8; ord. cons. d'Ét.; 23 oct. 1835, M. Louyer-Villermay, rap., rap., aff. Arrivet; 16 juill. 1840, M. Cornudet, rap., aff. Silvain; 8 avril 1842, M. Cornudet, rap., aff. Allard; 3 mai 1842, M. de Condé, rap., aff. Lagoguée; 30 juin 1842, M. Louyer-Villermay, rap., aff. Deloche; 9 janv. 1843, M. Gauthier d'Uzerches, rap., aff. Ramadier; 10 fév. 1843, M. Baudon, rap., aff. Grimault; 4 mai 1843, M. Lavenay, rap., aff. Labie; 27 décembre 1844, M. Gomel, rap., aff. Opiger Gagelin; 7 fév. 1845) (2). — Mais, comme la loi de floréal n'a pas déterminé d'une manière précise les cas qui pourraient autoriser la remise ou la modération des droits, il appartient au préfet d'apprécier les circonstances qui rendent la demande admissible. — Quant à la compétence, il a été jugé que la demande en remise ou modération formée par le contribuable imposé dans deux communes, à l'occasion de son changement de domicile, doit être soumise au préfet du lieu de l'ancien domicile (ord. cons. d'Ét. 10 (et non 18) juill. 1833, M. Ferri-Pisani, rap., aff. Puthod).

401. Lorsqu'un contribuable, par des événements extraordinaires, a éprouvé des pertes, il adresse, dans la forme prescrite *suprà*, nos 353 et s., sa pétition au sous-préfet, qui la transmet au contrôleur (L. 24 flor., art. 23, V. v° Impôts dir., p. 260 et n° 491). Cependant la loi de floréal n'impose pas l'obligation du timbre pour les demandes en remise ou modération, et la loi de l'an 8 garde sur ce point le silence; d'où l'on peut tirer cette conséquence que cette demande peut être rédigée sur papier libre; il n'est pas nécessaire non plus qu'elle soit accompagnée de la quittance des termes échus.—La loi n'ayant pas non plus prescrit de délai pour former ces demandes, on peut se pourvoir après l'expiration du délai de trois mois si les faits sont postérieurs.—V. Impôts dir.

Le contrôleur, immédiatement après réception, se transporte sur les lieux et procède, en présence du maire, dont il prend l'avis (loi de 1844, art. 22), à la vérification des faits, de la quotité de la perte, et des revenus fonciers et mobiliers du réclamant. Il dresse du tout *procès-verbal*, qui est transmis ensuite au sous-préfet, au préfet, et par celui-ci au directeur des contributions pour avoir son avis (loi du 24 flor., art. 24). — Les ordonnances en remise ou modération sont rendues par le préfet sur l'avis du directeur des contributions.

402. Aux termes de l'art. 27 de la loi du 24 flor. an 8, le préfet réunit au cours de l'année toutes les demandes en remise ou modération qui lui sont adressées, et, l'année expirée, il fait entre les contribuables, dont les réclamations sont reconnues justes et fondées, la distribution des sommes qu'il pourra accorder, d'après la portion des fonds de non-valeur mise à sa disposition pour cet objet, par le ministre des finances, auquel il a dû faire connaître les demandes qui lui ont été adressées.—Ce fonds de non-valeur se compose, aux termes de l'art. 32 de la loi de 1844, de 5 cent. par franc ajoutés au principal de la contribution des patentes, dont le produit est destiné à couvrir les décharges ou réductions, les remises ou les modérations, ainsi que les frais d'expédition et d'impression des formules de patente; et même en cas d'insuffisance, le montant du déficit est prélevé sur le principal des rôles. — Cette dernière disposition est de la plus haute importance, puisqu'elle met les préfets à même de venir en aide à toutes les infortunes constatées, tandis que les lois précédentes n'ayant rien prévu sur ce point, l'administration se trouvait forcée, par manque de fonds, ou de réduire les modérations, ou d'opposer une fin de non-recevoir.

En cas de rejet de la demande, le pourvoi est ouvert contre la décision du préfet, par-devant le ministre des finances. Disons pour ordre cependant que ce recours est à peu près inefficace, puisque dans l'usage le préfet n'accorde ou ne rejette ces pourvois que sur l'autorisation de ce ministre.

ART. 3.—*Cession de commerce, faillite, décès.*

403. Sous la loi de l'an 7, il n'y avait lieu à aucune réduction ni restitution pour cause de cessation de commerce, même en cas de décès du patenté. La loi du 13 flor. an 10, art. 26 (V. p. 48) apporta un adoucissement à cette rigueur et décida que la cote des citoyens qui viendraient à décéder ne serait exigible que pour le passé et le mois courant. — Il a été décidé que cette exception spéciale au cas de décès ne peut être invoquée par le négociant qui cesse son commerce (ord. cons. d'Ét. 16 juill. 1817, aff. de Noras.—*Contrà*, Favard, rap., v° Contr. dir. sect. 4, n° 6. — En cas de cession du fonds de commerce, la patente étant personnelle au cédant restait due par lui et ne pouvait être transmise au cessionnaire, lequel, de son côté, était inscrit sur les rôles supplémentaires (V. n° 341), de sorte que le même fonds pouvait donner lieu, pendant le même exercice, à une double imposition. Le cédant n'avait d'autre ressource que de solliciter la faveur de l'administration.

404. La loi du 25 avril 1844 a introduit un principe nouveau.—Aux termes de l'art. 23, § 2, en cas de *cession* d'établissement, la patente sera, sur la demande du cédant, transférée à son successeur. Cette disposition est de toute équité, car l'État ne pouvait tout à la fois recevoir de deux côtés; il y avait là un abus que la loi de 1844 a fait disparaître, puisqu'il pouvait arriver que le même fonds de boutique ou de magasin supportât dans une seule année jusqu'à vingt-trois mois de contribution. En effet, si la cession avait eu lieu dans le mois de février, le cessionnaire payait onze mois de patente, et le cédant douze. N'est-il pas plus juste que l'un ne soit imposé que pour l'avenir et l'autre pour le passé? La fraude est impossible, puisque, dans tous les cas, le trésor est certain de toucher la totalité de l'impôt; en effet, si la cession est tacite, le cédant reste imposé; si elle est ostensible, le cessionnaire devient immédiatement imposable. — Mais la cession d'une industrie ne rend admissible le dégrèvement du cédant pendant le cours de l'année commencée, qu'autant que l'impôt de la patente peut être reporté sur le cessionnaire. Ainsi, jugé que ce dégrèvement n'a pas lieu dans le cas où le ces-

(1) (Cornu.) — LOUIS-PHILIPPE, etc.; — Vu l'arrêté du 24 flor. an 8; — Considérant que la demande du sieur Cornu, ayant pour objet d'obtenir le dégrèvement de sa patente, à partir du 1er juin 1842, ne constituait qu'une demande en remise ou modération; — Que, dès lors, aux termes de l'art. 28 de l'arrêté susvisé du 24 flor. an 8, c'était au préfet et non au conseil de préfecture qu'il appartenait d'en connaître;

Art. 1. L'arrêté du conseil de préfecture du département de la Nièvre, en date du 15 mars 1843, est annulé pour cause d'incompétence.

Du 27 nov. 1844.-Ord. cons. d'Ét.-M. de Lavenay, rap.

(2) (Peyre.)—LOUIS-PHILIPPE, etc.; —Vu l'art. 28 de l'arrêté du 24 flor. an 8 et l'art. 38 de la loi du 15 sept. 1807; — Considérant que la demande présentée au préfet de la Lozère par le sieur Peyre constituait une demande en modération de contributions; que le conseil de préfecture ne pouvait, sans excéder ses pouvoirs, statuer sur cette demande, dont la connaissance appartient exclusivement au préfet d'après l'art. 28 de l'arrêté du 24 flor. an 8; — Art. 1. L'arrêté du conseil de préfecture de la Lozère, du 30 déc. 1842, est annulé. — Art. 2. Le sieur Peyre est renvoyé devant le conseil de préfecture pour être statué sur sa demande ce qu'il appartiendra.

Du 7 fév. 1845.-Ord. cons. d'Ét.-M. de Bernon, rap.

sionnaire est déjà patenté au même titre, à raison de l'exercice d'une industrie pareille (ord. cons. d'Ét. 21 mai 1847, aff. Panarioux, D. P. 47. 3. 173; 15 sept. 1847, aff. Amédée); — Et spécialement, les patentes étant personnelles et ne pouvant servir qu'à ceux qui les obtiennent, la cession d'un fonds de commerce faite par un patenté à son fils, déjà commerçant, ne peut motiver la suppression ou la réduction du droit de patente auquel ce dernier avait été soumis (ord. cons. d'Ét. 30 juin 1835) (1).

405. Mais il y aurait lieu à transfert pour le droit fixe si le cessionnaire déjà soumis à la patente payait un droit inférieur à celui qui atteint le cédant. Dans ce cas, le transfert porterait sur la différence existant entre les deux droits, et le cédant aurait droit au dégrèvement pour cette différence. Quant au droit proportionnel, le cédant doit toujours être admis à faire transférer à son successeur la portion de l'impôt afférente aux locaux cédés, puisque ce dernier droit n'a pas de maximum et qu'il s'étend à tous les lieux employés à l'exploitation.

406. Pour qu'il y ait lieu à transfert, il faut qu'il y ait cession et cessation de commerce. — Jugé dès lors : 1° qu'un marchand et notamment un marchand de vins en gros qui a cédé son établissement à un tiers, pour se retirer des affaires, n'en doit pas moins continuer d'être assujetti à la patente, s'il a conservé une assez grande quantité de vins dont l'écoulement se fait en son nom par les membres de sa famille, et s'il est resté soumis à la licence de marchand de vins en gros (ord. cons. d'Ét. 3 sept. 1844, M. Baudon, rap., aff. Gention); — 2° Que le patentable qui exerce simultanément plusieurs industries et qui n'est assujetti pour les dites industries qu'à un seul droit fixe de patente, conformément à l'art. 7 de la loi du 25 avril 1844, ne peut, dans le cas de cession de l'établissement consacré à l'une de ces industries, demander la translation de sa patente sur la tête de son successeur (ord. cons. d'Ét. 30 nov. 1848, aff. Godefroi, 30 oct. 1848, aff. Perillat, D. P. 49. 3. 37).

407. Si, au lieu de cession, il y avait cessation volontaire du commerce de l'industrie, il n'y aurait lieu à aucun dégrèvement, puisque, d'une part, il n'y aurait pas de transfert possible et que, d'autre part, la patente est due pour l'année.—V. n°s 336 et suiv.

408. Le transfert de la patente s'opère par arrêté du préfet (L. 25 avril 1844, art. 23, § 2). L'arrêté, par lequel un préfet refuse de transférer la patente du cédant au cessionnaire, doit être considéré comme un acte purement administratif qui ne fait pas obstacle à ce que le cédant saisisse ultérieurement le conseil de préfecture d'une demande en décharge de la patente que le préfet a maintenue à son compte (décr. cons. d'Ét. 11 janv. 1851, aff. Béatrix, D. P. 51. 3. 41). — En effet, et comme il a été jugé, le conseil de préfecture est compétent pour statuer, en cas de refus du préfet, sur les demandes en transfert de patente par suite de cession d'établissement commercial; et l'on doit considérer comme un refus le renvoi sans décision par le préfet de ces demandes au conseil de préfecture (ord. cons. d'État. 30 nov. 1848, aff. Godefroy, D. P. 49. 3. 37; 30 oct. 1848, aff. Perillat, *eod.*).

409. Il n'y a point de délai fatal édicté par la loi pour la demande en transfert des patentes; néanmoins le cédant est intéressé à se pourvoir immédiatement, puisqu'il reste responsable du montant de la cote jusqu'à ce que le préfet ait prononcé la mutation. Nous ajouterons qu'à notre avis la demande de mutation ne pourrait plus être effectuée utilement après la clôture définitive de l'exercice.

410. Au droit de transfert de la patente par suite de cession de commerce, la loi de 1844 a joint aussi un droit de dégrèvement tout nouveau : c'est celui qui résulte de la déclaration de *faillite*, droit analogue à celui que les lois précédentes accordaient pour le cas de décès. L'art. 23, § 3, de cette loi porte : «Au cas de fermeture des magasins, boutiques et ateliers, par suite de décès ou de faillite déclarée, les droits ne seront dus que pour le passé et le mois courant. Sur la réclamation des parties intéressées, il sera accordé décharge du surplus de la taxe. » — Ainsi, pour réclamer le bénéfice de cet article, il ne suffit pas qu'il y ait état de déconfiture pouvant amener la faillite, il faut qu'il y ait faillite déclarée.—C'est ainsi qu'il a été jugé que l'état de suspension de payements et de liquidation de commerce ne peut pas être assimilé à l'état de faillite déclarée, et ne donne pas lieu à la décharge du droit de patente, surtout quand le commerçant qui a ainsi suspendu ses payements a été conservé à la tête de sa liquidation (décr. cons. d'Ét. 9 nov. 1850, aff. Dubernet, D. P. 52. 3. 405).

411. Il faut qu'il y ait non-seulement faillite déclarée, mais fermeture des magasins, boutiques et ateliers, en un mot cessation de la profession imposable. On comprend, en effet, s'il y avait vente, qu'il y aurait produit et dès lors matière imposable; or la loi n'autorise la décharge que s'il y a cessation complète de l'industrie. — Jugé, avant la loi de 1844, qu'un patentable tombé en déconfiture, qui continue d'exercer sa profession, doit aussi continuer d'être imposé à la patente dont cette profession est passible; qu'en vain il prétendrait que sa déconfiture forme un obstacle légal à ce qu'il puisse être considéré comme commerçant (ord. cons. d'Ét., 28 mars 1838, aff. Carrerot).

412. Mais ne doit pas être assujetti à la patente le failli, qui s'étant interdit par son concordat de faire, pendant un certain temps, aucune autre opération commerciale que celles nécessitées par le soin de sa liquidation, sous la surveillance et la direction de deux commissaires nommés *ad hoc*, est reconnu ne se livrer à aucun autre genre d'industrie (ord. cons. d'Ét. 24 oct. 1834, M. de Luçay, rap. aff. Garnier-Préville).

413. Le *décès* d'un patentable dans le cours d'une année donne ouverture à la décharge de la patente, qui n'est plus due que pour le temps déjà écoulé et le mois courant. Le § 3 de l'art. 23 de la loi de 1844, que nous venons de rapporter, a maintenu du reste les principes de l'art. 26 de la loi du 13 flor. an 10. Cette remise n'est accordée, comme dans le cas de faillite, qu'autant qu'il y a cessation du commerce du défunt.—Aussi a-t-il été jugé que cette disposition n'est pas applicable : 1° à la veuve d'un sabotier, qui continue après le décès de son mari à vendre des sabots, alors même qu'elle prétendrait ne faire que vendre les sabots fabriqués et laissés par son mari à son décès (ord. cons. d'Ét. 22 juin 1836) (2); — 2° A la veuve dont le mari est décédé le 22 sept. et qui a continué le commerce de ce dernier pendant le quatrième trimestre de l'année (ord. cons. d'Ét. 15 mars 1844, M. Aubernon, rap., aff. Bouquet);—3° A la veuve d'un marchand de bois en gros qui continue de vendre en chantier les bois que son mari avait fait exploiter l'année précédente (ord. cons. d'Ét. 20 fév. 1846, M. Pascalis, rap., aff. Philippets); — 4° A la veuve qui, après le décès du mari, continue de vendre les marchandises qui se trouvent en magasin, et qui doit en conséquence être personnellement assujettie à la patente due à raison du commerce que faisait le défunt (décr. cons. d'Ét. 17 mai 1850, aff. Plantin-Arnault, D. P. 52. 3. 407); — 5° A celle qui, en même temps qu'elle exploitait ses moulins, a continué, en 1832, le commerce de bois entrepris par son mari et ne l'a cessé qu'en 1833, elle a dû alors être imposée pour 1832, à celle de ces deux industries qui donnait lieu au droit de patente le plus élevé (ord. cons. d'Ét. 31 janv. 1834, M. Montaud, rap., aff. Collin).

(1) (Baux.) — La mère du sieur Baux lui avait cédé son fonds d'épicerie. Par suite, le sieur Baux se trouvait exercer cumulativement la profession d'épicier et celle de marchand de grains. Il se fondait sur cette circonstance pour demander la suppression ou la réduction de sa patente de marchand de grains. — Le conseil d'État a rejeté la réclamation du sieur Baux, attendu que la patente délivrée à sa mère avait été prise par elle en son nom personnel et comme exploitant elle-même un fonds d'épicerie et que cette patente ne pouvait profiter au réclamant pour faire réduire ou supprimer celle qui lui avait été délivrée en qualité de marchand de grains.

Du 30 juin 1835.-Ord. cons. d'Ét.-M. Louyer-Villermay, rap.

(2) (Martin.) — Le ministre soutenait que l'origine des marchandises est indifférente, que c'est le seul fait de les vendre qui soumet à la patente. — LOUIS-PHILIPPE, etc.; — Vu la loi du 1er brum. an 7; — Considérant qu'il résulte de l'instruction que la dame veuve Martin a continué, pendant le cours de 1835, le commerce exercé précédemment par son mari; qu'ainsi, aux termes de l'art. 3 de la loi du 1er brum. an 7, c'est à tort que le conseil de préfecture a déchargé ladite dame de la patente à laquelle elle avait été imposée pour ladite année, au rôle de la commune de Bourges; — Art. 1. L'arrêt du conseil de préfecture du Cher, du 15 juill. 1835, est annulé.

Du 22 juin 1836.-Ord. cons. d'Ét.-M. de Luçon, rap.

En serait-il de même si les actes de la femme étaient des actes de simple administration tendant à une liquidation? Évidemment non. C'est ce qu'a consacré le conseil d'État en jugeant que la veuve d'un marchand de nouveautés qui a, durant le cours de l'inventaire, vendu quelques marchandises dont le produit a été versé dans la succession, ne peut être considérée comme ayant continué le commerce du mari, et par suite être assujettie à la patente (ord. cons. d'Ét. 23 déc. 1845, M. Pascalis, rap., aff. Pelissier).

414. Si après le décès, les héritiers trouvant un héritage obéré, ou pour tout autre motif, venaient à continuer les opérations du défunt pour arriver à une liquidation moins onéreuse, ils n'auraient plus droit à la décharge, mais seulement à une remise ou modération qui devra leur être accordée sur la justification des faits. La faillite pouvant être déclarée même après décès, il est facile de comprendre que pour sauver l'honneur de leur auteur, souvent des héritiers donneront leur temps et leur soin à la liquidation des affaires de la succession. Il eût été souverainement injuste, en pareil cas, de leur enlever une partie des avantages que peuvent obtenir leurs efforts. Le préfet étant toujours appréciateur des faits, cette remise n'aura jamais lieu que pour les infortunes constatées; mais ce dernier mode de recours leur suffit et fait disparaître la crainte des abus.

415. Les demandes en dégrèvement pour cause de décès ou de faillite doivent, à peine de déchéance, être formées dans le délai de trois mois à partir du jour du décès ou de la déclaration. C'est ainsi que l'a jugé le conseil d'État soit à l'égard d'un failli (décr. cons. d'Ét. 10 mai 1851, aff. Roubin, D. P. 52. 3. 403; 22 déc. 1852, aff. Nicolle, D. P. 53. 3. 22), soit à l'égard d'héritiers réclamants (ord. cons. d'Ét. 6 déc. 1848, aff. Hujer, D. P. 49. 3. 38; 24 mars 1849, aff. Grillot; 17 mai 1851, aff. Souladié, D. P. 52. 3. 403).

416. Le décès étant le cas spécial prévu par la loi, on ne saurait par voie d'assimilation en appliquer les dispositions à l'absence. — Ainsi jugé, que la disparition, dans les trois premiers mois de l'année, n'est pas une cause de décharge de la contribution personnelle et mobilière, ni du droit de patente que l'on paye dans une commune, si le contribuable habitait cette commune et y exerçait une profession, telle que celle d'huissier, au commencement de l'année : on objecterait en vain, quant à l'impôt de patente, que la disparition doit être assimilée au décès... Par suite, le privilége du trésor pour ces cotisations s'exerce, avant celui du propriétaire de la maison, sur le prix du mobilier délaissé par le fugitif (ord. cons. d'Ét. 20 mars 1838, M. d'Ormesson, rap., aff. Daufresne).

SECT. 10. — Délivrance des formules.

417. Aux termes de l'art. 21 de la loi du 1er brum. an 7, les patentes devaient contenir les nom, prénoms et profession des patentables, tels qu'ils sont désignés au rôle. Bien que cette disposition n'ait pas été textuellement reproduite par la loi de 1844, il est évident qu'elle doit toujours être suivie. — La loi de 1844 ne contient, relativement aux formules des patentes, qu'un article ainsi conçu : « Art. 26. Les formules de patentes sont expédiées par le directeur des contributions directes sur des feuilles timbrées de 1 fr. 25 c. Le prix du timbre est acquitté en même temps que le premier douzième des droits de patente. Les formules de patentes sont visées par le maire et revêtues du sceau de la commune. »

418. Des objections ont été élevées relativement au prix du timbre de la patente. Beaucoup l'ont trouvé excessif, surtout quand on le rapproche du taux des patentes de dernière classe. « Il semble en effet, dit M. le rapporteur, qu'il y ait, au premier coup d'œil, quelque injustice à exiger que tous les patentables paient 1 fr. 25 c. la feuille de papier sur laquelle est imprimée la formule de leur patente. Pour un certain nombre d'entre eux, c'est presque moitié en sus de leur contribution totale. Pourquoi ne ferait-on pas varier le prix de la formule selon le chiffre de la contribution, soit en établissant un certain nombre de catégories, soit en réglant le prix au marc le franc de la contribution de chaque patentable? Deux motifs s'y opposent : l'un, c'est que le tarif des dernières classes est calculé en vue du prix uniforme des formules, et qu'en fixant, par exemple, certains droits à 2 ou 3 fr., il a été tenu compte de la somme de 1 fr. 25 c. qui devait y être ajoutée; en sorte que si le prix de la formule était abaissé pour les dernières classes, il y aurait lieu de rehausser le tarif; ce qui reviendrait au même pour le contribuable. En second lieu, si le coût des formules était proportionnel au taux des patentes, il en résulterait, pour les forts patentables, une telle addition de charges, qu'ils seraient en droit de réclamer une diminution dans le tarif. Admettons, en effet, qu'on prenne pour base d'une nouvelle répartition le produit actuel des formules des patentes; elles rapportent environ 1,700,000 fr. C'est à peu près 5 pour 100 du produit de l'impôt en principal. Or, si chaque patentable devait payer sa formule à raison de 5 pour 100 de sa cote, celui qui est taxé à 2 fr. ne payerait, il est vrai, que 10 c.; mais celui dont la patente est de 1,000 fr. aurait à supporter une addition de 50 fr. Cet exemple suffit pour démontrer qu'un tel système est inapplicable. Le parti le plus sage est donc de laisser les choses telles que les a réglées la loi du 28 avril 1816 » (rapport de la commission de la loi de 1844). — Le timbre et le coût de la formule doivent être acquittés par tous les patentables. C'est ainsi qu'il a été jugé que les médecins, étant assujettis à une véritable patente, doivent, en conséquence, acquitter le prix de la formule délivrée aux patentables, en exécution de l'art. 26 de la loi du 25 avr. 1844 (décr. cons. d'Ét. 22 déc. 1852, aff. Boileau, D. P. 53. 3. 24; 19 nov. 1852, aff. Boileau, D. P. 53. 3. 24); ce qui a été également décidé à l'égard des avocats (cons. d'Ét. 30 nov. 1852, aff. Volland, D. P. 53. 3. 24) et des notaires (cons. d'Ét. 18 nov. 1852, aff. Chateau, D. P. 53. 3. 23).

419. Au commencement de chaque année, les patentables doivent recevoir la formule applicable à leur profession ou à leur industrie.— Néanmoins, il ne doit pas être accordé une nouvelle formule aux patentés qui, dans le cours de l'année, deviennent passibles d'un supplément de taxes, soit parce qu'ils entreprennent une profession d'une classe supérieure à celles qu'ils exerçaient d'abord, soit parce qu'ils prennent des maisons ou locaux d'une valeur locative supérieure à celles des maisons ou locaux pour lesquels ils ont été imposés dans le rôle primitif, soit enfin parce qu'ils transportent leur établissement dans une commune d'une plus forte population (circ. dir. gén. 14 août 1844).

420. Le patentable devant être imposé au lieu de son domicile (V. n° 31), il a été jugé que la patente doit être également délivrée au contribuable dans la commune de son domicile; il n'y a d'exception à ce principe que pour le cas où le patentable, exerçant son industrie dans plusieurs communes, est imposé au droit fixe dans la commune où ce droit est le plus élevé (ord. cons. d'État, 14 fév. 1845, M. d'Ormesson, rap., aff. Audon).

421. Tout ce que nous venons de dire s'applique aux formules délivrées d'après les rôles annuels ou supplémentaires. Mais il peut arriver qu'un marchand ait besoin de justifier de sa patente avant l'émission du rôle. Ce cas est prévu par l'art. 30 de la loi du 25 avril 1844 qui porte : « Les agents des contributions directes peuvent, sur la demande qui leur en est faite, délivrer des patentes avant l'émission du rôle, après toutefois que les requérants ont acquitté entre les mains du percepteur les douzièmes échus, s'il s'agit d'individus domiciliés dans le ressort de la perception, ou la totalité des droits, s'il s'agit des patentables désignés en l'art. 24 ci-dessus, ou d'individus étrangers au ressort de la perception. »

422. Les contrôleurs doivent tenir un état, par commune, des patentes, ainsi délivrées, et en envoyer immédiatement un extrait exact au directeur, afin que les patentables soient compris aux prochains rôles supplémentaires sous le numéro porté sur leur formule. Enfin, lors de l'émission de ces rôles, le directeur adresse aux receveurs des finances la note indicative de ces formules manuscrites, afin qu'ils ne réclament pas des percepteurs le prix du timbre, qui, au moyen des feuilles de papier timbré fournies par les patentables, se trouve payé à la régie de l'enregistrement. Cette note, certifiée par le directeur, doit aussi être annexée à l'état du montant des rôles transmis au receveur général, qui la joint à son compte comme pièce justificative de non-recouvrement des formules dont il s'agit (circ. dir. gén. 14 août 1844).

423. Le contrôleur, après information pour l'établissement du droit proportionnel, rédige la patente sur la feuille déposée, conformément à un modèle arrêté par l'administration. Cette patente est remise au percepteur qui, après l'acquittement des termes échus, la délivre au patentable; celui-là la fait signer par le maire.

424. Les formules sont transmises aux percepteurs, qui en donnent récépissé et restent chargés de les délivrer à chaque contribuable; les percepteurs sont comptables des formules qu'ils ont reçues; les directeurs restent chargés du surplus de celles qui ont été timbrées (Inst. min. 10 fév., 16 juin 1829).

425. Les formules sont timbrées par avance à l'extraordinaire; en les recevant, le directeur des contributions que la loi de 1829 a chargé de la fourniture et des frais d'impression, ainsi que de la rédaction et de la transmission dans les communes, adresse au directeur de l'enregistrement un récépissé constatant le nombre des formules timbrées et le total du coût du timbre. Ces récépissés sont versés pour comptant, par la régie de l'enregistrement, à la caisse du receveur général, qui trouve, sur l'état du montant des rôles qu'il reçoit de la direction des contributions, l'indication par communes, perception et arrondissement, du nombre de formules employées (inst. du 24 juin 1828).

426. L'art. 31 de la loi de 1844 dispose : « Le patenté qui aura égaré sa patente ou qui sera dans le cas d'en justifier hors de son domicile, pourra se faire délivrer un certificat par le directeur ou par le contrôleur des contributions directes. Ce certificat fera mention des motifs qui obligent le patenté à le réclamer, et devra être sur papier timbré. » — Le certificat doit être délivré gratuitement et sur une feuille de timbre à 35 centimes fournie par le réclamant (circ. dir. gén. 14 août 1844). Le but de ce certificat est de suppléer à la patente égarée sans délivrer de duplicata. Ce certificat peut être délivré en France par tous directeurs des contributions, sans qu'il soit besoin de recourir à la matrice du rôle. Il suffira d'énoncer la qualité du réclamant et les motifs qui le feront réclamer.

427. Le certificat ne crée pas un titre, mais il constate la déclaration entre les mains d'un agent du fisc de la qualité de commerçant dont on veut faire usage.

428. La loi du 1er brum. an 7 avait disposé qu'il serait prélevé, pour contribuer aux dépenses locales de chaque commune, un dixième du produit net des droits de patente qui auraient été payés par les domiciliés dans leurs arrondissements respectifs. Ce prélèvement, fixé à 15 centimes par la loi du 13 flor. an 10, était réparti : 2 centimes affectés aux frais de confection des rôles, et les 13 centimes restant, d'abord aux décharges et réductions, ensuite l'excédant aux dépenses municipales (L. 2 vent. an 13, art. 40). — Jusqu'en 1828, les frais de fournitures et d'impression des formules de patente avaient été prélevés sur frais d'abonnement des préfectures. Ces formules étaient ensuite expédiées en blanc dans les communes pour être délivrées aux contribuables.—Mais, par suite des abus occasionnés par la négligence de l'administration municipale chargée de la délivrance, on dut réorganiser cette partie du service. En conséquence, et depuis 1829, les directeurs des contributions directes sont restés chargés de la fourniture et des frais d'impression des formules, ainsi que de leur rédaction et envoi dans les communes.—Il leur était alloué, à cet effet, une indemnité de 3 centimes par formule (MM. Macarel et Boulatignier, *eod.*, p. 478 et 479). — Pour subvenir aux frais que peuvent occasionner ces formules, l'art. 32 de la loi de 1844 entend qu'il soit « ajouté au principal de la contribution des patentes 5 centimes par franc, dont le produit est destiné à couvrir les décharges, réductions, remises et modérations, ainsi que les frais d'impression et d'expédition des formules des patentes.— En cas d'insuffisance des 5 centimes, le montant du déficit est prélevé sur le principal des rôles. — Il est, en outre, prélevé, sur le principal, 8 centimes dont le produit est versé dans la caisse municipale » (V. Commune, n° 482).— Les 5 centimes par franc ajoutés au principal de la contribution des patentes, et dont le produit est consacré à couvrir les décharges, réductions, remises et modérations, ainsi que les frais d'impression et d'expédition des formules de patentes, sont centralisés en un fonds commun, sur lequel le ministre des finances ouvre successivement les crédits nécessaires pour les besoins de service dans les divers départements. Dès les premiers mois de l'année, il est mis à la disposition des préfets 2 centimes sur les 5 portés dans les rôles primitifs de leur département, afin d'éviter tout retard dans la liquidation des premières dépenses, et notamment dans le remboursement des frais d'impression et d'expédition des formules de patentes. Les deux centimes sont compris dans le premier ordonnancement général des divers centimes spéciaux; les autres ordonnancements ont lieu à mesure des demandes exprimées dans les états semestriels de situation des dépenses et crédits. Les 3 centimes à prélever sur le principal sont mandatés au profit des communes à mesure des recouvrements, en vertu des crédits qui sont ouverts par le ministre des finances, comme pour les autres centimes communaux (inst. min. 1er juill. 1845). — Suivant un avis du conseil d'État du 28 fév. 1809, les centimes additionnels des patentes restant disponibles après les décharges et dégrèvements doivent être versés à la caisse du receveur municipal.

429. Lorsque les formules ont été remplies dans ses bureaux, conformément aux prescriptions de la loi et des règlements, le directeur des contributions directes les fait passer au directeur de l'enregistrement pour être timbrées à l'extraordinaire; elles sont ensuite adressées au percepteur, qui doit en faire le recouvrement comme des autres impôts.

SECT. 11.—DE LA PERCEPTION, DES POURSUITES ET DE LA RESPONSABILITÉ DES PROPRIÉTAIRES.

430. Originairement le droit de patente devait être acquitté aussitôt sa délivrance. La loi de l'an 7, la première, accorda un terme de trois mois pour l'acquit du droit de patente entre les mains du receveur de l'enregistrement. Ce fut l'arrêté du 26 brum. an 10 qui en confia le recouvrement aux percepteurs des contributions directes; depuis, cet impôt ne fut plus exigible que par douzièmes comme les autres impôts directs (V. Impôts directs, n° 419). La loi de 1844 a maintenu ce mode de perception en décidant, art. 24, que la contribution des patentes est payable par douzième, et que le recouvrement en est poursuivi comme celui des contributions directes (V. Impôts directs, nos 497 et suiv.).— Toutefois le mode adopté dans le principe, celui de la perception entière et immédiate, a été conservé pour les marchands forains, les colporteurs, les directeurs de troupes ambulantes, les entrepreneurs d'amusements et jeux publics non sédentaires, et tous autres patentables dont la profession n'est pas exercée à demeure fixe, qui sont tenus d'acquitter le montant total de leur cote, au moment où la patente leur est délivrée (L. du 25 avril 1844, art. 24; V. Impôts directs, n° 424).

431. Quelque sévère que paraisse cette disposition, on reconnaîtra qu'elle est la conséquence nécessaire, indispensable de ces professions nomades que l'administration ne saurait où atteindre; son but est donc d'éviter à l'administration les difficultés de la perception. On avait bien proposé d'assurer la perception de l'impôt en exigeant des maires qu'ils n'accordassent la permission de leur industrie dans la commune où ils se présentent qu'à ceux qui justifieraient de l'acquit des douzièmes échus. — Mais la conséquence de cette disposition eût été pour le même objet une perception multiple pouvant s'effectuer dans douze départements différents et donnant lieu pour le contrôle à des écritures infinies. Puis, comment s'assurer de la vigilance des maires? En cas d'inexécution, quels recours exercer contre eux? Quelle garantie aurait présenté ce mode de perception? En vain objectera-t-on qu'on ne reproduisant pas l'art. 65 de la loi du 15 mai 1818, relatif aux marchands vendant en ambulance, échoppe ou étalage, la loi de 1844 leur accorde la faculté de s'acquitter par douzièmes s'ils ont leur domicile dans la commune. La différence est facile à saisir car ces derniers ont une demeure fixe, ce qui manque aux premiers; pour les uns la perception est possible à la commune, pour les autres elle est impraticable. L'art. 24 formule donc le seul mode raisonnable de perception.

432. « Dans le cas où le rôle n'est émis que postérieurement au 1er mars, les douzièmes échus ne sont pas immédiatement exigibles; le recouvrement en est fait par portions égales, en même temps que celui des douzièmes non échus » (L. du 25 avril 1844, art. 24). C'est-à-dire que la perception aura lieu par fractions égales au nombre de mois restant à courir à partir de l'envoi de l'avertissement; si donc il est donné en mars on payera par dixièmes, en avril par neuvièmes, en mai par huitièmes, etc.

433. L'avertissement devra indiquer au surplus le chiffre de payement à opérer mensuellement. Cette mesure a été ajoutée sur la proposition de la commission, qui a craint que dans les grandes villes et notamment à Paris où les rôles ne sont ordinairement mis en recouvrement que vers le quatrième mois de l'année, l'exigibilité immédiate des quatre douzièmes échus parût onéreuse à certains patentables. — A défaut de payement des douzièmes échus, et à l'expiration de chaque mois, il est adressé au contribuable un avertissement sans frais, et huit jours après une sommation avec frais avec menace de garnison; celle-ci est suivie de la contrainte par garnisaire (V. Impôts directs, nos 498 et suiv.).

434. Ces premiers actes de poursuite pourront être arrêtés : 1° par la contestation que fera le contribuable tant au fond qu'en la forme de la validité des rôles, soit en prétendant qu'ils n'ont pas été autorisés, soit en soutenant qu'ils n'ont pas été revêtus de la forme exécutoire et publiés conformément à la loi; 2° par la prétention qu'il prétendra justifier de l'acquit du douzième réclamé, en tout ou partie, ce qui donnera lieu à l'examen de la régularité des quittances, des versements d'à-compte et des imputations de payement; 3° par des moyens tirés de l'irrégularité des actes de poursuites ou du défaut de qualité des agents.

435. Au premier cas, il sera procédé à la constatation de la légalité du titre contesté; au second cas à la vérification des registres du percepteur et à l'appréciation des mentions de payement ou quittances qui s'y trouvent relatées, et c'est au conseil de préfecture qu'appartiendra la connaissance de ces constatations, vérifications et appréciations, ainsi que de la question relative au défaut de qualité des agents. Quant à la validité des actes de poursuite, M. Dufour, no 1069, pense qu'il n'appartient qu'au juge ordinaire du contentieux administratif d'en apprécier le mérite, ce qui est conforme à la jurisprudence (ord. cons. d'Ét. 22 fév. 1821, aff. Devillenouvette et Deminé).

436. Après les sommations et le commandement restés infructueux, il est procédé à la saisie des biens du retardataire (V. Impôts directs, nos 523 et suiv.). Le percepteur peut encore poursuivre le recouvrement sur les fermiers, locataires, etc., sans avoir à recourir à la saisie arrêt sur simple sommation, et en cas de refus, sur une contrainte délivrée contre ces tiers personnellement (V. *eod.* no 140). En cas d'opposition à ces poursuites, le conseil de préfecture connaîtra des exceptions qui viennent du chef du redevable, comme nous venons de le dire, mais c'est aux tribunaux ordinaires qu'il appartiendra de connaître des exceptions personnelles aux tiers, comme si, par exemple, ils déniaient leur qualité de fermier, locataire, débiteur, ou si même ils contestaient le privilége du trésor. Il y aurait alors suspension des poursuites jusqu'à ce que l'autorité judiciaire eût statué sur la position des tiers, la qualité de débiteur ou fermier ne résultant que de contrats purement civils que le conseil de préfecture ne saurait apprécier.

437. Les héritiers ou légataires, a dit M. le ministre des finances, peuvent être poursuivis solidairement, et un pour tous, à raison des contributions de ceux dont ils ont hérité et auxquels ils ont succédé tant que la mutation n'a pas été opérée sur le rôle (règlem. du min. des fin. du 21 déc. 1839). Nous n'hésitons pas à penser que cette disposition ne doit être admise qu'avec circonspection. La question se divise en deux points distincts : ou la succession est indivise, et dans ce cas, les poursuites ne pourront s'exercer intégralement que contre la masse et par privilége sur les objets qui font partie de cette succession; ou l'héritage est partagé et, dans ce cas, chaque héritier ne sera tenu au payement que dans la proportion de son émolument (c. nap., art. 870). C'est donc une solidarité non légale puisqu'elle ne ressort d'aucun texte. M. le ministre nous paraît avoir perdu de vue ce principe de l'art. 1202, la solidarité ne se présume pas.

438. Pour tout ce qui concerne les poursuites et les agents des poursuites, V. Impôts directs, nos 403 et suiv., 497 et suiv.

439. L'art. 23 de la loi du 21 avril 1832 n'avait établi la responsabilité des propriétaires, pour les impôts dus par leurs locataires, qu'en ce qui concerne la contribution personnelle et mobilière sans l'étendre à la contribution des patentes (ord. cons. d'Ét. 12 janv. 1844, M. Frémy, rap., aff. Lallemand). — La loi de 1844 a eu pour but de faire disparaître cette différence en portant : « Art. 25. Les propriétaires et à leur place les principaux locataires, qui n'auront pas, un mois avant le terme fixé par le bail ou par les conventions verbales, donné avis au percepteur du déménagement de leurs locataires, seront responsables des sommes dues par ceux-ci pour la contribution des patentes. — Dans le cas de déménagements furtifs, les propriétaires, et, à leur place, les principaux locataires, deviendront responsables de la contribution de leurs locataires, s'ils n'ont pas, dans les trois jours, donné avis du déménagement au percepteur, » lequel, ajouterons-nous, devra, sur leur demande, leur en délivrer récépissé. Ils n'auront donc plus besoin de faire constater le déménagement par le juge de paix ou le commissaire de police. — En cas de déménagement furtif non suivi de la déclaration légale, le percepteur a le droit de poursuivre le propriétaire comme les fermiers locataires, etc., et les règles de compétence que nous avons données pour les contribuables ou leurs représentants s'appliquent aussi aux propriétaires. — Mais aux termes du dernier paragraphe de l'art. 25 : « la part de la contribution laissée à la charge des propriétaires ou principaux locataires par les paragraphes précédents, comprendra seulement le dernier douzième échu et le douzième courant, dus par le patentable, » d'où il résulte que les douzièmes arriérés, autres que le douzième échu et le douzième courant, restent à la charge du percepteur, si le recouvrement n'en peut être opéré (circ. dir. gén. du 14 août 1844). — V. sur la responsabilité des propriétaires, ce qui est dit vo Impôts dir., nos 219 et suiv.

440. Une disposition qui nous semble rigoureuse a été introduite dans la disposition du premier paragraphe de l'art. 25 de la loi du 25 avril 1844, qui, reproduisant les dispositions de l'art. 22 de la loi du 21 avril 1832, porte qu'en cas de déménagement hors du ressort de la perception, comme en cas de vente volontaire ou forcée, la contribution des patentes sera immédiatement exigible en totalité. Que le déménagement hors du département ait entraîné cette exigibilité, nous le comprenons, car le déménagement hors du ressort de la perception où les rôles ont été déclarés exécutoires à l'égard du patentable, aurait rendu la perception d'une extrême difficulté; mais qu'un simple changement de commune produise le même effet, c'est ce qui, selon nous, n'aurait pas dû avoir lieu, car il est toujours facile à la direction du département de faire opérer le recouvrement dans chacune des communes par l'un ou l'autre de ses percepteurs. — V. Impôts directs, *eod.*

441. L'art. 25 de la loi de 1844 prévoit encore deux éventualités, la vente volontaire et la vente forcée. Au dernier cas, l'impôt est immédiatement exigible : sans cela l'Etat aurait été exposé à ne plus trouver de quoi se couvrir. Toutefois ce principe ne saurait s'appliquer s'il y avait faillite déclarée, puisqu'il y aurait lieu à décharge (V. no 410). L'exigibilité au cas de l'art. 25 ne détruit pas non plus le recours en remise ou modération. — En cas de vente volontaire, le droit ne sera exigible en totalité que s'il n'a pas été demandé de mutation de cote entre le cédant et le concessionnaire (V. no 404). A défaut de déclaration, on comprend que l'administration intervienne et réclame un payement intégral en voyant le cédant abandonner son exploitation sans faire de diligence. Il en sera encore ainsi si le cessionnaire est lui-même patenté, puisque le cédant n'offrira plus de garantie pour le payement de sa patente après avoir transféré sa propriété au cessionnaire, mais, si la mutation de cote est demandée, le cédant ne devra que les douzièmes échus ou à échoir jusqu'au règlement du préfet, sauf recours, s'il y a lieu, contre le cessionnaire à partir du jour de la vente jusqu'au jour du règlement.

SECT. 12. — DE LA REPRÉSENTATION ET DE LA MENTION DE LA PATENTE.

442. Lorsque la perception des droits de patente était confiée aux receveurs d'enregistrement, le contribuable qui n'acquittait pas le droit dans le délai fixé par la loi était frappé d'un double droit; mais, lorsque la perception fut remise aux percepteurs, on supprima le double droit. Pour assurer le recouvrement de l'impôt, la loi de l'an 7 exigeait (art. 38) que tout citoyen qui, dans quelque lieu que ce fût, exposerait des marchandises en vente, fût tenu d'exhiber sa patente toutes les fois qu'il en serait requis par les juges de paix, commissaires de police, administrateurs, agents ou adjoints municipaux, et commissaires du pouvoir exécutif (aujourd'hui les procureurs impériaux)— C'est dans l'esprit qui avait dicté cet article que les lois des 25 mars 1817 (art. 70) et 15 mai 1818 (art. 65) ont ensuite statué que les marchands vendant en ambulance, à échoppe ou étalage, dans les lieux de passage, places publiques et marchés, des marchandises autres que des menus comestibles, seraient tenus d'exhiber leur patente acquittée à toute réquisition des officiers de police des lieux où ils voudront exposer en vente les marchandises dont ils font commerce (MM. Macarel et Boulat, *eod.*, p. 483).—Ces principes ont été consacrés par l'art. 27 de la loi de 1844, qui porte : « Tout patentable est tenu d'exhiber sa patente lorsqu'il en est requis par les maires, adjoints, juges de paix, et tous autres officiers ou agents de police judiciaire. » Cette disposition découle naturellement de l'obligation où se trouve l'État de rechercher les patentables puisque ceux-ci ne sont tenus à aucune déclaration ; c'est donc pour les découvrir et pour assurer la perception de l'impôt que la loi charge certains fonctionnaires de la surveillance de toute personne se livrant à un commerce ou à une industrie quelconque. —V. aussi v° Douanes, n° 967.

443. Lors de la discussion des art. 27 et 28, qui forment en quelque sorte la sanction de la loi, les uns demandèrent que la pénalité fût adoucie, les autres qu'elle fût aggravée. Ainsi, dans le dernier système, celui de la rigueur, on aurait voulu que les récalcitrants fussent punis, comme dans le principe, par un double droit comme en matière d'enregistrement. — La commission de la chambre des députés a repoussé les deux opinions, qui lui ont paru également extrêmes : « Le double droit, dit M. le rapporteur, est une pénalité spéciale à l'impôt de l'enregistrement, parce que cet impôt se prélève par voie de déclaration, et que la seule manière d'obtenir des déclarations, c'est de rendre l'impôt plus lourd pour ceux qui n'en font pas. Mais les contributions directes sont établies sur une tout autre base : les contribuables ne sont pas tenus de faire savoir qu'ils doivent être imposés : c'est l'État qui se charge de les avertir; c'est l'État qui constate qu'ils sont imposables au moyen de recensements et d'investigations périodiques. Aussi le projet de loi ne dit pas, comme disait la loi de l'an 7, alors que la perception de l'impôt était confiée aux receveurs de l'enregistrement : « *Tout* individu qui exerce une profession imposable *doit se munir* d'une patente; » elle dit seulement qu'il est *assujetti* à la contribution des patentes, c'est-à-dire que si on la lui demande, il devra la payer. Mais s'il est oublié, y a-t-il lieu de le punir? Sa véritable punition sera son inscription sur le rôle supplémentaire et la nécessité d'acquitter sa contribution, sous peine d'être poursuivi. Les poursuites et les frais qu'elles entraînent sont assurément la meilleure et la plus efficace des pénalités. Nous ne croyons donc pas qu'il puisse être question du double droit. L'exhibition de la patente, la mention forcée dans les actes judiciaires, la confiscation des marchandises dans certains cas, ce sont là pour l'administration des armes suffisantes, et nous ne vous demandons pas d'y rien ajouter. » —Ces observations corroborent la jurisprudence de la cour de cassation, qui avait jugé que la négligence ou l'omission de prendre patente ne pouvait être considérée comme un délit (Crim. rej. 27 août 1807) (1).—A défaut de représentation de la patente, « les marchandises mises en vente par les individus non munis de patentes, et vendant hors de leur domicile, seront saisies ou séquestrées aux frais du vendeur, à moins qu'il ne donne caution suffisante jusqu'à la représentation de la patente ou la production de la preuve que la patente a été délivrée. Si l'individu non muni de patente exerce au lieu de son domicile, il sera dressé un procès-verbal qui sera transmis immédiatement aux agents des contributions directes » (L. 25 avril 1844, art. 28). — Si le contrevenant offre de fournir caution, il faudra distinguer s'il se trouve dans le cas prévu par la loi de payer la patente en totalité, ou s'il doit payer par partie. Dans le premier cas, il devra fournir caution jusqu'à concurrence du taux de la patente pour l'année; dans le second cas, il ne devra que les douzièmes échus et le douzième courant, plus les frais. — S'il n'est pas fourni de caution, l'administration pourra faire poursuivre la vente des objets saisis ou séquestrés jusqu'à concurrence du droit entier et des frais.

444. L'art. 37 de la loi de l'an 7 portait encore que nul patentable ne pourrait ester en justice sans qu'il fût fait mention de la patente en tête des actes ou significations qui le concernaient, sous peine d'une amende de 50 fr., payable non-seulement par le patentable lui-même, mais encore par l'officier ministériel qui aurait reçu les actes, sans mention de patente. L'ordonnance du 23 déc. 1814 avait étendu cette obligation aux avoués (V. Avoué, n° 95). Cette disposition pénale avait été maintenue par la loi de 1844, qui avait réduit l'amende de 50 fr. à 25. L'art. 29 porte: « Nul ne pourra former de demande, fournir aucune exception ou défense en justice, ni faire aucun acte ou signification extrajudiciaire pour tout ce qui sera relatif à son commerce, sa profession ou son industrie, sans qu'il soit fait mention, en tête des actes, de sa patente, avec désignation de la date, du numéro et la commune où elle aura été délivrée, à peine d'une amende de 25 fr., tant contre les particuliers sujets à la patente que contre les officiers ministériels qui auraient fait et reçu lesdits actes sans mention de la patente. »

445. Si la mention pouvait offrir quelque avantage, il est certain qu'elle entraînait aussi avec elle des abus fort graves, et cette prescription légale avait toujours été fort critiquée. Dès lors était-il sage de la maintenir? Les avantages que l'administration prétendait y trouver étaient-ils bien réels? Il était permis d'en douter. Aussi, lors de la discussion de la loi du 18 mai 1850, la question s'étant reproduite, la commission elle-même proposa l'abrogation de l'art 29 de la loi de 1844. — « L'article dont nous vous proposons l'adoption, a dit le rapporteur, a pour but de faire droit à une réclamation que soulève l'art. 29 de la loi de 1844. Cet article, conforme à l'art. 37 de la loi de l'an 7, porte que nul patentable ne peut ester en justice sans qu'il soit fait mention, en tête des actes ou des significations qui le concernent, du numéro et de la date de sa patente, sous peine d'une amende de 50 fr. payable non-seulement par le patentable lui-même, mais par l'officier ministériel qui aura fait ou reçu les actes sans mention de la patente. Cette disposition pénale avait été maintenue en 1844, parce qu'on la supposait nécessaire pour assurer le recouvrement de l'impôt, en mettant dans la nécessité de prendre une patente un certain nombre de commerçants dont les professions n'ont pour ainsi dire point de signes extérieurs et échappent à la vigilance de l'administration. Mais l'administration reconnaît elle-même aujourd'hui que ce moyen de surveillance et de contrôle ne lui est pas indispensable, et qu'il est d'ailleurs, dans la plupart des cas, complétement illusoire. L'huissier n'a pas toujours sous la main la patente de son client, et si l'affaire est urgente, plutôt que de laisser s'écouler un délai qui l'exposerait à une grave responsabilité et même à des dommages-intérêts, il faut de deux choses l'une : ou qu'il se résigne à payer l'amende, ou qu'il se décide à faire un faux en mentionnant dans son acte le numéro et la classe d'une patente imaginaire. Une disposition légale qui a de tels inconvénients et qu'il est si facile d'éluder ne peut être raisonnablement maintenue; nous vous proposons donc de l'abroger purement et simplement. » —Cette abrogation fut donc prononcée par l'art. 22 de la loi du 18 mai 1850.

(1) 1re *Espèce:* — (Min. pub. C. Bottero.) — La cour; — Vu les dispositions de la loi de brum. an 7 concernant les patentes; — Attendu qu'il ne résulte d'aucune des dispositions de cette loi que la négligence ou l'omission de prendre des patentes soit considérée comme un délit dont la connaissance appartienne aux tribunaux de police; qu'ainsi, le tribunal de police de Turin, en déclarant par le jugement attaqué qu'il n'y avait lieu à prononcer contre Jean-Baptiste Bottero aucune peine de police, n'est contrevenu aucune loi; — Rejette.

Du 27 août 1807.-C. C., sect. crim.-MM. Barris, pr.-Basire, rap.

2e *Espèce:* — (Min. pub. C. Otto.) — Même jour, arrêt semblable. MM. Barris, pr.-Vermeil, rap.

Depuis cette époque la mention de la patente cesse donc d'être obligatoire, et avec la suppression de cette obligation ont disparu les nombreuses décisions intervenues sur la mention de la patente (V. Exploit, n°s 17, 108-12°, 13°, 127, 133, 135-4°, 152, 174-4°, 766; Greffier, n° 86; Huissier, n° 9-6°, 10-3°, 12-2°, 13-6°, 60). — Cette abrogation enlevant à l'administration un des moyens qu'elle avait de connaître les contribuables, il est plus que jamais nécessaire que les contrôleurs fassent le recensement des patentables avec soin, et que les maires, adjoints, juges de paix et tous autres officiers ou agents de police judiciaire veillent à l'exacte exécution des art. 27 et 28 de la loi du 25 avr. 1844 (direct. gén. des contrib., 10 juill. 1850).

SECT. 13. — DE LA TAXE ADDITIONNELLE A L'IMPÔT DES PATENTES. — CHAMBRES ET BOURSES DE COMMERCE.

446. La loi du 23 juill. 1820, dans ses art. 11 s. (V. Chambre de commerce, n° 4), avait posé en principe que les contributions spéciales destinées à subvenir aux dépenses des chambres et bourses de commerce devaient être réparties sur les patentables de première et de deuxième classe, et sur tous ceux qui, placés hors de classe par les lois postérieures à celle du 1er brum. an 7, payaient un droit de patente égal ou supérieur à celui de ces deux classes, et on avait jugé que ces contributions devaient être payées par les fabricants qui ont été placés hors des classes de la loi de l'an 7 par les lois du 25 mars 1817 et 15 mai 1818 (ord. cons. d'Ét. 5 juin 1845, M. Bourlon de Rouvre, aff. Heudelist-Poilet). — La loi de 1844 a étendu la base de perception. » Les contributions spéciales, porte l'art. 33 de cette loi, destinées à subvenir aux dépenses des bourses et chambres de commerce, et dont la perception est autorisée par l'art. 11 de la loi du 23 juill. 1820, seront réparties sur les patentables des trois premières classes du tableau A annexé à la présente loi, et sur ceux désignés dans les tableaux B et C, comme passibles d'un droit fixe égal ou supérieur à celui desdites classes. » — La seule différence que nous trouvions dans la loi de 1844 consiste donc dans l'adjonction d'une classe; cette adjonction est la conséquence de l'addition du commerce de demi-gros (V. *suprà*, n° 107). Tous les autres patentables sont exonérés de cette contribution, les chambres et bourses de commerce n'étant pas appelées à leur être de quelque utilité (V. Bourse de commerce, n° 176). — « Les associés des établissements compris dans les classes et tableaux sus-désignés, dit encore l'art. 33 précité, contribueront aux frais des bourses et chambres de commerce, » lorsque la patente de l'associé principal sera égale ou supérieure à celle des classes et catégories désignées ci-dessus. Car, si on devait entendre cette disposition en ce sens que le demi droit auquel ils sont assujettis devra être égal ou supérieur desdites classes, il est évident que cette disposition serait illusoire.

447. Dans un département où il n'y aura qu'une chambre de commerce, le rôle comprendra les patentables de tous le département. S'il y a dans le même département plusieurs chambres de commerce, le rôle de chacune d'elles comprendra les patentables qui font partie de l'arrondissement dans lequel elle est située, à moins que des ordonnances royales n'aient déterminé la circonscription de chacune d'elles (L. 23 juill. 1820, art. 13). — Le rôle relatif aux frais de bourse ne comprend que les patentables de la ville où elle est établie (*ibid.*, art. 14). — La taxe pour le payement des chambres et bourses de commerce porte sur le principal de la cote de la patente consistant dans le droit fixe et le droit proportionnel réunis. Il est ajouté 5 centimes par franc à cette taxe pour subvenir aux non-valeurs (art. 15). — V. Bourse de commerce, n° 177.

448. Des décrets impériaux fixent chaque année les sommes à imposer pour subvenir aux dépenses des chambres et bourses de commerce. Cette fixation a lieu savoir : sur la proposition des chambres de commerce pour leurs frais, et sur la proposition desdites chambres, ou, à leur défaut, sur la proposition des conseils municipaux, pour les frais de bourses de commerce. Des décrets impériaux règlent encore la forme de la comptabilité et de la vérification de l'emploi des deniers (*ibid.*, art. 16).

Table sommaire des matières.

Table des articles des lois du 25 avril 1844 et du 18 mai 1850.

Table chronologique des lois, arrêts, etc.

118, 168, 219-5°, 328-4°, 354, 392-1°, 5°, 8°, 396, 399-2°.
— 23 déc. 31-1°, 337, 379.
— 24 déc. 59-3°, 365.
— 27 déc. 73-3°, 102, 103-5°, 154, 338-3°, 379, 391-1°, 392, 400.
1845. 10 janv. 73-1°, 159-5°, 7°, 177-2°.
— 18 janv. 52, 386, 392.
— 24 janv. 273, 274-3°, 336-6°, 379.
— 31 janv. 368, 379.
— 7 fév. 173, 351-6°, 390, 400.
— 13 fév. 359, 379.
— 14 fév. 420.
— 19 fév. 223.
— 28 fév. 153-3°.
— 14 mars 32-1°, 359-1°, 361.
— 19 mars 47-2°, 328-6°, 372 c.
— 23 mars 354, 391-1°, 392.
— 25 mars 351-1°, 359-5°.
— 18 avril 154, 155-9°, 313, 336-3°, 350, 354, 365, 379, 392.
— 25 avr. 103-1°, 5°, 6°, 154, 155-10°, 314, 355-5°, 359, 365, 379, 383, 392.
— 2 mai 32-1°, 100, 103-3°, 5°, 144-4°, 154, 191, 286, 306, 307-4°, 351-2°, 365, 379, 392, 392-10°.
— 3 mai 104-2°, 302, 307-1°, 359-1°, 365, 379, 392.
— 9 mai 29-1°, 32-1°, 104-4°, 153-3°, 154, 365, 392, 392-2°.
— 12 mai 396.
— 19 mai 349.
— 26 mai 37-8°, 246-5°, 279-5°, 359-2°.
— 3 juin 32-1°, 43, 49 c., 103-3°, 153-4°, 154, 191, 244-2°, 248 c., 280-3°, 328-5°, 335-1°, 336-4°, 352-4°, 355-3°, 365 c., 371, 379, 383-3°, 446.
— 12 juin 29-1°, 100, 108-2°, 117-3°, 154, 159-2°, 273, 280-2°, 303, 387, 396.
— 13 juin 39-1°, 103-7°, 154, 254-1°, 326, 338-8°, 355-4°, 369, 370-1°.
— 15 juin 347.
— 22 juin 63-2°.
— 23 juin 352-4°.
— 25 juin 29-3°, 96, 100, 103-3°, 5°, 154, 173, 328-3°, 358, 365, 370-2°, 385, 387.
— 1er juill. 428.
— 4 juill. 103-1°, 4°, 356-1°, 357.
— 25 juill. 103-2°, 368.
— 23 août 338, 353, 370-5°.
— 10 sept 31-1°, 53-2°, 78, 144-5°, 153-1°, 351-5°, 359.
— 28 nov. 359, 392-4°.
— 9 déc. 211, 253-5°, 338-9°.
— 13 déc. 106-1°, 302 c., 396-3°.
— 23 déc. 66, 413.
— 24 déc. 192, 208, 210.
1846. 10 janv. 365.
— 20 fév. 250 c., 356-3°, 413-3°.
— 26 fév. 244-1°.
— 12 mars 134, 280-6°, 352-4°.
— 25 mars 365.
— 30 mars 34-1°, 253-3°.
— 7 avril 279-13°.
— 18 mai 37-12°, 342-1°.
— 27 mai 243.
— 23 juin 37-5°, 338-6°, 351-6°, 386, 392.
— 24 juin 373.
— 9 juill. 45, 60, 232.
— 23 juill. 340-1°, 351-6°.
— 30 juill. 95, 352-4°.
— 26 août 41 c.
— 3 sept. 279-2° c.
— 5 sept. 244-4°.
— 9 nov. 300 c.
— 26 nov. 352-4°.
— 10 déc. 136.
1847. 5 janv. 53-8°, 223, 274-3°.
— 21 janv. 260-4°.
— 29 janv. 74-2° c., 253-3° c., 254-2° c., 352-4°.
— 12 mars 32-5° c., 280-6°, 288-2° c., 291 c., 352-4°.
— 31 mars 211 c., 223, 263 c.
— 8 avril 55 c., 76 c., 212, 267-4° c.
— 20 avril 91 c., 223.
— 23 avril 173.
— 26 avril 37-5°, 83 c., 260-2°, 267-1° c., 108-1° c.
— 2 mai 32-6°.
— 12 mai 246-7°.
— 21 mai 65 c., 86 c., 123 c., 279-2° c., 288, 404 c.
— 27 mai 55.
— 14 juin 37-10° c., 121 c., 198 c., 240, 274-2°, 288-2° c., 291 c.
— 24 juin 175-1° c.
— 2 juill. 68 c., 198 c., 223, 280, 284 c, 367 c.
— 14 juill. 168 c.
— 24 juill. 124 c., 175-2° c., 223, 250.
— 29 juill. 74-2° c., 158.
— 30 juill. 314 c.
— 14 août 303 c.
20 août 263 c., 279-3° c.
— 15 sept. 72 c., 254-2° c., 340-2° c., 404.
— 18 nov. 283 c.
— 7 déc. 157, 253-3°.
— 17 déc. 243-1°, 272.
1848. 3 janv. 263 c., 312 c., 352-4°.
— 28 janv. 352-4°.
— 17 fév. 224.
— 21 avr. 263 c.
— 22 avr. 91 c.
— 31 mai 164, 250, 270-3°, 352-4° c.
— 22 juin 253-3°, 292, 352-4°.
— 22 juill. 201.
— 25 juill. 37-7°, 89, 253-3°, 261.
— 5 août 196-1°, 198 c., 247-3° c., 272.
— 23 août 279-6° c.
— 16 sept. 127.
— 30 oct. 150, 253-6° c., 254-1° c., 293-2° c., 297, 338-8°, 406-2° c., 408 c.
— 29 nov. 50 c., 279-9°.
— 30 nov. 37-7°, 406-2° c., 408 c.
— 6 déc. 415 c.
— 19 déc. 197 c.
1849. 22 janv. 272.
— 10 fév. 424.
— 22 fév. 352-4°.
— 2 mars 263 c.
— 21 mars 224.
— 24 mars 196-1°, 250, 280, 352-4°, 415 c.
— 31 mars 399-1° c.
— 20 avr. 349.
1850. 5 janv. 130 c.
— 16 fév. 224 c.
— 27 fév. 69 c.
— 16 mars 105-6° c., 247-1° c.
— 26 mars 223.
— 15 mai. V. 18 mai.
— 17 mai 148 c., 413-4° c.
— 18 mai p. 7, 51.
— 25 mai 129 c., 148 c., 223, 244-1° c., 252 c., 207-2° c., 306 c.
— 26 mai 306 c.
— 10 juill. 14, 25, 32, 66, 68, 82, 92, 119, 132, 139, 180 s., 244-2°, 245, 246-5°, 9°, 247-2°, 252, 315, 320, 445.
— 3 août 338-6° c.
— 10 août 29-11°.
— 9 nov. 196-3° c., 410 c.
— 30 nov. 399-4° c.
— 7 déc. 362.
1851. 4 janv. 224.
— 11 janv. 346 c., 408 c.
— 18 janv. 253-3° c., 341 c., 352-4° c.
— 1er fév. 74-1° c., 223 c.
— 22 fév. 260-1° c.
— 26 avr. 336-5° c.
— 3 mai 37-1° c., 105-4° c., 196-2° c.
— 10 mai 105-5° c., 415 c.
— 17 mai 289 c., 415 c.
— 24 mai 219-4° c.
— 14 juin 79-1° c., 362 c.
— 5 juill. 35 c.
— 2 août 127 c., 191 c., 307-3° c.
— 25 août 79-1° c.
— 29 nov. 341 c.
— 12 déc. 79-1° c.
1852. 27 fév. 47-1° c., 230 c., 310 c.
— 5 mars 227 c., 279-9° c.
— 20 mars 14 c., 37-6°, 67-1°, 2°, 106-2°, 133 c., 222, 224 c., 352-3°, 356-4°, 397 c.
— 2 avr. 211.
— 8 avr. 14, 58, 131, 222.
— 15 avr. 230, 233 c.
— 23 avr. 231 c., 267-3° c.
— 30 avr. 79-1°.
— 13 mai 342-3° c.
— 5 juin 37-13° c., 227 c.
— 17 juin 67-1° c.
— 13 août 91 c., 251-2°, 247-3° c.
— 18 nov. 418 c.
— 19 nov. 418 c.
— 30 nov. 418 c.
— 15 déc. 30 c., 79-2° c.
— 22 déc. 194 c., 234 c., 415 c., 418 c.
1853. 5 janv. 255 c.
— 16 fév. 235 c., 239 c.
— 9 mars 264 c.
— 27 juill. 236 c.
— 16 nov. 155-6° c.
1854. 18 fév. 129 c., 362 c.
— 17 mars 328 c.

PATENTE DE SANTÉ. — Bulletin qui signale l'état sanitaire d'un navire au moment du départ ou des lieux d'où il vient. — V. Droit maritime, n° 517; Organisation maritime.

PATERNITÉ ET FILIATION. — **1.** On appelle ainsi le lien naturel ou civil qui unit un enfant au père et à la mère dont il est né, ou dont il est réputé être né. — Le mot filiation a pour corrélatif le mot paternité. Ces deux termes sont inséparables : ils désignent la même chose envisagée à deux points de vue différents. — Le mot *paternité*, lorsqu'il est employé comme corrélatif du mot filiation, comprend, dans la généralité de son acception, la mère aussi bien que le père. Dans un sens plus restreint il s'applique exclusivement au père; on se sert alors du mot *maternité* pour exprimer le lien particulier qui unit la mère à l'enfant.

2. On distingue deux espèces principales de filiation, et, par conséquent, de paternité : la *filiation légitime* et la *filiation naturelle*. — La première est celle qui dérive d'un mariage valable, ou du moins d'un mariage putatif, c'est-à-dire d'un mariage qui, bien que nul en lui-même, produit néanmoins ses effets civils à raison de la bonne foi des époux ou de l'un d'eux; la seconde est celle qui résulte, soit des relations illicites d'un homme et d'une femme, soit d'un mariage nul, mais non putatif.

3. Lorsque le père et la mère de l'enfant naturel ou l'un d'eux seulement se trouvaient déjà engagés dans les liens d'un mariage antérieur dont la foi a été violée par cette criminelle union, la filiation est dite *adultérine*. Lorsqu'ils étaient parents à un degré qui ne permettait pas entre eux une union légitime, la filiation est *incestueuse*. — La filiation adultérine et la filiation incestueuse ne sont donc que des modes spéciaux de la filiation naturelle.

4. A côté de la paternité et de la filiation proprement dite il en est une autre qui n'en est que l'imitation, et à laquelle la nature n'a point de part : c'est la paternité et la filiation purement civile qui résulte de l'*adoption*. Nous n'avons pas à nous en occuper ici. Il en a été traité d'une manière complète sous le mot Adoption et tutelle officieuse.

5. La filiation est, dans l'ordre civil comme dans l'ordre naturel, un fait d'une importance capitale; c'est par elle, en effet, que chaque homme se rattache à l'une des familles dont la société se compose; elle donne naissance, d'un côté, à des droits et à des obligations réciproques entre l'enfant, d'une part, et, d'autre part, non-seulement le père et la mère, mais encore les autres membres de la famille : droit de succéder, droit de réclamer des aliments et réciproquement obligation d'en fournir, obligation d'être tuteur, curateur, de concourir à la composition du conseil de famille, etc.; et, d'un autre côté, à des prohibitions, empêchements et incapacités relatifs, tels qu'empêchements de se marier, prohibition de déposer en justice ou de servir de témoin dans les actes, etc. — Il était donc nécessaire de déterminer d'une manière précise à quel signe elle serait reconnue, suivant quel mode elle serait constatée.

6. Sur le premier point, c'est-à-dire sur le signe auquel la filiation peut être reconnue, nulle difficulté ne saurait s'élever à l'égard de la mère. — La *maternité*, en effet, se manifeste par un fait matériel qui ne peut donner lieu à aucune équivoque, à aucune incertitude; mais il en est tout autrement à l'égard du père. La nature a enveloppé le fait de la fécondation d'un mystère que ne peuvent pénétrer ni les regards de l'homme ni les inductions de la science. La mère elle-même ne peut pas toujours dire quel est le père de l'enfant auquel elle donne le jour. Que faire donc pour suppléer à ce défaut de certitude? — Nous verrons dans le cours de cet article comment le législateur a résolu ce difficile problème.

Division.

TIT. 1. — DE LA FILIATION LÉGITIME.

CHAP. 1. — HISTORIQUE ET LÉGISLATION. — DROIT COMPARÉ.

7. Dans le droit romain, le mari était réputé le père de l'enfant né et conçu pendant le mariage. C'est ce que le jurisconsulte Paul (L. 5, ff., *De in jus vocando*) exprimait avec une énergique concision par cette maxime si connue : *Pater is est quem nuptiæ demonstrant.* — La sagesse de cette règle est assez évidente d'elle-même; en effet, la procréation des enfants étant la fin naturelle du mariage, lorsque le fait se réalise, il est juste d'y voir l'accomplissement de cette fin. D'ailleurs, l'innocence devant toujours être présumée, on ne doit pas admettre facilement que la naissance de l'enfant soit le fruit d'un crime.

8. Mais comment déterminer à quelle époque un enfant a été conçu? — C'est une question qui peut s'élever notamment lorsque le fait de la naissance s'est produit peu de temps après le mariage, ou qu'il ne s'est produit qu'après sa dissolution. — La difficulté vient de ce que la durée de la gestation n'est pas toujours la même. Pour la résoudre on avait recherché, à Rome, d'après les données de la science, quelle était la durée des gestations les plus courtes et quelle était celle des gestations les plus longues, et l'on considérait l'enfant comme conçu pendant le mariage, par conséquent, comme légitime, pourvu qu'une portion quelconque, si minime qu'elle fût, de l'intervalle compris entre la gestation la plus longue et la gestation la plus courte correspondît avec le temps où durait le mariage. Ainsi, sur ce point encore, on suppléait à la certitude par une présomption, et l'on interprétait en faveur de l'enfant le doute qui planait sur sa légitimité. — Paul, L. 12, ff., *De stat. homin.*, et Ulpien, L. 3, § 12, ff., *De suis hæred.*, se fondant sur l'autorité d'Hippocrate, fixaient à six mois la durée de la gestation la plus courte; en conséquence, le premier de ces deux jurisconsultes décidait que l'enfant né dans le septième mois après le mariage était fils légitime du mari. *Septimo mense nasci perfectum partum*, porte la loi 12 ci-dessus citée, *jam receptum est propter autoritatem doctissimi viri Hippocratis : et ideò credendum est eum qui ex justis nuptiis septimo mense natus est justum filium esse.* Et ce système avait été, suivant le témoignage d'Ulpien, *loc. cit.*, sanctionné par un rescrit de l'empereur Antonin le Pieux. — Quant à la durée des gestations les plus longues, la loi des Douze-Tables la fixait à dix mois. C'est ce que nous apprend Aulu-Gelle, *Noct. attic.*, lib. 3, cap. 16, qui s'exprime ainsi : *Feminam bonis atque honestis moribus, non ambigua pudicitia, in undecimo mense post mariti mortem peperisse; factumque esse negotium propter rationem temporis, quasi marito mortuo posteà concepisset, quoniam decemviri in decem mensibus gigni hominem, non in undecimo scripsissent.* Ulpien disait de même, L. 3, § 11, ff., *De suis hæred.* : *Post decem menses mortis natus non admittitur ad legitimam hæreditatem.* C'était l'opinion la plus généralement admise (V. dans le même sens Scævola, L. 29, pr., ff., *De liber. et posth.*, et Justin, L. 4, Cod., *De posth. lib.*). — Cependant cette règle n'avait pas toujours été rigoureusement observée. Ainsi notamment, Aulu-Gelle rapporte que, dans le cas cité ci-dessus, où une femme était accouchée dans le onzième mois après la mort de son mari, l'empereur Adrien, à qui la cause avait été soumise, avait décidé que l'accouchement était possible au onzième mois. Après avoir fait connaître cette décision, cet auteur ajoute (*loc. cit.*) : *Idque ipsum ejus rei decretum nos legimus. In eo decreto Hadrianus id statuere se dicit requisitis veterum philosophorum et medicorum sententiis.* — Pline le naturaliste cite même (Hist. nat., lib. 7, cap. 4) une décision d'un préteur qui avait attribué l'hérédité du père à un enfant que la mère déclarait n'avoir mis au monde qu'au bout de treize mois. Voici les termes dans lesquels s'exprime cet auteur : *Massurius auctor est, L. Papyrium prætorem, secundo herede lege agente, bonorum possessionem contrà eum dedisse, quum mater partum se XIII mensibus diceret tulisse : quoniam nullum certum tempus pariendi statum videretur.*

Enfin on cite souvent comme consacrant la légitimité de l'enfant né pendant le onzième mois après la mort du mari la Novelle 39, cap. 2, dans laquelle Justinien statue à l'égard de la femme qui, s'étant remariée dans l'année de la mort de son mari, au mépris des prohibitions légales, était accouchée après le onzième mois écoulé. On y lit cette phrase : *Nondùm completo anno, undecimo mense perfecto, peperit, ut non esset possibile dicere quia de defuncto fuisset partus : neque enim in tantum tempus conceptionis extensum est.* M. Duranton s'élève contre la conséquence qu'on prétend tirer de ce passage en faveur de l'enfant né dans le onzième mois. « Justinien, dit-il (Cours de droit français, t. 3, n° 13), n'établit pas, par sa Novelle, une règle relative à l'état des enfants nés tardivement : il statue sur un cas particulier tel qu'il s'est présenté; il ne le fait même qu'incidemment; l'objet principal de sa décision est ce second mariage, ainsi contracté prématurément, au mépris des lois qui le prohibaient : c'est là ce qui a appelé son attention... Mais ne s'étant point expliqué sur les enfants nés dans le onzième mois depuis la dissolution du mariage, il n'y avait réellement rien à conclure de sa décision, si ce n'est que celui qui naît dans le douzième n'est pas légitime; ce qui n'a trouvé que peu de contradicteurs. » Et ce qui n'en doit pas trouver, à moins de phénomène

9. La présomption légale qui attribuait au mari les enfants conçus ou réputés conçus pendant le mariage recevait plusieurs exceptions. Ces exceptions sont ainsi expliquées par Ulpien (L. 6, ff., *De his qui sui vel alieni juris sunt*) : *Filium eum definimus, qui ex viro et uxore ejus nascitur. Sed si fingamus abfuisse maritum, verbi gratiâ per decennium, reversum anniculum invenisse in domo suâ, placet nobis Juliani sententia, hunc non esse mariti filium. Non tamen ferendum Julianus ait, eum, qui, cum uxore suâ assiduè moratus, nolit filium adgnoscere quasi non suum. Sed mihi videtur, quod et Scævola probat, si constet maritum aliquandiù cum uxore non concubuisse, infirmitate superveniente, vel aliâ causâ, vel si eâ valetudine paterfamilias fuit, ut generare non posset, hunc, qui in domo natus est, licet vicinis scientibus, filium non esse.* — Cette loi spécifie trois cas dans lesquels le mari peut désavouer l'enfant né de sa femme : 1° son éloignement pendant que sa femme est devenue enceinte; 2° son impuissance absolue et perpétuelle; 3° l'impossibilité momentanée de cohabitation causée par la survenance d'une maladie grave. Elle ajoute que toute autre cause ayant empêché la cohabitation pendant un certain temps produira le même effet : *Si constet maritum aliquandiù cum uxore non concubuisse infirmitate superveniente* VEL ALIA CAUSA. — Le vague de ces derniers mots a donné lieu à des controverses sur le point de savoir à quel genre d'impossibilité ils pouvaient se rapporter. Nous n'entrerons pas dans cette discussion, qui n'a plus aujourd'hui d'intérêt pratique.

10. Quoi qu'il en soit, les cas qui viennent d'être cités étaient les seuls dans lesquels le désaveu fût possible. Il n'eût pas suffi de prouver l'adultère de la femme pour établir l'illégitimité de l'enfant auquel elle avait donné le jour. *Non utique*, porte la loi 11, § 7, ff., *ad leg. Jul. de adult.*, *crimen adulterii quod mulieri objicitur infanti præjudicat : cùm possit et illa adultera esse, et impuber defunctum patrem habuisse.* Dans le doute qui s'élève alors sur la paternité réelle, c'est l'intérêt de l'enfant qui l'emporte.

11. Quant à la preuve de la filiation légitime, elle pouvait être faite par *titres*; mais les témoignages ne suffisaient pas. *Defende causam tuam*, porte la loi 2, C., *De test.*, *instrumentis et argumentis quibus potest; soli enim testes ad ingenuitatis probationem non sufficiunt.* — Elle pouvait être faite aussi par la *possession d'état*. C'est ce qui résulte de la loi 9, C., *De nuptiis* : *Si vicinis vel aliis scientibus uxorem liberorum procreandorum causâ domui habuisti, et ex eo matrimonio filia suscepta est, quamvis neque nuptiales tabulæ neque ad natam filiam pertinentes factæ sunt, non ideò minùs veritas matrimonii aut susceptæ filiæ suam habet potestatem.* Et en effet, de toutes les preuves qui peuvent être invoquées en cette matière, la possession d'état est à la fois la plus naturelle, la plus certaine et la plus généralement admise. « L'État, disait Cochin, dans la cause Bourgelat (t. 1, p. 590), n'est autre chose que la place que chacun tient dans la société générale et dans la famille. Et quelle preuve plus décisive peut fixer cette place que la possession publique où l'on est de l'occuper depuis que l'on existe? Les hommes ne se connaissent entre eux que par cette possession. »

12. Ces principes du droit romain avaient passé dans notre ancienne jurisprudence, toutefois avec quelques modifications. — Ainsi on admettait la maxime : *Pater is est quem nuptiæ demonstrant*, et l'on décidait en conséquence que le mari doit être *présumé* le père de l'enfant conçu pendant le mariage. — On admettait également l'espace de six mois comme la durée des gestations les plus courtes, et l'on réputait conçu pendant le mariage l'enfant né dans le septième mois depuis sa célébration. Lors donc qu'un enfant naissait avant que les six mois fussent révolus, le mari avait le droit de le désavouer; et toutefois il pouvait, suivant les circonstances, être déclaré le père de cet enfant. « Supposons, disait d'Aguesseau, qu'un jeune homme ait eu quelque familiarité suspecte avec une fille, tous deux libres, tous deux en état de s'engager dans les liens du mariage; supposons qu'ils se marient ensuite, et que la naissance d'un fils, suivant de trop près la célébration du mariage, donne lieu à une question d'état dans laquelle il s'agisse de savoir de qui il sera présumé fils. Si le mariage était antérieur au temps de la conception, la loi le donnerait au mari sans aucune difficulté, par une présomption légitime. Si, au contraire, il n'y avait jamais eu de mariage entre les deux parties, alors on chercherait les preuves de la fréquentation; et si ces preuves étaient concluantes, elles décideraient la question par une simple conjecture probable. Mais, s'il se trouve en même temps et une fréquentation dans le temps de la conception, et un mariage contracté dans le temps de la naissance, ne peut-on pas dire que ces deux faits réunis ensemble forment une présomption moins forte, à la vérité, que la première, mais plus forte que la seconde, parce qu'elle n'est pas appuyée uniquement sur la fréquentation, et que le mariage qui l'a suivie lui donne un degré de force, d'évidence et d'autorité à laquelle il paraît presque impossible de résister ? « Et cette doctrine avait été consacrée, sur ses conclusions, par un arrêt du parlement de Paris, du 16 juill. 1705 (V. d'Aguesseau, 34e plaidoyer, au t. 3 de ses OEuvres, p. 160 et suiv.), et par quelques autres arrêts cités par Merlin, Rép., vo Légitimité, sect. 2, § 1.

Quant à la *durée* des gestations les plus longues, on admettait généralement qu'elle était de dix mois, et qu'ainsi l'enfant né dans le onzième ou dans le douzième mois depuis la mort du mari était illégitime (V. en ce sens les arrêts cités par Merlin, vo Légitimité, sect. 2, § 3). — Cependant d'autres arrêts, cités également par Merlin (*loc. cit.*), avaient déclaré légitimes des enfants nés soit dans le onzième, soit dans le douzième mois, soit même après treize mois révolus. — L'avocat général Lenain, ayant à s'expliquer sur ce point dans une cause soumise au parlement de Paris et qui fut jugée par arrêt du 28 juill. 1705, présentait à cet égard les réflexions suivantes, qui nous paraissent lever l'apparente contradiction que présentent ces monuments de notre ancienne jurisprudence. « Comme le terme de dix mois, disait-il, est le plus long terme de la grossesse des femmes qui n'ont pas d'accidents extraordinaires, on ne peut, dans ces matières qui sont toutes conjecturales, établir une règle plus sûre que celle-ci, c'est-à-dire de déclarer illégitimes tous les enfants nés dans le onzième mois après la mort de leur père, à moins que des circonstances particulières ne formassent des présomptions violentes en faveur de la veuve, et ne donnassent lieu de croire que sa grossesse a été plus longue que les grossesses ordinaires... Il faut donc convenir que les circonstances seules du fait peuvent, dans cette question, fixer notre incertitude, que les sentiments des philosophes et des médecins ne font encore qu'augmenter; car quel inconvénient n'y aurait-il point à reconnaître pour légitimes tous les enfants qui naîtraient après le dixième et le onzième mois, sans qu'il se trouvât dans le fait des circonstances particulières? » — Il a été jugé que, dans l'ancienne jurisprudence, la loi ne réputait illégitime que l'enfant né après dix mois depuis la dissolution du mariage par la mort de l'époux; que la jurisprudence des tribunaux avait même admis que l'enfant né au commencement du onzième mois était légitime, lorsqu'on n'articulait contre la mère aucun fait d'inconduite (Pau, 10 fév. 1821, M. de Figarol, pr., aff. Rouge).

13. A l'égard des enfants nés et conçus durant le mariage, on admettait, en se fondant sur la loi 6, ff., *De his qui sui vel alien., etc.*, précitée, qu'il devait être fait exception à la règle générale *Pater is est, etc.* : 1o dans le cas d'*absence* du mari pendant le temps auquel se reportait la conception; 2o dans le cas de son *impuissance* perpétuelle et absolue; 3o dans le cas où, à l'époque de la conception, il se trouvait frappé d'impuissance passagère. — Quelques jurisconsultes soutenaient qu'il n'en existait pas d'autres. Ainsi notamment d'Aguesseau (23e plaidoyer, t. 2 de ses OEuvres, p. 542 et suiv.) n'admettait pas que la présomption générale tirée du mariage pût être ébranlée par un concours de circonstances tendant à établir que le mari n'est pas le père de l'enfant. Et il a été jugé, en ce sens, avant le code civil, que l'*impossibilité physique* forme la seule exception qui soit admise contre la règle générale *is pater est quem nuptiæ demonstrant*; que ces expressions *vel aliâ causâ* de la loi *filium* (6, ff., *De his qui sui, etc.*) ne sont et ne peuvent être relatives qu'à l'impossibilité physique (Bordeaux, 4 therm. an 11, aff. Daisson C. Dejean). — D'autres jurisconsultes, au contraire, pensaient que, d'après les termes de la loi 6, ff., *De his qui sui, etc.*, il fallait ajouter aux trois exceptions que nous avons mentionnées ci-dessus; 4o toute autre circonstance qui prouve que le mari ne s'est pas approché de sa femme, et notamment l'*impossibilité morale* qui résulte du concours de mille circonstances, dont l'appréciation appartient aux tribunaux. Tel était le sentiment des auteurs du Nouveau-Denisart, vo État (Questions d'), § 1, nos 6 et suiv.

14. Conformément à la première doctrine, il a été jugé : 1o que l'action en désaveu n'était admise par le droit romain que dans le cas où le père désavouant fournissait la preuve d'une impossibilité matérielle de cohabitation, et que l'on a pu décider que l'impossibilité morale ne faisait point exception à la règle *Pater is est* (Req. 4 sept. 1811) (1); — 2o Qu'avant le code l'im-

(1) *Espèce* :—(Salis-Haldeinstein C. Louis.)—Le sieur de Salis, Suisse, épouse en 1782, à Amsterdam, la demoiselle Wilde. Il se retire à Coire, sa patrie, sa femme l'y suit. — An 10, celle-ci se rend à Amsterdam pour cause de santé. Un officier français l'y accompagne à l'insu de son mari; elle le fait passer pour son cousin.—La dame de Salis était grosse. Après quelques mois de séjour, elle quitte Amsterdam, se rend à Flines-

possibilité physique de cohabitation entre les époux formait la seule exception qui fût admise contre la règle générale *is pater est quem justæ nuptiæ demonstrant* (Bordeaux, 4 therm. an 11, aff. Daisson *C.* Dejean; 28 avril 1841, aff. Messine, V. n° 294). — Au contraire, il a été jugé que la présomption de paternité dans le mariage fondée sur la maxime *pater is est, etc.* n'était pas, sous cette jurisprudence, tellement forte qu'elle ne pût être détruite que par des impossibilités physiques de cohabitation, et qu'elle repoussât par conséquent les impossibilités morales (Paris, 11 mars 1826, aff. Bucheron, V. n° 652).—Pareillement, sous l'empire des anciens principes, il a été jugé que les enfants nés après la demande en séparation de corps ou même après la séparation définitivement jugée, appartenaient néanmoins à celui que le mariage désignait comme le père, et qu'on ne pouvait invoquer contre un jugement qui décidait ainsi les principes des lois romaines, puisque, les Romains ne connaissant pas la séparation de corps, leurs lois n'avaient pu décider que l'enfant né de la femme, après cette séparation, n'appartenait pas au mari (Rej. 4 vend. an 9, MM. Liborel, pr., Delacoste, rap., aff. Feger *C.* Lainé).

15. La preuve de la filiation pouvait se faire de plusieurs manières. Le mode le plus ordinaire et le plus régulier c'étaient les *registres publics* tenus par les ministres du culte et sur lesquels étaient constatés les naissances, les mariages, les décès. Ces registres n'avaient dans l'origine qu'un caractère purement religieux, ils étaient destinés seulement à constater l'administration des sacrements; mais, au seizième siècle, comme nous l'avons dit v° Acte de l'état civ., n° 8, ils avaient reçu un caractère officiel et avaient été érigés en tables de l'état civil.—A défaut des registres de l'état civil, la preuve de la filiation légitime pouvait se faire par la *possession d'état*. Cela n'était contesté par personne, ainsi qu'on peut le voir dans tous nos anciens auteurs.— Enfin, à défaut des registres et de la possession d'état, on admettait que la *preuve testimoniale* ne pouvait suffire seule, mais qu'il fallait qu'elle fût fortifiée par un *commencement de preuve*. Mais était-il nécessaire que ce commencement de preuve fût par *écrit?* Les jurisconsultes étaient divisés sur ce point. « Deux grands principes en matière d'état, disait M. l'avocat-général Gilbert dans la cause de la demoiselle de Choiseul : il faut s'en tenir, autant qu'il est possible, à la foi des actes. Au défaut des actes, il ne faut admettre la preuve testimoniale qu'autant qu'on y est pour ainsi dire forcé par les *présomptions* juridiques les plus puissantes. Nous ne disons pas des commencements de preuve par écrit...; mais nous disons les commencements de preuve les plus forts, les plus convaincants, les plus capables de déterminer. » — Ce sentiment n'était pas universellement suivi. Plusieurs jurisconsultes étaient d'avis qu'il faut toujours des commencements de preuve par écrit pour être admis à la preuve testimoniale dans les questions d'état. — D'autres enfin pensaient qu'il fallait distinguer s'il s'agissait de détruire le titre invoqué pour ou contre celui de l'état duquel il s'agissait, ou s'il n'y avait pas de titre à détruire. — V. à cet égard le Nouveau-Denisart, v° État (Questions d'), § 4.

16. Avant que l'ancienne jurisprudence eût été remplacée en France par la législation nouvelle, il avait été jugé que l'enfant qui n'avait pas un commencement de preuve par écrit de l'état qu'il réclamait, et qui lui était contesté, ne pouvait être admis à le prouver par témoins (Cass. 21 ventôse an 7, MM. Bayard, pr., Lodève, rap., aff. Mouchard *C.* Sophie); — et que les juges pouvaient refuser la preuve testimoniale pour établir la légitimité dans le cas où il n'y avait pas de commencement de preuve par écrit, ou au moins de graves présomptions venant à l'appui de la preuve (Req. 21 niv. an 9, MM. Muraire, pr., Rataud, rap., Merlin, subst. c. conf., aff. George Leger *C.* Ducoudray).

17. Néanmoins, et dans un sens favorable à la preuve, on a jugé : 1° que sous l'ordonnance de 1667, la preuve de la filiation pouvait être faite non-seulement par témoins et papiers domestiques, mais encore et *à fortiori* par des contrats et actes de célébration de mariage authentique; spécialement, que celui qui réclamait du chef de son père une hérédité pouvait prouver sa filiation, à défaut d'acte de naissance, par des actes publics tels que contrats de mariage, actes de célébration, ou tous autres actes authentiques dans lesquels il était qualifié fils de celui qu'il prétendait être son père (Req. 23 mess. an 3, MM. Lecointe, pr., Riolz, rap., aff. Aubert *C.* Leubourg); — 2° Que sous la même ordonnance (tit. 20, art. 7), la parenté a pu être prouvée, relativement à des généalogies anciennes, par des actes d'aveu et de dénombrement (Req. 17 août 1814, MM. Lasaudade, pr., Lasagni, rap., aff. Sanguin de Livry *C.* Beaussieu); — 3° Que l'arrêt qui reconnaît à une personne dont l'acte de naissance n'indique ni le père ni la mère, sa filiation et sa qualité d'héritier de la maison, c'est-à-dire d'aîné, en se fondant sur la combinaison de divers actes de naissance et sur le contrat de mariage de cette personne dans lequel elle a été reconnue par ses père et mère, interprète et applique des actes, et ne peut donner ouverture à cassation (Req. 12 juill. 1808, MM. Henrion, pr., Borel, rap., aff. Confite).

18. Au reste et quant au mode de preuve on a jugé qu'en matière de filiation comme en tout autre matière les enquêtes sont soumises à toutes les formes prescrites par l'ordonnance de 1667, et que le défaut de jugement préalable qui ordonne l'enquête et contre-enquête, l'absence des parties non appelées à la prestation de serment de témoins constituent des nullités radicales (Cass. 4 therm. an 5, MM. Giraudet, pr., Chupiet, rap., aff. veuve Florent *C.* de Coupi).

19. Tel était l'état de la législation au moment où la révolution éclata. Les règles contenant la paternité et la filiation devaient naturellement occuper leur place dans le code dont la constitution de 1791 avait décrété la rédaction. — Les divers projets du code Napoléon successivement présentés à la convention nationale et au directoire par Cambacérès contenaient, sur cette matière, de notables variations. Ainsi notamment, le premier de ces projets n'admettait que l'*absence* du mari comme cause de désaveu de l'enfant conçu pendant le mariage (liv. 1, tit. 4); le second, plus rigoureux encore, n'admettait aucune exception à la règle *pater is est quem nuptiæ demonstrant;* le même projet, s'en tenant, pour la *durée* de la gestation, au terme

lès-Mortagne, chez le père de son amant, où elle fait ses couches, et meurt de leurs suites le 15 pluv. an 11.—L'enfant est inscrit comme issu des époux de Salis.—Ce n'est qu'une année après que le sieur de Salis a connu la conduite de sa femme; alors il a désavoué l'enfant né de celle-ci, devant les tribunaux français.—Le tribunal de Valenciennes le déclare non recevable pour n'avoir pas réclamé dans le délai fixé par l'art. 316 c. civ.—Appel par de Salis; il soutient que la question doit être jugée d'après les lois romaines; que l'art. 316 n'est pas applicable.— Arrêt de la cour de Douai, qui reconnaît l'exactitude de cette prétention; et, faisant dépendre le sort du désaveu de l'impossibilité physique où le père se serait trouvé, à l'époque de la conception, de cohabiter avec sa femme, autorise cette preuve. — Des enquêtes sont faites. — Le 8 août 1810, arrêt définitif qui démet le sieur de Salis de sa demande en désaveu, « attendu que la règle *pater is est*, établie par les lois romaines, a pour objet l'utilité publique, le repos des familles et la tranquillité des mariages; qu'il en résulte une présomption légale en faveur de l'innocence de la mère et de l'état de l'enfant; que les lois romaines, et notamment la loi 6, ff., *De his qui sui vel alieni juris sunt*, n'admettent d'autre exception à cette règle générale, que celles qui résultent de l'impossibilité physique de la cohabitation des époux, tant par l'absence que par l'impossibilité naturelle du mari, continuelle ou passagère; que ces exceptions sont les seules qui puissent détruire la présomption légale; que c'est par ce motif que l'arrêt interlocutoire a admis la preuve offerte par le sieur de Salis, la seule qui, suivant la législation romaine, pouvait être admise; que cette preuve n'ayant pas été faite par le sieur de Salis, et ne pouvant être suppléée par aucune des présomptions morales dont il s'est prévalu, il en résulte que la présomption établie par les lois romaines doit avoir effet, avec d'autant plus de raison, qu'il est constant en fait que l'épouse du sieur de Salis a habité la maison maritale pendant quelques mois, lors et depuis la conception de l'enfant. » —Pourvoi de Salis.—Violation des lois romaines, en ce que l'arrêt attaqué a décidé que sous ces lois la seule impossibilité physique était une cause de désaveu, tandis qu'il en existait une foule d'autres.—Arrêt.

La cour; — Attendu que l'arrêt dénoncé n'a pas violé les lois romaines, en décidant que ces lois n'admettaient d'autres exceptions à la règle *is est pater quem justæ nuptiæ demonstrant*, que celle résultant d'une impossibilité physique de la part du mari de cohabiter avec sa femme au temps de la conception de l'enfant; — Rejette, etc.

Du 4 sept. 1811.-C. C., sect. req.-MM. Lasaudade, pr. d'âge.-Chabot, rap.-Merlin, pr. gén., c. conf.-Gérardin, av.

ordinaire de neuf mois, portait (liv. 1, tit. 2, art. 7) que l'enfant né dans le dixième mois de la dissolution du mariage n'est pas l'enfant du mari ; enfin le troisième projet, admettant aussi l'absence du mari comme cause de désaveu, repoussait les plaintes d'*adultère* et les allégations d'*impuissance;* mais, à la différence du premier projet qui admettait la durée de six mois comme le terme des gestations les plus courtes, et celle de dix mois comme celui des gestations les plus longues, il admettait pour les premières le terme de cent cinquante jours et pour les autres le terme de deux cent quatre-vingt-dix jours. — Il serait inutile d'insister davantage sur ces différences; arrivons au code Napoléon. — Ce fut le 14 brum. an 10 que le titre *De la paternité et de la filiation* fut présenté au conseil d'État par M. Boulay. La discussion s'ouvrit dans la même séance et elle continua dans les séances des 16, 24 brumaire et 12 frimaire suivants. Suspendue à cette époque, comme celle des autres titres du code, à raison de l'opposition ardente que les premiers titres avaient rencontrés au sein du tribunat, elle fut reprise le 29 fructidor de la même année. Une nouvelle rédaction fut présentée, à cette séance, par M. Bigot-Préameneu, qui remplaçait M. Boulay, et cette dernière rédaction fut arrêtée avec amendement d'un certain nombre d'articles. Communiquée officieusement, le 30, à la section de législation du tribunat, elle donna lieu, de la part de cette section, à des observations qui nécessitèrent une conférence. M. Bigot-Préameneu en fit le rapport au conseil d'État, le 13 brum. an 11, et la rédaction définitive fut arrêtée dans cette séance.

20. Quand on parcourt la discussion à laquelle ce titre donna lieu dans le sein du conseil d'État, on est frappé de l'embarras qui s'y révèle à chaque pas. Le législateur hésite, tâtonne; on voit qu'il marche sur un terrain mal assuré. C'est qu'en effet, dans cette partie de son œuvre, les lumières d'une raison supérieure ne suffisaient point à la tâche qui lui était imposée; il lui fallait, s'armant du flambeau de la science, lutter contre la nature et soumettre à des règles positives un fait dont elle a dérobé le secret à la science elle-même : le fait de la génération. — On admettait comme principe fondamental et comme point de départ la maxime : *Pater is est quem nuptiæ demonstrant*, traduite ainsi dans l'art. 1 du projet : «L'enfant conçu pendant le mariage a pour père le mari. » — Mais dans quels cas un enfant doit-il être réputé conçu durant le mariage ? — Cette question était résolue par les art. 2 et 3 du projet, qui portaient : « Art. 2. L'enfant né avant le cent quatre-vingt-sixième jour du mariage n'est plus présumé l'enfant du mariage. Art. 3. Il en est de même de l'enfant né deux cent quatre-vingt-six jours après le mariage. » Lors de la discussion qui s'éleva sur ces dispositions, l'illustre Fourcroy présenta un savant exposé de la doctrine des meilleurs auteurs de médecine légale sur l'époque de la naissance et sur les naissances accélérées et tardives. Cet exposé, qu'on peut lire dans Locré, Législ. civ., t. 6, p. 50 et suiv., se terminait par la conclusion suivante, parfaitement conforme aux dispositions du projet : « En conséquence, et d'après tous les faits, ainsi que d'après les raisonnements rassemblés ci-dessus, on doit conclure que l'opinion déjà présentée au conseil sur la fixation de cent quatre-vingt-six jours pour les naissances accélérées et de deux cent quatre-vingt-six jours pour les naissances tardives, ainsi que pour la légitimation des enfants qui proviennent des unes ou des autres, se trouve parfaitement d'accord avec la portion la plus éclairée et la plus sage des physiciens, des naturalistes et des jurisconsultes. » Ce sentiment toutefois ne prévalut point, et l'on s'arrêta au terme de cent quatre-vingts jours pour les naissances accélérées et de trois cents jours pour les naissances tardives, terme indiqué, comme on l'a vu, par Hippocrate.

Quant aux exceptions à la *présomption* générale de légitimité qui résulte du mariage, le projet n'en admettait d'autres que l'éloignement des époux à l'époque de la conception et la *séparation de corps* et de *biens;* il rejetait formellement et l'exception d'*adultère* de la part de la femme et l'allégation d'*impuissance* naturelle ou accidentelle de la part du mari. — Mais, dans le cours de la discussion, on reconnut que si l'impuissance naturelle ne devait pas être admise comme exception, soit à cause de son incertitude, soit à cause de l'immoralité des épreuves au moyen desquelles on la constatait, il n'en était pas de même de l'impuissance accidentelle qui se manifeste par des signes visibles et indubitables. On admit donc cette dernière comme cause de désaveu. — Quant à l'adultère de la femme, tout en reconnaissant que par lui-même il ne prouve rien contre la légitimité de l'enfant, comme le disait si justement le droit romain, on pensa que si, dans ce cas, la naissance de l'enfant avait été cachée au mari, il résultait de la combinaison de ces deux circonstances une présomption tellement grave contre la légitimité, que le mari devait être admis à compléter cette présomption par toutes les preuves qui pouvaient être en son pouvoir. — Enfin, quant à la séparation de corps et de biens, après avoir commencé de discuter ses effets relativement à la légitimité des enfants qui naissent postérieurement, on convint, sur l'observation du premier consul, d'ajourner cette discussion jusqu'au moment où l'on traiterait la matière de la séparation.

Dans le cas même où l'enfant est né si peu de temps après le mariage que sa conception soit évidemment antérieure, comme il a pu exister entre les époux, avant le mariage, des relations dont cet enfant soit le fruit, on pensa que le mari ne devait pas être admis à désavouer lorsque, d'après les circonstances, il pouvait être regardé comme ayant reconnu sa paternité, lorsque, par exemple, il avait, avant le mariage, *connu* la grossesse de la femme et néanmoins persisté à l'épouser, lorsqu'il avait assisté à l'*acte de naissance* et signé cet acte, ou, ce qui équivalait, déclaré ne savoir signer, etc.

Enfin, en ce qui concerne la *preuve* de la filiation, le projet de loi, reproduisant à peu près les règles établies par l'ancienne jurisprudence, admettait, en première ligne, les extraits des *registres* de l'état civil; à défaut de ces registres, la *possession d'état;* enfin, à défaut de ces deux moyens de preuve, la *preuve testimoniale*, lors toutefois qu'il y a un *commencement de preuve* par écrit. A quoi on ajouta : ou lorsque les présomptions ou indices résultant de faits dès lors constants sont assez graves pour déterminer l'admission.

21. Le 20 vent. an 11, le projet fut présenté au corps législatif par MM. Bigot-Préameneu, Thibaudeau et Redon, conseillers d'État et orateurs du gouvernement. L'exposé des motifs fut fait par M. Bigot-Préameneu (1), qui s'attacha à faire ressortir l'es-

---

(1) Exposé des motifs de la loi relative à la paternité et à la filiation, par le conseiller d'État Bigot Préameneu (séance du 20 vent. an 11).

1. Législateurs, il est à regretter que pour établir des règles sur les moyens de constater la paternité, la nature seule ne puisse plus servir de guide. — Elle semblait avoir marqué en caractères ineffaçables les traits de la paternité, lorsqu'elle avait rempli le cœur des père et mère et celui des enfants, des sentiments de tendresse les plus profonds et les plus éclatants. — Mais trop souvent les droits de la nature, qui devraient être invariables, sont altérés ou anéantis par toutes les passions qui agitent l'homme en société. Les replis de son cœur ne permettent plus de le connaître; et comment établir des règles générales sur les sentiments qu'on aurait à découvrir et à constater dans chaque individu? — D'un autre côté, la nature a couvert d'un voile impénétrable la transmission de notre existence.

Cependant il était nécessaire que la paternité ne restât pas incertaine. C'est par elle que les familles se perpétuent et qu'elles se distinguent les unes des autres : c'est une des bases de l'ordre social; on doit la maintenir et la consolider. — Il a fallu, pour y parvenir, s'attacher à des faits extérieurs et susceptibles de preuves. — On trouve un premier point d'appui dans cette institution, qui, consacrée par tous les peuples civilisés, a son origine et sa cause dans la nature même; qui établit, maintient et renouvelle les familles; dont l'objet principal est de veiller sur l'existence et sur l'éducation des enfants; dont la dignité inspire un respect religieux : dans le mariage. — Les avantages que la société en retire doivent être principalement attribués à ce que, pour fixer la paternité, il établit une présomption qui, presque toujours, suffit pour écarter tous les doutes. — Cette présomption, admise chez tous les peuples, est devenue une règle d'ordre public, dont l'origine, comme celle du mariage, se perd dans la nuit des temps : *Pater est quem nuptiæ demonstrant*. Quels pourraient donc être les indices plus grands que ceux qui résultent de la foi promise des deux époux, de leur cohabitation, des regards de leurs concitoyens, au milieu desquels ils passent leur vie?

2. Cependant, lorsqu'on est forcé d'avouer que cette règle, si nécessaire au maintien de la société, n'est établie que sur des indices, le législateur se mettrait en opposition avec les premiers éléments du droit

prit des dispositions dont il se composait et les changements qu'elles avaient pour objet d'introduire, à mettre en lumière

et de la raison, s'il faisait équivaloir une présomption à une preuve positive ou à une présomption plus forte. Au lieu de soutenir la dignité du mariage, on l'avilirait : on le rendrait odieux, s'il servait de pretexte à légitimer un enfant qui, aux yeux du public, convaincu par des circonstances décisives, n'appartiendrait point au mariage. — Tel serait le cas où le mari aurait été dans l'impossibilité physique de cohabiter avec sa femme. — Cette impossibilité peut avoir pour cause l'éloignement ou quelque accident. — La distance qui a séparé le mari et la femme doit avoir toujours été telle, qu'il ne reste aucun doute sur ce qu'il ne peut y avoir eu de rapprochement. — La loi n'a dû admettre contre la présomption résultant du mariage, que les accidents qui rendent physiquement impossible la cohabitation. Elle a aussi prévenu tous ces procès scandaleux, ayant pour prétexte des infirmités plus ou moins graves, ou des accidents dont les gens de l'art ne peuvent tirer que des conjectures trompeuses.

3. Le mari lui-même ne sera point admis à désavouer l'enfant, en alléguant son impuissance naturelle. — Des exemples célèbres ont prouvé que, ni cette cause d'impossibilité de cohabitation, ni la déclaration du mari qui veut s'en prévaloir, ne méritent confiance. Les gens de l'art n'ont eux-mêmes aucun moyen de pénétrer de pareils mystères; et tel mari dont le mariage a été dissous pour cause d'impuissance, a obtenu d'un autre mariage une nombreuse postérité.

4. En vain la voix du mari s'élèverait-elle contre sa femme pour l'accusation la plus grave, celle de l'adultère : ce crime, fût-il prouvé, ne ferait naître contre l'enfant que le père voudrait désavouer, qu'une présomption qui ne saurait balancer celle qui résulte du mariage. La femme peut avoir été coupable sans que le flambeau de l'hyménée fût encore éteint. — Cependant si la femme, ayant été condamnée pour adultère, avait caché à son mari la naissance de cet enfant, cette conduite deviendrait un témoignage d'un grand poids. — Il ne saurait y avoir de la part de cette femme d'aveu plus formel, que l'enfant n'appartient point au mariage. — Comment présumer que la mère ajoute à son crime envers son mari, celui de tromper son propre enfant qu'elle exclut du rang des enfants légitimes? — Lorsqu'il est ainsi repoussé de la famille, et par la femme qui cache sa naissance, et par le mari qui a fait prononcer la peine d'adultère, cela forme une masse de présomptions qui ne laissent plus à celle que l'on peut tirer du mariage son influence décisive. — Alors même l'enfant, au milieu de ces dissensions, et malgré la condamnation de sa mère, peut toujours invoquer la règle générale; mais on n'a pas cru qu'il fût possible de refuser au mari la faculté de proposer les faits propres à justifier qu'il n'est pas le père. Comment, en effet, repousser un mari qui, ayant fait déclarer sa femme adultère, ayant ignoré qu'elle eût un enfant, verrait après coup, et peut-être même après la mort de sa femme, cet enfant se présenter comme étant né de son mariage? — C'est dans de pareilles circonstances que l'honnêteté publique et la dignité de l'union conjugale réclament en faveur du mari le droit de prouver que cet enfant lui est étranger.

5. Il est une autre présomption avec laquelle le mari peut contester l'application de la règle générale; c'est lorsque cette règle se trouve en opposition avec la marche constante de la nature. On croit plutôt à la faiblesse humaine qu'à l'interversion de l'ordre naturel. — La naissance de l'homme est précédée du temps où il se forme dans le sein de la mère. Ce temps est ordinairement de neuf mois. On voit des exemples assez fréquents de ce que ce terme est avancé ou retardé; mais il est très-rare qu'un enfant soit né avant que six mois de grossesse ou cent quatre-vingts jours depuis la conception, se soient écoulés; ou qu'il soit resté dans le sein de sa mère plus de dix mois, ou trois cents jours. — Les naissances avancées ou tardives ont été la matière de procès célèbres. Il a toujours été reconnu que la physiologie n'a aucun moyen de découvrir la vérité relativement à l'enfant qui est l'objet de la contestation; ces débats scandaleux ne portaient que sur des recherches non moins scandaleuses d'exemples, que de part et d'autre on alléguait souvent sans preuves. Les juges ne pouvaient recevoir aucune lumière sur le fait particulier, et chaque tribunal se formait un système différent sur l'extension ou sur la limitation qu'il devait admettre dans le cours ordinaire de la nature. La jurisprudence n'avait aucune uniformité par le motif même qu'elle ne pouvait être qu'arbitraire. Il fallait sortir d'un pareil état : ce n'était point une vérité absolue que les rédacteurs de la loi avaient à découvrir; il leur suffisait de donner aux juges une règle qui fixât leur incertitude, et ils devaient prendre cette règle dans la marche tellement uniforme de la nature, qu'à peine pût-on lui opposer quelques exceptions qui ne feraient que la confirmer. — Ce sont les motifs qui ont déterminé à fixer le terme des naissances avancées à cent quatre-vingts jours, et celui des naissances tardives à trois cents jours. — Il n'en résulte pas que l'enfant qui serait né avant les cent quatre-vingts jours, ou depuis les trois cents jours, doive être par cela même déclaré non légitime. Il faudra que la présomption résultant d'une naissance trop avancée ou trop tardive, se trouve confirmée, lorsque le mari vit, par une présomption qui paraîtra plus forte encore à quiconque observe le cœur humain. Il faudra que l'enfant soit désavoué par le mari. Comment croire qu'il étouffe tous les sentiments de la nature, comment croire qu'il allume dans sa maison les torches de la discorde, et qu'au dehors il se dévoue à l'humiliation, s'il n'est pas dans la conviction intime que l'enfant n'est point né de son mariage?

6. La loi ne se borne pas à sonder le cœur et à calculer les véritables intérêts du mari : elle se met en garde contre les passions qui pourraient l'aveugler; elle n'admet point le désaveu qui ne se trouve pas d'accord avec sa conduite antérieure. S'il avait toujours cru que l'enfant lui fût étranger, aucun acte ne démentirait une opinion qui, depuis la naissance de cet enfant, a dû déchirer son âme. S'il a varié dans cette opinion, il n'est plus recevable à refuser à l'enfant l'état qu'il ne lui a pas toujours contesté. — Ainsi, dans le cas où l'enfant serait né avant le cent quatre-vingtième jour (six mois) depuis le mariage, la loi présume qu'il n'a point été conçu pendant cette union; mais le mari ne pourra désavouer l'enfant, si, avant de se marier, il a eu connaissance de la grossesse. On présume alors qu'il n'a contracté le mariage que pour réparer sa faute personnelle; on présume qu'un pareil hymen n'eût jamais été consenti, s'il n'eût été persuadé que la femme portait dans son sein le fruit de leurs amours : et lorsqu'il a eu dans la conduite de cette femme une telle confiance qu'il a voulu que leur destinée fût unie, comment pourrait-on l'admettre à démentir un pareil témoignage?

Le mari ne pourra encore désavouer l'enfant né avant le cent quatre-vingtième jour du mariage, s'il a assisté à l'acte de naissance, et si cet acte est signé de lui, ou contient sa déclaration qu'il ne sait signer. — Comment, en effet, pourrait-il revenir contre sa propre déclaration, donnée dans l'acte même destiné à constater l'état civil de l'enfant?

Il est une troisième circonstance dans laquelle le mari n'est pas admissible au désaveu, c'est lorsque l'enfant n'a pas été déclaré viable. — Il faut, à cet égard, que les gens de l'art prononcent. — L'enfant vivait dans le sein de sa mère. Cette existence peut se prolonger pendant un nombre de jours indéterminé, sans qu'il soit possible qu'il la conserve; et c'est cette possibilité de parcourir la carrière ordinaire de la vie, qu'on entend par l'expression *être viable*. — Lorsque l'enfant n'est pas déclaré viable, la présomption contre la femme n'est plus la même. Il n'y a plus de certitude que ce soit un accouchement naturel qui ait dû être précédé du temps ordinaire de la grossesse. Toute recherche serait scandaleuse et sans objet. — Quel but le mari pourrait-il se proposer en désavouant un enfant qui ne doit pas vivre, si ce n'est de porter atteinte à la réputation de la femme à laquelle il s'est uni? Il ne peut même pas avoir l'intérêt du divorce pour cause d'adultère, puisqu'il suppose que la faute est antérieure à son mariage. Les tribunaux ne doivent pas l'écouter dans son aveugle ressentiment.

7. La règle établie sur les naissances avancées ou tardives, recevra encore son application dans le cas où le mari voudra désavouer son enfant par cause d'impossibilité physique de cohabitation. La loi exige qu'il y ait eu impossibilité pendant le temps qui aura couru depuis le trois-centième jour jusqu'au cent-quatre-vingtième jour avant la naissance de l'enfant; le temps le plus long de la grossesse étant de trois cents jours, et le plus court de cent quatre-vingts, si depuis l'époque où a pu commencer le temps le plus long, jusqu'à celui où a pu commencer le temps le plus court, il y a eu impossibilité, il est évident que la présomption qui naît du cours ordinaire de la nature a toute sa force. — Enfin, la naissance tardive peut être opposée à l'enfant, s'il naît trois cents jours après la dissolution du mariage.—Néanmoins, la présomption qui en résulte ne sera décisive contre lui qu'autant qu'elle ne sera pas affaiblie par d'autres circonstances.

8. On vient de voir que la loi, en donnant au mari un droit de désaveu que la justice et la raison ne permettaient pas de lui refuser, a en même temps repoussé toute attaque qui aurait été précédée d'actes incompatibles.—C'est encore en consultant le cœur humain qu'elle a regardé comme ne devant plus être admise une pareille action judiciaire qui n'aurait pas été intentée dans les plus courts délais.— Le sentiment naturel du mari qui a des motifs suffisants pour désavouer un enfant qu'il croit lui être étranger, est de le rejeter sur-le-champ de la famille : son devoir, l'outrage qu'il a reçu, tout doit le porter à faire sur-le-champ éclater sa plainte. S'il diffère, il s'entend appeler du nom de père, et son silence équivaut à un aveu formel en faveur de l'enfant : la qualité de père que l'on a consenti une fois à porter est irrévocable. — Il devra réclamer dans le mois, s'il se trouve sur les lieux de la naissance de l'enfant; dans les deux mois après son retour, si, à la même époque, il est absent; et dans les deux mois après la découverte de la fraude, si on lui avait caché la naissance.

9. Cependant, si le mari meurt avant qu'il ait fait sa déclaration, et lorsque le délai pour la former n'était pas encore expiré, l'action qu'il pouvait intenter est au nombre des droits que la loi transmet à ses héritiers. On a considéré que le plus souvent les enfants dont la légitimité peut être contestée, ne sont produits dans la famille qu'après la mort du mari qui aurait eu tous les moyens de les repousser. D'ailleurs le mari qui meurt dans le court délai que donne la loi pour réclamer, a le plus souvent été dans l'impuissance d'avoir d'autres soins que ceux de prolonger

les raisons qui avaient déterminé l'adoption de ces dispositions. — Ce projet fut communiqué officiellement par le corps législatif

ses derniers instants. On eût exposé les familles à être injustement dépouillées, si on eût rejeté leur action contre l'enfant que le mari eût pu désavouer. — Mais en même temps la loi a voulu que l'état de cet enfant ne restât pas incertain, et elle ne donne aux héritiers pour contester sa légitimité que deux mois, à compter, soit de l'époque où il serait mis en possession des biens du mari, soit de l'époque où les héritiers seraient troublés par l'enfant dans cette possession. — On a même prévu que le mari ou ses héritiers pourraient chercher à prolonger ces délais, en se bornant à un acte extra-judiciaire, contenant le désaveu. — La loi déclare que cet acte ne sera d'aucune considération, s'il n'est suivi dans le délai d'un mois d'une action en justice, dirigée contre le tuteur nommé à l'enfant en présence de sa mère.

10. Après avoir établi le petit nombre d'exceptions à la règle générale *pater est quem nuptiæ demonstrant*, la loi indique aux enfants légitimes les preuves qu'ils doivent fournir de leur filiation. — Déjà vous avez vu dans un précédent titre du code combien de précautions ont été prises pour constater l'état civil des citoyens. Des actes dressés de manière à établir une preuve complète sont inscrits sur des registres toujours ouverts à ceux qu'ils peuvent intéresser. — S'il existe sur ces registres un acte qui constate l'état réclamé par l'enfant, il ne peut s'élever aucun doute sur sa filiation. C'est un acte public et authentique ; il fait foi tandis qu'il n'est point inscrit de faux. — Mais il est possible que le registre sur lequel l'acte a été inscrit soit perdu, qu'il ait été brûlé, que les feuilles en aient été déchirées ou rongées ; il est même encore possible, et surtout dans des temps de troubles ou de guerre civile, que les registres n'aient pas été tenus, ou qu'il n'y ait pas eu d'acte dressé. — C'est pour l'enfant un malheur d'être privé d'un titre aussi commode. — Mais son état ne dépend point de ce genre de preuve. — L'usage des registres publics pour l'état civil n'est pas très-ancien, et c'est dans des temps plus modernes encore qu'ils ont commencé à être tenus plus régulièrement. Ils ont été établis en faveur des enfants, et seulement pour les dispenser d'une preuve moins facile. — Le genre de preuve le plus ancien, celui que toutes les nations ont admis, celui qui embrasse tous les faits propres à faire éclater la vérité, celui sans lequel il n'y aurait plus rien de certain ni de sacré parmi les hommes, c'est la preuve de la possession constante de l'état d'enfant légitime.

11. Différente des conventions qui, la plupart, ne laissent d'autres traces que l'acte même qui les constate, la possession d'état se prouve par une longue suite de faits extérieurs et notoires, dont l'ensemble ne pourrait jamais exister s'il n'était pas conforme à la vérité. — On ne peut plus douter que l'enfant ne soit né de mariage, quand il prouve que ses père et mère, unis légitimement, l'ont constamment traité comme le sont tous les enfants légitimes. — Cette preuve peut se composer de faits si nombreux et si variés, que leur énumération eût été impossible. — La loi se borne à indiquer les principaux. — L'individu a-t-il toujours porté le nom du père auquel il prétend appartenir? — Le père l'a-t-il traité comme son enfant, et a-t-il pourvu, en cette qualité, à son éducation, à son entretien et à son établissement? — A-t-il été constamment reconnu pour tel dans la société ? — A-t-il été reconnu pour tel dans la famille ? — La loi n'exige pas que tous ces faits concourent ; l'objet est de prouver que l'enfant a été reconnu et traité comme légitime : il n'importe que la preuve résulte de faits plus ou moins nombreux, il suffit qu'elle soit certaine.

Lorsque les deux principaux moyens de constater l'état civil d'un individu, qui sont le titre de naissance et la possession conforme à ce titre, se réunissent, son état est irrévocablement fixé. — Il ne serait même pas admis à réclamer un état contraire, et réciproquement, nul ne serait recevable à le lui contester. — Le titre et la possession d'état ne pourraient être démentis par l'enfant, qu'autant qu'il opposerait à ces faits celui de l'accouchement de la femme dont il prétendrait être né, et qu'il prouverait que c'est lui à qui elle a donné le jour. — Comment entre des faits contraires, celui qui n'est qu'obscur et isolé, tel que l'accouchement, balancerait-il le fait littéralement prouvé par le titre de naissance, ou cette masse de faits notoires qui établissent la possession d'état?

12. Lorsque l'enfant n'a ni possession constante, ni titre, ou lorsqu'il a été inscrit, soit sous de faux noms, soit comme né de père et de mère inconnus, il en résulte une présomption très-forte qu'il n'appartient point au mariage. — Cependant des circonstances extraordinaires, les passions qui auront égaré les auteurs de ses jours, leurs dissensions, des motifs de crainte ou d'autres considérations majeures, peuvent avoir empêché qu'il n'ait été habituellement traité comme enfant légitime. Les faits même qui y auront mis obstacle deviendront des preuves en sa faveur. — Mais il faut que la présomption qui s'élève contre l'enfant soit balancée par celle que présenteront des faits consignés dans des actes écrits, ou qu'ils soient dès lors constants. — Lorsqu'un enfant veut constater son état par une possession qui se compose de faits continus pendant un certain nombre d'années, la preuve par témoins ne présente aucun inconvénient : elle conduit au plus haut degré de certitude que l'on puisse atteindre. Mais, lorsque la question d'état dépend de faits particuliers sur lesquels des témoins subornés ou crédules peuvent en imposer à la justice, leur témoignage seul ne doit point être admis. Une fâcheuse expérience a démontré que, pour des sommes ou des valeurs peu considérables, les témoins ne donnent pas une garantie suffisante. Comment pourrait-on y avoir confiance, lorsqu'il s'agit d'attribuer les droits attachés à la qualité d'enfant légitime, droits qui emportent tous les genres de propriété ? — Cependant il peut résulter d'un acte écrit, et dont la foi ne soit pas suspecte, des indices que les juges trouvent assez graves pour que la vérité doive être approfondie par tous les moyens, au nombre desquels se trouve la preuve testimoniale.

Cet acte est ce qu'on appelle, dans le langage de la loi, un commencement de preuve par écrit. Il faut qu'il présente les caractères de la vérité ; il faut qu'il émane directement de ceux qui, par leur intérêt personnel, sont à l'abri de tout soupçon. On n'admettrait donc point le commencement de preuve par écrit, s'il ne se trouvait, soit dans les titres de famille, soit dans les actes publics et même privés d'une personne engagée dans la contestation, ou qui y aurait intérêt, si elle était vivante. — Il ne serait pas nécessaire qu'il y eût un acte par écrit, si le commencement de preuve dont se prévaut l'enfant était fondé sur un fait dont toutes les parties reconnaîtraient la vérité, ou qui serait dès lors constant. — Que le fait qui établit le commencement de preuve soit ou qu'il ne soit pas consigné dans un acte écrit, il suffit que son existence soit démontrée aux juges autrement que par l'enquête demandée.

13. La loi craint tellement de faire dépendre entièrement les questions d'état de simples témoignages qu'elle impose aux juges le devoir de proscrire les moyens indirects que l'on voudrait prendre pour y parvenir. Telles seraient les plaintes en suppression d'état que l'on porterait aux tribunaux criminels, avant qu'il y ait eu par la voie civile un jugement définitif. — Toujours de pareilles plaintes ont été rejetées comme frauduleuses, et les parties ont été renvoyées devant les juges civils. — Cette décision est contraire à la règle générale qui, considérant la punition des crimes comme le plus grand intérêt de l'État, suspend les procédures civiles quand il y a lieu à la poursuite criminelle ; mais, lorsqu'il y a un intérêt autre que celui de la vengeance publique, intérêt dont l'importance fait craindre que l'action criminelle n'ait pas été intentée de bonne foi ; lorsque cette action est présumée n'avoir pour but que d'éluder la règle de droit civil, qui, sur les questions d'état, écarte comme très-dangereuse la simple preuve par témoins, lorsque la loi civile qui rejette cette preuve, même pour des intérêts civils, serait en opposition avec la loi criminelle qui l'admettrait, quoiqu'elle dût avoir pour résultat le déshonneur et une peine afflictive ; il ne peut rester aucun doute sur la nécessité de faire juger les questions d'état dans les tribunaux civils, avant que les poursuites criminelles puissent être exercées. — On ne peut se dissimuler que, même avec ces précautions, il ne soit encore possible que dans des cas très-rares la religion des juges soit trompée. Mais il n'est pas douteux qu'il y aurait des victimes nombreuses, si on repoussait impitoyablement les enfants qui, privés de titre et de possession d'état, ou inscrits, soit sous de faux noms, soit comme nés de père et de mère inconnus, se présenteraient avec les moyens qui viennent d'être indiqués. C'est à la sagesse des tribunaux qu'il appartiendra d'apprécier la foi que méritent les témoins, et de se mettre en garde contre l'intrigue.

14. La loi veille suffisamment à l'intérêt des familles, lorsque, dans tous les cas où l'enfant peut appeler des témoins, elles sont autorisées à faire la preuve contraire par tous les moyens propres à établir que le réclamant n'est pas l'enfant de la mère qu'il prétend avoir. — La preuve de maternité qui aurait été faite contre la femme n'est pas regardée comme preuve de paternité contre le mari. En effet, la preuve de la maternité s'établissant sur le fait de l'accouchement d'un enfant, le même que celui qui réclame, il n'en résulte aucune possession d'état, aucune reconnaissance du père, aucun titre.

15. Si la loi se montre sévère sur le genre de preuves qu'elle admet, elle veut que l'accès des tribunaux soit toujours ouvert à l'enfant qui réclame. Elle écarte les obstacles qui s'opposeraient à ce que des actions ordinaires fussent intentées. Celle en réclamation d'état sera imprescriptible à son égard. — La prescription est fondée sur l'intérêt public qui exige que les propriétés ne restent pas incertaines. — Il ne s'agit pas ici d'une simple propriété, l'état civil affecte la personne et les biens. C'est un intérêt qui doit l'emporter sur tous les autres. — Pour qu'une propriété ordinaire cesse d'être incertaine, il suffit qu'après un certain temps on ne puisse plus l'attaquer. — Pour que l'état civil cesse d'être incertain, il faut que l'on puisse toujours, afin de le fixer, recourir aux tribunaux.

16. La même faveur ne doit pas s'étendre aux héritiers. Il ne s'agit pas pour eux d'obtenir le rang d'enfants légitimes, et leurs prétentions contre la famille dans laquelle ils veulent entrer doivent dépendre de la conduite qu'a tenue envers cette famille celui qu'ils représentent. — Si l'action a été intentée par l'enfant, les héritiers la trouvent au nombre des droits qu'ils ont à exercer dans sa succession. — Mais, si on peut induire de la conduite de l'enfant qu'il n'ait pas cru avoir des droits, ou qu'il s'en soit désisté, les héritiers ne doivent plus être admis à s'introduire dans une famille à laquelle leur auteur s'est lui-même regardé

au tribunat le lendemain 21 vent. — Le 28 du même mois, M. Lahary en fit le rapport à l'assemblée générale du tribunat,

comme étranger. — Il n'y aura aucun doute à cet égard, si l'enfant, après avoir intenté son action, s'en est formellement désisté. — L'intention de se désister sera présumée respectivement aux héritiers, s'il a laissé trois années s'écouler sans donner suite à la procédure commencée. — Il sera de même réputé n'avoir jamais eu l'intention de réclamer, s'il est mort sans l'avoir fait, après cinq années expirées depuis sa majorité. — Dans tous ces cas, l'action ne pourra être intentée par ses héritiers. — C'est ainsi que, dans la loi proposée, on a cherché à concilier l'intérêt de ceux qui réclament leur état et celui des familles. Il n'est point de demande plus favorable que celle d'un enfant qui veut recouvrer son état civil. Mais aussi les exemples d'enfants qui se trouvent injustement dans cette position malheureuse, sont moins nombreux que les exemples d'individus troublant injustement le repos des familles; il y a plus de gens excités par la cupidité, qu'il n'y a de pères et de mères dénaturés.

17. Après avoir établi les règles sur la filiation des enfants légitimes, la loi s'occupe du sort des enfants nés hors mariage. — Elle met dans une classe à part ceux qui, étant nés de pères et mères libres, peuvent être élevés au rang d'enfants légitimes, lorsque leurs pères et mères s'unissent par les liens du mariage. — La légitimation par le mariage subséquent fut au nombre des lois romaines. — Le droit canonique, suivi à cet égard en France depuis un grand nombre de siècles, mit aussi au nombre de ses principes que la force du mariage rendait légitimes les enfants que les époux avaient eus ensemble antérieurement. — L'ordre public, le devoir du père, l'intérêt de la mère, la faveur due à l'enfant, tout concourt à faire maintenir cette espèce de légitimation. — L'ordre public est intéressé à ce que l'homme et la femme qui vivent dans le désordre aient un moyen d'éviter l'un et l'autre de ces deux écueils, celui de se séparer par dégoût, ou celui de continuer un commerce illicite. La loi leur offre dans une union sainte et respectable des avantages assez précieux pour les porter à la contracter. — Au nombre de ces avantages, l'homme aura celui de procurer à l'enfant pour qui la nature doit lui avoir inspiré des sentiments de tendresse, toutes les prérogatives que donne dans la société la qualité d'enfant légitime. C'est même de sa part un devoir que sa conscience doit sans cesse lui rappeler. — Cette légitimation est pour la femme le plus heureux moyen de réparer sa faute, de recouvrer son honneur, et de se rendre digne des titres honorables d'épouse et de mère. — Les enfants nés d'un père et d'une mère qui deviennent ensuite époux légitimes, ne sauraient être plus dignes de faveurs que quand ils invoquent les effets d'une union qui a des rapports si intimes avec leur naissance antérieure. — Cependant, si l'intérêt des mœurs a fait admettre la légitimation par mariage subséquent, ce même intérêt s'oppose à ce qu'elle ait lieu, si les enfants ne sont pas nés de père et de mère libres. Les fruits de l'adultère ou de l'inceste ne sauraient être ensuite assimilés à ceux d'un hymen légitime.

18. Il est encore, pour le repos des familles, une condition exigée des pères et mères : ils doivent reconnaître, avant le mariage ou dans l'acte de sa célébration, les enfants qu'ils ont à légitimer. — Ceux qui regrettent que la reconnaissance postérieure à la célébration n'ait pas le même effet, pensent que la légitimation est une suite nécessaire du mariage, et ils craignent que la pudeur ou l'intérêt de ne pas aliéner le cœur de parents austères, n'ait empêché les époux de faire à temps les actes de reconnaissance. — La règle suivant laquelle le mariage légitimait de plein droit avait été admise dans le système où la recherche de la paternité n'était pas interdite. Alors l'enfant conservait toujours le droit de prouver contre ses père et mère l'origine de sa naissance; il n'avait pas besoin d'être reconnu. Mais, lorsqu'il n'y a de paternité constante que par la reconnaissance même du père, ainsi qu'on l'expliquera dans la suite, il est indispensable que l'enfant soit d'abord avoué pour être ensuite légitimé. — La légitimation n'est point un effet nécessaire du mariage : elle n'est qu'un bénéfice de la loi. Autrefois même, dans plusieurs pays, elle devait être rendue solennelle par des cérémonies publiques au moment de la célébration. — Dans d'autres, tels que l'Angleterre, on ne l'a point adoptée; elle y a été considérée comme favorisant le concubinage. — Dans la loi proposée, si on la regarde comme utile à l'ordre public, ce n'est qu'avec des précautions dictées par l'expérience. Les enfants nés hors mariage n'ont point en leur faveur de présomption légale de leur naissance; ils n'ont qu'un témoignage : il doit être donné dans un temps non suspect. La loi ne peut laisser à des époux la faculté de s'attribuer des enfants par leur consentement mutuel. Les familles ne doivent pas être dans une continuelle incertitude. — La pudeur ou la crainte par lesquelles on suppose que les père et mère ont pu être enchaînés avant le mariage, et à l'époque de sa célébration, ne sont pas des motifs d'admettre une reconnaissance tardive. — La loi ne saurait faire entrer en considération une fausse pudeur et des vues d'intérêt. Il est, au contraire, dans ses principes que rien ne peut dispenser d'obéir à la conscience, et de remplir les devoirs de la nature.

19. Cette légitimation est admise même en faveur des enfants décédés qui ont laissé une postérité, et, dans ce cas, elle profite à leurs descendants. — L'équité a prescrit cette mesure. La légitimation du père aurait eu sur le sort et sur la fortune de ses enfants une telle influence, qu'elle ne saurait être regardée comme un bienfait qui lui soit personnel. C'est un chef de famille que la loi a voulu créer : si ce chef n'existe plus, ses descendants doivent être admis à le représenter.

20. Une déclaration du 26 nov. 1639 avait déclaré incapables de toute succession les enfants nés de femmes que les pères avaient entretenues, et qu'ils avaient épousées à l'extrémité de la vie. — Cette disposition, qui ne fut d'abord appliquée qu'aux pères, fut ensuite étendue aux femmes par un édit de 1697, et l'incapacité de succéder fut rendue commune aux enfants même qui naîtraient après ces mariages et à leur postérité. — Aucune loi semblable n'avait encore été rendue. Elle fut déterminée par quelques arrêts, dont les plus anciens sont de peu d'années antérieurs à la déclaration de 1639. Elle dérogeait au droit commun, qui donnait alors au mariage la force de légitimer les enfants. Elle a toujours trouvé de nombreux contradicteurs. L'expérience d'un siècle et demi prouve que la société n'en a pas retiré des avantages réels, et il peut en résulter des inconvénients très-graves. — Et d'abord n'y a-t-il pas contradiction à permettre le mariage à quelque époque de la vie que ce soit, et à priver ce mariage d'un effet aussi important que celui de la légitimation des enfants qui pourraient en naître, ou qui seraient nés antérieurement? — Ce contrat exige des formalités et des cérémonies extérieures, qui donnent la certitude que les époux y ont consenti avec réflexion et avec persévérance. — Comment supposer qu'ils aient été capables de réflexion pour leur mariage, et qu'ils aient été incapables de faire avec discernement la reconnaissance d'enfants qu'ils auraient eus antérieurement. — Le mariage, dans son institution et dans sa fin, est tout en faveur des enfants. Quelle serait donc cette espèce de mariage incompatible avec leur légitimité?

On a senti que dans la loi de 1639 il y avait une inconséquence, en ce que le mariage contracté à l'extrémité de la vie était suffisant pour légitimer les enfants nés postérieurement, tandis que ce mariage était déclaré insuffisant pour légitimer des enfants dont la naissance serait antérieure. On a, dans la loi de 1697, fait cesser cette contradiction par une disposition plus étrange encore et plus destructive de tous les principes. On a enveloppé dans la même proscription les enfants nés depuis un mariage légitime, comme ceux nés antérieurement. — Si on peut citer quelques exemples de reconnaissances suggérées, combien d'autres dictées par la conscience auront été étouffées! La seule crainte de la fraude ne doit point être un motif pour interdire des actes commandés par la justice. — On a craint que le concubinage ne fût encouragé, si les femmes qui se livrent à ce désordre pouvaient se marier à l'époque où l'homme, près du tombeau, ne serait plus arrêté par aucune considération. — L'expérience a prouvé que les recherches sur le concubinage d'une femme devenue épouse légitime, n'ont présenté que des scènes scandaleuses, sans utilité pour les mœurs : l'honnêteté publique ne peut pas permettre que, pour sacrifier des enfants, on commence par déshonorer la mère. Son mariage ne serait pas annulé; elle serait décorée du titre de femme; sa conduite antérieure serait couverte de ce voile respectable; et cette conduite ne pourrait plus être opposée qu'à ceux qui n'en sont pas coupables.

Les mariages à l'extrémité de la vie sont très-rares; ce qui prouve qu'il n'est point dans le cœur de l'homme, surtout lorsqu'il a des enfants, d'attendre ses derniers moments pour assurer leur sort. — Le respect dû aux mœurs, la justice à rendre aux enfants, le désespoir d'un homme qui, surpris par les maux avant-coureurs de la mort, ne pourrait plus réparer ses torts; le malheur d'une femme qui, le plus souvent, a été séduite par des promesses trop longtemps retardées; tous ces motifs ont fait rejeter, dans le nouveau code, la législation sur l'effet des mariages contractés à l'extrémité de la vie.

21. Une autre espèce de légitimation avait lieu dans l'ancien régime. Elle se faisait par l'autorité du prince; elle n'attribuait point tous les droits de la légitimité. Le principal objet de cette prérogative royale était de faire cesser, pour ceux qui obtenaient cette faveur, l'incapacité de remplir des dignités et des emplois. — Cette incapacité a été regardée comme une proscription inutile et même nuisible à l'ordre social. Depuis longtemps le préjugé qui tenait les enfants naturels dans l'avilissement a été détruit par la raison et par l'humanité. — Cette espèce de légitimation n'a point dû reparaître dans le nouveau code.

22. Après avoir réglé le sort des enfants naturels qui peuvent être légitimés par le mariage subséquent, la loi s'occupe de ceux qui ne peuvent aspirer aux droits d'enfants légitimes. — Ce sont des victimes innocentes de la faute de leurs parents. L'ordre social a exigé que des prérogatives fussent accordées aux enfants nés de mariages légitimes. La nécessité de maintenir la barrière qui les sépare a été reconnue par tous les peuples : mais la dignité du mariage n'exige point qu'ils soient étrangers à ceux dont ils tiennent la naissance. La loi serait à la fois impuissante et barbare qui voudrait étouffer le cri de la nature entre ceux qui donnent et ceux qui reçoivent l'existence. — Les pères et mères ont envers leurs enfants naturels des devoirs d'autant plus grands, qu'ils ont à se reprocher leur infortune. La loi a seulement été obligée de poser des bornes au delà

au nom de la section de législation (1). Il s'appliqua particulièrement, dans ce rapport, à repousser les reproches qui avaient été

desquelles l'institution du mariage serait compromise. — Lorsqu'il s'agit de fixer le sort des enfants naturels, rien n'est plus difficile que de conserver un juste équilibre entre les droits qu'ils tiennent de leur naissance, et les mesures qu'exige la nécessité de maintenir l'organisation des familles. Il semble que ce soit un écueil contre lequel, jusqu'ici, les législateurs ont échoué; ils ont trop exigé pour l'ordre social, ou ils l'ont trop négligé. — Dans l'ancien régime, on donnait aux enfants naturels qui n'étaient point reconnus par leurs pères, trop de facilité à inquiéter les familles auxquelles ils étaient étrangers, et, sous les rapports de la fortune, ils étaient traités avec une rigueur excessive. — Pendant la révolution, la loi ancienne a été réformée en ce qu'elle admettait des recherches odieuses sur la paternité; mais on s'est laissé entraîner par des sentiments de bienfaisance : on leur a donné des droits qui les assimilaient sous un trop grand nombre de rapports aux enfants légitimes.

On a cherché, dans le nouveau code, à réparer ces erreurs, et à poser enfin les justes limites entre lesquelles ni les droits de la nature, ni ceux de la société ne seront violés.—La part que les enfants naturels auront dans les biens de leurs père et mère, et la qualité dans laquelle ils pourront réclamer cette part, seront déterminées au titre des Successions. Il s'agit seulement ici d'établir les règles, pour reconnaître le lien qui les unit aux auteurs de leurs jours.

23. Depuis longtemps, dans l'ancien régime, un cri général s'était élevé contre les recherches de paternité. Elles exposaient les tribunaux aux débats les plus scandaleux, aux jugements les plus arbitraires, à la jurisprudence la plus variable. L'homme dont la conduite était la plus pure, celui même dont les cheveux avaient blanchi dans l'exercice de toutes les vertus, n'étaient point à l'abri de l'attaque d'une femme impudente, ou d'enfants qui lui étaient étrangers. Ce genre de calomnie laissait toujours des traces affligeantes. En un mot, les recherches de paternité étaient regardées comme le fléau de la société.—Une loi très-favorable aux enfants naturels fut rendue par la convention, le 12 brum. an 2; cependant elle crut devoir faire cesser l'abus des procès dont les enfants voudraient encore tourmenter les familles sans motifs plausibles.—Il fut réglé pour le passé que « la preuve de leur possession d'état ne pourrait résulter que de la représentation d'écrits publics ou privés du père, ou de la suite de soins donnés à titre de paternité et sans interruption, tant à leur entretien qu'à leur éducation, et qu'il en serait de même à l'égard de la mère. » — Quant à l'avenir, il fut statué que « l'État et les droits des enfants naturels dont le père et la mère seraient encore existants lors de la promulgation du code civil, seraient en tous points réglés par les dispositions de ce code, et que, néanmoins, en cas de mort de la mère avant la promulgation, la reconnaissance du père, faite devant un officier public, suffirait pour constater l'état de cet enfant.» — A cette même époque, une partie du code civil était préparée, et on se disposait à la promulguer d'un jour à l'autre. On y avait établi que la loi n'admet point la recherche de la paternité non avouée, et que la preuve de la reconnaissance du père ne peut résulter que de sa déclaration, faite devant un officier public. — Dans la loi proposée, cette sage disposition qui interdit les recherches de la paternité, a été maintenue. Elle ne pourra jamais être établie contre le père que par sa propre reconnaissance, et encore faudra-t-il, pour que les familles soient, à cet égard, à l'abri de toute surprise, que cette reconnaissance ait été faite, ou par l'acte même de naissance, ou par un acte authentique.

24. La loi proposée n'admet qu'une seule exception : c'est le cas d'enlèvement, dont l'époque se rapporte à celle de la conception. Alors le ravisseur pourra, sur la demande des personnes intéressées, être déclaré père de l'enfant.—Dans ce cas, le délit du ravisseur et la forte présomption qu'il est l'auteur de la grossesse de la femme, lorsque l'enlèvement se rapporte à l'époque de la conception, sont des motifs suffisants pour qu'il puisse, s'il n'a pas de moyens de défense valables, être déclaré père de l'enfant. On se portera moins facilement à ce genre de crime, et on en subira la peine la plus naturelle, si on peut appeler ainsi l'accomplissement des devoirs d'un père.

25. La règle exclusive de la recherche de la paternité ne s'applique point à la mère. Il ne s'agit point, à son égard, de pénétrer les mystères de la nature : son accouchement et l'identité de l'enfant sont des faits positifs et qui peuvent être constatés.—Cependant la loi a cru devoir prendre des précautions contre le genre de preuves qui pourra être admis. Si la crainte des vexations et de la diffamation a fait rejeter les recherches de la paternité, ce serait pour les femmes un malheur encore plus grand, si leur honneur pouvait être compromis par quelques témoins complaisants ou subornés. On ne présume point qu'un enfant ait été mis au monde sans qu'il y ait par écrit quelques traces, soit de l'accouchement, soit des soins donnés à cet enfant. Il était donc à la fois de justice particulière et d'honnêteté publique de n'admettre l'enfant à prouver qu'il est identiquement le même que celui dont la mère qu'il réclame est accouchée, que dans le cas où il aura déjà un commencement de preuve par écrit.

26. La reconnaissance des enfants adultérins ou incestueux serait, de la part du père et de la mère, l'aveu d'un crime. Il a été réglé qu'elle ne pourrait avoir lieu qu'au profit d'enfants nés d'un commerce libre.—On a voulu également éviter le scandale public que causerait l'action judiciaire d'un enfant adultérin ou incestueux, qui rechercherait son état dans la preuve du délit de ceux qu'il prétendrait en même temps être les auteurs de ses jours. Ils ne seront, dans aucun cas, admis à la recherche, soit de la paternité, soit de la maternité.

27. La déclaration de la mère sur la paternité, ne pouvant devenir un titre pour inquiéter celui qu'elle aurait désigné, il devait être décidé, par réciprocité et par le même motif d'honnêteté publique, que celui qui se reconnaîtrait pour père ne pourrait point donner des droits contre la femme qu'il indiquerait. La reconnaissance du père, sans l'indication et l'aveu de la mère, n'aura d'effet qu'à l'égard du père. — Il semble, au premier coup d'œil, que la reconnaissance du père ne devrait être d'aucun effet quand elle est désavouée par la mère. C'est elle qui doit avoir, plus encore que celui qui se reconnaît pour le père, le secret de la paternité. Mais il est possible que la mère, soit par haine contre le père qui s'est reconnu, soit par d'autres considérations, désavoue cette reconnaissance. On a trouvé qu'il serait trop dur que le cri de la conscience et de la nature de la part du père fût étouffé par un seul témoignage qui pourrait même souvent être suspect.

28. Il faut encore observer qu'il serait contraire aux mœurs que la reconnaissance du père ne pût être faite sans indiquer la mère, afin qu'elle avoue ou désavoue. Il pourrait même arriver qu'elle mourût avant d'avoir fait sa déclaration. Le père doit donc avoir le droit de reconnaître l'enfant sans indiquer la mère; et puisqu'il n'a pas besoin de son secours, c'est un motif de plus pour que le désaveu de la mère indiquée ne puisse nuire aux enfants.

29. Il est un cas dans lequel un enfant naturel ne pourrait se prévaloir de la reconnaissance du père: c'est celui où elle aurait été donnée par l'un des époux au profit d'un enfant naturel qu'il aurait eu, pendant son mariage, d'un autre que de son époux. Une pareille reconnaissance ne pourra nuire ni à l'autre époux ni aux enfants nés de ce mariage. Il ne peut pas dépendre de l'un des époux de changer, après son mariage, le sort de sa famille légitime, en appelant des enfants naturels qui demanderaient une part dans les biens. Ce serait violer la foi sous laquelle le mariage aurait été contracté. Si l'ordre public ne permet pas que des époux reconnaissent, après leur mariage, leurs propres enfants qu'ils voudraient légitimer, à plus forte raison les enfants qui sont étrangers à l'un d'eux ne peuvent-ils acquérir, depuis le mariage, des droits contraires à ceux des enfants légitimes.—Cependant il peut arriver qu'à l'époque de la dissolution de ce mariage, il ne reste pas de descendants. Il n'y a point alors de motif pour que la reconnaissance ne reçoive pas son exécution, comme elle l'aurait eue s'il n'y avait point eu d'enfants du mariage.

30. Une dernière précaution prise par la loi est que toute reconnaissance de la part du père ou de la mère, de même que toute réclamation de la part de l'enfant, pourra être contestée par tous ceux qui y auront intérêt. — Les enfants légitimes sont sous l'égide du mariage. Leur état civil n'est pas susceptible d'être attaqué dans les cas où peut l'être une simple reconnaissance d'enfants naturels. Nul ne peut, par son seul témoignage, être utile à l'un en faisant une injustice à l'autre. —Enfin il a été regardé comme important de rappeler et de constater la maxime qu'il n'appartient qu'aux tribunaux de statuer sur les réclamations d'état. C'est une des principales garanties de la liberté civile. — Tels sont, citoyens législateurs, les motifs des dispositions contenues au titre de la paternité et de la filiation. — Il était nécessaire de remplir dans la législation le vide immense que laissait le défaut de règle générale et positive sur une matière aussi importante, et presque toujours exposée aux variations de jurisprudence des tribunaux. Ce sera sans doute un grand bienfait de la loi, lorsque chacun y trouvera son sort clairement fixé sur des principes que son cœur et sa raison ne pourront méconnaître.

(1) Rapport fait au tribunat, par le tribun Lahary, au nom de la section de législation, sur la loi relative à la paternité et à la filiation (séance du 28 vent. an 11).

31. Tribuns, parmi les projets de lois de ce code si impatiemment attendu (et dont l'émission semble n'avoir été quelque temps retardée que pour qu'il pût subir, dans le sein du tribunat, la double épreuve d'un examen secret et d'une discussion publique), il en est peu d'un intérêt aussi majeur que celui dont votre section de législation m'a chargé de vous entretenir. — Ce projet de loi, relatif à la paternité et à la filiation, et qui forme le septième titre du code civil, est en effet d'autant plus important, qu'il a pour objet d'assurer l'état et le repos des familles; de régler les intimes rapports qui existent entre les pères et mères et leurs enfants; de resserrer les liens qui les unissent, soit dans l'ordre de la société, soit dans l'ordre de la nature; de relâcher ces liens ou de les rompre quand ils n'ont pu légalement se former, et de fixer, en déterminant les premières relations de l'homme et du citoyen, l'une des bases fondamentales de l'édifice social. — Trop longtemps, il faut le dire, ces

bases ont été violemment ébranlées, trop longtemps le vice et l'immoralité y ont porté de cruelles atteintes; trop longtemps enfin, la législation elle-même, destinée à en garantir la stabilité, a malheureusement contribué à les miner sourdement, en prêtant son appui à la fraude et à l'impudeur, en favorisant la profanation du saint nœud du mariage par la facilité donnée aux femmes parjures d'introduire des étrangers dans les familles, en refusant à l'époux honnête et vertueux le droit de les désavouer, excepté dans des cas extrêmement rares; et, pour tout dire enfin, en décernant aux enfants nés d'unions illicites tous les droits et les honneurs de la légitimité. — Il était réservé à un gouvernement juste et réparateur de rasseoir les fondements de cet édifice sur les principes immuables de la raison, de la justice, de la morale et de l'honnêteté publiques; il lui était réservé, pour mettre le comble à tous ses bienfaits, d'arrêter ces scandaleux désordres par une législation plus sévère et plus réprimante. — C'est pour atteindre ce grand but que le projet de loi change ou modifie la législation ancienne dans quelques-unes de ses dispositions, qu'il conserve ce qu'elle avait de bon et d'utile, qu'il corrige ce qu'elle présentait de vicieux ou d'abusif, qu'en un mot il introduit de sages innovations que réclamaient de concert, et l'urgente nécessité de la réforme de nos lois, et le besoin plus impérieux encore de l'amélioration de nos mœurs.— Tel est, citoyens tribuns, l'aspect général sous lequel se présente le projet de loi qui vous est soumis, et vous pressentez déjà que, sous ce premier rapport, il a obtenu et dû obtenir l'assentiment unanime de votre section de législation.

Mais la section ne s'est pas bornée à considérer le système général de la loi proposée; elle en a encore très-attentivement examiné les détails; et plus elle a mis de soin à scruter ses diverses dispositions, plus elle s'est convaincue qu'elles sont autant de conséquences qui découlent naturellement des principes sur lesquels elle est fondée.— Je vais successivement les parcourir pour vous rendre un plus fidèle compte de l'examen approfondi auquel elle s'est livrée. Je tâcherai de n'omettre aucune des observations essentielles qu'elle a faites sur chaque article, et si je n'y peux répandre de nouvelles lumières, je tâcherais du moins de ne vous rien dérober de celles qui ont éclairé sa discussion. — Je désirerais que celle que j'ai à vous présenter pût être rapide et succincte; mais la brièveté du temps et l'abondance des matières sont deux obstacles qu'il n'est pas en mon pouvoir de surmonter, et qui m'entraîneront, malgré moi, dans des détails minutieux, si pourtant il peut y avoir quelque chose de minutieux en matière de législation. — Le titre *de la paternité et de la filiation* se divise en trois chapitres : — Le premier traite *de la filiation des enfants légitimes, ou nés dans le mariage;*— Le second, *des preuves de la filiation des enfants légitimes;* — Le troisième se subdivise en deux sections relatives, la première, *à la légitimation des enfants nés hors le mariage*, la deuxième, *à la reconnaissance des enfants naturels.*— Ce plan a paru à votre section d'autant plus sagement conçu, qu'il embrasse, dans le cadre le plus raccourci, tout ce qui est relatif à la paternité et à la filiation, dans l'ordre de la nature. Je dis dans l'ordre de la nature, parce que la paternité d'adoption doit faire la matière d'un titre particulier. Elle a également applaudi à l'extrême précision avec laquelle les articles sont rédigés, ce qui ne nuit en rien à l'ordre ni à l'enchaînement des idées, non plus qu'au développement et à la clarté des diverses dispositions.—Après avoir exposé le plan du projet qui nous occupe, je passe à l'examen des articles dont il se compose.

CHAP. 1. — De la filiation des enfants légitimes ou nés dans le mariage.

32. L'art. 312 (le premier du chapitre du projet), s'exprime ainsi : (V. ci-après, p. 167).—Cet article renferme deux dispositions.—La première consacre la maxime si ancienne et si connue, que notre jurisprudence avait empruntée de la loi romaine : *Pater est quem nuptiæ demonstrant.* — La seconde fixe d'abord la première exception à cette règle générale, en admettant comme moyen de désaveu *l'impossibilité physique de la cohabitation, causée par l'éloignement, ou par l'effet de quelque accident.* — Elle fixe ensuite le temps dans lequel cette exception peut être opposée, en précisant les deux époques où l'impossibilité physique a dû exister, pour faire cesser la présomption de la loi sur le fait de la paternité. Ces époques se renferment *dans les limites le plus généralement avouées*, c'est-à-dire entre le trois-centième et le cent-quatre-vingtième jour.— Ces deux termes sont de rigueur, et ils embrassent, avec une suffisante latitude, tout l'intervalle qu'il y a à parcourir entre celui des naissances précoces et celui des naissances tardives.— Ainsi, soit qu'il s'agisse d'un enfant né le cent-quatre-vingtième ou le trois-centième jour (c'est-à-dire, à six mois, ou à dix mois), le mari sera tenu de prouver qu'au moment de la conception de cet enfant (et non plus tôt ni plus tard), il était dans l'impossibilité physique de cohabiter avec sa femme.

33. L'art. 313 (le deuxième du même chapitre) admet aussi la règle générale, mais avec deux restrictions. —Premièrement, il proscrit l'exception d'*impossibilité physique*, prise de l'*impuissance naturelle* qu'admettaient le droit romain et la jurisprudence, et il déclare que le mari *ne pourra alléguer cette impuissance pour désavouer l'enfant.*—Secondement, en proscrivant cette exception, cet article en admet de nouvelles, qui sont à la fois plus raisonnables et mieux fondées. Ces nouvelles exceptions ont pour objet d'autoriser le désaveu du mari, dans les cas de l'*adultère prouvé de sa femme*, et du *recel de la naissance de l'enfant.* Il veut que, dans le concours de ces deux circonstances, le mari soit admis à désavouer l'enfant, en prouvant *qu'il n'en est pas le père.*

34. Quelques personnes ont cru remarquer une sorte de contradiction entre ces deux articles, en ce que l'un admet généralement et sans restriction la preuve de l'*impossibilité physique*, comme moyen absolu de désaveu; et que l'autre, au contraire (en déclarant admissible la preuve de la non-paternité dans les deux cas qu'il exprime), semble subordonner cette même preuve à ces deux conditions.—Mais cette contradiction prétendue disparaîtra bientôt, si l'on considère que le premier article n'admet que l'*impossibilité physique*, et l'admet dans tous les cas, sans même qu'il soit besoin de recourir à l'exception d'adultère; et que le second article admet (dans le cas de l'adultère prouvé et du recel de la naissance de l'enfant), non-seulement la preuve de l'impossibilité physique, mais encore la preuve d'une sorte d'impossibilité morale. Je tranche le mot, car c'est là qu'est le nœud de l'apparente contradiction qu'on lui reproche. — A la vérité, les deux circonstances qui font admettre cette dernière preuve, quoique bien graves, quoique bien fortes toutes deux, ne sont pas capables de balancer la présomption légale qui résulte du mariage. Mais si le mari fonde son désaveu sur ces deux probabilités, et qu'il prouve tous les faits propres à justifier qu'il n'est pas le père de l'enfant, alors ce cumul de faits et d'indices *forme* (comme l'a judicieusement observé l'orateur du gouvernement) *une masse de présomptions qui ne laisse plus à celle qu'on peut tirer du mariage son influence décisive.* — Ainsi donc, le premier et le second article se concilient parfaitement, puisque l'un ne fait qu'une seule exception à la règle générale, et que l'autre y apporte plusieurs restrictions; puisque la première disposition s'applique à tous les cas, et que la seconde est bornée aux deux circonstances qu'elle a prévues, non, à la vérité, pour fonder le désaveu, mais uniquement pour faire admettre la preuve qui l'autorise (*a*).

35. Je ne crois pas, citoyens tribuns, devoir m'appesantir plus longtemps sur ce reproche, et j'entre enfin dans l'examen plus approfondi des premiers articles du projet. Je les ai rapprochés tous deux, parce que la discussion à laquelle je vais me livrer leur étant commune, j'y trouverai le double avantage et de ne pas revenir deux fois sur le même objet, et de ne pas fatiguer votre attention par des répétitions inutiles. — Et d'abord rappelons-nous ici la disposition de l'art. 312, qui porte *que l'enfant conçu pendant le mariage a pour père le mari.* — Cette maxime, puisée dans la raison, et adoptée par tous les peuples civilisés, était d'autant plus digne d'être recueillie dans notre code civil, qu'elle est fondée *sur l'utilité publique, sur le repos des familles, et sur la tranquillité des mariages.* — Un autre motif rend cette maxime *presque inviolable*, c'est l'impossibilité où l'on est souvent réduit de prouver le contraire; et, dans le doute, la sagesse du législateur *présume toujours en faveur de l'innocence de la mère et de l'état de l'enfant.* — Cette règle générale n'est point, il faut l'avouer, un de ces principes dont la vérité soit mathématiquement démontrée; mais enfin c'est une présomption légale, qui doit avoir toute la force d'une preuve jusqu'à ce qu'elle soit renversée par une preuve contraire. — On prévoit d'avance pourquoi la loi se fonde ici sur une présomption et non sur un principe : c'est qu'ayant à statuer dans une matière qui n'est pas de son domaine, et sur un fait aussi incertain que celui de la paternité, il n'était pas une seule règle de vérité première qui pût servir de base à sa disposition.

La nature ayant couvert l'acte de la génération des plus impénétrables mystères, la loi a donc été contrainte d'établir, à défaut de principe invariable, une présomption de droit qui devînt la garantie d'un fait dont il était impossible d'acquérir autrement la certitude. Mais cette présomption étant revêtue de l'autorité de la loi, acquiert, par la force de la loi même, un degré de probabilité équivalent à la vérité qui se dérobe ici à presque toutes les recherches. — Sans doute, comme je l'ai déjà observé, cette présomption, qui défère au mari la paternité de l'*enfant conçu pendant le mariage*, ne peut porter le caractère de l'infaillibilité. Quoique admise par la loi, quoique tenant d'elle tout son ascendant et son empire, elle ne cesse pas, pour cela, d'être une présomption, et toute présomption, quelle qu'elle soit, doit disparaître devant une preuve po-

(*a*) Si l'on admettait une toute autre interprétation que celle que je donne et que l'orateur du gouvernement a donnée lui-même à ces deux articles, il en résulterait que l'art. 313, loin de contenir une nouvelle disposition plus large et plus étendue que celle portée par l'art. 312, la modifierait au contraire, et la restreindrait, en ne la rendant applicable qu'aux cas de l'adultère prouvé et du recel de la naissance de l'enfant; tandis qu'indépendante de toute circonstance elle s'applique nécessairement à tous les cas.

plus sages qui pussent être adoptées sur la matière. Il concluait dans ce rapport, dont plusieurs passages présentent des com-

sitive. — Mais il n'en est pas moins constant, d'après tous les auteurs qui ont écrit sur cette matière, « que si la présomption légale n'est pas infaillible, elle est au moins très-légitime, et que si, d'un côté, elle souffre une preuve contraire, parce qu'elle n'est point infaillible, elle est considérée, de l'autre, comme la vérité, jusqu'à ce qu'elle soit détruite, précisément parce qu'elle est légitime, » et parce que, dans l'absence du principe, elle doit forcément en tenir lieu. — De là résulte, comme on voit, l'indispensable nécessité d'admettre des exceptions à la règle générale; car, dès qu'il est des cas où il peut être évidemment prouvé que le père *n'est pas celui qne démontre le mariage*, il faut bien que cette règle, toute puissante qu'elle soit, fléchisse sous la preuve d'un fait plus puissante qu'elle.

Mais quel est le genre, la nature et le nombre des exceptions à introduire à cette règle générale, pour l'approprier, sans danger et avec tout l'avantage possible, à la législation d'un peuple qui voudra en faire une des maximes de son code civil? — Voilà, citoyens tribuns, un des grands problèmes que le gouvernement avait à résoudre, et vous verrez bientôt qu'il l'a sagement résolu par l'art. 2 de la loi qu'il propose.—Je donnerai quelques développements à ce que j'ai à dire sur cet article, qui est le trois-cent-treizième; car il me paraît renfermer la plus belle comme la plus hardie (*a*) des innovations; et c'est parce qu'on pourrait l'attaquer sous ce rapport avec quelque fondement, que je m'appliquerai particulièrement à la justifier.

56. Les législateurs de Rome n'admirent d'autres exceptions à la règle *Pater est quem nuptiæ demonstrant*, que celles qui résultaient *de l'impossibilité physique de la cohabitation des époux et de l'impuissance naturelle du mari, continuelle ou passagère;* et ils se fondèrent à cet égard sur le principe d'éternelle raison, qui veut que la présomption, légale même, cède à l'évidence du fait contraire. — *Filium eum definimus* (dit la loi 6, au Digeste, *De his qui sui vel alieni juris sunt*) *qui ex viro et uxore ejus nascitur; sed si fingamus abfuisse maritum, verbi gratiâ per decennium..... vel si eâ valetudine fuit, ut generare non possit, hunc qui in domo natus est, licet vicinis scientibus, filium non esse.* — Permettez-moi, citoyens tribuns, de vous rappeler ici ce que pensait de cette loi l'illustre d'Aguesseau : quel meilleur interprète pourrais-je choisir, dès qu'il s'agit ici d'une des dispositions du droit romain, dont il avait fait une si profonde étude, principalement sur tous les points adoptés par la jurisprudence française?

« La présomption capable d'attaquer celle de la loi, disait ce magistrat (*b*), doit être écrite dans la loi même; elle doit être fondée sur un principe infaillible, pour pouvoir détruire une probabilité aussi grande que celle qui sert de fondement à cette preuve. — Or il est visible que, si l'on s'attache à ces maximes, l'on ne peut trouver que deux exceptions à cette règle générale, *fondées toutes deux sur une impossibilité physique et certaine d'admettre cette présomption.* — Ces exceptions sont proposées dans la loi, qui définit ce que c'est qu'un fils légitime... — Il n'y a donc que deux preuves contraires qui puissent être opposées à une présomption aussi favorable. » — « *La longue absence du mari*, et nous pouvons ajouter, conformément à l'esprit de la loi, *qu'il faut que cette absence soit certaine et continuelle.* » — « *L'impuissance ou perpétuelle ou passagère* est la seconde. La loi n'en écoute point d'autre; et il est évident qu'il est même impossible d'en feindre d'autre, puisque tant que l'absence, ni aucun autre obstacle, n'aura point séparé ceux que le mariage unit, *on ne présumera jamais que celui qui est le mari ne soit pas le véritable père...* — On a prétendu, ajoute d'Aguesseau, que l'union de toutes les présomptions que l'on tire du fait pourrait être comparée à ces exceptions générales que la loi propose... — L'absence du mari, la présence de l'adultère, *le secret de la grossesse et de la naissance de l'enfant*, l'obscurité de son éducation, la déclaration de la mère, le désaveu du père, sont les principaux moyens par lesquels on a cru pouvoir donner atteinte à la plus respectable et la plus imposante qualité de fils légitime,.. » — N'abandonnons pourtant pas, s'écrie-t-il, l'autorité des *seuls principes qui puissent assurer la naissance des hommes*, et ne nous laissons pas tellement frapper par cette multitude de présomptions, *que nous donnions atteinte aux fondements de la société civile.* »

Je l'avoue, on ne pourrait invoquer une autorité plus respectable et plus imposante que celle de d'Aguesseau, pour combattre les nouvelles exceptions admises par le projet de loi que nous discutons. Et ici, mes collègues, je sens plus que jamais toute l'étendue de la tâche que votre section m'a imposée, en me chargeant de le défendre. Je réunirai néanmoins tous mes efforts pour la remplir de mon mieux, et j'espère que je parviendrai à justifier ces nouvelles exceptions, ainsi que les autres dispositions du projet. — Vous l'avez entendu, citoyens tribuns, l'austère langage de d'Aguesseau provoquant, contre la masse accablante de toutes les présomptions réunies, le maintien de la règle : *Pater est quem nuptiæ demonstrant.* — Vous l'avez entendu affirmer avec cet ascendant qui lui est propre, « que tant que l'absence ni aucun autre obstacle n'aura point séparé ceux que le mariage unit, *on ne présumera jamais que celui qui est le mari ne soit pas le véritable père.* » —Vous l'avez entendu soutenir que « l'absence du mari, la présence de l'adultère, *le secret de la grossesse et de la naissance de l'enfant*, la déclaration même de la mère, et le désaveu du père, n'étaient pas *des moyens capables de donner atteinte à la qualité de fils légitime.* » — Enfin, vous avez vu l'opinion qu'il s'était formée de cette maxime des lois romaines, et qu'il jugeait tellement importante, qu'il n'hésitait pas à la proclamer comme *le seul principe qui puisse assurer l'état des hommes*, et dont l'infraction lui paraissait être UNE ATTEINTE AUX FONDEMENTS DE LA SOCIÉTÉ CIVILE. — On ne peut sans doute rendre un plus bel hommage à cette règle tutélaire et conservatrice que nous devons au droit romain, et il est certain que si cette raison écrite ne se recommandait par elle-même à l'admiration des siècles, par l'éminente sagesse de ses oracles, l'on ne saurait invoquer en sa faveur un suffrage plus recommandable que celui de ce magistrat célèbre.

Mais, qu'on me permette cette interpellation, qui oserait assurer que si d'Aguesseau vivait encore, si nous avions le bonheur de le compter au nombre de ces magistrats qui ont concouru à la confection de notre code, et qui, héritiers de ses lumières et de ses vertus, marchent ses égaux ou ses émules, qui oserait assurer, dis-je, que la grande maxime qu'il proclamait alors comme exerçant le ministère public, ne lui paraîtrait pas aujourd'hui digne de réformes? Qui pourrait garantir que ce qu'il regardait comme un principe conservateur de la société, il ne le repousserait pas du code de nos lois comme le plus dangereux à y introduire sans de nouvelles restrictions? — Et en effet, tribuns, ne vous semble-t-il pas qu'une maxime aussi rigoureuse, aussi inviolable que celle consacrée par les lois romaines, et qui élève une présomption, même légale, au-dessus de toute preuve autre que celle d'une impossibilité physique, est absolument incompatible avec nos mœurs, et que par conséquent elle ne saurait être admise parmi nous dans tout ce qu'elle a d'absolu, sans ouvrir la porte aux plus étranges abus et aux plus graves inconvénients? — Certes, à Dieu ne plaise (qu'à cette tribune, où toute vérité utile a seule le droit de se faire entendre), à Dieu ne plaise que je veuille calomnier la nature humaine, et surtout ce sexe intéressant, que le ciel créa pour nous plaire et nous rendre meilleurs. — Mais, qu'il me soit permis de le dire, sommes-nous ce qu'étaient les Romains, et les Romains étaient-ils ce que nous sommes? — Avaient-ils à craindre comme nous, ou bien envisageaient-ils du même œil que nous les atteintes portées à la foi conjugale? — Si leur législation, d'autant plus sévère pour le mari qu'elle était indulgente pour la femme (dont elle présumait si favorablement), s'adaptait parfaitement au caractère et aux mœurs de ce peuple grave, est-il sage de penser, serait-il raisonnable de croire qu'elle pourrait également convenir à notre caractère national? — Cette législation qui, dans le point le plus capital, émancipe en quelque sorte le sexe le plus faible, au préjudice du plus fort, et lui laisse (hors deux cas infiniment rares) l'étrange privilége de cacher ses crimes et son impunité sous l'égide sacrée du mariage, une telle législation serait-elle bien appropriée à nos goûts, à nos penchants, à nos mœurs actuelles? Ne serait-elle pas en contradiction directe avec nos manières et nos habitudes? Enfin n'est-il pas presque évident qu'elle favoriserait beaucoup trop cet esprit de légèreté et de galanterie qui se fait remarquer parmi nous, et qui, distinguant éminemment les femmes françaises, est bien plutôt un garant de leurs qualités aimables que de leurs austères vertus?

Et si, après avoir considéré ce qu'exigent nos mœurs et notre caractère, nous portons nos regards sur ce que réclame notre situation; si nous nous rappelons que la révolution, en nous imprimant un grand mouvement et en donnant un nouveau degré d'énergie à toutes nos passions, a démoralisé nos penchants et nous a jetés beaucoup au delà des bornes de l'équité, de la décence et des convenances sociales; si nous réfléchissons que les législateurs de la France, ayant à restaurer la morale publique, ont dû s'occuper d'abord de rendre le mariage à sa dignité première; qu'ils ont dû à cet égard tellement combiner les moyens avec la fin qu'ils se proposaient, qu'en rassurant le mari sur les avantages qu'il devait se promettre de cette sainte union, ils n'outrageassent pas gratuitement la femme par d'injurieuses préventions; qu'enfin ils ont dû, en donnant une nouvelle sauvegarde à l'inviolabilité de ce lien précieux, admettre toutes les précautions qui pouvaient tourner au profit des mœurs, à l'avantage des enfants et à celui des époux eux-mêmes. Si, dis-je, nous apprécions toutes ces considérations que je viens de présenter, et qui seraient susceptibles d'un plus grand développement, qui de nous, tribuns, pourrait ne pas applaudir à la sagesse de la loi propo-

(*a*) Il ne faut pas se méprendre sur le sens que j'attache à cette expression, je ne l'emploie que pour peindre la courageuse dérogation à la règle *Pater est*, etc., qui a été universellement adoptée par tous les peuples, sans d'autres restrictions que celles qui sont fondées sur l'impossibilité physique de la cohabitation, et sur l'impuissance naturelle.

(*b*) Vingt-troisième plaidoyer dans la cause du sieur Bouillerat de Vinantes. — « Il s'agissait de l'état d'un enfant dont la mère avait caché sa grossesse et avait été condamnée pour adultère, mais sans que l'arrêt eût déclaré l'enfant bâtard, adultérin, parce que le mari demeurait avec sa femme, et n'avait été absent que pendant trois mois. »

mentaires très-précieux de divers articles du code sur la paternité et la filiation, en proposant, au nom de la section de législation,

sée, puisqu'en adoptant la règle consacrée par le droit romain, elle ne l'a soumise à de nouvelles exceptions que pour mieux la faire concorder avec notre manière d'être, et, s'il est permis de le dire, pour la mieux fondre dans le système de notre législation. — Qu'est-ce, en effet, que la législation d'un peuple, dans les rapports qui existent entre les individus qui le composent, si ce n'est le tableau de leurs droits et de leurs devoirs, le régulateur de leurs intérêts et le frein réprimant imposé à leurs passions pour les diriger toutes vers le grand intérêt social? Et comment ce peuple parviendrait-il à se procurer le calme, le repos, le bonheur et la prospérité auxquels il doit toujours tendre, si cette législation n'était en accord parfait avec son caractère, ses mœurs, ses habitudes et ses besoins?

« Les lois, dit Montesquieu (Esprit des lois, liv. 1, chap. 3), doivent être tellement propres au peuple pour lequel elles sont faites, *que c'est un très-grand hasard si celles d'une nation peuvent convenir à une autre.* — Il faut qu'elles se rapportent à la nature et au principe du gouvernement qui est établi ou qu'on veut établir, soit qu'elles le forment, comme font les lois politiques, soit qu'elles le maintiennent, comme font les lois civiles. — Elles doivent, ajoute-t-il, être relatives au *physique* du pays, au climat glacé, brûlant ou tempéré, à la qualité du terrain, à sa situation, à sa grandeur....... Elles doivent se rapporter au degré de liberté que la constitution peut souffrir, à la religion des habitants, *à leurs inclinations*, à leurs richesses, à leur nombre, à leur commerce, *à leurs mœurs, à leurs manières*, » — Ainsi donc j'oppose ici l'autorité de Montesquieu à celle de d'Aguesseau, pour justifier les restrictions que le gouvernement a mises à un principe qui lui a paru trop absolu; ou, pour parler plus exactement, je ne les invoque toutes deux que pour les concilier l'une et l'autre; car ces deux grands hommes ne pouvaient être d'un sentiment contraire en matière de législation; et si une légère divergence d'opinion se fait ici remarquer, c'est que d'Aguesseau portant la parole comme magistrat, dans un siècle qui n'est plus le nôtre, se bornait à rappeler aux juges la rigoureuse application de la loi, et que Montesquieu, écrivant pour tous les âges et pour tous les peuples, traçait aux législateurs eux-mêmes les grands principes du droit civil et de la constitution des États.

37. J'ai déjà observé que les lois romaines avaient admis pour seconde exception, fondée sur l'impossibilité physique, celle résultant de l'impuissance naturelle, continuelle ou passagère. — C'était là sans doute un nouvel hommage rendu à l'inviolabilité du mariage. — Mais combien d'incertitudes et d'abus, d'inconvénients et de scandales même, résultaient de cette extraordinaire exception! — L'époux était soumis à des épreuves non moins cruelles qu'illusoires; il ne pouvait se soustraire à des examens, à des visites, à des vérifications qui blessaient la décence, qui offensaient la pudeur. Et quel était le résultat de cette procédure scandaleuse, si ce n'est de ne rien produire de certain, et de livrer le mari (reconnu ou non impuissant) au mépris même de sa malheureuse épouse, de l'exposer à la risée publique, et de le couvrir d'un ridicule ineffaçable? — La loi proposée, plus grave et plus pudibonde, si j'ose ainsi m'exprimer, prévient tous ces abus, remédie à ces inconvénients et écarte ces scandales : elle enlève à la maligne censure le prétexte de ridiculiser et d'avilir les époux; elle dispense la justice du pénible devoir qu'elle ne pouvait remplir sans compromettre sa dignité. En un mot, elle laisse enseveli dans les mystères du lit nuptial ce que son œil vigilant ne peut pénétrer, et dont la manifestation serait aussi inutile qu'odieuse.

38. Après avoir admis les nouvelles exceptions devant lesquelles la règle générale doit fléchir (puisqu'elle ne peut faire présumer la paternité du mari quand il est invinciblement prouvé qu'il n'est pas le père de l'enfant); après avoir, dis-je, consacré ces exceptions, devenues nécessaires, il était indispensable, comme je l'ai déjà observé, d'en circonscrire l'usage dans de justes bornes. Or ces bornes ne pouvaient se trouver que dans le temps qui s'écoule entre le moment de la conception et celui de l'enfantement; ou bien, ce qui est la même chose, dans les diverses époques plus ou moins rapprochées, ou plus ou moins éloignées des divers termes de la gestation. — On voit qu'il fallait ici prévoir deux cas très-distincts, très-différents l'un de l'autre, et quelquefois amenés par des écarts de la nature, qui se joue au gré de ses caprices dans ces mystérieuses opérations. Il fallait encore, pour ne point s'égarer dans de fausses conjectures, concentrer ces deux termes dans un cercle qui fût tout à la fois assez restreint et assez étendu pour embrasser et saisir presqu'au juste l'intervalle que ces écarts mêmes ne franchissent pas; il fallait enfin résoudre le problème des naissances précoces et des naissances tardives, afin de rendre applicables, soit dans l'un, soit dans l'autre cas, les exceptions que la loi réserve au mari pour l'autoriser à désavouer l'enfant conçu pendant le mariage. — Or, citoyens tribuns, c'est ce qui a été réglé avec une prudence consommée, par les dispositions des art. 312, 314 et 315, qui fixent à cent quatre-vingt jours le terme fatal des naissances précoces, et à trois cents jours celui des naissances tardives. — Je m'abstiens de donner plus de développement sur ce point, parce que j'aurai occasion d'y revenir quand je discuterai l'art. 315, et parce que je suis forcé d'ailleurs d'insister encore sur les art. 312 et 313.

39. On sait que dans le système de la législation romaine, le mari ne pouvait en aucun cas expulser de sa famille l'enfant qui aurait dû sa naissance au crime de son épouse, qu'après l'avoir fait condamner comme adultère. — Le projet de loi, au contraire, plus moral et plus juste dans ses dispositions, permet au mari (dans tous les cas où il peut prouver l'impossibilité physique), de repousser loin de lui l'enfant qui ne lui a jamais appartenu, sans l'assujettir à intenter une aussi odieuse accusation. — Toutefois le projet que nous discutons n'a point entendu proscrire l'action en crime d'adultère. Une telle insouciance ne pouvait entrer dans les vues du législateur : elle eût trop enhardi ces femmes audacieuses que ne peut contenir le frein de la pudeur, ni le lien sacré du mariage. — Mais le projet n'a pas dû non plus attribuer à la seule exception d'adultère le même effet que produit la preuve de l'impossibilité physique de la cohabitation, et faire résulter uniquement de ce crime un moyen de désaveu; car c'eût été en quelque sorte livrer les femmes à la merci des caprices ou des passions de leurs maris, qui, pour parvenir à ce désaveu, n'auraient pas manqué de recourir à cette grave accusation. — Aussi a-t-il expressément décidé que l'exception d'adultère n'autoriserait le mari à désavouer l'enfant que dans les cas prévus par l'art. 313. — « Le mari, est-il dit dans cet article, ne pourra désavouer l'enfant, même pour cause d'adultère, à moins que sa naissance ne lui ait été cachée; auquel cas, il sera admis à proposer tous les faits propres à justifier qu'il n'en est pas le père. » — Ainsi, d'après cet article, il faudra, pour autoriser le désaveu du mari, non-seulement que l'*adultère de sa femme soit prouvé*, mais encore *qu'elle lui ait caché la naissance de l'enfant*. — Quelle rare prévoyance dans cette disposition, et combien elle honore les sentiments du législateur!

En effet, qui pourrait concevoir qu'une épouse irréprochable eût caché à son époux la naissance d'un enfant qui serait le fruit de leur mariage, tandis qu'orgueilleuse de sa fécondité, elle eût dû se faire une véritable fête d'en faire hommage à cet époux, et de le lui présenter comme un nouveau titre à son amour et à son respect? — Je le demande à toutes les mères vertueuses qui s'honorent d'être fécondes; je le demande à tous les pères de famille honnêtes, qui ont trouvé un nouveau garant de la fidélité de leurs épouses dans les transports de joie qu'elles ont fait éclater, et dans le vif empressement qu'elles ont mis à leur offrir les gages précieux de leur union; enfin, je vous le demande, tribuns, à vous qui avez une profonde connaissance du cœur humain : le soin que prend une femme de cacher à son mari la naissance d'un enfant survenu pendant le mariage, n'est-il pas le signe caractéristique, l'indice certain, la preuve presque évidente, je ne dis pas seulement de l'adultère dont elle s'est souillée, mais encore de la conviction où elle est que cet enfant n'est pas de son mari, et du désir qu'elle a d'en dédier la paternité à celui qui l'a rendue mère? Et n'est-il pas vrai de dire, en ce cas, qu'on peut d'autant moins le révoquer en doute que cette femme parjure, soit qu'elle ait bravé le remords, soit qu'elle ait obéi à sa conscience, semble avoir affecté assez d'impudeur pour s'accuser elle-même?

Alors donc qu'en cachant à son époux la naissance de cet enfant, elle a presque avoué qu'il appartenait à un autre que lui, de quel droit cette femme se plaindrait-elle d'une accusation d'adultère et d'une action en désaveu qu'elle aurait elle-même provoquées; et comment, dans ces cas, pourrait-on refuser au mari le droit de désavouer l'enfant, lorsqu'à ces deux présomptions déjà si frappantes, il joindrait la preuve *de tous les faits propres à justifier qu'il n'en est pas le père?*

Remarquez ici, citoyens tribuns, quelle a été la sagesse du gouvernement; voyez de combien de précautions il s'est investi pour admettre la preuve de l'*impossibilité morale*, et pour justifier, par sa propre loi, la restriction qu'il imposait à la règle générale, si raisonnablement adoptée autrefois, mais si diversement appliquée par notre jurisprudence! — En effet, ce n'est pas dans tous les cas que l'art. 313 admet cette preuve, comme l'art. 312 avait admis celle de l'*impossibilité physique;* car c'eût été s'exposer au risque tant redouté par d'Aguesseau, de porter *atteinte à la qualité d'enfant légitime et aux fondements de la société civile.* — Ce n'est pas non plus dans le seul cas de l'adultère; car, comme l'a dit très-ingénieusement l'orateur du gouvernement, *la femme peut avoir été coupable sans que le flambeau de l'hyménée fût encore éteint.* — Ce n'est pas même dans le cas du recel de la naissance de l'enfant, accompagné de la preuve de l'adultère; car ce ne sont encore là, à ses yeux, que des présomptions qui ne peuvent l'emporter sur celle de la loi. — Qu'exige-t-il donc pour détruire cette présomption légale? Il exige qu'une preuve positive vienne renforcer toutes les présomptions contraires, et qu'elle fasse disparaître celle de la paternité, qui résulte du mariage. C'est alors, mais alors seulement, qu'il croit devoir faire plier l'inflexibilité de la règle; car il faut bien qu'elle cède à l'évidence d'un fait destructif de celui qu'elle présume, puisqu'il n'est plus possible de réputer père celui qui prouve qu'il ne l'est pas. Enfin c'est alors, mais alors seulement, que le mari est autorisé, dans les deux circonstances prévues, à désavouer l'enfant conçu pendant le mariage.

tion, de voter l'adoption du projet.—Ce vœu fut émis le 30 vent. à la majorité de cinquante-quatre voix contre deux.—Le 2 germ.

40. Je passe à l'art. 314, relatif au désaveu, dans le cas d'une naissance précoce. — La loi devait sans doute venir au secours du mari trompé, en lui donnant, dans les cas prévus par les art. 312 et 313, la faculté de désavouer l'enfant. Mais cette faculté doit aussi avoir des limites; car s'il n'est pas tolérable que le mariage couvre de son voile les crimes d'une infidèle épouse, il serait révoltant que la loi protégeât l'époux barbare, qui, sourd au cri de la nature, repousserait de son sein celui à qui il aurait donné le jour. — Tel est le motif qui lui a fait refuser la faculté du désaveu : « Lorsqu'il aura eu connaissance de la grossesse avant le mariage, qu'il aura assisté à l'acte de naissance, que cet acte sera signé de lui, ou qu'il aura déclaré ne savoir signer, et enfin lorsque l'enfant n'aura pas été déclaré viable. » Alors, en effet, toutes les présomptions sont contre lui; la connaissance de la grossesse, sa présence à l'acte, son aveu inscrit sur les registres, et revêtu de sa signature, et la déclaration de non *viabilité* de l'enfant. Cette dernière circonstance était essentielle à rappeler; car elle prouve que l'enfant n'a point encore atteint le septième mois, et que sa conception ne remonte pas à une époque antérieure au mariage. — Quelle faveur le mari pourrait-il mériter dans tous ces cas, puisqu'en rétractant une reconnaissance aussi formelle et aussi librement consentie que celle qu'il aurait consignée dans les registres publics, il se convaincrait lui-même de n'avoir d'autre but dans son désaveu que de frapper du même coup et l'enfant et la mère?

41. L'art. 315, relatif aux naissances tardives, est ainsi conçu : « La légitimité de l'enfant né trois cents jours après la dissolution du mariage *pourra* être contestée. »— Les développements que j'ai annoncés sur cet article auraient peut-être été mieux placés dans l'examen de l'art. 312; mais j'ai cru devoir les renvoyer ici, soit pour éviter les redites, soit, si je peux m'exprimer ainsi, pour que chacun des articles ait sa part de la discussion générale du projet auquel ils appartiennent. — Je considère cet article sous deux rapports : 1° Il renouvelle une des dispositions de l'art. 312, et comme l'art. 314 a fixé au cent quatre-vingtième jour le terme de la naissance précoce, celui-ci fixe au trois centième jour le terme de la naissance tardive; — 2° Il déclare, non d'une manière absolue, que l'enfant né après les trois cents jours sera illégitime, mais seulement qu'il pourra être déclaré tel.

42. En premier lieu, le mot *pourra*, qui est purement facultatif, décèle le motif de cette prévoyante disposition. L'article veut que la légitimé de l'enfant puisse être contestée; mais il veut aussi qu'elle puisse triompher de toutes les attaques qui ne seraient pas fondées. Et vraiment il est des cas où elles pourraient ne pas l'être. Tel serait celui où l'enfant prouverait que son père divorcé se serait rapproché de sa mère, postérieurement à la dissolution du mariage.

43. En second lieu, pour bien apprécier la sagesse du législateur dans la fixation du terme de la naissance tardive, il faut se rappeler l'ancien état de notre jurisprudence sur ce point, la versatilité, la divergence, la contrariété même des décisions des tribunaux, et l'indispensable nécessité de fixer enfin des règles invariables, qui puissent à l'avenir leur servir de guide. — Cette fluctuation, cette incertitude n'avaient d'autre cause que l'obscurité et l'opposition des lois romaines à cet égard, la diversité des opinions des jurisconsultes et les contradictions des médecins, dont la science, quelque profonde qu'elle soit, ne va pas jusqu'à surprendre la nature dans ses opérations. —Et en effet, comme l'a dit très-éloquemment un ancien philosophe, la fécondité ne répond pas toujours à nos vœux et à notre attente; la nature est libre et n'est point asservie aux lois humaines. Tantôt elle accélère son cours, tantôt elle le suspend, tantôt elle l'arrête, en se jouant de notre impatience. *Non respondet ad propositum, nec ad certam diem fecunditas; sui juris rerum natura est, nec ad leges humanas componitur : modò properat; modò vota præcurrit, modò lenta est, et demoratur* (*Papius Fabianus*. Sénèque, controvers. 5). — Mais c'est précisément à raison du mystère dont la nature s'enveloppe, et de l'incertitude ou de l'indécision qui en résultent, que le législateur a dû consulter son cours le plus ordinaire et le plus régulier.— Or les naturalistes, les philosophes, les anciens législateurs, même les médecins, si souvent divisés sur tant de points de controverse, s'accordent tous dans cette opinion commune, *que dix mois sont le plus long terme qu'on puisse assigner à la gestation de la femme*. — Les Romains avaient adopté la trente et unième disposition de la loi des Douze Tables, qui décide que l'enfant né dans les dix mois de la mort du père est légitime (*a*). — Cette décision est encore consacrée par la loi 3, § 11, au Digeste, *De suis legitimis, heredibus*, dans laquelle Ulpien décide que l'enfant qui naît après les dix mois accomplis ne peut être admis à sa succession (*b*). — Plutarque, dans la vie d'Alcibiade, nous apprend que Leotychis fut privé du royaume de son père Agys, parce que sa mère était accouchée plus de dix mois après l'absence du roi. — Si, malgré ces faits et ces principes, on peut cependant citer des faits contraires et des lois qui semblent légitimer une naissance plus tardive, on les doit sans doute, ou à la manière dont se comptaient les mois dans les différents âges, ou au désir de voiler le crime d'une femme puissante, et de faire passer une riche succession sur une autre tête que celle à qui elle était dévolue. — On sait, en effet, combien les annales des tribunaux nous fournissent d'exemples de ces graves injustices. On n'ignore pas non plus que les mois des Romains étaient des mois lunaires, dont dix suffisaient pour compléter l'année, et c'est sans doute d'après cette stipulation que les historiens ont remarqué que Vestilia, femme de Pompée, mit au monde Suilius Ruffus dans le onzième mois de sa grossesse. — Mais il est si certain que l'opinion générale et la plus vraie, est que dix mois sont le terme le plus long de la grossesse, que l'un des plus grands poëtes latins en a lui-même fait la remarque. Qui de vous, mes collègues, ne se rappelle pas ce vers de la quatrième églogue de Virgile :

Matri longa decem tulerunt fastidia menses.

Que pouvait donc faire de mieux le législateur, que de fixer à la gestation la plus tardive, comme à la plus précoce, un terme reconnu par les auteurs, établi par les faits, avoué par les lois, et que l'intérêt ou le crime avait trop souvent cherché à étendre ou à restreindre au gré de ses projets usurpateurs?—Et le moment n'est-il pas venu de rendre à la nature tous ses droits, et au lien conjugal tout le respect dont la loi doit l'environner?

44. Ce n'était pas assez d'avoir fixé les exceptions et déterminé les circonstances d'après lesquelles le mari pourrait désavouer l'enfant conçu pendant le mariage; il fallait encore préciser le temps dans lequel ce désaveu doit être fait : car, laisser au mari la faculté indéfinie d'exercer cette action quand il le jugerait à propos, c'eût été compromettre l'état de l'enfant que la loi doit protéger, et qui ne peut longtemps rester incertain, sans le plus grave inconvénient.—C'est pourquoi l'art. 316 fixe un délai qui est tel, qu'il peut suffire au mari sans être nuisible à l'enfant.—Ce délai se compte différemment, si le mari est présent, s'il est absent, ou si la naissance de l'enfant lui a été cachée (V. l'art. 316, p. 167). — Cette disposition, qui étend ou abrége le délai accordé dans les trois cas prévus, est d'une justice si frappante, que ce serait abuser d'un temps précieux que de chercher à la justifier.

45. L'art. 317 porte (V. p. 167).—Les actions qui appartiennent au défunt étant une partie intégrante de sa succession, le projet ne pouvait, sans contredire tous les principes, et sans bouleverser toutes les idées, mettre aucune restriction au droit qu'ont les héritiers de poursuivre toutes celles qui appartiennent au mari. Étant au lieu et place du défunt, ils doivent remplir ses obligations, jouir de tous ses droits, et exercer toutes les actions qu'il avait lui-même.—Cet article cependant leur accorde un délai de deux mois, tandis que l'article précédent n'en accorde qu'un au mari, lorsqu'il est sur les lieux de la naissance de l'enfant.— Cette observation, tribuns, n'a point échappé à votre section. Je dois même vous dire qu'elle a d'abord pensé qu'il eût été convenable de comprendre dans ce délai tout le temps que le défunt aurait laissé écouler sans réclamer; et la raison sur laquelle elle se fondait, c'est qu'en donnant aux héritiers deux mois pleins, non compris les jours pendant lesquels le mari aurait gardé le silence, ils lui semblaient être beaucoup plus favorisés que ne l'était le mari lui-même.—Mais, en réfléchissant que les faits, sur lesquels se fonde le désaveu, étaient plus présents au mari et mieux connus de lui, puisqu'il était le seul juge en cette matière, votre section s'est déterminée à adopter l'article tel qu'il est.

46. Je ne m'appesantirai point sur l'art. 318; sa disposition me paraît si claire et si précise qu'elle ne peut se prêter à aucune fausse interprétation. — Il est en effet évident qu'en déclarant que l'acte extrajudiciaire sera comme non avenu, s'il n'est suivi dans le mois d'une action en justice, c'est cet acte seul qui doit demeurer sans effet; et que l'action n'étant pas prescrite, les héritiers peuvent l'intenter ainsi que le mari (dans les cas où le délai de deux mois est accordé), si du moins dans ce délai il reste encore à courir un temps utile.

CHAP. 2.—Des preuves de la filiation des enfants légitimes.

47. Le second chapitre du projet de loi indique et détermine les preuves de la filiation des enfants légitimes, les tribunaux devant lesquels la réclamation d'état sera portée, la durée de cette action, enfin les circonstances dans lesquelles les héritiers peuvent ou ne peuvent pas l'intenter.—« La filiation des enfants légitimes, porte l'art. 319, se prouve par les actes de naissance inscrits sur les registres de l'état civil. » — Ainsi l'acte de naissance est le titre certain, authentique et irréfragable de la filiation.—Et comment pourrait-on contester à un enfant légitime l'état que ce titre lui assure d'autant plus irrévocablement, qu'il émane d'un fonctionnaire public, qui, constitué par la loi, tient la place de la loi même?—« C'est par l'inscription sur les registres publics, dit ingénieusement Cochin, que l'on fait son entrée dans le monde, c'est

(*a*) *Si filius patri, entra decem menses proximos a morte, natus ex uxore erit, justus ei filius esto.*

(*b*) Voyez la Novelle 39 de Justinien, où (sans déroger à la loi 3, § 2 déjà citée) il paraît vouloir insinuer qu'on pourrait étendre la faveur des accouchements légitimes jusqu'au onzième mois.

suivant, la discussion s'ouvrit devant le corps législatif entre les orateurs du gouvernement et MM. Lahary, Duveyrier et Peneau,

à la faveur de ce passe-port que l'on peut être admis et reconnu dans une famille. »—Aussi depuis l'ordonnance de 1539, qui a établi parmi nous les registres publics, les lois subséquentes et les tribunaux environnaient ces registres d'une telle confiance, qu'il n'était permis d'offrir, pour prouver la filiation, aucun autre genre de preuve, si ce n'est dans le cas où il n'existait pas de registre dans le lieu de la naissance, ou bien dans le cas où ceux qui avaient existé, auraient été perdus ou détruits. — Sans ce titre authentique, sans la confiance que la loi lui accorde, combien ne serait-il pas facile de dépouiller les enfants de leur état! — Mais aussi tôt que l'acte destiné à le constater est consigné sur les registres publics, la filiation est sous la sauvegarde de la société, et rien ne peut détruire la force de ce titre, ni porter atteinte à la légitimité de celui qui l'invoque. — Il est donc bien important de consacrer, dans le système de notre nouvelle législation, ce moyen simple et facile d'assurer l'état des citoyens et le repos des familles.

48. Mais tous les ouvrages des hommes portent la teinte de leur fragilité. Une triste expérience prouve que les monuments les plus utiles à établir, les plus précieux à conserver, ne sont pas à l'abri de la fatalité, et sont souvent les plus périssables : tel est le motif des nouvelles précautions qu'a prises la loi sur l'état civil pour préserver de toute atteinte ces archives de la société. Cependant comment les mettre entièrement à couvert des omissions de la négligence, des ravages du temps, et des tentatives du crime? — Le législateur a donc dû aussi prévenir la destruction de ces titres authentiques, ou y remédier; et pour ne point laisser à l'arbitraire la faculté de suppléer à ces documents légitimes, il a dû encore déterminer, d'une manière satisfaisante pour la raison et la justice, un second moyen d'établir la filiation, soit dans le cas où ces registres n'en présenteraient aucune trace, soit dans celui où il n'en aurait pas existé, soit enfin dans celui où ils auraient été ou perdus ou détruits. Et c'est ce qui a été prévu par les art. 320, 321 et 322.—« A défaut de titre, dit l'art. 320, la possession constante de l'état d'enfant légitime suffit. » — Il semble d'abord que le législateur ait exprimé ici toute sa pensée, et que la loi ne présentant aucun doute sur ce vœu, tout développement soit ici superflu.

49. Mais le projet ne se borne pas à déclarer que la possession d'état doit suffire dans l'absence du titre. Il rappelle encore les divers traits qui doivent marquer cette possession pour qu'elle puisse suppléer le titre qui manque; et tel est aussi l'objet de la disposition de l'art. 321.—Au moyen du développement donné à cet article, il n'est plus permis d'élever de doutes ni de tergiverser sur ce qui devra caractériser la possession d'état.—Ainsi un fait seul et isolé ne pourra suffire pour prouver une possession d'état, telle que celle qui est requise pour s'établir dans une famille. Il faut un cumul, *une réunion suffisante de faits qui indiquent le rapport de filiation et de parenté entre un individu et la famille à laquelle il prétend appartenir.*—Si la loi doit protéger l'enfant qui veut recouvrer son état, elle doit également veiller à ce que les héritiers ne soient pas troublés dans la jouissance de leurs biens. La famille est aussi une propriété sacrée, et l'on ne peut y être admis que quand on a un titre légitime ou une possession équivalente à ce titre. — Si la règle fondamentale, qui déclare enfant légitime celui qui naît pendant le mariage, suppose et fait présumer la paternité du mari, cette règle cesse d'avoir son application quand l'enfant se présente dénué du titre de sa filiation. Sans ce titre authentique, sans ce *passe-port*, comment pourrait-il prouver que sa naissance remonte à l'époque du mariage de ses père et mère?— Cependant il a pu arriver, par négligence ou par toute autre cause, que la naissance de l'enfant n'ait pas été consignée sur les registres; et comme cette inexactitude n'est pas de son fait, elle ne doit pas lui être imputée; car ce serait le punir d'une faute qui lui est étrangère, et dont il aurait été lui-même la première victime. — Il était donc juste de lui faciliter le moyen de conserver un état dont il a déjà joui, lorsque de nombreuses présomptions s'élèvent en sa faveur, et garantissent sa légitimité.

Déterminer et préciser les seuls faits qui pouvaient constater la possession d'état, c'eût été courir le risque d'en écarter de tellement décisifs, qu'on aurait privé l'enfant de tous les secours que la loi lui a donnés, et que pour rendre sa preuve plus concluante, on l'eût souvent rendue très-difficile, pour ne pas dire impossible.—C'est dans cette circonstance que la sagesse du juge doit suppléer au silence de la loi; car il est de principe en législation, que les lois ne peuvent prévoir tous les cas et toutes les circonstances. La seule chose que puisse faire le législateur à cet égard, c'est d'éclairer la religion du juge, en lui proposant des exemples qui puissent servir comme de modèle à ses jugements. Or, citoyens tribuns, l'article dont je vous ai rappelé les termes ne laisse rien à désirer à cet égard, puisqu'il contient l'énumération des *faits principaux* qui peuvent servir à prouver la filiation. — Ce n'est donc pas *la seule* ni même *l'entière réunion* de faits indiqués par la loi qui établira la possession d'état, elle pourra également être établie par des faits semblables, par des faits de même nature, en un mot, par des faits qui, sans être exactement les mêmes que ceux précisés en l'article, soient néanmoins assez nombreux et assez graves pour qu'il en résulte une véritable possession d'état.—Si la loi avait voulu que ces faits fussent les seuls, ou qu'ils composassent l'ensemble de ceux qui doivent constater la preuve de la filiation, elle n'aurait pas dit que ces faits sont les principaux; mais dès qu'elle les qualifie ainsi, il est évident que ce sont plutôt des exemples qu'elle propose, qu'une limite qu'elle ait entendu poser.

50. L'art. 332 veut (V. le texte, p. 167). — J'ai pensé, citoyens tribuns, que vouloir donner du développement à ces deux dispositions, ce serait en obscurcir le sens. —Comment, en effet, soupçonner le plus légèrement possible, que celui qui réunit au titre authentique que lui donne l'inscription de sa naissance sur le registre public, la reconnaissance de la famille, l'aveu de la société, et la continuité d'une possession sans trouble, ne soit pas l'enfant de celui qui l'a si persévéramment déclaré? Quelle preuve plus caractéristique, plus parlante, plus complète, plus décisive, pourrait-on donc exiger de lui? Si, malgré des témoignages aussi frappants, aussi multipliés, aussi soutenus, on pouvait encore attaquer la position de l'enfant, quelle serait la position des hommes, et quel moyen la loi aurait-elle de donner à leur état la permanence et la stabilité qu'elle doit leur assurer?

51. C'est une pénible fonction de donner des lois aux hommes. Occupé de prévenir les crimes, il faut que le législateur en ait sans cesse le tableau sous les yeux; et tandis que son cœur brûle de l'affection qu'il porte à ses semblables, il faut qu'il les soupçonne malgré lui d'être méchants, et que malgré lui il se traîne dans toutes les sinuosités de l'astuce et de la mauvaise foi pour la surprendre dans ses piéges et pour en arrêter les funestes effets. — Telle est la réflexion que fait naître l'art. 323, qui est ainsi conçu (V. p. 167).—Quelque ancienne que soit la preuve testimoniale, il n'en est cependant point de plus fragile et de plus périlleuse : aussi les Romains l'avaient-ils entièrement rejetée sur le fait dont il s'agit. Si l'on attaque votre état (dit la loi 2, au code, *De testibus*), défendez-vous comme vous pourrez, mais avec des actes, et par les solides conséquences qui en résultent. La seule preuve par témoins ne saurait vous suffire : *Soli enim testes ad ingenuitatis probationem non sufficiunt.* — Nos ordonnances avaient également rejeté la preuve par témoins en matière de possession d'état.—« Si l'on admet la preuve testimoniale en faveur de ceux qui n'ont ni titre ni possession, disait Cochin, l'état des hommes, ce bien précieux qui fait pour ainsi dire une portion de nous-mêmes, et auquel nous sommes attachés par des liens si sacrés, n'aura plus rien de certain. On le verra toujours en proie aux plus étranges révolutions. La société civile ne sera plus qu'un chaos dans lequel on ne pourra ni se distinguer ni se reconnaître. » — Mais cependant comment la refuser à l'enfant qui n'a pu s'en procurer d'autre? ce refus ne le rendrait-il pas victime de l'insouciance, peut-être même du crime de l'auteur de ses jours? et la loi n'a-t-elle pas dû chercher à prévenir ce crime en donnant à l'enfant, aidé d'un témoignage écrit, la faculté de recouvrer un état qu'on aurait tenté de lui ravir? Les Romains, comme on l'a vu par les expressions de la loi déjà rappelée, avaient senti ce besoin de la justice; car si leurs lois refusaient d'admettre les témoins seuls, elles ne les excluaient cependant pas; *soli testes*, disaient-elles, *non sufficiunt.* — Nos ordonnances ne la rejetaient également que dans les cas où il eût été impossible de se *procurer des commencements de preuves par écrit.* Mais toutes les fois que ces commencements de preuves se réunissaient à des témoignages non suspects, les lois leur accordaient la confiance qui leur était due. — Tel est aussi le vœu bien exprès de l'article dont j'ai rappelé la disposition. Et comment se refuser à un pareil acte de justice envers un être faible et isolé, qui est privé de tout moyen de se défendre? Il n'est point en effet au pouvoir de l'enfant de traduire, au moment de sa naissance, son père et sa mère devant l'officier public pour faire constater cet événement. Alors qu'il végète hors de la maison paternelle et dans l'ignorance de ceux dont il tient le triste présent de la vie; alors qu'il ne peut se réfugier dans les bras de son père ni l'appeler à son secours; alors qu'il ne peut se procurer des renseignements sur les auteurs de ses jours, il peut se faire néanmoins que ceux qui avaient des rapports avec ses parents se trouvent aussi en avoir avec lui; il peut arriver qu'il trouve dans la maison paternelle des documents qui indiquent et fassent déjà présumer l'état dont il cherche la preuve. Serait-il juste, en ce cas, que cette faveur de la providence lui devînt inutile et fût perdue pour lui? — La loi proposée ne le pense pas; elle ne pouvait non plus le penser, puisque ce serait lui faire porter la peine d'une fraude à laquelle il a si peu participé, qu'elle n'a été ourdie que contre lui.

52. Ce n'est cependant pas sans prendre les plus grandes précautions que le projet de loi admet la preuve testimoniale. Il exige qu'il y ait d'abord un commencement de preuve par écrit, qui doit *résulter* (d'après l'art. 324) *des registres et papiers du père et de la mère, des actes publics et même privés, émanés d'une partie engagée dans la contestation, ou qui y aurait intérêt si elle était vivante.* Enfin, il ne dispense de la nécessité de produire ces documents que dans le cas où le réclamant produirait d'ailleurs un *ensemble de présomptions et d'indices résultant de faits dès lors constants et assez graves pour déterminer l'admission de la preuve testimoniale.*

orateurs du tribunat.—M. Duveyrier présenta et motiva le vœu du tribunat dans un discours qui, bien qu'à l'instar de celui qui

---

53. « La preuve contraire, porte l'art. 325, pourra se faire par tous les moyens propres à établir que le réclamant n'est pas l'enfant de la mère qu'il prétend avoir, ou même, la maternité prouvée, qu'il n'est pas l'enfant du mari de la mère. » — En réservant ainsi aux parents, soit du père, soit de la mère, la faculté de prouver contre l'enfant, qu'il n'est *ni l'enfant de la mère, ni même l'enfant de son mari*, la loi n'a fait qu'établir un principe de justice fondé sur la réciprocité. Comment, en effet, en donnant à l'enfant tous les moyens de prouver son état, la loi aurait-elle refusé aux parents les moyens de repousser une prétention qui les dépouillerait de leurs propriétés, et admettrait parmi eux un être qui n'appartiendrait pas à leur famille! L'ancienne jurisprudence, il est vrai, n'accordait pas le même avantage aux héritiers; mais il suffit, pour justifier cette légère innovation, d'observer qu'elle est basée sur les principes de la justice et sur l'intérêt de l'ordre social.

54. Après avoir autorisé l'enfant à prouver sa possession d'état, et donné aux héritiers le droit de repousser cette demande, la loi eût été incomplète si elle n'eût pas indiqué le tribunal devant lequel ces différentes réclamations doivent être portées. — C'est à quoi l'art. 326 a pourvu en ces termes: — « Les tribunaux civils seront seuls compétents pour statuer sur les réclamations d'état. »—Cette réclamation, en effet, n'ayant pour objet qu'un intérêt civil, ne doit être portée que devant les tribunaux civils. — Cependant, comme l'instruction du procès peut offrir la preuve ou les indices d'une tentative qui aurait eu pour but de ravir l'état à cet enfant, et qu'une telle action est qualifiée crime par notre code pénal, il était régulier de renvoyer celui contre lequel s'élèverait cette prévention, devant les tribunaux criminels; et c'est ce que fait l'art. 327 de la loi proposée. — Mais comme un jugement criminel aurait pu influencer l'opinion des juges civils, la loi veut que l'action criminelle ne soit intentée qu'autant que le jugement définitif sur la question d'état sera prononcé.

55. « Si vous voulez introduire des mœurs pures dans la société, dit un ancien, honorez particulièrement le lien du mariage. » Et pouvait-on l'honorer davantage qu'en plaçant l'état d'enfant légitime au rang des propriétés imprescriptibles? — En effet, comment, d'après cela, n'être pas orgueilleux de la qualité de fils légitime? Comment les pères et mères ne seront-ils pas jaloux de la transmettre à leurs enfants, quand ils verront que la loi place elle-même cette qualité si fort au-dessus de toutes les autres, qu'elle fait taire les sages principes de la prescription en faveur de ce bien inestimable? — Vous ne pourrez donc, citoyens tribuns, qu'applaudir, avec votre section, à l'art. 328, qui déclare que *l'action en réclamation d'état est imprescriptible à l'égard de l'enfant.*

56. Les héritiers de l'enfant ne méritaient pas la même faveur de la loi. Ils n'ont pas comme lui à revendiquer l'honneur de la légitimité. Presque toujours leur demande à cet égard n'a d'autre objet que l'appât d'une succession. Aussi la loi proposée a pu, sans injustice, mettre des bornes à leurs poursuites. — Mais il faut entendre cette loi elle-même pour sentir toute la sagesse de cette disposition (V. les art. 329, 330, p. 168). — Ainsi dans le cas de mort de l'enfant, ces articles du projet distinguent trois circonstances différentes, relativement à la réclamation de son état; — 1° Le cas où il serait mort pendant sa minorité; — 2° Celui où il serait décédé dans les cinq ans après sa majorité; — 3° Celui où ayant commencé lui-même à intenter l'action en réclamation d'état, il s'en serait désisté formellement, ou l'aurait laissé sans poursuite.— Dans le premier cas, l'enfant étant mineur, ne pouvant aliéner aucune portion de sa propriété, ni former aucune action en justice, il était bien naturel de conserver son action dans toute son intégrité à ses héritiers. — Il était tout aussi raisonnable de la leur conserver entière dans le cas où il serait mort dans les premières années de sa majorité, parce qu'alors il est facile de supposer que ses rapports dans la société n'étant ni bien étendus ni bien multipliés, il a pu ignorer ce qui est relatif à la preuve de son état. — Enfin, dans le cas où l'enfant aurait lui-même introduit cette action, mais s'en serait désisté, ou l'aurait négligée pendant trois années, il était tout aussi juste de refuser aux héritiers la faculté de la reprendre; car on ne peut pas supposer que l'enfant, parvenu à sa majorité, se soit désisté d'un droit aussi précieux, s'il avait eu des titres pour en justifier, ou qu'il ait négligé de la poursuivre, s'il n'eût acquis la conviction de l'inutilité des efforts qu'il aurait pu faire.

CHAP. 3. — Des enfants naturels

Sect. 1. — *De la légitimation des enfants naturels.*

57. En imprimant une sorte de flétrissure sur la conduite de ces hommes qui, livrés à la jouissance de plaisirs faciles, dédaignent de porter les charges de la société et surtout celles du mariage, que pouvait faire de mieux le législateur que de les rappeler à leurs devoirs, lorsqu'ils n'avaient été qu'un moment égarés par le délire de leurs passions? Il faut en convenir, c'est souvent l'inflexibilité des maximes qui retient pour toujours loin de la vertu celui qui s'y serait rattaché, si on l'y eût rappelé par la douceur et l'indulgence. — Tel est le but que se propose la loi dans ce chapitre, qui a pour objet la légitimation des enfants par les mariages subséquents. — D'après l'article 331 de cette section (V. le texte, p. 168). — Cette disposition, citoyens tribuns, déroge à l'ancienne jurisprudence constamment établie par les tribunaux, non relativement aux enfants adultérins et incestueux, car ils ont toujours été considérés comme une telle monstruosité dans l'ordre social, qu'on est allé jusqu'à leur refuser des aliments; mais en ce que le projet n'accorde la légitimation à ces enfants que dans le cas où les père et mère les auront reconnus, soit avant le mariage, soit dans l'acte de célébration. — Jusqu'aujourd'hui l'universalité des jurisconsultes romains ou français avait regardé ce genre de légitimation comme une suite nécessaire du mariage, et ce principe était d'autant plus rigoureusement observé, qu'il était consacré par un chapitre des décrétales (*a*). — Ainsi, cette disposition est encore une des innovations opérées par le projet de loi.

Une autre objection qu'on peut faire contre cette heureuse innovation, c'est que les époux, dans cette circonstance, ou par pudeur, ou par crainte d'aliéner le cœur de parents austères, et dont ils ont tout à espérer, n'oseraient pas faire cette déclaration, soit avant l'acte de la célébration, soit dans cet acte même.—Le sage et éloquent orateur du gouvernement qui a présenté ce projet de loi au corps législatif, ne s'est point dissimulé cette difficulté; et je dois rappeler la solide réponse qu'il y a faite, ne fût-ce que pour me dispenser de traiter un sujet qu'il a épuisé (V. l'exposé des motifs, n° 18). — La justesse de ces observations et la force de ces raisonnements vous frapperont sans doute, citoyens tribuns, et détermineront votre adhésion à cette sage et prévoyante mesure. Mais que sera-ce si vous réfléchissez que cette prétendue fausse crainte de pudeur est tout aussi chimérique que celle qu'on pourrait avoir d'aliéner le cœur de parents trop austères, puisque l'acte de reconnaissance de l'enfant, comme nous le verrons bientôt, peut demeurer dans le secret; puisque, sans déterminer l'époque où il doit être fait, il suffit qu'il le soit dans un temps antérieur au mariage; puisque l'existence de cet enfant doit être une nouvelle raison pour déterminer les parents à consentir au mariage; puisqu'enfin cette obligation de constater par un acte quelconque la naissance de cet enfant peut, elle seule, être une sauvegarde contre les tentatives de séduction. — Et ce qui prouve (comme l'a encore justement observé l'orateur du gouvernement) que la légitimation n'est pas une suite nécessaire du mariage, c'est que, dans le système de l'ancienne législation comme dans celui du projet, tous les enfants nés antérieurement à ce mariage, ne peuvent pas même jouir de ce bénéfice de la loi; tels les enfants qui ne sont pas nés de personnes libres. — Ainsi donc les objections faites contre l'article sont si peu raisonnables, qu'elles se rétorquent même en sa faveur, et qu'elles font ressortir davantage la sagesse de sa disposition.

58. L'art. 332 étend le bienfait de la légitimation par mariage subséquent, même en faveur des enfants décédés, lorsque ceux-ci ont laissé des descendants; et *dans ce cas*, ajoute-t-il, *elle profite à ces descendants.* — Il était bien juste de donner cette consolation aux enfants de celui qui lui-même, pendant sa vie, en avait injustement été privé. Ainsi la loi maintient dans la famille des biens qui seraient passés à des étrangers; elle répare en quelque sorte le tort que leur aïeul avait fait à la mémoire de leur père, par le trop long silence qu'il avait gardé, et dont l'effet avait été de lui ravir son état. — Enfin cette mesure est bonne puisqu'elle est juste. C'est en laissant éclater l'esprit de justice dans les lois qu'on parvient à les faire aimer.

59. L'art. 333 porte (V. p. 168). — Qu'est-ce, en effet, que la légitimation par mariage subséquent, si ce n'est l'acte légal par lequel les époux déclarent qu'ils reconnaissent l'enfant déjà né pour être le fruit de leur union, et l'appellent en conséquence à tous les avantages qu'il peut et doit en retirer? — Si donc il y avait quelque différence, quelque légère qu'elle fût, entre cet enfant ainsi légitimé et ceux nés pendant le mariage, il en résulterait que la volonté des contractants ne serait pas parfaitement exécutée, qu'ils éluderaient la loi qu'ils se sont imposée, et que la loi protégerait cette violation. — Si quelque événement particulier ou quelque circonstance pouvait nécessiter ou motiver une autre disposition, comme elle n'aurait pour but que l'intérêt, il faudrait la faire céder au lien précieux de la nature.

Sect. 2. — *De la reconnaissance des enfants naturels.*

60. Ce n'était point assez d'être venu au secours des innocentes victimes de la séduction, en les invitant à réhabiliter leur honneur par le mariage, et à racheter leurs faiblesses en s'élevant à la dignité d'épouses et de mères de famille: la loi proposée devait encore conserver à l'enfant naturel le titre qui lui indique l'auteur de ses jours. D'ailleurs, l'accueil fait à ce premier mouvement de la nature peut prendre assez d'empire sur le cœur d'un père pour l'amener à la célébration du mariage, et le porter ainsi à rendre à son enfant l'état de fils légitime. — Combien le législateur aurait à s'applaudir, si, par le vif intérêt qu'il

(*a*) *Tanta est vis matrimonii, ut qui antea sunt geniti, post contractu matrimonium, legitimi habeantur.*

précède, il ait dû répéter plusieurs idées dont le développement, toujours utilement consulté et toujours exprimé en des

---

prend au sort de ces êtres infortunés, et par l'indulgence dont il couvre les fautes de ceux qui leur ont donné le jour, il les portait à accomplir le vœu de la nature et de la justice! — C'est là du moins l'objet qu'il a eu en vue dans les dispositions de cette seconde section, et il y a lieu de croire que son but ne sera pas manqué. — L'art. 334 impose l'obligation de faire « la reconnaissance d'un enfant naturel *par un acte authentique*, lorsqu'elle ne l'aura pas été dans son acte de naissance. » — Un acte aussi précieux, et qui doit servir de titre à l'enfant naturel et aux héritiers de son père, ne pouvait être abandonné à une aussi frêle garantie que celle qui résulte d'un acte privé. Il était digne de la sollicitude du législateur d'exiger qu'il fût conservé dans des dépôts publics.

61. La naissance d'un enfant, fruit de l'inceste ou de l'adultère, est une vraie calamité pour les mœurs. Loin de conserver aucune trace de son existence, il serait à désirer qu'on pût en éteindre jusqu'au souvenir. C'est dans cette vue et dans cette intention qu'est conçu l'art. 335, qui déclare que cette reconnaissance ne pourra avoir lieu pour les enfants nés d'un commerce incestueux ou adultérin. Flétrir ainsi la violation du saint nœud du mariage, c'est l'honorer de la manière la plus utile.

62. Les effets de la reconnaissance de l'enfant sont réglés par les articles qui suivent. — Et d'abord l'art. 336 veut « que la reconnaissance du père, sans l'indication et l'aveu de la mère, n'ait d'effet qu'à l'égard du père. » — Il serait difficile de trouver une disposition plus juste et plus conforme aux principes reçus, que celle portée dans cet article. Dès que cette reconnaissance est le titre sur lequel l'enfant naturel pourra établir la demande qu'il aura à former sur la succession de l'auteur de ses jours, il eût été injuste que ce titre pût produire quelque effet sur les biens d'un autre que celui qui l'avait donné. D'ailleurs, s'il est de principe que nul ne peut se faire un titre à lui-même, à plus forte raison ne peut-il être permis d'en consentir un contre un tiers de qui l'on n'en a pas reçu le pouvoir exprès. — L'art. 337 est ainsi conçu (V. p. 168). — Cet article résout une difficulté que semblait faire naître l'art. 333 du titre précédent, qui dit que les enfants légitimés par mariage subséquent auront les mêmes droits que les enfants légitimes.

63. « L'enfant naturel reconnu, dit l'art. 338, ne pourra réclamer les droits d'enfant légitime, » et il renvoie au titre des Successions pour déterminer les droits des enfants naturels. — Il est facile de concevoir que la loi n'entend parler ici que des enfants qui ne sont pas légitimés par le mariage subséquent de leurs père et mère. Puisqu'un des articles de la section première porte que l'enfant légitime ne peut réclamer d'autre état que celui que lui donne son titre de naissance, il n'eût pas été raisonnable d'accorder plus de faveur à l'enfant naturel. — Quant aux droits que cette qualité leur assure, et qui seront réglés au titre des Successions, rien de plus moral et de plus juste que de les réduire à une simple créance. Il était temps enfin de tracer la ligne de démarcation qui doit exister entre l'enfant naturel et l'enfant légitime. — « La meilleure législation est celle qui favorise l'intérêt général de la société, et les progrès de la morale publique (*a*). »

64. L'art. 339 rappelle, à l'égard des enfants naturels, ce qui est déjà établi à l'égard des enfants qui, se croyant légitimes, ont formé l'action en réclamation d'état; et il donne aux parents des pères et mères la faculté de contredire les prétentions des enfants naturels (V. le texte, p. 168). — Quelle que soit l'autorité de la loi, elle ne peut obliger d'acquitter ou de reconnaître un titre quand on a des raisons légitimes de le contester.

65. Rien de plus fréquent autrefois que ces audacieuses réclamations d'état dont on assiégeait de toutes parts les tribunaux. Que de femmes impudentes osaient publier leur faiblesse sous prétexte de recouvrer leur honneur! Combien d'intrigants, nés dans la condition la plus abjecte, avaient l'inconcevable hardiesse de prétendre s'introduire dans les familles les plus distinguées, et surtout les plus opulentes! On peut consulter à cet égard le recueil des Causes célèbres, et l'on ne saura trop ce qui doit étonner davantage, ou de l'insuffisance de nos lois sur cet important objet, ou de la témérité de ceux qui s'en faisaient un titre pour égarer la justice et troubler la société. — Elle cessera enfin cette lutte scandaleuse et trop funeste aux mœurs : *La recherche de la paternité est interdite.* — Il n'y a d'exception à cette règle salutaire que dans le cas d'enlèvement, lorsque l'époque de cet enlèvement se rapportera à celle de la conception. Le ravisseur alors pourra être, sur la demande des parties intéressées, déclaré père de l'enfant. — Combien une telle loi aurait puissamment influé sur nos mœurs il y a un demi-siècle, et pourquoi faut-il que nous ayons à regretter qu'elle n'ait été promulguée que de nos jours! Mais, quoique tardive, elle n'en opérera pas moins les heureux résultats qu'on doit en attendre, puisque l'effet des bonnes lois est d'amener insensiblement les bonnes mœurs (*b*).

66. Le projet admet, au contraire, la recherche de la maternité, parce que la maternité étant établie par des faits certains et positifs, il paraît difficile d'égarer la justice à cet égard, vu surtout les précautions que la loi a prises, de ne permettre cette recherche qu'autant qu'il y aurait déjà *un commencement de preuve par écrit, et que l'enfant qui réclamera sa mère prouvera qu'il est identiquement le même que l'enfant dont elle est accouchée.* — Si la loi doit protéger l'enfant qui ne demande qu'à jouir des droits que lui donne la nature, elle doit également garantir la mère de ces attaques et de ces recherches, qui ne peuvent être dirigées contre elle sans nuire à sa réputation, le plus précieux de tous les biens pour une femme vertueuse. Plus l'honneur des femmes sera protégé par la loi, plus elles seront jalouses et fières de le conserver.

67. Mais un enfant, fruit de l'inceste ou de l'adultère, *ne sera jamais admis à la recherche, soit de la paternité, soit de la maternité.* — Y aurait-il rien de plus immoral et de plus contraire aux convenances sociales, que d'assurer la protection de la loi à cet enfant monstrueux qui, pour quelques aliments qu'il peut se procurer d'ailleurs, accuserait les auteurs de ses jours de lui avoir donné naissance par un crime?

68. Enfin, citoyens tribuns, ma tâche est remplie, et je me résume. — Je crois avoir démontré avec quelque évidence : — 1° Que dans tous les rapports qui naissent de la paternité et de la filiation, le projet de loi a tout prévu, tout fixé, tout déterminé avec une rare précision et une admirable sagesse; — 2° Que le législateur a embrassé dans sa vaste sollicitude tous les grands intérêts qu'il avait à régler, et qu'il a merveilleusement concilié ce qu'il devait à nos besoins, à notre position, à la justice, aux mœurs et à l'ordre social; — 3° Enfin, que son projet contient les plus précieux changements, les plus utiles réformes, les plus heureuses innovations, et qu'il ne pourra qu'ajouter de nouvelles améliorations à toutes celles qui ont été opérées comme en un clin d'œil, depuis les mémorables journées de brumaire. — Ces innovations sont frappantes, citoyens tribuns; et il n'en est aucune qui vous ait échappé, si du moins la fatigante longueur des détails où je suis entré vous a permis de me suivre avec votre attention ordinaire. — C'est ainsi que la loi proposée éclaire de son flambeau les atteintes portées à la foi conjugale, et qu'elle déchire d'une main religieuse le voile sacré sous lequel des femmes sans pudeur osent cacher leurs infidélités. — C'est ainsi que, pour rendre le mariage plus respectable, elle rassure, autant qu'il est possible, les pères de famille sur la vertu de leurs épouses, et qu'elle donne un nouveau degré d'énergie à l'affection paternelle, en la fixant sur son véritable objet. — C'est ainsi qu'en proscrivant la recherche de la paternité, hors un seul cas, elle prémunit la faiblesse et l'inexpérience contre les dangers de la séduction, et qu'elle met un frein à la perversité des femmes flétries et déhontées. — C'est ainsi que, par l'effet d'une tendre sollicitude et d'une judicieuse prédilection, elle rétablit enfin les enfants légitimes dans tous les droits qu'un injuste partage leur avait ravis. — C'est ainsi qu'en dépouillant les enfants naturels, légalement reconnus et non encore légitimés, du titre honorable d'héritiers, et les réduisant à la simple condition de créanciers sur la succession de leurs parents, il leur assigne la seule place qu'ils aient le droit d'occuper dans la société. — Enfin, c'est ainsi qu'en distinguant les fruits innocents de la faiblesse des fruits honteux du crime, il assure aux premiers le précieux avantage de la légitimation par le mariage subséquent de leurs père et mère, et qu'il marque ces derniers (provenus de l'adultère et de l'inceste) du sceau ineffaçable de la honte et de la réprobation. — Telles sont, citoyens tribuns, les vues profondes, libérales et vraiment politiques que le gouvernement se propose de réaliser par le projet de loi qui vous est soumis.

(1) Discours prononcé au corps législatif, par le tribun Duveyrier, l'un des orateurs chargés de présenter le vœu du tribunat, sur la loi relative à la paternité et à la filiation (séance du 2 germ. an 11).

69. Législateurs, après avoir établi l'institution du mariage, ses formes, ses conditions, ses obligations, ses droits, sa durée, l'ordre naturel et physique imposait lui-même à la législation le devoir de fixer l'objet principal, et le premier effet de cette institution, c'est-à-dire, le rapport certain entre le père et l'enfant, fondement des familles dans l'organisation sociale, comme le mariage en est l'origine. — Ce rapport existe sans doute entre deux êtres dont l'un est l'émanation de l'autre; mais la nature, dans ses précautions harmonieuses pour la conservation de l'espèce, ne l'a marqué par aucun signe infaillible et palpable. La

---

(*a*) Discours préliminaire du consul Cambacérès en présentant le premier projet du Code civil, p. 15.

(*b*) « On sait que dans les habitudes de la vie (disait le consul Cambacérès, dans le Discours préliminaire de son projet de Code civil), il est facile de répandre une présomption de paternité qui n'a jamais existé. A l'aide de ces apparences, combien de fois n'a-t-on pas affligé les mœurs par des recherches inquisitoriales, qu'on se plaisait à justifier par la faiblesse prétendue du sexe! Que cet abus disparaisse, et aussitôt de grandes ressources sont enlevées à la séduction et à la perversité; les mœurs auront des ennemis de moins, et les passions un frein de plus. Les femmes deviendront plus réservées lorsqu'elles sauront qu'en cédant sans prendre des précautions pour assurer l'état de leur postérité, elles en sont seules chargées. Les hommes deviendront plus attentifs et moins trompeurs, lorsqu'ils verront que des promesses faites par le sentiment ne sont plus un jeu, et qu'ils sont tenus de tous les devoirs de la paternité envers des enfants qu'ils auront signalés comme le fruit d'un engagement contracté sous la double garantie de l'honneur et de l'amour. »

termes nouveaux; se trouve déjà dans l'exposé des motifs, n'est pas moins remarquable par l'élévation et la profondeur des

---

nature n'a pas besoin de ce signe ostensible pour éclairer et suivre la chaîne graduelle et continue de ses productions. La société seule le réclame pour la division des familles qui la composent, pour la répartition des droits individuels qu'elle autorise, pour l'application des devoirs qu'elle impose, pour la transmission des propriétés qu'elle protége, enfin pour l'accomplissement de toutes les obligations, et l'exercice de toutes les facultés qui la constituent, et sans lesquelles elle n'existerait pas.— Dans la série majestueuse des règles et des préceptes dont va se former bientôt le monument auguste de la législation française, nous osons vous présenter le titre de la paternité et de la filiation comme l'un des plus remarquables par la gravité de son objet, la délicatesse de ses combinaisons, et l'importance de ses résultats. — Jusqu'à présent vous avez vu dans ce grand ouvrage, et vous verrez presque toujours, la sagesse se balançant sur elle-même, combiner ses règles et ses résultats par ses propres calculs, et seulement attentive, pour l'utilité et la stabilité des institutions qu'elle prépare, à les coordonner avec la situation dans laquelle nous placent la Providence, les habitudes du temps où nous vivons, les convenances du sol que nous habitons, l'expérience des autres siècles, l'exemple des autres peuples, et les leçons plus imposantes encore de notre expérience personnelle et de nos propres exemples.— Ici, et sur l'objet que nous traitons aujourd'hui, l'esprit de l'homme est forcé de s'élever même au-dessus des calculs de la raison et des méditations de la sagesse. La lutte est établie entre la faculté morale et la puissance physique. C'est la nature elle-même qu'il faut toujours combattre et quelquefois asservir, soit qu'il s'agisse de surmonter l'obstacle invincible de son plus impénétrable mystère, pour placer dans la société, sous un signe impérieux, mais incertain, l'enfant que la nature ne proclame jamais, et que souvent elle désavoue; soit qu'on brave le charme magique de ses plus douces affections, pour rejeter de la société l'enfant privé du signe social, et que la nature réclame avec plus d'autorité et de tendresse. — On ne peut réfléchir sur un sujet aussi grand, sans s'humilier dans un respect religieux devant l'intelligence suprême qui connaît tout, parce qu'elle a tout produit. Les fastes de la terre célèbrent les efforts du courage et les conquêtes du génie; dans la succession des siècles, l'homme a soumis à l'empire de sa force ou de ses perceptions tout ce que ses sens peuvent atteindre. La nature elle-même a vu souvent reculer ses barrières et pénétrer ses secrets. Le génie a interrogé les météores, mesuré les astres, décomposé les éléments, sondé les profondeurs de la terre et des mers : le courage a franchi les sommités inaccessibles, parcouru la plaine des eaux et l'espace des airs. L'homme, fier de ses facultés intellectuelles, se dit formé à l'image de Dieu; et ce qu'il ne connaît pas encore, il aspire incessamment, et s'obstine à le connaître.— Le secret de la paternité épouvante presque seul, et tient enchaînées ses tentatives ambitieuses; et les Aristote, comme les Alexandre, ne cherchent pas même, dans les lois mystérieuses de la reproduction des êtres, un moyen de discerner l'enfant auquel ils donnent le jour.

70. Dans l'impossibilité d'emprunter à la nature un signe évident et infaillible de la paternité, et néanmoins dans la nécessité de l'obtenir pour fonder les sociétés sur l'exacte division des familles et la succession certaine des individus et des biens, l'homme a saisi la présomption la plus voisine de la preuve. — L'esprit conjecture avec raison, et le cœur sent avec énergie, que le père d'un enfant est celui qui confond son existence et ses affections avec celles de la mère; qui s'est établi près d'elle son compagnon fidèle, son gardien constant, son protecteur dévoué; qui se montre même jaloux et attentif d'écarter d'elle les soins, les assiduités, les secours d'un autre, parce qu'il ne peut souffrir la privation, ni même le partage de la reconnaissance et de la tendresse dues à son empressement et à sa fidélité. — Cette conjecture, d'une force presque égale à l'évidence, a été le guide sûr des fondateurs de toute société. On a voulu la trouver partout où deux individus de sexe différent pouvaient se réunir. On a enchaîné en sa faveur, autant que possible, l'inconstance, la légèreté du cœur, le caprice et l'impétuosité des sens; on a fait de l'habitation constante d'un homme avec une femme, la première loi sociale : on a institué le mariage, et sur le mariage s'est établi le signe invariable de la paternité. — Cette règle fondamentale est aussi la base de la loi proposée. — Son exception générale, ses exceptions particulières, ses conséquences, ses formes, ses moyens d'exécution et de garantie en sont les développements. — L'exception générale embrasse tous les cas où la règle ne peut être appliquée, par cela même que le mariage, qui en est le titre et l'origine, n'existe pas. C'est la naissance des enfants que la nature dérobe à la société, et dont l'existence n'est pas consacrée par le mariage de leur père et mère. — Cette exception générale des enfants naturels, des enfants nés hors mariage, forme une espèce presque étrangère à la règle fondamentale de la paternité légitime. On aurait pu faire une loi distincte et particulière pour régler l'état et la destinée de ces enfants. — Mais comme, d'un autre côté, l'ordre social ne peut souffrir qu'un individu, quel qu'il soit, erre dans la société sans place fixe et déterminée, et que la place de tout enfant est marquée par les rapports de consanguinité toutes les fois que son père peut être sûrement désigné; on a considéré avec raison comme une conséquence des règles générales sur la paternité et la filiation, les règles particulières relatives aux enfants naturels. On a dû seulement, en les comprenant dans le texte commun à toutes les naissances, les placer à la suite des naissances consacrées par le mariage, et en faire le troisième et dernier chapitre du titre que nous examinons.

71. Les exceptions particulières à la règle de la paternité sont celles qui, dans la règle même, dans le mariage, en écartent l'application par l'impossibilité physique, évidente, incontestable, ou par des présomptions contraires d'une telle force sur la raison de l'homme, que la présomption légale soit complétement détruite. — Le premier chapitre précise ces exceptions rares et périlleuses. Il établit avec scrupule et sévérité les cas d'application possible à qui le droit peut en être attribué, le temps rigoureusement limité pour l'exercice de ce droit, les précautions enfin sagement conçues pour prévenir l'abus de leur application, ou même de la faculté de les appliquer.

72. Le second chapitre règle les moyens d'établir ou de recouvrer les preuves de la filiation légitime, soit que ces preuves reposent dans les registres publics dont une loi précédente a déterminé les formes et l'usage, soit que ces registres consumés par le temps ou par accident, perdus par la négligence, détournés par la fraude ou détruits par la violence, ne laissent à l'état légitime de l'enfant que cette réunion de faits et de conséquences que la raison et l'équité naturelle admettent en témoignage authentique de la vérité. — Vous avez ainsi, citoyens législateurs, le plan de tout l'ouvrage.—Vous me permettez d'en parcourir sous vos yeux successivement toutes les parties, et de développer avec chaque disposition l'objet qu'elle doit remplir et le motif qui la détermine. — Puissé-je avoir mérité, par les efforts de ma vie entière, l'honneur que je reçois aujourd'hui, et ne pas me montrer tout à fait incapable de retracer devant vous, sur cette portion d'un ouvrage immortel, les méditations de ces hommes respectables, qu'une telle entreprise aurait seule illustrés, et qui, placés entre les incertitudes de la nature et la nécessité politique, entre la sévérité de la raison et l'illusion du sentiment, entre les erreurs de leurs devanciers et les passions de leurs contemporains, sont parvenus à élever ce monument de sagesse et de stabilité nationale!

73. La présomption légale qui donne pour père aux enfants du mariage le mari de leur mère, mise à la place du signe matériel que la nature n'accorde pas, a deux caractères de vérité également imposants, l'autorité de tous les siècles et l'exemple de tous les peuples. — Dans l'antiquité la plus reculée, et parmi les populations modernes des extrémités du globe, on ne citera point une réunion d'hommes formée en corps social qui ait introduit dans ses lois un autre moyen de régler la série des descendances et l'ordre des générations. — Plus on pénètre dans la nuit des temps, plus la puissance du signe légal de la paternité se découvre dans les solennités augustes du mariage et dans l'autorité immense donnée sur les enfants à l'époux de leur mère. — On en retrouve clairement la trace dans cette loi égyptienne, qui, pour assurer le payement des dettes, sans autoriser contre le débiteur la violence et l'inhumanité, ne permettaient d'emprunter qu'en donnant pour gage le corps embaumé de son père. — Les Romains doivent aux Grecs la sagesse des Égyptiens. Leur législation se compose, comme on sait, des lumières éparses dans tous les siècles qui les ont précédés, et chez tous les peuples soumis à leur domination. C'est à cette circonstance, plus qu'à toute autre, qu'ils doivent l'autorité de doctrine qu'ils ont exercée sur la législation des autres peuples, même après leur décadence politique et la chute de leur empire. Les lois romaines sur cette matière sont encore aujourd'hui l'unique règle des sociétés modernes; et nous-mêmes, sur le projet de loi que vous examinez, nous n'avons eu que ces lois à consulter pour les imiter ou les contredire suivant ce qu'exigent nos localités, nos mœurs et nos institutions actuelles.

Les Romains ont fait de la présomption de la paternité légitime fondée sur le mariage un précepte littéral devenu depuis axiome législatif : *Is pater est quem nuptiæ demonstrant.* — Le motif de cette règle indique assez sa rigoureuse nécessité. Son premier caractère est d'avoir la puissance et l'effet de la vérité elle-même, et d'exercer à sa place une autorité qui approche de la tyrannie; elle soumet tout à son empire, les accidents ordinaires, les probabilités, les soupçons, et même les contradictions apparentes : elle ne connaît d'autres bornes que les bornes immuables de la nature et de la raison universelle. On n'admet rien contre elle : on admet tout en sa faveur, tout, excepté l'impossible et l'absurde. — Toute loi qui imposerait l'obligation de croire ce que repoussent les lois physiques de la nature et les lois morales de l'intelligence, ne serait plus du domaine de la législation civile; et toute loi qui donnerait au mensonge évident le titre et le pouvoir de la vérité ne serait qu'un scandale social.— Ainsi, dans le mariage, l'époux de la mère sera toujours le père de l'enfant, excepté dans les cas où il sera impossible de le supposer ou de le croire.— Il faut rigoureusement préciser ces cas d'impossibilité; car la nécessité de la règle fondamentale ne peut souffrir ni le doute ni l'arbitraire. — Ici commencent les difficultés réelles. Il

pensées que par l'éclat du style. Là se trouvent, sur les mystères de la reproduction des êtres (p. 159, nos 69 à 71), sur la filia-

s'agit d'éviter le double danger d'étendre la règle au delà des bornes de la possibilité, ou de la faire fléchir au gré du raisonnement; et flottant ainsi entre l'incertitude des effets naturels et les règles variables de l'opinion, l'esprit a besoin de toute sa sagacité, de toutes ses lumières, pour s'arrêter au point fixe où cesse toute faculté de croire.

74. Trois causes de nature différente peuvent maîtriser la croyance et forment ici trois espèces d'exceptions à la présomption légale de paternité : — L'impossibilité physique ; — L'impossibilité morale ; — L'impossibilité légale. — La première, l'impossibilité physique, est absolue ; elle tient toute sa force d'elle-même ; c'est un fait matériel et constant qui n'admet aucune autre supposition. — L'impossibilité morale est relative ; c'est la conséquence d'un fait assez grave déjà pour introduire le doute et ébranler l'opinion, mais qui la subjugue impérieusement, s'il est fortifié par quelque circonstance décisive. — L'impossibilité légale est la conséquence immédiate de la loi ; c'est l'absence du titre même sur lequel est établie la présomption. — Ainsi cette présomption légale doit disparaître si, au moment de la conception de l'enfant, le mari de la mère se trouvait notoirement dans une situation telle, qu'il lui fût impossible physiquement d'être le père de cet enfant. — La présomption légale doit fléchir si, au moment de la conception de l'enfant, une réunion de circonstances décisives force la raison à transporter l'opinion certaine de la paternité sur un autre que le mari de la mère. — Enfin, la présomption légale n'existe pas si, au moment de la conception de l'enfant, le mariage qui seul établit la présomption n'existait pas encore, ou n'existe plus. — Mais comme pour juger avec certitude et pour établir avec précision l'une et l'autre de ces trois exceptions, le moment où il faut se placer est toujours le moment de la conception de l'enfant, il était indispensable d'éclaircir avant tout une question jusqu'à présent obscure, et de fixer un point dont la science dans l'instabilité de ses conjectures, et l'expérience dans la multiplicité de ses rapports, semblaient avoir augmenté l'indécision.—Il fallait marquer le moment possible de la conception.

75. Le mystère de la paternité s'enveloppe des ténèbres de la conception. La même obscurité couvre et le moyen et le moment de cet effet admirable. La nature ne laisse voir que les lignes extrêmes qu'elle parcourt dans sa plus précoce activité, comme dans sa lenteur la plus tardive. — Depuis Hippocrate la science, malgré ses diffus et nombreux traités; depuis Justinien, la législation, malgré ses inépuisables commentaires, n'ont pas fait sur ce point un seul pas vers la précision. — Il faut même le dire : les Romains, maîtres dans la science législative comme dans l'art de vaincre et de dominer, ont eux-mêmes placé devant la solution du problème un obstacle presque invincible, par une de ces contradictions littérales dont le chaos de leurs compilations offre plus d'un exemple. — On connaît ces deux lois romaines qui, avec autant de précision l'une que l'autre, admettent pour la légitimité de l'enfant une différence notable dans l'intervalle de temps qui peut s'écouler entre le mariage, c'est-à-dire, entre le moment présumé de la conception et celui de la naissance. — La loi 7 au Digeste, *De suis et legitimis heredibus*, décide qu'un enfant peut naître six mois et deux jours après sa conception, et elle fonde cette décision sur l'autorité d'Hippocrate. — La loi 11, au Digeste, *De statu hominum*, exige, au contraire, un intervalle de sept mois accomplis entre la conception et la naissance, et elle se fonde également sur l'autorité d'Hippocrate.—Vous sentez que mille volumes de commentaires n'ont pu accorder ces deux lois, et n'ont servi qu'à nous apprendre qu'Hippocrate ne s'était ni trompé ni contredit. — Cependant, chacune de ces deux lois a eu sa secte. Les uns ont exigé sévèrement le septième mois accompli, les autres se sont contentés du septième mois commencé. La diversité des opinions s'est accrue et fortifiée en venant jusqu'à nous. Les discussions médico-légales et les traités de jurisprudence ont exalté les têtes jusqu'aux suppositions extravagantes ; et, dans ces derniers temps, on a vu, devant le premier tribunal de France, le scandale d'un procès élevé pour la légitimité d'un enfant né dans le sixième mois du mariage. — Aujourd'hui on s'accorde généralement à penser que, malgré les variations incontestables de la nature, il est un terme au delà duquel on ne trouve plus que l'impossible ou le monstre. Il était sans doute préférable de saisir et de marquer invariablement ce terme, aux risques d'errer sur quelques cas improbables, plutôt que de laisser toutes les questions relatives à l'état des hommes sous la dépendance d'un calcul arbitraire. Entraînés par ce grand intérêt, et éclairés par le scandale des controverses précédentes, les auteurs du projet présenté ont adopté l'opinion la plus commune, la plus autorisée, et ils ont établi qu'une naissance précoce serait légitime, si elle arrivait au moins dans le commencement du septième mois, c'est-à-dire, au moins 180 jours après le moment présumé de la conception.

76. Les naissances tardives ont de même agité et partagé les esprits. On dirait que, dans cette matière, les lois romaines se faisaient un jeu de la contrariété. — La loi des Douze Tables, et la loi 3, au Digeste, *De suis et legitimis heredibus*, ne déclaraient légitimes que les enfants nés au plus tard dans le dixième mois de la mort de leur père, ou de la dissolution du mariage. — Ensuite, l'empereur Adrien s'autorisa de l'opinion des jurisconsultes et des philosophes de son temps, pour déclarer dans un édit dont Aulugèle nous a transmis le texte, qu'un enfant pouvait naître légitime dans le onzième mois de la mort de son père. — Justinien adopta cette décision dans sa Novelle 39 ; et de là jusqu'à nous, les variations de la jurisprudence et ces décisions de nos tribunaux, qui, tantôt sur une autorité, et tantôt sur l'autorité contraire, ont déclaré bâtards ou légitimes des enfants nés dans le onzième mois après la mort du père. — Il fallait encore ici fixer un terme invariable, et il était facile de choisir celui que l'expérience et l'opinion générale désignaient également. En conséquence, le projet de loi statue qu'on pourra contester la légitimité d'un enfant né dans le onzième mois après la dissolution du mariage. — Ce sera déjà une amélioration sensible dans notre législation, que d'avoir anéanti et prévenu toutes les disputes sur un point d'où découlent toutes les questions relatives à l'état des enfants, d'avoir fixé et resserré le cercle dans lequel la nature pourra promener encore ses merveilleux caprices, mais dont on ne la fera plus sortir aux dépens de la société. — Ce cercle est clairement tracé dans l'intervalle du temps qui remonte du cent quatre-vingtième au trois centième jour avant la naissance. C'est un espace de cent vingt jours donné à la possibilité variable de la conception. La loi décide qu'un enfant peut être conçu au plus tôt sept mois et au plus tard dix mois avant sa naissance. L'enfant du mariage enfin est celui qui reçoit le jour au plutôt dans le commencement du septième mois après sa célébration, et au plus tard dix mois après sa dissolution. — Ce point invariablement déterminé, nous pouvons développer avec clarté les trois espèces d'exceptions littéralement établies dans le projet de loi, et qui seules désormais pourront démentir la règle générale de légitimité, la présomption légale établie sur le mariage.

77. L'impossibilité physique ne peut exister que par deux causes : l'absence et l'impuissance accidentelle du mari. — Ici les anciens principes, conformes à la raison et à l'équité, ne souffrent aucune altération. — Il faut que l'absence soit constante, continue, et de telle nature, que, dans l'intervalle de temps donné à la possibilité de la conception, c'est-à-dire, dans l'intervalle de cent vingt jours qui s'écoule entre le cent quatre-vingtième et le trois centième jour avant la naissance de l'enfant, l'esprit humain ne puisse concevoir la possibilité d'un seul instant de réunion entre les deux époux. — Quelques auteurs, pour admettre l'exception de l'absence, exigeaient, entre les deux époux, l'espace immense des mers. — Cette précision était affectée et scolastique ; elle n'était ni juste, ni correspondante au principe ; elle ne remplissait pas l'objet proposé. L'absence réelle peut se modifier par d'autres causes ; elle peut s'établir par d'autres preuves tout aussi décisives : il suffit d'exiger qu'elle soit telle, qu'au moment de la conception, toute réunion, même momentanée) entre les deux époux, ait été physiquement impossible. — On a demandé si la prison qui séparait deux époux pourrait être assimilée à l'absence. — Il est clair que c'est l'absence elle-même, pourvu toujours que la séparation ait été tellement exacte et continuelle, qu'au temps de la conception, la réunion d'un seul instant fût physiquement impossible. — Il en est de même de la seconde cause d'impossibilité physique, de l'impuissance accidentelle du mari. Il serait déraisonnable de vouloir détailler les espèces, les cas, les accidents qui peuvent la produire, soit qu'il s'agisse d'une blessure, d'une mutilation, d'une maladie grave et longue. Il suffit de savoir que la cause doit être telle, et tellement prouvée, que, dans l'intervalle du temps présumé de la conception, on ne puisse supposer un seul instant où le mari aurait pu devenir père.

78. Vous avez, citoyens législateurs, et j'ose dire avec répugnance, trouvé dans nos livres, et peut-être même dans nos tribunaux, une troisième cause d'impossibilité physique, celle qu'on appelait impuissance naturelle : c'est la supposition plus ou moins probable ; car dix siècles d'efforts, de contentions et de recherches n'en ont fait encore qu'une supposition, qu'un homme aurait été produit sans avoir reçu de la nature la faculté de produire. — La loi romaine admettait l'impuissance naturelle : mais ce peuple pour lequel l'honnêteté publique et la révérence des mœurs étaient la loi suprême, ne nous a pas transmis un exemple d'application. — La religion l'introduisit seulement au huitième siècle dans sa doctrine et ses décisions, mais avec cette restriction remarquable, qu'elle ne rendit jamais que des décisions provisoires, sur ce motif naïvement déclaré, que l'Église pouvait avoir été trompée, et des décisions toujours réformables, si l'homme accusé d'impuissance donnait par la suite des preuves contraires et matérielles dans un mariage subséquent.— De là nos tribunaux l'ont adopté, mais sans la restriction qui en modérait l'inconséquence. Cette restriction religieuse ne pouvait se concilier avec ce principe social d'une force extrême, que l'ordre des familles et l'état des mariages doivent être immuables. Plus on sentait le besoin de saisir la vérité, plus on multipliait les moyens insensés de la découvrir ; et dix siècles perdus à rechercher follement la cause mystérieuse d'un effet incertain, n'ont produit que des contradictions, des scandales et des démentis donnés par la nature elle-même

tion légitime et ses effets (nos 72 et suiv.), sur la filiation naturelle et son histoire (p. 165, nos 104 et suiv.), des explications

à des jugements fondés sur les plus spécieuses vraisemblances. — Depuis longtemps la rareté extrême de ces cas monstrueux, s'ils existent, l'infamie et l'insuffisance des épreuves, l'obscurité insurmontable de la cause et de l'effet, avaient fait condamner par tous les esprits sages, ce moyen ridicule d'attaquer et de détruire une présomption juste et favorable, élevée par la loi elle-même au rang de la vérité. — Et vous n'aurez pas remarqué sans plaisir, dans la loi du divorce, que cette cause, nommée impuissance naturelle, n'est point au nombre des causes qui conduisent à la dissolution du mariage. — Il ne s'agit point ici de la dissolution du mariage : il s'agit de la légitimité de l'enfant né dans le mariage, et un motif particulier de justice et de pudeur fait proscrire avec plus de force l'allégation honteuse dont je parle.

79. Je n'ai pas besoin de dire que toutes les exceptions qui peuvent combattre la présomption légale de la paternité ne sont établies qu'en faveur du mari. Le mari seul, et ses héritiers, dans les cas déterminés, seront admis à les proposer. Ces exceptions seront, par des motifs de toute évidence, interdites à tout autre. — Ici ce serait donc le mari seul, puisque ses héritiers ne le pourraient jamais, qui viendrait proposer publiquement son impuissance pour faire déclarer illégitime l'enfant du mariage. Et comment concevoir, sans être révolté, le cynisme impudent d'un homme qui pourrait révéler sa turpitude et son infamie pour déshonorer sa compagne et sa victime ? car vous remarquerez que, dans ce cas, la femme aurait été la première victime de la fourberie de cet homme impuissant qui s'est présenté au mariage avec toutes les espérances de la paternité. — Non, la chasteté de la loi réprouve ces aveux infamants et ces déclarations honteuses. Les monstres, s'ils existent dans la nature, ne doivent pas être dans la loi. Non, la justice éternelle, cette voix majestueuse de toute conscience pure, dit que, dans ce cas, si ce cas existe, l'homme doit supporter toutes les charges de la paternité dont il a témérairement affecté la puissance, et dévorer la honte d'un enfant dont il peut n'être pas le père, mais qu'il a eu la frauduleuse audace de promettre à sa femme et à la société. — J'ai suffisamment expliqué comment, dans le projet que j'examine, deux causes seulement pourront produire la première exception fondée sur l'impossibilité physique, l'absence et l'infirmité accidentelle du mari. — Je passe à la seconde exception, fondée sur l'impossibilité morale.

80. J'ai dit qu'elle ne trouvait pas dans elle-même une force suffisante, et qu'elle ne pouvait l'emporter sur la présomption légale de la paternité, qu'à la faveur de certaine circonstance décisive qui porterait sa conséquence jusqu'à la conviction. — Le projet de loi n'en introduit qu'une cause, et encore elle ne l'admet que soumise à trois conditions précises et littérales. — C'est l'adultère. — Les Romains avaient proscrit cette exception dans tous les cas. La décision portée dans la loi 2 du Digeste, *Ad legem juliam*, est célèbre : *Cum possit et mater adultera esse, et impuber defunctum patrem habuisse.* — Il leur suffisait qu'il fût possible, quoique contraire à toute vraisemblance, que la femme adultère, livrée aux embrassements d'un autre homme, eût supporté les témoignages de tendresse de son mari. — Notre jurisprudence a porté aussi loin cet excès de pyrrhonisme affecté. Nos tribunaux ont constamment rejeté, en faveur de la présomption légale, et la preuve et le jugement de l'adultère, fortifiés encore par la déclaration de la mère coupable. — Et jusque dans le milieu du dix-septième siècle, le premier tribunal français, le parlement de Paris, sur les conclusions du plus juste et du plus savant magistrat, M. d'Aguesseau, aima mieux déclarer légitimes des enfants nés onze mois après tout moment possible de conception légale, et dont les mères adultères confessaient hautement la bâtardise, plutôt que de laisser ébranler, sans cause physique, cette présomption de paternité matrimoniale, qu'on doit en effet regarder comme inviolable. — L'excès n'est jamais la vérité, et il était bien de revenir avec précaution et scrupule aux lois ordinaires de la raison. — A la vérité, il n'y a pas dans la nature impossibilité physique à ce qu'une femme infidèle doive la conception de l'enfant dont elle devient mère, au mari qu'elle hait et qu'elle évite, et non pas à l'homme dont l'amour la rend l'esclave empressée et soumise. Mais tous les calculs du raisonnement, et toutes les affections morales de la nature elle-même se révoltent contre une telle possibilité. Le doute au moins est inévitable, et, disons-le sans craindre, le doute même n'existerait pas sans cette présomption de la loi, si respectable, mais qui n'exerce aucune influence sur les motifs de conviction interne. — Et, si ce doute, déjà commandé par la loi plutôt que par la raison, se trouve encore combattu, non par la déclaration de la mère, dont mille motifs ont pu corrompre l'intention, et peuvent affaiblir l'effet, mais par un aveu tacite, spontanée et continuel, bien plus fort qu'une déclaration passagère et concertée, ne serons-nous pas entraînés vers la vérité, ou du moins vers le besoin d'en chercher l'évidence?

81. Si la femme adultère a caché à son mari sa grossesse, son accouchement, la naissance de l'enfant, le sentiment qui lui a dicté ce mystère et imposé les soins et l'embarras qu'il exige, est d'une telle prépondérance, qu'il serait injuste de ne pas l'appeler en témoignage sur la question de la véritable paternité. — Une femme en ce cas ne dit rien, ne déclare rien : au contraire, elle se tait et se cache. C'est son cœur lui-même qui, malgré elle, développe ses replis les plus cachés; c'est sa conscience qui laisse échapper son plus mystérieux jugement. Elle se montre tout entière dominée par la conviction intime à laquelle elle sacrifie son propre enfant, et ce que son enfant a de plus cher, la légitimité. — Alors ce que la présomption légale du mariage peut exiger, c'est que la présomption contraire, parvenue à un si haut degré de puissance, ne suffise pas encore pour la détruire : mais on ne peut refuser au mari qui a déjà prouvé le crime de sa femme et le mystère dont elle a enveloppé le fruit de son crime, la faculté d'offrir à la justice les autres preuves qui peuvent compléter la démonstration, et le soustraire aux charges et à la honte d'une fausse paternité. — Voilà la marche éclairée par toutes les lumières de la raison. Daignez, citoyens législateurs, jeter les yeux sur le projet de loi, et vous serez persuadés, j'espère, que ses auteurs ont discerné et établi sur ce point délicat toutes les combinaisons de sagesse, qui, sans porter une atteinte dangereuse au fondement social, à la présomption légale de paternité, attribuent cependant à la vérité et à la justice ce qu'elles ont droit d'exiger. — Le projet de loi n'admet l'exception de l'impossibilité morale, fondée sur l'adultère, que sous trois conditions formelles. — Il faut que l'adultère soit constant, et il ne peut l'être que par un jugement public. — Il faut que la femme ait caché à son mari la naissance de l'enfant adultérin. — Et ces deux conditions remplies, il faut encore que le mari présente la preuve des faits propres à justifier qu'un autre est le père de l'enfant.

82. Il me reste à tracer le cercle de la troisième exception, celle qui s'établit sur l'impossibilité légale. — Vous n'avez point oublié que cette impossibilité légale n'est autre chose que la conséquence immédiate de la loi; et, en effet, comme je l'ai déjà dit, la présomption fondée sur le mariage ne peut pas exister, si, au moment de la conception de l'enfant, le mariage, qui seul établit la légitimité, n'existe pas encore ou n'existe plus. — Cette exception frappe, comme on voit, sur les naissances précoces et sur les naissances tardives; et depuis que nous avons calculé et marqué l'intervalle de temps dans lequel peut circuler la possibilité naturelle de la conception, l'intelligence de cette exception dans les deux cas devient facile, et son application précise; mais son action n'est pas décisive sur les naissances précoces comme elle l'est sur les naissances tardives. — Par exemple, la naissance précoce est celle de l'enfant qui vient au monde dans les premiers mois du mariage, et à un terme tel que toute conception possible ne puisse être placée sous l'empire du mariage. Il est maintenant fixé que le terme de la naissance le plus rapproché de la conception ne peut être que le septième mois commencé, de sorte qu'un enfant qui naît avant ce septième mois commencé, ou, pour parler avec une précision plus arithmétique, dans les cent quatre-vingts premiers jours du mariage, peut être désavoué par le mari de sa mère. — Mais cette naissance précoce suffira-t-elle pour autoriser le désaveu du mari et le déshonneur de la femme? — Non : il y aurait inconséquence et injustice dans deux cas. — D'abord, l'accouchement de la femme peut avoir été accéléré par un accident peu remarquable, l'enfant peut naître avant terme et privé des facultés de la vie. — Ensuite, quoique l'enfant naisse à un terme qui place toute conception possible au delà du mariage, l'enfant peut encore appartenir au mari, si le mariage a été précédé d'une fréquentation intime entre les deux époux. — Il faut donc, pour que le désaveu du mari ne soit pas une action scandaleuse, légèrement admise; il faut d'un côté que le mari n'ait laissé échapper, soit au moment du mariage, soit au moment de la naissance de l'enfant, aucun acte, aucun signe, aucun aveu volontaire, exprès ou tacite de sa paternité; il faut d'un autre côté que l'enfant soit né sans accident, et pourvu de toutes les facultés de la vie. — C'est ce que le projet de loi a exprimé avec autant de précision que de clarté, en statuant que l'enfant né avant le cent quatre-vingtième jour du mariage ne pourra être désavoué par le mari, s'il a eu connaissance de la grossesse avant le mariage, s'il a assisté à l'acte de naissance, s'il a signé cet acte ou déclaré ne savoir signer, enfin si l'enfant n'est pas déclaré viable, terme que la législation a emprunté de la médecine.

83. On a cherché à éviter les vérifications, les déclarations de viabilité, et toutes les difficultés, tous les procès qu'engendrera l'état physique d'un enfant que deux intérêts opposés jugeront bien et mal constitué. On a cru qu'un enfant apportait lui-même en naissant, et dans le cours plus ou moins borné de son existence, la preuve suffisante de sa parfaite ou imparfaite constitution. On pensait, en conséquence, qu'en fixant le terme le plus prolongé d'existence que pouvait parcourir un enfant imparfaitement organisé, on rendrait toute décision plus prompte et plus sûre; et l'on aurait pu dans ce sens décider que le désaveu du mari ne serait point admis, si l'enfant mourait dans les dix jours de sa naissance. — Mais on établissait une lutte bien dangereuse entre la vie de l'enfant et l'honneur de la mère. Il fallait que l'enfant mourût dans les dix jours, pour que sa mère vécût sans honte et sans reproche. De là la crainte ingénieuse mais raisonnable, qu'une négligence affectée ou des moyens plus coupables peut-être ne vinssent suppléer à l'imperfection supposée de la nature, et porter une influence fatale sur la vie de

qui semblent avoir épuisé tout ce qui peut être produit, sous le rapport des principes généraux, à l'appui des dispositions de la

l'enfant dont la vie devait être l'opprobre de sa mère et le titre de sa condamnation. — Ce sentiment était bien digne de toucher les hommes vertueux, occupés de cet ouvrage; et, sans balancer, ils ont préféré, aux risques de quelques contestations inévitables, le parti adopté dans le projet de loi.

84. Les naissances tardives n'exigent aucune disposition conditionnelle. Il est clair que la légitimité d'un enfant pourra être contestée s'il naît dans le onzième mois après la dissolution du mariage, ou, pour mieux dire, au moins trois cents jours après le mariage dissous, parce qu'alors il ne peut plus placer dans le mariage ni sa conception, ni par conséquent la présomption légale de sa légitimité. — Pourquoi n'est-il pas, de droit, illégitime, et mis au nombre des enfants naturels? — Parce que tout intérêt particulier ne peut être combattu que par un intérêt contraire. La loi n'est point appelée à réformer ce qu'elle ignore; et si l'état de l'enfant n'est point attaqué, il reste à l'abri du silence que personne n'est intéressé à rompre. — Parce que d'ailleurs, dans le cas de la dissolution d'un mariage par le divorce, le mari qui seul aurait le droit du désaveu peut n'avoir ni motif ni volonté de l'exercer, et il doit être, s'il l'exerce, soumis à l'obligation d'éloigner de lui toute preuve de la paternité de l'enfant qu'il désavoue.

85. Après avoir réglé avec une sage sévérité les cas où la présomption légale de paternité pourra être combattue par l'évidence ou par la présomption contraire; après avoir soumis ces exceptions dangereuses, mais indispensables, à des conditions qui puissent, dans tous les cas, en manifester la justice, il faut encore en resserrer l'usage dans les bornes les plus étroites et les plus courts délais. — Le motif de cette dernière précaution est évident. — La loi ne donne à ces exceptions aucun effet par elles-mêmes. Pour qu'elles agissent, il faut qu'elles soient mises en mouvement par le désaveu de l'enfant, que le mari seul, s'il existe au moment de la naissance, a le droit de former. — Le sentiment qui porte un mari à désavouer l'enfant dont sa femme est devenue mère, est vif, impétueux, violent même, comme le transport qu'excite la conviction d'un outrage. Ce n'est point un sentiment que le temps affermisse et que la réflexion fortifie; la réflexion le modère, et le temps l'efface. Un père qui a souffert près de lui dans sa maison, sans peine et sans répugnance, ou qui a connu sans indignation l'existence d'un enfant que la loi et la société appellent son fils, est raisonnablement supposé n'avoir pas reçu d'offense, ou l'avoir pardonnée; et dans tous les cas, la loi, comme la raison, préfère le pardon à la vengeance. — Ainsi, le mari, s'il est présent à la naissance de l'enfant, n'aura qu'un mois pour réclamer. — S'il est absent, il n'aura que deux mois après son retour. — Si on lui a caché la naissance de l'enfant, il n'aura de même que deux mois à compter du moment où cette naissance lui sera connue.

86. Ce droit du mari doit nécessairement passer à ses héritiers par l'effet infaillible d'une autre loi tout aussi importante pour la société, celle de la transmission héréditaire. Mais ce droit ne passe aux héritiers que dans le temps où il peut encore exister, c'est-à-dire, lorsque le mari est mort avant la naissance de l'enfant, ou dans le terme non encore expiré des délais qui lui sont donnés pour réclamer. — Et dans ce cas, les héritiers doivent être soumis aux mêmes délais. — Ils n'auront donc que deux mois pour contester la légitimité de l'enfant, à compter du jour où l'existence de cet enfant leur sera connue, soit qu'il vienne les troubler dans la possession de leurs droits héréditaires, soit qu'il se mette avant eux en possession des biens que la loi leur assure.

87. Enfin la prescription de ce droit peu favorable est tellement juste, hors des délais rigoureux prescrits pour son exercice, qu'il ne doit point suffire, pour la suspendre, d'un acte extrajudiciaire contenant l'intention de désavouer l'enfant, ou même le désaveu formé par le mari ou les héritiers. Ce droit sera encore irrévocablement aboli, si dans le mois qui suivrait cet acte préliminaire, le mari ou les héritiers n'ont pas intenté leur action en justice contre le tuteur qui sera spécialement nommé pour défendre l'état de l'enfant. — Tel est, citoyens législateurs, le cadre dans lequel le chapitre premier du titre que nous examinons a renfermé tout ce qui établit et tout ce qui peut combattre et détruire la légitimité des enfants nés dans le mariage.

88. Le chapitre second présente les moyens d'établir la preuve de la légitimité, et de la recouvrer lorsqu'elle est perdue, dissimulée ou détruite. — Sur cette matière, les principes observés jusqu'à nous étaient sages, et les règles judicieusement établies. Une longue expérience en avait toujours justifié l'application. Nous aurons, aussi, peu de changements à vous offrir. — Une doctrine constante, dictée par la justice et la raison, a toujours donné à l'état des citoyens deux genres de preuves, le titre et la possession. — La réunion de ces deux preuves est au-dessus de toute atteinte et de toute contradiction. Aussi la loi proposée offre-t-elle d'abord cette règle infaillible, et dans tous les cas fermement exécutée, que nul ne peut réclamer un état contraire à celui que lui donnent son titre de naissance et la possession conforme à ce titre; et par une conséquence du même principe, que nul ne peut contester l'état de celui qui a une possession conforme à son titre de naissance.

89. Le titre est dans les registres publics destinés à constater les naissances. — Une loi précédente, et que vous venez de sanctionner, règle la forme de ces registres, et consacre leur authenticité.—La même loi prévoit le cas où les registres n'auront point existé, et le cas où ils auront été perdus; et elle veut que la preuve de non-existence, ou de la perte des registres, soit faite tant par titres que par témoins. — C'était aussi la disposition de nos ordonnances. — Cette loi ne pouvait aller plus loin. Il n'entrait point dans son objet de statuer sur les moyens admissibles et légitimes de rétablir la preuve de l'état des enfants lorsque le titre public n'existe pas; soit que les registres aient été perdus ou adirés, soit qu'on ait omis, supprimé ou falsifié l'acte qui doit constater la naissance et le véritable état d'un enfant. — Le projet actuel doit y pourvoir, et c'est ce qu'il fait.

90. A défaut du titre, à défaut de l'inscription sur le registre public, quel moyen reste-t-il à la preuve de l'état civil? — La possession, c'est-à-dire la jouissance publique que tout individu peut avoir de la place qu'il tient dans sa famille et dans la société. — Cette démonstration qui se compose de faits publics, et chaque jour répétés, est la plus puissante qu'on puisse imaginer. Si l'on veut se faire une juste idée de sa force et de ses effets incontestables, on peut lire le plaidoyer du célèbre Cochin, qui depuis a servi de texte à toutes les discussions sur cette matière. — « De toutes les preuves qui assurent l'état des hommes, la plus solide et la moins douteuse est la possession publique. L'état n'est autre chose que la place que chacun tient dans la société générale et dans les familles; et quelle preuve plus décisive peut fixer cette place, que la possession publique où l'on est de l'occuper depuis qu'on existe? — Les hommes ne se connaissent entre eux que par cette possession. On a connu son père, sa mère, son frère, ses cousins; on a été de même connu d'eux. Le public a vu cette relation constante. Comment après plusieurs années, changer toutes ces idées, détacher un homme de sa famille? Ce serait dissoudre ce qui est, pour ainsi dire, indissoluble; ce serait séparer les hommes jusque dans les sociétés qui ne sont établies que pour les unir. » — Ces principes qui n'ont jamais été contestés ni modifiés, ont dicté, dans le projet de loi, cette règle générale : *A défaut du titre, la possession constante de l'état d'enfant légitime suffit.* — Ce qui veut dire que si les registres publics n'ont point existé, s'ils sont perdus, si l'on a omis d'y inscrire l'acte de naissance, la possession seule prouvera l'état, pourvu qu'elle soit publique et non interrompue. — Et d'où il suit, par une conséquence égale, que, s'il y a erreur ou fraude dans les registres, la possession d'état suffit encore pour conduire à la réformation nécessaire.

91. Quels sont les faits qui constituent la possession d'état? Ces faits sont les résultats journaliers de tous les rapports que je viens d'indiquer, de toutes les relations de famille, de voisinage, de société; les rapports d'un fils à ses père et mère, d'un frère à ses frères et sœurs, d'un neveu, d'un cousin à ses oncles, tantes et leurs enfants, de tout individu aux voisins, aux amis, de la famille dont il est membre. — Il n'était pas proposable de rechercher et de classer dans une loi tous les rapports de cette nature; mais il était bien, pour montrer la trace de la vérité, et répandre sur toutes les questions de ce genre une lumière uniforme, de désigner les faits principaux qui démontrent la possession. — Ainsi le projet de loi déclare d'abord que la possession d'état s'établit par une réunion suffisante de faits qui indiquent un rapport de parenté et de famille. — Et ensuite il ajoute : les principaux de ces faits sont : — Que l'individu a toujours porté le nom du père auquel il prétend appartenir; — Que le père l'a traité comme son enfant, et a pourvu en cette qualité à sa nourriture, à son entretien, à son établissement; — Qu'il a été constamment reconnu pour tel dans la société; — Qu'il a été connu pour tel dans la famille. — En indiquant ces faits principaux, la loi ne veut pas dire que pour démontrer la possession d'état, leur réunion soit indispensable, de manière qu'à défaut d'un seul tous les autres ensemble dussent être rejetés. — Non, elle a voulu seulement, par ces exemples, montrer le caractère et la nature des rapports dont on doit tirer la conséquence exacte et la preuve de la possession d'état. — Il est trop évident que, parmi les faits proposés pour exemple, il en est qui, s'ils sont continuels et manifestes, peuvent seuls compléter la démonstration sans le secours d'aucun autre.

92. Ces règles posées sur la possession d'état, et ses effets érigés en preuve certaine de paternité et de filiation, il fallait pourvoir au sort de celui qui ne peut réclamer ni le titre authentique de sa naissance, ni la possession d'état, de celui qui a été porté sous un faux nom sur les registres publics, de celui enfin dont l'acte de naissance n'indique ni père ni mère, puisqu'il n'annonce qu'un père et une mère inconnus. — Le premier sentiment est de porter à ces infortunés tous les secours de la justice; mais ici la législation devient nécessairement circonspecte, parce que l'expérience a montré, dans la diversité des circonstances, le double danger d'une incrédulité trop aveugle et d'une facilité trop confiante.— Ces cas sont rares, et presque toujours ils sont le produit d'un crime. C'est la suppression d'état, c'est l'homicide social. — Point de doute qu'il ne soit juste alors d'appeler en témoignage de la vérité toutes les preuves capables de la manifester, la preuve littérale et la preuve

loi. — Ici, il convient de faire remarquer que les Exposés, Discours et Rapports dont il vient d'être parlé, sont publiés avec

testimoniale. — Mais une question avait de tout temps partagé les tribunaux, les magistrats, les légistes, sur la faculté même de proposer la preuve. — Les deux espèces, la preuve littérale et la preuve testimoniale, ne peuvent-elles se présenter sans leur concours mutuel? Et, s'il est vrai que les écrits prouvent sans l'assistance des témoins, n'est-il pas vrai de même que les témoins peuvent prouver sans le secours des écrits? — Ou, pour parler le langage usité, peut-on, sur une réclamation d'état, lorsque le réclamant n'a ni titre ni possession, l'admettre à la preuve testimoniale sans un commencement de preuve par écrit?

Les lois romaines, sur cette question comme sur beaucoup d'autres, laissent une incertitude embarrassante. Nos ordonnances ne la lèvent pas. — La loi 11, au code *de Testibus*, décide formellement qu'il faut apporter et des raisons et des titres, que les témoins ne suffisent pas. — La loi 6, au code *de Fide instrumentorum*, fait clairement entendre, et la loi 7, au code *de Nuptiis*, dit expressément que la perte de tous les titres ne peut nuire à la preuve de la légitimité. — Or, comment apporter un commencement de preuve par écrit, lorsqu'il n'y a point d'écrit? — Notre ordonnance de 1667 permet bien la preuve par témoins de la filiation, lorsque les registres publics n'existent pas; mais elle semble exiger le concours d'un commencement de preuve écrite, puisqu'elle dit, tant par les registres et papiers domestiques des père et mère, que par témoins. — Nos tribunaux s'étaient tellement divisés, que des parlements n'avaient jamais admis la preuve testimoniale, même aidée des présomptions les plus fortes, sans un commencement de preuve par écrit; tandis que d'autres déclaraient par des arrêtés que pour être admis dans les questions d'état à la preuve testimoniale, un commencement de preuve par écrit n'était pas nécessaire. — Les raisons contraires étaient également graves : d'un côté, le repos des familles trop intéressant, et la preuve testimoniale trop suspecte. Ces réclamations d'état n'étaient, le plus souvent, qu'une œuvre d'intrigue et de cupidité. Lorsque rien ne fait entrevoir une vérité jusqu'alors inconnue, ni titres, ni possession, ni actes publics, ni écrits privés, il suffirait de quelques témoins corrompus ou faciles, trompeurs ou complaisants, pour jeter un audacieux étranger, comme un fléau, dans une famille respectable et tranquille. — D'un autre côté, l'enfant qui réclame excite le plus doux sentiment, la pitié : le bien qu'il réclame est le premier bien, le seul qui puisse compenser tous les autres. Il est presque toujours victime innocente et sans défense du délit le plus répréhensible. Un sot orgueil, des divisions de famille, la jalousie, l'avidité, l'ont dépouillé de son état. Le crime n'a pu négliger aucune des précautions qui devaient assurer son impunité : et, lorsqu'il dénonce le crime, pour l'admettre seulement à être écouté, vous lui demandez précisément les écrits que le crime lui a enlevés! — M. d'Aguesseau mit le premier un poids sensible dans la balance; en indiquant un terme moyen, qui rendait au moins la justice possible en toutes circonstances.

Sans doute la preuve testimoniale est, de sa nature, trop légère et trop imparfaite pour ne confier qu'à elle un intérêt si grand et si délicat. Mais pourquoi des écrits auraient-ils seuls le privilége de former un commencement de preuve? Ne peut-il se rencontrer des présomptions, des indices et certain assemblage de circonstances qui n'ont pas moins de force que les écrits, lorsque la vérité n'en est pas contestée? En admettant comme commencement de preuve ces présomptions, ces indices résultant de faits déjà non contestés ou incontestables, on concilie l'intérêt public et l'intérêt particulier. La société est satisfaite, puisqu'on n'introduit pas légèrement la preuve par témoins; et les membres de la société ne peuvent se plaindre, puisqu'on ne les réduit pas à l'impossibilité de prouver leur état, lorsque les écrits qui pouvaient l'établir ont été supprimés. — On ne pouvait guère fixer le doute avec plus de sagesse : et c'est le parti que les auteurs du projet de loi ont adopté, en le perfectionnant encore par une précision dans les termes, qui ne vous échappera pas, et qui désormais ne laisse aux juges que cet arbitraire qu'on est presque toujours forcé de leur laisser dans les matières les plus positives. — Le projet de loi décide, dans les cas désignés, que la preuve par témoins ne peut être admise que lorsqu'il y a un commencement de preuve par écrit, ou lorsque les présomptions ou indices résultant de faits dès lors constants, sont assez graves pour déterminer l'admission.

93. Puisqu'on parlait de commencement de preuve par écrit, il était encore raisonnable de terminer toutes les controverses sur le véritable sens de cette expression. — Qu'est-ce qu'un commencement de preuve? Qu'est-ce qu'une preuve qui commence par des écrits, ou plutôt quels sont ces écrits qui commencent une preuve? — Ce sont sans doute des écrits qui, sans former une preuve entière, fournissent des indices, des conjectures probables, et qui n'apportent avec eux rien qui puisse faire suspecter leur témoignage : il faut le dire. L'ordonnance de 1667 ne parle que des registres et des papiers domestiques des père et mère; mais elle les suppose comme éléments d'une preuve complète, et il n'est ici question que d'un commencement de preuve. — Après la mort des père et mère, les écrits antérieurement échappés aux parents héritiers, c'est-à-dire aux personnes directement intéressées à contester la réclamation d'état, pèsent dans la balance autant que les papiers paternels. — Et, puisqu'il est juste d'admettre les présomptions et les indices résultant de faits déjà constants, il est également juste de ne point rejeter les conséquences nécessaires émanées d'écrits directement relatifs à l'objet, lorsqu'ils sont visiblement l'ouvrage de la bonne foi et d'une autre nécessité que celle de la circonstance. — C'est encore ce que le projet de loi a précisé de manière à lever tous les doutes et prévenir tous les dangers, en disant formellement que le commencement de preuve par écrit résulte des titres de famille, des registres et papiers domestiques des père et mère, des actes publics et même privés, émanant d'une partie engagée dans la contestation, ou qui y aurait intérêt si elle était vivante.

94. Enfin, tout danger de la preuve testimoniale, si l'on peut en trouver encore, disparaît devant la disposition juste qui autorise la preuve contraire par tous les moyens propres à établir non-seulement que le réclamant n'est pas l'enfant de la mère qu'il réclame, mais encore, et même alors que la maternité serait prouvée, qu'il n'est pas l'enfant du mari de la mère, parce que dans ce cas il ne s'agit plus de combattre la présomption qui n'existe pas puisqu'il n'y a ni titre, ni possession d'état, ni contrat de mariage, ni acte de naissance, ni relation connue de parenté et de famille. — Les autres dispositions du chapitre second sont à peu près réglementaires.

95. J'ai dit qu'un crime, la suppression d'état, était souvent l'origine de ces réclamations. Des exemples nombreux, surtout dans ces derniers temps, ont dénoncé un abus que le caractère criminel du fait originaire semblait justifier. — Privé devant les tribunaux civils de la faculté dangereuse de se composer une preuve avec des témoins, parce qu'il n'avait ni titres, ni possession, ni commencement de preuve, le réclamant portait le fait originaire, sous la qualification d'un délit, devant les tribunaux criminels, et remplaçait ainsi une enquête impossible par une information indispensable. — C'était une subversion de tout ordre judiciaire, et un instrument fatal mis à la portée de tout le monde pour ébranler dans leurs fondements les familles les plus pures et les plus respectées. — D'ailleurs, le fait qui donne lieu à la réclamation peut sans doute être un fait coupable; mais l'objet de la réclamation est purement civil; mais la partie civile ne peut avoir l'action répressive des délits. — L'intérêt de la société est, sans contredit, que les crimes soient réprimés, et que les preuves qui conduisent à leur répression ne dépérissent pas. Mais un plus grand intérêt commande que le repos de la société ne soit pas troublé sous prétexte de l'affermir. — La réforme de cet abus était désirable; elle était généralement désirée. Ainsi, après avoir établi que les tribunaux civils sont seuls compétents pour statuer sur les réclamations d'état, le projet de loi, par une disposition contraire au droit commun, mais uniquement applicable à ce cas, et évidemment utile, dispose que l'action criminelle contre un délit de suppression d'état ne pourra commencer qu'après le jugement définitif de la contestation civile.

96. Un enfant dépouillé de son état, du titre qui devait l'établir, de la possession qui devait l'assurer, et des preuves qui peuvent le mettre en évidence, vivra longtemps, et mourra peut-être dans cette privation absolue, parce que les chances fortuites de l'avenir peuvent seules le conduire à la découverte. — Il serait absurde de fixer à sa réclamation un délai rigoureux, qu'il n'est point dans ses facultés personnelles de rendre utile. La règle établie à cet égard par le projet de loi, n'a jamais été contredite; l'action en réclamation d'état est imprescriptible; mais ce privilége n'est établi qu'en faveur de l'enfant.

97. Il est un terme où toute incertitude doit cesser pour le repos social, toujours intimement lié au repos des familles : une inquiétude prolongée serait plus funeste que le mal même qu'on voudrait réparer. — La transmission héréditaire fait passer aux héritiers de l'enfant son action en réclamation d'état, mais avec les restrictions exigées par l'ordre public, et justement opposées à une action particulière qui n'a plus d'autre motif qu'un intérêt pécuniaire. — Si l'enfant n'a pas réclamé, pour admettre ses héritiers à intenter l'action non commencée, il faut que l'enfant soit mort mineur, ou dans les cinq années de sa majorité; si l'enfant est mort dans sa vingt-septième année sans avoir réclamé, toute action est abolie. — Si l'enfant a commencé le procès, ses héritiers peuvent le reprendre, le suivre et le faire juger. Mais ils perdent encore cette faculté, lorsqu'il y a désistement donné par l'enfant, soit par un acte formel, soit par un laps volontaire de trois années sans poursuites. — La sagesse de ces dispositions n'a besoin ni d'explication ni d'apologie.

Ce second chapitre complète le tableau des règles conservatrices de l'état des hommes. — Leur base majestueuse est le mariage, source également féconde et sûre des générations légitimes, de leur état civil, de leurs droits civils. — Du mariage sort comme un trait lumineux et ineffaçable cette présomption légale qui remplace le signe de paternité légitime que la nature n'accorde pas. — A la suite de cette présomption sacrée, se placent les exceptions qui peuvent la détruire, et qui dépouillant de ce caractère auguste ceux dont l'existence outrage son origine, ajoutent encore à son inviolabilité, comme toute exception confirme une règle générale. — Viennent enfin, pour fermer le cercle, les formes et les preuves qui établissent, garantissent et restituent la légitimité.

un numérotage unique qui a été adopté, comme pour les autres titres des codes et pour les lois dont le commentaire est dans cet

98. Nous n'avons plus à nous occuper de cette portion brillante de la société, de ces enfants que le mariage a revêtus de sa dignité, et comblés de ses faveurs. Nous pouvons les laisser sans regret sur le sein de leur mère, dans les bras de leur père, au milieu des parents, des amis qui couvrent leur berceau de fleurs, et qui promettent à leur vie entière la protection bienveillante de la famille, et celle plus précieuse encore de la société. — Tournons notre attention compatissante sur ces enfants malheureux, condamnés en naissant à subir la faute d'être nés, objets innocents de la honte qui les cache et les méconnaît, repoussés par la société qui les condamne, et jetés loin de toute famille, sans autre consolation que les caresses furtives de la nature, sans autres droits que ceux de la pitié, et trop souvent sans autre asyle que celui de la loi.— Je parle des enfants naturels. Avant d'expliquer les règles qui vont fixer leur destinée, il convient de séparer de cette foule misérable ceux dont le malheur peut être tellement réparé, qu'ils ne soient plus distingués des enfants légitimes; les enfants, dont le mariage n'a point honoré la naissance, mais que le mariage peut ensuite recouvrer et rétablir sous son empire comme dans ses privilèges. — Ce sont les enfants légitimés par mariage subséquent; ils seraient étrangers à tout ce que nous allons dire sur la bâtardise: aussi le projet de loi les place-t-il dans un cadre séparé, et sous la dépendance de trois ou quatre règles seulement; car le régime qui les gouverne est d'une grande simplicité.

99. Tout le monde sait que des six espèces de légitimation pratiquées chez les Romains nous en avions adopté deux. — Notre organisation actuelle ne peut plus en autoriser qu'une; car l'adoption que nous allons introduire n'est pas une légitimation, quoique, dans tous les cas où elle est possible, elle opère à peu près les mêmes effets. — La légitimation par lettres du prince n'était point un usage, mais un abus de la souveraineté usurpée. — Et comme les abus d'usurpation n'ont point de limites, on allait jusqu'à légitimer des bâtards adultérins; ce que les auteurs justifiaient, en écrivant avec simplicité que les princes, étant au-dessus des lois, avaient sans contredit le droit d'en dispenser. — Dans toute société où la loi seule gouverne l'état des citoyens, aucune autorité ne peut accorder les droits de filiation légitime dans tous les cas où la loi les refuse. — Un mariage subséquent ne pourrait lui-même légitimer des enfants nés antérieurement, si ce privilége n'était pas textuellement établi par la loi, parce que dans l'ordre naturel et dans l'ordre social aucune chose ne peut produire effet ou conséquence avant d'avoir existé. — Mais tant de motifs d'honneur et d'utilité dictent à la loi le besoin de créer cette juste rétroactivité, qu'on a pu quelquefois penser qu'elle existait d'elle-même et sans la disposition légale. — La morale et l'honnêteté publique la sollicitent pour la réparation du désordre et la cessation du scandale. — La société la veut pour multiplier les générations légitimes et accroître les familles qui la composent. — Le père et la mère la demandent comme le seul moyen de rentrer dans toutes les douceurs d'une union honorable, et d'en rétablir les droits et les effets sur les enfants qu'ils doivent aimer. — Les enfants, enfin, l'exigent comme l'unique remède au mal dont ils sont victimes, sans en être coupables. — Le peuple qui n'a point adopté la légitimation par le mariage subséquent, sous prétexte qu'elle favorise le concubinage, affecte donc de croire que la réforme est l'aliment du désordre, et le repentir l'attrait du vice.

100. Justifiée par tous ces motifs de justice et d'intérêt public, la loi ne doit s'occuper que des effets de cette institution, pour que l'abus ne puisse les étendre; et de ses conditions, pour la rendre aussi pure que les motifs qui la dictent et les effets qu'elle produit. — La première condition est que les deux époux fussent libres, c'est-à-dire qu'ils eussent faculté légale de se marier au moment de la naissance des enfants que leur mariage postérieur doit légitimer. — S'il en était autrement, ces enfants seraient le fruit de l'adultère ou de l'inceste; et à leur égard la fiction légale serait non-seulement repoussée par la prudence publique, mais impossible dans les calculs les plus exagérés de la raison. — En effet, la légitimation par mariage subséquent des enfants nés antérieurement à ce mariage est tout à fait fondée sur la supposition gracieuse que ces enfants sont nés du mariage même qui les légitime. — Et si, au moment de leur naissance, leur père ou leur mère étaient engagés dans les liens d'un autre mariage, la loi supposerait donc qu'au moment de leur naissance le père avait deux femmes, ou la mère deux maris légitimes; ce qui serait absurde et impossible.

101. La seconde condition est que les enfants soient reconnus par leurs père et mère avant le mariage, qui les légitime, ou dans l'acte même de sa célébration. — La loi veut donner assurance à la société que ces enfants sont réellement nés du père et de la mère qui contractent mariage. Toute autre supposition serait contraire aux bonnes mœurs. — Et dans un système de législation où la paternité légitime n'est consacrée que par le mariage, et où la paternité naturelle, comme vous allez voir, ne peut être assurée que par la reconnaissance du père, il faut nécessairement le concours de ces deux titres pour fonder en même temps et la filiation et la légitimité, dont l'une ne peut pas exister si l'autre n'existe pas. — Au surplus, cette obligation n'aura souvent d'autre effet que celui d'honorer la loi en la montrant toujours conséquente à son principe; car on peut à peine imaginer un motif légitime qui porte un père, une mère à cacher ensemble, au moment de leur mariage, les fruits antérieurs de leur tendresse. C'est toujours pour ces enfants que le mariage est contracté.— Et si, par impossible, une raison puissante les forçait à ce mystère inexplicable, l'obstacle posé par la loi que nous examinons va bientôt être levé, à peu de choses près, par une autre. Ces enfants mystérieux, soustraits à la légitimation du mariage subséquent, pourront être presque toujours adoptés; ce qui, pour les droits et les effets de la filiation, les rapports du père à l'enfant, est la même chose.

102. Les droits de la légitimation par mariage subséquent sont les mêmes que ceux de la légitimité. — Il faut seulement observer que leur effet ne remonte pas à l'époque de la naissance des enfants, qu'il ne peut opérer que du moment qu'il existe, et qu'il n'existe qu'avec le mariage qui le produit. Tout ce qui s'est passé dans la famille du père ou de la mère avant leur mariage est étranger aux enfants que ce mariage légitime; et c'est ce que le projet de loi exprime bien, en disant que les enfants légitimés par mariage subséquent auront les mêmes droits que s'ils étaient nés de ce mariage. — Enfin tout mariage subséquent, fidèle aux conditions imposées, doit légitimer même les enfants morts avant le mariage, s'ils laissent des descendants. La justice l'exige comme un attribut inséparable de la transmission héréditaire. La société ne voit que le chef de famille qu'elle réclame, et qu'elle ne veut pas perdre.

103. Vous avez remarqué, citoyens législateurs, dans une simple omission du projet de loi, une heureuse amélioration commandée par la morale et l'équité, et sur laquelle le rapporteur du conseil d'État vous a donné de si lumineuses explications, qu'il serait inutile de les répéter, et ridicule de les étendre. — La déclaration de 1639 avait déclaré incapables de toutes successions, c'est-à-dire illégitimes, les enfants nés de concubines, que leur père épousait à leurs derniers moments. — L'édit plus sauvage encore de 1697 étendit cette incapacité jusque sur les enfants qui pouvaient naître de ces mariages. — Ces lois, conséquence jusqu'alors inconnue des plus absurdes préjugés, ne pouvaient exister qu'avec deux ou trois contradictions révoltantes. — On supposait un mariage coupable, et on le déclarait légitime et indissoluble. — On déclarait un mariage légitime, et on le privait de tous les effets de la légitimité. — On voulait punir la faute du mariage, et on rassemblait tout le châtiment sur ceux qui ne l'avaient pas commise. — Il ne sera plus possible de renouveler ces exceptions insensées, puisque le projet actuel, en ne les établissant pas, reconnaît que si quelques mariages subséquents ont en eux-mêmes un motif répréhensible, ils ne peuvent avoir, relativement aux enfants, qu'une cause honorable et légitime.

104. Nous n'avons plus à nous occuper que de la dernière classe, celle des enfants naturels, qui ne peuvent prétendre aux droits de la légitimité. — S'ils ne trouvent aucune place dans la famille, il leur en faut une au moins dans la société : la loi seule peut la fixer, et c'est le dernier objet de celle qui vous est soumise. — Cette partie de l'ouvrage avait des difficultés d'un autre genre, mais qui sont avec les difficultés de la première partie, dans la proportion de force et de résistance qui existe entre les opérations de l'esprit et les sensations du cœur. — La société ne peut rien souffrir qui blesse son institution fondamentale, le mariage. — Le sentiment naturel qui enchaîne et confond ensemble le père, la mère et les enfants, est au-dessus du mariage et de toute institution sociale. — La politique étend sa rigueur calculée sur tout ce qui est contraire à ses maximes et étranger à ses lois. — L'humanité embrasse toute la nature et protége tout ce qui respire. La raison est froide et clairvoyante. — Le sentiment est aveugle et impétueux; et si l'un tyrannise avec violence, l'autre résiste avec impassibilité. — Le travail était donc de combiner des règles dont la balance ingénieuse pût concilier et satisfaire ensemble la nature et la société, le sentiment et la raison, l'humanité et la politique. — Il fallait, en un mot, donner à la société ce qu'elle exige, sans blesser la nature, et à la nature ce qu'elle demande sans révolter la société. — Cette contrariété, la plus puissante peut-être sur les facultés de l'homme social, est l'origine de toutes les variations que fait remarquer la législation relative aux enfants naturels, chez tous les peuples, dans les différents temps, et même parmi nous avant et après la révolution. — Il est inutile de remonter plus haut pour reconnaître les vrais principes et en fixer les conséquences.

105. Les Romains avaient distingué toutes les espèces d'enfants naturels avec un soin qu'on pourrait citer en preuve du degré de corruption où ils étaient parvenus. — Les enfants de femmes libres ou esclaves, de concubines domestiques ou de prostituées, du simple ou du double adultère, de l'inceste civil direct ou collatéral, et de l'inceste religieux. —Nous n'avons jamais connu que deux classes d'enfants naturels. Dans la première, les enfants naturels simples, nés de personnes libres, *ex soluto et solutâ;* dans la seconde, les adultérins et les incestueux; et l'inceste religieux étant désormais étranger à la loi civile, ce dernier genre devient presque insensible, si l'on observe surtout qu'il n'y aura point inceste civil, même dans les degrés prohibés auxquels le gouvernement peut appliquer la dispense. — Ces distinctions soigneuses des

ouvrage, à l'effet de rendre les recherches plus promptes et plus sûres au moyen des renvois qui sont faits à ces numéros à la suite

Romains n'ont donc servi parmi nous qu'à nuancer la turpitude et le scandale, et à confondre les principes et les conséquences, tellement, qu'un même principe donnait deux conséquences contraires, ou qu'une même conséquence émanait de deux principes différents. — D'abord on peut remarquer que cette distinction générale des bâtards, admise encore par notre jurisprudence plutôt que par nos coutumes, dont deux seulement l'ont établie, n'influait pas avec une force égale, à l'égard de l'enfant naturel, sur les attributions honorifiques et sur les attributions pécuniaires. — Par exemple, l'enfant adultérin ne pouvait pas être légitimé par mariage subséquent. — Il pouvait l'être par le bénéfice des lettres du prince. On se contentait seulement de ne pas mentionner l'adultère. — Un père n'aurait pu reconnaître et déclarer dans un acte public le fruit de l'adultère : et tous les jours devant les tribunaux, un enfant signalait ce crime pour trouver un père. — On convenait que la nature avait couvert la paternité d'un voile impénétrable ; on convenait que le mariage était établi pour montrer, à défaut du signe naturel, cette paternité mystérieuse : et c'était précisément hors du mariage qu'on prétendait percer le mystère et découvrir la paternité. — Ces procès étaient la honte de la justice et la désolation de la société. — Les présomptions, les indices, les conjectures érigées en preuve, et l'arbitraire en principe; le plus honteux trafic calculé sur les plus doux sentiments; toutes les classes, toutes les familles livrées à la honte ou à la crainte. A côté d'une infortunée qui réclamait secours au nom et aux dépens de l'honneur, mille prostituées spéculaient sur la publicité de leurs désordres, et mettaient à l'enchère la paternité dont elles disposaient. On cherchait un père à l'enfant que vingt pères pouvaient réclamer, et on le cherchait toujours, autant que possible, le plus vertueux, le plus honoré, le plus riche, pour taxer le prix du silence au taux du scandale.

106. La même distinction se faisait au contraire efficacement sentir dans la distribution légale des avantages réels accordés à ces deux espèces d'enfants naturels. — A la vérité, les uns et les autres étaient privés du titre d'héritiers, et de toute portion dans les successions légitimes à titre héréditaire. — A la vérité, les uns et les autres, s'ils étaient oubliés, n'avaient droit de demander à la succession paternelle que des aliments. — Mais le père pouvait exercer en faveur de ses enfants naturels simples, nés *ex soluto et solutâ*, une faculté qui lui était interdite à l'égard des autres. — Il pouvait, lorsqu'il n'avait pas d'enfants légitimes, laisser à ses bâtards simples, même à titre universel, presque la totalité de la plus riche succession. — Mais il ne pouvait, en faveur d'un adultérin ou d'un incestueux, arracher à ses collatéraux les plus éloignés, dans la plus opulente fortune, autre chose que des aliments bornés au plus absolu nécessaire.

107. Dans la révolution, dans ces temps où l'exaltation a franchi tous les extrêmes, la réforme d'un abus ne pouvait être elle-même qu'un excès. — On mit des bornes à la facilité des preuves de la paternité, et un terme au scandale des procès dont elle était le prétexte ; et même dans le premier projet du code civil, ouvrage de lumières, conçu et tracé au milieu des ténèbres, était déjà fixée la règle qui prohibe toute recherche de la paternité. — Mais, d'un autre côté, l'enthousiasme des idées naturelles et l'ivresse de l'égalité firent prodiguer aux bâtards reconnus, dans les successions de leurs père et mère, de tels avantages, que la différence était presque insensible entre eux et les enfants légitimes. — La société fut ébranlée dans ses fondements. Le mariage n'était plus qu'un inutile fardeau, et la légitimité un honneur futile. Des enfants nombreux n'appelaient, sur les auteurs de leurs jours, que le dédain et la raillerie ; et le délire, essayant le ridicule et le sarcasme sur les choses les plus saintes, comme sur les objets les plus atroces, allait jusqu'à nommer les membres les plus vénérables, les chefs de la société, la faction des pères de famille. — Heureux le peuple qui, après ces temps déplorables de discorde et d'erreur, retrouve la justice et la vérité, et les replace ensemble sur leurs fondements inébranlables ! — Heureux l'homme juste et grand, qui, après les jours les plus brillants de triomphe et de gloire, ne veut pour ses trophées que des monuments de sagesse et de paix ! — La législation nouvelle des enfants naturels, citoyens législateurs, va donc vous offrir plus d'un changement remarquable. — Esquissons les principes qu'elle a choisis pour guides. La sagesse de ses règles se développera dans les conséquences.

108. C'est absolument le même principe qui a démontré la nécessité d'instituer le mariage, et qui démontre la nécessité, hors le mariage, d'interdire toute recherche de la paternité. — La nature ayant dérobé ce mystère à la connaissance de l'homme, à ses facultés morales et physiques, aux perceptions les plus subtiles de ses sens, comme aux recherches les plus pénétrantes de sa raison ; et le mariage étant établi pour donner à la société, non pas la preuve matérielle, mais à défaut de cette preuve, la présomption légale de la paternité ; il est évident, lorsque le mariage n'existe pas, qu'il n'y a plus ni signe matériel, ni signe légal. Il n'y a plus rien qui puisse faire supposer, même la fiction conventionnelle et sociale. La paternité reste ce qu'elle était, aux yeux de la loi comme aux yeux de l'homme, un mystère impénétrable; et il est en même temps injuste et insensé de vouloir qu'un homme soit convaincu, malgré lui, d'un fait dont la certitude n'est, ni dans les combinaisons de la nature, ni dans les institutions de la société. — C'est ainsi qu'en remontant à une vérité fondamentale, nous arrivons naturellement et sans efforts à cette règle première, à l'impossibilité de ces déclarations de paternité conjecturales et arbitraires, à la répression irrévocable de ces inquisitions scandaleuses qui, peu secourables pour l'enfant abandonné, portaient toujours la discorde dans les familles et le trouble dans le corps social.

109. A l'égard de la maternité, le principe et la conséquence sont contraires. La recherche de la maternité se trouve comme sa preuve évidente, dans les lois naturelles et dans les lois sociales. C'est un fait qui tombe sous les sens, et qui, même très-souvent, n'a pas besoin de preuve. Dans tous les cas, il serait barbare autant qu'impolitique de refuser à l'enfant le droit de retrouver sa mère qui se cache, mais que la nature ne refuse jamais de découvrir. — S'il est physiquement impossible et politiquement convenable qu'un homme ne soit pas follement convaincu d'une paternité toujours ignorée, lorsqu'il ne l'avoue pas, lorsqu'il la conteste, et si la société exige fermement la prohibition de toute recherche à cet égard ; d'un autre côté, la nature a mis dans le cœur d'un père une voix secrète, vague et indéterminée sans doute, mais dont le charme et l'illusion ont, pour ainsi dire, la force de la conviction et la puissance de la vérité. Cette voix atteste sans cesse les rapports intérieurs et secrets qui existent entre l'enfant et le père. C'est elle qui établit entre eux et qui sanctionne la réciprocité de ces droits et de ces devoirs naturels dont la société elle-même impose le respect et l'observance pour le maintien de ses premières lois. — Il sera donc conforme à toute justice, et il pourra être, avec quelques précautions, conforme à toute convenance sociale, de permettre à un père, à une mère, de reconnaître leurs enfants naturels et de leur donner par cette reconnaissance un caractère social. — Ces deux règles principales, la première qui prohibe toute recherche de la paternité, la seconde qui permet la reconnaissance des enfants naturels, sont les bases de notre législation sur cette matière. — Les autres dispositions du projet de loi ne vont être que des exceptions inévitables, ou des conditions nécessaires pour les combiner avec les préceptes de l'honnêteté publique, les lois de la société, la nécessité et la faveur du mariage.

110. La règle qui prohibe toute recherche de la paternité hors du mariage n'aura qu'une exception : c'est le cas d'un enlèvement, lorsqu'il sera prouvé que l'époque de cet enlèvement se rapporte à l'époque de la conception. — C'est la conséquence d'un crime, et d'un crime prouvé. Il n'y a point de mariage ; mais il y a nécessité, ou plutôt supposition nécessaire du mariage. Il n'y a pas de cohabitation publique, mais il y a cohabitation forcée. La violence de l'un, l'oppression de l'autre, suppléent au consentement authentique et mutuel. La paternité ne se décèle encore que par des indices et des conjectures : mais les conjectures et les indices se rassemblent tous sur un seul, et sur un homme criminel. La réparation est due à la victime, et le châtiment au coupable. — Cependant, malgré ces motifs si puissants, la législation restera toujours fidèle au principe fondamental qui la dirige. Ni la preuve de l'enlèvement, ni la coïncidence de son époque avec celle de la conception, ne suffiront pour constater la paternité encore incertaine. Elles suffiront seulement pour autoriser le juge à chercher sa conviction dans tous les rapports, toutes les circonstances, tous les faits qui ont précédé et suivi le crime.

111. La règle qui permet la recherche de la maternité aura aussi une exception, commandée par un devoir plus saint et plus utile que la règle elle-même, le maintien de l'honnêteté publique et des bonnes mœurs, si nécessaire au maintien des bonnes lois. — La recherche de la maternité elle-même ne sera plus permise, lorsqu'elle sera dirigée sur la trace d'un adultère et d'un inceste, toutes les fois que, pour la démontrer, il faudrait rendre publics et certains ces attentats scandaleux, dont la possibilité mystérieuse et les exemples impunis corrompent et flétrissent les mœurs publiques. La manifestation d'un désordre caché n'est jamais, pour l'intérêt social, compensé par la réparation d'un dommage individuel. — Cette raison si puissante placera nécessairement la même exception comme un obstacle devant la faculté si naturelle et si juste donnée à un père, à une mère, de reconnaître leurs enfants naturels. Cette reconnaissance sera impossible, s'il faut l'appuyer sur l'inceste ou sur l'adultère. L'officier public ne la recevra pas ; et si, malgré lui, l'acte contient le vice qui l'infecte, cette reconnaissance nulle ne pourra profiter à l'enfant adultérin ou incestueux pour qui elle aura été faite. — Rendons grâce à cette innovation morale, qui écarte d'une loi si pure dans sa source et dans son objet ces chances pernicieuses d'infamie, ces révélations mortelles à la pudeur sociale. On ne déchirera plus pour des passions individuelles et des intérêts particuliers le voile épais dont l'intérêt public couvre ces écarts scandaleux ; et les expressions même qui servent à les désigner ne seront plus prononcées que dans les jugements destinés à flétrir ceux qui oseront s'en montrer coupables.

112. La reconnaissance des enfants naturels, dégagée du seul obstacle qui la rend impossible, il ne nous reste à exposer que ses effets, toujours calculés sur l'intérêt public, et restreints par quelques conditions

de chaque article des lois ou codes. — Au reste, le même jour (2 germ. an 11) où fut prononcé le discours de M. Duveyrier, le corps législatif décréta le projet à la majorité de deux cent seize voix contre six. — Enfin, la loi nouvelle fut promulguée le 12 germ. an 11 (1).

Sous l'empire de cette législation, une grave question s'était

---

que la justice commande. — La restriction principale est celle qu'imposent la dignité du mariage et le privilége de la légitimité. La reconnaissance d'un enfant naturel manifeste et rend certains aux yeux de la société les rapports que la nature a mis entre lui et son père. Elle établit devant la loi et leurs droits et leurs devoirs réciproques : pour le père, l'obligation de fournir à son enfant les moyens d'exister; pour l'enfant, l'obligation d'obéir à son père, de le respecter et de le secourir. — Mais là se bornent les effets de la reconnaissance. Tous ceux du mariage, qui seul donne la légitimité, sont étrangers à l'enfant naturel; et dans aucun cas, cet enfant, même reconnu, ne peut prétendre à aucun des droits assurés aux enfants légitimes. — Le mariage seul établit et distingue les familles. Les rapports naturels, consacrés par la reconnaissance, n'existe qu'entre le père ou la mère et l'enfant. Ils ne peuvent atteindre les parents du père ni ceux de la mère. L'enfant naturel n'est pas dans la famille. — La seconde restriction qui doit limiter les effets de cette reconnaissance, est celle qu'impose la justice à la libre faculté de toutes les actions humaines, au libre exercice de tous les droits ; c'est que l'intérêt légitime d'un autre n'en soit pas blessé; et cette restriction se déploie sous plusieurs modifications.

113. La reconnaissance d'un enfant naturel, faite par un homme qui se croit son père, peut nuire à la mère qui n'aura pas fait la même reconnaissance. — Dans les précédents projets de code civil on avait clairement manifesté l'intention, et toujours attendu l'incertitude de la paternité, de ne donner aucune créance, aucun effet à la reconnaissance d'un enfant naturel faite par son père, si elle n'était pas confirmée par l'aveu de la mère. — Mais on a senti que c'était faire dépendre l'état et la destinée de l'enfant d'une révélation difficile, quelquefois impossible, et toujours inconvenante à la pudeur d'une femme. On a senti que pour ne pas ravir à l'enfant son premier bien, son existence sociale, il eût fallu dans ce cas lui ouvrir la porte de ces inquisitions honteuses et de ces procès révoltants dont on jugeait indispensable de tarir la source. — La sagesse de ce motif a éclairé ; et de l'impossibilité d'obtenir sans un grave inconvénient la déclaration ou l'aveu de la mère on est parvenu naturellement à la conséquence contraire, c'est-à-dire à la nécessité de n'exiger ni la déclaration, ni l'aveu, ni même la désignation de la mère, en statuant seulement que, dans ce cas, la reconnaissance n'aura d'effet qu'à l'égard du père seulement. — On voit bien ce que peut produire cette faculté d'une déclaration solitaire. Mais, encore une fois, il vaut mieux pour la société de tolérer ce qu'elle ignore, que de connaître ce qu'elle doit punir.

114. La reconnaissance faite par un époux, pendant le mariage, d'un enfant naturel antérieur, peut nuire à l'autre époux, et aux enfants légitimes de ce mariage.—Il était donc d'une justice rigoureuse de statuer par une disposition précise, que la reconnaissance faite pendant le mariage, par l'un des époux, d'un enfant naturel qu'il aurait eu avant son mariage d'un autre que de son époux, ne pourrait nuire ni à celui-ci ni aux enfants nés de ce mariage.— Et, par le même motif, la reconnaissance reprendra tout son effet, si ce double intérêt, ce double obstacle viennent à cesser par la mort des enfants et par la dissolution du mariage.

115. La reconnaissance d'un enfant naturel peut nuire à tout autre qui aurait plus de tendresse et plus de raisons pour se dire le père de l'enfant. — Elle peut nuire à l'enfant qui a déjà trouvé ou qui réclame un autre père.— La reconnaissance faite par le père, ou la réclamation élevée par l'enfant, peuvent, l'une aussi bien que l'autre, nuire à des héritiers légitimes.— Ces divers intérêts, et tous autres qu'il est impossible de prévoir et de désigner, ont indiqué la justice et la nécessité d'une disposition générale qui donne à tous ceux qui y ont intérêt, le droit de contester, soit la reconnaissance faite par le père ou la mère, soit la réclamation élevée par l'enfant.—Et nous ne craindrons pas que cette disposition généralement exprimée puisse étendre la faculté de contester jusqu'à l'abus, toujours trop facile en cette matière, et surtout jusqu'à l'usage indirect de ces exceptions odieuses, de ces inquisitions flétrissantes, dont l'acte lui-même ne contiendrait aucune preuve, aucun indice, et dont le projet de loi, dans son esprit, dans ses principes, dans ses préceptes, signale sans cesse la proscription absolue.— L'objet est simple et le sens est clair. C'est l'acte lui-même qu'il s'agira d'attaquer; sa forme, si elle n'est point authentique, ou si elle est irrégulière; son contexte, si le mensonge et la fraude l'ont dicté. — Mais qu'on veuille affaiblir le crédit de cet acte, ou changer ses résultats par l'enquête scandaleuse d'un fait qui serait étranger à l'acte contesté ; que des collatéraux, par exemple, pour diminuer la portion que la loi donnera à l'enfant naturel dans la succession de son père, et le réduire aux aliments charitables réservés à l'enfant du crime, prétendent que cet enfant reconnu par un père libre est entaché d'adultère du côté de sa mère, inconnue et non désignée dans l'acte; nous devons penser qu'ils ne seront point écoutés.

Là s'arrête, dans le projet de loi, le système de notre législation nouvelle sur l'état et la condition des enfants nés hors mariage. Ce système va se compléter bientôt par la loi des successions, qui nous montrera quelle créance immobilière ou alimentaire seulement, leur sera, suivant leur qualité et les circonstances, attribuée dans les successions paternelle et maternelle.—Dans tout le cours du travail que je termine, citoyens législateurs, j'ai pu soulever à peine le poids immense dont il n'a cessé de fatiguer ma pensée et mon courage; mes forces ont mal secondé ma volonté. Si quelque imperfection vous frappe, ne l'attribuez qu'à une disproportion trop sensible entre mes facultés et mon devoir : et confiez à votre sagesse le soin de découvrir, mieux que je n'ai pu le faire, dans l'ensemble et les diverses parties de cet important ouvrage, tout ce qu'il doit à l'expérience, à la morale, à la vertu, et tout ce qu'il promet à la prospérité nationale.

(1) Tit. 7 du liv. 1 du code Napoléon, intitulé :

DE LA PATERNITÉ ET DE LA FILIATION.
(Décrété le 2 germ. an 11.)

CHAP. 1. — *De la filiation des enfants légitimes ou nés dans le mariage.*

312. L'enfant conçu pendant le mariage a pour père le mari.—Néanmoins celui-ci pourra désavouer l'enfant, s'il prouve que, pendant le temps qui a couru depuis le trois centième jusqu'au cent quatre-vingtième jour avant la naissance de cet enfant, il était, soit par cause d'éloignement, soit par l'effet de quelque accident, dans l'impossibilité physique de cohabiter avec sa femme. — V. Exposé et rapport, nos 2, 7, 32 s., 70 s., 73 s.

313. Le mari ne pourra, en alléguant son impuissance naturelle, désavouer l'enfant : il ne pourra le désavouer même pour cause d'adultère, à moins que la naissance ne lui ait été cachée; auquel cas il sera admis à proposer tous les faits propres à justifier qu'il n'en est pas le père.— V. nos 3 s., 33 s., 39, 78 s.

« En cas de séparation de corps prononcée, ou même demandée, le mari pourra désavouer l'enfant qui sera né trois cents jours après l'ordonnance du président, rendue aux termes de l'art. 878 c. pr., et moins de cent quatre-vingts jours, depuis le rejet définitif de la demande, ou depuis la réconciliation. L'action en désaveu ne sera pas admise, s'il y a eu réunion de fait entre les époux » (L. 6-15 déc. 1850, D.P. 50. 4. 4. 207).

314. L'enfant né avant le cent quatre-vingtième jour du mariage, ne pourra être désavoué par le mari, dans les cas suivants: 1° s'il a eu connaissance de la grossesse avant le mariage; 2° s'il a assisté à l'acte de naissance, et si cet acte est signé de lui, ou contient sa déclaration qu'il ne sait signer; 3° si l'enfant n'est pas déclaré viable.—V. nos 5, 40, 82 s.

315. La légitimité de l'enfant né trois cents jours après la dissolution du mariage pourra être contestée. — V. nos 7, 41 s., 76, 82 s.

316. Dans les divers cas où le mari est autorisé à réclamer, il devra le faire dans le mois, s'il se trouve sur les lieux de la naissance de l'enfant; — Dans les deux mois après son retour, si, à la même époque, il est absent; — Dans les deux mois après la découverte de la fraude, si on lui avait caché la naissance de l'enfant. — V. nos 8, 44, 85.

317. Si le mari est mort avant d'avoir fait sa réclamation, mais étant encore dans le délai utile pour la faire, les héritiers auront deux mois pour contester la légitimité de l'enfant, à compter de l'époque où cet enfant se serait mis en possession des biens du mari, ou de l'époque où les héritiers seraient troublés par l'enfant dans cette possession. — V. nos 9, 45, 79, 86.

318. Tout acte extrajudiciaire contenant le désaveu de la part du mari ou de ses héritiers, sera comme non avenu, s'il n'est suivi, dans le délai d'un mois, d'une action en justice, dirigée contre un tuteur *ad hoc* donné à l'enfant, et en présence de sa mère. — V. nos 9, 46, 87.

CHAP. 2. — *Des preuves de la filiation des enfants légitimes.*

319. La filiation des enfants légitimes se prouve par les actes de naissance inscrits sur le registre de l'état civil. — V. nos 10, 47, 87.

320. A défaut de ce titre, la possession constante de l'état d'enfant légitime suffit. — V. nos 10, 48, 87, 90.

321. La possession d'état s'établit par une réunion suffisante de faits qui indiquent le rapport de filiation et de parenté entre un individu et la famille à laquelle il prétend appartenir. — Les principaux de ces faits sont, que l'individu a toujours porté le nom du père auquel il prétend appartenir; — Que le père l'a traité comme son enfant, et a pourvu, en cette qualité, à son éducation, à son entretien et à son établissement; — Qu'il a été reconnu constamment pour tel dans la société; — Qu'il a été reconnu pour tel par la famille. — V. nos 11, 49, 91.

322. Nul ne peut réclamer un état contraire à celui que lui donnent son titre de naissance et la possession conforme à ce titre; — Et réciproquement, nul ne peut contester l'état de celui qui a une possession conforme à son titre de naissance. — V. nos 11, 50, 88.

323. A défaut de titre et de possession constante, ou si l'enfant a été

élevée : la question de savoir si, lorsque la séparation de corps a été prononcée entre les époux, la présomption de paternité qui résulte du mariage conserve néanmoins toute sa force, en telle sorte que le mari doive être déclaré le père de l'enfant qui naît de sa femme, à moins qu'il ne soit dans l'un des cas où le désaveu est permis. Les auteurs s'étaient partagés sur cette question. Pendant la durée du gouvernement républicain, l'un des membres de l'assemblée nationale, M. Demante, fit une proposition tendant à résoudre cette question par voie législative. Cette proposition fut accueillie, et, après avoir subi toutes les épreuves auxquelles la constitution alors en vigueur avait soumis l'élaboration des lois nouvelles, elle fut adoptée le 6 et promulguée le 15 déc. 1850 (D. P. 50. 4. 207). Cette loi consiste en un article unique ainsi conçu : « Il sera ajouté à l'art. 313 c. nap. un paragraphe ainsi conçu : En cas de séparation de corps prononcée, ou même demandée, le mari pourra désavouer l'enfant trois cents jours après l'ordonnance du président, rendue aux termes de l'art. 878 c. pr. civ., et moins de cent quatre-vingt jours depuis le rejet définitif de la demande ou depuis la réconciliation. L'action en désaveu ne sera pas admise s'il y a eu réunion de fait entre les époux. » — Le rapport dont cette loi a été précédée (V. *eod.*) se terminait par cette observation : « Votre commission s'est demandé s'il ne conviendrait pas, comme l'avait fait la chambre des pairs en 1834, de proclamer ici son respect pour le principe de non-rétroactivité, en déclarant les dispositions de la loi nouvelle exclusivement applicables aux enfants conçus depuis sa promulgation. Mais nous avons pensé qu'une déclaration semblable de la part du législateur était tout à fait sans objet. Le principe de non-rétroactivité des lois est écrit dans l'art. 2 c. civ., et c'est à la sagesse des tribunaux qu'on doit s'en rapporter pour en faire une juste et saine application. »

22. La législation du royaume des *Deux-Siciles* sur la filiation légitime est entièrement conforme au code civil. — Il en est de même de la législation sarde, ainsi que de celle du canton de *Vaud*. — Le code de la *Louisiane* ne s'en éloigne que par de légères différences.— Ainsi, l'art. 203 de ce code porte que l'enfant né viable avant le cent quatre-vingtième jour du mariage, n'est pas présumé l'enfant du mariage.—Il ne refuse pas, comme notre code civil, au mari le droit de désavouer l'enfant, dans le cas où il a connu la grossesse avant le mariage, — et dans le cas où il a assisté à l'acte de naissance. — De plus, ce code admet la séparation de corps, judiciairement prononcée, comme détruisant la présomption de paternité qui résulte du mariage. Il dispose, en conséquence (art. 207), que la légitimité de l'enfant né trois cents jours après la sentence de séparation de corps prononcée peut être attaquée, à moins qu'il ne soit prouvé qu'il y a eu cohabitation entre les deux époux depuis la séparation; parce qu'on présume que les parties ont obéi à la sentence qui la prononçait. Le même article ajoute que, dans le cas de séparation volontaire, la cohabitation se suppose toujours, si le contraire n'est prouvé. — Le code *hollandais* contient une disposition à peu près semblable. L'art. 309 de ce code porte, en effet, que le mari pourra désavouer l'enfant né trois cents jours après celui où le jugement qui prononce la séparation de corps aura acquis la force de chose jugée; sauf à la femme à proposer tous les faits propres à justifier que son mari en est le père. Si le désaveu est admis, la réconciliation ultérieure des époux ne pourra rendre l'enfant légitime. — Dans ses autres dispositions, soit en ce qui concerne les causes du désaveu, soit en ce qui concerne les preuves de la filiation des enfants légitimes, ce code est de tout point conforme à notre code civil. — Le code *bavarois* est moins rigoureux que notre législation sur l'admission du désaveu. Aux termes de l'art. 9, ch. 4, part. 1re, de ce code, l'action en désaveu peut être intentée pour cause d'impuissance, et, en général, *per evidentiam facti*. — Les termes admis par le même code pour la durée des gestations les plus courtes et pour celle des gestations les plus longues ne sont pas non plus tout à fait les mêmes. Ainsi, une disposition de ce code porte que les enfants nés avant le cent quatre-vingt-deuxième jour qui suit la célébration du mariage, et après le trois cent deuxième jour qui suit sa dissolution sont réputés illégitimes. — Le code *autrichien* (art. 138) répute légitimes les enfants nés pendant le septième mois après la célébration du mariage et pendant le dixième mois après sa dissolution. Ces délais sont les mêmes que ceux adoptés par notre code Napoléon; seulement, ils sont différemment exprimés. Les enfants nés hors de ces termes sont illégitimes. — Aux termes de l'art. 158, si le père veut désavouer un enfant né pendant le mariage, il doit intenter une action dans les trois mois

---

inscrit, soit sous de faux noms, soit comme né de père et mère inconnus, la preuve de filiation peut se faire par témoins. — Néanmoins cette preuve ne peut être admise que lorsqu'il y a commencement de preuve par écrit, ou lorsque les présomptions ou indices résultant de faits dès lors constants, sont assez graves pour déterminer l'admission. — V. nos 12, 51, 92.

324. Le commencement de preuve par écrit résulte des titres de famille, des registres et papiers domestiques du père ou de la mère, des actes publics et même privés émanés d'une partie engagée dans la contestation, ou qui y aurait intérêt si elle était vivante. — V. nos 12, 52, 93.

325. La preuve contraire pourra se faire par tous les moyens propres à établir que le réclamant n'est pas l'enfant de la mère qu'il prétend avoir, ou même, la maternité prouvée, qu'il n'est pas l'enfant du mari de la mère. — V. nos 14, 53, 94.

326. Les tribunaux civils seront seuls compétents pour statuer sur les réclamations d'état. — V. nos 13, 54.

327. L'action criminelle contre un délit de suppression d'état ne pourra commencer qu'après le jugement définitif sur la question d'état. — V. nos 13, 54, 95.

328. L'action en réclamation d'état est imprescriptible à l'égard de l'enfant. — V. nos 15, 55, 96.

329. L'action ne peut être intentée par les héritiers de l'enfant qui n'a pas réclamé, qu'autant qu'il est décédé mineur, ou dans les cinq années après sa majorité. — V. nos 16, 56, 97.

330. Les héritiers peuvent suivre cette action lorsqu'elle a été commencée par l'enfant, à moins qu'il ne s'en fût désisté formellement, ou qu'il n'eût laissé passer trois années sans poursuites, à compter du dernier acte de la procédure. — V. nos 16, 56, 97.

Chap. 3. — *Des enfants naturels.*

Sect. 1. — *De la légitimation des enfants naturels.*

331. Les enfants nés hors mariage, autres que ceux nés d'un commerce incestueux ou adultérin, pourront être légitimés par le mariage subséquent de leurs père et mère, lorsque ceux-ci les auront légalement reconnus avant leur mariage, ou qu'ils les reconnaîtront dans l'acte même de célébration. — V. nos 17 s., 57, 98 s.

332. La légitimation peut avoir lieu, même en faveur des enfants décédés qui ont laissé des descendants; et, dans ce cas, elle profite à ces descendants. — V. nos 19, 58, 102.

333. Les enfants légitimés par le mariage subséquent auront les mêmes droits que s'ils étaient nés de ce mariage. — V. nos 59, 102.

Sect. 2. — *De la reconnaissance des enfants naturels.*

334. La reconnaissance d'un enfant naturel sera faite par un acte authentique lorsqu'elle ne l'aura pas été dans son acte de naissance. — V. nos 22, 60, 104 s., 109.

335. Cette reconnaissance ne pourra avoir lieu au profit des enfants nés d'un commerce incestueux ou adultérin. — V. nos 26, 61.

336. La reconnaissance du père, sans l'indication et l'aveu de la mère, n'a d'effet qu'à l'égard du père. — V. nos 27 s., 62, 113.

337. La reconnaissance faite pendant le mariage, par l'un des époux, au profit d'un enfant naturel qu'il aurait eu, avant son mariage, d'un autre que son époux, ne pourra nuire ni à celui-ci, ni aux enfants nés de ce mariage. — Néanmoins elle produira son effet après la dissolution de ce mariage, s'il n'en reste pas d'enfants. — V. nos 29, 62, 114.

338. L'enfant naturel reconnu ne pourra réclamer les droits d'enfant légitime. Les droits des enfants naturels seront réglés au titre des Successions. — V. nos 63, 112.

339. Toute reconnaissance de la part du père ou de la mère, de même que toute réclamation de la part de l'enfant, pourra être contestée par tous ceux qui y auront intérêt. — V. nos 30, 64, 115.

340. La recherche de la paternité est interdite. — Dans le cas d'enlèvement, lorsque l'époque de cet enlèvement se rapportera à celle de la conception, le ravisseur pourra être, sur la demande des parties intéressées, déclaré père de l'enfant. — V. nos 23 s., 65, 108, 110.

341. La recherche de la maternité est admise. — L'enfant qui réclamera sa mère sera tenu de prouver qu'il est identiquement le même que l'enfant dont elle est accouchée. — Il ne sera reçu à faire cette preuve par témoins que lorsqu'il aura déjà un commencement de preuve par écrit. — V. nos 25, 66, 109.

342. Un enfant ne sera jamais admis à la recherche, soit de la paternité, soit de la maternité, dans les cas où, suivant l'art. 335, la reconnaissance n'est pas admise. — V. nos 26, 67, 111.

après avoir eu connaissance du fait et prouver l'impossibilité de sa paternité. Ce code ne détermine pas quelles sont les espèces d'impossibilité dont la preuve peut être admise.—Quant au code *prussien*, il n'a pas adopté, pour la durée des gestations accélérées ou tardives, les mêmes délais que notre code Napoléon. Aux termes des art. 4 et 19, sect. 1, tit. 2, part. 2, de ce code, la présomption de paternité du mari existe lorsque l'enfant est né deux cent dix jours après le mariage et avant le trois cent deuxième jour depuis sa dissolution.—De même l'action en désaveu existe lorsque le mari peut prouver que la cohabitation n'a pas eu lieu (ce code ne dit pas : n'a pu avoir lieu) du trois cent deuxième jusqu'au deux cent dixième jour avant la naissance de l'enfant, et cela pour cause d'impuissance ou d'absence.— Une autre disposition porte que l'action en désaveu ne peut être exercée pour cause d'adultère de la femme ou par suite d'une déclaration énoncée de sa part.— Le mari peut seul attaquer la légitimité de l'enfant. Les parents n'ont cette faculté que pour continuer l'action du mari mort avant le jugement définitif, ou lorsqu'il est décédé avant l'expiration d'une année à partir du jour de la naissance de l'enfant. Cette disposition, toutefois, souffre exception à l'égard des fiefs. Les agnats d'un fief ont le droit de contester la légitimité d'un enfant, même contre la volonté du mari, pendant trois ans après sa mort. (Toutes ces dispositions se trouvent contenues dans la sect. 1, tit. 2, part. 2, du code prussien.)

CHAP. 2. — Présomptions sur lesquelles repose la filiation légitime.

23. Le principe général qui domine toute cette matière, principe proclamé par le droit romain, recueilli par notre ancienne jurisprudence, consacré par le code Napoléon (art. 312), et passé dans les législations étrangères, ainsi que nous l'avons vu ci-dessus, c'est que « l'enfant conçu pendant le mariage a pour père le mari. » — Ce n'est là, toutefois, qu'une présomption qui peut, dans certains cas, être démentie par une réalité certaine. D'un autre côté, il peut se faire que le mari soit le père de l'enfant conçu avant le mariage. Or, à quel signe doit-on reconnaître cette paternité? Enfin, lorsque l'enfant est né après la dissolution du mariage, il peut quelquefois n'être pas facile de reconnaître s'il était conçu pendant le mariage, et si, par conséquent, il est protégé par la maxime que nous avons énoncée ci-dessus. Chacune de ces hypothèses doit être examinée avec soin. — Pour éviter la confusion, nous nous occuperons successivement, et dans trois subdivisions distinctes : 1° de l'enfant conçu et né pendant le mariage; 2° de l'enfant né pendant le mariage, mais conçu auparavant; 3° de l'enfant né après la dissolution du mariage.

Sect. 1. — *De l'enfant conçu et né pendant le mariage.*

24. L'art. 312 c. Nap., qui porte que l'enfant conçu pendant le mariage a pour père le mari, s'applique évidemment, et à plus forte raison, à l'enfant qui, non-seulement a été conçu, mais est né pendant le mariage. — Mais dans quel cas doit-il être réputé conçu pendant le mariage? C'est lorsqu'il est né depuis le cent quatre-vingtième jour du mariage. Cela résulte implicitement de l'art. 314 c. Nap. En effet, cet article déterminant le cas dans lequel l'enfant né avant le cent quatre-vingtième jour du mariage ne peut être désavoué, il en résulte que, hors ces cas, le désaveu est admis, ce qui suppose qu'alors l'enfant n'est pas réputé conçu pendant le mariage. — On peut donc poser en règle générale que l'enfant né cent quatre-vingts jours après la célébration du mariage a pour père le mari.

Cette règle peut paraître bien rigoureuse pour le mari. En effet, lorsqu'un enfant naît, par exemple, cent quatre-vingt-dix ou deux cents jours après le mariage, si l'on s'en rapporte à la durée habituelle de la gestation, il est non-seulement probable, mais presque certain, qu'il avait été conçu auparavant. Cependant, comme d'après les données de la science il n'est pas impossible que la gestation ne dure que cent quatre-vingts jours, toutes les fois qu'un enfant naît cent quatre-vingts jours après le mariage, il y a doute sur le point de savoir si la conception a précédé ou suivi le mariage, si, par conséquent, l'enfant est légitime ou illégitime; or ce doute, la loi le tranche toujours en faveur de l'enfant.—Décidé que la naissance d'un enfant au terme d'un huitième mois de grossesse n'est point contre l'ordre de la nature (Rennes, 12 juill. 1811, aff. N..., V. Instr. crim., n° 200).

25. Pour que la maxime *pater is est*, etc., puisse être invoquée, il faut que la maternité soit constante. C'est ce qui a été, avec raison, posé en principe (Req. 22 janv. 1811, aff. Virginie Chady, V. n° 220). — Ainsi, lorsque dans l'acte de naissance d'un enfant il n'est point dit qu'il soit né d'une femme mariée, que le nom du père n'y est point énoncé, qu'on y a donné à la mère deux prénoms qui appartenaient à sa sœur, et dont l'un seulement lui était propre, que l'énonciation du domicile pouvait s'appliquer à sa sœur aussi bien qu'à elle, et qu'enfin, lors de la naissance, le mari était depuis plusieurs années absent pour le service des armées, l'enfant doit, avant de réclamer la légitimité contre ce dernier, faire *rectifier* son acte de naissance, à l'effet de rendre certaine la maternité à l'appui de laquelle il entend se prévaloir de la maxime *is pater est*, etc. En vain objecterait-on que la mère était connue sous le prénom qui appartenait exclusivement à sa sœur, et que le mari lui-même, dans divers actes authentiques, et notamment dans le contrat de mariage, a souvent donné à sa femme les deux prénoms portés dans l'acte de naissance (Rouen, 5 mars 1828, aff. Auguste, V. n° 45).

26. Nous avons dit que la règle générale suivant laquelle l'enfant conçu pendant le mariage a pour père le mari, recevait plusieurs exceptions. Ces exceptions sont définies par les art. 312, 2° alin., et 313 c. Nap.— « Néanmoins, porte l'art. 312, 2° alin., celui-ci (le mari) pourra désavouer l'enfant s'il prouve que, pendant le temps qui a couru depuis le trois centième jusqu'au cent quatre-vingtième jour avant la naissance de cet enfant, il était, soit par cause d'éloignement, soit par l'effet de quelque accident, dans l'*impossibilité physique* de cohabiter avec sa femme. » — « Le mari, ajoute l'art. 313, ne pourra, en alléguant son impuissance naturelle, désavouer l'enfant : il ne pourra le désavouer même pour cause d'adultère, à moins que la naissance ne lui ait été cachée; auquel cas il sera admis à proposer tous les faits propres à justifier qu'il n'en est pas le père. »

Nous ferons remarquer d'abord que, d'après l'art. 312, 2° alin., pour que l'*impossibilité de cohabitation* donne lieu au désaveu, il faut qu'elle ait duré depuis le trois centième jusqu'au cent quatre-vingtième jour avant la naissance, c'est-à-dire pendant tout l'intervalle qui s'écoule entre la durée des gestations les plus longues et celle des gestations les plus courtes, en telle sorte qu'il soit bien certain qu'à l'époque où la conception a eu lieu l'impossibilité existait, et qu'ainsi cette conception n'est pas l'œuvre du mari. — Si maintenant nous mettons les dispositions qui précèdent en parallèle avec la loi 6, ff., *De his qui sui vel alieni juris sunt*, nous voyons que, de même que le droit romain (V. n° 9), le code Napoléon admet comme cause de désaveu : 1° l'*absence* du mari, 2° l'*impuissance* absolue et perpétuelle résultant de quelque accident, telle que mutilation ou blessure, 3° l'impuissance passagère résultant d'une maladie grave; mais qu'à la différence du droit romain il repousse l'*impuissance naturelle*.— Quant à l'*impossibilité morale* de cohabitation que, dans notre ancienne jurisprudence, plusieurs auteurs avaient admise en se fondant sur ce passage de la loi 6 précitée : *Si constet maritum aliquandiù cum uxore non concubuisse infirmitate superveniente* VEL ALIA CAUSA, pourrait-elle, sous l'empire du code Napoléon, servir de base à l'action en désaveu? C'est ce que nous examinerons ultérieurement. — Nous ferons remarquer enfin que si, comme le droit romain et comme notre ancienne jurisprudence (V. *suprà*, n°s 10, 13 et suiv., et le discours de M. Duveyrier, p. 162, n° 80), le code Napoléon n'admet pas, en général, que l'adultère de la femme autorise le mari à désavouer l'enfant, cependant, lorsqu'à ce fait vient se joindre cette autre circonstance que la naissance de l'enfant a été cachée au mari, la présomption d'illégitimité de l'enfant acquiert une telle force, que le mari est admis à compléter la preuve par tous les moyens propres à établir qu'il n'est pas le père.

27. Examinons maintenant comment doivent être calculés les délais qui, d'après le code Napoléon, forment le *minimum* et le *maximum* de la durée de la gestation. — Et d'abord tout le monde convient que ces délais doivent être calculés, non point par *heures*, mais par *jours* pleins, c'est-à-dire par intervalles de vingt-quatre heures comptées de minuit à minuit (V. notamment Merlin, Rép., v° Date, n° 2, et Jour, n° 1; MM. Duranton, t. 2

nº 44; Zachariæ, édit. Massé et Vergé, t. 1, p. 294, note 4, et p. 300, note 31; Valette sur Proudhon, t. 2, p. 26, note A-I; Marcadé, sur l'art. 312, nº 2; Demolombe, t. 5, nº 18). — Quel est donc le nombre de jours pleins qui doivent entrer dans le *minimum* et le *maximum* de la durée de la grossesse?

28. Nous pensons que le *minimum* se compose de cent soixante-dix-neuf jours pleins, plus de la fraction du jour dans lequel l'accouchement a lieu. Cette interprétation se trouve confirmée par le texte même de l'art. 314. En effet, aux termes de cet article, l'enfant « né avant le cent quatre-vingtième jour du mariage » peut être désavoué par le mari, si ce n'est dans certaines circonstances déterminées; or le cent quatre-vingtième jour depuis le mariage, c'est celui dans lequel on se trouve après que cent soixante-dix-neuf jours pleins se sont écoulés depuis le mariage; et puisque, pour que l'enfant puisse être désavoué, il faut qu'il soit né avant le cent quatre-vingtième jour, il s'ensuit que, s'il est né dans le cent quatre-vingtième jour, il est réputé conçu pendant le mariage et se trouve dès lors protégé par la maxime *pater is est quem nuptiæ demonstrant*; donc, comme nous le disions, le *minimum* de la durée légale de la grossesse se compose de cent soixante-dix-neuf jours pleins, plus de la fraction du jour dans lequel la naissance a lieu. Ainsi nous ne saurions admettre le sentiment de MM. Toullier, t. 2, nº 792; Duranton, t. 3, nº 32, note 2, et Marcadé, sur l'art. 312, nº 2, qui comprennent dans le *minimum* le jour de la célébration du mariage; d'où il suit que, suivant ces auteurs, la durée légale de la grossesse peut n'être que de cent soixante-dix-huit jours pleins. Tel n'est pas, selon nous, le véritable sens des expressions employées par le législateur dans l'art. 312. — Quant au *maximum*, il est déterminé en ces termes par l'art. 315 c. nap. : « La légitimité de l'enfant né trois cents jours après la dissolution du mariage pourra être contestée. » Suivant Toullier, t. 2, nº 792, ces mots « né trois cents jours après la dissolution » auraient le même sens que ceux-ci : « né le trois centième jour après la dissolution; » et la même opinion est émise par Delvincourt, t. 1, note 3 sur la page 83, et Proudhon, t. 2, p. 57-1º. Mais c'est là une erreur manifeste. La véritable interprétation de l'art. 315, celle que le sens littéral indique clairement, c'est que, pour que la légitimité puisse être contestée, il faut qu'entre le jour de la dissolution du mariage et le jour de la naissance de l'enfant se soient écoulés trois cents jours pleins, sans compter les fractions. Si donc l'enfant est né le trois centième jour il est légitime. D'où il suit que deux cent quatre-vingt-dix-neuf jours, plus la fraction du jour de la naissance, forment le *maximum* de la durée légale de la grossesse. — C'est là, du reste, et sur le *minimum* et sur le *maximum*, l'opinion de MM. Duvergier sur Toullier, t. 2, nº 792, note *a*; Valette sur Proudhon, t. 2, p. 29, note; Zachariæ, édit. Massé et Vergé, *loc. cit.*; Ducaurroy, Bonnier et Roustain, Comment. du code civil, t. 1, nº 430; Demolombe, t. 5, nº 19. L'opinion de M. Duranton (t. 3, nº 44) sur la manière de compter le *maximum* est également conforme à celle qui vient d'être exposée.

29. Si maintenant nous appliquons ces notions à l'art. 312, nous déciderons que, pour que l'impossibilité de la cohabitation donne lieu au désaveu, il faut qu'elle ait commencé avant le trois centième jour, en telle sorte que trois cents jours pleins se trouvent compris entre le moment où elle a commencé et le jour de la naissance; nous déciderons de plus qu'il faut qu'elle n'ait cessé que pendant le cent soixante-dix-neuvième jour avant la naissance, en sorte que, depuis le moment où elle a cessé il ne se soit point écoulé cent soixante-dix-neuf jours pleins plus la fraction du jour de la naissance, parce qu'alors il ne serait pas impossible que le mari fût le père. Nous croyons donc qu'il faut entendre ainsi le passage de l'art. 312 qu'il s'agit d'interpréter : « ... pendant le temps qui a couru depuis et y compris le trois centième jusques et y compris le cent quatre-vingtième jour avant la naisssance... » Ainsi il est nécessaire que l'impossibilité de la cohabitation ait duré non pas seulement cent vingt jours, comme le disent par erreur MM. Duranton, t. 3, nº 44, et Richefort, État des familles, t. 1, nº 13, mais cent vingt et un jours francs. — V. en ce sens MM. Ducaurroy, Bonnier et Roustain, sur l'art. 312, t. 1, nº 430.

30. La première cause d'impossibilité physique de cohabitation que l'art. 312 reconnaisse, c'est *l'éloignement*. La loi n'a déterminé ni la distance qui doit séparer les époux, ni les caractères que l'éloignement doit présenter pour qu'on puisse dire que la cohabitation a été impossible. C'est qu'en cette matière tout dépend de circonstances qu'il est impossible de prévoir et de déterminer *à priori*. Il peut se faire que, malgré la faible distance, toute réunion ait été absolument impossible; il peut arriver au contraire que, bien que fort éloignés l'un de l'autre, les époux aient pu facilement se voir dans l'intervalle de leur séparation. Il convenait donc de laisser aux tribunaux le soin d'apprécier, d'après les circonstances, si, à raison de l'éloignement, il y a eu vraiment impossibilité de cohabitation. — A cet égard il a été jugé, du moins implicitement, que l'éloignement des époux à une distance de cent soixante lieues ne constitue pas une impossibilité physique de cohabitation qui autorise le désaveu de la part du mari (Paris, 9 août 1813, aff. Texier, V. nº 135).

31. La preuve de l'impossibilité physique de cohabitation tendant à justifier le désaveu de paternité ne résulte pas suffisamment d'un jugement qui aurait précédemment admis le divorce contre la mère pour cause d'adultère résultant de ce qu'elle aurait mis au jour un enfant conçu à une époque où son mari était dans l'impossibilité physique, en raison de son éloignement pour service militaire, de cohabiter avec elle. En vain dirait-on que ce jugement a produit la force de chose jugée : les parties en cause ne sont pas les mêmes. En un tel cas, et s'il apparait qu'au temps de la conception le mari a pu, en un seul instant, cohabiter avec sa femme, le désaveu doit être rejeté (Grenoble, 21 déc. 1830) (1).

32. La femme dont l'enfant est désavoué pour impossibilité physique de cohabitation à cause de l'éloignement du père, ne peut tirer avantage de la possibilité physique de rapprochement,

---

(1) *Espèce :* — (La dame L... *C.* le sieur G....) — En l'an 11, madame G..., pendant que son mari faisait la guerre en Italie, donna le jour à un enfant qui fut inscrit comme fils légitime des sieur et dame G.... — En 1810, le sieur G... intenta une action en divorce, pour cause d'adultère, contre sa femme, fondée sur ce que, par défaut de cohabitation, il ne pouvait être le père de l'enfant qu'elle avait mis au jour; et, pour le prouver, il produisait deux certificats ou états de service constatant que, jusqu'au 29 therm. an 10, il avait été présent sous les drapeaux, en Italie. — Le divorce fut admis par jugement par défaut, et prononcé le 21 avr. 1810. — Alors G... intenta contre l'enfant et sa mère une demande en désaveu; mais cette action n'eut pas de suite. — Depuis, le sieur G... se remaria, eut des enfants et mourut. — Après son décès, François G... forma, contre sa veuve et ses enfants mineurs, une demande en partage de la succession. La veuve L... s'y refusa, soutenant que François G... n'était qu'un enfant adultérin, et reprit en même temps l'instance en désaveu. Elle produisit les certificats qui avaient déjà figuré lors de la demande en divorce. — Les défendeurs soutinrent et prouvèrent que les certificats produits avaient été altérés.

Le 1er fév. 1830, jugement qui rejette la demande en désaveu, en ces termes : « Attendu que, d'après l'art. 312 c. civ., le désaveu de paternité n'est admissible qu'autant qu'il est prouvé que le mari a été dans l'impossibilité physique de cohabiter avec sa femme pendant le temps qui a couru depuis le trois centième jusqu'au cent quatre-vingtième jour avant la naissance de l'enfant; — Attendu que la dame L... propose, comme preuve de cette impossibilité, l'éloignement de G... depuis le 29 therm. an 10 (19 août 1802) jusqu'au 22 pluv. an 11 (11 fév. 1803), jour de la naissance de François G...; éloignement constaté par deux certificats délivrés par le conseil d'administration du corps dont faisait partie ledit G...; ce qui ne laisserait qu'un intervalle de cent soixante-dix-huit jours entre le départ de ce dernier de son corps d'armée et la naissance de l'enfant; mais que ces certificats sont contraires à celui qui a été délivré par le ministre de la guerre, le 14 nov. 1829, d'après lequel G... n'aurait été présent au corps que jusqu'au 20 therm. an 10; — Attendu que ce dernier certificat mérite toute la confiance de la justice, puisque aucune altération dans les chiffres ne s'y fait remarquer; tandis que, dans les deux autres, le plus simple coup d'œil fait apercevoir que le zéro du chiffre 20 a été converti en 9; — Attendu qu'en tenant pour constant que G... avait quitté son corps, alors à Pavie, en Italie, le 20 therm. an 10, il a pu arriver à Valence, et cohabiter avec sa femme avant le cent quatre-vingtième jour qui a précédé la naissance du défendeur; et qu'ainsi on ne se trouve plus dans les termes de la loi pour l'admission de l'action en désaveu. »

Appel par la veuve. Elle soutient que le jugement qui a admis le divorce a l'effet de la chose jugée, quant à la preuve de l'adultère; que

tant qu'elle ne prouve pas que la conception de l'enfant a eu lieu à une époque concordant avec celle à laquelle le rapprochement était possible (Paris, 2 janv. 1815) (1).

33. La prison qui, au temps de la conception, séparait les deux époux doit-elle être assimilée à l'absence? — L'orateur du tribunat au corps législatif, M. Duveyrier, posait cette question dans son discours, et il y répondait avec le bon sens : «Il est clair que c'est l'absence elle-même, pourvu toujours que la séparation ait été tellement exacte et continuelle, qu'au temps de la conception la réunion d'un seul instant fût physiquement impossible. » Ainsi la seule question qu'on ait à examiner dans ce cas est celle-ci : pendant le temps qui a couru depuis le trois centième jusqu'au cent quatre-vingtième jour avant la naissance, les époux ont-ils pu se réunir un seul instant? Et le désaveu doit être admis ou rejeté suivant que cette question est résolue dans un sens ou dans l'autre. Si, par exemple, pendant l'intervalle qui vient d'être indiqué, les époux avaient été renfermés, chacun de son côté, dans deux prisons différentes, où leur présence aurait été régulièrement constatée, ou si l'un d'eux seulement étant incarcéré avait été tenu constamment au secret, il est évident que la cohabitation aurait été impossible. Quelques auteurs cependant pensent que, même dans ce cas, il n'y a pas à proprement parler impossibilité physique de rapprochement, attendu que les gardiens de la prison où l'un des époux était renfermé ont pu, soit à prix d'argent, soit par complaisance, ménager aux époux des entretiens (V. notamment MM. Toullier, t. 2, n° 809; Ducaurroy, Bonnier et Roustain, Comm. du c. civ., t. 1, n° 431). Sans doute, cela n'est pas absolument impossible, mais cela ne doit pas être présumé; on doit présumer, au contraire, que la loi, que les règlements ont été rigoureusement observés, quand aucun fait, aucun indice ne vient donner à leur infraction un caractère de vraisemblance. On comprend, au surplus, que les circonstances exerceront toujours une grande influence sur la solution de cette question. C'est ce que reconnaissent les auteurs, qui, du reste, se sont généralement prononcés en ce sens. — V. notamment Merlin, Rép., v° Légitimité, sect. 2, § 2, n° 2, et MM. Duvergier sur Toullier, t. 2, note du n° 809; Duranton, t. 3, n° 41; Zachariæ, édit. Massé et Vergé, t. 1, p. 299 et note 28; Demolombe, t. 5, n° 30; Bedel, de l'Adultère, n° 74; Nougarède, Lois des familles, p. 177; Richefort, État des familles, t. 1, n° 14; Allemand, du Mariage, t. 2, n° 695; Chardon, des Trois puiss., n° 155, et Mourlon, Premier examen, n° 312.

34. Il a été jugé en ce sens : 1° que la reclusion du mari à l'époque de la conception suffit, lorsqu'il est constaté que cette reclusion a été exacte et continuelle pendant tout le temps de sa durée et qu'à l'époque de la conception il n'y a pas eu de cohabitation entre les époux, pour autoriser l'action en désaveu de l'enfant (Toulouse, 28 juill. 1808) (2); — 2° Que la détention du

---

cette preuve et l'impossibilité physique de cohabitation sont fortifiées encore par le silence que la mère de François a gardé lorsqu'elle était attaquée dans ce qu'elle avait de plus précieux, dans son honneur et l'état de son enfant, dont le désaveu a été demandé aussitôt. — L'intimé répond : 1° que le jugement de divorce n'étant pas rendu entre les mêmes personnes, ne peut avoir l'effet de la chose jugée; 2° qu'on ne peut regarder comme une preuve le silence de sa mère, silence causé peut-être par son désir de rompre le lien qui l'unissait au mari de l'appelante. — Arrêt.

LA COUR; — Adoptant les motifs des premiers juges, confirme.

Du 21 déc. 1830.-C. de Grenoble, aud. solenn.-M. Duboys, pr.

(1) *Espèce :* — (Texier C. son mari.) — Dans l'affaire rapportée plus bas, n° 135, une commission rogatoire avait été donnée aux juges d'Amsterdam par la cour de Paris, à l'effet de constater si effectivement, comme le prétendait la dame Texier, sa fille Virginie, qu'elle disait être née en Hollande, avait pu être conçue à une époque où le sieur Texier était en France, et éloigné d'elle seulement de cent quatre-vingts lieues, ce qui ne rendait pas tout rapprochement impossible.—Les parties sont revenues devant la cour de Paris. — Là, Texier a soutenu que l'enquête prouvait les faits articulés. — Arrêt.

LA COUR; — Considérant que des enquêtes il ne résulte pas preuve suffisante des faits articulés, et que cette preuve n'ayant pas été faite, la présomption légale de la paternité se trouve sans fondement à l'égard de Virginie Clémentine, comme à l'égard des deux autres enfants énoncés; — Met l'appel au néant.

Du 2 janv. 1815.-C. de Paris, aud. solenn.

(2) *Espèce :* — (C... C. Fourtanier, tuteur de Marie-Édouard.)— Le 15 vend. an 2, C... fut arrêté et conduit à la maison de détention de Villefranche; il ne fut élargi que le 25 brum. an 3. — Pendant sa détention, la dame C..., son épouse, se livra aux plus grands désordres, son inconduite parvint à la connaissance de son mari, et le 27 vend. an 3, elle souscrivit l'obligation de quitter, sous huit jours, la maison conjugale, moyennant une pension de 650 fr. que lui accordait son mari.

Le 8 brumaire, C... introduit une action en divorce pour cause de dérèglement de mœurs. — Le 14 nivôse, la dame C... accoucha à Toulouse d'un fils qu'elle fit présenter à l'officier public comme enfant légitime du sieur C... — Cinq jours après, elle fit dénoncer à son mari, par le ministère d'un huissier, la naissance de cet enfant. — Deux ans s'étaient écoulés, lorsqu'en pluv. an 5, elle demanda à son mari le payement de la pension convenue, des frais de gésine, et une pension pour l'enfant. Le sieur C.... reprit son action en divorce, et contesta à cet enfant la qualité de fils légitime. — Le 29 flor. an 5, jugement du tribunal civil de Villefranche, qui provisoirement condamne le mari à payer à son épouse 650 fr. annuellement, et 24 fr. par mois pour la pension de l'enfant, admet le sieur C.... à la preuve des faits d'inconduite et d'adultère de la dame G..., et sur l'action en désaveu de paternité, renvoie après qu'il aura été statué sur le divorce. 19 pluv. an 7, jugement qui prononce le divorce, sur les preuves acquises de débauche et de prostitution. — Décès de la dame G.... Il fut nommé un tuteur *ad hoc* à l'enfant, et le 12 fruct. an 12, le tribunal de première instance de Villefranche, considérant que l'acte de naissance de Marie-Basile-Édouard était appuyé d'une possession d'état de plus de deux ans, le déclara enfant légitime du sieur C... — Appel. — Arrêt.

LA COUR; — Considérant, sur la première question, que la fin de non-recevoir opposée au sieur C.... est prise de la prétendue possession d'état de Marie-Basile-Édouard, pendant plus de deux ans, et du silence du sieur C... pendant ce même espace de temps; mais que sous l'un et l'autre rapport ce moyen est mal fondé; — D'abord il est constant, tant d'après les anciennes que les nouvelles lois, que ce qui constitue la possession d'état d'un enfant est le traitement filial, et pour se servir des termes du code civil, qui, à cet égard, n'a pas un droit nouveau, les principaux des faits qui constituent la possession d'état, sont que l'individu a toujours porté le nom du père auquel il prétend appartenir, que le père l'a traité comme son enfant, a pourvu en cette qualité à son éducation, à son entretien et à son établissement; qu'il a été reconnu constamment pour tel dans la société, qu'il a été reconnu pour tel dans sa famille. Or il est constant qu'aucun de ces faits, ni autres semblables, n'existent dans l'espèce actuelle; que ledit C... n'a jamais appelé ledit Marie-Basile-Édouard, son fils; qu'il n'a pourvu volontairement à son entretien ni à son éducation, et qu'au contraire il l'a toujours désavoué dans toutes les occasions. D'où il suit que ledit Marie-Basile-Édouard n'a jamais eu la possession d'état de fils légitime ni naturel dudit sieur C... — En second lieu et relativement au silence qu'on reproche audit C... d'avoir gardé pendant plus de deux ans, la cour a reconnu que la législation antérieure au code civil ne fixait point de délai fatal pendant lequel le mari fût astreint à désavouer l'enfant auquel sa femme avait donné le jour, et qu'il était toujours reçu à former ce désaveu, lorsque, d'ailleurs, il ne résultait pas de sa conduite qu'il se fût reconnu directement le père de l'enfant sur l'état duquel il s'agissait de statuer; que si le législateur a cru devoir insérer dans le code civil des délais de rigueur, après lesquels le père ne peut plus former la demande en désaveu de paternité, cette disposition législative introduisant un droit nouveau, ne peut recevoir son application à une demande en désaveu formée plusieurs années avant la publication dudit code; que décider autrement, serait donner un effet rétroactif à la loi et violer l'art. 2 de ce même code, qui consacre à jamais ce principe, que la loi ne dispose que pour l'avenir; étant d'ailleurs sensible que le sieur C... ne pouvait pas exécuter en l'an 3 une disposition législative qui n'a été faite et publiée qu'en l'an 11; or il est constant, en point de fait, qu'au même instant où la G... réclama en justice les frais de couches et une pension pour l'entretien de l'enfant, il renouvela à son tour et dans les formes voulues par la loi, sa déclaration en désaveu; qu'il voulait faire prononcer sur la question d'état en même temps que sur la demande en divorce, mais que le tribunal nanti de la contestation ne voulut pas cumuler les deux objets, renvoya à prononcer sur la question d'état après qu'il aurait été prononcé sur le divorce, et que, par jugement du 29 flor. an 5, ce tribunal, en admettant le sieur C... à la preuve des faits relatifs au dérèglement de mœurs, et en accordant une pension provisoire de 24 fr. par mois pour l'enfant, déclara que c'était sans préjudice sur la question de légitimité, et réserva tous ses droits à cet égard audit C...; réservation qui fut encore réitérée dans le jugement définitif du 19 pluv. an 7, qui statua sur le divorce; d'où il suit que la fin de non-recevoir est mal fondée, sous quelque rapport qu'on l'envisage; — Considérant, sur la seconde question, que la règle *is pater quem nuptiæ demonstrant*, a de tous les temps reçu des exceptions qui la confirment au lieu de la détruire; que comme on l'a rapporté au corps législatif lors de la confection du code civil, cette règle est fondée sur une simple présomption, et qu'une présomption ne peut porter le caractère de l'infaillibilité; qu'elle

mari pendant la période à laquelle se place la conception de l'enfant dont sa femme est accouchée, constitue une impossibilité physique de cohabitation pouvant servir de fondement à l'action en désaveu; et cela encore bien que, durant le même temps, le mari aurait été extrait de sa prison pour assister à des vérifications dans son domicile conjugal, et s'y serait rencontré avec sa femme, si, d'ailleurs, il rapporte la preuve que, durant cette visite, les gardiens auxquels sa personne était confiée ne l'ont pas laissé un instant seul avec elle, et alors surtout qu'à cette preuve se joignent des circonstances rendant invraisemblable tout rapprochement, telles que la prononciation récente d'une séparation de corps, et la qualité d'enfant naturel donnée par la mère à l'enfant dans l'acte de naissance (Paris, 5 mars 1853, aff. Petit, D. P. 53. 2. 165);—3° Mais que la captivité du mari, fait prisonnier de guerre en pays étranger, à une époque qui correspond à celle de la conception, n'est point une cause légale de désaveu, si d'ailleurs il n'y avait pas, à raison de la distance, impossibilité physique de cohabitation entre les époux (Paris, 19 juin 1826 (1). — V. dans le même sens Rouen, 6 juin 1820, aff. Legros, *infrà*, n° 104).

---

doit disparaître devant une preuve positive, et s'évanouir aussitôt que l'évidence des faits est contraire; — Considérant qu'il a été reconnu et prouvé que la conception est du mois de germ. an 2; que déjà, à cette époque, le sieur C... était reclus à Villefranche depuis le 15 vendémiaire précédent, et qu'il ne recouvra sa liberté que le 25 vend. an 3;—Considérant qu'il est résulté des faits et circonstances discutés devant la cour, que la reclusion du sieur C... a été exacte et continuelle pendant tout le temps de sa durée, et qu'à l'époque de la conception, il n'y a pas eu de cohabitation entre les deux époux; — Considérant qu'à cela se joignent toutes les circonstances morales qui forcent la raison à transporter l'opinion certaine de la paternité à un autre que le mari de la G... ; que du moment de la reclusion du sieur C..., sa femme, qui, après huit ans de mariage, n'avait donné aucune marque de fécondité, se vanta qu'elle voulait essayer si c'était par son défaut ou celui de son mari; que ce propos fut suivi de sa part de la prostitution et d'un concubinage déhonté; qu'elle déclara elle-même le nom de celui qui l'avait rendue enceinte, en réponse au reproche qu'on lui faisait de conserver des relations intimes et criminelles avec cet individu, et en même temps avec plusieurs autres; qu'il résulte d'une enquête solennelle contradictoirement faite avec la G..., et sur le fondement de laquelle fut rendu le jugement de divorce, la preuve la plus complète de l'adultère et des désordres de ladite G... ; — Considérant que, malgré que l'adultère ne soit pas le moyen directement employé par le sieur C... pour désavouer l'enfant dont sa femme accoucha, néanmoins sa réalité et le fait constant du concubinage public de la G..., pendant la reclusion de son mari, portait dans l'âme la conviction que le sieur C... n'est point le père de Marie-Basile-Édouard; — Considérant que, convaincue de la nécessité de se retirer de la maison maritale qu'elle avait souillée, la G... n'hésita pas de souscrire à la capitulation honteuse contenue dans le traité du 27 vend. an 3; que ce traité fut rédigé par son homme de confiance; et que, malgré qu'à cette époque elle fût déjà enceinte de sept mois, elle ne s'occupa d'aucune manière du sort de l'enfant à naître, ni des besoins pécuniaires que ses couches et l'entretien de l'enfant devaient occasionner; ce qu'elle n'aurait pas manqué de faire si, alors comme depuis, elle n'eût reconnu que son mari était absolument étranger à l'œuvre de la conception; qu'en exécution de ce traité, la G... se retira, non dans le sein de sa famille à Aigue-Vives, mais bien à Toulouse, où elle accoucha le 14 nivôse suivant, loin de ses parents et de ses concitoyens; — Considérant que l'acte qu'elle fit notifier au sieur C... cinq jours après l'accouchement, pour lui annoncer la naissance de l'enfant, offrirait, s'il en était besoin, une preuve de plus que ledit C... n'en est pas le père; car une femme enceinte des œuvres de son époux, et qui n'a rien à se reprocher, ne lui dénonce pas la naissance d'un enfant par le ministère d'un huissier; il est même à remarquer que cet acte ne fut pas signé de ladite G... ; — Considérant enfin que, d'après tout ce que dessus, ce serait en vain qu'on voudrait se prévaloir de l'acte de naissance dudit Marie-Basile-Édouard, dans lequel un officier de santé déclare qu'il est fils légitime de C..., cultivateur, habitant de N..., absent, et de Marie-Françoise G..., mariés; que cette déclaration constate bien la naissance, mais non la légitimité de l'enfant, qui, loin de paraître constante à l'officier de santé, aurait dû, au contraire, lui sembler suspecte, lorsqu'il a vu la mère venir accoucher hors de la maison maritale, loin du domicile du mariage, sans être entourée d'aucun de ses parents, dans une grande ville, et dans une chambre garnie; qu'aux termes de l'art. 4, tit. 2, de la loi du mois de sept. 1792, sous l'empire de laquelle a été rédigé l'acte de naissance dont il s'agit, c'était la personne qui commandait dans la maison où l'accouchement eut lieu, ou qui en avait la direction, qui était tenue de déclarer la naissance; que cependant la femme d'Élb.., chez laquelle la G... fit ses couches, ne figure en aucune manière dans l'acte de naissance, parce que, sans doute on ne la jugea pas complaisante au point d'attester la légitimité de l'enfant, lorsque toutes les circonstances dont elle avait été témoin déposaient contre cette légitimité, ce qui prouve d'autant plus le peu d'importance de la déclaration faite par un officier de santé trop officieux, et en présence de deux témoins, étrangers sous tous les rapports à la famille du sieur C... ; — Considérant, sur la troisième question, que l'appel interjeté par le sieur C... étant reconnu bien fondé, et ses conclusions principales devant être accueillies, il faut, par une conséquence nécessaire, ordonner la restitution des provisions payées par ledit sieur C..., en exécution des precédents jugements, comme aussi accorder les dépens et ordonner la restitution de l'amende de l'appel; — Disant droit sur l'appel interjeté par ledit sieur C..., sans s'arrêter aux fins de non-recevoir proposées par ledit Fourtanier, tuteur de Marie-Basile-Édouard, réformant le jugement rendu par le tribunal civil de l'arrondissement de Villefranche, le 12 fruct. an 12, a déclaré et déclare Marie-Basile-Édouard, né à Toulouse, le 14 niv. an 3, n'être point le fils du sieur C..., ce faisant, lui fait inhibition et défense de prendre le nom de C... ; ordonne que l'acte de naissance dans lequel ce nom lui a été indûment donné sera rectifié conformément aux lois; ordonne que les provisions payées par ledit sieur C... seront restituées.

Du 28 juill. 1808.-C. de Toulouse.

(1) *Espèce* :—(Noël-Justin Paulard C. demoiselle Paulard.)—Charles-Prosper Paulard, armurier au régiment des carabiniers d'Oudinot, parti en 1809 pour l'Espagne avec son régiment, fut fait prisonnier de guerre, et ne recouvra la liberté qu'en 1812.

Cependant, le 20 mars 1811, la femme Paulard est accouchée d'un enfant mâle, dans le domicile commun, rue Mouffetard, n° 252. Cet enfant, nommé Noël-Justin, fut sur la déclaration de la sage-femme et de deux voisins, inscrit au registre de l'état civil comme fils légitime de Charles-Prosper Paulard, militaire aux armées, et de Marie Magny, blanchisseuse, son épouse. Il fut élevé et nourri par sa mère dans son propre domicile, *vicinis scientibis*, et rien n'annonce que le mystère ait présidé à sa naissance et à son éducation.

En 1812, Charles-Prosper Paulard, traversant Paris pour aller rejoindre son régiment, passa deux jours avec sa femme dans le domicile conjugal... Y a-t-il vu le petit Noël-Justin? Au contraire, lui a-t-on, comme on l'a prétendu, caché l'existence de cet enfant, en le faisant transporter avec son berceau et tous les effets à son usage chez une parente de la mère? C'est un fait qui n'est pas bien éclairci au procès. — Dans deux lettres qu'il écrivit depuis lors, il n'est pas question de cet enfant.

Depuis 1812, Paulard n'a plus donné de ses nouvelles, et tout porte à croire qu'il a péri, comme tant d'autres Français, dans la désastreuse campagne de Russie.

La femme Paulard est elle-même décédée à Paris, le 9 mai 1814. Sa fille, Marie-Désirée, se retira chez son aïeule paternelle à Vanves. Quant à Noël-Justin, il fut d'abord recueilli par une voisine, amie de sa mère; mais bientôt cette femme ne pouvant pas suffire à ses besoins, fut obligée de solliciter son admission à l'hospice de la Pitié. Noël-Justin y fut effectivement reçu, le 5 août 1816.

Sur ces entrefaites, les sieurs et dame Paulard, aïeux paternels des mineurs, sont décédés à Vanves, laissant une petite succession, de laquelle dépendait notamment une maison située dans cette commune. Les créanciers firent d'abord nommer un curateur à la succession vacante; mais on conseilla bientôt à Marie-Désirée Paulard, devenue majeure, de faire déclarer l'absence de son père, afin d'évincer le curateur et de se faire envoyer en possession provisoire des biens de ses aïeux. Marie-Désirée suivit ce conseil; mais, pour donner plus de poids à sa démarche, elle alla trouver Noël-Justin à l'hospice de la Pitié, le nomma son frère, son ami, et lui proposa de se réunir pour former ensemble, et dans leur intérêt commun, la demande en déclaration d'absence. Elle obtint effectivement de l'administration des hospices, stipulant pour le mineur, les autorisations nécessaires, et, prenant la qualité d'héritière pour moitié de son père et de ses aïeux, elle présenta, au nom de son frère et au sien, une requête tendant à faire déclarer l'absence de Charles-Prosper Paulard, leur père commun.

A l'expiration du délai prescrit, et le 31 janv. 1824, il intervint un jugement qui déclara l'absence.

Dans cette situation, la demoiselle Paulard change tout à coup de sentiments et de conduite envers Noël-Justin : dans ce frère qu'elle recherchait naguère avec tant d'empressement, elle ne voit plus que le fruit de l'adultère de sa mère, qu'un enfant illégitime, incapable de succéder et même de recevoir des aliments. En conséquence, elle forme contre lui une demande en désaveu. Suivant elle, Noël-Justin ne pouvait être le fils de Charles-Prosper Paulard, puisque celui-ci, à l'époque de la conception de l'enfant, était prisonnier de guerre en Espagne, et qu'il n'est revenu en France qu'en 1812, d'où elle conclut qu'il y a eu impossibilité physique de rapprochement, et que son désaveu doit être admis *de plano*, d'après l'art. 312 c. civ. Subsidiairement, et dans le cas où cette circonstance paraîtrait insuffisante pour l'édification du tri-

35. Pour l'admission de l'action en désaveu, fondée sur l'impossibilité de cohabitation résultant de l'éloignement du mari, il suffit qu'il soit reconnu que l'éloignement du mari, à l'époque de la conception, était tel, que toute cohabitation était impossible; et un arrêt ne saurait être cassé en ce qu'il n'aurait pas déclaré qu'il était constant que la femme ne s'était pas rendue auprès de son mari (Req. 25 janv. 1831, aff. Auguste, V. nº 43).

36. Après avoir désigné l'éloignement comme première cause d'impossibilité physique de cohabitation, l'art. 312 ajoute ces mots: « soit par l'effet de quelque accident : » ce qui comprend les blessures, mutilations, maladies graves et longues qui peuvent produire une impuissance accidentelle, soit perpétuelle, soit passagère; enfin les faits de toute nature qui ont pu mettre un obstacle physique à la cohabitation. La loi n'a rien déterminé pour ne paraître rien exclure. On a prétendu cependant que le mot *accident* devait être pris ici dans une acception restreinte, qu'il désignait exclusivement un fait extérieur atteignant les organes de la génération et produisant une impuissance évidente, comme une blessure, une chute, une opération chirurgicale, etc., mais qu'on ne pouvait étendre cette dénomination à une maladie interne qui, pendant un certain laps de temps aurait mis le mari dans l'impossibilité de cohabiter avec sa femme, comme une fièvre; que, du reste, une telle maladie, au lieu de produire une impossibilité de cohabitation certaine et absolue, ne fournissait que des probabilités plus ou moins sérieuses (V. MM. Duranton, t. 3, nº 42; Zachariæ, édit. Massé et Vergé, *loc. cit.*, et les annotateurs à la note 29). — Nous ne pensons pas que cette interprétation doive être admise. Pris en lui-même, le mot *accident*, bien qu'il s'emploie plus fréquemment peut-être dans le sens restreint que lui attribuent MM. Duranton et Zachariæ, a cependant une signification plus étendue; il désigne tout fait survenant inopinément, et en ce sens une maladie est un accident aussi bien qu'une blessure. C'est dans cette acception étendue que le législateur nous semble avoir employé cette expression; voici en effet comment s'est exprimé M. Duveyrier dans son discours au corps législatif, que nous avons déjà cité : « Il serait déraisonnable de vouloir détailler les espèces, les cas, les accidents qui peuvent la produire, soit qu'il s'agisse d'une blessure, d'une mutilation, d'une *maladie grave et longue*. Il suffit de savoir que la cause doit être telle, et tellement prouvée, que, dans l'intervalle du temps présumé de la conception, on ne puisse supposer un seul instant où le mari aurait pu devenir père. » Sans doute cette cause d'impossibilité ne doit pas être facilement admise; mais quand il est bien certain qu'à raison de son état de maladie le mari était à l'époque de la conception dans l'impossibilité absolue de cohabiter, nous croyons que l'art. 312 est applicable. Tel est aussi le sentiment de MM. Toullier, t. 2, nº 810; Proudhon, t. 2, p. 28; Demolombe, t. 5, nº 32.

37. M. Duranton, t. 3, nº 43, fait très-justement observer que les deux causes d'impossibilité de cohabitation peuvent concourir, de manière que ce qui manquerait à la première fût suppléé par la seconde. Ainsi, par exemple, supposons que le mari, absent depuis trois mois, soit, au bout de ce temps, revenu au domicile conjugal, mais frappé d'une impuissance accidentelle qui se soit prolongée pendant quatre mois encore; que cependant sa femme soit accouchée cinq mois après son retour; encore bien que l'absence ait fini trop tôt et que l'impuissance ait commencé trop tard pour que chacune d'elles, prise isolément, puisse donner lieu au désaveu, comme il n'y a point d'intervalle entre elles et que réunies elles remplissent tout le temps pendant lequel la conception a dû avoir lieu, le mari serait recevable à désavouer l'enfant. C'est aussi le sentiment de M. Demolombe, t. 5, nº 33.

38. Quelques auteurs pensent que, lorsqu'il y a eu impossibilité de cohabitation entre le trois centième et le cent quatre-vingtième jour avant la naissance de l'enfant, le mari est autorisé à désavouer, alors même que l'enfant ne serait pas *né viable*. Ils en donnent pour raison que la loi n'a fait de la non-viabilité de l'enfant une fin de non-recevoir contre le désaveu du mari que lorsqu'il s'agit d'un enfant né avant le cent quatre-vingtième jour depuis le mariage (art. 314), et que l'art. 312 garde le silence sur ce point à l'égard de l'enfant né et conçu pendant le mariage (V. notamment MM. Delvincourt, t. 1, note 5 sur la page 84; Toullier, t. 2, nº 822; Proudhon, t. 2, p. 33-35). Mais nous ne pouvons admettre ce sentiment. Quel pourrait être l'intérêt du mari à désavouer l'enfant non-viable? Cet enfant n'a jamais été une personne civile, il n'a jamais eu et par conséquent n'a pu transmettre aucun droit, il est réputé n'avoir jamais existé; le désaveu dès lors serait sans objet et sans résultat. Bien plus, la non-viabilité de l'enfant efface la présomption qui résulte de la brièveté de la gestation; il est constant en effet qu'un enfant peut naître avant le cent quatre-vingtième jour de la conception; seulement dans ce cas il ne naît pas viable; si donc depuis le jour où l'impossibilité de cohabitation a cessé, il s'était écoulé un intervalle assez long pour que l'enfant non viable pût être attribué au mari, le désaveu ne reposerait sur aucune base (V. en ce sens MM. Duranton, t. 3, nº 34; Duvergier sur Toullier, t. 2, nº 822, note *a*; Valette sur Proudhon, t. 2, p. 35, note *a*; Zachariæ, éd. Massé et Vergé, t. 1, p. 302 et note 36; Marcadé, sur l'art. 315, nº 1; Demolombe, t. 5, nº 39).

39. La loi n'admet pas le désaveu du mari fondé sur son impuissance naturelle; en effet, si l'impuissance est latente, si elle résulte seulement de la faiblesse des organes ou de toute autre cause invisible, elle ne peut être constatée avec certitude, et d'ailleurs la vérification même ne pourrait en être faite sans scandale; si elle est patente et tient à quelque vice extérieur de conformation, le mari qui la connaissait en se mariant et qui par conséquent a sciemment trompé sa femme, n'est pas recevable à se prévaloir devant la justice de sa turpitude et de sa déloyauté: *Nemo admittitur turpitudinem suam allegans.* —V. à cet égard M. Duveyrier, Disc. au corps législ., p. 162, nº 79; Merlin, Rép., vº Légitimité, sect. 2, § 2, nº 4; MM. Duranton, t. 3, nº 47; Zachariæ, éd. Massé et Vergé, t. 1, p. 299, note 27; Marcadé, sur l'art. 312, nº 3; Demolombe, t. 5, nº 33.—V. toutefois M. Taulier, t. 1, p. 381, 382.

40. Quelques auteurs (MM. Delvincourt, t. 1, note 6 sur la page 84, et Demolombe, t. 5, nº 35) pensent que l'impuissance accidentelle elle-même ne pourrait être alléguée comme cause de désaveu si elle existait déjà au moment de la célébration du mariage, attendu que, d'une part, l'art. 312 paraît supposer que l'accident produisant l'impossibilité physique de cohabitation est survenu depuis le mariage, et que, d'autre part, l'impuissance

---

bunal, elle articule et offre de prouver que Charles-Prosper Paulard était absent à l'époque de la naissance de Noël-Justin; qu'étant revenu en France en 1812, sa femme, prévenue de son arrivée, fit aussitôt enlever l'enfant, son berceau et tous les effets à son usage; que le tout fut transporté chez une dame Sauret, parente et amie de la mère; que le petit Noël-Justin y resta caché pendant le séjour de Paulard à Paris, et qu'il ne revint dans leur maison, rue Mouffetard, nº 252, qu'après le départ de ce dernier; qu'enfin, Paulard avait constamment ignoré la naissance de l'enfant qui prenait indiscrètement son nom, et qui venait aujourd'hui réclamer des droits qui n'appartiennent qu'au fruit honorable du mariage.

Le 28 juin 1825, jugement du tribunal civil de Paris, qui prononce dans les termes suivants : — « Attendu que la question du recel de la naissance de Noël-Justin est une question préjudicielle à celle du désaveu; qu'ainsi il n'y a pas lieu, quant à présent, d'admettre la preuve des faits articulés à l'appui du désaveu de paternité;

» Mais attendu que les faits articulés pour établir le recel sont pertinents et admissibles, le tribunal admet la fille Paulard à faire preuve, tant par titre que par témoins, 1º..., etc. (Ce sont les faits énoncés plus haut). » — Appel de ce jugement. — Arrêt.

LA COUR; — Considérant qu'il est constant que Marie Magny, femme de Charles-Prosper Paulard, est accouchée en son domicile, le 20 mars 1811, de Napoléon-Noël-Justin, qui a été inscrit sur les registres de l'état civil comme fils de Charles-Prosper Paulard et de Marie Magny, son épouse (titre et possession); — Considérant que les faits articulés (au nombre desquels était la captivité en Espagne de 1809 à 1812), et notamment l'absence de Charles-Prosper Paulard au moment de la naissance, et l'ignorance prétendue où il aurait été de cette naissance, sont insuffisants pour prouver que la naissance ait été cachée, et n'établiraient pas l'impossibilité physique de la cohabitation des époux Paulard au moment de la conception, ou l'adultère de la femme; — A mis et met l'appellation au néant; — Émendant, au principal, déboute la partie de Fontaine (la demoiselle Paulard) de sa demande en désaveu, et la condamne aux dépens, etc.

Du 19 juin 1826.-C. de Paris, aud. sol., 1re et 2e ch. réun.-M. Séguier, 1er pr.

accidentelle, dans notre hypothèse, doit être assimilée à l'impuissance naturelle manifeste, laquelle, comme nous venons de le voir, ne pourrait servir de fondement au désaveu. — Nous hésiterions à aller aussi loin. Et d'abord les termes de l'art. 312 ne supposent nullement le cas où l'accident serait postérieur au mariage; cet article exige seulement que l'impossibité de cohabitation ait existé depuis le trois centième jusqu'au cent quatre-vingtième jour avant la naissance de l'enfant. D'un autre côté, la disposition qui exclut le désaveu fondé sur l'impuissance naturelle est par elle-même assez rigoureuse déjà, ce nous semble, pour qu'il ne doive pas être permis de l'étendre à un cas dont la loi n'a pas parlé.

41. Au surplus, M. Demolombe lui-même (nº 36) est d'avis que, si l'accident antérieur au mariage n'avait produit qu'une impuissance temporaire, le désaveu fondé sur cette impuissance serait admissible. D'un côté, en effet, on ne trouverait une fin de non-recevoir ni dans l'art. 312 ni dans l'art. 313, et, d'un autre côté, on ne pourrait prétendre que le mari a trompé sa femme, qui d'ailleurs, en pareil cas, aura presque toujours connu, en se mariant, et l'état de son mari et les motifs qui ne permettaient pas d'attendre son rétablissement pour procéder à la célébration du mariage.

42. L'adultère de la femme n'est pas par lui-même une juste cause de désaveu, parce que, comme nous l'avons déjà dit, il n'est point incompatible avec la paternité du mari. L'aveu même de la mère venant déclarer que l'enfant dont elle est accouchée est le fruit de ses relations criminelles avec un autre que son mari ne serait point écouté, et cela pour plusieurs raisons : d'abord parce qu'elle-même ne peut pas toujours connaître avec certitude quel est le père de l'enfant qu'elle met au jour; ensuite parce qu'une telle déclaration peut n'être qu'un mensonge inspiré soit par le désir d'humilier le mari, soit par le désir de s'attacher plus étroitement celui qu'elle a désigné comme le véritable père, et que d'ailleurs, comme le dit d'Aguesseau avec sa haute raison (V. son vingt-troisième plaidoyer), « les père et mère peuvent bien assurer l'état de leurs enfants; ils ne peuvent jamais le détruire. » — Il est toutefois une exception à la généralité de cette règle. Après avoir dit que le mari ne pourra désavouer l'enfant même pour cause d'adultère, l'art. 313 ajoute : « A moins que la naissance ne lui ait été *cachée*. » Cette dissimulation est en effet une grave présomption de la non-paternité du mari. La loi toutefois ne considère pas le désaveu comme suffisamment justifié par cela seul; elle admet seulement, dans ce cas, le mari « à proposer tous les faits propres à justifier qu'il n'est pas le père. »

43. Avant d'aller plus loin, nous ferons observer que le motif de désaveu autorisé par l'art. 313 c. nap. rentre dans ce qu'on appelait autrefois l'*impossibilité morale* de cohabitation. Comme nous l'avons expliqué plus haut, on désignait sous ce nom un ensemble de circonstances dont résultait non point une impossibilité absolue et matérielle de cohabitation, mais la certitude morale que cette cohabitation n'avait point eu lieu et que par conséquent le mari n'était point le père de l'enfant. Nous avons vu (nº 13) que c'était une question controversée, dans l'ancien droit, de savoir si l'impossibilité morale pouvait, comme l'impossibilité physique, servir de fondement à l'action en désaveu; cette question, le code civil l'a tranchée en admettant l'impossibilité morale, non pas d'une manière générale, mais sous certaines conditions déterminées dans l'art. 313, c'est-à-dire lorsqu'il y a eu adultère de la femme et que la naissance de l'enfant a été cachée au mari.

44. Nous venons de voir que l'impuissance naturelle ne peut servir de fondement au désaveu. Mais le pourrait-elle si de plus la naissance de l'enfant avait été cachée au mari? Nous ne le pensons pas; l'art. 313, en effet, l'exclut d'une manière absolue et sans faire de distinction. L'article du projet qui correspondait à l'art. 313 portait : « Le mari ne pourra désavouer l'enfant, soit en excipant de l'adultère de sa femme, soit en alléguant son impuissance naturelle, à moins que la naissance ne lui ait été cachée » (Locré, Législ. civ., t. 6, p. 156). Sur la demande du tribunat, cette rédaction fut modifiée et devint ce qu'elle est aujourd'hui (Locré, t. 6, p. 170); or cette modification ne permet pas de penser que l'impuissance naturelle du mari, lors même qu'elle est réunie au recel de la naissance, puisse autoriser le désaveu. Tel est aussi le sentiment de M. Demolombe, t. 5, nº 34.

45. Une grave question s'est élevée sur l'interprétation de l'art. 313. Dans le cas où la naissance de l'enfant lui a été *cachée*, le mari, pour pouvoir exercer l'action en désaveu, est-il obligé de faire préalablement constater par un jugement public l'adultère de sa femme? — M. Bigot Préameneu, dans son Exposé des motifs, M. Lahary, dans son Rapport au tribunat, enfin M. Duveyrier, dans son Discours au corps législatif, se prononcent pour l'affirmative. Ainsi, M. Bigot-Préameneu, après avoir dit que l'adultère de la femme ne saurait par lui-même balancer la présomption de paternité qui résulte du mariage, ajoute : « Cependant si la femme *ayant été condamnée pour adultère* avait caché à son mari la naissance de cet enfant, cette conduite deviendrait un témoignage d'un grand poids. » M. Lahary, bien que moins explicite, semble cependant supposer que c'est seulement après avoir fait condamner sa femme pour crime d'adultère que le mari peut introduire son action en désaveu. Enfin, M. Duveyrier s'exprime sur ce point avec plus d'énergie encore que M. Bigot-Préameneu. « Le projet de loi, dit-il, n'admet l'exception de l'impossibilité morale fondée sur l'adultère que sous trois conditions formelles; il faut que l'adultère soit constant, *et il ne peut l'être que par un jugement public*; etc., etc. » Maleville, t. 1, p. 309, Locré, Espr. du c. civ., t. 5, p. 35 et suiv., et Toullier, t. 2, nº 815, se sont rangés à cet avis. « Il faut, dit ce dernier auteur, que l'adultère soit constaté par un jugement. » — Entraîné, selon son aveu, par l'autorité des orateurs du gouvernement plus que par sa conviction personnelle, Merlin a soutenu que, s'il n'est pas nécessaire que l'adultère ait été judiciairement constaté antérieurement à l'instance en désaveu, il faut du moins que ce jugement soit rendu avant la décision du fond, et qu'il peut l'être incidemment à l'instance en désaveu.

Mais cette doctrine a été condamnée par la jurisprudence. Ainsi il a été constamment jugé que l'action en désaveu ouverte par l'art. 313 c. civ. au cas d'adultère de la femme et du recellement de la naissance, n'est pas nécessairement subordonnée à la constatation juridique, préalablement faite, de l'adultère de la femme (Rej. 8 juillet 1812; Metz, 9 décembre 1825; Paris, 29 juill. 1826; Req. 25 janv. 1831; Bordeaux, 5 juill. 1843 (1).—V. également Req. 9 mai 1838, aff. Rignoux,

(1) 1re *Espèce* : — (Duchollet C. Bougarel.)—27 février 1807, le divorce de Bougarel et de la dame Duchollet est prononcé par consentement mutuel. —Dès le 10 mars précédent, celle-ci était accouchée chez son père où elle s'était retirée pendant le temps des épreuves. — L'enfant avait été inscrit à l'état civil sous le nom de Julien-Jean-Baptiste, né de Madeleine-Joséphine Duchollet, sans indication de père. — Dès qu'il est instruit de cette naissance, et le 11 juin 1807, Bougarel déclare devant le juge de paix qu'il est dans l'intention de désavouer l'enfant. — Un tuteur *ad hoc* est nommé. — 27 juin, le désaveu est signifié à ce tuteur, et le 7 juillet à la dame Duchollet. Le 18, action en justice; Bougarel soutient que la naissance lui a été cachée; il offre de prouver qu'il n'est pas le père de l'enfant. —Le tuteur répond 1º que Bougarel n'a pas articulé les faits propres à justifier qu'il n'est pas le père, ainsi qu'il l'aurait dû (art. 252 c. proc.); 2º que la naissance de l'enfant ne lui a pas été celée, puisqu'il a vu son épouse enceinte, lorsqu'il s'est présenté avec elle devant le président du tribunal pour demander le divorce; que l'accouchement a eu lieu dans le domicile où la dame Bougarel s'était retirée du consentement de son mari, et que l'enfant a été inscrit à l'état civil le jour même de sa naissance. — 4 avr. 1810, jugement qui accueille la fin de non-recevoir, et rejette l'action en désaveu. — Appel. — 29 août 1810, arrêt de la cour de Riom, qui infirme, reconnaît que la naissance a été cachée au mari, et admet celui-ci à proposer *tous les faits* tendant à établir qu'il n'était pas le père de cet enfant. — Enquête. — 26 juin 1811, arrêt par défaut, qui admet le désaveu. — Opposition à cet arrêt; les opposants ajoutent aux moyens employés en première instance, que Bougarel n'avait pu intenter son action en désaveu avant d'avoir établi, par un jugement de condamnation, que sa ci-devant épouse s'était rendue coupable d'adultère (art. 313 c. civ.). — Le 26 août 1811, troisième arrêt qui les démet de leur opposition, et confirme l'arrêt par défaut du 26 juin précédent.

Pourvoi de la part du tuteur, 1º contravention à l'art. 252 c. pr., en ce que l'arrêt a admis l'action en désaveu avant que les faits, dont on demandait la preuve, eussent été articulés; 2º violation de l'art. 473 c. pr., en ce que la cour royale, après avoir ordonné un interlocutoire, a

infrà, n° 175).—Et MM. Duranton, t. 3, n° 51, Zachariæ, édit. Massé et Vergé, t. 1, p. 303, note 50; Valette sur Proudhon,

statué sur le résultat de l'enquête, quoique le premier juge n'eût prononcé que sur la question de recèlement, et cela sans l'avoir fait par un seul et même arrêt; 3° violation de l'art. 313 c. civ., en ce que l'action en désaveu ne pouvait être admise qu'après que la femme aurait été condamnée pour adultère, et le recèlement de l'enfant prouvé.—M. Merlin, procureur général, a cru ne devoir s'arrêter au premier ni au second moyens ; mais il a pensé que le troisième devait être accueilli ; que si la loi faisait naître quelque doute sur la volonté du législateur, les discours des orateurs du gouvernement et du tribunat ne permettaient d'en élever aucun ; qu'il n'était pas nécessaire que le mari eût une action directe pour faire condamner sa femme comme adultère, afin d'acquérir la preuve de ce fait, parce qu'il pouvait l'établir contradictoirement avec le tuteur de l'enfant, de la même manière qu'il pouvait et qu'il devait prouver le recèlement de la naissance ; qu'ainsi, tous les inconvénients présentés par le défendeur, pour combattre le système des orateurs du gouvernement et du tribunat, étaient chimériques ; en conséquence, il a conclu à la cassation. — Arrêt.

LA COUR ;—Attendu, sur le premier moyen, que les faits qui tendent à établir que le mari qui désavoue l'enfant né dans le mariage n'en est pas le père, ne doivent être articulés que quand il a été jugé que la preuve est recevable ; ce qui rend sans application à l'espèce les dispositions de l'art. 252, c. pr. civ. ; — Attendu, sur le deuxième moyen, que le tribunal de première instance avait consommé tout son droit, en jugeant que l'action introduite par le défendeur était non recevable, et que l'art. 472 c. pr. autorise, en pareil cas, la cour d'appel qui réforme le jugement à se retenir l'exécution de son arrêt ou à renvoyer cette exécution devant un autre tribunal que celui qui a rendu le jugement qui est réformé ; — Attendu, sur le troisième moyen, que ces mots : *pour cause d'adultère*, qui se lisent dans l'art. 313 c. civ., ne s'y trouvent que par opposition à *l'impuissance naturelle*, dont le législateur venait de s'occuper dans la première disposition dudit article, et seulement pour faire remarquer que si la supposition de l'impuissance naturelle n'est pas un motif suffisant pour autoriser le mari à désavouer l'enfant né dans le mariage, l'adultère de la femme suffit pour autoriser l'exercice de cette action, lorsqu'à cette cause se réunit la circonstance que la naissance de l'enfant désavoué a été cachée au mari ; — Que le recèlement de la naissance de l'enfant est la seule condition exigée pour rendre admissible l'action en désaveu, lorsqu'elle est fondée sur l'adultère ; que l'art. 313 c. civ. n'exige rien de plus ; qu'il serait frustratoire, en effet, qu'il y eût preuve préalable et juridique de l'adultère, pour que le mari pût être admis à rapporter la preuve qu'il n'est pas le père de l'enfant désavoué, cette preuve ne pouvant se faire sans emporter nécessairement celle de l'adultère de la femme ; — Qu'aussi l'art. 313 ne porte pas que l'adultère de la femme sera préalablement jugé ; — Que la cour de Riom a donc pu, sans violer ledit article, décider en point de droit qu'il suffisait au défendeur à la cassation d'avoir établi que la naissance de l'enfant lui avait été cachée, pour rendre admissible la preuve qu'il n'était pas le père de cet enfant qu'il avait désavoué pour cause d'adultère ; — Que la cour d'appel n'aurait même pu rejeter la preuve de non-paternité qui était offerte, sans ajouter à la disposition de l'art. 313, et créer une fin de non-recevoir que la loi n'a pas établie ; — Attendu, enfin, que les arrêts des 20 et 26 août 1811 ont été la suite et la conséquence de celui du 29 août 1810, et que ces arrêts n'ont été attaqués que par les mêmes moyens qui ont été proposés contre ce dernier arrêt ; d'où il résulte qu'ils doivent avoir le même sort ; — Rejette, etc.

Du 8 juill. 1812.-C. cass., sect. civ.-MM. Muraire, 1er pr.-Carnot, rap.-Merlin, proc. gén., c. contr.-Darrieux et Mailhe, av.

2e *Espèce :* — (Dame Lhorte, etc. *C.* son mari.) — En 1791, mariage des époux Lhorte : des enfants en naissent. — En 1803, la dame Lhorte forme une demande en divorce, qui est rejetée par arrêt de la cour de Metz, du 20 déc. 1803. — Depuis, elle rentre au domicile conjugal ; mais bientôt elle se retire à Sedan, chez sa mère, puis dans une autre maison, en sorte qu'il paraît constant que les époux ont vécu séparés de fait.—Enfin, le 15 janv. 1804, la dame Lhorte, se trouvant à Thionville, où l'on a prétendu qu'elle était allé cacher son accouchement, y a mis au jour un enfant, qui a été inscrit sous le nom d'Auguste, fils de Jean-François Lhorte, et né en légitime mariage. — Cet enfant est confié à une nourrice; plus tard, il est mis au collège. — En 1822, il vient à Charleville. —Alors Lhorte, après avoir fait nommer à cet enfant un tuteur *ad hoc*, a dirigé contre lui une action en désaveu, fondée sur des faits d'adultère de sa femme, de recèlement de l'enfant, et autres tendant à établir qu'il n'en était pas le père. — Le 26 août 1824, jugement du tribunal de Rocroi, qui, écartant les fins de non-recevoir opposées à cette action, déclare constant le fait du recèlement de la naissance, autorise la preuve de l'adultère, et admet, comme tendant à prouver ces deux points, les faits articulés.—Appel par le tuteur et la dame Lhorte, en ce que le tribunal a admis l'action en désaveu sans que l'adultère de la femme n'eût pas été préalablement constaté par un jugement correctionnel rendu sur les poursuites du mari. — Arrêt.

LA COUR ;—Sur la fin de non-recevoir ;—Attendu que l'art. 313 c. civ. ne dit point que le mari, demandeur en désaveu, devra rapporter la preuve juridique de l'adultère de sa femme, et que la naissance de l'enfant lui a été cachée, avant d'être admis à la preuve des faits de non-paternité ;—Attendu qu'il en doit être du désaveu pour cause d'adultère, comme de la demande en séparation de corps pour la même cause, demande pour l'admission de laquelle on n'a jamais prétendu que la preuve juridique de l'adultère dût être préalablement acquise ;—Attendu, d'autre part, que la loi n'a établi aucune action particulière à l'effet de constater le recèlement de la naissance ; et l'on conçoit d'ailleurs que si une telle action existait, elle ne pourrait être exercée par le mari qu'autant qu'il y aurait de sa part aveu et reconnaissance de l'enfant ; — Attendu que l'art. 317, en attribuant, dans certains cas, l'action en désaveu aux héritiers du mari, n'y a pas mis pour condition que celui-ci aurait fait juger avant sa mort l'adultère et le recèlement ; — Attendu que l'action en désaveu pour cause d'adultère peut être intentée après la mort de la femme comme pendant sa vie ;—Attendu enfin que la loi, qui a introduit cette action en faveur des familles, n'a certainement pas voulu que l'exercice en fût à peu près impossible, ni faire une concession frustratoire ; —Attendu qu'il résulte évidemment de ces diverses observations qu'il suffit que le demandeur pose des faits graves et pertinents, propres, d'une part, à établir l'adultère et le recèlement de la naissance de l'enfant, et, d'autre part, à justifier la non-paternité, et que rien ne s'oppose à ce que ces faits soient admis par un seul et même jugement, pour être prouvés simultanément ;—Rejette la fin de non-recevoir.

Du 9 déc. 1825.-C. de Metz, aud. sol.-M. d'Hannoncelles, 1er pr.

3e *Espèce :* — (Demoiselle Faucon *C.* Monniot.) — En 1814, la demoiselle Faucon, femme Monniot, quitte le domicile de son mari, commis greffier à Versailles, et va habiter un autre quartier. Depuis, elle se rend coupable envers lui d'injures graves. Le 19 sept. 1814, elle vient se fixer à Paris, où, le 8 juillet 1815, elle accouche d'un enfant mort-né.—Le 31 du même mois, requête de Monniot au président du tribunal de Versailles à fin de divorce pour cause d'adultère et d'injures graves. —Assignée en conciliation devant ce magistrat, la dame Monniot fait défaut. — Le 27 nov. 1815, jugement par défaut, qui admet le divorce pour cause d'injures graves. Ce divorce est prononcé, toujours par défaut, le 30 mars 1816.—La dame Monniot était alors enceinte. — Elle fait liquider ses reprises, le 30 mai 1816, par procureur, et n'exprime aucune réserve en faveur de l'enfant, dont elle était près d'accoucher. Il est même déclaré, par l'un des mandataires, qu'aucun enfant n'est issu du mariage.—11 juillet 1816, elle accouche de nouveau, non dans sa demeure, rue Dauphine, n° 47, dixième arrondissement, mais de l'autre côté de la rue, au n° 56, qui est du onzième, et chez la dame Viorhe, sage-femme.—L'enfant est présenté à la mairie du onzième arrondissement; il est désigné sous les prénoms de Louis-Gustave, et comme fils de C.-J. Monniot, employé, absent. — Le 17 mai 1824, après avoir épuisé ses ressources, elle demande un secours à celui qui avait été son mari, mais sans parler de Louis-Gustave. Toutefois, Monniot apprend la naissance de cet enfant : il fait de suite nommer un tuteur *ad hoc*, et intente contre lui une action en désaveu de Louis-Gustave.

8 janv. 1826, jugement du tribunal de Versailles qui, après avoir considéré que le désaveu a été formé dans le délai utile, statue en ces termes : « Sur la fin de non-recevoir, résultant de ce que Monniot ne rapportait pas la preuve préalable et juridique de l'adultère de la demoiselle Faucon, sa femme divorcée ;—Attendu que les mots, *pour cause d'adultère*, employés dans l'art. 313 c. civ., rapprochés de la première phrase du même article, qui les précède immédiatement, et où il n'est question que d'une simple allégation d'impuissance naturelle, ne saurait également s'entendre que d'un adultère simplement allégué ; que ces mots, *pour cause d'adultère*, n'ont pas d'autre sens légal, notamment dans les art. 229 et 238 c. civ. ; que si, dans l'art. 313, le législateur eût voulu subordonner l'action en désaveu qu'il accorde, au cas d'adultère de la femme, juridiquement et préalablement établi, il eût exprimé formellement son intention ; qu'au contraire, les mots *auquel cas* au singulier, qu'on lit dans la suite de l'art. 313, énoncent clairement que la seule condition préalable qui soit exigée est celle de la naissance cachée ; qu'il est inutile, en effet, d'exiger la preuve préalable de l'adultère, puisque la preuve de non-paternité, qui doit être faite, aux termes du même art. 313, emporte avec elle, et par une conséquence nécessaire, la preuve de l'adultère de la femme.—Sur le fond :—Attendu qu'il est dès à présent constant, que, pendant le temps qui a couru depuis le trois centième jusqu'aux cent quatre-vingtième jour avant la naissance de Louis-Gustave, la femme Monniot a demeuré à Paris, rue Dauphine, n° 47, tandis que Monniot a habité Versailles, que tous les actes signifiés pendant la procédure de divorce à la dame Monniot lui ont été signifiés en sa demeure à Paris, rue Dauphine, n° 47, en parlant à sa personne ; que la correspondance de la femme Monniot, par laquelle elle s'était rendue coupable envers son mari des injures les plus graves, est antérieure, d'une année environ, au 13 sept. 1817, correspondant au trois centième jour avant la naissance de Louis-Gustave; qu'à la date du 13 octobre suivant, correspondante au deux cent soixante-dixième jour avant ladite naissance Monniot

t. 2, p. 30; Duvergier sur Toullier, t. 2, n° 815, note; Marcadé, sur l'art. 313, se prononcent dans le même sens. Et, en effet,

faisait procéder à l'enquête qu'il avait été autorisé à faire pour justifier sa demande en divorce; que si cette enquête n'a pas été considérée par le tribunal de Versailles, comme prouvant suffisamment l'adultère de la femme Monniot, il y a eu la preuve d'une conduite licencieuse et désordonnée, suffisante pour le déterminer à prononcer contre elle le divorce pour cause d'injures graves; que la femme Monniot, non-seulement ne justifie pas qu'il y ait eu rapprochement entre elle et son mari à l'époque présumée de la conception de Louis-Gustave, mais qu'elle n'articule pas même d'une manière précise ce rapprochement; —Attendu que ces faits sont de nature à justifier et l'adultère de la femme Monniot, et que Monniot n'est pas le père de Louis-Gustave... ;—Admet le désaveu...

Appel. On a reproduit, dans l'intérêt du mineur et de la mère, la fin de non-recevoir; et, au fond, on a soutenu qu'il n'y avait pas eu impossibilité physique de cohabitation entre les époux; que la présomption morale, relevée par le jugement, ne pouvait fléchir la règle *is est pater;* qu'enfin, c'était au mari, et non à la femme, de prouver l'absence de réconciliation des époux.—Arrêt.

La cour;—Adoptant les motifs, etc., met l'appel au néant.

Du 29 juill. 1826.-C. de Paris, aud. sol.-MM. Séguier, 1er pr.-De Broé, av. gén., c. conf.-Thevenin fils et Mollot, av.

4e *Espèce:* — (Auguste C. hérit. Lecellier.) — En 1794, Suzanne Mijeon épouse le sieur Lecellier; elle signe l'acte de mariage des prénoms de Rose-Suzanne. Il paraît qu'elle était connue sous le prénom de Rose, qui était celui de sa tante, et qu'elle l'ajoutait à celui de Suzanne. Il est aussi à remarquer qu'elle avait une sœur dont les prénoms étaient Rose-Suzanne. Enfin, dans divers actes authentiques, le sieur Lecellier, lui-même, a souvent donné à sa femme les prénoms de Rose-Suzanne. —Les époux avaient leur domicile à Giverny; mais ils résidèrent souvent à Paris. — Peu après son mariage, Lecellier rejoignit l'armée de Sambre-et-Meuse.— Il paraît qu'il fit depuis un voyage à Paris, où sa femme demeurait, rue Roquette, n° 78.—Le 25 vent. an 6, il lui donna une procuration passée devant notaire, à Paris, pour administrer ses biens.—La dame Lecellier était alors enceinte de huit mois; elle accoucha vingt-cinq jours après.—L'acte de naissance de son enfant porte: «Du 1er flor. an 6, acte de naissance d'Auguste-Rose Vincent, né le 21 du mois dernier, à cinq heures après-midi, rue de la Roquette, n° 78, fils de Rose-Suzanne Mijeon, domiciliée ordinairement à Giverny, département de l'Eure, et d'un père inconnu.»

An 8, le divorce des époux Lecellier est prononcé, pour incompatibilité d'humeur. — Depuis, la dame Lecellier a des enfants naturels d'un sieur Bois, qu'elle a épousé en 1809.— Elle fait reconnaître, par simple acte notarié, Auguste-Rose-Vincent pour fils légitime d'elle et de Lecellier.—Elle est décédée en 1816. —En 1815, le sieur Lecellier avait été admis à la retraite avec le grade de chef de bataillon. —Par exploit du 18 avril 1817, signifié *à personne,* Auguste-Rose-Vincent fit, avec l'assistance de son curateur, assigner le sieur Lecellier, son père, devant le tribunal de la Seine, pour:—«Attendu que ledit sieur Auguste-Rose-Vincent est né à Paris, le 21 germ. an 6, et qu'il a été présenté à la mairie du huitième arrondissement de Paris, le 1er floréal suivant; qu'il y a reçu les noms d'Auguste-Rose-Vincent, et qu'il a été déclaré fils de Rose-Suzanne Mijeon et d'un père inconnu; — Attendu que, suivant l'acte inscrit au registre des mariages de la commune de Giverny, ladite Suzanne Mijeon avait contracté mariage avec ledit Lecellier, le 7 niv. an 3;—Que le mariage n'a été dissous que le 28 frim. an 8, par le divorce desdits sieur et dame Lecellier, prononcé ledit jour en la municipalité du huitième arrondissement de Paris; —Qu'ainsi ledit Auguste-Rose-Vincent est né pendant la durée dudit mariage. — Voir dire et ordonner que ledit Auguste-Rose-Vincent sera déclaré fils légitime dudit Adrien Lecellier et de ladite dame son épouse, décédée à Paris, le 4 juillet 1816; qu'en conséquence l'acte de naissance ci-devant daté et énoncé, sera réformé, et qu'à la place de ces mots: *fils de Rose-Suzanne Mijeon* et d'un père inconnu, il sera substitué ces mots: *fils légitime d'Adrien Lecellier et de Suzanne Mijeon, son épouse.*»— Sur cet exploit, Lecellier éleva une exception d'incompétence, et Auguste se désista de son action. —Le 9 déc. 1826, le sieur Lecellier est décédé.—Il paraît qu'Auguste-Rose-Vincent lui prodigua les soins d'un fils, pendant sa maladie, et qu'il conduisit le deuil. —Le 14 fév. 1827, des parents de Lecellier, la dame Chauvet et autres, désavouèrent Auguste-Rose-Vincent, par acte extra-judiciaire, et l'assignèrent au tribunal.—Auguste soutint que l'action était non recevable, parce qu'on n'avait eu que deux mois, à compter de la découverte de la fraude, pour le désavouer (art. 316 c. civ.), et que pendant 1817, sa naissance avait été notifiée à feu Lecellier.

Jugement du tribunal d'Evreux qui rejette cette exception, et déboute Auguste de sa demande.— Appel. — Le 5 mars 1828, arrêt de la cour de Rouen, qui confirme dans les termes suivants:

«Vu les art. 312, 313, 316 et 317 c. civ.;—Attendu que la maxime *is pater...,* qui est le fondement de l'art. 312, ne profite qu'à celui qui, à l'appui de sa demande en réclamation d'état légitime, justifie qu'il est né d'une femme qui était elle-même dans l'état de mariage; — Qu'Auguste-Rose-Vincent, né le 21 germ. an 6 (10 avr. 1798), représente un acte de naissance dressé dix jours après (le 20 avril), dans lequel il n'est point dit qu'il soit né d'une femme mariée; que le nom du père n'y est point énoncé; qu'on y a donné à la mère les noms de Rose-Suzanne Migeon, sans aucune qualification; que l'épouse d'Adrien Lecellier n'avait d'autre prénom que celui de Suzanne; que les prénoms de Rose-Suzanne appartenaient à sa sœur; que le fait de l'énonciation dans l'acte du domicile de la mère à Giverny, département de l'Eure, pouvait aussi bien s'appliquer à la sœur de la femme Lecellier qu'à elle-même; qu'il n'a d'ailleurs aucune force contre Adrien Lecellier, qui, lors de sa naissance, était depuis plusieurs années absent, pour le service des armées; — Que l'acte du 21 germ. an 6, tel qu'il est conçu, était évidemment irrégulier, incomplet et non probant, pour établir qu'Auguste-Rose était fils de Suzanne Migeon, épouse d'Adrien Lecellier; qu'avant de réclamer la légitimité à ce titre, il fallait commencer par faire rectifier l'acte de naissance à l'effet de rendre certaine la maternité, à l'appui de laquelle il entendait se prévaloir de la maxime *is pater...;* — Que c'est parce qu'il en sentait lui-même la nécessité, que, le 28 avr. 1817, il cita, avec l'assistance de son curateur, Adrien Lecellier en rectification de son acte de naissance sur le fait de la maternité et en réclamation d'état; mais que, sur une première exception d'incompétence que celui-ci lui opposa, Auguste-Rose abandonnant l'affaire, il laissa périmer l'instance; que ce n'est qu'en 1826 qu'il a intenté une nouvelle action, qui est celle sur laquelle les parties procèdent aujourd'hui; —Que, lors de l'action du 28 avr. 1817, il y avait dix-huit ans qu'Auguste-Rose-Vincent était né; que jusque-là Adrien Lecellier n'avait eu aucune connaissance de son existence et de ses prétentions; qu'aucune réclamation n'avait été formée en son nom du vivant de l'épouse d'Adrien Lecellier, décédée le 5 juill. 1816; — Que l'acte du 21 germ. an 6, qui était le titre de l'action, étant inficié de plusieurs vices dans ses énonciations, par rapport à la véritable mère, Adrien Lecellier ne pouvait le reconnaître comme né de son épouse pendant le mariage, ni par conséquent proposer un désaveu qu'après que la maternité serait devenue constante; qu'elle ne pouvait le devenir que par la production d'autres titres et documents propres à faire disparaître toute incertitude sur l'identité de sa mère avec Suzanne Migeon, et que ce n'est que dans le procès actuel et après le décès d'Adrien Lecellier, qu'Auguste-Rose a fourni les actes et les preuves pouvant servir à établir que sa mère était véritablement l'épouse d'Adrien Lecellier;—Que les représentants d'Adrien Lecellier, qui ont repris l'instance, n'ont point attendu que la rectification des noms et qualités de la mère fût prononcée pour désavouer le fils; qu'aussitôt qu'ils ont été instruits, par les nouvelles pièces produites, que la femme Lecellier pouvait avoir donné le jour au réclamant, et la voie de la plainte en adultère, au moyen du décès de la femme, n'ayant pu être prise par le mari, ils ont formé, à l'appui de la contestation de la légitimité, la demande subsidiaire en désaveu; — Qu'il est constant que la naissance de l'enfant avait été frauduleusement cachée au mari pendant la vie de son épouse; que la fraude n'a été découverte que par la production dans le procès actuel des actes et preuves auxiliaires tendant à constater la maternité; que la demande en désaveu, si elle est nécessaire dans l'espèce de la cause, a été formée dans les deux mois de la découverte de la fraude; que par conséquent elle est recevable, aux termes de l'art. 316 c. civ.

» Attendu, au fond, sur lequel les parties ont respectivement plaidé, qu'Auguste-Rose-Vincent ne rapporte aucune preuve de possession d'état au respect d'Adrien Lecellier et de sa famille; que, depuis l'arrêt de renvoi prononcé, les avis recueillis sur le fond de l'affaire, le 28 février dernier, il a fait signifier, il est vrai, par le ministère d'huissier, une enquête qu'il a fait dresser clandestinement, le 1er mars, par le juge de paix de Vernon; mais que cette pièce ténébreuse et illégale ne peut être admise comme pièce du procès; — Qu'il est au contraire prouvé au procès qu'Adrien Lecellier, marié en 1794 (le 7 niv. an 3) avec Suzanne Migeon, partit, quinze jours après son mariage, pour l'armée de Sambre-et-Meuse, en qualité de lieutenant dans le 1er bataillon des volontaires du département de l'Eure; que ce bataillon fut incorporé dans la 66e demi-brigade, et entra ensuite dans la formation du 96e régiment d'infanterie; que ledit Lecellier a fait toutes les guerres d'Allemagne sans discontinuation, depuis 1794 jusqu'en 1798, sauf un congé de 15 jours, qui ne correspond point au temps de la conception d'Auguste-Rose-Vincent, qui, d'après son rapport légal avec sa naissance, n'a pu avoir lieu que du 10 juin au 10 sept. 1797; — Attendu qu'il est spécialement établi par les états de service produits au procès, et par l'acte de notoriété en forme authentique, du 28 juin dernier, souscrit par quatre officiers du même corps, que, le 17 avr. 1797, Adrien Lecellier a passé le Rhin avec eux, qu'ils ont marché ensemble en combattant en Allemagne, qu'il est revenu à Mayence le 31 déc. 1797, et que ce n'est que le 7 pluv. an 6 (17 fév. 1798) qu'il a été dirigé avec son régiment sur Boulogne; — D'où sort la conséquence qu'il n'a pu être l'auteur de la conception de son épouse, arrivée dans l'espace du 10 juin au 10 sept. 1797, ce qui suffirait pour justifier le

comme le font très-bien observer ces auteurs, les délais accordés au mari pour former son action en désaveu sont fort courts (V. les art. 316, 317 et 318); si donc le mari était obligé, avant tout, de faire condamner sa femme pour adultère, ces délais

---

désaveu, conformément aux dispositions du second membre de l'art. 312 c. civ.

» Attendu, d'une autre part, que si l'art. 313 dispose que le mari ne pourra désavouer l'enfant né dans le mariage, même pour cause d'adultère, s'il n'y a pas eu dissimulation de la naissance, il ne s'ensuit pas que le recel de la naissance, avec les circonstances corrélatives qui le caractérisent, ne suffira pas pour justifier le désaveu, lorsqu'il n'y aura pas eu condamnation d'adultère; que cette conséquence ne peut être admise, surtout dans l'espèce, où le mari n'a pu découvrir la naissance qui a révélé l'adultère que depuis le décès de sa femme;

» Attendu qu'il est démontré par les pièces produites, que la femme Lecellier a employé tous les moyens qui étaient en son pouvoir pour dérober à la famille de son mari, et à lui-même, la connaissance de sa grossesse et de son accouchement; qu'elle a quitté à cet effet son habitation à Giverny, et est allée accoucher secrètement chez une matrone à Paris, rue de la Roquette; — Que, quoique l'acte de naissance du 10 avr. 1798 n'ait été dressé que dix jours après l'accouchement (le 20 avril), et que la femme Lecellier ait eu tout le temps de donner les indications requises pour assurer la légitimité de son enfant, elle s'est, dans cet acte, fait donner les prénoms de sa sœur; qu'elle a dissimulé sa qualité de femme mariée, et n'a indiqué le père que sous le voile obscur de père inconnu;—Que la déclaration de la naissance a été faite et attestée par des étrangers, à l'insu de tous les parents et amis, et que l'enfant n'a point été présenté à la famille, ni au mari à son retour des armées;—Que l'inconduite de la femme Lecellier étant devenue notoire, malgré le secret étroitement gardé de son accouchement, son époux se vit dans la nécessité de provoquer le divorce, qu'il fit prononcer en 1800 (le 28 frim. an 8), pour incompatibilité d'humeur, et qu'elle donna de nouvelles preuves de son incontinence, aussitôt la prononciation du divorce, ayant eu successivement deux enfants nés de son concubinage avec Denis Bois, qu'elle a ensuite épousé; — Que, dans les assemblées de famille qui ont précédé le divorce, comme dans les actes du second mariage de Suzanne Migeon avec Bois, elle a gardé le même silence sur la naissance d'Auguste-Rose-Vincent, quoique la nature et la loi l'obligeassent à provoquer des mesures propres à assurer son état et sa subsistance; qu'il est impossible de trouver une preuve morale plus forte et plus convaincante de l'illégitimité dudit Auguste, que ce secret de naissance gardé par la mère jusqu'au tombeau, et par le fils jusqu'au décès de sa mère, le tout, de part et d'autre, pendant l'espace de dix-sept à dix-huit ans; — Que de tout ce que dessus il résulte que, sous tous les points de vue, et soit qu'on applique à la cause tous les articles du code ci-dessus cités, soit qu'on se renferme dans la seule application de l'art. 317, les conclusions des héritiers et représentants d'Adrien Lecellier qui ont repris l'instance, sont parfaitement justifiés par les faits constants qui leur servent de base..., — Réformant, sans avoir égard aux moyens et exceptions de l'intimé, dont il est débouté, et sans s'arrêter à l'enquête extrajudiciaire et clandestine qu'il a fait faire dans l'intervalle du délibéré à la prononciation du présent arrêt, laquelle est rejetée du procès, comme illégale et nulle, dit à bonne cause la contestation de la légitimité d'Auguste-Rose-Vincent, et en tant que de besoin, à bonne cause le désaveu signifié au procès; fait défense à Auguste-Rose Vincent de se dire et qualifier fils légitime d'Adrien Lecellier. »

Pourvoi d'Auguste pour: ...2° Violation des art. 316 et 317 c. civ., en ce que l'arrêt a admis un désaveu tardivement formé;—3° Violation des art. 312 et 313 c. civ., lesquels, disait-on, pour le cas où le désaveu n'est pas fondé sur l'impossibilité physique de cohabitation, exigent qu'il y ait d'abord et préalablement *preuve d'adultère* et *preuve du recel*. —Arrêt.

La cour; — Sur les moyens relatifs au fond, et d'abord, quant au premier de ces moyens, fondé sur ce que l'art. 316 c. civ. fixe le délai, pour le désaveu de l'enfant conçu pendant le mariage, à deux mois après la découverte de la fraude, si la naissance avait été cachée au mari: —Attendu que, dans l'acte de l'état civil de Migeon, l'on avait inséré les prénoms de la sœur de la femme de Lecellier, au lieu du prénom unique de celle-ci, sans aucune mention de sa qualité d'épouse, et que l'on y avait affecté un silence absolu sur le père, qui était déclaré inconnu; qu'ainsi, la cour royale, en jugeant, d'après ces actes, ces faits et circonstances, que la naissance de l'enfant désavoué avait été cachée sciemment, et que la demande en désaveu avait été formée dans le délai fixé par la loi, à compter du jour de la découverte de la fraude et de la cessation de l'incertitude sur la maternité, n'a fait qu'apprécier ces actes, faits et circonstances, et qu'une semblable appréciation ne peut donner prise à la cassation;—Et, à l'égard des art. 312 et 313 du même c. civ.; —Que, pour la validité du désaveu, le premier de ces articles exige seulement qu'au moment de la conception, l'éloignement fût tel, que tout rapprochement, entre les époux, ait été physiquement impossible; que, dans l'espèce, l'arrêt reconnaît cette impossibilité, d'après les faits qui sont reconnus pour constants, tels que le départ du mari pour l'armée de Sambre-et-Meuse, immédiatement après son mariage, et sa présence à toutes les guerres d'Allemagne sans discontinuation, sauf un congé de quinze jours, qui ne correspond pas à la conception de l'enfant, et que la conséquence déduite par la cour royale du concours de ces faits, des états de service de Lecellier, et des autres circonstances énoncées dans l'arrêt, est pareillement hors l'atteinte de la cassation;

Attendu, sur le deuxième de ces articles, que le recèlement de la naissance de l'enfant est la seule condition exigée par la loi pour l'admission du désaveu fondé sur l'adultère de la femme; que l'article cité n'exige rien de plus; que la preuve juridique de l'adultère serait même absolument sans objet, la preuve que le mari n'est pas le père de l'enfant désavoué, ne pouvant être faite sans emporter nécessairement celle de l'adultère de la femme, et que c'est, sans aucun doute, par ce motif, que la loi n'exige pas que l'adultère de la femme soit constaté par un jugement préalable; qu'il suffit donc, en point de droit, que la naissance de l'enfant ait été cachée au mari, pour qu'il y ait lieu d'admettre le désaveu de l'enfant pour cause d'adultère; qu'enfin, à l'égard même de la mère, l'acte de l'état civil n'ayant été rectifié qu'avec le secours d'actes auxiliaires, et après plus de vingt ans de discussion, l'action du demandeur était même susceptible d'être repoussée par application des art. 323 et 325 c. civ.;—Rejette, etc.

Du 25 janv. 1831.-C. C., ch. req.-MM. Favard, pr.-Dunoyer, rap.-Laplagne-Barris, av. gén., c. conf.-Piet, av.

5e *Espèce*:—(Lestrade de Conty C. Lestrade de Conty et Lachapelle.) —Le sieur Lestrade de Conty qui vivait depuis longtemps séparé de sa femme, apprit que celle-ci avait quitté la ville de Périgueux où elle avait son domicile, et s'était transportée à Bordeaux; que, le 3 oct. 1839, elle était accouchée, dans cette dernière ville, d'un enfant du sexe féminin, inscrit, le même jour, sur les registres de l'état civil, sous les noms de Pauline-Henriette-Marthe Landrieux, comme née de Pauline Landrieux et de père inconnu; que, malgré cette énonciation de nom et de prénoms étrangers à la dame de Lestrade, celle-ci avait fait transporter l'enfant auprès d'elle, qu'elle l'y faisait nourrir et élever sous ses yeux, et déclarait publiquement être sa mère. Ces faits motivèrent de la part du sieur de Lestrade une action en désaveu de paternité, qui fut portée devant le tribunal civil de Périgueux.—Le désaveu était fondé sur le recel de la naissance de l'enfant, recel que le mari faisait résulter de la précaution prise par la mère de dissimuler l'origine de l'enfant au moyen de noms imaginaires.— Le 8 mai 1841, jugement par défaut, du tribunal de Périgueux, contre la dame de Lestrade et le tuteur *ad hoc* de la mineure Pauline Landrieux, par lequel le tribunal reconnaît que la naissance de la fille que la dame de Lestrade mit au jour le 3 oct. 1839 et qu'elle fit inscrire sous les noms de Pauline-Henriette-Marthe Landrieux, avait été cachée au sieur de Lestrade; en conséquence et en exécution de l'art. 313 c. civ., autorise ce dernier à proposer tous les faits propres à justifier qu'il n'est pas le père de cet enfant.— Ce jugement a été maintenu, par jugement contradictoire du 27 août 1841, qui débouta la dame de Lestrade de son opposition.—Appel.—Arrêt.

La cour; — Attendu, 1° que le comte Louis de Lestrade ayant formé le désaveu de paternité fondé sur l'adultère, tel qu'il est autorisé par l'art. 313 c. civ., il est question de vérifier si la condition exigée pour l'exercice de l'action existe;—Attendu que pour la validité du désaveu, il n'est pas nécessaire que l'adultère ait été préalablement constaté; qu'il suffit que la naissance ait été cachée au mari;

Attendu 2°, et en fait, qu'il résulte de ce qui a été déclaré oralement et à l'audience, au nom d'Isabelle de Taillefert, comtesse de Lestrade, qu'elle serait accouchée le 3 oct. 1839, de l'enfant du sexe féminin qui est l'objet du désaveu; — Attendu, 3° que d'abord les énonciations de l'acte de naissance du même jour, dans lequel cet enfant reçoit les noms et prénoms de Pauline-Henriette-Marthe Landrieux, et est dite fille de père inconnu et de Jeanne-Pauline Landrieux, seraient seules suffisantes dans l'espèce actuelle, pour fournir la preuve du recèlement de la naissance, mais que le recel opéré sciemment résulte encore avec évidence de faits nombreux qui, de ce moment, sont vérifiés et doivent être tenus pour constants;

En ce qui touche le délai fixé pour le désaveu:—Attendu que de Lestrade n'aurait pas été tenu d'intenter son action dans les deux mois après la découverte de la fraude, parce que cette prescription n'est établie que pour le cas où l'enfant a le titre légal de filiation légitime; mais que le désaveu n'est pas nécessaire quand l'enfant est dépourvu tout à la fois et de possession d'état et de titre; que le délai dans lequel le désaveu doit être formé, lorsqu'il s'agit d'ôter à un enfant l'état que lui donne son acte de naissance, n'a pu courir contre celui qui s'est déterminé à agir à l'effet de prévenir l'usurpation d'un état sur lequel l'acte de naissance est absolument muet; que, dans cette dernière hypothèse, où, suivant l'observation du tribun Duveyrier, il ne s'agit plus (pour le mari) de combattre la présomption qui n'existe pas, où, suivant le conseiller d'État Préameneu, exposant les motifs de la loi, il s'élève une présomption très-forte que l'enfant n'appartient pas au mariage, l'absence d'une réclamation du mari, ou son silence dans le délai susdéterminé, ne pour-

s'écouleraient toujours pendant l'instance préalable, en sorte que l'action se trouverait prescrite avant qu'il eût été légalement possible de l'exercer.

46. Si les arrêts qui viennent d'être cités se bornaient à repousser la nécessité d'un jugement préalable qui constate l'adultère de la femme, ils nous paraîtraient à l'abri de toute critique; mais ils vont plus loin. Tous, en effet, à l'exception cependant de l'arrêt de Metz, du 9 déc. 1825, ils décident formellement ou admettent implicitement que, dans le cas où la naissance de l'enfant a été cachée au mari, il n'est pas nécessaire que l'adultère de la femme soit spécialement et directement prouvé, attendu que la preuve que le mari n'est pas le père de l'enfant, preuve qui doit être faite dans ce cas, aux termes de l'art. 313, emporte nécessairement la preuve de l'adultère de la femme. — Or c'est là une doctrine que nous ne saurions admettre. Elle nous semble en contradiction avec les termes et avec l'esprit de l'art. 313. En effet, pour que le mari soit admis à proposer tous les faits propres à justifier qu'il n'est pas le père de l'enfant, cet article exige le concours de deux circonstances : 1° adultère de la femme; 2° naissance cachée au mari. Il faut donc que chacune de ces circonstances soit établie par des preuves distinctes et indépendantes de la preuve complémentaire dont l'admission est subordonnée à leur existence. La loi n'exige pas que cette preuve résulte de jugements antérieurs, mais elle exige que, dans l'instance en désaveu, elle soit faite directement, spécialement, et elle l'exige comme condition préalable de l'admission des faits tendant à établir que le mari n'est pas le père. On semble croire que la preuve de l'adultère de la femme ferait double emploi avec la preuve de la non-paternité du mari, et que dès lors elle serait une véritable superfétation. Cela serait vrai si, dans ce cas, le mari était obligé de prouver sa non-paternité par une impossibilité physique de cohabitation au temps de la conception : une telle preuve rendrait inutile, non-seulement la preuve de l'adultère, mais encore celle du recel de la naissance de l'enfant; ce serait une preuve complète, et non point une preuve complémentaire; mais il n'en est point ainsi. Ce que l'art. 313 exige c'est, comme nous l'avons déjà dit, la preuve d'une impossibilité morale de cohabitation, et non point celle d'une impossibilité physique; ce sont des présomptions dont le concours forme une grande probabilité plutôt qu'une preuve proprement dite. Or on comprend qu'il existe une immense différence entre le mari prouvant, d'une manière positive, qu'à l'époque de la conception sa femme entretenait un commerce adultère avec un autre homme, et le mari rendant seulement fort probable qu'à l'époque de la conception il n'a eu aucun rapport avec sa femme. C'est donc une erreur de prétendre que la première preuve soit contenue dans la seconde, et que dès lors celle-ci la rende superflue. Ce qui est vrai, c'est que les présomptions de non-paternité du mari, qui seules seraient insuffisantes, même dans le cas de recel de la naissance, tirent au contraire une grande force de leur combinaison avec la preuve directe de l'adultère de la femme. — Telle est, du reste, la doctrine adoptée par la plupart des auteurs qui ont écrit le plus récemment sur le droit civil (V. notamment MM. Duranton, t. 3, n° 52; Valette sur Proudhon, t. 2, p. 30; Duvergier sur Toullier, t. 2, n° 816, note (*a*); Marcadé, sur l'art. 313). — V. toutefois MM. Richefort, t. 1, n° 21; Ducaurroy, Bonnier et Roustain, t. 1, n° 433; Demolombe, t. 5, n° 46.

47. Pour que l'adultère prouvé puisse servir de base au désaveu, il faut qu'il corresponde à l'époque probable de la conception de l'enfant; il ne suffirait pas qu'il eût eu lieu quelques années auparavant. Cependant, si les circonstances rendaient vraisemblable la continuation des relations coupables dont l'existence à une époque antérieure aurait été positivement établie, les juges pourraient se contenter de cette preuve. C'est ce qu'enseigne M. Demolombe (n° 46), qui cite cette règle du droit canonique : *Semel malus, semper præsumitur esse malus...*, surtout, ajoute-t-il, *in eodem genere mali*. — Mais si le complice de cet adultère antérieur de la femme était parti ou décédé depuis deux ou trois ans, il serait impossible de fonder le désaveu sur un fait auquel il ne se rattacherait par aucun lien. — V. en ce sens MM. Valette sur Proudhon, t. 2, p. 92; Marcadé, sur l'art. 313, n° 3; Demolombe, *loc. cit.*

48. Les lettres écrites par la femme à un tiers, et contenant l'aveu de son adultère, peuvent être invoquées en justice par le mari (Req. 31 mai 1842, aff. Smith, V. Lettres missives, n° 30).

49. Ce que nous avons dit de l'adultère, en ce qui touche la nécessité d'une preuve directe, on doit le dire également du recel de la naissance. Ainsi jugé que, pour que l'action en désaveu, de la part du mari, puisse être admise, il est nécessaire qu'il prouve, non-seulement l'adultère de la femme, mais encore le recel de la naissance de l'enfant (Nîmes, 13 juill. 1827) (1). — « La cohabitation, dit à ce sujet M. Duranton, t. 3, n° 50, étant une conséquence du mariage, le mari n'est pas censé quitter sa maison sans nécessité : il est donc présumé avoir connu la naissance, puisqu'il est surtout vraisemblable qu'il a connu la grossesse; et c'est à lui de détruire ces présomptions, fondées sur la nature des choses. » V. encore Zachariæ, éd. Massé et Vergé, t. 1, p. 300, note 32.

50. Mais il n'est pas nécessaire qu'avant d'intenter son action il ait fait constater juridiquement le recel; il suffit qu'il articule simultanément des faits pertinents et admissibles pour prouver les trois conditions prévues par l'art. 313, c'est-à-dire

---

rait être présumé une acceptation de la qualité de père; qu'il suit de là, que la déchéance prononcée par l'art. 316 c. civ. est inopposable à de Lestrade; qu'il est à remarquer encore, qu'Isabelle de Taillefert qui, en dernier lieu, a déclaré être la mère de Pauline, avait, dans son acte d'appel, nié, en termes formels, et son accouchement et sa maternité; qu'elle y avait conclu à ce que Pauline fût maintenue dans l'état d'enfant naturel que lui attribue l'acte de naissance susrelaté; qu'un tel langage dicté, soit par l'intérêt de l'appelante, soit par celui de Pauline, soumise à la chance d'une plus défavorable condition, rappelle exactement la situation que ledit acte faisait à cette dernière; que cet acte de l'état civil étant négatif, n'ayant pas été rectifié même à l'égard de la mère, de Lestrade est, relativement à Pauline, hors du cas où l'on peut exciper de la tardiveté d'un désaveu; — Par ces motifs, infirme.

Du 5 juill. 1845.-C. de Bordeaux, ch. réun.-M. Poumeyrol, pr.

(1) *Espèce* : — (Pontou C. Pontou.) — Jugement du tribunal de Tournon, qui admet le désaveu formé par Pontou contre deux enfants nés pendant son mariage, encore qu'il ne prouvât pas que la naissance lui en eût été cachée; — Attendu que, d'après les auteurs et la jurisprudence, les art. 312 et 313 c. civ. doivent être interprétés en ce sens, que le désaveu n'est pas seulement admis dans le cas où le mari excipe d'impossibilités physiques, mais encore dans le cas d'impossibilités morales, lorsqu'elles sont d'une gravité telle, qu'elles offrent évidemment le même résultat; qu'au nombre de ces impossibilités morales, on met le cas où il n'y a pas eu de cohabitation entre le mari et la femme, et où les causes de leur éloignement ne permettent pas de supposer un rapprochement à l'époque de la conception des enfants désavoués; le cas où la naissance de l'enfant a eu lieu loin du domicile conjugal, à l'insu du mari, et dans la maison d'un jeune célibataire, que l'on signale comme le père de l'enfant; et enfin le cas où le mari refuse de reconnaître sa paternité, en ne signant pas l'acte de naissance, et en demeurant constamment étranger à l'entretien des enfants, parce qu'alors tout concourt à former ce faisceau de probabilités d'où résulte l'impossibilité morale que le mari soit le père des enfants désavoués. » — Appel. — Arrêt.

LA COUR; — Attendu que l'art. 312 c. civ. dispose expressément que l'enfant conçu pendant le mariage a pour père le mari; que cette règle a pourtant ses limitations : la première, si le mari, soit pour cause d'éloignement, soit par l'effet de quelque accident, a été dans l'impossibilité physique de cohabiter avec sa femme; la seconde, lorsqu'en cas d'adultère, la naissance de l'enfant lui a été cachée; — Attendu que le sieur Pontou n'est pas, de son propre aveu, dans la première exception; qu'il se place lui-même dans la seconde, il désavoue les deux enfants dont sa femme est accouchée en 1823 et 1826, et il est admissible à prouver l'adultère de sa femme, et que la naissance de ces deux enfants lui a été cachée;

Attendu que, si, pour faire admettre son désaveu, le sieur Pontou, qui, depuis 1813, époque de son mariage, n'a pas cessé jusqu'à aujourd'hui dans la même commune que sa femme, a articulé des faits d'adultère plus ou moins probables, il n'en a articulé d'aucune espèce touchant la fraude qu'il veut n'avoir découverte qu'en 1826, et à la faveur de laquelle on lui aurait caché la naissance de ces deux enfants; — Attendu que, contrairement au recel allégué de ces deux naissances, et par fraude, il est constant que l'un et l'autre de ces enfants ont été, le jour même de leur naissance, présentés à l'officier public de l'état civil de la commune qu'habitent le sieur Pontou et son épouse, etc., etc.; — A mis et met l'appellation et ce dont est appel au néant; émendant, et, par nouveau jugé, rejette les désaveux par lui formés des enfants nés de Marie Jallat, son épouse.

Du 13 juill. 1827.-C. de Nîmes, aud. sol.-M. de Cassaignolles, 1er pr.

l'adultère de la femme, le recèlement et la non-paternité (Metz, 9 déc. 1825, aff. Lhorte, n° 45, V. aussi en ce sens M. Demolombe, t. 5, n° 49). — Jugé également qu'il n'est pas nécessaire que le recel de la naissance de l'enfant soit préalablement constaté par jugement pour que le mari, ou ses héritiers, puissent être admis à la preuve des faits justificatifs de sa non-paternité; qu'ainsi l'arrêt qui, examinant les deux points à la fois, commence par établir que le mari a ignoré la naissance et apprécie ensuite le caractère des faits articulés à l'appui du désaveu ne viole aucune loi (Req. 9 mai 1838, aff. Rignoux, n° 175).

51. Toutefois, le mari qui désavoue l'enfant dont sa femme est accouchée, et dont la naissance lui a été celée, n'est pas tenu d'articuler les faits qui prouvent sa non-paternité avant que les juges l'aient admis à les proposer (Rej. 8 juill. 1812, aff. Duchollet, V. n° 45).

52. Des termes de l'arrêt du 9 mai 1838, aff. Rignoux, cité ci-dessus, n° 50, il semblerait résulter que, ce que le mari doit établir, c'est qu'il a ignoré la naissance de l'enfant. Or cela nous paraît inadmissible. En effet cette ignorance est un fait négatif dont la preuve dès lors ne peut être exigée, et qui, d'ailleurs, dans beaucoup de cas, ne prouverait rien. Ce qu'il doit établir c'est qu'on *a voulu* lui cacher la naissance, qu'on *s'est efforcé* de la soustraire à sa connaissance : fait positif, qui suppose que, la cohabitation n'ayant point eu lieu, la femme n'a pas cru pouvoir lui persuader qu'il était le père de l'enfant. — Il a été jugé, en ce sens, que l'ignorance par le mari de la grossesse de sa femme et de l'accouchement est insuffisante pour rendre admissible l'action en désaveu de l'enfant, pour cause d'adultère, lorsque la naissance n'a d'ailleurs été environnée d'aucune précaution propre à la cacher (Rouen, 2 avr. 1840) (1).

53. Lorsqu'il s'agit de savoir si la grossesse et l'accouchement ont été cachés au mari, toutes les circonstances, dit M. Demolombe (n° 50), sont à examiner : si les époux demeuraient ensemble; si, en cas de résidence différente, ils étaient plus ou moins éloignés l'un de l'autre, si la femme a fait un voyage à l'époque de sa grossesse, etc.

54. A cet égard il a été jugé : 1° que la naissance doit être réputée ne pas avoir été cachée au mari lorsque le fait de la grossesse et de l'accouchement ont été de notoriété publique et que le baptême de l'enfant a été célébré dans une petite localité avec les formes d'usage (Rennes, 8 juin 1843) (2); — 2° Qu'un mari ne peut être admis à proposer des faits tendant à justifier qu'il n'est pas le père de l'enfant, qu'il a ignoré la grossesse de sa femme, et que la naissance de l'enfant lui a été cachée, lorsque celui-ci a été inscrit, dans le délai légal, sur les registres de l'état civil de la commune par lui habitée, sous son nom, et que la femme, bien que séparée de fait avec lui, a demeuré toujours dans le même pays, où sa grossesse était notoire, mais à la campagne, chez un oncle (Aix, 20 avr. 1837) (3);—3° Et même, que, de ce que l'enfant, né en l'absence du mari, aurait été soustrait à ses regards lors de son retour, il ne s'ensuit pas qu'il y ait eu recel de sa naissance et qu'on puisse baser sur ce fait une action en désaveu (Paris, 19 juin 1826, aff. Paulard, V. n° 34).

55. Mais il a été décidé : 1° que la preuve du recel de la

---

(1) (Barbier C. Barbier.) — LA COUR; — Vu l'art. 313 c. civ., portant : « Le mari ne pourra, en alléguant son impuissance naturelle, désavouer l'enfant; il ne pourra le désavouer même pour cause d'adultère, à moins que la naissance ne lui ait été cachée, auquel cas il sera admis à proposer tous les faits propres à justifier qu'il n'en est pas le père; » — Attendu que ce texte établit que le fait d'adultère n'est admis pour cause de désaveu qu'autant qu'il est accompagné de la dissimulation de la naissance de l'enfant à l'égard du père; — Que cette dissimulation doit se manifester par les précautions prises pour que le mari ignore la grossesse et l'enfantement de la femme. — Attendu que, dans l'état de l'instruction, il n'existe aucune trace de recel de l'enfant dont la dame Barbier est accouchée le 25 août 1838; — Que, loin de là, le temps de la grossesse et de l'accouchement s'est passé à Rouen, dans son domicile réel, à une lieue de distance du domicile du mari, qui venait souvent dans cette ville, où il n'a pas manqué de rencontrer sa femme enceinte; — Qu'il a dû, d'ailleurs, être informé de son état par un fils de quatorze ans, demeurant avec sa mère, lequel allait chaque semaine visiter son père; — Que du reste, dès le 28 août, la dame Barbier a fait inscrire sur les registres de l'état civil, et, le 29, a fait présenter le nouveau-né aux fonts baptismaux comme issu de son mariage avec le sieur Barbier; — Attendu que, pour détruire les faits constants ci-dessus, qui militent si gravement contre le recel, il faudrait du moins que l'appelant articulât des faits assez concluants pour les détruire; — Attendu que ce qu'il y a de remarquable dans cette affaire, c'est que, parmi les dix-sept faits dont l'appelant demande à faire la preuve dans ses conclusions, il n'en est pas un seul qui s'applique au fait du recel de la grossesse et de la naissance de l'enfant; — D'où il suit qu'en supposant que la preuve d'adultère dût résulter des faits articulés, ce qui est très-incertain, l'action en désaveu devrait être rejetée faute d'être appuyée de la preuve du recel, dont le concours est exigé par la loi; — Sans avoir égard à la preuve testimoniale offerte par Barbier, dans laquelle il est déclaré non recevable, confirme.

Du 2 avr. 1840.-C. de Rouen, aud. solenn.-MM. Eude, 1er pr.-Gesbert, 1er av. gén., c. conf.-Paulmier et Simonin, av.

(2) (Bonneseur C. de Sainte-Marie.) — LA COUR; — Considérant que le mariage opère une présomption légale de paternité, d'où est née la maxime *pater is est quem nuptiæ demonstrant*;—Considérant que sans doute cette présomption peut céder à la preuve contraire, mais que, pour faire fléchir un principe sur lequel reposent l'honneur et la sécurité des familles, la loi a dû poser des conditions rigoureuses;—Considérant que, si au lieu de n'admettre, comme le faisait l'ancienne législation française, l'action en désaveu que dans deux cas : celui de l'impuissance naturelle ou accidentelle du mari et celui de l'impossibilité physique, le code civil, tout en rejetant l'exception fondée sur l'impuissance naturelle, a cru devoir introduire l'exception d'impossibilité morale, c'est-à-dire la preuve de tous les faits propres à justifier que le mari n'a pas cohabité avec sa femme, et qu'en conséquence, il n'est pas le père de l'enfant, il exige du moins, pour ce cas, que la femme ait caché la naissance à son mari (art. 313); — Considérant que cette condition doit être d'autant plus soigneusement observée qu'on ne peut en méconnaître l'importance; qu'en effet la conduite d'une femme qui se cache, les craintes que décèle le mystère dont elle enveloppe sa grossesse et la naissance de son enfant, élèvent contre la légitimité de cet enfant un préjugé assez fort pour affaiblir la présomption de paternité fondée sur le mariage;— Considérant que cette condition n'existe pas dans l'espèce;— Qu'il est appris, par plusieurs témoins entendus à la requête du mari lui-même, que la grossesse de la dame de Sainte-Marie était connue dès avant qu'elle eût quitté la maison de son père, c'est-à-dire environ trois mois avant l'accouchement, et qu'au surplus cette dame n'en faisait mystère à personne, au moins depuis qu'elle eut choisi une autre résidence;— Considérant que les enquêtes prouvent encore que la naissance et le baptême de l'enfant furent aussi publics que possible; — Considérant que la femme n'a donc rien fait pour cacher à son mari sa grossesse et son accouchement, et qu'il n'est même pas vraisemblable qu'en raison du peu de distance qui séparait leurs demeures respectives, le mari n'en ait pas eu connaissance;

Considérant au surplus que, dans l'hypothèse où la naissance lui eût été cachée, l'intimé ne ferait pas preuve de l'impossibilité morale exigée par la loi;—Considérant qu'il ne suffit pas de démontrer l'infidélité de la mère pour en conclure que l'enfant est illégitime; qu'en effet la femme peut être adultère et le mari être néanmoins le père de l'enfant dont elle est accouchée; qu'ainsi la conduite de la femme de Sainte-Marie ne serait de nature à détruire la règle *Pater is est* qu'autant que le fait de cohabitation ne pourrait pas se supposer; — Considérant, à cet égard, que la facilité d'un rapprochement accidentel entre deux époux que séparait une faible distance, ne permet pas aux magistrats de reconnaître ici cette impossibilité morale exigée par la loi; — Considérant d'ailleurs que la dignité du mariage et la faveur due à l'innocence et à l'état de l'enfant, doivent faire résoudre le doute au profit de la légitimité; — Considérant enfin que les propos d'une femme inconsidérée sont toujours suspects; qu'ils peuvent être le résultat d'une passion violente ou d'un projet honteux d'humilier le mari, et qu'ainsi il faut écarter, dans cette cause, les discours, d'ailleurs souvent contradictoires, tenus par la dame de Sainte-Marie, suivant la sage maxime que les père et mère peuvent bien assurer par leurs suffrages l'état de leurs enfants, mais qu'ils ne peuvent jamais le détruire;— Infirme, etc.

Du 8 juin 1843.-C. de Rennes, aud. sol.-M. Kerbertin, 1er pr.

(3) *Espèce :* — (La dame Brémond C. son mari.)— Joseph Brémond et Marie Latis, mariés depuis sept ans, vivaient en mésintelligence, lorsqu'ils se séparèrent volontairement; un acte réglant les conditions de cette séparation et les intérêts civils des deux époux fut réciproquement consenti et passé entre eux devant notaire, le 28 sept. 1833. — Il a été allégué que, depuis, Marie Latis n'a plus habité la maison conjugale. — Le 14 mars 1835, Marie Latis mit au monde un enfant du sexe féminin, qui fut enregistré le même jour à la mairie des Arcs, et auquel elle fit donner les prénoms de Thérèse, fille de Joseph Brémond et de Marie Latis.

Le 14 avril suivant, Brémond fit signifier à sa femme un acte extrajudiciaire, dans lequel il exposa que, depuis sa séparation d'avec lui, elle était allée cohabiter avec le sieur Cabasse, son oncle, demeurant dans le terroir des Arcs; que c'était là qu'elle était accouchée secrètement de la fille Thérèse; qu'il n'était pas le père de cet enfant, et, en

naissance d'un enfant résulte, à l'égard du mari, de ce que cet enfant a été inscrit sur les registres de l'état civil sous des noms supposés (Bordeaux, 5 juill. 1843, aff. Lestrade de Conty, V. nº 45); — 2º Que la circonstance qu'un enfant conçu pendant le mariage et né après sa dissolution a été inscrit sur le registre de l'état civil comme né de *père inconnu* suffit pour établir le recel de la naissance et pour donner au mari le droit de le désavouer, même après le décès de la mère (Paris, 28 juin 1819, aff. Allègre, rapporté *infrà*, nº 59, avec l'arrêt de Paris, 4 déc. 1820, même affaire).

56. Du reste, ce sont là des appréciations de faits qui rentrent dans la compétence exclusive des cours d'appel. Ainsi la déclaration que le mari n'a pas eu une connaissance positive de la naissance de l'enfant échappe à la censure de la cour de cassation. On discuterait en vain devant cette cour les termes plus ou moins concluants de la correspondance du mari (Req. 9 mai 1838, aff. Rignoux, V. *infrà*, nº 175).

57. On a jugé encore : 1º que l'art. 313 c. civ., qui admet l'action en désaveu de paternité pour cause d'adultère, lorsque la femme a caché à son mari la naissance de l'enfant dont elle est accouchée, ne subordonne pas nécessairement au recel de l'accouchement la recevabilité de cette action : qu'il peut suffire, d'après les circonstances, que la grossesse seule ait été dissimulée; qu'ainsi l'action en désaveu est recevable, lorsque la femme, condamnée pour adultère, a d'abord caché sa grossesse, puis ne l'a révélée, à une époque voisine de l'accouchement, que par esprit de bravade et de défi, et dans le but de placer son mari, au moyen de cette révélation, en dehors des conditions prescrites par la loi pour l'exercice du droit de désaveu (Req. 7 janv. 1850, aff. d'Hozier, D. P. 50. 1. 5.) ; — 2º Que le désaveu fondé sur le recel peut même être admis et l'adultère prouvé, quoique la femme soit décédée dans le délai fixé pour le désaveu (Rouen, 5 mars 1828; sous Req. 25 janv. 1831 aff. Auguste, nº 45) ; — 3º Que lorsqu'une action en désaveu a été rejetée par un jugement définitif, sur le fondement que la naissance de l'enfant n'avait pas été cachée au mari, les juges d'appel peuvent, en infirmant cette décision, ordonner un interlocutoire et prononcer sur le tout par un seul jugement. (Rej., 8 juill. 1812, aff. Duchollet. V. nº 45).

58. Nous avons dit que, dans le cas où l'adultère de la femme et le recel de la naissance de l'enfant sont prouvés, le désaveu ne se trouve pas, par cela seul, suffisamment justifié, mais qu'alors, aux termes de l'art. 313, le mari est admis à proposer tous les faits propres à établir qu'il n'est pas le père. La loi, n'ayant pas spécifié ces faits, s'en est, par cela même, entièrement remise à l'appréciation discrétionnaire des magistrats (V. conf. M. Demolombe, t. 5, nº 51).

Il a été jugé que cette preuve résulte suffisamment des faits suivants, savoir : que, pendant le temps qui s'est écoulé depuis le trois centième jusqu'au cent quatre-vingtième jour avant la naissance de l'enfant, la femme, qui avait quitté le domicile conjugal, a habité une autre ville que son mari ; que ce dernier, qui poursuivait contre elle une action en divorce pour cause d'injures graves, lui avait signifié à cette demeure tous les actes de la procédure; que la correspondance par laquelle elle s'était rendue coupable envers son mari des injures les plus graves est antérieure d'une année environ au trois centième jour avant la naissance; qu'à la date qui correspond au deux cent soixante-dixième jour avant la naissance, le mari faisait procéder à l'enquête qu'il avait été autorisé à faire pour justifier sa demande en divorce, enquête qui a établi la preuve d'une conduite licencieuse et désordonnée suffisante pour déterminer le tribunal à prononcer le divorce pour injures graves; enfin, que la femme non-seulement ne justifie pas qu'il y ait eu rapprochement entre elle et son mari à l'époque présumée de la conception, mais qu'elle n'articule pas même d'une manière positive ce rapprochement (Paris, 29 juill. 1826, aff. Faucon, V. *suprà*, nº 45).

59. Pareillement il a été jugé que la preuve de non-paternité du mari se trouve suffisamment établie, lorsqu'il résulte de l'enquête qu'à l'époque de la conception la femme, qui avait fui le domicile conjugal, cohabitait avec un autre homme, qu'il régnait entre les époux une animosité telle, que tout rapprochement était devenu impossible, et qu'ils ne s'étaient vus et rencontrés que pour les formalités nécessaires à la prononciation de leur divorce; que l'enfant, présenté à la mairie d'un autre arrondissement que celui sur lequel habitait la mère, n'avait cessé depuis d'habiter avec sa mère et l'amant de celle-ci, et même, depuis la mort de sa mère, avec ce dernier seul (Paris, 4 déc. 1820) (1).

---

conséquence, il déclara le désavouer formellement. — Cet acte fut suivi d'un exploit d'ajournement, à la date du 6 mai suivant, signifié à ladite dame Latis et au sieur Louis Latis, en sa qualité de tuteur de la fille Thérèse, nommé par le conseil de famille, aux fins de venir voir déclarer bon et valable le désaveu dont il s'agit. — Devant le tribunal, Brémond demande de plus, par des conclusions subsidiaires, à être admis à prouver de nombreux faits tendant à justifier qu'il n'était pas le père de la fille Thérèse; qu'il avait ignoré la grossesse de la femme Latis, et que la naissance de l'enfant lui avait été cachée. — 14 juill. 1835, jugement qui admet Brémond à la preuve par lui offerte. — Appel par la femme. — Arrêt.

LA COUR ; — Attendu qu'il résulte des faits de la cause que la naissance de l'enfant dont est accouchée Marie Latis, le 15 mars 1835, n'a point été cachée à Joseph Brémond, époux de ladite Latis ; qu'on ne saurait supposer qu'il ait jamais existé quelque idée de fraude à cet égard, puisqu'au contraire, aussitôt après la naissance de cet enfant, il a été publiquement présenté à la mairie du village des Arcs, pour son inscription sur les registres de l'état civil, et ensuite avec la même publicité, à l'église de la même commune, pour y recevoir le baptême;—Attendu que cette inscription et cet acte de baptême déclarent que cet enfant du sexe féminin était fille desdits époux Joseph Brémond et Marie Latis ; — Qu'ainsi l'état de cet enfant est fixé de la manière la plus réelle et conforme à la loi; — Attendu que des faits aussi notoires ne peuvent avoir été ignorés de Joseph Brémond dans un pays d'une population aussi réduite que celle de la petite commune des Arcs, où ledit Brémond habitait constamment et se trouvait à cette époque; — Attendu que ces divers faits, ainsi établis, écartent de la demande en désaveu de paternité, intentée par ledit Brémond, une des conditions expressément indiquées dans l'art. 313 c. civ., pour légitimer une telle action, savoir, le recèlement de la naissance de l'enfant; — Attendu que la preuve offerte par ledit Brémond sur ce recèlement ne saurait avoir aucun effet, puisqu'elle ne pourrait détruire les circonstances précitées et si authentiques; — Attendu, de plus, que la grossesse de Marie Latis a été également notoire aux habitants des Arcs; ce qui est avoué par Joseph Brémond, puisqu'un des faits qu'il offre de prouver porte sur une conversation avec Marie Latis, et relative à son état de grossesse ; — Attendu qu'en cet état de choses, c'est à tort que les premiers juges ont cru pouvoir accorder à Joseph Brémond une preuve qui devait ensuite servir de base à une action en désaveu de paternité, lorsque déjà, d'après les faits constants de la cause, Brémond était non-recevable dans cette action. Par ces motifs, infirme.

Du 20 avr. 1837.-C. d'Aix.-Ch. réun.-M. d'Arlatan-Lauris, pr.

(1) *Espèce* : — (Allègre C. Bonafoux.) — Le sieur Bonafoux et la dame Allègre, sa femme, avaient fait prononcer leur divorce par consentement mutuel, lorsque cinq mois après, et le 5 sept. 1801, une fille fut présentée à l'officier de l'état civil et inscrite sous le nom d'Eugénie, née de la dame Marie-Françoise Allègre, lingère, rue des Bourdonnais, et de père inconnu. — Eugénie et la dame Allègre, sa mère, vécurent ensemble jusqu'au décès de cette dernière. Les autres enfants demeurèrent avec leur père. — Le 29 oct. 1816, testament authentique de la dame Allègre, contenant, au profit d'Eugénie, une disposition ainsi conçue : « Je donne et lègue à demoiselle Eugénie Allègre, ma fille, demeurant avec moi, pour reconnaître les soins qu'elle a pour moi, le quart des biens de toute nature qui composeront ma succession au jour de mon décès. » — Après le décès de sa mère, Eugénie a réclamé ses droits dans sa succession. — Le sieur Bonafoux combat cette réclamation, en soutenant, d'une part, qu'il n'était pas suffisamment établi que la dame Allègre, dont il était parlé dans la naissance représenté par Eugénie, fût la même que la dame Bonafoux, divorcée, puisque cet acte de naissance lui donnait la qualité de lingère, demeurant rue des Bourdonnais, et qu'il était constant que la dame Bonafoux n'avait jamais exercé cette profession ni demeuré dans la rue indiquée ; d'autre part, qu'alors même que l'identité de la dame Allègre serait reconnue, l'inconduite dont elle s'était rendue coupable avant leur divorce, devait faire considérer la réclamante comme le fruit de l'adultère; que, d'ailleurs, rien ne prouvait mieux la culpabilité de cette dernière que ses soins à éviter de donner soit dans l'acte de naissance, soit dans son testament, à Eugénie d'autre nom que le sien, sans y faire aucune mention du mari. — La défense d'Eugénie était basée sur la conformité des noms portés dans l'acte de naissance et dans le testament, sur la déclaration explicite contenue dans ce dernier acte, sur une possession d'état de dix-huit années qui ne permettait pas de mettre en doute l'identité de celle qu'elle réclamait pour mère, et enfin sur l'art. 312, d'après lequel le mari est le père de l'enfant conçu dans le mariage. — Jugement du tribunal de pre-

60. Mais le mari ne pourrait se prévaloir, dans une action en désaveu, des faits constatés par des enquêtes appartenant à la procédure en séparation de corps, poursuivie antérieurement entre lui et sa femme (Rennes, 29 mai 1839, aff. Riou. V. *infrà*, n° 61). Attendu notamment « que ces enquêtes n'ont été ni ordonnées ni édifiées contradictoirement avec la principale partie intéressée dans la cause actuelle, l'enfant mineur objet du désaveu. »

61. Les exceptions déterminées par l'art. 312 2e alin. et 313, sont les seules par lesquelles le législateur ait restreint la généralité de la règle proclamée par l'art. 312 1er alin. (sauf, toutefois, ce qui résulte des art. 323 et 325 à l'égard de l'enfant qui, à défaut de titre et de possession constante, et ayant été inscrit, soit sous de faux noms, soit comme né de père et de mère inconnus, est admis à faire par témoins la preuve de sa filiation, avec ou sans commencement de preuve par écrit, ainsi que nous le verrons, nos 288 et s.).—Ainsi, toutes les fois qu'il n'est point établi qu'à l'époque présumée de la conception il y ait eu, soit une impossibilité physique de cohabitation, soit une impossibilité morale présentant les caractères, réunissant les conditions prévues et définies par l'art. 313, le mari doit être déclaré père de l'enfant conçu pendant le mariage. — Il a été jugé, en ce sens, que l'action en désaveu doit être rejetée lorsque les faits articulés par le mari, et dont il offre de faire la preuve, n'établissent ni l'impossibilité physique exigée par l'art. 312, ni les conditions de l'impossibilité morale prescrites par l'art. 313, mais seulement une invraisemblance de cohabitation entre les époux (Rennes, 29 mai 1839; et sur le pourvoi Req., 2 juin 1840) (1).

62. Il a cependant été jugé qu'un mari peut être admis à désavouer l'enfant né de sa femme, non-seulement pour impossibilité physique de cohabiter avec elle, mais encore pour impossibilité morale, laquelle est abandonnée à l'appréciation du juge (Bastia, 24 mars 1825 (2); V. aussi Bordeaux, 28 avr. 1841,

---

mière instance, qui rejette la demande d'Eugénie : « Attendu que la mineure, réclamant l'état de fille légitime du sieur Bonafoux et de Marie-Françoise Allègre, n'a pas de titre en sa faveur, puisque son acte de naissance, en date du 3 vend. an 10, ne prouve pas d'une manière certaine que Marie-Françoise Allègre, lingère, rue des Bourdonnais, indiquée pour la mère, soit réellement la Marie-Françoise Allègre, femme de François Bonafoux; attendu qu'elle n'a pas la possession constante de l'état qu'elle réclame; attendu qu'elle ne pourrait être admise à la preuve testimoniale qu'autant qu'elle aurait un commencement de preuve par écrit, et qu'elle n'en a aucun. »

Appel par Eugénie; elle soutient que pour que le désaveu fût admissible, il faudrait prouver l'adultère de la femme; que cette preuve ne peut être faite après le décès de celle-ci; qu'enfin le mari n'a pu ignorer la grossesse de sa femme, enceinte longtemps avant le divorce, et qu'il aurait dû désavouer dans le mois. — Arrêt.

LA COUR; — Considérant que le fait de la maternité est suffisamment établi, tant par l'acte de naissance que par le testament; mais que le même acte qui donne à l'enfant un père inconnu, établit le recel de la naissance; laquelle n'a été légalement connue que par la réclamation de la mineure, suivie immédiatement du désaveu de Bonafoux; — Ordonne avant faire droit, et sans préjudicier à tous les moyens et fins de non-recevoir qui demeurent expressément conservés, que, conformément à l'art. 313 c. civ., Bonafoux posera et articulera les faits desquels il prétend faire résulter qu'il n'est point père d'Eugénie, etc.

Du 28 juin 1819.-C. de Paris, aud. sol.

Il est résulté de l'enquête ordonnée par l'arrêt qui précède, que la dame Bonafoux était disparue du domicile conjugal, rue de Grammont, dès germ. an 7, et que depuis elle n'y avait jamais reparu; qu'elle était allée habiter rue Caumartin le même appartement qu'un sieur P., son amant, avec lequel elle avait constamment vécu depuis cette époque; que la fuite de la dame Allègre avait été suivie d'une animosité telle entre les époux, que tout rapprochement était devenu dès lors impossible, et qu'ils ne s'étaient vus et rencontrés que pour les formalités nécessaires à la prononciation de leur divorce; qu'un an après l'abandon du domicile commun, et pendant sa cohabitation avec son amant, la dame Allègre était accouchée, le 2 prair. an 8, d'une première fille, laquelle paraît ne plus exister, qui fut présentée à l'officier de l'état civil de Saint-Denis, comme sa fille née hors mariage, bien qu'alors elle fût domiciliée à Paris, rue Caumartin; — Que le 3 vend. an 10, la dame Allègre était accouchée d'une autre fille nommée Eugénie (c'est la réclamante), dans un appartement, rue Feydeau, qu'elle était venue habiter avec le sieur P..., après avoir quitté la rue Caumartin; que cet enfant fut présenté à l'état civil, place du Chevalier-du-Guet, tandis que la mère demeurait sur un autre arrondissement; — Que celle-ci ayant fixé depuis plusieurs années son domicile à Versailles, elle n'avait pas cessé d'habiter avec le sieur P.; qu'elle était morte dans un logement qui leur était commun, et qu'enfin, depuis la mort de sa mère, Eugénie avait continué de vivre et de demeurer avec ce dernier. — Arrêt.

LA COUR; — Considérant que de l'enquête faite par Bonafoux, et des pièces apportées au greffe de la cour, il résulte la preuve que la naissance d'Eugénie Allègre a été cachée à Bonafoux jusqu'à l'époque de sa réclamation d'enfant, et que Bonafoux n'est pas le père d'Eugénie Allègre; — A mis et met l'appellation et ce dont est appel au néant; émendant, faisant droit au principal, et prononçant par jugement nouveau, déclare bon et valable le désaveu de Jean-François Bonafoux.

Du 4 déc. 1820.-C. de Paris, aud. sol.-M. Séguier, 1er pr.

(1) *Espèce* : —(Riou C. Riou et Pineau du Pavillon.)—20 fév. 1837, la dame Riou accouche d'un fils, qui est inscrit sur les registres de l'état civil de Nantes sous les noms d'Olivier-Sébastien Riou. Le 25 du même mois, Riou désavoue l'enfant. — Le sieur Scipion Pineau du Pavillon est nommé tuteur *ad hoc* à l'enfant désavoué. — Riou allègue que depuis longtemps sa femme vit dans l'habitude de l'adultère, et offre de prouver que depuis 1834 il n'y a eu aucun rapprochement entre lui et la dame Riou. « Si je prouve, dit-il, que, pendant le temps légal de la conception, je suis constamment resté à quatorze lieues de ma femme, qu'il n'y a pas eu de rapprochement matériel entre elle et moi, j'aurai prouvé l'impossibilité physique qu'il y a eu pour moi d'être le père du mineur Sébastien, et j'aurai rempli le vœu de l'art. 312 c. civ. » — Le sieur Riou se prévalait d'enquêtes dressées antérieurement, à l'occasion de l'action en séparation de corps, existant entre les époux, devant la cour de Poitiers. — La dame Riou nie les faits allégués par son mari, et oppose le texte de ce même art. 312 c. civ.

2 fév. 1838, jugement du tribunal civil de Nantes, qui déboute Riou de sa demande en désaveu, sur les motifs suivants : — Attendu qu'il n'y a pas eu impossibilité physique de cohabitation; que, si le rapprochement des époux n'est pas vraisemblable dans l'état permanent d'hostilité où ils ont vécu, cela ne peut établir l'impossibilité physique; qu'il n'est pas permis au magistrat de substituer ses idées à celles du législateur, de consulter la probabilité et la vraisemblance lorsque cette règle de décision n'a pas été admise par la loi, de se laisser aller à des convictions personnelles, lorsque le législateur a donné un autre guide, de s'arrêter enfin à des impossibilités logiques ou morales, lorsque la loi ne parle que d'impossibilité physique.

Sur l'appel de Riou, la cour de Rennes, par arrêt du 29 mai 1839, a statué en ces termes : — « Considérant que les enquêtes dont se prévaut le sieur Riou, appelant dans l'instance de désaveu soumis à la cour, ont été edifiées, conformément aux dispositions de l'art, 251 c. civ., devant la cour royale de Poitiers dans les procès existant entre les époux Riou, sur leurs demandes respectives en séparation de corps pour cause déterminée; — Que la cour est incompétente pour apprécier le mérite de ces enquêtes, que les parties arguënt de nullité respectivement; — Considérant, d'ailleurs, que ces enquêtes n'ont été ni ordonnées ni édifiées contradictoirement avec la principale partie intéressée dans la cause actuelle, l'enfant mineur objet du désaveu; — Considérant, en droit, qu'aux termes des art. 252, 253 c. pr., il n'y a lieu d'admettre la preuve testimoniale qu'autant que les faits posés sont pertinents et concluants, et peuvent avoir une influence directe sur la décision du procès; — Considérant, en fait, que les faits articulés par l'appelant, et dont il offre la preuve, n'établissant ni l'impossibilité physique exigée par l'art. 312 c. civ., ni les conditions de l'impossibilité morale prescrites par l'art. 313 du même code, pour le succès de l'action en désaveu; — Par ces motifs, et adoptant au fond les motifs des premiers juges, déclare l'appelant sans grief. »

Pourvoi de Riou : — 1° En la forme, excès de pouvoir et violation des art. 22, 3e alinéa, décr. du 30 mars 1808, et 7, 2e alinéa, décr. du 6 juill. 1810, en ce que la cour royale de Rennes s'est constituée deux fois de suite en audience solennelle par la réunion des deux mêmes chambres civiles, les première et troisième, tandis qu'aux termes des dispositions précitées, la deuxième chambre devait être appelée à faire le service des audiences solennelles, alternativement avec la troisième. — 2° Au fond, violation et fausse application des art. 312 et 313 c. civ., en ce que l'arrêt attaqué a déclaré qu'une impossibilité morale de cohabitation, résultant, dans l'espèce, de la mésintelligence, de l'éloignement et de l'hostilité des époux depuis longtemps, était insuffisante pour autoriser l'action en désaveu. — Arrêt.

LA COUR; — Sur le premier moyen : — Attendu que les dispositions contenues dans l'art. 22 du décret du 30 mars 1808 et dans l'art. 7 du décret du 6 juill. 1810, relativement à la composition des audiences solennelles, sont des prescriptions purement réglementaires, établies dans l'intérêt du service et non dans celui des parties; — Sur le deuxième moyen : — Attendu que l'arrêt attaqué déclare qu'il ne résultait des faits de la cause qu'une invraisemblance de cohabitation entre les époux Riou; — Qu'en refusant d'accorder à cette invraisemblance la force de l'impossibilité physique dont parle l'art. 312 c. civ., cet arrêt, loin d'avoir violé ledit article, s'y est exactement conformé; — Rejette.

Du 2 juin 1840.-Ch. req.-MM. Zangiacomi, pr.-Hervé, rap.

(2) *Espèce* : —(Dame Mattei C. son mari.) — Mattei avait cessé, de-

aff. Messine, n° 294).—Mais cette décision nous semble aller au delà de l'esprit et des termes des art. 312 et 313 c. nap. Nous n'hésitons donc point à la repousser.

63. D'après un arrêt, l'impossibilité morale de rapprochement ne constitue une cause légale de désaveu qu'autant que le fait de la cohabitation ne pourrait pas se supposer ; ainsi, suivant cet arrêt, le mari qui a vécu à une faible distance du lieu habité par sa femme ne peut fonder son désaveu sur cette impossibilité, alors même qu'il prouverait que sa femme a tenu des propos desquels il résulterait un aveu de celle-ci que l'enfant n'est pas de son mari (Rennes, 8 juin 1843, aff. Bonne-Sœur, V. *suprà*, n° 54). Mais cet arrêt nous paraît faire une confusion. Lorsqu'il s'agit de savoir s'il y a eu impossibilité physique de cohabitation, on doit examiner si les époux étaient séparés par une distance ou par quelque autre obstacle qui rendît leur rapprochement matériellement impossible. Mais lorsqu'il s'agit d'une impossibilité morale, ce n'est plus à la distance des lieux qu'il faut s'attacher, mais aux circonstances qui, malgré le peu d'éloignement des époux, peuvent faire supposer et rendre moralement certain que le rapprochement n'a point eu lieu. La cour de Rennes pouvait donc, dans l'arrêt qui précède, décider qu'il n'existait pas dans la cause des faits qui établissent suffisamment l'impossibilité morale; mais nous croyons qu'en pareille matière elle n'eût point dû se fonder sur la brièveté de la distance.

64. La séparation de corps ne rompt point, à la vérité, le lien conjugal; mais elle le détend d'une manière notable; elle laisse subsister le mariage, mais elle en détruit le principal effet : la cohabitation. Il semble, dès lors, qu'elle doive produire cette autre conséquence de rendre inapplicable la présomption générale de paternité établie par l'art. 312. Aussi le projet portait-il (titre de la Paternité et de la filiation, chap. 1, art. 4) que la présomption de paternité résultante du mariage cesse lorsque les époux ont été séparés de corps et de biens, à moins qu'il n'y ait réunion de fait et réconciliation entre eux. Lorsque cette disposition fut mise en discussion au sein du conseil d'État, le consul Cambacérès fit observer qu'il était difficile de l'adopter parce que la séparation de corps n'établit pas entre les époux l'impossibilité de cohabitation. A quoi il fut répondu par M. Boulay que la circonstance de la séparation est une forte présomption contre la paternité; qu'elle ne doit céder qu'à l'évidence des preuves ; qu'il serait dur, en effet, que la femme pût donner librement des enfants étrangers au mari. Le premier consul dit alors que cette réflexion prouvait qu'il était nécessaire, avant de prononcer, de traiter la matière de la séparation. Cette observation fut appuyée par Tronchet, et en conséquence l'ajournement de la question fut prononcé (V. Locré, Lég. civ., t. 6. p. 14). Lorsque ensuite on s'occupa du titre du Divorce, la section de législation proposa un article qui, fondé sur le même principe que le précédent, tendait à établir que le mari ne serait pas obligé de reconnaître l'enfant conçu après un jugement qui, sur sa demande en divorce pour cause d'adultère, aurait ordonné la séparation d'épreuve. Mais cet article fut rejeté le 22 fruct. an 10, et en conséquence celui qui avait été proposé au titre de la Paternité, ainsi que nous l'avons vu plus haut, ne fut plus reproduit. « On a donc pensé, dit à ce sujet M. Locré, Esprit du code civil, t. 4, p. 19, que la circonstance de la demeure du mari dans une autre maison que la femme n'est pas assez décisive pour en faire sortir le sort de l'enfant. On s'est donc tenu au principe général que l'éloignement du mari établit l'impossibilité physique de cohabitation, et on n'a pas cru devoir faire dériver du fait de la séparation de corps des indices qu'elle ne donne pas toujours. Le juge prendra sans doute en considération cette position respective des deux époux, mais il ne la regardera pas comme décisive. »

Sous l'empire de cette législation, la question s'était élevée et elle n'avait pas été uniformément résolue. Ainsi il avait été jugé que lorsqu'une séparation de corps a été prononcée et qu'après un temps plus long que celui qui a été fixé par la loi pour la durée présumée de la grossesse, la femme donne le jour à un enfant, le mari peut, même lorsque la naissance ne lui a pas été cachée, être admis à le désavouer et à proposer les faits tendant à justifier qu'il

---

puis plusieurs années, d'habiter avec sa femme, et avait formé contre elle une demande en séparation de corps. Pendant cette instance, la dame Mattei donna naissance, le 28 oct. 1821, à un enfant mâle. Il paraît que ni la grossesse ni l'accouchement n'ont été cachés, et une enquête ordonnée postérieurement constate que le sieur Mattei se trouvait à la mairie au moment où l'enfant a été présenté à l'officier de l'état civil pour être inscrit sur les registres publics, comme né de sa femme. Quoi qu'il en soit, le sieur Mattei poursuivit la demande en séparation de corps, qui fut prononcée pour cause d'adultère et d'inconduite par le tribunal de Bastia ; mais ce ne fut que le 25 fév. 1822 qu'il forma une demande en désaveu de l'enfant né le 28 octobre précédent. — Le tribunal de Bastia admit le désaveu. — Appel. — Arrêt.

LA COUR ; — Attendu que la règle de sagesse, de morale et d'intérêt public *is pater est quem nuptiæ demonstrant*, L. 5, ff., *De in jus vocando*, n'étant qu'une présomption fondée sur la conséquence naturelle et vraisemblable, que celui qui est né sous le voile sacré du mariage est le fils du mari et de la femme, il faut nécessairement supposer qu'au temps de la conception les époux ont rempli la fin du mariage ; — Qu'en effet, la loi *filium* 6, ff. ; *De his qui sui vel alieni juris sunt*, indépendamment du fait qu'elle suppose de la cohabitation continuelle des époux, *eum qui cum uxore sua assiduus moratus*, admettait pour exception à ladite règle, *pater est*, l'absence du mari, son impuissance naturelle, et même l'abstinence du devoir conjugal pour une maladie accidentelle, ou pour toute autre raison, *vel alia causa*, d'où prit sa source le système de l'impossibilité morale de la paternité, consacré aussi dans la loi 1, ff., *De liberis agnoscendis et alendis* ; — Attendu qu'antérieurement au code civil, la jurisprudence admettait l'exception de l'impossibilité morale, et que c'est dans ce sens qu'ont été rendus les arrêts du parlement de Paris, du 9 mai 1695, du 1er déc. 1701, du 31 mai 1745, du 11 juin 1779 et celui du parlement de Rouen, du 12 août 1779 ; — Que, par suite de ladite jurisprudence, si l'enfant qui réclamait sa légitimité avait été conçu pendant la cohabitation des deux époux, on ne pouvait pas lui opposer l'adultère de sa mère, parce que, *et illa adultera esse potest et impubem defunctum habuisse patrem* (L. 11, § *quæ propter*, ff., *Ad legem juliam de adulteriis et stupris*) ; mais la cohabitation cessant, la maxime *pater est* pouvait recevoir une exception résultant de l'impossibilité morale, laquelle se composait de tous les titres, de tous les faits, de toutes les circonstances et de toutes les présomptions qui pouvaient porter dans l'âme des magistrats la conviction intime et profonde que l'enfant désavoué n'était pas véritablement le fils du mari ;

Attendu que le code civil n'a pas expressément considéré le cas d'époux séparés, auquel cas se rapportait l'ancienne théorie de l'impossibilité morale ; que même le principe de cette impossibilité se trouve admis contre la sévérité de la maxime *pater est*, dans le cas prévu par l'art. 313 dudit code, qui suppose la cohabitation des époux, et dans l'autre cas dont parle l'art. 325 ; d'où il suit qu'il n'est pas défendu aux tribunaux d'apprécier, comme l'ont fait les premiers juges, des faits établissant l'impossibilité morale de la paternité, lorsque cette impossibilité n'est pas elle-même repoussée par la circonstance de la cohabitation des époux, de leur rapprochement, ou autres considérations semblables. — Mais attendu que, quelle que soit l'influence dont pourraient être en la cause les principes ci-dessus établis, et l'impossibilité morale que l'intimé prétend déduire de l'inconduite et de l'adultère de sa femme, de sa non-cohabitation avec elle au moment de la conception de l'enfant, de sa demande en séparation de corps avant sa naissance et du jugement qui a prononcé la séparation, il ne faut pas perdre de vue qu'il s'agit au procès d'une action en désaveu de paternité intentée par le mari de la mère de l'enfant pour cause d'adultère, sous le fondement que la naissance lui a été cachée ;

Attendu que le code civil a réglé d'une manière absolue les délais dans lesquels l'action en désaveu doit être intentée dans tous les cas où elle est admise ; — Que l'enquête a établi la preuve certaine, non-seulement que la grossesse et l'accouchement de la femme Mattei n'ont pas été cachés, et que la naissance de son enfant Jules Mathieu a été de suite connue dans le public, mais que le mari s'est trouvé, le 31 oct. 1821, présent à la mairie de la commune de Borgo, lorsque ledit enfant Jules Mathieu, né le 28 dudit mois, a été présenté à l'officier de l'état civil pour être inscrit sur les registres publics, comme né de sa femme ; que ce n'est que le 25 fév. 1822 qu'il a formé sa demande en désaveu ; que, quand même on pourrait avoir égard aux actes préliminaires par lui faits pour la nomination d'un tuteur spécial à l'effet d'introduire son action en désaveu, ces actes n'ayant eu lieu que le 10 janv. 1822, il se serait écoulé plus de deux mois depuis le 31 octobre précédent, jour où la naissance lui a été connue, et par conséquent il se trouve avoir encouru la déchéance résultant de l'art. 316 c. civ. ; — Que ce silence de la part du mari établit une présomption de reconnaissance en faveur de l'enfant tardivement désavoué et une fin de non-recevoir contre le mari, qui ne lui permet pas de contester l'état dudit enfant, établi par son acte de naissance, régulier et valable dans la forme et sans qu'il puisse s'élever le moindre doute de supposition de part ; — Rejette la demande en désaveu de paternité.

Du 24 mars 1823.-C. de Bastia.-M. Colonna d'Istria, pr.

n'est pas le père (Rouen, 28 déc. 1814 (1); 18 juin 1819, M. Eudes, pr., aff. T... C. T...).—Mais il avait été jugé que l'enfant né et même conçu pendant l'instance en séparation de corps est réputé enfant du mari, s'il n'y a pas eu recélé de la naissance de l'enfant, encore bien que la femme, à l'époque de la conception, habitât, d'après l'autorisation de justice, une maison autre que le domicile marital, et qu'il soit hors de doute qu'elle se soit rendue coupable d'adultère (Caen, 3 mars 1836) (2). — Presque tous les auteurs s'étaient prononcés en faveur de cette dernière opinion que la séparation de corps ne fait pas cesser la présomption de paternité qui résulte du mariage. — V. notamment Merlin, Rép., v° Légitimité, sect. 2, § 2, n° 3; Proudhon et Valette, t. 2, p. 24; Toullier et Duvergier, n° 811; Duranton, t. 2, n° 632, et t. 3, n°s 54 et 55; Zachariæ, éd. Vergé et Massé, t. 1, p. 280, note 5; Allemand, Traité du mariage, t. 2, n° 696. — V. cependant *Contrà*, MM. Delvincourt, t. 1, note 1 de la page 89; Richefort, Traité de l'état des familles, t. 1, n° 17.

65. Cette question ne peut plus s'élever aujourd'hui. — Elle a été législativement résolue, pendant la durée du régime républicain, sur l'initiative d'un professeur de la faculté de droit de Paris, membre de l'assemblée nationale, M. Demante, ainsi que nous l'avons dit plus haut (n° 21), par une loi des 6-15 déc. 1850, laquelle porte : « Il sera ajouté à l'art. 313 c. civ. un paragraphe ainsi conçu : En cas de séparation de corps prononcée, ou même demandée, le mari pourra désavouer l'enfant qui sera né trois cents jours après l'ordonnance du président, rendue aux termes de l'art. 878 c. pr. civ., et moins de cent quatre-vingts jours depuis le rejet définitif de la demande ou depuis la réconciliation. L'action en désaveu ne sera pas admise s'il y a eu réunion de fait entre les époux. »

66. La présomption légale que l'enfant conçu pendant le mariage a pour père le mari, présomption qui ne cesse que dans le cas de désaveu, ne saurait être détruite par la déclaration faite dans l'acte de naissance, même pendant l'absence du mari, qu'un autre serait le père de l'enfant (Paris, 6 janv. 1834) (3). — De même, la déclaration renfermée dans un acte de naissance que

---

(1) *Espèce* : — (Allaume C. Constant Valentin.) — 13 avril 1812, Allaume se fait séparer de corps de sa femme.—24 avril 1813, celle-ci est accouchée d'un enfant mâle.—Le même jour, le sieur Allaume a fait signifier à l'officier de l'état civil un acte portant qu'il s'opposait à ce que l'enfant fût inscrit comme lui appartenant. — Il a été fait mention de cette opposition dans l'acte de naissance. — Le désaveu a ensuite été formé; un tuteur *ad hoc* a été nommé à l'enfant, et Allaume a intenté son action dans le délai fixé par l'art. 318 c. civ.—Il a demandé à prouver : 1° qu'il n'y avait pas eu de rapprochement entre lui et sa femme; 2° que celle-ci avait vécu depuis sa séparation dans une inconduite notoire.—Jugement qui déclare la preuve inadmissible, et rejette l'action en désaveu : — « Attendu que le lien du mariage n'est point dissous par la séparation ; que le mari ne prouve pas l'impossibilité physique de cohabiter avec sa femme depuis la séparation; que l'adultère même public de la femme élève bien une présomption morale de l'illégitimité de l'enfant, mais que la naissance ne lui a pas été cachée et qu'il n'a cessé d'habiter la commune de Neufbourg ainsi que sa femme. »—Appel.—Arrêt par défaut, confirmé sur l'opposition, qui infirme.—Arrêt.

La cour; — Attendu qu'il est déjà constant, en fait, que la femme Allaume a été séparée de corps d'avec son mari, sur la provocation de celui-ci, d'après la preuve par lui faite des sévices, injures et mauvais traitements des plus graves commis par sa femme envers lui; que la femme Allaume n'est accouchée qu'une année révolue après la séparation prononcée; qu'aucun fait d'où puisse s'induire une réconciliation ou un simple rapprochement avec son mari, n'a été articulé par les intimés; que les faits consignés par Allaume, tant en première instance que sur l'appel, acquièrent une grande consistance par les résultats de la délibération du conseil de famille; — Attendu, en droit, que si la séparation de corps ne dissout pas le mariage, elle rompt du moins les rapports, les habitudes, les communications entre les époux; que la maxime *is pater est* n'est fondée que sur la cohabitation toujours présumée dans l'état ordinaire du mariage; mais que dans l'état de séparation de corps il n'existe plus la même présomption de cohabitation, et qu'alors la présomption de paternité tirée de la maxime *is pater est*, perd elle-même de sa force, et est susceptible d'être anéantie par les faits et circonstances de la cause, établissant qu'il n'y a point eu de rapprochement entre les époux depuis la séparation;—Et vu que les faits articulés sont de nature à jeter les plus grandes lumières à cet égard; — Après avoir vérifié le projet du défaut, met l'appellation et ce dont est appel au néant, et avant faire droit au principal, appointe Allaume à faire preuve, etc.—Opposition par la femme Allaume et le tuteur, et second arrêt qui maintient le premier en admettant les opposants à la preuve de divers faits par eux articulés.

Du 28 déc. 1814.-C. de Rouen.

(2) (Aubert C. Aubert.) — La cour; — Considérant que l'art. 312 c. civ. porte, § 1, que l'enfant conçu pendant le mariage a pour père le mari; — Considérant que la seconde partie du même article autorise néanmoins le mari à désavouer l'enfant, si, pendant le temps qui a couru depuis le trois centième jusqu'au cent quatre-vintième jour avant la naissance de celui-ci, il a été, soit par cause d'éloignement, soit par l'effet de quelque accident, dans l'impossibilité physique de cohabiter avec sa femme; — Considérant que, d'après l'art. 313, le mari peut encore intenter la même action pour cause d'adultère dans le cas où la naissance de l'enfant lui aura été cachée;

Considérant que Guillaume Aubert et Marie-Jeanne Morel contractèrent mariage le 6 août 1815; — Considérant qu'au mois de mai 1819, Marie-Jeanne Morel intenta contre son mari une demande en séparation de corps; que, le 24 du même mois, elle fut autorisée à rester provisoirement dans la maison de sa mère, et que depuis cette époque elle continua d'y résider, l'instance en séparation étant restée en suspens, par suite d'un commun accord entre elle et son mari; — Considérant que, le 21 juin 1833, elle mit au monde une fille, qui fut inscrite sur les registres de l'état civil sous les noms de Marie-Jeanne, et comme enfant de Guillaume Aubert; — Considérant que celui-ci forma alors une action en désaveu, qui fut même suivie immédiatement d'une demande en séparation de son chef, pour cause d'adultère, laquelle a été accueillie par jugement du 10 mars 1834;

Considérant qu'à l'action en désaveu de Guillaume Aubert, on répond : 1° que l'impossibilité physique dont parle l'art. 312 n'a point existé dans l'espèce de la cause actuelle ; 2° que s'il est hors de doute que la femme se soit rendue coupable d'adultère, il est constant et reconnu aujourd'hui que la naissance de l'enfant n'a point été cachée au mari ; — Considérant néanmoins que Guillaume Aubert soutient qu'il est recevable à contester la légitimité de Marie-Jeanne, par la raison que, longtemps avant la conception de celle-ci, il existait instance en séparation de corps entre lui et son épouse, et que cette dernière avait été autorisée par justice à habiter une maison autre que le domicile marital; — Mais considérant que le code civil a nettement défini les deux cas dans lesquels il autorise l'action en désaveu, et que celui d'une instance en séparation de corps au moment de la conception de l'enfant, n'ayant pas été admis, le juge ne saurait se permettre de l'ajouter; — Considérant que, si l'on se trouve quelquefois exposé par là à conférer le titre d'enfant légitime à des enfants qui seraient le fruit de l'adultère, on est forcé de reconnaître qu'il vaut mieux courir ce danger que d'étendre arbitrairement les exceptions posées à la maxime *is pater est...*;

Considérant que Guillaume Aubert invoque encore inutilement l'art. 325 du code, pour en conclure qu'on doit le déclarer recevable à faire preuve qu'il n'est pas le père de Marie-Jeanne; — Considérant, en effet, qu'on rapprochant cet article de ceux qui le précèdent, on reconnaît qu'il n'est applicable qu'au cas où un enfant qui n'a pour lui ni acte de naissance ni possession d'état, prétend néanmoins établir sa filiation au moyen d'une preuve par témoins, et que l'on conçoit aisément pourquoi alors le législateur n'a pas voulu que, même une fois la maternité prouvée, le mari de la mère fût de droit réputé le père de l'enfant; — Mais considérant que, dans l'espèce à juger, Marie-Jeanne a pour elle son acte de naissance inscrit sur les registres de l'état civil, et que Guillaume Aubert, au lieu d'agir ici comme défendeur à une réclamation d'état, vient, au contraire, comme demandeur, soutenir l'illégitimité de ladite Marie-Jeanne contre un titre existant en faveur de celle-ci; — Considérant encore que ce titre ne saurait être déclaré nul pour n'avoir été inscrit sur les registres de l'état civil que treize jours après la naissance de l'enfant, parce que le code civil (art. 56), en disant que l'acte de naissance doit être dressé dans les trois jours, n'a cependant pas prescrit que ce serait à peine de nullité, et parce que, d'un autre côté, celui de Marie-Jeanne a été rédigé dans un temps tellement rapproché de la naissance, qu'il est impossible que les faits qu'il constate ne fussent encore publics et notoires au moment de cette rédaction; d'où suit que l'officier de l'état civil ne peut manquer d'en avoir eu aucune connaissance; — Réforme, etc.

Du 3 mars 1836.-C. de Caen, aud. solenn.-M. Rousselin, 1er pr.

(3) *Espèce* : — (Femme Minoggio C. Louvard.) — Acte de naissance ainsi conçu : « Le 4 frim. an 8, est née Marie-Catherine, fille de Marie Hérard, épouse de J. Fontenay, volontaire en Suisse ; ladite enfant, fille de Christ. Thin, cordonnier à Belleville, sur la déclaration de la mère attestée par la sage-femme.—L'acte de naissance est signée par le sieur Thin. — En 1824, mariage de Marie-Catherine avec Minoggio. Son acte de mariage lui donne la même qualification que son acte de naissance. Sa mère et le cordonnier de Belleville y apposent leur signature. — En 1827, Marie-Catherine, femme Minoggio, invoquant l'art. 312 c. civ., forme contre une dame Louvard, fille légitime de Fontenay, une demande en rectification de son acte de naissance. — Jugement par défaut qui accueille sa demande. — Opposition par les époux Louvard. — Juge-

l'enfant est né d'un autre que le mari, lors même que l'adultère de la mère serait établi par jugement, ne détruit pas la présomption légale de paternité, si le père n'a pas intenté l'action en désaveu (Montpellier, 20 mars 1838) (1). — De même encore, ni

---

ment contradictoire qui réforme le premier et adopte une doctrine contraire, sur le motif que la possession d'état de Marie-Catherine ayant été constamment conforme à son acte de naissance, elle doit être déclarée non recevable. — Appel. — Arrêt.

LA COUR; — Considérant que, le 16 fév. 1790, Marie-Jeanne Hérard a contracté mariage avec J.-J. Fontenay; que ce mariage subsistait encore à l'époque où ladite femme Fontenay a donné naissance à Marie-Catherine, aujourd'hui femme Minoggio; que l'enfant conçu pendant le mariage a pour père le mari;

Considérant que cette présomption légale, qui ne cesse d'avoir son effet que dans le cas de désaveu admis en justice, ne peut être détruite par la déclaration faite dans l'acte de naissance par un étranger, que le père de l'enfant n'est point le mari de la mère; — Qu'une pareille énonciation, contraire au texte de la loi, qui veut que les actes de l'état civil n'énoncent que ce qui doit être déclarée par les comparants, contraire aux mœurs, puisqu'elle attesterait l'inconduite de la mère, l'est également aux intérêts de l'enfant, auquel elle imprime un caractère d'adultérinité;

Considérant qu'on ne peut admettre comme vraie la déclaration contenue dans l'acte dont il s'agit sans porter atteinte à loi, qui, d'un côté, prohibe la reconnaissance des enfants adultérins, et qui, de l'autre, interdit la recherche de la paternité, soit en faveur de l'enfant, soit contre lui; — Considérant que la femme Minoggio ne réclame pas un état contraire à son acte de naissance et à la possession qu'elle a eue jusqu'à ce jour, puisque, conformément à l'acte du 4 frim. an 8, elle a eu constamment la possession d'état d'enfant et d'épouse légitime de Jean-Jacques Fontenay; — A mis et met l'appellation et ce dont est appel au néant; émendant, décharge les appelants des condamnations contre eux prononcées; au principal, ordonne que, dans les expéditions à délivrer de l'acte de 1799, sera supprimée la qualification de fille de Christophe Thin, cordonnier à Belleville; ordonne que le présent arrêt sera transcrit sur les registres par l'officier de l'état civil, etc.

Du 6 janv. 1834.-C. de Paris, aud. solen.-MM. *Séguier*, 1er pr., c. conf.-Delapalme, av. gén.-Leroy, av.

(1) *Espèce :* — (Cabanes C. Cabanes.) — Le sieur Joseph Cabanes Blanqué est reconnu enfant légitime de Joseph Cabanes et Marie Blanqué, mariés les 24 niv. an 10 et 2 niv. an 12. Deux enfants sont inscrits sur les registres de l'état civil, l'un sous le nom de *Françoise-Marguerite-Thérèse*, l'autre sous celui de *Guillaume-Jacques-Joseph*, tous les deux déclarés fils d'un sieur Delclos et de Marie Blanqué, femme légitime de Joseph Cabanes, encore vivant, mais absent. — Aucune demande formelle en désaveu de paternité n'est intentée par Joseph Cabanes. 20 oct. 1806, jugement qui admet pour adultère le divorce entre Cabanes et Marie Blanqué; mais il est dit qu'il n'y a lieu, quant à présent, à prononcer sur l'état et le sort des enfants que Marie Blanqué a eus avec Delclos. — 27 fév. 1826, décès de Marie Blanqué, laissant dans son testament des legs aux deux enfants dont il s'agit, et qu'elle désigne comme ses enfants naturels. — 7 fév. 1827, mariage de Françoise-Marguerite-Thérèse, l'un de ces enfants, avec le sieur Pratz-Tell, et elle se dit fille naturelle de Delclos et de Marie Blanqué. Sur la demande en payement du legs fait à la femme Pratz-Tell, le sieur Joseph Cabanes Blanqué leur délivre 1,500 fr., montant du legs; d'un autre côté, cession est faite, le 16 fév. 1830, par Guillaume-Jacques-Joseph, le deuxième enfant naturel déclaré, du legs qui lui avait été faite par sa mère. — C'est en cet état de choses que ces deux enfants adultérins intentent contre Joseph Cabanes Blanqué l'action en partage de la succession de Marie Blanqué, dont ils se prétendent enfants légitimes; ils concluent incidemment à la rectification de leurs actes de naissance. On leur oppose que leur possession d'état est conforme à leur acte de naissance qui porte déclaration de paternité de Delclos et désignation de la mère; que, d'après l'art. 322, ils ne peuvent réclamer un autre état; que, d'ailleurs, ils se sont toujours reconnus enfants naturels. — 16 août 1837, jugement du tribunal de Céret, qui accueille les conclusions de Joseph Cabanes Blanqué. — Appel. — Arrêt.

LA COUR; — Attendu que l'art. 322 c. civ. est corrélatif avec les art. 319, 320 et 321, et se trouve comme eux placé sous le titre de Filiation légitime; — Que, quant à cette filiation, l'état de l'enfant est fixé par son acte de naissance et par la possession d'état; — Que ces dispositions sont inapplicables à la filiation naturelle ou adultérine, laquelle est régie par des principes tout différents, qui forment l'objet d'un chapitre spécial; — Que l'état de l'enfant naturel ne peut être établi par les énonciations de son acte de naissance et la possession, mais bien uniquement par l'acte de reconnaissance émané de ses père et mère; — Que, quant à l'enfant adultérin, l'acte de reconnaissance lui-même est inefficace, aux termes de l'art. 335, et que sa qualité ne peut être établie que dans les cas spéciaux prévus par le code, lesquels n'ont aucun rapport avec l'espèce du procès; — Que, dès lors, les premiers juges ont faussement appliqué la disposition de l'art. 322 à une filiation adultérine qu'ils ont cru reconnaître, à l'égard des appelants, dans les énonciations de leur acte de naissance, et dans les faits de possession qui, à leurs yeux, l'ont corroborée; — Qu'en se fixant sur lesdits actes de naissance, il faut distinguer la déclaration relative à la maternité d'avec celle qui concerne la paternité, ces actes devant être appréciés non-seulemene d'après les énonciations qu'on y trouve, mais encore d'après les effets que la loi y attache; — Que, quant à la déclaration de maternité de Marie Blanqué, elle est sincère et efficace; — Qu'il importe peu pour sa validité qu'elle ait été faite par Delclos, l'art. 57 autorisant les déclarations de ce genre, par toutes personnes, à défaut des parents ou des accoucheurs; — Que, d'ailleurs, l'acte de naissance se trouve quant à ce corroboré par tous les actes de l'instance en divorce, notamment par le jugement du 20 oct. 1806, lesquels prouvent qu'à la date des deux actes, Marie Blanqué a mis au monde les deux enfants dont l'état est en litige; — Qu'il l'est encore, 1° par le testament de Marie Blanqué, du 27 fév. fév. 1826; 2° par les contrats de mariage des deux enfants, des 7 fév. 1827 et 24 déc. 1828, et 3° par les autres actes produits sous les dates des 8 mars 1828, 15 mars et 31 août de la même année, 16 fév. 1830; — Que ces actes prouvent dans leur ensemble que les appelants sont bien, ainsi que l'énoncent leurs actes de naissance, les enfants de Marie Blanqué; — Que leur qualité, quant à ce, n'a jamais été contestée, et a toujours, au contraire, été reconnue par tous les membres de la famille, et notamment par l'intimé;

Que, ce point une fois bien constant, le seul qui reste à examiner est celui de savoir si, à côté de la maternité de Marie Blanqué, on peut, en force des énonciations des actes mêmes, placer la paternité de Delclos, pour imprimer aux appelants le caractère d'enfants adultérins; — Qu'au moment de leur naissance, Marie Blanqué était engagée dans les liens du mariage avec Cabanes; — Que, dès lors, aux termes de l'art. 312, ils ne peuvent avoir d'autre père que celui-ci; — Que la présomption légale de paternité dispense de toute preuve, dès que la maternité est établie, et ne permet aucune preuve opposée; — Que, si l'art. 325 autorise la preuve contraire à l'enfant réclamant, ce n'est qu'au cas prévu par les art. 323 et 324, cas dans lesquels la recherche de la maternité et de la paternité est faite par témoins, à l'aide d'un commencement de preuve par écrit; — Qu'il n'en est pas de même lorsqu'il y a titre de maternité et possession conforme, et qu'il s'agit seulement de déduire de ce titre l'effet que la loi y attache à l'égard du père;

Qu'on ne peut, pour invalider cette présomption légale, se prévaloir notamment de la déclaration de paternité de Delclos, déclaration nulle, aux termes de l'art. 335 précité, puisqu'elle tendrait à créer un état d'enfant adultérin, par acte de reconnaissance émané du prétendu père; — Qu'on ne peut non plus invoquer les actes ultérieurs qui, quant à ce, auraient créé une possession d'état, parce qu'une pareille possession est en général inopérante pour rechercher la paternité adultérine; — Qu'elle l'est bien plus encore lorsqu'il s'agirait, à son aide, de faire tomber une présomption légale de paternité légitime; — Qu'on ne peut se prévaloir davantage de l'adultère de la mère, adultère prouvé par le jugement de 1806, puisque la loi exige une double condition, celle que la naissance ait été cachée au mari et celle que lui ou ses héritiers ait formé une action en désaveu dans les délais légaux; — Que cette action est aussi exigée au cas où on allègue l'impossibilité physique de cohabitation; — Que, par conséquent la cour n'a pas à vérifier si l'adultère prouvé et l'impossibilité physique alléguée sont, dans l'espèce, de nature à contrarier la légitimité des enfants;

Attendu que, pour établir que l'action en désaveu a été intentée, on se prévaut vainement des actes de l'instance en divorce; — Que le jugement du 20 oct. 1806 a formellement réservé les droits des enfants; — Qu'il a reconnu que, quant à eux, il n'y avait aucune justification d'illégitimité, d'après la maxime : *potest illa adultera esse;* — Qu'il a même déclaré qu'il n'y avait pas d'action valable en désaveu à leur égard, et qu'il a rejeté, en l'état, l'action dirigée contre leur mère; — Qu'ainsi il y avait nécessité de reprendre ce désaveu contre le tuteur *ad hoc*, et dans les délais légaux, en force de l'art. 318, si on eût voulu y donner suite, ce qui n'a pas été fait; — Que, pour écarter l'action des appelants, on excipe encore, sans fondement, de ce qu'ils ont approuvé le testament de leur mère, dans lequel ils ont reçu la qualification d'enfants naturels, et de ce que, dans divers actes, ils auraient eux-mêmes pris cette qualité; — Qu'en effet, l'action en réclamation d'état est imprescriptible et inaliénable; — Que l'état civil appartient à la société et intéresse l'ordre public, et qu'il est placé hors du commerce et des transactions; — Que, d'ailleurs, dans l'espèce, les faits de reconnaissance dont on se prévaut ne pourraient être imputés qu'à une erreur dont les enfants peuvent toujours être relevés; — Que, sous un autre aspect, la fin de non-recevoir prise de ce qu'en approuvant le testament de leur mère, les appelants se sont inhibés de demander un autre partage, tombe devant cette observation que le partage est ici demandé comme conséquence de la légitimité; — Que l'état des enfants est l'objet direct et principal de l'instance, objet sur lequel on n'a ni traité ni pu traiter; — Qu'ainsi l'action est entière, et qu'il y a lieu de l'accueillir; — Infirme et ordonne, etc.

Du 20 mars 1838.-C. de Montpellier, ch. réun.-M. Viger, pr.

les doutes exprimés par lui concernant la légitimité d'un enfant dont la naissance lui a été cachée, ni même l'aveu d'adultère de la part de la femme, ne suffisent pour faire déclarer l'enfant illégitime (Bordeaux, 12 fév. 1838, sous req. 13 fév. 1839, aff. Tronquoy, n° 633).

Sect. 2. — *De l'enfant conçu avant le mariage.*

67. L'enfant né avant le cent quatre-vingtième jour du mariage est réputé conçu avant le mariage; donc il n'est pas couvert par la présomption légale ainsi exprimée par l'art. 312 : « L'enfant conçu pendant le mariage a pour père le mari. » Toutefois, comme cette conception anticipée peut être l'œuvre du mari ; bien plus, comme le fait même du mariage subséquent doit naturellement faire supposer qu'il en est ainsi et que, dès lors, le vice originaire de la conception a été réparé par l'union légitime du père et de la mère, la loi ne déclare pas de plein droit illégitime l'enfant né prématurément, elle donne seulement au mari de la mère le droit de le désavouer. Ce droit même, elle le lui refuse dans plusieurs cas, comme nous allons le voir.

68. « L'enfant né avant le cent quatre-vingtième jour du mariage, porte l'art. 314, ne pourra être désavoué par le mari dans les cas suivants : 1° s'il a eu connaissance de la grossesse avant le mariage; 2° s'il a assisté à l'acte de naissance, et si cet acte est signé de lui ou contient sa déclaration qu'il ne sait signer; 3° si l'enfant n'est pas né viable. » — Dire que cet enfant ne peut être désavoué dans certains cas déterminés c'est, comme le fait justement observer M. Marcadé, sur cet article, dire implicitement : 1° qu'en général et hors les cas prévus il peut être désavoué; 2° qu'à moins d'être désavoué il est de plein droit légitime. — Signalons ici la différence importante que la loi établit entre l'enfant conçu et né avant le mariage et l'enfant seulement conçu avant le mariage, mais né depuis. Le premier, à sa naissance, est enfant naturel, et il a besoin, pour être légitimé, d'une reconnaissance de son père; reconnaissance que celui-ci est libre de faire ou de ne pas faire, que même il ne peut plus faire utilement une fois le mariage contracté. Le second, au contraire, naît légitime; pour qu'il cesse de l'être, il faut qu'une action soit introduite en justice, et elle ne peut l'être que pendant un temps très-limité; il faut de plus que, sur cette action, le désaveu soit admis par un jugement contradictoire. Ainsi l'inaction, la négligence, l'oubli, pendant le temps utile, qui nuisent à l'un, profitent à l'autre : ce qui donne à celui-ci un immense avantage sur le premier. — Cette légitimité native, toutefois, est une fiction de la loi plus qu'une réalité ; c'est ce que nous semble avoir perdu de vue M. Demolombe (t. 5, n°s 57 et suiv.), qui, sur ce point, nous le croyons du moins, va plus loin que la pensée du législateur. — V. ce qui est dit *infrà*, n° 82.

69. La première fin de non-recevoir qui, d'après l'art. 314, puisse être opposée au désaveu du mari, c'est qu'il a eu *connaissance* de la grossesse avant le mariage. Dans ce cas, en effet, la loi présume qu'il n'a voulu contracter le mariage que pour réparer sa faute et donner un état à l'enfant qu'il a ainsi tacitement avoué pour le sien.

70. Mais ce n'est pas là une simple présomption de fait qui puisse être infirmée par la preuve contraire. Ainsi le mari prétendrait en vain qu'à l'époque à laquelle se réfère la conception il était dans l'impossibilité physique de cohabiter avec la mère : il ne serait point admis à en établir la preuve. La connaissance de la grossesse avant le mariage équivaut à une reconnaissance formelle de l'enfant; elle élève dès lors une fin de non-recevoir absolue contre le désaveu : cela résulte clairement des termes de l'art. 314.

71. Le mari qui désavoue l'enfant né avant le cent quatre-vingtième jour du mariage n'a rien à prouver, sinon le fait même de la naissance prématurée. Il ne peut être astreint à établir qu'il n'a point connu la grossesse de la femme avant le mariage ; c'est à la femme ou au tuteur de l'enfant à prouver qu'il l'a connue.

72. Mais comment doit être faite cette preuve?—La commission du conseil d'État, chargée de présenter le projet de rédaction définitive du code civil, exigeait, pour que la fin de non-recevoir pût être opposée, qu'il fût *prouvé, par des écrits du mari lui-même, qu'il avait eu connaissance de la grossesse avant le mariage;* mais cette disposition fut retranchée, soit parce que le mari ne sait pas toujours écrire, soit parce qu'il est rare qu'on puisse prouver des faits semblables par écrit, et qu'ainsi l'enfant n'aurait presque jamais pu profiter de la fin de non-recevoir établie en sa faveur pour repousser le désaveu du père (V. Locré, Législ. civ., t. 6, p. 155, 156). — D'où il suit que la preuve dont il s'agit peut être faite par tous les moyens possibles : soit par écrit, soit par témoins. C'est aux tribunaux qu'il appartient d'apprécier souverainement s'il résulte des faits invoqués, des indices produits, que le mari a connu avant le mariage la grossesse de la femme. C'est ce qu'enseignent aussi Merlin, Rép., v° Légitimité, sect. 2, § 1, n° 6; Zachariæ, édit. Massé et Vergier, t. 1, p. 295, note 9; Delvincourt, t. 1, note 3 sur la p. 84; et M. Demolombe, t. 5, n° 66.—Il a été jugé que, lorsque le désaveu du mari se trouve fortifié par le silence de la femme et de sa famille en première instance, au bureau de paix, dans l'acte de nomination du tuteur, enfin à l'acte de naissance de l'enfant inscrit comme fille naturelle sans qu'il y eût opposition, la femme ne peut être admise à prouver par témoins que son époux avait eu connaissance de sa grossesse avant le mariage (Besançon, 29 prair. an 13) (1). — Cette décision nous paraît inadmissible. Les circonstances qui s'y trouvent relevées eussent pu être prises en considération lorsqu'il se fût agi d'apprécier la valeur des preuves produite par la femme; mais elles n'avaient point évidemment une force probante assez caractérisée pour faire rejeter *à priori* l'offre de les prouver.

73. Plusieurs auteurs se sont demandé si, pour repousser le désaveu du mari, on pourrait efficacement prétendre et offrir de prouver qu'avant le mariage il fréquentait intimement sa femme, et que dès lors il a connu ou dû connaître la grossesse. —Proudhon, t. 2, p. 20, résout cette question négativement, « parce que, l'exception de la loi n'étant fondée que sur la connaissance positive de la grossesse, il n'est pas permis d'articuler d'autres faits sans retomber dans l'arbitraire. Un homme, poursuit cet auteur, peut avoir fréquenté une femme sans croire à sa grossesse. Les faits de fréquentation laissent toujours sur leurs conséquences une incertitude telle que nos législateurs ont cru devoir abolir toute recherche de paternité fondée sur de pa-

---

(1) *Espèce:* —(Jummerey *C.* Parricot.)—Jeanne Jumerey, femme de Pierre-François Parricot, accoucha, le cent huitième jour après son mariage, d'un enfant qui fut reconnu viable par les médecins. — Parricot, qui avait déjà protesté contre toute paternité qui pourrait lui être imputée, ne voulut ni reconnaître cet enfant ni assister à la rédaction de l'acte de naissance. Il exerça son action en désaveu, tant contre son épouse que contre un tuteur nommé *ad hoc* à l'enfant qu'elle avait mis au monde, et se fonda sur l'art. 314 c. civ. — Le tuteur s'en rapporta à justice : la mère fit défaut. — 21 brum. an 13, jugement qui déclare que la fille de Jeanne Jummerey n'est point fille de Parricot, son époux, attendu qu'elle est née avant le cent quatre-vingtième jour depuis le mariage; qu'il résulte de l'attestation des officiers de santé qu'elle est née bien conformée, viable et au terme ordinaire des accouchements; que le demandeur a affirmé n'avoir pas eu connaissance de la grossesse de son épouse avant le mariage, et qu'il n'a point assisté à l'acte de naissance.—Appel par la femme Parricot. — Elle invoque la règle *pater is est*, et demande, aux termes de l'art. 314, à prouver par témoins que son époux avait eu connaissance de sa grossesse avant le mariage, que même il en était l'auteur et qu'il l'avait avoué.—Arrêt.

La cour ; — Considérant que le décès de l'enfant n'a pas été signifié; que dans les questions d'état, le décès d'un enfant n'arrête pas l'action ouverte pour faire prononcer sur la légitimité; les successions que cet enfant peut laisser à son décès, ou recueillir de son vivant, rendent nécessaire l'obligation de faire statuer sur sa légitimité ou illégitimité ; que d'ailleurs l'action n'était pas ici dirigée contre l'enfant seul, mais encore contre Jeanne Jummerey;—Considérant, au fond, que toutes les circonstances s'élèvent en faveur du désaveu, tels que le silence de la femme et de sa famille, en première instance, au bureau de paix, dans l'acte de nomination du tuteur, à l'acte de naissance de l'enfant inscrit comme fille naturelle, sans qu'il y ait aucune opposition; enfin le désaveu du père si fortement prononcé ; —Que les faits posés par l'appelante étant repoussés par des indices aussi formels, ne peuvent être admis, soit d'après la loi 2, cod., *De testibus*, soit d'après le code civil, art. 314 et 340 :—Qu'ainsi l'on doit s'en rapporter au désaveu du mari, et au serment par lequel il a affirmé devant le premiers juges qu'il n'avait eut avant son mariage, aucune connaissance de la grossesse de Jeanne Jummerey ;—A déclaré qu'il avait été bien jugé.

Du 29 prair. an 13.-C. de Besançon.

reilles circonstances : il serait possible, d'ailleurs, qu'une femme, voulant couvrir ses désordres sous le voile du mariage, se portât à tromper le mari qu'elle aurait attiré dans le piége. » Et cette opinion est partagée par M. Nougarède, Lois des familles, p. 186. — Toullier, t. 2, nº 826, enseigne, au contraire, que, quoique la naissance prématurée de l'enfant dispense le mari de donner d'autres preuves au soutien de son action, le tuteur peut articuler contre lui des faits de fréquentation intime, ou même de cohabitation avec la mère, pour en conclure qu'ayant connu la femme il a aussi connu ou dû connaître la grossesse, et qu'il est le père de l'enfant. Et M. Richefort, Traité de l'état des familles, t. 1, nº 29, adopte le même sentiment. — Pour nous, chacune de ces deux opinions contraires nous paraît trop absolue. Sans doute nous n'admettons pas, avec Toullier, que, par cela seul que le mari fréquentait intimement la femme avant le mariage, il doive nécessairement être réputé avoir connu la grossesse, car il n'est nullement impossible qu'il l'ait ignorée; mais nous n'admettons pas non plus, avec Proudhon, que la fréquentation antérieure ne puisse être articulée, à cause de l'incertitude qu'elle laisse subsister sur le fait qu'il s'agit de prouver. En effet, la loi ne détermine pas comment il doit être prouvé que le mari ait connu la grossesse; d'où il suit que cette preuve peut être faite par tous les moyens possibles. C'est donc en réunissant tous les indices, toutes les présomptions résultant des circonstances, que le juge doit former sa conviction. Cela étant posé, il est évident que les fréquentations intimes que le mari a eues avec la mère avant le mariage, si elles ne font pas preuve complète du fait à établir, peuvent du moins être considérées comme un indice, comme une présomption, et que dès lors rien ne s'oppose à ce que le juge, combinant ce fait avec d'autres circonstances également insuffisantes par elles-mêmes, trouve dans la réunion de ces éléments divers la preuve sur laquelle doit être basée sa décision. Et l'on ne saurait argumenter contre cette doctrine de ce qu'aujourd'hui la recherche de la paternité n'est point admise dans notre droit. Il ne s'agit point, en effet, de rechercher si le mari est ou non le père de l'enfant conçu avant le mariage, mais uniquement s'il a ou non connu la grossesse de la mère; cette preuve faite, c'est la loi elle-même qui déclare le mari père de l'enfant.

Cette doctrine, du reste, est enseignée par MM. Duranton, t. 3, nº 30; Zachariæ, éd. Massé et Vergé, t. 1, p. 295, note 9; Valette sur Proudhon, t. 2, p. 20, note; Duvergier sur Toullier, note sur le nº 826; Allemand, Tr. du mariage, t. 2, nº 712; Demolombe, t. 5, nº 67. — Merlin, Rép., vº Légitimité, sect. 2, § 1, nº 6, paraît d'abord adopter l'avis de Proudhon. En effet, après avoir dit que, dans l'ancienne jurisprudence, où la recherche de la paternité était admise, le mari qui, avant le mariage, avait eu des habitudes intimes avec sa femme, n'était pas admis à désavouer l'enfant qu'elle avait mis au monde avant le cent quatre-vingtième jour du mariage, il poursuit en ces termes : « Aujourd'hui la recherche de la paternité n'est plus admise. On ne pourrait donc plus aujourd'hui remplacer par la preuve de pareilles familiarités celle qu'exige l'art. 314, de la connaissance de la grossesse avant le mariage. » Mais il ajoute immédiatement, ce qui rapproche son opinion de celle que nous avons exprimée : « Ou du moins cette preuve ne pourrait avoir d'effet qu'autant que les familiarités eussent un caractère et se rapportassent à une époque qui forceraient de supposer qu'elles n'ont pas pu avoir lieu sans la connaissance de la grossesse. »

74. La seconde fin de non-recevoir opposable, d'après l'art. 314, au désaveu du mari, est tirée de ce qu'il a assisté à l'acte de naissance, et de ce que cet acte est signé de lui ou contient sa déclaration qu'il ne sait signer. La loi considère avec raison cette assistance comme une reconnaissance de légitimité contre laquelle le mari ne peut plus être admis à revenir ultérieurement par un désaveu.

75. Comme le fait justement remarquer M. Demolombe (t. 5, nº 69), pour que cette fin de non-recevoir existe, trois conditions sont nécessaires : 1º il faut que le mari ait *assisté* à l'acte de naissance, c'est-à-dire non pas seulement qu'il ait été présent lors de sa rédaction, mais qu'il y ait concouru, participé; 2º il faut que cet acte ne contienne pas d'*énonciation contraire* à la présomption légale; ainsi, si la mère y était désignée sous son nom de fille, ou si l'enfant était déclaré né de père inconnu (V. aussi MM. Massé et Vergé sur Zachariæ, t. 1, p. 295, note 12), l'assistance du mari ne le rendrait pas non recevable à désavouer; 3º enfin il faut que le mari n'ait pas fait dans l'acte même des *protestations* ou des *réserves*; car ces protestations donneraient un démenti à l'induction qu'on voudrait tirer de son assistance à l'acte; elles ne permettraient pas de voir dans cette assistance un aveu tacite de sa paternité.

76. M. Duranton, t. 3, nº 32, enseigne que le mari serait non recevable à désavouer l'enfant s'il avait, soit avant, soit depuis la naissance, reconnu sa paternité par un acte quelconque, même sous seing privé, même par lettre. — Nous admettons cette opinion sans difficulté pour le cas où la reconnaissance a été faite avant le mariage; le fait que le mari a connu la grossesse de la femme avant le mariage rendant le désaveu non recevable, parce que la loi voit dans ce fait une reconnaissance tacite, la reconnaissance formelle doit *à fortiori* produire le même effet. Nous admettons également que, lorsque la reconnaissance a été faite depuis la naissance de l'enfant, le désaveu n'est plus possible, parce que, comme le fait observer M. Duranton, cette reconnaissance doit raisonnablement produire le même effet que le silence gardé par le mari dans le délai fixé pour intenter l'action en désaveu, silence que la loi regarde encore comme une reconnaissance tacite. Mais lorsque la reconnaissance a été faite dans l'intervalle qui s'est écoulé entre le mariage et la naissance de l'enfant, nous ne croyons pas que la doctrine de M. Duranton doive être admise sans distinction. Il pourrait se faire que le mari, n'ayant connu la grossesse de sa femme que depuis le mariage, eût cru qu'elle en était la conséquence naturelle, et qu'il n'eût été détrompé que par la naissance prématurée de l'enfant. Si, dans ce cas, il intentait une action en désaveu, pourrait-on lui opposer comme fin de non-recevoir une lettre par laquelle il aurait, avant l'accouchement, annoncé à quelque parent ou à quelque ami la paternité qu'il s'attribuait par erreur? Nous ne pouvons le penser. Nous n'apercevons pas de raison sérieuse sur laquelle on puisse étayer une telle fin de non-recevoir. Nous croyons donc que, dans le cas dont il s'agit, il faut examiner s'il résulte de la lettre ou de tout autre acte contenant la reconnaissance que le mari, sachant bien que la grossesse de sa femme remontait à une époque antérieure au mariage, ait néanmoins persisté à le reconnaître. Dans cette hypothèse, nous pensons que la reconnaissance doit produire son effet, encore bien qu'elle n'ait pas été faite par acte authentique, comme l'art. 334 l'exige pour la reconnaissance des enfants nés hors mariage. En effet, la position de ces deux classes d'enfants n'est pas la même; la loi exige que l'enfant né dans le mariage, quoique conçu auparavant, soit formellement désavoué, ce qui élève une présomption en sa faveur et le distingue essentiellement de l'enfant né hors mariage. Ajoutons que la reconnaissance écrite du mari prouve sa paternité d'une manière plus certaine que la simple connaissance qu'il a eue de la grossesse avant le mariage. Mais s'il n'apparaissait pas que le mari eût agi avec connaissance de cause, nous ne pensons pas qu'on pût lui opposer une prétendue reconnaissance qui ne serait que le résultat de l'erreur. — V. aussi en ce sens M. Demolombe, t. 5, nº 74.

77. La troisième exception qui puisse être invoquée contre le désaveu du mari, lorsque l'accouchement a eu lieu avant le cent quatre-vingtième jour du mariage, se tire de ce que l'enfant n'est pas né viable. Dans ce cas, en effet, le désaveu serait sans intérêt, puisque cet enfant ne peut jamais avoir de droits; et, d'un autre côté, l'imperfection de l'œuvre de la nature ne permet pas d'apprécier quelle a été la durée de la grossesse et, par conséquent, si la conception est antérieure ou postérieure au mariage. — Mais de qui doit émaner la déclaration de non-viabilité? Des médecins, évidemment. C'est là une question qu'eux seuls sont compétents pour résoudre. — V. en ce sens Merlin, Rép., vº Légitimité, sect. 2, § 3, nº 6; Proudhon, t. 2, p. 12; M. Demolombe, t. 5, nº 72.

78. N'existe-t-il contre le désaveu du mari d'autre moyen de défense que les trois exceptions déterminées par l'art. 314? Et spécialement l'action en désaveu pourrait-elle toujours être exercée par le mari ou par ses héritiers s'ils y avaient renoncé expressément ou tacitement? — Parlons d'abord de la renonciation expresse. Nous croyons qu'elle rendrait non recevable le désaveu qui serait ultérieurement formé. En effet, chacun peut renoncer à un droit établi en sa faveur; or ce droit est établi en faveur du mari, et après lui de ses héritiers : donc ils peuvent valablement y renoncer. Que sont d'ailleurs les deux premières fins de non-recevoir établies par l'art. 314, sinon des renonciations tacites à l'action en désaveu? Or on ne voit pas pourquoi une renonciation expresse produirait moins d'effet. Et une telle renonciation ne serait soumise à aucune forme particulière, elle pourrait résulter de tout acte sous seing privé, même d'une simple lettre. C'est ce qu'enseignent aussi MM. Delvincourt, t. 1, note 4 sur la page 84; Toullier, t. 2, n° 824; Proudhon et Valette, t. 2, p. 16-18; Duranton, t. 3, n° 32; Zachariæ, éd. Massé et Vergé, t. 1, p. 296, note 13; Marcadé, sur l'art. 314, n° 2; Demolombe, t. 5, n° 75. — Quant à la renonciation tacite, on a prétendu qu'elle ne peut résulter que des faits spécifiés par l'art. 314 (MM. Massé et Vergé, *loc. cit.*). Mais nous pensons, avec M. Demolombe (t. 5, n° 76), que cette interprétation est trop restrictive, et qu'on doit admettre, comme produisant le même effet, toutes les circonstances qui en elles-mêmes impliquent la reconnaissance de l'enfant et la renonciation à l'action en désaveu. « Le mari, dit M. Demolombe, n'était pas sur les lieux au moment de la naissance et de la rédaction de l'acte de l'état civil, ou bien il était malade et ne pouvait pas sortir; mais ensuite il a assisté à la fête du baptême....; il a été lui-même placer l'enfant en nourrice...; il l'a montré avec joie, il l'a *présenté* à ses parents, à ses amis... et il lui serait permis, après tout cela, de le désavouer? Je ne saurais le croire. » — Enfin, l'expiration du *délai* dans lequel l'action en désaveu doit nécessairement être formée rendrait également cette action non recevable.

79. Supposons maintenant qu'il n'existe aucune fin de non-recevoir contre l'action en désaveu : pourrait-on répondre à ce désaveu en prouvant que le mari est le père de l'enfant? — Il est évident d'abord que, si le mari avait enlevé la mère à une époque correspondante à celle de la conception, ce fait pourrait être articulé comme fin de non-recevoir à l'action en désaveu. En effet, l'art. 340, qui interdit la recherche de la paternité des enfants naturels, dispose cependant que, dans le cas d'enlèvement, lorsque l'époque de cet enlèvement se rapportera à celle de la conception, le ravisseur pourra être, sur la demande des parties intéressées, déclaré père de l'enfant. Or, s'il en est ainsi, à plus forte raison cet enlèvement, lorsqu'il est suivi du mariage et de la naissance de l'enfant, doit-il avoir la force de balancer le désaveu du mari (V. en ce sens MM. Proudhon, t. 2, p. 21; Zachariæ, éd. Massé et Vergé, t. 1, p. 296, note 17; Demolombe, t. 5, n° 79). — Mais nous allons plus loin, et nous disons que, même hors le cas d'enlèvement, le désaveu du mari devrait être repoussé s'il était établi, de quelque manière que ce fût, qu'il est le père de l'enfant. A la vérité, l'art. 340 porte que : « la recherche de la paternité est interdite; » mais cette règle n'est applicable qu'à la paternité naturelle. Or, dans notre hypothèse, ce n'est point de la paternité naturelle, mais bien de la paternité légitime qu'il s'agit. En effet, si l'on prouve que le mari est le père, il en résultera que, par suite de son mariage avec la mère, l'enfant sera non pas son fils naturel, mais son fils légitime. — V. toutefois *Contrà* M. Demolombe, t. 5, n° 78.

80. Suivant M. Duranton, t. 3, n° 21, l'enfant qui naît avant le cent quatre-vingtième jour du mariage n'est pas un enfant légitime proprement dit, puisqu'il n'est pas né du mariage, mais un enfant naturel légitimé. En fait cette proposition nous paraît incontestablement vraie. Il est bien certain qu'au moment où il a reçu l'être par le fait de la conception cet enfant s'est trouvé illégitime, et qu'il n'est devenu légitime que par l'effet d'un événement postérieur : le mariage de son père et de sa mère. Cependant, comme il n'a jamais existé hors mariage à l'état de personne distincte, comme, au moment où la naissance lui a donné une individualité propre, le mariage, principe de la légitimité, était déjà un fait accompli, la loi l'a rangé dans la classe, non pas des enfants légitimés, mais des enfants légitimes proprement dits; cela nous paraît du moins résulter de l'économie de ses dispositions. — Telle paraît être, du reste, l'opinion de M. Proudhon, t. 2, p. 11 et suiv. M. Marcadé, sur l'art. 314, s'exprime formellement dans le même sens. V. aussi M. Demolombe, t. 5, n° 60.

81. Mais cette légitimité ne rétroagit point au jour de la conception. La raison en est simple : la légitimité est l'effet du mariage; or l'effet ne peut être réputé avoir existé avant la cause. Ainsi, pendant tout l'intervalle qui s'est écoulé entre la conception et l'union légale du père et de la mère, l'enfant était naturel. De là résulte une conséquence importante : c'est que cet enfant n'a aucun droit aux successions qui ont pu s'ouvrir avant le mariage. En effet, pour succéder, il faut premièrement être conçu au moment de l'ouverture de la succession, il faut de plus être parent légitime de la personne décédée (c. nap., art. 756, *in fine*); or, si l'enfant dont il s'agit remplit la première de ces deux conditions, il ne remplit pas la seconde (V. en ce sens MM. Zachariæ, Massé et Vergé, t. 1, p. 294, note 6; Marcadé, sur l'art. 314; Valette sur Proudhon, t. 2, p. 23). — C'est en ce sens qu'il a été jugé que la légitimation par mariage subséquent, même avant la naissance de l'enfant conçu hors mariage, n'a d'effet, relativement aux droits successifs du légitimé, que du jour de la légitimation; qu'ainsi, l'enfant légitimé par mariage subséquent, et avant la naissance, n'a point capacité pour succéder à son frère utérin décédé dans l'intervalle de la conception de cet enfant au mariage de ses père et mère (Cass. 11 mars 1811; Paris, 21 déc. 1812) (1).

82. Il peut se faire qu'à l'époque à laquelle se reporte la

(1) *Espèce :* — (Hesnaut *C.* Guilbert.) — En 1805, décès de Gratien-Aubert, laissant un enfant, Gratien-Louis. — 27 juill. 1807, cet enfant décède aussi. — Alors la veuve Aubert, sa mère, était enceinte; elle avait même déjà fait publier ses bans de secondes noces, lorsque, quinze jours après, et le 11 août 1807, elle s'est remariée avec Guilbert. — Le 1er janv. 1808, cent cinquante jours après le décès de Gratien-Louis, et cent cinquante-deux jours après le convol, elle accouche d'une fille (Marie-Anne). — Question de savoir si cette fille succédera à Gratien-Louis, son frère utérin, à l'exclusion de l'aïeule paternelle de celui-ci. — L'aïeule prétend que Marie-Anne, à cause du vice de sa conception, n'est pas habile à succéder; qu'en la reconnaissant pour légitime, en la légitimant, le sieur Guilbert, son père, n'a pu la rendre apte à succéder à son frère utérin, décédé antérieurement; que la qualité d'héritier et les droits qui y sont attachés sont indépendants de leurs faits particuliers.

Le tribunal de Tours rejette cette prétention : — « Attendu que, suivant le droit adopté par l'art. 725 c. civ., l'enfant conçu est capable de succéder; que l'enfant dans le sein de sa mère n'a encore aucun état, mais qu'il est réputé né pour tout ce qui lui est avantageux; ses droits lui sont conservés, sous la condition toutefois qu'il naîtra capable de les recueillir, et c'est ce qu'indique l'art. 725 précité, qui exige que l'enfant conçu lors de l'ouverture d'une succession naisse viable pour la recueillir, disposition qui n'est pas limitative au cas de la vie, mais démonstrative des conditions de capacité à l'instant de la naissance, et d'après laquelle on doit dire que Marie-Anne Guilbert a été saisie dans le sein de sa mère de sa portion dans la succession de Gratien-Louis Aubert, son frère utérin, sous la condition qu'elle naîtrait viable et légitime; ce double événement ayant eu lieu, il s'ensuit qu'elle exclut la veuve Aubert, aïeule, parce que c'est au moment de la naissance que se réalisent, en faveur de l'enfant, les droits ouverts depuis sa conception. » — Appel. — 16 fév. 1809, arrêt de la cour d'Orléans, qui confirme.

Pourvoi pour fausse application de l'art. 725 c. civ. et violation des art. 724 et 756 du même code. — Arrêt (ap. délib. en ch. du cons.).

LA COUR; — Vu les art. 724 et 756 c. civ.; — Et attendu que pour être habile à se dire héritier et à recueillir une succession, il faut en avoir capacité à l'instant du décès de celui auquel on prétend succéder; que cela résulte des dispositions formelles des art. 718 et 724 c. civ.; — Attendu que, dans l'espèce, les ascendants de Gratien-Louis Aubert avaient seuls capacité pour recueillir sa succession, lorsqu'il décéda le 8 juill. 1807, puisqu'il ne laissait ni descendants ni frères ou sœurs légitimes, aux termes de l'art. 746 du code; — Que la conception de Marie-Anne Guilbert ne pouvait apporter aucun obstacle à cet ordre de succéder, puisqu'à l'époque du décès de Gratien-Louis Aubert, sa mère était encore veuve et non remariée, et que les enfants naturels ne peuvent prétendre aucun droit aux successions des parents de leur père et mère, d'après le vœu de l'art. 756; — Qu'à la vérité, les bans de mariage des père et mère de Marie-Anne Guilbert avaient été publiés, lorsque arriva le décès de Gratien-Louis Aubert; mais qu'il ne suffit pas d'actes préliminaires au mariage pour opérer la légitimation des enfants, que le mariage seul peut produire cet effet; — Qu'il est également vrai que Marie-Anne Guilbert est née dans le mariage, contracté par ses père et mère, depuis le décès de Gratien-Louis Aubert; mais que cette circonstance n'a pu lui rendre la capacité qui lui manquait à l'ouverture de la succession;

Qu'il ne suffit pas en effet que l'enfant conçu hors mariage soit né

conception de l'enfant né avant le cent quatre-vingtième jour du mariage il y ait eu entre le mari et la femme un empêchement dirimant tiré soit de l'existence d'un mariage antérieur, soit de la parenté au degré prohibé, empêchement qui depuis ait été levé, dans le premier cas par la dissolution du premier mariage, dans le second cas par l'obtention de dispenses. Supposons que cet enfant ait été tacitement ou formellement reconnu par le mari, que devra-t-on décider à son égard? Sera-t-il considéré comme légitime?

Dans le premier cas, MM. Duranton, t. 3, n° 24; Zachariæ, éd. Massé et Vergé, t. 1, p. 294, notes 6 et 7, et ses annotateurs, *ibid.*, enseignent que le mariage ne confère point à l'enfant le bénéfice de la légitimité. « De deux choses l'une, dit M. Duranton : ou l'enfant est naturel simple, s'il est né d'un autre que le mari; ou il est adultérin, s'il est né de lui. En admettant la supposition qui lui est la plus favorable, la première, il n'a pu être légitimé; car la légitimation ne peut avoir lieu qu'au profit de l'enfant né de l'un et de l'autre de ceux qui contractent mariage ensemble (art. 331). En le plaçant dans la seconde hypothèse, la légitimation n'a pu également avoir lieu, puisque la loi ne l'admet pas en faveur d'un enfant né d'un commerce adultérin. »

Dans le second cas, c'est-à-dire dans le cas où, par exemple, un oncle a épousé sa nièce en vertu de dispenses, et où celle-ci est accouchée avant le cent quatre-vingtième jour, les mêmes auteurs pensent qu'il doit être décidé différemment. « L'intention du législateur, dit encore M. Duranton, n° 26, est évidente : l'art. 164 porte que le roi pourra accorder la permission de mariage pour *des motifs graves*. Or l'expérience atteste qu'au premier rang de ces motifs se place ordinairement la faute des impétrants. C'est pour la couvrir du voile du mariage, c'est dans l'intérêt des mœurs, dans celui de l'enfant conçu, que les dispenses sont accordées, et ce but serait manqué si cet enfant ne recevait pas du mariage de ses père et mère le bienfait de la légitimation tacite, et si, pour lui contester avec succès son état, il fallait entrer dans l'examen de faits dont l'affligeante divulgation ne tournerait qu'au détriment des mœurs publiques et du bon ordre. » — Ces raisons ne nous semblent nullement décisives. Du moment qu'on admet qu'à l'égard de l'enfant né avant le cent quatre-vingtième jour du mariage l'effet atribué par la loi à la reconnaissance, soit formelle, soit tacite, du mari constitue une véritable légitimation, il faut admettre que cette légitimation n'est possible que dans les termes de l'art. 331, c'est-à-dire qu'elle n'est point applicable aux enfants incestueux; or nous verrons, et M. Duranton lui-même reconnaît (n° 177), que par enfants incestueux, exclus à ce titre du bienfait de la légitimation, l'art. 331 entend, non pas ceux dont les père et mère se trouvaient dans l'impossibilité absolue de contracter mariage, mais ceux dont les père et mère pouvaient se marier et se sont en effet mariés postérieurement en vertu de dispenses. — Ainsi, dans ce cas comme dans le premier, nous dirons: De deux choses l'une: ou l'enfant est né d'un étranger, ou il est né du mari. S'il est né d'un étranger, il est et il doit rester naturel simple, nonobstant le mariage; s'il est né du mari, il est incestueux, et par conséquent le mariage qui a suivi sa conception n'a pu lui conférer le bénéfice de la légitimité.

Contre l'application que nous faisons à l'enfant né avant le cent quatre-vingtième jour du mariage de la disposition rigoureuse de l'art. 331, on peut objecter que cet article ne s'occupe que de la légitimation des enfants nés *avant* le mariage, tandis qu'il s'agit ici des enfants nés *dans* le mariage. Mais nous répondrons que si cette différence peut produire quelques conséquences en ce qui concerne les formes de la reconnaissance qui est une condition de la légitimation, elle n'en doit produire aucune quant à l'aptitude de l'enfant; qu'en effet ce qui, dans la pensée du législateur, met obstacle à cette aptitude, c'est le vice originel de la conception, et que, du moment que ce vice existe, il importe peu que la naissance ait précédé ou suivi le mariage; que, le principe étant le même dans les deux cas, les conséquences doivent naturellement être les mêmes. — Du reste, la doctrine que nous venons de soutenir est égalementdéfendue par M. Marcadé, dans son Commentaire sur les art. 314 et 331, et par M. Valette sur Proudhon, t. 2, p. 23.

M. Demolombe (t. 5, n°s 37 et s.) n'admet pas que l'art. 331 puisse être appliqué jamais à l'enfant qui naît dans le mariage. Selon cet auteur, l'art. 331 n'est applicable qu'à la légitimation; or l'enfant qui naît dans le mariage n'est pas légitimé, il est légitime, et il ne peut cesser de l'être, aux termes de l'art. 314, que par le désaveu du mari fondé sur le trop court intervalle qui s'est écoulé depuis la célébration du mariage.—Mais nous ne croyons pas qu'il soit permis d'aller jusque-là, de faire une aussi complète abstraction des faits et de la réalité. L'enfant qui naît deux ou trois mois, par exemple, après le mariage, est légitime, c'est vrai; mais cette légitimité qu'il apporte en naissant, il faut bien reconnaître qu'il ne l'avait point à sa conception, il l'a acquise positivement; or, pour qu'il pût l'acquérir, il fallait qu'il se trouvât dans certaines conditions, que son origine ne fût point infectée d'un vice incompatible avec la légitimité même.—M. Demolombe ajoute que l'enfant qui naît dans le mariage ne peut être chassé de la famille légitime du mari que par une action en désaveu, laquelle ne peut être exercée que par ceux à qui la loi l'accorde et dans les délais qu'elle leur impartit. Mais cette proposition est trop absolue. Selon nous, une distinction doit être faite. Si la conception de cet enfant est entachée du vice d'adultérinité ou d'inceste, il n'est pas besoin de désaveu pour le faire sortir de la famille, car jamais il n'y est entré, ou du moins il n'y est entré qu'en apparence; sa légitimité, dans ce cas, peut être contestée, non-seulement par ceux à qui appartient l'action en désaveu, mais par toute personne intéressée. Si la conception est exempte de tout vice, c'est alors le cas de procéder par l'action en désaveu dans les étroites limites où la loi l'a renfermée. Tel nous paraît être le véritable esprit de la loi.

Nous croyons donc que c'est à tort qu'il a été décidé que la légitimité d'un enfant né dans le mariage, mais conçu cent soixante et onze jours auparavant, c'est-à-dire à une époque où le père prétendu était engagé dans les liens d'un autre mariage, doit être contestée par les héritiers du mari par *action en désaveu*, diri-

---

dans le mariage pour lui donner tous les droits d'enfants légitimes, puisqu'il peut être désavoué par son père, ou être le fruit de l'adultère; — Qu'il n'y a dès lors aucune distinction à faire, quant à la capacité de succéder, entre l'enfant conçu hors mariage, et né dans le mariage, et celui qui est seulement légitimé par le mariage subséquent; qu'il reste toujours à décider, dans l'un comme dans l'autre cas, la question de savoir si l'enfant conçu hors mariage, et dont la légitimation ne s'est opérée que depuis l'ouverture de la succession, a capacité pour recueillir les biens de l'hérédité, et pour en dépouiller les héritiers légitimes au temps du décès; — Que cette question se trouve décidée par le rapprochement des art. 718 et 724 c. civ., qui appellent à recueillir les biens du défunt, ceux qui sont habiles à se dire ses héritiers, à l'époque de son décès; — Que, par sa légitimation postérieure, l'enfant né hors mariage ne peut enlever à des tiers un droit qui leur est acquis; que ce serait lui faire produire un effet rétroactif; — Que l'on ne peut appliquer à ce cas particulier les dispositions de l'art. 725, qui déclare l'enfant conçu capable de succéder, lorsqu'il vient à naître viable, parce que, dans l'espèce de cet article, la propriété n'a reposé sur la tête d'aucun héritier; — Que l'art. 725 ne peut d'ailleurs recevoir application qu'à la filiation légitime, qu'à l'enfant qui aurait eu capacité pour hériter à l'instant de sa conception; — Que la condition de naître viable ne dépend pas de la volonté de l'homme; ce qui la distingue de la légitimation par mariage subséquent, à laquelle on voudrait l'assimiler; — Que l'enfant conçu hors mariage, et qui n'a été légitimité par le mariage de ses père et mère qu'après le décès de celui dont il prétend hériter, ne peut avoir aucun droit à sa succession, soit que l'on reporte sa naissance à l'époque de sa conception, soit que l'on reporte sa conception à l'époque de sa naissance, puisqu'en faisant remonter l'époque de sa naissance à celle de sa conception, il sera né dans l'état d'enfant naturel, et qu'en faisant rétrograder sa conception à l'époque de sa naissance, il ne pourra prétendre aucun droit à une succession ouverte avant cette époque; — Qu'ainsi, Marie-Anne Guilbert n'avait capacité pour recueillir la succession de Gratien-Louis Aubert ni à l'intant de sa conception ni à l'instant de sa naissance; que cependant l'arrêt attaqué l'a déclarée capable de la recueillir; — Que la cour d'appel d'Orléans n'a pu le juger de la sorte sans violation ouverte des art. 724 et 756 c. civ.; — Casse.

Du 11 mars 1811.-C. C., sect. civ.-MM. Mourre, pr.-Carnot, rap.-Merlin, pr. gén., c. conf.-Petit et Leroy, av.

Nota. Sur le renvoi, jugé dans le même sens par la cour de Paris, le 21 déc. 1812.

gée contre un tuteur *ad hoc*, et que ses héritiers ne doivent pas se borner à demander la rectification de l'acte de naissance de l'enfant; que, dans ce cas, les juges peuvent d'office déclarer les héritiers non recevables (Colmar, 15 juin 1831, aff. Uttard, n° 172).

83. Si, dans les deux cas dont nous venons de nous occuper, on contestait à l'enfant sa légitimité, il pourrait prétendre, du moins, qu'il est enfant naturel simple, et non point enfant adultérin ou incestueux. En effet, aux termes de l'art. 335 c. nap., les enfants nés d'un commerce adultérin ou incestueux ne peuvent être reconnus; la reconnaissance qui serait faite au mépris de cet article serait nulle et de nul effet. Or ce que l'art. 335 dit de la reconnaissance expresse, on doit le dire également de la reconnaissance tacite, car il n'y a aucune raison de distinguer. L'enfant, dans notre espèce, serait donc recevable à décliner les effets de la reconnaissance tacite résultant soit de ce que le mari de sa mère aurait connu la grossesse de cette dernière avant le mariage, soit de ce qu'il aurait assisté à l'acte de naissance, soit enfin de ce qu'il n'aurait pas exercé le désaveu dans le délai déterminé par la loi. Il serait alors censé avoir été conçu d'un père inconnu et d'une mère libre, et il aurait, par rapport à elle, le titre et les droits d'un enfant naturel simple. M. Duranton, t. 3, n° 25, le décide ainsi pour le cas d'adultérinité; nous appliquons la même décision au cas d'inceste, puisque nous ne distinguons pas, comme cet auteur, entre les deux hypothèses.

SECT. 3. — *De l'enfant né après la dissolution du mariage.*

84. Trois cents jours forment, d'après le système adopté par le code Napoléon, la durée la plus longue que la grossesse puisse atteindre. Donc, l'enfant qui naît après que trois cents jours se sont écoulés depuis la dissolution du mariage est légalement présumé avoir été conçu depuis cette dissolution; par conséquent, il ne doit pas être couvert par la règle générale de l'art. 312 : « l'enfant conçu pendant le mariage a pour père le mari. » C'est là ce que l'art. 315 exprime en ces termes : « La légitimité de l'enfant né trois cents jours après la dissolution du mariage pourra être contestée. » — Pour que cet article soit applicable, il faut qu'entre la dissolution du mariage et la naissance de l'enfant viennent se placer trois cents jours pleins, non compris le jour de la dissolution du mariage et celui de la naissance. En effet, nous savons qu'en droit les délais se comptent, en règle générale, par jours et non par heures. Or, si l'enfant était né avant la fin du trois centième des jours qui ont suivi la dissolution du mariage, il serait né dans les trois cents jours de cette dissolution, et non pas trois cents jours après.

85. La loi, qu'on le remarque bien, ne dit pas que l'enfant né trois cents jours après la dissolution du mariage est illégitime; elle dit seulement que sa légitimité *pourra être contestée*. D'où la conséquence naturelle que, si aucune contestation n'est élevée, cet enfant conservera la possession de sa légitimité.—La section de législation du tribunat, estimant que telle ne pouvait être l'intention de la loi, avait pensé que l'article devait être conçu dans des termes plus précis et plus positifs, et qu'au lieu de laisser la faculté de contester ou de ne pas contester la légitimité de l'enfant né trois cents jours après la dissolution du mariage, quelque laps de temps qui se fût écoulé depuis, il fallait, en ajoutant un jour de plus à ce terme, fixer l'époque fatale d'une fin de non-recevoir insurmontable. En conséquence, elle avait proposé de substituer à la rédaction adoptée par le conseil d'État une autre rédaction ainsi conçue : « La loi ne reconnaît pas la légitimité de l'enfant né trois cent et un jours après la dissolution du mariage » (V. Locré, Législ. civ., t. 6, p. 172). Mais cette proposition fut rejetée et la rédaction maintenue telle qu'elle était et telle qu'elle est encore aujourd'hui. L'esprit de la loi sur ce point a été clairement exposé par M. Duveyrier, dans son discours au corps législatif (V. *suprà*, p. 162, n° 82, à la note) : « Pourquoi n'est-il pas, de droit, illégitime, et mis au nombre des enfants naturels? Parce que tout intérêt particulier ne peut être combattu que par un intérêt contraire. La loi n'est point appelée à réformer ce qu'elle ignore; et si l'état de l'enfant n'est point attaqué, il reste à l'abri du silence que personne n'est intéressé à rompre. » Ainsi, lorsque la légitimité n'est pas contestée, c'est que personne n'est intéressé à la contester ou, comme le fait observer M. Duranton, t. 3, n° 58, que ceux qui y seraient intéressés, pensant, d'après les circonstances particulières qui ont accompagné la grossesse, les mœurs irréprochables de la mère, que la nature s'est écartée de ses règles ordinaires, ne veulent point méconnaître son état. Dans l'un et l'autre cas, il n'y a pas de juste raison pour enlever à l'enfant né tardivement le titre et les prérogatives d'enfant légitime (V. en ce sens, outre M. Duranton, MM. Valette sur Proudhon, t. 2, p. 39, note *a*; Zachariæ, éd. Massé et Vergé, t. 1, p. 296 et 297, notes 19, 20 et 21; Richefort, t. 1, n° 43; Allemand, t. 2, n° 704). — Toullier cependant enseigne, t. 2, n° 828, que, dans le cas dont il s'agit, l'enfant est illégitime de plein droit. Mais son opinion est combattue par son annotateur, M. Duvergier, note *a*.

86. Mais, en disant que la légitimité de l'enfant né trois cents jours après la dissolution du mariage pourra être contestée, l'art. 315 a-t-il entendu soumettre, dans ce cas, au pouvoir discrétionnaire des tribunaux l'appréciation des faits? At-il entendu leur confier le droit de rejeter l'action en contestation s'il leur apparaissait, d'après les circonstances, que cet enfant, quoique né plus de trois cents jours après la dissolution, doit être cependant réputé conçu des œuvres du mari? — Nous avons vu ci-dessus, n° 12, que, dans l'ancienne jurisprudence, si quelques arrêts avaient déclaré illégitimes des enfants nés après dix mois révolus depuis la dissolution du mariage, d'autres arrêts avaient, au contraire, reconnu la légitimité d'enfants nés soit dans le onzième, soit dans le douzième mois, soit même après treize mois révolus. M. Bigot-Préameneu, dans son exposé des motifs, admet positivement qu'il pourrait être décidé dans le même sens sous l'empire de l'art. 315 c. nap. : « La naissance tardive, dit-il, peut être opposée à l'enfant s'il naît trois cents jours après la dissolution du mariage. Néanmoins la présomption qui en résulte ne sera décisive contre lui qu'autant qu'elle ne sera pas affaiblie par d'autres circonstances. » Et M. Lahary, dans son rapport au tribunat, s'exprime d'une manière encore plus explicite. Après avoir fait connaître la disposition de l'art. 315, il ajoute : « Le mot *pourra*, qui est purement facultatif, décèle le motif de cette prévoyante disposition : l'article veut que la légitimité de l'enfant puisse être contestée; mais il veut aussi qu'elle puisse triompher de toutes les attaques qui ne seraient pas fondées. » V. p. 149, n° 7, et p. 156, n° 42. — Merlin paraît interpréter l'art. 315 de la même manière; voici, en effet, comment il s'exprime à ce sujet dans son Rép., v° Légitimité, sect. 2, § 3, n° 5 : « Le code n'a pas cru devoir établir, sur cette matière, une règle précise; il s'est borné à dire que la légitimité de l'enfant né trois cents jours après la dissolution du mariage pourra être contestée. » Et la même interprétation est également adoptée par Maleville sur l'art. 315; Locré, Espr. du code civ., sur le même article; Favard de Langlade, v° Paternité, n° 6; Delaporte, Pand. franç., sur l'art. 315; Allemand, Traité du mariage, t. 2, p. 705. — Enfin cette doctrine a été consacrée par un arrêt qui a jugé que les termes de l'art. 315 c. nap. attribuent aux juges la faculté d'apprécier, d'après les circonstances, si l'enfant doit ou non être réputé légitime, mais ne contient pas obligation pour eux de déclarer l'illégitimité de l'enfant sur la seule preuve de sa naissance arrivée après les trois cents jours (Limoges, 18 juin 1840) (1). Cet arrêt, toutefois, juge en même temps que la preuve des causes qui ont pu

(1) *Espèce* : —(Champémaud et autres C. Dugaud. — 31 août 1839, jugement du tribunal de Bourganeuf qui décide le contraire par les motifs suivants : « Considérant qu'il est constant, en fait, qu'Antoine Dugaud, en son vivant époux de Marie Champémaud, est décédé le 8 mai 1838, à six heures du matin; que Marie Champémaud est accouchée d'un enfant mâle le 5 mars suivant, à dix heures du soir : d'où il suit que l'enfant de Marie Champémaud n'est né que trois cent un jours et seize heures après le décès d'Antoine Dugaud; — Considérant que l'art. 315 c. civ. s'exprime ainsi : « La légitimité de l'enfant né trois cents jours après la dissolution du mariage pourra être contestée; » qu'il s'agit d'examiner si cet article est facultatif pour le juge comme pour les parties, ou si au contraire il est absolu pour le magistrat lorsqu'il lui est démontré que plus de trois cents jours se sont écoulés depuis le décès du mari jusqu'à la naissance de l'enfant; —Considérant que, s'il paraît bien

occasionner la naissance tardive ne doit être admise que dans le cas où elles paraîtraient aux juges d'une nature assez grave pour

---

démontré et bien constant, d'après les observations des hommes qui ont illustré la science médicale, qu'il peut arriver que la gestation puisse dépasser non-seulement le dixième mois, mais même le onzième mois, il faut aussi reconnaître que ce n'est là que l'exception, et même très-rare; que le législateur, ayant un principe à poser, n'a pu considérer un cas exceptionnel qui n'arrive presque jamais, au préjudice des cas généraux qui se présentent journellement; que de là il suit que le terme le plus long de la gestation est de trois cents jours; que le magistrat chargé de l'application de la loi, qui est sa règle invariable, ne peut étendre le terme de la gestation à un temps plus reculé que celui où l'a circonscrit l'art. 315 c. civ.;—Considérant que l'on prétendrait en vain que, si le législateur avait entendu que l'art. 315 fût absolu, il n'aurait pas dit dans le même article : « La légitimité pourra être contestée; » mais bien : « L'enfant né le trois centième jour depuis la dissolution du mariage sera illégitime; » que cette objection est sans force contre la rédaction de l'art. 315, si l'on considère que le législateur n'a pas cru, dans sa sagesse, devoir dépouiller un enfant de sa fortune, et, ce qui est plus encore, de son état social, si la famille intéressée à lui contester ces avantages voulait garder le silence, silence qui souvent pourrait être commandé par une espèce de phénomène qui aurait prolongé le terme de la gestation bien au delà de ses bornes ordinaires chez une femme dont la moralité, reconnue de la famille de son mari, ne permettrait pas d'élever contre elle le moindre soupçon; que, par ces mots : *la légitimité pourra être contestée*, le législateur n'a voulu donner aux parties intéressées que la faculté d'agir ou de ne pas agir, selon qu'elles le jugeraient convenable; que, l'état d'un tel enfant n'intéressant point l'ordre public, s'il n'est point contesté, il est censé ignoré, et la loi n'a pas à le réprimer, puisqu'il ne préjudicie qu'à ceux qui gardent le silence quoiqu'ils puissent contester;

» Considérant que, si l'art. 315, pris isolément, pouvait présenter quelques doutes à l'esprit, ils se dissipent bientôt en comparant les art. 228, 296 et 312 du même code, qui ont été écrits dans le même esprit et sous les mêmes inspirations que l'art. 315 : en effet, les art. 228 et 296 prescrivent impérieusement que la veuve et la femme divorcée ne peuvent se marier que dix mois après la dissolution du mariage, ce qui prouve que la loi, toujours attentive à ne point confondre les familles, a fixé à trois cents jours le terme le plus reculé de la grossesse; que l'esprit de cette loi se révèle encore mieux par l'art. 312, qui dispose que « le mari pourra désavouer l'enfant s'il prouve que, pendant dix mois avant la naissance de cet enfant, etc.; » qu'ainsi la loi faisant dépendre, dans ce cas, l'illégitimité de l'enfant du désaveu du mari, à la charge de prouver l'impossibilité de sa cohabitation avec la femme pendant les dix mois qui ont précédé la naissance, il en résulte évidemment que dix mois sont le terme fatal fixé par la loi aux naissances tardives; que, dix mois antérieurs à la naissance de l'enfant, il était dans l'impossibilité physique de cohabiter avec sa femme; — Considérant que le législateur, en permettant aux héritiers, par l'art. 315, de contester, ne fait que leur conférer les mêmes droits qu'il a déjà donnés au mari par l'art. 312, en lui accordant la faculté de désavouer l'enfant; que ces mots *contester* et *désavouer*, dont se sert le législateur dans les art. 312, 315, 317 et 318, sont synonymes, et ont la même signification; que, si, d'après l'art. 312, le mari, pour faire admettre son action en désaveu, n'a qu'à prouver qu'il était dans l'impossibilité de cohabiter avec sa femme depuis trois cents jours seulement avant la naissance de l'enfant, il faut en conclure que les héritiers qui contestent la légitimité de l'enfant n'ont qu'à justifier, pour faire déclarer l'enfant illégitime, qu'il est né plus de trois cents jours depuis le décès du mari, ce qui est reconnu dans l'espèce soumise à la décision du tribunal;

» Considérant que l'on prétendrait en vain que Marie Champémaud fut atteinte des douleurs de l'enfantement le 1er mars, que, le 2, les eaux s'écoulèrent avec abondance, et que l'enfant se présenta dans la position qui détermine un accouchement naturel; que dès lors il résulterait de ces faits, une fois établis, que le terme de la gestation était arrivé au deux cent quatre-vingt-seizième jour et avant le trois centième, par conséquent dans le délai prescrit par l'art. 315 pour que la légitimité ne puisse pas être contestée; puisque, si l'enfant n'est pas sorti du sein de sa mère, cette circonstance est indépendante de sa confection, mais bien de l'état lymphathique de sa mère, de la faiblesse physique de celle-ci, occasionnée par une maladie scrofuleuse dont elle est atteinte, et qui l'a obligée de subir deux opérations qui ont contribué à aggraver cet état de faiblesse, fait qu'on offre de prouver; que ces faits établis seraient insuffisants pour faire déclarer l'enfant de Marie Champémaud fils d'Antoine Dugaud; que l'art. 315 ne reconnaît le terme de la gestation que par la naissance de l'enfant, puisqu'il dit : Né trois cents jours après la dissolution du mariage; que cet article fixe deux points invariables : le point de départ, par le décès du père, et le terme, par la naissance de l'enfant, par la sortie du sein de sa mère;

» Considérant au surplus que, si le tribunal avait à se fixer par les faits et circonstances de la cause, il ne pourrait admettre la légitimité de l'enfant; que tout fait présumer qu'il n'est pas du mari, soit parce que Marie Champémaud avait été unie à Dugaud pendant quatre ans sans être devenue mère, quoiqu'ils fussent l'un et l'autre dans la force de l'âge, soit parce que Dugaud a succombé à une maladie qui durait depuis plusieurs mois, ce qui ne permet pas de supposer qu'il ait pu, dans cet état, transmettre une vie qui l'abandonnait lui-même, ce qu'il n'avait pu faire lorsqu'il jouissait d'une belle et vigoureuse santé, soit parce que, au moins dans le mois du décès, Marie Champémaud ne déclara pas qu'elle pouvait être enceinte, soit enfin parce qu'elle ne fit pas cette déclaration au cinquième, sixième mois, lorsque les héritiers de son mari soldèrent au trésor les droits de succession, époque à laquelle elle ne pouvait plus douter de son état; que, si elle ne fit pas cette déclaration à cette dernière époque, il y a lieu de penser qu'elle n'ignorait pas que son mari n'était pas l'auteur de sa grossesse, et qu'elle prévoyait bien que cet aveu ne serait pas accueilli par la famille Dugaud, que cet aveu ne ferait que devancer l'heure de sa honte et de son déshonneur; que toutes ces circonstances sont accablantes et peu propres à former la conviction du magistrat en faveur de la légitimité, quand bien même la loi lui donnerait la faculté de former sa conviction pour légitimer l'enfant né après le trois centième jour depuis le décès du mari, d'après les circonstances qui pourraient militer en faveur de l'enfant;—Par ces motifs, le tribunal déclare illégitime l'enfant de Champémaud, etc. »—Sur l'appel, arrêt.

La cour; — Vu l'art. 315 c. civ., ainsi conçu : — « La légitimité de l'enfant né trois cents jours après la dissolution du mariage pourra être contestée; » — Attendu qu'il s'agit de déterminer, en point de droit, si cette disposition est absolue ou facultative pour le juge, ou, en d'autres termes, si, dans le cas prévu par cet article, la contestation de légitimité de la part des parties intéressées entraîne pour le juge l'obligation péremptoire de déclarer l'illégitimité, ou si, en présence de cette contestation, le juge conserve le pouvoir de reconnaître ou de dénier la légitimité d'après les faits et les circonstances; —Attendu d'abord que l'art. 315, si on veut l'interpréter d'après le sens littéral des termes, présente à l'esprit l'idée d'une disposition purement facultative;—Qu'en effet, d'une part, l'expression *pourra* semble exclure l'hypothèse d'une disposition impérative, et, d'autre part, l'expression *contester* suppose pour le juge de la contestation la liberté de peser les moyens de l'attaque et ceux de la défense;

Attendu que cette interprétation se trouve appuyée par les explications des orateurs chargés de la présentation et de la discussion de la loi; — Qu'en effet, l'orateur du gouvernement au corps législatif, M. Bigot de Préameneu, s'exprimait en ces termes au sujet de l'art. 315 : « La naissance tardive peut être opposée à l'enfant s'il naît trois cents jours après la dissolution du mariage. Néanmoins la présomption qui en résulte ne sera décisive contre lui qu'autant qu'elle ne sera pas affaiblie par les circonstances; » et M. Lahary, dans son rapport au tribunat, s'exprimait ainsi sur le même article : « Il déclare, non d'une manière absolue, que l'enfant né après les trois cents jours sera illégitime, mais seulement qu'il pourra être déclaré tel. Le mot *pourra* donne la mesure de cette prévoyante disposition. L'article veut que la légitimité puisse être contestée, mais il veut aussi qu'elle puisse triompher de toutes les attaques qui ne seraient pas fondées; »—Attendu que cette interprétation reçoit une confirmation plus puissante encore de ce qui s'est passé au tribunat lors des travaux préparatoires de la loi;—Qu'on voit effectivement, dans le compte rendu de ces travaux, que la section de législation, voulant établir dans le terme de trois cents jours l'époque fatale d'une fin de non-recevoir péremptoire, proposa d'adopter une nouvelle rédaction ainsi conçue : « La loi ne reconnaît pas la légitimité de l'enfant né trois cent et un jours après la dissolution du mariage, et que, nonobstant cette proposition, la rédaction primitive fut maintenue;—Qu'ainsi il faut reconnaître que la loi, soit qu'on s'en tienne à son texte, soit qu'on recherche son esprit aux sources les plus pures, a voulu, dans sa prévoyante sollicitude pour les intérêts de l'enfant, lui ménager le moyen de faire reconnaître sa légitimité dans le cas où il pourrait établir que, par une dérogation aux lois de la nature, contraire aux observations de la science, mais dont rien ne démontre l'impossibilité absolue, la durée de la gestation a dépassé le terme de trois cents jours;—Que conséquemment les premiers juges ont commis une erreur dans l'interprétation du sens de la loi;

Mais attendu que, si la présomption d'illégitimité qui résulte de l'art. 315 n'est pas une règle absolue et inflexible, il est de la sagesse des tribunaux de ne la faire fléchir qu'autant que la preuve contraire reposerait sur des faits d'une puissance irrésistible pour la conscience des juges, et qu'il est de leur devoir de repousser les enquêtes dont les traditions de l'ancienne jurisprudence offrent de fâcheux exemples, et dont le scandale affligerait la morale publique sans éclairer la justice; —Et attendu que, dans l'espèce, les faits offerts en preuve par les appelants ont été sainement appréciés par les premiers juges comme n'étant pas de nature à faire céder la présomption résultant de la naissance tardive;—Met l'appel au néant, etc.

Du 18 juin 1840.-C. de Limoges, ch. réun.-MM. Tixier-Lachassagne, 1er pr.-Lézaud, subs., c. conf.-Jouhanneaud et Butaud, av.

détruire invinciblement la présomption d'illégitimité portée par la loi.

Mais le plus grand nombre des auteurs décide, au contraire, que lorsque, dans le cas prévu par l'art. 315, la légitimité de l'enfant est contestée, les tribunaux ne peuvent se dispenser de le déclarer illégitime.—Il est à remarquer d'abord que M. Duveyrier, organe du tribunat près du corps législatif, ne s'est point expliqué à cet égard comme MM. Bigot-Préameneu et Lahary. «Les naissances tardives, dit-il, n'exigent aucune disposition conditionnelle. Il est clair que la légitimité d'un enfant pourra être contestée s'il naît dans le onzième mois après la dissolution du mariage, ou, pour mieux dire, au moins trois cents jours après le mariage dissous, parce qu'alors il ne peut plus placer dans le mariage sa conception, ni par conséquent la présomption légale de sa légitimité. Pourquoi n'est-il pas de droit illégitime et mis au nombre des enfants naturels? Parce que tout intérêt particulier ne peut être combattu que par un intérêt contraire, etc. » M. Duveyrier, comme on le voit, ne paraît pas supposer qu'un enfant né trois cents jours après la dissolution du mariage puisse jamais être déclaré légitime. — A l'autorité morale de ce commentaire on ajoute plusieurs raisons. — Par ces mots *pourra être contestée*, dit-on notamment, le législateur a voulu, non pas accorder aux tribunaux la faculté d'admettre ou de rejeter l'action des héritiers du mari, mais accorder à ces derniers la faculté ou de former cette action, ou au contraire de laisser par leur silence l'enfant jouir paisiblement des bienfaits de la légitimité. S'il en était autrement, si, aux termes de l'art. 315, les tribunaux pouvaient déclarer légitime un enfant né plus de trois cents jours après la dissolution du mariage, le législateur se serait mis en contradiction avec lui-même. En effet, dans l'art. 312, il autorise le mari à désavouer l'enfant dans le cas où, pour être né de lui, cet enfant aurait dû séjourner plus de trois cents jours dans le sein de sa mère, et il ne tempère par aucune exception la rigueur de cette règle; il n'admet donc pas que ce délai de trois cents jours puisse être dépassé à raison de circonstances exceptionnelles. De même, malgré son attention à éviter la confusion des familles, il permet à la femme, par l'art. 228, et cela sans aucune exception, de contracter un second mariage dix mois après la dissolution du premier. Il n'admet donc pas que la grossesse puisse se prolonger au delà de cette durée (V. à l'appui de cette interprétation MM. Toullier et Duvergier, t. 2, nº 829; Proudhon et Valette, t. 2, p. 38 et suiv.; Duranton, t. 3, nºs 56 et s.; Zachariæ, éd. Massé et Vergé, t. 1, p. 298, note 21; Marcadé, sur l'art. 315, nº 2; Demolombe, t. 5, nº 86; Richefort, t. 1, nº 43; Chabot, Successions, sur l'art. 725, nº 5; Vazeille, Successions et Donations, sur l'art. 725, nº 6; Malpel, Successions, nº 28, p. 76, à la note; Chardon, Dol et Fraude, t. 2, nº 189). — Il a été jugé, en ce sens, qu'il suffit que la légitimité d'un enfant né plus de trois cents jours après la dissolution du mariage soit contestée pour qu'il doive être déclaré illégitime; que l'art. 315 c. nap. établit, dans ce cas, une présomption légale d'illégitimité (Grenoble, 12 avr. 1809; Aix, 8 janv. 1812) (1). — Ces deux arrêts ajoutent (comme l'arrêt de Limoges précité) que, à supposer

---

(1) 1re *Espèce:* — (Chapelet *C.* Ricard.) — Le 25 juill. 1806, Chapelet épouse la demoiselle Bérard. Le 20 janv. 1827, six mois après son mariage, il meurt.—26 février, les frères et sœurs provoquent un inventaire. La veuve y assiste pour la conservation de ses droits matrimoniaux; elle déclare n'être pas bien assurée en ce moment de sa grossesse. —Le 3 déc. 1807, elle accouche. L'enfant n'est présenté à l'officier de l'état civil que le 12. Il y est porté par la sage-femme qui avait accouché la mère, et inscrit sous le nom de Rosalie, enfant né de Catherine Bérard, veuve Chapelet. — Les frères et sœurs Chapelet contestent la légitimité de l'enfant; trois cent seize jours s'étaient écoulés depuis la mort du sieur Chapelet jusqu'au jour de la naissance de Rosalie, ils prétendent que la nature et la loi ne lui permettaient pas de prétendre aux droits de la légitimité. Un tuteur *ad hoc* fut nommé; il s'élève contre les présomptions des collatéraux, et demande la rectification de l'acte de naissance de Rosalie, où elle n'avait point été qualifiée fille du défunt. La veuve intervient pour réclamer la jouissance légale des biens auxquels son enfant avait droit comme unique héritier du sieur Chapelet. — La veuve jouissait d'une réputation sans tache, ses adversaires ne purent pas même articuler un fait qui pût rendre ses mœurs suspectes; les frères et sœurs Chapelet s'étaient comportés vis-à-vis d'elle, et dès les premiers temps de son veuvage, de la manière la plus barbare, l'avaient tenue comme en charte privée, lui avaient fait endurer les plus mauvais traitements, et s'étaient emparés, de vive force, des biens de la succession.

La veuve Chapelet et le tuteur de Rosalie soutinrent dans ces circonstances que l'enfantement avait été retardé par les chagrins de la mère.—La sage-femme était décédée.—Jugement du tribunal de Chambéry qui déclare Rosalie issue du mariage du sieur Chapelet avec Catherine Bérard, et ordonne la rectification de l'acte de naissance : — « Attendu que l'art. 315 c. civ., statuant que la légitimation de l'enfant né trois cents jours après la dissolution du mariage pourra être contestée, lui assure une légitimité provisoire, et la possession de cette légitimité jusqu'à ce qu'on établisse qu'il n'est pas légitime par le concours de faits et de circonstances particuliers dont la considération puisse faire cesser le doute du physiologiste et du juge sur la légitimité ou l'illégitimité de l'enfant; — Que les parents du mari n'avaient opposé ni déduit au procès d'autres moyens pour établir l'illégitimité de l'enfant que celui de la présomption résultant du retard de sa naissance, qui permet de contester sa légitimité; qu'ils n'avaient allégué contre la mère aucun fait d'incontinence, de libertinage, ni de mauvaises mœurs pendant et après son mariage, tendant à prouver que cet enfant n'est pas légitime; —Et que l'espace de temps qui s'est écoulé depuis le décès du sieur Chapelet jusqu'à la naissance de Rosalie, n'excédait pas, suivant l'opinion des médecins les plus célèbres, le terme possible d'une naissance tardive. » — Appel. — Arrêt.

La cour; — Vu l'art. 315 c. civ.; — Et considérant qu'il résulte de cet article que le législateur a fixé à trois cents jours le terme fatal des naissances tardives et des gestations les plus prolongées; — Que si la loi ne déclare pas de droit illégitime l'enfant né trois cents jours après la dissolution du mariage, et se borne à dire que sa légitimité pourra être contestée, on ne doit en conclure autre chose, sinon qu'elle exige, pour le faire déclarer tel, que l'exception d'illégimité soit proposée par ceux qui ont intérêt de lui contester son état, par la raison que tout intérêt particulier doit être combattu par un intérêt contraire; que la loi n'est point appelée à réformer ce qu'elle ignore, et qu'enfin, si l'état de l'enfant n'est point attaqué, il reste à l'abri du silence que personne n'est intéressé à rompre; — Considérant que si l'art. 315, pris isolément, peut présenter quelques doutes, ils se dissipent bientôt par l'esprit de cette loi, qui se manifeste plus clairement dans les art. 228 et 296 du même code, portant que la veuve et la femme divorcée ne peuvent se remarier que dix mois après la dissolution du mariage; ce qui prouve que la loi, toujours attentive à ne point confondre les familles, a fixé à trois cents jours le terme le plus retardé des grossesses; — Que l'esprit de cette loi est encore confirmé par l'art. 312, qui dispose que le mari pourra désavouer l'enfant, s'il prouve que, pendant dix mois avant la naissance de cet enfant, il s'est trouvé dans l'impossibilité physique de cohabiter avec sa femme; qu'ainsi, la loi faisant dépendre, dans ce cas, l'illégitimité de l'enfant du simple désaveu du mari, à la charge de prouver l'impossibilité de sa cohabitation avec sa femme pendant les dix mois qui ont précédé la naissance de l'enfant, il en résulte évidemment que l'espace de dix mois est le temps fatal fixé par la loi aux naissances tardives; — Considérant que l'art. 315, en donnant aux héritiers du mari le droit de contester la légitimité de l'enfant né trois cents jours après la dissolution du mariage, a voulu faire produire à cette contestation le même effet qu'au simple désaveu du père, dans le cas prévu par l'art. 312; — Que ces deux mots *désaveu* et *contestation* doivent être pris dans le même sens et produire le même effet, puisque dans les cas prévus par les art. 317 et 318, la loi assimile ces deux mots l'un à l'autre, et leur attribue les mêmes résultats, la même efficacité; — Considérant que le législateur ayant déjà donné une extension légale de trente jours au terme de neuf mois, qui est le plus généralement observé dans l'ordre naturel, étendre encore ce terme au delà de trois cents jours, ce serait tout à la fois relâcher les liens de la morale, troubler le repos des familles, introduire une latitude qui n'aurait plus de bornes, et ramener un arbitraire que les lois nouvelles ont eu pour objet de prévenir; — Considérant qu'en admettant même que l'art. 315 n'est pas tellement décisif, qu'il ne pût se rencontrer des circonstances extraordinaires où l'enfant, quoique né trois cents jours après la dissolution du mariage, devrait être déclaré légitime, au moins est-il certain qu'il résulte de cet article une présomption légale d'illégitimité contre l'enfant, et qu'il faudrait, dans ce cas, articuler des faits assez graves et concluants pour écarter la présomption résultante de la loi; que ces circonstances extraordinaires, et qui ne peuvent être que très-rares, ne se rencontrent point dans la cause, ni dans les faits que le tuteur demande à prouver; — Considérant enfin que Rosalie Bérard, née trois cent dix-huit jours après le décès de François Chapelet, ne peut plus placer dans le mariage ni sa conception, ni par conséquent la présomption légale de sa légitimité; — Dit qu'il a été mal jugé, et déclare Rosalie Bérard non admissible à prendre la qualité de fille de François Chapelet, et à réclamer sa succession, etc.

Du 12 avril 1809.-C. de Grenoble.

2e *Espèce:* — (Teisserie *C.* Fredy.) — Fredy décède le 18 pluv. an 15. Sa veuve déclare, lors de l'apposition des scellés, qu'elle est enceinte: elle réitère cette déclaration le 24 ventôse suivant, lorsqu'ils sont levés. — Le 24 messidor, elle transigea avec les héritiers de son mari à raison de ses droits, et ne parla pas du posthume dont elle était enceinte. — Le

que cet enfant pût être déclaré légitime, au moins faudrait-il que les circonstances qui auraient pu retarder la naissance fussent bien graves et extraordinaires.

On ne peut nier que, de part et d'autre, les motifs de se décider ne soient très-graves. Cependant la dernière interprétation nous paraît la plus conforme à l'esprit de la loi. Sans doute on peut dire que la question physiologique est encore environnée de mystère, et qu'il serait bien rigoureux de déclarer un enfant illégitime s'il était établi qu'à raison de circonstances particulières et extraordinaires la grossesse a pu se prolonger au delà du terme déterminé par l'art. 315. Mais à cela on peut répondre que, en cette matière, la pensée du législateur, ainsi que cela ressort de l'ensemble des dispositions dont nous nous occupons, a été de substituer des présomptions légales à des appréciations de faits presque toujours incertaines et par conséquent arbitraires. Nous ajouterons, avec M. Valette sur Proudhon, t. 2, p. 46, note *a*, que, si la loi avait permis, comme le suppose la cour de Limoges, de déclarer, d'après l'examen des faits, qu'un enfant né plus de trois cents jours après la dissolution du mariage est légitime, elle eût dû, pour être logique, permettre de contester la légitimité d'un enfant né dans les trois cents jours, car il serait possible d'établir en fait que cet enfant n'a été conçu qu'après la dissolution du mariage.

87. Quant à l'enfant né dans les trois cents jours, est-il irrévocablement placé sous l'égide de la présomption de paternité du mari, et doit-il être nécessairement attribué à ce dernier, alors même qu'il est né plus de neuf mois après son décès? — On dit pour la négative que ce cas n'est réglé expressément ni par l'art. 312 ni par l'art. 315, qui statuent tous deux dans des hypothèses différentes, et que ce n'est qu'à la faveur de la règle des inclusions qu'on le prétend régi par ces articles, qu'ainsi ce n'est pas une présomption légale comme celle qui naît de l'art. 312 qu'on invoque ici, mais une présomption ordinaire et par induction, qui peut, dès lors, être combattue par des inductions ou des présomptions contraires puisées dans les faits et dans les circonstances de la cause. — La légitimité, ajoute-t-on, est sans doute une chose fort respectable, et l'on conçoit que la raison sociale ait déterminé le législateur à en investir un enfant que les lois ordinaires de la nature placeraient dans l'état de bâtardise : il suffit que des gestations se soient prolongées après le neuvième mois et même jusqu'au dixième, quoiqu'à cette limite extrême l'hypothèse ne se réalise presque jamais, pour que, dans le double intérêt de la société et de l'enfant, la loi n'ait point retiré sa faveur. Aussi le législateur ne se relâche-t-il de ce système de protection que pour le cas où il conduirait à l'absurdité et à une criante injustice; alors il ajoute que l'état de l'enfant né plus de trois cents jours après le décès du mari *pourra être contesté*. Mais que résulte-t-il de là? Qu'il suffit d'une simple contestation, sans preuve aucune, sans allégation de faits contraires, pour dépouiller d'une légitimité évidemment usurpée l'enfant né après trois cents jours depuis la dissolution du mariage, tandis qu'à l'égard de l'enfant né entre le neuvième et le dixième mois la présomption de légitimité ne devra s'effacer que devant des faits propres à déterminer la conviction des juges. — La théorie, d'ailleurs, confirme ce système. En effet, la présomption de l'art. 312 est simple; elle s'applique au cas où il est certain que l'enfant a été conçu pendant le mariage, et alors du *fait connu* de la conception pendant le mariage elle conclut au *fait inconnu* de la paternité du mari. Au contraire, la présomption de l'art. 315 est double, et, par conséquent, beaucoup moins sûre. D'abord, du *fait connu* que l'enfant est né moins de trois cents jours après la dissolution du mariage, on conclut au *fait inconnu* qu'il a été conçu pendant le mariage; et ensuite du *fait connu* qu'il a été conçu pendant le mariage, on déduit comme conséquence le *fait inconnu* qu'il a pour père le mari. Il y a donc là deux présomptions entées l'une sur l'autre; et lorsque la naissance est postérieure de deux cent soixante-dix jours à la dissolution du mariage, la première de ces deux présomptions, loin d'être conforme à l'ordre de la nature, y est contraire; en sorte qu'elle ressemble plutôt à une fiction qu'à une présomption. Elle ne repose pas sur la probabilité du fait, car le fait est très-invraisemblable, mais uniquement sur ce que ce fait n'est pas totalement impossible et que la loi préfère la légitimité qui n'est pas absolument impossible à la bâtardise, quelque probable qu'elle soit.

Cette argumentation ne nous paraît que spécieuse. Le principe de la légitimité de l'enfant né dans les trois cents jours résulte virtuellement de la combinaison des art. 312 et 315 c. nap. Ce dernier article portant que la légitimité de l'enfant né

---

27 frim. an 14, trois cent treize jours après le décès de son mari, elle accouche d'une fille qui fut inscrite sur les registres de l'état civil comme enfant de Rose Teisserie, veuve de Jean-François Fredy. — Le 19 août 1806, les héritiers intentèrent une action en désaveu de l'enfant, attendu qu'il était né plus de trois cents jours après la dissolution du mariage. Jugement qui admet le désaveu. — Appel. — Arrêt.

La cour; — Considérant que l'art. 315 c. civ. a fixé à trois cents jours le terme le plus long des naissances tardives; — Qu'après ce terme, la loi n'admet plus la présomption de la conception pendant le mariage et de la légitimité de l'enfant; — Que tel est le système général de la législation sur cette matière, d'après la combinaison de diverses dispositions du code (art. 296, 228); — Que ces dispositions ayant pour objet de ne point confondre les familles, la faculté laissée à la femme, dans ces deux cas, de contracter un nouveau mariage, prouve qu'après ce terme la crainte de cette confusion cesse par l'impossibilité d'une naissance à un terme plus long que celui de trois cents jours après la conception de l'enfant; — Que l'art. 312 du même code porte que « le mari pourra désavouer l'enfant, s'il prouve que, pendant trois cents jours avant la naissance de cet enfant, il était dans l'impossibilité physique de cohabiter avec sa femme; » que, dans ce cas, l'illégitimité de l'enfant dépend du simple désaveu du mari; que la seule condition qui lui est imposée est celle de prouver l'impossibilité de la cohabitation avec sa femme pendant les dix mois qui ont précédé la naissance de l'enfant; — Que l'art. 315 dispose que la légitimité de l'enfant, né trois cents jours après la dissolution du mariage, pourra être contestée; — Que la loi, dans cet article, n'a attaché aucune condition à la contestation de la légitimité de l'enfant sur les héritiers du mari, ou par les parties intéressées à contester l'état de l'enfant, que parce que l'impossibilité physique de la cohabitation est déjà justifiée par le décès du mari, et la dissolution du mariage depuis trois cents jours; — Que les art. 312 et 315, dictés dans le même esprit, doivent être pris dans le même sens et produire le même effet; — Que si, dans le cas de l'art. 312, le simple désaveu du père suffit, dans le cas de l'art. 315 la contestation doit suffire également pour faire déclarer l'illégitimité de l'enfant; — Que si, dans l'un comme dans l'autre cas, la loi ne déclare pas, de droit, illégitime l'enfant né trois cents jours après la dissolution du mariage, c'est parce que, tant que la légitimité de l'enfant n'est point attaquée, il doit jouir de son état;

Considérant que l'espace de dix mois étant le terme fixé par la loi aux naissances tardives, il ne peut plus être permis d'admettre la preuve des faits et des circonstances que l'on pourrait conjecturer avoir retardé la naissance; — Que d'ailleurs les faits articulés par le tuteur spécial ne présentent aucunes circonstances extraordinaires telles que l'on puisse conjecturer que l'enfant a été conçu pendant le mariage, et que sa naissance a été retardée par des causes surnaturelles; — Que la preuve offerte par le tuteur est donc inadmissible, comme inutile et inconcluante;

Considérant que si, dans l'ancienne jurisprudence, et lorsque le terme des naissances tardives n'avait pas été fixé par des lois positives, on trouve quelques exemples d'enfants nés après les dix mois de la dissolution du mariage, et néanmoins déclarés légitimes, ce n'est que lorsque la conduite de la mère était à l'abri de tout reproche, et que sa moralité reconnue ne permettait pas de soupçonner que sa grossesse fût le fruit d'un commerce illicite;

Que l'inconduite de la veuve Fredy, le dérèglement de ses mœurs, justifiés au procès, ne permettent pas de croire à une exception, en sa faveur, aux lois générales de la nature, et donnent bien plutôt la conviction que l'enfant est le fruit d'un commerce illégitime; — Que d'abord la veuve Fredy annonça, dès l'instant du décès de son mari, qu'elle croyait être enceinte; cette déclaration fut respectée par les héritiers. La veuve continua à demeurer dans la maison maritale : néanmoins, cinq mois après, elle transigea avec les héritiers pour ses reprises matrimoniales; elle en reçut le payement; elle les en quitta : elle était alors réellement enceinte, et ne le déclara pas; elle ne fit point nommer de curateur au ventre; elle ne convoqua point de conseil de famille; elle ne remplit aucune des formalités que la loi prescrivait pour la sûreté des droits de l'enfant qu'elle portait, et qu'elle supposa ensuite être celui de son mari; elle quitta la maison maritale; elle abandonna sa commune, et se retira dans une commune voisine où elle logea dans la maison de Jean Alziari; elle cohabita avec lui, le soigna seule dans une maladie grave, et vécut avec lui en concubinage : c'est dans la maison de Jean-Baptiste Alziari qu'elle accoucha de son enfant, qu'elle fit présenter à l'officier civil comme fille de Rose Teisserie, veuve de Jean-François Fredy, sans désignation de père, sans déclaration de légitimité — Met l'appel au néant.

Du 8 janv. 1812.-C. d'Aix, 1re ch.

après les trois cents jours pourra être contestée, il y a lieu, d'après le brocard *qui dicit de uno negat de altero*, d'en revenir à la présomption légale suivant laquelle le mari est réputé le père, présomption qui a les plus solides fondements, car elle repose sur les besoins de la société, qui veulent la fixité dans les familles, et sur la nécessité des choses, qui ne permet pas de retrancher avec quelque certitude un seul jour du délai, pas plus le deux cent soixante et onzième que le deux cent quatre-vingt-dix-neuvième; règle simple, qui tarit la source d'une foule de débats irritants et scandaleux, et qui est établie principalement en vue du cas même dont il s'agit dans ce paragraphe; enfin règle absolue et qui ne saurait fléchir qu'en présence de nécessités non moins impérieuses que celles qui l'ont fait décréter, ou plutôt qu'en présence des impossibilités soit physiques, soit morales admises par la loi comme causes de désaveu.—Quant à la différence entre la nature des présomptions des art. 312 et 315, en ce que celle-là serait simple tandis que celle-ci serait double, elle n'est d'abord d'aucun secours, car l'art. 315 ne s'exprime qu'au sujet des naissances qui ont lieu en delà et non en deçà des dix mois. Il ne régit donc pas expressément à lui seul l'espèce que nous discutons ici : c'est un principe qui naît virtuellement de la combinaison de cet article avec l'art. 312, qui est applicable; et il résulte de ce principe que les trois cents jours sont acquis en entier à l'enfant, qu'il y a en quelque sorte solidarité entre les divers points ou éléments de ce terme, et qu'ainsi il ne saurait être permis à l'interprétation d'en retrancher un seul jour hors des cas extrêmes dont il vient d'être parlé. Mais il y a plus : la différence qu'on signale n'est qu'imaginaire : la présomption sur laquelle repose la règle des dix mois n'est pas d'une nature différente de celle de la règle des neuf mois, et ce n'est qu'en dissimulant l'un des éléments du raisonnement à l'aide duquel on a cherché à démontrer que celle-ci était fondée sur une présomption simple, qu'on a pu espérer de faire un instant illusion sur sa valeur. Qu'a-t-on dit en effet pour démontrer que la présomption de l'art. 312 est simple? On a dit que du *fait connu* de la conception pendant le mariage, la loi avait conclu au *fait inconnu* de la paternité. Mais ce n'est pas ainsi que le législateur a raisonné : du fait de la naissance seul *connu*, il a déduit le *fait inconnu* de la conception, laquelle peut précéder la naissance de six à dix mois, et du *fait connu* de la conception, il a conclu à la paternité. L'argumentation n'est pas autre, lorsqu'il s'agit de fonder la règle des dix mois, que lorsqu'il a fallu sanctionner la règle des neuf mois, des huit mois et même des six mois de gestation. La physiologie avait indiqué le terme entre cent quatre-vingts à trois cents jours antérieurs à la naissance, c'est-à-dire un intervalle de quatre mois dans lequel peut se placer la conception; et le législateur a consacré dans son intégrité, en faveur de la légitimité, cette indication de la science.

88. Il ne faut pas conclure cependant des termes de l'art. 315 que la légitimité de l'enfant serait à l'abri de toute atteinte s'il était établi que le mari s'est trouvé, avant la dissolution du mariage, dans *l'impossibilité physique* de cohabiter avec sa femme pendant un temps qui, réuni à celui qui s'est écoulé depuis, complète ou excède le délai de trois cents jours. Il est évident que, dans ce cas, la légitimité de l'enfant pourrait être attaquée (c'est aussi le sentiment de MM. Duranton, t. 3, n° 43; Demolombe, t. 5, n° 38; *Contrà*, Zachariæ, édit. Massé et Vergé, t. 1, p. 297, note 21). Mais alors ce serait par la voie du désaveu que le mari ou ses héritiers devraient agir, conformément à l'art. 312, et non point par la voie de la contestation de légitimité, conformément à l'art. 315. — Ce n'est point ici le lieu de faire ressortir les différences qui distinguent ces deux voies ouvertes dans certains cas contre la légitimité de l'enfant. Nous y reviendrons ultérieurement (V. *infrà*, n°s 97 et s.). Contentons-nous de faire remarquer qu'elles ne doivent point être confondues.

89. Il a été jugé que les héritiers du mari ne sont pas recevables à contester la légitimité de l'enfant né dans les trois cents jours après la dissolution du mariage, même alors que l'enfant est né le deux cent quatre-vingt dix-huitième jour après le décès du mari et que les héritiers offrent de prouver que, bien des jours avant sa mort, le mari était, à cause de sa maladie, hors d'état de cohabiter avec sa femme (Bruxelles, 15 juill. 1822) (1). — Si cet arrêt se bornait à décider que, dans le cas sur lequel il était appelé à prononcer, ce n'était pas par la voie de contestation de légitimité que les héritiers devaient agir, sa décision se trouvant en parfaite harmonie avec les observations que nous avons présentées au numéro précédent, nous n'aurions qu'à y applaudir; mais il paraît proscrire d'une manière absolue toute attaque dirigée contre la légitimité de cet enfant, même par la voie de désaveu, ce qui nous paraît contraire aux art. 312 et 315 sainement entendus.

90. Il pourrait arriver qu'une veuve qui serait accouchée quelques jours après le décès de son mari accouchât de nouveau avant que trois cents jours se fussent écoulés. Dans ce cas, il serait évidemment impossible de rattacher l'enfant au premier mariage. Son illégitimité devrait donc être prononcée sur la demande des héritiers du mari. Les règles établies pour des cas tout différents devraient demeurer sans application aucune : la vérité démontrée, la vérité éclatante pour tous devrait prévaloir sur la fiction. Dans ce cas il n'y aurait pas lieu d'agir par voie de désaveu, ni même par contestation de légitimité. En fait d'ailleurs, dit M. Demolombe (t. 5, n° 92), il n'arriverait jamais sans doute qu'on osât inscrire ce second enfant sous le nom du mari décédé. Si on le faisait, la rectification de l'acte pourrait être demandée par toute personne intéressée, suivant ce qui est dit v° Acte de l'état civil, n°s 416 et suiv., 423 et suiv.

91. L'art. 228 c. nap. défend à la femme de contracter un nouveau mariage avant dix mois révolus depuis la dissolution du mariage précédent. Il peut arriver que cette prohibition soit enfreinte, et que, par suite, un enfant naisse à la fois dans les trois cents jours de la dissolution du premier mariage, et plus de cent soixante-dix-neuf jours après la célébration du second. Quelle règle devra, dans ce cas, être appliquée? Auquel, de l'ancien ou du nouveau mari, devra être attribuée la paternité de cet enfant? — Voet, qui examine cette question (Ad Pand., tit. *De his qui sui vel alieni juris sunt*, n° 9), nous fait connaître les divers systèmes qui s'étaient produits sur ce point parmi les anciens auteurs. — Quelques-uns étaient d'avis qu'il devait être considéré comme l'enfant de l'un et de l'autre mari, que, par suite, il devait être nourri des biens de l'un et de l'autre, succéder à l'un et à l'autre. Nous n'avons pas besoin de faire remarquer combien un tel système est absurde et répugne à la nature des choses. — D'autres pensaient que c'était, dans ce cas, à l'enfant à opter entre l'ancien et le nouveau mari, et à choisir celui des deux qu'il lui convenait d'avoir pour père. Ce second système n'est guère moins absurde que le premier. Une telle difficulté doit être résolue conformément à la vérité reconnue ou présumée, et non point au gré du caprice ou de l'intérêt. — Du reste, ce système est, suivant Blackstone, chap. 8, n° 2, celui que consacrent les lois anglaises. — D'autres, au contraire, prétendaient qu'à raison de l'obscurité qui plane sur la filiation, l'enfant, ne pouvant prouver qu'il appartient à l'un plutôt qu'à l'autre, devait être considéré comme n'appartenant à aucun, et repoussé, par conséquent, de la succession de l'un et de l'autre. Voet rejette avec raison ce troisième système, à cause de son excessive rigueur. Il est bien évident, en effet, que cet enfant est, soit d'après l'art. 314, soit d'après l'art. 315, réputé issu d'un mariage légitime; la raison et la justice commandent

(1) *Espèce* : — (Veuve Bernard C. Henneton.) — 29 déc. 1820, décès de Bernard. — 24 juill. 1821, sa femme accouche d'un fils, né, par conséquent, le 298e jour après le décès du mari. — La mère du mari conteste la légitimité de cet enfant; elle pose des faits tendant à établir que cet enfant ne peut avoir été procréé par feu Bernard, son fils, et notamment que, plus de deux jours avant la mort de celui-ci, il était tellement malade qu'il était impossible qu'il eût cohabité avec sa femme. — Jugement qui admet la preuve des faits. — Appel. — Arrêt.

LA COUR; — Attendu qu'il résulte de toute l'économie du ch. 1, tit. 7, c. civ., que la légitimité de l'enfant né dans les 300 jours jours après la dissolution du mariage ne peut être contestée par les héritiers; — Attendu que, dans l'espèce, l'enfant est né le 298e jour, d'où il suit que la preuve admise par le premier juge est irrélevante. — Par ces motifs, met l'appellation et ce dont appel au néant; émendant, déclare l'intimée non recevable dans ses conclusions prises en première instance.

Du 15 juill. 1822.-C. de Bruxelles 3e ch.

de rechercher auquel des deux maris il doit être attribué; mais il serait irrationnel et inhumain de le déclarer étranger à l'un et à l'autre, et de le traiter ainsi, pour un fait dont il est innocent, comme s'il était enfant naturel. — D'autres, enfin, voulaient que, pour déterminer la paternité, on s'attachât à la ressemblance de l'enfant, soit avec l'un, soit avec l'autre mari. Mais ce système est également inadmissible. Bien souvent, en effet, les enfants ne ressemblent nullement à leur père, soit pour les traits, soit pour le caractère, les goûts, l'esprit, etc. Quelquefois même ils ressemblent à des étrangers. En s'attachant donc à cette idée, on n'arriverait, dans beaucoup de cas, à aucun résultat, et dans les autres qu'à un résultat incertain.

Voet n'hésite donc point à repousser ces quatre systèmes. « Il paraît plus probable et plus conforme à l'esprit de la loi, dit-il (nous traduisons littéralement), que l'enfant soit attribué au second mari, non-seulement dans le cas où le premier mari, longtemps abattu par la maladie dont il est mort, peut être présumé n'avoir eu aucun rapport avec sa femme, mais encore si, enlevé par une mort soudaine, il a pu engendrer peu de temps auparavant. » Voici par quels raisonnements il justifie son opinion. Et d'abord, il est certain qu'un enfant peut naître parfaitement conformé dans le septième mois, et que celui qui naît de deux époux cohabitant ensemble est légalement présumé leur fils, en telle sorte qu'un mari ne peut être admis à prétendre que l'enfant né dans sa maison n'est pas à lui, à moins qu'il n'ait quelque moyen légal de repousser la présomption qui s'élève contre lui. En second lieu, s'il règne quelque incertitude sur la véritable origine de l'enfant né dans les conditions que nous avons dites, la faute en est, non pas au premier mari, mais au second. C'est en effet celui-ci qui, par un mariage prématuré contracté au mépris d'une prohibition légale, a causé la confusion de part et créé la difficulté. Il est donc plus équitable que ce soit lui qui soit obligé de nourrir l'enfant et de le faire son héritier. Enfin, il est de principe que chacun doit connaître la condition des personnes avec lesquelles il contracte.

Ces raisons ne nous semblent nullement décisives. En admettant qu'elles pussent être invoquées avec fondement contre le second mari qui voudrait répudier la paternité de cet enfant, il est évident qu'elles seraient sans force contre l'enfant lui-même, dans le cas où il viendrait revendiquer la qualité de fils légitime du premier mari. On ne peut pas lui dire que si sa filiation est environnée de mystère il doit se l'imputer à lui-même. On ne peut pas davantage lui opposer que chacun est censé connaître la condition de ceux avec qui il contracte, car il n'a, lui, contracté avec personne. Enfin, si on lui oppose que l'enfant né le cent quatre-vingtième jour du mariage est réputé conçu depuis le mariage, il peut répondre que l'enfant né dans les trois cents jours de la dissolution du mariage est réputé conçu avant cette dissolution.

Il est une solution à laquelle se sont assez généralement attachés les auteurs modernes. Elle consiste à attribuer aux tribunaux le soin de décider, d'après les circonstances, quel est, du premier ou du second mari, le véritable père de l'enfant. C'est le sentiment exprimé par MM. Proudhon et Valette, t. 2, p. 50; Duranton, t. 3, n° 63; Duvergier sur Toullier, t. 2, n° 666; Zachariæ, éd. de MM. Massé et Vergé, t. 1, p. 214, note 9, et p. 207, note 21; Marcadé, t. 1, sur l'art. 228, n° 2. On invoque en faveur de ce système des raisons spécieuses. En effet, dit-on, les deux présomptions légales de paternité qui peuvent être invoquées, soit à l'égard du premier, soit à l'égard du second mari, aux termes des art. 314 et 315, se trouvant ici en lutte, s'annulent réciproquement, et dès lors il convient, laissant de côté ces présomptions légales, de rechercher, en fait, d'après les indices et probabilités qui peuvent résulter des circonstances, quel est celui des deux qui doit être réputé le père. Ainsi, le terme de neuf mois formant la durée la plus ordinaire des grossesses, on devra examiner d'abord à quelle époque, d'après cette donnée, se reporterait la conception. On examinera également quel était l'état de conformation de l'enfant au moment de la naissance, et si, d'après cet état, on doit supposer que la naissance ait été accélérée ou, au contraire, qu'elle ait été tardive. On examinera, enfin, si, dans le temps qui a précédé la dissolution du premier mariage, le mari était ou non en état de cohabiter avec sa femme, etc.

Cette solution ne nous satisfait point. Elle nous paraît peu conforme aux vues du législateur, peu conforme à l'esprit des dispositions qu'il s'agit d'appliquer. En général, la pensée du législateur a été de proscrire ces recherches de paternité, toujours si difficiles, si complexes, et dont les résultats sont si peu certains. A une vérité de fait mystérieuse et impénétrable, il a préféré substituer des présomptions claires et précises. Mais, dit-on, dans notre hypothèse, les présomptions légales se combattent et s'annulent : cela est vrai jusqu'à un certain point. Voyons cependant s'il n'y a pas des considérations qui doivent faire pencher la balance d'un côté plutôt que de l'autre. L'enfant est né dans le second mariage; c'est un point important; car nous savons que le législateur va jusqu'à réputer légitime, du moins jusqu'à désaveu, l'enfant né même quelques jours après la dissolution du mariage. Il y a donc dans ce fait une nouvelle présomption qui vient fortifier au plus haut degré celle qui résultait déjà de ce que l'enfant était né plus de cent soixante-dix-neuf jours après la célébration du second mariage. On peut ajouter que la présomption qui rattache l'enfant au second mariage est en même temps plus conforme à la moralité, et que c'est une nouvelle raison pour l'admettre. Notre sentiment est donc que, dans le cas dont il s'agit, l'enfant doit être présumé avoir pour père le second mari. C'est le sentiment de Voet, mais motivé par d'autres raisons. Ce système, au surplus, avait été adopté, dans l'ancien droit, par Bouvot, Quest. notables, 2e part., v° Enfant, t. 1, p. 69; Rousseau de Lacombe, Jur., v° Enfant, n° 8, et Despeisses, cité par ce dernier. De nos jours, il est enseigné par MM. Capuron et Devergie, dans leurs Traités de médecine légale, et un jurisconsulte d'un grand poids, M. Demolombe, t. 5, n° 93, a cru devoir s'y rallier.

92. M. Richefort, t. 1er, chap. 1er, partant de ce principe que les mariages contractés par la femme avant l'accomplissement des dix mois du décès de son mari sont frappés de nullité, en tire cette conséquence, ou plutôt la laisse entrevoir (car il ne s'explique pas catégoriquement à ce sujet), que l'enfant doit être réputé enfant légitime du premier mari. — Cette théorie de la prétendue nullité des mariages contractés en contravention à l'art. 228 est trop généralement proscrite (V. Mariage, n° 969) pour qu'il nous paraisse nécessaire de démontrer l'injuste rigueur de la conséquence que M. Richefort paraît en déduire.

93. Un cas pourrait se présenter qui n'offrirait aucune difficulté : c'est le cas, analogue à celui que nous avons déjà supposé ci-dessus, n° 90, où une veuve, qui serait accouchée peu de jours après la mort de son mari, se serait mariée peu de temps après et donnerait le jour à un second enfant dans les trois cents jours de la dissolution du premier mariage. Cet enfant ne pourrait évidemment réclamer d'autre paternité que celle du second mari : l'impossibilité de le rattacher au premier mariage serait ici manifestement démontrée. (V. conf. M. Demolombe, t. 5, n° 92). Nulle divergence d'opinion n'est possible dans une pareille hypothèse.

94. Si l'enfant né entre le deux cent soixante-dixième et le trois centième jour du décès du mari, c'est-à-dire à une époque telle que, d'après les habitudes de la nature, on doit vraisemblablement supposer qu'il a été conçu depuis ce décès, était reconnu par un autre individu, avec l'agrément de la mère, comme son enfant naturel, cette reconnaissance ne devrait-elle pas faire fléchir la règle générale contenue dans l'art. 315? N'en devrait-il pas être ainsi surtout si, plusieurs mois, plusieurs années après, la reconnaissance s'était transformée en légitimation par suite du mariage des père et mère? L'enfant, protégé, dans ce cas, par une nouvelle légitimité, sera-t-il ravi à la première famille dans laquelle il avait été placé par le fait de sa naissance arrivée dans les trois cents jours?—Ces questions, longuement agitées dans un procès célèbre, n'ont pas été uniformément résolues par les diverses juridictions devant lesquelles elles ont été portées. Ainsi la cour de Paris, par arrêt du 16 juill. 1839 (rapp. avec l'arrêt de cass. ci-après), avait jugé d'abord que l'enfant né deux cent quatre-vingt-dix-neuf jours après la dissolution d'un premier mariage est légalement réputé conçu pendant ce mariage, et avoir, par une conséquence nécessaire, pour père le mari, encore bien que cet enfant ait été reconnu par un autre qui, plusieurs années après, a contracté mariage avec la mère, et nonobstant toutes les circonstances de la cause qui concourent à démontrer que l'enfant est bien réellement l'œuvre du second mari; que la reconnaissance, dans ce cas, est nulle, en tant qu'elle imprimerait le caractère d'adultérinité à un enfant qui, suivant la présomption légale de l'art. 312 c. nap., doit être réputé né en légitime mariage. — Mais sur le pourvoi il a été décidé, en sens contraire, que l'enfant né entre le deux cent soixante-dixième et le trois centième jour après le décès du mari doit, s'il a été reconnu pour son enfant naturel, et avec l'agrément de la mère, par un autre individu qui l'a depuis légitimé par son mariage avec celle-ci, être réputé l'enfant de ce dernier, et non du premier mari; et que c'est à tort que les héritiers du second mari contesteraient la légitimité de cet enfant à l'effet de le priver de la succession dudit second mari; que l'art. 315 c. nap., qui conserve à l'enfant, jusqu'à contestation, l'état dont il se trouve investi, disposant manifestement en sa faveur et uniquement dans son intérêt, ne peut être invoqué pour lui attribuer une autre légitimité que celle qu'il est destiné à protéger (Cass. 23 nov. 1842, et sur le renvoi, Orléans, 10 août 1843) (1).

Pour nous, la cour de Paris nous paraît avoir plus fidèlement que la cour de cassation et la cour d'Orléans interprété la pen-

---

(1) *Espèce* : — (Henri et Quériau *C.* dame Vallier.) — En 1807, Henri, premier danseur de l'opéra, se rend à Naples, et contracte un engagement de plusieurs années avec le théâtre de cette ville. La demoiselle Pelletier, épouse du sieur Quériau, ancien administrateur du théâtre de Marseille, contracte aussi, vers la même époque, un engagement avec le théâtre de Naples, en qualité de première danseuse. Des relations intimes s'établissent entre Henri et la dame Quériau. En 1815, Quériau, depuis longtemps séparé de sa femme, et sans domicile fixe, meurt à Livourne, le 6 mars. — Peu de mois après le décès de Quériau, Henri et la veuve Quériau se rendent à Paris. Henri, obligé par ses affaires de se rendre en Angleterre, donne procuration au général Soyez, son frère utérin, à l'effet de se présenter devant l'officier de l'état civil du cinquième arrondissement de la ville de Paris, et de reconnaître, comme lui appartenant, l'enfant dont la veuve Quériau est enceinte. — 14 déc. 1815, la dame Quériau accouche d'un fils qui est inscrit sur les registres de l'état civil sous les noms de Louis-Stanislas-Xavier, né de Marie Pelletier veuve Quériau, et de Louis-Stanislas-Xavier Henri, artiste, lors à Londres, sur la déclaration de M. le général Soyez. — Bientôt la dame Quériau et Henri retournent à Naples, où ils contractent de nouveaux engagements avec le théâtre de cette ville. — 25 juin 1820, mariage à Naples entre la veuve Quériau et Henri : ce mariage n'est pas précédé des publications légales en France. — En 1826, Henri revient en France avec sa femme, et, le 26 juin de cette année, il fait transcrire son acte de mariage sur les registres de l'état civil de la commune de Moulins-en-Gilbert (Nièvre), qu'il habite : le 7 octobre suivant, il déclare fixer son domicile dans cette commune. — 4 nov. 1836, Henri meurt à Milan, laissant pour légataire pour un tiers la dame sa veuve, et pour seul héritier, Louis-Stanislas-Xavier, son fils.

La dame Vallier, sœur germaine de Henri, réclame la succession de son frère. A l'égard de la dame Henri, elle prétend que son mariage avec Henri est nul, faute d'avoir été précédé des publications prescrites par l'art. 1463 c. civ.; — A l'égard de Louis-Stanislas-Xavier, soutient que, né moins de trois cents jours après le décès de Quériau, il doit être réputé son fils : elle conclut à la nullité de la reconnaissance faite par Henri de l'enfant né le 14 oct. 1815, et soutient que le mariage de 1820 n'a pu produire aucune légitimation en faveur de cet enfant.

Le 9 août 1838, jugement du tribunal de la Seine, qui déclare la dame Vallier mal fondée dans sa demande.

Mais, sur l'appel, ce jugement fut infirmé par un arrêt de la cour de Paris (aud. solen.), du 16 juill. 1839, ainsi conçu : — « En ce qui touche la nullité du deuxième mariage de la veuve Quériau avec le sieur Henri : — Considérant que, lors de ce mariage, Henri et la veuve Quériau, qui l'un et l'autre étaient établis à Naples, y résidaient depuis longtemps, et n'avaient conservé aucun domicile en France; — Que, loin de céler leur mariage, contracté avec le consentement du seul ascendant alors existant, ils l'ont entouré de toutes les formalités exigées pour sa validité suivant la loi du pays, et que l'acte qui constatait ce mariage a été transcrit sur le registre de l'état civil en France ; — Considérant enfin que, si, malgré ces circonstances, le défaut de publication énoncé en l'art. 170 c. civ. pouvait constituer un vice essentiel, cette contravention serait couverte par une possession d'état conforme au titre, possession d'état non contestée, et qui s'est prolongée pendant plus de seize années ;

Au fond ; — Considérant qu'il résulte du rapprochement et de la combinaison des art. 312 et 315 c. civ., que l'enfant conçu pendant le mariage a pour père le mari ; et que l'enfant est réputé conçu pendant le mariage, lorsqu'il est né plus de cent quatre-vingts jours après la célébration ou moins de trois cents jours après la dissolution ; — Considérant que ces règles, établies non-seulement dans l'intérêt de l'enfant, mais aussi dans l'intérêt de la société, constituent des présomptions légales auxquelles, dès lors, aucune preuve contraire ne peut être opposée, sauf le cas de désaveu, que le mari et ses héritiers sont seuls autorisés à exercer sous les conditions que la loi détermine ; — Considérant qu'il est constant et reconnu que Charles-Bonaventure Quériau est mort à Livourne, le 6 mars 1815; et qu'il résulte de l'acte de l'état civil dressé à Paris, le 16 décembre de ladite année 1815, que Marie Pelletier, veuve dudit Quériau, est accouchée de Louis-Stanislas-Xavier, intimé, le 14 du même mois, c'est-à-dire moins de trois cents jours après la dissolution du mariage; — Qu'ainsi l'intimé, légalement réputé conçu pendant ce mariage, et ayant, par une conséquence nécessaire, pour père le mari, est, suivant la présomption de la loi, l'enfant posthume, mais légitime, de Charles-Bonaventure Quériau et de Marie Pelletier; — Considérant que l'état de l'intimé se trouvant ainsi légalement fixé, il ne pourrait se prévaloir des autres énonciations renfermées dans l'acte de naissance, pour en induire que, présenté comme enfant naturel de Louis-Stanislas-Xavier Henri, et reconnu en son nom, il aurait été légitimé par le mariage subséquent dudit Henri et de la veuve Quériau ; — Considérant qu'en effet, d'après les principes qui viennent d'être établis, la naissance de l'intimé faisant remonter la conception au temps où sa mère était engagée dans les liens du mariage, et l'art. 335 c. civ. prohibant formellement toute reconnaissance d'enfant provenu d'un commerce adultérin, la reconnaissance faite par Henri doit être réputée non écrite, sans que l'intimé puisse s'en prévaloir plus qu'on ne pourra l'invoquer contre lui ;

» Considérant, en ce qui touche la légitimation par mariage subséquent, que Louis-Stanislas-Xavier Henri et la veuve Quériau ne s'étant mariés qu'en 1820, plus de quatre années après la naissance de l'intimé, il n'y a pas lieu de se préoccuper des difficultés auxquelles pourrait donner lieu l'application de l'art. 312 c. civ., si ce second mariage avait été contracté dans les dix mois, en contravention à l'art. 228 du même code, et à une époque assez voisine de la dissolution du premier mariage pour que la naissance de l'intimé fût survenue plus de cent quatre-vingt jours après la célébration du second; — Qu'il suffit, dès lors, de reconnaître, ainsi que cela a été précédemment établi, que l'intimé n'a été ni pu être légalement reconnu par Henri, pour qu'il reste démontré, d'après les termes de l'art. 331 c. civ., que sa légitimation n'a pu résulter du mariage contracté entre sa mère et ledit Henri ; — Considérant que l'intimé, étranger à Henri par la filiation, n'ayant pu prendre part à sa succession, doit être tenu de rétablir entre les mains des ayants droit les biens dont il a pu se mettre en possession dans une qualité qui ne lui appartenait pas, mais que les demandes en restitution formées contre la veuve Henri ne peuvent être accueillies, puisqu'elle n'a pris possession elle-même que de biens auxquels sa qualité de commune lui donnait des droits, et après un inventaire dont la régularité n'est pas contestée; — Infirme le jugement; au principal, sans s'arrêter à la demande de la dame Vallier en nullité du mariage contracté entre la veuve Quériau et Henri, déclare Louis-Stanislas-Xavier enfant légitime du mariage de Charles-Bonaventure Quériau et de Marie Pelletier, lui fait défense de prendre à l'avenir le nom de Henri; ordonne que l'acte de naissance dudit Quériau sera rectifié conformément au présent arrêt; ordonne que ledit Quériau restituera aux héritiers de Henri les biens dont il s'est mis en possession, tous droits réservés quant à la validité et l'effet des dispositions testamentaires de Henri, etc. » — Pourvoi d'Henri et de la dame Quériau, pour, 1° contravention aux art. 312, 315, 331 et 333 c. civ., en ce que la cour avait mal à propos appliqué à l'enfant né après le décès du sieur Quériau la présomption établie par l'art. 315, et, par suite, refusé à la reconnaissance de cet enfant, ainsi qu'au mariage qui l'avait suivi, les effets qu'ils devaient produire; — 2° Violation des art. 312 et 317 c. civ., en ce que l'arrêt attaqué avait, par des considérations puisées du droit, rejeté l'offre faite par Stanislas-Xavier de prouver l'impossibilité physique où se trouvait Quériau de cohabiter avec sa femme longtemps avant la dissolution de son mariage. Or, disait-on, la preuve de cette impossibilité eût suffi pour faire fléchir la règle *pater is est quem nuptiæ demonstrant*. — 3° Violation des art. 322 et 323 c. civ. — Après avoir posé en principe que nul ne peut contester l'état de celui qui a une possession d'état conforme à son titre de naissance, on s'efforçait d'établir, 1° que l'acte de naissance de Stanislas-Xavier, complété et rectifié par la légitimation, le présentait comme fils légitime des sieur et dame Henri; 2° qu'il avait toujours joui d'une possession d'état conforme à ce titre; d'où l'on concluait qu'aux termes de l'art. 322 son état était inattaquable.

Pourvoi aussi des héritiers Quériau, pour violation des art. 312 et 317 c. civ., en ce que l'arrêt les avait déclarés non recevables à prouver l'impossibilité physique de cohabitation des sieur et dame Quériau au moment de la conception de Stanislas-Xavier, par le motif qu'ils ne pouvaient être admis à faire cette preuve qu'en cas de désaveu. — On soutenait, 1° que l'art. 317 n'exige pas, à proprement parler, de désaveu de la part des héritiers troublés dans leur possession; il leur permet, dans ce cas, de contester la légitimité du réclamant, sans leur opposer l'obligation de désavouer; 2° que, dans tous les cas, le seul fait de la

sée du législateur. — Et d'abord, si nous envisageons la reconnaissance en elle-même, abstraction faite du mariage ultérieur qui peut arriver ou n'arriver pas, nous dirons que cette reconnaissance, même lorsqu'elle est faite avec l'assentiment de la mère, ne peut, à notre avis, avoir pour effet d'enlever à l'enfant la légitimité que lui a donnée l'art. 315. La légitimité ne peut s'abaisser ainsi au gré des volontés particulières et peut-être au gré des intérêts qui peuvent s'agiter autour du berceau d'un enfant. Sans doute les actes dont on parle ici sont d'une grave considération; ils rendront plus facile la preuve de l'impossibilité physique ou même morale de cohabitation du mari; ils n'ont pas une énergie assez décidée pour entamer la règle dont nous nous occupons. — Quant à la légitimation, elle semble se présenter dans des conditions plus favorables que la reconnaissance

---

contestation de légitimité équivaut à un désaveu de la part des héritiers, ainsi que la cour de cassation l'a décidé par arrêt du 31 déc. 1834. — Arrêt (apr. dél. en ch. du cons.).

LA COUR; — Joignant les deux pourvois à raison de la connexité, et statuant sur le tout par un seul et même arrêt; — Vu les art. 312, 314, 315 et 317 c. civ.; — Attendu que les art. 312 et 314 c. civ. ont réglé la paternité et la filiation qui résultent du mariage; que leurs dispositions se trouvent complétées sur ce point par l'art. 315, qui déclare que la légitimité de l'enfant né trois cents jours après que le mariage a été dissous, pourra être contestée; — Attendu qu'il résulte de ces articles que les règles qu'ils ont établies sont uniquement relatives au mariage et à ses effets dans le cas où il s'agit d'un enfant désigné par sa naissance ou par sa conception pour en être issu, et qui prétend y trouver la source de sa légitimité; — Que l'art. 315 annonce clairement, par les expressions qu'il renferme, qu'il ne s'occupe que de l'enfant qui, né après les trois cents jours fixés par la loi pour les naissances les plus tardives, est en possession de l'état d'enfant légitime du mariage dissous; — Attendu qu'il est de principe de n'appliquer les présomptions légales qu'aux cas pour lesquels elles ont été spécialement faites; qu'ainsi, celles qui ont déterminé l'état des enfants qui jouissent de la légitimité produite par un mariage, avant ou après sa dissolution, sont sans force pour leur en imposer une contraire; — Attendu, d'ailleurs, qu'en ne déclarant pas illégitime l'enfant né après les trois cents jours de la dissolution du mariage, à une époque où la loi ne présume plus que sa conception se rattache à l'existence du mariage de sa mère, et, en se contentant de dire que sa légitimité pourra être contestée, l'art. 315 c. civ. dispose manifestement en sa faveur, puisqu'il lui conserve, jusqu'à contestation, la légitimité dont il se trouve investi; — Attendu qu'on ne peut invoquer une disposition qui n'a été faite que dans son intérêt, pour lui attribuer une autre légitimité que celle qu'elle est destinée à protéger; — Attendu, dans l'espèce, que le fils de la veuve Henri est né deux cent quatre-vingt-trois jours après la mort de Quériau, premier mari de sa mère; que, dans son acte de naissance, il a été reconnu par Henri, pour être issu de lui et de la veuve Quériau; que ces derniers se sont mariés en 1820; que l'action de la femme Vallier avait pour but de dépouiller l'enfant reconnu par eux de sa qualité de leur fils légitime pour lui imposer une autre légitimité, à l'aide seulement de la présomption résultant de l'art. 315 c. civ., et que, dans sa défense à une action de cette nature, le fils de la veuve Henri a opposé l'inapplicabilité à sa position de la présomption invoquée contre lui; — Attendu qu'au lieu de décider, dans ces circonstances, que les art. 312, 314 et 415 c. civ. ne pouvaient régler la contestation, l'arrêt attaqué, sous le prétexte que les art. 312 et 315 réputant conçu pendant le mariage l'enfant né après les cent quatre-vingts jours depuis sa célébration, ou dans les trois cents jours qui ont suivi sa dissolution, l'état du fils de la veuve Henri se trouvait légalement et définitivement fixé par la date de sa naissance arrivée seulement après deux cent quatre-vingt-trois jours de la mort de Quériau, l'a déclaré l'enfant légitime de ce dernier, en rendant cette décision commune avec ses héritiers; — Qu'en statuant ainsi, cet arrêt a tout à la fois faussement appliqué et violé les articles ci-dessus cités;

Attendu, en ce qui concerne les héritiers Quériau, que la conséquence de ce qui précède est nécessairement que l'arrêt attaqué ne peut pas plus être maintenu à leur égard qu'à l'égard de la veuve Henri et de son fils;

Attendu, toutefois, relativement à leur pourvoi, qu'ils avaient qualité pour contester la légitimité que la femme Vallier voulait faire attribuer, à leur préjudice, au fils de la veuve Henri, et qu'ils étaient, par suite, autorisés, aux termes des art. 312 et 317 c. civ., à établir que, pendant les trois cents jours qui avaient précédé la naissance de ce fils, il y avait eu, pour cause d'éloignement, impossibilité physique de cohabitation entre les époux Quériau;

Attendu qu'il est constant, d'après l'arrêt attaqué, que, dans leur défense, ils ont opposé cette exception, soit en première instance, soit en appel; qu'en soutenant que le fils de la veuve Henri n'était pas l'enfant de leur père, et en contestant par là la légitimité qu'on prétendrait lui donner, ils se sont exactement conformés aux principes de l'art. 317;

Attendu que l'arrêt attaqué a déclaré cependant à leur égard enfant légitime de leur père le fils dont la veuve Henri était accouchée neuf mois et treize jours après la mort de ce dernier, sans aucune appréciation des faits d'impossibilité physique de cohabitation par eux proposés, par l'unique motif que la présomption qui répute conçu pendant le mariage l'enfant né dans les trois cents jours de sa dissolution ne peut être détruite par aucune preuve contraire, sauf le cas de désaveu par les héritiers du mari; — Attendu qu'en statuant ainsi, cet arrêt a méconnu le véritable caractère de la défense des héritiers Quériau, et violé les art. 312 et 317 c. civ.; — Par ces motifs, casse, etc.

Du 23 nov. 1842.–C. C., ch. civ.–MM. Portalis, 1er pr.–Bryon, rap.–Laplagne, 1er av. gén., c. conf.–Moreau, Verdière et Piet, av.

Sur renvoi, il y a eu décision dans le même sens : — « Sur la fin de non-recevoir tirée de la reconnaissance d'état de Louis-Stanislas-Xavier par la dame Vallier : — Attendu que l'on ne peut couvrir la nullité d'un acte que lorsqu'on a qualité pour l'attaquer; — Attendu que le droit de la dame Vallier n'a été ouvert qu'à l'époque du décès de son frère Henri, père de Louis-Stanislas-Xavier, d'où il suit que la reconnaissance de cet enfant comme fils légitime de Henri, que l'on voudrait induire de diverses lettres écrites par la dame Vallier avant cette époque ne peut lui être opposée; — Sur celle tirée de l'art. 322 c. civ. :

» Attendu que dans la cause il s'agit de fixer l'état de Louis-Stanislas-Xavier, et que, dès lors, on ne peut lui opposer comme déjà établi ce qui est l'objet du litige; — En ce qui touche l'intervention des enfants Quériau : — Attendu qu'ils ont un intérêt légitime à défendre leur mère de tout soupçon d'adultère, et à maintenir leur droit exclusif à la succession de leur père;

» Au fond : — Attendu qu'aux termes de l'art. 331 du code civil, les enfants nés hors mariage autres que ceux d'un commerce incestueux ou adultérin, peuvent être légitimés par le mariage subséquent de leurs père et mère, lorsque ceux-ci les ont légalement reconnus; — Qu'aux termes de l'art. 333 du même code, les enfants ainsi légitimés par le mariage subséquent ont les mêmes droits que s'ils étaient nés de ce mariage; — Attendu que le second mariage de la veuve Quériau avec le sieur Henri reconnu valable doit produire tous ses effets;

» Attendu, en fait, que Louis-Stanislas-Xavier est né le 14 décembre 1815, deux cent quatre-vingt-quatre jours (neuf mois et quatorze jours) après la dissolution du mariage de sa mère avec le sieur Quériau, décédé le 5 mars précédent; — Que la présomption tirée de l'art. 312, § 2, acquiert d'autant plus de force que la naissance s'éloigne des cent quatre-vingt jours de gestation après lesquels l'enfant est légalement attribué au mari; — Qu'il est en outre prouvé au procès que plus d'une année avant la naissance de l'enfant, il y a eu impossibilité physique de cohabitation entre les époux Quériau; — Attendu, enfin, que le sieur Stanislas-Xavier a été reconnu par le sieur Henri et la dame veuve Quériau, pour leur fils naturel, et légitimé par le mariage subséquent; — Que depuis plus de vingt-trois ans il a été légalement reconnu comme tel par les deux familles, par les enfants du premier lit et par le propre frère de la dame Vallier, le général Soyez, qui a refusé de se joindre à elle dans l'instance; — Qu'en vain on voudrait opposer à Louis-Stanislas-Xavier le moyen tiré de l'art. 315 c. civ.; qu'en effet, cet article, ainsi conçu : « La légitimité de l'enfant né trois cents jours après la dissolution du mariage pourra être contestée, » n'est évidemment applicable qu'à l'enfant en possession de l'état d'enfant légitime né plus de trois cents jours après la dissolution du mariage, et dont il est permis par cet article de contester l'état à l'aide de la présomption légale tirée du terme le plus long assigné à la gestation, fixé à trois cents jours;

Mais attendu qu'il est de principe que la présomption légale étant celle attachée par une loi spéciale à certains actes, à certains faits (art. 1350), ne peut être appliquée qu'aux cas pour lesquels elle a été spécialement créée; — Que, de plus, ce serait déplorablement fausser la loi, si, par une induction tirée de l'art. 315, qui n'est pas fait pour l'espèce, on arrivait à imprimer indirectement à la naissance de Louis-Stanislas-Xavier un caractère d'adultérinité, qui, aux termes de l'art. 331 précité, lui enlèverait le bénéfice de la légitimation; — Qu'il est d'ailleurs tellement vrai que les termes de l'art. 315 ne sont pas absolus, qu'il y est constamment dérogé par la jurisprudence, lorsqu'il s'agit de l'enfant d'un second mariage contracté dans les dix mois de veuvage de la mère, et né dans les trois cents jours qui ont suivi le décès du premier mari, et après cent quatre-vingts jours écoulés depuis son décès;

» Par ces motifs, et adoptant au surplus aucun des motifs exprimés par les premiers juges, sans s'arrêter aux diverses fins de non-recevoir proposées, lesquelles sont déclarées mal fondées, met l'appellation au néant, ordonne que ce dont est appel sortira son plein et entier effet, condamne l'appelante à l'amende et aux dépens, y compris ceux faits devant la cour royale de Paris, dont distraction au profit des avoués des parties intimées; déclare l'arrêt commun avec les héritiers Quériau, etc... »

Du 10 août 1843.–C. d'Orléans.–MM. Travers de Beauvert, 1er pr.–Diard, 1er av. gén.–Philippe Dupin, Charrié, Lagier, Duvergier, av.

pure et simple, puisqu'elle aurait pour effet, non pas d'enlever à l'enfant sa légitimité pour le rejeter dans la classe des enfants naturels, mais de substituer une légitimité à une autre; mais la doctrine de l'irrévocabilité de l'état de l'enfant au moment où il vient au jour, et le principe d'après lequel il est légalement présumé l'enfant du défunt, à moins que le contraire ne soit établi par une action en désaveu, ces règles, disons-nous, nous paraissent un écho plus fidèle de la pensée du législateur.

Cette doctrine est combattue par M. Demolombe, t. 5, nos 96 et suiv. Cet auteur, toutefois, n'admet pas, avec la cour de cassation et la cour d'Orléans, que la présomption établie par l'art. 315 n'existe qu'en faveur de l'enfant; de telle sorte qu'il lui serait permis d'invoquer une autre filiation, sans que jamais, au contraire, une autre filiation pût lui être imposée malgré lui; il repousse l'idée que l'état de l'enfant puisse dépendre de sa volonté; mais il prétend que la présomption établie par l'art. 315 à l'égard de l'enfant qui naît dans le dixième mois du décès du mari, peut fléchir devant cette autre présomption qui résulte de la reconnaissance, lors surtout qu'à cette dernière viennent se joindre des faits qui en démontrent la vérité. Entre deux filiations également possibles, dit-il, celle-là devra toujours l'emporter, dans laquelle le fait sera conforme au droit. Si la mère seule avait reconnu l'enfant comme naturel, M. Demolombe ne pense pas que cette déclaration isolée pût prévaloir contre la présomption de légitimité; il en dit autant pour le cas où la reconnaissance aurait été faite par un tiers seul; cette reconnaissance, dit-il, pourrait être contestée par tous ceux qui y auraient intérêt, notamment par la mère et par l'enfant, et dans ce cas la présomption de légitimité triompherait presque toujours. Mais si l'enfant avait été reconnu tout à la fois par la mère et par un tiers, si sa possession d'état était conforme, sa filiation naturelle se trouverait légalement établie par cela même; il en serait ainsi à plus forte raison si l'enfant avait été légitimé par le mariage subséquent du père et de la mère qui l'ont reconnu.

Cette doctrine est plausible, nous le reconnaissons; mais elle a l'inconvénient, contre lequel s'était élevé M. Demolombe à propos d'une autre question précédemment examinée (V. *suprà*, n° 91), de déférer aux magistrats la solution d'un problème toujours très-difficile, et qui, dans certains cas, peut même être enveloppé de ténèbres impénétrables. L'esprit du législateur en cette matière, nous le répétons, est de substituer des règles fixes, des présomptions générales, à l'examen de faits obscurs et complexes.

Mais, dit M. Demolombe, il y a ici deux présomptions qui se combattent. — Nous ne le croyons pas. La loi attache à la reconnaissance une présomption de vérité; mais c'est que, dans les conditions où elle est ordinairement faite, elle vient donner un père à un enfant qui n'en avait pas; elle vient, s'il est permis de parler ainsi, accroître, compléter son état légal; mais dans notre hypothèse il en est tout autrement. L'enfant, dès le moment où il a paru à la lumière, a eu un état, une légitimité; qu'a donc fait la reconnaissance survenue postérieurement? Elle lui a enlevé son état, sa légitimité, pour le rejeter dans la classe des enfants naturels. Or, c'est là ce qui ne nous semble pas conforme à l'esprit général des dispositions que nous examinons.

95. Il ne suit pas de là que nous admettions *à priori* que la reconnaissance sera essentiellement nulle comme entachée du vice d'adultérinité: elle restera comme non avenue si l'enfant n'est pas troublé dans l'état que sa naissance lui a donné; elle pourra produire son effet si la déclaration d'une cohabitation impossible a fait dépouiller l'enfant de sa légitimité, parce qu'il est équitable que, rejeté de la famille légitime, l'enfant soit admis à réclamer la paternité qui l'a accueilli dès son entrée dans la vie et que le cri de la nature déclare plus vraie que celle que la loi civile désigne. — Cette proposition est sans doute hardie et subira plus d'une controverse, car elle abandonne la règle des dix mois qui vient d'être proclamée presque inviolable; mais telle est la tendance du législateur à adopter, en matière de filiation, les idées les plus morales, les plus vraies, les plus conformes au but de la société; telle est la protection dont il se montre animé en faveur de l'enfant [illegible] ne nous paraîtrait pas [illegible]

filiation naturelle et permise plutôt qu'une filiation réprouvée et proscrite, si le problème avait dû recevoir de sa part une solution expresse. Or, dans les cas douteux et dans ceux où les citoyens sont jetés dans des voies extraordinaires, c'est l'intention du législateur qui doit toujours être cherchée; c'est la vérité, lorsque les fictions ou les présomptions de la loi ont été déclarées nulles, qui doit reprendre son empire.

96. L'interprétation de l'art. 315 a fait naître une question importante. La règle que cet article établit relativement à la légitimité doit-elle être étendue à la successibilité? Ainsi, aux termes de l'art. 725 c. nap., pour succéder il faut nécessairement exister, c'est-à-dire être conçu au moment de l'ouverture de la succession. Or l'enfant qui est né plus de neuf mois après l'ouverture de la succession, mais dans les trois cents jours de cette ouverture, peut-il prétendre, en se fondant sur l'art. 315 c. nap., qu'il doit être réputé avoir été conçu au moment où le droit s'est ouvert et que, par conséquent, la succession lui a été dévolue? — Cette question, sur laquelle la jurisprudence a été appelée à se prononcer, sera examinée v° Succession.

CHAP. 3. — DU DÉSAVEU ET DE LA CONTESTATION DE LÉGITIMITÉ.

97. Nous avons parlé déjà des différences caractéristiques qui séparent le désaveu de la contestation de légitimité. Nous ferons, dans le cours de ce chapitre, ressortir ces différences. — Mais s'il importe de montrer ce qui les distingue, et, par là, de prévenir une confusion possible, il y a donc entre ces deux modes d'action quelque chose de commun, quelque trait de ressemblance? — Tous deux effectivement tendent au même but, poursuivent le même résultat: c'est que l'enfant soit déclaré étranger à celui qui est ou qui a été le mari de sa mère, et, par conséquent, à la famille de ce dernier; tous deux supposent que l'identité de cet enfant n'est pas douteuse et que la mère est ou a été engagée dans les liens d'un mariage valable ou au moins putatif. Mais là s'arrêtent les ressemblances. — La différence fondamentale, c'est que le désaveu ne s'applique qu'aux enfants nés ou conçus pendant le mariage et qui, par conséquent, sont placés sous l'égide de la maxime: *pater is est quem nuptiæ demonstrant;* tandis que la contestation de légitimité, au contraire, s'applique uniquement à ceux qui, par l'époque de leur naissance, se trouvent en dehors de cette présomption, et ne peuvent, dès lors, en invoquer le bénéfice, comme nés, par exemple, avant le cent quatre-vingtième jour de la célébration du mariage, ou plus de trois cents jours après sa dissolution. — Ainsi le désaveu a pour objet de chasser de la famille un enfant qui y était indûment entré; la contestation de légitimité a pour objet, non pas de chasser l'enfant de la famille, mais de montrer qu'il n'y est jamais entré, que, dès sa naissance, il y a été étranger. — Quant aux autres différences qui, pour la plupart, découlent de celle-là, nous les signalerons ultérieurement, au fur et à mesure qu'elles se présenteront.

98. La *contestation de légitimité* ne doit pas être confondue avec la *contestation d'état*. Cette dernière consiste à prétendre que telle personne n'est pas l'enfant légitime de telle autre, en déniant soit l'accouchement de la prétendue mère, soit l'identité de l'enfant qu'elle a mis au jour avec celui dont l'état est contesté. La contestation d'état suppose que l'enfant est en possession de l'état qu'on lui conteste. Si cette possession n'existait pas, et que ce fût l'enfant lui-même qui prétendît au titre de fils légitime de telle personne, l'action serait une *réclamation d'état*. Il sera traité ultérieurement de la réclamation d'état et de la contestation d'état.

99. Le mot *contestation de légitimité* n'est pas toujours pris dans le sens restreint que nous lui avons donné jusqu'à présent et qui, dans le langage de la loi, lui est ordinairement attribué. Il est employé quelquefois, et par la loi elle-même, dans une acception plus large, plus générale, qui comprend le désaveu lui-même. Nous pouvons citer comme exemple l'art. 317 c. nap., qui dit *contester la légitimité* pour *désavouer*. Et c'est ainsi qu'il a été jugé que la contestation de la légitimité d'un enfant né pendant le mariage comprend nécessairement le désaveu de paternité pour adultère [illegible]

SECT. 1. — *Personnes auxquelles appartient l'action en désaveu.*

100. C'est au mari qu'il appartient naturellement d'exercer l'action en désaveu. Le mari est en effet le principal intéressé dans la question; et il est évident que, si cette action lui était refusée, elle devrait, à bien plus forte raison, être refusée à toute autre personne.

101. Mais n'appartient-elle qu'à lui? Il est, à la vérité, le principal, mais il n'est pas le seul intéressé. Et d'abord ses héritiers sont intéressés à repousser de sa succession l'enfant qu'un adultère a frauduleusement introduit dans la famille; ses parents non successibles sont intéressés à l'écarter, pour l'avenir, des successions collatérales qui pourraient s'ouvrir et auxquelles il serait appelé, soit de préférence à eux, soit concurremment avec eux. Les donataires ou légataires peuvent être intéressés à écarter de la succession du mari un héritier dont la présence entraînerait la réduction de leurs donations ou legs; enfin, la mère et les héritiers sont, ou du moins peuvent être intéressés, par des raisons analogues, à faire considérer l'enfant comme le fruit de l'adultère. Or quelle part le législateur a-t-il faite à ces divers intérêts? Quel compte en a-t-il tenu?

102. Parmi les personnes que nous venons d'énumérer, il en est une dont la réclamation contre la légitimité de l'enfant ne pouvait évidemment être admise : c'est la mère. En effet, pour prétendre que l'enfant qu'elle a mis au monde sous le voile du mariage n'est pas l'enfant du mari, elle serait obligée de s'accuser d'adultère; or *nemo admittitur turpitudinem suam allegans*. — V. Conf. M. Demolombe, t. 5, n° 134.

103. Quant aux autres, les seuls que le législateur ait admis à l'exercice du désaveu, ce sont les héritiers du mari, et encore ne les admet-il qu'autant que le mari est mort sans avoir fait sa réclamation, mais étant encore dans le délai utile pour la faire. C'est ce que dispose l'art. 317. — La commission de législation s'était montrée à cet égard beaucoup plus large. Elle avait proposé, dans le projet primitif, une disposition ainsi conçue : « Si le mari est décédé sans avoir fait le désaveu, mais ayant encore la faculté de le faire, la légitimité de l'enfant peut être contestée par tous ceux qui y ont intérêt. » Cet article fut vivement critiqué par plusieurs cours d'appel, notamment par celles de Bordeaux et de Lyon. Il leur paraissait odieux que, lorsque le mari, c'est-à-dire le principal intéressé, a gardé le silence, l'état de l'enfant pût être attaqué par d'autres. Conformément à ces observations, la section de législation du conseil d'État amenda le projet, et à l'article que nous venons de citer substitua une disposition ainsi conçue : « Si le mari est décédé sans avoir fait le désaveu, ses héritiers ne seront point admis à contester la légitimité de l'enfant » (V. Locré, Esprit du code Napoléon, sur l'art. 317).—Cette rédaction fut vivement soutenue au sein du conseil d'État par M. Boulay, par les raisons suivantes. Le droit d'attaquer la légitimité doit être réservé exclusivement au mari, qui seul peut avoir la conscience de la paternité. S'il ne désavoue pas, son silence prouve ou qu'il se reconnaît le père, ou qu'il pardonne l'injure qu'il a reçue et qu'il adopte l'enfant. Pourquoi ses héritiers viendraient-ils démentir sa justice ou sa générosité? Si ce sont des collatéraux, leur intérêt est peu respectable; si ce sont les enfants légitimes, ils déshonoreraient leur propre nom en formant le désaveu. M. Réal fit observer, à l'appui de la même thèse, que la mort du mari enlève à la femme l'avantage des aveux qu'il aurait pu faire. — En faveur du système contraire, le consul Cambacérès dit que le droit à une succession étant une propriété, on ne pouvait refuser aux héritiers du mari la faculté de le faire valoir et de détruire les obstacles qui en gênent l'exercice, en contestant l'état des enfants. — A la suite de cette discussion, il fut décidé, conformément, du reste, à l'avis exprimé par le premier consul et par M. Tronchet, que les héritiers du mari pourraient exercer l'action, mais seulement lorsque leur auteur serait mort avant l'expiration du délai qui lui est donné pour agir (V. Locré, Lég. civ., t. 6, p. 47 et suiv.). En effet, si le mari a laissé passer le délai sans réclamer, il s'est tacitement reconnu le père de l'enfant, et dès lors on ne comprendrait pas que ses héritiers vinssent après sa mort contredire l'aveu qui résulte de son silence. Si, au contraire, il est mort sans avoir réclamé, mais étant encore dans le délai utile pour le faire, on ne peut rien induire de son silence; l'action devait donc, dans ce cas, appartenir aux héritiers, soit parce que, n'étant point éteinte, elle fait partie de la succession qui leur est dévolue, soit parce que l'apparente légitimité de l'enfant forme un obstacle légal à l'exercice de leurs droits successifs, obstacle qu'il leur importe d'écarter. — Il est bien vrai que cette action, lorsqu'elle est exercée par les enfants légitimes, rejaillit contre la mère elle-même et tend à la déshonorer. Cependant cette considération, quelle que soit sa gravité, n'a pas paru assez puissante au législateur pour le déterminer à refuser, d'une manière absolue, aux enfants le droit d'exclure de la famille celui que le crime y a frauduleusement introduit. Ainsi il n'est pas douteux que l'action en désaveu peut être exercée par les enfants issus du mariage. — V. en ce sens MM. Delvincourt, t. 7, note 13 sur la page 84; Proudhon et Valette, t. 2, p. 62; Duranton, t. 3, n° 70; Demolombe, t. 5, n° 125.

104. Quant à l'enfant lui-même, la loi ne lui a point donné le droit d'exercer le désaveu. C'est qu'en effet, repousser le titre d'enfant légitime que lui donne sa naissance et prétendre qu'il doit le jour, non point à l'accomplissement du devoir conjugal, mais à l'adultère de sa mère, ce serait, de la part de cet enfant, un acte odieux que la loi ne pouvait sanctionner (V. Conf. M. Demolombe, t. 5, n° 126). — Il a été jugé, en conséquence, que l'enfant né dans le mariage légitime, aux termes de son acte de naissance, et qui a joui sans trouble de la possession d'état de légitimité, n'est pas recevable, sous prétexte qu'il y avait impossibilité physique de cohabitation entre entre ses père et mère à l'époque de sa conception, à se prévaloir de la reconnaissance authentique qui lui attribuerait une paternité adultérine, et à réclamer des aliments (Rouen, 6 juin 1820) (1).

(1) *Espèce :* — (Legros C. Bélot.) — En 1776, Paumier se marie au Havre avec Marie-Anne Basset. — Le 17 déc. 1779, il s'embarque, en qualité d'aide-canonnier, sur un vaisseau qui a été pris par les Anglais le 23 fév. 1780. Conduit prisonnier en Angleterre, il y est décédé le 16 du mois de mai 1781. — Le 26 même mois, la dame Paumier accouche d'une fille désignée dans son acte de naissance par les prénoms de Cécile Bérénice, née de Marie-Anne Basset, veuve de Jean-Baptiste Paumier. — 30 fruct. an 10, le sieur Bernardin Lefèvre reconnaît, devant le maire du Havre, la fille dont la dame Paumier est accouchée le 26 mai 1781, pour être son enfant, et déclare qu'il entend la faire jouir des droits et prérogatives que les nouvelles lois accordent aux enfants nés hors mariage. — Dans son contrat de mariage avec un sieur Legros, en date du 21 nov. 1805, Cécile-Bérénice prend le nom de fille adultérine du sieur Bernardin Lefebvre; celui-ci, présent à l'acte, déclare donner à Cécile-Bérénice Lefebvre, sa fille, en considération du futur mariage, et par avancement de succession, un trousseau estimé 2,000 fr. — En 1813, décès de Bernardin Lefebvre; il laisse pour héritière la dame Belot, à laquelle Cécile-Bérénice Legros demande, en qualité de fille adultérine du défunt, qu'il lui fût accordée une pension alimentaire sur la succession de ce dernier.

26 nov. 1819, jugement qui, avant faire droit sur la quotité des aliments, ordonne l'estimation des biens du défunt. — Le tribunal, après avoir rappelé, dans les motifs de son jugement, les faits qui constatent l'absence du sieur Paumier, et en avoir tiré la conséquence qu'il était moralement démontré qu'il n'avait pu cohabiter avec sa femme depuis le 23 fév. 1779, ajoute : «Attendu que l'art. 335 c. civ., dont excipe la dame Belot, se trouve placé dans le chap. 3, tit. 7, liv. 1er, lequel chapitre est relatif à la légitimation des enfants naturels, et que ledit article n'est point applicable aux enfants adultérins, puisque ceux-ci ne peuvent être légitimés, et que d'ailleurs il n'est point exclusif de la réclamation de la femme Legros, attendu que cette réclamation est fondée sur les dispositions des art. 762 et 763 c. civ.— Appel.—Arrêt.

LA COUR, — Vu la loi du 12 brum. an 2, art. 10; — Vu pareillement les art. 335 et 342 c. civ.; — Attendu que, s'agissant de droits réclamés à titre d'enfant né hors mariage, sur une succession ouverte postérieurement au code civil, par le décès de Bernardin Lefebvre arrivé en 1813, la cause d'entre les parties doit se juger par les règles établies en ce code, suivant ce qui résulte de l'art. 10 de la loi du 12 brum. an 2; — Attendu, sur la fin de non-recevoir, invoquée par les époux Legros, que chacun est admis à opposer en défense à une action tous les moyens que la loi lui offre pour la repousser; qu'ainsi le mérite de la fin de non-recevoir dépend absolument de la légalité des moyens et exceptions opposés par l'appelante et qui se rattachent à la discussion du fond;

105. Par ce mot *héritiers* on doit entendre tous ceux qui représentent le mari à titre universel, c'est-à-dire non pas seulement les héritiers *ab intestat*, les héritiers du sang, mais encore les donataires et légataires, soit universels, soit à titre universel. Il est bien vrai qu'ils n'ont pas absolument le même intérêt que les héritiers du sang à exclure l'enfant de la famille, car ils n'ont point à craindre, comme ces derniers, que cet enfant vienne un jour à leur propre hérédité ou les exclue des successions auxquelles ils pourraient être appelés; mais ce n'est pas à raison de cet intérêt, en vue de cette éventualité, que le législateur a admis les héritiers à l'exercice du désaveu, c'est uniquement, comme nous l'avons dit, parce que cette action fait partie de la succession qui leur est dévolue, et parce que, d'ailleurs, cette action leur est nécessaire pour écarter les obstacles qui pourraient, de la part de l'enfant, gêner l'exercice de leurs droits. Or les donataires et légataires dont nous parlons représentent le mari, ils sont investis de tous ses droits et actions, comme les héritiers *ab intestat*, auxquels ils sont assimilés à cet égard; ils peuvent donc, comme eux, exercer l'action en désaveu. —C'est là, du reste, ce qui est admis par tous les auteurs. — V. à cet égard MM. Proudhon et Valette, t. 2, p. 66; Toullier, t. 2, n° 835; Duranton, t. 3, n° 80; Allemand, Tr. du mariage, t. 2, n° 728; Marcadé, sur l'art. 317, n° 1; Richefort, t. 4, n° 63; Zachariæ, édit. Massé et Vergé, t. 1, 302, 303 et 305; Demolombe, t. 5, nos 123 et suiv., 129.

106. M. Duranton, toutefois, pense que les donataires et légataires, n'ayant, pour agir, d'autre titre que la conservation de leurs droits, doivent être déclarés non recevables, lorsque leurs intérêts ne sont pas attaqués par l'enfant. « S'ils représentent le défunt, dit-il (t. 3, n° 81), c'est généralement, dans notre législation, quant à son patrimoine; et nous ne saurions admettre, dans toute leur étendue, les effets que le droit romain attachait à la qualité d'héritier institué. Les effets moraux, les conséquences éloignées, relatives aux droits de famille, tout cela appartient plutôt aux héritiers du sang qu'aux personnes désignées par un défunt pour recueillir ses biens : d'où nous concluons que, si l'enfant ne réclame aucune réduction sur les avantages qui leur ont été faits, son état ne leur nuisant point, il doit le conserver, sauf aux parents qui se trouveraient héritiers *ab intestat* parce que le mari n'aurait pas disposé de tous ses biens, à le combattre s'ils croyaient devoir le faire. » — MM. Delvincourt, t. 1, note 6 sur la p. 89, et Richefort, t. 1, n° 63, se prononcent dans le même sens. — Cette doctrine paraît raisonnable, elle séduit au premier abord elle ne nous paraît pas cependant à l'abri de toute objection. Nous admettons le point de départ de M. Duranton : l'intérêt est la mesure des actions; si donc l'héritier institué était, dans le cas prévu par cet auteur, sans intérêt à exercer le désaveu, nous déciderions avec lui qu'il doit être déclaré non recevable. Mais est-il bien vrai que, par cela seul que l'enfant n'attaque pas les droits de l'héritier institué, par cela seul qu'il n'élève aucune prétention, l'héritier institué soit sans intérêt à le désavouer? C'est là ce qui nous semble douteux. En effet, de ce que l'enfant ne réclame pas tout d'abord, il ne s'ensuit pas qu'il ne réclamera jamais. L'héritier institué se trouve donc, par le seul fait de l'existence de cet enfant légalement présumé légitime, en présence d'un danger incessant, en présence d'une menace qui peut se réaliser d'un moment à l'autre, et qui rend sa situation précaire, incertaine. Or il lui importe évidemment de sortir de cette pénible incertitude, et il ne peut le faire qu'en formant l'action en désaveu. Il est d'autant plus intéressé à prendre l'initiative, que les preuves dont il aurait besoin pour triompher dans son désaveu peuvent disparaître, et qu'ainsi, s'il était obligé d'attendre, pour agir, que l'enfant eût pris l'offensive, peut-être alors il se trouverait, par suite du laps de temps écoulé, hors d'état de justifier son désaveu. Telles sont les raisons qui nous portent, nous ne disons pas à repousser la doctrine de M. Duranton, mais du moins à concevoir des doutes sur son exactitude. — Nous serions donc disposés, quant à nous, à appliquer aux héritiers institués ce qui a été jugé à l'égard des héritiers légitimes et naturels, savoir : — Qu'ils ne sont pas obligés d'attendre, pour agir, que l'enfant soit mis en possession des biens de son père, ou bien qu'il les ait troublés dans la possession qu'ils en auraient prise; que l'action en désaveu peut être directement introduite par eux (Req. 25 août 1806, aff. Degrady, V. *infrà*, n° 151).

107. D'après les données qui précèdent, on doit considérer comme pouvant également, du chef du défunt, intenter l'action en désaveu, les successeurs irréguliers, c'est-à-dire l'enfant naturel, l'État, le conjoint, ainsi que le curateur à une succession vacante. C'est ce qu'enseignent formellement MM. Valette sur Proudhon, t. 2, p. 66, note; Demolombe, t. 5, nos 127 et 128.

108. Quant aux donataires ou légataires particuliers, qui seraient, eux aussi, grandement intéressés à exercer l'action en désaveu pour éviter la réduction que peut faire subir à leurs donations ou legs la présence d'un héritier à réserve, on convient généralement qu'ils ne sont pas recevables à désavouer, parce qu'ils ne représentent pas le mari, parce qu'ils ne succèdent pas à ses droits et actions, parce que, en un mot, ils ne sont pas *loco hæredum*. — V. MM. Proudhon et Valette, t. 2, p. 65 et 66; Duranton, t. 3, n° 82; Toullier, t. 2, n° 834; Marcadé sur l'art. 317, n° 1; Allemand, t. 2, n° 729; Massé et Vergé sur Zachariæ, t. 1, p. 302, note 37; Demolombe, t. 5, n° 130.

Cependant cette distinction entre les donataires ou légataires, soit universels, soit à titre universel, et les légataires particuliers, est repoussée comme arbitraire par M. Delvincourt (t. 1, note 13 sur la p. 84), dont M. Richefort reproduit l'argumentation et paraît partager le sentiment. Comment, dit M. Delvincourt, le fait que la succession du père est déférée par testament ou *ab intestat*, qu'il existe un legs universel ou seulement des legs particuliers, peut-il avoir quelque effet relativement à l'état et aux droits de l'enfant, et lui ôter ou lui conférer, suivant le cas, la qualité d'enfant légitime? Il est d'ailleurs évident, ajoute-t-il, que par ces mots *les héritiers* le législateur a entendu tous

---

Attendu, au fond, qu'il est constant et reconnu entre les parties que Marie-Anne Basset, femme de Jean-Baptiste Paumier, a mis au monde Cécile-Bérénice le 26 mai 1781; que le mari était décédé prisonnier de guerre en Angleterre, suivant ce qu'ont fait plaider les intimés le 16 du même mois; qu'il n'y avait point eu d'impossibilité physique à la cohabitation des deux époux, la femme ayant été libre d'aller visiter son mari en Angleterre, durant sa captivité; — Attendu que la conception de l'enfant, né le 26 mai 1781, ayant incontestablement eu lieu pendant l'existence du mariage de Marie-Anne Basset avec Jean-Baptiste Paumier, l'art. 312 c. civ. conférait à Cécile-Bérénice le titre d'enfant légitime issu de ce mariage; — Attendu que l'acte de naissance de Cécile-Bérénice, énonçant qu'elle est née de Marie-Anne Basset, veuve de Jean-Baptiste Paumier, est conforme à l'état dans lequel se trouvait alors sa mère, et ne contrarie nullement celui d'enfant légitime appartenant légalement à sa fille; — Attendu que l'état d'enfant légitime n'est pas et n'a jamais été contesté à Cécile-Bérénice; que c'est elle-même qui se présente en justice pour y faire abdication de son titre légal, et réclamer des aliments sous celui d'enfant ne d'un commerce adultérin; qu'ainsi ce procès offre le scandaleux exemple d'une femme qui veut se dépouiller du caractère d'une légitimité légale et non contestée, pour s'introduire dans une famille étrangère sous la qualité d'enfant adultérin, dans la vue d'y obtenir de plus grands avantages pécuniaires; — Attendu que Cécile-Bérénice ne peut réclamer, à l'appui de son action, le bénéfice de l'art. 762 c. civ., 2e alinéa, parce que son acte de naissance n'est pas conforme à sa prétendue possession d'état, rien dans cet acte n'annonçant qu'elle ait été conçue hors mariage, et encore moins qu'elle soit née d'un commerce privé de sa mère avec Bernardin Lefebvre; —Attendu que les intimés ne peuvent davantage invoquer les reconnaissances authentiques dudit Lefebvre, consignées dans l'acte de l'officier de l'état civil du 30 fruct. an 10, et dans le contrat de mariage du 21 nov. 1805, les art. 335 et 342 c. civ. ayant frappé d'une réprobation insurmontable ces sortes de reconnaissances, et interdit toute action directe en recherche de la paternité, en ce qui concerne les enfants incestueux ou adultérins; — Attendu que les art. 762 et 763 c. civ. n ont aucune application à l'espèce de la cause, leur but n'étant pas de donner aux incestueux et aux adultérins l'action directe que leur refusent les art. 335 et 342, mais seulement l'action en aliments, accessoire à une procédure judiciaire qui n'a pas pour objet direct la recherche de la paternité, mais dans laquelle cependant la preuve de l'inceste ou de l'adultère se trouve manifestement acquise; — Attendu que de ce qui précède, il résulte que l'action des époux Legros est contraire aux lois, aux mœurs, et à tout sentiment de pudeur, dans son but comme dans ses résultats; — Infirme.

Du 6 juin 1820.-C. de Rouen, aud. sol.-MM. Thil et Chéron, av.

ceux qui ont à la succession du père des droits auxquels la légitimité de l'enfant pourrait préjudicier.— Pesons la valeur de ces deux arguments. Et d'abord, quant au premier, nous dirons qu'il n'est pas indifférent du tout, comme M. Delvincourt paraît le penser, que le mari laisse des héritiers naturels, des légataires universels ou seulement des légataires particuliers. A quel titre, en effet, en vertu de quel droit les *héritiers* du mari peuvent-ils exercer le désaveu? C'est évidemment comme représentants du mari, c'est parce qu'ils ont trouvé l'action en désaveu dans la succession qui leur a été dévolue, et que, dès lors, ils en ont été saisis, comme ils l'ont été, en général, de tous les biens, droits et actions de leur auteur; mais il est clair que les légataires particuliers, ne succédant pas à l'universalité des biens du testateur, n'ayant aucun droit en dehors de l'objet particulier qui leur a été légué, n'ont point hérité de l'action en désaveu, et par suite ne peuvent l'exercer à aucun titre. Quant au sens que le législateur a attaché, dans l'art. 317, au mot *héritiers*, si l'on se reporte à la discussion du conseil d'État, on ne pourra, ce nous semble, conserver aucun doute à cet égard : il est évident qu'on n'a entendu parler que des successeurs universels ou à titre universel, et non point des donataires ou légataires particuliers.

109. M. Delvincourt et M. Richefort vont jusqu'à prétendre que, bien que la loi ne parle que des héritiers du mari, les héritiers de la femme pourraient également contester la légitimité de l'enfant pour l'empêcher de recueillir la succession de sa mère ou des parents de celle-ci. Et ils justifient cette proposition en ces termes : « Tous ceux qui ont intérêt de contester la légitimité ont le droit de le faire en se renfermant dans les termes des art. 312 et suiv. » Déjà Merlin (Rép., v° Légitimité, sect. 4, § 1, n° 1) s'était prononcé en ce sens. — Mais cette doctrine est manifestement contraire, non-seulement aux termes de la loi, qui ne parle que des héritiers du mari, mais encore à son esprit, tel qu'il se révèle clairement dans les discussions préparatoires du conseil d'État (V. Locré, Lég. civ., t. 6, p. 47 et suiv.). Sans entrer à cet égard dans des développements qui seraient superflus, nous ferons seulement une observation qui nous paraît sans réplique. Aux termes de l'art. 317, les héritiers ne peuvent exercer le désaveu qu'autant que le mari est mort sans avoir fait ses réclamations, mais étant encore dans le délai utile pour les faire. Que conclure de là? C'est que les héritiers ne peuvent agir directement et de leur chef, mais seulement du chef du mari, lorsque l'action, n'étant pas encore éteinte au moment de sa mort, s'est trouvée par là faire partie de sa succession. Or il est évident que les héritiers de la femme ne peuvent jamais agir du chef du mari, auquel ils sont étrangers, et comme ils ne peuvent, pas plus que les héritiers du mari, agir directement et de leur propre chef, il s'ensuit qu'ils n'ont à aucun titre le droit d'exercer le désaveu. C'est ce qu'enseignent aussi MM. Toullier, t. 2, n° 835; Duranton, t. 3, n° 77; Massé et Vergé sur Zachariæ, t. 1, p. 302, note 37; Demolombe, t. 5, n° 135.

110. De ce fait que les héritiers du mari ne peuvent exercer le désaveu que parce qu'ils représentent le mari et que, dès lors, ils sont investis de tous ses droits et actions, M. Proudhon (t. 2, p. 57) tire plusieurs conséquences importantes. — Ainsi, il en conclut d'abord que, si le mari avait succombé dans son action en désaveu, nul autre ne pourrait plus la proposer après lui, parce qu'en ayant été privé par l'effet du jugement, comme s'il y avait renoncé, il ne serait plus en son pouvoir de la transmettre à aucun autre. — Il en conclut en outre que, si les héritiers du mari avaient renoncé à sa succession, ils ne pourraient pas, dans leur intérêt propre, intenter l'action en désaveu contre l'enfant, parce qu'après avoir renoncé à une hérédité, on ne peut avoir l'exercice d'une action qui n'appartient qu'à l'héritier comme propriétaire du patrimoine du défunt.

Ces deux propositions nous paraissent également incontestables. La dernière cependant a été contestée par M. Delvincourt (t. 1, note 6, sur la page 89), dont l'argumentation paraît victorieuse à M. Richefort (t. 1, n° 63). Comme la qualité de fils d'un individu, dit M. Delvincourt, lui donne des droits, non-seulement à la succession de son père, mais encore à celle de tous les parents de ce dernier, il peut être utile aux héritiers de ce même individu de faire statuer sur l'état de l'enfant, afin de ne pas lui laisser acquérir une prétendue possession d'état et de l'écarter de toutes les successions auxquelles il pourrait prétendre dans la suite. — Cette argumentation ne fait que reproduire, sous une autre face, l'erreur de M. Delvincourt que nous avons déjà combattue dans les numéros précédents. Que prouve en effet M. Delvincourt? Que les héritiers du mari, même lorsqu'ils renoncent à sa succession, peuvent encore avoir intérêt à exercer le désaveu. Mais nous avons montré qu'il ne suffit pas d'avoir intérêt pour avoir droit; que les héritiers ne peuvent agir que comme représentant le mari; or ils ne le représentent pas quand ils ont répudié sa succession. Rappelons ici que la rédaction primitive de l'art. 317 attribuait l'action en désaveu à tous ceux qui y avaient intérêt, et que ce système a été repoussé (V. n° 103). Par suite, l'action est aujourd'hui réservée au mari seul, et elle ne passe après lui qu'à ses successeurs universels ou à titre universel, et qu'autant que, lors de son décès, elle faisait encore partie de ses biens.— V. dans le même sens MM. Proudhon, t. 2, p. 57; Toullier, t. 2, n° 835; Duranton, t. 3, n° 72; Demolombe, t. 5, n° 133.

111. Il est un cas où M. Proudhon refuse aux héritiers le droit d'exercer le désaveu, encore bien que le mari soit mort avant l'expiration du délai donné pour agir : c'est lorsque le désaveu serait fondé sur l'adultère de la femme qui, en outre, aurait caché au mari la naissance de l'enfant. « Dans cette hypothèse, dit-il (t. 2, p. 55), il faudrait que la question d'adultère eût été déjà jugée, sur la plainte du mari lui-même, pour qu'au moyen du jugement prononcé contre la femme du vivant des deux époux, les héritiers du mari fussent admissibles à l'action en désaveu contre l'enfant, sans quoi ils seraient non recevables à l'intenter.» La raison que cet auteur en donne, c'est que le mari seul est recevable à former l'accusation d'adultère contre sa femme.—Tout en reconnaissant la justesse de cette dernière proposition, consacrée par l'art. 336 c. pén., M. Valette, dans la note (*a*) sur la page 56, fait observer qu'il ne faut pas en conclure avec M. Proudhon que les héritiers du mari ne puissent, en prouvant l'adultère de la femme, exercer l'action en désaveu mentionnée dans l'art. 313. « En effet, dit-il, l'unique but que se proposent les héritiers est de rejeter l'enfant du sein de leur famille et nullement de faire appliquer à la femme les peines de l'adultère. Enfin, dans le cas de désaveu, la mère n'est point partie, mais seulement présente au procès (c. nap., art. 318). » Ajoutons, avec M. Duranton, n° 73, qu'admettre l'opinion de M. Proudhon ce serait faire à la disposition de l'art. 317 une exception que la généralité de ses termes ne comporte pas, et que, d'ailleurs, en réalité, c'est toujours pour cause d'adultère que l'on désavoue l'enfant conçu pendant le mariage. — V. dans le même sens MM. Toullier, t. 2, n° 841; Massé et Vergé sur Zachariæ, t. 1, p. 302, note 37, et p. 303, note 50; Marcadé, sur l'art. 317, n° 1; Demolombe, t. 5, n° 121.

Du reste, le tribunat avait proposé d'introduire dans la loi, par une disposition expresse, la doctrine que soutient M. Proudhon. L'art. 317 eût été ainsi rédigé dans sa première partie : « Si le mari est mort avant d'avoir fait le désaveu, mais étant encore dans le délai utile pour le faire, les héritiers n'auront le droit de désavouer l'enfant que dans le cas prévu par l'art. 312.» Le rejet de cette proposition ne laisse aucun doute sur la pensée du législateur. Nous y voyons clairement la condamnation anticipée de l'opinion émise par M. Proudhon. Aussi n'est-ce pas sans étonnement que nous voyons un auteur, M. Richefort (État des familles), après avoir, au n° 55, mentionné le rejet de la rédaction proposée par le tribunat, enseigner plus loin, au n° 61, que les héritiers du mari ne peuvent désavouer l'enfant pour cause d'adultère de sa mère, que l'action en adultère est en effet toute personnelle au mari. Notre étonnement est d'autant plus grand, qu'au n° 55 M. Richefort paraît attacher au rejet de la proposition du tribunat la même signification que nous. « Pourquoi, dit-il, réduire les héritiers du mari au seul cas de l'art. 312, et ne pas leur permettre le désaveu pour les causes mentionnées en l'art. 313? Était-ce parce que la poursuite de l'adultère n'appartient qu'au mari? Mais cette vérité n'existe que respectivement aux liens du mariage, et non aux enfants qu'on voudrait lui supposer. » Or, nous le demandons, n'y a-t-il pas, entre ces paroles et l'opinion exprimée par l'auteur au n° 61, une contradiction flagrante? — M. Locré, Esprit du code civil, t. 4, p. 79, 81 prononce dans le même sens que MM. Proudhon et Richefort.

112. Le Répertoire de Merlin, v° Légitimité, sect. 2, § 2, n° 4, s'exprime ainsi au sujet du désaveu qui serait formé pour cause d'impuissance du mari : « Il ne suffit pas d'alléguer l'impuissance du mari pour faire déclarer un enfant illégitime, il faut la faire constater juridiquement ; et comme cela n'est plus possible après la mort du mari, il est clair que ses héritiers ne peuvent pas attaquer de ce chef l'état d'un enfant né pendant son mariage ; c'est aussi ce qu'ont jugé plusieurs arrêts rapportés dans le dictionnaire de Brillon, au mot Impuissant. » M. Richefort, t. 1, n° 61, s'appuyant sur ce passage, enseigne que les héritiers du mari ne pourraient désavouer l'enfant pour cause d'impuissance accidentelle de leur auteur, si ce dernier était mort sans avoir fait constater le fait. — Mais le passage du Répertoire que nous avons cité, cela résulte évidemment et de ses termes et de la place qu'il occupe, se réfère à l'ancienne jurisprudence et non point au code Napoléon. Or l'ancienne jurisprudence admettait comme cause de désaveu l'impuissance naturelle, lorsque son existence était constatée par les visites et vérifications que les tribunaux ordonnaient en ce cas. Le code Napoléon, au contraire, proscrivant l'allégation d'impuissance naturelle à cause de l'incertitude et de l'immoralité des épreuves, n'a admis, comme fondement au désaveu, que l'impuissance accidentelle, et il n'a subordonné son effet à aucune constatation juridique. Il suffit donc qu'elle soit prouvée, de quelque manière que ce soit, pour que le désaveu soit admis, et, dès lors, il n'y a pas de raison pour refuser l'action aux héritiers du mari.—V. en ce sens MM. Massé et Vergé sur Zachariæ, t. 1, p. 299, note 27; Demolombe, t. 5, n° 122.

113. Dans le cas, prévu par l'art. 314, où l'enfant est né avant le cent quatre-vingtième jour du mariage, les héritiers qui exercent le désaveu au lieu et place du mari décédé ne sont point obligés de prouver que leur auteur a ignoré la grossesse avant le mariage; c'est au tuteur *ad hoc*, défenseur de l'enfant, à prouver qu'il l'a connue. En effet, la loi n'a point fait de l'ignorance de la grossesse une condition de désaveu : par cela seul que l'enfant est né avant le cent quatre-vingtième jour, le désaveu est de droit; mais elle a fait de la connaissance de la grossesse une exception contre l'action en désaveu : or c'est à ceux qui invoquent l'exception à prouver le fait sur lequel elle repose. — V. en ce sens MM. Duranton, t. 3, n° 74; Richefort, t. 1, n° 61.

114. Les héritiers sont, quant à l'exercice de l'action en désaveu, absolument indépendants les uns des autres. Ainsi, bien que plusieurs d'entre eux refusent d'agir, les autres sont libres de le faire. Tout ce qui résultera de cette division, c'est que l'admission du désaveu restera sans effet vis-à-vis de ceux qui se seront abstenus, ainsi que nous le verrons ultérieurement (V. *infrà*, n° 198). C'est ce qu'enseignent aussi MM. Duranton, t. 3, n° 71, et Demolombe, t. 5, n° 136.

115. L'action en désaveu n'est pas absolument personnelle au mari, car, lorsqu'il meurt sans l'avoir exercée, mais sans avoir perdu le droit de l'exercer, elle passe à ses héritiers. Elle est cependant personnelle jusqu'à un certain point, puisque la loi ne l'attribue directement qu'à lui seul, puisque, de son vivant, nul autre ne peut l'exercer, quelque intérêt qu'il puisse avoir à le faire, puisqu'enfin elle ne peut être exercée après lui qu'autant qu'il est mort sans y avoir renoncé expressément ou tacitement, et seulement par les héritiers qui le représentent. De cette incertitude sur le caractère de l'action dont il s'agit est née une question fort délicate : celle de savoir si, dans le cas où le mari serait frappé d'interdiction, son tuteur aurait qualité pour former en son nom l'action en désaveu. — Il a été décidé que le tuteur d'un interdit (ou le subrogé tuteur, en cas de contrariété d'intérêts entre le tuteur et l'interdit) a qualité pour former, au nom de cet interdit, une action en désaveu de paternité (Cass. 24 juill. 1844) (1).

A l'appui de cette doctrine, on peut invoquer l'imposante au-

(1) *Espèce :* — (Taillandier C. Landwerlin). — Le 11 avril 1837, le sieur Herman fut déclaré interdit, sur les poursuites du ministère public, par jugement du tribunal de Colmar, et placé, le 5 juin, dans un hospice d'aliénés situé à 9 mètres environ de la ville de Colmar où résidait la dame Hermann. Le 11 nov. 1839, celle-ci, qui avait été nommée tutrice de son mari, fut sommée, à la requête du subrogé tuteur, de se présenter devant le conseil de famille, afin d'entendre prononcer sa destitution de la tutelle pour cause d'adultère. Elle comparut, et déclara qu'elle était enceinte, mais des œuvres de son mari. Sa destitution fut prononcée. — Le 6 décembre suivant, la dame Herman accoucha d'une fille qu'elle fit inscrire le lendemain sur les registres de l'état civil de Colmar, sous les noms de Joséphine-Henriette Herman.

Le 26 décembre, le sieur Herman déclara désavouer cette enfant et autorisa le subrogé tuteur à intenter l'action en désaveu. L'acte portant cette déclaration était signé par le sieur Herman, et tout entier de son écriture; le médecin en chef et l'économe provisoire de l'hospice le légalisèrent et attestèrent qu'il avait été écrit et signé par ledit Herman, dans un moment lucide, où il jouissait de sa raison. — Le 4 janv. 1840, le conseil de famille autorisa le subrogé tuteur, tant en sa qualité que comme tuteur *ad hoc*, à former l'action en désaveu de l'enfant de la dame Herman. Le 6, il nomma pour tuteur *ad hoc* à cette enfant, le sieur Landwerlin, et, le même jour, l'action fut introduite (conjointement avec une demande en séparation de corps dont le tribunal prononça la disjonction). — Le sieur Landwerlin opposa une fin de non-recevoir tirée de ce que l'action en désaveu de paternité était, de sa nature, exclusivement attachée à la personne du mari, ou de ses héritiers, et ne pouvait être intentée par nul autre, et spécialement par le tuteur du mari interdit. Il combattit d'ailleurs la pertinence et l'admissibilité des faits articulés. — Le 3 août 1840, jugement du tribunal civil de Colmar, qui déclare l'action du tuteur recevable; mais au fond, rejette cette action, par le motif que les faits articulés n'étaient ni pertinents ni admissibles.

Appel principal du sieur Taillandier. — Appel incident du sieur Landwerlin, du chef qui avait écarté la fin de non-recevoir. — Sur ce double appel, arrêt de la cour royale de Colmar, du 21 janv. 1841, qui accueille la fin de non-recevoir, et décide, par suite, que le sieur Taillandier est sans qualité pour intenter l'action en désaveu, par les motifs suivants : — « Attendu que, suivant l'art. 509 c. civ., l'interdit étant assimilé au mineur, il convient d'examiner d'abord, et en thèse générale, puis ensuite et relativement à la cause, quelle peut être l'étendue des pouvoirs conférés par la loi au tuteur nommé par le conseil de famille; — Attendu qu'aux termes de l'art. 450 du code précité, la mission du tuteur se restreint à deux objets principaux : 1° à prendre soin de la personne du mineur; 2° à la représenter dans les actes civils; que ce texte sainement entendu ne permet pas d'induire de la faculté accordée au tuteur de représenter le mineur dans les actes civils, la conséquence exorbitante qu'il se trouve, par le seul effet de sa nomination, investi de tous les droits qui appartiennent à son pupille, et qu'il a le pouvoir, en se substituant, en quelque sorte, à sa personne, de les exercer en son lieu et place, comme le pourrait faire ce dernier; — Qu'un tel système répugne à la raison; qu'il est d'ailleurs en opposition manifeste avec divers textes de nos lois. C'est ainsi qu'on voit, par exemple, aux divers chapitres du code relatifs à l'union conjugale que le mineur, âgé de dix-huit ans, peut contracter mariage avec le seul consentement de son père, lequel pourrait avoir perdu la tutelle de son enfant; que ce mineur, dans ce cas, est aussi autorisé à stipuler toutes espèces de conventions pécuniaires ou autres qui sont permises aux majeurs; au chapitre de la puissance paternelle, que le fils mineur a le droit de quitter la maison de son père, pour contracter un engagement volontaire, dès qu'il a atteint l'âge de dix-huit ans accomplis; au titre des donations et testaments, que l'enfant mineur âgé de seize ans, peut valablement disposer, par acte de dernière volonté, de la moitié des biens dont le majeur peut avantager un tiers; c'est ainsi encore que la jurisprudence, basée sur les principes du droit naturel, a formellement consacré le principe de la capacité légale du mineur, pour reconnaître son enfant naturel, etc., etc.; toutes espèces de dispositions légales et doctrinales qui démontrent jusqu'à l'évidence que les règles qui déterminent l'étendue des pouvoirs du tuteur énoncés dans l'art. 450 c. civ. doivent être sainement appréciées; qu'il faut surtout soigneusement se garder de leur donner une extension qu'elles ne comportent pas, et qu'il y a, à cet égard, des distinctions importantes à faire, distinctions qu'indique suffisamment la science du juriste; — Attendu, en effet, que parmi les différents droits qui, dans l'ordre social, existent, appartiennent à un individu, il faut toujours distinguer ceux qui prennent leur source dans le droit naturel de ceux qui ont été créés par des lois positives; que les premiers, fondés sur des principes immuables, sont perpétuels et invariables de leur nature, s'identifient tellement avec la personne qu'ils en deviennent inséparables, qu'on ne peut y déroger par aucune convention ni par aucune loi, de même qu'on ne pourrait non plus se dispenser des obligations qui en découlent; qu'il n'en est pas ainsi des autres, lesquels n'étant établis et consacrés que par des lois positives, peuvent être modifiés et changés par l'autorité de laquelle ces droits émanent; — Attendu que le mariage est principalement fondé sur le droit naturel; que la loi civile, concernant les droits de l'homme comme époux et comme père, n'a fait qu'imiter la nature et suivre les préceptes qu'elle avait indiqués; que

torité de Merlin. Nonobstant les graves considérations qui pouvaient faire douter que tout autre que l'interdit fût apte à exercer l'action en désaveu de paternité, ce jurisconsulte paraît avoir admis, sans hésiter, qu'il appartient au tuteur de la former.

---

c'est de cette source qu'est provenu le pouvoir marital, le pouvoir paternel et tous les pouvoirs qui s'y rattachent; que les droits et les devoirs qui en dérivent sont intimes, sacrés, inhérents à l'individu qui en est investi, lequel ne saurait en être légalement dépouillé; — Qu'il suit de là qu'alors même que, par l'effet d'une éventualité quelconque, et telle est l'hypothèse de la cause, celui à qui de semblables droits appartiennent se trouve accidentellement dans l'impossibilité de les faire valoir, nul, sauf de légères modifications, ne peut les exercer en son lieu et place: ils continuent donc, dans ce cas, de reposer sur sa tête, et sommeillent, en quelque sorte, jusqu'au moment où l'impossibilité cessant, l'exercice pourra être repris par lui, ou, dans le cas de décès, par ceux-là seulement auxquels la loi l'aura permis, dans les limites et avec les restrictions par elle établies, et que la raison commande.

» Attendu qu'avant de faire l'application de ces principes à l'espèce, il y a lieu de vérifier si la position spéciale de l'interdit Herman, dans l'intérêt duquel l'incidemment intimé se dit agir, ou la nature de l'action sur laquelle la cour doit statuer, ne commande ou ne comporterait pas d'autres règles de solution; — Attendu que s'il est vrai de dire qu'on ne saurait établir, quant à la jouissance de certains droits, une assimilation complète entre le mineur et l'interdit, et qu'il soit certain en principe que plusieurs, la plupart même des actes permis au premier, ne puissent être accomplis par le dernier, il faut nécessairement reconnaître, et c'est un point capital dans la cause, que l'interdiction ne rompant pas le mariage, tous les droits que la loi a attachés au titre d'époux ne cessent pas de rester fixés sur la tête de l'interdit; que la morale et la justice naturelle, ces deux bases d'une bonne législation, ne permettent pas qu'il en soit autrement, et que la seule supposition que les plus sacrés de ces droits, ceux qui investissent l'époux seul d'une autorité souveraine et absolue pour tout ce qui intéresse son honneur et celui de sa famille, puissent être exercés par un tiers, choque les plus simples notions de l'intelligence; — Qu'on ne saurait admettre, en effet, qu'un tel individu, fût-il investi même du titre de tuteur, plus ou moins étranger à la famille et à ses secrets intérieurs, puisse arbitrairement, en quelque sorte, alors même qu'il aurait obtenu l'assentiment de quelques parents ou amis, attaquer la dignité, l'existence sociale de l'un ou de l'autre des membres de cette famille, contester l'état civil soit de l'épouse, soit de l'enfant de son pupille, les traduire à cette fin devant les tribunaux, et porter ainsi une atteinte presque toujours irréparable à la considération dont ils jouissent, en appelant la publicité sur des faits ou des actes qui peuvent être mal appréciés, que le pupille pourrait désirer ensevelir dans l'oubli; desquels enfin, il serait possible qu'il eût une opinion différente de celle de son tuteur, puisque lui seul en est le premier et compétent appréciateur; — Attendu, en outre, que les plus simples notions du droit, d'accord avec la raison, indiquent suffisamment qu'alors qu'il s'agit de débats aussi graves, aussi solennels, le seul et légitime contradicteur de l'épouse attaquée ne peut être que le mari, de même que l'enfant dont l'état social est mis en question ne peut avoir d'autre adversaire que celui auquel la loi a imposé le titre de père; — Que les principes consacrés par les lois romaines, au titre du Digeste et du code *de liberali causâ, et de agnoscendis et alendis liberis*, pour des espèces qui présentent des analogies remarquables avec la cause, ont toujours été admis en France, ainsi que l'enseigne Merlin, au mot Question d'état; que sans entrer à cet égard dans une discussion inutile, il est sensible, en effet, que dans l'une comme dans l'autre des hypothèses ci-dessus indiquées, l'époux seul peut faire connaître au juge la pensée qui lui est propre, les graves et impérieux motifs (motifs qui ne peuvent être qu'exclusivement personnels) du juste ressentiment qui a déterminé son action; de même aussi que c'est à lui seul que peuvent et doivent s'adresser utilement et fructueusement, de la part de l'épouse ou de l'enfant, des appels à son souvenir, à sa mémoire, à sa conscience, aussi bien qu'à ses affections et à des sentiments qui n'abandonnent jamais aisément le mari qui se sent outragé, alors encore qu'il sollicite la sévérité de la justice, appels qui, s'ils étaient entendus, mettraient à l'instant même un terme à une lutte toujours douloureuse, tandis qu'adressés à un tiers étranger à la vie intime des époux, à l'intérieur de la famille, guidé souvent par des influences qui peuvent n'être pas désintéressées, ils ne sauraient produire aucun résultat, et que celui-ci ne pourrait pas même répondre;

» Attendu que ces considérations qui sont de haute moralité, et tiennent essentiellement à l'ordre public, recevraient, s'il en était besoin, une force nouvelle, en considérant quelle est l'espèce et la nature du litige dont le sieur Taillandier, en la qualité qu'il procède, a saisi les tribunaux; — Qu'il s'agit, en effet, d'un désaveu de paternité, action tout exceptionnelle et spéciale, purement facultative de la part du mari, auquel la loi ne semble l'avoir accordée qu'à regret, comme le démontrent suffisamment les précautions et les exigences dont elle l'a entourée; qu'une telle action, qui ne tend évidemment qu'à ébranler une des plus puissantes bases de l'édifice social, puisqu'elle attaque la présomption sur laquelle l'état des hommes et l'existence de la famille est assise, ne peut, aussi longtemps qu'il vit, appartenir qu'à l'époux qui serait offensé, car lui seul est le premier juge du fait sur lequel cette action repose; que, de plus, son exercice, pour offrir aux magistrats toutes les garanties que réclament son importance et les graves conséquences qui peuvent en résulter, doit nécessairement être l'expression exclusivement personnelle de la volonté de cet époux, volonté à laquelle aucune manifestation étrangère ne saurait suppléer d'une manière efficace; — Qu'ainsi donc, loin de rencontrer dans la position exceptionnelle du sieur Herman, au nom duquel l'appelant principal procède, soit dans la nature de l'instance engagée par son subrogé tuteur, des motifs fondés de déroger aux principes énoncés plus haut, il y a lieu, au contraire, d'en faire la stricte application; — Attendu que c'est vainement que, pour éluder cette application, le sieur Taillandier argumente des dispositions de l'art. 317 c. civ. qui investissent les héritiers du mari décédé du droit d'exercer l'action en désaveu, alors même que celui-ci est mort avant l'expiration du terme que la loi avait fixé pour agir lui-même, et en induit la conséquence que cette action n'étant pas uniquement attribuée au mari, il a pu valablement, en sa qualité, en saisir la justice; — Attendu que la discussion de cette partie de notre code qui a eu lieu dans le sein du conseil d'État prouve que les dispositions de cet art. 317 qui sont exceptionnelles au principe de la personnalité tout exclusive de l'action dont s'agit, n'ont été admises qu'après de vives et longues contradictions, et pour remplacer un autre article du projet qui portait « qu'après la mort du mari, arrivée avant l'expiration du délai à lui accordé pour réclamer, la légitimité de l'enfant pouvait être contestée par tous ceux qui y avaient intérêt, » substitution qui indique suffisamment la pensée du législateur et démontre jusqu'à la dernière évidence que sa volonté a été de restreindre aux seuls cas qu'il spécifie la faculté dont il est question, et non de l'étendre au delà; — Attendu que c'est avec aussi peu de solidité que l'appelant principal, se fondant sur la brièveté du terme que la loi détermine pour l'exercice de l'action en désaveu, prétend que l'inaction du père, pendant ce délai, quelle qu'en puisse être la cause, emporte déchéance du droit; que, dès lors, il y avait nécessité, pour le représentant légal du sieur Herman, de porter devant les tribunaux sa réclamation; — Que cette dernière objection ne saurait être accueillie, d'abord parce que les déchéances étant de droit strict ne se supposent jamais, et ne peuvent être appliquées qu'aux cas spéciaux et exceptionnels que le législateur lui-même a prévus et indiqués; ensuite, parce qu'une telle restriction au droit ou à la faculté du désaveu de paternité n'étant pas établie formellement par le code, il n'est pas permis de le suppléer; qu'il faut donc appliquer le principe général de l'art. 2252 c. civ. qui suspend le cours de la prescription au regard des mineurs et des interdits pour les cas non expressément exceptés par les lois, avec d'autant plus de raison que s'agissant d'un droit aussi important, tenant essentiellement à l'état des personnes, lequel ne peut jamais entrer dans le commerce des choses prescriptibles, aucune exception, à moins qu'elle ne soit textuellement édictée, ne saurait être admise. »

Pourvoi du subrogé tuteur pour fausse application et violation des art. 312, 450 et 509 c. civ. — Nous empruntons à l'extrait suivant du rapport de M. le conseiller Miller, l'exposé sommaire des moyens du pourvoi et de la défense:

« L'art. 312 donne au mari le droit de désaveu. L'art. 509 assimile l'interdit au mineur pour sa personne et pour ses biens, et déclare applicables aux interdits les lois sur la tutelle des mineurs. L'art. 450 dit que le tuteur prend soin de la personne du mineur et le représente dans tous les actes de la vie civile. Donc le tuteur d'un interdit peut intenter au nom de celui-ci l'action en désaveu de paternité. — Sans doute, comme l'a décidé un arrêt de la chambre des requêtes, du 26 juillet 1856, une action qui tend à fixer l'état et la capacité d'un individu dans sa famille, constitue, de la part de celui qui l'intente ou qui y défend, l'exercice d'un droit exclusivement attaché à sa personne, et que ses créanciers ne peuvent être admis à exercer; en effet, l'art. 1166 c. civ. limite la faculté accordée aux créanciers d'exercer le droit de leur débiteur, et dit que cette faculté ne s'étend pas aux droits exclusivement attachés à sa personne. La loi, au contraire, ne limite pas ainsi le pouvoir du tuteur. Il est chargé de représenter le mineur ou l'interdit dans tous les actes civils, et, par conséquent, il peut intenter l'action en désaveu comme toute autre action. — Si le mineur peut faire certains actes par lui-même, il en résulte que le législateur l'a relevé, dans certaines circonstances, de l'incapacité dont il est frappé, mais non qu'il y ait d'autres restrictions au droit du tuteur de le représenter dans tous les actes civils: les droits qui dérivent de la loi naturelle sont eux-mêmes dans leur mode d'exercice régis par la loi civile, à laquelle appartiennent d'ailleurs le mariage et toutes ses conséquences sociales; c'est la loi civile qui a établi la règle *pater is est*, etc., etc., et les exceptions qu'elle comporte, notamment le droit de désaveu. Si le pupille éprouve un dommage quelconque dans sa personne ou dans ses biens, le droit naturel veut que ce dommage soit réparé; il faut donc que le tuteur puisse en poursuivre la réparation. De ce que le droit de désaveu serait

Voici comment il s'exprime à cet égard dans ses Questions de droit, vº Légitimité, § 8 : « Si pendant qu'un mari, interdit pour cause de fureur, serait renfermé dans un hospice à une grande distance du lieu où réside sa femme, celle-ci concevait un enfant et le mettait au monde, le tuteur à l'interdiction du mari pourrait-il, en vertu de l'art. 312 c. nap., désavouer cet enfant? Oui, certes; et cependant il ne serait pas physiquement le même individu que le mari; mais il le représenterait, il aurait l'exercice de toutes ses actions; il serait civilement un autre lui-même. » — Et dans la cause sur laquelle est intervenu l'arrêt que nous venons de citer, M. l'avocat général Pascalis a soutenu avec force la même doctrine. « Ce n'est pas seulement, a dit ce magistrat, la personne physique de l'interdit que le législateur a confiée à la sollicitude d'un tuteur, c'est aussi la personne morale du pupille, ses intérêts moraux. Et comment celui-ci n'aurait-il pas qualité pour empêcher, par l'exercice de l'action en désaveu, l'introduction dans la famille de l'interdit d'enfants dont il ne serait pas le père?... Et lorsqu'on voit le législateur, dans l'art. 317, accorder cette action aux héritiers qui n'agissent que dans des vues d'intérêt personnel, comment supposer qu'elle n'appartiendrait pas au tuteur de l'interdit, dans l'intérêt de l'interdit lui-même? Bien loin de restreindre cette action au mari seul, la loi la considère, quand elle n'a pas été exercée par lui, comme faisant partie de sa succession, et comme transmissible à ses héritiers. Il faut en conclure qu'elle ne constitue pas un droit exclusivement personnel au mari. » — Passant ensuite aux inconvénients que présenterait, pour l'interdit, le système qui ne permettrait qu'à lui seul d'exercer l'action en désaveu, M. l'avocat général démontrait que cette action, à raison de la brièveté des délais que détermine l'art. 316, ne man-

---

un droit inhérent à la personne du mari, en résulterait-il que le tuteur, qui ne peut être assimilé à un simple créancier, ne pourrait pas intenter l'action dérivant du droit afférent à l'interdit? Le tuteur est le pupille lui-même; il le représente d'une manière absolue.—L'arrêt oppose que le mari est et doit être le seul juge du fait sur lequel repose l'action en désaveu, et qu'il n'intenterait peut-être point cette action s'il jouissait de ses facultés intellectuelles. Cette dernière objection s'appliquerait aux actions quelconques appartenant à l'interdit, même à celles qui auraient pour but le recouvrement de créances et la revendication de quelque bien. Elle ne prouve donc rien, par cela seul qu'elle prouve trop : il ne s'agit pas de concession ou renonciation que pourrait consentir le mari, s'il n'était pas en état d'interdiction; il s'agit d'apprécier les droits qui lui appartiennent et dont la loi confie l'exercice au tuteur. Or aucun texte législatif ne limite le pouvoir de ce dernier au cas dont il s'agit; si l'on voulait se jeter dans les considérations, ne serait-il pas scandaleux de voir une femme mariée se livrer au désordre, sans avoir à craindre ni son mari, qui ne pourrait agir, ni le représentant légal de celui-ci? —Vainement dira-t-on, avec la cour royale, que le délai fixé pour l'exercice de l'action en désaveu ne courrait pas contre l'interdit. D'abord, il est douteux qu'on puisse appliquer à la déchéance établie par l'art. 316 le principe sur la prescription consacré par l'art. 2252. Ensuite, sera-ce quand, pendant de longues années, les enfants de la femme de l'interdit auront porté le nom de celui-ci, quand les preuves et les témoins des désordres de la mère auront disparu, qu'il sera possible de faire déclarer les enfants étrangers au mari? Si les héritiers viennent alors exercer l'action autorisée par l'art. 317, ne pourra-t-on pas leur opposer que le délai fixé par l'art. 316 est expiré, que l'interdit était représenté par un tuteur qui pouvait agir. »—Le demandeur termine en invoquant un arrêt de la cour royale de Colmar, du 16 fév. 1832 (V. Sép. de corps), qui décide que le subrogé tuteur d'un interdit a qualité pour intenter au nom de celui-ci une action en séparation de corps pour cause d'adultère de l'autre époux, et un autre arrêt de la cour royale de Paris, du 21 août 1841 (V. Sép. de corps), qui consacre la même solution « Certes, dit-il, s'il est une action personnelle, c'est celle-là, puisque l'adultère est un délit qui ne peut être poursuivi que sur la plainte du mari. Cependant le tuteur peut l'exercer, car aucune disposition de loi ne le lui défend. D'ailleurs il doit prendre soin de la personne de l'interdit, et l'action en séparation de corps intéresse essentiellement cette personne. »

On a répondu : « Il n'est pas vrai de dire que le tuteur de l'interdit puisse tous exercer les droits de celui-ci : l'autorité maritale et la puissance paternelle ne passent pas au tuteur qui est sans qualité pour autoriser la femme de l'interdit, soit à ester en justice, soit à contracter. L'art 450 portant que le tuteur représente le mineur dans tous les actes civils n'entend parler que des actes qui peuvent être accomplis par un représentant; il est évident, par exemple, que le tuteur ne peut, pour son pupille, contracter mariage, ni tester, ni faire donation, ni adopter, ni reconnaître un enfant naturel, ni être à sa place tuteur ou membre d'un conseil de famille. En général, il ne peut représenter l'interdit dans les actes qui tiennent à l'exercice des droits de la famille. L'action en désaveu de paternité tient à ce qu'il y a de plus intime dans la conscience et l'autorité du mari; le tuteur qui ne pourrait pas pardonner au nom du mari ne peut pour lui porter plainte en adultère. L'action en désaveu ne peut dériver que de la volonté personnelle du mari. C'est une action personnelle qui subsiste tant que le mari ne peut pas manifester sa volonté, et qui passe aux héritiers tant qu'elle n'a pas été éteinte par le fait ou le silence volontaire du mari. Une fois qu'il aurait été jugé contre le tuteur que l'enfant appartient ou n'appartient pas à l'époux interdit, celui-ci revenu à la raison aurait perdu sans retour par le fait du tuteur, par le fait d'un étranger, le droit de désavouer l'enfant de l'adultère. Ainsi la paternité pourrait lui être attribuée ou déniée contrairement à ses intentions. La maxime *pater is est*, etc., est un besoin social; il ne faut pas permettre de l'ébranler légèrement. Le mari seul doit pouvoir soulever le voile, et écarter cette puissante présomption, base de la famille. S'il est interdit, la prescription est suspendue et l'action demeure entière. L'art. 316 porte que le délai pour l'action en désaveu ne peut commencer à courir que du jour où le mari a pu connaître la naissance. « Or, dit M. Maleville, si le mari était fou, imbécile, paralytique, le délai sera-t-il le même. Je pense qu'il faudrait juger comme dans le cas de fraude où le délai ne court que depuis la découverte, ce qui renverrait à la convalescence ou à la mort du mari. »—Sans doute, si l'interdiction dure longtemps, les éléments de preuves peuvent périr; mais il en serait de même en cas d'absence; et cependant le législateur ne s'est pas arrêté à cet inconvénient. — Si l'action appartenait au tuteur, il suffirait de ne pas lui cacher la naissance de l'enfant qui aurait été ignorée du mari, et l'action en désaveu serait alors non recevable. Si le tuteur s'entendait avec la femme, il serait le maître d'anéantir le droit du mari ou des héritiers. Dans l'espèce le tribunal avait déclaré l'action bien et dûment dirigée par le tuteur, mais l'en avait débouté, à raison de la non-pertinance et de l'inadmissibilité des faits.—L'arrêt est plus sage, car il réserve tous les droits et ménage tous les intérêts : le tuteur a été déclaré sans qualité; mais l'action n'est pas éteinte... — En résumé donc, le tuteur ne représente pas l'interdit dans les actes inhérents à la puissance maritale et paternelle. Les actions attachées à la personne de l'interdit ne lui appartiennent pas; l'interdiction suspend la prescription ou la déchéance de l'action en désaveu. Reconnaître à un tuteur le droit de désavouer l'enfant de la femme de l'interdit, c'est proclamer un principe dont les conséquences seraient aussi funestes qu'irréparables, aussi contraires aux droits du mari qu'aux véritables intérêts de la famille et des héritiers. »—Arrêt (après délib. en ch. du cons.).

LA COUR; — Vu les art. 420, 450 et 509 c. civ.; — Attendu que le subrogé tuteur, dans le cas prévu par l'art. 420 précité, et le tuteur dans tous les autres cas, exercent les actions de l'interdit qui est censé les exercer lui-même, lorsqu'elles sont intentées par son représentant légal; —Attendu qu'aucune disposition législative n'a introduit d'exception à cette règle générale, quant à l'action en désaveu de paternité; — Que cette action n'est pas exclusivement personnelle au mari, puisque, suivant l'art. 317 c. civ., après le décès du mari, elle passe à ses héritiers; —Attendu qu'il n'en est pas de la capacité légale du tuteur comme du droit des créanciers restreint dans de justes limites par l'art. 1166 c. civ.; que les créanciers ne représentent point la personne de leur débiteur;— Qu'au contraire, le tuteur a non-seulement le droit, mais encore le devoir de représenter l'interdit dans tous les actes civils;—Qu'il a donc qualité pour agir, toutes les fois qu'il y a lieu de prévenir ou repousser une atteinte à la personne, à l'état et aux biens de celui qui est placé sous sa tutelle; que de même qu'en cas de réclamation d'état par l'enfant, le tuteur du mari interdit aurait qualité et serait seul partie capable pour établir, conformément à l'art. 325 c. civ., la maternité prouvée, que le réclamant n'est pas l'enfant du mari de la mère; de même, en cas de filiation légitime constatée par l'acte de naissance, le tuteur du mari interdit doit être admis à repousser, par une action en désaveu, la paternité attribuée à l'interdit par l'acte de naissance de l'enfant;—Considérant qu'en supposant que la prescription ou la déchéance de l'action en désaveu restât suspendue pendant l'interdiction, et que cette action pût être ultérieurement exercée par le mari, après la mainlevée de l'interdiction, ou par ses héritiers, après sa mort, tous les éléments de preuve pourraient disparaître dans l'intervalle, si l'on refusait au tuteur l'exercice immédiat de ladite action;—Que, d'ailleurs, l'enfant pourrait être, durant de longues années, en possession de l'état et des droits d'enfant légitime, droits dont les biens du mari seraient grevés pendant tout ce temps, et que celui-ci doit être nécessairement admis à contester immédiatement, non par lui-même puisque la loi le frappe d'incapacité, mais par celui qu'elle charge de le représenter;

Attendu que, de ce qui précède, il résulte qu'en déclarant le demandeur, ès noms qu'il agissait, sans qualité ni droit, et non recevable dans sa demande en désaveu de paternité, l'arrêt attaqué a expressément violé les articles précités du code civil;—Casse.

Du 24 juill. 1844.-C. C., ch. civ.-MM. Portalis, 1er pr.-Miller, rap.-Pascalis, 1er av. gén., c. conf.-Carette et Martin av.

querait pas de périr entre les mains de l'interdit, puisqu'il est incapable d'agir par lui-même. « On a senti, ajoutait-il, que cette interprétation répugnait à la justice, et l'on a dit que l'action sommeillerait pendant la durée de l'interdiction ou pendant la vie de l'interdit et pourrait toujours, après son décès, s'il ne recouvrait pas la raison, être intentée par ses héritiers. Cette explication est-elle plausible? est-elle satisfaisante? n'applique-t-elle pas à une déchéance les règles relatives à la suspension du cours de la prescription?... Et d'ailleurs, il faut que l'action en désaveu soit exercée dans un bref délai : le législateur l'a voulu parce que c'est au moment où l'injure vient d'être reçue que le sentiment doit en être le plus vif, parce que les preuves de l'infraction à la foi conjugale sont de nature à disparaître facilement, et parce qu'enfin il y aurait une espèce d'injustice et de cruauté à enlever à des enfants un état dont ils auraient été, pendant longues années, en possession. » — Cette doctrine est soutenue par M. Pont dans la Revue de droit franç. et étrang., 1845, et par M. Demolombe, t. 5, nos 116 et suiv.

Mais l'opinion contraire a été défendue avec une grande vigueur de raisonnement par un professeur de l'université de Liége, M. Dupret, dans un article publié par la Revue de droit français et étranger de M. Fœlix (année 1844, p. 725) : « La représentation d'une personne par une autre, dit ce jurisconsulte, n'est jamais qu'une fiction et non la réalité. Le tuteur est bien le mandataire légal du mineur, lorsqu'il s'agit de son patrimoine, et même lorsqu'il s'agit de son état, par exemple dans une réclamation d'état; mais il ne l'est plus lorsqu'il s'agit d'actes pour lesquels la lettre et l'esprit de la loi exige une expression de volonté ou une option par la personne elle-même, lorsque surtout l'action à intenter repose sur la divulgation d'un fait qui ne peut être connu que du mineur ou de l'interdit, et qui ne peut être divulgué que par eux... Pourquoi le tuteur du père interdit n'exerce-t-il pas la puissance paternelle, et n'est-il pas appelé à consentir au mariage du fils de l'interdit? pourquoi le tuteur du mari interdit ne peut-il intenter au nom de celui-ci l'action en divorce? pourquoi ne peut il reconnaître l'enfant naturel? pourquoi la loi ne permet-elle pas l'adoption entre-vifs d'un mineur même représenté par son tuteur?... C'est que, dans tous ces cas, la loi exige expressément ou implicitement une expression de volonté ou une option par la personne, et que la plupart de ces actes juridiques à poser, de ces actions à intenter, reposent sur des faits que l'individu seul connaît. — Et remarquons que c'est surtout lorsqu'il s'agit de l'état de l'homme ou de ses proches que l'intervention de l'individu lui-même est exigée.—Dira-t-on que, dans le cas de désaveu, la loi ne requiert pas textuellement l'intervention du mari, et qu'elle n'exclut pas celle du tuteur? Nous répondrons que le législateur n'a pas pu décider par le texte même toutes les difficultés qui se présenteraient. Dans la plupart des cas que nous venons de citer, la loi est muette, et ce n'est qu'en argumentant de son économie qu'on arrive à une solution. La loi ne dit nulle part qu'un tuteur ne peut reconnaître un enfant naturel au nom du mineur ou de l'interdit; et cependant cela est hors de doute, même si c'est la mère qui est interdite et que la maternité soit notoire. La loi ne dit pas qu'un majeur interdit et représenté par son tuteur ne peut être adopté, ni qu'un tuteur ne peut accepter irrévocablement, au nom du mineur, une adoption testamentaire, etc. Et cependant, sur tous ces points, nous ne croyons pas qu'on puisse élever une controverse sérieuse. Le cas de reconnaissance d'un enfant naturel surtout présente la plus grande analogie avec le cas de désaveu. La reconnaissance est l'aveu; le désaveu est la dénégation de paternité. Si le tuteur ne peut faire l'aveu, même lorsque le fait est susceptible d'être prouvé, par exemple lorsqu'il s'agit de la maternité, comment peut-il faire le désaveu? — Il est vrai que la loi admet, lorsqu'il s'agit de désaveu, l'intervention des héritiers, et qu'elle ne l'admet pas lorsqu'il s'agit de la reconnaissance. Ce serait peut-être la seule raison plausible à faire valoir en faveur de l'intervention du tuteur en matière de désaveu. Mais ne perdons pas de vue que cette attribution de désaveu aux héritiers est déjà une extension de la règle qui accorde le désaveu au mari ; ou, si l'on veut, une exception au principe suivant lequel la présomption *pater is est*, etc., ne cède qu'à un désaveu formé par le mari. En cette matière, il serait très-dangereux d'aller au delà de la loi, surtout si l'on considère que l'intervention du tuteur peut amener des inconvénients que l'intervention des héritiers ne peut produire, entre autres celui de voir le tuteur désavouer un enfant que l'interdit, revenu plus tard à la raison, voudrait reconnaître. — En outre, si l'on accorde le désaveu au tuteur, il faudra créer toute une législation nouvelle pour régler l'exercice du droit et les fins de non-recevoir à opposer à l'action. Le tuteur aura-t-il besoin de l'autorisation du conseil de famille? devra-t-il intenter son action dans le délai d'un mois ou de deux mois? Remarquons qu'il ne peut être question d'appliquer ici l'art. 2252 c. nap. A dater de quelle époque le délai courra-t-il? Dans le cas de recel, sera-ce à dater du jour où le tuteur aura découvert la fraude? Si le mari vient à mourir, le délai, expiré pour le tuteur, renaîtra-t-il pour les héritiers? Si le mari recouvre la raison, sera-t-il forclos? Les auteurs décident avec raison que si le mari est fou, imbécile ou furieux, le délai ne court pas contre lui, non pas parce qu'il y a interdiction, car ils ne raisonnent pas dans cette hypothèse, et que d'ailleurs l'art. 2252, fait pour les prescriptions de longue durée, ne peut être ici d'aucune application, mais parce que, à raison de son état mental, le mari n'a pu connaître l'accouchement (V. Maleville sur l'art. 316). Si l'on admet cependant que, dans le cas d'interdiction, le tuteur représente le mari et s'identifie avec lui, la proposition si raisonnable des auteurs cités pourra-t-elle encore se soutenir?»

Il faut reconnaître que, de part et d'autre, les raisons invoquées sont très-graves. Nous l'avouerons cependant, les dernières nous touchent davantage. Nous pensons, avec le savant professeur de Liége, qu'il s'agit ici de l'un de ces actes pour lesquels rien ne saurait suppléer à la volonté personnelle de celui qui est appelé à les faire, que sa conduite à cet égard est subordonnée à des considérations dont il doit être le seul juge. D'ailleurs, comme le fait très-justement observer M. Dupret, si le tuteur avait qualité pour agir, il pourrait arriver qu'il désavouât un enfant que l'interdit, revenu plus tard à la raison, voudrait reconnaître; il pourrait arriver, au contraire, qu'en négligeant d'agir il laissât périr une action que, dans la même hypothèse d'un retour à la raison, l'interdit eût voulu exercer, en telle sorte que l'enfant se trouvât irrévocablement investi d'une légitimité usurpée qu'il n'aurait jamais été au pouvoir du mari de lui enlever. Or ce sont là des résultats contre lesquels, à notre avis, la raison proteste hautement. Il nous paraît plus rationnel, plus conforme à l'esprit de la loi et à la nature de l'acte dont il s'agit, de décider que le mari seul a qualité pour exercer le désaveu, et que, dans le cas d'interdiction, par analogie avec ce qui se passe lorsque le mari n'est pas sur les lieux, le délai pour agir ne commence à courir contre lui qu'au moment où cesse l'interdiction.

Toutefois, outre l'arrêt de la cour de cassation du 24 juill. 1844, précité, on peut invoquer, comme conçus dans un sens analogue, c'est-à-dire contraires à l'opinion que nous avons adoptée, deux arrêts qui accordent au subrogé tuteur d'un époux interdit le droit de former une action en séparation de corps pour cause d'adultère contre l'autre époux (Colmar, 16 fév. 1832, aff. Puc; Paris, 21 août 1841, aff. Lefebvre, V. Séparation de corps). Mais d'abord on peut opposer à ces décisions la loi 4, ff., *De divort. et repud.*, qui déniait au tuteur de l'interdit l'exercice de l'action en divorce. Nous ajouterons que l'autorité morale qui s'attache si justement aux monuments de la jurisprudence ne saurait prévaloir à nos yeux contre les raisons qui militent en faveur de l'interprétation à laquelle nous nous sommes attachés. —MM. Aubry et Rau sur Zachariæ, t. 3, § 546 *bis*, note 4, et Bedel, de l'Adultère, n° 80, enseignent, eux aussi, que le droit de désaveu ne peut être exercé, au nom de l'interdit, par son tuteur.

116. Les héritiers présomptifs du mari dont l'absence a été déclarée, peuvent-ils attaquer la légitimité de l'enfant né depuis sa disparition? — Cette question doit être envisagée sous deux points de vue bien distincts. En effet, les enfants nés depuis la disparition du mari peuvent être rangés en deux classes : 1° ceux qui sont nés moins de trois cents jours après sa disparition, soit d'ailleurs que depuis l'on ait ou l'on n'ait pas reçu de ses nouvelles; 2° ceux qui sont nés plus de trois cents jours, soit depuis sa disparition, soit depuis ses dernières nouvelles. — Les premiers ont été conçus ou sont réputés l'avoir été à un moment où il est certain que le mari et par conséquent le mariage existaient encore; les seconds à une époque où cette existence est douteuse. Voyons comment on doit décider à l'égard des uns et des autres.

Et d'abord, quant aux premiers, ils sont évidemment couverts par la présomption générale *pater is est quem nuptiæ demonstrant*; ils ne peuvent dès lors être dépouillés de la légitimité que la loi leur a conférée dès leur naissance que par l'effet d'une action en désaveu. Or cette action, les héritiers présomptifs peuvent-ils l'exercer? Seraient-ils admis à prouver, par exemple, que, pendant l'intervalle auquel, d'après les règles établies par l'art. 312, se reporte nécessairement la conception, il y a eu impossibilité physique de cohabitation entre le mari et la mère de l'enfant? Si nous répondons négativement, nous arriverons, dans certains cas, à un résultat bien choquant. Ainsi un homme part pour un long voyage, laissant en France sa femme et ses enfants. Environ deux ans après, sa femme accouche d'un nouvel enfant. Vers le même temps, le mari donne de ses nouvelles, et depuis on n'entend plus parler de lui. En conséquence, les enfants qu'il a laissés se pourvoient en déclaration d'absence, puis, l'absence déclarée, se font envoyer en possession provisoire des biens de leur père. Dans cette hypothèse, peuvent-ils désavouer l'enfant né depuis la disparition? S'il est certain que cet enfant est né sous le voile du mariage, il n'est pas moins certain qu'il est le fruit de l'adultère. Or, si les autres enfants n'ont pas le droit de le désavouer, il viendra recueillir, concurremment avec eux, le bénéfice de l'envoi en possession provisoire. — Ce résultat est choquant, nous en convenons; telle est cependant la doctrine à laquelle nous croyons devoir nous arrêter, la seule qui soit conforme aux principes de la matière, ainsi que nous allons chercher à le démontrer. — Quelles sont les conditions nécessaires pour que les héritiers du mari puissent exercer le désaveu? Il faut, aux termes de l'art. 317, que leur auteur *soit mort* avant d'avoir fait sa réclamation, mais étant encore dans le délai utile pour la faire. Ainsi l'ouverture de leur droit est subordonnée au décès de leur auteur; il faut donc, pour pouvoir agir, qu'ils établissent la preuve de ce décès. Or cette preuve résulte-t-elle suffisamment du jugement déclaratif d'absence, ou du moins le décès de l'absent est-il, par l'effet de ce jugement, assez fortement présumé pour que le droit des héritiers soit ouvert? Évidemment non : comme nous l'avons vu au mot Absence, l'absent, et particulièrement celui dont l'absence a été déclarée, n'est présumé ni mort ni vivant; par conséquent c'est à ceux qui ont des droits subordonnés soit à sa vie, soit à sa mort, qu'il incombe de faire la preuve de l'une ou de l'autre. Ainsi, dans notre espèce, les envoyés en possession provisoire, se trouvant hors d'état de prouver le décès du mari, n'ont pas qualité pour exercer, à titre d'héritiers, l'action en désaveu. — Mais s'ils ne peuvent pas l'exercer pour leur propre compte, peuvent-ils du moins l'exercer pour le compte et dans l'intérêt du mari, à titre d'envoyés en possession provisoire, de même qu'ils peuvent exercer ses autres actions? Nous ne le pensons pas davantage, et cela par des raisons analogues à celles que nous avons fait valoir déjà relativement au tuteur de l'interdit. C'est que le droit de désaveu est inhérent à la personne du mari, et que l'exercice de ce droit nécessite une manifestation de volonté de sa part. « Si la loi, dirons-nous avec M. V. Dupret, dans la dissertation déjà citée (Revue de droit français et étranger, 1844, p. 729), par exception ou par extension, a accordé l'exercice du droit aux héritiers, lorsque la mort surprend le mari avant qu'il puisse exprimer sa volonté, c'est parce qu'elle a considéré les héritiers, dans ce cas, comme les organes légaux de la pensée de leur auteur. En outre, lorsque le mari est mort, on ne peut plus lui supposer une volonté contraire à celle que les héritiers expriment en son nom; aucun conflit entre deux volontés contradictoires n'est à craindre. Mais on ne peut envisager les envoyés en possession comme les dépositaires de l'intention de l'absent; ils sont de simples administrateurs de ses biens, et l'exercice du droit de désaveu ne leur appartient pas. »

MM. Aubry et Rau sur Zachariæ, t. 3, § 546 *bis*, note 4, reconnaissent, comme nous, que le désaveu ne peut être exercé, au nom de l'absent, par les personnes envoyées en possession provisoire de ses biens. « Le désaveu, disent-ils, est pour le mari une question d'honneur dont il doit être le seul appréciateur. » Mais ils pensent qu'il pourrait l'être par les envoyés en possession définitive, qui, sauf la révocabilité, sont assimilés à de véritables héritiers. Le délai du désaveu ne courrait à leur égard qu'à dater de l'envoi en possession définitive. — Cette doctrine est fortement combattue par M. V. Dupret, *loc. cit.*, p. 729. A part la singularité qu'elle présente, dit l'honorable professeur, en ce qu'elle admet le désaveu contre un enfant qui aura eu la possession des biens pendant trente ans, elle ne résiste pas à l'examen des principes de la matière. Voici comment il raisonne pour le prouver. Lorsque l'envoi en possession, de provisoire qu'il était, devient définitif, le droit des envoyés ne change pas pour cela de nature vis-à-vis de l'absent; c'est toujours un simple droit de possession relatif aux biens. Leurs pouvoirs d'administration deviennent, il est vrai, égaux à ceux d'un propriétaire; mais cette extension du pouvoir d'administrer ne fait pas que le droit de possession soit devenu un droit de propriété : elle ne change pas l'envoyé, héritier présomptif, en un héritier appelé à une succession ouverte. Peut-on prétendre que ces pouvoirs nouveaux acquis par l'envoi définitif comprennent l'exercice du droit de désaveu? Nullement, car ils ne concernent que les biens. Or le désaveu n'est pas un droit pécuniaire et relatif aux biens; c'est un droit personnel au mari et qui, tant qu'il n'est pas mort, ne peut être exercé que par lui. Et comme, dans notre hypothèse, la mort du mari n'est pas prouvée, nul autre ne peut attaquer la légitimité de l'enfant. — Pour nous, l'opinion de MM. Aubry et Rau nous semble préférable. Nous n'admettons pas, avec M. V. Dupret, que, lors de l'envoi en possession définitif, le droit des envoyés, tout en devenant plus étendu, conserve cependant le même caractère; il nous paraît, au contraire, subir alors une véritable transformation. En effet, l'absent qui, dans la deuxième période (l'envoi en possession provisoire), n'était supposé ni mort ni vivant, est, dans la troisième, réputé mort; c'est sur cette supposition que repose l'économie des dispositions qui régissent cette troisième période; aussi avons-nous dit, vº Absence, nº 442, qu'entre les divers envoyés l'envoi définitif ouvre une véritable succession; qu'il met, relativement à ceux qui l'obtiennent, les choses dans l'état où elles seraient placées par le décès prouvé de l'absent. Il est bien vrai que, dans le cas, fort invraisemblable, où l'absent viendrait à reparaître, ses biens devraient lui être restitués en l'état où ils se trouveraient; mais on doit ici raisonner abstraction faite de cette éventualité; en effet, l'absent étant, dans ce cas, obligé de respecter les faits accomplis, les droits des envoyés sont, nonobstant la possibilité de ce retour, aussi pleins et aussi entiers que si la preuve du décès était acquise. Nous concluons de là que ces derniers peuvent, soit entre eux, soit à l'égard des tiers, exercer tous les droits qui sont subordonnés à l'ouverture de la succession; or le désaveu est un de ces droits. Il répugne à M. Dupret d'admettre le désaveu contre un enfant qui aurait eu la possession des biens pendant trente ans; mais il pourrait arriver que l'absent lui-même reparût au bout de trente-cinq, de quarante ans, et il est incontestable que dans ce cas il pourrait désavouer l'enfant; or ce que l'absent pourrait faire lui-même au bout de quarante ans, qu'y a-t-il de choquant à ce que ses héritiers le fassent au bout de trente ans? Qu'on le remarque bien, d'ailleurs, dans le système de M. V. Dupret, si l'absent ne reparaît pas, et quand trente ans se sont écoulés il est bien peu probable qu'il revienne jamais, le désaveu ne pourra jamais être exercé; en sorte qu'à aucun moment il n'aura été au pouvoir soit du mari, soit de ses héritiers, d'exclure de la famille l'enfant étranger que le crime y a frauduleusement introduit; or un tel système nous paraît contraire à la fois et à la raison et à la volonté du législateur.

Passons maintenant à la seconde partie de la question : voyons comment on doit décider à l'égard des enfants qui sont nés plus de trois cents jours après la disparition ou les dernières nouvelles du mari. C'est un principe constant qu'à compter de la disparition ou des dernières nouvelles de l'absent son existence est incertaine, et que dès lors c'est à ceux qui allèguent, soit sa vie, soit sa mort, qu'il incombe d'en fournir la preuve. Si nous faisons application de ce principe à l'enfant né plus de trois cents jours depuis la disparition ou les dernières nouvelles, nous serons inévitablement amenés à décider que, faute par lui de prouver qu'à l'époque de sa conception le mari existait encore, il ne peut prétendre qu'il ait été conçu pendant le mariage; que, par suite, il ne peut invoquer la maxime *pater is est quem nuptiæ demonstrant*; qu'enfin les héritiers ne sont point obligés, pour le faire déclarer illégitime, de prendre la voie du désaveu, qu'il leur suffit de contester sa légitimité par voie d'exception, conformément à l'art. 315. Et cette doctrine s'accorde parfaitement avec les dispositions du code Napoléon au titre De l'absence. Quels sont, en effet, ceux qui, aux termes des art. 120 et suiv., peuvent se faire envoyer en possession provisoire des biens de l'absent déclaré? Ce sont ses héritiers présomptifs *au jour de sa disparition ou de ses dernières nouvelles*. Or ces expressions excluent évidemment l'enfant qui, à l'époque qu'elles déterminent, n'était pas encore conçu. — C'est en ce sens que se prononce également M. V. Dupret, *loc. cit.*, p. 751.

Merlin, qui, dans ses questions de droit, v° Légitimité, § 8, traite la question dont nous venons de nous occuper, paraît ne l'avoir envisagée que sous le second point de vue, c'est-à-dire à l'égard des enfants nés plus de trois cents jours après la disparition ou les dernières nouvelles, et il la résout dans le même sens que nous. Seulement ce grand jurisconsulte paraît méconnaître la distinction profonde qui sépare le désaveu de la contestation de légitimité, et admettre que ce serait par la voie du désaveu que les héritiers présomptifs devraient agir. — M. Demolombe, Comment. du code Napoléon, t. 2, n° 268, ne s'occupe également que des enfants nés plus de trois cents jours depuis les dernières nouvelles, et il décide, comme nous, qu'ils ne peuvent invoquer la maxime *pater is est*, etc., et que, dès lors, ils seraient non recevables à demander l'envoi en possession. Pour ceux qui sont nés moins de trois cents jours depuis la disparition ou les dernières nouvelles, si M. Demolombe ne s'en occupe pas précisément, on peut cependant induire de ce qu'il dit à l'égard des autres qu'il accorderait aux envoyés en possession provisoire le droit de les désavouer, opinion que nous avons repoussée et combattue. — Quant à MM. Aubry et Rau, nous avons vu que, suivant une distinction judicieuse que nous avons admise, ils refusent aux envoyés en possession provisoire, et accordent, au contraire, aux envoyés en possession définitive, le droit d'exercer le désaveu; mais ces deux auteurs paraissent appliquer cette distinction à tous les cas, sans examiner si les enfants sont nés plus ou moins de trois cents jours après la disparition ou les dernières nouvelles du mari. — V. cependant Zachariæ, édit. Massé et Vergé, t. 1, p. 303, note 46.

Il a été jugé que les héritiers présomptifs d'un absent, alors même qu'ils ont obtenu l'envoi en possession provisoire des biens de ce dernier, n'ont pas qualité pour désavouer un enfant né de la femme de l'absent plusieurs années après sa disparition ou ses dernières nouvelles, et que, par suite, cet enfant est fondé à former tierce opposition au jugement d'envoi en possession des biens, et à réclamer lui-même cet envoi (Toulouse, 14 juill. 1827; 29 déc. 1828) (1). Ces deux arrêts, comme on le voit, n'ont

(1) 1re *Espèce* : — (Gayrand et Cancé C. Vernus.) — En 1794, Antoine et Jean Cancé partirent pour l'armée. On n'a point eu depuis de leurs nouvelles. En 1806, la femme d'Antoine Cancé, Marie Gayrand, accoucha d'un fils qui fut inscrit sur les registres de l'état civil sous le nom de Pierre, et désigné comme fils naturel de Marie Gayrand et de père inconnu, non mariés. L'enfant fut élevé par Marie Gayrand et par la dame Garrigon, mère d'Antoine Cancé. Cette dernière mourut en 1822, après avoir légué tous ses biens à Marie Gayrand sa belle-fille. — En 1824, le sieur Vernus, héritier présomptif d'Antoine et de Jean Cancé, assigna Marie Gayrand en délaissement des biens de la famille Cancé; — mais un arrêt de la cour de Toulouse le démit de ses poursuites sur le motif que la défenderesse n'était pas autorisée à ester en justice. — 22 juin 1826, Vernus fit déclarer l'absence d'Antoine et de Jean Cancé, obtint l'envoi en possession provisoire de leurs biens, et après avoir fait autoriser Marie Gayrand à ester en justice, il l'actionna de nouveau, ainsi que son fils, en délaissement des biens de la famille Cancé, déclarant, en outre, qu'il entendait contester la légitimité de ce dernier. — Les défendeurs formèrent alors tierce opposition au jugement d'envoi en possession provisoire. — Nouveau jugement qui déclare mal fondée leur tierce opposition, et qui accueille les prétentions du sieur Vernus. — Appel. — Arrêt.

LA COUR; — Attendu, sur la première question, que Pierre Vernus n'est point appelant de la disposition qui déclare la tierce opposition recevable dans la forme; — Attendu que cette tierce opposition est d'ores et déjà bien fondée sous ce rapport; qu'en fait et en droit, on ne pouvait pas faire remonter à 1794 les effets d'une déclaration d'absence de deux militaires qui n'ont été déclarés absents qu'en conformité des lois des 11 vent. an 2 et 13 janv. 1817; que cette tierce opposition sera bien fondée sous un autre rapport, et si l'état d'enfant légitime d'Antoine Cancé ne peut pas être contesté à Pierre Cancé, puisqu'il en résultera qu'en fait, Pierre Vernus n'était point l'héritier présomptif des absents, et ne devait pas être envoyé en possession de leurs biens;

Attendu, sur la seconde question, que Pierre Vernus est demandeur en désaveu, aussi bien qu'il est demandeur en délaissement; qu'ainsi c'est lui qui vient troubler Pierre Cancé dans la possession des biens dont il s'agit; que, de son côté, Pierre Cancé est défendeur sur tous les points; que surtout il n'exerce point, et n'a nullement besoin d'exercer l'action en réclamation d'état; que son acte de naissance lui donnant Marie Gayrand pour mère, cette maternité n'étant point contestée par Pierre Vernus, et l'arrêt de 1824 ayant souverainement jugé que le mariage d'Antoine Cancé et de Marie Gayrand subsistait encore à cette époque; et à plus forte raison en 1804, Pierre Cancé, conçu dès lors pendant le mariage, aura pour père le mari, tant que, par l'effet d'une action en désaveu, ce caractère ne lui aura pas été enlevé; qu'au reste, on ne peut pas se dissimuler que Pierre Vernus l'a reconnu ainsi, et qu'il a conformé ses poursuites à la nécessité où il s'avait être de désavouer, avant tout, celui qu'il voulait dépouiller; — Attendu, dès lors, qu'il y a lieu d'examiner si celui qui a été envoyé en possession provisoire des biens d'un absent est recevable à exercer l'action en désaveu contre un individu en possession d'état d'enfant légitime de l'absent; — Attendu que les art. 316 et 317 c. civ. n'accordent l'action en désaveu de paternité qu'au mari, et après sa mort aux héritiers du mari; qu'aucune de ces dispositions ne s'applique au cas actuel, puisque, d'un côté, le mari n'est ni demandeur ni partie au procès, et que, de l'autre, son absence et la déclaration de cette absence n'étant ni une preuve, ni une présomption de sa mort, comme l'a jugé l'arrêt de 1824, on ne peut pas dire que l'héritier agit après la mort du mari;

Attendu, dès lors, qu'il faudrait trouver dans la loi une troisième disposition applicable au cas de l'absence; que cette disposition n'existe pas, et qu'elle peut d'autant moins être suppléée, qu'il s'agit d'une exception extraordinaire au principe protecteur de l'état des hommes et de la famille; par suite, que l'extension d'un cas à l'autre, contraire aux saines doctrines du droit, ne saurait être admise; qu'il n'existe, d'ailleurs, aucune analogie entre les effets de l'absence et les effets de la mort réelle; que si, sous un certain rapport, les effets de l'absence supposent l'ouverture de la succession de l'absent, cette fiction n'a lieu principalement que dans l'intérêt de l'absent lui-même, et n'a pour objet que la conservation de ses biens; qu'un tel motif a pu faire transmettre à l'envoyé en possession provisoire des biens, l'exercice des actions relatives aux biens; que rien ne prouve que la loi lui ait transmis l'exercice des actions relatives à la personne et à l'état des membres de la famille; qu'il n'a pas été contesté que l'envoyé en possession provisoire des biens de l'absent n'avait ni le droit de reconnaître pour l'absent un enfant naturel, ni le droit de poursuivre la femme en séparation de corps ou en adultère, ou en nullité de mariage contracté depuis la disparition de l'absent; qu'on ne voit pas pourquoi, quand de telles actions sont refusées à l'envoyé en possession provisoire des biens, on lui accorderait l'action en désaveu de paternité; — Qu'à la vérité, on présente l'exercice de cette action comme un moyen d'obtenir le délaissement des biens en possession desquels on a été envoyé; mais qu'il n'est pas possible que, lorsque l'action en désaveu a un caractère bien autrement important que l'action en délaissement des biens, lorsqu'il est reconnu que cette action n'appartient qu'au mari, et ne peut passer à ses héritiers que par le fait de son décès, cette action, non recevable comme demande principale, devienne au contraire recevable comme un moyen justificatif d'une action en délaissement; il faudrait d'ailleurs que la qualité d'envoyé en possession provisoire des biens fût incontestable sur la tête de celui qui voudrait y puiser le droit d'exercer une action si extraordinaire, et qu'ici, pour que le parent eût dû être envoyé en possession, il faudrait qu'on eût admis et jugé le désaveu, non-seulement avant qu'il fût formé, mais avant que la qualité qui seule le rendait recevable, eût pu être conférée;

Attendu qu'indépendamment de ces premiers motifs, la question serait toujours dominée par une raison puissante, la même qui proscrit le second mariage de la femme de celui dont l'absence a été déclarée; que cette déclaration laissant subsister dans toute sa force la possibilité du retour de l'absent, on ne peut pas plus permettre à un collatéral de désavouer aujourd'hui l'enfant que le mari reconnaîtrait demain, qu'on ne peut permettre à la femme de contracter un second mariage, quand le retour immédiat de l'absent peut prouver que le premier mariage n'est pas rompu; — Attendu enfin que, s'il en était autrement, il faudrait changer toute l'économie de la loi, relativement aux délais donnés pour l'exercice de l'action en désaveu; qu'il importe pourtant à la fixité et à la stabilité de l'état des hommes que ces délais ne soient ni arbitraires ni indéfinis; — Attendu que, puisque l'action en désaveu n'est point recevable, il n'y a pas lieu d'apprécier le mérite des preuves respectivement offertes au fond pour justifier ou pour écarter le désaveu;

Attendu, sur la troisième question, que Pierre Vernus n'ayant plus cette qualité d'héritier présomptif qui avait autorisé l'envoi en posses-

pas envisagé la question sous son véritable point de vue. Il ne s'agissait point, en effet, dans l'hypothèse sur laquelle ils ont statué, de savoir si les héritiers présomptifs ont qualité pour exercer le désaveu; mais si, à l'époque à laquelle se reportait la conception de l'enfant, l'existence de l'absent était certaine ou douteuse, et si, par conséquent, il y avait ou non lieu à la contestation de légitimité. Nous devons dire toutefois que le premier de ces deux arrêts, celui de 1827, mentionne dans l'un de ses considérants un arrêt antérieur, de 1824, qui aurait souverainement jugé que le mariage subsistait encore à une époque postérieure à la conception de l'enfant.

117. Il a été jugé qu'en accordant aux frères, comme seuls héritiers présomptifs au moment des dernières nouvelles, l'envoi en possession déjà obtenu par les enfants de l'absent, nés plus de trois cents jours après les dernières nouvelles, une cour n'a fait que se conformer à l'art. 120 c. Nap., alors surtout que les droits des enfants sont réservés. (Rej. 3 déc. 1834, aff. Tinlot, V. Absence, n° 211.) — Cette décision nous paraît irréprochable.

118. Les créanciers du mari n'ont pas le droit d'exercer en son nom l'action en désaveu. On ne voit pas, d'ailleurs, quel intérêt ils pourraient y avoir. Cette proposition n'est contestée par personne. Quant à l'action en désaveu qui, après le décès du mari, compète à ses héritiers, on convient généralement qu'elle peut être formée en leur nom par tous ceux qui jouissent de l'exercice de leurs actions, et notamment par leurs créanciers. La raison de cette différence, c'est qu'en passant du mari à ses successeurs universels ou à titre universel, cette action change, à certains égards, de caractère, et devient surtout pécuniaire (V. en ce sens MM. Massé et Vergé sur Zachariæ, t. 1, p. 302, note 37; Marcadé sur l'art. 317, n° 1, et sur l'art. 330, n° 2; Demolombe, t. 5, n° 137).

119. Quant aux créanciers de l'enfant qui défend à une action en désaveu, il a été jugé qu'ils sont irrecevables à intervenir dans l'instance, alors qu'il n'existe aucune collusion entre les parties (Req. 6 juill. 1836, aff. Delamotte, V. Intervention, n° 45). —Et en effet, comme le fait remarquer M. Demolombe, n° 138, l'objet du débat, la filiation, n'est pas le gage de leurs créances, et il est facile, d'ailleurs, de comprendre tous les inconvénients qu'il y aurait à permettre à des créanciers de se mêler à de tels procès, et d'y faire valoir des moyens auxquels la partie elle-même ne voudrait peut-être à aucun prix recourir.

120. Nous avons vu, dans les numéros qui précèdent, par qui peut être formée l'action en désaveu. En principe général, elle ne peut l'être que par les personnes auxquelles la loi l'a expressément conférée. Au contraire, la contestation de légitimité, de l'aveu de tous les auteurs, appartient à tous ceux qui ont intérêt à la former, c'est-à-dire non-seulement au mari, à ses héritiers, à ses légataires universels ou à titre universel, mais encore à ses parents non successibles, à ses légataires particuliers, à l'enfant lui-même, à la mère, aux héritiers et autres parents de la mère, qui sont intéressés à faire rester l'enfant dans l'état d'illégitimité où il est né, afin de l'écarter des successions auxquelles il se présenterait concurremment avec eux.

Sect. 2. — *Délai dans lequel doit être formé le désaveu.*

121. Dans notre ancienne jurisprudence, il n'y avait pas de délai déterminé dans lequel l'action en désaveu dût nécessairement être exercée sous peine de déchéance : le mari était recevable à l'introduire aussi longtemps qu'il ne s'était pas, par son fait, reconnu père de l'enfant (V. Toulouse, 28 juill. 1808, aff. C... *C.* Fourtanier, *suprà*, n° 34-1°); en sorte qu'une incertitude perpétuelle planait sur l'état de l'enfant.—Le code civil, au contraire, a soumis l'exercice de cette action à un délai très-court. Ce délai varie suivant qu'il s'agit du mari ou de ses héritiers.

122. Voyons d'abord quel est le délai accordé au mari : — « Dans les divers cas où le mari est autorisé à réclamer, porte l'art. 316, il devra le faire dans le mois, s'il se trouve sur les lieux de la naissance de l'enfant; — Dans les deux mois après son retour si, à la même époque, il est absent; — Dans les deux mois après la découverte de la fraude, si on lui avait caché la naissance de l'enfant. » — Le projet de la commission, moins rigoureux à l'égard du mari, lui accordait un délai de six mois lorsqu'il se trouvait sur les lieux, et, en cas d'absence, un délai de huit mois après son retour. C'est sur les observations des cours de Nancy et de Toulouse que le délai a été réduit à un mois pour le premier cas et à deux mois pour le second. « Le délai d'un mois, dit avec raison M. Allemand, Tr. du mariage, t. 2, n° 737, est suffisant pour un mari convaincu qu'il a été

---

sion, la demande en délaissement est évidemment mal fondée; — Par ces motifs, vidant le renvoi au conseil, disant définitivement droit aux parties; et, sur l'appel, réformant le jugement du 26 déc. 1826, reçoit Pierre Cancé, tiers opposant envers le jugement du 22 juin 1826, et le rétracte ou réforme en ce qu'il fait remonter à 1794 l'absence d'Antoine et de Jean Cancé, et en ce qu'il envoie la partie d'Astre en possession provisoire des biens des absents; — Moyennant ce, déclare ladite partie d'Astre non recevable dans son action en désaveu de paternité, et mal fondée dans la demande en délaissement; maintient, au contraire, Pierre Cancé, en sa qualité d'enfant légitime d'Antoine Cancé, et de neveu de Jean Cancé, en possession des biens dont il jouit.

Du 14 juill. 1827.-C. de Toulouse.-M. Hocquart, pr.

2e *Espèce :* —(Beyres *C.* Segny.) — La cour; — Attendu que l'art. 316 c. civ. introduit une pénible exception à la règle portée par l'art. 312, qui donne le mari pour père à l'enfant né pendant le mariage; que cette faculté de désavouer l'enfant, conçu pendant le mariage, n'est attribuée qu'au mari : ce n'est qu'après la dissolution du mariage, et après la mort du mari, que la loi autorise les héritiers, dans un cas spécial, à suivre l'action en désaveu, que le mari n'a pu intenter lui-même; ce n'est que comme exerçant les droits que le mari seul pouvait exercer, comme continuant une action qui lui était ouverte, que les héritiers sont admis à suivre la demande en désaveu; mais cette exception à une règle d'ordre public doit être resserrée dans les limites que la loi a posées; c'est vainement qu'on a voulu prétendre que l'absence équipolle au décès, et que l'art. 123, qui admet tous ceux qui ont des droits sur les biens de l'absent à les exercer, les admet aussi à exercer tous les droits qu'ils peuvent avoir sur les personnes : c'est créer une exception que la loi n'a pas voulu introduire, et, en matière de question d'état, rien ne doit être livré à l'arbitraire ou à l'interprétation : ce n'est pas sur des analogies ou sur des subtilités que doivent reposer l'état des hommes, la paix des familles et l'existence de la société; l'art. 123 n'a permis d'exercer que les actions que l'on pourrait avoir sur les biens de l'absent; mais les personnes sont d'un ordre de création plus élevé, et autrement important que les choses, et la concordance de toutes les dispositions du livre premier du code civil prouve qu'une législation spéciale, toute d'ordre public, ne les livre pas aux actions qui naîtraient du caprice ou de la cupidité des collatéraux; — Attendu que les lois consacrées au titre de l'absence, sont toutes établies dans l'intérêt de l'absent; que ses héritiers présomptifs ne reçoivent que le mandat légal d'administrer; que l'obligation de faire inventaire ou de fournir caution, celle de rendre compte d'une portion des revenus, la défense d'aliéner ou d'hypothéquer, justifient que la loi ne présume pas le décès de l'absent, et qu'elle n'a voulu que pourvoir à l'administration provisoire de ses biens : le décès n'étant pas même présumé, la loi ne peut conférer aucun des droits sur les personnes, qui seraient subordonnés au décès de l'absent; ainsi, et selon un avis du conseil d'État, du 12 germ. an 13, qui est fondé sur les mêmes principes, les femmes des absents ne peuvent contracter un second mariage; et, dans le cas où elles auraient enfreint la disposition de la loi, les collatéraux, même munis de la preuve de l'existence du premier mari, ne peuvent attaquer le second mariage; ils ne peuvent pas davantage poursuivre la femme pour adultère, reconnaître un enfant naturel de l'absent : en un mot, la loi leur refuse toute action contre les personnes; et de même qu'ils ne pourraient, à raison de leur intérêt à venir, intenter l'action en désaveu en présence du mari, on ne saurait les admettre à exercer cette action en l'absence du mari, sans exposer l'honneur de l'épouse et l'état de l'enfant, et sans blesser les mœurs publiques dans ce qu'elles ont de plus cher, puisque le retour du mari, dépositaire des secrets intimes de la paternité, peut faire disparaître les plaintes des collatéraux, et repousser une action qui serait pour lui un nouvel outrage : d'où suit que l'appel incident se trouve fondé, et qu'il convient d'y dire droit, en déclarant le sieur Antoine Beyres irrecevable dans son action; —Attendu que la rétractation, quant à ce, des jugements de déclaration d'absence et d envoi en possession n'est qu'une conséquence de la solution précédente; — Disant droit sur l'appel incident, relevé par la partie de Me Amilhau, ainsi que sur la fin de non-valoir, prise du défaut de qualité de Beyres : — Disant droit sur la tierce opposition envers les jugements des 12 février et 12 mars 1821, et les rétractant quant à ce, envoie Jeanne Seguy, au nom de Jean Beyres, son fils mineur, en possession provisoire des biens délaissés par son mari, à la charge par elle, en sadite qualité, de fournir préalablement la caution prescrite par l'art. 120 c. civ., etc.

Du 29 déc. 1828.-C. de Toulouse, aud. solen.-M. Hocquart, 1er pr.

outragé. S'il hésite, c'est qu'il doute, c'est qu'il a des raisons de douter et qu'il craint d'être injuste. Et s'il n'a pas le sentiment profond des torts de son épouse, il ne faut pas qu'un trop long délai soit accordé à ses incertitudes, de crainte qu'une passion jalouse ne s'empare de lui et ne l'excite au désaveu. Les incertitudes doivent profiter à l'enfant. »

123. Le mot *absent*, employé au deuxième alinéa de l'art. 316, ne s'applique pas seulement à celui qui, ayant disparu sans qu'on sache ce qu'il est devenu, est en état d'absence présumée ou déclarée, conformément aux dispositions des art. 112 et suiv.; il est pris par opposition à ces mots du premier alinéa *s'il est sur les lieux*, et désigne, en général, le mari qui, au moment où la femme est accouchée, était éloigné du lieu de l'accouchement, encore bien qu'aucun doute ne s'élevât sur son existence. C'est ce qu'enseignent MM. Duranton, t. 3, n° 84; Marcadé sur les art. 316 et 317; Demolombe, t. 5, n° 141, et ce qui, du reste, n'est contesté par personne.

124. Quant au degré d'éloignement nécessaire pour que le mari soit réputé n'être pas sur les lieux et pour que, dès lors, il jouisse du délai de deux mois, c'est aux tribunaux qu'il appartient de l'apprécier suivant les circonstances : la loi n'a établi, sur ce point, aucune règle fixe. — MM. Toullier, t. 2, n° 839, et Demolombe, t. 5, n° 142, font judicieusement observer que le mari ne devrait pas être considéré comme absent, quoiqu'il habitât une commune différente de celle où l'enfant est né, si, d'ailleurs, la proximité de sa résidence ne permettait pas de croire qu'il eût ignoré la grossesse et l'accouchement.

125. D'après un arrêt, le délai dans lequel le désaveu doit être formé ne commence à courir que du moment du retour du mari au lieu de la naissance de l'enfant ou du domicile conjugal (Paris, 9 août 1813, aff. dame Texier, V. n° 135); ce qui est une application pure et simple de l'art. 316. — Ainsi, si le mari se trouvait, lors de la naissance, en pays étranger, il ne suffirait pas qu'il mît le pied sur le territoire français pour que ce délai commençât à courir. Mais, d'un autre côté, ainsi que le font remarquer MM. Duranton, t. 3, n° 85, et Demolombe, t. 5, n° 142, il ne faudrait pas que le mari s'arrêtât dans une ville voisine pour prolonger d'autant le délai. Il y a là une question de fait que les magistrats auraient à apprécier.

126. Le délai après lequel l'action du mari en désaveu de paternité n'est plus recevable, aux termes de l'art. 316 c. nap., ne court, dans le cas de fraude, que du jour où le mari a acquis la preuve complète de la fraude, et non du jour où il a pu la soupçonner (Angers, 18 juin 1807, aff. Loze *C.* Frédéric et Françoise; V. conf. M. Demolombe, t. 5, n° 142-3°).—Il a été jugé également : 1° que, pour que le délai puisse courir contre le mari, il est nécessaire que la maternité soit constante (Rouen, 5 mars 1828, sous req. 25 janv. 1831, aff. Lecellier, n° 45);—2° Que la demande formée contre un mari par un enfant qui se prétend né de sa femme, en rectification de son acte de naissance, qui le désigne comme né de père inconnu, et en déclaration de paternité légitime, demande dont l'enfant s'est désisté sur une exception d'incompétence, a pu être déclarée ne pas faire courir, contre le mari, le délai de l'action en désaveu, si ce même acte de naissance désigne la mère sous les prénoms de Rose-Suzanne, alors qu'elle n'avait que le prénom de Suzanne; on objecterait en vain que, dans des actes authentiques et dans son acte de mariage, la femme aurait pris, et son mari lui aurait donné, les prénoms de Rose-Suzanne (Req. 25 janv. 1831, aff. Lecellier, n° 45).

127. En principe, le délai accordé au mari est d'un mois seulement à partir de la naissance de l'enfant : c'est là la règle générale. Lors donc qu'il n'agit qu'après l'expiration de ce délai, c'est à lui qu'il incombe de prouver, pour justifier la tardiveté de son action, qu'il n'est plus dans la règle générale, mais dans l'exception. Il doit donc établir, ou bien qu'il était absent au moment de l'accouchement et qu'il est revenu depuis moins de deux mois, ou bien que la naissance lui a été cachée. — V. en ce sens MM. Duranton, t. 3, n° 86; Demolombe, t. 5, n° 143.

128. Mais une fois cette preuve fournie, est-ce encore au mari à justifier du moment où il a découvert la fraude, et, dès lors, de la non-expiration du délai? M. Duranton (*loc. cit.*) soutient l'affirmative, par cette raison que le mari, étant demandeur, doit prouver non-seulement le fait sur lequel il fonde son action, mais encore tout ce qui en a prolongé la durée. M. Demolombe (*loc. cit.*) trouve la question délicate : « Ne pourrait-on pas, dit-il, soutenir que le mari, par cette preuve (celle de la fraude), s'est suffisamment placé en dehors de la règle, et que ceux qui prétendent que son action est intentée après l'expiration du délai exceptionnel de deux mois doivent en fournir contre lui la preuve? Mais cette preuve, ajoute-t-il, comment pourraient-ils le plus souvent la faire, surtout s'ils persistent à nier la fraude alléguée par le mari? N'est-il pas, d'ailleurs, plus vrai juridiquement que le mari, une fois en dehors de la règle, doit prouver, d'une manière absolue, que son action est encore recevable? Or, elle ne peut l'être qu'autant qu'il agit avant l'expiration des deux mois depuis la découverte de la fraude» —M. Demolombe fait observer, du reste, que la preuve dont il s'agit peut être faite par tous les moyens possibles, même par témoins et par présomptions; car c'est la preuve d'un fait, et la loi ne l'a soumise à aucunes règles spéciales.

Comme on le voit, MM. Duranton et Demolombe font retomber le fardeau de la preuve sur le demandeur en désaveu, parce qu'ils le considèrent comme voulant sortir du droit commun pour jouir du bénéfice d'une disposition exceptionnelle qu'il ne lui est permis d'invoquer qu'autant qu'il prouve tout à la fois et la nécessité d'un délai spécial et l'époque à laquelle doit être fixé le point de départ de ce délai. — Mais est-il bien vrai que des divers paragraphes de l'art. 316, le premier pose la règle et les autres l'exception? Ne tracent-ils pas tous des règles distinctes qui doivent être appliquées de la même manière? Les rôles respectifs du demandeur en désaveu et du défendeur ne sont-ils pas les mêmes, quel que soit celui de ces paragraphes qui régisse la cause? Qu'il s'agisse d'une action à intenter dans le mois de la naissance ou dans les deux mois de la découverte de la fraude, dès que la durée du délai se trouve déterminée, n'est-ce pas au défendeur qui excipe de la tardiveté de l'action à établir la fin de non-recevoir qu'il oppose au demandeur? Les raisons de douter qui ont fait hésiter M. Demolombe, et qu'il a cru devoir repousser, nous semblent décisives contre l'opinion qu'il a embrassée; il faut en revenir, dans toutes les hypothèses prévues par l'art. 316, à la maxime *reus excipiendo fit actor.*—C'est donc aux adversaires du désavouant à prouver qu'il a eu connaissance de la naissance de l'enfant désavoué plus de deux mois avant le désaveu, et il faut noter, à cet égard, qu'ils doivent fournir la preuve d'une découverte positive, et qu'ils ne peuvent pas se borner à alléguer de simples soupçons. — Il a été jugé, conformément à cette doctrine, qu'en cas de désaveu de paternité formé par le mari contre un enfant dont la naissance lui a été cachée, le défendeur qui prétend que l'action est non recevable comme formée plus de deux mois après la découverte de la fraude, doit établir à quelle époque remonte cette découverte : qu'on objecterait vainement que c'est au mari qui excipe de la fraude, à prouver qu'il est encore dans le délai particulier de deux mois auquel elle donne lieu (Req. 14 fév. 1854, aff. N..., D. P. 54. 1. 89).

129. La décision par laquelle une cour royale, appréciant la correspondance du mari, a déclaré qu'il n'avait point eu connaissance positive de la naissance de l'enfant, échappe à la censure de la cour de cassation. On discuterait vainement, devant cette dernière cour, les termes plus ou moins concluants de cette correspondance (Req. 9 mai 1838, aff. Rignoux, V. n° 175).

130. L'action en désaveu doit être rejetée comme tardive, si, quoique la naissance de l'enfant n'ait pas été cachée au mari, cette action est formée après deux mois. Le mari alléguerait en vain qu'il s'est occupé, dans cet intervalle, à faire nommer un curateur pour défendre à l'action (Bastia, 24 mars 1825, aff. dame Mattei, V. *suprà*, n° 62).

131. Le mari peut-il former le désaveu avant la naissance de l'enfant? L'affirmative enseignée par M. Zachariæ, édit. Massé et Vergé, t. 1, p. 303, a été également consacrée par un arrêt de Liége, 10 fruct. an 13 (rapporté avec Rej. 25 août 1806, aff. Degrady, n° 151) : « Attendu, porte cet arrêt, qu'aucune loi n'a défendu à un époux qui voit sa dernière heure approcher de désavouer l'enfant qui est encore dans le sein de son épouse, et que pareil désaveu n'a été frappé d'aucune nullité. » — M. Demolombe (t. 5, n° 161), au contraire, pense que le désaveu n'est autorisé par la loi que contre l'enfant *né*. L'enfant, dit-il, ne devient une personne que par sa naissance; et, s'il arrive quelquefois que l'on considère comme né celui qui n'est que conçu, c'est par une fiction introduite uniquement dans son intérêt. D'ailleurs il est possible que l'enfant naisse mort ou non viable; dans ce cas, le désaveu n'aurait pas d'objet; pourquoi, dès lors, se presser ainsi de provoquer un scandale peut-être inutile? Enfin il est des cas où, pour avoir le droit de former le désaveu, il est absolument nécessaire de connaître le jour de la naissance (art. 314, 315); dans ces cas, évidemment, l'action ne peut pas devancer ce jour, car elle ne reposerait sur rien. Ces raisons nous semblent justes. M. Bedel (de l'Adultère, p. 149), se prononce aussi en ce sens.

132. Supposons maintenant que l'enfant dont la naissance a été cachée au mari ait été inscrit sous de faux noms, ou comme né de père et mère inconnus; deux questions peuvent s'élever : 1° le mari qui a découvert la fraude peut-il agir immédiatement? Ou bien est-il obligé d'attendre pour cela que l'enfant prétende au titre d'enfant légitime issu du mariage; — 2° S'il laisse passer, sans former le désaveu, les deux mois qui suivent la découverte de la fraude, encourt-il la déchéance?—Et d'abord nous croyons qu'il peut agir immédiatement, sans attendre que les prétentions de l'enfant se produisent. Cet enfant, il est vrai, n'a actuellement ni titre, ni possession d'état; mais il est possible que plus tard il recherche sa véritable maternité, qu'il parvienne à la prouver, et qu'alors, s'armant de la maxime *is pater est...*, il revendique le titre d'enfant légitime; or le mari ne peut être obligé de rester indéfiniment sous le coup de cette menace. Il pourrait arriver que les preuves de sa non-paternité dépérissent, qu'elles fussent détruites par le temps, et il lui importe de les produire, tandis qu'elles sont encore pleines et entières. Enfin la loi, qui lui accorde, dans telles circonstances données, le droit de désavouer l'enfant dont la femme est accouchée, n'exige pas comme condition que l'enfant soit en possession du titre qui lui est contesté.

133. Cette doctrine a été consacrée par les arrêts suivants qui ont décidé : 1° que l'action en désaveu de paternité n'est pas subordonnée à la condition que l'enfant désavoué soit en possession de la qualité d'enfant légitime, ou ait été inscrit sur les registres de l'état civil comme né de la femme du désavouant: qu'ainsi, le mari est recevable à désavouer un enfant inscrit sur les registres de l'état civil comme né d'une autre femme que la sienne, et il doit être admis à rechercher, au préalable, la maternité de cette dernière (Paris, 6 janv. 1849, aff. Burthe, D. P. 49. 2. 206; Req. 4 fév. 1851, même aff., D. P. 51. 1. 117); —2° Que l'action en désaveu de paternité n'est pas subordonnée à la condition que l'enfant désavoué soit en possession de la qualité d'enfant légitime, ou ait été inscrit sur les registres de l'état civil comme né de la femme du désavouant; qu'ainsi le mari est recevable à désavouer un enfant inscrit sur les registres de l'état civil comme né de père et mère inconnus, et qu'il doit être admis à rechercher au préalable la maternité de sa femme; — Encore même que sur son action interviendrait une reconnaissance faite par une femme autre que la sienne (une domestique de celle-ci, par exemple), si d'ailleurs la preuve des faits articulés à l'appui du désaveu doit démontrer la non-sincérité de cet acte (Paris, 4 juill. 1853, aff. d'H..., D. P. 53. 2. 201); — 3° Que l'action en désaveu de paternité peut être exercée par le mari contre un enfant non investi par son acte de naissance ou par la possession d'état, de la qualité d'enfant de la femme du désavouant, et inscrit, par exemple, sur les registres de l'état civil comme né d'une mère inconnue, sans qu'il soit nécessaire d'attendre que cet enfant réclame les droits d'enfant légitime (Req. 14 fév. 1854, aff. H..., D. P. 54. 1. 89).— V. aussi Req. 25 août 1806, aff. Degrady, n° 151; Paris, 9 août 1813, aff. Texier, n° 135; 28 juin 1819, aff. Allègre, n° 59.

134. Cependant il a été jugé, mais à tort selon nous, que l'action en désaveu n'est recevable qu'à l'égard de l'enfant dont la maternité est certaine, et non à l'égard d'un enfant désigné sur les registres de l'état civil comme né de père et mère inconnus, et sur la simple allégation faite par le désavouant que cet enfant serait le fruit de l'adultère de sa femme, surtout si depuis sa naissance il a été reconnu par une autre personne qui s'en est déclarée le père naturel (Dijon, 13 août 1840) (1). — Nous admettrions bien qu'il ne suffit pas au mari d'alléguer que l'en-

(1) *Espèce :* —(Allotte C. Répault.) — Le 8 mai 1838, Émile Henri est inscrit sur le registre de l'état civil de Dijon, comme né de père et mère inconnus, et deux jours après, le sieur Répault, docteur en médecine, le reconnaît pour son enfant naturel. Plus tard, le sieur Allotte prétend que cet enfant est le fruit de l'adultère de sa femme; et comme sa naissance lui avait été cachée, il intente une action en désaveu qu'il soutient être recevable dès à présent, sur le motif que l'enfant pourrait, d'un jour à l'autre, au moyen d'une reconnaissance de sa mère, venir invoquer contre lui l'application de la maxime *pater is est*, et le forcer ainsi à accepter une paternité qu'il ne serait peut être plus alors en son pouvoir de répudier. — Le sieur Répault, agissant au nom d'Émile Henri, répond que cette action est prématurée : Le désaveu, dit-il, est ouvert au mari pour le soustraire, dans certains cas, à la présomption qu'il est le père de l'enfant dont sa femme est accouchée; cette présomption n'a donc quelque force, et l'action en désaveu quelque fondement, que si la maternité est constante, ou au moins si elle est l'objet d'une recherche de la part de l'enfant; alors seulement, le désaveu deviendra un moyen efficace; hors de la, il sera sans base, sans intérêt, il n'aboutira qu'à porter une atteinte inutile à l'honneur de la femme et à l'état de l'enfant. Ces considérations de droit et d'équité trouvent, dans l'espèce, une application immédiate. Émile Henri a été déclaré sur son acte de naissance comme né de père et mère inconnus; aucune reconnaissance postérieure, aucune action n'a fait cesser l'incertitude de la maternité; il est, quant à présent, tout à fait étranger aux époux Allotte, et d'autant plus étranger, qu'il a même une autre famille, qu'il a un père naturel reconnu, le sieur Répault. Ainsi, tant que la maternité restera incertaine, toute action en désaveu manquera de cause et sera nécessairement écartée. Or Emile Henri n'a encore manifesté, ni personne pour lui, aucune intention de rechercher sa mère; cette recherche, le sieur Allotte ne peut pas la faire en son nom, car c'est là un droit personnel à l'enfant, que lui seul peut exercer, ou ses représentants, et certes le sieur Allotte ne sera pas admis, pour le représenter, à se prévaloir de sa qualité de père, puisqu'il la repousse, puisqu'il ne l'invoquerait même que dans le but indirect de la répudier. — Jugement qui admet la fin de non-recevoir invoquée au nom de l'enfant. — Appel. — Arrêt.

LA COUR; — Considérant que le désaveu de paternité est, ainsi que le sens naturel des mots l'indique, une action qui a pour but de dépouiller un enfant d'un état dont il jouissait légalement, pour lui faire attribuer une autre filiation quelconque, même indéterminée, dans la descendance paternelle; — Considérant qu'il est donc impérieusement nécessaire, pour qu'un mari puisse être recevable à désavouer un enfant, qu'il en soit d'abord légalement réputé le père, suivant la maxime *pater is est*, en ce qu'il serait préalablement certain que cet enfant serait né de son épouse pendant la durée du mariage, ou du moins que cet enfant aurait une constante possession d'état d'enfant de l'épouse; — Considérant qu'un mari n'est point légalement réputé le père d'un enfant qui n'est point inscrit sur les registres de l'état civil comme étant né de l'épouse; que si dans ce cas la loi donne à l'enfant une action en recherche de la mère, si, par conséquence de la maternité préalablement établie et de la rectification de l'acte de naissance ordonnée, la présomption légale devient que l'enfant a pour père le mari de sa mère, c'est alors que ce mari, auquel l'enfant tendrait à attribuer indirectement ainsi un titre qu'il répudierait, pourrait désavouer cet enfant dans les circonstances, formes et délais voulus par la loi; — Considérant qu'il en serait de même si l'enfant jouissait de la possession d'état constante d'enfant de la mère, non déniée par celle-ci, et que ce fût seulement, par exemple, en raison d'une omission sur les registres de l'état civil toujours facile à réparer, dans ce cas, que l'enfant voudrait repousser l'action en désaveu, le mari pourrait y persister; — Considérant qu'il en doit être nécessairement autrement lorsque l'enfant qu'un mari demande à désavouer n'est point reconnu par sa mère, n'a point de possession d'état de fait, n'est point inscrit comme né de l'épouse sur les registres de l'état civil, et qu'il est, en outre, spécialement dans l'espèce de la cause, reconnu par un père étranger qui sera toujours légalement réputé le père de l'enfant, jusqu'à ce que celui-ci, à sa majorité, répudie lui-même cette filiation ; — Considérant que, pour que l'action en désaveu du mari puisse être admise dans ce cas, il faudrait qu'il pût exercer préalablement les actions qui appartiendraient à l'enfant, pour établir que cet enfant est né de l'épouse et qu'il est, dès lors, légalement l'enfant du mari, et pour établir que la reconnaissance de paternité de cet enfant faite par un tiers est un acte frauduleux, une suppression d'état;

Considérant que s'il est vrai qu'un père et mari, agissant en vertu de son autorité paternelle légitime, pourrait, dans ce cas, exercer les actions de son enfant, dont la naissance lui aurait été cachée par l'effet de la haine ou de la folie de la mère, par exemple, dont les actes de naissance et de reconnaissance ne seraient que des actes frauduleux et criminels, il est évident que ce père et mari n'aurait l'exercice de ces actions que parce qu'il se reconnaîtrait le père légitime de l'enfant dont il

fant est né de sa femme pour avoir le droit de le désavouer; mais l'arrêt va plus loin : il refuse au mari même le droit de prouver la maternité; il le condamne à rester dans l'inaction, jusqu'à ce que l'enfant vienne lui-même rechercher la maternité, au risque de voir périr dans l'intervalle les preuves à l'aide desquelles il pourrait justifier son désaveu.

135. En tout cas, le mari est recevable à désavouer les enfants dont la mère est inscrite sous un nom et avec des désignations qui pourraient s'appliquer à sa femme, encore que le nom du mari ne soit pas exprimé (Paris, 9 août 1813) (1).

136. Si le mari a, comme nous l'avons pensé, le droit d'agir en désaveu dès qu'il a découvert la fraude, est-il obligé d'exercer ce droit dans les deux mois sous peine de déchéance? — L'affirmative paraîtrait résulter des motifs de l'arrêt (Req. 14 fév. 1834) précité (n° 133). Il y est dit, en effet, « que le silence que garderait le mari après avoir découvert la naissance de l'enfant pourrait élever une fin de non-recevoir contre le désaveu tardif que lui ou ses héritiers voudraient former par la suite. » D'où il paraît ré-

---

viendrait réclamer et exercer le droit; que si, au contraire, le mari, par une demande en désaveu, déclare préalablement et formellement qu'il n'est point le père de l'enfant, il est clair qu'il ne peut réclamer les droits d'un enfant qui lui est étranger, et qui de plus, dans l'espèce de la cause, a légalement un père sous la puissance duquel cet enfant est placé; — Considérant que l'action du mari, dans ce cas, aurait pour but tout à la fois et de faire admettre la preuve de la filiation légitime d'un enfant par la preuve de la maternité de l'épouse, et en même temps de répudier cet enfant comme étant illégitime, actions contradictoires et absurdes qui devraient être refusées, parce que leur résultat conduirait infailliblement à laisser les choses dans l'état où elles étaient avant l'instance, du moins par rapport au mari;

Considérant qu'il est bien vrai qu'un mari, pour la réparation de son honneur outragé, a toujours une action civile et criminelle contre son épouse coupable; qu'il pourrait arriver, par le résultat des procédures civiles ou criminelles, que l'adultère fût démontré; qu'il fût établi que l'épouse, par suite d'un commerce adultérin, est devenue enceinte; qu'elle est accouchée, et même par impossible qu'elle a donné le jour à un enfant, dont l'identité avec celui à désavouer serait démontrée, mais que, d'une part, il eût fallu, dans la cause, préalablement à toute demande en désaveu contre l'enfant, que l'action civile ou criminelle, en réparation du crime d'adultère, fût dirigée par Allotte directement et principalement contre son épouse, mère prétendue de cet enfant; et s'il en fût résulté par impossible la preuve de la naissance et de l'identité d'un enfant adultérin, il eût fallu partir de cette base pour intenter un procès en désaveu à l'enfant lui-même, dont la filiation durant le mariage serait ainsi révélée; — Considérant que le demandeur aurait toujours exercé, même en suivant cette marche, une action non recevable contre l'enfant, d'abord en ce qu'il serait toujours absurde de venir contester à un enfant une légitimité qu'il ne réclamerait pas, et qu'il ne pourrait réclamer dans aucun temps, ni en vertu de son acte de naissance, ni en vertu de sa possession d'état, ni en vertu d'un jugement qui, en constatant l'adultère de sa mère, établirait par impossible qu'il en est le fruit, et dès lors qu'il est étranger au mari; en second lieu, cette action ne serait pas recevable, parce que nul ne peut être admis en justice à agir contre qui que ce soit sans intérêt, et à plus forte raison dans le seul but de nuire à autrui; qu'il est évident que l'action d'Allotte dans la cause, avec tous les développements qu'il aurait pu lui donner, n'aurait pu avoir pour résultat que d'affliger la pudeur publique, en soulevant le coin d'un voile qui cacherait des turpitudes, et que l'état de l'enfant qu'il attaque resterait après, dans tous les cas, ce qu'il est aujourd'hui, celui d'un enfant qui lui est étranger;

Considérant que s'il est vrai qu'un enfant peut toujours rechercher quelle a été sa mère, s'il est vrai que cet enfant peut répudier la reconnaissance de sa filiation, surtout quand elle émane d'une personne autre que le mari de sa mère, s'il est sinon probable, du moins possible qu'Allotte soit inquiété un jour par l'enfant qu'il voudrait aujourd'hui faire attribuer à sa femme et en même temps désavouer, il est certain que la question éventuelle de l'enfant serait hérissée de difficultés telles, qu'il n'est pas possible de dire qu'Allotte soit menacé actuellement d'un dommage inévitable, qui justifierait de sa part le procès qu'il intente; — Considérant qu'il ne suffit pas que l'on ait la crainte ou la prévision d'un procès pour être admis à en intenter un préalablement soi-même, sans quoi tous les citoyens pourraient être inquiétés sous prétexte de procès qu'ils pourraient peut-être faire un jour, et auxquels ils ne songeraient nullement aujourd'hui; que, de même, pour désavouer un enfant, il ne suffit pas d'avoir l'idée qu'il pourra un jour peut-être réclamer un état différent de celui qu'il possède, qu'il faut qu'il y ait menace réelle résultant des titres ou faits quelconques existants, et que l'enfant pourrait faire valoir dès à présent; sans quoi tout mari qui soupçonnerait la fidélité de sa femme pourrait intenter une action en désaveu à tous enfants qui seraient inscrits sur les registres de l'état civil, comme nés de père et mère inconnus, au moins commencer contre eux des procès en demandant à faire des preuves; — Par ces motifs, déclare Allotte non recevable, etc.

Du 15 août 1840.-C. de Dijon, aud. solenn.-M. Nepveur, 1er pr.

(1) *Espèce* : — (La dame Texier C. son mari.)— Le 29 vend. an 9, mariage de Texier avec la demoiselle Alstorphius, Hollandaise, femme divorcée; le 19 brumaire suivant, une fille naît de ce mariage; elle est inscrite à Paris sous le nom de Sophie, comme fille légitime. Le 4 pluv. an 9, dérangement dans les affaires de Texier; il se rend à Bordeaux, puis en Espagne, en Portugal, où il est resté jusqu'au 15 niv. an 10, époque où il est revenu à Bordeaux. — Parti de cette ville, en juin 1802, pour l'Amérique, il n'est revenu en France, et n'a pris terre à la Rochelle que le 26 fév. 1811; le 25 janv. 1812, il arrive à Paris. Il trouve auprès de son épouse, outre sa fille Sophie, trois autres enfants, Nanine, Virginie et Eugène, inscrits les 2 mai 1805, 20 oct. 1807, 7 avr. 1810; il désavoue ces trois enfants le 21 mars 1812. — Le même jour, acte par lequel la dame Texier désavoue elle-même le premier et le troisième de ces enfants comme lui étant étrangers; elle y soutient que n'étant point inscrits sous son nom, son mari n'est pas recevable en son désaveu; mais en ce qui touche Virginie, elle déclare qu'elle en est la mère; que cet enfant, bien qu'inscrit à Paris le 20 oct. 1807, est né cependant en Hollande le 6 sept. 1802; que cette date une fois constante, l'enfant est légitime, parce que Texier n'est parti pour les colonies qu'en juin 1802; qu'il était, à la vérité, en Espagne ou à Bordeaux, vers l'époque de la conception, mais qu'il a pu faire un voyage, et qu'il ne prouve pas qu'il ne l'ait point fait. Il est à remarquer qu'il est dit dans l'acte de naissance de Virginie que la dame Alstorphius a déclaré être accouchée de cette enfant à Amsterdam le 6 sept. 1802, et que cette déclaration est confirmée par un certificat du chirurgien qui lui a prêté secours lors de l'accouchement.

28 août 1812, jugement du tribunal de la Seine, qui reconnaît : 1° que les deux enfants Nanine et Eugène sont conçus après le départ de Texier de Bordeaux, et pendant son séjour non interrompu en Amérique, d'où sort l'impossibilité physique qu'il en soit le père; 2° que Virginie n'a de naissance légale qu'en 1807, plus de cinq ans après le départ de Texier; que quand même on croirait qu'elle est née le 6 sept. 1802, elle serait née encore dix-neuf mois après le départ de Texier pour l'Espagne et le Portugal, et avec preuve acquise que, pendant le temps de son séjour à Bordeaux, qui coïncide avec le temps durant lequel il eût fallu qu'il se fût rapproché de la mère pour que l'enfant fût légitime, il n'y a pas eu entre les époux une distance moindre de cent soixante lieues, d'où sort également l'impossibilité physique que Texier soit son père.

Appel. — Question de savoir : 1° si le désaveu de Texier a eu lieu dans le délai prescrit, et s'il est recevable (c. civ. 316); 2° si Texier est recevable à désavouer Nanine et Eugène, qui ne sont inscrits que sous le nom de fille et fils de la dame Texier (c. civ. 45 et 321); 3° s'il est père de Virginie, nonobstant son éloignement à l'époque présumée de la conception (c. civ. 312); 4° si l'acte de naissance de celle-ci, nonobstant les énonciations qu'il contient, ne fait foi de l'âge ou du jour de la naissance que du jour de sa date; 5° si cette naissance, qui a eu lieu en Hollande avant le code, peut être prouvée par témoins. — Arrêt.

La cour; — En ce qui touche l'appel interjeté par la dame Texier et par le sieur Hongray (tuteur *ad hoc* des enfants) : — Considérant, sur la fin de non-recevoir, qu'aux termes de l'art. 316 c. civ., le délai accordé au mari absent pour intenter l'action en désaveu, ne commence à courir que du moment de son retour aux lieux soit de la naissance de l'enfant, soit du domile conjugal; — Considérant que, lors de la naissance des enfants Nanine et Eugène, Jacques Texier était absent et au delà des mers depuis plusieurs années; qu'ainsi il est impossible de lui en attribuer la paternité; — Mais attendu que ces deux enfants se trouvent inscrits comme enfants de Wilhelmine-Antoinette-Catherine Alstorphius, demeurant à Paris, rue Cadet, n°....., ou rue du Helder, n°....., conséquemment d'une mère dont les noms, prénoms et domicile, sont identiquement ceux de la femme Texier; d'où il résulte que Jacques Texier a droit et intérêt de désavouer lesdits enfants; — A l'égard de Virginie : — Attendu que la maternité de la femme Texier est constante; qu'en supposant la naissance de Virginie prouvée avoir eu lieu au 6 sept. 1802, Jacques Texier ne serait pas dans l'impossibilité physique, pour cause d'éloignement, de cohabiter avec son épouse à l'époque fixée par la loi pour la conception; — Considérant que l'acte du 20 oct. 1807 ne prouve la naissance que du jour de sa date, mais que, d'après les usages de la Hollande dûment constatés par l'acte de notoriété, avant l'introduction des codes, la date des naissances et la filiation pouvaient être prouvées par témoins; — Met l'appel au néant; néanmoins, quant à Virginie, donne acte à Hongray, de ce qu'il articule en fait de prouver, etc.

Du 9 août 1813.-C. de Paris, aud. sol.-M. Agier, pr.

Nota. L'enquête ordonnée par cet arrêt fut faite en Hollande, sur une commission rogatoire donné aux juges d'Amsterdam par la cour de Paris. Puis les parties revinrent devant la cour de Paris. Mais la cour, considérant que les enquêtes n'établissaient pas suffisamment les faits articulés, a mis au néant l'appel interjeté par le tuteur *ad hoc*. — V. n° 32.

sulter que, dans la pensée de la cour, le mari, si l'action en désaveu n'était pas formée dans les deux mois de la découverte de la naissance de l'enfant, aurait perdu le droit de contester la légitimité de l'enfant, au cas où ce dernier viendrait plus tard réclamer son état, et que, en ce qui touche ses héritiers, il ne leur aurait point transmis ce droit, dont il se serait laissé déchoir. — Nous croyons que cette interprétation est exacte. La loi a renfermé le droit de désaveu dans des limites étroites : ces limites doivent être respectées. Du jour où le mari, connaissant la naissance de l'enfant, est en mesure d'agir, le délai qui lui est imparti commence à courir, et s'il le laisse s'écouler sans sortir de son inaction, il perd le droit de désavouer. Telle est la conséquence de l'art. 316 ; il semble difficile d'y échapper.

137. S'ensuit-il que le mari n'aura plus désormais aucun moyen de repousser la prétention de l'enfant, qu'il devra subir sans résistance une paternité à laquelle il est étranger? Nullement : il trouvera alors un moyen de défense dans l'art. 325. Cet article, statuant pour le cas où un enfant, qui n'a ni titre ni possession constante, ou qui a été inscrit sous de faux noms ou comme né de père et mère inconnus, réclame l'état d'enfant légitime, porte que la preuve contraire pourra se faire par tous les moyens propres à établir que le réclamant n'est pas l'enfant de la mère qu'il prétend avoir, ou même, la maternité prouvée, qu'il n'est pas l'enfant du mari de la mère.—Ces dispositions sont à la fois rationnelles et sages. Quand l'enfant est inscrit comme né du mariage et qu'il est ainsi introduit dans la famille, le désaveu est nécessaire pour l'expulser, et le mari doit, sans hésiter, recourir à cette voie. Mais quand, par la manière même dont l'enfant est désigné sur les registres de l'état civil, il se trouve légalement étranger à la famille, pourquoi le mari serait-il obligé de provoquer un débat qui doit lui répugner, et de donner une publicité scandaleuse à des faits qu'il vaut mieux étouffer? La loi, qui veut le repos des familles, a sagement fait de laisser au mari la liberté de s'abstenir, sans pour cela l'exposer à rester désarmé contre les injustes prétentions qui pourraient se produire ultérieurement; elle lui a réservé, dans tous les cas, le droit de défense. C'est ce qu'enseigne aussi M. Demolombe, t. 5, nº 145.

138. Et il a été jugé, en ce sens, que l'action en désaveu de paternité n'est nécessaire que quand il s'agit de priver de son état l'enfant dont la filiation légitime résulte soit d'un acte de naissance, soit d'une possession constante ; qu'à l'égard de l'enfant qui, dénué de titre et de possession d'état, veut entrer dans une famille à laquelle il est jusqu'alors resté étranger, le mari n'a pas besoin de le désavouer, et peut, dès lors, sans être assujetti aux formes et au délai du désaveu, attendre son action en réclamation d'état pour la combattre, conformément à l'art. 325 c. nap., par tous les moyens propres à établir que sa femme n'est pas la mère du réclamant, ou qu'il n'en est pas le père (Req. 11 avr. 1854, aff. Chantegris, D. P. 54. 1. 93). — On objectait, dans l'espèce, que le mari n'est ainsi dispensé de la nécessité d'une action en désaveu, que quand il n'a connu la naissance de l'enfant qu'à l'époque de la réclamation d'état de ce dernier; mais que, s'il l'a découverte antérieurement, il est, dès ce moment même, en demeure d'agir, sous peine de déchéance même du droit consacré par l'art. 325. Ce système a été rejeté, avec raison, car il apportait dans l'application de l'art. 325 une restriction contraire à sa disposition générale et à son esprit. Dès que l'enfant est contraint de recourir à une réclamation d'état, et il y est manifestement obligé toutes les fois qu'il n'a ni titre ni possession d'état, le mari ou ses héritiers ont nécessairement à leur disposition tous les moyens de défense à l'aide desquels ils peuvent repousser cette action. Il y aurait contradiction à ne pas autoriser l'emploi de ces moyens, sous prétexte que le mari aurait dû user du droit de désaveu, et à exiger de l'enfant une action en réclamation d'état. La déchéance du droit de désaveu consolide l'état de l'enfant. Or, que consoliderait-elle si elle pouvait être encourue au profit d'un enfant qui n'est investi de la qualité d'enfant légitime qu'autant qu'il l'a réclamée, et qui jusque-là est considéré comme étranger à la famille? — Décidé en ce sens que la faculté accordée par l'art. 325 c. nap. d'établir, une fois la maternité prouvée, que l'enfant n'a pas pour père le mari de la mère, n'est pas soumise aux règles du désaveu; qu'ainsi cette preuve ne peut être déclarée irrecevable, de la part des héritiers du mari, sous prétexte que ce dernier aurait laissé s'écouler, sans former d'action en désaveu, les délais déterminés par l'art. 316 c. nap. (Caen, 17 mars 1847, aff. Parfouru, D. P. 48. 2. 57).

139. D'après un arrêt, le délai de deux mois déterminé par l'art. 316 c. nap. pour l'action en désaveu de paternité ne s'applique qu'au cas où l'enfant a été inscrit sur les registres de l'état civil, comme né de celle qui lui a réellement donné le jour, et non au cas où cet enfant a été inscrit sous des noms supposés; en cas pareil, le mari de la mère de l'enfant peut former l'action en désaveu après l'expiration du délai de l'art. 316 (Bordeaux, 5 juill. 1843, aff. Lestrade de Conty, V. *suprà*, nº 45).— Mais cet arrêt nous paraît confondre le droit de désavouer l'enfant, droit qui, sous peine de déchéance, doit être exercé dans le délai fixé par l'art. 316, avec le droit de défendre à l'action en réclamation d'état, droit qui dure autant que cette action elle-même.

140. M. Demolombe, t. 5, nº 146, suppose le cas où ce serait le mari lui-même qui, en menaçant la femme d'une action en désaveu, l'aurait contrainte à faire inscrire l'enfant comme né de père et mère inconnus, et il se demande si, dans ce cas même, le mari qui aurait laissé passer le temps utile pour désavouer, conserverait le droit de contester, en vertu de l'art. 325, *par tous les moyens possibles*, l'action en réclamation d'état. — Une grave objection s'élève. Peut-il être permis au mari de s'affranchir des règles étroites dans lesquelles le législateur a renfermé le désaveu, soit quant aux délais, soit quant aux causes, et de rendre ainsi, par sa seule volonté, sa position meilleure que la loi ne l'a faite? Peut-il lui être permis de se faire un titre de sa propre faute? L'objection est forte; M. Demolombe, toutefois, ne la trouve pas déterminante. Il voit, dans une pareille conduite de la part des deux époux, un indice très-grave de la non-paternité du mari, et il pense qu'en agissant ainsi le mari, convaincu qu'il n'est pas le père, prend le parti le plus sage, le plus humain et même le plus honnête. Il peut se tromper, dit-on, et céder trop facilement à l'entraînement d'une aveugle jalousie ; mais, d'abord, on ne se trompe guère en pareil cas; et d'ailleurs le danger ne serait pas sans remède, puisque les magistrats auront toujours à apprécier les raisons par lesquelles le mari repoussera plus tard l'action en réclamation d'état. « Ils examineraient surtout, dit-il, si la femme s'est volontairement rendu justice en ne faisant pas inscrire l'enfant sous son nom, ou si, au contraire, elle n'a fait que céder à la volonté plus ou moins impérieuse du mari. Mais s'ils déclaraient que véritablement l'enfant n'est pas le sien, et que tout justifie dans la cause la conduite du mari, le mal serait-il donc si grand? »—Néanmoins ce pouvoir des tribunaux ne nous paraît point affaiblir les inconvénients qui pourraient résulter de la faculté accordée aux époux de se jouer des délais de l'action en désaveu, et, d'ailleurs, une constatation de maternité provoquée ultérieurement à la requête de l'enfant, pourrait rendre funeste au mari la sécurité dans laquelle il aurait été entretenu par la transaction intervenue entre lui et sa femme.

141. Voyons maintenant quel est le délai accordé aux *héritiers*. — « Si le mari, porte l'art. 317, est mort avant d'avoir fait sa réclamation, mais étant encore dans le délai utile pour la faire, les héritiers auront deux mois pour contester la légitimité de l'enfant, à compter de l'époque où cet enfant se serait mis en possession des biens du mari, ou de l'époque où les héritiers seraient troublés par l'enfant dans cette possession. » — Nous devons faire observer que, dans cet article, ces mots *contester la légitimité de l'enfant* n'ont pas la même signification que dans l'art. 315; ici ils signifient purement et simplement *désavouer l'enfant* (V. ce qui a été dit *suprà*, nºs 99, 103).

142. Quelques-uns des tribunaux d'appel auxquels avait été soumis le projet de la commission avaient émis le vœu que les héritiers ne pussent réclamer que pendant le temps qui resterait à expirer du délai accordé au mari. Mais ce vœu n'a point reçu la consécration législative. Dans la plupart des cas, en effet, la brièveté de ce délai l'eût rendu tout à fait illusoire. Le système adopté par le législateur est beaucoup plus sage; il concilie beaucoup mieux ce qui est dû à chacun des divers intérêts qui se trouvent en présence. — Au premier abord, il semble que les héritiers soient traités plus favorablement que le mari lui-même, puisqu'ils ont, dans tous les cas, un délai de deux mois, tandis que le mari, sauf les deux cas d'absence et de naissance cachée, doit, sous peine de déchéance, former son action dans le mois. La raison de cette différence, c'est que les héritiers, étant nécessairement moins bien instruits que le mari, lorsque ce dernier s'est trouvé sur les lieux et a connu l'accouchement, ont besoin de plus de temps pour s'enquérir des faits et recueillir les preuves. Limiter à un temps plus court la durée de leur action, c'eût été le plus souvent les mettre dans l'impossibilité d'exercer le droit qu'on leur accordait.

143. Du reste, le délai ne court contre les héritiers, cela résulte des termes mêmes de l'art. 317, que du jour où l'enfant se serait mis en possession des biens du mari, ou de l'époque où eux-mêmes seraient troublés par l'enfant dans cette possession. La situation des héritiers, à l'égard de cette action, est bien différente de celle du mari. Quant à ce dernier, c'est surtout au moment où il vient de connaître la naissance de l'enfant que les raisons par lesquelles il peut être excité à le désavouer doivent exercer sur lui tout leur empire. En effet, c'est à ce moment qu'il doit sentir le plus vivement l'outrage qui lui a été fait; c'est à ce moment qu'il doit éprouver avec le plus de force le désir de rompre le lien légal qui l'attache à cet enfant. Si donc il n'exerce pas immédiatement son action, il ne doit pas être admis à l'exercer ultérieurement. Mais il n'en est pas de même des héritiers. Ils n'ont pas, comme le mari, leur honneur à venger; ils ont seulement leurs intérêts à protéger contre l'usurpation d'un enfant étranger. Or tant que cette usurpation ne s'est pas réalisée, tant que l'enfant n'a rien fait qui porte atteinte à leurs droits, ils n'ont aucun intérêt et par conséquent aucun motif pour agir; on conçoit d'ailleurs qu'ils hésitent devant le scandale que l'action en désaveu fera nécessairement rejaillir sur leur famille; dès lors il eût été contraire à la raison qu'ils fussent contraints d'agir par la seule nécessité d'éviter la déchéance. C'est pour cela que le législateur n'a fixé à leur égard le point de départ du délai que du jour où l'enfant s'est mis en possession des biens du mari ou de l'époque où ils seraient eux-mêmes troublés dans leur possession.

144. Il ne suffirait pas, pour qu'il y eût trouble à la possession dans le sens de l'art. 317, que les héritiers connussent ses prétentions à se faire reconnaître pour l'enfant du mari, les démarches et les actes qu'il aurait faits, sans toutefois les diriger contre eux, afin de parvenir à ce but. Mais tout acte judiciaire ou extrajudiciaire dans lequel l'enfant, ou par lui-même ou par son tuteur, leur notifie ses prétentions à la légitimité, constitue le trouble et fait courir le délai de l'action (V. conf. MM. Duranton, t. 3, nº 88; Valette sur Proudon, t. 2, p. 61, note; Allemand, Tr. du mar., t. 2, nº 748).—Il a été jugé, en ce sens, que le délai de l'art. 317 c. nap. ne court pas avant la demande de l'enfant dont l'existence et les prétentions n'avaient pas été notifiées aux héritiers (Lyon, 23 déc. 1835, aff. Verchères, V. nº 172-2º).

145. Mais il a été jugé, 1º que, pour mettre les héritiers du mari en demeure de former la demande en désaveu et pour faire, par suite, courir le délai de deux mois qui leur est accordé par l'art. 317 c. nap., il n'est pas nécessaire que l'enfant intente contre eux une action directe; qu'il suffit, au contraire, d'une demande indirecte ou de tout autre acte judiciaire ou extrajudiciaire signifié par l'enfant ou par son tuteur, et tendant à faire connaître aux héritiers du mari les prétentions de l'enfant à la légitimité (Cass. 21 mai 1817; sur renvoi, Orléans, 6 fév. 1818) (1); — 2º Qu'une demande en rectification d'un acte de naissance, suivie d'un exploit signifié au détenteur des biens,

(1) *Espèce :* — (Cauville C. ses frères.) — 9 juin 1794, la dame Grenier de Cauville accouche d'une fille qui reçoit les prénoms d'Anne-Fraise. — Alors cette dame profitant de la loi du temps, demandait le divorce contre son mari inscrit depuis plus de deux ans sur la liste des émigrés : depuis, elle a prétendu qu'il était resté dans les environs du lieu qu'elle habitait. — 14 oct. 1795, Grenier de Cauville est arrêté sur la frontière et fusillé le même jour. — La dame de Cauville n'apprend cette mort qu'en 1796. — 23 juillet, elle convoque un conseil de famille; elle est nommée tutrice des quatre enfants premiers-nés : il n'est rien dit d'Anne-Fraise. — 9 déc. 1802, elle obtient l'amnistie de son mari. — 17 juin 1806, elle notifie à ses enfants, par acte extrajudiciaire, un compte de tutelle où elle déclare qu'Anne Fraise est leur sœur, et dans l'intitulé duquel elle prend la qualité de tutrice légale d'Anne-Fraise de Cauville, encore mineure. — Dans leurs contredits à ce compte, signifiés à leur mère, le 19 septembre suivant, les enfants protestent contre la qualité par elle prise de tutrice légale d'Anne-Fraise de Cauville. — 30 avr. 1807, la dame de Cauville proteste, par acte signifié, contre cette critique et se réserve d'établir par la suite, s'il y a lieu, les droits d'Anne-Fraise. — 26 novembre même année, les enfants, dans une réplique en addition à leurs contredits, signifiée à leur mère, réitèrent leurs protestations contre la légitimité d'Anne-Fraise.— Depuis, silence de part et d'autre. — 17 avr. 1810, Anne-Fraise, âgée de seize ans, est émancipée. Alors, se disant fille légitime des sieur et dame de Cauville, elle somme ses quatre frères de lui rendre compte de la succession de leur père commun. — 2 mai même année, ceux-ci lui signifient un acte dans lequel ils la désavouent pour fille et héritière de leur père, requièrent la nomination d'un tuteur *ad hoc* et les assignent l'un et l'autre en validité du désaveu. — Anne-Fraise oppose une fin de non-recevoir, fondée sur ce que le désaveu contenu dans les contredits des 19 sept. 1806 et 26 nov. 1807 n'a pas été suivi d'une action en justice dans le mois de sa date, conformément à l'art. 318 c. civ.; elle soutient qu'ils ne sont plus dans le délai pour former le désaveu (318).

4 fév. 1814, jugement du tribunal de Rouen qui, sans avoir égard à ces moyens, admet la demande en désaveu, attendu que les différents actes signifiés par la dame de Cauville présentent bien, de sa part, une prétention de faire admettre Anne-Fraise comme héritière légitime du sieur de Cauville, et de lui faire recueillir une portion des biens de sa succession, mais qu'il n'en résulte pas une demande directe formée soit par ladite Anne-Fraise, soit en son nom, et qui aurait produit le trouble dont parle l'art. 317 c. civ. — Appel. — Le 2 mai 1815, arrêt de la cour de Rouen, qui confirme le jugement en adoptant ses motifs.

Pourvoi pour violation des art. 317, 318 c. civ.

Les défendeurs invoquent quelques lois romaines relatives aux interdits *utrubi et uti possidetis*, qui n'étaient guère applicables à l'espèce. Ils soutenaient, en outre, qu'en jugeant que le compte de tutelle et les protestations de la dame de Cauville n'avaient pas produit le trouble dont parle l'art. 317, l'arrêt attaqué n'avait fait qu'apprécier des actes. — Arrêt (apr. délib. en ch. du cons.).

LA COUR; — Vu les art. 317 et 318 c. civ.; — Attendu, 1º que l'art. 317 c. civ. fait courir le délai du désaveu de la part des héritiers, de l'époque où ils sont troublés par l'enfant dans la possession des biens du mari, sans ajouter que le trouble ne pourra résulter que d'une demande directe formée contre eux; — Que les expressions générales dont le législateur s'est servi doivent être entendues suivant les principes du droit, desquels il résulte que les héritiers sont troublés dans leur possession par tous actes judiciaires ou extrajudiciaires, dans lesquels l'enfant, ou par lui-même ou par son tuteur, leur a notifié ses prétentions à la légitimité, et par conséquent à sa part héréditaire dans les biens de la succession; — Qu'ainsi les défendeurs ont été troublés dans la possession des biens composant l'hérédité de Grenier de Cauville, leur père, par les actes que leur mère, agissant comme tutrice légale d'Anne-Fraise de Cauville, sa fille, leur a fait signifier les 17 juin 1806 et 30 avr. 1807, puisque, suivant la déclaration que la cour royale en a faite elle-même dans son arrêt, la dame de Cauville leur a notifié par ces actes la prétention « de faire admettre Anne-Fraise comme fille légitime, et de recueillir pour elle une portion des biens de la succession; » puisque d'ailleurs les défendeurs ont tellement reconnu le trouble résultant de ces actes, que, par leurs contredits et addition de contredits, signifiés les 19 sept. 1806 et 26 nov. 1807, ils ont formellement désavoué et contesté la légitimité d'Anne-Fraise et les droits qu'elle en faisait résulter; — Attendu, 2º qu'aux termes de l'art. 318 c. civ., il ne suffit pas que le désaveu ait été fait par les héritiers dans les deux mois à dater de l'époque où ils ont été troublés dans la possession des biens du mari; qu'il faut encore, sous peine d'être regardé comme non avenu, qu'il ait été suivi, dans le mois, d'une action en justice; que le désaveu de la légitimité d'Anne-Fraise de Cauville avait été fait par les défendeurs dans les actes signifiés par eux, les 19 sept. 1806 et 26 nov. 1807, et n'a été suivi d'action en justice qu'en 1812; qu'alors il devait, suivant l'art. 318 c. civ., être déclaré comme non avenu; — Attendu, enfin, que de tout ce qui précède il résulte qu'en déclarant recevable le désaveu fait par les défendeurs de la légitimité d'Anne-Fraise, quoique ce désaveu, formé en 1806 et 1807, n'ait pas été suivi, dans le mois, d'une action en justice, et quoique celui qu'ils ont, malgré la déchéance du premier, renouvelé par l'acte extrajudiciaire du 2 mai 1812, n'ait pas été fait dans les deux mois à dater de l'époque où ils ont été troublés dans la possession des biens de leur père, la cour de Rouen a expressément contrevenu aux art. 317 et 318 c. civ. ci-dessus cités; — Casse, etc.

Du 21 mai 1817.-C. C., sect. civ.-MM. Desèze, 1er pr.-Poriquet, rap.-Jourde, av. gén., c. conf.-Barrot et Leroy, av.

Sur le renvoi prononcé par l'arrêt qui précède :

LA COUR; — Considérant, en droit, que l'art. 317 c. civ., en transmettant aux héritiers du mari la faculté du désaveu dans le cas où ce dernier serait mort avant d'avoir fait sa réclamation, mais étant encore dans le délai utile pour la faire, exige que, pour être valable, le désaveu des héritiers soit fait dans les deux mois à compter de l'époque où l'enfant se serait mis en possession des biens du mari ou de celle où les hé-

contenant déclaration expresse que cette demande a pour fin ultérieure la revendication de l'hérédité paternelle, constitue le

trouble dans la possession des biens, prévu par l'art. 317 c. nap. (Cass. 31 déc. 1834) (1); — 3° Qu'il en est de même de la

---

ritiers seraient troublés par l'enfant dans cette possession; qu'il résulte des termes dans lesquels la loi est conçue, et des discussions auxquelles son examen et sa présentation ont donné lieu, qu'aucunes notifications ou demandes directes de la part de l'enfant ou de ses représentants ne sont exigées pour faire courir le délai au delà duquel le désaveu ne serait plus recevable, mais que la loi a regardé comme suffisant pour en faire commencer l'époque le trouble que l'enfant pourrait apporter dans la possession des biens du mari; — Considérant que les expressions générales employées par le législateur doivent être entendues conformément aux principes du droit, suivant lesquels un trouble peut être ou de fait ou de droit, et que ce dernier peut également avoir lieu par des actes, soit judiciaires, soit extrajudiciaires; d'où l'on doit nécessairement conclure que la notification par acte extrajudiciaire, faite par l'enfant ou par son tuteur légal aux héritiers du mari, de ses prétentions, non-seulement à la légitimité, mais encore au partage des biens héréditaires, constitue éminemment le trouble regardé par la loi comme suffisant pour fixer le terme à partir duquel commence le délai prescrit; — Considérant, enfin, qu'il ne suffit pas, pour qu'un désaveu soit utilement formé, qu'il soit fait dans le délai de la loi, mais que l'art. 318 c. civ. exige encore que, quand il est contenu dans un acte extrajudiciaire, il soit, sous peine d'être regardé comme non avenu, suivi dans le délai d'un mois d'une action en justice dirigée contre un tuteur *ad hoc* nommé à l'enfant et en présence de sa mère;

Considérant, en fait, qu'il est constaté par un acte de naissance régulier inscrit aux registres de l'état civil de la ville de Rouen, le 21 prair. an 11, que le 19 du même mois Anne-Marie Varin, épouse de Claude Grenier de Cauville, est accouchée d'un enfant du sexe féminin, et qui a reçu les noms d'Anne-Fraise, ce qui place la naissance de cet enfant avant la mort de Grenier de Cauville, et avant le divorce prononcé entre son épouse et lui, le 8 therm. an 2, et a constitué Anne-Fraise dans un état de légitimité qui ne pouvait être attaqué que par le désaveu; — Considérant que le désaveu formé par les héritiers de Cauville, le 2 mai 1812, ne pouvait être valable, comme fait dans les délais voulus par la loi, qu'autant qu'il n'aurait pas existé dès 1806 et 1807, de la part d'Anne-Fraise, ou au nom de celle-ci, un trouble dans la possession des biens héréditaires; qu'en 1806, la dame veuve de Cauville, provoquée par les quatre enfants mineurs ou émancipés à la reddition d'un compte de tutelle, a, par ses actes relatifs à ce compte, signifié à ses enfants, en 1806 et 1807, agissant non-seulement comme tutrice de ses quatre enfants, mais encore au nom et comme tutrice légale d'Anne-Fraise, alors mineure, et annoncé à ses quatre premiers enfants la présentation d'Anne-Fraise à la légitimité, en plaçant dans un arbre généalogique figuré en tête de ces actes son nom en qualité de cinquième enfant né d'elle et de son défunt mari; qu'en annonçant l'intention où elle était de recueillir pour ce cinquième enfant une partie des biens de l'hérédité, et de lui rendre commun le compte de tutelle présenté à ses quatre premiers enfants, la dame de Cauville a, par ces faits et ces prétentions, constitué au nom d'Anne-Fraise le trouble légal, vis-à-vis ses autres enfants, en leur possession des biens de leur père; — Considérant, enfin, que le désaveu formel a été contenu dans les actes extrajudiciaires des 19 sept. 1806 et 26 nov. 1807, dans lesquels les enfants de Cauville ont désavoué la légitimité d'Anne-Fraise, et combattu les prétentions qu'elle voulait en faire résulter, et que ce désaveu n'a été suivi d'action en justice qu'au mois de mai 1812, et, par conséquent, bien postérieurement au délai d'un mois, imparti par l'art. 318 c. civ.; — Infirme le jugement du tribunal de Rouen; — Au principal, déclare les intimés non recevables à désavouer la légitimité d'Anne-Fraise de Cauville, et à lui contester les nom et qualité d'enfant et héritière pour un cinquième de Grenier de Cauville, leur père commun; — Dit que les parties procéderont au partage de la succession de ce dernier; — Condamne, etc.

Du 6 fév. 1818.-C. d'Orléans.-M. Delaplace, pr.

(1) *Espèce* : — (Jacob C. Galamin.) — En 1790, mariage du sieur Joseph Jacob avec Louise Gonnard. — En 1803, arrêt qui le condamne à quinze ans de fers. — Le sieur Galamin, son neveu, est nommé curateur à son interdiction, et prend possession de tous ses biens.—Après un long séjour dans les prisons de Paris, où son épouse ne cessa de le visiter, Joseph Jacob est dirigé, le 11 sept. 1803, sur le bagne de Brest. Alors Louise Gonnard se retire à Mulhausen, et accouche, le 24 mars 1804, d'un enfant mâle. — Cet enfant est déclaré né de Louise Gonnard; mais on lui donne pour père un sieur Nicolas Humbert. Néanmoins il est connu dans la société, dans la famille de sa mère, dans celle de son père Jacob, sous les noms et prénoms de Jean-Baptiste Jacob. Il est inscrit sur les registres, et concourt aux opérations du recrutement sous le nom de Jacob, comme fils de Joseph Jacob et de Louise Gonnard, mariés.

Décès, en 1806, de Joseph Jacob. — En 1825, Jean-Baptiste Jacob ayant atteint sa majorité, veut revendiquer contre le sieur Galamin la succession de son père, dont il se trouve en possession. A cet effet, il forme une demande en rectification de son acte de naissance, où il est désigné comme fils de Nicolas Humbert. Le conseil de famille reconnaît la nécessité et la légalité de cette rectification — A cet effet, une requête est présentée, conformément aux art. 99 c. civ. et 855 c. pr., au tribunal d'Altkirch, dans le ressort duquel l'acte de naissance a été reçu.

31 août 1825, jugement préparatoire qui ordonne la mise en cause de Galamin. — 21 sept. 1825, assignation au sieur Galamin, dans laquelle Jean-Baptiste Jacob se réserve de le poursuivre plus tard, pour recouvrer la succession de son père, et dans laquelle il le traite d'usurpateur de son hoirie. — 9 janv. 1826, Galamin, dans une requête en défense, s'oppose à la rectification demandée, en contestant formellement la légitimité du sieur Jacob, 1° parce qu'il y aurait eu impossibilité physique de cohabitation entre le père et la mère de Jacob; 2° parce que Louise Gonnard se serait rendue coupable d'adultère avec recel de l'enfant. — A la fin de sa requête, il déclare qu'il se réservait de le désavouer ultérieurement. — Il propose en même temps l'incompétence du tribunal d'Altkirch, en ce que la connaissance de l'affaire devait appartenir au tribunal de Lyon, lieu de l'ouverture de la succession de Joseph Jacob; mais, par acte d'avoué, du 27 nov. 1826, il renonce au déclinatoire pour se borner aux deux moyens du fond.

Dans les débats devant le tribunal d'Altkirch, le défenseur du sieur Galamin ayant voulu reproduire à l'audience une réserve de désaveu ultérieur, l'avocat du sieur Jacob soutient que Galamin doit être démis de toutes ses exceptions et de tous ses moyens, sans qu'il soit nécessaire de les examiner au fond, à moins qu'il ne déclare que la contestation qu'il fait de la légitimité de Jacob a tous les caractères d'un désaveu.

Sur cet incident, Galamin signifie un acte dans lequel il déclare que sa défense constituait un désaveu.

16 déc. 1826, jugement du tribunal d'Altkirch.—Dans ses motifs, ce jugement repousse comme dénuée de fondement, et même sans avoir besoin de s'occuper du désistement de Galamin, l'exception d'incompétence; il écarte ensuite une prétendue fin de non-recevoir, tirée, par Galamin, de l'art. 322 c. civ., et au fond, il établit : 1° qu'il n'y a point eu d'impossibilité de cohabitation physique entre le père et la mère du sieur Jacob; 2° qu'il n'est nullement établi qu'il y ait eu adultère et recel de la part de celle-ci. — Dans son dispositif, il déclare Galamin non recevable à contester la légitimité de Jacob.

Appel de la part de Galamin.—Depuis, et par acte du 5 juillet 1828, il forme une action principale en désaveu devant le tribunal de Lyon. Il fonde son désaveu : 1° sur ce qu'il y aurait eu impossibilité de cohabitation physique entre le sieur Joseph Jacob et Louise Gonnard; 2° sur ce que celle-ci se serait rendue coupable d'adultère, avec recel de l'enfant. Il conclut à ce que Jean-Baptiste Humbert, se disant Jean-Baptiste Jacob, soit déclaré n'être point le fils de Joseph Jacob, et à ce que défense lui soit faite de prendre le nom de Jacob. — 24 juill. 1828, arrêt par défaut de la cour de Colmar, qui adopte les motifs du jugement d'Altkirch, et ordonne que ce jugement sortira son plein et entier effet. Opposition de la part de Galamin. Il reproduit son exception d'incompétence, en se fondant sur ce qu'il s'agit d'une question d'état dont il a saisi par action principale en désaveu le tribunal de Lyon, et dont la cour royale ne peut connaître incidemment à une demande en rectification d'acte de l'état civil : il reproduit aussi, dans le plus grand développement, les moyens du fond, plaidés en première instance, tant dans sa requête qu'à l'audience. — De son côté, le sieur Jacob invoque les motifs du jugement de première instance, et surabondamment ajoute l'exception de tardiveté du désaveu.

25 août 1828, arrêt de la cour de Colmar, ainsi conçu : — « Considérant que Galamin, qui avait proposé le moyen d'incompétence devant les premiers juges, s'en est formellement désisté par acte d'avoué à avoué, du 27 nov. 1826; que le désistement n'ayant pas été révoqué, la renonciation reste acquise à l'intimé, et que c'est à tort que l'exception a été combattue au fond dans le jugement dont appel; — Considérant aussi qu'il est constant en fait, d'une part, que l'intimé a intenté l'action en rectification de son acte de naissance avant qu'il ait été touché de la demande en désaveu de la paternité; d'autre part, qu'il aurait été non recevable à formaliser sa pétition d'hérédité en vertu d'un titre qui ne pouvait lui conférer de droits à la succession de Joseph Jacob, qu'autant que la filiation aurait au préalable été constatée par la rectification de l'acte de naissance; — Considérant enfin que que l'examen de la fin de non-recevoir, opposée à Galamin, quant à la tardiveté de son action en désaveu, ne peut appartenir qu'au tribunal de Lyon qui est saisi de cette contestation; — Par ces motifs, et adoptant, au fond, ceux de l'arrêt par défaut du 24 juillet dernier, sans s'arrêter au moyen d'incompétence dans la proposition duquel Galamin est déclaré non recevable, sans s'arrêter non plus à la fin de non-recevoir tirée de la tardiveté de l'action en désaveu de laquelle la cour n'a pas été saisie; déboute Galamin de son opposition envers ledit arrêt par défaut; ordonne qu'icelui sortira son plein et entier effet, et condamne le demandeur en opposition aux dépens. »

signification d'un jugement de rectification de l'acte de naissance d'un enfant, faite à l'héritier détenteur des biens d'une succession, avec injonction de délaisser à cet enfant les biens de la succession qu'il est appelé à recueillir en vertu de ce jugement ; que cette signification constitue le trouble dans la possession prévu par l'art. 317 c. civ., et fait, par suite, courir le délai de deux mois prescrit pour contester la légitimité de l'enfant, encore bien que l'héritier détenteur ait relevé appel du jugement de rectification (Grenoble, 5 fév. 1836) (1).

116. Du reste, le délai de deux mois accordé aux héritiers

Nonobstant cet arrêt, Galamin donne suite à l'instance engagée devant le tribunal de Lyon. — 1er juill. 1829, jugement qui, en reconnaissant qu'il y a chose jugée sur la légitimité du sieur Jacob, déboute Galamin de sa demande.

Appel. — 16 juill. 1830, arrêt de la cour de Lyon qui infirme en ces termes : — « En ce qui touche la fin de non-recevoir tirée de l'autorité de la chose jugée : — Attendu que la demande formée par l'intimé devant le tribunal d'Altkirch n'avait pour objet que la rectification de son acte de naissance ; que Galamin, curateur à l'interdiction de Joseph Jacob, son oncle, depuis décédé, et détenteur de tous les biens meubles et immeubles dépendant de sa succession, appelé dans l'instance pour contredire ou approuver l'acte de la rectification de naissance dont il s'agit, n'a pu par les moyens de défense qu'il aurait employés et dont quelques-uns n'auraient dû être mis en usage que dans une instance en désaveu, changer le fond même de la demande dont étaient saisis les premiers juges ; — Qu'au surplus, Galamin n'a point entendu soumettre au tribunal d'Altkirch une question de désaveu, puisque, dans sa requête à la date du 9 janv. 1829, signifiée devant le tribunal, il se serait réservé son action en désaveu, tout en paraissant contester la légitimité du demandeur ; que la cour royale de Colmar, sur l'appel interjeté par Galamin du jugement rendu par le tribunal d'Altkirch n'a, par son arrêt du 25 août 1828, en confirmant le jugement qui avait ordonné la rectification demandée, entendu juger qu'une simple rectification d'acte de l'état civil provenant de l'erreur dans laquelle serait tombé l'officier de l'état civil de Mulhausen, qui n'aurait pas donné à un enfant né *constante matrimonio* les noms de ses père et mère apparents ;

» Mais que la cour royale n'a point eu à juger, incidemment à l'instance en rectification d'un acte de naissance, une question de désaveu qui n'était pas de sa compétence, *ratione personæ* ; — Qu'il résulte évidemment des termes de cet arrêt que la cour n'a point jugé l'action en désaveu et qu'elle a réservé à Galamin de la faire vider par le tribunal de Lyon, où elle était déjà introduite ; — Qu'il n'y a donc autorité de chose jugée par le jugement d'Altkirch et par l'arrêt de la cour de Colmar, que relativement aux noms et énonciations de l'acte de naissance, tels qu'ils ont été rectifiés par le jugement et par l'arrêt ; mais que le tribunal, et par suite la cour de Lyon, ont pu et peuvent encore juger aujourd'hui si l'intimé est fils de Joseph Jacob et de Louise Gonnard ;

» En ce qui touche la fin de non-recevoir tirée de la tardiveté du désaveu : — Considérant que la demande en rectification de l'acte de naissance, intentée devant le tribunal d'Altkirch, n'a pu constituer le trouble dans la possession des biens, tel qu'il est prévu par l'art. 317 c. civ., et imposer à Galamin l'obligation d'intenter le désaveu dans le délai de deux mois, à partir de sa mise en cause, puisque l'intimé ne pouvait alors se prévaloir d'un titre régulier ou régularisé par la justice ;

» Au fond : — Considérant qu'il est constant en fait qu'à l'époque de la conception de l'intimé, Joseph Jacob était déjà détenu dans les prisons de Paris ; qu'il n'en est sorti que pour subir la peine des travaux forcés, à laquelle il a été condamné ; qu'antérieurement à son arrestation, la fille Gonnard, son épouse, l'avait abandonné depuis longtemps, et qu'elle s'était établie à Mulhausen avec le nommé Nicolas Humbert ;

» Que dans l'acte de naissance de l'intimé, on lui a donné les noms de Jean-Baptiste Humbert, fils de Nicolas Humbert, son père, marié avec Louise Gonnard ; que cet enfant fut toujours considéré, pendant la vie de Nicolas Humbert, comme fils légitime de ce dernier, et la fille Gonnard comme sa légitime épouse ; que, lors de la mort de Nicolas Humbert, il a été porté sur l'acte de décès comme époux légitime de la fille Gonnard ;

» Qu'il résulte de tous ces faits constants au procès, que la fille Gonnard a caché à son mari la naissance de l'enfant ; qu'il n'y a pas eu de rapprochement entre elle et son mari ; et que, par suite, le père lui-même ou ses héritiers sont bien fondés dans leur demande en désaveu. »

Pourvoi de la part de Jean Jacob, pour 1° violation de l'autorité de la chose jugée et des art. 1350, 1351 et 100 c. civ. ; 2° violation de l'art. 317 c. civ., en ce que la cour de Lyon a admis un désaveu formé plus de deux mois après que Galamin a été troublé dans la possession des biens de la succession du sieur Jacob père. — Il y a deux sortes de troubles : l'un matériel et physique, l'autre qu'on peut appeler civil ou moral, résultant de tout acte judiciaire ou extrajudiciaire, qui a pour objet d'instruire les collatéraux des prétentions de l'enfant. Or, dans l'espèce, l'action en désaveu a été intentée par requête du 9 janv. 1826, c'est-à-dire, après la signification de la délibération du conseil de famille ; après l'assignation du 21 sept. 1825, après le jugement contradictoire d'Altkirch, et la signification de ce jugement. — Quant à l'objection tirée de ce qu'il ne peut y avoir trouble de la part de l'enfant, tant qu'il n'a pas obtenu la rectification de son acte de naissance, elle est repoussée, 1° parce que nulle part la loi ne contient une restriction semblable ; 2° parce que cette restriction blesserait la raison ; car il en résulterait que la moindre erreur dans un acte de naissance ne permettrait jamais de faire courir le délai de deux mois, et qu'après vingt-neuf ans de possession l'enfant pourrait être désavoué sous un semblable prétexte. — Arrêt (après délib. en ch. du cons.).

La cour ; — Vu les art. 1350, 1351 et 317 c. civ. ; — Attendu, en premier lieu, qu'il résulte des art. 317 et 318 c. civ., que le législateur, dans les mots *contester la légitimité*, a compris *le désaveu de la paternité*, parce que tout enfant, conçu pendant le mariage, est nécessairement désavoué par cela seul que sa légitimité est contestée ; que le jugement rendu avec un contradicteur légitime sur la question d'état proposée incidemment par voie d'exception, n'a pas moins de force que celui qui est rendu sur la même question proposée par voie d'action principale ; qu'alors, l'exception se trouve, comme l'action elle-même, régie par les art. 317 et 318 c. civ., et le juge de l'action est compétent pour y statuer ;

Que, dans l'espèce, en repoussant par l'exception de l'adultérinité, résultant de l'impossibilité physique de la cohabitation des époux, accompagnée du recel de l'enfant, la demande en rectification de l'acte de naissance, Galamin, par la nature même de cette exception, a exercé un véritable désaveu de paternité, désaveu que Galamin lui-même a soutenu être contenu dans sa défense, ainsi que cela est énoncé dans le jugement du 16 déc. 1826 ; que la cour royale de Lyon, dans les motifs de l'arrêt attaqué, a déclaré elle-même que les moyens de défense de Galamin devant le tribunal d'Altkirch et la cour royale de Colmar, étaient des moyens qui n'auraient dû être mis en usage que dans une instance en désaveu ;

Que, dans son jugement précité, le tribunal d'Altkirch a discuté ces moyens et les a écartés, en déclarant Galamin non recevable à contester la légitimité de Jean-Baptiste Humbert, dit Jacob, et en ordonnant que « dans l'acte de naissance de ce dernier, serait substitué au nom de Nicolas Humbert, celui de Joseph Jacob, véritable père dudit Jean-Baptiste, et époux défunt de Louise Gonnard ; » — Que, sur l'appel qu'il a interjeté de ce jugement, Galamin a conclu à ce que, par les motifs qu'il a allégués en première instance, la demande en rectification de l'acte civil fût déclarée non recevable, et en tous cas mal fondée, et Jean-Baptiste Jacob, dit Humbert, a déclaré s'en rapporter aux moyens accueillis par les premiers juges ; que la cour de Colmar, statuant sur les conclusions respectives des parties, a ordonné purement et simplement, sans modification aucune, que le jugement dont était appel sortirait son plein et entier effet ; — Que, par là, elle a donc positivement jugé comme l'avait fait le tribunal d'Altkirch, la question du désaveu que Galamin a soutenu avoir exercé par sa défense à la demande de Jean-Baptiste Jacob, dit Humbert, en rectification de son acte de naissance ;

Attendu, en second lieu, que, d'après ce qui précède, et d'après les actes et pièces du procès, l'action principale en désaveu dont le tribunal de Lyon a été ultérieurement saisi, avait été tardivement formée ; d'où il suit qu'en jugeant le désaveu bon et valable et en déclarant Jean-Baptiste Jacob, dit Humbert, enfant adultérin de Louise Gonnard, la cour de Lyon a violé les art. 1350 et 1351, et en même temps l'art. 517 c. civ., sus-référés. — Par ces motifs, casse.

Du 31 déc. 1834.-C. C., ch. civ.-MM. Vergès, f. f. de pr.-Rupérou, rap.-Voysin-de-Gartempe fils, av. gén., c. conf.-Dalloz et Jouhaud, av.

(1) *Espèce* : — (Galamin C. Jacob.) — Cette décision est intervenue sur le renvoi prononcé par l'arrêt de cassation du 31 déc. 1834, qui précède.

La cour ; — Attendu que la naissance de Jean-Baptiste Jacob, dit Humbert, pendant la durée du mariage de Joseph Jacob avec Louise Gonnard, était un fait de nature à provoquer un désaveu, soit de la part de Joseph Jacob, soit de ses héritiers, dès le moment où cette naissance aurait été connue par eux, sous quelque nom paternel que l'enfant eût été désigné dans les registres de l'état civil ; il suffisait, pour cela, qu'il y eût été inscrit comme enfant né de Louise Gonnard, qui était femme de Joseph Jacob ; — Attendu que, dès le moment où Jean-Baptiste Jacob, dit Humbert, avait porté devant le tribunal d'Altkirch une action en rectification de son acte de naissance ; et que Galamin y avait été appelé comme légitime contradicteur et partie intéressée, conformément aux dispositions des art. 99 et 100 c. civ., Galamin était mis en position, pour s'opposer à la rectification demandée, d'exercer son action en désaveu, soit devant le tribunal d'Altkirch, par voie d'exception, pour empêcher une rectification qui, en cas de désaveu justifié, ne pouvait plus avoir lieu, soit de justifier devant ce tribunal d'une action en désaveu régulièrement portée devant le tribunal du domicile des parties intéressées, cas auquel le tribunal d'Altkirch n'eût pu se dispenser de

par l'art. 317 n'est pas suspendu par le fait de leur absence, soit au moment où l'enfant s'est mis en possession des biens du mari, soit au moment où il les a troublés dans leur possession, comme le délai, de deux mois aussi, accordé au mari qui n'était pas sur les lieux lors de la naissance de l'enfant, est suspendu jusqu'à son retour. Cela résulte évidemment des termes de l'art. 317. — Il n'est pas suspendu non plus par la minorité ou l'interdiction des héritiers. Ce n'est point, en effet, une prescription ordinaire, c'est un délai préfix, dont le cours n'est interrompu par aucun privilége tiré de la qualité de celui qui conteste la légitimité, même en défendant quant aux biens. — V. conf. MM. Troplong, de la Prescript., t. 1, n° 27; Duranton, t. 3, n° 89; Demolombe, t. 5, n° 159.

147. Lorsque le mari est mort après avoir formé son action, mais avant qu'elle fût jugée, ses héritiers n'ont point à former une nouvelle instance : ils continuent celle qui a été engagée, en se conformant aux art. 342 et suiv. c. pr. Dans ce cas, s'ils sont assignés en reprise d'instance, ils peuvent exciper des délais accordés par les art. 795 et suiv. pour faire inventaire et délibérer, parce que, l'action ayant été introduite dans le délai légal, on est rentré sous l'empire des règles ordinaires. — V. en ce sens M. Duranton, t. 3, n° 90, Zachariæ, édit. Massé et Vergé, t. 1, p. 303.

148. Les héritiers du mari sont-ils obligés d'attendre, pour former leur action en désaveu, que l'enfant les ait troublés dans leur possession? Ou bien ont-ils le droit de prendre l'offensive? — M. Duranton, t. 3, n° 91, pense que les héritiers ne peuvent agir que par exception et qu'autant qu'ils sont troublés par l'enfant. Mais nous croyons qu'à cet égard il faut distinguer entre le cas où l'enfant est en possession de sa légitimité et le cas où il n'a ni titre ni possession d'état. Dans la première hypothèse, nous croyons que rien n'empêche les héritiers d'agir avant tout trouble provenant de l'enfant. En effet, il pourrait vouloir attendre le dépérissement des preuves, le décès des témoins, l'altération de leurs souvenirs, etc. Il importe aux héritiers de déjouer ce calcul, et, en tout cas, de ne pas demeurer exposés à une action en délaissement. C'est ce qu'enseignent MM. Demolombe, t. 5, n° 160, Richefort, t. 1, n° 58, et Zachariæ, *loc. cit.* — Et il a été jugé, en ce sens, qu'il n'est pas nécessaire que les héritiers attendent que l'enfant soit mis en possession des biens de son père ou bien qu'il les ait troublés dans la possession qu'ils en auraient prise; que l'action en désaveu peut être introduite directement par eux (Req. 25 août 1806, aff. Degrady, n° 151).

149. Dans la seconde hypothèse il y a plus de difficulté. Disons, d'abord, que si le mari avait intenté l'action et qu'il fût décédé durant l'instance, ses héritiers pourraient reprendre cette instance : en ce cas, il ne font que continuer une action en désaveu déjà formée, que persévérer dans la volonté déjà exprimée de leur auteur. Ce n'est pas d'eux que vient le désaveu. Ici encore on comprend l'action des héritiers devançant la réclamation d'état (V. dans ses motifs Req. 4 fév. 1851, aff. de Burthe, D. P. 51. 1. 117). — Mais le doute devient fort sérieux quand les héritiers entendent provoquer pour la première fois le droit de désaveu qu'ils ont recueilli dans la succession du mari. — Deux sortes d'objections peuvent leur être faites. En premier lieu, ils n'ont pas d'intérêt né et actuel, et, à défaut de cet intérêt, la possibilité d'un dépérissement des preuves qu'ils ont à leur disposition ne suffit pas pour autoriser leur poursuite anticipée. « L'action en désaveu de la part du père, dit M. Dupin aîné dans une consultation délibérée à propos de l'affaire dans laquelle est intervenu l'arrêt qui précède, est une action indépendante de la considération des biens; ce n'est pas pour donner une mère à l'enfant qu'il agit; c'est pour que l'enfant ne lui soit pas imputé qu'il le désavoue. L'enfant serait sien s'il ne le désavouait pas; il est certain de n'en être pas le père; il agit directement pour faire juger que cet enfant n'est pas à lui, et il le fait, soit que l'enfant se présente, soit qu'il se cache et ne se montre pas. Mais le droit accordé aux héritiers du mari par l'art. 317 n'est pas une action sentimentale, ce n'est pas un droit abstrait. Cet article permet aux collatéraux de contester la légitimité de l'enfant; on suppose donc qu'il la possède ou qu'il la réclame; on suppose que l'enfant s'est présenté à la succession, car l'article n'a eu en vue que deux hypothèses, 1° celle où l'enfant se serait mis de fait en possession des biens du mari; 2° celle où les héritiers eux-mêmes, ayant la possession, seraient troublés par l'enfant dans cette possession. Mais, si cet enfant ne s'est pas mis en possession des biens, s'il ne réclame rien, y a-t-il également lieu à une action directe et principale en désaveu de la part des collatéraux? On le concevrait, à la rigueur, si cet enfant, quoique se tenant à l'écart, avait le titre d'enfant légitime. Dans ce cas, en effet, on pourrait alléguer le péril toujours imminent de le voir plus tard se produire comme tel, lorsque les preuves contraires auraient dépéri. Mais rien de pareil se rencontre-t-il dans l'espèce?... » — On peut ajouter, en second lieu, que si des considérations morales fort graves ont fait fléchir en faveur du mari la règle consacrée par la jurisprudence, que la recherche de la maternité n'est pas admise contre l'enfant (V. n°s 636 et s.), et lui ont fait permettre, dès lors, de poursuivre la constatation judiciaire de cette maternité inconnue, dans le but d'arriver ensuite à la déclaration de l'illégitimité de l'enfant, les mêmes considérations n'existent pas pour des héritiers qui, on le répète, ne sont pas retenus par les mêmes craintes de scandale et qui ne peuvent agir qu'en vue d'un intérêt pécuniaire mis en mouvement par une revendication déjà exercée de la part de l'enfant, ou tout au moins menaçante, à cause de la posses-

---

suspendre son jugement sur la demande en rectification, jusqu'à l'issue de la demande en désaveu;

Attendu qu'au lieu de prendre formellement l'une ou l'autre de ces voies devant le tribunal de première instance d'Altkirch, Galamin a défendu à la demande en rectification qui y était formée, en alléguant l'illégitimité ou l'adultérinité de Jean-Baptiste Jacob, fondée sur l'impossibilité physique et morale de la cohabitation, l'adultère et le recel de la naissance de l'enfant, et en demandant à prouver des faits à l'appui;

Attendu que cette défense équivalait à un désaveu, quoiqu'il n'eût pas été régulièrement formulé, puisque, d'une part, il résulte des qualités du jugement que Galamin l'avait ainsi expliqué, et que, d'autre part, elle contenait une contestation de légitimité qui avait également pour but d'empêcher la rectification demandée; — Attendu que c'est ainsi que le tribunal d'Altkirch l'a entendu, puisqu'il s'est appliqué à combattre, dans ses considérants, les moyens tirés de l'illégitimité, afin de pouvoir arriver à statuer sur la rectification qui lui était demandée; et qu'enfin, dans son dispositif, toujours en présence du légitime contradicteur, il a ordonné que Jean-Baptiste serait inscrit dans les registres de l'état civil de Mulhausen, comme fils légitime de Joseph Jacob;

Attendu qu'alors même qu'il n'y eût pas chose jugée sur la qualité d'enfant légitime de Jean-Baptiste Jacob, dans les termes du jugement du tribunal de première instance d'Altkirch et de l'arrêt confirmatif de la cour de Colmar, il y aurait lieu d'examiner si le jugement de première instance ayant régularisé l'acte de naissance de Jean-Baptiste Jacob, il n'avait pas, dès lors, été autorisé à agir contre Galamin, détenteur des biens de son père; si Galamin, dès lors, n'avait pas été troublé dans la possession des biens ayant appartenu à Joseph Jacob, et si, aux termes de l'art. 317, Galamin a laissé s'écouler plus de deux mois, à dater de ce trouble, pour former la demande en désaveu qui lui était ouverte;

Attendu, en fait, que, le 10 fév. 1827, Jean-Baptiste Jacob a fait notifier à Galamin le jugement du 16 déc. 1826, qui avait régularisé son acte de naissance, qui le déclarait fils légitime de Jacob, avec injonction de lui délaisser les biens ayant appartenu à son père, dont Galamin était détenteur, et cependant Galamin n'a appelé de ce jugement que plus de deux mois après cette notification; il n'a porté son action en désaveu devant le tribunal civil de Lyon, que le 11 juin 1828; — Attendu, en droit, que, quoique Galamin eût frappé d'appel le jugement du 16 déc. 1826, malgré que, dans sa propre opinion, il ne pût avoir pour but que d'opérer la rectification de l'acte de naissance de Jean-Baptiste Jacob, et ne pût faire obstacle à son action en désaveu, cependant, dans la prévision de la confirmation de ce jugement, il devait nécessairement se conformer au délai qui lui était prescrit par l'art. 317 c. civ., puisque cette confirmation devait donner effet au jugement de première instance, à dater de sa prononciation, et donner force aux actes d'exécution qui l'avaient suivi; — Attendu, dès lors, que Galamin, en ne formant son action en désaveu que le 11 juin 1828, devant le tribunal civil de Lyon, après avoir été troublé dans sa possession par l'acte de notification du 10 fév. 1827, en exécution du jugement du 16 déc. 1826, a laissé écouler le délai de deux mois prescrit par l'art. 317 c. civ., et devrait, sous ce nouveau rapport, être déclaré non recevable en sa demande en désaveu;

Par ces motifs, met l'appellation émise par Galamin du jugement rendu par le tribunal civil de Lyon, le 1er juill. 1829, au néant; déclare, au besoin, Galamin non recevable en son action en désaveu; en conséquence, ordonne, etc.

Du 5 fév. 1836. — C. de Grenoble, aud. sol. — M. Fornier, pr.

sion, chez l'enfant, de la légitimité qui sert de base à cette revendication. — Il a été jugé, en ce sens : 1° que l'intérêt que des héritiers collatéraux du mari auraient à empêcher, de la part d'un enfant signalé par les débats d'un procès comme né de la veuve pendant le mariage, l'éventualité d'une réclamation de légitimité, et, par suite, d'une pétition d'hérédité, ne leur donne point le droit, si cet enfant, n'ayant ni acte de naissance ni possession d'état en ce sens, n'élève pas la prétention de se faire rattacher à la famille du défunt, d'intenter contre lui, par avance, une sorte d'action en désaveu dont le but serait de faire déclarer qu'il n'appartient à la veuve que comme enfant adultérin; qu'une telle action, outre qu'il est très-douteux que la maternité puisse être recherchée par un autre que par l'enfant, serait en contradiction formelle avec les dispositions de l'art. 342 c. nap., qui, ne permettant pas que la maternité soit jamais recherchée par l'enfant, a entendu, à plus forte raison, défendre qu'elle le soit contre lui par des collatéraux (Angers, 21 mai 1852, aff. Duplessis, D. P. 53. 2. 23); — 2° Que l'action en désaveu de paternité ne peut être formée par les héritiers du mari, mort dans le délai utile pour l'exercer, qu'autant que l'enfant désavoué se trouve en possession de la qualité d'enfant légitime ou qu'il la réclame; que ces héritiers sont, dès lors, non recevables à l'intenter contre un enfant qui ne se rattache à leur auteur ni par son acte de naissance, ni par son état, et qu'ils sont tenus, en cas pareil, d'attendre que la réclamation d'état de cet enfant fasse naître à leur égard l'intérêt né et actuel, sans lequel il ne leur est pas permis d'agir (Rej. 5 avril 1854, aff. Michelet, D. P. 54. 1. 93).

150. L'action en désaveu de paternité peut être poursuivie après la mort de l'enfant qui en est l'objet (Besançon, 29 prair. an 13, aff. Jummerey, V. *suprà* n° 72). En effet, les successions que cet enfant peut laisser à son décès ou recueillir de son vivant nécessitent l'obligation de faire statuer sur sa légitimité ou son illégitimité.

151. Les héritiers du mari peuvent désavouer l'enfant né avant le cent quatre-vingtième jour du mariage, encore que le mari soit mort avant la naissance de l'enfant, sans avoir intenté l'action en désaveu qu'il avait déclaré, en formant une action en divorce, vouloir exercer. On ne peut pas dire, dans ce cas, que le délai utile, pendant lequel le mari aurait pu lui-même former l'action, n'a pu commencer avant la naissance de l'enfant (Req., 25 août 1806) (1).

---

(1) *Espèce :* — (Hérit. Degrady C. Victoire-Joséphine.) — Le 28 frim. an 13, Degrady fait devant le président du tribunal de Liége la déclaration qu'il veut demander le divorce avec son épouse par le motif qu'elle était enceinte lors de son mariage, et qu'il ne s'en est aperçu que depuis. Degrady était alors marié depuis trois mois, il décède cinq jours après. Le 13 ventôse, cent soixante-quatre jours après son mariage, Victoire Degrady, veuve Degrady, accouche d'une fille; cet enfant est inscrit comme sa fille naturelle. — Désaveu par les père et mère de Degrady; ils se fondent, 1° sur la déclaration de leur fils du 28 frimaire; 2° sur la déclaration de la mère sur les registres de l'état civil; 3° sur la naissance de l'enfant avant le cent quatre-vingtième jour depuis le mariage; enfin ils invoquèrent les art. 314 et 317 c. civ. — Un tuteur *ad hoc* est nommé à l'enfant; les parents maternels participent seuls à cette nomination. — Jugement qui déclare les demandeurs non recevables, et l'enfant légitime.

Appel. — 12 fruct. an 13, arrêt infirmatif en ces termes : « Attendu que Victoire-Joséphine est née le cent soixante-quatrième jour après le mariage de sa mère; qu'ainsi, pour le désavouer, il n'est pas nécessaire de prouver que le mari a été dans l'impossibilité physique de cohabiter avec sa femme pendant le temps qui a couru, depuis le centième jusqu'au cent quatre-vingtième jour avant la naissance de ladite Victoire-Joséphine, puisque cet enfant ne peut être présumé conçu pendant le mariage; qu'il s'ensuit que la maxime *pater is est* ne peut être admise, et que l'art. 312 du code n'est point applicable à l'espèce; — Attendu que c'est dans la disposition de l'art. 314 qu'on doit chercher les principes applicables à la décision de la présente cause; que Victoire-Joséphine Degrady, étant née avant le cent quatre-vingtième jour du mariage, a pu être désavouée; que le sieur Albert Degrady a fait ce désaveu devant le tribunal de première instance, comme il est résulté du procès-verbal dressé le 28 frimaire dernier; que ce désaveu, fait dans une demande en divorce, et au lit de mort, ne peut être déclaré nul, pour le motif qu'il aurait eu lieu avant la naissance de Victoire-Joséphine Degrady, parce qu'aucune loi n'a défendu à un époux qui voit sa dernière heure s'approcher, de désavouer l'enfant qui est encore dans le sein de son épouse, et que pareil désaveu n'a été frappé d'aucune nullité; qu'ainsi le juge ne peut le déclarer nul de sa seule autorité; que, d'ailleurs, le système contraire ferait dépendre la légitimité d'un enfant de l'époque de la mort du mari, événement qui ne peut avoir aucune influence ni sur le temps de la conception ni sur celui de la naissance; — Attendu que, dans l'hypothèse que le sieur Degrady n'aurait pu faire le désaveu avant la naissance de l'enfant, les appelants, ses héritiers naturels et légitimes, ont été saisis de ce droit, qui est au nombre de ceux que la loi transmet; que, suivant l'art. 317 c. civ., ils ont pu, de leur chef, désavouer Victoire-Joséphine, sans être obligés d'attendre le moment qu'elle se serait mise en possession des biens de leur fils, ou qu'ils auraient été troublés par elle dans la possession desdits biens, parce qu'il est de principe que les prescriptions pareilles à celle établie par ledit art. 317 n'ont pas été introduites dans la vue de remettre à des temps futurs et éloignés la décision des causes de cette nature, mais afin que l'état des enfants ne restât pas longtemps incertain; qu'ainsi on se conforme à l'esprit de la loi lorsque, sans délai, on s'adresse aux tribunaux pour faire terminer la contestation; — Attendu que, par l'acte notarié en date du 25 ventôse dernier, les appelants, en leur qualité d'héritiers de leur fils Albert-Joseph Degrady, ont déclaré leur intention de désavouer aussi ladite Victoire-Joséphine; et que de suite ils ont intenté la présente action contre l'enfant, dans la personne de son tuteur *ad hoc;* qu'ainsi, toutes les formalités requises par la loi ont été rigoureusement observées; — Attendu que, si au désaveu de feu Degrady, qui seul pourrait suffire dans l'espèce, et à celui des appelants, ses héritiers, l'on ajoute : 1° le contenu de l'acte de naissance de Victoire-Joséphine, qui ne la représente pas comme fille légitime dudit Degrady; 2° la déclaration notariée de la mère, par laquelle elle avoue que sa fille est un enfant naturel, et par laquelle elle charge les médecins et chirurgiens présents à son accouchement de transmettre cette déclaration au commissaire de police et à la mairie; 3° la répétition de la même déclaration, faite au nom de la mère, par-devant le bureau de conciliation, l'on sera convaincu qu'il est impossible de déclarer que Victoire-Joséphine est fille légitime du sieur Degrady; — Attendu que l'acte notarié par lequel la mère vient de révoquer tout récemment, et après le jugement de première instance, les déclarations authentiques qu'elle avait données, ne paraît aux yeux de la cour mériter aucune attention, et ce, avec d'autant plus de raison que rien ne prouve que les premières déclarations de la mère aient été l'effet de la suggestion et de la douleur; — La cour met l'appellation et ce dont est appel au néant; émendant, déclare que ladite Victoire-Joséphine n'est point l'enfant de feu Albert Degrady, et qu'elle n'a aucun titre pour pouvoir jouir des biens et avantages attachés à la qualité d'enfant dudit feu Albert Degrady, etc. »

Pourvoi pour violation des art. 317, 318 c. civ. — En fait, a dit le demandeur, la déclaration du 28 frimaire ne peut être considérée comme un désaveu; c'est de la part de Degrady père un préliminaire à la demande en divorce qu'il se proposait d'intenter; son objet est précis, rien n'autorise à changer sa nature. Mais fût-elle un acte de désaveu, le demandeur soutient que cette déclaration serait nulle comme prématurée; il invoque à l'appui de ce principe, et la circonstance qu'aux termes de l'art. 314 le désaveu ne peut être formé contre l'enfant né avant le cent quatre-vingtième jour du mariage s'il n'est pas né viable, et les articles relatifs au désaveu, où toujours il est fait mention de la naissance de l'enfant; il en conclut qu'avant cette naissance le désaveu n'a pu être formé. Quant aux héritiers, le demandeur soutient, en mettant les faits de la cause en rapport avec les termes de l'art. 317, qu'ils n'ont pas eu qualité pour intenter l'action, le délai utile n'a pu commencer pour le mari décédé avant la naissance de l'enfant; celui-ci n'était pas en possession des biens du père, il n'avait point troublé les héritiers dans leurs possession. — Au fond, le demandeur discutait le mérite des actes dont on avait induit la preuve de l'illégitimité de l'enfant; il s'est élevé surtout contre la déclaration de la mère qui avait reconnu que son enfant n'était pas de son mari, et qui, d'ailleurs, n'aurait cédé qu'à l'obsession. — Enfin, il demandait la nullité de toute la procédure, parce qu'elle aurait été suivie contre le tuteur irrégulièrement nommé, les parents paternels ayant dû participer à cette nomination. — Arrêt.

La cour; — Considérant que, d'après les art. 317 et 318 c. civ., les héritiers du mari ont le droit de désavouer, dans le delai prescrit par ces articles, l'enfant né de sa veuve avant le cent quatre-vingtième jour du mariage; que, dans l'espèce, les héritiers d'Albert-Joseph Degrady ont exercé ce droit et intenté leur action en justice, conformément à ces articles, contre Victoire-Joséphine, née de sa veuve le cent soixante-quatrième jour du mariage : ce qui dispense d'examiner le mérite du désaveu fait par le mari avant la naissance de cette fille; — Considérant que la nomination du tuteur *ad hoc* a été faite dans le plus grand intérêt de la mineure désavouée...; — Considérant que l'appréciation des preuves résultant des actes produits à l'appui du désaveu, étant du domaine des juges du fond, il n'en peut résulter une ouverture de cassation contre l'arrêt; — Considérant qu'il s'agissait d'une exception admise par le code civil, à la maxime *pater is est quem nuptiæ demonstrant;* qu'ainsi, en ac-

152. Suivant un arrêt, pour que le délai de l'action en désaveu puisse courir, il est nécessaire que la maternité soit constante; dès lors, lorsqu'un enfant, porteur d'un acte de naissance qui le déclare né d'un père inconnu et ne désigne sa mère que d'une manière inexacte, a formé contre le mari de cette dernière une action en rectification de son acte de naissance et en déclaration de paternité légitime, demande dont il s'est désisté sur une exception d'incompétence, cette demande n'a point fait courir contre le mari le délai du désaveu, et après sa mort l'action peut être valablement exercée par ses héritiers (Rouen, 5 mars 1828, aff. Auguste, n° 45). — Et, sur le pourvoi formé contre cet arrêt, il a été jugé que, la cour d'appel, en décidant, d'après les actes, les faits et les circonstances, que la naissance de l'enfant désavoué avait été cachée sciemment, et que la demande en désaveu avait été formée dans le délai fixé par la loi à compter du jour de la découverte de la fraude et de la cessation de l'incertitude sur la maternité, n'ayant fait qu'apprécier ces actes, faits et circonstances, une semblable appréciation échappait à la censure de la cour de cassation (Req., 25 janv. 1831, aff. Auguste, V. *eod*).

153. L'art. 317 est-il applicable à la contestation de légitimité comme au désaveu? — Cette question a été résolue affirmativement par la jurisprudence. Il a été jugé, en effet, que la contestation de légitimité de l'enfant né trois cents jours après le mariage doit être formée par les héritiers du mari dans les deux mois du trouble apporté par l'enfant à leur possession, à peine de déchéance (Agen, 28 mai 1821; Req., 19 nov. 1822) (1). — Ces deux arrêts supposent, et le premier s'en explique même

---

cueillant le désaveu, les juges n'ont point violé cette maxime; — Considérant, enfin, que le tuteur n'offrait point la preuve des faits par lui allégués; que, d'ailleurs, les juges du fond étaient les appréciateurs de ces faits; — Rejette.

Du 25 (non 23) août 1806.-C. C., sect. req.-MM. Muraire, 1er pr.-Cassaigne, rap.-Lecoutour, subst., c. conf.-Coste, av.

(1) *Espèce* : — (Destouet C. Destouet-Duchemin.) — 20 vend. an 4, décès de Guillaume-Jean-Marie Destouet-Duchemin. — 25 therm. an 4, c'est-à-dire 10 mois et 11 jours après, la dame Lucan, sa femme, mit au monde un enfant qui fut inscrit sur les registres de l'état civil comme né de Catherine Lucan, épouse en légitime mariage de Guillaume-Jean-Marie Destouet-Duchemin. L'enfant fut nommée Marie-Bernarde. — 27 juillet 1819, assignation en pétition d'hérédité de la part de Marie-Bernarde, dirigée contre les héritiers Destouet.—Elle invoque son extrait de naissance du 28 therm. an 4. — 4 août 1819, constitution d'avoué par les héritiers Destouet. — 18 nov. 1819, signification par les héritiers Destouet de conclusions tendantes à ce que, « attendu que la naissance tardive de Marie-Bernarde la plaçait dans le rang des enfants illégitimes, elle fût déclarée non recevable dans son action. » — 17 fév. 1820, défenses de Marie-Bernarde; elle demande que les héritiers Destouet soient démis de toutes leurs exceptions, tant au fond que par fin de non-recevoir, sans toutefois proposer expressément le moyen pris de ce que leur désaveu n'était pas fait en temps utile. — Enfin, 6 mars, nouvelle requête de la part de Marie-Bernarde : pour la première fois, elle excipe de la tardiveté du désaveu; les héritiers Destouet avaient été troublés dans la possession des biens par l'assignation du 27 juillet 1819, et ils n'avaient formé leur contestation sur l'état que par requête du 18 nov. suivant, c'est-à-dire après le délai fatal de deux mois, que l'art. 317 c. civ. donne aux héritiers du mari pour désavouer l'enfant ou contester sa légitimité. — Les héritiers Destouet ont soutenu : 1° que l'art. 317 c. civ. ne leur était pas applicable ; 2° qu'ils ont protesté par leur constitution d'avoué ; 3° que l'exception prise de la tardiveté du désaveu ou contestation n'était pas proposable après la défense au fond, aux termes de l'art. 173 c. pr.

Le 7 mai 1820, jugement du tribunal de première instance de Mirande, qui rejette l'exception proposée par Marie-Bernarde, par le double motif qu'en fait les héritiers n'avaient été troublés dans leur possession que par l'assignation du 27 juillet, et qu'en constituant avoué, le 4 août suivant, ils avaient suffisamment annoncé l'intention de résister à la demande de leur adversaire ; et qu'en droit la prescription à laquelle les art. 316 et 317 soumettent l'action en désaveu, n'est pas applicable au cas de naissance tardive prévue par l'art. 315.

Sur l'appel de ce jugement, la cour d'Agen rendit, le 28 mai 1821, un arrêt ainsi conçu : — « Attendu, sur la fin de non-recevoir, que l'appelante s'est présentée, dès l'origine du procès, avec un extrait de naissance en forme, duquel elle fait résulter sa qualité de fille légitime de Guillaume Destouet-Duchemin et de Catherine Dufau, lesquels étaient unis en légitime mariage ; — Attendu qu'à l'appui de cet acte de naissance, l'appelante forma la demande en délaissement des biens de son père, par exploit du 27 juill. 1819, contre les mêmes possesseurs actuels desdits biens ; — Que, sur cet exploit, les intimés constituèrent avoué, et que l'acte de constitution du sieur Dubosq, tuteur du mineur Destouet-Duchemin, à la date du 4 août 1819, porte que ledit avoué proteste de la nullité et du rejet de l'assignation ; que ce fut par leur requête du 18 novembre suivant, que les intimés excipèrent, pour la première fois, de l'illégitimité de la naissance de l'appelante, comme étant née plus de trois cents jours après le décès de Jean-Marie-Guillaume Destouet-Duchemin ; — Attendu qu'un acte de constitution d'avoué n'est autre chose qu'un simple acte de procédure, dont l'effet unique est de faire savoir que l'avoué qui le fait est chargé d'instruire pour la partie au nom de laquelle il se présente ; que c'est à tort que les intimés ont cherché à insinuer que l'acte en constitution du 4 août 1819 contenait une contradiction à la demande principale, puisqu'il est de fait que l'avoué n'y proteste que de la nullité de l'assignation, nullité qui n'a pas été opposée dans l'instance, et qui, quand même elle l'eût été, n'aurait été directement ni indirectement une exception contre la demande ou contre l'état de la demanderesse ;

» Attendu que l'art. 317 c. civ. dispose que si le père est mort avant d'avoir fait sa réclamation, mais étant encore dans le délai utile pour la faire, les héritiers auront deux mois pour contester la légitimité de l'enfant, à compter de l'époque où ces héritiers seraient troublés par l'enfant dans la possession des biens du mari ; — Que cet article, combiné avec l'art. 315, porte à décider que le droit de contester la légitimité de l'enfant né trois cents jours après la dissolution du mariage, appartient aux héritiers après la mort du mari, comme il appartenait au mari dans le cas où l'enfant, né plus de trois cents jours après le divorce prononcé, aurait reçu, dans son acte de naissance, la qualité d'enfant légitime ; — Que l'art. 317 assujettit les héritiers du mari à deux conditions, pour qu'ils puissent valablement contester la légitimité de l'enfant : 1° que le délai dans lequel le mari pourra réclamer ne soit pas expiré; 2° que les héritiers contestent la légitimité dans les deux mois du trouble apporté par l'enfant dans la possession des biens du mari : que l'article dit cela et ne veut pas dire autre chose; — Qu'il suit invinciblement de l'art. 317, que l'esprit dans lequel il fut rédigé ne diffère pas de celui qui inspira l'art. 316, puisque le délai accordé au mari pour réclamer est de rigueur, et que celui qui l'est aux héritiers a le même caractère; or les intimés éprouvèrent un trouble réel en la possession des biens qui appartenaient à Jean-Marie Destouet-Duchemin, en vertu de son contrat de mariage, par l'exploit qu'ils reçurent, à la requête de l'appelante, le 27 juill. 1819, puisque cet acte avait pour objet de leur enlever cette possession, et de faire prononcer le délaissement des biens au profit de l'appelante ; — Attendu que les intimés n'ayant réclamé contre la légitimité de l'appelante que quatre mois après l'époque du trouble qu'elle apporta à leur possession, ils sont non recevables aujourd'hui à contester cette légitimité; — Attendu, sur la fin de non-recevoir proposée contre l'appelante, qu'il n'est pas ici question d'une nullité de procédure, dont la proposition doit être faite au commencement du litige, et qui, faute de l'avoir été en première instance, ne peut et ne doit pas être écoutée en cause d'appel; — Que le moyen dont il s'agit est une exception péremptoire dont l'effet est d'éteindre l'action, qui peut être proposée en tout état de cause, même en cause d'appel, lorsqu'elle ne l'aurait pas été en première instance; — Attendu, au surplus, qu'il est inexact de dire que l'appelante n'a pas invoqué la fin de non-recevoir dans la requête du 17 fév. 1820 : il est vrai que cette fin de non-recevoir ne fit pas la matière d'une dissertation, et qu'elle ne fut pas développée; l'état du procès contenait, de la part des intimés, des exceptions tendantes à établir la qualité d'enfant illégitime dans la personne de l'appelante; et, par sa requête en réponse, l'appelante concluait expressément à ce que, sans avoir égard à aucune des exceptions des intimés, ils en fussent démis par fin de non-recevoir; d'où suit que, sous tous les rapports, l'appelante est recevable à opposer aux intimés la fin de non-recevoir qui a été traitée dans la cause; — Sans s'arrêter aux fins de non-recevoir proposées par les intimés, les déclare non recevables à contester la légitimité de l'appelante. » — Pourvoi. — Arrêt.

LA COUR ; — Attendu en droit que l'art. 317 c. civ. dispose que « si le mari est mort avant d'avoir fait sa réclamation, mais étant encore dans le délai de la faire, les héritiers auront deux mois pour contester la légitimité de l'enfant, à compter de l'époque où cet enfant se serait mis en possession des biens du mari, ou de l'époque où les héritiers seraient troublés par l'enfant dans cette possession ; que cette disposition doit recevoir une application rigoureuse à tous les cas où le mari ou ses héritiers étaient autorisés à réclamer, parce que l'intérêt de la société ne permet pas que l'état des hommes demeure longtemps incertain; — Attendu, en fait, que Marie-Bernade Destouet-Duchemin a formé, le 27 juill. 1819, sa demande à l'effet de recueillir sa part dans la succession des père et mère de Guillaume-Jean-Marie Destouet-Duchemin, son père, et comme représentant ce dernier; que cette demande qui constituait un trouble des héritiers Duchemin dans leur possession a fait courir le délai de deux mois dans lequel les héritiers étaient autorisés à contester la légitimité de ladite Marie-Bernade, que

formellement dans ses motifs, que le mari, dans le cas où l'enfant, né plus de trois cents jours après le divorce prononcé, aurait reçu dans son acte de naissance la qualité d'enfant légitime, devrait, sous peine de déchéance, former son action dans les délais déterminés par l'art. 316; et, comme l'art. 317, pour les cas où l'action peut être intentée par les héritiers, se réfère manifestement à l'art. 316, on se trouve invinciblement amené, dans ce système, à décider que l'art. 317 est applicable à la contestation de légitimité comme au désaveu proprement dit, et qu'ainsi, dans le cas prévu par l'art. 315, les héritiers du mari doivent nécessairement agir dans le délai de deux mois à partir du moment où l'enfant s'est mis en possession ou les a troublés dans leur possession.

Mais nous n'hésitons point à repousser cette interprétation des art. 315, 316 et 317. Comme nous l'avons établi précédemment, l'enfant né plus de trois cents jours après la dissolution du mariage n'est pas en possession légale de la légitimité; s'il n'est pas de plein droit réputé illégitime, c'est que la loi n'a pas cru devoir le dépouiller d'office d'un titre contre lequel aucun intérêt ne réclamerait; mais il suffit qu'il se présente un contradicteur légitime pour que cet enfant doive être privé d'une qualité à laquelle sa naissance ne lui donne nul droit. Ainsi, si les héritiers sont troublés dans leur possession par cet enfant, ils peuvent le repousser par une simple exception d'illégitimité, et cette exception produira son effet, encore bien qu'elle soit opposée plus de deux mois après l'acte qui constituait le trouble. Si l'enfant s'est le premier mis en possession des biens du mari, les héritiers de ce dernier peuvent, après plus de deux mois écoulés depuis cette mise en possession, agir contre lui en pétition d'hérédité; et si alors il fait valoir sa prétendue légitimité, ils la repousseront par voie d'exception d'illégitimité, en se fondant sur l'art. 315. Décider autrement, circonscrire dans les délais si courts déterminés par les art. 316 et 317 la contestation de légitimité autorisée par l'art. 315, ce serait accorder une faveur scandaleuse à un enfant que la loi elle-même considère comme étant manifestement étranger au mari. — C'est en ce sens, du reste, que se prononcent MM. Toullier, t. 2, n° 834; Duranton, t. 3, n° 91.

154. L'exception fondée sur la tardiveté de l'action en désaveu ou contestation de légitimité d'un enfant peut être proposée en tout état de cause, même en appel (Agen, 28 mai 1821, aff. Destouet, V. au numéro précédent).

Sect. 3. — *Forme du désaveu.*

155. L'action en désaveu n'est soumise à aucunes formes spéciales. Elle doit être portée devant les *tribunaux civils* suivant les *formes ordinaires*. « Tout acte extrajudiciaire contenant le désaveu de la part du mari ou de ses héritiers, porte l'art. 318, sera comme non avenu s'il n'est suivi, dans le délai d'un mois, d'une action en justice dirigée contre un tuteur *ad hoc* donné à l'enfant, et en présence de sa mère. » — Comme on le voit par les termes de cet article, l'acte *extrajudiciaire* dont il est question ne tient pas lieu de l'action en désaveu, puisque cette action doit être formée par le mari ou par ses héritiers dans le mois qui suit. Il n'est pas non plus le préliminaire indispensable de l'action; c'est un acte purement facultatif par lequel le mari ou ses héritiers annoncent d'avance l'intention d'exercer le désaveu, et qui n'a d'autre utilité que de prolonger d'un mois les délais accordés par les art. 316 et 317. Supposons, en effet, que l'acte extrajudiciaire ait été fait le dernier jour du délai, l'action en justice, d'après l'art. 318, pourra être valablement intentée dans le mois qui suivra, et ainsi le délai se sera trouvé augmenté d'un mois.

156. Du reste, l'expiration du mois qui suit l'acte extrajudiciaire sans que l'action en justice ait été formée, n'a d'autre effet que de rendre cet acte non avenu. Elle ne rend pas le mari ou ses héritiers non recevables, soit à former un nouvel acte extrajudiciaire, soit à intenter l'action *de plano*, s'ils sont encore dans les délais déterminés par les art. 316 et 317. Le second acte extrajudiciaire a pour effet, dans ce cas, comme s'il était le premier, de prolonger le délai d'un mois à partir de sa date.

157. Il a été jugé, conformément aux observations qui précèdent, qu'il suffit que l'action en désaveu d'un enfant dont la naissance a été cachée au mari ait été formée par celui-ci, contre un tuteur *ad hoc*, dans les deux mois à partir de la naissance ou de la découverte du recel, pour que cette action soit recevable, encore bien qu'avant la nomination du tuteur *ad hoc* le mari aurait fait surabondamment à sa femme une notification d'acte de désaveu, et qu'il aurait laissé passer plus d'un mois entre cette notification et l'action en justice formée contre le tuteur *ad hoc*; — Que l'art. 318 c. nap. ne dispose que pour le cas où l'acte extrajudiciaire qu'il déclare nul faute de se pourvoir en justice dans le mois, aurait pour objet de proroger le délai de l'action en désaveu (Req. 4 avril 1837) (1).

---

néanmoins cesdits héritiers n'ont contesté l'état de ladite Marie Bernarde que par des défenses des 19 et 23 déc. 1819; et ont ainsi élevé contre leur demande la fin de non-recevoir établie par l'art. 317 ci-dessus relaté; — Attendu que pour échapper à cette fin de non-recevoir, ils n'opposent qu'une protestation de nullité et rejet d'assignation contenue dans un acte de constitution d'avoué, laquelle ne peut équivaloir à des conclusions et former l'équivalent d'une contestation formelle de légitimité; — Qu'ainsi ledit art. 317 a reçu une juste application à la cause. — Rejette.

Du 19 nov. 1822.-C. C. sect. req.-MM. Henrion, pr.-Borel, rap.

(1) *Espèce :* — (Dame Lacaze et Ducasse *C.* Lacaze.) — Le 27 mars 1834, la dame Lacaze accoucha d'un enfant qui fut inscrit sur le registre de l'état civil comme fils légitime du sieur Lacaze. Mais ce dernier, prétendant, au contraire, que l'enfant lui était étranger et que sa naissance lui avait été cachée, assigna, le 21 avril suivant, son épouse devant le tribunal de Mirande, pour voir accueillir la demande en désaveu qu'il entendait former. Cependant aucun tuteur *ad hoc* n'avait encore été nommé à l'enfant. Lacaze se hâta de provoquer l'accomplissement de cette formalité, et, par exploit du 24 mai 1834, il notifia sa demande au sieur Ducasse, qui avait été choisi par le conseil de famille pour représenter l'enfant. L'instance ainsi engagée, Ducasse et la dame Lacaze opposèrent deux fins de non-recevoir contre l'action en désaveu : la première, résultant de ce qu'aux termes de l'art. 316 c. civ., le mari ne s'était pas pourvu régulièrement dans le mois de la naissance de l'enfant, la seconde, de ce que, dans tous les cas, l'assignation donnée à la femme n'avait pas été suivie, dans le mois également, d'une action en justice dirigée contre le tuteur *ad hoc*, conformément à l'art. 318.

Jugement qui accueille ce système, en se fondant principalement sur ce que Lacaze ne pouvait pas jouir de la prorogation de délai introduite par l'art. 316 pour le cas d'absence ou de recèlement. — Appel. — 14 avr. 1836, arrêt infirmatif de la cour d'Agen qui déclarant, en fait, que la naissance de l'enfant a été cachée au mari, décide, par suite, que ce dernier avait le délai de deux mois pour former son action, et écarte ainsi la première fin de non-recevoir tirée de l'art. 316. Quant à celle que les intimés faisaient résulter de l'art. 318, la cour la rejette également par le motif que l'assignation du 21 avril, ne pouvait pas être considérée comme un acte extrajudiciaire susceptible d'être annulé, si dans le mois, à compter de sa date, la demande en désaveu n'a pas été intentée en justice contre le tuteur *ad hoc*; que, d'ailleurs, l'art. 318 n'a pas pour effet d'abréger les délais de l'art. 316. — Enfin, l'arrêt examinant la question au fond, et jugeant que les faits articulés par Lacaze établissent suffisamment la preuve de l'illégitimité de l'enfant, déclare *de plano*, et sans ordonner d'enquête, que cet enfant est, en effet, étranger au désavouant.

Pourvoi de la dame Lacaze et de Ducasse. — 1° Violation de l'art. 318 c. civ., en ce que l'application de cet article ne doit pas être limitée au cas où le désaveu a été notifié par acte extrajudiciaire proprement dit; que le désavouant doit être tenu d'agir, dans le mois à compter de l'acte qui formule son intention, de quelque nature que soit, d'ailleurs, cet acte; — Qu'en effet, le même motif de protection pour la femme et l'enfant doit exister, dans les vues du législateur, soit qu'il s'agisse d'un exploit d'assignation contenant désaveu ou de toute autre notification; que c'est le cas d'appliquer la maxime : la lettre tue, l'esprit vivifie. — 2° Excès de pouvoir et violation de l'art. 313 c. civ., en ce que, dans les vues de cet article, il ne peut jamais être suppléé par les juges à la preuve testimoniale de faits propres à justifier que le mari désavouant n'est pas le père de l'enfant désavoué; que les juges ne sauraient, dès lors, déclarer valablement *de plano* l'enfant illégitime sur les seules protestations du mari et sans faire subir à ses allégations l'épreuve de la contre-enquête qui est de droit pour la femme. — Arrêt.

La cour; — Vu les art. 313, 316 et 318 c. civ. — Attendu qu'aux termes de l'art. 313, le mari peut désavouer l'enfant, lorsque la naissance lui a été cachée; — Attendu, que le mari doit, conformément à l'art. 316, réclamer dans le mois, s'il se trouve sur les lieux de la naissance de l'enfant; dans les deux mois après son retour, si, à la même époque, il est absent; dans les deux mois après la découverte de la

158. En exigeant que le désaveu soit exercé par voie d'action en justice, le code civil s'est écarté de l'ancienne jurisprudence. Il est constant, en effet, et d'ailleurs il a été jugé que, sous l'empire de cette jurisprudence, le père n'était pas tenu de suivre par une action judiciaire le désaveu de paternité qu'il avait fait relativement à un enfant né de sa femme peu de temps après le mariage (Aix, 31 janv. 1812, aff. Rauquet *C.* Barjaton).

159. La loi n'ayant pas déterminé la forme suivant laquelle doit être fait l'acte extrajudiciaire contenant le désaveu, M. Duranton, t. 3, n° 94, en conclut que, même sous seing privé, il produirait l'effet que lui attribue l'art. 318, pourvu qu'il ait acquis *date certaine* attestant qu'il a été fait dans les délais déterminés par les art. 316 et 317. C'est aussi le sentiment de MM. Zachariæ, éd. Massé et Vergé, t. 1, p. 304 et de ses annotateurs, et Demolombe, t. 5, n° 154.

160. Les mêmes auteurs ajoutent qu'il n'y a pas nécessité de le faire *signifier*, parce que la loi ne l'exige point et qu'elle n'eût pas manqué de le dire, si la notification lui avait paru nécessaire. On peut invoquer à l'appui de cette proposition l'arrêt de Riom, 7 juin 1844, aff. Raymond (V. n° 177). « D'ailleurs, dit à ce propos M. Duranton (n° 95), cette notification ne pourrait même avoir lieu tant que l'enfant n'aurait pas le tuteur *ad hoc* qui doit le défendre; car ce n'est pas la mère qui va principalement contredire à l'action en désaveu, quoiqu'elle doive être mise en cause; c'est le tuteur, comme représentant l'enfant. Et, si l'on objectait qu'un acte non signifié doit être considéré comme n'existant pas par rapport à celui contre lequel on veut s'en prévaloir, on répondrait que si le législateur eût entendu qu'il dût, pour produire son effet, être signifié au tuteur *ad hoc*, par conséquent ne pouvoir être fait utilement qu'après la nomination de ce tuteur, la faculté de faire préalablement le désaveu en cette forme serait sans objet, puisqu'il vaudrait autant former tout de suite l'action en justice. Mais, suivant notre interprétation, on en sent l'importance à cause des délais et des entraves que peut éprouver la nomination du tuteur. » — Nous admettons cette interprétation. Seulement nous ferons observer qu'à notre avis la signification de l'acte extrajudiciaire pourrait être valablement faite au tuteur ordinaire, lors même que ce tuteur serait la mère de l'enfant; car la loi n'exige point qu'elle soit faite au tuteur *ad hoc*; tout ce qu'on doit conclure des termes de l'art. 318, c'est que l'action en justice doit être formée contre le tuteur *ad hoc*: cet article n'exige rien de plus.

161. On comprend facilement que la loi ait prescrit la nomination d'un tuteur *ad hoc* à l'enfant si le mariage existe encore, puisque alors le mari, son représentant légal, se trouve être son adversaire, ou si, le mariage étant dissous, l'enfant a pour tuteur soit le mari qui l'attaque, soit la femme, sa mère, qui pourrait se laisser entraîner par telles ou telles considérations à sacrifier l'intérêt de l'enfant fruit de sa faute; mais, dans le cas où l'enfant a pour tuteur une personne qui ne se trouve pas personnellement intéressée dans le procès, il semble que nulle considération ne s'oppose à ce que ce tuteur défende à l'action en désaveu, et que par suite la nomination d'un tuteur *ad hoc* ne soit plus nécessaire. Toutefois, comme le texte de la loi est formel et ne distingue pas, nous pensons, avec M. Demolombe, t. 5, n° 165, que dans tous les cas il doit être nommé un tuteur *ad hoc*. Il se peut que le tuteur général ne convienne pas pour cette mission particulière; si c'était, par exemple, un parent du mari ou même de la mère, qui fût lui-même intéressé au succès du désaveu. — Jugé, à cet égard, que l'action en désaveu ou contestation de légitimité est non recevable, si, au lieu d'avoir été dirigée contre un tuteur *ad hoc* nommé au mineur, elle l'a été contre sa mère, tutrice légale (Colmar, 15 ou 16 juin 1831, aff. Uttard, n° 172).

162. L'art. 318 ne dit pas comment l'enfant sera pourvu du tuteur *ad hoc* contre lequel doit être dirigée l'action en désaveu. — Cette question a été diversement résolue. — Suivant MM. Toullier, n° 843; Proudhon (éd. Valette), t. 2, p. 59; Duranton, t. 3, n° 96; Zachariæ, éd. Massé et Vergé, t. 1, p. 304 et Allemand, Tr. du mariage, t. 2, n° 761, la loi n'ayant fait aucune exception pour ces cas, puisqu'elle a gardé le silence, il faut en conclure que le tuteur *ad hoc* doit être nommé conformément aux règles ordinaires, c'est-à-dire par un conseil de famille convoqué par le juge de paix, sur la réquisition du mari ou de ses héritiers, et composé de parents ou alliés pris dans les deux lignes, conformément aux art. 407 et suiv. c. nap. — Au contraire, M. Marcadé, dans son Commentaire sur l'art. 318, pense que, comme la paternité du mari, et dès lors la parenté paternelle de l'enfant sont précisément en question, et que, d'ailleurs, ceux qui seraient les parents paternels s'il y avait légitimité, sont les adversaires de l'enfant, il n'y aura pas lieu de suivre la règle de l'art. 407, qui veut que le conseil, dans les cas ordinaires, se compose des plus proches parents des deux lignes; « tous les membres, ajoute-t-il, seront donc des parents maternels ou des amis. » Telle est également l'opinion adoptée par M. Richefort, État des familles, t. 1, n° 71. — Cependant, comme on l'a fait justement observer, si les parents paternels doivent être exclus parce que leur intérêt est contraire à celui de l'enfant, les parents maternels doivent être exclus par la même raison. Supposons en effet que le désaveu soit admis, quelle en sera la conséquence? C'est que l'enfant sera adultérin dans le cas des art. 312 et 313, et simplement naturel dans le cas de l'art. 314. Or l'enfant adultérin est exclu de la succession de sa mère, et l'enfant naturel n'y est admis que pour une quote-part qui varie suivant la qualité de ceux avec lesquels il se trouve en concours. Aussi quelques auteurs, et notamment MM. Delvincourt, t. 1, note 12 de la page 89; Valette sur Proudhon, t. 2, p. 59, note *a*; Demolombe, t. 5, n° 166; Ducaurroy, Bonnier et Roustain, t. 1, n° 447; Taulier, t. 1, p. 389, pensent-ils que, dans ce cas, c'est par le tribunal que le tuteur doit être nommé. — Il eût été à désirer peut-être que le législateur consacrât ce dernier système par une disposition législative. Mais il ne l'a point fait. Or nous ne croyons pas qu'il soit possible de suppléer à son silence. Il nous paraît plus rationnel d'adopter la première des trois opinions que nous venons d'exposer, et de décider qu'on doit se conformer aux règles ordinaires. Nous n'apercevons, en effet, aucune raison de droit qui commande de s'en écarter. L'enfant né ou conçu dans le mariage est en possession de la légitimité, et les parents paternels sont présumés ses parents tant que le jugement intervenu sur l'action en désaveu ne l'aura point exclu de la famille.

163. Il a été jugé, conformément à cette opinion : 1° qu'en matière de désaveu c'est par un conseil de famille et non par le tribunal que doit être nommé le tuteur *ad hoc* dont l'art. 318 c. nap. veut que le mineur soit pourvu pour défendre à l'action (Liége, 3 mai 1853, aff. veuve Palmaert, D. P. 53. 2. 200); — 2° Que la nomination du tuteur *ad hoc* qui doit être donné à l'enfant désavoué est soumise aux règles tracées pour toute tutelle déférée par le conseil de famille, et que, dès lors, le conseil de famille qui procède à cette nomination peut être composé de parents pris moitié du côté paternel, moitié parmi des amis, à défaut de parents du côté maternel : que, le mari désavouant étant

---

fraude, si on lui avait caché la naissance de l'enfant; — Attendu que l'enfant est né le 27 mars 1834; que la demande en désaveu a été formée le 24 mai suivant, et dès lors dans les deux mois; d'où il suit que la cour royale ayant reconnu et déclaré, en fait, que la dame Lacaze avait furtivement abandonné le domicile conjugal; que l'accouchement avait eu lieu clandestinement dans un autre département, et que la naissance de l'enfant avait été cachée au mari, l'action en désaveu de l'enfant avait été formée dans le délai fixé par la loi; et que, dès lors, elle a été justement déclarée recevable; — Attendu qu'à la vérité, le mari ayant réclamé le 21 avril par un exploit signifié à la femme, et son action contre le tuteur *ad hoc* n'ayant été formée que le 24 mai, l'action se trouverait postérieure de plus d'un mois à l'acte du 21 avril et semblerait non recevable, d'après les termes de l'art. 318; mais que cet argument, fondé sur l'art. 318, est sans application à l'espèce, puisque l'acte du 21 avril n'avait pas pour objet et n'a pas eu pour effet de proroger le délai de deux mois accordé par l'art. 316, et que l'action en désaveu de l'enfant a été formée avant l'expiration des deux mois du jour de sa naissance; d'où il résulte que la date et même la régularité du premier acte ne devaient être d'aucune considération dans la cause;

Attendu, au fond, que la preuve testimoniale étant admissible, la cour royale a pu, comme elle l'a fait, admettre des présomptions graves, précises et concordantes, et prononcer d'après sa conviction, sans appeler des témoins; en quoi, loin de violer l'art. 1353 du c. civ., l'arrêt dénoncé en a, au contraire, fait une juste application; — Rejette.

Du 4 avril 1837.-C. C., ch. req.-MM. Zangiacomi, pr.-Mestadier, rapp.-Nicod, av. gén., c. conf.-Gatine, av.

réputé le père de l'enfant jusqu'à preuve contraire, la présence des parents paternels dans la composition du conseil de famille est régulière; — Et qu'il en est ainsi, même dans le cas où la maternité de l'enfant serait incertaine : on objecterait vainement que, surtout dans ce dernier cas, le conseil de famille ne peut être composé que d'amis (Req. 14 fév. 1854, aff. H..., D. P. 54. 1. 89. — V. aussi Montpellier, 12 mars 1833, aff. R..., v° Minorité, n° 724).

164. Au contraire, il a été jugé qu'en matière de désaveu de paternité c'est au tribunal et non au conseil de famille qu'il appartient de nommer le tuteur *ad hoc* dont l'enfant doit être pourvu pour défendre à l'action, si l'acte de naissance n'indique ni le père ni la mère (Paris [ch. réun.], 4 juill. 1853, aff. d'H..., D. P. 53. 2. 201). — Du reste, il a été jugé que le fait que la nomination du tuteur *ad hoc* de l'enfant désavoué n'a eu lieu que par le seul concours des parents maternels n'est pas une cause de nullité de la procédure en désaveu; qu'une pareille nomination n'a pu avoir pour résultat que le plus grand intérêt de l'enfant (Req. 25 août 1806, aff. Degrady, n° 151; Caen, 31 janv. 1836, aff. de Sainte-Marie, n° 169).

165. Il convient de rappeler ici que les règles sur le mode de composition des conseils de famille ne sont pas prescrites à peine de nullité, et que ces conseils doivent être considérés comme régulièrement composés, quoique les dispositions du code Napoléon qui en désignent les membres n'aient pas été rigoureusement observées, si, d'ailleurs, les intérêts de l'incapable n'ont pas été lésés, et pourvu, bien entendu, que les personnes qui ont fait partie du conseil soient personnellement aptes à en faire partie.—V. Minorité-Tutelle, n° 166.

166. Devant quel juge de paix le conseil de famille doit-il être convoqué? Pas de difficulté lorsque la maternité de l'enfant est certaine. Dans ce cas, en effet, l'enfant a pour domicile celui de sa mère, et, par conséquent, le conseil de famille doit se réunir sous la présidence du juge de paix de ce domicile. — Mais en est-il de même lorsque la maternité est incertaine, lorsque l'origine de l'enfant est inconnue? Comment, en pareil cas, placer le conseil de famille au lieu du domicile des adversaires de l'enfant? — Il a été jugé, néanmoins, que le conseil de famille convoqué pour nommer un tuteur *ad hoc* à un enfant désavoué, doit être réuni au domicile de la femme du désavouant, et, par conséquent, au domicile de ce dernier, si les deux époux ont un domicile commun, alors même que la maternité de cette femme ne serait pas certaine; que l'enfant ne peut avoir un domicile autre que celui de la mère que lui attribue le demandeur en désaveu, et qu'on ne peut, notamment, placer ce domicile au lieu de sa naissance (Req. 14 fév. 1854, aff. H..., D. P. 54. 1. 89). Comme on le voit, la chambre des requêtes est partie de cette idée que, dès que le mari recourt à une action en désaveu, il procède et doit procéder comme si la maternité était certaine, et comme si, dès lors, l'enfant était en possession de la légitimité que le désaveu tend à détruire. — Dans cette espèce, le tribunal de première instance de la Seine avait soutenu avec force que l'enfant, dans la situation supposée, ne peut avoir d'autre domicile que celui de sa naissance et celui où il a été élevé depuis, et que, par conséquent, c'est au magistrat de la localité qu'il faut recourir lorsque la nécessité veut qu'il lui soit donné un conseil de famille. Mais ce système n'a été admis ni par la cour impériale ni par la cour de cassation.

167. L'art. 318 suppose évidemment que l'action en désaveu est formée pendant la minorité de l'enfant. Il est clair que, s'il était majeur, ce serait contre lui-même et non point contre un tuteur *ad hoc* (à moins cependant qu'il ne fût interdit) que l'instance devrait être introduite. Le majeur n'a besoin d'aucune assistance pour exercer quelque action que ce soit, en demandant ou en défendant (V. Conf. M. Demolombe, t. 5, n° 164, et Zachariæ, édit. Massé et Vergé, t. 1, p. 304, note 59). Ce n'est donc pas sans surprise que nous voyons M. Richefort, t. 1, n° 66, prétendre que, quel que soit l'âge de l'enfant, on doit se conformer à cette prescription de la loi. « C'est un tuteur *ad hoc*, dit-il. Il n'est plus donné à l'enfant à cause de son âge, mais bien seulement pour le fait particulier et exclusif du désaveu. Aussi, peu importe que l'enfant désavoué soit mineur ou majeur à l'époque où sa légitimité est attaquée. Il doit toujours lui être nommé un tuteur *ad hoc* qui seul a le droit de répondre à l'action en désaveu et de la repousser par tous les moyens indiqués en l'art. 314. » Pour nous, nous avouons qu'il nous est absolument impossible de comprendre quels pourraient être dans ce cas l'objet et l'utilité de la nomination du tuteur *ad hoc*.

168. Ce n'est pas contre la mère que l'action en désaveu est principalement dirigée, puisque le but de cette action est de faire déclarer l'enfant illégitime. Cependant la mère est intéressée, d'un côté, à défendre l'état de son enfant; d'un autre côté, à défendre son propre honneur qui se trouve gravement engagé dans le procès. Aussi l'art. 318 exige-t-il qu'elle soit mise en cause, sauf à elle à faire défaut s'il ne lui convient pas d'affronter la honte que les débats pourraient faire rejaillir sur elle.

169. Mais il n'est pas absolument nécessaire qu'elle soit assignée dans le *délai* déterminé par l'art. 318 pour l'exercice de l'action en désaveu. Ce délai ne s'applique qu'à la formation de la demande contre le subrogé tuteur et non point à la mise en cause de la mère. Lors donc qu'elle ne serait assignée qu'après l'expiration de ce délai, il n'y aurait point pour cela de fin de non-recevoir. Il suffirait qu'elle fût mise en cause avant l'instruction du procès, afin que les divers actes d'instruction fussent communs avec elle (V. en ce sens MM. Allemand, t. 2, n° 763, et Zachariæ, édit. Massé et Vergé, t. 1, p. 304, note 61). — Il a été jugé, en ce sens, que la déchéance de l'acte extrajudiciaire contenant désaveu, portée dans l'art. 318 c. nap., n'est applicable qu'au cas où l'action n'est pas intentée dans le mois contre le tuteur nommé à l'enfant désavoué, et ne s'étend pas à celui où la mère n'a point été appelée à cette instance dans le même délai (Caen, 31 janv. 1836) (1).—Tel n'est pas toutefois le sentiment de M. Demolombe (t. 5, n° 168). Cet auteur pense qu'il est né-

(1) De Sainte-Marie et Bonnesœur C. de Sainte-Marie.) — La cour; — Considérant que la déchéance de l'acte extrajudiciaire contenant désaveu, portée dans l'art. 318, c. civ., n'est applicable qu'au cas où l'action n'est pas intentée dans le mois contre le tuteur *ad hoc* nommé à l'enfant désavoué, et ne s'étend pas à celui où la mère n'a point été appelée à cette instance dans le même délai; — Considérant que le tuteur *ad hoc* est le représentant de la personne de l'enfant; que l'action est, par conséquent, valablement intentée contre lui, à l'effet d'empêcher la forclusion résultant de l'écoulement du délai mentionné en l'art. 318, qui n'est qu'une véritable prescription; qu'à la vérité, l'action ne peut être ultérieurement continuée qu'en présence de la mère, à raison de l'utile surveillance qu'elle peut y apporter et des renseignements qu'elle est en état de fournir; mais que par cela que la loi ne demande que *la présence* d'une personne dans un procès, elle suppose que le procès existe indépendamment de cette personne, et qu'il s'y trouve déjà un demandeur et un défendeur compétents, dont seulement le débat doit se passer sous les yeux du tiers indiqué; — Considérant qu'il y aurait, dans beaucoup de cas, les inconvénients les plus graves à ce que la mère dût être nécessairement appelée dans le mois pour la validité de l'action; car lorsqu'elle a un domicile différent de celui de son mari, comme lorsqu'elle est séparée de corps, ce domicile peut être équivoque ou inconnu; il peut être tellement éloigné, que le délai d'un mois se trouve matériellement insuffisant, et cependant il serait impossible de le proroger, puisqu'il n'existe aucune disposition de loi qui le permette, l'art. 1033, c. proc. civ., se renfermant dans l'hypothèse des délais donnés pour comparaître, et non de ceux fixés pour agir; qu'une pareille conséquence, visiblement inique, avertit que l'interprétation dont elle découlerait n'est pas conforme au véritable sens de la loi; — Considérant qu'il ne faut pas objecter que, si le délai fixé par l'art. 318 ne s'applique point à la mise en cause dont il s'agit, il s'ensuivra que, contre l'intention positive du législateur, l'action en désaveu pourra être traînée en longueur et même différée jusqu'à la mort de la femme, dont le mari redouterait les efforts et la tendresse maternelle; car on ne doit pas supposer que le tuteur, une fois nommé, consente à engager sa responsabilité, en négligeant de s'environner du concours de la mère; il est impossible qu'elle-même, avertie par l'éclat qu'entraîne toujours une action en désaveu, n'intervienne pas au procès, si elle est animée d'un zèle réel pour l'intérêt de son enfant; et enfin, le mari, toujours intéressé dans ces sortes d'affaires à ne pas laisser dépérir les preuves, et les tribunaux eux-mêmes ne pouvant passer outre utilement à l'instruction du procès, sans y appeler la femme, il résulte de tout cela un ensemble de garanties les plus fortes, que l'instance ne demeurera pas longtemps incomplète;

Considérant, au reste, que, quand on entendrait l'art. 318 dans le sens de la déchéance qui vient d'être repoussée, il s'ensuivrait que l'acte extrajudiciaire intervenu dans l'espèce, devrait être réputé non-avenu, faute d'approchement de la femme de Sainte-Marie dans le mois, et

cessaire que la mère soit mise en cause dans le délai de l'art. 318, parce qu'elle est, non pas simplement assistante, mais partie au procès, et parce que les motifs qui ont déterminé le législateur à fixer un bref délai pour le désaveu (notamment la nécessité de ne pas laisser dépérir les preuves) s'appliquent à la mère aussi bien qu'à l'enfant.

170. En outre il a été jugé que, quand même on admettrait qu'aux termes de l'art. 318 la femme doit nécessairement être mise en cause dans le délai d'un mois, il s'ensuivrait seulement que, si elle ne l'a pas été, l'acte extrajudiciaire doit être réputé non avenu, et qu'alors les parties, se trouvant dans la même position que si cet acte n'eût jamais existé, rentreraient sous l'application de l'art. 316, qui n'impose au mari d'autre obligation que celle de réclamer dans le mois de la naissance de l'enfant, ou dans les deux mois de la découverte de la fraude, sans exiger la mise en cause de la mère (même arrêt). — M. Demolombe (*loc. cit.*) repousse, avec raison selon nous, comme contraire aux textes et comme dépourvue d'ailleurs de tout motif, la distinction faite par cet arrêt entre le désaveu fait par acte extrajudiciaire et le désaveu par action relativement à l'obligation de mettre la mère en cause. De quelque manière que le désaveu soit formé, la mère doit nécessairement être mise en cause. « Les art. 316 et 317, dit-il, déterminent le délai ordinaire, que l'art. 318 permet d'augmenter d'un mois. Mais comment et contre qui l'action devra-t-elle être formée, soit dans le mois, soit dans les deux, soit dans les trois mois? C'est l'art. 318 qui le dit, et qui le dit pour tous les cas. »

171. Enfin, il a été jugé que, bien qu'il n'y ait pas de délai fatal pour la mise en cause de la mère, cependant, l'instruction ne procédant régulièrement qu'en sa présence, tout ce qui se fait dans le procès pour l'éclaircissement des preuves jusqu'à ce qu'elle y soit appelée ne peut servir de base de décision et doit y être réputé non avenu; que, par suite, s'il a été procédé à une enquête contradictoirement entre le mari et le tuteur *ad hoc*, cette enquête, étant irrégulière, doit être recommencée; que vainement on argumenterait en sens contraire de l'art. 293 c. pr. civ., qui défend de recommencer une enquête déclarée nulle, parce que cet article ne concerne que le cas où il s'agit d'une nullité dérivant de l'inobservation des formalités de l'enquête, et demeure étranger au cas où l'enquête, régulière en elle-même, ne disparaît que comme faisant partie d'une procédure frappée d'un vice général qui la rend inefficace (même arrêt).—V. aussi Cass. 24 déc. 1839, même aff., v° Exploit, n° 58-1°.

172. La légitimité d'un enfant né dans le mariage, mais conçu auparavant, à une époque où le père prétendu était engagé dans les liens d'un précédent mariage, ne peut être attaquée, par les héritiers du mari, que par l'action en désaveu dirigée contre un tuteur *ad hoc* donné à l'enfant, en présence de sa mère; dès lors si, au lieu d'agir par cette voie, ils se sont bornés à assigner la mère, tant en son nom personnel que comme tutrice naturelle et légale de son enfant mineur, en rectification de l'acte de naissance de ce dernier, leur demande doit être, même d'office, déclarée non recevable (Colmar, 15 ou 16 juin 1831) (1).

---

qu'alors les parties seraient dans la même position que si cet acte n'eût jamais existé, c'est-à-dire qu'elles rentreraient sous l'application de l'art. 316, qui n'impose au mari d'autre obligation que de réclamer dans le mois de l'époque de la naissance de l'enfant, ou dans les deux mois de celle de la découverte de la fraude, si cette naissance lui a été cachée;— Considérant que l'enfant dont il s'agit au procès est né le 10 déc. 1831; que rien ne prouve que de Sainte-Marie en ait été informé avant la signification par lui faite, le 24 du même mois, au maire de Bernières-le-Patry; que l'action en désaveu a été judiciairement intentée contre le tuteur *ad hoc* le 12 janv. 1822, par conséquent dans le délai de deux mois de la découverte de la fraude; qu'elle l'a été dès lors utilement, vu que, quand même la déchéance prétendue prononcée par l'art. 318, pour la mise en cause tardive de la mère, s'y trouverait effectivement établie, elle n'existe pas dans l'art. 316, qui n'en fait aucune mention, lacune, d'ailleurs, bien propre à confirmer l'idée que ladite déchéance n'est pas écrite dans l'art. 318 lui-même..... — Considérant qu'encore bien qu'il n'y ait pas de délai fatal pour la mise en cause de la mère sur l'action en désaveu, il n'en est pas moins vrai que l'instruction ne procède régulièrement qu'en sa présence, puisque ce n'est qu'alors que la défense de l'enfant offre les garanties dont la loi a voulu l'environner; que tout ce qui se fait dans le procès, pour l'éclaircissement des preuves, jusqu'à ce que la mère y soit appelée, ne peut donc servir de base de décision, et doit y être réputé non avenu; — Mais, considérant que, tout en mettant ici à l'écart l'instruction irrégulière, on doit néanmoins décider qu'elle peut être recommencée; que l'on argumente vainement, en sens contraire, de l'art. 293, c. proc. civ., parce que cet article ne concerne que le cas où il s'agit d'une nullité dérivant de l'inobservation des formalités de l'enquête, affectant particulièrement l'enquête en tant qu'elle est enquête, et qu'il demeure étranger au cas où l'enquête, régulière en elle-même, ne disparaît que comme faisant partie d'une procédure frappée d'un vice général qui la rend inefficace; que, d'ailleurs, l'espèce actuelle s'éloigne sous un autre rapport de l'hypothèse prévue par l'art. 293 précité, puisque l'irrégularité dont il s'agit ne procède pas plus spécialement du fait de Sainte-Marie, que de celui du tuteur *ad hoc*, et même du tribunal, qui n'auraient pas dû passer outre à un acte quelconque d'instruction, sans avoir exigé préalablement la mise en cause de la femme de Sainte-Marie;... — Confirme, etc.

Du 31 janv. 1836. - C. de Caen. - Aud. sol. - M. Rousselin, 1er pr. - M. Dufaur-Montfort, av. gén., concl. conf.-MM. Delisle et Thomine, av.

(1) *Espèce :* — (Uttard C. Uttard.) — Georges Uttard eut plusieurs enfants de sa première femme, décédée le 21 janv. 1824. Dès le 28 mai suivant, Uttard se remaria. Le 12 juill. de la même année, sa nouvelle épouse met au jour un enfant, qui est inscrit sur les registres de l'état civil, sous le nom de Henri, fils de Georges Uttard et de Françoise Rebert, sa femme. Cet acte fut rédigé sur la déclaration même du mari, qui le signa. Depuis, jusqu'au jour de sa mort, arrivée en mai 1829, Uttard traita continuellement Henri comme ses autres enfants. — Le 12 mai 1829, les parties intéressées s'assemblèrent, pour procéder devant notaire à l'inventaire : la veuve Uttard y parut, comme mère et tutrice de Henri. Là, les enfants du premier lit, représentés par leur tuteur, déclarèrent à la veuve Uttard, que Henri, n'étant né que cent soixante-onze jours après la dissolution du premier mariage, devait être considéré comme adultérin. La veuve proteste contre cette prétention. — Alors, les enfants du premier lit, après avoir présenté requête au président du tribunal, assignèrent, le 5 sept. 1829, Françoise Rebert, tant en son nom personnel que comme mère et tutrice de Henri Uttard, pour voir ordonner que l'acte de naissance de l'enfant inscrit sur les registres de l'état civil, sous le nom de Henri, fils de Georges Uttard et de Françoise Rebert, sa femme, sera radié, en tant qu'il porte le nom de fils Uttard. —L'avoué de la veuve Uttard se borne à conclure à un débouté pur et simple de la demande.

23 déc. 1829, jugement en ces termes :—« Attendu que la demande formée contre la veuve Uttard, tant en son nom personnel qu'en celui de tutrice naturelle et légale de Henri Uttard, a pour objet, 1° de faire perdre à ce dernier l'état d'enfant légitime du sieur Georges Uttard; 2° de le faire déclarer enfant adultérin dudit Georges Uttard; — Attendu que la demande, telle qu'elle est formée, est une contestation élevée contre la légitimité d'un enfant en possession d'état d'enfant légitime, laquelle rentre dans les termes des art. 317 et 318 c. civ.;—Attendu que, d'après ce dernier article, la demande en désaveu doit être dirigée contre un tuteur *ad hoc*, donné à l'enfant, en présence de sa mère, et que la circonstance que la mère se trouve tutrice naturelle et légale de l'enfant dont on conteste l'état, n'autorise pas le demandeur à ne former la demande que contre celle-ci, en sa double qualité, puisque la loi exige que l'action soit dirigée contre un tuteur *ad hoc* donné à l'enfant; que la loi, en disposant ainsi, a voulu s'assurer que les droits de l'enfant seraient examinés avec une sévère attention, d'abord, par le conseil de famille, dans lequel on nommerait le tuteur *ad hoc*, qui devrait remplir le mandat qui lui serait spécialement confié; que la loi a, de plus, considéré que la mère devant être assignée en son nom personnel, ne pouvait pas défendre seule à l'action qui était intentée à son enfant, puisqu'elle avait aussi son honneur à défendre; que la sagesse du législateur, dans les dispositions qui viennent d'être citées, se trouve justifiée dans la circonstance actuelle, puisque, malgré l'importance de l'affaire pour l'enfant auquel on veut faire perdre l'état, et les moyens légaux qui paraissent pouvoir être employés en sa faveur, sa mère n'a pas jugé à propos, ni de se défendre elle-même, ni de faire défendre son enfant : — Attendu que la demande n'étant formée que contre la mère, encore bien qu'elle ait été assignée en sa double qualité, n'est pas dirigée contre le contradicteur qui a été désigné par la loi; que, dès lors, la demande doit être rejetée : — Par ces motifs, déclare le demandeur non recevable, quant à présent, et le condamne aux dépens. »

Appel par les enfants du premier lit. — La veuve Uttard décède durant la litispendance; Xavier Uttard, oncle paternel de Henri, lui est donné pour tuteur, mais sans mission spéciale pour défendre à l'action en désaveu. — Les appelants prétendent que c'est par erreur que les premiers juges ont considéré leur demande comme ayant pour objet; 1° de priver le mineur de l'état d'enfant légitime; 2° de le faire déclarer adultérin, et, par conséquent, comme étant une véritable action en

173. L'action en désaveu devant être, sous peine de déchéance, formée dans un délai très-court, il peut être, dans certains cas, important et difficile à la fois de discerner si le mari ou ses héritiers ont satisfait sur ce point aux rigoureuses prescriptions de la loi. Sans doute, lorsque le mari ou ses héritiers se conformant purement et simplement aux art. 316, 317 et 318, ont, dans les délais déterminés par ces articles, intenté contre un tuteur *ad hoc*, si l'enfant est mineur, ou contre lui-même, s'il est majeur, une action tendant directement à lui enlever le bénéfice de la légitimité, nulle difficulté ne peut s'élever. Mais la question ne se présente pas toujours sous un aspect aussi simple. Il est possible que l'attaque dirigée contre la légitimité de l'enfant revête une autre forme. Alors s'élève la question de savoir si l'action proprement dite se trouve remplacée par un juste équivalent.

174. A cet égard il a été jugé : 1° que la défense à l'action en rectification de son acte de naissance formée par un enfant né pendant le mariage, défense qui, à l'effet d'établir l'illégitimité de cet enfant, se fonde sur le recel de sa naissance et l'adultère de sa mère, constitue un véritable désaveu (Grenoble, 5 fév. 1836, aff. Galumin. V. *suprà* n° 143-3°); — 2° Qu'il suffit que, sur la demande même en conciliation par laquelle un héritier est troublé par un individu qui se prétend l'enfant légitime du défunt, celui-là déclare qu'il n'a jamais reconnu ce dernier pour son frère, et qu'il est à sa connaissance que le défunt n'a pas laissé d'autre enfant légitime que lui, pour qu'il y ait désaveu valable dans le sens de l'art. 317 c. nap., encore bien que, dans les deux mois de la demande en conciliation, il n'aurait pas intenté une action en justice contre le réclamant... surtout si, dans ce même délai, il a été assigné par celui-ci en rectification de son acte de naissance (Lyon, 23 déc. 1835) (2);—3° Que toutefois le désaveu ou la contestation de la légitimité d'un enfant ne résultent pas suffisamment de la constitution d'avoué, de la part des héritiers du mari, sur la demande en pétition d'hérédité formée par l'enfant; qu'un pareil acte annonce bien l'intention de défendre à la demande, mais ne manifeste pas une contradiction expresse à l'état invoqué par l'enfant (Agen, 28 mai 1821, aff. Destouet; Req. 19 nov. 1822, même affaire, V. *suprà* n° 153); — 4° Que l'instance en divorce, et un jugement qui admet le divorce pour cause d'adultère, avec réserve formelle des droits des enfants, ne sauraient suppléer à l'action en désaveu de paternité (Montpellier, 20 mars 1838, aff. Cabanes, V. *suprà*, n° 66).

175. La loi ne définissant pas les caractères précis du désaveu de paternité, une cour royale a pu valablement ne pas voir un désaveu de nature à faire courir le délai de l'art. 318 c. nap., dans l'acte extrajudiciaire signifié par le mari à sa femme, et portant qu'il somme cette dernière d'avoir à lui donner sur l'enfant qui serait né certains renseignements « indispensables pour préparer et conduire la demande en désaveu qu'il est dans l'intention de former (au cas où l'enfant existerait); qu'il ne se dissimule pas, toutefois, que le désaveu formel qu'il fait par cet acte ne serait qu'une vaine protestation s'il n'y donnait pas la suite que les lois prescrivent; qu'ainsi il est dans la ferme résolution d'introduire une action en désaveu aussitôt que cette action pourra par lui être introduite. » Une pareille décision de la cour d'appel, fondée sur l'appréciation de l'acte et des circonstances qui l'environnaient, échappe à la censure de la cour de cassation (Req. 9 mai 1838) (2).

---

désaveu, laquelle, dès lors, ne pouvait être intentée que contre un tuteur *ad hoc*. — Arrêt.

LA COUR; — Adoptant les motifs, confirme.

Des 15 et 16 juin 1851.-C. Colmar, aud. sol.-M. Milet de Chevers, 1er pr.

(1) *Espèce :* — (Verchère C. Lamoureux.) — Du mariage du sieur Verchère et d'Anne Cuzel est né, en 1795, François Verchère. — En 1798, Anne Cuzel, qui avait quitté son mari, met au jour un enfant qui est inscrit, à l'état civil, sous le nom de Pierre Lamoureux, comme né d'elle et de J.-B. Lamoureux, son mari. — En 1799, divorce des époux Verchère, par consentement mutuel : la femme reçoit ses reprises et en donne quittance. — Il paraît que J.-B. Lamoureux et Anne Cuzel continuèrent à vivre comme mari et femme; l'acte de décès d'Anne Cuzel la qualifie d'épouse de J.-B. Lamoureux. — Après le décès de Verchère père, P. Lamoureux abdiquant le nom qu'il avait porté jusque-là, a demandé à la justice de le reconnaître pour le fils de celui qui était, lors de sa naissance, le mari de sa mère.

François Verchère fils a repoussé cette prétention et demandé à être admis à prouver : 1° que sept mois après la naissance de son premier enfant, Anne Cuzel a quitté le domicile conjugal; 2° que son nouveau domicile a été celui de Lamoureux; 3° qu'elle n'est jamais rentrée chez son mari. — Pierre Lamoureux oppose une fin de non-recevoir tirée de ce qu'il aurait dû être désavoué par action directe, dans les deux mois, à partir du jour où il avait assigné Verchère fils en conciliation. — Le 28 juin 1834, le tribunal civil de Lyon a admis la preuve offerte, et, sur la fin de non-recevoir, s'explique en ces termes : — « Considérant qu'il ne faut pas confondre le cas prévu par l'art. 318 et celui prévu par l'art. 317; que, dans l'art. 318, c'est le père ou ses héritiers qui attaquent la légitimité de l'enfant, et que, pour ne pas laisser longtemps l'état des citoyens incertain, ils sont obligés de former leur demande dans le mois de l'acte extrajudiciaire signifié à l'enfant; que l'art. 317 suppose, au contraire, que ce sont les héritiers qui sont troublés par l'enfant réclamant, et qu'il suffit alors qu'ils contestent, dans les deux mois du trouble, la qualité du demandeur; — Considérant que la citation en conciliation donnée par Pierre-François Lamoureux à François Verchère est du 26 oct. 1833; que le procès-verbal de non-conciliation est du 31 du même mois, et que, dans ce procès-verbal, François Verchère déclare positivement « qu'il n'a jamais connu le demandeur pour être son frère; qu'il est à sa connaissance que le sieur Verchère père n'a eu que lui pour enfant légitime, conformément à son testament; » — Considérant que l'instance a été immédiatement engagée entre les parties, sur la demande en rectification d'acte de naissance et en partage que Pierre-François Lamoureux a formée à François Verchère; que, dès lors, une fin de non-recevoir ne peut être opposée à celui-ci; — Considérant qu'il était impossible de contester plus formellement l'état du demandeur. » — Appel par P. Lamoureux. — Arrêt.

LA COUR; — Adoptant les motifs des premiers juges, confirme.

Du 23 déc. 1835.-C. de Lyon, aud. sol.-MM. de Belbeuf, 1er pr.-Laborie, subst., c. conf.-Humblot et Chanay av.

(2) *Espèce :* — (Rignoux C. Didelot et cons.)— Le 7 janv. 1830, le sieur Rignoux fit à sa femme sommation « d'avoir à s'expliquer nettement sur le fait de l'existence d'un enfant qui serait né pendant le mariage du requérant avec la dame Rignoux; au cas où l'enfant existerait, d'indiquer la résidence de cet enfant, l'époque précise de sa naissance, les registres de l'état civil des commune, canton ou ville sur lesquels il a été inscrit; renseignements indispensables pour préparer et conduire la demande en désaveu que le requérant est dans l'intention de former...; — Qu'il ne se dissimulait pas, toutefois, que le désaveu formel qu'il faisait par cet acte ne serait qu'une vaine protestation s'il n'y donnait pas la suite que les lois prescrivent; aussi était-il dans la ferme résolution d'introduire une action en désaveu aussitôt que cette action pourrait par lui être introduite. » — Il paraît que les explications ne furent pas données; le mari ne forma pas le désaveu; il mourut le 4 sept. 1832.

La dame Didelot et consorts, ses héritiers collatéraux, se présentèrent pour recueillir la succession; mais la dame Rignoux, en qualité de tutrice de son fils mineur, forma opposition à la levée des scellés. — 20 septembre, notification d'un acte de désaveu de la part des héritiers. Un tuteur *ad hoc* est nommé au mineur. — L'action en désaveu est portée devant le tribunal. Là le tuteur soutient : 1° qu'il n'y a pas eu recel de la naissance de l'enfant; 2° qu'il résulte de la correspondance du sieur Rignoux que celui-ci avait eu connaissance de la naissance de l'enfant, et qu'ainsi il aurait dû, conformément à l'art. 313 c. civ., former son désaveu dans les deux mois de la découverte de la fraude; 3° que l'acte du 7 janv. 1830, signifié à la requête du sieur Rignoux, contenait un véritable désaveu, et que, faute d'y avoir donné suite dans le délai d'un mois, lui et ses héritiers avaient encouru la déchéance prononcée par l'art. 318 c. civ.

7 mars 1835, jugement qui, sans s'arrêter à ces fins de non-recevoir et avant de statuer au fond, admet les collatéraux à proposer tous les faits propres à justifier que le défunt n'était point le père du mineur.— Appel principal par le tuteur *ad hoc*; appel incident par les héritiers, qui prétendent que le tribunal aurait dû admettre et valider dès à présent le désaveu de paternité. — 5 mai 1836, arrêt de la cour de Bordeaux qui, se fondant sur des circonstances nombreuses qu'il énumère et qu'il apprécie, reconnaît qu'il y a eu recèlement de la naissance; — Que cette naissance n'a jamais été connue du mari défunt; qu'à cet égard sa correspondance n'établit autre chose si ce n'est qu'il avait des soupçons vagues; — Que l'acte du 7 janv. 1830 ne contient lui-même qu'une manifestation de son incertitude, puisqu'il énonce seulement l'intention de faire un désaveu positif dans le cas où la naissance et l'existence de l'enfant seraient portées à sa connaissance. — Statuant ensuite sur l'appel incident, la cour décide que le jugement de l'action en désaveu n'a besoin d'être précédé ni d'un jugement qui admette à faire la preuve des faits justificatifs de non-paternité, ni de la constatation préalable de l'adultère de la femme. — Examinant par suite la question au fond, l'arrêt déclare que l'enfant dont il s'agit n'a pas pour père le sieur Rignoux, sur le motif principal qu'il est né seize mois et vingt-deux jours après la séparation de corps prononcée entre les époux, sans qu'on allègue une circonstance

176. Il en est de même de la déclaration que le mari n'a pas une connaissance positive de la naissance de l'enfant. — On discuterait vainement devant la cour suprême les termes plus ou moins concluants de la correspondance du mari (même arrêt).

177. D'après un arrêt, lorsque la grossesse de la mère et la naissance d'un enfant ont été celées au mari, et que l'enfant n'a pas été inscrit sur le registre de l'état civil, le mari, qui a connu la naissance par l'effet d'une circonstance accidentelle (la réclamation des mois de nourrice), et qui, aussitôt cette connaissance acquise, a déclaré, par acte notarié, la volonté de désavouer l'enfant, est frappé de déchéance, si, au lieu de former son action en désaveu contre le tuteur *ad hoc* dans le mois de cet acte, conformément à l'art. 318 c. nap., il a laissé s'écouler plusieurs années sans agir. En vain prétendrait-il que, dans cet acte notarié, il avait réservé hypothétiquement l'exercice de l'action en désaveu pour le cas où la maternité viendrait à être prouvée (Riom, 7 juin 1844) (1). — Cet arrêt ne nous paraît pas à l'abri de critique. Était-ce bien le cas, dans l'espèce, de faire

---

quelconque de laquelle on puisse induire un rapprochement entre eux.

Pourvoi du tuteur *ad hoc*. — 1° (en la forme) Violation de l'art. 7 de la loi du 20 avr. 1810, en ce que l'arrêt attaqué a été rendu avec le concours de M. Bonhore, conseiller, qui n'avait pas assisté à toutes les audiences où les avocats des parties ont été entendus. — Il est, dit-on, constant en fait que la première plaidoirie de l'avocat du mineur Rignoux a eu lieu à l'audience du 13 avril, et que celle de l'avocat des défendeurs éventuels a eu lieu à l'audience du 21 avril. M. Bonhore n'a été présent à aucune de ces deux audiences et il n'a siégé qu'à celles des 27 avril, 4 mai et 5 mai, jour de la prononciation de l'arrêt. Il est vrai que les conclusions des parties ont été reprises devant lui et que les deux avocats ont également été entendus en sa présence; mais ils n'ont fait que répliquer, et il était indispensable que M. Bonhore eût assisté aux premières plaidoiries dont les répliques ne pouvaient être la reproduction complète, et qui, d'ailleurs, rentrent essentiellement dans les prescriptions de la loi du 20 avr. 1810. On cite Merlin (Quest. de dr., v° Jugem.) et les arrêts des 16 mai 1821 (V. Jugem., n° 56-1°) et 30 mars 1808 (Merlin, Rép., *verbo cit.*, p. 726). — 2° (au fond) Violation des art. 316 et 318 c. civ., en ce que l'action en désaveu était irrecevable sous un double rapport : 1° parce que le sieur Rignoux, auteur des désavouants, avait laissé s'écouler plus de deux mois depuis le moment de la connaissance par lui acquise de la naissance de l'enfant jusqu'à celui de la signification de l'acte du 7 janv. 1830; 2° parce que cet acte constituait un véritable désaveu, et qu'il devait, dès lors, être suivi d'une action en justice, dans le délai d'un mois, sous peine de déchéance. — On cherche à justifier la première proposition par la correspondance du sieur Rignoux, et la seconde par les termes de l'acte extrajudiciaire de 1830, qu'on connaît. En effet, on trouve dans cet acte les mots suivants : « Le requérant ne se dissimule pas que le désaveu formel qu'il fait par les présentes ne serait qu'une vaine protestation, s'il n'y donnait pas la suite que les lois prescrivent; » ce qui ne permet pas de douter que le sieur Rignoux n'ait voulu faire un désaveu, dans les formes et les délais fixés par l'art. 316 c. civ., et l'arrêt attaqué n'a pu le décider autrement, sans méconnaître le caractère d'un acte authentique, et tomber, par suite, sous la censure (V. Oblig. [preuve litt.]). — 3° Violation de l'art. 313 c. civ., en ce que la cour royale a statué immédiatement sur le fond de l'action en désaveu, sans qu'au préalable elle eût constaté par jugement le fait du prétendu recel de la naissance, et autorisé la preuve des prétendus faits justificatifs de non-paternité. — La nécessité, dit-on, de la déclaration préalable du recel, dans le cas de désaveu pour cause d'adultère, résulte des termes de l'art. 313, ainsi conçu : « Le mari ne pourra désavouer l'enfant, même pour cause d'adultère, à moins que la naissance ne lui ait été cachée; auquel cas il sera admis à proposer tous les faits propres à justifier qu'il n'est pas le père de l'enfant. » En effet, 1° les mots, *à moins que la naissance ne lui ait été cachée*, indiquent évidemment que le recel est le préliminaire indispensable de l'action du mari. Or il faut que le recel soit prouvé, c'est-à-dire que les allégations du mari aient acquis le caractère d'une véritable preuve par une décision du juge : d'où il suit que lorsque la loi dit : *à moins que la naissance ne lui ait été cachée*, c'est comme si elle disait : *à moins qu'un jugement n'ait constaté le recel de la naissance*; — 2° L'art. 313 continue ainsi : *auquel cas il sera admis*, etc. Evidemment encore ces mots, *auquel cas*, se rapportent au cas prévu dans le membre de phrase qui précède, *à moins que la naissance ne lui ait été cachée*. Donc, si la naissance n'a pas été cachée, ou plutôt si un jugement préalable n'a pas constaté le recel, le mari ne peut être admis à proposer les faits justificatifs de sa non-paternité. A plus forte raison ne peut-on pas venir prétendre que le jugement qui statue sur le fait du recel pourra statuer en même temps sur le fond de la contestation, c'est-à-dire sur les faits justificatifs de non-paternité. — Cette interprétation se fortifie par le rapprochement de l'art. 313 avec l'art. 312, qui, dans le cas d'impossibilité physique de cohabitation avec sa femme, autorise le mari à désavouer l'enfant *de plano* : c'est qu'en effet, dans ce cas, il suffit de prouver le fait d'impossibilité, pour que la règle, *pater is est quem nuptiæ demonstrant*, ne puisse recevoir son application. Au contraire, dans le cas d'adultère, la loi n'a dû autoriser l'exercice de l'action en désaveu qu'avec le concours de certaines circonstances : voilà pour quel motif elle a voulu que la preuve du recel fût le préliminaire de cette action. — On cite à l'appui de ce système l'arrêt du 8 juill. 1812 rendu sur les conclusions conformes de Merlin (V. Merlin, Rép., v° Légitimité, p. 612, et *suprà*, n° 45). — 4° Violation du même art. 313 c. civ., en ce que l'arrêt attaqué a regardé comme suffisante à l'admission du désaveu la preuve des prétendus faits justificatifs de non-paternité, sans que l'adultère eût été spécialement constaté comme ayant existé à l'époque de la conception de l'enfant. — On invoque la loi romaine : *non utique crimen adulterii quod mulieri objicitur, infanti præjudicat, cùm possit et mater adultera esse et impubes defunctum patrem habuisse* (lib. 11, ff., *Ad leg. Jul. de Adult.*, § 9). On rappelle les discours des orateurs du gouvernement et du tribunat, relativement à l'art. 313, et notamment ceux de MM. Bigot-Préameneu, Lehary et Duveyrier. Il en résulte que trois conditions sont exigées par la loi pour qu'on doive faire fléchir la règle, *pater is est*, etc. : preuve du recel de la naissance, preuve de l'adultère, preuve enfin des faits propres à justifier que le mari n'est pas le père de l'enfant. Il faudrait même, selon les orateurs précités, que l'adultère fût constaté par un jugement particulier; M. Merlin a soutenu cette doctrine lors de l'arrêt du 8 juill. 1812. Si, comme le jugea alors la cour suprême, ce jugement distinct n'est pas nécessaire, du moins faut-il que le fait de l'adultère soit spécialement constaté, puisque les mots, *pour cause d'adultère*, qui se trouvent dans l'art. 313, expliquent clairement que l'adultère est le fondement de l'action en désaveu. On ne peut pas donner à ces mots une autre signification, sans faire au législateur le reproche d'avoir employé des expressions inutiles et sans aucun sens. D'un autre côté, l'adultère doit être prouvé d'une manière directe et spéciale; il ne peut l'être comme conséquence de la preuve des faits de non-paternité. Dans tous les cas, il faut qu'il y ait eu adultère au jour de la conception. — Arrêt.

LA COUR; — Sur le moyen dans la forme : — Considérant que, si le conseiller Bonhore n'avait pas assisté aux audiences des 13 et 21 avril, l'arrêt constate, en fait, que les conclusions ont été renouvelées, que les plaidoiries ont été entendues à l'audience du 27, continuées à l'audience du 4 mai; — Que c'est dans cet état d'instruction complet et régulier que l'arrêt a été rendu le 5 mai; — Qu'ainsi il a été complétement satisfait aux dispositions de la loi; — Sur le premier moyen, au fond : — Considérant que la loi n'a pas défini le caractère précis du désaveu; — Que l'arrêt, en appréciant, comme la cour avait le droit de le faire, l'acte de 1830 que le demandeur présentait comme un véritable désaveu, a pu, d'après les termes de cet acte et les circonstances qui l'environnaient, déclarer qu'il ne contenait pas un véritable désaveu; — Que l'arrêt en appréciant également la correspondance invoquée, a déclaré de la manière la plus formelle que le général Rignoux n'avait pas eu connaissance positive de la naissance de l'enfant dont on voulait lui attribuer la paternité; — Sur le deuxième moyen : — Considérant que l'art. 313 c. civ., ni aucun autre du code en matière de désaveu, ne contient aucune disposition qui impose aux magistrats l'obligation de constater préalablement par un jugement le recel, avant d'admettre à la preuve des faits tendant à établir l'ignorance où était le général Rignoux de la naissance de l'enfant; — Considérant que l'arrêt a relevé avec le plus grand soin les faits graves et nombreux qui démontraient que le général Rignoux avait ignoré la naissance de l'enfant; — Que ce n'est qu'après avoir établi ce point essentiel que la cour s'est livrée à l'examen des faits justificatifs de non-paternité, qui lui ont paru résulter de toutes les circonstances d'où elle avait tiré la preuve même du recel; — Qu'ainsi l'arrêt n'a pas violé les articles invoqués; — Sur le troisième moyen : — Considérant que le mari n'est tenu de prouver que le recel et les faits de non-paternité; — Que l'adultère de la femme n'est que la conséquence de la preuve acquise de ces faits; — Que la preuve préalable de l'adultère n'est pas prescrite par la loi; — Rejette.

Du 9 mai 1838.-C. C., ch. req.-MM. Zangiacomi, pr.-Lebeau, rap.

(1) *Espèce* : — (Raymond C. Collas.) — La dame Collas, à la suite d'une séparation volontaire d'avec son mari, s'était retirée, en 1836, auprès de son père, le sieur Jean Raymond, qui habitait une commune voisine. En mars 1839, elle accoucha, dans le domicile des époux Garangeat, d'un enfant dont la naissance ne fut point déclarée à l'officier de l'état civil. — En 1840, les époux Garangeat, aux soins desquels cet enfant avait été confié, ayant réclamé les mois de nourrice qui leur étaient dus, le sieur Collas, mandé devant le juge de paix, apprit alors l'existence de l'enfant de sa femme, et se fondant sur ce que sa naissance lui avait été cachée jusque-là, il le désavoua par une déclaration faite devant notaire, le 26 avr. 1840, lendemain de sa comparution. — Le sieur Collas ne donna point suite à ce désaveu dans le mois de l'acte extrajudiciaire qui le renfermait conformément à l'art. 318. Diverses instan-

l'application de l'art. 318? L'acte notarié dont il est question dans cet arrêt réunissait-il le caractère du désaveu par acte extrajudiciaire dans le mois duquel l'action en justice doit être formée sous peine de déchéance? Il nous semble permis d'en douter. En effet, pour qu'il puisse y avoir un désaveu proprement dit, bien plus, pour que le délai accordé au mari pour exercer le désaveu commence à courir, plusieurs conditions nous semblent nécessaires. Il faut d'abord que l'enfant auquel s'appliquerait le dés-

---

ces s'engagèrent successivement, à l'occasion de l'enfant désavoué, l'une avec les époux Garangeat, qui actionnèrent le sieur Collas en payement des mois de nourrice de cet enfant, mais furent déclarés mal fondés dans leur demande, par jugement du tribunal d'appel de Gannat, rendu après une enquête faite infructueusement devant le premier juge pour prouver la maternité de la dame Collas, et motivé sur ce qu'à défaut d'acte de naissance, l'enfant ne pouvait pas être considéré comme né de cette dernière; l'autre avec la dame Collas, qui, articulant comme injure grave l'acte de désaveu déclaré par son mari, forma contre lui, le 11 janv. 1842, une demande en séparation de corps. Le sieur Collas repoussait le reproche d'injure grave en disant que le désaveu était hypothétique, puisqu'il n'avait pu s'assurer de l'existence de l'enfant; que si l'enfant n'existait pas, il n'avait fait aucune injure à sa femme; que s'il existait au contraire, sa naissance ayant été cachée au mari, celui-ci n'avait fait qu'user de son droit en le désavouant.

Durant cette instance, et le 7 fév. 1843, le sieur Jean Raymond, père de la dame Collas, après avoir déclaré devant le juge de paix que sa fille était accouchée d'un enfant qui avait reçu le prénom de Jean, convoqua le conseil de famille pour nommer un tuteur *ad hoc* à cet enfant, à l'effet de le faire reconnaître comme né légitimement du mariage des sieur et dame Collas; il fut désigné et actionna le sieur Collas en reconnaissance de paternité. — Par des conclusions du 5 mai 1843, le sieur Collas manifesta l'intention de donner suite à son désaveu extrajudiciaire du 26 avr. 1840 : toutefois, il ne forma pas encore son action, et allégua seulement qu'à raison de l'adultère constaté de sa femme et de la dissimulation de sa grossesse, il était en droit de désavouer l'enfant au nom duquel était formée la demande actuelle en reconnaissance de paternité, mais qu'aucun titre probant ne démontrant quant à présent la maternité de la dame Collas, il était nécessaire de l'établir préalablement à toute action en désaveu. En conséquence, il fit réserve d'articuler, une fois la maternité prouvée, les faits qu'il se proposait d'invoquer à l'appui de cette action.

Un jugement du 12 mai 1843 ordonna la preuve de la maternité de la dame Collas. En juillet, on procéda à l'enquête, dont le résultat fut de constater la filiation de l'enfant à l'égard de cette dame... Le sieur Jean Raymond conclut, par suite, à ce que cet enfant fût inscrit sur les registres de l'état civil comme issu du mariage des sieur et dame Collas. — Le sieur Collas s'y opposa, et c'est alors que dans des conclusions du 8 oct. 1843, il demanda acte de ce qu'il maintenait l'acte de désaveu du 26 avr. 1840, et, pour la première fois, offrit de prouver la double circonstance de l'adultère de sa femme et du recel de naissance, qui, aux termes de l'art. 313 c. civ., était de nature à fonder l'action en désaveu. — Le sieur Jean Raymond soutint que l'action en désaveu du sieur Collas était non recevable faute d'avoir été formée dans le mois de l'acte extrajudiciaire d'avr. 1840 (c. civ. 318). — Le sieur Collas répondit que tant que la maternité de sa femme n'avait pas été judiciairement démontrée (et il représentait une déclaration du juge de paix portant que l'enfant n'avait point été inscrit aux actes de l'état civil), il n'avait pu avoir cette connaissance indubitable de l'accouchement qui seule faisait courir les délais prescrits pour désavouer, par l'art. 316; que son acte de désaveu d'avr. 1840, purement hypothétique et subordonné à la constatation ultérieure de la filiation de l'enfant vis-à-vis de la dame Collas, ainsi qu'il l'avait soutenu dans l'instance en séparation de corps pour écarter le reproche d'injure grave qu'on en induisait, n'avait point un caractère assez certain et assez définitif pour qu'on dût prononcer la déchéance de l'action en désaveu non judiciairement engagée dans le mois de cet acte; qu'il suffisait que l'action eût été intentée dans les deux mois du jour où la preuve de la maternité avait été régulièrement administrée; que c'était seulement à compter de ce jour que le mari pouvait être réputé avoir eu connaissance de la fraude, et qu'enfin le sieur Collas se trouvait précisément dans le cas prévu par l'art. 325 qui, supposant un enfant à la recherche de sa maternité, réserve aux adversaires de cet enfant le droit d'établir, une fois la maternité prouvée, et dès lors sans limitation de délai, qu'il n'est pas l'enfant du mari de la mère.

Un jugement du tribunal de Gannat rejeta la fin de non-recevoir, et ordonna la preuve des faits articulés dans les termes suivants : — « En ce qui touche la fin de non-recevoir opposée à la demande en désaveu de Jean Collas : — Attendu qu'il résulte de l'enquête à laquelle il a été procédé, en exécution du jugement rendu entre les parties, le 12 mai 1843, que le 9 mars 1839, la femme Collas est accouchée, en la commune d'Echassières, d'un enfant mâle, et qu'elle n'a pas déclaré sa naissance à l'officier de l'état civil; — Attendu qu'il résulte des faits qui ont suivi que le sieur Collas n'a pu avoir connaissance de cet accouchement; qu'il a désavoué l'enfant aussitôt qu'il a pu connaître sa naissance; qu'ainsi, l'action en désaveu a été formée en temps utile; — Au fond : — Attendu que les faits articulés par Collas à l'appui de sa demande sont pertinents et admissibles, et qu'il y a lieu d'en ordonner la preuve; — Le tribunal, jugeant en premier ressort, sans s'arrêter ni avoir égard à la fin de non-recevoir proposée, ordonne, avant faire droit, que Jean Collas fera preuve, tant par titres que par témoins, devant M. le juge commis à cet effet : 1° que, depuis le mois de janvier 1836, Marie Raymond, femme Collas, a quitté le domicile de son mari, et n'y est plus revenue; — 2° Que, pendant cet espace de temps, et jusqu'au jour de la naissance de l'enfant prénommé Jean, ladite femme Collas, à diverses reprises et avec diverses personnes, a vécu en état de flagrant concubinage et d'adultère; — 3° Que la grossesse et l'accouchement de sa femme lui ont été cachés, sauf la preuve contraire; pour les enquêtes faites et rapportées, être statué ce qu'il appartiendra, dépens réservés, et sans que le présent jugement puisse préjudicier aux droits de l'enfant désavoué vis-à-vis des tiers. » — Appel du sieur Raymond. — Arrêt.

La cour; — Attendu qu'aux termes de l'art. 313 c. civ., le mari peut désavouer l'enfant dont la naissance lui a été cachée; — Attendu que, d'après l'art. 316 du même code, la demande en désaveu doit être formée dans le mois, si le mari se trouve sur les lieux de la naissance de l'enfant; dans les deux mois après son retour, s'il est absent, et dans les deux mois de la découverte de la fraude, si la naissance de l'enfant a été cachée; — Attendu que, lorsque le mari a désavoué l'enfant par acte extrajudiciaire, cet acte est réputé comme non avenu si, dans le délai d'un mois, l'action en désaveu n'est pas dirigée contre le tuteur *ad hoc* de l'enfant, en présence de la mère (art. 318); — Attendu que, par acte authentique du 26 avril 1840, Jean Collas a désavoué l'enfant dont était accouchée Marie Raymond, son épouse, en 1839, en se fondant sur ce qu'elle avait, depuis plusieurs années, quitté le domicile conjugal, sur ce que son accouchement avait été clandestin, et sur ce que la grossesse et l'accouchement lui avaient été celés, la connaissance de l'accouchement ne lui ayant été donnée que par le juge de paix; — Attendu que cet acte extrajudiciaire, où le mari reconnaît avoir connaissance de la naissance de l'enfant qu'il désavoue, n'a pas été suivi dans le mois d'une action en désaveu dirigée contre le tuteur *ad hoc* de l'enfant, en présence de la mère; — Attendu qu'il résulte de la demande des époux Garangeat, en payement des soins qu'ils avaient donnés à l'enfant de Marie Raymond, et de la demande en séparation de corps de cette dernière, pour cause de l'injure qu'elle avait reçue de son mari, par un désaveu consigné dans un acte authentique, lesdites demandes formées contre Jean Collas, la première en décembre 1840, et la seconde en avril 1842, que celui-ci a eu connaissance de la naissance de l'enfant dont il soutient n'être pas le père; — Attendu que c'est postérieurement à tous ces actes et dans des conclusions prises le 8 oct. 1843, dans l'instance en reconnaissance de paternité formée par le tuteur *ad hoc* de l'enfant, en présence de la mère, et après l'enquête de maternité, que Jean Collas a désavoué l'enfant dont était accouchée son épouse, et a proposé tous les moyens propres à justifier son désaveu;

Attendu que l'action en désaveu a été formée hors des termes prescrits par les art. 316 et 318, ce qui la rend non recevable; ainsi, c'est sans fondement que Collas a invoqué la disposition de l'art. 325; — Attendu que cet article, duquel il résulte que la maternité prouvée, le mari peut proposer les moyens propres à établir qu'il n'est pas le père de l'enfant, ne s'applique qu'au cas où il s'est engagé une instance entre le mari et l'enfant qui a réclamé son état, et où la preuve de la filiation a été admise; — Attendu que cet article et ceux qui le précèdent dans le même chapitre supposent que le mari n'a eu connaissance de la fraude qu'au moment où l'enfant a réclamé pour faire connaître sa filiation; — Attendu que les art. 316 et 318, qui se trouvent dans un autre chapitre, seraient sans objet et n'auraient pas l'application que la loi a entendu leur donner, si, lorsque le mari a eu connaissance de la naissance de l'enfant qui avait été cachée, il pouvait, hors des délais fixés, former son action en désaveu de paternité; — Attendu que les dispositions des art. 316 et 318 ne doivent point se confondre avec celles de l'art. 325; que ces dispositions ont trait à des cas différents et doivent être restreintes aux cas où elles se réfèrent; — Attendu que cette objection écartée, l'action en désaveu dirigée par Collas ne peut être admissible; — Par ces motifs, dit qu'il a été mal jugé par le jugement dont est appel, bien appelé; — Émendant, déclare Jean Collas non recevable dans sa demande en désaveu; — Réserve tous les dépens qui ont été faits entre les parties jusqu'au 8 déc. 1843; — Condamne Jean Collas, envers le tuteur *ad hoc* de l'enfant de Marie Raymond, en tous les autres dépens postérieurs à ladite époque; donne acte à M. le premier avocat général de ses réserves contre les époux Garangeat, ou contre tous autres pour n'avoir pas été par eux fait de déclaration de la naissance de l'enfant dont Marie Raymond est accouchée.

Du 7 juin 1844.-C. de Riom, aud. sol.-M. Archon-Despérousses, pr.

aveu soit positivement connu du mari; il faut, en outre, que la maternité de la femme soit à ses yeux un fait certain, démontré. Et la raison en est claire: cette maternité est en effet le point de départ du désaveu (V. *suprà*, n° 126). Or, dans l'espèce de l'arrêt, non-seulement la maternité de la femme n'était pas démontrée au mari, mais il n'était pas même sûr de l'existence de l'enfant. Le seul indice qui lui eût révélé cette existence, c'était la réclamation qui lui avait été faite des mois de nourrice; il est même à remarquer que cette réclamation avait été rejetée par la raison que, à défaut d'acte de naissance, l'enfant ne pouvait être considéré comme né de la femme. Or, dans ces circonstances, il nous parait que le mari ne se trouvait point en demeure d'exercer le désaveu, et que le délai de deux mois accordé par l'art. 316 n'avait pu commencer à courir. Quant à l'acte notarié par lequel le mari déclarait hypothétiquement que, si cet enfant existait, il le désavouait, cet acte, ne s'appliquant à aucune personne déterminée que le mari eût en vue, n'exprimant qu'une volonté purement conditionnelle, ne constituait point un véritable désaveu: c'était un acte sans caractère et sans valeur, qui ne pouvait, à notre avis, avoir pour effet de faire courir aucun délai dans lequel l'action dût nécessairement être formée sous peine de déchéance.

178. Lorsque l'action en désaveu s'agite, après la mort du mari, entre ses héritiers et l'enfant né ou même simplement conçu pendant le mariage, la possession des biens pendant l'instance doit appartenir à l'enfant. En effet, jusqu'à ce que le désaveu ait été admis, il a la possession légale de légitimité, il est légalement présumé l'enfant du mari; dès lors il doit jouir provisoirement des avantages et prérogatives attachés à cette qualité. —V. en ce sens, Zachariæ, éd. Massé et Vergé, t. 1, p. 305.

179. Il en est autrement lorsque la contestation s'agite entre les héritiers et l'enfant né plus de trois cents jours après la dissolution du mariage. L'enfant, dans ce cas, n'ayant point en sa faveur la présomption légale de légitimité, n'a aucun titre pour posséder les biens pendant l'instance.

180. L'action en désaveu est dispensée du préliminaire de conciliation, comme le sont, en général, toutes les questions d'état, parce qu'elles sont du nombre de celles qui intéressent l'ordre public (V. Conciliation, n° 220). Il semble, dès lors, que si, par erreur, une citation en conciliation est formée préalablement à l'action en désaveu, et que, par suite, cette dernière ne soit introduite qu'après l'expiration des délais déterminés par les art. 317 et 318, elle doive être déclarée non recevable. Il a été jugé cependant que la citation en conciliation a pour effet de proroger le délai d'un mois, à partir de l'acte extrajudiciaire dans lequel doit être formée l'action en justice, et qu'ainsi la fin de non-recevoir résultant de l'expiration du mois dans lequel cette action devait être formée ne saurait être accueillie (Req. 9 nov. 1809, aff. Brudieu, V. *infrà*, n° 307).—Mais nous ne croyons pas que cette jurisprudence doive être suivie. En effet, la citation en conciliation, dans ce cas, est inutile; or ce qui est inutile ne nous semble pas devoir produire d'effet. D'un autre côté, cette citation, dans le système de l'arrêt qui vient d'être cité, serait un moyen de prolonger, sans utilité, les délais que la loi a accordés pour l'exercice du désaveu. Nous croyons donc que cet arrêt a été justement critiqué par M. Duranton, t. 3, n° 93. — V. toutefois, *Contrà*, M. Richefort, État de familles, t. 1, n°s 68 et suiv.

181. La loi n'exige pas qu'il soit nommé à l'enfant contre lequel une action en désaveu est intentée, un subrogé tuteur, outre le tuteur *ad hoc*. — En conséquence, il suffit, pour faire courir le délai de l'appel contre l'enfant, que le jugement qui admet le désaveu soit signifié au tuteur (Colmar, 14 juin 1832, aff. Hertzog, V. Appel civil, n° 983).

182. Le mari ou ses héritiers qui auraient expressément ou tacitement reconnu la légitimité d'un enfant né ou conçu dans le mariage ne seraient plus recevables à le désavouer ultérieurement. Cela est incontestable. L'art. 314 s'en explique formellement pour deux cas particuliers. Il porte en effet que l'enfant né avant le cent quatre-vingtième jour du mariage ne pourra être désavoué par le mari: 1° s'il a eu connaissance de la grossesse avant le mariage, 2° s'il a assisté à l'acte de naissance et si cet acte est signé de lui, ou contient la déclaration qu'il ne sait signer, parce que, dans ces deux cas, la loi regarde la conduite du mari comme un aveu tacite de sa paternité et comme une renonciation à l'action en désaveu. Or il est clair qu'il y a lieu de généraliser la règle dont cet article ne contient qu'une application particulière.

183. Mais devrait-on décider de même à l'égard de la contestation de légitimité? Si, par exemple, le mari ou ses héritiers avaient expressément ou tacitement reconnu comme légitime un enfant né plus de trois cents jours après la dissolution du mariage, seraient-ils recevables à contester ultérieurement sa légitimité? — L'affirmative résulte d'un arrêt qui a jugé que, lorsqu'un enfant né plus de trois cents jours après la dissolution du mariage de ses père et mère a été admis, sans contestation, par les cohéritiers de sa mère à représenter cette dernière dans la succession de l'aïeul, ces cohéritiers ne sont plus recevables désormais à lui contester sa qualité de légitime et les droits qui en résulteraient dans une succession ouverte postérieurement (Req. 13 avril 1820) (1).— Mais cet arrêt nous paraît confondre les principes du désaveu avec ceux de la contestation de légitimité. Lorsque l'enfant naît à l'ombre du mariage, comme alors il a pour lui la présomption de légitimité, en vertu de la maxime: *pater is est*, etc., comme la faculté de le désavouer se trouve renfermée dans d'étroites limites, on comprend parfaitement que le mari ou ses héritiers qui, en reconnaissant sa légitimité, ont virtuellement renoncé à leur droit, ne soient pas recevables à se prévaloir plus tard de ce même droit; mais il n'en est pas de même lorsque l'enfant est né plus de trois cents jours après la dissolution du mariage. Dans ce cas, en effet, l'enfant n'a plus en sa faveur la présomption légale de légitimité; si la loi ne le déclare pas de plein droit illégitime, c'est, comme le disait M. Duveyrier au corps législatif, parce que tout intérêt particulier ne peut être combattu que par un intérêt contraire, et parce que la loi n'est point appelée à réformer ce qu'elle ignore; mais

---

(1) *Espèce*: — (Hérit. Remy C. Lecamus.) — Du mariage des époux Remy sont nés cinq enfants, dont une fille a été mariée au sieur Lecamus. — Le 2 mess. an 6, divorce des sieur et dame Lecamus. — Le 22 flor. an 7, plus de dix mois après ce divorce, la dame Lecamus est accouchée d'une fille qui a été inscrite sur le registre de l'état civil sous les noms de « Julie-Charlotte, née d'hier, fille de Charles Lecamus et d'Anne-Julie Remy, non mariés. » — L'acte de naissance fut signé par Lecamus. — Les époux Remy étaient décédés, leur succession était encore indivise; le 2 therm. an 7, la dame Lecamus décéda aussi. — Liquidation et partage de la succession des père et mère Remy entre leurs enfants et petits-enfants: dans toutes les opérations Julie-Charlotte Lecamus, épouse d'un sieur Remy, fut admise à représenter sa mère décédée; ses oncles et tantes la reconnurent donc volontairement comme fille légitime de leur sœur. Depuis, les héritiers Remy ont soutenu que, n'étant née que plus de dix mois après le divorce de ses père et mère, elle ne pouvait se prétendre fille légitime, et n'avait d'autres droits à réclamer sur la succession de sa mère que ceux attribués aux enfants naturels par le code et par la loi du 14 flor. an 11. — La demoiselle Lecamus oppose une fin de non-recevoir tirée de la reconnaissance volontaire que ses oncles et tantes avaient faite de sa légitimité en l'admettant à représenter sa mère dans la succession des sieur et dame Remy, ses aïeux. Jugement, et, 28 juill. 1818, arrêt confirmatif de la cour de Paris, qui accueillent ce système.

Pourvoi pour violation de la loi du 14 flor. an 11 et des articles du code civil auxquels cette loi se rattache. — Les lois qui règlent l'état civil des citoyens, disaient les demandeurs, sont des lois d'ordre public; il n'est pas permis d'y déroger par des conventions privées. — L'attribution de la qualité d'enfant légitime donnée par des cohéritiers à un enfant naturel, ne peut former obstacle à ce que ces héritiers reviennent ensuite contre cette fausse qualification, et que, même après avoir admis cet enfant à exercer les droits d'enfant légitime dans une succession, ils ne conservent le pouvoir de l'écarter d'une autre succession qui s'ouvre dans la famille. — Arrêt.

LA COUR; — Attendu que la demoiselle Lecamus, femme Remy, procédant aujourd'hui dans la succession de sa mère en la même qualité dans laquelle elle avait été volontairement reconnue par les demandeurs, seule héritière comme représentant sa mère, lors du partage et liquidation de la succession de l'aïeul et aïeule de la dame Lecamus, la cour d'appel a pu, sans violer aucune loi, les déclarer non recevables à lui contester la même qualité dans la succession de sadite mère; —Rejette.

Du 13 avr. 1820.-C. C., sect. req.-MM. Lasaudade, pr. d'âge.-Rousseau, rap.-Joubert, av. gén., c. conf.-Guichard, av.

l'illégitimité n'a pas besoin, dans ce cas, comme au cas de désaveu, d'être péniblement recherchée, par la sagacité du juge, à travers les incertitudes et les ténèbres; elle est un fait éclatant, manifeste, qui ressort de la seule comparaison de la date de la naissance avec la date de la dissolution du mariage; en outre, tandis que l'action en désaveu est étroitement limitée à certains cas, à certaines personnes, et soumise à de courts délais, la contestation de légitimité appartient à tout intéressé, elle n'est subordonnée à aucune condition, à aucune circonstance particulière, enfin elle n'a pas de durée limitée. En un mot, il suffit que la contradiction se produise de la part d'un intéressé pour qu'il doive y être fait droit par les tribunaux. Cela étant, nous ne pensons pas qu'il y ait lieu d'examiner, dans ce cas, si le contradicteur actuel a ou non antérieurement reconnu la légitimité de l'enfant; en effet, cette reconnaissance, en admettant qu'elle eût réellement eu lieu, ne pourrait prévaloir sur la vérité, elle n'aurait pu conférer à un enfant né et conçu hors du mariage la légitimité qui n'appartient qu'à l'enfant né ou conçu dans le mariage; elle est un fait sans valeur légale; à quel titre donc pourrait-elle empêcher soit le mari, soit toute autre personne intéressée, de rentrer dans la vérité et de s'armer contre l'enfant des droits que donne la loi?—Au surplus, celui qui a reconnu la légitimité d'un enfant à une époque où il était sans droit et sans qualité pour la contester est recevable à la critiquer, lorsque son droit a pris naissance (Orléans, 10 août 1843, aff. Vallier, V. n° 94).

184. Il n'est point absolument nécessaire que le désaveu soit formé par la voie d'*action principale*: il peut l'être incidemment à une autre action. Ainsi, il peut être formé notamment comme moyen de défense à l'action de l'enfant tendant à la ratification de son acte de naissance (Cass. 31 déc. 1834, aff. Jacob, n° 145-2°; Grenoble, 5 fév. 1836, aff. Galamin, n° 145-3°).

185. De même, il peut être formé, à l'égard de la mère, par acte d'avoué à avoué, incidemment à une demande en séparation de corps, sans qu'il soit besoin de la renouveler après la nomination d'un tuteur *ad hoc* donné à l'enfant désavoué, conformément à l'art. 318 c. nap. (Paris, 9 fév. 1846, aff. Benoît, D. P. 46. 2. 189; Req. 9 mars 1847, même affaire, D. P. 47. 1. 137).

186. Lorsque les héritiers du second mari d'une femme contestent à un enfant né dans les trois cents jours de la dissolution du premier mariage, mais qui a été reconnu et légitimé par le mariage de leur auteur avec la mère de cet enfant, la qualité d'enfant légitime du second mari, et que cette contestation tend à faire considérer l'enfant ou comme issu du premier mariage, ou comme étant le produit de l'adultère de sa mère, les enfants nés du premier mariage ont un intérêt légitime, et, par suite, sont fondés à intervenir, soit pour défendre leur mère de tout soupçon d'adultère, soit pour maintenir leur droit exclusif à la succession de leur père (Orléans, 10 août 1843, aff. Vallier, V. n° 94).

187. Aux termes de l'art. 83 c. pr. civ., les causes qui intéressent l'état des personnes doivent être communiquées au ministère public. De ce nombre sont évidemment les actions en désaveu et les contestations de légitimité—V. Min. pub., n° 143.

188. L'intervention des héritiers d'un premier mari dans un débat élevé par les héritiers du second qui prétendent attribuer à celui-là un enfant reconnu et légitimé par celui-ci, constitue une contestation de légitimité équivalente à une action en désaveu et rendant les intervenants recevables, comme l'aurait été le premier mari, à prouver l'impossibilité physique de cohabitation de ce dernier avec la mère de l'enfant (Cass. 25 nov. 1842, aff. Henry, n° 94).

189. Ordinairement les actions en désaveu soulèvent des questions de fait pour l'éclaircissement desquelles il est nécessaire de recourir à une enquête. Cependant il peut n'en pas être toujours ainsi : il peut se faire qu'il existe dans la cause des présomptions qui suffisent pour justifier la demande sans qu'il soit besoin de procéder à une enquête. Dans ce cas, il est clair qu'il n'en doit point être ordonné. C'est donc avec raison qu'il a été jugé qu'une action en désaveu d'un enfant dont la naissance a été cachée au mari, peut être admise par le juge *de plano*, sans qu'il soit tenu d'ordonner la preuve par témoins (Req. 4 avr. 1837, aff. Lacaze, V. n° 157). — Jugé également que lorsque l'action en désaveu de paternité est fondée sur l'adultère de la femme joint au recel de la naissance de l'enfant, l'enquête ordonnée par le juge peut porter exclusivement sur ces deux faits; qu'il n'est pas nécessaire qu'elle comprenne, en outre, un ensemble de faits déclarés de nature à établir que le mari n'est pas le père de l'enfant désavoué, les juges pouvant puiser leur conviction à cet égard dans les documents du procès (Req. 14 fév. 1854, aff. H..., D. P. 54. 1. 89).

190. Il a été jugé que, dans une instance en désaveu engagée entre le mari, d'une part, le tuteur *ad hoc* de l'enfant et la mère, d'autre part, la régularité de l'appel interjeté par le mari à l'égard de l'une des parties, par exemple, du tuteur *ad hoc*, suffit pour couvrir le vice de forme de l'exploit d'appel signifié à la mère (Paris, 9 fév. 1846, aff. Benoît, D. P. 46. 2. 189; Req. 9 mars 1847, même affaire, D. P. 47. 1. 137). C'est qu'en effet la question d'état soulevée par l'action en désaveu doit nécessairement recevoir la même solution à l'égard de l'enfant et à l'égard de la mère; il répugnerait à la raison et à la nature des choses qu'il en fût autrement, que le même enfant fût réputé légitime à l'égard de la femme et illégitime à l'égard du mari.

191. Lorsqu'une action en désaveu a été rejetée par un jugement définitif, sur le fondement que la naissance de l'enfant n'avait pas été cachée au mari, les juges d'appel peuvent, en infirmant cette décision, ordonner un interlocutoire et prononcer sur le tout par un seul jugement (Rej. 8 juill. 1812, aff. Ducholet, n° 45).

192. Les actions en désaveu doivent, en appel, être jugées en audience solennelle. Elles sont, en effet, comprises dans les questions d'état, à l'égard desquelles l'art. 22 décr. 30 mars 1808 le prescrit d'une manière générale. Toutefois, il doit être fait exception à cette règle pour le cas où les questions dont il s'agit s'élèvent incidemment à d'autres questions. — V. Quest. d'état.

193. Bien que l'envoi en possession demandé contre les enfants de l'absent par les frères de ce dernier, se prétendant seuls héritiers au moment des dernières nouvelles, attaque indirectement la légitimité des enfants, cependant, si la question d'état n'a pas été soumise à la cour, celle-ci a pu prononcer en audience ordinaire l'envoi en possession (Rej. 3 déc. 1834) (1).

SECT. 4. — *Effets du désaveu.*

194. Selon qu'il rejette ou qu'il admet l'action en désaveu, le jugement (et par là nous entendons la décision définitive et irrévocable qui met fin au procès) a pour effet, ou de mettre à l'abri de toute contestation ultérieure la légitimité de l'enfant, ou, au contraire, de le rendre désormais absolument étranger à la famille du mari. Toute action qui, soit de la part du mari ou de ses héritiers, soit de la part de l'enfant, tendrait à faire revivre des prétentions sur lesquelles il aurait été souverainement prononcé par l'autorité judiciaire devrait être repoussée par l'exception de la chose jugée.

195. Nous avons vu précédemment (n° 184) que l'action en désaveu pouvait être formée incidemment à une autre action. Il suit de là que la chose jugée touchant la question ainsi élevée incidemment s'oppose à ce qu'elle puisse être reproduite par action principale. Et spécialement, il suffit que la contestation de légitimité d'un enfant, formée incidemment et en défense à sa demande en rectification de l'acte de son état civil, par l'héritier du mari, ait été rejetée par arrêt passé en force de chose jugée, pour que cet héritier ne puisse plus saisir les tribunaux de l'action principale en désaveu de paternité (Cass. 31 déc. 1834, aff.

(1) (Les enfants Tinlot C. les frères Tinlot.) — LA COUR; — Attendu qu'en jugeant à l'audience ordinaire l'unique question à laquelle la cause se réduisait, de savoir si l'envoi en possession provisoire devait être accordé aux défendeurs, frères de l'absent Tinlot, seuls héritiers présomptifs, existants à l'époque des dernières nouvelles, la cour royale n'a point violé le décret du 30 mars 1808, art. 22, aucune question sur l'état des demandeurs n'étant soumise à ladite cour; — Rejette.

Du 3 déc. 1834.-C. C., ch. civ.-MM. Dunoyer, pr.-Piet, rap.-Voysin de Gartempe fils, av. gén., c. conf.-Ad. Chauveau et Piet, av.

Jacob, V. *suprà*, n° 145-2°). — Vainement on objecterait que, sur la fin de non-recevoir tirée de la tardiveté de l'action en désaveu, la cour aurait déclaré n'être pas saisie de cette action, si, en réalité, les juges de première instance, après avoir discuté et rejeté les moyens invoqués par l'héritier à l'effet d'établir que l'enfant était illégitime, avaient déclaré cet enfant non recevable à contester la légitimité, et si, sur l'appel, les parties ayant repris leurs conclusions de première instance, la cour avait déclaré que le jugement sortirait son plein et entier effet. Par là elle avait positivement jugé, comme le tribunal de première instance, la question de désaveu (même arrêt).

196. Lorsque l'action en désaveu a été formée par le mari lui-même contre l'enfant, le jugement qui intervient sur cette action a l'autorité de la chose jugée vis-à-vis des héritiers de l'un et de l'autre. Cette proposition n'a pas besoin d'être longuement démontrée : elle n'est qu'une application pure et simple des principes généraux de la chose jugée. Il est bien évident que les héritiers ne peuvent être admis à renouveler un procès dans lequel ils ont été légalement représentés par leur auteur.

197. Mais nous allons plus loin et nous disons que, lorsque l'action a été intentée, soit par le mari lui-même, soit par tous ses héritiers d'un commun accord, soit contre l'enfant, soit contre tous ses héritiers, le jugement qui prononce sur cette action a l'autorité de la chose jugée envers et contre tous, et qu'ainsi ce qui a été décidé par ce jugement ne peut plus être remis en question par qui que ce soit ni contre qui que ce soit. Supposons, par exemple, que, sur la demande des héritiers du mari, l'enfant ait été déclaré illégitime, et que, lors de la mort de sa mère, se présentant pour recueillir sa succession, il soit repoussé par les héritiers de cette dernière sur le fondement que, déclaré illégitime par un jugement antérieur, il n'est plus qu'un enfant adultérin, et qu'à ce titre il n'a pas le droit de succéder même à sa mère, aux termes de l'art. 762 c. nap.; il ne pourra pas leur répondre que, n'ayant pas été parties au jugement, ils sont non recevables à s'en prévaloir contre lui. En effet, l'action en désaveu étant concentrée par la loi dans les mains du mari et de ses héritiers, il s'ensuit que, dans notre hypothèse, la présomption légale de légitimité a été renversée par tous ceux et contre tous ceux qui avaient exclusivement le droit de la débattre ensemble. La décision intervenue doit, par conséquent, faire loi pour tout le monde; elle ne peut être légitimement contredite par personne. C'est ce que décident avec raison MM. Merlin, Rép., v° Question d'état, § 3, art. 1, n° 5; Duranton, t. 3, n°s 99 et 100; Demolombe, t. 5, n° 175.

198. Il peut se faire que le jugement ait été rendu soit entre l'enfant et quelques-uns seulement des héritiers du mari, soit entre le mari ou tous ses héritiers et quelques-uns seulement des héritiers de l'enfant, soit enfin entre quelques-uns seulement des héritiers de l'enfant et quelques-uns seulement des héritiers du mari. Quel est, dans ces divers cas, l'effet du jugement, soit à l'égard des héritiers qui n'ont pas figuré dans l'instance, soit à l'égard des tiers? — Et d'abord, quant aux héritiers, nous n'hésitons pas à penser que le jugement doit rester sans effet à l'égard de ceux qui n'y ont pas été parties; que, d'un côté, ils ne peuvent se prévaloir de ce jugement; mais que, d'un autre côté, il ne peut leur être opposé. En effet, ces héritiers avaient, à figurer dans l'instance, un intérêt et un droit égal à celui de leurs cohéritiers, et puisqu'ils y sont restés étrangers, le jugement est, à leur égard, *res inter alios acta*. Donc, s'ils intentent postérieurement une action en désaveu, ils ne peuvent être repoussés par l'exception de la chose jugée. On objecte que l'état des personnes est indivisible, et on invoque à cet égard l'autorité des deux arrêts de Paris, 9 fév. 1846, et Req. 9 mars 1847, aff. Benoit, précités (V. *suprà*, n° 190). Que l'état des personnes considéré en lui-même, d'une manière abstraite, soit indivisible, nous ne le contestons pas; mais il n'en résulte nullement que les conséquences juridiques de cet état soient également indivisibles; rien ne s'oppose, au contraire, à ce que, par suite de la diversité de jugements et de l'effet relatif de chacun d'eux, l'enfant exerce ses droits dans la famille vis-à-vis de l'un des parents sans pouvoir néanmoins les exercer vis-à-vis d'un autre parent. Quant aux deux arrêts précités, ils ne décident pas, en thèse générale, que l'état des personnes est indivisible; mais, se renfermant dans la question qui leur était soumise, ils décident que cette question est indivisible en ce sens qu'elle ne peut recevoir qu'une seule et même solution à l'égard de l'enfant et à l'égard de la mère; et en effet, s'il en eût été autrement, il en fût résulté que l'enfant eût été réputé en même temps légitime vis-à-vis de la mère, et illégitime vis-à-vis du père, ce qui implique contradiction. Mais il n'en est pas de même lorsqu'il s'agit des héritiers : les droits de ces derniers devant être envisagés indépendamment les uns des autres, il n'y a nulle impossibilité rationnelle à ce que l'enfant soit reputé légitime vis-à-vis des uns et illégitime vis-à-vis des autres. La cour d'Angers et la cour de cassation elle-même ont consacré cette doctrine par leurs arrêts des 11 avril 1821 et 28 juin 1824 (V. *infrà*, n° 202). Ainsi, le jugement qui n'a été rendu qu'entre l'enfant et quelques-uns des héritiers du mari, ou entre le mari et quelques-uns des héritiers de l'enfant, ou enfin entre quelques-uns des héritiers du mari et quelques-uns des héritiers de l'enfant, est sans effet vis-à-vis des héritiers soit du mari, soit de l'enfant qui n'y ont pas été parties : par conséquent il ne peut ni être invoqué par eux, ni leur être opposé. C'est ce que décident avec raison MM. Duranton, t. 3, n° 101; Zachariæ, éd. Massé et Vergé, t. 1, p. 302, note 37 *in fine;* Demolombe, t. 5, n° 177; Valette sur Proudhon, t. 2, p. 60, note.

199. Quant aux tiers, qui n'avaient pas qualité pour figurer dans le procès, que devrait-on décider à leur égard, soit dans le cas où quelques-uns seulement des héritiers du mari auraient exercé le désaveu et auraient triomphé dans leur action, soit dans le cas où, les héritiers du mari ayant exercé divisément leur action, les jugements intervenus n'auraient pas été rendus dans le même sens? — Nous pensons, avec MM. Zachariæ, Aubry et Rau, p. 650, 651; Valette, *loc. cit.*, p. 67; et Demolombe, n° 178, que, dans ces cas les tiers, et par exemple les parents maternels de l'enfant ne seraient pas recevables à se prévaloir des jugements qui auraient prononcé son illégitimité à l'égard de l'un ou de quelques-uns seulement des héritiers du mari; que l'enfant, dans ce cas, ne cesse pas d'avoir en sa faveur la présomption de légitimité, qui, suivant l'expression de M. Valette, à raison de la contrariété des jugements, n'a été qu'entamée et non entièrement détruite. « Il est né au sein de la famille, ajoute cet auteur, et l'on n'a pas réussi complétement à l'en expulser. Par conséquent il doit être considéré comme y ayant conservé sa place. » — On peut faire, d'ailleurs, à l'appui de cette doctrine, un raisonnement qui nous semble péremptoire. Supposons que l'un seulement des héritiers du mari ait fait prononcer l'illégitimité de l'enfant, et qu'un tiers, un parent maternel, par exemple, veuille se prévaloir de ce jugement; l'enfant pourra lui répondre victorieusement : les autres héritiers du mari de ma mère ne pourraient m'opposer le jugement obtenu contre moi par leur cohéritier, à plus forte raison ne pouvez-vous me l'opposer, vous qui vous trouvez à mon égard dans une position moins favorable que la leur. Or, si les tiers doivent être repoussés lorsque, l'un ou quelques-uns seulement des héritiers du mari ayant exercé le désaveu et ayant réussi, les autres se sont abstenus, à plus forte raison doit-il en être de même lorsque ces derniers, ayant exercé également leur action, ont été repoussés par un ou plusieurs jugements qui ont maintenu à leur égard la présomption de légitimité.

200. Pour prévenir tous les embarras qui peuvent résulter de ces contrariétés de jugements, les tribunaux feront utilement, lorsqu'ils seront saisis de ces sortes de contestations, d'ordonner la mise en cause de toutes les parties intéressées, ainsi que l'art. 856 c. pr. leur donne le droit de le faire, même d'office.

201. Le mari pourrait-il, en se désistant du jugement qui, sur sa demande, a prononcé l'illégitimité de l'enfant, rendre à ce dernier le titre et la qualité de légitime? — Au premier abord il semble qu'on doive répondre : celui en faveur de qui un jugement a été rendu peut toujours renoncer au bénéfice de ce jugement. Telle paraît être, en effet, sur cette question l'opinion de Merlin, Questions, v° Légitimité, § 8. C'est ce qui a été également décidé par un arrêt qui a jugé que le désistement d'un jugement qui a admis un désaveu de paternité peut être tacite et résulter de la conduite du mari, en ce que, par exemple, depuis le jugement il n'a pas cessé d'habiter avec sa femme, qu'il a élevé l'enfant désavoué et l'a traité en père, et qu'enfin, dans le contrat de mariage de cet enfant, il s'en est déclaré le père (Lyon, 7 fév. 1839) (1). Et l'on comprend en effet que, lorsque après avoir fait prononcer le désaveu, le mari, par son désistement, semble reconnaître qu'il s'était trompé, que son action était mal fondée, que l'enfant qu'il a désavoué est bien réellement de lui, lors surtout que, depuis, il l'a constamment traité en père, on comprend, disons-nous, que, dans ce cas, il puisse paraître bien dur de maintenir les effets du désaveu, et que les juges soient amenés, par une pente naturelle presque irrésistible, à considérer le jugement comme anéanti par le désistement. — Pour nous, nous croyons, avec M. Demolombe, t. 5, nº 181, que le système de Merlin est contraire aux principes de la matière. En effet, comme nous venons de le voir, le jugement qui, sur la demande du mari, prononce l'illégitimité de l'enfant, n'a pas le caractère d'un acte purement individuel; sa portée, son autorité ne sont pas limitées aux personnes entre lesquelles il a été rendu et à leurs ayants cause : il fixe d'une manière absolue l'état civil de l'enfant, et, par suite, il a l'autorité de la chose jugée, non-seulement entre le mari, la femme et l'enfant, parties en cause, mais encore à l'égard de toutes autres personnes. Or en admettant que le mari puisse renoncer, en ce qui le concerne, au bénéfice de ce jugement, il ne peut, par un acte qui lui est tout personnel, engager les tiers et les priver des droits acquis qui résultent pour eux du jugement.

202. Tout ce qui vient d'être dit sur les effets de la chose jugée en ce qui concerne le désaveu est inapplicable à la contestation de légitimité. En effet, comme nous l'avons vu précédemment, le droit de contester la légitimité, dans les cas prévus par l'art. 315, appartient à tout intéressé; quiconque ayant un droit à faire valoir trouve devant lui comme obstacle la prétention d'un enfant né trois cents jours après la dissolution du mariage, et qui cependant se dit légitime, a le droit de s'armer contre lui de la présomption d'illégitimité qui résulte de la date même de sa naissance. De là il faut conclure que personne n'a qualité pour faire juger la question de légitimité d'une manière absolue, comme au cas de désaveu, et que dès lors les effets du jugement sont limités à ceux qui les ont obtenus et à ceux qu'ils représentent; qu'ainsi, dans le cas même où tous les héritiers du mari agissant en commun eussent fait déclarer l'enfant illégitime par application de l'art. 315, la question néanmoins pourrait s'élever de nouveau et recevoir une solution différente entre l'enfant et d'autres intéressés, tels que les parents maternels. — C'est ainsi qu'il a été jugé que, bien que, par un premier arrêt rendu sur la demande des héritiers paternels, un enfant eût été déclaré illégitime comme étant né plusieurs années après la dissolution du mariage, il a pu néanmoins être déclaré légitime vis-à-vis des parents maternels par le motif qu'ils ne rapportaient pas la preuve légale de la dissolution du mariage avant la conception de l'enfant, sans qu'on puisse prétendre que ce dernier arrêt a violé l'autorité de la chose jugée (Angers, 11 avr. 1821, aff. Bourreau; chap. 4. Preuves de la filiation légitime. Rej. 28 juin 1824, même affaire. V. Chose jugée, nº 276).

CHAP. 4. — Preuves de la filiation légitime.

203. Celui qui revendique la qualité d'enfant légitime d'un homme et d'une femme qu'il désigne, affirme implicitement trois choses, savoir : 1º Que cet homme et cette femme ont été unis par les liens d'un mariage légitime, ou du moins d'un mariage putatif; — 2º Que la femme a donné le jour à un enfant pendant le mariage ou dans les trois cents jours de sa dissolution; — 3º Enfin qu'il y a identité entre lui et cet enfant. — De ces trois faits, qui sont comme les éléments de l'état d'enfant légitime, les deux derniers établissent le rapport de filiation; mais c'est le premier, c'est-à-dire le mariage, qui seul donne à cette filiation la qualité de légitime. En effet, le mariage est la condition essentielle, le fait constitutif de la légitimité; l'idée de légitimité, dans notre droit civil, implique nécessairement l'idée d'un mariage valable, ou du moins contracté de bonne foi. — Il peut arriver que, tout en reconnaissant la filiation de l'enfant, on lui conteste sa légitimité; dans ce cas, la seule preuve qu'il ait à faire, c'est celle du mariage; il peut arriver, au contraire, que, tout en reconnaissant la légitimité de la filiation, si elle était établie, on conteste cette filiation; dans ce cas, l'enfant n'a point à prouver l'existence du mariage, il doit établir seulement le rapport de filiation qui l'unit aux époux; il peut se faire enfin que l'on conteste à la fois et la filiation et la légitimité de cette filiation; dans ce cas, l'enfant devrait établir tous les faits dont la qualité d'enfant légitime suppose la réunion, ainsi que nous l'avons vu ci-dessus.

204. La filiation peut être prouvée, conformément aux art. 319 et suiv., c. nap., de trois manières différentes, savoir : 1º Par les actes de naissance inscrits sur le registre de l'état civil; — 2º Par la possession constante de l'état d'enfant légitime; — 3º Enfin, à défaut de titre et de possession constante, ou si l'enfant a été inscrit, soit sous de faux noms, soit comme né de père et de mère inconnus, par témoins; pourvu toutefois qu'il y ait commencement de preuve par écrit, ou que les présomptions ou indices résultant de faits dès lors constants soient assez graves pour déterminer l'admission. — Nous nous occuperons successivement de chacune de ces trois espèces de preuves.

205. C'est d'après les lois en vigueur à l'époque et dans le lieu de la naissance que doit être faite la preuve de la filiation. — Ainsi la preuve testimoniale de la naissance et de la filiation est admissible si, d'après les usages du pays où l'enfant est né, (en Hollande), cette preuve pouvait se faire par témoins (Paris, 9 août 1813, aff. Texier, V. *suprà*, nº 135).

206. Ce qui constitue la *possession d'état*, c'est un ensemble de faits indiquant le rapport de filiation et de parenté qui existe entre un individu et la famille à laquelle il prétend appartenir. Les principaux de ces faits sont : que l'individu a toujours porté le nom de celui qu'il prétend être son père; que ce dernier l'a toujours traité comme son enfant; enfin qu'il a toujours été regardé comme tel, soit dans la famille, soit dans la société. — Nous reviendrons ultérieurement avec développement sur cette détermination des caractères de la possession d'état; nous examinerons quelles sont les difficultés qui peuvent s'élever à cet égard, comment elles ont été et comment elles doivent être résolues; mais nous devions dès à présent donner une idée générale d'une situation dont nous aurons plus d'une fois occasion de parler avant de nous en occuper spécialement.

207. Quant au *mariage*, les règles suivant lesquelles son existence doit être établie diffèrent, suivant qu'il s'agit des époux ou de leurs enfants. — Pour les époux le seul moyen de prouver le mariage, c'est la représentation de l'acte de célébration inscrit sur les registres de l'état civil, à moins toutefois qu'il n'ait pas existé de registres ou qu'ils soient perdus; dans ce cas, la preuve, soit de la non-existence, soit de la perte des registres, doit d'abord être établie tant par titres que par témoins, et, cette preuve faite, le mariage peut être prouvé, aux termes de l'art. 46 c. civ., « tant par les registres et papiers émanés des père et mère décédés, que par témoins » (c. nap. art. 194).—La même règle s'applique aux enfants, du moins tant que leur père et mère, ou l'un d'eux, sont encore vivants. Mais elle reçoit une exception

(1) (Femme Duvivier C. Lambert.) — La cour; — Considérant qu'il n'est pas prouvé dans la cause que Claude Lambert se soit trouvé dans l'impossibilité de cohabiter avec Agathe Cocogne, sa femme, à l'époque présumée de la conception de celle-ci de Marguerite Lambert, femme Duvivier, sa fille; — Qu'il paraît, au contraire, que Lambert, alors militaire dans les armées françaises, serait revenu plusieurs fois en France, et aurait eu alors occasion de cohabiter avec sa femme; — Que le fait du retour en France de Lambert est allégué par les appelants, et n'est pas démenti par l'intimé; — Considérant que la conduite de Claude Lambert, postérieure au jugement qui a accueilli le désaveu, indique qu'il aurait renoncé lui-même à en poursuivre les effets, puisqu'il paraît ne l'avoir jamais fait exécuter; — Qu'il ne s'est pas séparé de sa femme, et qu'il a continué de cohabiter avec elle, qu'il a élevé l'enfant dans son domicile, et l'a traitée en père; — Que, dans divers actes authentiques, et notamment dans l'acte de mariage de la femme Duvivier, Claude Lambert se déclare le père de Marguerite Lambert; et que, devant la cour, il se contente de s'en rapporter à la prudence des magistrats; — Par ces motifs, met l'appellation et le jugement dont est appel au néant, déboute Lambert de sa demande en désaveu.

Du 7 fév. 1839.-C. de Lyon, aud. sol.-M. de Belbeuf, 1er pr.

importante pour le cas où tous deux sont morts. Ainsi, aux termes de l'art. 197, s'il existe des enfants issus de deux individus qui ont vécu publiquement comme mari et femme, et qui soient tous deux décédés, la légitimité des enfants ne peut être contestée sous le seul prétexte du défaut de représentation de l'acte de célébration, toutes les fois que cette légitimité est prouvée par une possession d'état qui n'est point contredite par l'acte de naissance.— Bien que le développement de ces règles doive naturellement se trouver au mot *mariage*, nous ne pouvons cependant nous dispenser d'en parler ici, à raison des rapports étroits qui lient les preuves du mariage à celles de la filiation légitime. Après donc que nous aurons successivement traité des divers modes de preuve de la filiation légitime, nous consacrerons une des subdivisions de ce travail à la preuve du mariage considéré comme l'un des éléments de la légitimité.

208. Disons d'abord qu'il a été jugé, 1° que la contestation élevée sous le code, contre la légitimité d'un enfant, doit être jugée d'après l'ancienne jurisprudence, lorsque l'acte de naissance de cet enfant et les actes sur lesquels il fonde sa possession d'état sont antérieurs au code civil (Bourges, 4 juin 1823, aff. Debierre, V. *infrà*, n° 339); — 2° Qu'on peut, pour prouver sa parenté et son droit de successibilité, suppléer à un acte de filiation ancien, qu'on ne retrouve pas, par une série d'actes de famille qui établissent cette filiation (Paris, 3 janv. 1825, aff. Ratel, n° 388).

SECT. 1. — *De l'acte de naissance.*

209. « La filiation des enfants légitimes, porte l'art. 319 c. nap., se prouve par les actes de naissance inscrits sur les registres de l'état civil. »

Entre les divers modes de preuve que la loi admet, celui-ci est, sans contredit, le plus régulier, le plus normal, puisque les registres de l'état civil ont été précisément institués dans le but de constater authentiquement les naissances, mariages et décès, c'est-à-dire les faits qui déterminent l'état civil des personnes. Ainsi que le disait ingénieusement Cochin, « c'est par l'inscription sur les registres publics que l'on fait son entrée dans le monde; c'est à la faveur de ce passe-port que l'on peut être admis et reconnu dans une famille. » — V. cependant MM. Massé et Vergé sur Zachariæ, t. 1, p. 305, note 1.

210. Quand nous parlons de l'acte de naissance comme d'un moyen de prouver la filiation des enfants légitimes, nous supposons que cet acte a été dressé conformément aux prescriptions de la loi : c'est-à-dire qu'il a été inscrit sur les registres de l'état civil, d'après la déclaration des personnes qui avaient mission à cet effet, dans le délai déterminé par la loi, et qu'il contient les énonciations essentielles.—Mais il peut se faire que toutes ces conditions ne soient pas également remplies. Quelle est alors la force probante de l'acte de naissance?— Nous avons vu déjà (v° Acte de l'état civil, n° 399), ce qu'il faut décider pour le cas où cet acte, au lieu d'être porté sur les registres à ce destinés, aurait été inscrit sur une simple feuille volante. Nous ne reviendrons donc pas sur cette question.

211. Si la déclaration de naissance, au lieu d'être faite par l'une des personnes que la loi désigne à cet effet, c'est à dire par le père, ou, à défaut du père, par les docteurs en médecine ou en chirurgie, sages-femmes, officiers de santé ou autres personnes ayant assisté à l'accouchement, ou, lorsque la mère est accouchée hors de son domicile, par la personne chez qui elle est accouchée (V. l'art. 56 c. nap.), a été faite par une personne sans qualité, cette déclaration doit-elle faire foi en ce qui concerne l'indication, soit du père, soit de la mère? — M. Toullier, t. 2, n° 865, enseigne que la déclaration, dans ce cas, ne fait ni preuve ni commencement de preuve, soit contre la femme désignée comme mère, soit à plus forte raison contre son mari. Une telle déclaration, qui, aux termes de l'art. 336, n'aurait aucune force contre une fille libre, ne peut en avoir davantage contre une femme mariée. A l'appui de sa doctrine, M. Toullier cite un arrêt de Paris, du 15 juill. 1808, aff. Virginie Chady (V. *infrà* n° 220), qui aurait résolu la question dans le même sens. Mais les auteurs font généralement observer avec raison que, bien que la question eût été agitée devant la cour de Paris, elle n'a point été résolue par cette cour. — M. Allemand, Tr. du mariage, t. 2, n° 779, se prononce dans le même sens que Toullier, et il invoque, de son côté, non plus l'arrêt qui vient d'être cité, mais celui de la chambre des requêtes du 22 janv. 1811 (même affaire; V. *infrà ibid.*), qui rejette le pourvoi dirigé contre celui du 15 juill. 1808. Mais, pas plus que ce dernier, cet arrêt ne statue sur la question. Bien loin d'ailleurs qu'il soit favorable à l'opinion de M. Allemand, on pourrait, avec bien plus de raison, en tirer une induction contraire. Voici en effet en quels termes commence cet arrêt : « Attendu, 1° que l'art. 312 c. nap. ne serait applicable à l'espèce qu'autant qu'il serait demeuré constant que la dame de Gosse était la mère de Virginie;—Attendu 2° que l'art. 319 n'y serait applicable qu'au cas où Virginie aurait été inscrite sur les registres de l'état civil comme fille de la dame de Gosse. » Cet arrêt paraît donc admettre implicitement que, si Michel Chady, au lieu d'indiquer seulement les noms propres de la mère, eût déclaré qu'elle était épouse du sieur de Gosse, sa déclaration eût fait foi quant à la maternité légitime, et, par suite, quant à la paternité du sieur de Gosse, en vertu de la maxime *pater is est*, etc. — M. Demolombe, t. 5, n° 191, adopte également la doctrine de Toullier, mais il y fait le correctif suivant : « J'ajoute pourtant, dit-il, qu'il n'arrivera que très-rarement que la force probante de l'acte de naissance soit altérée par cette cause; car la déclaration de naissance peut être faite par toute personne qui a assisté à l'accouchement, et la loi n'exige ni la preuve ni même l'affirmation de ce fait par le déclarant; par quelque individu que la naissance ait été déclarée, l'acte en soi est donc régulier, tant qu'on ne prouve pas que le déclarant a menti. » Ainsi, dans l'affaire dont nous venons de parler, le sieur Chady eût dû, suivant cette doctrine, être présumé avoir assisté à l'accouchement et se trouver dès lors au nombre des personnes déterminées par l'art. 56 c. nap., d'autant plus que la présomption tirée du silence de l'acte à cet égard se trouvait confirmée, dans l'espèce, par le fait que le déclarant et la mère de l'enfant avaient le même domicile. — M. Duranton, t. 3, n°s 119 et suiv., pense, comme M. Demolombe, que la mention de l'assistance à l'accouchement n'étant pas exigée par la loi et n'étant pas, d'ailleurs, usitée dans la pratique, le déclarant doit toujours être présumé se trouver, à cet égard, dans les conditions prescrites par l'art. 56. Mais il ajoute que si, par extraordinaire, l'acte contenait la mention que le déclarant n'a point été présent à l'accouchement, comme la loi a eu de puissants motifs en désignant les personnes qui doivent faire la déclaration de naissance, cet acte perdrait beaucoup de sa force quant à la preuve de la maternité, et que, dans certains cas, il pourrait même la perdre entièrement, surtout s'il n'était appuyé d'aucun des faits constitutifs de la possession d'état. — Quant à M. Duvergier, note sur Toullier, *loc. supr. cit.*, il paraît penser que la déclaration de naissance faite par une personne qui n'aurait pas assisté à l'accouchement produirait le même effet que celle faite par l'une des personnes déterminées en l'art. 56. « L'art. 56 c. civ., dit-il, donne il est vrai à certaines personnes mission de faire la déclaration dont il s'agit, mais il ne dit point qu'elles seront seules admises à la faire. Vainement on objecte que cette déclaration, qui n'aurait aucune force contre une fille libre, aux termes de l'art. 336, ne peut en avoir davantage contre une femme mariée. Cette assimilation de la maternité naturelle et de la maternité légitime est tout à fait erronée. Pourquoi, en effet, l'art. 336 refuse-t-il, en pareil cas, toute autorité à la déclaration? Uniquement parce qu'elle compromet l'honneur de la mère. Or ce motif n'existe pas pour la maternité légitime, qui n'a rien que d'honorable. L'art. 336 ne s'oppose donc pas à ce que, dans cette hypothèse, on donne force probante à la déclaration. » Ainsi, aux yeux de M. Duvergier, la déclaration de Chady, en admettant même qu'il n'eût point assisté à l'accouchement, était parfaitement régulière et devait avoir force probante en ce qui concerne la maternité de la dame de Gosse. Cela admis, la partie de la déclaration par laquelle Chady s'attribuait à lui-même la paternité tombait nécessairement comme tendant à établir directement une filiation adultérine : c'était le sieur de Gosse qui, par application de l'art. 312, devait être légalement présumé le père de l'enfant; seulement, en présence des faits de la cause, le désaveu eût été facilement admis.

Les raisons invoquées par M. Duvergier ne sont point assurément sans force; cependant il nous paraît difficile d'admettre que la déclaration d'une personne étrangère qui n'a point assisté à l'accouchement puisse produire le même effet, avoir la même force que celle des personnes désignées en l'art. 56; mais, d'un autre côté, il nous semble trop rigoureux de décider d'une manière générale, avec Toullier, que, dans ce cas, la déclaration serait nulle, qu'elle ne ferait ni preuve ni commencement de preuve, soit à l'égard de la femme, soit à l'égard du mari. Nous serions plutôt disposés à penser, avec M. Duranton, d'abord qu'en l'absence de toute preuve le déclarant devrait être présumé avoir assisté à l'accouchement; mais que, dans le cas où il serait établi, soit par les énonciations de l'acte, soit de toute autre manière, qu'il n'y avait point assisté, la force probante de sa déclaration en serait diminuée plus ou moins, suivant les circonstances; que ce serait aux tribunaux à apprécier, dans ce cas, quel degré de confiance elle doit obtenir.

212. Nous avons vu, v° Acte de l'état civil, n°s 228 et suiv., qu'après l'expiration des trois jours dans lesquels doit être faite la déclaration de naissance, l'officier de l'état civil ne doit plus recevoir cette déclaration et dresser l'acte qu'en vertu d'un jugement; que toutefois, suivant la cour d'Angers, dont le sentiment est adopté par M. Demolombe, l'acte qui aurait été dressé sur une déclaration tardive et sans jugement préalable ne serait pas nul par cela seul; que ce serait, suivant ce dernier auteur, aux tribunaux qu'il appartiendrait d'apprécier le mérite de l'acte et sa force plus ou moins probante, d'après les circonstances du fait et la gravité de l'infraction. Ces diverses propositions nous semblent également justes. — Il a été jugé, dans le même sens, que l'art. 56 c. nap., en disant que l'acte de naissance doit être dressé dans les trois jours, n'a cependant pas prescrit que ce serait à peine de nullité, et que dès lors un tel acte ne saurait être déclaré nul pour n'avoir été inscrit sur les registres de l'état civil que treize jours après la naissance de l'enfant (Cass. 3 mars 1836, aff. Aubert, V. n° 64). — Indépendamment de la raison de droit tirée de ce que le délai de trois jours dans lequel la déclaration de naissance doit être faite n'est pas prescrit à peine de nullité, cet arrêt se fonde sur cette raison de fait que l'acte de naissance a été rédigé dans un temps tellement rapproché de la naissance, qu'il est impossible que les faits qu'il constate ne fussent pas encore publics et notoires au moment de cette rédaction. D'où il semble qu'on puisse conclure à bon droit que, si un long intervalle s'était écoulé depuis la naissance, l'acte, suivant la cour de Caen, n'eût pas eu la force probante que cette cour lui a attribuée. C'est qu'en effet l'acte de naissance est le procès-verbal d'un fait qui vient d'arriver; or, si le fait est ancien, s'il remonte, par exemple, à un an, deux ans, dix ans, son existence peut bien être établie judiciairement par les voies tracées au code de procédure civile pour arriver à la découverte de la vérité, mais il est évident qu'il ne peut en être dressé procès-verbal. Si donc l'officier de l'état civil commettait la faute de recevoir une déclaration aussi tardive et de dresser l'acte en conséquence, cet acte ne serait point, à proprement parler, un acte de naissance; mais que serait-ce donc? Si la déclaration, au lieu d'être faite par le père ou la mère, l'avait été par l'une des autres personnes déterminées en l'art. 56, ce qui vraisemblablement ne peut guère arriver, ce ne serait qu'un simple témoignage auquel les magistrats, en cas de débat judiciaire sur la question de filiation, pourraient avoir tel égard que de raison; si la déclaration avait été faite, soit par le père, soit par la mère, ce serait une reconnaissance plutôt qu'un acte de naissance véritable. Ceci nous amènerait à examiner quel peut être l'effet d'une reconnaissance appliquée à la filiation légitime, dans le cas où il n'existerait ni acte de naissance régulier, ni possession d'état au profit de l'enfant? Mais c'est là une question qui ne serait point à sa place ici et que nous examinerons plus loin. — V. n°s 386 et suiv.

213. Au surplus, il a été jugé qu'un acte de naissance dressé longtemps après l'époque attribuée à la naissance de l'enfant ne prouve cette naissance que du jour de sa date (Paris, 9 août 1813, aff. Texier. V. n° 135).

214. L'acte de naissance d'un enfant légitime, c'est-à-dire né ou conçu dans le mariage, doit indiquer le père et la mère, ce qui s'entend du mari de celle-ci, légalement présumé le père, aux termes de l'art. 312 c. nap. Toutefois, il n'en est pas toujours ainsi. Il peut arriver et il arrive assez fréquemment, en effet, ou que le père ne soit point indiqué, ou que l'enfant soit déclaré né d'un père inconnu, ou enfin qu'il soit déclaré né d'un autre que le mari; et, quant à la mère, il peut arriver que, bien que mariée, elle soit désignée seulement sous son nom de fille. La cause la plus ordinaire de ces irrégularités de rédaction c'est que la naissance de l'enfant est le fruit du désordre et de l'adultère. Quoi qu'il en soit, ces énonciations ou fausses ou incomplètes étant une source féconde de procès, il importe d'examiner comment la question de filiation doit être résolue dans les diverses hypothèses que nous venons d'indiquer.

215. Et d'abord, si l'enfant était déclaré né de telle femme désignée sous son nom de femme mariée, mais sans indication du père, nulle difficulté ne pourrait évidemment s'élever : le mari devrait être réputé le père de l'enfant, par application pure et simple de l'art. 312, jusqu'à ce que le désaveu eût été régulièrement prononcé, soit sur sa demande, soit sur celle de ses héritiers.

216. Mais que devrait-on décider dans les autres hypothèses, c'est-à-dire si, la mère ayant été désignée, soit sous son nom de femme mariée, soit sous son nom de fille, l'enfant avait été déclaré né de père inconnu, ou d'un père autre que le mari, ou s'il avait été déclaré né de telle femme désignée sous son nom de fille, sans aucune désignation du père? — Supposons d'abord le cas le plus simple : celui où l'acte de naissance, sans faire aucune mention du père, désigne la mère seulement sous son nom de fille. Si l'identité est constante, s'il est reconnu qu'à l'époque à laquelle cet acte reporte la naissance, cette femme était mariée, il est clair que son mari doit être déclaré le père de l'enfant, par application de l'art. 312 c. nap., sauf à lui à former le désaveu, s'il a pour cela de justes motifs. C'est ce qui a été jugé implicitement (Paris, 9 août 1813, aff. Texier, V. n° 135).

217. Nous déciderions de même dans le cas où l'enfant serait déclaré, dans l'acte, né de père inconnu, soit d'ailleurs que la femme fût désignée sous son nom de femme mariée, soit qu'elle le fût seulement sous son nom de fille, si, dans ce dernier cas, son identité était constante. Le mari ne pourrait, dans ce cas, échapper l'application de l'art. 312, 1er alin., qu'au moyen d'un désaveu. C'est ce qui a été jugé, implicitement aussi, par les arrêts suivants : Paris, 28 juin 1819, aff. Allègre (V. n° 69); Toulouse, 14 juill. 1827, aff. Gayrand (V. n° 116), et req. 19 mai 1840, aff. de Lauzon (V. n° 221). — Et cette solution ne nous paraît pas susceptible de contestation sérieuse. En effet, la déclaration que le père est inconnu équivaut au silence gardé sur ce point; or, du moment que la mère est connue, le père l'est également : c'est la loi elle-même qui le désigne dans l'art. 312. Il ne faut pas, du reste, confondre ce cas avec celui où l'enfant a été déclaré né d'un père autre que le mari; dans ce dernier cas, il y a une affirmation contradictoire avec la présomption légale; il n'en est pas de même lorsque l'acte porte seulement que le père est inconnu : cette déclaration ne contient aucune affirmation quant à la paternité; elle peut provenir seulement de ce que le déclarant ignorait que la mère fût mariée.

218. Si l'acte de naissance, désignant la mère soit sous son nom de femme mariée, soit sous son nom de fille, déclarait l'enfant né d'un père autre que le mari, la question deviendrait délicate. Le mari de la mère pourrait alors tenir ce langage : « Pour que je dusse être réputé le père de l'enfant, il faudrait que ma paternité résultât de l'acte de naissance, puisque, aux termes de l'art. 57 c. nap., cet acte doit énoncer les prénoms, noms, profession et domicile des père et mère; or non-seulement cet acte ne prouve pas que je sois le père, mais il prouve le contraire, puisqu'il désigne comme père un autre que moi. Vainement se prévaudrait-on contre moi de la maxime : *pater is est quem nuptiæ demonstrant*; à cela je réponds : l'acte de naissance est indivisible; il n'est pas possible de scinder ses énonciations pour admettre les unes et rejeter les autres; ainsi, de deux choses l'une: ou bien il ne prouve pas la maternité, ou bien il prouve à la fois et la paternité et la maternité; dans le premier cas, la maxime *pater is est*, etc. ne repose sur rien et par conséquent ne peut m'être appliquée; dans le second cas, le véritable père, le seul qui puisse être considéré comme tel, c'est celui qui est désigné dans l'acte. » — A l'appui de ces raisonnements on peut dire qu'en fait, toutes les fois qu'un acte de naissance énonce comme père un étranger, on peut en conclure hardiment que la femme était séparée de son mari, qu'elle vivait en concubinage avec celui qui a été désigné comme père. Si cette doctrine était admise, il en résulterait que, dans cette hypothèse, non-seulement l'acte de naissance ne prouverait pas la paternité contre le mari, mais qu'il ne prouverait pas même la maternité contre la femme. En effet la maternité qu'il attribuerait à cette dernière serait une maternité adultérine; or les enfants adultérins ne peuvent être reconnus ni par leur père ni par leur mère, soit dans leur acte de naissance, soit par acte postérieur. L'acte de naissance que nous avons supposé ne produirait donc aucun effet, du moins en ce qui touche la filiation.

Ce système de *l'indivisibilité* des énonciations de l'acte de naissance, soutenu dans l'ancien droit, par quelques auteurs, et consacré par plusieurs arrêts (V. notamment Rousseau de Lacombe, Jur., v° Enfant, n° 11; Nouveau Denisart, v° État [question d'], § 7, n° 11), avait été, au contraire, repoussé par d'autres auteurs et d'autres arrêts (V. Merlin, Rép., v° Légitimité, sect. 2, § 2, n° 7). Lors de la discussion du code civil au sein du conseil d'État, le consul Cambacérès essaya de le faire passer dans la loi nouvelle comme exception à la règle générale *pater is est* etc.; mais sa proposition ne fut point accueillie (V. Locré, Lég. civ., t. 6, p. 93). Or ce que le législateur a refusé de faire par voie de disposition expresse, les principes ne permettent pas de le faire par voie de doctrine.— Sur quoi donc en effet reposerait cette prétendue indivisibilité? Quelle en serait la raison? Lorsque les personnes auxquelles l'art. 56 c. civ. donne mission de déclarer la naissance de l'enfant désignent la mère, elles affirment un fait positif qu'elles connaissent d'une manière directe et certaine, puisqu'elles ont assisté à l'accouchement; mais il en est tout autrement lorsqu'elles désignent comme père un autre que le mari: en fait d'abord, bien loin d'attester ce qu'elles ont vu, elles supposent ce qu'elles ignorent, puisque, comme nous l'avons déjà dit, la paternité est un mystère que la nature a environné d'une obscurité impénétrable; en droit, elles font une chose illégale, car, tandis que la loi, dans l'art. 312, déclare que l'enfant né dans le mariage a pour père le mari, elles déclarent, elles, que cet enfant a pour père un autre que le mari; elles se mettent en contradiction avec le législateur. Qu'on n'objecte pas que, d'après l'art. 57, l'acte de naissance doit énoncer les prénoms, noms, profession et domicile des père et mère : il est bien évident que par ces derniers mots la loi a voulu désigner les époux, qu'elle n'a point entendu reconnaître à des tiers le droit de rechercher, d'après des indices plus ou moins incertains, ce qui ne peut être que le résultat d'une instance en désaveu, savoir : si le mari est ou n'est pas le père de l'enfant, et quel peut être le véritable père. La loi interdit la recherche de la paternité naturelle; comment pourrait-elle autoriser la recherche de la paternité adultérine? Il faut donc reconnaître que, lorsqu'on a désigné comme mère d'un enfant une femme mariée et comme père un autre que le mari, il ne peut y avoir nulle indivisibilité entre ces deux parties de la déclaration, que la première est parfaitement régulière et doit être maintenue; mais que la dernière est irrégulière et doit être réputée non écrite. L'officier de l'état civil ne doit pas recevoir une telle déclaration de paternité; si donc il méconnaît ses devoirs à cet égard, et consigne la déclaration telle qu'elle lui est faite, il n'en doit être tenu aucun compte. Le système de l'indivisibilité implique cette idée, que l'acte de naissance est destiné à constater la paternité et la maternité; mais c'est une erreur manifeste : lorsqu'un enfant naît dans le mariage ou dans les trois cents jours de sa dissolution, pour connaître sa filiation d'une manière complète, une seule chose est nécessaire, savoir : quelle mère lui a donné le jour; ce fait une fois établi, c'est la loi elle-même qui se charge de désigner le père. Si donc l'art. 57 veut qu'on désigne le père dans l'acte de naissance, ce n'est là qu'une simple forme dont l'omission serait sans conséquence et ne diminuerait en rien la force probante de l'acte. En matière de filiation légitime, c'est de la connaissance de la maternité que résulte la connaissance de la paternité; c'est donc le fait seul de la maternité qu'il importe de connaître; c'est le seul que l'acte de naissance soit destiné à établir. C'est ce qui résulte de l'économie des dispositions qui régissent cette matière. Du reste, cette doctrine est aujourd'hui généralement admise. — V. Merlin, Rép., v° Légitimité, sect. 2, § 2, n° 7; Toullier, t. 2, n° 861; Duranton, t. 3, n°s 115 et suiv.; Valette sur Proudhon, t. 2, p. 81, n° 3; Demolombe, t. 5, n° 197; Zachariæ, éd. Massé et Vergé, t. 1, p. 305, note 3; Marcadé, sur l'art. 319, n° 2; Ducaurroy, t. 1, n°s 450 et suiv.; Richefort, t. 1, n°s 122 et suiv.

219. La jurisprudence s'est prononcée dans le même sens. Ainsi, comme nous l'avons déjà vu, il a été jugé 1° que la présomption légale de paternité établie par l'art. 312, présomption qui ne cesse que dans le cas de désaveu, ne saurait être détruite par la déclaration faite dans l'acte de naissance qu'un autre serait le père de l'enfant (Paris, 6 janv. 1834, aff. Minoggio, V. n° 66; Montpellier, 20 mars 1838, aff. Cabanes, V. *eod.*); — 2° Qu'on ne peut considérer comme enfant naturel celui dont la mère était, lors de sa naissance, en puissance de mari, encore bien que l'acte de naissance de cet enfant constatât qu'il était issu d'un père autre que le mari; l'enfant étant, pendant le mariage, présumé être de celui-ci (Req. 14 mess. an 5) (1).— V. enfin, comme consacrant implicitement la même doctrine, Civ. cass. 31 déc. 1834, aff. Jacob, *suprà*, n° 145-2°; et Grenoble, 5 fév. 1836, même aff., *suprà*, n° 145-3°.

220. Dans un arrêt souvent cité, il a été jugé que l'acte de naissance qui, en attribuant un enfant (déclaré enfant naturel) à une femme désignée seulement sous ses noms de fille, avec cette mention *non libre*, indique pour père un autre que le mari, ne saurait faire preuve ni même commencement de preuve par écrit, autorisant la preuve par témoins, à l'effet d'établir l'identité de la femme que cet enfant réclame pour mère avec celle que lui attribue l'acte de naissance, encore bien qu'elle porte les mêmes noms et qu'elle fût mariée comme cette dernière; et que, par suite, il ne peut réclamer pour père le mari de cette femme (Req. 22 janv. 1811) (2).— M. Delvincourt, t. 1, note 14, sur

---

(1) *Espèce :* — (Yvert *C.* dame Parent.) — Il s'agissait, dans l'espèce, de la succession de la dame Claude Husson, veuve Jean Gérard, décédée en laissant pour héritiers collatéraux les sieurs Yvert. — — La dame Parent réclama cette succession. Elle produisit un acte de baptême qui la désignait comme fille de Claude Husson et de François Fournier; mais une ordonnance du 15 nov. 1787, rendue par le lieutenant général à la sénéchaussée de Bordeaux, avait rectifié le nom de François Fournier et rétabli le nom de Jean Gérard. — Les sieurs Yvert soutenaient que la dame Parent était désignée comme fille de François Fournier et de Claude Husson; qu'elle avait eu la possession d'état de fille Fournier; qu'elle ne pouvait donc prétendre à la succession de la dame Gérard sa mère; qu'une ordonnance de référé n'avait pu modifier son état civil et sa possession d'état. — Nonobstant ces conclusions, jugement définitif du tribunal de la Seine qui déclare la dame Parent héritière de Jean Gérard et de la dame Claude Husson, en ce que l'acte de baptême désignant celle-ci comme fille de Claude Husson, elle était présumée fille légitime de Jean Gérard, mari de sa mère en vertu de la maxime *pater is est;* enfin, en ce que l'état des personnes est indivisible. — Pourvoi. — Arrêt.

LE TRIBUNAL; — Considérant que l'extrait de baptême produit justifie que la femme Parent est fille de Claude Husson; qu'il a encore été posé en fait que cette dame Claude Husson, mère de la femme Parent, était, lors de la naissance de sa fille, liée civilement avec Jean Gérard, son mari, qui même n'est décédé que depuis; enfin que le tribunal civil du département de la Seine, loin d'avoir violé aucune loi, a maintenu dans toute son intégrité cette maxime de droit inviolable *que celui-là est le père que le lien civil et légal désigne;* — Rejette.

Du 14 mess. an 5.-C. C. sect. req.-MM. Chabroud, pr.-Liger, rap.

(2) *Espèce :* — (Virginie Chady *C.* de Gosse.) — En 1793, le sieur de Gosse, époux d'Anne-Thérèse Buirette et propriétaire d'hôtels garnis de Paris, était dans les prisons révolutionnaires : il y était encore le 14 pluv. an 2 (2 fév. 1794), lorsqu'un enfant fut porté par le sieur Coutouly, accoucheur, chez l'un des commissaires de police, sous le nom de Virginie Chady, et comme fille naturelle de Michel Chady, restaurateur, et d'Anne-Thérèse Buirette, non libre, tous deux demeurant rue Saint-Thomas du Louvre, n° 248. Les témoins étaient les sieurs Coutouly et Gagneur. Le 16 pluv. l'acte de naissance est dressé sur la déclaration de Chady, père de l'enfant : il reproduit les énonciations précédentes : les témoins sont Charlot et Mitonard. — Virginie est confiée à une nourrice près de Paris; puis ensuite mise en sevrage chez la femme Boucher, rue Culture-Sainte-Catherine. — Celle-ci tombe malade : la portière de la maison craignant pour l'enfant la contagion de la

la page 89, après avoir cité cet arrêt, ajoute qu'il est fondé sur les principes rigoureux du droit, et que tout donne lieu de croire qu'il était conforme à l'équité.

Nous n'avons point à examiner si, dans ses résultats, cet arrêt était ou non conforme à l'équité, c'est-à-dire, sans doute, à la vérité des faits, mais uniquement s'il était conforme aux principes. Or sur ce point il nous est impossible de joindre notre approbation à celle de M. Delvincourt. — La cour de cassation émet d'abord cette proposition, que l'art. 312 ne serait applicable à l'espèce qu'autant qu'il serait demeuré constant que la dame de Gosse était la mère de Virginie, ce qui est incontestable; mais elle ajoute que l'art. 319 n'y serait applicable qu'au cas où Virginie aurait été inscrite sur les registres de l'état civil comme fille de la dame de Gosse, et enfin qu'il n'y avait aucun commencement de preuve par écrit du fait de la maternité. Or, c'est là ce que nous ne saurions approuver. Il nous est impossible d'admettre que l'omission du nom qu'une femme porte en qualité d'épouse suffise pour enlever à l'acte sa force probante, lorsque d'ailleurs les autres désignations concordent parfaitement, lors surtout qu'il n'est point allégué que ces désignations puissent également s'appliquer à une autre personne.

221. Il a été jugé, dans le sens des observations qui précèdent, que l'acte de naissance qui déclare l'enfant né d'un père inconnu et d'Angélique de L'age de Beaumanoir peut être considéré comme établissant la preuve de la maternité d'Angélique-Ursule-Constance de Laage, épouse de Carvoisin; et que, dans ce cas, s'il est prouvé que le mari, plus de deux mois avant sa mort, a eu connaissance de la naissance de l'enfant attribué à sa femme, sans se plaindre, ses héritiers ne sont pas recevables, soit à désavouer cet enfant de son chef, soit à contester sa légitimité, conformément à l'art. 325 c. civ., leur action se trouvant repoussée par la présomption légale *pater is est*, etc. (Req. 19 mai 1840) (1).— Or, on voit que dans cette espèce, non-seulement la mère n'avait pas été désignée sous son nom de femme

---

maladie, se charge de le garder : la femme Boucher meurt : une de ses amies apprend à la portière que la dame de Gosse est la mère de Virginie. — La portière court chez celle-ci : il paraît qu'au nom de la femme Boucher, la dame de Gosse aurait été interdite, et se serait hâtée de tirer la portière sur l'escalier, en lui disant : « Pour Dieu, madame, ne parlez pas d'enfant ici; n'en parlez jamais; je serai chez vous ce soir; » qu'elle serait allée en effet chez la portière et aurait comblé l'enfant de caresses, en la nommant sa filleule. La dame de Gosse convient avec la portière que celle-ci gardera l'enfant moyennant 15 fr. par mois; elle continue de le visiter : le sieur Chady s'y rend aussi quelquefois. — Virginie grandit; la dame de Gosse la place dans l'institution de la dame de Bourbonne : c'est Chady qui l'y conduit : la dame de Gosse continue de visiter Virginie et de se dire sa marraine. — 8 fruct. an 11, la dame de Gosse décède : Virginie ne reçoit plus de secours; elle ne revoit pas Chady qui s'était dit son père. Depuis, Virginie recueille tous ces renseignements; un tuteur lui est nommé; elle réclame l'état de fille légitime du sieur de Gosse et d'Anne-Thérèse Buirette son épouse. Le sieur de Gosse repousse cette prétention. Alors, on découvre que le sieur Coutouly était l'accoucheur ordinaire de la dame de Gosse; que la femme Boucher était celle qui gardait particulièrement cette dame dans ses couches ou maladies; qu'enfin Chady était un ami du sieur de Gosse, placé par ce dernier dans son hôtel garni de la rue Saint-Thomas du Louvre, pendant qu'il était incarcéré; qu'enfin la dame de Gosse avait souvent visité son mari durant sa captivité.

Virginie offrait de prouver que la mère désignée dans son acte de naissance était la dame de Gosse; que celle-ci était accouchée d'une fille, chez le sieur Coutouly, le 13 pluv. an 2; que cette fille était elle-même, Virginie, et que la dame de Gosse n'avait cessé de pourvoir à ses besoins. Elle concluait à ce que, d'après ces faits, le tribunal ordonnât la rectification de son acte de naissance.

Le sieur de Gosse et ses enfants répondaient que la déclaration d'un individu auquel la loi ne donnait aucune mission ne pouvait prouver la maternité de la dame de Gosse et encore moins la paternité de son mari; que rien ne constatait l'identité de Virginie et de l'enfant désigné dans l'acte de naissance, qu'elle n'avait pas de possession d'état, et qu'ainsi, destituée de tout commencement de preuve écrite, elle ne pouvait être admise à prouver par témoins un état dont elle n'avait pas la possession et dont elle n'offrait à la justice ni présomption ni indices graves.

26 janv. 1808, jugement qui a ordonné la preuve des faits. — Appel. — Arrêt de la cour de Paris du 15 juill. 1808, qui, « attendu que la mineure Virginie réclame un état contraire à son acte de naissance et à sa possession d'état; qu'elle ne produit aucun commencement de preuve par écrit, et qu'il n'existe dans la cause ni indices, ni faits dès à présent constants, assez graves pour faire admettre à la preuve, » infirme le jugement de première instance, et déclare le subrogé tuteur de Virginie non recevable dans sa demande.

Pourvoi de Virginie, pour violation des art. 312, 319, 323, 324, 325 et 341 c. civ. Selon elle, elle n'avait qu'à prouver la maternité de la dame de Gosse, et elle offrait de la prouver. Un commencement de preuve par écrit était-il nécessaire ? elle en trouvait dans les actes des 14 et 16 pluv. an 2; des présomptions graves? elles abondent en sa faveur. — L'arrêt oppose qu'elle réclame un état contraire à son acte de naissance. Mais elle n'a jamais eu d'état; la bâtardise n'en est pas un; quant à l'acte de naissance, ce n'est ici qu'une misérable équivoque : on ne peut détruire, à l'aide de la déclaration immorale de Chady, l'effet dominant qui en résulte, c'est qu'elle est la fille d'Anne-Thérèse Buirette; et cette preuve qu'on ne pouvait écarter, rendait la légitimité certaine. — Arrêt.

La cour; — Attendu, 1° que l'art. 312 c. civ. ne serait applicable à l'espèce qu'autant qu'il serait demeuré constant que la dame de Gosse était la mère de Virginie; — Attendu, 2° que l'art. 319 n'y serait applicable qu'au cas où Virginie aurait été inscrite sur les registres de l'état civil comme fille de la dame de Gosse; — Attendu enfin qu'il n'y avait aucun commencement de preuve par écrit du fait de la maternité, et que la cour d'appel a pu, sans contrevenir à aucune loi, juger qu'aucune des circonstances de la cause et des pièces produites au procès, ne faisait naître « des présomptions ou indices résultant de faits dès lors constants, assez graves pour déterminer l'admission de la preuve testimoniale; » — Que d'après ces faits déclarés constants, la cour d'appel, loin de violer ou faussement appliquer les dispositions des art. 322, 323 et 324 du c., en a fait une juste application; — Rejette, etc.

Du 22 janv. 1811.-C. C., sect. req.-MM. Henrion, pr.-Poriquet, rap.

(1) *Espèce* : — (De Lauzon et consorts C. princesse de Salm-Salm.)— 12 mars 1785, mariage du comte de Carvoisin avec la demoiselle Angélique-Ursule-Constance de Laage. — Le 1er mars 1791, fut dressé, à Paris, l'acte de baptême et de naissance d'Angélique-Euphrosine, désignée dans cet acte comme née, le 23 août 1790, d'un père inconnu et d'Angélique de L'age de Beaumanoir. — Le 12 nov. 1793, la dame de Carvoisin, profitant de la législation de l'époque, forma contre son mari une demande en divorce pour cause d'abandon pendant deux ans. Le divorce fut prononcé par l'officier de l'état civil, le 18 niv. an 2 (7 janv. 1794). — Le 21 germ. an 4 (10 avril 1796), le sieur de Carvoisin donna une procuration notariée à l'effet de procéder à la liquidation des droits et créances de la citoyenne Angélique-Ursule-Constance de Laage, par suite du divorce qu'elle avait fait prononcer : « comme aussi (ajoutait cette procuration) et au moyen dudit divorce, sans enfants du mariage entre le comparant et ladite citoyenne de Laage, recevoir, etc. » — Cependant on a prétendu que l'enfant née le 23 août 1790 aurait été constamment élevée auprès de la dame de Carvoisin, tant avant qu'après son divorce, et que cette enfant aurait toujours été connue sous le nom de demoiselle de Carvoisin.

Le 6 oct. 1806, Angélique-Euphrosine fut mariée avec le prince de Salm-Salm. On lui donna différentes qualités dans les actes qui préparèrent ou consacrèrent cette union, actes auxquels comparaissait la dame de Carvoisin. — Ainsi, dans le contrat de mariage, cette dame déclara stipuler au nom de demoiselle Angélique-Euphrosine de Carvoisin, sa fille mineure; — Dans l'acte civil du mariage, dressé le surlendemain, la nouvelle épouse fut désignée sous le nom de Angélique-Euphrosine de L'age de Beaumanoir, âgée de seize ans, demeurant chez sa mère, fille mineure d'Angélique de L'age de Beaumanoir, présente et consentante, et d'un père inconnu : il était dit toutefois dans l'acte que la mère avait déclaré être dans l'intention de faire rectifier par les voies de droit, l'acte de naissance de sa fille, auquel on se conformait; — Enfin, dans l'acte de célébration du mariage religieux, la nouvelle épouse fut qualifiée de fille mineure du comte de Carvoisin et d'Angélique-Ursule-Constance de Laage.

Dans la suite, il paraît que la princesse de Salm-Salm ne cessa de se dire et d'être qualifiée de Carvoisin, et que c'est le titre qui figure notamment dans l'acte de naissance de son fils, en 1807, dans les actes qui suivirent le décès de son mari, en 1813, dans ceux qui eurent lieu à l'occasion de la mort de son fils, dans un testament où elle était instituée légataire et dans le partage de la succession du testateur, en 1826; enfin, dans le testament de sa mère, en 1829, et dans ses diverses correspondances. — Mais il est bon de faire observer qu'en 1810, et au sujet d'une vente d'immeubles, le comte de Carvoisin déclarait, de son côté, qu'il n'avait pas eu d'enfants de son mariage, afin de rassurer l'acquéreur contre l'existence d'une hypothèque légale quelconque.

Tel était l'état des choses, lorsqu'en 1837, le comte de Carvoisin étant décédé, les sieurs de Lauzon, de Pleumartin et consorts, ses héritiers collatéraux, contestèrent à la princesse de Salm-Salm les droits auxquels elle prétendait comme fille et unique héritière du défunt. Les collatéraux l'assignèrent pour voir dire qu'il lui serait fait défense de porter le nom de Carvoisin, et, dans le cas où elle établirait qu'elle était

mariée ; mais, bien plus, ses noms de fille eux-mêmes avaient été inexactement reproduits, puisque deux de ses prénoms avaient été omis, que son nom avait été mal orthographié, et qu'enfin à ce nom on en avait ajouté un autre, celui de Beaumanoir, qui n'avait jamais appartenu à la dame de Carvoisin; et cependant, malgré ces inexactitudes, il fut reconnu et décidé que la mère désignée en l'acte de naissance n'était autre que la dame de Carvoisin. A plus forte raison donc eût-il dû en être de même dans l'affaire Virginie.

222. Bien que le prénom du père d'un enfant porté dans son acte de naissance ne soit pas véritable, non plus que la qualité qui lui est donnée, cependant cette inexactitude dans ces désignations ne l'empêche pas d'avoir droit à la succession de son frère, alors surtout qu'il joint à ce titre la possession d'état et que les noms donnés à sa mère sont exacts. Peu importe qu'il soit né pendant l'absence de son père, s'il règne sur cette absence un vague et une incertitude qui empêchent de l'assigner (Req. 22 juill. 1823) (1).

223. En ce qui touche le degré de foi dû aux actes de naissance, nous avons vu, v° Acte de l'état civil, n°s 396 et suiv., qu'il y a une distinction à établir entre les faits qui se sont passés sous les yeux de l'officier de l'état civil, et que, par conséquent, il a constatés d'après sa connaissance personnelle, tels que la présentation de l'enfant et la vérification de son sexe, et les faits qu'il a consignés d'après les déclarations qu'il a reçues des personnes à qui la loi donne qualité à cet effet; que l'acte fait foi des premiers jusqu'à inscription de faux, mais qu'il ne fait foi des autres que jusqu'à la preuve contraire.— C'est dans cette dernière catégorie que doit être rangé le fait de la filiation. En effet, l'officier de l'état civil, qui n'assiste point à l'accouchement, ne peut savoir par lui-même s'il est vrai que l'enfant qui lui est présenté ait été mis au jour par la femme qu'on lui désigne; son rôle à cet égard se borne à recevoir la déclaration qui lui est faite; c'est donc seulement au fait de la déclaration, mais non point au fait déclaré, qu'il imprime le caractère de l'authenticité. Ainsi si l'on niait que la personne désignée dans l'acte se fût présentée devant l'officier de l'état civil et lui eût fait la déclaration qui se trouve consignée dans cet acte, comme alors on attaquerait la véracité de l'officier public, il faudrait recourir à l'inscription de faux; mais si, sans nier le fait même de la déclaration, on niait le fait déclaré, si on niait que la femme désignée comme mère fût réellement accouchée à l'époque indiquée, comme alors on attaquerait la véracité, non pas de l'officier de l'état civil, mais du déclarant, qui n'a aucun caractère public, il n'y aurait pas lieu alors de procéder par la voie d'inscription de faux : l'énonciation de l'acte pourrait être combattu par la preuve contraire. Mais, ainsi que nous l'avons dit v° Acte de l'état civil, *loc. cit.*, l'acte de naissance étant destiné à prouver la filiation, pour détruire cette preuve, les tribunaux devront exiger la justification d'une masse imposante de faits contraires.

---

fille de la dame de Laage, ils déclarèrent former contre elle l'action en désaveu autorisée par les art. 316 et 317 c. civ.

20 juill. 1838, jugement du tribunal de la Seine qui déclara cette action non recevable dans les termes suivants : — « En droit: — Attendu que, d'après l'art. 313 c. civ., le mari n'est admis à désavouer l'enfant né pendant le mariage et dont la naissance lui a été cachée, que dans les deux mois de la découverte de la fraude, c'est-à-dire dans les deux mois où la naissance lui a été connue; — Attendu que, suivant l'art. 317 du même code, les héritiers du mari ne peuvent former l'action en désaveu qu'autant que celui-ci serait dans les délais pour l'intenter utilement, et qu'ils forment eux-mêmes l'action dans les deux mois courus depuis le moment où ils seraient troublés dans leur possession; — En fait : — Attendu que des circonstances et de tous les documents de la cause, et notamment de la position et du rang des parties, de leurs relations, de la correspondance et des papiers et titres de famille émanés d'une personne morte depuis 1821, enfin notamment du testament de Carvoisin, il résulte que ce dernier non-seulement n'a pu ignorer, mais qu'il a effectivement connu, plusieurs années avant sa mort, la naissance de la princesse de Salm-Salm, sa fille; qu'ainsi Carvoisin serait inadmissible à exercer l'action en désaveu, et que ses héritiers ne sauraient avoir plus de droits qu'il n'en avait lui-même. »

Appel.—Les appelants concluent à être admis à contester, soit d'après les art. 316 et 317 c. civ., soit d'après les art. 323 et 325, que l'intimée soit la fille du comte de Carvoisin. Ils articulent divers faits tendant à prouver que celui-ci n'était pas le père de la princesse de Salm-Salm.

22 déc. 1838, arrêt confirmatif de la cour royale de Paris, ainsi conçu : — « Considérant, en ce qui touche les conclusions principales, que l'acte de naissance établit que l'intimée est née de la comtesse de Carvoisin pendant le mariage, ce que les appelants ne contestent pas; — Considérant que la maternité établit la paternité aux termes de l'art. 312 c. civ.; que, dès lors, la contestation de la légitimité est mal fondée; — En ce qui touche le désaveu, adoptant les motifs des premiers juges... »

Pourvoi du sieur de Lauzon et du marquis de Pleumartin et consorts, pour fausse application de l'art. 312 c. civ., et violation des art. 319, 323, 324 et 325 du même code, en ce que l'arrêt attaqué, sans vouloir apprécier les preuves contraires articulées par les demandeurs, a déclaré la défenderesse éventuelle fille légitime du comte de Carvoisin, comme étant née de la comtesse de Carvoisin pendant le mariage, quoique les noms et prénoms sous lesquels la mère était désignée dans l'acte de naissance ne soient pas ceux de la dame de Carvoisin.—Arrêt.

La cour; — Attendu que la cour royale de Paris déclare, dans l'arrêt attaqué, qu'il est établi par l'acte de naissance produit par la défenderesse éventuelle qu'elle était née de la comtesse de Carvoisin pendant le mariage de celle-ci, ce que les appelants n'ont pas contesté; — Attendu, de plus, que la même cour, en adoptant les motifs des premiers juges, s'est approprié certains faits de possession d'état recueillis dans lesdits motifs, et desquels elle a induit (en fait également, avec les premiers juges), que le comte de Carvoisin avait effectivement connu, plusieurs années avant sa mort, la naissance de la princesse de Salm-Salm, sa fille; — Attendu qu'il est reconnu au procès, par toutes les parties, que, malgré cette connaissance, ledit comte de Carvoisin, tant qu'il a vécu, n'a nullement contesté que ladite princesse de Salm-Salm fût sa fille, ainsi qu'elle le prétendait; — Que de ces circonstances et faits, ainsi déclarés constants, la cour royale de Paris a pu et dû tirer la double conséquence : 1° que la défenderesse éventuelle était fille du mari de la comtesse de Carvoisin; 2° que ledit mari, comte de Carvoisin, serait inadmissible aujourd'hui, soit à désavouer, soit à contester la légitimité de la défenderesse, et qu'ainsi ses héritiers ne sauraient avoir plus de droit qu'il n'en aurait lui-même; que, de cette décision en fait il résulte que les art. 323, 324, 325 c. civ. ne sont pas applicables, et qu'il a été fait de l'art. 312 une juste application; — ...Rejette.

Du 19 mai 1840.-C. C., ch. req.-MM. Zangiacomi, pr.-Faure, rap.

(1) *Espèce* :—(Zacharie C. Thibaudier.) —Le 9 juill. 1788, acte de naissance d'Amand Thibaudier, fils de Françoise et de Fabien Thibaudier, absent. — Après le décès d'Amand, des cousins issus de germains se sont présentés pour recueillir sa succession, mais elle était appréhendée par Raymond Thibaudier, fils de Françoise et de Nicolas Thibaudier, commis voyageur. Néanmoins le prénom de Nicolas, au lieu de Fabien, avait été rectifié par jugement. — Les héritiers ont contesté les droits de Raymond. Ils ont soutenu qu'il n'était pas fils de Fabien, puisque son acte de naissance portait celui de Nicolas, et la qualité de commis voyageur, tandis qu'il était marchand épicier; enfin que Thibaudier était absent depuis longtemps lors de la naissance.—Jugement, et sur l'appel, arrêt de la cour de Lyon, du 27 juin 1821, qui rejette la demande des sieurs Zacharie Cadet. — Pourvoi. Violation des art. 325, 322 c. civ. et de la maxime *pater is est quem nuptiæ demonstrant*, en ce que la cour a adjugé une succession à un héritier en vertu de son acte de naissance, lorsque la désignation de nom qu'il contenait devait l'en exclure.— Arrêt.

La cour; — Attendu qu'il était constant au procès : 1° que Raymond Thibaudier était fils de Françoise Chalon, 2° que Françoise Chalon était épouse légitime de Fabien Thibaudier, 3° que Raymond Thibaudier était né durant et constant le mariage d'entre celui-là et Françoise Chalon; — Attendu que son acte de naissance lui donnait la qualité de fils de Fabien Thibaudier, d'après la rectification régulière et antécédente qu'avait judiciairement reçu cet acte, quant au prénom de Thibaudier (Fabien) et de Françoise Chalon, son épouse; — Attendu qu'il avait possession d'état, conforme à sa naissance; — Attendu que les demandeurs, qui ne sont ni les héritiers ni les ayants droit de Fabien Thibaudier, n'entendaient contester la légitimité de Raymond qu'à l'occasion d'une succession collatérale dont ils voulaient l'exclure, d'où suivait une première fin de non-recevoir contre le désaveu de paternité de Fabien Thibaudier, qu'ils auraient prétendu exercer, puisque cette action ne peut appartenir qu'au père lui-même de l'enfant désavoué ou à ses héritiers personnels, dans les termes et délais déterminés (art. 317 c. civ.);

Attendu que, sur les faits d'absence d'où les demandeurs prétendaient tirer la preuve que Fabien Thibaudier n'avait pu être le père de Raymond, il résultait tant de vague, une incertitude telle (d'après l'arrêt), qu'il eût été impossible d'en assigner l'époque prescrite, la cour royale, en repoussant ces faits, en jugeant que les demandeurs étaient encore non recevables sous ce rapport, à contester la filiation légitime de Raymond Thibaudier, loin d'avoir faussement appliqué le § 1 de l'art. 312 du code et la maxime *pater is est quem nuptiæ demonstrant*, ou violé le § 2 de cet article, ainsi que l'art. 325, a, au contraire, fait une juste et saine application des vrais principes de la matière; — Rejette.

Du 22 juill. 1823.-C. C., sect. req.-MM. Henrion, pr.-Gartempe, rap.

224. Il a été jugé, dans le sens des observations qui précèdent, qu'une cour avait pu, sans violer aucune loi, décider, à l'aide de la preuve testimoniale accompagnée de commencement de preuve par écrit et de présomptions graves, que l'enfant n'était point le fils des époux que son acte de naissance lui attribuait pour père et mère (Req. 30 nov. 1824) (1).

225. Mais la qualification d'enfant naturel donnée dans un testament par le père à celui que, dans son acte de naissance, il a qualifié de légitime, ne saurait porter atteinte à cette légitimité, encore que l'enfant ait joui du bénéfice du testament (Grenoble, 5 fév. 1807, aff. Thiériot, V. nº 153).

226. Aux termes de l'art. 45 c. nap., toute personne peut se faire délivrer, par les dépositaires des registres de l'état civil, des *extraits* de ces registres. Il suit de là que, pour prouver sa filiation, il ne suffit pas toujours de produire un acte de naissance établissant cette filiation, mais qu'il est nécessaire en outre de justifier de son identité avec l'enfant désigné dans cet acte, si cette identité est contestée. Comment donc peut-il en être justifié? — La preuve la plus décisive qui puisse être invoquée, c'est incontestablement la possession d'état. Elle est, en effet, comme un fil conducteur à l'aide duquel on peut suivre l'enfant depuis le moment de sa naissance jusqu'à celui où le débat s'est engagé, et qui ne permet pas de le confondre avec un autre. Et lorsque nous parlons ici de possession d'état, nous n'entendons point exiger la réunion de tous les caractères constitutifs de la possession d'état proprement dite, tels qu'ils sont déterminés par l'art. 321 ; une telle possession suffirait, comme nous le verrons bientôt, pour faire preuve complète de la filiation, en l'absence de tout acte de naissance; nous entendons une possession d'état imparfaite, partielle, mais suffisante cependant pour faire reconnaître que celui qui revendique le titre d'enfant légitime en vertu de l'acte qu'il produit est bien le même qui se trouve désigné dans cet acte.

227. Nous allons même plus loin et, sans nous attacher aucunement aux caractères de la véritable possession d'état, nous disons, avec MM. Valette sur Proudhon, t. 2, p. 79, et Demolombe, t. 5, nº 201, qu'il suffit que l'enfant soit en possession d'être le même que l'enfant désigné dans l'acte de naissance; qu'ainsi, si, élevé loin de ses parents, dans le lieu où a été dressé son acte de naissance, qui désigne comme étant sa mère une femme mariée, il avait toujours été connu publiquement comme l'individu dénommé dans cet acte, son identité serait établie par cela même.

228. Mais il pourrait se faire que l'enfant n'eût de possession d'aucune espèce; dans ce cas, son identité peut-elle être établie par la preuve testimoniale? — Cette question s'était élevée dans l'ancienne jurisprudence, et elle y avait été résolue affirmativement. Cochin, qui, dans son 107ᵉ plaidoyer, pour la demoiselle Ferrand (t. 4 de ses Œuvres, p. 486), cite plusieurs décisions rendues en ce sens, se prononce avec force pour la même doctrine. « Comment un enfant, dit cet éloquent jurisconsulte, prouvera-t-il qu'il est le même que celui que sa mère a eu dans un certain temps, si ce n'est parce qu'il aura été connu pour le même enfant pendant un certain nombre d'années, et que, s'il a été caché depuis par le concours de certaines circonstances, il reste cependant plusieurs témoins en état de le reconnaître et de le manifester à la justice? De là tant de causes célèbres où la justice a été obligée de déférer à la preuve testimoniale sur la question de l'identité, la cause de Maillard, celle de Caille et tant d'autres. Un enfant, en quelque âge qu'il soit, ne va pas se représenter de temps en temps devant des officiers publics pour vérifier qu'il est toujours le même enfant : c'est donc une nécessité absolue de recourir sur ce point de fait à la preuve testimoniale. » A la suite de ce plaidoyer, la demoiselle Ferrand fut admise, par arrêt du 27 août 1736, à faire, par témoins, la preuve de son identité.—Les raisons invoquées par Cochin nous semblent sans réplique, et elles ont aujourd'hui la même force qu'elles pouvaient avoir dans l'ancienne jurisprudence. Aussi son sentiment a-t-il été admis par la plupart des auteurs (V. Merlin, Rép., vº Légitimité, sect. 3, nº 3; MM. Toullier, t. 2, nº 883; Duranton, t. 3, nºˢ 123, 124; Demante, Programme, t. 1, nº 301; Ducaurroy, Bonnier et Roustain, t. 1, nº 449; Zachariæ, éd. Massé et Vergé, t. 1, p. 308, et ses annotateurs *loc. cit.*, note 19; Demolombe, t. 5, nº 203; Richefort, t. 1, nº 115). — Il a été jugé, en ce sens, que la preuve par témoins est admissible lorsqu'il s'agit, non pas de prouver la filiation par témoins, mais seulement d'établir l'identité, c'est-à-dire de prouver que le réclamant est le même que l'individu porté dans un acte de naissance (Bruxelles, 9 juill. 1821, aff. Vigy *C.* Thiry).

229. D'un autre côté, il a été jugé 1º que l'art. 323 c. nap., qui autorise la preuve testimoniale de la filiation, non-seulement lorsqu'il y a commencement de preuve par écrit, mais encore lorsqu'il existe des présomptions graves résultant de faits constants, est applicable au cas où une personne demande à prouver son identité avec un individu désigné dans un acte de naissance (Req. 27 janv. 1818) (2); — 2º Que, lorsqu'il n'existe pas de

---

(1) *Espèce :* — (Pommier *C.* Mercier.) — Le 3 juill. 1801, décès de Pommier (Michel). Le 10 septembre suivant, sa femme, Marie Buaz, qui vivait à Marseille, a fait inscrire aux registres de l'état civil un enfant comme fils de Marie Buaz et de Michel Pommier, décédé le 3 juillet précédent. — En 1819, la dame Buaz a purgé les condamnations par contumace qui la frappaient. Déchargée de ces poursuites, elle a réclamé au nom de son fils la succession de son mari, recueillie par ses frères. — Ceux-ci ont fait nommer un tuteur à Pommier fils, et l'ont assigné pour que son acte de naissance fût rectifié, en ce qu'il portait qu'il était fils de Pommier et de Marie Buaz, tandis qu'il était fils de Savarin et de Marianne Buaz. — Après enquête et interrogatoire, jugement, et sur l'appel, arrêt de la cour de Lyon, du 23 juill. 1823, qui ordonne cette rectification. — Pourvoi. — Violation, 1º de l'art. 45 c. civ., en ce que la cour a refusé foi à un acte de naissance qui n'était pas attaqué par inscription de faux ; 2º de l'art. 322 du même code, en ce que la cour a refusé à Pommier fils la filiation que lui donnait son acte de naissance — Arrêt.

La cour ; — Attendu que, pour décider que Joseph-Julien n'était pas l'enfant de Paul-Michel Pommier et de Jeanne-Marie Buaz, sa femme, les juges considèrent, en termes formels entre autres choses, que Joseph-Julien ne réunit pas à son titre de naissance une possession d'état telle que la loi l'exige; qu'en effet cette possession manque d'un caractère essentiel, en ce que l'enfant n'a jamais été reconnu ni par aucun membre de la famille Pommier ni par le public, dans le pays que cette famille habitait; qu'ainsi leur décision est incontestablement motivée, et par conséquent le moyen porte à faux; — Attendu, en droit, que pour que, la filiation d'un individu soit à l'abri de toute attaque, il faut que la possession d'état soit conforme à l'acte de naissance; — Et attendu qu'il a été reconnu, en fait, par l'arrêt attaqué, que si Joseph-Julien avait pour lui l'acte de naissance, cependant il ne prouvait point une possession d'état conforme à ce même acte de naissance; — Que, dans ces circonstances, en décidant, à l'aide de la preuve testimoniale accompagnée de commencements de preuve par écrit et de présomptions graves, que Joseph-Julien n'est point fils de Paul-Michel Pommier et de Jeanne-Marie Buaz, l'arrêt ne s'est mis en contradiction avec aucune loi; — Rejette.

Du 30 nov. 1824.-C. C., sect. req.-MM. Henrion, pr.-Lasagni, rap.

(2) *Espèce :* — (Hér. Duvau *C.* Loubette Duvau.) — Duvau de Chavagné avait eu, de son mariage avec dame Sapineau de Boishuguet, trois enfants, deux garçons et une fille. — Duvau suivit l'armée vendéenne, lorsqu'elle passa de la rive gauche sur la rive droite de la Loire. — Il emmenait avec lui son épouse, son fils aîné, nommé Célestin, et sa fille, appelée Loubette, alors âgée de quatre ans (c'était en oct. 1793). Charles, le plus jeune de ses enfants, resta confié aux soins d'une nourrice. — Célestin mourut à Laval peu de jours après le passage. Les époux Duvau, fuyant avec les débris de l'armée, obtiennent de la veuve Adam, aubergiste au bourg de Nort, qu'elle gardera Loubette, alors malade de la dyssenterie : Loubette est enveloppée dans des langes et couverte d'une petite robe de molleton blanc. Les époux Duvau périssent. — La veuve Adam, trois semaines après (vers janv. 1794), remet Loubette, après l'avoir dépouillée de sa robe de molleton, sur une charrette conduisant des prisonniers vers Nantes. — Que devint ce convoi? on l'ignore. — Sur la fin de janvier 1794, le colonel Lepic aperçoit sur le chemin de Mortagne à Saint-Laurent-sur-Sèvres, une femme renversée d'un coup de feu à la suite d'une charge contre des Vendéens fugitifs : cette femme tenait un enfant dans ses bras; il se le fait apporter par l'un de ses soldats. Au linge fin qui enveloppe l'enfant, le colonel juge qu'il appartient à une famille distinguée. Arrivé à Nantes, il le confie, à son départ, ainsi que les langes dont elle avait été trouvée couverte, à la femme du sieur Duchesne, son tailleur. Celle-ci tombe dans l'indigence; les demoiselles Delabrosse offrent de se charger de l'enfant; l'une d'elles devient sa marraine; elle lui donne le nom de Clémentine. — 15 ans se passent. — En 1810, la dame Huet, qui, en 1796, avait accompagné la dame de Boishuguet, mère de la dame Duvau, dans ses recherches pour découvrir Loubette, instruite de ces détails, se rend au-

preuve du décès d'un enfant légitime dont la naissance est constatée, l'enfant qui prétend s'appliquer l'acte de naissance peut être admis à prouver l'identité par la voie d'enquête, alors que les faits constants paraissent aux juges assez graves pour déterminer cette preuve (Paris, 13 flor. an 13) (1).

230. Au contraire, il a été jugé : 1° que l'acte de naissance qui n'est soutenu par aucune possession d'état ne peut servir de commencement de preuve par écrit, et qu'ainsi celui qui, à l'appui de sa réclamation de l'état d'enfant légitime, ne produit qu'un acte de naissance contredit par sa possession d'état et qu'on soutient ne pouvoir s'appliquer à lui, ne peut être admis à faire par témoins la preuve de son identité avec l'individu porté dans l'acte de naissance (Req. 5 avr. 1820; Bordeaux, 27 août 1828) (2); — 2° Que la production de l'acte de naissance d'un en-

---

près des demoiselles Delabrosse, et quoique Clémentine se trouve au milieu d'autres jeunes pensionnaires de son âge, elle s'écrie en la voyant : Voilà bien le portrait de la maman. M. de Boishuguet, beau-père de Charles Duvau, le frère de Loubetté, avoue aussi qu'elle a beaucoup de rapport avec feu madame Duvau. Au reste, dit-il dans une seconde visite avec son gendre, si mademoiselle est Loubette elle doit avoir un signe placé sur le cou. Le signe indiqué s'y trouve en effet.—Clémentine est conduite à Angers vers la dame de Boishuguet, aïeule de Loubette : celle-ci ne la reconnaît point, quoiqu'un sieur de Cumont, ami de la famille, trouve la ressemblance frappante. Enfin, la famille Duvau différant de se joindre à Clémentine pour prendre de nouveaux renseignements, la demoiselle Sophie Delabrosse se rend avec elle à Niort. Dans ce trajet, plusieurs personnes croient en Clémentine revoir la dame Duvau.

En cet état, une jeune personne nommée Rose, prétendant être Loubette, actionne en reconnaissance d'identité le sieur Charles Duvau, son frère. — Clémentine intervient, soutient que c'est elle-même qui est Clémentine, et demande à prouver par titres et par témoins des faits qu'on vient de retracer : elle produit l'acte de naissance de Loubette de 1789.

Duvau répond que la demande n'est pas recevable, attendu qu'aux termes de l'art. 323, la filiation ne peut se prouver par témoins qu'autant qu'il y a commencement de preuve par écrit, ou au moins des présomptions et indices résultant de faits dès à présent constants et assez graves pour déterminer l'admission de la preuve testimoniale.

16 mars 1813, jugement qui admet cette preuve.—Appel. —21 janv. 1814, arrêt confirmatif de la cour d'Angers : « Attendu que les faits articulés paraissent assez importants et graves; que la preuve d'iceux peut contribuer à jeter de la lumière sur l'identité de Clémentine avec Loubette; que la preuve testimoniale peut être admise, sans toutefois rien préjuger sur le fond. » — Cet arrêt écarte Rose du procès. Les enquêtes ont lieu. — 15 fév. 1816, jugement qui, d'après leur résultat, déclare que la prétention de Clémentine n'est pas suffisamment justifiée. — Appel. — 25 juill. 1817, arrêt de la cour d'Angers qui infirme et déclare que Clémentine est identiquement la même que Loubette Duvau née le 27 juin 1789.

Pourvoi de Charles Duvau contre les deux arrêts, pour fausse application de l'art. 323 c. civ. — Arrêt.

LA COUR; — Considérant, sur le premier moyen tiré de l'irrégularité de l'intervention de la demoiselle Clémentine, que le tribunal de première instance d'Angers a régulièrement prononcé sur cette intervention, et l'a suffisamment déclarée recevable, en admettant, par son jugement du 16 mars 1813, la demoiselle Clémentine à la preuve des faits par elle articulés, et qu'en confirmant ce jugement, l'arrêt du 31 janv. 1814 n'est contrevenu, sous ce rapport, à aucune loi; — Considérant, sur le second moyen relatif à l'admission de la preuve testimoniale, qu'aux termes de l'art. 323 c. civ., cette preuve est autorisée en matière de réclamation d'état lorsqu'il existe un commencement de preuve par écrit, ou lorsque les présomptions ou indices résultant de faits dès lors constants, sont assez graves pour déterminer l'admission; que, dans l'espèce, le tribunal d'Angers a reconnu ce principe dans son jugement interlocutoire du 16 mars, en déclarant qu'il existait alors des faits constants qui y sont rappelés; que la cour d'Angers a également reconnu le même principe par son arrêt du 31 janv., en adoptant les motifs des premiers juges; que, par suite de l'appréciation de ces faits et des présomptions ou indices qui pouvaient en résulter, le tribunal et la cour d'Angers ont pu, sans violer l'art. précité du c. civ., admettre la demoiselle Clémentine à la preuve par elle offerte; — Considérant que, d'après les faits établis par les enquêtes, et ceux reconnus constants dès le principe, la cour d'Angers a pu, par son arrêt définitif du 25 juillet 1817, reconnaître l'identité de la demoiselle Clémentine avec Charlotte-Loubette-Jeanne-Ambroise Duvau de Chavagne, et lui attribuer l'état par elle réclamé, sans contrevenir à aucune loi; qu'il n'y a de sa part qu'une appréciation de faits dont la cour n'a point à s'occuper; — Rejette.

Du 27 janv. 1818.-C. C., sect. req.-MM. Henrion, pr.- Favard, rapp.-Mourre, proc. gén.; c. conf.-Loiseau, av.

(1) *Espèce :* — (Hennecart C. Lavoine.) — Au décès d'un sieur Lavoine, Marie-Catherine, femme Hennecart, se prétendant sa fille, poursuit le partage de sa succession contre la dame Julien sa sœur, et la veuve Lavoine sa mère. — La dame Lavoine et la dame Julien, sa fille aînée, soutiennent que la demanderesse était absolument étrangère à leur famille, et que depuis longtemps Marie-Catherine Lavoine est décédée. La dame Hennecart représente un acte de naissance du 30 déc. 1777, et à défaut de possession d'état elle offre des preuves testimoniales de sa filiation. La veuve Lavoine et sa fille opposent un acte de naissance du 6 mai 1783, qui constitue la dame Hennecart fille de Louis Marc et Marie Gosselin sa femme. Mais elles n'offrent pas de preuve du décès prétendu de Marie-Catherine Lavoine. 15 niv. an 12, jugement du tribunal de Versailles, qui : « Attendu que l'individu qui se donne dans la cause pour Marie-Catherine Lavoine, née dans la commune d'Arcueil, le 30 déc. 1777, d'André-Denis Lavoine et de Marie Leroux, sa femme, ne présente qu'un titre de naissance, sans justifier d'une possession d'état constante et suivie, conformément à ce titre; — Attendu que pour percer l'obscurité qui règne dans la cause, il est indispensable d'entendre les personnes qui ont vu et connu soit la fille Marc, soit la fille Lavoine; que les faits constants dans la cause sont assez graves pour déterminer cette admission de témoins; — Sans avoir égard à la fin de non-recevoir proposée par la veuve Lavoine et sa fille, ordonne qu'elles seront tenues d'avouer ou de contester les faits articulés. » Appel; les appelantes soutiennent qu'en l'absence de titre de possession et de commencement de preuve par écrit, la dame Hennecart était non-recevable dans la preuve offerte. — De leur côté, elles articulent des faits tendant à prouver la possession d'état de l'intimée conforme à l'acte de naissance du 6 mai 1783. — Arrêt.

LA COUR; — sans s'arrêter à l'articulation de faits, subsidiairement faite par la veuve Lavoine et Julien et sa femme, comme actuellement prématurée; faisant droit sur l'appel, et adoptant les motifs des premiers juges; — Dit qu'il a été bien jugé par le jugement rendu au tribunal de Versailles, le 15 niv. an 12.

Du 13 flor. an 13. — C. de Paris.

(2) 1re *Espèce :* — (Paul C. Melet.) — Des époux de Melet naissent deux enfants, Alexis-Joachim, en 1786, et Bruno, le 17 mars 1795. — Acte de décès à la date du 3 sept. 1798, constatant que celui-ci est mort chez la femme Cornebois, qui l'avait pris en pension. — Les époux de Melet décèdent aussi. — En 1817, un sieur Paul, tailleur, prétendant être le même que Bruno de Melet, déclare s'inscrire en faux contre l'acte de décès de 1798; il offre de prouver, par titre et par témoins, divers faits établissant qu'il est bien le même que Bruno de Melet, dont il est question dans l'acte de naissance du 17 mars 1795.

Le 13 mai 1818, jugement du tribunal de Toulouse, qui admet l'inscription de faux, et autorise le sieur Paul à prouver les faits articulés. — Appel. — 7 juillet 1818, arrêt de la cour de Toulouse qui infirme : « Attendu que, pour bien savoir si le demandeur est recevable dans son action incidente, qui est l'inscription de faux, il convient d'examiner s'il est recevable dans son action principale, qui est la réclamation de l'état de Bruno de Melet et des droits qui y sont attachés; que, pour justifier sa réclamation d'état, le nommé Paul n'a ni titre ni possession constante conforme à l'état par lui réclamé; qu'il n'a pas de titre, car l'acte de naissance de Bruno de Melet dont toute personne peut, aux termes de l'art. 45 c. civ., se faire délivrer des extraits, ne saurait par lui-même fournir une preuve de filiation en faveur de celui auquel on conteste l'application de l'acte de naissance qu'il invoque; qu'il n'a point de possession d'état constante, car, au lieu de la possession de l'état de Bruno de Melet, le demandeur est en possession de l'état de Paul, né de père et de mère inconnus, et simple garçon tailleur successivement employé dans divers ateliers de Toulouse; qu'il n'a point de commencement de preuve par écrit, et qu'il n'articule aucun fait constant d'où on puisse induire des présomptions ou indices assez graves pour déterminer l'admission de la preuve testimoniale; que le sieur Paul a voulu distinguer, entre une question de filiation et une question d'identité, pour soutenir que les questions d'identité ne sont point soumises aux règles prescrites par l'art. 323; qu'en droit, ces deux questions n'en font jamais qu'une, laquelle constitue toujours une question d'état; que si, de l'examen de la cause fait indépendamment de l'acte de décès de Bruno de Melet, il est sans moyens pour soutenir son action principale, il est aussi sans qualité pour soutenir son action accessoire; que la signification de l'acte de naissance d'un individu dont on réclame l'état ne saurait améliorer la condition de celui qui serait non-recevable dans sa réclamation, alors même qu'on ne rapporterait pas l'acte de décès; que l'art. 327 c. civ. a proscrit toutes les voies indirectes par lesquelles on essayerait, dans les questions d'état, de se soustraire aux dispositions sévères de l'art. 323; que, si Paul ne cherche qu'à établir que Bruno de Melet n'est pas mort, Paul est dès lors sans intérêt; que si, au contraire, il veut établir que, loin d'être mort, Bruno de Melet est toujours vivant dans la personne de lui Paul, il est évident qu'il veut arriver indirectement et sans fournir les garanties exigées par l'art. 323, à la

fant dont le décès n'est pas prouvé ne suffit pas pour former, en faveur de celui qui réclame l'état de cet enfant, un commencement de preuve par écrit...; qu'il ne pourrait s'en prévaloir qu'autant que l'identité de sa personne avec celle de l'individu porté dans l'acte serait reconnue; — Que, toutefois, la preuve testimoniale de l'identité est admissible sans qu'il soit besoin d'un commencement de preuve par écrit, si, de faits déjà constants, il résulte des présomptions ou indices assez graves pour la faire admettre (Bordeaux, 25 août 1825) (1), seconde proposition qui, on le verra, diffère essentiellement de la première.

231. Ces arrêts paraissent juger diversement la question qui nous occupe. En effet, si les uns admettent le réclamant à prouver par témoins qu'il est bien l'enfant désigné dans l'acte de naissance qu'il produit, les autres, au contraire, repoussent sa demande à cet égard et lui interdisent ce mode de preuve. Cependant, si l'on compare attentivement les termes de ces di-

---

preuve testimoniale de la filiation et de l'identité; que dès lors la fin de non-valoir opposée à Paul est bien fondée; — Infirme. » — Pourvoi de Paul pour violation des art. 214 c. pr., 319, 320 et s. c. civ., en ce que, dans l'espèce, la cour royale n'a pas refusé d'admettre l'inscription de faux, et qu'elle l'a subordonnée mal à propos à des commencements de preuve par écrit, que la loi n'exige pas Il invoque le discours du tribun Perrin sur l'art. 214 c. pr.; et il ajoute qu'au reste, l'acte de naissance de 1795 par lui produit était un titre, aux termes de l'art. 319 c. civ., et qu'il ne s'agissait plus que d'une simple question d'identité, laquelle était susceptible de la preuve par témoins. — Arrêt.

La cour; — Attendu que la question soumise à la cour se concentre dans le point de savoir si la cour de Toulouse a violé quelque loi, en déclarant le demandeur en cassation non-recevable dans sa demande à fin d'être admis à s'inscrire en faux contre l'acte de décès de Bruno de Melet, fils de Jean-Joachim de Melet et de Marie Tillol, en date du 16 fruct. an 6;

Attendu que le code ne dit pas, en termes absolus, que toute demande en inscription de faux sera admise; mais, ce qui est bien différent, que les tribunaux l'admettront, s'il y échet; — Attendu que de ces mots, s'il y échet, il résulte qu'à cet égard la loi s'en réfère à la sagesse et à la prudence des magistrats; — Attendu qu'usant de ce pouvoir discrétionnaire, la cour de Toulouse s'est déterminée, dans l'espèce, à déclarer le demandeur en cassation non recevable dans sa demande par des faits et des circonstances dont l'appréciation lui appartenait; — Rejette.

Du 5 avr. 1820.-C. C., sect. req.-MM. Henrion, pr.; Lefessier, rap.-Lebeau, av. gén., c. conf.-Naylies, av.

2e *Espèce* : — (Bourbo C. Robert.) — La cour; — Attendu que l'acte dressé le 29 oct. 1813 sur les registres de l'hôpital de Figueras, pour constater le décès de Jean-Jacques Robert, qui y était entré le 5 dudit mois, a été transcrit en 1814 sur les registres de l'état civil de Bordeaux; que, s'il résulte de la qualité de boucher attaché à l'administration des services réunis de l'armée de Catalogne, donnée audit Jean-Jacques Robert, et du fait constant et reconnu au procès que Jacques Robert, né à Bordeaux de Jean Robert et de Marie Maisonneuve, fut enrôlé en la même qualité au service de l'armée d'Espagne dans le mois de mars 1813, une très-forte présomption que l'acte de décès du 29 oct. s'applique à Jacques Robert; si cette présomption acquiert encore plus de force par la déclaration de Nicolas Bourbo, qui, se prétendant Jacques Robert, est réduit à soutenir qu'il entra le 5 oct. 1813 dans l'hôpital de Figueras, d'où il s'échappa le 29 dudit mois, en y laissant ses papiers, sur lesquels il dit qu'aura pu être dressé l'acte de son décès; néanmoins le défaut d'identité exacte dans les prénoms de l'acte de naissance de Jacques Robert, et ceux qui sont insérés dans l'acte de décès du 29 oct. 1813, ne permet pas de considérer ce dernier acte comme formant une fin de non-recevoir absolue contre la demande de Nicolas Bourbo, tendant à se faire reconnaître pour Jacques Robert; — Attendu que la question d'identité en matière de filiation est une véritable réclamation d'état; que, dans ces sortes de réclamations, la preuve testimoniale ne peut être admise, suivant l'art. 323 c. civ., s'il n'y a commencement de preuve par écrit, ou des présomptions ou indices résultant de faits dès lors constants et qui soient assez graves pour déterminer l'admission de ladite preuve par témoins; — Attendu qu'il n'y a en faveur de Nicolas Bourbo aucun commencement de preuve par écrit; qu'il ne peut se prévaloir à ce titre ni de l'acte de naissance de Jacques Robert, puisqu'il s'agit précisément de savoir si cet acte lui appartient, et que, tout individu pouvant s'en emparer comme lui, il ne rend pas plus vraisemblable en sa faveur qu'en faveur de tout autre le fait par lui allégué qu'il est la même personne que cet acte désigne; ni des deux lettres adressées par Jacques Robert à son père, soit parce que l'une de ces lettres ne fut pas écrite par Jacques Robert, soit parce que l'autre n'a pas l'un des caractères que l'art. 324 du code assigne au commencement de preuve par écrit, qu'elle n'est pas émanée de Jean Robert père, et que, d'ailleurs, Nicolas Bourbo l'a d'abord méconnue et qu'il a désavoué l'avoir écrite; — Attendu qu'il n'existe aucun fait actuellement constant et duquel il résulte des présomptions ou des indices graves de l'identité en litige; qu'il résulte au contraire du passe-port dont Nicolas Bourbo était porteur et de la feuille de route sur laquelle il convient que ledit passe-port lui a été délivré à Sarguemines, sur sa demande, qu'il s'y était donné un prénom, un nom, une filiation, un âge, enfin un état civil tout différent de celui qu'il réclame aujourd'hui; que ces faits, dont lui-même a fourni la preuve, celle qui résulte de l'acte de décès du 29 oct. 1813, les contradictions, les mensonges et les invraisemblances choquantes de ses récits, donnent à la justice la pleine et entière conviction qu'il cherche à s'introduire frauduleusement dans une famille à laquelle il n'appartient pas, et qu'il veut usurper un état et un nom qui ne sont pas les siens; qu'ainsi la preuve testimoniale ne saurait être admise; — Attendu que, d'après ces motifs et cette conviction, qui était aussi celle des premiers juges, il ne pouvait y avoir aucune raison de ne pas ordonner la ratification demandée par Jean Robert et Marie Maisonneuve de l'acte de décès du 29 oct. 1813; — Met l'appel au néant, etc.

Du 27 août 1828.-C. de Bordeaux, aud. sol.-M. Ravez, 1er pr.

(1) (Veuve Thomas C. Marguerite Roux.) — La cour; — Attendu que Marguerite, femme Roux, réclame l'état et les droits de fille née du légitime mariage de Pierre Thomas et Marie Durand; qu'elle n'est pas en possession de cet état; que l'acte de naissance de Jeanne-Sophie-Justine Thomas, qu'elle soutient lui appartenir, ne forme pas un titre actuel en sa faveur, puisqu'elle ne pourrait s'en prévaloir que dans le cas où l'identité de sa personne, avec l'enfant désigné par cet acte, aurait été avouée ou serait judiciairement reconnue; — Attendu qu'en matière de filiation légitime, à défaut de titre et de possession constante, l'art. 323 c. civ. permet de faire par témoins la preuve de la filiation, lorsqu'il y a un commencement de preuve par écrit, ou lorsque les présomptions ou indices résultant de faits dès lors constants sont assez graves pour déterminer l'admission de cette preuve, et que cet article est la seule disposition applicable à la cause; — Attendu qu'il n'y a point de commencement de preuve par écrit que Marguerite soit née du mariage de Marie Durand et Pierre Thomas; qu'on ne saurait trouver ce commencement de preuve dans l'acte de Jeanne-Sophie-Justine, puisque rien ne constate encore la relation de cet acte avec la naissance de Marguerite; — Mais qu'il est constant que Marie Durand, femme de Pierre Thomas, accoucha, le 28 août 1784, d'une fille qui fut baptisée à Jarnac, le 3 janv. 1785, sous les prénoms de Jeanne-Sophie-Justice; qu'elle signa le registre où le pasteur de la religion protestante inscrivit cet enfant; que Jeanne-Sophie-Justine Thomas a disparu; que sa mère prétend qu'elle mourut en nourrice; qu'elle n'indique ni le lieu, ni l'époque précise, ni aucune circonstance de ce décès, et qu'il n'est justifié par aucun acte authentique ou privé, ni même par des registres ou papiers domestiques; — Attendu qu'il est également constant qu'une fille fut déposée, sans indication d'âge, de nom ni de prénoms, à l'hospice des enfants trouvés d'Angoulême, le 22 fév. 1786; qu'il résulte du registre de cet hospice que cette enfant était alors âgée d'environ dix-huit mois, ce qui ferait remonter sa naissance à la fin d'août 1784; qu'elle fut confiée, le 25 février, à Marguerite Martin, femme de Louis Reneteau, chez qui elle était encore le 20 prair. an 3, ou 15 juin 1795; que cette fille est la même qui, sous le nom de Marguerite, que portait la femme Reneteau, s'est mariée, sans désignation de ses père et mère, avec Pierre Roux, le 30 mai 1816, et qui se dit aujourd'hui Jeanne-Sophie-Justine Thomas; — Attendu que, de ces faits constants, résultent des présomptions, ou tout au moins des indices, que l'enfant inconnue, abandonnée dans un hospice, et qu'on disait avoir été baptisée avant son exposition, pourrait être Jeanne-Sophie-Justine Thomas, baptisée en 1785, dont la disparition est certaine, qu'on allègue être morte chez une nourrice, dont on ne fait pas même connaître le nom et la résidence, et dont enfin on ne prouve ni la vie ni la mort; que l'incertitude du sort de cette enfant, l'identité de son âge avec celui que paraît avoir la fille exposée en 1786, le rapprochement de l'époque du décès allégué et de la date de l'exposition, le voisinage du domicile des père et mère de la jeune Thomas du lieu où elle devait être nourrie, et de l'hospice d'Angoulême, tout concourt à donner aux présomptions ou indices qui résultent des faits déjà constants, assez de gravité pour déterminer l'admission de la preuve testimoniale par laquelle Marguerite offre d'établir qu'elle est identiquement Jeanne-Sophie-Justine Thomas; — Attendu que les faits par elle articulés sont pertinents; que si, dans les réclamations d'état, la justice ne doit admettre la preuve par témoins qu'avec une extrême circonspection, elle ne doit pas repousser des éclaircissements nécessaires dans des cas qui n'ont point d'invraisemblance réelle et où l'obscurité sur la liaison des faits qui lui sont déférés ne peut être dissipée que par ce genre de preuve; que, d'ailleurs, le tribunal de Cognac a déclaré ne point préjudicier au fond, et que, par conséquent, tous les droits, moyens et exceptions des parties leur demeurent réservés; — Met l'appel au néant; ordonne que le jugement du tribunal de première instance de Cognac, en date du 16 août 1824, sortira son plein et entier effet.

Du 25 août 1825.-C. de Bordeaux.-M. Ravez, 1er pr

vers arrêts, on reconnaîtra facilement, ce nous semble, que, s'ils paraissent rendus en sens contraire, c'est qu'ils ont différemment jugé la question de fait, mais que, quant à la question de droit, ils l'ont résolue dans le même sens. Tous, en effet, à l'exception toutefois du premier, celui de Bruxelles, dont les termes sont en parfaite harmonie avec la solution que nous avons donnée d'après Cochin, tous, disons-nous, jugent en droit que, lorsque l'application de l'acte de naissance à la personne du réclamant est contestée, il est vrai de dire que ce dernier n'a pas de titre, et que dès lors ce n'est pas l'art. 319 mais l'art. 323 qui doit être appliqué; que, par conséquent, la preuve testimoniale n'est admissible, dans ce cas, qu'autant qu'il y a commencement de preuve par écrit, ou lorsque les présomptions ou indices résultant de faits dès lors constants sont assez graves pour déterminer l'admission. Et cela admis en droit, les arrêts précités admettent ou rejettent la preuve testimoniale suivant qu'ils trouvent ou ne trouvent pas dans la cause, soit un commencement de preuve par écrit, soit ces faits constants exigés par l'art. 323.

Or, est-il bien vrai que, par cela seul que l'application du titre est contestée, on puisse dire justement qu'il n'y a plus de titre et que par suite il faut recourir à l'art. 323? Il nous est impossible de le penser. Il n'y a, selon nous, aucune assimilation à établir entre les deux cas. Et en effet, que faut-il établir dans le cas prévu par l'art. 323, c'est-à-dire lorsqu'il n'existe ni titre ni possession constante? Il faut établir d'abord que la femme qu'on prétend être la mère est accouchée à telle époque d'un enfant de tel sexe; il faut établir de plus qu'il y a identité entre cet enfant et le réclamant. Dans le cas où il existe un acte de naissance dont l'application est contestée, le premier point se trouve établi d'une manière irréfragable par cet acte; il ne reste à prouver que le second, c'est-à-dire l'identité. Les deux cas, comme on le voit, sont bien différents, et il est évident qu'il n'y a pas de raison d'être aussi sévère pour l'admission de la preuve testimoniale dans le second que dans le premier. Lorsqu'il s'agit d'attribuer un enfant à deux époux qui soutiennent ne lui avoir jamais donné l'existence, qui nient le fait même de l'accouchement, on comprend que la loi ne se soit pas contentée de simples témoignages; mais lorsque, le fait de la paternité et de la maternité se trouvant authentiquement constaté par l'acte de naissance, il s'agit seulement de vérifier si l'enfant désigné dans cet acte est bien le même que celui qui revendique ce titre, la question est beaucoup moins grave et en elle-même et dans ses conséquences; on s'expliquerait donc difficilement que la loi eût montré la même rigueur; d'autant plus que le plus souvent, pour cette question d'identité, il n'y a pas d'autres preuves possibles que la preuve testimoniale.

Ajoutons que, quand même on voudrait, dans ce cas, se placer au point de vue de l'art. 323, on n'en devrait pas moins, selon nous, arriver au même résultat; soit que l'acte de naissance, qui prouve authentiquement au moins une partie des faits qu'il s'agit d'établir, fût considéré comme un commencement de preuve par écrit, soit que l'accouchement de la mère, légalement constaté dans cet acte, fût réputé un de ces faits dès lors constants qui doivent, aux termes de cet article, déterminer l'admission de la preuve testimoniale. Mais il nous paraît plus exact, plus conforme à la saine appréciation des choses, de distinguer, comme nous l'avons fait, le cas où il existe un titre dont l'application est contestée, du cas où il n'y a pas de titre. — A l'appui du sentiment que nous venons d'exprimer, nous pouvons invoquer l'autorité de M. Demolombe, t. 5, n° 203, qui se prononce dans le même sens.

232. Si toutefois à l'acte de naissance par le réclamant on venait opposer un acte de décès régulier et qui s'appliquât au même individu, le premier de ces deux actes se trouvant neutralisé par l'autre, le réclamant devrait, avant d'être admis à la preuve testimoniale de son identité, détruire légalement la preuve résultant de l'acte de décès, en l'attaquant par les voies légales. Ce n'est qu'après avoir préalablement fait prononcer la nullité de cet acte qu'il pourrait venir faire par témoins la preuve de son identité avec l'enfant dénommé dans l'acte de naissance.

233. Cette hypothèse, du reste, s'est présentée dans l'espèce de l'arrêt de Toulouse, 7 juill. 1818, aff. Paul (n° 230). Le réclamant offrait de prouver par titre et par témoins qu'il était identiquement le même que l'enfant dont il produisait l'acte de naissance, et il déclarait s'inscrire en faux contre l'acte de décès de cet enfant; mais la cour, refusant de voir un titre dans cet acte, qu'on soutenait ne point s'appliquer au réclamant, refusant d'y voir même un commencement de preuve par écrit, jugea d'abord qu'il ne pouvait être admis à faire par témoins la preuve de son identité; et, quant à l'inscription de faux, elle décida que, comme, à défaut d'acte de décès, il serait encore non recevable dans sa réclamation d'état, par le motif que nous venons d'indiquer, il était sans intérêt et par conséquent sans droit à former cette inscription. — On voit en quoi cette décision diffère de l'opinion que nous avons émise. Selon nous, l'inscription de faux eût dû être admise, et dans le cas où, par suite, l'acte de décès eût été annulé, le réclamant eût dû être admis à faire par témoins la preuve de son identité.

234. Conformément aux observations qui précèdent, il a été jugé qu'un acte de naissance ne peut être invoqué pour prouver la filiation d'un individu qui prétend s'en prévaloir, lorsqu'il existe un acte de décès qui constate la mort de l'enfant dont le premier avait constaté la naissance, tant que ce dernier n'a été ni dénié, ni contesté, ni attaqué (Req. 17 mai 1827) (1).

235. L'art. 283 c. pr. place au nombre des témoins qui peuvent être reprochés les parents ou alliés de l'une ou de l'autre des parties jusqu'au degré de cousin issu de germain exclusivement. Il est évident que cette règle n'est point applicable au cas où il s'agit de prouver par témoins l'identité du réclamant avec l'enfant dénommé en l'acte de naissance. Les parents sont, en effet, le plus souvent ceux dont le témoignage peut avoir sur ce point le plus grand poids. C'est donc avec raison, selon nous, qu'il a été jugé qu'en matière d'identité le témoignage des parents doit être admis (Toulouse, 17 août 1809, aff. Pradies, V. *infrà*, n° 251).

SECT. 2. — *De la possession d'état.*

236. Si l'acte de naissance est, comme nous l'avons dit, le mode de preuve de la filiation le plus régulier et le plus normal, la possession d'état en est, sans contredit, le mode le plus ancien et le plus universel. C'est celui qui semble indiqué par la nature elle-même. En effet, lorsqu'un individu occupe dans une famille la position de fils ou de fille, lorsqu'il a toujours été considéré et traité comme tel, soit par les membres de la famille, soit par les personnes étrangères, quoi de plus naturel que de penser qu'il l'est en effet? Pour qu'il en fût autrement, pour qu'un père, une mère, consentissent à introduire parmi leurs enfants un enfant qui leur serait étranger, à lui donner leur nom, à le traiter de tout point comme s'ils lui avaient effectivement donné le jour, pour que le public, trompé par de fausses apparences, s'associât lui-même à cette usurpation, il faudrait un concours de circonstances extraordinaires qui ne doivent pas être facilement présumées. Il y a donc, dans la possession d'état, un indice de la vérité que le législateur ne pouvait dédaigner. Aussi l'art. 320 dispose-t-il que « à défaut de ce titre (c'est-à-dire de l'acte de naissance), la possession constante de l'état d'enfant légitime suffit. »

Cet article avait d'abord été autrement rédigé. Au lieu de ces mots : « à défaut de titre,... » le projet soumis à la délibération du conseil d'État portait : « Si les registres sont perdus, ou s'il n'en a point été tenu, la possession constante, etc. (V. Locré, Lég. civ., t. 6, p. 27). Cette rédaction était trop limitative. Il peut très-bien se faire qu'il ait été tenu des registres et qu'ils ne soient pas perdus, mais que l'enfant se trouve dans l'impossibilité de rapporter un acte de naissance, soit parce que cet acte n'a point

(1) (Jacquinot C. veuve Primoine.) — LA COUR ; — Attendu que l'arrêt attaqué n'a fait autre chose que déclarer qu'un acte de naissance ne pouvait être invoqué pour prononcer la filiation d'un individu qui prétendait s'en prévaloir, lorsqu'il existait un acte de décès qui constatait la mort de l'enfant dont le premier avait constaté la naissance, tant que le dernier n'était ni dénié, ni contesté, ni attaqué par les voies de droit; — ... Rejette.

Du 17 mai 1827.-C. C., sect. req.-MM. Henrion, pr.-Voysin, rap.

été dressé, par la négligence des parents ou par toute autre cause, soit parce qu'il a été dressé sous de faux noms, soit enfin parce que cet enfant ignore le lieu où il est né, et où, par conséquent, l'acte a dû être dressé. Comme, dans tous ces cas, aucune faute ne peut lui être imputée, il eût été trop rigoureux de lui refuser tout autre moyen de justifier de sa filiation. Aussi la nouvelle rédaction de l'article a-t-elle remplacé l'énonciation limitative de la première par ces mots : « à défaut de titre, » qui dans leur généralité embrassent tous les cas particuliers.

237. « La possession d'état, porte l'art. 321, s'établit par une réunion suffisante de faits qui indiquent le rapport de filiation et de parenté entre un individu et la famille à laquelle il prétend appartenir. — Les principaux de ces faits sont : Que l'individu a toujours porté le nom du père auquel il prétend appartenir; — Que le père l'a traité comme son enfant et a pourvu, en cette qualité, à son éducation, à son entretien et à son établissement; — Qu'il a été reconnu constamment pour tel dans la société; — Qu'il a été reconnu pour tel par la famille. » — C'est ce que les docteurs exprimaient autrefois avec une énergique concision par ces trois mots : *nomen, tractatus, fama*.

238. Il ne faudrait pas penser, du reste, qu'en énonçant dans l'art. 321 les principaux faits constitutifs de la possession d'état, le législateur ait eu la pensée, soit d'exiger la réunion, le concours de tous les faits qu'il énonce, soit d'exclure tous ceux qu'il n'énonce pas. Il n'a voulu que citer des exemples propres à éclairer les magistrats sur la nature des faits auxquels ils devaient s'attacher; mais en même temps il a entendu leur laisser une entière latitude pour l'appréciation de ces faits. Les orateurs du gouvernement se sont formellement expliqués en ce sens. — V. au reste, M. Lahary qui fait nettement ressortir l'esprit de l'art. 321. — V. p. 157, n° 49.

239. Ainsi il a été jugé : 1° que, quoique, dans cette matière, les juges ne puissent être trop circonspects sur la nature et la qualité des preuves qu'ils admettent comme établissant la possession d'état, quoiqu'il soit de leur devoir de ne reconnaître cette possession qu'autant qu'elle est publique, non contestée par les ascendants en ligne directe, et qu'elle n'est pas contredite, surtout par des faits distinctifs de celui du mariage supposé des père et mère; cependant, lorsque les juges ont déclaré, d'après les actes du procès, que l'enfant a constamment joui de l'état de fils légitime, même dans la famille de celui qu'il soutient être son père, la discussion de ce point de fait et l'examen des preuves y relatives ne sont pas du domaine de la cour de cassation (Rej., 8 janv. 1806, aff. Robin, V. 331); — 2° Que, bien que, pour la possession d'état, il ne faille pas la réunion des faits énumérés en l'art. 321, les juges peuvent cependant décider qu'une partie de ces faits, ceux, par exemple, d'avoir *porté le nom du père auquel l'enfant prétend appartenir, et d'avoir été reconnu pour légitime dans la société*, sont insuffisants pour établir sa possession d'état, et même pour rendre admissible la preuve testimoniale (Req., 25 août 1812) (1); — 3° Que la possession d'état ne saurait résulter du fait isolé que l'enfant, même au su de son père, aurait porté le nom de ce dernier (Toulouse, 28 juillet 1808, aff. C..., n° 34).

240. Comme le fait judicieusement observer M. Demolombe, t. 5, n° 208, la possession sera plus ou moins caractérisée suivant les circonstances, l'âge plus ou moins avancé de l'enfant, suivant la position des père et mère et de leur famille, etc.;

(1) *Espèce :* — (Martigny et Abel C. Schwartz). — La demoiselle Tissier-Martigny avait épousé le sieur Schwartz, alors chef de bataillon, et depuis général. En l'an 6, et en l'absence de celui-ci dont elle était éloignée de vingt lieues, elle accouche à Metz d'un enfant mâle qui, par négligence ou par toute autre cause, n'est pas inscrit sur les registres. — Peu après, elle fait prononcer son divorce pour cause d'abandon. — L'enfant est élevé par elle, connu à Metz et placé dans les pensions sous les noms d'Antoine-Abel Schwartz; ces noms lui furent donnés dans les états de la population de Metz. Il les prit dans son acte d'enrôlement. — An 10, le sieur Schwartz revient à Metz; par une transaction dans laquelle sont réglés les droits de la demoiselle Martigny, il assure à celle-ci une faible pension viagère. — Jusqu'à l'an 12, Schwartz ne s'éloigne pas de Metz. — An 13, il reçoit de la demoiselle Martigny, alors dans la misère, une lettre par laquelle elle lui demande quelque secours. On y lit : « La lettre ci-jointe vous apprendra quel était mon projet.... Mais l'âge de l'enfant ne me le permet pas encore. » — Le général Schwartz se remarie. — En 1807, la demoiselle Martigny l'actionne en réalisation d'engagements restés, suivant elle, secrets entre eux, lors de la transaction de l'an 10, et qui auraient eu pour objet le plus grand intérêt de l'enfant né de leur union; elle réclame une provision.

Le général Schwartz répond « qu'il ne sait ce que signifie la demande de la demoiselle Martigny; que l'individu dont elle parle est vraisemblablement celui dont il s'agit dans la lettre qu'elle lui écrivait le 13 messidor an 13, et qu'elle annonçait être l'*enfant du malheur*, mais qu'il désavouait formellement que l'enfant lui appartînt : qu'au surplus il requérait qu'il lui fût donné une explication catégorique sur cet enfant, sur son âge, sur les rapports qu'on prétendait établir entre eux. » Il conclut incidemment à la communication de l'acte de naissance. — La demoiselle Martigny était dans l'impossibilité de satisfaire à cette dernière partie des conclusions du général. Le désaveu formel de ce dernier élevait la question d'état. Un tuteur fut nommé au mineur Schwartz, et se joignit à la demoiselle Martigny, pour demander d'être admis à la preuve de la filiation légitime de cet enfant, que tous deux représentèrent comme ayant le commencement de possession et de preuves écrites qui autorisaient l'audition de témoins.

Le tribunal de première instance pensa que les faits constants de la cause n'étaient pas suffisants pour faire préjuger que le général Schwartz fût père de l'enfant qui réclamait, mais qu'il y en avait assez pour faire désirer d'obtenir de plus nombreux éclaircissements; en conséquence, sans accorder à la demoiselle Martigny la provision qu'elle demandait, et, en déclarant formellement qu'il n'entendait préjudicier en rien à la demande formée par le général Schwartz, il admit les demandeurs à prouver que l'enfant était issu de la demoiselle Martigny, qu'il était né le 23 nivôse an 6, pendant le mariage de cette demoiselle avec le sieur Schwartz; qu'il avait été mis en nourrice, et présenté, soit dans la société, soit dans les rapports que la demoiselle Martigny avait eus avec son ci-devant époux, comme fils de leur union. — Appel. 6 juill. 1811, arrêt de la cour de Metz qui infirme. — Pourvoi. — Arrêt.

LA COUR, — Attendu qu'il est constant que la naissance de l'enfant dont il s'agit n'est inscrite sur aucun registre de l'état civil, que l'on ne produit aucun titre de famille, aucun registre ou papier domestique, aucun acte public ou privé, d'où puisse résulter le commencement de preuve par écrit que cet enfant est né de la demanderesse, pendant son mariage avec le général Schwartz; — Que ce dernier n'a jamais traité ledit enfant comme le sien, ni pourvu à son éducation, à son entretien et à son établissement; — Que c'est dans un pareil état de choses que l'arrêt dénoncé a décidé, en point de fait, que cet enfant n'avait en sa faveur ni titre de filiation, ni possession d'état; — Qu'ainsi, la seule question à décider était celle de savoir si la preuve par témoins des faits soutenus par les demandeurs devait être admise ou rejetée; — Attendu (et dans l'hypothèse que la question ait dû être décidée d'après les lois romaines, parce que l'enfant est né plusieurs années avant la publication du c. civ.) que la cour de Metz n'a pu violer le droit romain, en rejetant la preuve offerte, parce qu'en supposant même que ce droit permît la preuve testimoniale dans les contestations nées sur l'état des personnes (ce qui est fort controversé), il est bien certain qu'il laissait au juge la liberté d'apprécier les faits dont on lui demandait l'admission; — Attendu qu'avant le c. civ. aucune loi française n'avait déterminé d'une manière précise les cas dans lesquels la preuve par témoins devait ou ne devait pas être admise dans la matière dont il s'agit; — Et que, quand bien même il serait vrai que l'arrêt dénoncé fût contraire à la jurisprudence en vigueur lors de la naissance de l'enfant, il ne pourrait résulter de là un moyen de cassation;

Attendu que, si la question a dû être jugée d'après le c. civ. (parce que l'on voulait prouver la continuation de la possession d'état, même depuis la publication de ce code), l'art. 321 n'imposait à la cour de Metz l'obligation d'admettre la preuve testimoniale, que dans le cas où l'on aurait offert de prouver tous les quatre principaux faits dont il est parlé au susdit article; — Que quoique cette loi n'indique ces faits que d'une manière simplement démonstrative, d'où il suit que la réunion de tous n'est pas de rigueur; cependant, elle exige en termes formels une réunion suffisante de faits qui indiquent le rapport de filiation et de parenté entre un individu et la famille à laquelle il prétend appartenir; — D'où il suit encore, que l'arrêt dénoncé a pu, sans violer l'article précité, et surtout dans les circonstances particulières que l'affaire présentait, regarder comme insuffisante la réunion des faits, au nombre desquels ne se trouvaient pas ceux que la loi indique en second et en quatrième lieu;

Attendu qu'à défaut de titre et de possession constante, la preuve testimoniale n'a pu, aux termes de l'art. 323, être admise dans l'espèce, parce qu'il n'y avait aucun des commencements de preuve par écrit déterminés par l'art. 324, et parce que l'arrêt dénoncé a constaté, en point de fait, qu'il n'y avait aucune présomption ou indice résultant de faits dès lors constants, et assez graves pour déterminer l'admission; — Attendu que l'art. 341 du même code est étranger à l'espèce; — Attendu enfin que le général Schwartz avait pu appeler du jugement de première instance, qui, bien évidemment, était interlocutoire, et qu'au surplus ce dernier moyen n'avait pas été soumis aux juges d'appel.

Du 25 août 1812.-C C., sect. req.-MM. Henrion, pr.-Botton, rap.

c'est aux juges à apprécier la valeur de chacun de ces divers éléments et à examiner si, d'après l'ancienneté, le caractère et le concours plus ou moins considérable des faits, on peut dire qu'il y ait possession d'état.

241. Il a été jugé : 1° que la preuve de la filiation, à défaut de registres publics, se prouvait, avant comme depuis l'ord. de 1667, par une possession d'état constante et continue, appuyée sur des titres authentiques, tels qu'actes de mariage, etc. (Req. 29 nov. 1826, aff. de Busseuil, V. Organ. judic.); — 2° Que, d'après l'ancienne, comme d'après la nouvelle législation, la filiation d'un enfant légitime, lorsqu'il est constant que les registres de l'état civil ont été perdus, peut se prouver par une possession d'état résultant de présomptions de la nature de celles indiquées dans l'art. 321 c. nap. (Req. 23 mars 1825) (1).

242. Il n'est pas nécessaire, pour qu'il en soit ainsi, que les registres de l'état civil aient été perdus. Aux termes de l'art. 320, la filiation peut être prouvée par la possession d'état à défaut de titre, c'est-à-dire lorsque l'acte de naissance n'est pas représenté, quelle que soit la cause qui empêche de le représenter. Lorsque les registres ont été perdus, ou lorsqu'il n'en a pas existé, la loi va plus loin : elle permet (art. 46) de prouver la naissance tant par les registres et papiers émanés des père et mère décédés que par témoins. Nous verrons ultérieurement quelle difficulté a fait naître l'interprétation de cette disposition, rapprochée de l'art. 323.

243. Lorsqu'il s'agit de prouver la filiation légitime par la possession d'état, la question n'est pas du tout de savoir, comme dans les autres modes de preuve, si la femme est effectivement accouchée, ni si l'enfant auquel elle a donné le jour est bien le même que l'individu qui prétend être son fils, mais uniquement si celui qui invoque la possession d'état passe, aux yeux de tous, pour être l'enfant légitime des deux époux, s'il a toujours été unanimement traité et considéré comme tel. La preuve de ce fait contient implicitement celle de l'accouchement et celle de l'identité. — Ainsi, il a été jugé que l'enfant qui, à l'aide de la possession d'état, réclame la qualité d'enfant légitime, n'est pas tenu de prouver au préalable la grossesse et l'accouchement de celle qu'il désigne pour sa mère; que c'est à l'enfant seul qui réclame une filiation naturelle qu'incombe une telle preuve (Toulouse, 4 juin 1842, aff. Danglu, V. n° 248).

244. L'art. 320 exige que la possession d'état soit *constante*. Or ce mot a une double signification. Il s'emploie tantôt pour désigner une chose certaine, prouvée, incontestable, tantôt pour désigner une suite non interrompue d'actes empreints du même caractère. C'est dans cette dernière acception qu'il doit être pris ici; car, pris dans la première, il serait inutile et n'ajouterait rien au sens de la phrase. Il va de soi, en effet, sans qu'il soit nécessaire de le dire, que, pour que la possession d'état soit une preuve de la filiation, il faut qu'elle-même soit certaine.

245. Ainsi, il faut que la possession d'état remonte à la naissance même de l'enfant. Si, au moment où elle a commencé, l'enfant avait été déjà âgé de quatre ou cinq ans, nous croyons, avec M. Demolombe, t. 5, n° 209, qu'elle devrait être jugée insuffisante, parce qu'alors elle manquerait de ce caractère de constance que l'art. 320 exige, et que, d'ailleurs, s'il en était autrement, il serait possible à deux époux, en créant une possession d'état factice au profit d'un enfant étranger, de se soustraire à la rigueur des règles dont la loi a entouré l'adoption.

246. Mais si la possession d'état, ayant d'abord existé, avait été ensuite interrompue, l'enfant serait-il pour cela non recevable à s'en prévaloir? Nous croyons que la solution de cette question doit dépendre des circonstances. Si, par sa durée et par la nature des faits qui la constituaient, la possession d'état était bien caractérisée, et si, depuis qu'elle a cessé de se manifester par des actes positifs, elle n'a pas été contredite par d'autres faits qui donnent, pour ainsi dire, un démenti aux premiers, nous pensons qu'elle peut être invoquée par l'enfant. Ainsi, supposons qu'un enfant qui, jusqu'à dix-huit ans, a eu une possession d'état constante, ait pris, à cet âge, du service dans l'armée, et que, depuis, quinze ou vingt ans se soient écoulés sans que la famille, au sein de laquelle il avait vécu jusqu'alors à titre de fils, ait entendu parler de lui. Supposons même que, pendant cette longue absence, il ait changé de nom parce qu'un souvenir infamant était attaché au nom qu'il portait ou par toute autre raison, mais qu'aucun fait ne soit survenu qui tendît soit à le rendre étranger à la famille qui l'avait élevé, soit à le rattacher à une autre famille. Nous pensons qu'il doit être considéré comme n'ayant jamais perdu la possession d'état, parce que cette possession, comme la possession ordinaire, une fois qu'elle a commencé à exister d'une manière non équivoque, *animo et facto*, se conserve *animo solùm*, par cela seul qu'il n'apparaît pas de faits qui impliquent la volonté de la faire cesser. Mais si, depuis le moment où ses relations avec la famille ont cessé, il était survenu des faits contradictoires avec la possession d'état que l'enfant avait eue d'abord; si, par exemple, il avait eu une autre possession d'état toute contraire, nous pensons que, n'ayant plus une possession d'état constante, il ne pourrait, à défaut d'acte de naissance, établir sa filiation par ce moyen. M. Demolombe, t. 5, n° 210, se prononce, au surplus, dans le même sens.

247. Il peut se faire que l'enfant n'ait eu la possession d'état que vis-à-vis de l'un des époux. Quels sont les effets d'une telle possession? Cette question a été diversement résolue. — Suivant M. Bonnier, Traité des preuves, n°s 128 et 141, la possession d'état, dans ce cas, fait preuve de la filiation, mais seulement à l'égard de l'époux vis-à-vis duquel elle a existé. « Les effets de la possession d'état, dit cet auteur, même en ce qui

---

(1) *Espèce* :—(Houel, de Cussy et Bignon, etc. *C.* Louvel de Coutrières.) —Le 21 déc. 1789, décès de la dame de Boutran. A défaut d'héritiers plus proches, les sieurs Louvel de Coutrières se sont mis en possession de sa succession, attendu qu'ils étaient descendants du sieur Jacques Hue de la Trourie, qu'ils disaient être fils légitime de Pierre Hue et de Marie Blondel, desquels descendait la dame de Boutran. — En 1816, les sieurs Houel, descendants de Marie Hue, sœur de feu Pierre Hue, intentèrent, devant le tribunal de Coutances, contre les sieurs Louvel, une action en revendication de la succession de la dame de Boutran, sous le prétexte que Jacques Hue, auteur du sieur Louvel, n'était que le fils naturel de Pierre Hue, et que, dès lors, il ne pouvait avoir aucun droit à la succession dont il s'agit. Les sieurs de Cussy, Bignon et les époux Lespoupinel formèrent, devant le même tribunal, une pareille demande; les deux premiers, en leur qualité de descendants de Michel Hue, frère de Pierre Hue, et les seconds, en qualité de cessionnaires de partie des droits des sieurs de Cussy et Bignon. — Après de longues contestations, le tribunal, par jugement du 2 juillet 1822, joignit les instances, et, constatant que les registres de l'état civil avaient été perdus, déclara, en appréciant des actes nombreux produits dans la cause, Jacques Hue, fils légitime de Pierre Hue; maintint en conséquence les sieurs Louvel de Coutrières en possession de la succession de la dame de Boutran. — Appel, et le 5 mai 1823, arrêt confirmatif de la cour de Caen. Il est à remarquer que la cause ne fut point portée en audience solennelle.

Pourvoi de Cussy, Bignon et autres; 1° pour violation de l'art. 22 du décret du 30 mars 1808, de l'art. 7 de la loi du 20 avril 1810, et de l'art. 7 du décret du 6 juillet suivant, qui veulent que toutes les questions d'état soient jugées en audience solennelle; 2° contravention à l'ordonnance de Blois, à celle de 1667 et à l'art. 319 c. civ., d'après lesquels la filiation d'un enfant légitime ne peut se prouver que par un acte de naissance. — Arrêt.

LA COUR; — Sur le 1er moyen, résultant d'une prétendue violation de l'art. 22 du décret du 30 mars 1808, de l'art. 7 de la loi du 20 avril 1810, et de l'art. 7 du décret du 6 juillet suivant; — Attendu que l'état personnel et direct des parties litigantes n'a jamais été l'objet de la contestation; que l'action introductive d'instance constituait une simple demande en pétition d'hérédité; que les questions incidentes, nées des exceptions des défendeurs, n'ont pu changer la nature de la contestation, ni l'objet de l'instance principale à l'égard de laquelle la première chambre de la cour royale conservait sa compétence; d'où résulte que les articles des décrets et lois invoqués n'ont pas dû recevoir d'application à la cause; — Sur le 2e moyen, résultant d'une prétendue contravention à l'art. 14, tit. 20 de l'ordonnance de 1667 et des art. 319 et suiv. c. civ.; — Attendu que l'absence des registres des actes de naissances, mariages et décès de la commune de Flavigny pour les années 1609 et suivantes jusqu'à 1620, a été constatée par les juges de première instance, qui ont reconnu que c'est à cette commune et dans cet intervalle que devait se placer la naissance de l'auteur des défendeurs; qu'il en résulte que ces juges pouvaient et devaient admettre, ainsi qu'ils l'ont fait, toutes les présomptions qui pouvaient suppléer à la preuve écrite; — Attendu que les présomptions admises et tirées d'un grand nombre d'actes de famille sont pleinement de la nature de celles indiquées par l'art. 321 c. civ., et qu'ainsi la plus juste application a été faite de l'ordonnance de 1667 et des articles cités du c. civ. — Rejette.

Du 23 mars 1825.-C. C. sect. req.-M. Henrion, pr.-M. Borel, rap.

touche la filiation légitime, sont parfaitement divisibles. Si une femme, en l'absence et à l'insu de son mari, traite un enfant comme son fils légitime, bien qu'en fait il ne puisse être légitime que s'il a pour père le mari, la reconnaissance tacite, qui résulte de la conduite de la femme, ne pourra assurer l'état de l'enfant que vis-à-vis d'elle. L'induction puisée dans la possession d'état ne saurait avoir plus de force qu'un aveu formel, qui ne lie jamais que celui qui en est l'auteur. » Et la même opinion se trouve exprimée dans le Commentaire du code civil, publié par M. Bonnier avec MM. Ducaurroy et Roustain, t. 1, n° 455.

248. D'un autre côté, il a été jugé que, du seul effet de la preuve faite de la possession d'état de fille d'une femme mariée, née pendant le mariage de celle-ci, il résulte invinciblement que l'enfant a pour père le mari de celle qu'il a prouvé être sa mère (Toulouse, 4 juin 1842) (1); qu'il en est ainsi surtout dans le cas où le mari a constamment traité l'enfant comme le sien propre (même arrêt).

249. Cet arrêt, ainsi que MM. Bonnier, Ducaurroy et Roustain, attribue une force probante à la possession d'état, dans le cas même où elle n'a existé que vis-à-vis de la mère; il va même

(1) (Danglu C. femme Sorbé.) — LA COUR; — Attendu que la femme Sorbé, qui, devant les premiers juges comme devant la cour, réclame l'état et les droits de fille légitime de feu Adélaïde Danglu, ne produit point à l'appui de sa demande le document que l'art. 319 c. civ. énumère le premier comme propre à la justifier, l'acte de naissance. Il est constant, en effet, que si, dans les premiers actes de l'instruction de la cause, les premiers juges ont pensé qu'elle pouvait se prévaloir de celui inscrit sur les registres de la commune de Lussan, à la date du 22 déc. 1822, c'est avec fondement que plus tard, et dans le jugement du 18 janv. 1841, soumis dans ce moment à l'appréciation de la cour, ils ont déclaré que cet acte lui était étranger. L'enquête a, en effet, prouvé que l'enfant dont il constate la naissance existe encore, et est autre que la dame Sorbé. Peu importe, dès lors, qu'il soit né dans la commune de Lussan, et à une époque contemporaine de celle où ladite femme Sorbé et plusieurs des témoins font remonter sa naissance, qu'il appartienne à son sexe, qu'il y ait identité dans les nom, prénoms et domicile de la mère : cette coïncidence, quelque étonnante qu'elle soit, ne lui permet point d'invoquer un titre qui, de sa nature, ne peut être commun à plusieurs; elle n'a donc point d'acte de naissance; — Attendu que les documents du procès constatent qu'Adélaïde Danglu devint, dès l'an 2, l'épouse légitime de Joseph Manville. Le fait authentique de cette union permet à ladite femme Sorbé de justifier sa demande en prouvant sa possession constante de l'état qu'elle réclame. (Art. 320 même code) La décision des premiers juges qui l'a admise à l'exercice d'un pareil recours, et qui, sur le rapport des preuves qui en ont été la conséquence, a déclaré sa demande bien fondée, devra donc être confirmée si c'est sans fondement que les appelants objectent 1° que la preuve de faits constituant la possession d'état demeure sans résultat légal si ces faits n'ont pour point d'appui un commencement de preuve par écrit; 2° que la constatation de la grossesse et celle de l'accouchement en sont des éléments indispensables; 3° que la preuve rapportée est incomplète, puisque, si on peut en induire des rapports de filiation respectivement à Adélaïde Danglu, elle est entièrement muette quant à ceux qui auraient dû exister entre ladite femme Sorbé et Joseph Manville, l'époux de celle qu'elle réclame comme sa mère; il y a donc lieu à apprécier séparément chacune de ces objections;

Attendu, quant à la première, que, si on ne peut méconnaître que dans une matière aussi importante que celle qui se rattache à l'état des hommes, le législateur ne doit admettre pour établir cet état que des documents qui par eux-mêmes sont en dehors des influences de l'erreur ou de la prévention, garanties que ne présente pas toujours la preuve testimoniale, celle-ci peut cependant sans danger être employée seule pour constituer la possession d'état. D'un côté, en effet, ces éléments constitutifs sont des faits dont l'existence successive, la durée et le nombre, font la principale force, et la preuve testimoniale peut seule les constater : et, d'un autre, son admission a toujours pour précédent nécessaire le fait du mariage : c'est donc par une sage déduction de la nature des faits que les art. 320 et 323 c. civ. ne subordonnent point l'admission de la preuve testimoniale, pour établir la possession d'état, à un commencement de preuve par écrit;

Attendu, quant à la seconde, que, s'il est vrai qu'aux termes de l'art. 341 du même code, la maternité n'est constante à l'égard de l'enfant qui veut s'en prévaloir qu'autant *qu'il prouve qu'il est identiquement le même que l'enfant dont elle est accouchée*, et si, dès lors, la preuve de la grossesse et celle de l'accouchement sont les éléments nécessaires et constitutifs de sa demande, il ne faut point perdre de vue que cette disposition ne statue que sur le sort de l'enfant qui ne peut aspirer aux honneurs de la légitimité, et qui, à ce titre, ne peut se prévaloir de la possession d'état : c'est, en effet, ce que démontre la rubrique de la section à laquelle il appartient : *De la reconnaissance des enfants naturels;* tandis que, quant aux enfants nés pendant le mariage, la possession constante de leur état prouve leur filiation, et elle la prouve parce qu'elle présuppose nécessairement la grossesse et l'accouchement. Ces deux faits existent donc légalement tant qu'il n'est pas démontré qu'ils n'ont pu exister, preuve presque impossible à rapporter, preuve d'ailleurs qu'aucun des faits de la cause ne permet d'admettre, preuve enfin qui, si elle existait, saperait entièrement dans leur base les faits de possession d'état, quelque précis, quelque explicite, quelque nombreux qu'ils fussent. Donc nulle nécessité pour l'enfant qui, à l'aide de la possession d'état, réclame la qualité d'enfant légitime, de prouver explicitement la grossesse et l'accouchement de celle dont les faits constituant cette possession la proclament la fille;

Attendu, quant à la troisième, que l'enquête établit de la manière la plus explicite 1° que, vers la fin de l'année 1822, ou dans les premiers mois de l'année suivante, Adélaïde Danglu confia à une sage-femme de la commune du Fousseret une jeune enfant du sexe féminin, âgée d'environ deux mois, en lui déclarant qu'elle était sa fille; 2° qu'elle la chargea de lui choisir une nourrice, paya la somme nécessaire pour l'indemnité de celle-ci, et lui remit les vêtements et langes qu'exigeait son jeune âge; 3° que, par ses ordres, cette enfant fut, quelque temps après, placée dans une autre maison; 4° que le séjour de cette enfant, qui y a été longtemps prolongé, y a amené fréquemment Adélaïde Danglu, qui proclamait hautement les liens qui l'unissaient à cette enfant, et qui, à ce titre, pourvoyait à tous ses besoins; 5° que la personne à qui la garde en était proposée l'a, durant cette période, amenée plusieurs fois au domicile même de ladite Adélaïde Danglu, et que ses frères et sœurs (ceux-là mêmes qui méconnaissent aujourd'hui les droits de la femme Sorbé), à qui ce domicile était commun, prodiguaient à cette jeune enfant, pendant la durée de ces visites prolongées, les égards que les liens du sang admettent seuls, soit en la traitant comme leur propre enfant, soit par les soins particuliers dont elle était l'objet; 6° que l'existence de ces liens, de ces rapports, que le public n'ignorait point, eux-mêmes les confirmaient sans cesse; l'enquête établit en effet que, lorsque la jeune fille avait été ramenée auprès de la personne à qui elle avait été confiée, Adélaïde Danglu, ses frères et sœurs, chargeaient fréquemment les personnes de leur voisinage que leurs affaires amenaient en ce lieu, de s'informer de l'état de sa santé, ou de lui remettre quelques objets à son usage. « Vous lui direz, ajoutait la première, que c'est de la part de sa mère, les autres, de celle de ses oncles et tantes; » 7° que ce fut en effet ceux-ci qui, immédiatement après le décès d'Adélaïde Danglu, lui envoyèrent les vêtements nécessaires pour en porter le deuil, en chargeant le commissionnaire de lui faire remarquer que sa tante S..... en avait confectionné la plus grande partie; 8° enfin qu'eux-mêmes, voulant dissiper les doutes qu'avait fait concevoir à la personne à qui était confiée cette jeune enfant cet événement quant à la garantie, pour l'avenir, du remboursement de ses avances, lui déclarèrent que la mort de sa mère n'apporterait aucun changement à son état, et qu'eux désormais la remplaceraient auprès d'elle.—Pour Adélaïde Danglu, pour ses frères et sœurs, la femme Sorbé a reçu le jour de la première; pendant que le plus solennel des contrats l'unissait à J. Manville, à ce titre aussi les liens les plus intimes l'attachent aux seconds;

Attendu, dès lors, que, fût-il certain, ainsi que le soutiennent les appelants, que l'enquête ne constate nullement la possession d'état de la femme Sorbé respectivement à J. Manville, les rapports légaux de celle-ci avec les premiers ne sauraient en recevoir la moindre atteinte, soit parce que les principes du droit les protégent, soit parce que les faits de la cause démentent sur ce point l'assertion des appelants;

Attendu, sous le premier rapport, que les documents les plus certains détruisent l'objection des appelants. Depuis près de dix ans, en effet, la femme Sorbé vit sous le même toit que J. Manville. Les noms de père et de fille établissent la nature de leurs rapports, et c'est à ce titre, et en vertu des droits dont cette qualité l'investit, que ledit J. Manville poursuit, par l'instance actuelle, la reconnaissance de la qualité de la première. Une pareille position constitue donc respectivement à lui la possession d'état la plus éclatante. Quel besoin, dès lors, pourrait-il y avoir de l'établir par d'autres titres? Née pendant l'existence de l'union de J. Manville avec Adélaïde Danglu, la femme Sorbé a, dit l'art. 312 c. civ., pour père J. Manville. Quel besoin pourrait-il, dès lors, y avoir pour elle d'établir par d'autres faits un état que proclame un titre si important?

Attendu, d'ailleurs qu'en fait, l'enquête établit surabondamment au profit de la femme Sorbé sa possession d'état respectivement audit J. Manville, indépendamment des faits déjà rapportés; elle constate, en effet, qu'immédiatement après le décès d'Adélaïde d'Anglu, les appelants recommandèrent à la personne à qui la jeune fille était confiée de ne point la remettre à J. Manville, mais que, cette recommandation ayant été méconnue, cette femme fut désormais traitée par eux avec froideur. J. Manville était donc à leurs yeux le père de leur nièce;

Attendu, d'ailleurs, et très-surabondamment, que, fallût-il admettre que l'enfant dépourvu d'acte de naissance ne peut établir sa filiation à

plus loin que ces auteurs, en ce que, la maternité une fois prouvée de cette manière, il attribue la paternité au mari, conformément à la maxime *pater is est quem nuptiæ demonstrant*. D'où il suit que, suivant la cour de Toulouse, pour que la possession d'état produise tout son effet, pour qu'elle fasse pleinement preuve de la filiation légitime, il est indifférent qu'elle ait existé vis-à-vis du mari et de la femme, ou vis-à-vis de cette dernière seulement.

M. Demolombe, t. 5, n° 211, repousse à la fois l'un et l'autre système, ou plutôt il repousse la proposition qui forme le point de départ de l'un et de l'autre, et sur laquelle MM. Bonnier, Ducaurroy et Roustain, et la cour de Toulouse sont d'accord, à savoir que la possession d'état d'enfant légitime peut exister à l'égard de la mère seulement. « Avant de rechercher, dit-il, si la possession d'état d'enfant légitime à l'égard de la femme seule prouve ou ne prouve pas la paternité du mari, il faut être sûr que la possession d'état d'enfant légitime peut en effet exister à l'égard de la femme seulement; or c'est là ce que je ne saurais concéder; un enfant n'est légitime, bien entendu, qu'autant qu'il appartient aux deux époux, à la femme et au mari; et par conséquent la condition essentielle de la possession d'état d'enfant légitime est de rattacher l'enfant à la femme et au mari. Aussi l'art. 321 rapporte-t-il au père lui-même directement tous les faits caractéristiques de la possession d'état; ce n'est pas à dire sans doute que ces faits ne doivent pas aussi rattacher l'enfant à sa mère, mais on est autorisé à en conclure qu'il n'est pas moins indispensable que la possession d'état existe vis-à-vis du mari lui-même. En fait, il me paraît difficile de comprendre comment un individu pourrait avoir une véritable et suffisante possession d'état d'enfant légitime à l'égard de la mère, s'il n'en avait aucune à l'égard du mari; qui dit enfant légitime dit enfant des deux époux, et en supposant même le cas extraordinaire où l'enfant aurait été élevé par la mère comme son enfant légitime *en l'absence et à l'insu du mari* (Bonnier, *suprà*), il me semble que cette circonstance suffirait à elle seule pour empêcher qu'il eût, même à l'égard de la femme, une véritable possession d'état d'enfant légitime. » — MM. Zachariæ (édit. de MM. Aubry et Rau), t. 3, p. 656, 657; Nougarède, Lois des familles, t. 1, p. 215; Marcadé, sur l'art. 321, n° 1; et Richefort, t. 1, n° 92, se prononcent dans le même sens. Cette doctrine nous paraît en effet plus conforme à la raison et en même temps à l'esprit comme à la lettre de la loi. Ainsi nous pensons que, pour produire effet, la possession d'état doit avoir existé simultanément et indivisément à l'égard de la mère et à l'égard du père. — Décidé cependant qu'on ne peut se prévaloir de la circonstance que l'enfant né en l'absence du mari aurait été soustrait à ses regards lors de son retour, pour contester la légitimité de cet enfant sur le motif qu'il n'a point la possession d'état vis-à-vis de son prétendu père, alors qu'il est né dans le domicile conjugal, au vu et au su de tous les voisins, et qu'il a été inscrit sur les registres de l'état civil comme enfant légitime (Paris, 19 juin 1826, aff. Paulard, n° 34). Mais, dans cette espèce, l'enfant avait un titre de naissance; par conséquent, il n'avait pas besoin de la possession d'état pour établir sa filiation légitime.

250. Quant à la preuve de la possession d'état, on admet généralement qu'elle peut être faite par toutes sortes de moyens, c'est-à-dire, non-seulement par titres, mais encore par témoins ou par des présomptions, sans qu'il soit besoin d'un commencement de preuve par écrit. — Ainsi il a été jugé : 1° que l'admission de la preuve testimoniale, pour établir la possession d'état d'enfant légitime, n'est pas subordonnée à un commencement de preuve par écrit (Toulouse, 4 juin 1842, aff. Danglu, n° 248); — 2° Que la possession d'état d'enfant légitime de deux époux décédés peut être prouvée par témoins sans que celui qui la réclame soit tenu de produire un acte de naissance (Bastia, 16 juin 1840) (1); — 3° Que la filiation d'un enfant légitime peut, lorsqu'il y a possession d'état, être prouvée par témoins, bien qu'il n'existe ni commencement de preuve par écrit, ni présomptions ou indices graves : l'art. 323 c. nap. devant être restreint au cas où il n'y a pas possession d'état (Pau, 9 mai 1829, rapporté n° 252, avec Req. 19 mai 1830, aff. David). — V. dans le même sens, MM. Duranton, t. 3, n° 130; Zachariæ, t. 3, p. 657; Bonnier, Traité des preuves, n° 133; Demolombe, t. 5, n° 212; Marcadé, sur l'art. 322, n° 2; Allemand, t. 2, n° 789.

Cette doctrine est incontestable. On ne saurait opposer l'art. 323, qui, pour admettre la preuve testimoniale, exige un commencement de preuve par écrit ou des présomptions ou indices résultant de faits dès lors constants; en effet cet article ne subordonne à ces conditions l'admission de la preuve testimoniale que pour le cas où il n'existe ni titre ni possession d'état. D'ailleurs ce qui constitue la possession d'état c'est un ensemble de faits patents, publics, connus de tous, auxquels par conséquent la preuve testimoniale peut être appliquée sans danger, et qui souvent ne pourraient pas être établis d'une autre manière.

251. En cette matière, les *parents* sont au nombre des personnes dont le témoignage doit être admis (Toulouse, 17 août 1809) (2). — En effet, sans ce témoignage, il serait le plus souvent impossible de savoir si en effet l'individu dont la filiation

---

l'aide de la possession d'état qu'autant que les faits éléments de cette possession la constituent tant à l'égard du père que de la mère, il est constant que, dans la cause, la femme Sorbé satisfait à cette double condition. Les faits déjà rapportés, et se rattachant à la première période de sa vie, ne laissent aucun doute à cet égard, respectivement à sa mère, à son séjour enfin pendant la seconde dans la maison de J. Manville, sa présence dans la cause actuelle, qui n'a d'autre fondement que sa qualité de père, l'établissent également quant à lui; que devraient donc établir les appelants pour justifier leur objection? Il faudrait qu'ils prouvassent que les faits constituant la possession d'état sont insuffisants, quand ils ne s'appliquent pas explicitement à chacun des deux époux; que, pour produire leur effet, ils doivent être simultanés; que, successifs et embrassant diverses périodes de temps, ils sont sans puissance; mais leur silence à cet égard prouve combien à leurs yeux ce système serait peu rationnel;

Attendu que les principes qui servent de base aux dévelopements ci-dessus ne sauraient recevoir aucune atteinte de ces faits (la cour pût-elle les admettre comme constants), que la répugnance qu'avait manifestée Adélaïde Danglu lors de la proposition que lui fit son père de son union avec J. Manville se changea en une telle antipathie, lorsque l'autorité et la persistance du premier l'eurent contrainte à la réaliser en présence du ministre de la loi et au pied des autels, que ledit J. Manville n'a jamais joui des droits d'époux, et que toujours leur domicile demeura séparé par un intervalle de plusieurs lieues, puisque la position que celui-ci a prise, et maintient si énergiquement dans la cause, repousse à elle seule et de prime abord les conséquences que les appelants veulent induire de ces faits; sous tous les rapports donc, leurs efforts sont impuissants pour porter atteinte à la décision des premiers juges; — Par ces motifs, démet de l'appel envers le jugement du tribunal de Saint-Gaudens, du 18 janv. 1841.

Du 4 juin 1842.-C. de Toulouse, aud. solen.-M. Garisson, pr.

(1) *Espèce* :—(Moracchini C. Bruni.)—La femme Moracchini réclamait, comme fille légitime de feu Charles-Dominique Bruni, le partage d'une prétendue communauté de biens qui aurait existé entre sondit père et Charles-Baptiste Bruni, frère de celui-ci. Bruni conteste la qualité de la demanderesse et dénie la société. La femme Moracchini ne produit point son acte de naissance, ni aucun autre acte, mais elle demande à prouver par témoins sa possession d'état ainsi que la société qui avait existé entre les deux frères, et pour laquelle elle articule des faits. — Jugement du tribunal de Corte, qui admet la preuve vocale en ce qui concerne la possession d'état, mais qui ordonne que celle de la société sera faite par écrit, conformément à l'art. 1834 c. civ. — Appel de la femme Moracchini contre cette dernière disposition. Appel incident de la part de Bruni contre la partie du jugement qui admet la preuve de possession d'état. — Arrêt.

La cour; — Adoptant les motifs des premiers juges fondés sur les dispositions des art. 197, 320, 323 et 324 du c. civ., qui n'exigent point la production d'un acte de naissance pour prouver la possession d'état; adoptant également les motifs des premiers juges en ce qui concerne la preuve de la société; mais attendu que, si l'existence de cette société ne peut être établie que par la preuve littérale, lorsque, comme dans l'espèce, il n'y a pas de commencement de preuve par écrit, on ne saurait refuser la preuve par témoins à l'égard des faits de jouissance qui peuvent constituer un droit à la chose; — Attendu que les faits articulés par l'appelante tendent à établir une jouissance commune et continuelle des biens dont le partage a été demandé par elle; ordonne, etc.

Du 16 juin 1840.-C. de Bastia.-MM. Colonna d'Istria, 1er prés.; Sobrier, 1er av.-gén.; concl. conf.-Caraffa et Bradi, av.

(2) (Pradies C. Combettes.)— La cour; — Considérant qu'indépendamment des art. 37, 70 et 71 c. civ., desquels le tribunal de première instance a tiré l'induction qu'en matière d'identité et de possession d'état le témoignage des parents devait être admis, il faut invoquer encore la dernière partie de l'art. 321, même Code, qui met au nombre des preuves de la filiation des enfants légitimes la circonstance essentielle *qu'on a*

est contestée a toujours été reconnu comme enfant légitime par la famille, ce qui, aux termes de l'art. 321, forme l'un des éléments de la possession d'état. Il doit donc être fait exception, pour ce cas, à la règle posée par l'art. 283 c. pr.

252. En matière de possession d'état, comme en toute autre matière, bien que la preuve testimoniale soit admissible en droit, et que les faits articulés paraissent pertinents, son admission est toujours facultative de la part des juges; ils peuvent refuser de l'ordonner s'ils trouvent dans l'instruction du procès, des documents suffisants pour fixer leur opinion sur les faits en litige (Req. 19 mai 1830, 27 nov. 1833) (1). — V. n° 278.

253. La possession d'état peut être établie tant par des titres

---

été reconnu pour tel par la famille, ce qui deviendrait le plus souvent impossible, si on refusait d'admettre pour témoins les membres mêmes de la famille à laquelle on prétend appartenir; — Considérant qu'autrefois, comme aujourd'hui, nos lois excluaient, en thèse générale, les parents et alliés des parties, jusqu'aux enfants de cousins issus de germains, pour déposer en faveur ou contre lesdites parties; mais que la jurisprudence admettait une exception lorsqu'il s'agissait de prouver la parenté ou l'alliance, comme l'enseigne Jousse dans son commentaire sur l'art. 11, tit. 22, ord. 1667; que telle est encore la doctrine de Coras, t. 2 de ses œuvres, p. 782 et 783, où cet auteur observe que les parents ne sont pas généralement reçus pour témoins, mais qu'il en est autrement s'il est question de l'état des personnes, de leur identité ou de leur reconnaissance; auquel cas le témoignage des parents est, au contraire, regardé comme le plus précieux : — Par ces motifs, etc.

Du 17 août 1809, C. de Toulouse, M. Desazars, pr.

(1) 1re *Espèce* : — (David C. Haitze.) — En 1792, Bernard de Haitze décède, après avoir institué André de Haitze, son frère, pour légataire universel. — Celui-ci se met aussitôt en possession de tous les biens du défunt. La succession se trouvait avoir droit à une portion de l'indemnité stipulée en faveur des colons de Saint-Domingue, et dont la loi du 30 avril 1826 a réglé la liquidation entre les colons. — André de Haitze, légataire de son frère, s'étant présenté pour réclamer, en cette qualité, l'indemnité, trouva une opposition qui avait été formée par les sieurs David. — Ceux-ci fondaient leur opposition sur ce que, selon eux, feu leur mère, Modeste de Haitze, était fille légitime de Bernard de Haitze. Mais ils ne représentaient pas son acte de naissance; ils ne produisaient pas non plus l'acte de mariage de Bernard de Haitze. Or il était nié par André de Haitze que son frère Bernard eût jamais contracté de mariage. — Toutefois, les sieurs David rapportaient un certificat constatant la perte des registres où les actes de naissance et de mariage dont il s'agit pouvaient se trouver, et, pour suppléer à l'absence de ces actes, ils offraient de prouver les faits suivants : « 1° Que la dame Catherine Durand était connue à Saint-Domingue, jusqu'à sa mort, arrivée en 1773, comme épouse légitime de feu Bernard de Haitze; 2° Que Catherine-Modeste de Haitze, morte à quarante-sept ans (ceci est à remarquer), était connue à Saint-Domingue comme fille légitime de Bernard de Haitze et de ladite Catherine Durand; 3° Que le sieur Bernard de Haitze la traitait comme son enfant légitime sur l'habitation l'*Héritier*, où elle demeura avec son père jusqu'au départ de ce dernier de la colonie; qu'il pourvut, en cette qualité, à son éducation et à son entretien jusqu'à sondit départ, époque à laquelle il laissa sa fille légitime, Catherine-Modeste, chez une dame Grandjean, marraine de cette dernière; 4° Qu'elle resta chez cette marraine jusqu'à son mariage avec le sieur Jean-Jacques-Gabriel David, qui eut lieu le 12 septembre 1793, à Jérémie. »

2 juillet 1828, jugement du tribunal de Bayonne, qui admet la preuve offerte. — Appel par André de Haitze. — Il soutient, 1° que Modeste de Haitze, mère des intimés, étant, de leur aveu, décédée à l'âge de plus de quarante ans, ses héritiers étaient non recevables dans leur demande, d'après l'art. 329 c. civ., portant que l'action en réclamation d'état ne peut être intentée par les héritiers de l'enfant qui n'a pas réclamé, qu'autant qu'il est décédé mineur, ou dans les cinq ans après sa majorité. — 2° L'appelant soutient que ses adversaires, ne pouvant invoquer aucun commencement de preuve par écrit, ni des présomptions graves, résultantes de faits connus, pour établir l'état de leur mère, la preuve testimoniale, par eux offerte, est inadmissible, aux termes de l'art. 323 c. civ. — 3° Enfin, l'appelant prétend que les faits dont la preuve est offerte ne seraient pas concluants.

Le 9 mai 1829, arrêt par lequel la cour de Pau : « Attendu, en ce qui touche la fin de non-recevoir, prise de ce que Modeste Haitze étant décédée, à l'âge de quarante-sept ans, sans avoir élevé de réclamation d'état, cette action ne pourrait être intentée par ses héritiers, aux termes de l'art. 329 c. civ. : que cet article n'interdit que la demande en réclamation; ce qui suppose, nécessairement, qu'il n'y a pas de possession d'état, car on ne réclame pas ce qu'on possède; que, d'ailleurs, les dispositions de cet article ne sont fondées que sur la supposition que l'enfant, mort cinq ans après sa majorité, sans avoir réclamé, est présumé avoir lui-même jugé, dans sa propre cause, qu'il était sans droit de le faire; supposition qui ne peut être admise, lorsque l'enfant a été en possession de son état. — Or, puisque les parties de Petit ne forment pas, au nom de leur mère, qu'elles représentent, une demande en réclamation d'état, mais bien une demande tendante à établir que leur mère était, pendant sa vie, et à l'époque de sa mort, en possession de l'état de fille légitime de Bernard de Haitze, il s'ensuit que la fin de non-recevoir ne peut être accueillie, soit qu'on s'arrête au texte, soit qu'on consulte l'esprit de cet article, qui, ayant introduit une déchéance rigoureuse, inconnue dans l'ancien droit, doit être plutôt restreint qu'étendu; — Attendu, sur le moyen pris de ce que les parties de Petit, ne pouvant invoquer ni un commencement de preuve par écrit, ni des présomptions ou indices graves, la preuve par elles offerte serait inadmissible, d'après les anciens principes, consacrés par l'art. 323 c. civ. : que, s'agissant, dans l'espèce, d'une demande tendante à établir la filiation par la possession d'état, et la disposition de l'art. 323, qui exige un commencement de preuve écrite, ou des présomptions graves, résultantes de faits dès lors constants, n'étant point applicable dans ce cas, puisque cette disposition statue, au contraire, dans l'hypothèse où cette possession n'existe pas..., il s'ensuit que ce moyen doit être écarté; — Attendu, sur le moyen pris de ce que la preuve, telle qu'elle est offerte, ne remplirait pas le vœu de la loi, et serait insuffisante pour établir l'existence de l'acte contesté : que la preuve de l'état de Modeste de Haitze doit embrasser en même temps sa filiation et sa légitimité; qu'à défaut de l'acte de mariage des père et mère, et de l'acte de naissance de l'enfant, cette preuve, suivant la jurisprudence ancienne, consacrée par les art. 197 et 320 c. civ., ne peut être établie que par la double possession d'état des père et mère comme époux, et des enfants comme légitimes; que l'art. 197, pour écarter toute incertitude sur les faits qui doivent caractériser la possession d'état conjugal, exige qu'il soit établi que les deux individus ont vécu publiquement comme mari et femme; — Que les parties de Petit, au lieu d'offrir de prouver une cohabitation ouvertement connue du père et de la mère, ou les qualités de mari et de femme, prises et reçues publiquement, ou enfin d'autres actes extérieurs qui annoncent publiquement l'existence du mariage, se bornent, quant à ce, à offrir la preuve que la dame Catherine Durand était connue à Saint-Domingue, jusqu'à sa mort, arrivée en 1773, comme épouse légitime de Bernard de Haitze; mais, comme cette opinion aurait absolument pu se répandre et s'accréditer sans que Bernard de Haitze et Catherine Durand eussent vécu publiquement comme mari et femme, et même à l'insu et en l'absence de Bernard de Haitze, il en résulte que cette preuve ne remplit pas le vœu de l'art. 197, dont les dispositions exceptionnelles de la règle générale, qui exige la production de l'acte de mariage, ne peuvent s'étendre au delà des cas qu'elles ont prévus et limités; d'où il suit que, sous ce rapport, la preuve offerte est inadmissible; — Que, d'ailleurs, il est de principe, ainsi que cela résulte de l'art. 253 c. pr., et que l'a consacré la cour de cassation, par un arrêt du 9 nov. 1814, qu'alors même que la preuve testimoniale est admissible en droit, et que les faits articulés paraissent pertinents, son admission est toujours facultative de la part des juges; qui peuvent se dispenser de l'ordonner, lorsqu'ils trouvent, d'ailleurs, dans l'instruction du procès qui leur est soumis, des documents suffisants pour fixer leur opinion sur les faits en litige; or, comme, de l'examen des titres et documents produits au procès, il résulte que, lors même que la preuve vocale, telle qu'elle est offerte, serait rapportée, elle serait insuffisante pour établir l'état d'enfant légitime de Modeste de Haitze, puisque, d'avance, cette preuve serait contredite et anéantie par les inductions précises, nombreuses et concordantes, résultant des actes écrits et des faits connus du procès, il s'ensuit qu'il y a lieu, en réformant le jugement dont est appel, à rejeter cette preuve, et, par voie de suite, à relever la partie de Dejernon de toutes les demandes portées contre elle, et à lui accorder la mainlevée qu'elle réclame de la saisie-arrêt apposée par les parties de Petit sur l'indemnité due à raison des biens que possédait à Saint-Domingue Bernard de Haitze; — Dit avoir été mal jugé; procédant par nouveau jugé, déboute ledit André de Haitze des fins de nonrecevoir par lui opposés; et, sans s'arrêter aux preuves vocales offertes par les frères David, qui en demeurent déboutés, les déboute pareillement de la demande par eux formée devant les premiers juges, tendante à se faire adjuger l'indemnité accordée par la loi du 30 avr. 1826, à l'héritier de Bernard de Haitze; — Déclare, au contraire, qu'André de Haitze, seul, a droit à cette indemnité, en sa qualité d'unique héritier de sondit frère; ce faisant, etc.

Pourvoi du sieur David pour : 1° en la forme, violation des lois du 20 mars 1791 et du 27 vent. an 8, des décrets du 30 mars 1808 et 6 juill. 1810, et de l'art. 7 de la loi du 20 avr. 1810, en ce que, pour compléter la chambre correctionnelle, qui était réunie à la chambre civile, on a eu recours à des conseillers de la chambre d'accusation, sans constater l'empêchement des conseillers absents de la chambre correctionnelle; — 2° Violation des art. 320 et 1348 c. civ., et fausse interprétation des art. 197 et 321 même code, en ce que l'arrêt attaqué a rejeté la preuve testimoniale offerte par les sieurs David. — Arrêt.

LA COUR; — Sur le moyen tiré des lois du 20 mars 1791, et du 27 vent. an 8, du décret du 30 mars 1808 et de celui du 6 juill. 1810, enfin, de l'art. 7 de la loi du 20 avril 1810 : — Attendu que ladite loi du

qui sont personnels à celui auquel on la conteste, que par ceux qui lui sont étrangers, tels, par exemple, que les actes de nais-

20 avril 1810 porte, art. 5, que la division des cours royales en chambres et sections et l'ordre du service seront fixés par des règlements d'administration publique;—Attendu que l'ord. royale du 24 sept. 1828 a décidé, art. 1, qu'à partir du 1er novembre suivant, les chambres des appels de police correctionnelle des cours royales seraient composées au moins de sept juges, y compris le président; que ces chambres pourraient connaître des causes tant ordinaires que sommaires, et ne pourraient prononcer qu'au nombre de sept juges; —Attendu que l'arrêt attaqué a été rendu le 9 mai 1829, et qu'à cette époque, ladite ordonnance était exécutoire; — Qu'ainsi, les deux chambres, réunies en audience solennelle, devaient être, comme elles l'ont été, composées de quatorze juges, savoir, sept pour la chambre civile et sept pour la chambre correctionnelle;—Attendu que, d'après l'absence de plusieurs membres de cette dernière chambre, il a été indispensable, pour compléter le nombre de sept, d'appeler trois membres attachés à un autre service, ce qui, en effet, a eu lieu; — Attendu que les membres absents doivent être présumés avoir été légitimement empêchés, et qu'aucune loi n'exige qu'il soit fait mention de l'empêchement: d'où il suit que, sous ce premier rapport, l'arrêt attaqué est à l'abri de toute critique.

Sur le moyen tiré de la violation de l'art. 320 c. civ., et de la fausse interprétation des art. 197 et 321 du même code:—Attendu que, pour admettre la preuve testimoniale dans les cas prévus par les articles précités, comme dans tous les autres cas, il faut, préalablement, que les faits aient été reconnus pertinents et admissibles; — Attendu que, dans l'espèce, les faits allégués n'ont pas été reconnus tels par la cour royale de Pau, et que cette cour, en refusant d'admettre ladite preuve, s'est fondée sur des pièces et documents dont l'appréciation appartenait à ses attributions; que, dès lors, aucun des articles du code civil n'a été violé, ni faussement appliqué;

Sur le moyen tiré de la fausse application de l'art. 253 c. pr.: — Attendu que cet article est conçu en termes facultatifs; qu'il n'excepte aucun des cas où l'admission à la preuve testimoniale est demandée, et que, sur chacun d'eux, la loi s'en rapporte à la conscience des juges pour admettre ou refuser; d'où il suit que l'arrêt attaqué a fait une juste application dudit article;—Rejette, etc.

Du 19 mai 1830.-C. C., ch. req.-MM. Favard, pr.-Faure, rap.

2e *Espèce*: (Demoiselle de la Marine C. de Bernis.) En 1828, décès du sieur Pons Simon de Pierre de Bernis. Ses trois fils s'approprient sa succession. — La demoiselle de la Marine, se prétendant fille légitime du défunt, réclame sa part héréditaire. Pour établir sa filiation, elle présente son acte de naissance ainsi conçu; « L'an 1774, le 14 nov., est née (à Paris, dans la ci-devant paroisse Saint-Paul) Athalie-Sophie-Cécile, fille de Pons Simon de la Marine et de Barbe-Athalie Bétri, son épouse. » Elle soutient que Pons Simon de la Marine n'était autre que Pons Simon de Pierre de Bernis, qui prenait indifféremment ses noms de terres ou honorifiques; que la terre de la Marine, dont il avait pris momentanément le nom, se trouvait encore dans sa successison; qu'il avait vécu publiquement pendant sept ans avec la dame Bétri, sa mère, comme époux; que, depuis sa naissance, le décès de sa mère, le second mariage de son père, Pons Simon de Pierre de Bernis, celui-ci n'avait point cessé de remplir à son égard tous les devoirs et les soins paternels.

Les sieurs de Bernis conclurent au simple rejet de la demande, en se fondant sur ce que de Bernis père n'avait jamais pris ni porté le nom de la Marine, et la demoiselle de la Marine, celui de Bernis. Cette dernière demanda à prouver sa possession constante d'enfant légitime et à établir, en outre, par actes et par témoins, le décès de Barbe-Athalie Bétri, sa mère, dans le cas où les registres, constatant ce décès, n'existeraient plus, et subsidiairement elle réclama la part d'enfant naturelle dans la succession du vicomte de Bernis, ou, du moins, une pension alimentaire.

Le 30 décembre 1829, jugement du tribunal de Florac qui rejette les preuves offertes, comme inutiles et frustratoires, et « déclare la demoiselle de la Marine mal fondée dans ses demandes principale et subsidiaire, par les motifs que, pour réclamer les droits d'enfant légitime, il faut établir sa filiation par acte de naissance et possession d'état conforme à cet acte; qu'il n'y avait point identité de noms entre ceux contenus dans l'acte de naissance représenté, et ceux du père que la demoiselle de la Marine se donnait; qu'il résultait des actes de la cause, que les époux prétendus auraient été mariés légitimement en 1776, le vicomte de Bernis avec la dame Dupuy-Montbrun et la nommée Bétri avec le sieur Pierron, ce qui excluait toute idée de mariage antérieur entre les mêmes parties; que, d'ailleurs, la possession d'état de la demoiselle de la Marine a toujours été conforme à son acte de naissance, et qu'elle ne peut puiser dans les bons traitements qu'elle a reçus des preuves de filiation, moins encore de reconnaissance d'enfant légitime; quant à sa demande à être déclarée fille naturelle et en payement d'une pension alimentaire, l'état et les droits d'enfant naturel qu'elle réclame, devaient être fixés avant le code, ou depuis, résulter d'une reconnaissance authentique. »

Appel. — Le 26 mai 1830, arrêt de la cour de Nîmes, jugeant en audience solennelle, qui met l'appellation au néant, en ce que la preuve offerte de cohabitation du vicomte de Bernis et de la demoiselle Bétri, comme mari et femme, est frustatoire, puisque la demoiselle de la Marine n'a, pour elle, ni acte de naissance, ni possession d'état de fille légitime du vicomte de Bernis, et inadmissible, puisque les époux prétendus se seraient mariés séparément en 1776, et que leur acte de mariage n'était pas attaqué; qu'enfin la cohabitation alléguée n'était ni assez longue, ni assez constante et publique et paisible, puisqu'elle n'aurait duré qu'environ trois ans. Sur la question de filiation naturelle: — Attendu que les droits des enfants naturels dont les père et mère existaient lors de la promulgation du code, ont dû être réglés par les dispositions du code; que la demoiselle de la Marine n'a pas été reconnue par le vicomte de Bernis, soit dans son acte de naissance ou acte authentique, soit même dans un acte sous seing-privé, quoique celui-ci ait survécu quarante ans à la publication de la loi do brum. an 2; que les droits successifs et les aliments réclamés, ne pourraient être que la conséquence d'une reconnaissance qui ne peut être suppléée par les présomptions offertes.

Pourvoi de la demoiselle de la Marine; — Moyens de forme (l'arrêt les fait suffisamment connaître).

2e et 3e moyens au fond. — Violation des art. 7 et 14, tit. 20 de l'ord. de 1667, et des art. 45, 46, 319, 197 c. civ. — On disait pour la demanderesse: l'enfant dont les parents sont décédés, n'est point tenu, pour prouver sa légitimité, de représenter l'acte de mariage de ses père et mère; il lui suffit de produire son acte de naissance accompagné d'une possession d'état conforme. La demoiselle de la Marine est placée dans cette position par le décès de ses père et mère. Elle produit son acte de naissance, et on lui reconnaît une possession d'état conforme à son titre. Il lui reste donc à prouver que son acte de naissance lui donnait, pour père légitime, Pons Simon de Pierre, vicomte de Bernis, et que le défaut d'identité de ces noms avec ceux de Pons Simon de la Marine, contenus dans son acte de naissance, n'est qu'apparent. En effet, la terre de la Marine appartenait au sieur de Bernis, le nom de Bernis n'est qu'honorifique; le sieur de Pons Simon pouvait prendre indifféremment ce nom honorifique ou le nom de sa terre sans cesser, pour cela, d'être toujours Pons Simon; quant au nom de Pierre, qui est le seul patronymique, il n'était jamais pris dans les actes habituels de la vie, par les membres de la famille de Bernis. L'absence de ce nom à l'acte de naissance de la demoiselle de la Marine, auquel son père n'assistait pas, s'explique donc facilement. La question est réduite à savoir si on peut relever contre celle-ci l'énonciation incomplète des noms de son père, ou si, au contraire, cette énonciation ne peut être rectifiée par des preuves littérales, des actes authentiques, des faits justifiés et non déniés, et lorsque, d'ailleurs, il est constant que son père est bien celui qu'elle réclame. Il ne s'agit point de la recherche de la paternité qui est formellement prohibée, mais de la simple rectification d'un acte de l'état civil incomplet et mal rédigé. Or, le vicomte de Bernis prend la demoiselle de la Marine chez sa nourrice, et la place au couvent de Saint-Mandé à l'âge de trois ans, à l'âge de cinq ans, il la fait entrer à celui de Versailles, dit de la Reine. Durant les orages de la révolution, elle suit le vicomte de Bernis dans ses différentes résidences. Tous ces faits sont justifiés par des pièces; elle est traitée comme fille du vicomte dans la maison et dans la famille, notamment par l'archevêque de Rouen, frère de M. de Bernis qui, dans un acte sous seing privé, s'exprime ainsi: « Je promets à ma nièce, mademoiselle Athalie-Sophie-Cécile de la Marine de passer en sa faveur un acte public par lequel je lui assurerai une rente de 1,000 fr. sur la terre de Poulhan, à mon premier voyage à Paris, cette promesse étant fondée sur l'amitié et l'intérêt que je lui porte comme étant la fille de mon frère. »

De ces faits prouvés et incontestés, il résulte que de Bernis avait porté, à l'époque de son premier mariage, le nom de sa terre de la Marine; et que sa fille, inscrite sous ce nom, n'avait pas cessé d'être considérée comme sa fille. Quant à l'impossibilité d'un mariage entre de Bernis et la demoiselle Bétri, résultant de ce qu'ils auraient été mariés depuis, l'un à la dame Montbrun, et l'autre à Pierron, la reconnaître, c'est exiger la preuve de ce mariage et violer l'art. 197 qui en dispense la demanderesse.

Troisième moyen. — Violation des art. 756, 757 et du principe exprimé dans les art. 205, 762, 763 du même code. On soutient qu'il est essentiellement faux, en droit, qu'il soit nécessaire, à l'enfant naturel, d'être reconnu pour avoir droit à des aliments, puisque l'enfant adultérin ou incestueux, à l'égard duquel toute reconnaissance est nulle, a droit cependant à une pension alimentaire. La demanderesse pouvait donc réclamer des aliments, dès que l'identité de son père avec le vicomte de Bernis était établie. — Arrêt.

La cour; — Attendu, en ce qui concerne les moyens de forme, 1° que l'adjonction de la chambre des appels de police correctionnelle, à la chambre civile, pour juger en audience solennelle, est légale; 2° que les conseillers auditeurs, dont le premier caractère est celui de juge peuvent concourir légalement au jugement des affaires civiles en audience solennelle, alors même qu'ils sont attachés par délégation au

sance de ses frères et sœurs et l'acte de décès de sa mère (Grenoble, 5 fév. 1807 (1). —V. cependant Zachariæ, édit. Vergé et Massé, t. 1, p. 309, et notes 23 et 24).

254. La qualification d'enfant naturel donnée dans un testament par le père à celui que, dans son acte de naissance, il a qualifié de légitime, ne saurait porter atteinte à cette légitimité, encore que l'enfant ait joui du bénéfice du testament (même arrêt).

255. La preuve de la filiation légitime qui résulte de la possession d'état peut être combattue par la *preuve contraire*. Ainsi les intéressés qui contesteraient cette filiation seraient recevables à prouver, soit que les époux n'ont jamais eu d'enfant, soit que l'enfant qui leur était né est décédé, et qu'ainsi la possession d'état invoquée n'est qu'un mensonge (V. en ce sens Zachariæ, édit. Massé et Vergé, t. 1, note 15, et p. 308, note 16). — Ils pourraient également combattre la possession d'état par la production d'un *acte de naissance* qui la contredirait et qu'ils prouveraient s'appliquer à leur adversaire. En effet, la possession d'état suffit bien, à défaut de titre, pour prouver la filiation légitime, mais elle ne saurait prévaloir contre le titre, lorsqu'il existe—V. en ce sens MM. Proudhon, t. 2, p. 84, 85; Demolombe, t. 5, n° 216.

256. Si l'acte de naissance et la possession d'état, pris isolément, suffisent pour faire preuve complète de la filiation, nous avons vu cependant que cette preuve n'est point irréfragable, qu'elle peut être combattue. Mais il n'en est plus de même lorsqu'au lieu d'être séparés ces deux modes de preuve se trouvent *réunis*. Il résulte de l'art. 322 que l'état de l'enfant est, dans ce cas, à l'abri de toute atteinte, que la preuve de sa filiation est invincible. « Nul, porte cet article, ne peut réclamer un état contraire à celui que lui donnent son titre de naissance et la possession conforme à ce titre; — Et réciproquement, nul ne peut contester l'état de celui qui a une possession conforme à son titre de naissance. » — Ainsi, comme on le voit, ce n'est pas seulement en *faveur* de l'enfant, c'est *contre* l'enfant lui-même que la preuve est inébranlable. — Il peut bien arriver cependant que des époux présentent à l'officier de l'état civil, comme étant né d'eux, un enfant qui leur est étranger, et qu'ensuite ils l'élèvent et le traitent constamment comme le leur; mais, comme ce ne peut être là qu'une exception très-rare, le législateur a pensé qu'il y avait beaucoup plus d'avantages que d'inconvénients à établir la règle qui précède. En effet, si quelquefois il peut arriver qu'elle soit en contradiction avec la réalité, dans la plupart des cas, elle protége l'état vrai des personnes et oppose une digue salutaire à des procès toujours funestes au repos des familles et au bon ordre de la société.

257. Une condition nécessaire pour que l'art. 322 puisse être appliqué, c'est que l'*identité* de celui qui a la possession d'état avec celui qui est désigné dans l'acte de naissance soit certaine. En effet, si cette identité n'existait pas, la possession d'état ne serait pas conforme au titre, il n'y aurait pas concours de ces deux modes de preuve pour établir la filiation du même individu. — Ainsi, si l'on offrait de prouver que l'enfant qui a la possession d'état a été substitué, depuis la rédaction de l'acte de naissance, à celui dont la femme était accouchée, comme cette preuve tendrait à détruire l'identité de l'un avec l'autre et à établir que la possession d'état n'est pas conforme au titre, elle devrait incontestablement être accueillie. — Mais il n'en serait plus de même si l'on offrait de prouver que la substitution a eu lieu avant la rédaction de l'acte de naissance. En effet, il résulterait de cette offre même que l'enfant qui a la possession d'état est bien le même que celui qui a été présenté à l'officier de l'état civil, et qu'ainsi le titre et la possession sont conformes. Dès lors, bien que ces deux modes de preuve couvrissent, dans l'espèce, un mensonge, leur concours rendrait inadmissible la preuve offerte. — V. en ce sens M. Demolombe, t. 5, n°s 223 et 224.

258. La preuve qui résulte du concours de l'acte de naissance avec la possession d'état ne pourrait être ébranlée ni par l'*inscription de faux* ni par l'allégation que l'enfant aurait été inscrit sous de *faux noms*. En effet, lorsque le titre et la possession d'état sont conformes, c'est-à-dire lorsqu'il est constant qu'ils s'appliquent à la même personne, l'art. 322 met obstacle à toute contestation sur l'état de l'enfant, et il ne fait à cet égard

---

service du parquet; 3° qu'en supposant que le ministère public, comme le prétend la demanderesse, n'aurait pas été entendu, ce serait là, suivant l'art 480 c. pr., un moyen de requête civile, et non une ouverture à cassation;

Attendu, au fond, sur les deux premiers moyens, que l'arrêt attaqué a décidé, en fait, que les deux personnes que la demanderesse prétendait être ses père et mère légitimes, étaient, au contraire, mariés légitimement à autres personnes, savoir : le sieur de Bernis à la demoiselle de Montbrun, et la demoiselle Bétri au sieur Pierron; d'où il résultait que la demanderesse n'avait ni acte de naissance, ni possession d'état d'enfant légitime des parents qu'elle se donnait; — Qu'il suit de là, qu'en jugeant inadmissible la preuve offerte par la demoiselle de la Marine, l'arrêt a fait une juste application de la loi et des principes du droit qui ne dispensent l'enfant de représenter l'acte de célébration du mariage de ses père et mère, source unique de sa légitimité, que lorsqu'il prouve et que ses père et mère ont vécu publiquement comme mari et femme, et que sa possession d'état d'enfant légitime n'est point contredite par son acte de naissance; — Attendu, sur le troisième moyen, que l'arrêt attaqué a jugé, en fait, que la demanderesse ne représentait aucun acte de reconnaissance de son état d'enfant naturel du sieur de Bernis; qu'ainsi, c'est avec raison, et en se conformant à la loi, que la cour de Nîmes a rejeté la demande subsidiaire de la demoiselle de la Marine, tendant à être déclarée enfant naturel et ayant droit, en cette qualité, à une pension alimentaire; — Rejette.

Du 27 nov. 1835.-C. C., ch. req.-MM. Zangiacomi, pr.-Bernard (de Rennes), rap.-Tarbé, av. gén., c. conf.-Gatine, av.

(1) *Espèce :* — (Veuve Thiériot C. dame Breton.) — 25 janv. 1766, François Thiériot fit baptiser une fille, comme née de lui et de Françoise Héraud, son épouse. Un autre enfant avait été pareillement inscrit. Décès de Françoise Héraud. — Thiériot épouse la demoiselle Champol, quitte Aix, où il avait demeuré, et laisse sa fille (l'autre enfant était mort) entre les mains de Clapier, son parrain, qui ne cessa d'en prendre soin. — Thiériot n'eut plus aucune relation avec sa fille. — Le 15 janv. 1788, elle contracta mariage avec Breton; le consentement de son père fut suppléé par celui de son parrain, nommé curateur *ad hoc* par le parlement d'Aix.

Le 25 janvier 1792, décès de Thiériot. Il laissait un testament par lequel il institua Marie Champol, sa femme, son héritière universelle, et fit un legs de 500 fr. de pension annuelle à la dame Breton, qu'il désigna sous la qualité de sa fille naturelle. — La dame Breton avait reçu pendant quinze ans cette pension, lorsque, le 6 therm. an 13, elle dirigea contre sa belle-mère une action en nullité du testament, et prit la qualité de fille légitime de Thiériot. — Cette qualité lui fut contestée. La veuve prétendit : 1° que la dame Breton devait prouver le mariage de ses père et mère; 2° qu'elle était dépourvue de la possession d'état; 3° que son père avait détruit, par son testament, la déclaration consignée dans l'acte de naissance. — Au surplus, elle soutint la dame Breton non recevable, comme ayant acquiescé au testament de son père, en recevant pendant quinze ans le legs dont il l'avait gratifiée. — La veuve Thiériot critiqua les actes produits par la demanderesse, pour en induire sa possession d'état : elle soutint que ces actes lui étant étrangers ne prouvaient rien à son égard. Elle ajouta que, pour que la dame Breton se plaçât dans le cas des lois 10 et 11, *De ritu nupt.*, il faudrait que l'arrêt du parlement, qui lui nommait un curateur *ad hoc*, eût été précédé d'une déclaration judiciaire d'absence; que ce préalable n'ayant pas été rempli, on ne pouvait qu'en induire que la dame Breton n'avait jamais cru être sous la puissance de son père, c'est-à-dire être sa fille légitime. — Jugement qui consacre les prétentions de la dame Breton. — Appel. — Arrêt.

LA COUR; — Considérant qu'aux termes du droit l'acte de naissance déposé dans un registre public constitue la légitimité de l'état des enfants, et que dans celui de Jeanne Thiériot (femme Breton), signé par François Thiériot, il est dit qu'elle est née de lui et de Françoise Héraud, son épouse; — Considérant que cet acte est fortifié par celui de la naissance de Dominique Thiériot, qui est rédigé dans les mêmes termes, et également signé par François Thiériot; — Considérant qu'il a été donné à Françoise Héraud, dans son acte de décès, le titre d'épouse de François Thiériot; — Considérant que ces trois actes se prêtent un mutuel appui, et établissent, indépendamment des faits particuliers de la cause, en faveur de Jeanne Thiériot, sa possession d'état de fille née en légitime mariage de François Thiériot et de Françoise Héraud; — Considérant que François Thiériot n'a pu, dans son testament, priver sa fille de son état, en la qualifiant sa fille naturelle, contre l'assertion des titres produits au procès, qui sont son propre ouvrage, déposés dans des registres publics; qu'on ne saurait accueillir une déclaration contraire, sans blesser l'honnêteté publique et les principes conservateurs de l'état des citoyens; — Confirme.

Du 5 fév. 1807.-C. de Grenoble.

aucune distinction, soit quant au mode, soit quant au fondement de la contestation. Le but que le législateur s'est proposé par cette disposition a été d'assurer le repos des familles, de les mettre à l'abri du trouble que porteraient dans leur sein des procès que repoussent, sinon une entière certitude, du moins les plus fortes vraisemblances. Si, pour échapper aux dispositions de l'art. 322, il suffisait de recourir à l'inscription de faux ou de soutenir que l'enfant a été inscrit sous de faux noms, cet article ne recevrait presque jamais d'application.

MM. Duranton, t. 3, n° 133 *bis*, Zachariæ, édit. Massé et Vergé, t. 1, p. 307, note 15, et Demolombe, t. 5, n° 226, se prononcent dans le même sens. M. Demante, Programme, t. 1, n° 304, exprime des doutes quant à l'inscription de faux, mais il enseigne que l'enfant ne serait pas, en général, admis à se prétendre inscrit sous de faux noms, si sa possession d'état était conforme au titre qu'il veut ainsi combattre.

259. L'enfant né dans le mariage légitime, aux termes de son acte de naissance, et qui a joui sans trouble de la possession d'état de légitimité, n'est pas recevable, sous prétexte qu'il y avait *impossibilité physique* de cohabitation entre ses père et mère à l'époque de sa conception, à se prévaloir de la reconnaissance authentique qui lui attribuerait une paternité *adultérine*, et à réclamer des *aliments*. — L'action en désaveu de paternité n'appartiendrait qu'à la famille du mari, et non à l'enfant qui voudrait ainsi échanger sa qualité de légitime contre celle d'adultérin (Rouen, 6 juin 1820, aff. Legros, n° 104). — Dans l'espèce, la prétention de l'enfant devait être rejetée pour trois raisons principales : d'abord parce qu'aux termes de l'art. 322 nul ne peut réclamer un état contraire à celui que lui donnent son titre de naissance et la possession conforme à ce titre; en second lieu, parce que le désaveu ne peut être exercé que par le mari ou ses héritiers, et que l'enfant n'est pas admis à répudier le bénéfice de la légitimité, ainsi que nous l'avons vu précédemment; enfin parce que, aux termes de l'art. 335, la reconnaissance ne peut avoir lieu au profit des enfants nés d'un commerce adultérin, et que, dès lors, lorsqu'elle a été faite, elle ne peut produire d'effet.

260. Lorsqu'un enfant a en sa faveur un acte de naissance et une possession d'état conforme, dont il a fait preuve tant par titres que par témoins, les collatéraux ne peuvent être admis à établir par témoins que cet enfant est une personne supposée, alors surtout qu'ils ne produisent pas un commencement de preuve par écrit (Colmar, 12 fruct. an 11) (1).

261. Un enfant que son acte de naissance indique comme étant né de *Pons Simon de la Marine*, et qui a toujours porté ce nom *de la Marine*, a pu être déclaré mal fondé à se prétendre issu de *Pons Simon de Pierre de Bernis*, encore bien qu'il eût été élevé par les soins de ce dernier, et qu'il offrît de prouver que le nom *de la Marine*, substitué dans l'acte à celui de *Bernis*, était le nom honorifique de son prétendu père, et celui d'une terre qui lui appartenait; il importerait peu encore que le frère de celui-ci, qui était évêque, eût reconnu cette qualité à l'enfant, dans un acte sous seing privé. — ... En un tel cas, l'acte de naissance et la possession d'état ne sont pas conformes à l'état civil réclamé (Req. 27 nov. 1833, aff. demoiselle de la Marine. V. n° 252).— Par suite, cet enfant a pu être déclaré n'être pas enfant légitime de Pons Simon de Pierre de Bernis, alors qu'il est justifié que, soit cet individu, soit la mère indiquée dans l'acte de naissance, étaient, trois ans après, mariés chacun à d'autres personnes..., et cela encore bien que ce prétendu père et la mère indiquée dans l'acte soient tous deux décédés (même arrêt).

262. Contester à des enfants, sans attaquer leur légitimité, le droit de porter le nom patronymique qui leur a été indûment attribué dans leur acte de naissance, ce n'est pas soulever une question d'état régie par les art. 321 et 322 c. nap., dont le dernier dispose que nul ne peut contester l'état de celui qui a une possession conforme à son acte de naissance (Rej. 16 mars 1841, aff. Constant. V. Nom, n° 19).

263. Suivant Zachariæ, éd. Aubry et Rau, t. 3, p. 665, la fin de non-recevoir qui résulte de l'art. 322 ne s'applique point à

(1) (Femme Bujer et cons. C. Kress.) — Le tribunal; — Considérant qu'en droit l'acte de naissance est pour chaque citoyen la première, la grande, presque unique preuve qu'il puisse fournir de son origine et de son état; que le contenu en un tel acte fait foi en justice, tant qu'il n'est point attaqué directement, et que la réformation n'en est pas provoquée par les moyens que la loi indique; que, quand la possession d'état se joint à l'énoncé de l'acte, c'est-à-dire lorsque l'extrait baptistaire est suivi d'une possession, d'une existence sociale, toujours concordantes avec cet acte primitif, il n'est pas possible de révoquer en doute son existence et sa fidélité; — Considérant qu'au cas particulier l'intimé ne revendique pas son état de fils légitime des conjoints Kress; il en jouissait lorsque les appelantes, se prétendant héritières présomptives de la femme Kress, sont venues lui disputer son état d'enfant légitime de cette femme; or, l'intimé rapporte l'acte de naissance du 21 mai 1764, de Fréderic-Henri Kress, fils légitime des conjoints Kress, et il porte le même nom de Fréderic-Henri Kress; — Considérant que les appelantes accusent l'intimé d'imposture, et soutiennent qu'ils n'est pas ce fils légitime, né au 21 mai 1764, mais bien un enfant adultérin de feu David Kress. Il faut donc vérifier quelles sont les preuves de la possession d'état qu'il administre; — Considérant, à cet égard, qu'elles se présentent en foule : d'abord, le juge de paix est sommé d'apposer les scellés; un jugement même le lui enjoint; cependant il reste dans l'inaction, sans doute par l'effet de la conviction où il était que l'intimé était réellement fils légitime des conjoints Kress; qu'ainsi la mesure qu'on exigeait de lui était inutile. Le maire de Ribeauvillé, en légalisant la procuration donnée à l'intimé par Sthal, le 17 fruct. an 8, atteste que la signature est celle de Frédéric Kress, fils de feu David Kress et de la dame Frolich. Le 5 complémentaire suivant, quatorze citoyens, parents, voisins et amis, déclarent, sous la foi du serment, connaître parfaitement l'intimé, et rendent de sa légitimité un témoignage éclatant et détaillé. Parmi eux se trouvent trois Kress, héritiers présomptifs de feu David Kress, et ainsi ayant intérêt à combattre le système de l'intimé, s'il n'était qu'un imposteur : on y trouve encore sa tante, sa marraine et la veuve de son parrain;

Considérant cependant que cet acte est extrajudiciaire, et que, pris isolément, il pourrait paraître ne pas suffire; mais, en matière d'état, le complément de la preuve requise se compose de l'opinion publique comme des écrits; or l'enquête de l'intimé contient la preuve la plus lumineuse des faits posés par lui en faveur de sa possession d'état de fils légitime des conjoints Kress. Cette preuve est encore corroborée d'un certificat de résidence à Nuits, du 1er janv. 1792 à la fin de 1793, désignant le nom de l'intimé et son signalement; du certificat des citoyens Zollicoffre et Hey (de Strasbourg), du 9 vend. an 9, qui attestent que l'intimé sur a été connu jusqu'à présent pour être le fils de Jean-David Kress; de celui d'Antoine Dallera (de Leipzig), qui rend le même témoignage. Il est donc évident qu'outre l'extrait de naissance dont l'intimé est porteur, il a encore la possession d'état de fils légitime des conjoints Kress, prouvée tant par témoins que par titres; — Considérant qu'à la vérité, en matière ordinaire, le corps de l'enquête, une fois signifié, rend admissible la partie adverse à faire entendre des témoins; mais il en est autrement dans une question d'état, surtout lorsqu'on articule des faits nouveaux de la part de celui qui réclame son état; il n'en est pas de même de celui qui conteste l'état à un autre; à cet égard, les principes déjà établis d'une manière stable sous l'ancienne jurisprudence sont devenus encore bien plus certains par le code civil, dont l'art. 316 (ou 322 de la série unique du titre de la Paternité ou filiation, porte : « Nul ne peut réclamer un état contraire à celui que lui donnent son titre de naissance et la possession conforme à ce titre. Et réciproquement, nul ne peut contester l'état de celui qui a une possession conforme à son titre de naissance. »

L'intimé a donc en sa faveur le titre de naissance et la possession d'état conforme à ce titre; les appelantes ne sauraient être admises à la preuve par elles offerte, d'autant qu'en supposant même que cette possession ne fût pas conforme à l'acte de naissance, parce que cet acte appartiendrait à un tiers, le système des appelantes n'en serait pas plus favorable; car, si la loi exige de celui qui réclame son état un commencement de preuve par écrit, pour pouvoir l'admettre à la preuve testimoniale, elle l'exige bien davantage, ce commencement de preuve par écrit, de celui qui veut détruire des preuves écrites par des dépositions de témoins; or les appelantes n'en rapportent pas un adminicule : elles prétendent que l'intimé n'est qu'un fils illégitime... où est son acte de naissance? Elles prétendent que le véritable Frédéric Kress est mort : où est son extrait mortuaire? Elles ne rapportent ni l'un ni l'autre; elles ne peuvent même nommer la mère de ce prétendu enfant naturel; et, dès lors, qu'elles sont inadmissibles dans la preuve qu'elles offrent, il devient oiseux de s'occuper du mérite des faits dont elles ont entendu la composer, plusieurs de ces faits, d'ailleurs, étant démentis dès à présent. Le jugement dont est appel est donc juridique; c'est le cas de le confirmer : le système des appelantes, qui ne sont que des collatérales, étant d'autant plus odieux que, dans leur avidité de s'emparer de la succession de la femme Kress, elles n'ont pas craint, en cherchant à détruire l'état légitime d'un citoyen, de faire une insulte grave à la mémoire du mari de leur parente, et de mettre ainsi une inscription injurieuse sur sa tombe; — Par ces motifs, confirme.

Du 12 fruct. an 11.-Trib. d'app. de Colmar.-MM. Mecoy et Dubois, av.

l'action en désaveu, qui peut toujours être formée nonobstant le concours de l'acte de naissance et de la possession d'état. Et, en effet, il est à remarquer que le désaveu, bien qu'il tende à renverser la preuve de la filiation, du moins à l'égard du mari, ne nie point cette preuve, mais, au contraire, l'affirme implicitement, puisqu'il ne peut être exercé que contre un enfant dont la filiation légitime est légalement établie. Mais on répond avec beaucoup de raison que, l'action en désaveu n'étant recevable que pendant le délai d'un mois ou de deux mois, suivant le cas, et autant que le mari n'y a pas renoncé expressément ou tacitement, et, d'un autre côté, l'art. 322 supposant que l'enfant a la possession constante d'enfant légitime, non-seulement à l'égard de sa mère, mais aussi à l'égard du mari de celle-ci, il est fort difficile de comprendre comment un enfant, qui se trouverait dans les conditions exigées par l'art. 322, pourrait être encore exposé à une action en désaveu. — V. MM. Marcadé, sur l'art. 322, et Demolombe, t. 5, n° 230.

264. On peut se demander si l'art. 322 est applicable à la filiation naturelle aussi bien qu'à la filiation légitime, si, par exemple, celui qui aurait été inscrit sur les registres de l'état civil comme fils naturel de tel individu, et qui depuis aurait eu constamment une possession d'état conforme à ce titre, serait recevable à prétendre qu'il est issu du mariage légitime de deux autres personnes? C'est là une question grave, que nous examinerons ultérieurement, lorsque nous nous occuperons de la filiation naturelle.

Sect. 3. — *De la preuve par témoins.*

265. Malgré les sages précautions que le législateur devait prendre pour prévenir l'abus des réclamations d'état, celui qui, par le fait de ses parents ou par le crime des tiers, se trouverait sans titre de naissance ni possession pour établir sa filiation, ne pouvait cependant être réduit à l'impossibilité de justifier de son état, condamné à perdre son rang dans la société, ses droits dans sa famille. La preuve testimoniale vient à son secours, non dépouillée de toute garantie, livrée aux déclarations inconsidérées de témoins séduits et subornés : *soli testes ad ingenuitatis probationem non sufficiunt* (L. 2, Cod., *De test.*), mais appuyée d'actes et d'une certaine réunion de circonstances, *instrumentis et argumentis* (Cod., *ibid.*), qui n'ont pas moins de force que les écrits, lorsque la vérité n'en est pas contestée. — « A défaut de titre et de possession constante, porte l'art. 323, ou si l'enfant a été inscrit, soit sous de faux noms, soit comme né de père et mère inconnus, la *preuve* de la filiation peut se faire *par témoins*.—Néanmoins cette preuve ne peut être admise que lorsqu'il y a *commencement de preuve* par écrit, ou lorsque les présomptions ou indices résultant de faits dès lors constants sont assez graves pour déterminer l'admission. »

Nous ferons sur cet article une observation. En général, et d'après le droit commun, la preuve testimoniale est admise purement et simplement, sans aucun adminicule, toutes les fois qu'il n'a pas été au pouvoir de la partie qui l'invoque de se procurer une preuve écrite, toutes les fois que l'absence du titre ne peut aucunement lui être imputée. Le commencement de preuve par écrit n'est exigé comme complément de la preuve testimoniale que dans les cas où la partie, ayant pu se procurer une preuve littérale, a négligé de le faire. C'est là ce qui résulte de la comparaison des art. 1341, 1347 et 1348. Ici cependant, bien que le défaut de titre ne puisse jamais être imputé à l'enfant, bien qu'il ne dépende jamais de lui que ce titre existe puisqu'il est absolument étranger à sa rédaction, le législateur, cependant, ne s'est pas contenté de la preuve testimoniale pure et simple. C'est que, comme le fait justement remarquer M. Demolombe, t. 5, n° 242, les dangers de la preuve par témoins étaient, en cette matière, particulièrement redoutables, soit à cause du caractère occulte des faits à constater, soit à cause de la grande importance de l'objet du débat. Il était donc nécessaire d'assurer, par des garanties spéciales, le repos des familles et de la société. — Mais, si l'art. 323 a dérogé en ce point aux règles de droit commun, d'un autre côté, il n'a point exigé que le complément de la preuve testimonale fût nécessairement un commencement de preuve par écrit, il a admis également, sur les observations de Portalis (V. Locré, t. 6, p. 79), les présomptions ou indices résultant de faits dès lors constants.

266. La comparaison de l'art. 323 avec l'art. 46 c. nap. a fait naître une question qui n'est pas sans difficulté. L'art. 46 porte que, lorsqu'il n'aura pas existé de registres ou qu'ils seront perdus, la preuve en sera reçue tant par titres que par témoins, et que, dans ce cas, les mariages, naissances et décès pourront être prouvés tant par les registres et papiers émanés des père et mère décédés que par témoins. Or on s'est demandé si ces mots, par lesquels commence l'art. 323, *à défaut de titre*, comprennent, dans leur généralité, les deux cas prévus par l'art. 46, c'est-à-dire le cas où il n'a pas existé de registres et le cas où ils ont été perdus, ou s'ils se réfèrent seulement aux autres hypothèses dans lesquelles, pour quelque cause que ce soit, le titre n'est pas représenté, en d'autres termes, si l'art. 323 qui, pour admettre la preuve testimoniale de la filiation, exige un commencement de preuve par écrit ou des présomptions ou indices résultant de faits constants, est venu modifier l'art. 46, qui, dans les deux cas qu'il prévoit, admet sans condition la preuve par témoins des naissances, mariages et décès. Plusieurs systèmes se sont produits sur cette question.

Suivant M. Richefort, t. 1, n°s 108 et 109, par les mots *à défaut de titre*, l'art. 323 n'a point entendu désigner d'une manière générale tous les cas où le titre de naissance n'est pas représenté, mais seulement les cas de non-existence et de perte des registres, prévus par l'art 46. Ainsi, d'après ce système, d'une part, la filiation ne pourrait, dans les deux cas dont il s'agit, être prouvée par témoins qu'autant qu'il existerait un commencement de preuve par écrit ou des présomptions ou indices; et, d'autre part, rien ne pourrait, dans les autres cas, suppléer au défaut de titre ou de possession d'état. — A l'appui de l'opinion qu'il exprime, M. Richefort invoque l'autorité de Toullier. Mais il nous paraît s'être mépris sur la pensée de cet auteur. Toullier admet bien que l'art. 323 est applicable aux deux cas de non-existence et de perte de registres, mais il ne restreint pas, comme M. Richefort, à ces deux cas l'application de cet article. « L'art. 323, dit-il, t. 2, n° 883, porte expressément que l'enfant ne peut être admis à prouver sa filiation par témoins, sans des commencements de preuve, et comme la disposition de cet article est générale, elle s'applique au cas de perte ou de non-existence des registres, aussi bien qu'au cas où il en existe en bonne forme. Les règles pour admettre la preuve testimoniale, en matière d'état, ne sont donc pas les mêmes pour les mariages et pour les naissances. C'est par cette raison que l'art. 46, qui parle des actes de naissance aussi bien que des actes de mariage et de décès, se contente d'énoncer le principe général que la preuve testimoniale peut être admise en cas de perte et de non-existence des registres, sauf à établir dans la suite les règles particulières à la preuve de la filiation. » Ainsi, en résumé, d'après le système de Toullier, l'art. 46, en ce qui concerne les naissances, est venu se fondre dans la disposition plus générale de l'art. 323, qui, pour tous les cas où l'acte de naissance n'est pas présenté, quelle qu'en soit la cause, n'admet la preuve testimoniale qu'autant qu'il existe un commencement de preuve par écrit ou des présomptions ou indices résultant de faits constants.

D'autres auteurs (MM. Zachariæ, édit. Massé et Vergé, t. 1, p. 308 et 309, note 20, et ses annotateurs; Valette, sur Proudhon, t. 2, p. 102, note; Duvergier, sur Toullier, n° 887, note *a*; Demolombe, t. 5, n°s 233 et 234; Ducaurroy, Bonnier et Roustain, t. 1, n° 460) enseignent que l'article 323 dispose pour des cas autres que ceux prévus par l'art. 46, et qu'il laisse ces derniers en dehors de ses dispositions; qu'ainsi, lorsqu'il est prouvé qu'il n'a pas existé de registres ou qu'ils sont perdus, la preuve de la filiation peut être faite par témoins sans autre adminicule, mais que, dans les autres cas, soit que la naissance n'ait pas été constatée sur les registres de l'état civil, soit que l'enfant ignore le lieu où il est né, en un mot, toutes les fois que l'enfant, sans prouver qu'il n'ait pas existé de registres ou qu'ils aient été perdus, ne représente pas son acte de naissance, il se trouve dans le cas prévu par l'art. 323, et peut établir sa filiation suivant le mode déterminé par cet article.—La faculté exceptionnelle accordée par l'art. 46, quant à la preuve de la filiation, s'explique, suivant ces auteurs, par des raisons évidentes. En effet, remarque M. Valette, *loc. cit.*, le défaut d'acte de naissance est le fait le plus naturel du monde quand les registres de l'état civil n'ont pas été tenus ou ont été perdus; lorsque, au contraire, les registres sont parfaitement en règle, on doit voir avec défiance la réclamation de celui qui, dépourvu de la possession d'état, n'a pas non plus d'acte de naissance; c'est pourquoi la loi est alors plus rigoureuse. — Conformément à ce système, il a été jugé que, dans le cas de non-existence ou de perte des registres de l'état civil, la preuve de la filiation peut être faite, suivant l'art. 46, tant par les registres et papiers émanés des père et mère décédés que par témoins; que dès lors on ne peut, dans ce cas, écarter, sous le prétexte seul qu'elles ne sont pas authentiques, des pièces produites à l'effet d'établir une filiation, l'art. 46 n'exigeant pas cette authenticité (Cass. 10 juin 1833, aff. Sariac. V. Acte de l'état civil, n° 132).

Enfin, il est un quatrième système auquel se sont attachés MM. Delvincourt, t. 1, note 3 de la page 35; Duranton, t. 3, n° 141, et Marcadé, sur l'art. 323. Ces auteurs font remarquer que, dans l'art. 46, il s'agit de la preuve de la naissance, tandis que, dans l'art. 323, il s'agit de la preuve de la filiation. Or autre chose est d'établir le fait de la naissance, son époque, son lieu, le sexe de l'enfant, les prénoms qui lui ont été donnés; autre chose est d'établir le lien de filiation qui le rattache à telle ou telle famille. Si donc, dans le cas de non-existence ou de perte des registres, il s'agit seulement de prouver la date ou le lieu de la naissance, etc., cette preuve peut être faite, conformément à l'art. 46, tant par les registres et papiers émanés des père et mère décédés que par témoins; mais si, dans les mêmes cas, il s'agit de prouver la filiation, ce n'est plus l'art. 46, c'est l'art. 323 qui doit être appliqué, et en conséquence la preuve testimoniale ne peut être admise qu'autant qu'il existe un commencement de preuve par écrit ou des présomptions ou indices résultant de faits constants. — Cette distinction nous paraît être d'une incontestable justesse; elle concilie parfaitement les dispositions contradictoires en apparence des art. 46 et 323.

Tout en admettant, en principe, la distinction qui précède, M. Duranton, *loc. cit.*, pense que la non-existence ou la perte des registres, *fait dès lors constant*, pourrait être considéré comme élevant en faveur de l'enfant une de ces présomptions qui autorisent l'admission de la preuve testimoniale. Nous ne nions pas qu'il n'en pût être ainsi, si au fait dont il s'agit venaient s'en joindre d'autres; mais par lui-même il ne nous paraît pas avoir avec ce qu'il s'agit de prouver un rapport assez direct pour être mis au nombre des présomptions ou indices dont parle l'art. 323. Il ne suffirait donc pas, s'il était isolé, pour déterminer l'admission de la preuve par témoins.

267. M. Proudhon, t. 2, p. 88, pense que, si l'enfant a été inscrit sous de faux noms sur le registre des naissances, ou s'il y a été inscrit comme appartenant à des père et mère inconnus, comme alors il n'y a plus simplement absence de titre, mais qu'il y a titre contraire, l'enfant doit commencer par agir en destruction, en suivant la marche particulière à la procédure sur le faux. « Ce n'est, dit-il, qu'après avoir levé cet obstacle et obtenu un jugement déclarant l'acte de naissance faux, que l'enfant se trouvera replacé dans la même hypothèse où il aurait été dans le principe s'il n'en avait point eu, et qu'il lui sera permis d'offrir la preuve vocale avec commencement de preuve par écrit, ou avec d'autres présomptions jugées suffisantes pour la rendre admissible. »

MM. Aubry et Rau sur Zachariæ, t. 3, p. 659, font à cet égard une distinction entre l'enfant inscrit comme né de père et mère inconnus et celui à qui son acte de naissance attribue une filiation différente de celle à laquelle il prétend. Sur l'observation de Zachariæ que l'un et l'autre peuvent prouver leur filiation par témoins, mais à charge, quant au dernier, de justifier qu'il a été inscrit sous de faux noms, ces auteurs s'expriment ainsi, note 23 : « Il doit, à cet effet, s'inscrire en faux contre l'acte de naissance qui lui est imposé. Mais la voie du faux principal ou criminel lui est interdite. Il ne peut se pourvoir que par la voie du faux incident ou civil, et il n'est même admis à le faire que sous les conditions requises par le 2ᵉ alin. de l'art. 323. » — Telle paraît être aussi, du reste, l'opinion de Merlin, Rép., v° Maternité, n° 6, et Quest. de droit, v° Quest. d'état, § 3, ainsi que celle de M. Duranton, t. 3, nos 139 et 140. — Enfin, il a été jugé que la fausseté des noms sous lesquels un enfant a été inscrit ne peut, dans le cours de l'instance sur la question d'état, être prouvée préalablement par la voie de l'inscription de faux incident, lorsqu'il n'y a aucun commencement de preuve par écrit ni un concours de présomptions supplétives (Rej. 28 mai 1800, rapporté à la suite de crim. rej. 10 mess. an 12, aff. François Christian, *infrà*, n° 365-5°). Faut-il conclure de là que, dans la pensée de la cour suprême, l'enfant doive, dans le cas dont il s'agit, prendre la voie du faux incident, en se conformant, quant au mode de preuve, au 2ᵉ alin. de l'art. 323? On serait tenté de le croire au premier abord. Cependant, si l'on se reporte au texte de l'arrêt, on voit qu'il est loin de s'exprimer sur ce point en termes impératifs : tout ce qu'on peut en conclure sans forcer le sens de ses termes, c'est que l'enfant ne pourrait, au moyen d'une inscription de faux, se soustraire à l'application de l'art. 323, 2ᵉ alin., et qu'ainsi, dans ce cas, la preuve testimoniale ne serait admissible qu'autant qu'il existerait soit un commencement de preuve par écrit, soit des présomptions résultant de faits constants.

Pour nous, nous ne pensons pas qu'il y ait lieu, même pour le cas où l'enfant aurait été inscrit sous de faux noms, de recourir à l'inscription de faux. Et d'abord de ce que l'enfant a été inscrit sous de faux noms, il n'en résulte pas nécessairement qu'un faux a été commis. Si l'officier de l'état civil a fidèlement reproduit la déclaration qui lui a été faite, encore bien que cette déclaration soit mensongère, l'acte n'est pas entaché de faux. Le déclarant, dans ce cas, est coupable du crime de suppression d'état, prévu et puni par l'art. 345 c. pén., il n'est pas coupable de faux. Et nous avons vu, en effet (v° Acte de l'état civil, nos 396 et s., et *suprà*, nos 209 et s.), que l'acte de naissance fait foi jusqu'à inscription de faux de la vérité des faits que l'officier de l'état civil a constatés d'après sa connaissance personnelle, mais non de la vérité des déclarations qui lui ont été faites par les personnes que la loi a déléguées à cet effet. De plus, l'art. 323 n'exige nullement qu'avant d'être admis à la preuve de sa filiation l'enfant ait préalablement détruit l'acte de naissance qu'on lui oppose; au contraire, dans tous les cas qu'il prévoit, il admet *de plano* le réclamant à la preuve testimoniale sous la seule condition qu'il existe un commencement de preuve par écrit ou des présomptions. A quoi servirait d'ailleurs la destruction préalable de l'acte de naissance? Purement et simplement à allonger le débat. Il est bien évident en effet qu'en prouvant sa filiation véritable, conformément à l'art. 323, le réclamant prouvera *ipso facto* qu'il avait été inscrit sous de faux noms (V. MM. Toullier, t. 2, n° 905; Valette sur Proudhon, t. 2, p. 89; Demolombe, t. 5, n° 239). — Il a été jugé, dans le sens de ces observations, que la voie de l'inscription de faux incident n'est pas recevable contre un acte de naissance qui attribue à un enfant une filiation qui n'est pas la sienne, si aucun reproche n'est adressé à l'officier de l'état civil, rédacteur de cet acte; que, dans ce cas, la preuve que l'enfant a été inscrit sous de faux noms se fait par témoins, suivant l'art. 323 (Req. 12 juin 1823, aff. Bellengreville, V. n° 621).

268. Par application directe de l'art. 323, il a été jugé qu'un enfant ne peut être admis à la preuve testimoniale de sa filiation s'il n'existe ni commencement de preuve par écrit ni présomptions résultant de faits dès lors constants, quelle que soit d'ailleurs la gravité des faits qu'il articule et qu'il offre de prouver (Paris, 7 août 1810, rapporté à la suite de Crim. rej. 10 mess. an 12, aff. François Christian, V. n° 365-5°).

269. Aux termes de l'art. 324, « le commencement de preuve par écrit résulte des titres de famille, des registres et papiers domestiques du père ou de la mère, des actes publics et même privés émanés d'une partie engagée dans la contestation, ou qui y aurait intérêt si elle était vivante » — Cette disposition diffère notablement de l'art. 1347, placé au titre des Contrats ou obligations, suivant lequel on appelle commencement de preuve par écrit « tout acte par écrit qui est émané de celui contre lequel la demande est formée, ou de celui qu'il représente, et qui rend vraisemblable le fait allégué. » La raison de cette différence est facile à saisir. Obliger l'enfant qui demande à prouver par témoins sa filiation à produire un commencement de preuve par écrit, c'est, nous l'avons dit, bien rigoureux déjà; mais exiger que ce commencement de preuve par écrit fût un acte émané de celui-là même qu'il a pour adversaire, c'eût été le réduire, dans la plupart des cas, à l'impossibilité d'établir son état. D'ailleurs, on conçoit que, lorsqu'il s'agit d'une obligation personnelle, la loi exige, comme commencement de preuve, un écrit émané de la personne contre laquelle on invoque l'existence de l'obligation; mais il en est tout autrement lorsqu'il s'agit de prouver la filiation : c'est dans les titres et papiers de famille, dans les actes émanés des parties intéressées qu'il est naturel de chercher les éléments de cette preuve. — V. en ce sens Zachariæ, éd. Massé et Vergé, p. 309, notes 22 et 23.

270. La disposition de l'art. 324 est évidemment limitative quant à la détermination des diverses sortes d'écrits qui peuvent servir de commencement de preuve. Ainsi, on ne pourrait évidemment admettre comme tel un acte émané d'une personne étrangère à la famille et sans intérêt dans la contestation. C'est ce qu'enseignent MM. Massé et Vergé sur Zachariæ, t. 1, p. 309, note 21, et Demolombe, t. 5, n° 245; et cela ne nous paraît pas souffrir de difficulté.

271. Les lettres *missives* doivent-elles être mises au nombre des écrits qui, d'après l'art. 324, peuvent servir de commencement de preuve?—M. Marcadé sur cet article, n° 2, avait d'abord résolu cette question négativement. Les lettres missives ne lui paraissaient rentrer ni dans la dénomination de *titres*, ni dans celle de *registres et papiers*, ni enfin dans celle d'*actes*, employées par l'art. 324. Mais depuis, il est revenu sur cette opinion, et avec raison; en effet, nous croyons avec M. Demolombe, t. 5, n° 246, et MM. Massé et Vergé sur Zachariæ, t. 1, p. 309, note 21, que c'est là donner aux expressions qui viennent d'être citées une interprétation trop restrictive. Ces mots *actes publics et privés* ont une signification très-large qui embrasse naturellement les lettres missives, sans qu'il soit nécessaire pour cela de forcer le sens des termes. Ce qui le prouve, c'est que, bien que l'art. 1347 commence ainsi la définition du commencement de preuve par écrit en matière de convention : « On appelle ainsi *tout acte par écrit*, etc., » il est communément admis qu'une lettre missive émanée de celui contre lequel la demande est formée peut servir de commencement de preuve par écrit (V. Oblig. [preuve]). Pourquoi, d'ailleurs, en serait-il autrement? Pourquoi n'attribuerait-on pas à une lettre émanée du père ou de la mère la même force probante qu'à ces registres et papiers, qu'à ces actes privés dont parle l'art. 324? Pour nous, il nous est impossible d'apercevoir la raison d'une telle différence.— Il a été jugé que les lettres, étant la propriété de ceux auxquels elles ont été adressées, ne peuvent être produites en justice que de leur consentement, même en matière d'état civil (Req. 12 juin 1823, aff. Bellengreville, V. *infrà*, n° 621).

272. Des actes de notoriété ne peuvent être considérés comme formant le commencement de preuve par écrit nécessaire, aux termes des art. 323 et 324, pour faire admettre un enfant qui n'a en sa faveur ni acte de naissance ni possession d'état à la preuve testimoniale de sa filiation (Paris, 29 mai 1813) (1).

273. L'art. 324 exige que l'acte, lorsqu'il n'est pas l'œu-

(1) *Espèce :* — (Demoiselle Albertine C. hérit. Charlier.) — La dame Cécile Charlier, veuve Conel, est décédée sans enfants le 5 mars 1811. L'un de ses frères, nommé Jean-Baptiste Charlier, était mort à l'île Saint-Domingue, au mois de nov. 1791, sans postérité connue.—L'autre, nommé Nicolas-Christophe, également décédé, laissait plusieurs enfants de son mariage avec une demoiselle Charlotte Paon. — Les enfants de Nicolas-Christophe Charlier, en leurs qualités de neveux et nièces de la veuve Conel, se disposaient à partager sa succession, lorsqu'une demoiselle Albertine-Jeanne-Antoinette se présenta comme fille de Jean-Baptiste Charlier, décédé à Saint-Domingue, et de Marie-Françoise Aubertin, son épouse, et réclama sa part de la succession de la veuve Conel, sa prétendue tante.

On lui oppose qu'elle ne rapporte ni acte de naissance ni preuve d'une possession conforme à sa prétention. — Alors la demoiselle Albertine notifie à ses adversaires un acte de notoriété signé de sept témoins, et passé devant les notaires de Paris, le 28 sept. 1812, par lequel les signataires déclarent et attestent: 1° qu'ils connaissent parfaitement la demoiselle Albertine Charlier; 2° qu'elle est née à Londres, le 2 fév. 1780, du mariage de Jean-Baptiste Charlier, décédé à l'île de Saint-Domingue, au mois de nov. 1791, et de Marie-Françoise Aubertin, maintenant sa veuve; 3° que la naissance de la demoiselle Albertine a été constatée par un acte inscrit aux registres des naissances tenus dans la chapelle de Bavière à Londres; 4° que cette chapelle et tous les registres et papiers qui s'y trouvaient déposés ayant été brûlés au mois de mai 1780, comme les comparants, qui habitaient Londres à cette époque, en ont été témoins, il est devenu impossible à la demoiselle Charlier de se procurer la copie de son acte de naissance, malgré les recherches et les démarches multipliées qui ont été faites à ce sujet; 5° que, faute de ce titre, la demoiselle Charlier n'en a pas moins eu la possession constante de l'état d'enfant légitime dudit feu sieur Charlier, et que tous les faits se réunissent pour l'établir; — Que les principaux de ces faits, que les comparants peuvent affirmer et qu'ils affirment en effet, sont que la demoiselle Albertine a été tenue sur les fonts baptismaux par la demoiselle Stottenwerck (l'une des signataires) comme fille légitime du sieur Jean-Baptiste Charlier; qu'elle a été nourrie à Londres dans l'habitation commune de M. et de madame Charlier; qu'elle y a même été allaitée par sa mère, sous les yeux et à la connaissance de son mari; qu'elle a toujours porté le nom de Charlier, son père, et qu'elle a été généralement reconnue dans la société et dans la famille comme fille légitime de celui-ci. — A ces premières déclarations viennent s'en joindre de plus positives et de plus rapprochées : ce sont des amis de la famille et des voisins de la dame Conel, de la succession de laquelle il s'agit, qui interviennent aussi dans l'acte et qui déclarent, pour démontrer d'autant plus la possession constante de l'état d'enfant légitime dont a joui la demoiselle Charlier, qu'ils la connaissent particulièrement, ainsi que la dame sa mère; qu'ils les ont souvent vues, depuis plusieurs années, chez feu madame Charlier, son aïeule, et chez madame Conel, tante, dont ils étaient voisins, et avec lesquelles, à ce titre, ils avaient de fréquentes relations; qu'elles recevaient la veuve Charlier et sa fille avec tous les témoignages d'amitié que l'on a ordinairement pour de bonnes et véritables parentes, et qu'elles les qualifiaient toujours, savoir : la dame Charlier mère de bru, et Albertine de petite-fille, et la dame Conel de sœur et de nièce; que, différentes fois, ils les ont vues leur faire à ce titre des cadeaux, en leur exprimant le regret de n'être pas dans une position de fortune assez heureuse pour donner un plus grand essor à leur générosité. — En 1811 la demoiselle Albertine étant sur le point de se marier, ou l'ayant au moins supposé, un pareil acte de notoriété avait été rédigé chez le juge de paix du sixième arrondissement de Paris, pour lui tenir lieu de son acte de naissance et de l'acte de décès du sieur Charlier, son prétendu père, et qu'elle avait eu la précaution de le faire homologuer par le tribunal civil. Armée de toutes ces pièces, elle insiste pour être admise au partage de la succession de la dame Conel; et, dans le cas où l'on contesterait encore sa filiation, elle demande à être admise à la preuve testimoniale de son état.

Les héritiers collatéraux de la dame Conel ont soutenu l'action de la demoiselle Albertine non recevable sous plusieurs rapports : d'abord parce que, pour jouir du bénéfice de la représentation, le représentant devait justifier du décès du représenté, ce qui n'existait pas dans l'espèce; en second lieu, parce que la demanderesse n'établissait point d'une manière légale sa filiation avec Jean-Baptiste Charlier, son prétendu père; que des actes de notoriété étaient insuffisants à cet égard; que la preuve de l'état d'enfant légitime ne pouvait résulter, aux yeux de la loi, que d'un acte de naissance en bonne forme ou d'une possession constante; et qu'enfin la preuve vocale n'était admissible qu'autant qu'elle était précédée d'un commencement de preuve écrite, et que cet élément manquait encore à la demoiselle Albertine.

Sur ces débats respectifs, le tribunal civil de la Seine a rendu, le 14 août 1812, un jugement contradictoire ainsi conçu : — « Attendu que, suivant les art. 319, 320 et 321 c. civ., la filiation des enfants légitimes ne se prouve que par les actes de naissance inscrits sur les registres de l'état civil, et, à défaut de cet acte, par la possession constante de l'état d'enfant légitime; que cette possession s'établit par une réunion de faits et de circonstances déterminés par la loi; — Attendu que la demoiselle Albertine, qui allègue ne pouvoir représenter son acte de naissance parce que le dépôt où il se trouvait a été incendié, ne prouve pas que celui qu'elle dit être son père l'ait traitée comme son enfant, qu'il ait pourvu en cette qualité à son éducation, à son entretien, à son établissement, ni qu'elle ait été reconnue pour telle, soit par la famille, soit par la société; — Que si, aux termes de l'art. 323 même code, l'enfant qui n'a ni titre ni possession peut être admis à la preuve par témoins de sa filiation, il faut au moins qu'il se présente avec un commencement de preuve par écrit ou avec des présomptions ou indices résultant de faits dès lors constants; — Que les actes de notoriété représentés par la demoiselle Albertine et rédigés sur sa réquisition ne peuvent être considérés comme étant de nature à remplir le vœu de la loi; — Le tribunal déclare la demande non recevable. »

Sur l'appel, le défenseur de la demoiselle Albertine a divisé ses moyens en deux parties. — Il faisait observer d'abord qu'il n'est pas au pouvoir de l'enfant qui entre dans le monde de veiller à la conservation de son état et de l'assurer par les formalités prescrites; que si des père et mère négligent de faire inscrire leur enfant sur les registres de l'état civil, s'ils lui refusent cette éducation première et les soins qu'exige la faiblesse de son âge, leur négligence ou leur inhumanité ne peut faire préjudice à la vérité de son état; qu'il doit toujours être admis à faire

vre d'une personne engagée dans la contestation, émane au moins d'une personne qui y aurait intérêt si elle était vivante. Ce mot *intérêt* doit s'entendre ici d'un intérêt contraire à celui du réclamant. Tel serait, par exemple, l'intérêt d'un fils, antérieurement décédé, des époux que le réclamant prétendrait avoir pour père et mère, ce fils étant intéressé à l'écarter de la famille. Les actes émanés de lui pourraient donc servir de commencement de preuve par écrit, s'ils rendaient vraisemblable la filiation invoquée par le réclamant (V. Conf. MM. Valette sur Proudhon, t. 2, p. 90, note *a*, I; Demolombe, t. 5, nº 248; Massé et Vergé sur Zachariæ, t. 1, p. 309, note 22).

274. Mais une lettre émanée de la mère, et opposée par elle, ne pourrait former contre le père un commencement de preuve par écrit de la filiation légitime (Req. 25 août 1812, aff. Martigny et Abel, V. *suprà*, nº 239-2º).

275. Quant au point de savoir si les actes invoqués, lorsque d'ailleurs ils sont au nombre de ceux qui désigne l'art. 324, donnent au fait allégué un degré de vraisemblance suffisant pour pouvoir être considérés comme un commencement de preuve, il est abandonné à l'appréciation discrétionnaire des tribunaux.—Il a été jugé en ce sens: 1º que l'arrêt qui refuse d'admettre comme commencement de preuve par écrit une lettre produite dans une instance en réclamation d'état, et refuse, en conséquence, d'admettre le réclamant à la preuve testimoniale de sa filiation, en déclarant que cette lettre est le fruit d'une erreur de la personne qui l'a écrite, échappe à la censure de la cour de cassation, et ne renferme ni violation des art. 323 et 324 c. nap. ni fausse application de l'art. 1109 du même code (Rej. 11 avr. 1826) (1); — 2º Que les juges du fait ont pu, d'après les circonstances de la cause et sans que leur décision puisse encourir la censure de la cour de cassation, refuser de voir un commencement de preuve par écrit de la filiation légitime dans une lettre et dans des déclarations (consignées dans un interrogatoire sur faits et articles) émanées d'une belle-fille du père prétendu, simple légataire de ce dernier et dont le conjoint est décédé sans enfants, bien que ladite dame fût engagée dans l'instance (Req. 6 août 1839) (2);

---

preuve de sa filiation, et que la preuve par témoins est la seule dont il puisse tirer quelque éclaircissement; que c'est par ces considérations que l'art. 323 c. civ. ne le soumet qu'à l'alternative de rapporter un commencement de preuve par écrit ou des indices et des présomptions graves résultant de faits constants. Or, disait-on, quelles présomptions plus fortes, quels indices plus graves que ceux qui s'induisent des faits établis et attestés par les actes de notoriété qui sont produits? Quels faits plus certains, plus concluants? — En second lieu, on plaçait la demoiselle Albertine dans une catégorie particulière : elle ne pouvait pas, disait-on, être réduite à l'impossible. Eh! comment pourrait-on exiger la représentation de son acte de naissance, quand il est certain que les registres où il était consigné sont devenus la proie des flammes? Et quand ils existeraient encore, ces registres, comment pourrait-on y chercher l'acte de naissance en question, lorsque la guerre intercepte toute espèce de communications avec l'Angleterre? C'est donc le cas d'appliquer à l'espèce les dispositions législatives qui autorisent la preuve par témoins quand il n'a point été tenu de registres ou qu'ils ont été perdus.—Les intimés ont reproduit les moyens adoptés par les premiers juges. — Arrêt.

LA COUR; — Considérant que ladite Albertine-Jeanne-Antoinette ne rapporte aucun commencement de preuve par écrit de sa naissance à Londres et à l'époque par elle indiquée; que même il n'y a ni présomptions ni indices résultant de faits dès à présent constants que ladite Albertine soit née de la femme Charlier, et conséquemment de sa qualité prétendue de fille légitime de Jean-Baptiste Charlier, met l'appellation au néant; — Ordonne que ce dont est appel sortira son plein et entier effet, etc.

Du 29 mai 1813.-C. de Paris, aud. sol., 1re et 3e ch. réun.-MM. Séguier, 1er pr.-Giraud, av. gén., c. conf.-Caubert et Mondain, av.

(1) *Espèce* :—(Le sieur de Beauvau C. la dame Delaunet, etc.)—Le 14 nov. 1816, un colonel de cavalerie, chevalier de Saint-Louis, prenant le titre de marquis de Beauvau, demande, en cette qualité, contre la dame Delaunet, le délaissement de la terre de la Treille et de tous les autres biens dépendant de la succession du marquis de Beauvau, tué en 1793, en défendant la ville de Chollet contre les Vendéens. — Ce colonel prétend être le frère de la dame Delaunet, fille du marquis de Beauvau. Celle-ci, pour repousser cette demande, oppose que son père n'a eu qu'un seul fils, Charles-Just-Louis-Eugène de Beauvau, né de son premier mariage avec la demoiselle Lesénéchal de Carcado-Molac, et elle rapporte l'acte de décès de son frère, dressé à Nantes le 9 fév. 1789. — Le demandeur s'inscrit en faux contre cet acte. La veuve du marquis de Beauvau, épouse du sieur Ledet, et le prince de Beauvau se constituent parties intervenantes.—Le 22 février 1820, jugement contradictoire du tribunal d'Angers qui rejette la demande en inscription de faux, et ordonne que, dans trois semaines, le demandeur signifiera les moyens desquels il prétend faire résulter, ou qu'il a la possession d'état de Charles-Just-Louis-Eugène de Beauvau, ou qu'il existe en sa faveur soit un commencement de preuve par écrit, soit des indices ou des présomptions résultant de faits dès à présent constants et assez graves pour déterminer l'admission de la preuve testimoniale.—Le demandeur fait signifier une lettre de la dame Delaunet, du 11 déc. 1799, laquelle, selon lui, contient la reconnaissance la plus formelle de sa qualité de frère de celle-ci, et demande à être admis à compléter la justification de son état par la preuve testimoniale. — La dame Delaunet soutient que cette lettre, qui n'est revêtue d'aucune signature, ne prouve rien en faveur du demandeur; elle nie qu'elle lui soit adressée; elle ne l'avoue ni ne la désavoue, et prétend, au surplus, qu'elle est neutralisée par deux autres lettres, à elle écrites, par lui, les 26 juin et 15 juill. 1814, où il se défend de s'être dit son frère.

Le 23 mai 1820, jugement contradictoire qui rejette la demande et fait défense au demandeur de porter les noms de Charles-Just-Louis-Eugène de Beauvau, dépens compensés. — Appel par le prince de Beauvau quant au chef qui compense les dépens; appel incident par le demandeur originaire. — Le 8 mars 1821, arrêt par défaut qui confirme. Opposition du demandeur qui, outre les conclusions prises en première instance, demande la vérification de l'écriture de la lettre du 11 déc. 1799. Le 4 déc. 1822, arrêt contradictoire qui démet le demandeur originaire de ses conclusions à fin de vérification d'écriture, ordonne l'exécution de l'arrêt par défaut, et, statuant sur l'appel du prince de Beauvau, infirme le jugement du 23 mai 1820 au chef qui compense les dépens : cet arrêt, très-longuement motivé, établit d'abord que les présomptions invoquées par le prétendu marquis de Beauvau, sont insuffisantes; il se termine ainsi : « Considérant que l'appelant produit une lettre de la dame Delaunet, du 11 déc. 1799 ; qu'il en demande la vérification, qu'ainsi ce n'est pas déjà un fait constant; que tous les faits qu'il présente comme constants devraient l'être avant toute vérification préalable, avant l'admission d'une preuve testimoniale; qu'ils devraient être tels qu'on pût en induire dores et déjà des présomptions et des indices graves ; que tels sont les caractères que la loi exige pour que les juges puissent admettre la preuve testimoniale, et que les faits présentés par l'appelant n'ont pas ces caractères ; — Qu'enfin la lettre du 11 déc. 1799 fût-elle avérée ou vérifiée, elle resterait sans influence dans la cause, parce qu'elle serait considérée comme l'effet de l'erreur de la personne qui l'a écrite, et que les circonstances de la cause ne permettent pas d'y avoir égard. »

Pourvoi en cassation pour violation des art. 323 et 324 c. civ., et fausse application de l'art. 1109 du même code. Suivant ces articles, disait le demandeur, on peut être admis à prouver sa filiation, lorsqu'il y a commencement de preuve par écrit; or la lettre de 1799 non désavouée était un commencement de preuve par écrit. Qu'importe que cette lettre ne puisse avoir aucune influence, comme l'a dit la cour? Il suffit, pour l'admission de la preuve testimoniale, qu'il y ait commencement de preuve par écrit, c'est-à-dire qu'un acte, émané d'une des personnes désignées dans l'art. 324, soit représenté.—Pour la défenderesse, on répondait que, nulle part, la loi ne prescrit aux juges d'avoir égard à tout écrit présenté comme commencement de preuve; qu'elle leur laisse la faculté d'examiner l'écrit, d'apprécier les circonstances qui s'y rattachent et de le rejeter, s'il leur paraît insignifiant. — Arrêt (après délibération en ch. du conseil).

LA COUR; — Attendu que, sur la production faite par le réclamant à la cour royale d'Angers, de la lettre du 11 déc. 1799, comme commencement de preuve par écrit de sa filiation, cette cour, en déclarant que la lettre en question était le fruit de l'erreur de la personne qui l'a écrite, et refusant, par suite, d'admettre le demandeur à la preuve testimoniale de sa filiation, n'a fait qu'apprécier un acte produit dans la cause, ainsi que les faits qui s'y rattachaient, et qu'en cela elle est demeurée dans les limites de ses attributions souveraines; — Attendu, par conséquent, que l'arrêt attaqué, qui se réfère tant à un précédent arrêt par défaut qu'au jugement de première instance qu'il confirme, se trouve suffisamment motivé, et ne présente ni violation des art. 323 et 324 c. civ., ni fausse application de l'art. 1109 du même code, ni contravention à l'art. 7 de la loi du 20 avr. 1810; — Rejette.

Du 11 avr. 1826.-C. C., ch. civ.-MM. Brisson, pr.-Quéquet, rap.-Cahier, av. gén., c. conf.-Rochelle et Guichard, av.

(2) *Espèce* : —(Lachèvre-Lemonnier C. hérit. Lachèvre.) — Le sieur Victor-Auguste Lemonnier est inscrit, le 5 mai 1808, sur les registres de l'état civil comme né d'un sieur Nicolas Lemonnier, sans indication de la mère. — Son père était entré, en 1801, en qualité de commis dans la maison des époux Lachèvre de Rouen. Il paraît, d'après les faits de la cause, que la dame Lachèvre quitta la maison maritale pour aller vivre avec le sieur Lemonnier, à Paris, où ils ont en effet vécu ensemble jusqu'en 1857, époque du décès du mari Lachèvre. — Dans l'inventaire

— 3° Qu'une cour a pu, sans violer aucune loi, refuser d'admettre, à titre de commencement de preuve par écrit, un extrait d'acte de naissance signé du curé qui tenait les registres, soit parce qu'elle ne reconnaissait pas ce prétendu extrait comme

---

fait lors de ce décès, la veuve Lachèvre ne déclare pas reconnaître pour son fils et celui du défunt, le sieur Victor-Auguste Lemonnier; mais un acte passé depuis devant le notaire Graindorge contient cette reconnaissance. — Quant à l'enfant Lemonnier, jusqu'à l'époque de sa majorité, il a porté les noms de Lachèvre ou Lemonnier, mais plus souvent Lachèvre, dans différentes pensions de Paris, et notamment au collége Sainte-Barbe; mais depuis il n'est connu que sous le nom de Lemonnier, nom qui lui est même donné dans son diplôme de docteur en médecine.

Les choses en cet état, Victor-Auguste Lemonnier, lors de l'inventaire de la succession Lachèvre, se prétend en droit d'y assister.—Arrêt qui repousse ses prétentions. —Action en réclamation d'état. —Un interrogatoire sur faits et articles ayant été ordonné, les héritiers Lachèvre refusent de s'y soumettre, hormis une dame Lachèvre, belle-fille et légataire du défunt. Elle déclare tenir de feu son mari que Victor-Auguste était son frère; et elle ajoute : « J'ai entendu dire à M. et madame Lachèvre qu'ils avaient eu un fils en 1808, et qu'à cette époque ils vivaient ensemble. »

16 mai 1838, jugement du tribunal de Rouen qui admet Lemonnier-Lachèvre à la preuve de différents faits tendant à établir sa filiation légitime. — Sur l'appel, arrêt du 16 août 1838, par lequel la cour infirme par les motifs suivants : — « Attendu que, quand la naissance de l'enfant conçu pendant le mariage a été notoire, connue du mari et des membres de la famille, et non suivie de désaveu dans les délais et sous les conditions de la loi, l'état et les droits de l'enfant sont irrévocablement fixés ; — Que son état est celui d'enfant légitime ; ses droits sont de prendre rang dans la famille du jour de sa naissance légalement constaté, et de succéder immédiatement à ses auteurs, à l'exclusion des collatéraux ; — Que la maxime *is pater est*, traduite dans l'art. 312 c. civ. est son égide contre toutes les atteintes qu'on voudrait porter à sa légitimité ; — Que la présomption de cet article, qui n'est en soi qu'une présomption *juris*, devient, par le silence du mari pendant les délais du désaveu, une présomption *juris et de jure*, et qu'elle a, dès lors, acquis la force d'une vérité légale ; — Que telle n'est point la position du réclamant, car il ne justifie d'aucun acte qui lui attribue l'origine qu'il veut se donner dans la maison des époux Lachèvre ; — Que, loin de là, c'est en désavouant le titre, les noms et qualités sous lesquels il a contracté, depuis sa majorité jusqu'à l'âge de vingt-neuf ans, qu'il vient, après le décès de Lachèvre, revendiquer sa succession contre les héritiers collatéraux qui en sont légalement saisis ; — Qu'ainsi la maxime *is pater est* ne peut être prise ici exclusivement pour règle de décision ; — Que c'est principalement sur le terrain des art. 319 à 325, que la discussion doit s'établir et se vider ; — Que c'est alors au réclamant à prouver directement la qualité qu'il invoque de fils légitime des époux Lachèvre, sauf la preuve contraire ; — Attendu que le législateur a déterminé lui-même le genre de preuves et la nature des faits probants, admissibles en cette matière ; — Qu'il a mis, aux termes de l'art. 319, au premier rang des preuves écrites, l'acte de naissance inscrit sur les registres de l'état civil ; — Que le réclamant, si on le croit, n'en a point, et qu'on aurait omis, lorsqu'il est venu au monde, de faire constater sa naissance par un acte public ; — Qu'aussi il n'en produit aucun, et qu'il rejette loin de lui celui qu'on lui représente ; — Que le défaut de titre peut se suppléer par une possession constante de l'état d'enfant légitime, aux termes de l'art. 302 ; — Attendu que la possession d'état ne peut se fonder que sur des faits de la nature de ceux développés dans l'art. 321 ; — Qu'en comparant les faits dont la preuve est demandée avec ceux indiqués par cet article, on se convaincra aussitôt que les faits articulés et les faits indiqués n'ont aucun rapport entre eux, et que ceux de l'appointement de preuves sont inconcluants et inadmissibles ; — Que, d'ailleurs, le réclamant ne pourrait pas prouver sa possession constante de l'état d'enfant légitime des époux Lachèvre, lorsqu'il est établi, comme on le verra ci-après, qu'il a toujours contracté depuis sa majorité, c'est-à-dire pendant huit années, sans interruption, sous le nom de Victor-Auguste Lemonnier ; — Attendu qu'il lui reste une troisième et dernière ressource, qui est la preuve testimoniale de sa filiation, mais que l'art. 323 ne le permet que quand il y a commencement de preuve par écrit, ou une réunion de faits constants assez graves pour déterminer l'admission ; — Qu'on ne trouve point dans les pièces produites d'acte capable de fonder, au respect des héritiers saisis de la succession de Lachèvre, un véritable commencement de preuve par écrit ; — Que le réclamant ne pourrait puiser quelque indice favorable à sa cause que dans une lettre et l'interrogatoire sur faits et articles de la dame Lachèvre, née Leblond ; — Que cette dame, simple légataire, devenue étrangère à la famille par le décès de son mari, sans enfants, doit inspirer peu de confiance dans ses déclarations, surtout d'après les manœuvres frauduleuses et les moyens de captation qu'il est prouvé que le réclamant a employés auprès des véritables héritiers du défunt pour en obtenir aussi, par la voie des interrogatoires sur faits et articles, le commencement de preuve par écrit qui lui manque ;

» Attendu, quant aux indices et présomptions constants au procès, qu'ils seraient plutôt contraires que favorables à la demande du réclamant ; — Qu'il n'en est aucun qui établisse des rapports de filiation entre lui et Lachèvre, et qu'il n'en existe pas même de lui à la dame Lachèvre, jusqu'au moment où Lemonnier l'a fait entrer dans la maison qu'elle habitait à Paris ; — Que l'appointement de preuves ordonné par le jugement de première instance n'a donc point de base légale ; — Que l'on pourrait s'en tenir là pour rejeter la réclamation d'état, qui est la matière du procès, mais que les pièces et documents fournissent des renseignements précieux qui rentrent dans la preuve contraire des appelants, et qu'il est bon de développer pour répandre plus de lumière sur la cause ; — Que, si l'on recherche quels étaient le titre originaire, les noms, l'état civil du réclamant à l'époque de son action, on voit que son titre est l'acte de naissance inscrit sur les registres de la commune de Mesnil-Esnard, le 5 ma 1808, où il est dit fils de Nicolas Lemonnier, domicilié à Rouen, lequel déclare qu'il est né le 3 de ce mois, et lui donne les prénoms de Victor-Auguste, sans faire mention du nom de la mère ; — Que dès et avant ce temps Nicolas Lemonnier père était employé comme commis dans la maison de commerce de Lachèvre ; — Qu'il y avait formé avec la dame Lachèvre des liaisons intimes qui ont toujours subsisté malgré un mariage suivi de divorce, et qui se sont si bien soutenues qu'il a fini par aller demeurer avec elle à Paris, d'abord dans une maison, rue de l'Arbre-Sec, ensuite dans une autre, rue Dauphine ; — Que Victor-Auguste, l'enfant de Nicolas Lemonnier, né le 3 mai 1808, a été constamment reçu et indistinctement appelé, dans la maison comme dans les pensions où Lemonnier l'avait placé, des noms de Lachèvre ou Lemonnier, et le plus souvent du nom de Lachèvre ; — Que, quand il s'est agi de donner un état à Victor-Auguste, vers l'époque de sa majorité, il n'a plus porté d'autres noms que ceux de Victor-Auguste Lemonnier ; — Que c'est sous ces noms seuls que son père l'a présenté, et qu'il s'est fait connaître dans le monde ; — Que c'est sous ces noms encore, et toujours sur la foi de l'acte de naissance du 5 mai 1808, qu'il a produit lui-même comme titre de son origine, qu'il a souscrit tous les actes publics dont l'énumération non contestée se voit dans les pièces justificatives que les appelants ont fait imprimer et distribuer ; — Que c'est enfin sous les mêmes dénominations et qualifications qu'il est parvenu, notamment, à l'état de docteur en médecine qu'il exerce aujourd'hui ;

» Attendu qu'il résulte de ces faits, établis par des actes irrécusables, que le réclamant avait acquis pendant huit années consécutives, depuis sa majorité jusqu'au jour de l'action, une possession publique et constante des noms et qualités fondés sur l'acte de naissance du 5 mai 1808, qu'il lui plaît de désavouer ici ; — Que si cette possession d'état ne remonte pas assez haut pour lui faire l'application de l'art. 322, elle est du moins assez grave pour renverser de fond en comble le petit édifice de preuve testimoniale directe qu'il avait dressé pour établir son action ; — Que, quant à la reconnaissance passée par la dame Lachèvre devant le notaire Graindorge, le 13 mars 1837, elle ne peut venir à l'appui de cette action, d'après la constatation des faits et circonstances suivantes, savoir : 1° Que la dame Lachèvre aurait soigneusement caché à son mari la naissance du réclamant ; — 2° Qu'elle ne l'a pas fait constater sur les registres de l'état civil comme né de son mariage avec Lachèvre ; — 3° Qu'elle l'a constamment soustrait aux regards de son mari, et qu'ainsi le recel n'a pas été de quelques mois, mais a duré toute la vie de Lachèvre ; — 4° Qu'on ne voit au procès aucune trace des rapports de filiation du réclamant avec Lachèvre, ni même avec la femme qui se dit sa mère, et qu'il n'y en a qu'avec Lemonnier ; — 5° Qu'on n'a pas trouvé à l'inventaire dans les papiers domestiques une lettre, une ligne, un mot de la dame Lachèvre qui révèle à son mari l'existence de celui qu'elle vient reconnaître pour son fils ; — 6° Que c'est Nicolas Lemonnier qui, sous les yeux de la dame Lachèvre, a pris soin de son éducation, et de lui procurer à ses frais l'état de docteur médecin, à l'insu et sans aucune participation de Lachèvre ; — 7° Qu'au décès de Lachèvre, arrivé le 11 fév. 1837, son épouse, qui demeurait à Paris, vint à l'inventaire, et que l'ouverture s'en est faite le 13 à la requête de la dame Lachèvre et des autres parties intéressées y dénommées ; — Que c'était bien sans doute le moment, s'il existait un enfant du mariage, de déclarer ce fils mystérieux et de le faire connaître à la famille assemblée ; — Qu'au contraire la veuve Lachèvre garda un silence absolu sur l'existence de ce fils, et qu'elle procéda, pour la conservation de ses droits matrimoniaux, avec les héritiers du mari en ligne collatérale, comme s'il n'y avait pas d'héritier en ligne directe ; — Que, bien plus, elle traita avec deux des sœurs du défunt de leur part héréditaire, qui est d'un huitième pour chacune, dans la succession ; — Que c'est dans cet état de choses que la dame Lachèvre passe, le 13 mars 1837, devant le notaire Graindorge, la déclaration produite au procès ; — Que les faits et les circonstances dont elle a été précédée ne font que donner une force insurmontable à tous les moyens et exceptions qui s'élèvent de toutes parts contre la prétention de Victor-Auguste Lemonnier ;

» Attendu, d'ailleurs, que, si l'on admettait la déclaration comme reconnaissance de la maternité, il ne resterait pas moins prouvé, aux

sincère, soit parce qu'il ne portait que la signature d'une personne étrangère à la famille (Req. 23 nov. 1815) (1).

276. L'acte par lequel un mari s'oblige à payer une somme à un enfant peut, suivant les circonstances dont il est entouré, être regardé comme commencement de preuve par écrit de la filiation légitime, autorisant l'admission de la preuve testimoniale (Paris, 31 juill. 1807) (2).

277. Quant aux *présomptions* ou indices qui, à défaut de commencement de preuve par écrit, peuvent déterminer l'admission de la preuve testimoniale, ils doivent, aux termes de l'art. 323, résulter de faits dès lors constants, c'est-à-dire, ou avoués par la partie adverse, ou légalement établis. Ainsi, par exemple, s'il résultait de faits consignés dans un acte authentique des indices qui rendissent vraisemblable la filiation réclamée, la preuve testimoniale de cette filiation pourrait être ordonnée. — Mais le réclamant ne serait pas recevable à offrir de prouver d'abord par

---

termes de l'art. 325, que le mari ne serait pas le père de l'individu qui veut s'introduire dans sa famille, et que, sous ce point de vue, le réclamant succomberait encore au fond, sur la question de légitimité; — Qu'il est toutefois plus vraisemblable et plus naturel de croire que cette tardive déclaration du 13 mars est un acte purement officieux qui est le fruit de l'ascendant que Nicolas Lemonnier père a toujours conservé sur l'esprit de la dame Lachèvre, à qui il l'a dictée pour le besoin de la cause; — Qu'en tout cas, et sous tous les rapports, elle doit être complètement rejetée du procès;

» Que de tout ceci il résulte que Victor-Auguste, chargé de la preuve directe, comme demandeur en réclamation de l'état de fils légitime des époux Lachèvre, n'a ni acte de naissance, ni possession d'état conforme à sa demande; — Que la preuve testimoniale de possession d'état ou de filiation qu'il invoque n'est fondée sur aucun commencement valable de preuve par écrit, ni sur aucun indice ou présomptions constantes assez graves pour la faire admettre; — Que toute preuve testimoniale de ce genre est rendue impossible de sa part, par sa possession d'état contraire, depuis sa majorité jusqu'au jour de l'action, établie par une série d'actes publics, incontestés et non contestables; — Que la déclaration de la dame Lachèvre, si elle était admise, ne resterait pas au profit de la légitimité, parce que les faits et circonstances qui l'ont précédée établiraient manifestement que son mari ne serait pas le père de l'enfant dont elle serait accouchée au mois de janvier ou mai 1808, et dont pendant la vie de son mari elle lui aurait constamment caché l'existence. »

Pourvoi de Victor-Auguste pour : 1° Violation de l'art. 323 c. civ. et fausse application de l'art. 322 du même code, en ce que l'arrêt attaqué, pour rejeter la preuve offerte par le demandeur, que la dame Lachèvre était accouchée à Rouen, le 6 janv. 1808, d'un enfant du sexe masculin, et que cet enfant était le demandeur lui-même, s'est fondé sur ce qu'il avait un titre contraire, l'acte de naissance du 5 mai 1808, et une possession conforme à ce titre. — On soutient, sur ce moyen, que l'art. 322 c. civ., aux termes duquel nul ne peut réclamer un état contraire à celui que lui donne son acte de naissance et une possession d'état conforme à ce titre, ne s'applique pas au cas où l'acte de naissance constate une filiation naturelle; qu'un tel acte ne fait pas obstacle à la réclamation d'une filiation légitime; — 2° Violation de l'art. 324 c. civ.; — 3° Violation de l'art. 1116 c. civ., en ce que, d'une part, la cour royale a refusé de reconnaître un commencement de preuve par écrit dans une lettre et dans l'aveu contenu dans l'interrogatoire sur faits et articles de la dame Leblond, sous le prétexte que cette dame était étrangère à la famille Lachèvre, alors qu'il suffisait qu'elle fût intéressée et partie dans la contestation; et en ce que, d'autre part, la même cour a considéré comme entachées de fraude les déclarations de ladite dame, sans préciser aucun fait qui lui fût personnel, et contrairement au principe que le dol ne se présume pas. — Arrêt.

La cour; — Sur le premier moyen : — Attendu que l'arrêt attaqué constate que le demandeur ne présente ni acte de naissance ni possession d'état à l'appui de la filiation qu'il réclame; — Qu'en jugeant, par suite, qu'il n'avait d'autre ressource que la preuve testimoniale, et en rejetant cette preuve en fait par la raison qu'il n'y avait dans la cause ni commencement de preuve par écrit ni présomptions ou indices suffisamment graves, résultant de faits dès lors constants, l'arrêt attaqué n'a pu violer l'art. 322 c. civ., et s'est exactement conformé à l'art. 523 du même code;

Sur les deuxième et troisième moyens : — Attendu qu'en refusant, d'après les circonstances de la cause, d'accorder le caractère d'un commencement de preuve par écrit aux déclarations de la dame Leblond et à une lettre émanée d'elle, l'arrêt attaqué n'a fait qu'user d'un droit d'appréciation qui ne tombe pas sous la censure de la cour, et qu'il n'a pu violer par conséquent ni l'art. 324 ni l'art. 1116 c. civ.; — Rejette, etc.

Du 6 août 1839.-C. C., ch. req.-MM. Zangiacomi, pr.-Hervé, rap.

(1) *Espèce :* — (Dottori.) — Pour réclamer une partie de la succession du comte Dottori, le lieutenant Dottori présentait un acte de naissance signé du curé Lalène qui tenait ces registres; il offrait, en outre, de prouver par témoins sa possession. — Un jugement et sur l'appel un arrêt de la cour de Toulouse, du 24 déc. 1813, ont successivement rejeté ses prétentions, par le motif que les registres de la paroisse du curé Lalène ne feraient pas mention de cet acte de naissance; qu'il était contraire à la possession d'état, et que la preuve testimoniale ne pouvait être admise, parce que l'écrit dont on s'appuyait était étranger à la famille Dottori.

Pourvoi en cassation. — Violation de l'ordonnance de 1667 et des art. 319, 320 et 323 c. civ., en ce que la cour a refusé d'accorder à l'acte de naissance produit par le lieutenant Dottori l'effet que la loi leur accorde. — Arrêt.

La cour; — Attendu que la loi ne parle de la preuve testimoniale que lorsqu'il y a ou un commencement de preuve par écrit, ou des faits constants et bien graves en faveur de la possession d'état, et que dans ce même cas la loi n'en ordonne nullement, mais en permet seulement l'admission; que, dans l'espèce, quant aux faits, loin de les reconnaître favorables, l'arrêt attaqué les a déclarés tous contraires à la possession d'état réclamée par les demandeurs; et quant aux prétendus extraits présentés comme un commencement de preuve par écrit, le même arrêt, outre qu'il n'a pas cru devoir les reconnaître comme sincères, a encore déclaré que lesdits extraits étant signés par une personne tout à fait étrangère à la famille Dottori, ils ne pouvaient former aucun commencement de preuve par écrit contre la même famille; — Que dans tout cela l'arrêt en refusant l'admission de la preuve testimoniale ne s'est mis en contradiction avec aucune loi; — Rejette.

Du 23 nov. 1815.-C. C., sect. req.-MM. Henrion, pr.-Lasagni, rap.

(2) *Espèce :* — (Jeanne Sophie *C.* Sirot). — Le 8 janv. 1807, jugement du tribunal civil de Reims ainsi conçu : — « Considérant que Jeanne-Sophie n'a pas, à la vérité, la preuve matérielle qu'elle soit fille de défunt Jean-Baptiste Sirot et de Catherine-Julienne Cordier, sa veuve; mais qu'elle oppose : 1° une expédition d'une délibération du conseil de famille, du 15 pluv. an 7, par lequel le sieur Morin est nommé son tuteur, à l'effet de gérer et gouverner ses personne et biens, et notamment pour former sa demande contre les sieur et dame Sirot pour réclamer les nom et état de leur fille légitime; 2° l'acte du 27 du même mois, fait double entre le sieur Sirot, Jeanne-Sophie et son tuteur, par lequel le sieur Sirot, désirant fixer ce qu'il dit redevoir à Jeanne-Sophie, convient que, tous comptes faits, il lui est redevable d'une somme de 7,000 liv.; 3° six lettres écrites à Jeanne-Sophie par la dame veuve Sirot, l'écriture desquelles, ainsi que la signature du sieur Sirot apposée au bas de l'acte du 27 pluv. an 8, ont été reconnues lors du procès-verbal de non-conciliation, du 21 fructid. an 10; — Considérant que la délibération du conseil de famille, du 15 pluv. an 7, l'acte souscrit par le sieur Sirot, le 27 du même mois, et les lettres écrites par la dame Sirot à Jeanne-Sophie ne justifient point absolument que celle-ci soit leur fille; mais que, dans le sens de la loi, ils doivent être considérés comme formant un commencement de preuve par écrit, et présentant tout à la fois des faits constants; d'où résultent des présomptions assez fortes ou des indices assez graves pour déterminer l'admission de la preuve testimoniale; d'autant que la nomination faite d'un tuteur à Jeanne-Sophie, le 15 pluv. an 7, et l'ayant été notamment pour réclamer les nom et état de fille légitime des sieur et dame Sirot, on est forcé de croire que c'est pour faire taire cette demande, qu'on avait intérêt à étouffer, qu'on a déguisé le véritable but de l'obligation consignée dans ces actes, sous l'apparence d'un reliquat de compte; d'autant encore que les expressions consignées dans les six lettres de la dame Sirot font pressentir que Jeanne-Sophie est véritablement la fille des sieur et dame Sirot, et qu'on a supprimé son état;

» Considérant que Jeanne-Sophie demande à prouver sa filiation; que l'art. 323, c. civ., dispose qu'en pareille circonstance la preuve par témoins peut se faire, lorsqu'il y a commencement de preuve par écrit, ou lorsque les présomptions ou indices résultant des faits dès lors constants sont assez graves pour déterminer l'admission; que l'art. 324 dispose que le commencement de preuve par écrit résulte des titres de famille, des registres et papiers domestiques du père et de la mère, des actes publics, et même privés, émanés d'une partie engagée dans la contestation, ou qui y aurait intérêt, si elle était vivante; — Considérant que les faits dont Jeanne-Sophie demande à faire preuve sont consignés dans sa requête, signifiée le 30 pluv. an 13; que quoique les défendeurs ne les aient pas niés positivement, néanmoins la veuve Sirot, à qui ils sont personnels, en grande partie, et qui est la principale intéressée dans cette affaire, a cherché, par ses réponses à l'interrogatoire sur faits et articles, à les dissimuler, et qu'actuellement même elle persiste dans la même dénégation; que ces faits sont pertinents, et que la preuve en est admissible aux termes de la loi,

» Le tribunal ordonne que Jeanne-Sophie fera preuve par témoins des faits par elle articulés, sauf aux demandeurs la preuve du contraire, etc. » — Appel.

La cour, — Adoptant les motifs des premiers juges, — Confirme.

Du 31 juill. 1807, arr. cour d'app. Paris, 1re sect.

témoins les faits desquels résulteraient des présomptions ou indices, pour pouvoir être ensuite admis à la preuve testimoniale de sa filiation : il faut que les faits soient *dès lors*, c'est-à-dire dès actuellement et déjà, *constants*. — Toutefois, MM. Valette sur Proudhon, t. 2, p. 91, note *a*, et Demolombe, t. 5, nº 252, pensent qu'il doit être fait exception à la rigueur de cette règle pour le cas où le réclamant, qui n'aurait pas une possession d'état complète, invoquerait cependant, à titre de présomption et d'indices, certains faits de possession d'état dont il demanderait à faire préalablement la preuve par témoins. Comme, en matière de possession d'état, la preuve testimoniale est de droit, ces auteurs pensent que la demande du réclamant devrait être accueillie, et que, les faits de possession d'état une fois établis, il pourrait être admis, sur ce fondement, à faire par témoins la preuve de sa filiation.

278. Du reste, c'est aux juges du fait qu'il appartient d'apprécier souverainement, d'une part, si les présomptions ou indices résultant de faits dès lors constants sont assez graves pour déterminer l'admission de la preuve testimoniale, aux termes de l'art. 323 c. nap., et, d'autre part, si ces faits sont constants ou non. Leur décision sur ce double point échappe à la censure de la cour suprême (Req. 22 janv. 1811, aff. Virginie Chady, *suprà*, nº 220; Rej. 16 nov. 1825, aff. Cairon, V. Organ. jud., Sép. de corps).

279. On ne peut considérer ni comme commencement de preuve par écrit ni comme établissant une présomption ou un indice assez grave pour autoriser un enfant à faire par témoins la preuve de sa filiation légitime, le testament fait en sa faveur par la mère de la femme dont il prétend être légitimement issu, lorsqu'il n'y a aucun fait antérieur convenu au procès dont on puisse induire que la testatrice a voulu remplir un devoir de conscience plutôt que céder à un sentiment de pure générosité, alors d'ailleurs que ce testament, loin de donner à l'enfant le titre d'enfant légitime, ne l'a qualifié que de fille de l'hospice de l'Hôtel-Dieu de la ville, et ne l'a appelé que des noms que lui donne son acte de naissance. Du moins, l'arrêt de cour royale qui décide ainsi est à l'abri de la cassation (Aix, 22 déc. 1825; Req. 28 fév. 1828, aff. Sire, V. Org. jud.).

280. Faute de titre, la reconnaissance que le mari a faite de la grossesse de sa femme, et le témoignage de celle-ci établissent, en faveur de l'enfant, des présomptions qui peuvent le faire admettre à la preuve par témoins de sa filiation, lorsque d'ailleurs il articule des faits graves qui ont empêché de faire constater sa naissance (Metz, 16 août 1816) (1).

281. L'enfant qui veut procéder à la recherche de sa mère n'est pas admis à présenter son acte de naissance comme commencement de preuve écrite, si pour lui donner son effet il est nécessaire de le faire rectifier. Les juges peuvent même se dispenser d'y voir de graves indices dans le sens de l'art. 323 c. nap., encore qu'il y ait plusieurs rapports d'identité entre la personne désignée en l'acte de naissance comme mère, et celle que l'enfant réclame pour telle (Paris, 5 mars 1814) (2).

282. Il a été jugé 1º que l'acte de naissance qui, en attribuant un enfant (déclaré enfant naturel), à une femme désignée seulement sous ses noms de fille, avec cette mention *non libre*, indique pour père un autre que le mari, ne saurait faire commencement de preuve par écrit autorisant la preuve par témoins à l'effet d'établir l'identité de la femme que cet enfant réclame pour mère avec celle que lui attribue l'acte de naissance, encore bien qu'elle porte les mêmes noms et qu'elle fût mariée comme cette dernière; et que, par suite, il ne peut réclamer pour père le mari de cette femme (Req. 22 janv. 1811, aff. Virginie Chady. — V., nº 220, cet arrêt, ainsi que les observations critiques dont il a été l'objet de notre part); —2º Qu'un acte de naissance dans lequel Elisabeth de l'Espine, non mariée, est indiquée comme mère de l'enfant, n'est pas un commencement de preuve par écrit de la maternité d'Elisabeth de l'Espine de Grandville, femme Hantraye (Paris, 5 mars 1814, aff. Marie-Louise, V. le numéro précédent). —Mais il a été jugé, en sens contraire, que la déclaration portée aux registres de l'état civil qu'un enfant est né d'une telle, sa mère, et d'un père absent, peut faire contre la

---

(1) (Plagnieux *C.* Campanella.) — La cour; — Attendu qu'à défaut de titres écrits de filiation ou de possession d'état, l'enfant peut, à l'aide d'indices et de présomptions suffisantes, être admis à la preuve de celle qu'il réclame; — Attendu que la déclaration de la mère, dont le mariage est constant, forme déjà une présomption imposante en faveur de l'enfant qui s'empare également de la reconnaissance faite par le mari de la grossesse de son épouse, reconnaissance qui ne permettrait pas de douter que l'enfant aujourd'hui présenté par Anne Campanella ne fût sa fille légitime, issue du mariage d'entre elle et Pierre Plaignieux, s'il était justifié qu'elle est accouchée de cet enfant après la célébration de leur mariage et depuis le départ de son époux; — Attendu que si l'enfant ne peut être jamais la victime de la négligence ou de la malveillance de parents ou autres personnes qui n'ont pu ou voulu lui procurer les preuves régulières de sa filiation au moment de sa naissance, il faut, dans l'espèce, où la mère articule des obstacles nés de circonstances fortuites et produits par une force majeure, qui l'empêchèrent de faire constater la naissance de son enfant, venir au secours d'une orpheline qui réclame la protection des lois pour recouvrer ses titres et ses droits, que la loi, d'accord avec la raison, lui confère, si elle justifie en effet être née d'Anne Campanella, épouse de Pierre Plagnieux, pendant le mariage de ceux-ci; — Attendu qu'il n'est ni juste ni possible de refuser à la mère comme à l'enfant, qui se présentent les mains vides, une provision suffisante et à l'aide de laquelle elles puissent, l'une justifier l'état qu'elle réclame, et l'autre conserver une réputation honorable; — Par ces motifs, met l'appellation et ce dont est appel au néant; — Emendant, quant au principal, déclare le mariage contracté entre Pierre Plagnieux et Anne Campanella, le 21 mars 1808, à Raguse, dont l'acte de la célébration, en bonne forme, est rapporté, bon, valide et régulier; — En conséquence, maintient ladite Campanella dans le titre et ses droits d'épouse légitime et veuve de Pierre Plagnieux, qu'elle demeure autorisée à conserver, prendre et réclamer, tant en jugement que dehors, comme à recueillir tous avantages et effets résultants desdits titre et droits; — En conséquence, ordonne qu'il lui soit remis et rendu compte, par l'intimé, de la moitié des sommes, effets... ; — Faisant droit à la demande d'Anne, se disant fille légitime de Pierre Plagnieux et d'Anne Campanella, son épouse, étant issue de leur union à Raguse, permet à ladite Anne, procédant sous l'autorisation et le nom de Mᵉ Albert, son tuteur, de prouver par témoins dignes de foi, tant en la ville de Raguse qu'à Metz devant la cour, qu'elle est née en ladite ville de Raguse, d'Anne Campanella, pendant son mariage avec Pierre Plagnieux, après le départ de celui-ci, dans un moment où les circonstances de la guerre ne permirent ni de faire constater sa naissance dans les formes ordinaires, ni d'inscrire son nom sur des registres publics, sans préjudice des droits, etc.

Du 16 août 1816.-C. de Metz.-M. Voysin, 1er pr.

(2) *Espèce :* — (Marie-Louise *C.* Hantraye.) — Hantraye, capitaine à Brest, épousa, en 1792, Élisabeth de l'Espine de Granville. Quatre enfants, dont deux existent encore, sont nés de ce mariage. — An 9, les époux Hantraye viennent habiter Paris, rue de Beaune, nº 625. — Les époux se séparent, puis se réunissent, puis se séparent encore. — La dame Hantraye demande le divorce; mais l'action n'a pas de suite. 22 pluv. an 11, acte de naissance de Marie-Louise, née rue de Beaune, nº 625, fille d'Elisabeth de l'Espine, âgée de 30 ans, *non mariée*. — Marie-Louise est mise en nourrice chez Jean Normand à Ecluzelles. — Différentes lettres sont adressées à Normand par la dame Hantraye, qui prend tantôt ce nom, tantôt celui d'Elisabeth de l'Espine; elle s'informait avec grand intérêt des progrès de Marie-Louise, la nommait *ma petite, ma petite fille*, ma filleule. — 6 mai 1812, décès de la dame Hantraye, recommandant Marie-Louise aux soins de Normand. — Marie-Louise, se prétendant fille de la dame Hantraye, demande la rectification de son acte de naissance en ce qu'il aurait été omis d'ajouter au nom de celle-ci celui de Granville, et en ce qu'elle aurait été qualifiée fille *non mariée*. — 3 avril 1813, jugement qui rejette cette demande. — Appel.

La cour; — sur les concl. de M. Giraudot, av. gén.; — Attendu que, suivant l'art. 323 du c. civ., qui n'a point ajouté à la sévérité des anciens principes, mais les a au contraire adoucis, la preuve testimoniale ne peut être admise en matière d'état, que lorsqu'il y a commencement de preuve par écrit, ou lorsque les présomptions ou indices résultant de faits dès lors constants sont assez graves pour en déterminer l'admission; que, dans l'espèce, il n'y a point de commencement de preuve par écrit; que ce commencement ne résulte ni de l'acte de naissance de Marie-Louise, dont l'insuffisance est reconnue, puisqu'on est obligé, pour y trouver un appui, d'en demander la réformation sur presque tous les points, ni des trois lettres rapportées qui sont insignifiantes; que, d'autre part, toutes les présomptions qui naissent de faits actuellement constants, et singulièrement la conduite tenue par la défunte veuve Hantraye, pendant les cinq années de son veuvage, loin de favoriser la prétention élevée par la mineure Marie-Louise, concourent à la repousser; — Sans s'arrêter à l'articulation de faits ni à la demande à fin de preuve, en adoptant au surplus les motifs des premiers juges, met l'appel au néant.

Du 5 mars 1814.-C. de Paris, aud. sol.-M. Séguier, 1er pr.

mère (*mariée*) ou ses héritiers un commencement de preuve par écrit, dans le sens de l'art. 324 c. nap. (Paris, 1re sect., 17 germ. an 12, aff. Aimée C. Cazon).

283. La demande d'un enfant tendant à prouver sa filiation légitime peut être rejetée sur le motif qu'il ne présente ni acte de naissance ni possession d'état, et que la preuve testimoniale, seule ressource qui lui reste, est inadmissible à défaut de commencement de preuve par écrit ou de présomptions suffisamment graves, encore bien qu'il prétendrait que l'acte de naissance qu'on lui attribue, et qui établit une filiation naturelle, n'est pas le sien (Req. 6 août 1839, aff. Lachèvre-Lemonnier, V. n° 275-2°).

284. Le jugement qui ordonne la preuve de certains faits propres à établir la filiation et la légitimité d'un enfant, encore qu'il déclare ne rien préjuger sur la demande en désaveu formée par le père, est interlocutoire et conséquemment susceptible d'appel (Req. 25 août 1812, aff. Martigny et Abel, V. *suprà*, n° 239-2°).

285. La preuve par témoins de la filiation peut être rejetée sur le motif que les faits articulés sont tellement invraisemblables, que cette invraisemblance doit équipoller à une impossibilité de prouver (Req. 20 mars 1838, aff. Roche, V. Acte de l'état civil, n° 131).

286. Mais à l'inverse, les juges pourraient se dispenser d'ordonner la preuve testimoniale, si les faits sur lesquels elle doit porter étaient constants. En effet il a été jugé que, même en matière d'état civil, la preuve testimoniale est inutile, si les magistrats trouvent dans les documents du procès des éléments certains sur lesquels ils puissent fonder leur conviction (Grenoble, 18 janv. 1839, aff. de Conférand, V. n° 633).

287. Les témoignages produits à l'effet d'établir la filiation légitime doivent porter sur un double fait, savoir : l'accouchement de la mère et l'identité du réclamant avec l'enfant qu'elle a mis au jour. Ce sont là en effet les deux éléments nécessaires du fait principal qu'il s'agit d'établir.

288. Cette preuve peut être combattue par le défendeur. Le droit naturel de légitime défense, appliqué aux luttes judiciaires, emporte toujours le droit d'opposer à la preuve produite une preuve contraire. Mais comment celle-ci peut-elle être faite? C'est ce que nous apprend l'art. 325. « La preuve contraire, porte cet article, pourra se faire par tous les moyens propres à établir que le réclamant n'est pas l'enfant de la mère qu'il prétend avoir, ou même, la maternité prouvée, qu'il n'est pas l'enfant du mari de la mère. »

289. *Par tous les moyens propres à établir*, etc. : Ainsi, cette preuve contraire peut être faite par témoins, sans qu'il soit besoin soit d'un commencement de preuve par écrit, soit de présomptions ou indices résultant de faits constants (Delvincourt, t. 1, note 4 de la page 90; Zachariæ, édit. Massé et Vergé, t. 1, p. 310 et note 26; Demolombe, t. 5, n° 255). La raison en est évidente. Pour triompher dans sa réclamation d'état, l'enfant doit, après avoir satisfait à la condition préalable du commencement de preuve, établir sa filiation par des témoignages. Ainsi, le commencement de preuve par écrit ou les présomptions, d'une part, et les témoignages, d'autre part, voilà les deux éléments nécessaires de la preuve qu'il doit fournir. Or, si aux témoignages qu'il produit le défendeur en oppose d'autres qui les détruisent, cette contradiction ne laissant subsister que l'un des deux éléments de la preuve, la réclamation d'état doit être rejetée comme insuffisamment justifiée.

290. L'art. 325 donne naissance à une question importante et délicate : celle de savoir comment sa disposition finale doit être entendue à l'égard du mari ou de ses héritiers. Cette question peut se présenter sous des faces diverses. Et d'abord, supposons qu'un enfant forme contre une femme mariée une demande en déclaration de maternité : sa demande admise, pourra-t-il se prévaloir contre le mari, resté étranger au procès, des effets du jugement qu'il aura obtenu, et invoquer la maxime *pater is est quem nuptiæ demonstrant*? Par quel moyen le mari pourra-t-il combattre sa prétention? Devra-t-il prendre la voie du désaveu? Supposons, en second lieu, que l'enfant forme sa demande contre le mari et la femme conjointement : quel devra être, dans un tel procès, le rôle du mari? Serait-il recevable à combattre la preuve de la maternité? Pourra-t-il prouver, par tous les moyens possibles, qu'il n'est pas le père de l'enfant?

291. Avant d'examiner ces questions en elles-mêmes, retraçons brièvement l'histoire de la disposition qui les fait naître. La première rédaction, adoptée par le conseil d'État, était ainsi conçue : « La famille à laquelle le réclamant prétend appartenir sera admise à combattre sa réclamation par tous les moyens propres à prouver, non-seulement qu'il n'est pas l'enfant du père, mais encore qu'il n'est pas l'enfant de la mère qu'il réclame. » Cet article, communiqué au tribunat, fut renvoyé au conseil d'État avec l'observation suivante : « D'après les diverses observations résultant de l'examen de cet article, la section a pensé que l'unique objet de la disposition était de changer la jurisprudence actuelle sur un cas particulier facile à prévoir. On cite un exemple : Un individu qui n'a ni possession ni titre réclame contre une famille à laquelle il prétend appartenir. Que fait-il d'abord? Il demande que sa réclamation soit jugée relativement à la personne qu'il dit être sa mère, et dont il soutient être né durant le mariage. Si le jugement sur la maternité ne lui est point favorable, il ne va pas plus loin : il sait que par là tout est décidé. Car, dès qu'il n'est pas l'enfant de la femme, il ne peut l'être du mari. Il ne serait tout au plus que bâtard adultérin. S'il parvient, au contraire, à faire juger que cette femme est sa mère, il lui suffit, d'après la jurisprudence encore existante, d'opposer, par rapport au père, la maxime *pater is est quem nuptiæ demonstrant*. Cependant il peut arriver que les parents de la femme, soit par négligence, soit par collusion avec le réclamant, aient laissé accueillir une réclamation très-peu fondée, et que les parents du mari se trouvent lésés au dernier point par un jugement dont on prétend conclure que le réclamant était l'enfant du mari, quoiqu'il n'eût été question au procès que de savoir s'il était l'enfant de la femme. L'article du projet a pour but de parer à cet inconvénient grave. La section ne peut qu'approuver un si juste motif; mais elle pense en même temps que, pour ne rien laisser à désirer sur la clarté du sens et la facilité de l'application, la disposition doit être conçue en ces termes : (suit la rédaction actuelle de l'art. 325) » (Locré, Lég. civ., t. 6, p. 177). — Cette proposition fut adoptée sans contestation par le conseil d'État et décrétée par le corps législatif.

292. Si l'on compare attentivement les termes de la rédaction primitive avec ceux de l'observation du tribunat, on s'aperçoit qu'elles ne paraissent pas avoir en vue la même hypothèse. La rédaction primitive paraît supposer que l'action de l'enfant a été dirigée conjointement contre le mari et la femme ou contre les parents paternels et les parents maternels; voici, en effet, comment elle commence : « La famille à laquelle le réclamant prétend appartenir, sera admise, etc.; » or, ces mots *la famille* comprennent non pas seulement le côté maternel mais aussi le côté paternel. L'observation, au contraire, paraît avoir envisagé le cas où l'enfant, après avoir triomphé dans sa réclamation formée contre la femme seule, invoquerait contre le mari ou ses héritiers la maxime *pater is est quem nuptiæ demonstrant*. Quoi qu'il en soit, la section de législation du tribunat, cela résulte de son observation même, n'a point eu la pensée de changer le sens et la portée de la disposition primitive, mais seulement de la rendre plus claire et plus facilement applicable.

293. Reprenons maintenant les hypothèses que nous avons indiquées plus haut.—Supposons d'abord le cas où l'enfant a mis en cause à la fois le mari et la femme ou leurs héritiers. Pour justifier sa réclamation contre les deux époux ou leurs représentants, il lui suffit d'établir la preuve directe de la maternité, puisque, la maternité prouvée, la paternité l'est par cela même en vertu de la maxime *pater is est quem nuptiæ demonstrant*. Quant au mari, le procès présente à son égard deux phases bien distinctes. En premier lieu, il est intéressé à contester la maternité, de concert avec son épouse, à raison des conséquences qui en résulteraient contre lui; par conséquent, il a qualité pour combattre de son chef les preuves produites par le réclamant; s'il échoue dans cette première partie de la lutte, il est alors obligé, pour échapper à l'application de la maxime, de prouver qu'il n'est pas le père.

294. Mais, dans ce cas, est-ce par la voie du *désaveu* qu'il doit procéder? Doit-il nécessairement justifier de l'existence de l'une des causes de désaveu déterminées par les art. 312 et suiv.

c. nap. et dans le délai de l'art. 316? C'est en se préoccupant trop de la difficulté au point de vue des art. 312 à 316 inclusivement qu'on a pu soutenir l'affirmative. Mais examinée dans l'hypothèse que prévoit l'art. 325, et, d'après les termes de cet article, la question semble devoir être résolue négativement.

En effet, ce dernier article porte que la preuve contraire pourra être faite par *tous les moyens propres à établir* que le réclamant n'est pas l'enfant de la mère qu'il prétend avoir, ou même, la maternité prouvée, qu'il n'est pas l'enfant du mari de la mère. Il est manifeste que cet article accorde à la famille une latitude illimitée soit pour combattre les preuves de la maternité, soit pour repousser la présomption de paternité, qu'il n'a point entendu renfermer le droit de défense soit de la femme, soit du mari, dans le cercle étroit des causes de désaveu.

En vain prétendrait-on, avec Malleville, sur l'art. 325, que, par ces mots *tous les moyens propres à établir*, etc., le législateur a entendu désigner les moyens légaux, c'est-à-dire ceux qui peuvent servir de fondement au désaveu. — Nous répondrions que ces mots s'appliquent à la fois, dans l'art. 325, et à la paternité et à la maternité; que, pour la maternité, ils signifient incontestablement tous les moyens, sans distinction, qui peuvent conduire à la vérité; que, dès lors, ils doivent avoir la même signification pour la paternité. — Par cette disposition, l'art. 325 a, comme on le voit, dérogé aux règles ordinaires, suivant lesquelles il est permis au mari de décliner la paternité d'un enfant né de sa femme. C'est que, dans le cas pour lequel cet article dispose, la maternité, au lieu d'être régulièrement constatée, a dû être péniblement établie par un débat judiciaire, et que la loi accorde moins de confiance à une telle preuve qu'à celle qui ressort régulièrement, soit de l'acte de naissance, soit de la possession d'état. D'ailleurs, dans ce cas, en supposant la maternité constante, le fait qu'il n'a pas été dressé d'acte de naissance et qu'il n'y a pas de possession d'état, ou que l'enfant a été inscrit soit sous de faux noms, soit comme né de père et mère inconnus, élève une grave présomption contre la légitimité de cet enfant. « Si donc, dit Toullier, t. 2, n° 895, il veut s'introduire dans la famille à la faveur de présomptions, de lettres, d'aveux, de faits établis par des témoins, il est juste d'examiner si ces faits, même en prouvant qu'il est fils de la femme, ne prouvent pas, en même temps, qu'il n'est pas fils du mari; qu'il est né d'une conjonction illégitime; que sa naissance, que son éducation ont été dérobés au mari, ou que, s'il en a eu connaissance, il a toujours repoussé l'enfant comme illégitime; en un mot, si les mêmes preuves qui indiquent la mère n'indiquent pas en même temps un autre père que le mari, et si les circonstances ne sont pas telles qu'elles suffisent pour établir une impossibilité morale de cohabitation entre le mari et la femme à l'époque de la conception de l'enfant. » — Cette doctrine, du reste, a été généralement admise par les auteurs (V. Merlin, Rép., v° Légitimité, sect. 4, § 4, n° 7; MM. Toullier, *loc. cit.*; Duranton, t. 3, n° 137; Proudhon et Valette, t. 2, p. 75 à 77; Demolombe, t. 5, n° 259; Marcadé sur l'art. 325, n° 1; Richefort, t. 1, n°s 348, 349; Zachariæ, édit. Vergé et Massé, t. 1, p. 310, notes 27 et 28; Allemand, t. 2, n°s 810 et suiv.; Ducaurroy, Bonnier et Roustain, t. 1, n°s 462, 463). — Il a été jugé, conformément à ce qui précède: 1° que l'enfant qui a prouvé qu'il a pour mère une femme mariée peut invoquer la présomption de légitimité établie par l'art. 312 c. nap., sauf au mari à prouver sa non-paternité par tous les moyens propres à l'établir (Bordeaux, 28 avr. 1841) (1); — 2° Que lorsque la présomption de paternité du mari résulte de la preuve de la maternité de la femme, faite conformément à l'art. 323 c. nap., elle peut être combattue, non pas seulement par le désaveu, mais par toute espèce de preuve, et notamment à l'aide des articulations mêmes qui tendent à établir la maternité; qu'en conséquence, si ces articulations sont de telle nature, qu'en même temps qu'elles établiraient la maternité de la femme, elles démontreraient la non-paternité du mari, la preuve de la maternité peut être déclarée non recevable, comme ayant pour objet une maternité adultérine (Req. 1er mai 1849, aff. Joseph, D. P. 49. 1. 198).

295. Il n'y a pas plus lieu d'appliquer à l'hypothèse dont nous nous occupons les *délais* du *désaveu* qu'il n'y a lieu d'en appliquer les causes. En effet, nous supposons que le réclamant a actionné conjointement le mari et la femme, à l'effet d'être déclaré leur enfant légitime. Or par l'introduction de cette instance le mari se trouve mis en demeure de produire immédiatement et sans délai tous les moyens qu'il peut opposer à la réclamation d'état, soit en ce qui touche la maternité, soit en ce qui touche la paternité. C'est dans cette instance même que la question doit être définitivement vidée par rapport aux deux époux (V. M. Demolombe, t. 5, n° 260).

296. Cependant il paraît rationnel que le mari, au lieu de présenter simultanément les deux parties de sa défense, puisse ne les produire que successivement. Il faut savoir d'abord si la femme est ou non mère de l'enfant; c'est seulement lorsque la maternité est constante, lorsqu'elle est judiciairement reconnue,

---

(1) (Messine C. Chassac.) — La cour; — Attendu que, si, dans l'ancien droit, la non-paternité du mari ne pouvait résulter que de l'impossibilité physique de cohabitation entre les époux, le code civil a modifié ce qu'il y avait de trop rigoureux et de trop absolu dans ce principe; qu'il y a été dérogé par les art. 313 et 325 c. civ.; que le premier de ces articles dispose que, lorsque la naissance de l'enfant a été cachée au mari, celui-ci peut être admis à proposer tous les faits propres à justifier qu'il n'en est pas le père; — Attendu que, si l'art. 323 autorise l'enfant qui n'a ni titre ni possession, et qui a été inscrit comme né de père et mère inconnus, à prouver sa filiation par témoins, l'art. 325 déclare que la preuve contraire pourra se faire par tous les moyens propres à établir que le réclamant n'est pas l'enfant de sa mère, ou même, la maternité prouvée, qu'il n'est pas l'enfant du mari de la mère; — Attendu que Rose-Charlotte Lovely a été inscrite comme fille de père et mère inconnus; mais qu'il est constant au procès et avoué par toutes parties que Raymonde-Rosine Dumoret, autrefois épouse et maintenant veuve de Laurent Chassac, est sa mère; — Attendu qu'elle est née à Bordeaux le 7 juill. 1830, et qu'elle fut inscrite sur les registres de l'état civil le 17 du même mois; — Attendu que Laurent Chassac est décédé le 8 mai 1834; — Attendu que les parties se trouvent placées sous l'empire des art. 323 et 325 c. civ.; que, la maternité étant prouvée, les appelants sont admis à présenter tous les moyens propres à établir que Rose-Charlotte Lovely n'est pas fille du mari de sa mère; — Attendu que Rose-Charlotte Lovely, n'ayant ni titre, ni possession d'état, ne peut invoquer que la présomption résultant de la maternité, et que cette présomption, dans la cause, est détruite par des preuves contraires; — Attendu que ces preuves résultent de l'ensemble de plusieurs circonstances qui démontrent que feu Chassac n'est pas le père de la fille de sa femme; — Qu'il est certain qu'une profonde antipathie se manifesta entre les époux peu de temps après leur mariage, et qu'en 1827 il intervint entre eux une séparation volontaire; que la femme Chassac partit pour Paris, où elle est restée environ trois ans; que, lorsque les deux époux ont habité Bordeaux, ils y ont eu un domicile séparé; — Attendu que la dame Chassac a celé sa grossesse et son accouchement; que son mari n'a eu connaissance ni de l'un ni de l'autre de ces événements; qu'il a toujours attesté qu'il n'avait pas d'enfant; — Attendu qu'en 1832, la femme Chassac ayant réclamé des aliments à son mari, elle ne fit pas mention de la naissance de sa fille, et qu'elle articulait que toutes les fois qu'elle avait voulu rentrer dans le domicile conjugal elle en avait été constamment repoussée; que, plus de deux ans après le décès de Chassac, en réglant ses droits avec les héritiers de son mari, elle ne fit nulle mention de sa fille; que ce n'est qu'en 1838, trois ans après qu'elle l'eut retirée de l'hospice, que le procès actuel a pris naissance, et que la demande de l'enfant a été formée; — Attendu que le prétendu rapprochement des deux époux est supposé avoir eu lieu à Bordeaux, et qu'en fixant l'époque de la conception d'après la date de la naissance, il a été impossible à la veuve Chassac d'indiquer quel aurait été alors son domicile à Bordeaux;

Attendu qu'il est certain, d'autre part, qu'à cette même époque Chassac avait son domicile à Tonneins, et que la cour, en pesant les témoignages de l'enquête et de la contre-enquête, reste convaincue que Chassac n'était pas à Bordeaux à l'époque de la conception de Rose-Charlotte Lovely; — Attendu que, s'il n'est pas démontré d'une manière absolue que les infirmités dont Chassac était atteint le missent dans l'impossibilité physique de cohabiter avec son épouse, cette circonstance ajoute néanmoins à la gravité des autres faits desquels il résulte que cette cohabitation n'a pas existé, et que tous ces faits réunis démontrent à la justice que Rose-Charlotte Lovely n'est pas la fille de Laurent Chassac; — Par ces motifs, faisant droit de l'appel interjeté par Joseph Messine tant en son nom que comme tuteur de Jeanne-Catherine Messine, sa fille, du jugement rendu par le tribunal civil de Bordeaux le 31 août 1840, infirme; émendant, déclare Adolphe Grossais, au nom qu'il agit, et la veuve Chassac mal fondés dans leurs demandes, fins et conclusions.

Du 28 avr. 1841.-C. de Bordeaux, ch. réun.-M. Roullet, 1er pr.

qu'il y a lieu, ce semble, pour le mari, de prouver qu'il n'est pas le père. Il y aurait d'ailleurs les plus graves inconvénients à ce qu'il fût obligé de combattre à la fois et les preuves de la maternité et les présomptions de paternité. En effet, lorsque, se plaçant dans l'hypothèse de la maternité de sa femme, il s'efforcera d'établir qu'il n'est pas le père, les preuves, les indices, qu'il produira à l'appui de cette thèse, tendront, dans la plupart des cas, à confirmer l'hypothèse même de la maternité, en sorte qu'il se trouvera amené, par les nécessités de sa défense, à combattre contre lui-même et à donner des armes à l'adversaire commun. D'un autre côté, le mari, pour établir sa non-paternité, sera obligé d'incriminer la conduite de sa femme, de faire ressortir tous les faits, tous les indices qui peuvent faire croire à un adultère, il sera obligé enfin de soutenir une thèse blessante pour sa femme et par là de créer entre elle et lui des causes de mésintelligence que rien peut-être ne pourra plus effacer; or, s'il arrive ensuite que la réclamation de l'enfant soit rejetée, parce que la maternité n'est pas prouvée, tous ces débats irritants auront été une superfétation, la paix du ménage aura été troublée en pure perte; peut-être même un autre procès, un procès en séparation de corps, sera-t-il la conséquence de ce débat, que les circonstances auront rendu inutile? — Nous pensons donc, avec M. Demolombe, t. 5, n° 261, que le mari a le droit de demander que l'instance soit divisée, et que la question de maternité soit préalablement jugée, sous la réserve pour lui, dans le cas où elle serait jugée en faveur de l'enfant, de prouver que la paternité ne peut lui être attribuée.

Mais cette division de l'instruction ne s'opérerait pas d'elle-même et de plein droit; il faut qu'elle soit prononcée par le tribunal sur la demande du mari.

En négligeant de la demander, ce dernier s'exposerait à un préjudice irréparable. Ainsi, par exemple, le réclamant, qui a conclu à être déclaré l'enfant légitime des deux époux, s'efforce, pour justifier sa demande, d'établir la maternité. Le mari, pour se défendre, combat les preuves de la maternité, se réservant, pour le cas où il échouerait sur ce point, de démontrer qu'il n'est pas le père; mais ces réserves, il les garde dans le secret de sa pensée, il n'en demande pas acte au tribunal. Sur ce, le tribunal, jugeant la maternité suffisamment établie, déclare le réclamant enfant de la femme et, par suite, du mari, conformément à l'art. 312, 1er alin. Il est clair que, dans ce cas, le mari ne serait plus recevable ultérieurement à prouver qu'il n'est pas le père du réclamant, car, le jugement le déclarant père, sa prétention serait repoussée par l'exception de chose jugée. — La cour de Caen, par un arrêt du 24 juin 1846 (Recueil des arrêts de Caen, t. 10, p. 310), cité par M. Demolombe, t. 5, n° 261, a fait une application remarquable de ces principes. Le réclamant concluait à être déclaré fils légitime d'un tel et d'une telle, mariés. Et l'arrêt, qui l'avait admis à la preuve par témoins, portait que les enquête et contre-enquête devraient être commencées dans le délai d'un mois, conformément à l'art. 258 c. pr. Le mari laissa expirer ce délai sans faire sa contre-enquête, et il forma ensuite une demande incidente portant articulation de faits, à l'effet d'être admis à prouver par témoins qu'il n'était pas le père. Mais la cour déclara cette demande non recevable, par le motif que, si le mari voulait opposer une preuve testimoniale, soit aux faits articulés en preuve de la maternité de son épouse, *soit aux conséquences qui en résulteraient contre lui*, il lui incombait d'entreprendre son enquête contraire, et que, ne l'ayant pas fait dans le délai déterminé par l'arrêt rendu précédemment, il n'est plus reçu à la faire. L'arrêt ajoute : « Considérant qu'inutilement il cherche à la proposer comme une enquête principale proposée à l'appui de la demande incidente en désaveu qu'il a formée, parce qu'elle n'est en réalité, comme la demande incidente elle-même, rien autre chose qu'une défense à l'action intentée en vertu de l'art. 325, action qui est le véritable et seul objet du procès. »

297. L'art. 342 c. nap., qui défend la recherche de la maternité adultérine, ne met pas obstacle à ce que l'enfant qui s'est fait reconnaître comme né d'une femme mariée, soit déclaré n'être pas l'enfant du mari de sa mère : cette déclaration n'est que l'application de l'art. 325 c. nap. (Req. 11 avril 1854, aff. Chantegris, D. P. 54. 1. 93). — Les juges peuvent, à la vérité, lorsque les faits articulés à l'appui d'une action en recherche de maternité démontrent que le demandeur n'est pas le fils du mari de la femme mariée qu'il prétend avoir pour mère, écarter cette action comme contraire à la prohibition établie par l'art. 342 c. nap. (V. Req. 22 fév. 1843, aff. Gallanty, n° 711-3°). Mais, dans l'espèce, la filiation adultérine s'était produite comme conséquence d'une contestation de légitimité, que l'art. 325 autorise formellement, même dans le cas où la maternité de la femme mariée serait prouvée. Étendre ici l'application de l'art. 342, ce serait évidemment détruire la disposition de l'art. 325. — Ajoutons d'ailleurs que l'arrêt de la cour d'appel, dans l'affaire Chantegris, ne déclarait pas que l'enfant était né de la femme mariée qu'il avait actionnée en recherche de maternité. Si donc il décidait qu'il n'était pas né du mari, il ne lui imprimait pas pour cela le caractère de l'adultérinité. Les juges ont d'ordinaire le soin d'éviter de pareilles constatations de filiation adultérine.

298. Passons maintenant à une autre hypothèse. Supposons que le réclamant ait dirigé son action contre la femme seule, et qu'il ait été déclaré, par jugement, né de cette femme à une époque qui coïncide avec l'existence du mariage. Pourra-t-il, armé de ce jugement, invoquer contre le mari la maxime *pater is est*, etc.? Quel moyen de défense le mari pourra-t-il opposer à ses prétentions? — Il nous paraît hors de doute que, dans ce cas, le mari peut répondre : le jugement que vous invoquez est, à mon égard, *res inter alios acta*; par conséquent il ne peut m'être opposé. En effet, pour qu'on puisse se prévaloir contre le mari de la maternité de sa femme, il faut que cette maternité ait été établie en justice contradictoirement avec lui; or elle ne l'a pas été, s'il est resté étranger au procès. C'est ce qu'enseignent MM. Proudhon, t. 2, p. 74, et Demolombe, t. 5, n° 258. M. Proudhon ajoute : « La maternité prouvée rejette bien sur eux (le mari ou ses héritiers) la charge de détruire la présomption qui en résulte; mais ils sont encore admissibles à établir que l'enfant n'est pas celui du mari de la mère. » Le savant auteur nous paraît faire ici une confusion. Il est bien vrai que, lorsque la maternité est prouvée, elle produit contre le mari la présomption de paternité et que dès lors c'est à lui ou à ses héritiers qu'il incombe de prouver qu'il n'est pas le père; mais, dans l'hypothèse dont nous nous occupons, la maternité n'est pas prouvée, elle ne l'est pas du moins vis-à-vis du mari; il faut donc, si ce dernier croit devoir contester la maternité qui a été reconnue par le jugement antérieur, que le réclamant recommence contre lui la preuve qu'il a déjà faite contre la femme, et alors le procès suit, contre le mari seul, les mêmes phases qu'il eût suivies contre les deux époux si tous deux eussent originairement été mis en cause; ainsi le mari peut demander que la question de maternité soit d'abord jugée, sous la réserve de tous ses droits quant à la question de paternité.

Dans le cas où, la question de maternité jugée en faveur de l'enfant, le mari demanderait à prouver qu'il n'est pas le père, la mère aurait le droit d'intervenir dans l'instance à l'effet de défendre son honneur désormais engagé dans le procès et les intérêts de celui qu'un jugement irrévocable pour elle a déclaré être son enfant.

299. Suivant un arrêt, lorsqu'un enfant, qui avait titre et possession d'état d'enfant naturel, a formé, contre une femme mariée, une réclamation de maternité légitime, le mari de celle-ci, une fois la maternité de sa femme établie souverainement, est admissible à prouver qu'il n'est pas le père de l'enfant... Mais il appartient souverainement aux juges du fond de déclarer l'insuffisance des preuves par lui administrées pour détruire la présomption légale *is pater est* (Req. 13 fév. 1839, aff. Tronquoy, V. n° 653).

300. Observons que l'art. 325, conçu en termes généraux en apparence, n'a cependant rapport qu'aux deux articles qui le précèdent, c'est-à-dire au cas où il n'y a ni titre ni possession, et à celui où l'enfant aurait été inscrit sous de faux noms. Que si l'enfant avait titre de naissance portant indication de la mère, celle-ci fût-elle désignée sous ses noms de famille, l'enfant fût-il inscrit sous le nom d'un père inconnu, ou d'un père autre que le mari de la mère, la preuve établie par l'art. 325 ne saurait être opposée.

301. L'art. 325 n'est applicable qu'au cas où un enfant, qui n'a pour lui ni acte de naissance ni possession d'état, prétend néanmoins établir sa filiation au moyen d'une preuve par témoins; mais il ne peut être appliqué au cas où, l'enfant ayant pour lui son acte de naissance inscrit sur les registres de l'état civil, le mari, au lieu d'agir comme défendeur à une réclamation d'état, vient au contraire comme demandeur, soutenir l'illégitimité de l'enfant contre un titre existant en sa faveur (Caen, 3 mars 1836, aff. Aubert, n° 64).

302. L'individu inscrit comme né d'une femme désignée dans l'acte et d'un père inconnu peut, même avant d'avoir fait déclarer que le nom de la mère désignée est imaginaire, et s'il a un commencement de preuve par écrit, être admis à prouver par témoins qu'il est l'enfant légitime de deux époux non désignés dans l'acte de naissance (Paris, 31 juill. 1807, Jeanne-Sophie, n° 276).

303. Pour établir la parenté entre deux individus, les tribunaux peuvent, à défaut d'actes de filiation dont l'éloignement des temps et d'autres circonstances indépendantes du fait des parties ne permettent pas la représentation, se déterminer par des actes de famille authentiques, encore qu'ils ne soient pas émanés des père et mère, et sans ordonner la preuve testimoniale (Req. 8 nov. 1820) (1).

304. Mais, lorsqu'il est impossible de rapporter des actes de l'état civil pour des temps trop éloignés, des preuves morales, telles que la conformité de quelques noms et prénoms, ne sont pas suffisantes, en l'absence de tout titre écrit, pour établir une filiation (Lyon, 27 juin 1833) (2).

---

(1) *Espèce :* — (Petit C. hérit. Pourradier et le duc d'Orléans.) — Louis Delavergne, fils de Pierre, décède, laissant de son mariage une fille nommée Marie, née en 1717. — Georges Delagrange, qualifié d'oncle de celle-ci, dans le procès-verbal de nomination, est nommé son curateur. 24 janv. 1744, Marie épouse Pourradier : Georges assiste au contrat en qualité d'oncle et curateur. — Deux enfants naissent de ce mariage. — Georges décède, laissant une fille (Anne), qui meurt elle-même en 1761, sans postérité. — Le duc d'Orléans, seigneur du pays, s'empare des biens d'Anne, en vertu de l'art. 3 de la coutume d'Auvergne. — En 1764, le prince vend à un sieur Petit tous les biens de cette succession pour 800 fr. avec promesse de garantir et faire jouir sous réserve des droits d'autrui. — En 1779, les deux enfants Pourradier demandèrent contre Petit le désistement des biens d'Anne Delavergne, soutenant que le droit de mainmorte n'a pu s'exercer, attendu qu'il n'y avait pas eu de partage entre eux et Anne. — Sentence qui prononce le désistement. — Appel. — Petit assigne le duc d'Orléans en garantie. — En 1811, reprise d'instance. — 12 mars 1819, arrêt de la cour de Limoges, qui, considérant comme preuves de la filiation de Georges Delavergne les énonciations contenues dans le procès-verbal de curatelle de Marie Delavergne, de l'année 1732, et dans son contrat de mariage, du 24 janv. 1744, et attendu qu'en raison de l'éloignement des temps et de différentes circonstances, il était impossible que son acte de naissance pût être représenté, ordonne le désistement au profit des héritiers Pourradier; statuant sur l'action en garantie du sieur Petit contre M. le duc d'Orléans, elle restreint la garantie à la restitution du prix de la vente et loyaux coûts, avec intérêts, à compter du jour de cette vente, attendu la connaissance que les acquéreurs avaient de la cause et du danger de l'éviction au moment où ils avaient acquis, et enfin elle condamne M. le duc d'Orléans aux frais faits dès le jour de sa mise en cause comme garant.

Pourvoi de Petit. — 1° Violation des art. 46, 319, 320, 321 et 323 c. civ. — Aux termes de ces articles, ce n'est qu'autant qu'il n'a pas existé de registres, ou bien qu'il n'en a pas été tenu, que la filiation peut se prouver par des actes émanés des père et mère décédés et par témoins. — Dans l'espèce, l'acte de naissance de Georges Delavergne n'est pas représenté; il n'est pas allégué qu'il n'ait pas existé de registres de l'état civil ou qu'ils aient été perdus; et, quand il en serait ainsi, ce n'est ni par des témoins ni par des actes émanés de ses père et mère décédés que les héritiers Pourradier prouvent la filiation de Georges Delavergne, mais par des actes de famille, auxquels la loi n'a pas donné ce degré de confiance. En les admettant comme preuve de filiation, la cour a évidemment contrevenu aux articles cités. — 2° Violation des art. 1625, 1630, 1633 et 1636 du même code. — Arrêt.

LA COUR; — Attendu, sur le premier moyen, tiré de la violation des art. 46, 320, 321 et 323 c. civ., que, pour établir qu'il y avait parenté entre Marie Delavergne et Georges Delavergne, père d'Anne Delavergne, la cour s'est déterminée, à défaut d'acte de filiation, que l'éloignement des temps et des circonstances particulières indépendantes du fait des parties ne leur permettaient pas de représenter, par des actes de famille authentiques, qu'elle avait le droit d'apprécier, sans contrevenir à aucun desdits articles; — Attendu, sur le deuxième moyen, que les condamnations prononcées contre M. le duc d'Orléans, à cause de la garantie à laquelle il s'était assujetti envers ses acquéreurs, ont pu être modérées, d'après la connaissance qu'ils avaient, en contractant, qu'ils étaient exposés aux dangers d'une éviction; — Attendu enfin que l'arrêt, en ne condamnant M. le duc d'Orléans aux dépens de la procédure que du jour qu'il avait été appelé en garantie, n'a fait que se conformer aux règles suivies en cette matière, et n'est point en opposition avec l'art. 1630 c. civ.; — Rejette.

Du 8 nov. 1820.-C. C., sect. req.-MM. Henrion, pr.-Lecoutour, rap.

(2) *Espèce :* — (Buisson C. Paulo). — François Paulo décède *ab intestat:* sa succession est déférée aux sieurs Buisson. Maurice Paulo, se disant Parent au huitième degré, demande à être admis au partage.— 13 déc. 1832, jugement ainsi conçu; « Considérant que la parenté en ligne collatérale ne peut s'établir qu'en prouvant une origine commune avec le défunt dont la succession est ouverte; qu'il est établi, par une série d'actes de famille, que François Paulo a eu pour trisaïeul François Paulo, premier du nom, et pour Bisaïeul Léonard Paulo, décédé le 6 nov. 1717; que celui-ci, d'après son acte de décès, avait pour frère un autre François Paulo; que Maurice Paulo, réclamant, a eu pour bisaïeul Jean-Baptiste Paulo, qui lui-même, d'après les actes non contestés, était fils d'un François Paulo et frère d'un autre François Paulo; que, si Jean-Baptiste, bisaïeul de Maurice, et si Léonard, bisaïeul de François *de cujus*, avaient tous deux un François pour frère, ils étaient frères eux-mêmes et enfants de François, premier du nom, et de deux lits différents; — Considérant que toute la difficulté est donc de savoir si François, dénommé dans l'acte de décès de Léonard, est le même que François, deuxième du nom, né du mariage de Francois, premier du nom, avec Anne-Marie-Veyrat; que Léonard, Jean-Baptiste et François sont nés et étaient domiciliés dans la même paroisse; qu'on peut leur assigner un âge assez rapproché pour qu'ils fussent frères; qu'on ne prouve point qu'il y ait eu à la fin du dix-septième siècle plusieurs familles dans la paroisse de Saint-Nizier du nom de Paulo; que, pour que l'identité n'existât pas, et, par la suite, la fraternité, il faudrait supposer deux François Paulo, premier du nom, à peu près du même âge, chose invraisemblable; que le nombre des personnes qui marquent les degrés dans la généalogie de François et de Maurice est encore le même, ce qui contribue à justifier la fraternité de leurs bisaïeux, Jean-Baptiste et Léonard. » — Appel des consorts Buisson, qui soutiennent que si, dans certain cas, et notamment lorsqu'il s'agit de remonter à une époque éloignée, il n'est pas nécessaire, pour justifier de la parenté à l'effet de succéder, de rapporter les actes de naissance, de mariage et de décès, seuls actes essentiellement approbatifs de l'état civil, il faut toujours, du *moins*, des preuves littérales telles que des présomptions, des indices, des vraisemblances, en un mot des preuves morales, ne sauraient jamais les suppléer. — De plus, ils établissent que, dans aucun acte de l'état civil, naissance, mariage, décès, les descendants de François Paulo, premier du nom, ne sont en rapport avec les descendants de Léonard Paulo, et réciproquement. — Arrêt.

LA COUR; — Considérant qu'il est constant que les appelants sont parents au degré sucessible, et du côté maternel de François Paulo *de cujus;* qu'ils sont en possession de cet état, et ont, en effet, signé en cette qualité dans divers conseils de famille, notamment dans la délibération qui a précédé l'interdiction dudit François Paulo; que Maurice Paulo se prétend, pour la première fois, membre de la famille de François Paulo, et que, comme étant demandeur, c'est à lui de prouver la légitimité de son action; qu'il est reconnu entre toutes les parties que l'intimé aura atteint ce but en démontrant que lui et François *de cujus* ont pour auteur commun François Paulo, premier du nom, et qu'il soutient, en effet, que Jean-Baptiste, son bisaïeul, était frère de Léonard, trisaïeul de François;

Considérant qu'il résulte, en effet, du contrat de mariage de Léonard, daté du 2 sept. 1676 et de l'acte de naissance de Jean-Baptiste, du 25 mars 1680, que tous les deux ont eu pour père un François Paulo, mais que la mère de l'un était Marie Legrand et celle du second, Marie Veyrat; — Considérant de là, que ces deux individus ne pourraient être frères et nés du même père François Paulo, premier du nom, qu'autant que celui-ci aurait contracté successivement deux mariages; mais qu'on ne rapporte ni preuve, ni indice tendant à établir l'identité de François Paulo, mari de Marie Legrand, et François Paulo, mari d'Anne-Marie Veyrat; — Que, d'ailleurs, la non-identité résulte de deux actes rappelés plus haut, et qui prouvent que le père de Léonard était maître-maçon et celui de Jean-Baptiste maître-ouvrier en soie; qu'il est, en effet, invraisemblable que le même individu ait successivement exercé deux professions si différentes, surtout au dix-septième siècle, époque à laquelle les règlements exigeaient pour l'état d'ouvrier en soie un long apprentissage.

Considérant qu'en vain l'intimé a tenté d'établir l'origine commune par cette circonstance, que Léonard et Jean-Baptiste Paulo auraient eu tous deux pour frère un François Paulo; ce qui serait prouvé, selon lui,

305. On ne peut établir par témoins la filiation d'un tiers dont on se prétend héritier et qui est mort longtemps après sa majorité sans avoir réclamé (Paris, 19 août 1813, 2e ch., M. Agier, pr., aff. Le Mazurier *C.* de Maisonneuve-Urbain).

306. Avant le code, il a été jugé que, si la reconnaissance faite par un mari et sa femme de la légitimité d'un enfant inscrit sous d'autres noms ne suffisait pas pour lui conférer la qualité et les droits d'enfant légitime, elle devait au moins, alors surtout que l'enfant avait été élevé et nourri par la femme, être considérée comme une présomption grave et un commencement de preuve par écrit de nature à autoriser la preuve testimoniale (Paris, 21 ventôse an 9, M. Mourre, commiss. gouv., c. conf., aff. Ducloson *C.* Colson). — On devrait, à notre avis, décider de même sous le code. La reconnaissance des père et mère ne fait pas preuve complète de la filiation légitime; autrement, en effet, il serait facile à deux époux d'éluder les règles rigoureuses dont le législateur a entouré l'adoption; mais elle est cependant un fait considérable dont il est impossible de ne tenir aucun compte : *Grande præjudicium adfert pro filio confessio patris*, porte la loi 1, § 12, ff., *De agnoscendis et alendis liberis*.

307. La présomption de paternité résultant, en vertu de la règle *pater is est...*, de la déclaration d'une femme mariée qu'elle est mère d'un enfant, n'a pas un effet nécessaire, si cet enfant, né pendant le mariage, mais inscrit comme né de père et mère inconnus, n'a ni titre ni possession d'état d'enfant légitime. Le mari ou ses héritiers peuvent, sur des circonstances même purement morales, soutenir que l'enfant n'appartient pas au mari (Req., 9 nov. 1809) (1).

308. La reconnaissance d'un enfant faite par la mère, dans un acte authentique, postérieurement au décès du mari, à qui la naissance de l'enfant a toujours été cachée, n'est pas suffisante pour donner à ce dernier la qualité d'enfant légitime (Rouen, 16 août 1838, rapporté avec Req., 6 août 1839, aff. Lachèvre-Lemonnier, V. *suprà*, no 275-2o).

309. L'enfant inscrit sur les registres de l'état civil comme né de telle fille et de *père inconnu* ne peut réclamer l'état d'enfant légitime de deux individus unis en légitime mariage, encore que cet enfant, né pendant cette union, soit reconnu par celle qu'il prétend être sa mère, et que, dans les diverses pensions où il a été placé, il ait porté le nom du mari, surtout si ce nom a été

---

par l'acte de décès de Léonard; qu'en effet, les appelants produisent au procès l'acte de décès de François Paulo, frère de Jean-Baptiste, en date du 18 janv. 1695; d'où il résulte la conséquence que ce François ne peut être le même que celui qui a signé l'acte de décès de Léonard, le 7 nov. 1717;

Considérant, en résumé, que l'intimé ne peut faire valoir d'autres preuves que la conformité de quelques noms et prénoms; mais qu'il n'est pas impossible que le hasard ait amené cette conformité dans deux familles différentes : — Que les nouvelles pièces produites par l'intimé et notamment l'acte de naissance de Jean-François Pollaud et de Jeanne-Barel, sa femme, du 10 juin 1668, ne font qu'augmenter l'incertitude;

Considérant, dans tous les cas, que, s'il pouvait exister quelques doutes, ils devraient être résolus contre le demandeur; — Qu'à défaut de parents dans la branche paternelle, les appelants, en leur qualité reconnue de parents du côté maternel, doivent être, aux termes de l'art. 755 c. civ., mis en possession de toute l'hérédité; — Dit qu'il a été mal jugé.

Du 27 juin 1833.-C. de Lyon.-M. Achard-James, pr.

(1) *Espèce* : — (Brudieu *C.* Brunet. — Après dix ans de mariage, Catherine Bouyer demande la séparation de corps contre Brunet, son mari, qui fait réserve de se plaindre en adultère. — En 1786, la séparation est prononcée, aucun enfant n'était né d'eux.—Depuis, les époux vivent de six à dix lieues éloignés l'un de l'autre. — La dame Brunet se retire chez le curé Brudieu.—En 1791, elle accouche d'une fille qui est baptisée sous le nom de Joséphine, comme née de père et de mère inconnus. — En 1793 elle fait prononcer son divorce contre Brunet. — En l'an 2, elle épouse l'ex-curé Brudieu; dans l'acte, réglant les conditions civiles du mariage, les époux déclarent que Joséphine est née d'eux, et ils la légitiment. — L'an 4, Brunet décède : un règlement définitif avec ses collatéraux fixe les reprises de sa femme divorcée, la dame Brudieu : le mari de celle-ci y consigne cette déclaration : « Le sieur Brunet décédé sans enfants, attendu que la fille qu'a eue la dame Bouyer, avant son mariage avec moi, Brudieu, est ma fille et non la sienne, comme nous l'avons reconnu par notre contrat de mariage. — Dix ans s'écoulent.—En 1806, la dame Brudieu entreprend de faire déclarer Joséphine fille légitime d'elle et de Brunet : convocation de la famille, qui déclare n'y avoir lieu à délibérer sur ce point, attendu que Joséphine n'a ni acte de naissance ni possession de l'état de fille légitime de Brunet. — 24 mars, les époux Brudieu requièrent acte, devant notaire, de ce que « la justice et la religion leur imposent l'obligation de déclarer et d'attester que Joséphine est réellement fille légitime de Brunet et de Catherine Bouyer; que si celle-ci tint secrètes ses couches, ce ne fut que pour se soustraire aux injustes soupçons de Brunet et à sa vengeance; que, pour dédommager Joséphine, elle ne consentit à prendre un second mari qu'autant qu'il se soumettrait à l'adopter comme sienne; que telle a été la cause de la reconnaissance faite par Brudieu. » — 17 avr. 1804, cet acte est signifié aux collatéraux de Brunet.—21 mai suivant, ceux-ci, par acte extrajudiciaire, désavouent la paternité de Brunet, et même la maternité de Catherine Bouyer. — Le 13 juin, ils citent en conciliation celle-ci et le tuteur *ad hoc*. — 21, procès-verbal de non-conciliation. — L'assignation est donnée le 23. — Le tuteur oppose une fin de non-recevoir prise de ce que plus d'un mois s'est écoulé entre le désaveu fait extrajudiciairement et l'assignation devant le tribunal (c. civ. 318). — Au fond, il soutient que la paternité de Brunet est constante d'après l'art. 312 c. civ.

Le 21 juill. 1807, le tribunal de Saintes rejeta la fin de non-recevoir, et statuant sur le fond, fit défense à Joséphine de prendre le nom et la qualité de fille de Jean Brunet, et même de Catherine Bouyer : — « Attendu qu'il est vraisemblable que Joséphine n'est qu'un enfant adopté par la Bouyer, lors de son mariage avec Brudieu, d'autant que cette femme a toujours été stérile pendant sa cohabitation, soit avec son premier, soit avec son second mari; que des actes, du fait seul de la Bouyer, après que son divorce l'avait rendue étrangère à la famille Brunet, et qui ne peuvent être considérés que comme des monuments de la turpitude des désordres de cette femme et de Brudieu, ne peuvent être des commencements de preuve capables de déterminer la justice à admettre une preuve testimoniale, tendante à faire entrer dans la famille Brunet un individu sans acte de naissance, et dont la possession d'état et les titres sont contraires à sa prétention. » — Appel; 29 juill. 1808, arrêt par lequel la cour d'appel réforma la décision des juges de Saintes, en ce qu'elle avait fait défense à Joséphine de prendre la qualité de fille de Catherine Bouyer, mais la confirma quant au surplus, et maintint les héritiers collatéraux du sieur Brunet dans la propriété et la jouissance des biens dépendants de la succession de ce dernier.

Pourvoi pour violation, 1o des art. 318, 322, 323, 325 c. civ.; 2o du décret du 19 flor. an 2.—Arrêt.

La cour; — Attendu, sur le premier moyen, que, dans la supposition où l'action intentée par les héritiers de Jean Brunet contre le tuteur de Joséphine serait une véritable action en désaveu de paternité, telle qu'elle est spécifiée dans l'art. 317 c. civ., le délai d'un mois dans lequel elle aurait dû être introduite, aux termes de l'art. 318 du même code, aurait été prorogé par la citation légale au bureau de conciliation dirigée par lesdits héritiers contre ledit tuteur; — D'où il suit que la fin de non-recevoir résultant de la prescription opposée par celui-ci contre l'exercice de ladite action, après le délai d'un mois, ne pouvait être admise, et qu'en la rejetant, la cour de Poitiers n'a pu violer aucune loi; — Attendu, sur le second moyen, qu'en rejetant également l'acte reçu par un notaire, le 15 mars 1806, par lequel Catherine Bouyer, mère de ladite Joséphine, déclare qu'elle est fille légitime de Jean Brunet, par la raison qu'elle est née constant le mariage avec celui-ci, ladite cour n'a pu contrevenir à la maxime *is pater est quem nuptiæ demonstrant* dont la jurisprudence des anciens tribunaux avait toujours fort sagement subordonné l'application à la nature des faits et des circonstances caractéristiques des différentes espèces qui se présentaient à juger; et bien que la loi du 19 flor. an 2 ait été rendue dans l'esprit de cette maxime, elle doit néanmoins être entendue, comme elle l'a toujours été, dans le sens suivant lequel elle maintient toutes les exceptions que l'ancienne jurisprudence avait admises, puisqu'elle ne les abroge par aucune de ses dispositions; — D'où il suit encore qu'en décidant, d'après les faits et les circonstances du procès, que ladite Joséphine ne pouvait être la fille légitime dudit Jean Brunet, ladite cour n'a pu contrevenir ni à ladite maxime ni à ladite loi du 19 flor. an 2; — Qu'elle n'aurait de même pu contrevenir davantage aux lois nouvelles, quand même elles auraient pu et dû servir de base à sa décision, puisque Joséphine ayant été inscrite sur le registre de naissance comme née de père et de mère inconnus, n'ayant d'ailleurs jamais eu la possession d'état de fille légitime de Jean Brunet, ayant été, au contraire, constamment élevée dans le domicile, sous les yeux et comme fille de Joseph Brudieu dont elle portait le nom, la cour de Poitiers aurait pu, sans violer l'art. 323 c. civ., admettre ou rejeter à son gré la preuve des faits articulés par ledit Brudieu, sous sa qualité de tuteur, et avec d'autant plus de raison, que l'art. 325 lui donnait à cet égard la latitude de déclarer que ladite Joséphine, quoique fille de ladite Catherine Bouyer, n'était pas fille de J. Brunet, son premier mari; — Rejette.

Du 9 nov. 1809.-C. C., sect. req.-MM. Henrion, pr.-Cochard, rap.-Merlin, pr. gén., c. conf.-Mailhe, av.

porté à l'insu du prétendu père et loin du lieu habité par lui, et si la reconnaissance de la mère n'a été faite que plusieurs années après la mort du mari, à une époque où de graves motifs de division auraient éclaté entre la mère et sa fille légitime. — Jugé que cet enfant ne peut être admis à la preuve de sa filiation légitime, alors même qu'il articulerait qu'il a été élevé par les soins de sa mère prétendue; que celle-ci est allée le voir une fois dans le lieu où il était en pension; qu'elle lui a écrit sous le couvert de la personne à qui il était confié, et que, depuis sa sortie de pension, arrivée après la mort du mari, il a habité avec la veuve de ce dernier, qui l'a reconnu et qui persiste à le reconnaître pour son enfant (Paris, 11 juin 1814) (1).

Sect. 4.—*Preuves de la légitimité.*

310. Ce qui constitue la légitimité de la filiation, c'est le mariage. Il n'y a d'enfants légitimes que ceux qui sont nés à l'ombre du mariage. Ce principe général est reçu chez tous les peuples civilisés (Req. 20 déc. 1841, aff. Bousquet, n° 338). C'est donc le mariage qui doit être prouvé lorsque la légitimité est contestée. — Ce serait en vain que l'acte de naissance déclarerait l'enfant légitime ou né du mariage de tel avec telle : de pareilles énonciations, étant étrangères à l'objet légal de cet acte, qui est destiné à constater seulement la naissance et la filiation, seraient considérées comme non avenues et ne dispenseraient pas l'enfant de rapporter la preuve du mariage de ses père et mère, à moins cependant qu'ils ne se trouvent dans les conditions de l'art. 197 c. nap. (V. MM. Massé et Vergé sur Zachariæ, t. 5, p. 305, note 1).

311. Nous avons vu déjà (*suprà*, n° 207) comment cette preuve doit être faite. Tant que le père et la mère ou l'un d'eux sont encore vivants, le seul moyen, pour les enfants, de prouver le mariage, c'est la représentation de l'acte de célébration, à moins, toutefois, qu'il n'ait pas existé de registres ou qu'ils soient perdus, auquel cas il devrait être procédé conformément à l'art. 46 c. nap. Mais, si le père et la mère sont tous deux décédés, et qu'ils aient vécu publiquement comme mari et femme, la légitimité des enfants, aux termes de l'art. 197, « ne peut être contestée sous le seul prétexte du défaut de représentation de l'acte de célébration, toutes les fois que cette légitimité est prouvée par une possession d'état qui n'est pas contredite par l'acte de naissance. » — Ainsi, d'après cet article, pour que les enfants soient dispensés de rapporter, comme preuve de la légitimité de leur filiation, l'acte de célébration du mariage de leurs père et mère, il faut : 1° que ces derniers soient tous deux *décédés*; 2° qu'ils aient *vécu publiquement comme mari et femme*; 3° enfin que les enfants puissent justifier d'une *possession d'état d'enfants légitimes* qui ne soit pas contredite par leur *acte de naissance*.

312. Cette disposition, du reste, n'est point une innovation dans notre législation civile. Il a été jugé que, sous l'ancienne jurisprudence, la légitimité des enfants qui ne représentaient pas l'acte de célébration du mariage de leurs père et mère devait, comme aujourd'hui, être établie par la double possession d'état des père et mère comme époux, et des enfants comme légitimes (Paris, 23 fév. 1822 (2); 1er fév. 1836, aff. Prioux et Imbert, V. Lois, n° 422).

313. Ainsi, la production d'un acte de naissance n'était pas suffisante, avant le code civil, pour donner le titre et les droits d'enfant légitime, si celui qui les réclamait ne justifiait ni d'une possession d'état conforme à son titre ni du mariage de ses père et mère (Rej. 18 vent. an 11) (3).

314. L'enfant porté sur les registres de l'état civil comme né d'un particulier et de son épouse, est tenu de justifier de l'acte de célébration du mariage de ceux-ci, quoiqu'ils aient vécu publiquement comme mari et femme, et qu'il ait lui-même une possession d'état conforme à son titre, si l'un des époux est encore vivant (Paris, 20 mai 1808) (4). — V. n° 333-2°.

---

(1) (Louise Coumiobeux *C.* demoiselle Dargence.) — La cour; — Attendu que Louise-Antoinette Coumiobeux réclame un état contraire au titre qu'elle produit; qu'elle n'a aucune possession de l'état qu'elle réclame, et qu'elle ne présente à la justice aucun commencement de preuve par écrit; que l'on ne peut considérer comme fait constant d'où il résultât des indices ou présomptions graves, le fait allégué que la demoiselle Coumiobeux aurait porté le nom de Dargence dans le village de Theil, dans les pensions et hôtels garnis de Paris, hors la présence du sieur Dargence et des membres de la famille, et à une grande distance du lieu où ils résidaient.

Du 11 juin 1814.-C. de Paris, aud. solen.

(2) (Tillard *C.* Anfrye.) — La cour; — Considérant que, suivant la jurisprudence ancienne, consacrée par le code, la légitimité des enfants, à défaut de production de l'acte de célébration du mariage des père et mère, ne peut être établie que par la double possession d'état des père et mère comme époux, et des enfants comme légitimes; qu'il résulte des faits de la cause et d'actes authentiques produits, que Lambert Anfrye et Marie-Élisabeth Weiss n'ont point eu la première de ces deux possessions; — A mis et met les appellations et ce dont est appel au néant; — Émendant, évoquant le principal et y faisant droit..., fait défense aux demoiselles Anfrye de se dire et qualifier filles légitimes de Lambert Anfrye et d Élisabeth Weiss; ordonne que leurs actes de naissance seront réformés; ordonne pareillement que l'acte de décès d'Anfrye sera réformé en ce qu'il porte la qualité d'époux d'Élisabeth Weiss, etc.

Du 23 fév. 1822.-C. de Paris, aud. sol.-M. Séguier, 1er pr.

(3) (Meynard *C.* les hérit. Meynard.) — La cour; — Attendu que l'art. 7, tit. 20, ord. de 1667, veut que les preuves de l'âge, du mariage et du décès soient reçues par des registres en bonne forme, qui feront foi en justice; ce qui ne signifie pas que les preuves de l'un de ces faits suffisent pour établir les autres, et que la preuve du mariage puisse se faire par le registre des naissances, mais que la preuve de chacun de ces faits ne peut être faite que par les registres qui lui sont propres; — Que cette ordonnance n'établit qu'une seule exception à cette règle générale, savoir, lorsque les registres sont perdus ou qu'il n'en a pas été tenu, auquel cas l'art. 14 du même titre permet que les naissances, mariages et décès soient prouvés, tant par les papiers domestiques des père et mère décédés, que par témoins, mais que, dans l'espèce actuelle, on n'a pas même allégué la perte ou non-existence des registres du lieu où le mariage aurait été célébré, et que ce lieu n'a pas même été indiqué; — D'où il suit que le jugement attaqué n'a point violé, comme le prétend le demandeur, la disposition de l'article cité de l'ord. de 1667; — Que, quant aux lois romaines dont on a aussi allégué la violation au soutien de cette première ouverture, les lois françaises ayant fixé la manière de constater l'état civil devant les tribunaux, il n'y a que leur violation expresse sur laquelle on puisse établir un moyen de cassation, et non celle des lois romaines, dont elles sont censées avoir abrogé les dispositions, lorsqu'elles en ont établi de contraires; — Attendu que la loi institutive de la cour de cassation ne lui permet pas d'annuler un jugement, sur le motif qu'il serait contraire à la jurisprudence des arrêts, mais seulement lorsqu'il contrevient aux lois qui régissent les diverses parties du royaume; — Que, d'ailleurs, les divers arrêts cités par le demandeur, qui ont prononcé que le défaut de représentation des actes de mariage pouvait être suppléé par la possession d'état, ont toujours été motivés par des circonstances plus ou moins décisives, qui naissent de la cause sur laquelle ils avaient à statuer, et qui sont rapportées par les arrêtistes; — D'où il suit que, malgré toute la faveur que mérite un pupille de qui on exige la représentation de l'acte de célébration du mariage de ses père et mère, dont il peut ignorer le temps et le lieu, on ne peut dire néanmoins que le tribunal de l'Aveyron ait même violé la doctrine de ces arrêts, en décidant, comme il l'a fait dans l'espèce de la cause, que la réunion des circonstances qu'elle offrait, ainsi que des faits allégués par le demandeur, ne lui paraissait pas suffisante pour établir cette possession d'état, qui pouvait seule le dispenser de représenter l'acte de mariage de ses père et mère; et qu'en supposant même qu'il se fût trompé, ce ne serait qu'un mal jugé que la loi a soustrait au domaine de la cassation, etc.

Du 18 (non du 11) vent. an 11.-C. C., sect. civ.-MM. Maleville, pr.-Pajon, rap.

(4) *Espèce :* — (Furst *C.* hérit. Furst.) — 9 flor. an 8, un enfant est inscrit sur les registres de l'état civil de Paris, comme né de Frédéric Furst et de la demoiselle Georgy, *son épouse.* — L'acte est signé par le père. — An 12, celui-ci décède. Le juge de paix appose les scellés à son domicile. — La demoiselle Georgy se présente à ce juge comme l'épouse de Frédéric Furst; mais requise de présenter l'acte de célébration de son mariage, elle avoue qu'il n'en existe pas, et qu'elle n'est point mariée. — Il est à remarquer que celle-ci avait été constamment présentée par Fr. Furst, dans la société, comme son épouse — Les frères du défunt prétendent que le mineur Furst n'est qu'enfant naturel, et concluent à la rectification de l'acte de naissance. — On répond pour le mineur que son acte de naissance et la possession d'état d'époux légitimes de ses père et mère ont fixé irrévocablement son état; qu'il est dispensé de rappeler l'acte de célébration de leur mariage, et que la déclaration de sa mère n'a pu lui préjudicier.

16 juillet 1807, jugement du tribunal de la Seine qui, déclare le mi-

315. D'après un arrêt, l'absence prolongée et même judiciairement déclarée de l'un des époux ne peut, dans le sens de l'art. 197, être assimilée au décès (Toulouse, 24 juin 1820, aff. Dubois, *infrà*, n° 333-2°). Mais il a été jugé implicitement en sens contraire (Paris, 23 fév. 1822, aff. Tillard, n° 312). Dans l'espèce de ce dernier arrêt, l'un des deux époux était décédé, l'autre était en état d'absence déclarée. Le tribunal de première instance, assimilant l'absence au décès, avait jugé que la double possession d'état exigée par l'art. 197 était suffisamment établie, et que, dès lors, la légitimité des enfants était inattaquable. Mais, sur l'appel, la cour infirma, par le motif que les père et mère n'avaient pas publiquement vécu comme mari et femme. C'était décider implicitement que, bien que l'un des époux fût absent déclaré, l'art. 197 était néanmoins applicable.

Pour nous, il nous semble douteux que l'absence judiciairement déclarée puisse dispenser les enfants de produire comme preuve de leur légitimité l'acte de mariage de leurs père et mère. — En effet, comme le fait observer Merlin (Rép., v° Légitimité, sect. 1, § 2, quest. 2), la disposition de l'art. 197 est une exception; or toute exception est de droit étroit et ne peut être étendue hors de ses termes. Les juges peuvent bien, lorsqu'il y a lacune dans une loi qui établit une règle générale, l'étendre, par analogie, du cas prévu par le législateur au cas qui a échappé à sa prévoyance; mais ce pouvoir, ils ne l'ont plus quand il s'agit d'une exception par laquelle le législateur a lui-même limité la règle qu'il a établie, parce qu'alors il n'y a pas de lacune dans la loi, et que tout ce qui n'est pas compris dans l'exception se trouve soumis à la règle générale, conformément à la maxime : *exceptio firmat regulam in casibus non exceptis*. En vain diraiton qu'il y a, dans ce cas, la même raison que dans le cas de décès, puisque l'absent ne peut, pas plus que le décédé, faire connaître à ses enfants le lieu et les circonstances du mariage; indépendamment du caractère exceptionnel de la disposition, qui ne permet pas de l'étendre d'un cas à un autre, par analogie, on peut répondre que si, après que les enfants auraient été déclarés légitimes, l'absent venait à reparaître, et que, sans pouvoir représenter un acte de mariage, il formât contre des tiers, en sa prétendue qualité de veuf, une demande quelconque, il devrait nécessairement, par application de l'art. 194, être déclaré non marié, et qu'ainsi l'on verrait, par un contraste scandaleux, la légitimité sortir du concubinage. Nous pensons donc que, pour l'application de l'art. 197, l'absence déclarée ne saurait être assimilée au décès. — Mais nous inclinerions à décider autrement si l'absence avait duré trente ans ou si l'absent avait atteint sa centième année. Dans ce cas, il est à peu près certain que l'absent ne reparaîtra pas, qu'il est décédé; la loi elle-même le suppose, puisqu'elle fait dévolution de ses biens à ses héritiers. Obliger des enfants dont la mère, par exemple, serait décédée, et le père absent depuis plus de trente ans, à rapporter l'acte de célébration du mariage, ce serait, à notre avis, une rigueur excessive que repousse l'esprit de l'art. 129.

316. MM. Maleville, sur l'art. 197; Toullier, t. 2, n° 877; Duranton, t. 2, n° 255, et Valette, sur Proudhon, t. 2, p. 73, enseignent que la condition du décès des père et mère serait suffisamment remplie par le décès de l'un et l'état de démence de l'autre. Ces auteurs en donnent pour raison que la démence, comme le décès, met l'époux qui s'en trouve frappé hors d'état de donner aucun renseignement sur le lieu de son mariage. Mais Merlin, *loc. cit.*, quest. 3, combat cette doctrine par des raisons analogues à celles que nous avons indiquées pour le cas d'absence déclarée. Il y a, en effet, parité parfaite entre les deux cas. On peut dire, d'un côté, que la disposition exceptionnelle de l'art. 197 ne peut être étendue au delà des termes de cet article, et, d'un autre côté, que celui qui est en démence peut recouvrer la raison, et qu'alors on pourrait voir la scandaleuse anomalie, que nous avons déjà indiquée, d'enfants légitimes nés de père et mère non mariés.

317. C'est d'après les circonstances que l'on doit apprécier si les père et mère de l'enfant ont vécu publiquement comme mari et femme. Il ne faudrait pas mettre au nombre de ces circonstances la représentation d'un contrat de mariage; c'est là, en effet, un fait fort peu significatif. De même qu'il y a souvent mariage sans contrat préalable, il arrive souvent que le contrat n'est pas suivi de la célébration du mariage. Le principal élément de cette possession d'état d'époux, c'est la cohabitation. Mais elle ne suffit pas : il faut de plus que les père et mère se soient présentés au public à titre d'époux, que le père ait toujours traité la mère comme sa légitime épouse, et que celle-ci ait porté le nom du père. Il faut de plus que, dans les actes publics ou privés, dans les écrits et pièces quelconques émanés d'eux, ils n'aient jamais répudié cette qualité d'époux; il faut enfin qu'elle ait duré assez longtemps pour qu'il soit possible de voir, dans l'ensemble des faits, l'équivalent d'un titre.—V. Merlin, Rép., v° Légit., sect. 1, § 2, quest. 5.

318. A cet égard il a été jugé : 1° que la possession d'état d'époux légitimes suffisante pour dispenser, aux termes de l'art. 197 du code Napoléon, un enfant de la production de leur acte de mariage, ne saurait résulter d'une possession qui n'aurait que trois années de durée (Nîmes, 26 mai 1830, sous Req., 27 nov. 1833, aff. de la Marine, V. n° 252); — 2° Que, pour que la légitimité d'un enfant ne puisse être contestée au cas prévu par l'art. 197 du code Napoléon, il faut absolument établir que les père et mère ont vécu publiquement comme mari et femme; qu'il ne suffirait pas d'établir que le père et la mère passaient pour être mariés (Pau, 9 mai 1829, rapp. avec Req., 19 mai 1830, aff. David, *suprà*, n° 232).

319. La preuve que les père et mère ont vécu *publiquement* comme mari et femme est-elle suffisamment établie en faveur de l'enfant par son acte de naissance qui le qualifie de légitime? — Il semble étrange qu'une telle question ait pu seulement être posée. En effet, l'inscription d'un enfant sur les registres de l'état civil avec la qualité de légitime est, sans doute, un indice qui doit être pris en considération; mais par lui-même il n'est qu'un fait isolé, évidemment insuffisant pour établir d'une manière complète la possession publique de l'état d'époux. — Cependant M. Portalis, dans l'Exposé des motifs du titre du Mariage, paraît penser que l'énonciation dont il s'agit suffit à elle seule pour prouver cette possession. Après avoir dit que les enfants dont la légitimité est mise en dénégation après la mort de leur père et mère, sur le fondement qu'ils ne représentent pas l'acte de célébration du mariage dont ils se prétendent issus, sont admis par la jurisprudence à prouver que les auteurs de leurs jours vi-

---

neur enfant naturel, « Attendu, y est-il dit, qu'aux termes du code civil, lorsque deux individus ayant vécu publiquement comme mari et femme, la légitimité des enfants provenus de leur union vient à être constatée, cette légitimité ne peut être prouvée que de deux manières, ou par la représentation de l'acte de célébration de mariage de leurs père et mère, si tous deux, ou l'un d'eux seulement, sont encore vivants, ou par une possession d'état conforme à leur naissance, si leurs père et mère sont décédés;

» Attendu que cela résulte des art. 194, 195 et 197 du code; — Que, dans l'espèce, le mineur Furst ne présente pas l'acte de célébration de mariage de la demoiselle Georgy, sa mère, avec le sieur Furst, son père, ainsi qu'ils sont qualifiés dans l'acte de naissance dudit mineur Furst; que ledit Furst est décédé, et que la demoiselle Georgy vivante, non-seulement ne représente pas ledit acte de célébration de mariage, mais même a déclaré devant le juge de paix, lors des scellés apposés après le décès du sieur Furst, qu'il n'avait jamais existé, et qu'elle n'avait point été mariée avec ledit Furst; — Que, dans cet état de choses, le mineur Furst ne pourrait même être admis à établir sa légitimité en prouvant qu'il a constamment joui de l'état d'enfant légitime du sieur Furst et de la demoiselle Georgy, conformément à son titre; que les art. 319 et suiv., chap. 2 du titre 7 du code, ne peuvent être invoqués dans l'espèce, puisqu'ils ont pour objet de disposer comment se prouve la filiation des enfants légitimes, c'est-à-dire des enfants dont la légitimité se trouve déjà prouvée de la manière prescrite par les art. 194, 195 et 197 ci-dessus, et par conséquent ne peut être contestée; qu'enfin il s'agit, dans les art. 319 et suiv., de savoir si un tel est fils de tel et telle, et que, dans les art. 194 et suiv., on examine si un tel est fils légitime d'un tel et d'une telle, dont le mariage est contesté. »—Appel. — Arrêt.

LA COUR; — Attendu qu'aucun indice ne s'élève contre la sincérité de la déclaration faite par Jeanne-Françoise Georgy, et adoptant au surplus les motifs des premiers juges, met l'appel au néant.

Du 20 mai 1808.-C. de Paris; aud. solenn.-MM. Séguier, pr.-Mourre, pr. gén., c. conf.-Couture et Delahaye. av.

vaient comme époux, et qu'ils avaient la possession de leur état, le savant jurisconsulte ajoute : « Il suffit même pour ces enfants que cette possession d'état de leurs père et mère soit énoncée dans leur acte de naissance : cet acte est leur titre. C'est dans le moment de cet acte que la patrie les a marqués du sceau de ses promesses; c'est sous la foi de cet acte qu'ils ont toujours existé dans le monde; c'est avec cet acte qu'ils peuvent se produire et se faire reconnaître; c'est cet acte qui constate leur nom, leur origine, leur famille; c'est cet acte qui leur donne une cité et qui les met sous la protection des lois de leur pays. Qu'ont-ils besoin de remonter à des époques qui leur sont étrangères? Pouvaient-ils pourvoir à leur intérêt quand ils n'existaient point encore? Leur destinée n'est-elle pas irrévocablement fixée par l'acte inscrit dans des registres que la loi elle-même a établis pour constater l'état des citoyens et pour devenir, pour ainsi dire, dans l'ordre civil, le livre des destinées? » Ces considérations sont puissantes en tant qu'elles s'appliquent à l'objet même de l'acte de naissance; mais elles sont sans force dès qu'on les transporte à un objet étranger; or le mariage est, par rapport à l'acte de naissance, un objet étranger, car cet acte n'est nullement destiné a constater le mariage des père et mère.

Cette doctrine est d'une fausseté si évidente qu'à peine Merlin peut croire que M. Portalis l'ait réellement professée à la tribune du corps législatif, et qu'il n'y ait pas quelque lacune ou altération dans cette partie de son discours (V. Rép., v° Légitimité, sect. 1, § 2, n° 6). — Quoi qu'il en soit, la jurisprudence s'est prononcée avec unanimité dans le sens des observations qui précèdent.

320. Ainsi il a été jugé : 1° que l'enfant présenté, dans son acte de naissance, comme issu de l'union légitime de tel et telle, qui y sont qualifiés époux, n'est pas dispensé de rapporter l'acte de célébration du mariage de ses père et mère, s'il n'est pas prouvé que *tous deux* soient décédés, et qu'ils aient vécu publiquement comme mari et femme (Paris, 9 mars 1811) (1);—2° Que, de même, l'enfant qui ne produit pas l'acte de célébration de mariage de ses père et mère décédés, ne peut être déclaré légitime sur le seul fondement que son acte de naissance lui attribue cette qualité, et qualifie ses père et mère d'époux unis en légitime mariage, si, d'une part, il ne prouve pas que ses père et mère aient vécu publiquement comme mari et femme, et si, d'autre part, il n'a pas la possession constante de l'état d'enfant légitime (Req. 10 juill. 1823) (2); — 3° Que l'acte de naissance d'un enfant, non signé du père, ne forme par lui-même, bien que la paternité soit reconnue, ni preuve, ni commencement de preuve par écrit de la filiation légitime, alors que cet enfant ne justifie pas de l'existence du mariage des père et mère, et qu'il n'a point en sa faveur la possession d'état d'enfant légitime (Paris, 17 mars 1836, aff. Metzger, V. Mariage, n° 412-3°).

321. M. Toullier, n° 878, enseigne que, si la présomption de légitimité qui résulte du concours des circonstances déterminées en l'art. 197 était affaiblie par d'autres circonstances qui fissent présumer qu'il n'y a pas eu de mariage entre les père et mère, la légitimité de l'enfant pourrait être contestée et la représentation de l'acte de célébration de mariage exigée. Cela résulte, suivant cet auteur, du texte même de l'art. 197, qui dit que la légitimité des enfants ne peut être contestée sous le seul prétexte du défaut de représentation de l'acte de célébration du mariage. D'où il suit que, s'il existe d'autres motifs, outre le défaut de cette représentation, la légitimité peut être contestée.

Mais cette doctrine est combattue par Merlin, Rép., v° Légitimité, sect. 1, § 2, n° 9, comme étant diamétralement contraire au principe établi par d'Aguesseau, dans son plaidoyer du 15 juin 1693 (aff. Bouillerot de Vinantes), enseigné par Voet, ad Pand., tit. *De probationibus*, n° 15, que, si une présomption de droit peut être détruite par la preuve positive d'un fait contraire à celui qu'elle suppose, elle ne peut du moins pas l'être par des présomptions non autorisées par la loi et purement arbitraires. — Il a été jugé, en ce sens, qu'un enfant dont les père et mère ont vécu publiquement comme mari et femme est, après leur décès, réputé légitime, s'il a en sa faveur une possession d'état non contredite par son acte de naissance, lors même qu'il ne représenterait pas l'acte de célébration du mariage de ses père et mère, et quelles que soient d'ailleurs les circonstances qui peuvent s'élever contre la présomption du prétendu mariage (Req., 8 mai 1810) (3).

Dans l'espèce jugée par cet arrêt, il était constant que les père

(1) (Dame Sabotin C. hérit. Langlois-Desmarais.) — LA COUR; — Attendu qu'il ne suffit pas à l'enfant, pour établir sa légitimité, d'être porteur de son acte de naissance; qu'il faut encore, à défaut de représentation de l'acte de célébration de mariage de ses père et mère *décédés*, qu'il justifie qu'ils ont *vécu publiquement* comme mari et femme; que cette preuve n'est pas rapportée par la femme Régnard; — Met l'appellation et ce dont est appel au néant; émendant, décharge les appelants des condamnations contre eux prononcées; déboute la femme Régnard de sa réclamation d'état d'enfant légitime, etc.

Du 9 mars 1811. — C. de Paris.

(2) (Saunier C. les hérit. Lambert.) — LA COUR; — Attendu, en droit, que s'il est vrai que l'enfant peut, après le décès de ses père et mère, se faire déclarer légitime, sans être astreint de représenter l'acte de célébration de leur mariage, source unique de la légitimité, il est également vrai qu'il doit alors prouver, et que ses père et mère ont vécu publiquement comme mari et femme, et que sa possession d'état, comme enfant légitime, n'est point contredite par l'acte de naissance (art. 97 c. civ.); — Que, d'après ces principes, les juges ont dû, comme ils l'ont fait, admettre la demanderesse à administrer cette double preuve, dont l'appréciation était exclusivement abandonnée par la loi à leur conscience et à leurs lumières; — Attendu que, d'après les titres, enquêtes, actes et circonstances de la cause, les juges ont constaté en fait, non-seulement que l'acte de célébration de mariage des père et mère de la demanderesse n'était point représenté, mais qu'il s'élevait encore les plus *violentes présomptions* contre son existence, et que surtout la demanderesse elle-même ne justifiait point de la possession *constante* d'état d'enfant légitime; — Que, dans ces circonstances où aucun des éléments exigés par la loi pour tenir lieu de l'acte de célébration de mariage n'était prouvé, en décidant que *le seul acte de naissance* ne pouvait assurer à la demanderesse sa légitimité, et que par conséquent elle devait être déclarée enfant naturel de Salomon-Moïse Lambert, l'arrêt attaqué a fait une juste application des lois de la matière; — Rejette.

Du 10 juill. 1823.-C. C., sect. req.-MM. Henrion, pr.-Lassagni, rap.-Cahier, av. gén., c. conf.-Champion, av.

(3) *Espèce* : — (Poutiant C. leurs frères). — Poutiant était resté veuf avec deux enfants. — An 4, il reçoit à son service Marguerite Guy, qui devient enceinte. — 26 vend. an 5, deux mois avant l'accouchement, contrat de mariage est passé entre elle et Poutiant : aucun acte, ni les registres de l'état civil ne constatent la célébration du mariage.—5 niv. an 5, naissance d'une fille, présentée à l'officier de l'état civil de Lyon par Poutiant qui déclare qu'elle est née de lui et de Marguerite Guy, son épouse. — An 6, celle-ci met au jour un second enfant à l'égard duquel Poutiant requiert une inscription semblable. — An 8, décès de Marguerite Guy; elle est inhumée avec la qualité d'épouse de Poutiant. Un mois après, ce dernier décède aussi.— 11 germ. an 8, assemblée de famille. Le juge de paix lui expose, à l'égard des deux enfants nés de Marguerite Guy (Benoîte et Jean), que, le 6 vend. an 5, il y a eu entre elle et Poutiant un contrat de mariage; que les parties s'étaient promis de s'épouser, mais qu'il ne paraît pas que cet acte ait été suivi des formalités requises pour la validité d'un mariage; c'est ce que reconnaissent tous les parents. — En cet état, on réclame, dans l'intérêt des enfants nés de Marguerite Guy, la qualité d'enfants légitimes. — Les deux autres enfants opposent qu'il n'y a eu entre celle-ci et leur père qu'un projet de mariage. — 5 juin 1807, le tribunal de Lyon déclare légitimes les enfants de Marguerite Guy et ordonne le partage des biens en quatre lots égaux. — Appel. — 14 juin 1808, arrêt de la cour de Lyon qui confirme, attendu que la légitimité de Benoîte et Jean étant contestée après le décès de leurs père et mère, la contestation se trouvait réduite aux termes de l'art. 197, c. civ., aux points de savoir si Jean Poutiant et Marguerite Guy ont vécu publiquement comme mari et femme, et si Benoîte et Jean ont en leur faveur une possession d'état non contredite par leurs actes de naissance; que ces deux points de fait sont suffisamment établis par les actes de naissance mêmes de ces enfants, par le contrat de mariage du 26 vend. an 5, par l'acte de décès de Marguerite Guy; enfin par la convocation faite par le juge de paix après le décès de Jean Poutiant, et par la délibération de l'assemblée de famille.— Pourvoi des enfants du premier lit pour fausse application de l'art. 197, c. civ. — Arrêt.

LA COUR; — Attendu que Jean Poutiant et Marguerite Guy, étant décédés, et les actes de naissance de Benoîte et Jean Poutiant, portant qu'ils sont enfants desdits Jean Poutiant et Marguerite Guy, son épouse, la légitimité desdits enfants ne pouvait leur être contestée, sous le seul prétexte du défaut de représentation de l'acte de célébration du mariage de leurs père et mère; que telle est la disposition du c. civ., art. 197; que la règle établie par cet article n'est modifiée par aucune exception; et que, dans aucun cas, le code n'impose aux enfants l'obligation de re-

et mère n'avaient jamais eu d'autre domicile que le lieu dans lequel ils avaient vécu publiquement comme mari et femme; il était constant, d'un autre côté, que les registres y avaient toujours été régulièrement tenus. Or aucun acte de mariage ne s'y trouvait inscrit qui pût s'appliquer aux prétendus époux. Il résultait bien de là une présomption que le mariage n'avait jamais été célébré, mais il n'en résultait nullement la preuve positive de ce fait.

En effet, comme le fait observer Merlin, *loc. cit.*, quest. 10, il est possible qu'un mariage non inscrit sur les registres de l'état civil ait été, non-seulement célébré avec toutes les solennités requises, mais encore suivi immédiatement d'un acte de célébration sur une feuille volante dûment signée, et qui, quoique insuffisante par elle-même pour constater légalement ce mariage, peut néanmoins, comme on le voit par les art. 198, 199 et 200, servir de fondement à une procédure contre l'officier de l'état civil ou ses héritiers, par suite de laquelle le mariage sera déclaré constant. De ce que cette feuille n'existe pas actuellement, il ne s'ensuit pas qu'elle n'ait jamais existé; bien plus : il semble qu'elle doive être plutôt présumée avoir existé par cela seul que les père et mère sont décédés en possession de l'état d'époux, et que les enfants étaient, à leur décès, en possession de l'état d'enfants légitimes. Comme l'a dit l'orateur du gouvernement dans l'Exposé des motifs du titre du Mariage, les enfants ne connaissent et ne peuvent connaître ce qui s'est passé avant leur naissance, et c'est pour cela que, dans le cas prévu par l'art. 197, le législateur les a dispensés de la représentation de l'acte de célébration du mariage de leurs père et mère décédés.

322. Pareillement il a été jugé que l'enfant qui, après le décès de ses père et mère, prouve, à défaut de titres, qu'ils ont vécu publiquement comme mari et femme, et qu'il est issu de leur union, cesse de pouvoir invoquer cette possession d'état si, de l'enquête faite par lui, il résulte en même temps qu'ils n'ont été mariés que devant un ministre de la religion; que cette dernière circonstance doit être considérée comme l'équivalent d'un titre qui contredit la possession d'état d'enfant légitime, et l'empêche de produire son effet (Rennes, 5 mars 1812) (1).

323. Jugé, au contraire, que la légitimité de l'enfant qui,

---

présenter l'acte de célébration du mariage de leurs père et mère; — Qu'en fait, la cour d'appel a jugé que Benoite et Jean ont la possession d'état d'enfants légitimes, laquelle est conforme à leurs actes de naissance; et qu'ainsi, son arrêt n'a violé aucune loi; — Rejette, etc.

Du 8 mai 1810.-C. C., sect. req.-MM. Henrion, pr.-Oudart, rap.-Giraud, av. gén., c. conf.-Darrieux, av.

(1) *Espèce :* — (Marguerite C. héritiers Lainé.) — Jacques Lainé et Jeanne Moriceau avaient vécu publiquement comme mari et femme; ils sont décédés laissant une fille nommée Marguerite. — Il n'a point été tenu de registres de l'état civil dans la commune de Bignon, qu'ils habitaient, depuis 1792 jusqu'en 1800. — Marguerite n'avait ni acte de naissance ni acte de mariage de ses père et mère; mais elle était en possession de l'état de fille légitime et ses auteurs étaient décédés.

Son tuteur voulant constater l'état de Marguerite, présente au tribunal de Nantes une requête tendant à ce que l'acte de mariage de Jacques Lainé et Jeanne Moriceau, ainsi que l'acte de naissance de leur fille Marguerite, fussent inscrits sur les registres de l'état civil de la commune de Bignon. — Jugement qui ordonne, avant faire droit, que Marguerite justifiera : 1° que Jacques Lainé et Jeanne Moriceau ont contracté mariage devant l'officier public à ce préposé dans la commune de Bignon, en 1795; 2° que de ce mariage est née, en 1796, une fille qui a reçu le prénom de Marguerite; 3° que cette fille a joui constamment de la possession d'état de fille légitime de Jacques Lainé et Jeanne Moriceau. — Enquête. — Les témoins déclarent unanimement que Jacques Lainé et Jeanne Moriceau avaient vécu publiquement, depuis 1795 jusqu'à leur décès, comme mari et femme; que Marguerite était issue de leur union, et avait toujours été regardée comme leur fille légitime. — Deux des témoins cependant disent que le mariage des père et mère de Marguerite n'avait été contracté que devant un prêtre, et cela parce qu'en 1795 il n'existait point dans la commune de Bignon d'officier civil institué par les nouvelles lois. — Jugement qui déclare qu'il n'y a pas lieu d'indiquer les père et mère de Marguerite, mais qui fixe l'époque de sa naissance à l'année 1796. — Appel par le tuteur. — Arrêt.

La cour; — Considérant que depuis la loi du 20 déc. 1792, les naissances, mariages et décès n'ont pu être légalement constatés que par des officiers publics institués pour tenir les registres de l'état civil; — Considérant que l'art. 20 de la loi du 7 vend. an 4 défend, sous des peines graves et sans nulle exception, à tous juges, administrateurs et fonctionnaires publics quelconques, d'avoir aucun égard aux attestations que des ministres du culte, ou des individus se disant tels, pourraient donner relativement à l'état civil des citoyens; — Considérant que l'art. 46 c. civ. permet d'admettre la preuve des naissances, mariages et décès, tant par les registres et papiers émanés des père et mère décédés, que par témoins lorsqu'il n'aura pas existé de registres de l'état civil ou qu'ils auront été perdus; mais que, lorsque cette preuve est faite, il reste à reconnaître et à déterminer quel doit en être l'effet relativement à l'état civil des personnes dont on a constaté la naissance, le mariage ou le décès, et qu'il doit en être de même lorsqu'à défaut d'un acte de naissance transcrit sur le registre de l'état civil, la loi autorise à établir la filiation des enfants légitimes par la possession ou par témoins; — Considérant que l'art. 197 du même code dispose que si, dans le cas des art. 194 et 195, il existe des enfants issus de deux individus qui ont vécu publiquement comme mari et femme, et qui soient tous deux décédés, la légitimité des enfants ne peut être contestée sous le seul prétexte du défaut de représentation de l'acte de célébration, mais à condition que cette légitimité soit prouvée par une possession d'état non contredite par l'acte de naissance; — Considérant que par la requête introductive de l'instance, Jean Picard, tuteur de Marguerite, a exposé que sa pupille était née dans la commune de Bignon, de Jacques Lainé et de Jeanne Moriceau, tous deux décédés; que sa naissance et le mariage de ses père et mère avaient sans doute été constatés par des actes de mariage et de naissance; mais que, par suite de la guerre civile, les registres de l'état civil manquaient, pour la commune de Bignon, depuis 1790 jusqu'en 1800, et qu'en conséquence l'acte de mariage de Jacques Lainé et de Jeanne Moriceau, mariés en 1795, ainsi que l'acte de naissance de Marguerite, née en 1796, se trouvaient ne pas exister, demandant à y suppléer par l'inscription de ces actes sur le registre de l'état civil, en exécution du jugement qui interviendrait sur sa requête; — Considérant qu'en admettant comme constante la non-existence des registres de l'état civil dans la commune de Bignon, depuis 1790 jusqu'en 1800, l'inscription demandée, ou plutôt l'inscription d'un jugement qui tiendrait lieu des actes qu'il s'agissait de suppléer, ne pouvait pas cependant être ordonnée sans la preuve que Jacques Lainé et Jeanne Moriceau avaient été unis par un mariage légalement contracté; que Marguerite en était issue, et qu'elle avait joui constamment de la possession d'état de fille légitime; et, en conséquence, les premiers juges, avant faire droit sur la demande de Picard, lui ordonnèrent de justifier ces faits par témoins; — Considérant qu'il n'y a pas d'appel de cette décision interlocutoire qui est la base du jugement définitif, et que la nature de la demande formée par Picard rendait d'ailleurs indispensable; — Considérant qu'il est appris par les trois dépositions qui composent l'enquête, que Marguerite est née, dans le mois de nov. 1796, de l'union de Jacques Lainé et de Jeanne Moriceau, et qu'elle a été constamment reconnue pour être leur fille, ayant reçu d'eux, et ensuite de leurs parents, les soins, l'entretien et l'éducation que demandait son état; mais que deux des trois témoins entendus apprennent aussi que Jacques Lainé et Jeanne Moriceau se marièrent dans le courant du mois de juill. 1795, en face de l'église seulement, les autorités administratives n'ayant pu, suivant eux, être formées à cette époque, à cause des troubles de la guerre civile; — Considérant que cette enquête, loin d'établir la preuve prescrite et essentielle de la légalité du mariage de Jacques Lainé et de Jeanne Moriceau, justifie au contraire que l'union de ces deux individus a été contractée dans une forme illégale et nulle, qui n'a pas pu produire l'effet de constituer en leur faveur la possession d'époux légitimes; et, par une conséquence nécessaire, l'enfant qui est né de cette union ne peut pas être déclaré légitime, quoiqu'il ait pour lui la possession, parce que, dans ce cas, la possession serait contredite par le titre même qui doit lui tenir lieu d'acte de naissance, et que la loi n'admet l'efficacité de la possession qu'en faveur de l'enfant qui, ne représentant pas l'acte de mariage de ses père et mère décédés, justifie sa légitimité par une possession d'état non contredite par son acte de naissance; — Considérant que la position de Marguerite serait différente si on s'était borné pour elle à offrir la preuve et à justifier que Jacques Lainé et Jeanne Moriceau avaient vécu publiquement comme mari et femme; qu'elle était née de leur union, et qu'elle avait eu constamment la possession d'état d'enfant légitime, sans remonter au fait même du mariage des auteurs de ses jours, et sans demander à suppléer un acte qu'elle n'était pas tenue de représenter; mais que dans l'état il est impossible de la déclarer fille légitime; — Considérant qu'elle ne peut pas davantage obtenir la qualité de fille naturelle de Jacques Lainé, parce que la loi défend de rechercher la paternité, et que pour la constater elle exige une reconnaissance faite par acte authentique, lorsqu'elle ne l'a pas été dans l'acte de naissance; — Considérant qu'il en est autrement de la maternité, la loi permettant d'en faire la recherche, et de la prouver par témoins lorsqu'il existe un commencement de preuve par écrit; — Considérant qu'il est appris par l'acte de tutelle de Marguerite, du 2 mai 1806, qu'après la mort de Jacques Lainé, Jeanne Moriceau assembla le conseil de famille, le 28 vend. an 12; qu'elle demanda à être constituée tutrice de Marguerite, sa fille, issue d'elle et de Jacques Lainé, attendu qu'elle

aux termes de l'art. 197 c. nap., ne peut être contestée sous le seul prétexte du défaut de représentation de l'acte de célébration du mariage de ses père et mère décédés, lorsque ceux-ci ont vécu publiquement comme mari et femme et que l'enfant a la possession d'état d'enfant légitime, ne peut pas être contestée davantage sur la représentation d'un acte de célébration qui est irrégulier et nul, en ce que, par exemple, il n'a pas été reçu par l'officier de l'état civil; car il est possible que le vice de cet acte ait été ensuite réparé par les parents de l'enfant, ce que celui-ci n'est pas tenu de prouver (Req. 11 août 1841) (1). — Il ne paraît pas que cette intéressante question ait été examinée par les auteurs. Elle n'est pas sans difficulté. Il semble, en effet, à la lecture de l'art. 197, que la représentation d'un acte de célébration du mariage, bon ou mauvais, fasse cesser la présomption qu'il établit en faveur de l'enfant, et qui a pour fondement l'impossibilité où serait souvent celui-ci de produire l'acte constatant le mariage de ses parents tous deux décédés. C'est le système qu'a développé avec force le demandeur en cassation. — Mais toutes les raisons de droit qu'on a fait valoir devaient échouer, dans l'esprit des magistrats, devant la doctrine plus sage et plus humaine à laquelle se sont arrêtées, dans cette affaire, la cour de Paris ainsi que la cour suprême. — On doit d'abord écouter avec défaveur le collatéral qui, mû par un sentiment d'égoïsme et de cupidité, cherche à ravir à un orphelin non-seulement sa fortune, mais encore son bien le plus précieux, la légitimité, alors surtout qu'il en a joui pendant un temps suffisant pour établir une possession d'état. En second lieu, ne résulte-t-il pas de l'art. 197 que le législateur a voulu accorder à l'orphelin une faveur toute particulière et le protéger, sous certaines conditions, contre son ignorance présumée du temps et du lieu où ses parents ont régularisé leur union? Si l'on poursuit cette idée jusqu'à ses dernières conséquences, on arrive à reconnaître que, toutes les fois que la contestation de légitimité qu'on élève contre un enfant est de nature à être repoussée victorieusement par la découverte d'un titre qui peut exister ignoré, cet enfant reste sous l'égide de la loi qui présume alors que ce titre existe réellement. Pour faire cesser la protection spéciale accordée aux enfants par l'art. 197, il faut donc des preuves

---

était sur le point de contracter mariage avec Pierre Blineau, et que les parents la maintinrent dans la tutelle sous la responsabilité solidaire de son futur époux; que cette pièce, dont les premiers juges n'ont pas eu connaissance, atteste que Jeanne Moriceau a reconnu, par acte authentique, qu'elle était la mère de Marguerite, ou qu'en tout cas on doit du moins la considerer comme un commencement de preuve par écrit, suffisant pour faire admettre la preuve acquise par l'enquête; — Par ces motifs, émendant le jugement rendu au tribunal de première instance de Nantes, le 25 juill. 1811, en ce qu'il n'y aurait pas été reconnu que la pupille de Jean Picard est fille de Jeanne Moriceau, déclare Marguerite, née en la commune de Bignon, dans le courant de nov. 1796, fille de Jeanne Moriceau; ordonne que le présent arrêt lui tiendra lieu d'acte de naissance, et qu'à cet effet il sera inscrit sur les doubles registres courants de naissances de la commune de Bignon; le surplus du jugement sortant son plein et entier effet, etc.

Du 5 mars 1812.-C. de Rennes.

(1) *Espèce*:—(Ernouf C. Schuchbardt.)—Le sieur Ernouf s'est pourvu contre l'arrêt de la cour royale de Paris, du 18 déc. 1837, rapporté vº Mariage, nº 590.—Il a invoqué deux moyens de cassation:—1º Excès de pouvoir, violation et fausse application de l'art. 197 c. civ., portant: « Si néanmoins, dans le cas des art. 194 et 195, il existe des enfants issus de deux individus qui ont vécu publiquement comme mari et femme et qui soient tous deux décédés, la légitimité des enfants ne peut être contestée sous le seul prétexte du défaut de représentation de l'acte de célébration, toutes les fois que cette légitimité est prouvée par une possession d'état qui n'est point contredite par l'acte de naissance; »—En ce que l'arrêt attaqué a appliqué la présomption de légitimité établie par cet article à la mineure Schuchbardt, dont les père et mère sont décédés, quoiqu'on représentât un acte de célébration du mariage de ces derniers, mais un acte dépourvu de valeur légale comme ayant été reçu par un ministre protestant, en France, au lieu de l'être par un officier de l'état civil.—La réunion de trois conditions est, dit-on, exigée par l'art. 197 pour que la preuve de la légitimité des enfants puisse résulter d'une possession d'état non contredite par l'acte de naissance. Il faut, 1º que les père et mère soient décédés; 2º qu'ils aient vécu publiquement comme mari et femme; 3º qu'aucun acte de célébration ne soit représenté. Cette dernière condition ressort clairement des termes et de l'esprit de l'article. « La légitimité des enfants, dit-il, ne peut être contestée sous le seul prétexte du défaut de représentation de l'acte de célébration... :» donc, elle peut l'être lorsque cet acte est produit, et pour cause de nullité de cet acte, parce que ce n'est plus alors sous le prétexte de la non-représentation que la légitimité est attaquée, mais par la raison que l'acte représenté prouve lui-même que les père et mère de l'enfant n'étaient pas légalement unis. —L'esprit du même article s'accorde parfaitement avec ses termes. La loi a supposé que l'enfant dont les père et mère étaient décédés pouvaient ignorer le lieu de la célébration de leur mariage. Venant alors au secours de l'enfant, elle l'a dispensé de représenter l'acte de mariage et l'a admis à prouver sa légitimité par sa possession d'état conforme à son titre de naissance, parce qu'elle présumait en sa faveur l'existence d'un acte de mariage valable. Mais il est manifeste que du moment qu'on représente un acte de célébration, les motifs de la loi fondés sur l'impossibilité ou la difficulté de se procurer cet acte, s'effacent complètement et qu'il en est de même de la présomption de validité du même acte, alors que sa teneur prouve qu'il est radicalement nul. Dans ce cas, l'enfant n'a d'autre ressource que celle que lui offre la preuve littérale; il ne peut invoquer sa possession d'état, car elle n'est admise par la loi qu'à défaut de représentation de l'acte de mariage; il ne peut enfin prétendre que cet acte nul a peut-être été remplacé par un autre acte remplissant les conditions prescrites, et qu'ainsi il se trouve, lui enfant, dans la même position que si aucun acte n'avait été produit, parce que c'est à lui de repousser la preuve écrite qu'on lui oppose par le même genre de preuve, et que sa prétention ne tendrait à rien moins qu'à rendre impossible de la part des tiers toute contestation de légitimité d'un enfant dont les père et mère sont décédés après avoir vécu publiquement comme mari et femme.—Dans l'espèce, les père et mère de la demoiselle Schuchbardt étaient décédés, ils avaient vécu publiquement comme mari et femme, et, dès lors, les deux premières conditions voulues pour autoriser l'application de l'art. 197 c. civ. étaient constantes. Mais la troisième condition manquait, car le sieur Ernouf représentait un acte de célébration de mariage dressé, à Paris, entre le sieur Schuchbhardt, Hessois, et la demoiselle Ernouf, Française, par un ministre protestant sans qualité à cet effet. Le demandeur s'est fondé sur cet acte nul pour faire déclarer la demoiselle Schuchbhardt fille illégitime comme issue d'un mariage qui n'avait pas une existence légale. Il était recevable dans cette action, aux termes de l'art. 197, puisqu'il ne contestait pas la légitimité sous le seul prétexte du défaut de représentation de l'acte de célébration. Si la demoiselle Schuchbardt prétendait que le vide de l'acte produit avait été réparé par ses parents, c'était à elle de prouver son exception; mais elle ne pouvait plus se retrancher uniquement derrière sa possession d'état, qui était contredite par l'acte de célébration. — Il suit de là qu'en jugeant le contraire, et en déclarant le demandeur non recevable sur le motif que, nonobstant la production de l'acte irrégulier de célébration, la défenderesse éventuelle était protégée par la présomption de l'art. 197, l'arrêt attaqué a étendu cet article à un cas non prévu par lui et a commis un excès de pouvoir.

2º Violation des art. 165 et 191 c. civ., fausse application des art. 201 et 202 c. civ., en ce que la cour royale de Paris a déclaré putatif le mariage qui, dans l'espèce, avait été célébré par une Française, en France, devant un ministre protestant, en faisant ainsi résulter la bonne foi d'une erreur de droit repoussée par la maxime *nemo censetur ignorare legem*, et quoique cette erreur eût fait négliger toutes les solennités requises par la loi du pays.—Sur ce moyen qui n'a pas été examiné par la cour, nous nous bornons à indiquer les autorités citées par le demandeur pour prouver qu'un mariage ne peut être réputé putatif lorsqu'il n'a pas été célébré d'après les solennités requises:—Sous le droit canon, Hirtius, d'Héricourt, Bocquet, Duplessis, Bourjon, Benoit XIV, *Instit. Eccles.*, 87, nº 80; Engel, *Collect. juris canonici*, tit. Decret. *Qui filii sint legitimi*; Eybel, *Introd. ad jus eccles.*, tit. 4, liv. 2; Concile de Latran, chap. *Cùm inhibetur*;—Sous le code civil, Portalis, Exposé des motifs du titre du mariage; Toullier, t. 1 p. 879; Delvincourt, p. 75; Favard, p. 487; Dalloz aîné, 1re édit., t. 10, p. 112; Duranton, t. 2, p. 513; Nougarède, p. 411; Vazeille, p. 452;—Arrêts, Bourges, 17 mars 1830; Colmar, 14 juin 1838 (V. Mariage, nº 589).—Arrêt.

La Cour; — Sur le premier moyen: — Attendu qu'aux termes de l'art. 197 c. civ., la légitimité de l'enfant ne peut être contestée, après le décès de ses père et mère, sous le seul prétexte du défaut de représentation de l'acte de célébration de leur mariage, lorsque ceux-ci ont vécu publiquement comme mari et femme et que cette circonstance est appuyée de la possession d'état d'enfant légitime;—Attendu que l'arrêt attaqué constate, en fait, l'existence, dans l'espèce, des deux circonstances auxquelles l'art. 197 attache la preuve de la légitimité de l'enfant;—Sur le deuxième moyen, pris de la violation de l'art. 201 c. civ.: —Attendu que l'arrêt attaqué ne s'est fondé que subsidiairement sur les dispositions de cet article, et que le premier motif tiré de l'art. 197 suffit pour justifier la décision qu'il contient, ce qui dispense d'examiner le mérite de ce deuxième moyen;—Rejette.

Du 11 août 1841.-C. C., ch. req.-MM. Zangiacomi, pr.-Madier de Montjau, rap.-Pascalis, av. gén., c. conf.-Moreau, av.

contre eux de telle nature qu'aucune possibilité morale ne soit capable de leur résister. Cette exception légale aux règles ordinaires se justifie par l'importance sociale de la légitimité et la force des inductions favorables aux enfants qu'on doit tirer de l'état d'époux légitimes dont jouissaient leurs père et mère et de leur propre possession d'état d'enfants légitimes non contredite par leur acte de naissance. Nous ne pouvons donc qu'approuver, sous tous les rapports, la décision qui précède.

324. Mais le fait que les père et mère ont vécu publiquement comme mari et femme ne produirait pas l'effet que lui attribue l'art. 197, s'il était établi qu'il y avait impossibilité de mariage entre eux, *verb. grat.*, parce que l'un d'eux se trouvait déjà engagé dans les liens d'un mariage antérieur. De l'existence d'un tel empêchement, il résulte nécessairement ou qu'ils n'étaient pas mariés, ou, s'ils l'étaient, que leur mariage était nul. Cependant, dans ce dernier cas, il se peut que l'époux non marié ait été de bonne foi ; alors, en vertu de l'art. 202 c. nap., le mariage doit produire ses effets civils tant à l'égard de cet époux qu'à l'égard des enfants. Ces derniers sont donc toujours recevables à prétendre qu'ils se trouvent dans le cas prévu par l'art. 202 et qu'un de leurs auteurs au moins était de bonne foi. Mais M. Toullier, t. 2, n° 879, pense qu'alors ils ne peuvent aspirer à la légitimité qu'en prouvant la bonne foi du conjoint qui n'était pas engagé dans les liens d'une première union, et que, comme cette bonne foi ne peut se rencontrer que dans un mariage célébré suivant les formes légales, il faudrait représenter l'acte de célébration. Merlin, Rép., v° Légitimité, sect. 1, § 2, quest. 9, s'élève contre la rigueur de cette conclusion, par cette raison qu'en thèse générale la bonne foi se présume de la part de la personne libre qui a épousé une personne déjà mariée. « Il est vrai, ajoute-t-il, que cette présomption n'a lieu, comme le dit M. Toullier, que dans le cas *d'un mariage célébré suivant les formes légales;* mais les père et mère qui ont vécu publiquement comme mari et femme et sont décédés tous deux, ne sont-ils pas légalement présumés, en faveur de leurs enfants dont la possession d'état n'est pas contredite par leur acte de naissance, avoir été unis par un mariage célébré avec toutes les solennités requises? Et cette présomption n'a-t-elle pas pour les enfants, par cela seul qu'elle est établie par la loi, toute la force d'un acte de célébration en bonne forme? N'est-ce pas la conséquence nécessaire du principe consigné dans l'art. 1352 c. nap., que la présomption légale dispense de toute preuve celui au profit duquel elle existe!..... Disons donc que, dans l'hypothèse dont il s'agit, les enfants n'ont point de preuve de bonne foi à faire et que les antagonistes de leur légitimité doivent prouver contre eux la mauvaise foi, comme ils devraient la prouver contre l'un des époux, si l'acte de célébration du mariage était représenté. » — Pour nous, nous inclinerions à adopter de préférence le sentiment de Toullier, comme plus conforme et à la morale et à la loi sainement entendue. C'est bien assez que, dans le cas dont il s'agit, la loi dispense les enfants de donner la preuve positive du mariage et se contente d'une simple présomption. Ajouter à cette première présomption une autre présomption de bonne foi, lorsqu'il est démontré que le mariage allégué était légalement impossible, ce serait porter, ce nous semble, une grave et funeste atteinte à des règles dont le maintien importe à la conservation des mœurs.

325. Il a été jugé, en ce sens, que la présomption de légitimité que l'art. 197 c. nap. établit au profit de l'enfant dont les père et mère décédés ont vécu publiquement comme mari et femme, lorsqu'il jouit d'une possession d'état conforme à son acte de naissance, cède devant la production d'un acte de mariage qui constate qu'au temps de la conception, la mère de cet enfant était mariée avec un autre homme que celui que l'acte de naissance désigne comme père de l'enfant (Douai, 8 mars 1845, aff. Poitou, D. P. 45. 2. 163).

326. Suivant un autre arrêt, l'énonciation, dans un acte de naissance, d'*enfant légitime et naturel* des père et mère qui y sont désignés, ne suffit pas pour attribuer à cet enfant les droits de la légitimité, si, d'une part, il ne justifie pas d'une possession d'état conforme à cet acte, et ne produit pas l'acte de célébration du mariage de ses père et mère, ou, à défaut de cet acte, la preuve qu'ils ont vécu publiquement comme mari et femme; et si, d'autre part, il est établi que la mère vivait dans un légitime mariage avec un autre individu, lors du décès du père désigné dans l'acte de naissance. — En conséquence, cet enfant ne doit pas être déclaré enfant légitime des père et mère indiqués dans l'acte de naissance, et, par suite, il ne doit lui être attribué dans la succession de son père que les droits de la filiation naturelle (Aix, 28 mai 1810, aff. Arnaud, audience solennelle, arrêt infirmatif).

327. Il a été jugé qu'il suffit qu'un enfant ait en sa faveur une possession d'état d'enfant légitime, non contredite par son acte de naissance, et qu'il soit constant que ses père et mère (dont l'acte de célébration de mariage n'est pas représenté) ont vécu publiquement comme mari et femme, pour qu'il doive, après le décès de ces derniers, être reconnu enfant légitime, encore bien qu'on représenterait un acte émané du père, dans lequel il aurait été qualifié d'enfant naturel (Bordeaux, 28 janv. 1835) (1).

328. Mais le contraire paraît résulter d'un arrêt qui a décidé que, lorsqu'un enfant, ne pouvant représenter l'acte de

(1) (Laquille C. Laquille-Lapeyrouse.) — LA COUR; — Attendu que si, en thèse générale, les époux sont obligés, pour justifier la légitimité de leur union, de rapporter l'acte de célébration de mariage, il n'en est pas de même lorsque la question de légitimité s'agite à l'égard des enfants; — Attendu que, suivant l'ancien droit français dont les principes ont été reproduits par l'art. 197 c. civ., il faut observer, dans ce cas, si les père et mère sont décédés, et qu'il suffit alors qu'ils aient vécu comme époux légitimes, et que leurs enfants aient une possession d'état qui ne soit pas contredite par leur acte de naissance; — Attendu, dans le fait, que Jean Laquille et Guillaumette Maury, père et mère de l'intimé, étaient décédés alors que la qualité de fils légitime lui a été contestée; que, dès lors, il suffit de justifier que ses père et mère ont vécu publiquement comme mari et femme, qu'il a la possession d'état de fils légitime, et que son acte de naissance n'y était pas contraire; — Attendu qu'une série d'actes authentiques et non équivoques constate que Jean Laquille et Guillaumette Maury ont vécu publiquement comme mari et femme; qu'ils ont contracté mariage le 13 août 1799, en présence des deux familles réunies, devant Pouteau, notaire; que le 26 septembre suivant, ils reçurent la bénédiction nuptiale du desservant de la succursale de Saint-Pompon; que le 26 flor. an 8 (16 mai 1800), Jean Laquille fit inscrire son fils sur les registres de l'état civil, en déclarant qu'il était né de Guillaumette Maury, son épouse en légitime mariage; que Guillaumette Maury étant décédée le 6 déc. 1806, on lui donna, dans son acte de décès, la qualité d'épouse de Jean Laquille; que, dans un acte de remplacement, du 4 juill. 1821, Jean Laquille, stipulant pour l'intimé, lui donna la qualité de son fils; que, dans son acte de décès du 9 nov. 1834, Jean Laquille est qualifié d'époux, en secondes noces, d'Anne-Célestine Dardenat; que cette qualification lui a été donnée parce qu'un premier mariage avait précédé le second; qu'il faut donc reconnaître, à la vue de ces actes, que les père et mère de Pierre Laquille ont vécu publiquement comme époux, et que, jusqu'au décès de l'un et de l'autre, ce premier mariage a été publiquement reconnu;

Attendu, quant à la possession d'état de Pierre Laquille, que, dans son acte de naissance signé par son père, il est exprimé qu'il est fils de Jean Laquille et de Guillaumette Maury, son épouse en légitime mariage, qu'il a toujours vécu avec la qualité qui lui était donnée par son acte de naissance; que, dans l'acte de remplacement précité, il est qualifié de fils de Jean Laquille; que, dans la société et dans sa famille, cette qualité ne lui avait pas été contestée jusqu'au procès actuel; que son acte de naissance, loin de contredire sa possession d'état, devient le premier titre de sa légitimité; — Que si, dans l'acte du 26 sept. 1809, qui contient les conventions de son second mariage, Jean Laquille a déclaré avoir un enfant naturel, nommé Pierre Laquille, et le reconnaître comme tel, cette déclaration, faite hors de la présence du fils, n'a pu détruire celle qui avait été faite dans son acte de naissance par son père, et préjudicier à ses droits constatés par tous les autres actes qui viennent d'être rappelés;

Attendu qu'en admettant que les registres de l'état civil de la commune de Saint-Pompon eussent été régulièrement tenus, et qu'ils ne contiennent pas l'acte de mariage de Jean Laquille et de Guillaumette Maury, il n'en résulterait pas que leur mariage n'a pas eu lieu, et qu'indépendamment de la représentation de cet acte de mariage, il suffit à l'intimé de sa possession d'état et de son acte de naissance pour prouver sa légitimité; que, dès lors, il y a lieu de rejeter les conclusions subsidiaires de l'appelant; — Confirme, etc.

Du 28 janv. 1835.-C. de Bordeaux, aud. sol.-M. Roullet, 1er pr.

célébration du mariage de ses père et mère décédés, s'efforce d'établir sa légitimité par sa double possession d'état, conformément à l'art. 197, la possession personnelle de l'état de fils légitime dont il se prévaut peut être détruite par la qualification d'enfant naturel qui lui est donnée dans des actes émanés du père ou de la mère (Paris, 11 mai 1816) (1).

329. Dans le cas où l'enfant dont la légitimité est contestée, ne pouvant représenter l'acte de célébration du mariage de ses père et mère, y supplée en prouvant qu'ils ont vécu publiquement comme mari et femme, et qu'ils sont tous deux décédés, il est absolument nécessaire qu'il ait la possession d'état d'enfant légitime; il ne suffirait pas qu'à défaut de cette possession d'état il prouvât sa filiation par son acte de naissance. Cela résulte des termes mêmes de l'art. 197. Cet article en effet s'exprime en ces termes : « Toutes les fois que cette légitimité est prouvée par une possession d'état non contredite par l'acte de naissance : » elle ne laisse point à l'enfant le choix ou de produire son acte de naissance ou de justifier de sa possession d'état.

330. Une autre question s'est élevée sur la disposition finale de l'art. 197 : celle de savoir si l'enfant, pour être dispensé de produire l'acte de mariage de ses père et mère, est obligé de présenter, à l'appui de sa possession d'état, un acte de naissance qui ne la contredise pas, ou bien si sa seule possession suffit pour lui assurer sa légitimité tant qu'on ne lui oppose point d'acte de naissance contraire? — C'est dans ce dernier sens que l'article nous paraît devoir être entendu. Le législateur, en effet, n'impose pas à l'enfant la nécessité de produire un acte de naissance : autrement il aurait exigé une possession d'état *conforme* à l'acte de naissance, au lieu de se servir des expressions *non contredite par*, etc. La preuve de la légitimité reste donc ici dans les termes ordinaires du droit; elle peut être établie par la possession d'état, pourvu que cette possession d'état ne soit pas contredite par l'acte de naissance que produiraient ceux qui contestent la légitimité.

M. Toullier (t. 2, n° 877, note 2) cependant combat cette interprétation. Voici comment il s'exprime à cet égard : « On pourrait dire qu'une possession *conforme* à l'acte de naissance, et une possession *non contredite* par cet acte ne sont pas la même chose; que l'un suppose un acte de naissance existant, que l'autre n'en suppose pas : elle suppose seulement que, s'il y en a un, il ne contredit pas la possession. Je ne crois pas que ce soit là le véritable sens de l'art. 197. Cependant il est possible qu'en s'exprimant ainsi on ait voulu laisser aux juges la faculté de dispenser, sur la seule possession, de prouver le mariage dans des occasions très-favorables, mais j'en doute. L'art. 197 exige, pour dispenser l'enfant de prouver le mariage de ses père et mère, que sa possession ne soit pas contredite par son acte de naissance. Il faut donc prouver qu'elle n'est pas contredite. A qui est-ce de le prouver? Si c'est à l'enfant, comme je le crois, les mots une possession *non contredite* sont synonymes à une possession conforme à l'acte de naissance. » — Mais M. Toullier est le seul auteur qui ait adopté cette interprétation. On admet généralement que, lorsque l'enfant, qui a en sa faveur la possession d'état, ne produit pas d'acte de naissance, comme alors la possession n'est pas contredite, il satisfait aux exigences de l'art. 197, et que c'est à l'adversaire, s'il prétend que l'acte de naissance est contraire à cette même possession, à le produire et à justifier de l'identité de l'enfant avec celui qui s'y trouve dénommé.— V. Merlin, Rép., v° Légitimité, sect. 1, § 2, quest. 6; MM. Duranton, t. 3, n° 110; Delvincourt, t. 1, note 10 de la p. 73; Zachariæ, éd. Massé et Vergé, t. 1, p. 306.

331. Il a été jugé que, dans l'ancienne jurisprudence, l'enfant qui avait titre et possession d'état d'enfant légitime n'était pas obligé, lorsque sa légitimité était contestée après le décès

(1) *Espèce :* — (Delacour C. Meurin.) — Meurin, époux divorcé, présente à l'officier de l'état civil deux enfants nés, le premier à Lille, le 7 brum. an 9, le second à Dunkerque, le 30 prair. an 10. Il fit inscrire chacun d'eux « comme fils légitime de lui Jean-Baptiste Meurin et de Marie-Monique Deflandres, son épouse. » L'aîné reçut les prénoms de Jean-Baptiste-Antoine-Joseph, et le cadet ceux de Félix-Adolphe; ce dernier ne vécut que peu de mois. — Le 20 therm. an 11, Jean-Baptiste Meurin décède à Paris, laissant d'un premier mariage une fille mariée au sieur Delacour; elle recueille seule la succession de son père.— Le 2 avr. 1809, décès de Marie-Monique Deflandres.— Le tuteur nommé à Jean-Baptiste-Antoine-Joseph provoque contre la dame Delacour la liquidation et le partage des biens de la succession de J.-B. Meurin, père commun.

La dame Delacour conteste à Jean-Baptiste-Antoine-Joseph la qualité d'enfant légitime, elle demande la représentation de l'acte de célébration du mariage de ses père et mère. — Le tuteur ne peut produire cet acte; mais il invoque plusieurs titres pour y suppléer : 1° l'acte de naissance du mineur, qui le qualifie d'enfant légitime; 2° l'acte de décès de Jean-Baptiste Meurin, son père, dans lequel il est dénommé l'époux de Marie-Monique Deflandres; 3° l'acte de décès de cette dernière, où elle est qualifiée de veuve de Jean-Baptiste Meurin; 4° plusieurs lettres écrites par elle, soit de Lille, soit de Dunkerque, au sieur Jean-Baptiste Meurin, à Paris, dans lesquelles elle se dit sa fidèle épouse; 5° un passe-port délivré, le 10 fruct. an 10, par la municipalité de Dunkerque, à dame Marie Deflandres, épouse de Jean-Baptiste Meurin, pour aller rejoindre son mari à Paris, avec ses deux enfants et sœur; 6° enfin les actes de tutelle et d'inventaire faits après le décès de la demoiselle Deflandres, veuve Meurin. — La dame Delacour soutient que toutes ces pièces sont impuissantes pour prouver la légitimité. Sous un premier rapport, dit-elle, ces pièces sont insignifiantes, attendu qu'elles sont contredites par les actes de naissance et de décès de Félix-Adolphe Meurin, second enfant, actes dans lesquels ses père et mère ont déclaré avoir été mariés à Lille, tandis que deux certificats de la mairie de cette ville attestent qu'aucun registre de l'état civil n'a été ni brûlé ni perdu, et que, depuis 1793 jusqu'en 1814, on ne trouve sur ces registres aucun acte de mariage entre Jean-Baptiste Meurin et Marie-Monique Deflandres. Sous un second rapport, les pièces sont insuffisantes, parce qu'aux termes de l'art. 197, l'enfant qui ne peut représenter l'acte de célébration du mariage de ses père et mère ne peut prétendre à la qualité de fils légitime qu'en prouvant et sa possession personnelle et la possession d'état d'époux légitimes de ses père et mère.

11 mars 1815, jugement du tribunal de la Seine, qui, « attendu que le mineur Meurin rapporte sur sa possession d'état tout ce que l'on peut exiger de preuves dans la position où il se trouve; qu'il a toujours été élevé publiquement par ses père et mère, toujours avec eux, soit à Lille, soit à Dunkerque, lieu de la naissance de son père, sous les yeux des parents et connaissances de ce dernier, et même d'autres personnes intéressées à contester son état; qu'il est amené à Paris par sa mère, munie d'un passe-port qui l'a signalée femme Meurin, allant à Paris, avec ses enfants, pour y rejoindre son mari; qu'il a toujours été traité, par l'un comme par l'autre, comme leur enfant légitime; qu'ayant perdu, en très-bas âge, son père, ce dernier, dans son acte de décès, est déclaré mari de la fille Deflandres, sa mère; qu'il continue de vivre avec celle-ci, qui elle-même vit et meurt avec le titre de veuve de Jean-Baptiste Meurin; qu'il est pourvu successivement de deux tuteurs, toujours en qualité de fils légitime, et qualifié tel dans l'inventaire fait après le décès de sa mère qu'il perd étant encore dans une extrême jeunesse; attendu que les faits de possession justifiés au procès, loin d'être contredits par l'acte de naissance du mineur Meurin, reçoivent, au contraire, de cet acte le sceau et la sanction les plus authentiques; que le silence de la mère, pendant son veuvage, sur les droits et prétentions de son fils à la succession de Jean-Baptiste Meurin, les déclarations du père, d'abord, et ensuite celles de la mère sur le lieu de la célébration de leur mariage, déclarations contredites par les certificats du maire de Lille, n'offriraient que des présomptions, auxquelles on pourrait opposer d'autres présomptions, et que, d'ailleurs, dans une pareille question, on peut d'autant moins, contre l'individu auquel on conteste son état, tirer avantage de pareilles présomptions, qu'on ne pourrait pas même lui opposer une déclaration positive par laquelle ses père et mère auraient contredit son titre de naissance et la possession d'état acquise; — Le tribunal ordonne, etc. »

Appel de la dame Delacour. — Elle produit une pièce nouvelle; c'est une procuration notariée, en date du 23 déc. 1806, et passée à Paris, par laquelle Marie-Monique Deflandres, tant en son nom personnel, comme héritière de Félix-Adolphe Meurin, fils naturel d'elle et de J.-B. Meurin, qu'au nom et comme tutrice légale de Jean-Baptiste-Antoine-Joseph Meurin, son autre fils naturel, mineur, donne pouvoir de vendre le quart indivis d'une ferme située près de Dunkerque, et ayant vraisemblablement appartenu à feu Jean-Baptiste Meurin. — Arrêt.

La cour; — Considérant que les enfants ne peuvent suppléer à la preuve du mariage de leurs père et mère décédés, que par celle de la double possession d'état, par les père et mère comme époux légitimes, et par les enfants comme enfants légitimes; — Considérant, en fait, que le mineur Meurin n'établit nullement cette double possession d'état, et que les présomptions de son état personnel, qui pouvaient résulter des actes par lui produits, sont détruites par la procuration passée devant notaire, en date du 23 déc. 1806, dans laquelle sa mère le qualifie d'enfant naturel d'elle et de Jean-Baptiste Meurin; — Infirme, etc.

Du 11 mai 1816.-C. de Paris.-MM. Guichard et Delahaye, av.

de ses père et mère, de rapporter l'acte de célébration du mariage de ceux-ci, ou, à défaut, de prouver qu'ils avaient la possession publique de l'état d'époux; qu'il suffisait qu'à l'appui de son acte de naissance, il justifiât de sa possession personnelle (Rej. 8 janv. 1806 (1); Bourges, 4 juin 1823, aff. Deblerre. V. n° 350).— On peut voir, dans le même sens, les arrêts rendus, au siècle dernier, dans les affaires Bourgelat, Jeanne Billon, etc. — V. également le Nouveau Denisart, t. 8, p. 10; Cochin, t. 1, p. 578 et suiv.; d'Aguesseau, t. 2, p. 256.

332. Quelques-uns de nos anciens auteurs étaient même allés jusqu'à prétendre que la possession publique de l'état d'enfant légitime suffisait seule pour dispenser de représenter, et l'acte de naissance, et la preuve de la célébration du mariage des père et mère (V. notamment Bourjon, Droit commun de la France, t. 1, p. 17 et 18). Mais cette doctrine n'était pas communément reçue. On admettait généralement que pour suppléer au défaut de représentation de l'acte de célébration, il fallait le concours de l'acte de naissance et de la possession d'état d'enfant légitime. — V. les arrêts et les auteurs précités.

333. Que faut-il décider à cet égard sous l'empire du code Napoléon? — Il semble, au premier abord, que les termes de l'art. 322 ne permettent pas d'hésiter; qu'ils consacrent formellement la même doctrine. Cet article porte en effet: « Nul ne peut réclamer un état contraire à celui que lui donnent son titre de naissance et la possession conforme à ce titre; et réciproquement nul ne peut contester l'état de celui qui a une possession conforme à son titre de naissance.» Or, peut-on dire, le mariage est la condition essentielle de l'état d'enfant légitime; donc, lorsqu'un enfant a en sa faveur le titre et la possession d'enfant légitime, il ne peut être obligé de rapporter l'acte de célébration du mariage de ses père et mère.

Il a été jugé, dans le sens de cette doctrine, par divers arrêts: 1° que l'enfant qui a titre et possession d'état d'enfant légitime, n'est pas obligé, pour le conserver, de produire l'acte de mariage de ses père et mère décédés (Grenoble, 5 fév. 1807, aff. Thiériot, V. n° 253); — 2° Que l'acte de naissance et la possession d'état conforme ne dispensent pas l'enfant dont la légitimité est contestée, de produire l'acte de mariage de ses père et mère s'ils ne sont tous deux décédés, ou au moins de prouver le fait avancé de la perte des registres et de la célébration du mariage (Toulouse, 24 juin 1820) (2): D'où il résulte, par argument *à contrario*, que, si les père et mère étaient tous deux

---

(1) *Espèce:* — (Robin C. Robin.) — 22 juin 1774, Léonard Robin, avocat à Paris, présente au baptême un enfant qu'il déclare né de lui et de Marie-Orlique Fauchet, son épouse: l'acte est signé par lui. — En 1778 et 1779, déclaration pareille au sujet de deux autres enfants qui sont décédés en bas âge. — En 1779, Marie Fauchet est inhumée par les soins de l'un des frères de Me Robin; elle est qualifiée fille majeure. — En l'an 5, Me Robin épouse la demoiselle Aubourg. — An 10, il décède, membre du tribunat, sans enfants de ce mariage. — Le juge de paix vient, en présence de la veuve et de François-Léonard, frère du défunt, apposer les scellés, déclarant dans son procès-verbal, qu'instruit du décès de Léonard Robin, laissant pour seul et unique héritier un fils, alors absent, son devoir est d'apposer les scellés pour la conservation des droits de cet héritier. — A la seconde vacation, Léonard-François s'oppose à ce que l'apposition des scellés soit continuée. Il déclare « que Robin-Laborde, absent, était majeur; qu'il était sur le point d'arriver, d'après l'avis que lui-même lui avait donné de la mort de son père, et que croyant que, pour l'intérêt de cet héritier, on devait s'en rapporter à lui, oncle paternel, il offrait de se rendre responsable des effets, tant en son nom qu'en celui de la veuve. — Le juge de paix continue néanmoins son opération; Léonard-François Robin fut constitué gardien. — Le 25 messidor, les scellés furent levés à la requête du même Léonard-François, agissant comme fondé de pouvoir de la veuve, et de Robin-Laborde, seul fils, est-il dit, et unique héritier de Léonard Robin, son père.

Bientôt, cependant, Robin-Laborde se vit contester sa qualité de fils légitime. Une nouvelle apposition de scellés fut faite à la requête de Léonard-François et des autres frères et sœurs du défunt, qui se réunirent pour contester l'état de son fils. Ils renoncèrent à la succession, mais ils n'en persistèrent pas moins dans leur dessein. — L'affaire fut portée au tribunal de Paris, le père du défunt se joignit aux collatéraux. La veuve Robin intervint aussi pour soutenir les prétentions du fils de son époux, et pour attester qu'elle avait toujours été dans l'opinion que cet enfant était légitime, et qu'il avait toujours été traité comme tel dans la maison paternelle et dans toute la famille. — Jugement qui, admettant les interventions, maintient Robin-Laborde dans la possession d'état d'enfant légitime de Robin et de Marie-Orlique Fauchet, et le déclare seul héritier dudit Léonard Robin; « Attendu, en droit, qu'il est de principe, d'un côté, que l'acte de naissance des enfants est le titre constitutif de leur état, qu'il est la preuve la plus puissante qu'ils puissent rapporter; et, d'un autre côté, que lorsqu'à ce titre se joint une possession conforme, l'état des enfants est irrévocablement fixé. » — Appel; 16 germ. an 12, arrêt confirmatif de la cour de Paris.

Pourvoi pour contravention aux ordonnances de Blois et de Moulins, à la déclaration de 1636, à la loi du 20 sept. 1792, au code civil et aux lois romaines: 1° en ce que ces lois exigent, pour la preuve du mariage, la représentation de l'acte de célébration; 2° en ce qu'en supposant que, par exception au principe, Robin-Laborde eût pu être dispensé de rapporter cet acte, il ne pouvait y suppléer qu'en joignant à son acte de naissance la preuve que ses père et mère avaient eu la possession publique de l'état d'époux, possession que ne pourrait remplacer la preuve de la possession personnelle de l'état d'enfant légitime. — Arrêt (après délib. en ch. du cons.).

La cour; — Attendu que ce serait déplacer les dispositions des ordonnances de Blois et de Moulins, ainsi que de l'ordonnance de 1667, relatives à la preuve des mariages, que d'appliquer ces mêmes dispositions aux preuves de la filiation des enfants légitimes; — Que si, en principe général, la légitimité d'un enfant ne peut résulter que du fait ou de la présomption légale du mariage de ses père et mère; si la morale publique est même intéressée au maintien de ce principe, néanmoins il était reconnu dans l'ancienne jurisprudence que l'enfant réclamant, après le décès de ses père et mère, la qualité de fils légitime, n'est pas rigoureusement tenu de rapporter l'acte de célébration du mariage de ces derniers, lorsque sa qualité de fils légitime paraît d'ailleurs suffisamment établie par son acte de naissance, joint à sa possession publique de cette qualité; — Que, dans l'espèce, le sieur Robin-Laborde a rapporté, d'une part, son acte de naissance, dans lequel il est qualifié fils de Léonard Robin et de Marie-Orlique Fauchet, son épouse; que, d'autre part, les premiers juges ont déclaré, en fait, que ledit Robin-Laborde avait eu la possession publique de l'état de fils légitime; déclaration qui a été confirmée par les juges d'appel; — Que quoique dans cette matière, les juges ne puissent être trop circonspects sur la nature et la qualité des preuves qu'ils admettent comme établissant la possession d'état, quoiqu'il soit de leur devoir de ne reconnaître cette possession qu'autant qu'elle est publique, non contestée par les ascendants en ligne directe, et qu'elle n'est pas contredite, surtout par des faits distinctifs de celui du mariage supposé des père et mère; cependant les juges ayant, encore un coup, déclaré, d'après les actes du procès, que Robin-Laborde avait constamment joui de la qualité de fils légitime, même dans la famille du sieur Léonard Robin, son père, la discussion de ce point de fait, et l'examen des preuves y relatives, ne sont pas du domaine de la cour de cassation; — Rejette, etc.

Du 8 janv. 1806.-C. C., sect. civ.-MM. Maleville, pr.-Boyer, rap.-Jourde, subst., c. conf.-Becquey et Bonnet, av.

(2) (Enf. Dubois C. hérit. Legrand). — La cour, — Attendu, relativement à la légitimité contestée de Henri-Jean-Baptiste Baqué, dont les parties de Seran exercent les droits, que plusieurs circonstances paraissent se réunir pour établir qu'en effet ledit Baqué fut l'enfant légitime de Henri Baqué et de Pélagie Devergers, puisqu'il résulte, soit des faits exposés à l'audience, soit des divers actes produits, que ledit Henri-Jean-Baptiste Baqué, après avoir été inscrit, à l'époque de sa naissance, comme fils de Henri Baqué et de Pélagie Devergers, mariés, sur les registres de la commune de Toulouse, a joui pendant sa vie d'une possession d'état conforme à son titre de naissance; que ce titre est régulier, puisqu'il est conforme aux dispositions de la loi du mois de septembre 1792, qui déterminait alors la forme que cet acte devait avoir; — Attendu que plusieurs autres actes semblent concourir à confirmer ce dernier, puisque, dans ces divers actes, ledit Baqué a été reconnu par les membres de la famille à laquelle il appartenait comme fils légitime de Henri Baqué et de Pélagie Devergers, notamment dans une délibération prise, en 1813, par un conseil de famille dans lequel figuraient le père des enfants Dubois, le frère et les neveux du père du jeune Baqué, lesquels avaient été réunis pour lui donner un tuteur et un subrogé tuteur; que, d'après ces divers motifs, on ne peut s'empêcher de reconnaître que le jeune Baqué a eu une possession d'état conforme à son acte de naissance; qu'à ces puissantes considérations, d'autres viennent se réunir pour leur donner une nouvelle force; qu'en effet, il paraît résulter de divers faits et même de quelques actes particuliers des familles Dubois et Baqué, qu'Henri Baqué et Pélagie Devergers ont vécu publiquement comme mari et femme pendant leur séjour en France; que l'ensemble de ces circonstances suffirait pour établir d'ores et déjà la légitimité du jeune Baqué, si ses père et mère étaient décédés, parce qu'il lui suffirait, en ce cas, pour obtenir l'état d'enfant légitime, de rapporter son acte de naissance et les preuves d'une possession d'état conforme à cet acte, double condition qu'il a déjà remplie; mais que, malgré les nombreuses

décédés, l'acte de naissance et la possession conforme mettraient l'état de l'enfant à l'abri de toute atteinte, sans même qu'il fût besoin de prouver que lesdits père et mère ont vécu publiquement comme mari et femme. Cela ne résulte pas seulement, *à contrario*, de l'arrêt que nous rapportons : la cour le dit expressément dans ses motifs.

334. Une autre cour a été plus loin : elle a décidé que l'état de l'enfant dont le père et la mère sont décédés ne peut être contesté, s'il a pour lui acte de naissance et possession d'état, encore qu'il existe une déclaration de la mère reconnaissant qu'il n'y a pas eu célébration de mariage (Montpellier, 4 fév. 1824) (1). On peut voir, dans le même sens, les motifs d'un arrêt de rejet du 22 déc. 1819, aff. Rivagran (V. Acte de l'état civil, n° 150).

335. Enfin, à la même doctrine se rattache un arrêt par lequel il a été jugé que des enfants ayant titre et possession d'enfants légitimes ne peuvent pas être admis à nier le mariage de leurs père et mère (même du vivant de l'un de ces derniers), pour ne se présenter à leur succession qu'avec la qualité d'enfants naturels reconnus, et écarter un enfant posthume sous le prétexte qu'il ne serait pas reconnu et qu'il ne représenterait pas l'acte de mariage des père et mère communs; qu'ils ne le peuvent surtout pas lorsqu'ils n'attaquent pas la légitimité de ceux de leurs frères ou sœurs ayant même titre qu'eux, et qui ne font pas avec eux cause commune; l'état de tous ces enfants étant indivisible (Req. 1er mars 1814) (2).

336. Quelque imposante que soit l'autorité de ces arrêts, il nous est impossible d'admettre la doctrine qu'ils consacrent. Ils nous paraissent en effet confondre deux choses parfaitement dis-

circonstances qui peuvent faire présumer le décès de la dame Pélagie Devergers, ce décès n'est pas légalement prouvé, et que la longue absence de ladite dame ne peut pas équipoller à la preuve dudit décès; d'où il résulte : 1° pour les parties de Seran, la nécessité de prouver légalement la perte par elles alléguée des registres sur lesquels fut inscrit l'acte de célébration de mariage d'Henri Baqué avec Pélagie Devergers, aussi bien que le fait de la célébration dudit mariage; 2° pour les parties d'Amilhau (les enfants Dubois), le droit de contester ladite preuve, et de faire, s'il y a lieu, la preuve contraire; que les parties de Seran, pour prévenir sans doute les difficultés qui devaient naître de cet état de choses, ont produit un acte qui pourrait paraître suffisant pour établir le double fait qui est à prouver, et qui se trouve d'ailleurs conforme à ce qui résulte déjà des actes sus-mentionnés; mais qu'il est irrégulier et injuste de donner audit acte l'effet d'une preuve suffisante et légale, alors que les parties d'Amilhau n'ont pu ni contredire judiciairement ladite preuve, ni fournir d'une manière légale une preuve contraire; qu'il y a donc lieu, conformément à l'art. 46 c. civ., et en conservant aux parties de Seran tout l'avantage qu'elles pourront retirer par la remise des actes déjà produits par elles au procès, les admettre à la preuve du double fait ci-dessus énoncé, en admettant aussi les parties d'Amilhau à la preuve contraire; qu'il importe, à raison du grand éloignement du lieu où le mariage d'Henri Baqué et de Pélagie Devergers aurait été célébré, d'accorder un délai suffisant pour régulariser lesdites preuves; — Par ces motifs, avant dire droit définitivement aux parties, les actes du procès tenant, sans entendre invalider ceux déjà produits ni rien préjuger, et sous la réserve des droits et exceptions de toutes les parties, ordonne que les parties de Seran prouveront, tant par actes que par témoins, devant l'autorité judiciaire du lieu où l'enquête sera faite, et ce, dans le délai de dix-huit mois : 1° que les registres dans lesquels étaient inscrits les mariages des catholiques, et notamment l'acte de célébration du mariage d'Henri Baqué avec Pélagie Devergers, ont été perdus ou sont détruits; 2° que le mariage d'Henri Baqué et de Pélagie Devergers a été contracté audit lieu, sauf la preuve contraire dans le même délai, pour, les enquête et contre-enquête faites et rapportées, ou faute de ce faire, être statué ce qu'il appartiendra.

Du 24 juin 1820.-C. de Toulouse.-MM. Seran et Amilhau, av.

(1) (Calmel C. Picou.)—LA COUR; — Attendu que les actes de naissance sont les titres les plus respectables et les plus certains de l'état des hommes, et que l'acte de naissance de Joseph-Pierre Picou, en énonçant qu'il était né de Pierre Picou et d'Anne Calmel, mariés, le déclare, par cela même, leur enfant légitime;—Qu'il a été constamment reconnu pour tel tant par la famille de son père que celle de sa mère; que cela résulte notamment de la délibération de l'assemblée de famille du 1er fév. 1806, où ses parents paternels et maternels lui nomment un subrogé tuteur, donnent à son aïeul paternel la qualité de tuteur légal, à sa feue mère le titre d'épouse de Pierre Picou, et à chacun des membres de l'assemblée les titres de parenté propres à chacun;—Que Pierre Calmel faisait lui-même partie de cette assemblée; que l'on s'y occupa des conventions stipulées dans le contrat de mariage des père et mère de Joseph-Pierre Picou; que Pierre Calmel, qui avait jusqu'alors exécuté en partie celles qui le concernaient, reconnut de plus fort leur validité, en réglant, conjointement avec les autres membres des deux familles, la manière dont le surplus devait être exécuté, et qu'en effet il en continua l'exécution jusqu'en 1820 par le payement des intérêts des sommes qu'il restait devoir;—Attendu qu'il résulte de tous ces faits, en faveur de l'état de Joseph-Pierre Picou, un concours de titres et de possession que le sieur Pierre Calmel est non recevable à attaquer;—Que, si dans l'acte fait par sa fille le 5 prair. an 10, celle-ci, en déclarant qu'elle avait été jusqu'alors reconnue dans la société comme l'épouse de Pierre Picou, ajoute que son mariage n'avait pas été célébré devant l'officier de l'état civil, cette dernière assertion ne saurait autoriser la prétention de Pierre Calmel, soit parce que l'état d'un enfant, établi par son acte de naissance et par sa possession, ne peut être détruit par la déclaration de sa mère, soit parce que, postérieurement à cette déclaration, Pierre Calmel a reconnu la filiation légitime de Joseph-Pierre Picou;—Enfin, que, d'après les anciens principes, comme d'après les dispositions du code civil, la légitimité des enfants dont les père et mère ont vécu publiquement comme mari et femme, et sont décédés, ne peut être contestée sur le seul prétexte du défaut de représentation de l'acte de célébration de mariage, quand cette légitimité est prouvée par une possession d'état qui n'est point contredite par l'acte de naissance; et qu'ici l'acte de naissance de Pierre Picou confirme, au contraire, sa possession d'état; — Qu'il suit de tout ce que dessus que, la légitimité de Pierre Picou ne pouvant être contestée, Pierre Calmel ne peut se refuser à l'exécution de la donation faite dans le contrat de mariage de sa fille; — Par ces motifs et ceux exprimés dans le jugement dont est appel, met l'appellation au néant.

Du 4 fév. 1824.-C. de Montpellier.-MM. Beleze et Coffinières, av.

(2) *Espèce* :—(Provost et Lallemant C. Marie-Liberté.)—Provost avait eu cinq enfants de la demoiselle Simon. Il mourut. Quelques jours après sa mort naquit un sixième enfant, Marie-Liberté.—Provost et la demoiselle Simon passaient pour mariés, et les enfants nés du vivant de Provost étaient inscrits sur les registres d'état civil comme enfants légitimes, le père avait signé les actes de naissance, les enfants avaient eu possession conforme. — Quant à Marie-Liberté, elle fut inscrite : « Marie-Liberté, fille de défunt Pierre-Nicolas-René Provost et de Suzanne-Marie-Anne Simon... » — La demoiselle Simon, tutrice de ses enfants mineurs, géra la tutelle pendant près de dix-huit ans, sous la qualité de veuve de Provost. Ses six enfants furent constamment réputés légitimes, et Marie-Liberté traitée comme telle par ses frères et sœurs.—En 1811, et lorsqu'il s'agit du partage de la succession de Provost, deux de ses enfants, Jacques Provost et la dame Lallemant contestèrent l'état et les droits de Marie-Liberté. — Ils prétendirent qu'eux-mêmes n'étaient point enfants légitimes de Provost, et qu'ils n'avaient de droits à sa succession que comme enfants naturels reconnus; ils argumentaient du défaut de représentation de l'acte de mariage de leurs père et mère, joint à la circonstance que leur mère vivait encore, invoquant les dispositions de l'art. 197 c. civ., d'après lequel le mariage doit être constaté par l'acte de célébration, tant que les prétendus époux ne sont pas tous deux décédés. — Ils soutenaient, d'ailleurs, que Marie-Liberté étant née avant la loi du 12 brum. an 2, elle devrait prouver sa filiation et sa possession d'état par la représentation d'écrits émanés du père, ou en argumentant d'une suite de soins (art. 8) donnés à titre de paternité et sans interruption, ce que Marie-Liberté était dans l'impossibilité de faire, le père commun qui ne l'avait jamais reconnue formellement, étant mort avant la naissance de Marie-Liberté.

La tutrice de Marie-Liberté proposait une double fin de non-recevoir. — Les demandeurs ayant dans leur acte de naissance titre d'enfants légitimes, et joignant à ce titre une possession d'état conforme, elle les soutenait non recevables à réclamer l'état d'enfants naturels. (C. civ., art. 322.) Et de ce qu'ils étaient obligés de se considérer comme enfants légitimes, d'après l'art. 320, et de reconnaître à leur égard l'existence d'un mariage entre le sieur Provost et la demoiselle Simon, elle concluait qu'ils étaient également contraints de reconnaître l'existence de ce mariage, à l'égard de Marie-Liberté, leur sœur. — Elle argumentait surtout de l'indivisibilité en matière d'état, soutenant que les demandeurs, tout en attaquant l'état de Marie-Liberté, n'ayant point dirigé d'action soit contre leur mère, soit contre leurs autres frères et sœurs, devaient également respecter l'état de Marie-Liberté. — Marie-Liberté avait d'ailleurs constamment joui de la possession d'état d'enfant légitime, les demandeurs eux-mêmes lui avaient reconnu cette possession pendant près de dix-huit ans, et cette reconnaissance les rendait non recevables à venir contre leur propre fait, à contester une légitimité dont ils s'étaient jusqu'alors montrés convaincus.

Le 24 juin 1811, jugement qui repousse Marie-Liberté de la succession paternelle, et, sur l'appel, arrêt confirmatif de la cour de Paris, en date du 6 juill. 1812, ainsi motivé : « Attendu que, si la loi règle seule par ses dispositions l'état et les droits des citoyens, elle assure également les droits de possession, et la maintient tant qu'elle n'est pas attaquée valablement par personne capable et qui mérite d'être écoutée; que la possession de Marie-Liberté Provost est constante, aussi bien

tinctes : le mariage et la filiation légitime. Les art. 319 et suiv. ne s'occupent point de la preuve du mariage, ils supposent cette preuve faite ; ils déterminent seulement les règles suivant lesquelles on peut prouver qu'on est issu des époux. Tout ce qui résulte de l'art. 322, c'est que l'acte de naissance et la possession d'état qui, en tant que preuves de la filiation, pourraient, s'ils étaient isolés, être combattus par la preuve contraire, ne le peuvent pas lorsqu'ils concourent. On comprend en effet que, dans ce cas, il est à peu près impossible de supposer que cette double preuve ne couvre qu'un mensonge. Mais il en est tout autrement lorsqu'il s'agit de l'existence du mariage. Ni l'acte de naissance ni la possession d'état d'enfant légitime ne prouvent par eux-mêmes le mariage du père, et ils ne le prouvent pas plus lorsqu'ils sont réunis que lorsqu'ils sont isolés ; leur concours est parfaitement compatible avec la non existence du mariage. Qu'on le remarque bien, d'ailleurs, l'art. 322 ne distinguant nullement suivant que les père et mère sont décédés ou encore vivants, il résulterait du système que nous combattons que, même dans cette dernière hypothèse, les enfants seraient dispensés de rapporter l'acte de célébration du mariage, ce qui est évidemment inadmissible. Nous disons plus : pour que les enfants puissent invoquer la possession d'état comme preuve de leur filiation, il faut qu'ils commencent par prouver le mariage si son existence est contestée. En effet, la possession d'état est bien une preuve de la filiation légitime, mais nous verrons plus bas qu'elle n'est pas une preuve de la filiation naturelle, que cette dernière ne peut s'établir que par titre. D'où il suit que, lorsqu'à une contestation de légitimité un enfant répond en opposant son acte de naissance et sa possession d'état dont le concours rendent, suivant lui, son état inattaquable, on peut lui dire : avant tout, prouve le mariage de tes père et mère ; car, sans mariage, la possession d'état est un fait sans valeur.

Cette doctrine est soutenue par Merlin, Rép., v° Légitimité, sect. 1, § 2, quest. 4, et Toullier, t. 2, n°s 880 et 882. Elle a été également consacrée par la cour de Paris, dans son arrêt du 20 mai 1808, aff. Furst (V. *suprà*, n° 314), dont les motifs portent « que les art. 319 et suiv. ne peuvent être invoqués dans l'espèce, puisqu'ils ont pour objet de disposer comment se prouve la filiation des enfants légitimes, c'est-à-dire des enfants dont la légitimité se trouve déjà prouvée de la manière prescrite par les art. 194, 195 et 197, et par conséquent ne peut être contestée. »

337. L'acte de naissance n'étant pas une preuve de la légitimité des enfants, laquelle ne peut résulter que du mariage, il suit de là que, si un enfant, inscrit comme né de deux individus unis en mariage, dans son acte de naissance, non signé par le prétendu père, dont l'enfant n'a, d'ailleurs, point porté le nom, a, depuis, été reconnu et légitimé par le mariage d'un autre individu avec la mère indiquée dans l'acte de naissance, cette légitimation n'a pu, sur la réclamation d'un autre enfant de ce dernier, qui, au surplus, ne produit point la preuve du mariage des père et mère désignés dans l'acte de naissance, ni leur possession d'état comme époux, être déclarée sans effet, en ce qu'elle contrarierait l'état de l'enfant, résultant de l'acte de naissance (Cass. 9 déc. 1829 ; sur renvoi, Orléans, 7 janv. 1830) (1).

établie que puisse l'être une possession de cette nature ; que les intimés, après l'avoir reconnue, ne peuvent être admis pour un vil et très-faible intérêt à l'attaquer, soit en déshonorant leur père, leur mère, leurs frères et eux-mêmes, soit en laissant intact l'état de toutes ces personnes auxquelles est lié inséparablement celui de Marie-Liberté Provost ; que d'ailleurs les intimés ne peuvent constater l'état de leur sœur, Marie-Liberté Provost, sans se donner à eux-mêmes un état contraire à leurs titres de naissance et à une possession conforme, etc. » — Pourvoi. — Arrêt.

LA COUR ; — Attendu que la qualité d'enfants légitimes de Jean-René-Pierre-Nicolas Provost, et de Susanne-Marie-Anne Simon, prétendue par les demandeurs, suppose nécessairement de leur part la reconnaissance de l'union légitime desdits Provost et Simon, leurs père et mère ; — Que Marie-Liberté Provost, étant issue de la même union, et sa possession d'état ayant été formellement reconnue par des actes authentiques, la cour impériale de Paris, en déclarant les demandeurs non recevables à contester cette possession, n'a violé aucune loi. — Rejette.

Du 1er mars 1814.-C. C., sect. req.-MM. Lasaudade, pr.-Boyer, rap.

(1) *Espèce* :—(Demoiselle Ducayla *C.* Ducayla.)—Le comte Ducayla, marié avant la révolution avec la demoiselle de Jaucourt, eut un enfant, le comte Achille Ducayla ; — Le 13 mars 1798, la dame Ducayla fut divorcée de son mari pour cause d'absence ; il avait émigré ;—Rentré en 1814, il se remaria avec sa femme divorcée, et, après la mort de celle-ci, il épousa la demoiselle Catherine Didier, veuve du sieur de Choiseul-Meuse ;—Par leur contrat de mariage, ils déclarèrent que la demoiselle Catherine-Élisabeth-Philippine, née à Offenbach, le 8 déc. 1801, énoncée être, dans son acte de naissance, enfant né du mariage du sieur J.-F.-E. Morrel, agent de Sa Majesté le roi de la Grande-Bretagne, et de demoiselle Catherine Didier, son épouse, était réellement la fille d'eux comte Baschy-Ducayla et demoiselle Catherine Didier ;—Ils ajoutèrent qu'ils entendaient la reconnaître pour telle, afin de lui assurer tous les droits d'enfant légitime, conformément aux lois.—Leur mariage eut lieu à Paris, le même jour ; il contenait la légitimation de Catherine-Élisabeth-Philippine.

Le 21 sept. 1811, un jugement du tribunal civil de la Seine, ordonna que l'acte de naissance de cette demoiselle, sous la date du 8 déc. 1801, serait transcrit en entier sur les registres de l'état civil du dixième arrondissement, avec mention en marge que ladite demoiselle était fille du comte Baschy-Ducayla, au lieu du sieur J.-F.-E. Morrel, et de demoiselle Catherine Didier, actuellement épouse du comte Ducayla.—Ce jugement ordonna, en même temps, que pareille rectification serait faite à Offenbach. — Par son testament du 10 mai 1824, le comte Baschy-Ducayla reconnut de nouveau la demoiselle Catherine-Elisabeth-Philippine pour sa fille, en exprimant, avec affection, ses volontés paternelles à son égard.

Après le décès du comte Baschy-Ducayla, il fut procédé, le 17 avril 1826, à l'inventaire de ses biens, auquel se présentèrent le comte Ducayla, fils du premier lit du défunt, et la demoiselle Catherine-Elisabeth-Philippine, se disant fille légitime du défunt, et venant, à ce titre, réclamer la moitié de la succession.

Le 14 août 1826, le comte Ducayla fit citer devant le tribunal de Paris cette demoiselle, pour faire ordonner qu'il lui serait fait défense de se qualifier de fille légitime du comte Baschy-Ducayla.—Qu'étant fille légitime, suivant son acte de naissance, du sieur J.-F.-E. Morrel, officier des vivres royaux de la Grande-Bretagne, marié avec la demoiselle Catherine Didier, elle ne pouvait invoquer d'autre qualité. — La défenderesse soutint que les suppositions contenues dans son acte de naissance ayant été rectifiées, on ne pouvait plus l'invoquer contre elle.

Le 20 avril 1827, jugement qui lui fait défense de se qualifier de fille légitime du comte Baschy-Ducayla : — « Attendu que la demoiselle Ducayla n'offrait pas même de faire en personne, et contradictoirement avec le comte Ducayla, la preuve des suppositions qu'elle allègue avoir été faites dans son acte de naissance, ni d'une possession d'état contraire à celle qui lui était attribuée par cet acte de naissance. »

Sur son appel, la demoiselle Catherine-Elisabeth-Philippine produisit un grand nombre d'actes extrajudiciaires, pour prouver les suppositions contenues dans son acte de naissance. — Le premier est une déclaration du ministre de la guerre de Sa Majesté britannique, du 18 juill. 1827, ainsi conçue : — « En conséquence de la dépêche de Votre Excellence, du 30 du mois passé, et dont l'objet a été renvoyé aux bureaux des subsistances, j'ai l'honneur de vous faire part qu'il a été répondu à ce qui fait l'objet de votre demande, qu'il n'y avait aucun officier du nom de Morrel au service de ce département en 1801. » — Le second, un certificat du conseiller grand-ducal hessois, d'Offenbach, constatant « que, d'après les recherches faites dans les anciens registres, il n'appert pas qu'un certain J.-F.-E. Morrel, officier des vivres royaux de la Grande-Bretagne, ait résidé en l'année 1801, en cette ville d'Offenbach. » — Les autres actes constatent que M. Ducayla était à Offenbach en 1801 ; qu'en 1802, la demoiselle Didier était célibataire, et demeurait avec M. Ducayla, et que M. Ducayla a constamment donné à la demoiselle Catherine-Elisabeth-Philippine, la possession d'état de sa fille.

En cet état, la cour de Paris a rendu, le 29 déc. 1827, sans faire attention aux actes produits en appel, l'arrêt suivant : — « Considérant que l'acte de baptême de l'appelante, du 8 déc. 1801, authentiqué le 6 juin 1804, énonce qu'elle est née de J.-F.-E. Morrel et de son épouse Catherine Didier ; que cet acte constitue, en sa faveur, l'état d'enfant légitime ; que la déclaration de légitimation faite par le contrat de mariage du comte de Baschy-Ducayla et de Catherine Didier, en 1821, aurait, pour effet, de faire descendre un enfant légitime à l'état de bâtard adultérin, du chef de la mère, pour l'introduire dans une nouvelle famille, à l'aide de cette légitimation ; que l'intimé n'a aucune preuve à faire, pour établir la vérité des énonciations de l'acte de naissance de Catherine-Elisabeth-Philippine Morrel, et réclamer le bénéfice de l'art. 339 du code ; que les articles du code, relatifs aux preuves de la filiation des enfants légitimes, et qui autorisent la preuve contraire aux énonciations des actes de naissance, ne peuvent être invoqués par l'enfant lui-même, contre la légitimité, et ainsi ne sont point applicables au cas actuel de légitimation par mariage subséquent.—Ordonne que ce dont est appel, sortira son plein et entier effet, etc., etc. »

Pourvoi par la demoiselle Ducayla, pour violation des art. 194, 197,

338. Un tribunal français, ayant à juger la question de légitimité de plusieurs enfants nés dans l'état de Pensylvanie d'un Français et d'une Française vivant ensemble, par application de la loi de cet État américain où il est admis que la preuve du mariage légitime résulte légalement, sans le secours d'aucun acte écrit quelconque, de la cohabitation et de la réputation, a le droit d'apprécier les faits et actes d'où l'on induit l'existence de ces deux conditions, sans que cette appréciation tombe sous la censure de la cour de cassation ; — Et, spécialement, la réputation ou possession d'état d'époux légitimes a pu valablement être déclarée ne pas résulter, soit de l'acte de décès de la mère désignée sous le nom du père, soit des actes de baptême des enfants, actes irréguliers et contradictoires, dépourvus quelques-uns de toute signature, en présence, 1° d'une pétition adressée par le père à la législature pensylvanienne, et par laquelle il réclamait les avantages de la légitimité en faveur de ses enfants; 2° d'un testament où le père qualifie ses enfants de naturels, et, 3° enfin de divers actes judiciaires où ceux-ci ont pris la même qualité (Req. 20 déc. 1841) (1).

339. Enfin, et suivant un autre arrêt, lorsque des petits-en-

---

319, 331 et 333 du code civil.—Arrêt (après délib. en ch. du cons.).

La cour ; — Vu les art. 194, 197, 319 et 331 c. civ : —Attendu que par le contrat de mariage du comte Ducayla et de la demoiselle Catherine Didier, veuve Choiseul-Meuse, du 25 avril 1821, la demoiselle Ducayla a été reconnue leur fille; qu'elle a été légitimée par le mariage subséquent de ses père et mère ; qu'elle était en possession de cet état en vertu de cette reconnaissance et de cette légitimation, lorsque le comte Ducayla fils a demandé, judiciairement, qu'il lui fût fait défenses de prendre désormais le nom de Ducayla ;—Que, pour établir que la demoiselle Ducayla était née du nommé Morrel et de Catherine Didier, il s'est uniquement fondé sur un acte de naissance du 9 déc. 1801, qui n'a pas été signé par Morrel, quoiqu'il n'ait pas été déclaré absent, et qu'il n'a été revêtu que de la signature du pasteur d'Offenbach ;—Que la cour royale de Paris a décidé que, d'après cet acte de naissance, la légitimation de la demoiselle Ducayla ne pouvait produire aucun effet, par la raison qu'on ferait descendre à l'état d'enfant adultérin, du chef de la mère, un enfant né en légitime mariage; — Attendu qu'un acte de naissance est évidemment insuffisant pour établir la légitimité, qui a sa base dans la célébration du mariage; —Attendu que l'art. 319 c. civ. suppose un mariage existant et non contesté, puisqu'il règle le mode de preuve de la filiation des enfants légitimes ;—Que le comte Ducayla n'a pas prouvé l'existence d'un mariage célébré entre ledit Morrel et Catherine Didier, et ne s'est pas, par conséquent, conformé aux dispositions de l'art. 194 c. civ. ; qu'il n'a pas même offert de prouver que la demoiselle Ducayla ait jamais eu la possession d'état de fille dudit Morrel ;—Que cette preuve était cependant à sa charge, puisqu'il attaquait : 1° la reconnaissance ; 2° la légitimation par mariage subséquent, et la possession d'état postérieure à cette reconnaissance et à cette légitimation ;— Que, par conséquent, en décidant que la demanderesse en cassation était née en légitime mariage dudit Morrel et de Catherine Didier, sur l'unique fondement dudit acte de naissance, et en annulant ladite légitimation, la cour royale de Paris a faussement appliqué l'art. 319, et commis une contravention formelle aux art. 194, 197 et 331 c. civ. ;—Casse.

Du 9 déc. 1829.-C. C., ch. civ.-MM. Portalis, 1er pr.-Vergès, rap.-Joubert, 1er av. gén., c. conf.-Rochelle et Nicod, av.

Sur le renvoi prononcé par l'arrêt qui précède, la cour d'Orléans a décidé ainsi qu'il suit.—Arrêt.

La cour ; — Considérant que le comte Ducayla et la dame Didier, veuve Choiseul-Meuse, ont reconnu, par leur contrat de mariage, du 25 avril 1821, la demoiselle Catherine-Elisabeth-Philippine pour leur fille ;—Qu'elle a été légitimée par leur mariage subséquent; qu'il résulte des faits de la cause, que, depuis cette époque, jusqu'au décès du comte Ducayla, elle était en possession de cet état de fille legitime ; — Que, pour le lui contester, le comte Ducayla fils s'appuie seulement sur l'acte de naissance du 8 déc. 1801, qui énonce que la demoiselle Catherine-Elisabeth-Philippine est née du sieur Etienne Morel et de la dame Didier, son épouse ;—Considérant qu'aucun acte de naissance n'établit la filiation légitime que lorsqu'il est appuyé de la preuve du mariage du père et de la mère, et la filiation naturelle que lorsque la déclaration de cette filiation est énoncée dans l'acte de naissance signé du père ; — Considérant que, dans l'espèce, l'acte de naissance de Catherine-Elisabeth-Philippine n'est appuyé d'aucun acte de mariage entre la demoiselle Didier et le sieur Morrel, et n'est point signé du sieur Morrel, qualifié audit acte de père de l'enfant; —Qu'ainsi, il ne résulte dudit acte de naissance aucune présomption légale que Catherine-Elisabeth-Philippine fût fille légitime ou naturelle du sieur Morrel, et que, sous ce double rapport, il ne peut lui être opposé ;— Sans qu'il soit besoin de statuer sur les autres fins et conclusions subsidiaires de la partie de Legier, reçoit, en la forme, le comte Achille Ducayla, opposant à l'arrêt par défaut, du 2 juin dernier, et faisant droit sur l'appel ; —Ordonne que ledit arrêt sera exécuté selon sa forme et teneur.

Du 7 janv. 1830.-C. d'Orléans.-M. de Beauvert, 1er pr.

(1) *Espèce :* —(Enfants Bousquet C. veuve Dasque. — 3 avril 1840, arrêt de la Cour de Bordeaux, qui déclare que les enfants d'Augustin Bousquet, décédé à Bordeaux en 1837, sont non recevables et mal fondés à se prétendre enfants *légitimes* du défunt et à quereller en cette qualité un testament de leur père leur léguant la moitié de sa succession et instituant pour le surplus la dame Dasque, sa nièce, pour sa légataire universelle, dans les circonstances suivantes que font suffisamment connaître les motifs de cet arrêt ainsi conçu : — « Attendu que si les appelants, dans l'inventaire fait après le décès d'Augustin Bousquet, leur père, ont pris la qualité d'enfants naturels et si Jean-Marie Bousquet et la dame Bouchard ont réitéré la même énonciation dans leur assignation en partage, une semblable erreur, si elle était démontrée, ne pourrait leur préjudicier, et qu'ils sont recevables à prouver leur légitimité et le mariage de leur père et mère ; — Attendu qu'il est reconnu que depuis 1793 Augustin Bousquet et Reine-Marie-Eugénie Renaud ont fixé leur domicile à Philadelphie (capitale de la Pensylvanie), Etats-Unis d'Amérique; qu'en 1795, Augustin Bousquet s'y est fait naturaliser Américain et qu'ils y sont demeurés ensemble jusqu'en 1803, époque du décès de la dame Renaud ; — Attendu que c'est dans cet intervalle de temps que les appelants sont nés et ont été baptisés à Philadelphie ; que la question de savoir s'ils sont enfants naturels ou légitimes dépend du mariage qu'ils prétendent avoir existé entre Augustin Bousquet et la dame Renaud ; — Attendu que, dans ces circonstances, les questions que le procès présente à décider doivent être régies par les lois de Philadelphie ; — Attendu qu'il y a deux choses fort distinctes à considérer, le contrat de mariage, et ses preuves ; — Attendu qu'il ne faut pas confondre l'union des sexes et le contrat de mariage; que celui-ci ne peut exister sans l'intention et le consentement formel d'un homme et d'une femme libres de se prendre pour mari et femme, et la déclaration explicite de leur volonté; d'où il suit que la cohabitation et le mariage sont deux choses distinctes, d'après les principes adoptés par toutes les nations policées ; — Attendu que les appelants ou demandeurs dans le procès doivent rapporter la preuve de l'existence du mariage de leur père et mère ; — Attendu qu'il résulte de divers documents invoqués dans la cause, qu'en Pensylvanie le mariage, considéré comme un contrat, n'est point assujetti par la loi civile à des formalités spéciales ; qu'il peut être prouvé par la cohabitation et la réputation, c'est-à-dire la notoriété publique et la possession d'état ; — Attendu que la première circonstance, celle de la cohabitation, est incontestablement démontrée dans la cause ; qu'il est certain que Reine-Marie-Eugénie Renaud et Augustin Bousquet ont habité ensemble à Philadelphie, depuis 1793 jusqu'en 1803, époque du décès de la dame Renaud; que, dans cet intervalle, cinq enfants, dont Augustin Bousquet s'est reconnu père, sont nés de leur cohabitation ; — Attendu, quant à la réputation ou notoriété publique et la possession d'état, que les appelants doivent établir qu'Augustin Bousquet et la dame Renaud s'étaient unis en mariage, ont agi et ont été reconnus dans la société de Philadelphie comme mari et femme légitimes ; — Attendu que diverses sortes de preuves sont invoquées par les appelants : 1° les actes de naissance des cinq enfants issus de la cohabitation d'Augustin Bousquet et de la dame Renaud ; 2° Une sorte d'enquête faite devant Troubat, notaire à Philadelphie ; 3° les lettres de divers particuliers qui ont eu des liaisons avec Augustin Bousquet ; 4° deux lettres de Jean Bousquet, frère d'Augustin ; 5° Une déclaration donnée par les sœurs d'Augustin Bousquet ; 6° Le nom de Bousquet donné à la dame Renaud dans ses actes de décès ; — Attendu, quant à l'enquête faite devant le notaire Troubat, qu'elle n'a point été ordonnée par la justice ; qu'elle a eu lieu sans que la veuve Dasque ait été appelée, hors de sa présence, sans son consentement ; que, dépourvue de toutes les formalités qui peuvent servir de garantie à la preuve testimoniale, elle ne peut être prise en considération ; — Attendu que, si trois personnes, parmi lesquelles figurent d'anciens commis d'Auguste Bousquet, lui ont écrit des lettres dans lesquelles ils qualifient la dame Renaud de *Madame* et de *Madame Bousquet*, les compliments qu'ils lui adressent ne suffisent pas pour prouver l'existence d'un mariage légitime, et qu'elles peuvent s'expliquer par des compliments de simple politesse ; — Attendu que cette preuve résulte encore moins des deux lettres de Jean Bousquet, puisqu'il se borne à qualifier la dame Renaud de mère des enfants de son frère, expression qui caractérise la maternité de la dame Renaud, mais nullement la qualité d'épouse légitime ; — Attendu que la déclaration extrajudiciaire donnée par les sœurs d'Augustin Bousquet, bénévolement et pour le besoin de la cause, ne mérite pas la confiance de la justice ; — Attendu que, si dans l'acte de décès écrit en latin, la dame Renaud a été inscrite sous les noms de *Maria-Eugenia Bousquet*, il est à remarquer que cet acte de décès ne porte aucune signature, pas même celle de l'ecclésiastique qui l'a enregistré ; que l'extrait est seulement signé par le curé Boyer, le 1er mai 1838 ; qu'un pareil acte, qui n'a aucune authenticité légale, qui ne paraît émaner ni d'Augustin Bousquet, ni des personnes de sa famille, ne prouve nullement son

fants dont la mère est décédée avec titre et possession d'état d'enfant légitime, se présentent dans la succession de leur bisaïeul maternel, ils ne sont point tenus de rapporter l'acte de célébration de mariage de leurs aïeul et aïeule; l'art. 197 c. nap. n'est pas applicable aux petits-enfants. — Il importe peu que la demande en délivrance des droits héréditaires ait été intentée par la mère de ces derniers, décédée (Bourges, 4 juin 1823) (1).

---

mariage avec la dame Renaud; — Attendu, quant aux actes de naissance, que ce sont seulement des actes de baptême, extraits de registres tenus d'une manière très-irrégulière, ainsi que cela est attesté par le consul de France; — Que, sur ces cinq actes de baptême, deux seulement sont signés par Augustin Bousquet, celui de la dame Imbert, née le 29 mai 1796 et baptisée le 29 août 1797, et celui de la dame Bouchard, baptisée le 19 nov. 1803, sans que le jour de la naissance soit désigné; que, si le second de ces actes énonce la qualification de fille légitime, cette qualification manque dans le premier; — Attendu que, si dans les actes de baptême des 4 mars 1799, 8 avril 1801 et 23 nov. 1802, Augustin Bousquet et la dame Renaud sont qualifiés d'époux (*conjugum*) il est à remarquer que ces actes ne sont point signés par Augustin Bousquet; qu'ils ne prouvent donc nullement ni l'existence, ni la reconnaissance d'un mariage contracté entre lui et la dame Renaud; — Attendu que, si quelques personnes de la famille d'Augustin Bousquet, ses parents ou alliés, ont figuré comme parrains et marraines dans ces actes de baptême, leur présence n'a eu pour objet que de les faire coopérer à une cérémonie religieuse, et nullement de constater la légitimité de l'union d'Augustin Bousquet et de la dame Renaud; — Attendu que ces actes de baptême ne peuvent être assimilés aux actes authentiques inscrits en France sur les registres de l'état civil; que ce sont de simples écrits privés; que ces écrits se contredisent dans leurs énonciations ou sont dépourvus de la signature d'Augustin Bousquet, et qu'ils ne peuvent établir la notoriété publique d'un mariage légitime contracté entre lui et la dame Renaud; — Attendu que, s'il est certain qu'il y a eu cohabitation entre Augustin Bousquet et Reine-Marie-Eugénie Renaud, rien ne prouve qu'un mariage légitime ait été contracté entre eux et qu'ils aient eu à Philadelphie la réputation d'époux légitimes; — Attendu que tous les doutes sur ce point sont levés par la pétition qu'Augustin Bousquet présenta en 1804 à la chambre des représentants de Pensylvanie; qu'il y expose qu'il avait des liaisons d'affection et de confiance avec Marie-Eugénie Renaud avec laquelle il espérait célébrer la cérémonie du mariage; que diverses circonstances s'opposèrent à l'accomplissement de ce projet; que dans l'intervalle il devint père de trois enfants (ce sont les appelants); que la dame Renaud étant décédée, il pria la chambre des représentants d'accorder à ses trois enfants les droits et avantages d'enfants nés en légitime mariage; — Attendu qu'il faut reconnaître que le rejet de la réclamation d'Augustin Bousquet n'a point décidé la question de l'existence d'un mariage légitime entre les père et mère des appelants; que cela est expliqué par l'acte législatif du sénat et de la chambre des représentants de Pensylvanie, en date du 25 juin 1839; qu'il est certain également que le rejet de cette pétition a laissé Augustin Bousquet et ses enfants dans l'état où ils se trouvaient auparavant; mais qu'il en résulte toujours ce fait de la plus haute gravité qu'Augustin Bousquet a reconnu authentiquement qu'il avait eu l'intention de contracter mariage avec la dame Renaud, et que la mort de celle-ci l'avait empêché d'exécuter son projet; et que lorsqu'il caractérisait ainsi les rapports qu'il avait eus avec cette dame, on ne peut pas dire qu'ils eussent joui l'un et l'autre de la réputation d'époux légitimes; — ..... Attendu que les déclarations faites par Augustin Bousquet dans son testament (où il qualifie ses enfants d'enfants naturels) et les qualités données à la dame Imbert et à la dame Bouchard dans leurs contrats de mariage, celles qu'elles ont prises dans l'inventaire et celles qui se trouvent dans l'exploit introductif d'instance et signifié à la requête de la dame Imbert et de John Bousquet, confirment la qualité d'enfants naturels donnée aux appelants et par eux acceptée, et démontrent encore combien leurs prétentions sont mal fondées. »

Pourvoi des enfants Bousquet, pour violation des art. 197 et 47, c. civ., et de la loi de la république de Pensylvanie en date de 1700, en ce que la cour de Bordeaux a refusé de reconnaître la force probante des actes de baptême produits par les demandeurs et a déclaré ces derniers non recevables à réclamer la qualité d'enfants légitimes, quoique leurs père et mère dussent être considérés comme époux d'après les lois et usages de la Pensylvanie et que les demandeurs se trouvassent eux-mêmes dans les conditions prévues par l'art. 197. — Arrêt.

La cour; — Attendu, en droit, qu'afin que le mariage, contracté en pays étranger entre Français et entre Français et étrangers, soit valable, quoique non revêtu de toutes les formes exigées en France par les lois françaises, il faut nécessairement qu'il ait été célébré dans celles voulues par les lois du même pays étranger (art. 170, c. civ.); — Attendu qu'à Philadelphie, comme en France et en tout pays civilisé, point d'enfants légitimes sans légitime mariage; — Attendu que la loi pensylvanienne (ou l'usage consacré par une jurisprudence constante), pour prouver le mariage légitime et en constater légalement l'existence, n'exige ni acte civil, ni acte religieux, ni acte authentique, ni même acte privé, mais qu'elle se contente de deux éléments, savoir de la cohabitation et de la réputation; — Attendu, enfin, que, d'après la même jurisprudence, cohabitation veut dire qu'ils aient vécu ensemble en qualité de mari et femme, et réputation veut dire que cette qualité ait été notoire et reconnue généralement du public; et que, par là, les père et mère prouvent, en leur faveur, la possession d'état d'époux légitimes;

Et attendu qu'il a été constaté, en fait, par l'arrêt attaqué, que, s'il est certain qu'il y a eu cohabitation entre Augustin Bousquet et Marie Renaud, rien ne prouve que cette cohabitation ait eu lieu en qualité de mari et femme, qu'un mariage légitime ait été contracté entre eux et qu'ils aient eu, à Philadelphie, la réputation publique et la possession d'état d'époux légitimes; — Qu'à cet effet, le même arrêt a constaté que des faits nombreux articulés par les demandeurs en cassation pour la prouver, il ne résultait aucun des trois éléments qui la forment (*nomen, tractatus, fama*); que l'acte de décès de la mère et les actes de naissance des enfants, extraits des registres tenus d'une manière très-irrégulière et étant eux-mêmes irréguliers, se contredisant dans plusieurs énonciations, et, quelques-uns, dépourvus de la signature du père et de l'officier ecclésiastique, ne pouvaient mériter aucune foi; que Bousquet père ayant eu recours (quoique sans succès) à la législature pensylvanienne pour qu'elle accordât à ses trois enfants les droits et les avantages d'enfants nés en légitime mariage, avait formellement déclaré qu'il avait eu l'intention de contracter mariage avec la dame Renaud, et que la mort de celle-ci l'avait empêché d'exécuter son projet; que, dans son testament, il les qualifia aussi enfants naturels; qu'enfin, après son décès, deux de ses trois enfants s'étaient donné eux-mêmes la même qualité;

Attendu qu'en tout cela, les juges n'ont fait (ainsi qu'ils en avaient le droit) qu'apprécier les actes, faits et circonstances de la cause, et notamment les aveux et les reconnaissances solennelles et réitérées des parties, sans se mettre en contradiction avec l'art. 147, c. civ., ni avec aucune autre loi; — Rejette.

Du 20 déc. 1841.-C. C., ch. req.-MM. Zangiacomi, pr.-Lasagni, rap.

(1) *Espèce* : — (Époux Debierre C. Mignon.) — Matthieu Bernard eut deux filles : Suzanne, qui épousa un sieur Debierre, et Anne, qui vint, en 1775, à Paris, où elle vécut, soit comme femme légitime, soit comme concubine, avec un sieur Tournier-Labaurie. — Le 10 fév. 1779, Anne Bernard, accoucha, à l'Hôtel-Dieu, d'une fille qui fut nommée Marthe-Antoinette, et inscrite aux registres des naissances comme fille légitime de Tournier-Labaurie et d'Anne Bernard, son épouse : ni le père ni la mère ne figurent dans l'acte. — En l'an 4, Anne Bernard écrivit à son père une lettre signée veuve Labaurie, dans laquelle elle lui faisait part du mariage de sa fille, Marthe-Antoinette, avec le sieur Jouty. Ce mariage eut lieu en effet; et Jouty, étant venu à décéder, Marthe-Antoinette se remaria avec Hugon-Marcillac. Dans tous ces actes, Anne Bernard prit la qualité de veuve Labaurie. Toutefois aucun membre des deux familles Labaurie et Bernard n'y figura, et le consentement de Labaurie fut suppléé par un acte de notoriété constatant son absence. — Depuis, il paraît qu'une correspondance plus active s'établit entre Anne Bernard et Matthieu Bernard, son père. Celui-ci la qualifiait, dans ses lettres, veuve Labaurie, et il appelait les enfants de la dame Marcillac ses petites-filles. — En 1813, décès d'Anne Bernard. Son père décède en 1815.—La dame Debierre, fille et sœur légitime des défunts, en cette double qualité leur unique héritière, si Anne Bernard était décédée sans enfants légitimes, somme Marthe-Antoinette, dame Marcillac, de lui justifier de l'acte de mariage d'Anne Bernard avec Tournier-Labaurie, ajoutant qu'à défaut de cette justification, elle protestait contre la qualité qu'elle prenait d'héritière de Matthieu Bernard.—Pour toute réponse, la dame Marcillac demande le partage de la succession; mais elle décède pendant l'instance, laissant de son premier mariage Élisa Jouty, mariée au sieur Mignon, et, du second, Clémentine Marcillac. — L'instance a été reprise par Mignon, en sa double qualité d'époux et de tuteur des filles Marthe-Antoinette. — La dame Debierre soutient que ces filles sont, de même que leur mère, tenues de rapporter l'acte de célébration du mariage d'Anne Bernard avec Labaurie; qu'à défaut de cette production, Marthe-Antoinette ne pouvant être regardée comme enfant de ce mariage, n'aurait pas eu droit, comme fille légitime, à la succession d'Anne Bernard, ni, comme petite-fille, à celle de Matthieu Bernard; que la dame Mignon et la demoiselle Marcillac n'ayant pas plus de droit que leur mère, sont non recevables dans leur demande. — La dame Debierre, pour prouver qu'Anne Bernard, sa sœur, n'a point été mariée au sieur Labaurie, allègue que, dans des lettres écrites en 1792, celle-ci avait pris la qualité de femme Rubis; ce qui implique contradiction avec l'idée qu'elle ait été alors la femme de Tournier-Labaurie. — 30 août 1820, jugement du tribunal de Cosne, qui, se fondant sur ce que l'acte de naissance de Marthe-Antoinette, joint à sa possession d'état, la présentait comme fille légitime d'Anne Bernard et de Tournier-Labaurie, admet les dames Mignon et Marcillac au partage de la succession de Matthieu Bernard. — Appel par les époux Debierre. On soutient, pour eux, que c'est d'après le code civil que la con-

CHAP. 5.—De l'action en réclamation et en contestation d'état.

Sect. 1. — *De l'action en réclamation d'état.*

340. Après avoir fait connaître les moyens par lesquels la filiation légitime peut être prouvée, il est rationnel de traiter de l'action qui a pour objet la *réclamation d'état*. Voyons d'abord dans quels cas cette action doit être intentée.

341. On peut dire, ce nous semble, en termes généraux, qu'il y a lieu pour l'enfant d'agir en réclamation d'État toutes les fois qu'il n'a ni le *titre* ni la *possession* de l'état qu'il réclame : ce qui comprend non-seulement le cas où il n'a ni titre ni possession d'état d'aucune espèce, mais encore le cas où son titre le désigne comme né de père et mère inconnus, et le cas où il a soit le titre, soit la possession d'un état autre que celui qu'il réclame. — Nous disons : soit le titre, soit la possession d'un état autre, etc.; car s'il avait à la fois et le titre et la possession de cet état, il serait, aux termes de l'art. 322, non recevable à réclamer un état contraire, pourvu toutefois que la possession réunît les caractères et conditions exigés par l'art. 321.

342. Il est évident que, lorsque l'enfant a la possession d'état, il n'a pas lieu d'agir en réclamation d'état : on ne réclame pas ce qu'on possède. Il en est de même lorsque l'enfant a un titre; alors il peut bien réclamer en justice les droits et avantages attachés à son état; mais, quant à cet état lui-même, il n'a pas besoin, pour le recouvrer, d'intenter une action judiciaire, puisqu'il se trouve régulièrement établi par le titre. — Nous ne pensons donc pas, avec Merlin (Quest. de droit, vº Quest. d'ét., § 1), qu'il y ait évidemment réclamation d'état toutes les fois que l'état d'une personne est contesté, et que la personne à qui on le conteste ne réunit pas les deux conditions dont le concours est nécessaire pour mettre son état à l'abri de toute contestation, c'est-à-dire le titre et la possession conforme. Cette définition nous paraît repoussée notamment par l'art. 329, dans lequel la réclamation d'état suppose clairement le défaut de possession. — Décidé cependant qu'il y a réclamation d'état toutes les fois que celui qui soutient avoir un état qu'on lui conteste, n'a pas un acte de naissance conforme à sa possession (Crim. rej. 10 mess. an 12, aff. Christian, nº 365-4º).

343. Si l'identité de l'enfant désigné dans l'acte avec celui qui invoque cet acte comme son titre était contestée, ce dernier ne serait-il point alors obligé de recourir à l'action en réclamation d'état? — Cette question n'est pas sans importance, puisque, si l'action en réclamation d'état peut être exercée en tout cas et pendant une durée indéfinie par l'enfant lui-même (art. 328), il n'en est pas de même des héritiers : ceux-ci, comme nous le verrons, ne sont recevables à l'intenter, lorsque l'enfant n'a pas réclamé, qu'autant qu'il est décédé mineur, ou dans les cinq années après sa majorité (art. 329). — Or nous n'hésitons pas à répondre négativement. Autre chose est la réclamation d'état dans laquelle tout est ou peut être en question, et le mariage des prétendus père et mère, et l'accouchement de la mère, et l'identité de l'enfant; autre chose est la reconnaissance d'identité qui, supposant l'existence de tous les autres éléments de l'état de l'enfant, met en question une seule chose : celui à qui le titre attribue l'état de fils de tel et telle est-il bien le même que celui qui invoque ce titre comme sien? Question de fait qui, ainsi que nous l'avons

testation doit être décidée, parce que, dit-on, il est de principe qu'une preuve doit être faite, une demande justifiée d'après la loi en vigueur au moment de la demande; que, d'ailleurs, appliquât-on l'ancienne jurisprudence, les intimés ne seraient pas plus avancés, et que, sous l'une comme sous l'autre législation, elles sont tenues de faire les justifications imposées par l'art. 197, qui a reproduit les anciens principes : qu'elles se réfugiaient en vain dans leur qualité de petites-filles, parce qu'en effet la loi est générale, et qu'en outre elles ne peuvent avoir des droits plus étendus que leur auteur; que les reconnaissances de Matthieu Bernard, qui était intéressé à jeter un voile sur les désordres de sa fille, non plus que la possession d'état de Marthe-Antoinette, comme fille Labaurie, sont aussi sans aucune espèce de considération pour la décision de la cause. — Arrêt.

La cour; — Considérant que, par son acte de naissance du 10 fév. 1779, Marthe-Antoinette est dite fille légitime de Joseph Tournier-Labaurie et d'Anne Bernard, demeurant avec son mari; qu'il résulte des faits de la cause que, depuis cette époque, on n'a point eu de nouvelles du père, et que son absence est déclarée par jugement; — Qu'Anne Bernard et Marthe-Antoinette, sa fille, sont décédées avant l'action, et qu'il est bien extraordinaire qu'après quarante ans de silence, on ait attendu leur décès pour contester leur état, et quand il n'y a plus pour les défendre que des petits-enfants auxquels la plus grande partie des faits est nécessairement inconnue; — Qu'au surplus, la naissance et les actes d'où l'on peut faire résulter la possession d'Anne Bernard comme femme légitime de Tournier-Labaurie et de Marthe-Antoinette comme leur fille, étant antérieurs à la promulgation du code civil, l'affaire doit être décidée par la jurisprudence ancienne, aux termes de laquelle l'enfant réclamant, et à qui l'on contestait, après le décès de ses père et mère, la qualité de fils légitime, y était maintenu lorsque cette qualité était établie par son acte de naissance joint à la possession publique de son état; — Qu'à la vérité, l'art. 197 c. civ. semble exiger que les père et mère aient vécu publiquement comme mari et femme, mais que, d'une part, la cause actuelle doit se régler par la jurisprudence ancienne, qui n'exigeait pas cette condition, et que, de l'autre, la loi ne parle dans cet article que des enfants et non des petits-enfants, et qu'ici l'intimée est petite-fille d'Anne Bernard, dont on conteste l'état de femme légitime; — Que, si on recherche les causes pour lesquelles l'art. 197 ne doive pas s'appliquer aux petits-enfants, c'est qu'à mesure qu'on s'éloigne des faits, la preuve en devient presque toujours difficile et souvent impossible; — Qu'en effet, le droit de succéder s'étend jusqu'au douzième degré, et que, si l'on prend sous le nom d'enfants tous les descendants, on pourrait, en certains cas, remonter jusqu'à deux cents ans, et, par là, bouleverser les familles et les réduire au désespoir, puisqu'il serait impossible de prouver qu'alors les époux vivaient publiquement comme mari et femme; qu'ainsi, en consultant l'ancienne jurisprudence, et même l'art. 197 c. civ., dans son sens sainement entendu, il faut dire, avec l'art. 322 du même code, qu'on ne peut contester l'état à celui qui a possession conforme à son acte de naissance, et que, dans l'espèce, Marthe-Antoinette y est dénommée fille légitime de Tournier-Labaurie et d'Anne Bernard sa femme; — Que, si on examine les actes de possession, on n'en trouve à la vérité aucun d'où l'on puisse induire que, dans les dix-sept premières années de sa vie, Labaurie ait pourvu aux besoins de Marthe-Antoinette, ni qu'elle ait porté son nom; qu'on doit dire cependant que la preuve de ce dernier fait n'est pas établie; mais que, dès le 5 therm. an 4, dans le contrat de mariage de Marthe-Antoinette avec Philibert Jouty, Anne Bernard est dénommée veuve Labaurie, et Marthe-Antoinette, fille desdits Labaurie et Anne Bernard; — Que, dans l'acte de naissance de l'intimée, elle est dénommée fille dudit Philibert Jouty et de Marthe-Antoinette Tournier-Labaurie, son épouse, et qu'Anne Bernard y paraît comme veuve de ce dernier; qu'après la mort de Philibert Jouty, et dans deux actes de mariage successifs de ladite Marthe-Antoinette, le premier avec Philibert Jouty, le second avec le sieur Clément Hugon-Marcillac, elle est dite fille de Tournier-Labaurie et d'Anne Bernard, qualifiée veuve Labaurie; — Qu'une fille, nommée Clémentine, étant issue de ce dernier mariage, son acte de naissance, du 1er flor. an 13, donne à Marthe-Antoinette le nom de Tournier-Labaurie et Anne Bernard, et à cette dernière la qualité de veuve Labaurie; — Que, le 18 vend. an 14, Matthieu Bernard vend une maison à ladite Anne Bernard, sa fille, et que, dans l'acte, elle est nommée veuve Tournier-Labaurie; — Que la même qualité se retrouve dans le contrat d'acquisition d'une autre maison faite par elle le 29 février 1808;—Qu'Anne Bernard étant décédée le 29 janvier 1813, les mêmes qualités, pour elle et Marthe-Antoinette, sont exprimées dans l'acte qui en fut dressé; savoir, de veuve Labaurie pour la première, et de fille Labaurie, pour la deuxième; — Qu'enfin, au décès de Marthe-Antoinette elle-même, arrivé le 3 mars 1818, elle est nommée dans l'acte de l'état civil, ainsi que dans l'inventaire du 6 avril suivant, fille de défunt Joseph Tournier-Labaurie et d'Anne Bernard, son épouse; — Qu'en vain on objecte que Tournier-Labaurie n'a concouru à aucun de ces actes, qu'Anne Bernard a pu les faire pour couvrir le vice de sa conduite et assurer un nom à sa fille, et que Matthieu Bernard lui-même a pu n'être conduit que par le désir de sauver l'honneur de sa famille; qu'on pourrait répondre que Tournier-Labaurie a disparu vers le temps de la naissance de Marthe-Antoinette, et que Matthieu Bernard ayant d'autres enfants qu'Anne Bernard, avait intérêt à leur conserver sa fortune, au lieu d'y appeler des bâtards; — Qu'au surplus, ce n'est pas dans une matière aussi grave, et surtout contre des petits-enfants qui veulent conserver leur état, qu'on peut prendre de pareils soupçons pour base; que l'état d'Anne Bernard et de Marthe-Antoinette est écrit dans l'acte de naissance de cette dernière; que c'est là le titre constitutif, la première et la plus forte preuve qu'on puisse rapporter, et qu'une foule d'actes attestent la possession de leur état, il est impossible de le leur ravir; — Qu'enfin, la charge de justifier l'état contraire tombe sur celui qui conteste cette possession, et que, dans l'espèce, les appelants n'ont rien prouvé; — Confirme.

Du 4 juin 1825.-C. de Bourges.-M. Sallé de Chou, 1er pr.

vu, peut être résolue par de simples témoignages. Ajoutons, avec M. Demolombe, t. 5, n° 237, que, si l'art. 329 était applicable à ce cas, il en résulterait que les héritiers ne pourraient pas prouver, même par un acte de naissance, la filiation légitime de leur auteur décédé après vingt-six ans, pour peu que l'on contestât son identité. Or c'est là une conséquence qu'il nous est impossible d'admettre.

ART. 1. — *Par qui et dans quel délai l'action en réclamation d'état peut être exercée.*

344. L'action en réclamation d'état peut être formée par l'enfant d'abord, tant qu'il est vivant. Elle peut être formée, après sa mort, par ses héritiers. Ces deux hypothèses n'étant point soumises aux mêmes règles, régies par les mêmes principes, nous les examinerons successivement. Occupons-nous d'abord de l'enfant lui-même.

345. L'état des personnes intéresse au plus haut point l'ordre public; en effet, il se rattache, par les liens les plus étroits, à l'organisation de la famille; or l'organisation de la famille est l'une des bases fondamentales de la société. Il suit de là que l'état des personnes, réglé par la loi seule, se trouve hors du commerce, et ne peut être l'objet de conventions privées entre les hommes. De là résultent plusieurs conséquences.

346. La première, c'est que l'enfant ne peut ni transiger, ni compromettre sur sa réclamation d'état. L'art. 1004 c. pr. dit positivement qu'on ne peut compromettre sur les questions d'état, et l'art. 2045 c. nap., en disant que, pour transiger, il faut avoir la capacité de disposer des objets compris dans la transaction, s'exprime avec une clarté suffisante au sujet de la réclamation d'état. — Décidé en ce sens que l'état des personnes ne peut jamais être l'objet d'une transaction (Orléans, 6 mars 1841, aff. Granvilliers, n° 387-3°).

347. Une autre conséquence du même principe, c'est que l'enfant ne peut valablement ni *renoncer* à son action, soit expressément, soit implicitement, ni s'en *désister* après l'avoir intentée, ni acquiescer au jugement qui l'aurait déclarée mal fondée. — Ainsi il a été jugé que l'approbation de l'enfant, donnée au testament de sa mère qui l'a désigné comme son enfant naturel, et divers autres actes où il s'est reconnu comme tel, ne font pas obstacle à ce qu'il réclame la rectification de son acte de naissance et sa qualité d'enfant légitime comme né pendant le mariage (Montpellier, 20 mars 1838, aff. Cabanes, V. *suprà*, n° 66).

Quant au désistement, il n'enlèverait pas à l'enfant son droit, encore bien qu'il eût porté, non pas seulement sur l'instance engagée, mais sur le fond du droit lui-même. L'adversaire de l'enfant pourrait donc ne point accepter le désistement et exiger qu'il fût prononcé par jugement sur l'action, afin de n'être pas exposé à voir le procès se renouveler. — Cependant M. Delvincourt (t. 1, note 11 de la page 90) enseigne qu'on pourrait opposer à l'enfant qui réclame son état le désistement qu'il aurait donné d'une semblable réclamation faite précédemment par lui, et, à l'appui de cette doctrine, il cite un arrêt de Paris, du 3 juill. 1812, lequel aurait jugé que l'enfant qui, devenu majeur, avait désavoué la poursuite en réclamation d'état faite en son nom par son tuteur, était non recevable à la reprendre par la suite. Mais nous ferons observer, relativement à cet arrêt, qu'il a été rendu en matière de filiation naturelle (V. *infrà*, n° 632-3°, aff. de Brioude), que la question peut être et a été effectivement résolue diversement pour l'un et pour l'autre cas, et qu'enfin rien, dans cet arrêt très-brièvement motivé, n'autorise à lui donner la portée que lui attribue M. Delvincourt. Quant à la doctrine de cet auteur en elle-même, elle a été généralement repoussée. — V. notamment MM. Duranton, t. 3, n° 144; Valette sur Proudhon, t. 2, p. 117, note; Demolombe, t. 5, n° 280.

De même, l'*acquiescement* au jugement rendu contre lui n'enlèverait pas à l'enfant le droit d'user des voies de recours autorisées par la loi. Il est bien vrai que l'enfant peut acquiescer d'une manière indirecte en laissant passer sans agir les délais dans lesquels le recours doit être formé; mais alors la force que le jugement acquiert, il ne l'emprunte pas à la volonté présumée, à l'acquiescement tacite de l'enfant, il la tire uniquement de la présomption de vérité que la loi attache à toute décision judiciaire qui n'a pas été attaquée dans les délais de droit. *Res judicata pro veritate habetur.* — De même encore, s'il y avait eu *collusion* entre les parties à l'effet d'obtenir un *jugement d'expédient*, on pourrait, en se fondant sur la jurisprudence indiquée v° Acquiescement, n°s 36 et suiv., attaquer après les délais le jugement comme collusoire. — V. aussi v° Obligation.

348. Enfin, du principe que nous avons énoncé plus haut, à savoir : que l'état des personnes est hors du commerce, il résulte encore cette autre conséquence que l'action dont il s'agit ne peut se perdre par *prescription*. En effet, la prescription, reposant sur une présomption d'aliénation, est évidemment inapplicable aux choses qui ne peuvent être volontairement aliénées. Cette conséquence, du reste, n'est pas purement logique, elle a reçu de l'art. 328 c. nap. une consécration législative. « L'action en réclamation d'état, porte cet article, est imprescriptible à l'égard de l'enfant. » Ainsi, quel que soit le laps de temps que l'enfant ait laissé passer sans agir, il ne peut jamais être, pour ce motif, déclaré non recevable. — L'état des personnes ne peut pas plus s'acquérir qu'il ne peut se perdre par prescription. Ainsi, lors même que celui qui jouirait d'un état auquel il n'aurait nul droit en aurait la possession paisible depuis plus de trente ans, il n'en pourrait pas moins être expulsé. En effet, aux termes de l'art. 2226 c. nap., on ne peut prescrire le domaine des choses qui ne sont pas dans le commerce. Nous pensons même, avec M. Duranton, t. 3, n° 146, que, quand même celui qui jouissait d'un état qui n'était pas le sien serait décédé en paisible possession de cet état, on pourrait contester à ses enfants et descendants le nom et les droits de famille qu'ils tiennent de lui.

349. Mais il ne faut pas confondre avec l'état lui-même les droits pécuniaires qui en sont la conséquence. Ces derniers sont dans la commune et, par conséquent, soumis aux mêmes règles que les autres biens. — Il suit de là que l'enfant peut *transiger* et *compromettre* sur ces droits, qu'il peut y *renoncer*, *acquiescer* aux jugements rendus sur les actions dont ils sont l'objet, etc. Il suit de là, enfin, que ces droits sont susceptibles de *prescription*. Ainsi, supposons que l'enfant, après avoir été, sur sa réclamation d'état, déclaré fils légitime de tel et telle, revendique la succession de ses père et mère, ouverte à son profit depuis plus de trente ans, mais qui, à son défaut, a été recueillie par des collatéraux; ceux-ci pourront lui opposer la prescription, parce que l'imprescriptibilité attachée par l'art. 328 à l'action en réclamation d'état ne s'étend pas aux successions, non plus qu'aux autres droits de même nature qui, bien que découlant de l'état, en sont cependant bien distincts. Cette doctrine est incontestable. — V. notamment, MM. Duranton, t. 3, n°s 143-145; Demolombe, n°s 279-281.

350. Nous arrivons à la question de savoir si les *créanciers* de l'enfant peuvent soit exercer, du chef de leur débiteur, l'action en réclamation d'état, soit intervenir dans l'instance engagée par leur débiteur? Question délicate et dont la solution n'est pas sans difficulté. — Sur le point de savoir si les actions qui tendent purement et simplement à la réclamation d'état peuvent être exercées par les créanciers, il ne nous paraît pas qu'il puisse y avoir de question sérieuse. En lui-même, l'état de l'enfant est indifférent à ses créanciers; ce qui les intéresse, ce sont les droits pécuniaires qui dérivent de cet état. Nous n'hésitons donc point à penser que les créanciers sont sans qualité et par conséquent sans droit pour intenter, du chef de l'enfant, une action tendant purement et simplement à la réclamation d'état. C'est ce que décident également MM. Zachariæ, édit. Massé et Vergé, t. 1, p. 288 et 289, notes 8 et 9; Marcadé, sur l'art. 1166 c. nap., n° 2.

Mais que faudrait-il décider pour le cas où la réclamation d'état aurait pour objet d'appuyer une autre demande présentant pour les créanciers un intérêt pécuniaire et actuel, par exemple, pour le cas où les créanciers revendiqueraient, du chef de l'enfant, la succession d'une personne décédée, par le motif que leur débiteur est le fils légitime de cette personne? —Sous l'ancienne jurisprudence, d'Aguesseau a soutenu, dans son 6e plaidoyer (édit. de 1761, t. 2, p. 120), qu'un créancier pouvait être admis à soutenir ou à contester l'état de son débiteur. Mais il est à remarquer que, pour décider ainsi, d'Aguesseau s'attache aux circonstances favorables de la cause bien plus qu'il n'invoque les principes généraux, les raisons de droit.

Le code Napoléon dispose (art. 1166) que les créanciers peuvent exercer tous les droits et actions de leur débiteur, « à l'exception de ceux qui sont exclusivement attachés à la personne.» Que faut-il donc entendre par ces mots : *exclusivement attachés à la personne?* Toute la question est là. — La loi 196, ff., *De reg. jur.*, s'exprime ainsi sur ce sujet : *Privilegia quædam causæ sunt, quædam personæ. Ideò quædam ad hæredem transeunt quæ causæ sunt; quæ personæ sunt ad hæredem non transmittuntur.* Ainsi, d'après cette loi, le caractère distinctif des droits personnels c'est de s'éteindre avec la personne et de ne point passer à ses héritiers. Cette définition nous paraît s'adapter très-exactement aux termes de l'art. 1166 que nous avons rapportés ci-dessus; en effet, du moment qu'un droit, après la mort de la personne au profit de laquelle il était né, se transmet à ses héritiers, on ne peut pas dire qu'il soit exclusivement attaché à la personne. Il faut donc distinguer les droits purement personnels, qui meurent avec la personne, tels, par exemple, que les droits d'usage ou d'habitation, le droit de demander le divorce ou la séparation de corps, des droits personnels improprement dits, qui, bien qu'attachés à la personne, lui survivent cependant et peuvent être exercés après sa mort par ses héritiers. C'est aux premiers seuls que nous paraît pouvoir s'appliquer la dénomination, employée par l'art. 1166, de droits *exclusivement attachés à la personne.* Or, l'action en réclamation d'état n'est pas purement personnelle, puisque, dans le cas où l'enfant l'a intentée de son vivant, elle peut, après son décès, être continuée par ses héritiers (art. 330); puisque, d'un autre côté, ces derniers peuvent l'intenter eux-mêmes, lorsque leur auteur n'a pas réclamé, s'il est décédé mineur ou dans les cinq années après sa majorité (art. 329). Donc elle rentre dans la catégorie des droits et actions qui, aux termes de l'art. 1166, peuvent être exercés par les créanciers. — Dira-t-on que, les héritiers ne pouvant agir pendant la vie de l'enfant, il en doit être de même à l'égard des créanciers? Mais nous répondrons que la position de créancier ne doit pas être confondue avec celle des héritiers durant la vie de l'enfant; les héritiers ne peuvent agir parce qu'aucun droit n'est encore ouvert en leur faveur, et qu'ils ne représentent point la personne de l'enfant. Le créancier, au contraire, a des droits actuellement existants, et comme l'état de l'enfant n'est pas irrévocablement fixé, tant que celui-ci n'est pas décédé, puisqu'à son égard l'action en réclamation d'état est imprescriptible, il faut reconnaître que, bien que les héritiers ne puissent agir durant la vie de l'enfant, le créancier ne doit pas, par cela seul, rester complétement étranger à tout ce qui concerne l'état de son débiteur. — V. Obligation.

Au surplus la doctrine que nous venons de soutenir est professée par la plupart des auteurs (V. Merlin, Quest., v° Hypothèque, § 4, n° 4; MM. Toullier, t. 6, n° 372; Valette sur Proudhon, t. 2, p. 122, note *a*; Zachariæ, édit. Massé et Vergé, *loc. cit.*; Marcadé sur l'art. 1166, n° 2). — Au contraire, MM. Duranton, t. 3, n° 160, et t. 10, n° 563; et Demolombe, t. 5, n°s 282 et suiv., soutiennent que la réclamation d'état est du nombre de ces droits qui ne peuvent jamais être exercés par les créanciers. — Il a été jugé, dans ce dernier sens, que le droit de réclamer ou de contester un état est essentiellement personnel, et que dès lors les créanciers sont non recevables à l'exercer au nom de leur débiteur; mais qu'ils peuvent attaquer de leur chef les actes sur lesquels repose l'état que leur débiteur se refuse à contester, si ces actes ont été faits en fraude de leurs droits (Amiens, 10 avril 1839, aff. Delsenserie, V. État des personnes, n° 8).

351. Quant au droit d'*intervention*, il est clair, d'après ce qui précède, que nous devons le reconnaître aux créanciers pour le cas où nous leur avons reconnu le droit d'action, c'est-à-dire pour le cas où la réclamation d'état ne fait que motiver une autre demande ayant un objet pécuniaire, par exemple une revendication de succession. Mais nous allons plus loin et nous n'hésitons pas à le leur reconnaître également, pour le cas où ils n'auraient pas le droit d'action, c'est-à-dire pour le cas où il s'agirait purement et simplement d'une réclamation d'état, abstraction faite des conséquences pécuniaires, qui peuvent ne se produire que postérieurement. En effet, pour agir, il est nécessaire que les créanciers aient un intérêt pécuniaire actuel, cela est incontestable; mais si, pour intervenir, ils étaient obligés d'attendre que l'intérêt pécuniaire fût né, leur droit d'intervention deviendrait tout à fait illusoire, puisque, quand viendrait le moment de l'exercer, le procès pourrait être terminé et la question irrévocablement jugée. Il suffit, pour qu'ils soient fondés à intervenir, que le jugement du procès puisse produire des conséquences qui leur préjudicient; or le jugement de la réclamation d'état, encore bien que nulle question pécuniaire ne se trouve actuellement engagée, présente incontestablement ce caractère. — Et ce que nous disons ici de l'intervention des créanciers dans une instance en réclamation d'état, nous le dirions d'une manière générale, et par les mêmes raisons, pour tous les cas où le procès aurait pour objet une question d'état, et, par exemple, pour le cas où il s'agit d'un *désaveu.* — Il a été jugé cependant que, l'action qui tend à fixer l'état et la qualité d'un individu dans une famille étant une action exclusivement attachée à la personne, le créancier de celui qui, défendant à une action en désaveu, réclame la qualité d'enfant légitime, est irrecevable à intervenir dans l'instance où s'agite cette question d'état, alors, d'ailleurs, qu'il n'allègue aucun fait de collusion entre les parties en cause, ayant pour but de préjudicier à ses droits (Req. 6 juill. 1836, aff. Delamotte, V. Intervention, n° 45).

Cet arrêt reconnaît qu'il suffirait qu'il y eût *fraude* pour que le créancier fût admis à intervenir, et cela sans doute, bien que l'arrêt ne le dise pas, en vertu de l'art. 467, suivant lequel les créanciers peuvent, en leur nom personnel, attaquer les actes faits par leurs débiteurs en fraude de leurs droits. L'arrêt d'Amiens, 10 avr. 1839, aff. Delsenserie, ci-dessus cité, s'est prononcé à cet égard d'une manière analogue. Mais, si l'on attribue aux créanciers le droit d'attaquer les actes relatifs à l'état de leur débiteur qui ont été faits en fraude de leurs droits, pourquoi leur refuserait-on le droit d'intervenir dans l'instance où s'agite la question d'état elle-même? Et ne vaut-il pas mieux permettre aux créanciers d'intervenir pour surveiller leurs intérêts et empêcher la consommation de la fraude que de ne les autoriser à agir qu'alors que la fraude aura été accomplie? — Nous ferons, sur ces arrêts, une autre observation. Du moment qu'on déclare que, dans les cas de fraude, les créanciers peuvent agir, on reconnaît par là même, implicitement, que l'action en réclamation d'éta ne constitue point un droit exclusivement attaché à la personne. En effet, pour que les créanciers puissent attaquer les actes qui préjudicient à leurs droits, il faut leur attribuer le droit d'exercer l'action en réclamation d'état, puisque leurs droits découlent de la qualité de leur débiteur, et que, si cette qualité n'était pas reconnue, leurs droits, par cela même, ne pourraient exister. La faculté, en un mot, qu'on accorderait aux créanciers de s'opposer au dol ou à la fraude pratiquée à leur préjudice ne serait qu'une illusion si on leur refusait le droit d'agir pour faire reconnaître le droit de leur débiteur.

352. Occupons-nous maintenant des *héritiers* de l'enfant. — Voici comment la loi dispose, à leur égard, quant à la réclamation d'état, dans les art. 329 et 330 c. nap.; — « L'action ne peut être intentée par les héritiers de l'enfant qui n'a pas réclamé, qu'autant qu'il est décédé mineur, ou dans les cinq années après sa majorité» (art. 329). — «Les héritiers peuvent suivre cette action lorsqu'elle a été commencée par l'enfant, à moins qu'il ne s'en fût désisté formellement, ou qu'il n'eût laissé passer trois ans sans poursuites, à compter du dernier acte de la procédure» (art. 330).

353. Le silence gardé par l'enfant pendant sa minorité n'élève contre ses héritiers aucune fin de non-recevoir, parce qu'alors on doit présumer qu'il ne connaissait pas ses droits, et que, d'ailleurs, l'inexpérience de son âge, la faiblesse de sa raison ne lui permettaient pas de se déterminer, avec la maturité nécessaire, sur une aussi grave question. Mais cinq années de majorité lui donnent un délai suffisant pour s'informer de sa position sociale et pour réclamer l'état qui lui appartient. Si donc il est décédé après avoir gardé le silence pendant ces cinq années, la loi présume qu'il a lui-même reconnu n'avoir aucun droit, et, par suite, elle refuse à ses héritiers le droit d'agir. Et c'est là une présomption *juris et de jure* qui ne pourrait être détruite par la preuve contraire. Ainsi, ce serait vainement que les héritiers offriraient de prouver que le défunt, leur auteur, ignorait ses droits, et que telle a été la seule cause de son silence; ils ne seraient pas écoutés : la fin de non-recevoir que leur oppose, dans ce cas, l'art. 329, est absolue et péremptoire. C'est ce que décident, avec raison, MM. Toullier, t. 2, nº 910; Duranton, t. 3, nº 151; Zachariæ, t. 3, p. 662; Demolombe, t. 5, nº 294; Allemand, t. 3, nº 820.

354. Lorsque l'enfant est mort après avoir intenté l'action, cette action se trouve alors faire partie de son patrimoine; il est donc naturel qu'elle passe à ses héritiers avec ses autres biens. L'art. 330, toutefois, fait deux exceptions à cette règle de transmission héréditaire : la première lorsqu'avant son décès l'enfant s'était formellement *désisté* de son action; la seconde, lorsqu'il a laissé s'écouler trois ans sans faire aucun acte de poursuite. Dans l'un et l'autre cas, il est présumé avoir reconnu que son action était mal fondée. — Ici, il est impossible de n'être pas frappé de la différence que la loi établit entre l'enfant et ses héritiers. Tandis que l'enfant ne peut pas, soit par la prescription, soit par l'effet d'une renonciation même formelle, perdre le droit de former indéfiniment l'action en réclamation d'état, ses héritiers ne peuvent exercer cette action qu'autant que leur auteur n'y avait pas *renoncé* soit formellement soit tacitement. La raison de cette différence, c'est que l'intérêt moral, qui domine dans la réclamation d'état lorsqu'on l'envisage par rapport à l'enfant, n'occupe plus qu'un rang secondaire lorsqu'on l'envisage par rapport à ses héritiers. L'objet principal que poursuivent ces derniers lorsqu'ils intentent ou continuent cette action, ce sont les avantages pécuniaires; ils n'ont pas, comme leur auteur, à revendiquer l'honneur de la légitimité; il n'y avait donc pas lieu d'étendre jusqu'à eux les principes adoptés à l'égard de l'enfant.

355. Des enfants sont recevables à demander la rectification de l'acte de naissance de leur mère, décédée avant le code en possession de son état, quoiqu'il se soit écoulé plus de cinq ans depuis le décès de celle-ci (Aix, 17 août 1808, aff. Couteron, V. Actes de l'état civil, nº 428). — De même, l'art. 329 c. nap., d'après lequel l'action en réclamation d'état ne peut être intentée par les héritiers d'un enfant, si cet enfant est décédé après les cinq ans de sa majorité sans réclamer, n'est pas applicable à la demande tendante seulement à établir que l'enfant avait, à son décès, la possession d'état d'enfant légitime. Ici point de prescription à encourir (Pau, 9 mai 1829, rapporté avec Req. 19 mai 1830, aff. David, *suprà*, nº 252). — L'action dont il s'agit dans ces deux arrêts n'est point une action en réclamation d'état; dès lors, l'art. 329 ne peut lui être appliqué. — V. en ce sens M. Demolombe, t. 5, nº 295.

356. Il peut se faire que l'enfant qui, après avoir formé sa réclamation d'état, s'est désisté ou a laissé passer trois ans sans poursuites, soit décédé avant l'expiration des cinq ans qui ont suivi sa majorité. Dans ce cas, ses héritiers doivent-ils être, en vertu de l'art. 330, déclarés non recevables? — Cette question est controversée. Plusieurs auteurs enseignent que, le désistement et la péremption n'anéantissant pas l'action elle-même, mais seulement la procédure, les parties se trouvent, par leur effet, remises au même état que si aucune demande n'avait été formée, et que, dès lors, les héritiers ont le droit d'agir si leur auteur est décédé avant d'avoir accompli sa vingt-sixième année (V. MM. Duranton, t. 3, nº 156; Zachariæ, édit. Massé et Vergé, t. 1, p. 289; Marcadé, sur les art. 329 et 330, nº 5; Taulier, t. 1, p. 400; Demolombe, t. 5, nºs 289 et suiv.). — Mais nous ne croyons pas que cette opinion doive être suivie. Les art. 329 et 330 ne nous paraissent pas pouvoir être appliqués aux mêmes cas. L'art. 329 dispose pour le cas où l'enfant est mort sans avoir réclamé, et l'art. 330 pour le cas où, au contraire, il avait, avant son décès, intenté l'action. Ainsi, encore bien que l'enfant soit mort dans les cinq ans de sa majorité, du moment qu'avant son décès il avait formé sa réclamation d'état, il n'y a plus lieu d'appliquer l'art 329, qui statue pour le cas où il est mort sans avoir engagé l'instance; de sorte que, si ensuite il s'est désisté ou a laissé passer trois ans sans poursuites, les héritiers ne sont plus recevables à continuer l'action. Cette interprétation est rigoureusement conforme au texte des art. 329 et 330. Nous ajouterons qu'elle est également conforme à leur esprit. Qu'a voulu en effet la loi dans ces articles? Elle a voulu que l'action en réclamation d'état ne fût transmise aux héritiers qu'autant que l'enfant n'aurait pas témoigné, soit expressément, soit tacitement, qu'il croyait n'avoir aucun droit. Or la loi voit dans le désistement et dans la discontinuation des poursuites pendant trois années la révélation des sentiments de l'enfant sur ce point, elle y voit la preuve qu'il croyait sa réclamation mal fondée; il est donc rationnel qu'elle attache à ces faits les mêmes conséquences soit qu'ils se soient produits pendant les cinq ans de la majorité de l'enfant ou après cette époque. MM. Delvincourt, t. 1, note 17 de la page 90; Ducaurroy, Bonnier et Roustain, t. 1, nº 469, et Allemand, t. 2, nº 823, ne s'expliquent pas positivement sur cette question; mais des idées qu'ils émettent sur le caractère de la fin de non-recevoir qui résulte de la discontinuation des poursuites pendant trois ans, on peut induire que, pour ce cas du moins, ils partagent notre sentiment. En effet, tandis que MM. Duranton, Marcadé et Demolombe ne voient dans cette discontinuation des poursuites qu'une péremption pure et simple qui, par conséquent, aux termes des art. 399 et suiv. c. pr., n'a pas lieu de plein droit, mais a besoin d'être demandée expressément, MM. Delvincourt, Ducaurroy et Allemand y voient une fin de non-recevoir d'une espèce particulière qui tire toute sa force de l'aveu présumé de l'enfant, une sorte de prescription qui éteint non pas seulement la procédure, mais l'action elle-même, du moins à l'égard des héritiers, et qui produit son effet de plein droit sans avoir besoin d'être demandée par requête d'avoué à avoué, conformément à l'art 400 c. pr.

MM. Aubry et Rau, sur Zachariæ, t. 3, p. 662, note 6, tout en considérant la discontinuation de poursuites dont il est question dans l'art. 330 comme une véritable *péremption* qui emporte extinction, non pas du droit, mais seulement de la procédure, pensent qu'elle s'opère de plein droit nonobstant l'art. 399 c. pr., parce qu'elle est régie, à cet égard, non pas par les règles ordinaires de la péremption, mais par la disposition spéciale de l'art. 330 c. civ., qui n'exige point qu'elle soit expressément demandée. Cette opinion est vivement combattue par M. Marcadé, sur l'art. 330, nº 5. « Si, de ce que l'article ne parle que de l'absence de poursuites pendant trois ans, dit ce dernier auteur, on devait conclure que la demande de péremption n'est pas nécessaire ici, il faudrait aussi, de ce que l'article demande seulement que l'enfant se soit désisté, conclure que l'acceptation du désistement par l'adversaire n'est pas nécessaire non plus; car les deux idées sont corrélatives. Pourquoi donc M. Zachariæ n'ose-t-il pas tirer aussi cette dernière conclusion? » — V. également M. Demolombe, nº 292, et MM. Massé et Vergé sur Zachariæ, t. 1, p. 289, note 11.

357. C'est aux héritiers seulement que les art. 329 et 330 accordent le droit, soit d'introduire, soit de continuer l'action en réclamation d'état. D'où il suit que, pour avoir le droit de se prévaloir de ces articles, il faut être héritier, et qu'ainsi ceux qui auraient renoncé à la succession de l'enfant seraient sans titre pour former ou pour suivre l'action (V. Conf. M. Demolombe, t. 5, nº 296).

358. Ce mot *héritiers* comprend, dans la généralité de son acception, tous ceux qui, étant appelés, soit par la loi, soit par la volonté de l'enfant, viennent recueillir sa succession ou une quote-part de sa succession, c'est-à-dire non-seulement les héritiers légitimes, mais encore les successeurs irréguliers, tels que l'enfant naturel reconnu, le conjoint survivant, l'État, et même les légataires ou donataires universels ou à titre universel. L'action en réclamation d'état peut donc être exercée par chacune de ces diverses espèces d'héritiers. Le législateur, comme on le voit, s'est montré très-large quant à la transmission de cette action. C'est que son caractère se trouve profondément modifié par suite de cette transmission et qu'à l'égard des héritiers elle n'a plus, comme déjà nous l'avons fait observer, qu'un intérêt pécuniaire (V. en ce sens MM. Proudhon, t. 2, p. 119-121; Duranton, t. 3, nºs 158 et 159; Zachariæ, édit. Massé et Vergé, t. 1, p. 289, note 9; Marcadé, sur l'art. 330, nº 3; Demolombe, t. 5, nº 297). Ce dernier auteur pense même que le *curateur* à la succession vacante serait admis à l'exercer.

359. De ce fait qu'à l'égard des héritiers l'action en réclamation d'état n'a qu'un intérêt pécuniaire, il résulte une grave conséquence : c'est que, lorsque de l'enfant elle passe à ses successeurs, elle cesse d'être hors du commerce, et qu'ainsi elle pourrait être, de la part de ces derniers, l'objet de transactions, compromis, désistements ou renonciations parfaitement valables.

360. Il en résulte encore qu'à l'égard des héritiers cette action n'est pas *imprescriptible*. On doit remarquer en effet que l'art. 328, en proclamant cette imprescriptibilité seulement à l'égard de l'enfant, exclut par là même les héritiers de celui-ci du bénéfice de sa disposition. Ainsi cette action, dans le cas où elle leur appartient, n'étant réglée, quant à ce, par aucune disposition spéciale, tombe sous l'application de l'art. 2262, qui porte que toutes les actions, tant réelles que personnelles, se prescrivent par trente ans. On convient généralement que ce délai commence à courir du jour du décès de l'enfant.

361. Nous avons précédemment émis l'opinion que la réclamation d'état pouvait être formée, du chef de l'enfant, par ses créanciers. A plus forte raison déciderons-nous sans hésiter que cette action peut être formée, au nom des héritiers, soit par les créanciers de la succession, soit par leurs propres créanciers. Et ce que nous disons des créanciers, nous le disons également des légataires ou donataires particuliers de l'enfant, qui sont, eux aussi, des créanciers de la succession. M. Demolombe, qui, comme nous l'avons vu, refuse aux créanciers le droit d'agir du chef de l'enfant, leur reconnaît le droit d'agir du chef des héritiers (V. t. 5, nº 301). M. Duranton, t. 3, nº 160, au contraire, refuse ce droit d'une manière absolue aux créanciers ainsi qu'aux donataires et légataires à titre particulier.

362. Quelques auteurs ont prétendu que les art. 329 et 330 ne devaient point être appliqués aux descendants de l'enfant; qu'en se servant de l'expression *héritiers*, ces articles n'avaient point entendu parler d'eux. M. Marcadé, sur les art. 329 et 330, nº 3, qui le premier a émis cette doctrine, la défend avec une grande rigueur. « Si je prétends que mon père, dit-il, qui a passé jusqu'à sa mort pour fils naturel de Marie-Julie Lebret, a été constamment trompé sur son état, et que j'aie la preuve qu'il était le fils légitime du baron de Saint-Germain, que l'on dit à tort décédé sans enfants, il est bien clair que l'action que j'intente alors n'est plus une action pécuniaire. Ce n'est plus seulement l'état de mon père, c'est aussi mon propre état que je réclame, puisque je prétends qu'au lieu de me nommer Jacques Lebret, je me nomme et suis Jacques de Saint-Germain, petit-fils et héritier du baron de ce nom. Mais si c'est alors mon état, à moi, que je réclame; si j'agis en mon propre nom et non pas comme héritier, comme simple individu pécuniairement intéressé; si c'est ma famille, mon titre, mon nom que je demande, et non pas seulement de l'argent, ou peut-être même pas d'argent du tout (parce que le baron de Saint-Germain est mort pauvre ou décédé depuis plus de trente ans déjà); s'il en est ainsi, on ne peut donc pas m'appliquer l'art. 329 et me déclarer non recevable, parce que mon père serait mort après cinq ans de majorité sans rien dire. Ce n'est plus dans le cas de l'art. 329, mais dans le cas de l'art. 328 que je me trouve placé, puisque c'est mon état que je réclame; et mon action, dès lors, est imprescriptible. Et, puisque ce n'est plus comme héritier que j'agis alors, il importe donc peu que j'aie renoncé à la succession de mon père; car, en renonçant à cette succession, je n'ai pas renoncé à ma famille et à mon nom. ». — A l'objection tirée de ce que, l'action, dans ce système, étant imprescriptible à l'égard des descendants aussi bien qu'à l'égard de l'enfant, l'inquiétude des familles et l'incertitude des propriétés se trouveraient ainsi éternisées, M. Marcadé répond que la loi a suffisamment veillé à cet objet, en établissant la prescription de tous les droits pécuniaires.

Cette doctrine, que MM. Ducaurroy, Bonnier et Roustain, t. 1, nº 470, paraissent avoir embrassée, est très-spécieuse; nous reconnaissons même que les raisons sur lesquelles elle s'appuie sont pleines de force; malheureusement elle échoue contre les termes si clairs des art. 328, 329 et 330. Le mot *enfant*, employé plusieurs fois dans le cours des chap. 1 et 2, tit. 7, y est constamment pris dans une acception restrictive qui exclut ses descendants; il est donc impossible d'admettre que l'art. 328, par exemple, s'il avait entendu appliquer l'imprescriptibilité de l'action à tous les descendants, eût dit simplement que cette action est imprescriptible à l'égard de l'*enfant*. De même, le mot *héritiers*, lorsqu'il est employé seul et sans être accompagné d'aucune indication restrictive, comprend en première ligne les descendants; il est donc impossible d'admettre que le législateur, s'il eût voulu exclure ces derniers des dispositions des art. 329 et 330, n'eût pas manifesté son intention par quelque signe. Aussi les auteurs se sont-ils généralement attachés à l'interprétation que nous adoptons (V. MM. Toullier, t. 2, nº 910; Duranton, t. 3, nº 151; Proudhon, t. 2, p. 121; Zachariæ, édit. Massé et Vergé, t. 1, p. 290, note 17, et p. 291, note 21; Demolombe, t. 5, nºs 303 et suiv.; Allemand, t. 2, nº 820). — Ce qui prouve clairement que cette interprétation est seule conforme à la pensée du législateur, c'est que la cour de Metz, dans ses observations sur le projet du code Napoléon avait émis le vœu qu'on fit une distinction entre les héritiers directs et les collatéraux, et qu'il n'en a été tenu nul compte. — Locré, Espr. du code civil, sur l'art. 328, après avoir indiqué les raisons qui ne permettaient pas d'étendre aux héritiers le privilége de l'imprescriptibilité de l'action, ajoute : « Ces raisons étaient trop puissantes pour qu'on pût, comme le demandait la cour de Metz, faire une distinction entre les héritiers directs et les héritiers collatéraux. » On peut le regretter, sans doute, mais il n'est pas permis de changer, par voie d'interprétation doctrinale, une loi dont le sens n'est pas douteux.

Art. 2. — *Devant quels tribunaux doit être portée l'action en réclamation d'état.*

363. « Les tribunaux civils, porte l'art. 326 c. nap., seront seuls compétents pour statuer sur les réclamations d'état. » Cette action, en effet, est civile de sa nature et ne rentre dans aucune des attributions déférées aux juridictions exceptionnelles. Ainsi, les tribunaux de commerce, les juges de paix, sont absolument incompétents pour connaître de ces sortes d'actions. Ils ne le pourraient pas même incidemment à une autre contestation dont ils auraient été principalement saisis, et cela nonobstant le principe général, admis dans notre droit (V. Carré, Org. et comp., art. 283), suivant lequel le juge compétent pour statuer sur la demande principale est également compétent pour statuer sur les questions incidentes auxquelles cette demande peut donner lieu (V. Merlin, Rép., vº Quest. d'état, § 1, nºs 2 et 3; MM. Zachariæ, édit. Massé et Vergé, t. 1, p. 291, et note 23; Valette sur Proudhon, t. 2, p. 115, note *a*; Demolombe, t. 5, nºs 265 et 266). — V. aussi Arg. Cass. 13 juin 1808, aff. Morel, vº Comp. commerc., nº 337.

364. Il peut se faire que l'enfant se trouve dépourvu des titres justificatifs de son état par l'effet du crime d'un tiers; ce crime, qualifié de *suppression d'état*, est prévu et puni par l'art. 345 c. pén.; il consiste dans la destruction des preuves constatant l'état civil des personnes. Lorsqu'un tel crime a été commis, il y a donc lieu à une double action : 1º à l'action criminelle que le ministère public doit diriger contre l'auteur du fait; 2º à l'action civile en réclamation d'état que l'enfant peut former contre ceux qu'il prétend être les auteurs de ses jours ou contre leurs représentants. — Or, d'après les règles du droit commun, l'action civile en réparation du dommage causé par un crime peut être poursuivie en même temps et devant les mêmes juges que l'action publique; lorsqu'elle est poursuivie séparément, l'exercice en est suspendu tant qu'il n'a pas été prononcé définitivement sur l'action publique intentée avant ou pendant la poursuite de l'action civile (V. c. inst. crim., art. 3). Il a été dérogé à ces règles à l'égard de l'action en réclamation d'état. Et d'abord, l'art. 326 disposant, comme nous l'avons vu, que les tribunaux civils sont seuls compétents pour statuer sur cette action, il en résulte qu'elle ne peut être portée devant les mêmes juges que l'action publique en suppression d'état; de plus, bien loin que l'exercice de l'action civile soit ici supendu jusqu'au jugement de l'action publique, l'art. 327 c. nap. porte, au contraire, que « l'action criminelle contre un délit de suppression d'état ne pourra commencer qu'après le jugement définitif sur la question d'état. »

Cette disposition est une innovation du code Napoléon. — Il a été jugé, en effet, que l'action criminelle en suppression d'état pouvait, avant le code, être intentée par l'enfant sans qu'il eût au préalable fait statuer sur son état par la voie civile (Crim. rej. 25 brum. an 13, Roquelaure C. Sirey, MM. Vermeil, pr., Aumont, rapp., Merlin, pr. gén.). Mais alors qu'arrivait-il? C'est que celui qui, à défaut de commencement de preuve par écrit ou de présomptions ou indices, se trouvait dans l'impossibilité légale de faire par témoins la preuve de sa filiation, portait le fait originaire, sous la qualification d'un délit, devant la juridiction criminelle, où la preuve testimoniale est toujours admise sans adminicule, et arrivait ainsi, par voie indirecte, à faire ce que la loi défend, c'est-à-dire à se créer, par de simples témoignages, une preuve de son état. C'est pour détruire un tel abus, c'est pour empêcher que l'art. 326, qui réserve la connaissance des réclamations d'état aux tribunaux civils exclusivement, pût être éludé, que l'art. 327 a défendu de commencer la poursuite criminelle avant le jugement définitif de la question d'état.

365. Il résulte de ces raisons que l'art. 327 doit être appliqué toutes les fois que la *chose jugée* au criminel aurait pour résultat de trancher la question d'état, et notamment lorsque l'enfant a été privé de son état par suite d'un faux ou lorsqu'il y a eu supposition de part.—Ainsi jugé : 1° que celui qui est accusé d'avoir fait inscrire sur les registres de l'état civil, comme provenu de lui et de sa légitime épouse, un enfant qu'il savait provenir de son commerce adultérin avec une autre femme, ne peut être poursuivi criminellement comme coupable de faux ou de supposition d'enfant qu'après qu'il a été prononcé par les tribunaux civils sur la question d'état à laquelle ce fait peut donner lieu (Crim. rej. 21 mai 1813) (1);— 2° Qu'aucune poursuite criminelle ne peut être intentée par le ministère public pour crime de supposition de part, lequel implique une question de filiation, avant que les parties intéressées aient fait statuer sur l'état de l'enfant par les tribunaux civils (Paris, 10 janv. 1851, aff. Finfe, D. P. 51. 2. 27); — 3° Que l'action pour crime de faux en écriture authentique ne peut, lorsque ce crime constitue le mode de perpétration du crime de suppression d'état, être exercée qu'après le jugement définitif sur la question d'état (Crim. rej. 19 juill. 1849, aff. Lemercier, D. P. 49. 5. 199); — 4° Que, lorsqu'il y a contestation sur l'état d'un enfant à qui l'on veut faire quitter le nom qu'il porte en lui opposant son acte de naissance, l'accusation qu'intente cet enfant contre un tiers, comme auteur d'un faux commis dans cet acte de naissance, moyen indirect de prouver son état, ne peut être suivie avant le jugement à rendre au civil sur la question d'état. Il importe peu que l'enfant soit originairement défendeur dans l'instance civile (Crim. rej. 10 mess. an 12 (2);—V. aussi *infrà*, n° 369, Crim. cass. 10 mess. an 12, aff. Houel; 9 fév. 1810, aff. Durozier; Crim. rej. 2 mars 1809, aff. Jourdain; Req. 30 mars 1813, aff. Baron; Crim. cass. 9 juin 1838, aff. Dubarret); — 5° Que, dans ce cas, l'enfant ne peut pas davantage procéder par la voie du faux incident civil avant le jugement de la question d'état (Civ. rej. 28 mai 1809) (3); — 6° Que, bien que les faits incriminés constituent des chefs de prévention distincts, s'ils ont tous

---

(1) (Gabrielle Mangis C. Ministère public). — LA COUR; — Considérant que l'arrêt rendu par la chambre d'accusation de la cour impériale de Bordeaux a reçu son exécution par la transmission de l'accusé et du procès à la cour d'assises, et n'a pu imposer à cette cour ainsi saisie d'autre obligation que de prendre connaissance du procès et de statuer selon les règles établies par les lois; — Que Gabriel Mangis était accusé d'avoir fait inscrire sur les registres de l'état civil, comme provenu de lui et de sa légitime épouse, un enfant qu'il savait provenir de son commerce avec une autre femme; — Que ce fait constitue le crime de faux et de supposition d'enfant, en ce qu'il a pour objet et pour résultat d'établir une filiation autre que celle de la loi et de la nature; — Qu'il a été reconnu constant par la cour d'assises que, jusqu'à présent, il n'a été rendu par les tribunaux civils aucun jugement quelconque sur la question d'état à laquelle ce fait peut donner lieu; — Que dans ces circonstances et aux termes de l'art. 327, c. civ., la cour d'assises n'a pu statuer sur l'accusation; et qu'en déclarant qu'il n'y a lieu de poursuivre quant à présent, et en ordonnant que Gabriel Mangis serait mis en liberté, la cour d'assises a fait une juste application dudit art. 327 et n'a point méconnu les règles de la généralité de sa juridiction. — Rejette.

Du 21 mai 1813.-C. C., sect. crim.-M. Oudart, rap.

(2) *Espèce :* — (François-Christian C. Faudoas). — Le 11 déc. 1785, un enfant fut baptisé à Paris, sous le nom de François-Christian Saint-Armant, comme fils de François Saint-Armant, qui a signé l'acte de baptême, et de sa femme, Adrienne Bernard. — Il paraît que cet enfant était fils de la dame Faudoas, et qu'intéressée à cacher sa naissance à son mari, elle avait fait figurer dans son acte de baptême, comme son père, sous un nom supposé, François Perrault, attaché à son service, et qu'elle l'avait confié aux soins d'une demoiselle Groseiller, qui resta chargée de son éducation jusqu'en l'an 10. — A cette époque, Louis-Joseph Laurent fut nommé tuteur de ce même enfant, à l'effet de faire réformer son acte de naissance. — Peu de temps après, François-Christian se fit délivrer un passe-port sous le nom de Faudoas, et s'enrôla sous ce nom. — Instruits de ces faits, Léonard et Félix Faudoas, père et fils, assignent François-Christian devant le tribunal civil de Paris, pour le faire condamner à quitter le nom de Faudoas. — Ils lui opposent son acte de naissance; et ils soutiennent que cet acte le plaçant dans la famille de Saint-Armant, il ne peut prétendre au nom et aux droits de membre de celle de Faudoas. — Le tuteur répond que Christian a été inscrit sous de faux noms dans son acte de baptême, et que depuis sa naissance il a joui de l'état de fils de Léonard Faudoas et de son épouse. Il articule plusieurs faits, et demande à être admis à en faire la preuve par témoins, se fondant sur l'art. 323, c. civ. — Léonard et Félix Faudoas répliquent qu'aux termes mêmes de cet article, cette preuve ne peut être admise que lorsqu'il y a commencement de preuve par écrit, ou des présomptions résultantes de faits constants et assez graves pour déterminer l'admission; et que François-Christian n'a en sa faveur, ni ce commencement de preuve par écrit, ni ces présomptions.

En cet état, le tuteur s'inscrit en faux contre l'acte de naissance du 11 décembre 1785, porte sa plainte au magistrat de sûreté qui le renvoie devant la cour spéciale de Paris. — Léonard et Félix Faudoas forment opposition à la procédure criminelle et en demandent la nullité, aux termes des art. 326 et 327, c. civ. — 4 fruct. an 11, arrêt de la cour spéciale qui annule comme prématurées les poursuites faites sur la plainte, sauf à suivre sur cette plainte, s'il y a lieu, après le jugement définitif à rendre au civil sur la question d'état.

Pourvoi de la part du tuteur pour déni de justice, et fausse application des art. 326 et 327, c. civ. — D'un côté, a-t-il dit, il n'y a pas ici réclamation d'état de la part de François-Christian; car il ne réclame point l'état de fils des époux Faudoas; cet état, il en jouit depuis sa naissance, il le possède; il n'est que défendeur à l'action intentée contre lui pour l'en dépouiller. D'un autre côté, il n'a point rendu plainte de la suppression de son état; il n'a rendu plainte que du faux commis dans son acte de naissance; et il ne l'a fait que pour se procurer un moyen d'exception contre cet acte, et pour empêcher qu'il ne devînt une pièce décisive contre lui. — Arrêt (après délib. et un *consultis classibus*).

LA COUR; — Attendu que, d'après les art. 326 et 327, c. civ., les tribunaux civils sont seuls compétents pour statuer sur les réclamations d'état; que l'action criminelle contre un délit de suppression d'état ne peut commencer qu'après le jugement définitif sur la question d'état; — Que la question agitée devant le tribunal de 1re instance de Paris était bien véritablement une question d'état, une réclamation d'état de la part de Laurent pour son pupille, qu'il soutient être François-Christian de Faudoas, qualité attaquée par ceux qu'il prétend être le père et le frère de son pupille; — Que l'accusation intentée par son tuteur contre Perrault, comme auteur d'un faux dans l'acte de naissance que l'on oppose au mineur, est un moyen indirect de prouver l'origine et d'assurer l'état que Laurent réclame pour son pupille; — Que la cour spéciale de la Seine, en annulant comme prématurées les poursuites dirigées contre Perrault, sauf à suivre, s'il y a lieu, après le jugement à rendre au civil sur la question d'état, a fait une juste application de la loi; que cet arrêt laisse entière la faculté d'employer, de la part du tuteur devant les tribunaux civils, tous les moyens accordés par la loi; — Rejette.

Du 10 mess. an 12.-C. C., sect. crim.-MM. Vermeil, pr.-Seignette, r.

(3) Sur l'arrêt qui précède, reprise d'instance par Félix Faudoas, pour faire condamner François-Christian à quitter le nom de Faudoas, et faire ordonner que le nom de Saint-Armant serait substitué à celui de Faudoas, dans les actes où il aurait pu être pris. — François-Christian Saint-Armant s'inscrit en faux incident contre l'acte de naissance, s'autorisant de la disposition déclarative qui se trouvait dans l'arrêt de la cour de cassation. — Sommation à Félix Faudoas de s'expliquer s'il entendait se servir de l'acte de naissance du 11 déc. 1785, avec déclaration qu'en cas de réponse affirmative, le tuteur de François-Christian entendait s'inscrire en faux. — Félix Faudoas ne répond pas à la sommation; il se borne à soutenir que l'inscription de faux incident n'est pas plus admissible que celle en faux principal; qu'elle n'est de la part de Christian qu'un moyen employé pour arriver à la preuve testimoniale, et éluder les dispositions des art. 323 et suiv. c. civ.— Le 9 août 1806, jugement du tribunal de la Seine qui admet l'inscription de faux incident : — « Attendu que l'allégation sous un faux nom, dans un acte de naissance, est étrangère à l'allégation d'une filiation particulière, différente de celle indiquée par cet acte; que, d'après la disposition de l'art. 323 c. civ., la nécessité d'un commencement de preuve par écrit, ou de graves présomptions, n'est imposée qu'à celui qui demande à être admis à prouver la filiation, mais non à celui qui prétend être inscrit sous un faux nom; que la preuve offerte d'une fausse inscription ne peut être rejetée sous prétexte qu'elle tendrait à prouver telle ou telle filiation, puisqu'en tout événement la preuve d'une autre filiation resterait

concouru au même but et ont eu pour objet de priver un enfant d'un état qui ne lui appartenait pas, la connexité de ces faits et leur relation avec la question d'état ne permet pas de les isoler de manière à autoriser les poursuites sur quelques-uns, alors d'ailleurs que la preuve acquise de l'un de ces faits devrait avoir une influence directe et immédiate sur la question d'état (Paris, 10 janvier 1851, aff. Finfe, D. P. 51. 2. 27).

366. La règle posée par l'art. 327, à l'égard de l'action criminelle, a même été étendue par un arrêt à l'action civile en dommages-intérêts. — Ainsi, il a été jugé que l'action en dommages-intérêts pour suppression d'état formée par un individu qui prétend avoir été inscrit sous de faux noms, contre les héritiers d'une personne qui a pris soin de son éducation, n'est pas recevable, si l'état n'a pas été constaté préalablement, soit par une action civile en réclamation d'état, soit par l'action criminelle et secondaire en suppression d'état (Paris, 20 fév. 1810) (1).

367. Du reste, il a été jugé implicitement que les art. 326 et 327 c. nap., qui interdisent l'exercice de l'action publique, à raison d'une suppression d'état, avant le jugement de la question d'état par le tribunal civil, s'appliquent à la suppression d'état

---

toujours subordonnée aux conditions imposées par la loi; que l'inscription de faux incident est un des moyens civils ouverts à l'enfant se prétendant inscrit sous un faux nom, pour justifier cette présomption, et que l'emploi de ce moyen ne peut lui être refusé. »

Appel. — Le 29 juin 1807, arrêt de la cour de Paris, vu l'art. 323 c. civ., et considérant qu'il n'existe, quant à présent, dans la cause ni dans les pièces produites, aucun commencement de preuve par écrit, ni aucunes présomptions de la nature de celles indiquées par la loi; et que ce serait contrevenir à cette loi que d'admettre, quant à présent, l'inscription de faux dont il s'agit, dit qu'il a été mal jugé par le tribunal de première instance, et déclare le tuteur de François-Christian non recevable dans sa demande en inscription de faux.

Pourvoi pour fausse application de l'art. 323 c. civ., et violation de l'art. 1 du tit. 2 de l'ordon. de 1737, sur le faux incident, et des art. 527 et 533 c. 3 brum. an 4. — Le défendeur a reproduit le système accueilli par les juges de première instance. — Arrêt.

La cour; — Attendu qu'aux termes de l'ordon. de 1737, tit. 2, art. 2, la poursuite du faux incident peut être reçue, s'il y échet; d'où il suit qu'elle peut n'être pas reçue suivant les circonstances; — Attendu que, dans l'espèce, l'inscription en faux incident que François-Christian, se disant Faudoas, voulait former contre son acte de naissance du 12 déc. 1785, ou n'avait aucun intérêt, ou ne pouvait avoir qu'un intérêt inadmissible. — Elle n'avait aucun intérêt, si elle n'avait pour objet que de repousser la filiation donnée par cet acte à François-Christian, puisque le seul résultat de la fausseté de cet acte, après qu'elle sera jugée, serait que François-Christian ne doit pas avoir le nom de Saint-Armant, qu'il reçut par cet acte, mais qu'il ne s'ensuivrait pas qu'il eût le droit de porter celui de Faudoas, et, qu'à cet égard, sa réclamation serait toujours subordonnée à d'autres preuves de son véritable état, indépendantes de l'événement, quel qu'il pût être; de son inscription en faux incident; — Elle ne pouvait avoir qu'un intérêt inadmissible, si cette poursuite en faux incident n'était élevée, ainsi que cela résulte de la nature des circonstances et des pièces de la cause, que pour arriver indirectement à la preuve testimoniale de sa filiation, laquelle, aux termes de l'art. 323 c. civ., ne peut être admise que lorsqu'il y a commencement de preuve par écrit, ou lorsque les présomptions ou indices résultant des faits dès lors constants, sont assez graves pour déterminer l'admission; — Attendu qu'en jugeant dans ce sens, François-Christian, se disant Faudoas, quant à présent, non recevable dans sa demande en inscription de faux incident, la cour d'appel n'a violé ni l'art. 1, tit. 2, de l'ordon. de 1737, ni les art. 527 et 533 c. des dél. et des peines de l'an 4, et qu'elle n'a pas non plus faussement appliqué l'art. 323 c. civ., dont elle a voulu, au contraire, prévenir la violation par voie indirecte; — Rejette, etc.

Du 28 mai 1809.-C. C., sect. civ.-MM. Muraire, 1er pr.-Sieyes, rap.-Daniels, subst., c. conf.-Roy et Delamalle, av.

(1) *Espèce :* — (Hippolyte C. hérit. Raray.) — En 1775, un enfant est confié au sieur Quique, accoucheur, sur l'ordre de la dame de Raray, de Paris. — Il est mis en nourrice chez une dame Médard, à Créteil. — 14 avr. 1777, Quique fait baptiser cet enfant déjà âgé de vingt-sept mois; il en est parrain : l'enfant est nommé dans l'acte Charles-Hippolyte, fils de Jean-Hippolyte, bourgeois de Paris, et de Marie-Hélène. — Il est mis successivement en pension chez différents individus : la dame de Raray subvient à tous les frais par l'intermédiaire de Quique; le tout est inscrit sur le registre de celui-ci. — En 1780, Quique prend l'enfant chez lui, et décède en 1785. — Alors la dame de Raray se rend à son domicile et obtient, à ce qu'il paraît, de sa veuve de biffer tout ce qui, dans le registre, la concerne et Hippolyte; mais une table placée à la fin échappe à son examen, et permet de reconnaître les noms qui ont été biffés dans le registre. — La dame Quique est priée de continuer ses soins à Hippolyte. Elle le met en pension, puis le reprend. — Plus tard, la dame de Raray cesse d'être aussi exacte à payer la pension : les manières de la dame Quique deviennent plus dures envers Hippolyte. — En 1791, celui-ci s'enfuit, emportant la correspondance de ces deux dames. — Un sieur de Mersan prend intérêt à lui; il écrit à la dame de Raray : celle-ci le renvoie à M. Armey, avocat. — Des conférences ont lieu; leur résultat est que la dame de Raray payera une pension provisoire, et qu'Hippolyte apprendra le commerce. — Hippolyte est placé chez un procureur. — Les secours diminuent. — En 1793, Hippolyte est arrêté pour ses relations avec la dame de Raray dont on le supposait l'enfant, et qui était inscrite sur la liste des émigrés. — En ce temps il paraît, au dire d'Hippolyte, que la dame de Raray aurait fait soustraire, par un clerc de M. Armey, la correspondance qu'elle avait eue à son sujet. — En 1807, la dame de Raray décède, sans avoir fait aucun legs en faveur d'Hippolyte. — Il paraît que tout ce que celui-ci avait pu apprendre, c'est que la dame de Raray ne lui aurait donné des soins que comme en ayant été chargée par ses amis; mais ces amis ont toujours été inconnus. — Deux ans après, Hippolyte forme contre les héritiers de la dame de Raray une demande en dommages-intérêts de 60,000 fr., fondée : 1° sur ce que, par son silence obstiné, cette dame a supprimé son état; 2° sur ce que, par les soins qu'elle a pris de son enfance, elle a contracté l'engagement tacite de lui assurer un état convenable : *Beneficio nos juvari, decipi non oportet.*

15 juin 1809, jugement qui le déclare non recevable, par les motifs « qu'il ne peut y avoir lieu à dommages-intérêts pour suppression d'état, sans décision préalable qui ait déterminé l'état; que, dans l'espèce, Hippolyte ne produit ni pièces ni indices de l'état réel qu'il prétend avoir été supprimé, et que la prétendue obligation contractée par la dame de Raray supposerait, ce qui est impossible, que la bienfaisance peut, en quelque cas, être rigoureusement exigible. »

Appel par Hippolyte; il soutient qu'en le faisant inscrire sous de faux noms on a évidemment supprimé son état.

Les intimés répondent que cette preuve n'est point faite. A la vérité, disent-ils, l'appelant offre de la faire; il articule des faits desquels il résultera que, dans son acte de naissance, on lui a donné pour père et mère des individus qui n'ont jamais existé. — Mais la loi résiste à l'admission d'une preuve de ce genre : demander à prouver que son état a été supprimé, c'est dire qu'il a été inscrit sous des noms faux. N'est-ce pas prétendre qu'on devait l'être sous d'autres noms? car la preuve de la fausseté des noms ne pourra sortir que de la preuve de ce fait. Or, l'appelant serait-il admis à prouver qu'il devait être inscrit sous les noms de fils de tel et telle? Non, sans doute : les art. 323 et 324 s'y opposeraient. Lors donc qu'Hippolyte articule que son état a été supprimé, il articule un fait dénué de preuves; et quand il offre la preuve de ce fait, il offre une preuve inadmissible. — Mais, objecte l'appelant, il ne s'agit pas d'établir une preuve de filiation : je veux obtenir le strict nécessaire, un état, une existence assurée. La preuve de la suppression de mon état peut être admise, et, par suite, l'action en dommages-intérêts contre les auteurs de cette suppression peut être accueillie, encore bien que je ne désigne pas expressément l'état qui m'a été ravi.

Examinons le mérite de ce système de l'appelant : l'art. 323 a admis la preuve de la filiation par témoins dans tous les cas de suppression d'état. Oui, sans doute; mais sous quelle condition? lorsqu'il y a commencement de preuve par écrit, et ce commencement de preuve résulte de titres de la famille, de registres et papiers domestiques du père ou de la mère. Il y a donc nécessité d'indiquer la famille, le père ou la mère...... — Mais qu'est-ce, d'ailleurs, qu'une action en dommages-intérêts? c'est l'action en réparation d'un tort résultant d'un fait : or, quel est le fait dont on se plaint? c'est la suppression d'état. Il faudra donc prouver cette suppression, et, par là, on se trouve ramené aux art. 323 et 324 c. civ., et à ce principe si juste que celui-là seul peut être admis à cette preuve qui indique la famille et les individus dont il se prétend issu. C'est par suite de ce principe que l'art. 329 veut que l'action civile en suppression d'état précède l'action criminelle. — Arrêt.

La cour; — Faisant droit sur l'appel interjeté par Hippolyte, du jugement rendu par le tribunal civil de Versailles, le 15 juin 1809; — Considérant qu'une demande en dommages-intérêts pour suppression d'état, qui n'a été précédée ni de l'action civile en réclamation, ni de l'action criminelle et secondaire en suppression, ne trouve et ne saurait trouver de fondement dans aucune disposition de la loi; — Considérant qu'Hippolyte, jouissant et ayant toujours joui de l'état d'enfant de Jean-Hippolyte, bourgeois de Paris, et de Marie-Hélène, conformément à son titre de naissance, n'a constamment et successivement reçu, sollicité et fait solliciter de Marie-Victoire de Dural, décédée femme de Raray, que des actes de pure bienfaisance, qui ne peuvent devenir le principe d'une obligation quelconque en sa faveur contre les héritiers de sa bienfaitrice; — A mis et met l'appellation au néant; — Ordonne que ce dont est appel sortira son plein et entier effet.

Du 20 fév. 1810.-C. de Paris.-MM. Delamalle et Lagarde, av.

des enfants naturels aussi bien qu'à celle des enfants légitimes (C. d'ass. de la Haute-Garonne, 12 mai 1823, aff. Deschamps; V. Crim. cass. 25 nov. 1808, et Crim. rej. 2 mars 1809, aff. Jourdain, n° 369; V. aussi Mangin, Action publique, t. 1, n° 187).

368. Faut-il conclure de l'art. 327 que, si l'action civile en réclamation d'état n'est jamais exercée, l'action criminelle contre le délit de suppression d'état ne puisse jamais l'être non plus, et qu'ainsi il ait encore été dérogé par cet article à la règle posée par l'art. 4 c. inst. crim., qui porte que la renonciation à l'action civile ne peut arrêter ni suspendre l'exercice de l'action publique? — Cette conséquence est combattue avec force par Merlin, dans ses Questions, v° Quest. d'état, § 2. Suivant ce profond jurisconsulte, le législateur, dans l'art. 327, n'a voulu que faire cesser l'usage frauduleux qui avait été précédemment fait, par des parties civiles, du droit de poursuivre le délit des suppressions d'état par la voie de plainte; il n'a eu d'autre but que d'empêcher les parties civiles de se procurer, par la voie criminelle, une preuve purement testimoniale de l'état qu'elles réclament; il ne s'est point occupé de l'accusation du délit de suppression d'état qui, dans le silence de la partie civile, serait intentée directement par le ministère public, et, par conséquent, il a laissé cette accusation sous l'empire de la règle générale qui oblige le ministère public de poursuivre tous les délits indistinctement, sans attendre la réclamation des parties auxquelles ils ont causé quelque dommage. D'ailleurs, les termes de l'art. 327 supposent qu'il existe une question d'état; cet article n'est donc applicable qu'au cas où une question d'état est agitée entre des parties civiles, il n'est donc pas applicable au cas où les parties civiles se taisent; il ne peut donc pas, dans ce cas, lier les mains au ministère public. « Et, dans le fait, ajoute Merlin, ne serait-il pas souverainement déraisonnable qu'un crime de faux demeurât perpétuellement impuni, sous le prétexte qu'aucune partie privée ne viendrait le dénoncer par la voie civile, et qu'il dût précisément son impunité à la circonstance assurément très-aggravante qu'il aurait été commis dans l'acte le plus important de la vie sociale? » Il faut donc restreindre l'application de l'art. 327 aux cas où, avant l'exercice de l'action publique ou le jugement de cette action, une action en réclamation d'état aurait été portée devant les tribunaux civils. — Cette interprétation a été adoptée par MM. Marcadé, sur l'art. 327, n° 2, et Richefort, t. 1, n°s 24 et 151.

Mais les auteurs et la jurisprudence se sont généralement prononcés en sens contraire, et nous croyons que c'est avec raison. En effet, le projet de code modifié par la commission portait (art. 18 et suiv.) que l'enfant qui réclamerait un état qu'il prétendrait avoir été supprimé, ne pourrait se pourvoir que par la voie civile, même contre les auteurs et complices de cette suppression, sauf au fonctionnaire chargé de la poursuite des délits publics à intenter d'office, s'il y avait lieu, l'action criminelle; mais que cette dernière ne pourrait être admise que sur un commencement de preuve par écrit; et que l'examen de cette preuve formerait une question préjudicielle sur laquelle il devrait être statué préalablement; que le jugement, soit préjudiciel, soit sur le fond, ne pourrait être rendu qu'en présence des parties qui auraient des droits acquis à l'époque de l'accusation, ou elles dûment appelées; qu'enfin l'action criminelle intentée d'office suspendrait toute poursuite commencée au civil. Or ce système a été repoussé, et les articles qui le consacraient remplacés par les art. 326 et 327 qui, en proclamant la compétence exclusive des tribunaux civils à l'égard de l'action en réclamation d'état, refusent d'une manière absolue le droit d'introduire l'action publique jusqu'au jugement définitif de la question d'état. Il ne nous semble pas permis, en présence de ce changement, de douter que le législateur n'ait entendu adopter le système que combat Merlin. Sans doute, dans ce cas, les droits de la vindicte publique se trouveront paralysés par l'inaction de la partie civile; sans doute, les preuves du crime pourront dépérir; mais le législateur a pensé, suivant les expressions de l'orateur du tribunat, qu'un plus grand intérêt commandait que le repos de la société ne fût pas troublé sous prétexte de l'affermir. Si sa volonté eût été que le ministère public pût intenter d'office l'action criminelle, lorsque la partie civile s'abstient, on ne comprendrait pas qu'il eût rejeté les sages dispositions proposées par la commission : le commencement de preuve par écrit, la nécessité du jugement préjudiciel, la mise en cause des parties intéressées, etc. Voyons, d'ailleurs, ce qui pourrait arriver dans le système de Merlin. Ou bien la chose jugée au criminel influerait sur le civil, conformément aux véritables principes (V. Chose jugée, n°s 531 et s.), et alors la filiation pourrait se trouver établie par la preuve purement testimoniale, en l'absence des parties ayant des droits acquis; ou bien elle serait sans influence sur le procès civil, et alors, il pourrait arriver qu'un individu eût été condamné par les tribunaux criminels, à raison d'un crime que les tribunaux civils viendraient ensuite déclarer ne pas exister! Or un tel système nous paraît inadmissible en raison. — V. en ce sens MM. Mangin, Action publique, t. 1, n° 188; Toullier, t. 2, n° 903, et t. 9, n° 151; Proudhon et Valette, t. 2, p. 93-96; Duranton, t. 3, n° 165; Zachariæ, édit. Massé et Vergé, t. 1, p. 291 et 292, note 23 et s.; Bonnier, Tr. des preuves, n° 153; Allemand, t. 2, n° 841; Demolombe, t. 5, n° 270.

369. Il a été décidé, conformément à cette doctrine : 1° que l'art. 327 était général et absolu pour la partie publique comme pour la partie civile (Crim. cass. 10 mess. an 12, aff. Houel, V. ci-après, 3°);—2° Qu'ainsi le ministère public est non recevable à poursuivre les crimes de suppression d'état et de supposition d'enfant tant qu'il n'a pas été statué par les tribunaux civils sur la question d'état (cour d'assises Haute-Garonne, 12 mai 1823) (1);— 3° Que, bien que le fait d'un individu qui a fait inscrire sur le re-

(1) *Espèce* :—(Min. pub. C. Justine Deschamps et autres.)—Justine Deschamps, pour déterminer au mariage un sous-officier d'artillerie avec lequel elle vivait depuis trois ans en concubinage, simula une grossesse et un accouchement. La sage-femme Cazou lui procura, de concert avec sa confidente Julie Keller, un enfant dont une paysanne, Joséphine Gorse, venait d'accoucher, par ses soins. Cet enfant fut inscrit sur les registres de l'état civil comme né de Justine Deschamps. — Mais le sous-officier d'artillerie déclina la paternité qu'on voulait lui attribuer. La justice, informée de la machination criminelle ourdie par ces trois femmes, exerça des poursuites tant contre elles que contre la véritable mère, Joséphine Gorse.—La chambre des mises en accusation les renvoya toutes devant la cour d'assises. Aucun pourvoi ne fut formé contre son arrêt.—Mais à l'audience de la cour d'assises, leurs défenseurs soutinrent qu'aux termes des art. 326 et 327 c. civ. l'action criminelle n'était pas admissible tant qu'aucune décision n'était intervenue sur l'état de l'enfant.—Arrêt.

La cour; — Considérant que l'accusation portée contre Justine Deschamps, Julie Keller, Marie Cazou et Joséphine Gorse, a pour objet une supposition d'enfant, puisque cette accusation est fondée sur ce que l'enfant né de Joséphine Gorse aurait été inscrit sur le registre de l'état civil comme né de Justine Deschamps : suivant l'art. 345 c. pén., la supposition d'enfant est qualifiée crime, et, d'après l'art. 22 c. inst. crim., le ministère public est chargé de la poursuite des crimes; mais celui d'une semblable supposition est soumis, par les art. 326 et 327 c. civ., à des règles particulières : d'après le premier de ces articles, les tribunaux civils sont seuls compétents pour statuer sur les réclamations d'état, et, d'après le second, l'action criminelle contre les délits de suppression d'état ne peut commencer qu'après le jugement définitif sur la question d'état; cette action ne pouvait donc être intentée contre les quatre accusées qu'après que les tribunaux civils auraient statué définitivement sur l'état de l'enfant né de Joséphine Gorse, ce qui n'a pas eu lieu encore. Cette prohibition concerne aussi expressément le ministère public que la partie civile, puisqu'au ministère public appartient exclusivement l'exercice de l'action criminelle; et, d'après l'art. 327, c'est précisément cette action qui ne peut être commencée qu'après le jugement des tribunaux civils sur la question d'état. Il faut donc rejeter toutes les poursuites faites sans ce préalable; et c'est ainsi que l'a jugé à plusieurs reprises, dans des espèces semblables, la cour de cassation dans les arrêts rapportés au Répertoire de jurisprudence, v° Suppression de titres, et dans les Questions de droit du même auteur, v° Suppression d'état (Ici la cour rappelle les arrêts de la cour suprême des 2 mars et 28 déc. 1809, 9 fév. 1810 et 30 mars 1813, V. les espèces suivantes et v° Faux, n° 272); — Considérant que, puisque les poursuites intentées contre les quatre accusées doivent être rejetées, ces poursuites ne pouvant être maintenues dans les actes qui n'en sont que les conséquences, alors on ne doit pas laisser plus longtemps les accusées sous les liens d'une ordonnance de prise de corps, qui n'a d'autre motif que l'action criminelle illégalement intentée contre elles; —Par ces motifs; — Déclare prématurée l'action criminelle pour suppression d'enfant intentée contre Justine Deschamps, Julie Keller, Marie Cazou et la femme Gorse; — Rejette, en conséquence, toutes les poursuites, pour n'être procédé plus avant, etc.

Du 12 mai 1823.-C. d'ass. de Toulouse.-M. Dubernard, pr.

gistre de l'état civil plusieurs de ses enfants comme nés de son légitime mariage, quoiqu'ils provinssent d'un commerce avec une concubine, constitue non pas seulement une énonciation mensongère, mais un faux caractérisé, cependant le ministère public ne peut poursuivre d'office cette suppression d'état; l'art. 327 c. nap., qui suspend l'exercice de l'action criminelle pour le crime de suppression d'état jusqu'après le jugement définitif sur l'action civile, étant général et absolu pour la partie publique comme pour la partie civile (Crim. cass. 10 mess. an 12; Crim. rej., même jour; Crim. cass. 9 fév. 1810 (1); 22 déc. 1808, aff. Deyres, V. Faux, n° 272);—4° Que l'action publique contre un délit de suppression ou supposition d'état, en ce qu'une fille aurait fait inscrire comme provenant d'elle un enfant né d'une autre femme, ne peut être intentée si l'état supprimé ou supposé n'a pas été réclamé ou contesté devant les tribunaux civils (Crim. cass. 21 nov. 1808 et Crim. rej. 2 mars 1809) (2);—5° Que, lorsqu'un faux commis sur des actes de naissance, mariage et décès, a eu pour objet de créer une filiation à une personne, et que la poursuite de ce faux tendrait à priver cette personne de son état civil actuel, le ministère public n'est pas recevable à faire les poursuites en faux, avant qu'il y ait eu jugement définitif, par les juges civils, sur la question d'état; qu'il ne le pourrait pas, même quand il aurait soin de diviser les éléments du délit et de ne diriger les poursuites que contre le faux commis sur des actes de mariage ou de décès; que peu importe même que la décision civile sur la question d'état ne puisse être jugée que plus tard, et même après le décès du prévenu de faux (Req. 30 mars 1813) (3); — 6° Que l'action publique en suppression d'état contre des individus, en

---

(1) 1re *Espèce:* — (Houel *C.* min. pub.) — J.-Pierre Houel avait présenté à l'officier de l'état civil et fait inscrire sur les registres de naissance trois de ses enfants comme provenant de son légitime mariage avec Élisabeth Satis, son épouse, quoiqu'ils provinssent réellement de son commerce avec Marguerite-Françoise Chauvel, sa concubine.—Prévenu du crime de faux, Houel est traduit devant la cour spéciale de l'Eure. —Par arrêt du 26 germ. an 12, cette cour se déclare compétente, attendu que la connaissance du crime de faux est exclusivement attribuée aux cours spéciales par la loi du 23 flor. an 10. — Pourvoi pour violation de l'art. 327 c. civ., qui n'autorise l'action criminelle contre un délit de suppression d'état qu'après le jugement définitif sur la question d'état.

M. Merlin, procureur général, a combattu le pourvoi et conclu à la confirmation par les raisons que nous avons indiquées plus haut.—Arrêt (après délib. en ch. du cons.).

La cour; — Vu les art. 326 et 327 c. civ.; — Attendu que si le fait imputé à Houel d'avoir fait inscrire sur les registres de l'état civil trois de ses enfants, comme provenant de son légitime mariage avec Elisabeth Satis, son épouse, quoiqu'ils provinssent réellement de son commerce avec Françoise Chauvel, sa concubine, constitue, non pas seulement une énonciation mensongère, mais un faux caractérisé, qui rentre dans l'application des art. 41 et 43 de la 2e sect. du titre de la 2e part. du c. pén.; ce faux a pour objet et pour résultat d'opérer une filiation autre que celle de la loi et de la nature, et conséquemment une suppression d'état;— Que, de ce faux, doivent sans doute naître deux actions : l'une, civile, pour faire statuer, par les tribunaux civils, sur la rectification des actes et la restitution de la véritable filiation; l'autre, criminelle, pour faire prononcer les peines de la loi contre les auteurs et les complices du faux qui a produit la suppression d'état; — Mais que, d'après l'art. 327 c. civ., cette action ne peut être exercée qu'après le jugement définitif sur la première; — Que cet article est général et absolu pour la partie publique comme pour la partie civile; — Que sa disposition s'applique même d'une manière principale et spéciale à la partie publique, qui, seule, a le droit d'exercer et de poursuivre l'action criminelle; — Que si, des art. 226 et 227 du code du 3 brum. an 4, il paraît résulter que la partie civile participe aussi à l'exercice de cette action, cette participation n'est qu'un accessoire de l'exercice de l'action publique; qu'elle naît de cet exercice, et ne peut avoir d'effet dans son concours; qu'effectivement, l'art. 5 du code du 3 brum. an 4, dispose que « l'action publique a pour objet de punir les atteintes portées à l'ordre social, et qu'elle est exercée au nom du peuple, par des fonctionnaires établis à cet effet; » — Que des art. 15 et suiv. de la loi du 7 pluv. an 9, il suit aussi que la partie privée n'a point l'exercice de cette action; qu'elle peut seulement le provoquer (par la voie de la plainte ou de la dénonciation) dans les mains du ministère public; que l'effet de ce droit de provocation est même soumis à la discrétion et à la volonté de cet agent de l'autorité, qui peut seul réclamer devant le tribunal de première instance, et par appel, devant les cours supérieures, contre le refus du directeur du jury, de poursuivre ou d'instruire criminellement sur l'action criminelle intentée par le ministère public; — Que, s'il est hors du droit commun, et s'il peut même paraître dangereux que l'action criminelle soit ainsi supendue et même éventuellement anéantie, relativement à des crimes qui intéressent si essentiellement l'ordre social, le repos des familles a pu présenter aux législateurs des considérations d'un intérêt plus grave; — Que, d'ailleurs, il n'appartient point aux tribunaux d'apprécier la sagesse des lois, que leur devoir est d'en respecter et faire exécuter les dispositions; — Casse, etc.

Du 10 mess. an 12.-C. C., sect. crim.-MM. Vermeil, pr.-Merlin, pr. gén., c. contr.-Barris, rap.

2e *Espèce:* —(Min. pub. *C.* Bergeret.)—Même jour, arrêt semblable.-Crim. rej.-M. Minier, rap.

3e *Espèce:* — (Desrozier *C.* min. pub.) — La cour; — Considérant qu'il résulte des art. 326 et 327 c. civ., que l'action criminelle contre un délit de suppression d'état ne peut avoir lieu qu'après que les tribunaux civils ont statué sur l'état de l'enfant; — Considérant que, dans l'espèce, le faux imputé à François-Martin Desrozier a eu pour objet de donner à l'enfant de la femme de Louis Jouard une filiation et une légitimité qui ne lui appartenaient pas; qu'ainsi le résultat du faux était une suppression d'état; — Considérant que la cour spéciale de la Meuse aurait dû, dès lors, surseoir à toutes poursuites sur ce faux, jusqu'à ce qu'il eût été prononcé par un tribunal civil compétent sur la question d'état de l'enfant dont il s'agit; qu'ainsi, cette cour a contrevenu aux art. 326 et 327 c. civ. en se déclarant dès à présent compétente pour instruire sur la plainte rendue contre Desrozier; — Par ces motifs, casse et annule l'arrêt rendu par la cour spéciale de la Meuse le 25 janvier dernier.

Du 9 fév. 1810.-C. C., sect. crim.-MM. Barris, pr.-Favard, rap.

(2) *Espèce:* — (Minist. public *C.* Jourdain). — Marie-Anne Jourdain a été poursuivie criminellement pour avoir fait inscrire sur les registres de l'état civil un enfant étranger comme étant le fruit de son union illégitime avec Jean-Fr. Mengeant. — Cette fille n'a pas désavoué le fait qui lui a été imputé. — Elle a déclaré qu'elle était devenue enceinte des œuvres de Mengeant; que celui-ci voulait l'épouser, mais que son père s'y opposait; qu'ayant fait une fausse couche, elle s'était procuré à Paris, pour 96 fr., une petite fille qu'elle avait, conjointement avec Mengeant, présentée à l'officier de l'état civil comme provenue de leurs œuvres, dans l'espoir qu'ils parviendraient par là à faire cesser l'opposition de Mengeant père à leur mariage. — Le ministère public a seul poursuivi d'office la répression de ce délit. — Le 10 nov. 1808, arrêt de la cour spéciale du Calvados, qui se déclare compétente, « attendu qu'il résultait du procès que Marie-Anne Jourdain était prévenue d'avoir commis un faux en présentant à l'officier de l'état civil un enfant du sexe féminin, qu'elle avait attesté être sorti de ses œuvres; qu'elle avait signé cette déclaration sachant qu'elle était fausse, et que ce délit était prévu par l'art. 2 de la loi du 23 flor. an 10. » — Le 25 du même mois, arrêt qui casse (V. Faux, n° 272).—Sur renvoi, la cour criminelle de l'Orne se déclare incompétente. — Pourvoi du ministère public. — Arrêt.

La cour; — Considérant que, d'après l'art. 327, c. civ., l'action criminelle contre un délit de suppression d'état ne peut commencer qu'après le jugement définitif sur la question d'état;—Que, d'après l'art. 326 du même code, les tribunaux civils sont seuls compétents pour statuer sur les réclamations d'état; — Considérant que les tribunaux civils n'ont pas prononcé sur l'état dont la suppression est imputée à Marie-Anne Jourdain; — Confirme.

Du 2 mars 1809.-C. cass.; sect. crim.-MM. Barris, pr.-Vergès, rap.

(3) *Espèce:* — (Min. pub. *C.* Baron.)—Une dénonciation a été portée, le 4 janv. 1813, devant le juge d'instruction de N..., par Claude-Louis B..., contre Jean-Jacques B..., ci-devant conseiller à la cour des aides de M..., et actuellement conseiller à la cour de N... — B... est inculpé d'avoir, par des procédés chimiques, fait disparaître des registres de l'état civil de la commune de Vallergue, département de l'Hérault, et même des doubles de ces registres qui sont déposés aux archives de la préfecture, trois actes de l'état civil qui y avaient été légalement inscrits sous les dates des 30 flor. an 4, et d'y avoir substitué : 1° sous la date du 30 flor. an 3, un faux acte de mariage entre lui et la nommée Montagny; — 2° Sous la date du 28 mess. de la même année, un faux acte de naissance d'Elisabeth-Louise-Amélie, sa fille, énoncée dans cet acte née à Vallergue de ce prétendu mariage, mais réellement née à Chambéry, le 12 mai 1792, d'un commerce adultérin qu'il entretenait alors avec une femme mariée; — 3° Sous la date du 3 flor. an 4, un faux acte du décès de la même Élisabeth Montagny, faits qui constitueraient un crime de faux en écritures authentiques, prévu par l'art. 147 c. pén., et un crime de suppression d'actes originaux de l'autorité publique, prévu et puni par l'art. 439 du même code. — D'abord, a dit M. Merlin, procureur général, B... peut-il être poursuivi comme prévenu d'un crime de faux, qui, s'il avait été commis, aurait eu pour but de supprimer dans la personne de sa fille l'état de bâtarde, et d'y substituer l'état de fille légitime?—Cette question se réduit à celle-ci : L'art. 327 c. civ. dit que l'action criminelle contre un délit de suppression d'état ne peut commencer qu'après le jugement définitif des tribunaux civils sur la question d'état : n'entend-il, par l'action criminelle, que la plainte de la partie privée, tendant à pour-

cè qu'ils ont fait inscrire comme né d'une femme un enfant qui était né d'une autre, ne peut être poursuivie qu'après le jugement définitif sur l'action civile en réclamation d'état; et que l'arrêt qui met en accusation le prévenu d'un pareil délit, avant le jugement au civil, doit être cassé (Crim. rej. 21 août 1812; Crim. cass. 24 juill. 1823) (1); — 7° Que l'action publique contre des individus accusés d'avoir fait recevoir, lors du rétablissement des registres de l'état civil d'une commune, un acte de naissance attribuant faussement à une personne le nom d'une famille à laquelle elle était étrangère, et d'avoir, par la suite, commis plusieurs autres faux, soit en écriture authentique, soit en écriture privée, soit dans des passe-ports, à l'effet d'établir la fausse filiation et la possession d'état de la même personne, n'est recevable, pas plus que l'action civile, sur aucun des divers chefs d'accusation, à raison de leur connexité, tant que la question d'état n'a pas été définitivement jugée par les tribunaux civils (Crim. cass. 9 juin 1838) (2).

Nous ne pouvons toutefois nous empêcher de regretter, avec

---

suivre le crime de suppression ou de supposition d'état devant les juges criminels, et laisse-t-il au ministère public la faculté de poursuivre ce crime d'office, lorsqu'il n'y a pas encore de contestation liée ou apparente, dans les tribunaux civils, sur l'état prétendu supprimé ou supposé? — L'exposant a soutenu l'affirmative à l'audience de la section criminelle du 20 prairial an 12, et aux raisons dont il l'a étayée alors, se joint encore une considération qui lui paraît sans réplique : c'est que de l'opinion contraire résulterait nécessairement l'impunité de quiconque ayant un enfant adultérin qu'il voudrait faire passer pour légitime, ferait ce que B... est prévenu d'avoir fait dans l'espèce dont il s'agit en ce moment. — En effet, s'il est vrai que B... ait fabriqué le faux acte de mariage, le faux acte de naissance, le faux acte de décès qui lui sont imputés, il est impossible que de son vivant ces crimes soient constatés par la voie civile. — Ils ne pourraient l'être que d'après une action civile qui serait dirigée contre sa fille pour la faire déclarer bâtarde adultérine. — Mais cette action, qui l'intentera? Ce ne sera certes pas B...; ce ne sera pas la famille de la prétendue femme; car, s'il faut en croire la dénonciation, sa prétendue femme n'a jamais existé; ce ne sera pas non plus la famille de B...; car tant qu'il vivra, ni ses parents collatéraux ni sa fille n'auront aucun droit à réclamer sur ses biens. Ses parents collatéraux n'auront donc jamais, tant qu'il vivra, un intérêt formel et présent à contester l'état de sa fille. Ils n'auront donc jamais qualité pour le lui contester; ils ne seront jamais recevables. Ce ne sera donc qu'après sa mort qu'ils pourront être admis à faire juger que sa fille, au lieu d'être, comme l'annonce son prétendu acte de naissance, le fruit d'un mariage légitime, n'est que le fruit d'un commerce adultérin; B... mort, son crime alors sera éteint, et la vindicte publique désarmée. — Une opinion qui conduit inévitablement à une pareille conséquence, ne peut pas être conforme au véritable esprit de l'art. 327 c. civ..... — Obligé néanmoins de respecter une jurisprudence contraire bien constante, l'exposant doit renoncer à faire poursuivre B... comme prévenu d'avoir fabriqué ou fait fabriquer des faux actes de mariage, de naissance et décès, à l'effet de revêtir une fille adultérine de l'apparence de la légitimité. — Mais B... ne peut-il pas dès à présent être poursuivi comme prévenu d'avoir supprimé par des procédés chimiques les trois actes de l'état civil auxquels la dénonciation portée contre lui l'accuse d'avoir substitué de faux actes de naissance, mariage et décès? Il ne le pourrait pas, si les trois actes prétendus détruits étaient tous des actes de naissance; dans cette hypothèse, il faudrait avant tout qu'il fût jugé par les tribunaux civils que l'état des enfants compris dans ces actes de naissance a été supprimé. — Mais il en serait tout autrement si ces actes n'étaient pas des actes de naissance, et s'ils étaient tous des actes de mariage, de décès ou de divorce, ou si seulement, parmi ces trois actes il y en avait un qui eût été dressé pour constater, soit un divorce, soit un mariage, soit un décès. — En effet, l'art. 327 c. civ. ne parle des questions d'état que sous le rapport de la filiation; placé sous la rubrique des preuves de la filiation des enfants légitimes, il s'y réfère uniquement, et jamais on n'a prétendu en inférer que les juges criminels aient les mains liées pour poursuivre des crimes commis relativement à des actes de décès et de divorce, tant que ces crimes n'ont pas été constatés par la voie civile. — Ainsi, nul doute que si les actes dont la suppression est imputée à B... ne sont pas tous des actes de naissance, B... ne puisse être dès à présent poursuivi criminellement comme prévenu de cette suppression. — Nul doute, par conséquent, qu'il n'y ait lieu d'instruire sur cette suppression, sauf à surseoir si, par le résultat de l'instruction, il paraît que ce sont trois actes de naissance qui ont été supprimés.

B..., informé de la dénonciation portée contre lui, a cru devoir adresser au grand juge ministre de la justice un certificat, le 15 fév. dernier, ci-joint, par lequel le maire de Vallergue atteste qu'il n'est point venu à sa connaissance que personne se plaigne qu'il manque aucun acte de naissance, de mariage et de décès de cette commune, pour les ans 3 et 4. — Mais ce certificat ne peut pas empêcher l'instruction que provoquent contre B... les faits dont il est prévenu. De ce que personne ne se plaint de la supression des actes qu'il est prévenu d'avoir supprimés, il ne s'ensuit nullement qu'il ne les a pas supprimés. — Ce considéré, plaise à la cour, vu les art. 481 et 482 c. inst. cr., renvoyer la dénonciation portée au juge d'instruction du tribunal de première instance de N..., le 4 janv. dernier, par le sieur Claude-Louis B..., contre le sieur Jean-Jacques B..., devant un juge d'instruction pris hors du ressort des cours de N... et de M..., pour être par lui procédé et instruit ainsi qu'il appartiendra, et conformément à la loi sur les faits de suppression des trois actes de l'état civil de la commune de Vallergue, mentionnés en ladite dénonciation, sans préjudice des poursuites qu'il pourrait y avoir lieu ci-après, le cas échéant, d'exercer contre ledit B... sur l'imputation à lui faite par la même dénonciation, d'avoir substitué dans les mêmes registres trois faux actes de mariage, de naissance et de décès, aux trois actes prétendus supprimés. — Arrêt (après délibération en ch. du conseil).

LA COUR; — Vu les art. 326 et 327 c. civ.; — Attendu que les mots *action criminelle* s'appliquent d'une manière principale à la partie publique, puisqu'elle seule a le droit d'exercer et poursuivre cette action; — Attendu que, dans l'espèce, il n'y a eu au civil aucun jugement définitif sur la question d'état dont il s'agit; — Rejette le pourvoi du procureur général.

Du 30 (non du 3) mars 1813.-C. C., sect. req.-MM. Henrion, pr.-Lasagni, rap.

(1) 1re *espèce :* — (Minist. public C. Goorband). — LA COUR; — Attendu qu'en jugeant que, dans l'espèce, les faits de supposition d'enfant et de fausse déclaration sur le registre de l'état civil, dont a été prévenue la nommée Anne-Sophie Goorband, se liaient nécessairement à un fait de suppression d'état, et qu'ainsi il ne pouvait y avoir lieu à poursuites criminelles, jusqu'à ce qu'il eût été statué sur la question d'état par les tribunaux civils, la cour de La Haye s'est conformée aux dispositions des art. 326 et 327, c. civ.; — Rejette.

Du 21 août 1812.-C. C., sect. crim.-MM. Barris, pr.-Rataud, rap.

2e *espèce :* — (Boussac, etc. C. Minist. public). — LA COUR; — Vu les art. 326 et 327, c. civ.; — Considérant qu'André Boussac, Pierre Vincent, Marie-Joséphine Bernachone et Marie-Anne Cugné, veuve Audouy, ont été prévenus d'avoir, de complicité, fait inscrire sur les registres de l'état civil, comme provenant du légitime mariage desdits Pierre Vincent et Marie-Joséphine Bernachone, un enfant dont celle-ci n'était pas accouchée; — Que ce fait, devant avoir pour résultat de donner audit enfant une filiation autre que celle qui lui appartient, est donc une suppression d'état; — Que si ledit fait est qualifié crime d'après l'art. 345, c. pén., et que, conséquemment, il en naisse une action criminelle pour l'application de la peine portée par ledit article, elle ne peut, aux termes de l'art. 327 précité, c. civ., être poursuivie qu'après le jugement définitif à intervenir sur l'action civile en réclamation d'état; — Que, dans l'espèce, cette action n'a point été jugée, ni même intentée : d'où il suit qu'en mettant dès à présent lesdits prévenus en accusation, la cour royale de Toulouse a méconnu les règles de la compétence et de ses attributions, et formellement violé ledit art. 327, c. civ. — D'après ces motifs, casse et annule l'arrêt rendu le 2 juin 1823 par la cour de Toulouse, chambre des mises en accusation; — Et, attendu que dans l'état, l'action publique résultant dudit fait de suppression d'état ne peut être poursuivie, déclare que, quant à présent, il n'y a pas lieu à renvoi; — Ordonne, etc.

Du 24 juill. 1823.-C. C., sect. crim.-MM. Barris, pr.-Busschop, r.

(2) Dubarret C. Paillet.) — Arrêt (apr. délib.) — LA COUR; — Vidant le délibéré en la chambre du conseil, prononcé à l'audience de ce jour; — Sans qu'il soit besoin de statuer sur le premier et sur le troisième moyen invoqués par les demandeurs; — En ce qui touche le deuxième moyen, tiré de la violation des art. 326 et 327 c. civ.; — Vu lesdits articles; — Attendu que ces articles établissent une exception formelle au principe général posé dans l'art. 3 c. inst. crim., en vertu duquel l'action civile peut être poursuivie en même temps et devant les mêmes juges que l'action publique, peut même l'être séparément, mais se trouve alors suspendue, tant qu'il n'a pas été prononcé définitivement sur l'action publique intentée avant ou pendant la poursuite de l'action civile; — Que du texte desdits articles, ainsi que de la discussion à laquelle ils ont donné lieu au conseil d'État, lors de la confection du code civil, il résulte que la volonté du législateur a été que les tribunaux civils fussent seuls compétents pour statuer sur les réclamations d'état, et que l'action criminelle contre le crime de suppression d'état ne pût être intentée qu'après le jugement définitif sur la question d'état; — Que le but évident de cette disposition de la loi a été d'empêcher qu'on n'arrivât, au moyen d'une action criminelle, à faire juger, à l'aide de la preuve testimoniale seule, des questions de filiation pour lesquelles le code civil a établi, dans les art. 319, 320, 321 et 322, un genre de preuves moins incertain et plus rassurant pour l'ordre social et pour la sécurité des familles;

Attendu néanmoins, en fait, que l'arrêt attaqué a fondé l'accusation

plusieurs jurisconsultes estimables, notamment MM. Demolombe, t. 5, n° 271, et Bonnier, n° 153, que le législateur n'ait pas cru devoir adopter le système proposé par la commission, système qui, sans paralyser, entre les mains du ministère public, l'action de la justice répressive, prévenait cependant l'abus auquel l'art. 327 a eu pour but de remédier. On aurait pu, comme le propose M. Valette, sur Proudhon, p. 95, en note, déclarer que les cours d'assises ne seraient saisies de l'accusation de suppression d'état qu'autant que les chambres d'accusation auraient reconnu l'existence d'un commencement de preuve par écrit ou d'indices graves résultant de faits déjà constants. Du reste, ce que le code Napoléon n'a point fait, d'autres législations l'ont fait. Ainsi, le code hollandais attribue au ministère public, dans le silence des parties intéressées, le droit d'intenter l'action criminelle pour suppression d'état, pourvu qu'il y ait un commencement de preuve par écrit. Dans ce cas, l'action publique n'est pas suspendue par l'action civile (V. M. Anthoine de Saint-Joseph, Concordance, p. 13). Et notre art. 327 a été modifié dans le même sens au code belge (Code Guillaume, tit. 13, art. 18).

370. Quoi qu'il en soit, il résulte des motifs même sur lesquels est fondé l'art. 327, de l'objet que le législateur s'est proposé dans cet article, qu'il n'est point applicable toutes les fois que le jugement de l'action publique ne doit pas préjuger la question d'état, alors même que le délit pourrait influer sur cet état. C'est ce qu'enseignent MM. Mangin, Act. publ., t. 1, n° 190; Leseyllier, Tr. de dr. crim., t. 4, n° 1519; Demolombe, t. 5, n° 275. C'est ce qui résulte également des observations échangées par MM. Jollivet et Treilhard dans la séance du conseil d'Ét. du 29 fruct. an 10 (V. Locré, Lég. civ., t. 6, p. 162).

371. Ainsi il a été jugé 1° que l'art. 327 c. nap. n'est applicable qu'à la suppression de l'état civil d'un enfant, et non pas à la suppression de sa personne; que, dès lors, les juges ne sont pas obligés, dans ce dernier cas, de surseoir au jugement de l'action criminelle, jusqu'à ce qu'il ait été prononcé par le juge civil sur la question d'état (Crim. cass. 26 sept. 1823; 12 déc. 1823; Cr. rej. 8 avril 1826; Cr. cass. 1er oct. 1842) (1); M. Mangin, Action publ., t. 1, n° 190, fait observer qu'il en serait autrement, si le délit dont il est question dans ces arrêts

---

de faux et de complicité de faux contre Dubarret et contre la fille Delsenserie, se prétendant fille Féral, sur le chef principal, savoir contre Dubarret, d'avoir, le 15 juill. 1837, frauduleusement fait « recevoir par la commission instituée pour le rétablissement des registres de l'état civil de Soissons, un acte constatant faussement la naissance à Soissons, le 18 juin 1797, d'un enfant du sexe féminin, sous le nom de Féral (Louise-Elisabeth-Lucie), avec l'intention d'appliquer cet acte à la fille Delsenserie; et contre la fille Delsenserie, de s'être rendue complice de ce crime en aidant et assistant avec connaissance ledit Dubarret dans les faits qui l'ont préparé ou facilité, crimes prévus par les art. 60 et 147 c. pén.; »

Attendu que quatorze autres chefs d'accusation de faux et de complicité de faux, soit en écriture authentique et publique, soit en écriture privée, soit dans un passe-port, sont portés contre lesdits Dubarret et fille Delsenserie et présentés par l'arrêt attaqué comme connexes au crime principal de faux dont le but aurait été d'attribuer à ladite Delsenserie une filiation fausse et une possession d'état conforme, pour l'introduire dans la famille Féral à laquelle elle aurait été étrangère;—Qu'il en résulte que tous ces faux, d'après les faits relevés par l'arrêt attaqué, avaient pour but et pour résultat d'attribuer un état, soit usurpé, soit véritable; mais que, dans cette situation, l'état vrai ou supposé de fille Féral, que se serait attribué la fille Delsenserie, présentait une question de filiation qui, d'après les principes résultant des art. 326 et 327 c. civ., ne pouvait être jugée que par les tribunaux civils, seuls compétents pour en connaître, et que toute action criminelle, à raison de ce fait et de ceux qui s'y rattacheraient par la connexité, ne pouvait être intentée qu'après le jugement définitif de la question d'état par les tribunaux civils, question qui n'a été encore, dans l'espèce, ni jugée ni même soumise à ces tribunaux;

Qu'il suit de là qu'en admettant, contrairement à ces principes, l'action criminelle de la partie civile et du ministère public contre les demandeurs, avant le jugement de la question d'état, par les tribunaux civils, l'arrêt attaqué a formellement méconnu et violé les art. 326 et 327 c. civ., et commis un excès de pouvoir; — Casse l'arrêt de la cour d'Amiens, du 2 avr. 1838.

Du 9 juin 1838.-C. C., ch. crim.-MM. de Bastard, pr.-Dehaussy, rap.

(1) 1re *Espèce:* — (Min. pub. C. Luraine.) — LA COUR; — Statuant sur le pourvoi du procureur général à la cour de Rennes: — Vu les art. 345 c. pén., 327 c. civ.; — Attendu que la disposition de l'art. 327 c. civ. est exclusivement relative au délit de suppression d'état; que, conséquemment, elle ne peut être étendue à celui de suppression de la personne d'un enfant, qui en diffère essentiellement par ses effets comme par sa nature;

Et attendu que, dans l'espèce, il s'agissait de la suppression de la personne d'un enfant, fait déclaré crime par l'art. 345 du code pénal; —Que, par conséquent, en appliquant à ce fait l'art. 327 du code civil, et en décidant qu'il ne pouvait être poursuivi criminellement jusqu'après le jugement de la question d'état, l'arrêt attaqué a fait une fausse application de l'art. 327 c. civ. et violé l'art. 345 c. pén.; — Par ces motifs, casse et annule l'arrêt de la cour de Rennes, chambre des mises en accusation, du 18 août dernier, qui annule l'ordonnance de prise de corps rendue contre Jean Roger et Anne Luraine, et, pour être de nouveau procédé au règlement de la compétence sur la prévention de suppression d'enfant, portée contre Jean Roger et Anne Luraine, les renvoie l'un et l'autre en état de mandat d'arrêt, et les pièces de la procédure, devant la cour de Caen, chambre des mises en accusation.

Du 26 sept. 1823.-C. C., sect. crim.-MM. Bailly, pr.-Ollivier, rap.-Marchangy, av. gén., c. conf.

2e *Espèce:* — Boulaud C. min. pub.) — Boulaud, condamné, par arrêt de la cour d'assises de Limoges, à cinq années de reclusion et au carcan, comme coupable d'enlèvement ou de suppression d'un enfant, crime prévu par l'art. 345 c. pén., s'est pourvu en cassation de cet arrêt: 1° pour violation de l'art. 14 de la loi du 24 août 1790, de l'art. 309 c. inst. crim. et des art. 7 et 17 de la loi du 20 avr. 1810, et pour fausse application de l'art. 64 de la charte, en ce que les formalités qui avaient précédé l'ouverture des débats, comme la prestation de serment par les jurés, n'avaient été remplies qu'à huis clos; 2° pour violation de ces mêmes articles, en ce que le jugement qui avait ordonné que les débats auraient lieu à huis clos, n'avait pas même été prononcé en audience publique; 3° pour violation de l'art. 327 c. civ., en ce que la cour d'assises avait statué sur l'accusation de suppression d'un enfant, sans qu'il eût été préalablement statué au civil sur l'état de cet enfant. Suivant le demandeur, ce crime n'est autre que le délit de suppression d'état dont parle l'art. 327 c. civ. — Arrêt.

LA COUR; — Vu les art. 14 et 15 de la loi des 16-24 août 1790, l'art. 7 de la loi du 20 avr. 1810, l'art. 64 de la charte constitutionnelle, l'art. 327 c. civ. et l'art. 345 c. pén.; — Attendu, sur le dernier moyen, qu'il s'agissait au procès, non du crime de suppression de l'état d'un enfant, qui fait l'objet de l'art. 327 c. civ., mais bien de l'enlèvement et de la suppression de la personne même d'un enfant; que ce fait, qui a été déclaré constant par le jury, rentrait dans les dispositions de l'art. 345 c. pén., et rendait inapplicable l'art. 327 c. civ.; — Rejette ce moyen;

Mais faisant droit sur les premier et deuxième moyens: — Attendu qu'il a été constaté par le procès-verbal des débats, du 3 novembre dernier, qu'après la formation du jury, les portes de l'auditoire étant restées fermées au public, le substitut du procureur général requit, et la cour d'assises ordonna que les débats auraient lieu à huis clos; que non-seulement cet arrêt ne fut point prononcé publiquement, mais encore que toutes les formalités antérieures à l'ouverture du débat, et qui devaient précéder la lecture de l'arrêt de mise en accusation et de l'acte d'accusation, eurent lieu en secret et à huis clos; en quoi il y a violation des lois de 1790, de 1810 ci-dessus rappelées, et de la première partie de l'art. 64 de la charte constitutionnelle, et fausse application de la deuxième partie dudit article; — Par ces motifs, casse.

Du 12 déc. 1823.-C. C., sect. crim.-MM. Barris, pr.-Chasle, rap.

3e *Espèce:* — (Delphine Bonnet, etc. C. min. pub.) — LA COUR; — Attendu, sur le premier moyen, que les demanderesses étaient accusées de la suppression, non de l'état d'un enfant, mais de celle de sa personne, et que ce n'est que pour le fait de la suppression de l'état, et non pour celui de la suppression de la personne, que l'art. 327 c. civ. exige qu'il soit préjudiciellement statué sur la question d'état; — Rejette.

Du 8 avr. 1826.-C. C., sect. crim.-MM. Bailly, doyen, f. f. de pr.-Ollivier, rap.-Laplagne, av. gén., c. conf.-Dalloz, av.

4e *Espèce:* — (Min. publ. C. veuve Plancheron.) — LA COUR; — Vu les art. 345 c. pén., 326 et 327 c. civ.; — Statuant sur la requête à fin de pourvoi du procureur général près la cour royale de Paris; — Attendu que le dernier des articles précités est exclusivement relatif au délit de suppression d'état; que sa disposition ne saurait s'étendre au délit d'enlèvement ou de recelé de la personne de l'enfant, qui en diffère essentiellement par ses effets comme par sa nature; — Que si la cour royale de Paris, chambre des mises en accusation, a annulé à bon droit l'ordonnance de la chambre du conseil du tribunal de la Seine, du 7 juin dernier, en ce qui concernait: 1° la supposition de la naissance d'un enfant dont la prévenue n'était point accouchée; 2° l'inscription, à l'aide du faux, sur les registres de l'état civil du septième arrondissement de Paris, d'un acte constatant que ladite prévenue était accouchée d'un enfant qui n'était pas né d'elle; double chef qui impliquait nécessairement une question d'état, cette cour n'a pu étendre la disposition de l'art. 327 c.

était poursuivi comme constituant une suppression d'état; qu'en effet, bien que punissable en lui-même, il ne pourrait motiver une action de ce genre qu'après le jugement de la question d'état; — 2° Que le crime de la supposition d'enfant à une femme qui n'en a pas est distinct du crime de suppression de l'état d'un enfant, dont il est parlé dans l'art. 327 c. nap.; et qu'ainsi, lorsqu'un mari est accusé d'avoir supposé à sa femme un enfant dont elle n'est pas accouchée, crime prévu par l'art. 345 c. pén., l'arrêt qui le renvoie devant la cour d'assises ne peut être annulé, si d'ailleurs il est régulier en la forme (Crim. rej. 7 avril 1831, aff. Marcellin, V. Actes de l'état civil, n° 505); — 3° Que les art. 326 et 327 ne sont point applicables à la poursuite dirigée contre un individu prévenu de faux pour avoir fait inscrire sur les registres de l'état civil, comme vivant, son enfant légitime, mort dans l'accouchement; la question portant, dans ce cas, non pas sur la filiation de l'enfant, qui n'est pas contestée, mais seulement sur le point de savoir si cet enfant est né mort ou vivant (Crim. rej. 8 juill. 1824) (1); — 4° Que le fait par un individu d'avoir pris de faux noms dans l'acte de naissance de l'enfant qu'il a présenté à l'officier de l'état civil comme né de lui et de son épouse légitime, désignée sous ses véritables noms, n'empêchant point cet enfant de trouver dans cet acte de naissance le titre de sa filiation paternelle, puisque l'exacte désignation de sa mère lui permet d'invoquer la présomption générale de l'art. 312, n'implique point le crime de faux, et qu'ainsi il n'y a pas lieu de faire à l'action criminelle dirigée contre l'auteur de ce fait, l'application de l'art. 327 c. nap. (Belgique, Crim. cass. 29 janv. 1836, aff. min. pub. *C.* Doby); — 5° Que les dispositions des art. 326 et 327 c. nap. ne font pas obstacle à la poursuite de l'action criminelle en faux témoignage, contre des témoins qui ont déposé dans les enquêtes ordonnées par le juge civil, sur l'instance en réclamation d'état, encore que le juge civil n'ait pas prononcé sur la question d'état (C. C. de Liége, 5 janv. 1822 (2). —V. aussi Crim. cass. 8 mai 1828, aff. Foumeyron, v° Compét. crim., n° 625).

372. La disposition de l'art. 327 qui subordonne l'action criminelle en suppression d'état au jugement préalable de la question d'état n'est plus applicable lorsque l'enfant est décédé (Crim. rej. 2 juill. 1819) (3).— Cet arrêt se fonde sur ce motif que la mort de l'enfant dont il s'agit au procès a rendu impossible toute réclamation d'état devant les tribunaux civils. Mais cela ne nous paraît point exact, du moins en thèse générale, puisque l'art. 329, comme nous l'avons vu précédemment, accorde l'action aux héritiers de l'enfant qui n'a pas réclamé, lorsque ce dernier est décédé mineur ou dans les cinq ans qui ont suivi sa majorité.

373. Bien que les art. 326 et 327 soient conçus en termes généraux, ils ne s'appliquent pas cependant à toute espèce de réclamation d'état, à tout délit de suppression d'état : la place qu'ils occupent dans le code civil, les dispositions même dont ils sont entourés indiquent clairement qu'ils doivent être limités à la filiation. Quant à la réclamation de l'état d'époux, et aux délits qui ont pour objet la supposition ou la suppression de l'état d'époux, il suffirait qu'ils n'eussent point été formellement exceptés de la règle générale pour qu'ils y fussent restés soumis, et qu'ainsi ils pussent être directement poursuivis par le ministère public, sans qu'il fût besoin de surseoir jusqu'à ce que les tribunaux civils eussent prononcé sur l'existence du mariage et sur sa validité. Mais la loi a elle-même statué sur ce point, de manière à ne permettre aucune équivoque, dans les art. 52 et 53, 198 et 199 c. civ. Il résulte clairement de la combinaison de ces articles que les délits relatifs à l'état des époux peuvent être poursuivis par le ministère public d'après les règles ordinaires de la compétence, et que la nécessité d'une décision préalable des tribunaux civils est sans application à ce cas (V. au surplus Mariage).

374. Mais il peut se faire que la décision à intervenir ne concerne pas seulement l'état des époux, qu'elle doive avoir aussi pour résultat d'influer sur l'état des enfants, par exemple, en leur enlevant leur légitimité. Dans ce cas, doit-il être fait exception aux règles ordinaires, et doit-on appliquer les règles exceptionnelles des art. 326 et 327? — Cette question a été résolue affirmativement par un arrêt qui a jugé que, lorsqu'une plainte criminelle dirigée contre un maire en ce qu'il aurait rédigé un faux acte de mariage tend tout à la fois à faire déclarer non mariés les prétendus époux dont l'un est plaignant, et à faire priver de son état légitime un enfant né du prétendu mariage, et ensuite inscrit comme tel, il doit être sursis sur l'action criminelle jusqu'à ce qu'il ait été statué sur la question d'état par le tribunal civil, seul compétent pour juger les réclamations d'état (Grenoble, 9 déc. 1822) (4).

Mais cette décision nous paraît contraire aux termes des art.

civ. au fait antérieur et distinct de l'enlèvement et du recélé d'un enfant, abstraction faite de toute suppression de son état, sans appliquer faussement ledit article et sans violer l'art. 345 c. pén.; — Casse.

Du 1er oct. 1842.-C. C. ch. crim.-MM. de Bastard, pr.-Rocher, rap.

(1) (Desprez *C.* min. pub.) — La cour; — Considérant que les art. 326 et 327 c. civ., se rattachant nécessairement à l'objet du chapitre sous lequel ils se trouvent placés, il s'ensuit que, par la question d'état dont il est parlé, on ne doit entendre que la filiation de l'enfant; que, par conséquent, dans une poursuite criminelle, il n'y a lieu à renvoyer devant les tribunaux civils, pour statuer préalablement sur la question d'état, que dans le cas où le fait sur lequel le renvoi est demandé, a pour objet de mettre en question la filiation d'un individu; — Et attendu, dans l'espèce, que la plainte en faux contre les actes énonçant la naissance et le décès de l'enfant de Pierre-Baltazar Desprez n'avait pas pour objet de contester que cet enfant fût issu des père et mère que l'acte de naissance argué lui donnait; que cette plainte ne pouvait donner lieu à juger que le point de savoir si ledit enfant était né mort ou vivant; mais que, de quelque manière que ce point serait décidé, il ne pouvait porter sur la question de la filiation, ni conséquemment sur la question d'état; — Rejette, etc.

Du 8 juill. 1824.-C. C., sect. crim.-M. Busschop, rap.

(2) (Milly *C.* min. pub.)—La cour;—Attendu que l'art. 327 c. civ. pris dans son sens littéral n'a pour objet que l'action criminelle contre un délit de suppression d'état; qu'ainsi la question à décider consiste à savoir si l'on peut donner à cette disposition, soit par induction, soit comme une conséquence, une telle extension qu'elle dût être appliquée à l'action en faux témoignage dont il s'agit;—Attendu qu'en se pénétrant de l'esprit de cette disposition, on en trouve la raison et le motif fondé sur le principe général, qu'il faut établir un corps de délit avant d'intenter une poursuite contre l'auteur prétendu de ce délit; qu'il est donc nécessaire de fixer d'une manière certaine l'état d'une personne, pour prouver qu'il y a eu suppression d'état, avant de commencer une poursuite contre l'auteur présumé de ce délit;—Attendu qu'au contraire le faux témoignage dont les demanderesses en cassation sont accusées peut exister sans qu'il y ait eu suppression de l'état réclamé contre l'intervenante, d'où il suit qu'il n'y a pas même raison de faire l'application de l'art. 327, et que dans ce sens l'action en faux témoignage est indépendante de l'action éventuelle contre un délit en suppression d'état; —Attendu qu'il est de principe qu'un jugement en matière criminelle ne lie pas les juges qui ont à prononcer sur une cause connexe en matière civile; qu'ils pourront et devront, dans cette espèce particulière, recueillir de la procédure en faux témoignage des lumières propres à éclairer leur conscience sur la foi à ajouter aux témoignages dont il s'agit, et qui peuvent avoir une influence sur leur décision, mais une influence légitime et nécessaire;—Attendu que du système contraire, il résulterait, que dans une question d'état, où la preuve testimoniale serait admise, conformément à l'art. 323 c. civ., et lorsque, d'après les faits et circonstances de la cause, la déposition d'un témoin paraîtrait fausse, les juges n'auraient aucun moyen de vérifier s'il y a ou non faux témoignage; le jugement serait passé en force de chose jugée, l'état de la personne serait définitivement et irrévocablement fixé, avant qu'on pût prouver, par les voies légales, que les témoignages qui ont servi de fondement à cette décision sont faux; — Attendu que ce système est contraire à la raison et à la morale, qu'il tendrait à compromettre l'état des personnes sur lequel repose l'ordre établi dans les familles et dans l'état; qu'enfin il est impossible d'admettre ce système comme une conséquence à la règle sage et conforme à tous les principes, qui sont prescrits par les art. 326 et 327 c. civ.;—Rejette.

Du 5 janv. 1822.-C. C. de Liége.

(3) (Fressange-Dubal aîné.)—La cour; —...Attendu, 2° en ce qui concerne l'art. 327 c. civ., que la mort de l'enfant dont il s'agit au procès a rendu impossible toute réclamation d'état devant les tribunaux civils, que l'action du ministère public ne peut donc rentrer, dans l'espèce, dans l'application dudit art. 327 c. civ.;—D'après ces motifs; — Rejette le pourvoi contre l'arrêt de la cour royale de Bordeaux, chambre des mises en accusation du 30 avril. 1819.

Du 2 juill. 1819.-C. C., sect. crim.-MM. Barris, pr.-Aumont, rap.

(4) *Espèce* : — (Bouzon *C.* Guy et Deroux.) — Plainte de Thérèse Bouzon contre Guy, maire de la commune de Lens-Lestang, et contre Louis-François Deroux; elle argue de faux l'acte civil du 20 mars 1819,

198 et 199 c. nap., comme au véritable sens des art. 326 et 327. En effet, l'art. 198 porte que, lorsque la preuve d'une célébration légale du mariage se trouve acquise par le résultat d'une procédure criminelle, l'inscription du jugement sur les registres de l'état civil assure au mariage, à compter du jour de sa célébration, tous les effets civils, tant à l'égard des époux qu'*à l'égard des enfants*. Et l'art. 199 dispose que, si les époux ou l'un d'eux sont décédés sans avoir découvert la fraude, l'action criminelle peut être intentée par *tous ceux* qui ont intérêt de faire déclarer le mariage valable, et par le procureur impérial. D'où il résulte clairement, comme le fait observer M. Mangin, Act. publ., t. 1, n° 192, que l'existence d'enfants sur lesquels doivent rejaillir les conséquences de la décision du juge criminel n'influe aucunement sur sa compétence. Quant aux art. 326 et 327, ils ne s'occupent que des délits dirigés contre l'état des enfants eux-mêmes, contre leur filiation; leur but est, comme nous l'avons vu, d'empêcher qu'un étranger ne puisse s'introduire dans une famille au moyen d'une preuve testimoniale de sa prétendue filiation, preuve que les tribunaux criminels seraient obligés d'admettre, tandis qu'il ne pourrait la produire devant les tribunaux civils qu'en remplissant les conditions déterminées par les art. 323 et 324 c. nap. Or ces raisons sont sans application possible à la question qui nous occupe.— V., outre M. Mangin, *loc. cit.*, M. Demolombe, t. 5, n° 276 *bis*.

375. Il peut arriver qu'une question de filiation se présente devant un tribunal criminel incidemment à une instance avec l'objet de laquelle elle n'ait aucun rapport. Supposons en effet que, devant une cour d'assises, un témoin soit reproché à raison de sa parenté avec l'accusé, et que cette parenté soit contestée : voilà une question de filiation à résoudre préalablement. Par qui sera-t-elle jugée ?— Il nous paraît clair qu'il n'y a point lieu, dans un tel cas, de surseoir à la poursuite criminelle jusqu'à ce qu'il ait été statué par les tribunaux civils sur la question d'état; car, s'il en était ainsi, le cours de la justice répressive risquerait d'être trop souvent interrompu. D'ailleurs, si le témoin ne voulait pas porter la question de filiation devant les tribunaux civils, on n'aurait aucun moyen de l'y contraindre, car chacun est maître d'exercer son droit ou de s'abstenir; le procès se trouverait donc indéfiniment interrompu! Le sort de l'accusé serait donc à la discrétion d'un témoin! Cela n'est point admissible. Aussi les auteurs décident-ils généralement que, dans ce cas, c'est aux tribunaux criminels qu'il appartient de prononcer, mais qu'alors, loin que leur décision tranche la question d'une manière générale et définitive, ses effets sont limités à l'objet spécial en vue duquel elle a été rendue.—V. notamment MM. Mangin, Act. publ., t. 1, n° 190; Leseyllier, t. 4, n° 1511; Bonnier, Traité des preuves, n° 156; Demolombe, t. 5, n° 276 *ter*.

376. Et, ce que nous venons de dire du cas où il s'agirait de la parenté d'un témoin avec l'accusé, il faudrait le dire également du cas où, par exemple, un individu étant accusé de meurtre sur la personne de son père ou de sa mère naturels, la filiation viendrait à être contestée ; du cas où la même contestation s'élèverait incidemment à une accusation de viol commis par un individu sur la personne de son enfant naturel ; enfin du cas où, sur une accusation d'assassinat, une personne se porterait partie civile en qualité d'enfant naturel de la victime et réclamerait à ce titre des dommages-intérêts. Dans tous ces cas, il appartiendrait à la cour d'assises de prononcer sur la question de filiation, non pas d'une manière définitive, mais seulement par rapport à la cause dans laquelle cette question s'est produite. C'est ce qu'enseignent MM. Mangin et Demolombe, *loc. cit.* — V. aussi en ce sens, n° 390, un arrêt de rejet, du 15 juin 1818, cité par M. Mangin, *ibid.*

377. Il a été jugé que toute poursuite criminelle pour crime de suppression d'état, commencée avant le jugement au civil de la question d'état, doit être annulée, et que les inculpés, s'ils sont en état d'arrestation, doivent être mis en liberté (Paris, 10 janv. 1851, aff. Finfe, D. P. 51. 2. 27).

378. Supposons cependant que la chambre des mises en accusation, saisie d'une poursuite criminelle en suppression d'état, ait renvoyé l'inculpé ou les inculpés devant la cour d'assises, sans qu'il ait été préalablement statué au civil, et que l'arrêt de renvoi n'ait pas été attaqué. Le sursis et la mise en liberté pourront-ils être ordonnés par la cour d'assises? Cette question a été diversement résolue.— Ainsi, il a été jugé qu'un accusé de suppression d'état est recevable à demander le sursis devant la cour d'assises jusqu'à ce qu'il ait été statué par le tribunal civil sur la question d'état, quoiqu'il ait laissé passer le délai de la loi sans se pourvoir en cassation contre l'arrêt de renvoi; que la cour d'assises peut, en ce cas, déclarer l'action criminelle prématurée et ordonner la mise en liberté de l'accusé (c. d'ass. de la Haute-Garonne, 12 mai 1823, aff. Deschamps, V. n° 369). — Mais il a été jugé, en sens contraire, que, lorsqu'un individu accusé de suppression et de supposition d'état, ne s'est point pourvu, dans le délai légal, contre l'arrêt qui l'a mis en accusation avant le jugement de la question d'état, il y a lieu de passer outre aux débats sur l'accusation, sans attendre le jugement de cette question (C. d'ass. Maine-et-Loire, 27 nov. 1829) (1).

M. Mangin (Act. publ., t. 1, n° 189), qui examine cette ques-

---

constatant mariage entre elle et Deroux. — 29 juillet 1822, arrêt de la chambre d'accusation de la cour de Grenoble, qui ordonne une instruction et le dépôt au greffe de la cour, de l'acte argué de faux. Le même mois, Thérèse Bouzon accouche ; l'acte de naissance de cet enfant, consigné dans les registres de l'état civil de Lens-Lestang, le déclare né de François Deroux et de Thérèse Bouzon, son épouse.—L'affaire fut portée de nouveau devant la chambre d'accusation.

LA COUR ; — Attendu qu'il existe sur les registres de l'état civil de la commune de Lens-Lestang un acte à la date du 20 mars 1819, prétendu rédigé par le sieur Guy, maire de ladite commune de Lens-Lestang, exerçant les fonctions d'officier de l'état civil, exprimant que mariage était intervenu entre Louis-François Deroux et Thérèse Bouzon, et portant diverses signatures, notamment celles dudit Deroux et du maire Guy; Attendu qu'il existe dans les mêmes registres un acte en date du 7 juillet 1822, prétendu rédigé par ledit sieur Guy, en sa qualité d'officier de l'état civil, exprimant qu'un enfant du sexe masculin serait né, le 6 dudit mois de juillet, de François Deroux et de Thérèse Bouzon, son épouse; Attendu que l'acte civil de mariage susénoncé à la date du 20 mars 1819, a été argué de faux par Thérèse Bouzon, sur le motif qu'elle n'aurait point paru devant le sieur Guy, officier de l'état civil, pour contracter mariage avec Louis-François Deroux, et que d'ailleurs ledit acte aurait été rédigé en l'absence de cet officier de l'état civil, lequel l'aurait ensuite signé sans l'assistance des parties ; — Attendu que la plainte en faux de Thérèse Bouzon, contre l'acte civil de mariage du 20 mars 1819, emporte en même temps une attaque contre l'état de l'enfant présenté à l'officier de l'état civil de la commune de Lens-Lestang et inscrit sur les registres de cette commune, comme né de François Deroux et de Thérèse Bouzon son épouse, et ce, en ce sens que cette plainte tend à faire supprimer l'état d'enfant légitime que donne à l'enfant dont est accouchée la Bouzon, l'acte civil de mariage et l'acte de naissance précités ;—Attendu qu'en effet la plainte de la fille Bouzon repose sur le fait qu'il n'aurait point existé de mariage entre elle et François Deroux, et que par conséquent l'enfant dont elle est accouchée ne serait pas le fruit d'une union légitime, mais un enfant naturel ou illégitime ; — Attendu, d'ailleurs, qu'en soutenant qu'elle n'est point mariée, Thérèze Bouzon réclame contre l'état de femme que lui donne l'acte civil de mariage du 20 mars 1819, pour n'avoir que celui de fille, et aussi contre l'état de mari que donne le même acte à Deroux ; et qu'ainsi elle réclame encore, sous ce rapport, plusieurs suppressions d'état ;—Attendu qu'il est disposé par l'art. 326 c. civ. que les tribunaux civils sont seuls compétents pour statuer sur les réclamations d'état, et par l'art. 327 que l'action criminelle contre un délit de suppression d'état, ne pourra commencer qu'après le jugement définitif sur la question d'état ; — Attendu que ces principes ont été consacrés par divers arrêts de la cour de cassation ;

Attendu qu'il doit être sursis à toutes nouvelles poursuites sur la plainte en faux de Thérèse Bouzon, jusqu'à ce qu'il ait été prononcé par les tribunaux civils, sur les questions d'état naissantes de la plainte de la Bouzon ; — Par ces motifs, ordonne qu'il sera sursis à toutes poursuites criminelles sur la plainte de Thérèse Bouzon contre Jean Guy, maire et officier de l'état civil de la commune de Lens-Lestang, et Louis-François Deroux, et ce jusqu'à ce qu'il ait été prononcé définitivement, par les tribunaux civils, sur l'état desdits Deroux et Bouzon, et sur celui de l'enfant dont est accouchée ladite Bouzon, etc., etc.

Du 9 déc. 1822.-C. de Grenoble, ch. d'acc.-M. Paganon, pr.

(1) *Espèce :* — (Lepoudray, etc. C. min. pub.) — En 1829, la femme Lepoudray accouche d'un enfant du sexe féminin. — Il fut enregistré à la mairie le lendemain. — Quelques jours après, le père déclare le décès de cet enfant, mais sans produire de témoins ; l'inhumation a eu lieu. — Il paraît que ce décès, dont l'acte ne fut pas dressé, était

tion, pensé que, dans ce cas, la cour d'assises ne peut pas surseoir d'office à l'ouverture des débats jusqu'au jugement de la question d'état, parce qu'elle est saisie du jugement; qu'elle ne peut pas, il est vrai, se refuser à ce sursis lorsqu'il est réclamé par l'accusé, parce que, l'arrêt de mise en accusation n'ayant pas statué sur cette exception, les droits de l'accusé restent entiers pour s'en prévaloir; mais que, tout en l'accueillant, la cour d'assises n'a pas le droit d'ordonner sa mise en liberté, par la raison qu'elle serait obligée pour cela d'annuler la procédure. Or, dit-il, l'arrêt de la chambre d'accusation ne peut être détruit que par la cour de cassation, sur un pourvoi régulièrement formé, et l'ordonnance de prise de corps ne peut être annulée qu'en vertu d'une ordonnance d'acquittement ou d'un arrêt d'absolution.

379. Ce serait ici le lieu d'examiner quels sont les effets de la chose jugée en matière de réclamation d'état, et notamment si le jugement rendu sur une telle réclamation entre l'enfant et tels membres de la famille à laquelle il prétend appartenir peut être opposé à ceux qui n'y ont pas été parties. Mais ces questions ont été traitées ailleurs (V. Chose jugée, nos 271 et suiv.). — Au surplus, il a été jugé : 1° qu'en matière d'état ce qui est jugé avec un héritier l'étant avec tous (la doctrine contraire a été consacrée par la jurisprudence, V. Chose jugée, nos 271 et suiv.), l'intervention est toujours admissible, même en cause d'appel pour la première fois, de la part de ceux qui ont intérêt à contester cet état (Pau, 20 janv. 1837, aff. Fouron, n° 388-3°); — 2° Que, bien que la femme actionnée en recherche de maternité légitime n'ait point appelé du jugement qui ordonne la preuve de cette maternité, elle peut en demander l'infirmation, sur sa simple mise en cause par les héritiers du mari, la question d'état engagée par l'appel de ces derniers étant indivisible (Req. 1er mai 1849, aff. Joseph, D. P. 49. 1. 198).

SECT. 2. — *De l'action en contestation d'état.*

380. De même que l'enfant peut réclamer un état qu'il ne possède pas, on peut lui contester l'état qu'il possède. Dans l'un comme dans l'autre cas, c'est à lui à faire la preuve de sa filiation suivant les règles établies aux art. 319 et suiv. c. nap.

381. Toute personne *intéressée* a qualité pour contester l'état d'un enfant. Et il n'est pas nécessaire que l'intérêt soit matériel: un intérêt purement moral suffirait pour justifier l'exercice de cette action. Ainsi les membres de la famille auraient le droit de contester la filiation de l'enfant, alors même qu'aucune succession, aucun droit utile ne serait ouvert, pour lui faire interdire de porter le nom et les titres distinctifs de la famille. C'est ce que nous avons vu v° Nom, nos 10 et s.

382. Cette action est recevable dans tous les cas, excepté dans le cas où l'enfant a en sa faveur un acte de naissance et une possession d'état conforme (art. 322). — Il a été jugé que, la contestation d'état d'un enfant, opposée par un autre enfant de la même mère, ne peut être repoussée comme entachée d'immoralité, lorsqu'elle résulte d'un acte de l'état civil... Alors d'ailleurs qu'elle a pour effet, non de lui enlever la légitimité, mais seulement de lui en attribuer une différente (Douai, 8 mars 1845, aff. Poitou, D. P. 45. 2. 163).

383. Nous n'hésitons point à penser, avec MM. Demolombe, t. 5, n° 327, que les dispositions des art. 326 et 327, qui attribuent aux tribunaux civils exclusivement la connaissance des réclamations d'état et prescrivent aux tribunaux criminels de surseoir à statuer sur les délits de suppression d'état jusqu'à ce qu'il ait été prononcé sur la question d'état par la juridiction civile, sont applicables également à la contestation d'état. Les raisons, en effet, sont absolument identiques; et décider autrement ce serait établir dans la pensée du législateur une contradiction qu'on peut affirmer n'avoir point existé.

384. Et ce que nous disons des art. 326 et 327, nous le disons également de l'art. 328, qui déclare l'action en réclamation d'état *imprescriptible* à l'égard de l'enfant. En effet, l'état des personnes étant, par sa nature, hors du commerce, il s'ensuit qu'il ne peut pas plus s'acquérir que se perdre par prescription, et qu'ainsi ce moyen, qui ne pourrait être opposé à l'enfant, lorsqu'il exerce son action en réclamation d'état, ne peut pas davantage être opposé par lui à ceux qui lui contestent ledit état. Si l'art. 328 ne parle de l'imprescriptibilité que par rapport à l'enfant, c'est pour exclure les héritiers des bénéfices de cette disposition; mais il n'en faut pas conclure que l'action en contestation d'état soit prescriptible. — V. en ce sens MM. Toullier, t. 2, n° 908; Zachariæ, édit. Massé et Vergé, t. 1, p. 291, notes 21 et 22; Demolombe, t. 5, n° 328.

385. Au surplus, ici encore il faut distinguer l'état luimême des droits pécuniaires qui y sont attachés. L'imprescriptibilité n'atteint pas ces derniers, qui restent, à cet égard, soumis au droit commun. Ainsi celui qui conteste l'état d'un enfant n'aurait pas le droit de réclamer en même temps les successions que cet enfant aurait recueillies à ce titre, s'il les avait possédées pendant un laps de temps suffisant pour accomplir la prescription (M. Demolombe, n° 330).

386. Nous arrivons à une question importante et délicate: la question de savoir si la personne qui aurait expressément ou tacitement reconnu la légitimité d'un enfant serait recevable à contester ultérieurement cette légitimité?—Nous avons déjà examiné cette question au point de vue particulier de l'enfant né plus de trois cents jours après la dissolution du mariage (V. *suprà*, n° 183), et nous avons pensé, contrairement à l'arrêt de Req. 13 avril 1820, aff. Remy, que cette reconnaissance n'élevait aucune fin de non-recevoir contre la contestation ultérieure. Nous n'apercevons pas de raison pour décider autrement dans les cas où la contestation est fondée sur le défaut ou l'insuffisance des preuves. Une raison qui nous semble péremptoire en faveur de cette opinion, c'est que l'état des personnes est hors du commerce. Or ce qui est hors du commerce est au-dessus des conventions des hommes et, dès lors, ne peut se perdre ni par l'effet d'une reconnaissance, ni par l'effet d'une renonciation, aliénation, transaction, etc. Il y a bien quelques exceptions à ce principe général: ainsi, par exemple, la reconnaissance de la légitimité d'un enfant rend le père de cet enfant non recevable à le désavouer, mais cette exception, dont les motifs sont sensibles et ont été antérieurement exposés, ainsi que toutes les autres exceptions qui restreignent la généralité du principe, doivent être renfermées dans les limites indiquées par la loi, et ne peuvent être transportées d'un cas à un autre, lors surtout que celui-ci diffère du premier par des caractères importants. — V. en ce sens MM. Duranton, t. 3, n° 102; Demolombe, t. 5, nos 331 et

supposé, et que, dans le cercueil, une bûche avait pris la place du défunt: cette coupable déclaration de décès n'aurait eu pour but que d'attribuer la maternité de la petite fille à l'épouse du sieur Tessier, âgée de soixante-quinze ans, qui prétendait être accouchée le même jour que la femme Lepoudray. Mais aucun enfant n'avait encore été présenté à la mairie, par suite de ce dernier accouchement, lorsque les époux Lepoudray et la femme Tessier comparurent devant la cour d'assises, accusés du crime de suppression d'état et de supposition d'enfant (345 c. pén.). —Après la lecture de l'arrêt et de l'acte d'accusation, les défendeurs ont demandé que la cour se déclarât incompétente, soutenant que, conformément aux art 326 et 327 c. civ., le ministère public serait sans action, tant que les tribunaux civils n'auraient pas prononcé sur la question d'état. — Arrêt.

LA COUR; — Attendu que les termes de l'art. 296 c. inst. crim. sont absolus et restrictifs; qu'ils portent que l'accusé n'aura que cinq jours pour se pourvoir en nullité contre l'arrêt d'accusation; que l'art. 299 du même code spécifie les cas où l'accusé pourra se pourvoir en cassation, et que le silence des accusés, pendant les délais fixés, a désormais rendu toute réclamation non recevable; — Attendu que, dans la cause, il s'agit non-seulement du crime de suppression, mais encore de celui de supposition d'état d'un enfant; que les trois accusés sont réciproquement accusés de complicité des deux crimes; que, dès lors, il y a connexité et possibilité, si ce n'est nécessité, de statuer, par un même arrêt, dans l'intérêt même des accusés; — Attendu qu'en rendant l'action criminelle absolument dépendante de l'action civile, on rendrait souvent la première impossible, surtout quand, comme dans l'espèce, on peut reconnaître principalement l'existence de la tentative du crime, plutôt que sa consommation complète; que ce serait enlever à la loi tout moyen de répression, lorsque l'art. 345 c. pén. ne peut avoir été porté sans motif par le législateur; — Par ces motifs, ordonne qu'il sera passé outre aux débats.

Du 27 nov. 1829.-C. d'ass. de Maine-et-Loire (Angers).-MM. Regnier, pr.-Nibelle, av. gén., c. conf.

suiv.—V. toutefois M. Troplong, des Transact., sur l'art. 2045, nº 75.

387. Il a été jugé en ce sens : 1° que la circonstance qu'un enfant aurait été reconnu légitime par son frère, lorsqu'il serait illégitime, n'ôterait pas aux héritiers de ce dernier la faculté de critiquer cet état (Bourges, 15 mars 1809, rapporté avec Civ. rej. 22 janv. 1812, aff. Virgile, nº 461); — 2° Que le légataire qui demande à l'enfant du défunt la délivrance de son legs, ne se rend point par là non recevable à lui contester ensuite la qualité de légitime et de successible (Cass. 15 janvier 1816, et, sur le renvoi, Rouen, 7 décembre 1820) (1); — 3° Qu'une convention qui porte tout à la fois sur l'état civil d'une personne

(1) *Espèce :* — (D'Orsay C. Duval.) — Le général d'Orsay, inscrit sur la liste des émigrés, épousa, en l'an 7, à Francfort-sur-le-Mein, la demoiselle de Franquemont, née à Louisbourg, duché de Wurtemberg. — Le 15 pluv. an 9, Alfred d'Orsay est né à Paris de cette union. D'Orsay père avait, dès l'an 8, obtenu du gouvernement, permission de rentrer en France. Le 8 frim. an 10, décès de Croy, tante du général d'Orsay; elle institua Duval pour légataire universel.—Duval, dans l'opinion que le mineur d'Orsay était, par la mort civile de son père, héritier légitime de la dame de Croy sa grand'tante, lui fit nommer sa mère pour tutrice, et procéda avec elle à l'inventaire des biens. — Le 15 vent. an 10, il obtient de la tutrice la délivrance de son legs universel. — Le 20 messidor suivant, conjointement avec la mère tutrice, agissant au nom du mineur, il fit donner une citation à un sieur Vanin, sur une demande qu'ils entendaient former en restitution d'une bibliothèque de la dame de Trazegnies. — 17 frim. an 13, transaction avec le père du mineur, sur le testament de la dame de Trazegnies. — Le 23 du même mois, amnistie de d'Orsay père; en 1809, il renouvelle son mariage avec la dame de Franquemont, devant l'officier de l'état civil. Tous deux reconnaissent le mineur Alfred pour leur enfant. Le 6 août 1810, Houel de la Tour, tuteur *ad hoc* du mineur d'Orsay, assigne Duval pour le faire condamner à délaisser à son mineur la moitié des biens de la succession de la dame de Croy, que la loi du 4 germ. an 8 réservait aux héritiers naturels; et comme Duval avait vendu une partie de ces biens, la Tour appelle les acquéreurs en déclaration de jugement commun. — Duval et les acquéreurs concluent à ce que le tuteur fût déclaré non recevable dans sa demande, attendu que c'était durant sa mort civile que le père du jeune d'Orsay s'était marié, que cet enfant était né, et que la succession de la dame de Trazegnies s'était ouverte. — La bonne foi de la mère, répondait le tuteur, a conféré au fils la légitimité, et, avec elle, la qualité de successible; et, d'ailleurs, Duval, en reconnaissant ces deux qualités, lorsqu'il demandait la délivrance du legs universel au jeune d'Orsay, s'était rendu non recevable à les lui contester. — 8 août 1811, jugement du tribunal de Saint-Omer, qui rejette la fin de non-recevoir opposée par le tuteur, et ordonne aux parties de plaider au fond.— Appel. — 22 fév. 1812, arrêt qui confirme sur la fin de non-recevoir, et déclare le mineur d'Orsay sans qualité pour se porter héritier de la dame de Trazegnies. — Attendu que ce n'est pas la reconnaissance des parties, mais la loi seule, qui fait les héritiers; que la bonne foi de la mère pourrait tout au plus, si elle existait, donner à l'enfant droit de succession dans la ligne maternelle; mais que, mort civilement, le père n'a pas pu faire passer dans son fils une capacité civile qu'il n'avait pas lui-même.

Pourvoi pour violation : 1° des lois 1, 3 et 6, § 6, ff. *De confessis;* 1, C. même titre; 5, C. *De transactio;* 17, C. *De pactis,* qui toutes décident que l'aveu, soit judiciaire, soit extrajudiciaire, ne peut pas être rétracté; enfin de la loi 5, C. *De nupt.*, et des art. 180, 181, 182, 183 et 186 c. civ.

2° Violation des principes sur les effets du mariage contracté par un mort civilement. L'ancienne législation, disait le tuteur, considérant le mariage comme un contrat du droit naturel et des gens, l'autorisait entre personnes frappées de mort civile; elle y attachait tous les effets civils dont il était susceptible, et donnait aux enfants qui en étaient issus la qualité et les droits d'enfants légitimes; et toujours les questions d'état auxquelles ces mariages donnent lieu furent décidées en faveur des enfants. Il invoquait à l'appui de son système la loi 3, ff. *De interdict. et releg.;* L. 6, *Undè legitim.;* L. 1, § 10, *De suis et legitim.*; l'art. 277 coutume de Normandie; arrêt du 6 juill. 1637; Henrys, t. 3, l. 6, chap. 1, quest. 6; arrêt du parlement de Paris, du 5 juill. 1746; Denisart, vº Mort civile, nº 16.—Ces arrêts admettent à la succession d'enfants d'un premier lit ceux nés d'un deuxième mariage contracté par le père après sa mort civile. — On opposerait en vain l'art. 6 de la déclar. du 26 nov. 1639, qui rend incapables de toutes successions les enfants procréés par ceux qui se marient après avoir été condamnés à mort, même par sentences rendues par défaut, si, avant leur décès, ils n'ont été remis au premier état, suivant les lois prescrites par les ordonnances. — Cet article, dit le tuteur, a pour objet la mort civile qui résulte de la condamnation judiciaire; il est inapplicable à la mort civile, qui n'est que l'effet d'une simple inscription sur la liste des émigrés.

3° Violation des principes de validité de mariage quant à ses effets civils, dans le cas de bonne foi des époux, ou de l'un d'eux (art. 201 et 202 c. civ.; L. 57, § 5, ff. *De rit. nupt.*; Décrétales, tit. *qui filii sint legitimi*). Ces décisions sont passées en maxime dans nos mœurs. Merlin, vº Légitimité, sect. 1, § 1, art. 3. Portalis, rapport au corps législatif. Tous les arrêts, depuis Philippe-Auguste jusqu'à nos jours, et notamment les arrêts du 22 juill. 1598, Robert, *Rerum judicatarum*, 24 fév. 1777 et 8 juill. 1779 (conclusions de M. Séguier), en sont des exemples frappants. C'est ainsi encore qu'une commission apostolique, nommée par le pape Innocent III, trouva dans la bonne foi d'Agnès motif suffisant pour légitimer des enfants qu'elle avait eus du second mariage de Philippe-Auguste. En 1246, même décision de saint Louis à l'égard d'un mariage entre Marguerite, comtesse de Flandre, et Bouchard d'Avesnes, diacre. — V. Brodeau sur Louet, liv. 14, som. 14; Denisart, vº Légitimation.

Ici se présentent deux objections : On soutient que si la bonne foi de l'un des époux rend les enfants légitimes, ces enfants ne succèdent cependant qu'à l'époux et aux parents de l'époux qui était dans la bonne foi. — Mais le droit de succéder n'est fondé que sur la légitimité : *Filius legitimus, ergo hæres.* Telle est la règle invariable en cette matière. L'état d'un enfant ne peut pas être divisé. Cet enfant ne peut pas être à la fois légitime et bâtard. — Mais, ajoute-t-on, cette règle est du moins inapplicable aux enfants nés d'un père ou d'une mère frappés de mort civile, celui qui est privé des droits civils ne pouvant les transmettre à ses enfants, ni leur attribuer le droit de succéder, qu'il n'aurait pas lui-même. — Les arrêts rappelés de 1627 et 1746 répondent suffisamment à cette objection. La mort civile n'est qu'une fiction; le mariage putatif est aussi une fiction, et les enfants tiendront de la loi, et non de leur auteur mort civilement, les droits dont celui-ci serait privé; et certes, de ces deux fictions, celle que l'on doit le plus chercher à restreindre est celle qui serait la plus dure pour les enfants, la plus opposée au but du législateur, qui étendrait le plus le scandale de la bâtardise; celle enfin qui ferait subir à l'époux innocent la peine de sa bonne foi.

Le défendeur a répondu : La reconnaissance de la qualité d'héritier ne constitue pas une fin de non-recevoir. Les articles cités du code civil sont inapplicables comme les lois romaines. Le code est postérieur à l'ouverture de la succession, ouverture qui a eu lieu dans la province d'Artois, où, comme l'atteste Maillard sur la coutume de cette province, le droit romain n'eut jamais force de loi. — Au reste, dans les textes cités, il n'est question que de nullités relatives qui n'ont de force que par la réclamation des parties. — Les nullités absolues, celle, par exemple, d'un mariage contracté par une personne frappée de mort civile, ni le silence des parties, ni leurs ratifications, ne peuvent les couvrir; et celle dont il s'agit dans la cause est d'autant plus absolue qu'un homme mort civilement, dit Richer, Traité de la mort civile, est considéré par la société comme s'il était mort naturellement, et la raison se refuse à l'idée qu'il puisse exister aux yeux de la loi civile un mariage contracté dans cet état de mort. — Quant aux lois romaines concernant l'aveu judiciaire, elles sont aussi sans application : 1° la loi 1, ff., *De confessis,* entend parler d'un aveu fait en justice. Cujas le démontre d'après plusieurs autres textes, et notamment d'après la loi unique, au code *De confessis,* qui ne parle que d'un aveu fait en justice. Ici, point d'aveu de ce genre, de la part de Duval; et d'ailleurs, les aveux dont il s'agit dans les lois romaines ont une dette pour objet, lorsqu'une partie avoue qu'elle doit ou qu'il ne lui est rien dû. — Or, le sieur Duval, en demandant la délivrance de son legs au mineur d'Orsay, n'avouait pas qu'il dût ou qu'il ne lui fût rien dû; sa demande fournissait une preuve du contraire : l'aveu était indivisible.

Sur le deuxième moyen, dit le défendeur, deux réponses : 1° le mariage contracté par d'Orsay durant sa mort civile ne pouvait produire aucun effet civil en France; 2° l'enfant né de ce mariage participait de l'état de mort civile de son père, et ne pouvait recueillir aucune succession. — Le mariage, en effet, n'est plus, aux yeux de la loi nouvelle, qu'un contrat purement civil. — Voilà pourquoi la première condition exigée par Justinien, pour la légitimité d'un mariage, est que ceux entre lesquels il est contracté soient citoyens. *Justas autem nuptias inter se cives romani contrahunt, qui secundum præcepta legum coëunt. Inst. de nuptiis.* Voilà pourquoi la loi 36, C., *De incest. et inut. nupt.*, déclare qu'il ne peut pas exister de mariage avec des femmes esclaves. Voilà pourquoi la loi du 20 sept. 1792 déclare nul et de nul effet le mariage fait contre ses dispositions. Voilà pourquoi les rédacteurs du code civil ont déclaré dans l'art. 25 que, « par la mort civile, le condamné est incapable de contracter un mariage qui produise aucun effet civil. » — Aussi, sur cet article, M. Tronchet, au conseil d'État, n'hésita-t-il pas à dire que « le mariage des individus morts civilement étant privé de tout effet civil, n'engageait pas ceux entre lesquels il était formé. » — Ce principe, appliqué par la cour de cassation le 16 mai 1808, n'est que la consécration de l'opinion de Pothier, Contr. de mariage, nº 433; Communauté, nº 20; Richer, Mort civile, part. 2, liv. 3, ch. 3.

Il est donc certain que, banni de France à perpétuité, et ne pouvant

et sur les droits pécuniaires attachés à cet état n'est pas tellement indivisible qu'elle ne puisse être annulée pour une partie et maintenue pour l'autre; qu'ainsi l'enfant légitime qui a reconnu comme légitime un enfant adultérin, et l'a admis en cette qualité au partage de la succession du père commun, quoiqu'il connût parfaitement le vice de sa naissance, est toujours admissible à revenir sur cette reconnaissance, mais ne peut exiger la restitution de la portion de biens qu'il a reçue en partage (Orléans, 6 mars 1841) (1).

388. **Mais il a été décidé : 1° que celui qui a concouru aux**

---

plus invoquer le droit civil des Français, le sieur d'Orsay était hors d'état de contracter un mariage que le droit civil des Français pût reconnaître; un mariage qui pût produire quelque effet civil dans cette France qui, d'après les lois existantes, était censée devoir être à jamais étrangère à M. d'Orsay.

Le mariage étant ainsi sans effet quant à lui-même, en produira-t-il au moins vis-à-vis les enfants qui en naîtraient? On a cité des lois, mais aucune d'elles, dit le défendeur, n'est applicable à la cause. La loi 3, ff., *De interd. et releg.*, concerne des enfants nés ou au moins conçus avant la mort civile (V. Richer, p. 234; Loi 7, ff., *De his qui sui*; 1, § 10, ff., *De suis et leg. hæred.*; et 6, ff., *Unde legit.*). — Que s'il pouvait rester quelque difficulté à cet égard, elles disparaîtraient devant la loi 25, ff., *De captiv. et postlim.*, et 1, C., *De postlim.* On voit par ces deux lois que les enfants nés d'un père captif sont bâtards si leur père est mort en captivité (V. encore L. 17, ff., *Ad senatconsult. trebell.*; 1, § 1, ff., *De bonis damnat.*).

Quant à l'art. 277 de la coutume de Normandie, dit le défendeur, il ne s'applique aussi qu'aux enfants nés ou conçus lors de la condamnation (V. Basnage sur cet article). — Sur les arrêts cités, le défendeur soutient que celui du 5 juill. 1746 a seulement décidé que les enfants nés depuis la condamnation, mais avant l'exécution par effigie, étaient capables de succéder, et l'arrêt du 6 juill. 1637, jugeant une question analogue, a provoqué la déclaration du 26 nov. 1639, dont l'art. 6 déclare incapables de toutes successions les enfants procréés par ceux qui se marient après avoir été condamnés à mort. Depuis cette déclaration, les auteurs et la jurisprudence n'ont jamais varié sur le point de savoir si les enfants d'un individu condamné à mort et nés postérieurement à cette condamnation, étaient exclus de toutes successions (V. Bretonnier sur Henrys, liv. 6, quest. 6). Vainement a-t-on dit que la déclaration du 26 nov. 1639, art. 6, n'était relative qu'aux condamnés à mort; le cas indiqué par la déclaration n'est pas limitatif. Celle-ci a surtout pour objet de régler les effets de la mort civile.

Basnage, sur l'art. 277 de la coutume de Normandie, examine la question de savoir si les enfants d'un condamné à mort ou banni à perpétuité, issus, depuis la mort civile, d'un mariage contracté depuis, sont capables de succéder, et il décide que non. Louet et Brodeau, let. E, n° 8; Mornac, sur la loi 57, ff., *De rit. nupt.*, et le Bret, en ses Décis., liv. 1, chap. 6, ont rapporté plusieurs arrêts conformes à cette opinion. Denisart, v° Mort civile, n° 18; Lebrun, des Successions, liv. 1, chap. 2, sect. 3, n°s 14 et 15; Richer, p. 238 et 239, enseignent la même doctrine : doit-elle être appliquée aux enfants d'émigrés? point de raison d'en douter; la loi du 28 mars 1793, art. 1, porte en effet : Les émigrés sont bannis à perpétuité, et ils sont mort civilement.

Un avis du conseil d'État, du 8 therm. an 10, approuvé le 9 du même mois, suppose que les enfants nés pendant l'émigration de leur père n'appartiennent point à sa famille. Merlin, Quest. de dr., v° Emigré, § 13, enseigne la même doctrine. Enfin, elle est consacrée par un arrêt de la cour de cassation du 8 fév. 1810.

Sur le moyen tiré de la bonne foi de la femme, le défendeur a soutenu d'abord qu'elle n'était point certaine, et que, d'ailleurs, la successibilité des enfants, dans l'autre ligne, n'en serait pas la conséquence. Que la légitimité soit divisible ou non, dit-il, c'est indifférent au droit de succéder: ici il s'agit de l'état de la personne, là de l'appréhension des biens. Ecartons d'abord les autorités : la loi 57, § 1, ff., *De ritu nupt.*, n'est pas une loi générale, un édit, un décret; c'est un simple rescrit adressé à Flavia Tertulla; ce sont des lettres de légitimation qu'elle obtint pour ses enfants. Ce rescrit, d'ailleurs, est muet sur le cas de la mort civile. Les deux chapitres *cum inter* et *ex tenore* du titre des décrétales *qui filii sint legitimi* n'eurent jamais force de loi en France ni même en Belgique; leurs dispositions, disent MM. Portalis et Merlin, ont passé dans nos mœurs, mais ce n'est pas là un titre pour autoriser la cassation de l'arrêt qui les violerait; et d'ailleurs, comme l'observe Richer, p. 225 et 226, le droit canonique et l'Eglise n'envisagent le mariage que sous le rapport du sacrement, et ceux qui sont frappés de mort civile peuvent recevoir le sacrement; les décrétales n'ont donc pu résoudre la question du procès. Enfin les art. 201 et 202 c. civ. ont été promulgués après le mariage en question, et ne parlent pas du cas où l'un des époux est frappé de mort civile; et l'art. 25 qui règle ce point, motive ce silence. Ainsi rien de précis pour le mineur l'Orsay; contre lui, au contraire, les textes les plus formels; dans la loi 3, C., *De solut. matrim.*, Antonin répond à une femme qui, de bonne foi, avait épousé un esclave.... *filii autem tui ut ex liberâ nati incerto tamen patre, spurii ingenui intelliguntur.* Déclarés bâtards, ces enfants n'avaient pas le droit de succéder à leur père et aux siens. La loi 17, § 5, ff., *ad senatconsult. Trebell.* le décide encore ainsi; enfin la déclaration de 1639 prononce la même incapacité. Mais, dit-on, la bonne foi fait exception! Oui, pour la légitimité; mais la légitimité est indivisible! Oui encore; mais en résulte-t-il le droit de succéder dans les deux lignes? Convient-il d'étendre à des intérêts pécuniaires une fiction introduite pour la seule décence ou les bonnes mœurs? Non, et MM. Portalis et Merlin, tout en reconnaissant l'indivisibilité de l'état des personnes, n'en ont pas induit l'indivisibilité du droit de succéder. Pothier, Contr. de mariage, n° 440, dit formellement : « La bonne foi de la femme donne au mariage les effets civils, à l'effet que les enfants qui en sont nés aient les droits d'enfants légitimes, et puissent succéder à leur mère et à leurs parents maternels... Mais ces enfants ne peuvent ni succéder aux biens de leur père, qui sont acquis au fisc, ni avoir les droits de famille dans la famille de leur père, puisque leur père, qui les a perdus avant qu'ils fussent au monde, n'a pu les leur communiquer (V. arrêt conforme de 1772; M. Merlin, Rép., v° Légitimité, sect. 1, § 1, n° 6, ajoute que les principes consacrés par cet arrêt, sont encore ceux de la législation actuelle). — Arrêt (ap. dél. en ch. du cons.).

LA COUR; — Vu l'art. 202 c. civ.; — Considérant que la bonne foi de l'un des époux a de tout temps constitué la légitimité des enfants issus dans le mariage putatif, sur quelque motif qu'ait été fondée la nullité du mariage; d'où il suit que l'art. 202 c. civ. n'a fait que rappeler les principes de la matière; qu'il a toujours été également de principe que la légitimité des enfants est indivisible, et que la légitimité est la source de la successibilité, hors les cas exceptés par des lois contraires; qu'il n'existe aucune loi qui ait séparé la successibilité de la légitimité dans le cas où, par la bonne foi de l'un des époux, le mariage contracté pendant la mort civile de l'autre rend légitimes les enfants qui en proviennent; qu'il y a par conséquent lieu d'appliquer à ce cas le principe de la successibilité, comme à tous les autres qu'aucune loi n'excepte; que la bonne foi de la dame d'Orsay a été alléguée dans la cause; que l'existence de cette bonne foi présentait une question préjudicielle que la cour de Douai ne s'est pas dissimulée, et qu'elle n'a écartée que par une décision contraire aux principes ci-dessus rappelés; que, par suite, son arrêt renferme une violation directe de ces principes et de l'art. 202 qui les consacre; — Casse, etc.

Du 15 janv. (non du 22 nov.) 1816.-C. C., sect. civ.-MM. Brisson, pr.-Cassaigne, rap.-Darrieux, Odilon-Barrot et Gérardin, av.

Sur le renvoi prononcé par l'arrêt qu'on vient de lire, est intervenu l'arrêt suivant :

LA COUR; —Attendu qu'il résulte des faits constants au procès que la demoiselle Franquemont était de bonne foi lorsqu'elle épousa à Francfort-sur-le-Mein, en 1779, le comte d'Orsay; — Que, par suite, l'enfant qui est issu de ce mariage est légitime et habile à recueillir les successions de ses père et mère, d'après la maxime *filius legitimus, ergo hæres*; — Attendu que la légitimité des enfants est indivisible, et que la successibilité est la conséquence naturelle et immédiate de la légitimité, puisque autrement la légitimité ne produirait point l'effet principal qu'elle doit naturellement assurer aux enfants déclarés légitimes; — Attendu qu'il n'existe aucune loi qui ait séparé la successibilité et la légitimité; — Attendu, enfin, que l'art. 202 c. civ. n'est point introductif d'un droit nouveau, et qu'il ne fait que consacrer les anciens principes; — Infirme.

Du 7 déc. 1820.-C. de Rouen, aud. solenn.

(1) *Espèce:*—(Grandvilliers C. Legendre.)—C'est ce qui résulte d'un jugement du tribunal de Pithiviers, du 8 juill. 1840, qui porte « que, pour statuer sur la légitimité d'un enfant, c'est le temps de sa conception, et non celui de sa naissance, qu'il faut considérer, et que la conception de Jean-Nicolas remontant à une époque où son père était engagé dans les liens d'un premier mariage, ce dernier n'avait pu ni le reconnaître ni le légitimer par son second mariage;—Que son acte de naissance n'ayant pu valablement lui conférer une légitimité que lui refusait le vice de sa conception, il ne pouvait dire qu'il avait une possession d'état conforme à son titre de naissance, ni conséquemment se prévaloir de l'art. 322 c. civ.; — Que l'état des personnes étant tout à fait hors du commerce ne pouvait être l'objet ni d'une transaction ni d'une prescription; — Et enfin, qu'en partageant avec Jean-Nicolas en qualité de frère germain, et en lui attribuant une moitié des biens provenant de la succession de Jean-François Grandvilliers, la dame Legendre n'avait évidemment contracté que dans la fausse croyance que le défendeur était réellement fils dudit Grandvilliers, et que, le contraire étant également établi, l'acte de partage contenait une erreur matérielle. — Jean-Nicolas interjette appel; il soutient la dame Legendre : 1° non recevable dans sa demande parce qu'elle connaissait parfaitement le vice de sa naissance en signant le contrat de mariage, la donation et le partage des 9, 10 et 29 nov. 1830; — 2° Mal fondée, parce que, depuis plus de trente ans, il avait la

opérations du conseil de famille faites au profit d'un enfant considéré comme légitime, n'est pas recevable plus tard à lui contester sa légitimité (Montpellier, 4 fév. 1824, aff. Calmel, n° 334); —2° Que l'enfant qui, après avoir reconnu, dans plusieurs actes authentiques, l'union légitime de ses père et mère, et, par suite, la légitimité de ses frères et sœurs issus de la même union que lui, vient contester cette légitimité, serait non recevable par ce seul motif, si son action n'était d'ailleurs repoussée par la morale, le respect dû aux parents, et celui qu'on se doit à soi-même, puisqu'en contestant la légitimité de ses frères, il conteste la sienne propre (Montpellier, 2 mars 1832) (1);—3° Que celui qui a reconnu, même implicitement seulement, la qualité d'une partie (comme veuve ou comme enfant légitime) à une époque où il avait intérêt à les contredire, n'est pas recevable plus tard à contester les droits résultant de cette qualité (Pau, 20 janv. 1837) (2); — 4° Que les ayants cause à titre universel ne sont pas recevables

---

possession d'état d'enfant légitime, conforme à son acte de naissance, et que si la réclamation d'état est imprescriptible, il n'en est pas de même de la contestation d'état.—Arrêt.

La cour; — En ce qui touche l'acte de partage du 29 nov. 1830: —Considérant que cet acte contient des énonciations et des conventions de diverses natures parfaitement indépendantes les unes des autres, et qui, étant distinctes, peuvent être divisées;—Qu'en effet, si les sieur et dame Legendre sont recevables à l'attaquer en ce qui touche l'état de Jean-Nicolas Grandvilliers par les motifs déduits dans le jugement dont est appel, il n'en est pas de même pour les conventions relatives aux intérêts pécuniaires, qui, n'ayant rien d'illicite, ont pu y être réglées indépendamment de la qualité des parties, et qui auraient été ratifiées par elle en connaissance de cause soit par un consentement exprès, soit par une exécution volontaire;—Qu'en supposant qu'à l'époque de la passation de cet acte les sieur et dame Legendre n'aient pas eu connaissance de l'état de Jean-Nicolas Grandvilliers, il résulte de l'interrogatoire sur faits et articles qu'ils ont subi à la date du 15 février dernier, qu'ils ont connu le vice de sa naissance, deux mois après leur mariage, célébré le 18 avril 1837;—Considérant que Jean-Nicolas Grandvilliers produit un commandement à lui signifié au nom des sieur et dame Legendre, à la date du 29 nov. 1837, d'avoir à exécuter le partage du 29 nov. 1830 en leur payant une somme de 40 fr. pour soulte stipulée à leur profit dans ledit partage; d'où il suit qu'au mois de novembre 1837 ils ont poursuivi l'exécution dudit acte, connaissant parfaitement l'état de Jean-Nicolas, qui leur avait été révélé dès le mois de juin précédent, ainsi qu'ils sont convenus dans l'interrogatoire précité; — Qu'ainsi, par cette sommation d'exécuter l'acte dont il s'agit, ils se sont rendus non recevables à l'attaquer sous le rapport des intérêts pécuniaires, distincts et séparés de la question d'état; —En ce qui touche les autres chefs de demande : — Adoptant les motifs des premiers juges, déclare les sieur et dame Legendre non recevables dans leur demande en nullité de l'acte de partage précité; — Ordonne qu'il recevra effet quant à la division des biens provenant de la succession de Jean-François Grandvilliers père, et, pour le surplus, ordonne que le jugement dont est appel sortira effet.

Du 6 mars 1841.-C. d'Orléans.-M. Travers de Beauvert, 1er pr.

(1) *Espèce* : — (Griffaulières C. Griffaulières.) — Les biens de Griffaulières père devaient être partagés entre cinq enfants survivants. Jean-Louis Griffaulières se fait faire cession, par acte du 9 avr. 1830, de la prétendue part afférente à la sœur de son père. Puis, il signifie cet acte à ses frères et sœurs, en leur exposant que, bien que désignés dans leurs actes de naissance, comme nés de Jean Griffaulières et de Marguerite Astorg, mariés, ils ne sont en réalité que des enfants naturels, puisque l'acte de célébration du mariage de leurs père et mère n'était pas inscrit sur les registres de l'état civil; que, par suite, les enfants, comme bâtards, n'avaient droit chacun qu'au dixième de la succession, et que les autres cinq dixièmes, ou la moitié, lui appartenaient, comme subrogé aux droits de sa tante paternelle. — Arrêt.

La cour; — Attendu qu'il est établi que de l'union de Jean Griffaulières et de Marguerite Astorg sont nés onze enfants qui, tous, ont été présentés à l'officier de l'état civil par le père, assisté des plus proches parents paternels et maternels, et ont été inscrits sur les registres comme issus du légitime mariage de leur père et de leur mère; — Attendu que, pendant trente-trois ans, et jusqu'au décès de Jean Griffaulières, Marguerite Astorg et lui ont été constamment et universellement considérés comme époux, soit par leurs parents respectifs, soit par le public; que ce fait est constaté non-seulement par l'acte de décès de Jean Griffaulières, mais par une foule d'actes de famille, ou d'autres actes produits au procès tous authentiques, tous non contestés et successivement intervenus pendant cette longue durée de temps; — Attendu que les intimés ont eux-mêmes reconnu, dans plusieurs de ces actes, la légitimité de l'union de leur père et de leur mère, ainsi que la légitimité de la naissance de leurs frères et sœurs, appelants; et que cette reconnaissance résulte notamment des citations données à ceux-ci, les 30 mars et 1er avr. 1830, en partage de la succession paternelle;

Attendu que Marguerite Griffaulières, dont Jean-Louis Griffaulières se dit cessionnaire, a également reconnu cette légitimité par son intervention dans l'acte de naissance de l'aîné desdits enfants, où elle est formellement déclarée, et qu'elle l'a reconnue plus explicitement encore dans l'acte du 5 mai 1830; qu'il importe peu que cette reconnaissance ait été rétractée par un acte du 2 août 1831; que toutes les circonstances de la cause, et surtout la contre-lettre délivrée à ladite Marie Griffaulières, par Jean-Louis Griffaulières, le 9 avr. 1830, démontrent que c'est au témoignage du susdit acte de naissance, et à la déclaration formelle du 5 mai 1830 qu'il faut s'en tenir, et que tout le reste n'est que le résultat des manœuvres du sieur Jean-Louis Griffaulières auprès de sa tante; — Attendu que les intimés sont irrecevables à attaquer un état qu'ils ont reconnu; que, s'il est vrai que l'état des personnes ne puisse dériver que de la loi, rien n'empêche que ceux qui veulent le contester à celui qui en est en possession, trouvent, dans leurs propres faits, des obstacles à leur action; — Attendu que celle qu'exercent les intimés est d'autant plus inadmissible, qu'elle se réfléchit contre les auteurs de leurs jours, et tend à flétrir leur union du caractère de l'illégitimité; que, lorsque le législateur a proclamé, dans l'art. 371 c. civ., que l'enfant, à tout âge, doit honneur et respect à ses père et mère, il n'a pas entendu faire une déclaration vaine et sans effet; mais il a voulu donner au précepte divin la sanction de la loi, et frapper de réprobation les actes contraires au principe qu'elle consacre;

Attendu, sous un autre rapport, qu'il est constant, en fait, que l'acte de naissance des intimés leur donne l'état d'enfant légitime et que leur possession est conforme à ce titre; que, dès lors, et d'après l'art. 322 du même code, ils ne peuvent être reçus à réclamer un état contraire; que cependant leur action a nécessairement cet objet, puisque leur état est indivisiblement uni à celui des appelants, et que ceux-ci ne peuvent être déclarés illégitimes qu'ils ne le soient eux-mêmes; que cette disposition de la loi doit donc leur être d'autant mieux appliquée, que la voix de celui qui réclame sa propre dégradation ne saurait être écoutée par la justice; qu'ainsi il faut reconnaître qu'une triple fin de non-recevoir repousse la demande des intimés, et qu'en la rejetant, la cour, loin de blesser l'ordre public, ne fera que se conformer à ce qu'exigent la morale, le respect dû aux parents et ce qu'on se doit à soi-même;

Attendu, d'ailleurs, que, si l'acte de célébration de mariage de Jean Griffaulières et de Marguerite Astorg, encore vivante, n'est pas rapporté, lorsqu'on produit l'acte de bénédiction nuptiale, l'état dans lequel étaient tenus à cette époque les registres de l'état civil, dans la commune de Flanhac, où les lesdits Griffaulières et Astorg habitaient, rend plus que vraisemblable que l'absence de cet acte n'est due qu'à l'omission de l'avoir inscrit dans ces registres; qu'ils étaient tenus en effet avec tant de négligence et d'irrégularité que les quatorze mariages qui eurent lieu dans cette commune dans le courant de l'an 6, époque de la bénédiction de celui desdits Griffaulières et Astorg, furent tous inscrits à la date des 25 et 26 pluviôse de cette année et sans publications préalables; ce qui démontre évidemment qu'ils furent inscrits après coup et de mémoire; que le registre de ladite année n'est pas même arrêté, et présente une feuille en blanc; qu'enfin la négligence et l'impéritie des officiers de l'état civil de cette époque y étaient telles, qu'ils admettaient, dans leurs actes, des témoins du sexe féminin;

Attendu que, dans un tel état de choses, il doit être permis aux magistrats d'admettre d'autres preuves du fait de la célébration d'un mariage que l'acte de célébration même; que l'art. 46 c. civ., qui énonce seulement deux cas où il est permis de recourir à ces autres preuves, n'est ni limitatif ni exclusif d'autres cas; et que c'est ce que la cour de cassation a constamment et formellement décidé; — Attendu que toutes les circonstances de la cause et toutes les inductions qui résultent des actes produits, forment une masse de présomptions de la célébration du mariage dont il s'agit, tellement graves, précises et concordantes, qu'elles suppléeraient au défaut de la représentation de cet acte, si les intimés étaient recevables à la demander; — Attendu qu'il devient, dès lors, inutile de s'occuper de l'effet que peut produire la cession du 9 avr. 1830; — Par ces motifs, et sans qu'il soit nécessaire de s'occuper de la question relative à la validité ou à l'efficacité de l'acte du 9 avr. 1830, disant droit, a mis l'appellation et ce dont est appel au néant; déclare que la qualité d'enfants légitimes de Jean Griffaulières ne saurait être contestée aux appelants, etc.

Du 2 mars 1832.-C. de Montpellier.-M. de Trinquelague, 1er pr.

(2) — (Fouron C. Clerc et Perrin. — La cour;—En ce qui touche l'appel de la veuve Clerc: — Attendu, en droit, que passer avec quelqu'un un acte qu'il ne peut valablement consentir qu'en une qualité déterminée, c'est nécessairement lui reconnaître cette qualité, et, par cela même, se rendre ainsi non recevable à la lui contester ultérieurement, à moins de prouver que c'est par erreur qu'on la lui a supposée, une telle reconnaissance, bien qu'elle ne soit qu'implicite, n'ayant pas moins de force que si elle était expresse ou formelle, et devant, dès lors, produire le même effet; — Attendu, en fait, d'un côté, que, la créance du feu sieur Fouron sur Lafourcade-Camaran appartenant à la succession,

à contester une filiation reconnue par leurs auteurs (Paris, 3 janv. 1825) (1);—5° Que la reconnaissance de la légitimité d'un enfant de la part d'autres cohéritiers, a pu être déclarée résulter d'un acte de partage dans lequel ces cohéritiers sont intervenus

la dame Morin et ses enfants ne pouvaient en disposer qu'autant qu'ils étaient, l'une, la veuve du sieur Fouron, commune en biens avec lui, les autres, ses héritiers légitimes; — Que c'est aussi les qualités qu'ils prirent dans la procuration qu'ils donnèrent au sieur Charles Fouron, l'un d'eux, le 25 mars 1820, pour opérer le transport de cette créance; — Que la veuve Clerc en eut connaissance lors de la cession qui fut consentie par l'acte du 31 janv. 1821; — Qu'ainsi, en acceptant le transport, elle reconnut suffisamment par là que la qualité prise par les cédants leur appartenait en effet;— Que, d'autre part, elle ne prouve nullement que cette reconnaissance fût de sa part le fruit de l'erreur; — Que les circonstances et les documents de la cause démontrent, au contraire, qu'elle savait très-bien qu'elle ne faisait en cela, que rendre hommage à la vérité; — Qu'en effet, fille naturelle reconnue du sieur Fouron, et ayant eu avec sa famille des rapports multipliés, on ne saurait admettre qu'elle en ignorât l'état; — Qu'il suit de là qu'en accueillant la fin de non-recevoir tirée de l'acte du 31 janv. 1821, les premiers juges ont fait à la cause une juste application des principes de la matière, et qu'il y a lieu de débouter la veuve Clerc de son appel, avec amende et dépens; — A l'égard de l'intervention du sieur Perrin : — Attendu que, la décision à rendre contre la veuve Clerc ne pouvant préjudicier aux droits de celui-ci, il ne pourrait être admis à intervenir dans l'instance, s'il s'agissait d'une matière ordinaire, aux termes des art. 466 et 474 c. pr.; — Mais que, la cause ayant pour objet une question d'état, l'art. 54 c. civ., qui déroge à ces principes, rend l'intervention de Perrin recevable, puisqu'il est évident qu'il a intérêt dans les contestations existant entre les parties, les arrêts qui prononcent sur la légitimité ayant effet même contre les parents qui n'ont pas été appelés au procès, parce qu'un individu ne peut être légitime à l'égard des uns, et illégitime à l'égard des autres; — Sur la fin de non-recevoir opposée au sieur Perrin, comme cessionnaire du sieur Lespine, dit Sarre, et prise de ce que, celui-ci ayant reconnu la qualité de la dame Morin et de ses enfants, par l'acte du 18 avril 1820, le sieur Perrin, qui le représente, n'est plus admissible à la leur contester; — Attendu que, par cet acte, Lespine, débiteur du sieur Fouron, en vertu d'un contrat du 19 avril 1790, s'est borné à renouveler purement et simplement son obligation; — Que si, en acceptant ce titre nouvel, le sieur Charles Fouron s'est dit héritier de son père, et a déclaré agir tant pour lui que pour ses frères et sœurs, ses cohéritiers, rien n'annonce que Lespine connût la procuration du 25 mars 1820, ni que, quoique parent de feu Fouron, il ait eu avec sa famille assez de rapports pour qu'on soit fondé à supposer qu'il n'en pouvait ignorer l'état; — Que, d'ailleurs, l'acte qu'il a consenti étant valable, quand même Charles Fouron n'aurait pas eu la qualité qu'il s'est donnée, et qu'il n'aurait agi, en réalité, que comme héritier apparent, ou comme *negotiorum gestor* de la succession, on ne peut induire que Lespine entendît lui reconnaître une qualité qui était indifférente relativement au sort de l'acte, seul objet qu'on se proposât; — Qu'il s'ensuit que la fin de non-recevoir fondée sur cet acte doit être écartée;

Au fond : — Attendu que les art. 194 et 46 du code civil, ainsi que l'art. 14, tit. 20 de l'ordonnance de 1667, dispensent un époux de la représentation de l'acte de célébration de son mariage, pour établir son état, lorsqu'il justifie qu'il n'a pas existé de registres, ou qu'ils sont perdus, et lui permettent de prouver son mariage tant par des registres et papiers domestiques que par témoins; — Que la dame Morin, soutenant avoir épousé le sieur Fouron, en l'année 1775 ou 1776, dans la paroisse de Torbek, île de Saint-Domingue, est fondée à réclamer le bénéfice de ces articles pour remplacer son acte de mariage, qu'elle ne peut représenter; — Qu'en effet 1° elle établit par des certificats délivrés par le sieur Hervé, au nom du ministre de la marine, que les registres de la paroisse de Torbek périrent dans les désastres de Saint-Domingue;—2° Que, s'il existe des copies de ces registres aux archives du ministère de la marine depuis 1698 jusqu'à 1777 inclusivement, ces copies, envoyées en France, en exécution de l'édit du mois de juin 1776, n'ont point été collationnées, comme le prescrivait l'art. 5 de cet édit, bien qu'on voie des feuillets en blanc, laissés, ainsi qu'on l'y trouve constaté, pour pouvoir y insérer les actes dont l'omission pourrait être reconnue quand on procéderait au collationné; — Qu'il résulte de ces faits que, si ces copies doivent faire foi pour ce qu'elles renferment, l'irrégularité provenant du défaut de collationné ne permet pas de les considérer comme établissant légalement qu'elles contiennent tous les actes de l'état civil reçus à Saint-Domingue, pendant la période à laquelle elles se rapportent; — Qu'elles ne peuvent donc remplacer les originaux perdus, et qu'ainsi la dame Morin peut prouver l'existence de son mariage par les moyens qu'indique l'art. 46 c. civ.; — Attendu que ces moyens peuvent même, au besoin, et doivent être remplacés par des documents émanés du feu sieur Fouron, et des personnes qui, par leurs relations avec lui, ont dû bien connaître l'état de la dame Morin, l'éloignement et les malheurs du temps rendant aujourd'hui une enquête impossible; — Que la dame Morin peut même invoquer des présomptions graves, précises et concordantes, que la loi admet, en général, à la place de la preuve testimoniale; — Attendu que les pièces produites par la dame Morin ne permettent pas de douter qu'elle ne fût l'épouse légitime du sieur Fouron; — Que ces pièces sont en effet: — 1° L'acte de naissance et de baptême de Charles Fouron, fils légitime de M. Jean Fouron et de la dame Morin, mariés, délivré le 1er juin 1788 par le père Col, curé de la paroisse de Torbek; — 2° Une série de lettres écrites depuis 1780 jusqu'à 1805 au sieur Fouron par les sieurs Lelièvre et Ferrier, dans lesquelles, en les chargeant de leurs compliments pour la dame Morin, ils la désignent comme son épouse; — 3° Les actes de naissance de Jeanne-Marie, Jean, Madeleine, et Jeanne Fouron, en date des 15 mars 1792, 12 juin 1797, 26 juin 1799 et 30 juin 1799, dans lesquels ils sont tous désignés comme enfants légitimes du sieur Jean Fouron et de Madeleine-Charles Morin, son épouse, d'après la déclaration faite par le sieur Fouron, en personne; — 4° L'acte de notoriété du 8 oct. 1804, destiné à remplacer l'acte de naissance de la demoiselle Émilie Fouron, à l'occasion de son mariage avec le sieur Hauret, et dans lequel la dame Marie-Catherine Camot, mère de la dame Morin, attesta qu'Émilie Fouron naquit à Torbek, le 20 sept. 1782, du légitime mariage de sa fille avec le sieur Fouron; 5° Le contrat de mariage d'Émilie Fouron avec le sieur Hauret, sous la date du 18 sept. 1804, par lequel le sieur Fouron et la dame Morin, la désignant comme leur fille légitime, lui constituent en commun, à titre de dot, une somme de 10,000 fr. et un ameublement;— Que la vérité des énonciations contenues dans ces divers écrits est, en outre, confirmée par les plus puissantes présomptions; — Qu'en effet, le sieur Lelièvre, et surtout le sieur Ferrier, connu par ses sentiments d'honneur, n'auraient pas porté les égards que la politesse impose jusqu'à donner le titre d'épouse à la dame Morin, s'ils n'avaient été bien convaincus qu'il lui appartenait; — Que l'on ne peut penser que le sieur Fouron lui-même, qui passa toujours pour un homme de bien, insultât effrontément à l'honnêteté publique, en faisant inscrire, comme légitimes, sur les registres de l'état civil, des enfants qui auraient été le fruit du concubinage; — Que l'affection qu'il leur portait l'aurait nécessairement engagé à épouser leur mère, depuis son retour en France, s'il n'eût été déjà marié avec elle avant qu'il partît de Saint-Domingue; — Qu'en admettant que quelque motif eût pu, comme on le suppose sans vraisemblance, le détourner de cette union tant qu'il resta en Amérique, et même depuis, au moins n'aurait-il pas reconnu ses enfants, afin de se ménager le moyen de leur assurer, par testament, la totalité de sa fortune, au lieu de les réduire à la partager avec des collatéraux éloignés pour lesquels rien n'annonce qu'il eût quelque préférence, et avec une fille naturelle dont il avait généreusement assuré le sort; — Que de tout cela il résulte que la dame Morin fut indubitablement unie au feu sieur Fouron par les liens d'un légitime mariage, dont l'acte a péri dans les désastres de la colonie où il dut être célébré; — Attendu que, d'après la solution des questions précédentes, il devient inutile de s'occuper du mérite des conclusions subsidiaires; — En ce qui touche les enfants Fouron; — Attendu que le sieur Perrin convient qu'ils sont en possession de l'état d'enfants légitimes du sieur Fouron, conformément à leurs actes de naissance, produits dans la cause; — Qu'ainsi, l'existence du mariage de leurs père et mère étant établie, leur légitimité doit être reconnue; — Par ces motifs, disant droit de l'appel de la veuve Clerc envers le jugement dont il s'agit, dit avoir été bien jugé, mal appelé; en conséquence, déboute la veuve Clerc de son appel, et la condamne à l'amende et aux dépens.

Du 20 janv. 1837.-C. de Pau, ch. réun.-M. de Charitte, pr.

(1) *Espèce* : — (Ratel, etc. C. Levraux, etc.) — Le 26 déc. 1823, jugement du tribunal civil de la Seine par lequel la dame Levraux et consorts sont envoyés en possession et jouissance des biens, deniers et valeurs composant la succession de la dame Anson pour la portion affectée à la ligne maternelle, « attendu que la filiation de Cécile Blattier, comme fille de Pasquier Blattier et de Marie-Anne Thorel est établie par son acte de mariage du 30 juin 1705, dont l'extrait légalisé est représenté et corroboré par divers actes et papiers de famille; — Attendu que des preuves de cette filiations il résulte que la dame Levraux et consorts sont à un degré plus proches parents de la feue dame Anson, de la succession de laquelle il s'agit, etc. » — Appel par la dame Ratel et consorts. — Arrêt.

La cour; — Attendu que, par l'acte de partage de la succession de Marie-Anne Thorel, passé le 17 mai 1714 entre les enfants de Pasquier Blattier et de Marie-Anne Thorel, auteurs communs des appelants, Cécile Blattier a été reconnue pour sœur légitime d'Hyacinthe Blattier, femme Béthune, et Geneviève Blattier, femme Palette, et admise comme telle à prendre la part à elle afférente dans ladite succession; — Adoptant, en outre, les motifs des premiers juges, met l'appellation au néant; — Ordonne que ce dont est appel sortira son plein et entier effet; — Condamne l'appelant en l'amende et aux dépens.

Du 3 janv. 1825.-C. de Paris, 2e ch.-MM. Cottu, pr.-Broé, av. gén., c. conf.-Sellier et Leroy, av.

conjointement avec l'enfant, et ont ratifié le payement d'une somme convenue entre les parents du défunt et sa veuve, moyennant laquelle somme ces parents avaient renoncé à contester la qualité de l'enfant (Req. 24 juill. 1835) (1).

389. En admettant même que la légitimité d'un enfant ne puisse plus être contestée par ceux qui l'ont antérieurement reconnue, il a été jugé : 1° que de ce que certains actes impliqueraient la reconnaissance de légitimité d'un enfant, il ne s'ensuit pas que celui dont ils émanent soit non recevable à la contester, si à l'époque à laquelle ces actes ont eu lieu, son droit d'élever cette contestation n'était pas encore ouvert (Douai, 8 mars 1845, aff. Poitou, D. P. 45. 2. 163); — 2° Que la reconnaissance de légitimité d'un enfant, émanée d'un tuteur, au préjudice des droits de son pupille, est nulle (même arrêt).

390. Un jugement qui, sur une action en délaissement des biens d'une succession dirigée contre un individu, attribue ces biens à celui-ci par le motif que d'après les preuves par lui administrées il est fils légitime de celui de la succession duquel il s'agit, a force de chose jugée, même à l'égard de la question d'état, lorsqu'il n'a point été attaqué; cette question ne peut plus être renouvelée par action principale entre les mêmes parties (Cass. 15 juin 1818) (2); — Et quoique ce jugement ait été rendu

(1) *Espèce :* — (Mas-Saint-Maurice C. Boscary.) — La dame Mas-Saint-Maurice, dont le divorce avec son mari avait été prononcé en 1809, contracta mariage, le 21 septembre de la même année, en Angleterre, avec le sieur Gaccon. Ce mariage fut renouvelé à Paris, le 6 nov. 1812, et dans l'acte de la célébration, M. et Mme Gaccon reconnurent comme leur fille, en lui attribuant en tant que de besoin les droits de légitimité, Léontine-Marie-Madelaine.—Le sieur Gaccon décéda en 1815, laissant un testament dans lequel il instituait Léontine son héritière universelle, et renouvelait, au profit de sa femme, la donation qu'il lui avait déjà faite par contrat de mariage, de tout ce dont la loi lui permettait de disposer; il obligeait, en outre, sa femme à prêter à ses frères Louis et Auguste Gaccon, six mois après la réalisation de sa fortune, une somme de 200,000 à 300,000 fr., pour le terme de dix années, et à l'intérêt de 5 p. 100 par an. —Un arrangement fut conclu en 1816, entre la veuve Gaccon, d'une part, et, de l'autre, ses deux beaux-frères. Il était dit dans le préambule de cet acte, que MM. Gaccon auraient pu prétendre à la succession du sieur François Gaccon, comme ses héritiers, en attaquant la légitimité et la capacité de sa fille. Cependant ils renonçaient à cette prétention, sous la condition que le prêt testamentaire du sieur Gaccon, à leur profit, serait fixé à 300,000 fr, et réalisé immédiatement. A ce prix, était-il dit dans l'acte, ils s'engagent à reconnaître «en tant que de besoin, savoir: sa fille(Léontine) pour sa seule et unique héritière légale et instituée, avec toute légitimité et capacité, et sa veuve pour sa créancière, à raison de sa dot portée en leur contrat de mariage, du 6 nov. 1812, etc. »—Après le décès de madame veuve Gaccon, les enfants nés du premier mariage de cette dernière avec le sieur Saint-Maurice, intéressés par leur mère dans l'hoirie de leur beau-père, demandèrent compte des 300,000 fr. qui en avaient été détournés en faveur des sieurs Gaccon, et de plus, de 50,000 fr. dont cette somme avait été encore augmentée.

Le 17 avril 1826, ils souscrivirent un acte dans les qualités duquel on voit figurer, d'une seule et même part, comme ayant un seul et même intérêt, eux et Léontine, et, d'autre part, les sieurs Louis et Auguste Gaccon. On remarque dans cet acte les passages suivants : « Quelque temps après le décès de M. Gaccon, arrivé le 25 avril 1815, il fut pris des arrangements au mois d'août 1816, entre ses frères et sa veuve, tant pour elle, à raison de ses droits dans la succession de son mari, que pour leur fille mineure, son héritière bénéficiaire, dont elle était tutrice, d'après lesquels les frères Gaccon ont dû toucher la somme de 300,000 fr. en toute propriété, et, en outre, une somme de 50,000 fr. accordée pour indemnité de voyages, etc... — Art. 1. Les héritiers et représentants de M. et Mme Gaccon approuvent, en tant que de besoin, les dispositions et arrangements émanés de ces derniers, et qui ont attribué à MM. Louis et Auguste Gaccon la propriété de la somme de 350,000 fr..., renonçant, en conséquence, en tant que de besoin, à toute répétition de ladite somme, sous quelque prétexte que ce puisse être .. »— Art. 3. « Enfin, les héritiers et représentants de M. et Mme Gaccon déclarent et reconnaissent définitivement entre eux que la somme de 350,000 fr. a dû être, comme elle l'a été de fait, distraite de la masse des fonds anglais appartenant à la succession de M. Gaccon...; en sorte que tous leurs héritiers et représentants se trouvent avoir supporté ce retranchement comme ils le devaient, suivant les droits et émoluments de chacun dans lesdites successions; en conséquence, ils renoncent respectivement, en tant que de besoin, à toutes réclamations et prétentions des uns envers les autres, à cet égard, etc... » — Cet acte fut signé par les enfants Saint-Maurice, et quelques jours après, l'acte de liquidation et de partage de la double hérédité fut également transcrit.

En 1832, le sieur Adolphe Mas-Saint-Maurice, Marie-Caroline, sa sœur, épouse Thory, Philippe Mas, représentant les deux autres enfants Saint-Maurice, firent donner à Léontine Gaccon, mariée au sieur Boscary, un exploit dans lequel ils concluaient à l'annulation des actes qui leur avaient été surpris, notamment de celui du 17 avr. 1826. Ils prétendaient que Léontine était leur sœur germaine, comme étant fille du sieur Mas-Saint-Maurice, leur père, et non pas celle du sieur Gaccon ; qu'ainsi la fortune de ce dernier qui lui avait été attribuée comme patrimoine de son prétendu père, aurait dû leur appartenir du chef de leur mère. — Jugement qui accueille deux fins de non-recevoir opposées par la dame Boscary, tirées, l'une, de ce qu'elle aurait eu une possession d'état conforme à son acte de naissance; l'autre, de ce que l'état de madame Boscary ne pouvait être contesté pour un intérêt de succession, parce qu'il fallait un intérêt de famille, et que les enfants de Saint-Maurice n'avaient pas cet intérêt.

Sur l'appel, arrêt de la cour de Paris, du 10 mars 1844, par lequel : — « Considérant qu'il résulte des faits et circonstances de la cause, et notamment de l'acte de ratification de 1826, que la qualité de la dame Boscary a été reconnue par les appelants; d'où il suit qu'ils sont non recevables à contester son état; — La cour met l'appel au néant. »

Pourvoi des enfants Saint-Maurice : 1° Violation des art. 1338, 2053, 2054, 2055 et 2057 c. civ., en ce que la prétendue ratification, fût-elle intervenue, ce qui n'est pas, aurait, en tous cas, été nulle, à défaut des conditions essentielles de validité exigées par la loi;

2° Violation des art. 6, 1125 et 2045 c. civ., en ce que la cour de Paris a validé une transaction sur une matière où nulle transaction ne pouvait valablement être faite.

3° Violation des art. 466 et 805 c. civ., en ce qu'on a déclaré définitif un partage qui ne pouvait être que provisionnel, à raison de la minorité de l'un des intéressés, et de la qualité bénéficiaire de la succession. —Arrêt.

LA COUR; — Sur le moyen tiré des art. 1338, 2053 et 2054 c. civ. — Considérant qu'il résulte des qualités de l'arrêt que cette question n'a pas été soumise à la cour; qu'au surplus, la cour, en décidant que l'acte de 1826 contenait une reconnaissance formelle, en a déduit la conséquence que l'intention des parties avait été de réparer le vice qui pourrait être attaché à la naissance de la demanderesse;

Sur le moyen tiré des art. 6, 1125 et 2045 c. civ. : — Considérant que, dans la question qui s'agitait devant les tribunaux, l'ordre public n'était nullement intéressé; qu'il s'agissait d'une convention librement consentie, se rattachant à des intérêts pécuniaires;

Sur le moyen tiré de la violation des art. 466 et 805 c. civ. : —Considérant que la qualité de la dame de Boscary ayant été jugée au fond, l'acte de partage qui lui accordait des émoluments inhérents à cette qualité reconnue ne pouvait contenir de lésion ni être considéré comme provisionnel, et que rien ne pouvait en dénaturer l'effet;— Rejette, etc.

Du 24 juill. 1835.-C. C., ch. req.-MM. Borel, f. f. pr.-Lebeau, rap.-Viger, av. gén., c. conf.-Dalloz et Parrot, av.

(2) *Espèce :* — (Boiste C. Allain et Barbé.) — En 1807, Allain et Barbé demandent contre Boiste le délaissement des biens composant la succession de Boiste de Richemont, dont il se serait emparé sous la fausse qualité de fils légitime de Boiste de Richemont, suivant eux, décédé célibataire. — Le 16 fév. 1809, jugement par défaut du tribunal civil de la Seine, qui déclare les demandeurs purement et simplement non recevables, « attendu que Boiste est fils du sieur Boiste de Richemont et de Catherine Crelot, son épouse, ainsi qu'il résulte de son acte de naissance, tiré des registres de l'état civil de la paroisse de Saint-Germain-l'Auxerrois, de la ville de Paris, à la date du 30 août 1776; — Attendu qu'en cette qualité de fils et de seul enfant du sieur de Richemont, le sieur Boiste a été son seul et unique héritier, et que c'est en cette qualité qu'il a recueilli sa succession. » — Ce jugement, signifié aux sieurs Allain et Barbé, n'a jamais été attaqué par eux, ni par la voie de l'opposition ni par appel. — Cependant, en 1814, ils forment une nouvelle demande, tendant à ce qu'il soit fait défense à Boiste de prendre à l'avenir le nom et la qualité de fils légitime du sieur de Richemont et de la dame Crelot. — 29 déc. 1815, jugement qui déclare encore les collatéraux non recevables, attendu que l'état du sieur Boiste, comme fils légitime du sieur Boiste de Richemont, a été fixé par le jugement du 16 fév. 1809, passé en force de chose jugée; que, d'ailleurs, le sieur Boiste a justifié d'une possession d'état conforme à son acte de naissance et suffisante pour constater son titre de fils légitime du sieur Boiste de Richemont et de Catherine Crelot. — Appel. — Boiste excipe, comme devant les premiers juges, de la chose jugée; puis, discutant le fond, il établit sa légitimité par son acte de naissance et par la possession d'état de fils légitime du sieur de Richemont et de la dame de Crelot. — Les appelants répondent qu'on ne doit point s'arrêter à l'exception de chose jugée : 1° parce que le jugement du 16 fév. 1809 n'est qu'un jugement par défaut et a été rendu sans entendre le ministère public; 2° parce que l'objet de leur demande nouvelle n'était point le même que celui de la première; dans celle-ci il ne s'agissait que des biens de la succession du

par défaut, et même sans audition du ministère public, il n'en conserve pas moins toute sa force lorsque les parties ne l'ont point attaqué dans les délais (même arrêt).—Il importe peu que la question d'état n'ait été jugée qu'incidemment.

TIT. 2. — DE LA FILIATION NATURELLE.

CHAP. 1. — HISTORIQUE ET LÉGISLATION. — DROIT COMPARÉ.

391. L'enfant naturel doit le jour à une violation des lois morales sur lesquelles reposent les sociétés; son existence est une protestation sans cesse renouvelée contre la sainteté du mariage; il était donc naturel que les législateurs ne le traitassent point avec la même faveur que les enfants issus d'une union légitime, qu'ils ne lui accordassent pas les mêmes avantages, les mêmes prérogatives. — Et il n'y a là rien d'inique, rien de contraire aux lois de la justice naturelle; l'enfant naturel n'a pas le droit de se plaindre qu'on le punisse d'une faute qui a précédé sa naissance et à laquelle, par conséquent, il est absolument étranger; en effet, les dispositions qui consacrent l'inégalité dont il s'agit ne sont point afflictives; elles ne constituent point une peine; elles sont seulement une privation d'avantages que le législateur n'était point obligé de leur accorder, que, dès lors, il a pu leur refuser sans injustice. — Cette infériorité de condition, cette défaveur attachée à la qualité d'enfant naturel, existe dans toutes les législations des peuples civilisés : elle remonte à la plus haute antiquité.

392. Toutefois, elle ne paraît pas avoir existé dans les temps primitifs. — Ainsi la Genèse nous montre Ismael et Isaac, le fils de la servante et le fils de l'épouse légitime, élevés ensemble dans la maison d'Abraham, leur père commun (ch. 21, v. 9; V. aussi saint Paul aux Galates, ch. 4, v. 9); elle nous montre également Asser et Gad, Dan et Nephtali, fils des servantes de Rachel et de Lia, devenant chefs de tribus comme Ruben, Lévi, Siméon, etc. (ch. 46 et 49).—C'était une conséquence de la liberté des mœurs patriarcales. D'ailleurs, comme le remarque M. de Pastoret, dans son Histoire de la législation chez les peuples primitifs, le désir d'une nombreuse postérité était si grand, que la naissance d'un enfant, même né d'une servante, d'une concubine, était toujours saluée comme un événement heureux.

393. La législation de Moïse contient, au sujet des bâtards, quelques dispositions rigoureuses. « Celui qui est bâtard, c'est-à-dire né d'une femme prostituée, est-il dit au Deutéronome, ch. 23, v. 2, n'entrera point dans l'assemblée du Seigneur (sera privé du droit de cité) jusqu'à la dixième génération. » Cependant nous voyons au livre des Juges, ch. 11, que Jephté, bien que fils d'une courtisane, fut choisi pour commander les Israélites dans une guerre contre les Ammonites; mais sa nomination, que des circonstances impérieuses avaient rendue nécessaire, était contraire à la loi de Moïse. — Les bâtards ne succédaient point à leurs père et mère (Juges, 11, 1 et 2). Il était défendu de contracter mariage avec eux, sous peine de fouet pour les deux époux. On permit toutefois aux bâtards d'épouser une esclave, afin de laisser à leurs enfants la possibilité d'être légitimés : si cette esclave était affranchie, les enfants acquéraient l'ingénuité, puisqu'ils suivaient le sort de leur mère, conformément à la maxime reçue dans le droit hébraïque : *proles servitutis matrem sequitur, neque patris ulla habetur ratio.* —V. le Recueil de lois et antiquités hébraïques connu sous le titre de Mischna, t. 3, p. 233.

394. A Athènes, les bâtards ne faisaient pas partie de la famille; ils n'étaient pas soumis à la puissance paternelle; ils ne pouvaient assister au sacrifice ni aux autres cérémonies religieuses; ils ne succédaient pas, même à défaut d'enfants légitimes (V. Démosthène, plaid. contre Macartatus; Isée, Success. de Phil). — On plaçait, du reste, au nombre des bâtards, les enfants dont la mère n'était pas d'origine athénienne (V. Sigonius, 11, ch. 3). Les bâtards avaient d'abord été admis au nombre des citoyens. Mais une loi rendue sur la proposition de Périclès leur enleva le droit de cité. Des recherches ayant été faites pour l'inexécution de cette loi, recherches dont la loyauté ne paraît pas avoir été à l'abri de tout reproche, il y eut, suivant le témoignage de Plutarque, Vie de Périclès, § 37, plus de cinq mille individus condamnés à ce titre et vendus comme esclaves, et le nombre des athéniens maintenus dans le droit de cité ne s'éleva pas à plus de quatorze mille quarante.

Cependant Périclès ne tarda pas à regretter la sévérité de la loi qu'il avait faite et qui avait été si cruellement exécutée. Ayant perdu successivement ses fils légitimes, et n'ayant plus d'autre postérité qu'un enfant naturel, il demanda et obtint des Athéniens la révocation de cette loi dont il avait été le promoteur; par suite, l'ancienne législation fut remise en vigueur (V. Plutarque, *loc. cit.*; Meursius, *Themis attica*, 2, ch. 3). — Il y eut cependant certaines magistratures, telles que celle des archontes, auxquelles on ne put parvenir qu'à la troisième génération; il fallait être né d'un père et d'un aïeul citoyens (V. Sigonius, 4, ch. 3). Après avoir obtenu la révocation de la loi, Périclès ayant demandé à l'assemblée du peuple la légitimation de son fils bâtard, obtint la permission de le faire inscrire sur les registres de sa tribu et de lui donner son nom (Plut., *ibid.*). La légitimation ainsi accordée par la volonté du peuple conférait à l'enfant des droits à la succession paternelle; toutefois, lorsqu'il y avait un fils légitime, le droit de faire les parts entre lesquelles on devait choisir était réservé au fils légitime (V. Meursius, *Themis attica*, 3, ch. 3). L'interdiction du mariage entre Athéniens et étrangers, interdiction qui entraînait la bâtardise des enfants, recevait quelquefois exception. Ainsi, lorsqu'après de longues guerres, la paix fut enfin conclue entre les Athéniens et les Béotiens, l'épigamie fut accordée à ces derniers.

395. Le droit romain reconnaissait pour les enfants nés en dehors d'un légitime mariage plusieurs situations bien distinctes. Il y avait d'abord les enfants naturels proprement dits, *liberi naturales*, issus du concubinat, c'est-à-dire de cette sorte d'union qui, sans s'élever à la dignité du mariage, n'était pas cependant un commerce illicite (V. Mar., n° 9). Il y avait en outre ceux qu'on appelait *spurii, seu vulgò concepti*, c'est-à-dire les enfants nés des relations criminelles d'un homme et d'une femme entre lesquels il n'existait ni mariage ni concubinat. On désignait sous le nom de *stuprum* ces relations coupables avec une femme libre, et sous le nom de *contubernium* les relations avec une esclave. Les *spurii* étaient spécialement désignés sous le nom d'enfants incestueux, *incestuosi*, lorsque ceux qui leur avaient donné le jour étaient parents à un degré qui empêchait le mariage entre eux, et d'enfants adultérins, *adulterini*, lorsque leur naissance était le résultat d'un adultère. — Ces diverses espèces d'enfants avaient cela de commun que ni les uns ni les autres n'étaient soumis à la *puissance paternelle*, et qu'ils suivaient la condition

---

sieur de Richemont; dans celle-là, au contraire, il s'agit de la question d'état en elle-même. Au fond, ils soutiennent que Boiste n'établit point suffisamment sa possession d'état.

Le 30 déc. 1816, arrêt de la cour de Paris, qui, considérant que la question n'a été ni discutée ni jugée par le jugement du 16 fév. 1809, qui a été rendu par défaut et sans audition du ministère public, et qui, d'ailleurs, n'a statué que sur la réclamation des biens du sieur de Richemont, et non sur la légitimité de son fils; que ce dernier ne justifie pas de la célébration du mariage d'entre ses père et mère, ni de leur possession d'état de gens mariés, non plus que de sa possession d'état de fils légitime, infirme le jugement de première instance du 29 déc. 1815. et fait défense au sieur Boiste de prendre le titre et la qualité de fils légitime du sieur Boiste de Richemont. — Pourvoi pour violation des art. 1350 et 1351 c. civ. — Arrêt.

LA COUR; — Vu les art. 1350 et 1351 c. civ.; — Attendu que l'état du demandeur, comme fils légitime de Simon Boiste de Richemont et de Catherine Crelot, son épouse, avait été judiciairement établi et fixé par le jugement du tribunal civil de la Seine, du 16 fév. 1809, rendu entre les mêmes parties, puisque ce n'avait été qu'en qualité de fils et unique héritier de Simon Boiste de Richemont, que, par ce jugement, le demandeur avait été maintenu dans la possession de l'hérédité de ce dernier;

Que ce jugement, quoique rendu par défaut contre les défendeurs, n'en avait pas moins, à leur égard, toute l'autorité de la chose irrévocablement jugée, dès lors il y avait été acquiescé par eux; — Qu'il suit de là que la légitimité du demandeur ne pouvait plus être mise en question entre les mêmes parties, et qu'elle n'a pu lui être déniée par l'arrêt attaqué sans une contravention manifeste aux articles précités du code civil; — Casse, etc.

Du 15 juin 1818.-C. C., sect. civ.-MM. Desèze, 1er pr.-Boyer, rap.

de leur mère. Ainsi ils naissaient libres et *sui juris* si leur mère était une femme libre; ils naissaient esclaves si leur mère l'était elle-même. Ils différaient principalement en ce que les enfants naturels, *liberi naturales*, avaient seuls un père légalement connu.

396. Il ne paraît pas qu'à Rome la qualité de bâtard ait été, par rapport aux fonctions et charges publiques, considérée comme une cause d'indignité. *Spurii decuriones fiunt*, porte la loi 50, § 2, ff., *De decurion., et ideò fieri poterit ex incesto quoque natus: non enim impedienda est dignitas ejus qui nihil admisit.* Seulement il résulte de quelques autres textes (L. 3, § 2, ff., *De decurion.*; 14, § 3, ff., *De muner. et honor.*) que, lorsqu'un enfant légitime et un *spurius* se trouvaient en concours pour la même dignité, le premier devait être préféré.

397. Quant aux droits de famille des bâtards, ils n'étaient pas les mêmes à l'égard de la mère et à l'égard du père. — A l'époque où, le droit civil existant dans toute sa rigueur, l'agnation seule donnait le droit de *succéder*, et où, par conséquent, les fils légitimes ne succédaient point à leur mère, il était tout naturel que les bâtards n'eussent aucun droit à la succession de leur mère et réciproquement. Mais lorsque le droit prétorien, corrigeant la rigueur de ces principes, eut institué la possession de biens en faveur des cognats, c'est-à-dire des parents naturels, les bâtards profitèrent du bénéfice de cette disposition aussi bien que les enfants légitimes. Il y eut dès lors droit réciproque de successibilité entre eux et leur mère. *Hâc parte proconsul*, porte la loi 2, ff., *Unde cognati, naturali æquitate motus, omnibus cognatis permittit bonorum possessionem quos sanguinis ratio vocat ad hereditatem, licet jure civili deficiant; itaque vulgò quæsiti matris et mater talium liberorum, et ipsi fratres inter se, ex parte bonorum possessionem potere possunt, quia sunt invicem sibi cognati.* Bien plus, lorsque les sénatus-consultes Tertyllien et Orphitien eurent appelé la mère et ses enfants à leurs successions respectives à titre d'héritiers légitimes, les bâtards ne furent point exclus de cette disposition nouvelle; il résulte au contraire des termes exprès de la loi 15, C., *Ad senat. cons. Orphit.*, que leur droit était égal à celui des enfants légitimes. Justinien fit seulement exception à cette règle à l'égard des femmes illustres qui avaient des enfants légitimes; non-seulement il refusa à leurs enfants bâtards tout droit à leur succession, mais il défendit même à ces femmes illustres de leur rien donner, soit entre-vifs, soit par testament : *Sancimus ut neque ex testamento neque ab intestato, neque ex liberalitate inter vivos habitâ, justis liberis existentibus, aliquid penitus ab illustribus matribus ad spurios perveniat*... (L. 15, *ibid.*).

398. Relativement au père, les bâtards, même de l'espèce la plus favorable, *liberi naturales*, n'étant pas sous sa puissance, ne lui succédaient point d'après le droit civil. Le droit de disposer à leur profit, soit par donation entre-vifs, soit par testament, avait même été renfermé par les empereurs dans des bornes fort étroites (LL. 1 et 2, c. Théod., *De natur. lib.*); mais il fut successivement élargi, d'une manière notable, par Justinien (LL. 8 et ult., C., *De natur. lib.*; nov. 18, c. 5; nov. 89, c. 12). — Ce dernier même alla plus loin : il leur accorda des *droits sur la succession* de leur père mort *ab intestat*. Il disposa (novelle 18) que, dans ce cas, à défaut de femme et d'enfants légitimes, s'il y avait une concubine et des enfants naturels, ces enfants et leur mère pourraient demander la sixième partie du bien du père, quoiqu'il n'ait fait aucune disposition en leur faveur; mais il y mit pour condition qu'il n'y eût qu'une seule concubine, à laquelle il ne manquât, pour ainsi dire, que la solennité du mariage pour être femme légitime. — Enfin il voulut que les enfants naturels pussent réclamer des *aliments*, encore bien que leur père eût laissé des enfants légitimes (nov. 89, c. 12, § 6); mais il défendit d'accorder des aliments aux bâtards nés *ex nefario coitu : Omnis qui ex complexibus aut nefariis, aut incestis, aut damnatis processerit, iste neque naturalis nominatur, neque alendus est à parentibus, neque habebit quoddam ad præsentem legem participium* (nov. 89).

399. Pendant longtemps il n'exista aucun moyen légal de conférer le bienfait de la *légitimité* à ceux qui n'étaient pas nés de justes noces (*ex justis nuptiis*) et de les faire passer sous la puissance paternelle. — La loi *Ælia Sentia* et la loi *Junia Norbana*, rendues sous Auguste, introduisirent les premières quelques modes de *légitimation*. Mais ces règles, qui se lient étroitement aux divers modes d'affranchissement reconnus alors par les lois, n'ont aucun rapport à notre sujet (V. Gaïus, comm. 1, §§ 28 et suiv., 65 et suiv.). — Ce fut Constantin qui, le premier, dans une constitution rendue en l'an 335 de J.-C., permit au père de légitimer par un mariage légitime (*justis nuptiis*) les enfants naturels qu'il aurait eus d'une concubine ingénue. Ainsi l'introduction de ce mode de légitimation coïncide avec l'avénement du christianisme sur le trône impérial. C'est qu'en effet l'existence du concubinat, de cette union d'un ordre inférieur, qui, n'élevant point la femme à la dignité d'épouse, faisait d'elle l'instrument des plaisirs de l'homme plutôt que la compagne de sa vie, était contraire, sinon aux dogmes positifs, du moins à l'esprit de la religion nouvelle. Il était donc naturel que les empereurs chrétiens excitassent, par des faveurs, ceux qui vivaient dans cette sorte d'union, à la convertir en un légitime mariage. — La constitution de Constantin fut renouvelée, au siècle suivant, l'an 476, par l'empereur Zénon. Il résulte de la constitution de ce dernier, insérée au Code (L. 5, tit. *De natural. lib.*), que la légitimation par mariage subséquent n'était applicable qu'aux enfants déjà existants lors de la publication de cette loi. Le but de cette restriction, qui, sans doute, se trouvait déjà dans la constitution de Constantin, était d'engager les personnes vivant en concubinat à s'empresser de contracter mariage : si elles avaient des enfants, afin de les légitimer, et si elles n'en avaient pas, dans la crainte de ne pouvoir légitimer ceux qui surviendraient.

400. Ces dispositions favorables furent successivement étendues, dans la suite, aux cas qui se trouvaient d'abord exclus par les lois de Constantin et de Zénon. Et d'abord l'empereur Justin, par une constitution de l'an 519 (Voy. L. 7, Cod., *De natur. lib*), admit la légitimation pour l'avenir, mais seulement à défaut de postérité légitime. Enfin Justinien, son successeur, permit, d'une manière générale et sans faire la restriction qui précède, de légitimer par mariage subséquent les enfants nés du commerce (*ex consuetudine*) qu'un homme avait eu avec une femme libre (L. 13, Instit., *De nuptiis*; L. 10, Cod., *De natur. lib.*).

401. Pour que la légitimation par mariage fût valable et produisît son effet, plusieurs conditions étaient nécessaires. Il fallait : 1° qu'à l'époque de la conception le mariage eût été légalement possible, *cujus matrimonium minimè interdictum fuerat*, disent les Institutes, *De nuptiis*, § 13. Quelques commentateurs ont prétendu que, par ces mots, le législateur exigeait simplement qu'au moment du mariage il n'existât aucun empêchement; mais cette interprétation a été généralement rejetée comme faisant dire à la loi une chose inutile; elle est, d'ailleurs, en contradiction avec la paraphrase de Théophile, qui, comme commentaire des Institutes, jouit d'une si grande et si légitime autorité. Il fallait : 2° qu'un acte contenant constitution de dot eût été dressé (*dotalibus instrumentis compositis*). Cet acte, qui n'était pas nécessaire pour la validité du mariage, était exigé pour la légitimation, sans doute afin de manifester d'une manière irrécusable l'intention de convertir le concubinat en mariage légitime et de marquer l'instant précis où cette conversion s'opérait. Il fallait enfin : 3° que les enfants ratifiassent la légitimation qui, de *sui* qu'ils étaient, les faisait passer sous la puissance paternelle (V. à cet égard nov. 89, c. 11). Il pouvait arriver que des enfants auxquels la légitimation était applicable, les uns y consentissent, les autres la refusassent.

402. Le mariage subséquent n'était pas le seul moyen offert par la loi de légitimer les enfants naturels. Cette légitimation pouvait s'opérer aussi par l'*oblation* de l'enfant à la *curie*. La *curie* était, comme on le sait, une sorte de conseil chargé, dans les municipes, de l'administration des affaires locales. Les membres de ce conseil, appelés d'abord décurions, furent ensuite désignés sous le nom de curiaux (*curiales*). C'étaient généralement les citoyens les plus aisés des villes municipales. Le titre de curial était héréditaire; après la mort du père, il passait à ses fils légitimes. Ce titre était très-honorable; mais, en même temps, il imposait de grandes charges. Ainsi, notamment, les curiaux chargés de la perception des impôts publics étaient responsables de cette perception, et suppléaient, sur leurs propres biens, à l'insolvabilité des contribuables; ainsi encore, lorsque les revenus propres d'un municipe ne suffisaient pas à ses dépenses, ils étaient tenus d'y pourvoir sur leurs propriétés personnelles (V. M. Guizot, Essais sur l'hist. de France, 1er essai). Aussi les habitants des municipes s'efforçaient-ils, par tous les moyens possibles, d'échapper à ce ruineux honneur. Des lois nombreuses, insérées au code Théodosien, attestent les précautions que le législateur avait dû prendre pour retenir dans la curie ceux qui se trouvaient appelés à en faire partie. Il était naturel, dès lors, qu'il cherchât, par des faveurs, à y amener de nouveaux membres. Les empereurs Théodose le Jeune et Valentinien, les premiers, par une constitution de l'an 442 (Cod., lib. 5, tit. 27, L. 3), déclarèrent que si un citoyen, curial ou non, n'ayant que des enfants naturels, offrait ces enfants, ou quelques-uns d'eux seulement, à la curie de sa ville natale, il pourrait leur donner, par donation ou testament, la totalité de ses biens. De même, s'il donnait sa fille naturelle en mariage à un curial, il pouvait transmettre à cette fille la totalité de ses biens. Cette dernière disposition avait pour but, non pas, comme la première, d'introduire dans la curie de nouveaux membres, mais de favoriser les membres déjà existants en procurant à l'un d'eux un accroissement de ressources. Les empereurs Léon et Anthémius allèrent plus loin; ils décidèrent (L. 4, Cod., *De natur. lib.*) que l'enfant naturel qui aurait été offert à la curie, non-seulement pourrait recevoir de son père, par donation ou testament, l'intégralité de ses biens, mais que même il lui succéderait *ab intestat*. Enfin Justinien fit de l'oblation à la curie un mode de légitimation des enfants naturels, et lui accorda l'effet, non-seulement de conférer des droits successoraux, mais encore de faire passer sous la puissance paternelle ceux qui en étaient l'objet. Il décida, en outre, que ce mode de légitimation pourrait être employé, soit que le père n'eût pas, soit qu'il eût d'autres enfants issus de mariages légitimes, *non solùm nullâ eis legitimâ sobole existente, sed etiam si filios vel alios liberos ex legitimis matrimoniis procreatos haberent* (L. 9, § 3, Cod., *De natur. lib.*; Instit., lib. 1, tit. 10, § 13). Du reste, ce mode de légitimation ne produisait point un effet complet; l'enfant acquérait bien des droits par rapport au père, mais il n'en acquérait aucun par rapport à ses agnats, en sorte que, bien qu'il se trouvât placé sous la puissance du père, il ne faisait pas cependant partie de la famille, ce qui eût été inconciliable avec les principes qui, pendant longtemps, avaient régi l'organisation de la famille romaine (V. nov. 89, c. 4). En outre, lorsque le père avait d'autres enfants légitimes, il ne pouvait laisser au légitimé plus qu'à l'enfant légitime auquel il donnait ou laissait le moins (nov. 89, cap. 3, pr.).

403. Justinien avait institué un troisième mode de légitimation: celle qui s'opérait par *rescrit du prince*. Elle pouvait intervenir dans deux hypothèses bien distinctes, et produisait, dans ces deux cas, des effets différents. — Et d'abord, celui qui, n'ayant pas d'enfants légitimes, mais seulement des enfants naturels, et se trouvant dans l'impossibilité d'épouser leur mère, soit parce qu'elle était morte, soit par toute autre cause, voulait rendre légitimes et faire passer sous sa puissance les enfants qu'il en avait eus, pouvait présenter une requête au prince et obtenir qu'il déclarât ces enfants légitimes (nov. 74, c. 1 et 2). — Si le père qui n'avait que des enfants naturels était mort sans les avoir légitimés, mais avait exprimé dans son testament le désir qu'ils fussent ses successeurs légitimes, *sibi eos legitimos esse filios successores*, ils pouvaient, sur une supplique présentée à l'empereur, obtenir un rescrit permettant leur légitimation. Mais on comprend que, dans ce cas, la légitimation, n'intervenant qu'après la mort du père, ne plaçait pas les enfants sous sa puissance: elle n'avait d'effet qu'à l'égard de sa succession (nov. 74, c. 2, § 1; nov. 83, c. 10).

404. Une constitution de l'empereur Anastase, de l'année 508, avait fait de l'*adoption* un moyen de légitimer les enfants naturels (L. 6, Cod., *De natur. lib.*); mais elle fut abrogée par son successeur Justin (L. 7, *ibid.*), et cette abrogation fut confirmée par Justinien (nov. 74, c. 3).

405. Le droit canonique, gardien vigilant de la pureté des mœurs, ne pouvait passer sous silence les enfants issus d'un commerce qu'il frappait de sa réprobation. — Un concile de Poitiers avait défendu de promouvoir les bâtards aux ordres sacrés à moins qu'ils ne fussent moines ou chanoines réguliers; et dans ce cas même, il avait défendu de leur conférer aucune dignité dans l'Église (tit. *De filiis presbyter.*, cap. 5); et le pape Alexandre III, dans une décrétale adressée à l'archevêque de Tours, avait décidé de même : *Consultationi tuæ taliter respondemus quod neque spurios neque servos ordinare debes* (*ibid.*). Toutefois, les papes s'étaient réservé le droit de donner des dispenses en ce cas; cela résulte d'une décrétale du pape Grégoire IX, adressée à l'archevêque de Tours (*eod. tit.*, cap. ult.).

406. Voyons maintenant quelle était la situation légale des bâtards dans notre ancien droit français. — Une grande différence a existé, dès les premiers temps de la monarchie, entre la condition des bâtards de rois ou de grands et celle des bâtards de roturiers. L'histoire nous montre plus d'une fois, sous les deux premières races, les enfants bâtards des rois montant sur le trône de leurs pères, et même partageant le royaume avec les enfants légitimes. Mais il n'en fut plus ainsi sous la troisième race. Bacquet, Tr. du droit de bâtardise, chap. 2, et Brodeau sur Louet, lett. D, somm. 1, n° 1, disent qu'une ordonnance de Hugues Capet exclut pour jamais les bâtards de la succession du royaume, défendit qu'on les reconnût dans la famille royale, et ordonna même qu'ils ne pussent porter les armes de France qu'avec une barre. « Il y a bien de l'apparence, fait à ce sujet observer d'Aguesseau, t. 7, p. 405, que la condition des bâtards des princes et des grands du royaume changea dans le même temps, et qu'ils furent pour lors, comme ceux des rois, exclus de la succession de leurs pères. » Quoi qu'il en soit, il paraît que les bâtards des nobles s'arrogeaient la qualité de gentilshommes, bien que plusieurs coutumes, notamment celles d'Anjou, de Tours et du Maine, leur refusassent formellement ce titre, et qu'il y ait lieu de présumer que tel était le droit commun du royaume. Une ordonnance de Henri IV, de l'année 1600, disposa en termes exprès (art. 26) que les bâtards, encore qu'ils fussent issus de pères nobles, ne se pourraient attribuer le titre et qualité de gentilshommes, s'ils n'obtenaient lettres d'anoblissement fondées sur quelque grande considération de leurs mérites ou de leurs pères. Et cette disposition fut confirmée par l'art. 197 de l'ordonnance de Louis XIII de janv. 1629, qui ordonna que les bâtards des gentilshommes ne seraient point tenus pour nobles, et que, dans le cas où ils auraient été anoblis, eux et leurs descendants seraient obligés de porter dans leurs armes une barre qui les distinguât d'avec les légitimes, et qu'ils ne pourraient prendre les noms des familles dont ils seraient issus que du consentement de ceux qui y auraient intérêt. Cette règle, toutefois, n'était point considérée comme applicable aux bâtards des personnes illustres. L'opinion généralement admise à cet égard, c'était que les bâtards des rois étaient princes, que ceux des princes étaient seigneurs, ceux des seigneurs gentilshommes, tandis que ceux des simples gentilshommes étaient roturiers. — V. à cet égard Lebret, de la Souverain., liv. 2, ch. 12; Chopin, *De doman.*, liv. 1, tit. 10, n° 1; d'Aguesseau, t. 7, p. 418; Denisart, v° Bâtard, n° 12.

407. Quant aux bâtards de roturiers, leur condition n'était pas partout la même. Brussel, Usage des fiefs, prétend qu'anciennement en France c'était une maxime généralement reçue que les bâtards, fils d'une femme de condition serve, appartenaient au seigneur de celle-ci, en vertu de la règle de droit romain *partus ventrem sequitur*, et que, par la même raison, le fils d'un homme serf et d'une femme libre ou franche était libre et franc comme sa mère. Mais il y avait plusieurs provinces où les bâtards étaient indistinctement traités comme serfs, par conséquent payaient le droit de *chevage* comme les autres mainmortables, et comme eux aussi encouraient le droit de *formariage* lorsqu'ils épousaient des personnes qui n'étaient pas de leur condition. Des auteurs graves (V. notamment d'Aguesseau, t. 7, p. 404 et suiv.) indiquent même la servitude des bâtards comme ayant primitivement formé le droit commun. Cette servitude disparut peu à peu; au seizième siècle, les bâtards étaient, dans presque toutes les coutumes, regardés comme entièrement libres (V. d'Aguesseau, p. 416).

408. Une conséquence de la servitude des bâtards, c'est qu'ils ne pouvaient disposer de leurs biens par testament. Ce droit leur fut attribué graduellement dans certaines provinces.

Une assez grande obscurité plane sur l'époque et l'étendue des concessions qui leur furent faites à cet égard. Ce qui est certain c'est que, lorsqu'ils furent devenus libres, ils eurent, du moins en général (il y avait quelques exceptions), le droit de tester. Leurs successions ne durent plus, dès lors, être dévolues à leurs seigneurs que par droit de déshérence, lorsque ces bâtards étaient morts *ab intestat*, sans laisser hoirs ni lignage.

409. Le droit de *bâtardise*, c'est-à-dire le droit d'appréhender la succession des bâtards, de seigneurial qu'il était d'abord, devint insensiblement droit royal. Voici en quels termes s'exprime à cet égard l'auteur du Grand coutumier, qui vivait du temps de Charles VI : « Au roi appartient la succession de tous les bâtards, soit clercs ou laïcs ; toutefois, aucuns hauts justiciers en ont joui; mais, avant qu'ils doivent avoir la succession des bâtards, il convient qu'il y ait trois choses concourantes ensemble : 1° que les bâtards ou bâtardes soient nés en leurs terres; 2° qu'ils y soient demeurants ; 3° qu'ils y trépassent, *aliàs non audientur.* » Ce passage, on le voit, restreint les droits des seigneurs dans des bornes assez étroites. Cependant il y a lieu de douter que cet usage, qui exista plus tard, ait été, dès l'époque où écrivait l'auteur du Grand coutumier, aussi général qu'on pourrait le penser d'après la manière dont il s'exprime.

410. Les bâtards non légitimés étaient-ils capables de posséder des dignités et des offices de robe ou d'épée? C'est ce que les coutumes ne décidaient point. La question était controversée.—V. d'Aguesseau, t. 7, p. 419.

411. C'était une règle généralement admise que les bâtards, considérés comme étrangers dans leur famille, ne *succédaient* point à leurs parents. Toutefois quelques coutumes les admettaient à la succession de leurs mères; quelques-unes même à celle de leurs parents maternels. De plus, le bâtard était généralement admis à succéder à ses enfants. Enfin le mari et la femme, dont l'un était bâtard, étaient aussi généralement admis, à défaut d'autres héritiers et à l'exclusion du fisc, à la succession l'un de l'autre (V. d'Aguesseau, t. 7, p. 423 et suiv.).—Pour empêcher que l'incapacité de succéder pût être éludée, plusieurs coutumes avaient établi d'autres prohibitions. Les unes, tout en permettant au père d'avantager son fils bâtard par donation entre-vifs, lui avaient défendu de le faire par disposition testamentaire (Anjou, art. 345; Maine, 357); d'autres, moins rigoureuses, lui avaient laissé la liberté de disposer en sa faveur, soit entre-vifs, soit par testament, pourvu que le don ne fût immodéré et immense (Melun, 297); d'autres, enfin, sans s'occuper du mode de disposition, s'étaient contentées de limiter le pouvoir qu'elles donnaient au père d'avantager son bâtard (V. notamment Poitou, 297; Marche, 221; Bretagne, 476, etc.).

412. Les père et mère devaient des *aliments* à leurs bâtards jusqu'à ce que ceux-ci fussent en état de subvenir eux-mêmes à leurs besoins. Ainsi, lorsque les père et mère étaient morts sans y avoir pourvu, les enfants pouvaient réclamer sur leurs biens ce qui était nécessaire pour cet objet. C'était une exception à la règle qui refusait aux bâtards le droit de succéder à leurs parents. Peu de coutumes, à la vérité, s'étaient expliquées sur ce point (V. cependant Bretagne, 478); mais le principe était généralement admis. La plupart des auteurs enseignaient que cette obligation pesait principalement sur le père, que celle de la mère n'était que subsidiaire (Palœota, *De nothis*, c. 48 ; Caranza, *De partu legitimo*, c. 3, § 4, n° 43; Loysel, Instit. coutum., L. 1, t. 1, art. 41; d'Aguesseau, t. 7, p. 435). Cependant la jurisprudence avait varié sur ce point.

413. C'était le plus souvent par la mère qu'était formée la demande d'aliments pour l'enfant. Indépendamment de la plainte criminelle en gravidation qu'elle pouvait former contre son séducteur, aux termes de l'ordonnance de 1670, elle pouvait l'actionner simplement au civil afin qu'il fût condamné à lui avancer les frais de *gésine* (d'accouchement), à payer les mois de nourrice et à fournir des aliments à l'enfant. Mais si celui contre lequel elle dirigeait une telle action niait la paternité qui lui était imputée, comment constater un fait de cette espèce? Comment pénétrer le secret impénétrable de la nature? On comprend qu'il était impossible d'établir la preuve positive du fait mystérieux de la paternité; mais, à défaut de preuves positives, le juge s'attachait aux présomptions; il étudiait les circonstances et les faits; il interrogeait la conscience de la mère, la moralité du père prétendu, et c'est avec cette réunion d'indices qu'il formait sa conviction. Lorsque, par exemple, au milieu des douleurs de l'accouchement, la mère avait attesté, sous la foi du serment, que tel homme était le père de l'enfant qu'elle mettait au jour, cette déclaration était provisoirement regardée comme une preuve irréfragable. *Creditur virgini parturienti*, disaient les jurisconsultes. « Mais combien d'innocents, fait justement observer M. Loiseau, Tr. des enfants nat., p. 64, ont été sacrifiés à ce système dangereux ! Combien d'hommes chastes et vertueux sont devenus pères en vertu de cette maxime ! Combien de filles éhontées ont menti à leur conscience, même au milieu des convulsions des plus pénibles enfantements ! »

414. L'incertitude irrémédiable du fait à éclaircir n'était pas le seul inconvénient de ces sortes de procès : il faut y ajouter encore le scandale des débats. Sur quoi, en effet, devaient porter ces débats? Quels pouvaient être les éléments de la preuve que la femme devait fournir? Les aveux d'intimité contenus dans des lettres, les témoignages qui venaient dévoiler, en face de la justice, tous ces faits, toutes ces circonstances qui sont comme le prélude ou la preuve de l'accomplissement du *mystère?* Or il est facile de comprendre, et d'ailleurs il suffit d'interroger les fastes de la jurisprudence, pour savoir combien la pudeur publique devait être offensée par de telles discussions. — Ainsi ces procès étaient scandaleux, ils ne pouvaient aboutir à un résultat certain, ils pouvaient au contraire, à raison même de cette incertitude, conduire les juges les plus intègres à des sentences monstrueusement iniques; que de raisons pour les proscrire ! Cependant ils ne le furent pas. Il était réservé au code Napoléon d'introduire dans la législation cette salutaire innovation, ainsi que nous le verrons.

415. Les bâtards pouvaient être *légitimés* de deux manières, savoir : 1° par mariage subséquent; 2° par lettres du prince.—L'usage était anciennement, en France, de mettre les enfants sous le poêle pour les légitimer, lorsque les père et mère se mariaient. « Se il avait pluriex enfants nez avant que il l'espousast, lit-on dans Beaumanoir, Cout. de Beauvoisis, c. 18, et la mère et l'enfans à l'espouser estoient mis desous le poile en sainte église, si devenraient-ils loyaux hoirs. » Aussi appelait-on en France les enfants légitimés *enfants mis sous le drap*. Mais cet usage avait peu à peu cessé de se pratiquer, et le mariage produisait la légitimation des enfants sans cette cérémonie, sans même que les père et mère eussent besoin de parler d'eux, par la seule force de la loi.—Les lettres du prince étaient expédiées au grand sceau et enregistrées au parlement ou autres cours supérieures, à la chambre des comptes et autres juridictions.

416. De ces deux modes de légitimation, c'était le premier qui produisait les effets les plus complets. Le mariage subséquent effaçait entièrement la différence qui pouvait exister entre le bâtard et l'enfant légitime; elle assimilait complétement le premier au second (V. à cet égard Lebrun, Success., liv. 1, ch. 2; d'Aguesseau, t. 7, p. 437).—Quant à la légitimation par lettres du prince, ses effets étaient moins étendus. Elle effaçait la tache imprimée à la naissance du bâtard; elle levait l'incapacité qui existait en sa personne de recevoir des dispositions universelles de ses père et mère; mais lui conférait-elle le droit de succéder *ab intestat*, soit à ses père et mère, soit aux autres membres de la famille? Il paraît qu'à cet égard il y avait eu variation dans la jurisprudence. Denisart, v° Légitimation, n°s 23 et suiv., distingue à cet égard trois époques. Dans la première, la légitimation par lettres du prince aurait produit à cet égard les mêmes effets que la légitimation par mariage. Dans la seconde, pour que le légitimé par lettres pût succéder, il était nécessaire qu'il fût habilité à cet effet par une clause précise des lettres, et qu'elle fussent obtenues du consentement du père ou de la mère; le consentement du père rendait le légitimé capable de succéder à tous ses parents, sans que ceux-ci eussent consenti à l'obtention des lettres. Il invoque à cet égard l'autorité des arrêts rapportés par Brodeau sur Louet, lett. L, n° 7. Enfin, dans la dernière, c'est-à-dire au temps où il écrivait, il était admis : 1° que, pour rendre le bâtard légitimé capable de succéder à ses père et mère, les lettres obtenues de leur consentement suffisaient, mais que l'effet de cette légitimation se bornait à la succession des père et mère consentants, et ne donnait pas aux légitimés le droit de succéder aux parents qui n'y avaient pas consenti; 2° que, lorsque les parents avaient consenti à la légitimation, elle produisait une véritable agnation qui donnait droit aux uns et aux autres de se succéder entre eux. Et à l'appui de cette jurisprudence, il cite notamment Loysel, Inst. cout., liv. 1, règle 45; Henrys et Ricard; d'Argentré sur l'art. 356 de la cout. de Bretagne; Lemaistre sur l'art. 318 de la cout. de Paris.

Il a été jugé: 1° que le bénéfice de la légitimation acquis à une fille naturelle par l'enregistrement de lettres de légitimation, relief et surannation demandées et obtenues par son père, n'a pu lui être enlevé par le testament de celui-ci. Et spécialement que si par testament le père d'une fille naturelle légitimée institue un tiers son légataire universel en interdisant à sa fille de rien réclamer hors la dotation qu'il lui a faite par contrat de mariage, cette interdiction ne peut avoir d'effet; qu'en conséquence la fille légitimée pourra toujours réclamer sa légitime (Req. 12 frim. an 8, MM. Rousseau, pr., Cassaigne, rap., aff. Montheil Landignoc *C.* veuve Fualdès);—2° Que des lettres de légitimation sur rescrit autorisées sans le consentement des collatéraux, même en pays de droit écrit, valables comme acte de légitimation, n'ont pu conférer à un enfant naturel le droit de succéder à son père au préjudice de ces collatéraux, surtout si la légitimation n'est conférée que sous la restriction de ne succéder à son père que du consentement des héritiers légitimes (Bordeaux, 16 juin 1806, MM. Ravez et P. Buan, av., aff. Texandier).

417. Telles étaient les règles principales qui déterminaient, en France, l'état civil des enfants nés en dehors d'un légitime mariage; c'est là du moins ce qu'on peut saisir de plus général au milieu de la diversité des coutumes et des jurisprudences qui dominaient sur les différents points du territoire. — A cette diversité de coutumes et de jurisprudences, la révolution a substitué le bienfait d'une législation uniforme. Mais elle n'est point arrivée tout d'abord aux règles qui se trouvent formulées dans le code Napoléon; il y a, sur cette manière, un droit intermédiaire qu'il importe de faire connaître, droit qui porte au plus haut degré l'empreinte des doctrines et des passions qui dominaient à l'époque où il prit naissance.

418. Le premier acte législatif que nous trouvions sur cette matière dans la période révolutionnaire est un décret de la convention du 4 juin 1793, rendu sur le rapport de Cambacérès. A cette époque, la réaction préparée par les philosophes du dix-huitième siècle contre les institutions, les mœurs et les croyances du passé était dans toute sa force; les doctrines propagées par ces philosophes exerçaient sur les esprits une influence dominante; le mariage, dépouillé du caractère religieux qui donnait aux engagements des époux une consécration divine, n'était considéré que comme un simple contrat, semblable aux autres; enfin toute doctrine qui tendait à établir une distinction entre les hommes à raison de leur naissance était proscrite comme un absurde préjugé, comme un reste de barbarie; il était donc tout simple que l'infériorité de condition civile, dans laquelle avaient vécu jusqu'alors les enfants illégitimes, fût effacée par la législation, non-seulement dans leurs rapports avec la société ou leurs concitoyens, ce qui serait équitable, mais encore dans leurs rapports successifs avec la famille légitime, ce qui ne serait ni sage ni juste. « La différence qui existe entre eux, disait Cambacérès dans son rapport (Choix de rapp., t. 13, p. 347), est-elle juste? Peut-il y avoir deux sortes de paternité?... Présenter ces questions à des législateurs philanthropes, c'est préjuger leur solution. Ce serait leur faire injure que d'oser croire qu'ils fermeront l'oreille à la voix incorruptible de la nature, pour consacrer à la fois et la tyrannie de l'habitude et les erreurs des jurisconsultes.... » Toutefois, malgré le radicalisme de ces prémices, Cambacérès semble reculer devant l'assimilation complète et absolue des bâtards aux enfants légitimes. Voici en effet en quels termes il conclut: « Aussi je ne crains pas de vous proposer de placer dans la famille les enfants naturels nés de personnes libres *presque* au même rang que les enfants légitimes, sauf quelque différence en faveur de ceux-ci, et uniquement dans la vue de favoriser l'institution du mariage.... » A la suite de ce rapport fut rendu le décret du 4 juin 1793, par lequel la convention décréta que les enfants nés hors le mariage succéderaient à leurs père et mère dans la forme qui serait ultérieurement déterminée.

419. Cette détermination fut faite par un décret postérieur du 12 brum. an 2, rendu également sur le rapport de Cambacérès. On voit, par les termes de ce rapport, que, dans l'opinion personnelle de Cambacérès, l'assimilation eût dû s'étendre jusqu'aux enfants adultérins. « Dans un gouvernement basé sur la liberté, dit-il, les individus ne peuvent être les victimes des fautes de leur père. L'exhérédation est la peine des grands crimes; l'enfant qui naît en a-t-il commis? Et si le mariage est une institution précieuse, son empire ne peut s'étendre jusqu'à la destruction de l'homme et des droits du citoyen... » Mais il paraît que le comité de législation, dont il était l'organe devant la convention, n'avait pas poussé aussi loin la hardiesse logique. Voici, en effet, en quels termes poursuivait le rapport dont nous venons de citer un extrait: « Ce n'est pas de mes propres pensées que je devais vous entretenir, c'est de la discussion du comité. On a pensé presque unanimement que le respect des mœurs, la foi du mariage, les convenances sociales ne permettaient pas de comprendre dans la disposition les enfants de ceux qui étaient déjà liés par des engagements. A l'égard des autres, nous aurions été en contradiction avec nous-mêmes si nous n'avions pas reconnu que leurs droits doivent être les mêmes que ceux qui sont attribués aux enfants légitimes; mais en consacrant ce principe incontestable, nous avons estimé qu'il devait souffrir quelques modifications, déterminées par l'état actuel de la société et par la transition subite d'une législation vicieuse à une législation meilleure » (Choix de rapp., t. 13, p. 353).

Nous croyons utile de donner ici le texte des principaux articles du décret du 12 brum. an 2: — « Art. 1. Les enfants actuellement existants, nés hors du mariage, seront admis aux successions de leurs père et mère, ouvertes depuis le 14 juillet 1789.—Ils le seront également à celles qui s'ouvriront à l'avenir, sous la réserve portée par l'art. 10 ci-après. — Art. 2. Leurs droits de successibilité sont les mêmes que ceux des autres enfants.—Art. 8. Pour être admis à l'exercice des droits ci-dessus, dans la succession de leur père décédé, les enfants nés hors du mariage seront tenus de prouver leur possession d'état. Cette preuve ne pourra résulter que de la représentation d'écrits publics ou privés du père, ou de la suite des soins donnés, à titre de paternité et sans interruption, tant à leur entretien qu'à leur éducation. — La même disposition aura lieu pour la succession de la mère. — Art. 9. Les enfants nés hors du mariage dont la filiation sera prouvée de la manière qui vient d'être déterminée, ne pourront prétendre aucun droit dans les successions de leurs parents collatéraux, ouvertes depuis le 14 juill. 1789.— Mais, à compter de ce jour, il y aura successibilité réciproque entre eux et leurs parents collatéraux, à défaut d'héritiers directs. — Art. 10. A l'égard des enfants nés hors du mariage dont le père et la mère seront encore existants lors de la promulgation du code civil, leur état et leurs droits seront en tous points réglés par les dispositions du code. — Art. 11. Néanmoins, en cas de mort de la mère avant la publication du code, la reconnaissance du père, faite devant un officier public, suffira pour constater, à son égard, l'état de l'enfant né hors mariage, et le rendre habile à lui succéder.— Art. 13. Sont exceptés ceux de ces enfants dont le père ou la mère était, lors de leur naissance, engagé dans les liens du mariage. — Il leur sera seulement accordé, à titre d'aliments, le tiers de la portion à laquelle ils auraient droit s'ils étaient nés dans le mariage.— Art. 14. Néanmoins, s'il s'agit de la succession de personnes séparées de corps par jugement ou acte authentique, leurs enfants nés hors du mariage exerceront tous les droits de successibilité énoncés en l'art. 1, pourvu que leur naissance soit postérieure à sa demande en séparation. — Art. 16. Les enfants et descendants d'enfants nés hors du mariage représenteront leurs père et mère dans l'exercice des droits que la présente loi leur attribue. — Art. 18. Des arbitres choisis par les parties, ou, à leur refus, par le juge de paix du lieu de l'ouverture de la succession, termineront toutes les contestations qui pourront s'élever sur l'exécution de la présente loi, notamment dans le cas où il n'aurait pas été fait inventaire à la mort du père ou de la mère des enfants nés hors du mariage.—En aucun cas les jugements de ces arbitres ne seront sujets à l'appel. —

Art. 19. La convention nationale déclare communs aux enfants nés hors du mariage, dont la filiation sera prouvée de la manière déterminée par l'art. 8, les secours décrétés en faveur des enfants défenseurs de la patrie. »

On sait que la convention ne se contenta pas d'encourager le libertinage par les faveurs accordées aux enfants qui en naissaient; qu'elle alla plus loin encore : qu'elle ne craignit pas d'accorder des récompenses aux filles-mères. Mais ne nous écartons pas de notre sujet.

420. Il a été jugé : 1° que les enfants nés hors mariage admis à la succession de leurs père et mère par la loi du 12 brum. an 2 sont ceux qui existaient au moment de la promulgation de cette loi, et non ceux qui sont nés depuis (Cass. 16 niv. an 5, MM. Chabroud, pr., Schwendt, rap., aff. Couillandeau *C.* Dessidoux); — 2° Que les enfants nés hors le mariage ont été admis, par la loi du 12 brum. an 2 (art. 1), aux successions de leurs père et mère ouvertes depuis le 14 juill. 1789, mais non pas aux successions de leurs aïeul ou aïeule; que la loi n'a rien changé à cet égard au droit ancien (Cass. 4 frim. an 3, MM. Lalonde, pr., Baillot, rap., aff. Hasty *C.* Mulot).

421. Le décret du 12 brum. an 2 n'était, comme on le voit dans l'art. 10, qu'une loi transitoire destinée à régler la *successibilité* des enfants naturels, en attendant la promulgation du code Napoléon; mais au lieu de statuer seulement pour l'avenir, par une dérogation étrange au principe fondamental de la non-rétroactivité des lois, il statuait pour le passé, puisqu'il conférait aux enfants naturels des droits sur les successions ouvertes antérieurement à sa promulgation. — Cette disposition rétroactive ne fut pas maintenue. Une loi postérieure du 3 vend. an 4 disposa (art. 13) que la loi du 12 brum. an 2, concernant le droit de succéder des enfants nés hors mariage, *n'aurait d'effet qu'à compter du jour de sa publication*. Toutefois, par une loi du même mois, 26 vend. an 4, la convention ordonna que l'exécution de l'art. 13 précité demeurât suspendue, et renvoya à son comité de législation la proposition d'examiner s'il y avait lieu à rapporter la loi du 12 brum. an 2; mais, le 15 thermidor suivant, le conseil des Cinq-Cents, tout en abrogeant l'art. 13 de la loi du 3 vendémiaire, ainsi que la loi du 26 du même mois, renouvela l'abolition de l'effet rétroactif de l'art. 1, L. 4 juin 1793, et disposa que le droit de succéder à leurs père et mère, accordé aux enfants nés hors le mariage par ladite loi du 4 juin 1793, n'aurait d'effet que sur les successions échues postérieurement à la publication de cette loi.

L'art. 4 de cette loi du 15 therm. an 4 portait que le droit de successibilité réciproque entre les enfants nés hors le mariage et leurs parents collatéraux, et celui donné à ces enfants et à leurs descendants de représenter leurs père et mère, n'auraient d'effet que par le décès de ces derniers, postérieur à la publication de la loi du 4 juin 1793, et seulement sur les successions ouvertes depuis la publication de celle du 12 brumaire. — Il y avait là encore une violation du principe de non-rétroactivité, puisqu'en exigeant, comme condition de la successibilité ou de la représentation, que le décès des père et mère fût postérieur à la loi du 4 juin 1793, on l'exigeait, non-seulement pour les successions qui s'ouvriraient postérieurement, mais encore pour celles qui s'étaient ouvertes depuis le 12 brum. an 2 jusqu'au 15 therm. an 4. Une loi interprétative du 2 vent. an 6, abolissant cet effet rétroactif, déclara que les enfants nés hors du mariage, de personnes libres, à leur défaut leurs enfants et descendants, avaient été appelés à recueillir, soit immédiatement de leurs chefs, soit par représentation de leurs père et mère, les successions directes et collatérales ouvertes depuis la publication de la loi du 15 therm. an 4, quoique leurs père et mère fussent morts avant le 4 juin 1793. — Il a été décidé que le droit de successibilité réciproque établi par quelques coutumes de Flandre, notamment par la coutume d'Ypres (art. 25), entre les enfants naturels et leurs descendants, d'une part, et d'autre part leurs parents du côté maternel, tant en ligne directe que collatérale, ne leur a pas été enlevé par les lois des 15 therm. an 4 et 2 vent. an 6, encore bien qu'il s'agît d'une succession ouverte sous la loi du 17 nivôse an 2 (Bruxelles, 10 mess. an 13, V. Lois, n° 326, et sur le pourvoi Req. 9 juill. 1806, MM. Muraire, pr., Lasaudade, rap., aff. Leduc).

422. D'après l'art. 8 du décret du 12 brum. an 2, pour jouir des droits qui lui sont conférés par ce décret, l'enfant naturel doit établir sa *possession d'état*, soit par des écrits publics ou privés émanés du père, soit par des soins ininterrompus à lui donnés à titre de paternité. Le code Napoléon, comme nous le verrons, est allé plus loin : il n'a admis, comme preuve de la paternité naturelle, que la reconnaissance formelle du père; mais déjà la disposition de l'art. 8 dont il s'agit ici était un acheminement vers cette salutaire sévérité; l'heureuse innovation qu'il introduisait dans la loi tarissait la source de ces procès scandaleux qui avaient si souvent affligé la société. — Il a été jugé que les lois nouvelles ont déterminé les caractères de la preuve que doivent rapporter les enfants nés hors du mariage pour être admis à l'exercice des droits qu'elles leur accordent dans les successions échues de leurs pères, mais qu'elles n'ont pas abrogé l'action que les lois anciennes accordent à une fille qui se dit enceinte, pour la conservation de son enfant, contre celui qu'elle accuse de sa grossesse (Rej. 3 flor. an 3, MM. Lalonde, pr., Dochier, rap., le comm. nat. *C*....).

423. Au contraire, il a été jugé que, sous l'empire de la loi du 12 brum. an 2, la preuve de la paternité étant interdite, on doit, par voie de conséquence, rejeter toute demande formée contre un individu qui ne s'est point déclaré père d'un enfant, soit de la part de la mère en dommages-intérêts pour frais de gésine ou autre préjudice, soit de la part du fils en payement d'une pension alimentaire (Cass. 19 vend. an 7, M. Lombard-Quincieux, rap., aff. Garant; 3 vent. an 11, aff. Sprimont, V. n° 598-1°; 26 mars 1806, aff. Marthe, V. *eod.*).

424. A l'égard des lois applicables, il a été jugé encore : 1° que si l'action en déclaration de paternité a été formée avant la loi de brumaire an 2, elle doit être jugée conformément aux lois anciennes, c'est-à-dire d'après la jurisprudence ou les principes en vigueur avant cette loi (Rej. 11 prair. an 10, M. Babille, rap., aff. Coulan *C.* Lecouvreur); — 2° Que c'est d'après le code, et non par la jurisprudence antérieure à la loi du 12 brum. an 2, que doit être jugée une action en déclaration de paternité, formée devant les tribunaux depuis la publication de cette loi, quoique la citation au bureau de conciliation serait antérieure (Cass. 26 mars 1806, aff. Marthe, V. n° 598).

425. Avant la loi du 12 brum. an 2, la reconnaissance légale d'un enfant naturel résultait suffisamment : 1° de ce que le père l'avait mis lui-même en nourrice; 2° de ce que, absent, il l'avait confié à une sœur de la mère, à laquelle il avait écrit un grand nombre de lettres remplies de protestations de reconnaissance; 3° de ce que la famille du père avait fait nommer un tuteur et un curateur à l'enfant (Req. 26 janvier 1814, aff. Lasserre, V. n° 688).

426. Il résulte des termes de l'art. 8 de la loi du 12 brum. an 2 que la filiation naturelle pouvait se prouver ou par des actes sous seing privé, ou par une possession d'état suffisante. Mais il n'était pas nécessaire de cumuler les deux genres de preuve (Req. 26 fév. 1823, MM. Lasaudade, pr., Botton, rap., aff. Magny *C.* Rosalie).

427. Quant au caractère que doivent présenter les actes constitutifs de la *possession d'état* d'enfant naturel, il a été déterminé par de nombreuses décisions. Ainsi il a été jugé : 1° que, pour établir la possession d'état d'enfant naturel, les titres publics ou privés doivent être émanés du père, et que les lettres qui ne sont pas de lui n'en peuvent tenir lieu (Cass. 13 germ. an 5, MM. Chabroud, pr., Schwendt, rap., aff. d'Hérici *C.* Thomas); — 2° Que, pour prouver la paternité en faveur d'un enfant né hors mariage, il ne suffit pas de produire des actes tels qu'un acte de baptême qui, quoique publics, sont étrangers au père prétendu; pour que ces actes soient concluants, il faut qu'ils soient de son fait ou souscrits par lui (Cass. 18 germ. an 3, MM. Lalonde, pr., Fradin, rap., aff. Witz); — 3° Que des arbitres n'ont pu considérer comme actes publics ou privés émanés du père, et de nature à prouver la possession d'état : 1° une transaction de l'aïeul et non du père présumé de l'enfant, sur les dommages-intérêts et frais de couche de la mère, sans contenir un aveu de la paternité; 2° une quittance suite du traité précédent; 3° un billet de 460 liv. fait, suivant deux témoins, au lit de mort, par le père présumé et non en faveur de l'enfant (Cass. 2 flor. an 3, MM. Lalonde, pr., Dochier, rap., aff. Billod *C.* Chapuis); — 4° Que les écrits publics ou privés qui peuvent servir à prouver la possession d'état d'enfant naturel sont ceux qui sont émanés du fait *libre et volontaire* du père; qu'ainsi ni le jugement qui condamne un individu à payer de certaines sommes comme père naturel, ni le payement de ces sommes, ni même la transaction par celui-ci sur son appel, alors qu'il n'a pas reconnu, mais qu'il a même constamment protesté contre la paternité naturelle qu'on lui attribuait, ne peuvent constituer des moyens de preuve dans le sens de la loi du 12 brum. an 2 (Cass. 26 germ. an 3, MM. Lalonde, pr., Cochard, rap., aff. Gaujoux C. Suzières; 5 therm. an 5, MM. Giraudet, pr., Cochard, rap., même affaire; Rej. 26 germ. an 12, MM. Maleville, pr., Vergès, rap., aff. Olivier C. Mouchon); — 5° Qu'en condamnant une personne convaincue d'avoir eu des relations avec une fille, à lui payer des dommages-intérêts, et à se charger de la nourriture et de l'entretien de l'enfant que cette fille a mis au jour, des arbitres n'ont par là attribué à l'enfant aucun droit de successibilité à l'égard de celui qu'ils ont jugé devoir être son père; il faut la reconnaissance volontaire de l'enfant ou une preuve de sa possession d'état, pour lui faire acquérir des droits de successibilité (Rej. 2 fruct. an 3, MM. Lalonde, pr., Albarel, rap., aff. Belalbre-Migraux C. Grammont; 22 mess. an 3, MM. Lalonde, pr., Levasseur, rap, aff. Bouquin C. Godard); — 6° Que la reconnaissance d'un enfant naturel faite avant la loi du 12 brum. an 2, par le père, entre deux guichets, et pour faire cesser des poursuites criminelles, n'a pas eu le caractère de liberté et de spontanéité nécessaire pour conférer à l'enfant ainsi reconnu les droits de successibilité établis par cette loi (Rej. 1er mess. an 13, MM. Muraire, 1er pr., d'Outrepont, rap., Merlin, pr. gén., c. conf., aff. Renom C. Lalo).

428. Il a été décidé, en outre, : 1° qu'un enfant né hors mariage ne peut être réputé avoir prouvé sa possession d'état par suite de soins donnés à titre de paternité, lorsqu'il est constant que depuis quarante ans, à l'époque de l'action, non-seulement cet enfant n'a reçu aucuns soins de celui qu'il prétend être son père, mais encore qu'il était même étranger à la maison de celui-ci; la suite de soins nécessaire pour fonder la possession d'état devant être sans interruption (Cass. 26 prair. an 3, Eymerie C. Elie dit Sansbesoin, MM. Guyot, pr., Lalonde, rap.);—2° Que, lorsque des arbitres ont reconnu que l'enquête ne constatait pas avec évidence qu'un enfant né hors mariage eût reçu de celui qu'il prétend être son père la suite des soins exigée par la loi, ils n'ont pu admettre cet enfant à succéder, par le motif qu'il résultait de la même enquête et de la notoriété publique que le défunt était son père (Cass. 23 mess. an 3, MM. Lalonde, pr., Albarel, rap., aff. Simond C. Blaise);—3° Qu'en limitant la preuve de la possession d'état d'un enfant naturel à deux espèces : l'une par des écrits publics du père, l'autre par une suite de soins donnés à titre de paternité et sans interruption, tant à l'entretien qu'à l'éducation de ces enfants, la loi n'a déterminé ni de quelle espèce devaient être ces écrits, ni par quels faits et par quels actes cette suite de soins devrait être établie; qu'elle a donc laissé à l'arbitrage et à la conscience des juges de décider du mérite, soit des écrits du père, soit des soins dont l'enfant naturel ferait preuve (Rej. 24 pluv. an 4, MM. Albarel, pr., Bailly, rap., aff. Ivonnet C. Créole Ursule, etc.);—4° Qu'à défaut d'écrits publics ou privés du père naturel, la preuve des soins donnés à la mère pendant sa grossesse ne peut, au profit du posthume, suppléer à la preuve de soins continus donnés à l'enfant à titre de paternité et sans interruption tant à son entretien qu'à son éducation, preuve à laquelle seulement la loi attache la possession d'état d'enfant naturel (Cass. 16 niv. an 5, MM. Chabroud, pr., Schwendt, rap., aff. Couillandeau C. Dessidoux);—5° Que les soins donnés à l'entretien et à l'éducation de l'enfant, les secours, les bienfaits, ne suffisent pas pour prouver la possession d'état d'enfant naturel; qu'il faut qu'on y trouve encore, ainsi que dans toute la suite de la vie du père, la sollicitude paternelle dans tout son caractère : autrement ils ne peuvent être considérés que comme une simple générosité (Cass. 13 germ. an 5, MM. Chabroud, pr., Schwendt, rap., aff. d'Hérici C. Thomas);— 6° Que, pour qu'il y ait possession d'état d'enfant naturel, il faut que la reconnaissance du père soit positive; que son silence ne peut en tenir lieu, même dans le cas où il aurait accordé des secours qui lui étaient demandés comme père (même arrêt);— 7° Que, pour établir la paternité, la preuve résultant des soins suffit et n'a pas besoin d'être appuyée d'écrits publics ou privés du père (Rej. 26 germ. an 5, MM. Chabroud, pr., Dubourg, rap., aff. Carrière C. Ferran); — 8° Que les héritiers ne peuvent être chargés de prouver la fausseté ou la supposition de la lettre dont on fait résulter la possession d'enfant naturel et qu'ils dénient; que le juge doit se borner à en ordonner la vérification (Cass. 19 flor. an 5, MM. Chabroud, pr., Andrieux, rap., aff. Dubois C. Cogeon);—9° Qu'en l'absence de reconnaissance formelle dans l'acte de naissance d'une fille illégitime, ni la mise provisoire de celle-ci dans un couvent par le prétendu père, ni la transaction par laquelle il lui constitue une rente viagère, n'ont pu faire preuve de soins donnés par le père à l'éducation et à l'entretien de l'enfant, pouvant fonder une possession d'état, alors que lors de la mise au couvent il avait fait toutes réserves et qu'il n'avait consenti au payement des aliments que pour assurer sa tranquillité contre toutes poursuites (Req. 24 pluv. an 8, MM. Miquel, pr., Albarel, r., Cellier, subst., aff. Adélaïde C. hérit. Pateau);—10° Que, bien que les registres de l'état civil désignent, d'après l'aveu de la mère, le père d'un enfant naturel et qu'il ait pourvu continuellement pendant sa vie à son éducation et son entretien, cependant cet enfant n'a aucun droit à sa succession, s'il est prouvé : 1° que les dépenses qu'il faisait pour lui étaient au-dessous de ce qu'il pouvait faire; 2° qu'il lui défendait de prendre son nom; 3° et qu'il l'avait menacé de ne plus rien lui fournir s'il l'assignait en justice pour lui donner des aliments (Req. 12 vent. an 9, MM. Muraire, pr., Vasse, rap., Merlin, subst., aff. Belmont C. Briançon-Belmont);—11° Que l'enfant naturel qui ne représente aucun acte public de reconnaissance ne peut être admis à la recherche de sa paternité, bien qu'il ait été porté sur les registres de l'état civil et sur ceux de l'église, d'après la déclaration d'un accoucheur, comme ayant pour père une personne désignée, qu'il ait porté son nom, qu'il lui ait jusqu'à sa mort donné des soins, enfin qu'il l'ait fait entrer en apprentissage chez un commerçant où il subvenait à ses besoins (Req. 4 germ. an 10, MM. Muraire, pr., Vermeil, rap., aff. Deledecque Laloi C. hér. Laloi);—12° Que, sous l'empire de la loi du 12 brum. an 2, celui qui, après s'être avoué par écrit père de l'enfant dont une femme était enceinte, et avoir même donné procuration de le faire enregistrer à son nom lorsqu'il serait né, a signifié, avant la naissance, un acte de révocation de sa procuration, a pu néanmoins être condamné à fournir des aliments à l'enfant, la question des aliments différant de la question de successibilité (Paris, 13 vent. an 10, MM. Agier, pr., Delacroix-Frainville, av., Marchand-Peterlong C. Brocard); — 13° Que la reconnaissance d'un enfant naturel, résultant d'une transaction consentie par le père par suite d'une action judiciaire, est valable, les poursuites qui ont précédé cette transaction ne pouvant être considérées comme excluant de la part du père la liberté et la spontanéité, et que cette reconnaissance doit produire son effet, encore bien qu'elle ait été révoquée par un testament postérieur (Pau, 5 prair. an 12, aff. Picot, sous rej. 6 janv. 1808, V. n° 570).

429. D'après un arrêt sous la loi du 12 brum. an 2, l'enfant naturel qui, pour exercer ses droits à la succession de son père, devait prouver sa possession d'état, soit par la représentation d'écrits privés ou publics émanant de celui-ci, soit par la constatation d'une suite de soins donnés à titre de paternité pour son entretien et son éducation, pouvait faire ses preuves tant par titres que par témoins; et l'examen des preuves, des dépositions et des faits du fond n'est pas dans les attributions du tribunal suprême (Req. 24 vend. an 8, MM. Chasle, pr., Wicka, rap., aff. Meaupeou). — Jugé, au contraire, que la possession d'état d'enfant naturel, à l'égard du père (ou de ses héritiers), ne pouvait être établie par la preuve testimoniale, alors qu'il n'existe aucun commencement de preuve par écrit (Req. 13 frim. an 10, MM. Muraire, pr., Lombard, rap., aff. Lavarde C. de Thoury).

430. Sous la loi du 12 brum. an 2, en l'absence de reconnaissance faite devant un officier public, un tribunal n'a pu, sur la demande de la mère, autoriser la preuve par témoins de la paternité du père prétendu de l'enfant (Cass. 5 niv. an 12, M. Oudart, rap., aff. Fouques C. Gallard). — Jugé toutefois que quoique, sous l'empire de cette loi, la filiation d'un enfant naturel ne pût point être prouvée par témoins, l'enquête qui établissait ce fait devait néanmoins faire preuve de l'état de l'enfant, s'il y avait été procédé de l'aveu de toutes les parties (Bordeaux, 30 pluv. an 12, aff. Albiat Dusuquet *C.* Jeanne Dusuquet).

431. Si, à défaut de dénégation de l'écriture d'un acte de reconnaissance sous seing privé, donné sous la loi de brum. an 2, cet acte a été déclaré, sous la même loi, par arrêt passé en force de chose jugée, constituer un acte de reconnaissance valable, cette reconnaissance n'a pu être annulée, sous le prétexte que le code Napoléon exige un acte authentique (Rej. 16 nov. 1808) (1).

432. Des doutes graves s'étaient élevés sur la portée qui devait être donnée à l'art. 8 L. 12 brum. an 2. On s'était demandé si la faculté qu'il accorde à l'enfant naturel d'établir sa filiation par une possession d'état résultant, soit d'écrits publics ou privés émanés du père, soit de soins donnés à titre de paternité, s'appliquait seulement aux enfants dont les pères et mères étaient décédés avant le 12 brum. an 2, ou si elle pouvait être invoquée également par ceux dont les pères et mères n'étaient morts que postérieurement. — A n'en juger que d'après les art. 1, 8 et 10 du décret, il ne semble pas douteux que ce soit la dernière interprétation qui soit la vraie. En effet, l'art. 1 porte que les enfants naturels seront admis tant aux successions de leurs pères et mères ouvertes depuis le 14 juill. 1789, *qu'à celles qui s'ouvriront à l'avenir*, sauf la réserve de l'art. 10. Cet art. 10 dispose qu'à l'égard des enfants dont les pères et mères existeront encore lors de la promulgation du code Napoléon, leurs droits seront réglés par les dispositions de ce code. Enfin, l'art. 8 détermine la manière dont les enfants naturels devront prouver leur filiation pour exercer les droits qui leur sont conférés. Il paraît résulter clairement de la combinaison de ces trois articles que l'art. 8 a la même portée que l'art. 1, et qu'ainsi il est applicable aux successions ouvertes avant et aux successions ouvertes après le 12 brum. an 2, c'est-à-dire soit que les pères ou mères soient morts avant, soit qu'ils ne soient morts que depuis cette époque, pourvu cependant qu'ils soient morts avant la promulgation du code Napoléon.

Cependant c'est l'interprétation contraire qui a prévalu. Elle a été consacrée non-seulement par la jurisprudence, mais même par le pouvoir législatif. En effet, un tribunal de département, saisi de cette question, ayant décidé qu'avant d'y statuer il en serait référé au corps législatif, le directoire exécutif, par un arrêté du 12 vent. an 5, rendu sur les observations de Merlin, alors ministre de la justice, ordonna que le jugement de référé serait transmis au conseil des Cinq-Cents. Ce conseil ayant pris, le 26 flor. an 6, une résolution qui tendait à faire admettre le système qui nous a paru le plus conforme aux termes de la loi, cette résolution fut rejetée, le 12 therm. an 6, par le conseil des Anciens, qui fut d'avis que la seule reconnaissance valable, lorsque les père et mère étaient décédés après le 12 brum. an 2, était celle qui était faite, aux termes de l'art. 11, devant un officier public, et confirmée par la mère, à moins qu'elle ne fût morte ou dans l'impossibilité de manifester sa volonté. — On peut voir dans l'arrêté du directoire précité le développement donné par Merlin des raisons qui, selon lui, devaient faire adopter cette interprétation. Elles sont tirées soit de l'histoire même du décret du 12 brum. an 2, soit de la combinaison des art. 1, 10 et 12, soit enfin des motifs qui ont déterminé le législateur. « S'il eût été déraisonnable, dit-il à cet égard, d'exiger, pour constater l'état des enfants dont les pères n'existaient plus, des conditions qu'il leur eût été impossible de remplir, il aurait été absurde d'opposer une volonté présumée à celui qui pouvait déclarer ses intentions positives ; et voilà la base de la distinction ci-dessus rappelée, le véritable sens de la loi du 12 brum. an 2, et le caractère que ses auteurs ont voulu lui imprimer. On a donc exigé, pour cette classe d'enfants dont les pères se trouveraient exister au moment de la publication de la loi, une reconnaissance faite devant un officier public. »

433. Par application de l'art. 13, L. brum. an 2, il a été décidé 1° que la loi du 12 brum. an 2, qui, par un effet rétroactif, admet les enfants nés hors mariage aux successions de leurs père et mère, ouvertes depuis le 14 juill. 1789, ne s'applique qu'aux enfants naturels simples, c'est-à-dire nés de père et mère non engagés dans les liens du mariage; qu'en conséquence, sont exceptés du bénéfice de la rétroactivité les enfants adultérins dont les droits pour aliments sont spécialement déterminés, pour l'avenir seulement, par l'art. 13 de la loi citée (Rej. 8 mars 1825, MM. Brissot, pr., Legonidec, rap., aff. de Follainville *C.* princesse de Rohan); — 2° Et que la loi du 15 therm. an 4, abolitive de la rétroactivité créée par la loi du 12 brum. an 2, n'a rien disposé sur les enfants adultérins : que cette loi ne s'applique qu'aux enfants naturels simples (même arrêt); — 3° Que l'enfant adultérin volontairement reconnu par son père et sa mère, décédés depuis la publication de la loi du 12 brum. an 2, peut aujourd'hui réclamer des aliments (Paris, 22 mars 1828) (2).

434. Il avait été jugé d'abord que l'état des enfants nés hors mariage et leurs droits sur les successions de leur père, décédé postérieurement à la loi du 12 brum. an 2, mais avant la promulgation du code, devaient être réglés par les dispositions de la loi de brumaire, sans attendre la promulgation du code (Req. 7 fruct. an 4, MM. Lalonde, pr., Méquin, r., aff. Jollivet et autres *C.* Mesnard). — Mais depuis il a été jugé, en sens contraire : 1° que l'art. 8 L. 12 brum. an 2 n'est applicable qu'aux enfants naturels dont les pères étaient décédés lors de la publication de la loi, et que dès lors le jugement qui rejette une action en décla-

---

(1) *Espèce :* — (Péterlong *C.* Brocard.) — 8 flor. an 8, acte sous seing privé, portant reconnaissance, de la part de Péterlong, d'un enfant dont la demoiselle Brocard était enceinte, avec autorisation d'inscrire l'enfant sous son nom. — Péterlong cependant révoque bientôt cet acte. — Brocard demande une pension alimentaire de 1,500 fr pour l'entretien et l'éducation de son enfant. — Péterlong ne renie point son écriture; il en est donné acte à la demanderesse. Jugement confirmatif sur l'appel, qui alloue une rente viagère de 600 fr. — A l'apparition du code, Péterlong demande à être déchargé du payement de la pension ; il se fonde sur ce que la déclaration de l'an 8, qui a servi de base à la condamnation prononcée contre lui, n'était point consignée dans un acte authentique.

Le 25 prairial an 13, arrêt de la cour de Paris qui, — « Attendu que l'acte privé du 8 floréal an 8, contenant reconnaissance de paternité, est devenu authentique par la reconnaissance publique et solennelle que Marchand-Péterlong a fait en justice de la vérité des écritures et signature dudit écrit, et dont il a été donné acte; — Attendu, d'ailleurs, qu'il n'est question que d'aliments que les enfants naturels ont toujours droit de demander, même les adultérins et incestueux, suivant l'art. 762 c. civ., quoique, d'après l'art. 335 du même code, la reconnaissance par acte authentique ne puisse avoir lieu à leur profit, et que d'autre côté, l'art. 340 interdise la recherche de paternité, d'où il résulte que cette classe d'enfants naturels, à plus forte raison ceux nés de parents libres, n'ont pas besoin, pour réclamer des aliments, d'un acte authentique ; — Dit qu'il a été bien jugé. » — Pourvoi. — Arrêt.

LA COUR ; — Attendu que la paternité du demandeur a été reconnue par le jugement du tribunal civil de Chartres, du 2 flor. an 9, confirmé par l'arrêt de la cour de Paris, du 13 vent. an 10, qui a acquis l'autorité de la chose jugée; que le code civil n'a pas fait et n'a pu faire qu'il ne fût pas invariablement jugé que le demandeur est père naturel d'Antoinette-Adélaïde-Clara; — D'où il suit que la cour d'appel, en ordonnant au demandeur de continuer à son enfant naturel le payement de la pension dont il s'agit, n'a violé aucune loi; — Rejette, etc.

Du 16 nov. 1808.-C. C., sect. civ.-MM. Viellart, pr.-D'Outrepont, rap.-Sirey, Lavaux et Lacroix-Frainville, av.

(2) (Adèle *C.* Pillot de Coligny.) — LA COUR ; — En ce qui touche la demande, réduite devant la cour, à fin d'aliments :—Considérant qu'il est constant, en fait, que Marie-Charlotte-Eléonore-Adèle, née le 6 oct. 1792, sous l'empire de l'ancienne législation, est fille adultérine de Marie-Charles-Ignace Pillot-Coligny; qu'aux termes de l'art. 762 c. civ., elle a droit à des aliments sur la succession de son père;—Considérant que l'importance de la succession du père n'est pas connue quant à présent;—En ce qui touche le chef de la demande relatif au nom de Pillot-Coligny : — Considérant que le nom fait partie de l'état des personnes, et appartient exclusivement aux membres de la famille;—Met l'appellation au néant; — Emendant, et prononçant par jugement nouveau ; — Condamne Charles-Emanuel Pillot-Coligny à payer à l'appelante, sur la succession de Pillot-Coligny père, une pension alimentaire; sursoit à en fixer la quotité jusqu'à la liquidation de l'indemnité réclamée du chef de cette succession ; et, dès à présent, fait provision à l'appelante de 3,000 fr., imputables sur les arrérages de ladite pension, à compter du jour de la demande ; fait au surplus défense à l'appelante de prendre à l'avenir le nom de Pillot-Coligny, etc.

Du 22 mars 1828.-C. de Paris-MM. Amy, pr.-Dupin jeune et Bonnet, av.

ration de paternité formée à l'égard d'un père mort depuis cette loi n'y a point contrevenu (Rej. 4 germ. an 10, M. Vernet, rap., aff. Deledecque *C.* hér. Laloi); — 2° Que la reconnaissance, par écrits privés, d'un enfant naturel dont le père a survécu à la loi du 12 brum. an 2, n'est pas valable si elle n'a été renouvelée devant l'officier de l'état civil (Req. 11 vent. an 10, MM. Muraire, pr., Vermeil, rap., aff. Beaugrand *C.* d'Orbesson); — 3° Que le genre de preuve admis par l'art. 8 L. 12 brum. an 2, pour établir la filiation des enfants nés hors mariage, est uniquement relatif à ceux dont le père est décédé avant la publication de ladite loi (Cass. 24 frim. an 11, aff. Hénon *C.* Huré).

435. Il a même été jugé : 1° que les droits de l'enfant naturel dont le père est décédé dans l'intervalle de la loi de brum. an 2 au code Nap. sont réglés par ce code (Cass. 7 fruct. an 10, rapporté *infrà*, n° 437, avec Rej., sect. réun., 14 flor. an 13, aff. Méricourt); — 2° Que le principe des art. 1 et 10 de la loi du 12 brum. an 2, d'où il résulte que *c'est d'après le code Napoléon que doivent être réglés l'état et les droits des enfants nés hors mariage, dont le père est décédé dans l'intervalle de ces deux lois*, s'applique à la succession de la mère aussi bien qu'à celle du père, et que ce principe doit recevoir son application alors même que des jugements antérieurs auraient condamné la mère à fournir des aliments à son enfant naturel (Req. 23 mess. an 10, MM. Muraire, pr., Lachèze, rap., aff. femme Maire *C.* Briet); — 3° Que l'état et les droits des enfants naturels reconnus, dont les père et mère sont décédés dans l'intervalle de la loi du 12 brum. an 2 au code civil, devant, aux termes de l'art. 19 de cette dernière loi, être réglés, non par cette loi, mais par le code civil, sont demeurés en suspens jusqu'à la promulgation de ce code; et que, par suite, il y a lieu d'annuler les arrêts qui ont réglé définitivement ces droits d'après les dispositions générales de la loi de brumaire an 2 (Cass. 4 ventôse an 11, MM. Vasse, pr., Aumont, rap., aff. Neuville *C.* Jean). — Mais, nous devons l'avouer, ces dernières décisions nous paraissent être en contradiction manifeste avec la loi du 12 brum. an 2. En effet, l'art. 1, statuant non-seulement sur les successions déjà ouvertes, mais encore sur celles qui s'ouvriront à l'avenir, s'applique évidemment aux enfants dont les père et mère ne sont morts que depuis sa promulgation. S'il est possible d'admettre que l'art. 8 soit exclusivement applicable aux enfants dont les père et mère sont morts avant le 12 brum. an 2, il ne nous semble pas possible, en présence des termes si positifs de l'art. 1, d'admettre qu'il ne puisse être invoqué par les enfants dont les père et mère sont décédés dans l'intervalle de la loi du 12 brum. an 2 au code civil.

436. Cette interprétation a cependant été consacrée législativement par la loi du 14 flor. an 11, dont l'art. 1 porte que « l'état et les droits des enfants nés hors mariage, dont les père et mère sont morts depuis la promulgation de la loi du 12 brum. an 2 jusqu'à la promulgation des titres du code Napoléon sur *la Paternité et la filiation* et sur *les Successions*, sont réglés de la manière prescrite par ces titres. » — L'art. 2, même loi, ajoute que, « néanmoins, les dispositions entre-vifs ou testamentaires, antérieures à la promulgation des mêmes titres du code Napoléon, et dans lesquelles on aurait fixé les droits de ces enfants naturels, seront exécutées, sauf la réduction à la quotité disponible, aux termes du code Napoléon, et sauf aussi un supplément, conformément à l'art. 51 de la loi sur les *successions*, dans le cas où la portion donnée ou léguée serait inférieure à la moitié de ce qui devrait revenir à l'enfant naturel, suivant la même loi. » — Enfin l'art. 3 porte que « les conventions et les jugements passés en force de chose jugée, par lesquels l'état et les droits desdits enfants naturels auraient été réglés, seront exécutés suivant leur forme et teneur. »

437. Il a été jugé : 1° que le décret du 12 brum. an 2 ne règle les droits des enfants nés hors mariage que dans le cas où leurs père et mère sont antérieurement décédés; mais que, quant à ceux dont les pères et mères sont décédés depuis, leur état et leurs droits ont été subordonnés aux dispositions du code Napoléon à cet égard (Rej., sect. réun., 14 flor. an 13 (1); Grenoble,

---

(1) *Espèce :* — (Méricourt *C.* Adélaïde.) — En 1787, Adélaïde-Louise est baptisée en l'église de la Madeleine. L'acte de baptême est signé par Cousin de Méricourt, qui la reconnaît pour sa fille, et voulant assurer un sort à Adélaïde-Louise, il plaça en 1789, sous le nom d'une personne interposée, un capital de 83,000 fr. à rente viagère, reversible sur la tête de cette fille, et destinée à ses aliments et à son entretien.

En 1792, Cousin de Méricourt épouse la demoiselle Deleine; il décède le 25 mess. an 2, laissant sa veuve enceinte. — An 3, la mère d'Adélaïde-Louise réclame pour sa fille la moitié de la succession de Cousin de Méricourt. — La veuve de celui-ci, tutrice de sa fille posthume, repousse la réclamation, prétendant que la reconnaissance consignée dans l'acte de baptême n'avait pas un caractère légal.—Jugement et arrêt qui déclarent la reconnaissance valable et ordonnent le partage de la succession.—Pourvoi.—Arrêt.

La cour; — Vu la loi du 4 juin 1793, les art. 1, 8 et 10 de la loi du 12 brum. an 2, l'art. 10, tit. 2, L. du 24 août 1790; — Attendu que la loi du 12 brum. an 2 n'appelle les enfants nés hors mariage, concurremment avec les enfants légitimes, qu'aux successions de leurs père et mère déjà ouvertes; — Que l'art. 8 de la même loi ne se rapporte qu'à ces mêmes enfants dont le père et la mère seraient décédés; — Que le terme *décédé* employé dans la loi par opposition aux enfants dont les père et mère étaient vivants, ne peut s'entendre que des pères qui n'étaient plus vivants alors; — Qu'à l'égard de ceux dont les pères étaient vivants, l'art. 10 de la même loi les renvoie, du moins implicitement, au code civil, qui devait régler leurs droits; — Que ce renvoi est d'autant plus naturel, qu'alors le code civil, dont parle cette loi, était déjà décrété, et ne fut même renvoyé que le lendemain, 13 brumaire, à une commission pour le reviser; qu'en conséquence cette loi fut implicitement intitulée : Appendice au code civil; — Que cette loi ni aucune autre ne statuant sur le sort des enfants dont les père et mère étaient vivants à l'époque du 12 brum. an 2, la cour de Paris n'a pu, sans excès de pouvoir, adjuger à l'enfant naturel de Cousin-Méricourt les mêmes droits qu'à son enfant légitime ;—Qu'en le faisant, elle a donné à la loi du 12 brumaire une extension qu'il n'appartenait qu'au pouvoir législatif de lui donner; — Qu'au surplus l'acte de naissance de l'enfant naturel, dressé par le ministre de la religion, et souscrit par le père avant cette loi, à la publication de laquelle il a survécu, ne peut pas équivaloir à la reconnaissance formelle que la loi exige devant l'officier public, et que le père aurait dû faire et faite sans doute, s'il avait entendu que son enfant naturel profitât des avantages de la successibilité décrétée par la loi du 4 juin 1793 ;—Casse et annule l'arrêt de la cour, etc.

Du 7 fruct. an 10.-C. C., sect. civ.-M. Babille, rap.

Renvoi à la cour d'Amiens. — Dans l'intervalle, le code civil est publié. — Alors Adélaïde ne réclame plus que la quotité réglée par l'art. 757. — Mais la veuve de Méricourt résiste encore; elle se prévaut de l'art. 756 du code, qui n'accorde des droits aux enfants naturels que lorsqu'ils sont légalement reconnus, c'est-à-dire dans la forme déterminée par l'art. 334, lequel, en parlant de l'acte de naissance, n'a pu, suivant elle, entendre parler de ceux qui seraient reçus par les ministres d'un culte, mais uniquement de ceux qui le seraient par l'officier de l'état civil.

De là, question de savoir si Adélaïde-Louise a été légalement reconnue par le sieur Cousin de Méricourt.

27 mess. an 12, arrêt de la cour d'appel d'Amiens qui admet Adélaïde-Louise à exercer, sur la succession de son père les droits déterminés par le code : « Attendu que l'art. 1 de la loi du 14 flor. an 11 porte que l'état et les droits des enfants nés hors mariage, dont les père et mère sont morts depuis la promulgation des titres du code civil sur la paternité et la filiation et sur les successions, seront réglés de la manière prescrite par ces titres; que l'art. 334 c. civ. porte que la reconnaissance d'un enfant naturel sera faite par acte authentique, lorsqu'elle ne l'aura pas été dans son acte de naissance; que, dans le fait, l'acte de naissance d'Adélaïde-Louise, du 27 nov. 1787, a été signé par Cousin de Méricourt, qualifié père de l'enfant; que cet acte contient, de la part de Cousin, une reconnaissance telle qu'elle est exigée par le code civil, et que ledit Cousin est décédé le 25 mess. an 2, et par conséquent entre la promulgation de la loi du 12 brum. an 2 et celle du code civil. »

Pourvoi pour violation de l'art. 2 c. civ. et fausse application de l'art. 334.—Arrêt (apr. délib. en ch. du cons.).

La cour; — Attendu que l'art. 1 de la loi du 14 flor. an 11, ayant rendu applicables aux enfants nés hors mariage, dont les père et mère seraient décédés postérieurement à la promulgation de la loi du 12 brum. an 2, les dispositions du code civil relatives aux titres de la paternité et de la filiation, il s'ensuit que c'est par l'art. 334 de ce code que doit être déterminé leur état; — D'où il suit que cet article n'ayant établi aucune distinction entre les actes de naissance dont la date serait antérieure ou postérieure à l'époque de la promulgation de ladite loi du 12 brum. an 2, l'arrêt attaqué n'a point faussement appliqué l'art. 1 de celle du 14 flor. an 11, en déclarant suffisante la reconnaissance produite par la défenderesse; — Rejette, etc.

Du 14 flor. an 13.-C. C., sect. réun.-MM. Muraire, 1er pr.-Pajon, r.

14 vent. an 12, aff. Brunel, V. n° 500; Bordeaux, 16 juin 1806, MM. Ravez et Buau, av., aff. Texandier; Cass. 18 nov. 1806, M. Gandon, r., aff. Vandenbranden); qu'ainsi l'enfant naturel né sous une loi qui ne lui accordait que des aliments, a droit, si son père n'est décédé que depuis la loi de brumaire an 2, à la quotité fixée par le code Napoléon (Amiens, 27 mess. an 12, rapporté avec Rej. 14 flor. an 13 précité); —2° Que, lorsque la loi de brumaire an 2 dispose que les droits des enfants naturels dont les père et mère sont morts depuis cette loi seront réglés par le code Napoléon, elle n'entend disposer que dans l'intérêt de ces enfants, et non dans l'intérêt de leurs père et mère, lesquels ne peuvent se prévaloir de l'espèce d'effet rétroactif donné au code par la loi transitoire du 14 flor. an 11; que, par suite, si un enfant naturel dont la prétendue mère était décédée sous la loi de l'an 2 est décédé lui-même sous cette loi sans avoir exercé aucun droit sur sa succession, ni même avoir été reconnu par elle, le père naturel de cet enfant, qui lui a survécu, ne peut, en se fondant sur l'art. 765 c. nap., ni être admis à réclamer les droits attribués à cet enfant par le code dans la succession de sa mère, ni surtout être admis à se prévaloir de l'art. 341 pour établir par la preuve testimoniale la maternité de celle-ci (Aix, 25 vent. an 12, MM. Castellan et Manuel, av., aff. Rey C. Pons); — 3° Que la loi du 14 flor. an 11, qui fait rétroagir les dispositions du code Napoléon relativement à l'état et aux droits des enfants naturels, s'applique à la forme de la reconnaissance; qu'ainsi l'enfant naturel dont le père est décédé dans l'intervalle du 12 brum. an 2 à la promulgation du code Napoléon ne peut prétendre aucun droit à sa succession s'il n'a pas été reconnu dans la forme exigée par le code Napoléon (Grenoble, 24 déc. 1812) (1); — 4° Que l'art. 334 c. nap. n'ayant établi aucune distinction entre les actes de naissance dont la date serait antérieure ou postérieure à l'époque de la promulgation de la loi du 12 brum. an 2, une cour a pu, sans faire une fausse application de l'art. 1 L. 14 flor. an 11, déclarer valable la reconnaissance d'un enfant naturel contenue dans l'acte de baptême reçu par un curé, encore bien que le père, décédé depuis la loi de l'an 2, ne l'ait pas renouvelée devant l'officier de l'état civil (Rej. sect. réun., 14 floréal an 13, aff. Méricourt, V. *suprà*, 1°); — 5° Qu'à supposer qu'un testament fait dans l'intervalle de la loi de l'an 2 au code civil, et contenant tout à la fois reconnaissance d'un enfant et legs universel au profit de cet enfant, de la part d'un individu marié, décédé sous le code, soit nul comme acte de reconnaissance, il peut, conformément à l'art. 2 de la loi transitoire du 14 flor. an 11, être déclaré avoir effet comme legs d'aliments (Req. 28 prair. an 13) (2); — 6° Qu'en déclarant que les dispositions antérieures au code Napoléon, dans lesquelles on aurait fixé les droits des enfants naturels, seront exécutées, *sauf la réduction à la quotité disponible aux termes du code Napoléon*, l'art. 2 L. 14 flor. an 11, a entendu parler de la portion dont les père et mère peuvent faire une libéralité en faveur de leurs enfants ou étrangers, et non pas de la portion accordée ou réservée aux enfants naturels par l'art. 757 c. nap. (Nîmes, 24 flor. an 12) (3); —7° En sens contraire, que l'art 2 de la loi transitoire du 14 flor. an 11, qui réduit les dispositions faites au profit des enfants naturels à la quotité disponible, aux termes du code, doit être entendu en ce sens que les libéralités faites aux enfants doivent être réduites sur les bases posées par l'art. 757 pour les droits des enfants naturels, et non en ce sens que la liberté des pères et mères de donner à leurs enfants naturels est illimitée quand il n'y a pas d'héritiers à réserve (Paris, 27 fév. 1819, aff. Delpeyron, V. n° 709); —8° Que la loi du 14 flor. an 11 comprend dans sa disposition rétroactive les enfants adultérins aussi bien que les enfants naturels proprement dits; qu'ainsi la reconnaissance volontaire d'un enfant adultérin dont l'état et les droits ont dû, suivant la loi du 14 flor. an 11, être régis par le code civil, ne donne à cet enfant, de même que s'il était né depuis la publication de ce code, aucun droit à des aliments contre l'auteur de cette reconnaissance (Limoges, 9 juin 1838) (4); — 9° Qu'en prescrivant que les juge-

(1) (Solder C. Victoire Maillefaud.) —La cour; —Attendu qu'il est prouvé au procès qu'Alexandre Maillefaud est décédé dans l'intervalle de la publication de la loi du 12 brum. an 2 à la promulgation du code civil; que la loi transitoire du 14 flor. an 11 dispose que les règles tracées par le code civil, sur l'état et les droits des enfants naturels, doivent seuls régir la cause; — Attendu que le code civil refuse tous les droits aux enfants naturels, dans les biens de leur père, lorsqu'ils n'ont pas été par lui reconnus dans leur acte de naissance, ou, à ce défaut, par un acte authentique, et qu'il est certain qu'Alexandre Maillefaud n'a point paru à l'acte de naissance de l'enfant de la Bérenger; — Attendu que sa pétition à l'hospice de Grenoble, et la délibération des administrateurs, sont plutôt une dénégation qu'une reconnaissance de la paternité; que ces actes sont d'ailleurs insignifiants, n'étant pas revêtus de l'authenticité voulue par l'art. 334 c. civ., et que les preuves résultant de l'enquête ne constatent que des soins donnés, à titre de paternité, la justice ne peut y avoir égard, parce que ce serait accueillir une recherche de paternité prohibée par l'art. 340 c. civ.; — Rejette la demande, etc.

Du 24 déc. 1812.-C. de Grenoble, sect. réun.-M. Brun, pr.

(2) *Espèce :* – (Brunel C. Appolline.) —15 brum. an 2, testament olographe par lequel le sieur Brunel, membre de la convention, domicilié à Béziers, mais détenu en ce moment à la Conciergerie, reconnait Appolline-Marie-Florine pour sa fille naturelle et lui lègue l'universalité de ce dont la loi lui permet de disposer. — An 3, il décède en mission à Toulon, laissant plusieurs enfants légitimes. — Le partage de ses biens est demandé contre ceux-ci, au nom d'Appolline. — 25 fruct. an 7, jugement qui déclare la reconnaissance valable, et adjuge à Appolline une part dans la succession. — 30 therm. an 10, arrêt qui casse pour excès de pouvoir à raison de la lacune laissée par la loi du 12 brum. an 2.— Renvoi à la cour de Montpellier.— Le code civil et la loi transitoire du 14 flor. an 11 sont publiés. — Appolline ne réclame plus que des aliments, conformément à l'art. 762 c. civ.—Mais les héritiers répondent 1° que, quant à la reconnaissance contenue dans le testament, elle est nulle d'après le code civil, comme ayant lieu en faveur d'un adultérin; 2° et quant au testament, qu'il est nul aussi, leur père n'ayant pu tester.

Pourvoi des enfants légitimes.—Ils soutinrent : 1° que la reconnaissance de filiation adultérine étant nulle, ne peut servir de base à des aliments; 2° que Brunel, domicilié à Béziers, pays de droit écrit, ne pouvait, d'après l'ord. de 1735, faire un testament olographe valable que dans l'intérêt de ses enfants ou descendants, au nombre desquels l'enfant adultérin ne saurait, selon eux, être compté; ce qui offrait en outre une violation de la maxime *locus regit actum*; 3° que, selon la coutume de Paris, art. 272, un testament olographe ne peut être fait que par personnes usant de leurs droits, et au profit d'individus capables, et que ni Brunel, détenu et en quelque sorte contraint, n'était pas capable de donner, ni Appolline, enfant adultérin, capable de recevoir, suivant Legrand et Duplessis.—Arrêt.

La cour; — Considérant qu'en jugeant qu'il est dû des aliments à Appolline-Marie-Florine par la succession du feu sieur Brunel, d'après le testament de celui-ci du 15 brum. an 2, l'arrêt n'a fait que se conformer à l'art. 2 de la loi transitoire du 14 flor. an 11; — Que l'arrêt n'a violé aucune loi en déclarant valable ce testament, quoique fait en forme olographe dans une conciergerie, et en faveur d'un enfant adultérin, puisque la coutume de Paris, où l'arrêt décide qu'il fut fait, autorisait cette forme de disposition, et qu'aucune loi n'attachait à la simple détention dans une conciergerie, l'incapacité de tester, ni à la qualité d'enfant adultérin, celle de recevoir à titre d'aliments; que si la disposition était excessive, il y a seulement lieu de la réduire aux aliments, ainsi que l'arrêt l'ordonne, conformément à l'art. 2 de la loi du 14 flor. an 11, ci-dessus citée; — Que la formation ordonnée d'un état des biens de la succession du sieur Brunel, à l'effet de fixer les aliments, rentre dans le vœu de l'art. 763 c. civ., qui veut qu'ils soient réglés eu égard aux facultés du père; — Qu'en attendant, les juges ont pu, sans contrevenir à aucune loi, régler, selon leur prudence, la provision qu'ils ont adjugée; — Rejette.

Du 28 prair. an 13.-C. C., sect. req.-MM. Muraire, pr.-Cassaigne, r.

(3) (Saint-Gilles C. Amphoux.) —Le tribunal; — Considérant qu'on ne doit pas entendre par quotité disponible la partie réservée et fixée par la loi pour les enfants naturels par les titres du code, mais, au contraire, la portion dont les père et mère peuvent faire une libéralité en faveur de leurs enfants ou étrangers; — Que si le législateur avait voulu, dans le cas où il existe une disposition testamentaire en faveur d'un enfant naturel, la réduire toujours à la portion fixée par la loi, il s'en serait expliqué différemment; et, au lieu d'ordonner l'exécution de la disposition, sauf la réduction à la quotité disponible, aux termes du code civil, il aurait dit : sauf la réduction à la portion accordée ou réservée aux enfants naturels par le code civil; qu'en effet, la quotité disponible, aux termes du code civil, et la *portion* que la loi réserve aux héritiers, sont deux choses trop distinctes pour qu'on puisse les confondre.....

Du 24 flor. an 12. – Trib. d'app. de Nîmes.

(4) (Courty C. Pambet.) — La cour; — Attendu, en fait, qu'il résulte des actes de naissance de Léonarde et de François Pambet qu'ils sont nés du commerce d'Etienne-Elie Pambet et de Marie Picot; — Que,

ments passés en force de chose jugée sur l'état et les droits des enfants naturels fussent exécutés suivant leur forme et teneur, la loi du 14 flor. an 11 n'avait pas exclu pour cela la faculté de se pourvoir par les voies de droit contre les jugements (Cass. 18 nov. 1806, M. Gandon, rap., aff. Vandenbranden); — 10° Que la disposition de l'art. 3 de la loi du 14 flor. an 11, qui accorde effet aux transactions intervenues à la suite de poursuites sur les droits et l'état des enfants naturels, ne s'entend que des transactions intervenues entre ces enfants et les héritiers de leur père, c'est-à-dire sur des droits ouverts, et non de celles qui auraient eu lieu avant la loi de l'an 2, entre ces enfants et leur père, décédé sous cette loi (Rej. 18 flor. an 13 (1); 1er mess. an 13, MM. Muraire, pr., d'Outrepont, rap., aff. Renom C. Lalo); — 11° Qu'en tout cas, ces conventions ne pourraient pas avoir pour l'enfant naturel d'autres effets que ceux qui dérivent de l'acte de transaction (même arrêt, aff. Renom).

438. La loi du 12 brum. an 2 ne parle pas de la légitimation des enfants naturels. De là est née la question de savoir si c'est par la législation ancienne ou par le code Napoléon que doit être réglé l'état des enfants naturels dont les père et mère se sont mariés avant la promulgation de ce code, mais ne sont décédés que postérieurement. — Cette question a de l'intérêt surtout en ce qui touche la reconnaissance préalable qui est exigée par l'art. 331 c. nap., mais qui ne l'était point par les lois anciennes.

A cet égard il a été jugé que l'enfant naturel né sous la loi de brumaire an 2, de père et mère mariés sous l'empire de cette loi et décédés depuis la publication du code, ne peut se prétendre légitimé et par suite revendiquer dans la succession de ses père et mère les droits résultant de la légitimation par mariage subséquent, qu'autant qu'il aurait, aux termes des art. 331 et 334 c. nap., été reconnu par acte authentique; et qu'à cet égard, la possession d'état d'enfant des époux ne serait pas suffisante, cette possession ne pouvant être invoquée par l'enfant naturel (Nîmes, 15 juill. 1819) (2).

à la date de ces actes, ledit Etienne-Elie Pambet était marié avec Anne Courty; qu'ainsi Léonarde et François Pambet sont nés d'un commerce adultérin; — Que la reconnaissance consignée aux actes de naissance a été reproduite dans l'acte de mariage d'Etienne-Elie Pambet et de Marie Picot du 30 fruct. an 7; — Qu'Etienne-Elie Pambet est décédé, le 20 vend. an 8, sous l'empire de la loi du 12 brum. an 2;

Attendu, en droit, que la loi du 12 brumaire an 2 était relative aux droits des enfants nés hors mariage dans les successions ouvertes depuis le 14 juill. 1789 jusqu'à la publication de ladite loi; — Que, aux termes de l'art. 10 de cette loi, l'état et les droits de ces enfants devaient, dans les successions qui s'ouvrirent sous le code civil, être réglés par le code civil; — Que la loi du 14 flor. an 11 combla la lacune qui existait dans la loi du 12 brum. an 2, et déclara que l'état et les droits des susdits enfants dans les successions ouvertes sous l'empire de la loi du 12 brum. an 2 seraient réglés par le code civil; — Que ladite loi du 14 flor. an 11 ne distingue point entre les enfants naturels simples et les enfants adultérins; — Qu'elle est relative à tous les enfants nés hors mariage; — Que cette loi est entachée d'un vice de rétroactivité, mais que les magistrats doivent appliquer les lois telles qu'elles sont;

Attendu que l'art. 335 c. civ. interdit la reconnaissance des enfants adultérins; qu'il la prohibe, et que cette prohibition est fondée sur des considérations puissantes d'ordre social et de moralité publique; que se fonder sur une reconnaissance si formellement interdite pour accorder des aliments à l'enfant adultérin, c'est violer la défense du législateur, et donner effet à une reconnaissance qui ne doit en produire aucun; — Que l'art. 762 c. civ. n'est applicable qu'au cas où l'existence d'un enfant adultérin est établie par un jugement, et indépendamment d'une reconnaissance faite par le père ou par la mère de cet enfant;

Disant droit sur l'appel d'Elie Courty, émendant, réformant, dit que la reconnaissance de Léonarde et de François Pambet faite en leur acte de naissance, et dans l'acte de mariage d'Étienne-Elie Pambet et de Marie Picot, du 30 fruct. an 7, est illégale, ne peut produire aucun effet, et par conséquent ne peut autoriser les tribunaux à leur accorder des aliments.

Du 9 juin 1838.-C. de Limoges, 3e ch.-MM. Talandier, pr.-Mallevergne, av. gén., c. conf.-Tixier et Géry, av.

(1) *Espèce :* — (Richon C. Richon.) — La cour; — Vu l'art. 337 c. civ. et les art 1, 2 et 3 de la loi transitoire du 14 flor. an 11; — Considérant que toutes les dispositions de cette loi transitoire doivent être entendues de manière que chacune d'elles soient en harmonie avec le principe général posé dans l'art. 1; que l'art. 2 en fournit la preuve en même temps qu'il en donne un exemple; que l'art. 3 n'y déroge que pour un cas particulier, qui suppose des droits ouverts par le décès du prétendu père naturel, et ne peut s'entendre que de conventions et de jugements postérieurs à ce décès, par lesquels ces droits auraient été rappelés entre les héritiers du père naturel et les prétendants au titre de ses enfants nés hors mariage; — Considérant qu'en renvoyant au code civil pour régler l'état et les droits des enfants naturels, le législateur ne peut pas être censé en avoir au même instant abrogé l'art. 337, qui est un de ses articles fondamentaux le plus éminemment conforme à la morale publique; — Considérant que si l'art. 3 de la loi transitoire contient une exception à l'art. 1 de la même loi, c'est parce que les conventions et les jugements dont cet art. 3 ordonne l'exécution, ayant eu lieu entre parties dont les droits étaient ouverts, ces parties étaient devenues alors maîtresses d'étendre ou de restreindre à leur gré ces mêmes droits; et qu'en souscrivant ces conventions, ou en laissant acquérir force de chose jugée à ces jugements, elles se sont ainsi volontairement créé une loi spéciale, qu'il est sage de maintenir; mais que, hors ce cas d'exception, l'art. 3 de la loi transitoire est sans application, et laisse au principe général toute sa force; — Considérant en fait que les sieurs Richon-Brassier et Richon-Grammont ne sont point dans ce cas d'exception, puisque tous les actes par eux invoqués sont antérieurs au décès du sieur Philippe de Richon, et étrangers à son héritier légitime; — Que tous ces actes, émanés du sieur Philippe de Richon, ont eu lieu pendant son mariage avec la demoiselle Seignouret, mariage duquel est issu le sieur Joseph de Richon, partie de Delamalle, et qu'en les annulant, sur le fondement dudit art. 337 c. civ., le jugement attaqué s'est conformé au texte formel de cet article; ce qui suffit pour écarter la demande en cassation; — Considérant d'ailleurs que des actes de reconnaissance d'enfants naturels, ou portant règlement de leurs droits en cette qualité, ne sont obligatoires qu'autant qu'ils sont libres et volontaires; que le code civil et la loi du 14 flor. an 11 ne contiennent aucune dérogation aux lois antérieures qui exigent ce caractère de liberté; que, loin de là, le code civil, art. 1109, 1111, 1112, maintient expressément la nécessité d'un consentement libre; — Considérant que la cour de Bordeaux a jugé, en fait, que les aveux et reconnaissances de paternité dont on excipait contre le mineur Joseph de Richon ont manqué de liberté, comme ayant été arrachés par la violence ou par la crainte, et que cette cour a pu juger de la sorte, selon ses lumières et sa conscience, sans contrevenir à aucune loi; — Considérant, en ce qui touche particulièrement la transaction du 6 sept. 1792; que les juges pouvaient également se dispenser d'ajouter au motif puisé dans l'art. 337 c. civ. celui qu'ils ont tiré de ce qu'elle avait été la suite de poursuites judiciaires exercées par la demoiselle Laborde contre le sieur Philippe de Richon; mais que ce motif subsidiaire n'en était pas moins valable en soi, en ce qu'une transaction de cette nature ne peut point opérer cette reconnaissance libre et spontanée, sans laquelle l'enfant naturel, que la loi prive d'action en déclaration de paternité, est inhabile à réclamer aucun des droits que l'art. 756 c. civ. n'accorde qu'aux enfants naturels légalement reconnus; — Rejette.

Du 18 flor. an 13.-C. C., sect. civ.-MM. Maleville, pr.-Bailly, rap.

(2) (Louis C. Lasslat et Riousset.) — La cour; — Attendu que l'art. 10 de la loi du 12 brum. an 2 dispose, d'une manière générale et absolue, que l'état et les droits des enfants nés hors mariage, dont les père et mère seront encore existants lors de la publication du code civil, seront en tous points réglés par les dispositions de ce code; que, d'après l'art. 334, la reconnaissance d'un enfant naturel ne peut être faite que par un acte authentique, lorsqu'elle ne l'a pas été dans son acte de naissance; qu'il est reconnu en fait que Joseph Fabre, dont Louis, appelant, se prétend fils, ainsi que Marie-Anne Berger, sa mère, ne sont décédés que longtemps après la publication du code civil; — Attendu que ce n'est point donner un effet rétroactif aux dispositions du code concernant la légitimation des enfants naturels par mariage subséquent, que d'exiger la reconnaissance, par acte authentique, de la filiation de celui qui se prétend légitimé de la part de celui qu'il s'attribue pour père, quoique le mariage duquel il veut induire sa légitimation ait eu lieu longtemps avant la publication du code; que, fût-il vrai que cette légitimation dût s'opérer de plein droit à cette époque, d'après les lois préexistantes, sans qu'il y eût absolue nécessité que la reconnaissance de l'enfant prétendu légitimé eût été faite dans l'acte même de célébration du mariage, ou par un acte authentique, conformément à l'art. 331, il ne s'ensuit pas qu'elle ait pu avoir lieu et obtenir quelque effet en l'absence de toute reconnaissance légale avant ou après le mariage; que la légitimation ne consiste pas dans la seule opération de la loi, qui est de rendre légitime, par l'effet du mariage, l'enfant naturel qui jusqu'alors ne l'était pas; qu'il faut encore nécessairement que cet enfant naturel soit reconnu être celui qui est provenu du commerce antérieur des deux époux; et que, de tous les temps, celui qui a voulu s'attribuer les effets de cette légitimation a été obligé de prouver son identité individuelle, c'est-à-dire qu'il était l'enfant né d'eux, et qu'ils avaient voulu légitimer; qu'à la vérité cette preuve pouvait être faite avant la loi du 12 brum. an 2, autrement que par un acte authentique; qu'on pouvait la faire résulter, soit de l'acte de naissance, soit de la possession d'état, ou de simples faits qui eussent constaté l'identité de l'enfant, parce qu'alors la recherche

439. Il a été jugé, au contraire : 1° que la loi du 12 brum. an 2 n'a apporté aucun changement aux principes de l'ancien droit relativement à la légitimation par mariage subséquent, et que les conditions imposées par l'art. 331 c. nap. à cette légitimation ne s'appliquent pas aux mariages qui ont précédé la promulgation du code Napoléon, qu'en conséquence, le mariage contracté antérieurement à ce code par les père et mère d'un enfant naturel confère à cet enfant le bénéfice de la légitimation, encore qu'il n'ait pas été reconnu avant le mariage ou dans l'acte de célébration (Req. 5 mai 1836; Dijon, 30 juillet 1840) (1);—

de la paternité était encore permise; mais que, dès l'instant qu'elle a été interdite, il n'a plus été possible que la légitimation s'opérât par le mariage subséquent sans qu'il fût accompagné d'une reconnaissance authentique, seule capable de remplacer et de prévenir les effets d'une telle recherche; que, quoique ce soit l'art. 340 c. civ. qui ait prononcé définitivement cette prohibition, dès l'instant qu'il est reconnu que la loi du 12 brum. an 2 avait disposé que l'état des enfants nés de pères et mères décédés après la publication du code ne pourrait être régi que par les règles qui y seraient établies, il est évident que ce n'est point le faire rétroagir que d'appliquer à un fait antérieur à sa publication, mais postérieur à la loi du 12 brum. an 2, un principe dont cette loi avait elle-même jeté le fondement en soumettant l'enfant naturel qui se prétend légitimé au rapport de la seule preuve légale admise par les dispositions combinées de ces deux lois pour constater sa filiation, qui peut seule constituer son état;

Attendu qu'on ne saurait raisonnablement confondre l'enfant né légitime, par le seul fait de sa conception durant le mariage, avec celui qui se prétend légitimé par le mariage subséquent, pour ce qui concerne le mode de constater leur filiation du chef paternel; que le premier a en sa faveur la présomption à la fois légale et morale qui ne permet pas de douter de la légitimité de son origine, tandis que le second est tenu de prouver qu'il l'a réellement acquise; qu'ainsi la possession d'état, qui est suffisante pour prouver la filiation de l'un, ne peut être d'aucune utilité pour constater la légitimation de l'autre, qui, dès lors, pourrait devenir un prétexte et un moyen indirect de rechercher la paternité contre la prohibition formelle et absolue de la loi; que rien ne le prouve mieux que la nécessité à laquelle se trouve réduit l'appelant de recourir à une preuve testimoniale pour tâcher de justifier qu'il est enfant de Joseph Fabre;

Attendu que loin de rapporter un acte authentique contenant reconnaissance de paternité en sa faveur, de la part de Joseph Fabre, l'appelant ne s'étaye que d'actes qui contrarieraient manifestement sa prétention; que la déclaration de grossesse de Marie-Anne Berger, le jugement du juge de paix portant condamnation provisoire aux frais de gésine, et l'acte de naissance même de Louis qui se prétend fils de Joseph, désignent, pour celui dont il serait issu, un autre Louis, voiturier par terre, tandis que l'acte de célébration de mariage duquel il veut induire sa légitimation, a eu lieu entre Joseph Fabre, cultivateur, et Marie-Anne Berger; d'où il suit qu'il n'y aurait identité ni de prénom, ni de profession, entre celui auquel il attribue cette reconnaissance et celui par lequel il se prétend légitimé; — Mais attendu, d'ailleurs, qu'aucun de ces actes, quand ils concerneraient Joseph Fabre sous le nom de Louis, ne contiendrait reconnaissance, de sa part, de l'appelant pour son enfant, puisque celui-ci n'est aucunement désigné dans les deux premiers, où il n'est question que de la grossesse et de l'accouchement de la mère; que ce prétendu père serait totalement étranger au premier et au dernier, dans lesquels il n'a pas même comparu, et que la réponse prêtée par Louis, défendant dans le jugement du juge de paix, fût-elle personnelle à Joseph, serait plutôt un désaveu qu'une reconnaissance de paternité, en termes évasifs de la demande qui lui était faite, tandis que la reconnaissance exigée par la loi doit être formelle, positive, et l'effet de la volonté spontanée de son auteur; — Attendu que le partage du mobilier allégué par l'appelant, outre qu'il n'est pas justifié, ne constituerait pas une fin de non-recevoir contre l'exception tirée du défaut de qualité de sa part, non-seulement parce qu'elle est péremptoire et destructive de son action, mais parce que, s'agissant de l'état qu'on lui conteste et qu'il réclame d'enfant légitime de Joseph Fabre, l'intérêt de la société empêche qu'il puisse être dérogé au droit public qui en résulte par le fait des particuliers; — Sans avoir égard à l'appel émis par Louis, se disant fils de Joseph Fabre, du jugement rendu par le tribunal civil d'Orange le 17 juin 1818, non plus qu'à ses fins subsidiaires et offres de preuves, et le tout rejetant, a mis l'appel au néant.

Du 15 juill. 1819-C. de Nîmes.-MM. Teulon et Monnier-Taillades, av.

(1) 1re *Espèce* : — (Letissier, Colin et consorts C. la dame Colin.)— La demoiselle Suzanne Letissier, femme Cousin, naquit hors mariage en l'an 3 (1794). — Son acte de naissance à la date du 18 brumaire de l'an 3 constate qu'elle est inscrite sur le registre de l'état civil comme fille de Pierre Letissier et de Marie-Geneviève Colin. Il est signé par le sieur Letissier avec la qualification de père de l'enfant. – Le sieur Letissier et la demoiselle Marie-Geneviève Colin se marièrent le 30 niv. an 7 (19 janv. 1799). — Le 22 sept. 1812, la demoiselle Suzanne épousa le sieur Cousin, notaire. Il est dit dans l'acte de célébration « qu'elle est fille mineure de Pierre Letissier et de Marie-Geneviève Colin, présents et consentant. » — Dans le contrat, contenant les conventions civiles de ce mariage sous la date du 16 sept. 1812, la demoiselle Letissier est désignée comme fille mineure et légitime de Pierre Letissier et de Marie-Geneviève Colin. Ces derniers, comme père et mère de la future, lui constituent chacun, pour moitié en avancement de leurs successions futures, la somme de 200,000 fr. — 29 fév. 1824, décès de la dame Letissier. — Le 8 oct. 1831, le sieur Letissier meurt après avoir fait son testament notarié le 9 sept. 1831, par lequel il instituait et confirmait pour son héritière universelle mademoiselle Suzanne Letissier, sa fille, épouse Cousin, avec déclaration formelle qu'il entendait qu'elle recueillît seule toute la succession. — Les sieurs Letissier, Colin et autres parents collatéraux du défunt prétendirent que la dame Cousin, née d'un commerce libre du sieur Letissier avec la dame Marie-Geneviève Colin, n'avait pas été légitimée par le mariage subséquent de ceux-ci à la date du 30 nivôse de l'an 7, faute de reconnaissance de la part de celle qu'on lui donnait pour mère, antérieurement au mariage ou dans l'acte même de célébration; que les conditions exigées pour la légitimation des enfants naturels par le code civil, suivant les dispositions duquel l'état de la dame Cousin devait être réglé, n'ayant pas été remplies, celle-ci n'avait d'autre titre ni d'autres droits que ceux d'une enfant naturelle reconnue du sieur Letissier. — La dame Cousin soutenait, au contraire, qu'elle était saisie de plein droit de l'intégralité de la succession de Pierre Letissier, et qu'elle devait être maintenue dans l'état et possession d'enfant légitime par le subséquent mariage des sieur et dame Letissier, ses père et mère, à la date du 30 niv. an 7. — Jugement qui admet les prétentions de la dame Cousin, et rejette celles des collatéraux.

Appel. — 15 déc. 1834, arrêt confirmatif de la cour de Paris, ainsi conçu : — « Considérant qu'il est constant, en fait, que la femme Cousin a été, le 18 brum. an 3, reconnue par Letissier, son père, dans son acte de naissance; que ses père et mère se sont mariés le 30 niv. an 7; — Considérant que, d'après les principes de l'ancienne législation, le mariage des père et mère avait pour effet nécessaire, indépendant de leur déclaration, de leur volonté même, de légitimer leurs enfant nés avant le mariage, de quelque manière que la filiation fût établie; — Considérant que la disposition du code qui exige, pour la légitimation des enfants naturels par le mariage de leurs père et mère, qu'ils aient été reconnus par ceux-ci avant le mariage, ou dans l'acte de célébration, est sans application dans la cause; qu'en effet l'art. 10 de la loi du 12 brum. an 2, qui renvoie au code non encore promulgué le règlement de l'état et des droits des enfants nés hors mariage, dont les père et mère seront encore existants lors de la promulgation du code, ne concerne que les enfants qui auraient encore à cette époque la qualité d'enfants naturels, et non ceux qui seraient devenus légitimes par le mariage antérieur de leurs père et mère; que non-seulement cet article ne parle point des enfants légitimés, mais qu'il ne pouvait, sans rétroactivité, les soumettre aux dispositions à venir du code, puisque, d'une part, leur état était déjà fixé, et que, de l'autre, il les eût privés, jusqu'à une époque indéterminée, des bienfaits de la légitimation; qu'une autre interprétation de la loi de brumaire serait contraire non-seulement aux principes en matière de non-rétroactivité des lois, mais encore à l'intérêt des enfants naturels, que la législation de l'an 2 tendait à favoriser; — Considérant en outre que l'acte de naissance de Suzanne Letissier contient l'indication de Marie-Geneviève Colin comme sa mère, et que les soins par elle constamment donnés à sa fille, ainsi que les autres faits et circonstances de la cause, établissent que la maternité a été reconnue et avouée par la mère dès avant le mariage; — Qu'ainsi, en supposant même que le code civil fût applicable, la femme Cousin, née Suzanne Letissier, devrait être considérée comme légalement reconnue, aux termes des art. 331 et 336 du code, et que, dès lors, la légitimation ne pouvait être contestée. »

Pourvoi. — 1° Violation de l'art. 10 de la loi du 12 brum. an 2. On soutient que cette loi, dérogeant entièrement à l'ancienne législation sur la matière, a soumis à ses dispositions nouvelles les enfants nés hors du mariage sans distinction; que tous ceux qui sont nés en effet hors du mariage, avec ou sans l'expectative de la légitimation, y sont expressément et nominativement compris; que c'est d'ailleurs ce qui résulte expressément de l'art. 10 de cette même loi, portant qu'à l'égard des enfants nés hors mariage, dont le père et la mère seront encore existants lors de la promulgation du code civil, leur état et leurs droits seront, en tous points, réglés par les dispositions du code. — 2° Violation des art. 331 et 334 c. civ. Il faut reconnaître, dit-on avec ces articles, qu'il n'y a pas de légitimation sans la double reconnaissance légale avant ou dans l'acte de mariage. Une reconnaissance qui ne remplirait pas toutes ces conditions exactement, peut bien conférer à celui qui en est l'objet, les droits de l'enfant naturel, si le vœu de la loi (qui est avec raison moins sévère en cela) se trouve d'ailleurs rempli à cet égard. — Ainsi, dans l'espèce, la demoiselle Suzanne, reconnue par son père dans son acte de naissance, et reconnue par sa mère seulement après le mariage

2° Que la législation intermédiaire sur les enfants naturels, et notamment l'art. 10 de la loi du 12 brum. an 2, qui a renvoyé au code Napoléon à régler l'état des enfants naturels dont les père et mère existaient à cette époque, n'a point entendu régler les conditions et les effets de la légitimation de ces enfants par le mariage subséquent de leurs père et mère ; qu'en conséquence si, dans l'intervalle de cette loi à la promulgation du code Napoléon, les père et mère d'un enfant naturel ont contracté mariage, la légitimation qui en est la suite est réglée, non d'après les dispositions du code Napoléon, mais d'après les principes de la jurisprudence (Bordeaux, 20 mars 1830, rapporté avec Req. 27 déc. 1831, aff. Duroc-Bérard, V. Mariage, n° 449); — 3° Qu'*à fortiori*, l'enfant naturel dont les père et mère s'étaient mariés, sans l'avoir reconnu, avant la loi du 12 brum. an 2, avait été légitimé par ce mariage, encore bien que ses père et mère soient décédés depuis la promulgation du code Napoléon (Req. 7 juill. 1824) (1); — 4° Que la règle admise dans l'ancienne jurisprudence, d'après laquelle les enfants naturels, nés de personnes libres, étaient légitimés par la seule force du mariage subséquent de leurs père et mère, sans formalité, et quoique leur filiation ne fût prouvée que par des actes postérieurs au mariage, règle qui, d'après l'esprit de la décrétale *tanta vis est matrimonii*, n'était relative qu'aux mariages religieux et civils, a pu être appliquée aux effets d'un mariage purement civil contracté en 1792 (Bordeaux, 20 mars 1830, rapporté avec Req. 27 déc. 1831, aff. Duroc-Bérard, v° Mariage, n° 449).

440. Nous avons vu qu'aux termes de l'art. 18, L. 12 brum. an 2, c'était à des arbitres qu'était dévolu le jugement des contestations qui pourraient s'élever sur l'exécution de cette loi. Cette disposition a été abrogée par une loi du 25 niv. an 3 qui porte que toutes les contestations qui pouront s'élever sur l'état civil privé des enfants nés hors mariage seront jugées par les tribunaux de district (art. 1); et que les tribunaux sont pareillement autorisés à connaître des procès actuellement existants sur des questions d'état, quand même il aurait été nommé des arbitres, conformément à l'art. 18, L. 12 brum. an 2 (art. 2). Toutefois cette loi ajoute (art. 3) que les jugements rendus jusqu'à ce jour sur des questions d'état, soit par des tribunaux, soit par des arbitres, et qui ne seraient attaqués que par voie d'incompétence, sont maintenus. —Décidé que les tribunaux de districts substi-

---

contracté par eux, peut bien réclamer, à l'égard de l'un et de l'autre, les avantages conférés à l'enfant naturel; mais là s'arrêtent ses droits. Elle n'a pas été légalement reconnue par sa mère à l'époque voulue par l'art. 331; elle ne peut donc prétendre au bénéfice de la légitimation que cet article a subordonné à l'accomplissement de ses prescriptions. — Arrêt (après délib. en ch. du cons.).

LA COUR ; — Considérant que, suivant les anciens principes, le fait seul du mariage suffisait pour la légitimation des enfants nés antérieurement, lorsque la filiation était légalement établie; — Considérant que la loi de brumaire an 2 n'a ni changé ni modifié ces principes; que si l'on consulte son esprit, il est impossible de présumer que le législateur, dont les intentions étaient si favorables aux enfants naturels, ait voulu entraver leur légitimation; qu'il eût été à la fois contraire à la justice, à la raison et à la morale d'obliger les père et mère à ne pas se marier, et que c'eût été les en empêcher que de les laisser dans l'incertitude, relativement aux formes qu'ils devaient adopter pour la légitimation de leurs enfants, ces formes pouvant ne point se trouver en harmonie avec celles que prescrirait le code à venir; — Considérant que, si la question a pu recevoir quelquefois une solution différente, ce n'a été que dans des cas où la filiation était incertaine. Alors l'enfant qui ne réclamait la légitimation que pour parvenir à prouver sa filiation, était repoussé par le principe absolu et dominant toute la question, que la recherche de la paternité est interdite; principe que l'on trouve dans le code, mais que la loi de brum. an 2 avait déjà posé; — Considérant que la dame Cousin était un enfant naturel, légalement reconnu, selon la loi existante au moment du mariage de ses père et mère, soit par la reconnaissance formelle du père, dans l'acte de naissance, soit à raison des soins donnés par la mère; que, dès lors, la filiation étant assurée, la célébration de leur mariage a irrévocablement fixé son état d'enfant légitime, et que le code civil n'aurait pu, sans effet rétroactif, y porter atteinte; — Considérant que l'arrêt attaqué, en adoptant ces principes, n'a violé ni l'art. 10 de la loi de brumaire an 2, ni fait une fausse application du code civil; — Rejette.

Du 5 mai 1836.-C. C., ch. req.-MM. Zangiacomi, pr.-Bayeux, rap.

2° *Espèce :* — (Guibaudet C. Guibaudet.) — LA COUR ; — Considérant, en fait, qu'il résulte : 1° du registre de l'état civil de la commune de Leffonds que l'intimée y a été inscrite, le 21 vent. an 10, sous le nom de Claude-Marie, comme née, le 20 dudit mois, d'Anne-Marie Guibaudet, dont elle est qualifiée la fille naturelle; 2° d'un acte de mariage du 28 prair. an 10, que ladite Anne-Marie Guibaudet a contracté mariage ledit jour avec Claude Vernay; 3° des faits articulés par l'intimée et non contestés par les appelants, que des soins lui ont été donnés sans interruption dans la maison des époux Vernay, et qu'elle a toujours été considérée comme leur enfant aussi bien dans leur famille que par eux-mêmes; et 4° d'un acte authentique en date du 10 mai 1819, que Claude Vernay, après le décès de sa femme, a déclaré par ledit acte qu'il se reconnaissait le père de l'enfant du sexe féminin, née le 20 vent. an 10, nommée Anne-Claude, et qu'il l'avait eue avec Anne-Marie Guibaudet;

Considérant, en droit, qu'il est incontestable que les faits et actes qui viennent d'être énoncés établissent la preuve légale de la filiation de l'intimée, tant par rapport à Marie-Anne Guibaudet que relativement à Claude Vernay ; — Considérant que les anciens principes exigeaient pour la légitimation deux faits légalement établis, à savoir, le mariage des père et mère de l'enfant naturel et la double filiation de cet enfant; mais qu'ils n'exigeaient point que la reconnaissance ou la constatation de cette filiation fût antérieure ou simultanée à la célébration du mariage; — Que si la loi du 12 brum. an 2 a modifié les principes qui réglaient antérieurement l'état et les droits des enfants naturels proprement dits, elle n'a apporté aucuns changements à ceux qui jusqu'alors avaient déterminé les effets du mariage et les conditions de la légitimation; — Qu'il résulte, en effet, de l'exposé du ministre de la justice qui précède l'arrêté du directoire du 10 vent. an 5, que l'art. 10 de la loi du 12 brum. an 2 n'a été inséré dans cette loi que par opposition aux art. 2 et 8 qui règlaient le sort des enfants naturels non légitimés, au profit de qui des successions s'étaient ouvertes depuis le 14 juill. 1789 jusqu'au 25 oct. 1795; que conséquemment les dispositions de cette loi n'ont point eu en vue les enfants naturels qui, conformément à l'ancien droit, obtenaient la légitimation par le mariage de leurs père et mère; — Que le droit intermédiaire, évidemment tout favorable aux enfants naturels, n'a pu avoir pour effet de rendre leur légitimation impossible en la soumettant à des conditions résultant d'une loi non encore promulguée et dont les dispositions ne pouvaient être prévues; — Que la loi ne doit régir que les faits et actes qui se passent sous son empire; qu'ainsi les conditions sous lesquelles l'art. 331 c. civ. autorise la légitimation des enfants naturels, ne sauraient être considérées comme obligatoires pour les père et mère de l'intimée, alors que leur mariage est antérieur à l'émission de ce code, et que conséquemment la légitimation opérée par ce mariage, conformément aux principes de l'ancien droit, doit produire tout son effet;

Sur la deuxième question :— Vu l'art. 130 c. pr. civ.; — Sans s'arrêter à l'appellation émise par Jean-Baptiste Guibaudet et consorts du jugement rendu en la cause par le tribunal de première instance de Dijon, le 5 mai 1839, a mis et met icelle à néant, etc.

Du 30 juill. 1840.-C. de Dijon, aud. sol.-M. Nepveur, 1er pr.

(1) (Rousse C. Anceau.) — LA COUR ; — Sur le premier moyen : — Attendu qu'en France, avant la nouvelle législation, la maxime *tanta est vis matrimonii, ut qui antea sunt geniti post contractum matrimonium legitimi habeantur*, consacrée par les décrétales au chapitre *Tanta qui sunt filii legitimi*, avait été adoptée par la jurisprudence universelle des cours souveraines; qu'ainsi la légitimation des enfants nés de personnes libres résultait efficacement et nécessairement du mariage subséquent entre les auteurs de leur naissance sans qu'il fût besoin d'autres formalités ou reconnaissances expresses ; — Attendu que Geneviève Taillandier, née en 1786, eut pour père et mère Louis Taillandier et Geneviève Roumier, lesquels ayant contracté ensemble mariage, célébré avant 1791, ont élevé ladite Geneviève, mère du mineur Anceau, comme leur fille légitime, mariée en cette qualité par son père, qui l'a dotée dans son contrat de mariage ;

Attendu que, du mariage célébré entre les père et mère de Geneviève Taillandier, libres au moment de la conception, comme à celui de la naissance de celle-ci, ressort la légitimité incontestable de cet enfant; il deviendrait inutile et oiseux de rechercher d'autres preuves de filiation, et d'examiner le degré d'influence de la loi de brum. an 2, sur la reconnaissance, les droits des enfants naturels et des dispositions du code civil, toutes également inapplicables à l'espèce dont s'agit dans la cause soumise aux principes de l'ancienne jurisprudence;

Sur le deuxième moyen :—Attendu que, d'après les faits et les circonstances relevés et appréciés par la cour royale, l'acte de vente invoqué par les demandeurs n'est pas seulement annulé comme simulé simplement, mais encore comme entaché de fraude, de mensonge, et fait en haine et dans le but de priver la mère du mineur Anceau des droits de sa naissance ; — Attendu que la fraude, la captation, la séduction, comme le dol, deviennent des causes de la résolution des actes, et font exception aux règles ordinaires sur l'exécution de la volonté exprimée dans le contrat; — Rejette.

Du 7 juill. 1824.-C. C., sect. req.-MM. Lasaudade, pr.-Gartempe, r.

tués aux arbitres pour prononcer sur les questions de possession d'état d'enfant naturel, ne sont pas liés par les jugements interlocutoires et préparatoires jusque-là rendus par les arbitres (Cass. 9 flor. an 5, MM. Chabroud, pr., Andrieux, rap., aff. Dubois *C.* Cogeon).

441. Nous venons de voir quelles étaient les dispositions du droit intermédiaire relativement aux enfants naturels. Voyons comment il a été statué à leur égard par le code Napoléon.

Lorsque la partie du tit. 7 qui concernait cette classe d'enfants fut soumise aux délibérations du conseil d'État, la première question que présenta à résoudre l'ordre des articles du projet fut celle de la légitimation. Le principe de la légitimation par mariage subséquent fut admis sans difficulté. C'est qu'en effet, comme l'a fait observer M. Bigot-Préameneu dans son Exposé des motifs (V. *suprà*, p. 151, note, n° 17), l'ordre public, le devoir du père, l'intérêt de la mère, la faveur due à l'enfant, tout concourait à faire admettre cette espèce de légitimation. « L'ordre public est intéressé à ce que l'homme et la femme qui vivent dans le désordre aient un moyen d'éviter l'un et l'autre de ces deux écueils, celui de se séparer par dégoût ou celui de continuer un commerce illicite. La loi leur offre, dans une union sainte et respectable, des avantages assez précieux pour les porter à la contracter. Au nombre de ces avantages, l'homme aura celui de procurer à l'enfant pour qui la nature doit lui avoir inspiré des sentiments de tendresse, toutes les prérogatives que donne dans la société la qualité d'enfant légitime. C'est même de sa part un devoir que sa conscience doit sans cesse lui rappeler. Cette légitimation est pour la femme le plus heureux moyen de réparer sa faute et de se rendre digne des titres honorables d'épouse et de mère. Les enfants nés d'un père et d'une mère qui deviennent ensuite époux légitimes, ne sauraient être plus favorables que quand ils invoquent les effets d'une union qui a des rapports si intimes avec leur naissance antérieure. » — Mais ces raisons ne sont susceptibles d'aucune application aux enfants issus d'un commerce incestueux ou adultérin. Il fut donc décidé sans discussion que ces enfants ne pourraient jamais, par l'effet d'un événement quelconque, être assimilés aux fruits d'un hymen légitime.

442. Une discussion s'éleva lorsqu'il s'agit de déterminer à quelle époque la reconnaissance devrait intervenir pour que le mariage produisît son effet. Le ministre de la justice (M. Abrial) prétendit que la légitimation devait avoir lieu lors même que la reconnaissance n'aurait été faite que postérieurement au mariage. « Il est possible, disait-il, que la pudeur, que l'intérêt de ne pas aliéner des parents austères, aient empêché les époux de reconnaître leurs enfants, soit avant, soit lors de la célébration de leur mariage; et alors il n'est plus en leur pouvoir de rendre l'état civil aux fruits prématurés de leur union. Cependant la légitimation est l'effet nécessaire du mariage; la déclaration des père et mère, et toutes les formalités ne servent qu'à déterminer l'application de ce principe » (Locré, Législ. civ., t. 6, p. 87). Ces observations furent appuyées par MM. Defermon et Réal, qui invoqua à cet égard l'opinion exprimée par Pothier, dans son Traité du contrat de mariage. — Mais il fut répondu, notamment par MM. Tronchet et Portalis, que la légitimation par mariage subséquent n'est pas l'effet naturel du mariage, mais un bénéfice de la loi, et que les enfants nés hors mariage n'ayant qu'une existence équivoque puisqu'ils n'ont pour eux aucune présomption, il faut que le témoignage qui leur donne un état soit rendu dans un temps non suspect; que le système proposé par le ministre favoriserait la fraude des époux qui, pour s'assurer une succession ou par d'autres motifs, s'accorderaient à reconnaître un enfant qui leur serait étranger; et enfin que la fausse pudeur qui empêcherait le père et la mère, au moment où ils contractent un légitime mariage, de reconnaître les enfants issus de leur commerce antérieur ne devait être d'aucune considération pour le législateur. — C'est ce dernier système qui a été adopté.

443. La légitimation par lettres du prince n'a point été admise dans le code Napoléon. M. Bigot-Préameneu, dans son Exposé des motifs (V. *suprà*, p. 151, note, n° 21), en a expliqué les raisons en ces termes : « Elle n'attribuait point tous les droits de la légitimité. Le principal objet de cette prérogative royale était de faire cesser, pour ceux qui obtenaient cette faveur, l'incapacité de remplir des dignités et des emplois. Cette incapacité a été regardée comme une prescription inutile et même nuisible à l'ordre social. Depuis longtemps le préjugé qui tenait les enfants naturels dans l'avilissement a été détruit par la raison et par l'humanité. Cette espèce de légitimation n'a pas dû reparaître dans le nouveau code. »

444. Quant aux enfants naturels qui ne sont pas légitimés, le législateur, tout en maintenant la ligne de démarcation qui doit exister entre eux et les fruits d'une légitime union, a cependant permis de les reconnaître. La dignité du mariage n'exige point qu'ils restent étrangers à ceux qui leur ont donné le jour. La loi serait à la fois impuissante et barbare si elle voulait étouffer le cri de la nature entre ceux qui donnent et ceux qui reçoivent l'existence. — Mais il importait, d'une part, que la reconnaissance de ces enfants fût entourée de formes propres à garantir qu'elle est un acte sérieux; d'autre part, il importait d'assurer la conservation de cet acte. C'est pourquoi il a été exigé que la reconnaissance fût faite, soit dans l'acte de naissance lui-même, soit par acte authentique.

La faculté de reconnaître les enfants naturels a été admise seulement à l'égard de ceux dont le père et la mère étaient libres et non parents au degré prohibé. Quant aux enfants adultérins et incestueux, leur reconnaissance serait l'aveu d'un crime; elle serait, par conséquent, un scandale public; le législateur, dès lors, ne devait pas la tolérer : il l'a formellement proscrite. — Il a expressément interdit toute recherche de la paternité naturelle, excepté toutefois dans un seul cas : le cas d'enlèvement. Mais il a admis la recherche de la maternité; la constatation de cette dernière ne présentant pas les mêmes incertitudes, n'offrant pas les mêmes inconvénients que la recherche de la paternité.

Quant aux droits des enfants naturels reconnus, leur détermination a été renvoyée au titre des Successions.

445. Il a été jugé : 1° que ce n'est pas d'après la législation en vigueur à l'époque de la naissance d'un enfant naturel, mais d'après les dispositions du code Napoléon, que doit être faite la preuve de la reconnaissance de cet enfant, lorsque son père est décédé depuis la promulgation du code Napoléon (Bruxelles, 27 juill. 1827) (1); — 2° Que, de même, l'acte de reconnaissance

(1) (Dame M... *C.* marquis d'A....) — La cour; — Attendu que la production, faite par l'intimée en instance d'appel, de l'acte du 18 déc. 1789, qu'elle a présenté comme étant son acte de naissance nouvellement découvert, et qui a été admis par arrêt de cette cour, en date du 12 mars 1823, pour faire partie de la preuve littérale à administrer, a fait cesser l'objet des conclusions introductives, tendant à pouvoir faire la preuve du fait de la soustraction de cette pièce, et a, sous ce rapport, entièrement changé la face du procès; — Attendu que, dans l'état actuel des choses et avant de passer à l'examen du mérite de l'acte nouvellement produit, la question préalable que présente cette cause, dans laquelle l'intimée agit en réclamation d'état de fille naturelle reconnue par feu le marquis Paul d'A...; et qui, à ce titre, demande la succession de celui-ci, dont l'appelant est en possession, est celle de savoir si l'intimée doit établir son état et sa filiation par les seuls moyens admis par le code civil actuel, ou si elle peut le prouver par toutes les voies permises et autorisées par la législation existante au moment de sa naissance dans le pays ou diocèse de Liége; — Attendu, à cet égard, que l'esprit de la législation nouvelle et le texte précis des lois portées sur la matière, ne permettent pas de douter que les dispositions du code qui nous régit ne doivent seules servir de règle dans la présente instance; — Qu'en effet la loi du 12 brum. an 2, dont le but évident a été de faire cesser les graves inconvénients qui résultaient de l'admission indéfinie à la recherche de la paternité, a astreint formellement les enfants naturels, qui désormais réclameraient leur état, à rapporter une preuve authentique de leur reconnaissance, et ne s'est écartée de cette mesure rigoureuse, mais aussi utile à la morale publique que nécessaire au repos des familles, que lorsque la stricte justice lui en faisait un devoir, en faveur de l'enfant naturel dont le père était déjà décédé lors de l'émanation de cette loi, seul cas pour lequel le législateur a fait une exception, tandis que la loi, en parlant en général, à son art. 1, des enfants naturels déjà alors existants, déclare qu'ils seront admis aux successions de leurs père et mère, qui s'ouvriront à l'avenir, sous la réserve portée à l'art. 10, et que ce dernier article porte expressément que si le père et la mère sont encore existants lors de la promulgation du code civil, l'état et les droits de ces enfants seront en tous points réglés par les dispositions de ce code; — Qu'il suit nécessairement de là que l'art. 340 c. civ. ac-

d'un enfant naturel né avant le code Napoléon, dont les père et mère sont décédés depuis, est soumis aux formes tracées par ce

tuel, qui interdit la recherche de la paternité, et l'art. 334, qui veut que la reconnaissance d'un enfant naturel soit faite par acte authentique, lorsqu'elle ne l'aura pas été dans son acte de naissance, sont applicables aux enfants de cette dernière catégorie, puisque, dans le cas contraire, il ne serait pas satisfait à la loi du 12 brumaire précitée, qui veut que l'état de ces enfants, aussi bien que leurs droits, soit en tous points réglé par la législation nouvelle; — Attendu que si cette vérité avait besoin d'être ultérieurement démontrée, elle s'établirait encore par la disposition de l'art. 11 même loi, qui, s'occupant toujours des mêmes enfants dont avaient parlé l'article précédent et l'art. 1, porte qu'en cas de mort de la mère avant la publication du code, la reconnaissance du père, faite devant l'officier public, suffira pour constater à son égard l'état de l'enfant et la rendre habile à lui succéder; disposition qui, non-seulement démontre encore l'obligation de rapporter un acte authentique de la reconnaissance du père, mais qui répond, en outre, à l'objection faite par l'intimée, et tirée de la circonstance que la mère étant décédée avant le code, la condition de l'existence simultanée du père et de la mère sous le code, indispensable, selon elle, pour que les art. 1 et 10 loi de brumaire, puissent recevoir leur application, ne se rencontrerait pas dans l'espèce, puisque cet art. 11 explique le sens de l'art. 10, et démontre qu'il doit être entendu disjonctivement, lorsque l'enfant ne réclame son état qu'à l'égard de son père, et ne demande que la succession de celui-ci;

Attendu que si des dispositions aussi précises ont pu permettre d'élever encore des doutes sur la question proposée, ces doutes auraient été dissipés par la loi transitoire du 14 flor. an 11, qui déclare que l'état et les droits des enfants nés hors mariage, dont les père et mère sont morts depuis la loi du 12 brum. an 2 et avant la promulgation des titres du code civil sur la paternité, la filiation et les successions, seront réglés de la manière prescrite par ces titres; disposition qui démontre bien qu'il doit à plus forte raison en être de même lorsque, comme dans l'espèce, le père a survécu au code, puisqu'alors il a eu la faculté de se conformer à ses dispositions pour reconnaître son enfant et manifester son intention positive à cet égard, ce qui était le principal objet de la loi du 12 brumaire, qui, d'une part, si elle impose à l'enfant déjà né un mode de preuve plus difficile, en l'obligeant de rapporter un acte authentique de la reconnaissance de son père, de l'autre, compense le tort qu'elle peut lui faire, en lui accordant des droits successifs que lui refusait la législation ancienne; — Qu'il résulte de ces principes, qui ont été consacrés par arrêt de la cour de cassation, du 26 mars 1806, que l'intimée ne peut établir son état de fille naturelle reconnue, que par le mode de preuve admis par l'art. 334 c. civ., quoiqu'il soit incontestable que, quant à la forme des actes, ce ne soit à la législation en vigueur au temps de leur confection, qu'on doive recourir pour juger de leur authenticité; qu'en conséquence il y a lieu d'examiner, avant d'aborder les questions de fait, si, en supposant établie la vérification de l'état matériel de l'acte du 18 déc. 1789, produit par l'intimée, cet acte réunirait le caractère de légalité qu'elle lui attribue, pour valoir, soit comme acte de naissance, soit comme acte authentique de reconnaissance; et si, à cet égard, elle a fait la preuve à elle ordonnée par l'arrêt du 12 mars 1823.

Attendu, sur ce deuxième point, que pour savoir si l'acte de 1789 peut valoir comme acte légal de naissance, il importe de rechercher, avant tout, si le père Barthels qui aurait dressé et signé cet acte, mais dont la qualité, non-seulement pour le faire, mais même pour baptiser l'enfant du marquis d'A... et de la dame T..., est formellement méconnue par l'appelant, avait réellement été délégué à cette fin; — Attendu que l'arrêt du 12 mars 1823, en ordonnant la vérification de l'état matériel de l'acte de 1789, et des points de jurisprudence et d'usage y rappelés, n'a rien préjugé sur la question de la réalité de la délégation; qu'ainsi l'appelant est encore recevable à la proposer dans l'état actuel de la cause;

Attendu qu'il est reconnu au procès que le père Barthels, qui serait l'auteur de l'acte dont il s'agit, était membre de la corporation des carmes déchaussés à Liége, et que, comme prêtre, il était entièrement étranger à la commune de Tilf, que le marquis d'A... et la dame T... habitaient en 1789; qu'ainsi il ne pouvait tenir que d'une législation spéciale le pouvoir d'aller baptiser en particulier dans ladite commune; — Qu'il est incontestable et non contesté au procès par l'appelant, que non-seulement le curé de Tilf, mais aussi l'évêque de Liége ou son vicaire général, a pu donner une telle délégation; qu'ainsi il ne s'agit que d'examiner si son existence, dans l'espèce, a été juridiquement établie; — Attendu, à cet égard, que l'intimée veut faire résulter cette preuve de la mention faite par le père Barthels dans l'acte même contesté, d'avoir été délégué, par apostille du vicaire général de Liége, en date du 13 déc. 1789, à l'effet de baptiser en particulier, dans la commune de Tilf, l'enfant du marquis Paul d'A... et de la dame T..., ce qui, selon elle, serait suffisant pour qu'on dût ajouter pleine foi à cette énonciation; —Attendu qu'en général les pouvoirs vantés par un délégué ou un mandataire, lorsqu'ils sont méconnus, ne peuvent juridiquement s'établir par la seule affirmation de celui auquel on les dénie, quel que soit d'ailleurs le degré de crédibilité que puisse mériter l'auteur de l'affirmation; qu'ainsi la mention de la délégation, en tant que faite par le père Barthels dans l'acte de 1789, est, par elle seule, insuffisante pour en établir la réalité; —Que la circonstance qu'il n'était pas tenu, au consistoire synodal de Liége, de registres où les délégations auraient été annotées; que lorsque le baptême, administré en particulier par un délégué, était inscrit au registre à ce destiné, par le curé de la commune où l'enfant était né, l'acte de délégation n'y était pas joint; que cette annexe n'était pas ordonnée par le mandement du diocèse; que les formules de ces insertions au registre ne prescrivaient autre chose, si ce n'est de mentionner purement que le baptême avait été fait *ex licentiâ ordinarii*, sans que l'obligation fût imposée d'en désigner la date; enfin, la circonstance que ces espèces de délégations pouvaient aussi se donner de vive voix, et que, dans ce cas, il aurait été impossible d'en joindre une preuve écrite au registre, sont des considérations qui ne peuvent être d'aucun poids dans l'espèce, où aucun rapport du baptême n'a été fait au curé, où aucune mention de l'acte de baptême dont s'agit n'a été faite dans les registres baptismaux de la commune de Tilf, quoiqu'il soit établi au procès et avoué par l'intimée que ces registres existent et ont été régulièrement tenus; — Qu'en effet, la tenue des registres de baptême étant formellement prescrite aux curés dans le diocèse de Liége, et défense expresse leur étant faite, sous les peines les plus graves, d'inscrire aucun acte de baptême sur une feuille volante, l'on conçoit facilement que, lorsqu'un prêtre, délégué pour administrer le baptême en particulier, se conformant à ce que lui prescrivaient ses devoirs, se rendait chez le curé dépositaire des registres, lui faisait le rapport du baptême qu'il avait administré, et que le curé en dressait acte dans ses registres, cet acte fût suffisant pour constater et le baptême et en même temps la réalité de la délégation, celle-ci eût-elle même été verbale, puisque étant invoquée par le curé lui-même, qui à cette époque était l'officier public reconnu à l'effet de constater les naissances, et qui, étant intéressé et obligé de s'assurer qu'un étranger ne vînt pas s'immiscer dans ses fonctions sans y être autorisé, doit être censé n'avoir fait l'insertion au registre qu'après avoir acquis la certitude de la réalité de la délégation, celle-ci se trouve par là suffisamment constatée, puisqu'elle est alors invoquée dans un acte réellement authentique, dressé non seulement par celui qui avait le droit d'indaguer sur l'existence de la délégation, mais qui de plus avait aussi le pouvoir de déléguer lui-même, si le prêtre étranger ne l'était déjà par l'évêque ou par le vicaire général; mais qu'il n'est pas permis d'inférer de là qu'il doit encore en être de même lorsque aucune inscription ne se trouve dans les registres de baptême qui, du reste, sont régulièrement tenus, surtout lorsque, comme dans l'espèce, le prêtre qui dit avoir été délégué pour baptiser en particulier, n'a pas baptisé lui-même, mais seulement dressé acte sur une feuille volante, et ce sans l'intervention du curé du lieu, et sans lui avoir communiqué ses pouvoirs, qu'il dit lui avoir été donnés par écrit, de la déclaration à lui faite par la sage-femme d'avoir baptisé l'enfant en danger de mort; qu'en supposant qu'en général une délégation pour baptiser *privatim*, conférât au délégué le pouvoir de constater le baptême, non-seulement lorsqu'il l'administrait lui-même, mais encore lorsqu'il était administré par un autre; qu'en admettant même que la délégation autorisât le délégué à faire ce qui était expressément défendu au curé même, c'est-à-dire de dresser l'acte sur une feuille volante, toujours est-il certain que la mention de la délégation dans cet acte étant le fait seul de celui qui se dit délégué, ne peut, par elle-même et sans l'intervention du curé, prouver la réalité de cette délégation, et que c'est le cas d'appliquer la règle *Non creditur referenti nisi constet de relato*;

En ce qui concerne la maxime *In antiquis enunciativa probant*, invoquée par l'intimée :—Attendu que pour que cette maxime puisse recevoir son application, il ne suffit pas que l'énonciation ait rapport avec le fond de l'acte dans lequel elle est consignée, mais encore que la validité de l'acte même ne dépende point de la vérité de cette énonciation; or, l'acte de naissance ne pouvant valoir comme tel sans délégation, la réalité de celle-ci ne peut se prouver par la mention qui en est faite dans cet acte, par celui qui n'aurait pas eu d'ailleurs qualité pour le dresser, puisqu'à défaut de délégation l'acte cesse d'avoir le caractère d'authenticité requis dans les actes de naissance, que la qualité d'officier public, dans le chef du rédacteur, peut seule lui imprimer; — Que prétendre le contraire, c'est vouloir prouver l'authenticité de l'acte de naissance par l'énonciation qu'il contient de la délégation, et vouloir établir la vérité de cette énonciation par la mention qui en est faite dans l'acte : système qui entraîne dans un cercle vicieux, et qui est aussi contraire à une saine logique, que subversif de tous les principes en matière de démonstration;

Attendu, au surplus, que la législation ne déterminant pas l'ancienneté que doit avoir un acte pour que la maxime invoquée lui soit applicable, il est évident que les raisons qui l'ont fait admettre n'en permettent l'application qu'aux actes d'une date assez reculée pour que les moyens de preuves ordinaires ne soient plus praticables à l'effet de vérifier les énonciations qu'ils contiennent, mais non lorsque, comme dans l'espèce, il s'agit d'un acte qui n'avait que trente-trois ans de date à

code (Amiens, 9 niv. an 12) (1); — 3° Que la reconnaissance, même antérieure aux lois nouvelles, attribue à l'enfant dont les père et mère sont morts sous le code civil, les droits réglés par ce code (Bruxelles, 11 juill. 1808, aff. Esselens, V. n° 550) ; — 4° Que l'enfant naturel saisi de la succession de son père, lors de la promulgation du code Napoléon, n'est pas tenu de remettre toute l'hérédité aux héritiers légitimes, sauf à réclamer ensuite ses droits; qu'il lui suffit dans ce cas d'offrir aux héritiers leurs parts dans la succession; qu'il a surtout ce droit lorsque outre ses droits personnels il se présente encore au nom d'un des héritiers légitimes (Grenoble, 14 vent. an 12, aff. Brunel, V. n° 500); — 5° Que la reconnaissance d'un enfant naturel faite, avant la loi nouvelle, par un père qui s'est marié depuis, et qui n'est décédé que sous le code, donne à l'enfant qu'elle concerne le droit de demander à un enfant du mariage communication des pièces relatives à la succession de leur père commun : en vain objecte-t-on qu'anciennement les enfants naturels n'avaient droit qu'à des aliments (Cass. 24 nov. 1830, aff. Gabriel, V. n° 547; V. aussi Req. 16 avril 1834, aff. Ruyfflaert, v° Lois, n° 327).

446. Il a été jugé également 1° que la reconnaissance volontaire, et par actes authentiques, d'enfants adultérins, faite sous la loi du 12 brum. an 2, par des parents qui ont survécu à la publication du code Napoléon, est régie par ce code (Rej. 28 juin 1815, aff. Lanchèse, n° 725); — 2° Que la reconnaissance d'un enfant adultérin, faite sous la loi du 12 brum. an 2, par des individus décédés sous le code Napoléon, ne peut produire aucun effet contre l'enfant, quoique depuis, il ait pris et reçu cette qualité dans plusieurs actes et jugements, et notamment dans son contrat de mariage, dans lequel il accepte, de l'individu qui l'a reconnu pour son fils, une pension alimentaire faite à raison de cette qualité (Agen, 5 fév. 1824, aff. Geneste, V. n° 725-3°); — 3° Que l'action en déclaration de paternité autorisée sous l'ancienne législation a été abolie par l'art. 10 de la loi du 12 brum. an 2, qui règle, d'après la disposition du code civil à venir, l'état des enfants naturels dont le père ou la mère seraient encore existants lors de sa promulgation; que par suite, la reconnaissance d'une filiation adultérine, postérieure à cette loi, est nulle et ne peut produire aucun effet, quand l'auteur de cette reconnaissance est décédé sous l'empire du code Napoléon..... Encore que la mère aurait, avant la loi de brumaire, fait, suivant

---

l'époque de l'introduction de la cause, et d'une délégation écrite dont la circonstance du décès du père Barthels, arrivé en 1782, ne rendait pas la production impossible; lorsque enfin un grand nombre de personnes qui ont été témoins des faits qui se sont passés à Tiff en 1789, telles que l'ancien curé de cette commune, vivaient encore, et ont été entendues dans l'enquête faite par l'intimée, en exécution de l'arrêt du 12 mars 1823; que ces diverses considérations suffisent aussi pour démontrer l'inapplicabilité à l'espèce, de la maxime également invoquée *In antiquis omnia præsumuntur solemniter acta fuisse*, le fait de la déclaration du carme Barthels n'étant pas d'ailleurs une formalité de l'acte que celui-ci a cru pouvoir dresser, pas plus que la qualité d'un notaire n'est une formalité d'un acte quelconque, que celui-ci rédigerait comme officier public;

Sur la fin de non-recevoir opposée à l'appelant, fondée sur ce que le marquis Paul d'A..., en signant l'acte de 1789, aurait reconnu l'existence de la délégation : — Attendu que l'acte dont s'agit ne porte pas que le père Barthels aurait représenté au marquis la délégation écrite qu'il disait tenir du vicaire général de Liége; que rien n'indique que le marquis, en signant cet acte, aurait voulu attester la réalité de cette délégation, dont la mention ne concernait que la qualification du rédacteur de l'acte; qu'au contraire la contexture de celui-ci démontre que le marquis, en le munissant de sa signature, n'a eu d'autre but que d'approuver la réalité des déclarations qui y étaient consignées, concernant la naissance de l'enfant, sa reconnaissance, le baptême à lui conféré par la sage-femme, les noms à lui donnés et les cérémonies de l'église à suppléer; — Qu'en admettant au surplus que la signature du marquis pût s'étendre à la reconnaissance de la délégation, qu'il n'était cependant pas appelé à vérifier, l'intimée serait encore non fondée à s'en faire une fin de non-recevoir dans la présente instance, puisqu'il n'était pas au pouvoir du marquis d'attribuer au père Barthels le caractère public que celui-ci n'aurait pas eu réellement, ni par son consentement, de rendre authentique un acte qui ne l'aurait pas été, et qui, par conséquent, serait, malgré la signature du marquis, resté dans la classe des actes sous seing privé, insuffisants, aux termes de l'art. 334 c. civ., pour servir aujourd'hui de base à une action en réclamation d'état d'enfant naturel reconnu, à moins que, sous d'autres rapports, cet acte ne pût être considéré comme authentique; — Qu'il suit de là que l'acte de 1789 ne pouvant servir à l'intimée d'acte légal de naissance, il reste à examiner si, conformément à ce qui a été ordonné par l'arrêt du 12 mars 1823, elle a prouvé que la pièce dont s'agit, en ce qu'au bas elle contiendrait l'écriture telle que celle attribuée au marquis d'A..., et munie du cachet de ses armes, imprimé en cire vermeille, aurait été regardée, au pays de Liége, en 1789, comme un acte de reconnaissance d'enfant naturel, ayant la même foi qu'un acte authentique; — Attendu, à cet égard, que l'intimée n'a cité aucune disposition législative qui aurait été en vigueur dans la ci-devant principauté de Liége, d'où résulterait la preuve à elle ordonnée; qu'elle n'a également pas, ni par ses enquêtes, ni par les pièces qu'elle a produites, établi des faits constitutifs d'un usage qui aurait introduit une telle jurisprudence; qu'elle a bien prouvé que ci-devant, au pays de Liége, les nobles pouvaient, sous leur signature et scel, conférer des commissions aux mayeurs et échevins, passer des procurations *ad lites*, et des constitutions de rentes; que, selon elle, ils auraient même pu faire de cette manière des reliefs de fiefs avec dénombrement, ce qui toutefois n'est pas clairement démontré; mais qu'il ne résulte aucunement de ce qu'il était permis aux nobles du pays de Liége de faire certains actes sous leur signature et scel, qu'ils auraient pu de cette manière donner un caractère d'authenticité à tous les actes quelconques qu'ils auraient faits, même aux plus importants, tels qu'un acte de reconnaissance d'enfant naturel : point spécial qu'il était ordonné de vérifier, et à l'égard duquel l'intimée est restée en défaut, puisqu'elle n'a établi que ces cas exceptionnels, parmi lesquels n'est pas compris celui dont s'agit au procès; — Que sa preuve sur ce point est si peu concluante, qu'en ce qui concerne les commissions données aux mayeurs et échevins, il est incontestable que les nobles, en les accordant en leur qualité de seigneurs, exerçaient alors un acte de juridiction, *munus publicum* : circonstance qui ne se rencontre pas au cas actuel; que, d'autre part, il est évident que le pouvoir donné dans la ci-devant principauté de Liége, de faire certains actes sous signature et scel, n'était qu'un privilége accordé aux nobles du pays de Liége, qui s'étendait si peu aux étrangers, qu'il paraît même que toute la noblesse liégeoise n'en jouissait pas indistinctement, puisque, selon Sohet, la faculté de pouvoir donner sous signature et scel des procurations *ad lites*, se restreignait aux nobles reçus aux états, et qu'il est constant au procès que le marquis Paul d'A..., non-seulement ne faisait pas partie des états de Liége, mais que même il était entièrement étranger à ce pays, où il ne se trouvait, en 1789, qu'accidentellement;

Attendu que, de tout ce qui précède, il résulte..... que l'acte du 18 décembre 1789 n'ayant pas le caractère légal pour valoir, soit comme acte de naissance, soit comme acte authentique de reconnaissance, pouvant faire preuve juridique de filiation, fût-il reconnu être l'ouvrage du père Barthels et du marquis Paul d'A..., il devient superflu et inutile d'examiner si l'intimée a fait les vérifications ordonnées par l'arrêt du 12 mars 1823, des écritures et cachets de la pièce contestée et des points de jurisprudence autres que ceux qu'on vient d'examiner; — Attendu finalement que l'intimée, n'ayant pas établi sa reconnaissance légale de fille naturelle du marquis Paul d'A..., elle est non recevable dans son exception de pérégrinité, qu'elle oppose à l'appelant : — Par ces motifs, statuant par suite de ses arrêts précédents, nommément de celui du 12 mars 1823, et sans s'arrêter à l'exception de pérégrinité, met le jugement dont appel au néant; — Déclare l'intimée non recevable ni fondée dans ses conclusions introductives d'instance, etc.

Du 27 juill. 1827.-C. sup. de Bruxelles, 3e ch.-M. Baumbauer, av. gén.

(1) *Espèce* : — (Huré C. Héron.) — La demoiselle Héron prétendait que la reconnaissance de sa fille Victoire résultait de plusieurs lettres écrites par le sieur Huré. — Les héritiers Huré contestent la véracité des lettres; des experts les vérifient, et un jugement du 19 prair. an 3, homologatif de leur rapport, déclare la demoiselle Victoire fille reconnue du sieur Huré. — Appel. — Arrêt confirmatif. — Pourvoi. — Arrêt qui casse et renvoie devant la cour d'Amiens qui a rendu l'arrêt suivant.

LA COUR; — Considérant que, d'après la loi du 14 floréal dernier, les droits des enfants nés hors mariage, dont les pères et mères sont morts depuis la promulgation de la loi du 12 brum. an 2, sont réglés de la manière prescrite par le code civil; qu'aux termes de l'art. 334 de la sect. 2 de la loi du 2 germinal de la même année, la reconnaissance de l'enfant naturel doit être faite par acte authentique, lorsqu'elle ne l'a pas été par son acte de naissance; — Considérant, dans le fait, qu'il est constant dans la cause, que Nicolas Huré est décédé depuis la promulgation de la loi du 12 brum. an 2, et qu'il n'existe, de sa part, aucune reconnaissance authentique qu'il est le père de la fille naturelle de Victoire Héron; — Faisant droit sur l'appel, dit qu'il a été mal jugé, bien appelé; réformant, décharge les héritiers Huré des condamnations contre eux prononcées; statuant au principal, déclare (l'enfant naturel) la demoiselle Héron purement et simplement non recevable dans ses demandes; et faisant droit sur la demande incidente, ordonne la radiation de toute mention qui aurait pu être faite, en exécution des précédents jugements.

Du 9 niv. an 12.-C. d'Amiens, 2e ch.

les formes alors usitées, une déclaration de grossesse dans laquelle elle a désigné le prétendu père, si ce dernier est demeuré étranger à cette déclaration (Req. 18 mars 1846, aff. Bouchayer, D. P. 46. 1. 344);— 4° Qu'à l'égard d'un enfant né, même avant la loi de l'an 2, et inscrit à l'état civil sur le vu de la déclaration de grossesse de la mère indiquant un homme marié pour le père de cet enfant, on ne peut, si la mère est décédée sous le code Napoléon, se prévaloir de la déclaration de grossesse pour prouver la filiation adultérine de l'enfant, et établir, par suite, qu'il n'a pu, sous le code, être adopté par sa mère : ici s'applique l'art. 340, qui prohibe la recherche de la paternité; et l'on se prévaudrait en vain soit de ce que la filiation adultérine serait constatée par l'acte même de naissance, soit de la maxime *virgini creditur se prægnantem asserenti* (Req. 6 fév. 1833) (1); — 5° Que la reconnaissance faite d'un enfant adultérin par ses père et mère longtemps avant la publication du code Napoléon, et sa légitimation par leur mariage subséquent, sont radicalement nulles et ne peuvent, quoiqu'elles soient accompagnées d'une longue possession d'état de la part de l'enfant, produire aucun effet, même en ce qui touche les aliments (Angers, 8 déc. 1824) (2).—

(1) *Espèce :* — (Peyot C. Besséat.) — En 1777, Marguerite Peyot déclare être enceinte des œuvres du sieur de Fontenille, alors marié à une autre femme. — Le 12 mai suivant, acte de naissance dressé sur le vu de la déclaration de grossesse, et qui donne à l'enfant le nom de Marie. — Fontenille est décédé en 1784. — En 1809, Marguerite Peyot, mariée dès 1795 au sieur Berthouin, dont elle n'avait point d'enfant, déclare, avec le consentement de son mari, reconnaître et adopter sa fille Marie, alors femme Besséat. — Elle est décédée en 1829, après avoir institué celle-ci pour son héritière universelle. — Marie Besséat décède peu après. — Et le 14 novembre suivant, Dorothée et Victoire Peyot, sœurs de Marguerite, demandent l'annulation, 1° de l'adoption de Marie, femme Besséat; 2° des testament et codicilles de la veuve Berthouin. — Elles se fondent sur ce que, d'après la déclaration de Marguerite Peyot, en 1777, Marie aurait été sa fille adultérine. — Jugement qui rejette ces prétentions : — « Attendu... qu'en soumettant l'examen de la filiation paternelle aux principes existant à l'époque du décès de M. de Fontenille, il n'y avait pas dans les actes et faits de la cause preuve suffisante que M. de Fontenille fût son père, et qu'elle fût l'enfant adultérin de la veuve Berthouin. » — Appel. — Et le 12 juill. 1831, arrêt de la cour de Grenoble qui confirme : — « Attendu qu'il s'agit au fond de la succession de Marguerite Peyot, ouverte en 1829, sous l'empire du code civil, et que l'acte d'adoption contre lequel l'action en nullité a été dirigée, a été également homologué, soit par le tribunal de Saint-Marcelin, soit par la cour royale de Grenoble, postérieurement au code civil; — Attendu qu'il résulte que ce sont les dispositions de ce même code qui sont applicables à la cause, et que, d'après les art. 340 et 342, la recherche de la paternité étant défendue, la qualité de fille adultérine ne saurait être donnée à Marie Peyot, et qu'ainsi l'acte d'adoption du 22 nov. 1825 serait régulièrement intervenu; — Attendu qu'en admettant, avec les premiers juges, que ce fût d'après les anciennes lois et la jurisprudence de 1784 qu'il fallût résoudre cette question, les motifs sur lesquels ils ont fondé leur décision subsisteraient dans toute leur force. »

Pourvoi pour : 1° fausse application des art. 340 et 342 c. civ. et violation de l'art. 2 du même code, en ce que la cour de Grenoble a établi que, d'après ces articles, la recherche de la paternité était interdite.

2° Violation des anciennes lois sur la matière, notamment de la maxime *creditur virgini*, de l'ord. d'avril 1667, tit. 20, art. 7 et 9, et de la déclaration du 9 avr. 1736, art. 1 et 4, en ce que la cour royale n'a pas accordé foi en justice à la déclaration de Marguerite Peyot et à l'acte de baptême de Marie Peyot.

3° Fausse application des art. 340 et 342; par suite, violation des art. 762, 763 et 908 c. civ., en ce que la cour a soutenu qu'il s'agissait, dans l'espèce, d'une recherche de paternité.

4° Enfin, violation des art. 340 et 342 et des art. 762, 763 et 908, en ce que la cour a rejeté l'action en nullité de l'adoption d'un enfant adultérin, et du legs fait à son profit. — Arrêt.

LA COUR; — Statuant sur le premier moyen, tiré de la fausse application des art. 340 et 342 c. civ. et de la violation de l'art. 2 du même code; — Sur le deuxième moyen, tiré de la violation de la maxime *creditur virgini*, de l'ord. d'avril 1667, et de la déclaration d'avril 1736; — Sur le troisième moyen, tiré de la fausse application des art. 340 et 342, et par suite, de la violation des art. 762, 763 et 908 c. civ.; — Et enfin, sur le quatrième moyen, contenant une troisième violation des art. 340 et 342 c. civ. et une deuxième violation des art. 762, 763 et 908, en ce que la cour royale aurait rejeté l'action en nullité de l'adoption d'un enfant adultérin et des legs faits à son profit : — Vu l'art. 10 de la loi du 12 brum. an 2; — Considérant qu'il résulte de l'arrêt attaqué que la mère de Marie Besséat existait lors de la promulgation du code civil; qu'en faisant application à la cause des dispositions portées aux art. 340 et 342 de ce code, par lesquels la recherche de la paternité est interdite, et en déclarant les demandeurs non recevables à critiquer l'état de fille adoptive dont Marie Besséat était en possession au moment de son décès, l'arrêt s'est conformé à la loi; — Rejette.

Du 6 fév. 1833.-C. C., ch. req.-MM. Zangiacomi, pr.-Jaubert, rap.-Nicod, av. gén., c. conf.-Crémieux, av.

(2) (Hérit. Cordelet C. veuve Cordelet.) — LA COUR; — Considérant que, conformément aux art. 10, L. 12 brum. an 2, et 1, L. transitoire 14 flor. an 11, et attendu que les époux Cordelet ont survécu à la publication du code civil, c'est d'après ces dispositions que doivent se régler l'état et les droits dont il s'agit; que, les reconnaissances du père et de la mère étant ce qui constitue cet état, et celles relatives à René se trouvant fixées par les actes et les faits d'une manière constante entre les parties, la question de droit se réduit à savoir quel doit être l'effet desdites reconnaissances; — Considérant que c'est par opposition à son art. 334, lequel permet de faire, par acte authentique, la reconnaissance d'un enfant naturel, quand elle n'aura pas été faite en son acte de naissance, que le code civil dispose (art. 335) que cette reconnaissance ne pourra avoir lieu pour les enfants adultérins; que vainement, contre des termes aussi prohibitifs, on oppose que, dans l'espèce présente, il y a eu concours de volontés des père et mère, vérité et sincérité dans les faits que les actes avaient lors pouvoir d'attester; que, depuis, il y a eu possession d'état constante, notoire, et que des tiers se sont mariés sous la foi de ces titres; qu'il est constant, d'après le texte de la loi comme d'après son esprit, développé dans les discours des orateurs du gouvernement et les procès-verbaux du conseil d'Etat, qu'en proscrivant toutes les reconnaissances volontaires de filiation adultérine, qui ne sont en réalité que des recherches de paternité, également interdites par l'art. 340, on a voulu empêcher, par respect pour la morale publique, la révélation du crime et de la débauche et les débats scandaleux qu'elle traîne à sa suite; — Que, d'après le dernier état de la jurisprudence, la loi ne doit se relâcher de son inflexibilité que dans ces cas extraordinaires où la preuve de l'adultérinité est acquise à la justice par la force des choses et des jugements; — Que c'est à ces exceptions d'évidence irrésistible que s'applique exclusivement l'art. 762 :

D'où suit que les reconnaissances des époux Cordelet, étant volontaires, sont nulles; qu'elles communiquent nécessairement aux actes qui les ont suivies et accompagnées le principe de leur nullité, et que les uns et les autres sont sans effet pour constater légalement l'adultérinité dont il s'agit; qu'il en résulte dès lors cette conséquence, que, le nom étant une propriété que nul ne doit usurper, René ne peut exister civilement ni paraître dans aucuns actes avec celui de Cordelet;

Considérant que les sieur et dame Lemerle, autorisés par l'art. 339, et par les droits successifs, qui pour être éventuels, n'en sont pas moins légitimes, à débattre la question relative à l'état de René, ont également qualité pour débattre tous les actes qui s'y rapportent; — Qu'à tort la veuve Cordelet prétend exciper de son titre de légataire universelle contre l'action dirigée par lesdits Lemerle contre la donation faite à René, par l'acte du 28 avril 1818, puisque ce titre de légataire n'a pas été sanctionné par la justice, et qu'au contraire il est attaqué; — Considérant, relativement à ladite donation, que, par la force du principe ci-dessus établi, René n'a pu être considéré comme le fils adultérin de Cordelet; que néanmoins c'est cette croyance intime qui a déterminé celui-ci dans son acte de libéralité, puisque, dans ledit acte, il a qualifié cette libéralité d'aliments pour son fils naturel, conformément à l'art. 762 : en sorte qu'il y a eu erreur, et conséquemment absence de consentement, suivant la maxime : *Qui errat non videtur consentire;* qu'il y a eu aussi fausse cause, aux termes de l'art. 1131, la donation étant soumise, comme tout contrat, à la disposition générale de l'art. 1109;

Considérant, relativement au testament du 11 août 1811, qu'il n'a pu exister de présomption légale d'interposition d'Anne Vigneau, par rapport à René, puisque celui-ci n'était frappé d'aucune incapacité légale par rapport à Cordelet, ainsi qu'il est ci-dessus établi; que ledit testament, par la date à laquelle il a été fait, les termes dans lesquels il a été conçu, doit faire présumer que le testateur, ayant l'entière liberté de disposer de ses biens, en a fait usage pour témoigner sa reconnaissance à sa veuve, après vingt-trois ans d'union conjugale; et qu'ainsi ce legs doit recevoir son exécution;

En ce qui touche l'appel de la veuve Cordelet, a mis ce dont est appel au néant; — Emendant, par nouveau jugement, déclare bon et valable le testament fait à son profit, le 11 août 1811; — Ordonne, en conséquence, qu'il sera exécuté selon sa forme et teneur, et que le séquestre sera tenu de lui rendre compte, dans le délai d'un mois à partir de la signification de l'arrêt de la gestion et administration des biens contenus audit testament, et qui se trouvent dépendre de ladite succession, et de lui restituer les fruits et revenus d'iceux; — En ce qui touche l'appel de René, dit qu'il a été bien jugé par les premiers juges, en ce qu'ils ont annulé la donation à lui faite par feu Cordelet et sa femme, au contrat

Décidé cependant que la preuve de la filiation d'un enfant adultérin né avant le code Napoléon et même avant la loi de brum. an 2, d'un père qui n'est décédé que depuis la publication du code, peut être faite suivant le mode établi par la loi en vigueur avant le code Napoléon, et par suite, qu'il suffit que la paternité soit établie d'après les formes de la législation alors en vigueur pour, que même sous le code Napoléon, l'enfant soit fondé à réclamer des aliments contre son père ou ses héritiers (Grenoble, 5 mai 1829, aff. Robin, rapp. avec Rej. 24 déc. 1832, chap. 3).

447. Pendant la durée du régime républicain qui succéda en France à la monarchie constitutionnelle, il intervint une loi (10-18 déc. 1850) dont l'objet était de faciliter le mariage des indigents, la légitimation des enfants naturels et le retrait de ces enfants déposés dans les hospices. Nous avons fait connaître les dispositions de cette loi vº Mariage, nº 360.

448. *Droit comparé.* — Sur cette matière, la législation des *Deux-Siciles* diffère de la nôtre seulement en trois points : 1º elle admet la légitimation de pure grâce par décret royal, avec cette restriction toutefois que cette légitimation ne peut nuire aux enfants légitimes, ni aux autres parents pour ce qui regarde la succession (art. 256) ; 2º elle prohibe la reconnaissance des enfants naturels nés de personnes engagées dans les ordres sacrés ou liées par un vœu solennel (art. 258) ; 3º enfin elle admet l'enfant à la preuve testimoniale de la maternité, non-seulement (comme notre code) lorsqu'il existe un commencement de preuve par écrit, mais aussi lorsque les présomptions et indications résultant de faits constatés sont assez graves pour faire admettre cette preuve (art. 264).

Le code *sarde* admet aussi les deux modes de légitimation par mariage subséquent et par rescrit du roi (art. 171). Il exclut absolument du bénéfice de la légitimation : 1º les enfants adultérins dont les père et mère étaient tous deux mariés lors de la conception ; 2º les enfants nés de personnes qui ne pouvaient contracter mariage pour parenté ou alliance en ligne directe à l'infini, et en ligne collatérale jusqu'au second degré ; 3º les enfants dont les père et mère, ou l'un d'eux, étaient, lors de la conception, engagés dans les ordres sacrés ou liés solennellement par des vœux religieux (art. 172). Il défend la légitimation par mariage subséquent ; mais il permet la légitimation par rescrit du roi : 1º des enfants dont les père et mère étaient parents au troisième degré ; 2º des enfants nés du commerce entre l'adoptant et l'adopté ou les descendants de ce dernier, ou entre l'adoptant et le conjoint de l'adopté, et réciproquement entre l'adopté et le conjoint de l'adoptant (art. 173). A la différence de notre code, il admet au bénéfice de la légitimation par mariage même les enfants qui n'ont été reconnus que depuis la célébration (art. 174), seulement la légitimation, dans ce cas, ne rétroagit pas, elle ne produit son effet que du jour de la reconnaissance (art. 176). — Pour que la légitimation par rescrit du roi puisse être accordée, il faut : 1º que le père, s'il est vivant, la sollicite lui-même ; 2º qu'il n'ait point d'enfants légitimes ou naturels ou légitimés, ni descendants d'eux ; 3º qu'il y ait de graves motifs qui s'opposent à la légitimation par mariage (art 177). Le roi peut, lorsqu'il accorde la légitimation, en modifier les effets (art. 178). Après la mort du père, les enfants qui ont été reconnus ou dont la filiation a été régulièrement établie peuvent obtenir du roi une légitimation dont l'étendue et les effets sont déterminés par le rescrit (art. 179). Le code sarde admet la recherche de la paternité non pas seulement (comme notre code) dans le cas d'enlèvement, mais aussi lorsqu'on représente un écrit du père qui déclare sa paternité, ou duquel il résulte qu'il a donné à l'enfant une suite de soins à titre de paternité. Mais l'action ne peut être intentée pendant la vie du père prétendu (art. 185). Comme le code des Deux-Siciles, le code sarde admet la preuve testimoniale de la maternité quand les présomptions ou indices résultant de faits dès lors constants sont assez graves pour déterminer l'admission (art. 186). Enfin, tout en prohibant la recherche ainsi que la reconnaissance de la filiation adultérine et incestueuse, le code sarde permet à l'enfant de se prévaloir de la déclaration écrite du père ou de la mère pour réclamer des aliments (art. 187).

Le code de la Louisiane applique, par une disposition expresse, la dénomination d'*enfants naturels* aux enfants illégitimes qui ont été légalement reconnus, et celle de *bâtards* à ceux dont le père est inconnu (art. 220). En ce qui concerne la légitimation et la reconnaissance volontaire, ses dispositions sont conformes au code Napoléon. Mais il ne prohibe pas, comme ce dernier, la recherche de la paternité naturelle. Il la permet, au contraire, en faveur des enfants libres et blancs et en faveur des enfants de couleur libres, mais seulement lorsque le père qu'ils recherchent est homme de couleur (art. 226). Dans ce cas, la paternité s'établit : 1º par tout acte privé dans lequel le père a reconnu le bâtard comme son enfant et lui a donné son nom ; 2º lorsque le père, soit en public, soit en particulier, l'a reconnu comme son enfant, ou lui en a donné le nom dans ses discours, ou l'a fait élever comme tel ; 3º lorsque la mère de l'enfant était reconnue pour vivre en concubinage avec le père et demeurait à ce titre dans sa maison, à l'époque de la conception de l'enfant (art. 227). Le serment de la mère, appuyé de la preuve de la cohabitation du père putatif avec elle hors de la maison de celui-ci, ne suffit pas pour établir la paternité naturelle, si la mère est reconnue pour être de mœurs dissolues, ou pour avoir eu un commerce illicite avec un ou plusieurs hommes autres que celui qu'elle accuse d'être le père de son enfant, avant ou depuis la naissance de cet enfant (art. 228). Enfin ce code permet, comme le code Napoléon, la recherche de la paternité en cas d'enlèvement, lorsque l'époque de cet enlèvement coïncide avec l'époque de la conception (art. 229). Quant à la maternité naturelle, elle peut être recherchée par toute espèce d'enfants illégitimes, pourvu toutefois que la recherche ne soit pas dirigée contre une femme mariée (art. 230). L'enfant trouvé que des personnes charitables ont recueilli et élevé ne peut être réclamé par ses père et mère, à moins qu'ils ne prouvent qu'il leur a été enlevé par force, par surprise ou par accident. Aucun autre parent ne peut le réclamer sans en avoir préalablement obtenu la tutelle ou la curatelle, et sans avoir donné caution d'une somme suffisante pour assurer le remboursement des dépenses que l'enfant pourra avoir occasionnées (art. 231).

D'après le code bavarois, les enfants nés hors mariage peuvent être légitimés par le mariage subséquent de leur père et mère ; mais il n'en est pas de même de leurs descendants (art. 2). Hors le cas de mariage subséquent, la légitimation peut avoir lieu en vertu d'une ordonnance royale, sur la demande du père, ou sur celle de l'enfant ; mais, dans ce dernier cas, l'enfant n'a, sur les biens du père, que les droits de l'enfant illégitime.

Le code hollandais permet de légitimer même les enfants nés de personnes entre lesquelles le mariage ne pouvait avoir lieu qu'avec dispense. La légitimation s'opère de plein droit si les enfants ont été reconnus avant la célébration ou dans l'acte même de la célébration ; dans le cas contraire, elle peut avoir lieu postérieurement en vertu de l'autorisation du roi (art. 329). Le roi peut aussi autoriser la légitimation d'un enfant, lorsque le mariage de ses père et mère n'a été empêché que par la mort de l'un d'eux (art. 330). Dans ce cas, la légitimation n'a d'effet que du jour des lettres royales ; elle ne peut préjudicier aux droits successifs des tiers, et ne donne au légitimé de droits sur la succession de son auteur qu'autant que ceux-ci ont consenti à la légitimation (art. 333). D'après ce code, la reconnaissance ne peut être faite par un mineur avant l'âge de dix-neuf ans ; mais elle peut être faite par la fille mineure avant cet âge (art. 337). La reconnaissance faite sans le consentement de la mère n'est pas admise du vivant de celle-ci (art. 339).

D'après le code *autrichien*, les enfants naturels peuvent être

---

de mariage du 28 avril 1818 ; mal jugé, en ce qu'ils ont converti cette donation en une pension alimentaire et viagère de 330 fr. par an ; — Au surplus, maintient la disposition de leur jugement relative aux rectifications qu'elle ordonne devoir être faites sur les registres de l'état civil et autres actes, par rapport au nom de famille Cordelet et à la substitution qui y sera faite de celui de Vigneau ; — Défend audit René de prendre à l'avenir le nom de Cordelet ; — En ce qui touche l'appel des sieur et dame Lemerle, met l'appellation et ce dont est appel au néant ; — Emendant, les décharge des condamnations contre eux portées audit jugement, etc.

Du 8 déc. 1824.-C. d'Angers.-MM. Blancheneau, Lepage, Meuriceau et Deleurie, av.

légitimés par mariage subséquent; mais ils ne prennent rang dans la famille que du jour de la légitimation (art. 161). Si les parents veulent les faire jouir du privilége de leur rang et de la partie des biens dont ils peuvent disposer, ils doivent obtenir l'autorisation préalable du souverain (art. 162). La recherche de la paternité naturelle est admise. Celui qui a cohabité avec la mère d'un enfant naturel est présumé en être le père quand l'enfant est né dans les termes que ce code assigne à la gestation (art. 163). L'enfant naturel porte le nom de la mère; le père doit le nourrir, mais il est sous la protection d'un tuteur; à défaut du père, c'est la mère qui l'élève (c. pr. 114 à 218). L'inscription sur les registres de naissance du nom du père ne fait preuve de son consentement et de sa paternité que sur sa déclaration affirmée par le curé et le parrain (art. 164).

Le code *prussien* admet la légitimation : 1° par jugement quand il y a eu promesse de mariage; 2° par mariage subséquent; 3° par déclaration du père devant le juge lorsqu'il y a promesse de mariage, sans même célébration postérieure; 4° par ordonnance royale rendue sur la demande du père (pour qu'elle produise effet civil, il faut l'assentiment de la famille paternelle); 5° par les cours supérieures quand il s'agit de la légitimation *ad delendam*, c'est-à-dire tendant à effacer la qualité de bâtard (art. 592 et s.). Ce code permet, ou du moins ne défend pas de reconnaître les enfants adultérins et incestueux. Enfin il autorise la recherche, soit de la paternité, soit de la maternité (art. 618).

La loi *anglaise* n'admet pas la légitimation par mariage subséquent. Toutefois elle fait exception pour le cas où le mariage est célébré peu de mois après la conception de l'enfant. De plus, elle autorise la légitimation d'un bâtard par acte du parlement. La principale obligation des parents envers leurs enfants naturels consiste dans l'entretien de ces enfants. Quand une femme est accouchée, ou qu'elle se déclare enceinte d'un bâtard, et que par serment devant le juge de paix, elle en nomme le père, le juge doit le faire arrêter et emprisonner jusqu'à ce qu'il fournisse caution, ou de faire nourrir l'enfant, ou de comparaître aux premières *quarter-sessions*, pour y débattre le fait et y être jugé. Si la femme meurt, ou se marie avant ses couches, ou fait une fausse couche, ou est reconnue n'être pas enceinte, ou si les juges sont d'avis que le père déclaré ne l'est pas en effet, il est déchargé de toute obligation. Un magistrat peut obliger le père déclaré de souscrire, avec deux cautions, l'engagement d'indemniser la paroisse, ou d'en passer par le règlement des juges aux prochaines sessions; mais ces juges ne peuvent que faire ce règlement, et non l'obliger à donner caution qu'il l'exécutera; s'il ne se soumet pas au règlement pour la subsistance, il peut être accusé au criminel, et puni pour cette désobéissance. — La cour des sessions, ou deux juges, hors des sessions, règlent l'entretien, en chargeant la mère, ou le père présumé, du payement d'une somme ou de quelque autre moyen de subsistance pour cet objet. Si le père ou la mère se sauvent hors de la paroisse, les inspecteurs peuvent, en vertu de l'ordonnance de deux juges, saisir leurs revenus et leur mobilier, pour les appliquer à l'entretien de l'enfant. — La mère ne peut être contrainte à déclarer le père qu'un mois après l'accouchement. — Un bâtard est considéré comme n'étant le fils de personne; on l'appelle *filius nullius, filius populi*. Cependant il ne peut contracter un mariage incestueux : un bâtard mineur qui veut se marier doit avoir le consentement de son père présumé, ou de son tuteur, ou de sa mère.

Le bâtard peut acquérir, mais il n'hérite pas. Il n'a point de nom par héritage : il peut en gagner un par sa conduite. Son premier domicile est dans la paroisse où il est né. En cas de fraude, si, par exemple, une femme vient s'établir sur une paroisse à laquelle elle n'appartient pas, et qu'elle y accouche d'un enfant naturel, l'enfant doit être domicilié dans la paroisse d'où la mère a été illégalement renvoyée. C'est sur la paroisse à laquelle la mère appartient qu'est domicilié le bâtard né dans un hospice autorisé pour les femmes enceintes.—L'incapacité du bâtard consiste en ce qu'il ne peut hériter de personne ni avoir d'autres héritiers que ses propres enfants. Autrefois ils ne pouvaient entrer dans les ordres sacrés, mais cette cause d'exclusion n'existe plus, non plus qu'aucune autre incapacité civile, si ce n'est celle de l'héritage, et quelques différences de faveur, en cour d'équité. — La mère du bâtard a la préférence sur le père présumé pour la garde de cet enfant (V. à cet égard Blackstone, liv. 1, ch. 16). — Quoique la légitimation par mariage subséquent ne soit pas admise en Angleterre, néanmoins, par une indulgence particulière de la loi, lorsqu'un homme ayant un enfant naturel en épouse la mère, et a d'elle un fils légitime, ce fils, dans le langage légal, est appelé *mulier puîné*, l'aîné s'appelle *bâtard eigné*. Si le père meurt, que le *bâtard eigné* jouisse de la terre jusqu'à sa mort, en sorte que l'héritage passe à ses enfants par succession, le droit du *mulier puîné* et de tous autres héritiers est annulé. — V. Blackstone, liv. 2, ch. 15.

449. Les règles qui dominent cette partie de notre sujet peuvent être rangées en deux classes principales : 1° celles qui concernent la filiation naturelle simple; 2° celles qui sont applicables à la filiation adultérine ou incestueuse.

CHAP. 2. — De la filiation naturelle simple.

450. Pour nous conformer à l'ordre suivi, en cette matière, par le code Napoléon, nous nous occuperons successivement : 1° de la légitimation; 2° des preuves de la filiation des enfants naturels, en d'autres termes : de la reconnaissance volontaire et de la reconnaissance forcée; puis nous examinerons, 3° quels sont les effets de la filiation naturelle.

Sect. 1. — *De la légitimation.*

Art. 1. — *Quels enfants peuvent être légitimés.*

451. L'art. 331 c. nap. détermine en ces termes quels sont les enfants auxquels peut être conféré le bienfait de la légitimation : « Les enfants nés hors mariage, autres que ceux nés d'un commerce incestueux ou adultérin, pourront être légitimés par le mariage subséquent de leurs père et mère... » — Ainsi, la légitimation peut être appliquée à tous les enfants naturels, sous la seule exception des enfants incestueux ou adultérins.

452. Quelques auteurs, notamment MM. Duranton, t. 3, n° 170 ; et Delvincourt, t. 1, note 3 de la p. 91, enseignent que, pour que la légitimation soit possible, il est nécessaire que les père et mère aient pu se marier ensemble au moment de la conception des enfants. D'où M. Delvincourt conclut que, si, à l'époque de la conception, il existait un empêchement au mariage, l'enfant ne pourrait pas être légitimé. Déjà la même règle avait été posée par Justinien, dans ses Institutes :... *cujus matrimonium minime legibus interdictum fuerat*, est-il dit au § 13, *De nuptiis*. Et, de même, dans notre ancien droit, Pothier (du mariage, n° 411), suivant en cela le sentiment de la plupart des auteurs, exigeait que *les parties, lors de l'habitude charnelle qu'elles ont eue ensemble, eussent été capables de contracter alors mariage*. — Il serait sans intérêt d'examiner ici si la règle ainsi exprimée par Justinien et par Pothier devait être prise dans un sens aussi absolu que les termes sembleraient le faire supposer; ce qui est certain c'est que, sous le code civil, la formule employée par MM. Duranton et Delvincourt est beaucoup trop générale. Supposons en effet qu'une jeune fille soit devenue mère à treize ou quatorze ans; il est évident qu'au moment où elle a conçu, elle n'eût point été admise, aux termes de l'art. 144 c. nap., à contracter mariage. Supposons encore qu'une femme veuve ait mis au jour un enfant treize ou quatorze mois après la mort de son mari, il est évident encore que la conception se reporte à une époque où l'art. 228 défendait à la femme de contracter un nouveau mariage. S'ensuit-il donc que, dans ce cas, l'enfant ne puisse être légitimé par le mariage subséquent du père et de la mère? Cela nous paraît absolument inadmissible en présence des termes si positifs de l'art. 331 c. nap., qui n'exclut du bénéfice de la légitimation que les enfants nés d'un commerce incestueux ou adultérin. Et cette solution n'est pas moins commandée par la raison que par les termes mêmes de la loi. En effet on chercherait en vain un motif sérieux qui eût pu déterminer le législateur à interdire la légitimation dans les cas que nous avons supposés. Il faut donc dire que les seuls empêchements dont l'existence au moment de la conception mette obstacle à la légitimation par mariage subséquent sont ceux qui résultent d'un mariage déjà existant et de la parenté au degré prohibé (V. en ce sens M. Demolombe, t. 5, n° 345).

453. Une controverse sérieuse s'était élevée dans l'ancien droit sur la question de savoir si, pour qu'un enfant fût censé né *ex soluto et solutâ*, et par conséquent capable de légitimation, il suffisait que ses père et mère fussent, au moment de sa naissance, libres de tout lien conjugal, encore bien qu'au moment de la conception l'un d'eux fût marié? — Plusieurs canonistes avaient soutenu l'affirmative, et cette opinion avait été adoptée par quelques jurisconsultes, notamment par Fachin, *Controv.*, cap. 50, et par Bretonnier sur Henrys, t. 3, liv. 6, ch. 5, p. 782. Ils se fondaient principalement sur ce qui est dit aux Institutes de Justinien, tit. *De ingenuis*, que, pour qu'un enfant né hors mariage soit ingénu, il suffit que sa mère ait été libre au moment de sa naissance, lors même qu'elle aurait été esclave à l'époque de la conception. Mais Pothier, Contr. de mar., nº 417, faisait observer avec beaucoup de raison qu'il n'y avait aucun rapport entre le texte invoqué et la question à laquelle on l'appliquait; que la possibilité de la légitimation dépend de la qualité du commerce charnel dont est né l'enfant; qu'ainsi l'enfant ne peut être légitimé s'il est le produit d'un commerce adultérin; et que, pour savoir s'il est le produit d'un commerce adultérin, il faut examiner si, au moment de la conception, l'un des deux époux était engagé dans les liens du mariage. C'est cette dernière opinion que le code Napoléon a consacrée. Voici en effet comment il s'exprime : « Les enfants nés hors mariage, autres que ceux *nés d'un commerce incestueux ou adultérin* pourront être légitimés, etc. » Or, c'est au moment de la conception qu'il faut se reporter pour savoir si le commerce a été adultérin (Conf. MM. Demolombe, t. 5, nº 346; Richefort, t. 2, nº 216). — Jugé, en ce sens, qu'il suffit que la conception de l'enfant ait eu lieu dans l'adultère, pour qu'il soit réputé adultérin, et dès lors placé sous la prohibition de l'art. 331 c. nap., bien qu'à sa naissance ses père et mère fussent devenus libres de s'unir par le mariage (trib. du Havre, 23 mai 1838) (1).

454. Peu importerait d'ailleurs que la naissance ou plutôt

(1) (De Valory C. du Boullard.)—Le tribunal;—Attendu que l'on soutient vainement qu'au moment de la naissance d'Emile Compoinct du Boullard, ses parents étant libres, il n'est pas permis, pour le déclarer bâtard adultérin, de remonter au temps de la conception; — Que cette doctrine est formellement repoussée par le texte de l'art. 331 c. civ.; —Qu'il y a commerce adultérin entre les parents qui ne sont pas libres au moment où l'enfant est conçu;—Que, d'ailleurs, pour fixer ce moment d'une manière légale, il faut recourir à l'art. 312 c. civ.;—Qu'à la vérité, pour soutenir l'opinion contraire, on a excipé de deux phrases des orateurs du gouvernement, le tribun Duveyrier et le conseiller Bigot-Préameneu; — Mais que ces phrases sont sans portée, parce qu'elles n'ont pas eu pour objet d'examiner la question, et qu'elles s'effacent devant le texte de la loi;—Que, d'un autre côté, le conseiller Bigot-Préameneu a eu soin de proclamer que les fruits de l'adultère ou de l'inceste ne peuvent être assimilés à ceux d'un hymen légitime; —Que l'enfant conçu dans l'adultère est un fruit de cette conjonction criminelle, encore bien que ses parents fussent libres au moment de sa naissance; — Qu'il est même à remarquer que l'art. 331 est en harmonie pour les termes avec l'art. 335;—Que lors de la discussion du projet du code, l'art. 335 n'était pas conçu comme il a été promulgué; qu'il portait que la reconnaissance ne pourrait avoir lieu qu'au profit des enfants nés d'un commerce libre;—Que ces derniers mots n'ayant pas paru suffisamment clairs au tribunat, ce corps demanda qu'on exprimât que la reconnaissance ne pourrait avoir lieu qu'au profit des enfants nés de personnes auxquelles il était libre de s'unir par mariage;—Que la rédaction de l'art. 335 fut modifiée dans ce sens et semble à l'abri de toute équivoque;—Qu'il faut enfin observer que la légitimation par mariage subséquent est une fiction de la loi qui fait rétroagir le mariage jusqu'au moment de la conception, et que cette fiction ne peut avoir lieu, lorsque la triste réalité du commerce incestueux ou adultérin se rencontre; — Qu'il faut donc conclure de tous ces principes qu'Emile Compoinct du Boullard, né sous la loi de brumaire hors mariage, de parents qui se sont unis sous cette loi, n'a pu être légitimé parce qu'il ne peut réclamer l'état d'enfant naturel conformément au code civil;—Attendu que si, en rejetant l'application du code civil, on soutient que la loi du 12 brum. an 2, art. 10, ne concerne que les enfants naturels et n'a aucun trait aux effets de la légitimation qui, sous tous les rapports, même quant à l'état des enfants qui en sont l'objet, devraient être appréciés d'après les anciens principes, le sort d'Emile du Boullard ne sera pas changé; — Qu'en effet, la loi romaine comme l'ancienne jurisprudence rejetait évidemment la légitimation des enfants adultérins ou incestueux;—Qu'il faut d'abord remarquer qu'entre le mariage et la conjonction illégitime, il y avait à Rome un état mixte, le concubinage; — Que cette union était une coutume tolérée, *licita consuetudo, livre 6 au Code, ad senatus-consultum Orphitianum*; —Que la concubine était, en conséquence, qualifiée de *minus justa uxor*; —Que les fruits des autres conjonctions passagères ou illicites étaient qualifiés de *spurii* ou de *vulgo quæsiti*;—Attendu que, sous les lois romaines, la légitimation par mariage subséquent ne s'appliquait qu'aux enfants nés du concubinage;—Que, pour se convaincre de cette vérité, il suffit de parcourir les lois 5, 10 et 11 du titre du code *De naturalibus liberis et matribus eorum*;—Que, dans toutes ces lois, il est question des fruits du concubinage : *super ingenuis concubinis ducendis uxoribus, electo contubernio*, mais sans mariage réel, *nuptiis minime intercedentibus*; que, pour bien apprécier la forme de ces dispositions, il faut recourir aux lois qui défendaient d'avoir une concubine durant le mariage : *Lege unica* au code *De concubinis*;—Que la loi 10, du titre *de naturalibus liberis*, a soin d'exprimer que la légitimation a lieu pour les enfants nés de la femme : *cujus matrimonium non est interdictum, consuetudine gaudebat, minimè dotalibus instrumentis, compositis*;—Qu'il en est de même de la loi 11 portant ces mots : *Si quis mulierem in suo contubernio collocaverit non ab initio adfectione maritali quam tamen cum quâ poterat habere connubium*; — Qu'ainsi, ce ne peut être dans la loi romaine qu'Emile du Boullard pourrait trouver des arguments favorables, puisque cette loi, loin de regarder comme possible la légitimation par mariage des enfants conçus dans l'adultère ou l'inceste, n'appliquait cette légitimation qu'aux fruits du concubinage, n'en accordait même pas le bénéfice aux enfants *vulgo quæsiti*, et avait soin d'exprimer qu'il fallait que les enfants fussent nés du commerce qu'on aurait eu avec la concubine qu'on aurait pu prendre pour épouse;—Que la loi romaine était conséquente à cet égard avec elle-même;—Qu'en effet, le concubinage était un véritable mariage naturel; que les enfants qui en proviennent étaient des enfants légitimes, d'après les lois de la nature; — Qu'il suffisait, dès lors, de la consécration de l'union naturelle par les formes de la loi civile, pour que, par une fiction légale, le mariage civil fût présumé avoir toujours existé; —Mais que cette fixion ne pourrait avoir lieu dès que le mariage naturel n'avait pu lui-même être contracté, ou n'avait pas existé réellement;

Attendu que, pour détruire cette conséquence rigoureuse des principes du droit romain, on a vainement excipé de la loi 25 au Digeste *De statu hominum*;—Que la faveur due à la liberté, a pu faire admettre la décision de cette loi, mais que ce serait en abuser que de prétendre qu'on en peut conclure que l'enfant conçu dans l'adultère ne sera pas adultérin si ses parents sont libres au moment de sa naissance; — Qu'il faut rejeter l'induction qu'on a voulu tirer de la loi 11, au code *De naturalibus liberis*;—Qu'en effet, on a pu décider que l'enfant conçu d'une conjonction passagère, mais dont la mère était devenue concubine au moment de la naissance, sera un enfant naturel et pourra être légitimé, parce que *in hujus modi quæstionibus in quibus de statu liberorum est disputatio, non conceptionis sed partûs tempus inspiciendum est*, sans qu'on soit autorisé à en conclure qu'il faudra suivre la même règle pour savoir si l'enfant né *ex damnato coïtu* verra la tache de sa conception effacée; — Qu'il faut donc admettre comme certain, non-seulement que la loi romaine défendait la légitimation des bâtards adultérins, mais qu'on devait ranger dans cette classe l'enfant conçu dans le crime, encore bien qu'au moment de sa naissance, ses parents fussent libres;

Attendu qu'il serait bien extraordinaire que la jurisprudence française et les lois canoniques, basées sur les principes et sur la morale épurée de la religion chrétienne, eussent consacré une doctrine contraire, et assuré, pour ainsi dire, dans certains cas, l'impunité à l'adultère;—Que, malgré l'argumentation de quelques docteurs, qui ont cherché à prouver que, d'après le droit canonique, l'enfant né lorsque ses père et mère étaient libres, encore bien qu'il ait été conçu dans l'adultère, n'est pas enfant adultérin et peut être légitimé, l'opinion contraire, professée par Pothier, Furgole, Répertoire de jurisprudence, doit prévaloir; — Que, nonobstant toutes arguties sur la décrétale *tanta vis*, il faut en revenir au véritable sens qu'elle présente; qu'Alexandre III dit : *tanta enim est vis sacramenti, ut, qui antea sunt geniti, post contractum matrimonium, habeantur legitimi*; —Ce qui prouve que ce sacrement, comme l'union civile, rétroagit sur le passé, et, par une fiction légale, qui ne pourrait être admise si l'enfant était né *ex damnato coïtu*, rend légitimes les enfants naturels;—Que quant à la phrase qui termine le passage litigieux et que beaucoup d'auteurs rapportent ainsi : *quoniam matrimonium inter se legitimum contrahere non potuerunt*, on ne voit pas pourquoi on s'obstine à en tirer la conséquence que si, au moment de la naissance de l'enfant, les parents étaient libres de se marier, cet enfant conçu dans l'adultère sera légitime;—Que le pape, statuant sur une cause particulière, a pu dire en thèse générale que la force du sacrement est telle qu'elle agit sur le passé, et a pu ajouter que si tels ou tels faits existent, l'enfant dont il s'agit est bâtard, parce que son père et sa mère n'ont pu contracter un mariage légitime, sans qu'on soit en droit d'en conclure que l'enfant conçu adultérin pourra quelquefois jouir du bénéfice de la légitimation;—Que l'objection tirée de la décrétale sera d'ailleurs évidemment nulle, si, d'après le droit canonique, ceux qui ont vécu dans l'adultère ne peuvent se marier, puisque jamais il ne pourra être question de légitimation par leur mariage; que c'est d'ailleurs avec raison que

la filiation de l'enfant eût été immédiatement constatée ou qu'elle ne l'eût été que postérieurement. Ainsi jugé que l'enfant notoirement conçu et né dans l'adultère, mais dont la naissance n'a été constatée que depuis que ses père et mère sont devenus libres, ne peut être légitimé par le mariage subséquent de ceux-ci (Angers, 13 août 1806, aff. Duchesne, n° 744-1°).

455. Lorsque, pour savoir si la conception de l'enfant a été entachée d'adultérinité, il sera nécessaire de déterminer l'époque de cette conception, on devra recourir aux présomptions établies par les art. 312 et suiv., en adoptant toujours le parti le plus favorable à l'enfant, comme la loi elle-même l'a fait dans ces articles. Ainsi, pour que l'enfant soit réputé issu d'un commerce adultérin, il faudra que le mariage antérieur ait existé pendant tout l'intervalle qui s'est écoulé entre le trois centième et le cent quatre-vingtième jour avant la naissance de l'enfant, c'est-à-dire entre la durée des plus longues et celle des plus courtes gestations. C'est ce qu'enseigne M. Demolombe, t. 5, n° 351.— Il a été jugé, conformément à ces principes, que la preuve de la conception adultérine résulte de cette circonstance que l'enfant est né d'une femme non mariée, soixante-neuf jours après la dissolution du mariage du père, c'est-à-dire à une époque où, le minimum de la gestation n'étant pas encore accompli, la conception a dû nécessairement être reportée au temps où le père était engagé dans les liens du mariage (trib. du Havre, 23 mai 1838, aff. de Valory, *suprà*, n° 453).

456. Toutefois, il a été jugé que l'application des art. 314 et 315 c. nap., qui déterminent le terme le plus court et le plus long de la gestation, doit être restreinte aux enfants légitimes, et ne peut être appliquée aux enfants nés hors mariage; qu'ainsi l'enfant naturel, né six mois et vingt-trois jours depuis que son père a cessé d'être engagé dans les liens du mariage, n'est pas nécessairement présumé conçu depuis que son père a été libre, et pourrait être déclaré adultérin, comme conçu neuf mois avant sa naissance (Dijon, 29 août 1818, rapporté avec Req. 11 nov. 1819, aff. Guillot de Villars, *infrà*, n° 719). — Mais cette dernière décision nous paraît être en opposition avec l'esprit de la loi, qui est, en général, d'interpréter de la manière la plus favorable à l'enfant tous les doutes que les lois de la nature laissent planer sur son origine.

457. Sur des points analogues il a été jugé : 1° que, lorsqu'un enfant est légitimé par mariage subséquent, l'acte de célébration suffit pour opérer légitimation de l'enfant reconnu et lui valoir titre d'enfant légitime, sans que les époux soient tenus de rapporter un acte de naissance régulier : que c'est à celui qui allègue que l'enfant est né à une époque où il aurait été adultérin, qu'il est imposé d'en fournir la preuve (Bruxelles, 19 janvier 1813) (1); — 2° Que, de même, la filiation d'un enfant, reconnu puis légitimé par mariage subséquent, ne peut être contestée, sur le motif qu'aucun acte de sa naissance n'ayant été dressé, un acte de notoriété postérieur l'aurait fait remonter à une époque où sa mère était encore dans les liens d'un premier mariage... Alors surtout qu'il existait un premier jugement qui avait assigné une autre date à cette naissance, et qu'ainsi, à cet égard, il y avait incertitude (Req., 18 mai 1820) (2).

M. Merlin a fait observer que la décrétale n'a jamais eu force de loi en France ;—Attendu, d'ailleurs, qu'encore bien que l'ancien droit n'eût pas de règles aussi précises que celles énoncées en l'art. 312 sur la présomption de paternité, toujours est-il que jamais on n'a pu admettre qu'un enfant né soixante-neuf jours après le mariage, a nécessairement pour père le mari, à moins qu'il n'ait avoué expressément ou tacitement la paternité, et que l'enfant né d'une femme non mariée, soixante-neuf jours après la dissolution du mariage du père, n'est pas adultérin ;—Que, sous tous les rapports donc, Emile du Boullard ne peut profiter du bénéfice de la légitimation qu'a voulu lui conférer son père ;—Par ces motifs, etc.

Du 23 mai 1838.-Trib. du Havre.

(1) *Espèce :* — (Beys C. Rosseel.) — 25 germ. an 5, Beys épouse en secondes noces Victoire Rosseel. Ils reconnaissent dans cet acte une enfant née de leurs œuvres, le 16 vent. précédent, et baptisée sous les noms d'Henriette Rosseel, toutefois sans rapporter d'acte de naissance.—Beys et sa mère étant décédés, sa veuve prétendit au partage de la succession par sa fille légitimée. — La femme Neel, issue du premier mariage de Beys, ainsi que les autres héritiers, résistent à cette prétention. — 25 août 1812, jugement qui admet la dame Rosseel à justifier de la possession d'état de sa fille par la preuve testimoniale.

Appel. — Les héritiers, s'appuyant sur le défaut d'acte de naissance régulier, disaient qu'il était possible que cette fille fût née pendant le premier mariage de Beys; que, dans ce cas, étant adultérine, elle ne pourrait être légitimée; que la représentation d'un autre acte de naissance était donc indispensable, sans quoi rien ne serait plus facile que de violer l'art. 331, c. civ. — L'intimée répond que l'acte de mariage suffit pour établir la légitimation; que le titre de sa fille est dans l'acte de célébration; qu'il est une preuve complète et légale, tant que le contraire n'est pas établi. — Arrêt.

LA COUR; — Attendu que la reconnaissance faite par les époux contractants devant l'officier de l'état civil, dans l'acte même de leur mariage, opère légitimation de l'enfant reconnu, et lui vaut titre d'enfant légitime, comme s'il avait été reconnu par ces époux lors de sa naissance ;— Attendu que les appelants n'ont point nié l'identité de la fille de l'intimée avec l'individu qui a été reconnu à l'acte du 27 germ. an 5, et n'ont point posé en fait qu'elle serait conçue durant le premier mariage de feu Beys avec la dame Amovis; — Émendant, dit que la mineure est fille légitimée.

Du 19 janv. 1813.-C. de Bruxelles, ch. réun.

(2) *Espèce :* —(Marc C. Georges Tardy de la Carrière). — En 1790, demande en divorce entre les époux de Frilet. — Le 17 janv. 1793, le divorce est prononcé. — Dans l'intervalle, la dame Frilet, née Demarie, est accouchée d'un enfant mâle, nommé Georges. — Aucun acte de l'état civil n'est dressé. — Le 7 prair. an 3, décès du sieur Frilet. — Le 6 frim. an 4, naissance d'un autre enfant, nommé Marc, appartenant à ladite dame Demarie. — Acte de naissance portant que cet enfant est né de la dame Demarie et reconnu par un sieur Tardy de la Carrière, comme son enfant naturel. — 20 pluv. an 4, mariage de la dame Demarie et de Tardy. L'acte porte reconnaissance des deux enfants et leur légitimation.

Pour réparer l'omission de l'acte de naissance de Georges, les époux Tardy s'adressent à la justice. — Un premier jugement du 20 frim. an 14, après enquête, fait descendre la naissance au 25 août 1793. Mais, pensant qu'il y avait erreur dans cette date, ou pour tout autre motif, les époux Tardy firent dresser un acte de notoriété, conformément aux art. 69 et suiv. c. civ., pour mieux préciser l'époque de la naissance de Georges. — Cet acte, du 3 oct. 1812, fixe la naissance au 23 avril 1792, et est homologué. — Il est à remarquer que deux actes de naissance avaient dû, en conséquence du jugement et de l'acte de notoriété, être inscrits sur les registres de l'état civil.

En 1813, testament du sieur Tardy, instituant ses deux fils pour ses héritiers universels.—Georges, pourvu d'un conseil judiciaire, demande le partage égal des biens de la succession. — Marc prétend qu'il est non recevable dans sa demande, parce qu'il n'appartient pas à la famille Tardy; qu'il fait partie de celle de Frilet, premier mari de la dame Demarie, comme cela résulte de l'acte de notoriété susmentionné. — Qu'en conséquence, les prétendues reconnaissances et légitimation par mariage subséquent des époux Tardy de la Carrière, sont nulles comme ayant pour objet un enfant adultérin.

27 juill. 1818, jugement qui, sans avoir égard à cette fin de non-recevoir, ordonne la division par moitié des biens en question. — Appel par Marc. — 28 août 1819, arrêt de la cour de Lyon qui confirme dans les termes suivants : — « Attendu que les sieur et dame Tardy ayant déclaré, au moment où l'officier civil allait proclamer leur mariage, qu'ils avaient deux enfants mâles, l'un nommé Georges, et l'autre, Marc, desquels ils se reconnaissaient père et mère, et qu'ils voulaient qu'ils fussent leurs successibles, comme étant leurs enfants ; la loi, dès que le mariage a été proclamé, a conféré à ces deux enfants le bénéfice de la légitimation, s'ils n'étaient pas nés d'un commerce incestueux ou adultérin, et que jusqu'à la preuve légale, acquise antérieurement à cette reconnaissance, qui établirait qu'ils sont le fruit du crime, ils ont, en leur faveur la présomption légale qu'ils ne sont nés ni de l'inceste, ni de l'adultère puisque, dans l'un ou l'autre de ces deux cas, les sieurs et dame Tardy n'auraient pu les reconnaître ; — Attendu que ces deux enfants, élevés publiquement par leur père et mère, comme enfants légitimés par mariage subséquent, reconnus constamment en cette qualité par tous les parents des deux familles, par leurs concitoyens, par la société entière, ont acquis, par cette longue habitude de l'opinion générale et publique, la possession d'état d'enfants légitimes, en vertu de l'art. 333 c. civ. ;— Attendu que cette possession d'état corrobore, pour l'un comme pour l'autre, la présomption légale dont on vient de parler, attendu que cette présomption se change en certitude à l'égard de Marc, lorsqu'il rapporte un acte de naissance qui prouve qu'il est né des sieur et dame Tardy, deux ans et plus de dix mois après la dissolution du premier mariage de sa mère ; — Attendu que, si Georges, privé d'un acte de naissance, ne peut joindre une pareille preuve à celle d'une égale possession d'état, cette privation, qui n'est pas de son fait, ne peut lui être opposée ; qu'il en résulte seulement qu'il n'établit pas, ainsi que Marc, la certitude qu'il n'est pas le fruit du crime; mais qu'il lui reste toujours la *présomption légale* qui résulte de la reconnaissance de ses père et mère et

Au surplus, la légitimation d'un enfant naturel ne peut être contestée par les parents qui, tout en connaissant le vice de la naissance de cet enfant (l'adultérinité), l'ont constamment traité comme enfant légitime, et ont concouru avec lui dans des actes de famille (des actes de partage) où il figurait en cette qualité (Req. 28 nov. 1849, aff. Flamenq, D. P. 50. 1. 113).

458. Nous avons vu, v° Adultère, n° 22, que la femme qui, ayant une juste cause de se croire veuve, soit d'après un acte de décès, soit d'après quelque autre indice de la mort de son mari, entretient des liaisons avec un autre homme, ne se rend pas coupable d'adultère, parce que, dans ce cas, l'intention, élément essentiel du délit, fait défaut : *Adulterium sine dolo malo non committitur*; et que, dès lors, cette femme ne peut être punie des peines attachées à l'adultère. Mais, si ensuite, devenue véritablement veuve, elle épouse celui qui l'a rendue mère, l'enfant issu de leur commerce sera-t-il légitimé par l'effet de ce mariage? — L'affirmative nous paraît être la conséquence naturelle de la première décision. En effet, du moment qu'il n'a point été commis d'adultère, la naissance de l'enfant ne se trouve pas souillée du vice d'adultérinité. Or c'est ce vice seul qui rend sa légitimation impossible. Tel était, du reste, dans l'ancien droit, le sentiment de Pothier, des Successions, ch. 1, sect. 2, art. 3, § 5, quest. 1 ; et nous croyons, avec M. Demolombe, t. 5, n° 350, qu'il serait téméraire de se montrer plus scrupuleux que Pothier. M. Demolombe, toutefois, paraît incliner davantage vers l'opinion contraire.

459. Mais il peut arriver que, l'un des deux étant marié et sachant fort bien que son mariage n'est pas dissous, l'autre ait ignoré l'existence de ce mariage. Dans ce cas, si un enfant naît de leurs relations, pourront-ils, après la dissolution du premier mariage, le légitimer en contractant une union régulière? — Cette question avait été grandement agitée sous l'ancienne jurisprudence, et elle avait partagé les docteurs. Les uns, se fondant sur le chap. *ex tenore*, aux Décrétales, tit. *Qui filii sint legitimi*, suivant lequel la bonne foi de l'une des parties qui a épousé l'autre publiquement, sans savoir que celle-ci était mariée, suffit pour rendre les enfants légitimes, prétendaient que, de même, la bonne foi de celui des deux qui a ignoré le mariage de l'autre doit avoir pour effet de rendre possible la légitimation de l'enfant. Les auteurs qui s'étaient rangés à cette opinion étaient Antoine de Rosselis, Jean-Antoine de Saint-Georges, Sylvestre Piérata, Louis de Surdis, Frédéric Surdus, Guillaume Castedero, Basile Ponce et Legrand, commentateur de la coutume de Troyes. Voici comment raisonnait à cet égard Basile Ponce, celui de tous qui avait présenté cette doctrine sous le jour le plus spécieux. La légitimation par mariage subséquent est une fiction qui donne un effet rétroactif au mariage; par cette raison, il faut, suivant le langage des docteurs, que les extrêmes soient habiles, c'est-à-dire que le mariage ait pu être valablement contracté et dans le temps de la conception des enfants et dans le temps où il a été effectivement célébré; or ils le sont, sinon en réalité, du moins à raison de la bonne foi de l'une des parties. Qu'on suppose, en effet, qu'au lieu d'être contracté à l'époque où il l'a été réellement, le mariage l'ait été au moment des relations dont l'enfant est le produit, il est certain qu'il eût produit tous ses effets civils, tant à l'égard de l'époux de bonne foi qu'à l'égard des enfants, et qu'ainsi ceux-ci auraient été légitimes; donc ils ont dû être légitimés par l'effet du mariage contracté postérieurement.

Mais l'opinion contraire était aussi défendue par de nombreux auteurs. On citait le cardinal de Palerme, Henri Boïc, Guttierèz, Covarruvias, Vallensis, Faiardo, Peregrinus, Fachinée, Molino, Socin le Jeune, Barry, Antoine Gabriel, Dominique di San Gemimiano, Jean Bellemera, Sermientus, Pothier (du Contr. de Mar., n° 416), et enfin d'Aguesseau, dans son 47e plaidoyer, aff. Fiorelli (V. Merlin, Rép., v° Légitimation, sect. 2, § 2, n° 10). Ces auteurs faisaient observer d'abord qu'en prohibant d'une manière générale la légitimation de l'enfant né du commerce qu'un homme marié avait eu, du vivant de sa femme, avec une fille, le pape Alexandre III, dont la décrétale, rapportée au chap. 6, tit. *qui filii sint legitimi*, était l'un des principaux fondements du droit en cette matière, n'avait pas distingué si la mère, lors des relations qu'elle avait eues avec le père, savait ou non qu'il était marié, et qu'on ne devait pas faire une distinction que la loi n'avait pas faite. Et à l'argument tiré du chap. *ex tenore* ils répondaient qu'il n'y a aucune comparaison à établir entre une femme qui croit contracter un mariage légitime en épousant un homme qu'elle ignore être marié à une autre, et une femme qui a avec un homme un commerce qu'elle sait être criminel, quoiqu'elle ignore qu'il soit adultérin; que, dans le premier cas, la femme est parfaitement innocente, qu'elle a l'intention louable de donner à l'Etat des enfants légitimes, et que la loi l'en récompense justement en donnant aux enfants nés de ce mariage, quoique nul, le titre et les droits des enfants légitimes; qu'au contraire la femme qui a des relations charnelles avec un homme qu'elle ignore être marié n'est pas innocente, mais *dat operam rei illicitæ*; que, si elle ne croit pas commettre un adultère, elle sait bien cependant qu'elle commet une fornication, c'est-à-dire une action coupable; qu'il n'y a donc pas lieu d'appliquer en sa faveur les dispositions favorables établies à l'égard de celle qui a cru de bonne foi contracter un mariage légitime. *Quia contrahens matrimonium*, disait le cardinal de Palerme, *dat operam rei licitæ, ideo ignorantia sua excusatur. Sed admittens virum*

---

sa possession d'état, qui ne peuvent être détruites que par un titre authentique, *antérieur* à cette reconnaissance, qui prouverait que Georges, étant le fruit de l'adultère, n'a pu être reconnu par suite de l'art. 331 c. civ. ;

» Attendu que c'est une erreur, de la part de Marc, de prétendre que Georges, qui n'est qu'enfant légitimé, ne peut invoquer en sa faveur l'art. 320 du code, qui veut qu'à défaut d'acte de naissance, la possession d'état suffise, parce que cet article se trouve au chapitre qui traite seulement de la preuve de la filiation des enfants légitimes, et n'est applicable qu'à eux; — Attendu que, pour repousser Georges de la famille Tardy, Marc n'oppose que des pièces postérieures à la reconnaissance des sieur et dame Tardy, dont il prétend faire sortir la présomption que Georges appartient à la famille du sieur Frilet, premier mari de la femme Tardy, ou qu'il est le fruit de l'adultère; — Attendu que le jugement du 20 frim. an 14, et l'acte d'inscription dudit jugement, sur les registres de l'état civil de la mairie de Lyon, qui fixent l'époque de la naissance de Georges au 23 août 1793, pièces que Georges a produites et dont Marc veut s'emparer contre lui, ne sont que la suite d'une enquête faite à la poursuite des mariés Tardy, qui ont essayé, par ce moyen, de rectifier l'omission de l'acte de naissance de Georges; mais, qu'en vertu de l'art 100 c. civ., le jugement de rectification ne peut être opposé à Georges, partie intéressée, parce que ce n'est pas lui qui a requis cette rectification, et qu'il n'y a point été appelé; — Attendu que la déclaration et le prétendu acte de notoriété du 3 oct. 1812, plus postérieurs à la reconnaissance des sieur et dame Tardy, qui ont été suivis aussi d'un jugement, mais non inscrit sur les registres de l'état civil de Bourg, et qui, toujours à la poursuite du sieur Tardy père, fixent l'époque de la naissance de Georges au 23 avril 1792, sont encore plus insignifiants, en ce qu'ils sont irréguliers et dépourvus d'authenticité; — Attendu que toutes ces pièces ne sont que des documents qui présentent des résultats si divers qu'ils se détruisent mutuellement; — Attendu que, quand même ils seraient uniformes, ils ne seraient toujours que le produit des déclarations des père et mère de Georges, postérieurement à la légitimation; — Attendu qu'un père et une mère peuvent bien assurer, par leur suffrage, l'état de leurs enfants, mais qu'ils ne peuvent jamais le détruire, etc. » — Pourvoi par Marc. — Arrêt.

La cour; — Vu les art. 340 et 333 c. civ. — Attendu, sur le premier moyen, que, par l'art. 340, la recherche de la paternité est interdite... que, par l'art. 333, les enfants légitimés par mariage subséquent, ont les mêmes droits que s'ils étaient nés de ce mariage; — Attendu que Georges Tardy de la Carrière, ayant été légitimé par le mariage subséquent de la demoiselle Demarie et de Jean-Philibert-Antoine Tardy, qui ont déclaré le reconnaître pour leur fils, le demandeur était non recevable à prouver que Georges Antoine Tardy avait un autre père, que ledit Jean Philibert Antoine, et que l'arrêt, loin de violer les art. 333 et 340 c. civ., s'est au contraire conformé à leur disposition; — Attendu, sur le deuxième moyen, que l'état de Georges Tardy étant irrévocablement fixé par le mariage subséquent de ses père et mère, et son acte de naissance ne se trouvant point sur les registres de l'état civil, les deux actes dressés à la réquisition des mariés Tardy et Demarie, par l'un desquels la naissance de Georges est fixée au 23 août 1793, et par l'autre au 23 avril 1792, ces deux actes étant postérieurs à la reconnaissance par mariage subséquent, et ne pouvant se concilier par leur date, ne pouvaient être d'aucune considération parce qu'il ne pouvait dépendre des parents de Georges de lui retirer l'état de fils légitimé, qui lui avait été donné par l'acte de célébration de mariage du mois de février 1796 (antérieur auxdits actes); — Rejette.

Du 18 mai 1820.-C. C., sect. req.-MM. Henrion, pr.-Lecoutour, r.

sine matrimonio dat operam rei illicitæ, ideo ignorantia sua non est probabilis, nec debet inde consequi præmium; et danti operam rei illicitæ imputantur omnia quæ sequuntur præter voluntatem suam.

Ces raisons nous semblent pleines de force. C'est donc à cette dernière opinion que nous croyons devoir nous attacher. Nous pouvons d'ailleurs argumenter en sa faveur des termes de l'art. 331. Cet article exclut du bénéfice de la légitimation les enfants adultérins; or l'enfant, dans notre hypothèse, est incontestablement adultérin, puisqu'en lui donnant l'existence l'un de ses auteurs commettait sciemment un adultère.

460. Les enfants issus des relations illicites de deux personnes qui, pour cause de parenté ou d'alliance, ne pouvaient se marier qu'en vertu de dispenses (ces personnes sont l'oncle et la nièce, la tante et le neveu, et, en outre, d'après la loi du 16 avr. 1832, les beaux-frères et belles-sœurs), sont-ils légitimés par le mariage contracté entre leurs père et mère au moyen de ces dispenses? — Dans l'ancien droit, la plupart des auteurs résolvaient cette question par une distinction. Ils distinguaient si l'empêchement produit par la parenté était du nombre de ceux que l'Église ne levait qu'avec peine, ou s'il était facile d'en obtenir dispense. Dans le premier cas, on convenait assez généralement que les enfants n'étaient pas légitimés. Et c'est ce qui avait été jugé par un arrêt du 11 déc. 1664, rendu sur les conclusions de l'avocat général Bignon (V. Merlin, Rép., v° Légitimation, sect. 2, § 2, n° 9). Dans le second cas, on admettait que le mariage légitimait les enfants. La raison qu'on en donnait, c'est que la dispense met les parties en état de se marier, comme si elles n'étaient pas au degré prohibé; ce qui, disait-on, la fait remonter au temps de la conception des enfants. Telle était la jurisprudence des parlements de Paris, de Besançon et de Toulouse (V. Merlin, *loc. cit.*; Denisart, v° Légitimation, n°s 10 et 11). M. Pont, dans une dissertation insérée dans la Revue de législation, t. 8, p. 150 et suiv., s'élève contre cette distinction; il prétend qu'elle était complétement arbitraire, qu'il n'y avait, dans la législation, rien qui pût la justifier, enfin qu'elle n'avait pu s'établir que par une interprétation erronée de décisions judiciaires rendues en sens divers. Ce qui est certain, c'est que cette distinction était généralement faite (V. notamment Pothier, du Contr. de mar., n° 414; Merlin, *loc. cit.*).

Mais que faut-il décider à cet égard sous l'empire du code Napoléon? Cette question a donné lieu aux plus vives controverses? — Si l'on s'attache aux termes de l'art. 331, la question n'est pas douteuse : il faut décider évidemment que les enfants dont il s'agit ne sont pas légitimés par le mariage. En effet, l'art. 331 exclut du bénéfice de la légitimation les *enfants incestueux;* or cette expression comprend, dans la généralité de son acception, tous ceux dont les père et mère étaient parents au degré prohibé : bien plus, dans l'art. 331, elle ne peut s'appliquer qu'à ceux dont les père et mère pouvaient se marier en vertu de dispenses, puisque, quant aux autres, le mariage étant absolument interdit, il ne pouvait être question de légitimation par mariage subséquent. Ainsi, de deux choses l'une : ou bien l'art. 331 doit être interprété en ce sens que les enfants nés hors mariage de l'oncle et de la nièce, de la tante et du neveu, des beaux-frères et belles-sœurs, ne peuvent être légitimés par mariage subséquent; ou bien cet article n'a aucun sens dans ce qu'il dit des enfants nés d'un commerce incestueux.

Cependant quelques jurisconsultes se sont prononcés en faveur de la légitimation. Cette opinion a été surtout défendue par M. Pont, dans la dissertation citée ci-dessus. Nous allons résumer brièvement les raisons qu'il a fait valoir à l'appui. Et d'abord, les enfants dont il s'agit ne sont pas incestueux. La loi n'a pas défini l'inceste; mais, à défaut de la loi, la raison nous dit que cette dénomination ne convient qu'aux relations illicites de deux personnes entre lesquelles la parenté établit une impossibilité absolue de mariage; qu'ainsi, il n'y a pas inceste lorsque le mariage pouvait intervenir en vertu de dispenses. Les enfants de l'oncle et de la nièce, etc., ne sont donc pas incestueux; ils ne tombent donc pas sous l'application de l'art. 331. Il est bien vrai que, s'il en est ainsi, l'art. 331 a dit une chose inutile; mais qu'est-ce à dire? La loi ne peut pas être parfaite à ce point que jamais il ne s'y trouve une expression inutile. L'art. 331 lui-même nous en fournit un autre exemple. En effet, il était inutile de dire que les enfants adultérins ne pourront être légitimés, puisque, comme nous le verrons, ils ne peuvent être reconnus, et que la reconnaissance est la condition nécessaire de la légitimation. L'argument tiré du texte n'a donc rien de concluant. Il faut le laisser de côté, et chercher ailleurs la pensée du législateur. Or l'article primitif du projet ne parlait pas des enfants incestueux; il disait simplement : « Les enfants nés hors mariage *d'un père et d'une mère libres* pourront être légitimés. » Cette rédaction avait été adoptée après une discussion approfondie (V. Fenet, t. 10, p. 145 et suiv.). Il est évident que, n'excluant pas la légitimation des enfants dont les père et mère ne pouvaient se marier qu'avec dispense, elle l'admettait par cela même. Un peu plus loin, dans le projet communiqué au tribunat, se trouvait un article permettant de même la reconnaissance des enfants *nés d'un commerce libre.* La section de législation du tribunat ne fit aucune observation sur la disposition relative à la légitimation, mais elle émit l'avis que la loi interdît formellement la reconnaissance des bâtards incestueux (V. Fenet, *ibid.*, p. 125). Par suite, sans qu'il soit intervenu aucune discussion nouvelle qui ait pu modifier la pensée primitive du législateur, M. Bigot-Préameneu, chargé de présenter une rédaction définitive d'après les observations du tribunat, au lieu de faire le changement indiqué seulement pour la reconnaissance, le fit également pour la légitimation, et c'est ainsi que la rédaction nouvelle a passé dans le code.

Ces circonstances historiques prouvent clairement que les auteurs du code civil n'ont pas eu l'intention d'appliquer à la légitimation la défense qu'ils créaient pour la reconnaissance. C'est qu'en effet la première complète l'œuvre du mariage en effaçant jusqu'à la dernière trace de scandale, tandis que la seconde ne fait que l'aggraver en lui donnant la consécration d'un aveu public. Il est si vrai que cette interprétation est la seule vraie, la seule conforme à la pensée du législateur, que MM. Duveyrier et Maleville, le premier dans son discours au corps législatif (V. *suprà*, p. 165, note, n° 105), le second dans ses observations sur l'art. 331, ont tous deux émis l'opinion que les enfants n'étaient pas *civilement incestueux* lorsque leurs père et mère n'étaient parents qu'à un degré auquel les dispenses pouvaient être accordées.

A ces raisons, on ajoute que l'existence d'un enfant que les père et mère désirent légitimer est précisément la cause la plus grave et la plus propre à motiver la dispense (V. en ce sens, outre les auteurs déjà cités, MM. Toullier, t. 2, n° 933; Loiseau, des Enfants naturels, p. 262; Richefort, t. 2, n° 225; Allemand, t. 2, n°s 651-654). A ces autorités, il faut ajouter celle de M. Dupin aîné. En effet, des pétitions ayant été adressées deux fois, à plusieurs années d'intervalle, à la chambre des députés, pour demander que les enfants nés de deux personnes qui ne peuvent se marier qu'avec dispenses pussent être légitimés par mariage subséquent, M. Dupin, dans la discussion qui s'éleva à ce sujet dans les séances des 29 janv. 1832 et 3 mars 1838 (V. Moniteur des 30 janv. 1832 et 4 mars 1838), déclara qu'à ses yeux, en ce qui concerne les enfants nés depuis les lois qui permettent d'accorder des dispenses, la question n'était pas douteuse; que la légitimation leur était incontestablement applicable.

Après avoir invoqué quelques-unes des raisons qui précèdent, M. Dupin ajoutait, dans la séance du 29 janv. 1832, en parlant des enfants nés depuis le mariage : « On verrait ces enfants, nés du même père et de la même mère, dans la même maison, à la même table, et en présence des premiers qui n'auraient ni état, ni droit, ni partage. Et, à moins que les père et mère ne voulussent punir ces derniers d'un crime qui ne serait pas le leur, en les chassant du toit paternel, il faudrait que le même foyer recueillît des enfants légitimes et des enfants adultérins! » (*adultérins* est sans doute employé ici, par inadvertance, pour *incestueux*).

Il a été jugé, en ce sens : 1° que l'enfant né d'un oncle et de sa nièce est légitimé par leur mariage subséquent, alors surtout que la naissance est postérieure aux dispenses par eux obtenues

(Grenoble, 8 mars 1838) (1); — 2° De même, que les enfants incestueux, notamment ceux nés d'un beau-frère et de sa belle-sœur, sont légitimés par le mariage subséquent contracté avec dispense par leurs père et mère (trib. de Prades, 5 mai 1847, aff. Just, D. P. 47. 3. 190).

Ces raisons ne sont pas sans force assurément. Elles ne sont pas toutefois restées sans réponse. Et d'abord il est bien vrai, a-t-on dit, que la loi n'a pas défini l'inceste; mais c'est en donner une notion fausse, pour les besoins de la cause, que de refuser de le reconnaître là où l'impossibilité du mariage n'est pas absolue. Sans doute, il y a des degrés dans l'inceste comme il y en a dans la parenté; son caractère se trouve moins fortement empreint dans telle union que dans telle autre; mais dès que le mariage est interdit pour cause de parenté ou d'alliance, encore bien que l'empêchement puisse être levé par des dispenses, l'inceste existe, et les enfants qui en naissent sortent de la classe des enfants purement naturels. Tout le monde convient qu'aux termes de l'art. 335 ils ne pourraient être reconnus; qu'aux termes de l'art. 762 ils n'ont aucun droit à la succession de leurs père et mère et ne peuvent réclamer que des aliments; or c'est reconnaître qu'ils sont véritablement incestueux. Donc l'art. 331 leur est applicable; bien plus nous avons montré qu'il ne peut être appliqué qu'à eux, et que donner à cet article une autre interprétation ce serait lui faire dire une chose inutile. On prétend que ce n'est là qu'une des imperfections inhérentes à toute œuvre de l'homme, et on cite à l'appui une autre inutilité qui se trouverait dans le même article. Mais il n'y a aucune parité entre les deux cas. L'art. 331, supposant la possibilité d'un mariage ultérieur entre les père et mère des enfants adultérins ou incestueux, refuse à ce mariage la vertu d'opérer la légitimation; par là il sanctionne directement une défense à laquelle on aurait pu arriver par voie de conséquence, en argumentant de l'art. 335 qui défend de reconnaître les enfants dont il s'agit; mais il ne dit pas un non-sens comme celui que lui prête l'interprétation que nous combattons. Mais serait-il vrai que ce mot *incestueux* ne se soit glissé dans l'art. 331 que furtivement en quelque sorte et par l'effet d'une inadvertance? C'est là une supposition toute gratuite qu'il n'est pas possible d'admettre pour plusieurs raisons. Et d'abord la question avait été assez souvent agitée dans l'ancienne jurisprudence pour que M. Bigot-Préameneu connût parfaitement la portée de la modification qu'il faisait subir à la rédaction primitive de l'art. 331. Et cette modification ayant été faite dans les mêmes termes que celle de l'art. 335, il en résulte que, suivant la pensée du rédacteur, dans tous les cas où la reconnaissance était interdite, la légitimation l'était également. Cette impossibilité de légitimer les enfants incestueux, même par un mariage contracté avec dispenses, était commandée par les plus graves considérations. « Les auteurs du code Napoléon, dit un estimable auteur, ont pu craindre d'encourager, dans le sein de la famille des espérances coupables; ils ont pu craindre le funeste exemple de la passion et du désordre trouvant leur moyen de succès et leur récompense dans la violation même des plus saints devoirs; ils ont pu surtout flétrir le calcul immoral des personnes qui, pour obtenir des dispenses, présenteraient comme *une cause grave* et comme un titre de faveur leur relations incestueuses! » Quant au pathétique tableau tracé par M. Dupin de ces enfants nés du même père, de la même mère, habitant la même maison, s'asseyant à la même table, et entre lesquels cependant la loi établirait une si choquante inégalité, il ne prouve rien, car il s'appliquerait aux enfants adultérins tout aussi bien qu'aux enfants incestueux; or M. Dupin ne prétend pas sans doute que les premiers puissent être légitimés par mariage subséquent! A toutes ces raisons on en a ajouté une autre qui résulte de la combinaison des art. 331 et 335. Aux termes de l'art. 331 la reconnaissance des enfants est la condition nécessaire de la légitimation; or, aux termes de l'art. 335, les enfants incestueux, même ceux dont il s'agit, ne peuvent être reconnus; donc ils ne peuvent être légitimés. — Cette dernière interprétation a été adoptée par le plus grand nombre des auteurs (V. Merlin, Rép., v° Légitimation, sect. 2, § 2, n° 9; Favard de Langlade, v° Légitimation, § 1, n° 4; Delvincourt, t. 1, note 4 de la page 91; MM. Proudhon et Valette, t. 2, p. 165 et 168; Duvergier sur Toullier, t. 2. n° 933, note *a*;

(1) (Antoine André C. hérit. André.) — La cour; — Attendu qu'il était généralement adopté par l'ancienne jurisprudence que les enfants nés antérieurement au mariage, de parents libres, mais à un degré prohibé, étaient légitimés par le mariage subséquent de leurs père et mère, après les dispenses obtenues; — Attendu que l'empêchement ne provenant que de la loi civile, et l'autorisation du souverain pouvant lever cet empêchement, le vice d'inceste dont la naissance de ces enfants était empreinte était effacé par l'autorisation et le mariage qui en était la suite; — Attendu que le code civil n'a rien innové à cet égard; — Que le seul changement opéré par la loi nouvelle est la nécessité d'une reconnaissance préalable comme condition de la légitimation, ainsi qu'on peut s'en convaincre par la lecture des discours des orateurs du gouvernement chargés de presenter la loi au corps législatif, et par l'opinion de M. de Malleville, qui a puissamment concouru à sa rédaction; — Qu'il résulte de ces exposés qu'aux yeux des rédacteurs du code, conformément aux anciens principes, il n'existait plus d'inceste dans les degrés prohibés auxquels le gouvernement pouvait appliquer la dispense, lorsque cette dispense avait été effectivement accordée, et que le mariage s'en était suivi;

Attendu que le texte de l'art. 331 c. civ. ne renferme rien de contraire au principe dont il s'agit; — Qu'en effet, s'il est vrai que le législateur eût pu, dans cet article, se dispenser d'énoncer une exclusion expresse, quant au bienfait de la légitimation, de ceux des enfants incestueux dont les parents ne pouvaient jamais être admis à contracter mariage, cependant la mention de cette exclusion était utile pour inculquer plus profondément la réprobation de cette espèce d'inceste qui ne devait jamais être réhabilitée; — Que cette énonciation était de plus commandée par les termes généraux employés dans la rédaction de l'art. 331, lequel mentionnant d'abord les enfants nés hors mariage sans distinction, comme pouvant être légitimés par le mariage subséquent de leurs père et mère, devait, pour l'exactitude de la rédaction, exprimer l'exception nécessaire, relativement aux enfants nés d'un commerce incestueux ou adultérin; — Que cette exception ne s'applique donc point nécessairement aux enfants qui, bien qu'originairement incestueux, ont été relevés de ce vice par le mariage de leurs père et mère contracté à la faveur des dispenses; — Attendu que toutes les raisons puisées dans la morale, la paix et l'union des familles concourent à repousser une interprétation différente de la loi; — Qu'il répugne à la morale de voir des enfants nés d'un même père et d'une même mère contester à leur frère le bienfait de la légitimation; — Qu'il répugne à la morale de voir des enfants issus des mêmes père et mère, élevés sous le même toit, assis à la même table, former deux familles distinctes, dont l'une sera admise au bienfait de la légitimité, au partage des biens de la famille, tandis que l'autre, vouée à l'opprobre, ne pourra pas même être reconnue, n'aura part qu'à des aliments dont la cupidité lui disputera la quotité, et perpétuera ainsi le souvenir d'une faute que le mariage subséquent avait pour but d'éteindre et d'effacer; — Attendu, d'ailleurs, qu'il est de règle, en ce qui concerne les enfants, que l'on doit consulter le moment de la naissance ou de la conception, suivant que leur intérêt et leur utilité l'exigent, lorsqu'il n'y a pas empêchement absolu au mariage; — Qu'en effet, si Antoine André fût né après le mariage, bien que conçu longtemps avant, la question n'aurait pu être agitée et n'aurait pu donner lieu de la part du père qu'à une action en désaveu de paternité; — Qu'il est établi par les pièces au procès que la naissance est postérieure au décret impérial qui a permis le mariage de ses père et mère;

Attendu que Joseph André et Madeleine Coutier se sont trouvés, par le seul fait de l'autorisation insérée au décret impérial, dans la position commune à tous les citoyens, celle de pouvoir contracter mariage et donner le jour à des enfants légitimes, et qu'Antoine André, né postérieurement à cette autorisation, n'a plus été considéré aux yeux de la loi que comme un simple enfant naturel, né avant le mariage, et susceptible de recevoir le bienfait de la légitimation par le mariage subséquent de ses père et mère; — Attendu qu'Antoine André avait été reconnu par son père, soit à l'époque de la déclaration de grossesse faite par la mère le 17 juill. 1808, époque où selon toutes les probabilités, la demande d'autorisation avait été formée, soit dans son acte de naissance du 9 décembre suivant, époque où l'autorisation avait été donnée; — Qu'il était, dès lors, inutile de répéter cette reconnaissance dans le contrat de mariage de ses père et mère; — Qu'on objecterait vainement que cette reconnaissance était invalide et nulle, comme contraire aux dispositions de l'art. 335 c. civ.; — Que ce serait là décider la question par la question, puisqu'il est reconnu que l'effet de l'autorisation donnée au mariage avait été d'effacer la tache qui couvrait la conception d'Antoine André, et de le faire naître avec la seule qualité d'enfant naturel, et que, dès lors, il ne se trouvait plus dans la prohibition dont l'art. 335 frappe la reconnaissance des enfants incestueux ou adultérins; — Par ces motifs, réformant, déclare qu Antoine André a été légitimé par le mariage subséquent de ses père et mère, etc.

Du 8 mars 1838.-C. de Grenoble.-MM. de Noaille, pr.-Blanchet, av. gén., c. conf.-Auzias et Massonnet, av.

Zachariæ, édit. Massé et Vergé, t. 1, p. 313, note 10; Demolombe, t. 5, nos 352 et suiv.; Marcadé, sur l'art. 331, no 2; Taulier, t. 1, p. 404; Ducaurroy, etc., t. 1, no 474; Revue de législation, t. 8, p. 37 et 451, articles de MM. Valette et Thieriet. Enfin, M. Duranton, t. 3, no 177, reconnaît, tout en le regrettant, que cette interprétation ne résulte que trop de la lettre de l'art. 331). — Il a été décidé, en ce sens, que les enfants issus d'un beau-frère et de sa belle-sœur n'ont pu être légitimés par le mariage subséquent contracté en vertu de la loi du 16 avr. 1832 (Orléans, 25 avr. 1833) (1).

461. Une autre question grave s'était élevée dans l'ancien droit: la question de savoir si celui qui, étant engagé dans les ordres sacrés, donnait l'existence à des enfants naturels pouvait ensuite les légitimer par un mariage contracté avec dispense? On pensait généralement qu'il ne le pouvait pas. La dispense, disaient les sectateurs de cette opinion, habilite bien celui à qui elle est accordée à se marier; mais elle n'efface pas le vice de la naissance des enfants conçus auparavant. Quelques docteurs ultramontains, dont quelques-uns étaient d'un grand poids, notamment le cardinal de Palerme, étaient même allés jusqu'à décider qu'un simple clerc tonsuré qui possédait un bénéfice ne pouvait pas, lorsqu'il avait eu, dans cet état, des enfants d'une concubine, les légitimer en quittant son bénéfice et en épousant la mère. Mais cette opinion n'avait pas prévalu, du moins en France, et on tenait pour constant que les enfants d'un simple bénéficier pouvaient être légitimés par le mariage subséquent de leurs père et mère. Cette doctrine avait été confirmée par un arrêt. — V. aussi Pothier, Contrat de mariage, no 414, et Merlin, Rép., vo Légitimation, sect. 2, § 2, no 8.

Depuis la publication de la loi des 13-19 fév. 1790, qui porte (art. 1) que la loi constitutionnelle du royaume ne reconnaîtra plus de vœux monastiques solennels des personnes de l'un et de l'autre sexe, et de la constitution des 3-14 sept. 1791, en tête de laquelle il est dit que la loi ne reconnaît plus ni vœux religieux ni aucun autre engagement qui serait contraire aux droits naturels ou à la constitution, ce qui s'appliquait non-seulement aux vœux monastiques, mais encore aux engagements sacerdotaux, il s'est élevé la question de savoir si les anciens religieux ou prêtres qui profitaient de cette abolition pour contracter mariage légitimaient par ce mariage les enfants naturels qu'ils avaient eus antérieurement? Ce doute ne pouvait s'élever évidemment à l'égard des enfants qu'ils avaient eus depuis les lois nouvelles, mais seulement à l'égard de ceux qu'ils avaient eus avant ces lois.

Cette question ayant été portée devant la cour de cassation, le procureur général Merlin, après l'avoir, dans un de ses plus savants réquisitoires, traitée succcessivement au point de vue des lois romaines, du droit canonique et de l'ancienne jurisprudence, conclut à la légitimation (V. Rép., vo Légitimation, sect. 2, § 2, no 8). En conséquence, il fut jugé, conformément à ses conclusions, qu'un enfant né avant la révolution du commerce d'un prêtre avec une femme libre a pu être légitimé par le mariage subséquent de ses père et mère contracté avant le code, mais sous l'empire des lois nouvelles (Rej. 22 janv. 1812) (2).

462. Il peut se faire qu'un enfant naturel soit décédé avant

---

(1) *Espèce:* — (G..... *C.* le maire de Briare.) — Une fille naquit du commerce incestueux de Clément G... avec sa belle-sœur, restée veuve. — Survint la loi du 16 avril 1832. Le sieur et la dame G..., profitant du bénéfice qu'elle accorde, obtinrent, le 9 juillet, l'autorisation de contracter mariage. — Les sieur et dame G... se présentèrent devant le maire de Briare pour qu'il procédât à la célébration, et demandèrent que la légitimation de leur fille fût constatée dans l'acte. Le maire s'étant refusé à cette dernière demande, les sieur et dame G... l'attaquèrent personnellement, mais en sa qualité de maire, devant le tribunal de Gien. — Le 27 nov. 1832, jugement qui, vu l'art. 331 c. civ., et attendu que légitimer l'enfant ce serait donner à la loi du 16 av. 1832 un effet rétroactif, nuire aux droits acquis des enfants légitimes; — Rejette la demande. — Appel par le sieur et la dame G.... — Arrêt.

LA COUR; — Considérant que la loi du 16 avril 1832 ne fait que régler les conditions du mariage entre beaux-frères et belles-sœurs, et ne s'occupe nullement des effets de ce mariage par rapport à la légitimation des enfants nés du commerce antérieur des deux époux; qu'ainsi, c'est dans le code civil qu'il faut chercher les règles propres à cette matière; — Considérant qu'aux termes de l'art. 331 de ce code, les enfants nés d'un commerce adultérin ou incestueux ne peuvent être légitimés par le mariage subséquent de leurs père et mère; — Considérant que, d'après l'art. 162 du même code, le mariage est prohibé entre beaux-frères et belles-sœurs; — Considérant que si, aux termes de la loi du 16 avril 1832, il est permis aujourd'hui au roi de lever cette prohibition, la dispense qui est accordée à cet égard a bien pour objet de faire cesser l'obstacle qui s'opposait au mariage, mais non d'effacer la tache que la naissance incestueuse a imprimée sur les enfants nés antérieurement du commerce desdits beaux-frères et belles-sœurs; — Considérant que cela résulte expressément de l'art. 164 qui, tout en permettant le mariage avec dispense, entre l'oncle et la nièce, la tante et le neveu, seul cas possible, avant la loi précitée, d'une union entre les père et mère d'enfants incestueux, leur interdit, par l'art. 331, la faculté de les légitimer; — Met l'appellation au néant, etc.

Du 25 av. 1833.-C. d'Orléans.-M. Janvier, av.

(2) (Virgile *C.* Rebecqui.) — En 1778, Marie Virgile accouche d'une fille qui est inscrite sous le nom de *Françoise-Madelaine*, et comme née de père et mère inconnus. — Il paraît que le prêtre Gras était le père de cet enfant. — Depuis, Marie Virgile épouse Honoré Virgile, son cousin. Un enfant naît de cette union en 1780. — Mais le mari s'apercevant que des liaisons continuent d'exister entre le prêtre Gras et sa femme, quitte celle-ci qui fait prononcer son divorce pour cause d'abandon. — Alors, et le 11 flor. an 2, Marie Virgile épouse le prêtre Gras; les époux déclarent, dans l'acte de mariage, reconnaître et légitimer leur fille naturelle, *Françoise-Madelaine*; ils font rectifier son acte de naissance, ils l'élèvent comme leur fille, et la marient sous ce nom à un sieur Rébecqui. — An 9, la dame Gras décède, instituant ses deux enfants pour ses héritiers par moitié, et léguant à son mari l'usufruit de ses biens.

Virgile fils se porte héritier avec la dame Rébecqui, qu'il qualifie sa sœur; il vend avec elle un immeuble de la succession; il règle avec elle et le sieur Gras le partage des fruits des biens. — An 1807, il décède. La dame Rébecqui, se disant sa sœur et son unique héritière, requiert la levée des scellés. — Les collatéraux contestent la légitimité de cette dame, et, par suite, son droit de succéder, nonobstant les reconnaissances du frère décédé; ils prétendent que le vœu de célibat par lequel le prêtre Gras était lié à l'époque où elle a été conçue, l'avait dès lors et pour toujours rendue inhabile à être légitimée par le mariage subséquent. — Le 11 mars 1808, le tribunal de Moulin-en-Gilbert admet ce système.

Appel, et le 15 mars 1809, arrêt de la cour de Bourges qui infirme en ces termes: « Considérant qu'à la vérité le sieur de Virgile fils avait reconnu la dame Rébecqui pour sa sœur, et que ses héritiers ne peuvent avoir plus de droits que celui qu'ils représentent; mais que cette règle ne s'applique jamais qu'aux effets relatifs à l'intérêt des parties contractantes; que des conventions privées ne peuvent rien sur des objets relatifs à l'ordre public, et que l'état des personnes est évidemment dans ce cas: — Considérant que la reconnaissance des père et mère atteste suffisamment l'identité; qu'au surplus on n'a produit ni preuves, ni le plus léger adminicule contraire; que la fraude ne se présume pas; qu'ainsi tout se réduit à des craintes vagues, des soupçons allégués que rien ne justifie, et qui, au surplus, sont écartés par le témoignage unanime du père, de la mère, du frère, et même par le silence des intimés sur ce fait devant les premiers juges; — Considérant que les lois canoniques défendaient le mariage des prêtres, et qu'elles étaient reçues en France, mais qu'il y a plusieurs exemples de dispenses accordées par le pape à des ecclésiastiques engagés dans les ordres, d'où résultait pour eux la permission de se marier; — Qu'à la vérité ces exemples sont rares; mais que le pouvoir de dispenser résidant dans le souverain pontife, lui seul avait droit de juger la gravité des cas; qu'ainsi il pouvait étendre cette mesure suivant qu'il le jugeait convenable à l'intérêt de la religion, des familles et des mœurs; — Que tel est l'effet du mariage, qu'il légitime les enfants nés antérieurement lorsqu'il n'y avait pas, au temps de la conception, impossibilité que les parents fussent unis, et que, dans cette matière, la possibilité des dispenses ne permet pas de dire que le mariage est impossible; — Qu'en vain on voudrait distinguer entre l'annulation des vœux et la simple dispense pour admettre ou rejeter la légitimation des enfants; qu'il est de règle, au contraire, que la légitimation ait lieu dans les deux cas, puisque, par exemple, dans l'espèce de parents aux degrés prohibés, le mariage avec simples dispenses avait cet effet de légitimer des enfants incestueux; — Qu'il en est de même de la différence qu'on voudrait établir entre les dispenses faciles ou difficiles à obtenir pour accorder ou contester la légitimation des enfants nés antérieurement; qu'une telle distinction est chimérique; qu'elle ne repose sur aucune loi, sur aucun motif plausible; que la raison et la saine doctrine se réunissent pour établir que les dispenses effacent les vœux ou les liens de parenté, et placent les individus qui les obtiennent comme s'ils eussent été toujours libres et étrangers l'un à l'autre; qu'ainsi, dans tous les cas possibles, le mariage avec dispense produit les mêmes effets, et par conséquent la légitimation des enfants; — Que la loi du 13 fév. 1790, et la constitution de 1791, ont déclaré

le mariage de ses père et mère et qu'ainsi il ne puisse plus personnellement profiter de la légitimation; mais, s'il a laissé des enfants, lesquels sont bien légitimes par rapport à lui, nous le supposons, mais ne sont pas plus que lui légitimes par rapport à leurs aïeul et aïeule, la légitimation profitera-t-elle à ces enfants et créera-t-elle le lien de parenté légitime entre eux et les autres membres de la famille? Cette question était autrefois controversée. La plupart des auteurs la résolvaient affirmativement, notamment Bartholе, Perez et Pothier, Contrat de mariage, n° 413. Mais il paraît que quelques autres anciens interprètes avaient soutenu l'opinion contraire. On peut voir dans Fachin, Contor. 3, 56, l'indication des auteurs qui s'étaient prononcés dans l'un ou l'autre sens. Cette question ne peut plus s'élever aujourd'hui. Elle a été tranchée par l'art. 332, qui porte que « la légitimation peut avoir lieu, même en faveur des enfants décédés qui ont laissé des enfants; et, dans ce cas, elle profite à ces descendants. »

ART. 2. — *Conditions et formes de la légitimation.*

463. La première condition nécessaire pour que la légitimation s'opère, c'est la célébration d'un mariage régulier. En effet, un mariage nul, n'ayant pas la puissance de produire pour l'avenir des enfants légitimes, ne peut, à plus forte raison, conférer une légitimité de faveur aux enfants naturels nés antérieurement. Ceci nous amènerait à examiner si le mariage putatif, c'est-à-dire le mariage qui, bien que nul, produit cependant les effets civils à raison de la bonne foi des époux ou de l'un d'eux, opère la légitimation des enfants naturels. Mais cette question a été traitée au mot Mariage, n° 606.

464. Tout mariage régulier opère ou peut opérer la légitimation des enfants naturels, même le mariage *in extremis* ainsi que les mariages *secrets*, que l'ord. de 1639, art. 6, et l'édit de mars 1697 dépouillaient autrefois de tous effets civils, mais qui aujourd'hui produisent les mêmes effets que tous autres mariages, lorsque, d'ailleurs, ils ont été contractés suivant les règles tracées au tit. 5 c. nap., ainsi qu'il résulte clairement des travaux préparatoires de ce code (Locré, Législ. civ., t. 6, p. 29 et 98; V. aussi Merlin, Rép., v° Légitimation, sect. 2, § 2, n° 3; Proudhon, t. 2, p. 165; MM. Zachariæ, édit. Massé et Vergé, t. 1, p. 311, note 3; Demolombe, t. 5, n° 358). — Il ne faut pas confondre les mariages *secrets*, c'est-à-dire qui, bien que contractés suivant les formes et conditions prescrites par la loi, ont été cachés pendant la vie des époux, avec les mariages *clandestins*, c'est-à-dire avec les unions irrégulières que la société n'a jamais connues, qui n'ont été célébrées devant aucun officier public, et qui ont été constamment ensevelies dans le mystère et les ténèbres. Les premiers sont parfaitement réguliers; mais les seconds n'ont aucune valeur civile, ne produisent aucun effet légal et sont assimilés au concubinage. — V. Mariage, n°s 550 et suiv.

465. Si, depuis la conception ou la naissance des enfants naturels, l'une des parties avait contracté un autre mariage, pourrait-elle, après la dissolution de ce mariage, légitimer ces enfants en épousant l'autre partie? L'existence du mariage intermédiaire serait-elle un obstacle à la légitimation? — On décidait généralement, dans l'ancien droit, que la légitimation s'opérait, dans ce cas, nonobstant le mariage intermédiaire. La seule objection qui eût été faite contre cette opinion reposait sur le principe que, la légitimation étant une fiction qui fait remonter le mariage au temps de la conception, elle ne saurait s'appliquer au cas où, dans l'intervalle, il y aurait eu mariage avec un tiers. La légitimation est une fiction de la loi : oui, sans doute; c'est ce qu'on peut dire pour la montrer dans ses conséquences en tous points semblable à la légitimité; mais en induire qu'elle ne peut avoir lieu qu'autant qu'en tous points elle s'adaptera à la légitimité, c'est accorder à une définition donnée pour la clarté de la doctrine une importance que ne saurait jamais lui attribuer la loi. Aussi les auteurs s'étaient-ils accordés à la lui refuser. « Personne ne doute, dit Pothier, Contr. de mar., n° 421, que le mariage a la force de légitimer les enfants nés du commerce charnel que les parties ont eu auparavant ensemble, quoique l'une d'elles, depuis ce commerce, en ait contracté un autre avec une autre personne, après la dissolution duquel elles se sont mariées ensemble » (V. aussi Bretonnier sur Henrys, t. 3, p. 786). — On résout aujourd'hui la question dans le même sens. En effet, aucune disposition du code ne refuse, dans ce cas, au mariage ses effets ordinaires; et il n'y a pas de raison pour suppléer, sur ce point, à son silence. C'est ce que décident, au surplus, Merlin, Rép., v° Légitimation, sect. 2, § 2, n° 11; Toullier, t. 2, n° 923; MM. Duranton, t. 3, n° 172; Zachariæ, édit. Massé et Vergé, t. 1, *loc. cit.*; Demolombe, t. 5, n° 360; Allemand, t. 2, n° 655.

466. Pour que le mariage opère la légitimation des enfants naturels, il est nécessaire que ces enfants aient été reconnus avant le mariage ou qu'ils le soient dans l'acte de célébration. Cette condition est positivement exigée par l'art. 331. Après avoir dit que les enfants nés hors mariage, autres que ceux nés d'un commerce incestueux ou adultérin, pourront être légitimés par le mariage subséquent de leurs père et mère, cet article ajoute : « lorsque ceux-ci les auront légalement reconnus avant leur mariage, ou qu'ils les reconnaîtront dans l'acte même de célébration. » Ainsi, une fois le mariage célébré, une fois l'acte dressé et revêtu de toutes les formalités requises, les enfants naturels qui n'ont pas été reconnus encore ne peuvent plus l'être utilement; ils ne peuvent, par conséquent, être légitimés. Nous avons vu plus haut (n° 442) à la suite de quelle discussion et par quels motifs cette règle fut adoptée. Nous ne reviendrons pas sur ce sujet.— Il a été jugé, par application de cette disposition : 1° que l'enfant qui n'a été reconnu que pendant le mariage n'a pas été légitimé par ce mariage, bien qu'on invoque en sa faveur une longue possession d'état, bien que deux frères de son père, membres du conseil de famille, l'eussent reconnu pour légitime; que, dès lors, les héritiers du père, autres que ceux qui étaient membres du conseil de famille, sont habiles à se porter ses héritiers et à forcer la veuve à représenter les actes d'inventaire et vente faits après le décès de son mari (Douai, 13 mai 1816) (1); —

ne plus reconnaître les vœux contraires au droit naturel et à la liberté; — Que l'objet de ces lois étant bien plus étendu qu'une simple dispense, leur effet doit être au moins le même; que dès lors le mariage des prêtres est devenu permis, et avec lui la légitimation; — Que, s'il en était autrement, la loi, loin d'être un bienfait pour eux, serait oppressive et injuste, puisque ne pouvant, comme autrefois, recourir au pape pour obtenir dispense, il n'y aurait plus pour les prêtres aucun moyen de contracter mariage et de légitimer leurs enfants; — Considérant, au surplus, que depuis 1791 le mariage n'est plus, en législation, qu'un contrat civil; que la loi ne s'occupant pas de vœux religieux, l'exception qu'elle prononce contre les enfants adultérins ne peut s'appliquer qu'aux enfants nés de personnes engagées d'ailleurs dans les liens du mariage; qu'ainsi une qualification d'adultère, fondée sur des vœux religieux, est hors des termes de la loi et du domaine des tribunaux. »

Pourvoi des héritiers Virgile.

LA COUR; — Attendu qu'en déclarant que Françoise-Madelaine Gras, née le 17 mai 1778, avait pu être reconnue et légitimée par l'acte de mariage célébré le 11 flor. an 2, entre Marie-Madelaine de Virgile et François Gras, ses père et mère, quoiqu'à l'époque de sa naissance ledit Gras eût été engagé dans l'ordre de prêtrise; et en lui adjugeant, en qualité de sœur utérine de Pierre-Joseph-Honoré de Virgile, fils issu du mariage de sa mère avec Honoré de Virgile, la totalité de sa succession, la cour de Bourges n'a pu contrevenir à aucune loi; — Rejette, etc.

Du 22 janv. 1812.-C. C., sect. civ.-MM. Muraire, 1er pr.-Cochard, rap.-Merlin, 1er av. gén., c. conf.-Guichard et Loiseau, av.

(1) *Espèce* :—(Min. Potel C. hér. Potel.)—Jugement ainsi conçu : « Considérant que l'art. 331 c. civ., n'admet que deux manières de légitimer les enfants naturels : celle qui a lieu de plein droit par le mariage subséquent de eurs père et mère, quand ceux-ci les ont légalement reconnus avant le mariage, et celle qui se fait par leur reconnaissance dans l'acte même de la célébration; — Qu'Augustin-Hippolyte et François-Joseph-Maxime Potel n'ont pas été reconnus par Joseph Potel avant son mariage avec Séraphine-Antoinette-Joseph Poirier, conformément à l'art. 334 même code, auquel l'art. 331 précité se réfère, en exigeant une reconnaissance légale, et qu'ils ne l'ont pas été par l'acte de célébration du mariage du même Potel; que la reconnaissance faite par Potel, postérieurement à son mariage, par acte de l'état civil, en date du 9 nov. 1809, où sa femme n'est pas comparue, ne peut rien opérer en faveur des mineurs Potel, ni leur conférer le titre d'enfants légitimes ni les droits qui leur seraient attribués en cette qualité; qu'en vain leur tuteur invoque l'art. 321 du code, en articulant la possession d'état de ses pupilles comme

2° Que la légitimation de l'enfant naturel dont les père et mère sont décédés dans l'intervalle qui s'est écoulé entre la loi du 12 brum. an 2 et la promulgation du code Napoléon étant régie par ce code, il s'ensuit que l'enfant naturel né sous la loi du 12 brum. an 2, et dont les père et mère se sont mariés sous l'empire de cette loi, sans l'avoir reconnu précédemment et sans le reconnaître dans l'acte de célébration de leur mariage, conformément à l'art. 331 c. nap., ne peut se prétendre légitimé par le mariage subséquent de ses père et mère (Cass. 12 avr. 1820) (1); —3° Que, lorsqu'une femme, ayant un enfant naturel, vient à se marier, et que, dans le contrat de mariage, l'homme qu'elle épouse et elle-même déclarent adopter cet enfant et vouloir qu'il ait les mêmes droits que ceux qui naîtraient de leur union, l'enfant ainsi gratifié ne peut présenter ce genre d'adoption comme équivalent à une légitimation par mariage et comme devant produire les mêmes effets (Metz, 19 janv. 1826) (2).

467. Bien que l'art. 331 paraisse exiger, comme condition de la légitimation, que l'enfant ait été reconnu par le père et la mère qui contractent mariage, il a été décidé cependant qu'un enfant naturel, reconnu dans son acte de naissance par le père, avec désignation de la mère, est légitimé par le mariage subséquent du père et de la mère désignée, bien que cette dernière n'avait point été partie dans l'acte de naissance (Douai, 19 nov. 1845, aff. Silvin, D. P. 45. 4. 278).

468. Si l'on prenait à la lettre les expressions dont se sert l'art. 331, on pourrait penser que la loi n'attribue au mariage subséquent la vertu de légitimer les enfants naturels qu'autant que la reconnaissance de ces enfants par leurs père et mère a été spontanée et volontaire. Mais nous ne croyons pas que cette interprétation restrictive doive être admise. La volonté du législateur a été seulement, à notre avis, d'exiger que la filiation des enfants soit établie d'une manière légale vis-à-vis de leurs père et mère. Ainsi, il suffirait que cette filiation eût été établie en justice, ainsi qu'elle peut l'être à l'égard de la mère dans tous les cas, aux termes de l'art. 341, et à l'égard du père dans le cas prévu par l'art. 340. — Il a été jugé, conformément à cette doctrine, que, la recherche de la maternité étant admise, la preuve de la filiation et la reconnaissance judiciaire qui en résulte ont tous les effets d'une reconnaissance volontaire (Paris, 27 juin 1812, aff. Levassor, V. *infrà*, n° 648-8°).

---

enfants légitimes de Jacques Potel et de Séraphine Poirier, et en prétendant que la reconnaissance légale dont parle l'art. 331, sans dire qu'elle sera rédigée par écrit, ne peut être autre que celle résultant dudit art. 321, qui est bien légale en ce qu'elle est établie par la loi, parce que ce dernier article, qui indique de quelle manière doit s'établir la possession d'état nécessaire, à défaut de titre, pour prouver la filiation, ne peut servir qu'aux enfants légitimes, puisqu'à l'égard des enfants nés hors de mariage, la recherche de la paternité étant interdite, la possession d'état devient inutile, et qu'il est indispensable qu'ils justifient d'une reconnaissance authentique, soit pour réclamer les droits que la loi leur accorde, soit pour être légitimés, à moins que, dans ce dernier cas, la reconnaissance ne soit consignée dans l'acte de célébration de mariage de leurs père et mère; — Qu'Antoine-Félix, Charles-Alexis et Catherine-Amable Potel, frères et sœur de Jacques Potel, n'ont pas comparu au procès-verbal de nomination du subrogé tuteur, tenu devant le juge de paix du canton d'Hesdin, le 24 oct. 1810, et duquel il résulterait que les mineurs Potel auraient été reconnus par Pierre-François et Jean-Baptiste Potel comme enfants légitimes de leur frère Jacques; que cette prétendue reconnaissance, en la supposant suffisante pour opérer une fin de non-recevoir contre les susnommés Pierre-François et Jean-Baptiste Potel, s'ils étaient seuls et uniques héritiers de Jacques Potel, ne peut être opposée ni préjudicier aux droits d'Antoine-Félix, Charles-Alexis et de Catherine-Amable Potel, pour réclamer la succession de leur frère, et ne peut même nuire à ceux desdits Pierre-François et Jean-Baptiste Potel, puisque, dans l'espèce, les mineurs sont sans intérêt, par la raison que leurs droits sur l'hérédité de Jacques Potel n'en sont pas plus considérables, soit que Pierre-François et Jean-Baptiste prennent une part dans la succession, soit qu'ils n'en prennent aucune; — Que, les mineurs Potel ne pouvant être considérés comme enfants légitimes de Jacques Potel, les demandeurs sont habiles à se dire et porter héritiers de ce dernier, et sont par conséquent fondés dans leur action tendant à ce que la veuve Potel soit tenue de leur représenter les inventaires et ventes faits après le décès de son mari, et autres titres dépendant de la succession, pour par eux prendre telle qualité qu'ils aviseront; — Reçoit Jean-Baptiste Leflond, en sa qualité de tuteur spécial d'Augustin-Hippolyte et de François-Joseph-Maxime Potel, partie intervenante; et, sans s'arrêter ni avoir égard à son intervention, faisant droit au principal, ordonne que, dans les trois jours de la signification du présent jugement, la veuve Potel communiquera à l'amiable aux demandeurs, sinon par la voie du greffe : 1° l'inventaire qu'elle a fait faire de tout ce qui a composé la communauté qui aurait existé entre elle et son feu mari; 2° la vente qu'elle aurait faite du mobilier de cette communauté; 3° enfin tous les titres de propriété qu'elle aurait en sa possession des immeubles propres audit Jacques Potel, de manière que lesdits Potel, demandeurs, puissent acquérir une connaissance assez intime sur la succession de Jacques leur frère, pour se décider à l'accepter purement et simplement, ou sous bénéfice d'inventaire, ou à y renoncer; condamne le sieur Leflond aux dépens de son intervention envers toutes les parties, les dépens de la demande principale réservés. » — Appel.

La cour; — Adoptant les motifs, etc., a mis l'appel au néant.

Du 15 mai 1816.-C. de Douai, 1re ch.-MM. Martin et Després, av.

(1) (Hérit. Salomon C. Salomon.) — La cour (après délib. en la ch. du cons.); — Vu les art. 1 et 3 de la loi du 14 flor. an 11 et l'art. 331 c. civ.;—Attendu que Simon-Pierre Salomon est décédé le 14 pluv. an 3, et par conséquent dans l'intervalle qui s'est écoulé entre la promulgation de la loi du 12 brum. an 2 et la promulgation du code civil; que d'après l'art. 1 de la loi du 14 flor. an 11, l'état et les droits des enfants nés hors mariage, dont les père et mère sont morts dans ce temps intermédiaire, ont dû être réglés par le code civil; que cette loi n'a fait qu'appliquer aux enfants naturels dont les père et mère étaient morts dans ce temps intermédiaire, la même règle déjà prescrite par l'art. 10 de la loi du 12 brum. an 2, à l'égard des enfants naturels dont les père et mère seraient encore existants lors de la promulgation du code civil; que, suivant l'art. 331 de ce code, pour que les enfants nés hors mariage soient légitimés par mariage subséquent de leurs père et mère, il est impérieusement nécessaire que ceux-ci les aient reconnus avant leur mariage, ou dans l'acte même de célébration; que le défendeur à la cassation n'a été reconnu ni dans aucun acte antérieur au mariage de Simon-Pierre Salomon avec Louise Chapous, ni dans l'acte de célébration dudit mariage, du 10 pluviôse an 3; qu'il reconnaît lui-même d'après son acte de naissance, en date du 25 germinal an 3, être né hors mariage; qu'il prétend néanmoins être devenu fils légitime de Simon-Pierre Salomon par l'effet du mariage subséquent dudit Salomon avec Louise Chapous;

Qu'il s'agissait par conséquent, dans la cause, de l'état d'un enfant naturel, puisqu'on invoquait la légitimation par mariage subséquent; que, dès lors, dès que Simon-Pierre Salomon était décédé le 14 pluviôse an 3, sans avoir jamais reconnu le défendeur à la cassation, l'état et les droits de ce dernier devaient être réglés par le code civil; que, sous ce rapport, la recherche de la paternité était interdite; que, sous ce rapport encore, la légitimation n'aurait pu être que le résultat d'une reconnaissance faite dans un acte antérieur au mariage, ou dans l'acte même de célébration; que les actes judiciaires, dont la cour royale de Nîmes a induit que la famille Salomon avait reconnu, dans le défendeur à la cassation, la qualité de fils de Simon-Pierre Salomon, sont évidemment insuffisants pour lui conférer cette qualité; qu'il faut en effet, d'après l'art. 3 de la loi du 14 flor. an 11, que l'état et les droits des enfants naturels aient été définitivement réglés par des conventions et des jugements passés en force de chose jugée, pour que cet état et ces droits soient irrévocablement acquis; que les qualités données à Louise Chapous dans des exploits et dans des actes judiciaires relatifs à une instance où il ne s'agissait pas directement de l'état et des droits du défendeur, ne présentent pas un règlement définitif de cet état et de ces droits; qu'il résulte, au contraire, et de l'arrêt attaqué et des aveux du défendeur, que, malgré les qualités données à Louise Chapous dans lesdits exploits, la famille Salomon s'est maintenue exclusivement en possession de la totalité des biens en litige; que, sous ces divers rapports, la cour de Nîmes a violé les art. 1 et 3 de la loi du 14 flor. an 11, l'art. 10 de la loi du 12 brum. an 2 et l'art. 331 c. civ.;—Casse.

Du 12 avr. 1820.-C. C., sect. civ.-MM. Brisson, pr.-Vergès, rap.-Jourde, av. gén., c. conf.-Chauveau et Barrot, av.

(2) (Tabouret C. Tabouret.) — La cour; — Attendu que Dominique Bertin n'a point formellement et explicitement reconnu, dans son contrat de mariage du 19 sept. 1802, que Jean-François Tabouret fût son fils naturel, né de lui et de Marguerite Tabouret; que dès lors, et à défaut de cette reconnaissance, qui n'a d'ailleurs pas eu lieu non plus dans l'acte de célébration du mariage, ledit Jean-François Tabouret n'a point été légitimé; — Attendu, d'un autre côté, que ledit Dominique Bertin n'a sans doute pas eu l'intention d'opérer cette légitimation, puisqu'il s'est contenté d'adopter Jean-François Tabouret, auquel aussi il n'a pas fait prendre son nom; — Attendu que le sort de Jean-François Tabouret a été fixé alors, et n'a pu changer par l'effet de quelques actes que ce soit qui seraient intervenus depuis; qu'il se prévaut en vain à cet égard du partage du 19 fév. 1821..., — Met l'appellation au néant; — Ordonne que le jugement, quant à ce, sortira effet.

Du 19 janv. 1826.-C. de Metz; aud. sol.-M. d'Hannoncelles, 1er pr.

469. Mais, pour que le jugement déclaratif de paternité ou de maternité produise son effet, est-il nécessaire qu'il ait été rendu avant le mariage? Ainsi l'enfant qui, n'ayant été reconnu par aucun des deux époux avant le mariage, aurait obtenu contre l'un et l'autre, depuis la célébration, un jugement déclaratif de paternité et maternité; ou bien celui qui, ayant été reconnu par l'un d'eux seulement avant le mariage, aurait, depuis la célébration, établi judiciairement sa filiation contre l'autre, serait-il recevable à prétendre qu'il a été légitimé par le mariage?

On peut dire que, dans ce cas, les raisons qui ont décidé le législateur à exiger que la reconnaissance fût antérieure ou au moins concomitante à la célébration du mariage n'existent pas; qu'en effet la fraude des époux n'est point à craindre, puisque c'est contradictoirement avec eux que la filiation est constatée; que, sous ce rapport, la déclaration judiciaire de paternité ou de maternité présente plus de garanties, emporte avec elle une plus forte présomption de vérité qu'une reconnaissance volontaire même faite antérieurement au mariage, puisqu'il est possible que cette reconnaissance ne soit qu'un acte de complaisance ou un mensonge intéressé. On peut ajouter que l'enfant a eu, dès sa naissance, le droit acquis de rechercher sa mère et son père dans le cas de l'art. 340; que ce droit était inaliénable, imprescriptible; que le mariage de ses père et mère n'a pu le lui enlever; que dès lors le jugement intervenu en sa faveur doit faire produire à la constatation légale de sa filiation les mêmes effets que si cette constatation avait été faite antérieurement au mariage; qu'ainsi l'enfant a, dans ce cas, le droit d'invoquer le bénéfice de la légitimation. Cette doctrine est enseignée par M. Duranton, t. 3, n° 180. Si elle n'est pas positivement professée par M. Valette, on peut du moins induire de l'opinion exprimée par cet auteur sur les effets de la reconnaissance judiciaire intervenue pendant le mariage du père ou de la mère avec une autre personne, que tel est son sentiment. «Il nous semble, dit-il (sur Proudhon, t. 2, p. 146, note *a* 2), que la mère de l'enfant, ou même le père, dans le cas où la recherche de la maternité est admise par exception, ne peut, en contractant mariage, enlever à l'enfant le droit, qui lui était acquis, de faire constater son état pour obtenir la jouissance complète des avantages qui y sont attachés.»

470. Quelque spécieuse que soit cette doctrine, nous croyons qu'elle doit être repoussée comme contraire à la volonté du législateur. Dans le silence de la loi sur les effets de la reconnaissance judiciaire par rapport à la légitimation, ce qu'on peut admettre c'est que cette reconnaissance doit produire les mêmes effets que la reconnaissance volontaire; mais elle n'en doit pas produire de plus étendus. Or le législateur a exigé que la reconnaissance précédât ou du moins accompagnât la célébration du mariage pour que la légitimation s'opérât; il a voulu que le rapport de filiation qui unit l'enfant à ses père et mère fût légalement constaté au moment du mariage; et il l'a voulu, non pas seulement pour éviter la fraude, mais encore afin que les parties, en se mariant, connussent bien la portée de l'acte qu'elles accomplissent; donc, lorsqu'au lieu d'avoir été constatée avant le mariage la filiation ne l'a été, de quelque manière que ce soit, qu'après sa célébration, la légitimation ne doit pas s'opérer. En vain soutient-on que l'enfant avait le droit acquis de faire constater judiciairement, soit sa maternité, soit sa paternité dans le cas de l'art. 340; ce droit, il le tenait de la loi; c'est donc dans la loi qu'il faut chercher à quelles conditions il est soumis, suivant quelles règles il doit être exercé, enfin quels effets il peut produire; or nous ne voyons nulle part que, s'il a été exercé après le mariage, il doive avoir pour conséquence la légitimation; nous voyons plutôt le contraire dans l'art. 321. Ajoutons que peut-être il n'est pas tout à fait exact de dire que, dans le système que nous combattons, nulle fraude ne soit à craindre, puisqu'il pourrait arriver que les époux ou celui des deux qui a été actionné, au lieu d'opposer à la demande de l'enfant une défense sérieuse, se laissassent, par collusion, condamner très-volontiers. Cette doctrine a été adoptée par MM. Delvincourt, t. 1, note 2 de la page 91; Favard, v° Légitimation, § 2, n° 1; Zachariæ, édit. Massé et Vergé, t. 1, p. 312, note 7; Demolombe, t. 5, n° 363; Marcadé, sur l'art. 331, n° 1; V. cependant MM. Massé et Vergé sur Zachariæ, *loc. cit.*

471. La déclaration par laquelle des parents légitiment un enfant né avant leur mariage atteste suffisamment l'identité de cet enfant avec celui qui est né d'eux (Bourges, 15 mars 1809, rapporté avec rej., 22 janv. 1812, aff. Virgile, V. *suprà*, n° 461).

472. Lorsque l'enfant a été légalement reconnu, soit avant le mariage, soit dans l'acte même de célébration, la légitimation s'opère de plein droit par le seul effet du mariage, sans qu'il soit nécessaire que les époux en expriment la volonté, sans même qu'il soit en leur pouvoir d'y mettre obstacle. Les père et mère sont libres de reconnaître ou de ne pas reconnaître l'enfant, sauf pour celui-ci le droit de rechercher sa maternité et même sa paternité dans le cas d'enlèvement; ils sont libres de contracter ou de ne pas contracter mariage; mais dès que ces deux conditions, la reconnaissance et le mariage, se trouvent réunies, c'est la loi elle-même qui déclare l'enfant légitime sans le concours d'aucune volonté et même nonobstant toute volonté contraire (V. Pothier, Contr. de mar., n° 422; MM. Duranton, t. 3, n°s 179 et 189; Valette sur Proudhon, t. 2, p. 167; Zachariæ, éd. Massé et Vergé, t. 1, p. 310, note 2; Marcadé, sur l'art. 331; Demolombe, t. 5, n° 365).—M. Richefort, à la vérité, prétend (t. 2, n°s 195, 196) qu'il est nécessaire que les époux déclarent expressément, dans l'acte de célébration du mariage, que leur intention est de légitimer l'enfant qu'ils ont reconnu; mais cette opinion, qui n'a été adoptée par aucun autre auteur, est tout à fait inadmissible.

L'enfant, de son côté, ne peut répudier le bénéfice de la légitimation, qui est tout à fait indépendante de sa volonté. Les dispositions du droit romain qui ne permettaient pas de légitimer un enfant naturel contre son gré n'ont point passé dans notre droit.

473. Mais si la légitimation ne peut être ni déniée à l'enfant ni répudiée par l'enfant, il en est autrement de la reconnaissance, dont la véracité peut être contestée, soit par l'enfant, soit par les tiers. — Ainsi, jugé 1° qu'un acte de légitimation peut être querellé par le légitimé, s'il lui donne un état contraire à son acte de naissance et à sa possession d'état antérieure (Paris, 28 déc. 1811) (1); — 2° Que la présomption légale de paternité

(1) *Espèce :* — (Delétang C. Tissidre.) — Le 25 juin 1784, un enfant est baptisé sous le nom d'Antoinette-Marie-Jeanne, « fille de Marie-Madeleine Mouroy et d'Antoine Delétang, marchand, demeurant rue du Colombier. Parrain, Jacques Dutertre, négociant; marraine, Jeanne-Marguerite Infraye, épouse de Charles Lebreton, maître en chirurgie... Le père absent. » — Le 18 juill. 1791, acte de mariage de Pierre Tissidre et de Marie-Madeleine Regnaud, à la suite duquel on lit : « Et à l'instant les susdits comparants ont reconnu être issue de leurs faits et œuvres une fille née le 24 juin 1784, et baptisée le lendemain en la paroisse de Saint-Sulpice, sous les noms d'Antoinette-Marie-Jeanne, fille d'Antoine Delétang, marchand, demeurant rue du Colombier, et de Marie-Madeleine Mouroy, et ont signé. » Tissidre et sa femme mettent Antoinette dans une pension. — 29 flor. an 2, mort de la femme Tissidre. — Assemblée du conseil de famille, qui nomme Tissidre tuteur d'Antoinette. — Tissidre convole à de secondes noces, son contrat de mariage reconnaît encore Antoinette comme étant issue de lui et de la fille Regnaud; il stipule qu'elle serait nourrie, logée et entretenue aux frais de la communauté. — Tissidre, devenu veuf, ayant contracté un troisième mariage, même reconnaissance et stipulation au profit d'Antoinette. — Tissidre avait acheté, sous le nom de mademoiselle Mouroy, des actions de la caisse Lafarge. Voulant les faire liquider au nom d'Antoinette, il fit ordonner la rectification de son acte de naissance par jugement de flor. an 10. — Enfin, la succession d'un fils de Tissidre s'étant ouverte, un acte de notoriété, du 11 vend. an 11, attesta qu'Antoinette était issue du mariage de Tissidre avec une demoiselle Regnaud. — A la suite de ces actes, Alexandrine, autre fille de Tissidre, étant morte, une instance s'ouvrit pour le partage de son hérédité. Une dame Decan y forma opposition. — Antoinette intervint, et déclara que, n'étant point la fille de Tissidre, elle n'avait à former aucune prétention sur la succession dont il s'agissait. Bientôt après elle dirigea son action contre Tissidre, en formant tierce opposition au jugement du 29 flor. an 10, qui avait ordonné la rectification de son acte de naissance. — Tissidre résiste.

Jugement qui ordonne que la rectification inscrite en exécution dudit jugement du 29 flor. an 10, en marge de l'acte de naissance d'Antoinette, cessera de produire effet, etc. » — Appel. — Arrêt.

LA COUR; — Attendu que l'acte de naissance et la possession d'état d'Antoinette Delétang la présentent comme fille d'Antoine Delétang et de Marie-Madeleine Mouroy; que, dès lors, Pierre Tissidre et Marie-Madeleine Regnaud n'ont pas pu, par un mariage et une reconnaissance postérieurs, lui donner, malgré elle, un état autre que celui qui résultait de son acte de naissance et de sa possession conforme; — Met l'appel-

établie par l'art. 312 en faveur des enfants légitimes est attachée au fait de la conception pendant le mariage et ne s'applique pas aux enfants légitimés; qu'en conséquence, toute personne ayant intérêt dans le sens de l'art. 339 peut être admise à prouver que la reconnaissance qui a précédé la légitimation est frauduleuse et n'a été pratiquée, par le prétendu père, que pour arriver, par exemple, à la révocation d'une donation qu'il avait précédemment consentie (Bordeaux, 10 avril 1843) (1); — 3° Que si la filiation légitime est, en vertu d'une présomption légale, placée au-dessus de toute contestation, sauf le cas de désaveu, il n'en est pas de même de la filiation des enfants légitimés par mariage subséquent : que la reconnaissance qui sert de base à cette légitimation de paternité est sujette à la contestation autorisée par l'art. 339 c. nap., et notamment à celle qu'élèverait celui qui prétendrait être lui-même père naturel de l'enfant légitimé à son préjudice; et que cette contestation est surtout admissible dans le cas où la légitimation a eu lieu postérieurement à l'introduction du litige (Req. 10 fév. 1847, aff. Leroux, D. P. 47. 1. 49); — 4° Que, lors même que la reconnaissance d'un enfant naturel a été suivie de légitimation par mariage subséquent, les tiers qui y ont intérêt sont recevables à contester cette reconnaissance pour faire tomber la légitimation : qu'on objecterait en vain que, l'enfant légitimé étant assimilé à l'enfant légitime, son état ne peut pas plus être attaqué, lorsqu'il représente son acte de naissance et l'acte de célébration du mariage de ses auteurs, que celui de l'enfant légitime qui a pour lui son acte de naissance et l'acte de mariage de ses père et mère (Toulouse, 13 mars 1845, aff. Houlié, D. P. 1845, 2. 144); — 5° Que l'art. 322 c. nap., qui ne permet pas de contester l'état de celui qui a une possession conforme à son titre de naissance, est exclusivement applicable à l'enfant légitime, et qu'on ne saurait en étendre le bénéfice, même aux enfants naturels reconnus qui auraient été légitimés; et que, cet article leur serait-il applicable, que l'enfant inscrit comme né de père inconnu, ne pouvant, bien que depuis reconnu et légitimé, avoir titre de naissance dans le sens de l'art. 322, serait encore non recevable à l'invoquer (Douai, 6 juin 1852, aff. Protat, D. P. 52. 2. 221).

474. L'enfant naturel ne peut opposer aux parents qui contestent sa légitimation, des exploits et actes judiciaires dans lesquels ils auraient donné à sa mère la qualité de tutrice légale, et auraient ainsi reconnu sa filiation, lorsque l'instance où ces exploits et ces actes ont été faits n'avait pas directement pour objet l'état et les droits de cet enfant. — On ne pourrait pas davantage appliquer à ces actes ce que porte l'art. 3 de la loi transitoire du 14 flor. an 11, portant que les conventions et les jugements passés en force de chose jugée, par lesquels l'état et les droits des enfants naturels auraient été réglés seront exécutés selon leur forme et teneur (Cass. 12 avril 1820, aff. Salomon, V. n° 466-2°).

475. Mais, suivant un arrêt, un collatéral (ou ses héritiers) qui a traité avec la femme et les enfants de son parent, en considérant celle-ci comme veuve du défunt et ceux-ci comme enfants légitimes, et particulièrement en gérant leurs biens pendant plusieurs années en qualité de tuteur nommé par le défunt, a pu justement être déclaré, après une longue possession d'état sur la foi de laquelle les enfants se sont mariés, s'être rendu non recevable à demander contre eux le délaissement des biens de la succession, en se fondant sur la nullité du mariage de leurs auteurs, ou sur le vice de l'acte de légitimation des enfants. En un tel cas, il y a eu de sa part acquiescement contre lequel on se prévaudrait en vain de l'art. 6 c. nap. (Req. 27 déc. 1831, aff. Duroc-Bérard, V. Mariage, n° 449).

476. En supposant que l'on puisse opposer à ceux qui contestent la filiation d'un enfant, la reconnaissance implicite ou formelle qu'ils auraient faite de cette filiation à une époque antérieure, ce qui ne saurait, au surplus, être admis que dans le cas où, à cette époque, ils auraient eu déjà intérêt à la contester, on ne devrait pas induire l'intention de faire une pareille reconnaissance du seul fait que ceux-ci (surtout si ce sont des collatéraux) auraient assisté à l'acte de mariage des parents de l'enfant, acte dans lequel celui-ci aurait été reconnu par les époux en vue de lui procurer le bénéfice de la légitimation (Douai, 6 juin 1852, aff. Protat, D. P. 52. 2. 221).

477. L'enfant naturel, né d'un étranger et d'une Française dans le pays du père, n'est légitimé par le mariage subséquent que ceux-ci y ont contracté qu'autant que le bénéfice de la légitimation est attaché à ce mariage par la législation à laquelle le père est soumis. ... Ainsi il n'est pas légitimé si le père est Anglais (Caen, 18 fév. (et non nov.) 1852, aff. Manoury, D. P. 53. 2. 61).—Les termes de l'arrêt laissent présumer que la cour n'aurait pas décidé autrement si le mariage eût été contracté en France; c'est là en effet une question de statut personnel.

Art. 3. — *Effets de la légitimation.*

478. Les effets de la légitimation sont déterminés par l'art. 333. « Les enfants légitimés par le mariage subséquent, porte cet article, auront les mêmes droits que s'ils étaient nés de ce mariage. » — Déjà, comme nous l'avons vu, il en était ainsi sous l'ancienne jurisprudence. La légitimation par mariage subséquent, différente en cela de la légitimation par lettre du prince, conférait aux enfants qui en étaient l'objet tous les droits qui appartiennent aux enfants légitimes.— Ainsi ce n'est pas seulement vis-à-vis de leurs père et mère que les enfants légitimés acquièrent des droits; c'est encore vis-à-vis de tous les membres de la famille, soit en ligne directe, soit en ligne collatérale. — Mais comme la légitimation est la conséquence du mariage, elle ne produit d'effet qu'à partir de sa célébration, et ne rétroagit point au temps qui a précédé. De là, il résulte que l'enfant légitimé ne peut élever aucune prétention sur les successions des

---

lation au néant; émendant, ordonne que ce dont est appel sortira effet, etc.
Du 28 déc. 1811.-C. de Paris, aud. sol.

(1) (Lambert C. veuve Matrat.) — La cour;........ — Attendu, au fond, que, quels que soient les droits accordés par l'art. 333 du code aux enfants légitimés par le mariage subséquent, il y a cependant une différence essentielle entre ces enfants et ceux qui sont conçus pendant le mariage, aux termes de l'art. 312; que ceux-ci sont investis du privilége de la légitimité par le seul fait de leur conception pendant le mariage, tandis que les premiers, jusqu'au moment de la légitimation, n'ont dû être considérés que comme enfants naturels, et qu'ils ne sont devenus légitimes que par la reconnaissance de leurs père et mère; qu'ils ne sont donc en réalité que des enfants naturels reconnus, et que, sous ce rapport, les tiers peuvent se prévaloir contre leur reconnaissance, des droits qui leur sont accordés par l'art. 339 du code; — Attendu que les faits articulés par les appelants sont de la plus grande gravité; que plusieurs circonstances de la cause les rendent vraisemblables, et que, prouvés qu'ils fussent, il en résulterait que la reconnaissance de l'enfant naturel d'Anne Berthé a été frauduleusement pratiquée pour parvenir à la révocation de l'acte qualifié donation, du 28 août 1838; que, sous ce rapport, il y aurait lieu d'admettre les appelants à la preuve des faits par eux articulés; mais que cette preuve devient superflue;

Attendu, en effet, que le caractère des contrats se détermine, non par leur qualification, mais par la substance de leurs clauses; — Attendu que toute donation suppose une libéralité; que si l'acte ainsi qualifié impose au prétendu donataire des charges qui équivalent à la valeur de l'objet donné, ce n'est plus un acte à titre lucratif, mais un acte à titre onéreux;

Attendu, en fait, que, par l'acte du 28 août 1838, Pierre Matrat ne s'était dépouillé que de la nue propriété des biens qu'il transmettait aux époux Lambert; qu'il s'en était réservé la jouissance pendant sa vie; qu'il est reconnu que ces biens n'étaient imposés que d'une somme de 14 fr. 51 c.; que les époux Lambert s'étaient obligés envers Pierre Matrat de le loger, nourrir, vêtir et soigner tant en santé qu'en maladie, dans leur domicile; d'acquitter toutes ses dettes, montant à 88 fr. 20 c.; que, d'autre part, il leur a fallu payer une somme de 295 fr.; que si l'on déduit 47 fr. pour la valeur du pauvre mobilier détaillé dans l'acte, il reste toujours certain que les époux Lambert ont été tenus de débourser une somme de 336 fr. 20 c.; que si l'on joint à cette somme les frais de logement, de nourriture et d'entretien de Pierre Matrat, il en résulte que les charges imposées aux époux Lambert étaient au moins l'équivalent de la valeur de la nue propriété des biens qui leur étaient transmis; qu'il faut donc reconnaître qu'on a vainement qualifié de donation l'acte du 28 août 1838; que c'est un acte commutatif et à titre onéreux; que, dès lors, l'art. 960 c. civ. ne peut lui être appliqué; — Faisant droit de l'appel interjeté par les époux Lambert du jugement du tribunal civil de Blaye du 26 juin 1840, les relaxe des fins et conclusions contre eux prises par la veuve Matrat, au nom qu'elle agit.

Du 10 avr. 1843.-C. de Bordeaux, 1re ch.-M. Roullet 1er pr.

membres de la famille ou sur les autres droits qui se sont ouverts avant le mariage. Ces successions et droits sont irrévocablement acquis à ceux qui, au moment où ils se sont ouverts, étaient capables de les recueillir.—Il a été jugé, en ce sens, que la légitimation par mariage subséquent n'a pas d'effet rétroactif, en ce sens qu'elle ne donne aucun droit sur une succession ouverte antérieurement; — *En d'autres termes :* que l'enfant conçu avant et né pendant le mariage de son père et de sa mère, n'est pas censé, à l'égard des tiers, avoir été légitimé du moment de la conception; qu'en conséquence, il ne succède pas à ceux de ses parents qui sont morts après sa conception, mais avant le mariage de ses père et mère (Cass. 11 mars 1811, et Paris, 21 déc. 1812, aff. Hesnaut, n° 81, et Riom, 3 juill. 1840, 2° ch., M. Tailhaud, pr., aff. Allary *C.* Lissac).

479. Il peut se faire que, depuis la conception des enfants naturels, mais avant le mariage par lequel ils ont été légitimés, un mariage intermédiaire ait existé, dont la dissolution ait rendu possible l'union des père et mère des enfants naturels. L'existence de ce mariage intermédiaire n'est pas, comme nous l'avons dit plus haut (n° 465), un obstacle à la légitimation. Mais on décidait autrefois que les enfants issus du mariage intermédiaire avaient le droit d'aînesse sur les enfants légitimés, quoiqu'ils fussent moins âgés que ces derniers; « car, disait-on, quoiqu'ils (les légitimés) soient venus au monde avant eux, ils ne sont néanmoins nés à la famille de leur père qu'après eux, par le second mariage que leur père a contracté avec leur mère : ce second mariage, qui les a légitimés, les fait réputer enfants de ce second mariage; or il serait absurde que des enfants du second mariage fussent les aînés de ceux du premier. »—V. Pothier, Contr. de mar., n° 425.

La question ne peut plus se présenter aujourd'hui pour le droit d'aînesse, qui n'existe plus; mais elle peut se présenter encore notamment pour les substitutions qui auraient été faites, en vertu de la loi du 17 mai 1826, au profit de l'aîné des enfants du grevé. On décide généralement que, dans ces cas, la doctrine des anciens auteurs devrait être appliquée, et qu'ainsi l'enfant issu du mariage intermédiaire devrait être réputé l'aîné (Merlin, Rép., v° Légitimation, sect. 2, § 3, n° 5; Toullier, t. 2, n° 930; MM. Duranton, t. 3, n° 184; Valette sur Proudhon, t. 2, p. 164, note *a*; Demolombe, t. 5, n° 370).

480. Mais M. Demolombe, *loc. cit.*, enseigne, avec raison selon nous, qu'il en serait autrement dans le cas où il s'agirait d'appliquer l'art. 13-3° et 4° de la loi du 21 mars 1832 sur le recrutement de l'armée, lequel porte que seront exemptés du service militaire : « ... 3° *L'aîné* d'orphelins de père et de mère; 4° le fils unique ou *l'aîné* des fils, ou, à défaut de fils ou de gendre, le petit-fils unique ou *l'aîné* des petits-fils d'une femme actuellement veuve, ou d'un père aveugle ou entré dans sa soixante-dixième année. » Dans l'esprit de cette loi et d'après le but qu'elle se propose, il s'agit évidemment de l'aîné d'âge, c'est-à-dire de celui des enfants qui est présumé le plus en état de soutenir sa famille.

481. Lorsque plusieurs enfants naturels ont été légitimés par le même mariage, lequel d'entre eux doit être réputé l'aîné? Il semble que, dans ce cas, comme ils naissent tous simultanément à la vie civile, on ne puisse dire que l'un soit l'aîné plutôt que l'autre. Aussi des doutes s'étaient-ils élevés sur ce point dans l'esprit de nos anciens auteurs (V. Bretonnier sur Henrys, t. 3, p. 787). Dumoulin, toutefois (des Fiefs, § 8, n° 37), décidait que le droit d'aînesse devait appartenir à l'aîné d'âge. Et cette solution nous paraît raisonnable. En effet, toutes choses égales d'ailleurs, il est bien certain que celui qui est né le premier a sur les autres un avantage et doit être préféré.

482. L'enfant légitimé doit être compté lorsqu'il s'agit, conformément à l'art. 913, de déterminer la quotité disponible suivant le nombre d'enfants légitimes que le disposant a laissés lors de son décès (V. Conf. M. Duranton, t. 3, n° 186).

483. Aux termes de l'ord. de 1731, art. 39, la légitimation d'un enfant naturel avait pour effet, comme la survenance d'un enfant légitime, d'opérer la révocation des donations entre-vifs, soit d'ailleurs que la naissance de l'enfant naturel eût précédé ou suivi la donation. Il n'en est plus de même aujourd'hui. L'art 960 c. nap. porte en effet que « toutes donations entre-vifs faites par personnes qui n'avaient point d'enfants ou de descendants actuellement vivants dans le temps de la donation, ... demeureront révoquées de plein droit par la survenance d'un enfant légitime du donateur, même d'un posthume, ou par la légitimation d'un enfant naturel par mariage subséquent, *s'il est né depuis la donation.* » C'est qu'en effet, dans le cas où l'enfant était né avant la donation, le donateur savait fort bien, en faisant cette dernière, qu'il pouvait légitimer l'enfant, et qu'ainsi cette légitimation n'est pas un événement imprévu.

484. Un autre effet de la légitimation, c'est de conférer aux père et mère l'usufruit légal qui leur appartient, aux termes de l'art. 384, sur les biens de leurs enfants légitimes.—V. Usufruit.

Sect. 2. — *Preuves de la filiation naturelle.*

485. D'après le code Napoléon, le rapport de filiation qui unit les enfants naturels aux auteurs de leurs jours peut être établi de deux manières différentes : 1° par la reconnaissance volontaire de ces derniers; 2° par la reconnaissance forcée qui résulte du jugement intervenu sur l'action intentée par l'enfant. — Nous nous occuperons successivement de chacun de ces deux modes de constatation.

Art. 1. — *De la reconnaissance volontaire.*

486. Cette matière étant très-complexe, il est nécessaire de la diviser pour en traiter séparément les diverses parties. — Nous examinerons donc : 1° par qui la reconnaissance doit ou peut être faite; 2° à quelle époque elle peut l'être; 3° dans quelle forme elle doit l'être; 4° par qui et pour quelles causes elle peut être attaquée.

§ 1.— *Par qui la reconnaissance doit ou peut être faite.*

487. La reconnaissance est l'aveu légal de la paternité ou de la maternité, c'est-à-dire d'un fait essentiellement personnel au père ou à la mère. Il suit de là qu'ils ont seuls qualité pour la faire et qu'elle ne pourrait être faite valablement ni par le père ou la mère dont le fils ou la fille aurait eu un enfant naturel, ni par le tuteur si le père ou la mère de l'enfant se trouvait en état de minorité ou d'interdiction.—Ainsi jugé que la parenté, même la plus rapprochée, ne donne pas le droit de faire une reconnaissance pour un autre, fût-il absent. Par exemple, de ce qu'un particulier a présenté un enfant à l'état civil, l'a reconnu au lieu et place de son fils décédé au moment où il devait épouser la mère de cet enfant, enceinte des œuvres du défunt, de ce qu'il lui a donné son nom et celui du défunt, l'a élevé dans sa famille, et enfin de ce que, par un acte fait sous la loi de 1792, en présence de témoins, il a reconnu cet enfant pour son petit-fils, il ne résulte ni reconnaissance de paternité ni adoption de cet enfant par son aïeul naturel (Req. 11 juill. 1826, aff. Manté, V. Adoption, n° 42).

488. Il semble résulter également du même principe que la reconnaissance ne pourrait être faite par le père de l'enfant pour la mère, et *vice versâ*; qu'ainsi, le père qui reconnaîtrait l'enfant pour son propre compte ne serait pas admis à désigner la mère, ni réciproquement la mère à désigner le père, et que l'officier public devant lequel la reconnaissance serait faite ne devrait pas recevoir ni consigner dans l'acte une telle désignation. — Nulle contestation ne s'élève, à cet égard, en ce qui concerne la désignation du père qui serait faite par la mère. On convient qu'à la vérité elle n'invaliderait pas la reconnaissance de la mère, mais qu'elle ne produirait aucun effet à l'égard de celui qui serait désigné comme père; que, bien plus, elle pourrait motiver de sa part, et contre la mère et contre l'officier public qui aurait eu le tort de recevoir une telle déclaration, une action en dommages-intérêts et même une poursuite en diffamation, aux termes des art. 13 et 18 de la loi du 17 mai 1819. — Mais quant à la désignation de la mère qui serait faite par le père, une controverse s'est élevée sur ce point. Plusieurs auteurs enseignent qu'au lieu d'être illégale, comme celle du père par la mère, elle produirait effet à l'égard de cette dernière si elle était confirmée par son aveu. C'est même en ce sens que la jurisprudence s'est prononcée. D'autres auteurs, au contraire, prétendent que le père n'a pas plus qualité pour désigner la mère que celle-ci pour désigner le père; que, dans l'un comme dans l'autre cas, la désignation est illégale, par conséquent ne doit pas être reçue par l'officier public, et, si elle l'a été, ne doit produire aucun effet. Cette question se rattachant à la forme suivant laquelle doit être faite la reconnaissance, sera examinée ultérieurement (V. *infrà*, n° 554). Mais nous devions au moins l'indiquer ici.

489. Du principe qui vient d'être posé, il résulte que la reconnaissance de paternité, et par suite la légitimation d'un enfant naturel par un individu autre que celui désigné comme père dans l'acte de naissance est valable, si d'ailleurs ce dernier n'a point figuré dans l'acte de naissance (Paris. 2 juin 1809) (1). Dans ce cas, en effet, il n'y a pas deux reconnaissances contradictoires entre lesquelles il soit nécessaire de rechercher la vérité; il n'y a qu'une seule reconnaissance valable.

490. Si la reconnaissance de paternité ne peut être faite que par le père et la reconnaissance de maternité par la mère, il n'est pas douteux du moins que le père et la mère ne puissent se faire représenter dans cet acte par un fondé de pouvoirs. Cela n'est contesté par personne. Seulement, on n'est pas d'accord sur le point de savoir si la procuration doit nécessairement, et dans tous les cas, être faite par acte authentique. C'est une question que nous examinerons lorsque nous nous occuperons de la forme de la reconnaissance.

491. Est-il nécessaire, pour reconnaître un enfant naturel, d'avoir la même capacité que pour contracter? Spécialement, un mineur pourrait-il seul, et sans l'assistance de son tuteur, reconnaître un enfant naturel? Une femme mariée le pourrait-elle sans l'autorisation de son mari ou de la justice? Un interdit pourrait-il, dans un intervalle lucide, faire une telle reconnaissance, etc.?

Il a été soutenu qu'à l'égard du mineur une distinction devait être faite. Une fille mineure a-t-elle reconnu un enfant naturel, rien n'est plus juste, a-t-on dit, plus conforme à l'esprit de la loi que d'admettre la validité d'une telle reconnaissance. Le concubinage, auquel l'enfant a dû le jour, est une faute grave que la mère a commise, et elle a dû la réparer. La société a dû même voir avec plaisir une pareille conduite de sa part, parce que, la maternité étant un fait physique qui se manifeste par la grossesse et par l'accouchement, ce même fait, qui sert de fondement à la reconnaissance, ne pouvant être révoqué en doute, cela suffit pour assurer à cet acte toute son efficacité. Mais s'agit-il d'un garçon mineur, on ne peut pas dire de lui, comme on le dit de la femme, qu'ayant commis une faute grave, il n'a fait que la réparer en se reconnaissant le père de l'enfant; car, comme le dit le législateur romain, *mater semper certa; pater verò incertus*. A défaut d'une certitude que la nature des choses rend impossible, la reconnaissance d'un enfant naturel par un mineur n'a évidemment pour base que sa volonté. Or, par cet acte de sa volonté, il contracte envers l'enfant qu'il reconnait les obligations les plus étendues; car non-seulement il doit le nourrir et l'entretenir, mais il grève, de plus, au profit de celui-ci, et cela d'une manière irrévocable, une partie de l'hérédité qu'il délaissera, laquelle, à titre de réserve légale, se trouve forcément assurée à cet enfant. Par le fait donc, il dispose ainsi, contrairement au vœu de la loi, d'une portion de son avoir; de telle sorte que lui, mineur, à qui un simple acte d'administration est interdit, et qui, sous aucune forme, n'a le droit de disposer irrévocablement de sa succession, pourrait néanmoins, à l'aide de la reconnaissance qu'il ferait de son enfant naturel, mépriser ces salutaires interdictions. — De plus, le mineur qui a la faiblesse de faire une telle reconnaissance, s'il ne perd pas entièrement la considération qu'il avait tant d'intérêt à conserver, lui porte du moins une grave atteinte, et c'est là encore une de ces aliénations que l'incapacité du mineur doit frapper d'une nullité radicale. — On ajoute que le degré d'intelligence, la maturité de raison que la loi exige pour les contrats ordinaires, ne sont pas moins nécessaires pour la reconnaissance des enfants naturels, et que, si le mineur était abandonné à la faiblesse et à l'inexpérience de son âge, il pourrait être amené, par d'adroites influences, à reconnaître complaisamment un enfant auquel il serait tout à fait étranger; que, d'ailleurs, suivant un principe constant, l'aveu ne peut être fait valablement que par une partie capable de s'obliger; qu'ainsi, un mineur ne pourrait avouer une dette, même très-modique; que dès lors il est déraisonnable qu'il puisse faire un aveu beaucoup plus grave par sa nature et ses conséquences, l'aveu d'une paternité naturelle; que la raison pour laquelle l'aveu d'un incapable ne l'oblige pas, c'est que l'aveu contient l'aliénation du droit qu'avait auparavant celui qui l'a fait, de contester l'existence de l'obligation et d'exiger qu'on en fournisse la preuve contre lui, et que cette raison s'applique parfaitement à la reconnaissance d'un enfant naturel.— Quant à l'argument qui consiste à prétendre qu'aux termes de l'art. 1310 c. nap., le mineur n'est point restituable contre les obligations qui naissent d'un quasi-délit, et que l'aveu de la paternité, n'étant que la réparation d'une faute, doit, à ce titre, jouir des priviléges attachés au quasi-délit, voici comment on y répond dans le système que nous exposons. — D'abord, est-il bien vrai que l'action de donner, hors mariage, la vie à un enfant, soit un quasi-délit? Et puis, à qui donc cette action cause-t-elle dommage? A coup sûr, ce n'est ni au père ni à la mère, *volenti non fit injuria*; ce n'est point non plus à l'enfant, car la naissance qu'il tient de ces derniers a, dans tous les temps, été proclamée un bienfait. Sans doute, ce bienfait s'amoindrit alors que le nouveau-né est délaissé par ses auteurs; mais si cet abandon est réprouvé par la morale, la loi l'autorise, puisque la reconnaissance d'un enfant naturel est essentiellement volontaire de la part du père; d'où il suit qu'il n'existe pas, entre elle et le quasi-délit, de véritable similitude, car la preuve de ce dernier peut être faite sans le concours et contre la volonté de celui qui s'en est rendu coupable. D'ailleurs, qu'on veuille bien le remarquer, c'est l'aveu seul de la paternité et non le fait de la paternité elle-même qui crée le *vinculum juris*.

Ces raisons sont spécieuses; cependant deux jurisconsultes seulement, MM. Boulage, Tr. du c. civ., t. 2, p. 64, et Malpel, dans la Revue de législ, t. 4, p. 43, se sont prononcés en faveur de cette doctrine, qui a été repoussée par tous les autres auteurs et par la jurisprudence. — Ainsi, il est communément admis que la reconnaissance des enfants naturels peut être valablement faite par les mineurs, sans qu'il y ait lieu de distinguer à cet égard entre le père et la mère. Il est facile de comprendre qu'on ne pouvait appliquer à ce cas les règles ordinaires de la tutelle. Le caractère essentiellement personnel de l'acte ne permettait pas de conférer dans ce cas, au tuteur, des pouvoirs, une mission analogues à ceux qui lui sont attribués pour les autres actes de la vie civile. Le législateur n'avait donc qu'à opter entre deux systèmes : ou bien autoriser le mineur à faire la reconnaissance seul et sans assistance, ou bien la lui interdire

(1) (Lebas *C.* Delporte.) — La cour; — En ce qui touche le chef du jugement sur la validité de la légitimation et la révocation de la donation dont il s'agit : — Attendu que l'énonciation faite en l'acte de naissance du 1er flor. an 7 au nom d'Alexandre Courcelle, comme père naturel de Louis-Alexandre, non signée dudit Alexandre Courcelle, et hors sa présence, n'a pu constituer l'état de Louis-Alexandre, et nuire à la reconnaissance de paternité donnée par Jean-Jacques-Alexandre Delporte, ainsi qu'à la légitimation opérée par l'acte du mariage subséquent;

Que la rectification de l'acte de naissance du 1er floréal an 7 est la conséquence nécessaire de la reconnaissance de paternité accordée audit Louis-Alexandre; que la légitimation a opéré de plein droit la révocation de toute donation, conséquemment à l'art. 960 du code civil et à la législation antérieure; — A mis et met l'appellation au néant; ordonne que ce dont est appel sortira son plein et entier effet;

En ce qui touche la demande d'Alexandrine Lebas, à fin de continuation des poursuites pour payement d'arrérages de la rente dont il s'agit: — Attendu que la révocation de la donation s'étant opérée de plein droit par la légitimation, les arrérages de la rente dont il s'agit ont cessé d'être exigibles au jour de la célébration du mariage; — A mis et met l'appellation et ce dont est appel au néant, en ce qu'il n'a pas été statué sur ladite demande et celle en nullité des offres; émendant, quant à ce, et avant faire droit, renvoie les parties à compter devant Carré, greffier d'audiences, pour les arrérages des quatre années onze mois neuf jours, antérieurs à la célébration du mariage et à la légitimation, requis par le commandement du 15 oct. 1807; condamne la demoiselle Lebas aux trois quarts des dépens, l'autre quart réservé.

Du 2 juin 1809.-C. de Paris 1re ch.

d'une manière absolue, et supprimer alors non-seulement, comme dans les cas ordinaires, l'*exercice*, mais encore la *jouissance* du droit. Pour qu'on pût admettre que c'est à ce dernier parti qu'il s'est arrêté, il faudrait qu'il s'en fût formellement expliqué; or, il ne l'a point fait, il a gardé le silence sur ce point; d'où il faut conclure que le droit de reconnaître les enfants naturels existe pleinement, sans aucune limite d'âge, pour les mineurs comme pour les majeurs. C'est en ce sens que se sont prononcés MM. Merlin, Quest., v° Paternité, § 2; Toullier, t. 2, n° 962; Proudhon, t. 2, n° 181; Loiseau, p. 483; Zachariæ, édit. Massé et Vergé, t. 1, p. 318, note 3 et p. 319, note 5; Richefort, t. 2, n° 259; Demolombe, t. 5, n°s 387 et 388. « Le fait dont il s'agit, dit avec raison ce dernier auteur, n'est pas, comme le mariage et le testament, un fait que la loi puisse empêcher avant un certain âge; c'est une faute, c'est un désordre, et il paraît rationnel que, dès qu'il a eu lieu, il puisse être reconnu et réparé. Les magistrats, en cas de contestation, examineront seulement de plus près la sincérité de la reconnaissance, lorsqu'elle aura été faite par une personne incapable de contracter. » M. Demolombe fait remarquer, d'ailleurs, que les effets pécuniaires de la reconnaissance dérivent de la loi, et que, sous ce rapport, l'auteur de la reconnaissance ne s'oblige pas lui-même directement.

492. Il a été jugé, conformément à cette doctrine : 1° que la reconnaissance d'un enfant naturel par un mineur est valable; que c'est de sa part une véritable réparation de délit ou quasi-délit contre laquelle il n'est pas restituable (Rej. 22 juin 1813; Req. 4 nov. 1835; Rouen, 18 mars 1815 (1); Orléans, 16 janv.

---

(1) 1re *Espèce* :—(Hérit. Nuytten C. Carton.)—Le 17 août 1809, Augustin-Léonard Nuytten, âgé de dix-neuf ans, se présente devant l'officier de l'état civil de la commune de Moorzelle, et déclare que le même jour, à quatre heures du matin, il était né un enfant du sexe masculin, de lui et d'Eugénie Carton, âgée de 23 ans; qu'il se reconnaissait pour le père de cet enfant, auquel il donnait les noms d'Auguste-Léonard Nuytten. Cet acte fut signé par deux témoins.—Vers le commencement de l'année 1810, décès de Nuytten; l'enfant qu'il avait reconnu mourut le 7 juin de la même année. — Déjà, et avant la mort de son fils, Eugénie Carton, en qualité de tutrice, avait formé une action pour obtenir la moitié de la succession de Nuytten, conformément à l'art. 757 c. civ.; mais le décès de son enfant étant arrivé avant le jugement de la cause, elle restreignit ses conclusions, et demanda seulement que la reconnaissance faite par le mineur Nuytten fût déclarée valable, et qu'il fût fait inventaire des biens de sa succession, se réservant d'en poursuivre le partage en sa qualité d'héritière de son fils. — La dame Nuytten mère et le sieur Parmentier, son mari, soutinrent Eugénie Carton sans qualité pour suivre le partage de la succession, comme tutrice de son fils; que, d'ailleurs, elle n'avait pas reconnu par acte authentique l'enfant naturel dont elle se disait la mère, et qu'elle ne pouvait plus le reconnaître après sa mort; enfin, que la reconnaissance faite par Nuytten était nulle, ayant été faite par un mineur.—Le 21 juill. 1810, jugement qui déclare la reconnaissance valable, et ordonne la confection de l'inventaire.

Appel. Aux moyens présentés en première instance, les appelants ont ajouté une demande en nullité de la procédure, fondée sur ce que ni l'huissier ni l'avoué de la demoiselle Carton n'avaient eu pouvoir d'agir en son nom.—4 fév. 1811, arrêt de la cour de Bruxelles en ces termes : — « Attendu que l'acte de naissance de l'enfant naturel au nom duquel Eugénie Carton a formé sa demande contient non-seulement la reconnaissance formelle du père, mais indique en même temps sa mère dans la personne d'Eugénie Carton; — Que cette indication, faite par le père naturel, est conforme à la déclaration de naissance de cet enfant, qui se trouve virtuellement faite, au vœu de l'art. 56 c. civ. par Clément Lefebvre, chez lequel Eugénie Carton, sa nièce, est accouchée, et qui a signé l'acte comme témoin; — Que si, aux termes de l'art. 336 c. civ., la reconnaissance du père, sans l'indication et l'aveu de la mère, n'a d'effet qu'à l'égard du père, il suit, dans le sens grammatical que présente cet article, où la préposition *sans* signifie *si ce n'est que, à moins que*, que s'il y a indication et aveu de la mère, la reconnaissance opère contre l'un et l'autre, et que le vœu de l'art. 334 se trouve même rempli, parce que l'indication et l'aveu se rattachent à l'acte authentique qui contient la reconnaissance du père;—Que la loi ne détermine pas le délai dans lequel l'aveu de la mère doit être fait, et qu'il est au moins certain qu'elle n'a pu ni voulu l'exiger dans l'acte de naissance, puisque l'état de la mère ne lui permet pas d'y être présente; qu'il suffit donc qu'elle joigne son aveu à l'indication consignée dans l'acte de naissance; — Qu'en poursuivant en justice les droits d'Augustin-Léonard Nuytten, en qualité de mère et tutrice, elle a reconnu et approuvé l'indication contenue dans l'acte de naissance, et réuni l'aveu de sa maternité à la reconnaissance du père; qu'elle s'est ainsi approprié tous les effets de la reconnaissance à son égard, de la même manière qu'ils étaient déjà fixés à l'égard du père; — Que les officiers ministériels et les avoués sont censés avoir le pouvoir d'agir au nom des parties jusqu'au désaveu, qui n'appartient qu'à leur commettant; que les époux Parmentier n'ont pas objecté en première instance le défaut de pouvoir de l'huissier et de l'avoué d'Eugénie Carton, qui aurait pu, sur la manifestation du moindre doute, le dissiper par la reconnaissance expresse du mandat tacite, en vertu duquel on procédait judiciairement en son nom, et qu'elle a depuis formellement donné; — Qu'il est de droit naturel que les enfants en bas âge soient sous la tutelle d'autrui; que, dans le silence du code, ce devoir se trouve imposé aux père et mère des enfants qu'ils ont reconnus hors mariage, non-seulement par le droit de la nature, mais aussi par la considération des avantages que leur assure l'art. 765 c. civ., dans la succession dont ils sont héritiers; — Qu'outre que les enfants nés hors mariage, quoique reconnus, n'ont point, à proprement parler, de parenté sous de vrais rapports de famille, et qu'ainsi il y a lieu de douter si l'institution des conseils de famille leur est applicable; que la demande, telle qu'elle est restreinte, ne tendant qu'à faire prononcer sur l'état de l'enfant et sur la confection de l'inventaire, qui n'est qu'une mesure de conservation, ne serait pas en tout cas soumise préalablement à l'autorisation d'un conseil de famille; — Que les effets de la reconnaissance d'un enfant né hors mariage sont les suites d'une obligation naturelle, et que l'auteur du fait d'où dérive cette obligation doit être réputé capable de le reconnaître et d'en consentir les effets; que l'art. 1123 c. civ., qui range les mineurs au nombre des personnes incapables de contracter, ne s'entend que d'une incapacité relative aux obligations civiles;—Que la sect. 2, chap. 3, tit. 7, liv. 1, c. civ., intitulé : de la Reconnaissance des enfants naturels, ne distingue pas entre les majeurs et les mineurs, et ne crée pas deux classes d'enfants naturels, dont les uns, comme nés de mineurs, ne pourraient pas être reconnus; que cette distinction, non établie par le code, peut d'autant moins être admise par les juges, qu'elle s'écarterait des lois de la nature; — Qu'il n'a pas été posé en fait que la reconnaissance d'Augustin-Léonard Nuytten soit l'effet de la séduction, de la crainte ou de la violence, et que les diverses circonstances en écartent même le soupçon;—Confirme, etc.»

Pourvoi de la part des époux Parmentier, 1° pour fausse application des art. 334 et 336 c. civ.; 2° pour fausse application de l'art. 389; 3° enfin, pour contravention à l'art. 1124. — Arrêt.

La cour; — Considérant sur le premier moyen, pris de la fausse application des art. 334 et 336 c. civ., que si la reconnaissance de l'enfant naturel doit, aux termes de l'art. 334, être faite par acte authentique, il n'en est pas de même de l'aveu que la mère peut joindre à la reconnaissance, dans laquelle le père l'a désignée comme telle, soit parce que l'art. 336, relatif à cet aveu, ne l'exige pas, soit parce que cet aveu, étant le complément de la reconnaissance authentique du père, doit participer à son authenticité, soit enfin parce que la recherche de la maternité étant admissible, la loi ne peut pas être aussi sévère par rapport à la reconnaissance de la mère qu'à l'égard de celle du père;

Considérant, sur le deuxième moyen, pris de la fausse application de l'art. 389 de ce code, que l'enfant naturel, légalement reconnu, étant décédé presque à l'origine du procès, Eugénie Carton, qui avait d'abord procédé comme sa mère naturelle et sa tutrice légale, n'a plus dû figurer dans ce procès, depuis ce décès, que comme mère naturelle, et de plus comme héritière de son enfant, et qu'en l'état des choses, la cour de Bruxelles, qui a rendu l'arrêt attaqué, n'avait plus à examiner si la mère naturelle est, comme la mère légitime, tutrice de droit de son enfant, et peut, en cette qualité, procéder pour lui en justice;

Considérant, sur le 3e et dernier moyen, pris de la violation de l'art. 1124 du même code, que, suivant l'art. 1125, le mineur ne peut attaquer, pour cause d'incapacité, ses engagements que dans les cas prévus par la loi; —Que les art. 334 et suiv., concernant la reconnaissance des enfants naturels, ne distinguent pas entre les majeurs et les mineurs, pour n'admettre la reconnaissance qu'autant que le père qui la consent est majeur; — Et qu'ainsi la loi n'interdisant pas cette reconnaissance au père mineur, elle ne peut pas, aux termes de l'art. 1125, être contestée pour cause de son incapacité, qui ne peut être opposée que dans les cas prévus par la loi; — Considérant que les inconvénients, graves sans doute, qui peuvent résulter de la facilité de surprendre une reconnaissance à la faiblesse de l'âge et à l'inexpérience du mineur, disparaissent devant la disposition de l'art. 339, qui confère à tous ceux qui y ont intérêt le droit d'attaquer la reconnaissance de l'enfant naturel, et par suite, aux tribunaux celui d'annuler, s'il y a lieu, cette reconnaissance;

Considérant, d'ailleurs, que, d'après l'art. 1310 du même code, le mineur n'est pas restitué contre les obligations résultant de son délit ou quasi-délit; que le père qui reconnaît son enfant naturel ne fait autre chose que réparer une faute, un quasi-délit par lui commis, et qu'en cette matière, l'aveu du mineur est recevable et n'ouvre en sa faveur aucune action en restitution contre cet aveu; — Rejette, etc.

Du 22 juin 1813.-C. C., sect. civ.-MM. Muraire, 1er pr.-Babille, rap.-Joubert, av. gén., c. conf.-Duprat et Loiseau, av.

2e *Espèce* :—(Goity C. Minvielle.)—La cour;—Sur le quatrième moyen,

1847. aff. D..., D. P. 47. 2. 17); — 2° Que la reconnaissance d'un enfant naturel peut être valablement faite par un mineur (Toulouse, 19 janv. 1815) (1) : « Attendu qu'elle n'est pas en soi une obligation, mais qu'elle porte sur un fait dont le mineur est aussi apte que le majeur à confesser l'existence; » — 3° Que le mineur, voisin surtout de la majorité, n'est restituable contre la reconnaissance d'un enfant naturel que dans le cas où un majeur le serait lui-même (Douai, 17 mars 1840) (2).

---

tiré de la violation des art. 1123 et 1124 c. civ. :—Attendu, en fait, que l'arrêt ne juge point que Goity fût mineur, quand il reconnut pour sa fille Victoire-Madeleine, devenue femme Minvielle ; en droit, que, suivant l'art. 1125 c. civ., le mineur ne peut attaquer, pour cause d'incapacité, ses engagements, que dans les cas prévus par la loi; que l'art. 334 et les suivants ne distinguent pas, quant à la reconnaissance, les mineurs des majeurs; qu'ainsi le législateur n'interdisant pas cette reconnaissance, elle ne peut être attaquée que dans les cas prévus par la loi ;—Attendu que les dangers inhérents à l'inexpérience du mineur sont écartés par l'art. 339, qui confère à tous ceux qui y ont intérêt le droit d'attaquer la reconnaissance de l'enfant naturel ; — Attendu, enfin, que, d'après l'art. 1310, le mineur n'est point restituable contre les obligations résultant de son délit ou de son quasi-délit; que le père qui reconnaît un enfant ne fait que réparer une faute, et que, dans ce cas, l'aveu du mineur ne pourrait donner ouverture à une action en restitution ; — Rejette le pourvoi contre l'arrêt de la cour de Pau du 2 août 1834.

Du 4 nov. 1835.-C. C., ch. req.-MM. Zangiacomi, pr.-Jaubert, rap.

5e *Espèce :* — (Hocquerel *C.* Vermont.) — LA COUR; — Vu l'art. 339 c. civ.; — Attendu que, quoique la reconnaissance ne soit pas à rejeter par le seul fait de la minorité de celui qui l'a souscrite, cependant il est certain qu'elle inspire par elle-même moins de confiance, et est susceptible d'un plus sévère examen que si elle avait été faite par un homme ayant acquis l'expérience de l'âge ou du moins plus de maturité de raison; — ..... Attendu que, d'après le concours des faits et circonstances ci-dessus, la reconnaissance dont il s'agit ne peut être considérée que comme le produit, tant de la captation que de l'influence qu'exerce communément une fille de l'âge de Marie Dutbil (vingt-sept ans), sur un jeune homme non encore parvenu à son âge de majorité (il n'avait que dix-neuf ans), que de la crainte de l'état d'un procès scandaleux, dont ce jeune homme était menacé par la déclaration attributive à son respect de paternité passée par cette fille; que d'ailleurs elle-même et sa lignée ont jugé que la reconnaissance ne pourrait avoir aucune force ni vertu, puisqu'elle a été abandonnée dès les premiers pas, et qu'il n'en a jamais été fait aucun usage; qu'ainsi, et sous tous les rapports, Félicité-Constance est non recevable à réclamer, sur le fondement d'un acte dénué de tout caractère de liberté et de spontanéité, et aussi persévéramment abandonné, les avantages promis aux enfants naturels par l'art. 757 c. civ.; — Corrigeant et réformant, déclare Félicité-Constance Vermont purement et simplement non recevable dans son action comme dans les autres réclamations, avec dépens.

Du 18 mars 1815.-C. de Rouen.-M. Eudes, pr.

(1) (Lafitte *C.* demoiselle Darnaud.) — LA COUR; — Attendu qu'il est inutile d'examiner si les enfants naturels sont placés, par la loi, sous la puissance paternelle, et s'il existe à leur égard une tutelle légale; que, dans l'espèce, ladite demoiselle Darnaud s'est bornée à demander des aliments pour son fils; qu'elle en a fait et est à même tous les jours d'en faire l'avance; qu'elle a donc l'action qu'aurait un étranger pour réclamer de celui qui est essentiellement obligé les sommes qui ont servi à l'acquit de l'obligation; — Attendu qu'au titre de la reconnaissance des enfants naturels le code civil ne renferme aucune disposition qui annule ces sortes de reconnaissances, quand elles sont faites par un mineur; qu'il faut donc s'en référer aux principes généraux sur les obligations des mineurs; mais que, d'abord, une reconnaissance de paternité n'est pas en soi une obligation; qu'elle porte sur l'aveu d'un fait dont le mineur est aussi apte que le majeur à confesser l'existence; — Que si de cet aveu il résulte ensuite une obligation, c'est une obligation naturelle, et que les mineurs n'en sont pas relevés; qu'ils ne sont même relevés de leurs obligations civiles qu'autant qu'ils sont lésés; qu'ici la lésion ne résulterait que de l'erreur dans laquelle le mineur serait tombé; mais qu'il s'agit ici d'un fait mystérieux à l'égard duquel l'erreur même ne pourrait guère être vérifiée; qu'il en résulterait tout au plus que les tribunaux devraient peser avec plus d'attention les moyens de surprise et de dol qu'articulerait le mineur; mais que, dans l'espèce, on doit d'autant moins s'arrêter à cette modification, que ledit Lafitte a abandonné le moyen pris d'une prétendue violence; que la correspondance antérieure et postérieure à la reconnaissance prouve combien elle était sincère, et qu'enfin ledit Lafitte en confirme de plus en plus la sincérité par l'offre qu'il a faite et qu'il réitère de se charger de l'enfant; — Attendu qu'il serait contraire à tous les principes naturels et positifs que l'enfant naturel qui a un droit sur les biens de son père, et auquel son père succède, ne pût rien réclamer pour ses aliments durant la vie de ce même père; que l'enfant naturel serait moins bien traité que l'enfant adultérin, ce qui présenterait une contradiction trop choquante; — Par ces motifs, a démis et démet le sieur Lafitte de son opposition; — Ordonne, de plus fort, l'exécution de son précédent arrêt, etc.

Du 19 janv. 1815.-C. de Toulouse.-M. Dost, pr.

(2) *Espèce :* — (L.. *C.* R...) — En 1832, R..., âgé de dix-huit ans, venu à Paris pour ses études, y fait la connaissance de la demoiselle L..., âgée de vingt-six ans, avec laquelle il ne tarda pas à entretenir des relations intimes; cette fille d'une moralité douteuse, qui même, suivant l'allégation de R..., était inscrite sur les registres de la police comme se livrant à la prostitution, met au monde en 1833 un enfant que R... reconnaît quatre mois après, et encore en état de minorité, par déclaration faite devant l'officier de l'état civil à Paris. — En 1834, R... quitte Paris, et la fille L..., par les menaces qu'elle lui adresse, obtient des lettres dans les expressions desquelles se tire une nouvelle confirmation de la reconnaissance de l'enfant. — Enfin, en octobre 1837, la fille L... forme contre R..., devenu majeur, une demande en pension alimentaire pour son enfant. — R... répond qu'il a été circonvenu, séduit, trompé; que sa reconnaissance est le fruit du dol et de la fraude; il trouve la preuve de ces allégations dans les faits qu'il articule, et dont les plus graves, selon lui, sont les suivants : — 1° Qu'il n'avait que dix-huit ans et trois mois lorsqu'il est arrivé à Paris; — 2° Que la demoiselle L..... exerçait une grande influence sur son esprit et maîtrisait sa faiblesse; — 3° Qu'on l'avait enivré avant de le conduire à la mairie pour signer l'acte de reconnaissance; — 4° Que les témoins à cet acte étaient des voisins et des amis de la demoiselle L... ; — 5° Que la demoiselle L... était alors inscrite sur les registres de la police, et avait, avant et postérieurement à la naissance de cet enfant, donné le jour à d'autres enfants nés de pères inconnus. — 31 déc. 1838, jugement qui annule la reconnaissance de paternité faite par R... — Appel par la demoiselle L... — Arrêt.

LA COUR ;—Attendu que la reconnaissance du 21 oct. 1833, de Gustave-Léon L... par R..., est attaquée : — 1° Du chef d'incapacité de la part de ce dernier; — 2° Du chef de lésion; — 3° Du chef de dol et fraude; — Attendu, sur le premier moyen de nullité : — Que le père qui reconnaît son enfant naturel, répare une faute en même temps qu'il satisfait à une obligation naturelle, et qu'aux termes de l'art. 1310 c. civ., le mineur n'est point restituable contre les obligations résultant de son quasi-délit; —Qu'ainsi les art. 334 et suiv. du même code, relatifs à la reconnaissance de l'enfant naturel, ne distinguent pas entre le cas où les père et mère sont mineurs et celui où ils sont majeurs, sauf le droit que la loi réserve aux uns et aux autres de contester cette reconnaissance, si elle n'émane pas d'une volonté libre et réfléchie ;— Que, s'il en était autrement, il faudrait aller jusqu'à dire que la reconnaissance de l'enfant naturel ne pourrait être faite même par la mère mineure ni par le père mineur qui voudrait le légitimer par mariage subséquent, ce qui est inadmissible.

Attendu, sur le deuxième moyen : — Que, si l'incertitude de la paternité s'accroît en proportion de l'inconduite de la mère, cette considération est impuissante pour faire tomber du chef de lésion la reconnaissance faite par le mineur; — Qu'habile à faire une telle reconnaissance, il ne peut l'attaquer que pour les causes qui sont ouvertes aux majeurs; — Que seulement les magistrats doivent avoir tel égard que de raison à cette circonstance comme à la faiblesse et à l'inexpérience du mineur, dans l'appréciation des moyens non de rescision, mais de nullité du chef de dol ou de fraude;

Attendu, sur le dernier moyen : — Que toutes les circonstances de la cause, notamment l'âge de R..., assez voisin de la majorité à l'époque de la naissance de Gustave-Léon, la reconnaissance qui a eu lieu quatre mois après, devant l'officier de l'état civil par R... et par la mère, assistés de deux témoins, les secours envoyés de... à Paris dans l'intérêt de l'enfant, à la fin de 1835 et au commencement de 1836, lorsque, depuis longtemps éloigné de la mère, R... devait être à l'abri de toute séduction; sa réponse du 10 nov. 1835, à la lettre par laquelle elle avait réclamé de celui-ci des secours par l'entremise du maire de... et dans laquelle on lit ces mots : — « Il est inutile d'écrire aux autorités de cette ville pour que je fasse mon devoir... Je t'envoie par la diligence 25 fr., somme que désormais tu recevras chaque mois pour subvenir à l'entretien de ton fils. » — Et surtout sa lettre du 7 mai 1836, écrite à une époque où il avait atteint sa majorité, dans laquelle il annonce un nouvel envoi d'argent, et qui se termine ainsi : « Embrasse notre enfant, auquel je pense plus que tu ne crois. » — Tout se réunit, dans l'espèce, pour prouver la liberté, la réflexion et la persévérance de volonté de la part de l'auteur de la reconnaissance ; — Attendu que des faits articulés en première instance et dont la preuve n'est plus offerte en appel, les uns sont sans pertinence, les autres sont en opposition formelle avec des faits dès à présent constants ; — Attendu que les père et mère doivent des aliments à l'enfant naturel qu'ils ont reconnu ; — Qu'il n'est pas prouvé qu'antérieurement à la demande, R... n'ait pas satisfait à cette obligation; — Que les documents de la cause paraissent établir au contraire qu'il a rempli ce devoir jusqu'au 1er oct. 1837 ;

Par ces motifs, met l'appellation et le jugement dont est appel au néant,

493. Il a été jugé, en outre, que, sous l'ancien régime, en pays de droit écrit, un mineur, sorti de pupillarité, n'avait pas besoin de l'assistance d'un curateur pour reconnaître un enfant naturel, et que la promulgation du code Napoléon, survenue postérieurement à l'époque de sa puberté acquise, n'a rien changé à sa capacité, du moins quant au droit de reconnaître un enfant naturel; qu'ainsi la reconnaissance faite par ce mineur, depuis la publication du code Napoléon, doit être maintenue, à moins qu'il ne soit établi qu'elle lui a été surprise par dol ou arrachée par violence (Aix, 5 déc. 1807) (1).

494. Mais la reconnaissance ne serait pas valable si elle avait été faite par un mineur n'ayant pas encore atteint l'âge de puberté; dans ce cas, en effet, la fausseté de la reconnaissance se trouverait démontrée *ipso facto*. Ce serait aux tribunaux qu'il appartiendrait d'apprécier souverainement s'il y avait ou non puberté.—V. Conf. M. Rieff, n° 149.

495. Et ce que nous avons dit du mineur, nous le disons également de celui qui serait interdit pour cause d'imbécillité, de démence ou de fureur, pourvu toutefois qu'il se trouve dans un intervalle lucide. La justice et la raison veulent qu'il puisse faire ce que le devoir lui commande, et la loi ne le défend pas. Seulement dans ce cas, comme dans le cas de minorité, les juges devraient examiner avec soin si la reconnaissance est l'œuvre spontanée d'une volonté intelligente, si elle n'a point été surprise par des moyens illicites dont la faiblesse d'esprit du prétendu père rendrait le succès plus facile.—V. en ce sens MM. Loiseau, p. 487; Demolombe, t. 5, n° 388.

496. A plus forte raison, il a dû être jugé que la reconnaissance d'un enfant naturel, faite antérieurement à l'interdiction, mais dans un temps où la cause de l'interdiction existait notoirement, est valable, si, par cette reconnaissance, celui duquel elle émane a fait un acte raisonnable (Caen, 29 janv. 1843, aff. Sillas Lenormand, V. Mariage, n° 207).

497. A plus forte raison encore devrait-on regarder comme valable la reconnaissance d'un enfant naturel faite par celui qui, sans être atteint d'imbécillité, de démence ou de fureur, serait frappé d'interdiction légale par application de l'art. 29 c. pén. (V. Conf. MM. Loiseau, p. 489; Zachariæ, édit. Massé et Vergé, t. 1, p. 318, note 4; Demolombe, t. 5, n° 388). Cette reconnaissance ne peut être faite pour lui par son tuteur, et rien ne s'oppose à ce qu'il la fasse lui-même, puisqu'il jouit de la plénitude de ses facultés.

498. Il a été admis implicitement que la reconnaissance d'un enfant naturel peut être régulièrement faite par une personne pourvue d'un conseil judiciaire sans l'assistance de ce conseil (Douai, 23 janv. 1819, aff. Poulet, V. n° 555-7°).—Et cela est incontestable. En effet, celui qui est pourvu d'un conseil n'est pas frappé d'incapacité comme l'interdit, auquel cependant nous avons reconnu le droit de faire la reconnaissance dans un intervalle lucide; seulement la loi a déterminé certains actes pour lesquels l'assistance du conseil est nécessaire (art. 499 et 513); or la reconnaissance des enfants naturels ne se trouve pas au nombre de ces actes.

499. Quant à la femme mariée, on admet généralement qu'elle n'a pas besoin de l'autorisation de son mari pour reconnaître un enfant naturel qu'elle a eu avant son mariage (V. MM. Delvincourt, t. 1, note 11 de la p. 94; Proudhon, t. 2, p. 102; Favard de Langlade, v° Rec. d'enf. nat., sect. 1, § 1, n° 5; Toullier, t. 2, n° 961; Duranton, t. 3, n° 257; Maleville, sur l'art. 337; Zachariæ, édit. Massé et Vergé, t. 1, p. 310, note 6; Demolombe, t. 5, n° 388; Rolland de Villargues, des Enf. nat., n° 241; Loiseau, p. 413 à 415). Et en effet, l'art. 1124 c. nap. ne déclare les femmes mariées in-

---

déclare valable la reconnaissance faite le 21 oct. 1833, par R..., de son enfant naturel, maintient en conséquence le mineur Gustave-Léon R... dans la possession d'état d'enfant naturel reconnu de l'intimé;—Condamne ce dernier à lui payer, à compter du 1er oct. 1837, une pension annuelle de 300 fr.

Du 17 mars 1840.-C. de Douai, ch. réun.-M. Gosse, pr.

(1) (Etienne C. Mourre.) — La cour; — Considérant que le sieur Etienne était sorti de la pupillarité à l'époque de la publication du code civil; qu'il avait dès lors acquis le droit d'agir, de contracter par lui-même, moyennant l'assistance d'un curateur, dans certains cas seulement; — Que la publication du code civil, postérieure à l'époque où ce nouvel état des choses avait commencé, n'y a rien changé; — Que toutes les parties au procès l'ont reconnu de même, puisque le sieur Etienne a été cité, a comparu et a plaidé personnellement, avec l'assistance de sa mère, en qualité de sa curatrice, sans que celle-ci ait jamais songé à prétendre que son fils était retombé sous sa tutelle; — Que le tribunal a jugé dans le même sens, et que la mère du sieur Etienne, ni lui-même, n'ont point appelé de ce jugement, et n'ont même pris aucunes conclusions à cet égard par-devant la cour; — Considérant que, sous l'ancien régime, le pupille devenu mineur n'était point obligé d'avoir un curateur, si ce n'est lorsqu'il s'agissait de plaider. *Inviti adolescentes curatorem non accipiunt, prælerquàm in litem*, § 2, *Inst. de curatoribus*;— Que, d'après les mêmes principes, le mineur n'était point restitué envers l'obligation par lui souscrite, par cela seul qu'il était mineur, mais seulement lorsqu'il y avait été lésé : *non tanquàm minor, sed tanquàm læsus*; — Que la question de la restitution dépendant ainsi toujours de la preuve de la lésion, soit que le mineur eût contracté avec l'assistance du curateur ou non, cette assistance devenait dès lors moins utile dans les contrats;

Que dans l'espèce de la cause surtout, s'agissant dans l'acte de la reconnaissance d'un fait personnel au mineur, de rendre hommage à une vérité connue de lui seul, de fixer le résultat de sa propre conviction, il est évident que la présence d'un curateur était tout à fait sans objet; — Aussi les anciennes lois n'accordaient-elles point de curateur audit mineur, même en justice, lorsqu'il était accusé dans un procès criminel; il était alors réputé majeur;

Considérant qu'il en était de même en fait de mariage, dès que le mineur avait l'âge pour le contracter; — La loi le reconnaît capable alors de toutes les conventions ordinaires qui en dépendent; — Que, d'après ces principes constants, on ne peut douter que le sieur Etienne, âgé alors de dix-huit ans six mois, militaire depuis quatre ans, ayant perdu son père, et dont la mère avait convolé en secondes noces, n'ait pu valablement souscrire une reconnaissance de paternité, le 6 flor. an 12; — Qu'il est vrai pourtant que son âge doit porter la cour à examiner avec plus de soin les reproches par lui dirigés contre cet acte, qu'il accuse de lui avoir été surpris par séduction, et extorqué par des menaces et des violences, et même à être moins sévère dans les preuves à exiger;

Considérant toutefois qu'il n'a été administré aucune preuve quelconque à l'appui de ces reproches; — Que le dol ni la violence ne se présument point; — Que les allégations du sieur Etienne peuvent d'autant moins suffire, qu'elles n'offrent que contradictions et invraisemblance, puisqu'il est incroyable que la demoiselle Mourre ait pu concevoir même le projet de tromper le sieur Etienne sur la paternité, si, comme l'a allégué celui-ci, elle lui avait avoué formellement, au moment où il fit sa connaissance, que l'enfant qu'elle portait dans son sein était le fruit de son amour avec un amant qui s'était absenté; — Il y a invraisemblance dans le fait des violences, parce qu'il n'est pas à croire qu'un militaire ait pu être forcé, par les menaces d'un seul homme, à aller souscrire un acte de cette importance, contre sa conviction et contre son gré; — Il y a invraisemblance d'ailleurs, parce qu'il ne paraît pas que le sieur Etienne se soit jamais plaint de ces prétendues violences, si ce n'est lorsqu'il fut cité en conciliation par la demoiselle Mourre, c'est-à-dire plus d'un an après l'acte dont il s'agit;

Considérant que cet acte renferme une reconnaissance formelle de la part du sieur Etienne qu'il est le père de l'enfant dont la demoiselle Mourre était alors enceinte, dont elle est accouchée deux mois et dix-sept jours après, et dont l'identité n'a point été contestée; — Que cette reconnaissance, quoique antérieure à l'acte de naissance de l'enfant, n'en remplit pas moins le vœu de la loi;—Que la cour l'a déjà jugé de cette manière par son arrêt rendu le 10 fév. 1806, en faveur de la dame Causse (V. n° 505); — Que les mêmes motifs qui sont déterminés dans cette circonstance sont également applicables à l'espèce de la cause actuelle; qu'on oppose vainement la contexture de l'art. 334; que conclure de sa disposition? qu'il ne peut pas y avoir lieu à une reconnaissance de paternité avant la naissance de l'enfant naturel; c'est supposer une conséquence que la loi n'eût pas manqué d'établir par une disposition expresse, si telle eût été sa volonté; que cette volonté ne saurait être présumée, d'abord parce qu'elle serait en contradiction manifeste avec cette règle du droit ancien, consacrée par l'art. 906 c. civ. *qui in utero est pro jam nato habetur, quoties de commodis ejus agitur*. Il suffit que l'enfant soit conçu pour être capable de tous les avantages qui peuvent lui être faits après sa naissance; que cette volonté ne peut être présumée non plus, parce qu'il faudrait admettre que la loi a voulu interdire à un père prêt à expirer la consolation d'assurer avant sa mort un état à l'enfant qui lui devra bientôt le jour; — Considérant, sur la quotité des aliments à fournir par Etienne à son enfant naturel, que, d'après les circonstances, il y a lieu de réduire à la moitié la somme demandée; mais que cette fixation ne doit avoir lieu que pour les cinq premières années de la vie de l'enfant, parce qu'à cet âge il est naturel que sa nourriture et son entretien deviendront plus coûteux; — Met l'appellation et ce dont est appel au néant, etc.

Du 5 déc. 1807.-C. d'Aix.

capables de contracter que dans les cas exprimés par la loi; or aucune autre disposition n'a mis la reconnaissance des enfants naturels au nombre de ces cas; d'où il suit que, lors même qu'on assimilerait la reconnaissance à un contrat, à une obligation, la femme ne serait point incapable de la faire. Bien plus, l'art. 337, qui parle de la reconnaissance faite pendant le mariage, par l'un des époux, au profit d'un enfant naturel qu'il aurait eu, avant son mariage, d'un autre que de son époux, ne dit pas que l'autorisation ou le concours du mari soit nécessaire lorsque la reconnaissance est faite par la femme; il parait supposer, au contraire, que chacun des conjoints est à cet égard indépendant de l'autre. C'est qu'il s'agit là d'un devoir de conscience; et l'on comprend que la loi n'en ait pas subordonné l'accomplissement au bon plaisir du mari; qu'elle se soit contentée de sauvegarder les intérêts de ce dernier et ceux des enfants nés du mariage en disposant que la reconnaissance ne pourra leur nuire.

500. La reconnaissance d'un enfant naturel par un prêtre serait-elle valable? Cette question ne saurait faire aujourd'hui l'objet du moindre doute. En principe, nous avons vu que la reconnaissance est l'accomplissement d'un devoir; la prohibition ne pourrait d'ailleurs reposer que sur une exception que l'on chercherait vainement dans nos lois civiles; elles seules règlent l'état des citoyens, et la qualification d'adultérin ou d'incestueux ne saurait, en vertu de ses dispositions, être appliquée à l'enfant du prêtre. — Aussi a-t-il été jugé que la reconnaissance faite par un ex-chanoine d'un enfant naturel qu'il aurait eu même avant la suppression de ses vœux est valable (Grenoble, 14 vent. an 12) (1).

501. M. Loiseau, p. 490, enseigne que la reconnaissance faite par un individu frappé de mort civile serait nulle, qu'elle serait tout au moins insuffisante pour produire le moindre effet civil. « Cette solution, dit-il, est fondée sur ce que l'art. 25 c. nap. assimile presque en tous points le mort civilement à l'individu réellement décédé; qu'il ne peut contracter un mariage qui produise aucun effet civil; que celui qu'il avait contracté auparavant est civilement dissous; que l'autre époux et les héritiers exercent les mêmes droits que s'il était mort naturellement; qu'il ne peut être témoin dans un acte solennel, ni rendre témoignage ni ester en justice. Or, s'il ne peut devenir père d'un enfant légitime, si cet enfant est considéré, aux yeux de la loi civile, comme n'ayant pas de père, comment un enfant naturel obtiendrait-il plus de faveur? Comment serait-il civilement reconnu? » Mais cette doctrine a été repoussée par MM. Zachariæ et ses annotateurs, MM. Aubry et Rau, t. 4, p. 42, et Demolombe, t. 5, n° 389.

---

(1) *Espèce :* — (Brunel C. Brunel). — 18 juin 1775, naissance d'un enfant inscrit sous le nom de Pierre, fils légitime de Gaspard de Brunel, officier d'infanterie, et d'Angélique de Vaujany, son épouse. — Cette déclaration était mensongère : l'enfant était né du chanoine Brunel et de sa gouvernante, ils lui prodiguèrent tous leurs soins. — Le 4 flor. an 3, Brunel fit, devant l'un des juges de paix de Grenoble, une déclaration portant que l'enfant baptisé le 18 juin 1775 n'était point celui de son frère, mais bien le sien. — Il le reconnait pour son fils naturel. — Le lendemain, même déclaration de la part de la mère. — 28 prair. an 3, décès du chanoine. — Contestation entre l'enfant naturel et les héritiers légitimes sur la succession du défunt. — 17 therm. an 3, jugement qui envoie Pierre Brunel en possession. — Il jouit paisiblement des biens jusqu'en l'an 11. — A cette époque, les héritiers l'assignent en délaissement de la succession. — Il oppose la reconnaissance du 4 floréal et soutient qu'il doit être maintenu dans son état et dans la possession des biens. — 18 pluv. an 11, jugement du tribunal de Vienne, qui « déclare Pierre Brunel non recevable en l'état en sa demande en maintenue de ses droits et qualité; envoie en possession les héritiers, avec restitution des fruits. » — Appel; pendant l'instance, Pierre Brunel achète les droits d'un des intimés, à qui la moitié de la succession avait été dévolue par le jugement ci-dessus. — Arrêt.

La cour, — Sur la première question : — Considérant que les nouvelles lois civiles ne s'occupant point des vœux religieux, les actes qu'a pu faire l'ex-chanoine Brunel, depuis la promulgation de ces lois, sont régis par les mêmes principes que ceux passés entre les autres citoyens; — Que l'art. 335, en repoussant de la légitimation les enfants incestueux, n'a eu en vue que ceux nommément désignés par elle; d'où il suit que toute autre exception, qu'elle n'a pas prévue, n'est pas du domaine des tribunaux;

Sur la deuxième question : — Considérant..... que la loi du 12 brumaire an 2, en disposant, art. 10, que l'état et les droits seront, en tous points, réglés par les dispositions du code, n'a point statué sur l'état et les droits des enfants naturels dont les pères décéderaient dans l'intervalle de la publication de cette même loi, à celle du code civil; — Que le seul art. 11, prévoyant le cas de la mort de la mère avant la publication du code civil, dispose, dans ce cas et à l'égard du père, que la reconnaissance qu'il aura faite devant un officier public suffira pour constater, à cet égard, l'état de l'enfant né hors du mariage, et le rendre habile à lui succéder; — Que le législateur, en indiquant un officier public, sans autre désignation plus précise, et en employant l'expression *suffira*, paraît avoir généralisé le mode de reconnaissance à employer, et ne pas exiger exclusivement le ministère de l'officier chargé de l'état civil; — Que le cas prévu dans l'art. 11 n'est point identique à l'espèce actuelle, puisque la mère de Pierre Brunel est vivante; — Que la loi du 14 flor. an 11 a fait cesser, à l'égard des enfants naturels dont les pères et mères décéderaient dans l'intervalle de la loi du 12 brum. an 2 à la promulgation du code civil, l'état d'incertitude où l'on était sur le mode de leur reconnaissance; que la même loi prononce que leur état et leurs droits seront réglés de la manière prescrite par les titres du code sur la paternité et la filiation, et sur les successions; — Que l'art. 334 porte, etc.; — Qu'on ne peut refuser à une déclaration reçue par un juge de paix le caractère d'authenticité avoué par les lois, soit par la fixité de sa date, soit par les fonctions de l'officier public qui en est le dépositaire, soit par la publicité des registres qui peuvent être consultés par les citoyens, soit enfin parce que les juges de paix ne sont point étrangers à l'état civil, puisque l'art. 353 les admet à recevoir les déclarations d'adoption; — Que les auteurs du code civil ont examiné la question en thèse, lorsqu'ils se sont occupés de la loi du 14 floréal; qu'elle est clairement exposée dans le discours de Grenier, orateur du tribunat : « Les enfants naturels, a-t-il dit, devaient-ils avoir une reconnaissance faite devant l'officier de l'état civil ou devant un officier quelconque? » — Que le même orateur, en parlant de la marche incertaine des tribunaux, s'explique, à l'égard de la loi du 12 brum. an 2, en ces termes : « Comment pouvoir penser qu'elle eût voulu régler l'état et les droits des enfants naturels, dans la position dont il s'agit, dès qu'elle ne s'expliquait point sur ce qui devait d'abord l'occuper, c'est-à-dire sur le mode d'établir la filiation de ces enfants? » — Que les enfants naturels, légalement reconnus, ne sont plus, depuis le code civil, que des créanciers sur les biens de leurs pères; qu'ils sont privés du droit de famille que leur donnait la loi du 12 brum. an 2; que la reconnaissance qu'en fait le père est un acte étranger à la famille, particulier à lui, et dont la nature seule lui impose l'obligation; — Que, sous les rapports, soit de l'espèce des droits conférés par le code civil, soit du texte, soit du développement donné lors de sa discussion, on ne peut douter qu'un acte authentique, reçu par un officier public quelconque, est suffisant pour assurer l'état et les droits de l'enfant naturel dont le père est décédé dans l'intervalle des deux lois; que par conséquent la reconnaissance faite par l'ex-chanoine Brunel, le 4 flor. an 3, de Pierre Brunel, pour son fils naturel, assure à ce dernier la portion de biens qui lui est déférée par le code civil, titre des successions; — D'ailleurs, qu'on ne peut élever aucun doute sur l'état de Pierre Brunel, parce que, reconnu aussi par Catherine Rey, sa mère, l'ex-chanoine, son père, n'a pas cessé, jusqu'à son décès, de lui donner les soins les plus assidus, à titre de paternité, de l'appeler son cher fils dans les lettres qu'il lui écrivait, de montrer la plus touchante sollicitude pour son éducation et son avancement dans la société; — Sur la troisième question : — Considérant que Pierre Brunel, sitôt après le décès de son père, fit reconnaître sa qualité d'enfant naturel reconnu; qu'il s'est mis en possession des biens de son père; que, pendant sa jouissance, il a acquis la portion successive de François Marin de Bovet, l'un des cohéritiers; qu'étant au lieu et place d'un cohéritier, et saisi en même temps de la cohérédité, les autres cohéritiers ne peuvent le déposséder, parce que leur droit est le même que celui de Pierre Brunel; que ces derniers n'ont en l'état que l'action en partage et délivrance de leur portion cohéréditaire, qui leur a été offerte en l'instance; — Qu'enfin l'état et les droits de Pierre Brunel sont irrévocablement fixés par le code civil, qui lui attribue les trois quarts de l'hoirie de son père, outre la part successive qu'il a acquise, et qu'il a droit à la presque totalité des biens dont il s'agit; que remettre ces biens, par voie de saisine légale, aux autres cohéritiers, qui, bientôt après, seraient tenus de les rétablir à Pierre Brunel, ce serait abuser du texte de la loi pour faire parcourir aux parties un cercle de difficultés qui sont tranchées et par le fait et par le droit; — Par ces motifs, dit avoir été mal jugé, bien appelé; réformant, sans s'arrêter aux fins, tant principales que subsidiaires, des cohéritiers Brunel, dont ils sont déboutés, maintient Pierre Brunel dans l'état d'enfant naturel de l'ex-chanoine Brunel, et le maintient, tant en ladite qualité que comme cessionnaire de Marin Bovet, en la propriété, possession et jouissance des trois quarts de la succession dudit Brunel, ensemble de la portion par lui acquise dudit Bovet; le condamne à délaisser, suivant ses offres, le huitième de ladite succession aux cohéritiers, etc.

Du 14 vent. an 12.-C. de Grenoble.

« La loi, disent MM. Aubry et Rau, ne pouvant empêcher le mort civilement de donner le jour à des enfants naturels, ne saurait lui interdire le droit de les reconnaître. Aussi cette prohibition ne résulte-t-elle ni de la lettre ni de l'esprit de la loi... » Et M. Demolombe fait observer, de même, que la défense de constater la filiation est une exception pour laquelle un texte est nécessaire, d'autant plus que la société elle-même est intéressée à ce que la preuve de la filiation soit établie, parce que là se trouve son élément le plus puissant d'organisation et d'ensemble, ou plutôt sa base la plus essentielle.

Toutefois, MM. Aubry et Rau font observer, *loc. cit.*, que la reconnaissance faite par un mort civilement ne produira pas tous les effets civils que la loi y attache ordinairement, mais seulement ceux qui sont compatibles avec les conséquences qu'entraîne la mort civile. Le principal de ces effets sera l'obligation mutuelle de se fournir des aliments; mais, le mort civilement étant également incapable de recueillir et de transmettre par voie héréditaire, il est évident qu'il ne pourra y avoir droit réciproque de successibilité entre lui et les enfants qu'il aura reconnus. — MM. Massé et Vergé sur Zachariæ, t. 1, p. 318, note 4, se rangent à l'opinion de M. Loiseau et pensent que le mort civilement ne *peut* reconnaître un enfant naturel, parce que la reconnaissance établit entre le père et l'enfant des rapports de droit civil qui ne résultent pas des liens créés par le droit naturel.

502. Quoique la reconnaissance d'un enfant naturel, né d'un blanc et d'une femme de couleur, soit prohibé à la Guyane, cependant un blanc a pu reconnaître valablement, en France, où il est domicilié, et sous le code civil, un enfant naturel, quelle que soit la couleur de sa mère et le lieu actuel de la résidence de l'enfant (Rej. 15 mars 1831) (1).

§ 2. — *A quelle époque la reconnaissance peut être faite.*

503. La reconnaissance peut être faite pendant toute la durée de la vie de l'enfant, quels que puissent être d'ailleurs son âge et sa position sociale, l'âge et la position sociale de celui qui le reconnaît. Cela est incontestable. Seulement les effets de cette reconnaissance sont plus ou moins étendus suivant les cas; 1° suivant que le père ou la mère qui la fait est ou n'est pas engagé dans les liens d'un mariage contracté avec une personne étrangère; 2° suivant que ce mariage a ou n'a pas donné naissance à des enfants, ainsi que nous le verrons ultérieurement (V. nos 689 et s.). Mais peut-elle être faite avant la naissance de l'enfant? Peut-elle l'être après son décès? Peut-elle l'être enfin lorsque son absence présumée ou déclarée rend sa vie ou sa mort également incertaines? C'est ce que nous devons examiner.

504. Il est évident que, lorsque nous disons *avant sa naissance*, nous sous-entendons *mais après sa conception*. Car, tant qu'il n'y a pas d'enfant au moins conçu, il n'existe pas la matière d'une reconnaissance possible. La reconnaissance ne peut s'appliquer à un être purement imaginaire : elle suppose nécessairement l'œuvre de la paternité accomplie, l'œuvre de la maternité au moins commencée. Il y aurait d'ailleurs une immoralité choquante dans le fait de reconnaître par anticipation un enfant qui n'aurait point encore été conçu.

505. C'est un point consacré par une jurisprudence constante

(1) *Espèce* :—(Verneau C. Flavin.)—En 1802, Flavin naît à la Guyane française d'une négresse et d'un blanc. Vers ce temps, J.-B. Leblond, propriétaire à la Guyane et maître de la négresse, vient s'établir en France ; en 1811, il déclare, par acte authentique, reconnaître Flavin pour son fils naturel; il y décède en 1815, après avoir institué, par testament olographe, le sieur Flavin, son fils naturel, héritier des biens situés à la Guyane. — Les héritiers collatéraux de Leblond, en France, ont cédé à un sieur Verneau tous leurs droits successifs relativement aux biens de la Guyane. Mais déjà Flavin, en vertu du testament, avait pris possession de ces biens, et en avait vendu partie à un sieur de la Gotellerie. — Verneau, cessionnaire des héritiers de France, actionne en délaissement le sieur de la Gotellerie. Celui-ci appelle Flavin en garantie ; et Flavin, pour terminer tous débats sur la succession de son père, offre de rembourser à Verneau le prix de la cession, conformément à l'art. 841 c. civ. — Verneau a prétendu que Flavin, n'étant pas héritier, ne pouvait exercer le retrait.

Jugement; et, sur l'appel, arrêt de la cour de Guyane, du 4 déc. 1826, qui déclare valable la reconnaissance faite par Leblond au profit de Flavin, et considérant qu'il est héritier à l'égard des biens de France, l'admet à exercer le retrait successoral à l'égard des biens de Cayenne. Pourvoi de Verneau.

M. Dupin aîné, procureur général, a dit : — « On reproche à l'arrêt attaqué la violation du règlement colonial de 1805; ce règlement est-il donc une loi? Publié par le gouvernement de la colonie, comme modifiant le code civil, il ne l'a été que provisoirement et sauf ratification qui n'a pas eu lieu. — En principe, la loi personnelle suit la personne; ce principe, absolument vrai lorsque le Français se trouve en pays étranger, surtout s'il n'y vient que pour éluder la loi, n'est plus applicable quand l'habitant d'une colonie la quitte pour venir en France; dans le premier cas, il y a passage d'une souveraineté dans une autre ; dans le second, l'individu n'en change point. — Le droit qui régit la France, est pour tous les Français le droit commun ; celui de la colonie n'est qu'exceptionnel; dès lors on doit l'interpréter dans un sens étroit, et revenir au premier comme plus favorable, toutes les fois que le statut local ne le défend pas expressément. — Le droit des colonies ne peut modifier le droit des personnes en ce sens que le Français de la métropole conserve les droits qui lui étaient acquis, lorsqu'il va s'établir aux colonies, et que, s'il revient en France, il rentre dans la possession de tous ses droits, tant civils que politiques. On peut donner, du droit de la métropole prévalant sur l'exception, plusieurs exemples : c'est ainsi que l'esclave, qu'une odieuse exception prive de sa liberté dans les colonies, devient libre à l'instant où il touche le sol français, et ne cesse point de l'être s'il retourne aux colonies; c'est ce que fit juger M. Henrion de Pansey, dont la mémoire nous est si chère; la seule cause qu'il ait plaidée fut en faveur de la liberté. Le mariage entre un blanc et une femme de couleur, que rien n'interdit en France, serait reconnu valable aux colonies s'il avait été célébré dans la métropole; il en serait de même de la légitimation et de l'adoption ; pourquoi en serait-il autrement de la reconnaissance? il y a mêmes raisons de décider; c'est d'ailleurs une conséquence nécessaire des relations qui doivent exister entre la France et les colonies; autrement il existerait entre elles une espèce d'hostilité. — Ces principes une fois établis, leur application est facile : Leblond vient fixer son domicile en France; il redevient citoyen français; il recouvre tous ses droits; il dispose valablement de ses biens par une reconnaissance légale; il passe ainsi d'un système exceptionnel et odieux, sous la loi commune.

» On objecte que Flavin est resté à Cayenne, et que là il a toujours été frappé de l'incapacité d'être reconnu. Mais la capacité du père et celle du fils sont indivisibles; ici c'est la première qui seule doit être prise en considération; la reconnaissance est un acte spontané, unilatéral; elle peut être faite au profit de celui qui ne peut contracter, d'un mineur, même à son insu. D'ailleurs, l'esclave n'a d'autre domicile que celui de son maître, l'enfant suit celui de son père; ainsi Flavin, comme fils et comme esclave, était domicilié en France. Une fois reconnu que Flavin a pu être reconnu valablement en France, il est devenu Français, il a cessé d'être colon; dès lors les lois françaises seules ont du le régir.—Admis dans la succession de Leblond en France, il ne peut pas en être repoussé à Cayenne, parce qu'un même individu n'a pas deux successions, et qu'un enfant naturel peut exercer ses droits partout où se trouvent les biens de son père.

» C'est à tort que l'on voudrait prétendre qu'on arrive ainsi à faire succéder un homme de couleur à un blanc, au mépris de la loi coloniale; le résultat n'est point à considérer, si le moyen qui l'a produit est légal; c'est ainsi qu'une légitimité que la loi permet d'établir, peut conduire à une successibilité que la loi aurait défendue.—Il n'est donc pas possible de contester aux colonies les effets d'actes valablement faits en France; dès lors Flavin Leblond pouvait exercer à Cayenne les droits d'héritier, parmi lesquels se trouve le retrait successoral. » — Par ces motifs, M. le procureur général a conclu au rejet. — Arrêt.

LA COUR; — Attendu que le statut colonial de la Guyane française, qui prohibe la reconnaissance d'un enfant naturel, né d'un blanc et d'une femme de couleur, ne peut empêcher un blanc de reconnaître en France, et sous l'empire du code civil, un enfant naturel, quelle que fût la couleur de sa mère et le lieu actuel de la résidence de cet enfant;

Attendu que la validité de cette reconnaissance a pour effet de donner, à l'enfant naturel reconnu, sur le patrimoine de son père, les droits déterminés par le code civil au chapitre des successions irrégulières; que, dans l'espèce, l'incapacité personnelle qui aurait empêché Flavin Leblond d'être reconnu à Cayenne, ne pouvait plus, après qu'il avait été valablement reconnu en France, lui être opposée, comme le privant à la Guyane de la qualité de successible de son père; — Et qu'en jugeant qu'il était apte en cette qualité à se prévaloir des dispositions de l'art. 841 c. civ., relatif au retrait successoral, l'arrêt attaqué n'a fait qu'une juste application de cet article, sans violer d'ailleurs le statut colonial; — Par ces motifs, rejette.

Du 15 mars 1831.-C. C., ch. civ.-MM. Portalis, 1er pr.-Legonidec, rap.-Dupin pr. gén., c. conf.-Piet et Scribe.

qu'un enfant naturel peut être reconnu avant sa naissance (Rej. 16 déc. 1811; Aix, 10 fév. 1806 (1); 3 déc. 1807, aff. Étienne, n° 493; Metz, 19 août 1824, aff. Bouxin, n° 517; Grenoble, 13 janv. 1840, aff. Cheval, n° 545; Orléans, 16 janv. 1847, aff. D..., D. P. 47. 2. 17). — Décidé de même à l'égard de la reconnaissance faite après la naissance, mais en vertu d'une procuration donnée pendant la grossesse (Paris, 1er fév. 1812, aff. Chrétin, V. n° 520).

Les auteurs se sont prononcés unanimement dans le même sens (V. MM. Loiseau, p. 421; Rolland de Villargues, n° 247; Toullier, t. 2, n° 955; Duranton, t. 3, n° 211; Valette sur Proudhon, t. 2, p. 149; Zachariæ, édit. Massé et Vergé, t. 1, p. 320, note 10; Marcadé sur l'art. 334, n° 2; Demolombe, t. 5, n° 414). — C'est qu'en effet de sérieuses considérations militent pour qu'on applique ici le principe suivant lequel l'enfant simplement conçu est réputé né lorsqu'il s'agit de ses intérêts. Le premier intérêt pour lui c'est de connaître sa filiation, c'est-à-dire de se rattacher, même par un lien illégitime, à un père, à une mère, qui remplissent à son égard les devoirs qui sont imposés à la fois par la conscience et par la loi. Or la volonté de l'homme est changeante de sa nature, et il pourrait arriver que celui qui à un moment donné aurait voulu recon-

(1) 1re *Espèce*; — (Buisseret C. Buisseret.) — 29 flor. an 7 acte, notarié par lequel Buisseret se reconnut le père de l'enfant dont la fille Anthoine est enceinte. — Cet acte est, dans le delai, présenté à l'enregistrement. — Le receveur commence la relation de l'enregistrement sur la minute, en ces mots : « Enregistré à Soignies, le 2 prair. an 7, folio 8. Reçu...... » — Il s'arrête là. — Depuis, il a ajouté : « *Nota.* — Le payement du droit n'ayant été fait, lors de cet enregistrement, ni par le notaire, ni par la partie, le receveur a bâtonné l'enregistrement sur son registre; ce que je certifie.—Signé *Queneuille.* »—4 fruct. an 7, la fille Anthoine accouche d'un garçon; il est inscrit sous les prénoms de Nicolas-Philibert-Joseph, sans nom de famille. — An 13, décès de Buisseret. — La fille Anthoine épouse Jean Maistriaux. — En 1806, elle demande aux héritiers Buisseret la portion attribuée à son fils. Ceux-ci répondent que l'acte de reconnaissance est nul, soit comme fait avant la naissance, soit comme sous seing privé, à défaut d'enregistrement dans le délai. — 23 fév. 1807, jugement du tribunal de Mons, qui accueille la demande, par le motif qu'un enfant conçu étant réputé né, peut être légalement reconnu dans le sein de sa mère; que l'acte de reconnaissance dont il s'agit ayant été reçu par un notaire, est authentique dès le moment de sa passation, et qu'il n'a pas dû être revêtu de la formalité de l'enregistrement pour faire foi en justice, et que cette foi doit subsister jusqu'à inscription de faux.—Appel; le 12 janv. 1808, arrêt confirmatif de la cour de Bruxelles.

Pourvoi des héritiers : ils ont soutenu, 1° qu'en disant que la reconnaissance de l'enfant naturel sera faite par acte authentique lorsqu'elle ne l'aura pas été dans son acte de naissance, l'art. 334 c. civ. a implicitement entendu qu'elle ne pourrait précéder la naissance; 2° que, d'après l'art. 9 de la loi du 19 déc. 1790, l'acte non enregistré dans le délai ne vaut que comme acte sous seing privé. — Arrêt.

La cour; — Attendu, en premier lieu, que l'art. 334 c. civ. n'ayant pas fixé d'époque où la reconnaissance de paternité devra être faite, il s'ensuit que l'enfant conçu peut être reconnu avant sa naissance, et que la discussion qui a précédé et préparé cet article ne permet pas de doute à cet égard; — Attendu, en second lieu, qu'il est reconnu, en fait, que l'enregistrement de l'acte du 29 flor. an 7 a été complétement opéré, dans le délai utile, sur les registres du receveur de Soignies; qu'il en est résulté, en faveur de l'enfant naturel de la fille Anthoine, un droit acquis que le receveur n'a pu lui enlever, en se permettant de bâtonner cet enregistrement, par le motif que le droit n'en avait pas été payé, tandis que, pour le recouvrement de ce droit, il avait la voie de la contrainte, tant contre le notaire que contre la partie; — Rejette.

Du 16 déc. 1811. — C. cass.; sect. civ. — M. Muraire, pr. prés. — M. Rupérou, rapp. — M. Dupont, av.

2e *Espèce* : — (Anne Rose C. Déodati). — La cour; — Considérant que la dame Causse a été reconnue par feu Gabriel Déodati, dans son testament du 6 nov. 1780, reçu par Dejean, notaire à Marseille; qu'elle l'a donc été par acte authentique, un testament ayant par lui-même tous les caractères d'un pareil acte; — Que, quoiqu'à l'époque de son testament, la dame Causse ne fût point encore née, elle n'en était pas moins capable de tous les avantages qui pouvaient lui être faits, et ce, d'après les anciens principes de droit qui établissent que *qui in utero est, pro jam nato habetur, quotiès de commodis illius agitur* : la disposition de l'art. 906 c. civ. est l'expression et l'application de ces mêmes principes; — Que la reconnaissance d'un enfant par son père naturel est un bienfait et un avantage dont cet enfant est capable, quoiqu'il ne soit pas né et qu'il soit encore dans le sein de sa mère; — Considérant que c'est sans succès que l'appelant a querellé la reconnaissance dont il s'agit, comme n'étant pas faite dans l'acte de naissance ou dans un acte postérieur : la loi, en ordonnant que la reconnaissance d'un enfant naturel serait faite par un acte authentique, lorsqu'elle ne l'aurait pas été dans son acte de naissance, a disposé dans une hypothèse commune et ordinaire; mais elle n'a point entendu par là rejeter la reconnaissance qu'un père naturel pourrait faire de son enfant avant sa naissance, et le priver, par ce moyen, s'il était en danger de mort, ou s'il venait à mourir avant la naissance de son enfant, de la consolation de lui assurer un état en le reconnaissant; ce serait calomnier la loi que de le supposer ainsi; — Inutilement, l'appelant se prévaut encore de ce que les parties ne sont point encore dans cette hypothèse, puisque Gabriel Déodati a survécu longtemps à la naissance de la dame Causse, sa fille naturelle; la survivance du testateur n'anéantit point les déclarations et les aveux contenus dans son testament; et tous les actes qui ont été produits et qui sont rappelés dans les faits ci-dessus exposés, non-seulement n'affaiblissent point la reconnaissance faite par Gabriel Déodati de son enfant naturel, mais ils l'établissent encore plus; — Considérant qu'il est indifférent que l'enfant né le 3 fév. 1781, et auquel on a donné les prénoms d'Anne-Rose, n'ait point été baptisé sous le nom de Déodati, comme l'avait ordonné le testateur dans son testament du 6 nov. 1780 : des raisons particulières survenues depuis ce testament peuvent l'avoir empêché; mais cet acte de dernière volonté ne porte pas moins la déclaration précise que la demoiselle Jeanne Oddos était enceinte de six mois des œuvres dudit Déodati, et il est constant que, le 3 février suivant, la demoiselle Oddos a donné le jour à un enfant qui a été baptisé sous les prénoms d'Anne-Rose : ces deux époques coïncident parfaitement; qu'il est impossible de ne pas reconnaître dans cet enfant celui dont Gabriel Déodati a déclaré, le 6 nov. 1780, que la demoiselle Oddos était enceinte de ses œuvres depuis six mois ; la série des actes postérieurs ne laisse aucun doute à cet égard : Gabriel Déodati assure, le 10 sept. 1781, une pension de 1,800 fr. à la demoiselle Oddos; il impose à sa libéralité la condition de pourvoir à la subsistance et à l'entretien de sa fille Anne-Rose, née le 3 fév. 1781, et baptisée à l'église de Saint-Ferrol, le 8 du même mois; le sieur Déodati stipule dans ce même acte que, dès l'instant que la demoiselle Oddos lui remettra sa fille, il aura soin de son éducation, et se chargera dès lors de tous les frais de son entretien qui le regarderaient en propre : cet acte, quoique sous seing privé, a été ensuite annexé aux écritures d'un notaire public, et c'est en forme de cet acte que le procureur fondé que la demoiselle Oddos y constitue, a constamment reçu les arrérages de la pension à laquelle s'était soumis Gabriel Déodati;

Considérant..... qu'il conste encore que, le 20 novembre 1781, Gabriel Déodati a déposé un testament chez Dejean, notaire public, dans lequel il déclare plus expressément qu'Anne-Rose, née le 3 février 1781, et baptisée le 8 du même mois, est sa fille naturelle; qu'à la vérité ce testament ne se trouve plus, parce qu'étant mystique et non solennel, il a été retiré par Gabriel Déodati; mais il est exactement remplacé, quant à ce, par la note trouvée dans les papiers du défunt, entièrement écrite de sa main; cette note porte ces expressions : Voici la copie de l'article qui regarde ma fille, etc...; — Considérant que la dame Causse représente une lettre écrite de la main de Gabriel Déodati, dans laquelle il s'exprime en ces termes : Ma fille, c'est désormais à la bonne conduite de votre mère que vous devez votre état, et mes dispositions seront toujours réglées là-dessus; que cette lettre fut adressée à Jeanne Oddos, avec invitation de la remettre à sa fille lorsqu'elle serait en état de la lire; — Que tous ces différents actes constatent, d'une manière certaine, l'identité de la dame Causse avec l'enfant né le 3 fév. 1781, baptisé le 8 du même mois, sous les prénoms d'Anne-Rose; que, quoique ces actes soient sous seing privé, et par là insusceptibles de remplacer la reconnaissance authentique prescrite par la loi, ils n'en justifient pas moins, de la manière la plus satisfaisante, l'identité de l'intimée avec l'enfant reconnu authentiquement par Gabriel Déodati, dans son testament du 6 nov. 1780; — Que toutes les pièces produites par l'intimée ne tendent point à la recherche de la paternité, que le code civil a expressément prohibée; qu'elle ne les emploie que pour établir un fait certain; c'est-à-dire qu'elle est Anne-Rose, née le 3 fév. 1781, et baptisée le 8 du même mois, et dont elle justifie parfaitement, après avoir rapporté une reconnaissance expresse de son père naturel, consignée dans son testament; — Considérant enfin que la preuve de l'identité de la dame Causse, intimée, avec l'enfant né le 3 fév. 1781, est d'autant plus assurée, que Gabriel Déodati, dans un acte public reçu par Dejean, notaire, le 15 brum. an 5, l'a établie encore plus, en voulant la désavouer; qu'en vain, dans cet acte, il déclare n'être point le père de la fille née de Jeanne Oddos le 3 fév. 1781, et qu'elle avait fait baptiser sous le nom d'Anne-Rose : ce désaveu tardif ne peut enlever à l'intimée l'état dont elle avait joui, et détruire la reconnaissance que son père naturel en avait faite volontairement le 6 nov. 1780, et qu'il n'était plus en son pouvoir de lui ravir; dit avoir été bien jugé....

Du 10 fév. 1806.-C. d'Aix.

Nota. Il ne paraît pas que, dans l'espèce, l'acte de désaveu ait été présenté comme opérant révocation du testament (c. civ. 1035).

naître l'enfant auquel il a donné l'être ne le veuille pas plus tard; il importe donc que la bonne inspiration, au moment où elle naît, puisse se traduire en acte, qu'aucun obstacle n'en vienne arrêter l'exécution. D'ailleurs le père peut mourir dans l'intervalle de la conception à la naissance, la mère peut succomber au milieu des douleurs de l'enfantement; pourquoi donc leur refuserait-on la faculté de faire, en prévision d'une telle éventualité, ce qui est nécessaire pour assurer à l'enfant leur succession et la transmission de leur nom? — On peut objecter que l'art. 334, en disant que « la reconnaissance d'un enfant naturel sera faite par un acte authentique, *lorsqu'elle ne l'aura pas été dans son acte de naissance,* » suppose que la reconnaissance est toujours faite ou dans l'acte de naissance lui-même ou par un acte postérieur; mais il nous paraît évident que cette disposition s'occupe *de eo quod plerumque fit* qu'elle est purement énonciative et nullement restrictive.

506. Il a été jugé: 1° que la reconnaissance d'un enfant naturel par testament public, avant sa naissance, est valable, quoiqu'elle n'ait pas été renouvelée et que le père ait encore vécu plusieurs années (Aix, 10 fév. 1806, aff. Anne Rose, précité); — 2° Que cette reconnaissance est valable, encore que l'enfant ait reçu d'autres noms que ceux indiqués dans le testament qui la renferme, si d'ailleurs son identité est constante; et que le désaveu de paternité, même par acte public, ne saurait porter atteinte à l'état de l'enfant (même arrêt).

507. Du reste, c'est aux tribunaux qu'il appartient d'apprécier souverainement, d'après les circonstances et surtout d'après les termes de l'acte, si la reconnaissance d'un enfant simplement conçu s'appliquait bien, dans la pensée de celui qui l'a faite, à l'enfant dont la femme désignée comme la mère est accouchée postérieurement.

A cet égard il a été décidé que l'acte de reconnaissance d'un enfant naturel doit, quant à l'aveu de paternité et quant aux avantages qui y sont consentis, être renfermé dans les termes de l'acte et dans l'intention qui en résulte (Douai, 23 mars 1841, aff. Mériaux, rapportée avec l'arrêt qui suit); — Et, spécialement, que la déclaration authentique par laquelle un individu, se reconnaissant le père de l'enfant dont une fille est maintenant enceinte, et qui doit naître dans six mois environ, fait à la mère et à l'enfant une donation viagère, a pu, par appréciation souveraine de l'intention du donateur, être considérée comme une donation conditionnelle, c'est-à-dire strictement subordonnée à la naissance dans le terme indiqué, et, par suite, frappée de nullité dans le cas où l'enfant viendrait à naître postérieurement, par exemple neuf mois moins deux jours après la déclaration (Req. 1er août 1843) (1).

508. Supposons maintenant que l'enfant naturel n'ait point été reconnu de son vivant et examinons s'il pourra l'être après son décès. — Nul doute ne peut s'élever à cet égard s'il a laissé des enfants légitimes. La loi, qui, dans ce cas, a permis (c. nap., art. 332) la légitimation par mariage subséquent, n'a pu interdire la reconnaissance. Cette reconnaissance pourra donc intervenir et elle profitera aux descendants de l'enfant naturel prédécédé (V. MM. Loiseau, p. 444; Duranton, t. 3, n° 264; Marcadé sur l'art. 334, n° 2; Demolombe, t. 5, n° 416; Valette sur Proudhon, t. 2, p. 150; Zachariæ, édit. Massé et Vergé, t. 1, p. 320, note 11, et ses annotateurs).

509. Mais la question est plus délicate lorsque l'enfant naturel n'a pas laissé d'enfants, lorsque, par conséquent, la reconnaissance ne peut plus profiter qu'au père ou à la mère qui la fait.

M. Delvincourt, t. 1, note 6, p. 91, prétend que, dans ce cas, la reconnaissance ne peut plus avoir lieu. La raison en est qu'il est de principe que le néant ne peut acquérir et qu'on ne peut lui conférer aucun droit. D'où il suivrait, selon cet auteur, qu'en principe rigoureux, l'enfant décédé ne peut être ni reconnu ni légitimé. A la vérité il a été fait exception à ce principe par l'art. 332 qui permet de reconnaître et de légitimer par mariage subséquent les enfants naturels décédés qui ont laissé des descendants; mais cet article, précisément parce qu'il renferme une exception, doit être renfermé dans son cas particulier et ne peut être étendu au cas où un enfant naturel serait décédé sans postérité. Ajoutons, dit cet auteur, que, si l'on suppose que la reconnaissance a eu lieu après la mort, il s'ensuit que la succession de l'enfant, s'étant trouvée ouverte auparavant, a été déférée à ceux qui avaient le droit de la recueillir à défaut des père et mère; or ne serait-il pas contraire à tous les principes qu'un individu pût, par une reconnaissance tardive, et entièrement dépendante de sa volonté, priver des tiers, ou même l'État, d'un droit régulièrement acquis? — Il a été décidé, en ce sens: 1° que la reconnaissance d'un enfant naturel faite après son décès et pour recueillir sa succession, n'est pas valable (Paris, 26 avril 1852, aff. François, D. P. 53. 2. 181); — 2° Que la mère de l'enfant naturel, qui ne l'a pas reconnu de son vivant, ne peut le reconnaître après sa mort, ni être admise à prouver par témoins sa maternité (Nancy, 26 juill. 1830, 1re ch., MM. de Riocour, 1er pr., Troplong, av. gén., aff. préfet de la Meurthe

---

(1) *Espèce:* — (Mériaux C. Caullet.) — Le 30 mars 1838, le sieur Jules Caullet se présenta chez un notaire avec la demoiselle Mériaux, assistée de sa famille, et fit dresser un acte dont voici les termes: « M. Jules Caullet déclare et avoue volontairement que ladite Marie Mériaux est maintenant enceinte de ses œuvres et relations avec elle; en conséquence, il se reconnaît comme étant le père naturel de l'enfant qu'elle porte et qui doit naître dans six mois environ. Et, pour indemniser cette demoiselle... et assurer l'existence de l'enfant, il déclare créer et constituer, au profit de la demoiselle Mériaux et de son enfant à naître, une rente viagère... de 500 fr., etc. » — La demoiselle Mériaux n'accoucha que le 28 décembre suivant, c'est-à-dire neuf mois moins deux jours après l'acte qui vient d'être énoncé, d'un enfant qui mourut quelques jours plus tard. Le sieur Caullet, actionné par le sieur Mériaux, au nom de sa fille, en exécution de l'acte de donation du 30 mars, s'y refusa, par le motif que, l'enfant de la demoiselle Mériaux étant né au delà du terme fixé par cet acte, ni la reconnaissance, ni la donation qui y étaient renfermées ne pouvaient s'appliquer à lui, en sorte que l'acte devait être, à défaut de cause, regardé comme non avenu. — Le sieur Mériaux offrit subsidiairement la preuve de faits tendant à établir que l'enfant était bien né du sieur Caullet; il ajoutait qu'en déterminant un délai de six mois pour l'accouchement de la demoiselle Mériaux, ce dernier avait fort bien pu ne pas supposer que la conception remontât déjà à trois mois, mais se référer au minimum de la gestation, qui est précisément de six mois.

8 juillet 1840, jugement du tribunal civil de Valenciennes qui annule l'acte du 30 mars 1838.—Sur l'appel du sieur Mériaux, arrêt confirmatif de la cour royale de Douai, du 23 mars 1841, ainsi motivé: — « Attendu que la reconnaissance d'un enfant naturel est un acte spontané et de propre mouvement; — Que la recherche de la paternité étant interdite, on ne peut attribuer à l'acte de reconnaissance d'autre effet que celui qui ressort de ses termes et de l'intention du père qui l'a consenti; que l'intimé n'a entendu reconnaître que l'enfant qui naîtrait dans six mois environ, à partir de l'acte authentique du 30 mars 1838; — Qu'il a donc limité à ce terme le fait de la paternité qui lui serait imputable; qu'il n'a pu l'obliger à reconnaître un enfant né, à deux jours près, neuf mois après la date de cet acte, et, par suite, à servir à l'enfant et à la mère la rente annuelle et viagère qu'il n'avait attachée qu'à cette naissance ainsi limitée; — Qu'il n'y a pas lieu, pour interpréter cet acte, de combiner les articles de la loi qui étendent le terme de la gestation depuis six mois jusqu'à dix mois, parce qu'il est évident que les parties, guidées par l'opinion commune, n'ont entendu parler que d'une grossesse ordinaire qui aurait dû être commencée depuis trois mois environ; — Attendu que les conclusions subsidiaires de l'appelant sont irrelevantes, puisqu'en supposant même qu'il pût atteindre la preuve qu'il offre, il ne pourrait la rattacher à l'acte du 30 mars 1838 précité, pour lui faire produire son effet. »

Pourvoi du sieur Mériaux, pour violation de l'art. 894 c. civ., et fausse application de l'art. 954 du même code, en ce que l'arrêt attaqué a vu une condition dont l'inaccomplissement était de nature à emporter l'annulation de l'acte où elle était insérée sous de simples expressions purement énonciatives, ou, en d'autres termes, en ce que cet arrêt a subordonné l'effet de la reconnaissance d'un enfant naturel, que l'acte indiquait comme devant naître dans six mois environ, à la circonstance que l'accouchement aurait lieu à ce terme, et, par suite, a invalidé cette reconnaissance, parce que l'enfant était né au bout de neuf mois moins deux jours.—Arrêt.

La cour; — Attendu qu'il résulte de la teneur de l'arrêt attaqué que la cour royale, pour déclarer que l'acte du 30 mars 1838 devait demeurer sans effet, a considéré que cet acte contenait une donation conditionnelle imposée par le donateur, et que la circonstance prévue par lui avait défailli; — Attendu que, par cette interprétation, qui rentrait dans les attributions de la cour royale, cette cour n'a pu violer ni faussement appliquer les articles du code invoqués par le demandeur; — Rejette.

Du 1er août 1843.-C. C., ch. req.-MM. Zangiacomi, pr.-Jaubert, rap

C. Fousson; Extrait de M. Garnier, Jurisp. de Nancy, vº Filiat. nat., nº 2).

M. Duranton, t. 1, nº 265, ne conteste pas la possibilité de la reconnaissance et toutefois il arrive au même résultat que M. Delvincourt; car il enseigne que la reconnaissance ainsi faite après le décès de l'enfant naturel ne confère à celui de qui elle émane aucun droit sur la succession de l'enfant; qu'elle ne saurait enlever, même à l'Etat, les biens qui lui seraient dévolus si l'enfant n'en avait pas disposé. « La loi, dit-il, n'a pas, il est vrai, déterminé de délai pour faire la reconnaissance; mais la raison veut que, pour produire ses effets éventuels en faveur du père ou de la mère, elle puisse au moins être utile à l'enfant, qu'elle ne soit pas l'objet d'une spéculation intéressée. » — Il a été décidé, en ce sens, que le père d'un enfant naturel est sans droit pour recueillir la succession de ce dernier, alors qu'il l'a reconnu seulement après son décès (Paris, 25 mai 1835 (1); Pau, 9 juill. 1844, aff. Séchas, D. P. 45. 2. 37), et que le tiers détenteur des biens qui composent la succession de l'enfant naturel a qualité pour contester le droit d'hérédité prétendu par les père ou mère naturels, alors d'ailleurs que sa détention est fondée sur des titres de créance qui absorbent la consistance de ces biens (Pau, même arrêt).

Après avoir énoncé sa doctrine, M. Duranton ajoute que cependant la question pourrait dépendre des circonstances, surtout s'il s'agissait de la reconnaissance faite par la mère. Ces derniers mots nous révèlent, dans l'esprit de M. Duranton, l'idée vague d'une distinction qui a été formulée avec plus de précision par MM. Aubry et Rau, dans leurs notes sur Zachariæ. Ces auteurs en effet, après avoir, p. 46, note 28, exprimé l'opinion que la reconnaissance, valable en elle-même, ne confère point à celui dont elle émane le droit de succéder à l'enfant au préjudice des droits acquis à des tiers, établissent plus loin, note 17 de la page 66, une distinction entre la reconnaissance volontaire et le jugement déclaratif de maternité. Ils reconnaissent à celui-ci des effets plus étendus qu'à la première. « Ainsi, disent-ils, la mère d'un enfant naturel pourrait, en prouvant sa maternité, conformément à l'art. 341, réclamer, en vertu de l'art. 765, la succession de cet enfant, quoiqu'elle ne l'eût pas reconnu avant son décès. »

Au contraire, MM. Valette sur Proudhon, t. 2, p. 150; Duvergier sur Toullier, nº 955, note *b*; et Demolombe, t. 5, nº 416, soutiennent que non-seulement la reconnaissance peut être valablement faite après que l'enfant naturel est décédé sans postérité, mais que, dans ce cas même, elle doit produire ses effets ordinaires quant au droit de succéder, soit d'ailleurs qu'elle émane du père, soit qu'elle émane de la mère. Et c'est cette doctrine qui nous paraît la plus rationnelle, la plus conforme à la loi. Qu'est-ce, en effet, que reconnaître un enfant? C'est faire la déclaration d'un fait devant un officier public, qui constate cette déclaration. Or, le législateur qui a admis cette déclaration comme preuve de la paternité ou de la maternité naturelle, n'en a subordonné la validité à aucune condition d'époque ou de délai; dès lors, limiter à la durée de la vie de l'enfant la faculté de le reconnaître, ce serait amoindrir, par une restriction tout à fait arbitraire, le droit que le législateur a concédé et dont il appartenait à lui seul de borner l'étendue. Il peut se faire, d'ailleurs, que la reconnaissance ait été retardée par des causes indépendantes de la volonté du père ou de la mère, telles qu'une absence prolongée, ou que, du moins, si le retard a été volontaire, il ait eu des motifs légitimes. On objecte qu'au moment où l'enfant est décédé, sa succession a été instantanément dévolue à ceux que la loi appelait à lui succéder, et que les droits qui, à ce moment, leur ont été acquis ne peuvent leur être enlevés par le fait postérieur de la reconnaissance. Mais il est facile de répondre à cet argument que ce n'est pas la reconnaissance qui crée le droit de succéder, que ce droit dérive de la parenté naturelle qui préexistait à la reconnaissance et que cette dernière a seulement manifestée; qu'ainsi, une fois la reconnaissance intervenue, les droits qui ont pu naître antérieurement peuvent être invoqués soit par les père et mère, soit par les enfants. En principe donc, nous pensons qu'une telle reconnaissance est valable et doit produire tous ses effets, notamment quant au droit de succéder. Seulement, comme l'époque à laquelle elle est intervenue en rend la sincérité suspecte, si les intéressés la contestent, comme c'est leur droit, les tribunaux devront examiner avec soin si, au lieu d'être le cri de la nature, elle ne serait pas une spéculation entée sur un mensonge.—Il a été jugé, en ce sens, que la reconnaissance d'un enfant naturel après son décès, faite de bonne foi, est valable et produit tous ses effets au profit du père ou de la mère de laquelle elle émane, sauf aux intéressés à la contester (Douai, 23 janv. 1819, aff. Poulet, nº 555-7º; 20 juill. 1852, les dom. *C.* Vincent, D. P. 53. 2. 50).

510. Au surplus, il a été jugé que la mère a droit de succéder à son enfant naturel, encore qu'il soit décédé sans qu'elle l'eût légalement reconnu, si d'ailleurs elle a été désignée dans son acte de naissance, surtout si, avant la mort de l'enfant, elle a pris la qualité de mère (Rej. 22 juin 1813, aff. Nuytten, V. nº 492).

511. Il a même été jugé implicitement que la femme qui, dans l'acte de naissance d'un enfant naturel, avait été désignée comme la mère, par celui qui déclarait en être le père, a le droit de recueillir la succession de cet enfant, encore bien qu'elle n'ait avoué sa maternité que dans un acte postérieur au décès (Cass. 26 avr. 1824, aff. Chambeau, V. nº 535-6º).

512. Si l'enfant naturel peut être reconnu même lorsqu'il est décédé sans postérité, à plus forte raison peut-il l'être lorsque son absence présumée ou déclarée rend seulement son existence douteuse. — Aussi a-t-il été jugé qu'on ne peut opposer à une mère que la reconnaissance de son enfant naturel est tardive,

---

(1) *Espèce :* — (Rolland C. les hospices de Paris.) — C'est ce qu'avait décidé le jugement suivant, qui fait suffisamment connaître les faits de la cause :—« Attendu que la reconnaissance d'un enfant naturel peut être contestée par tous ceux qui y ont intérêt; — Attendu que les hospices civils de Paris, appelés à recueillir la succession des enfants confiés à leurs soins, lorsqu'ils décèdent avant leur majorité ou leur émancipation, ont intérêt et droit de contester la reconnaissance dont il s'agit; — Attendu que la reconnaissance du père, sans l'indication de la mère, ne confère aucun droit au père; — Attendu que les lettres produites par Rolland ne peuvent être considérées comme une indication suffisante de la part d'Elisabeth Punch; — Attendu, d'ailleurs, qu'une reconnaissance de paternité, pour être efficace, doit être faite dans l'intérêt et pour l'utilité de l'enfant naturel; — Attendu que, si l'état des enfants légitimes existe par le seul fait de leur naissance, indépendamment de toute contestation, il n'en est pas de même de l'état des enfants naturels, au moins en ce qui concerne le père : qu'à l'égard des enfants naturels, une reconnaissance de paternité, indépendamment de ce qu'elle doit être conforme à la vérité du fait, est un acte entièrement volontaire; qu'il suit de là que ces sortes de reconnaissances ne sont pas purement déclaratives, mais qu'elles ont, par la volonté de celui qui les a faites, un caractère attributif; — Attendu que la loi, pour empêcher que ces reconnaissances ne deviennent l'objet d'une spéculation intéressée, a dû vouloir qu'on ne pût s'attribuer la paternité d'un enfant naturel décédé; qu'il ne peut y avoir d'exception à ce principe que dans le cas prévu par l'art. 332 c. civ., lorsqu'il s'agit de la légitimation d'un enfant naturel décédé qui a laissé des descendants, et qu'il est clair que cette exception n'a été introduite que dans l'intérêt et pour l'utilité des petits-enfants, qui tiennent lieu à leur aïeul de son fils décédé; — Qu'ainsi, loin qu'on puisse s'autoriser de l'art. 332 pour en induire que des enfants naturels peuvent être reconnus après leur décès, on doit en conclure, au contraire, que cette reconnaissance ne peut avoir lieu que dans le cas prévu par cet article; — Attendu que l'enfant naturel d'Elisabeth Punch est décédé le 4 avril 1833, et que Rolland ne l'a reconnu que le 13 dudit mois; — Attendu qu'il résulte de tout ce qui précède que Rolland n'a pas établi, en point de fait, la vérité de la reconnaissance, et qu'en droit il n'a pu s'attribuer la paternité de l'enfant; — Attendu que, quand même cette reconnaissance lui attribuerait la paternité, elle ne lui conférait aucun droit dans la succession de l'enfant, d'après l'art. 765 c. civ., comme n'étant pas intervenue avant l'ouverture de cette succession. » — Appel. — Arrêt.

LA COUR; — Considérant que, pour recueillir une succession, c'est à l'époque de l'ouverture de cette succession qu'il faut avoir les droits et la qualité de successible; que Rolland n'avait ni ces droits, ni cette qualité lors du décès de l'enfant dont il s'agit, décès arrivé le 4 avril 1833, puisqu'il ne l'a reconnu que le 13 du même mois; — Considérant qu'aux termes de l'art. 765 c. civ., la succession de l'enfant naturel, décédé sans postérité, est déférée au père qui l'a reconnu; qu'elle n'a pu par conséquent être déférée à Rolland, qui n'avait pas fait cette reconnaissance; — Met l'appellation au néant.

Du 25 mai 1835.-C. de Paris, aud. solen.-M. Miller, pr.

comme faite après la mort de celui-ci, lorsqu'il n'est qu'absent et qu'aucune preuve de son décès n'est rapportée (Nîmes, 11 juill. 1827, aff. Ville, V. Absence, n° 241). — Il ne faut pas conclure de ces expressions, empruntées à l'arrêt lui-même, que, dans l'opinion de la cour de Nîmes, la reconnaissance serait nulle si le décès de l'enfant était établi, mais seulement, l'arrêt s'en explique formellement, que, l'enfant n'étant qu'absent et son décès n'étant point prouvé, la cour se trouve par là dispensée d'examiner quel serait, en droit, l'effet de la reconnaissance intervenue après le décès.

§ 3. — *Formes de la reconnaissance.*

513. L'art. 334 c. nap. détermine en ces termes la forme suivant laquelle doit être faite la reconnaissance des enfants naturels : « La reconnaissance d'un enfant naturel sera faite dans un acte authentique, lorsqu'elle ne l'aura pas été dans son acte de naissance. » Ainsi, l'acte de naissance étant lui-même un acte authentique, il s'ensuit que, d'après l'art. 334, c'est seulement par acte authentique que la reconnaissance peut être faite. — Cette règle n'existait pas dans l'ancienne jurisprudence. Nous avons expliqué ci-dessus (V. n° 444) par quelles considérations le législateur avait été amené à l'établir. — Il a été jugé que l'enfant naturel, porteur d'une reconnaissance authentique de son père décédé, n'est pas tenu, pour établir sa filiation, de rapporter son acte de naissance (Paris, 27 fév. 1819, aff. Delpeyrou, n° 709).

514. L'art. 334 ne dit pas devant quel officier public devra être faite la reconnaissance, lorsqu'elle n'aura pas été faite dans l'acte de naissance. — Il est évident, d'abord, qu'elle peut être faite devant l'officier de l'état civil. En effet, la mission de ce fonctionnaire consiste à recevoir tous les actes qui déterminent l'état civil des citoyens; or, la reconnaissance des enfants naturels est manifestement un de ces actes, puisqu'elle a pour objet de constater légalement les rapports qui unissent l'enfant à ceux dont il a reçu l'existence (V. en ce sens MM. Loiseau, p 451; Duranton, t. 3, n° 212; Ducaurroy, etc..sur l'art. 334, n° 1; Demolombe, t. 5, n° 393; Rieff, n° 146). La compétence de l'officier de l'état civil résulte, du reste, de l'art. 62 c. nap., qui porte que l'acte de reconnaissance d'un enfant sera inscrit sur les registres, à sa date, et qu'il en sera fait mention en marge de l'acte de naissance, s'il en existe un. Cet article ne doit pas être interprété dans un sens absolu. Ainsi, il n'en faut pas conclure que la reconnaissance ne puisse être faite que devant l'officier de l'état civil; mais seulement que, dans le cas où le père ou la mère naturels croient devoir prendre cette voie, l'acte doit être inscrit à sa date sur les registres, etc.

515. Il n'est pas nécessaire de s'adresser à l'officier de l'état civil de la commune où l'acte de naissance a été dressé ni à celui du domicile soit de l'enfant, soit du père ou de la mère qui le reconnaît. En thèse générale, tout officier de l'état civil, agissant dans les limites de sa compétence territoriale, a qualité pour recevoir une reconnaissance, quels que soient, d'ailleurs, le lieu de naissance et le domicile des personnes qui se trouvent dénommées dans l'acte (Loiseau, *loc. cit.*; Demolombe, *loc. cit.*).

516. La reconnaissance d'un enfant naturel n'est pas viciée par la double circonstance : 1° que l'officier de l'état civil l'a reçue hors de son bureau; 2° que la signature du père, de qui elle émane, est illisible sur l'un des deux registres (Bourges, 10 août 1809) (1).

517. La reconnaissance d'un enfant naturel est valablement reçue par l'adjoint au maire, alors, d'ailleurs, qu'elle l'est avec les formalités nécessaires pour en établir l'authenticité; et elle ne saurait être annulée en ce que l'acte ne constaterait pas l'empêchement du maire (Metz, 19 août 1824) (2).—Nous invoquons ici cet arrêt comme décidant implicitement que l'officier de l'état civil a qualité pour recevoir la reconnaissance d'un enfant naturel; mais nous l'avons critiqué v° Acte de l'état civil, n° 30, en ce qu'il décide que l'adjoint est compétent pour dresser les actes de l'état civil sans que l'empêchement du maire soit constaté et sans délégation expresse de ce dernier.

518. Encore que la reconnaissance d'un enfant naturel ait été reçue sur une feuille volante, et non transcrite sur les registres de l'état civil, cependant elle n'en est pas moins valable à l'égard du père, alors que l'original a été déposé chez un notaire, et garanti ainsi, de l'aveu des parties, de toute altération; alors que cet acte n'est pas dû à la fraude ou à la violence, alors, d'ailleurs, qu'aucune disposition de la loi ne prononce, dans ce cas, la nullité (même arrêt). — Dans ce cas, sans doute, l'officier de l'état civil a manqué à son devoir; mais la faute qu'il a commise n'entraîne pas la nullité de l'acte.

519. La reconnaissance d'un enfant naturel n'est pas nulle par cela qu'elle aurait été inscrite sur le registre des délibérations de la commune, au lieu de l'être sur le registre des actes de l'état civil, si, d'ailleurs, elle a été reçue par l'officier de l'état civil de la commune (Amiens, 12 juin 1829, rapporté avec cass. 3 juill. 1832, aff. Lépine, v° Succession); — Ni, quoique la reconnaissance ait été reçue sur une feuille volante, et non transcrite sur les registres de l'état civil, l'original ayant été déposé chez un notaire, et garanti ainsi, de l'aveu des parties, de toute altération; alors que cet acte n'est pas dû à la fraude ou à la violence; alors d'ailleurs qu'aucune disposition de la loi ne prononce, dans ce cas, la nullité (Metz, 19 août 1824, aff. Bouxin, n° 517).

520. La reconnaissance d'un enfant naturel faite devant l'officier de l'état civil est valable, encore qu'il n'ait pas été assisté de témoins (Paris, 1er fév. 1812) (3). Mais c'est là, du moins, dit

---

(1) (Laust *C.* veuve Gacon). — La cour ; — Considérant que les vices reprochés à cette reconnaissance sont qu'elle a été faite hors du bureau de l'état civil, et que la signature Dauthaut est illisible sur un des registres;—Qu'aucune loi ne défend à l'officier de l'état civil de recevoir une telle déclaration hors de son bureau; qu'il est même des cas où une mesure de ce genre aurait les plus graves inconvénients; que tout ce que la loi ne défend pas est permis, et qu'il suffit que l'officier n'ait pas instrumenté hors de son ressort; qu'il serait à désirer sans doute que la signature du sieur Dauthaut fût également lisible et nette sur les deux registres, mais qu'il suffit qu'on la trouve telle sur l'un des deux pour que le consentement soit formel et l'acte parfait, l'usage des deux registres étant une mesure administrative pour en assurer la conservation et qui n'ajoute rien à la force de la déclaration, — Ordonne que le jugement dont est appel sortira son plein et entier effet.

Du 10 août 1809.-C. de Bourges.-M. Sallé, pr.

(2) (N... *C.* Bouxin). — La cour ; — Attendu que la partie de Dommanget n'ayant été évidemment établie tuteur *ad hoc* de Marie-Joseph-Henriette, que pour former l'action dont il s'agit, action qui n'est, d'ailleurs, que mobilière, la fin de non-recevoir qui lui est opposée n'est point fondée; — Attendu, au fond, que la loi n'interdit pas la reconnaissance des enfants naturels avant leur naissance; — Attendu que la reconnaissance du 23 avril 1819 a été faite devant l'adjoint de la commune, c'est-à-dire devant un fonctionnaire public, officier de l'état civil, qui l'a reçue en présence de deux témoins, lesquels ont signé l'acte avec lui et le déclarant; — Attendu que, dès lors, il a été véritablement satisfait à ce que prescrit l'art 334 c. civ.;—Attendu que, si cet adjoint a inscrit cet acte sur une feuille volante, et l'a même remis depuis à la mère de l'enfant, c'est là sans doute une faute grave de la part de cet officier, et qui pouvait entraîner beaucoup d'inconvénients; mais ces inconvénients ne sont pas arrivés, l'acte ayant été déposé chez un notaire, et la partie de Woirhaye (le père), ne prétendant pas qu'il ait souffert la moindre altération ou falsification, et reconnaissant la vérité des déclarations qui y sont contenues, comme la sincérité des signatures qui y sont apposées, n'élevant, en un mot, aucun doute sur l'identité de cet acte; — Attendu qu'elle n'articule, d'ailleurs, aucun fait d'où il pourrait résulter que cet acte avait été obtenu par violence, fraude ou surprise exercées à son égard; — Attendu que l'art. 52 c. civ. ne prononce pas la peine de nullité; — Attendu que, d'après cela, on ne peut, sous aucun rapport, annuler la reconnaissance dont il s'agit, mais qu'elle doit, au contraire, produire ses effets; — Attendu enfin que celui qui reconnaît un enfant naturel contracte l'obligation de le nourrir et élever; — Par ces motifs, sans s'arrêter à la fin de non-recevoir, a mis l'appellation et ce dont est appel au néant; émendant, sans s'arrêter à la demande incidente de Jean-François Bouxin, dont elle l'a débouté, déclare bon et valable l'acte de reconnaissance du 23 avril 1819, de Marie-Josephe-Henriette, née le 10 mai suivant; condamne en conséquence ledit Bouxin à payer à la partie de Dommanget, en sa qualité, la somme de 200 fr... Ordonne que ledit acte de reconnaissance sera extrait du protocole du notaire, sur lequel il est consigné et remis à la mairie de Clary, pour y demeurer déposé et être transcrit en marge de l'acte de naissance dudit enfant, ainsi que le dispositif du présent arrêt.

Du 19 août 1824.-C. de Metz, aud. sol.

(3) *Espèce :* — (Chrétin *C.* Choppart.) — 20 avr. 1806, procuration en brevet par laquelle Chrétin fils, avant de partir pour un voyage, donne

M. Demolombe, n° 394, une irrégularité que l'officier de l'état civil doit éviter de commettre.

521. De même, l'acte de reconnaissance d'un enfant naturel n'est pas nul, en ce qu'il ne serait pas fait mention de la lecture qui en a été faite aux parties et aux témoins, ni de leurs professions (Amiens, 12 juin 1829, rapporté avec cass. 3 juill. 1832, aff. Lépine, v° Succession).

522. Est valable la reconnaissance d'un enfant naturel faite dans un acte de naissance où le père a rempli les fonctions de témoin (Poitiers, 28 août 1810) (1).

523. Les rédacteurs du projet du code Napoléon avaient proposé, liv. 1, tit. 2, art. 27 et 28, une disposition qui limitait à l'officier de l'état civil le droit à recevoir la reconnaissance des enfants naturels. Cette disposition n'a pas été adoptée. « Elle aurait, dit M. Locré, Esprit du code Napoléon, sur l'art. 334, n° 2, empêché de tenir l'acte secret, faculté qu'il était cependant nécessaire de ménager aux parties. Elle était d'ailleurs sans intérêt. Pourvu que l'authenticité de l'acte fût bien assurée et qu'il ne pût y avoir de fraude, qu'importait par qui il fût reçu? » L'art. 334 a donc seulement exigé que la reconnaissance fût faite par acte authentique. Or les notaires, aux termes de l'art. 1, L. 25 vent. an 11, ont été précisément institués pour « recevoir tous les actes et contrats auxquels les parties doivent ou veulent faire donner le caractère d'authenticité attaché aux actes de l'autorité publique....; » aussi n'a-t-on jamais douté qu'ils n'aient qualité pour recevoir la reconnaissance des enfants naturels, pourvu toutefois qu'ils agissent dans les limites territoriales de leur ressort (V. Merlin, Rép., v° Filiation, n° 6; Loiseau, p. 451; Rolland de Villargues, n° 219; Duranton, t. 3, n° 212; Zachariæ, éd. Massé et Vergé, t. 1, p. 321; Demolombe, t. 5, n° 395; Ducaurroy, etc., sur l'art. 334, n° 1). — Ainsi, il a été jugé que l'acte de reconnaissance reçu par un notaire a le caractère d'authenticité exigé par l'art. 334 c. nap., encore bien qu'il n'ait pas été enregistré dans le délai prescrit, alors surtout qu'il a acquis date certaine par le décès du notaire qui l'a donnée; qu'en conséquence, la mère est fondée à réclamer pour son fils, contre les héritiers du père, la moitié de la succession (Bruxelles, 12 janv. 1808, V. l'arrêt qui suit), et que surtout l'acte de reconnaissance conserve le caractère authentique, alors que l'enregistrement, après avoir été opéré, a été biffé par le receveur sous prétexte que le droit n'était pas payé (Rej. 16 dec. 1811, aff. Buisseret, n° 505). Dans cette affaire, la difficulté agitée devant la cour de Bruxelles venait de l'art. 9, L. 5-19 déc. 1790, qui porte que « tout acte public dégénère en acte privé, s'il n'est enregistré dans les délais fixés par l'art. 8. » Faut-il conclure de là que l'enregistrement soit une condition essentielle de l'authenticité? Telle était la question qui avait été soulevée et que la cour de Bruxelles avait résolue négativement. Mais, sur le pourvoi qui fut formé contre cet arrêt, la cour suprême décida que, dans l'espèce, la mention de l'enregistrement, quoique biffée après coup par le receveur, était valable, et qu'il en était résulté, en faveur de l'enfant naturel reconnu, un droit acquis que le receveur n'avait pu lui enlever, alors d'ailleurs qu'il avait la voie de contrainte pour le recouvrement du droit. En présence de cette décision, la question résolue par la cour d'appel tombait d'elle-même, et la cour de cassation, dès lors, n'a point eu à s'en préoccuper.

524. L'acte de reconnaissance doit être dressé en minute; il serait nul s'il avait été simplement délivré en *brevet*. On peut objecter, il est vrai, que l'art. 334 ne l'exige pas, qu'il veut seulement que l'acte soit authentique et que les actes notariés en brevet sont authentiques aussi bien que ceux dont il est conservé minute. Mais, aux termes de l'art. 20 (L. 25 vent. an 11), les notaires sont tenus de garder minute de tous les actes qu'ils reçoivent, à l'exception seulement des certificats de vie, procurations, etc., et autres actes simples qui, d'après les lois, peuvent être délivrés en brevet; et, aux termes de l'art. 68, même loi, tout acte fait en contravention notamment à cette disposition, nul comme acte notarié, ne peut valoir que comme acte sous seing privé s'il porte la signature des parties. Or, d'un côté, aucune disposition de loi ne porte que l'acte de reconnaissance des enfants naturels pourra être fait en brevet; et d'un autre côté, l'art. 334 ne permet pas de faire la reconnaissance par acte sous seing privé. De là il résulte clairement que l'acte dont il s'agit doit, à peine de nullité, être fait en minute. C'est ce qu'enseignent, du reste, MM. Valette sur Proudhon, t. 2, p. 148; Demolombe, t. 5, n° 396; Favard, Rép., v° Reconnaissance d'enfants naturels; Rolland de Villargues, Rép., *eod. verbo*, n° 47. — *Contrà* Delvincourt, t. 1, note 3 de la page 94.

525. Les exploits des huissiers sont des actes authentiques, puisqu'ils font foi jusqu'à inscription de faux. M. Marcadé en

---

à son père le pouvoir de reconnaître l'enfant dont la fille Choppart est enceinte. Elle est ainsi conçue : « De pour lui et en son nom, lorsque Marie Choppart mettra au monde l'enfant dont elle est enceinte de deux mois et demi, se présenter devant l'officier public de l'état civil, qui recevra l'acte de naissance dudit enfant, pour y déclarer et affirmer, comme il vient de le faire, que ledit enfant est de ses faits et œuvres, le reconnaître pour son enfant et celui de ladite Choppart; demander acte de ladite déclaration, la signer, et remplir à cet égard toute formalité de droit, promettant ratifier, si besoin est, devant qui il appartiendra. » — Chrétin père reconnaît, devant l'officier de l'état civil, que l'enfant de la fille Choppart est né de ses liaisons avec son fils, André Chrétin. Aucun témoin n'est présent à cette reconnaissance. — Au retour de Chrétin fils, la mère, comme tutrice de son enfant, forme contre lui une demande alimentaire.— Chrétin refuse, sous prétexte que la reconnaissance est nulle, puisqu'elle a eu lieu sans témoins, et qu'elle est ainsi privée d'une formalité essentielle, exigée dans tous les cas où il s'agit de constater l'état d'un enfant. — La fille Choppart répond que la présence de témoins n'est pas nécessaire pour la reconnaissance d'un enfant, parce qu'aucune disposition de la loi ne l'a prescrit. — Le 2 juill. 1811, jugement du tribunal de Pontoise, qui accueille la demande alimentaire. — « Attendu que la justice ne doit voir au procès que la procuration du 20 avr. 1806, et qu'elle doit la voir, non pas tant comme contenant le pouvoir de reconnaître l'enfant, que comme contenant la déclaration et la reconnaissance personnelle et formelle de cet enfant par son propre père; que, comme telle, cette reconnaissance est légale, comme contenue dans un acte authentique. » — Sur l'appel, Chrétin fils soutient qu'une procuration en brevet n'est pas un acte authentique, puisqu'il n'en reste pas minute; que l'authenticité ne résulte pas seulement de ce qu'un acte est reçu par un officier public, mais que l'art. 1317 c. civ. exige de plus qu'il ait été fait avec les solennités requises, et qu'on ne peut pas dire qu'un acte est solennel, lorsqu'on ne peut remonter à sa source et en prouver l'existence autrement que par la représentation de l'original lui-même.

La fille Choppart répond qu'un acte est solennel; qu'il est authentique, lorsqu'un officier public l'a reçu dans les formes voulues par la loi; que la procuration en brevet dont il s'agit étant régulière, elle est par ce la même authentique, qu'ainsi la reconnaissance qu'elle contient est valable.—Arrêt.

LA COUR; — Attendu que la reconnaissance de paternité par Choppart résulte d'actes authentiques; — A mis l'appel au néant.

Du 1er fév. 1812.-C. de Paris, aud. sol.

(1) *Espèce :* — (Neveu C. Cadorge.) — Louise Neveu, domestique de Pierre Cadorge, accoucha dans la maison de son maître. — L'enfant fut présenté à l'officier de l'état civil par Cadorge, qui le fit inscrire sous le nom de Désiré-Zénon, fils naturel de lui, Pierre Cadorge, et de Louise Neveu. — Pierre Cadorge servit de témoin à cet acte, avec Antoine Audebrand, son domestique. — Cadorge prodigua à Désiré-Zénon toutes les marques de la tendresse paternelle jusqu'à son décès, arrivé le 5 sept. 1808.—Il laissa un testament olographe, dans lequel il l'appela son fils, et fit des libéralités en sa faveur et en faveur de sa mère. — Contestation entre ses héritiers et Louise Neveu, tutrice de l'enfant, tant sur l'effet du testament que sur la validité de la reconnaissance. — Jugement en ces termes : « Attendu qu'une reconnaissance valable ne pouvait résulter d'un acte de naissance irrégulier, et que celui représenté dans l'espèce était défectueux : 1° parce qu'il ne contenait pas la mention exigée par l'art. 10 de l'arrêté des consuls, du 19 flor. an 8, que le père et la mère n'étaient pas mariés; 2° parce que Pierre Cadorge n'avait pu remplir dans cet acte deux fonctions différentes, celle de déclarant et celle de témoin; qu'ainsi l'acte civil pouvait bien servir à constater la naissance, mais qu'il devenait inutile pour constater la reconnaissance. » — Appel. — Arrêt.

LA COUR; — Considérant qu'il résulte de l'acte de naissance de Désiré-Zénon Cadorge que c'est feu Pierre Cadorge, père de l'enfant, qui l'a présenté à l'officier de l'état civil; qu'il en a requis l'inscription comme son fils naturel, et qu'il a signé sa déclaration; — Considérant qu'il importe peu qu'il y ait eu un ou deux témoins présents à cette déclaration; que cette formalité exigée par la loi n'attaque pas la substance de cet acte, qu'elle n'est qu'accidentelle; que, d'ailleurs, elle n'est pas exigée à peine de nullité;... — Considérant que les dispositions de l'arrêté des consuls du 19 flor. an 8 ne sont pas applicables à l'espèce; — Met l'appellation et ce dont est appel au néant; émendant, dit que Désiré-Zénon Cadorge, a été valablement reconnu par Pierre Cadorge dans l'acte de naissance du 30 frim. an 13.

Du 28 août 1810.-C. de Poitiers.

conclut que la reconnaissance d'un enfant naturel pourrait être valablement faite par le ministère d'un huissier. « Ainsi, dit cet auteur, sur l'art. 334, nº 1, si, sur la sommation faite à une personne, par le ministère d'un huissier, de déclarer si elle entend contester à tel enfant la qualité de son enfant naturel, la personne répond qu'elle lui reconnaît cette qualité, la constatation de cette réponse, faite par l'huissier dans son procès-verbal, constituera un acte parfaitement légal de reconnaissance. » M. Loiseau, p. 456, enseigne, au contraire, que les huissiers n'ont pas qualité pour imprimer le caractère d'authenticité aux actes de reconnaissance des enfants naturels. Et nous inclinons fortement vers ce dernier sentiment. En effet, il faut distinguer, quant à l'authenticité des exploits d'huissier, quant à la foi attachée à leurs énonciations, entre les formalités intrinsèques qui tiennent à l'essence même de l'acte, telles que la date, le transport de l'huissier, la remise de la copie, etc., et les faits extrinsèques qui peuvent s'y trouver consignés. L'acte fait foi des premières jusqu'à inscription de faux; quant aux autres, l'acte n'en fait foi qu'autant que leur constatation rentrait dans les attributions de l'huissier. Or, les huissiers n'ont pas reçu de la loi la mission de constater la reconnaissance des enfants naturels. On peut dire, à la vérité, qu'ils ont qualité pour adresser des sommations et recevoir la réponse à ces sommations; mais ne peut-on pas répondre que, la reconnaissance dont il est ici question étant un acte essentiellement volontaire, essentiellement libre, il n'y a pas lieu d'adresser une sommation au père ou à la mère prétendus, comme s'il s'agissait d'un droit à revendiquer; que, dès lors, une telle sommation est un acte sans portée au moyen duquel un huissier ne peut s'arroger des pouvoirs qui ne rentrent pas naturellement dans ses attributions? On aperçoit facilement, du reste, combien peu la réponse qui serait ainsi faite instantanément à une interpellation inopinée présenterait ce caractère de maturité, de réflexion, de liberté d'esprit dont la loi a voulu entourer un acte aussi grave que la reconnaissance d'un enfant naturel. — V. Merlin, Rép., vº Filiation, nº 6; M. Demolombe, t. 5, nº 402.

526. Tout le monde convient que la reconnaissance serait parfaitement régulière si elle résultait d'un aveu constaté judiciairement. En effet, comme le remarque M. Loiseau, p. 457, bien que l'autorité judiciaire ait été instituée pour vider les procès, et non pour recevoir les actes de l'état civil, comme la loi imprime le caractère de l'authenticité à tous les actes émanés de cette autorité, et qu'elle ne lui assigne aucune limite, il en résulte que le plus léger aveu, la plus simple déclaration devient irréfragable quand ils sont constatés par le juge; qu'ainsi une reconnaissance d'enfant naturel faite devant lui est authentique et valable, pourvu qu'elle soit volontaire et libre; car il s'agit ici de la reconnaissance volontaire, et non pas de la reconnaissance forcée qui résulte d'un jugement intervenu sur l'action de l'enfant (V. aussi Merlin, Rép., vº Filiation, nº 6; MM. Zachariæ, éd. Massé et Vergé, t. 1, p. 325; Favard, vº Rec. d'enf. nat.; Rolland de Villargues, *eod. verbo*, nº 50; Valette sur Proudhon, t. 2, p. 149; Demolombe, t. 5, nº 398). — Jugé, en ce sens, que l'aveu judiciaire de paternité peut être considéré comme une reconnaissance authentique, telle que l'exige l'art. 334 c. nap. (Colmar, 24 mars 1813, aff. Gillmann, V. *infrà*, nº 543-3º).

Ajoutons, toutefois, qu'il importerait peu, du reste, que l'aveu eût été constaté sur la feuille d'audience, dans le cas où, par exemple, le tribunal aurait donné à l'une des parties, sur sa demande, acte de l'aveu fait par l'autre partie, ou qu'il l'eût été dans le procès-verbal soit d'un interrogatoire sur faits et articles, soit d'une enquête. Dans ces divers cas, il serait également revêtu du caractère de l'authenticité.

527. Une femme reconnaît authentiquement un enfant naturel lorsque, par une requête, elle demande et obtient l'envoi en possession des biens d'un absent qu'elle qualifie son fils naturel, inscrit aussi sous cette qualité sur les registres des actes de naissance (Nîmes, 11 juill. 1827, aff. Ville, vº Absence, nº 241).

528. D'après ces principes, il est certain que le juge de paix, lorsqu'il siége comme juge, a qualité pour constater authentiquement la reconnaissance volontaire faite devant lui incidemment à la contestation qui lui est soumise. Et cela n'est pas contesté.

529. En serait-il de même dans le cas où la reconnaissance aurait été faite et constatée au bureau de conciliation? On le décide généralement (V. Merlin, Rép., vº Filiation nº 6; Favard, vº Reconnaissance d'enfants naturels; Toullier, t. 9, nº 120, et t. 10, nº 271; MM. Duranton, t. 3, nº 221; Loiseau, p. 458; Rolland de Villargues, Traité des enfants naturels, nº 223; Zachariæ, édit. Massé et Vergé, t. 1, p. 325, notes 25 et 26; Valette sur Proudhon, t. 2, p. 149; Demolombe, t. 5, nº 399. Et, en effet, le procès-verbal dressé par le bureau de conciliation est authentique. — Cependant MM. Ducaurroy, Bonnier et Roustain, sur l'art. 334, nº 483, avancent que le juge de paix ne serait pas compétent pour constater, dans un procès-verbal de conciliation, un aveu de maternité; car, disent-ils, on ne transige pas sur l'état des personnes. Mais M. Demolombe, *loc. cit.*, répond avec beaucoup de raison qu'il ne s'agit pas ici de transaction; qu'il s'agit d'une déclaration, d'une reconnaissance, d'un aveu; que l'état de l'enfant, bien loin d'en être compromis, en est au contraire assuré. — Jugé, en ce sens, que la reconnaissance d'un enfant naturel faite en bureau de conciliation, et consignée dans le procès-verbal du juge de paix, est une reconnaissance volontaire et authentique, dans le sens de l'art. 334 c. nap. (Grenoble, 15 therm. an 13 (1); V. aussi Pau, 5 prair. an 13, rap. avec rej. 6 janv. 1808, aff. Picot, nº 570).

530. Une controverse s'est élevée sur la question de savoir si, hors de ses fonctions de juge et de conciliateur, le juge de paix, assisté de son greffier, a qualité pour recevoir la reconnaissance d'un enfant naturel. — Plusieurs auteurs, notamment MM. Loiseau, p. 457, Duranton, t. 3, nº 212, et Richefort, t. 2, nº 244, se sont prononcés pour l'affirmative. M. Loiseau argumente principalement de ce que l'art. 353 c. Nap. confère aux juges de paix la charge de recevoir les actes d'adoption. « Or, dit-il, comment leur refuserait-elle le pouvoir de recevoir une reconnaissance d'enfant qui est un acte de la même nature? » Et M. Duranton invoque à cet égard l'opinion émise par M. Tronchet lors de la discussion au conseil d'État. — D'autres auteurs, au contraire, MM. Merlin, Rép., vº Filiation, nº 6; Favard, vº Reconnaiss. d'enf. nat.; Massé et Vergé sur Zachariæ, t. 1, p. 325, note 25, et Demolombe, t. 5, nº 400, ont adopté le sentiment contraire. A l'argument tiré de l'art. 353 ils répondent que, si le Code Napoléon attribue au juge de paix la réception de l'adoption, c'est qu'elle est, comme l'émancipation, comme la dation de tutelle, comme l'apposition de scellés, un acte de juridiction volontaire, et que c'est par cette raison qu'il appartient au juge de paix de le recevoir, comme il lui appartient de recevoir un acte d'émancipation, comme il lui appartient de nommer un tuteur avec le concours du conseil de famille, comme il lui appartient d'apposer les scellés après décès; mais que la reconnaissance d'un enfant naturel n'est certainement pas un acte de juridiction volontaire; qu'elle n'est, par sa nature, qu'un acte de l'état civil, et que ce n'est pas de la juridiction volontaire que dépendent les actes de cette catégorie. Quant à l'opinion de M. Tronchet, MM. Aubry et Rau sur Zachariæ, t. 4, p. 50, note 13, disent qu'ils ont vainement cherché dans les procès-verbaux de la discussion au conseil d'État la preuve de l'assertion de M. Duranton; et M. Demolombe, de son côté, déclare n'avoir pas été plus heureux.

Mais, sur ce dernier point, il nous est facile de convaincre les honorables auteurs. Ce fut dans la séance du 29 fructidor an 10 que M. Tronchet exprima cette opinion (V. Locré, Législation civ., t. 6, p. 165). Un article de la seconde rédaction, soumise dans cette séance à la délibération du conseil, portait que la reconnaissance du père, si elle était désavouée par la mère, serait de nul effet. Il s'agissait de savoir quel serait, dans ce système, l'effet de la reconnaissance du père quand la mère

(1) (Pison C. Amar.) — La cour; — Considérant que, dans l'espèce, on doit regarder la comparution faite par André Amar, le 21 vend. an 7, devant le juge de paix, comme une reconnaissance formelle d'être père naturel d'André-Auguste, né de Jeanne Pison, et que cette déclaration est inscrite dans un monument public, suivant le vœu de la loi; — Que cette reconnaissance est d'ailleurs fortifiée par les déclarations précédentes du père, et les aveux faits lors de l'arrêt du 21 vent. an 9; — Confirme.

Du 15 therm. an 13.-C. de Grenoble.

serait morte avant de l'avoir ni avouée ni désavouée. Ce fut par M. Tronchet que la question fut soulevée. « Laissera-t-on, dit-il à ce sujet, celui qui se prétend le père libre d'attribuer l'enfant à telle femme qu'il voudra, par une déclaration ensevelie chez un notaire ou *chez un juge de paix*, et que la mère prétendue n'aura jamais connue? » Il est donc bien vrai que, dans la pensée de cet illustre jurisconsulte, la reconnaissance pouvait être faite indistinctement devant un notaire ou devant un juge de paix.

531. Il a été jugé, conformément à la doctrine adoptée par MM. Loiseau et Duranton, que l'officier de l'état civil n'est pas seul compétent pour recevoir un acte de reconnaissance; que tout officier public, notamment un juge de paix, lui donne, en le recevant, le caractère d'authenticité exigé pour sa validité (Grenoble, 14 vent. an 12, aff. Brunel, V. *suprà*, nº 500). — Cet arrêt porte, dans ses motifs, « qu'on ne peut refuser à une déclaration reçue par un juge de paix le caractère d'authenticité avoué par les lois, soit par la fixité de sa date, soit par les fonctions de l'officier public qui en est le dépositaire, soit par la publicité des registres qui peuvent être consultés par les citoyens, soit enfin parce que les juges de paix ne sont point étrangers à l'état civil, puisque l'art. 353 les admet à recevoir les déclarations d'adoption. » — Il a même été jugé que l'acte contenant tout à la fois reconnaissance de paternité et déclaration de grossesse, dressé par un greffier volontairement choisi par les parties, est valable comme acte authentique de reconnaissance; qu'il ne pourrait être annulé sur la demande du père, sous le prétexte que le greffier n'aurait pas qualité pour le recevoir, alors d'ailleurs que ce fonctionnaire, qui est préposé à la garde d'un dépôt de minutes, a le droit d'instrumenter dans le lieu (Rej., 15 juin 1824) (1).

A l'appui du système consacré par ces deux arrêts, et notamment par le dernier, on prétendait que, la reconnaissance d'un enfant naturel pouvant coûter à la pudeur de celui qui la fait, le législateur, pour donner au père et à la mère le moyen de la faire secrètement, leur avait permis de choisir entre tous les officiers publics capables de donner à leurs actes le caractère de l'authenticité. Or, disait-on, il n'est pas douteux que les greffiers ne doivent être rangés dans cette catégorie. On trouve, en effet, dans les greffiers tout ce qui constitue des officiers publics : nommés par le roi, assermentés, les expéditions qu'ils délivrent ne peuvent être attaquées que par la voie de l'inscription de faux; enfin, leurs fonctions sont incompatibles avec des fonctions administratives; il n'est pas vrai de dire que, hors de la présence du juge de paix, ils ne sont que des personnes privées. Nombre d'actes qu'ils peuvent faire seuls constatent le contraire; ainsi, la loi du 21 juill. 1790 les autorisait à faire les ventes de meubles dans les lieux où elles étaient faites par les jurés priseurs; c'est devant eux, aussi bien qu'au greffe de la municipalité, que peuvent être faites, d'après la loi du 16 sept. 1791, les déclarations des détentions illégales; c'est encore dans leurs mains que, suivant la loi du 15 sept. même année, doivent être faits les dépôts des procès-verbaux de saisie dressés par les gardes forestiers; c'est par eux que doivent être dressés les procès-verbaux d'audition de témoins et de visite des lieux contentieux par les gens de l'art, dans les causes sujettes à appel (art. 39 et 42 c. pr.), de la déclaration par laquelle les parties prorogent la juridiction du juge de paix (art. 7 du même code et 11 du décret du 16 fév. 1807); ce sont les greffiers de la justice de paix que la loi charge de faire tous les actes de greffe, au nombre desquels il faut comprendre les visas des procès-verbaux de saisie immobilière, de récusation des juges de paix, etc. — On pourrait citer une foule d'autres actes que la loi les autorise à faire indépendamment des juges de paix eux-mêmes. — Le greffier n'est donc pas toujours l'instrument du juge de paix, un homme chargé de tenir la plume, puisqu'il fait des actes authentiques, des actes auxquels foi doit être ajoutée jusqu'à inscription de faux. — Vainement objecte-t-on qu'un greffier de justice de paix aurait un pouvoir plus étendu qu'un notaire, puisque celui-ci ne peut passer d'actes sans assistance de témoins; le greffier du juge de paix, comme le juge de paix lui-même, est dispensé par la loi de se faire assister de témoins dans les actes qu'il reçoit; et, d'ailleurs, la reconnaissance d'un enfant naturel se fait sans témoins devant l'officier de l'état civil. — Au surplus, ajoutait-on, en tenant pour valable la déclaration dont il s'agit, la cour royale n'a fait que se conformer aux anciens usages. L'ordonnance de 1556 laissait les filles dans l'incertitude de savoir à qui elles devaient s'adresser pour déclarer leur grossesse. A Paris, l'usage s'était établi de faire ces déclarations devant le commissaire; dans le reste du royaume, on les faisait au greffe ou par-devant le juge; c'est ce qu'atteste le Répert., au mot Grossesse, nº 4. Or, une déclaration de paternité est de la même nature qu'une déclaration de grossesse. Lors donc que, d'une part, le code Napoléon laisse pour cette déclaration la même latitude, dans le choix de celui qui doit la recevoir, que laissait l'édit de 1556 pour les déclarations de grossesse, et que, d'autre part, l'usage autorisait à faire au greffe ces der-

(1) *Espèce* : — (Bedin C. Lamotte.) — Le 15 juill. 1817, la demoiselle Lamotte et le sieur Bedin se présentent devant le greffier de la justice de paix du canton de Guiscard pour déclarer, l'une qu'elle est enceinte des œuvres de Bedin, celui-ci pour reconnaître la sincérité de ce fait et faire constater l'aveu de sa paternité. — Cette double déclaration, reçue par le greffier, et signée par lui et les comparants, fut enregistrée le 22 août suivant. — Le 14 mai 1819, la demoiselle Lamotte assigne Bedin en payement de 400 fr. pour la portion à sa charge dans les dépenses relatives à l'entretien et à la nourriture de l'enfant, et d'une pension alimentaire jusqu'à ce que cet enfant eût atteint l'âge où il pourrait suffire lui seul à ses besoins, sans préjudice de ses droits sur la succession de son père. — Bedin soutint que la reconnaissance qu'il avait faite n'était point authentique.

Le tribunal de Compiègne, par jugement du 19 janvier 1821, le condamna au payement de 200 fr. à sa charge, pour frais de nourriture et d'entretien, et à fournir des aliments à l'enfant dont il s'était reconnu le père. — Appel. — 2 août 1821, arrêt confirmatif de la cour d'Amiens, ainsi conçu : — « En ce qui touche la compétence et la capacité du greffier de la justice de paix de Guiscard, pour recevoir la déclaration de paternité de Louis-François Bedin : — Considérant qu'il résulte du texte de l'art. 334 c. civ, et des discussions qui en ont précédé l'adoption, que le législateur, en exigeant que la reconnaissance d'un enfant naturel fût faite par un acte authentique, lorsqu'elle ne l'aurait pas été dans son acte de naissance, a voulu qu'un acte aussi précieux ne fût point abandonné à une aussi frêle garantie que celle qui résulterait d'un acte privé; que, pour offrir aux parties intéressées une garantie contre la fraude, il a voulu que la date de cette reconnaissance fût constatée, et que l'acte fût conservé dans les dépôts publics; mais que son intention a été, d'ailleurs, de faciliter les reconnaissances des enfants naturels, d'écarter les obstacles qui pourraient les empêcher, et même de ménager aux parties les moyens de tenir l'acte secret; qu'à cet effet, la loi a permis au père de faire constater sa reconnaissance par un acte authentique quelconque, et par tous fonctionnaires dont les actes sont déposés dans les dépôts publics; — Considérant que le greffier d'une justice de paix est un officier public; que cet officier a reçu de la loi le pouvoir de faire lui seul et sans le concours du juge de paix un grand nombre d'actes qui font foi en public; — Considérant que, dans l'espèce, la reconnaissance conjointement faite par Louis-François Bedin et C.-A. Lamotte, le 15 juill. 1817, a eu lieu au greffe de la justice de paix du canton de Guiscard; que le greffier a dressé le procès-verbal qui a été signé par lui et par les parties présentes; que la minute en a été déposée et conservée avec celle des autres actes de la justice de paix et enregistrée le 28 août suivant; que, par l'accomplissement de ces formalités, l'acte dont il s'agit est devenu authentique et a offert aux parties intéressées toute garantie contre la fraude; — Considérant, d'ailleurs, que la loi n'exige point la présence des témoins dans les actes des greffiers, pas plus que dans les reconnaissances d'enfants naturels reçues par les officiers de l'état civil, lorsqu'il ne s'agit point d'actes de naissance, de mariage ou de décès, et que, par conséquent, l'acte du 15 juill. 1817 est encore, sous ce rapport, à l'abri de toute critique légitime. »

Pourvoi de Bedin, pour violation des art. 334, 1317 et 1318 c. civ. — Arrêt (après délib. en ch. du cons.).

LA COUR; — Attendu que, dans l'espèce de la cause; les parties ont volontairement, et d'un commun accord, choisi le greffier de la justice de paix du lieu de leur domicile pour recevoir leur déclaration collective contenant aveu de la grossesse de la demoiselle Lamotte et de la paternité du sieur Bedin; que ce greffier, d'ailleurs, est dans la catégorie des officiers publics qui ont le droit d'instrumenter dans ce lieu et qui sont préposés à la garde d'un dépôt public; d'où il suit qu'en jugeant, dans de telles circonstances, que le sieur Bedin n'était pas fondé à arguer de nullité ladite déclaration, l'arrêt attaqué n'a violé aucune des lois invoquées à l'appui de la demande en cassation; — Rejette.

Du 15 juin 1824.-C. C., sect. civ.-MM. Brisson, pr.-Henri-Larivière, rap.-Jourde, av. gén., c. conf.-Guillemin et Jacquemin, av.

nières déclarations, il est impossible de ne pas reconnaître comme valable une reconnaissance d'enfant naturel faite au même lieu et dans la même forme.

M. Merlin, Rép., vº Filiation, nº 6, a vivement combattu cette argumentation. Il s'est attaché principalement à prouver que les lois et les articles du code de procédure qu'on invoquait n'avaient point la portée qu'on leur attribuait, et qu'on ne pouvait légitimement en induire qu'un greffier de justice de paix fût revêtu du caractère d'officier public, et eût à ce titre le pouvoir de faire seul, par sa propre autorité, un certain nombre d'actes authentiques. Quant à l'ancien usage qui permettait de faire au greffe les déclarations de grossesse, il n'avait, selon lui, pour objet que de prévenir la peine de mort dont l'atroce édit de 1556 frappait l'omission de la déclaration de grossesse ; par conséquent, il ne peut tirer à conséquence pour donner à l'art. 334 un sens qu'il n'a évidemment pas.

Il est vrai que l'édit de Henri II, de 1556, prononçait la peine de mort contre toute fille dont l'enfant avait disparu, ou dont la mort n'était pas justifiée, si la grossesse n'avait pas été déclarée; mais c'est précisément parce que cette déclaration avait une si grande importance, qu'on avait dû se montrer plus sévère sur le choix du fonctionnaire chargé de la recevoir. D'ailleurs, elle pouvait contenir désignation du père, et cette désignation constituait une preuve de paternité, d'après la maxime du président Faber, *creditur virgini parturienti*, qui était alors en vigueur. Ainsi, une déclaration de grossesse faite au greffe de quelque juridiction inférieure, pouvait avoir pour effet d'attribuer faussement à un individu une paternité naturelle à laquelle il était totalement étranger, tandis que la reconnaissance d'un enfant naturel ne peut atteindre que celui qui l'a faite spontanément et qui l'a signée. Si donc la déclaration de grossesse, avec indication du père, pouvait être authentiquement faite devant un greffe subalterne, on peut conclure qu'il doit être permis, à plus forte raison, de reconnaître un enfant naturel devant un greffier de justice de paix.

532. Tous fonctionnaires autres que ceux dont nous venons de parler, notamment les fonctionnaires de l'ordre administratif, préfets, sous-préfets, maires, etc., les préposés des douanes, les employés des contributions directes ou indirectes, les gardes champêtres ou forestiers, etc., sont absolument incompétents pour recevoir la reconnaissance des enfants naturels, et ne pourraient dès lors imprimer à la déclaration qui leur serait faite le caractère d'authenticité exigé par l'art. 334 (V. Loiseau, p. 452 et suivantes; Merlin, Répert., vº Filiation, nº 6; Demolombe, t. 5, nº 402). — Ainsi il a été jugé : 1º que la reconnaissance d'un enfant naturel, faite devant un commissaire de police qui en a dressé procès-verbal, est nulle; cet officier n'ayant point qualité pour donner à l'acte le caractère d'authenticité exigé pour sa validité (Dijon, 24 mai 1817) (1);—2º Que les fonctionnaires préposés pour recevoir et vérifier les déclarations relatives

---

(1) *Espèce :* — (Joly C. Griffon.) — 27 pluv. an 13, Griffon se présente devant un commissaire de police de Paris, et demande « acte de la déclaration qu'il lui fait, qu'il connaît et fréquente depuis quatre ans Espérance Joly, blanchisseuse, demeurant chez ses père et mère à la Clayette, âgée de vingt et un ans; que ses fréquentations ont été tellement assidues, qu'elle se trouve en état de grossesse, des œuvres de lui déclarant, au terme d'environ cinq mois et demi; de laquelle déclaration il a requis acte et expédition en forme, afin de s'en aider lors de la naissance de l'enfant, pour qu'il soit reconnu fils de lui, Vincent-Pierre-Marie Griffon, et d'Espérance Joly, à l'acte civil. » — Procès-verbal de cette déclaration est dressé par le commissaire de police. — Le 27 floréal suivant, Espérance accouche d'un enfant qu'on inscrit sur les registres de l'état civil comme fils naturel de Griffon, étudiant en chirurgie, et d'Espérance Joly, blanchisseuse. Cet enfant reçoit les prénoms de Claude-Marie. Griffon n'a point assisté à la rédaction de cet acte de naissance. — Pendant plusieurs années Griffon suivit les armées. Dans le cours de ses voyages, il entretint une correspondance avec Espérance Joly; dans chacune de ses lettres, il demande des nouvelles de son enfant, et recommande à la demoiselle Joly de donner à cet enfant tous les soins possibles.

Griffon, retiré du service, songea à se marier. — La demoiselle Joly le fit assigner en payement de 2,400 fr. pour frais de nourriture et d'éducation de Claude-Marie Griffon, leur fils naturel, et d'une pension annuelle de 300 fr., jusqu'au moment où cet enfant aura atteint l'âge de dix-huit ans, sans préjudice de ses droits à la succession de son père.

Griffon demande la nullité de la reconnaissance du 27 pluv. an 13, et qu'il soit défendu à Claude-Marie de porter le nom de Griffon.— 27 juin 1816, jugement du tribunal de Mâcon, qui déclare la demoiselle Joly non recevable dans sa demande, annule la reconnaissance du 27 pluv. an 13, et fait défense à la demoiselle Joly de donner à son enfant et à celui-ci de prendre le nom du sieur Griffon. — Appel. — Arrêt.

La cour ; — Considérant qu'aux termes de l'art. 334 c. civ., la reconnaissance d'un enfant naturel doit être faite par acte authentique, lorsqu'elle n'a pas eu lieu par l'acte de naissance; — Considérant qu'un acte n'est authentique qu'autant qu'il a été reçu par un officier public ayant caractère à cet effet : — Considérant qu'un commissaire de police n'a été investi par aucune loi ni du droit de recevoir les actes relatifs à l'état des citoyens, ni de celui de dresser acte de leurs conventions, et en particulier de constater les reconnaissances d'enfants naturels ; qu'en effet, les fonctionnaires de cet ordre n'ont été institués que pour veiller à la sûreté publique et individuelle et pour rechercher et constater les délits ; que, s'ils pouvaient recevoir une reconnaissance d'enfant naturel, il s'ensuivrait que leurs attributions, dans ce cas, excéderaient celles des notaires, puisqu'ils donneraient à cet acte la forme authentique sans être assistés de témoins, ce qui est évidemment contraire à la loi ; — Considérant, dès lors, que le tribunal de première instance de Mâcon a bien jugé en déclarant non authentique la reconnaissance faite le 27 pluv. an 13 devant l'un des commissaires de police de la ville de Paris; — Considérant qu'on se prévaut bien inutilement de ce que la reconnaissance de l'enfant dont il s'agit a été constatée dans son acte de naissance; d'où l'on veut induire qu'il importe peu que la déclaration faite devant le commissaire de police soit ou ne soit pas authentique; que cette prétendue reconnaissance, constatée dans l'acte de naissance, n'y a été insérée que sur la représentation de la déclaration reçue par le commissaire de police, et que cette représentation faite par tout autre que par le père, n'aurait pu suppléer à la présence de celui-ci, qu'autant que la déclaration du 27 pluv. an 13 aurait pu valoir comme procuration authentique; mais que cet acte étant dépourvu des caractères qui constituent l'authenticité, n'a pas dû produire plus d'effet dans un cas que dans l'autre ; — Considérant, en conséquence, que les premiers juges se sont conformés exactement à la loi, en ordonnant la radiation de la prétendue reconnaissance de paternité insérée dans l'acte de naissance de l'enfant d'Espérance Joly ; — Considérant que la déclaration du 27 pluv. an 13, réduite à la qualité d'écriture privée, ne peut conférer même le droit d'exiger des aliments; qu'ainsi la demande d'Espérance Joly est encore mal fondée sous ce rapport; qu'en effet, l'art. 340 c. civ. déclare que la recherche de la paternité est interdite; que cette prohibition est générale; qu'elle ne doit pas être restreinte au cas seulement où il s'agit de droits successifs; qu'elle est, au contraire, absolue et indéfinie ; que l'obligation de fournir des aliments à un enfant naturel ne pouvant avoir d'autre base que la paternité présumée, dès l'instant que cet enfant naturel doit être reconnu par acte authentique, il ne peut, sans cette reconnaissance, avoir droit à des aliments lors même qu'il existerait sous signature privée une reconnaissance de son prétendu père ; — Considérant que si l'on faisait résulter ce droit de la reconnaissance sous seing privé, ce serait véritablement admettre la recherche de la paternité, puisque les écritures privées ne pouvant produire d'effet qu'autant qu'elles sont reconnues ou vérifiées, il y aurait lieu sur ce point à une action qui ne serait autre chose, comme il vient d'être dit, qu'une recherche de la paternité; — Considérant qu'on invoque vainement le droit naturel pour établir une distinction entre les droits successifs et les aliments; que cette distinction est contraire à la loi dont il s'agit de faire l'application; que la jurisprudence de la cour de cassation la condamne, et que cette cour a décidé plusieurs fois que, quand on n'était pas reconnu par acte authentique, on ne pouvait pas être réputé père à d'autres égards, et notamment à l'effet d'être passible d'aliments, la paternité étant une et indivisible ; — Considérant néanmoins que si l'intimé ne peut être condamné, à titre de paternité, à fournir des aliments à l'enfant d'Espérance Joly, il n'en résulte pas moins des lettres nombreuses écrites à celle-ci, et non déniées par lui, qu'il avait contracté l'engagement de donner des aliments et de l'éducation à cet enfant; qu'il écrivait à la mère de faire les dépenses nécessaires à cet effet, promettant de l'en rembourser quand ses facultés le lui permettraient, et que même il avait commencé à exécuter cet engagement en plaçant lui-même l'enfant en pension ; qu'ainsi c'est le cas d'avoir égard à ces promesses et engagements qui n'ont rien de contraire aux lois et dont l'équité réclame l'exécution ; qu'il y a lieu cependant de condamner Griffon au payement d'une somme proportionnée à ses facultés, conforme aux intentions qu'il avait manifestées, et à peu près équivalente aux dépenses qui ont été faites; — Considérant enfin, sur les dépens, que, malgré que l'intimé obtienne gain de cause sur le fond du droit, le refus par lui fait d'obtempérer à toutes les demandes d'Espérance Joly a donné lieu au procès qui vraisemblablement se serait éteint dès l'origine, si Griffon eût consenti au payement des sommes qui sont l'objet des condamdations qu'il éprouve aujourd'hui; que, dès lors, il doit supporter la majeure partie des dépens; —Par ces motifs, ayant aucunement égard à l'appellation interjetée par

à l'emprunt forcé de l'année 1793, n'avaient pas caractère pour recevoir une déclaration de paternité, l'acte eût-il été ensuite transmis à la municipalité (Cass. 16 mai 1809, et sur renvoi Pau, 18 juill. 1810, aff. Gombault, V. n° 548-4°); — 3° Que les registres tenus par les ministres du culte ne peuvent, en aucun cas, suppléer à ceux que prescrit la loi pour constater l'état civil des français; que dès lors ne peut être considérée comme authentique et comme valable, aux termes de l'art. 334, la reconnaissance d'un enfant naturel dans un acte de baptême (Paris, 22 avril 1833, aff. Génevois, V. Actes de l'état civil, n° 28).

533. Il a été jugé : 1° qu'avant le code, la reconnaissance faite devant le lieutenant-général d'un bailliage, était valable comme authentique (Rouen, 18 mars 1813, aff. Hocquerel, n° 492); — 2° Que les lettres de légitimation obtenue sous l'ancienne législation, par le père de l'enfant naturel, sont, sous l'empire du code, une reconnaissance authentique (Paris, 4 germ. an 13) (1).

534. Il a été jugé que la reconnaissance de paternité n'est valable qu'autant qu'elle résulte d'un acte authentique dont l'objet direct est l'aveu de paternité (Montpellier, 9 flor. an 13, aff. Mestre, V. n° 569-1°). — Mais cette doctrine rigoureuse n'a point prévalu. Il est aujourd'hui généralement admis que la reconnaissance peut très-bien être consignée dans un acte qui aurait un autre objet, même un autre objet principal; et, de plus, qu'il n'est nullement nécessaire qu'elle soit faite en termes dispositifs et par une phrase principale et détachée; qu'elle pourrait tout aussi bien être faite en termes énonciatifs et par une simple phrase incidente; pourvu qu'il n'y ait aucune équivoque, aucune incertitude sur l'intention du père ou de la mère qui fait cette reconnaissance. V. MM. Duranton, t. 3, n° 214; Rolland de Villargues, n° 227, et Demolombe, t. 5, n°s 409, 410. C'est là, du reste, ce qui résulte d'une jurisprudence constante.

535. Ainsi, est valable comme reconnaissance l'acte authentique intervenu entre le père et son enfant naturel, ainsi qualifié dans l'acte, encore que cet acte n'ait pas la reconnaissance pour objet, surtout si le père y stipule des droits appartenant à la puissance paternelle, et si déjà, dans l'acte de naissance, on lui a donné la qualité de père (Bruxelles, 17 juin 1807) (2).

536. Ainsi encore la qualité de *mon fils naturel* donnée par un père dans une procuration générale authentique à son mandataire emporte déclaration de paternité, et par suite donne droit au fils à la succession de son père, alors surtout qu'elle a été donnée à une époque où le père pouvait craindre pour l'avenir de son fils.... en d'autres termes, il n'est pas nécessaire pour la validité de la reconnaissance d'un enfant naturel, qu'elle soit le but spécial de l'acte qui la contient (Req. 6 nov. 1823) (3).

537. La reconnaissance peut être valablement faite dans un testament notarié (Aix, 10 fév. 1806, aff. Anne-Rose, V. n° 505; Paris, 2 janv. 1819, aff. Compigny, V. n° 552-2°; Amiens, 9 fév. 1826, aff. Finot, V. n° 597; Bastia, 17 août 1829, aff. G..., V. n° 596). — Dans ce cas, en effet, elle remplit les conditions exigées par l'art. 334 puisqu'elle est faite par acte authentique. — V. en sens contraire, Massé et Vergé sur Zachariæ, t. 1, p. 327, note 34, et les motifs à l'appui de leur opinion.

538. En est-il de même du testament olographe? — A cet égard il a été jugé que la reconnaissance d'un enfant naturel faite par un testament olographe, dans l'intervalle de la loi du 12 brum. an 2 au code Napoléon, et sous la coutume de Paris, d'après laquelle (art. 289) le testament olographe était réputé acte solennel, présentait le caractère d'authenticité exigé par l'art. 334 c. nap. (Req. 3 sept. 1806) (4). — MM. Merlin, Rép., v° Filiation, n° 8, et Toullier, t. 2, n° 953, enseignent de même que la reconnaissance faite par testament olographe remplit suffisamment le vœu de l'art. 334.

539. Il a été jugé, au contraire : 1° que le testament olo-

Espérance Joly, du jugement du 27 juin 1816, met icelle et ce dont est appel au néant; émendant... condamne Griffon à payer à Espérance Joly, par forme de remboursement des dépenses qu'elle a faites pour l'enfant dont elle est accouchée le 27 flor. an 13, la somme de 3,000 fr., etc...

Du 24 mai 1817.-C. de Dijon.-MM. Delachèze et Bélort, av.

(1) (Papillon-Laferté C. Mursault.) — LA COUR; — Considérant que les lettres de légitimation accordées par le prince dans le mois de janvier 1778 à Denis Papillon, ainsi que les enregistrements desdites lettres en la chambre des comptes et au bureau des finances, portent avec soi la preuve que lesdites lettres ont été accordées sur l'exposé de Denis-Pierre-Jean-Baptiste Papillon-Laferté, père naturel de l'intimé; — Que la demande ainsi faite desdites lettres de légitimation est, de la part du père naturel, une reconnaissance de son fils par un acte authentique, ce qui est conforme au vœu de la loi; — Que la clause insérée auxdites lettres par laquelle l'intimé, d'après les dispositions du droit d'alors, a été exclu de tous droits à la succession de son père naturel, ne peut faire d'obstacle à ce qu'il recueille sur les biens de la succession les droits que le code civil, introductif d'un droit nouveau, accorde aux enfants naturels légitimement reconnus; — Met l'appellation au néant, et confirme, etc.

Du 4 germ. an 13.-C. de Paris.

(2) *Espèce :* — (Pasteele C. Caroline Pasteele.) — Acte notarié passé entre Charles Pasteele et Caroline Pasteele, qualifiée sa fille naturelle, et de Marie Romignon, par lequel Pasteele stipule de Caroline que celle-ci « ne pourra se marier sans son consentement; qu'elle ne pourra, sans ce même consentement, aliéner les biens qui lui viendraient du chef de sa mère, et qu'elle renonce à tout droit de demander des aliments à Charles Pasteele, son père naturel. » — Sur une demande en aliments dirigée contre lui, Pasteele soutient la nullité de la reconnaissance, et invoque, en cas de validité, la stipulation par laquelle Caroline s'interdit la faculté de réclamer des aliments. — Arrêt.

LA COUR, — Attendu que le sieur Pasteele a non-seulement qualifié de sa fille naturelle Caroline Pasteele, mais qu'il a même stipulé des droits de la puissance paternelle en exigeant d'elle, dans l'acte du 7 thermidor an 12, la promesse de ne point se marier sans son consentement; qu'il a même été jusqu'à constituer sa fille naturelle dans l'interdit d'aliéner les biens qu'elle pourrait recueillir du chef de sa mère, par où il se ménageait le droit de lui succéder en cas de prédécès, conformément à l'art. 765 c. civ.; que la qualité de fille naturelle a été donnée à Caroline par Charles Pasteele volontairement et dans un acte authentique, qualité qui est conforme à l'acte de naissance de Caroline Pasteele, où Charles est indiqué comme l'auteur de ses jours; — D'où il suit que Caroline Pasteele a obtenu la reconnaissance de son état, au vœu de l'art. 334 c. civ.; surtout que Charles Pasteele n'a fait que confirmer le fait qui existait déjà dans l'acte de naissance.

Du 17 juin 1807. — C. de Bruxelles.

(3) (Hér. David.) — LA COUR; — Au fond, sur le moyen tiré de la violation des art. 334 et 320 du c. civ., attendu que l'arrêt est fondé sur ce que Michel David a, par une procuration devant notaires, au Cap, île Saint-Domingue, le 10 vent. an 11, donné pouvoir général et spécial au citoyen André David, son fils naturel, de retirer le compte qui lui est dû par Pierre David, son neveu, de la gestion et de l'administration de ses dits biens, passer en bonnes dépenses toutes celles qu'il a faites pour l'éducation et l'entretien de lui constitué, depuis qu'il est en France. — Qu'à la vue d'une pareille déclaration, dans un acte authentique, jointe aux circonstances de l'affaire, le soin qu'avait pris Michel, en renvoyant son neveu Pierre en France, en 1793, de lui confier André, alors âgé de douze ans, de le charger de pourvoir largement aux besoins, à l'entretien dudit André et de le placer dans une maison de commerce; la procuration générale et spéciale qu'il donne à André en l'an 11, enfin et notamment, l'état de la colonie à l'époque où l'acte qui contient et la procuration et la déclaration de paternité a été passé, la Cour d'Agen a dû, par son arrêt du 16 avril 1822, regarder cette déclaration, de la part de Michel, comme une reconnaissance de son fils naturel, non étrangère à la disposition de l'acte. — Rejette.

Du 6 nov. 1823.-C. C., sect. req.-MM. Henrion, pr.-Vallée, rap.

(4) *Espèce :* — (Dame Duston d'Arsse C. Andrieu.) — 26 nivôse an 7, testament olographe par lequel le sieur Andrieu reconnaît pour son fils et institue son héritier Paul-Aimé Andrieu. Ce testament est déposé par le testateur chez un notaire et mis au rang des minutes de l'étude. — En l'an 10, décès du sieur Andrieu; Paul-Aimé se présente à la succession, mais la dame Duston d'Arsse lui conteste son état et ses droits. Question de savoir si le testament présenté par Paul-Aimé pouvait, aux termes de l'art. 334 c. civ., valoir comme reconnaissance authentique, et en tous cas s'il pouvait lui donner des droits dans la succession du sieur Andrieu.

11 fév. 1806. — Arrêt de la cour de Montpellier, qui déclare l'enfant naturel reconnu par acte authentique. « Considérant, est-il dit, que par une disposition expresse de la coutume de Paris, sous l'empire de laquelle le testament dont il s'agit a été fait (puisqu'il est d'une date antérieure à la promulgation du code, que son auteur est décédé, et que le dépôt, au rang des minutes d'un notaire, a eu lieu aussi avant ladite promulgation), ce testament est solennel et authentique, ainsi que l'enseigne M. Merlin, v° *Testament*, § 7 et 8; d'où il suit que le mineur a eu sa faveur une reconnaissance légale, comme faite dans un acte authentique; — Qu'indépendamment et abstraction faite de la légalité de ladite reconnaissance, le testament dont s'agit contient une institution en faveur du mineur, et que cette institution doit sortir effet, d'après l'art. 2 de la loi transitoire du 14 flor. an 11, ainsi qu'il a été décidé par l'arrêt du 8 fruct. dernier; — Qu'on objecte en vain que cette institution ne peut produire aucun effet, attendu que l'art. 2 de ladite loi

graphe, encore bien que, dans le concours de plusieurs actes émanés du testateur, il fasse foi de sa date, n'est pas cependant un acte authentique; qu'en conséquence un testament olographe ne peut valoir comme acte de reconnaissance d'un enfant naturel (Req. 7 mai 1833; Nîmes, 2 mai 1837; 1er fév. 1843) (1); — 2° Que, la reconnaissance d'un enfant naturel devant être authen-

transitoire ne concerne que les enfants naturels légalement reconnus; que cette objection est contraire à la lettre et à l'esprit dudit art. 2, qui ne peut avoir été inséré que pour valider les dispositions testamentaires faites en faveur d'enfants naturels non légalement reconnus, celles faites en faveur de ceux qui ont une reconnaissance légale, ayant déjà une exécution assurée d'après le code civil; — Que, par une suite de la reconnaissance faite dans le testament dont il s'agit, considéré comme un acte authentique, ou bien par une conséquence de la disposition de l'art. 2 de la loi transitoire du 14 flor. an 11, la volonté du testament peut et doit recevoir son exécution, quant au nom de l'enfant, puisque cette nomination ne retranche ni ne donne rien au delà des droits attribués par le code civil sur sa succession; — Considérant qu'il est dit dans le testament dont s'agit, qu'il est écrit et signé par le testateur; que ce testament, déposé de confiance par feu Andrieu, entre les mains du notaire Badenier, a depuis été certifié véritable par ledit Andrieu, et de son consentement a été déposé pour minute chez ledit notaire, qui en a délivré l'extrait produit au procès; que par ce dépôt au rang des minutes du notaire, le testament est devenu authentique, pour faire foi du contenu en icelui; qu'il est écrit et signé par le testateur, conformément à la teneur dudit acte; — Que d'ailleurs, en certifiant véritable ledit acte déposé pour minute, sous la qualification de testament olographe du sieur Antoine-Marie-Martin Andrieu, ladite dame Duston a reconnu nécessairement la vérité matérielle de l'énonciation contenue en icelui, qu'il est écrit et signé par le testateur. »

Pourvoi des héritiers Andrieu, pour fausse application des art. 2 de la loi du 14 flor. an 11, 289 de la coutume de Paris, et 334 c. civ. — Arrêt.

La cour; — Considérant qu'en regardant comme suffisante la reconnaissance de l'enfant naturel dont il s'agit, portée par un testament olographe fait à Paris, réputé solennel par l'art. 289 de la coutume, qui confiait au testateur et son autorité pour disposer et un caractère pour rédiger sa volonté; testament qui d'ailleurs avait été remis au notaire par le testateur lui-même, et qui, placé au rang des minutes de ce notaire après le décès du testateur, même avant la publication du code civil, ainsi qu'il est justifié par des procès-verbaux des 7 et 12 vend. an 11, avait acquis tous les caractères d'un acte authentique, l'arrêt attaqué a fait une juste application de l'art. 334 c. civ.; — Considérant que la reconnaissance étant jugée valable, le mineur a dû être admis au partage de la succession de son père pour moitié avec la dame Duston, sa sœur, conformément à la loi du 4 germinal an 8, sous laquelle cette succession a été ouverte, et être autorisé à porter son nom; — Rejette.

Du 3 sept. 1806.-C. C. sect. req.-MM. Henrion, pr. d'âge.-Dunoyer, rap.-Jourde, subst., c. conf.-Saladin, av.

(1) 1re *Espèce* : —(Maurouzac (dame Tarnaud) *C.* Cramouzaud.)—Ainsi décidé sur le pourvoi formé contre un arrêt de la cour de Limoges du 6 juill. 1832. — On justifiait le pourvoi, en disant que l'art. 334 c. civ. n'exigeait pas la forme authentique à peine de nullité; que, d'ailleurs, cette authenticité n'était pas définie dans l'art. 334, soit quant à la nature de l'acte, soit quant à la compétence de l'officier public chargé de le recevoir; qu'au surplus, le testament olographe écrit, daté et signé par le testateur, et déposé chez le notaire, offrait les garanties voulues par les législateurs pour éviter les surprises et assurer la conservation de l'acte de reconnaissance; on ajoutait que le code civil, comme la loi romaine et les coutumes, donnaient au testament olographe un caractère de solennité et d'authenticité. — Enfin on reproduisait les moyens développés avec étendue dans la Jur. gén. de M. Dalloz, 1re éd., v[is] Disp. entre-vifs, p. 642, 657 et suiv.; Filiation, p. 628, n° 7, et 646 et suiv.— Arrêt.

La cour; —Attendu que l'art. 334 c. civ. porte que « la reconnaissance d'un enfant naturel sera faite par un acte authentique, lorsqu'elle ne l'aura pas été dans son acte de naissance; » — Attendu qu'il est évident que, lorsque le législateur s'est exprimé ainsi, il s'en est référé à la définition qu'il donne lui-même de ce qu'on doit entendre par acte authentique; — Attendu que, suivant l'art. 1317 du même code, « l'acte authentique est celui qui a été reçu par officiers publics ayant le droit d'instrumenter dans le lieu où l'acte a été rédigé et avec les solennités requises; » — Attendu que la dame Maurouzac, actuellement femme Tarnaud, n'a pas été reconnue dans son acte de naissance; — Attendu que le sieur Cramouzaud ne l'a reconnue que dans son testament; — Attendu que ce testament est olographe, et que, dès lors, il n'a pas le caractère d'un acte solennel, tel qu'il est défini par le susdit art. 1317; — Attendu que, dans cet état, l'arrêt attaqué, loin d'avoir violé les lois de la matière, en a fait au contraire une juste application; — Rejette.

Du 7 mai 1833.-C. C., ch. req.-MM. Zangiacomi, pr.-Faure, rap.-Tarbé, av. gén., c. conf.-Rochelle, av.

2e *Espèce* : — (Chaix *C.* Benoît). — Dans l'espèce, le tribunal avait annulé la reconnaissance de paternité faite par testament, mais il avait déclaré le legs valable pour la totalité, sur le motif notamment que, dût-on voir une cause finale, une condition dans le fait de la paternité du testateur, la fausseté de ce fait ne serait pas nécessairement liée à la nullité de la reconnaissance, et qu'au surplus la loi ne prohibe d'avantager au delà des bornes fixées par l'art. 757 c. civ., que les enfants naturels légalement reconnus. — Appel. — Arrêt.

La cour; — Attendu que la reconnaissance d'un enfant naturel peut être contestée par toutes personnes intéressées à le faire, et qu'au premier rang de ces personnes se place, selon l'occurrence, l'enfant naturel lui-même; d'où il suit que la fin de non-recevoir proposée n'est pas fondée; — Attendu qu'aux termes de l'art. 334 c. civ., la reconnaissance d'un enfant naturel ne peut être faite que par un acte authentique; que l'acte authentique est celui qui a été reçu par officiers publics compétents et avec les formalités requises; — Attendu que le testament olographe n'est point un acte authentique, puisqu'il est l'œuvre du testateur seul; — Qu'il importe peu que, le considérant comme acte seulement *sui generis*, la loi lui accorde en certains cas des effets qu'elle refuse aux actes privés ordinaires; — Que cette exception toute spéciale ne peut avoir pour résultat de l'élever au rang des actes authentiques, et de le faire participer, relativement aux reconnaissances d'enfants naturels, à l'autorité de ces sortes d'actes; qu'à cet égard, le testament olographe ne peut rassurer autrement que ne le ferait un acte privé quelconque; — Attendu que la reconnaissance opposée à Edouard-Pierre Benoît résulte seulement du testament olographe de feu Benoît-Bernard; que, dès lors, c'est à bon droit que les premiers juges ont décidé que ledit Edouard-Pierre Benoît n'est pas l'enfant naturel légalement reconnu dudit Bernard;

Attendu que, suivant l'art. 1131 c. nap., l'obligation sans cause, ou sur une fausse cause, ou sur une cause illicite, ne peut avoir aucun effet; que la cause est illicite, d'après l'art. 1133, quand elle est prohibée par la loi, quand elle est contraire aux bonnes mœurs ou à l'ordre public; — Que ces dispositions, qui régissent tous les contrats en général, s'appliquent aux actes de libéralité, aux contrats de bienfaisance, comme il est certain que l'art. 1109 s'y applique, et comme cela s'induit d'ailleurs de l'art. 1105, qui, dans le chapitre préliminaire du titre des obligations, met le contrat de bienfaisance au rang de ceux que ces règles doivent gouverner;

Attendu que l'art. 908, qui limite à la quotité de biens déterminée par l'art. 757 la libéralité la plus large qu'un père puisse faire à un enfant naturel, a pour but évident le maintien des bonnes mœurs et le respect de l'ordre public, qui ne permettent pas que l'enfant naturel puisse être mis sur la même ligne que l'enfant légitime; — Qu'il suit de là qu'une libéralité faite au profit d'un enfant naturel, si elle a évidemment pour cause cette qualité d'enfant naturel du testateur, est, quant à ce qu'elle a d'excessif, contraire à la loi, à la morale, aux intérêts sociaux; — Que, sous ce rapport, la cause est illicite, et ne peut soutenir ni autoriser la disposition dans son excès; — Qu'il y a lieu, dans un pareil cas, de prononcer l'annulation partielle, pour la ramener dans les limites où la cause reste licite; — Qu'il n'importe nullement que le légataire n'ait pas été reconnu légalement, dès qu'il ne s'agit pas d'annuler la disposition à raison de l'incapacité de la personne appelée à recueillir, mais bien de l'annuler à raison du vice qui infecte la cause, et encore que la personne pût être capable de recevoir; — Que ce n'est pas se livrer à une recherche illégale de paternité; qu'on n'a point à vérifier le fait de la filiation, puisque la cause est illicite, non pas parce que la paternité est prouvée, mais parce que l'auteur de la disposition l'ayant considérée comme réelle, a disposé sous l'empire de cette conviction, qu'il a ouvertement manifestée; — Attendu que, lorsque la cause est prise dans la qualité d'un individu qu'on gratifie comme adultérin ou incestueux, elle entraîne, comme illicite, la nullité de la disposition, ainsi que l'a jugé la cour de cassation (4 janv. 1832, V. n° 731), qui n'a point vu dans la recherche de la cause de la libéralité, la recherche de la paternité, ni dans la réduction de cette libéralité aux simples aliments, un effet illégal donné à une reconnaissance qui est prohibée; — Que c'est la cause de la disposition qui la vicie alors, et non l'incapacité du légataire, puisque, dans le même cas, elle serait maintenue si la cause était licite ou restait ignorée; — Attendu qu'il impliquerait, quand la cause de la libéralité est connue, qu'on pût la réputer vraie par rapport à l'exception tirée de la fausseté de la cause, et qu'il fût interdit de la réputer telle par rapport à l'exception tirée de son illégalité; — Attendu enfin que, dans le système de l'intimé, il suffirait, pour violer impunément l'art. 908 et se soustraire à la prohibition qu'il établit, de violer encore l'art. 334, en faisant, comme dans l'espèce, dans un testament olographe, qui a aussi sa solennité, une reconnaissance dont l'effet serait de proclamer le légataire enfant naturel du testateur, en lui laissant néanmoins tous les avantages que la loi défend de lui faire; qu'un tel résultat est trop opposé à l'esprit de notre législation sur les enfants naturels, pour qu'il puisse être admis;

tique, celle qui est faite avant les lois nouvelles par testament olographe (d'ailleurs révoqué par testament postérieur) ne constitue pas un acte valable de reconnaissance dans le sens de l'art. 334 c. nap. (Paris, 27 flor. an 13) (1); — 3° Qu'un testament

Attendu, en fait, que la libéralité portée au testament de feu Bernard, au profit d'Edouard-Pierre Benoît a eu pour cause déterminante et unique, la qualité de fils naturel, né des œuvres de lui Bernard et de la fille Chaix, que le testateur a formellement donnée audit mineur dans la disposition qui contient cette libéralité; — Qu'il suit de là que cette disposition a une cause contraire à une loi protectrice des bonnes mœurs et de l'ordre public, et qu'à ce titre son effet doit être restreint dans les limites prescrites par les art. 908 et 757 précités; — Par ces motifs, réforme et déclare le legs fait à Edouard-Pierre Benoît, par Benoît Bernard par testament olographe, valable seulement jusqu'à concurrence d'un dix-huitième de la succession dudit Bernard, l'annule pour le surplus, etc.

Du 2 mai 1837.-C. de Nîmes.-M. Vignolles, pr.

3e *Espèce :* — (Descattes et Tertian C. Marie Vivet et le sieur Bigot.) — Osias Descattes, greffier du tribunal de commerce d'Avignon, a fait le 22 août 1824 un premier testament olographe par lequel il institue pour son héritier universel son frère, à charge par lui de payer 3,000 fr. à une demoiselle Campan, 2,000 fr. à une nommée Joséphine qu'il disait être sa fille naturelle, et enfin 1,000 fr. à Marie Vivet, sa servante.

Deux ans plus tard un enfant nouveau-né du sexe masculin était déposé dans le tour de l'hospice d'Avignon, et on lisait sur un billet placé au milieu de ses langes : « Conserver ce billet, qui servira à reconnaître cet enfant, auquel on vous prie de donner le nom d'Albert. » L'enfant, baptisé sous ce nom, fut placé en nourrice à Beaucourt, chez un cultivateur. — Le 3 oct. 1832, Descattes changea ses dispositions testamentaires, et par un second testament olographe il institua pour son héritière universelle Marie Vivet, sa servante, à laquelle, en 1824, il ne donnait qu'un legs de 1,000 fr.; il lui donna toute sa fortune, en la chargeant de retirer de chez son père nourricier, à Beaucourt, Albert, leur fils naturel. Il légua 5,000 fr. à Joséphine, qu'il continuait de qualifier de sa fille naturelle; enfin il voulut que le prix de sa charge de greffier se divisât : une moitié pour son frère, un quart pour Joséphine, l'autre quart pour Marie Vivet. Descattes ne laissa pas à Marie Vivet le soin dont il la chargeait par son testament de retirer Albert, leur enfant naturel, de Beaucourt; il le fit lui-même, et en 1838, Albert, qui avait alors douze ans, fut reçu dans la maison et à la table de Descattes, qui s'en chargea vis-à-vis des administrateurs des hospices. —A son décès, le 10 fév. 1840, il avait chez lui Marie Vivet, Joséphine et Albert, qu'il avait tous deux qualifiés de ses enfants naturels dans ses testaments, sans que cependant il fût intervenu aucune reconnaissance régulière.— Marie Vivet, instituée héritière universelle, se mit alors en possession de tout, sans obstacle de la part des héritiers légitimes de Descattes, qui étaient son frère, et sa sœur, mariée au sieur Tertian. Cependant Descattes frère se ravisa plus tard, et, d'accord avec sa sœur, la dame Tertian, il se décida à attaquer les dernières dispositions de son frère. Ils crurent devoir faire pourvoir le mineur Albert d'un tuteur, et, la procédure régularisée, ils lui donnèrent assignation ainsi qu'à Marie Vivet. Ils exposaient dans leur acte d'assignation que le testament contenant institution universelle au profit de la servante de leur frère avait été fait sous l'empire et l'influence de sa conviction ouvertement et expressément manifestée par le testateur que le mineur Albert était né de ses œuvres avec Marie Vivet, et en la considération de sa seule qualité d'enfant naturel; que, dès lors, cette libéralité avait dans son excès une cause illicite et contraire aux bonnes mœurs; qu'elle avait évidemment pour but de transmettre audit Albert, sous le nom d'une personne interposée, l'entière hérédité du testateur au préjudice des héritiers naturels de ce dernier; qu'en cela cette libéralité était contraire à la loi et devait être réduite d'après le nombre des héritiers que laissait le testateur, savoir un frère et une sœur, et de plus Joséphine, sa fille naturelle; ils demandaient en conséquence que Marie Vivet fût déclarée personne interposée, et que l'institution universelle fût réduite au quart sur la portion des biens dont Descattes pouvait disposer au profit d'Albert, son enfant naturel.

Les défendeurs opposaient aux héritiers naturels certains actes d'exécution d'où ils faisaient découler une fin de non-recevoir contre leur action; ils résistaient ensuite sur le fond par des motifs qui sont reproduits dans le jugement du tribunal civil d'Avignon à la date du 15 juin 1841, ainsi conçu : — « Attendu que l'exécution volontaire couvre les vices de l'acte qui en est l'objet; que ce principe général s'applique aux donations entre-vifs d'après l'art. 1340 c. civ., mais doit s'étendre aussi aux testaments; — Que le testament olographe fait par Descattes le 3 oct. 1832 n'est pas attaqué pour vice de forme, mais au contraire à raison des dispositions explicites qu'on prétend y rencontrer; — Attendu que les divers actes intervenus entre Descattes et la légataire universelle de son frère depuis le décès de celui-ci ne permettent pas de douter qu'il a connu les dernières volontés de celui-ci, et qu'il a traité avec Marie Vivet, sachant qu'elle était légataire universelle de ce dernier, et qu'il n'avait à prétendre que des legs particuliers, qu'il s'est fait remettre en nature et dont il a obtenu la délivrance; — Qu'ainsi il y a de sa part libre et volontaire exécution du testament; — Attendu que la même exception ne peut pas être opposée à la dame Tertian, et qu'il faut, dès lors, quant à elle, examiner le fond du procès; — Attendu, au fond, que la filiation des enfants naturels ne peut être légalement constatée que par un acte en forme authentique; qu'un testament olographe n'a pas ce caractère; que les énonciations de paternité qui peuvent s'y rencontrer, quelque précises qu'elles soient, sont impuissantes pour constituer légalement cette paternité naturelle, dont la recherche est d'ailleurs formellement interdite par l'art. 340; — Qu'il est inutile dès lors d'examiner si ces mots : *Notre enfant naturel*, dont le testateur s'est servi en parlant du mineur Albert et de Marie-Anne Vivet, sont une appellation affectueuse et équivoque; qu'il suffit qu'elle soit nulle et sans portée légale; — Attendu que ces mêmes expressions dans leur rapport à Marie Vivet, qui dénie positivement être la mère d'Albert, ne forment aucune preuve contre elle sur le fait de sa maternité (art. 341), ce fait n'étant justifié par aucun acte émané d'elle, ni par un commencement de preuve par écrit, ni même par l'offre d'une preuve testimoniale qui pourrait en être le complément; — Qu'ainsi, à l'égard tant du testateur que de Marie Vivet, le mineur Albert est un enfant étranger, né de père et mère inconnus, l'état que lui donne son acte de naissance n'ayant subi aucune modification légale; — Attendu que l'état de l'enfant naturel est indivisible, et que le même individu ne peut, en vertu du même testament, être ou n'être pas reconnu; que le même acte ne saurait lui conférer cette qualité pour renverser des dispositions faites en sa faveur, et la lui refuser s'il s'en prévalait pour réclamer une part dans la succession de son prétendu père; — Attendu que, s'il n'existe pas d'incapacité légale pour le mineur Albert de recueillir la succession de Descattes, il est inutile de rechercher s'il y a eu interposition de personne pour la lui transmettre; que de plus l'interposition de personne suppose entre l'incapable et la personne interposée des liens de parenté que l'espèce ne présente pas entre Albert et Marie Vivet; — Attendu que la volonté de donner, quand elle est exprimée dans un testament olographe régulier, n'a pas besoin d'autre cause qu'elle-même : *Dicat testator erit lex;* qu'au surplus, l'affection ou la reconnaissance que le testateur témoigne envers Marie Vivet dans son premier testament de 1824 avait son origine dans les soins que cette fille avait donnés au père du sieur Descattes et à ce dernier lui-même; que cette affection a dû s'augmenter à mesure que les infirmités du disposant se sont elles-mêmes aggravées et lui ont rendu ses soins plus nécessaires; qu'à cette cause impulsive ont dû se joindre le mécontentement que lui donnait la conduite de son frère, l'éloignement où il se trouvait de sa sœur, jouissant d'une position aisée, et peut-être même les familiarités que les demandeurs reprochent à Marie Vivet; qu'ainsi la libéralité faite à cette dernière s'expliquerait dans sa cause comme dans son objet, sans qu'il soit nécessaire de créer des conjectures sur un fait problématique, dont la recherche est interdite aux tribunaux; — Par ces motifs, rejette la demande. » — Arrêt.

La cour; — Adoptant les motifs des premiers juges, confirme.

Du 1er fév. 1843.-C. de Nîmes, 3e ch.-MM. Vignolles, pr.-Rieff, av. gén., c. conf.-Greleau et de Sibert, av.

(1) *Espèce :* — (Picard C. les hérit. Vacquerie.) — Le 6 août 1791, Jean-Baptiste de la Vacquerie fait un testament olographe par lequel il se reconnaît père de l'enfant dont la fille Picard, sa domestique, est enceinte, et dispose en faveur de l'enfant. — La fille Picard va à Paris; de la Vacquerie lui écrit de faire enregistrer l'enfant comme issu d'un mariage légitime entre eux. —L'acte de naissance est du 20 mars 1792. —Le 10 germ. an 5, décès du sieur de la Vacquerie. — La fille Picard, tutrice, réclame la succession du sieur de la Vacquerie. — 2 prair. an 6, jugement du tribunal de Beauvais qui accueille cette déclaration. — 4 germ. an 10, arrêt confirmatif de la cour d'appel d'Amiens.—2 vent. an 12, arrêt qui casse et renvoie les parties devant la cour de Paris. — Arrêt de cette cour.

La cour, — Attendu que Philippe-Auguste est né le 20 mars 1792, et que Jean-Baptiste de la Vacquerie est décédé le 10 germ. an 5; que, suivant l'art. 1er de la loi transitoire du 14 flor. an 11, l'état et les droits des enfants nés hors mariage dont les pères et mères sont morts depuis la promulgation de la loi du 12 brum. an 2 jusqu'à la promulgation des titres du c. civ. sur la paternité et la filiation, et sur les successions, sont réglés de la manière prescrite par ces titres; que, d'après la disposition de l'art. 334 c. civ., titre de la paternité et de la filiation, la reconnaissance d'un enfant naturel doit être faite par un acte authentique, lorsqu'elle ne l'aura pas été par son acte de naissance; que, dans le fait, Philippe-Auguste n'a point été reconnu dans son acte de naissance par Jean-Baptiste de la Vacquerie, que l'on suppose être son père, et que le testament olographe de 1791, d'ailleurs anéanti par un testament postérieur, n'est point un acte authentique; sans s'arrêter aux fins de non recevoir proposées par Marie-Rose Picard ès-noms; faisant droit sur l'appel, dit qu'il a été mal jugé par le jugement rendu par défaut au tribunal de Beauvais le 2 prair. an 6, bien appelé d'icelui; émendant, décharge Reusse, Pia et autres héritiers de la Vacquerie,

olographe (ou l'acte sous seing privé réputé tel) déposé chez un notaire, par lequel un individu se déclare le père d'un enfant naturel et lui donne, après son décès, la portion des biens qu'il laissera, conformément à l'art. 657 c. nap., ne vaut pas comme acte authentique de reconnaissance (Rouen, 30 juin 1817) (1).

Cette doctrine a été adoptée par MM. Delvincourt, t. 1, note 3 de la page 94; Duranton, t. 3, n° 215; Valette sur Proudhon, t. 2, p. 149; Duvergier sur Toullier, n° 953, note *a;* Demolombe, t. 5, n° 404; Richefort, t. 2, n°s 255 et 256; Loiseau, p. 464. — Elle nous paraît incontestable. En effet, aux termes de l'art. 1317, l'acte authentique est celui qui a été reçu par officiers publics ayant le droit d'instrumenter dans le lieu où l'acte a été rédigé et avec les solennités requises. Or il est évident que le testament olographe ne rentre pas dans cette définition. Ainsi quand on admettrait, avec MM. Merlin et Toullier, que, sous le code Napoléon, comme sous la coutume de Paris, le testament olographe est un acte solennel, il n'en résulterait pas que ce soit un acte authentique. Aussi ne fait-il pas foi jusqu'à inscription de faux; sa date notamment pourrait être combattue par la preuve contraire.

540. Le testament olographe n'ayant pas le caractère d'acte authentique, on ne peut induire des termes qui s'y rencontreraient une parenté naturelle entre le testateur et celui qu'il y aurait désigné comme son enfant naturel issu de lui et de *telle* femme. — Ces énonciations doivent être considérées comme n'existant pas, soit quant à la personne désignée comme enfant naturel, soit quant à celle désignée comme sa mère. — Par suite, celui qu'un testament olographe désigne comme enfant naturel du testateur ne pouvant se prévaloir de cette mention pour réclamer les droits qui compètent aux enfants naturels légalement reconnus, on ne peut non plus lui opposer cette même mention pour lui enlever ce que lui a donné le testateur, et le restreindre à ce qu'il pourrait réclamer en sa qualité d'enfant naturel (Nîmes, 1er fév. 1843, aff. Descattes, V. *suprà*, n° 539).

541. Quant au testament mystique, comme l'officier public, le notaire intervient dans sa confection, on peut penser qu'il rentre dans les termes de l'art. 334, qu'il constitue véritablement un acte authentique, et qu'ainsi, s'il contient la reconnaissance d'un enfant naturel, cette reconnaissance est conforme à la loi. —Il a été jugé, en ce sens, qu'un testament mystique régulier devient, par la suscription et par le dépôt chez un notaire, un acte authentique, lorsqu'il est reconnu que, l'enveloppe qui le renferme étant restée intacte, il n'y a pas eu moyen d'y substituer un autre testament sans fracture (Bruxelles, 23 mars 1811, aff. Hubens, V. Disp. entre-vifs et test.).—Merlin, Rép., v° Testam., sect. 2, § 3, art. 3, n° 29, se prononce dans le même sens, d'une manière générale, sur le caractère authentique du testament mystique. Et MM. Delvincourt, t. 1, note 3 de la page 94; Duranton, t. 3, n° 217; Loiseau, p. 466; Richefort, t. 2, n° 254, enseignent spécialement que la reconnaissance par testament mystique remplirait le vœu de l'art. 334, et, par suite, serait valable. Ce testament mystique, selon ces auteurs, s'incorpore en quelque sorte avec l'acte de suscription et participe de son authenticité.

Pour nous, il nous est impossible d'admettre cette *unification*, s'il nous est permis de hasarder cette expression. Ne voir dans le testament mystique qu'un seul et même acte auquel l'officier public qui le reçoit imprime le caractère d'authenticité, c'est, à notre avis, confondre ce qui est profondément distinct. Il y a réellement, dans un tel testament, deux actes : l'un qui émane du testateur seul; l'autre qui est l'œuvre du notaire. Ce dernier seul est authentique. Quant au premier, auquel le notaire est tout à fait étranger, que même il ignore absolument, et qui, ayant été fait hors sa présence, ne présente pas les garanties de liberté et de sincérité que la loi attache à une déclaration qui lui aurait été faite directement et qu'il aurait immédiatement consignée dans l'acte, nous ne voyons pas d'où il pourrait tirer l'authenticité qu'on prétend lui attribuer (V. au surplus v^is Dispositions entre-vifs et testamentaires, Obligation [preuve litt.]). Nous pensons donc, avec MM. Duvergier sur Toullier, n° 953, note *a;* Valette sur Proudhon, t. 2, p. 149; Massé et Vergé sur Zachariæ, t. 1, p. 322, note 16; et Demolombe, t. 5, n° 405, que la reconnaissance qui serait faite dans cette forme serait insuffisante et nulle.

542. Dès qu'une signature a besoin d'être vérifiée en justice,

---

des condamnations contre eux prononcées; au principal, déboute Marie-Rose Picard ès-noms de toutes ses demandes, et la condamne aux dépens.

Du 27 flor. an 13.-Cour de Paris.

(1) *Espèce :* — (Caplat C. Paon.) — Paon avait eu de Marie-Adélaïde Caplat une fille naturelle, nommée Marie-Adélaïde. — Le 8 juin 1815, Paon souscrit l'acte sous seing privé dont voici les dispositions principales : « Je soussigné, etc., etc...; en conséquence, je la reconnais (Marie-Adélaïde) pour fille naturelle; et, en cette qualité, je l'autorise à porter mon nom de famille, et lui concède par le présent le droit de jouir, propriétairement, après mon décès, de la part sur mes biens meubles et immeubles, conformément à l'art. 757 c. civ.; en foi de quoi j'ai rédigé et écrit le présent de ma main, comme étant de ma pleine et entière volonté et le vœu de ma conscience. A Dieppe, le 8 juin 1815. Signé Paon.» Cet acte a été déposé chez un notaire.—Paon est décédé au mois d'avr. 1816.

La demoiselle Caplat, tutrice de sa fille, actionne les enfants et héritiers du sieur Paon, 1° en validité de la reconnaissance de Marie-Adélaïde, contenue dans l'acte du 8 juin 1815; 2° en délivrance du legs porté dans cet acte au profit de Marie-Adélaïde. Elle a soutenu que cet acte n'était autre chose qu'un testament olographe, soit parce que le sieur Paon n'y disposait que pour le temps où il n'existerait plus, soit parce qu'il était revêtu des formalités prescrites pour la régularité de semblables dispositions; elle ajoutait qu'à la vérité cet acte n'était pas expressément qualifié testament, mais qu'outre qu'une telle qualification est insignifiante pour caractériser la nature de l'acte, l'intention du sieur Paon de faire un testament est d'autant moins équivoque qu'il avait lui-même énoncé l'observation des formes auxquelles la validité du testament olographe est subordonnée, en exprimant que l'acte avait été rédigé et écrit de sa main. La demoiselle Caplat en concluait qu'alors même que la reconnaissance de Marie-Adélaïde, comme fille naturelle du sieur Paon, pourrait être contestée, pour être dépourvue de l'authenticité exigée par l'art. 334 c. civ., le testament olographe du sieur Paon n'en devait pas moins produire tout son effet, quant au legs qu'il contenait en faveur de Marie-Adélaïde.—Jugement du tribunal de Dieppe qui déclare nul l'acte du 8 juin 1815, soit comme reconnaissance, soit comme donation entre-vifs ou testamentaire.—Appel.—Arrêt.

La cour ;—Considérant qu'un enfant naturel ne peut être légalement reconnu que par acte authentique, s'il ne l'a pas été par son acte de naissance; — Qu'il n'y a point d'ignorance de droit, et que de cette maxime il suit la conséquence que le feu sieur Paon n'a pas voulu reconnaître pour son enfant naturel Marie-Adélaïde lorsqu'il a rédigé l'acte sous seing privé du 8 juin 1815; que si, en composant cet acte, il n'a pas eu en vue la reconnaissance de Marie-Adélaïde, il faut rechercher, dans les clauses et expressions dudit acte, quelle a été la véritable intention du sieur Paon ; que, dans cet acte, on lit : « Je lui concède (à Marie-Adélaïde) le droit de jouir, propriétairement, après mon décès, de la part... ; qu'à ces expressions on reconnaît celles qui caractérisent un testament, puisqu'elles font connaître la volonté du sieur Paon lorsqu'il n'existera plus, volonté qu'il pouvait révoquer; que, par ce même acte, il a aussi clairement exprimé la quotité dont il disposait en faveur de Marie-Adélaïde en disant qu'il lui concédait la part sur ses biens meubles et immeubles voulue par l'art. 757 c. civ.; que peu importe que cet article du code n'ait été rédigé que pour régler les droits appartenant aux enfants naturels légalement reconnus; qu'aux termes de l'art. 967 c. civ., un testateur n'est point assujetti à se servir de telles ou telles expressions; qu'il lui suffit d'employer celles qui sont propres à manifester sa volonté; — Que le sieur Paon, qui avait la faculté, vu le nombre de ses enfants, de disposer d'un quart de sa fortune, n'a pas voulu user, en faveur de Marie-Adélaïde, de toute la latitude que la loi lui donnait, et qu'il a restreint sa libéralité à la portion que la loi attribue à un enfant naturel légalement reconnu ; — Qu'il résulte donc des termes de l'acte du 8 juin 1815 que c'est un testament olographe que le sieur Paon a fait au bénéfice de Marie-Adélaïde; et, quoiqu'il ne fût pas obligé de motiver cet acte de générosité, on doit seulement conclure de tout ce qui a précédé la concession que le sieur Paon ne l'y a insérée que pour faire connaître les motifs qui le déterminaient à être généreux et libéral envers cette jeune fille, motifs justes et équitables qui auraient dû dessiller les yeux des héritiers Paon, imposer silence à leur cupidité, et leur faire accepter cette disposition testamentaire, afin de prouver au moins leur soumission et leur respect pour les dernières volontés de leur père ; — Parties ouïes, et statuant sur l'appel, a mis et met l'appellation et ce dont est appel au néant ; — Corrigeant et réformant, sans avoir égard à la nullité conclue par les héritiers Paon contre l'acte du 8 juin 1815, ordonne que cet acte sera exécuté comme disposition testamentaire ; condamne les héritiers Paon à faire délivrance à Marie Caplat, au nom qu'elle agit, du legs de la vingt-unième partie des biens meubles et immeubles délaissés, avec les intérêts du jour de la demande.

Du 30 juin 1817.-C. de Rouen.-MM. Taillet et de Malherbes, av.

l'acte n'est pas authentique dans le sens de l'art. 334 c. nap. (Cass. 16 mai 1809, aff. Gombault, V. nº 584-4º).

543. Il n'est pas nécessaire que la reconnaissance d'un enfant naturel soit faite en termes sacramentels; il suffit que l'aveu du père résulte clairement des énonciations de l'acte. On comprend que sur ce point bien des difficultés peuvent s'élever. C'est à la sagacité du juge qu'il appartient de les résoudre. — A cet égard il a été décidé : 1º que la reconnaissance d'un enfant naturel résulte suffisamment de ce que, dans son contrat de mariage, il a pris la qualité de fils ou de fille d'un individu qui a signé avec les témoins, surtout si à ce fait se joint une possession d'état conforme à l'acte de naissance, dans lequel le même individu est désigné comme père, quoiqu'il n'ait pas signé cet acte (Riom, 29 juill. 1809, aff. hér. Delachapelle *C.* Delachapelle);—2º Qu'il y a reconnaissance de paternité de la part de celui qui, présent à la rédaction de l'acte de naissance dans lequel il est déclaré père de l'enfant, signe avec les témoins sans aucune réclamation (Bruxelles, 4 juill. 1811, aff. hér. Denolhes *C.* Vauwiemerset); — 3º Que le fait qu'un individu a signé un acte de naissance en ajoutant à son nom la qualification de *père* est suffisant pour constituer de sa part une reconnaissance de l'enfant (Colmar, 24 mars 1813) (1); — 4º Que la reconnaissance peut résulter de la qualification de son enfant naturel, donnée par le testateur dans son testament public, à une personne à laquelle il fait un legs (Bastia, 17 août 1829, aff. G..., V. nº 596). — V. aussi ce qui a été dit *suprà*, nºˢ 534 et suiv.

544. Pareillement on a jugé : 1º que la transaction par laquelle le père naturel s'engage à fournir à la mère les frais de *gésine* et à l'enfant issu de leur commerce une certaine somme à l'époque de son mariage, a pu ne pas donner à celui-ci les droits d'enfant naturel légalement reconnu, lorsqu'elle ne contient pas la reconnaissance formelle de paternité, et qu'il est d'ailleurs reconnu par l'arrêt qu'elle n'a pas été le résultat d'un consentement libre (Req. 11 août 1808, aff. Blanc, V. nº 548-2º); — 2º Que l'acte par lequel un individu s'est engagé à payer une certaine somme à la mère d'un enfant pour se mettre à l'abri de toutes poursuites relativement à l'entretien de cet enfant, ne peut valoir comme acte de reconnaissance d'un enfant naturel, dans le sens de l'art. 334 c. nap. (Req. 30 oct. 1811 (2); — 3º Mais que la reconnaissance d'un enfant naturel résulte suffisamment d'une procuration authentique par laquelle le père, partant pour l'armée et songeant aux dangers d'une mort certaine, aurait chargé son père de payer annuellement une somme déterminée à une certaine femme jusqu'au décès de celle-ci, ou celui de l'enfant qu'il a eu d'elle, ou jusqu'à son retour; que peu importe d'ailleurs que cet enfant n'ait pas été désigné par son sexe et la date de sa naissance, s'il est certain que cet enfant a été légalement inscrit sur les registres de l'état civil et reconnu par sa mère comme sa fille naturelle, s'il n'est pas même allégué que la mère ait eu d'autres enfants avant la reconnaissance, et si d'ailleurs toutes les circonstances concourent à établir l'identité (Riom, 13 juin 1817) (3).

545. Enfin on a jugé que la déclaration de grossesse faite,

---

(1) *Espèce :* — (Gillmann *C.* Marie-Anne Mussel.) — 2 niv. an 13, Marie-Anne Mussel accouche. — L'acte de naissance ne contient aucune désignation du père; mais au bas de cet acte, Casimir Gillmann a signé : Casimir Gillmann père. — Par un testament du 10 fév. 1806, il lègue la propriété de tous ses biens à Jean Gillmann. fils de Marie-Anne Mussel, et l'usufruit à celle-ci jusqu'à ce que cet enfant ait atteint l'âge de dix-huit ans.—Depuis, Casimir Gillmann a refusé d'épouser la fille Mussel : celle-ci a intenté contre lui une action tant en son nom personnel qu'au nom de son fils.— Elle réclame pour son enfant des aliments, et pour elle-même des dommages et intérêts, à raison de l'inexécution de la promesse de mariage. — A l'audience, Casimir Gillmann a fait l'aveu de sa paternité.—Le jugement le constate. Il s'est borné à élever des difficultés sur la quotité de la pension alimentaire et des dommages et intérêts.—Jugement du tribunal de Weissembourg, qui le condamne à payer 800 fr. d'indemnité à la mère, et 100 fr. de pension annuelle à l'enfant.—Appel, fondé sur divers moyens que la proposition placée plus haut et l'arrêt suivant font connaître.—Arrêt.

LA COUR; —Attendu que l'acte de naissance du 2 niv. an 13, extrait des registres de l'état civil de Salmbach, porte que Jean N. N. est né ledit jour, et qu'il est fils de Marie-Anne Mussel, l'intimée; le père n'y est pas dénommé, mais il se trouve signé ainsi : Casimir Gillmann père (c'est l'appelant); — Attendu que, par son testament du 10 fév. 1806, ledit appelant assure la propriété de tous ses biens à Jean Gillmann, fils de Marie-Anne Mussel, et l'usufruit à celle-ci, dont elle jouira jusqu'à ce que cet enfant ait atteint dix-huit ans, à charge de l'entretenir jusque-là; à la vérité, par ce testament, l'appelant ne dit pas que ledit enfant soit son fils; mais le jugement dont est appel porte qu'il en a fait l'aveu à l'audience même, qu'il n'est pas disconvenu des faits posés par l'intimée, et n'a pas contesté les pièces par elle produites pour le constater, reconnaissant qu'il lui doit une indemnité, et qu'il est dans l'obligation de pourvoir à l'entretien de l'enfant, provoquant à cet égard une délibération de famille, pour régler l'indemnité et la pension, etc. ;— Attendu que si l'art. 334 c. civ. veut que la reconnaissance d'un enfant naturel soit faite par acte authentique, lorsqu'elle ne l'aura pas été par son acte de naissance, le législateur n'a cependant pas donné de formulaire de cette déclaration; or, dans l'espèce, la reconnaissance est géminée, puisqu'elle résulte, 1º de l'acte de naissance même que l'appelant a signé comme père, signature qu'il n'a pas déniée, et encore moins a-t-il osé provoquer la rectification de cet acte; 2º de son aveu judiciaire consigné dans le jugement même, qui équivaut bien sans doute à l'acte authentique dont parle l'art. 334 c. civ., joint encore à cela la circonstance du testament;— Attendu que c'est mal à propos, dès lors, qu'il a prétendu en appel que la demande originaire était inadmissible, ayant pour objet la recherche de la paternité, interdite par l'art. 340; ce qui, si le fait était vrai, eût présenté à la décision des juges une question d'état, tandis qu'au contraire, cette demande n'avait eu pour objet, d'une part, qu'une indemnité à l'intimée, à raison de l'état humiliant dans lequel l'appelant l'a mise pour l'avoir séduite, et faute d'avoir voulu exécuter les promesses de mariage qu'il lui avait faites; et, d'autre part, la pension due à l'enfant par lui reconnue authentiquement à plusieurs reprises; — Mais la condamnation à 800 fr. d'indemnité, et à 100 fr. de pension pour l'enfant, est-elle juridique, ou est-elle exagérée, comme l'a soutenu l'appelant subsidiairement?—Attendu que, suivant l'art. 1142 c. civ., toute obligation de faire ou de ne pas faire se résout en dommages et intérêts en cas d'inexécution de la part du débiteur; que, d'après l'art. 1382, tout fait quelconque de l'homme qui cause à autrui un dommage, oblige celui par la faute duquel il est arrivé à le réparer; — Attendu qu'en appliquant ces principes à l'espèce, l'outrage fait par l'appelant à l'intimée était constant et même avoué par lui; et les premiers juges attestant que la fortune de celui-ci est assez considérable, la condamnation à 800 fr. d'indemnité est juridique; qu'il en est de même de la pension de 100 fr. pour l'enfant reconnu, et suffisamment représenté dans la cause par l'intimée, sa mère et tutrice naturelle, pension d'ailleurs modique; or, le père doit des aliments à son enfant naturel, même incestueux, suivant l'art. 762 c. civ., ainsi il y a lieu de confirmer à tous égards;—Par ces motifs, la cour, prononçant sur l'appel du jugement rendu entre les parties par le tribunal de Weissembourg, le 2 juillet 1812;—Met l'appellation au néant, avec amende et dépens.

Du 24 mars 1813.-C. de Colmar.

(2) (Condre *C.* Morel.) — LA COUR; — Attendu que ni la déclaration de grossesse, du 14 janv. 1768, dans laquelle le nom du père de la demanderesse n'est pas rappelé; ni l'acte du 28 déc. 1768 duquel il résulte seulement que Dumoulin paya à Jeanne Barberot une somme, pour se mettre à l'abri de toutes poursuites de la part de ladite Barberot, à raison de sa grossesse;—Attendu qu'aucun de ces actes ne saurait être réputé l'acte authentique de reconnaissance, exigé par l'art. 334 c. civ., et qu'ainsi la cour d'appel, en rejetant comme insuffisante la preuve d'état que la demanderesse voudrait en faire résulter, n'a point violé la loi;—Rejette.

Du 30 oct. 1811.-C. C., sect. req.-MM. Lasaudade, pr.-Genevois, r.

(3) *Espèce :* — (Esthieu *C.* Benoît). — Le 24 juin 1812, Françoise Estieu accouche d'une fille. Elle la fait inscrire comme son enfant naturel, sur les registres de l'état civil, sous le nom de Marguerite. — La même année, Antoine Benoît s'engage à remplacer au service militaire le sieur Estieu fils, moyennant la somme de 7,000 fr. que les sieurs Estieu père et fils s'obligent à payer à termes fixés, en servant les intérêts. — Avant de partir, Antoine Benoît souscrit devant Marcombes, notaire à Murat, le 7 nov. 1812, un acte par lequel il donne pouvoir à Pierre Benoît, son père, d'administrer ses biens, d'en percevoir les capitaux exigibles, de payer les dettes du constituant et « en exprès (est-il dit dans l'acte), la somme de 50 fr. par an à Françoise Estieu, fille majeure, habitante du village de Sapion, commune de Chastel, jusqu'au décès du mandant, ou celui de l'enfant qu'il a eu de ladite Françoise Estieu, ou jusqu'à son retour. » — Antoine Benoît écrivit aussi à Françoise Estieu une lettre datée de Clermont du 29 nov. 1812, dans laquelle il parle souvent de sa fille et du plaisir qu'il a d'apprendre qu'elle jouissait, ainsi que sa mère, d'une bonne santé. — Dans une seconde lettre datée de Paris du 3 fév. 1813, adressée à Françoise Estieu, Antoine Benoît témoigne encore le plus vif intérêt pour la santé de Françoise Estieu et de sa fille, qu'il désigne par ces mots : *notre fille*. — Antoine Benoît est décédé à Hambourg le 17 mars 1814; son père, qui avait payé à Françoise Estieu deux termes de la pension qui lui avait été faite par son fils, refuse alors de payer d'autres sommes.—Françoise Estieu, en qualité de tutrice légale de Marguerite Benoît, sa fille, forme contre Pierre Benoît père et

devant notaire, par une fille, équivaut, de la part de celle-ci, à une reconnaissance de l'enfant naturel né d'elle, alors surtout qu'à sa naissance, postérieure de peu de jours à la déclaration, l'enfant a été présenté à l'état civil comme enfant naturel de la déclarante, et que l'acte de naissance est confirmé par une possession d'état conforme (Grenoble, 13 janv. 1840 (1); Conf. Nîmes, 2 mai 1837, aff. Chaix, n° 539).—Il a été jugé, au contraire, que la reconnaissance d'un enfant naturel par la mère, ne peut résulter des énonciations d'un acte de naissance dressé hors la présence de celle-ci; même au cas où cet acte relaterait une déclaration de grossesse que la mère prétendue de l'enfant aurait faite peu de temps auparavant devant l'officier de l'état civil; une telle déclaration serait nulle comme étant de celles que l'art. 135 c. nap. défend d'insérer dans les actes de l'état civil (Lyon, 20 avril 1853, aff. F..., D. P. 54. 2. 186).

546. D'un autre côté, on a décidé : 1° que la déclaration vague

---

contre ses enfants une demande en partage de la succession d'Antoine Benoît, pour en être délaissé la moitié à sa fille, aux termes du code civil. — Les héritiers Benoît soutiennent la demande de Françoise non recevable sous plusieurs rapports. — En supposant, disent-ils, que Marguerite puisse être considérée comme enfant reconnu par Antoine Benoît, la mère naturelle n'a pas qualité pour représenter cet enfant. La disposition du code qui défère la tutelle légale au survivant des père et mère, parle uniquement des père et mère légitimes : cette disposition ne peut être étendue aux père et mère naturels, auxquels on ne saurait accorder la même faveur. — Comme tutrice de sa fille, Françoise Estieu aurait dû, d'ailleurs, obtenir l'autorisation d'un conseil de famille pour former la demande en partage; cette obligation imposée au tuteur est générale et absolue; son observation était d'autant plus indispensable dans la cause, que la succession d'Antoine Benoît étant toute mobilière, en autorisant la demande en partage, le conseil de famille aurait indiqué les précautions à prendre pour assurer la conservation des droits de la mineure. — Au fond les héritiers Benoît ont contesté à sa fille la qualité d'enfant naturel d'Antoine Benoît; ils ont soutenu que la procuration du 7 nov. 1812 ne contenait pas la reconnaissance exigée par l'art. 334 du code, parce que, 1° cette procuration avait eu tout autre objet que la reconnaissance de l'enfant; 2° cette reconnaissance, qui n'y est point exprimée d'une manière positive et directe, ne peut en être induite que par une présomption repoussée par la loi; 3° l'enfant n'est même pas désigné par son sexe ni par la date de sa naissance; 4° enfin si Antoine Benoît avait entendu reconnaître, comme père, cet enfant, il lui aurait attribué les droits dans sa succession, tandis qu'il s'est borné à donner à Pierre Benoît, son père, le mandat de servir une modique pension de 50 fr. seulement jusqu'à l'époque de son décès.

Le 12 juill. 1816, jugement du tribunal de Murat, ainsi conçu : — « Attendu que si l'extrait mortuaire d'Antoine Benoît, militaire, n'est point rapporté, son décès n'est pas moins reconnu par les défendeurs, ses héritiers, qui ont porté son deuil, fait célébrer des offices, et que Pierre Benoît, son père, a cessé de payer à Françoise Estieu sa pension annuelle de 50 fr. qu'il devait lui payer jusqu'à son décès; — Attendu que la mère d'un enfant naturel est sa tutrice légale, ce qui a été jugé par arrêt de la cour de cassation du 8 juin 1815; — Attendu que l'autorisation prescrite par les art. 464 et 465 du code ne peut être exigée de la tutrice naturelle, puisque l'enfant naturel n'a point de famille, et que, d'ailleurs, ce qui est introduit en faveur des mineurs ne peut tourner à leur préjudice; — Attendu qu'aux termes de l'art. 334 c. civ., la reconnaissance d'un enfant naturel doit être faite par un acte authentique, lorsqu'elle ne l'a pas été dans son acte de naissance; — Attendu que la reconnaissance faite par Antoine Benoît, dans l'acte reçu Marcombes, notaire, le 7 nov. 1812, a été faite *proprio motu;* qu'elle est volontaire et spontanée, puisqu'elle a été faite hors la présence de Françoise Estieu, mère naturelle, et en présence de Pierre Benoît, qui conteste aujourd'hui la reconnaissance; — Attendu qu'il résulte de cet acte qu'Antoine Benoît partant pour l'armée, et songeant aux dangers d'une mort certaine, a voulu honorer sa mémoire : 1° en confiant l'administration de ses affaires à son père; 2° en reconnaissant, comme sa religion le lui ordonnait, son enfant naturel; — Attendu qu'on dit dans cet acte qu'Antoine Benoît chargea en exprès son père de payer la somme de 50 fr. par an à Françoise Estieu, fille majeure, du même état, habitante du lieu de Sapion, commune de Chastel, jusqu'à son décès ou celui de l'enfant qu'il a eu de ladite Françoise Estieu fille, ou jusqu'à son retour; — Attendu qu'il résulte de termes aussi clairs : 1° que la somme annuelle de 50 fr., donnée à la fille Estieu, ne lui est accordée qu'en considération de l'enfant, puisque la pension devait cesser au décès de cet enfant; — 2° Qu'on ne peut regarder cette clause comme une énonciation étrangère à la disposition de l'acte, dans le sens de l'art. 1320 du code, puisque cette disposition est celle qu'Antoine Benoît avait le plus à cœur; — Attendu que s'il est vrai que cet enfant n'a pas été désigné par son sexe et la date de sa naissance, il n'est pas moins certain dans la cause que cet enfant a été légalement inscrit sur les registres de l'état civil, et reconnu par sa mère comme sa fille naturelle, et qu'à l'époque de la reconnaissance faite par Antoine Benoît, elle était âgée d'entour quatre mois; qu'il est également certain que les parties de Roux n'ont même pas mis en fait que Françoise Estieu ait eu d'autres enfants avant la reconnaissance du 7 nov. 1812; — Attendu que par sa lettre du 20 nov. 1812, datée de Clermont, Antoine Benoît, écrivant à Françoise Estieu, lui marqua qu'il a appris avec plaisir qu'elle était en bonne santé, ainsi que *notre fille;* que ces mots sont rappelés souvent dans cette lettre; qu'il annonce qu'il lui écrira de Paris, qu'en effet le 5 fév. 1815, Antoine Benoît, par autre lettre timbrée de Paris, tient le même langage : « Tu feras bien mes compliments à la nourrice de notre petite; j'embrasse notre petite; » ce qui prouve non-seulement l'intérêt bien prononcé de la reconnaissance qu'il avait faite, mais encore l'identité avec Marguerite Estieu, au nom de laquelle on réclame; — Attendu que Pierre Benoît a exécuté, pendant les deux années que son fils a vécu, le payement de la pension de 50 fr., et que Françoise Estieu n'avait d'autre enfant que Marguerite, qui, à l'époque du 5 fév. 1815, était encore en nourrice; — Attendu qu'aux termes de l'art. 457 du code, le droit de l'enfant naturel sur les biens de ses père et mère décédés, est de la moitié de la portion héréditaire, lorsque ses père et mère ne laissent pas de descendants, mais bien des ascendants ou des frères ou sœurs; — Attendu que le sieur Estieu et la dame son épouse offrent de payer ce qui par la justice sera ordonnée : — Par ces motifs, le tribunal sans s'arrêter aux fins de non-recevoir proposées, donne acte, etc. » — Arrêt.

La cour; — Sans qu'il soit besoin de statuer sur le désaveu proposé à l'audience par les parties d'Allemand, des lettres des 25 nov. 1812 et 4 fév. 1815, reçoit lesdites parties d'Allemand opposantes à l'arrêt par défaut du 8 janv. dernier; — Et statuant au fond, déterminée par les motifs exprimés au jugement dont est appel, rendu par le tribunal civil de Murat le 12 juill. dernier; — Dit qu'il a été bien jugé, etc.

Du 13 juin 1817. - C. de Riom. - M. Redon, 1er pr.

(1) (Cheval C. le domaine.) — La cour; — Attendu que la reconnaissance de Blaise Escoffier, comme enfant naturel de Françoise Escoffier, résulte principalement de l'acte passé le 14 mai 1809 devant Reynaud-Florentin, notaire public au Grand-Serre, département de la Drôme, et de l'acte de naissance de Blaise-Escoffier, du 7 juin 1809; —Que, par le premier de ces actes, Françoise Escoffier déclare être enceinte, depuis environ huit mois, des œuvres de Blaise Boveron, et que l'acte de naissance qui eut lieu vingt-quatre jours après cette déclaration constate qu'un enfant du sexe masculin fut présenté à l'état civil par deux témoins domiciliés dans la même commune que Françoise Escoffier, lesquels affirmèrent à l'officier de l'état civil que l'enfant présenté était le fils naturel de Françoise Escoffier, et lui donnèrent le nom de Blaise; que la déclaration de grossesse est un acte formel et authentique, constatant la volonté de reconnaître l'enfant; — Que cette déclaration ne peut pas être divisée; que l'acte de naissance subséquent s'y réfère; qu'il coïncide par sa date avec l'époque assignée par Françoise Escoffier à sa grossesse; qu'il donne à l'enfant naturel le prénom de celui auquel Françoise Escoffier attribuait la paternité; qu'ainsi le concours de ces deux actes, leurs dates respectives, leurs énonciations, leurs caractères publics, établissent d'une manière authentique la reconnaissance de Blaise Escoffier comme fils naturel de Françoise Escoffier; que cette reconnaissance se trouve pleinement confirmée par une possession d'état conforme à l'acte de naissance; qu'en effet, Blaise Escoffier a vécu dans la même habitation que Françoise Escoffier; qu'à la connaissance de cette dernière, il a porté le nom d'Escoffier, et qu'elle lui a même expressément donné ce nom dans un acte public; qu'enfin, c'est sous le nom de Blaise Escoffier, fils naturel de Françoise Escoffier, qu'a été dressé l'acte de décès de Blaise Escoffier; que, s'il est dit dans cet acte, fils naturel non reconnu, cette énonciation prouve seulement que les actes constatant la reconnaissance étaient ignorés de ceux qui concoururent à la rédaction de l'acte de décès; mais que cet acte n'en renferme pas moins un nouveau témoignage de la possession dans laquelle Blaise Escoffier a vécu, jusqu'à son décès, d'enfant naturel de Françoise Escoffier; — Attendu qu'aux termes de l'art. 766 c. civ., dans le cas de prédécès des père et mère de l'enfant naturel, les biens qu'il en avait reçus passent à ses frères et sœurs légitimes, et tous les autres biens passent à ses frères et sœurs naturels ou à leurs descendants; —Que, lorsque l'enfant naturel ne laisse ni frères, ni sœurs naturels, ni descendants d'eux, c'est, dans ce cas, l'État qui recueille par déshérence les biens qui ne provenaient pas des père et mère de l'enfant naturel; qu'en effet, d'après les dispositions des art. 767 et 768 c. civ., l'État ne pourrait être exclu que par des parents au degré successible, ou par des enfants naturels, ou par le conjoint survivant; que Blaise Escoffier n'a laissé ni conjoint survivant, ni enfants naturels; qu'on ne peut pas soutenir avec fondement qu'il ait laissé des parents au degré successible; qu'en effet, l'enfant naturel n'a point de famille; que, quels que puissent être les rapports du sang entre lui et les parents de ses père et mère, la loi ne reconnaît entre eux aucuns liens de succession et de parenté; que l'art. 757 du code dénie aux enfants naturels la qualité d'héritiers; que le droit qu'elle leur confère est

de la part d'un individu dans un acte notarié, qu'il a un enfant naturel, sans autre désignation, pas même de la mère, ne saurait autoriser, de la part de la mère d'un enfant naturel ou de cet enfant, l'admission à la preuve de l'identité de ce dernier avec l'individu mentionné dans l'acte notarié, ni, par suite, donner lieu contre cet individu à une demande d'aliments (Lyon, 29 vent. an 12, aff. Vallon *C.* Rivière); — 2° Que, la reconnaissance de paternité naturelle devant être formelle, la circonstance qu'un individu aurait déclaré lui-même à l'officier de l'état civil que sa domestique est accouchée, dans sa maison, d'un enfant, et qu'il aurait, dans l'acte, donné à cet enfant son nom de famille, ne constitue pas une reconnaissance valable de cet enfant (Poitiers, 28 août 1810) (1); — 3° Qu'il y a lieu d'annuler, comme vague et manquant de précision, la déclaration contenue dans un acte notarié (passé en 1775), par laquelle un individu (en présence de son père), reconnaissant qu'une fille a procréé un enfant de ses œuvres, s'engage à payer une certaine somme à celle-ci, moyennant quoi il sera entièrement quitte et libre de chercher fortune où bon lui semble...; et que, par suite, l'enfant n'est pas fondé à réclamer dans la succession du déclarant (décédé sous le code) les droits d'enfant naturel (Liége, 1re ch., 29 avril 1811, hérit. Bruyninx *C.* Marie Servais); — 4° Que, lorsque la reconnaissance du prétendu père d'un enfant naturel résulte uniquement d'une *note* écrite à la marge de l'acte de naissance et portant sa signature seule, le tribunal peut, sans rien préjuger, et sans nuire aux droits des parties, ordonner que celui auquel la paternité est attribuée s'expliquera catégoriquement sur la signature mise au bas de la note marginale, et déclarera s'il l'avoue ou s'il la conteste; qu'il déclarera pareillement s'il reconnaît pour être de la même main l'écriture de l'acte et celle de l'émargement (Rennes, 25 mars 1819) (2); — 5° Que, la reconnaissance de paternité naturelle dans un acte de naissance devant être formelle, l'énoncia-

---

restreint aux successions de leurs père et mère, et qu'elle ne leur en attribue aucun sur les biens des parents de ceux-ci; — Que, par une conséquence de réciprocité et d'égalité de situation, les parents des père et mère de l'enfant naturel ne peuvent non plus hériter de lui; que si dans le cas particulier pour lequel dispose l'art. 766 c. civ., les frères et sœurs légitimes de l'enfant naturel sont appelés par la loi, ce n'est pas à titre successif, mais par une voie de retour et de reprise, pour que les biens provenant de leurs père et mère ne passent point à leur préjudice aux frères et sœurs naturels; — Qu'ainsi Blaise Escoffier n'ayant laissé aucun successible, sa succession est dévolue à l'État pour tout ce qui ne proviendrait pas de Françoise Escoffier, sa mère; — Attendu que, par acte public du 3 oct. 1833, cinq jours avant son décès, Françoise Escoffier reconnut devoir à Blaise Escoffier la somme de 1,000 fr.; qu'on énonça pour cause de cette obligation les services rendus par Blaise Escoffier à titre de domestique et de journalier, et de prêts qu'il aurait faits; qu'aux termes de l'acte, le payement de la somme de 1,000 fr. devait être effectué en quatre termes égaux, dont le premier dans quatre années, et les trois autres successivement d'année en année et sans intérêts jusqu'alors; qu'il est impossible de ne pas reconnaître dans ses stipulations l'intention de couvrir des formes d'un titre onéreux une véritable libéralité; — Que, d'une part, il est contre toute vraisemblance que Blaise Escoffier, vivant chez sa mère et sortant à peine de la minorité, ait été en situation de faire sur le salaire de ses travaux des économies à concurrence d'une somme de 1,000 fr...; — Que, dès lors, il y a lieu d'attribuer cette somme de 1,000 fr. à la sœur légitime de Blaise Escoffier;

Par ces motifs, déclare Blaise Escoffier enfant naturel authentiquement reconnu de Françoise Escoffier, veuve Novat; et quant à l'acte d'obligation du 3 oct. 1833, le déclare simulé, et constituant, de la part de Françoise Escoffier, une libéralité envers Blaise Escoffier, son fils naturel, laquelle libéralité demeure dévolue à Françoise-Rose Novat, sœur légitime de Blaise Escoffier; moyennant ce, valide l'opposition formée par les mariés Cheval envers la contrainte décernée contre eux par l'administration de l'enregistrement et des domaines.

Du 13 janv. 1840.-C. de Grenoble, aud. solen.-M. Barennes, 1er pr.

(1) *Espèce* :—(Jousbert *C.* Jousbert.) — 15 prair. an 7, déclaration de naissance par Charles-Alexandre Jousbert d'un enfant dont est accouchée sa domestique. L'acte porte que l'enfant est né hors mariage de Marie Pasquêt, fille de confiance dudit Jousbert, et qu'il est nommé Charles Jousbert, suivant la déclaration faite par Charles-Alexandre Jousbert. L'acte de naissance est signé par Jousbert. — Marie Pasquêt mourut en l'an 9, Joubert en l'an 10. — Le tuteur nommé à l'enfant réclame pour son pupille les droits d'enfant naturel de Jousbert.—Jugement qui déclare que cette qualité ne résulte pas de l'acte de naissance du 15 prair. an 7;—Appel.—Arrêt.

La cour; — Considérant que l'art. 334 c. civ. dispose que la reconnaissance d'un enfant naturel doit être faite dans un acte authentique, lorsqu'elle ne l'a pas été dans son acte de naissance; — Considérant qu'en supposant que les mots *Charles Jousbert*, inscrits dans l'acte de naissance du 15 prair. an 7, l'aient été d'après la déclaration de feu Charles-Alexandre Jousbert, il n'en résulterait pas une reconnaissance formelle de paternité de la part de celui-ci, puisqu'aucune loi n'attribue cet effet au don du nom, et qu'au surplus la reconnaissance de paternité ne peut être suppléée par des inductions, mais qu'elle doit, au contraire, être exprimée par des termes formels et positifs, qui ne se rencontrent pas dans l'acte de naissance dont il s'agit; — Dit qu'il a été bien jugé.

Du 28 août 1810.-C. de Poitiers.

(2) *Espèce* : — (Guillo *C.* N....) — Brigitte Marot fille fait assigner Louis Guillo devant le tribunal de Ploërmel, pour se voir condamner à fournir des aliments à un enfant dont elle lui attribue la paternité, prétendant qu'il l'avait reconnu dans l'acte de naissance. — Louis Guillo soutient que l'enfant n'était pas à lui, et conteste la validité de la reconnaissance qu'on lui oppose. — Un compulsoire des registres de l'état civil de la commune de Guéhenno, lieu de la naissance de l'enfant, fut d'abord ordonné; l'acte de naissance, vérifié sur les deux doubles, était ainsi conçu : « Le 12 fév. 1812, Françoise Robert nous a déclaré, en présence de Jacques Legoit, Julien Danet, Eponne Kersusan, que Brigitte Marot, sa fille, a, le..., accouché d'une fille à laquelle on a donné le nom de Louise-Yvonne. Les témoins ont déclaré ne savoir signer, en foi de quoi j'ai signé. — Signé Kerdol, maire. » Et à la marge, en regard dudit acte, on lit ce qui suit : « N° 13, Louise-Yvonne. Louis Guillo à l'endroit, a reconnu l'enfant de son fait. » — Les deux doubles présentaient absolument la même rédaction et le même émargement, si ce n'est que sur le registre déposé au greffe du tribunal de Ploërmel, on lisait après ces mots de l'acte de naissance, *a accouché d'une fille*, ceux-ci : *d'un père inconnu*, qui ne se trouvaient pas sur le registre resté à la mairie. — Par jugement rendu le 30 août 1817, le tribunal de Ploërmel, sans déduire aucun motif, ordonne qu'avant autrement faire droit, et sans nuire aux droits des parties, Louis Guillo s'expliquerait catégoriquement sur la signature mise au bas de la note marginale, et déclarerait s'il l'avouait ou s'il la contestait; qu'il déclarerait pareillement s'il reconnaissait pour être de la même main l'écriture de l'acte et celle de l'émargement.

Appel de la part de Louis Guillo. — Ses griefs se réduisaient à ceci : La reconnaissance des enfants naturels ne peut se faire que dans un acte authentique; toute reconnaissance résultant d'un acte sous seing privé est nulle; elle ne saurait produire aucun effet, ni conférer aucun droit à l'enfant ainsi reconnu. Dans l'espèce, l'acte de naissance de Louise-Yvonne est bien authentique, puisqu'il a été reçu par l'officier de l'état civil; mais la note portée en marge n'a pas le même caractère. — Aucun renvoi n'indique qu'elle fasse partie intégrante de l'acte. Il est vrai qu'elle se termine par la signature *Louis Guillo;* mais celle du maire ne s'y trouve point pour garantie que Louis Guillo est réellement intervenu; qu'il s'est présenté devant l'officier civil, devant les témoins, et qu'il a fait devant eux la déclaration de sa prétendue paternité. Le défaut de signature du maire et d'approbation de la note marginale ne permet pas de considérer cette note comme faisant partie de l'acte de naissance, comme ayant le même caractère d'authenticité. L'acte de naissance ne dit pas un mot de la comparution de Louis Guillo; loin qu'il soit question de lui dans cet acte, un des doubles porte que l'enfant est né d'un père inconnu; tout semble prouver que l'émargement, qu'il soit ou non de la même écriture, n'a été fait qu'après coup. Pourrait-on soutenir que la signature *Guillo* doit être réputée vraie jusqu'à inscription de faux? Si la note ou l'énonciation marginale dont il s'agit n'est point authentique, à quoi bon vouloir que Guillo avoue ou conteste sa signature? Lors même que cette signature serait reconnue par lui, qu'en résulterait-il? Que la note marginale serait une reconnaissance sous seing privé, nulle par conséquent, et dont l'enfant naturel ne pourrait même se prévaloir, à l'effet d'obtenir des aliments. Le tribunal de Ploërmel, en ordonnant que Guillo avouerait ou contesterait formellement sa signature, a préjugé que la signature une fois vérifiée pourrait le porter à rendre une décision favorable à la demanderesse. Son jugement doit être réformé, parce que *frustrà probatur quod probatum non relevat.* Il suffirait pour statuer définitivement, et rejeter la demande de la fille Brigitte, de considérer qu'il s'agissait tout au plus d'une reconnaissance faite par acte sous seing privé et frappée de nullité. La cour, en réformant cet interlocutoire inutile, est en état de juger sur le fond.

L'intimée a soutenu la validité de la reconnaissance; elle a dit que le renvoi à la marge faisait partie de l'acte, quoique non signé par l'officier public; que la nécessité de signer les renvois et de les approuver n'était pas prescrite à peine de nullité par l'art. 42 c. civ.; qu'au surplus, si la reconnaissance ne pouvait valoir que comme acte sous seing privé, elle aurait au moins l'effet d'autoriser la demande d'aliments. — Arrêt.

La cour; — Considérant que, sans rien préjuger sur la nature et sur les effets des actes inscrits sur les registres de la commune de Guéhenno, il peut être important, dans l'intérêt des parties, d'obtenir de Guillo des renseignements précis sur la vérité de la signature qui lui est attribuée,

tion par l'officier de l'état civil que la déclaration de naissance est faite par un tel, père de l'enfant, n'équivaut pas à une reconnaissance de la part de ce dernier (Poitiers, 11 déc. 1824, aff. Testard, V. n° 725); — 6° Que la déclaration notariée faite par un individu (avant le code Napoléon) qu'une fille est grosse de ses œuvres, et qu'il se soumet à payer une somme d'argent à la mère et pour l'entretien de l'enfant, n'emporte point reconnaissance de paternité, alors, d'ailleurs, que cet enfant a été inscrit comme né de père inconnu, et que sa possession d'état est conforme à son acte de naissance (Req. 3 janv. 1848, aff. Bastide, D. P. 48. 1. 31).

547. Au surplus, les actes doivent être interprétés de bonne foi, et quelques irrégularités dans les noms ou la qualification, quelques omissions légères qui ne laissent aucun doute sur la coopération du père à l'acte en cette qualité, ne doivent pas faire annuler la reconnaissance. — Ainsi, il a été jugé : 1° que l'acte de naissance d'un enfant naturel, dans lequel le père présent, nommé Gabriel, a signé de Saint-Gabriel, et sans ajouter ses prénoms, suffit pour établir la reconnaissance de l'enfant, alors que, plus tard, le père reconnaît l'identité de son nom avec celui signé sur l'acte de naissance, quoique, d'ailleurs, cette reconnaissance d'identité aurait été faite pendant son mariage, sans le consentement de son conjoint (Cass. 24 nov. 1830) (1);— 2° Que l'irrégularité résultant de ce que, dans l'acte de reconnaissance d'un

---

et sur les circonstances qui ont accompagné la rédaction des actes qu'on lui oppose; — Considérant que des magistrats appelés à prononcer sur des questions qui intéressent les mœurs et l'ordre public, ne peuvent pas être privés de la faculté de demander aux parties mêmes les éclaircissements qu'ils jugent nécessaires pour éclairer leur conscience; — Considérant que Jean Kerdol, ex-maire de la commune de Guéhenno, avait été mis en cause devant le premier tribunal; que les deux jugements des 8 fév. et 30 août 1817 ont été rendus contradictoirement avec lui; qu'il n'a point relevé appel de ces jugements, et que, conséquemment, s'il a été mal et follement intimé devant la cour, il n'y a pas lieu de statuer sur sa demande tendant à être extrait des qualités de parties; — Par ces motifs, faisant droit sur l'appel relevé par Louis Guillo du jugement rendu par le tribunal de première instance de Ploërmel le 30 août 1817, dit qu'il a été bien jugé; — Déclare l'appelant sans griefs; — Déboute les parties de leurs fins, demandes et conclusions, etc.

Du 25 mars 1819.-C. de Rennes, 1re ch.-MM. Vignard, Gaillard Leloureux, av.

(1) *Espèce* :—(Gabriel C. Gabriel.)—Nicolas-Toussaint Gabriel avait eu avec une demoiselle de Renty des relations intimes; il lui avait même fait une promesse écrite de mariage.—La demoiselle de Renty donna le jour, pendant qu'elle entretenait des liaisons avec Nicolas-Toussaint Gabriel, à trois enfants. — L'acte de naissance du premier de ces enfants, à la date du 25 mars 1761, porte : « Extrait des registres de la paroisse de Sainte-Marie-Magdeleine, en la cité de Paris : a été baptisée Marie-Geneviève-Gasparde de Renty, née d'aujourd'hui, fille de Nicolas-Toussaint de Saint-Gabriel, inspecteur des bâtiments du roi pour le garde-meuble, et de Gasparde de Renty, son épouse,... le parrain,... la marraine,... lesquels ont signé avec nous, le père présent,... signés... de Saint-Gabriel. »— Le 11 oct. 1771, acte de naissance d'un enfant qui est mort en 1815. — Le 13 juill. 1775, autre acte de naissance qui porte : « ... A été baptisé Jean-Claude, né hier, fils de Nicolas-Toussaint Gabriel, bourgeois de Paris, et de Gasparde de Renty, son épouse... Le père est absent. Ont signé les témoins. »—Le 29 mai 1781, Nicolas-Toussaint Gabriel se maria avec la veuve Faciole. Il naquit de ce mariage, le 21 déc. 1782, André-Toussaint Gabriel.

Le 17 juill. 1784, la demoiselle de Renty, mère des trois enfants, dont nous avons parlé, présenta une requête conçue en ces termes : « Dès l'année 1760, j'ai été recherchée en mariage par le sieur Nicolas-Toussaint Gabriel,... des circonstances de famille ont mis obstacle à ce mariage; mais ayant la plus grande confiance dans ses promesses, j'ai eu la faiblesse de souffrir ses fréquentations, et il m'a rendue mère de trois enfants : il existe dans les actes baptistaires de deux de ces enfants différentes erreurs qu'il est à propos de réformer; —Le mariage qu'il a contracté en 1781 avec la veuve Faciole ne me permettant plus l'espoir de légitimer mes trois enfants, j'ai l'intérêt le plus sensible de les constituer au moins dans leur véritable état..., ce considéré, monsieur, il vous plaira me permettre de convoquer et rassembler devant vous mes parents et amis, pour donner leur avis sur la réformation desdits actes, et même de me permettre de vous faire représenter les registres où lesdits actes sont inscrits, à l'effet par vous d'être constaté et d'être ordonné ce qu'il appartiendra. »

Les amis de Gasparde de Renty, convoqués en vertu de la permission accordée et les registres représentés, Nicolas-Toussaint Gabriel s'est présenté et a fait devant l'assemblée et le lieutenant civil la déclaration suivante : « Il est vrai que depuis 1758 ou 1759... je fis la connaissance de Gasparde de Renty; de mes fréquentations avec elle sont résultés les trois enfants dont les actes baptistaires sont représentés; à l'égard des erreurs commises dans celui de Marie-Geneviève Gasparde, du 25 mars 1761, et que j'ai signé sous le nom de de Saint-Gabriel, la vérité est que je croyais que mon nom de famille se signait ainsi, et ce n'est que plus tard que j'ai eu connaissance qu'il devait être simplement signé Gabriel; ce n'est que par inexpérience, et n'en sachant pas la conséquence, que, par cet acte, j'ai qualifié de mon épouse la demoiselle de Renty... Enfin, à l'égard des erreurs commises dans l'acte baptistaire de Jean-Claude, du 13 juill. 1775, je n'étais pas présent au baptême, et la déclaration faite par le parrain et la marraine ne provient que de la persuasion où ils étaient que j'étais marié avec la demoiselle de Renty. —Depuis la naissance de ce troisième enfant, des circonstances m'ayant déterminé à me marier avec une autre personne, il est intéressant de réformer les actes baptistaires desdits trois enfants pour leur constituer leur état naturel; je suis d'avis que lesdits actes soient réformés, et que chacun desdits enfants soit qualifié d'enfant naturel de moi et de la demoiselle de Renty. »

Les avis des parents recueillis, le lieutenant civil, après avoir nommé un tuteur *ad hoc* aux enfants, rendit, le 22 sept. 1784, une sentence qui ordonna la rectification des actes de naissance, telle qu'elle était consentie par Nicolas-Toussaint Gabriel.—La femme légitime de ce dernier ne parut pas à cette assemblée.

La demoiselle de Renty, épuisée par les travaux auxquels elle avait été forcée de se livrer pour élever ses trois enfants, et par le chagrin, mourut bientôt; elle décéda, le 5 oct. 1785, en son domicile, elle devait entrer le lendemain à l'Hôtel-Dieu.—Nicolas-Toussaint Gabriel ne mourut qu'en 1823.—André-Toussaint, son fils légitime, accepta sa succession sous bénéfice d'inventaire.

Les deux enfants survivants de la demoiselle de Renty firent apposer les scellés. — Plus tard et après la levée des scellés, ces enfants ayant appris que leur prétendu père avait vendu, à son fils légitime, trois maisons situées à Paris, moyennant une faible rente viagère, demandèrent la nullité de ces ventes comme donation déguisée, et leur rapport à la masse héréditaire qui serait établie pour fixer leur droit.

L'instance engagée sur ce point, ils demandèrent communication de tous les titres et papiers inventoriés. Alors, André Gabriel contesta la qualité de ses adversaires, prétendant que, n'ayant été reconnus que pendant le mariage de son père, la reconnaissance ne pouvait lui être préjudiciable. — Il conclut à ce qu'ils fussent déclarés non recevables dans leur demande.

Le 21 mai 1825, jugement du tribunal de la Seine en ces termes : « En ce qui touche Geneviève-Gasparde Gabriel : — Attendu qu'elle justifie de sa qualité de fille naturelle de Nicolas-Toussaint Gabriel, par la représentation de son acte de naissance, rédigé en présence de son père, et signé de lui; — Attendu que la rectification dudit acte de naissance, quoique faite pendant le mariage de Nicolas-Toussaint Gabriel, et du consentement de ce dernier, ne saurait être considérée comme une reconnaissance qui, aux termes de l'art. 337 c. civ., ne peut nuire ni à l'épouse ni aux enfants issus du mariage, mais qu'elle a eu seulement pour but de constater l'identité de Saint-Gabriel, signataire de l'acte, avec Nicolas-Toussaint Gabriel, et de réformer cet acte qui donnait à Gasparde Gabriel la qualité d'enfant légitime. En ce qui touche Jean-Claude Gabriel : — Attendu que la succession de Nicolas-Toussaint Gabriel, s'est ouverte sous l'empire du code civil; — Attendu que, si ce code accorde aux enfants naturels, légalement reconnus, des droits plus étendus que ceux que leur accordait la législation existante à l'époque à laquelle Jean-Claude Gabriel a été reconnu par son père, le même code porte que la reconnaissance faite pendant le mariage par l'un des époux, au profit d'un enfant naturel qu'il aurait eu avant son mariage, d'un autre que son époux, ne pourra nuire ni à celui-ci ni aux enfants nés de ce mariage;—Attendu, en effet, que Nicolas-Toussaint Gabriel était engagé dans les liens du mariage, à l'époque de la reconnaissance par lui faite de Jean-Claude Gabriel; qu'ainsi, la reconnaissance que celui-ci invoque, ne peut lui conférer les droits consacrés par le code, en faveur des enfants naturels légalement reconnus; — Par ces motifs, le tribunal déclare Jean-Claude Gabriel non recevable en sa demande; — Ordonne que, dans la quinzaine, Gabriel (André-Toussaint) sera tenu de communiquer à Geneviève-Gasparde Gabriel, veuve Léger, tous les titres et papiers inventoriés après le décès de Nicolas-Toussaint Gabriel, et l'inventaire fait par Herbelin, notaire, sinon sera fait droit, et continue la cause, au fond, au premier jour, dépens réservés. »

Appel par André Gabriel contre la veuve Léger, et appel de Jean-Claude Gabriel contre André Gabriel. — Le 13 nov. 1826, arrêt de la cour de Paris, en ces termes : « En ce qui touche l'appel de Gabriel fils, vis-à-vis de Gasparde Geneviève, veuve Léger; — Adoptant les motifs des premiers juges; — Met l'appellation au néant. — En ce qui touche l'appel de Jean-Claude Gabriel, considérant que l'acte du 22 sept. 1784 ne peut être considéré comme une reconnaissance nouvelle d'enfant naturels, mais comme une simple rectification de l'acte de naissance

enfant naturel, le père aurait, à tort, qualifié cet enfant de légitime, ne rend pas la reconnaissance nulle (même arrêt);—3° Que l'acte de naissance dans lequel un enfant est désigné comme fille naturelle de George Hamelin au lieu de Charles Hamelin, et un acte authentique portant constitution de rente viagère au profit de la mère et de sa fille naturelle, sont des titres suffisants pour cette dernière pour porter et conserver le nom de son père naturel : on opposerait vainement que l'acte de constitution ne contient pas reconnaissance formelle de paternité (Req. 6 décembre 1809) (1);— 4° Que la reconnaissance renfermée dans un testament notarié est valable encore que l'enfant ait reçu d'autres noms que ceux indiqués dans le testament qui la renferme, si d'ailleurs son identité est constante (Aix, 10 fév. 1806, aff. Anne Rose, V. n° 505); — 5° Que l'identité d'un individu qui se prévaut d'une reconnaissance d'enfant naturel avec l'enfant que la reconnaissance concerne peut être établie par indices ou présomptions : une preuve écrite d'identité n'est pas nécessaire (Bastia, 17 août 1829, aff. G..., V. n° 596).

548. De tout ce qui précède il résulte que la reconnaissance d'un enfant naturel est nulle lorsqu'elle a été faite par un acte purement privé.— Jugé : 1° que la mention, dans l'acte de naissance du nom du prétendu père, si celui-ci n'est intervenu dans l'acte ainsi signé, ne peut être opposée comme reconnaissance ni à lui ni à ses héritiers, encore que des écrits sous seing privé et une constante possession viennent à l'appui de l'acte de naissance (Montpellier, 28 janv. 1806) (2); — 2° Que la reconnaissance d'un enfant naturel qui n'est constatée que par la mention faite, dans l'acte ne naissance non signé par le père, d'un aveu de paternité qui aurait été fait à l'officier de l'état civil, par écrit séparé, est nulle, surtout si l'écrit contenant cet aveu n'a pas été annexé à l'acte de naissance ou n'est pas représenté (Req. 11 août 1808 (3); Conf. Rej. 16 nov. 1808, aff. Peterlong, V.

---

dudit Jean-Claude Gabriel; qu'ainsi, l'art. 337 c. civ., ne peut lui être opposé; — Emendant et faisant droit au principal. — Ordonne que la communication des titres et pièces, et de l'inventaire de feu Nicolas-Toussaint Gabriel sera faite à Jean-Claude Gabriel, ainsi qu'à la veuve Léger. »

Pourvoi par André Gabriel, pour violation des art. 337, 339, 100, 1109 et 1111 c. civ. — Arrêt.

La cour ; — Statuant sur le pourvoi, en ce qui concerne Marie-Geneviève-Gaspardc Gabriel, veuve Léger ; — Attendu que les fausses qualifications insérées dans son acte de naissance, ne portent pas sur la substance de cet acte, et ne peuvent détruire la reconnaissance formelle de paternité qu'il contient de la part du sieur Nicolas-Toussaint Gabriel, au profit de ladite Marie-Geneviève Gasparde, reconnaissance qui résulte de ce que, présent à cet acte, il l'a signé comme le père de l'enfant y énoncé ; — Attendu que la rectification qu'il a provoquée depuis son mariage, n'ayant eu pour objet que de constater son identité avec l'individu qui avait figure comme père de l'enfant dans l'acte de naissance, n'a pas anéanti et n'a fait que confirmer la reconnaissance préexistante, d'où il suit que la prohibition portée en l'art. 337 c. civ., n'était point applicable à cette reconnaissance, et qu'en le jugeant ainsi, la cour royale n'a violé aucune loi ; — Par ces motifs ; — Rejette le pourvoi à l'égard de la veuve Léger ;

Mais en ce qui concerne Jean-Claude Gabriel, vu l'art. 337 c. civ. ;— Attendu que l'acte de naissance de Jean-Claude Gabriel, rédigé en l'absence de Nicolas-Toussaint Gabriel, et non signé de lui, n'a pu établir par lui-même la reconnaissance de paternité de cet enfant, de la part de Nicolas-Toussaint Gabriel ; — Attendu que la reconnaissance que ce dernier a faite ultérieurement dudit Jean-Claude pour son fils naturel ; et qui est constatée par l'acte de rectification du 22 sept. 1784, étant postérieure au mariage dudit Nicolas-Toussaint, n'a pu avoir aucun effet contre André-Toussaint Gabriel, né de ce mariage ; d'où il suit qu'en jugeant le contraire, et en décidant que Jean-Claude Gabriel était fondé comme enfant naturel reconnu de Nicolas-Toussaint Gabriel, à demander la communication des titres et pièces et de l'inventaire et de la succession de ce dernier, l'arrêt a violé l'art 337 précité du code civil; — Par ces motifs, — Casse, en ce chef, etc.

Du 24 nov. 1830.-C. C., ch. civ.-MM. Boyer, pr.-Rupérou, r.-Nicod, av. gén. conf.-Garnier et Mandaroux, av.

(1) *Espèce* : — (Hérit. Hamelin C. demoiselle Hamelin.) — Le sieur Pierre-Jean Hamelin, héritier sous bénéfice d'inventaire de son frère Charles Hamelin, prétendait dans la requête provisoire (le seul document que nous ayons), que le titre authentique du 7 juill. 1786 avait eu pour but de convertir une créance de 6,000 fr., due par Charles Hamelin à la demoiselle Huet de la Haye, mère d'Adélaïde-Gabrielle Hamelin, en une constitution de rente viagère de 600 fr. au profit de la mère et de la fille. — Arrêt.

La cour ; — Attendu que l'arrêt attaqué a pu, sans contravention aux lois invoquées, décider, dans l'espèce, qu'Adélaïde-Gabrielle Hamelin avait titre suffisant pour porter et conserver le nom d'Hamelin ; — Rejette.

Du 6 déc. 1809.-C. C., sect. req.-MM. Lasaudade, pr.-Basire, rap.

(2) (Mahul C. Mahul.) — La cour ; — Considérant que l'extrait de naissance étant appuyé de la possession d'état résultant des susdites trois lettres, elle ne peut ni réformer l'extrait de naissance, ni refuser le nom de Mahul à l'intimé ; — Considérant que l'espèce de successibilité accordée par le code civil aux enfants nés hors mariage, n'est ouverte que pour ceux d'entre lesdits enfants qui ont en leur faveur une reconnaissance légale, laquelle, aux termes de l'art. 334, doit résulter d'un acte authentique lorsqu'elle n'est pas faite dans l'acte de naissance ; — Et attendu que, d'un côté, la reconnaissance n'a pas été faite par le père dans l'acte de naissance, puisqu'il n'y est point intervenu et qu'il ne l'a point signé ; et que, d'autre part, tous les actes invoqués par l'enfant ne sont que des actes privés, les uns sans date, les autres postérieurs au mariage ; — Considérant de plus, sur ladite question, que la preuve offerte est inutile, puisqu'elle ne tend qu'à établir une reconnaissance par un acte privé ; que d'ailleurs, d'après l'art. 340 c. civ., la recherche de la paternité est interdite ; d'où il suit que mal à propos le tribunal de première instance a accordé à l'enfant naturel une quotité de biens sur la succession de son père ; — Considérant que la loi ayant accordé un droit nouveau aux enfants naturels, elle a pu soumettre cette faveur à telle condition qu'elle a trouvé à propos d'exiger ; mais d'après l'art. 2 c. civ., la loi ne pouvant avoir d'effet rétroactif, elle n'a dû ni voulu priver les enfants naturels existants lors de sa promulgation, des droits acquis par eux à cette époque ; — Et attendu que, lors de la loi du 4 juin 1793, la première qui ait parlé de successibilité en faveur des enfants naturels, l'état de l'intimé était constant par son acte de naissance et par une possession non contestée de fils né hors mariage de Mahul ; — Considérant qu'en cette qualité, la nature et la jurisprudence lui assuraient des aliments sur son père et sur sa succession, aliments dont aucune loi ne l'a privé ; — Considérant, d'ailleurs, sur ladite question, que les aliments sont nécessairement *quid diversum* des droits attribués par le code civil aux enfants naturels légalement reconnus, puisque ce code, en déclarant que les adultérins et incestueux ne peuvent être légalement reconnus, leur accorde cependant des aliments ; — Et attendu que plus favorable que les enfants adultérins et incestueux, puisqu'Antoine Mahul est né de personnes libres, il est cependant assimilé en quelque sorte auxdits enfants, sous le rapport de la reconnaissance légale, puisque le sieur Mahul, son père, étant marié et ayant des enfants, la reconnaissance authentique en faveur de son fils naturel aurait été pour lui un titre inutile ; d'où il suit que, dès qu'on ne peut raisonnablement lui contester la filiation, on ne peut le traiter avec plus de rigueur qu'un enfant adultérin ou incestueux, et qu'il faut par conséquent lui accorder les aliments que la loi attribue à ces enfants du crime et de la débauche ; — Considérant que l'enfant naturel possède, du chef de sa mère, une maison valant 7 à 8,000 fr., et que, d'autre côté, il lui est dû une somme de 22,122 fr. 38 c. assignats, valeur du 23 niv. de l'an 3, laquelle somme lui sera payée, soit par la dame Airoles, comme tutrice, contre qui il en a formé la demande, soit par son tuteur, qui en est responsable ; — Considérant que, d'après ces données, la cour a pensé qu'une somme annuelle de 600 fr., réunie aux objets ci-dessus, serait suffisante pour fournir aux aliments, et qu'ainsi il serait superflu de prendre de plus grands éclaircissements ; — Faisant droit sur les appels respectifs, a mis et met les appellations et ce dont est appel au néant ; émendant, sans s'arrêter aux fins de non-valoir et autres moyens proposés ; sans avoir égard à la demande en réformation de l'acte de naissance, et en radiation du nom de Mahul, sous lequel elle a été inscrite dans ledit acte ; sans s'arrêter non plus à la demande en rejet des trois lettres missives produites, de tout démettant l'appelant, sans s'arrêter à la preuve offerte par l'intimé, non plus qu'à sa demande en délivrance d'une quote des biens de la succession de Mahul ; disant néanmoins, quant à ce, droit sur la demande d'aliments, lui accorde annuellement et pendant sa vie une somme de 600 fr., exempte de toute retenue, sur les biens délaissés par feu Antoine Mahul, payable de six mois en six mois, et par avance, à compter depuis l'introduction de l'instance ; condamne, etc.

Du 28 janv. 1806.-C. de Montpellier.-MM. Soulier et Anduze, av.

(3) *Espèce* : —(Blanc C. Molinier.)—10 juin 1784, naissance d'une fille, qui fut baptisée le 13 du même mois sous le nom de Marie Molinier, fille naturelle de Marie Dougados et de Jacques Molinier, selon, dit le pasteur dans l'acte de baptême, l'aveu qu'il nous en a fait par écrit. — Jacques Molinier n'a pas signé, et nul écrit émané de lui n'a été annexé à l'acte de baptême. — Le 28 mars 1789, acte public entre Jacques Molinier et Marie Dougados, par lequel celle-ci, moyennant la somme de 10 livres, décharge celui-là de toutes choses généralement quelconques qu'elle avait droit de prendre contre lui, pour raison de commerce qu'elle avait eu ci-devant avec lui, duquel en a été issue une fille nomme Marie. — Jacques Molinier s'est obligé, par le même acte,

nº 431); — 3º Que la déclaration de paternité faite d'une manière indirecte dans un acte sous seing privé, comme si, dans une pétition adressée au maire et au préfet à fin d'être dispensé, pour se marier, de rapporter l'acte de décès de son père, un individu a déclaré que sa future était enceinte de ses œuvres, une telle déclaration, encore bien que la pétition serait restée déposée au secrétariat de la mairie, ne peut valoir, comme acte authentique de reconnaissance dans le sens de l'art. 334..., surtout s'il est incertain que la pétition ait été signée et rédigée par le pétitionnaire et en sa présence (Rouen, 18 fév. 1809) (1); — 4º Qu'un acte sous seing privé adressé à l'autorité, contenant aveu de paternité fait d'une manière purement énonciative, comme si, par exemple, dans un état de ses dettes et charges, donné au sujet de l'emprunt forcé de 1793, à la municipalité, un individu a mentionné une certaine somme à sa charge pour l'entretien d'une fille naturelle qu'il a désignée; un tel acte, encore bien qu'il ait été conservé à la municipalité, n'est pas un acte valable de reconnaissance : il ne pourrait servir que d'un commencement de preuve par écrit que la loi n'admet pas pour établir la paternité naturelle (Cass. 16 mai 1809; Pau, 18 juillet 1810) (2); — 5º Que la reconnaissance par acte sous seing privé est nulle, encore que cet acte ait été relaté dans l'acte de naissance,

---

à payer 700 livres à Marie si elle venait à se marier. — Postérieurement, Jacques Molinier s'est marié avec la demoiselle Rives. — Il est décédé en l'an 9, laissant un enfant légitime. — Marie, devenue épouse de Jacques Blanc, réclame les droits accordés aux enfants naturels légalement reconnus. — Sa qualité lui est contestée. — 21 therm. an 11, jugement qui adjuge à l'enfant naturel le sixième des biens délaissés par Jacques Molinier. — Appel. — 5 août 1807, arrêt par lequel la cour de Toulouse proscrit la réclamation de l'enfant naturel, sur le fondement que l'acte de naissance n'était pas dans une forme légale; que d'ailleurs le prétendu aveu de paternité qui y est énoncé, n'est prouvé par la représentation d'aucun écrit émané de Molinier, et que par l'acte du 28 mars 1789, celui-ci n'a pas expressément reconnu Marie pour sa fille naturelle, et qu'au surplus il n'a pas stipulé dans cet acte avec une pleine liberté.

Pourvoi de Marie Blanc pour violation des art. 1 de la loi du 14 flor. an 11, 334 et 737 c. civ.; elle soutient que l'acte de baptême doit être aussi efficace que si la reconnaissance avait eu lieu sous les lois nouvelles : l'art. 334 ne distingue pas : au surplus, cet acte a été ratifié. — Arrêt.

La cour; — Attendu que l'acte de naissance de la demanderesse ne fut point signé par Molinier, et que l'aveu qui y est énoncé, comme remis alors par écrit au ministre, ne fut point annexé à l'acte de naissance, et n'est pas même en ce moment représenté; — Attendu que la transaction de 1789 ne contient pas une reconnaissance formelle de la paternité prétendue, et que, d'ailleurs, les circonstances dans lesquelles cette transaction eut lieu ont pu déterminer la cour d'appel de Toulouse à prononcer, sans contrevenir à aucune loi, qu'elle n'avait point été signée par Molinier avec la liberté nécessaire et requise par les lois relatives à la matière; — Rejette, etc.

Du 11 août 1808.-C. C., sect. req.-MM. Muraire, 1er pr.-Basire, rap.-Giraud, subst., c. conf.-Duprat, av.

(1) *Espèce :* — (Hurel C. Teston). — Les bans étaient publiés, le jour était fixé pour le mariage de Mathieu Teston, âgé de soixante-quatorze ans, avec Marie Hurel, âgée de vingt et un ans; l'acte de célébration était déjà même rédigé, lorsque le maire du Havre refusa de passer outre, à défaut de représentation de l'acte de décès du père de Teston; le 17 brum. an 13, celui-ci adresse au maire et au préfet deux pétitions à l'effet d'être dispensé de rapporter cet acte; il se fonde sur la conviction qu'il a du décès de son père et l'improbabilité de l'existence de ce dernier. Il paraît aussi qu'on y lit que la demoiselle Hurel est enceinte et qu'il est urgent de donner un état à l'enfant dont il se déclare le père. — Refus du maire au bas de la pétition. — Le tout reste déposé au secrétariat de la mairie. — Le 7 nivôse suivant, l'acte de décès arrive. — Le lendemain Teston meurt à son tour. — Le 23 germinal, Marie Hurel accouche d'une fille et fait consigner dans l'acte de naissance le contenu dans la pétition de Teston. — Plus tard elle s'oppose à la levée des scellés sur les biens de celui-ci. — Le tribunal du Havre refuse à l'enfant les droits héréditaires, comme étant sans titre authentique pour les réclamer; toutefois, il accorde une pension alimentaire. — Appel par toutes les parties. — Marie Hurel soutient que la pétition adressée à l'officier de l'état civil, et conservée dans un dépôt public, est un acte valable dans le sens de l'art. 334, et qu'en tout cas, il donne droit à des aliments. — Mais les intimés répondent que l'aveu fait par Teston indirectement et dans un acte qui n'avait pas la reconnaissance pour objet, qui n'alléguait la grossesse que comme une considération pour obtenir une dispense, ne peut produire aucune espèce d'effet. — Arrêt.

La cour; — Considérant, 1º que la première base de toute doctrine et de toute décision sur les questions que cette cause présente à juger, est celle-ci : que, comme l'enfant légitime ou se prétendant tel ne peut, en cette qualité, recueillir la succession de son père, qu'autant que la filiation d'enfant légitime est prouvée dans les formes et de la manière prescrite par la loi, par la même raison l'enfant naturel ou se prétendant tel ne peut exercer en cette qualité aucun droit sur les biens du père par lui réclamé, si sa filiation naturelle n'est point prouvée de la manière et dans les formes exigées par la loi, art. 756 c. nap.; — Que si l'enfant légitime ou se prétendant tel devient parfaitement étranger au père par lui réclamé, et sous le rapport de la filiation, et sous le rapport des droits successifs, faute de preuve légale de la paternité légitime, l'enfant naturel demeure aussi parfaitement étranger au père naturel par lui réclamé, et sous le rapport de la filiation, et sous le rapport de tous les droits quelconques sur la succession, faute de preuve légale de la paternité naturelle; — 2º Que la preuve de la paternité naturelle ne peut résulter que de la reconnaissance volontaire et légale du père; — 3º Que cette reconnaissance n'est légale, et conséquemment valable et efficace, qu'autant qu'elle est consignée dans un acte authentique, suivant l'art. 334 du même code; — 4º Que l'acte authentique est celui-là seulement qui a été rédigé ou reçu solennellement par l'officier public qui en a été l'instrument, et qui a, par sa signature, à laquelle la loi a attaché un caractère d'authenticité, apposé à cet acte le sceau de l'autorité publique; — Que ces caractères de reconnaissance légale et authentique ne se rencontrent ni dans les actes de publication de bans, qui ne font aucune mention de l'enfant dont il s'agit, ni même de la grossesse de sa mère, et encore moins peut-être dans les deux pétitions présentées, l'une au maire du Havre, et l'autre au préfet de ce département, qui d'abord ne contiennent que de simples énonciations dont il faudrait induire la paternité et non cette déclaration formelle, cette reconnaissance expresse, qui seule, revêtue des formes solennelles, peut la constater légalement; qui, d'ailleurs, ne sont souscrites que d'une signature incertaine, sujette à vérification si elle était méconnue, et que rien ne prouve avoir été rédigée par Teston, ni même en sa présence, comme expression de sa libre et incontestable volonté; — Qu'admettre de pareilles reconnaissances non légales, non solennelles et certaines, non authentiques, non expresses et formelles, mais sous seing privé, mais seulement énonciatives, et ce, pour en faire naître des présomptions, pour en tirer des inductions plus ou moins éloignées, pour en faire résulter une instruction judiciaire, dont le résultat serait une décision toujours arbitraire, ce serait admettre que les tribunaux peuvent de nouveau se livrer à la recherche de la paternité si impérieusement proscrite par nos lois nouvelles (art. 340), renouveler tous les abus de l'ancienne législation, et commettre de nouveau le sort des familles au hasard des présomptions humaines, des inductions de fait ou de raisonnement, et à l'opinion arbitraire, et dès lors toujours diverse de divers tribunaux; — Que tout magistrat, pénétré de l'esprit et de la lettre de la loi, ne peut voir que ces deux vérités si solennellement consacrées par elles : la première, que l'enfant naturel n'est rien, absolument rien au père par lui réclamé sans sa filiation naturelle légalement prouvée; la seconde, qu'où la filiation naturelle manque, il n'y a ni père naturel ni enfant naturel, et conséquemment aucun titre, aucun lien, aucun devoir, soit civil, soit même naturel, qui oblige, sous aucun rapport quelconque, l'un envers l'autre, la succession de l'un envers l'autre, qui lui est, aux yeux de la loi, totalement étranger; — Considérant que l'art. 762 c. nap. est inapplicable à l'espèce présente, parce que, dans le cas où toute reconnaissance quelconque, soit légale et authentique, soit même sous signature privée, est interdite au père adultérin ou incestueux, où conséquemment la preuve de la paternité ne peut résulter que d'une présomption légale, comme dans le cas du rapt ou d'une condamnation judiciaire pour cause d'adultère ou inceste constaté, la loi a dû suppléer à l'impuissance du père de rien faire en faveur de son enfant, et remplir pour lui la dette de la nature; mais que ce cas ne peut être assimilé à celui où le père, pouvant reconnaître légalement et authentiquement son enfant, a pu en même temps, par le seul effet de sa volonté, lui assurer non-seulement des aliments, mais un droit de part dans sa succession; — Infirme, en ce que les héritiers ont été condamnés à payer une pension alimentaire.

Du 18 fév. 1809.-C. de Rouen.-MM. Héron et Dutrouchet, av.

(2) *Espèce :* — (Gombault C. Daurian.) — En 1793, Gombault, détenu dans les prisons de la Réole, remit à la municipalité de Bordeaux, lors de l'emprunt forcé, une déclaration contenant l'état de ses revenus et charges : on y trouve une somme de 1,000 fr. énoncée ainsi : « Pour Rosalie, ma fille naturelle, à ma charge, chez Duvergier, à Bordeaux, rue du Loup. » — An 2, Gombault périt; ses biens sont confisqués, puis rendus aux héritiers. — Il avait deux enfants légitimes. — En l'an 8, une dame Daurian prétend être la fille naturelle mentionnée dans l'acte de 1793; elle offre de prouver son identité. — 13 prair. an 9, jugement qui admet cette preuve. — Appel. — Survient la loi de prairial an 11. — La dame Daurian prétend que l'acte de 1793 est un acte valable dans le sens de l'art. 934. — 25 juill. 1807, arrêt de la cour de Bordeaux qui le décide ainsi après long délibéré : — « Attendu qu'une déclaration pour l'emprunt forcé était faite en vertu de la loi, d'après les formes qu'elle

mais sans la participation du prétendu père ou de tout mandataire ayant pouvoir de le représenter à cet effet (Req. 4 oct. 1812) (1).

avait prescrites, et pour en assurer la certitude et l'authenticité; qu'elle devait être mise dans un dépôt public, soumise à l'examen de fonctionnaires publics nommés à cet effet, ce qui lui donnait le caractère d'acte authentique; — Attendu, toutefois, que la signature Gombault, apposée au bas de la déclaration dont s'agit, n'a été ni reconnue ni contestée par les sieurs Gombault; — Ordonne, avant faire droit, qu'il serait procédé à la vérification de la signature Gombault, à l'effet de reconnaître si ladite note a été ou non écrite par le sieur Colas fils. »

Pourvoi pour violation des art. 334 et 340 c. civ. — C'est la limite du pouvoir, a-t-on dit, qui fait la sécurité sociale; un testament ne serait pas valablement reçu par un préfet. — Or quelles étaient les attributions d'un commissaire vérificateur de l'emprunt forcé? De recevoir les déclarations relatives aux emprunts, de les vérifier, de faire les actes qui y étaient relatifs; il était sans attribution pour recevoir une reconnaissance de paternité. — D'ailleurs, les termes dans lesquels elle est conçue sont simplement énonciatifs et sans objet direct à la filiation (c. civ. 1320); elle ne pourrait servir que de commencement de preuve, si une telle preuve était admise dans cette matière. — Aussi les juges ont-ils cru pouvoir en ordonner la confirmation. — Arrêt.

LA COUR; — Vu la loi transitoire du 14 flor. an 11 et les art. 334, 340, 1317, 1319 et 1320 c. civ.; — Et attendu, 1° que la déclaration sous signature privée dont il s'agit, faite à la Réole, transmise depuis à la municipalité de Bordeaux, n'est ni un acte émané de cette municipalité elle-même, ni un acte reçu par un officier public qui eût qualité pour lui imprimer un caractère d'authenticité tel qu'il dût faire foi jusqu'à inscription de faux; que la non-authenticité en est même avouée par l'arrêt attaqué, puisqu'il soumet à une vérification en justice, et la signature du feu sieur Gombault, et celle du préposé pour la réception des déclarations sur l'emprunt forcé, vérification qui n'aurait pas pu avoir lieu si l'acte avait été authentique; — Qu'ainsi, en attribuant à cette déclaration l'effet d'une reconnaissance par acte authentique, l'arrêt attaqué est contrevenu aux art. 334 et 1317 c. civ.; — Attendu, 2° que le feu sieur Gombault n'avait évidemment en vue que l'emprunt forcé auquel il était soumis par la loi, et qui a fait l'objet de cette déclaration; que l'énonciation relative à l'existence, soit de la femme Daurian, soit de tout autre individu qui aurait été à sa charge, étant étrangère à la disposition, ne pouvait servir que d'un commencement de preuve que la loi n'admet pas en matière de reconnaissance d'enfants nés hors mariage; et qu'en transformant cette simple énonciation en reconnaissance positive de paternité, l'arrêt attaqué est également contrevenu à l'art. 1320, en même temps que par la double vérification qu'il a prescrite, il a admis la recherche de la paternité interdite par l'art. 340 c. civ.; — Casse.

Du 16 mai 1809.-C. C., sect civ.-MM. Muraire, 1er pr.-Dunoyer, rap.-Giraud, subst., c. conf.-Beaupré et Guichard, av.

Sur renvoi à la cour de Pau, arrêt conforme à celui de la cour de cassation :

LA COUR; — Vu la loi transitoire du 14 flor. an 11, les art. 334, 340, 756 et 1317 c. civ.; — Considérant que le sieur Alphonse Gombault est mort le 16 prair. an 2, par conséquent postérieurement à la loi du 12 brumaire de la même année; que dès lors l'état et les droits de la dame Daurian, qui se dit sa fille, doivent être réglés par les dispositions du code civil; que l'art. 756 dispose : « Les enfants naturels ne sont pas héritiers; la loi ne leur accorde des droits sur les biens de leurs père et mère décédés que lorsqu'ils ont été légalement reconnus; » que l'art. 334 porte « que la reconnaissance d'un enfant naturel sera faite par un acte authentique, lorsqu'elle ne l'aura pas été par son acte de naissance; » que la reconnaissance de la dame Daurian n'a pas été faite par son acte de naissance; — Que la déclaration ne peut être rangée dans la classe des actes authentiques, sans s'écarter des dispositions du code, car l'art. 1317 enseigne que l'acte authentique est celui qui a été reçu par officiers publics ayant le droit d'instrumenter dans le lieu où il a été rédigé et avec les solennités requises; — Qu'aucun officier public n'est intervenu dans cette déclaration; c'est un simple acte sous signature privée, qui n'est pas même avoué, fait à la Réole et transmis à la municipalité de Bordeaux, en exécution de la loi du 7 sept. 1793, relative à l'emprunt forcé; que l'on ne peut pas même dire que cet acte soit émané de cette municipalité où il a été trouvé, car il n'y a pas d'intervention de quelqu'un de ses membres; qu'il n'a jamais reçu un caractère d'authenticité, ce qui serait néanmoins indispensable pour qu'il pût opérer la reconnaissance de la dame Daurian; — Que d'ailleurs il suffit de le lire pour demeurer convaincu que feu Gombault n'avait pas en vue la reconnaissance de quelque enfant naturel, mais seulement l'emprunt forcé, et qu'il remplissait uniquement une obligation qui lui était imposée par la loi du 7 sept. 1793; que dès lors l'énonciation de Rosalie, qu'il dit être à sa charge, ne rentre pas dans l'objet qu'il se proposait, et est étrangère à la disposition de l'acte; elle ne peut donc, sous ce rapport, présenter une reconnaissance libre et volontaire; elle pourrait tout au plus fournir une présomption que le feu sieur Alphonse Gombault avait un enfant naturel, mais elle est inefficace pour remplacer une reconnaissance par acte authentique, voulue par la loi; — Qu'il n'est pas même possible d'y fonder un commencement de preuve, que l'art. 340 c. civ. prohibe, lorsque l'on veut rechercher la paternité; — Que sur le tout cette déclaration n'est pas un acte reçu par quelque officier public, ce qui serait néanmoins nécessaire pour lui imprimer un caractère d'authenticité, il n'a reçu ce caractère ni pu le recevoir depuis qu'il fut fait. La dame Daurian ne produit donc qu'un acte privé, qui est encore imparfait dans cette forme, puisque la signature n'en est pas reconnue, et elle ne pourrait l'être, puisque toute vérification tendrait à la recherche de la paternité. Il est donc, sous tous les rapports, insuffisant pour lui donner quelque droit sur les biens du feu sieur Alphonse Gombault; — Considérant que la réclamation d'aliments subsidiairement formée doit aussi être rejetée; — En effet, l'enfant naturel est reconnu dans les formes voulues par la loi, ou il ne l'est pas; dans le premier cas, l'art. 756 c. civ. lui accorde des droits sur les biens de ses père et mère, et ces droits sont réglés par l'art. 757; dans le second cas, si la preuve légale de la filiation manque, il n'est rien au père qu'il veut se donner; la loi le repousse, car il impliquerait que celui qui voudrait se dire le fils né hors le mariage d'un homme, et qui ne rapporterait pas une preuve authentique de sa filiation, fût son fils pour obtenir des aliments, et ne le fût pas pour obtenir la part que la loi lui assigne sur sa succession; car la qualité de père est indivisible; si on l'est pour une chose, on doit l'être pour tout; — Que l'on ne pourrait accueillir une pareille demande qu'en s'écartant des principes et des vues sages du législateur, qui n'a pas voulu que quelqu'un, à l'aide de quelque écrit fugitif, pût s'introduire dans les familles auxquelles peut-être il n'appartiendrait pas; il s'en est remis à la conscience des pères; il a voulu que les reconnaissances émanassent d'eux, qu'elles fussent libres, volontaires, spontanées et manifestées dans des actes authentiques, qui ont pour eux la présomption de la vérité, et qui écartent tout soupçon de crainte, de séduction et de contrainte; en un mot, il a laissé aux pères la liberté de reconnaître ou de ne pas reconnaître les enfants naturels; mais il a voulu impérieusement que la reconnaissance ne pût être faite que par un acte authentique; au moyen de cet acte, les enfants naturels ont des droits sur les biens de leurs pères, ces droits sont fixés; sans cet acte, ils ne peuvent avoir quelque chose, parce qu'ils n'ont pas de père connu; — Qu'il n'est pas sérieux de prétendre que parce que l'art. 762 accorde des aliments aux enfants adultérins et incestueux, tandis que l'art. 335 prohibe, quant à eux, la reconnaissance par acte authentique, que la reconnaissance puisse avoir lieu à leur égard, par un acte sous seing privé, sans quoi ils seraient privés du bénéfice de l'art. 762, et de prétendre encore qu'il doit en être de même des enfants naturels; — En premier lieu, dès que la loi prohibe la reconnaissance des enfants adultérins et incestueux, même par acte authentique, à plus forte raison les prohibe-t-elle par acte privé, puisque l'un et l'autre produiraient les inconvénients que le législateur a voulu éviter, le scandale public et le trouble du repos des familles; — En second lieu, la loi, en accordant des aliments aux enfants adultérins et incestueux, a supposé que leur état était constaté indépendamment de toute reconnaissance des père et mère, qui est prohibée, même par acte authentique; en effet, il se présente plusieurs cas où la certitude de l'état de ces enfants peut être acquise, comme, par exemple, dans celui d'un second mariage contracté tandis que l'un des époux était encore dans les liens d'un premier, comme encore dans le cas d'un homme marié qui se rendrait coupable d'un rapt, et qui, d'après l'art. 340 c. civ., pourrait être déclaré père d'un enfant né à la suite du rapt et autres cas; — En troisième lieu, la loi trace une différence bien marquée entre les enfants naturels nés de père et mère libres, et les enfants adultérins et incestueux; pour ces derniers, toute reconnaissance est prohibée; pour les premiers, au contraire, elle est permise, pourvu qu'elle soit faite par acte authentique, et alors elle leur accorde des droits sur les biens de leurs pères, expression générale qui embrasse tous les droits, soit à titre successif, soit à titre d'aliments; — En quatrième lieu, un acte sous seing privé est si peu propre à légitimer une demande en aliments, qu'il est sujet à l'avération, et la vérification qui en serait faite tendrait à la recherche de la paternité, qui est prohibée par l'art. 340; ainsi la demande en aliments ne doit pas être accueillie; — Déboute la dame Daurian de toutes ses conclusions.

Du 18 juill. 1810.-C. de Pau.-M. Delgue, pr. gén., c. conf.

(1) *Espèce :* — (Péricaud C. Lachassaigne.) — Le 27 août 1811, arrêt infirmatif de la cour de Limoges, qui déclare Jeanne Péricaud mal fondée dans sa demande, « attendu que l'action formée par Jeanne Péricaud, tant en son nom qu'en qualité de tutrice de son enfant, était relative à l'état et aux droits d'un enfant naturel dont la mère était existante et poursuivait en son nom; que le père qu'on voulait donner à cet enfant était aussi existant; que la loi du 12 brum. an 2, art. 10, portait en termes exprès, qu'à l'égard des enfants nés hors du mariage, dont les père et mère seraient encore existants lors de la promulgation du code civil, leur état et leurs droits seraient en tous points réglés par les dispositions du code civil; que l'art. 334 c. civ. porte que la reconnaissance d'un enfant naturel sera faite par un acte authentique, lorsqu'elle ne l'aura pas été dans son acte de naissance, et l'art. 340 du même code,

549. Un enfant naturel ne peut être valablement reconnu par lettres missives (Montpellier, 7 déc. 1843) (1); car les lettres missives sont des actes purement privés et n'ont aucun caractère d'authenticité.— Une telle reconnaissance est nulle, quoique l'écriture ait été reconnue ou vérifiée en justice (Amiens, 9 niv. an 12, aff. Hure, V. nº 445).—Ainsi, des lettres missives dans lesquelles le prétendu père, décédé sous l'empire de la loi du 12 brum. an 2, consentait à être indiqué dans l'acte de naissance comme père de l'enfant, ne constituent pas une reconnaissance valable aux termes de l'art. 334 c. nap. (Paris, 27 flor. an 13, aff. Picard, V. nº 539).

550. Cependant il a été jugé que la reconnaissance d'un enfant naturel faite dans une lettre ou acte sous seing privé qui a été adressée par le père à l'officier de l'état civil, avec prière d'inscrire l'enfant sous son nom, et qui est annexée par ce dernier à l'acte de naissance rédigé hors la présence du père, doit avoir le même effet qu'un acte authentique de reconnaissance, alors d'ailleurs que cet acte n'est pas dénié (Bruxelles, 11 juill. 1808) (2).— Mais cet arrêt nous paraît contraire aux vrais principes de la matière.

551. Quand les père et mère naturels font la reconnaissance par fondé de pouvoirs, la *procuration*, avant la loi du 21 juin

---

que la recherche de la paternité est interdite; — Qu'en rapprochant ces divers articles des faits constants dans la cause, il est évident que l'état de l'enfant naturel de Jeanne Péricaud ne peut être établi que de la manière voulue par l'art. 334 précité, c'est-à-dire par un acte authentique portant reconnaissance expresse en sa faveur, ou par un acte de naissance énonciatif d'un pareille reconnaissance; qu'enfin, à défaut de l'un ou l'autre de ces moyens, toute recherche tendante à établir, par d'autres voies, quel est le père qui lui a donné le jour, lui est absolument interdite;—Qu'en appréciant, d'après ces données incontestables, l'acte de naissance du 16 vent. an 4 et l'acte du 1er frimaire même année, qui s'y trouve relaté, pour attribuer au sieur Lachassaigne le titre et la qualité de père de cet enfant, le premier de ces actes ne présente effectivement aucune espèce de reconnaissance de paternité de la part dudit sieur Lachassaigne, soit par lui-même, soit par aucun fondé de pouvoirs suffisants pour le représenter; — Que, d'un autre côté, l'acte du 1er frim. an 4 ne présente lui-même aucune déclaration de ce genre, une pareille déclaration ne pouvant résulter de ces expressions, que le sieur Lachassaigne était sans doute le père de l'enfant dont Jeanne Péricaud était enceinte; et que, dans tous les cas, cette déclaration faite sous seing privé n'ayant point le caractère d'authenticité exigé par la loi, la reconnaissance qu'il pourrait contenir serait toujours insuffisante, quelque précise et positive qu'elle pût être;... — Que les dispositions de la loi qui prohibe la recherche de la paternité, à défaut de reconnaissance légale, sont absolues et sans aucune restriction; que de cette prohibition absolue dérive la conséquence nécessaire que l'enfant naturel qui n'est pas légalement reconnu, ne peut pas réclamer d'aliments; qu'il serait effectivement absurde que la preuve qui n'aurait pas été suffisante pour faire déclarer un homme père, suivant la loi, pût l'être pour le contraindre à fournir des aliments à un enfant qui peut être le sien suivant l'ordre de la nature, mais que la loi n'a pas permis de lui attribuer comme tel; qu'aussi, sous l'empire de la loi du 12 brumaire, dont l'esprit était bien plus favorable aux enfants naturels, comme sous celui du code civil, qui a senti la nécessité de resserrer les liens de cette législation, le principe de l'indivisibilité était pour les aliments comme pour la succession; qu'il ne pouvait être permis de séparer l'un de l'autre; que les préjugés opposés à ce principe sont inapplicables, ou ont été déterminés par des circonstances particulières et n'y portent dès lors aucune atteinte; qu'il en est de même de l'exception qui était établie par l'art. 762 c. civ., dans l'intérêt des enfants adultérins ou incestueux, et qui ne s'applique qu'au cas où l'existence de ces enfants se trouve légalement établie de toute autre manière que par la reconnaissance des père et mère; que dans ces cas extraordinaires, dont les principaux ont été précisés par Siméon dans la séance du corps législatif du 29 germ. an 11, le législateur a autorisé, il est vrai, ces enfants à réclamer des aliments de ceux que la force même des choses avait fait reconnaître pour les auteurs de leur existence; mais que cette exception, loin de détruire la règle, vient au contraire à l'appui, puisqu'on ne trouve dans le code aucune disposition semblable en faveur des enfants naturels, et que le principe de l'interdiction de toute recherche de paternité et de l'indivisibilité de cette même paternité reste toujours dans toute sa force, dans l'un comme dans l'autre cas. » — Pourvoi pour fausse application de l'art. 334 et contravention à l'art. 1134 c. civ.—Arrêt.

La cour; — Attendu que depuis la promulgation du code civil, la reconnaissance d'un enfant naturel doit être faite dans un acte authentique, lorsqu'elle ne l'a pas été dans son acte de naissance; — Attendu que la paternité et les effets civils ou naturels qui en découlent étant indivisibles, l'interdiction indéfinie de la recherche de paternité, prononcée par l'art. 340 c. civ., reçoit son application à tous les cas où le titre de la demande dérive de la paternité non reconnue légalement; — Attendu, dans l'espèce, que la prétendue reconnaissance de paternité n'est ni constatée par acte authentique, ni faite par Lachassaigne dans l'acte de naissance de François-Pierre-Alexandre; que cet acte de naissance a même été rédigé sans son consentement et hors de sa présence; — Attendu, enfin, que l'obligation contractée par Lachassaigne le 1er frim. an 4, n'est que conditionnelle et éventuelle, et que la condition prévue n'étant pas arrivée, la cour royale (de Limoges, arrêt du 27 août 1811), en proscrivant la demande dirigée par Jeanne Péricaud, a fait une juste application des dispositions du code civil; — Rejette.

Du 4 oct. 1812.-C. C., sect. req.-MM. Lasaudade, pr.-Ligier, rap.-Jourde, av. gén., c. conf.-Duprat, av.

(1) (Lehadoit C. L...) — La cour; — Attendu que la demande de Maria Lehadoit est basée sur deux moyens distincts : le premier, qui s'appuie sur une prétendue reconnaissance de paternité sous seing privé; le second, sur une obligation directe et consentie par L... vis-à-vis d'elle et de son enfant; — Attendu, sur le premier moyen, que l'art. 334 c. civ. est conçu en des termes impératifs, et qu'il exige que la reconnaissance d'un enfant soit faite par un acte authentique, lorsqu'elle ne l'aura pas été dans son acte de naissance; — Attendu que cette disposition exclut toute distinction, et que la reconnaissance, pour produire des effets quelconques, doit être faite ainsi qu'elle le prescrit; que, dans le cas contraire, l'enfant prétendu reconnu n'a aucune action dérivant de la paternité légale, soit qu'il s'agisse de droits successifs ou autres; — Attendu que la loi a voulu que l'acte qui confère les avantages qui résultent d'une reconnaissance fût fait avec réflexion devant un officier public; — Attendu qu'aux termes de l'art. 340 c. civ., la recherche de la paternité est interdite, et que prétendre trouver les preuves d'une paternité naturelle en dehors de l'acte solennel qui doit la constituer, aux termes de l'art. 334, c'est évidemment se livrer à la recherche de la paternité; — Attendu que la reconnaissance de la paternité attribuée à L... serait puisée dans une correspondance qui n'est qu'un acte privé, et que cette reconnaissance de paternité serait entièrement insuffisante pour attribuer au mineur Gustave les droits alimentaires qui sont réclamés en son nom;

Attendu, sur le second moyen, qu'il se réduit uniquement à vérifier, en fait, s'il existe une preuve écrite de l'engagement que l'on soutient avoir été contracté par L.., et à déterminer la nature et la portée de cet engagement; — Que, pour annuler cet engagement, en supposant que la preuve en soit rapportée, on ne saurait prétendre qu'il soit dépourvu de cause; — Qu'en effet, il est de principe qu'une obligation naturelle peut servir de cause valable à une obligation civile; — Que cette maxime de notre droit français laisse au juge de la convention le droit d'apprécier dans son sens intime l'existence d'une obligation naturelle, alors que la preuve légale de l'obligation étant rapportée, on en conteste la cause; — Attendu dès lors qu'à ce point de vue on ne saurait prétendre qu'il ne soit pas loisible et licite à celui qui ne veut pas reconnaître son enfant naturel, de s'engager pourtant à lui fournir des aliments; — Qu'un pareil engagement n'a rien de contraire à l'ordre public et aux bonnes mœurs, et que les tribunaux doivent en ordonner l'exécution;

Attendu qu'il est prouvé dans la cause que L... a contracté un engagement de ce genre envers le mineur Gustave, et pour ledit mineur envers sa mère; — Que, pour apprécier cette preuve, il ne faut pas s'attacher seulement à des fragments de la correspondance produite, qu'il faut en apprécier l'ensemble; — Qu'il en résulte que L... a donné à la mère du mineur l'assurance la plus formelle qu'il pourvoirait aux dépenses nécessaires à sa nourriture et à son éducation; qu'il était dans sa pensée comme dans celle de la mère du mineur que cet engagement serait rempli de bonne foi; qu'enfin il a été reconnu que cette obligation avait été déjà exécutée en partie; — Qu'un engagement de cet ordre, contracté avec la tutrice légale du pupille, en vue du mineur lui-même, doit produire, dans son intérêt, un effet indivisible, mais qu'il doit être limité au temps que les parties ont eu en vue; — Que son objet étant de fournir à l'enfant des moyens d'existence, il y a lieu de reconnaître qu'il cessera de plein droit au moment où le mineur Gustave pourra se suffire à lui-même; — Qu'il y a donc lieu, à raison de la nature de l'obligation, d'en limiter l'effet, comme l'ont ordonné les premiers juges, à l'époque où le mineur aura atteint l'âge indiqué dans le jugement (dix-huit ans), etc., etc.; — Par ces motifs, démet L... de son appel.

Du 7 déc. 1843.-C. de Montpellier, 1re ch.-M. Viger, 1er pr.

(2) *Espèce* : — (Esselens C. Esselens.) — 25 mai 1782, Elisabeth est inscrite comme fille naturelle de Jeanne Pias et de Zacharie Esselens. Celui-ci n'est pas présent à l'acte; mais il avait écrit au curé une lettre dans laquelle il se reconnaissait le père de l'enfant, et le priait de l'inscrire sous son nom.—Esselens décède sous le code, laissant un enfant légitime. — Elisabeth réclame les droits d'enfant naturel fixés par le code. — On répond que la reconnaissance n'a pas eu lieu par acte au-

1843, devait-elle être authentique? — M. Duranton, t. 3, n° 222, a fait à cet égard une distinction. « La procuration, dit-il, ...doit être spéciale et authentique si la reconnaissance est faite devant l'officier de l'état civil (art. 36). Si elle est reçue par un notaire, on reste dans les termes généraux du droit; et le pouvoir par acte sous seing privé, même par lettre, suffit, pourvu qu'il soit spécial (art. 1985), et, conformément à la loi de ventôse an 11, qu'il soit annexé à l'acte. Pour plus de régularité, il devrait être enregistré. » — Mais on a fait contre cette distinction de graves objections. Et d'abord, a-t-on dit, elle aurait cette conséquence bizarre de donner aux officiers de l'état civil moins de confiance pour constater la reconnaissance qu'aux notaires. De plus on peut dire qu'admettre d'un tiers une reconnaissance qui reposerait ainsi elle-même sur un acte privé, quand la loi ne l'accueille de la partie qu'autant qu'elle résulte d'un acte public, c'est introduire dans une des matières les plus importantes du droit un principe dangereux qui montrerait une grande inconséquence dans la loi. Personne ne peut transmettre à autrui plus de droits qu'il n'en a lui-même; il ne saurait être permis de faire par voie détournée ce que la loi défend de faire directement; or ces principes fondamentaux du droit recevraient une grave atteinte, si un pouvoir sous seing privé suffisait pour servir de base à la reconnaissance que la loi exige authentique. Vainement, d'un autre côté, on y chercherait la garantie que la loi a voulu donner aux familles par la présence de l'officier public; l'authenticité de l'acte passé par le mandataire ne serait plus qu'une forme stérile, car rien n'attesterait que le prétendu père ait librement consenti ce pouvoir qui va lui imposer une paternité qu'il réprouve peut-être de toutes ses forces. On peut ajouter que, soit que la reconnaissance soit faite devant l'officier de l'état civil, soit qu'elle soit faite devant un notaire, elle est un acte relatif à l'état civil, et que dès lors l'art. 36, qui exige que les parties, lorsqu'elles ne comparaissent pas en personne, soient représentées par un fondé de procuration spéciale et authentique, est applicable dans un cas comme dans l'autre (V. en ce sens Loiseau, p. 430; Rolland de Villargues, n° 316; Merlin, Rép., v° Filiation, n° 13; Demolombe, t. 5, n° 407; V. cependant Zachariæ, édit. Massé et Vergé, t. 1, p. 325, note 24 et ses annotateurs). — Cette question se lie à la question plus générale de savoir si un mandat sous-seing privé autorise le mandataire à faire les actes qui doivent nécessairement être revêtus de la forme authentique (V. ce qui a été dit sur ce point v° Mandat, n° 150). — Il a été jugé que la reconnaissance d'un enfant naturel faite par un tiers dans un acte authentique, en vertu d'une lettre du père qui lui en donne le droit, est nulle, encore que cette lettre ait été annexée à l'acte de reconnaissance; qu'elle est nulle, quoiqu'elle ait été faite et que le père soit décédé sous l'empire de la loi du 12 brum. an 2 (Riom, 26 fév. 1817) (1).

552. Mais il a été décidé : 1° que la reconnaissance d'un enfant naturel dans son acte de naissance peut être faite par un mandataire, et que le mandat peut n'être que verbal, la preuve n'en étant reçue d'ailleurs que conformément aux règles des obligations conventionnelles en général (Paris, 10 mai 1851, aff. Lahirigoyen, D. P. 53. 2. 114); — 2° Que la reconnaissance d'un enfant naturel (né avant les lois nouvelles) qui est faite en vertu d'un pouvoir sous seing privé du père est valable, si, plus tard, le père, décédé sous le code, l'a qualifié de son fils naturel dans un legs qu'il lui a fait par testament authentique (Paris, 2 janv. 1819) (2); — 3° Qu'en tout cas, la reconnaissance d'un enfant naturel, faite par un fondé de pouvoir en vertu d'une procura-

---

thentique; qu'en tout cas, l'enfant n'aurait droit qu'à des aliments, conformément à la jurisprudence sous laquelle elle a eu lieu. — Jugement qui admet la demande. — Appel. — Arrêt.

La cour; — Attendu que l'intimée a été inscrite au registre des actes de naissance de la paroisse, le 25 mai 1782, comme fille de Zacharie Esselens, en vertu du consentement par écrit de ce dernier, énoncé dans l'acte et joint au registre; — Attendu que cet écrit, rédigé et signé par Zacharie Esselens, n'a été ni désavoué ni suspecté d'aucune manière; en sorte qu'il fait partie de l'acte, et doit avoir le même effet que si Esselens avait signé l'acte de naissance; — Attendu que cette reconnaissance a été libre et volontaire; — Que l'art. 334 c. civ. porte que la reconnaissance d'un enfant naturel sera faite par un acte authentique, lorsqu'elle ne l'aura pas été dans son acte de naissance, et qu'il ne fait aucune distinction entre les reconnaissances faites dans les actes de naissance antérieurs aux nouvelles lois, et celles qui ont eu lieu depuis le code; — Attendu que Zacharie Esselens n'a rien donné par son testament; qu'il n'a voulu et fait autre chose que prescrire la régie de ses biens, et le mode d'après lequel sa succession serait conservée à son enfant légitime, jusqu'à son émancipation, établissement ou majorité, et régler l'éducation de cet enfant; que les mesures ainsi prises dans ce testament n'ayant pas été déterminées dans la vue de changer l'ordre de la succession légale, l'enfant légitime de Zacharie Esselens se trouve son seul et unique héritier d'après la loi, et par conséquent tenu de supporter incontinent la charge de la part que le code assigne à l'intimée, comme enfant naturel de Zacharie Esselens; que cette part est du tiers de ce que l'intimée aurait eu si elle était légitime, et ainsi du sixième de la totalité de la succession de Zacharie Esselens, celui-ci, à l'époque de son décès, n'ayant laissé qu'un enfant légitime; — Met l'appel au néant.

Du 11 juill. 1808.-C. de Bruxelles.

(1) (Destaing C. Émile.) — La cour; — Considérant que Jacques-Zacharie Destaing, né à Carcassonne le 22 vend. an 4, est décédé en l'an 10; — Considérant que, lors même qu'il ne résulterait pas suffisamment des dispositions des art. 11 et 12 de la loi du 12 brum. an 2, que les reconnaissances d'enfant né hors mariage, faites par leur père sous l'empire de cette loi, durent, pour sortir effet, être déclarées et faites par les pères devant un officier public, la loi transitoire du 14 flor. an 11 embrassant elle-même les temps intermédiaires entre la loi de brum. an 2 et la promulgation du code civil, a disposé nettement, à l'égard desdits enfants dont les pères seraient morts dans les temps intermédiaires, que leur état et leurs droits seraient reglés par le titre de ce code relatif à la paternité et filiation, et par celui relatif aux successions; — Considérant, par suite, que l'art. 334 combiné avec l'art. 36 dudit code n'admet de reconnaissance légale que celle faite dans un acte authentique ou dans l'acte de naissance, soit par le père lui-même, soit par son fondé de pouvoir spécial et authentique; — Considérant que l'écriture et signature de la prétendue lettre missive de Destaing à Darzens, du 16 fruct. an 9, ne sont point reconnues par la partie de Bayle; — Considérant que cette lettre ne put être pour Darzens un pouvoir authentique lorsqu'il en fit usage par-devant l'officier de l'état civil de Carcassonne; que la présentation et le dépôt de cette lettre par Darzens, la réquisition qu'il put faire de son insertion et de son annexe à l'acte de naissance dont il s'agit, n'ont pu équipoller une reconnaissance authentique de Destaing lui-même, et moins encore constituer une reconnaissance que l'officier public pût attester de son chef, comme émanée de Destaing et consignée comme telle dans l'acte qu'il rédigea ledit jour 22 vend. an 4; — Considérant que, dès lors, et le code civil ne reconnaissant de paternité, relativement à l'enfant né hors mariage, que celle authentiquement déclarée et reconnue par le père ou par son fondé de pouvoir, en vertu d'acte spécial et authentique, interdisant même, en termes formels, la recherche de la paternité, la vérification proposée de l'écriture et signature de la lettre dont il s'agit ne saurait être admise sans impliquer contradiction avec la lettre du code; — Infirme.

Du 26 fév. 1817.-C. de Riom.

(2) *Espèce* : — (Compigny C. Lefebvre de Compigny.) — Le 5 juin 1817, jugement qui déclare valable la reconnaissance de Lefebvre de Compigny; ordonne que les trois quarts de la succession lui seront délivrés conformément à l'art. 757, et annule la clause du testament par lequel son père le réduisait au legs fait en sa faveur. « Attendu que, si l'acte de naissance du 2 fév. 1766, à la rédaction duquel Claude-François de Compigny n'a pas coopéré, qu'il n'a pas signé, et dans lequel le demandeur n'est désigné comme son fils naturel qu'en vertu d'un consentement sous seing privé dont rien ne garantit l'authenticité, ne pouvait seul établir la filiation qui est l'objet du procès, cet acte de naissance reçoit beaucoup de force de la disposition notariée du 25 mars 1812, dans laquelle le testateur, en faisant un legs au sieur Lefebvre de Compigny, l'appelle son fils naturel, et déclare que son intention est de réduire à ce legs ses droits dans sa succession; que cette qualification, donnée par Claude-François de Compigny dans son testament, confirme le consentement relaté dans l'acte de naissance du 2 fév. 1766; qu'elle ne peut pas être envisagée comme une simple énonciation; qu'en effet la reconnaissance de paternité ne peut pas être séparée de la disposition testamentaire; que le legs est attaché à la qualité d'enfant naturel, et qu'enfin les droits, dont la réduction est dans la pensée du testateur, dérivent de cette qualité par lui très-positivement énoncée; que, d'après toutes ces considérations, Lefebvre de Compigny était bien fondé à réclamer l'état d'enfant naturel légalement reconnu par Claude-François de Compigny, et que son droit sur les biens de son père décédé est celui que l'art. 757 c. civ. attribue à un enfant naturel; que la loi, en assignant ce droit et en le limitant, a voulu qu'il fût certain; que ce droit est une réserve au profit de l'enfant naturel; qu'en effet, si la loi a interdit, d'une part, toute augmentation par l'art. 908, elle a, de l'autre, déterminé, par l'art. 761, un seul cas dans lequel la fixation de ce droit pourrait éprouver quelque modification; que, pour que la réduction du

tion passée en brevet devant notaire, est valable comme authentique (Paris, 1er fév. 1812, aff. Chrétin, V. n° 520).

553. Au surplus, cette question de l'authenticité de la procuration, que nous venons d'examiner au point de vue du code civil, nous paraît avoir été formellement tranchée par l'art. 2 de la loi du 21 juin 1843. Cet article, en effet, dispose que « à l'avenir, les actes notariés contenant donation entre-vifs, donation entre époux pendant le mariage, révocation de donation ou de testament, *reconnaissance d'enfant naturel*, et *les procurations pour consentir ces divers actes*, seront, à peine de nullité, reçus conjointement par deux notaires ou par un notaire en présence de deux témoins... » Ainsi, à l'égard des actes de reconnaissance qui ont pu être faits depuis la promulgation de cette loi, les termes de l'art. 2 précité ne permettent pas le plus léger doute.

554. C'est ici le lieu d'examiner une question que nous avons déjà indiquée : la question de savoir si ces deux règles : — que la reconnaissance ne peut être faite que par le père ou la mère, chacun pour son propre compte, ou par leurs fondés de pouvoir, — et que cette reconnaissance doit nécessairement être faite par acte authentique, — doivent être appliquées indistinctement et d'une manière absolue au père et à la mère; en d'autres termes, si, lorsque le père a, soit dans l'acte de naissance, soit dans l'acte de reconnaissance, déclaré la mère de l'enfant, et que celle-ci a confirmé cette déclaration par son aveu, de quelque manière qu'il soit d'ailleurs exprimé, elle ne doit pas être regardée comme l'ayant valablement reconnu?

Ce sont les termes de l'art. 336 qui ont fait naître cette question. « La reconnaissance du père, porte cet article, sans l'indication et l'aveu de la mère, n'a d'effet qu'à l'égard du père. » D'où il paraît résulter, par argument *à contrario*, que, si, en reconnaissant l'enfant, le père a indiqué la mère, et que celle-ci ait corroboré cette indication par son aveu, aveu que du reste l'art. 336 ne soumet à aucune forme particulière, à aucune condition d'authenticité, la reconnaissance produira son effet comme à l'égard du père.

La rédaction de cet article a subi successivement plusieurs transformations. La disposition primitivement insérée dans le projet soumis à la délibération du conseil d'État était ainsi conçue : « Toute reconnaissance du père seul, non avouée par la mère, sera de nul effet, tant à l'égard du père qu'à l'égard de la mère; sans préjudice néanmoins de la preuve de la maternité, et de ses effets contre la mère seulement. » Cette disposition, suivant l'observation de M. Boulay, avait pour but d'empêcher qu'on ne vît se reproduire ces contestations scandaleuses, où plusieurs individus prétendaient également être les pères du même enfant. Mais, à la suite de la discussion qui eut lieu au conseil d'État, dans la séance du 26 brum. an 10, et dans laquelle on fit ressortir ce qu'il y avait de rigoureux à exiger l'aveu de la mère pour que la reconnaissance du père produise son effet, lorsqu'il peut arriver que la mort de la mère, son absence, l'ignorance de son domicile, enfin son refus d'avouer l'enfant auquel elle a donné le jour, rendent l'accomplissement de cette condition impossible (V. Locré, Législ. civ., t. 6, p. 126 et suiv.), cet article fut remplacé par la rédaction suivante : « La reconnaissance du père, si elle est désavouée par la mère, sera de nul effet. » Une nouvelle discussion s'éleva sur cette disposition dans la séance du 29 fruct. an 10 (V. Locré, t. 6, p. 163 et suiv.). « Il peut arriver, dit le consul Cambacérès, que deux personnes qui ont vécu dans un commerce illicite, viennent à se haïr. Serait-il juste alors de souffrir que la mère, en haine du père, pût rendre nulle la reconnaissance que celui-ci veut faire de leur enfant commun? La mère sera toujours le meilleur témoin sur le fait de la paternité; mais si elle veut dissimuler ce fait, il ne faut pas que sa mauvaise volonté paralyse la bonne intention du père. » A la suite de cette discussion, l'article fut adopté dans les termes suivants : « La reconnaissance d'un enfant naturel n'aura d'effet qu'à l'égard de celui qui l'aura reconnu. » Enfin, cette dernière disposition fut définitivement remplacée par l'art. 336 c. civ., sans qu'on trouve dans les travaux préparatoires de ce code le motif de ce nouveau changement de rédaction (V. Locré, t. 6, p. 161). « Mais on ne peut raisonnablement l'expliquer, disent MM. Aubry et Rau sur Zachariæ, t. 4, p. 54, note 24, qu'en supposant qu'il est entré dans l'intention du législateur d'accorder plus d'efficacité à l'indication de la mère dans la reconnaissance du père, qu'à l'indication du père dans la reconnaissance de la mère; supposition qui conduit naturellement à conclure que l'aveu de la maternité est dispensé de la formalité de l'authenticité, lorsque la mère se trouve déjà désignée dans la reconnaissance du père. » A l'appui de cette interprétation on peut invoquer l'autorité de Portalis qui, dans la discussion élevée sur la seconde rédaction de l'art. 336, dans la séance du 29 fruct. an 10 (Locré, t. 6, p. 164), a dit qu'il était des circonstances non moins fortes que l'aveu positif pour opérer la conviction : « Tels sont, par exemple, a-t-il ajouté, l'éducation, les soins donnés à l'enfant; en un mot, ce qu'on appelle en droit le *traitement*. »

Cette doctrine a été adoptée par le plus grand nombre des auteurs (V. MM. Toullier, t. 2, n° 927; Duranton, t. 3, n° 245; Zachariæ, t. 4, p. 54; Duvergier sur Toullier, n° 956, note *b*; Favard, v° Reconn. d'enf. nat., sect. 1, § 3, art. 1, n° 4; Richefort, t. 2, n° 278. — V. toutefois *contrà* MM. Valette sur Proudhon, t. 2, p. 142, note *a*; Rolland de Villargues, n° 259; Demolombe, t. 5, nos 383 et suiv.; Marcadé sur l'art. 336, n° 2). — Elle a été aussi consacrée par une jurisprudence constante.

555. Ainsi il a été jugé : 1° que, lorsque le père d'un enfant naturel a désigné la mère dans l'acte de naissance, le simple aveu de celle-ci suffit pour constituer de sa part la reconnaissance de sa maternité; qu'il n'est pas nécessaire que cet aveu soit fait par acte authentique (Rej. 22 juin 1813, aff. Nuytten, V. n° 492); — 2° Que, la loi n'ayant prescrit aucune forme pour constater l'aveu de la mère, une cour a pu, sans violer aucune loi, attribuer un enfant naturel à la femme qui se trouve désignée comme la mère dans l'acte de naissance de l'enfant et dans l'acte de reconnaissance du père, alors d'ailleurs qu'elle a trouvé, dans les faits qui ont précédé, accompagné et suivi cet acte, la preuve de la reconnaissance de l'enfant par cette femme (Req. 22 janv. 1839, aff. Borel, V. n° 470-1°); — 3° Qu'un enfant naturel est réputé légalement reconnu par sa mère lorsque le père a déclaré, dans l'acte de naissance, que l'enfant est né de lui et de cette femme qu'il a désignée, si, à l'égard de celle-ci, cette déclaration est confirmée par les soins maternels qu'elle a donnés à l'enfant, qui a continué à jouir d'une possession d'état conforme à son acte de naissance (Paris, 20 avr. 1839; 27 avr. 1839) (1), et, par exemple, qu'un enfant naturel reconnu expressément dans son acte de nais-

---

droit soit valable, il faut que la moitié en ait été payée ou livrée du vivant du père, mais que jamais cette réduction ne peut être l'effet d'une déclaration simplement faite de la part du père et de la mère dans un testament. — Appel. — Arrêt.

LA COUR; — Adoptant les motifs, etc., met l'appel au néant.

Du 2 janv. 1819.-C. de Paris, aud. solen.

(1) 1re *Espèce* : — (Dame Margraff C. Dumesnil.) — 24 avril 1814, naissance d'Anne-Adèle Clavel. Son acte de naissance porte qu'elle est fille de Pierre Clavel, charron, et de Jeanne Mignerot, couturière, non mariés, le père présent. — Son acte de baptême indique de même qu'elle est fille de Pierre Clavel et d'Anne Mignerot. — Le 16 juillet de la même année, mariage entre Pierre Clavel et Anne Mignerot : l'acte de mariage ne contient pas légitimation expresse d'Adèle Clavel. Celle-ci cependant continue à jouir constamment et publiquement de la possession d'état d'enfant légitime.—En 1837, mariage d'Adèle Clavel avec Margraff : le contrat énonce qu'Adèle Clavel est fille de Pierre Clavel et de Jeanne Mignerot, et les père et mère comparaissent pour assister leur fille et lui constituer une dot. — En 1838, décès des sieur et dame Clavel. — La dame Margraff se prétend seule héritière légitime de ses père et mère. — Dumesnil, enfant naturel de la dame Clavel, soutient que la dame Margraff n'ayant point été reconnue par sa mère, ni dans l'acte de naissance ni dans l'acte de mariage de celle-ci, ne peut réclamer d'autre qualité que celle d'enfant naturel, et qu'en conséquence la succession de leur mère doit être partagée entre eux par portions égales.

Le 11 janv. 1839, jugement du tribunal civil de la Seine qui déclare la dame Margraff enfant naturel et non légitimée de la femme Clavel, et ordonne, en conséquence, qu'elle ne pourra exercer d'autres droits dans la succession de sa mère que ceux attribués par la loi aux enfants naturels. — Ce jugement est ainsi motivé : — « Attendu que l'art. 331 c. civ. n'admet que deux manières de légitimer les enfants naturels, celle qui a lieu de plein droit par le mariage subséquent de leurs père et mère, quand ceux-ci les ont légalement reconnus avant leur mariage, et celle qui se fait par leur reconnaissance dans l'acte même de célébration; — Attendu que la demoiselle Clavel n'a été reconnue par la demoiselle Mignerot, devenue depuis femme Clavel, ni avant le mariage ni dans l'acte de célébration; — Qu'on voudrait vainement assimiler à cette recon-

sance par son père, qui a désigné telle femme pour la mère, est légitimé par le mariage subséquent de ses père et mère, malgré le défaut de reconnaissance formelle de la part de la mère dans l'acte de mariage, si l'enfant a joui d'une possession d'état conforme à son acte de naissance antérieurement et postérieurement au mariage; cette possession d'état antérieure au mariage suppléant, à l'égard de la mère, à la déclaration formelle exigée par la loi (même arrêt de Paris, 20 avril 1839, aff. Margraft; Bordeaux, 11 mars 1853, aff. Chauvet, D. P. 54. 2. 260); — 4° Que la reconnaissance du père, avec l'indication mais sans l'aveu de la mère, a effet, même à l'égard de celle-ci, lorsqu'elle a ultérieurement avoué cette reconnaissance; et qu'aucune preuve spéciale n'est prescrite pour la validité de cet aveu, qui peut résulter suffisamment des soins donnés par la mère à son fils (Bordeaux, 19 janv. 1830, aff. Eyriaud-Desvergnes, V. n° 628); — 5° Que l'aveu de la mère qui a été indiquée dans l'acte de reconnaissance d'un enfant naturel faite par le père, n'est soumis à aucune forme spéciale, et peut résulter des soins donnés par la mère à l'enfant et de sa participation à des actes où sa maternité était rappelée (Paris, 13 déc. 1834, rapporté avec Req., 5 mai 1836, aff. Letissier, V. *suprà*, n° 439); — 6° Que, lorsqu'il y a reconnaissance d'un enfant naturel par son père, avec indication de la mère dans l'acte de naissance, l'aveu de la mère prescrit par l'art. 336, de quelque manière qu'il soit exprimé, suffit pour rendre la reconnaissance parfaite à son égard aussi bien que vis-à-vis du père; et que la circonstance qu'après le décès du père, la mère a comparu à l'inventaire en prenant la qualité de mère naturelle de l'enfant, constate suffisamment cet aveu (Cass. 26 avril 1824 (1), et, sur renvoi, arrêt conforme de la cour de Bordeaux, du 15 fév. 1832); — 7° Que lorsqu'une femme a été désignée comme mère d'un en-

---

naissance formelle, exigée par la loi, le défaut de protestation par la demoiselle Mignerot, et l'indication faite par le père dans l'acte de naissance, puisque rien ne constate qu'avant son mariage elle ait connu et avoué cette indication; — Que la possession d'état qu'elle a pu donner plus tard à la fille Clavel ne saurait avoir plus de force qu'une reconnaissance formelle postérieure au mariage, et qu'une telle reconnaissance, bien que suffisante pour constater la filiation naturelle, serait sans effet pour la légitimation. » — Appel par la dame Margraff. — Elle soutient que sa reconnaissance résulte suffisamment de la déclaration faite par son père dans son acte de naissance et des soins qu'elle a reçus de sa mère avant le mariage contracté entre celle-ci et son père; — Que sans doute une déclaration expresse peut être indispensable pour la preuve de la paternité; mais qu'à l'égard de la maternité, les indications portées en l'acte de naissance suffisent pour former une preuve complète, lorsqu'elles ont été suivies de la possession d'état conforme.—Arrêt.

La cour; — Considérant que les registres de l'état civil établissent que la paternité a été reconnue par la déclaration formelle de Pierre Clavel, avec indication de Jeanne Mignerot, comme étant la mère de la réclamante; — Que les soins donnés à cette dernière par ladite Jeanne Mignerot dès sa naissance et avant le mariage de ses père et mère, ainsi que la possession d'état conforme à son acte de naissance qu'elle a eue constamment, prouve qu'Anne-Adèle Clavel, reconnue légalement par sa mère comme par son père, doit profiter des avantages de la légitimation qui lui sont assurés par l'art. 331 c. civ.; —Met l'appellation et ce dont est appel au néant; — Emendant, etc.

Du 20 avr. 1839.-C. de Paris, aud. solen.-MM. Séguier, 1er pr.-Pécourt, av. gén.-Jacquemin et Pijon, av.

2e *Espèce* : — (Vaucher C. Cullerier.) — Il s'agissait dans cette espèce de statuer sur la reconnaissance de Marie-Madeleine-Pierrette (depuis femme Cullerier) à l'égard de sa mère, en qualité d'enfant naturel. Cette reconnaissance, contestée par le sieur Vaucher, enfant légitime, résultait, suivant la demanderesse : 1° de l'indication faite de la mère, dans son acte de naissance, par son père; 2° d'une possession d'état constante; elle soutenait que ces circonstances suffisaient pour constituer l'aveu de la mère. — 23 mars 1839, jugement du tribunal civil de Versailles qui admet ce système en ces termes : — « Attendu qu'il résulte des actes produits, et des faits de la cause, que la demanderesse est bien la même que l'enfant déclarée à l'officier de l'état civil le 7 brum. an 5 par Benoît Monnet, comme née de lui et de Marie-Catherine Canivet; — Qu'ayant été présentée au baptême comme fille de Benoît Monnet et de Marie-Catherine Canivet le 7 oct. 1806, elle a eu pour parrain Jean-Philippe Ricci, devenu, le 25 sept. 1807, le mari de Marie-Catherine Canivet; — Que cette dernière ayant, le 5 mai 1810, épousé en seconde noces Joseph Vaucher, la demanderesse demeurait, à l'époque du 1er sept. 1812, dans le domicile conjugal, en qualité de fille de la dame Vaucher; — Que le 17 août 1812 la demanderesse a été placée par Vaucher, comme étant sa belle-fille, chez les dames de Saint-Michel, où elle est restée jusqu'en 1816, et que Vaucher, gêné qu'il était dans ses affaires, payait cependant la pension de la demanderesse, en recevait les quittances énonçant la qualité de beau-père, et reconnaissait qu'il s'était chargé de son entretien; — Attendu que l'art. 336 ne détermine pas, dans le cas d'indication de la mère faite par le père dans sa reconnaissance, la forme dans laquelle l'aveu de la mère sera fait, ni à quels caractères il sera reconnu; — Que l'appréciation de faits établissant l'aveu est donc laissée à la conscience des magistrats; — Et attendu que de l'ensemble des faits ci-dessus relevés il résulte la preuve que c'est de son aveu et à sa connaissance que Marie-Catherine Canivet a été indiquée comme mère de l'enfant par Benoît Monnet, qui s'en déclarait le père, et que, loin de repousser par la suite la qualité de mère de Marie-Madeleine-Pierrette Monnet, résultant pour elle de l'acte de naissance de cet enfant, elle a fait connaître cette qualité à Ricci, qui est devenu ensuite son mari, et à Vaucher, qu'elle a épousé en secondes noces; — Attendu que cet aveu, par les circonstances dont il résulte, date du jour de la naissance de l'enfant; — Attendu qu'en cet état il est inutile d'examiner la question de savoir si l'aveu fait pendant le mariage doit comme la reconnaissance, être restreint dans ses effets par la disposition de l'art. 337 c. civ., ou si, au contraire, l'aveu, se rattachant à l'indication de la mère faite par le père lors de la reconnaissance, ne fait qu'un avec cette reconnaissance, et, partant, ne se trouve pas sous l'influence dudit art. 337; — Déclare la dame Cullerier fille naturelle reconnue de Marie-Catherine Canivet, décédée veuve en secondes noces de Joseph Vaucher Delacour, etc. » — Appel par Vaucher. — Arrêt.

La cour; — Adoptant les motifs des premiers juges, confirme.

Du 27 avr. 1839.-C. de Paris, aud. sol., 1re et 3e ch. réun.-MM. Séguier, 1er pr.-Pécourt, av. gén., c. conf.-Capin et Simon, av.

(1) (Chambeau C. Foing.) — La dame Chambeau avait épousé le sieur Kuntz; mère de deux enfants, elle se vit obligée, par suite de mauvais traitements, de recourir au divorce; elle le fit prononcer en 1808; ses enfants demeurèrent à sa charge. — Quinze mois après son divorce, elle se retira chez le sieur André, procureur impérial à Cayenne; elle en eut deux enfants, l'un le 9 janv. 1810 et l'autre le 12 fév. 1812.—Les actes de naissance de ces enfants attestent qu'ils ont été présentés à l'officier de l'état civil par le sieur André, en présence de deux témoins, comme nés de la dame Chambeau, épouse divorcée du sieur Kuntz, et que le sieur André s'en est déclaré le père naturel. Il paraît que, loin de méconnaître ces enfants, la dame Chambeau leur a donné tous les soins de la maternité dans la maison même de leur père sans les perdre un seul instant de vue.

Le 1er mars 1814, décès du sieur André. Il laissait pour héritiers une sœur et ses deux enfants naturels. — Un conseil de famille est convoqué; Brun, greffier du tribunal de Cayenne, l'un des témoins signataires des actes de naissance des enfants, qui contenaient et la reconnaissance du père et l'indication de la mère, est nommé tuteur de ces deux enfants. — On procède à l'inventaire; les deux enfants y sont désignés comme nés du sieur André et de la dame Chambeau; la dame Chambeau s'est elle-même présentée à cet inventaire en sa qualité de mère naturelle et y a fait plusieurs dires mentionnés au procès-verbal. — Les deux enfants, saisis de la moitié qui leur revenait dans la succession de leur père, sont décédés, l'un au mois d'oct. 1814, et l'autre au mois de juin 1817; dans leurs actes de décès, les enfants sont désignés enfants du sieur André et de la dame Chambeau. Aux termes des art. 795 et 766 c. civ., la dame Chambeau était héritière de ses enfants; mais, soit qu'elle ait ignoré ses droits, soit qu'elle ait été empêchée de les exercer, par la situation politique de la colonie, qui était tombée, en 1814, au pouvoir des Portugais, elle a laissé le tuteur en possession des biens du sieur André jusqu'à l'arrivée du fondé de pouvoirs de la dame Foing, sœur et héritière légitime du sieur André. — Ce fondé de pouvoirs ayant vendu, en 1818, l'habitation provenant de la succession, la dame Chambeau forma sa demande en pétition de l'hérédité de ses deux enfants. — 28 juin 1819, jugement qui accueillit cette demande par les motifs que, quoique la dame Chambeau n'ait pas eu la tutelle de ses enfants, elle n'a point été pour cela déchue de ses droits; que la reconnaissance authentique du sieur André, comme père des deux enfants naturels, avec indication dans leur acte de naissance de la dame Chambeau pour leur mère, est suffisante et valable dans le sens de l'art. 334 c. civ., d'autant plus que la dame Chambeau est notoirement connue pour avoir donné des soins à ses enfants en sa qualité de mère, qualité qu'elle a prise, d'ailleurs, dans les actes de la procédure actuelle et dans l'inventaire fait après le décès du sieur André, le 7 mars 1814; —Qu'en conséquence, la succession de ses enfants lui est dévolue.

Appel. — 5 janv. 1820, arrêt de la cour de Cayenne qui infirme et déclare la reconnaissance des enfants nulle à l'égard de la dame Chambeau. « Attendu, porte l'arrêt, qu'aux termes de l'art. 336, la reconnaissance du père, sans l'indication et l'aveu de la mère, n'a d'effet qu'à l'égard du père; que l'aveu de la dame Chambeau devait nécessairement être joint à l'indication consignée dans l'acte de naissance; qu'elle n'a fait cet aveu ni par acte authentique, ni par aucun acte public ou sous seing privé, soit en justice, soit autrement; que, bien que la loi n'ait pas déterminé le délai dans lequel l'aveu de la mère doit être fait, il ne peut du moins l'être après leur mort. »

fant naturel dans la reconnaissance faite par le père, il n'est pas nécessaire que l'aveu de la mère soit consigné dans un acte authentique, pour qu'elle puisse procéder en justice au nom de son enfant et lui succéder; qu'il suffit, d'une part, qu'elle ait pris la qualité de mère dans un acte sous seing privé ayant acquis date certaine avant la mort de l'enfant, par exemple dans une procuration enregistrée avant cette époque, et ayant pour objet la nomination d'un subrogé tuteur audit enfant; et, d'autre part, qu'il y ait eu continuité des noms par elle donnés à celui-ci (Douai, 23 janv. 1819) (1);—8° Que l'aveu exigé de la mère qui a été désignée par le père, dans l'acte de reconnaissance d'un enfant naturel, pour que cette reconnaissance ait à son égard l'effet d'établir la maternité, résulte suffisamment de ce que l'enfant naturel a joui, quant à elle, d'une possession d'état conforme à son acte de naissance (Req. 7 janv. 1852, aff. préfet de l'Isère *C.* Grégoire, D. P. 52. 1. 75); — 9° Que la reconnaissance d'un enfant naturel faite dans l'acte de naissance, par le père, avec l'indication et l'aveu de la mère, prouve la maternité de celle-ci, encore que cette reconnaissance serait nulle, quant au père, pour cause d'adultérinité; qu'en conséquence, la mère à l'égard de laquelle la filiation se trouve ainsi établie peut revendiquer la succession de cet enfant décédé sans postérité (même arrêt); — 10° Que le père d'un enfant naturel qui a épousé la femme par lui désignée comme mère de cet enfant, dans l'acte de reconnaissance, et dont il a constamment avoué la maternité, soit pendant le mariage, soit même depuis sa dissolution, est non recevable à contester la légitimation résultant de ce mariage, sous prétexte que la légitimation est subordonnée à une reconnaissance expresse non-seulement de la part du père, mais encore de celle de la mère (Bordeaux, 11 mars 1853, aff. Chauvet, D. P. 54. 2. 260). — Nous examinerons ultérieurement la question de savoir si lorsqu'un enfant adultérin a été reconnu conjointement par son père et sa mère, dont l'un était marié et l'autre libre, cette reconnaissance, nulle à l'égard du premier, doit être maintenue à l'égard du second, question que l'arrêt qui précède paraît décider affirmativement.—V. *infrà*, n° 718.

556. Si, à défaut de dénégation de l'écriture d'un acte de reconnaissance sous seing privé, donné sous la loi de brumaire an 2, cet acte a été déclaré, sous la même loi, par arrêt passé en force de chose jugée, constituer un acte de reconnaissance valable, cette reconnaissance n'a pu être annulée sous le prétexte que le code Napoléon a exigé un acte authentique (Rej. 16 nov. 1808, aff. Peterlong, n° 431).

557. Il peut arriver que l'identité de l'enfant auquel la reconnaissance s'applique avec celui qui invoque cette reconnaissance soit contestée. Comment, dans ce cas, la preuve doit-elle être faite? — A cet égard il a été jugé que l'identité de l'enfant naturel reconnu peut, à l'égard du père, être prouvée par témoins, sans que l'enfant ait besoin d'être pourvu d'un commencement de preuve par écrit, l'art. 341 c. nap., qui exige cet écrit, étant restreint au cas où il s'agit de la recherche de la maternité, et ne pouvant être étendu à la preuve d'identité de l'enfant naturel reconnu; — Qu'en admettant d'ailleurs qu'un commencement de preuve par écrit soit nécessaire pour autoriser, en cas pareil, l'admission de la preuve testimoniale, l'acte de naissance dans lequel l'enfant a été reconnu par son père constituerait un commencement de preuve par écrit de son identité (Bordeaux, 18 fév. 1846, aff. de B..., D. P. 48. 2. 81).

Un double système résulte de ces propositions. Dans le premier, la cour d'appel décide en termes positifs que la preuve de l'identité de l'enfant naturel reconnu peut être faite seulement par témoins. Le motif de cette solution consiste dans la différence qui existe entre la preuve de la paternité, c'est-à-dire d'un acte que la nature a voilé à tous les yeux et qui échappe à toutes les investigations, et la preuve de l'identité, c'est-à-dire d'un fait qui tombe sous les sens. Jusqu'ici cette doctrine semble fondée : la

---

Pourvoi pour violation des art. 334, 336 et 765 c. civ. — Arrêt (ap. dél. en la ch. du cons.).

La cour ; — Vu les art. 336 et 765 c. civ. ; — Attendu que le but de l'art. 336 est de protéger les femmes contre les indications arbitraires d'une maternité qu'elles repoussent et désavouent ; que, s'il résulte de sa disposition que la reconnaissance du père et l'indication de la mère n'ont point d'effet contre la mère indiquée sans son aveu, il résulte aussi du même article, comme conséquence naturelle de sa disposition, que, lorsqu'il y a reconnaissance du père et indication de la mère consignées dans un acte authentique, l'aveu de la mère suffit pour rendre la reconnaissance parfaite, et pour lui faire produire tous ses effets tant à l'égard du père que relativement à la mère; — Que cet article, ni aucun autre, ne prescrit de forme particulière pour l'aveu de la mère soit parce qu'étant le complément de la reconnaissance du père, avec laquelle il s'identifie, il participe ainsi à son authenticité; soit parce qu'au fond on ne doit pas imposer des formes trop rigoureuses à cet aveu, sous une législation qui, d'un côté, a prescrit des mesures pour faire déclarer et constater tous les accouchements, et qui, d'un autre côté, a admis la recherche de la maternité; — Que les tribunaux ne peuvent se montrer plus sévères que la loi;

Et attendu que dans l'espèce il est constant que, dans les actes de naissance des deux enfants naturels, Auguste et Cornélie, en date des 7 fév. 1810 et 21 avr. 1812, le sieur André s'en est reconnu le père, et a indiqué la dame Chambeau pour leur mère; qu'il est également constant que, dans l'inventaire, auquel il a été procédé par le juge du lieu, en présence du procureur du roi, après le décès du sieur André, et sous la date du 7 mars 1814 et jours suivants, par conséquent du vivant des deux enfants, la dame Chambeau a personnellement comparu avec la qualité de mère des deux enfants, et qu'elle y a fait divers dires et réclamations consignés au procès-verbal, qui confirment l'indication de maternité contenue dans les actes de naissance; que dès lors se trouvaient remplies les trois conditions voulues par l'art. 336, qui sont la reconnaissance du père, l'indication et l'aveu de la mère; d'où il suit que ces deux enfants naturels ont dû être considérés comme légalement reconnus par leur père et par leur mère; qu'il suit de là qu'en refusant à la dame Chambeau la succession de ces mêmes enfants, l'arrêt attaqué a violé en même temps les art. 336 et 765 ci-dessus cités; — Casse, etc.

Du 26 avr. 1824.-C. C., sect. civ.-MM. Desèze, 1er pr.-Legonidec, rap.-Jourde, av. gén., c. conf.-Chauveau et Godart, av.

(1) *Espèce* : —(Hérit. Poulet *C.* veuve Boulanger.) — En mars 1815, un sieur Poulet, pourvu d'un conseil judiciaire, a présenté à l'officier de l'état civil un enfant dont il s'est déclaré le père, en indiquant pour la mère la dame veuve Boulanger. L'enfant a été inscrit sous les nom et prénoms de Joseph-Désiré Poulet. — Après la mort de Poulet, la veuve Boulanger, qui n'avait cessé de prodiguer à cet enfant tous les soins d'une mère, a réclamé les droits qu'il avait dans la succession de son père; à cet effet, elle a donné une procuration sous-seing privé, qui a été enregistrée le 2 oct. 1815, pour faire procéder à la nomination d'un subrogé-tuteur à son enfant; elle a pris dans cet acte la qualité de mère et de tutrice naturelle. — L'enfant étant décédé lui-même, bientôt après la veuve Boulanger s'est présentée comme héritière naturelle de cet enfant à la succession de Poulet. — Les héritiers légitimes ont prétendu : 1° que la reconnaissance faite par le sieur Poulet était nulle, comme émanée d'un homme pourvu d'un conseil judiciaire; 2° qu'en admettant que cette reconnaissance fût valable, elle ne pouvait avoir effet que relativement au père, mais non vis-à-vis de la mère.—Jugement, 1818, qui repousse ce système, etc., etc. — Appel. — Arrêt.

La cour ;—Considérant que, sur les questions de paternité et de maternité, la loi a établi quelques règles communes et plusieurs règles différentes; — Que la preuve testimoniale, admissible en certains cas sur la maternité, n'est pas admise pour désigner le père;—Que la loi n'exige pas non plus sur les deux questions les mêmes preuves écrites;

Vu l'art. 334 c. civ. ;—Considérant que le principe établi dans cet article, sans restriction à l'égard du père, reçoit, quant à la mère, plusieurs exceptions, et notamment celle qui est consignée dans l'art. 336 : « La reconnaissance du père, sans l'indication et l'aveu de la mère, n'a d'effet, etc... »—Donc, avec la reconnaissance du père et l'indication de la mère consignées dans un acte authentique, l'aveu authentique ou non de la mère suffit pour constater la maternité; — Vu l'acte de naissance du 27 mai 1815, ainsi conçu : Est comparu Désiré Poulet, lequel a déclaré être le père de l'enfant appartenant à Joachine Boulanger, non mariée... — Considérant qu'aux probabilités résultantes de la continuité des soins donnés par ladite Boulanger à son fils, se joint l'aveu consigné par elle dans une procuration qui avait pour objet la nomination d'un subrogé tuteur audit enfant; — Considérant que ladite procuration a été enregistrée le 2 oct. 1815, c'est-à-dire avant la mort de ce dernier;—Qu'enfin personne n'a contesté que cet enfant, mort le 24 fév. 1817, fût le même que celui né le 27 mai 1815 ;— Vu l'art. 765 c. civ. : « La succession de l'enfant mort sans postérité est dévolue au père ou à la mère qui l'a reconnu ; »

Considérant que le sens de ce mot *reconnu* ne doit pas être cherché seulement dans l'art. 334, mais dans les autres articles qui fixent ou modifient le principe à l'égard de l'enfant et de la mère; — Considérant que si, pour les droits successifs, on ne pouvait regarder comme l'équivalent légal d'une reconnaissance, soit un jugement rendu sur une preuve testimoniale, ou l'indication du père réuni à l'aveu de la mère, il faudrait regarder comme inutile l'art. 341 qui admet cette preuve, et l'art. 336 qui désigne comme nécessaires l'indication et l'aveu réunis; — Par ces motifs, confirme, etc.

Du 23 janv. 1819.-C. de Douai.

reconnaissance authentique du père constitue pour l'enfant, quel qu'il soit, un droit acquis : l'incertitude de ce droit est levée ; il ne reste qu'à rechercher le sujet auquel il appartient d'en revendiquer le bénéfice. La preuve testimoniale s'offre comme le moyen de droit commun le plus puissant indiqué pour arriver à cette recherche, comme le mode de preuve auquel on peut toujours recourir tant qu'une disposition spéciale de la loi ne s'y oppose pas. C'est par cette considération que M. Richefort, de l'Etat des familles, t. 2, n° 666, p. 190, a admis l'application de la preuve testimoniale à la recherche de l'identité de l'enfant naturel reconnu : « Lorsque, dit-il, la reconnaissance est authentique et clairement indicative et l'identité seulement est contestée, cette identité peut être établie par témoins. Ce n'est point en effet rechercher la paternité que de prouver que l'individu désigné dans l'acte de reconnaissance est le même que celui qui veut s'appliquer cet acte. On n'assimile point pour cela l'enfant naturel à l'enfant légitime; car celui-ci peut établir son identité par la possession d'état à défaut de titre, conformément à l'art. 321, tandis que pour user de cette même faculté, celui-là a besoin d'un titre authentique : c'est ce qui paraît d'ailleurs suffisamment résulter de l'art. 339. Ajoutons que, pour l'enfant légitime, l'acte de naissance prouve la filiation, tandis que l'enfant naturel ne peut s'en servir utilement que lorsqu'il contient une reconnaissance formelle. Telle est la disposition de l'art. 334. »

Mais l'admission de la preuve testimoniale doit-elle avoir lieu sans condition? La loi est muette sur ce point, et ce silence est à coup sûr un argument puissant en faveur de la décision précitée de la cour de Bordeaux, qui n'exige pas un commencement de preuve par écrit. Cependant si la lettre de la loi ne s'élève pas contre cette décision, l'esprit n'en est-il pas blessé? L'art. 341 c. nap., sur la recherche de la maternité, semble offrir une analogie frappante : l'enfant reconnu par son père trouve, en effet, dans cette reconnaissance, un moyen d'arriver à la constatation de son état qui le place dans une condition à peu près semblable à celle que la nature a procurée à l'enfant qui se livre à la recherche de la maternité. Or, celui-ci n'est reçu à prouver par témoins qu'il est identiquement le même que l'enfant dont celle qu'il désigne pour mère est accouchée, qu'autant que ce mode de preuve est confirmé par un commencement de preuve par écrit; ne devrait-on pas décider de même que la preuve testimoniale de l'identité de l'enfant naturel reconnu par le père doit pareillement, à l'égard de celui-ci, être appuyée d'un commencement de preuve par écrit, alors d'ailleurs qu'il ne peut se prévaloir d'aucune possession d'état conforme à l'acte de reconnaissance volontaire émané du père?—Après s'être prononcé en faveur de l'admission de la preuve testimoniale, M. Richefort ajoute : « Cependant il ne faut pas se méprendre sur la généralité de notre opinion. L'identité de l'enfant naturel reconnu ne peut être établie par témoins que lorsqu'il existe un commencement de preuve par écrit, ainsi que nous le disons, n° 614 s., en parlant de la recherche de la maternité. » Le premier système de l'arrêt consistant à admettre d'une manière absolue la preuve testimoniale pour établir l'identité de l'enfant naturel reconnu n'est donc admis que partiellement par l'auteur que nous venons de citer, et sa doctrine paraît plus conforme à l'esprit de prudence que l'on remarque dans les diverses dispositions de la loi en cette matière. — L'arrêt de Bordeaux s'appuie, au surplus, sur un système subsidiaire qui tend à le mettre d'accord avec l'opinion qui vient d'être exprimée.

Admettant, par hypothèse, la nécessité d'un commencement de preuve par écrit, la cour d'appel de Bordeaux trouve cet écrit dans l'acte de naissance lui-même, à raison de la reconnaissance authentique qui y est constatée. Mais ce système nous paraît inadmissible. Il est évident que, lorsqu'il s'agit de déterminer si celui qui se prévaut de la reconnaissance est bien celui au profit duquel elle a été faite, cette reconnaissance elle-même ne peut servir à résoudre la difficulté ; qu'elle la laisse, au contraire, subsister tout entière; qu'elle ne peut, par conséquent, être considérée comme un commencement de preuve par écrit.

Peut-être y aurait-il lieu de distinguer entre le cas où la reconnaissance est intervenue dans l'acte de naissance lui-même, et le cas où, faite postérieurement, elle est venue saisir l'enfant à une époque où, étant déjà avancé dans la vie, il avait une individualité plus distincte, plus facilement reconnaissable, et d'admettre, dans cette dernière hypothèse, la preuve testimoniale pure et simple. Il est clair que, plus la reconnaissance se rapproche, par sa date, du moment où la contestation s'agite, moins il peut y avoir d'incertitude sur l'identité de celui auquel elle s'applique. Or cette circonstance ne saurait être indifférente lorsqu'il s'agit de déterminer le mode de preuve qui peut être employé.

558. L'enfant naturel qui ne présente ni son acte de naissance ni aucun acte authentique portant expressément la reconnaissance exigée par la loi à l'égard du père ne peut y suppléer par l'offre de prouver que les registres de l'état civil sont perdus ou détruits (Rej. 13 mars 1827) (1).

(1) *Espèce :* — (Florentin C. Dubourg.) — En 1777, François Dubourg, lieutenant de dragons dans les armées du roi à Saint-Domingue, revint en France avec un enfant à peine âgé de trois ans, nommé Florentin, et que, dans l'acte d'embarquement, il déclara être son fils. Dubourg conduisit le jeune Florentin dans la maison de ses père et mère; il l'y présenta, à ce qu'il paraît, comme son fils, et Florentin y fut traité comme tel. Plus tard, Dubourg le plaça dans plusieurs colléges, et obtint ensuite pour lui un brevet d'officier de santé dans l'armée. — Retiré du service, Florentin se maria sous le nom de Dubourg, le 5 frim. an 11, sans aucune réclamation de la part de François Dubourg. Les deux sœurs de celui-ci, Marie et Catherine Dubourg, intervinrent dans le contrat de mariage en qualité de tantes, et firent à Florentin une donation de 6,000 fr., avec réserve de l'usufruit pendant leur vie. — Marie Dubourg étant morte *ab intestat*, sa succession fut dévolue par moitié à Catherine Dubourg et à François Dubourg. En conséquence, celui-ci était tenu de payer à Florentin la somme de 1,500 fr., faisant partie de celle de 3,000 fr., constituée en dot par Marie Dubourg dans le contrat de mariage du 5 frim. an 11. — 8 oct. 1815, testament de Catherine Dubourg portant : « J'institue mon héritier universel Florentin Dubourg, mon neveu..... » — Celui-ci, après le décès de la testatrice, a pris possession de ses biens. — En 1821, Dubourg assigne Florentin en délaissement de certains biens, et demande qu'il lui soit fait défense de porter son nom et de se dire son enfant naturel. — Florentin allègue sa possession d'état, et conclut à ce qu'il lui soit permis de prouver, tant par titres que par témoins, que les registres de l'état civil, à Saint-Domingue, étaient devenus la proie des flammes ou de la dévastation; et, dans le cas où la destruction des registres serait regardée comme certaine, de prouver sa filiation, également par titres et par témoins, conformément à l'art. 46 c. civ.; et, en outre, à ce que Dubourg, son père, soit condamné à lui payer la somme de 1,500 fr., provenant de la donation contractuelle à lui faite par Marie Dubourg, avec les intérêts à compter du jour du décès de cette dernière. — Dubourg oppose que la recherche de la paternité est prohibée; qu'en cette matière, la preuve par témoins n'est pas admissible, et que la qualité d'enfant naturel ne pouvait être légalement établie, à l'égard du père, que par la reconnaissance de celui-ci dans l'acte de naissance de l'enfant, ou dans un autre acte authentique; qu'au surplus, en admettant comme vrais et prouvés les faits allégués par Florentin, ces faits ne peuvent justifier l'origine de celui-ci comme son fils naturel, et lui donner le droit d'en prendre la qualité et de porter son nom. Il présente, d'ailleurs, quatre lettres à lui adressées par Florentin, les 22 pluv., 11 flor. et 12 therm. an 7, signées du seul nom de Florentin, et où il prenait la qualité de filleul du sieur Dubourg, et donnait à celui-ci le seul titre de son parrain. — Le 4 fév. 1822, jugement du tribunal civil de Marmande qui ordonne la restitution demandée par Dubourg, fait défense à Florentin de porter désormais le nom de Dubourg, de se dire fils naturel de François Dubourg, et condamne celui-ci à payer à Florentin la somme de 1,500 fr., provenant de la donation à lui faite par Marie Dubourg, mais seulement avec l'intérêt du jour de la demande.

Appel par Florentin; et, le 18 mars 1823, arrêt confirmatif de la cour d'Agen, ainsi conçu : — « Attendu qu'aux termes de la législation consacrée par les lois du 12 brum. de l'an 2, du 14 flor. an 11, et enfin par l'art. 334 c. civ., la reconnaissance des enfants naturels doit être faite par un acte authentique, si elle ne l'a été dans l'acte de naissance, et dès lors l'état des enfants naturels ne peut être réglé que par la force des dispositions législatives qui ont saisi les enfants naturels, au moment de la publication de ces lois qui ont proscrit de la manière la plus formelle la recherche de la paternité; — Attendu que Florentin, qui ne peut établir, ni par son acte de naissance, ni par un acte authentique émané de François Dubourg, qu'il est son fils naturel, ne peut prétendre qu'il a acquis par la prescription le droit de porter le nom de Dubourg, puisqu'il résulte des lettres écrites à François Dubourg, les 22 pluv., 11 flor. et 12 therm. de l'an 7, que Florentin, signataire de ces lettres, ne les souscrivait que du nom de Florentin, se disant filleul de François Dubourg; — Attendu que Florentin ayant un droit non contesté au payement de la moitié de l'émolument de la donation contractuelle qui lui fut consentie par demoiselle Marie Dubourg, il doit recevoir, avec ce capital, les intérêts à compter du jour de la demande... »

Pourvoi de la part de Florentin. — Violation de l'art. 46 c. civ., a-t-il dit, et fausse application de l'art. 334; — L'art. 46 exige deux preuves successives : la première, à l'égard de la destruction des regis-

§ 4. — *Dans quels cas la reconnaissance est nulle ou seulement annulable. — Quelles personnes peuvent en demander la nullité.*

559. Il est des cas où la reconnaissance, nulle de plein droit, ne peut produire aucun effet légal; il en est d'autres où, sans être radicalement nulle, elle peut seulement être annulée par les tribunaux sur la demande de ceux à qui appartient le droit de l'attaquer. Nous allons nous occuper successivement des uns et des autres.

560. La reconnaissance est nulle de plein droit, d'abord lorsqu'elle a été faite par une personne sans qualité. Nous avons vu ci-dessus (nos 487 et s.) qu'en thèse générale, la reconnaissance ne pouvait être faite que par le père et la mère, chacun en ce qui le concerne, ou par leurs fondés de pouvoir; mais que toutefois (V. *suprà*, nos 554 et s.) cela ne devait être entendu qu'avec quelques modifications pour le cas où le père avait, soit dans l'acte de naissance, soit dans l'acte de reconnaissance, fait connaître la mère. Ainsi la reconnaissance qui aurait été faite sans mandat par un père au nom de son fils serait un acte sans valeur légale qu'il ne serait pas nécessaire de faire annuler judiciairement.

561. Nous avons vu (*suprà*, no 495) que la reconnaissance pouvait être valablement faite par un interdit, pourvu qu'il se trouvât dans un intervalle lucide. Mais si, au moment où elle a été faite, le père ou la mère, interdit ou non, se trouvait en état actuel de démence, en telle sorte que la volonté, cet élément essentiel des actes de la vie civile, ait manqué, la reconnaissance est encore nulle de plein droit; ou plutôt à proprement parler, il n'y a pas de reconnaissance.

562. Nous en dirons autant des cas où la reconnaissance aurait été reçue par un fonctionnaire incompétent, tel qu'un préfet, un sous-préfet, un garde champêtre, etc. Dans ce cas, la nullité de la reconnaissance serait radicale et n'aurait pas besoin d'être prononcée en justice.

563. La reconnaissance serait-elle nulle de plein droit si, au lieu d'avoir été faite dans la forme authentique, elle avait été faite par acte sous signature privée?— Cette question a été diversement résolue. Et d'abord M. Toullier, t. 2, nos 950 et 951, distinguant à cet égard entre le père et la mère, enseigne que la reconnaissance faite par cette dernière dans un acte sous seing privé est valide: que, si l'écriture en était contestée, l'enfant pourrait la faire reconnaître ou vérifier en justice, contradictoirement avec sa mère, et que le jugement qui interviendrait produirait les mêmes effets qu'une reconnaissance authentique. « D'un côté, dit-il, la recherche de la maternité est admise, et, d'un autre côté, l'acte sous seing privé reconnu, ou légalement tenu pour reconnu, a la même force que l'acte authentique (art. 1322). On ne peut donc s'empêcher d'admettre comme valable la reconnaissance faite par la mère dans un acte sous seing privé. » — Quant au père, quoique à son égard la question soit beaucoup plus douteuse, notamment parce que la recherche de la paternité est interdite, M. Toullier croit cependant qu'il y a de fortes raisons pour penser que la reconnaissance sous seing privé n'est pas nulle. Voici quelles sont ces raisons. D'abord l'art. 334, en disant que la reconnaissance sera faite par acte authentique, ne prononce pas la peine de nullité comme sanction, il ne s'exprime pas même en termes prohibitifs. De plus, aux termes de l'art. 1320 c. nap., l'acte, soit authentique, soit sous seing privé, fait foi entre les parties, et, aux termes de l'art. 1322, l'acte sous seing privé reconnu par celui auquel on l'oppose, ou légalement tenu pour reconnu, a, entre ceux qui l'ont souscrit et entre leurs héritiers ou ayants cause, la même foi que l'acte authentique. Lorsque le législateur entend déroger à ces principes généraux, il a soin d'avertir que la disposition dérogatoire sera observée à peine de nullité. Or l'art. 334 ne le dit pas; il semble donc avoir laissé les reconnaissances sous seing privé dans les termes du droit commun. Peu importe que la recherche de la paternité soit interdite; en effet, l'enfant, dans le cas dont il s'agit ici, n'a point à rechercher son père, puisqu'il a été volontairement reconnu par ce dernier. Enfin l'orateur du gouvernement a dit que la loi, en exigeant un acte authentique, avait voulu mettre les familles à l'abri de toute surprise. Mais ce but n'est pas moins atteint lorsque la reconnaissance est consignée dans un acte sous seing privé, fait avec réflexion, écrit par le père, et déposé, par exemple, chez un notaire.

---

tres; la seconde, à l'égard des actes qui y étaient contenus. Ces deux preuves peuvent se faire, tant par titres que par témoins, parce que toutes deux portent sur des faits qui tombent sous les sens, soit qu'il s'agisse d'enfant naturel ou d'enfant légitime; et la loi, protectrice de tous les états, étend le bienfait de sa disposition à l'un aussi bien qu'à l'autre. — Mais, dit-on, si l'on admettait cette preuve, ce serait toujours arriver, au moins d'une manière indirecte, à la recherche de la paternité. Oui, sans doute, comme on y arrive aussi par un acte authentique émané du père. C'est sur cet acte authentique que porte la preuve; et lorsque cet acte est perdu, c'est sur les titres et faits postérieurs qui présupposent la paternité, que porte la preuve. — Le demandeur rappelait les faits précédemment exposés, et qui, selon lui, constituaient une série non interrompue de faits, une possession d'état, qui forment autant de commencements de preuve par écrit sur l'existence antérieure de l'acte de naissance, où le père avait reconnu son fils. — La possession d'état, continuait-il, soutenue, comme dans le cas présent, par la réunion du nom, *tractatus et fama*, a toujours été et sera toujours la preuve la plus forte, la plus solennelle, que les enfants puissent invoquer, elle est un titre plus puissant que l'acte le plus authentique, puisqu'elle établit en même temps l'état et l'identité de celui qui la réclame. Les art. 320 et 321 c. civ. ne laissent aucun doute à cet égard. — Mais, objectera-t-on, la possession d'état n'a été donnée comme un moyen de preuve qu'aux enfants légitimes. L'art. 334 en exclut formellement les enfants naturels, puisqu'il porte que la reconnaissance sera faite par acte authentique, lorsqu'elle ne l'aura pas été dans l'acte de naissance. D'ailleurs, la possession d'état est placée au chap. 2, intitulé: Des preuves de la filiation des enfants légitimes, et ne se trouve rappelée par aucune disposition au chapitre qui traite des droits des enfants naturels: — De ce que la possession d'état est placée au chapitre des preuves de la filiation des enfants légitimes, on ne peut conclure qu'elle ne doive pas s'appliquer aux enfants naturels; il suffit, en effet, que le législateur ait posé une fois des principes généraux, pour qu'ensuite ces principes doivent s'appliquer à tous les cas où il y a même raison de décider. D'ailleurs lorsqu'on voit que toutes les autres dispositions du chapitre cité s'appliquent aux enfants naturels, aussi bien qu'aux enfants légitimes, on ne peut prétendre que la possession d'état soit la seule, l'unique disposition dont les enfant naturels ne puissent profiter. Rien n'autorise à scinder cette décision; on ne pourrait le faire qu'autant qu'il existerait, à cet égard, une disposition précise dans la loi. Cette doctrine se trouve fortifiée par un passage tiré du procès-verbal de la séance du 26 brum. an 10, où l'on voit qu'on avait proposé un article, portant que la possession constante de fils naturel de la mère réclamée serait regardée comme un commencement de preuve suffisant pour faire admettre la preuve testimoniale, et que cet article fut supprimé, par la raison bien naturelle que cette possession, étant le plus puissant de tous les titres, devait faire preuve entière. — La recherche de la paternité est entièrement interdite, sous tous les rapports, à l'enfant naturel qui n'a jamais été reconnu; mais, dès qu'une fois il a été reconnu par son père, et qu'il a été mis en possession légale de son état, rien ne peut le priver de cet état; la loi ne peut permettre qu'il lui soit arbitrairement enlevé par un événement de pur hasard. Lorsque les registres de l'état civil ont été détruits, elle lui fournit, aussi bien qu'à l'enfant légitime, les moyens de réclamer son état et les droits qui y sont attachés. Adopter le système de la cour d'Agen, ce serait décider que l'enfant naturel reconnu n'aurait, ni dans son titre de reconnaissance ni dans sa possession d'état, aucune espèce de garantie contre l'incendie ou contre tout autre genre de destruction. — Arrêt (après délib. en ch. du cons.).

LA COUR; — Considérant qu'aux termes de l'art. 334 c. civ., la reconnaissance d'un enfant naturel ne peut résulter que d'un acte authentique, lorsqu'elle n'a pas été faite dans son acte de naissance, et qu'aux termes de l'art. 340, la recherche de la paternité est interdite; que Florentin, ne présentant ni son acte de naissance, ni aucun acte authentique portant expressément la reconnaissance exigée, il ne pouvait y suppléer par l'offre de prouver que les registres de l'état civil étaient perdus ou détruits; que la demande subsidiaire de cette preuve, avant de prononcer sur celle qu'il offrait principalement de ses autres faits de possession d'état, ne pouvait, d'après les art. 334 et 340, être admise, surtout lorsqu'il n'était point articulé que, dans les registres perdus ou détruits, il existât un acte de naissance portant que Florentin eût pour père le sieur Dubourg, et que ce père l'y eût reconnu pour son fils; qu'ainsi la preuve subsidiairement offerte ne tendait qu'à faire admettre celle des faits de possession d'état pour tenir lieu de la reconnaissance à laquelle seule est attaché le droit de prendre le titre d'enfant naturel de tel père; — Que ce moyen, employé pour établir la filiation naturelle, à l'aide de la possession d'état et de reconnaissances induites de faits et d'actes autres qu'un acte authentique de reconnaissance expresse de la part du père, était repoussé par les art. 334 et 340, comme la cour royale l'a justement établi dans les premiers motifs de son arrêt; — Rejette ce moyen.

Du 13 mars 1827.-C. C., ch. civ.-MM. Bresson, pr.-Piet, rap.-Joubert, av. gén., c. conf.-Guillemin et Barrot, av.

M. Delvincourt, t. 1, note 3 de la p. 94, proscrivant toute distinction entre le père et la mère, fait, lui, une autre distinction. Examinant la question de savoir ce qu'il faudrait décider si l'acte sous seing privé contenant la reconnaissance avait été lui-même reconnu authentiquement, il répond par la distinction suivante : si la reconnaissance de l'acte a eu lieu volontairement, c'est comme si la reconnaissance de l'enfant avait été faite par un acte authentique. Si la reconnaissance est demandée en justice, les père et mère peuvent s'y refuser, et se contenter d'opposer la fin de non-recevoir tirée des dispositions de la loi. Mais si, poursuivis ou non, ils ont reconnu l'acte purement et simplement, je pense que cela doit équivaloir à une reconnaissance authentique. »—Il a été jugé, en ce sens, que la reconnaissance faite en justice de l'écriture d'un acte sous seing privé contenant, de la part de celui qui l'a souscrit, un aveu de paternité, avec consentement à ce que l'enfant soit inscrit sous son nom, imprime à cet acte le caractère d'un acte authentique (Paris, 25 prair. an 13, rapporté avec Rej. 16 nov. 1808, aff. Péterlong, V. n° 431).

MM. Proudhon, t. 2, p. 173, et Duranton, t. 3, n°s 226 et 227, ont adopté un autre système. Selon ces auteurs, lorsque le père n'a fait qu'une reconnaissance sous signature privée, on ne peut conclure en justice, contre lui, à la reconnaissance ou à la vérification d'écriture; car, puisque l'acte est insuffisant par lui-même, la demande à fin de reconnaissance ou de vérification ne serait rien autre chose qu'une véritable recherche de paternité, basée, il est vrai, sur l'acte, mais indistinctement proscrite par le code, sauf le cas d'enlèvement. Mais il en serait autrement si la reconnaissance sous-seing privé émanait de la mère : la recherche de la maternité étant admise, rien ne s'opposerait à ce que l'enfant conclût, contre la signataire de l'acte sous-seing privé, à la reconnaissance ou à la vérification d'écriture; et si, à la suite de cette demande, l'acte était reconnu ou tenu pour reconnu, il aurait, par l'effet de cette reconnaissance, aux termes de l'art. 1322 c. nap., la force d'un acte authentique de déclaration de maternité.

Pour nous, nous pensons que la reconnaissance faite par acte sous seing privé est nulle dans tous les cas, soit qu'il s'agisse du père, soit qu'il s'agisse de la mère, soit que l'écriture et la signature de l'acte aient été volontairement reconnues, soit qu'elles ne l'aient pas été. — Raisonnons d'abord à l'égard du père. On dit que l'art. 334 n'exige pas un acte authentique *à peine de nullité*. Mais, par la manière dont il s'exprime, cet article, comme le fait justement observer M. Demolombe, t. 5, n° 420, indique clairement que, dans la pensée du législateur, la forme authentique est ici substantielle, qu'elle est essentiellement constitutive d'une reconnaissance d'enfant naturel. Il n'était nullement nécessaire que la loi prononçât formellement la peine de nullité : par cela seul que l'art. 334 porte : « La reconnaissance d'un enfant naturel sera faite par acte authentique, » du moment qu'elle n'est pas faite en cette forme, il va de soi qu'elle est nulle. Les art. 1394 et 2129, qui exigent aussi que le contrat de mariage et la constitution d'hypothèque soient faits par acte notarié, ne prononcent pas non plus la peine de nullité, et cependant personne ne doute que, s'ils étaient faits sous signatures privées, ils ne fussent radicalement nuls. Les arguments tirés des art. 1319 et 1322 c. nap. ne sont pas plus concluants. En effet, qu'a voulu le législateur en exigeant que la reconnaissance fût faite par acte authentique? Nous l'avons déjà dit : il a voulu garantir la liberté et la sincérité de la reconnaissance; il a voulu empêcher, par la présence de l'officier public, qu'elle pût être en quelque sorte extorquée par des influences illicites; or, supposons que la reconnaissance ait été faite par acte sous seing privé, que prouvera la reconnaissance authentique de cet acte, qu'elle soit d'ailleurs volontaire ou qu'elle résulte d'une vérification d'écriture? Elle prouvera que cet acte est bien l'œuvre de la personne à laquelle on l'attribue; que ce n'est point un acte supposé; mais elle ne prouvera nullement que cet acte soit le produit d'une volonté libre; elle ne lui donnera donc pas ce que lui eût donné l'authenticité dont il eût été revêtu dès le principe; par conséquent elle n'effacera pas le vice originel dont il est infecté. — Il ne nous paraît donc pas douteux qu'à l'égard du père la reconnaissance sous seing privé ne soit nulle de plein droit. C'est ce qu'enseignent Merlin, Rép., v° Filiation, n°s 9 et 10; Loiseau, p. 469; MM. Proudhon et Valette, t. 2, p. 172; Duranton, t. 3, n° 226; Zachariæ, édit. Massé et Vergé, t. 1, p. 321; Marcadé, sur l'art. 334, n° 1; Demolombe, t. 5, n° 420 (V. aussi, en ce sens, Req. 4 oct. 1812, aff. Péricaud, *infrà*, n° 548-5°, qui, sans résoudre la question *in terminis*, déclare nul pour défaut d'authenticité un acte de reconnaissance sous seing privé qui cependant était reconnu par le prétendu père, de qui il émanait). — Seulement, dans le cas où, par exception, la recherche de la paternité est admise, aux termes de l'art. 340, l'acte sous seing privé, nul comme reconnaissance volontaire, militerait fortement en faveur de la demande de l'enfant et deviendrait l'un des principaux éléments de conviction sur lesquels la décision du juge devrait être basée.

Quant à la mère, nous croyons également que la reconnaissance qui serait faite par elle dans un acte sous seing privé serait nulle de plein droit. En effet, l'art. 334 ne distingue pas; par conséquent sa disposition, en ce qui concerne la forme de la reconnaissance, s'applique à la mère aussi bien qu'au père. D'ailleurs les raisons qui ont déterminé le législateur à exiger un acte authentique existent pour l'un et pour l'autre avec la même force. Que la reconnaissance émane du père ou qu'elle émane de la mère, il n'est pas moins nécessaire de garantir, par la solennité des formes, qu'elle est un acte sérieux, qu'elle est l'œuvre d'une volonté libre. Mais, nous objecte-t-on, la recherche de la maternité est admise; d'accord, mais en résulte-t-il que la reconnaissance volontaire de la mère soit affranchie des formes tutélaires auxquelles est soumise la reconnaissance volontaire du père? Nullement. Nous admettons bien que, si l'enfant intente contre la femme auteur de l'acte sous signature privée une action en déclaration de maternité, il pourra se servir de l'acte comme d'un commencement de preuve par écrit, conformément à l'art. 341; mais nous ne saurions admettre que, seul et par lui-même, il puisse, même à la suite d'une reconnaissance ou d'une vérification judiciaire d'écriture, être considéré comme une reconnaissance valable. Cela reviendrait à dire que la mère peut reconnaître son enfant naturel par acte sous seing privé, ce qui serait en contradiction avec les termes formels de l'art. 334. Au surplus, la doctrine que nous soutenons a été également adoptée par MM. Zachariæ, éd. Massé et Vergé, *loc. cit.*, note 13, et p. 326, note 32; Valette sur Proudhon, t. 2, p. 174; Duvergier sur Toullier, n° 950, note *a*; Demolombe, t. 5, n° 422.

564. On a prétendu que la reconnaissance faite par acte sous seing privé n'était pas destituée de tout effet juridique; qu'elle donnait à l'enfant le droit de réclamer des aliments. — C'est là une doctrine que nous ne saurions admettre. Au surplus, nous examinerons la question ultérieurement, lorsque nous nous occuperons des effets de la reconnaissance.

565. La reconnaissance d'un enfant naturel est un acte de volonté; dès lors il est rationnel, il est logique de penser que les causes qui vicient le consentement dans les contrats vicient également la reconnaissance. Ces causes sont l'*erreur*, le *dol* et la *violence*. Et, comme le législateur n'a, par aucune disposition, dérogé en cette matière aux principes généraux posés au titre des Contrats et Obligations conventionnelles, ce sont ces principes mêmes qu'il y a lieu d'appliquer ici. Ainsi l'erreur ne serait une cause d'annulation de la reconnaissance qu'autant qu'elle tomberait sur l'élément substantiel de l'acte, ou, en d'autres termes, sur la personne dont la considération est la cause principale de la reconnaissance (art. 1110); c'est ce qui arriverait si, par exemple, la reconnaissance s'appliquait à une personne autre que celle qu'on a voulu reconnaître (V. en ce sens Aix, 22 déc. 1852, aff. Gordes, D. P. 54. 2. 121). De même, le dol ne serait une cause d'annulation qu'autant que les manœuvres pratiquées par l'enfant seraient telles qu'il serait évident que, sans ces manœuvres, l'autre partie ne l'aurait pas reconnu (art. 1116). Enfin, la violence devrait également présenter les caractères déterminés par les art. 1111 et suiv. Il faudrait notamment qu'elle fût de nature à faire impression sur une personne raisonnable, et qu'elle pût lui inspirer la crainte d'exposer sa personne ou sa fortune, la personne ou la fortune de son époux ou épouse, de ses descendants ou de ses ascendants à un mal considérable et présent (art. 1112 et 1113). — Il a été jugé, conformément à ces principes, 1° que la reconnaissance d'un enfant naturel peut être annulée ou rescindée dans les mêmes cas et par les mêmes moyens que toutes les conventions établies par actes authentiques (Req. 27 août 1811) (1); — 2° Que le fait que la reconnaissance aurait été provoquée par l'enfant n'empêche pas qu'elle soit volontaire et libre (même arrêt).

566. Lorsque la volonté constitutive de la reconnaissance se trouve viciée par l'erreur, le dol ou la violence, l'acte est-il nul de plein droit? L'art. 1117 répond à cette question. « La convention contractée par erreur, violence ou dol, porte cet article, n'est point nulle de plein droit : elle donne seulement lieu à une action en nullité ou en rescision dans les cas et de la manière expliquée à la sect. 7 du ch. 5 du présent titre. » Ainsi une reconnaissance ne peut être annulée pour cause d'erreur, de dol ou de violence, qu'autant que la nullité en est demandée dans le délai et suivant les règles déterminés par les art. 1304 et suiv.

567. Le mineur qui, voisin de sa majorité, a reconnu un enfant naturel quatre mois après la naissance, par déclaration faite à l'officier de l'état civil, en présence de deux témoins; qui, postérieurement, et devenu majeur, a adressé plusieurs fois des secours à la mère; qui, dans les lettres qu'il a écrites à celle-ci, a exprimé qu'il regardait comme un devoir pour lui de subvenir à l'entretien de l'enfant commun, ne peut, malgré l'inconduite notoire de la mère, être relevé de la reconnaissance de l'enfant, du chef de dol ou de fraude; les circonstances qui précèdent doivent être considérées comme preuve que la reconnaissance a été l'expression d'une volonté libre, réfléchie, et longtemps persévérante (Douai, 17 mars 1840. aff. demoiselle R..., V. n° 492-3°).

568. La preuve testimoniale des faits de dol qui tendraient à établir que, dans l'acte de reconnaissance, il a été commis un faux par le notaire, n'est pas admissible; cet acte fait foi jusqu'à inscription de faux (Req. 27 août 1811, aff. Carayon, n° 565).

569. On a souvent agité la question de savoir si la recon-

---

(1) *Espèce* :—(Carayon C. Cabanon.)—La dame Cabanon, baptisée le 15 oct. 1755, sous le nom de Marie et comme née de parents inconnus, fit citer, en 1807, le sieur Carayon marié, à l'effet de la reconnaître et de lui payer une pension alimentaire.—Devant le juge de paix, Carayon déclare ne point connaître la dame Cabanon, et la demande n'eut pas de suite.—Mais, le 1er mai 1809, la dame Cabanon partit de Sorèze avec le notaire Clos et quelques témoins, et se rendit avec eux, dès le point du jour, à Durfort, au domicile de Carayon. — Ce même jour, il fut dressé un acte par lequel le notaire Clos, qui l'a reçu, a déclaré que le sieur Carayon, « après avoir vu et examiné trois lettres qui lui étaient présentées pour en faire l'aveu, dit, en présence de lui notaire et des témoins, que ladite Marie Carayon, veuve du sieur Jean-Baptiste Monnier en premières noces, et à présent femme du sieur Louis Cabanon, est sa fille naturelle, à laquelle il a fait, en deux différentes fois, deux baisers et deux embrassades, dont elle a requis acte. »—Le 8 du même mois, le sieur Carayon a désavoué cette reconnaissance de paternité, comme étant l'effet du dol et de la surprise.—Le 22 oct. 1809, la dame Cabanon cite le sieur Carayon devant le bureau de paix, pour s'y concilier sur la demande qu'elle entendait former contre lui en payement d'une pension alimentaire de 1,200 fr.—Carayon répond qu'il ne connaît pas la dame Cabanon, et qu'il proteste contre tout acte de reconnaissance, qui pourrait lui avoir été surpris, à raison de son grand âge et de ses infirmités.

L'affaire s'engage devant le tribunal de Castres. — Là, Carayon demande qu'il lui soit donné acte de la rétractation par lui faite de la reconnaissance dont se prévaut la dame Cabanon, et que celle-ci soit déclarée non recevable dans son action.—La dame Cabanon conclut au rejet de l'acte portant désaveu de la reconnaissance; elle soutient que le sieur Carayon l'a légalement reconnue pour sa fille naturelle, par l'acte du 1er mai 1808; que cette reconnaissance n'est pas susceptible de révocation, et que dès lors elle avait le droit de réclamer de lui des aliments; elle appuie sa prétention de lettres non contestées, dans lesquelles le sieur Carayon la nomme sa fille —Carayon fait signifier à l'audience des conclusions qui tendaient à ce ce qu'il fût admis à prouver par témoins des faits de dol, de surprise et de violence, à l'aide desquels il prétendait qu'on lui avait arraché la reconnaissance faite par l'acte du 1er mai 1809. — 16 avril 1810, jugement qui admet cette preuve. — Appel; et le 24 juillet suivant, arrêt de la cour de Toulouse qui dit mal jugé, et sans s'arrêter à la preuve offerte par Carayon, maintient l'acte de reconnaissance du 1er mai 1809; déclare, en conséquence, la dame Cabanon fille naturelle de Carayon, et condamne celui-ci à lui payer une pension annuelle et alimentaire de 500 fr., moitié de six mois en six mois et d'avance, à compter du jour de la demande.

Pourvoi de Carayon.—1° Fausse application de l'art. 319 et violation de l'art. 1109 c. civ.;—2° Violation des art 337 et 756 et fausse application des art. 205, 206, 207 et 208.—Arrêt.

La cour; —Attendu, sur le premier moyen, qu'une reconnaissance d'un enfant naturel ne doit pas être considérée comme n'étant pas libre et volontaire, par la seule raison qu'elle a été provoquée par l'enfant naturel; — Qu'elle ne peut être arbitrairement rétractée par le père ou la mère qui l'a consentie, et que seulement elle peut être annulée ou rescindée dans les mêmes cas et par les mêmes moyens que toutes les conventions consignées dans des actes authentiques;—Que, dans l'espèce, les faits de dol allégués par le demandeur, sont démentis par les termes mêmes de la rétractation qu'il a faite, et que d'ailleurs, comme ils tendaient à établir que, dans l'acte qui contient la reconnaissance, il aurait été commis un faux par le notaire, il eût fallu se pourvoir en faux contre cet acte;—Et que les autres faits articulés par le demandeur ne portent pas le caractère d'une violence réelle qui soit de nature à faire annuler la reconnaissance qu'il a souscrite;—Qu'ainsi l'arrêt dénoncé, loin d'avoir faussement appliqué l'art. 1319 et violé l'art. 1109 c. civ., en a fait, au contraire, une juste application.

Sur le deuxième moyen :—Attendu, 1° que la nature elle-même, indépendamment de toute loi positive, impose aux pères l'obligation de fournir des aliments à leurs enfants, et que cette obligation, qui dérive nécessairement du fait de la paternité, s'applique au père qui a reconnu son enfant naturel, comme au père d'un enfant légitime;—Que la novelle 89, ch. 12, donnait à cet égard les mêmes droits aux enfants naturels qu'aux enfants légitimes, et qu'ils leur étaient accordés également en France, par une jurisprudence constante et uniforme;—Qu'à la vérité, le code civil ne contient aucune disposition expresse, quant aux aliments, en faveur des enfants naturels reconnus; mais que, dans le silence des lois positives, il faut recourir au droit naturel; —Qu'il n'y a, dans le code civil, aucune disposition contraire; — Que les art. 756 et 757 ne s'occupent que de la succession, et que, suivant la maxime du droit, *viventis nulla est hæreditas*, ils devaient nécessairement supposer le décès des père et mère de l'enfant naturel, pour régler leur succession; — Qu'au surplus, ils ne déclarent pas que l'enfant naturel n'aura de droits sur les biens des père et mère, qu'après leur décès; qu'ils décident seulement que, pour avoir des droits sur les biens des père et mère après leur décès, il faut qu'il ait été légalement reconnu; mais qu'il n'en résulte pas que le père vivant ne doive pas d'aliments à l'enfant naturel qu'il a reconnu:—Qu'on ne peut et ne doit pas supposer que les auteurs du code civil aient voulu affranchir les pères naturels de la dette la plus sacrée, du devoir le plus impérieux de la paternité; — Qu'en effet, l'un des rédacteurs du code disait, en parlant au nom du gouvernement, sur le titre de la paternité et de la filiation, que la loi serait à la fois et impuissante et barbare, qui voudrait étouffer le cri de la nature entre ceux qui donnent et ceux qui reçoivent l'existence, et que les pères ont envers leurs enfants naturels des devoirs d'autant plus grands, qu'ils ont à se reprocher leur infortune;—Qu'il résulte d'ailleurs, de plusieurs dispositions du code civil, qu'il n'a pas eu réellement l'intention de refuser des aliments aux enfants naturels reconnus; — Qu'avant les lois nouvelles, l'enfant naturel ne succédait jamais à son père, et que cependant il avait le droit de lui demander une pension alimentaire; que, dans le droit romain, il succédait; mais que la successibilité ne faisait point obstacle à la demande en aliments, et que le code civil ayant accordé à l'enfant naturel des droits sur la succession de son père qui l'a reconnu (art. 756, 757 et 758), et ayant même donné au père la succession de son enfant naturel décédé sans postérité (art. 765), on doit conclure de ces rapports établis entre le père et l'enfant, qu'ils se doivent mutuellement des aliments pendant leur vie; — Qu'enfin, ce qui ne permet plus de de doute à cet égard, c'est que le code ayant expressément accordé, par l'art. 762, des aliments aux enfants adultérins ou incestueux, il serait contradictoire qu'il en eût refusé aux enfants nés de personnes libres, qui sans doute sont bien plus favorables, et qu'en effet il a traité avec beaucoup plus de faveur; — Que déjà la cour a décidé en faveur d'un enfant naturel, par arrêt du 16 nov. 1808, et qu'elle doit maintenir cette décision, qui est conforme au vœu de la nature, à la morale, à la justice et au véritable esprit de la législation;

Que la disposition de l'art. 337 c. civ. ne s'oppose pas à ce qu'il soit accordé des aliments à un enfant naturel qui a été reconnu par son père, pendant le mariage de celui-ci avec une autre femme que la mère de l'enfant naturel; que ces aliments, lorsqu'ils sont pris sur les revenus qui appartiennent au père, et dont il est le maître de disposer, n'enlèvent aucuns droits ni à l'épouse ni aux enfants légitimes; qu'ils ne pourraient être pris sur la propriété des biens du père, au préjudice des droits de la femme qui a une inscription légale sur ces biens, à compter du jour de son mariage; que les enfants légitimes ne pourraient s'en plaindre, puisque leur père a eu le droit d'obliger ses biens, et qu'enfin la disposition de l'art. 337 ne doit s'appliquer qu'aux droits que l'enfant naturel reconnu pourrait réclamer sur les biens de son père décédé, en vertu de l'art. 756, mais ne doit pas s'appliquer à de simples aliments que tous les enfants ont également le droit d'exiger;—3° Qu'il n'est pas dans les attributions de la cour, de statuer sur la quotité des aliments; Rejette, etc.

Du 27 août 1811.-C. C., sect. req.-MM. Pajon, pr.-Chabot, rap.-Daniels, av. gén., c. conf.-Duprat, av.

naissance d'un enfant naturel devait être spontanée, si celle qui aurait été provoquée par des poursuites ou des *menaces* de poursuites judiciaires pourrait être annulée pour défaut de consentement libre? — Appelée à prononcer sur cette question, la cour de cassation a constamment distingué entre les reconnaissances antérieures à la loi du 12 brum. an 2 et celles qui n'ont été faites que depuis cette loi. Avant la loi du 12 brum. an 2, la recherche de la paternité était admise sans restriction. Ces sortes de procès, nous l'avons déjà dit, donnaient lieu à des débats scandaleux; là se trouvaient divulgués une foule de faits, de circonstances pour lesquels l'homme redoute ordinairement le grand jour de la publicité; d'ailleurs, le prétendu père était le plus souvent condamné sur des présomptions qui pouvaient n'être pas toujours parfaitement conformes à la vérité; il arrivait donc souvent que, pour se soustraire aux poursuites dirigées ou qu'on menaçait de diriger contre lui, ce prétendu père consentait à reconnaître l'enfant dont la naissance lui était imputée. La cour de cassation a pensé que la reconnaissance intervenue dans de telles circonstances était dépourvue de la liberté et de la spontanéité nécessaires à sa validité. Mais ces motifs ayant cessé d'exister lors de la publication de la loi du 12 brum. an 2, qui, comme nous l'avons vu, a imposé de sages limites au droit de rechercher la paternité naturelle, cette cour a pensé que, depuis cette époque, l'existence de poursuites, et, à plus forte raison, la menace de poursuites, n'avaient pu enlever au prétendu père la liberté de son consentement; que, par conséquent, elles ne viciaient pas la reconnaissance qu'il avait pu faire. — La même distinction a été généralement admise par les cours d'appel. — Ainsi jugé : 1° que la reconnaissance faite avant les lois nouvelles, dans une transaction sur poursuites judiciaires, par un individu qui est décédé sous la loi de brum. an 2, sans l'avoir renouvelée, doit être annulée comme manquant du caractère de liberté exigé par le code Napoléon (Amiens, 11 floréal an 12, aff. Apolline *C.* Frémont; Montpellier, 9 floréal an 13, aff. Mestre *C.* Moulins; Rej. 1er messidor an 13, MM. Muraire, 1er pr., d'Outrepont, rap., aff. Jean *C.* Lalo; Grenoble, 5 mars 1810, aff. André, V. n° 676); — 2° Qu'ainsi serait nulle la reconnaissance intervenue entre deux guichets (en 1769) pour arrêter des poursuites de rapt (même arrêt du 1er messid. an 13); — 3° Que la reconnaissance légale de paternité naturelle devant être libre et spontanée, on ne peut regarder comme telle et par suite comme donnant droit à une succession régie par le code civil, la transaction intervenue en 1776, sur une instance en aveu de paternité, dirigée contre un jeune homme qui s'y reconnait le père de l'enfant (Angers, 17 juill. 1828) (1); — 4° Que la transaction intervenue avant la loi du 12 brum. an 2, et par laquelle un individu, dans le but d'éviter le scandale public d'une action judiciaire dirigée contre lui, s'est reconnu père de l'enfant dont une fille était enceinte, est nulle comme manquant de cette liberté de consentement sans laquelle il n'y a pas de reconnaissance valide (Poitiers, 28 messid. an 12, aff. Malroye *C.* Hér. Gilbert); — 5° Que les aveux de paternité constatés par jugement, sur poursuites judiciaires, avant nos lois nouvelles, ne peuvent être regardés comme des actes libres de reconnaissance, ni, par suite, attribuer à l'enfant, sur les biens du déclarant, décédé sous la loi de l'an 2, les droits ouverts par cette loi au profit des enfants naturels (Cass. 13 vendém. an 5, M. Chabroud, pr., aff. Dumesnil); — 6° Que celui qui, sur une demande en déclaration de paternité naturelle, à l'époque où la recherche de paternité était admise, a été condamné, de son consentement, à se charger de l'enfant, et a exécuté ce jugement en recevant l'enfant chez lui et le faisant élever, ne peut être réputé l'avoir régulièrement et volontairement reconnu, encore bien que cet état de choses ait duré jusqu'à son décès survenu postérieurement à la loi du 12 brum. an 2 (Riom, 1er août 1809, M. Verny, pr., aff. héritiers Védrines *C.* Louis); — 7° Que des reconnaissances de paternité naturelle faites sur poursuites, avant la loi de l'an 2, ont pu être annulées au profit des héritiers comme manquant de liberté, quoique le père serait décédé sous cette loi, en avouant de nouveau cette paternité dans un testament mystique...; alors d'ailleurs que ce testament lui-même n'a pas été libre (Rej. 18 flor. an 13, aff. Richon, V. n° 436-7°); — 8° Que la reconnaissance d'un enfant naturel faite dans une transaction, pour arrêter les poursuites judiciaires de la mère, n'est pas valable, alors d'ailleurs qu'elle a eu lieu sous seing privé, et bien qu'elle ait postérieurement été mentionnée dans le contrat de mariage de cet enfant, s'il apparait qu'il ne voulait pas lui reconnaître un état et des droits de successibilité (Req. 15 janv. 1806, MM. Henrion, pr., Borel, rap., aff. Jeanneau *C.* Moulins); — 9° Que ne peuvent être regardés comme des actes valables de reconnaissance de paternité naturelle, soit le jugement, soit la transaction qui, en 1758, avant nos lois nouvelles, et sur une poursuite en rapt pour séduction, ont imposé à un individu, décédé avant ces lois, la charge de payer une certaine somme à la mère alors enceinte, et à l'enfant qui est né d'elle; et cela encore bien que la transaction ait été exécutée; que, par suite, il n'y avait pas lieu d'accueillir, sous la loi de brumaire an 2, la demande de l'enfant, formée contre les héritiers de son prétendu père, en partage des biens de ce dernier, conformément à cette loi (Cass. 5 therm. an 5, aff. Gervais *C.* Gaujoux); — 10° Que la reconnaissance contenue dans une transaction serait également nulle, s'il résultait des circonstances qu'elle n'est intervenue avant les lois nouvelles qu'à la suite de menaces de poursuites judiciaires (Req. 11 août 1808, aff. Blanc, V. n° 548-2°); — 11° Que la reconnaissance d'un enfant naturel faite par un mineur avant la loi du 12 brum. an 2 peut être annulée, s'il résulte des circonstances qu'elle est le fruit de la captation ou de la contrainte imposée par menaces de poursuites judiciaires (Rouen, 18 mars 1815, aff. Hocquerel, V. n° 492); — 12° Que la reconnaissance de paternité, faite avant la loi de brum. an 2 dans un acte authentique, provoquée par une déclaration de grossesse de la mère avec indication du nom du père, et ayant pour but de prévenir les poursuites que pourrait intenter la mère, a pu être considérée comme n'ayant pas le caractère de spontanéité que la loi exige pour sa validité (Rej. 5 août 1807, MM. Viellart, pr., Schwendt, rap., aff. Manchouard *C.* d'Hégreville); — 13° Que l'acte notarié par lequel un individu, depuis la loi du 12 brum. an 2, se reconnaissant l'auteur d'une grossesse, s'oblige à payer une certaine somme à la mère, moyennant quoi celle-ci se *désistera* de l'action par elle intentée contre lui pour frais de couches, et qu'il ne sera point chargé de l'éducation de l'enfant, doit être considéré comme l'effet de la contrainte, et non comme un acte valable de reconnaissance (Agen, 27 nov. 1823, Feneuil C. veuve Domengieux); — 14° Que la double circonstance que la reconnaissance d'un enfant naturel émane d'un mineur, et qu'elle a précédé la naissance de l'enfant, peut être prise en considération lorsqu'il s'agit d'apprécier si cette reconnaissance a eu lieu avec liberté et spontanéité... surtout si la reconnaissance a eu lieu sous l'ancienne législation et en vue d'éviter une action en recherche de paternité (Orléans, 16 janv. 1847, aff. D..., D. P. 47. 2. 17).

(1) (Ve Maurat *C.* Lefaucheux.) — La cour; — Attendu que la demande du sieur Lefaucheux est une pétition d'hérédité fondée sur la prétention qu'il élève que son épouse Renou est l'enfant naturel et légalement reconnu de Maurat; — Attendu que la reconnaissance légale est un acte qui doit être libre, spontané, volontaire, et que les actes produits au procès n'offrent point ce caractère, puisque leur objet principal était d'arrêter des poursuites dirigées contre Maurat, et que les aveux qu'ils peuvent renfermer ne sont que l'effet des conséquences des mêmes poursuites;

Attendu que si la transaction de novembre 1776, ainsi que les actes et les faits qui s'y rapportent remontent à une époque où la recherche de la paternité était permise, et où ils pouvaient servir à l'établir, il n'est pas moins vrai que l'appréciation qui en serait faite aujourd'hui pour en conclure la filiation de l'épouse de Lefaucheux serait une recherche de paternité que prohibent les lois et la jurisprudence actuelle; — Attendu que les conclusions subsidiaires prises par la partie de Me Lachaise se rapportent, quant à leur objet et à leurs moyens, à la question principale et n'en forment pas une qui lui soit étrangère et que, d'ailleurs, en pareil cas, les parties peuvent, en tout état de cause, prendre, dans leur intérêt, les conclusions qui se rapportent à leurs demandes, conformément à l'art. 464 c. pr.; — Attendu que la femme Lefaucheux, âgée de cinquante ans, mariée avec un homme ayant un état et ne justifiant pas que les obligations consenties en sa faveur dans la transaction de 1776 n'aient pas été remplies, est sans qualité pour réclamer une pension alimentaire; — Par ces motifs, sans s'arrêter aux conclusions subsidiaires de Me Lachaise, ni à la fin de non-recevoir proposé par la partie de Me Duboys, met l'appellation au néant, etc.

Du 17 juill. 1828.-C. d'Angers, aud. sol.-M. Dandigné, 1er pr.

570. Mais on a jugé : 1° que la reconnaissance d'un enfant naturel, provoquée par des poursuites judiciaires, n'est pas nulle pour défaut de liberté, si elle a eu lieu devant le magistrat, sous l'empire de la loi du 12 brum. an 2, prohibitive de la recherche de paternité (Rej. 6 janv. 1808) (1);—2° Qu'une telle reconnaissance, faite à la suite de menaces de poursuites judiciaires, dans un traité passé devant notaire avec la mère de l'enfant, et par lequel le père s'engage à lui payer une somme de 800 fr., pour qu'elle en demeure chargée, est valable (Bordeaux, 18 flor. an 13) (2).

571. Si, depuis la loi du 12 brum. an 2, un aveu de paternité provoqué par des poursuites judiciaires n'a pu être considéré comme arraché par la crainte, et, par conséquent, comme dépourvu de la liberté nécessaire, à plus forte raison en doit-il être de même sous l'empire du code Napoléon, qui, plus rigoureux encore que la loi du 12 brum. an 2, prohibe d'une manière absolue toute recherche de paternité, sous la seule exception du cas où il y a eu enlèvement. Aussi admet-on généralement que, lorsque la reconnaissance a été faite conformément aux règles prescrites par l'art. 334, elle n'est plus soumise qu'aux causes de rescision communes à tous les actes, et qu'ainsi, qu'elle ait eu lieu sur poursuites judiciaires ou non, elle n'en est pas moins volontaire et valable (V. en ce sens Merlin, Rép., v° Bâtard, § 2, n° 3, et Filiation, n°s 11, 14 et 15; MM. Duranton, t. 3, n° 220; Toullier et Duvergier, t. 2, n° 963; Demolombe, t. 5, n° 432). — Cependant M. Loiseau (p. 505) enseigne d'une manière générale que la reconnaissance est nulle dès qu'elle a été consentie par jugement ou dans un procès-verbal de conciliation, dans la seule vue d'éviter ou d'arrêter des poursuites judiciaires; et qu'elle est également nulle dès qu'elle a été consignée dans une transaction sur procès, ou même dans une transaction volontaire, parce qu'il est de l'essence de la transaction d'avoir pour objet de terminer une contestation au moins à naître, et d'abdiquer dans cette vue au moins partie de ses droits. A l'appui de sa doctrine, M. Loiseau invoque la jurisprudence. Mais il est évident qu'à cet égard cet estimable auteur a fait une confusion.

572. MM. Ducaurroy, etc., t. 1, n° 483, tout en reconnaissant que l'aveu judiciaire fait pleine foi, enseignent que toutefois, comme la recherche de la paternité est interdite, ce serait inutilement qu'un homme, appelé en justice par son prétendu fils, avouerait sa paternité. « La reconnaissance du père, disent ces auteurs, ne doit pas seulement être libre; il faut qu'elle soit spontanée. Si elle peut résulter d'un aveu judiciaire, ce n'est donc que dans une instance tout à fait étrangère à la recherche de la paternité, et lorsque le père demande lui-même acte de sa reconnaissance. » Mais nous croyons que cette doctrine fait dire à la loi ce qu'elle ne dit pas. Nulle disposition, nul article du code Napoléon n'exige cette spontanéité que MM. Ducaurroy, Bonnier et Roustain considèrent comme une condition de la validité de la reconnaissance. Lorsque le prétendu père est actionné en reconnaissance de l'enfant, il peut repousser la demande par une simple dénégation; il peut même, sans avoir recours à cette dénégation qui peut coûter à sa conscience, se retrancher purement et simplement dans la disposition de l'art. 340 qui interdit la recherche de la paternité; si donc, au lieu de suivre cette marche, il avoue la paternité qui lui est imputée, il le fait dans la plénitude de sa liberté, et nous ne voyons pas dès lors par quelle raison de droit on pourrait dénier à cet aveu judiciairement constaté le caractère d'une reconnaissance authentique et libre.

573. L'inconduite notoire de la mère n'est pas un motif suffisant pour annuler, sous prétexte de lésion, la reconnaissance de l'enfant naturel né d'elle (Douai, 17 mars 1840, aff. demoiselle R..., V. n° 492-3°).

574. Il peut se faire qu'un acte de reconnaissance ait été reçu par un officier public ayant qualité à cet effet, mais qui était incompétent dans le lieu où l'acte a été dressé; il peut se faire encore que cet acte, bien qu'authentique, soit affecté de quelque vice de forme. Dans ce cas, comme le fait observer M. Demolombe, t. 5, n° 433, l'acte n'est pas nul de plein droit; il y a seulement une cause d'annulation qui a besoin d'être proposée et prononcée.

575. Il est encore une autre cause pour laquelle l'annulation de la reconnaissance peut être demandée : c'est lorsque l'homme ou la femme de qui elle émane n'est pas véritablement le père ou la mère de l'enfant auquel elle s'applique. Ainsi supposons qu'il soit établi, par exemple, que l'auteur de la reconnaissance était impubère à l'époque à laquelle se reporte la conception de l'enfant; supposons encore, si c'est l'homme, qu'il soit établi qu'à l'époque présumée de la conception tout rapprochement entre lui et la mère était physiquement impossible; et, si c'est la femme, qu'il soit établi qu'à l'époque de la naissance de l'enfant elle n'est point accouchée; il est évident que, dans ces divers cas, la reconnaissance doit être annulée. — La preuve de la fausseté de la reconnaissance peut être faite par tous les moyens possibles. C'est là en effet une pure question de fait qu'il appartient aux tribunaux d'apprécier souverainement d'après les circonstances. — Il a été jugé, conformément à ce qui précède : 1° que la reconnaissance d'un enfant naturel et la légitimation de

---

(1) *Espèce :* — (Picot C. Picot.) — Le 10 juill. 1770, naissance d'un enfant baptisé sous le nom de Jean-Baptiste, et inscrit sur les registres de l'état civil, comme n'ayant ni père ni mère connus. — Le 15 floréal an 2, Jean-Baptiste somme Léon-François Picot de le reconnaître pour son fils.—Le 26, comparution de l'enfant et du prétendu père devant le juge de paix. — Picot déclare que, malgré les motifs de doute qui l'ont arrêté jusqu'à ce moment, cependant, voulant donner une preuve de son exacte probité, et surtout de l'intention qu'il a manifestée dans tous les temps de se conformer en tout ce qui dépendra de lui aux lois de la révolution, il veut bien et consent, pour éviter tous détours, et qu'on ne puisse lui imputer des faux-fuyants de chicane, indignes d'un républicain, reconnaître Jean-Baptiste pour son fils naturel qu'il a eu avec Marie Espagnel.—Picot était alors veuf et père d'un enfant légitime.— Le 27 flor. an 11, il fit son testament, et déclara n'avoir reconnu son fils Jean-Baptiste que pour conjurer les persécutions certaines qu'il allait éprouver; que cette reconnaissance avait été le pur accent de la violence et de la terreur; qu'il avait résisté aux réclamations de Jean-Baptiste par principe de conviction et de justice; qu'il n'avait cédé que forcément, que pour garantir sa vie et sa liberté.—Il révoqua la reconnaissance et protesta que Jean-Baptiste n'était pas son fils.—14 thermidor, décès de Picot. — En l'an 12, le fils naturel actionne l'enfant légitime, et réclame les droits attribués par la loi transitoire combinée avec l'art. 757 du code, aux enfants naturels légalement reconnus. — L'enfant légitime soutenait que cette reconnaissance était nulle, parce qu'elle avait été déterminée par des poursuites judiciaires, et qu'au surplus, aux termes de l'art. 337 c. civ., auquel l'enfant naturel était renvoyé par la loi transitoire, la reconnaissance d'un enfant naturel né même avant le mariage ne pouvait nuire à un enfant né d'un mariage légalement contracté. — 13 prair. an 12, jugement par lequel le tribunal de Bayonne déclare la reconnaissance nulle.—Sur l'appel, arrêt infirmatif du 5 prair. an 13, qui déclare la reconnaissance valable et dispose qu'elle produira tous ses effets nonobstant l'art. 337, lequel n'est point applicable à ce cas.

Pourvoi pour violation des art. 334 et 337 c. civ.

La cour; — Considérant, sur le premier moyen, dans le fait que c'est après la publication de la loi du 12 brumaire an 2, que Léon-François Picot a reconnu, pour son fils naturel, Jean-Baptiste Picot; en droit, que, depuis la publication de cette loi de brumaire, nul n'a pu être contraint à reconnaître un enfant naturel qu'il ne jugeait pas à propos d'avouer, et que toutes poursuites, tendant à la recherche de la paternité, ont été illégales et nulles; — Qu'il suit de là qu'en souscrivant la reconnaissance dont il s'agit, Léon-François Picot a fait un acte auquel il pouvait se refuser, malgré les poursuites dirigées contre lui, et, par une conséquence nécessaire, qu'il est présumé avoir agi librement ;..... — Considérant, sur le troisième moyen, que toute discussion sur l'esprit d'une loi est inutile, lorsque son texte est clair; qu'il est évident que l'art. 337 c. civ. ne parle que des reconnaissances d'enfants naturels faites pendant le mariage ; — Que c'est uniquement ces reconnaissances faites pendant le mariage qui, dans les cas prévus par l'art. 337, ne peuvent opérer d'effet en faveur des enfants naturels; — Que la reconnaissance dont il s'agit n'a pas été faite pendant le mariage de Léon-François Picot, mais bien après la mort de son épouse, et par conséquent après la dissolution du mariage ; — D'où il suit que l'art. 337 n'est pas textuellement applicable à l'espèce; — Rejette le pourvoi formé contre l'arrêt de la cour de Pau, du 5 prair. an 13.

Du 6 janv. 1808.-C. C., sect. civ.-MM. Liborel, pr.-Zangiacomi, rap.

(2) (Guérin C. Guérin.)—La cour;—Considérant que, par le traité du 24 juin 1770, feu Pierre Guérin s'est reconnu le père de l'enfant dont Jeanne Marrand était alors enceinte; qu'en donnant à cette femme une somme de 800 fr. pour qu'elle demeurât chargée de l'enfant, il l'assujettit à le lui représenter chaque fois qu'il l'en requerrait; que ce traité ne fut point provoqué par des poursuites judiciaires, puisque aucune n'eut lieu contre Pierre Guérin de la part de Jeanne Marrand; que ce fut très-volontairement qu'il y fit la reconnaissance de sa paternité, et que cette reconnaissance étant établie par un acte authentique, elle doit suffire à l'enfant; — Lui accorde les trois quarts de la succession, etc.

Du 18 flor. an 13.-C. d'app. de Bordeaux.

cet enfant par mariage subséquent sont attaquables en nullité si, au temps de la conception, l'auteur de cette reconnaissance était encore à l'école et à peine âgé de treize ans, et s'il n'apparaît d'aucunes relations qui aient pu exister entre lui et la mère de l'enfant soit à cette époque, soit depuis et même jusqu'au mariage (Douai, 6 juin 1852, aff. Protat, D. P. 52. 2. 221);— 2° Qu'on peut prouver qu'une reconnaissance est frauduleuse (Bordeaux, 10 avril 1843, aff. Lambert, n° 473-2°).

576. Il ne faut pas conclure de ce que nous venons de dire que la reconnaissance pourrait être annulée par le seul fait qu'à l'époque de la conception l'auteur de la reconnaissance n'avait pas encore atteint l'âge auquel l'art. 144 c. nap. permet de contracter mariage : dix-huit ans pour l'homme et quatorze ans pour la femme; comme il s'agit ici d'une pure question de fait, comme il s'agit uniquement de savoir s'il est physiquement possible que telle personne soit le père ou la mère de l'enfant qu'elle a reconnu, il est clair que ce n'est point à la puberté légale, mais à la puberté réelle qu'il faut s'attacher. C'est ce qu'enseignent au surplus MM. Loiseau, p. 415; et Demolombe, t. 5, n° 434.

577. Voyons maintenant quelles personnes peuvent attaquer la reconnaissance dans le cas où, sans être nulle de plein droit, elle est susceptible d'annulation. — Et d'abord il est évident qu'elle peut être attaquée pour cause d'erreur, de dol ou de violence par celui-là même qui l'a faite et dont le consentement se trouve ainsi vicié. Cela ne saurait être contesté. Mais pourrait-elle l'être également par tous les autres intéressés? Spécialement l'enfant serait-il recevable à prétendre que la reconnaissance de son prétendu père naturel est le résultat de l'erreur, du dol ou de la violence, et que, dès lors, elle doit être annulée? — M. Zachariæ, éd. Aubry et Rau, t. 4, p. 60, enseigne que, dans ce cas, la nullité de la reconnaissance ne peut être proposée que par l'auteur de la reconnaissance ou en son nom par ses héritiers et successeurs universels. Et cette doctrine est conforme aux principes généraux de la matière des contrats. En effet, comme nous le verrons v° Obligations conventionnelles, la nullité d'un contrat à raison des vices du consentement est purement relative; elle ne peut être demandée en justice que par celui dont le consentement a été donné par erreur, surpris par dol, extorqué par violence; enfin elle peut être couverte par sa ratification expresse ou tacite. — Mais nous pensons, avec un autre auteur (M. Demolombe, t. 5, n° 439), que ces principes généraux doivent être ici modifiés par l'effet de l'art. 339 c. nap. Cet article dispose d'une manière générale que toute reconnaissance peut être contestée par tous ceux qui y ont intérêt, c'est-à-dire, que tous ceux qui y ont intérêt sont recevables à prétendre que la reconnaissance n'est pas sincère, n'est pas l'expression de la vérité. Or le meilleur moyen de le prouver c'est d'établir que cette reconnaissance est le résultat de l'erreur, du dol ou de la violence. — Décidé, en ce sens, que la reconnaissance d'un enfant naturel peut être attaquée par le père de celui qui l'a faite, même du vivant de ce dernier, et bien qu'elle ait été suivie de légitimation : qu'on objecterait vainement le défaut d'intérêt, la reconnaissance ne donnant pas seulement à l'enfant qui en est l'objet un droit éventuel de succession, mais lui conférant le droit actuel de porter un nom qui jusque-là ne lui appartenait pas, et de réclamer l'accomplissement des obligations existant au profit de l'enfant reconnu ou légitimé (Paris, 23 juill. 1853, aff. V..., D. P. 54. 2. 269).

578. La preuve de l'erreur, du dol ou de la violence peut être faite par tous les moyens possibles. Ainsi il a été jugé que la preuve testimoniale est admissible même contre un acte de reconnaissance d'enfant naturel, lorsque le consentement donné dans cet acte a été surpris par dol ou n'a qu'une cause illicite ou immorale (Paris, 14 déc. 1833, aff. Soymier, V. n° 581).

579. Quant à la reconnaissance entachée d'incompétence ou d'un vice de forme, il ne nous paraît pas douteux qu'elle puisse être attaquée par le père ou la mère de qui elle émane; en effet, pour que l'auteur de la reconnaissance soit lié par cet acte, il faut qu'il soit régulier, que les règles auxquelles la loi l'a soumis aient été observées. Elle peut être attaquée en outre par tous les intéressés. C'est le cas d'appliquer l'art. 339, que nous avons déjà cité. Cet article est ainsi conçu : « Toute reconnaissance de la part du père ou de la mère, de même que toute réclamation de la part de l'enfant, pourra être contestée par tous ceux qui y auront intérêt. » La généralité de ces mots *pourra être contestée* n'étant limitée par aucune restriction, il en résulte que la contestation est également recevable, soit qu'elle porte sur quelque irrégularité de forme, soit qu'elle porte sur la vérité même de la déclaration. — V. en ce sens M. Demolombe, t. 5, n°s 436 et 439 ; Zachariæ, éd. Massé et Vergé, t. 1, p. 328 et 329, note 1 et suiv.

580. Tous ceux donc qui y sont intéressés peuvent être admis à contester au fond la reconnaissance et à soutenir qu'elle n'est pas l'expression de la vérité. Mais celui-là même qui l'a faite serait-il recevable à la contester ultérieurement pour ce motif et à prétendre que l'aveu de paternité ou de maternité qu'elle contient n'a été de sa part qu'un mensonge? Se trouve-t-il compris à titre d'intéressé dans la disposition générale de l'art. 339?— Nous supposons ici que l'auteur de cette reconnaissance mensongère, par quelque motif d'ailleurs qu'il ait été déterminé, a agi, en le faisant, dans la plénitude de sa liberté et de sa volonté; car s'il était établi, par exemple, qu'il n'y a été amené que par l'effet d'un dol, il n'est pas douteux, comme on l'a vu plus haut, qu'il pourrait en demander la nullité. Il le pourrait, dans ce cas, par un double motif : parce que la reconnaissance n'est pas le produit d'un consentement valable, et parce qu'elle n'est pas l'expression de la vérité.—C'est ainsi qu'il a été jugé : 1° que la reconnaissance d'un enfant naturel peut être attaquée par le prétendu père, même majeur, qui l'a faite, sur le fondement qu'il n'est pas le père de l'enfant et que sa déclaration n'a été déterminée que par les manœuvres artificieuses de la mère et l'état de concubinage qui existait entre eux (Paris, 14 déc. 1833, aff. Soymier, V. n° 581);—2° Que l'auteur de la reconnaissance d'un enfant naturel a qualité pour la critiquer, notamment pour cause de fraude et de faux (Paris, 23 juill. 1853, aff. V..., D. P. 54. 2. 269).

581. Mais, dans le cas où il n'est argué d'aucun dol, d'aucune manœuvre, enfin d'aucun vice du consentement, la question est beaucoup plus douteuse. — Pour la non-recevabilité, on peut dire d'abord que les termes de l'art. 339 paraissent exclure l'auteur de la reconnaissance; qu'en effet, par ces mots : « toute reconnaissance *de la part du père ou de la mère...* pourra être contestée par tous ceux qui y auront intérêt, » la loi, dans cet article, paraît mettre en présence, d'une part, le père ou la mère affirmant dans la reconnaissance que l'enfant est né de soi; d'autre part, l'enfant ou tout autre intéressé soutenant le contraire. On peut ajouter que, pour contester la reconnaissance, le père ou la mère de qui elle émane est obligé de soutenir qu'en la faisant il a menti, et que, suivant une maxime incontestée, *nemo admittitur turpitudinem suam allegans.* Cette interprétation a été adoptée par M. Demolombe, t. 5, n° 437. — On peut répondre à ces arguments d'abord que si la rédaction de l'art. 339 paraît, en effet, supposer que la contestation est formée par un autre que le père ou la mère qui l'a faite, c'est que, dans la pensée du législateur, c'était ordinairement par les autres intéressés plutôt que par le père ou la mère que la vérité de la reconnaissance devait être contestée; qu'en effet, une telle contestation, de la part de l'auteur de la reconnaissance, ne se présente à l'esprit que comme un cas exceptionnel et extraordinaire; mais que les termes de l'art. 339 ne sont pas assez explicites pour qu'on puisse à bon droit prétendre qu'il exclut le père ou la mère; qu'au contraire, par la généralité de ces expressions : « tous ceux qui y auront intérêt, » il embrasse l'auteur de la reconnaissance aussi bien que les autres intéressés, et qu'on ne doit pas distinguer là où la loi ne distingue pas. A l'argument tiré de la maxime *nemo admittitur*, etc., on peut répondre que ce principe reçoit exception dans les matières qui intéressent l'ordre public; qu'ainsi, suivant la jurisprudence, le cessionnaire d'un office qui a déguisé sous une fausse cause la contre-lettre qui renferme un supplément de prix peut lui-même demander la nullité, etc., etc., et que l'ordre public et les bonnes mœurs sont intéressés à la vérité de la reconnaissance d'un enfant naturel bien plus gravement qu'ils ne le sont à la sincérité des traités de cession d'offices. On peut ajouter enfin que les mêmes principes en vertu desquels une transaction en cette matière ne serait pas valable (V. *infrà*, n° 633) ne permettent pas qu'un homme puisse créer arbitrairement entre lui et un autre individu le lien légal d'une paternité qui ne serait point réelle. — Nous avouons que cette doctrine, qui a été adoptée par M. Zachariæ et MM. Aubry et Rau, t. 4, p. 61, nous paraît plus solide et plus sûre que la première.—Elle a été consacrée par un arrêt qui a décidé que l'acte de reconnaissance d'un enfant naturel doit être annulé sur la poursuite du prétendu père, qui articule la fausseté du fait de la paternité, lorsqu'il résulte des circonstances et de l'aveu de la mère que le père ne la connaissait pas à l'époque de la conception, encore bien qu'il habitât la même ville (Paris, 14 (ou 28) déc. 1833) (1).—Elle semble avoir été également admise, au moins d'une manière implicite, par un arrêt qui a jugé que le père d'un enfant naturel qui, sur la demande d'une pension alimentaire dirigée contre lui par la mère, conteste seulement en première instance sur la quotité de la pension, est non recevable, en cause d'appel, à prétendre qu'il n'est pas le père et à contester l'état de l'enfant, sous le prétexte, par exemple, d'impossibilité physique de cohabiter... surtout si l'enfant qui a une possession d'état conforme à son acte de naissance, lequel n'est pas même attaqué, n'est point en cause (Colmar, 12 mars 1819, aff. Schmitt *C.* Beck). — Enfin il a été décidé que la reconnaissance d'un enfant naturel peut être annulée, sur la demande de celui qui l'a faite, pour erreur sur le fait de la paternité, lorsqu'il est établi, en l'absence même de toute impossibilité physique de cohabitation, par des présomptions graves, précises et concordantes, qu'il n'y a eu aucun rapport entre la mère de cet enfant et l'individu qui a déclaré en être le père, dans l'unique intention de se faire de cette reconnaissance de paternité un moyen d'adoption; que tout ce qui touche à l'état des personnes étant d'ordre public, il ne peut dépendre de la volonté de l'homme de créer une paternité qui n'existe pas (Aix, 22 déc. 1852, aff. Gordes, D. P. 54 2. 121).

582. Parmi les personnes qui peuvent avoir intérêt à contester la reconnaissance on peut citer, outre l'auteur même de la reconnaissance et l'enfant reconnu, les héritiers ou successeurs de l'un et de l'autre. La mère qui aurait reconnu l'enfant aurait également qualité, à titre d'intéressée, pour contester la reconnaissance faite par le prétendu père. En effet, indépendamment de l'intérêt pécuniaire qu'elle peut avoir (art. 765), il peut exister pour elle de graves raisons d'empêcher que son enfant ne soit placé sous la puissance paternelle de cet homme, et de plus elle peut avoir personnellement un grand intérêt moral à ne pas laisser croire qu'elle ait jamais eu des relations avec lui, par exemple, si c'était un homme mal famé, un homme flétri par des condamnations judiciaires. Et ce que nous disons à l'égard de la mère, on peut le dire réciproquement à l'égard du père. Il aurait également le droit, comme intéressé, de contester la reconnaissance faite par la prétendue mère. — Jugé en ce sens 1° que l'enfant naturel a qualité pour contester la reconnaissance de paternité faite en sa faveur (Nîmes, 2 mai 1837, aff. Chaix, V. *suprà*, n° 589); — 2° Que l'enfant naturel et sa mère sont évidemment du nombre des

(1) (Soymier *C.* Boucher.)—Le 10 avril 1833, le tribunal de la Seine rendit un jugement en ces termes : — « Attendu que la reconnaissance d'un enfant naturel est la déclaration d'un fait préexistant, celui de la paternité ; — Que ce fait de la paternité est la cause de l'acte de reconnaissance; que si le fait de la paternité est démontré faux, l'acte reste sans cause et doit être annulé : — Attendu que les trois premiers faits articulés par le sieur Boucher établiraient, s'ils étaient prouvés, qu'il n'est pas et ne peut être le père de l'enfant dont s'agit, et qu'il en résulterait que la reconnaissance qu'il en a faite est un acte sans cause; — Attendu que si, en principe général, on ne peut pas être admis à prouver par témoins le contraire de ce qu'on a reconnu par acte, ce principe souffre exception, lorsque le consentement donné à l'acte a été surpris par dol, ou n'a eu qu'une cause illicite ou immorale; — Attendu que les trois derniers faits articulés par le sieur Boucher établiraient, s'ils étaient prouvés, que la demoiselle Tard abusait des passions de ce jeune homme, à peine sorti de la minorité, le tenait dans un état d'asservissement complet à ses volontés; qu'il en résulterait que le consentement donné par le sieur Boucher à l'acte de fausse reconnaissance de paternité lui a été extorqué par les artifices et les manœuvres de la demoiselle Tard; qu'il a été le prix des complaisances de cette fille, et qu'il n'a été déterminé que par la cause immorale du concubinage; — Le tribunal, sans avoir égard aux fins de non recevoir opposées par le sieur Soymier ès-noms, desquelles il est débouté; — Avant faire droit au fond; — Admet le sieur Boucher, assisté du sieur Destors ès-noms, à faire preuve, tant par titres que par témoins, des faits ci-après : — 1° Que ce n'est qu'au mois de décembre 1830, c'est-à-dire sept mois après la naissance de Julie-Fanny, qu'Émile Boucher a fait connaissance de la demoiselle Tard, cliente de l'étude de Me Desmonts, avoué, où il travaillait alors ; que c'est à cette époque qu'il l'a vue pour la première fois; que la demoiselle Tard elle-même, lors de l'instruction d'une plainte dirigée contre elle, a déclaré, dans l'interrogatoire qu'elle a subi le 20 mars 1832, que ce n'était qu'au mois de décembre 1830 ou de janvier 1831 qu'avait commencé sa liaison avec ledit sieur Boucher ; — 2° Qu'au mois d'août 1829, époque à laquelle remonterait la conception de l'enfant, d'après la date de sa naissance, 14 mai 1830, le sieur Boucher n'a pu connaître la demoiselle Tard ; qu'au mois d'août il était encore comme pensionnaire chez M. Gibbon, professeur de philosophie au collége d'Henri IV, chez lequel il avait été placé dès le mois d'octobre précédent, et où il est resté jusqu'au 18 août ; — Que le sieur Boucher, pendant tout le temps qu'il est resté chez le sieur Gibbon, ne pouvait sortir seul, qu'il n'est jamais sorti sans être accompagné par des parents ; — Que le 18 août 1829, époque à laquelle il a quitté la maison du sieur Gibbon, pour aller passer les vacances chez sa mère, il fut conduit directement par ses parents à leur maison de campagne à Bormeuil, où il resta avec eux sans interruption et sans que ceux-ci le perdissent de vue un seul instant, jusqu'au milieu du mois de novembre, date de son entrée chez Me Desmonts ; — 3° Que la demoiselle Tard a elle-même déclaré, à plusieurs reprises, que l'enfant dont s'agit n'était pas du sieur Boucher, que, lors de l'instruction suivie contre elle, la demoiselle Tard, interrogée sur le motif qui avait pu la déterminer à faire reconnaître par le sieur Boucher un enfant qui n'est pas de lui, répondit : Il n'est pas le père de cet enfant, mais c'est un secret entre lui et moi ; — Que déjà, quelque temps auparavant, la demoiselle Tard s'étant adressée à Me Gracien, avoué, pour le consulter sur une réclamation d'aliments qu'elle avait l'intention de former pour ses deux enfants contre le sieur Boucher, avait dit audit Me Gracien que l'aîné de ses enfants avait été reconnu par le sieur Boucher, quoiqu'il n'en fût pas le père; — Qu'enfin elle lui avait montré une promesse de mariage souscrite en sa faveur par le sieur Boucher, et contenant une clause pénale de 40,000 fr.; — 4° Que la demoiselle Tard, pour prix de ses complaisances, a fait souscrire au sieur Boucher fils pour plus de 60,000 fr. de traites en blanc; qu'une de ces traites montant à 4,000 fr., et qu'elle lui avait fait signer au mois de juillet 1831, avait été remplie du nom d'un sieur Pajol et passée à l'ordre du sieur Anglement, ancien teneur de livres du sieur Lecomte, qui l'avait fait protester et en avait fait poursuivre le payement contre le sieur Boucher fils; que la famille, qui ignorait alors l'existence des autres traites, s'était décidée à payer les 4,000 fr. pour éviter audit sieur Boucher les suites d'une condamnation commerciale; que cette somme fut remise immédiatement par le sieur Anglement au sieur Lecomte, qui est désigné comme l'un des agents les plus actifs des intrigues de la demoiselle Tard; — Que la séduction du sieur Boucher était si complète, la dépendance dans laquelle il s'était placé tellement absolue, que lui-même pressa et sollicita du sieur Anglement de diriger contre lui des poursuites tendantes à exercer contre lui la contrainte par corps, afin de déterminer plus sûrement sa famille à payer; — Que le sieur Anglement est convenu, en présence de témoins, qu'il n'était que le prête-nom du sieur Lecomte, lequel s'entendait avec la demoiselle Tard ; — 5° Qu'au commencement de la liaison dudit sieur Boucher fils, un jour, et pendant que ses parents étaient au spectacle, Boucher conduisit ladite demoiselle Tard dans leur appartement, rue Meslay, n° 16, où il s'introduisit, en disant aux domestiques que cette dame allait se reposer un instant, que la demoiselle Tard parcourut l'appartement, examina les meubles, les tableaux, etc., sans doute pour se faire une idée de la position de fortune de la famille du sieur Boucher; — 6° Que la demoiselle Tard ayant décidé le sieur Boucher fils, à la fin du mois d'août 1831, à quitter la maison de ses parents, celui-ci passait tout son temps chez elle, y prenait ses repas et en sortait seulement à neuf heures du soir, heure à laquelle la demoiselle Tard le congédiait, sous prétexte que le propriétaire de la maison ne permettait pas le séjour d'un étranger dans la maison pendant la nuit; — Que ledit sieur Boucher s'était mis, à l'égard de ladite demoiselle Tard, dans une dépendance tellement absolue qu'elle le chargeait habituellement de promener un enfant de deux ans qu'elle avait eu d'une autre liaison, et de faire ses commissions de ménage ; — Qu'on le rencontrait souvent rapportant des œufs, légumes et autres provisions de ce genre qu'elle le chargeait de faire ; — Qu'enfin il passait dans le quartier pour son domestique; — Ordonne que la preuve desdits faits sera faite devant M. Bouchot, juge, que le tribunal commet à cet effet, sauf au sieur Soymier ès-noms, à faire, si bon lui semble, la preuve contraire devant M. le juge-commissaire, le tout dans le délai de la loi, pour ladite enquête et contre-enquête, s'il y a lieu, faites et rapportées, être par les parties conclues, par le ministère public requis et par le tribunal statué ce qu'il appartiendra. » — Appel. — Arrêt.

La cour ; — Adoptant les motifs des premiers juges, confirme.

Du 14 (ou 28) déc. 1833.-C. de Paris, aud. sol.-M. Séguier, pr.-MM. Delangle, Vatismenil, av.

personnes intéressées qui peuvent contester la reconnaissance de paternité contenue dans l'acte de naissance dudit enfant (Douai, 7 juin 1842, aff. Bernier, V. *infrà*, n° 584; Aix, 22 décembre 1852, aff. Gordes, D. P. 54. 2. 121);—3° Que la revendication de paternité peut être considérée comme donnant à celui qui l'engage, intérêt dans le sens de l'art. 339 c. nap. à contester la reconnaissance antérieure faite à son préjudice (Req. 10 fév. 1847, aff. Leroux; D. P. 47, 1, 49). — Tels sont les principaux intéressés; toutefois ce ne sont pas les seuls : l'intérêt peut se présenter sous les formes et les aspects les plus divers, qu'il est impossible de déterminer d'avance. On devrait voir un intéressé notamment dans le donataire qui prétendrait que la reconnaissance n'a été faite qu'afin de produire, au moyen d'une légitimation par mariage subséquent, la révocation d'une donation entre-vifs (Bordeaux, 10 avril 1843, aff. Lambert, V. *suprà*, n° 473-2°). — V. en ce sens M. Demolombe, t. 5, n° 435; V. encore Zachariæ, édit. Massé et Vergé, t. 1, p. 329, note 4.

583. L'action ou intervention d'un mari, tendant à revendiquer la paternité ou à faire rectifier l'acte de naissance d'un enfant qui a été reconnu et élevé par un père naturel, sous prétexte que cet enfant est né de sa femme, quoique la maternité de celle-ci n'ait pas été déclarée dans l'acte de naissance, doit être repoussée comme non recevable, alors qu'il est constaté que cette conduite du mari n'est que le fruit de la collusion, de la fraude et de la cupidité (Req. 22 janv. 1840, rapporté *infrà*, n° 655, à la suite de Req., même jour, aff. Deschamps).

584. Lorsque l'annulation de la reconnaissance est demandée pour cause d'erreur, de violence ou de dol, c'est évidemment au demandeur, à celui qui prétend que la reconnaissance est l'œuvre d'une volonté viciée, qu'il incombe d'en établir la preuve. En effet l'erreur, la fraude ne se présument pas; et jusqu'à preuve contraire celui qui a fait une chose est réputé l'avoir faite dans la plénitude de sa liberté et de sa volonté. Mais, lorsque c'est la vérité même de la reconnaissance qui est contestée, lorsque l'enfant reconnu, par exemple, ou tout autre intéressé soutient que l'auteur de la reconnaissance n'est pas son père ou sa mère, et que la reconnaissance n'est qu'un mensonge, à qui incombe la preuve? Est-ce à l'auteur de la reconnaissance à en établir la vérité? Est-ce à celui qui la conteste à en prouver la fausseté? — On peut dire que la reconnaissance n'est pas autre chose qu'une affirmation de celui qui la fait; que cette affirmation, lorsqu'elle n'est pas contestée, suffit, à la vérité, pour constater légalement la paternité naturelle; mais que, du moment qu'une contradiction s'élève, c'est au prétendu père ou à la prétendue mère à prouver qu'elle est conforme à la vérité. Cependant, comme la loi, en autorisant la reconnaissance des enfants naturels, en faisant de cette reconnaissance le mode légal de constatation de la filiation naturelle, a dû vouloir lui attribuer au moins l'effet d'une présomption simple, comme, en général, le mensonge ne doit pas se présumer, surtout en cette matière, et que, s'il peut arriver quelquefois qu'une reconnaissance mensongère soit faite dans des vues intéressées, il arrive le plus souvent, ou plutôt il arrive presque toujours que cette reconnaissance n'est que l'expression de la vérité, nous pensons qu'il ne suffirait pas, pour la faire tomber, d'une simple dénégation, que ce serait à celui qui la contesterait à établir la preuve du mensonge. Mais cette preuve pourrait être faite par tous les moyens possibles, car il s'agit d'un fait dont le contestant n'a pu évidemment se procurer une preuve écrite. Les simples témoignages et même les présomptions seraient donc admis. En un mot les preuves produites à l'appui de la contestation ne seraient soumises qu'à l'appréciation souveraine du juge (V. en ce sens M. Demolombe, t. 5, n° 441). — Ainsi il a été jugé : 1° que lorsqu'un enfant naturel a été inscrit sous de faux noms sur les registres de l'état civil, la réclamation qu'une femme fait plus tard de cet enfant, comme né d'elle, doit être assimilée à la contestation de la reconnaissance d'un enfant naturel, soumise à la preuve testimoniale, sans nécessité d'un commencement de preuve par écrit : ici ne s'applique pas l'art. 323 c. nap., spécial à la filiation légitime (Paris, 21 déc. 1839) (1); — 2° Que, lorsqu'une reconnaissance est contestée, c'est dans les faits et documents de la cause que les tribunaux doivent rechercher les éléments qui peuvent les déterminer à maintenir ou à annuler la reconnaissance (Douai, 7 juin 1842) (2); — 3° Qu'un acte de reconnaissance d'enfant naturel, s'il est con-

---

(1) *Espèce :* — (Desjardins C. Denus.) — Le sieur Arjuzon avait présenté à l'officier de l'état civil un enfant naturel qu'il déclara être né de lui et de la fille Desjardins. Plus tard la fille Denus réclame cet enfant comme lui appartenant, et établit par témoins les faits tendant à prouver sa maternité. Un jugement du tribunal civil de la Seine, regardant la maternité comme suffisamment prouvée, ordonne la rectification de l'acte de naissance.

La fille Desjardins interjette appel de ce jugement. — Elle soutient que la demande de la fille Denus n'est autre chose qu'une action en déclaration de filiation, et qu'aux termes de l'art. 323 c. civ., la preuve testimoniale, pour être admissible, doit être accompagnée d'un commencement de preuve par écrit. — L'intimée répond que l'art. 323 c. civ. ne s'applique qu'à la filiation légitime; que sa réclamation n'est qu'une simple contestation de la reconnaissance d'un enfant naturel, tombant sous l'application de l'art. 339 c. civ. qui n'indique aucun mode spécial de preuve. — Arrêt.

La cour; — Considérant que les dispositions de l'art. 323 c. civ., qui font reposer l'état des personnes sur les actes de naissance et sur la possession constante, ne sont applicables qu'à la filiation légitime; — Que la filiation naturelle, au contraire, n'a pour base que les reconnaissances faites soit de maternité, soit de paternité, et qu'aux termes de l'art. 339 du même code, ces reconnaissances peuvent être contestées par toutes personnes qui ont intérêt à le faire, sans que la loi y mette pour condition l'existence d'un commencement de preuve par écrit; — Considérant que la fille Denus a intérêt à contester la reconnaissance par elle attaquée, et que les faits par elle articulés sont pertinents et admissibles; — Met l'appellation et ce dont est appel au néant; émendant, reçoit la fille Desjardins appelante du jugement rendu contre elle; avant faire droit, ordonne que la fille Denus sera admise à faire la preuve des faits par elle articulés, et qui sont contenus et énoncés dans sa requête, sauf la preuve contraire, etc.

Du 21 déc. 1839.-C. de Paris, aud. sol.-MM. Séguier, 1er pr.-Delapalme, av. gén.-Ligier et Chaix-d'Est-Ange, av.

(2) *Espèce :* — (Bernier C. Dufresnes.) — La demoiselle Bernier, propriétaire à Salesche, arrondissement d'Avesnes, accoucha, le 30 juill. 1817, d'un enfant du sexe masculin; la déclaration de naissance exigée par la loi fut faite par le sieur Dufresnes, alors domestique au service de cette demoiselle, lequel se reconnut père du nouveau-né, et il en fut dressé acte; — Malgré cette déclaration légale de paternité, il n'en fut fait aucune mention dans l'acte de baptême dressé le 12 août suivant. L'enfant fut recueilli et élevé par la demoiselle Bernier, qui le plaça au collége, où il termina ses études aux frais de celle-ci. — Quant à Dufresnes, il continua à servir comme domestique la demoiselle Bernier, et jamais il ne traita celui qu'il s'était attribué pour fils qu'avec le respect et la déférence que commandent les rapports de maître à serviteur.

Lorsqu'arriva pour Dufresnes fils le moment de la conscription militaire, le jeune Bernier apprit seulement alors, ainsi qu'il le prétend, la déclaration de paternité faite par Dufresnes, qui, à cette époque, et depuis longues années, n'était plus au service de sa mère. — Cette dernière, qui n'avait point figuré dans l'acte de naissance du 30 juill. 1817, désirant faciliter la rectification de la déclaration de paternité émanée du sieur Dufresnes, passa, le 17 mars 1838, devant Me Beauvais, notaire au Quesnoy, l'acte de reconnaissance suivant : — « Est comparue mademoiselle Catherine Bernier, fermière et propriétaire demeurant à Salesche, laquelle a, par ces présentes, volontairement reconnu pour son fils naturel Jean-Baptiste, né de la comparante et de père inconnu, et non du sieur Jacques-Joseph Dufresnes, contre lequel elle proteste, le 30 juill. 1817, et inscrit aux registres de l'état civil à la mairie de Salesche, à la date du même jour, consentant qu'à l'avenir ledit Jean-Baptiste son fils porte le nom de Bernier comme par le passé, qui est le sien propre, et qu'il soit fait mention des présentes où besoin sera; dont acte, etc. »

Cet acte fut notifié le 20 mars 1838 au sous-préfet d'Avesnes, à la requête de la demoiselle Bernier, et du fils qu'elle venait de reconnaître, avec déclaration qu'ils s'opposaient à l'inscription du sieur Bernier sur les rôles de recrutement sous le nom de Dufresnes; puis ils présentèrent requête au président du tribunal civil d'Avesnes, à l'effet de faire prononcer la rectification des énonciations déclaratives de paternité contenues dans l'acte de naissance; enfin, assignation aux mêmes fins fut donnée dans les formes prescrites par la loi au sieur Dufresnes, alors en pays étranger. Ce dernier fit défaut, et le 4 juill. 1841, après enquête préalablement faite, intervint le jugement suivant : — « Considérant que le demandeur Jean-Baptiste Dufresnes, se disant Bernier, a été inscrit sur les registres de l'état civil, le 30 juill. 1818, comme né de Catherine Bernier et de Jacques-Joseph Dufresnes, qui a fait la déclaration de la naissance de cet enfant et s'en est reconnu le père; — Considérant que, loin que ledit Jean-Baptiste Dufresnes puisse réclamer

testé par l'enfant, ne suffit pas pour attribuer la paternité à l'auteur de cet acte ; qu'il en naît seulement une présomption de la classe des présomptions simples, lesquelles peuvent être détruites par des présomptions de même nature ; que, dans ce cas, la preuve de la paternité ou de la non paternité ne peut être mise à la charge exclusive de l'une ou l'autre des parties ; c'est au juge à se déterminer d'après les circonstances de la cause (Rouen, 15 mars 1826) (1).

585. Il peut se faire que le même enfant ait été reconnu par plusieurs hommes ou par plusieurs femmes ; dans ce cas, laquelle de ces reconnaissances doit prévaloir? Est-ce la première en date? Doit-elle au moins subsister jusqu'à preuve contraire?—Nous ne le pensons pas : de ce qu'entre plusieurs hommes à chacun desquels la mère, par exemple, aura fait croire qu'il était le père, l'un aura pris les devants et se sera empressé de faire la reconnaissance, il n'en résulte en sa faveur aucun droit de préférence à l'encontre des autres, car sa diligence ne prouve nullement que ce soit lui, et non point les autres, qui soit le véritable père. Nous pensons, avec M. Demolombe, t. 5, n° 444, que ce serait aux juges à apprécier, d'après les circonstances, d'après les indices plus ou moins décisifs produits par les diverses parties, quelle serait, entre les reconnaissances successives, celle qui devrait être réputée vraie, et que, toutes choses égales d'ailleurs, l'intérêt de l'enfant devrait faire pencher la balance.

586. En cette matière, le témoignage de la mère devrait être assurément d'un grand poids; car, si la paternité de l'un des contestants est certaine, elle doit le savoir mieux que personne; cependant ce témoignage ne devrait pas être considéré comme irréfragable. En effet, on pourrait voir des femmes mettre à leur adhésion des conditions onéreuses pour le père, et exiger, par exemple, qu'il les épousât, sous la menace de faire passer ses droits de paternité à quelque complaisant dont la reconnaissance serait frauduleusement concertée avec elle. Nous avons vu plus haut, que le législateur, tout en reconnaissant que la

---

un autre état que celui que lui attribue son acte de naissance, il résulte des faits et circonstances de la cause, et notamment des enquêtes du 20 avril dernier, qu'il a notoirement passé dans sa commune comme l'enfant dudit Jacques Dufresnes; que ce dernier a continué d'habiter, pendant les douze années qui ont suivi cette naissance, chez la mère dudit enfant; que pendant ce temps, ni postérieurement, aucune réclamation n'a été élevée sur la paternité dont ledit Jacques-Joseph Dufresnes avait fait la déclaration par ladite demoiselle Bernier, qui n'ignorait pas l'opinion commune ni le contenu de l'acte de naissance précité concernant cette paternité; que par conséquent tout concourt à confirmer la vérité de ladite déclaration de paternité ; — Considérant que, si la demoiselle Bernier a donné son nom et pourvu aux besoins et à l'éducation de son fils, ces circonstances s'expliquent par les sentiments d'affection ou d'orgueil qui animaient cette mère envers son enfant, et par sa position de fortune bien supérieure à celle de Jacques-Joseph Dufresnes; ainsi elles ne peuvent constituer un état contraire à celui qui résulte de l'acte de naissance et de tous les autres faits ci-dessus rappelés ; — Par ces motifs, le tribunal, accordant itératif défaut contre ledit Jacques-Joseph Dufresnes, déclare les parties de Me Hannoye (Bernier et sa mère) non recevables et en tous cas mal fondées dans leurs fins et conclusions, les en déboute et les condamne aux dépens.» —Sur l'appel, Dufresnes, qu'on parvint à découvrir en Belgique, où il s'était retiré, se rendit à Douai : il y passa devant notaire une déclaration par laquelle il reconnaissait n'être pas le père du jeune Bernier, et ne s'être attribué cette paternité que dans une pensée et un but de complaisance ; de plus, il demanda à la cour acte de cette déclaration. — Arrêt.

LA COUR; — Attendu que la reconnaissance d'un enfant né hors mariage peut être contestée par toutes les personnes intéressées; — Attendu que l'enfant reconnu et sa mère sont évidemment de ce nombre; — Attendu que, lorsqu'une reconnaissance est contestée, c'est dans les faits et documents de la cause que les tribunaux doivent rechercher les éléments qui peuvent les déterminer à maintenir ou à annuler la reconnaissance; — Attendu que, dans l'espèce, rien ne vient faire penser que ce soit sérieusement que l'intimé a reconnu l'appelant dans l'acte de naissance : que, bien au contraire, tout démontre qu'il n'a ait, en se reconnaissant le père du réclamant, qu'un acte de complaisance dicté par un sentiment qu'il est d'ailleurs inutile de rechercher; — Par ces motifs, met le jugement dont est appel au néant, dit et ordonne que l'acte de naissance de Jean-Baptiste Bernier sera rectifié, etc.

Du 7 juin 1812.-C. de Douai, 1re ch.-M. Gosse, pr.

(1) *Espèce :* — (Lhomme C. Sidoine.) — En 1820, Catherine Legendre, servante de M. Lemarchand, curé, accouche, chez cet ecclésiastique, d'un enfant mâle, qui est inscrit sous le nom de Joseph Sidoine, et comme né d'un père inconnu. Cet enfant est élevé chez le curé. — En 1822, celui-ci décède, après avoir institué le jeune Sidoine son légataire universel. — En décembre 1822, Catherine Legendre met au jour un second enfant, nommé Joséphine, dont Joseph Lhomme, journalier, se reconnaît le père. — 12 mars 1824, décès de Catherine. — Peu après, Lhomme déclare, par acte notarié, reconnaître le mineur Sidoine pour son enfant naturel, et prétend avoir droit à la tutelle. — Cette reconnaissance est contestée dans l'intérêt du mineur; mais le tribunal de Neufchâtel, considérant que la présomption est toujours en faveur de la reconnaissance, déclare que c'est à l'enfant à prouver que l'auteur de la reconnaissance n'est pas son père.

Appel par le tuteur de Sidoine. — Arrêt.

LA COUR; — Vu les art. 339 c. civ. et 252 c. pr.; — Attendu que le code civil n'admet de paternité légale qu'à l'égard de l'enfant né dans le mariage, et qu'il n'institue pas de père putatif à l'enfant naturel; qu'en ce qui touche l'état des enfants nés hors mariage, il laisse aux individus, qui ont des raisons de se croire les auteurs de leurs jours, la liberté de les reconnaître; mais cette reconnaissance spontanée de la part de celui qui se dit le père, est un acte unilatéral qui ne forme pas de lien entre son auteur et l'enfant qui en est l'objet; que de là dérive l'art. 339 c. civ., qui déclare que la reconnaissance peut être contestée par tous ceux qui y auront intérêt; — Attendu que l'enfant doit être mis au premier rang parmi ceux qui peuvent avoir un intérêt à contester la déclaration de paternité passée à son respect; — Attendu que, dans cette matière, où il est extrêmement rare de se procurer des preuves positives, les causes ne peuvent se juger que d'après l'importance et la combinaison des faits et circonstances particuliers à chaque espèce; — Attendu que l'acte de reconnaissance, quand il est contesté, est loin de pouvoir être mis au rang des preuves positives, puisqu'il est l'œuvre isolée de celui qui veut s'en servir, et qu'on ne peut se créer un titre à soi-même; qu'il doit être seulement regardé comme une présomption de la classe des présomptions simples, qui peuvent se détruire par des présomptions de même nature;

Attendu qu'à cette première présomption uniquement fondée sur ce que la bonne foi se présume plutôt que la fraude, viennent s'en joindre deux autres résultant, la première, de l'identité du prénom de Joseph qui appartient à celui qui s'est reconnu père et à l'enfant qui est en cause; la seconde, de la naissance d'un second enfant du sexe féminin nommé Joséphine, et dont Joseph Lhomme et Marie Legendre se sont reconnus père et mère; — Attendu, d'une autre part, qu'il est établi, par les pièces du procès : 1° que Joseph-Augustin Sidoine est né en novembre 1820, et que ce n'est qu'en avril 1824, c'est-à-dire quatre ans après sa naissance, que Joseph Lhomme a passé sa déclaration de paternité; — 2° Que, dans l'acte de naissance de l'enfant auquel François Lhomme, père de la partie qui porte ce nom, a assisté comme témoin, l'enfant y a été déclaré né d'un père inconnu; — 3° Qu'en déc. 1822, Joseph Lhomme s'est déclaré le père du second enfant, nommé Joséphine, dont Marie-Catherine Legendre était accouchée à cette époque, et que dans cette occasion il a gardé le plus profond silence sur sa prétendue paternité à l'égard de Joseph-Augustin Sidoine; — 4° Que, s'il se fût cru véritablement le père de l'enfant, il se serait empressé, pour donner plus de poids à sa déclaration, de la faire du vivant de la mère, et qu'il a attendu qu'elle fût morte pour la passer; — Qu'après le décès de la mère, arrivé en mars 1824, il a assisté au conseil de famille tenu devant le juge de paix, le 4 avril suivant, pour la formation de l'acte de tutelle des deux enfants mineurs de la défunte; qu'il a réclamé la qualité de tuteur de Joséphine, qui lui a été déférée en vertu de la reconnaissance antérieure qu'il avait passée d'en être le père, et que, dans cette assemblée, au lieu de déclarer sa paternité par rapport à Joseph-Augustin Sidoine, et de requérir pour lui la tutelle de cet enfant à ce titre, il a concouru à la nomination d'un autre tuteur, le sieur Pinant, maire de la commune, qui en a accepté gratuitement la fonction, dans l'intérêt de cet orphelin; — Attendu, enfin, que ce n'est que le 21 avr. 1824, et lorsqu'il a vu que l'institution d'un tuteur allait lui faire perdre l'administration d'une fortune importante appartenant à l'orphelin qu'un sieur Lemarchand avait institué son légataire universel, que Joseph Lhomme s'est enfin décidé à se déclarer le père de cet enfant pour tâcher de se faire substituer au sieur Pinant dans l'acte de tutelle; d'où il suit que c'est la cupidité et non la bonne foi qui a dicté sa déclaration de paternité du 21 avr. 1824; — Attendu que le concours de ces faits et présomptions graves suffit pour détruire les présomptions simples qui paraissaient s'élever en faveur de la cause de Joseph Lhomme, et pour rejeter comme frustratoire la preuve testimoniale par lui conclue sur l'appel, et qui est, d'ailleurs, repoussée par l'art. 252 c. pr. civ. comme irrégulière et tardive; — Sans avoir égard à la preuve testimoniale offerte à la fin des plaidoiries par Joseph Lhomme, laquelle est déclarée inadmissible..... ; réformant, déclare la déclaration de paternité passée par Joseph Lhomme devant le notaire de Gaillefontaine, le 21 avr. 1824, comme non avenue, et, sans s'y arrêter, dit à tort l'action dudit Lhomme, en décharge Pinant...

Du 15 mars 1826.-C. de Rouen, aud. sol.-M. Eude, pr.

mère est toujours le meilleur témoin sur le fait de la paternité, avait été fortement préoccupé par la crainte que la haine qu'elle aurait conçue contre le père ou d'autres considérations ne la portassent à dissimuler la vérité sur ce point, et que, par suite, il n'avait pas voulu subordonner à son aveu la question de paternité.— C'est donc avec raison qu'il a été jugé que, si l'aveu de la mère prête à la reconnaissance de paternité à laquelle il est joint l'appui du témoignage le plus imposant, une reconnaissance de paternité postérieure et que désavoue la mère peut néanmoins prévaloir sur la première, alors que celle-ci a été frauduleusement concertée avec la mère, dans le but d'anéantir la paternité revendiquée (Req. 10 fév. 1847, aff. Leroux, D. P. 47. 1. 49). — V. dans le même sens MM. Duranton, t. 3, n° 262; Demolombe, t. 5, n° 444.

587. Le fait que l'un de ceux qui auraient reconnu l'enfant l'aurait ensuite légitimé par son mariage subséquent avec la mère ne suffirait pas non plus pour faire prévaloir sa reconnaissance; car ce mariage n'a pu donner à la reconnaissance antérieure une force probante qu'elle n'avait pas par elle-même. — Ainsi il a été jugé par l'arrêt précité (aff. Leroux) que, si la filiation légitime est, en vertu d'une présomption légale, placée au-dessus de toute contestation, sauf le cas de désaveu, il n'en est pas de même de la filiation des enfants légitimés par mariage subséquent : que la reconnaissance qui sert de base à cette légitimation de paternité est sujette à la contestation autorisée par l'art. 339 c. civ., et notamment à celle qu'élèverait celui qui prétendrait être lui-même père naturel de l'enfant légitimé à son préjudice; et que cette contestation est surtout admissible dans le cas où la légitimation a eu lieu postérieurement à l'introduction du litige (V. anal. Toulouse, 13 mars 1845, aff. Houllé, *suprà*, n° 473-4°).

588. La possession d'état, sans être décisive, aurait aussi un grand poids pour la solution de la question de paternité. Elle serait un auxiliaire énergique de la reconnaissance à laquelle elle serait jointe. C'est ce qui résulte encore de l'arrêt précité (aff. Leroux), lequel a jugé que la possession d'état d'enfant naturel, qui ne peut remplacer la reconnaissance de paternité exigée par la loi, peut être invoquée à l'appui d'une reconnaissance préexistante.

589. Si, des deux reconnaissances coexistantes, l'une était adultérine ou incestueuse, aucun conflit ne pourrait évidemment exister; car, de ces deux reconnaissances, l'une devant être regardée comme non avenue, l'autre se trouverait subsister seule. — V. M. Demolombe, t. 5, n° 448.

590. En cas de concours de deux reconnaissances de paternité respectivement contestées, l'action de celui qui veut faire prévaloir sa reconnaissance de paternité sur la reconnaissance antérieure qui lui est opposée, ne peut être repoussée comme contraire à la prohibition de la recherche de paternité (Req. 10 fév. 1847, aff. Leroux, D. P. 47. 1. 49). En effet, la règle qui interdit la recherche de la paternité ne peut évidemment trouver place dans ce cas, où, au lieu d'un père inconnu à rechercher et à découvrir, il s'en présente deux connus et découverts qui revendiquent solennellement l'enfant comme le leur. Comme le disait M. le conseiller Quénault dans son rapport sur cette affaire, il faut bien rechercher et choisir entre les deux quel est le père; mais cette recherche n'est pas celle défendue par la loi, c'est une recherche qui, entre deux paternités reconnues et avouées par les deux prétendus auteurs, détermine la véritable. C'est donc l'art. 339 qu'il faut appliquer et non pas l'art. 340. Ajoutons que les inconvénients pour la morale publique et pour le repos des familles que la loi a voulu prévenir en proscrivant d'une manière absolue la première de ces actions sont bien moins à redouter de l'exercice de la seconde, qui n'est, d'ailleurs, de nature à se produire que dans des cas fort rares.

591. Dans le cas où la reconnaissance est contestée par un autre que l'enfant, comme il y est partie intéressée au plus haut degré, il doit être mis en cause, s'il n'intervient pas de son propre mouvement. Mais, s'il est mineur, est-il nécessaire de lui donner un tuteur *ad hoc*, ainsi que le prescrit l'art. 318 c. nap. pour le cas de désaveu?— Peut-être il eût été rationnel de l'exiger; mais la loi ne l'a pas fait. L'art. 318, spécial aux cas de désaveu d'un enfant légitime, n'est point applicable à notre hypothèse, et il ne nous semble pas possible de l'invoquer ici par voie d'induction (motifs, Req. 10 fév. 1847, aff. Leroux, D. P. 47. 1. 49).—Au surplus, en admettant que, dans une contestation de reconnaissance de paternité naturelle, il y ait lieu de procéder en présence d'un tuteur *ad hoc* donné à l'enfant conformément à l'art. 318 c. nap., la mère naturelle ne serait pas recevable à se plaindre de n'avoir pas été présente à la nomination de ce tuteur, alors d'ailleurs que l'instance, dans laquelle la mère a été partie, a été suivie contre lui sans réclamation de la part de celle-ci (même arrêt).

592. Les juges appelés à apprécier les preuves offertes par les auteurs de deux reconnaissances de paternité relatives au même enfant jouissent d'un pouvoir discrétionnaire pour rejeter comme non pertinente une preuve inutile et scandaleuse, telle que serait, par exemple, celle qui aurait pour objet d'établir l'existence d'anciennes relations entre l'auteur de l'une des reconnaissances et la mère (même arrêt).

593. Lorsque la reconnaissance est nulle de plein droit, sans qu'il soit besoin de l'attaquer en justice, cette nullité ne peut évidemment être couverte par aucune prescription; nul laps de temps, si long qu'il soit, ne peut lui donner l'existence légale qui lui a manqué à son origine. Mais il en est autrement lorsque, sans être nulle de plein droit, la reconnaissance est seulement annulable. Il y a lieu d'examiner si, dans ce cas, l'action est toujours prescriptible, et quel est le délai de la prescription. — M. Zachariæ, éd. Aubry et Rau, t. 4, p. 61, enseigne, d'une manière générale, que l'action en nullité se prescrit par trente ans, qui commencent à courir, suivant les circonstances, soit du jour de la reconnaissance, soit, en cas de violence, du jour où elle a cessé, et, en cas d'erreur ou de dol, du jour où ils ont été découverts, soit enfin du jour du décès de l'auteur de la reconnaissance, lorsque l'action est exercée par les héritiers ou successeurs universels de ce dernier, agissant en leur propre nom. — M. Loiseau, p. 522 et 523, sans s'expliquer sur le cas où c'est la vérité de la reconnaissance qui est contestée, distingue entre le cas où elle est fondée sur un vice de forme et le cas où elle est formée pour cause d'erreur, de dol ou de violence. Dans la première hypothèse, l'action, suivant lui, ne se prescrit que par trente ans, par application de l'art. 2262; dans la seconde, elle se prescrit par dix ans, conformément à l'art. 1304. — Pour nous, sur la question de prescriptibilité d'abord, nous croyons, avec M. Demolombe, t. 5, n° 451, qu'il faut distinguer entre l'action formée à raison des vices du consentement (erreur, dol, violence) ou de quelque vice de forme, et celle qui a pour but d'établir que la reconnaissance n'est pas l'expression de la vérité. Nous pensons que cette dernière est imprescriptible, et qu'elle ne pourrait non plus s'éteindre par l'effet d'une renonciation; car il s'agit ici de l'état des personnes, qui, par sa nature, est inaliénable et imprescriptible, ainsi que nous l'avons déjà vu (*suprà*, n°s 348 et s.). Dans les autres cas, rien ne s'oppose à l'application du principe général de la prescriptibilité des actions. Mais quel est alors le délai de la prescription? est-ce celui de trente ans, conformément à l'art. 2262? est-ce celui de dix ans déterminé par l'art. 1304? y a-t-il lieu enfin d'admettre à cet égard la distinction faite par M. Loiseau? — Cette question se rattachant à l'interprétation des art. 2262 et 1304 combinés, ce n'est point ici qu'il convient de l'examiner. — V. Prescription.

594. Dans les cas où l'action en nullité est prescriptible, elle peut également s'éteindre par la ratification ou la renonciation des personnes auxquelles elle compétait, pourvu toutefois que cette ratification ou renonciation ait été faite à une époque où elle pouvait l'être valablement, c'est-à-dire, en cas de vices du consentement, après qu'ils ont cessé, et après le décès de l'auteur de la reconnaissance, si la ratification ou renonciation est faite par ses héritiers ou successeurs (V. MM. Loiseau, p. 525 et suiv.; Zachariæ, éd. Aubry et Rau, t. 4, p. 61; Demolombe, t. 5, n° 451). Du reste, il ne serait pas nécessaire que la ratification fût expresse; elle pourrait être tacite et s'induire des circonstances. Ainsi, par exemple, le père qui, après la cessation de la violence sous l'empire de laquelle la reconnaissance aurait été faite, aurait librement donné à cet acte une exécution non équivoque, ne serait pas recevable à venir ensuite en demander la nullité.

595. Lorsqu'il n'existe aucune des causes de nullité que nous avons précédemment indiquées, lorsque la reconnaissance a été librement faite par une personne ayant qualité pour la faire, que toutes les conditions et formes prescrites ont été observées, enfin qu'il n'est point établi qu'elle soit contraire à la vérité, elle ne peut cesser de subsister par le seul effet de la volonté de son auteur. C'est un des principaux caractères de la reconnaissance d'être irrévocable de la part de celui qui l'a faite. On conçoit, en effet, que l'état des citoyens ne peut varier selon le caprice des individus auxquels il plairait de conférer ou de retirer à leur gré l'état de filiation même naturelle. Cet état, une fois que l'enfant est muni d'un acte de reconnaissance, repose sur la loi, et il ne saurait lui être retiré qu'autant qu'il serait entaché de vices qui en entraîneraient la nullité.—Ainsi il a été jugé : 1° que la reconnaissance d'un enfant naturel, faite par acte authentique, n'est pas révocable (Req. 27 août 1811, aff. Carayon, n° 565; V. aussi Rej. 6 janv. 1808, aff. Picot, n° 570); — 2° Que, lorsqu'un enfant naturel a été régulièrement reconnu, le désaveu de paternité qui pourrait être ultérieurement formé, même par acte public, ne saurait porter atteinte à son état (Aix, 10 fév. 1806, aff. Anne-Rose, V. *suprà*, n° 505).

596. Mais le principe de l'irrévocabilité est-il applicable au cas où la reconnaissance a été faite dans un testament authentique? Le testament, comme on le sait, est un acte essentiellement révocable : or, la révocation du testament entraînerait-elle la révocation de la reconnaissance? — Cette question est controversée. Plusieurs auteurs prétendent qu'il faut distinguer, dans le testament, la reconnaissance par laquelle le testateur n'a fait autre chose que déclarer authentiquement un fait, des clauses par lesquelles il a disposé de ses biens; qu'il a bien pu, par sa seule volonté, faire tomber ces dernières, qui jusqu'à sa mort sont abandonnées à toutes les variations de son libre arbitre, et qui seules, à proprement parler, constituent le testament; mais qu'il en est tout autrement de la reconnaissance, qui n'est point une libéralité, et dont les effets sont déterminés par la loi et non par la volonté de celui qui l'a faite; que, du moment où la reconnaissance est intervenue, l'état de l'enfant s'est trouvé fixé (sauf toutefois le droit de l'attaquer en justice par les voies légales, ainsi que nous l'avons vu précédemment), et qu'il ne peut dépendre de l'auteur de la reconnaissance de changer cet état au gré de ses caprices. Cette doctrine a été admise par MM. Duranton, t. 3, n° 219; Rolland de Villargues, Tr. des enf. nat., n° 237; V. encore Zachariæ, éd. Massé et Vergé, t. 1, p. 327, note 34.—Elle a été également consacrée par la jurisprudence. — Ainsi il a été jugé que la reconnaissance d'un enfant naturel faite dans un testament public, est irrévocable, et subsiste malgré la révocation que le testateur a faite de son testament (Corse, 5 juill. 1826; Bastia, 17 août 1829) (1).

597. Il semble que, dans ce système, on doive aller jusqu'à décider que la reconnaissance contenue dans le testament produirait tous ses effets et pourrait être invoquée du vivant même du testateur. Telle paraît être la conséquence logique de cette doctrine, suivant laquelle le testament dont il s'agit réunit, pour ainsi dire, en un seul contexte, deux actes distincts et indépendants l'un de l'autre.—Aussi a-t-il été jugé que la reconnaissance d'un enfant naturel est indépendante des dispositions testamentaires; qu'ainsi les tribunaux peuvent, sans violer le principe que les dispositions de dernière volonté doivent demeurer secrètes jusqu'à la mort du testateur, ordonner avant cette époque la délivrance de l'extrait d'un testament qui renferme la reconnaissance d'un enfant naturel, dans la partie seulement relative à cette reconnaissance (Corse, 5 juill. 1826, aff. Félix G...., V. au numéro précédent).

Mais d'autres, moins hardis dans leurs déductions, ne vont pas jusque-là. Ainsi il a été jugé qu'un testament ne peut faire titre pour personne pendant la vie du testateur contre son gré, non-seulement quant aux libéralités qu'il renferme, mais encore quant aux reconnaissances de filiation naturelle qui y sont contenues; en ce sens, du moins, qu'on ne peut, avant le décès du testateur, se prévaloir de la reconnaissance par lui consignée dans un testament authentique qu'il a révoqué depuis, à l'effet

(1) *Espèce* : —(Félix G... *C.* la dame Surzanna.)— Dans son testament fait par acte public, Félix G... a inséré la clause suivante : Je laisse à mademoiselle Surzanna, ma fille, la somme de....—Instruite de cette énonciation, la mère de la demoiselle Surzanna pensa qu'elle suffisait pour établir une reconnaissance de paternité de la part de Félix G... En conséquence, elle demanda que le tribunal ordonnât au notaire dépositaire du testament d'en délivrer expédition, pour être statué sur la demande par elle intentée, au nom de sa fille, contre Félix G.... — Celui-ci, en s'opposant à l'admission de la demande de la dame Surzanna, prétendit que la nature secrète et révocable d'un testament ne permettait pas de le faire connaître et de l'exécuter avant la mort du testateur.—Jugement du tribunal de Bastia, qui ordonne l'expédition du testament.— Appel.—Arrêt.

LA COUR; — Attendu qu'un testament reçu par notaires est un acte authentique, et que dès lors une reconnaissance d'enfant naturel, faite dans un pareil testament, est valable aux termes de l'art. 334 c. civ.; — Que la reconnaissance d'un enfant naturel étant acte de l'état civil, ne peut être révoquée par le père qui l'a reconnu, quelle que soit la nature de l'acte authentique qui renferme ladite reconnaissance; — Attendu que les premiers juges, en ordonnant la délivrance de l'extrait du testament de Félix G..., dans la partie seulement, relative à la reconnaissance de Marie-Pierre comme sa fille naturelle, ont respecté le principe que les dispositions de dernière volonté doivent demeurer secrètes jusqu'à la mort du testateur, parce que la reconnaissance d'un enfant naturel est independante desdites dispositions; — Qu'ils ont pu le faire avec d'autant plus de raison que, s'agissant d'une demande d'aliments dûs aux enfants reconnus, il importe d'y statuer promptement; — Confirme.

Du 5 juill. 1826.-C. de Corse.-M. Colonna d'Istria, 1er pr.

En exécution de l'arrêt qui précède, il a été délivré, par le notaire, à la mère de la demoiselle Pietra, un extrait du testament du sieur Félix G..., lequel extrait portait la clause suivante (écrite en italien) : « Avec l'obligation toutefois, imposée à mon héritier, de donner *à ma fille naturelle*, Maria Pietra..... » — Félix G... a soutenu que l'énonciation renfermée dans le testament ne constituait pas une reconnaissance suffisante aux yeux de la loi; que d'ailleurs, rien n'établissait l'identité entre la réclamante et Maria Pietra, dont parle le testament.—Le tribunal de Bastia déclare Maria Pietra fille naturelle de Félix G..., et condamne celui-ci à lui payer des aliments, aliments qui avaient formé l'objet primitif de la demande.—Après avoir interjeté appel de ce jugement, Félix G... a, par un second testament, déclaré révoquer celui de 1820, et a prétendu, qu'en conséquence, la reconnaissance prétendue existât-elle réellement, serait réputée non avenue, comme le testament qui la contenait; il a persisté dans les deux moyens par lui présentés.—Arrêt.

LA COUR; — Attendu que, par son arrêt du 5 juill. 1826, dûment enregistré, la cour a decidé que la preuve de la reconnaissance de l'intimée comme fille naturelle de l'appelant, pouvait être recherchée dans le testament par acte authentique dudit appelant, et pendant sa vie; que ce même arrêt porte que la reconnaissance constitue un acte de l'état civil, et de sa nature irrévocable; que, dès lors on ne saurait avoir égard au second testament de l'appelant, fait pendant l'instance d'appel, portant révocation du premier, et de la reconnaissance y contenue de l'enfant naturel;

Attendu que tout se réduit maintenant à examiner si le testament de l'appelant contient la reconnaissance de l'intimée comme sa fille naturelle; — Attendu que la loi n'ayant point indiqué les termes dans lesquels la reconnaissance d'un enfant naturel doit être faite, c'est aux lumières et à la conscience des juges qu'est abandonné l'appréciation des expressions de l'acte et de l'intention dans laquelle il a été fait; — Attendu que Félix G..., en s'exprimant, dans son testament authentique, de la manière suivante : « coll' obligo però a detto mio crede di dare alla mia figlia naturale Maria Pietra, » a expressément déclaré et par conséquent reconnu que Maria Pietra est sa fille naturelle, et a, par là, manifesté clairement son intention, que sadite fille jouît des droits attachés à la qualité d'enfant naturel reconnu, parmi lesquels est sans contredit celui d'obtenir des aliments;

Attendu que les doutes qu'on élève sur l'identité de l'intimée avec la Maria Pietra, reconnue pour la fille naturelle de l'appelant sont de nature à pouvoir être dissipés au moyen de toutes sortes de preuves, sans en excepter la vocale, et celle résultant des présomptions, s'agissant d'un fait indépendant de la recherche de la paternité, laquelle se trouve établie par l'acte de reconnaissance; — Attendu que l'identité de l'intimée résulte de tous les faits de la cause, et notamment de l'acte de son baptême (antérieur de plusieurs années au testament renfermant son acte de reconnaissance), où il est dit que l'intimée se nomme Maria Pietra, et qu'elle est fille naturelle de Devola S... et de F. G... appelant; que cette identité est encore plus évidente par la circonstance que l'appelant ne désigne et n'a jamais désigné aucune autre personne pour être la Maria Pietra, par lui reconnue pour sa fille naturelle, et par l'autre circonstance, non moins remarquable, tirée du second testament de l'appelant, dans lequel on trouve un aveu implicite de l'identité de l'intimée, puisque l'appelant a cru convenable de se faire un moyen de la révocation formelle de l'acte de reconnaissance dont l'intimée se prévalait contre lui; —A mis l'appellation au néant,—Ordonne que ce dont est appel sortira son plein et entier effet, etc.

Du 17 août 1829.-C. de Bastia, aud. sol -M. Colonna d'Istria, 1er pr.

d'obtenir de lui des aliments (Amiens, 9 fév. 1826) (1). — V. en ce sens M. Duranton, t. 3, n° 219.

Pour nous, nous pensons que la révocation du testament ferait tomber la reconnaissance aussi bien que les autres dispositions; et, en cela, nous sommes fidèles à la doctrine que nous avons émise, v° Dispositions entre-vifs et testamentaires, pour le cas où un testament contiendrait, outre les legs ou autres libéralités, une reconnaissance de dette. Les raisons de décider sont les mêmes dans les deux cas. La reconnaissance d'un enfant naturel, comme la reconnaissance d'une dette, fait partie intégrante du testament, et dès lors elle ne subsiste plus lorsque le testament lui-même a été anéanti par la volonté du testateur. V. en ce sens Merlin, Rép., v° Filiation, n° 7, et v° Testament, sect. 2, § 6; Loiseau, p. 468; Demolombe, t. 5, n° 455. Ce dernier auteur a fait valoir, à l'appui de cette doctrine, des considérations qui nous semblent pleines de force : « Toute manifestation de volonté, a-t-il dit, aveu, déclaration, reconnaissance, etc., a uniquement pour principe l'intention, la volonté de celui dont elle émane; et par conséquent elle ne peut avoir d'autre valeur, d'autre étendue que celle que son auteur a voulu lui attribuer; or, celui qui ne consigne un aveu, une reconnaissance quelconque que dans un testament, celui-là n'a pas l'intention de se dessaisir de cet aveu; sa reconnaissance n'a pas encore, dans sa pensée même, un caractère définitif; donc, vous ne pouvez pas lui attribuer ce caractère sans le créer vous-même. Mon testament, c'est ma pensée intime! ma pensée écrite, il est vrai, mais pour rester secrète et m'appartenir toujours à moi seul! et tout ce que je dépose là est empreint de ce caractère; rien n'est donc achevé, rien n'est acquis à personne; le testament n'est qu'un projet. N'objectez pas que la reconnaissance d'un enfant naturel est irrévocable dès qu'elle est faite;—oui, dès qu'elle est faite; mais je nie qu'elle le soit; je nie que la volonté de reconnaître existe comme elle doit exister, définitive, arrêtée, sûre d'elle-même...» —V. encore sur ce point, Zachariæ, édit. Massé et Vergé, *loc. cit.*

ART. 2. — *De la reconnaissance forcée.*

§ 1. — *De la recherche de paternité.*

598. L'art. 340 c. nap. proclame en ces termes un principe que nous avons déjà indiqué : « La recherche de la paternité est interdite. » Mais en même temps il tempère par une exception la rigueur de ce principe : « Dans le cas d'enlèvement, lorsque l'époque de cet enlèvement se rapportera à celle de la conception, le ravisseur pourra être, sur la demande des parties intéressées, déclaré père de l'enfant. » —Nous avons déjà exposé les raisons sur lesquelles est fondée la règle générale qui interdit la recherche de la paternité naturelle. Le législateur a voulu tarir la source de procès qui donnaient lieu aux plus scandaleux débats, et qui d'ailleurs, par la nature des choses, ne pouvaient aboutir à un résultat certain. — Cette prohibition est absolue, du moins dans les limites déterminées par l'art. 340; elle ne comporte d'autre exception que celle qui résulte de cet article. — Ainsi il a été jugé : 1° que, la preuve de la paternité étant interdite, on doit, par voie de conséquence, rejeter toute demande formée contre un individu qui ne s'est point déclaré père d'un enfant, soit de la part de la mère en dommages-intérêts pour frais de gésine ou autre préjudice, soit de la part du fils en payement d'une pension alimentaire (Cass. 3 vent. an 11; 26 mars 1806 (2); 19 vend. an 7, M. Lombard, rap., aff. Garaud *C.* Marston; Limoges, 27

(1) *Espèce :* — (Finot *C.* Bordeaux.) — En 1807, testament public, dans lequel Bordeaux se reconnaît père d'un enfant dont la demoiselle Chéron est enceinte. — L'enfant naît; il est inscrit comme fils de Bordeaux qui lui donne des soins dans les premières années. — Ces soins ayant cessé, la mère, alors femme Finot, somme Bordeaux de fournir des aliments à l'enfant qu'il a reconnu par testament dont elle présente une expédition délivrée sur ordonnance du président. Alors Bordeaux déclare, devant notaire, révoquer ce testament, surtout quant à la reconnaissance de paternité. — Jugement du tribunal de Beauvais, qui déclare la demande, quant à présent, non recevable, « attendu, y est-il dit, qu'un testament ne peut jamais faire titre pour personne pendant la vie du testateur; que les sieur et dame Finot appuient leur demande sur la représentation du testament du sieur Bordeaux, que le notaire Défontaine a été autorisé à leur délivrer en vertu d'une ordonnance sur requête qu'ils avaient obtenue; — Qu'il ne suffit pas qu'ils représentent ce testament, puisque cet acte, par sa nature, ne peut avoir aucun effet du vivant du sieur Bordeaux; —Que peu importe qu'on y trouve des expressions qui, d'après les demandeurs, constitueraient une reconnaissance de paternité, puisque dans le cas où ces expressions auraient la force que leur attribuent lesdits demandeurs, ce ne serait toujours qu'après le décès du sieur Bordeaux qu'on pourrait faire usage de ces expressions, qui, faisant partie du testament, ne donnent d'action aux parties intéressées que contre la succession du testateur; — Que toutes les dispositions d'un testament, soit qu'elles consistent en libéralités, soit qu'elles aient un autre objet, n'étant destinées par le testateur à être connues et exécutées qu'après son décès, nul ne peut, avant cette époque, exciper, contre sa volonté, de ce qu'il a consigné dans son testament. — Le tribunal déclare les sieur et dame Finot, quant à présent, non recevables dans leur demande. » — Appel par les époux Finot. — Arrêt.

LA COUR; — Adoptant les motifs des premiers juges, confirme, etc.

Du 9 fév. 1826.-C. d'Amiens, aud. solenn.-M. Demonchy, pr.

(2) 1re *Espèce :* — (Sprimont *C.* Desforges.) — Pluviôse an 3, la demoiselle Desforges cite Sprimont en justice pour obtenir de lui des frais de gésine, des aliments pour l'enfant dont elle venait d'accoucher, et qu'elle lui attribuait, et enfin des dommages-intérêts. — Sprimont soutient qu'il n'est pas le père de l'enfant, et refuse de répondre sur divers faits articulés par la demoiselle Desforges. Il fonde son refus sur ce que la recherche de la paternité non avouée était interdite par la loi du 12 brum. an 2.—La demoiselle Desforges soutient que cette loi n'avait pour objet que de régler les droits successifs des enfants naturels, et que, relativement aux aliments, il fallait consulter l'ancienne jurisprudence qui autorisait la recherche de la paternité.—Jugement du tribunal de Liége qui accueille ce système, déclare pertinents et admissibles les faits articulés par la demoiselle Desforges, et ordonne que Sprimont sera tenu d'y répondre.— Appel; arrêt confirmatif.—Pourvoi pour excès de pouvoir et violation des art. 8, 9, 10, 11, 12 de la loi du 12 brum. an 2. —Arrêt (après délib. en la ch. du cons.).

LA COUR; —Vu les art. 1, 8, 9, 10, 11 et 12 de la loi du 12 brum. an 2; — Considérant que la loi du 12 brum. an 2 règle indéfiniment les droits des enfants nés hors mariage; qu'en effet, le titre de cette loi porte qu'elle est relative aux droits de ces enfants, sans aucune distinction; et l'art. 10 veut que le code civil règle, en tous points, l'état et les droits des enfants naturels, dont les père et mère seraient encore existants lors de la promulgation de ce code; article qui comprend dans sa généralité les aliments dus à l'enfant naturel, et qui, en établisssant une exception aux dispositions générales de la loi, sert à en fixer le véritable sens, et prouve que ces dispositions s'étendent aux droits alimentaires;

Considérant que, suivant les art. 8, 9, 11 et 12 de la loi du 12 brumaire, l'enfant d'une femme non mariée ne peut avoir pour père que celui qui l'a reconnu volontairement et publiquement, ou qui, s'il est déjà décédé, lui avait donné des soins assidus à titre de paternité; que cette loi refuse donc toute action qui tend à forcer un homme à reconnaître un enfant naturel qu'il croit ne pas lui appartenir, et que, par conséquent, elle abolit toute recherche de la paternité non reconnue;

Considérant que la distinction entre la recherche de la paternité, relativement aux aliments, et celle qui a pour objet la successibilité, ne peut être admise, sans restreindre aux droits successifs les règles établies par la loi du 12 brumaire, lesquelles sont applicables à tous les droits des enfants naturels, et par conséquent aux aliments; qu'en effet, la paternité, qui est le seul titre de l'enfant naturel pour réclamer et les aliments et les droits de successibilité, est indivisible, parce qu'un homme ne peut être père pour un cas et ne pas l'être pour un autre;

Considérant, enfin, que la convention nationale a, sur le fondement que la loi du 12 brum. an 2 n'avait pas un effet rétroactif, déclaré dans le décret d'ordre du jour du 4 pluviôse de la même année, que les actions en déclaration de paternité intentées avant cette loi devaient être suivies et jugées conformément à l'ancienne jurisprudence; que par là l'autorité législative a confirmé, pour tous les cas, le principe de l'abolition de la recherche de la paternité désavouée, et par conséquent pour le cas même où cette recherche n'a pour objet que des aliments et des indemnités, et elle a reconnu que cette abolition devait avoir son effet à partir du jour de la promulgation de la loi du 12 brumaire; — D'où il suit qu'en autorisant, dans l'espèce, une procédure qui tendait à la recherche et à la preuve d'une paternité désavouée, la cour d'appel de Liége a excédé ses pouvoirs et violé la loi du 12 brum. an 2; — Casse.

Du 3 vent. an 11.-C. C., sect. civ.-MM. Maleville, pr.-Rupérou, rap.

2e *Espèce :* — (Marthe *C.* Linstruiseur.) — LA COUR (ap. délib.); — Vu la loi du 12 brum. an 2, art. 1, 8, 9, 10, 11 et 12; — Attendu, en premier lieu, que, si au cas présent, la déclaration de grossesse et la citation au bureau de paix (lesquelles ne constituent pas l'action judiciaire) sont antérieures à la loi du 12 brum. an 2, l'action judiciaire, même en déclaration de paternité, est postérieure à cette loi; que, par

août 1811, et Req. 4 oct. 1812, aff. Péricaud, V. n° 548-5°; Bastia, 3 fév. 1834, aff. F..., V. Mariage, n° 32-11°); — 2° Qu'une fille, quoiqu'elle prétende avoir été séduite par un individu et être devenue mère, n'est cependant pas fondée à réclamer contre le séducteur, soit des dommages-intérêts pour elle, soit des aliments pour son enfant (Req. 10 mars 1818) (1); — 3° Que le principe qui interdit la recherche de la paternité ne fléchit pas devant cette circonstance que c'est uniquement pour assurer des aliments à l'enfant dont serait accouchée une mineure à qui on avait fait croire que le mariage religieux était suffisant (Bastia, 3 fév. 1834, aff. Rub..., V. Mariage, n° 82-11°); — 4° Que les commencements de preuve par écrit ne sont pas admis pour établir la filiation à l'égard du père (Cass. 16 mai 1809, aff. Gombault, n° 548-4°).

599. Mais si la paternité naturelle ne peut être recherchée ni dans l'intérêt de l'enfant ni dans l'intérêt de la mère, peut-elle être recherchée contre l'enfant? Ainsi, par exemple, l'art. 908 c. nap. porte que les enfants naturels ne pourront, par donation entre-vifs ou par testament, rien recevoir au delà de ce qui leur est accordé au titre des successions. Si donc un enfant avait été institué légataire universel par un individu, les héritiers seraient-ils admis, soit pour faire réduire la libéralité, soit pour la faire annuler, à prouver que l'institué est l'enfant naturel du testateur? — La négative ne nous semble pas douteuse. En effet, la règle qui interdit la recherche de la paternité est absolue : elle ne fait aucune distinction, suivant que la recherche est faite par l'enfant ou contre lui. Et les motifs qui ont fait établir la prohibition s'appliquent avec la même force à l'un et à l'autre cas. Que l'action soit engagée par l'enfant ou qu'elle le soit contre lui, les débats n'en seront pas moins scandaleux, ni le résultat moins incertain. Cette action doit donc être repoussée dans le second cas aussi bien que dans le premier. Ajoutons que, s'il fallait chercher une raison de préférence entre les deux actions, on devrait écouter plus favorablement l'enfant réclamant son état, que celui qui viendrait lui disputer la réparation que lui devaient ceux qui l'ont jeté dans la société sans nom et sans famille. Cette interprétation, au reste, a été admise par la plupart des auteurs (V. MM. Merlin, Quest., v° Paternité, § 1; Toullier, t. 2, n° 939; Duranton, t. 3, n° 233; Zachariæ, édit. Massé et Vergé, t. 1, p. 330 et note 3, et ses annotateurs; Valette sur Proudhon, t. 2, p. 136, note *a*; Demolombe, t. 5, n° 485; Ducaurroy, t. 1, n° 496; Richefort, t. 2, n° 310). — Il a été jugé en ce sens : 1° que la prohibition de la recherche de la paternité non avouée est absolue; qu'ainsi les héritiers d'un testateur qui a institué légataires universels des enfants nés hors du mariage, ne sont pas admissibles à prouver par témoins qu'il est le père adultérin de ces enfants qu'il n'a pas reconnus, encore bien que cette preuve soit offerte par voie d'exception, et pour repousser les légataires universels (Paris, 6 juin 1809; Cass, 14 mai 1810; Req. 14 mai 1811; Cass. 17 déc. 1816) (2); — 2° Que la recherche ou la

---

conséquent, ce n'est pas le cas de dire que, d'après le décret d'ordre du jour du 4 pluv. an 2, l'instance a dû être suivie et jugée conformément à l'ancienne jurisprudence; — Attendu, en second lieu, qu'il résulte des divers articles précités de la loi du 12 brum. an 2, qu'à compter de la publication de cette loi, toute recherche de la paternité non reconnue est abolie, non-seulement par rapport aux droits successifs, mais même relativement aux aliments pour l'enfant, aux frais de gésine et aux dommages-intérêts pour la mère, par la raison que la paternité étant indivisible, un homme ne peut pas être père pour un cas et ne pas l'être pour un autre; — D'où il suit qu'en admettant la preuve de la paternité contestée, et en condamnant par suite Jacques Marthe à se charger de l'enfant dont il s'agit, à lui payer des aliments, et à la mère des frais de gésine et des dommages-intérêts, l'arrêt attaqué a commis un excès de pouvoirs et violé la loi du 12 brum. an 2; — Casse, etc.

Du 26 mars 1806.-C. C., sect. civ.-MM. Maleville, pr.-Rupérou, rap.

(1) *Espèce :* — (Mayre C. Monty.) — Le sieur Mayre, marié, eut des liaisons avec la demoiselle Thérèse Monty. — Cette fille devint mère, et attribua la paternité au sieur Mayre, qui, loin de la désavouer, a offert de fournir des aliments à l'enfant. — Le 11 mars 1806, elle le fait assigner devant le tribunal de la Seine, pour le faire condamner à lui payer 80,000 fr. pour elle et son enfant, à titre de dommages-intérêts et d'aliments, soutenant qu'il l'avait séduite par des promesses de mariage et de fortune. — Le 8 août, jugement qui, attendu que la demoiselle Monty a intenté et n'a pu intenter devant les tribunaux de France qu'une action personnelle contre le sieur Mayre; que cette action doit être jugée suivant la loi du domicile du défendeur; que le code prohibe toute action en recherche de la paternité, lorsqu'elle n'est pas fondée sur des actes authentiques; que l'extrait de naissance qui est représenté, ayant été fait hors la présence du sieur Mayre, ne peut lui être opposé comme un acte portant reconnaissance de paternité; que la déclaration faite au bureau de paix par le fondé de pouvoir du sieur Mayre, dans la vue d'une conciliation, est indivisible, et qu'elle n'était susceptible de produire d'engagement, qu'autant qu'elle aurait été acceptée dans son intégralité, ce qui n'a pas eu lieu; que quoique la prohibition de toute recherche sur la paternité, lorsqu'il n'y a pas d'actes authentiques, soit générale, et ne doive pas être restreinte au cas seulement où il s'agit de droits successifs, la faveur des aliments a fait admettre une exception, lorsque la volonté des parties s'est manifestée sur cet objet, sans que, dans ce cas, l'attribution d'aliments pût tirer à aucune conséquence pour la filiation, non plus que pour les droits successifs; enfin, que les lois françaises n'accordent point aux filles et femmes l'action en dommages-intérêts, sous prétexte de séduction; qu'elle n'a lieu que dans le cas de rapt et violence. — En ce qui touche les demandes formées par la demoiselle Monty personnellement, le tribunal la déclare non recevable dans ses demandes; — Déclare pareillement la demoiselle Monty non recevable dans toutes les demandes qu'elle aurait formées en sa qualité de mère et tutrice d'Adélaïde-Suzanne-Thérèse, en tant que ses demandes pourront tendre à faire déclarer ledit sieur Mayre père dudit enfant, et à lui procurer des droits successifs; — Statuant sur les mêmes conclusions, en ce qui peut être relatif aux aliments réclamés pour ladite mineure, ayant égard aux diverses promesses faites par ledit sieur Mayre, ainsi qu'à la déclaration faite au bureau de paix par le fondé de pouvoir de ce dernier, le tribunal condamne le sieur Mayre à payer annuellement entre les mains de la demoiselle Monty, au lieu de son domicile, et par avance de six mois en six mois, à compter du jour de la demande, la somme de 600 fr., sans aucune retenue, jusques à mariage ou majorité dudit enfant, comme aussi à lui payer, à la même époque de mariage ou majorité, la somme de 12,000 fr., pour lui procurer un établissement ou état, etc. »

Appel par Mayre. — 31 janv. 1807, arrêt confirmatif de la cour de Paris.

Pourvoi pour violation des art. 334 et 340 c. civ. — L'obligation de fournir des aliments, a-t-on dit, ne peut avoir pour base que la paternité. Or, la paternité ne pouvant être recherchée, s'il n'y a pas de reconnaissance, il ne peut être dû des aliments : il importe peu que la volonté du prétendu père se soit plus ou moins manifestée sur cet objet. Autrement, des menaces, des éclats amèneraient souvent un homme marié à acheter, par des démarches ou des propositions, la paix de sa famille, et bientôt de tels actes seraient transformés par les juges en obligations formelles : le principe doit donc être maintenu dans son inflexibilité. — Arrêt.

La cour; — Attendu que les juges de première instance et d'appel, en repoussant l'action exercée par la demoiselle Monty, tant en son nom, pour cause de prétendue séduction, qu'au nom et comme tutrice d'une fille dont elle le supposait père, se sont conformés aux dispositions de la loi; que, d'autre part, la condamnation au payement d'une somme capitale en faveur de cette fille, n'étant aucunement fondée sur des présomptions de paternité, mais sur des faits et des circonstances, même sur des offres réelles, et sur le sens des défenses fournies par le demandeur, dont les juges ont fait résulter un engagement, il n'appartient pas à la cour d'entrer dans l'examen du bien ou mal jugé de cette partie de l'arrêt attaqué; — Rejette, etc.

Du 10 mars 1818.-C. C., sect. req.-MM. Muraire, 1er pr.-Lachèze, r.

(2) 1re *Espèce :* — (Baude C. Blet.) — Furcy Baude laisse pour héritiers son frère François et les héritiers d'un frère prédécédé. — François décède, et institue Blet légataire universel. Celui-ci intervient dans le partage en sa qualité. — Les héritiers le repoussent, et demandent à prouver qu'il est enfant adultérin de François Baude. — Ils demandent la preuve des faits qu'ils articulent. — 30 juin 1808, jugement qui, « attendu qu'il n'est pas établi que Blet soit issu du commerce adultérin de Dominique-François Baude; que les assertions des héritiers à cet égard ne sont nullement justifiées; — Attendu que la preuve qu'ils offrent des faits par eux articulés à cet égard n'est pas admissible, toute recherche de paternité étant interdite; — Ordonne qu'il sera, à la requête, poursuite et diligence de Blet, en sa qualité de légataire universel, procédé à la vente des immeubles. » — Appel. — Arrêt.

La cour; — Adoptant les motifs, etc., met l'appel au néant.

Du 6 juin 1809.-C. de Paris, aud. solenn.-MM. Dupin et Emmery, av.

2e *Espèce :* — (Lemur C. Dubois.) — An 12, testament de François Dubois, qui institue légataires universels deux enfants naturels de Françoise Lemur, à qui, par acte du 13 flor. an 3, il avait vendu un domaine. — Ces enfants avaient été inscrits sur les registres de l'état civil comme nés de père inconnu. — François Dubois, en les instituant légataires universels, a déclaré qu'ils avaient eu le malheur de perdre leur père. — Après le décès du testateur, ses héritiers naturels s'étaient mis en possession des biens qu'il avait délaissés. — Françoise Lemur, en qualité

preuve de paternité ne peut être admise contre un enfant légataire (que l'on prétend adultérin), même dans le cas où le vice d'adultérinité résulterait déjà de reconnaissances plus ou moins directes, renfermées dans des lettres missives (Amiens, 20 fév. 1819, aff. Jégu, V. Substit.); — 3° Que les héritiers naturels ne sont pas admissibles à demander l'annulation d'un legs universel, sous prétexte que le légataire est enfant naturel du testateur, surtout si ce légataire est inscrit comme légitime sur les registres de l'état civil (Limoges, 7 déc. 1809, aff. Blondet, V. Disp. entre-vifs et testam.).—V. aussi nos 711 et suiv.

Toutefois cette doctrine a été vivement combattue par M. Delvincourt, t. 1, note 6 de la page 93, qui, à l'appui de son opinion, invoque plusieurs raisons. — Et d'abord, suivant cet auteur, en proscrivant la recherche de paternité, le législateur n'a pas voulu autre chose que mettre l'homme honnête et d'une conduite pure à l'abri des attaques d'une femme impudente et d'enfants qui lui sont étrangers. Ce ne sont donc que les recherches dirigées par la femme ou par les enfants qu'il a entendu proscrire, et nullement celles qui pourraient avoir lieu contre l'enfant même, pour le priver des avantages qu'on voudrait lui assurer en fraude de la loi. — Nous avons d'avance réfuté cette objection en montrant quels ont été les véritables motifs qui ont déterminé le législateur à interdire la recherche de la paternité naturelle, motifs dont M. Delvincourt ne donne ici qu'une idée incomplète, et

---

de tutrice de ses enfants naturels, a réclamé pour eux ces biens, en vertu du testament de l'an 12. — Les héritiers ont prétendu que Dubois était le père adultérin des légataires; ils offrent de faire par témoins la preuve de ce fait. — Les légataires soutenaient que cette preuve n'était pas admissible, la recherche de la paternité étant prohibée d'une manière absolue par l'art. 340 c. civ.; qu'ayant, d'ailleurs, été inscrits sur les registres de l'état civil comme nés de père inconnu, et ayant joui d'une possession d'état conforme à leur titre de naissance, on ne pouvait leur supposer un autre état. — 26 mess. an 13, jugement qui déclara la preuve inadmissible. — Appel; 31 mars 1808, arrêt infirmatif de la cour de Limoges.

Pourvoi pour violation de l'art. 340 c. civ. — M. Merlin, procureur général, dans un réquisitoire approfondi, et sur l'examen des termes et de l'esprit de l'art. 340, considère comme générale et absolu la prohibition de la recherche de paternité renfermée dans cet article, et soutient que la cour de Limoges en a violé la disposition en admettant la preuve offerte par le défendeur en cassaton (V. ces conclusions, Quest. de dr., t. 3, p. 646). — Arrêt.

La cour; — Vu l'art. 340 c. civ.; — Et attendu que cet article interdit, d'une manière absolue, la recherche de la paternité, hors le cas d'enlèvement, lorsque son époque coïncide avec celle de la conception de l'enfant réclamant; — Que cependant, et quoique l'art. 340 ci-dessus cité ne fasse aucune distinction entre la voie d'action et celle d'exception, la cour de Limoges a supposé cette distinction établie, et sous prétexte que les héritiers naturels de François Dubois étaient défendeurs en l'instance, les a admis à rapporter la preuve que les demandeurs étaient les enfants adultérins dudit Dubois, malgré qu'il fût justifié, par la représentation de leurs actes de naissance, qu'ils étaient nés de Françoise Lemur et d'un père inconnu; et qu'il fût avoué, en fait, qu'ils avaient toujours joui de cet état d'enfants naturels d'un père inconnu; conformément à leur titre de naissance; — Attendu que l'art. 46 c. civ. n'a eu pour objet que de suppléer le silence ou la perte de registres de l'état civil; et que, dans l'espèce particulière, il n'y avait rien à suppléer, puisqu'il y avait existence de registres et inscription, sur ces registres, des actes de naissance des enfants de Françoise Lemur, nés de père inconnu; — Que les art. 323 et 325 sont également étrangers à la question, puisque l'art. 323 n'autorise la preuve qu'à défaut de titre et de possession constante, et que l'art. 325 ne l'autorise non plus qu'à l'effet d'établir que le réclamant n'est pas l'enfant de la mère qu'il prétend avoir, ou que, la maternité prouvée, il n'est pas l'enfant du mari de la mère; — Que, d'ailleurs, l'art. 323 exige, pour rendre la preuve admissible, dans le cas même du défaut de titre et de possession constante, qu'il y ait commencement de preuve par écrit, ou des indices assez graves et dès lors constants pour faire supposer la véracité des faits allégués; et que l'arrêt attaqué ne s'est fondé ni sur un commencement de preuve par écrit ni sur aucuns indices assez graves, et dès lors constants au procès; — Attendu que l'art. 339 n'est pas plus applicable, puisque cet article n'accorde à ceux qui prétendent y avoir intérêt, que le droit de contester la reconnaissance faite par le père ou par la mère, et que la réclamation de la part de l'enfant; et qu'il n'y avait eu ni reconnaissance de la part de François Dubois ni réclamation de la part des enfants de Françoise Lemur; — Que l'art. 340 reste donc seul à consulter; et que, comme il interdit, pour tous les cas, la recherche de la paternité, il en résulte qu'aucune preuve ne pouvait être admise, puisqu'elle ne pouvait tendre qu'à une recherche de paternité hors le cas d'exception porté audit article; — Que l'arrêt du 31 mars 1808, en ordonnant une pareille preuve, a donc ouvertement violé les dispositions de l'art. 340; — Et attendu que l'arrêt définitif du 2 décembre suivant n'a été que la conséquence de celui du 31 mars, et qu'il présente, par suite, la même violation de loi; — Attendu que c'est également par suite que ledit arrêt du 2 décembre a prononcé l'annulation du contrat de vente du 13 flor. an 3, puisque, si le testament de François Dubois devait sortir à effet, les défendeurs se trouveraient sans intérêt et sans qualité pour contester l'exécution de ladite vente; — Sans qu'il soit besoin d'examiner si la vente du 13 flor. an 3 renferme une libéralité déguisée, et si la loi du 17 niv. an 2 a révoqué l'art. 132 de l'ord. de 1629, prohibitif de toutes donations entre concubinaires, casse, etc.

Du 14 mai 1810.-C. C., sect. civ.-MM. Muraire, 1er pr.-Carnot, rap.

3e *Espèce :* — (Valkiers *C.* Jeanne Florence.) — Dans l'espèce, l'héritier légitime prétendait, pour repousser le légataire, que celui-ci était enfant adultérin du testateur, et il demandait à en faire la preuve par témoins. — Le tribunal déclare la preuve admissible, « attendu que la faculté de faire imprimer à un individu le caractère de paternité ne peut, dans la législation actuelle, résulter que de l'aveu libre du père, sauf le seul cas d'enlèvement de la mère; mais que cette prohibition ne porte nullement atteinte à l'exception dont un défendeur se couvre en signalant le demandeur comme adultérin et comme tel inhabile à l'attaquer, et que le système contraire tendrait à paralyser les dispositions du code civil, qui rendent les adultérins incapables de recevoir des libéralités au delà des aliments. » — Appel. — 1er fév. 1810, arrêt infirmatif de la cour de Bruxelles, qui porte : « Considérant que par l'art. 340 c. civ., et en proclamant cette règle de morale publique, le législateur a eu principalement en vue de bannir du sanctuaire de la justice des contestations toujours scandaleuses, et qui, pour la plupart, n'ont leur fondement que dans des passions individuelles; que si un enfant n'est pas admis à établir sa naissance adultérine pour obtenir des aliments qui lui sont assurés par la loi, on ne peut donc accueillir la preuve de ce vice contre un donataire pour le frustrer des effets d'une libéralité; que de là il ne suit nullement qu'il y aurait opposition entre les art. 762 et 908, qui déclarent l'enfant adultérin incapable de recevoir au delà des aliments, et l'art. 340, entendu dans le sens d'une prohibition générale et absolue de recherche de paternité, puisqu'il y a plusieurs espèces où l'existence d'un enfant adultérin est démontrée par l'évidence du fait, et qu'elle peut résulter des actes et pièces émanés volontairement des auteurs de leurs jours. » —

Pourvoi pour fausse application de l'art. 340 et violation de l'art. 762 c. civ. — Il est toujours permis, a dit le demandeur, de prouver une fraude à la loi; autrement c'est en vain qu'elle établirait des incapacités. — La loi qui déclare l'incapacité de l'enfant adultérin veut, par cela même, que l'incapacité soit toujours un obstacle à la libéralité interdite. — L'incapacité dérive du fait que l'enfant est adultérin; elle n'est pas attachée à un genre de preuve défini et restreint; et, dès lors, le fait qui constitue l'incapacité est susceptible d'être prouvé par tous les moyens dont la loi autorise l'usage, en général, pour la vérification de ce qui peut établir une demande, ou l'exception légale à opposer à une action; et il est surtout à remarquer qu'ici la preuve n'était demandée que par voie d'exception. — Arrêt.

La cour; — Attendu que la disposition de l'art. 340 c. civ. ne faisant aucune distinction entre la voie d'action et celle d'exception, l'arrêt attaqué n'en a fait qu'une juste application à l'espèce de la cause; — Rejette.

Du 14 mai 1811.-C. C., sect. req.-MM. Henrion, pr.-Pajon, rap.-Jourde, av. gén., c. conf.

4e *Espèce :* — (Gilet *C.* Lemoyne.) — An 10, une fille est inscrite sous les noms de Thérèse-Louise, comme née de Marie Gilet et de Nicolas Guenin. Or ce Guenin était marié depuis 1780, et avait une fille, la dame Lemoyne. — En 1807, Marie-Gilet accouche d'une autre fille, qui est inscrite comme née de père inconnu. — En 1813, Guenin décède après avoir légué 500 fr. de rente à Marie Gilet, et, après son décès, le capital à ses filles. — Celles-ci demandent la délivrance du legs. — La dame Lemoyne prétend qu'il est nul, comme fait à personnes incapables et interposées; elle invoque Grenier, Chabot, Jaubert et Merlin. — 24 juin 1814, jugement qui ordonne l'exécution du testament. — Appel. — 18 mars 1815, arrêt de la cour de Paris qui infirme, « attendu qu'il est reconnu que les enfants Gilet sont adultérins, et par conséquent capables seulement de recevoir des aliments; que la quotité des aliments ne peut être fixée que par la liquidation de la succession; — Ordonne, avant faire droit, qu'il sera procédé à la liquidation de la succession. » — Pourvoi. — Arrêt.

La cour; — Vu les art. 335 et 340 c. civ.; — Attendu que ces articles interdisent d'une manière absolue la recherche de la paternité et la reconnaissance des enfants adultérins, et qu'en statuant, sans preuve légale, qu'il est reconnu qu'Adélaïde Gilet est enfant adultérin, l'arrêt a admis une recherche de paternité et une reconnaissance prohibées par ces articles; — Casse.

Du 17 déc. 1816.-C. C., sect. civ.-MM. Brisson, pr.-Cassaigne, rap.-Jourde, av. gén., c. conf.-Loiseau et Mathias, av.

qui s'appliquent avec autant de force à la recherche de paternité faite contre l'enfant qu'à celle faite par lui ou par la mère. — M. Delvincourt prétend, en second lieu, que l'art. 342 corrige ce que les termes de l'art. 340 semblent présenter d'absolu. Cet art. 342 dispose que « un enfant ne sera jamais admis à la recherche soit de la paternité, soit de la maternité, dans les cas où, suivant l'art. 335, la reconnaissance n'est pas admise. » C'est donc seulement à l'enfant, et non pas aux autres personnes ayant intérêt, que le législateur a entendu interdire la recherche, soit de la paternité, soit de la maternité adultérine ou incestueuse. Or il n'y a pas de raison pour décider différemment à l'égard de la paternité simplement naturelle. L'art. 342 montre que l'art. 340 ne doit pas être pris dans un sens aussi absolu que ses termes sembleraient l'indiquer.— Pour nous, il nous semble qu'au lieu de conclure des termes de l'art. 342 à l'interprétation de l'art. 340, il est plus rationnel, plus convenable, de conclure de l'art. 340 à l'art. 342. En effet, c'est l'art. 340 qui pose le principe général; or il le pose en des termes absolus, qui ne permettent aucune équivoque; il y a donc tout lieu de penser que le législateur, quels que soient les termes dont il s'est servi dans l'art. 342, n'a pas voulu dans cet article, plus que dans l'art. 340, autoriser la distinction proposée par M. Delvincourt, distinction que repousse également l'esprit de la loi, comme nous l'avons précédemment expliqué.—Enfin M. Delvincourt s'attache à faire ressortir les conséquences qui résulteront de la doctrine qu'il combat. L'enfant incestueux ou adultérin se trouvera placé dans une situation bien plus favorable que l'enfant naturel proprement dit, que la loi favorise cependant bien davantage; car, si l'on suppose que ce dernier est institué légataire universel par sa mère, l'on pourra, d'après l'art. 341, rechercher contre lui la maternité, à l'effet de le réduire à la part dont la mère pouvait disposer en sa faveur; tandis que cela sera impossible, aux termes de l'art. 342, s'il est adultérin ou incestueux. Enfin, avec ce système, il n'y aura rien de plus facile, ajoute M. Delvincourt, que d'éluder toutes les précautions que la loi a prises pour empêcher que les héritiers légitimes ne soient dépouillés entièrement pour enrichir les enfants du crime. Il suffira de ne pas reconnaître ces derniers. —Ces observations sont fondées, nous le reconnaissons : mais le législateur avait à opter entre ces inconvénients et ceux qui étaient attachés à la recherche de la paternité; or il ne nous semble pas possible d'élever le moindre doute sur le parti auquel il s'est arrêté. Qu'on le remarque bien, d'ailleurs, l'enfant dont la paternité n'est pas légalement constatée ne jouit pas des prérogatives attachées à la reconnaissance volontaire ou judiciaire : il ne peut réclamer aucune part de la succession de son père, il ne peut pas même demander des aliments; est-il donc si injuste, si déraisonnable qu'il n'en ait pas les désavantages? S'il ne peut pas se prévaloir de sa filiation, n'est-il pas juste, au contraire, qu'on ne puisse pas s'en prévaloir contre lui?

600. Mais faut-il conclure de l'art. 340 interprété, comme nous venons de le dire, qu'un père pourrait épouser la fille naturelle qu'il n'aurait pas reconnue? Qu'un frère et une sœur naturels qui n'auraient été reconnus ni l'un ni l'autre ou dont l'un seulement aurait été reconnu pourraient contracter mariage? La règle qui interdit la recherche de la paternité ne laisse-t-elle aucuns moyens de prévenir un tel scandale? Cette question a été examinée v° Mariage, n° 241.

601. La loi qui défend la recherche de la paternité donne à celui dont les noms auraient été donnés à un enfant naturel le droit de demander la suppression de ces noms avec dommages-intérêts; surtout s'il résulte des circonstances que la mère a eu l'intention de désigner le réclamant comme père de l'enfant qui a reçu ses noms (Bruxelles, 5 janv. 1807) (1).

602. Occupons-nous maintenant de la disposition par laquelle l'art. 340 établit lui-même une exception à la règle générale qui interdit la recherche de la paternité. Cette disposition, avant d'être ce qu'elle est, a subi plusieurs transformations qu'il nous paraît utile de faire connaître.—La rédaction proposée primitivement par la section de législation était ainsi conçue : « Le ravisseur qui refusera de reconnaître l'enfant dont la naissance fait concourir l'époque de la conception avec celle de la durée du rapt, pourra être condamné en des dommages et intérêts au profit de cet enfant, sans que celui-ci puisse prendre le nom du ravisseur, ni acquérir sur ses biens les droits d'un enfant naturel » (V. Locré, Lég. civ., t. 6, p. 31). Lorsque, dans la séance du 26 brum. an 10, le conseil d'État délibéra sur la question de savoir si la règle générale qui interdit la recherche de la paternité recevrait des exceptions, les avis furent partagés : quelques membres, notamment MM. Cambacérès et Tronchet, pensèrent que, s'il était sage d'interdire la recherche de la paternité lorsqu'il n'existe que le seul fait de grossesse, il était juste, d'un autre côté, de faire exception à ce principe pour les cas où il y aurait eu viol ou rapt. Le premier consul, au contraire, soutint que, si la loi devait imposer à l'auteur du rapt ou du viol une réparation pécuniaire envers la femme, elle devait s'arrêter là; mais qu'elle ne devait pas lui attribuer, malgré lui, un enfant dont il pouvait ne pas se croire le père. A la suite de cette discussion le conseil décida, en principe, que la règle générale ne recevrait pas d'exception (Locré, t. 6, p. 119 et suiv.). En conséquence, la disposition dont il s'agit fut modifiée dans les termes suivants : « Lors même que l'époque de la conception d'un enfant concourra avec des circonstances de rapt ou de viol, il n'y aura lieu qu'à des dommages-intérêts envers la mère. » Cette rédaction fut adoptée sans discussion dans la séance du 29 fruct. an 10 (Locré, p. 149 et 166). Le tribunat, sur la communication qui lui fut faite de l'article, fit observer qu'il ne s'agissait point ici de déterminer en quel cas il y a lieu d'accorder des dommages-intérêts à la mère, mais bien de dire que, dans le cas même où ces dommages-intérêts peuvent être accordés, la recherche de la paternité n'en est pas moins interdite. Il proposa en conséquence de réunir les deux paragraphes de l'article et de rédiger la disposition en ces termes : « La recherche de la paternité est interdite, quand bien même l'époque de la conception d'un enfant concourrait avec des circonstances de rapt ou de viol qui donneraient lieu à des dommages-intérêts au profit de la mère » (Locré, t. 6, p. 179). Mais la conférence qui eut lieu sur cet article entre le tribunat et la section de législation du conseil d'État fit reparaître l'idée à laquelle celle-ci s'était d'abord attachée d'autoriser exceptionnellement la recherche de la paternité dans le cas où il y aurait eu enlèvement. Elle proposa donc une rédaction

(1) *Espèce :* — (Bovy C. demoiselle Riga.) — Le 13 mess. an 7, Marie-Oda Riga accoucha d'un fils. — Riga, aïeul de cet enfant, le fit inscrire sous les noms de Jean-Lambert Bovy. — Ces noms étaient ceux d'un fermier voisin; celui-ci fit citer le sieur et la demoiselle Riga, et demanda que ses noms fussent rayés de l'acte de naissance de l'enfant né le 13 mess. an 7. Ceux-ci consentirent à ce que le nom de Bovy fût supprimé. — Ce consentement ne parut pas suffisant à Bovy pour faire effectuer la radiation sur les registres de l'état civil, aux termes de l'art. 99 c. civ. — Action devant le tribunal de première instance : 1° en suppression des noms de Jean-Lambert Bovy, qui avaient été donnés au fils de la demoiselle Riga; 2° en dommages-intérêts envers ceux qui avaient usurpé ces noms en les conférant à cet enfant. — Marie Riga soutient le demandeur sans intérêt; les art. 334 et 340 c. civ. le mettent à l'abri de toute recherche de paternité. Au reste, a-t-elle dit, le nom de Bovy n'est, comme ceux de Jean-Lambert, qu'un prénom qu'elle a été libre de conférer à son fils aussi bien que tout autre, car on peut puiser des noms dans l'histoire, le calendrier, la mythologie, et au besoin les forger.—Bovy répond que cette latitude autoriseraient des intrigants à couvrir leurs fautes de noms recommandables, qu'elle porterait le trouble dans les familles, mettrait obstacle à des unions légitimes; qu'un nom est une propriété souvent fort précieuse, et que, s'il est permis de faire supprimer une enseigne, une marque contrefaite, il doit l'être de faire quitter un nom usurpé. — Jugement qui démet Bovy de sa demande. — Appel. — Arrêt.

LA COUR; — Attendu que la loi défend la recherche de la paternité, et que le nom de Jean Lambert Bovy, donné à l'enfant naturel de Marie-Oda Riga, paraît l'avoir été dans l'intention d'indiquer l'appelant comme père dudit enfant; que l'action en radiation du nom de Bovy, avec dommages-intérêts, est donc fondée dans l'intérêt qu'a l'appelant de ne point être désigné comme père dudit enfant; — Émendant, ordonne la radiation du nom de Bovy, donné comme prénom à l'enfant de Marie-Oda Riga; condamne l'intimé et sa fille à procurer ladite radiation dans la quinzaine, lequel délai passé, l'appelant sera autorisé à le faire effectuer aux frais de l'intimé et de sa fille.

Du 5 janv. 1807.-C. de Bruxelles.

Nota. Cela ferait moins de difficulté d'après la loi du 11 germ. an 11, qui défend de donner d'autres prénoms que ceux du calendrier ou de l'histoire ancienne.—V. Nom, n°s 75 et suiv.

nouvelle d'après laquelle, lorsque l'époque de la conception coïncidait avec la durée de l'enlèvement, le juge *devait* déclarer le ravisseur père de l'enfant. Une discussion s'éleva dans la séance du 13 brum. an 11 sur le point de savoir si, dans ce cas, la déclaration de paternité devait être obligatoire ou simplement facultative pour le juge. M. Treilhard prétendit que, le concours de l'époque de l'enlèvement avec celle de la conception, et la prolongation de la chartre privée ne laissant aucun doute sur la paternité, tout examen devient inutile, et qu'il n'est plus possible de laisser au juge le pouvoir de décider le contraire. Mais M. Boulay répondit qu'il serait dangereux de rendre l'exception absolue, et d'accorder la déclaration de paternité sur la simple demande des parties, sans autre examen. « En effet, dit-il, le concours de l'époque de l'enlèvement avec celle de la conception n'est jamais certain; car il est impossible de fixer le moment précis de la conception. » Et M. Regnauld (de Saint-Jean d'Angely) ajouta que, si on laissait subsister l'exception comme absolue, le tribunal se trouverait quelquefois obligé de prononcer contre sa conscience, en déclarant la paternité du ravisseur, même lorsqu'il serait d'ailleurs démontré que l'enfant a un autre père. Conformément à ces observations, la disposition fut adoptée telle qu'elle existe aujourd'hui dans l'art. 340 c. nap., dont nous avons ci-dessus (nº 598) fait connaître la teneur (Locré, t. 6, p. 183 et suiv.).

603. Cette disposition a donné lieu à plusieurs questions graves. — Et d'abord que faut-il entendre par ce mot *enlèvement?* Suppose-t-il nécessairement l'emploi de la violence? Le législateur, en s'en servant dans l'art. 340, a-t-il entendu qu'il pût s'appliquer également au cas où le ravisseur, au lieu d'employer la force, a eu recours à la fraude et à la séduction? Enfin n'y a-t-il point quelque distinction à faire suivant l'âge de la femme? — Lorsque l'enlèvement a eu lieu par violence, nul doute que l'art. 340 ne soit applicable, quel que soit d'ailleurs l'âge de la femme, qu'elle soit majeure ou mineure. Cela n'est point contesté.

Mais, lorsque l'enlèvement a eu lieu par fraude ou séduction, la question de savoir si le ravisseur peut être alors, en vertu de cet article, déclaré père de l'enfant, est beaucoup plus délicate. —Rappelons d'abord quelles étaient, lors de la rédaction de l'art. 340, les dispositions du droit pénal sur l'enlèvement, et quelles sont celles que le code pénal de 1810 y a substituées. Le code pénal des 25 sept.-6 octobre 1791, alors en vigueur, ne punissait l'*enlèvement* qu'autant qu'il avait été commis par violence sur une fille au-dessous de quatorze ans accomplis (2e part., tit. 2, sect. 1, art. 31); il n'infligeait aucune peine à l'enlèvement commis par fraude ou séduction, quel que fût l'âge de la femme; enfin, quant à l'enlèvement par violence d'une fille âgée de plus de quatorze ans, il n'était point l'objet d'une disposition spéciale : il était seulement compris dans la disposition qui réprimait d'une manière générale tout attentat contre la liberté individuelle (2e part., tit. 2, sect. 3, art. 19). — Le code pénal de 1810, plus sévère que la loi de 1791, réprime d'une manière générale l'enlèvement des mineurs, lorsqu'il a été commis *par fraude ou violence* (art. 354); il aggrave même la peine si la personne enlevée est une fille au-dessous de seize ans accomplis (art. 355); de plus il porte que, quand même la fille au-dessous de seize ans aurait consenti à son enlèvement ou suivi volontairement le ravisseur, celui-ci devra être puni d'une peine qui varie suivant qu'il était lui-même majeur ou mineur (art. 356). Quant aux femmes majeures, leur enlèvement même par violence ne constitue point un crime ou délit spécial; il n'est punissable qu'autant qu'il présente les caractères de l'arrestation, de la détention ou de la séquestration (V. c. pén., art. 341 et suiv.).

Cela posé, voyons comment doit être entendu l'art. 340. M. Zachariæ, suivant MM. Aubry et Rau (t. 4, p. 71), enseignerait que l'exception dont il est question dans cet article ne s'applique qu'au rapt de violence et non à celui de séduction. Et à l'appui de cette doctrine, MM. Aubry et Rau, soutiennent que les considérations qui ont fait admettre l'exception dont il s'agit ne s'appliquent, en aucune manière, au rapt de séduction. En effet, suivant ces auteurs, il résulte de la discussion au conseil d'Etat : 1° qu'on ne s'est trouvé conduit à admettre la recherche de la paternité, en cas d'enlèvement, que par suite de la supposition que cet événement pourrait donner lieu à des dommages-intérêts envers la mère; que, si on a définitivement admis cette recherche dans cette hypothèse exceptionnelle, c'est uniquement par le motif que la durée plus ou moins longue de la séquestration de la mère, pendant le temps correspondant à celui de la conception, pourrait fournir la preuve de la paternité du ravisseur. Or, d'une part, le rapt de séduction, même aujourd'hui qu'il est puni par le code pénal, ne donnerait pas lieu à des dommages-intérêts au profit de la femme séduite; et d'autre part, le rapt de séduction n'emporte pas, comme celui de violence, l'idée de séquestration. MM. Aubry et Rau invoquent en outre le Dictionnaire de l'Académie, qui, vº Enlèvement, attache à ce mot une idée de violence. Enfin ils citent le discours de M. Duveyrier au corps législatif, qui paraît en effet considérer le rapt de violence comme rentrant seul dans les termes de l'art. 340 (V. p. 166, nº 110).

M. Demolombe, t. 5, nº 490, qui repousse cette conclusion comme trop absolue, oppose aux arguments de MM. Aubry et Rau des arguments qu'on peut résumer ainsi. — Et d'abord il n'est point exact de dire que le mot *enlèvement*, par lui-même, implique nécessairement l'idée de violence. D'après la définition qu'en donnent l'ancien Denisart, vº Rapt, nº 1, ainsi que Merlin, Rép., vº Rapt, c'est le crime que commet celui qui enlève une femme ou une fille du lieu où elle réside pour la conduire dans un autre endroit, soit pour la corrompre ou la violer, soit pour l'épouser. Pourquoi donc supposer que le code Napoléon, lorsqu'il s'est servi du mot *enlèvement*, qui a absolument la même signification que le mot rapt, y ait attaché un sens plus restreint? Qu'il n'ait entendu parler que du rapt de violence? Il est évident qu'il n'a pas pris le mot *enlevement* dans le sens étroit de la loi de 1791, puisque l'art. 340, de l'aveu de tout le monde, s'applique au rapt de violence d'une fille au-dessous de quatorze ans; c'est donc à l'acception ordinaire, usuelle, de ce mot, à celle qui se trouvait consacrée par la définition de Denisart et de Merlin, que cet article s'est attaché. — On prétend que la disposition exceptionnelle dont il s'agit n'a été introduite qu'à l'occasion d'un autre article du projet qui supposait que l'enlèvement pouvait donner lieu à des dommages-intérêts au profit de la mère, ce qui exclut l'hypothèse du rapt de séduction; mais rien n'annonce finalement qu'on ait voulu faire dépendre de cette circonstance la faculté de rechercher la paternité; d'ailleurs l'enlèvement par fraude pourrait donner lieu à une réparation pécuniaire au profit de la femme; or l'opinion adverse n'admet pas que cet enlèvement soit compris dans l'art. 340; il n'y a donc pas, entre la question de dommages-intérêts et la recherche de paternité, cette corrélation nécessaire qu'on prétend exister.—Quant à cet argument que le motif déterminant du législateur a été que la séquestration de la mère, pendant le temps correspondant à celui de la conception, peut fournir la preuve de la paternité du ravisseur, on y répond en disant que l'art. 340 n'exige pas précisément cette condition, et qu'en accordant aux juges la faculté d'apprécier, d'après les circonstances, si le ravisseur est ou n'est pas le père de l'enfant, le législateur semble, au contraire, avoir eu en vue le cas où le défaut de séquestration rendrait possibles les relations de la femme avec un autre que le ravisseur. — Si M. Duveyrier, dans son discours, n'a cité que l'exemple d'un enlèvement par violence, cela ne suffit pas pour prouver que cet exemple soit le seul qu'il aurait pu proposer.—Après avoir ainsi répondu à l'argumentation de MM. Aubry et Rau, M. Demolombe aborde les considérations morales : « Comment! dit-il, voilà un homme qui, par fraude, a enlevé une fille mineure, ou qui, même par séduction, a décidé une fille mineure au-dessus de seize ans à le suivre; l'éducation de cette jeune fille, ses mœurs jusque-là toujours pures, les circonstances du fait enfin, qui témoignent qu'elle a été sous la puissance exclusive de son ravisseur, tout démontre aux magistrats que ce ravisseur est certainement le père de l'enfant...., et la paternité ne pourrait pas être recherchée contre lui! cela ne serait-il pas inique et immoral? » — Cette interprétation a été admise par MM. Valette sur Proudhon, t. 2, p. 137, note *a*, I; Duvergier sur Toullier, t. 2, nº 940, note *a*; Marcadé, t. 2, art. 340, nº 2; Richefort, t. 2, nº 306; Cadrès, Tr. des enf. nat., nº 44; Rolland de Villargues, nº 267. Telle est aussi la véritable opinion de M. Zachariæ (V. édit. Massé et Vergé, t. 1, p. 330). — Il a été jugé, en ce sens, que la recherche de la paternité, autorisée par l'art. 340 c. nap., n'est pas seulement permise lorsqu'il y a enlèvement avec violence;

qu'il suffit qu'il y ait eu séduction, de la part du ravisseur, d'une fille mineure placée sous puissance de ses père et mère (Paris, 29 mars 1821) (1).

Nous ne méconnaissons point assurément la force des raisons que fait valoir M. Demolombe dans la discussion que nous venons d'analyser. Cependant, nous devons l'avouer, il nous paraît douteux que l'intention du législateur, qui a bien établi des peines contre le rapt par séduction des mineurs, ait été d'autoriser la recherche de paternité pour le cas où il n'y a pas eu violence. En effet, si l'on se reporte aux discussions dont cet article fut l'objet, notamment à celle qui eut lieu dans la séance du 13 brum. an 11 (Locré, t. 6, p. 183 et suiv.), on voit apparaître seulement, dans l'esprit des orateurs, l'idée de violence, de séquestration, de chartre privée; mais pas un mot n'indique que la pensée des membres du conseil se soit un seul instant portée sur le cas d'enlèvement par séduction.

604. Si c'était une femme majeure qui eût été enlevée sans violence, M. Demolombe lui-même (t. 5, n° 490) décide, du moins en thèse générale, qu'il n'y aurait pas lieu d'appliquer la disposition exceptionnelle de l'art. 340. En effet, une femme majeure étant libre de choisir le lieu où il lui plaît d'habiter, on ne peut dire qu'elle ait été enlevée quand elle a agi volontairement. Cependant il pourrait arriver, suivant cet auteur, que le fait, à raison des circonstances particulières dont il aurait été entouré, et notamment si la femme n'avait été détournée que par fraude, fût considéré comme constituant un enlèvement dans le sens de l'art. 340.

605. MM. Aubry et Rau sur Zachariæ, t. 4, p. 72, font dire à cet auteur que l'exception établie pour le cas d'enlèvement ne peut être étendue au cas de viol, et à l'appui de cette doctrine ils invoquent (*loc. cit.*, note 13) la maxime : *Exceptio est strictissimæ interpretationis, et alias non est eadem ratio.* Cette interprétation leur paraît en outre résulter des diverses transformations qu'a subies l'art. 340, ainsi que nous l'avons vu précédemment. En effet, ces transformations prouvent, disent-ils, que le cas de viol a été, tout aussi bien que celui d'enlèvement, présent à la pensée du législateur; qu'il les avait même assimilés l'un à l'autre sous le rapport des dommages-intérêts auxquels ils pourraient donner lieu envers la mère; qu'ainsi c'est avec intention, et non par oubli, qu'il n'a pas produit cette assimilation relativement à la recherche de la paternité. On ne peut, ajoutent-ils, qu'approuver la détermination qu'il a prise à cet égard. Qui ne comprend en effet que, dans le cas même où l'on admettrait la possibilité de la conception à la suite d'un viol, on ne saurait cependant trouver, dans ce fait passager, une présomption de paternité équivalente à celle qui résulte d'une séquestration prolongée pendant un temps plus ou moins long? V. dans le même sens MM. Ducaurroy, etc., t. 1, n° 498.

Cependant nous ne croyons pas que cette doctrine doive être suivie. Le viol, qui figurait au même titre que le rapt dans plusieurs des rédactions successivement proposées ou adoptées, a été retranché, il est vrai, de la rédaction définitive. Mais rien, dans les discussions préparatoires, n'indique que ce retranchement ait été dicté par une pensée d'exclusion, et que le législateur ait eu la volonté de faire entre l'enlèvement et le viol une distinction. Le viol n'est, comme on l'a dit avec raison, qu'une sorte d'*enlèvement momentané*, puisqu'il met, comme l'enlèvement, la femme, pendant un certain intervalle, au pouvoir de l'homme. Il y a plus : le viol implique nécessairement le rapprochement et la violence; l'enlèvement fait seulement présumer le rapprochement, et en outre, lors même qu'il a eu lieu par violence, il n'est pas incompatible avec l'idée d'un rapprochement volontaire qui en aurait été la suite. Il naît donc du viol une aussi grave présomption que de l'enlèvement. Dès lors il nous semble que le juge pourrait déclarer l'auteur du viol père de l'enfant, si les circonstances démontraient que cet enfant ne peut être attribué qu'à lui. Entre ces circonstances, l'une des plus décisives, à notre avis, ce serait la pureté des mœurs de la femme. Il serait trop rigoureux, lorsqu'aucune faute ne peut lui être reprochée, lorsque la régularité de sa conduite ne peut permettre le plus léger doute sur l'origine de l'enfant auquel elle a donné le jour, qu'elle ne pût forcer l'auteur du crime à remplir envers cet enfant les devoirs de la paternité. Cette doctrine, au surplus, a été adoptée par MM. Delvincourt, t. 1, note 7 de la page 93; Toullier, t. 2, n° 941; Valette sur Proudhon, t. 2, p. 139, note *a*, 2; Marcadé sur l'art. 340, n° 2; Demolombe, t. 5, n° 491; Loiseau, p. 418; Richefort, t. 2, n° 306; Zachariæ, éd. Massé et Vergé, t. 1, p. 330.

606. MM. Loiseau, p. 418, et Toullier, t. 2, n° 941, enseignent que, pour que le ravisseur puisse être déclaré père de l'enfant, il faut qu'il ait été préalablement jugé et condamné pour

---

(1) *Espèce :* — (Montelegier C. Camacho.) — En juillet 1812, le colonel Montelegier fit à Cordoue la connaissance de Raphaëla, fille du sieur Camacho, notaire en cette ville. — Correspondance entre M. de Montelegier et la demoiselle Camacho, à l'insu des parents. Raphaëla, alors âgée de moins de seize ans, et sur les instances réitérées de Montelegier, abandonna le domicile de ses père et mère le 22 août 1812, et vint demeurer pendant plusieurs jours dans l'habitation même que M. de Montelegier occupait à Cordoue. Les sieur et dame Camacho père et mère tentèrent vainement de ravoir leur fille en s'adressant au commandant militaire de la ville, ils n'en purent obtenir assistance. — Raphaëla suivit en France M. de Montelegier; le 14 nov. 1813, elle accoucha à Paris d'un enfant mâle nommé Adolphe-Auguste. — M. de Montelegier, alors à l'armée d'Allemagne, n'avait pas cessé d'entretenir la demoiselle Camacho de sa passion. Plusieurs de ses lettres sont relatives à la naissance d'Adolphe-Auguste, attestent qu'il s'en reconnaissait le père, et qu'il pourvoyait aux besoins de la mère et de l'enfant. — Ces soins de M. de Montelegier se ralentirent; enfin, en 1820, une rupture se déclara, et la demoiselle Camacho forma contre M. de Montelegier une demande en pension alimentaire, qui fut suivie d'une action en reconnaissance du mineur Adolphe-Auguste et en dommages-intérêts au profit de sa mère (c. civ. 340).

12 août 1820, jugement du tribunal de Paris, qui admet ces prétentions en ces termes : « En ce qui touche la demande relative à l'état du mineur Adolphe-Auguste : — Attendu que la demoiselle Raphaëla Camacho, sa mère, mineure de seize ans, a été détournée de la maison paternelle par les instigations et sollicitations du sieur de Montelegier, le 22 août 1812; qu'elle a été conduite en France par lui, et qu'elle y est demeurée en sa puissance jusqu'en décembre 1813; que, dans cet intervalle, elle est devenue enceinte et a mis au monde Adolphe-Auguste; — Attendu que l'art. 340 c. civ., en se servant du terme générique d'enlèvement, comprend tous les cas où une fille serait soustraite à l'autorité paternelle, sans le consentement des parents, et ne peut être restreint au rapt de violence; — Attendu que l'enlèvement prévu par cet article dure jusqu'au jour où la personne enlevée est rendue à la société, et que la demoiselle Camacho n'a point cessé d'être sous la dépendance et soumise à l'influence de la passion du sieur de Montelegier avant le mois de décembre 1813; qu'en conséquence, la conception d'Adolphe-Auguste se rapporte à l'enlèvement de la mère; qu'il résulte des faits de la cause que le sieur de Montelegier a connu la grossesse de la demoiselle Raphaëla Camacho, et qu'il lui a fait donner tous les soins qui lui étaient nécessaires pendant cette grossesse; que même depuis il a, en diverses circonstances, reconnu qu'Adolphe-Auguste était son fils, et qu'il lui a donné des soins en cette qualité; — Que de tous ces faits il résulte que le sieur de Montelegier peut être légalement déclaré père de l'enfant et, en cette qualité, tenu de l'élever conformément à son état et à sa fortune; — En ce qui touche la demoiselle Camacho : — Attendu que, dans la position où elle se trouve, éloignée de son pays et de sa famille, elle ne peut décemment exister qu'en retournant dans le sein de sa famille et que le sieur de Montelegier doit lui fournir les moyens nécessaires pour son retour en Espagne; — Déclare Adolphe-Auguste fils naturel de M. de Montelegier; ordonne que ce dernier sera tenu de le mettre dans une pension à son choix, et d'en justifier dans le mois à M. le procureur du roi, lequel se fera rendre compte tous les six mois de l'état de l'enfant; autorise la demoiselle Camacho à voir ledit mineur dans sa pension et sans pouvoir l'en faire sortir, sous quelque prétexte que ce soit; et en déclarant par la demoiselle Camacho dans la quinzaine de la signification du présent jugement que son intention est de retourner en Espagne, condamne Montelegier à lui payer la somme de 2,000 fr. pour faciliter son retour chez ses parents, laquelle somme sera payable, moitié dans la huitaine de la déclaration que ladite demoiselle Camacho aura faite de son intention de retourner en Espagne, et l'autre moitié à son arrivée à Bayonne. » — Appel par Montelegier. — Arrêt.

La cour; — Adoptant les motifs des premiers juges, ordonne que ce dont est appel sortira son plein et entier effet; et, faisant droit sur les conclusions prises en cause d'appel, condamne la partie de Tripier à payer à celle de Caille la somme de 3,000 fr. pour remboursement des nourriture et entretien d'Auguste-Adolphe de Montelegier, depuis l'appel, et frais de séjour de la mère depuis ladite époque; ordonne que mention sera faite, s'il y a lieu, du présent arrêt en marge de l'acte de naissance d'Auguste-Adolphe; à faire laquelle mention seront astreints tous dépositaires, etc.

Du 29 mars 1821.-C. de Paris.-MM. Tripier et Caille, av.

crime de rapt par la justice criminelle. Mais ils ne donnent aucune raison pour justifier cette solution, que rien, dans les termes de l'art. 340, ne paraît autoriser. Aussi cette doctrine est-elle rejetée par MM. Duvergier sur Toullier, nº 941, note *a*; Demolombe, t. 5, nº 492. Il est évident, au reste, que cette opinion ne saurait être douteuse pour ceux qui, comme M. Demolombe, pensent que la paternité peut être recherchée, aux termes de l'art. 340, même dans le cas où l'enlèvement, ayant été commis par séduction sur une personne de plus de seize ans, ne constitue ni crime ni délit. Aussi l'arrêt de Paris, 29 mars 1821, aff. Montelegier (rapporté ci-dessus, nº 603), a-t-il déclaré le ravisseur père de l'enfant sans qu'au préalable aucunes poursuites criminelles eussent été dirigées contre lui.

607. D'après les termes de l'art. 340, une condition nécessaire pour que le ravisseur puisse être déclaré père de l'enfant, c'est que l'époque de l'enlèvement se rapporte à celle de la conception. Pour apprécier si cette condition est remplie, on devra recourir aux présomptions établies par les art. 312, 314 et 315. Ainsi, si la femme accouchait plus de trois cents jours après qu'elle a cessé d'être au pouvoir du ravisseur, ou moins de cent quatre-vingts jours depuis que l'enlèvement a eu lieu, la conception ne pouvant être considérée comme une suite de l'enlèvement, le ravisseur ne pourrait être déclaré le père. Si, d'après les présomptions établies par la loi sur la durée de la gestation, l'époque de la conception coïncidait avec celle pendant laquelle la femme s'est trouvée au pouvoir du ravisseur, les juges ne *devraient* pas nécessairement, ils *pourraient* seulement, sur la demande des parties intéressées, le déclarer père de l'enfant. Nous avons vu ci-dessus (nº 602), d'après la discussion qui s'éleva sur ce point au sein du conseil d'Etat, que l'intention bien positive du législateur avait été de rendre la déclaration de paternité, non point obligatoire, mais simplement facultative pour le juge. Il devrait donc prononcer à cet égard d'après les faits et circonstances; la généralité des termes de l'art. 340 lui laisse à cet égard une entière faculté d'appréciation. V. en ce sens MM. Delvincourt, t. 1, notes 8 et 9 de la page 93; Toullier, t. 2, nº 941; Zachariæ, édit. Massé et Vergé, t. 1, p. 330 et note 5; Rolland de Villargues, nº 268; Demolombe, t. 5, nº 493. « Au premier rang des circonstances dont les magistrats auront à tenir compte dans cette délicate appréciation, dit ce dernier auteur (nº 494), il faut placer les mœurs et la réputation de la femme enlevée; la séquestration plus ou moins étroite dans laquelle le ravisseur l'aura tenue; la constitution physique de l'enfant; la conduite du ravisseur lui-même lorsqu'il a eu connaissance de la grossesse; et l'aveu plus ou moins explicite de paternité que l'on peut induire de sa manière d'être, de ses écrits, de ses lettres, et surtout de la reconnaissance même, par acte sous seing privé, qu'il aurait faite de l'enfant, etc. »

608. Il a été jugé que, dans le cas d'enlèvement, il n'est pas nécessaire, pour que la paternité puisse être déclarée et des dommages-intérêts accordés à la mère, que l'époque où l'enlèvement a été commis coïncide avec celle de la conception; qu'il suffit que, depuis l'enlèvement jusqu'à la conception, la fille séduite et son ravisseur n'aient pas cessé d'être dans les rapports où ils se trouvaient au moment de l'enlèvement (Paris, 29 mars 1821, aff. Montelegier, V. nº 603).

609. Il est évident, d'après ce que nous venons de dire, que la recherche de la paternité, en cas d'enlèvement, ne pourrait être faite avant l'accouchement de la mère, car c'est seulement par l'époque de cet accouchement qu'on pourra savoir si l'époque présumée de la conception coïncide avec la durée de l'enlèvement (V. Conf. MM. Richefort, t. 2, nº 307; Demolombe, t. 5, nº 493).

610. La preuve, soit du fait d'enlèvement, soit de toutes les autres circonstances qui peuvent servir à former la conviction du juge sur la paternité du ravisseur, peut être faite par tous les moyens possibles, c'est-à-dire, même par témoins ou par présomptions, sans commencement de preuve par écrit. Il s'agit, en effet, de faits dont le demandeur n'a pu se procurer une preuve écrite; il eût donc été contraire aux principes de soumettre la preuve de ces faits à des conditions restrictives qui, dans la plupart des cas, l'eussent rendue impossible. Aussi la loi est conçue en termes qui laissent, quant à ce, une latitude illimitée aux parties et aux magistrats. C'est ce qu'enseignent au surplus MM. Bonnier, Traité des preuves, nº 146; Demante, Programme, t. 1, nº 322; Demolombe, t. 5, nº 495.

611. Dans le cas où un enfant naturel a été reconnu par son père, il peut se faire que l'identité de celui qui invoque la reconnaissance avec celui auquel elle s'applique en effet soit contestée? Il est clair que, dans cette hypothèse, la contestation ne constitue pas une recherche de paternité et qu'il ne s'agit point d'arracher à la nature le secret qu'elle a voulu dérober à nos regards, puisque le père s'est lui-même fait connaître; il s'agit simplement de constater un fait matériel et qui tombe sous les sens. Or comment cette preuve doit-elle être faite? Suffit-il de simples témoignages? Est-il nécessaire qu'il y ait un commencement de preuve par écrit? — Pour nous, nous croyons que la preuve par témoins ne doit être admise dans ce cas qu'autant qu'il existe un commencement de preuve par écrit. En effet, comme nous le verrons bientôt (V. *infrà*, nº 615, la loi, qui autorise la recherche de maternité, ne permet à l'enfant de prouver par témoins son identité avec celui dont la mère est accouchée qu'autant qu'il existe un commencement de preuve par écrit de cette identité (art. 341); or il serait contraire, sinon au texte de cette disposition, du moins à l'esprit qui l'a dictée, d'admettre la preuve testimoniale toute seule lorsqu'il s'agit pour l'enfant d'établir son identité vis-à-vis du père qui l'a reconnu. Il n'y a pas de raison de supposer que le législateur se soit montré plus facile dans un cas que dans l'autre. L'analogie nous conduit donc à étendre à la preuve de l'identité vis-à-vis du père la règle qui exige un commencement de preuve par écrit pour admettre l'enfant à prouver par témoins son identité vis-à-vis de la mère. Tel est aussi le sentiment de M. Richefort, t. 2, nº 266. — Cette doctrine est combattue toutefois par M. Demolombe (t. 5, nº 484), qui pense que la preuve par témoins est admissible dans le cas dont il s'agit, alors même qu'il n'existe pas de commencement de preuve par écrit. « Où est, dit-il, le texte qui autorise le juge à imposer une telle condition à celui qui demande à prouver uniquement son identité, c'est-à-dire un simple fait qui n'est très-souvent susceptible d'être prouvé que par témoins? » Il n'y a pas de texte, nous l'avons reconnu; c'est uniquement l'esprit de la loi que nous avons invoqué, tel qu'il se révèle dans la disposition finale de l'art. 341. — Il a été jugé, contrairement à notre opinion, que l'identité de l'enfant naturel reconnu peut, à l'égard du père, être prouvée par témoins, sans que l'enfant ait besoin d'être pourvu d'un commencement de preuve par écrit; que l'art. 341 c. nap., qui exige cet écrit, est restreint au cas où il s'agit de la recherche de la maternité et ne peut être étendu à la preuve d'identité de l'enfant naturel reconnu (Bordeaux, 18 fév. 1846, aff. de B..., D. P. 48. 2. 81).

612. En admettant qu'un commencement de preuve par écrit soit nécessaire pour autoriser, en cas pareil, l'admission de la preuve testimoniale, l'acte de naissance dans lequel l'enfant a été reconnu par son père constituerait un commencement de preuve par écrit de son identité (même arrêt). — Mais cette décision nous paraît inadmissible. En effet l'acte de naissance dont il s'agit fait foi entière et complète de la reconnaissance qui y est contenue, mais il ne fait ni preuve ni commencement de preuve de l'identité de celui qui s'en prévaut avec celui auquel elle s'applique en réalité. — V. conf. M. Demolombe, *loc. cit.*

613. Il peut arriver que la contestation porte, non pas sur l'identité de l'enfant reconnu, mais sur l'identité du père de qui émane la reconnaissance. Comment dans ce cas la preuve doit-elle être faite? — Cette question s'est présentée dans une affaire sur laquelle les tribunaux ont été appelés à prononcer. Elle n'a pas été résolue uniformément par les diverses juridictions devant lesquelles elle a été successivement portée. Ainsi il avait été jugé qu'on peut être admis à prouver par témoins qu'un individu qui a figuré à un acte de naissance en qualité de père de l'enfant est le même qu'un autre individu déterminé, qu'on soutient être le mari de la mère de cet enfant; que ce n'est pas là autoriser la recherche de la paternité prohibée par l'art. 340 c. nap. (Lyon, 30 août 1848, aff. Guillermet, D. P. 49. 2. 192). Mais, sur le pourvoi, il a été décidé, en sens contraire, que le jugement qui, malgré la dénégation de la paternité naturelle attribuée au défendeur dans un acte de naissance non signé de lui, admet le demandeur à procéder à une reconnaissance d'identité, viole la disposition qui prohibe la recherche de la paternité; et spécialement, que si, sur la demande en partage de succession formée par un individu se disant enfant naturel du défunt et produisant un acte de naissance dans lequel il est reconnu par une personne portant les mêmes noms et prénoms que ce dernier, laquelle personne n'a pas signé pour ne le savoir *de ce enquise*, il est prétendu par les héritiers du défunt que ce dernier n'est pas le même que l'individu mentionné dans l'acte, 1° en ce qu'il savait signer, 2° en ce qu'il n'a jamais demeuré dans la rue que l'acte indique, 3° en ce qu'il n'a point été marié à la mère de l'enfant que l'acte dit être son épouse,... si, en cas pareil et sur ces prétentions, un jugement admet, avant faire droit et sans déclarer la paternité dès à présent légalement établie, le réclamant à prouver, tant par titres que par témoins, que le défunt est bien le même que celui qui est désigné dans l'acte de naissance, on doit déclarer que ce jugement a autorisé, en réalité, une recherche de paternité prohibée par l'art. 340 c. nap. (Cass. 18 juin 1851, aff. Guillermet, D. P. 51. 1. 177). — V. aussi les observations qui accompagnent cet arrêt. — Il paraît que le procédé qui est proscrit avec raison par cet arrêt a quelque tendance à s'introduire.

§ 2. — *De la recherche de la maternité.*

614. Les raisons qui ont déterminé le législateur à proscrire toute recherche de paternité n'existaient point à l'égard de la maternité. En effet, la maternité se manifeste par des faits patents, par des signes sensibles qu'il est possible de constater avec une entière certitude. A la vérité, une action en recherche de maternité produira toujours un certain scandale, mais ce scandale est beaucoup moins grand que lorsqu'il s'agit du père. D'ailleurs, les inconvénients attachés à un procès de ce genre, ne pouvaient entrer en balance avec l'intérêt et les droits de l'enfant. Seulement le législateur, pour sauvegarder le repos et l'honneur des familles, pour prévenir des poursuites légères, inconsidérées, a dû soumettre la preuve de la maternité à certaines conditions restrictives. — L'art. 341 est ainsi conçu : « La recherche de la maternité est admise. — L'enfant qui réclamera sa mère sera tenu de prouver qu'il est identiquement le même que l'enfant dont elle est accouchée. Il ne sera reçu à faire cette preuve par témoins que lorsqu'il aura déjà un commencement de preuve par écrit. » — Cet article a donné lieu à plusieurs questions graves.

615. Et d'abord, il est évident que la question de maternité est complexe et renferme deux éléments principaux : il est évident que celui qui prétend être l'enfant naturel de telle femme affirme implicitement deux choses : 1° que cette femme est accouchée; 2° qu'il y a identité entre lui et l'enfant auquel elle a donné le jour. Donc, pour que le réclamant puisse être déclaré l'enfant de celle qu'il soutient être sa mère, il faut que ces deux faits, l'accouchement et l'identité, soient légalement établis. Or, comment doivent-ils l'être?

Suivant MM. Merlin, Quest. de droit, v° Maternité; Toullier, t. 2, n° 942; Delvincourt, t. 1, note 10 de la page 93, et Rolland de Villargues, n° 275, la loi, dans l'art. 341, ne s'occupe pas de la preuve de l'accouchement de la prétendue mère; elle suppose cette preuve préalablement faite; elle détermine seulement le mode de preuve de l'identité. En effet, cet article ne dit pas que l'enfant sera tenu de prouver que celle qu'il réclame pour mère est accouchée, mais qu'il sera tenu de prouver *qu'il est identiquement le même que l'enfant dont elle est accouchée*. Et c'est après ces mots que l'article ajoute : *Il ne sera reçu à faire cette preuve que lorsqu'il aura déjà un commencement de preuve par écrit*. Or ces mots : *cette preuve*, se réfèrent évidemment à la preuve dont il vient d'être parlé, c'est-à-dire à la preuve de l'identité. Ainsi, suivant ces auteurs, d'après l'art. 341, pour que l'enfant soit admis à la preuve de son identité, il faut que l'accouchement soit déjà constant, et alors la preuve de l'identité peut être faite par témoins, pourvu qu'il existe un commencement de preuve par écrit. Cette doctrine, au surplus, a été consacrée par un arrêt qui a décidé que, pour être admis à prouver la maternité, il faut, outre un commencement de preuve par écrit de l'identité de l'enfant avec celui dont la mère est accouchée, rapporter, avant tout, une preuve complète du fait même de l'accouchement (Req. 12 juin 1823, aff. Bellengreville, V. n° 621). — Mais cette preuve préalable de l'accouchement, comment doit-elle être faite?—M. Delvincourt pense qu'elle peut être faite par témoins, quand même il n'existerait aucun commencement de preuve par écrit. « De droit commun, dit-il, les faits se prouvent par témoins, excepté dans les cas où la loi exige un autre mode de preuve. Or, ici, elle exige bien le commencement de preuve par écrit; mais c'est uniquement pour l'identité. » — M. Toullier, au contraire, enseigne que la preuve de l'accouchement ne peut être faite que par écrit; « car, en matière d'état, la preuve par témoins n'est reçue que dans le cas où la loi la permet par une disposition expresse; or notre article ne permet de prouver par témoins que le fait de l'*identité*, et non celui de l'*accouchement;* ce dernier fait ne peut donc être prouvé par témoins : *Qui dicit de uno negat de altero.* » Il suit de là, suivant cet auteur, que l'enfant naturel inscrit sur les registres de l'état civil sous le nom d'une fausse mère ou d'une mère inconnue, ne pourrait, même en présentant des commencements de preuve par écrit du fait de l'accouchement de la femme qu'il réclamerait pour mère, demander à compléter cette preuve par témoins, pour prouver ensuite ou en même temps qu'il est le même enfant dont elle est accouchée. — Quant à Merlin, il a émis sur ce point une opinion intermédiaire entre les deux opinions extrêmes que nous venons d'exposer. Plus rigoureux que Delvincourt, il n'admet pas que la preuve testimoniale pure et simple suffise pour établir l'accouchement. En effet, dit ce savant jurisconsulte (Rép., v° Maternité, n° 3), des deux faits qu'il est nécessaire de prouver, l'accouchement de la mère et l'identité de l'enfant, le premier est certainement le principal, et le deuxième n'est que secondaire. Il n'est donc pas possible que la loi se montre moins sévère sur le mode de preuve du premier qu'elle ne l'est sur le second. Or l'art. 341 n'admet la preuve par témoins qu'avec un commencement de preuve par écrit, lorsqu'il s'agit de l'identité; il est donc, à plus forte raison, dans son esprit de n'admettre pas la preuve par témoins pure et simple, lorsqu'il s'agit de l'accouchement. Mais Merlin ne va pas jusqu'à penser, avec Toullier, que l'accouchement ne puisse être prouvé que par écrit. Il estime (*loc. cit.*, n° 4) qu'à défaut de preuve écrite, l'accouchement pourrait être établi par témoins, s'il existait un commencement de preuve par écrit. Il s'appuie, à cet égard, sur ce qui fut dit, à la séance du conseil d'État du 26 brum. an 10 (V. Locré, Lég. civ., t. 6, p. 143), par M. Emmery, dans la discussion qui s'était élevée sur la question de savoir si l'enfant naturel né avant le mariage de sa mère peut réclamer sa filiation pendant le mariage que sa mère a contracté avec un autre que son père, et notamment sur ces paroles : « La preuve testimoniale ne lui est permise que lorsqu'il a un commencement de preuve par écrit; or *ce commencement de preuve qui attestera l'accouchement de la mère* existera également lors de l'ouverture de la succession. »

Mais la doctrine qui forme le point de départ de ces divers systèmes, à savoir que l'art. 341 ne s'occupe que de la preuve de l'identité, qu'il suppose le fait de l'accouchement déjà constant, cette doctrine, disons-nous, a été repoussée par tous les auteurs qui ont écrit plus récemment sur la matière. On convient généralement aujourd'hui que le législateur n'a point entendu établir entre les deux éléments de la question, entre l'accouchement et l'identité, cette séparation, cet ordre de priorité que les auteurs précités soutiennent exister, et que l'art. 341 détermine le mode de preuve, non pas de l'identité seulement, mais du fait complexe de la maternité. En effet, cet article porte que *l'enfant... sera tenu de prouver qu'il est identiquement le même que l'enfant dont elle* (*la mère*) *est accouchée.* Or cette preuve implique évidemment la preuve de l'accouchement même. Il est donc impossible de prouver l'identité sans prouver en même temps l'accouchement. Et, puisque l'identité ne peut pas être isolée du fait même de l'accouchement, il s'ensuit que l'admissibilité de la preuve testimoniale, d'une part, et, d'autre part, la nécessité du commencement de preuve par écrit s'appliquent aux deux faits, ou plutôt au fait complexe qui les comprend tous deux.— On ne peut prouver l'identité sans, par cela même, prouver l'accouchement. Mais on peut prouver l'accouchement sans, pour cela, prouver l'identité de l'enfant. Dans le cas où la preuve de l'accouchement est ainsi faite isolément, la preuve testimoniale ne doit être admise qu'autant qu'il existe un commencement de preuve par écrit ayant trait à ce fait même. En un mot, de quelque manière que la preuve soit faite, cumulativement ou séparément, il faut que le commencement de preuve par écrit porte, et sur l'accouchement de la mère et sur l'identité de l'enfant. — C'est ce qu'enseignent MM. Duranton, t. 3, n° 240; Zachariæ, éd. Massé et Vergé, t. 1, p. 331, note 2; Duvergier sur Toullier, t. 2, n° 942, note; Demolombe, t. 5, n° 500; Marcadé, t. 2, sur l'art. 341, n° 3; Ducaurroy, etc., t. 1, n° 500; Richefort, t. 2, n°s 328 et suiv.; Bonnier, Tr. des preuves, n° 145. — Il y a là, nous le faisons remarquer en passant, un trait de différence entre la filiation naturelle et la filiation légitime; en effet, nous avons vu (*suprà*, n° 228) qu'en matière de filiation légitime, lorsque l'accouchement est légalement établi, la preuve de l'identité peut se faire par témoins.

616. Il a été jugé, conformément à ce qui précède : 1° que l'action en recherche de maternité naturelle, autorisée par l'art. 341 c. nap., n'est pas subordonnée à l'existence d'une preuve complète et par écrit du fait de l'accouchement : que ce fait peut être établi par témoins avec un commencement de preuve écrite, aussi bien que l'identité du réclamant (Req. 3 juill. 1850, aff. Circourt. D. P. 50. 1. 210); — 2° Que le commencement de preuve par écrit qui doit servir de fondement à la recherche de la maternité doit porter non-seulement sur le fait de l'accouchement de la prétendue mère, mais aussi sur l'identité du réclamant avec l'enfant dont la prétendue mère serait accouchée (Lyon, 3 août 1851, aff. Lévy. D. P. 53. 2. 34); — 3° Que le commencement de preuve par écrit dont il s'agit dans l'art. 341 ne doit pas nécessairement porter distinctement : 1° sur le fait de l'accouchement de la prétendue mère; 2° sur l'identité entre l'enfant qui réclame et l'enfant dont cette mère est accouchée; qu'il suffit, pour l'admissibilité de la preuve testimoniale, que le commencement de preuve par écrit porte sur l'identité entre l'enfant qui réclame et l'enfant dont serait accouchée la femme qu'il prétend être sa mère, attendu « qu'on ne saurait prouver qu'un enfant est identiquement le même que celui dont une femme est accouchée sans prouver en même temps le fait de l'accouchement de cette femme » (trib. de Rennes, 16 avril 1844, rapporté avec Rennes, 21 août 1844, aff. Rufflet, n° 636-2°). — Il a été jugé, en sens contraire, mais à tort selon nous, que lorsqu'un individu se présente avec un acte de naissance qui le déclare enfant naturel d'une femme qui avoue le fait de l'accouchement et l'exactitude de l'acte de naissance, cet aveu, fait en justice, est un vrai commencement de preuve par écrit qui autoriserait le réclamant à prouver, par témoins, le fait de la maternité, s'il n'était avoué; en d'autres termes, que lorsque le fait de l'accouchement est avoué, la preuve testimoniale est admissible pour établir que le réclamant est identiquement le même que l'enfant dont la femme dont il se prétend le fils est accouchée (Aix, 22 déc. 1852, aff. Gordes, D. P. 54. 2. 121).

617. M. Zachariæ, t. 1, p. 331 et 332, note 2, enseigne que la preuve de l'identité peut se faire postérieurement à celle de l'accouchement. Logiquement cela ne peut souffrir de difficulté. En effet l'accouchement est le fait primitif dont l'identité n'est en quelque sorte qu'une dépendance. Toutefois M. Demolombe, t. 5, n° 501, fait sur la proposition émise par M. Zachariæ une observation qui nous paraît fort juste. Il n'admet pas que le réclamant ait nécessairement le droit d'entreprendre la preuve de l'accouchement sans avoir déjà, sinon convaincu, du moins suffisamment éclairé les magistrats sur les moyens par lesquels il pourra prouver son identité. En raison, d'abord, comme la preuve de l'accouchement doit porter atteinte à l'honneur de la femme, avant d'admettre le réclamant à faire cette preuve, il importe qu'on sache si elle aboutira à un résultat utile pour lui, si, par conséquent, il a intérêt et qualité pour la faire. Et en droit, ce que l'art. 341 exige de celui qui réclame sa mère, c'est la preuve *qu'il est identiquement le même que l'enfant dont elle est accouchée*. On peut donc, sans s'écarter des termes de cet article, mais au contraire en y demeurant scrupuleusement fidèle, exiger que le réclamant, au lieu d'établir d'abord, d'une manière abstraite, le fait de l'accouchement, produise en même temps les moyens par lesquels il se propose de justifier de son identité. Les termes dont l'art. 341 s'est servi permettent de supposer qu'il a voulu précisément empêcher la preuve préalable et absolue de l'accouchement.

618. En matière de filiation légitime, comme nous l'avons vu (*suprà*, n° 265), à défaut de titre ou de possession d'état, l'art. 323 autorise la preuve testimoniale lorsqu'il y a commencement de preuve par écrit, *ou lorsque les présomptions ou indices résultant de faits dès lors constants sont assez graves pour déterminer l'admission*. L'art 341, conçu en termes beaucoup moins larges, n'autorise l'admission de la preuve testimoniale, pour établir la maternité naturelle, qu'autant qu'il existe un commencement de preuve par écrit. De cette différence dans les termes on a conclu que la maternité naturelle ne pourrait être prouvée par témoins s'il existait seulement des présomptions ou indices, même résultant de faits déjà constants. La loi s'est montrée ici plus rigoureuse précisément parce qu'il s'agissait d'un enfant naturel (V. Merlin, Rép., v° Légit., sect. 3, n° 3; Quest. de dr., v° Matern.; MM. Toullier, t. 2, n°s 944 et 945; Zachariæ, t. 1, p. 331, note 2; Demolombe, t. 5, n° 502; Ducaurroy, etc., t. 1, n° 500). — Il a été jugé, en ce sens, qu'un enfant naturel ne peut être admis à prouver par témoins qu'il est le même que celui dont la mère qu'il réclame est accouchée, s'il n'a un commencement de preuve par écrit de cette identité; que la disposition de l'art. 323 c. nap. qui, pour établir la filiation, admet la preuve par témoins dans certains cas, et spécialement lorsqu'il y a des présomptions graves, n'est applicable qu'à la filiation légitime, mais non à la filiation naturelle (Cass. 28 mai 1810, aff. Coron, V. n° 624. V. aussi req. 28 juill. 1825, aff. Deblois, *infrà*, n° 619; Grenoble, 5 avr. 1843, aff. Rochas, D. P. 45. 2. 105; 24 janv. 1844, aff. Perret, D. P. 45. 2. 105; Toulouse, 13 juill. 1846, aff. Arreu, D. P. 48. 2. 83).

619. L'art. 341 ne disant pas en quoi doit consister le commencement de preuve par écrit qu'il exige, M. Richefort, t. 2, n° 335, en conclut que le législateur n'a pas entendu déroger à l'art. 324, qui détermine les caractères du commencement de preuve par écrit en matière de filiation légitime; qu'ainsi ce commencement de preuve pourrait résulter *des titres de famille, des registres et papiers domestiques émanés du père ou de la mère, des actes publics ou même privés émanés d'une partie engagée dans la contestation ou qui y aurait intérêt si elle était vivante*; qu'enfin il n'y aurait pas lieu d'appliquer ici l'art. 1347, suivant lequel on entend par commencement de preuve par écrit *tout acte par écrit qui est émané de celui contre lequel la demande est formée, ou de celui qu'il représente, et qui rend vraisemblable le fait allégué*. « Il est déjà bien assez rigoureux, dit cet auteur, que l'enfant naturel soit obligé de produire un commencement de preuve par écrit pour établir l'accouchement de la mère qu'il réclame et son identité avec l'enfant dont elle a accouché, c'est-à-dire deux faits qui sont rarement consignés par écrit. » M. Marcadé, sur l'art. 341, n° 3, semble partager le même sentiment, qui a été également consacré par plusieurs arrêts. — Ainsi, il a été jugé : 1° que le commencement de preuve par écrit dont l'enfant naturel a besoin, aux termes de l'art. 341 c. nap., pour être admis à la preuve testimoniale de son identité avec l'enfant dont la mère est accouchée est défini par l'art. 324 même code; qu'en conséquence, ce commencement de preuve peut résulter d'écrits émanés de la partie adverse du réclamant, encore bien que cette partie adverse ne soit pas engagée dans la contestation comme héritier de la mère, mais seulement comme donataire d'une quote-part de sa succession (Paris, 7 juillet 1838, aff. Lepercq, D. P. 45. 2. 105); — 2° Que, pour être admis à prouver sa filiation, un enfant naturel n'a besoin que d'un commencement de preuve par écrit, sans qu'il soit nécessaire que cet écrit soit émané de la personne dont il veut prouver qu'il a reçu le jour (Req. 2 fév. 1814) (1); — 3° Que des lettres écrites par le mari de la mère naturelle et même par un tiers ont pu être considérées comme un commen-

(1) *Espèce:* — (Leclerc C. Revel.) — Dans l'espèce, on soutenait que pour être admis à prouver sa filiation, un enfant naturel devait représenter un commencement de preuve par écrit émané de la personne dont il disait avoir reçu le jour. — La cour de Rouen, par un arrêt du 26 août 1812, a rejeté ce moyen et adjugé les trois quarts de la succession réclamée par un autre arrêt en date du 17 mars 1813. — Arrêt.

La cour; — Considérant que la cour impériale, en ordonnant la preuve testimoniale, en admettant cette preuve, d'après un commencement de

cement de preuve par écrit suffisant pour autoriser la preuve testimoniale de la filiation naturelle; qu'en pareille matière l'appréciation des commencements de preuve par écrit est souveraine de la part du juge du fond (Req. 6 mars 1809, MM. Muraire, pr., Oudart, rap., aff. Oudin); — 4° Que, *bien que les registres et papiers domestiques soient pour les familles des titres qu'on peut consulter et qui servent de commencement de preuve*, cependant un enfant naturel ne peut invoquer des lettres qui lui ont été écrites par celle qu'il prétend être sa mère, alors que son acte de naissance désigne une autre personne... il soutiendrait en vain que la personne désignée dans cet acte est la même que celle dont il invoque les lettres (Req. 28 juill. 1825) (1); — 5° Que, bien que l'acte de naissance ne fasse, en général, preuve que de l'accouchement, cependant, s'il contient une déclaration favorable émanée d'une personne qui aurait eu intérêt dans la contestation, si elle eût été vivante, il est alors acte public, pouvant servir de commencement de preuve par écrit (Rouen, 20 mai 1829) (2).

Mais cette interprétation de l'art. 341 est formellement repoussée par MM. Demolombe, t. 5, n° 503, Bonnier, Tr. des preuves, n° 145, et Ducaurroy, etc., t. 1, n° 500. En gardant le silence sur les caractères du commencement de preuve par écrit, l'art. 341, suivant ces auteurs, a entendu se référer, non point à la disposition extensive de l'art. 324, mais à l'art. 1347 qui pose la règle générale. Voici par quelles raisons ils justifient leur opinion. Le législateur, dans sa sollicitude pour l'honneur des femmes, n'a pas voulu qu'en matière aussi grave on pût se prévaloir contre elles, pour être admis à la preuve testimoniale, de simples présomptions ou indices, même résultant de faits déjà constants. Or il aurait complétement manqué son but, il se serait mis en contradiction avec lui-même si, au lieu d'exiger un aveu échappé à la mère prétendue, il s'était contenté d'un écrit émané d'un tiers, auquel une pareille déclaration n'aurait rien coûté. « Les présomptions, dit M. Demolombe, personne, à vrai dire, ne les fait! elles se font elles-mêmes et toutes seules! elles naissent de la situation, et voilà pourquoi elles sont presque toujours moins suspectes et plus sûres que des témoignages étrangers qui peuvent être le résultat de la légèreté, de la malice, de la haine peut-être. Or, lorsqu'on voit le code Napoléon refuser d'admettre comme commencement de preuve par écrit les présomptions fondées sur des faits graves et constants, peut-on penser qu'il admette comme tel un écrit émané d'un tiers! n'est-ce pas *à fortiori* qu'il faut, au contraire, le repousser? » — Il a été décidé, en ce sens, 1° que le commencement de preuve par écrit prescrit par l'art. 341 n'est pas soumis à d'autres conditions que celles établies par la définition que donne de cet élément de preuve l'art. 1347 c. nap. (trib. de Rennes, 16 avril 1844, rapporté avec Rennes, 21 août 1844, aff. Rufflet, n° 636-2°); — 2° Qu'on ne peut considérer comme un commencement de preuve par écrit, ayant date certaine avant le mariage, l'acte de baptême d'un enfant naturel signé par la mère qui a eu plus tard des enfants légitimes (Lyon, 31 déc. 1835, aff. Despeisses, n° 693).

620. Au reste, à l'égard de lettres se rattachant d'une manière plus ou moins directe à la mère de l'enfant, il a été jugé : 1° que, dans une action en recherche de maternité naturelle, le commencement de preuve par écrit du fait de l'accouchement a pu résulter de lettres confidentielles adressées par la mère prétendue à un tiers, et constatant qu'elle s'est établie chez une sage-femme, qu'un enfant a été ensuite porté par ses ordres à l'hospice, et qu'elle lui a fait donner des soins par ce tiers à qui elle a recommandé la discrétion et le mystère afin d'échapper aux soupçons dont elle était environnée; qu'en conséquence, si le réclamant produit, en outre, un commencement de preuve écrite de son identité avec l'enfant qui est le fruit de cet accouchement, tel qu'un papier attaché à ses langes et dans lequel la même femme a écrit de sa main les noms qui devaient lui être donnés et qu'il a effectivement reçus, il peut être admis à la preuve testimoniale de sa filiation naturelle (Paris, 11 fév. 1850, rap. avec Req. 3 juill. 1850, aff. Circourt. D. P. 50. 1. 210); — 2° Que les publications de bans d'un mariage projeté entre un enfant naturel et une nièce de la femme qu'il réclame pour mère, publications dans lesquelles l'enfant a pris la qualité de fils de celle-ci, offrent les caractères d'un commencement de preuve par écrit

---

preuve par écrit, dans les circonstances dont il s'agit, loin d'avoir commis les contraventions alléguées par le demandeur, a fait, au contraire, une juste application du code Napoléon; — Rejette.

Du 2 fév. 1814.-C. C., sect. req.-MM. Henrion, pr.-Genevois, rap.

(1) (Deblois C. Michel.) — LA COUR; — Attendu que l'art. 323, relatif aux preuves de la filiation légitime n'est pas applicable aux enfants naturels; que, si le demandeur avait pu s'en prévaloir et se faire admettre à la preuve sans commencement de preuve par écrit, il aurait toujours fallu qu'il y eût en sa faveur des présomptions ou indices graves résultant de faits déjà constants; que ces présomptions, ces faits sont donc remis à l'appréciation des juges, et que l'arrêt a jugé qu'ils n'étaient pas de nature à autoriser la preuve testimoniale; — Attendu, sur l'art. 341, qu'il était la loi de l'espèce, que le demandeur avait besoin d'un commencement de preuve par écrit qui ne pouvait sortir que des pièces auxquelles la loi imprime ce caractère, que le demandeur ne produisait aucune des pièces indiquées par l'art. 324, qu'il ne remplissait pas mieux le vœu de l'art. 1347, puisque les pièces dont il argumentait n'émanaient pas de celle qu'il prétendait être sa mère; — Rejette.

Du 28 juill. 1825.-C. C., sect. req.-MM. Henrion, pr.-Hua, rap.

(2) (Buzuel C. époux Édain.) — LA COUR; — Considérant que l'acte de naissance produit par Pierre-Alphonse Buzuel, quoique cet acte, en général, fasse seulement preuve de l'accouchement d'une personne, doit, dans l'espèce particulière, être rangé au nombre des titres de famille d'un acte public émané d'une personne qui aurait intérêt à la contestation, si elle était vivante, en ce que, dans cet acte, Marie-Anne Bilbos, veuve d'Adrien Buzuel, y figure pour attester la vérité de la déclaration de la sage-femme, que Marie-Madelaine Buzuel, sa fille, est réellement accouchée, le 14 niv. an 8 (4 janv. 1800), d'un enfant du sexe masculin, nommé Pierre-Alphonse, et que ladite Marie-Madeleine était célibataire; — Que la dame veuve Buzuel avait un grand intérêt à dissimuler la faute de sa fille, et qu'il n'y a eu que la force de la vérité qui ait pu la déterminer à intervenir à cet acte de naissance, et à contribuer, autant qu'il était en elle, à rendre ledit acte un titre de famille au profit de qui il appartiendrait; — Que la dame veuve Buzuel aurait eu, d'ailleurs, un grand intérêt à contester, si elle eût été vivante, la réclamation de l'opposant, soit pour prétendre que sa fille n'avait point accouché le 4 janv. 1800, soit pour soutenir que Pierre-Alphonse, qui se présentait, n'était point le même que celui dont elle avait certifié, le 7 janv. 1800, la naissance, comme ayant eu lieu le 4 dudit mois; qu'en un mot, il était un imposteur; — Que la déclaration de la veuve Buzuel, portée en l'acte de naissance, fait donc partie d'un acte public émané d'une personne ayant intérêt à la contestation (Ici la cour, appréciant la possession d'état, examine les faits et actes qui l'établissent : 1° l'enfant a été élevé par sa mère. — Celle-ci ayant épousé Pierre Salva, l'enfant est resté dans la maison des époux. — En 1814, il demeurait chez la veuve Buzuel, sa grand'mère. — En 1820, appelé par la loi du recrutement, il a été incorporé dans l'armée le 13 mars 1822, sous le nom de sa mère. — En 1825, il a obtenu un congé sous le même nom. — Sa feuille de route énonce qu'il est fils naturel de Marie Buzuel. Enfin, un certificat du maire de Rouen constate qu'il avait été inscrit sur le tableau de recrutement comme fils de la dame Marie Buzuel); — Considérant que Pierre-Alphonse Buzuel est en possession de son état de fils naturel de Marie-Madelaine Buzuel, ainsi qu'il résulte tant des actes et faits ci-dessus énoncés, que de ce qu'il n'a pas été méconnu que Marie-Madeleine Buzuel fût accouchée le 4 janv. 1800, qu'elle eût mis au monde un enfant du sexe masculin, que cet enfant eût été élevé par sa mère; — Que les époux Edain n'ont pas allégué que cet enfant aurait disparu ou qu'il serait mort; qu'ils se sont bornés à soutenir contre l'évidence, que le réclamant ne rapportait point la preuve de l'identité de sa personne avec celle de l'individu auquel Marie-Madelaine Buzuel avait donné le jour le 4 janv. 1800; — Considérant que dans cet état de choses, non-seulement la maternité est constante, mais que l'identité de Pierre Buzuel avec l'enfant du sexe masculin dont Marie-Madelaine est accouchée le 4 janv. 1800, ne peut être révoquée en doute, et que, dès lors, la preuve testimoniale serait surabondante; — Considérant que l'art. 337 c. civ. n'est point applicable à la cause, puisqu'il n'est pas question d'une reconnaissance faite par la femme Salva pendant son mariage; — Qu'à défaut de reconnaissance de Marie Buzuel, soit avant, soit pendant son mariage, Pierre Buzuel, s'emparant de la faculté accordée par l'art. 341 c. civ., a recherché celle qui lui avait donné le jour; — Que la loi, en autorisant cette recherche, n'a pas voulu qu'elle fût illusoire, et priver celui qui avait réussi dans sa preuve, des avantages qu'elle a attribués aux enfants naturels; — Que les droits que réclame Pierre Buzuel lui étaient acquis du jour de sa naissance, laquelle était antérieure au mariage contracté depuis par Marie Buzuel; que, dès lors, il ne peut être évincé du bénéfice de l'art. 338 du code précité;

Considérant, enfin, que la dame Edain n'a pas été de bonne foi en contestant à Pierre Buzuel sa qualité d'enfant naturel, ne pouvant ignorer la possession d'état dont il jouissait, puisqu'ils avaient été élevés ensemble...; — Confirme.

Du 20 mai 1829.-C. de Rouen, aud. sol.-M. Carel, pr.

de l'identité de cet enfant avec celui dont la mère qu'il s'attribue est accouchée, alors que la nièce qui conteste cette identité a requis elle-même la publication de ces bans (Rouen, 25 août 1812) (1); — 3° Que des lettres missives attribuées par un enfant naturel à celle qu'il réclame pour mère et desquelles il prétend tirer la preuve de son identité avec l'enfant dont elle est accouchée, ne peuvent servir de commencement de preuve par écrit avant d'avoir été reconnues ou vérifiées en justice (Rennes, 30 janv. 1815, aff. Barbier, V. n° 625); — 4° Que, lorsque la signature de lettres émanées de la mère a été vérifiée en justice et que les lettres ont acquis date certaine par la mort de leur auteur, ces lettres peuvent être considérées comme constituant le commencement de preuve par écrit exigé par l'art. 341 pour rendre la preuve testimoniale admissible (Rennes, 29 juill. 1816) (2); — 5° Que des lettres émanées du fils légitime de la femme qu'un enfant désigne pour être sa mère, et dans lesquelles celui-là traite cet enfant de sœur, peuvent, lorsqu'elles ont été écrites en majorité, servir de commencement de preuve par écrit, et rendre admissible la preuve par témoins de la maternité (Paris, 17 juill. 1841) (3); — 6° Que des lettres adressées par la mère à l'enfant, et dans lesquelles elle le traite de fils, de cher fils, forment au moins un commencement de preuve par écrit qui autorise cet enfant à prouver, par témoins, ou même par des présomptions graves, précises et concordantes, qu'il est bien, en effet, l'enfant dont elle est accouchée (Bordeaux, 11 mars 1353, aff. Chauvet, D. P. 54. 2. 260).

631. Il a été jugé au surplus que les lettres, étant la propriété de ceux auxquels elles ont été adressées, ne peuvent être produites en justice que de leur consentement, même en matière d'état civil (Req. 12 juin 1823) (4).

(1) (Boullenger C. Boullenger.)—LA COUR;—Attendu que, dans l'acte des publications de bans de mariage de Cécile Leclerc, sœur de l'intimé, avec l'appelant, et par eux conjointement requis, il existe un commencement de preuve par écrit de l'identité de celui-ci, avec l'enfant né de ladite Boullenger, le 11 nov. 1756, lequel résulte de ce que dans lesdites publications il a été donné à l'appelant les mêmes noms et qualifications que ceux donnés à l'enfant de ladite Boullenger sur les registres de l'état civil, et se fortifie de la notoriété des autres actes publics communiqués dans l'instance; — Attendu que le procès-verbal du juge de paix constate que Louis Leclerc a été cité en conciliation, non à titre singulier de donataire, mais en qualité d'héritier d'Angélique Boullenger, tant pour lui que pour ses cohéritiers, au nombre desquels se trouve Cécile Leclerc; que Louis Leclerc y a donné ses défenses au fond, sans contester la qualité sous laquelle il a été également assigné; qu'ainsi il est indifférent que, dans le cours de l'instance, il ait protesté vaguement contre cette qualité, puisqu'il n'a pas fait juger qu'elle lui était mal à propos conférée; que, d'ailleurs, c'est sous les mêmes qualités qu'ont été prises les conclusions sur lesquelles est intervenu, sans réclamation de sa part, le jugement dont est appel; d'où il suit que l'appelant remplit toutes les conditions requises par l'art. 341, d'une part, et par les art. 324 et 1347 c. civ., d'autre part, pour l'admission de la preuve testimoniale; — Statuant sur l'appel, met l'appellation et ce dont est appel au néant; corrigeant et réformant, et avant faire droit au principal, appointe l'appelant à la preuve testimoniale des faits par lui articulés, etc.

Du 25 août 1812.-C. de Rouen.-M. Brière, av. gén., c. conf.

(2) (Barbier C. Mathilde.)—LA COUR;—Attendu que l'arrêt interlocutoire du 30 janv. 1815 (V. n° 625), qui ordonnait préalablement que les lettres des 8 mars et 21 avr. 1808, produites par les intimés, seraient vérifiées par des experts, a eu son exécution; qu'il résulte de cette vérification que les signatures apposées auxdites lettres sont celles d'Eléonore Barbier; — Que ces lettres ont acquis une date certaine du jour de la mort de ladite Eléonore; — Qu'elles prouvent incontestablement que cette dernière a donné le jour, au mois de fév. 1808, à une fille qui a été nommée Mathilde; — Que ces mêmes lettres peuvent être considérées comme un commencement de preuve par écrit, exigé par l'art. 341 c. civ.; mais que ces preuves ne sont pas suffisantes pour déclarer que la réclamante est identiquement la même que l'enfant dont est accouchée Eléonore Barbier à l'époque précitée; — Par ces motifs, avant autrement faire droit, ordonne que la réclamante prouvera par témoins et par tout autre genre de preuves qu'elle est identiquement l'enfant dont Eléonore Barbier est accouchée, sauf à prouver son identité, etc.

Du 29 juill. 1816.-C. de Rennes, aud. sol., 1re et 3e ch.

(3) *Espèce :* — (Brigaux C. Besson.) — Le 4 prair. an 5, Marie-Antoinette Blanc, née à Lyon, avait été inscrite sur les registres de l'état civil de cette ville comme fille naturelle de Marie Blanc, qui toutefois ne l'avait pas reconnue. — Plus tard, en 1806, Marie Blanc épousa le sieur Brigaux, dont elle eut un fils légitime, Nicolas Brigaux. — La jeune Marie-Antoinette fut élevée sous les yeux et dans la maison des deux époux, où elle resta jusqu'en 1818, époque à laquelle elle se maria avec le sieur Besson : la dame Brigaux intervint au contrat de mariage pour autoriser les stipulations matrimoniales de la future, qu'elle déclara être sa fille naturelle. Depuis ce mariage, le sieur Brigaux fils, devenu majeur, traita le sieur Besson de beau-frère dans la correspondance qu'il entretenait avec lui, et ses relations avec le sieur Besson furent constamment celles que comportait le lien de parenté le plus étroit. — En 1840, décès de la dame Brigaux. — La dame Besson ayant réclamé dans la succession de la défunte les droits d'enfant naturel reconnu, le sieur Brigaux lui contesta cette qualité. Sur cette contestation, jugement du tribunal civil de la Seine, en date du 17 mars 1841, qui, sans s'arrêter à la possession d'état d'enfant naturel invoquée par la dame Besson, et à la reconnaissance volontaire qu'elle prétendait faire résulter de son contrat de mariage, considère les lettres émanées de Brigaux comme un commencement de preuve par écrit de la filiation naturelle réclamée par la dame Besson, et admet celle-ci à prouver par témoins qu'elle est identiquement la même que l'enfant dont la dame Brigaux est accouchée le 4 prair. an 5.

Appel principal par Brigaux. — Appel incident par la dame Besson, du chef qui avait refusé de l'admettre à la preuve de la possession d'état d'enfant naturel. — Arrêt.

LA COUR; — Considérant qu'aux termes de l'art. 341 c. civ., la recherche de la maternité est admise; — Que le mariage de la mère, postérieur à la naissance de l'enfant, ne fait point obstacle à ce qu'il soit admis à cette recherche; — Que dans la cause il y a commencement de preuve par écrit, résultant notamment de lettres émanées de Brigaux, fils de la femme Brigaux, au mari de l'intimée, qui prétend être la fille naturelle de la femme Brigaux; — D'où il suit qu'il y aurait lieu à admettre la preuve testimoniale; mais que, dans les cas où la preuve testimoniale est admise, on peut la suppléer par la réunion de circonstances graves, précises et concordantes; — Que dans la cause il se présente des circonstances graves, précises, concordantes, qui, dès à présent, établissent la maternité réclamée par l'intimée; — Que ces circonstances résultent de pièces, documents et faits de la cause, et notamment de l'acte de naissance de l'intimée, des énonciations de son contrat de mariage, de la correspondance des parties, et des soins donnés à l'intimée par la femme Brigaux, qui l'a élevée et constamment traitée comme sa fille; — Que l'ensemble de ces circonstances dispense de recourir à la preuve testimoniale pour établir l'identité de l'intimée et de l'enfant dont la femme Brigaux est accouchée en prair. an 5; — Par ces motifs, met l'appellation et ce dont est appel au néant; émendant et statuant par jugement nouveau, sans qu'il soit besoin de recourir à l'enquête, reconnaît la femme Besson en sa qualité d'enfant naturel de la femme Brigaux; en conséquence, ordonne qu'aux requêtes, poursuites et diligences de la femme Besson ou d'une autre partie, il sera procédé aux compte, liquidation et partage de la succession de la femme Brigaux, et ce devant M. Buchot, conseiller de la cour, lequel, pour les autres opérations, renverra les parties devant Me Noël, notaire...

Du 17 juill. 1841.-C. de Paris, aud. sol., 1re et 3e ch. réun.-MM. Séguier, 1er pr.-Berville, av. gén., c. conf.-Devesvres et J. Favre, av.

(4) *Espèce :* — (Bellengreville C. Caron.)— Par deux testaments olographes des 8 janv. 1814 et 1er fév. 1818, la demoiselle de Bellengreville de Pelvert institua pour légataire universelle une jeune fille, nommée Adeline-Françoise Caron, qu'une sorte de notoriété publique désignait comme son enfant naturel. — Dès le berceau, Adeline Caron avait reçu de la demoiselle de Bellengreville les soins les plus empressés; c'est elle qui l'avait confiée à la veuve Dongez, dans la maison de laquelle Adeline avait passé ses premières années. Plus tard, elle s'était occupée de l'éducation d'Adeline, et avait pourvu à ses besoins. — La demoiselle de Bellengreville est décédée le 11 juill. 1820, laissant deux sœurs, les dames Rieul-Godart et Dault-Dumesnil. — Celles-ci déclarent s'inscrire en faux contre l'acte de naissance qui donnait à Adeline pour père et mère les mariés Caron; elles offrirent de prouver que ces prétendus parents d'Adeline n'ont jamais existé. A l'appui de l'inscription en faux, elles articulaient qu'Adeline était, dans la réalité, la fille naturelle de leur sœur; que, dès sa naissance (27 août 1801), elle n'avait cessé d'être traitée par elle comme un enfant par sa mère; que cela résultait des registres et papiers domestiques, et de la correspondance trouvée dans le château de la demoiselle de Bellengreville, après son décès; que la maternité était surtout prouvée de la manière la plus positive par une liasse contenant vingt-deux lettres missives qu'elle avait adressées à la veuve Dongez, dans le temps où Adeline était chez cette dernière, et depuis qu'elle en était sortie; que, s'il ne résultait pas de là une preuve parfaite, c'était néanmoins un commencement de preuve par écrit, qui serait complété par la preuve testimoniale, suivant l'art. 323 c. civ.; elles ajoutaient que leur inscription de faux était recevable, puisqu'elle les conduisait à prouver la filiation naturelle d'Adeline Caron, et, par suite, à obtenir que le legs universel fait en sa faveur fût réduit à la moitié des biens de la testatrice, art. 757 et 908 c. civ.

Adeline Caron soutint que les lettres missives dont on excipait contre elle, étant confidentielles, devaient être rejetées du procès; que, dans tous les cas, l'inscription de faux, formée contre son acte de nais-

622. Le commencement de preuve par écrit exigé pour la recherche de la maternité est nécessaire alors même que la mère prétendue ne saurait point écrire (Toulouse, 13 juill. 1846, aff. Arreu, D. P. 48. 2. 83).

---

sance, était inadmissible, parce qu'elle tendait à une recherche de maternité, que l'art. 341 c. civ. n'a autorisé qu'en faveur de l'enfant naturel, et nullement contre lui.

2 fév. 1821, jugement qui rejette l'inscription de faux, parce que l'acte n'est pas attaqué comme faussement dressé par l'officier de l'état civil, mais comme renfermant une attribution mensongère de filiation légitime à la demoiselle Adeline, qu'on soutenait être la fille naturelle de la demoiselle de Bellengreville. En conséquence, sans rien prononcer, quant à la difficulté qui s'était élevée relativement à la production des lettres missives, le tribunal déclare les dames Rieul-Godart et Dault-Dumesnil « non recevables dans leur inscription de faux, sauf à elles à attaquer l'état de la mineure Caron par la preuve testimoniale. »

Appel de la part de toutes les parties devant la cour d'Amiens, où les lettres missives, écrites par la demoiselle de Bellengreville de Pelvert à la dame veuve Dongez, donnèrent lieu à un incident remarquable.

Ces lettres étaient décisives en faveur des dames Rieul-Godart et Dault-Dumesnil; on dut, dans l'intérêt d'Adeline Caron, ne négliger aucun effort pour les écarter du procès. On s'adressa à la veuve Dongez, et on obtint facilement de cette dame, à la date du 20 juill. 1821, un certificat portant que, quand elle avait remis à la famille de Bellengreville les lettres qu'elle avait reçues de la demoiselle de Bellengreville de Pelvert, elle n'avait point eu l'intention d'en autoriser la publicité, ni surtout la production en justice, contre les intérêts d'Adeline Caron, et qu'elle priait M. le procureur général de s'opposer à ce qu'il en fût fait usage. — Toutefois, six jours après avoir signé ce certificat, et le 26 du même mois de juill. 1821, la veuve Dongez écrivit à la dame Dault-Dumesnil, pour lui transmettre d'autres lettres de la demoiselle de Bellengreville, qu'elle avait retrouvées, et pour lui donner tous les renseignements propres à démontrer que les mariés Caron, indiqués dans l'acte de naissance d'Adeline comme ses père et mère, n'étaient que des êtres imaginaires. La veuve Dongez exprimait, dans cette lettre, les vœux qu'elle formait pour le succès de la juste réclamation de la famille de Bellengreville. — Le ministère public conclut à ce que les lettres écrites par feue demoiselle de Bellengreville fussent rejetées du procès. 26 juill. 1821, arrêt qui le décide : « Considérant qu'il est de principe établi par la morale et la jurisprudence, que des lettres confidentielles, écrites à des tiers, ne peuvent devenir pièces du procès contre le vœu de ceux qui les ont écrites, et contre celui des personnes à qui elles ont été adressées et qui en sont dépositaires; — Considérant que, dans la cause, il résulte des circonstances, et spécialement des fragments des lettres attribuées à défunte demoiselle de Bellengreville de Pelvert, qui ont été lus à l'audience, ainsi que des lettres et déclarations émanées de la femme Dongez, lesquelles lettres et déclarations ont été enregistrées, que lesdites prétendues lettres de la demoiselle de Bellengreville étaient confidentielles, et que l'intention de la femme Dongez, qui en était dépositaire, n'a jamais été, en les remettant aux héritiers de Bellengreville, qu'on en fît usage contre Adeline Caron. »

Cet incident vidé, les héritiers de Bellengreville soutinrent que, même en écartant du procès les lettres écrites à la veuve Dongez, les registres domestiques, les factures acquittées, et la correspondance qu'on avait trouvée chez la testatrice, offraient un commencement de preuve écrite plus que suffisant pour qu'on les autorisât à prouver par témoins qu'elle était la mère naturelle d'Adeline Caron ; qu'ainsi ils avaient toujours le même intérêt, et, conséquemment, le même droit de s'inscrire en faux contre l'acte de naissance par lequel on avait attribué à cette jeune fille une filiation qui ne lui appartenait pas; et enfin que c'était un système aussi déraisonnable qu'arbitraire de vouloir limiter la recherche de la maternité au cas où elle a lieu dans l'intérêt de l'enfant; qu'il est évidemment dans l'esprit de la loi d'admettre pour cette recherche une parfaite réciprocité. — 9 août 1821, arrêt définitif qui maintint le jugement de première instance dans la disposition qui déclarait l'inscription de faux non recevable, et infirma celle qui réservait aux héritiers de Bellengreville le droit d'attaquer l'état de la demoiselle Caron par la preuve testimoniale.— « Considérant que l'art. 214 c. pr. porte : « Celui qui prétend qu'une pièce produite dans le cours d'une procédure est fausse, peut, s'il y échet, être reçu à s'inscrire en faux; » — Qu'il résulte de ces mots, s'il y échet, qu'il est des cas où l'inscription de faux peut être, dès l'origine, déclarée inadmissible, et qu'il en doit être ainsi, soit lorsque l'inscription n'est point utile au jugement de la cause, soit lorsque celui qui l'a faite n'est pas recevable dans son action principale; —Que, dans l'espèce, les héritiers de Bellengreville, devançant l'exécution de l'art. 229 du même code, ont, par plusieurs actes de la procédure, fait connaître leurs moyens de faux, ainsi que les faits, circonstances et preuves par lesquels ils prétendent les établir; que ces moyens ne sont nullement dirigés contre l'état matériel de l'acte de naissance dont il s'agit, mais qu'ils tendent à prouver que la mineure n'est pas l'enfant légitime de Caron et de son épouse, et qu'elle est la fille naturelle de feue Eugénie de Bellengreville de Pelvert; — Que, dès lors, on peut opposer à cette inscription de faux toutes les fins de non recevoir par lesquelles on pourrait rejeter l'action de celui qui conteste l'état d'un enfant; — Considérant que, d'après ces principes, une première fin de non-recevoir, puisée dans l'art. 322 c. civ., doit faire écarter l'action des héritiers de Bellengreville; qu'en effet, aux termes de cet article, nul ne peut contester l'état de celui qui a une possession conforme à son titre de naissance; qu'Adeline-Françoise Caron produit un acte de naissance dont l'état matériel n'est point attaqué, et qu'elle y joint une possession de nom et d'état conforme à son titre, aussi étendue qu'elle peut l'être, dans la position d'un enfant dont les parents ont depuis longtemps disparu; — Considérant qu'une seconde fin de non-recevoir contre cette action se puise dans l'art. 341 du même code; qu'en effet, dans l'intérêt de la morale et de l'ordre social, le législateur n'a pu permettre que des héritiers collatéraux flétrissent la mémoire d'une sœur pour s'emparer de ses biens, et qu'ils contestassent à un enfant ses parents légitimes, pour lui attribuer une mère qui n'eût pu l'être que par un commerce honteux; que si le législateur a permis la recherche de la maternité, ce n'est qu'en faveur de l'enfant qui a l'intérêt le plus grand et le plus sacré de connaître sa mère; qu'aussi, dans l'article précité et dans tous ceux qui sont relatifs à la reconnaissance des enfants, le législateur ne parle de la réclamation d'état que par rapport à l'enfant et à ses héritiers; qu'il détermine les conditions qui peuvent la faire admettre; qu'il ne parle jamais de la recherche que pourraient faire des personnes étrangères à l'enfant; d'où suit la conséquence que cette faculté ne leur a point été accordée; — Considérant que, lors même que l'art. 341 c. civ. permettrait à des tiers la recherche de la maternité, l'action des héritiers de Bellengreville serait encore inadmissible, parce qu'ils ne remplissent point les obligations qui sont imposées, même à l'enfant, pour l'exercice de cette action ; que d'abord ils ne rapportent ni n'offrent de rapporter aucun acte qui établisse que feue de Bellengreville de Pelvert soit accouchée à une époque concordante avec la naissance d'Adeline-Françoise Caron ; qu'en second lieu, ils ne produisent point le commencement de preuve par écrit de l'identité d'Adeline-Françoise Caron avec l'enfant dont ladite de Bellengreville serait accouchée; qu'on ne peut regarder comme un commencement de preuve par écrit des extraits, quittances et lettres qui ne constatent que des soins et des dépenses pour l'éducation d'Adeline; qu'en aucune des pièces produites, on ne rencontre un seul mot qui annonce l'accouchement ni l'identité; qu'au contraire Adeline, dans ses lettres, ne reconnaît ladite de Bellengreville de Pelvert que sous le titre de sa bienfaitrice; que, loin de la nommer sa mère, elle déclare ne point connaître ses parents. »

Pourvoi des héritiers de Bellengreville: 1° Violation des art. 1347 et 324 c. civ., en ce que, quelque controverse qui se soit établie, en matière ordinaire, sur la force probante des lettres missives écrites à des tiers par une personne qui aurait intérêt à la contestation, elles doivent au moins, dans les questions d'état, valoir comme commencement de preuve par écrit : c'est ce qui s'induit des art. 197, 323, 324. —L'arrêt objecte l'intention contraire des personnes qui ont écrit ou reçu les lettres; mais c'est de la loi, et non de la volonté de leurs parents, que les enfants tiennent leur état. Et si, pour l'honneur de sa famille ou le sien propre, une fille a renoncé au bonheur de s'entendre appeler du doux nom de mère, sera-t-il interdit à l'enfant de se prévaloir des lettres qui constateront sa filiation, et sera-t-il défendu de les lui opposer?—Qu'on ne puisse forcer la personne qui a reçu une lettre à la produire, cela se conçoit; mais une fois remise aux parties, les lettres peuvent être invoquées.

2° Fausse application des art. 218 et 229 c. pr., et de l'art. 322 c. civ., en ce que la cour royale a déclaré non recevable l'inscription de faux formée contre l'acte de naissance d'Adeline Caron.

3° Violation de l'art. 341, en ce que l'arrêt attaqué a décidé que la recherche de la maternité n'était autorisée qu'en faveur de l'enfant et non contre lui, et en ce que l'arrêt a décidé que l'accouchement devait être préalablement prouvé.—Arrêt.

LA COUR; — Sur le premier moyen dirigé contre l'arrêt du 26 juill. 1821, qui a rejeté de la cause des lettres confidentiellement écrites à un tiers, et desquelles les demandeurs prétendaient tirer un commencement de preuve par écrit : — Attendu que le secret des lettres est un principe que la justice ne peut méconnaître, parce qu'il dérive de la nature des choses, qui ne permet pas qu'une confidence privée devienne l'objet d'une exploration publique;—Qu'une lettre est la propriété de celui à qui elle est adressée; que, s'il en est dessaisi malgré lui, il y a violation de cette propriété; que, si l'on en fait un usage qu'il n'a pas consenti, il y a abus de confiance et violation de dépôt; qu'à aucun de ces titres la justice ne peut en tolérer la production;—Que, dans l'espèce, la dame Dongez, à qui feue demoiselle de Bellengreville de Pelvert avait adressé les lettres dont était question au procès, a déclaré qu'elle ne les avait pas confiées pour qu'il en fût fait usage en justice, et qu'avertie de l'abus qu'on en voulait faire, contre ses intentions, elle les a revendiquées par le ministère du procureur général; qu'ainsi, en déférant à son réquisitoire, et rejetant ces lettres du procès, l'arrêt de la cour royale d'Amiens n'a pu

623. Lorsque le commencement de preuve par écrit exigé par l'art. 341 a été produit, il n'est pas absolument nécessaire de recourir à la preuve testimoniale pour compléter la constatation légale de la maternité : cette preuve peut être suppléée par la réunion de circonstances graves, précises et concordantes, établissant la maternité réclamée ; telles seraient les présomptions résultant, en faveur de l'enfant, de son acte de naissance, des énonciations de son contrat de mariage, de la correspondance avec la famille, des soins constants donnés à l'enfant par celle qu'il désigne pour sa mère, qui l'a élevée et l'a traitée comme sa fille, en un mot, de sa possession d'état (Paris, 17 juill. 1841, aff. Brigaux, V. n° 620-3°; V. aussi Bordeaux, 11 mars 1853, aff. Chauvet, cité *suprà*, n° 620-6°). — V. conf. MM. Valette sur Proudhon, t. 2, p. 140; Demolombe, t. 5, n° 505.

624. Ici se présente la question de savoir quelle foi fait, en ce qui concerne la maternité, l'acte de naissance d'un enfant naturel dans lequel la mère a été désignée (V. Acte de l'état civil, n° 406). Comme nous l'avons déjà fait observer, il y a, dans la question de maternité, deux choses : l'accouchement de la mère, et l'identité de l'enfant. Or il nous paraît évident tout d'abord que les énonciations de l'acte de naissance ne prouvent absolument rien quant à l'identité : chacun pouvant se faire délivrer des actes de l'état civil, rien ne prouve que celui qui produit un acte de naissance soit bien celui auquel il s'applique. C'est donc tout à fait à tort qu'il avait été décidé (Rennes, 31 août 1808) que cet acte peut être le commencement de preuve par écrit exigé de l'enfant naturel pour qu'il puisse être admis à prouver par témoins qu'il est identiquement le même que l'enfant dont celle qu'il réclame pour mère est accouchée. Sur le pourvoi formé contre cet arrêt, il a été jugé, avec beaucoup plus de raison, que l'acte de naissance d'un enfant naturel ne peut tenir lieu de ce commencement de preuve par écrit, cet acte pouvant être applicable à un autre individu que le réclamant (Cass. 28 mai 1810 (1); V. aussi Paris, 7 juillet 1838, aff. Lepercq, D. P. 45. 2. 105; Bordeaux, 19 février 1846, aff. Mathieu, D. P. 48. 2. 84). — Il a été jugé, dans le même sens, que ni cet acte, ni la déclaration d'une sœur de la mère ne suffisent pour prouver vis-à-vis des autres frères et sœurs que l'enfant qui réclame la maternité est bien le même que celui auquel s'applique l'acte de naissance (Rennes, 30 janv. 1815, aff. Barbier, V. n° 625). Nous ajouterons, tout à fait surabondamment, que la première rédaction de l'art. 341 contenait une disposition ainsi conçue : « Le registre de l'état civil, qui constatera la naissance de l'enfant né de la mère réclamée, et duquel le décès ne sera pas prouvé, pourra servir de commencement de preuve par écrit, » et que cet alinéa fut supprimé d'après l'observation du ministre de la justice que la question sera de savoir si le registre s'applique à l'enfant, et qu'on tombait ainsi dans un cercle vicieux. — Or, puisque cet acte ne prouve rien quant à l'identité, nous en concluons qu'il ne remplit pas le vœu de l'art. 341, et que, par conséquent, il ne peut être considéré comme un commencement de preuve par écrit du fait complexe de la maternité. — Il a été jugé, en ce sens, que l'acte de naissance d'un enfant naturel, auquel n'a point assisté la mère désignée, ne peut être considéré comme un commencement de preuve par écrit autorisant la recherche de la maternité (Toulouse, 13 juill. 1846, aff. Arreu, D. P. 48. 2. 83); et que ce commencement de preuve par écrit ne peut résulter non plus d'une pareille mention faite sur

contrevenir à aucune loi ;—En ce qui concerne l'arrêt définitif du 9 août 1821, lequel, par une première disposition, déclare les demandeurs non recevables à s'inscrire en faux incident contre l'acte de naissance d'Adeline-Françoise Caron, et, par une seconde disposition, refuse d'admettre la preuve testimoniale contre le titre et la possession d'état de ladite demoiselle Caron ;—Attendu, sur le premier moyen, qu'en thèse générale, il n'y a lieu à inscription de faux que lorsque l'auteur du faux peut être personnellement poursuivi ; que l'officier public, rédacteur d'un acte dans lequel il insère les déclarations qui lui sont faites par les parties, en présence de témoins, n'est pas responsable de la sincérité de ces déclarations ; que leur fausseté est un mensonge qui n'altère point la substance matérielle de l'acte qu'il a dû rédiger ;—Que la simulation dans un acte est autre chose que le faux ; que, notamment en matière de questions d'état, l'art. 323 c. civ., qui a disposé pour l'espèce où l'enfant aurait été inscrit sous de faux noms, dit que la preuve de filiation sera faite par témoins, ce qui exclut la voie d'inscription de faux ; — Attendu, sur le deuxième moyen, que cette preuve testimoniale ellemême n'est admissible, aux termes de l'art. 341, spécial pour la recherche de la maternité, que lorsqu'il y a commencement de preuve par écrit; que lors même que la recherche de la maternité pourrait être faite par tout autre que par l'enfant qui demande à faire reconnaître sa mère, lorsque le fait de l'accouchement, qui devrait être déjà constant, pourrait tomber en preuve, comme celui de l'identité, la loi impose toujours la condition préalable et nécessaire qu'il existe un commencement de preuve par écrit, avant d'admettre à la preuve testimoniale ;—Que l'arrêt déclare, en fait, que ce commencement de preuve par écrit n'existe pas; qu'il ne résulte pas des extraits, quittances et autres pièces produites; d'où il suit qu'aux termes de l'art. 322 c. civ., l'état de la demoiselle Caron, qui a été déclarée avoir une possession conforme à son titre de naissance, ne pouvait plus être attaqué ;—Rejette.

Du 12 juin 1823.-C. C., sect. req.-MM. Henrion, pr.-Hua, rap.-Cahier, av. gén., c. conf.-Nicod, av.

(1) *Espèce* : — (Coron C. Hamelin.) — 31 août 1808, arrêt de la cour de Rennes ainsi conçu : — « Considérant que la loi du 20 sept. 1792, sous l'empire de laquelle est né le mineur Abel, ordonne aux sages-femmes et aux maîtres de la maison, sous peine de deux mois de prison, de déclarer à l'officier public la naissance de l'enfant qui est né chez eux ; que, par conséquent, l'épouse du sieur Maillard avait une mission légale pour déclarer la naissance dudit Abel ; — Que ladite loi de 1792 n'exige point qu'il soit fait mention dans l'acte du lieu de la naissance de la mère; qu'ainsi l'erreur sur ce point, fût-elle réelle, serait indifférente ; — Qu'à l'égard de celle que l'appelante prétend avoir été commise relativement à l'indication de sa profession, elle ne toucherait pas à la substance de l'acte ; mais que d'ailleurs l'intimé offre de prouver que cette indication est vrai ; — Il résulte de ce que dessus que les irrégularités qu'on a reprochées à l'acte de naissance du 30 germ. an 5 n'existent pas ; — Considérant que l'art. 10 de la loi du 12 brum. an 2 veut que l'état et les droits des enfants nés hors du mariage, dont le père et la mère seraient encore existants lors de la promulgation du code civil, soient en tout point réglés par lui ; — Que l'art. 341 de ce code contient les dispositions législatives applicables à l'espèce; — Qu'elles gardent le silence, comme l'avaient fait les lois anciennes, sur la question de savoir si l'acte de naissance peut être le commencement de preuve par écrit qui est exigé de l'enfant naturel pour qu'il puisse être admis à prouver par témoins qu'il est identiquement le même que l'enfant dont celle qu'il réclame pour mère est accouchée ; — Que le législateur n'a pu décider cette question par une règle générale, parce qu'il est des espèces où il est juste et même nécessaire que l'acte de naissance soit admis comme commencement de preuve par écrit, et d'autres où il ne doit pas l'être ; — Que s'il avait défendu de l'admettre dans tous les cas, comme commencement de preuve par écrit, il serait très-souvent impossible de prouver la maternité dont cependant la loi a admis la recherche ; que les juges, après un grand approfondissement des faits, peuvent seuls décider si on doit accorder à l'acte de naissance la valeur d'un commencement de preuve par écrit, ou si on doit la lui refuser ; que telle a toujours été la jurisprudence antérieure au code ; — Considérant que, dans l'espèce soumise à la décision de la cour, les actes de naissance des deux enfants nés hors mariage, dont l'appelante est accouchée, tandis qu'elle a vécu avec Mabit, et les autres faits qui résultent de l'état du procès, présentent un ensemble de présomptions trop fortes et trop concordantes pour qu'il soit possible de refuser au mineur Abel, pourvu d'un acte de naissance en bonne forme, la faculté de faire par témoins les preuves qu'il offre d'administrer ; d'où il résulte que le jugement interlocutoire dont il a été relevé appel a été bien rendu. »

Pourvoi des époux Coron pour violation de l'art. 341 c. civ.—Arrêt.

La cour ; — Vu l'art. 341 c. civ. ; — Vu pareillement l'art. 323 du même code ; — Attendu, 1° que, suivant l'art. 341 c. civ., l'enfant naturel ne peut être reçu à prouver par témoins qu'il est identiquement le même que l'enfant dont la mère qu'il réclame est accouchée, s'il n'a déjà un commencement de preuve par écrit de cette identité; — Attendu, 2° qu'un acte de naissance ne forme point ce commencement de preuve, puisqu'il peut être applicable à un autre individu que le réclamant ; — Que ce principe est d'autant plus constant qu'il a été reconnu au conseil d'État, lors de la discussion du projet du code civil, en écartant l'article qui disposait que le registre de l'état civil constatant la naissance de l'enfant né de la mère réclamée, et duquel le décès ne serait pas prouvé, pourrait servir de commencement de preuve par écrit ;—Attendu, 3° que ce n'est que dans le cas de la filiation légitime que l'art. 323 du même code permet de recevoir la preuve par témoins, lorsque les présomptions et indices résultant des faits dès lors constants sont assez graves pour déterminer l'admission ; qu'aucun article du code n'étend cette faculté au cas de la filiation naturelle ; — D'où il résulte qu'en admettant le mineur Abel à la preuve testimoniale, sur le seul fondement de l'acte de naissance du 30 germ. an 5, et des présomptions et indices résultant du procès, l'arrêt a violé l'art. 341 et faussement appliqué l'art. 323 ; — Casse, etc.

Du 28 mai 1810.-C. C., sect. civ.-MM. Muraire, pr.-Cassaigne, rap.-Merlin, pr. gén., c. conf.-Mathias, Emery et Sirey, av.

le registre de l'hospice où l'accouchement a eu lieu (même arrêt).

625. Mais cet acte prouve-t-il l'accouchement? Peut-il du moins servir de commencement de preuve par écrit de ce fait? C'est là une question gravement controversée. — M. Merlin (Quest. de droit, v° Maternité) soutient avec force que l'acte de naissance fait preuve complète de l'accouchement. Il invoque à cet égard l'art. 1, tit. 1, de la loi du 20 sept. 1792, qui porte que « les municipalités recevront et conserveront à l'avenir les actes destinés à *constater les naissances*, mariages et décès, disposition dont le code civil a conservé, sinon les termes, du moins la substance, et qui ne fait pas de distinction entre les enfants légitimes et les enfants naturels. » Pour prouver que le code Napoléon a été bien réellement rédigé dans cet esprit, il cite les paroles qui furent prononcées, à la séance du conseil d'Etat du 26 brum. an 10, par M. Emmery, dans une discussion dont nous avons déjà parlé (*suprà*, n° 615), et qui n'avait pas trait à la question dont nous nous occupons. « La preuve testimoniale, a dit M. Emmery, ne lui est permise que lorsqu'il a un commencement de preuve par écrit. Or ce commencement de preuve qui atteste l'accouchement de la mère, existera également lors de l'ouverture de la succession. *La plupart de ces enfants auront même un acte de naissance qui les dispensera de faire valoir toute autre preuve*, etc. » Quant à l'objection tirée du danger qu'il y a à donner aux registres publics l'effet de constater l'accouchement d'une fille ou d'une veuve, sur la déclaration de tiers qui peuvent être mal intentionnés, et cela sans qu'elle appose, sans qu'elle puisse apposer sa signature sur les registres, il y répond par le passage suivant de d'Aguesseau (quarante-septième plaidoyer) : « Rien de plus réel que ces inconvénients, et cependant c'est la grande, c'est presque l'unique preuve que l'on puisse avoir de l'état des hommes : qu'on renverse cette preuve, tous les fondements de la société civile sont ébranlés; il n'y a plus rien de certain parmi les citoyens, si l'on retranche cet argument. Qu'on dise tant que l'on voudra que ce principe est douteux, que rien n'est plus facile à altérer, à dissimuler, à changer même, que le contenu d'un extrait baptistaire : toutes ces réflexions sont justes; mais quelque douteuse que puisse être cette preuve, tout sera encore plus douteux si on ne l'admet pas, si on la rejette sans des preuves convaincantes de fausseté. » — La même doctrine a été adoptée par MM. Proudhon, t. 2, p. 143; Toullier, t. 2, n° 865.—Elle a été également consacrée par plusieurs arrêts qui ont jugé 1° que l'acte de naissance d'un enfant naturel, dressé selon les formes prescrites par les art. 55, 56 et 59 c. nap., fait foi de l'accouchement de la mère qui s'y trouve désignée, bien que celle-ci ait été étrangère à sa rédaction (Rennes, 30 janvier 1815 (1); 31 août 1808, rapporté avec cass. 28 mai 1810, aff. Coron, n° 620; Rouen, 20 mai 1829, aff. Buzuel, n° 619; Paris, 7 juill. 1838, aff. Lepercq, D. P. 45. 2. 105); — 2° Que l'acte de l'état civil constatant la naissance d'un enfant naturel déclaré né d'une femme désignée, et qui lui a donné les noms que relate cet acte, fait preuve complète de l'accouchement de cette femme, alors que l'acte est régulier et qu'il n'est allégué contre lui aucune fraude (Limoges, 4 avril 1848, aff. Chirat, D. P. 49. 2. 38).

M. Delvincourt, t. 1, note 10 de la page 93, ne va pas si loin. Il ne pense pas que l'acte de naissance puisse être regardé comme une preuve de la filiation, envisagée abstraction faite de l'identité; tout au plus, selon lui, pourrait-on l'admettre comme un commencement de preuve de la filiation, quand il est rédigé sur les déclarations des personnes que la loi en a chargées. —Jugé, en ce sens, que l'acte de naissance d'un enfant naturel peut servir de commencement de preuve par écrit du fait de l'accouchement (Bordeaux, 19 fév. 1846, aff. Mathieu, D. P. 48. 2. 84).

Mais nous croyons plus vrai de dire que l'acte de naissance ne fait ni preuve ni commencement de preuve par écrit de la maternité naturelle. — Et d'abord, sur le premier point, l'argumentation de Merlin ne nous semble nullement concluante. En effet, nous ne contestons pas que les registres de l'état civil n'aient pour objet de constater les naissances, mariages et décès; mais autre chose est constater la naissance d'un enfant, autre chose est constater sa filiation; or ni la loi de 1792, ni les articles du titre des Actes de l'état civil ne disent que ces actes soient destinés à constater la filiation des enfants, soit légitimes, soit naturels. Quant à l'opinion exprimée incidemment par M. Emmery, au conseil d'Etat, à propos d'une autre question, rien ne prouve qu'elle ait passé dans le code Napoléon; tout démontre, au contraire, qu'elle n'a point été admise par la loi. En effet, l'art. 319 c. Nap. porte que « la filiation des enfants légitimes se prouve par les actes de naissance inscrits sur les registres de l'état civil. » Nulle disposition analogue n'existe à l'égard des enfants naturels. Par là le législateur a clairement manifesté sa volonté de restreindre à la filiation légitime la force probante de l'acte de naissance. De plus, il résulte de l'art. 336 que lorsque le père, reconnaissant l'enfant dans l'acte de naissance, indique la mère sans l'aveu de celle-ci, cette indication est sans effet à son égard. Or comment serait-il possible, en présence d'une telle disposition, que la désignation de la mère par un médecin, une sage-femme, par un tiers ayant assisté à l'accouchement, fît foi de l'accouchement et pût être opposée à la femme ainsi désignée? Enfin les art. 334, 336 et 341 démontrent de la manière la plus claire que la maternité naturelle ne peut s'établir qu'au moyen d'une reconnaissance volontaire ou d'un jugement. Et cela se comprend facilement. Le fait de donner le jour à un enfant naturel étant déshonorant pour la femme, il était raisonnable que la loi ne donnât pas, en pareil cas, force probante au simple témoignage des personnes chargées de faire la déclaration de naissance. C'est donc une erreur manifeste que de considérer l'acte de naissance comme faisant preuve de l'accouchement en matière de filiation naturelle; nous ajoutons que les termes des art. 324 et 1347 ne permettent pas de penser qu'il puisse servir même de commencement de preuve par écrit.—V. en ce sens MM. Duranton, t. 3, n° 237; Zachariæ, édit. Massé et Vergé, t. 1, p. 332; Duvergier sur Toullier, note *a* sur le n° 865 et note *b* sur le n° 946; Demolombe, t. 1, n° 297, et t. 5, n° 504. —Jugé, conformément à cette doctrine, que l'acte de naissance d'un enfant naturel ne fait pas preuve de l'accouchement de la femme qui y est désignée pour mère, lorsque celle-ci n'a pas concouru à la formation de cet acte (Pau, 29 juill. 1844, aff. Dastugue; Grenoble, 5 av. 1843, aff. Rochas, D. P. 45. 2. 104 et 105); et que le même acte ne vaut pas non plus comme commencement de preuve par écrit de cet accouchement (Pau, même arrêt; Grenoble, 24 janv. 1844, aff. Perret, *ibid.*).

626. S'il est vrai, comme nous croyons l'avoir établi (*suprà*, n° 615), que le commencement de preuve par écrit exigé par

(1) (Barbier C. Mathilde.) — LA COUR; — Considérant que l'art. 341 c. civ., en admettant la recherche de la maternité, impose à l'enfant qui réclame sa mère l'obligation de prouver qu'il est identiquement le même que l'enfant dont elle est accouchée; — Considérant que l'extrait de naissance du 22 fév. 1808 apprend bien qu'Eléonore Barbier est accouchée d'une fille nommée Mathilde, mais que cet acte, la déclaration de la dame des Ouches sœur d'Eléonore Barbier, consignée au procès-verbal d'apposition de scellés du 10 juin 1809, déclaration qui ne peut lier ses frères et sœur, héritiers comme elle d'Éléonore, ni leur être opposée, le réquisitoire du procureur du roi de Brest, et la déclaration de la commission administrative de l'hospice de Brest, approuvée par le sous-préfet de cette ville, en date du 8 août 1809, ne suffisaient pas pour prouver que Mathilde fût identiquement la même que celle dont Eléonore Barbier était accouchée le 22 fév. 1808; — Considérant que le tribunal civil de Brest avait, à la vérité, sous les yeux, des lettres que l'on maintenait avoir été écrites par Eléonore Barbier, antérieurement à son décès et postérieurement à la naissance de Mathilde, par lesquelles, en reconnaissant son accouchement, elle désignait le sexe et le nom de l'enfant dont elle était accouchée, et l'endroit de la ville de Brest où il avait été mis en nourrice; mais que ces lettres étant des écritures privées, les appelants auraient dû être assignés pour avoir acte de leur reconnaissance ou pour faire tenir ces lettres pour reconnues, conformément aux art. 1322 et 1323 c. civ., et 193 c. pr., ce qui n'a pas eu lieu; — Considérant que le défaut laissé par les appelants devant le premier tribunal, emportant contestation en cause, imposait aux juges l'obligation de faire vérifier les lettres d'Eléonore Barbier, avant qu'elles pussent être envisagées comme le commencement de preuve par écrit exigé par l'art. 341 c. civ.; et qu'ainsi, le jugement du 26 mai dernier a été précipitamment rendu; — Considérant que les appelants ont formellement déclaré, en plaidant, ne pas reconnaître l'écriture et la signature d'Eléonore Barbier, leur sœur; qu'ainsi, la vérification doit en être préalablement ordonnée, aux termes de l'art. 195 c. pr.; Dit mal jugé, ordonne la vérification, etc.

Du 30 janv. 1815.-C. de Rennes, 1re ch.

l'art. 341 doit porter à la fois et sur le fait de l'accouchement et sur l'identité de l'enfant, et si, d'un autre côté, il est vrai que l'acte de naissance qui désigne la mère naturelle sans la participation de celle-ci ne fait ni preuve ni commencement de preuve, soit de l'accouchement, soit de l'identité, il en résulte qu'un tel acte ne peut être considéré comme suffisant pour autoriser la preuve testimoniale de la maternité. C'est ce qui, du reste, a été jugé par plusieurs arrêts (Bourges, 2 mai 1837 (1); Bastia, 31 mars 1840, aff. Pinzuti, n° 636-4°; Toulouse, 13 juill. 1846, aff. Arreu, D. P. 48. 2. 83).

627. Il a été jugé encore : 1° que de ce que les père et mère naturels ont seuls qualité pour reconnaître un enfant naturel, il résulte évidemment que la désignation faite par une sage-femme de la mère de l'enfant qu'elle présente à l'officier de l'état civil peut servir à l'enfant comme indice dans la recherche de la maternité, mais ne peut suppléer, dans l'intérêt seul de la mère, à la reconnaissance formelle exigée par la loi (Bourges, 4 janv. 1839, aff. Chevannes, V. n° 718-2°); — 2° Que l'enfant qui recherche la maternité ne peut trouver le commencement de preuve par écrit qui lui est nécessaire pour rendre son action recevable dans le concours d'un acte de naissance le désignant, sur la déclaration d'une personne dépourvue de pouvoirs, comme né de la prétendue mère, et d'une déclaration de grossesse faite par celle-ci à un officier incompétent (un greffier de justice de paix) et non signée d'elle (Lyon, 3 août 1851, aff. Lévy, D. P. 53. 2. 34); — 3° Qu'on ne peut considérer ni comme preuve ni comme commencement de preuve par écrit de la maternité : 1° l'énonciation du nom de la mère dans l'acte de naissance de l'enfant, lorsque la femme qui a été ainsi désignée comme mère est restée étrangère à la rédaction de l'acte, cette énonciation n'ayant pu être faite sans son aveu ; 2° une requête adressée au tribunal au nom de la prétendue mère et dans laquelle il a été exposé qu'elle avait eu un enfant de son commerce avec celui qui a reconnu l'enfant comme sien, cette requête, œuvre de l'avoué, ne pouvant équivaloir à une reconnaissance (Paris, 29 av. 1844) (2); — 4° Que l'acte de naissance qui indique comme mère d'un enfant naturel une certaine personne en la désignant comme mariée, tandis qu'elle est célibataire, ne peut être considéré comme un commencement de preuve par écrit qui rende l'enfant admissible à prouver par témoins que cette femme, qui repousse la maternité qui lui est attribuée par l'acte de naissance, est effectivement sa mère (Paris, 16 mai 1809) (3); — 5° Que l'acte de naissance n'est pas un commencement de preuve par écrit de la maternité qu'un enfant impute à une femme, si le nom de celle-ci diffère

(1) *Espèce* : — (Alaphilippe, etc. *C.* Champagnat, etc.) — Jacques Champagnat fit inscrire, le 15 germ. an 9, sur les registres de l'état civil, un enfant mâle, sous le nom de Jean, comme né hors mariage, de lui et de Marie Foreau, sa domestique. — Depuis, Jean Champagnat a toujours été traité comme l'enfant naturel de Marie Foreau. — Au décès de celle-ci, Jean prit possession de ses biens, et vendit divers immeubles au sieur Debourges. — En 1833, celui-ci est sommé de délaisser ses immeubles, à la requête, tant des consorts Laurent, se disant héritiers collatéraux de Marie Foreau, que du sieur Alaphilippe, leur cessionnaire. — Debourges appelle Jean Champagnat en garantie. — Ce dernier, pour repousser la prétention des demandeurs, produit son acte de naissance et invoque sa possession d'état d'enfant naturel de Marie Foreau, possession tellement publique et incontestable, qu'à la mort de celle-ci les héritiers n'ont pas même songé à s'opposer à la prise de possession des biens de la défunte. — 14 juill. 1835, le tribunal de Saint-Amand reconnaît, à Jean Champagnat, la qualité d'enfant naturel de Marie Foreau, le déclare héritier de celle-ci, pour les trois quarts, et maintient, jusqu'à concurrence de ces trois quarts, la vente faite à Debourges.

Appel par Alaphilippe et les consorts Laurent. — On a dit pour eux : C'est d'après le code et non suivant la loi du 12 brum. an 2, que l'état de Jean Champagnat doit être réglé. — Or, le code n'admet pas, comme cette loi, la possession d'état comme preuve de filiation des enfants naturels : — Il faut à celui-ci une reconnaissance formelle et authentique du père et de la mère, et, à l'égard de celle-ci, seulement la preuve de son identité avec l'enfant dont celle qu'il prétend être sa mère est accouchée. — L'acte de naissance invoqué dans l'espèce est étranger à Marie Foreau; il n'équivaut pas à une reconnaissance formelle, et il ne vaut pas davantage comme commencement de preuve, 1° parce que, fit-il même preuve de l'accouchement, il ne pourrait rien quant à l'identité de Jean Champagnat avec l'enfant dont Marie serait accouchée; 2° parce que l'acte n'est pas signé de celle-ci. — Arrêt.

LA COUR; — Considérant qu'il est reconnu que les immeubles revendiqués par les héritiers collatéraux de Marie Foreau dépendent de la succession de cette dernière; — Que Debourges, détenteur de ces immeubles, les a acquis de Jean Champagnat, se prétendant fils naturel de ladite Marie Foreau, et conséquemment son héritier pour trois quarts, mais que cette qualité d'enfant naturel n'est point justifiée; — Qu'à la vérité, on produit devant la cour un extrait des registres de l'état civil, sous la date du 15 germ. an 9, établissant, par la déclaration de Jacques Champagnat et de deux témoins, que le nommé Jean est né, hors mariage, dudit Champagnat et de Marie Foreau; mais que la loi n'a pas accordé aux enfants naturels la faveur due aux enfants légitimes; — Que l'acte de naissance et la possession d'état ne suffisent pas pour établir la filiation de l'enfant né hors mariage; — Qu'aux termes de l'art. 334 c. civ., la reconnaissance d'un enfant naturel doit être faite par un acte authentique, lorsqu'elle ne l'a pas été par l'acte de naissance; — Que, suivant l'art. 336, la reconnaissance du père, sans l'indication et l'aveu de la mère, n'a d'effet qu'à l'égard du père; — Qu'enfin l'art. 341 veut que l'enfant naturel, qui réclamera sa mère, soit tenu de prouver qu'il est identiquement le même que l'enfant dont elle est accouchée, et déclare de plus qu'il ne sera reçu à faire cette preuve que lorsqu'il aura déjà un commencement de preuve par écrit;

Que, de la combinaison de ces articles, il résulte que la loi exige une reconnaissance formelle de la part des père et mère de l'enfant naturel, pour que ce dernier soit dispensé de toute autre preuve; — Que, dans l'espèce, Marie Foreau n'a point participé à la déclaration de l'acte de naissance; que, dès lors, il n'y a point d'aveu et conséquemment de reconnaissance de sa part; — Que Jean Champagnat ne rapporte aucun acte duquel on puisse introduire le commencement de preuve par écrit exigé par l'art. 341 ; qu'il est dès lors non recevable à prouver par témoins son identité; — Que sa qualité d'enfant naturel de Marie Foreau n'étant nullement justifiée, il est sans qualité pour prétendre à sa succession; — Que c'est dès lors sans droit qu'il a vendu les immeubles de cette succession, qui doivent être restitués aux héritiers de ladite Marie Foreau;—Réformant, condamne Debourges à restituer aux appelants la propriété et possession des biens qu'il a acquis de Jean Champagnat, etc.

Du 2 mai 1837.-C. de Bourges, aud. sol.-M. Matter, 1er pr.

(2) *Espèce* : —(Hérit. Crosnier *C.* Paul-Antoine Crosnier.) — Le 26 avril 1843, jugement du tribunal de Versailles ainsi conçu :—« Le tribunal, attendu que Paul-Antoine Crosnier a dans son acte de naissance la preuve complète de sa filiation, et que cet acte établit d'une manière évidente qu'il est fils naturel reconnu de Louis-Thomas Crosnier ; que Michel Crosnier, et la dame Fennette, dite Paul, ne justifient d'aucun acte émané de la dame Brouard, femme Péant, et établissant qu'elle soit la mère de cet enfant; — Que l'énonciation contenue dans l'acte de naissance relative à la maternité ne peut rien prouver à cet égard, puisque la dame Péant est restée étrangère à la rédaction de cet acte, et que cette énonciation ne peut avoir été faite sans son aveu; — Attendu que si, dans une requête adressée au tribunal au nom de la femme Péant, il avait été exposé qu'elle avait eu un enfant de son commerce avec Crosnier, cette requête, œuvre de son avoué, ne peut équivaloir à une reconnaissance; — Attendu que l'acte de naissance et la requête susénoncés ne peuvent constituer un commencement de preuve par écrit; —Attendu que, si l'art. 341 c. civ. admet l'enfant naturel à la recherche de la maternité lorsqu'il y a un commencement de preuve écrit, il n'en résulte pas que des étrangers aient le même droit, et qu'ils puissent établir la maternité d'un enfant contre lui et malgré lui; — Attendu que nul ne peut contester l'état de celui qui a une possession conforme à son titre de naissance, et qu'il n'est pas dénié que Paul-Antoine Crosnier est décédé à la Celle-Saint-Cloud le 25 mars 1824, laissant pour héritiers Michel Crosnier et la femme Fennette, ses frère et sœur germains, et Paul-Antoine Crosnier, son fils naturel; — Attendu que Michel Crosnier et la femme Fennette se sont emparés de la totalité de la succession et des fruits et revenus par eux touchés depuis le décès dudit Crosnier; — Dit et ordonne que les défendeurs seront tenus de remettre au demandeur, dans la huitaine de la signification du premier jugement, la portion à laquelle celui-ci a droit dans la succession, etc. » — Appel par Michel Crosnier et la femme Fennette. — Arrêt.

LA COUR;—Attendu qu'il est établi que les appelants ont possédé de bonne foi, que par conséquent c'est à tort que les premiers juges ont ordonné contre eux la restitution des fruits depuis le décès de Crosnier; — Déclare les appelants affranchis de la restitution des fruits perçus antérieurement à la demande, la sentence au résidu, par les motifs y exprimés, sortissant effet.

Du 29 avril 1844.-C. de Paris, 1re et 2e ch. réun.-MM. Séguier, 1er pr.-Glandaz, av. gén., c. conf.-Billault et Josseau, av.

(3) (Dame Blaye *C.* Champion.) — LA COUR; — Attendu que Jean-Jacques Champion ne rapporte pas le commencement de preuve par écrit prescrit par la loi pour être admis à la preuve testimoniale, a mis et met l'appellation et les jugements dont est appel au néant; — Emendant, décharge Blaye et sa femme des condamnations contre eux prononcées; —Au principal, déclare Champion non recevable dans ses demandes, etc.

Du 16 mai 1809.-C. de Paris, aud. sol.

du nom de la mère, inscrit dans l'acte de naissance, et si sous ce rapport on est obligé de faire rectifier cet acte (Paris, 5 mars 1814, aff. Marie-Louise, n° 281).

628. Au contraire, il a été jugé : 1° que l'acte de naissance d'un enfant naturel portant indication de la mère suffit, quoique non signé par elle, et tant qu'elle ne l'attaque point, pour faire, vis-à-vis des tiers, pleine foi de la maternité en faveur de l'enfant, et forme, dès lors, une reconnaissance positive et authentique pouvant servir de fondement à la légitimation de l'enfant par le mariage subséquent de ses père et mère (Bordeaux, 19 janv. 1830) (1); — 2° Que l'acte de naissance d'un enfant naturel dans lequel la mère a été désignée, sur la ration du médecin accoucheur, fait foi, vis-à-vis des tiers, rapports naturels de filiation et de maternité entre l'enfant mère; qu'en conséquence, s'il existe deux actes de naissance dans lesquels la même personne ait été ainsi désignée comme mère des enfants naturels auxquels s'appliquent ces actes de naissance, cette désignation établit suffisamment entre ces deux enfants les rapports de frères ou sœurs naturels, et que les biens de l'un passent à l'autre, en cas de prédécès de la mère, conformément à l'art. 766 c. nap. ; qu'il en est surtout ainsi lorsque, indépendamment des actes de naissance, la filiation et la qualité de

(1) *Espèce :* — (Eyriaud-Desvergnes.) — Le sieur Eyriaud-Desvergnes eût trois enfants de son mariage avec la demoiselle Paulé. — Après le décès de celle-ci, il eut deux enfants naturels. Les actes de naissance de ces derniers, datés des 12 pluv. en 13, et 9 août 1810, constatent que ces deux enfants furent inscrits comme fils naturels d'Elisabeth Perrier, et qu'ils furent présentés, le premier (Michel), par la mère de la demoiselle Perrier, le second (Georges), par une tierce personne. — 12 déc. 1826, acte notarié par lequel Eyriaud-Desvergnes reconnait pour ses fils naturels Michel et Georges Perrier. — 30 avril 1827, Eyriaud épouse la mère de ces derniers. Mais il n'est pas fait mention d'eux dans l'acte de célébration du mariage. — Au décès de son mari, Elisabeth Perrier convoque, comme tutrice de Georges, le conseil de famille pour faire nommer un subrogé tuteur. Les enfants nés du premier mariage d'Eyriaud, refusèrent de se rendre à cette convocation, alléguant qu'ils n'étaient pas parents du mineur.

Plus tard, un procès s'élève entre les enfants des deux lits. Question de savoir si Georges Eyriaud a été ou non légitimé par le mariage de ses père et mère. Pour la négative, on prétend que Georges ne prouve point qu'il soit né du sieur Eyriaud et de la demoiselle Perrier; que, si son acte de naissance indique celle-ci comme sa mère, cette indication n'est point émanée d'elle ; que, d'un autre côté, Eyriaud n'a point comparu à cet acte; qu'à la vérité, il a, par l'acte du 12 déc. 1826, reconnu Georges pour son enfant, né de lui et de la demoiselle Perrier; mais qu'aux termes de l'art. 336, la reconnaissance du père, sans l'indication et l'aveu de la mère, n'a d'effet qu'à l'égard du père ; que cet aveu avait bien eu lieu à l'égard de Michel, mais non à l'égard de Georges; que, vainement, on exciperait des soins donnés à celui-ci par Elisabeth Perrier, la filiation d'un enfant naturel ne pouvant résulter que d'une reconnaissance expresse faite par l'acte de naissance ou par un autre acte authentique; reconnaissance qui, dans l'espèce, n'avait nullement été faite au profit de Georges par la demoiselle Perrier. — Jugement, qui, accueillant ces moyens, déclare Georges non recevable, et, en tout cas, mal fondé dans sa réclamation d'enfant légitimé par le mariage subséquent de ses père et mère. — Appel. — Arrêt.

La cour ; — Attendu que l'art. 331 c. civ. fait dépendre la légitimation des enfants naturels par le mariage de leurs père et mère, de la reconnaissance légale que ceux-ci en auront faite avant leur mariage, ou dans l'acte même de célébration ; — Que l'art. 336 dispose que la reconnaissance du père, sans l'indication et l'aveu de la mère, n'a d'effet qu'à l'égard du père ; — Attendu que, par l'art. 341, la recherche de la maternité est admise; qu'il s'agit de savoir, d'après ces textes, quel peut être, à l'égard des appelants, le mérite des titres desquels ils prétendent faire résulter leur légitimation par le mariage subséquent de leurs père et mère ; que ces titres sont de deux sortes : d'abord leurs actes de naissance, ensuite la reconnaissance authentique faite par leur père, le 12 déc. 1826, devant Grolhier, notaire à Nontron, l'acte du 24 avril 1821, passé par Elisabeth Perrier devant Boursin et Laplante, le procès-verbal du conseil de famille du 9 fév. 1829, et les actes de procédure dans lesquels elle agit comme tutrice de Georges-Justin Eyriaud-Desvergnes, son fils mineur ;

Attendu qu'il est formellement énoncé dans l'acte de naissance du 12 pluv. an 13, qu'Elisabeth Perrier est accouchée d'un fils naturel nommé Michel dit Vendredi, et dans l'autre acte de naissance du 9 août 1810, qu'Elisabeth Perrier est accouchée d'un enfant du sexe masculin, auquel est donné le nom de Georges ; — Qu'il résulte de l'art. 46 du code que les registres de l'état civil sont la preuve la plus authentique des mariages, naissances et décès, puisque ce n'est qu'à leur défaut que la loi admet les autres preuves; que cette disposition ne fait que confirmer un principe qui, depuis longtemps, sert de fondement au droit français en cette matière ; — Attendu que l'art. 57 du code dispose que l'acte de naissance énoncera le jour, l'heure et le lieu de la naissance, le sexe de l'enfant et les prénoms qui lui seront donnés; les prénoms, noms, profession et domicile de leurs père et mère ; — Que l'acte de naissance ainsi rédigé devient la preuve légale des énonciations qu'il contient ;

Attendu que les actes de naissance des appelants contiennent, en ce qui concerne leur mère, les énonciations prescrites par l'art. 57 ; que, dès lors, ils font pleine foi de leur naissance, de l'accouchement d'Elisabeth Perrier et de la maternité ; — Que ces actes, tant qu'ils ne sont pas attaqués, sont indivisibles; qu'ils prouvent la maternité comme la naissance; que, dès qu'ils prouvent la maternité, il en résulte qu'elle est reconnue par la mère, et que cette reconnaissance doit avoir tout son effet, puisqu'elle repose sur un acte public, authentique et non contesté ;

Attendu qu'il serait inutile de rechercher la maternité quand elle est établie par un acte destiné à la prouver, et que, par la même raison, il est superflu de la reconnaître, lorsqu'elle est acquise légalement et non contestée; — Que vainement on argumenterait, soit des termes de l'art. 331, dans lesquels il est dit que les enfants naturels pourront être légitimés par le mariage subséquent de leurs père et mère, lorsque ceux-ci les auront légalement reconnus avant leur mariage, soit de l'art. 334, qui porte que la reconnaissance d'un enfant sera faite par un acte authentique, lorsqu'elle ne l'aura pas été par son acte de naissance ; — Que, dès qu'il est démontré qu'à l'égard de la mère l'acte de naissance qui en constate le nom et l'accouchement fait pleine foi de son contenu, tant qu'il n'est pas contesté, la reconnaissance se trouve faite aux termes de l'art. 334, et que cette reconnaissance a toute la légalité exigée par l'art. 331; — Que, d'après ces motifs, les actes de naissance des appelants suffisent pour leur avoir fait acquérir la légitimation par le mariage subséquent de leurs père et mère;

Attendu, en second lieu, que cette vérité devient encore plus évidente, lorsque l'on rapproche des actes de naissance les actes et les faits subséquents; — Que le mariage de Michel Eyriaud-Desvergnes et d'Elisabeth Perrier a été célébré le 30 avr. 1827, devant l'officier de l'état civil de la commune de Javerlhac ; — Qu'antérieurement, et le 12 déc. 1826, Michel Eyriaud-Desvergnes, dans un acte retenu par Grolhier, notaire, avait formellement reconnu pour ses enfants naturels issus de lui et d'Elisabeth Perrier, Michel dit Vendredi, le 10 pluv. an 13, et Georges, portant le nom de Justin, né le 9 août 1810; — Que précédemment, dans un acte retenu par Boursin et Laplante, le 18 août 1821, Elisabeth Perrier reconnut Michel, l'aîné de ses enfants, pour son fils naturel; — Qu'il est évident qu'à l'égard du fils aîné il y a, indépendamment des actes de naissance, reconnaissance de la mère et du père par deux actes authentiques antérieurs au mariage, et que l'art. 331 du code lui est applicable sans aucune difficulté; — Que, si le second enfant Georges n'a pas de titres aussi explicites à raison de leur date, sa légitimation n'en doit pas moins résulter de la reconnaissance faite par Michel Eyriaud-Desvergnes père, le 12 déc. 1826, du procès-verbal du conseil de famille du 9 fév. 1829, et des soins continuels donnés par la mère à son fils depuis sa naissance jusqu'au procès actuel; — Que, s'il est statué par l'art. 336 que la reconnaissance du père, sans l'indication et sans l'aveu de la mère, n'a d'effet qu'à l'égard du père, il résulte qu'elle doit avoir effet, même à l'égard de la mère, lorsqu'elle indique la mère et que celle-ci avoue cette reconnaissance; — Que, dans la cause, la reconnaissance faite par le père, le 12 déc. 1826, indique Elisabeth Perrier pour la mère de Georges ; qu'il paraît qu'avant, comme après son mariage, Elisabeth Perrier a traité et avoué publiquement Georges comme son fils; qu'après le décès de son mari, elle prit, comme mère, la qualité de tutrice légale ; que, dans l'assemblée de famille qui eut lieu le 9 fév. 1829, et qu'elle avait provoquée pour le faire pourvoir d'un subrogé tuteur, elle déclara qu'il était issu d'elle et de feu son mari, et qu'elle a revendiqué, comme tutrice, les droits qui revenaient à son fils en sa qualité ; — Que l'on chercherait inutilement à soutenir que les soins donnés par la mère à son fils ne forment pas un aveu formel, et que la reconnaissance faite dans des actes de procédure et devant le conseil de famille, est intervenue après le mariage, et pour ce motif ne peut avoir d'effet; — Que d'abord la loi ne prescrit aucune preuve pour l'aveu de la mère, et que, dès lors, il peut résulter de tous les faits capables de manifester sa volonté; que, dans l'espèce, les soins donnés par la mère se lient à l'acte de naissance et deviennent un aveu formel de la maternité que cet acte lui attribue; que décider ainsi, ce n'est pas faire résulter la qualité d'enfant naturel de la possession d'état, mais reconnaître dans les soins maternels l'aveu d'une qualité déjà constatée par un acte public ; — Qu'ensuite l'on voit, par les termes de l'art. 336, que ce n'est point dans ce cas une nouvelle reconnaissance qui est exigée de la mère, mais un aveu, un assentiment donné à la reconnaissance du père, lequel aveu remonte à cette reconnaissance et la fait valoir comme si elle émanait de la mère elle-même : — A mis l'appel et ce dont a été appelé au néant; émendant, déclare lesdits Michel et Georges-Justin Desvergnes légitimés par le mariage subséquent dudit sieur Michel Eyriaud-Desvergnes et d'Elisabeth Perrier, etc.

Du 19 janv. 1830.-C. de Bordeaux, 1re ch.-M. Roullet, 1er pr.

frères ou sœurs naturels des deux enfants est prouvée par un ensemble de faits et de présomptions, appuyés de commencements de preuve par écrit, duquel il résulte que c'est de l'aveu de la mère que la déclaration de son nom a été faite dans les actes de naissance (Rej. 1er juin 1853, aff. Lahirigoyen, D. P. 53. 1. 178).

629. La reconnaissance par acte sous seing privé ne suffit pas pour constater légalement la maternité naturelle, car nous avons vu (nos 513 et s.) que la loi exige une reconnaissance authentique. Mais elle réunit évidemment toutes les conditions nécessaires pour faire le commencement de preuve par écrit de l'accouchement, nous ajoutons et de l'identité, pourvu toutefois, quant à ce dernier point, que l'application de cette reconnaissance à celui qui s'en prévaut ne soit point douteuse. Ainsi, par exemple, si cette reconnaissance était toute récente, et si, par ses énonciations, elle désignait de la manière la moins équivoque celui qui a intenté l'action en déclaration de maternité, il est clair qu'elle pourrait servir de commencement de preuve par écrit non pas seulement de l'accouchement de la mère, mais aussi de l'identité de l'enfant. Telle paraît être aussi l'opinion de M. Demolombe, t. 5, nos 506 et 509.

Mais la question peut ne pas se présenter toujours sous un aspect si simple. Supposons que la reconnaissance sous seing privé soit intervenue peu de temps, trois ou quatre ans, par exemple, après la naissance de l'enfant, et qu'un long intervalle, que nous supposerons être de vingt ans, se soit écoulé entre cette époque et la recherche de maternité. Une première difficulté s'élève : celui qui invoque la reconnaissance est-il bien le même que celui auquel elle s'applique? Cette question préalable résolue affirmativement, il restera à examiner, d'une part, si la prétendue mère est réellement accouchée, et, d'autre part, si l'enfant auquel s'applique la reconnaissance est le même que celui dont elle est accouchée. Or la reconnaissance sous seing privé peut bien servir de commencement de preuve par écrit quant à ces deux dernières questions, mais elle n'en peut pas servir pour établir l'identité de celui auquel elle s'applique avec le réclamant, lorsque les circonstances rendent cette identité douteuse. M. Demolombe, t. 5, no 507, enseigne, et nous pensons avec lui, que, dans ce cas, on devra examiner si les énonciations de l'acte produit par le réclamant s'accordent avec la possession d'état qu'il avait à la date de cet acte, et que la preuve de cette possession pourra être faite par témoins. En effet, pour savoir si cet acte constitue le commencement de preuve par écrit exigé par la loi, il faut bien savoir d'abord s'il s'applique au réclamant, et il n'y a pas d'autre moyen de s'en assurer que celui qui vient d'être indiqué. Et qu'on n'objecte pas que c'est là violer la disposition de l'art. 341, qui n'admet la preuve par témoins de l'identité qu'autant qu'il existe un commencement de preuve par écrit de cette identité; car il ne s'agit point ici d'établir directement, par la preuve testimoniale seule, l'identité du réclamant avec l'enfant dont la mère est accouchée, mais seulement la relation qui existe entre le réclamant et l'écrit qu'il présente. Cette preuve faite, restera toujours à prouver que le réclamant est identiquement le même que l'enfant dont la mère est accouchée : c'est cette preuve qui doit être faite conformément à l'art. 341. Ajoutons que la possession d'état, par elle-même, est toujours susceptible d'être prouvée par témoins.

630. Il pourrait arriver que, malgré le long intervalle qui se serait écoulé entre la reconnaissance sous seing privé et la recherche de la maternité, nul doute ne pût s'élever sur l'identité du réclamant avec l'enfant auquel s'applique la reconnaissance : tel serait le cas où la reconnaissance désignerait cet enfant par quelques signes physiques qui ne permettraient pas de le confondre avec un autre.—Mais il a été jugé que les marque et écrit attachés au vêtement d'un enfant naturel, lors de son dépôt dans un hospice d'enfants trouvés, ne peuvent valoir comme commencement de preuve par écrit de l'identité de l'enfant à l'égard de la mère qui y est désignée, encore que celle-ci aurait été trouvée plus tard en possession d'un double de cette marque ou de cet écrit (Bordeaux, 19 fév. 1846, aff. Mathieu; D. P. 48. 2. 84). — L'arrêt constate, qu'il est reconnu que les billets qui ont accompagné l'exposition n'étaient pas écrits de la main de la prétendue mère.

631. Suivant un arrêt, l'enfant naturel qui réclame sa mère peut, même à défaut de commencement de preuve par écrit, être admis, pour prouver le fait de sa filiation, à déférer à sa prétendue mère le serment décisoire (Rennes, 16 déc. 1836) (1).— On peut invoquer, à l'appui de cette doctrine, les termes de l'art. 1358 c. nap., qui porte que « le serment décisoire peut être déféré sur quelque espèce de contestation que ce soit. » On peut dire en outre que la délation du serment doit nécessairement aboutir à une dénégation ou à un aveu, et que l'aveu judiciaire est un des modes suivant lesquels la reconnaissance peut être faite, ainsi que nous l'avons vu ci-dessus. — Toutefois, M. Demolombe (t. 5, no 512) la combat par deux raisons principales : la première, c'est que, l'art. 341 étant impératif et limitatif, il n'est pas permis de faire la preuve de la maternité par un autre mode que celui qu'il prescrit; la seconde, c'est que le serment prêté entre les parties sur la délation faite par l'une d'elles équivaut à une véritable transaction, et que l'enfant ne peut pas transiger sur son état, ne peut pas, par une telle offre, renoncer à une action en recherche de maternité.

632. Maintenant il nous reste à examiner par qui et pendant combien de temps peut être exercée l'action en recherche de la maternité. — Et d'abord il va sans dire que cette action appartient à l'enfant, car c'est en sa faveur qu'elle a été instituée — Elle peut aussi être exercée en son nom pendant sa minorité, par l'individu qui l'a reconnu comme son enfant naturel (Colmar, 5 avril 1838, aff. F..., V. Minorité, no 716), et cela en vue de faire fournir à ce dernier par la mère des aliments qu'il ne peut

(1) *Espèce :* — (Moncontour C. de K...) — Jeanne de Montcontour, née de père et mère inconnus, réclame pour sa mère la demoiselle de K...; elle l'actionne, à cet effet, devant le tribunal de Saint-Brieuc, et lui défère le serment décisoire sur le fait de sa maternité. — Jugement qui, attendu que Jeanne de Montcontour est dénuée même d'un commencement de preuve par écrit, déclare que le serment ne peut être déféré. — Appel. — Arrêt.

LA COUR; — Considérant que l'art. 341 c. civ., qui admet la recherche de la maternité, n'exclut aucun genre de preuve; que si l'enfant qui réclame sa mère est assujetti à une preuve complexe, celle de l'accouchement et celle de l'identité, le législateur n'a dit nulle part que le fait de l'accouchement ne pourrait résulter que d'une preuve littérale, obligation qui serait presque toujours impossible à remplir et rendrait illusoire le droit accordé par l'art. 341; — Que si la preuve testimoniale, en raison des dangers qu'elle offre, a été subordonnée à l'existence d'un commencement de preuve par écrit, cette restriction, par cela même qu'elle n'est prononcée que pour ce genre de preuve, ne peut être étendue aux autres modes de justification; — Que les art. 1358 et 1360 c. civ. sont conçus dans des termes tellement généraux qu'on ne peut se refuser à admettre le serment décisoire, comme un moyen de preuve toutes les fois que la loi ne donne pas action, ou ne soumet pas à peine de nullité à des formes spéciales, l'acte dont on voudrait prouver l'existence; — Que l'art. 341 n'a aucune disposition incompatible avec la délation de serment; qu'il se borne à poser des principes et renvoie pour la nature des preuves aux règles générales du droit, sauf la restriction qu'il apporte à la preuve testimoniale; — Que l'ancienne maxime qu'on ne peut obliger quelqu'un à avouer sa turpitude, admissible encore en matière criminelle, en ce sens que l'aveu de l'accusé est sans force, ne peut au civil priver celui auquel la loi accorde un droit de la faculté d'en assurer l'existence par la confession de la partie adverse;

Considérant que, dans l'espèce, il est inutile de rechercher si l'on peut transiger sur une question d'état, ou aliéner son état civil, puisque si la délation de serment a quelques-uns des caractères de la transaction, elle en diffère cependant sous plus d'un rapport, et qu'on ne peut y voir non plus une aliénation de son état, lorsque l'enfant qui n'a aucune possession prouve, en recourant à la délation de serment, qu'il est dénué de tout autre moyen de preuve; — Que la femme, contre laquelle la recherche de la maternité est permise ne peut se plaindre d'être prise pour juge dans sa propre cause, et que ce mode est de tous les genres de preuves celui qui donnerait le moins de naissance au scandale dont les premiers juges se sont trop occupés; — Qu'on ne peut pas soutenir raisonnablement que l'identité soit une question nécessairement étrangère à l'intimée, puisque, en ce point, le serment porte sans aucun doute sur la connaissance que la demoiselle de K... aurait de cette identité attaquée par la demoiselle Jeanne-Marie, dite de Montcontour; — Par ces motifs, ordonne que la demoiselle de K... sera tenue de prêter serment sur les faits suivants : — 1o S'il n'est pas certain que la demoiselle de K... soit accouchée, en 1797 ou 1798, d'un enfant du sexe féminin; — 2o S'il n'est pas certain que cet enfant soit l'appelante; — Dit que la demoiselle de K... devra s'expédier à cet égard dans le délai de quinze jours, à partir de la notification de l'arrêt à partie.

Du 16 déc. 1836.-C. de Rennes.-M. Gaillard-Kerbertin, pr.

fournir lui-même (Riom, 26 juill. 1854, aff. Bouchet, D. P. 55. 2. 81), au moins dans le système de la tutelle légale du père. — V. Minorité, n° 686.

Mais l'enfant naturel peut-il exercer indéfiniment l'action en recherche de maternité? ou, au contraire, peut-il la perdre par prescription? peut-il enfin y renoncer par des conventions privées? C'est ce qu'il importe d'examiner. — L'art. 328 c. nap. porte que l'action en réclamation d'état est imprescriptible à l'égard de l'enfant. Nous avons vu (*suprà* nos 345 et suiv.) que la raison de cette imprescriptibilité c'est que l'état des personnes est hors du commerce, et que, par cette même raison, l'action en réclamation était inaliénable; que dès lors elle ne pouvait être l'objet ni d'une transaction, ni d'un compromis, ni d'une renonciation expresse ou tacite, ni d'un désistement, ni d'un acquiescement. — La question est de savoir si ces principes doivent être transportés de la filiation légitime à la filiation naturelle. Cette question a été résolue négativement par quelques arrêts. Ainsi il a été jugé, 1° que l'art. 328 c. nap., relatif à l'imprescriptibilité de l'action en réclamation d'état, ne s'applique pas à la réclamation de la qualité d'enfant naturel (Aix, 16 juin 1836) (1); — 2° Qu'on peut transiger sur la qualité d'enfant naturel, ainsi que sur les droits et intérêts pécuniaires résultant de cette qualité (même arrêt); — 3° Que l'enfant naturel qui, devenu majeur, désavoue les poursuites en recherche de maternité faites par son tuteur, n'est pas recevable, plus tard, à suivre lui-même ces poursuites (Paris, 3 juill. 1812) (2). — A l'appui de ce système, on a fait valoir les considérations suivantes : l'enfant légitime a un état qu'il tient, non pas de la volonté de l'homme, mais de la nature et de la loi; on comprend donc qu'il ne lui soit pas permis d'en disposer à son gré. Mais il n'en est pas de même de l'enfant naturel. Et d'abord, quant à son père, la nature ne l'indique pas, et, par suite, la loi ne permet pas de le rechercher; ainsi, il ne peut exister aucuns rapports entre l'enfant naturel et son père, sans la volonté formellement exprimée de ce dernier, sauf le cas exceptionnel d'enlèvement. Quant à la mère, il en est autrement au premier abord. La nature révèle clairement la maternité, et la loi permet de la rechercher. Mais, qu'on le remarque bien, pour que cette maternité soit légalement constatée, il faut ou une reconnaissance volontaire, ou une recherche judiciaire dont la condition *sine quâ non* est qu'il existe un commencement de preuve par écrit. Or ce commencement de preuve par écrit, par la définition qu'en donne la loi dans l'art. 1347 et même dans l'art. 324, implique un acte de volonté de la part de la mère, implique une reconnaissance destituée des formes légales; en sorte que la volonté de la mère elle-même est un élément essentiel de l'état d'enfant naturel. Bien plus, l'enfant naturel, pour obtenir son état lorsqu'il ne l'a pas, et c'est là précisément notre hypothèse, est obligé lui-même de faire acte de volonté, d'intenter un procès. Donc, l'état de l'enfant naturel qui n'a point été volontairement reconnu n'est pas l'œuvre seulement de la nature et de la loi, c'est le produit combiné de la nature, de la loi et de la volonté des parties. Ainsi, il n'y a aucune assimilation possible entre l'état d'enfant légitime et l'état d'enfant naturel. Maintenant, l'enfant qui n'a pas été reconnu volontairement étant

---

(1) *Espèce* : — (Martin C. Ferand.) — En 1815, testament de la dame Conferand, par lequel elle institue la dame Ferand sa légataire universelle; — Après son décès, César Martin, se prétendant son enfant naturel, demande contre celle-ci le partage de la succession; — Mais le 11 juill. 1817, une transaction intervient, par laquelle Martin déclare se désister irrévocablement, pour 10,000 fr., tant de sa réclamation de la qualité d'enfant naturel, que des droits qu'il aurait eu à exercer en cette qualité. — Cependant, en 1834, la dame de Ferand étant décédée, César Martin renouvelle contre les héritiers qu'elle avait laissés sa demande en réclamation d'état d'enfant naturel de la dame de Conferand, et en délivrance de la quotité de biens à laquelle il avait droit en vertu de l'art. 759 c. civ., sur la succession de cette dernière. — Les héritiers lui opposent la transaction de 1817; — Martin répond que cette transaction est nulle, comme ayant pour objet sa qualité même d'enfant naturel, c'est-à-dire une question d'état, sur laquelle l'art. 1004 c. pr. défend de compromettre, et par conséquent de transiger. — Les héritiers de Ferand répliquent que la loi, permettant de transiger sur toutes contestations en général, à part quelques-unes qu'elle énumère et parmi lesquelles ne se trouvent pas les contestations sur la qualité d'enfant naturel, la transaction dont il s'agit est valable; — Qu'en outre, cette transaction fût-elle nulle, l'action en nullité en serait prescrite aux termes de l'art. 1304 c. civ., plus de dix ans s'étant écoulés depuis l'acte. — Pour repousser cette exception de prescription, le demandeur prétend que l'art. 1304 c. civ., est sans application aux nullités absolues et d'ordre public, comme celle dont il s'agit dans l'espèce; il s'étaie, en outre, de l'art. 328 c. civ., qui déclare l'action en réclamation d'état imprescriptible à l'égard de l'enfant. — 4 août 1835, le tribunal de Draguignan déboute le sieur Martin de sa demande. — Appel. — Arrêt.

La cour; — Attendu que la qualité d'enfant naturel n'établit pas un état réel de famille; — Attendu que si l'art. 328 c. civ. détermine que l'action en réclamation d'état est imprescriptible, cette disposition de la loi n'existe qu'à l'égard des enfants légitimes, et ne se trouve qu'au chapitre de la filiation de ces enfants; — Attendu qu'aucune disposition semblable, ni même analogue, ne se retrouve aux articles qui concernent les enfants naturels; — Attendu que cette différence laisse aux enfants naturels toute faculté pour contracter sur les droits et les intérêts qui dérivent de leur qualité; — Qu'ils peuvent, dès lors, transiger sur les réclamations diverses qu'en cette qualité ils se croiraient fondés à former dans la recherche de la maternité à laquelle la même loi les admet; — Attendu que de telles transactions satisfont même et entièrement la morale, en évitant une publicité qui, dans les réclamations de cette nature, ne peut avoir que de fâcheux effets, et doit toujours répugner autant à la personne qui intente l'action qu'à celle qui en est l'objet, et à un titre qui tient aux sentiments de la nature;

Attendu que, dans la présente cause, César Martin a, dans un acte authentique, le 11 juill. 1817, transigé de la manière la plus formelle et la plus générale sur la réclamation par lui formée dans la succession de feue dame de Brenon, épouse de Conferand, se disant fils naturel de ladite dame; — Que, dans ledit acte, il a renoncé, irrévocablement et pour toujours, à tous les prétentions et droits sur la succession de cette dame, en qualité de fils naturel d'icelle, s'interdisant à jamais toute action et demande à cet égard, renonçant de plus à faire aucun usage, de quelque nature que ce soit, de diverses lettres missives de ladite dame de Conferand, adressées au sieur Gaymard, prêtre, ni d'en tirer aucune induction ni avantage relatif aux contestations sur lesquelles il transige;

Attendu qu'en considération de ces renonciations, on lui a donné par le même acte et il a reçu la somme capitale de 10,000 fr.; — Attendu que César Martin, lorsqu'il a effectué cette transaction, était pleinement majeur; qu'il est ensuite resté l'espace de dix-sept années sans réclamer, et qu'aucun fait de dol, de fraude, ni de violence n'est par lui argué contre cette transaction; — Attendu que, dans l'instance sur laquelle la cour doit prononcer, César Martin est demandeur aux fins d'être reconnu comme fils naturel de la dame Brenon, décédée épouse Conferand, et qu'il présente à l'appui de son action les mêmes lettres missives précitées adressées à M. l'abbé Gaymard; — Que c'est donc la même action et les mêmes moyens sur lesquels il avait transigé, et auxquels il avait expressément renoncé en 1817; — Que, dès lors, c'est avec raison que les premiers juges l'ont déclaré non recevable dans son action en réclamation d'état; et un motif aussi péremptoire que celui dont il s'agit amenant la confirmation du jugement dont est appel, il y a inutilité pour la cour d'examiner les autres moyens respectivement présentés; — Confirme.

Du 16 juin 1836.-C. d'Aix, ch. réun.-M. d'Arlatan-Lauris, pr.

(2) *Espèce* : — (De Brioude C. Gombaut.) — En l'an 3, le sieur Fleury-Gombaut avait, au nom d'Angélique-Sophie, sa fille, intenté contre la demoiselle Charpin une demande en reconnaissance de maternité.

7 prair. an 5, Angélique, devenue majeure, désavoua son tuteur, et déclara que les poursuites en recherche de maternité dirigées contre la demoiselle Charpin étaient contraires à sa volonté. Depuis, Angélique-Sophie voulant reprendre ces poursuites, la demoiselle Charpin opposa l'acte du 7 prair. an 5 comme un désistement de la part d'Angélique-Sophie. — Angélique a soutenu qu'en matière d'état on ne peut opposer à l'enfant ni désistement ni fin de non-recevoir. Elle invoque l'art. 1004 c. pr. — 14 fruct. an 6, jugement qui, sans égard à l'acte du 7 prair. an 5, reconnaît Angélique-Sophie comme fille naturelle de la demoiselle Charpin. — Appel par celle-ci, décédée depuis. — Arrêt.

La cour; — Faisant droit sur l'appel interjeté par Jeanne Charpin, d'un jugement rendu au tribunal civil de la Seine, le 14 fruct. an 6, ensemble de tout ce qui avait précédé, ledit appel repris par de Brioude, son légataire universel, donne acte à de Brioude de ce que, par acte passé devant notaire à Paris, le 7 prair. an 5, signifié le 14 du même mois, Angélique-Sophie Gombault a déclaré que les poursuites que l'on faisait en son nom étaient contraires à sa volonté; qu'elle les désavouait, et qu'elle n'en avait aucune connaissance; — Et attendu cette déclaration, a mis et met l'appellation et ce dont est appel au néant; émendant, décharge de Brioude, ès noms, des condamnations contre lui prononcées; au principal, déclare Angélique-Sophie Gombaut non recevable dans sa demande; ordonne la restitution de l'amende; condamne Barbazan et sa femme en tous les dépens; sur le surplus, met hors de cour.

Du 3 juill. 1812.-C. de Paris, ch. réun.

obligé, pour avoir son état, d'agir, d'introduire une instance, la question se réduit à savoir s'il y a pour lui obligation d'agir, de parler, ou s'il est libre de garder le silence. Or, bien loin que la morale ou la loi lui prescrivent d'intenter son action, elles le lui interdiraient plutôt l'une et l'autre; car la morale lui ordonne de ne point révéler la faute à laquelle il doit le jour, et la loi, dans maintes circonstances, se montre désireuse de jeter un voile officieux sur des fautes qu'elle laisse à la morale le soin de réprimer; c'est dans cet esprit qu'elle a interdit la recherche de la maternité adultérine ou incestueuse. Elle permet, à la vérité, à l'enfant simplement naturel de rechercher sa mère, mais elle ne lui en fait point une obligation, elle le laisse libre de garder le silence. Pourquoi, dès lors, ce silence l'enfant ne pourrait-il pas prendre l'engagement de ne pas le rompre? Pourquoi un pareil engagement ne serait-il pas valable? Pourquoi faudrait-il qu'une famille demeurât perpétuellement sous la menace d'une instance dont elle ne pourrait, à aucun prix, arrêter le scandale? — On objecte que l'état n'est pas dans le commerce; mais l'enfant non reconnu n'a pas d'état : il cherche à s'en donner un; et s'engager à ne pas réclamer celui auquel il croit avoir droit, c'est s'engager à ne pas faire des efforts, coupables peut-être, pour pénétrer un mystère qu'aucune loi ne lui impose l'obligation de découvrir.—Et, de l'aliénabilité de l'action, on conclut à sa prescriptibilité, car il y a entre ces deux idées une étroite connexité.

633. Mais cette argumentation pénible, à l'aide de laquelle on s'efforce de créer une distinction que repousse la nature des choses, ne nous semble nullement convaincante. Disons d'abord que le système qu'elle défend a été repoussé par plusieurs arrêts qui ont jugé : 1° que la renonciation d'un enfant à se qualifier enfant naturel d'un individu est nulle comme portant sur un objet d'ordre public (Limoges, 6 juillet 1832) (1); — 2° Que l'état d'enfant légitime ou naturel, n'étant ni dans le commerce ni à la libre disposition de celui à la personne duquel il s'identifie, ne peut faire la matière ni d'une convention ni d'une transaction; que, spécialement, la transaction souscrite par l'enfant naturel, tant sur son état que sur l'intérêt pécuniaire qui en dérive, ne peut pas être opposée, comme constituant une fin de non-recevoir, à l'action postérieure de cet enfant en réclamation de son état (Cass. 12 juin 1838; Grenoble, 18 janv. 1839; Req. 22 avr. 1840) (2);—3° Que la transaction

---

(1) (Maurouzac C. Cramouzaud.) — LA COUR; — Attendu, sur les fins de non-recevoir présentées par les appelants et les intimés, que, quand on prouverait que l'un des héritiers Cramouzaud aurait donné le nom de cousine, même par écrit, à la dame Tarnaud, et que même les autres héritiers auraient offert à Joséphine Maurouzac le payement du legs de 20,000 fr., il ne peut en résulter aucune ratification d'une reconnaissance essentiellement nulle; qu'il n'y a pas de ratification suffisante, et que, d'ailleurs, s'agissant d'une nullité d'ordre public, aucune ratification ne peut lier en cette matière les héritiers Cramouzaud ni l'épouse du sieur Tarnaud; — Attendu que la fin de non-recevoir, résultant de ce que la dame Tarnaud aurait renoncé à se faire reconnaître pour la fille du sieur Joseph Cramouzaud, est absolument sans aucun fondement et doit être rejetée, etc.

Du 6 juill. 1832.-C. de Limoges, aud. sol.-M. de Gaujal, pr.

(2) *Espèce :* — (César Martin C. Conférand.) — Sur le pourvoi formé par César Martin contre l'arrêt d'Aix, du 16 juin 1836, rapporté ci-dessus, n° 632, pourvoi fondé sur la violation des art. 1004 c. pr., 1128 c. civ., et sur la fausse application de l'art. 328 de ce dernier code, en ce que la cour royale a décidé qu'un enfant naturel peut transiger sur son état, la cour de cassation a rendu l'arrêt suivant. — Arrêt (après délib. en ch. du cons.).

LA COUR; — Vu les art. 1128 et 2045 c. civ.; — Attendu que l'état des personnes, consistant dans les rapports que la nature et la loi civile établissent, indépendamment de la volonté des parties, entre un individu et ceux dont il tient la naissance, la filiation naturelle, non moins que la filiation légitime, constitue un état duquel dérivent et des devoirs et des droits; — Que l'enfant naturel peut, il est vrai, valablement transiger sur les résultats pécuniaires de son droit admis et reconnu; mais qu'il ne lui est pas également permis de transiger sur le droit lui-même : 1° parce que l'état (c'est-à-dire la relation naturelle et civile de l'enfant aux auteurs de ses jours) étant l'œuvre de la nature et de la loi, et non le produit de la volonté des parties, cette même volonté serait impuissante pour le détruire; 2° parce que l'état n'étant ni dans le commerce ni à la libre disposition de celui à la personne duquel il s'identifie, ne peut faire la matière ni d'une convention (suivant l'art. 1128 c. civ.), ni d'une transaction (suivant l'art. 2045 du même code);

Attendu, en fait, qu'il est déclaré, en termes exprès, par l'arrêt attaqué, que « César Martin a, dans un acte authentique du 11 juill. 1817, transigé de la manière la plus formelle et la plus générale, sur une réclamation de la succession de feu dame de Brenon, épouse de Conférand, se disant fils naturel de ladite dame; — Que, dans ledit acte, il a renoncé irrévocablement et pour toujours à toutes prétentions et droits sur la succession de cette dame, en qualité de fils naturel d'icelle; — Renonçant, de plus, à faire aucun usage, de quelque nature que ce soit, de diverses lettres missives de ladite dame de Conférand..., ni d'en tirer aucune induction ni avantage relatif aux contestations sur lesquelles il transige; — Qu'en considération de sa renonciation, on lui a donné, par le même acte, et il a reçu la somme capitale de 10,000 fr...; »

Attendu que la cour royale d'Aix a considéré cet acte du 11 juill. 1817, comme constituant une transaction, et, par suite, comme élevant une fin de non-recevoir contre l'action en réclamation de l'état de fils naturel de la dame de Brenon, action que César Martin avait portée devant cette cour; — Que, quel que puisse être l'effet de cet acte, quant aux stipulations pécuniaires qu'il renferme, il n'a pas dû être considéré comme transaction valable sur le titre et l'état d'enfant naturel de la dame de Brenon, ni, conséquemment, comme pouvant faire obstacle à l'action de César Martin; — D'où il suit qu'en attribuant à l'acte dont il s'agit ce caractère et ce résultat, l'arrêt attaqué a expressément violé les art. 1128 et 2045 ci-dessus cités du code civil; — Casse.

Du 12 juin 1838.-C. C., ch. civ.-MM. Portalis, 1er pr.-Quéquet, rap.-Tarbé, av. gén., c. conf.-Galisset et Dupont-White, av.

Sur le renvoi prononcé par l'arrêt qui précède, il a été décidé dans le même sens en ces termes :

LA COUR; — Attendu que s'il est vrai que l'enfant naturel soit placé, sous le rapport de son état, dans une condition inférieure à celle de l'enfant légitime, on ne peut pas en induire que l'enfant naturel est sans état; — Qu'à la vérité, la législation s'est occupée avec plus de sollicitude d'assurer la filiation légitime, parce que le mariage est le fondement de la société et le lien destiné à la perpétuer dans un ordre régulier; mais que si ces hautes considérations ne couvrent pas d'un égal intérêt la filiation naturelle, la loi ne la laisse toutefois ni sans fixité ni sans appui; — Que, dans une sphère moins honorable et plus restreinte, l'état de l'enfant naturel consiste, comme celui de l'enfant légitime, dans les rapports, les obligations et les droits que la nature et la loi attribuent à la naissance;

Que l'établissement et la conservation de son état importent non-seulement à l'enfant naturel, mais à la société tout entière; — Que, de la part de l'enfant naturel, l'intérêt de l'état que lui assigne sa naissance ne se résume pas en simples avantages pécuniaires; — Qu'en autorisant la recherche de la maternité, la loi a non-seulement offert à l'enfant naturel les moyens de faire cesser l'incertitude humiliante de son origine, mais encore qu'elle lui a ouvert, sinon une famille, du moins la plus douce des affections de la famille dans la possession de sa mère; — Que, de la part de la société, il y a un intérêt d'ordre public à ce que l'enfant naturel obtienne le nom et la position que la nature et la loi lui assurent; — Que tout ce qui peut garantir la fixité de l'état des personnes tend à affermir la société; — Que, si l'enfant naturel entre dans le monde sans famille, il peut en fonder une à laquelle il importe qu'il puisse conférer un état fixe; — Que, soit qu'il ait conservé sa mère, soit qu'il l'ait perdue, la fixité et la conservation de son état n'importent pas moins à la société qu'à lui-même; — Que, s'il est intéressé à porter un nom dont le tort de sa naissance a pu quelque temps altérer l'honneur, mais que des circonstance particulières peuvent avoir réhabilité, d'un autre côté, il est d'un égal intérêt pour l'ordre public que l'origine de l'enfant naturel ne soit pas incertaine et ignorée, et que, privé de toute relation et de tout lien, il ne reste pas dans un abandon qui devient une charge et souvent un danger pour la société;

Qu'à l'égard de la société, la position naturelle et civile de chacun n'est jamais indifférente, parce qu'elle ne peut pas être considérée isolément; — Que la société garantit à chacun de ses membres cette position; — Que, de leur côté, quelle que soit leur origine sous le rapport de la filiation naturelle ou légitime, ils ne peuvent pas changer cette situation, et qu'il y aurait perturbation dans la société s'il était permis de modifier l'état qu'assigne la naissance; — Que de pareilles modifications ne peuvent pas tomber dans le domaine arbitraire des conventions, sans soustraire l'état civil à l'autorité de la loi et à ses prescriptions; — Qu'ainsi, l'état de l'enfant naturel est inaliénable; et comme cette prohibition d'ordre public s'élève à perpétuité contre toute disposition qui y porterait atteinte, il s'ensuit que l'action pour réclamer son état est imprescriptible, et que, dans l'espèce, le temps écoulé depuis la transaction ne fait aucun obstacle à la réclamation de César Martin; — Qu'il n'est nullement exact d'assimiler la transaction intervenue entre les héritiers de la dame Conférand et César Martin au désistement dont parle l'art. 330 c. civ.; — Que, d'une part, il s'agit dans cet article, non de l'enfant naturel exerçant lui-même son action, mais de ses héritiers, auxquels la loi interdit de suivre une demande dont il s'est désisté, ou qu'il a laissé périmer; — Que, dans cette circonstance, il n'y a aucune similitude entre le retrait ou l'abandon de l'action, et une transaction qui

sur l'état d'enfant naturel est nulle comme contraire à l'ordre public (Cass. 27 fév. 1839, aff. Dusillet, V. Obligation);—4° Enfin que l'art. 328 c. nap., qui déclare imprescriptible l'action en réclamation d'état, quoique placé sous la rubrique *de la preuve de la filiation légitime*, s'applique également à la filiation naturelle (Orléans, 16 janv. 1847, aff. D..., D. P. 47. 2. 17). — Ces arrêts nous paraissent consacrer les véritables principes. La cour de cassation surtout, dans les motifs de l'arrêt du 12 juin 1838, s'est prononcée sur la question avec une fermeté et une netteté remarquables : «Attendu, dit-elle, que, *l'état des personnes* consistant dans les rapports que la nature et la loi civile établissent, indépendamment de la volonté des parties, entre un individu et ceux dont il tient la naissance, la filiation naturelle, non moins que la filiation légitime, constitue un état duquel dérivent et des devoirs et des droits...»—Là est le nœud de la question. Il s'agit de savoir si effectivement, comme l'a pensé la cour de cassation, l'enfant naturel a, comme l'enfant légitime, un état qu'il tienne de la nature et de la loi, et dont, par suite, il ne lui soit pas permis de disposer. Cette proposition ne nous semble pas pouvoir être sérieusement contestée. En effet, il est impossible de nier qu'entre les père et mère et l'enfant même illégitime, la nature n'établisse des droits et des devoirs réciproques : il est certain, d'un autre côté, que la loi a donné sa sanction à ces droits et devoirs (V. art. 158, 383, 756, 765, etc.). Or cet ensemble de relations naturelles et légales, cet ensemble de droits et de devoirs constitue un état : l'état d'enfant naturel. On prétend, il est vrai, que la volonté des parties concourt avec la nature et la loi pour former cet état ; mais, en disant cela, on confond la formation même de l'état avec sa manifestation légale : il n'est pas plus possible à une volonté quelconque d'ajouter que de retrancher un seul des droits ou devoirs attachés à la qualité de père, de mère ou d'enfant : ces droits et devoirs sont ce que la nature et la loi les font ; ils ne sont pas autre chose. Seulement, comme la loi ne s'occupe pas de ce qu'elle ignore, pour qu'on puisse se prévaloir des droits ou devoirs dont il s'agit, il faut que l'existence du lien naturel ait été constatée. Et c'est alors que la volonté, que l'action des parties est nécessaire. Si l'on devait conclure de cette intervention que l'état d'enfant naturel n'est pas l'œuvre seulement de la nature et de la loi, il faudrait appliquer la même conclusion à la filiation légitime ; en effet, lorsqu'à défaut de titre et de possession constante, l'enfant est obligé, conformément aux art. 323 et suiv., de recourir à une action en réclamation d'état, il est également obligé, pour obtenir son état, de faire acte de volonté, d'introduire une instance. Il est donc vrai que l'état d'enfant naturel, s'il est moins complet, s'il a des effets moins étendus que l'état d'enfant légitime, présente cependant

intervient au milieu des débats, et où, loin qu'il y ait désistement et offre de payer les dépens, l'enfant naturel vend à prix d'argent le droit qu'il prétend lui appartenir ; — Que de ces considérations il faut conclure que la transaction du 11 juill. 1817, et le temps écoulé depuis cette transaction, ne rendent pas César Martin non recevable, et que, par conséquent, il y a lieu de réformer le jugement du tribunal de Draguignan, qui s'est fondé sur l'acte dont il s'agit pour repousser son action.

Attendu, sur la question de savoir si la transaction, nulle relativement à la renonciation, à la recherche de la maternité, pourrait valoir comme règlement pécuniaire des droits dans la succession de la mère ; — Que, si l'on examine les dispositions de la transaction, sans rechercher leur liaison et leur dépendance respectives, on pourrait croire que la différence de leur nature les rend divisibles ; mais que, si l'on pèse leur corrélation nécessaire, il demeure manifeste que le contrat est un dans ses dispositions comme dans son objet ; — Qu'évidemment l'une des stipulations n'est que le prix de l'autre ; — Que c'est la renonciation à l'état que l'héritier achète pour 10,000 fr. ; — Que reconnaître que l'état n'a pu être l'élément d'un semblable marché, c'est décider qu'il ne peut pas plus subsister pour le prix donné que pour la matière illicite de ce prix ; — Que, sans doute, il en serait différemment si les droits de l'enfant naturel étant admis et reconnus, il eût subséquemment traité sur les effets pécuniaires de ces droits ; — Que, dans ce cas, la question d'état resterait sauve et en dehors du traité ; tandis qu'ici l'état est formellement engagé dans la transaction ; — Qu'ainsi la transaction n'est pas plus valable sous le rapport de l'intérêt pécuniaire que de l'état ; — Que, sous quelque aspect qu'on l'envisage, elle est nulle et de nul effet ; d'où il suit que l'action de César Martin est également recevable pour la recherche de la maternité, comme pour le règlement de ses droits dans la succession de sa mère ;

Attendu, en ce qui concerne la tierce opposition formée par les héritiers de la dame Conférand envers l'arrêt de la cour d'Aix, du 2 août 1816, qui avait ordonné le dépôt à son greffe de lettres écrites par la dame Conférand à l'abbé Gueymard, auquel elle avait confié l'éducation de César Martin, que la publication de ces lettres n'est point de la part de ce dernier le résultat du dol ou de la violence ; — Que c'est volontairement, et pour obtenir le payement de leur créance, que les héritiers de l'abbé Gueymard ont produit ces lettres ; — Qu'il importe peu que le but n'ait pas été rempli ; — Qu'il suffit que la révélation de ces lettres ait eu lieu librement, pour qu'on puisse leur appliquer la jurisprudence qui rejette comme probantes des lettres missives produites contre le gré de celui auquel elles ont été écrites ;

Attendu que la cour doit rechercher dans tous les documents du procès des éléments certains sur lesquels elle puisse fonder sa conviction ; — Que, si ces éléments existent, et présentent d'une manière manifeste, non pas seulement un commencement de preuve par écrit, mais un ensemble de faits qui rendent constant pour la conscience du magistrat que César Martin est né de la dame Conférand, il devient inutile d'ordonner la preuve testimoniale ; — Attendu que les documents produits, et notamment la correspondance de la dame Conférand avec l'abbé Gueymard, ne laissent aucun doute sur le fait qu'elle est la mère de César Martin ; —Par ces motifs, la cour, sans s'arrêter à l'acte portant transaction du 11 juill. 1817 ; réformant, déclare que César Martin est le fils naturel de la dame Niel de Bremont, décédée épouse en secondes noces du sieur de Conférand, etc.

Du 18 janv. 1839.-C. de Grenoble, aud. sol.-M. Barennes, 1er pr.

Les héritiers de Conférand se sont pourvus contre cet arrêt. — Il est bon d'observer qu'après avoir décidé que César Martin était fils naturel de la dame de Conférand, et qu'on ne pouvait lui opposer, soit comme établissant une fin de non-recevoir contre sa demande en réclamation d'état d'enfant naturel, soit comme contenant un règlement pécuniaire de ses droits dans la succession de sa mère, la transaction par laquelle il avait renoncé, moyennant 10,000 fr., à la recherche de la maternité de la dame de Conférand, l'arrêt attaqué portait la disposition suivante :— « Et statuant sur la demande en partage (formée par César Martin) des biens tant meubles qu'immeubles ayant dépendu de la succession de la dame de Conférand, ordonne qu'il y sera procédé aux formes ordinaires pardevant le tribunal de Draguignan que la cour indique à cet effet. »—Arrêt.

—La cour ; — Sur le premier moyen tiré de la violation de l'art. 7 de la loi du 20 avril 1810, en ce que l'arrêt attaqué aurait omis de motiver la disposition qui admet le sieur César Martin à recueillir une portion de la succession de la dame Niel de Brenon, décédée femme de Conférand, sa mère naturelle : — Attendu que la disposition de l'arrêt attaqué, qui ordonne le partage avec César Martin de la succession de la femme de Conférand, est la conséquence nécessaire et forcée de la première disposition de ce même arrêt qui déclare César Martin fils naturel de la femme de Conférand ; — Que, dès lors, les motifs donnés pour justifier la première disposition de l'arrêt s'appliquent nécessairement à la seconde ; — Sur le deuxième moyen, tiré de la violation des art. 756, 757 et 913 c. civ., en ce que l'arrêt attaqué, en admettant le sieur César Martin au partage de la succession de la dame de Conférand, aurait, par là, décidé que l'enfant naturel avait droit à une réserve sur la succession de sa mère ; — Attendu que l'arrêt attaqué n'a jugé ni expressément ni implicitement que l'enfant naturel eût droit, comme l'enfant légitime, à une réserve sur la succession de sa mère ; — Qu'il décide seulement que l'enfant naturel sera admis au partage de la succession de sa mère, ce qui est une conséquence nécessaire de la disposition de la loi qui accorde à l'enfant naturel une portion aliquote des successions de ses père et mère ; — Mais que l'arrêt attaqué ne détermine ni le montant de la part qui devra être attribuée à César Martin dans la succession de la dame de Conférand, ni la nature des valeurs héréditaires qui lui seront abandonnées pour le remplir de cette part ; — Que les difficultés, s'il s'en élève à cet égard entre les parties, seront débattues et jugées lors du partage ordonné par l'arrêt attaqué ; — Que, dans cet état, l'arrêt attaqué s'est conformé aux dispositions du code civil et n'a violé aucun des articles invoqués ;

Sur le troisième moyen, tiré de la violation des art. 1156, 1157, 2045 et 2052 c. civ., en ce que l'arrêt attaqué aurait décidé que la transaction faite entre les parties, nulle relativement à la renonciation de César Martin à la recherche de la maternité, l'était également quant au règlement pécuniaire des droits dudit César Martin dans la succession de sa mère naturelle ;—Attendu que l'arrêt attaqué reconnaît et déclare que la somme attribuée à César Martin par la transaction dont il s'agit, est le prix de la renonciation de César Martin à la recherche de la maternité, et non la part à lui attribuée par convention dans la succession de sa mère naturelle ;—Que, de cette interprétation de la transaction, qui rentrait dans les attributions souveraines de la cour royale, l'arrêt attaqué a justement conclu qu'il y avait corrélation entre les deux stipulations insérées dans la transaction, et que l'annulation de l'une de ces stipulations entraînait nécessairement l'annulation de l'autre ;—Attendu que cette décision est conforme aux principes et ne contrevient à aucun des articles invoqués ; — Rejette.

Du 22 avril 1840.-C. C., ch. req.-MM. Zangiacomi, pr.-Valigny, r.

les mêmes caractères; qu'il est, comme ce dernier, l'œuvre de la nature et de la loi; que la volonté des parties ne concourt en aucune manière à sa formation. — Nous reconnaissons que l'enfant naturel n'est point obligé de réclamer, soit sa mère, soit son père dans le cas d'enlèvement; qu'il peut, à son choix, agir ou ne pas agir; mais il n'en faut pas conclure qu'il puisse valablement renoncer à son droit par transaction, échange, ou par quelque autre convention que ce soit; pas plus qu'on ne peut conclure, de ce que l'enfant légitime est libre d'exercer ou de ne pas exercer son action en réclamation d'état, qu'il puisse s'engager à ne l'exercer jamais.—Nous reconnaissons encore que, dans beaucoup de cas, le sentiment de la piété filiale pourra conseiller à l'enfant de s'abstenir; mais nous croyons en même temps que, du moment que le législateur, ne s'arrêtant pas aux raisons morales qui pouvaient conseiller ou même commander cette abstention, a cru devoir accorder à l'enfant le droit d'agir en justice, ce dernier doit rester le seul juge de ce qu'il doit faire à cet égard, qu'il ne lui est pas permis d'enchaîner la liberté de ses déterminations.— Ajoutons, avec M. Demolombe, t. 5, n° 515, qui professe la même opinion, que l'action n'est accordée à l'enfant que pour faire reconnaître son état, que pour *le réclamer*, et qu'elle s'évanouit dès qu'il veut en faire un autre usage; qu'ainsi il peut bien l'exercer ou ne pas l'exercer; mais qu'il ne peut l'employer à un autre usage, et notamment en faire l'objet de transactions ou conventions privées.—V. dans le même sens, M. Troplong, des Transactions, n° 67.

634. Mais l'inaliénabilité et l'imprescriptibilité de l'état ne s'étendent point, comme nous l'avons déjà dit à propos de la filiation légitime (V. *suprà*, n° 349), aux intérêts pécuniaires : ces derniers peuvent être l'objet de conventions privées.— De là est née la question de savoir si, lorsqu'une transaction a eu pour objet à la fois l'état lui-même et les intérêts pécuniaires qui y étaient afférents, elle doit être annulée pour le tout ou seulement pour la partie relative à l'état?—Cette question sera traitée d'une manière plus générale v° Transaction.

635. Tant que l'acte de naissance d'un enfant naturel n'a pas été rectifié, cet enfant ne peut réclamer que l'état que cet acte lui attribue (Colmar, 29 nov. 1843) (1).

(1) (Sorg C. époux Œrtlé.) — LA COUR (apr. délib. en ch. du cons.); — Considérant qu'il est constant en fait, 1° que le 30 frim. an 3 (20 sept. 1794) il a été contracté mariage à Munster entre Jean Sorg et Catherine-Barbe Ræss, et que le 8 vent. an 6 (7 mars 1798) le divorce d'entre ces deux conjoints a été ordonné sur la demande du mari, Jean Sorg, par une décision arbitrale contradictoire rendue ledit jour et fondée sur l'absence pendant deux années : par cette même décision la femme Catherine-Barbe Ræss a reconnu et déclaré que l'enfant dont elle était enceinte n'était pas des œuvres de Jean Sorg; qu'en exécution de cette sentence arbitrale, et le 27 vent. an 6 (17 mars 1798), le divorce a été prononcé par l'officier de l'état civil de Munster; 2° que le 25 therm. an 6 (14 août 1798), c'est-à-dire cent quarante-cinq jours après la prononciation du divorce, Catherine-Barbe Ræss est née à Munster, et a été inscrite le lendemain 14 août comme fille née hors mariage de Catherine-Barbe Ræss, veuve de Joachim Hermann (nom et prénom du premier mari de Barbe Ræss), père inconnu;

Que la possession d'état de cette fille a été pendant quarante-trois ans conforme à cet acte de naissance, c'est-à-dire que pendant tout ce temps elle a été traitée et elle a agi comme enfant naturel; qu'ainsi c'est en cette qualité que le 26 nov. 1816 elle a contracté mariage avec Martin Œrtlé, en ne demandant que le seul consentement de sa mère et sans qu'il soit fait mention de Jean Sorg, qui cependant n'est décédé que vingt-cinq années après; que c'est encore en cette qualité d'enfant naturel qu'elle s'est présentée à la succession de sa mère, décédée peu après le mariage de sa fille, fait allégué par l'appelant, et non démenti par l'intimée, qui, dans ses écritures signifiée, en première instance le 11 fév. 1843, convient qu'elle avait un intérêt réel de ne pas se poser comme fille légitime et héritière de Jean Sorg, parce qu'il l'aurait déshéritée de fait en haine de sa mère, en réalisant sa fortune et dénaturant ses biens; 3° que le 27 sept. 1801 Jean Sorg a contracté un second mariage avec Anne-Marie Weber, et que le 16 mai 1801 il a fait un testament par acte public, par lequel il a institué ladite Anne-Marie Weber, sa seconde épouse, sa légataire universelle; que, ledit Jean Sorg étant décédé le 19 déc. 1841, sa veuve s'est mise de fait en possession du legs universel en vertu de l'art. 1006 c. civ., n'y ayant pas d'héritiers à réserve alors connus; que peu après ce décès Anne-Marie Weber a fait, par acte notarié du 25 déc. 1841, donation à Jean Sorg, neveu de son mari, de la nue propriété de six articles de biens immeubles, qui en totalité, suivant l'intimée, et en très-majeure partie seulement suivant l'appelant, étaient des propres de sondit mari; que cette donation, ainsi faite avec réserve d'usufruit et toute garantie de la part de la donatrice, est passée devant le même notaire Didio, qui a reçu le testament par acte public y relaté; 4° que, le 9 janv. 1842 Anne-Marie Weber étant décédée, laissant pour seuls héritiers bénéficiaires son frère et sa sœur, parties de Kugler, il a été procédé les 2, 3 et 4 février suivant, à l'inventaire de sa succession; qu'à cet acte Catherine-Barbe Ræss, femme à ce autorisée de Martin Œrtlé, s'est présentée, se prétendant inscrite par erreur dans son acte de naissance sous le nom de sa mère, se disant habile à se porter seule et unique héritière à réserve de défunt Jean Sorg, qui aurait été son père comme l'ayant procréée avec Catherine-Barbe Ræss, feu sa femme en premières noces et mère de ladite femme Œrtlé;

Que les héritiers Weber, de leur côté, en signant cet inventaire, ont déclaré ne le faire que sous la réserve expresse de leurs droits; que le donataire Jean Sorg neveu, n'étant que donataire particulier de biens immeubles grevés d'un usufruit qui avait cessé par le décès d'Anne-Marie Weber, et ne pouvant obtenir l'envoi en possession qu'en demandant la délivrance aux héritiers de la donatrice, n'a pas été ni dû être présent à cet inventaire : par exploit du 16 mai 1842 il a formé sa demande en délivrance contre Jean-Jacques Weber et sa sœur, en leur qualité de seuls et uniques héritiers bénéficiaires de la donatrice, et aussi comme garants de la donation;

Que les conjoints Œrtlé, qui, de fait et après l'inventaire, s'étaient mis en possession des biens compris dans la donation, furent assignés en garantie par les héritiers Weber; mais que, le donataire Jean Sorg n'ayant pas pris dans cette instance des conclusions directes contre les conjoints Œrtlé, il n'est pas intervenu de condamnation contre eux en déguerpissement de ces biens; ce qui a rendu une nouvelle demande de la part de Jean Sorg, tant contre les héritiers Weber que contre lesdits conjoints Œrtlé, nécessaire non-seulement pour faire ordonner la délivrance par ces derniers des biens compris dans la donation, biens qu'ils détenaient de fait, mais encore pour faire statuer, s'il y avait lieu, sur la demande en garantie formée contre les héritiers Weber; que lors de cette instance les conjoints Œrtlé ont conclu au débouté de la demande;

Considérant en droit que la prétention de la femme Œrtlé, qu'elle n'est pas obligée de demander la rectification de son acte de naissance, et que sa filiation légitime de Jean Sorg résulte suffisamment tant de cet acte de naissance que de l'acte de mariage de Catherine-Barbe Ræss, sa mère, avec ledit Jean Sorg, est inadmissible; que la règle d'après laquelle les actes ne sont pas nuls de plein droit, et qu'ils ne peuvent être annulés et réformés que par la justice, s'applique à tous les actes en général, et plus particulièrement aux actes de l'état civil, qui intéressent l'ordre public et la société tout entière, et qui, destinés à prouver la légitimité, la parenté, la famille, ainsi que les droits héréditaires, sont, plus que tous les autres actes, placés sous la protection et la surveillance de la justice; — Que, d'un autre côté, les moyens que l'on invoque devant elle doivent être en harmonie avec les conclusions, qui seules fixent l'attribution et la compétence des tribunaux; qu'ainsi, tant que l'acte de naissance de l'intimée, femme Œrtlé, subsistera tel qu'il est, et qu'il ne sera pas rectifié de la manière légale, elle ne pourra réclamer que l'état d'enfant naturel que cet acte lui attribue, et non se prétendre *de plano* fille légitime de Jean Sorg, qui n'est pas désigné comme son père dans ce même acte; — Que, lorsqu'elle formera par des conclusions précises et contre les parties intéressées sa demande en rectification de son acte de naissance, la justice sera à même de statuer ce que de droit après une discussion contradictoire lors de laquelle Jean Sorg neveu, en sa qualité de donataire de biens immeubles qui en totalité ou en partie seulement ont appartenu en propre à son oncle, pourra intervenir comme partie intéressée, et invoquer, s'il s'y croit fondé, les moyens qui lui paraîtront devoir faire maintenir la donation dans son entier;

Considérant que la femme Œrtlé ne peut pas se prévaloir dans la cause du jugement rendu par le tribunal civil de Colmar le 26 mai 1842, puisqu'il n'a été obtenu que sur la requête de la femme Œrtlé, et sans que les parties intéressées aient été appelées en conformité de l'art. 99 c. civ., bien que les faits dont elle excipait et les parties intéressées à les discuter aient été suffisamment indiqués dans sa requête; qu'au surplus, et d'après l'art. 100 c. civ., ce jugement de rectification ne peut pas être opposé aux parties intéressées qui n'y ont pas été appelées; qu'ainsi, à l'égard des appelants, ce jugement, qui ordonne la rectification de l'acte de naissance du 14 août 1798, est comme non avenu quant à eux, et cet acte est, en ce qui les concerne, réputé n'avoir subi aucun changement; — Que, d'un autre côté, la nécessité d'une demande directe contre les intéressés était indiquée par le jugement contradictoire du 22 juin 1842, puisque, par sa disposition finale, ce jugement fait réserve aux défendeurs (les conjoints Œrtlé) de leurs prétentions relatives à la réduction de la donation du 25 déc. 1841;

Considérant qu'Anne-Marie Weber, légataire universelle de Jean Sorg, son mari, a été saisie de plein droit par la mort de celui-ci, sans être tenue de demander la délivrance (art. 1006 c. civ.), puisqu'au 19

686. Examinons maintenant si l'action en recherche de maternité peut être exercée, *après la mort* de l'enfant, par ses héritiers ou successeurs; si elle peut l'être de son chef, même de son vivant, par ses créanciers? — Occupons-nous d'abord des héritiers ou successeurs. — Plusieurs opinions se sont produites sur cette question.—M. Zachariæ, éd. Massé et Vergé, t. 1, p. 333 et note 5, enseigne, d'une manière générale, que toute personne légalement intéressée à établir la filiation maternelle d'un enfant naturel est admise à en faire la preuve. D'où il résulte évidemment que, suivant ces auteurs, le droit de rechercher la filiation maternelle appartient aux héritiers ou successeurs, non pas seulement comme représentant l'enfant, comme exerçant ses droits et actions, mais de leur chef et en leur propre nom; et, en outre, que ce droit leur appartient sans aucune limite de temps. — Et il a été décidé, en ce sens, qu'on peut, en se fondant sur une possession d'état conforme à l'acte de naissance, constater, même après son décès et celui de sa mère, la filiation de l'enfant naturel dont on prétend être héritier (Paris, 10 mai 1851, aff. Lahirigoyen, D. P. 53. 2. 114).

D'autres auteurs en plus grand nombre (MM. Demolombe, t. 5, nº 524; Ducaurroy, etc., t. 1, nº 502; Marcadé, sur l'art. 342, nº 4; Richefort, t. 2, nº 337), moins absolus sur cette question, enseignent qu'on doit appliquer à la filiation naturelle les art. 329 et 330 c. nap., et qu'ainsi l'action ne peut être intentée par les héritiers de l'enfant qui n'a pas réclamé qu'autant qu'il est décédé mineur, ou dans les cinq années après sa majorité (art. 329); que les héritiers peuvent suivre cette action lorsqu'elle a été commencée par l'enfant, à moins qu'il ne s'en fût désisté formellement, ou qu'il n'eût laissé passer trois ans sans poursuites, à compter du dernier acte de la procédure (art. 330). A l'appui de cette doctrine, M. Demolombe invoque deux arguments : le premier et le principal, c'est que les dispositions du chap. 2 sur la filiation légitime sont applicables au chap. 3 sur la filiation naturelle, lorsqu'il ne se trouve, dans ce dernier chapitre, aucune dérogation expresse ou tacite; le second, c'est que, si les rédacteurs du code Napoléon n'avaient pas eu l'intention de se référer aux art. 329 et 330, on ne doit pas supposer qu'ils eussent gardé un silence aussi absolu qu'ils l'ont fait sur cette question relativement à la filiation naturelle. Le même auteur combat l'opinion de M. Zachariæ, par une raison qui nous semble décisive, c'est que la loi, qui partout favorise plus la réclamation de l'état d'enfant légitime que la réclamation d'état d'enfant narel, n'a pu vouloir que celle-ci fût transmissible avec plus d'étendue et de force que la première (V. Rennes, 21 août 1844, aff. Rufflet, ci-dessous, 2º).

Enfin, un troisième système plus restrictif consiste à prétendre que l'action en recherche de la maternité naturelle est purement personnelle à l'enfant, et qu'elle ne peut être exercée *après son décès* par aucun de ceux qui sont appelés à lui succéder, à quelque titre que ce soit.—Et il a été jugé : 1º que l'action en recherche de la maternité naturelle n'appartient qu'à l'enfant et s'éteint avec lui (Req. 3 fév. 1851, aff. Herriot, D. P. 51. 1. 116); — 2º Qu'ainsi elle ne peut être exercée après sa mort par son enfant légitime (Rennes, 21 août 1844) (1); —

---

déc. 1841, jour du décès de Jean Sorg, il n'y avait pas d'héritiers à réserve connus, ayant titre et droit de se présenter comme tels; — Que par le même motif Jean Sorg neveu, en sa qualité de donataire d'Anne-Marie Weber, n'a pu et dû demander la délivrance de son legs particulier qu'aux seuls héritiers de cette dernière; que la circonstance que la femme Œrtlé s'est mise de fait en possession des immeubles compris dans ce legs, sans avoir au préalable fait juger contradictoirement avec les intéressés sa prétention d'être fille légitime de Jean Sorg, ni fait réformer à cet effet son acte de naissance, ne peut pas l'autoriser à conserver cette indue possession, ni empêcher la justice d'accueillir la demande principale tendante à la remise de ces biens au légataire, partie de Fuchs; — Mais qu'aussi il convient de réserver aux conjoints Œrtlé la plénitude de leurs droits et actions pour faire réformer leur acte de naissance, en prouvant, s'ils s'y croient fondés, leur filiation légitime tant de Catherine-Barbe Ræss que de Jean Sorg, défenses au contraire; — Considérant qu'au moyen de l'admission de la demande principale, il n'y a pas lieu de s'occuper de la demande subsidiaire en garantie contre les héritiers Weber;

Par ces motifs, statuant sur l'appel interjeté par Jean Sorg, du jugement rendu par le tribunal civil séant à Colmar le 15 fév. 1843, sans s'arrêter à l'appel subsidiaire, lequel est déclaré sans objet, a mis et met l'appellation et ce dont est appel au néant, en ce que les conclusions principales de Jean Sorg, appelant et demandeur originaire, ne lui ont pas été adjugées; — Emendant, sans s'arrêter à la fin de non-recevoir ni au défaut de qualité opposés par les intimés (les conjoints Œrtlé), lesquels défaut de qualité et fin de non-recevoir sont déclarés mal fondés, condamne lesdits conjoints Œrtlé à déguerpir dans les vingt-quatre heures, 1º la propriété d'une maison, etc.; condamne en outre lesdits conjoints Œrtlé à payer à Sorg une somme de 2,000 fr. pour leur indue jouissance, sinon à dire d'experts...; fait réserve à la femme Œrtlé de ses droits et actions, défenses au contraire...

Du 29 nov. 1843.-C. de Colmar, 1re ch.-MM. Rossée, 1er pr.-Parès, pr. gén., c. conf.-Fuchs, Chauffour, Kugler, Sandherr et Fleurent, av.

(1) *Espèce :*—(Domaine C. Rufflet).—Après le décès d'une demoiselle Fanny Fouquet, sa succession fut réclamée par un sieur Rufflet, agissant au nom et comme tuteur légal du mineur Victor Rufflet, son fils, issu de son mariage avec Marie-Thérèse Denis, qu'il prétendait être la fille naturelle de Fanny Fouquet.

L'administration du domaine combattit cette prétention. Elle conclut à ce que le mineur Victor Rufflet fût déclaré sans qualité pour intenter du chef de sa mère une action en recherche de maternité, ou en tous cas non recevable dans cette action, sa mère étant décédée, sans réclamation à cet égard, plus de sept ans après sa majorité.

Le tuteur du mineur Rufflet soutenait que l'action en recherche de la maternité naturelle était transmissible de l'enfant naturel à ses héritiers, de même que tous les autres droits qui composent sa succession, et qu'elle pouvait être exercée par ces héritiers aussi longtemps qu'une prescription quant aux biens de l'hérédité ne serait point acquise contre eux.

Il prétendait faire résulter de divers actes de Fanny Fouquet l'aveu implicite qu'elle était bien la mère naturelle de la fille à laquelle son acte de naissance attribuait pour mère une femme désignée sous les noms de Marie-Thérèse Denis; mais, pour le cas où le tribunal ne verrait pas dans cet aveu la preuve de la maternité recherchée, il offrait de prouver par témoins que Fanny Fouquet était accouchée d'un enfant du sexe féminin à la date de la naissance de l'enfant inscrit sur les registres de l'état civil de Rennes comme fille de Marie-Thérèse Denis, et que la mère du mineur Victor Rufflet était cet enfant.

Il se fondait, pour offrir cette preuve, sur un commencement de preuve par écrit résultant, selon lui, d'actes de constitution de rentes viagères au profit de Marie-Thérèse Denis par Fanny Fouquet; du contrat de mariage de Marie-Thérèse Denis, dans lequel était intervenue Fanny Fouquet; de projets de testaments olographes sans signature, mais de l'écriture de Fanny Fouquet, au profit du mineur Rufflet; d'une note de la main de Fanny Fouquet, dans laquelle, parlant du mineur Rufflet, elle l'appelait *mon Victor*.

L'administration du domaine concluait subsidiairement au rejet de l'offre de preuve testimoniale, prétendant qu'il n'existait pas dans la cause de commencement de preuve par écrit, et qu'en tout cas le commencement de preuve par écrit ne portait pas spécialement sur le fait de l'accouchement.

Le tribunal de Rennes rendit, le 16 avril 1844, un jugement interlocutoire ainsi conçu :

« Considérant que les conclusions des parties sur le fond de la cause présentent en définitive à résoudre la question de savoir à qui, de l'Etat ou du mineur Rufflet, doit appartenir, à défaut d'héritiers réguliers et d'un conjoint survivant, la succession en déshérence de Françoise ou de Fanny Fouquet; — Considérant que lors du jugement du 30 août 1843 le tuteur du mineur Rufflet fondait et qu'il fonde encore aujourd'hui le droit de son pupille à cette succession sur la qualité de fils légitime de Marie-Thérèse Denis, laquelle il prétend être fille naturelle de Fanny Fouquet; — Considérant que, si cette relation de filiation naturelle entre la mère légitime du mineur Rufflet et la demoiselle Fanny Fouquet était prouvée, le droit du mineur Rufflet à l'entière succession de cette demoiselle ne pourrait être contesté par l'administration des domaines, l'État, qu'elle représente, ne pouvant être appelé à recueillir cette succession qu'à défaut d'un enfant naturel, et l'art. 759 c. civ. appelant les enfants ou les descendants des enfants naturels, en cas de prédécès de ceux-ci, à réclamer tous les droits de succession irrégulière que leur confèrent les articles précédents du même code;

» Mais considérant que l'administration des domaines de l'Etat conteste à la mère du mineur Rufflet la qualité de fille naturelle de Fanny Fouquet; — Considérant que l'acte de naissance de Marie-Thérèse Denis, mère du mineur Rufflet, lui attribue pour mère une autre Marie-Thérèse Denis, mais que cette énonciation de son acte de naissance n'aurait pu être opposée à Marie-Thérèse Denis, mère du mineur Rufflet, pour l'empêcher de prouver, dans les formes et sous les conditions prescrites par la loi, comme offre de le faire son fils, qu'elle avait réellement une autre mère, et cela sans s'inscrire en faux contre son acte de naissance, celle que son acte de naissance lui assigne comme mère ne l'ayant point reconnue pour sa fille, l'existence de cette prétendue mère n'étant même pas certaine, et l'art. 341 c. civ. admettant la recherche de la mater-

3° Qu'elle ne passe pas à ses successeurs ou ayants cause, et spécialement à l'administration d'un hospice dans lequel il est dé-

nité sans distinction entre les enfants indiqués dans leur acte de naissance comme nés d'une mère inconnue, et auxquels cet acte attribue une mère qu'ils prétendent n'être pas leur mère réelle ;

» Considérant que le droit que l'art. 341 attribuait ainsi à Marie-Thérèse Denis de rechercher sa mère réelle appartient aujourd'hui au mineur Rufflet, son fils légitime et son unique héritier; qu'en effet ce droit faisait partie de la succession de Marie-Thérèse Denis, et qu'il a dû passer, avec tous les autres droits qui lui appartenaient, à son héritier légitime, lequel, après sa mort, la perpétue pour ainsi dire, et soutient sa personne ; que, pour qu'on dût le décider autrement, il faudrait qu'un texte exprès eût borné aux seuls enfants naturels, en l'interdisant à leurs enfants ou descendants, le droit que l'art. 341 admet en principe général et sans restriction ; que ce texte n'existe nulle part; que, si l'art. 341, en réglant dans ses deux derniers paragraphes l'exercice du droit qu'il établit dans le premier, ne parle que de l'enfant qui réclame sa mère, c'est qu'il prévoit seulement le cas le plus ordinaire; mais qu'on ne peut trouver dans cette indication de l'enfant l'exclusion de ceux en qui, après sa mort, résideront tous ses droits, et qui croiraient devoir exercer ceux qu'il aurait été dans l'impossibilité ou qu'il aurait négligé d'exercer lui-même de son vivant ;

» Considérant que la disposition de l'art. 759 c. civ. sert d'ailleurs d'appui à cette décision sur l'extension du sens de l'art. 341 ; — Considérant en effet que l'art. 759 prévoit expressément le cas de prédécès de l'enfant naturel, et qu'il admet alors les enfants ou descendants de cet enfant à réclamer tous les droits que les articles précédents lui eussent attribués s'il eût survécu ; — Considérant que les droits de succession irrégulière fixés par les art. 756 et suiv. n'appartiennent, il est vrai, aux enfants naturels que lorsqu'ils ont été légalement reconnus, mais que la reconnaissance légale dont il s'agit dans l'art. 756 n'est pas seulement la reconnaissance spontanée faite par le père ou par la mère naturelle dans l'ace de naissance ou par un acte authentique, mais aussi, quant à la mère, dont la loi permet la recherche, la reconnaissance forcée, celle à laquelle donne lieu l'admission judiciaire d'une action en recherche de la maternité; que, de même que la reconnaissance d'un enfant dans la première forme peut avoir lieu aussi bien après son décès que pendant sa vie, rien n'empêche qu'il n'en soit ainsi de la reconnaissance forcée ; qu'on objecte inutilement qu'il n'existe à la suite de l'art. 341 aucune disposition analogue à celle de l'art. 329 c. civ. ; qu'en effet, la disposition de cet article n'a point été admise dans notre loi dans le but d'étendre aux héritiers le droit qu'a l'enfant de former, dans certains cas et sous certaines conditions, une action en réclamation de l'état d'enfant légitime, cette extension étant de droit général, et devant être suppléée lors même qu'elle n'eût pas été formellement indiquée dans l'art. 329, mais plutôt pour restreindre le principe de l'imprescriptibilité de l'action établi par l'art. 328, et pour réduire ainsi dans certaines limites de temps, quand il s'agit des héritiers, l'usage d'une faculté que l'enfant peut exercer lui-même pendant toute sa vie ;

» Considérant que cette objection subsidiaire de l'administration des domaines, que le mineur Rufflet serait du moins inadmissible à exercer aujourd'hui, par représentation de sa mère, l'action en recherche de la maternité, sa mère étant morte plus de cinq ans après sa majorité, ne saurait avoir plus de force que l'objection préalablement discutée ; qu'en effet, la disposition restrictive de l'art. 329, expressément établie par le législateur, quand il s'agissait de l'action en réclamation de l'état d'enfant légitime, n'a point été répétée par lui quand il s'est agi de régler l'exercice de l'action en recherche de la maternité naturelle ; qu'on ne peut étendre d'un cas à l'autre, par simple argument d'analogie, une exception restrictive, et contraire d'ailleurs à un des principes généraux de notre droit sur les successions; qu'on pourrait d'ailleurs expliquer par la différence entre les conséquences des deux actions la plus grande facilité laissée par le législateur à l'exercice de la seconde; que le succès de l'action en recherche de la maternité, dans le cas prévu par l'art. 341, n'a d'autre effet que d'établir entre l'enfant et la mère qu'il réclame des relations de parenté naturelle, et de lui assurer, sur les seuls biens de celle-ci, après son décès, des droits assez bornés, et qui souvent n'équivalent pour lui qu'à de simples aliments; qu'au contraire, le succès d'une action en réclamation d'état, dans le cas prévu par l'art. 328, introduit l'enfant dans une famille, lui établit des relations de parenté légitime, non-seulement avec chacun des deux conjoints ainsi reconnus pour son père et sa mère, mais encore avec tous les parents de chacun de ceux-ci, et lui assure des droits d'héritier régulier sur les successions de tous ces parents; que c'est probablement aussi en raison de cette différence entre les effets de chacune des deux actions, après son admission, que le législateur a soumis à des conditions moins rigoureuses l'admissibilité de la preuve en général, et particulièrement de la preuve par témoins, dans le cas de la recherche de la maternité naturelle, que dans le cas de la réclamation de l'état d'enfant légitime ;

» Considérant que les arrêts invoqués par l'administration des domaines, et notamment les arrêts rendus par les cours royales d'Amiens et de Paris, et par la cour de cassation, dans l'affaire Fanon C. l'Etat (V. nº 636-5º), n'ont rien de contraire à la solution que le tribunal croit devoir admettre sur cette première partie de la cause ; que quelques-uns de ces arrêts décident seulement que le droit de rechercher la maternité naturelle est exclusivement attaché à la personne de l'enfant, et qu'il ne peut être invoqué contre lui; mais qu'ils ne décident pas que la faculté d'user de ce droit, lorsque l'enfant naturel n'y a point recouru de son vivant, ne passe pas à ceux qui représentent la personne, à ses héritiers réguliers, surtout à son fils légitime, et que celui-ci n'en puisse pas user dans un intérêt qui n'est, pour ainsi dire, autre que celui de l'enfant naturel lui-même; que dans l'affaire Fanon il a été seulement décidé qu'un prétendu frère légitime était inadmissible à faire reconnaître, au moyen de la recherche de la maternité, qu'un enfant naturel dont il se disait le frère avait pour mère naturelle sa propre mère légitime, et cela, dans le but d'exercer dans la succession de son prétendu frère le droit de reprise établi par l'art. 766 c. civ. ; que, dans cette espèce particulière, le prétendu frère dont l'action a été repoussée y recourait dans un intérêt personnel et bien distinct de celui qui aurait pu déterminer l'enfant naturel à user, de son vivant, de la même action ; et qu'à l'appui des diverses décisions judiciaires rendues dans cette cause, on pouvait présenter une puissante considération, qui manque dans l'espèce actuelle, à savoir que celui qui prétendait agir en qualité d'héritier de l'enfant naturel n'avait point dès lors la preuve de cette qualité, et qu'il n'aurait pu fournir cette preuve qu'au moyen du succès même de l'action qu'il prétendait intenter; que c'était donc avec raison qu'on lui refusait le droit de procéder à la recherche de la mère naturelle de son prétendu frère, puisque la reconnaissance de ce droit en sa personne, par représentation de la personne de celui auquel il eût d'abord appartenu, supposait la préexistence d'un titre dont lui manquait la preuve, et qu'on ne pouvait l'admettre, comme héritier possible de l'enfant naturel, et sur sa simple allégation à cet égard, à user d'une faculté dont un héritier tout d'abord certain peut seul revendiquer l'usage ; que dans l'espèce actuelle, au contraire, le mineur Rufflet, fils légitime de Marie-Thérèse-Denis, et son unique héritier, est bien son représentant certain, et qu'il n'a besoin d'aucune justification préalable pour être admis à exercer un droit qu'il trouve dans la succession de son auteur ;

» Considérant que le mineur Rufflet n'a point fourni jusqu'ici la preuve écrite que sa mère, Marie-Thérèse-Denis, fût, comme il le prétend, la fille naturelle de Fanny Fouquet, et que les aveux implicites dont il argumente ne sauraient tenir lieu de la reconnaissance expresse exigée par la loi ;

» Mais considérant qu'à défaut de la preuve écrite, le tuteur de ce mineur offre de prouver par témoins que Marie-Thérèse-Denis est identiquement le même enfant qu'un enfant dont serait accouchée Fanny Fouquet ;

» Considérant que l'art. 341 c. civ. ne met à l'admission de la preuve par témoins d'autre condition que l'existence d'un commencement de preuve par écrit ; que la preuve dont il s'agit dans cet article n'embrasse à vrai dire qu'un seul fait, quoiqu'elle semble porter sur deux circonstances distinctes ; qu'on ne saurait prouver en effet qu'un enfant est identiquement le même que celui dont une femme est accouchée, sans prouver en même temps le fait de l'accouchement de cette femme ; qu'ainsi le commencement de preuve par écrit exigé pour l'admissibilité de la preuve testimoniale s'applique à la totalité du fait pour lequel on offre cette preuve, et suffit pour ses deux parties, et que la loi n'exige pas que le réclamant présente avant tout dans un acte distinct un commencement de preuve par écrit de l'accouchement de la prétendue mère ;

» Considérant que le commencement de preuve par écrit dont il s'agit dans l'art. 341 ne peut être que celui que définit l'art. 1347 ;

» Considérant que les actes authentiques de constitution de rentes viagères dans lesquelles Fanny Fouquet a stipulé comme partie émanent de cette demoiselle ; qu'il en est ainsi du contrat de mariage dans lequel elle a fait constater sa présence, et même des trois projets de testament olographe, et de la note sans date intitulée *Dépenses pour mon Victor;* qu'en effet, l'administration des domaines a seulement combattu dans ses conclusions les présomptions qui pouvaient être déduites de ces actes à l'appui du maintien dont la preuve testimoniale est offerte ; mais qu'elle n'a point contesté que les quatre derniers fussent, comme le prétend le tuteur du mineur Rufflet, de l'écriture de la demoiselle Fanny Fouquet ;

» Considérant que la loi n'a point déterminé le degré de vraisemblance qu'un acte écrit devait donner à un fait dont la preuve testimoniale est offerte, pour que cet acte dût être regardé comme un commencement de preuve par écrit, et qu'elle s'en est rapportée à cet égard à l'appréciation des juges ;

» Considérant que chacun des actes qui viennent d'être référés ne présente, il est vrai, quand on le prend isolément, que d'assez faibles présomptions à l'appui du maintien dont la preuve testimoniale est offerte, le motif déterminant de chacun de ces actes pouvant avoir été tout autre que celui que leur assigne le tuteur du mineur Rufflet ; mais que, rapprochés l'un de l'autre, et envisagés dans leur ensemble, ces actes don-

cédé (Paris, 13 mars 1837) (1); — 4° Que le père de l'enfant naturel par lui reconnu, ou les héritiers de celui-ci, n'ont pas

nent un certain degré de vraisemblance au fait allégué par le tuteur;

» Par ces motifs, le tribunal, statuant en premier ressort et en matière ordinaire, admet dans la forme la tierce opposition de l'administration des domaines de l'Etat contre le jugement rendu sur requête en ce tribunal le 30 août 1843, et avant de statuer au fond sur le mérite de cette tierce opposition, et sur le droit exclusif que prétendent respectivement à la succession de Françoise ou Fanny Fouquet le tuteur du mineur Rufflet pour son pupille, et l'administration des domaines pour l'Etat admet ledit tuteur à prouver par témoins, dans la forme des enquêtes ordinaires, que l'enfant du sexe féminin inscrit sur les registres de l'état civil de la commune de Rennes, à la date du 19 fév. 1806, sous les noms de Marie-Thérèse Denis, est identiquement le même qu'un enfant du même sexe dont Françoise ou Fanny Fouquet serait accouchée à la même époque; — Réserve la preuve contraire à l'administration des domaines, etc. »—Appel par l'administration des domaines. — Arrêt.

La cour; — Considérant en fait que la dame Rufflet est morte le 5 déc. 1834, à l'âge de près de vingt-neuf ans, sans avoir jamais manifesté l'intention de réclamer pour sa mère la demoiselle Fanny Fouquet; —Considérant qu'elle avait été inscrite comme fille de Marie-Thérèse Denis, et n'a, en aucun cas, protesté contre cette qualité; — Considérant en droit que, si la recherche de la maternité est admise en faveur de l'enfant, ce n'est pas une raison pour que la même recherche soit permise aux héritiers de celui-ci; — Qu'en effet, dans le premier cas il ne s'agit pas seulement d'un intérêt pécuniaire; — Qu'on ne saurait blâmer l'enfant de tâcher de soulever le voile de sa naissance, pour se rattacher à quelqu'un dans ce monde, et ne pas rester dans l'état d'isolement où il a été jeté par celle qui, en lui donnant le jour, avait contracté l'obligation de veiller sur lui; — Qu'il n'en est pas de même dans le second cas, où tout se réduit pour les héritiers en une question d'argent; — Considérant que sans doute, en thèse générale, les droits et actions de l'auteur passent à ses heritiers (art. 724 c. civ.), mais qu'il faut en excepter nécessairement les droits et actions qui sont exclusivement attachés à la personne; — Considérant que l'art. 341 ne parle que de l'enfant seul, et que, si le législateur n'avait pas entendu, par ce texte restrictif, écarter les héritiers, il l'eût dit comme dans le cas des art. 328 et 329; — Considérant que, si l'art. 759 dispose qu'en cas de prédécès de l'enfant naturel ses enfants ou descendants peuvent réclamer les droits déterminés en sa faveur par les articles qui précèdent, cette transmission ne s'applique qu'aux héritiers de l'enfant reconnu (art. 756), et ne comprend pas évidemment, pour les héritiers de l'enfant non reconnu, le droit de rechercher la maternité; — Considérant que, si l'art. 341 n'avait pas restreint cette recherche à l'enfant lui-même, si ce n'était pas un droit exclusivement attaché à sa personne, il faudrait dire, avec l'art. 1166, qu'il passerait même aux créanciers de l'enfant, ce qui serait une idée révoltante;

» Considérant que, même en faveur des héritiers, la transmission réclamée serait intolérable; — Qu'en effet la recherche de la maternité est un droit exorbitant, puisqu'il est de nature à exciter le scandale et à porter la désolation dans les familles; — Que, si toutefois le législateur a cru devoir l'admettre au profit de l'enfant, c'est par de graves considérations qui lui sont personnelles; — Qu'elles ne sauraient s'appliquer aux héritiers de cet enfant, qui, mus par le sentiment unique de l'intérêt pécuniaire, viendraient ainsi, contre la volonté de leur auteur, suffisamment manifestée par son silence, attaquer ce qu'il a respecté et compromettre l'honneur et le repos de celle qu'on suppose avoir été sa mère; —Considérant d'ailleurs qu'en supposant, sans l'admettre, la transmission d'un droit dont l'exercice ne serait plus qu'un scandale, il faudrait du moins la restreindre aux limites apportées par l'art. 329 c. civ. à la réclamation d'état d'enfant légitime; — Qu'on ne concevrait pas la rigueur appliquée à ce cas, d'autant plus favorable qu'il s'agit de rattacher un enfant et sa famille à des époux unis en mariage légitime, si on ne l'appliquait pas *à fortiori* à une prétention moins digne d'intérêt, celle de rechercher une mère parmi celles à qui l'honneur défendait ce titre sacré;

Considérant que, pour que le mineur Rufflet fût autorisé dans sa recherche, il faudrait donc au moins ou que sa mère fût décédée mineure, ou qu'elle n'eût pas survécu cinq ans à sa majorité, ou qu'elle eût commencé l'action, circonstances dont aucune ne se rencontre dans l'espèce actuelle; — Considérant qu'à leur défaut il y a présomption que l'enfant a renoncé au droit ouvert en sa faveur; — Considérant qu'admettre sans restriction la demande des héritiers, ce serait créer un droit indéfini qui passerait de génération en génération, du moins jusqu'à l'accomplissement de la prescription des biens;

Considérant enfin que dans la cause il existerait un motif de plus pour repousser l'action du mineur Rufflet: c'est que sa mère, inscrite aux registres de l'état civil comme fille de Marie-Thérèse Denis, n'a jamais réclamé contre cette qualité, et qu'il serait immoral que son fils pût lui enlever un nom et attaquer un état qu'elle a voulu emporter dans le tombeau; — Par ces motifs, dit qu'il a été mal jugé par le jugement du 16 avril 1844, et faisant ce que les premiers juges auraient dû faire, déboute le sieur Pierre Rufflet, aux qualités qu'il agit, de ses demandes, fins et conclusions.

Du 21 août 1844.—C. de Rennes, 1re et 2e ch. réun.-MM. Gaillard, de Kerbertin, 1er pr.-Foucher, av. gén., c. conf.-Bodin et Duval, av.

(1) *Espèce:* —(Les domaines C. adm. des hosp.)—Elisabeth Punch, dite Pennuche, accouche, le 18 mars 1833, à l'hospice de la Maternité, d'un enfant mâle dont elle fait l'abandon. Cet enfant est transféré aussitôt à l'hospice des Enfants-Trouvés, et inscrit, à la mairie du douzième arrondissement, sous le nom de Joseph, fils d'Elisabeth Pennuche.

Le 26 mars 1833, celle-ci décède, et, le 4 avril suivant, son enfant décède aussi. — La succession d'Elisabeth se composait d'une créance de 13,000 fr., reliquat d'un legs de 50,000 fr., qui lui avait été fait par un sieur Roguin. —L'administration des domaines prétend que cette succession est en déshérence; elle la réclame, et forme opposition entre les mains du sieur Roguin. — De son côté, l'administration des hospices, se prétendant investie, par la loi du 15 pluv. an 13, des droits de l'enfant décédé à l'hospice des Enfants-Trouvés, la réclame en cette qualité.

28 janv. 1836, jugement du tribunal de la Seine, qui accueille les prétentions des hospices, et qui déclare les domaines non recevables en ces termes: — « Attendu qu'aux termes de l'art. 8 de la loi du 15 pluv. an 13, l'administration des hospices, à défaut d'héritiers, est déclarée propriétaire des biens de l'enfant qui décède avant sa sortie de l'hospice, son émancipation ou sa majorité; — Attendu que l'administration des hospices, appelée ainsi à la propriété des biens, est, à l'égard de la succession, dans la position d'un héritier irrégulier; qu'en cette qualité, l'administration succède à tous les droits et actions; — Attendu que l'enfant naturel aurait eu le droit de rechercher la maternité; que tous les droits et actions du défunt passent à ses successibles, à moins de prohibition ou d'exception; — Que le droit de rechercher la maternité n'a pas été déclaré personnel à l'enfant; qu'il en résulte qu'il appartient à ses héritiers; que, si la loi garde le silence sur le droit de recherche de la maternité, quant aux héritiers de l'enfant naturel, et si, au contraire, elle s'occupe du droit des héritiers de l'enfant légitime, quant à la réclamation d'état, on ne peut en conclure qu'elle ait voulu prohiber l'action dans un cas et la permettre dans l'autre; — Qu'en effet, si le législateur s'est occupé de ce droit, relativement aux héritiers de l'enfant légitime, c'est dans la nécessité d'y apporter certaines restrictions et conditions qui étaient commandées par la gravité même de l'action et l'importance même de ses suites; — Attendu qu'à l'égard des enfants naturels, les mêmes motifs n'existaient pas, et qu'il n'était pas nécessaire de déroger au droit commun, ce qui explique pourquoi, dans ce cas, le législateur a gardé le silence; — Attendu que, si le droit de rechercher la maternité appartient aux héritiers de l'enfant, et, en cette qualité, à l'administration des hospices, comme héritier irrégulier, il est évident que cette administration peut également s'emparer de la preuve acquise de la maternité, et, se fondant sur cette preuve, revendiquer du chef de l'enfant la succession de sa mère; — Attendu que, dans le concours des circonstances de la cause, l'accouchement de la demoiselle Punch, dans l'établissement de la Maternité, et l'identité entre l'enfant dont elle est accouchée et la personne de Joseph Punch, ne peuvent raisonnablement être mis en doute, et sont, au contraire, démontrés jusqu'à l'évidence; — Attendu que le fait de la maternité reconnu, les effets en demeurent acquis à l'enfant ou à ses héritiers, sans distinction entre la reconnaissance forcée et la reconnaissance volontaire, puisque les droits découlent du fait même de la maternité, et non de la forme dans laquelle ce fait est reconnu. » — Appel. — Arrêt.

La cour; — Considérant que le code, qui prévoit (notamment art. 1166) l'existence de droits exclusivement attachés à la personne, n'ayant point déterminé par des dispositions expresses quels étaient ces droits purement personnels, en a nécessairement laissé l'appréciation à la prudence des tribunaux; d'où il suit qu'on ne peut se prévaloir uniquement du silence de l'art. 341, pour prétendre que l'action de l'enfant naturel, à fin de recherche de la maternité, puisse être transmise à ses successeurs ou ayants cause, quand il ne l'a pas exercé de son vivant; — Considérant que cette action, par sa nature ou ses conséquences, doit évidemment être exclusivement attachée à la personne de l'enfant; — Que si, à l'égard des enfants légitimes, les art. 329 et 330, n'ont autorisé, en faveur de leurs successeurs, la recherche de la maternité que sous des conditions restrictives, à plus forte raison la loi aurait imposé aussi des limites à l'action des successeurs de l'enfant naturel, si elle n'avait pas voulu considérer l'action comme exclusivement attachée à la personne de l'enfant; — Considérant que l'administration des hospices n'aurait pu exercer de droits dans la succession d'Elisabeth Punch, au nom de son prétendu enfant naturel, qu'autant qu'elle aurait fait déclarer légalement ou rechercher la maternité avant son décès, ou qu'autant qu'elle l'aurait reconnu par acte authentique; — Considérant qu'il n'est émané de la part de la prétendue mère aucune reconnaissance authentique; qu'elle est restée étrangère aux procès-verbaux, actes et certificats dressés dans les hospices; — Infirme; au principal, déboute les hospices de leur demande, etc.

Du 13 mars 1837.-C. de Paris, 1re ch.-M. Séguier, 1er pr.

qualité pour rechercher la maternité, alors que son fils est décédé sans avoir intenté aucune action (Bastia, 31 mars 1840) (1); — 5° Que des enfants légitimes ne peuvent, à l'effet d'exercer le droit spécial ouvert par l'art. 766 c. nap. dans la succession d'un enfant naturel qu'ils prétendent être leur frère, comme étant issu de leur mère décédée elle-même sans l'avoir reconnu, être admis à prouver, à l'aide de lettres ou autres présomptions, la maternité de celle-ci, recherche que l'art. 341 permet à l'enfant naturel (Paris, 16 déc. 1833; Amiens, 25 janv. 1838; Rej. 20 nov. 1843) (2).

A notre avis, c'est cette dernière interprétation qui doit être adoptée : c'est celle qui est la plus conforme à la volonté présu-

---

(1) *Espèce :* — (Pinzuti C. Savelli.) — Le 16 juin 1836, contrat de mariage entre la demoiselle Marie-Thérèse Savelli et le sieur Antoine Pinzuti, mineur, non présent au contrat, représenté par son père. La demoiselle Savelli se constitue en dot plusieurs immeubles évalués 14,000 fr., qui lui étaient échus dans un partage qu'elle avait fait le même jour avec le sieur Jean-Baptiste Savelli, son oncle paternel, plus 2,000 fr. de trousseau. Pinzuti fils n'avait pas atteint sa dix-huitième année; le mariage civil ne pouvait s'effectuer pour le moment, les époux se contentèrent d'un mariage religieux à l'église. — Le 18 mars 1837, naissance d'un enfant qui est présenté à l'officier de l'état civil par Antoine Pinzuti, comme né de son légitime mariage avec la demoiselle Savelli, bien que le mariage n'existât pas. — Le 18 mai suivant, la demoiselle Savelli décède; le 9 juillet suivant, décès de l'enfant.

Le sieur Jean-Baptiste Savelli et les autres héritiers naturels de Marie-Thérèse réclament sa succession; le sieur Pinzuti oppose que la succession est échue à son enfant, auquel il succède lui-même; subsidiairement il demande à prouver que l'enfant par lui reconnu était fils de la défunte Marie-Thérèse.

Jugement du tribunal qui rejette ces prétentions, par les motifs suivants : — « Considérant qu'aux termes de l'art. 336, la reconnaissance d'un enfant naturel, faite par le père sans l'indication et l'aveu de la mère, n'a d'effet qu'à l'égard du père; — Que l'acte de naissance dont voudrait se prévaloir le sieur Pinzuti pour établir son droit à la succession dont il s'agit constate bien à son égard la naissance d'un enfant dont il se dit le père et auquel il donne pour mère la feue Marie-Thérèse Savelli, mais que cet acte ne portant point la signature de la prétendue mère et rien n'attestant qu'elle l'ait reconnue postérieurement dans un acte authentique, il s'ensuit que cet acte ne saurait suffire pour attribuer à la même la qualité qu'il lui donne; — Considérant que, si l'art. 341 permet la recherche de la maternité, ce même article impose à l'enfant qui réclame sa mère, l'obligation de prouver qu'il est identiquement le même que l'enfant dont elle aurait accouché, et qu'il n'est admis à faire cette preuve qu'autant qu'il aurait un commencement de preuve par écrit; — Que l'acte de naissance présenté et dressé sur la simple déclaration du sieur Pinzuti n'établit point ce commencement de preuve; qu'en supposant que, malgré l'irrégularité de cet acte et le défaut de commencement de preuve écrite, les différentes circonstances qui se rencontrent dans l'espèce pussent faire recevoir l'enfant à la preuve demandée, il ne s'ensuit pas que l'enfant étant décédé sans avoir réclamé sa mère, son père naturel soit fondé à vouloir exercer un droit qui n'aurait appartenu qu'à l'enfant, ce droit étant exclusivement attaché à sa personne; — Qu'en effet, l'art. 341 ne s'occupe de la recherche de la maternité que par rapport à l'enfant naturel; qu'à son égard seul il prescrit les conditions qu'il doit remplir pour être admis à cette recherche, et ne fait aucune mention de ses successeurs; — Que si l'intention du législateur eût été de faire passer à ses successeurs le droit accordé à l'enfant naturel, il n'eût pas manqué de le dire expressément, ainsi qu'il l'a fait à l'égard des successeurs des enfants légitimes; et, puisqu'il n'a autorisé les successeurs de ces derniers à la recherche de la maternité que sous des conditions restrictives, à plus forte raison aurait-il imposé aussi des limites à l'action des successeurs des enfants naturels. De son silence on doit nécessairement conclure qu'il a voulu que le droit accordé à l'enfant naturel de rechercher sa mère ne fût point transmissible à ses successeurs; — Qu'on est d'autant plus fondé à croire que telle a été son intention, qu'au conseil d'Etat lors de la discussion de l'article précité la recherche de la maternité fut vivement contestée à l'enfant naturel même; — Que, si un sentiment d'humanité en faveur de l'enfant l'emporta sur les graves considérations de ses adversaires, la morale et les bienséances s'élèvent pour interdire ce droit au père naturel qui, pour arriver à une succession, voudrait se prévaloir d'un fait que la morale réprouve; — Considérant enfin que, dans la supposition même que la question pût présenter quelque doute, le magistrat, en l'absence d'une disposition expresse, doit se rendre à l'interprétation la plus conforme à la raison et à l'équité; comme aussi la plus en harmonie avec les mœurs et l'intérêt de l'ordre social bien entendu. »

Appel par le sieur Pinzuti. Indépendamment des raisons débattues dans ce jugement, il soutient que la possession d'état de l'enfant naturel résulte suffisamment des faits de la cause, et que, dans tous les cas, il doit être admis à faire cette preuve. — Arrêt (ap. dél. en ch. du cons.).

La cour; — Attendu que l'action en recherche de la maternité n'est autorisée, par l'art. 341 c. civ., qu'en faveur de l'enfant; — Que ses héritiers ne peuvent l'intenter de leur chef, dès que le droit ne leur en a pas été formellement accordé par la loi, comme elle l'a fait par les art. 329 et 330 dudit code, pour la réclamation d'état des enfants légitimes; — Attendu cependant que cette règle est sans application, lorsqu'il ne s'agit pas de la recherche de la maternité, mais de réclamer les droits de succession fondés sur une maternité déjà reconnue;

Attendu que cette reconnaissance peut résulter non-seulement de l'acte de naissance ou d'un acte authentique, aux termes de l'art. 334 c. civ., mais aussi de la possession constante d'état;

Que cette vérité ressort des conférences du conseil d'Etat lors de la discussion du code civil, dès que, sur l'observation de M. Portalis, que la possession constante devait faire preuve entière, il ne fut donné aucune suite à la proposition de considérer la possession d'état comme un commencement de preuve pouvant donner lieu à la preuve testimoniale (V. Locré, t. 4, p. 221);

Attendu que la conséquence nécessaire à tirer de ladite discussion ne saurait être que la preuve par témoins est admissible, pour prouver la possession d'état, mais qu'il faut que cette possession soit acquise par des actes et faits déjà constants; — Que c'est dans ce sens que l'a entendu le conseil d'Etat, puisque, si la possession d'état devait servir de commencement de preuve, il fallait donc que le fait de la possession fût déjà constant avant la demande en preuve par témoins, et d'ailleurs cela s'induit aussi des art. 323 et 324 c. civ., qui, en admettant la possession d'état comme preuve de la filiation des enfants légitimes, déclarent qu'à défaut de possession constante, la preuve de la filiation pourra être faite par témoins, lorsqu'il y a commencement de preuve par écrit, ou de présomptions graves résultant de faits dès lors constants;

Attendu, d'ailleurs, que la nécessité d'un commencement de preuve par écrit est exigé par l'art. 341 à l'effet d'établir par la preuve testimoniale l'identité de l'enfant dont est accouchée la mère, sans que ledit article donne la même force aux présomptions, comme en matière de filiation légitime; — Que la possession d'état se confondant en quelque manière avec l'identité, il y a lieu à l'application de la même règle;

Que le commencement de preuve par écrit est l'acte émané de celui contre lequel la demande est formée et qui rend vraisemblable le fait allégué (art. 1347); — Qu'on ne produit aucun acte émané de la prétendue mère de l'enfant Jean-Matthieu Pinzuti, ni aucun des actes indiqués dans l'art. 324; — Que l'acte de naissance rédigé en l'absence de la mère ne saurait constituer un commencement de preuve;

Attendu d'ailleurs que ces faits antérieurs à la naissance de l'enfant sont sans aucune importance pour la possession d'état, laquelle ne peut résulter que des soins et des relations entre la mère et l'enfant; — Qu'il faut, d'ailleurs, que ces soins et ces relations aient eu une durée assez longue pour fixer l'opinion publique sur la vérité du fait de filiation et de reconnaissance, ce qui ne saurait se rencontrer dans l'espèce où l'enfant dont il s'agit aurait perdu sa mère deux mois après sa naissance, serait lui-même décédé le cent quatorzième jour de sa vie, espace trop insuffisant pour pouvoir y retrouver les trois conditions qui constituent la possession d'état, savoir : *Nomen, tractatus et fama*; — Confirme.

Du 31 mars 1840.-C. de Bastia.-MM. Colonna d'Istria, pr.-Sorbier jeune, av. gén., c. conf.-Merri, Carbonnier et Caraffa, av.

(2) *Espèce :* — (Fanon C. préfet de la Seine.) — Chedeville, inscrit comme fils naturel de Joséphine Chedeville, mourut à Paris, sans testament, et ne laissant aucun parent au degré successible. — L'Etat s'empara de sa succession, par droit de déshérence. — Une dame Fanon se présente, prétendant que Chedeville, quoique inscrit comme né de Joséphine Chedeville, est en réalité fils naturel de sa mère à elle, la dame Barrau; conséquemment qu'il est son frère, et qu'en cette qualité, aux termes de l'art. 766 c. civ., elle a droit aux biens qu'il a laissés et qu'il avait reçus de la dame Barrau. — La demanderesse produit plusieurs pièces et documents à l'effet d'établir la maternité de la dame Barrau.

On répond, dans l'intérêt du domaine, que la recherche de la maternité, permise à l'enfant naturel lorsqu'il a un commencement de preuve par écrit, ne l'est pas également aux héritiers. — Ce droit n'est accordé qu'aux héritiers des enfants légitimes. — 25 juill. 1832, jugement du tribunal de la Seine qui statue dans les termes suivants : — « Attendu qu'aux termes des art. 765 et 766 c. civ., la succession de l'enfant naturel, décédé sans postérité, est dévolue au père ou à la mère qui l'a reconnu, et qu'en cas de prédécès des père et mère, les biens que l'enfant naturel avait reçus passent aux frères et sœurs légitimes; — Attendu que pour qu'il y ait lieu à l'application, soit de l'un, soit de l'autre de ces deux articles, il faut que l'enfant naturel ait été reconnu; — Attendu que la dame Fanon ne justifie d'aucun acte de reconnaissance de la part, soit du sieur Walz, son père, soit de la dame Barrau, sa mère, en faveur de l'enfant de la succession duquel il s'agit, lequel a été inscrit sur les registres de naissance comme fils naturel de Marie-Joséphine Chedeville; — Attendu que la dame Fanon ne peut suppléer au défaut d'acte de reconnaissance, ni par les lettres, ni par les circonstances de fait invoquées par elle pour établir que la dame Barrau est la mère naturelle de cet en-

mable du législateur. Et d'abord il nous paraît fort douteux qu'en thèse générale on doive appliquer à la filiation naturelle les dispositions concernant la filiation légitime, toutes les fois qu'il n'y a pas été dérogé. Pour discerner quelles sont celles de ces dispositions qui doivent être étendues aux enfants naturels, on doit, ce nous semble, s'attacher à la nature des choses, rechercher quel est l'esprit de la loi, examiner enfin si les raisons de décider étaient les mêmes. C'est ainsi que nous avons appliqué à la filiation naturelle la disposition de l'art. 328 qui proclame l'imprescriptibilité de l'action en réclamation d'état, parce que cette application nous a paru commandée par la nature même de l'action. Or nous n'apercevons pas de raisons qui, de même, commandent d'appliquer les art. 329 et 330 à la filiation naturelle; nous en voyons, au contraire, qui s'opposent à cette application. Remarquons d'abord que les effets de la filiation naturelle sont beaucoup moins étendus, beaucoup moins importants que ceux de la filiation légitime. Le titre est beaucoup moins honorable; l'enfant naturel reste étranger à la famille de ses père et mère; il n'a, sur les biens de ces derniers eux-mêmes, après leur décès, que des droits bien moins étendus que les droits des enfants légitimes. Remarquons en outre que l'action en réclamation de l'état d'enfant naturel est beaucoup moins favorable que l'action en réclamation de l'état d'enfant légitime. En effet, elle provoque inévitablement un certain scandale, elle livre à une publicité éclatante une faute déshonorante pour la mère; elle porte enfin la douleur et le trouble dans une famille entourée peut-être jusque-là de considération et de respect. Ceci posé, on comprend que le législateur ait permis aux héritiers de l'enfant légitime d'exercer après son décès l'action en réclamation d'état, et encore ne l'a-t-il fait qu'avec des restrictions assez rigoureuses; on comprend, d'un autre côté, que, dans l'intérêt de l'enfant naturel, pour lui assurer une protection, une assistance qui lui est si nécessaire, il ait passé par-dessus les inconvénients attachés à une telle action; mais, lorsque l'enfant est mort sans avoir réclamé, lorsqu'il s'agit simplement de ses successeurs, dont la position est beaucoup moins digne d'intérêt, qui ne poursuivent, dans la recherche de maternité, qu'un avantage matériel, un profit pécuniaire, alors les graves considérations que le législateur avait dû faire fléchir devant l'intérêt sacré de l'enfant reprennent tout leur empire et s'opposent à ce que l'action soit accordée; d'autant plus que ceux à qui cette action écherrait seraient peut-être des tiers absolument étrangers par le sang à la famille, tels que des légataires universels, ou, comme dans l'espèce de l'un des arrêts cités ci-dessus, les administrateurs d'un hospice. Il faudrait donc, pour qu'on pût décider que l'action appartient aux héritiers ou successeurs de l'enfant qui est mort sans avoir réclamé, que la loi s'en fût formellement expliquée. Or non-seulement elle ne l'a pas fait, mais son texte semble même plus favorable à la doctrine que nous soutenons. L'art. 341 commence ainsi : « La recherche de la maternité est admise. » Ces mots semblent, au premier abord, poser un principe absolu et, par conséquent, condamner notre interprétation; mais il est évident que le législateur ne s'est exprimé ainsi que par opposition à l'art. 340, qui précède, lequel porte que la recherche de la paternité est interdite. Pour savoir à qui la recherche de la maternité est permise, il faut lire la suite de l'art. 341 : « L'enfant qui réclamera sa mère sera tenu de prouver qu'il est identiquement le même que l'enfant dont elle est accouchée, etc. » La loi, comme on le voit, suppose que l'action est exercée par l'enfant lui-même, et non point par un autre. Nous n'attachons pas à cet argument plus de valeur qu'il n'en a, nous voulons seulement montrer que notre doctrine, qui a pour elle l'esprit de la loi, loin d'être en contra-

fant; et si l'art. 341 c. civ. admet l'enfant naturel à la recherche de la maternité, lorsqu'il a un commencement de preuve par écrit, il n'en résulte nullement que les enfants légitimes d'une femme puissent être admis à la recherche de la maternité naturelle, pour arriver à la succession de son prétendu enfant naturel; — Que le même code, après plusieurs dispositions concernant l'action en réclamation d'état d'enfant légitime, détermine, par les art. 329 et 330 c. civ., les cas et les circonstances dans lesquels les héritiers de l'enfant peuvent intenter ou suivre cette action; que le législateur n'aurait pas manqué de subordonner à des conditions analogues et encore plus restreintes, l'action des enfants légitimes, s'il eût voulu leur permettre d'imputer à leur mère une maternité naturelle, comme moyen de recueillir la succession d'un prétendu frère naturel non reconnu, etc. » — Appel par la dame Fanon. — Arrêt.

LA COUR; — Adoptant les motifs des premiers juges, confirme.

Du 16 déc. 1835.-C. de Paris, 1re et 2e ch.-M. Séguier, 1er pr.

Cet arrêt ayant été cassé pour vice de forme, l'affaire fut renvoyée devant la cour d'Amiens. — Là, les parties se sont bornées à reproduire les mêmes moyens qu'elles avaient fait valoir devant la cour de Paris, et la cour d'Amiens, adoptant purement et simplement les motifs des premiers juges, comme l'avait déjà fait celle de Paris, a donné à la question une solution semblable.

Du 25 janv. 1838.-C. d'Amiens, ch. civ.-M. Boullet, 1er pr.

Pourvoi de la dame Fanon admis au rapport de M. le conseiller Madier de Montjau, sur les conclusions de M. l'avocat général Pascalis, pour violation de l'art. 341 c. civ., violation et fausse application des art. 329 et 330 même code, et violation de l'art. 766, en ce que l'arrêt attaqué a déclaré le demandeur non recevable à exercer le droit de retrait qui lui appartenait dans la succession d'Edouard-Auguste, son frère naturel, décédé sans postérité, sous prétexte qu'il n'avait point été reconnu, et qu'en l'absence de cette reconnaissance, sa sœur légitime était sans qualité pour intenter l'action en recherche de maternité autorisée par l'art. 341 c. civ. — La question que soulève ce pourvoi, dit-on pour la demanderesse, est celle de savoir si l'art. 766, qui accorde aux frères et sœurs légitimes d'un enfant naturel décédé sans postérité, ni père ni mère, le droit de succéder aux choses que l'enfant naturel a reçues de ces derniers, s'applique seulement au cas où cet enfant a été reconnu; ou si, au contraire, les frères et sœurs appelés à exercer des droits sur sa succession peuvent suppléer au défaut de reconnaissance à l'aide de preuves qui leur permettent d'arriver à la constatation judiciaire de la maternité. L'arrêt attaqué a résolu cette question négativement par ce double motif que, d'une part, si l'art. 341 admet l'enfant à la recherche de la maternité, il n'en résulte nullement que ce même droit soit accordé à ceux qui se prétendent ses frères et sœurs, pour recueillir sa succession, et que, d'autre part, il résulte des art. 329 et 330 que le législateur n'a entendu accorder qu'aux héritiers de l'enfant légitime, et sous des conditions d'ailleurs fort rigoureuses, l'action en réclamation d'état. Par cette solution, la cour royale a confondu les principes fort différents qui régissent l'action en déclaration d'une filiation légitime, avec l'action ouverte par l'art 341. La première ayant pour résultat de placer l'enfant dans la famille, de lui donner à lui ou à ses représentants des droits de succession sur les parents de ses père et mère, a dû, en effet, être assujettie à des conditions rigoureuses. En est-il de même de la seconde? En matière de filiation naturelle, c'est la constatation de cette filiation qui fixe les droits de succession pour les enfants naturels, comme vis-à-vis d'eux. Or la parenté naturelle existe indépendamment de la reconnaissance, à la différence de la parenté civile que la loi, dans l'intérêt des mœurs et de la société, soumet à des règles et à des principes; elle n'a besoin que d'être établie pour produire ses effets; d'où la conséquence que dès l'instant où elle aura été déclarée constante par l'un des modes établis par la loi, c'est-à-dire au moyen d'un acte de reconnaissance volontaire (c. civ. 334), ou en vertu d'un jugement (c. civ. 341), les droits que la loi a attachés à cette parenté naturelle pourront être réciproquement exercés. Il faut donc reconnaître pour constant que par cela seul que la recherche de la maternité est admise comme conséquence de l'existence d'un droit, l'action doit être considérée comme appartenant à tous ceux qui ont intérêt à obtenir la déclaration judiciaire nécessaire à l'exercice de ce droit. Aussi la cour de cassation a-t-elle jugé, par deux arrêts des 27 juin 1813 et 26 avr. 1834, que la mère pouvait, après la mort de son enfant naturel, faire constater sa maternité par un jugement pour avoir droit à la succession de cet enfant. Le même pouvoir appartient assurément aux autres héritiers de cet enfant, car les droits que la loi leur a accordés ne peuvent dépendre de la circonstance que la mère aura ou non fait une reconnaissance volontaire. Vainement objecte-t-on que l'art. 341 ne permet la recherche de maternité qu'à l'enfant. Si cet article ne parle que de l'enfant, il ne s'exprime point d'une manière exclusive. Le mémoire reproduit ici le système soutenu par les sieurs Bellengreville, dans une question analogue à celle qui fait l'objet de cette notice, et qu'on peut lire au Rép. de M. Merlin, v° Maternité, n° 5, add. — V. cet arrêt, n° 621.

Le défendeur déclare se référer aux motifs du jugement du tribunal de la Seine, ajoutant qu'il lui serait impossible de donner des raisons plus péremptoires pour repousser la prétention de la dame Fanon. — Arrêt.

LA COUR; — Attendu que la dame Fanon réclame le droit spécial établi par l'art. 766 c. civ.; —Attendu que, pour l'exercice de ce droit, aucun texte de loi n'autorise la recherche de la maternité que l'art. 341 c. civ. permet à l'enfant naturel; qu'ainsi, en déclarant la dame Fanon non recevable et mal fondée dans son action en recherche de la maternité à l'égard du mineur Edouard-Auguste, l'arrêt attaqué n'a violé ni l'art. 341, ni l'art. 766 c. civ., ni toute autre loi; — Rejette.

Du 20 nov. 1843.-C. C., ch. civ.-MM. Boyer, pr.-Duplan, rap.-Laplagne-Barris, 1er av.-gén., c. contr.-Godard-Saponay et Fichet, av.

diction avec son texte, trouverait plutôt dans ce texte un argument et un appui.

637. Il a été jugé qu'en supposant même que le droit de rechercher la maternité fît partie de la succession de l'enfant naturel et fût transmis à son héritier, l'action à laquelle il donnerait droit ne pourrait être intentée par cet héritier qu'autant que l'enfant naturel, qui n'aurait pas réclamé lui-même de son vivant, serait décédé mineur ou dans les cinq années après sa majorité (Rennes, 21 août 1844, aff. Ruflet, V. nº 636).—Toutefois, il a été décidé qu'on peut, en se fondant sur une possession d'état conforme à l'acte de naissance, faire prouver la maternité même après le décès de la mère et de l'enfant, et en vue de recueillir les droits héréditaires de ce dernier (Paris, 10 mai 1851, aff. Lahirigoyen, D. P. 53. 1. 177).

638. Les raisons que nous venons de faire valoir à l'égard des successeurs nous amènent à penser que les créanciers ne pourraient pas, *du vivant de l'enfant* et de son chef, exercer, nous ne dirons pas l'action tendant directement à la déclaration de maternité, action qui ne peut leur appartenir à aucun titre, comme nous l'avons vu pour l'action en réclamation d'état d'enfant légitime (V. *suprà*, nº 350), mais l'action que les art. 756 et suiv. ouvrent à leur débiteur sur les biens de sa mère naturelle, si la maternité n'avait été antérieurement ni volontairement reconnue, ni judiciairement déclarée sur la demande de l'enfant. D'un côté, les créanciers, en traitant avec l'enfant, n'ont pas eu de justes raisons de compter sur le patrimoine de cette prétendue mère; d'un autre côté, leur intérêt n'est pas d'un ordre assez élevé pour qu'on doive leur permettre d'intenter un procès auquel sont attachés de si graves inconvénients. — V. cependant nº 632-1º.

639. Une autre question qui a divisé les auteurs, c'est celle de savoir si, lorsque l'enfant naturel n'a point fait la recherche de sa maternité, cette recherche peut être faite contre lui, par les héritiers de la mère, à l'effet de faire réduire, par application de l'art. 908, les libéralités faites à son profit qui dépasseraient les limites tracées par les art. 756 et suiv.? — L'opinion que nous avons exprimée sur les questions qui précèdent, et les développements auxquels nous nous sommes livrés à ce sujet, ne peuvent laisser de doute sur la solution qui, à notre avis, doit être donnée à celle que nous venons de poser. Après avoir soutenu, lorsqu'il s'agissait des héritiers de l'enfant, que l'action était personnelle à ce dernier, nous ne pourrions, sans nous mettre en contradiction avec nous-mêmes, reconnaître aux héritiers de la mère le droit d'exercer cette action contre lui.

Les arguments qu'on fait valoir à l'appui de la doctrine contraire peuvent être ainsi résumés : 1º L'art. 341, en disant, d'une manière générale et absolue, que « la recherche de la maternité est admise, » a d'avance condamné toute interprétation restrictive et a entendu conférer à toute personne intéressée le droit de prouver la maternité;—2º Le principe de la réciprocité domine toute cette matière : ainsi, de même que l'enfant incestueux ou adultérin ne peut se prévaloir de la reconnaissance de ses père ou mère, de même, on ne peut la lui opposer; de même que l'enfant naturel ne peut rechercher la paternité, de même on ne peut la rechercher contre lui; or, de ce principe de réciprocité, il résulte que, comme l'enfant peut rechercher sa maternité, on doit pouvoir la rechercher contre lui ; — 3º Il n'y a pas plus de scandale dans la recherche de la maternité faite par les héritiers de la mère qu'il n'y en a dans celle faite par l'enfant lui-même; et, si le législateur, lorsqu'il s'agissait de ce dernier, n'a pas été arrêté par la crainte de ce scandale, il n'a pas dû l'être davantage à l'égard des héritiers de la mère; —4º L'art. 340 déclare expressément que, dans le cas particulier où il est permis de recehercher la paternité, le droit de recherche appartient *aux parties intéressées* ; or la raison de décider est la même quand il s'agit de maternité. — V. en ce sens Merlin, Rép., vº Maternité, nº 5; MM. Valette sur Proudhon, t. 2, p. 140 ; Richefort, t. 2, nº 336 ; Pont, Dissert. insérée dans la Revue de législ., t. 29, p. 254.

Nous avons déjà répondu au premier argument. Nous ajouterons qu'en lisant attentivement les dispositions du code civil sur le sujet dont nous nous occupons, on voit clairement que le législateur, en établissant les règles relatives à la reconnaissance volontaire ou forcée, ne s'est préoccupé que de l'intérêt de l'enfant. On peut comparer notamment les art. 335, 337, 339, 341 et 342. Dans tous ces articles la loi parle de la reconnaissance *au profit de l'enfant*, de la réclamation *de la part de l'enfant*; elle ne s'occupe nullement des autres personnes qui pourront avoir intérêt à faire constater la filiation de l'enfant; un seul article parle des intéressés : c'est l'art. 339 qui leur accorde le droit, non pas d'établir la filiation naturelle, mais de contester soit la reconnaissance faite par le père ou la mère, soit la réclamation formée par l'enfant. Ainsi, dans la pensée du législateur, les intéressés autres que l'enfant et les père et mère n'ont qu'un droit : le droit de contradiction; mais ils n'ont pas le droit d'action. On objecte, il est vrai, et c'est ce qui forme la matière du quatrième argument, que l'art. 340, dans le cas d'enlèvement, accorde aux *parties intéressées* le droit de faire déclarer le ravisseur père de l'enfant. Mais, si l'on se reporte aux discussions dans lesquelles cet article fut discuté au conseil d'État (V. Locré, t. 6, p. 31, 148, 183), on s'aperçoit que, par ces mots *parties intéressées*, les rédacteurs du code civil n ont entendu désigner que deux personnes : la femme enlevée, qui a droit à une réparation du préjudice qui lui a été causé, et l'enfant auquel elle a donné le jour. Quant à la prétendue réciprocité qu'on invoque, nous ne voyons pas sur quoi elle reposerait. Si la reconnaissance d'un enfant incestueux ou adultérin ne peut lui être opposée, c'est que cette reconnaissance, étant rigoureusement interdite par la loi, doit être considérée comme nulle et non avenue; de même, si la paternité ne peut être recherchée contre l'enfant, c'est, ainsi que nous l'avons dit (*suprà*, nº 599), que les motifs qui ont fait interdire cette recherche s'appliquent avec la même force dans tous les cas. Mais on n'en peut rien conclure en faveur d'un prétendu principe de réciprocité auquel le législateur ne paraît nullement avoir songé. — Enfin le troisième argument qu'on nous oppose n'a pas plus de force que les autres. De ce que le législateur, lorsqu'il s'agissait de l'enfant, ne s'est point arrêté devant la crainte du scandale public, devant la crainte du déshonneur de la mère, il ne s'ensuit nullement qu'il ait entendu également passer outre en faveur des tiers, qui ont un intérêt beaucoup moins grave et surtout beaucoup moins respectable. L'intérêt pécuniaire qu'ils poursuivent ne peut entrer en balance avec l'intérêt moral et social qui s'oppose à l'admission de leur action. Lorsqu'on parcourt les nombreuses discussions qui ont été agitées sur ce sujet au sein du conseil d'État, on ne peut douter que l'intention du législateur n'ait été de renfermer dans les plus étroites limites l'exercice de ces sortes d'actions (V. en ce sens MM. Duranton, t. 3, nº 242 ; Demolombe, t. 5, nº 327; Marcadé, sur l'art. 341, nº 8). « Nous avons vu, dit ce dernier auteur, que le législateur, qui, heureusement, est plus spiritualiste que certains ne l'ont cru, regarde la punition morale résultant du défaut de constatation légale de filiation, comme plus sévère pour les auteurs et les enfants, comme plus conforme à l'intérêt des mœurs (parce qu'elle cache les désordres), comme plus digne de la loi, dès lors, que la punition matérielle frappant par l'argent. Le législateur, à tort ou à raison, a eu foi aux sentiments moraux de l'homme; et dès lors il a regardé la punition morale comme la première et la plus forte, et l'autre comme subsidiaire seulement. En conséquence, pour les grandes fautes, l'adultère et l'inceste, il a frappé de la première; pour les autres, il a permis aux parents et aux enfants d'échapper à la première en subissant la seconde. Mais, quand ces parents et ces enfants subissent la peine la plus sévère, de quel droit viendrait-on y ajouter la seconde? Quand la mère s'est condamnée à présenter son enfant comme un étranger, quand le fils a bien voulu ne pas réclamer son titre de fils, qui donc aura le droit de venir faire du scandale en divulguant les désordres que la loi préfère tenir cachés?... Le scandale, la loi le tolère quand c'est l'enfant qui réclame sa mère, parce que cet enfant a un intérêt moral, un droit sacré; mais le permettre contre l'enfant et contre l'intérêt social ! Ce serait un singulier travestissement de la pensée du législateur. »

640. Il a été jugé, en ce dernier sens : 1º que l'art. 341 qui admet l'enfant naturel à la recherche de la maternité lorsqu'il y a un commencement de preuve par écrit ne donne pas à des étrangers le droit d'établir la maternité contre l'enfant et malgré lui

(Paris, 29 avr. 1844, aff. Crosnier, V. n° 627-2°); — 2° Que la recherche de la maternité, autorisée par l'art. 341 c. nap., est seulement permise à l'enfant naturel qui réclame les droits que lui accorde la loi sur les biens de sa mère, et non aux parents qui voudraient, par ce moyen, faire réduire les libéralités dont cet enfant aurait été gratifié (Colmar, 4 mai 1844 (1); Amiens, 9 août 1821, rapporté *suprà*, n° 621, avec Req. 12 juin 1823, aff. Bellengreville; Gand, 10 août 1849, aff. Engels, D. P. 49. 2. 333; Req. 3 fév. 1851, aff. Herriot, D. P. 51. 1. 116); — 3° Qu'il en est ainsi, alors même que la qualité d'enfant naturel de la femme que ses héritiers attribuent pour mère à cet enfant a été portée sur les actes de l'état civil, si cette déclaration étrangère à la mère, n'émane que de la sage-femme : une telle mention ne pouvant tenir lieu de la reconnaissance authentique exigée par l'art. 334 c. nap. (même arrêt de Colmar); — 4° Qu'il en est ainsi, encore que la maternité recherchée serait basée sur des faits de possession d'état conforme à l'acte de naissance; qu'on dirait vainement qu'il n'y a pas lieu, en cas pareil, de poursuivre la recherche d'une qualité dont l'enfant se trouve investi de la même manière que s'il était reconnu, la possession d'état ne pouvant servir de base qu'à une action en recherche de maternité dans le sens de l'art. 341 c. nap. (Req. 3 fév. 1851, aff. Herriot, D. P. 51. 1. 116).

M. Demolombe cite, comme ayant été rendus en sens contraire divers arrêts (Req. 12 juin 1823, aff. Bellengreville, V. n° 621, et l'arrêt qui suit); mais c'est une erreur. Ces deux arrêts ne résolvent pas la question. Ils jugent seulement que, à supposer que la recherche de la maternité soit permise aux héritiers, contre l'enfant naturel, pour faire réduire un legs fait à celui-ci, les héritiers n'y sont recevables qu'autant qu'ils rapportent un commencement de preuve par écrit de la maternité, de même que devrait le faire l'enfant, si c'était lui qui recherchât sa maternité (Rej. 7 avr. 1830) (2). Ce qui, au surplus, nous paraît incontestable.

Nous ferons une observation analogue au sujet d'un autre arrêt de Rouen, 19 déc. 1844, aff. Aubert, cité *infrà*, n° 648-7°, que le même auteur invoque comme refusant aux héritiers de la mère le droit de rechercher la maternité contre l'enfant. Cet arrêt, ou plutôt le jugement dont il adopte purement et simplement les motifs, établit que l'action exercée par les héritiers de la mère ne constitue pas l'action en recherche de la maternité prévue et ré-

---

(1) *Espèce* : —(Wolff C. Wolff.)—La demoiselle Sybille Wolff, avait institué pour ses légataires universels Emmanuel et Caroline Wolff, deux enfants élevés auprès d'elle, considérés dans l'opinion publique comme ses enfants naturels, et qui jouissaient de la possession d'état attachée à ce titre. Les actes de l'état civil des enfants indiquaient même la demoiselle Wolff pour leur mère; mais ces actes avaient été dressés sur la déclaration de la sage-femme et en dehors de la participation de cette demoiselle. — C'est sur les énonciations des actes de l'état civil et sur la possession d'état d'enfant naturel dont ces enfants étaient investis que les héritiers de la demoiselle Wolff ont fondé contre Emmanuel et Caroline une action tendant à faire réduire leurs droits sur la succession de leur mère, à la quotité déterminée par l'art. 757 c. civ. — Les enfants se sont prévalus de l'absence d'un acte de reconnaissance authentique, qui leur attribuât la qualité d'enfant naturel, et ont soutenu qu'à défaut d'un tel acte, les héritiers ne pouvaient, pour arriver à une réduction de legs, intenter une action qui aboutirait à faire assigner à des enfants une maternité qu'il n'appartient qu'à eux de rechercher et de faire reconnaître.

Le 2 déc. 1841, jugement du tribunal de Saverne, qui rejette la demande des héritiers Wolff, et par ces motifs : — « Attendu que l'art. 334 c. civ., en exigeant pour la validité de la reconnaissance d'enfants naturels, qu'elle fût faite en forme authentique, a considéré ces actes comme rigoureusement libres et volontaires; que cette disposition est un principe d'ordre sur lequel s'appuient la paix et la sécurité des familles; que si, par exemption, l'art. 341 a autorisé la recherche de la maternité, cette action, toute favorable à l'enfant, n'a été donnée qu'à lui seul et subordonnée à l'existence d'un commencement de preuve par écrit; qu'aucun texte n'autorise à croire que la loi ait voulu permettre à des tiers de soulever le voile qui couvre la filiation incertaine d'un enfant, pour lui imprimer la flétrissure de l'illégitimité; que loin de là, l'art. 339 trace aux tiers le cercle d'actions dans lequel ils sont circonscrits, en se bornant à leur permettre d'attaquer les reconnaissances frauduleuses faites à leur détriment ou à contester la réclamation d'état que viendrait faire un enfant, se disant naturel; que, s'ils ont été inscrits comme tels sur les registres de l'état civil, cette énonciation, étrangère à la mère et faite par la seule sage-femme, ne peut point tenir lieu de l'acte authentique voulu par l'art. 334; que la loi, en distinguant dans deux chapitres différents les moyens de preuve de la filiation légitime et de la filiation naturelle, et en ne plaçant l'acte de naissance que dans le chapitre relatif aux premiers, et en exigeant pour les seconds une reconnaissance formelle et authentique, a clairement prouvé qu'elle n'attache pas les effets de la reconnaissance aux déclarations de naissance faites par des personnes tierces; — Attendu, dès lors, que rien ne justifiant que les dispositions testamentaires de Sybille Wolff soient faites en contravention aux art. 757, 908 et autres, c. civ., la demande doit être rejetée. » — Appel. — Arrêt.

La cour; — Adoptant les motifs, etc.; — Confirme, etc.

Du 4 mai 1844.-C. de Colmar.-Aud. sol.-M. Rossée, 1er pr.

(2) *Espèce* : —(Sens C. Arnoult.) — En 1817, la dame Sens lègue tous ses biens à Antoine Arnoult, mineur, sans parents connus. — En 1823, les héritiers naturels de la testatrice demandent la réduction de ce legs, sur le motif que le légataire est un enfant naturel de la testatrice. Ils articulent divers faits, offrent de les prouver par témoins, et produisent diverses pièces, qu'ils prétendent devoir être considérées comme des commencements de preuve par écrit; ce à quoi, du reste, ils soutiennent n'être point tenus. — 23 juill. 1825, jugement du tribunal de la Seine, qui accueille ces moyens de défense : — « Attendu qu'en admettant que les héritiers de la testatrice soient recevables à la recherche de la maternité, ils ne peuvent l'être qu'en remplissant les conditions prescrites par l'art. 341 c. civ.; — Qu'autrement ce serait faire tourner, contre l'enfant, une disposition qui a principalement pour objet l'intérêt de l'enfant; — Que, d'ailleurs, il n'existe aucun motif pour dispenser les héritiers des conditions imposées à l'enfant; — Attendu, en fait, qu'il n'est pas prouvé que la dame de Sens soit accouchée à l'époque de la naissance du mineur Arnoult, et que les pièces produites par les héritiers de Sens, ne peuvent être considérées comme des commencements de preuve par écrit de la maternité qu'ils attribuent à la dame Sens... »

Appel. — Le 10 mars 1826, premier arrêt qui ordonne que la cause sera inscrite au rôle ordinaire; et le 31 du même mois arrêt qui, sur le fonds, confirme la décision des premiers juges : — « Considérant que la demande des héritiers ne serait recevable qu'en rapportant, par eux, un commencement de preuve par écrit, et adoptant, au surplus, les motifs des premiers juges. »

Pourvoi des héritiers de Sens : 1° Violation de l'art. 341. — La recherche de la maternité n'est pas seulement permise à l'enfant; elle est aussi autorisée contre lui : c'est là un principe certain; l'arrêt, au reste, le reconnaît implicitement : on n'insistera pas sur ce point. — Mais l'arrêt exige des héritiers un commencement de preuve par écrit. C'est là une erreur : cette obligation n'est imposée qu'à l'enfant; la loi ne parle que de lui seul. Or, *inclusio unius est exclusio alterius*. La raison, d'ailleurs, est sensible, car outre que, dans cette matière, on ne doit pas raisonner par analogie, la position de l'enfant et des héritiers n'est point la même : l'enfant qui réclame sa mère, fait une tentative immense; ce ne sont pas seulement des biens qu'il réclame, c'est un état surtout, c'est une famille. La loi a dû donner de fortes garanties contre ses prétentions. Quant aux héritiers, ils dénoncent une fraude à la loi; leur action devait être vue avec bienveillance; la mère ne pouvait laisser qu'une quotité de ses biens : il ne faut pas que la fraude reste impunie; — 2° Violation de l'art. 141 c. proc., en ce que la cour royale a rejeté, comme n'étant pas des commencements de preuve par écrit, les pièces que les demandeurs soutenaient avoir ce caractère, et cela, sans dire pourquoi ces pièces ne pouvaient être regardées comme commencement de preuve par écrit. — Arrêt (ap. délib. en ch. du cons).

La cour; — Attendu que l'arrêt du 10 mars, dont le motif et le dispositif sont relatés dans l'arrêt du 31 du même mois, est un véritable arrêt de compétence; que, d'après les faits de la cause, la cour royale de Paris a décidé, en effet, par le premier arrêt, rendu contradictoirement, que l'affaire était de nature à être jugée à l'audience ordinaire, et non en audience solennelle; — Qu'aussi, les demandeurs en cassation ont-ils reconnu, eux-mêmes, la nécessité de se pourvoir, tant contre l'arrêt du 31 mars que contre celui du 10 du même mois, relatif à la compétence; — Que, néanmoins, ils ont omis de joindre, à leur requête en cassation, une copie ou expédition quelconque de l'arrêt dudit jour 10 mars 1826, et que cette omission les rend non-recevables dans leur pourvoi contre cet arrêt, aux termes de l'art. 4, tit. 4 du règlement du 28 juin 1738; — Que, dès que le pourvoi contre l'arrêt du 10 mars 1826 n'était pas recevable, il n'y a lieu d'examiner celui dirigé contre l'arrêt du 31 du même mois, que sous le rapport du fond;

Sur le deuxième moyen : — Attendu qu'en décidant au fond, par l'arrêt du 31 mars 1826, que les demandeurs en cassation n'auraient été fondés dans la recherche de la maternité qu'autant qu'ils auraient produit un commencement de preuve par écrit, la cour royale de Paris a fait une juste application de l'art. 341 c. civ.; — Attendu, sur le troisième moyen, que l'arrêt du 31 mars 1826 contient des motifs suffisants pour justifier sa décision; — Rejette.

Du 7 avr. 1830.-Ch. civ.-MM. Portalis, 1er pr.-Vergès, rap.-Cahier, av. gén., c. conf.-Lassis et Nicod, av.

gée par l'art. 341, ce qui le dispense d'examiner si les héritiers auraient le droit d'exercer cette dernière; il n'y a donc rien à en conclure quant à la question qui nous occupe.

641. Nous avons vu (*suprà*, nos 363 s.) qu'en matière de filiation légitime, aux termes des art. 326, 327, les tribunaux civils sont seuls compétents pour statuer sur les réclamations d'état, et que l'action criminelle contre un délit de suppression d'état ne peut commencer qu'après le jugement définitif sur la question d'état. Ces dispositions doivent-elles être appliquées à la filiation naturelle? — Et d'abord, en ce qui concerne la maternité, cela ne nous paraît pas douteux. En effet, les art. 326 et 327 parlent, d'une manière générale, des réclamations d'état et du délit de suppression d'état, sans faire aucune distinction entre les enfants légitimes et les enfants naturels. En outre, les raisons qui ont fait établir ces articles sont applicables à ceux-ci tout aussi bien qu'à ceux-là. Qu'il s'agisse des enfants légitimes ou des enfants naturels, il importe qu'une réclamation d'état, qui ne serait recevable en matière civile qu'à l'aide d'un commencement de preuve par écrit, ne puisse être admise en matière criminelle avec la seule preuve testimoniale; il importe qu'un jugement criminel rendu sur de simples témoignages ne puisse exercer une influence même indirecte sur le jugement de la question d'état. Aussi, dans l'exposé des motifs de ce titre, M. Bigot-Préameneu présentait cette règle de la compétence exclusive des tribunaux civils pour le jugement des questions d'état comme un principe général et sans exception, et disait, en terminant son discours et après avoir indiqué les règles de la filiation naturelle : « Enfin il a été regardé comme important de rappeler et de consacrer la maxime qu'il n'appartient qu'aux tribunaux civils de statuer sur les réclamations d'état » (V. *suprà*, p. 132, note, n° 30). — Décidé, en ce sens, que l'action publique contre un délit de suppression ou supposition d'état, en ce qu'une fille aurait fait inscrire comme provenant d'elle un enfant né d'une autre femme, ne peut être intentée si l'état supprimé ou supposé n'a pas été réclamé ou contesté devant les tribunaux civils (Crim. rej. 2 mars 1809, aff. Jourdan, V. n° 369-4°. V. aussi, dans le même sens, MM. Delvincourt, t. 1, note 10 de la page 93; Marcadé, sur l'art. 341, n° 4; Ducaurroy, t. 1, n° 322; Demolombe, t. 5, n° 531; Mangin, Act. publ., t. 1, n° 187).

Nous n'hésitons donc point à repousser l'opinion de M. Leselyer, Tr. du dr. crim, t. 4, n° 1517, qui prétend que les art. 326 et 327 contiennent des exceptions aux règles générales des art. 1 et 3 c. inst. crim, et que dès lors ces dispositions ne peuvent être étendues à d'autres cas que ceux auxquels elles sont directement applicables; opinion que Merlin, Rép., v° Parricide, n° 3, semble partager.

642. Mais les règles établies par les art. 326 et 327 doivent-elles être de même appliquées à la recherche de la paternité en cas d'enlèvement? Est-ce aux tribunaux civils qu'il appartient exclusivement de statuer, dans ce cas, sur la question d'état? Et doit-il être sursis à statuer au criminel sur le délit d'enlèvement jusqu'à ce que la question d'état ait été jugée? — Ici la question ne se présente pas sous le même aspect que lorsqu'il s'agit de la maternité. En effet, l'art. 340 n'exige pas, comme l'art. 341, qu'il y ait un commencement de preuve par écrit : il admet tous les modes de preuve sans distinction. On pourrait donc soutenir, avec une grande apparence de vérité, que ni l'art. 326 ni l'art. 327 ne sont applicables, parce que les raisons sur lesquelles ils sont fondés ne sont susceptibles d'aucune application au cas dont il s'agit. — Toutefois, comme la juridiction criminelle est regardée par la loi, à tort ou à raison, comme ne présentant pas assez de garanties pour juger les questions d'état, et qu'elle est pour cela déclarée incompétente quant à ces questions, M. Marcadé, sur l'art. 342, n° 4, pense que l'art. 326, qui établit la compétence exclusive des tribunaux civils, est applicable à la paternité aussi bien qu'à la maternité; et comme la règle qui repousse jusqu'à l'influence indirecte de cette juridiction sur les questions de cette espèce n'est qu'une conséquence de cette incompétence, il en conclut que l'art. 327 doit être également appliqué. Et à l'appui de ce système il fait ressortir les différences qui existent entre le mode de jugement au civil et au criminel, notamment en ce qui concerne la forme des enquêtes, et en ce qui concerne la qualité des juges, qui sont, dans un cas, des magistrats réguliers, et dans l'autre des jurés, de simples citoyens investis accidentellement de fonctions judiciaires.

Pour nous, nous pensons, avec MM. Demante, Programme, t. 1, n° 322, et Demolombe, t. 5, n° 532, qu'il faut faire une distinction entre l'art. 326 et l'art. 327. Nous reconnaissons bien, et cela par les raisons que M. Marcadé a indiquées, que les tribunaux civils seuls ont qualité pour statuer sur la question d'état, mais nous n'apercevons pas de raison qui commande de surseoir à statuer au criminel sur le délit d'enlèvement jusqu'à ce qu'il ait été prononcé au civil sur la question de filiation. Outre que les mêmes preuves sont admises, en ce cas, devant l'une et l'autre juridiction, les deux questions ne sont pas indissolublement liées l'une à l'autre; ainsi, bien que l'enlèvement forme l'élément principal de la preuve sur la question de filiation, cependant les juges, après la condamnation du ravisseur, peuvent très-bien déclarer qu'il n'est pas le père de l'enfant. Rien ne s'oppose donc à ce qu'il soit statué au criminel sur l'enlèvement avant le jugement de la question de filiation. Nous pensons même, avec les auteurs précités, qu'il serait permis de puiser dans la procédure criminelle les éléments et les moyens qui pourraient servir devant la juridiction civile à décider la question de filiation.

643. Il a été jugé que les tribunaux criminels sont compétents pour décider provisoirement les questions d'état, touchant la filiation, lorsque ces questions ne se présentent qu'incidemment, et qu'elles ne se rattachent pas au fait de l'accusation; qu'ainsi, la cour d'assises saisie d'une accusation d'homicide, peut admettre en qualité de partie civile, comme fils naturel de l'homicidé, un individu dont l'accusé conteste la filiation (Crim. rej. 15 janv. 1818) (1).

644. L'action en recherche de maternité est essentiellement soumise aux règles du statut personnel; dès lors les tribunaux français sont incompétents pour connaître d'une action de cette nature dirigée par un Français contre une étrangère; elle ne saurait être assimilée aux obligations dont un Français peut poursuivre l'exécution contre l'étranger devant les tribunaux de France (Paris, 4 janv. 1847, aff. B..., D. P. 47. 2. 34).

ART. 3. — *De la possession d'état avec ou sans titre.*

645. La possession d'état, comme nous l'avons vu (*suprà*, n° 236), est l'un des modes de preuve admis par la loi pour établir la filiation légitime. L'art. 320 c. nap. dispose formellement qu'à défaut de l'acte de naissance la possession constante de l'état d'enfant légitime suffit. Aucune disposition semblable n'existe re-

(1) *Espèce* : — (Chalumeau et Mesnard C. min. pub.) — Chalumeau et Mesnard étaient accusés d'un assassinat. La dame Redon se rendit partie civile, en qualité de fille naturelle de l'homicidé et conclut à des dommages-intérêts. Les accusés la soutinrent non-recevable dans sa demande, parce qu'elle ne prouvait pas son état de fille naturelle; qu'en effet, les actes dont elle se prévalait ne constituaient point une reconnaissance légale. — Arrêt de la cour d'assises, portant : « Attendu qu'il est suffisamment justifié qu'Anne-Louise Desœuvre, femme Redon, est fille naturelle de feu François-Xaxier Desœuvre dont il s'agit au procès, la cour, sans égard aux fins de non-recevoir proposés, donne acte de l'intervention. » — Les accusés sont déclares coupables et condamnés à la peine de mort, et en 12,000 fr. de dommages-intérêts. — Pourvoi en cassation basé notamment sur l'incompétence de la cour d'assises, pour prononcer sur l'état de la partie civile.

LA COUR; — Attendu que les art. 66 et 67, c. inst. crim., admettent toute partie intéressée à intervenir et se rendre partie civile, en tout état de cause et jusqu'à la clôture des débats; que l'arrêt du 1er déc. n'a reconnu que provisoirement, et seulement relativement à l'exercice de l'action publique, que la femme Redon fût fille de François-Xavier Desœuvre, et que celui-ci fût l'individu dont l'assassinat faisait la matière de l'accusation; que ce n'est que par l'arrêt définitif du 3 déc. qu'il a été définitivement statué, d'après le résultat des débats, sur ces deux faits; qu'il n'y a donc eu, de la part de la cour d'assises, ni incompétence, ni excès de pouvoir; que la filiation de la femme Redon n'a été reconnue que dans l'objet et dans l'intérêt de l'action civile sur laquelle la cour d'assises avait caractère pour statuer, et que, cette cour ayant déclaré d'une manière générale que cette filiation était suffisamment justifiée, il n'est nullement établi qu'elle ait violé les art. 319, 324 et 326, c. civ.; — Rejette, etc.

Du 15 janv. 1818.-C. C., sect. crim.-M. Schwendt, rap.

lativement aux enfants naturels. D'où est née la question de savoir si ce mode de preuve peut leur être appliqué : question grave et qui a été l'objet d'une sérieuse controverse. — Quelques jurisconsultes ayant pensé qu'à cet égard une distinction devait être faite entre le père et la mère, nous examinerons la difficulté successivement à chacun de ces deux points de vue. Voyons donc d'abord si la paternité peut être établie par la possession d'état.

Le code Napoléon, dans les dispositions consacrées aux enfants naturels, garde sur la *possession d'état* un silence absolu. La conclusion qui paraît ressortir naturellement de cette économie de la loi, c'est qu'il n'est qu'un seul mode, autorisé par le code, d'établir la paternité naturelle, savoir : une reconnaissance faite soit dans l'acte de naissance, soit par un acte authentique (art. 334, 340). Aussi les auteurs s'étaient-ils généralement accordés à décider qu'en cette matière la possession d'état la mieux caractérisée ne serait point admise (V. MM. Proudhon, t. 2, p. 143; Toullier, t. 2, nos 970 et 971; Loiseau, p. 474, 527-528; Duranton, t. 3, no 238; Zachariæ, t. 4, p. 14; Marcadé, sur l'art. 340, no 6; Ducaurroy, etc., t. 1, no 399; Coulon, Quest. de dr., t. 3, p. 584, 610; Bonnier, Tr. des preuves, p. 144; — V. toutefois M. Delvincourt, t. 1, note 10 de la p. 93), lorsqu'en 1833 un professeur, dont nous avons souvent invoqué l'autorité dans le cours de ce travail, M. Demolombe, soutint, dans une dissertation insérée dans la Revue de législation, t. 1, p. 427, que la possession d'état avait la même force, la même valeur légale en matière de filiation naturelle qu'en matière de filiation légitime, et qu'elle devait être admise comme preuve non-seulement de la maternité, ainsi que beaucoup l'avaient pensé, mais même de la paternité. Cet auteur a reproduit la même thèse dans son Cours de code civil, t. 5, no 480, et nous devons dire qu'il a conquis à sa doctrine l'un des professeurs les plus distingués de la faculté de Paris, M. Valette (V. ses notes sur Proudhon, t. 2, p. 150). Voyons par quels arguments M. Demolombe défend cette thèse.

Et d'abord, considérée en elle-même, la possession d'état est un mode de preuve supérieur à tout autre, supérieur même à la reconnaissance authentique. Nous avons déjà dit (*suprà*, no 236) qu'elle est le mode de preuve le plus ancien, le plus général, celui qui est indiqué par la nature elle-même. En outre, le titre ne prouve pas l'identité; la possession d'état le prouve nécessairement; le titre est l'ouvrage d'un moment, d'un aveu instantané, il peut être le fruit de la surprise ou des obsessions; la possession d'état est une reconnaissance continue, persévérante, de tous les jours, de tous les instants, et offrant ainsi, au plus haut point, toutes les garanties possibles de liberté et de sincérité; le titre est le plus souvent ignoré, secret; la possession d'état est une reconnaissance publique, notoire, qui a pour témoins la famille, la société tout entière. Pourquoi donc cette preuve si décisive, qui fait pleine foi de la filiation légitime, perdrait-elle toute son autorité lorsqu'il s'agit de la paternité naturelle? — L'art. 340 interdit la recherche de cette paternité! Mais il ne s'agit pas de la rechercher : elle est prouvée, elle est reconnue! L'enfant n'a point à former d'action en réclamation d'état, car cet état, il le possède, et on ne réclame pas ce qu'on possède. Et s'il arrivait que, la possession d'état étant déniée, il fût nécessaire de la prouver, cette preuve ne constituerait point une recherche de paternité, car elle aurait pour objet d'établir, non pas le fait même de la paternité, mais seulement l'aveu, la reconnaissance tacite résultant de l'ensemble des faits constitutifs de la possession d'état. Les termes de l'art. 340 ne sont donc pas applicables. Ses motifs ne le sont pas davantage. En effet, aucun scandale ne peut résulter du débat qui s'élèvera sur la question de savoir si tel homme a nourri et entretenu l'enfant, s'il lui a fait porter son nom et l'a présenté dans la société comme son fils; et, d'un autre côté, les faits caractéristiques de la possession d'état étant, par leur nature, patents et publics, on n'a point à redouter non plus l'incertitude irrémédiable attachée à la recherche de paternité proprement dite. Donc l'esprit de l'art. 340 n'est pas plus applicable ici que son texte. — Mais le code exige que la reconnaissance soit faite par acte authentique, il ne parle pas de la possession d'état. Pour savoir comment doit être interprété ce silence du législateur, il faut se reporter aux travaux préparatoires. La commission avait proposé un article portant que, pour être admis à la preuve testimoniale de sa maternité, le réclamant devrait avoir « un commencement de preuve par écrit ou une possession constante de la qualité de fils naturel de la mère qu'il réclame. » Sur quoi M. Portalis fit observer, dans la séance du 26 frim. an 10 (V. Locré, Lég. civ., t. 6, p. 125), que la possession constante est une preuve complète de l'état. « En général, dit-il, toutes les fois qu'on jouit de son état constamment, publiquement et sans trouble, on a le plus puissant de tous les titres. Il serait donc absurde de présenter la *possession constante* comme un simple commencement de preuve, puisque cette sorte de possession est la plus naturelle et la plus complète de toutes les preuves. Des faits de possession isolés, passagers et purement indicatifs peuvent n'être qu'un commencement de preuve; mais il y a preuve entière lorsqu'il y a possession constante. » Or ces considérations sur la force probante de la possession d'état, bien que présentées à l'occasion de la maternité, sont également applicables à la paternité. Et, dans la même discussion, d'autres orateurs émirent d'une manière plus ou moins explicite l'opinion que la possession d'état devait faire preuve complète de la filiation naturelle même à l'égard du père (V. notamment les opinions du ministre de la justice, de M. Boulay et de Cambacérès, dans Fenet, t. 10, p. 77). A la suite de cette discussion, la disposition qui proposait de faire de la possession constante un commencement de preuve disparut du projet. Que conclure de là? C'est que, conformément à l'opinion de Portalis, on reconnut que cette possession devait être considérée, non pas comme un simple commencement de preuve, mais comme une preuve parfaite. D'ailleurs il est manifeste, par l'économie même du titre *de la paternité et de la filiation*, que le législateur n'a inséré dans le chapitre consacré aux enfants naturels que les dispositions qui leur sont spéciales, et qu'il a entendu se référer pour le reste à ce qui avait été statué pour les enfants légitimes; on doit donc appliquer aux enfants naturels toutes les dispositions relatives aux enfants légitimes auxquelles il n'a pas été expressément ou tacitement dérogé. — Enfin, ajoute-t-on, il arrive tous les jours que des unions illicites usurpent le nom et l'apparence d'unions légitimes. Supposons donc que des enfants naissent de telles unions, et que, pendant toute la vie des prétendus époux, ils aient eu, par rapport à eux, la possession constante d'enfants légitimes, en telle sorte que, si le mariage avait existé, la filiation ne pût être contestée. Cependant le père meurt, et alors on découvre qu'il n'était pas marié à celle qui passait pour sa femme légitime. Nous supposons que jamais il n'a reconnu authentiquement les enfants qu'il a eus d'elle. Que, par suite de cette découverte, ces enfants perdent la légitimité à laquelle ils n'avaient pas droit, rien de plus juste; mais serait-il juste qu'ils perdissent en même temps l'état d'enfants naturels ayant un père connu, qu'ils devinssent légalement étrangers à celui qui les a constamment et publiquement traités comme ses enfants? Si le mariage eût existé, la possession d'état eût assuré à ces enfants, sans contestation possible, l'état et la qualité d'enfants légitimes; or de ce que le mariage n'existe pas, il s'ensuit seulement qu'ils ne sont pas légitimes; il ne s'ensuit nullement qu'ils ne soient pas les enfants de celui vis-à-vis duquel ils ont une possession d'état si peu équivoque.

Cette argumentation est ingénieuse, et nous comprenons qu'elle ait pu séduire des esprits hardis, désireux d'ouvrir à la science des perspectives nouvelles. Nous l'avouons toutefois : il nous est impossible d'y voir autre chose qu'un paradoxe brillamment soutenu. — Faisons d'abord observer que, parmi les arguments dont nous venons de présenter l'exacte analyse, il en est qui établissent, non pas que le législateur a voulu telle chose, mais qu'il eût dû vouloir telle chose. Ainsi ces considérations sur le mérite intrinsèque de la possession d'état comparée à tout autre mode de preuve, cette mise en relief des inconvénients qui pourront résulter, dans certains cas donnés, de l'inadmissibilité de la possession d'état comme preuve de la filiation naturelle, peuvent être vraies; mais elles ne prouvent nullement que la loi ait le sens qu'on veut lui attribuer. Au fond, la question se réduit à ceci : quelle a été la volonté du législateur? Or c'est sur ce terrain que l'argumentation de M. Demolombe nous paraît faillir. — Reportons-nous d'abord à la législation que le code Napoléon a trouvée en vigueur. La loi du 12 brum. an 2, comme nous l'avons vu, permettait, par son art. 8, aux enfants naturels dont les pères étaient décédés lors de sa promulgation de prouver leur filiation par la possession d'état; mais ce n'était là de sa part qu'une concession transitoire; elle n'admettait pas ce mode de preuve pour l'avenir; en effet, après avoir dit que l'état et les droits des enfants naturels dont le père et la mère existeraient encore lors de la promulgation du code Napoléon, seraient réglés par les dispositions de ce code, elle ajoutait (art. 11) que, néanmoins, en cas de mort de la mère avant la publication du code, la reconnaissance du père, faite devant un officier public, suffirait pour constater, à son égard, l'état de l'enfant né hors du mariage, et le rendre habile à lui succéder. Ainsi cette loi, en tant qu'elle statuait pour l'avenir, exigeait une reconnaissance authentique et proscrivait la preuve par la possession d'état. Or lorsque nous voyons le code Napoléon, qui a remplacé cette loi, exiger également une reconnaissance authentique et se taire absolument sur la possession d'état, n'y a-t-il pas lieu de penser qu'il a entendu, lui aussi, la repousser? — Les travaux préparatoires nous offrent-ils du moins l'indice suffisant d'une volonté contraire? Nous avons beau parcourir les procès-verbaux des délibérations du conseil d'État, et particulièrement celui de la séance du 26 brum. an 10, nous n'y trouvons rien qui nous révèle l'existence d'une telle volonté. Il est évident d'abord que le projet de la commission, qui n'admettait la *possession constante* que comme commencement de preuve de la maternité, la repoussait implicitement, par cela même, comme preuve de la paternité. Or quelques opinions exprimées en passant par deux ou trois orateurs, opinions qui n'ont pas été relevées, qui n'ont été l'objet d'aucune résolution, suffisent-elles pour prouver qu'une révolution s'est faite dans l'esprit du législateur? Pouvons-nous penser que si, contrairement à l'esprit et à l'économie de la loi du 12 brum. an 2, contrairement au projet primitif soumis au conseil d'État, il eût entendu faire de la possession d'état l'un des modes réguliers d'établir la paternité naturelle, il ne s'en serait pas expliqué clairement? Pouvons-nous penser qu'il n'eût pas cru nécessaire de prévenir tous les doutes par une déclaration expresse? — Tout ce qu'on peut conclure, selon nous, de la modification qui, à la suite de cette discussion, fut faite à la rédaction de la disposition qui forme aujourd'hui l'art. 341, c'est que la possession d'état, au lieu de pouvoir servir de commencement de preuve de la maternité, peut être admise comme formant la preuve même de cette maternité, mais que toutefois, pour qu'il en soit ainsi, il est nécessaire qu'il existe un commencement de preuve par écrit. Par cette modification faite à sa rédaction primitive, la commission, sans adhérer complétement aux idées exprimées par M. Portalis, leur donnait cependant satisfaction dans une certaine mesure. — Ce qui prouve que telle est la véritable interprétation de la volonté législative, c'est la manière dont M. Bigot-Préameneu s'est exprimé sur ce sujet dans l'exposé des motifs. Après avoir rappelé la disposition de la loi du 12 brum. an 2 qui, pour le passé, admettait la possession d'état comme preuve de la filiation naturelle, arrivant au code Napoléon, il dit que la loi proposée a sagement interdit les recherches de la paternité, et il ajoute : « Elle ne pourra jamais être établie contre le père que par sa propre reconnaissance, et encore faudra-t-il, pour que les familles soient à cet égard à l'abri de toute surprise, que cette reconnaissance ait été faite, ou par l'acte de naissance, ou par un acte authentique. » Or est-il supposable, d'une part, que si le législateur eût eu effectivement l'intention d'admettre la possession d'état comme preuve de la paternité naturelle, M. Bigot-Préameneu l'eût ignoré; et, d'autre part, que, s'il eût connu cette volonté, il se fût exprimé dans les termes que nous venons de rapporter? — Nous n'hésitons donc point à penser que la doctrine de MM. Demolombe et Valette doit être repoussée, et qu'au lieu d'interpréter la loi, ces deux auteurs l'ont faite. — Il a été décidé, en ce sens : 1° que les art. 334 et 340 s'opposent à ce que, à l'égard du père, la filiation naturelle puisse s'établir à l'aide de la possession d'état et d'une reconnaissance induite de faits et d'actes autres qu'un acte authentique de reconnaissance expresse (Cass. 13 mars 1827, aff. Florentin, n° 558); — 2° Que la règle de droit suivant laquelle la possession d'état suffit, à défaut de titre, pour établir la filiation, ne s'applique pas en matière de filiation naturelle; qu'en tout cas, la possession d'état qui résulterait de faits postérieurs au mariage contracté par le père ou la mère depuis la naissance de l'enfant naturel, ne saurait être opposée aux enfants légitimes qui en sont issus, pas plus que ne pourrait l'être, d'après l'art. 337 c. nap., une reconnaissance expresse faite depuis ce mariage (Lyon, 20 avril 1853, aff. F..., D. P. 54. 2. 186); — 3° Que celui qui a commis un vol ne saurait être renvoyé des poursuites criminelles formées contre lui, par le motif qu'il serait l'enfant naturel de la première femme de celui au préjudice duquel le vol a été commis, à moins qu'il n'ait été légalement reconnu, ou que la maternité n'ait été établie par la preuve testimoniale appuyée d'un commencement de preuve par écrit : que vainement on prétendrait que la filiation naturelle est établie par une possession d'état conforme à son acte de naissance non contredit par la prétendue mère, implicitement ratifié par elle, et dont la vérité est au surplus confirmée par les déclarations du volé, de sa seconde femme, et du maire de la commune (Crim. cass. 25 juill. 1834) (1).

616. Au reste, la possession d'état d'enfant naturel, laquelle ne peut remplacer la reconnaissance de paternité exigée par la loi, peut être invoquée à l'appui d'une reconnaissance préexistante (Req. 10 fév. 1847, aff. Leroux, D. P. 47. 1. 49).

617. Voyons maintenant ce qu'il faut penser de la distinction qui a été faite à cet égard entre le père et la mère. — Plusieurs auteurs, tout en soutenant que la possession d'état ne pouvait servir à prouver la paternité naturelle, ont pensé qu'il en devrait être autrement à l'égard de la *maternité*. Ils se fondent, pour décider ainsi, sur la modification qui fut faite à la rédaction de l'art. 341, par suite de l'observation de M. Portalis. Quelques-uns ajoutent que, si l'on s'attache au motif des restrictions légales en cette matière, qui est la crainte du scandale, il faut reconnaître que la possession d'état n'offre aucun inconvénient, puisqu'elle suppose le fait hautement avoué par la partie la plus intéressée à le cacher. — V. en ce sens MM. Proudhon, t. 2, p. 143, 144; Duranton, t. 3, n° 238; Bonnier, Traité des preuves, n° 144; Ducaurroy, etc., t. 1, n° 399; Richefort, t. 2, n° 337 *bis*; Allemand, Du mariage, t. 2, p. 168.

Nous ne croyons pas que cette distinction doive être admise. Et d'abord rien ne prouve que la commission, en faisant à la rédaction de l'art. 341 la modification que nous avons dite, ait entendu adopter entièrement l'opinion exprimée par M. Portalis.

---

(1) *Espèce :* —(Min. pub. C. Bossu.) — Bossu était poursuivi pour vol d'argent et divers objets mobiliers à l'aide d'effraction et d'escalade dans la maison habitée par Toupet. La chambre des mises en accusation de la cour de Douai a, par arrêt du 20 juin 1834, déclaré qu'il n'y avait lieu à suivre par les motifs suivants :—« Considérant en fait qu'il n'est pas douteux que le prévenu L. Bossu, âgé de dix-sept ans, ne soit l'enfant naturel de feu Henriette Bossu, première épouse de F. Toupet, au préjudice duquel le vol dont il s'agit aurait été commis; que cette filiation naturelle dudit L. Bossu est établie par une possession d'état conforme à son acte de naissance non contredit par ladite Henriette Bossu, implicitement ratifie par elle et dont la vérité est au surplus confirmée par les déclarations dudit F. Toupet, de sa seconde femme et du maire de la commune; — Considérant qu'aux termes de l'art. 380 c. pén. les soustractions frauduleuses commises par des enfants au préjudice de leur père ou mère ou par des alliés au même degré ne peuvent donner lieu qu'à des réparations civiles; que cette disposition s'applique nécessairement aux père et mère naturels et aux alliés légitimes de ceux-ci; — Considérant que dans ces circonstances le fait imputé au prévenu ne constitue ni crime ni délit. » — Pourvoi par le ministère public.—Arrêt (ap. délib. en ch. du cons.).

La cour; — Vu les art. 334 et 341 c. civ. et 380 c. pén.;—Attendu que la reconnaissance d'un enfant naturel ne peut résulter que d'une déclaration authentique du père et de la mère de l'enfant, insérée dans l'acte de naissance ou d'un acte postérieur ayant le même caractère, et dans le cas de la recherche de la maternité une preuve testimoniale appuyée d'un commencement de preuve par écrit; — Attendu que l'arrêt attaqué ne constate pas qu'il ait été satisfait à aucune de ces conditions de la loi; que dès lors la chambre des mises en accusation de la cour royale de Douai ne pouvait appliquer à L. Bossu les dispositions exceptionnelles de l'art. 380 c. pén., et qu'en attribuant au prévenu la qualité d'enfant naturel de la fille Bossu, devenue postérieurement femme Toupet, la cour royale de Douai a violé, par l'arrêt attaqué, les art. 334 et 341 c. civ. et fait une fausse application de l'art. 380 c. pén.; — En conséquence, casse, etc.

Du 25 juill. 1834.-C. C., ch. crim.-M. Choppin, f. f. pr.-Brière, rapporteur.

Il nous semble, au contraire, que si telle eût été son intention, elle l'aurait indiquée autrement qu'en gardant le silence sur la possession d'état. Nous avons déjà dit comment, selon nous, devait être interprétée la modification dont il s'agit, et dans quelle mesure la commission avait tenu compte de l'observation de M. Portalis. La possession d'état, d'après la nouvelle rédaction, au lieu d'être un simple commencement de preuve, pourra former la substance même de cette preuve; mais, pour qu'elle soit admise, il faudra qu'il y ait un commencement de preuve par écrit. Telle est la seule interprétation qui puisse se concilier avec le texte de l'art. 341, avec l'économie des dispositions de cette section. Quand le législateur veut une chose d'une volonté positive, il prend soin de la dire; pourquoi donc supposer qu'il a voulu ce qu'il n'a pas dit? — Qu'on le remarque bien, d'ailleurs, ceux qui proposent la distinction que nous combattons commettent une inconséquence évidente. En effet, les raisons qui leur font repousser la possession d'état lorsqu'il s'agit du père existent avec la même force à l'égard de la mère. Si le code n'admet comme preuve de la paternité que la reconnaissance authentique du père, il n'admet la recherche de la maternité qu'autant qu'il existe un commencement de preuve par écrit. Si donc, en ce qui touche la mère, on supplée au silence du législateur, pourquoi s'arrêter là et ne pas le faire également pour le père? L'observation de M. Portalis, bien que faite à l'occasion d'une disposition spéciale à la mère, était générale et avait à l'égard du père la même portée qu'à l'égard de la mère. Invoquera-t-on la distinction faite par la loi elle-même, qui repousse la recherche de la paternité et permet, au contraire, la recherche de la maternité? Mais, qu'on ne le perde pas de vue, cette distinction n'est fondée qu'autant qu'il s'agit de la preuve directe : on ne peut pas constater avec certitude le fait de la paternité, et, d'ailleurs, de tels débats entraînent inévitablement un grand scandale; au contraire, la maternité se révèle par des signes certains, dont la constatation offre beaucoup moins d'inconvénients; mais il en est tout autrement de la possession d'état; elle n'est point une preuve directe soit de la paternité, soit de la maternité; elle n'est qu'un aveu, une reconnaissance *ipso facto*, aveu, reconnaissance dont la constatation ne présente ni incertitude ni scandale ou n'en présente pas plus lorsqu'il s'agit du père que lorsqu'il s'agit de la mère; pourquoi donc, dès lors, le législateur, s'il avait entendu l'admettre à l'égard de la mère, l'aurait-il repoussée à l'égard du père. Cette distinction ne serait justifiée par aucune raison sérieuse. Aussi refusons-nous de croire qu'il ait été dans l'intention du législateur de la faire. Telle est aussi l'opinion de MM. Loiseau, p. 525-528; Toullier, t. 2, n°s 970, 971; Marcadé sur les art. 340 et suiv., n° 6; Coulon, Quest. de dr., t. 3, p. 584, 610; Demolombe, t. 5, n° 480, et notre observ. D. P. 51. 1. 113.

648. Au surplus, la jurisprudence s'est partagée, sur cette question, comme les auteurs. Ainsi il a été jugé : 1° que la possession constante d'état suffit à l'enfant naturel pour établir sa filiation maternelle (Bastia, 17 déc. 1834) (1); — 2° Que la possession d'état, surtout quand elle est conforme à l'acte de naissance, suffit pour établir la filiation naturelle à l'égard de la mère ou de ses héritiers (Paris, 26 juill. 1849, aff. Picard; D. P. 49. 2. 220); — 3° Que l'enfant naturel peut, comme l'enfant légitime, invoquer la possession d'état pour prouver son identité; et que, la preuve de l'accouchement de la mère une fois acquise, la possession d'état suffit seule pour constituer, en faveur de celui qui recherche la paternité, la preuve de son identité (Limoges, 4 avr. 1848, aff. Chirat, D. P. 49. 2. 38); — 4° Que l'acte de naissance d'un enfant naturel portant désignation de la mère, mais auquel celle-ci n'a pas assisté, peut cependant servir contre elle de commencement de preuve par écrit de la maternité, laquelle peut être complétée par la possession d'état conforme à l'acte (Paris, 18 mars 1850, aff. Juclier, D. P. 51. 2. 30); — 5° Que, quoique la femme déclarée dans un acte de naissance mère d'un enfant naturel puisse critiquer cette déclaration, cependant si elle a nourri et élevé cet enfant comme sien, et si elle avoue sa maternité, elle doit être admise, à l'encontre des tiers, et, par exemple, contre l'État, à réclamer sa succession; et que l'État est mal fondé à critiquer cette réclamation de la mère, sous le prétexte qu'elle n'établirait pas la preuve de sa maternité par une reconnaissance faite à l'état civil (Grenoble, 12 déc. 1850, aff. Vicat, D. P. 51. 2. 245); — 6° Que la filiation des enfants naturels peut s'établir par la possession d'état, comme celle des enfants légitimes, en ce sens qu'un enfant naturel, non reconnu par sa mère, peut, dans un intérêt d'hérédité, qu'il ne faut pas confondre avec la recherche de la maternité, prouver, par tous les faits propres à établir sa possession d'état, qu'il est issu de la même mère qu'un autre enfant naturel non reconnu, à la succession duquel il prétend, et en faveur duquel il invoque la même possession d'état (Paris, 10 mai 1851, aff. Lahirigoyen, D. P. 53. 2. 114); — 7° Que la possession d'état, alors surtout qu'elle est conforme à l'acte de naissance de l'enfant, fait preuve de sa filiation naturelle en l'absence de toute reconnaissance, et, bien que la mère désignée dans cet acte n'ait pas concouru à sa formation; que, par suite, le legs universel fait au profit de cet enfant par celle qui est désignée comme sa mère, doit, sur la demande des héritiers légitimes de celle-ci, être réduit à la quotité déterminée par les art. 757 et 758 c. nap. (Rouen, 19 déc. 1844, aff. Aubert, D. P. 45. 2. 97); — 8° Que, si le fait de la maternité est suffisamment établi par les aveux des parents de la mère et par la possession d'état de l'enfant naturel, il n'est pas besoin d'ordonner préalablement la recherche de la maternité, et que le jugement qui la déclare constante équivaut à une reconnaissance authentique (Paris, 27 juin 1812) (1); — 9° Que, bien que les héritiers d'un enfant naturel décédé sans avoir in-

(1) (Petrucci C. Antonini et Gatti.) — LA COUR; — Attendu que le mode de reconnaissance d'un enfant naturel, prescrit en l'art. 334 c. civ., ne concerne que le père, par suite du principe que la recherche de la paternité est interdite; qu'il n'en est pas de même à l'égard de la mère, parce que le législateur ayant autorisé la recherche de la maternité, l'enfant naturel se trouve dispensé de toutes les rigueurs de forme en matière de reconnaissance. En effet, l'art. 341 c. civ. a expressément admis l'enfant à prouver qu'il est identiquement le même que celui dont la mère est accouchée, s'il y a commencement de preuve par écrit; — Attendu que, de tout temps, la possession constante d'état d'enfant a été regardée comme la meilleure preuve en matière de filiation; que M. Locré atteste (t. 4, p. 221) que, lors de la discussion du code civil, on avait proposé que la possession d'état fût considérée comme un commencement de preuve de nature à faire admettre la preuve testimoniale; mais qu'il ne fut pas donné suite à cette proposition, sur l'observation de M. Portalis, que la possession constante devait faire preuve entière; — D'où il suit qu'on ne peut contester la filiation naturelle, par rapport à sa mère, à l'enfant qui a pour lui la possession constante d'état; — Attendu que tous les actes et faits de la cause établissent, de la manière la plus évidente, que les parties de Me Progher ont été regardées constamment et généralement comme enfants naturels de feu Catherine Petrucci; et que, et pour ce qui concerne Marie-Magdelaine Petrucci, un des appelants, cette qualité est corroborée par son acte de naissance, rédigé sur la déclaration de Pierre Petrucci, son grand-père maternel; — Confirme, etc.

Du 17 déc. 1834.-C. de Bastia.-M. Colonna-d'Istria, 1er pr.

(2) *Espèce* : — (Connay et Levassor C. Bourgeois.) — En 1806, Jeanne Bourgeois, non mariée, accouche d'une fille, qui est présentée à l'état civil par la mère de l'accouchée, et inscrite sous le nom de Marie-Jeanne, fille de Jeanne Bourgeois et de père inconnu : l'un des témoins est Charles Connay, beau-frère de l'accouchée. — La mère de celle-ci se chargea de l'enfant, et, après sa mort, elle fut recueillie par Charles Connay, son oncle naturel. — Depuis, Jeanne Bourgeois décède en état d'imbécillité. Le tuteur de la fille naturelle provoque le partage des biens de sa mère contre les beaux-frères et neveux de celle-ci. — Les défendeurs, sans contester le fait de la filiation de la mineure et son identité avec la fille dont Jeanne Bourgeois est accouchée, soutiennent que cette fille, n'ayant pas été authentiquement et volontairement reconnue par sa mère, n'a tout au plus droit qu'à des aliments, et ne peut exercer les droits qui ne résultent que du fait seul de la reconnaissance; que c'est ce qui résulte des expressions *légalement reconnu* de l'art. 334, expressions qui s'appliquent à la mère comme au père; qu'à la vérité, la maternité peut être recherchée, mais que d'abord cette recherche doit être préalablement faite, et qu'ensuite il ne peut résulter du jugement qui établit la maternité que des droits purement naturels, et non ceux que confère l'art. 756. — On répond, pour la mineure, qu'ici la maternité est constante; que c'est une subtilité de prétendre qu'on doit d'abord ordonner la recherche, et que, dès qu'elle est établie par jugement ou par tout autre acte, elle produit contre la mère les mêmes effets que produirait une reconnaissance volontaire vis-à-vis du père. — Arrêt.

LA COUR; — Considérant que le fait de la maternité de Marie-Jeanne Bourgeois est constant, et par l'acte de naissance de sa fille, et par la déclaration de l'aïeule audit acte, et par la reconnaissance postérieure

tenté l'action en recherche de maternité n'aient pas qualité pour faire cette recherche, ils auraient cependant qualité pour réclamer la succession de la mère naturelle, échue à l'enfant, si celui-ci avait eu la possession d'état d'enfant naturel de cette femme (Bastia, 31 mars 1840, aff. Pinzuti, V. n° 636-4°); mais que, si la possession d'état est contestée, elle ne peut être prouvée par témoins, conformément à l'art. 341, qu'autant qu'il y a commencement de preuve par écrit; qu'elle se confond alors avec la preuve de l'identité (même arrêt).

649. Il a été jugé, en sens contraire: 1° que l'enfant naturel ne peut se présenter à la succession de sa mère qu'autant qu'il a été reconnu par acte authentique ou qu'il se trouve dans l'un des cas où la loi autorise la recherche de la maternité; qu'il ne lui suffirait pas, pour établir sa filiation, d'avoir la possession d'état (Lyon, 31 déc. 1835, aff. Despeisses, V. n° 693);—2° Que la possession d'état ne peut suppléer, dans l'intérêt de la mère de l'enfant naturel, à la reconnaissance formelle exigée par la loi (Bourges, 4 janv. 1839, aff. Chevannes, V. n° 718-2°);—3° Que la filiation naturelle ne peut être établie par la possession d'état, même alors que cette possession d'état est conforme à l'acte de naissance; et spécialement, que la preuve par témoins des faits constitutifs de la possession d'état n'est admissible, à l'appui d'une action en recherche de maternité naturelle, qu'autant qu'il existe un commencement de preuve par écrit (Cass. 17 fév. 1851, aff. Bonin, D. P. 51. 1. 113);— 4° Que l'acte de naissance qui désigne sans sa participation la mère naturelle ne peut, alors même qu'il est accompagné d'une possession d'état conforme, être invoqué par celle-ci comme une preuve de la maternité équivalant à une reconnaissance (Paris, 26 avril 1852, aff. admin. des domaines C. François, D. P. 53. 2. 181).

650. Au reste, les tribunaux, dans les cas où la possession d'état est établie, peuvent déclarer la filiation naturelle constante, sans qu'il soit nécessaire d'ordonner la preuve testimoniale (Rouen, 20 mai 1829, aff. Buzuel, V. n° 619-5°).—Dans l'espèce de cet arrêt, il avait été produit un commencement de preuve par écrit, et la possession d'état était invoquée, non pas comme pouvant à elle seule prouver la maternité, mais comme formant le complément de la preuve commencée par l'écrit produit à l'appui de la réclamation. Ainsi cette décision est en parfaite harmonie avec l'opinion que nous avons exprimée.

651. En admettant que la filiation naturelle puisse être établie par la possession d'état, cette possession d'état n'existe qu'autant que l'enfant a été traité constamment comme tel par celui ou celle dont il prétend être né : un fait isolé ne la constaterait pas (Toulouse, 13 juill. 1846, aff. Arreu, D. P. 48. 2. 83). —Elle ne saurait résulter non plus de quelques faits passés dans l'espace de quelques mois (Bastia, 31 mars 1840, aff. Pinzuti, V. n° 636-4°).

652. L'art. 322 c. nap., qui porte que « nul ne peut réclamer un état contraire à celui que lui donnent son acte de naissance et la possession conforme à ce titre, » et que, « réciproquement, nul ne peut contester l'état de celui qui a une possession conforme à son titre de naissance, » doit-il être appliqué à la filiation naturelle comme à la filiation légitime? — Plusieurs auteurs ont soutenu l'affirmative, en se fondant sur la généralité des termes de l'art. 322, qui ne distingue pas si l'état contre lequel la réclamation est dirigée est un état d'enfant légitime ou un état d'enfant naturel.— V. notamment MM. Proudhon, t. 2, p. 143; Toullier, t. 2, n° 899; Aubry et Rau sur Zachariæ, t. 3, p. 665, note 13.— Décidé, en ce sens, 1° qu'en matière de filiation naturelle, non plus qu'en matière de filiation légitime, on ne peut contester l'état de celui qui a une possession conforme à son acte de naissance (Paris, 10 mai 1851, aff. Lahirigoyen, D. P. 53. 2. 114);— 2° Que l'enfant naturel à qui son acte de naissance attribue un père naturel, qui l'a reconnu dans ce même acte, et une mère inconnue, et qui a une possession d'état conforme à son acte de naissance, n'est pas recevable à réclamer pour mère une femme mariée, et, par suite, la qualité d'enfant du mari de cette dernière (Rouen, 26 juill. 1838, rapporté n° 655, avec Req. 22 janv. 1840, aff. Deschamps); — 3° Que l'enfant naturel dont l'acte de naissance fait connaître le père et la mère n'est pas admis à la recherche d'une autre maternité qu'il attribuerait à une femme mariée, alors que les faits de possession d'état qui le rattachent au père désigné rendent constante la paternité naturelle de ce dernier, et qu'ainsi la maternité réclamée serait adultérine (Bordeaux, 25 mai 1848, aff. Déalbytre, D. P. 48. 2. 170); — 4° Que la disposition d'après laquelle nul ne peut réclamer un état contraire à celui que lui donnent son titre de naissance et la possession conforme à ce titre s'appliquait, dans l'ancienne jurisprudence, aux bâtards et aux adultérins qui avaient une possession conforme à leur titre de naissance (Paris, 11 mars 1826) (1).

---

du conseil de famille, et par la possession d'état de ladite mineure dans la maison maternelle; — Considérant que, suivant le code, la recherche de la maternité étant admise, la preuve de la filiation et la reconnaissance judiciaire qui en résulte ont tous les effets d'une reconnaissance volontaire, et donnent à l'enfant naturel, dans la succession de sa mère, les droits résultant des art. 756, 757 c. civ.; — A mis et met l'appellation au néant; ordonne que ce dont est appel sortira son plein et entier effet.

Du 27 juin 1812.-C. de Paris; aud. sol.

(1) *Espèce :* — (Bucheron C. Bugnot et Soret.) — En 1790, le sieur Jean-Baptiste-Pierre Bugnot épouse à Paris Marie-Jeanne Soret. De ce mariage naissent deux filles, dont l'une existe encore.

Pierre Bugnot, obligé de s'absenter, quitte son domicile au commencement de l'an 6. Lors de son retour, quelques mois après, il découvrit des liaisons coupables formées par sa femme avec un nommé Toussaint Bucheron, perruquier. — La plus violente mésintelligence éclata entre les époux. La dame Bugnot quitta bientôt le domicile conjugal, et se détermina à former une demande en divorce pour cause d'incompatibilité d'humeur. Le fait de sa fuite du domicile du mari résulte d'une procuration qu'elle donna le 25 niv. an 6 (14 janv. 1798) à un sieur Bellart, pour suivre sa demande en divorce. Elle y déclare demeurer rue Cérutti, tandis que le domicile de son mari était indiqué rue Saint-Lazare.

Le 1er mars suivant, les scellés sont apposés, à la requête dudit Bellart, comme mandataire de la dame Bugnot, dans le domicile du mari, et le 6 du même mois, la demande en divorce est formée contre lui.

Cependant, pour éviter le scandale d'une pareille procédure, les époux conviennent de prendre la voie du divorce par consentement mutuel.— Le 19 mess. an 6 (7 juill. 1798), le divorce est prononcé. — La veille de ce même jour, le divorce de Toussaint Bucheron, qui était aussi marié, avait été prononcé. — Libres désormais l'un et l'autre, la dame Soret va se réunir à Bucheron dans sa demeure, rue Pinon, n° 16. C'est là que, le 26 brum. an 7 (16 nov. 1798), elle accouche d'un fils dont la conception se trouve ainsi remonter au 17 fév. 1798, c'est-à-dire à une époque postérieure d'environ un mois à la procuration donnée par elle au sieur Bellart pour former sa demande en divorce, et qui atteste aussi son absence du domicile marital. — L'enfant est présenté, le lendemain 17 novembre, à l'officier de l'état civil; il est inscrit sur le registre des actes de naissance sous le nom de Jacques, fils de Toussaint Bucheron, qui signe au registre, et de Marie-Jeanne Soret, non mariés.

Peu de temps après, Toussaint Bucheron meurt à l'hôpital. La dame Soret elle-même est plongée dans une telle détresse qu'elle est forcée de laisser son enfant à l'hôpital, où il est élevé pendant plusieurs années. Pressée par tous les besoins, elle forme contre le sieur Bugnot une demande pour obtenir une pension alimentaire. — Sur cette demande, transaction entre les parties, qui règle cette pension à 600 fr. On y rappelle la fille issue du mariage des sieur et dame Bugnot; il n'est fait aucune mention de Jacques Bucheron.

Celui-ci se marie en 1822. — Il prend, dans l'acte de mariage, les noms qu'on lui avait donnés dans son acte de naissance. Lui-même déclare se nommer Jacques Bucheron, fils de Toussaint Bucheron et de Marie-Jeanne Soret, non mariés. Il ne demande que le consentement de Marie-Jeanne Soret pour son mariage, le sieur Toussaint son père, est-il dit dans l'acte de mariage, étant prédécédé.—Deux enfants naissent de ce mariage. Le père les fait inscrire sur le registre de l'état civil sous le nom de Bucheron.

En 1822, Bucheron se présente chez le sieur Bugnot, pour lui demander quelques services.—Il sollicite en même temps l'augmentation de la pension de sa mère.— Une correspondance s'établit entre eux. – Toutes ses lettres sont signées du nom de Bucheron. — Les réponses de Bugnot sont adressées au même nom.

Enfin, ce n'est qu'en 1824 que la demoiselle Bugnot, aujourd'hui mariée, ayant refusé de contribuer à la pension alimentaire de la dame Soret sa mère, Bucheron forme contre le sieur Bugnot une demande tendant à la rectification de son acte de naissance. Il conclut à ce qu'en place des énonciations relatives à ses noms et à ceux de ses père et mère, on y substitue celles-ci : Fils de Jean-Baptiste-Pierre Bugnot et de dame Marie-Jeanne Soret, époux actuellement divorcés.

Le sieur Bugnot, de son côté, forme contre Jacques Bucheron une demande reconventionnelle en désaveu, et assigne la dame Soret en déclaration de jugement commun.

Les deux demandes sont jointes; la dame Soret fait défaut.

653. Mais il nous paraît difficile d'admettre cette opinion, du moins dans le système qui refuse à la possession d'état le caractère d'une preuve, complète par elle-même, de la filiation naturelle. Du moment que la possession ne constitue point à elle seule une preuve de la filiation, nous ne voyons pas sur quoi on se fonderait pour prétendre que son concours avec l'acte de naissance ou avec tout autre acte contenant reconnaissance rendrait l'état de l'enfant inattaquable. D'ailleurs l'art. 339, qui porte que toute reconnaissance de la part du père ou de la mère pourra être contestée par tous ceux qui y auront intérêt, est absolu dans ses termes et ne fait aucune exception pour le cas où il y aurait à la fois titre et possession conforme : et cette différence entre la filiation légitime et la filiation naturelle nous paraît pouvoir s'expliquer par des raisons sérieuses. En effet on doit craindre, en cette matière, bien plus qu'en matière de filiation légitime, les mensonges et les fraudes. Il peut arriver, lorsqu'une jeune fille a commis une faute que sa famille veut cacher, lorsqu'une femme mariée accouche, à l'insu de son mari, d'un enfant dont il n'est pas le père, qu'une autre femme consente, à prix d'argent, à se charger de cette maternité fictive. Il peut arriver même que le complice d'une femme mariée qui s'est rendue coupable d'adultère reconnaisse l'enfant issu de ce crime, et prive ainsi cet enfant, qui n'eût pu être désavoué, de la légitimité à laquelle il avait droit. Or dans ces divers cas suffira-t-il que le titre mensonger ou illégal soit soutenu de la possession d'état pour que l'enfant ne puisse réclamer son état véritable? Peut-on supposer que le législateur ait entendu autoriser de telles fraudes? Il nous semble que poser une telle question c'est la résoudre. Ce qu'il y a d'étrange, c'est que l'opinion que nous combattons ait été adoptée par des auteurs qui ont soutenu que la possession d'état ne formait preuve complète de la filiation ni à l'égard du père ni à l'égard de la mère, et qu'au contraire celle que nous adoptons soit celle de M. Demolombe (t. 5, nº 481), qui, comme nous l'avons vu, attribue à la possession d'état, en matière de filiation naturelle, la même force probante qu'elle a en matière de filiation légitime (V. aussi M. Duranton, t. 3, nº 133). — Il a été jugé, en ce sens : 1º que l'art. 322 c. nap., aux termes duquel nul ne peut réclamer un état contraire à celui que lui donnent son titre de naissance et la possession conforme à ce titre, ne s'applique pas au cas où l'acte de naissance établit une filiation naturelle (Req. 13 fév. 1839 (2); Req. 22 janv. 1840, aff. Delair, nº 6'5; V. aussi, dans ses motifs, Bordeaux, 23 mai 1848,

---

tout, jugement du tribunal de première instance de la Seine, en date du 29 juin 1825, ainsi conçu :—« Attendu que l'acte de naissance de Jacques est antérieur à la promulgation du code civil, et que sa demande ne peut être jugée d'après les dispositions de ce code ;—Attendu que le divorce entre Bugnot et Marie-Jeanne Soret a été prononcé le 7 juillet 1798; que la naissance de Jacques a été portée sur le registre de l'état civil le 17 novembre suivant, et qu'il y est présenté comme né de Toussaint Bucheron et de Marie-Jeanne Soret; que tout prouve que Bugnot n'a pas eu connaissance de la grossesse et de l'accouchement de Marie-Jeanne Soret; qu'il résulte d'une procuration donnée par la femme Soret à Bellart, le 14 janv. 1798, pour poursuivre son divorce, et d'une apposition de scellés, faite à la requête dudit Bellart, au domicile de Bugnot, le 1er mars suivant, qu'à l'époque de la conception de Jacques, les époux Bugnot étaient séparés de fait, et se trouvaient dans un état d'hostilité qui ne permet pas de supposer qu'il y ait eu rapprochement; que, dans la transaction intervenue, en 1805, entre Bugnot et la femme Soret, il est fait mention de la demoiselle Bugnot, fille commune des deux parties, et que Jacques n'y est aucunement nommé ;—Attendu que Jacques, qui a été présenté à l'état civil comme fils de Bucheron et de Marie-Jeanne Soret, a toujours eu une possession conforme à son titre; qu'il a été élevé sous ce nom; qu'il s'est marié comme fils de Bucheron; qu'il n'a demandé que le consentement de Marie-Jeanne Soret, Bucheron étant décédé à cette époque; qu'il a présenté lui-même ses enfants à l'état civil sous le nom de Bucheron ; que, quoiqu'il sût que Bugnot avait été le mari de sa mère, toutes ses relations avec ledit Bugnot n'ont eu lieu que sous son nom de Bucheron, totalement étranger audit Bugnot; —Attendu que la femme Soret n'a jamais imputé à Bugnot la paternité de Jacques; que même elle ne se présente pas pour appuyer la prétention de son fils; que toutes ces circonstances réunies dans la cause rendent Jacques non recevable à invoquer la présomption établie par la loi en faveur de l'enfant conçu pendant le mariage.— Le tribunal déclare Jacques non recevable en sa demande, et le condamne aux dépens; sur le surplus des demandes, fins et conclusions des parties, les met hors de cause. »

Appel de la part de Jacques Bucheron, en ce que ce jugement lui refuse la qualité de fils légitime des sieur et dame Bugnot.

Appel incident de la part de Bugnot, en ce que la dernière partie du jugement, mettant les parties hors de cause, écarte par là sa demande subsidiaire en désaveu.

Dénonciation des deux appels à la dame Soret pour faire déclarer commun avec elle l'arrêt à intervenir.—C'est dans cet état que la cause est portée à l'audience solennelle de la cour. — La dame Soret fait défaut.—Arrêt.

LA COUR ;— Considérant que la réclamation de Jacques Bucheron est contraire à son acte de naissance, dans lequel il est inscrit comme fils de Toussaint Bucheron et de Marie-Jeanne Soret, non mariés, et à la possession d'état conforme à ce titre, et qu'il n'existe, dans la cause, aucun indice qui puisse autoriser Jacques Bucheron à réclamer un autre état ;—A mis et met l'appellation au néant; —Ordonne que ce dont est appel sortira son plein et entier effet ;—Condamne l'appelant en l'amende et aux dépens, etc.

Du 11 mars 1826.-C. de Paris, 1re et 3e ch. réun.-MM. Séguier, 1er pr.-De Peyronnet, av. gén., c. conf.-Plougoulm et Mauguin, av.

(1) *Espèce :* —(Tronquoy et cons. C. Dutiers.)— Le 31 déc. 1808, Emilie Lorrando, femme Tronquoy, mère de trois enfants, accouche d'un garçon à Bordeaux. Son mari, employé des droits réunis, résidait alors à Saint-Estèphe : elle lui annonça que son enfant, né au milieu de grandes douleurs, était mort; mais il paraît que cet enfant fut déposé le 1er janv. 1809 à l'hospice des Enfants-Trouvés, où on lui donna le nom de Louis Dutiers. Il fut inscrit à l'état civil comme né de père et mère inconnus. — Puis, par acte notarié du 1er janv. 1809, un sieur Labens déclara le reconnaître comme étant né de lui et d'une personne qu'il ne pouvait nommer; il le réclama de l'hospice, qui le lui remit. — Le 22 déc. 1809, le sieur Tronquoy obtint son divorce contre sa femme. — Celle-ci se retira chez son père. Le jeune Louis Dutiers y résida avec elle jusqu'au décès de cette dame. — Alors il fut recueilli par le sieur Labens qui lui fit faire ses études et le garda auprès de lui.

Depuis, Louis Dutiers a demandé contre Tronquoy et ses enfants à être déclaré né du mariage qui avait existé entre lui et Emilie Lorrando; il a prétendu que son état avait été supprimé et que la reconnaissance du sieur Labens était nulle et non avenue; qu'au reste, la grossesse de la dame Tronquoy avait été connue de son mari.

Le sieur Tronquoy et ses enfants ont d'abord dénié la grossesse de la dame Tronquoy et l'accouchement qui l'aurait suivie; puis, reconnaissant plus tard le fait de l'accouchement comme certain, ils ont combattu la légitimité prétendue de Louis Dutiers, en soutenant que les documents par lui produits démontraient eux-mêmes qu'il était le fruit des coupables relations de la dame Tronquoy avec le sieur Labens; qu'il avait été reconnu par ce dernier comme son fils naturel; qu'il avait une possession d'état conforme à cette reconnaissance, et que, dès lors, il était non recevable à en réclamer une autre.

7 avril 1837, jugement qui, rejetant cette fin de non-recevoir, ordonne, avant faire droit, que le sieur Louis Dutiers prouvera par témoins les faits nombreux par lui articulés et qui tendaient à établir, en résumé, que la dame Tronquoy serait accouchée le 31 déc. 1808; que l'enfant aurait été transporté à l'hospice par les soins du sieur Labens; que ce même enfant aurait été reconnu trois mois plus tard par ledit Labens; que celui-ci l'avait fait élever, et qu'il était resté sous sa dépendance jusqu'au moment où, ayant eu connaissance de son véritable état, il avait intenté son action; réservant toutefois au sieur Tronquoy, pour le cas où la maternité et l'identité invoquées par Louis Dutiers seraient établies, de prouver, par tous les moyens qu'il jugerait convenables, qu'il n'était pas le père de l'enfant né de son épouse.

Sur l'appel interjeté par toutes les parties, la cour de Bordeaux a rendu, le 12 fév. 1838, un arrêt par lequel : — « Attendu, quant à la fin de non-recevoir puisée dans l'acte de reconnaissance de Labens, du 5 mars 1809 et dans l'art. 322 c. civ., portant que nul ne peut réclamer un état contraire à celui que lui donnent son titre de naissance et la possession conforme à ce titre : qu'en admettant que cet article, compris dans le chap. 2, tit. 7, liv. 1, c. civ., relatif aux preuves de la filiation des enfants légitimes, puisse s'appliquer aux enfants naturels, qui sont spécialement régis par le chap. 3, il faut toujours reconnaître que cet article exige le concours de deux circonstances : un titre de naissance et la possession conforme à ce titre ; que le titre de naissance n'est autre que l'acte de naissance inscrit sur le registre de l'état civil; — Attendu que, dans l'espèce, Louis-Edouard n'a point de titre de naissance qui lui donne un état, conformément à l'art. 322, puisqu'il a été inscrit comme fils de père et mère inconnus, c'est-à-dire sans désignation de père ni de mère ;

» Attendu que la reconnaissance n'établit qu'une présomption à l'égard du père qui l'a faite, mais qu'elle n'est pas une preuve incontestable à l'égard de l'enfant naturel qui en est l'objet; que l'art. 339 donne à toute partie intéressée, et par conséquent à l'enfant naturel reconnu, la faculté de contester la reconnaissance; que, dès lors, Louis-Edouard, qualifié de Louis Labens par cet acte, est recevable à le contester; qu'il est certain qu'il n'a pas de titre de naissance; que, dès

aff. Déalbytre, D. P. 48. 2. 169);— 2° Qu'ainsi l'enfant, inscrit d'abord comme né de père et mère inconnus, mais reconnu ensuite par un individu qui l'a élevé comme son enfant naturel, est recevable, nonobstant cette reconnaissance, à rechercher la maternité d'une femme mariée, lorsque pour lui le but de cette recherche est d'établir qu'il est enfant légitime du mariage, en vertu de la présomption légale qui fait réputer le mari père de l'enfant qui est né de sa femme (même arrêt 13 fév. 1839).

654. Au surplus, lors même que nous admettrions que l'art. 322 est applicable à la filiation naturelle, ce ne serait pas précisément le concours de la possession d'état avec l'acte de naissance qui, à notre avis, rendrait l'état de l'enfant inattaquable, ce serait le concours de la possession d'état avec la reconnaissance, soit qu'elle eût été faite dans l'acte de naissance, soit qu'elle l'eût été par acte postérieur. En effet, c'est cette reconnaissance qui seule forme le titre de l'enfant naturel. Si donc l'acte de naissance, dressé sur la déclaration d'un tiers à qui le père n'aurait pas donné mandat de faire la reconnaissance en son nom, désignait cependant ce dernier, nous ne pensons pas que, même dans le système que nous combattons, on pût voir dans cet acte de naissance un titre dont le concours avec la possession d'état rendrait l'état de l'enfant inattaquable. Il en est de même de l'indication de la mère qui aurait été faite, sans mandat, par une tierce personne. Nous croyons même qu'il en devrait être ainsi dans le cas où l'indication de la mère aurait été faite par le père. Alors, en effet, l'acte de naissance ne forme pas par lui-même un titre suffisant, il a besoin d'être complété par l'aveu exprès ou tacite de la mère. et la possession d'état forme précisément ce complément dont l'acte de naissance a besoin pour former un titre. Dans ce cas donc, il n'y a pas concours de deux preuves, il n'y en a qu'une seule composée de deux éléments distincts.

Il a été jugé, en ce sens, que la possession d'état d'un enfant naturel ne suffit pas pour établir la filiation à l'égard de la mère... bien qu'elle soit conforme à l'acte de naissance dans lequel celle-ci a été indiquée par le père comme mère de l'enfant (Bourges, 2 mai 1837, aff. Alaphilippe, V. n° 626). — Toutefois cette doctrine a été contestée. Ainsi il a été jugé que, en admettant que l'art. 322 puisse être appliqué aux enfants naturels, cet article exigeant le concours d'un titre de naissance avec la possession conforme, on doit en conclure que l'enfant naturel inscrit à l'état civil comme né de père et mère inconnus, mais qui, le lendemain même de sa naissance, a été reconnu par un père naturel, et qui depuis a eu une possession d'état conforme à cet acte, peut néanmoins réclamer pour mère une femme mariée et, par suite, la qualité d'enfant du mari (Bordeaux,

---

lors, on ne peut se prévaloir contre lui de l'art. 322 c. civ., et qu'il est fondé au contraire à invoquer les dispositions de l'art. 339; — Attendu que l'art. 342 c. civ. ne peut être appliqué qu'à l'enfant qui tend à prouver une maternité adultérine ou incestueuse; que, dans l'espèce, l'action intentée par Louis-Edouard a pour objet de le faire déclarer fils légitime comme né du mariage d'Emilie Lorrando et du sieur Tronquoy; que, pour justifier cette action, il n'est pas nécessaire qu'il fasse prononcer préalablement la nullité de la reconnaissance du 5 mars 1809; —Qu'il lui suffit de démontrer sa filiation comme enfant légitime du mariage des sieur et dame Tronquoy, pour faire renverser une reconnaissance contraire à son véritable état; — Attendu que, devant les premiers juges, les faits les plus importants de la cause, et spécialement la maternité de la dame Tronquoy, n'étaient pas suffisamment prouvés; que, dans cette hypothèse, ils ont pu ordonner la preuve des faits articulés;—Attendu que les documents produits devant la cour, et notamment les lettres d'Emilie Lorrando et du sieur Tronquoy ne laissent aucun doute ni sur la grossesse ni sur l'accouchement de la dame Tronquoy; qu'il est constant qu'elle est accouchée à Bordeaux, dans la nuit du 31 déc. 1808 au 1er janv. 1809; que cet enfant fut déposé à l'hospice des Enfants-Trouvés à Bordeaux, le 1er janv. 1809; qu'il y reçut le nom de Louis Dutiers; qu'il a été inscrit, sous le même nom, sur le registre des actes de naissance, qui ne contient aucune indication du père et de la mère de cet enfant; que ce même enfant a été reconnu par Pierre-Louis Labens, le 5 mars 1809, lequel a été autorisé à le retirer des hospices le 20 mars de la même année; — Attendu que l'identité de cet enfant avec Louis-Edouard, partie au procès, résulte d'un ensemble de faits qui remontent à sa naissance et le signalent jusqu'au moment où il a intenté son action;

» Attendu que la maternité étant prouvée et même reconnue par le sieur Tronquoy et ses enfants, ils n'en sont pas moins admissibles à prouver la non-paternité; — Attendu qu'aux termes de l'art. 325 c. civ., cette preuve peut être faite par tous les moyens propres à établir que, la maternité prouvée, le réclamant n'est pas le fils du mari de la mère; — Attendu que l'enfant qui prouve la maternité, et qu'il est né dans le mariage, a en sa faveur la présomption légale, et prouve, par cela même, sa légitimité; — Attendu que c'est à ceux qui la contestent à venir avec la preuve évidente de la non-paternité qu'ils allèguent; — Attendu que si, dans l'ancien droit, la loi exigeait une impossibilité physique au rapprochement des deux époux, aux termes de l'art. 325 c. civ., il suffit aujourd'hui d'une impossibilité morale; — Attendu qu'il s'agit alors d'examiner, en fait, si cette impossibilité a existé à l'époque de la conception de Louis-Edouard; que, sous ce rapport, il faut reconnaître que l'absence de faits précis fait naître, dans la conscience du magistrat, des scrupules qui le troublent et ne lui permettent pas de percer un mystère qui échappe à sa sagacité; que s'il paraît résulter des lettres produites au procès, et qui ont été écrites par les époux Tronquoy, aux mois d'octobre, de novembre, de décembre 1808 et de janvier 1809, des doutes sur la légitimité de Louis-Edouard, ces lettres néanmoins ne sont pas positives sur ce fait; qu'il est à remarquer que ces lettres, très-rapprochées de l'époque de la délivrance de la dame Tronquoy, ne font pas connaître la situation des époux, ni leurs relations à l'époque de la conception de l'enfant; qu'il ne peut suffire des doutes du mari ou de la déclaration de la mère pour enlever à un enfant, né dans le mariage, la présomption de légitimité que la loi lui accorde, par ce seul fait que la maternité est reconnue; que, dans ce cas, il faut une preuve morale de la non-paternité, et que, dans le procès actuel, cette preuve n'est pas faite par le sieur Tronquoy et ses enfants; — Faisant droit de l'appel interjeté par Louis-Edouard, surnommé Dutiers; émendant, déclare que Louis-Edouard Dutiers est identiquement le même que l'enfant dont Emilie Lorrando, épouse Tronquoy, est accouchée à Bordeaux dans la nuit du 31 déc. 1808 au 1er janv. 1809; supprime comme erronées les énonciations contenues sur les registres de l'hospice des Enfants-Trouvés de Bordeaux, à la date du 1er janv. 1809, et les énonciations reproduites le 7 du même mois, sur les registres des actes de l'état civil de Bordeaux, en ce qu'elles attribuent audit enfant le nom de Louis Dutiers; et, sans avoir égard à la reconnaissance faite par Labens, devant Romegous, notaire à Bordeaux, à la date du 5 mars 1809, laquelle est déclarée nulle et non avenue, déclare Louis-Edouard fils légitime d'Emilie Lorrando et de Pierre Tronquoy-Lalande, etc. »

Pourvoi du sieur Tronquoy père et de ses enfants pour : 1° (moyen rejeté en fait);.... — 2° Violation des art. 322, 334, et fausse application de l'art. 339 c. civ., en ce que l'arrêt attaqué a refusé de déclarer Louis Dutiers, qui avait été reconnu comme enfant naturel du sieur Labens, non recevable, d'après l'art. 322, à réclamer un état (d'enfant légitime des époux Tronquoy) contraire à son titre de naissance, c'est-à-dire à la reconnaissance du sieur Labens, laquelle, d'après les art. 334 et 62 combinés c. civ., ne formait qu'un seul tout avec l'acte de naissance et constituait avec lui le titre dont parle l'art. 322, de même qu'on devrait considérer comme titre de naissance dans le même sens le jugement qu'obtiendrait un enfant inscrit comme né de père et mère inconnus, et qui déclarerait qu'il est le fils d'une femme avec laquelle il prouverait des relations constantes de mère et de fils;

3° Violation des art. 335 et 342 c. civ., en ce que l'arrêt attaqué aurait dû déclarer Louis Dutiers non recevable à prouver qu'il avait pour mère la dame Tronquoy, parce que, en présence de la reconnaissance faite par le sieur Labens, cette recherche de maternité devait amener la preuve de l'adultère de la mère; — Violation de l'art. 325 c. civ., en ce que la cour royale ne pouvait refuser aux demandeurs la faculté d'établir, par tous les moyens en leur pouvoir, que Louis Tronquoy, quoique reconnu l'enfant de la dame Tronquoy, n'était pas cependant le fils du sieur Tronquoy. —Arrêt.

La cour; — ....Sur le deuxième moyen tiré d'une prétendue violation de l'art. 322 c. civ. : — Attendu que cet article, inscrit au chapitre des preuves de la filiation des enfants légitimes, ne peut pas s'appliquer à la filiation des enfants naturels;

Sur le troisième moyen divisé en deux branches et tiré de la violation des art. 335, 342 et 325 c. civ.; — Attendu, quant aux art. 335 et 342, que le défendeur éventuel, bien loin de demander à être reconnu pour enfant adultérin de la dame Tronquoy, demandait, au contraire, à être déclaré le fruit du mariage des sieurs et dame Tronquoy, et que c'était, par conséquent, la légitimité qui était le but de sa demande;

Attendu, enfin, quant à l'art. 325, que l'arrêt attaqué, bien loin d'en avoir méconnu les dispositions, s'y est au contraire littéralement conformé, puisqu'il a jugé que, quoique la maternité de la dame Tronquoy fût établie par les preuves les plus évidentes, les demandeurs étaient admissibles à prouver que le sieur Tronquoy n'était pas le père du défendeur éventuel, et que ce n'est qu'en appréciant les preuves rapportées et après avoir trouvé qu'elles étaient insuffisantes quant à ce, que la présomption de paternité tirée de l'art. 312 a été admise; — Rejette.

Du 13 fév. 1839.-C. C., ch. req.-MM. Zangiacomi, pr.-Joubert, rap.-Hébert, av. gén., c. conf.-Dupont-White, av.

12 fév. 1838, rapporté *suprà*, n° 653, avec Req. 13 fév. 1839, aff. Tronquoy).

655. Au surplus, tout en repoussant, en droit, l'application de l'art. 322 aux enfants naturels, nous ne faisons nulle difficulté de reconnaître qu'en fait la réunion de la possession d'état avec le titre rendra difficilement admissible toute contestation qui, soit de la part de l'enfant, soit de la part des tiers, tendrait à changer l'état qui se trouve ainsi établi. — C'est ce qui nous paraît résulter d'un arrêt qui a jugé que l'état de l'enfant naturel est fixé par la reconnaissance faite dans l'acte de naissance, reconnaissance qui acquiert plus de force si la possession d'état de l'enfant naturel reconnu y est conforme; et que, *si cette reconnaissance peut être contestée par tous ceux qui y ont intérêt*, c'est aux juges qu'il appartient d'apprécier la nature de cette contestation et de décider, en fait, si elle est bien ou mal fondée (Req. 22 janv. 1840) (2).

---

(1) *Espèce* :—(Deschamps C. Delair.)—La dame Deschamps, mère de plusieurs enfants, avait quitté son mari établi à Louviers, et était venue demeurer à Paris dans le domicile du sieur Grosourdy de Saint-Martin. Les 12 mai 1814 et 9 déc. 1816, deux filles sont inscrites à l'état civil, l'une, Marie-Charlotte, comme fille naturelle de Grosourdy de Saint-Pierre, et de Victoire Renaud; l'autre, Estelle, comme fille naturelle de Grosourdy de Saint-Pierre, et d'une mère inconnue. — Ces filles ont été élevées par la dame Deschamps et le sieur Grosourdy, lequel les a toujours reconnues pour ses enfants, les a recommandées en mourant à sa mère et à la dame Deschamps. Depuis elles ont été mariées comme filles de Grosourdy et dotées de 110,000 fr. chacune sans désignation de l'auteur de ces libéralités. Estelle a épousé le sieur Delair. — Le 14 juin 1836, la dame Deschamps est décédée à Paris, laissant une grande fortune. Deux jours après, son mari, déjà affaibli par l'âge, a reconnu la dame Delair pour sa fille légitime, déclarant qu'elle a été inscrite à tort comme née de Grosourdy, et que sa naissance lui a été cachée. —Alors, la dame Delair a demandé la rectification de son acte de naissance, et a prétendu avoir part, comme enfant légitime, dans la succession de la dame Deschamps.—Opposition à cette prétention par les enfants Deschamps.

4 avril 1838, jugement du tribunal de Louviers qui, prenant en considération la déclaration du sieur Deschamps et faisant application de la maxime *is pater est*..., déclare la dame Delair fille légitime des époux Deschamps. — Appel des enfants Deschamps. On a soutenu pour eux que la dame Delair, ayant un titre de naissance et une possession conforme à ce titre, était non recevable à réclamer un état contraire à celui que ce titre et cette possession lui attribuaient (art. 322).

Le 26 juill. 1838, la cour de Rouen rendit un arrêt par lequel elle déclarait les époux Delair non recevables, et, en tant que de besoin, mal fondés à faire reconnaître Estelle, femme Delair, fille légitime des époux Deschamps. Cet arrêt était ainsi motivé : — « Attendu que le débat entre les parties ne s'élève pas sur une question de paternité, qui se tranche par les art. 312 et suiv. En effet, il ne s'agit point ici de désaveu : loin de là, le père putatif que veut se donner indirectement la dame Delair, la réclame comme son propre enfant; munie de la reconnaissance de paternité du sieur Deschamps, elle se présente, quoique née hors mariage, à la succession de la dame Deschamps, pour y avoir part comme fille légitime; c'est donc une question de légitimité qu'il faut commencer par résoudre; dès lors, la contestation n'est plus resserrée dans le cadre étroit des art. 312 à 318 c. civ.; le cercle s'agrandit : tous ceux qui ont un intérêt fondé, et en première ligne les enfants du mariage, y sont appelés, et sont recevables à combattre les prétentions de la dame Delair et la déclaration du sieur Deschamps (c. civ., art. 325 à 329);— Attendu, au fond, que, suivant l'acte de naissance du 9 déc. 1816, Estelle, femme Delair, est née fille naturelle de Armand Grosourdy de Saint-Pierre et d'une mère inconnue; les mêmes noms lui sont donnés dans son acte de baptême. — Ces actes sont confirmés dans les termes les plus énergiques par le chevalier de Saint-Pierre, en son testament authentique du 11 juin 1820. Il a donné à Estelle et à une seconde fille naturelle, Marie-Charlotte, qui a eu la discrétion de ne point intervenir au procès, les marques les plus notables et les plus constantes de sa tendresse paternelle; il les a comblées de bontés et de soins prévoyants. C'est à sa prière que son amie, la dame Deschamps, chez laquelle il demeurait à Paris, a bien voulu recevoir dans sa maison les deux filles naturelles du chevalier de Saint-Pierre, et prendre soin de leur éducation et de leur établissement, il a porté sa sollicitude jusqu'à les recommander, par son testament, comme ses propres enfants, à la marquise de Saint-Pierre, sa mère, à qui elles ont été présentées à son château de Fel par la dame Deschamps;—Attendu que la dame Deschamps, qui portait à ces deux enfants le plus touchant intérêt, les appelait souvent par amitié ses filles, et ses enfants leurs sœurs; mais, dans tous les actes écrits, la dame Delair n'a jamais stipulé ni signé que les noms d'Estelle de Saint-Pierre, qu'elle a portés sans interruption pendant vingt ans; c'est sous ces noms qu'elle a contracté mariage avec le sieur Delair, de l'avis d'un conseil de famille, dans la délibération duquel ils sont encore inscrits; ils se retrouvent jusque dans l'acte de baptême de l'enfant premier né de ce mariage, comme dans tous les actes qui ont précédé et suivi sa célébration, notamment dans un contrat d'acquisition que les époux Delair ont fait conjointement depuis leur union; il est évident que, d'après la concordance de tant d'actes privés et publics, il y a dans la cause titre et possession d'état conforme, qui confèrent incontestablement à Estelle, femme Delair la qualité de fille du chevalier Grosourdy de Saint-Pierre;—Attendu que la déclaration du 16 juin 1836 ne peut balancer le poids des actes graves et concordants qui proclament la paternité du sieur de Saint-Pierre, plus que les faits allégués par les intimés ne peuvent altérer la possession d'état publique et constante qui les confirme; — Attendu qu'il suffit, pour apprécier la déclaration du 16 juin 1836, de considérer qu'elle porte en soi le germe de sa destruction, comme contenant l'aveu du mari que la naissance de l'enfant lui aurait été cachée par sa femme, et faite deux jours après la dissolution du mariage, arrivée par le décès de la dame Deschamps, à la date du 14 juin; que jusque-là, d'ailleurs, il n'avait pris aucune part à l'éducation, à l'état social et au mariage d'Estelle, avec laquelle il n'avait eu aucun rapport; que ce n'est qu'au jour de l'agonie de madame Deschamps à Rebelle, que les époux Delair, de concert avec quelques affidés, voyant une riche succession près de s'ouvrir, et animés de l'envie d'y prendre part, sont accourus à Louviers, ont présenté Estelle au vieux Deschamps, l'ont entraîné à Paris et ont arraché à ce vieillard plus décrépit par les mauvaises passions que par l'âge, cette artificieuse déclaration du 16 juin, œuvre manifeste de collusion, de fraude et de cupidité; —Attendu que, si on porte maintenant son attention sur les faits allégués par les époux Delair, et les conséquences qui en dérivent, il n'en est aux yeux des moins clairvoyants, presque pas un qui, en attribuant à la dame Deschamps, à l'aide de présomptions, la maternité d'Estelle, ne prouvât en même temps son adultérinité;—Attendu que le plus saillant de ces faits est certes celui par lequel, après avoir reçu dans sa maison, élevé et entretenu Estelle, comme son autre sœur naturelle, Marie-Charlotte, la dame Deschamps aurait marié cette Estelle au sieur Delair, avec une dot de 110,000 fr., sans désignation de l'auteur de ce don. Mais l'a-t-elle conduite à l'autel comme née de son union avec Deschamps? nullement : elle l'a mariée conformément à son acte de naissance, comme fille naturelle du chevalier de Saint-Pierre; Delair l'a acceptée pour épouse à ce titre; la dame Deschamps, la famille représentée par un tuteur *ad hoc*, les époux Delair ont donc librement et solennellement ratifié et sanctionné la paternité du sieur de Saint-Pierre, consignée dans les registres de l'état civil. S'ils eussent eu la pensée qu'elle appartenait au sieur Deschamps, il eût été bien plus simple de s'adresser à lui que de se donner l'embarras de la formation d'un conseil représentant la famille, et du choix d'un tuteur spécial; les époux Delair veulent-ils, à présent, tirer des faits de l'éducation et du mariage d'Estelle par la dame Deschamps la conséquence de sa maternité? Alors, et des mêmes faits, sortirait cette autre conséquence nécessaire qu'Estelle serait née d'un commerce adultérin de la dame Deschamps avec le chevalier Grosourdy de Saint-Pierre, et ce serait une fille qui, ne rougissant point de s'attribuer une telle origine, serait admise à couvrir ainsi sa mère de l'odieux manteau de femme adultère! La loi, la morale publique, l'honneur des familles, ne permettent point aux enfants de remuer les cendres de leurs parents pour flétrir aussi inconsidérément leur mémoire; — Attendu que l'acte de naissance d'Estelle, qui relate si positivement les noms et qualités de son père naturel, dit qu'elle est née d'une mère inconnue; mais l'omission du nom de la mère ne porte point atteinte à la révélation du père; malgré cette omission, elle conserve son effet d'après l'art. 336 c. civ.; en cet état, il ne reste donc plus qu'à faire la recherche de la maternité que l'art. 341 autorise; — Mais il ne la permet qu'à la condition que cette recherche n'imprimera pas sur le front de la mère le sceau de la honte et du déshonneur; c'est ce que l'art. 342, combiné avec l'art. 335 c. civ., décide nettement en disant que la recherche de la maternité n'est pas admissible dans le cas où il en résulterait que l'enfant serait né d'un commerce incestueux ou adultérin; — Or comme l'action des époux Delair, si elle était admise, ne pourrait, d'après les actes du procès, avoir d'autre résultat que de faire proclamer femme adultère la femme Deschamps, dont la dame Delair se dit la fille, il est du devoir des magistrats, gardiens de l'honneur et de la paix des familles, de s'empresser d'appliquer à cette action impie le texte de la loi qui la proscrit;... »

Pourvoi des époux Delair, pour fausse application et violation des art. 322, 339 et 323, et fausse application des art. 312, 325, 335, 336 et 342 c. civ., en ce que l'arrêt attaqué, d'une part, a déclaré, par application de l'art. 322, que l'enfant qui a été reconnu comme enfant naturel dans son acte de naissance et qui a une possession d'état conforme à cet acte, n'est pas recevable à réclamer l'état d'enfant légitime, et, d'autre part, a décidé, par application de l'art. 342, que la réclamation de la dame Delair tendant à se faire reconnaître fille de la dame Deschamps devait être rejetée comme ayant pour résultat la preuve d'une maternité adultérine. — Arrêt — (après un délibéré de deux aud.).

656. La demande subsidiaire de la preuve de la perte des registres avant de prononcer sur celle des faits de possession d'état allégués par l'enfant naturel ne peut, d'après les art. 334 et 340 c. nap., être admise, surtout lorsqu'il n'est point articulé que, dans les registres perdus, il existait un acte de naissance contenant, de la part du père, reconnaissance de la filiation réclamée (Cass. 13 mars 1827, aff. Florentin, V. *suprà*, n° 558).

Sect. 3. — *Effets de la filiation naturelle.*

657. La filiation naturelle a sans doute des effets moins étendus que la filiation légitime; le législateur devait, pour l'honneur du mariage, maintenir la distinction que les lois et les mœurs de presque toutes les nations civilisées ont de tout temps établie entre les enfants légitimes et les fruits d'un commerce illicite; toutefois cette filiation, quelque inférieure qu'elle soit, produit encore des effets importants, que nous devons, sinon développer ici, du moins indiquer d'une manière générale.

658. Disons d'abord qu'en vertu du grand principe de l'égalité, qui forme l'une des bases de notre ordre social, l'enfant naturel, reconnu ou non reconnu, jouit des mêmes droits politiques ou civils que les enfants légitimes; qu'ainsi il est, comme ces derniers, capable d'exercer toutes les fonctions publiques; que, comme eux, il transmet sa succession à ses descendants et leur succède dans les mêmes cas et suivant les mêmes règles; qu'il est enfin, du moins en thèse générale, et abstraction faite des rapports juridiques qui existent entre lui et ses père et mère, capable de contracter, de donner ou de recevoir, soit à titre onéreux, soit à titre gratuit.

659. C'est seulement en ce qui touche les relations avec ceux dont il a reçu le jour, et avec leurs parents ou alliés, que la position de l'enfant naturel diffère de la position des enfants légitimes, et est inférieure à celle-ci. Et d'abord il est, en règle générale, étranger à la famille de son père et de sa mère : entre elle et lui il n'existe pas de lien légal, pas de relations de droits et de devoirs. Nous verrons plus tard si cette règle générale ne comporte aucune exception. Mais il en est autrement du père et de la mère eux-mêmes, lors toutefois qu'il en a été reconnu. Nous allons voir quelle est l'étendue des effets qui, dans cet ordre d'idées, résultent de la filiation naturelle.

660. L'enfant naturel porte le *nom* de celui de ses auteurs qui l'a reconnu, que ce soit le père ou la mère. Lorsqu'il a été reconnu par tous deux, il porte le nom de son père (V. en ce sens v° Nom, n° 14, et MM. Toullier, t. 2, p. 973; Proudhon, t. 2, p. 105; Zachariæ, éd. Massé et Vergé, t. 1, p. 336; Rolland de Villargues, n°s 286 à 289).— Il a été décidé à cet égard que la reconnaissance d'un enfant naturel par une personne autre que celle désignée comme sa mère, dans son acte de naissance, peut, sans un jugement, lui conférer, relativement à cette personne, les droits d'enfant naturel légalement reconnu et notamment celui de porter son nom; que, spécialement, il peut être appelé à exercer sous ce dernier nom les fonctions de notaire (ord. roy. 27 mai 1836) (1).

661. Il a été jugé qu'un enfant naturel ne peut porter les

La cour; — Sur la première partie du moyen : — Attendu, en droit, que du rapprochement des art. 158, 334, 339, 326, 756 et suiv., 342 et 335 c. civ., il résulte que les enfants naturels légalement reconnus ont un état; — Que cet état, quoique essentiellement différent de celui des enfants légitimes et régi par d'autres lois, confère néanmoins des droits à exercer et impose des devoirs à remplir; — Que cet état est fixé par la reconnaissance faite dans l'acte de naissance, reconnaissance qui acquiert plus de force si la possession d'état de l'enfant naturel reconnu y est conforme; — Qu'enfin, si cette reconnaissance peut être contestée par tous ceux qui y ont intérêt, c'est aux juges qu'il appartient d'apprécier la nature de cette contestation, et de décider si elle est bien ou mal fondée;

Attendu qu'il est constaté par l'arrêt attaqué et reconnu en fait, 1° que par son acte de naissance, la dame Delair a été reconnue par le sieur de Grosourdy de Saint-Pierre comme sa fille naturelle et d'une mère inconnue; 2° que la possession d'état de la dame Delair, fondée sur les trois principaux éléments qui la forment, *nomen, tractatus, fama*, a toujours été parfaitement conforme à son acte de naissance; 3° que rien n'a été allégué par les sieurs et dame Delair qui pût porter atteinte, soit à la reconnaissance faite par le père naturel dans l'acte de naissance, soit à la possession d'état conforme à cet acte; — En effet, l'arrêt attaqué constate que les mêmes noms et qualités ont été donnés à Estelle dans son acte de baptême; — Que, dans tous les écrits, elle n'a jamais stipulé ni signé que du nom d'Estelle de Saint-Pierre; — Qu'elle a contracté mariage sous ces noms et qualités avec le sieur Delair, de l'avis du conseil de famille dans la délibération duquel ils sont inscrits; — Qu'elle a été mariée comme fille naturelle du sieur de Grosourdy de Saint-Pierre par la dame Deschamps, à laquelle il l'avait recommandée; — Que ces noms se retrouvent dans l'acte de naissance de l'enfant premier né de ce mariage, comme dans tous les actes qui ont précédé et suivi sa célébration, et notamment dans un contrat d'acquisition faite conjointement par les sieur et dame Delair; — L'arrêt attaqué déclare, en outre, que Grosourdy de Saint-Pierre a donné à la dame Delair les témoignages les plus notables, les plus constants de sa tendresse paternelle, qu'il l'a comblée de bontés et de soins prévoyants, et que, par son testament, il l'a recommandée, comme sa fille naturelle, à la marquise de Saint-Pierre, sa mère; — Il considère la déclaration de paternité faite par le sieur Deschamps, le 16 juin 1836, comme une œuvre manifeste de collusion, de fraude et de cupidité, ne pouvant balancer le poids des actes graves et concordants qui proclament la paternité du sieur de Saint-Pierre, et les faits allégués par les sieur et dame Delair, comme ne pouvant altérer la possession d'état publique et constante d'enfant naturel;

Attendu que dans ces circonstances et d'après cet ensemble de faits d'autant plus concluants qu'ils commencent à l'entrée de la dame Delair dans le monde, et se suivent, sans interruption ni contradiction, jusqu'au décès de la dame Deschamps, la cour royale de Rouen a fait une juste application des lois de la matière, en décidant que la dame Delair était fille naturelle du sieur Grosourdy de Saint-Pierre.

Sur la deuxième partie du moyen : — Attendu, en droit, que, de la combinaison des art. 342 et 335 c. civ., il résulte qu'un enfant n'est jamais admis à la recherche de la maternité dans le cas où cette recherche aurait pour objet d'établir une naissance adultérine;

Attendu, en fait, que, pour obtenir avec des enfants légitimes le partage de la succession de Marie Assise, femme légitime du sieur Deschamps, décédée le 14 juin 1836, la dame Delair alléguait que ladite dame Deschamps était sa mère et demandait à faire preuve de cette maternité; — Attendu que, si, admise à cette preuve, elle l'avait faite, la reconnaissance de la maternité aurait eu lieu au profit d'un enfant né d'un commerce adultérin, puisqu'elle serait née de Marie Assise, femme légitime du sieur Deschamps, et du sieur de Grosourdy de Saint-Pierre, dont ladite dame Delair était la fille naturelle légalement reconnue; — Attendu que, dans ces circonstances et d'après ces faits, en déclarant la dame Delair non recevable dans sa demande en recherche de la maternité dont il s'agit, la cour royale de Rouen, loin de violer les art. 342 et 335, en a fait une juste application; — Rejette.

Du 22 janv. 1840.-C. C., ch. req.-MM. Lasagni, pr.-Mestadier, rap.-Hébert, av. gén., c. conf.-Letendre de Tourville, av.

Le sieur Deschamps s'est également pourvu contre l'arrêt de la cour de Rouen pour violation des art. 312, 323, 339, et fausse application des art. 322 et 342 c. civ., en ce que l'arrêt attaqué a fait prévaloir sur la déclaration du sieur Deschamps, d'après laquelle il se reconnaissait le père légitime de la dame Delair, la reconnaissance du sieur de Saint-Pierre, d'après laquelle cette dame serait sa fille naturelle.—Arrêt.

La cour; — Attendu, en droit, que le dol et la fraude font exception à toutes les lois; — Attendu, en fait, que l'intervention du sieur Deschamps et sa demande en rectification de l'acte de naissance de la dame Delair ont eu pour base la déclaration de paternité par lui faite le 16 juin 1836, deux jours après le décès de Marie Assise, sa femme;—Attendu que, par l'arrêt dénoncé, la cour royale de Rouen a considéré cette déclaration comme artificieuse et comme l'œuvre manifeste de la collusion, de la fraude et de la cupidité; — D'où il résulte qu'en décidant, sans avoir égard à cette déclaration justement considérée comme nulle et non avenue, que Louis Deschamps était non recevable dans son intervention et dans sa demande en rectification de l'état civil, l'arrêt attaqué a fait une juste application de la loi;—Rejette.

Du 22 janv. 1840-C. C., ch. req.-MM. Lasagni, pr.-Mestadier, rap.-Hébert, av. gén., c. conf.-Moreau, av.

(1) *Espèce :* — (Guillaume.) — Le sieur Guillaume avait été inscrit sur les registres de l'état civil comme né d'un père inconnu et de la demoiselle Françoise B..., non mariée et non présente à acte. — Rien ne constate qu'il ait été jamais reconnu par la demoiselle B..., mais plus tard, une demoiselle Marguerite Fl... a déclaré par acte authentique que s'il fut présenté et inscrit sur les registres de l'état civil comme fils de Françoise B..., ce fut par des raisons particulières dont seule elle a connaissance et de nature à ne pouvoir être dévoilées; mais que, néanmoins, la vérité est que ledit enfant lui appartient; qu'elle le reconnaît pour son fils, et qu'elle veut et entend qu'il jouisse de tous les droits que la loi accorde aux enfants naturels légalement reconnus. — Cet acte de reconnaissance accepté par le sieur Guillaume fut inscrit d'après sa demande sur les registres de l'état civil, et mention en fut faite en marge de son acte de naissance, le tout conformément à l'art. 62 c. civ.

noms de son père autres que celui qui lui a été donné dans son acte de naissance (Req. 22 juin 1819, aff Ruffi, V. Mariage, nº 424). Mais cette décision est désapprouvée, avec raison selon nous, par M. Demolombe, t. 5, nº 543, en tant qu'elle jugerait la question en thèse générale. L'effet légal de la reconnaissance, dit-il, ne saurait dépendre de la volonté personnelle du père ou de la mère.— V. au surplus vº Nom, nº 14.

662. En ce qui touche la puissance paternelle, l'art. 383 porte que les art. 376, 377, 378 et 379, qui accordent au père le droit de faire détenir correctionnellement son enfant, et qui règlent l'exercice de ce droit, sont communs aux pères et mères des enfants naturels légalement reconnus. Il est même digne de remarque que la loi ne soumet pas ce droit, à l'égard du père naturel, aux restrictions résultant des art. 380 à 382 (V. Puissance paternelle).—Quant aux autres dispositions du même titre que le législateur n'a pas formellement déclarées applicables aux enfants naturels, nous verrons également, vº Puissance paternelle, si elles doivent être étendues à ces derniers.

663. Les enfants naturels, pas plus que les enfants légitimes, ne peuvent se marier sans avoir obtenu le consentement des père et mère qui les ont reconnus, ou du moins sans avoir requis leur conseil. S'ils avaient contracté mariage sans avoir obtenu ce consentement dans le cas où il était nécessaire, les père et mère dont l'autorité aurait ainsi été méconnue pourraient, aux termes de l'art. 182, en demander la nullité.—V. Mariage, nºs 487 et s.

664. L'enfant naturel, comme l'enfant légitime, a besoin d'un tuteur qui le représente ou qui l'assiste dans tous les actes, dans toutes les instances où ses intérêts peuvent se trouver engagés. La loi n'a point dit comment il devrait être pourvu à cette tutelle. De là est née la question de savoir si le père ou la mère qui a reconnu l'enfant est de droit son tuteur légal, ou si, dans ce cas, comme dans le cas où l'enfant n'a pas été reconnu, la tutelle doit être dative? Cette question est controversée.—V. Minorité-tutelle, nºs 686 et s.

665. Les père et mère naturels doivent des *aliments* à leurs enfants. La loi, à la vérité, ne l'a point dit en termes exprès; mais on peut invoquer, pour suppléer sur ce point à son silence, plusieurs raisons sans réplique. Et d'abord entre les obligations que la nature et la conscience imposent à l'homme, il n'en est pas de plus sacrée, de plus impérieuse, que celle de nourrir et d'élever les enfants auxquels il a donné l'existence. D'un autre côté, M. Portalis, dans l'exposé des motifs du titre du Mariage, s'est exprimé sur ce point en termes catégoriques : « On ne doute pas, a-t-il dit (V. Mariage, p. 150, note, nº 9), que les pères naturels ne soient obligés d'élever leurs enfants, de les entretenir et de les nourrir : la loi positive elle-même a placé ce devoir parmi les obligations premières que la nature, indépendamment de toute loi, impose à tous les pères. » Et M. Duveyrier, dans son discours, a de même reconnu l'existence de cette obligation : « La reconnaissance d'un enfant naturel, a-t-il dit (V. p. 166, note, nº 12), manifeste et rend certains aux yeux de la société les rapports que la nature a mis entre lui et son père. Elle établit devant la loi et leurs droits et leurs devoirs réciproques : *pour le père, l'obligation de fournir à son enfant les moyens d'exister;* pour l'enfant l'obligation d'obéir à son père, de le respecter, et de le secourir. » Enfin l'art. 762 c. nap. porte que les dispositions des articles qui déterminent les droits de l'enfant naturel reconnu sur les biens que ses père et mère laissent à leur décès ne sont pas applicables aux enfants adultérins ou incestueux; que la loi ne leur accorde que des aliments. Or, si les enfants adultérins ou incestueux, que la loi traite généralement avec tant de rigueur, ont cependant droit à des aliments, à plus forte raison doit-il en être de même des enfants naturels simples, pour lesquels le législateur s'est montré beaucoup plus bienveillant, auxquels il a accordé notamment une part dans la succession de leurs père et mère. Aussi tous les auteurs se sont unanimement accordés à reconnaître cette obligation, pour les père et mère naturels, de fournir des aliments à leurs enfants.— V. notamment MM. Loiseau, p. 552 et s.; Rolland de Villargues, nºs 315 et 316; Delvincourt, t. 1, note 9 de la p. 91 ; Chabot, des Successions, sur l'art. 756, nº 36; Merlin, Rép., vº Aliments, § 1, art. 2; Duranton, t. 2, nº 377; Vazeille, du Mariage, t. 2, nº 399; Zachariæ, édit. Massé et Vergé, t. 1, p. 335. — Il a été jugé, en ce sens, que sous le code, de même que sous le droit romain, qui, outre le droit de successibilité, accordait aux enfants le droit de réclamer des aliments durant la vie de leurs père et mère, de même que sous l'ancien droit français, qui leur conférait ce droit quoiqu'il leur refusât la successibilité, les enfants naturels peuvent réclamer des aliments contre le père qui les a légalement reconnus (Req. 27 août 1811, aff. Carayon, nº 565). — La même doctrine ressort également d'une foule d'autres arrêts qui seront ultérieurement cités dans le cours de cette même section.

666. Il a été jugé, dans le même sens : 1º que les aliments alloués aux enfants naturels leur sont dus du jour où leurs droits ont été réclamés, et non de celui de la mort de leurs auteurs (Montpellier, 1er déc. 1806) (1); — 2º Que l'enfant naturel à qui des aliments sont dus ne peut exiger un capital en représentation

A compter de cette époque, le sieur Guillaume remplaça son nom primitif de B... par celui de Fl..., et c'est sous ce nom qu'il a demandé ensuite à être pourvu d'un office de notaire dont il avait traité. Le ministère public lui a contesté alors le droit de porter ce dernier nom. Voici en substance ses motifs :—Son acte de naissance subsiste toujours, et lui imprime le nom de Guillaume B..., en lui donnant pour mère Françoise B.... Il y a tout lieu de croire que ce n'est là qu'un pseudonyme, sous lequel la demoiselle Fl... voulait d'abord se cacher, et qu'il n'existe pas de Françoise B... qui puisse un jour venir réclamer pour son fils celui que les registres de l'état civil lui attribuent comme tel; mais cette présomption, toute naturelle et toute puissante qu'elle est, peut-elle suffire pour détruire l'acte, qui seul fixe l'état civil des citoyens, et seul leur imprime le nom sous lequel la société doit les reconnaître? N'est-il pas nécessaire, pour donner à la reconnaissance de la demoiselle Fl... tous ses effets et enlever à l'acte de naissance sa force légale, de le faire rectifier dans les formes déterminées par le code civil?

Le sieur Guillaume a répondu : Sans doute, si l'impétrant avait été légalement en possession de l'état de fils naturel de la demoiselle B..., il n'aurait pu dépendre d'un tiers de changer cet état, en lui attribuant la qualité de fils d'une autre personne. Mais il n'en est pas ainsi : le sieur Guillaume n'est point fils naturel de la demoiselle B.... A la vérité, cette dernière se trouve désignée comme sa mère dans son acte de naissance, mais sans son aveu; ce n'est là qu'une indication qui ne pouvait, en l'absence de sa mère, et sans son aveu, valoir comme reconnaissance. Elle n'aurait pu même servir de commencement de preuve par écrit.

Le sieur Guillaume, désigné à tort et par simple tolérance sous le nom de B..., était donc réellement dans la position d'un individu né d'un père et d'une mère inconnus. Dès lors rien n'empêchait son père et sa mère naturels de le reconnaître; c'est ce qu'a fait la demoiselle Fl.... La reconnaissance est accompagnée, d'ailleurs, de toutes les formes prescrites pour sa validité; elle est faite par acte authentique. Le sieur Guillaume l'a acceptée, elle a été transcrite *in extenso* sur les registres de l'état civil, et mentionnée ensuite en marge de l'acte de naissance. — Elle est donc régulière au fond et dans la forme, et l'on ne peut, par suite, contester à l'impétrant le droit de porter le nom de Fl..., qui lui appartient. — D'ailleurs la reconnaissance de la demoiselle Fl... n'a été contestée par aucune partie intéressée.

M. le garde des sceaux a accueilli ces observations, et l'impétrant a été promu aux fonctions de notaire sous le nom de Guillaume Fl....

Du 27 mai 1836 -Ordonnance royale.

(1) *Espèce :* — (Brunel C. Brunel.)— Un jugement du 25 fruct. an 5 avait déclaré Marie-Apollonie-Florine fille naturelle de feu Ignace Brunel. La demoiselle Maignié, sa mère et tutrice, fit citer la veuve et les enfants Brunel, afin d'obtenir une pension alimentaire.—29 germ. an 12 arrêt qui ordonne aux héritiers Brunel de fournir l'état de consistance de la succession. Cet état fourni, la demoiselle Maignié demanda que les aliments dus à Marie-Appollonie-Florine, par la succession de feu Brunel, fussent fixés à la somme de 20,000 fr. une fois payée, avec les intérêts depuis la mort de Brunel. — Les héritiers Brunel soutiennent que l'enfant naturel n'ayant droit qu'à des aliments, ne pouvait exiger un capital, puisque l'obligation de fournir des aliments pouvait finir dans différents cas, soit par la mort de l'enfant, soit par l'impuissance de les fournir de la part de ceux qui les doivent. Ils offrent une pension annuelle de 400 fr. à partir du jour de la demande, et non du jour de la mort d'Ignace Brunel. — Arrêt.

La cour ;— Considérant que l'enfant dont il s'agit ne pouvant réclamer que des aliments, à la prestation desquels il n'a droit que tant qu'il vit, il ne peut point exiger en représentation un capital quelconque qui, à son décès, serait perdu pour ceux qui doivent les aliments, et dont l'obligation s'éteint avec la vie de l'enfant, mais non par aucune autre cause;

Considérant que les aliments sont dus incontestablement au moins depuis l'instant où l'enfant ou son tuteur a réclamé son état et ses

de ces aliments (même arrêt); — 3° Qu'est nulle et réputée non écrite la stipulation par laquelle un enfant naturel renonce à demander des aliments à son père (Bruxelles, 17 juin 1807, aff. Pastcele, V. suprà, n° 535); — 4° Que l'obligation de fournir des aliments à cet enfant, et de pourvoir à son éducation, cesse de plein droit, lorsque l'enfant est en état de se suffire à lui-même; que cette époque peut être fixée à celle où le mineur aura atteint l'âge de dix-huit ans (Montpellier, 7 déc. 1843, aff. Lehadoit, V. *suprà*, n° 549).

667. L'art. 338 c. nap. porte : « L'enfant naturel reconnu ne pourra réclamer les droits d'enfant légitime. Les droits des enfants naturels seront réglés au titre *des successions*. » En effet, c'est sous ce titre que le législateur a déterminé l'étendue, nous ne dirons pas de leurs droits héréditaires : l'art. 756 déclare que les enfants naturels ne sont point héritiers, mais des droits qui leur sont attribués sur les biens de leurs père et mère décédés, lorsqu'ils ont été légalement reconnus par ces derniers. Nous n'entrerons point ici dans cet ordre d'idées, qui appartient à une autre matière (V. Successions). — Il a été décidé que l'enfant naturel reconnu, sous l'ancien droit, par lettres de légitimation, peut exercer, dans la succession de son père (décédé sous la loi de l'an 2), les droits attribués par le code civil aux enfants naturels, encore que ses lettres de légitimation portent qu'il ne pourra venir à la succession de son père : « Attendu que la demande desdites lettres de légitimation est, de la part du père naturel, une reconnaissance de son fils par un acte authentique; que la clause insérée auxdites lettres par laquelle l'intimé, d'après la disposition du droit d'alors, a été exclu de tous droits à la succession de son père naturel ne peut faire obstacle à ce qu'il recueille sur les biens de la succession les droits que le code civil, introductif d'un droit nouveau, accorde aux enfants naturels légitimement reconnus » (Paris, 4 germ. an 13, aff. Papillon-Laferté *C.* Mussault).

668. L'art. 756 disposant que les enfants naturels n'ont de droits sur les biens de leur père ou mère décédés que lorsqu'ils ont été *légalement reconnus*, on s'est demandé si, lorsque la filiation naturelle, au lieu d'avoir été constatée par une reconnaissance volontaire, l'a été par suite d'une recherche judiciaire, l'enfant peut invoquer les droits qui lui sont attribués par les art. 756 et suiv.? — Cette question est controversée. —Merlin, Rép., v° Succession, sect. 2, § 2, art. 1, et Quest. de dr., v° Maternité (t. 5, p. 421), soutient que le jugement déclaratif de maternité n'attribue à l'enfant naturel que le droit de se faire fournir des aliments par la femme qu'il a réclamée pour mère; et que, pour prétendre, dans sa succession, à la part des biens qui est déterminée par les art. 757 et suiv., il lui faut un acte authentique de reconnaissance volontaire. C'est à ses yeux un dogme incontestable. Voici sur quelles raisons il s'appuie. —D'abord l'équité ne permet pas d'assimiler l'enfant dont la filiation n'a été déclarée que par jugement avec celui qui a été volontairement reconnu. Dans ce dernier cas, la femme ne peut douter de sa maternité; elle peut, dans le premier, persister à la nier. Or l'équité ne permet pas qu'en présence de sa dénégation on pousse les conséquences de la déclaration de maternité jusqu'à conférer à l'enfant, sur sa succession, les mêmes droits que si elle l'avait volontairement reconnu. — Cette distinction est confirmée par le texte de l'art. 756. En effet, les mots *légalement reconnu* ne peuvent convenir à l'enfant dont la filiation n'a été déclarée que par jugement; le législateur ne se serait pas exprimé ainsi s'il avait entendu le désigner. Le juge ne *reconnaît* pas les faits, il les *vérifie* lorsqu'ils sont contestés; ce mot *reconnaître* ne s'entend que de la partie elle-même. D'ailleurs l'art. 765 porte que « la succession de l'enfant naturel décédé sans postérité est dévolue *au père ou à la mère qui l'a reconnu*; et par moitié à tous les deux, s'il a été *reconnu par l'un et par l'autre*; » il est évident que le mot *reconnu* ne s'entend ici que d'une reconnaissance volontaire; comment dès lors pourrait-il, dans l'art. 756, s'entendre d'une déclaration judiciaire? La réciprocité du droit de succession ne permet pas de penser que le législateur ait entendu différemment le mot *reconnu* dans ces deux articles. — Il faut remarquer de plus que l'art. 338, le seul qui, au titre *de la paternité et de la filiation*, parle des droits successifs des enfants naturels, et auquel les art. 756 et suiv. se réfèrent évidemment, suit immédiatement les art. 334-337, qui ne s'occupent que des enfants volontairement reconnus, et précède au contraire les art. 340 et 341, qui s'occupent de la recherche judiciaire soit de paternité, soit de maternité : preuve évidente que le législateur a eu l'intention de restreindre aux premiers le droit dont cet article contenait le germe. — Enfin, ce qui achève la preuve, la section de législation du tribunat avait proposé d'insérer dans l'art. 341 une disposition ainsi conçue : « L'effet de la preuve résultant de cette recherche (de maternité) sera le même que celui de la reconnaissance. » Or cette proposition a été rejetée; et il est clair comme le jour, suivant Merlin, qu'elle ne l'a été que parce qu'elle se trouvait en opposition avec l'esprit dans lequel avait été rédigé l'art. 341.

Mais on a répondu à cette argumentation par des raisons qui nous semblent décisives. Et d'abord, quant à la distinction tirée du plus ou moins de certitude attachée à l'un ou à l'autre mode de preuve, à raison des dénégations de la mère, elle est manifestement contraire à cette maxime fondamentale : *res judicata pro veritate habetur*. De deux choses l'une : ou la filiation est prouvée, ou elle ne l'est pas. Dans le premier cas, elle doit produire tous ses effets; dans le second, elle n'en doit produire aucun, pas plus le droit aux aliments que le droit à une part de la succession. Si l'on n'accorde pas les droits successifs, accordera-t-on les droits qui se rattachent à la puissance paternelle, notamment ceux que consacrent les art. 158 et 183? Il nous paraît également impossible, d'une part, de les refuser lorsque la filiation a été judiciairement établie; d'autre part, de les accorder et de refuser le droit de succéder. —En second lieu, le sens restrictif que Merlin donne au mot *reconnu* nous paraît n'être qu'une subtilité. Le mot *reconnaître* s'applique aussi bien, dans l'usage, à la constatation judiciaire des faits qu'à leur aveu volontaire par les parties; et ce qui le prouve, c'est qu'il a intitulé *de la reconnaissance des enfants naturels* la section dans laquelle il s'est occupé et de la reconnaissance volontaire et de la recherche judiciaire. Et les auteurs distinguent généralement cette reconnaissance en reconnaissance volontaire et reconnaissance forcée ou judiciaire. Il est donc vrai de dire que cette expression *légalement reconnus*, dans l'art. 756, doit s'entendre des enfants naturels dont la filiation a été judiciairement reconnue; d'où il suit, en vertu du principe de réciprocité, qu'il en doit être de même dans l'art. 765, et que si les termes de cet article paraissent convenir mieux à la reconnaissance volontaire, c'est que le législateur a parlé, sans aucune exclusion, du cas le plus ordinaire. — Quant à la place qu'occupe l'art. 338, on n'en peut rien conclure, car les articles du code ne sont pas toujours disposés selon l'ordre le plus rationnel et le plus logique. — Enfin la suppression de la disposition proposée par la section de législation du tribunat ne prouve rien, sinon qu'on n'a pas cru qu'une telle déclaration fût nécessaire.—On peut ajouter que rien, dans les travaux préparatoires, n'atteste, de la part du législateur, l'intention d'attribuer à la reconnaissance judiciaire des effets moins étendus qu'à la reconnaissance volontaire.— V. en ce sens MM. Chabot, Success., sur l'art. 756, n° 7; Delvincourt, t. 1, note 3 de la page 94; Rolland de Villargues, n°s 280 et 360; Duranton, t. 3, n° 255; Valette sur Proudhon, t. 2, p. 161; Marcadé, sur l'art. 341, n° 7, et surtout M. Demolombe, t. 5, n° 539.—Jugé, en ce sens, que la reconnaissance de maternité qui résulte d'un jugement a le même effet que la reconnaissance volontaire de la mère, et donne ouverture non à de simples aliments, mais aux droits réglés par les art. 756 et suiv. c. nap. (Paris, 27 juin 1812, aff. Connay, V. n° 648-8°; Rouen, 17 mars 1813, aff. Boullanger, V. Succes-

droits. — Par ces motifs, vidant l'interlocutoire porté par son arrêt dudit jour 29 germ an 12, vu ce qui résulte des actes du procès, condamne, tant la dame Brunel, femme Ducoudray, que les héritiers et biens tenant, de feu Ignace Brunel, à payer entre les mains de la tutrice, tant que la tutelle durera, et ensuite à la dame Marie-Appollonie-Florine, sa vie durant, et à titre d'aliments, la pension annuelle de 600 fr., de six mois en six mois, d'avance, exempte de toute retenue quelconque, et ce, à compter du jour de l'introduction de l'instance devant le tribunal du district de Béziers, sur les arrérages échus, de laquelle pension la demoiselle Majgnié comme procède, sera tenue de précompter le montant sur les provisions qui lui ont été accordées.

Du 1er déc. 1806.-C. de Montpellier.

sion; Caen, 7 avril 1832, aff. Dorey, cité par M. Demolombe, *loc. cit.*).

669. Les enfants naturels ont qualité pour poursuivre les débiteurs de la succession de leur auteur. Ces derniers ne peuvent exciper de ce que leurs droits n'auraient pas été reconnus par les héritiers légitimes du testateur (Paris, 25 pluv. an 10, et Civ. rej. 17 prair an 11) (1).

670. On a soutenu que la reconnaissance nulle pour quelque défaut de forme, spécialement que la reconnaissance faite par acte sous seing privé, bien que ne pouvant produire tous les effets de la reconnaissance régulièrement faite par acte authentique, donnait cependant à l'enfant le droit de réclamer des aliments à son père, ou à sa mère, ou à leur succession. Il faut, a-t-on dit, distinguer avec soin, dans les différents droits qui peuvent être exercés, ceux qui descendent du droit civil ou du droit naturel. Comme les premiers sont accordés par la loi civile seule, elle a bien pu attacher le droit de les exercer à l'observation de telle ou telle formalité; mais quant aux seconds, comme ils sont indépendants de la loi civile, ils ne doivent être soumis qu'aux règles générales et communes du droit. Les successions sont de droit civil, en ce sens que c'est la loi civile qui les défère et qui détermine l'ordre dans lequel elles doivent être recueillies; elle peut donc n'y admettre que ceux qui ont rempli telle ou telle condition. Mais les aliments sont de droit naturel; ils sont indépendants de toute disposition civile; et la loi qui dispenserait le père de l'obligation de nourrir ses enfants serait une loi impie et digne des barbares. Or si le droit de demander des aliments n'est pas du domaine de la loi civile, elle n'a pas pu en subordonner l'exercice à l'observation de certaines formalités. Telle est l'opinion exprimée par MM. Delvincourt, t. 1, note 3 de la page 94; et Proudhon, t. 2, p. 174 et suiv. — Il a été jugé, en ce sens : 1° que l'authenticité de l'acte de reconnaissance d'un enfant naturel, nécessaire pour établir la filiation, ne l'est point pour lui donner droit à réclamer des aliments; que ce droit est suffisamment établi par un acte sous seing privé (Rej. 16 nov. 1808, aff. Péterlong, V. n° 431); — 2° Qu'ainsi l'enfant naturel que son père a volontairement reconnu par acte sous seing privé est en droit de demander à ce dernier ou à ses héritiers des aliments (Angers, 25 therm. an 13) (2); — 3° Que l'enfant naturel qui, sans avoir été reconnu suivant les formes prescrites par le code civil, a néanmoins des écrits sous seing privé et une possession constatant sa qualité, a droit aux aliments, soit de la part de son père, soit sur la succession de ce dernier, comme aussi de porter le nom qui lui est donné dans son acte de naissance (Montpellier, 28 janv. 1806, aff. Mahul, V. n° 548-1°).

671. Mais cette doctrine nous paraît inadmissible. Que les père et mère soient obligés par la nature, par la loi morale, de nourrir et d'élever leurs enfants, c'est ce qui ne peut être mis en doute; cette obligation existe même en l'absence de toute reconnaissance, par le seul fait de la procréation; mais, pour que la loi civile sanctionne cette obligation, pour qu'elle lui imprime le sceau de son autorité, il faut que la paternité ou la maternité existe à ses yeux, qu'elle soit suffisamment établie. Or, de deux choses l'une : ou la paternité est suffisamment constatée aux yeux de la loi, ou elle ne l'est pas; dans le premier cas, elle doit produire tous les effets que la loi y a attachés, c'est-à-dire non-seulement le droit aux aliments, mais aussi le droit à une quote-part de la succession, et tous les autres; dans le second cas, elle n'en doit produire aucun. On ne comprendrait pas que la preuve pût être réputée suffisante pour donner tel droit à l'enfant, et insuffisante pour lui donner tel autre droit. Il doit y avoir indivisibilité entre les effets de la reconnaissance. Lorsque la reconnaissance n'est pas revêtue des formes auxquelles sa validité est subordonnée, la loi présume qu'au lieu d'être un aveu véridique suggéré par le sentiment du devoir, elle n'est que le résultat de l'obsession et de la suprise; dès lors elle ne devait lui attribuer aucun effet. C'est ce qu'enseignent également, du reste, MM. Merlin, Rép., v° Aliments, § 1, art. 2, n° 8; Rolland de Villargues, Traité des enfants naturels, n° 234; Duranton, t. 3, n° 231; Valette sur Proudhon, t. 2, p. 178; Demolombe, t. 4, n° 424; Richefort, t. 2, n° 269. — Jugé, conformément à cette doctrine : 1° qu'un acte sous seing privé de reconnaissance d'enfant naturel ne peut servir de fondement à une demande alimentaire (Rouen, 18 fév. 1809, aff. Hurel, V. *suprà*, n° 548-3°; Pau, 18 juill. 1810, aff. Gombault, V. n° 548-4°);—2° Que la paternité et les effets qui en dérivent sont indivisibles; qu'ainsi l'acte sous seing privé, nul comme reconnaissance, ne donne même pas à l'enfant le droit d'obtenir des aliments (Limoges, 27 août 1811, et Req. 4 oct. 1812, aff. Péricaud, V. n° 548-5°); — 3° Que, de ce qu'une reconnaissance de paternité ne peut être légalement faite par actes privés (des lettres missives), il suit que l'enfant qui en a été l'objet ne peut tirer de cette prétendue reconnaissance un droit à des aliments (Montpellier, 7 déc. 1843, aff. Lehadoit, V. *suprà*, n° 549); — 4° Que la reconnaissance d'un enfant naturel faite devant un fonctionnaire sans qualité pour la recevoir, tel qu'un commissaire de police, ne peut même pas servir de fondement à une demande alimentaire (Dijon, 24 mai 1817, aff. Joly, V. *suprà*, n° 532).

672. Mais il peut se faire que, sans reconnaître l'enfant, le père ou la mère s'engage simplement, par acte sous seing privé, à lui fournir des aliments. Une telle obligation est-elle valable? —Pour nous, nous n'hésitons point à le penser. Ce cas est tout différent de celui dont nous venons de nous occuper. L'obligation alimentaire existe ici, non pas comme effet légal de la filiation naturelle, mais comme résultant directement d'un engagement conventionnel. Lorsque l'enfant a été reconnu, c'est la loi elle-même qui impose à l'auteur de la reconnaissance l'obligation de pourvoir à sa subsistance, indépendamment de toute volonté de sa part quant à ce; on comprend parfaitement, dès lors, qu'elle n'attache cet effet à la reconnaissance qu'autant qu'elle réunit toutes les conditions auxquelles est subordonnée sa force probante; mais, lorsque, sans avoir reconnu l'enfant, son père a contracté directement envers lui une obligation alimentaire, pourquoi cette obligation ne produirait-elle point l'effet que l'art. 1134 c. nap. attache, en général, aux conventions légalement formées, celui de tenir lieu de loi entre ceux qui les ont

(1) *Espèce* : — (Moulinier C. Saint-Sauveur.) — Par un testament olographe, du 20 nov. 1789, Mathurin Thomas lègue 10,000 fr. à Moulinier, son économe à Saint-Domingue. — Moulinier n'avait pu obtenir la délivrance de son legs de la citoyenne Saint-Sauveur, fille et héritière du testateur, lorsqu'il décéda le 29 prair. an 6. — Quelque temps avant et par acte authentique il avait déclaré reconnaître pour ses enfants naturels Nicolas et Jean-Charles Moulinier. — Après la mort de leur père, les deux frères Moulinier demandèrent la délivrance du legs. —Mais refus de la citoyenne Saint-Sauveur, fondé sur ce que les droits des enfants naturels n'avaient point été reconnus par les héritiers légitimes du testateur. — Les demandeurs répondaient à cela que Moulinier n'avait laissé pour héritiers légitimes que deux sœurs, les citoyennes Fauconnier et Broussard, qui gardaient le silence par cela même qu'elles considéraient les frères Moulinier comme leurs neveux. — Néanmoins, jugement du tribunal civil de Paris, du 17 therm. an 9, qui déclare les demandeurs non-recevables, par le motif que les enfants naturels ne pouvaient exercer leurs droits de successibilité contre les tiers détenteurs qu'après les avoir fait reconnaître par les héritiers légitimes. — Appel. —Le 25 pluv. an 10, jugement du tribunal d'appel de Paris, ainsi conçu : —« Attendu que les appelants justifient d'un acte légal, par lequel feu Jean-Charles Moulinier les reconnaît pour ses enfants naturels; que ceux qui, sans les appelants, seraient les héritiers du sang, ne réclament point; dit qu'il a été mal jugé; faisant droit au principal; fait délivrance aux appelants de la somme de 10,000 fr., légués à leur père par Mathurin Thomas, père de la citoyenne Raymond Saint-Sauveur, suivant son testament, etc. »

Pourvoi. — Jugement.

Le tribunal; — Considérant qu'il y a eu des conclusions prises au fond devant le tribunal de première instance; que cette circonstance suffisait pour autoriser à y faire droit, soit le même tribunal, soit, à son défaut, le tribunal d'appel qui ne s'arrêtait pas à la fin de non-recevoir; —Qu'en déclarant la dame Saint-Sauveur sans droit ni qualité, le tribunal d'appel n'a violé aucune loi; — Rejette.

Du 17 prair. an 11.-C. C., sect. civ.-M. Vasse, pr.

(2) (Cintré C. Lafontaine.) — La cour; — Considérant que des déclarations et écrits privés produits au procès, il résulte une reconnaissance formelle et volontaire de paternité de la part dudit Margariteau, en faveur dudit Jacques Marie; adjugé audit Jacques Marie, à titre d'aliments, une pension viagère de 1,200 fr. nette et quitte de toutes contributions, payables en deux termes égaux, de six mois en six mois, à compter du jour du décès dudit Margariteau.

Du 25 therm. an 13.-C. d'Angers.

faites? Dira-t-on qu'une telle obligation n'est pas légalement formée? Mais de quel vice peut-on prétendre qu'elle soit infectée? Nous supposons qu'elle émane d'une personne capable de s'obliger; qu'elle n'est le résultat ni de l'erreur, ni de la violence, ni du dol; il est évident, d'un autre côté, qu'elle a un objet certain; dira-t-on qu'elle a une cause illicite? Mais il est évident qu'il ne peut pas y en avoir de plus légitime. A quel sentiment, en effet, a obéi celui qui a contracté un tel engagement? Au sentiment du devoir, aux inspirations de sa conscience; se considérant comme le père de cet enfant, et ne voulant ou ne pouvant le reconnaître, par des raisons dont il est le seul juge, il a cru cependant qu'il était de son devoir de pourvoir à ses besoins et il s'est engagé à lui fournir des aliments. Nous le répétons : il ne peut y avoir de cause plus licite, plus respectable. On ne pourrait objecter que, d'après l'art. 334, la reconnaissance d'un enfant doit être faite par acte authentique, car, ainsi que nous l'avons déjà dit, il ne s'agit point ici de reconnaissance, il ne s'agit que d'une obligation civile ordinaire dont la validité, en ce qui concerne sa cause et sa forme, doit être appréciée d'après les principes qui régissent, en général, les obligations conventionnelles (V. en ce sens MM. Loiseau, p. 571; Duranton, t. 3, n° 230). — Il a été jugé, conformément à ces principes : 1° que, si la reconnaissance d'un enfant naturel ne peut résulter d'actes privés, l'engagement de fournir des aliments à cet enfant peut être fait en cette forme : qu'il est loisible et licite de s'engager à fournir des aliments à l'enfant que l'on ne veut pas reconnaître (Montpellier, 7 déc. 1843, aff. Lehadoit, V. *suprà*, n° 549); — 2° Qu'ainsi celui qui, sans se déclarer expressément le père d'un enfant naturel, s'engage par acte sous seing privé à fournir à son entretien, est tenu d'exécuter son obligation, attendu qu'elle ne contient rien de contraire aux lois ou aux mœurs (Agen, 9 nov. 1823) (1); — 3° Qu'un individu peut être condamné à fournir des aliments à un enfant naturel qu'il n'a pas reconnu, non en vertu de la présomption de paternité, dont la recherche est interdite, mais d'après des circonstances, des faits et l'offre même qu'il en aurait faite en justice, offres et circonstances desquelles les juges ont pu induire qu'il en avait contracté l'engagement (Req. 10 mars 1818, aff. Mayre, V. n° 598-2°); — 4° Que le père prétendu qui, par des lettres écrites à la mère d'un enfant naturel, a pris l'engagement de nourrir cet enfant, peut être contraint à payer une somme à la mère, à titre de remboursement des dépenses qu'elle a faites pour l'enfant (Dijon, 24 mai 1817, aff. Joly, V. *suprà*, n° 532); — 5° Que la promesse de fournir des aliments à l'enfant dont une fille est accouchée est valable, quoique celui qui l'a souscrite n'ait point reconnu cet enfant, une telle promesse ayant une cause suffisante dans l'obligation naturelle résultant pour son auteur du sentiment intime et du scrupule honorable qui l'ont dictée; et spécialement, que la promesse faite par un individu, dans une lettre écrite à la mère d'un enfant naturel, de pourvoir aux besoins de cet enfant, est obligatoire, sauf aux tribunaux à fixer le chiffre de la pension alimentaire; mais que cette obligation cesse de plein droit quand l'enfant est en état de subvenir à ses besoins (Bordeaux, 5 août 1847, aff. Brunet, D. P. 48. 2. 97; 5 janv. 1848, aff. Marquez, *eod.*).

M. Demolombe, t. 5, n° 426, combat cette doctrine; mais les raisons qu'il invoque ne nous semblent nullement convaincantes. « La cause de cette obligation, dit-il, serait la filiation naturelle; or la filiation naturelle ne peut être légalement prouvée que par un acte authentique; donc la cause de cette obligation n'est pas prouvée, donc cette obligation est sans cause. » A cela nous répondons : de ce que la filiation naturelle n'est pas légalement établie, il en résulte bien que l'enfant ne peut rien réclamer comme conséquence légale de cette filiation; mais on n'en peut rien conclure de plus. Pour qu'on pût prétendre que l'obligation est sans cause, il faudrait qu'il fût légalement établi que celui qui a contracté l'obligation n'est pas le père de l'enfant; mais il suffit que sa paternité, sans être légalement constatée, soit certaine à ses yeux, il suffit même qu'elle soit simplement probable pour qu'il ait pu se croire en conscience obligé de réparer sa faute, et pour que dès lors l'obligation ait une cause légitime.

673. MM. Aubry et Rau, sur Zachariæ, t. 4, p. 58, note 9, enseignent que, si l'obligation alimentaire contractée par acte sous seing privé, sans que cet acte contînt aucune déclaration de paternité, était attaquée pour défaut de cause, le créancier ne pourrait être admis à prouver qu'elle a sa cause dans la paternité du débiteur. Mais nous ne pouvons admettre cette opinion. Il n'est pas nécessaire que la cause de l'obligation soit énoncée dans l'acte : l'art. 1132 porte que l'obligation n'est pas moins valable, quoique la cause n'en soit pas exprimée. Et à supposer que, dans notre espèce, ce soit au créancier, c'est-à-dire à l'enfant, à faire la preuve de la cause, nous pensons que les magistrats devraient rechercher, d'après les faits et circonstances de la cause, non pas si celui qui a souscrit l'engagement est réellement le père, mais s'il s'est obligé dans la pensée qu'il était le père. C'est en effet cette pensée, et le sentiment qu'elle a fait naître, qui est la véritable cause de l'obligation. Telle paraît être aussi l'opinion de MM. Duranton, t. 3, n° 229, et Rolland de Villargues, n° 318. — C'est ce qui résulte également d'un arrêt qui a jugé que l'engagement pris par un individu de fournir des aliments à un enfant naturel est obligatoire, bien que la cause de l'obligation ne soit pas exprimée dans l'acte, lorsqu'il est constant que cet individu se regardait comme le père de l'enfant (Amiens, 7 juill. 1842) (2).

674. Il peut se faire que l'acte contienne à la fois reconnaissance

(1) *Espèce :* — (Rotis C. S... M....) — Rotis avait pris un engagement ainsi conçu : « Moi François Rotis, propriétaire, habitant de Lombez, déclare m'obliger à payer ce qu'il pourra en coûter pour l'entrée et l'entretien dans un hospice, de l'enfant de la demoiselle S... M... de cette ville, et j'exige que l'enfant soit mis le plus tôt possible dans ladite maison. Lombez, le 14 juin 1822. *Signé* François Rotis. » — Le billet, n'était pas écrit de sa main, il l'avait seulement signé.— Poursuivi par la demoiselle S... M..., il a prétendu que le billet était nul : 1° parce qu'il ne contenait pas, outre la signature, un bon ou approuvé portant en toutes lettres la valeur de la chose promise (art. 1316 c. civ.); 2° parce qu'il n'avait pas de cause; effectivement on n'y voit point exprimé le motif qui a pu porter le sieur Rotis à s'obliger; 3° parce que, s'il en avait une, ce ne pouvait être que sa paternité; or, ajoutait-il, un pareil aveu, fait indirectement, dans un acte sous seing privé, ne peut être d'aucune utilité à l'enfant, il ne lui confère aucun droit. — 24 janv. 1823, jugement qui déclare le billet valable.

Appel a été interjeté par le sieur Rotis.—Arrêt.

La cour; — Attendu que la déclaration souscrite par le sieur Rotis, le 14 juin 1822, est régulière dans la forme; qu'elle n'a rien de contraire aux lois et qu'il était libre de s'obliger de fournir à l'entretien de l'enfant de la demoiselle S... M...; d'où il suit qu'il ne peut se dégager de satisfaire à l'obligation qu'il a contractée; et bien que tous dommages et intérêts pour faits de séduction soient aujourd'hui interdits, cependant celui qui s'est engagé de nourrir un enfant naturel est tenu d'exécuter son engagement, principe consacré par l'arrêt de la cour de cassation du 10 mars 1808; — A démis de l'appel, etc.

Du 9 nov. 1823.-Cour d'Agen.-M. Delon, pr.

(2) *Espèce :* — (Ognier C. Legrand.) — Le 1er déc. 1839, le sieur Legrand a souscrit un acte sous seing privé en ces termes : « Je, soussigné, reconnais payer 45 fr. par trimestre pour la nourriture et entretien de Victor, enfant naturel de Josèphe-Cantine Potentier, et en cas de décès dudit Victor, le présent billet devient nul, excepté les mois et les jours qui seront écoulés dans l'intervalle dudit trimestre. » — Sur le refus de Legrand de payer cette pension, Ognier, nommé tuteur de l'enfant de Cantine Potentier, décédée, l'assigne devant le tribunal de Saint-Quentin pour le faire condamner à ce payement. — Legrand soutient non valable l'obligation contenue dans l'acte du 1er déc. 1839, attendu qu'elle n'exprime aucune cause. On ne peut d'ailleurs en chercher une dans le sentiment d'une paternité naturelle qu'on lui attribue, sans violer la disposition qui interdit la recherche de la paternité. — 22 fév. 1842, jugement qui adopte ce système et déclare nul l'engagement contenu dans l'acte souscrit par Legrand. — Appel de la part du sieur Ognier. — Arrêt.

La cour; — Considérant qu'aux termes de l'art. 1132 c. civ. l'obligation n'est pas moins valable quoique la cause n'en soit point exprimée; — Que l'obligation souscrite par Legrand le 1er déc. 1839, enregistrée, trouve une cause suffisante dans l'opinion de sa paternité naturelle à l'égard de l'enfant de la femme Potentier; — Qu'il résulte de tous les documents du procès que Legrand, à l'époque où il a souscrit l'acte, se regardait comme le père de l'enfant et ne faisait ainsi qu'accomplir une obligation naturelle; — Infirme; déclare valable l'obligation contractée par Legrand de payer, pour la nourriture et l'entretien de Joseph-Quentin Potentier, 45 fr. par trimestre.

Du 7 juill. 1842.-C. d'Amiens, ch. civ.-M. Boullet, 1er pr.

de paternité et obligation de fournir des aliments. Comment doit-il être décidé dans ce cas? — M. Demolombe, t. 5, n° 425, enseigne que l'acte est nul même quant à l'obligation alimentaire. — Pour nous, nous admettons que cet acte, que nous supposons dépourvu des caractères de l'authenticité, est nul en tant que reconnaissance. Quant à la promesse d'aliments, nous croyons qu'il faut faire une distinction. Si la reconnaissance était l'objet principal de l'acte, et si la promesse d'aliments n'a été, dans cet acte, que l'énonciation de l'un des effets légaux de cette reconnaissance, nous croyons que l'acte doit être nul pour le tout, parce qu'alors l'obligation alimentaire n'a plus, légalement, de raison d'être. Mais, si l'acte, qui avait pour objet principal l'obligation de fournir des aliments, n'a énoncé la paternité que comme la cause de cette obligation, nous ne voyons pas de raison pour l'annuler. Cette hypothèse est la même que celle que nous venons d'examiner; seulement la cause, au lieu d'être tacite, est exprimée; ce qui ne permet pas de contester l'existence de cette cause. Ce sera aux magistrats à apprécier, d'après les circonstances, et surtout d'après les termes de l'acte, quelle a été l'intention du prétendu père en le faisant.

Il a été jugé, sur cette question : 1° que l'acte sous seing privé portant reconnaissance d'un enfant naturel et obligation de lui fournir des aliments est valable quant à ce dernier point, quoique nul quant à la reconnaissance (Grenoble, 3 août 1836) (1); — 2° Que, bien que la reconnaissance d'un enfant naturel par actes sous seing privé soit nulle comme ne remplissant pas les conditions prescrites par l'art. 334 c. nap., cependant, s'il résulte de ces actes que le père avait pris l'engagement de fournir des aliments à l'enfant et de le mettre en situation de prendre un établissement ou un état, cet engagement est valable et doit recevoir son exécution dans la limite des ressources du père (Grenoble, 29 août 1818) (2).

675. La même doctrine résulte, par argument *à fortiori*, d'un arrêt qui a décidé que la reconnaissance volontaire d'un enfant adultérin lui donne droit à réclamer des aliments, qu'elle ait été faite par acte authentique ou seulement par acte sous seing privé, si cet acte renferme une obligation de payer une pension; et même qu'à défaut de représentation de cet acte, son existence est suffisamment constatée par l'aveu de son exécution de la part de celui auquel on l'oppose et par la transcription qui en aurait été faite au bureau de l'enregistrement (Nancy, 20 mai 1816, aff. B..., V. *infrà*, n° 733).

676. Pareillement il a été jugé que, bien que la reconnaissance d'un enfant naturel dans un procès-verbal de conciliation, et la transaction intervenue à la suite devant le juge de paix, avant la loi du 12 brum. an 2, par un individu décédé depuis, ne puissent être considérées comme une reconnaissance telle que l'exige l'art. 334 c. nap., néanmoins la transaction doit recevoir son exécution pour les charges qui sont une suite naturelle de la paternité, telles, par exemple, que l'obligation de fournir des aliments; la loi de brumaire ni aucune loi postérieure n'ayant pu porter atteinte à la transaction pour ce qui ne tient pas à la question d'état (Grenoble, 5 mars 1810) (3).

677. On peut citer aussi, comme venant à l'appui des décisions qui précèdent, un arrêt qui a jugé qu'un testament olographe par lequel un individu, se déclarant le père d'un enfant naturel, lui donne après son décès la portion des biens qu'il laissera, conformément à l'art. 757 c. nap., encore bien qu'il ne vaille pas comme reconnaissance de l'enfant, vaut comme legs, au profit de cet enfant, de la portion des biens du testateur déterminée par l'art. 757 (Rouen, 30 juin 1817, aff. Caplot, V. n° 539-3°).

678. Il a été jugé, au contraire, que la paternité et les effets qui en dérivent sont indivisibles; qu'ainsi, la reconnaissance d'un enfant naturel, nulle pour avoir été faite par le père dans un acte sous seing privé, ne donne à l'enfant aucun droit à des aliments, bien que l'auteur de la reconnaissance ait expressément pris l'enfant à sa charge, si la cause impulsive de cette obligation réside uniquement dans la reconnaissance de paternité (Bourges, 11 mai 1841) (4).

679. L'acte sous seing privé par lequel un individu s'oblige

(1) (Gassaud *C.* Besson.) — La cour; — Attendu que, par la reconnaissance consignée dans l'acte sous seing privé du 23 avril 1821, Claude Besson a pris, en termes formels, l'engagement de fournir à tous les besoins de l'enfant de Marguerite Gassaud; — Attendu que, si cette reconnaissance n'a pu produire tous ses effets civils au profit de Claude-Jean-Baptiste, parce qu'elle n'a pas été accompagnée de la solennité et de l'authenticité que la loi exige, elle n'en contient pas moins une promesse indépendante de la reconnaissance que la loi civile ne réprouve pas, et qui, par suite, doit être accomplie; — Par ces motifs, réformant quant à ce, condamne les héritiers Besson à payer, pendant sa vie, à Claude-Jean-Baptiste, une pension de 100 fr. par an.

Du 3 août 1836.-C. de Grenoble, aud. sol.-M. Fornier, pr.

(2) (Milliat *C.* Milliat.) — La cour; — Considérant que les actes des 8 therm. an 3 et 31 mars 1806, intervenus à la suite des poursuites de la part de Marie Gouin, ne renferment pas, de la part de Joseph Milliat une reconnaissance de l'enfant naturel dont était accouchée Marie Gouin, dans le sens de l'art. 334 c. civ., et qu'ainsi cet enfant ne peut réclamer sur sa succession la portion fixée par l'art. 757 même code; — Qu'il résulte néanmoins des actes précités que ledit Milliat s'était chargé dudit enfant, que même il avait fait soumettre la Gouin à le lui remettre, ce qui emportait soumission de fournir des aliments et de le mettre en situation de prendre réellement un établissement ou un état; que, quoique l'enfant dont il s'agit soit maintenant majeur, les héritiers de Joseph Milliat ne sont pas moins tenus de subvenir à ses besoins pour le passé et l'avenir; — Condamne les héritiers Milliat à payer à l'enfant naturel la somme capitale de 600 fr. qui lui est adjugée à titre d'aliments, attendu que la succession est médiocre, etc.

Du 29 août 1818.-C. de Grenoble, ch. réun.-M. Anglès, 1er pr.

(3) (André *C.* Masson et Millet.) — La cour; — Vu les art. 334 et 340 c. civ.; — Considérant qu'il résulte des dispositions combinées de ces deux articles que non-seulement la reconnaissance doit être constatée par un acte authentique, mais encore qu'elle doit être l'effet d'une volonté libre et spontanée de la part du reconnaissant; — Considérant que le procès-verbal fait au bureau de conciliation le 3 déc. 1792 n'ayant été que la suite du procès intenté par Catherine Virot contre Pierre Millet, pour le charger de l'enfant dont elle était enceinte, les aveux de Millet et la transaction par lui consentie ne sauraient être envisagés comme une reconnaissance absolument libre, volontaire et spontanée, telle enfin que l'exige le code civil pour transférer à l'enfant les droits que ce code n'accorde qu'à l'enfant légalement reconnu, droits qui n'existaient pas encore, et que Pierre Millet ne pouvait prévoir alors; — Considérant, d'autre part, que si cette transaction est insuffisante pour attribuer à l'enfant naturel l'étendue des droits que confère le code aux enfants légalement reconnus, elle doit au moins recevoir son exécution pour les charges qui sont une suite naturelle de la paternité, et auxquelles Pierre Millet s'est expressément soumis; qu'en conséquence, il est juste de condamner les héritiers de Pierre Millet à pourvoir aux aliments de l'enfant naturel de Catherine Virot, entre les mains de François Perrard son subrogé tuteur, jusqu'à la majorité accomplie de cet enfant, et d'adjuger à l'enfant lui-même, lorsqu'il sera majeur, un capital suffisant pour lui procurer un état, par le moyen duquel il puisse satisfaire à ses besoins, dont les héritiers Millet seront alors déchargés; — Considérant que le silence du tribunal de première instance sur ce point important est un grief souffert par l'enfant, qu'il est du devoir de la cour de ne pas laisser subsister, d'autant mieux que ni la loi du 12 brum. an 2 ni aucune autre loi postérieure n'ont pu porter atteinte à la transaction antérieure à leur promulgation, et sur les effets de laquelle il n'est pas permis de les faire rétroagir; — Qu'il est si peu besoin d'une reconnaissance légale pour avoir droit aux aliments, que l'art. 762 c. civ. les accorde aux enfants incestueux et aux enfants adultérins, quoique l'art. 335 prohibe de les reconnaître; — Considérant enfin que la loi laissant à la prudence des juges la fixation des sommes à payer pour la fourniture des aliments, ils en sont les arbitres de droit d'après les notions qu'ils ont de la fortune sur laquelle ils doivent être pris, et en ayant égard au nombre et à la qualité des héritiers légitimes; — Par ces motifs, a mis l'appel au néant.

Du 5 mars 1810.-C. d'app. de Grenoble.

(4) *Espèce :* — (Colin *C.* Nourisset.) — 9 avril 1840, jugement du tribunal de Saint-Amand, qui le décide ainsi, par les motifs suivants : — « Vu les art. 334 et 340 c. civ.; — Attendu que la recherche de la paternité est interdite; que la reconnaissance d'un enfant naturel devant être faite par acte authentique et l'acte du 11 juin 1839 étant un acte sous seing privé, ne peut valoir comme reconnaissance; que la paternité étant un fait indivisible, l'acte ne peut valoir, sous le rapport d'un simple droit alimentaire conféré à un enfant, ce qui est d'ailleurs établi par le dernier état de la jurisprudence; — Attendu qu'à la vérité, on peut s'engager envers un enfant, par un acte sous seing privé, abstraction faite de toute paternité; que, dans ce cas, la cause de l'obligation est dans un principe d'humanité; mais attendu que, lorsque l'acte contient aveu implicite ou explicite de la paternité, c'est la paternité qui est alors la cause impulsive de l'obligation; — Que si un vice de forme invalide l'obligation, l'acte périt en entier ou doit être pris tel qu'il est; qu'à une cause réelle manifestée dans un acte nul, on ne peut substituer une cause plus ou moins éloignée qui laisse subsister une obli-

à fournir des aliments à un enfant qu'il reconnaît être le sien, ainsi qu'à la mère, avec déclaration que cette dernière s'en est remise à la générosité du contractant pour en fixer la quotité, n'est susceptible que d'une exécution volontaire, et non d'une exécution forcée (Req. 4 oct. 1812, aff. Péricaud, V. nº 548-5º).

680. L'art. 1235 c. civ., qui ne permet pas de répéter ce qui a été volontairement payé en acquit d'un obligation naturelle, est applicable au cas où il s'agit de sommes payées pour nourriture, entretien et éducation d'un enfant naturel. Il n'est pas nécessaire, dans ce cas, de prouver, par une reconnaissance authentique, que le demandeur était réellement le père de l'enfant pour qui les sommes ont été payées (Paris, 3 août 1825 (1); V. Conf. M. Demolombe, t. 5, nº 427).

681. Il a été jugé que les dépenses faites pour l'entretien et l'éducation d'un enfant qu'on a traité comme sien, et qui est depuis décédé, donnent, à défaut de la preuve de paternité ou de maternité nécessaire pour lui succéder, droit à une indemnité sur sa succession (Paris, 26 avril 1852, aff. admin. des domaines C. François, D. P. 53. 2. 181).—Cette décision ne nous paraît pas parfaitement juridique. Celui qui entretient, qui élève un enfant qu'il considère comme sien, remplit un devoir de conscience, il paye la dette qu'il croit avoir contractée envers cet enfant en lui donnant la vie, il ne se propose point d'acquérir un droit vis-à-vis de cet enfant et de devenir son créancier. Les dépenses qu'il fait pour son éducation ne sont pas de simples avances qu'il ait l'intention de répéter un jour : elles sont un pur don, ou plutôt elles sont l'accomplissement d'une obligation naturelle. En vain dirait-on : de deux choses l'une : ou le défunt était l'enfant de celui qui l'a élevé, ou il ne l'était pas; s'il l'était, ce dernier a droit à sa succession; si l'on décide, comme dans l'espèce, qu'il ne l'était pas, les dépenses faites ne sont plus l'accomplissement d'une obligation, et par conséquent elles donnent droit à une indemnité. Nous répondons : il faut distinguer entre un fait vrai et un fait légalement établi. Si le fait de la paternité ou de la maternité est vrai, il suffit pour donner naissance à une obligation naturelle qui exclut la répétition (art. 1235); mais s'il n'est pas légalement établi, il ne donne aucun droit civil soit au père ou à la mère, soit à l'enfant. Sans doute, dans l'espèce qui précède, les magistrats ont été déterminés par des considérations d'équité. Il leur a paru trop dur qu'un père ou une mère qui avait religieusement accompli ses obligations envers l'enfant qu'il savait être sien fût exclu de sa succession parce qu'il n'était pas en état de prouver suffisamment sa paternité ou sa maternité, et ils ont voulu que du moins il fût, dans ce cas, indemnisé de ses sacrifices.

682. Nous avons dit que l'enfant naturel était civilement étranger aux parents de ses père et mère. Il a été fait de ce principe une application remarquable par les art. 299 et 312 c. pén., qui portent : Art. 299. « Est qualifié parricide le meurtre des père ou mère légitimes, naturels ou adoptifs, ou de tout autre ascendant *légitime* ; » Art. 312. « Dans les cas prévus par les art. 309, 310 et 311 (blessures et coups), si le coupable a commis le crime envers ses père et mère légitimes, naturels ou adoptifs, ou autres ascendants *légitimes*, il sera puni ainsi qu'il suit :...» —Mais le code civil, en matière d'empêchement au mariage, repousse, au contraire, toute distinction entre les parents légitimes et les parents naturels. « En ligne directe, porte l'art. 161, le mariage est prohibé entre tous les ascendants et descendants *légitimes* ou *naturels*, et les alliés au même degré. » Et l'art. 162 ajoute : « En ligne collatérale, le mariage est prohibé entre le frère et la sœur *légitimes* ou *naturels*, et les alliés au même degré. » Nous n'avons pas besoin de faire ressortir les raisons de morale qui prescrivaient au législateur de déroger en ce point au principe que nous avons ci-dessus indiqué.—A part ce cas, pour lequel la loi s'est formellement expliquée, et aussi à part ce que nous avons dit vº Contrainte par corps (V. ce mot, nº 326), nous pensons, avec M. Demolombe, t. 5, nº 547, que, lorsqu'on rencontre dans quelque article de nos codes, ces expressions *ascendants et descendants*, *frères ou sœurs*, et même *parents ou alliés*, sans aucune autre indication, on doit les appliquer seulement aux parents ou alliés légitimes à l'exclusion des parents ou alliés naturels.—Il a été jugé, par application de ce principe, que l'enfant naturel, quoique le père qui l'a reconnu soit décédé, n'a pas droit à des aliments contre le père de ce dernier, et même sur son superflu (Cass. 7 juill. 1817, aff. Langlart, V. Mar., nº 626).

683. Il a été jugé également que les père et mère d'un individu qui a reconnu un enfant naturel ne peuvent être condamnés solidairement avec leur fils à payer des aliments à cet enfant,

---

gation, mais qui était étrangère à l'esprit de l'obligé; que l'auteur d'une reconnaissance a bien pu vouloir s'engager envers l'enfant, en sa qualité de père naturel et à raison même de cette qualité; mais qu'il ne s'ensuit pas que cette qualité disparaissant, il reste encore obligé envers lui; que la reconnaissance crée des obligations corrélatives; qu'en réduisant cette reconnaissance à une obligation naturelle envers l'enfant, on prive l'obligation des effets naturels et civils attachés à la reconnaissance, et sans lesquels il est fondé à dire qu'elle n'aurait pas eu lieu; — Et attendu que l'acte du 11 juin, considéré dans son contexte, est un acte de reconnaissance; que la construction vicieuse de cette phrase, « M. Nourisset prenant le susdit enfant, qu'il reconnaît, sur ses charges, » est clairement réparée par la phrase finale, « l'enfant qu'il reconnaît et dont il se charge; » que cet acte est d'ailleurs synallagmatique, que les deux parties en sont jointes par le lien intellectuel de la rédaction et la correspondance des obligations; qu'elles sont même liées matériellement et d'une manière indissoluble par une annotation transversale; que Colin père y stipule non-seulement comme aïeul de l'enfant et père de la mère naturelle, intéressé, en cette qualité, à l'accomplissement de l'obligation; qu'il y stipule pour lui-même une remise d'objets mobiliers, la décharge d'un payement et la ratification d'un traité; que Nourisset, de son côté, acquiert la libre possession de l'enfant; que cet enfant étant alors confié à une tierce personne, la preuve de cette stipulation était nécessaire à Nourisset pour se le faire remettre; — Que cependant l'acte n'a pas été fait double; que Colin père était donc le maître de conserver l'enfant, de tenir l'acte caché, et même de le supprimer; — Qu'ainsi l'acte du 11 juin ne peut valoir sous aucun rapport et en aucune forme; — Par ces motifs, etc. » — Appel. — Arrêt.

LA COUR; — Considérant qu'aux termes de droit, la reconnaissance d'un enfant naturel ne peut être faite que par acte authentique; qu'ainsi, l'acte du 11 juin 1839 étant sous seing privé, la reconnaissance qu'il contient ne peut être regardée comme valable; — Que cette reconnaissance étant nulle, elle ne peut donner à l'enfant aucun droit pour obtenir des aliments; qu'en vain prétend-on que, par l'acte dont il s'agit, Nourisset a pris l'engagement de payer tous les mois de nourrice de cet enfant; mais que la paternité étant indivisible, et la reconnaissance de cette paternité ayant été la cause impulsive, la cause déterminante de l'obligation contractée par Nourisset, cette obligation ne peut exister quand la paternité n'est pas légalement reconnue; c'est alors une obligation sans cause, et, par conséquent, nulle; — Considérant que, même en regardant l'engagement contracté par Nourisset comme une libéralité de sa part envers l'enfant de la fille Colin, cet engagement serait encore nul, et Nourisset ne pouvait être forcé de le remplir, les donations, aux termes de l'art. 931 c. civ., ne pouvant se faire que par acte authentique avec minute; — Par ces motifs, dit bien jugé, etc.

Du 11 mai 1841.-C. de Bourges, ch. civ.-MM. Dubois, pr.-Corbin, av. gén., c. contr.-Michel et Mayet-Génétry, av.

(1) *Espèce* : — (Turville C. B...) — Au décès du sieur B..., le sieur Turville, son exécuteur testamentaire, ayant trouvé dans ses papiers des reçus de la demoiselle B..., s'élevant à la somme totale de 64,777 fr., les considéra comme autant d'obligations et en demanda le payement. — La demoiselle B..., tout en reconnaissant avoir touché les sommes réclamées, soutint qu'elles lui avaient été données pour fournir aux besoins de toute espèce d'un enfant naturel qu'elle a eu du sieur W... — Elle en offre au surplus la preuve écrite. — Le sieur Turville ne conteste pas que s'il y avait enfant naturel, aux yeux de la loi, il n'y aurait pas lieu à répétition. Mais il nie que l'existence de l'enfant naturel fût constante aux yeux de la loi, puisqu'il n'y avait pas de reconnaissance par acte authentique. — La demoiselle B... répond que la reconnaissance par acte authentique, nécessaire pour l'obtention des droits civils, n'était pas nécessaire quand il s'agissait uniquement de savoir s'il existe une obligation naturelle.

Le 25 fév. 1825, jugement du tribunal civil de Paris, qui accueille l'exception de la demoiselle B..., par ces motifs, — « Que s'il était vrai que la demoiselle B... eût reçu du sieur W..., par les mains de son banquier, dans l'intervalle de 1816 à 1823, un grand nombre de sommes s'élevant ensemble à 64,777 fr., il était soutenu et justifié que ces sommes avaient été employées à acquitter des charges et des dépenses auxquelles le chevalier W... était obligé soit civilement, soit naturellement; que sous l'un comme sous l'autre rapport il ne peut y avoir lieu à répétition, aux termes de l'art. 1235 c. civ. » — Appel. — Arrêt.

LA COUR; — Adoptant les motifs des premiers juges, met l'appel au néant;—Ordonne que ce dont est appel sortira son plein et entier effet.

Du 3 août 1825.-C. de Paris, 3e ch.-MM. Lepoitevin, cons., pr.-Titon, cons., f. f. de subst., c. conf.-Mollot et Lamy, av.

alors qu'il n'est pas justifié que le fils soit hors d'état d'y satisfaire (Colmar, 27 juin 1821) (1). — Ce dernier arrêt paraît admettre implicitement que, dans le cas où le fils serait hors d'état de fournir les aliments, ses père et mère seraient tenus d'y suppléer. En thèse générale, nous ne croyons pas cette doctrine exacte; mais, dans l'espèce, il y avait des circonstances particulières qui ont pu exercer sur l'esprit des magistrats une certaine influence.

684. M. Zachariæ, t. 4, p. 37, après avoir énoncé le principe général suivant lequel il n'existe, entre les enfants illégitimes et les parents ou alliés de leurs père et mère, aucun lien de parenté ou d'alliance, ajoute que, par la même raison, il n'existe point, aux yeux de la loi, de parenté entre les père et mère d'un enfant naturel et les descendants même légitimes de ce dernier. Ainsi, suivant cet auteur, les père et mère d'un enfant naturel n'ont aucun droit de succession à exercer dans l'hérédité délaissée par les descendants même légitimes de cet enfant, et ils n'ont point contre eux l'action alimentaire. — M. Demolombe, au contraire, t. 5, n° 550, pense qu'il existe une parenté civile entre les père et mère de l'enfant naturel reconnu et les enfants légitimes de ce dernier. « L'enfant naturel, dit-il, se rattache à son père et à sa mère par un lien civilement reconnu; il est, en un mot, aux yeux de la loi elle-même, leur enfant; or, s'il est civilement leur enfant, ses enfants à lui ne doivent-ils pas être, civilement aussi, leurs petits-enfants? Se peut-il que l'enfant naturel se rattache tout à la fois, d'un côté à son père et à sa mère, et de l'autre côté à ses enfants légitimes, sans que son père et sa mère et ses enfants se rattachent aussi civilement les uns aux autres? Est-ce qu'il ne forme pas au contraire la chaîne qui les unit? »

Ce raisonnement ne nous semble pas péremptoire; en effet on pourrait en faire un tout à fait analogue pour prouver qu'il doit y avoir parenté civile entre l'enfant naturel et les ascendants légitimes du père ou de la mère qui l'a reconnu.—Nous croyons qu'on peut invoquer avec plus de fondement la raison suivante : l'enfant naturel est le fruit de la faute de son père et de sa mère; or le législateur a pu, disons plus, il a dû raisonnablement vouloir que les conséquences de cette faute ne vinssent pas rejaillir contre les parents de celui qui l'a commise, en leur créant une parenté honteuse en quelque sorte; mais cette raison n'existe pas lorsqu'il s'agit des rapports juridiques des descendants légitimes de l'enfant naturel avec les père et mère de cet enfant : ces derniers ne peuvent, à aucun titre et par aucun motif valable, répudier comme étranger aucun des membres de la nouvelle famille à laquelle leur faute a donné naissance. — On peut ajouter, avec M. Demolombe, t. 5, n° 550, que l'art. 759, qui, en cas de prédécès de l'enfant naturel, autorise ses enfants ou descendants à réclamer les droits fixés par les art. 756 et suiv. dans la succession des père et mère de celui-ci, consacre formellement entre eux un rapport civil de parenté.

685. Cette parenté a pour effet, d'abord, de donner ouverture à l'obligation réciproque de fournir des *aliments*. Entre ascendants et descendants, cette obligation réciproque est rigoureusement imposée par la nature; et elle ne peut pas ne pas être sanctionnée par la loi civile toutes les fois que la parenté existe à ses yeux.

686. Un autre effet de cette parenté c'est celui que nous venons d'indiquer et qui résulte de l'art. 759, lequel porte qu'en cas de prédécès de l'enfant naturel ses enfants ou descendants peuvent réclamer les droits fixés par les art. 756 et suiv.—Mais ce droit est-il réciproque? En d'autres termes, les père et mère de l'enfant naturel sont-ils admis à la *succession* des enfants légitimes de celui-ci lorsqu'il est prédécédé? C'est ce que nous examinerons v° Successions.

687. La reconnaissance n'est pas attributive, elle est simplement déclarative de la filiation; il suit de là que, du moins en règle générale, ses effets remontent au moment même de la naissance, ou plutôt de la conception de l'enfant. Nous disons en règle générale, car il est évident qu'il y a des faits accomplis auxquels la raison ne permet pas de faire rétroagir les effets de la reconnaissance. Ainsi, par exemple, nous avons vu que l'enfant naturel est, comme l'enfant légitime, obligé, pour se marier, de demander le consentement de ses père et mère. Or, il est évident que, s'il s'était marié avant d'avoir été reconnu, la nullité du mariage ne pourrait pas être demandée pour le défaut de consentement (Demolombe, t. 5, nos 456 et 457). — Il a été jugé, conformément au principe qui vient d'être énoncé, que lorsqu'un enfant naturel, inscrit sur les registres de l'état civil sous le nom de sa mère seule, n'a point été reconnu par son père, et qu'un tiers s'est chargé volontairement de son entretien, sans aucune condition, la négligence du père à pourvoir à l'existence de son enfant peut être considérée comme un fait dommageable à la personne qui l'a recueilli; qu'en conséquence, si le père reconnaît plus tard son enfant, cette reconnaissance l'oblige à rembourser au tiers qui s'en est chargé les frais par lui faits pour l'entretien de l'enfant antérieurement à la reconnaissance (Metz, 8 janv. 1833) (2).

688. De même, il a été décidé que la personne qui, en qua-

---

(1) *Espèce :* — (Bourquard C. Collet.) — 18 nov. 1816, acte notarié passé à Porentruy par Bourquard, qui se reconnaît père de l'enfant dont était enceinte Louise Collet, et fait à celle-ci, dans le cas où son mariage avec elle serait contrarié, une promesse de 1,200 fr., payables dans un an. Cet acte est enregistré à Belfort le 18 juill. 1817, et légalisé, tant à la chancellerie de Berne qu'à la légation française en cette ville.— Louise Collet avait reçu de Bourquard la promesse qu'il l'épouserait; les parents de celui-ci y mirent obstacle, et bientôt il ne lui resta plus rien à espérer sous ce rapport.— Dès lors, elle introduit une action en justice, tant contre Bourquard que contre ses père et mère. Elle demande l'exécution de l'engagement du 18 nov. 1816, et en outre, le payement pour son enfant d'une pension alimentaire de 15 fr. par mois, le tout solidairement contre Bourquard et ses père et mère qui avaient eu connaissance de la liaison de la demanderesse avec leur fils, et ne s'étaient opposés au mariage que lorsqu'ils connurent la modicité de sa fortune. Elle citait à l'appui des faits dont elle demandait à faire preuve, ajoutant subsidiairement que, dans le cas où la solidarité ne serait pas prononcée contre les parents, ils fussent condamnés, dans le cas d'impossibilité de réaliser la pension sur le fils, au payement de cette pension, sauf l'imputation des sommes qui seront payées par eux, sur la légitime de leurdit fils.

15 juin 1818, jugement du tribunal de Belfort, qui, « attendu que par l'acte du 18 nov. 1816 le sieur Matthieu Bourquard a valablement, librement et volontairement reconnu la paternité de l'enfant dont la demanderesse était enceinte, et promis de lui payer la somme de 1,200 fr., dans le cas où il serait empêché de l'épouser : ce qui assure l'état de cet enfant, et la somme de 1,200 fr. à la mère; qu'il résulte de là que la demande en aliments, ainsi que celle des 1,200 fr., ne peut être refusée à la demanderesse; mais que la somme de 12 fr. par mois est suffisante pour les aliments de l'enfant, sauf à les augmenter dans la suite; — Qu'en ce qui concerne la demande desdits aliments, formée contre les père et mère dudit Bourquard, la liberté que ceux-ci ont eue de consentir ou de discuter le mariage promis par leur fils à la demanderesse, les dispense de la solidarité ;— Que si, par la disposition du droit romain et la jurisprudence ancienne et nouvelle, les aïeux de l'enfant naturel légalement reconnu sont tenus de lui fournir, subsidiairement, les aliments, et sauf l'imputation sur la légitime du fils, père de l'enfant, il faut que l'impossibilité du fils à acquitter cette obligation soit justifiée : ce qui n'a pas encore été fait ;—Que Matthieu Bourquard, encore qu'il n'ait aucun bien échu, s'est dit employé aux douanes, ce qui lui assure un pécule sur lequel la demanderesse peut se pourvoir pour obtenir la pension alimentaire qu'elle réclame pour son enfant; et que jusqu'à ce qu'il soit prouvé que cette ressource est insuffisante, il n'échet de prononcer une condamnation subsidiaire contre les père et mère Bourquard, défendeurs;—Condamne, etc. » —Appel.— Arrêt.

La cour; — Considérant, 1° que Bourquard ne conteste plus la validité de la reconnaissance qu'il a faite en 1816, quant à l'enfant dont alors Louise Collet était enceinte; 2° que les 12 fr. par mois, pour la pension alimentaire de cet enfant, sont justement alloués, mais que Bourquard devra seul supporter cette charge aussi longtemps que la mère sera, comme aujourd'hui, hors d'état d'y concourir; 3° que quant aux 1,200 fr. qu'elle réclame pour l'inexécution de la promesse de mariage, la plus grande liberté devant être maintenue à cet égard, elle serait, jusqu'à un certain point, dans le cas d'être anéantie par la stipulation d'un dédit excessif; que la décision ne peut donc dépendre d'une volonté éphémère des parties; mais que, d'après l'art. 1142 c. civ., toute obligation de faire se résout en dommages-intérêts, quant à l'inexécution; qu'il en est donc dû à Louise Collet; que cependant, d'après les positions respectives, ceux alloués excèdent les bornes posées par l'équité;... — Met le jugement au néant sur ce dernier point; réduit les 1,200 fr. adjugés, à la somme de 600 fr., le jugement au résidu sortissant effet.

Du 27 juin 1821.-C. de Colmar.

(2) *Espèce :* — (Huet C. Taton.) — Le 20 juill. 1832, jugement du tribunal de Rethel, ainsi conçu : — « Considérant que, par le fait de la

lité de curateur, a pourvu aux frais d'entretien et d'éducation d'un enfant naturel, a qualité pour exercer l'action en réclamation d'état de ce dernier, à l'effet d'obtenir le remboursement de ses avances, alors surtout que les actes constitutifs de la reconnaissance de cet enfant avaient eu lieu avant la publication de la loi du 12 brum. an 2 (Req. 26 janv. 1814) (1).

689. Nous avons vu quels sont les effets généraux de la filiation naturelle; nous devons nous occuper maintenant d'une disposition importante par laquelle le législateur, dans un cas particulier, a restreint l'étendue de ces effets. Cette disposition se trouve contenue dans l'art. 337 c. nap., ainsi conçu : « La reconnaissance faite, pendant le mariage, par l'un des époux au profit d'un enfant naturel qu'il aurait eu, avant son mariage, d'un autre que de son époux, ne pourra nuire ni à celui-ci ni aux enfants nés de ce mariage. — Néanmoins elle produira son effet après la dissolution de ce mariage, s'il n'en reste pas d'enfants. »

Il ne peut pas dépendre de l'un des époux, a dit M. Bigot-Préameneu dans l'Exposé des motifs (V. *suprà*, p. 152, note, n° 29), de changer, après son mariage, le sort de sa famille légitime en appelant des enfants naturels qui demanderaient une part dans ses biens. Ce serait violer la foi sous laquelle le mariage aurait été contracté. Si l'ordre public ne permet pas que des époux reconnaissent, après leur mariage, leurs propres enfants qu'ils voudraient légitimer, à plus forte raison les enfants qui sont étrangers à l'un d'eux ne peuvent-ils acquérir depuis le mariage des droits contraires à ceux des enfants légitimes. — Il a été jugé 1° que l'art. 337 c. nap. s'applique à la reconnaissance d'un enfant naturel faite pendant le mariage par l'un des époux, encore qu'il soit décédé avant la publication du code, mais dans l'intervalle de la loi du 12 brum. an 2 à cette publication (Toulouse, 6 mai 1826 (2); rej. 18 flor. an 13, aff. Richon, V. n° 436-7°); — 2° Que, dès lors, l'enfant reconnu ne peut demander, soit

---

paternité, on contracte l'obligation de pourvoir à la subsistance de l'enfant depuis sa naissance; —Que le fait de la paternité et le délaissement d'un enfant est un acte coupable qui ne peut être opposé par son auteur pour se dispenser de la rémunération des sacrifices de la personne charitable qui s'est chargée de l'enfant;—Que ces principes sont, en outre, conformes à une disposition du droit, d'une application générale, en vertu de laquelle tout fait de l'homme qui cause à autrui un dommage, oblige celui par la faute duquel il est arrivé à le réparer; — Que, pour la mère, on ne concevrait pas même la pensée de telles exceptions; que, cependant, la certitude de la paternité étant acquise, la loi pas plus que la nature n'établit de distinction quant aux soins à donner à l'enfant entre ceux desquels il a reçu le jour; — Que jusqu'à la sixième année de Rosalie, époque du décès de sa mère, celle-ci a dû supporter pour moitié la charge de cette enfant, et qu'à partir de sa quinzième année, celle-ci a pu rendre dans la maison de Huet des services en échange de son entretien; — Condamne Baton à payer à Huet, avec intérêt du jour de la demande, la somme de 1,000 fr. pour les frais d'entretien et d'éducation de Rosalie Baton, sa fille naturelle; le condamne, en outre, aux dépens. »—Appel par Baton.—Arrêt.

LA COUR;—Adoptant les motifs des premiers juges, réduit à 400 fr. la condamnation prononcée contre Baton; — Ordonne que le surplus du jugement dont est appel sortira son plein et entier effet.

Du 8 janv. 1835.-C. de Metz, ch. civ.-M. Pechen, pr.

(1) (Lasserre C. Vernhes.) — LA COUR; — Attendu qu'il est constaté, par l'arrêt attaqué, que l'enfant est né en 1781, et que c'était par la législation en vigueur à cette époque qu'ont dû être appréciés les actes de reconnaissance de la part du père, Médard Tardieu; — Attendu qu'il a été établi qu'il a mis lui-même en nourrice cet enfant comme son fils, qu'il a pris soin de fournir à tous ses besoins pendant tout le cours de sa vie; qu'absent, il l'a confié à la sœur de la mère, à laquelle il a écrit un grand nombre de lettres, remplies d'une foule de reconnaissances expresses de sa paternité et de sa tendresse pour ce fils; qu'après sa mort, sa veuve a payé 1,000 fr. assignats à la personne qui prenait soin de l'enfant; que la famille Tardieu s'est assemblée et lui a nommé un tuteur; qu'enfin le sieur Vernhes a été nommé son curateur, comme oncle et époux de la sœur de son père, et que les avances qu'il a faites pour sa nourriture, son entretien, les frais de maladie et d'inhumation ont été justement mis à la charge de la succession de son père, qui lui avait fourni, en cette qualité, des aliments pendant sa vie, et dont l'héritier était chargé de la continuation de cette dette sacrée; — Attendu que cette dette n'était point tellement personnelle à cet enfant, que ceux qui en ont fait l'avance, comme curateurs, n'aient dû en obtenir le remboursement de la succession du père;—Et que la loi du 12 brum. an 2 pouvait d'autant moins servir de règle à une reconnaissance de paternité faite dès 1781, conformément à la législation d'alors, que Médard Tardieu père est mort deux mois seulement après la date de cette loi, faisant son service aux armées, sans qu'il soit prouvé, ni même probable, que cette loi ait été promulguée et connue; — Rejette.

Du 26 janv. 1814.-C. C., sect. req.-MM. Henrion, pr.-Lefessier, r.

(2) *Espèce :* —(Mespliés C. Mespliés.) — En 1760, un enfant est inscrit aux registres de l'état civil sous les noms de Jean-Baptiste Mespliés. Il y est en outre désigné comme fils naturel de Jean Mespliés et de Jeanne-Marie Marcel. Toutefois, le prétendu père ne signe point l'acte, et rien ne constate qu'il y ait pris la moindre part. — Quoi qu'il en soit, Jean Mespliés se marie. Trois enfants sont issus de son mariage. — C'est pendant cette union, et le 5 mai 1782, qu'il fait un testament par lequel il lègue au nommé Jean-Baptiste Mespliés, qu'il appelle son fils naturel, pour fournir à ses aliments et lui procurer les moyens de gagner sa vie, la somme de 600 fr., pour tous droits dans sa succession, laquelle somme sera payée lorsque Jean-Baptiste aura atteint l'âge de vingt-cinq ans. — Jean Mespliés père décède le 3 vend. an 9, laissant une veuve et trois enfants issus de son mariage.

Le fils naturel du défunt leur demande la délivrance du legs exprimé au testament de 1782 et en outre un supplément, conformément à l'art. 2, L. 14 flor. an 11. — La veuve et les héritiers légitimes lui opposent l'art. 337 c. civ., qui porte que « la reconnaissance, faite pendant le mariage, d'un enfant naturel que l'un des époux aurait eu avant de se marier, ne peut nuire ni à son conjoint, ni aux enfants issus du mariage. » — Mais Jean-Baptiste répond que, si l'art. 337 du code est applicable en thèse générale, il cesse de l'être dans le cas particulier, où, comme ici, le père a fait des dispositions en faveur de son enfant naturel; qu'aux termes de l'art. 2, L. flor., le légataire doit obtenir non-seulement l'objet légué, mais encore un supplément, si cet objet est inférieur à la moitié de ce qu'il aurait à prétendre d'après le code civil. — Le 16 juin 1823, jugement du tribunal de Pamiers qui adopte ce système de défense.

Appel des enfants légitimes. — L'intimé a reproduit le système qu'il avait présenté aux premiers juges. — Subsidiairement, il demandait que la somme qui lui était allouée par le jugement de première instance lui fût conservée à titre de pension alimentaire, l'enfant naturel simple ayant nécessairement droit à des aliments, puisque la loi les accorde à l'enfant adultérin et incestueux. — Arrêt.

LA COUR; — Attendu que Jean Mespliés étant décédé depuis la promulgation de la loi du 12 brum. an 2, mais avant la promulgation des titres du code civil sur la paternité et la filiation, et sur les successions, c'est le cas de faire l'application de ces titres en les combinant avec la loi du 14 flor. an 11; — Attendu que, si cette législation exige que la reconnaissance d'un enfant naturel par son père résulte d'un titre authentique, les appelants reconnaissent que cette condition est remplie par Jean-Baptiste Mespliés; qu'ainsi il n'y a point de contestation à cet égard; — Attendu, quant aux droits de l'enfant naturel placé dans la position où se trouve Jean-Baptiste Mespliés, que, s'ils doivent être déterminés d'après les dispositions du code civil, on doit reconnaître qu'aucune de ces dispositions ne peut être écartée; qu'ainsi celle de l'art. 337, portant que « la reconnaissance faite pendant le mariage par l'un des époux ne peut nuire ni à l'autre époux, ni aux enfants de ce mariage, » doit régir les droits des enfants naturels, pour lesquels la loi du 14 flor. an 11 a disposé; — Attendu, dès lors, que l'acte contenant la reconnaissance de Jean-Baptiste Mespliés n'étant autre que le testament du 5 mai 1782, cette reconnaissance ne peut nuire aux enfants d'un mariage antérieur à ladite reconnaissance; — Attendu que l'on objecte en vain que l'art. 1, L. 14 flor. an 11, qui renvoie aux deux titres du code civil sur la filiation et sur les successions, n'est pas applicable au cas où le père a fait des dispositions en faveur de l'enfant naturel, et qu'audit cas, l'art. 2, dite loi, doit seul être appliqué; qu'en effet, cet art. 2, qui n'est qu'une modification de l'art. 1, n'exclut pas l'application du principe général consacré par cet art. 1; qu'il n'entend point accorder les droits à l'enfant naturel, auquel l'art. 1 les refuse; qu'autrement, la condition d'un enfant légitime du père qui aurait voulu, dans l'intérêt même de cet enfant légitime, fixer le sort d'un enfant naturel, serait pire que celle de ce même enfant légitime dont le père n'aurait rien fait pour son fils naturel; — Attendu qu'on objecte vainement qu'ici la reconnaissance est antérieure au mariage, parce qu'il faut la rattacher à l'acte de naissance; que cet acte de naissance est tout à fait étranger au père; que Jean-Baptiste Mespliés reconnaît lui-même qu'il serait sans titre s'il n'avait que son acte de naissance; que, dès lors, une reconnaissance postérieure, seule valable, seule efficace, ne peut pas se lier à un acte sans efficacité, pour faire que cette reconnaissance ait, de droit, une date antérieure au mariage, quand, de fait, la date est postérieure; — Attendu que les conclusions subsidiaires de l'intimé sont aussi mal fondées que ses autres exceptions; qu'en effet, si la demande d'aliments était sérieuse, elle serait nouvelle et principale, et pour le moment hors du domaine de la cour; qu'en la considérant comme elle a été formée, c'est-à-dire dans la vue de justifier par un nouveau moyen la décision attaquée, elle ne saurait être accueillie; que Jean-Baptiste Mespliés, eût-il droit à des aliments, ne pourrait jamais prétendre, à ce

contre la veuve, soit contre les enfants issus du mariage, l'exécution des dispositions testamentaires que son père aurait faites en sa faveur (même arrêt de Toulouse); — 3° Que l'art. 337 est applicable au cas où la reconnaissance a été faite avant notre nouvelle législation, et même avant 1789, si le père sur la succession duquel l'enfant naturel réclame des droits n'est décédé que depuis la promulgation du code Napoléon (Cass. 24 nov. 1830, aff. Gabriel, V. n° 547). — V. encore, n° 700-3°.

690. L'art. 337 ne parle que de la reconnaissance faite pendant le mariage. Faut-il en conclure que si, après sa dissolution, l'époux veuf reconnaissait un enfant naturel qu'il aurait eu avant le mariage d'un autre que de son époux, la reconnaissance pourrait nuire aux enfants nés de ce mariage?—M. Delvincourt, t. 1, note 10 de la p. 94, repousse cette interprétation de l'art. 337. Que la reconnaissance soit faite avant ou après la dissolution du mariage, lorsqu'il existe des enfants, le résultat est le même par rapport à eux; cette reconnaissance ne leur préjudicie ni plus ni moins dans un cas que dans l'autre. Or c'est précisément ce préjudice que le législateur a voulu empêcher; donc les motifs de l'art. 337 sont applicables au cas où la reconnaissance a été faite après la dissolution du mariage, comme au cas où elle a été faite pendant sa durée, donc la distinction entre ces deux cas est purement judaïque et entièrement contraire à l'intention du législateur.—Mais le sentiment de M. Delvincourt n'a point été, et avec raison, adopté par les autres auteurs. On s'accorde généralement à reconnaître que l'application de l'art. 337 doit être restreinte au cas où la reconnaissance a été faite pendant le mariage.—On dit d'abord que le but principal de l'art. 337 a été de maintenir la paix du ménage et la bonne intelligence entre les époux, laquelle pourrait être troublée par le ressentiment que ferait naître dans le cœur de l'époux le préjudice résultant de cette filiation naturelle soit pour lui-même, soit pour ses enfants; que ce motif n'existe plus après la dissolution du mariage. — Cette raison n'est peut-être pas très-solide; outre que le motif qu'on assigne ici à l'art. 337 n'est pas celui qu'a indiqué l'Exposé des motifs, l'art. 337 n'interdit pas la reconnaissance elle-même; il en modifie seulement les effets. Or c'est la reconnaissance, plutôt que le préjudice matériel qui peut en résulter, qui doit naturellement produire l'irritation dont on parle. — On ajoute que l'époux survivant eût pu légitimer cet enfant naturel en épousant sa mère, et que, pour le légitimer, il eût bien fallu qu'il le reconnût; que, d'ailleurs, la légitimation conférant des droits plus étendus que la reconnaissance, on doit conclure de ce qu'il pourrait les légitimer qu'il peut simplement les reconnaître; car, en général, qui peut le plus peut le moins. —On ajoute encore que cet époux survivant pourrait donner l'existence à de nouveaux enfants naturels et leur conférer par la reconnaissance les droits qui résultent ordinairement de cet acte; qu'on ne voit pas dès lors pourquoi la reconnaissance de l'enfant naturel qu'il aurait eu avant le mariage ne produirait pas les mêmes effets.—Enfin, pour prouver que la distinction dont il s'agit a bien été dans la pensée du législateur, et que c'est avec intention qu'il s'est servi de ces mots *pendant le mariage*, on fait observer que le projet contenait un article ainsi conçu : « Après la dissolution de ce mariage *et s'il n'en reste pas d'enfants*, l'époux qui aurait omis de reconnaître son enfant avant le mariage pourra en faire la reconnaissance dans les formes prescrites au titre *de l'état civil*, » et qu'elle n'a point passé dans le code (V. en ce sens MM. Toullier, t. 2, n° 959; Proudhon, t. 1, p. 147; Duranton, t. 3, n° 254; Marcadé, sur l'art. 337, n° 4; Ducaurroy, etc., t. 1, n° 491; Demolombe, t. 5, n° 461). —Il a été jugé également qu'un enfant naturel né avant le mariage de son père peut être valablement reconnu par ce dernier après sa dissolution, encore bien qu'il existe des enfants de ce mariage...; et qu'une telle reconnaissance a effet contre les enfants légitimes (Pau, 5 prair. an 13, et, sur le pourvoi, Rej. 6 janv. 1808, aff. Picot, V. *suprà*, n° 570).

691. L'époux qui a reconnu, pendant le mariage, un enfant naturel qu'il avait eu antérieurement d'un autre que de son époux, ne pourrait pas, par une nouvelle reconnaissance faite après la dissolution, échapper à l'application de l'art. 337.—Quel est en effet le but légal de la reconnaissance? C'est de constater la filiation. Quant aux relations juridiques qui en résultent entre l'enfant et son père ou sa mère, c'est la loi elle-même et non pas la volonté de l'auteur de la reconnaissance qui les crée. Or, du moment que la filiation a été légalement constatée par la reconnaissance intervenue pendant le mariage, une reconnaissance nouvelle n'aurait plus d'objet : c'est un acte juridiquement impossible. Son seul but serait de changer les rapports juridiques de l'enfant avec l'auteur de la reconnaissance; or, comme nous venons de le dire, c'est la loi qui crée ces rapports; par conséquent la volonté de l'homme ne peut les modifier à son gré une fois qu'ils sont établis. Ainsi c'est à l'époux à opter entre une reconnaissance immédiate dont les effets sont certains mais fort incomplets, et un retard qui lui permettra de faire une reconnaissance pleinement efficace, mais qui, d'un autre côté, pourra rendre cette reconnaissance impossible. « C'est, dit M. Marcadé, sur l'art. 337, n° 5, parce que le législateur a entendu que la reconnaissance faite pendant le mariage ne pourrait pas être modifiée postérieurement et ne produirait jamais que les effets primitivement permis, et parce que dès lors on aurait pu regarder comme une conséquence (bien rigoureuse, il est vrai) de ce principe le maintien de la privation des effets pécuniaires dans le cas même où les enfants issus du mariage viendraient à prédécéder, c'est pour cela que l'idée contraire, et bien naturelle assurément, que le prédécès de ces enfants laissera la reconnaissance produire ses effets ordinaires, a paru au législateur une espèce d'exception apportée au principe, et qu'il a commencé l'alinéa qui l'indique par la conjonction restrictive *néanmoins*. Sans cette pensée des rédacteurs, le mot *néanmoins* n'aurait aucun sens possible. » — V. aussi M. Demolombe, t. 5, n° 462.

692. L'art. 337 étant exceptionnel, et ces sortes de dispositions ne devant pas, en général, être étendues au delà de leurs termes, MM. Demolombe, t. 5, n° 464; Zachariæ, édit. Massé et Vergé, t. 1, p. 327, note 36, et Richefort, t. 2, n° 280, en concluent que, si la reconnaissance, ayant été faite avant le mariage, se trouvait entachée de quelque cause d'annulation, provenant soit d'un vice de consentement, soit d'un vice de forme, et que l'époux de qui émane cette reconnaissance l'eût ratifiée pendant le mariage, l'art. 337 ne serait pas applicable.—Et cela est logique : un acte nul est censé ne pas exister; mais il faut, bien entendu, que la nullité existe réellement.— Nous pensons, toutefois, que la rectification émanée du mari ne pourrait être critiquée par sa femme ou ses enfants légitimes, si le contrat de mariage signalait la reconnaissance de cet enfant naturel.

A cet égard il a été jugé que l'art. 337 n'est point applicable au cas où, la reconnaissance ayant été faite antérieurement au mariage par un acte dont les qualifications peuvent laisser quelques doutes sur l'identité du père, ce dernier a, par un acte postérieur, intervenu pendant le mariage, rectifié et confirmé cette reconnaissance (Cass. 24 nov. 1830, aff. Gabriel, V. n° 547); — ... Mais que, quand l'individu déclaré comme père d'un enfant naturel, n'étant pas présent à l'acte de naissance, ne l'a pas signé, comme cet acte ne constitue point une reconnaissance valable, si plus tard, mais pendant son mariage, cet individu s'est reconnu père de l'enfant dont il s'agit, il y a lieu d'appliquer l'art. 337 c. nap., qui déclare sans effet, vis-à-vis des enfants nés du mariage, les reconnaissances faites pendant ce mariage (même arrêt).

693. Maintenant l'art. 337 est-il applicable à la reconnaissance judiciaire ou forcée? En d'autres termes, lorsqu'un enfant naturel né, avant le mariage, d'un autre que de l'époux, a, pendant le mariage, obtenu un jugement qui constate sa filiation, l'autre époux

---

titre, à une quote quelconque des biens paternels; qu'au surplus, l'art. 337 c. civ., étant applicable à la reconnaissance invoquée par Jean-Baptiste Mespliés, celui-ci n'a pas plus de droit à demander aux enfants légitimes des aliments qu'une portion héréditaire, puisque le succès de l'une ou de l'autre de ces deux demandes nuirait également à l'enfant légitime; — Par ces motifs, sans avoir égard aux conclusions tant principales que subsidiaires de la partie d'Astre (l'intimé), disant, au contraire, droit sur l'appel, réformant le jugement du 16 juin 1823, rendu par le tribunal de Pamiers, — A relaxé et relaxe lesdites parties de Marion (les appelants) des demandes contre elles formées; — Condamne ladite partie d'Astre aux dépens, etc.

Du 6 mai 1826.-C. de Toulouse, 2e ch.-M. d'Aldéguier, pr.

et les enfants issus du mariage peuvent-ils opposer à ses prétentions la disposition de l'art. 337? — Les auteurs sont divisés sur cette question. Ceux qui soutiennent la négative invoquent les arguments suivants. Et d'abord le texte dit positivement : « La reconnaissance faite.... par l'un des époux....»; expressions qui ne peuvent s'appliquer à la déclaration judiciaire de paternité ou de maternité. Et ce n'est pas seulement le texte, ce sont aussi les motifs de l'art. 337 qui sont inapplicables; en effet, comme il n'y a point ici reconnaissance volontaire, il n'y a pas non plus ce manque de foi qui peut exciter le ressentiment de l'autre époux. On ajoute que l'enfant, ayant, dès sa naissance, un droit acquis à faire constater judiciairement sa filiation, n'a pu être dépouillé de ce droit par un fait auquel il a été complétement étranger, par le fait de son père ou de sa mère. On dit enfin que le jugement qui statue sur une recherche de paternité ou de maternité n'est pas attributif, mais simplement déclaratif de la filiation, que dès lors la preuve de cette filiation est réputée lui avoir été acquise avant le mariage de son auteur. — Cette interprétation est soutenue par MM. Toullier, t. 2, n° 958; Duranton, t. 3, n°s 255, 256; Valette sur Proudhon, t. 2, p. 146, note *a*, II; Ducaurroy, etc., t. 1, n° 492; Allemand, Du mariage, t. 2, n°s 852, 854; Taulier, t. 1, p. 434. — Jugé en ce sens que l'art. 337 c. civ. n'est applicable qu'au cas où il y a reconnaissance libre et volontaire pendant le mariage, et non au cas où c'est l'enfant qui offre la preuve de la filiation (Rouen, 20 mai 1829, aff. Buzuel, V. n° 619-5°).—La même doctrine paraît également consacrée d'une manière implicite par un arrêt qui a jugé qu'on ne peut considérer comme un commencement de preuve par écrit, ayant date certaine avant le mariage, l'acte de baptême d'un enfant naturel signé par la mère qui a eu plus tard des enfants légitimes (Lyon, 31 déc. 1835) (1). — Il résulte en effet de cette décision que, si l'enfant avait eu un commencement de preuve par écrit ayant une date certaine avant le mariage, le jugement déclaratif de maternité, bien qu'intervenu pendant le mariage, aurait produit tous les effets dont il est susceptible.

Des divers arguments qui viennent d'être exposés, les deux derniers sont sans valeur. Et d'abord la reconnaissance volontaire, comme le jugement, est simplement déclarative de la filiation; ce n'est pas elle qui la crée : on ne peut donc rien conclure de ce caractère de la reconnaissance judiciaire. De plus, si l'on peut dire que l'enfant avait, avant le mariage, un droit acquis à faire constater son état et à réclamer les avantages qui y étaient attachés, et que le mariage n'a pu lui enlever ce droit, ne peut-on pas dire, d'un autre côté, qu'avant le mariage, c'était pour les père et mère de cet enfant un devoir de conscience de le reconnaître et de lui assurer par cette reconnaissance tous les avantages attachés à la qualité d'enfant naturel, et qu'ils n'ont pu, en contractant mariage avec une personne étrangère, se soustraire à l'accomplissement de ce devoir, se placer eux-mêmes dans l'impossibilité légale de le remplir. A ce point de vue nous ne voyons pas plus de raison pour priver la reconnaissance volontaire que pour priver la reconnaissance judiciaire de ses effets ordinaires. — Restent donc les arguments tirés du texte de l'art. 337 et des motifs qui l'ont dicté. Il est bien vrai que les termes de l'art. 337 semblent exclure la reconnaissance judiciaire; mais, nous croyons l'avoir déjà fait observer, la reconnaissance étant le mode le plus ordinaire de constatation de la filiation naturelle, il arrive souvent au législateur de s'exprimer comme si elle était le seul, et ici cela est d'autant plus naturel, que les art. 340 et 341, dans lesquels il est question de la recherche judiciaire, ne viennent qu'après l'art. 337. Ce n'est donc pas d'après le texte seul, c'est surtout d'après l'esprit de la loi, d'après les motifs qui l'ont inspirée qu'il faut apprécier si ses dispositions s'appliquent aux deux modes de constatation de la filiation ou seulement à l'un des deux. Or les motifs de l'art. 337 nous paraissent, quoi qu'on en ait dit, s'appliquer à la reconnaissance forcée et à la reconnaissance volontaire. N'est-il pas à craindre, en effet, que l'harmonie, la paix du ménage ne soit troublée par l'une aussi bien que par l'autre? Qu'importe au conjoint que ce soit par une reconnaissance volontaire ou par une reconnaissance forcée que ses droits et ceux de ses enfants se trouvent lésés? Dans l'un et l'autre cas, si la cause diffère, l'effet est le même; or c'est l'effet qui est tout ici; c'est en vue de l'effet seul qu'a été rédigé l'art. 337, et ce qui le prouve c'est que cet article ne prohibe nullement la reconnaissance, mais se borne à lui refuser tout effet à l'encontre de l'époux et des enfants issus du mariage.

On fait d'ailleurs valoir, en faveur de cette opinion, une considération qui nous paraît décisive. Supposons, dit-on, qu'un enfant naturel déclare à la femme mariée qu'il sait être sa mère qu'il a résolu d'intenter une action contre elle; qu'arrivera-t-il? Si la mère, voyant douteux les moyens de preuve de l'enfant, le laisse agir, et que celui-ci réussisse, tous les droits d'enfant naturel lui seraient acquis; que si, au contraire, vu la complète évidence des preuves que tient l'enfant, elle s'empresse de prévenir son action en le reconnaissant volontairement, ces mêmes droits n'existeraient pas? Une doctrine qui conduit à de tels résultats peut-elle être sérieusement soutenue? — Il faut donc reconnaître que, si le jugement dont il s'agit a, comme la reconnaissance, l'effet important de constater le rapport de filiation qui unit l'enfant naturel à son père ou à sa mère, il ne peut, pas plus que cette reconnaissance, préjudicier, quant aux droits pécuniaires, à l'époux de son auteur et aux enfants issus du mariage. C'est ce qu'enseignent au surplus MM. Loiseau, p. 437; Delvincourt, t. 1, note 10 de la page 94; Favard, Rép., v° Reconnais. d'enf. nat., sect. 2, § 2, n° 2; Marcadé, sur l'art. 337, n° 7, et Demolombe, t. 5, n° 466.

Il a été jugé, en ce sens : 1° que la déclaration judiciaire d'une maternité naturelle fondée sur des faits postérieurs au mariage de la mère, ne peut pas nuire à l'autre époux et aux enfants nés de ce mariage (Cass. 17 fév. 1851, aff. Bonin, D. P. 51. 1. 113);—2° Que le mariage de la mère postérieur à la naissance d'un enfant, et la survenance d'enfants légitimes, ne s'opposent point à la recherche de la maternité par le premier : on objecterait en vain qu'aux termes de l'art. 337 c. nap. la reconnaissance faite pendant le mariage par l'un des époux ne pouvant nuire aux enfants nés de ce mariage, la recherche de la maternité se trouve sans objet (Paris, 17 juill. 1841, aff. Brigaux, V. n° 620-4°);—3° Qu'on ne saurait voir une dérogation à l'art. 337 c. nap.

(1) *Espèce :* — (Despeisses *C.* Blanchet.)—Le 29 brum. an 11, il est inscrit à l'état civil sous le nom de Vespasien Blanchet un enfant comme né de Catherine Blanchet. — Celle-ci a fait dresser et signé l'acte de baptême de cet enfant.—Elle l'élève et l'entretient.—Depuis, ayant succédé à la fortune assez considérable de ses père et mère, elle a épousé le sieur Despeisses, qui a continué à l'enfant les mêmes soins qu'il recevait auparavant de la mère seule.—Cet enfant est placé en apprentissage. —Des enfants légitimes naissent du mariage.—Décès de la dame Despeisses. — Vespasien Blanchet réclame dans sa succession les droits d'enfant naturel reconnu. Il se fonde, 1° sur sa possession d'état (V. Rouen, 20 mai 1829, n° 619-5°); 2° sur son acte de baptême, lequel, suivant lui, vaut commencement de preuve contre sa mère, puisqu'il est signé d'elle, et lui permet de compléter, par la présomption ou la preuve testimoniale, la preuve de la maternité.

Jugement du tribunal civil de Lyon du 15 mai 1834 qui rejette cette prétention en ces termes :—« En ce qui touche l'intervention de Vespasien Blanchet, attendu que la loi distingue les règles qui servent à établir la filiation des enfants légitimes de celles qui donnent aux enfants naturels des droits à la succession de leurs père et mère;—Attendu que l'enfant naturel ne peut se présenter à la succession de sa mère que par suite d'une reconnaissance authentique, ou lorsqu'il se trouve dans l'un des cas où la loi admet la recherche de la maternité;—Attendu que Vespasien Blanchet réclame des droits dans la succession de Catherine Blanchet, qui a contracté mariage avec le sieur Despeisses, après la naissance dudit Vespasien Blanchet, et qu'il résulte des dispositions de l'art. 337 c. civ., que la reconnaissance d'un enfant naturel ne lui donne des droits, dans le concours d'enfant légitime, qu'autant qu'elle a précédé le mariage; — Attendu que la loi a voulu ainsi couvrir d'une protection nécessaire les droits des enfants légitimes, et qu'elle a positivement décidé que même la reconnaissance de l'enfant naturel ne pourrait leur nuire; — Attendu que les documents que présente Vespasien Blanchet devraient, pour autoriser la preuve testimoniale à laquelle il a recours, constituer un commencement de preuves par écrit, tel que l'a défini la loi dans l'art. 1347 c. civ., et que ce commencement de preuve par écrit devrait reposer, par suite des dispositions de l'art. 337 du même code, sur des éléments portant une date certaine antérieure au mariage; — Attendu qu'aucun des documents invoqués par Vespasien Blanchet ne remplit cette condition... »—Appel par Blanchet; —Arrêt.

LA COUR; — Adoptant les motifs des premiers juges, confirme.

Du 31 déc. 1835.-C. de Lyon, aud. sol.-M. de Belbeuf, 1er pr.

dans cette circonstance qu'on considérerait comme éléments de la possession d'état d'un enfant naturel des faits émanés de ses parents depuis leur mariage (Limoges, 4 août 1848, aff. Chirat, D. P. 49. 2. 38).

694. La question devrait-elle être décidée de même dans le cas où par suite d'enlèvement et dans l'hypothèse prévue par l'art. 340, 2e alinéa, la paternité serait recherchée et le mari serait déclaré père de l'enfant? La négative se fonde sur la généralité de l'art. 337, et sur les inconvénients de nuire à la paix du mariage et de porter atteinte aux droits de la famille, inconvénients de premier ordre, et devant lesquels on a dû faire taire tout ce qui pourrait tendre à affaiblir dans l'état une pareille union. On dit que sans doute les motifs qui ont fait établir une exception à la règle qui défend la recherche de la paternité sont fort sérieux, mais que le mariage est le premier fondement des sociétés, et que devant lui, devant la crainte d'en détourner le moins du monde les citoyens, on doit rejeter toute exception qui serait proposée à l'art. 337, qu'elle soit tirée de la situation du mari ou de la femme, qu'elle soit puisée dans un événement de force majeure, comme celui de l'enlèvement ou du rapt, ou qu'elle soit due à un événement auquel la violence n'a eu aucune part. —Néanmoins, et en présence, soit de l'ordre numérique de l'art. 340, lequel vient après la disposition de l'art. 337, soit de la gravité du motif qui a fait établir une exception au principe le plus absolu du droit moderne, celui qui prohibe la recherche de la paternité, soit de la généralité de cette exception, soit enfin de la portée illimitée du principe de responsabilité posé par les art. 1382 et suiv. c. civ., ...en présence de ces considérations diverses et de la différence fondamentale qui existe entre la recherche de la paternité, au cas du deuxième alinéa de l'art. 340, et la recherche de la maternité, nous croyons que la fortune du mari pourrait être atteinte ou affaiblie par le crime dont il se serait rendu coupable en ravissant une femme qui serait devenue mère, comme elle pourrait l'être par tout autre crime, délit ou quasi-délit.

695. L'art. 337, comme ses termes l'indiquent clairement, n'est applicable qu'autant que l'auteur de la reconnaissance a eu l'enfant d'un autre que de son époux. Il est évident, en effet, que lorsque l'enfant naturel est né, avant le mariage, du commerce des deux époux, il n'y a plus de raison pour priver la reconnaissance d'aucun de ses effets ordinaires; qu'on n'a point à craindre de voir la paix du ménage troublée.

696. Mais comment saura-t-on si l'enfant reconnu par l'un des époux est aussi l'enfant de l'autre époux? On le saura lorsque sa filiation aura été établie vis-à-vis de cet autre époux par les voies légales, c'est-à-dire, soit par l'effet d'une reconnaissance volontaire, soit par l'effet d'une recherche judiciaire, dans les cas où cette recherche est permise. Peu importe d'ailleurs à quelle époque cette constatation vis-à-vis de l'autre époux aura été faite. Ainsi, supposons que l'enfant naturel qui a été reconnu pendant le mariage par son père intente postérieurement, contre la femme de ce dernier, une action en recherche de maternité, et que ses prétentions soient accueillies par les tribunaux, l'effet du jugement sera non-seulement de lui conférer vis-à-vis de sa mère le titre et les droits d'enfant naturel, mais encore de restituer à la reconnaissance de son père les effets dont elle avait été privée d'abord par application de l'art. 337, et de les lui restituer non-seulement pour l'avenir, mais encore pour le passé, à raison du caractère simplement déclaratif, soit de la reconnaissance, soit du jugement. C'est ce qu'enseignent MM. Loiseau, p. 435, 436; Toullier, t. 2, nº 960; Duranton, t. 3, nos 248, 249; Marcadé, sur l'art. 337, nº 6; Demolombe, t. 5, nº 468; Zachariæ, édit. Massé et Vergé, t. 1, p. 328.

697. L'art. 337 ne protége que l'époux dont le mariage durait au moment où la reconnaissance a été faite, et les enfants issus de ce mariage. S'il existait des enfants issus d'un mariage antérieur, ils ne pourraient se prévaloir contre l'enfant naturel de l'art. 337; et de même si, après la dissolution du mariage pendant lequel la reconnaissance a eu lieu, l'auteur de la reconnaissance se remariait, ni le nouvel époux ni les enfants issus du nouveau mariage ne pourraient invoquer l'art. 337 : ni les termes ni les motifs de cet article ne sont applicables, soit aux uns, soit aux autres. — V. MM. Duranton, t. 3, nº 251; Loiseau, p. 436; Demolombe, t. 5, nº 470.

698. Mais par ce mot *enfants* il faut entendre tous les descendants. Ainsi, si, lors du décès de l'auteur de la reconnaissance, il ne restait pas d'enfants issus du mariage, ceux-ci étant prédécédés, mais seulement des petits-enfants, ils pourraient invoquer la disposition de l'art. 337, en sorte que l'enfant naturel ne pourrait prendre, à leur détriment, aucune part des biens de la succession. En effet, dans le langage du droit, on comprend sous l'expression générique d'*enfants* tous les descendants; et d'ailleurs ils représentent leurs père et mère et sont investis de tous leurs droits et actions (V. Conf. MM. Loiseau, p. 438; Demolombe, t. 5, nº 474).

699. L'art. 337 n'a pour but que de garantir les intérêts pécuniaires, les intérêts matériels de l'époux et des enfants. Il est donc rationnel de penser que la reconnaissance doit produire tous les effets qui ne portent point atteinte à ces intérêts, et notamment ceux qui tiennent à la puissance paternelle, comme le droit de correction réglé par les art. 376 et suiv., le droit de consentir au mariage, etc. Nous en dirons autant du droit de porter le nom soit du père, soit de la mère qui a fait la reconnaissance : cela ne préjudicie en rien soit à l'époux, soit aux enfants issus du mariage (V. en ce sens M. Demolombe, t. 5, nº 471).

700. L'art. 337 s'opposerait-il à ce que l'enfant naturel reconnu pendant le mariage pût réclamer des aliments?—Plusieurs auteurs enseignent que, dans tous les cas, l'enfant a droit aux aliments. Ils en donnent pour raison que les aliments sont une dette sacrée et que l'art. 337 n'a pu vouloir étendre jusque-là l'inefficacité de la reconnaissance à l'égard de l'époux et des enfants du mariage; que les enfants incestueux et adultérins, envers lesquels la loi se montre si rigoureuse, ont cependant droit aux aliments, et qu'on ne peut supposer que le législateur ait entendu, en aucun cas, les refuser aux enfants naturels simples. Ainsi, suivant ces auteurs, l'application de l'art. 337 doit être restreinte aux droits que les art. 756 et suiv. attribuent à l'enfant naturel sur la succession de ses père et mère. Encore reconnaissent-ils à cet enfant le droit de réclamer des aliments sur la succession, comme il a le droit d'en réclamer contre ses père et mère vivants. Telle est l'opinion de MM. Marcadé, sur l'article 337, nº 2; Duranton, t. 3, nº 252; Zachariæ, édit. Massé et Vergé, t. 1, p. 335 et note 11. — D'autres auteurs font une distinction entre le cas où les aliments sont demandés contre l'auteur de la reconnaissance de son vivant, et le cas où ils sont réclamés sur sa succession après sa mort. Dans le premier cas, ils pensent que la demande de l'enfant devra être accueillie toutes les fois que l'auteur de la reconnaissance pourra fournir ces aliments sur des biens dont il aura la libre disposition et dont il ne devra compte ni à son conjoint ni aux enfants du mariage; qu'ainsi le mari pourrait être obligé de les fournir soit sur ses biens personnels, soit sur les biens de la communauté, soit même sur les revenus des biens personnels de la femme, si les époux étaient mariés sous le régime de la communauté ou sous le régime exclusif de communauté, ou sous le régime dotal, le mari ayant la jouissance et la libre disposition de ces revenus aux termes des art. 1501, 1530 et 1549; que la femme, de son côté, si c'était elle qui eût fait la reconnaissance, pourrait être obligée de les fournir sur les revenus de ses biens personnels, si elle était mariée sous le régime de séparation de biens, ou sur les revenus de ses biens paraphernaux si elle était mariée sous le régime dotal (art. 1449, 1536, 1576). Mais les mêmes auteurs pensent que l'enfant n'aurait le droit de rien réclamer après la mort de l'auteur de la reconnaissance, parce que ce qu'ils obtiendraient à titre d'aliments sur la succession diminuerait d'autant la masse héréditaire qui se trouve alors dévolue aux successeurs légitimes (V. en ce sens notamment MM. Loiseau, p. 435, et Demolombe, t. 5, nos 472 et 473).— De ces deux doctrines, la première est plus humaine, sans doute, mais nous croyons que la seconde est plus juridique, plus conforme au véritable sens de l'art. 337.

Il a été jugé, sur cette question : 1° que l'enfant naturel reconnu peut réclamer des aliments contre son père, quoique la reconnaissance ait eu lieu pendant le mariage de ce dernier avec une autre que la mère de l'enfant, alors que ces aliments sont pris sur les revenus qui appartiennent au père (Req. 27 août 1811, aff. Carayon, V. nº 565);—2° Que la femme mariée qui, pendant son mariage, a été déclarée mère d'un enfant naturel, doit lui fournir des aliments, lors même qu'elle a des enfants légitimes, et que son mari existe encore; — Qu'elle le doit surtout, lorsqu'elle est mariée avec clause de séparation de biens (Rennes, 22 mars 1810) (1); — 3° Que l'enfant naturel reconnu par son père pendant le mariage a le droit de réclamer des aliments sur sa succession, encore bien qu'il y ait des enfants légitimes issus du mariage, alors d'ailleurs que la reconnaissance avait été faite par acte authentique sous l'ancienne législation, et que même la quotité des aliments avait été fixée par un jugement intervenu sous cette ancienne législation (Paris, 13 juin 1809) (2); — 4° Que l'enfant naturel, encore qu'il n'ait été reconnu sous le code que pendant le mariage de son père avec une autre que sa mère, a droit, après la mort de ce dernier, de demander des aliments aux enfants légitimes qui ont recueilli sa succession; que la circonstance que le père a fait apprendre un état à son enfant naturel n'est pas une fin de non-recevoir contre la demande, si cet état ne fournit pas à l'enfant naturel sa subsistance et celle de sa famille (Agen, 17 mars 1817) (3).

(1) *Espèce:* —(Coron C. Abel Hamelin.)—Abel ayant été déclaré enfant naturel de la dame Coron, introduit contre elle une demande en prestation d'aliments, elle prétend qu'elle ne lui doit aucun secours quant à présent, aux termes de l'art. 337 c. civ.; et qu'il n'y a lieu à distinguer, dit-elle, entre la reconnaissance volontaire et la reconnaissance forcée; si l'on me condamnait à payer à Abel une pension alimentaire, on nuirait à mon époux et à nos enfants communs. — Jugement du tribunal de Nantes qui accorde à Abel une pension de 150 fr. jusqu'à ce qu'il eût atteint sa quinzième année, réductible à 100 fr. à cette époque. —Appel.—Arrêt.

La cour; — Considérant que le tribunal de Nantes a bien jugé en déclarant Abel Hamelin enfant naturel de Félicité Hamelin;—Considérant, en second lieu, que c'était une conséquence de cette première disposition, d'ordonner que Félicité Hamelin fournirait une pension et des aliments au sieur Abel; que pour se soustraire à cette obligation de droit naturel et réciproque entre les père et mère et les enfants même naturels, obligation établie par les lois positives dans tous les temps et chez tous les peuples policés, et dont les lois romaines ont comparé l'inexécution à l'homicide, c'est bien en vain que Félicité Hamelin invoque l'art. 337 c. civ.; que, sans examiner si cet article serait applicable au cas d'une reconnaissance, non pas faite par l'époux lui-même, mais forcée et judiciaire, il est bien évident que la lésion qu'il a voulu prévenir des intérêts de l'autre époux et de leurs enfants légitimes n'a de rapport qu'aux droits dont les enfants ainsi reconnus pourraient se prévaloir, d'après l'art. 757 du même code; mais qu'il ne peut être exclusif de l'action d'aliments de l'enfant naturel; que cela est si éloigné de l'intention de la loi et même de son texte, que cette loi, prononçant, art. 762, l'exclusion des enfants naturels de tous droits à la succession de leurs père et mère, si ces enfants sont adultérins ou incestueux, leur accorde sur-le-champ des aliments contre ces mêmes père et mère; en sorte que si l'on adoptait l'exception proposée au nom de Félicité Hamelin et de son époux, il faudrait dire, par une inconcevable contradiction, qu'elle devrait la pension du mineur Abel, s'il était le fruit d'un adultère ou d'un inceste de la mère, et qu'elle en est dispensée parce qu'il ne doit point l'existence à l'une ou l'autre de ces causes odieuses; —Considérant d'ailleurs, en fait, que Félicité Hamelin s'est mariée avec Coron, son second époux, sous la clause de séparation de biens, ce qu'elle n'a point contesté, et ce qui résulte des pièces produites dans la cause...;—Dit qu'il a été bien jugé.

Du 22 mars 1810.-C. de Rennes.

(2) *Espèce:* — (Gauthier C. Bougault.) —En 1791, Gauthier, marié à la demoiselle Cretté, reconnut un enfant naturel qu'il avait eu de la demoiselle Bougault. — Le 19 mai 1792, il fut condamné, de son consentement, à payer à son fils naturel une pension alimentaire de 500 fr. — A sa mort, Marie-Louise Bougault, tutrice de son fils naturel, réclame des aliments sur les biens de Gauthier. — Le tuteur des mineurs Gauthier lui oppose l'art. 337 c. civ., ainsi conçu: « La reconnaissance faite pendant le mariage, par l'un des époux, au profit d'un enfant naturel qu'il aurait eu avant son mariage, d'un autre que de son époux, ne pourra nuire ni à celui-ci ni aux enfants nés de ce mariage. Néanmoins elle produira son effet après la dissolution du mariage, s'il n'en reste pas d'enfants. — Le 30 août 1808, jugement qui condamne Cretté, tuteur des mineurs Gauthier, à payer à Victoire-Charlotte Bougault une pension alimentaire de 600 fr. par année, « attendu que la demande des aliments, formée par un enfant contre les auteurs de ses jours, est une action fondée sur la loi naturelle que la loi civile conserve essentiellement, tant qu'elle ne méconnaît pas la filiation; — Que ce principe incontestable a toujours été respecté dans notre législation, qui l'a consacré, même à l'égard des enfants adultérins et incestueux, auxquels l'art. 763 accorde des aliments; — Que l'art. 337, même code, en excluant l'enfant naturel reconnu pendant le mariage du droit de recueillir une portion déterminée dans la succession de son auteur, a néanmoins consacré la filiation, et par conséquent le droit qu'elle donne à des aliments; — Que d'ailleurs, dans l'espèce, la mineure Victoire-Charlotte Bougault, fille naturelle du sieur Gauthier, est née en 1789, et a été reconnue authentiquement par son père, le 8 déc. 1791; qu'ainsi elle avait acquis irrévocablement, sous l'ancienne législation, un droit à des aliments qu'une loi postérieure ne peut plus lui enlever; que la quotité de ces aliments a même été fixée par un jugement obtenu par le sieur Gauthier, le 19 mai 1792. » — Appel. — Arrêt.

La cour; — Adoptant les motifs des premiers juges, confirme.

Du 13 juin 1809.-C. de Paris, 2e sect.

(3) *Espèce:* — (Cayrol C. Cayrol.) — Jean Cayrol, enfant naturel, se marie; Cayrol de Mialet intervient au contrat de mariage, se déclare père de l'époux et lui donne tout ce dont la loi lui permet de disposer. Cayrol de Mialet était alors marié; depuis il est décédé laissant quatre enfants et une succession de 90,000 fr. Jean Cayrol, aux termes de l'art. 337, n'avait aucun droit à réclamer dans la succession; toutefois et sans élever de prétention sur la succession, ne pouvant, par l'état de vitrier que son père lui avait fait apprendre, suffire à ses besoins et à ceux de sa famille, il demande des aliments à ses frères légitimes. Contestation. — L'art. 337 c. civ., disent les défendeurs, porte que la reconnaissance faite pendant le mariage par l'un des époux au profit de l'enfant naturel qu'il aurait eu avant son mariage d'un autre que de son époux, ne pourra nuire ni à celui-ci ni aux enfants nés de ce mariage. Rien de plus précis que cette disposition; comment dès lors le sieur Cayrol a-t-il pu intenter l'action qu'il poursuit? Mais il ne demande que des aliments! à quel titre les réclame-t-il? Les aliments ne sont dus qu'en vertu des dispositions de la loi ou par la volonté de l'homme. Les uns ont pour fondement de l'obligation de les fournir les rapports qui existent entre celui qui les donne et celui qui les reçoit; la loi a eu soin de les préciser, elle ne saurait être invoquée contre les défendeurs, ils ne doivent rien à leur frère naturel; la loi nulle part ne leur impose cette obligation. Y sont-ils obligés par la volonté de leur père, est-ce charge de l'hérédité? Aucune convention consentie par leur père ne leur est opposée, aucun testament émané de lui n'est représenté, aucune disposition de lui ne grève de cette dette une succession sur laquelle, au contraire, l'art. 337 refuse au sieur Cayrol toute espèce de droit; ainsi, et sous aucun rapport, il n'est fondé dans sa prétention. Il y a plus, ajoutent les défendeurs, la demande n'est pas même recevable; le père commun a fait apprendre un état à son enfant naturel, c'est, par argument de l'art. 764, tout ce que l'enfant naturel reconnu pendant le mariage peut prétendre.

20 août 1816, jugement du tribunal de Figeac qui, — « Attendu que l'obligation d'un père de nourrir ses enfants est fondée sur la loi naturelle, avec laquelle la loi civile ne peut pas être en opposition; qu'en effet, aucun article du code ne prive les enfants naturels du droit de demander des aliments; que l'art. 337 ne porte point obstacle à l'exercice de ce droit, par la raison que les aliments sont une dette sacrée du père, résultant du seul fait de la paternité, et qu'on ne peut pas dire que les intérêts des enfants légitimes soient lésés, alors qu'ils ne font qu'acquitter la dette de leur auteur; que si la loi a cru devoir, par une disposition expresse, assurer des aliments à des enfants adultérins qui ne peuvent pas être reconnus, mais dont la filiation est constante, le silence qu'elle a gardé à l'égard des enfants naturels prouve seulement qu'elle a considéré la reconnaissance du père comme un titre suffisant pour en obtenir; que la cour de cassation a jugé, par arrêt du 27 août 1811, que la disposition de l'art. 337 ne doit s'appliquer qu'aux droits que l'enfant naturel reconnu pourrait réclamer sur les biens de son père décédé, en vertu de l'art. 756; qu'elle ne peut recevoir d'application à de simples aliments que tous les enfants, est-il dit dans les motifs, ont également droit d'exiger; qu'il est vrai qu'il s'agissait, dans l'espèce de ce arrêt, d'aliments réclamés par un enfant naturel contre son père encore vivant, mais que, par arrêt du 13 juin 1809, la cour d'appel de Paris a fait, avec juste raison, l'application de ce principe aux enfants naturels qui réclament des aliments après la mort de leur père; que le dernier moyen pris de ce que la partie de Fourgous (l'enfant naturel) n'est pas dans le besoin, manque dans le fait, puisque ladite partie de Fourgous est sans biens connus, qu'elle n'a d'autre état que celui de vitrier, état très-ingrat par lui-même, et dont le produit, presque nul pour elle, ne peut évidemment suffire à l'entretien et à la nourriture de sa nombreuse famille; que ce moyen manque encore dans le droit, en premier lieu, parce que, à l'égard de l'enfant naturel, les aliments sont non-seulement un secours qu'il est fondé à réclamer, mais une dette qu'après la mort de son père, ses héritiers sont tenus d'acquitter; en second lieu, parce que, à la différence de l'enfant légitime, qui, lorsqu'il n'est pas actuellement dans le besoin, est irrecevable à demander des aliments à son père, dont il est appelé à recueillir un jour la succession, l'enfant naturel reconnu pendant le mariage, et par conséquent privé de tous droits successifs, n'a d'espoir que dans les aliments que la loi et la nature lui accordent tout à la fois, comme moyen d'existence et comme une ressource assurée contre les besoins à venir;—Par ces motifs, le tribunal condamne les enfants légitimes à payer à l'enfant naturel une provision annuelle de 150 fr., sa vie durant, etc., etc.—Appel.—Arrêt.

701. L'enfant naturel reconnu par acte sous seing privé de son père, antérieur à la loi du 12 brum. an 2, mais qui n'a acquis date certaine que par la mort de celui-ci, arrivée sous l'empire du code Napoléon, ne peut pas même obtenir d'aliments des enfants légitimes de ce même père, marié à l'époque où l'acte a acquis date certaine (Rcq. 2 mai 1822) (1). — De même, l'enfant reconnu pendant le mariage par son père, lequel est décédé dans l'intervalle de la loi du 12 brum. an 2 à la publication du code, ne peut réclamer des aliments soit de sa veuve soit des enfants issus du mariage (Toulouse, 6 mai 1826, aff. Mespliès, n° 689).

702. Aux termes de l'art. 767, lorsque le défunt ne laisse ni parents au degré successible ni enfants naturels, les biens de sa succession appartiennent au conjoint non divorcé qui lui survit; or la reconnaissance de l'enfant naturel pendant le mariage ne pouvant, d'après le premier alinéa de l'art. 337, nuire à l'époux, il s'ensuit que, si l'auteur de la reconnaissance vient à décéder sans laisser aucun parent successible, c'est à son conjoint que sa succession doit être dévolue pour le tout, et que l'enfant naturel n'a droit de prétendre à aucune part des biens. Cependant cette proposition semble contredite par la disposition finale de l'art. 337, qui porte que la reconnaissance produira son effet « après la dissolution du mariage, s'il n'en reste pas d'enfants. » Si cette disposition devait être prise à la lettre, il est clair que, dans le cas où il ne resterait pas d'enfants du mariage, l'enfant naturel devrait être préféré à l'époux, et qu'ainsi la reconnaissance nuirait à cet époux; et cependant le premier alinéa dit qu'elle ne pourra lui nuire! Le législateur se serait donc mis en contradiction avec lui-même, et il aurait dit dans la seconde partie de l'article le contraire de ce qu'il a dit dans la première! Cela ne peut pas être supposé. Il faut donc chercher ce que le législateur a voulu dire. Or, il nous paraît évident que, dans la disposition dont il s'agit, le législateur a eu en vue seulement le cas où, le mariage ayant été dissous par le prédécès du conjoint de l'auteur de la reconnaissance, il n'existe plus ni époux ni enfants auxquels les effets de la reconnaissance puissent porter préjudice. C'est là la seule interprétation raisonnable qu'il soit possible de donner à l'art. 337. C'est celle qu'a adoptée M. Demolombe, n° 475. M. Marcadé, sur l'art. 337, n° 2, pense de même qu'on ne saurait argumenter du 2e alinéa pour combattre le premier : « Il est clair, dit-il, que c'est le premier alinéa qui contient la règle dont le second ne fait qu'indiquer un développement. »

703. Ce que nous venons de dire du cas où le conjoint serait appelé par la loi, en vertu de l'art. 767, à recueillir la succession de son conjoint, il faut le dire également du cas où ce serait le contrat de mariage qui, en cas de mort de l'un des époux sans enfants du mariage, aurait attribué au survivant la totalité de ce que laisserait le prédécédé, et ce à l'exclusion des héritiers légitimes. Il est clair que, dans ce cas, l'enfant naturel ne pourrait prétendre à rien (V. Conf. M. Marcadé, *loc. cit.*).

704. Mais supposons que, pendant le mariage, l'auteur de la reconnaissance ait institué son conjoint légataire universel de tous ses biens; supposons en outre que, lors de son décès, il laisse, non pas des enfants issus du mariage, mais des héritiers légitimes, des collatéraux. Il est clair que, dans ce cas, l'époux tire son droit, non pas de la loi elle-même, mais uniquement du testament fait en sa faveur. Dans cette situation, pourra-t-il opposer aux prétentions de l'enfant réclamant sa réserve la disposition de l'art. 337? M. Duranton, t. 3, n° 253, pense qu'il le pourra parce qu'autrement la reconnaissance lui nuirait, et qu'ainsi l'art. 337 serait violé.—Mais il nous paraît plus exact de décider, avec MM. Demolombe, t. 5, n° 476; Marcadé sur l'art.

LA COUR; — Adoptant les motifs des premiers juges, confirme, etc. Du 17 mars 1817.-C. d'Agen.

(1) *Espèce* : — (Honoré-François C. André.) — 4 avril 1793, transaction, sous seing privé, entre Honoré-André et Marguerite Aze, portant reconnaissance, de la part du sieur André, d'un enfant mâle appelé Honoré-François, né le 28 fév. 1790, de ses liaisons avec la demoiselle Aze. — André se marie quelque temps après; deux filles naissent de son mariage; il décède en 1818. — Honoré-François, se fondant sur la transaction du 4 avr. 1793, forme contre les demoiselles André la demande d'une pension alimentaire. — 16 avr. 1819, jugement du tribunal de Saint-Lô, qui accueille sa demande;

Sur l'appel, arrêt de la cour de Caen, du 19 juill. 1820, qui infirme la décision des premiers juges, en ces termes : « Attendu qu'en supposant qu'une reconnaissance d'enfant naturel, ayant date antérieure à la promulgation de la loi du 12 brum. an 2, et faite par un père décédé depuis le code civil, puisse être de nature à produire un effet quelconque, on ne peut disconvenir qu'au moins elle est soumise aux éventualités attachées à la forme matérielle des actes sous signature privée; — Que c'est un principe de l'ancien droit, reproduit et non créé par l'art. 1328 c. civ., que les actes sous seing privé n'ont point de date certaine à l'égard des tiers, si ce n'est du jour de l'enregistrement, de celui de la mort d'une des parties qui ont figuré, ou de celui où leur substance a été constatée par des actes dressés par des officiers publics; — Qu'aux termes de l'art. 337 c. civ., la reconnaissance faite pendant le mariage par l'un des époux, au profit d'un enfant naturel qu'il aurait eu avant son mariage d'un autre que de son époux, ne peut nuire ni à celui-ci ni aux enfants nés de ce mariage;

» Que, lorsque la loi a dit que la reconnaissance faite pendant le mariage ne peut ni nuire à l'époux ni aux enfants de ce mariage, il est clair qu'elle a entendu aussi bien exclure l'action tendante du chef de l'enfant naturel à obtenir des aliments, que toute autre qui aurait un but analogue, puisque l'exercice de cette action serait nécessairement préjudiciable à l'époux et aux enfants, dont elle diminuerait d'autant les droits; que cette application générale et absolue de la loi paraît être d'autant plus dans son véritable esprit, qu'en plaçant l'art. 337 dans la catégorie de ceux qui ont pour objet unique de régler les moyens de constater l'état de l'enfant naturel, sans aucune relation déterminée à tels droits plutôt qu'à tels autres qui seraient des conséquences de cet état constaté, le législateur a, par cela même, indiqué qu'il voulait anéantir dans leur principe toutes prétentions de l'enfant naturel subordonnées à la nécessité d'une reconnaissance; — Que, du moment où une reconnaissance faite pendant le mariage ne peut être opposée aux personnes indiquées dans l'art. 337, il s'ensuit qu'une reconnaissance sous seing privé n'est pas plus dans le cas de produire effet à leur préjudice dès qu'elle n'a point acquis de date certaine avant le mariage;

» Considérant que l'on soutiendrait inutilement que la date de l'acte de reconnaissance serait assurée contre les enfants nés du mariage, parce qu'ils seraient les ayants cause de leur père; car, dans le cas de l'art. 337, les enfants ont des intérêts distincts de celui de leur père qui les placent, relativement à lui, dans la classe des tiers; — Que l'on ne dirait pas avec plus de fondement qu'il y aurait effet rétroactif à appliquer l'art. 337 c. civ. à une reconnaissance ancienne; qu'en effet, le point de savoir si cette reconnaissance est ancienne est précisément une question à cause de l'incertitude de la date, incertitude qui existe également, soit que l'on considère l'acte d'après les principes de la loi ancienne, soit qu'on l'apprécie d'après les principes de la loi nouvelle;

» En fait, que l'acte duquel Honoré-François prétend faire résulter une reconnaissance de paternité de la part de celui dont il dit être le fils naturel, est une transaction qui aurait été souscrite, le 4 avr. 1793, par Honoré-André et Marguerite Aze, et n'a été enregistrée que le 23 juin 1818; — Que la date de cet acte n'a été assurée d'aucune des manières déterminées par la loi, à nulle époque antérieure à la promulgation du code civil, ou au mariage de Honoré-André, lequel mariage n'a été dissous que par sa mort, arrivée depuis le code civil, dans un temps où il laissait une épouse et des enfants légitimes; que, dès lors, la prétendue reconnaissance dont l'effet est réclamé par l'intimé ne peut obtenir aucune efficacité au détriment des filles André. »

Pourvoi pour violation de la loi 4, ff., *De agnosc. et alend. liber.*, et fausse application de l'art. 337 c. civ. — Il soutenait que son état ne pouvait être réglé ni par la loi du 12 brum. an 2 ni par le code civil, mais qu'il devait l'être uniquement par les principes en vigueur en 1790, époque à laquelle il était né; qu'il importait peu que son acte de reconnaissance n'eût acquis de date certaine que par la mort de son père, parce qu'indépendamment de cet acte, les anciens principes qui admettaient la recherche de la paternité lui ouvraient une action pour se faire reconnaître, et qu'au moyen de cette action, qui ne pouvait lui être déniée, il aurait facilement prouvé que le feu sieur André était son père. — Arrêt.

LA COUR; — Attendu que le demandeur n'avait aucun titre régulier pour exiger des aliments à la charge des filles légitimes de son prétendu père naturel, d'après les lois et la jurisprudence en vigueur à l'époque où il serait né, antérieurement à la publication du code civil; — Attendu que la prétendue reconnaissance de paternité dont il excipait pour fonder sa demande, n'ayant acquis de date certaine que postérieurement au décès du père des défenderesses à la cassation, par conséquent pendant le mariage dont elles sont issues, il faut conclure, avec l'arrêt, que le demandeur était, sous l'un et l'autre rapport, non recevable dans sa demande; d'où il suit que cet arrêt, loin d'avoir violé et méconnu la loi romaine, ou mal appliqué l'art. 337 c. civ., a fait au contraire une juste application des principes de la matière; — Rejette.

Du 2 (et non 22) mai 1822.-C. C., sect. req.-MM. Lasaudade, pr.-Voysin de Gartempe, rap.-Cahier, av. gén., c. conf.-Loiseau, av.

337, n° 3, et Ducaurroy, etc., t. 1, sur l'art. 337, qu'il ne le pourra pas, et que l'art. 337, ni par ses termes ni par son esprit, ne s'applique à ce cas. En effet, l'art. 337 ne protége que l'*époux*; or ici ce n'est point l'époux qui combat les prétentions de l'enfant naturel, c'est le légataire, et de ce que le légataire se trouve être en même temps l'époux on n'en doit pas conclure que les deux qualités soient confondues; quant aux motifs de l'art. 337, ils ne sont pas applicables non plus, car on ne peut pas dire que le mariage a été contracté sous la foi de ces avantages, ni que l'époux a pu y compter. Cette doctrine au surplus a été consacrée par un arrêt de Caen, 24 vent. an 12, aff. Méry, et un jugement du tribunal de la même ville, du 17 mai 1842, aff. Lhuillier, cités par M. Demolombe, *loc. cit.*

CHAP. 3. — DE LA FILIATION ADULTÉRINE OU INCESTUEUSE.

705. Nous avons déjà dit ce qu'il faut entendre par enfants adultérins et incestueux ; nous avons également indiqué les principales différences que le code Napoléon a établies entre leur situation légale et celle des enfants naturels simples (V. *suprà*, n°s 451 et s.). Nous devons maintenant revenir sur ce sujet avec quelques développements.

706. Quoique la qualification même d'*adultérin* ou d'*incestueux* ne paraisse pas susceptible de controverse, cependant une question assez délicate a été soulevée à cet égard par quelques auteurs. — Il peut se faire qu'une femme mariée ait été enlevée, et que, par suite, elle soit devenue mère; si ensuite le mari désavoue l'enfant et triomphe dans son désaveu, quel sera l'état de cet enfant? — Il est évident que, dans ce cas, la mère n'a commis aucune faute. M. Bedel, Traité de l'adultère, 3e division, ch. 1, n° 68, en a conclu que l'enfant devait être réputé légitime. Et voici comment raisonne cet auteur. Si la loi déclare certains enfants adultérins ou même simplement naturels, c'est d'abord afin de punir, dans la personne de ces enfants, la faute de leur auteurs; c'est ensuite pour prévenir, par l'exemple de cette répression, les fautes semblables; or, du moment qu'on ne peut rien reprocher à la mère, il n'y a à son égard rien à réprimer, rien à punir; donc la peine qui viendrait la frapper dans la personne de son enfant serait une rigueur sans objet, une véritable injustice. On invoque à l'appui de cette doctrine les dispositions des art. 201 et 202, relatives au mariage putatif.

707. Si cette opinion était fondée, il faudrait la généraliser et dire, sans se restreindre au cas où la femme enlevée était mariée, que, toutes les fois qu'un enlèvement a été commis, l'enfant qui en naît est légitime, non-seulement vis-à-vis de sa mère, mais encore vis-à-vis de son père; en effet, d'après l'art. 202, lorsqu'il n'y a eu bonne foi que de la part de l'un des époux qui ont contracté un mariage nul, le mariage produit ses effets civils à l'égard de l'enfant ou des enfants vis-à-vis de l'un et de l'autre des époux. Or l'art. 340 c. nap. ne permet pas d'admettre qu'en cas d'enlèvement l'enfant soit considéré comme légitime au moins vis-à-vis du ravisseur; il est évident, d'après cet article, que l'enfant issu de l'enlèvement d'une femme non mariée est, aux yeux du législateur, un enfant naturel. Donc le législateur, pour ce cas au moins, a clairement repoussé la doctrine qui tendrait à faire considérer comme légitime l'enfant issu de l'enlèvement; or, s'il l'a repoussée pour le cas où la femme n'était pas mariée, comment supposer qu'il ait entendu l'admettre pour le cas où elle se trouve engagée dans les liens du mariage? Comme le dit avec beaucoup de raison M. Demolombe, t. 5, n° 560, le mariage de la mère est très-indifférent dès que l'enfant n'est pas des œuvres du mari, et il serait bien étrange qu'il fût considéré comme légitime précisément parce qu'il serait, en fait, adultérin.—Quelque rigoureuse que cette solution puisse paraître, elle est seule conforme aux véritables principes.

708. Ce qui vient d'être dit s'applique de tout point au cas où entre le ravisseur et la femme enlevée il existerait un lien de parenté qui rendit la filiation incestueuse. Les raisons de décider sont évidemment les mêmes.

709. Pour qu'un enfant naturel soit réputé adultérin, il est nécessaire qu'il soit établi que sa naissance coïncide avec l'époque où l'un de ses auteurs était engagé dans les liens du mariage. S'il y avait doute sur ce point, parce que l'époque de la naissance de l'enfant serait incertaine, ce doute devrait lui profiter. C'est ainsi qu'il a été décidé que les héritiers légitimes qui opposent à l'enfant naturel sa filiation adultérine sont tenus de prouver ce fait, encore que l'enfant naturel ne représente pas son acte de naissance, mais seulement l'acte par lequel il est reconnu (Paris, 27 fév. 1819) (1).

710. L'application des art 314 et 315 c. nap., qui déterminent le terme le plus court et le plus long de la gestation, doit être restreinte aux enfants légitimes, et ne peut être appliquée aux enfants nés hors mariage. En conséquence, l'enfant naturel reconnu, né six mois et vingt-trois jours après que son père a cessé d'être engagé dans les liens du mariage, n'est pas nécessairement présumé conçu depuis que son père a été libre, et pourrait, si la reconnaissance en était légalement établie, être déclaré adultérin, comme conçu neuf mois avant sa naissance (Dijon, 29 août 1818, rapporté avec Req. 11 nov. 1819, aff. Guillot de Villars, V. n° 719).

711. La loi ne permet pas la légitimation des enfants adultérins ou incestueux : « Les enfants nés hors mariage, porte l'art. 331 c. nap., autres que ceux nés d'un commerce incestueux ou adultérin, pourront être légitimés par le mariage subséquent de leurs père et mère... » — Elle ne permet pas même la simple reconnaissance de ces enfants : en effet, après avoir, dans l'art. 334, disposé en termes généraux que la reconnaissance d'un enfant naturel sera faite par acte authentique, lorsqu'elle ne l'aura pas été dans son acte de naissance, le code Napoléon ajoute, dans l'art. 335 : « Cette reconnaissance ne pourra avoir lieu au profit

---

(1) *Espèce :* — (Delpeyrou *C.* Lethiers.) — Guillon, ancien notaire à la Guadeloupe, s'est marié dans cette île en 1762; sa femme mourut en 1766; il n'avait point eu d'enfants de son mariage. — Le 18 germ. an 7 il déclara, devant l'officier d'état civil à Paris, reconnaître pour son fils naturel Guillaume, né en 1760 de ses relations avec Françoise Dupepaye, mulâtresse affranchie; il déclare que Guillaume avait été inscrit à la Guadeloupe comme né de père inconnu, mais qu'à cause de la rupture des communications avec la Guadeloupe, il ne pouvait présenter l'acte de naissance; qu'il avait fait en France des recherches inutiles pour retrouver la seconde minute, et qu'il promettait de déposer cet acte de naissance dès qu'il aura pu se le procurer. — 12 floréal, testament par lequel Guillon institue son fils naturel héritier universel; il décède en l'an 8. Guillaume, connu sous le nom de Lethiers, se mit en possession des biens délaissés par son père; il en jouissait depuis plusieurs années lorsqu'un nommé Delpeyrou, parent de Guillon, forme une demande en pétition d'hérédité. — Il prétend que Lethiers est adultérin, qu'en tous cas, et fût-il enfant naturel, il n'avait droit, aux termes de l'art. 757, combiné avec la loi du 14 flor. an 11, qu'aux trois quarts de la succession de Guillon. — Arrêt.

LA COUR; — En ce qui touche le premier grief d'appel et les conclusions principales de Delpeyrou : — Considérant que le fait de la naissance adultérine de Guillaume Lethiers, et de l'incapacité qui en résulterait, n'est pas prouvé; que la preuve de ce fait serait à la charge de l'héritier; que Guillaume Lethiers produit des indices suffisants de sa naissance en 1760, antérieurement au mariage de Pierre Guillon, son père naturel, et conformément à la déclaration de ce dernier dans l'acte de reconnaissance de paternité du 18 germ. an 7;

En ce qui touche le second grief d'appel et les conclusions subsidiaires de Delpeyrou :

Considérant que la loi transitoire du 14 flor. an 11 ayant eu pour objet de coordonner avec les dispositions du code civil le règlement des droits des enfants nés hors mariage, restés indécis depuis la loi de brum. an 2, la réduction à la quotité disponible, prononcée par l'art. 2 de cette loi, se réfère nécessairement aux art. 757 et 908 du code, comme, pour le supplément, ce même article se réfère à l'art. 761; que, cette loi étant spéciale pour les enfants naturels, l'expression de *quotité disponible* ne peut être entendue que relativement aux enfants naturels à l'égard desquels tout parent à degré successif est héritier à réserve; que, tous les cas étant à régler par le temps intermédiaire, l'art. 2 de la loi était nécessaire pour le cas de dispositions faites par les père et mère, comme le premier article pour le cas de successions ouvertes *ab intestat* et sur lesquelles il n'y avait eu ni convention ni jugement; — A mis et met l'appellation et ce dont est appel au néant, en ce que l'exécution du testament du 12 flor. an 7 a été ordonnée pour le tout, et en ce que Delpeyrou a été condamné aux dépens; émendant quant à ce, décharge ledit sieur Delpeyrou des condamnations contre lui prononcées à cet égard; faisant droit au principal, ordonne que ledit testament ne sera exécuté que pour les trois quarts au profit de Guillaume Lethiers, la sentence au résidu sortissant effet, etc.

Du 27 fév. 1819.-C. de Paris.-MM. Demante et Gairau, av

des enfants nés d'un commerce incestueux ou adultérin. » Le législateur a voulu, autant qu'il était en son pouvoir, ensevelir dans l'oubli les traces de liaisons aussi dangereuses pour les mœurs. — Mais il n'aurait pu, sans se montrer inconséquent, permettre la recherche judiciaire soit de paternité, soit de maternité, à ceux dont il prohibait la reconnaissance volontaire. L'art. 342 interdit formellement cette recherche : « Un enfant, porte cet article, ne sera jamais admis à la recherche soit de la paternité, soit de la maternité, dans les cas où, suivant l'art. 335, la reconnaissance n'est pas admise. » — Il a été décidé, par application des dispositions qui précèdent : 1° que l'intention que manifestent les époux dans un acte de mariage qui a été ensuite annulé, de légitimer un enfant qu'ils déclarent né d'entre eux, quoique cet enfant appartienne par la présomption de la loi à un mariage précédent, ne peut arracher cet enfant à sa famille pour lui imprimer le caractère de l'adultérinité; et que c'est vainement qu'on invoquerait, à l'appui de cette prétendue légitimation, un acte d'un souverain étranger qui l'a confirmé (Paris, 11 janv. 1808, rapporté avec Cass. 15 juill. 1811, aff. Cardon, v° Dr. civ., n° 445); — 2° Que la recherche de la paternité est interdite contre l'enfant adultérin comme à son profit (Grenoble, 26 juin 1821, rapporté avec Req. 17 avril 1823, aff. Dubois, n° 714); — 3° Qu'on ne peut attaquer la reconnaissance d'un enfant naturel faite par son père, en alléguant qu'il résulte de cet acte et d'autres pièces que cet enfant est adultérin du côté de sa mère (Pau, 27 juill. 1822) (1); — 4° Que, la recherche de la paternité étant interdite, les héritiers

(1) *Espèce* : — (Darnaudat C. Darnaudat.) — Le général Darnaudat eut deux enfants naturels, Chéri et Henri. — Le 25 pluv. an 9, il déclara devant un adjoint du maire qu'il reconnaissait Henri comme né de lui et de Marie Boisbin, nom indiqué sur l'acte de naissance. — Peu de jours avant la naissance de Henri, la dame Marie-Clotilde Bouheben, divorcée avec le sieur L..., son mari, fut reçue chez le général avec le jeune Henri, et depuis cette époque elle ne le quitta plus. — Celui-ci mourut en 1807 à Bagnères. Son père ayant fait faire inventaire de sa succession, le sieur Bouheben y représenta sa fille Clotilde Bouheben, agissant comme tutrice de Henri Darnaudat, son fils mineur, né hors de mariage de ladite dame Bouheben et de feu sieur Darnaudat. — En 1816, le sieur Darnaudat, père du général, meurt en laissant un testament par lequel il institue son héritier le chevalier Darnaudat, son second fils, habitant à la Martinique; puis il ajoute : « Quant au mobilier qui se trouvera dans la maison de la Trinité, meubles de toute espèce, linges, denrées, glaces et tableaux, argenterie, bibliothèque, et généralement tout ce qui se trouvera dans la maison, le testateur les lègue audit sieur Chéri Darnaudat, les titres de famille et de créance seulement exceptés pour l'héritier. » — Le chevalier Darnaudat partit aussitôt de la Martinique pour la France, mais il périt dans un naufrage. Il léguait à son épouse la jouissance de tous ses biens, et la propriété de ses meubles, effets, linge, bijoux; à Chéri Darnaudat, deux tiers de la nue propriété de ses biens, et l'autre tiers à Henri, fils de mon frère et de Clotilde Bouheben, épouse divorcée du sieur L... — Clotilde Bouheben introduisit une action en partage, au nom et comme tutrice de Henri Darnaudat, son fils mineur, contre Chéri et la veuve Darnaudat. L'exploit porte que « Henri Darnaudat, fils de la dame requérante divorcée et de feu le général Darnaudat, naquit à Paris, le 29 flor. an 8; on le dit dans l'acte de naissance fils de père inconnu, et l'écrivain parisien défigura le nom de la mère en l'appelant Marie Boisbin. » — La veuve du chevalier Darnaudat forma aussi une action pour ses reprises contre Chéri Darnaudat et la dame Clotilde Bouheben, se prétendant, comme légataire des meubles, propriétaire des titres de créance et de l'argent comptant; elle soutenait enfin, contre Chéri, que le legs à lui fait par Darnaudat père ne lui transmettait pas l'argent comptant. — Ces diverses demandes furent jointes par un jugement préparatoire; mais dans ces entrefaites, Henri Darnaudat requit, le 18 oct. 1820, le juge de paix de Bagnères de lui faire nommer un tuteur. — Le tuteur nommé intervint dans l'instance, demanda le partage de la succession du général Darnaudat, la mise hors de cause de la dame Clotilde Bouheben, comme n'étant pas mère de Henri, mais bien Marie Boisbin. Ayant atteint sa majorité, Henri adhéra à ses conclusions; ensuite, par acte du 7 juill. 1821, la dame Clotilde Bouheben déclare que, voulant rendre hommage à la vérité et se mettre à l'abri de toute condamnation, elle protestait que mal à propos et uniquement pour remplir une dernière recommandation du général Darnaudat, qui voulait donner un protecteur à son fils naturel, elle avait pris dans le cours de l'instance le titre de mère et tutrice légale dudit sieur Henri Darnaudat, qui ne lui a jamais appartenu, puisqu'elle ne lui a point donné le jour. — Enfin, Chéri Darnaudat prétendit que l'acte de naissance de Henri était nul, puisqu'il était enfant adultérin; qu'en conséquence il ne pouvait être admis au partage. Il réclama l'argent comptant comme compris dans son legs, ajoutant que ni les titres de créance ni l'argent comptant n'étaient légués à ladite dame veuve Darnaudat.

Sur ces contestations le tribunal d'Orthez rendit, le 9 août 1821, un jugement ainsi conçu : — « Considérant que quand il serait possible de supposer que Marie Boisbin est autre que Marie-Clotilde Bouheben, Henri aurait toujours à prouver son identité avec l'enfant auquel se rapportent les actes de naissance et de reconnaissance dont il s'agit; qu'il avait, au contraire, la possession d'état de fils de la dame Marie-Clotilde Bouheben, ce qui est en outre établi par les pièces fournies au procès par lui-même et par Clotilde Bouheben; qu'en conséquence, il devait être exclu, comme adultérin, de la succession du général Darnaudat; — Considérant que le mot *meubles*, employé seul, ne comprend ni l'argent comptant ni les dettes actives (art. 533 c. civ.), et que les expressions *effets, linges, bijoux*, ne peuvent changer la signification du mot *meubles* employé seul; — Considérant que la clause par laquelle le testateur lègue le mobilier qui se trouvera dans la maison de la Trinité, meubles de toutes espèces, etc., généralement tout ce qui se trouvera dans la maison, exceptant seulement les titres de famille, prouvent évidemment l'intention du testateur de léguer l'argent comptant;

» Le tribunal, par ces motifs, déclara Henri Darnaudat non recevable et mal fondé dans toutes les conclusions par lui prises au sujet de la succession du général Darnaudat; décida que le legs fait à la dame veuve Darnaudat ne comprenait point l'argent comptant, ni les titres de créance; décida, au contraire, que Chéri avait droit à l'argent comptant trouvé au domicile du sieur Darnaudat père. » — Appel. — Arrêt.

LA COUR; — Considérant, en fait, sur l'appel interjeté par la partie de Touzet (Henri Darnaudat), envers la disposition du jugement qui lui fait grief, que, par acte authentique du 25 pluv. an 9, le général Darnaudat reconnut pour être issu de ses œuvres et de celles de Marie Boisbin un enfant du sexe masculin, désigné sous le nom de Henri dans son acte de naissance du 9 flor. an 8; — Considérant, en droit, qu'aux termes de l'art. 334 c. civ., un pareil acte suffit pour établir la filiation de l'enfant naturel, et lui assurer son état; qu'il est également certain qu'il ne dépend pas du père d'anéantir, par une déclaration subséquente, l'effet d'un acte formel de reconnaissance; que, demeurant ces principes, il importe fort peu que, dans son testament, le général ait énoncé, d'une manière fugitive, que Marie-Clotilde Bouheben, épouse divorcée du sieur L..., était la mère dudit enfant; que cette énonciation ne peut produire aucun effet, et que l'acte du 25 pluv. conserve toute la force et l'efficacité que la loi lui donne; — Considérant que l'art. 335 c. civ. porte expressément : « La reconnaissance ne pourra avoir lieu au profit des enfants adultérins; » que l'art. 342 ajoute que, dans ce cas, l'enfant ne sera jamais admis à la recherche, soit de la paternité, soit de la maternité; que ces deux articles, sainement entendus, ne permettent pas plus d'opposer à l'enfant la reconnaissance qui tend à lui donner l'état d'enfant adultérin, ni de rechercher contre lui une maternité adultérine, qu'ils n'admettent l'enfant lui-même à exciper, dans son intérêt, de cette reconnaissance, et à rechercher cette maternité; que c'est dans ce sens que se sont expliqués les arrêts de la cour de cassation rendus sur la matière, et notamment celui du 11 nov. 1819; — Que l'objet de ces arrêts, proclamé par le législateur et la jurisprudence de la cour suprême, a été d'empêcher, par respect pour les mœurs et l'honnêteté publique, toutes les confessions volontaires d'adultère, et de prévenir ou d'étouffer les débats scandaleux auxquels pouvaient donner lieu de semblables réclamations; — Qu'en supposant donc que l'acte de naissance désignât, comme mère de Henri, Marie-Clotilde Bouheben, ce qu'on ne saurait raisonnablement présumer, n'y ayant aucune analogie entre ce nom et celui de Boisbin; en supposant encore que les démarches judiciaires faites par la dame Bouheben, dans l'intérêt de Henri, et que le titre de mère et de tutrice qu'elle a pris puissent équivaloir à une reconnaissance positive de la part de ladite dame, tous ces actes, frappés d'une nullité absolue par la loi, seraient réputés non existants, non avenus; et alors que reste-t-il? l'acte légal de reconnaissance fait par le père, qui était libre; que, dès lors, Henri conserve la qualité de fils naturel du général Darnaudat, et, comme tel, il a un droit incontestable de recueillir, dans sa succession, la portion que la loi lui attribue; — Considérant que Henri se présente avec un acte qui constate qu'il est fils naturel du général Darnaudat, et que cet acte est à l'abri de toute atteinte; que, pendant la vie du général, l'enfant dont il s'agit était auprès de lui; qu'il s'y trouvait aussi au jour de son décès; que, dans son testament, le chevalier Darnaudat a reconnu ledit Henri comme fils de son frère, et lui a légué, en cette qualité, le tiers de ses biens; que, dans les faits et qualités du jugement attaqué, Henri a été qualifié, sans opposition, de Henri Darnaudat; qu'il n'a pas même été allégué que le général ait eu deux enfants du nom d'Henri, nés à Paris le même jour 29 flor. an 8; qu'aucun autre enfant ne ce jour-là ne vient disputer à la partie de Touzet son nom et son titre; que de tout ce qui précède il s'ensuit que ladite partie de Touzet est évidemment l'enfant né ledit jour, reconnu par son père le 25 pluv. suivant, et qu'ainsi son identité est parfaitement justifiée; d'où la conséquence que le chef du jugement par elle attaqué doit être réformé, et qu'elle doit être déclarée recevable et bien fondée dans ses réclamations; — Considérant que les dispositions dudit juge-

légitimes ne seraient point admis à établir que le légataire universel est l'enfant adultérin du testateur qui l'a institué (Bourges, 7 mai 1810) (1); — 5° Que la recherche de la paternité est interdite d'une manière absolue même aux héritiers qui veulent prouver par témoins, contre le légataire, sa possession d'état d'enfant adultérin du testateur (Toulouse, 15 avril 1834) (2); — 6° Que la recherche de la maternité n'est pas admise, lorsqu'elle aurait pour résultat d'établir une filiation adultérine; et spécialement qu'il en est ainsi dans le cas où il est constaté (par jugement passé en force de chose jugée) que l'enfant n'a pas pour père le mari de celle qu'il revendique pour mère, et que cependant la conception et la naissance le rattacheraient, par leur date, au mariage... alors, d'ailleurs, que l'enfant n'a pas de titre de naissance favorable à sa prétention, ni de possession d'état conforme à la qualité qu'il réclame, en ce que, par exemple, il a été inscrit comme né d'une femme ayant le même nom que la mère qu'il réclame, mais d'un autre père que le mari légitime de celle-ci, et en ce qu'il a la possession d'état d'enfant de cet autre père désigné dans l'acte de naissance (Req. 22 fév. 1843) (3). — V. aussi n°s 453 et suiv.

---

ment dont a appelé la partie de Dejernon (la dame veuve Darnaudat), sont conformes aux règles du droit, et qu'il y a lieu de les confirmer en adoptant les motifs exprimés par les premiers juges; — Par ces motifs, réforme ledit jugement en ce qu'il déclare la partie de Touzet (Henri Darnaudat) non recevable et mal fondée dans sa demande en partage des biens de la succession du général Darnaudat son père; — Et jugeant de nouveau, déboute la partie de Petit (Chéri Darnaudat) de la fin de non-recevoir par elle opposée à celle de Touzet; — Ce faisant, déclare qu'elle a droit à la propriété, possession et jouissance du quart de tous les biens meubles et immeubles dépendant de la succession délaissée par ledit général, en sa qualité de fils naturel légalement reconnu par ce dernier; — Et en ce qui concerne l'appel interjeté par la partie de Dejernon envers les dispositions du même jugement par elle attaquées, déclare avoir été bien jugé, mal appelé; — Ordonne, à cet égard, que le jugement sera exécuté, etc.

Du 27 juill. 1822.-C. de Pau, 1re ch.-M. de Figarol, 1er pr.

(1) (Duvernoy C. Barillot.) — LA COUR; — Considérant que ces faits tendent à établir que l'enfant né le 1er mess. an 13, de la fille Barillot, depuis femme Regnard-Roux, est fils adultérin du sieur Jean-Marie Duvernoy; mais qu'aux termes de droit la recherche de la paternité est interdite, si ce n'est dans le cas de rapt; — Qu'en vain on excipe du droit qu'ont les enfants adultérins de demander des aliments, de l'incapacité dont ils sont frappés, s'il s'agit d'une libéralité plus considérable, pour en induire la nécessité de ce genre de preuve, en certaines circonstances; — Que ces textes s'appliquent principalement au cas où la qualité d'enfant est constante, ou bien à ceux dans lesquels la recherche de la paternité est permise; — Qu'il est possible sans doute que le voile posé par la loi donne lieu à des dispositions abusives par les pères et mères au profit de tels enfants; mais que la recherche de la paternité a des dangers bien plus graves encore; qu'au surplus une règle aussi précise, aussi absolue, aussi générale que celle posée dans l'art. 349, exclut toute exception qui n'est pas formelle, toute dérogation qui n'est pas écrite; — A mis l'appellation au néant; ordonne que le jugement dont est appel sortira effet, etc.

Du 7 mai 1810.-C. de Bourges.-M. Sallé, pr.

(2) *Espèce*: —(Saint-Germain C. Mouchet.) — Montaignac, marié depuis 1812 à la dame Barreau, décéda en 1832, laissant un testament, en date du 5 fév. 1830, ainsi conçu: « Je nomme pour ma légataire générale et universelle demoiselle Jenny-Anaïs Mouchet, fille naturelle de feu Jeanne Mouchet et de père inconnu, née à Toulouse, le 11 avr. 1814, dont la naissance fut constatée au bureau de l'état civil de Toulouse, le 14 du même mois, voulant qu'elle recueille tous mes biens dès l'instant de mon décès. » — La demoiselle Mouchet se fit envoyer en possession des biens dépendant de la succession du testateur. — Madame de Saint-Germain, nièce et unique héritière du sieur Montaignac, intenta une action en délaissement contre la légataire de son oncle. — A l'appui de cette demande, elle disait que la légataire était fille adultérine du sieur Montaignac; elle offrait de prouver, tant par titres que par témoins, que la demoiselle Mouchet avait une possession d'état constante de fille adultérine du testateur. — Elle prétendait qu'aux termes des art. 908 et 762 combinés, les enfants adultérins étaient déclarés incapables de rien recevoir au delà des simples aliments; que toutes autres libéralités testamentaires, comme dans l'espèce, constituaient une violation de la loi; qu'en principe, la fraude se prouve par toutes sortes de moyens; que les art. 340 et 342, qui interdisent la recherche de la paternité, s'appliquent seulement aux enfants; mais que relativement aux héritiers légitimes la solution de ces droits est renvoyée au titre des successions qui laisse la preuve sous l'empire des principes généraux. Pour que la fraude existe il suffit que la filiation adultérine soit prouvée. Or la possession d'état ayant été de tous les temps considérée comme la preuve la plus complète de la filiation, elle se trouve incontestablement établie, puisqu'il s'agit de preuves résultant d'une suite de déclarations de faits et d'aveux émanés du père lui-même. — Le tribunal rejette l'offre de preuve. — Appel. — Arrêt (après délib.).

LA COUR; — Attendu, en ce qui touche l'offre de preuve de l'incapacité de la demoiselle Anaïs Mouchet, pour recueillir le legs universel dont Montaignac l'a gratifiée, que cette offre de preuve tendrait à méconnaître: 1° la foi due à un acte authentique, l'acte de naissance de l'intimé, qui, s'il désigne Jeanne Mouchet pour sa mère, déclare expressément que son père n'est pas connu, et la place ainsi dans la classe des simples enfants naturels; 2° les dispositions littérales des art. 340 et 335 c. civ., qui, en cette matière, forment les principes prédominants et constitutifs de notre législation, et desquels il résulte que, hors une seule exception que prévoit le premier de ces articles, nul, à l'insu du père et contre son gré, ne peut lui attribuer une paternité sur laquelle il se tait, et du second, que, dans aucun cas, une paternité adultérine ou incestueuse ne peut être légalement constatée; d'où suit la nécessité de repousser une offre de preuve en opposition directe avec ces principes; — Confirme.

Du 15 avr. 1834.-C. de Toulouse, aud. sol.-MM. Hocquart, 1er pr.-Ressigeac, av. gén., c. conf.-Féral et Delquié, av.

(3) *Espèce*: — (Gallanty C. Béligard.) — Le 21 mai 1795, la demoiselle Jenny fut inscrite sur les registres de l'état civil comme née de Jeanne Dufour, épouse en légitime mariage d'Albert Borgnis Desbordes Gallanty, marchand mercier à Paris. — Le 2 janv. 1828, la demoiselle Jeanne, prétendant que sa mère, Jeanne Dufour, désignée par erreur comme épouse du sieur Gallanty, n'était autre que la demoiselle Jeanne Dufour, femme du sieur Garrido, et qu'en conséquence elle, Jenny Gallanty, se trouvait la fille légitime de ce dernier, par application de la maxime *pater is est*, provoqua contre les sieur et dame Garrido la rectification de son acte de naissance. Le sieur Garrido mourut pendant l'instance, laissant sa veuve et les époux Inchaurraga pour héritiers testamentaires. — Le 27 avril 1831, une transaction eut lieu entre ces héritiers et la demoiselle Jenny qui reçut une somme de 20,000 fr.; puis intervint, le 31 décembre suivant, à la requête des époux Inchaurraga, un jugement par défaut qui déclara que la demoiselle Jenny n'était point fille du sieur Garrido. Ce jugement, qui ne fut pas signifié par la dame Garrido, n'acquit point force de chose jugée à son égard, mais seulement au profit des époux Inchaurraga. — Le 19 août 1836, la dame Garrido mourut après avoir institué pour légataire universelle la fille Ridoux, sa domestique. L'instance liée avec la dame Garrido et interrompue depuis 1831, fut alors reprise contre cette légataire par la demoiselle Jenny Gallanty, qui demanda à prouver que sa mère était la dame Garrido. Cette offre de preuve ayant été déclarée irrecevable par jugement du 4 avril 1841, fondé sur ce qu'il n'y avait point eu d'appel du jugement du 31 déc. 1831, qui décidait que la demoiselle Jenny Gallanty n'était point née du mariage des époux Garrido, un double appel a été interjeté par la demoiselle Jenny Gallanty, tant du jugement du 31 déc. 1831 que de celui du 4 avril 1841. — Sur ce double appel, arrêt de la cour de Paris, du 19 juill. 1841, qui, après avoir déclaré l'appel du premier jugement sans objet, attendu que ce jugement avait laissé entière la question de filiation entre la dame Garrido et Jenny Gallanty, déclare mal fondé l'appel du second jugement par les motifs suivants: — « Considérant que l'appelante ne justifie, ni par titre ni par possession d'état, de la qualité à laquelle elle prétend, et que, d'après les éléments de la cause, et notamment d'après l'énonciation de son acte de naissance et les noms de Jeanne Borgnis-Desbordes Gallanty, qu'elle a pris dans divers actes passés avec Jeanne Dufour, femme Garrido, elle ne saurait être la fille dudit Garrido; que, par conséquent, la preuve qu'elle demande à faire aurait pour effet d'établir qu'elle est née d'un commerce adultérin, action prohibée par les art. 335 et 342 c. civ. »

Pourvoi de la demoiselle Gallanty pour violation des art. 335, 342 et 312 c. civ.

M. Troplong, conseiller rapporteur, a fait les observations suivantes: « La demoiselle Gallanty réclame les époux Garrido pour ses père et mère, et voici ce qui s'est passé entre elle et ces derniers: — 1° A l'égard du sieur Garrido. Cet individu était décédé laissant un testament dans lequel il dépouille celle qui se dit sa fille. Celle-ci transige avec les légataires; et en ce qui les concerne, elle laisse passer en force de chose jugée le jugement qui déclare qu'elle n'est pas fille du sieur Garrido. — 2° La dame Garrido décède à son tour, et dépouille aussi la demoiselle Jenny Gallanty qui se prétend sa fille. Celle-ci assigne alors les héritiers de la dame Garrido en reprise de l'instance qui dormait depuis plusieurs années, et qui avait pour objet de la faire déclarer fille de la dame Garrido. C'est sur cette reprise d'instance que la cour a statué. Ainsi, il n'y a pas de procès contre le prétendu père ou ses représentants. De ce côté, tout est terminé. Il n'y a de procès que contre la prétendue mère ou ses héritiers. La demoiselle Gallanty veut obtenir la succession de la dame Garrido, et comme d'après son acte de naissance elle n'est pas fille de la dame Garrido, comme il y a une autre filiation, elle demande que cet acte soit rectifié et qu'à l'énonciation que Jeanne

Cette dernière affaire présente une nuance délicate à saisir et qui fait tout l'intérêt de la question. —La chambre des requêtes ne décide pas, qu'on le remarque bien, que l'enfant dont le titre de naissance le déclare fils d'un tel, ne peut être admis à prouver qu'une femme qu'il désigne est sa mère, si cette femme se trouvait à l'époque de la naissance unie en mariage avec un autre. Cette hypothèse, qui, au premier coup d'œil, semble se confondre avec la question jugée par l'arrêt actuel, est toute différente; car il n'existerait pas de motif pour rejeter ici la recherche de la maternité, puisque, si elle était prouvée en faveur de l'enfant, son état serait protégé par la règle *pater is est*, que ni la possession contraire ni le titre de naissance désignant un autre père ne pourraient paralyser en l'absence du désaveu. — Dans notre espèce, l'enfant avait transigé avec les héritiers du mari de celle qu'il avait la prétention de faire reconnaître pour sa mère, et cette transaction avait été sanctionnée par un jugement par défaut passé en force de chose jugée. Ainsi, plus de possibilité pour l'enfant d'invoquer la règle *pater is est*, et lorsqu'il a voulu réclamer pour mère la femme de celui qu'il avait reconnu n'être pas son père, rien n'a été plus facile que de l'écarter au moyen des art. 335, 342 c. nap. On voit que tout le nœud de la difficulté repose dans cette décision irréfragable qui enlève à l'enfant la ressource de l'art. 312 c. nap. Si l'autorité de la chose jugée venait à disparaître, on rentrerait dans l'hypothèse énoncée en commençant, laquelle recevrait sans doute une solution favorable à l'enfant; il nous semble du moins, qu'on peut le conclure de la lecture attentive du second alinéa du rapport de M. le conseiller Troplong.

Mais ne doit-on pas s'étonner de voir la facilité merveilleuse avec laquelle l'enfant a pu aliéner son état, en dépit de l'art. 328 c. nap., portant que la réclamation d'état est imprescriptible? Il prépare cette aliénation au moyen d'une transaction d'après laquelle il reconnaît n'être pas le fils d'un tel; un procès fictif est engagé contre lui, un jugement par défaut est prononcé, et l'autorité de la chose jugée vient opposer une barrière insurmontable à toute réclamation ultérieure de sa part. — Mais d'abord la transaction était-elle licite? Et puis était-ce bien le cas d'invoquer l'autorité de la chose jugée dans une circonstance où il n'y avait pas con-

---

Dufour est épouse légitime de Gallanty, on substitue l'énonciation que la dame Jeanne Dufour est épouse légitime de Garrido. L'action de la demanderesse est donc une action en recherche de maternité. Ainsi, il ne s'agit pas de savoir si l'acte de naissance est indivisible, de telle sorte qu'on ne puisse séparer le père indiqué de la mere indiquée, et qu'en acceptant celle-ci, il faille accepter celui-là; la règle de l'indivisibilité n'a été mise en avant que dans le cas où un enfant rechercherait une paternité autre que celle de son acte de naissance.

» On lui disait : Vous voulez être issue de la mère déclarée dans votre acte de naissance; mais comme les actes de l'état civil sont indivisibles, vous êtes donc également issue du père déclaré dans cet acte, vous ne pouvez séparer la mère indiquée du père attesté par l'acte de naissance. Quoique ce système ait trouvé de grands apologistes, je ne dis pas qu'il soit le bon. Nous sommes même fort disposés à croire que lorsque la maternité est certaine, elle doit servir de point de départ pour arriver par l'existence du mariage de la mère à la connaissance du père par la règle *pater is est*, plus sûre, plus vraie, plus générale que le prétendu principe de l'indivisibilité de l'acte de l'état civil. Ainsi, par exemple, dans l'espèce, s'il était prouvé que la demanderesse eût pour mère la dame Garrido, vous penseriez, sans doute, qu'il faudrait arriver à cette conséquence que l'enfant né pendant le mariage ayant pour père le mari, c'est le sieur Garrido qui est, sauf désaveu, le père de l'enfant, et que les énonciations de l'acte de naissance doivent s'effacer devant une règle sur laquelle reposent les grands fondements de la famille. C'est ce qui arriva dans l'arrêt Bonafoux-Allègre (Paris, 28 juin 1819, V. *suprà*, n° 59); on considéra que la certitude de la maternité attribuait forcément la certitude de la paternité au mari, bien que l'acte de naissance portât père inconnu; que seulement, le père pouvait désavouer une naissance présumée recélée. C'est encore ce qui arriva dans l'affaire de la Plisonière, dans laquelle l'enfant baptisé comme fille d'Elisabeth Rouillon, et de Nicolas Delacour, fut déclarée fille du sieur la Plisonière, époux d'Elisabeth Rouillon, et ce, par la puissance de la règle *is pater est*. Mais vous noterez que, dans ces espèces, la maternité était indubitable, non contestée, et que par la certitude de la maternité, on arrivait à la paternité; c'est enfin l'espèce de l'arrêt Tronquoy.

» Ici, le but précis de l'action n'est pas de faire fixer la paternité; le mari, ses héritiers sont hors de cause; il ne s'agit pas de savoir si on appliquera la maxime *is pater est*, car ce n'est pas positivement le père qu'on recherche. La question de l'indivisibilité du titre n'a donc rien à faire dans l'espèce.

» Tout le procès consiste à savoir quelle est la mère de Jeanne Gallanty; est-ce Jeanne Dufour, épouse Gallanty, est-ce Jeanne Dufour, épouse Garrido? Tout le débat roule sur la mère; c'est une question d'identité. Or, s'il est une question qui dépende des faits et circonstances que la loi abandonne à l'appréciation du juge, c'est certainement une question d'identité, et il est même difficile de concevoir comment une telle question pourrait être transformée en question de droit. — Mais la cour royale a-t-elle voulu la juger? Au premier coup d'œil, on serait tenté de le croire, quand on lit que la demanderesse ne justifie pas la qualité à laquelle elle prétend, et que la cour s'autorise des éléments de la cause de l'acte de naissance, des noms qu'elle a pris, etc. — Mais cet aperçu est trompeur. La cour n'a rien prononcé sur l'identité. C'est sous un autre point de vue qu'elle a parlé des éléments de la cause et de tout cet ensemble de faits et de titres. Voici la pensée qu'elle a voulu exprimer : la réclamante n'a pas de titre favorable à sa prétention, elle n'a pas de possession d'état conforme à la qualité qu'elle veut s'attribuer, elle essaye de sortir de son état pour en prendre un autre, et dans cette tentative, elle manque des grandes preuves sur lesquelles repose la filiation; elle n'a aucune des présomptions légales que la loi exige en cette matière; elle est donc réduite à ses propres forces et au droit commun pour apporter au juge la démonstration du bien fondé de sa demande, et les juges n'étant liés par aucun titre préexistant, par aucune de ces présomptions *juris de jure* que la loi a cru devoir imposer à leur conscience, peuvent balancer ces preuves par toutes preuves contraires. Or, dès à présent, dans la cause, il y a à côté de la preuve à faire par Jenny Gallanty une preuve faite, une preuve résultant des éléments de la cause, dans l'acte de naissance, de la possession d'état, c'est qu'elle n'est pas fille de Garrido, et, dès lors, cette preuve faite rend irrecevable la preuve à faire, car, que prouverait Jenny Gallanty? que la dame Garrido est sa mère? mais puisqu'elle n'a pas Garrido pour père, la dame Garrido n'aura pu la mettre au monde que par le fait d'une union adultérine, et la loi ne permet pas qu'un débat puisse s'engager pour obtenir la preuve d'une union adultérine (c. civ. 335 et 342), tel est le sens de l'arrêt.—Maintenant, pour en apprécier la légalité, il reste à se demander si la cour royale de Paris a pu décider qu'il résulte des éléments de la cause, de l'acte de naissance et d'autres indices, que la demanderesse n'est pas la fille de Garrido, et peut-être vous apparaîtra-t-il difficile de comprendre comment la cour royale n'aurait pu le déclarer ainsi, car, remarquez-le, ce n'est pas effacer la règle *pater is est* dans un cas où il n'y a pas de désaveu; en effet, d'une part, les héritiers de Garrido ont obtenu un jugement du 31 déc. 1831, passé en force de chose jugée en ce qui les concerne, qui déclare que Jenny Gallanty n'est pas fille de Garrido, et comment la cour n'aurait-elle pas pu prendre ce document en grande considération, le réunir à d'autres éléments, à la possession d'état, et dire que la demanderesse n'est pas fille de Garrido? D'autre part, en quoi cette déclaration viole-t-elle le principe et la loi? En quoi viole-t-elle en particulier l'art. 312 qui consacre la maxime *pater is est*, etc.? Pour qu'elle le violât, il faudrait que l'acte de naissance contînt quelque chose de certain sur la maternité, et que la demanderesse fût inscrite comme fille de la dame Garrido; et précisément, c'est ce qui n'est pas : la demanderesse n'a pas d'acte de naissance conforme à la qualité qu'elle réclame. La maternité est en question. La cour a donc eu toute latitude pour écarter la paternité de Garrido, et il devient dès lors manifeste que la demanderesse ne saurait être reçue à prouver qu'elle est fille de la dame Garrido, car elle serait fille adultérine, elle serait née d'un autre que le mari. »—Arrêt.

La cour; — Considérant que l'action de la demanderesse est une action en recherche de maternité; qu'elle n'a pas de titre de naissance favorable à sa prétention, ni de possession d'état conforme à la qualité qu'elle réclame; qu'elle veut sortir à la fois des énonciations contenues dans son acte de naissance et de la possession dans laquelle elle a vécu; que, dans cette position, elle ne pouvait invoquer aucune des preuves ou présomptions légales sur lesquelles repose la filiation; que le mérite de son action était subordonné aux seules preuves admises par le droit commun et abandonnées à la conscience du juge;

Que, dans cet état, la cour royale de Paris, appréciant les éléments actuels de la cause et acquis au procès, notamment : 1° un jugement du 31 déc. 1831 qui décide que la demanderesse n'est pas fille de Garrido, et lui fait défense de porter son nom; 2° l'exécution donnée volontairement à cette décision par la demanderesse, en recevant des héritiers Garrido une somme de 20,000 fr.; 3° les énonciations de son acte de naissance; 4° la possession d'état, a déclaré, en fait, qu'il y avait preuve que ladite demanderesse n'était pas fille de Garrido, époux de la mère dont elle se prétendait issue, et que, dès lors, la preuve offerte par elle ne tendant en définitive qu'à établir une filiation adultérine, n'était pas recevable; qu'en le décidant ainsi, la cour s'est livrée à une interprétation souveraine des faits de la cause et leur a fait une juste application des principes de la matière; — Par ces motifs; — Rejette.

Du 22 fév. 1843.-C. C., ch. req.-MM. Zangiacomi, pr.-Troplong, rap.-Delangle, av. gén., c. conf.-Ripault, av.

testation engagée entre personnes identiques et pour une cause identique?—Quoi qu'il en soit, la cour suprême n'a point eu ces questions à examiner; elle a dû prendre le procès dans l'état où il se présentait à sa censure, et l'arrêt qu'elle a rendu ne paraît pas susceptible de controverse.

Contrairement à ce qui vient d'être dit, il a été jugé, mais à tort, suivant nous, que les héritiers légitimes d'un testateur peuvent être admis à prouver que les légataires sont des enfants adultérins du défunt (Limoges, 31 mars 1808, aff. Lemur); aussi cet arrêt a-t-il été cassé (V. Cass. 14 mai 1810, nº 599-1º).

712. Quelque absolus que soient les termes de l'art. 342, M. Loiseau, p. 735, enseigne que, dans le cas prévu par l'art. 340, c'est-à-dire dans le cas d'enlèvement, l'enfant adultérin serait admis à la recherche de son père. « Lorsqu'un homme marié, dit cet auteur, enlève une fille, ou un garçon une femme mariée, leur enfant peut être déclaré appartenir au ravisseur, si la conception de cet enfant coïncide avec l'époque de l'enlèvement de la mère; il est alors évident que l'enfant est adultérin. » Mais cette opinion a été très-justement repoussée par MM. Bedel, de l'Adult., nº 69; Zachariæ, éd. Massé et Vergé, t. 1, p. 338, note 16; Duranton, t. 3, nº 235; Demolombe, t. 5, nº 565; Marcadé, sur l'art. 342, nº 2; Ducaurroy, etc., t. 1, nº 503. Et, en effet, si l'art. 342, en tant qu'il prohibe la recherche de la paternité, n'était applicable qu'aux cas où il n'y a pas eu enlèvement, cet article aurait dit une chose parfaitement inutile, puisque, dans ces mêmes cas, la recherche de la paternité simplement naturelle est interdite par l'art. 340; il faut donc, pour donner un sens à cette disposition, admettre qu'il statue pour le cas où la recherche de la paternité simplement naturelle eût été permise, c'est-à-dire, pour le cas où il y a eu enlèvement. — V. Req. 10 mars 1818, aff. Mayre, nº 598-2º.

713. Les aveux volontaires d'une filiation adultérine, de la part des enfants, sont nuls comme les reconnaissances que leurs père et mère en auraient faites; ils ne peuvent produire d'effet ni à leur profit ni à leur préjudice (Rej. 28 juin 1815, aff. Lanchère, V. nº 725). — Par suite, les preuves des aveux de filiation adultérine, de la part des enfants, ne peuvent être recherchées dans les actes, sans contrevenir au principe prohibitif de la recherche de la paternité (même arrêt).

714. De même, la déclaration d'un enfant naturel, dans son contrat de mariage, par laquelle il s'attribue la qualité d'enfant d'un homme qui était marié à l'époque de sa naissance, ne peut lui être opposée, lorsque celui-ci l'a institué son légataire universel, bien qu'il n'ait droit en qualité d'enfant adultérin qu'à des aliments (Req. 17 avr. 1823) (1).

715. Réciproquement, l'enfant adultérin ne peut opposer, comme fin de non-recevoir, contre ceux qui lui contestent le droit d'exciper de cette qualité, la reconnaissance qu'ils en ont faite eux-mêmes dans un ou plusieurs libellés de la cause (Montpellier, 19 janv. 1832) (2).

---

(1) *Espèce*: — (Dubois C. Robin.) — Le 18 août 1766, acte de naissance de François, fils naturel de Charlotte Garaix et d'un père encore inconnu, mais dont il y a instance à Montélimart. Le sieur Robin, devenu veuf, reçoit dans sa maison François et le marie à l'une de ses nièces. — Dans son contrat de mariage, ce dernier déclare être fils de Robin. — Le sieur Robin lui-même lui donne son nom publiquement. Enfin il décède, laissant un testament qui institue François son légataire universel. — Opposition de la part des héritiers. — Ils soutiennent qu'il n'a droit qu'à des aliments, en sa qualité d'enfant adultérin. — François dénie alors son origine, et soutient que sa déclaration est le fruit de l'erreur, qu'elle n'a pu changer son état.—Jugement, et sur l'appel, arrêt de la cour de Grenoble, du 26 juin 1821, qui déclare le testament valable :—« Considérant qu'aux termes de l'art. 340 c. civ. la recherche de la paternité est interdite; — Considérant que si l'art. 334, même code, admet la reconnaissance d'un enfant naturel, l'art. 335 dispose que la reconnaissance ne pourra avoir lieu au profit des enfants nés d'un commerce incestueux ou adultérin ;—Considérant qu'il résulte de ces principes, consacrés par les divers arrêts de la cour de cassation, 1º qu'en thèse générale, nulle action, nulle exception ne peuvent être admises, si elles reposent sur la recherche de la paternité; 2º que la reconnaissance d'un enfant adultérin ou incestueux est frappée d'une nullité absolue, et ne peut pas plus être opposée à l'enfant, qu'il ne peut s'en prévaloir lui-même; 3º que toute production de pièces, toute investigation qui aurait pour objet de prouver une filiation adultérine, soit par voie d'action, soit par voie d'exception, doivent également être repoussées;—Considérant que s'il existe quelques exceptions à ces principes, comme dans les cas de rapt et d'un second mariage nul pour avoir été contracté avant la dissolution du premier, ou de celui où l'enfant est reconnu adultérin par suite de l'admission du désaveu formé par le mari, exceptions qui seraient le fondement de l'art. 762 c. civ., lequel admet les enfants adultérins ou incestueux à réclamer des aliments, ces exceptions ne se rencontrent point dans l'espèce;—Confirme le jugement dont est appel, etc. »

Pourvoi pour violation des art. 335, 340 et 1354 c. civ., en ce que la cour a accordé à un enfant adultérin ce que la loi lui refusait, bien que la qualité d'adultérin résultât des faits et fût reconnue dans un acte authentique.—Arrêt.

LA COUR; — Attendu que les moyens de cassation sont fondés sur deux actes par lesquels François Robin se serait déclaré fils d'Etienne Robin, d'où l'on concluait qu'il était non recevable à soutenir le contraire; — Attendu que personne ne peut de lui-même et par son propre fait, s'introduire dans une famille quelconque, et que tout ce qu'il peut faire à cet égard est nul et comme non avenu; — Attendu qu'aucune espèce de fin de non-recevoir ne peut être opposée dans les questions d'état; — Rejette.

Du 17 avr. 1823.-C. C., sect. req.-MM. Henrion, pr.-Verdigny, rap.

(2) (Azéma de Montgravier C. Antoine.) — LA COUR; — Attendu que l'art. 444 c. pr., en même temps qu'il déclare que les délais fixés pour interjeter appel emporteront déchéance et courront contre le mineur émancipé, exige que le jugement soit signifié tant au tuteur qu'au subrogé tuteur, encore que ce dernier n'ait pas été en cause, et veut que le délai de l'appel ne coure que du jour de cette signification,

Attendu qu'il est évident que, par cette disposition, le législateur a voulu donner au mineur une double garantie que l'appel serait interjeté dans le délai requis et préviendrait la déchéance; mais que cette double garantie n'existerait pas, si le subrogé tuteur n'avait pas aussi bien que le tuteur, et dans le cas de la négligence de celui-ci, la faculté d'appeler lui-même; que c'est ce qui résulte manifestement de l'exposé des motifs de la loi par l'orateur du gouvernement, où on lit que le subrogé tuteur sera comme le tuteur lui-même responsable, s'ils laissent passer ce délai de trois mois depuis la signification qui leur aura été faite, sans avoir pris les mesures prescrites par la loi pour savoir si l'appel doit être interjeté, et sans l'avoir interjeté;

Attendu que ce n'est qu'à la veille de l'expiration des trois mois depuis la signification, et quand la tutrice ne faisait aucune démarche pour appeler, que le subrogé tuteur a interjeté son appel; — Attendu, d'ailleurs, qu'il résulte des faits et des circonstances de la cause, que la tutrice avait des intérêts opposés à ceux de la mineure, et que, sous ce nouveau rapport, et en vertu de l'art. 420 c. civ., l'appel du subrogé tuteur doit être reçu; — Attendu que, s'agissant dans la cause d'une action mobilière, cet appel pouvait être interjeté sans l'autorisation du conseil de famille, et que de plus cette autorisation a été donnée depuis l'émission de l'appel, et l'a été par une délibération régulière;—Attendu qu'en autorisant le subrogé tuteur à soutenir l'appel par lui relevé, le conseil de famille n'a pas entendu et n'a pu entendre restreindre les bases de la défense de la mineure, et que le subrogé tuteur ainsi autorisé a pu faire valoir tous les moyens puisés dans la loi pour repousser la demande de l'intimé;

Attendu que, si, dans quelques libelles de la cause, la qualification d'enfant adultérin de Marc-Antoine Cabanne a été donnée à l'intimé au nom du subrogé tuteur, on ne saurait en induire qu'il ait été dans l'intention de celui-ci de reconnaître en lui cette qualité, lorsque le fondement de son appel est que cette qualité n'a pu lui être reconnue; que, s'il en était autrement, ce ne serait là qu'un vice dans la défense de la mineure, auquel la cour ne devrait pas s'arrêter, parce que l'arrêt qui le prendrait pour base serait susceptible d'être rescindé par la voie de la requête civile; — Qu'il suit de tout ce que dessus, que les fins de non-recevoir opposées à l'appelant n'ont aucun fondement.

Au fond, attendu que d'après l'art. 10 de la loi du 12 brum. de l'an 2, l'état et les droits des enfants nés hors mariage, dont le père et la mère étaient existants lors de la promulgation du code civil, doivent être réglés en tout point par les dispositions de ce code; — Attendu que Marc-Antoine Cabanne et Marie Tabouriech, désignés par l'acte de naissance de l'intimé pour être ses père et mère, existaient à l'époque de la promulgation du code civil, puisque Marc-Antoine Cabanne n'est mort que le 10 juin 1822, et que Marie Tabouriech vit encore; qu'ainsi, c'est par les dispositions du code civil que doivent être réglés l'état et les droits de l'intimé; — Attendu que l'art. 335 de ce code dispose que la reconnaissance d'un enfant naturel ne peut avoir lieu au profit des enfants nés d'un commerce incestueux ou adultérin; que cette disposition inspirée par le respect dû à la morale publique est absolue, et qu'il en résulte évidemment qu'une telle reconnaissance doit être considérée comme radicalement nulle et non avenue, si, contrairement à une prohibition aussi expresse, on s'est permis de la faire; — Que l'art. 762 c. civ. ne s'oppose point à cette conséquence; que cet article dit bien que la loi accorde des aliments aux enfants incestueux ou adultérins, mais

716. L'art. 342 c. nap., qui défend la recherche d'une maternité adultérine (ou incestueuse), ne peut être opposé à l'enfant qui, en demandant à prouver qu'il est fils d'une femme mariée, se propose d'établir en sa faveur, non pas une filiation adultérine, mais une filiation légitime (Req. 13 fév. 1839, aff. Tronquoy, V. n° 633).

717. Supposons qu'un enfant ait été reconnu par un homme marié et par une femme libre, quel sera l'effet de cette double reconnaissance? Cette question peut se présenter sous des faces diverses, que nous devons examiner successivement. — Supposons d'abord que les reconnaissances aient été faites par deux actes distincts. Il est évident que la reconnaissance de l'homme marié, ayant pour objet un enfant qui n'est pas né de son épouse légitime, est entachée d'adultérinité, et que, par conséquent, elle est nulle, aux termes de l'art. 335. Quant à la reconnaissance émanée de la femme, considérée isolément et abstraction faite du père, elle est valable. Or, étant valable par elle-même, elle ne peut être viciée par la reconnaissance du prétendu père. Pour soutenir le contraire, il faudrait dire que cette dernière reconnaissance, qui ne fait pas preuve de la paternité lorsqu'il s'agit d'attribuer à l'enfant les aliments que lui accorde l'art. 762 c. nap., en fait preuve cependant pour opérer la nullité de la reconnaissance de la mère. Or cela est inadmissible. Peu importe, du reste, que la reconnaissance du prétendu père, marié, ait précédé ou suivi la reconnaissance de la mère. C'est ce qu'enseignent MM. Duranton, t. 3, n° 205 et 206; Demolombe, t. 5, n° 577

718. Supposons maintenant qu'au lieu d'avoir fait la reconnaissance par deux actes distincts, l'homme marié et la femme libre l'aient faite par un seul et même acte. Quelques auteurs (MM. Taulier, t. 1, p. 415, et Duranton, t. 3, n° 202) pensent que, si l'acte est nul en ce qui concerne le prétendu père, rien ne s'oppose à ce qu'il vaille à l'égard de la mère. On peut invoquer, à l'appui de cette doctrine, la maxime *utile per inutile non vitiatur*, et soutenir que la reconnaissance de l'homme marié, étant illégale, n'aurait pas dû être reçue; que dès lors elle doit être réputée non écrite; qu'elle ne peut avoir pour effet de vicier la reconnaissance de la mère qui par elle-même est régulière et licite. — Ce raisonnement est parfaitement juste quand les deux reconnaissances ont été faites par deux actes séparés, mais il ne l'est pas dans notre espèce. En effet, la réunion de ces deux reconnaissances dans le même acte ne permet pas de considérer isolément la reconnaissance de la mère, elle lui imprime un caractère que rien ne peut effacer, elle détermine enfin sa nature. Il y a, dans ce cas, indivisibilité entre les deux reconnaissances, ou plutôt il n'y a pas deux reconnaissances, mais une reconnaissance unique faite conjointement par le père et la mère; en sorte que l'enfant ne peut pas être réputé adultérin par rapport à l'un et simplement naturel par rapport à l'autre (V. en ce sens Merlin, Rép., v° Filiat., n° 19; Demolombe, t. 5, n° 574).—Il a été jugé en ce sens: 1° que la reconnaissance d'un enfant né hors mariage, faite, soit sur les registres de l'état civil, soit dans un acte authentique, par deux individus qui se disent ses père et mère, et dont l'un, le père, est engagé avec une autre femme dans les liens d'un légitime mariage, est nulle, aux termes de l'art. 335 c. nap., en ce qu'elle a pour objet la reconnaissance d'un enfant adultérin, et ne saurait avoir aucun effet... Et que, dès lors, on ne peut se prévaloir de cette reconnaissance pour faire annuler, comme faite à une personne interposée, la donation dont l'individu qui s'est déclaré le père de l'enfant gratifierait la mère de cet enfant : ici ne s'applique pas l'art. 911 c. nap. (Rej. 1er août 1827) (1); —

---

qu'il ne dispose que pour le cas (et il en est plusieurs) où leur qualité se trouve constatée autrement que par une reconnaissance volontaire; car on ne peut supposer qu'après avoir prohibé cette reconnaissance, la loi ait entendu lui donner un effet, quoique faite malgré sa prohibition; — Que cette interprétation de ces deux articles est justifiée par la discussion qui eut lieu au conseil d'État sur l'art. 762, par les discours des orateurs du gouvernement et du tribunat, et confirmée par la jurisprudence de la cour de cassation.

Attendu qu'il résulte de l'acte de naissance de l'intimé, que Marie Tabouriech n'était point mariée avec Marc-Antoine Cabanne; et qu'il est établi qu'à l'époque de sa conception Marc-Antoine Cabanne était engagé dans les liens du mariage; qu'ainsi la reconnaissance qu'il fit de sa paternité dans cet acte de naissance, est une reconnaissance de paternité adultérine frappée de nullité par la loi, et que l'intimé ne peut invoquer à son profit;

Attendu qu'il n'existe aucune autre preuve de la filiation de Marc-Antoine Cabanne, et qu'il se trouve, dès lors, sans qualité et sans titre pour demander des aliments à sa succession; — Disant droit à l'appel du sieur Azéma de Montgravier, en sa qualité de subrogé tuteur de Marie Tabouriech, sans s'arrêter aux fins de non-recevoir proposées, et les rejetant, décharge ladite Marie Tabouriech des condamnations prononcées contre elle par ce jugement en la personne de sa tutrice, la relaxe de toutes les demandes contre elle formées.

Du 19 janv. 1832.-C. de Montpellier.-M. de Trinquelague, 1er pr.

(1) *Espèce :* — (Dames Ogier et Duval C. Marie Pellerin et ses enfants.) — Pendant son mariage avec la dame Beau de Comberousseau, le sieur Cloquemain avait eu de Marie Pellerin deux enfants, Juliette et Pierre-André-Napoléon, il s'était déclaré leur père sur les registres de l'état civil. — Devenu veuf, il épousa Marie Pellerin; dans leur contrat de mariage, du 20 mai 1810, ils reconnurent leurs enfants adultérins, et leur firent une pension alimentaire; ils se donnèrent mutuellement tous leurs biens.—Juliette s'est mariée au sieur Lemercier de Jauvelle; une délibération du conseil de famille, qui lui nomme un curateur à cette occasion, et son contrat de mariage, lui donnaient la qualité de fille adultérine de Cloquemain et de Marie Pellerin. — Après le décès de Cloquemain, ses héritiers, les dames Ogier et Duval, ont demandé la nullité de la donation faite à Marie Pellerin, comme adressée à une personne interposée, aux termes de l'art. 911 c. civ.

Par jugement du 27 avr. 1822, le tribunal de Saint-Jean-d'Angely a annulé la donation. Appel par Marie Pellerin. Pendant l'instance d'appel, Juliette et son frère ont formé tierce opposition au jugement qui leur avait donné la qualité d'enfants adultérins. Ils demandèrent à être déclarés enfants naturels de Marie Pellerin et nés d'un père inconnu; et ils concluaient, en outre, à la rectification des actes de l'état civil et à la radiation de la qualification d'enfants adultérins sur tous les actes où elle leur avait été donnée.

Un jugement du 26 juill. 1823 a rejeté la tierce opposition, par le motif que la chose jugée contre Marie Pellerin ne préjudiciait point à l'état des enfants, et que la demande en rectification n'avait pas été introduite suivant les formes tracées par le code de procédure. — Appel de ce jugement par Juliette et Napoléon, qui ont demandé à intervenir dans le procès entre Marie Pellerin et les héritiers Cloquemain. Les causes ayant été jointes, arrêt du 7 avr. 1824, par lequel la cour de Poitiers admet, tant la tierce opposition que l'intervention, et, au fond, déclare nulles les reconnaissances d'enfants adultérins et maintient la donation faite au profit de Marie Pellerin par son contrat de mariage. Cet arrêt est ainsi motivé : « En ce qui concerne l'appel interjeté par Pierre-André-Napoléon, enfant naturel, Juliette, fille naturelle, et Lemercier de Jauvelle, son mari, du jugement du tribunal de Saint-Jean-d'Angely, du 26 juill. 1823; — Considérant qu'aux termes de l'art. 474 c. pr. civ., une partie peut former tierce opposition à un jugement qui préjudicie à ses droits, et lors duquel elle n'a pas été appelée; — Considérant qu'il résulte de l'art. 339 c. civ. que toute reconnaissance, de la part du père ou de la la mère, d'un enfant naturel, peut être contestée par tous ceux qui y ont intérêt, et que ce droit appartient éminemment à l'enfant, objet de la reconnaissance; — Considérant qu'il suit de ces principes que l'objet litigieux soumis au tribunal de Saint-Jean-d'Angely, et sur lequel il a statué par son jugement du 27 avr. 1822, touchait aux intérêts de Pierre-André-Napoléon et de Juliette, et que les dispositions de ce jugement préjudicient à leurs droits;

» Considérant que c'est à tort que les premiers juges ont prétendu, dans le jugement dont est appel, que par celui du 27 avril ils n'avaient pas statué sur l'état des tiers opposants, et qu'ils avaient seulement prononcé sur la validité d'une disposition faite par feu Cloquemain en faveur de Marie Pellerin; — Considérant que l'art. 142 c. pr. civ. ordonne que la rédaction des jugements sera faite sur les qualités signifiées entre les parties, et que les qualités contiendront les conclusions des parties et les points de fait et de droit; que l'art. 141 veut que les jugements contiennent les conclusions des parties, l'exposition sommaire des points de fait et de droit, les motifs et les dispositifs des jugements, et que l'art. 7 de la loi du 20 avr. 1810 déclare nuls les jugements qui ne contiennent pas les motifs;

» Considérant que la loi, en prescrivant ces formes, enseigne que, pour connaître le sens véritable d'un jugement et en apprécier les effets, on ne doit point s'attacher uniquement au prononcé de ce jugement en l'isolant de tout antécédent, et que cette règle est surtout incontestable, lorsqu'en s'arrêtant au dispositif du jugement, il est impossible d'en reconnaître les motifs; — Considérant qu'en lisant le dispositif du jugement du 27 avr. 1822, on y voit qu'il déclare nulle la donation faite en faveur de la Pellerin par Cloquemain, le 20 mai 1810, par acte reçu par Billon, notaire; que ce dispositif laisse ignorer si l'acte est annulé pour quelque vice de forme, ou pour une contravention à la loi dans sa substance même; qu'ainsi il est imparfait, obscur, inintelligible, et que, pour savoir ce qu'il a voulu décider, il faut recourir à ce qui précède;

2° Que l'enfant adultérin que son père et sa mère ont reconnu par un même acte ne peut, tout en écartant comme nulle la recon-

» Considérant que la conséquence tirée par les premiers juges de tous les motifs par eux réduits, et qui précèdent immédiatement le prononcé, est que l'art. 911 c. civ. est applicable à Marie Pellerin; — Que cette seule énonciation suffirait pour démontrer que les premiers juges ont statué sur les intérêts et les droits de Pierre-André-Napoléon et de Juliette. En effet, l'art. 911 ne déclare point nulles des dispositions faites au profit de concubines adultères; mais se référant à l'art. 908, il déclare nulle toute disposition faite au profit d'un enfant naturel incapable, même sous le nom d'une personne interposée, et il veut que la mère de l'enfant incapable soit réputée personne interposée; ainsi, par cela seul que le tribunal dont est appel aurait déclaré l'art. 911 applicable à Marie Pellerin, il aurait décidé que Pierre-André-Napoléon et Juliette étaient incapables;

» Considérant qu'en consultant les autres parties intégrantes et constitutives du jugement du 27 avr. 1822, le but et l'objet de ce jugement sont palpables; que l'on y pose la question de savoir si les reconnaissances de paternité adultère faites de la part de Cloquemain envers Juliette et Napoléon dans leurs actes de naissance; si la reconnaissance de paternité et de maternité adultère simultanément déclarée par Cloquemain et sa femme envers ces mêmes enfants selon le contrat de mariage de 1810; si enfin l'acceptation de cette filiation par Juliette constatent l'adultérinité de Juliette et de Napoléon; qu'après avoir discuté ces questions dans les principes consignés, suivant eux, dans la loi du mois de brum. an 2 et dans les art. 335 et 762 c. civ. les premiers juges concluent que la qualité des enfants de la Pellerin est légalement prouvée être celle d'enfants adultérins, et que « la Pellerin n'a été qu'un moyen employé pour transmettre par voie indirecte ce que la loi prohibait de donner directement; »

» Considérant que, d'après cela, on ne peut raisonnablement considérer l'objet de la contestation sur laquelle intervint le jugement du 27 avr. 1822, comme étranger aux droits et à la qualité de Pierre-André-Napoléon et de Juliette; qu'il est évident, au contraire, qu'il a statué sur leur état, et que leur présence y était nécessaire, et qu'ainsi ils ont été recevables à y former tierce opposition; — Considérant que Pierre-André-Napoléon et Juliette, femme Lemercier de Jauvelle, ayant eu droit de former tierce opposition au jugement du 27 avr. 1822, il y a lieu de recevoir l'intervention qu'ils ont déclaré faire par requête du 15 décembre dernier dans l'instance pendante en la cour entre Marguerite Malterre, veuve Jean Augier, et Marie-Anne Malterre, veuve Jean Duval, et Marie-Anne Pellerin, veuve Cloquemain, sur l'appel de cette dernière du jugement du 27 avr. 1822;

» En ce qui concerne la tierce opposition de Pierre-André-Napoléon et de Juliette au susdit jugement, et l'appel qui en a été interjeté par Marie Pellerin; — Considérant que Pierre Cloquemain a survécu à la publication du code civil; que, par conséquent, l'état et les droits de Napoléon et de Juliette doivent être réglées par les dispositions de ce code; — Considérant que les déclarations inscrites à la réquisition de Cloquemain, les 10 vent. an 6 et 12 frim. an 13, sur les registres publics des communes de Bors et de Tonnay-Boutonne, constituent une reconnaissance de sa part, d'André-Pierre-Napoléon et de Juliette, dans leurs actes de naissance, comme ses enfants naturels nés d'un commerce adultérin;

» Considérant que la déclaration faite par Cloquemain et la Pellerin, dans leur contrat de mariage du 20 mai 1810, « qu'il existe deux enfants naturels et adultérins des proparlés nés pendant le mariage du proparlé et de la feue dame Decombe-Rousseau; savoir : Thérèse-Madeleine-Juliette Cloquemain et Pierre-Napoléon Cloquemain, » constitue essentiellement une reconnaissance faite par acte authentique par Cloquemain et la Pellerin, de Juliette et de Napoléon, comme leurs enfants naturels nés d'un commerce adultérin;

» Considérant que de semblables reconnaissances sont défendues par l'art. 335 c. civ.; — Que cet article apposé immédiatement après un autre qui permettait la reconnaissance des enfants naturels en général, a eu évidemment pour but de la prohiber dans les cas exprimés; — Que ces dispositions sont d'autant plus impératives, qu'elles se lient à celles de l'art. 342, qui veut qu'un enfant ne soit jamais admis à la recherche, soit de la paternité, soit de la maternité, dans les cas où l'art. 335 interdit la reconnaissance;

» Que les considérations qui sont connues pour avoir servi de motifs à cet article, prouvent que sa prohibition est absolue et qu'il frappe d'une nullité radicale les reconnaissances qu'il mentionne; — Qu'ainsi on ne peut se prévaloir de ce que l'article dit que la reconnaissance ne pourra avoir lieu au profit des enfants, pour prétendre qu'elle peut leur être opposée; — Qu'une telle interprétation est manifestement contraire à l'esprit de l'art. 335 et à l'art. 342, qui montre que la reconnaissance du père et de la mère ne peut être admise ni pour ni contre l'enfant;

» Considérant que l'art. 762 c. civ. n'apporte aucuns changements aux articles précités et n'implique aucune contradiction avec eux; — Que cet article n'a point eu pour objet de déterminer quand et comment des enfants naturels pourraient être reconnus; que cette matière appartenait au titre de la paternité et de la filiation, dans lequel les dispositions législatives avaient été établies; — Que l'art. 762 est écrit au titre des successions irrégulières; que s'il suppose que des individus peuvent être connus comme enfants adultérins ou incestueux, il ne dit rien sur ce qui peut servir à les faire reconnaître comme tels, et qu'il se borne à leur accorder des aliments; — Qu'une telle disposition ne contient rien qui puisse infirmer ce qui avait été statué précédemment par rapport aux reconnaissances volontaires, puisqu'il résultait de l'art. 340 que, dans le cas qu'il exprime et dans d'autres analogues, tels que ceux de désaveu de paternité pour cause d'adultère, de bigamie, de mariage prohibé, etc., qui pourraient résulter d'actions intentées sur le fondement de divers articles du code civil, la preuve d'une filiation adultérine ou incestueuse pouvait être acquise en justice, et qu'il y avait convenance et justice d'établir des dispositions relatives à ces espèces;

» Considérant que c'est en vain que les premiers juges ont objecté que Cloquemain et Marie Pellerin avaient fait leur déclaration simultanément, qu'ils l'avaient faite dans leur contrat de mariage, pour l'avantage même des enfants et par affection pour eux; qu'il serait superflu de discuter la vérité de ces allégations, parce que l'acte du 20 mai 1810 est substantiellement une reconnaissance d'enfants adultérins par acte authentique; que la loi l'annule à ce titre; qu'il ne peut pas plus former des preuves indirectes qu'une preuve directe de filiation adultérine, et que toutes les conséquences que l'on en veut tirer ne sont, au fond, qu'une recherche de paternité et de maternité formellement interdite dans l'espèce de la cause;

» Considérant que les confessions volontaires d'une filiation adultérine se trouvent prescrites par les mêmes motifs que les reconnaissances volontaires d'une paternité adultérine; qu'en conséquence, elles sont également illicites : qu'au surplus, les faits et les actes invoqués par les intimés seraient également insuffisants pour former une preuve d'une telle filiation; — Considérant que l'on ne peut se prévaloir, contre Juliette et Napoléon, d'une prétendue possession d'état, résultante de ce qu'ils ont été élevés dans la maison Cloquemain, comme enfants Cloquemain, parce qu'en matière de filiation adultérine, la possession d'état n'est d'aucune valeur; — Considérant que le premier usage que Napoléon a fait de la capacité qui lui a été conférée par son émancipation, a été de réclamer contre les qualifications qui lui avaient été données;

» Considérant, en ce qui concerne Juliette, que la preuve qu'elle soit enfant adultérin ne peut résulter de ce que, dans les procédures suivies en exécution d'une délibération d'un conseil de famille du 4 nov. 1811, pour parvenir à l'entérinement des testaments faits en sa faveur par la première femme de Cloquemain, la qualification de fille de Cloquemain et de la Pellerin lui a été donnée; — De ce que cette même qualification lui a été donnée dans les procès-verbaux de délibération d'un conseil de famille, en date des 10 et 16 juin 1816, qui l'ont autorisée à contracter mariage avec Lemercier de Jauvelle; — Enfin, de ce que, dans son contrat de mariage du 17 juin 1816, elle s'est dite fille de Pierre Cloquemain et de Marie Pellerin;

» Qu'un majeur a dix ans à compter du jour de sa majorité pour faire déclarer la nullité de tous actes par lui souscrits en minorité qui peuvent blesser ses intérêts; — Que Juliette est en temps utile pour se pourvoir, et que, dès le mois de décembre 1822, elle s'est pourvue contre plusieurs des actes qui lui attribuent une qualité qu'elle repousse; — Que les délibérations des conseils de famille dont on lui objecte la teneur ont été l'ouvrage de ses tuteurs et qu'elle n'y a pas assisté personnellement; — Que si l'art. 1398 c. civ. déclare que le mineur habile à contracter mariage est habile à consentir, et déclare valable les obligations qu'il a consenties dans le contrat de mariage, pourvu qu'il ait été assisté des personnes dont le consentement est nécessaire pour la validité du mariage, ce n'est que par rapport aux conventions dont le contrat de mariage est susceptible, et que l'art. 1309 dispose que ce n'est que contre de semblables conventions que le mineur n'est pas restituable;

» Considérant que ce serait se jouer de la loi que d'envisager l'acte du 20 mai 1810 sous deux rapports divers, l'un personnel à Juliette et à Napoléon, et l'autre personnel à Marie Pellerin, de le scinder en telle sorte qu'en déclarant qu'il ne peut prouver légalement que les deux premiers sont enfants adultérins de Cloquemain, on le considère comme contenant la preuve que la dernière est mère de deux enfants adultérins issus d'un commerce entre elle et Cloquemain; que, dans l'espèce de la cause, il y a une corrélation telle entre les qualités des parties, que juger l'état de l'une, c'est nécessairement juger l'état de l'autre; que décider qu'il y a une mère adultère, ce serait décider qu'il y a des enfants adultérins et juger indirectement ce que la loi prohibe de juger directement; que, s'agissant de savoir si l'art. 911 c. civ. peut recevoir son application, il faut rechercher s'il y a des incapables, et que du moment où l'on reconnaît qu'il n'en existe pas, on est obligé de conclure qu'il n'y a pas de personne interposée, parce qu'il est incontestable que

naissance du père, soutenir que celle de la mère subsiste comme établissant le fait de la maternité, et lui donne, dès lors, à ce seul titre, des droits à sa succession (Paris, 7 avril 1825) (1); —3° Que la reconnaissance, dans l'acte de mariage, d'un enfant issu des époux, pendant que le père était engagé dans les liens d'un précédent mariage, ne peut valoir à l'égard de la mère comme reconnaissance d'un enfant naturel, et lui attribuer des droits à la succession de cet enfant (Bourges, 4 janv. 1839) (2);

---

là où il n'y a pas d'incapable, il ne peut y avoir de personne interposée pour transmettre à l'incapable;

» Considérant que les effets des reconnaissances et des autres présomptions opposées à Napoléon et à Juliette, écartés, il ne leur reste que la qualité d'enfants naturels; qu'ils sont, aux yeux de la loi, étrangers à Cloquemain; qu'ils doivent être, sous ce rapport, considérés comme ayant eu capacité pour recevoir les avantages directs ou indirects qu'il aurait pu leur faire; d'où il suit que la donation portée au contrat du 20 mai 1810, ne peut être réputée faite sur une cause illicite; — Qu'elle ne peut également être réputée faite sans cause, puisque Cloquemain et la Pellerin déclarent se faire cette donation mutuellement en leur qualité de futurs époux, et pour se donner des preuves réciproques de leur sincère attachement;

» En ce qui touche la demande de Pierre-André-Napoléon et de Juliette, tendante à ce que toutes les qualifications ou attributions d'état ou de qualité d'enfants adultérins soient rayées du jugement du 27 avr. 1822, et de tous autres actes où elles peuvent être établies : — Considérant que cette demande a pour objet de faire rectifier des actes de l'état civil; que l'art. 855 c. pr. civ. ordonne que celui qui voudra faire ordonner la rectification d'un acte de l'état civil, présentera requête au président du tribunal de première instance; — Que l'art. 856 dispose qu'il y sera statué sur rapport et sur les conclusions du ministère public; que les juges ordonneront, s'ils l'estiment convenable, que les parties seront appelées, et que le conseil de famille sera préalablement convoqué;

» Considérant que les demandeurs ont agi irrégulièrement en ne remplissant pas les formalités prescrites par ces articles; que les premiers juges auraient dû, en considérant comme une demande principale le second chef de demande contenu dans l'exploit du 2 janv. 1823, introductif de l'instance pendante devant eux, déclarer s'abstenir, par le motif de son irrégularité, d'y prononcer, au lieu de l'envisager comme incident à la tierce opposition, indivisible d'avec elle, et de le rejeter cumulativement avec la tierce opposition; — Considérant qu'un jugement infirmé et mis au néant est réputé comme non avenu, et qu'il serait superflu d'ordonner la radiation demandée de quelques expressions qui y ont été insérées, etc. »

Pourvoi des héritiers pour : — 1° Violation de l'art. 474 c. pr. — A l'égard des enfants, le jugement, contre lequel ils ont formé tierce opposition était *res inter alios acta*. Leur état n'en pouvait être modifié. — 2° Violation de l'art. 911 c. civ. — La reconnaissance, quoique nulle, établit l'adultérinité, qui n'est pas contestée. L'art. 335 c. civ. a seulement tracé une démarcation entre les droits des enfants simplement naturels et les droits des enfants adultérins. — 3° Violation des art. 1108 et 1135 c. civ. La donation dont il s'agit a une cause illicite. La loi présume qu'elle est faite en faveur des enfants, nés du commerce adultérin, du donateur et de la donataire. — Arrêt (après délib. en ch. du cons.).

La cour; — Attendu, sur le premier moyen, que l'état des enfants dont il s'agit ayant été mis en question, ils avaient intérêt et qualité pour intervenir et pour former tierce opposition;

Attendu, sur le deuxième moyen, qu'en déclarant nulles et de nul effet, conformément à l'art. 335 c. civ., les reconnaissances faites par Pierre Cloquemain et Marie Pellerin, soit sur les registres de l'état civil, soit par l'acte authentique du 20 mai 1810, et en ordonnant qu'en conséquence Marie Pellerin sera maintenue dans tous les avantages résultant de son contrat de mariage, la cour royale de Poitiers a fait une juste application dudit art. 335, et n'a pas violé l'art. 911 du même code, qui n'était pas applicable à la cause;

Attendu, sur le troisième moyen, qu'en déclarant en outre que la donation, contenue audit acte du 20 mai 1810, a été faite en faveur de mariage et à titre de don mutuel, elle a jugé que cette donation avait une cause licite; — Rejette.

Du 1er août 1827.-C. C., ch. civ.-MM. Desèze, 1er pr.-Rupérou, rap.-Joubert, av. gén., c. conf.-Barrot, Guichard et Delagrange, av.

(1) *Espèce :* — (Femme Romain C. Senart.) — La dame Romain naquit en 1784 d'un commerce adultérin entre le sieur Bellan et la demoiselle Ducastel.

Par un acte du 6 brum. an 6, auquel fut annexé un acte de notoriété, ses père et mère la reconnurent. Depuis, ils réitérèrent cette reconnaissance dans son acte de mariage avec le sieur Romain.

En 1824, la succession de la demoiselle Ducastel s'ouvrit par sa mort. Le sieur Senart, son héritier, s'empara de ses biens. La dame Romain, se croyant appelée à succéder à sa mère, intenta une action en pétition d'hérédité contre le détenteur de la succession.

Le tribunal civil de Paris n'accueillit point sa demande : — « Attendu, est-il dit dans son jugement, que la dame Romain se fonde, pour réclamer ses droits dans la succession de la demoiselle Ducastel, sur l'acte du 6 brum. an 8, par lequel le sieur Bellan et ladite demoiselle Ducastel ont l'un et l'autre reconnu que la demoiselle Marguerite-Charlotte-Thérèse, aujourd'hui femme Romain, était née du commerce qu'ils avaient eu ensemble;

» Attendu qu'il est constant qu'à l'époque de la naissance de la dame Romain, et même de sa conception, le sieur Bellan était engagé dans les liens du mariage;

» Attendu que la preuve de la filiation adultérine de la dame Romain ne résulte pas seulement de la déclaration faite par Bellan dans l'acte du 6 brum. an 8, mais que cette preuve résulte aussi de la déclaration faite par la demoiselle Ducastel dans le même acte; — D'où il suit que, si la dame Romain veut fonder sa demande sur cet acte du 6 brum. an 8, comme la reconnaissant fille de la demoiselle Ducastel, elle ne peut prendre la reconnaissance de ladite demoiselle Ducastel qu'avec la preuve qui en résulte nécessairement de sa filiation adultérine;

» Que si, au contraire, elle rejette cette reconnaissance de l'acte de l'an 8, il ne lui reste plus aucune preuve qu'elle est fille de la demoiselle Ducastel, et qu'elle ait droit à sa succession. »

Appel par la dame Romain. — Arrêt.

La cour; — Adoptant les motifs des premiers juges, met l'appellation au néant; — Ordonne que ce dont est appel sortira son plein et entier effet, etc.

Du 7 avr. 1825.-C. de Paris, 3e ch.-MM. Romain Desèze, pr.-Brisout de Barneville, subst., f. f. av. gén., c. contr.-Armet et Caubert, av.

(2) *Espèce :* —(Chevannes C. Michot)—7 janv. 1838, jugement du tribunal de Nevers, ainsi conçu : — « Sur la première question : — Considérant qu'il résulte des actes rapportés, et qu'il est d'ailleurs formellement reconnu par les époux Chevannes, que Jean Chevannes était marié à l'époque de la naissance de Louise Castille, arrivée le 28 avr. 1814; que le mariage dans les liens duquel il était depuis le 23 brum. an 6 ne s'est dissous que le 13 nov. 1829, par la mort de Marie Lotte, sa première épouse; qu'il suit de là que Louise Castille, que ledit Chevannes et Thérèse Castille ont voulu légitimer par l'acte de célébration de leur mariage, en date du 11 mai 1830, était fille adultérine; que l'art. 335 prohibe la reconnaissance des enfants adultérins, prohibition qui rend nulle toute reconnaissance de ce genre faite à son mépris; que, cependant, à cet égard, bien que la prohibition prononcée par l'art. 335 doive être considérée comme entraînant la nullité de la reconnaissance, il ressort des combinaisons de la loi qu'elle n'est relative qu'aux effets civils que les enfants adultérins ou leurs pères et mères voudraient faire produire à ces sortes de reconnaissances, et qui seraient autre que ceux qui sont accordés aux enfants adultérins par les art. 762, 763 et 764 c. civ.; mais qu'il ne s'ensuit pas que le fait de la reconnaissance doive être considéré comme s'il n'avait reçu aucune existence matérielle; que raisonner ainsi serait établir une anomalie inconciliable entre les dispositions de l'art. 335 et celles des art. 762, 763 et 764, qui n'ont cependant été portées que pour recevoir une application; — Considérant, en effet, que, si la loi accorde des aliments aux enfants adultérins, elle admet nécessairement que les pères et mères de ces derniers leur seront connus; qu'il faut en conséquence conclure que, si cette connaissance peut, dans certains cas, résulter de la découverte fortuite du fait de la filiation, sans aucune manifestation directe de la part des parents, et en quelque sorte à leur insu ou contre leur gré, il n'y a pas de raison pour repousser la preuve du même fait, quand elle émane directement des parents; — Qu'il semble, au contraire, que la première hypothèse se rapproche davantage de la recherche de la paternité, si formellement défendue, et qu'alors, sous ce rapport, elle devrait moins convenir à la loi que la filiation expressément avouée; — Considérant que la reconnaissance du 11 mai 1830 est complexe; qu'elle exprime à la fois le fait de la filiation et l'intention ou la volonté de légitimer l'enfant qui en est l'objet; — Que, d'une part, le concours de la volonté de chaque époux était nécessaire, et que, de l'autre, cette reconnaissance n'aurait pas eu lieu si les époux Chevannes avaient su que l'effet qu'ils en attendaient, c'est-à-dire la légitimation de Louise Castille devait leur échapper; — Que concevoir la reconnaissance sans la participation du mari, qui est nécessaire, pour ne la laisser subsister qu'à l'égard de la femme, afin de ne lui donner que la valeur d'une simple reconnaissance d'enfant naturel, serait d'abord mettre une fiction à la place d'un fait, et ensuite changer l'état de cet acte, en substituant une intention et une volonté supposées à une intention et à une volonté textuellement exprimées; que ces supposition et substitution seraient évidemment arbitraires, ne pouvant pas se séparer de l'acte matériel qui leur donne l'existence et qui est vicié dans sa substance même; que, sous tous les rapports, la reconnaissance du 11 mai 1830 n'est susceptible d'aucune distinction, et peut ainsi être opposée à l'un comme à l'autre des époux Chevannes; — Considérant, d'ailleurs, que décider ainsi, c'est entrer entièrement dans la pensée du législateur et s'associer à son vœu

— 4° Que, lorsqu'une femme libre s'est déclarée enceinte des œuvres d'un homme marié, et que, dans le même acte, celui-ci, confirmant cette déclaration, s'est reconnu père de l'enfant, la reconnaissance est nulle, pour cause d'adultérinité, non-seulement à l'égard du père, mais encore à l'égard de la mère; et que, dès lors, celle-ci ne peut, à la mort de l'enfant, réclamer aucun droit sur sa succession (Nîmes, 13 juill. 1824) (1). — En elle-même, cette dernière décision est irréprochable; mais il n'en est pas

---

dans l'intérêt de la morale publique; que ce sont plutôt les parents des enfants adultérins que ces enfants eux-mêmes que la loi a voulu atteindre, et que ce serait aller ouvertement contre son but que de transformer un acte de reconnaissance d'enfant adultérin en une simple reconnaissance d'enfant naturel, dont la conséquence serait de donner à la mère de cet enfant des droits à sa succession; que, s'il est juste, dans l'intérêt des enfants, d'admettre que la reconnaissance qui les entacherait d'adultérinité ne puisse pas leur nuire, et qu'elle soit nulle, en ce cas, dans le sens de l'art. 335, on est pleinement dans le droit en refusant aux parents une réciprocité qui les soustrairait à l'action de la loi, qui a cependant voulu les atteindre et s'appesantir sur eux, soit en les contrariant dans leurs affections, soit en les blessant dans leurs intérêts matériels;

» Sur la seconde question : — Considérant au besoin que l'acte de naissance de Louise Castille n'établit pas légalement la filiation de celle-ci avec Thérèse Castille, puisque cet acte ne contient aucune reconnaissance de la part de cette dernière, qui n'y figure pas, et que la déclaration de filiation a été faite par un tiers qui n'avait pas qualité pour engager la mère; que cet acte aurait été un indice à l'aide duquel Louise Castille aurait pu établir sa filiation, en la corroborant de circonstances probantes dans leur ensemble et formant la possession d'état; mais que la mère n'est pas recevable à s'en prévaloir pour remplacer, dans son seul intérêt, une reconnaissance qui, pour elle, ne peut pas être suppléée, mais doit être expresse et formelle;

» Sur la troisième question : — Considérant, d'ailleurs, qu'en admettant hypothétiquement que Louise Castille fût reconnue la fille naturelle de Thérèse, cette dernière n'aurait aucun droit à la succession de Thérèse Michot, dont elle serait l'aïeule, puisqu'aux termes de l'art. 766 c. civ., le père et la mère naturels seuls ou leurs descendants, peuvent hériter de l'enfant naturel reconnu; — Déclare Thérèse Castille, femme Chevannes, non recevable dans sa demande. » — Appel. — Arrêt.

LA COUR; — Considérant que la femme Chevannes soutient que Louise Castille, mère de Thérèse Michot, était sa fille naturelle, et qu'en qualité d'aïeule, elle a le droit de prendre une part dans la succession de celle-ci; — Qu'elle invoque, à l'appui de sa prétention, une déclaration à la date du 11 mai 1830, consignée dans son contrat de mariage avec Jean Chevannes, et, subsidiairement offre de prouver la possession d'état d'enfant naturel de Louise Castille, soit à l'aide d'énonciations d'acte de naissance, soit de faits postérieurs; — Considérant, relativement à l'acte du 11 mai 1830, qu'en rapprochant la date de la naissance de Louise Castille avec l'époque du décès de la première femme de Jean Chevannes, on reconnaît que ce dernier était, lors de la naissance de Louise Castille, dans les liens du mariage; — Qu'ainsi, l'enfant dont il a voulu plus tard opérer la légitimation aurait été adultérin, et, comme tel, n'aurait pu profiter du bénéfice de la filiation légale;

Considérant, relativement à la déclaration consignée dans l'acte de naissance, qu'elle a été faite à l'officier de l'état civil par la sage-femme seulement, et n'a pu suppléer la reconnaissance de la mère; — Que, si la possession d'état peut être invoquée par l'enfant naturel, elle ne peut l'être par la mère ni par les ascendants; — Que, dans tous les cas, les héritiers Michot auraient le droit d'opposer à l'acte de naissance la déclaration contenue au contrat de mariage, établissant par sa date que Louise Castille aurait été adultérine; — Qu'ainsi, en l'absence de toute reconnaissance légale, il devient inutile d'examiner si l'art. 766 c. civ., relatif aux successions déférées aux ascendants, serait applicable dans l'espèce; — Dit bien jugé, mal appelé, etc.

Du 4 janv. 1839.-C. de Bourges.-M. Heulhard de Montigny, pr.

(1) *Espèce :* — (Sauvage *C.* administration des domaines.) — Nicolas Lantheaume, engagé dans les liens du mariage, et Marie-Anne Sauvage, se présentent, le 1er vent. an 9, devant le juge de paix de Saint-Peray, et y font la déclaration suivante : — « Est comparu M.-A. Sauvage, fille à Antoine, cardeur de laine, du lieu de Sausse, commune dudit Saint-Peray, laquelle, au moyen du serment qu'elle a prêté entre nos mains, a déclaré être enceinte des œuvres du sieur N. Lantheaume, propriétaire du lieu des Lutiers, dite commune, depuis environ six mois, et n'a su signer, de ce requise. — Ledit Lantheaume, assistant ladite Sauvage, et ayant entendu la déclaration de grossesse qu'elle vient de faire, convient qu'elle est enceinte de sa propre œuvre, et qu'il reconnaîtra comme il reconnaît, dès à présent, l'enfant qu'elle mettra au monde à l'époque de sa couche; le tout en conformité de la loi, et a signé, N. Lantheaume. »

Le 12 mess. an 9, naissance de Nicolas Lantheaume. L'acte porte : — « Acte de naissance de N. Lantheaume, né le 10 courant (mess. an 9), à quatre heures du soir, fils de M.-A. Sauvage et de N. Lantheaume, ainsi qu'ils l'ont déjà reconnu devant le juge de paix de Saint-Peray, par acte du 1er vent. an 9, enregistré et annexé au présent. » — Le 5 sept. 1817, mort de N. Lantheaume père. — Lantheaume fils décédé le 10 oct. 1819 fut, dans son acte de décès, qualifié de fils naturel de feu N. Lantheaume et de M.-A. Sauvage. — La régie des domaines demande à être envoyée en possession des biens de N. Lantheaume fils, par voie de déshérence; elle prétend que M.-A. Sauvage n'avait pu lui succéder, parce qu'elle était sa mère adultérine.

Le 13 août 1821, jugement par lequel : — « Attendu qu'il n'est pas contesté que Nicolas Lantheaume *de cujus* est né postérieurement à la publication de la loi du 12 brum. an 2; — Attendu que l'art. 2 de cette loi porte : « A l'égard des enfants nés hors de mariage dont le père ou la mère serait encore existant lors de la promulgation du code civil, leur état et leurs droits seront en tout point réglés par la disposition du code; » — Attendu que, d'abord, en ce qui touche l'état dudit Lantheaume, il faut donc recourir aux dispositions du code civil, puisque ladite Sauvage, qui vit encore, lui est indiquée pour mère et le soutient elle-même; — Attendu qu'ainsi les déclarations de grossesse de ladite Sauvage, de naissance et de décès dudit Lantheaume (Nicolas), produites par l'administration pour établir qu'il était né de ladite Sauvage, non mariée, et de Nicolas Lantheaume, engagé alors dans les liens du mariage, doivent être réglées par les dispositions de l'art. 335 c. civ.; — Attendu que le législateur, après avoir permis, dans l'article précédent, la reconnaissance d'un enfant naturel, s'exprime ainsi en l'article précité : « Cette reconnaissance ne pourra avoir lieu au profit des enfants nés d'un commerce incestueux ou adultérin; » — Attendu que ces termes sont prohibitifs, et qu'il a toujours été de principe qu'un acte fait en violation d'une loi prohibitive est effectivement nul, et ne peut produire aucun effet civil ni conférer aucun droit légal; qu'en flétrissant ainsi du sceau de la réprobation ces reconnaissances scandaleuses, le but du législateur a été de protéger la morale publique et la sainteté du mariage contre l'effronterie de l'homme assez corrompu pour oser proclamer, pour ainsi dire, son crime dans des actes authentiques; et, comme le disaient les rapporteurs de cette loi, on a voulu rendre ainsi impossibles ces sortes de reconnaissance d'infamie, afin d'ensevelir des révélations mortelles à la pudeur sociale...; — Attendu qu'on doit regarder comme non avenues les déclarations dudit Nicolas Lantheaume, alors marié, en ce qui concerne sa prétendue paternité à l'égard dudit Lantheaume, enfant de ladite Sauvage; — Attendu que la maternité de celle-ci n'étant pas contestée, il s'ensuit qu'elle a succédé audit Lanthaume, son enfant naturel, décédé sans postérité; — Attendu que c'est donc contrairement aux principes, et par de fausses inductions tirées d'actes prohibés, et nuls de nullité absolue, que l'administration a prétendu que ladite succession était acquise au gouvernement, en vertu de l'art. 768 c. civ., et demandé l'envoi en possession; qu'ainsi elle doit supporter les dépens; — Par ces motifs, le tribunal rétracte son précédent jugement, et déclare que la succession dudit Nicolas Lantheaume, *de cujus*, est dévolue à ladite Sauvage, et la maintient en possession et jouissance des biens en dépendant. » — Appel. — Arrêt.

LA COUR; — Attendu qu'il résulte de la comparution de Marie-Anne Sauvage devant le juge de paix de Saint-Peray le 21 fév. 1801, qu'elle reconnaît que l'enfant dont elle réclame la succession était le fruit de son commerce avec Nicolas Lantheaume, lequel était engagé dans les liens du mariage; — Que cette reconnaissance se trouve fortifiée par les actes de naissance et de décès de cet enfant, dans lesquels il est désigné comme issu du même commerce, et contre lesquels ladite Sauvage n'a jamais élevé aucune réclamation; — Qu'en se fixant exclusivement sur ce premier point de vue, il faudrait reconnaître que ladite Sauvage ne pourrait être écoutée, lorsqu'elle réclame la succession d'un enfant qu'elle-même a déclaré et reconnu être le fruit d'un commerce adultère; — Mais attendu qu'on se prévaut en sa faveur des art. 335 et 342 c. civ., dont le premier ne permet aucune reconnaissance au profit de l'enfant adultérin, et le second prohibe à celui-ci toute recherche de paternité ou de maternité; d'où l'on conclut que, par respect pour l'honnêteté publique, le législateur a voulu que, dans tous les cas, la reconnaissance de l'adultère restât sans effet; qu'ainsi l'enfant de la succession duquel il s'agit devait être considéré simplement comme l'enfant naturel de Marie-Anne Sauvage, et que, par une conséquence ultérieure, ladite Sauvage devait recueillir sa succession, aux termes de l'art. 765 c. civ.; — Mais qu'à cet égard la cour a dû considérer que les art. 335 et 342 c. civ. ne disposent que relativement à l'enfant adultérin lui-même; — Que les appliquer à une mère qui réclame la succession de son fils après l'avoir déclaré adultérin, ce serait étendre la disposition de la loi à un cas non prévu, pour lui faire produire un effet diamétralement contraire au sentiment d'honnêteté publique qui l'a dictée; — Qu'ainsi la reconnaissance de Marie-Anne Sauvage reste à son égard dans toute sa force, et la rend irrecevable dans sa demande, et qu'il ne reste plus qu'à faire l'application des règles générales du droit qui excluent les parents adultérins de la succession des enfants nés de ce commerce coupable; — Disant droit à l'appel émis du jugement du 13 août 1821, met l'appellation et ce dont est appel au néant; — Emendant, sans s'arrêter à

de même des considérants sur lesquels elle est fondée. La cour de Nîmes pose en principe, dans ses considérants, que les art. 335 et 342 c. nap., dont le premier prohibe la reconnaissance volontaire de l'enfant incestueux ou adultérin et le second interdit toute recherche de paternité ou de maternité adultérine ou incestueuse, ne sont applicables qu'à l'enfant adultérin lui-même. D'où cette cour conclut que si, dans l'espèce, l'enfant eût pu, à juste titre, invoquer les art. 335 et 342 pour repousser la qualification d'enfant adultérin, au moins à l'égard de la mère, il n'en est pas de même de cette dernière, et qu'on peut opposer aux prétentions qu'elle élève sur la succession de l'enfant, l'adultérinité qui résulte de la reconnaissance du père et de sa propre déclaration. — Nous n'hésitons point à rejeter cette doctrine qui établit, entre les effets légaux du même acte, une distinction que ne justifient ni les termes ni le véritable esprit des art. 335 et 342.

719. Au reste, il a été décidé que la reconnaissance volontaire et directe d'un enfant adultérin ne peut être opposée à l'enfant; que, dès lors, l'enfant ne peut être privé des droits que la loi lui accorde sur la succession de sa mère naturelle, par l'effet de la reconnaissance de son père, qui lui attribuerait une origine adultérine (Req. 11 nov. 1819) (1). — En effet, dans l'espèce de cet arrêt, la reconnaissance du père avait été faite dans l'acte de naissance lui-même, c'est-à-dire dans l'acte qui constatait la filiation à l'égard de la mère; bien plus, c'était le père qui, en faisant la déclaration de naissance et en désignant la mère, s'était lui-même déclaré le père de l'enfant et avait ainsi imprimé à la naissance de cet enfant un caractère d'adultérinité que l'unité de l'acte, l'unité de la déclaration ne permettait pas de restreindre à l'un des deux auteurs dudit enfant.

720. Il peut se faire qu'une femme libre, reconnaissant un enfant qu'elle a mis au jour ou dont elle est enceinte, ait désigné comme père un homme marié. Dans ce cas, il est évident que la désignation du père ne peut produire aucun effet à l'égard de ce dernier, d'abord parce qu'il a été étranger à l'acte, en second lieu, parce que la paternité adultérine ne peut ni être reconnue ni être recherchée, aux termes des art. 335 et 342.—M. Demolombe, t. 5, n° 575, pense qu'elle ne vaut pas même à l'égard de la mère comme reconnaissance d'un enfant simplement naturel, parce qu'en effet, cette désignation du père, bien que nulle à l'égard de celui-ci, forme l'un des éléments constitutifs de la reconnaissance et qu'elle détermine le caractère de la filiation par un aveu qui a la même force que l'aveu de la maternité même, et qui n'en peut être séparé; en sorte que la reconnaissance, telle qu'elle a été faite, ne constate, en définitive, qu'une filiation adultérine. — M. Richefort, t. 2, n° 323, sans discuter précisément la question, paraît être d'un sentiment contraire à M. Demolombe. —Jugé que la reconnaissance d'un enfant, dans son acte de naissance, de la part d'un individu qui, tout en s'en déclarant le père, lui indique pour mère une femme mariée, ne peut servir de titre à cet enfant pour réclamer une part dans la succession de son prétendu père, cette reconnaissance étant nulle de plein droit comme faite en faveur d'un enfant adultérin. — ...Encore bien qu'il ait désigné la mère sous son nom de demoiselle, si d'ailleurs celle-ci a reconnu elle-même la maternité dans le contrat de mariage de cet enfant (Bastia, 18 août 1845, aff. Guidi, D. P. 45. 2. 135).

721. Examinons maintenant les mêmes questions relativement à l'enfant *incestueux*.—Si un enfant a été reconnu conjointement, dans un seul et même acte, par un homme et une femme qui étaient entre eux parents au degré prohibé, il nous paraît hors de doute que la reconnaissance est nulle et ne peut produire aucun effet soit à l'égard de l'un, soit à l'égard de l'autre. En effet, les raisons que nous avons invoquées, dans la même hypothèse, relativement à l'enfant adultérin, ont ici la même force; et, de plus, on ne peut pas dire ici que l'une des deux reconnaissances, étant nulle en elle-même, doit être regardée comme non avenue, et qu'elle ne peut avoir, dès lors, pour effet de vicier l'autre; car lorsqu'il s'agit de l'enfant incestueux aucune des deux reconnaissances n'est ni plus ni moins vicieuse que l'autre; il n'y a pas de raison de préférer ou de sacrifier l'une plutôt que l'autre, puisque c'est de leur concours que résulte uniquement le vice d'incestuosité (V. Conf. MM. Demolombe, t. 5, n° 579; Aubry et Rau sur Zachariæ, t. 4, p. 90).

722. Si les deux reconnaissances ont été faites par deux actes séparés, la question est beaucoup plus délicate. Il est évident qu'elles ne peuvent pas être maintenues toutes deux, puisque c'est de leur coexistence, de leur corrélation que résulte, légalement, le vice dont est entachée la naissance de l'enfant; mais y a-t-il lieu de les annuler toutes deux, ou seulement l'une d'elles? Et, dans ce dernier cas, quelle est celle qui doit être préférée? — On convient généralement qu'elles ne doivent pas être annu-

---

l'opposition des intimés envers le jugement du 6 juill. 1821, les en déboutant, ordonne que ledit jugement sortira à effet, condamne les intimés aux dépens, etc.

Du 13 juill. 1824.-C. de Nîmes.-M. Cassaignolles, 1er pr.

(1) *Espèce*:—(Guillot de Villars C. Bécard.)—Marie Guillot de Villars, divorcée, entretenait des liaisons avec le sieur Bécard, limonadier de Paris.—Le 4 juin 1808, la femme de ce dernier décède.—Le 27 décembre, c'est-à-dire six mois et vingt-trois jours après, Marie de Villars accouche d'une fille qui, sur la réquisition de Bécard, est inscrite sous les noms de Joséphine-Désirée, comme née d'elle et de Bécard. — Le 28 janv. 1816, Marie de Villars décède à Semur laissant une fortune considérable. — Bécard, au nom de Joséphine Désirée, née de lui et de Marie de Villars, demande contre le frère de cette dame la délivrance de ses biens. — Le frère répond que Joséphine-Désirée étant née le 27 déc. 1808, sa conception doit, d'après la marche ordinaire de la nature, être reportée à neuf mois avant sa naissance, c'est-à-dire au 27 mars précédent; qu'à cette époque, Bécard, qui l'a reconnue, étant engagé dans les liens du mariage, elle n'a droit qu'à des aliments.—21 mai 1818, le tribunal de Semur, accueillant ce système, déclare Joséphine-Désirée fille adultérine, et ne condamne de Villars à lui payer qu'une rente viagère de 1,500 fr., à titre d'aliments. — Appel. — Le 29 août 1818, arrêt de la cour de Dijon, qui déclare la présomption établie par les art. 314 et 315 c. civ. inapplicable aux enfants naturels; reconnaît, en fait, qu'il est prouvé que Marie de Villars était enceinte avant la mort de la dame Bécard; mais néanmoins infirme le jugement, attendu que les art. 335 et 342 ne permettent pas plus d'opposer à l'enfant la reconnaissance qui tend à lui donner l'état d'enfant adultérin ni de rechercher contre lui une paternité adultérine, qu'ils n'admettent l'enfant lui-même à exciper dans son intérêt de cette reconnaissance et à rechercher cette paternité. — Les motifs sur la première question, sont: « Qu'il résulte des art. 312, 314 et 315 c. civ., que l'enfant né pendant le mariage a pour père le mari, si celui-ci a cohabité avec sa femme cent quatre-vingts jours, ou six mois, avant la naissance de l'enfant, ou même trois cents jours avant la naissance de cet enfant; que l'esprit de cette législation a été de déterminer, dans l'intérêt du mariage qui est le fondement de la société, comme étant la source de la famille, le fait de la paternité, qui, par les lois de la nature, est incertaine et mystérieuse; que c'est dans cet esprit que la loi a attribué au mari tous les enfants qu'il était physiquement possible de lui donner, d'après le terme de la plus longue comme de la plus courte gestation possible; que vouloir appliquer ces règles tracées pour le mariage aux enfants nés hors le mariage, c'est méconnaître absolument son esprit, puisque, loin de régler la paternité hors le mariage, la loi civile en prohibe formellement la recherche; que le père en est le seul arbitre, et que nul n'est enfant naturel aux yeux de la loi que celui que son père a bien voulu reconnaître; que d'ailleurs les règles tracées par le code sont faites pour le mari, et que l'enfant naturel n'est point l'enfant d'un mari; qu'il suit de là qu'un enfant naturel ne peut invoquer une présomption légale de naissance accélérée, qui s'oppose à l'examen des faits relatifs à sa naissance.» — Pourvoi de Guillot de Villars pour fausse interprétation des art. 335 et 342 c. civ.—Arrêt.

LA COUR; — Attendu que le code, art. 335, prohibe formellement toute reconnaissance d'enfant provenu d'un commerce adultérin; qu'ainsi, en supposant que la naissance de Joséphine-Désirée, arrivée six mois vingt-sept jours après le décès de la femme Bécard, fasse remonter la conception à une époque antérieure au décès de cette femme, la reconnaissance que son mari a faite de cet enfant comme étant né de lui et de la dame de Villars, alors libre de tout engagement, reste néanmoins sans effet et ne peut par conséquent nuire ni préjudicier à cet enfant, puisqu'elle est absolument interdite par la loi; qu'il suit de la disposition générale des art. 340 et 342 c. civ., que la recherche de paternité ne peut pas plus avoir lieu contre les enfants qu'à leur profit; que, l'effet de la reconnaissance de Bécard écarté, il ne reste à l'enfant dont il s'agit que sa qualité d'enfant naturel de Marie-Marguerite-Claudine Guillot de Villars; que, dans cet état, la cour de Dijon, en considérant comme nulle et sans effet la reconnaissance de Bécard, et en admettant Joséphine-Désirée comme fille naturelle à recueillir la portion légale qui lui revient dans la succession de ladite femme de Villars, sa mère, loin de violer la loi, n'a fait que s'y conformer; — Rejette.

Du 11 nov. 1819.-C. C., sect. req.-MM. Henrion, pr.-Rousseau, rap.

lées toutes deux, attendu que chacune d'elles, considérée isolément, serait parfaitement valable. Quelle est donc celle qui doit être maintenue? Les auteurs ne sont pas d'accord sur ce point. — Quelques-uns, notamment M. Taulier, t. 1, p. 415, pensent que c'est à l'enfant à choisir celle qu'il trouvera la plus avantageuse pour lui. Nous n'hésitons point à repousser cette solution. Il nous paraît tout à fait contraire à la raison de faire dépendre de la volonté, du choix de l'enfant, la décision d'une question de filiation.—D'autres, MM. Aubry et Rau, sur Zachariæ, t. 4, p. 90, note 3, enseignent que la première des deux reconnaissances doit être préférée, et cette opinion peut paraître plausible; en effet, peut-on dire, lorsque la première reconnaissance a été faite, rien ne s'opposait à sa validité; c'est la seconde seule qui est venue révéler l'existence d'un inceste, c'est donc celle-ci qui ne devait pas être faite; c'est elle, par conséquent, qui doit être annulée. Est-il bien rationnel cependant de subordonner, d'une manière absolue, l'état d'un enfant à une question de date? Et ne peut-il pas se faire que, des deux reconnaissances, une seule soit sincère et que ce soit précisément la dernière? La doctrine de MM. Aubry et Rau ne nous paraît donc pas non plus contenir la meilleure solution de la question. — Suivant M. Duranton, t. 3, nos 198 et et suiv., la reconnaissance de la mère doit l'emporter sur celle du père. « La maternité, dit cet auteur, est un fait matériel, certain, ou du moins susceptible d'être établi avec toute la certitude qui peut accompagner la démonstration des autres choses humaines. La paternité, au contraire, ne repose que sur des probabilités, des conjectures. La déclaration faite par un individu qu'il est le père de tel enfant, en admettant même qu'elle fût faite de bonne foi, n'a d'autre base que son opinion personnelle, opinion plus ou moins fondée, mais qui, par sa nature, est nécessairement incertaine, du moins en général : aussi ne peut-elle contre-balancer la déclaration contraire de la mère. Il n'a donc pu dépendre d'un tiers, en la faisant, d'empêcher celle-ci de reconnaître son enfant, quand, d'ailleurs, la loi dit positivement que la reconnaissance faite par ce tiers est sans effet à l'égard de la mère (art. 336), et que, dans l'espèce, elle ne pouvait même avoir lieu; car si elle est fondée sur la réalité, et que l'enfant soit bien né de celle qui s'en prétend la mère, cette reconnaissance a nécessairement eu pour objet, dans l'espèce, un enfant né d'un commerce incestueux; au lieu que celle de la mère n'emporte point les mêmes conséquences, puisque l'enfant peut être né de tout autre individu que celui qui s'en est reconnu le père, et c'est même ce que la loi suppose. Il faudrait donc, pour la rendre sans effet, prouver qu'elle est mensongère, qu'elle n'a été faite que pour rendre nulle la première. Ce serait sous le rapport de sa sincérité et non sous celui de sa qualité qu'elle devrait être combattue; tandis que celle du père est encore plus susceptible de l'être sous ce dernier rapport que sous le premier.—Cette argumentation est très-solide; aussi pensons-nous qu'en thèse générale la reconnaissance de la mère doit être préférée à celle du père comme reposant sur une base plus certaine, à moins toutefois qu'il n'apparaisse que cette reconnaissance de la mère n'est qu'un mensonge inspiré par la cupidité ou par quelque autre mauvaise passion, ou qu'elle est le résultat d'une erreur sur l'identité de l'enfant.— M. Demolombe, t. 5, n° 580, critique comme trop absolue l'opinion émise par M. Duranton; mais c'est qu'il nous paraît ne pas avoir aperçu la réserve faite par cet auteur pour le cas de reconnaissance mensongère; car la seule objection qu'il élève contre cette doctrine, c'est qu'il ne serait pas impossible que de mauvaises passions, qu'un sentiment de cupidité, par exemple, eussent poussé la femme à faire une reconnaissance mensongère. Il conclut que les magistrats devront apprécier. Cette opinion ne nous paraît pas différer d'une manière sensible de celle que nous avons émise avec M. Duranton. En effet, nous ne dénions pas aux magistrats le droit d'appréciation que leur attribue M. Demolombe; seulement nous disons que la reconnaissance de la mère, lorsque la sincérité et la vérité ou n'en ont pas été contestées ou en ont été démontrées, doit être maintenue préférablement à celle du père, encore bien que celle-ci ait été faite antérieurement; or c'est ce que M. Demolombe ne nous paraît pas contredire.

723. Nous pensons même avec M. Duranton, t. 3, n° 201, que, malgré la reconnaissance antérieurement faite par son prétendu père, l'enfant n'en aurait pas moins le droit d'intenter une action en recherche de maternité contre une femme parente au degré prohibé de l'auteur de la reconnaissance. En effet, l'enfant a, dès sa naissance, en vertu de l'art. 341, le droit de rechercher sa mère, et ce droit ne peut lui être enlevé par une reconnaissance de paternité ou fausse ou illégale. S'il triomphe dans son action, la reconnaissance de paternité tombera d'elle-même, comme étant légalement incompatible avec le jugement déclaratif de la maternité. Et l'on ne peut pas dire, dans ce cas, que l'existence de la reconnaissance antérieure, qui, par elle-même, était parfaitement valable, formât un obstacle légal à l'exercice de l'action en recherche de maternité : la reconnaissance de paternité est, par sa nature, trop conjecturale, trop dépourvue de certitude pour former un empêchement juridique à la constatation d'un fait positif et matériel comme la maternité. D'ailleurs, du moment que, dans le concours des deux reconnaissances, c'est celle du père, quoique la première en date, qui doit céder, cette reconnaissance ne peut être un obstacle à l'exercice de l'action en recherche de maternité de la part de l'enfant : cela est évident.

724. Supposons maintenant qu'au mépris de la prohibition formulée par l'art. 335 un enfant adultérin ou incestueux ait été reconnu; quel sera l'effet d'une telle reconnaissance? Une grande diversité d'opinions s'est produite sur ce point, surtout dans la jurisprudence. La difficulté naît de la contradiction qui semble exister entre l'art. 335, qui défend de reconnaître les enfants adultérins ou incestueux, et les art. 762 et 908, qui, en privant ces enfants de tout droit à la succession de leurs auteurs, leur accordent cependant des aliments, et les déclarent incapables de rien recevoir par donation entre-vifs ou par testament au delà de ce que la loi leur accorde.

Suivant plusieurs auteurs, la loi, à la vérité, défend de reconnaître les enfants adultérins ou incestueux, et ainsi quand une personne se présentera devant un officier public pour faire une telle reconnaissance, il devra refuser de la recevoir. Si cependant il la reçoit, soit parce qu'il ignore le caractère de la filiation déclarée, soit parce qu'il veut enfreindre la loi, l'acte ne sera pas nul, il produira les effets déterminés par les art. 762 et 908; il donnera à l'enfant le droit de demander des aliments, mais en même temps il le rendra inhabile à recevoir des libéralités de ses père et mère. Il faut bien, dit-on, que l'art. 762 puisse être appliqué; or comment le pourrait-il si la reconnaissance était privée de tout effet légal? Mais ce n'est pas tout : cette nullité produirait les conséquences les plus immorales. Supposons qu'un homme marié entretient des relations coupables avec une concubine. Il en a successivement deux enfants : l'un pendant la durée du mariage, l'autre après sa dissolution; il les reconnaît tous deux. Il est évident qu'aux yeux de la loi la position du second est plus favorable que celle du premier, puisque l'un est naturel simple et l'autre adultérin. Cependant, si la reconnaissance de celui-ci est absolument nulle, le père pourra lui laisser tout ce qu'il voudra, du moins tout ce dont il peut disposer, tandis qu'il ne pourra laisser à l'autre, à celui qui a été valablement reconnu, que la portion de ses biens déterminée par l'art. 757. Ne serait-ce pas aller directement contre les intentions du législateur? A l'appui de ce système on invoque le passage suivant du discours prononcé par M. Siméon, au nom du tribunat, dans la séance du Corps Législatif du 29 germ. an 11 (V. Locré, Législ. civ., t. 10, p. 294) : « Un homme aura signé comme père un acte de naissance sans faire connaître qu'il est marié à une autre femme que la mère du nouveau-né, ou que la mère est sa sœur; il aura voulu faire fraude à la loi; l'enfant se présentera dans la succession pour y exercer les droits d'un enfant naturel; on le repoussera par la preuve qu'il est né d'un père qui ne pouvait légalement l'avouer; mais l'aveu de fait, écrit dans son acte de naissance, lui restera et lui procurera des aliments. » C'est en ce sens que se sont prononcés Merlin, Rép., v° Filiation, nos 20-22; MM. Delvincourt, t. 1, note 2 sur la p. 90; Rolland de Villargues, des Enf. nat., n° 250; Bedel, nos 70 et s.; Toullier, t. 2, nos 967, 969; Valette sur Proudhon, t. 2, p. 155, 158. — Il a été jugé, en ce sens : 1° que la preuve d'adultérinité d'un enfant naturel peut résulter de la seule reconnaissance authentique et volontaire de ses père et mère (Lyon, 25 mars 1835, aff. Trollion, V. Disp. entre-vifs et testam.); — 2° Que la reconnaissance directe et volontaire d'un enfant adultérin met le père dans l'obligation de fournir des aliments à cet enfant (Grenoble, 20 janv. 1831) (1); — 3° Que cette obligation ne peut être détruite par l'effet d'aucune clause dérogatoire stipulée dans l'acte de reconnaissance; que, par exemple, bien que le père se soit engagé envers la mère à nourrir et entretenir l'enfant adultérin, sous la condition qu'elle lui remettrait l'enfant, le défaut d'exécution de cette condition par la mère n'empêche pas l'obligation de subsister (même arrêt); — 4° Que si la reconnaissance d'un enfant adultérin, faite dans l'acte de naissance, par celui qui déclare en être le père, est nulle, en ce qu'elle ne peut procurer à cet enfant les effets que la loi attache à la reconnaissance d'un enfant naturel, elle sert du moins à lui donner droit à des aliments (Paris, 22 juin 1839) (2);—5° Que l'enfant adultérin peut recevoir, de celui qui s'est reconnu en être le père, un legs dont la valeur n'excède pas les aliments auxquels cet enfant a droit (même arrêt du 22 juin 1839, aff. Ducanoy); — 6° Que la reconnaissance formelle d'un enfant incestueux, dans son acte de naissance, a pour effet d'annuler toutes les libéralités qui lui seraient faites depuis par l'auteur de cette reconnaissance, au delà des aliments (Paris, 14 déc. 1835) (3); — 7° Que la reconnaissance, dans l'acte de mariage, d'un enfant issu des époux, pendant que le père était engagé dans les liens d'un précédent mariage, et ce malgré la prohibition faite par la loi de reconnaître un enfant adultérin, servira à l'enfant pour lui assurer les aliments auxquels il a droit (Bourges, 4 janv. 1839, aff. Chevannes, V. n° 718-3°); —8° Que l'acte par lequel un individu marié déclare être le père d'un enfant naturel, quoique nul comme reconnaissance d'un enfant adultérin, doit obtenir effet comme dette d'aliments au profit de cet enfant, même contre la femme du déclarant et sur les biens de la communauté, attribués à la femme par un statut local, nonobstant tous actes par lesquels le mari en disposerait à son préjudice (Bruxelles, 29 juill. 1811) (4);—9° Que la reconnaissance d'un enfant incestueux, quoique nulle entre l'auteur de la re-

(1) *Espèce* : — (B... C. Marie C...) — 31 déc. 1809, le sieur B..., marié à une autre femme, se reconnaît le père de l'enfant dont la demoiselle C... est enceinte, et par cet acte il s'engage à nourrir et entretenir cet enfant jusqu'à ce qu'il soit en âge de gagner sa vie; mais sous la condition expresse qu'aussitôt qu'elle serait accouchée, elle ferait remettre l'enfant au sieur B...; à défaut d'exécution de cette condition, la demoiselle C... renonçait expressément à prétendre contre B... ni nourriture ni entretien de cet enfant, ni aucuns dommages-intérêts.—8 avril 1810, l'enfant de Marie C... est inscrit sur les registres de l'état civil sous les noms de Marie-Reine B... —L'acte du 31 déc. 1809 est annexé à l'acte de naissance. — Marie C... n'exécute point la convention faite avec B... — Elle garde sa fille et fournit à ses besoins. — 17 déc. 1822, elle assigne le sieur B... en payement : 1° d'une somme de 3,000 fr. pour tenir lieu à l'enfant B... de la nourriture et de l'entretien qu'il était obligé de lui fournir depuis sa naissance; 2° pour l'avenir, d'une pension annuelle de 300 fr. jusqu'à ce qu'elle fût en état de gagner sa vie, le tout aux termes du contrat de 1809.

Le 17 mars 1825, jugement par défaut qui réduit à 1,000 fr. la somme réclamée pour le temps passé, et fixe à 100 fr. la pension annuelle, jusqu'à l'époque où l'enfant pourrait vivre de son travail. — Opposition de Pierre B... Il conteste les effets de la reconnaissance, en s'appuyant sur l'art. 335 c. civ., et prétend, au surplus, qu'il est relevé de son obligation par l'inexécution de la condition sous laquelle il l'avait contractée. — 24 mars 1830, jugement qui ordonne l'exécution du premier et fixe à quinze ans l'âge où l'enfant serait censé pouvoir gagner sa vie. Les motifs sont : «Que la reconnaissance était valable en ce qui concernait les conséquences purement naturelles imposées par la paternité; — Que la promesse faite par B... de fournir à l'entretien de Marie-Reine B... n'avait pu être modifiée par aucune condition dérogatoire au droit naturel. » — Appel. — Arrêt.

LA COUR; — Adoptant les motifs des premiers juges, confirme.

Du 20 janv. 1831.-C. de Grenoble.-M. Duboys, pr.

(2) (Hérit. Ducanoy C. Charles-Joseph.)—LA COUR;—Considérant que l'art. 335 c. civ., au titre De la paternité et de la filiation, en disposant que la reconnaissance ne peut avoir lieu au profit des enfants adultérins, n'a d'autre effet que de priver ces enfants des avantages de filiation que la reconnaissance légale peut procurer aux enfants naturels; —Que cet article ne prononce pas de nullité absolue; —Qu'ainsi, ces enfants ne peuvent à la vérité entrer dans la famille, acquérir de possession d'état, être légitimés par le mariage subséquent, ni avoir part dans la succession; mais qu'il résulte des art. 762, 763 et 764 du même code, au titre Des successions, que ces enfants ne demeurent pas entièrement étrangers à leurs parents, puisque ces articles, en les excluant de la succession, obligent néanmoins ceux-ci à leur donner des aliments; — Qu'il importe peu que le fait de l'existence d'un enfant adultérin résulte d'une reconnaissance volontaire ou d'une reconnaissance forcée; — Que la loi ne fait pas cette distinction, et que c'est d'une manière générale, et par conséquent pour tous les cas, qu'elle leur accorde des aliments; —Que l'art. 762 c. civ., loin d'être en contradiction avec l'art. 335, en est au contraire une conséquence, et que la loi qui venait de priver ces enfants de tous les droits de famille accordés aux autres enfants naturels, a voulu pourvoir au moins à leur subsistance;—Qu'il suit de là que Charles-Joseph, enfant adultérin illégalement reconnu, n'ayant droit qu'à des aliments, ne peut rien recevoir au delà, et que les héritiers Ducanoy pourraient lui opposer son acte de naissance pour repousser sa demande en délivrance de legs; — Mais, considérant qu'il résulte des documents de la cause que la valeur du legs fait à Charles-Joseph n'excède pas les aliments auxquels il a droit... ; — Confirme.

Du 22 juin 1839.-C. de Paris, 1re ch.-M. Séguier, 1er pr.

(3) *Espèce* : — (Dupuis C. Caron.) — La dame Dupuis demandait la nullité d'un contrat d'obligation, d'un acte de vente d'une maison et d'un testament émanés du sieur Pierre Piron, au profit de la femme Caron, enfant incestueux que ce dernier aurait formellement reconnu dans son acte de naissance, sous le nom de Marie-Madelaine. — Un jugement du tribunal de première instance de Paris déclara valables les divers actes consentis par Piron, en faveur de la femme Caron, par le motif que la loi ayant interdit la reconnaissance des enfants incestueux ou adultérins, les conséquences que l'on pourrait induire des énonciations portées en l'acte de naissance de la femme Caron, disparaissaient aux yeux de la loi qui a frappé de tels actes d'une nullité absolue. — Appel par la dame Dupuis. — Arrêt.

LA COUR; — Considérant que la loi, en accordant des aliments aux enfants incestueux et adultérins sur les biens de leur père et mère, reconnaît explicitement qu'un droit peut être exercé et des réclamations élevées en cette qualité; qu'elle ne détermine pas la nature et la forme des actes qui impriment à l'enfant ce caractère d'enfant incestueux ou adultérin; que les restreindre aux décisions judiciaires rendues en cas de nullité de mariage, de désaveu de paternité, ou autres semblables, ce serait admettre une prohibition qui n'est point entrée dans la pensée du législateur; que s'il a voulu, dans l'intérêt de l'ordre public et des mœurs, que l'on ne pût reconnaître le fruit de l'adultère ou de l'inceste, il n'a entendu parler que d'une reconnaissance légale conférant des droits sur la succession du père ou de la mère, mais qu'il n'a pu vouloir qu'une déclaration faite spontanément par le père fût considérée comme nulle; que la crainte du scandale d'une reconnaissance conduirait à cette conséquence plus scandaleuse encore, que malgré la tache bien connue de son origine, l'enfant incestueux enlèverait souvent aux héritiers légitimes des biens sur lesquels la loi n'a voulu lui donner que des aliments, et qu'ainsi une disposition légale fondée sur l'intérêt des mœurs et de la famille, tournerait à leur préjudice; — Considérant, en fait, que, par l'acte de naissance du 9 nivôse de l'an 6, Pierre Piron, alors engagé dans les liens du mariage, s'est reconnu père de Marie-Madelaine, en indiquant comme la mère, Marie-Josèphe Péchon, sa belle-fille; que Marie-Madeleine a eu, depuis sa naissance, la possession constante de l'état de fille de Pierre Piron; qu'elle a toujours porté le nom de celui-ci; qu'elle s'est mariée sous ce nom; que, dans toutes les occasions, et notamment en faisant part du mariage de Marie-Madelaine, Pierre Piron et Marie-Josèphe Péchon l'ont présentée comme leur fille;... (suivent plusieurs autres considérants relatifs à chacun des actes attaqués, et que la cour reconnaissait comme ayant pour objet de faire passer les biens de Piron à sa fille incestueuse, par personnes interposées); — Infirme le jugement, et déclare, en conséquence, ces divers actes nuls et de nul effet.

Du 14 déc. 1835.-C. de Paris, 1re et 2e ch. réun.-MM. Hardoin, pr.-Delapalme, av. gén., c. conf.-Simon, Barillon et Langlois, av.

(4) *Espèce* : — (Nieuwenckel C. dame Vanhegelsom.) — Vanhegelsom, marié à Bruxelles sous la coutume locale qui attribuait à la femme, après le décès du mari, la totalité des biens meubles de la communauté, avait quitté sa femme. Il vivait publiquement avec Cecile Nieuwenckel, âgée de dix-neuf ans; et celle-ci passait pour sa femme, lorsque, le 20 oct. 1804, elle mit au jour une fille qui fut inscrite sur les registres comme leur *fille légitime*. — En 1810, Vanhegelsom décède.—Sa femme se présente alors pour recueillir la communauté, qui était toute mobilière.—Cécile réclame des aliments pour sa fille adultérine; elle prétend avoir ignoré le mariage du défunt et avoir été mariée devant un curé, selon les lois précédentes. — Jugement qui repousse cette demande, sur le motif que l'enfant adultérin ne peut se prévaloir de sa reconnaissance. — Appel : on soutient qu'il résulte de cette reconnaissance, sinon des droits pareils à ceux d'un enfant naturel, au moins un droit à des aliments. — Arrêt.

LA COUR; — Attendu que l'art. 334 c. civ. en prescrivant que la reconnaissance d'un enfant naturel soit faite par un acte authentique lorsqu'elle ne l'aura pas été dans son acte de naissance, se borne à déterminer les deux seuls modes de reconnaissance légale que la

connaissance et l'enfant quant aux rapports de filiation et de paternité, a cependant l'effet de rendre l'enfant non recevable à recueillir le legs qui lui est fait par les père ou mère qui l'ont reconnu..., et cela alors surtout que la reconnaissance de l'enfant incestueux se trouve consignée dans l'acte par lequel il est institué légataire... En un tel cas, l'enfant n'a droit qu'à des aliments (Toulouse, 5 mars 1827) (1).

725. Nous ne pouvons admettre cette interprétation. Nous

---

législateur ait voulu admettre pour donner aux enfants naturels des droits sur les biens des père et mère décédés, lesquels, est-il dit à l'art. 756, ne leur sont accordés que lorsqu'ils ont été légalement reconnus, et que l'art. 335 portant que cette reconnaissance ne pourra avoir lieu au profit des enfants nés d'un commerce incestueux ou adultérin, signifie seulement qu'elle ne leur procurera pas le même avantage, qu'elle ne leur conférera pas les droits qu'elle confère aux enfants naturels nés d'un commerce libre; — Attendu que si, par l'art. 335, on entendait qu'il serait défendu de reconnaître les enfants nés d'un commerce incestueux ou adultérin, de sorte que l'acte qui contiendrait cette reconnaissance devrait être déclaré nul et incapable de produire aucun effet, il en résulterait que ces enfants, ne pouvant d'ailleurs, suivant l'art. 342, être admis à la recherche, soit de la paternité, soit de la maternité, seraient privés du moyen le plus sûr de signaler ceux qui leur ont donné le jour; —Que cependant l'art. 762, leur accordant indistinctement des aliments, n'a pu vouloir en même temps leur enlever la faculté d'établir, par la preuve la plus certaine, qu'ils sont nés de ceux contre qui ils les réclament; — D'où l'on doit inférer que la reconnaissance que leurs parents en font, soit par un acte authentique, soit dans leur acte de naissance, bien qu'elle ne soit pas légale et qu'elle ne puisse avoir en leur faveur les effets qu'elle aurait pour un enfant naturel, renferme néanmoins un aveu de fait qui leur reste, et qui suffit pour leur procurer des aliments. — Attendu qu'il résulte de ce que dessus que Michel-Bernard Vanhegelsom, en se déclarant le père de la pupille de l'appelante dans l'acte de naissance de cet enfant, s'est, par cela seul, soumis à l'obligation de lui fournir des aliments; —Attendu que cette obligation est personnelle; — Attendu que, de son aveu, l'intimée détient les biens meubles de la communauté, conformément à l'art. 250 de la coutume de Bruxelles, et qu'à ce titre, elle est obligée en toutes les dettes et charges personnelles du prédéfunt; — Attendu, enfin, que les art. 237 et 240 de la même coutume ne concernant que les actes par lesquels un mari disposerait des biens de la communauté, dans le dessein d'en priver sa femme au cas où elle lui survivrait, ne sont point applicables à l'espèce; — Met au néant le jugement dont est appel; émendant, dit que l'appelante est bien fondée à demander que l'intimée fournisse des aliments à l'enfant dont il s'agit; et, avant de statuer sur leur quotité, ordonne qu'à cet égard les parties contesteront plus amplement.

Du 29 juill. 1811.-C. de Bruxelles, 3e ch.

(1) *Espèce :* — (Pendaries C. héritiers Dugourg.)— En 1817, Pendaries présente à l'officier civil un enfant, François Ilpid, comme issu de lui et de Jeanne Dugourg. — Celle-ci était sa belle-sœur. — En 1821, testament public par lequel Jeanne Dugourg lègue la quotité disponible à Ilpid Pendaries que dans l'acte elle nomme plusieurs fois son fils. — Elle y déclare aussi que, dans le cas où Ilpid ne pourrait recueillir tout ou partie du legs, elle en fait don à Pendaries, son beau-frère, père d'Ilpid. — Décès de la testatrice. — Les héritiers demandent la nullité du testament, comme contenant une libéralité directe au profit d'un enfant incestueux. — Quant à la clause par laquelle le père était appelé à défaut du fils, ils soutiennent qu'elle est nulle aussi, comme faite à une personne interposée. — Du reste, ils offrent de fournir des aliments à Ilpid.

Les défendeurs répondent que la reconnaissance des enfants incestueux, étant prohibée par la loi, est radicalement nulle; qu'on ne peut s'en prévaloir ni pour ni contre l'enfant; que, partant, le legs devait être exécuté; — Qu'au surplus, la clause relative à Pendaries ne peut être critiquée, sous prétexte d'interposition de personne, l'art. 911 c. civ. ne concernant pas le père incestueux.—12 juill. 1824, le tribunal de Gaillac annule le testament.—Appel.—Arrêt.

LA COUR; — Attendu, sur la première question, que, pour apprécier la capacité de François Ilpid, à l'effet de recueillir les libéralités de Jeanne-Marie Dugourg, il suffit d'examiner s'il est et s'il peut être considéré comme fils naturel, conséquemment incestueux, de Jeanne-Marie Dugourg et de François Pendaries, son beau-frère; — Attendu qu'en fait, cette filiation naturelle n'est pas contestée, puisque, même dans le procès actuel, François Pendaries a constamment donné son nom à François Ilpid; — Attendu, dès lors, qu'aux termes des art. 762 et 908 c. civ., Jeanne-Marie Dugourg n'aurait pu donner à son fils, et celui-ci n'aurait pu recevoir de sa mère que des aliments; — Attendu qu'on objecte qu'il ne s'agit pas du fait en soi, mais qu'il s'agit de décider si l'état d'enfant incestueux de François Ilpid est constant aux yeux de la loi; en d'autres termes, si les intimés rapportent une preuve légale de cet état et de l'incapacité qui en serait la suite. Or, ajoute-t-on, comme, d'un côté, la recherche de la paternité, même de la maternité adultérine ou incestueuse, est prohibée; comme, d'autre part, les reconnaissances d'une paternité ou d'une maternité incestueuse sont radicalement nulles, et ne peuvent produire aucun effet, rien au procès ne prouve légalement l'état, et, par conséquent, l'incapacité de François Ilpid.

Mais attendu que c'est mal interpréter ou appliquer l'art. 335 c. civ., et mal à propos restreindre à des cas extraordinaires l'art. 762 du même code, lequel ne fait aucune distinction ou exception; que l'art. 335, qui appartient au titre de la paternité et de la filiation, règle ce qui est relatif à l'état des enfants naturels incestueux, au rang qu'ils pourraient prétendre dans la famille, à la faculté de porter le nom du père; en un mot, ce qui est relatif à la personne; que là, il n'est nullement question des droits des enfants naturels sur les biens de leur père, comme l'exprime formellement l'art. 338; qu'au titre des successions, et lorsque la loi accorde indistinctement des aliments, elle ne restreint pas cette faveur au cas où l'enfant incestueux prouvera son état autrement que par des reconnaissances;

Qu'il est facile de voir pourquoi le législateur n'a pas voulu autoriser de telles reconnaissances, qui renferment l'aveu d'un crime, pourquoi il n'a pas voulu que l'officier de l'état civil les reçût, s'il était instruit des rapports existants entre l'auteur de la reconnaissance et l'autre auteur de l'enfant reconnu; pourquoi il n'a pas voulu que de telles reconnaissances pussent profiter à l'enfant, au point de lui procurer cette sorte de filiation avouée par la loi et accordée aux enfants naturels simples : mais lorsque le scandale qu'on voulait éviter a été commis, lorsque le père incestueux a consigné dans un acte l'obligation naturelle où il est de donner des aliments à son enfant, concevrait-on que ce dernier fût sans action pour les réclamer, précisément parce que son père se serait empressé de lui fournir une preuve irrécusable et volontaire de ses droits? Le père incestueux, qui aurait à craindre que son enfant ne parvînt d'une autre manière à la preuve de la paternité, n'aurait donc qu'à le reconnaître volontairement pour se dégager de ses obligations envers lui; — Attendu qu'un système, si désastreux pour l'enfant, présenterait, dans l'intérêt des tiers, de la morale publique, de la loi elle-même, les plus graves inconvénients; ce qu'un père pourrait faire pour se soustraire à ses devoirs, il pourrait le faire, il le ferait bien plus souvent pour violer les dispositions restrictives de l'art. 762. Pour priver les héritiers de droit des moyens possibles de prouver son incapacité, il reconnaîtrait son enfant; et, cette précaution prise, il pourrait le traiter en étranger capable de recueillir, précisément parce qu'il aurait désobéi à la loi en le reconnaissant; sa fraude lui profiterait : ainsi l'enfant bien certainement incestueux, en concours avec un enfant légitime, partagerait avec lui le patrimoine paternel; il serait plus favorisé que l'enfant naturel simple; — Attendu que l'art. 335 autorise si peu de telles conséquences, qu'il ne dispose évidemment, et quant aux intérêts matériels surtout, ni au profit ni au détriment des tiers; et que l'art. 764, qui permet au père ou à la mère de l'enfant adultérin ou incestueux de lui faire apprendre un art mécanique, ou de lui assurer des aliments, admet évidemment, et avec ses effets légaux, une reconnaissance de fait;

Attendu, d'ailleurs, que si la libéralité faite par son père ou sa mère, au profit de l'enfant incestueux, ne pouvait pas être attaquée au moyen d'une reconnaissance antérieure, ce serait, ou parce que le recours à cet autre acte présenterait une sorte de recherche de la paternité, ou parce qu'on ne pourrait point invoquer un acte que l'on suppose radicalement nul; mais qu'il devrait en être tout autrement lorsque, dans le même acte, comme dans l'espèce, la preuve écrite de l'incapacité serait placée à côté de la libéralité faite à la personne incapable; qu'il serait trop révoltant de diviser l'acte, pour en retrancher ce qui pourrait nuire au maintien d'une disposition dont l'immoralité serait incontestable; qu'il faut raisonner ici, comme la cour de cassation raisonnait le 13 juill. 1826 (V. Adoption, n° 59), pour le cas d'un acte d'adoption lié à une reconnaissance d'adultérinité. « L'adoption, disait cette cour, étant faite par le même titre que celui de la reconnaissance de l'adultérinité, ne peut en être séparée, puisque c'est le titre même d'adoption qui proclame le vice de naissance de l'enfant et constitue son incapacité à en recevoir l'effet; » que ce raisonnement s'applique, à plus forte raison, à une libéralité liée à une reconnaissance; — Que François Ilpid n'a droit qu'à des aliments qui lui ont été offerts dès l'origine, notamment dans l'acte du 6 mai 1822; mais que les premiers juges auraient dû lui attribuer formellement ce droit, afin d'éviter de nouvelles contestations;

Attendu, sur la deuxième question, qu'il est inutile d'examiner si François Pendaries était personnellement capable ou incapable de recevoir des libéralités de Jeanne-Marie Dugourg; qu'il est même inutile d'examiner si le père d'un enfant incestueux, alors que cette paternité de fait est censée ne pas exister aux yeux de la loi, est enveloppé dans la disposition de l'art. 911 c. civ., qui, de plein droit, répute personne interposée le père de l'incapable; — Qu'indépendamment de cette présomption légale, il est constant que la disposition apparente au profit de François Pendaries n'est, en réalité, qu'une disposition déguisée au profit exclusif de François Ilpid, et une précaution prise pour mieux assurer à ce dernier tous les biens de sa mère; que cette intention ressort de tous les termes du testament, où il est dit à plusieurs reprises que François Pendaries ne recueillera que ce que son fils ne re-

croyons que la reconnaissance d'un enfant adultérin ou incestueux est nulle et ne produit aucun effet. L'art. 335 dit que la reconnaissance *ne pourra avoir lieu* au profit des enfants nés d'un commerce incestueux ou adultérin. Toute prohibition doit avoir une sanction. Or, quelle serait la sanction de celle-ci, si ce n'était la nullité de l'acte? La loi ne la prononce pas, il est vrai, mais elle se sert d'expressions qui, en matière si liée à l'ordre public, emportent virtuellement la nullité, et il répugne d'ailleurs à la raison de penser que le législateur ait pu vouloir établir une règle absolument inefficace, une règle, en un mot, qui ne serait qu'une lettre morte. — Admettons, si l'on veut, que l'officier de l'état civil, que le notaire auquel on s'adressera ne voudra jamais enfreindre la loi, bien qu'en le faisant il ne s'expose à aucune peine; mais il sera toujours facile, surtout dans les grands centres de population, d'aller trouver un notaire, par exemple, qui ne connaisse pas la vérité, qui ne soit point en position de la connaître, et de lui faire constater, comme simplement naturelle, une filiation qui soit en réalité adultérine ou incestueuse. Quel est d'ailleurs le but que s'est proposé le législateur dans l'art. 335? C'est de garantir les mœurs publiques, c'est d'empêcher le scandale. Or il n'est point exact de dire, comme on le fait dans le système que nous combattons, que, du moment où la reconnaissance a été reçue, le scandale existe et qu'ainsi le mal que la loi a voulu prévenir est fait. Non, le mal ici, le scandale résiderait bien moins dans la reconnaissance elle-même, qui peut rester ignorée du public, que dans les actions judiciaires qui en sortiraient et qui obligeraient en quelque sorte la justice à consacrer le crime comme une cause légitime de droits et d'obligations. Il faut donc voir dans ces mots *ne pourra avoir lieu* de l'art. 335, non pas une simple prohibition, mais un empêchement absolu mettant invinciblement obstacle à l'existence légale de l'acte dont il s'agit. — Cependant, pour que les art. 762 et 908 puissent être appliqués, il faut bien que la filiation adultérine ou incestueuse soit légalement constatée? Or comment pourra-t-elle l'être si la reconnaissance est réputée non avenue? Elle ne pourra pas l'être toujours; mais elle le sera dans plusieurs cas. Et, d'abord, si le désaveu formé par le mari ou ses héritiers est admis, l'enfant sera légalement réputé le fruit de l'adultère de sa mère. Il en sera de même si un enfant triomphe dans son action en réclamation d'état contre sa mère, mais que le mari de celle-ci prouve qu'il n'en est pas le père (art. 325). Il en sera de même encore si un mariage est annulé, soit parce que l'un des époux était déjà marié, soit parce qu'ils étaient parents au degré prohibé, et qu'il n'y ait eu bonne foi de la part d'aucun d'eux; les enfants issus de ce mariage seront adultérins dans le premier cas et incestueux dans le second. En effet, dans cette hypothèse, nonobstant la mauvaise foi des époux, la maxime *pater is est quem nuptiæ demonstrant* doit recevoir son application, comme nous l'avons vu v° Mariage, n° 580. Enfin il faut ajouter à ces divers cas celui où la filiation adultérine ou incestueuse aurait été, par erreur de fait ou de droit, constatée par une décision passée en force de chose jugée. Dans toutes ces hypothèses, la filiation se trouvant constatée par la force des choses, il n'y aurait pas de raison pour en faire une complète abstraction. — A l'appui de la doctrine que nous défendons on peut invoquer des passages très-explicites des discours de MM. Lahary et Duveyrier au tribunat et au corps législatif. « Cette reconnaissance, disait notamment M. Duveyrier (V. *suprà*, p. 166, n° 111), sera impossible s'il faut l'appuyer sur l'inceste ou sur l'adultère. L'officier public ne la recevra pas; et si, malgré lui, l'acte contient le vice qui l'infecte, cette reconnaissance nulle ne pourra profiter à l'enfant adultérin ou incestueux pour qui elle aura été faite. » — Telle est, au surplus, l'interprétation qui a été adoptée par MM. Duranton, t. 3, n°s 195-209; Duvergier sur Toullier, t. 2, n° 967, note 1; Loiseau, Des enfants naturels, p. 732; Marcadé, sur l'art. 335, n° 2; Demolombe, t. 5, n° 587; Taulier, t. 1, p. 417. — Il a été jugé, en ce sens: 1° que la reconnaissance volontaire d'un enfant adultérin ou incestueux est absolument nulle et ne peut ni nuire ni profiter à cet enfant; qu'ainsi il ne peut s'en prévaloir pour réclamer des aliments, et que, d'un autre côté, elle ne peut lui être opposée pour le rendre incapable de recueillir les libéralités qui lui ont été faites par ses auteurs (Rej. 28 juin 1815; Cass. 9 mars 1824; Poitiers, 11 déc. 1824; Bordeaux, 21 déc. 1835; Rej. 8 fév. 1836; Cass. 3 fév. 1841 (1); Rej. 11 nov.

---

cueillerait pas lui-même; qu'il ne recueillera que dans le cas seulement où son fils ne pourrait pas recueillir; — Qu'il importe peu que François Pendaries fût lui-même incapable de transmettre directement à son fils incestueux les biens qu'il aurait reçus de Jeanne-Marie Dugourg; que ce ne serait pas un motif d'attribuer audit François Pendaries une libéralité qui ne le concernait pas personnellement, et qu'en outre, il pourrait employer à son tour des moyens détournés pour remplir le fidéicommis dont sa belle-sœur l'avait chargé; — Qu'à l'égard de cette disposition conditionnelle, on ne peut pas même distinguer le legs d'usufruit du legs de la propriété, parce qu'en premier lieu la disposition, en la généralisant, serait telle que l'incapable profiterait aussi bien de l'usufruit que de la propriété; parce qu'en second lieu on ne donne textuellement à François Pendaries que l'usufruit des biens qui seraient recueillis par son fils, et que le fils ne recueillant pas, le legs d'usufruit est caduc; — Par ces motifs, vidant le renvoi au conseil, réformant quant à ce, le jugement du 12 juill. 1824, déclare que François Ilpid n'a droit qu'à des aliments, à raison de sa qualité d'enfant incestueux de Jeanne-Marie Dugourg et de François Pendaries; pour tout le surplus, démet les parties de P. Gasc et de Bastié de leur appel, etc.

Du 5 mars 1827.-C. de Toulouse, aud. sol.-M. de Faydel, pr.

(1) 1re *Espèce*:—(Lanchère C. Batard.)—En 1786, 1791 et en l'an 4, trois enfants ont été inscrits à l'état civil, savoir, deux comme nés de Jean Lanchère et de Marie Batard, femme Psalmon, le troisième comme né de Jean Devaux et de Marie Bodel. — An 5, acte notarié par lequel Jean Lanchère (qui était marié depuis 1749) et Marie Batard déclarent que ces enfants sont leurs enfants naturels. — Trois jugements ordonnent la rectification de leurs actes de naissance en ce sens. — An 8, Lanchère fait donation à ceux-ci, qualifiés enfants de lui et de Marie Batard, de deux immeubles estimés l'un 40,000 fr., l'autre 45,000 fr., « pour donner à sesdits enfants un témoignage de sa tendre affection, et parce que telle est sa volonté. » — Marie Batard somme Lanchère de rapporter la radiation des inscriptions qui grèvent ces immeubles. — Celui-ci demande la nullité de la donation pour ingratitude. — An 12, arrêt qui maintient la donation et condamne Lanchère à rapporter la mainlevée des inscriptions. — An 13, décès de Lanchère, laissant des enfants légitimes et sa veuve qui est décédée depuis. — Les donataires provoquent l'exécution de l'arrêt contre les enfants Lanchère. — Ceux-ci demandent la nullité de la donation sur le fondement que les donataires, étant enfants adultérins, n'ont pu recevoir que des aliments; ils ont offert pour chacun une somme annuelle de 800 fr. — 23 avr. 1811, le tribunal de la Seine accueille ce système, et toutefois adjuge à deux des donataires (l'autre était mort) 1,416 fr. de pension.

Appel par les donataires; ils soutiennent que d'après le code, qui doit régler leur état, la reconnaissance faite par leur père est nulle, et que la donation doit être exécutée. — 13 août 1813, arrêt de la cour de Paris, qui infirme, « attendu que d'après l'art. 10 de la loi du 12 brum. an 2, Lanchère père étant mort depuis le code civil, l'état et les droits de ses enfants naturels, s'il en a, doivent être en tous points réglés par les dispositions de ce code; que, suivant l'art. 335 du code, la reconnaissance volontaire ne peut avoir lieu au profit d'enfants nés d'un commerce adultérin; que, suivant l'art. 100, les jugements de rectification ne peuvent, dans aucun temps, être opposés aux parties intéressées qui ne les auraient pas requis; qu'ainsi, malgré tous les actes et les jugements de rectification intervenus, l'état des appelants demeure incertain; qu'ils sont, à l'égard de ce dernier, ce que seraient d'autres donataires, et que l'incapacité résultant des art. 762 et 908 c. civ. ne leur est point applicable. » Pourvoi des enfants Lanchère. — Violation des art. 100, 335, 762, 763, 764, 908, 1109 et 1110 c. civ., et de l'art. 10 de la loi du 12 brum. an 2. — Arrêt (apr. délib. en ch. du cons.).

La cour; — Vu l'art. 10 de la loi du 12 brum. an 2 et les art. 100, 335, 340, 342, 762, 763, 764, 908, 1350, 1351 et 1352 c. civ.; — Attendu, sur les premier, troisième, quatrième, cinquième et sixième moyens proposés par les demandeurs en cassation, 1° que, conformément à l'art. 10 de la loi du 12 brum. an 2, l'état des enfants qui ont été reconnus, sous l'empire de cette loi, par Jean Lanchère et Marie Batard, doit être réglé par les dispositions du code civil, Jean Lanchère et Marie Batard ayant survécu à la promulgation de ce code; qu'ainsi, puisque l'état des enfants naturels ne peut dépendre que des reconnaissances qui ont été faites par leurs père et mère, les reconnaissances souscrites par Jean Lanchère doivent être réglées par les dispositions du code civil, et qu'elles doivent l'être par les dispositions de l'art. 335, puisqu'il s'agit de reconnaissances d'enfants adultérins; 2° que l'art. 335 dispose d'une manière générale, et en termes prohibitifs, que la reconnaissance ne pourra avoir lieu au profit des enfants nés d'un commerce incestueux ou adultérin; que l'objet de cet article, proclamé par les orateurs du gouvernement et par les orateurs du tribunat, a été d'empêcher, par respect pour les bonnes mœurs et la pudeur sociale, toutes les reconnaissances, toutes les confessions volontaires des crimes d'inceste et d'adultère, et de prévenir les débats

1819, aff. Guillot, n° 719; Cass. 4 déc. 1837, aff. Millardet, n° 728-2°; Req. 18 mars 1846, aff. Bouchayer, D.P.46. 1. 344;

scandaleux auxquels pourraient donner lieu ces révélations honteuses; et qu'ainsi, lorsque ces reconnaissances, ces confessions volontaires ont été faites malgré la prohibition de la loi, elles ne peuvent produire aucun effet; 3° qu'aux termes de l'art. 100 c. civ., les jugements de rectification des actes de naissance ne peuvent, dans aucun temps, être opposés aux parties intéressées qui ne les ont pas requis ou n'y ont pas été appelées; d'où il suit qu'il n'est pas nécessaire que ces parties se pourvoient contre lesdits jugements pour les faire anéantir; 4° que les confessions volontaires d'une filiation adultérine ou incestueuse se trouvent proscrites par les mêmes motifs que les reconnaissances volontaires d'une paternité adultérine ou incestueuse; qu'elles offenseraient également les bonnes mœurs, qu'elles porteraient également atteinte à la pudeur sociale, qu'elles donneraient également lieu à des débats scandaleux, et qu'en conséquence elles sont également illicites; que, d'ailleurs, rechercher dans des faits et des actes la preuve de l'aveu d'une filiation adultérine, ce serait indirectement rechercher la paternité; mais que toute recherche de paternité est formellement interdite, surtout en matière d'adultère, par les art. 340 et 342 c. civ.; et que, d'après la disposition générale de ces deux articles, la recherche ne peut pas plus avoir lieu contre des enfants qu'à leur profit, pour établir leur filiation; qu'enfin, dans l'espèce, les faits et les actes qui contiendraient l'aveu, de la part de la veuve Blanié et de ses deux frères, qu'ils sont enfants adultérins de Jean Lanchère, n'ont été ni constatés ni interprétés par l'arrêt dénoncé; que la preuve qui peut en résulter n'a pas été appréciée par ledit arrêt, et qu'il n'entre pas dans les attributions de la cour de cassation de vérifier des faits, d'interpréter des actes ni d'apprécier la preuve qui en peut résulter; 5° que des motifs qui précèdent, il suit nécessairement que l'arrêt dénoncé a fait une juste application de l'art. 10 de la loi du 12 brum. an 2 et des art. 100, 335, 340 et 342 c. civ., et en a tiré de justes conséquences, en décidant que, malgré tous les actes et les jugements de rectification intervenus, l'état de la veuve Blanié et de ses deux frères demeure incertain, qu'ils sont, aux yeux de la loi, étrangers à Jean Lanchère, et que l'incapacité résultant des art. 762 et 908 c. civ. ne leur est pas applicable; qu'en jugeant ainsi, il n'a commis aucun excès de pouvoirs et qu'il n'a pas violé les dispositions des art. 1350, 1351 et 1352 c. civ., qui ne sont pas applicables à l'espèce;

Sur les deuxième et septième moyens proposés par les demandeurs, et qui sont relatifs, l'un à la cause illicite, l'autre à la cause fausse et à l'erreur, quant aux personnes, qui se trouveraient dans la donation du 26 therm. an 8; que rien ne justifie que le second moyen ait été présenté devant la cour qui a rendu l'arrêt dénoncé; qu'il n'en est fait aucune mention dans cet arrêt, ni dans les qualités et les faits, ni dans les questions qui ont été posées, ni dans les motifs; et que même il n'en est pas fait mention dans le jugement de première instance; que les demandeurs conviennent eux-mêmes qu'ils n'ont pas proposé le septième moyen devant la cour d'appel de Paris, et que cependant ils auraient pu et dû le proposer, d'après les défenses fournies par la veuve Blanié et ses deux frères; qu'en conséquence, ces deux moyens ne sont pas admissibles comme ouvertures de cassation, puisqu'en matière civile un arrêt de cour d'appel ne peut être cassé pour n'avoir pas prononcé des nullités qui n'avaient pas été demandées et proposées par les parties intéressées; que, d'ailleurs, pour décider que la paternité adultérine de Jean Lanchère a été l'unique cause de la libéralité qu'il a faite à la veuve Blanié et à ses deux frères, il faudrait interpréter les termes de l'acte de donation; mais que cette interprétation n'a pas été faite par l'arrêt dénoncé, et qu'elle n'est pas dans les attributions de la cour; — Rejette, etc.

Du 28 juin 1815.-C. C., sect. civ.-MM. Muraire, 1er pr.-Chabot, rap.-Giraud, c. conf.-Guichard et Darrieux, av.

2e *Espèce :* — (Gengout C. Bataille.) — La cour; — Vu l'art. 10 de la loi du 12 brum. an 2 et les art. 335, 762, 908 et 911 c. civ.; — Considérant que Christophe Bataille a survécu à la publication du code civil, puisqu'il n'est décédé que dans le mois de février 1820; — Que par conséquent l'état et les droits de Gengout doivent être réglés par les dispositions du code; — Considérant que l'art. 335 dudit code prohibe, en termes généraux et absolus, la reconnaissance des enfants adultérins et incestueux; — Que, d'après cette prohibition absolue qui a eu pour objet de prévenir des révélations scandaleuses d'inceste et d'adultère, la nullité de ces reconnaissances n'en laisse subsister aucun effet; — Que toute recherche de paternité est formellement interdite, surtout en matière d'adultère, par les art. 340 et 342; — Que, d'après la disposition générale de ces articles, la recherche ne peut pas plus avoir lieu contre des enfants qu'à leur profit pour établir leur filiation, surtout dans les cas où, suivant l'art. 335, la reconnaissance est prohibée; — Considérant que l'art. 762 s'applique aux espèces où, par la force des choses et des jugements, la preuve de la filiation adultérine ou incestueuse est acquise en justice; — Que cet article est évidemment sans application dans le cas d'une simple reconnaissance que la loi proscrit d'une manière absolue, et dont, comme dans la cause, l'enfant repousse de toutes ses forces les effets; que, par conséquent, dans l'espèce, nonobstant la reconnaissance de Bataille, l'état de Gengout est demeuré incertain; — Que, dès lors, Gengout a été, d'après la loi, étranger audit Bataille, et a dû, sous ce rapport, être considéré comme ayant capacité pour recevoir les dons et avantages directs ou indirects qui lui ont été faits; — Qu'en décidant le contraire, la cour de Nancy a faussement appliqué les art. 762, 908 et 911 c. civ. et violé l'art. 10 de la loi du 12 brum. an 2 et l'art. 335 du même code; — Casse.

Du 9 mars 1824.-C. C., sect. civ.-MM. Gandon, pr.-Vergès, rap.-Jourde, av. gén., c. conf.-Guillemin et Odilon Barrot, av.

3e *Espèce :* — (Testard C. Berthomé.) — La cour; — Considérant que l'acte de naissance de Marie Bouhier, femme Testard, ne peut pas être licitement employé pour lui imprimer la qualité de fille adultérine; que cet acte contient deux parties; que, dans la première, le nommé Berthomé déclare seulement que Marie Bouhier, qui demeurait chez lui, est accouchée d'une fille à qui il sera donné le nom de Marie, mais qu'il ne déclare pas être père de cette fille; que, dans la seconde partie qui appartient uniquement à l'officier public, ce dernier déclare que Berthomé est père de l'enfant nouvellement né : d'où il suit qu'un tel acte n'a pas les caractères d'une reconnaissance de paternité; — Considérant que la sentence arbitrale qui a autorisé Berthomé et sa femme à faire prononcer leur divorce par l'officier public, ne peut pas non plus imprimer à Marie Bouhier, femme Testard, la qualité de fille adultérine de Berthomé, parce que Marie Bouhier n'est pas partie dans cette sentence; qu'elle n'y est même pas dénommée, et que lors même qu'elle le serait, il n'en résulterait qu'une déclaration faite par son père présumé, et qui, dans la circonstance, deviendrait impuissante; — Considérant que les dispositions de l'art. 335 c. civ. et la jurisprudence des arrêts repoussent toute reconnaissance spontanée des enfants naturels adultérins; d'où il suit que, lors même qu'il existerait dans la cause une reconnaissance de cette espèce, établissant que la femme Testard est fille adultérine de Berthomé, une telle reconnaissance ne pourrait ni lui servir ni lui être opposée; — Considérant que dès lors il devient inutile d'examiner si la donation faite à la femme Testard par son contrat de mariage a été faite par personne interposée; qu'il devient également inutile de s'occuper des autres fins et conclusions des parties; — Par ces motifs et par ceux adoptés par les premiers juges, met l'appel au néant.

Du 11 déc. 1824.-C. de Poitiers, aud. solen.

4e *Espèce :* — (Clavaud C. Chapelle.) — La cour; — Attendu que la paternité est un mystère de la nature; que la maternité, au contraire, est un fait susceptible d'une preuve positive; que c'est par ce motif que la loi a interdit la recherche de la paternité, et qu'elle a permis celle de la maternité; que les rapports entre les pères et les enfants, les devoirs qui en résultent, et l'ordre des familles étant les fondements de la société, la filiation et la légitimité des enfants ont dû être fixées par des règles positives; qu'il y a été pourvu par l'art. 312 c. civ., qui porte que l'enfant qui a été conçu pendant le mariage a pour père le mari; — Attendu que cet article établit seulement une présomption légale, fondée sur la fidélité d'un engagement sacré; que c'est un privilége attaché à la dignité du mariage, et qu'elle doit cesser quant aux enfants nés d'un commerce illégitime;

Attendu que, si la présomption de paternité n'existe pas pour les enfants nés hors du mariage, la loi a néanmoins permis aux pères de les reconnaître ou de constater ainsi leur filiation, laquelle leur confère des droits que la loi a également déterminés; mais qu'il résulte évidemment de l'origine de la loi ou des dispositions énumérées des art. 334 et 335 c. civ. que la reconnaissance ne peut avoir lieu qu'à l'égard des enfants nés du commerce des personnes libres, ou dont l'union n'était pas prohibée par les lois, d'où il résulte une impossibilité légale pour le père de reconnaître valablement un enfant incestueux ou adultérin;

Attendu que l'on invoque vainement l'art. 335, dans lequel il est dit : « Cette reconnaissance ne pourra avoir lieu au profit des enfants nés d'un commerce incestueux ou adultérin, » pour en induire que cette reconnaissance, nulle, lorsqu'elle doit leur profiter, peut être admise, lorsqu'elle leur serait nuisible; que cette conséquence répugne à l'économie du tit. 7 du liv. 1 c. civ., intitulé: de la Paternité et de la Filiation; — Que l'on y voit que, quant à l'état des enfants, la loi a placé au premier rang ceux qui peuvent s'honorer du titre de légitime; qu'ils n'ont pas besoin de prouver leur filiation, puisqu'elle résulte du mariage de leurs père et mère; — Que la loi place au second rang les enfants naturels, et qu'elle leur a laissé l'avantage de pouvoir être reconnus par leur père, dans l'impossibilité où elle les met d'en faire la recherche; mais qu'elle a limité cet avantage aux enfants naturels nés des personnes libres, et qu'elle l'a prohibé en ce qui concerne les enfants naturels nés d'un commerce incestueux ou adultérin, dont elle n'autorise nullement la reconnaissance; que si la loi, dans l'art. 335, parle du profit de la reconnaissance, ce ne sont point les conséquences de cette reconnaissance qu'elle considère, mais cette reconnaissance elle-même qui, dans la réalité, est un avantage qui constate la filiation, et établit des droits et des devoirs réciproques entre l'enfant naturel et son père, avantage dont sont privés les enfants désignés dans l'art. 335; que la différence, dans l'ordre civil de ces deux sortes d'enfants naturels, est d'une si haute

Rej. 15 juill. 1846, aff. Tronnet, D. P. 46. 1. 342; Req. 19 avr. 1847, aff. Barabino, D. P. 47. 1. 128; Besançon, 20 fév. 1844;

importance, que l'on ne peut supposer que le législateur n'eût fait, à cet égard, une disposition spéciale, s'il eût entendu que la reconnaissance défendue, quand elle pourrait profiter à l'enfant, deviendrait valable, ou pourrait lui être opposée, lorsqu'elle devrait lui nuire; qu'il y a une différence absolue entre les deux cas; que, puisque le législateur a formellement statué sur le premier, et a gardé le silence sur le second, il en résulte que la disposition devrait être invoquée toutes les fois que l'enfant voudrait se prévaloir de la reconnaissance de ses parents, mais que, s'il la repousse, il se trouve hors de la disposition de la loi qui a défendu toute reconnaissance des enfants naturels, incestueux ou adultérins, par cela même qu'elle n'y a pas statué d'une manière explicite; d'où il suit qu'une telle reconnaissance, contraire aux bonnes mœurs, est nulle et de nul effet, et que de même qu'elle ne peut profiter, elle ne peut nuire à celui qui en est l'objet; qu'en un mot, l'art. 335 est limitatif de l'art. 334, et que, selon le véritable sens de ces deux articles, la reconnaissance permise à l'égard d'enfants naturels, nés de personnes libres, est défendue à l'égard des enfants nés d'un commerce adultérin ou incestueux;

Attendu que le système contraire conduit à une injustice manifeste; qu'en effet, si la recherche de la paternité est interdite à l'enfant, ou si, d'autre part, la paternité est un mystère de la nature, il serait injuste qu'il dépendît de la déclaration d'un individu d'imprimer à un enfant une filiation flétrie par l'inceste ou l'adultère; que cette déclaration ne pourrait être admise qu'autant que la vérité du fait serait prouvée, et que, puisque la preuve est impossible, elle doit être rejetée; — Attendu que l'art. 762 c. civ. n'est nullement contraire au principe ci-dessus; qu'il ne peut s'appliquer que lorsque la reconnaissance faite par le père ou la mère a été acceptée par l'enfant; dans ce cas, celui-ci ne peut se plaindre d'une reconnaissance qu'il accepte, de même que le père et la mère seront non recevables à reconnaître un fait volontairement reconnu, et les obligations naturelles qui en sont le résultat; — Attendu que, s'il est arrivé que des libéralités faites à des enfants provenant d'un commerce adultérin ou incestueux, ont été annulées, c'était dans le cas où la libéralité était liée directement à la qualité de l'enfant, qui était considérée comme la cause illicite; que cette circonstance ne se trouve point dans le procès actuel;

Attendu que, par tous ces motifs, on doit regarder comme nulle et non avenue la reconnaissance de paternité faite par Chapelle jeune, et que, dès lors, ses dispositions testamentaires doivent avoir leur effet; — Par ces motifs, faisant droit de l'appel interjeté par Françoise Chavaud, veuve Chapelle aîné, et P. Bouysset, au nom qu'il agit, du jugement civil de Confolens, du 20 juin 1834; — Emendant, reçoit P. Bouysset, aux nom et qualité de tuteur spécial de Jean, enfant naturel de Françoise Chavaud, partie intervenante dans l'instance pendante entre ladite Françoise Chavaud, Catherine Chapelle, Rencrex, son mari, et Jean Nanot, subrogé tuteur des enfants légitimes de Chapelle aîné; en conséquence, déclare les époux Rencrex purement et simplement non recevables dans leur demande, tendante au partage de la succession de Jean Chapelle jeune: déclare que les biens de cette succession sont la propriété exclusive du susdit Jean, enfant naturel; ordonne qu'il sera procédé au partage des successions indivises d'entre Chapelle jeune et Chapelle aîné, à l'effet de quoi les biens de Jean Chapelle jeune seront attribués en totalité au susdit Jean, enfant naturel, et ceux de Jean Chapelle aîné à ses enfants et héritiers, etc.

Du 21 déc. 1835.-C. de Bordeaux, 1re ch.-M. Roullet, 1er pr.

5e *Espèce :*—(Pierret C. Pierret.)—Du commerce adultérin de Henri Pierret avec la fille Rose Gautier, naquirent deux enfants, Véronique et François-Désiré Pierret, que, leur père naturel reconnut dans leurs actes de naissance et fit inscrire sous son nom. Henri Pierret n'eut pas, d'ailleurs, d'enfants de Marguerite Chauve, son épouse légitime.—Henri Pierret décéda, laissant un testament, en date du 28 avril 1825, par lequel il institua Véronique et François-Désiré, ses fils adultérins, légataires universelles de sa succession. Ceux-ci ayant voulu se mettre en possession des biens légués, Henriette et Louis Pierret, neveux du défunt, leur opposèrent leur incapacité, résultant de la reconnaissance précitée. —Action devant le tribunal de Grasse, qui rendit, le 20 avril 1831, un jugement en faveur des légataires, ainsi conçu: — « Attendu que la reconnaissance d'un enfant adultérin, en quelque acte que ce soit, est nulle suivant les dispositions de l'art. 335 c. civ., et ne peut avoir d'effet ni pour ni contre l'enfant; qu'ainsi, les collatéraux de Henri Pierret ne peuvent exciper contre les légataires universels de cette circonstance, qu'il les avait reconnus pour ses enfants adultérins, à l'effet de les écarter de la succession... Ordonne que le testament sera exécuté selon sa forme et teneur, etc. » — La cour royale d'Aix, saisie de l'appel de ce jugement, adopta les motifs des premiers juges, par arrêt du 25 nov. 1831.—Pourvoi des héritiers naturels de Henri Pierret, pour contravention aux art. 335, 762 et 911 c. civ. — Arrêt.

LA COUR; — Attendu que la cour royale, dont l'arrêt est attaqué, ne s'est point livrée à l'appréciation des motifs qui pouvaient avoir déterminé les dispositions testamentaires de Henri Pierret; qu'elle a jugé, en droit, que la reconnaissance d'un enfant adultérin ou incestueux, en quelque acte que ce soit, est prohibée, en termes généraux et absolus, par l'art. 335 c. civ.; — Attendu que, d'après cette prohibition expresse, qui a pour objet de prévenir des révélations scandaleuses, la nullité de ces reconnaissances n'en laisse subsister aucun effet, ni contre les enfants, ni en leur faveur; — Attendu que, nonobstant la reconnaissance de Pierret, l'état des deux enfants, Véronique et François Gautier, est toujours resté incertain, et qu'ils sont demeurés étrangers audit Pierret; qu'ils ont pu, sous ce rapport, être considérés comme ayant capacité pour recevoir, à titres de légataires universels de Henri Pierret, les avantages contenus dans son testament du 28 avril 1825; qu'en le décidant ainsi, et en déclarant nulles et de nul effet, conformément audit art. 335, les reconnaissances faites par ledit Henri Pierret sur les registres de l'état civil dans les actes de naissance des deux enfants, la cour royale d'Aix a fait une juste application dudit art. 335, et qu'elle n'a point violé l'art. 762 qui ne reçoit d'application que dans le cas où, par la force des choses ou des jugements, la preuve de la filiation adultérine ou incestueuse est acquise en justice; — Rejette.

Du 8 fév. 1836.-C. C., ch. civ.-MM. Dunoyer, f. f. de pr.-MM. Legonidec, rap.-Laplagne, 1er av. gén., c. conf.-Mandaroux et Roger, av.

6e *Espèce :* — (Joseph, dit Carbonety, C. Carbonety.) — Le 3 janv. 1805, Dominique Carbonety déclara devant l'officier de l'état civil reconnaître pour son fils naturel, issu de ses œuvres avec Marie Alibas, le nommé Joseph, né le 9 juill 1792, et inscrit dans son acte de baptême comme ayant des parents inconnus. — A l'époque de la conception et de le naissance, Carbonety était engagé dans les liens du mariage. — Le 5 oct. 1815, Dominique Carbonety est décédé sans enfants légitimes, laissant un testament à la date du 13 août précédent, ainsi conçu: « Je fais et nomme le sieur Joseph, dit Carbonety, musicien, commis en ce moment à la sous-préfecture de Vaucluse, qui a épousé mademoiselle Marie-Esprit-Adelaïde Bourelly, mon légataire universel à la charge par lui de laisser jouir paisiblement la dame Suzanne Borel, mon épouse, des biens qui composeront mon entière succession, etc. » — Thomas Carbonety, neveu du testateur, a demandé la nullité de ce testament comme fait au profit d'un enfant adultérin.—Jugement en ce sens.

Appel.—19 mai 1837, arrêt de la cour royale de Lyon, qui confirme en ces termes: — « Attendu que les enfants adultérins sont incapables de succéder et n'ont droit qu'à des aliments (art. 762 c. civ.); — Attendu que la reconnaissance authentique d'un enfant né hors mariage, lorsqu'elle n'est pas contredite par son acte de naissance, et qu'elle est au contraire confirmée par le nom et la possession d'état de l'enfant reconnu, fournit une preuve complète de sa filiation; — Attendu que ni le texte ni l'ensemble de la loi ne restreignent la preuve de la filiation adultérine au seul cas où elle serait incidemment constatée par des jugements rendus en suite de rapt, de bigamie ou de désaveu de paternité; que les discours de MM. Jaubert et Siméon, orateurs du gouvernement, énoncent au contraire que cette preuve peut aussi résulter d'une reconnaissance, quoique illégale; — Attendu que déclarer la filiation, lorsque la preuve en est acquise, ce n'est point rechercher la paternité, ni par conséquent contrevenir à l'art. 340 c. civ.; que cet article s'applique à tous les enfants nés hors mariage indistinctement, et qu'on ne saurait néanmoins en conclure qu'il enlève aux enfants naturels reconnus les effets légaux de la reconnaissance publique, c'est-à-dire les droits et les incapacités qui en résultent pour eux et contre eux; — Attendu que l'art. 342 du même code ne se réfère qu'au cas où l'on recherche la paternité ou la maternité, et qu'il exclut par conséquent le cas où la paternité est certaine et publiquement connue; — Attendu qu'on objecte en vain que la reconnaissance de l'enfant adultérin est frappée par l'art. 335 c. civ. d'une nullité absolue, et qu'elle doit être considérée comme si elle n'existait pas; que tel n'est point le texte de cet article, non plus que l'esprit de la législation sur ce sujet; — Que les termes de l'art. 335 montrent qu'il a pour unique but d'empêcher que la reconnaissance puisse profiter à l'enfant adultérin et lui conférer des droits, cet article établissant ainsi et par opposition avec l'art. 334 qui le précède une règle plus sévère à l'égard des enfants adultérins qu'à l'égard des enfants naturels; — Que ce sens de l'art. 335 est tout à fait conforme à l'esprit de la législation sur les enfants adultérins et incestueux; que c'est le respect dû aux bonnes mœurs, la protection due au mariage et à la famille qui ont fait exclure les adultérins de la succession de leurs auteurs pour les réduire à des aliments; qu'une interprétation différente irait directement contre le but de la loi, et tournerait contre les familles les mesures destinées à les protéger; — Que ce serait outrager la morale publique que d'accorder à l'enfant adultérin reconnu plus d'aptitude à recevoir qu'à l'enfant naturel reconnu et de donner à celui qui, par une reconnaissance publique, a rendu flagrante et notoire son inconduite, le droit d'appeler à sa succession ses enfants adultérins ou incestueux, auxquels enfin ce ne serait ainsi enlever le nom de leur père que pour leur en livrer légalement la fortune, malgré le vice patent de leur naissance; — Attendu, d'ailleurs, qu'en admettant que l'art. 335 c. civ. frappe d'une nullité absolue et considère comme non avenue la reconnaissance

aff. Maussire, D. P. 45. 4. 277);—2° Qu'ainsi un enfant conçu pendant le mariage, qui par cela seul est réputé de droit légitime, et auquel ce titre n'a jamais été contesté, ne peut, en demandant à changer d'état, se prévaloir d'une reconnaissance de paternité adultérine, faite en sa faveur par un tiers, pour réclamer des aliments contre la succession de celui qui l'a ainsi reconnu (Rouen, 6 juill. 1820) (1); — 3° Que la reconnaissance ne peut produire aucun effet contre l'enfant adultérin, quoiqu'il ait pris et reçu cette qualité dans plusieurs actes et jugements, et notamment dans son contrat de mariage, dans lequel il accepte, de l'individu qui l'a reconnu pour son fils, une pension alimentaire faite à raison de cette qualité (Agen, 5 fév. 1824) (2); — 4° Que la règle suivant laquelle la reconnaissance d'un enfant incestueux ou adultérin ne peut produire aucun effet

---

d'un enfant adultérin, cette nullité ne pourrait atteindre l'acte public du 5 janv. 1803, puisque cet acte a eu lieu sous une législation qui ne contenait aucune prohibition contre les reconnaissances d'enfant adultérin, et qu'ainsi cette reconnaissance de 1803 resterait toujours comme un fait qui n'a pu être détruit rétroactivement par une loi postérieure; — Attendu, en fait, que l'acte de naissance de l'appelant constate qu'il est né le 9 juill. 1792 de père et mère inconnus; que, par acte public passé devant l'officier de l'état civil d'Avignon le 5 janv. 1803, Dominique Carbonety l'a reconnu pour son enfant auquel il donne son nom et comme né de lui et de Marie Alibas;—Qu'à l'époque de la naissance comme à celle de la conception de cet enfant, Dominique Carbonety était engagé dans les liens du mariage qu'il avait contracté le 6 mars 1776 avec Marguerite Isnard, laquelle n'est décédée que le 25 juin 1796; — Attendu que l'appelant a été publiquement désigné et connu sous le nom de Carbonety; que ce nom est même rappelé dans le testament fait à son profit par Dominique Carbonety le 13 août 1815; qu'ainsi le nom, la possession d'état et la reconnaissance publique du 5 janv. 1803 donnent à l'appelant l'état d'enfant adultérin de Dominique Carbonety; — Attendu, sous un autre rapport et même sans examiner quel est l'état légal de l'appelant, qu'en présence des faits constants au procès, en examinant avec attention le testament du 13 août 1815 et en remarquant que l'institution d'héritier est faite par Dominique Carbonety, on ne peut résister à la conviction que les libéralités faites à l'institué ont été déterminées chez le testateur par le désir et par l'intention d'avantager son enfant adultérin et que sous ce rapport l'institution est viciée et nulle comme dérivant d'une cause illicite. »

Pourvoi de Joseph, dit Carbonety, pour violation de l'art. 10 de la loi du 12 brum. an 2 et de l'art. 335 c. civ., fausse application des art. 762, 908 et 911 c. civ., en ce que l'arrêt attaqué a puisé la preuve de l'adultérinité dans une reconnaissance qui devait au contraire être considérée comme non avenue. — Arrêt.

La cour; — Vu les art. 335, 340, 342 et 762 c. civ. et l'art. 10 de la loi du 12 brum. an 2; — Attendu que Dominique Carbonety est décédé le 5 oct. 1815; que, par conséquent, sa succession s'est ouverte sous l'empire du code civil; que peu importe que l'acte de reconnaissance de Joseph dit Carbonety ait été passé sous l'empire de la loi du 12 brum. an 2, puisque l'art. 10 de cette loi dispose que l'état et les droits des enfants nés hors mariage seront, en tous points, réglés par les dispositions du code civil, quand leurs auteurs décéderont postérieurement à sa promulgation;

Attendu que, sous l'empire du code civil, la recherche de la paternité est interdite; que l'art. 335 de cette loi défend en termes absolus la reconnaissance des enfants adultérins ou incestueux; que même ces enfants, aux termes de l'art. 342, ne sont jamais admis à la recherche de la maternité; qu'il suit de là que l'art. 762, en leur accordant des aliments, ne s'applique qu'au cas où la preuve de la filiation adultérine ou incestueuse est acquise en justice par la force des choses et non aux cas où, comme dans l'espèce, la preuve de cette filiation ne résulterait que d'une simple reconnaissance que la loi prohibe expressément;

Attendu, au surplus, que la preuve de la filiation adultérine du légataire universel et, par suite, celle que le legs dérive d'une cause illicite, ne se trouve pas dans le testament du 13 août 1815; qu'en effet, cet acte ne dit rien de la filiation de Joseph, dit Carbonety, désigné seulement par sa profession et par le nom de son épouse; qu'ainsi, pour trouver la preuve que le legs a une cause illicite, il faut, comme l'a fait l'arrêt attaqué, la faire ressortir des dispositions de l'acte de reconnaissance du 5 janv. 1803, ce que la loi ne permet pas; — Par ces motifs, casse.

Du 3 fév. 1841.-C. C., ch. civ.-MM. Dunoyer, f. f. pr. -Chardel, rap.-Pascalis, av. gén., c. conf.-Mandaroux-Vertamy et Clérault, av.

(1) (Dame Belot C. époux Legros.) — La cour; — Vu les art. 10, L. 12 brum. an 2, 335 et 342 c. civ.; — Attendu que, s'agissant des droits réclamés, à titre d'enfant né hors mariage, sur une succession ouverte, postérieurement au code civil, par le décès de Nicolas-Bernardin Lefebvre, arrivé en 1813, la cause d'entre les parties doit se juger par les règles établies en ce code, suivant ce qui résulte de l'art. 10, L. 12 brum. an 2; — Attendu, sur la fin de non-recevoir invoquée par les époux Legros, que chacun est admis à opposer en défense à une action tous les moyens que la loi lui offre pour la repousser; qu'ainsi le mérite de la fin de non-recevoir dépend absolument de la légalité des moyens et exceptions opposés par l'appelante, et qui se rattachent à la discussion du fond; — Attendu, au fond, qu'il est constant et reconnu, entre les parties, que Marie-Anne Basset, femme de Jean-Baptiste-François Paumier, a mis au monde Cécile-Bérénice le 26 mai 1781; que le mari était décédé prisonnier de guerre en Angleterre, suivant ce qu'ont fait plaider les intimés, le 16 du même mois; qu'il n'y avait point eu d'impossibilité physique à la cohabitation des deux époux, la femme ayant été libre d'aller visiter son mari en Angleterre, durant sa captivité; que la conception de l'enfant né le 26 mai 1781 ayant incontestablement eu lieu pendant l'existence du mariage de Marie-Anne Basset avec Jean-Baptiste-François Paumier, l'art. 312 c. civ. conférait à Cécile-Bérénice le titre d'enfant légitime issu de ce mariage; que l'acte de naissance de Cécile-Bérénice, énonçant qu'elle est née de Marie-Anne Basset, veuve de Jean-Baptiste-François Paumier, est conforme à l'état dans lequel se trouvait alors la mère, et ne contrarie nullement celui d'enfant légitime appartenant légalement à sa fille; que l'état d'enfant légitime n'est pas et n'a jamais été contesté à Cécile-Bérénice; que c'est elle-même qui se présente à la justice pour y faire abdication de son titre légal, et réclamer des aliments sous celui d'enfant né d'un commerce adultérin; qu'ainsi ce procès offre le scandaleux exemple d'une femme qui veut se dépouiller du caractère d'une légitimité légale et non contestée, pour s'introduire dans une famille étrangère, sous la qualité d'enfant adultérin, dans la vue d'y obtenir de plus grands avantages pécuniaires; que Cécile-Bérénice ne peut réclamer, à l'appui de son action, le bénéfice de l'art. 762 c. civ., 2e alin., parce que son acte de naissance n'est point conforme à sa prétendue possession d'enfant naturel, rien dans cet acte n'annonçant qu'elle ait été conçue hors mariage, et encore moins qu'elle soit née d'un commerce de sa mère avec Nicolas Lefebvre; qu'elles ne peut davantage invoquer les reconnaissances authentiques dudit Lefebvre, consignées dans l'acte de l'officier de l'état civil du 30 fruct. an 10, et dans le contrat de mariage du 30 brum. an 14, les art. 335 et 342 c. civ. ayant frappé d'une réprobation insurmontable ces sortes de reconnaissances, et interdit toute action directe en recherche de paternité, en ce qui concerne les enfants incestueux ou adultérins; que les art. 762 et 763, même code, n'ont aucune application à l'espèce de la cause, leur but n'étant pas de donner aux incestueux et aux adultérins l'action directe que leur refusent les art. 335 et 342, mais seulement l'action en aliments, accessoire à une procédure judiciaire qui n'a pas pour objet direct la recherche de la paternité, mais dans laquelle cependant la preuve de l'inceste ou de l'adultère se trouve manifestement acquise; — Attendu que de tout ce qui précède il résulte que l'action des époux Legros est contraire aux lois, aux mœurs et à tous sentiments de pudeur, dans son but comme dans ses résultats, met l'appellation et ce dont est appel au néant; — Emendant, et faisant appel au principal, déclare Legros et sa femme non recevables et mal fondés dans leur demande, etc.

Du 6 juill. 1820.-C. de Rouen, aud. sol.-M. Eude, pr.

(2) *Espèce*: — (Geneste C. Duverger.) — En 1791, Jeanne Duverger, domestique des époux Geneste, accouche d'un enfant qui est inscrit sous le nom de Jean, comme né d'elle et d'un père inconnu. — En 1792, la dame Geneste décède, laissant un enfant nommé Pierre. — An 3, son mari reconnut Jean comme né de lui et de Jeanne Duverger; il épouse celle-ci en l'an 9. — En 1817, Jean se marie; il prend la qualité d'enfant naturel de Geneste et de Jeanne Duverger, et procède du consentement de son père naturel, ici présent, qui lui fait une pension annuelle de 400 fr., à titre d'aliments, pendant sa vie. — Une somme de 16,000 fr. que Geneste déclare avoir reçue avant l'acte et reconnaître sur ses biens, est constituée à la future par son père. — En 1821, Geneste décède après avoir légué la quotité disponible à sa femme. — Alors Pierre Geneste demande la nullité de la reconnaissance de 16,000 fr. comme présentant une donation de gain au profit de Jean, enfant adultérin, reconnu comme tel par lui-même dans des actes authentiques, et, par suite, incapable de recevoir. — Jean repoussait l'aveu d'adultérinité comme nul. — Le tribunal de Marmande, se fondant sur les art. 335 et 342, pense que le juge ne peut reconnaître la qualité d'enfant adultérin. — Appel par Pierre. — Arrêt.

La cour; — Attendu que le code civil ayant formellement interdit la reconnaissance des enfants adultérins, Pierre Geneste ne peut opposer à Jean Geneste l'acte de reconnaissance du 12 vent. de l'an 3, puisque la loi du 12 brum. de l'an 2 avait voulu que l'état des enfants naturels fût réglé par les dispositions du code civil. Dès lors, l'acte de reconnaissance était subordonné, quant à ses effets, aux dispositions législatives qui devaient survenir, et s'est trouvé, par la survivance des parents à la publication du code, entaché d'une nullité absolue; — Attendu que telle est la jurisprudence de la cour suprême, consacrée par divers arrêts, et notamment par celui du 28 juin 1815, qui établit qu'une reconnaissance antérieure à la publication du code, des actes publics et des

ni pour lui ni contre lui s'applique aux reconnaissances faites sous l'empire de la loi du 12 brum. an 2 quand la succession de l'auteur de la reconnaissance s'est ouverte sous le code civil (Cass. 3 fév. 1841 précité 1°); — 5° Que lorsqu'il résulte de la reconnaissance volontaire d'un enfant naturel, que sa filiation est adultérine, l'arrêt qui décide qu'elle ne produit aucun effet ni en sa faveur ni contre lui, et que son état demeure incertain, nonobstant cette reconnaissance et les actes qui ont pu en être la suite, ne viole pas les art. 335 et 340 c. civ. (Rej. 18 mars 1828) (1).

726. Entre les deux opinions contraires que nous venons d'exposer, il s'est produit plusieurs opinions intermédiaires que nous devons aussi faire connaître. Et d'abord un auteur (M. Bedel, De l'adultère, nos 70, 72), argumentant de ces expressions de l'art. 335 : « La reconnaissance ne pourra avoir lieu *au profit*, etc., » prétend que la reconnaissance d'un enfant adultérin ou incestueux ne produit point d'effet pour lui, mais qu'elle en produit contre lui. — Cette distinction est inadmissible. De deux choses l'une : ou la reconnaissance constate légalement la filiation, ou elle ne la constate pas; si elle la constate, elle doit produire tant pour l'enfant que contre lui les effets déterminés par les art. 762 et 908; si elle ne la constate pas, elle ne peut produire aucun effet ni pour lui ni contre lui (V. conf. M. Demolombe, t. 5, n° 583).

Il a été décidé, dans le sens de cette doctrine, qu'on ne peut se prévaloir de ce que l'art. 335 dit que la reconnaissance ne pourra avoir lieu *au profit des enfants* pour prétendre qu'elle peut leur être opposée (motifs Poitiers, 7 avril 1824, rapp. avec Rej. 1er août 1827, aff. dames Ogier et Duval, n° 718-1°).

Ce qui vient d'être dit suffit pour réfuter une autre opinion tout à fait inverse de celle qui précède, opinion suivant laquelle la reconnaissance devrait produire effet en faveur de l'enfant adultérin ou incestueux, mais n'en devrait point avoir contre lui. Cette doctrine, qui ne repose sur rien, s'est produite devant la cour de cassation et devant la cour de Bordeaux, mais elle a été justement repoussée (V. motifs Rej. 1er août 1827, aff. Ogier, n° 718-1°; et Bordeaux, 21 déc. 1835, aff. Clavaud, n° 725).

727. D'après une autre opinion, bien qu'il ne soit pas permis de reconnaître par acte authentique un enfant adultérin ou incestueux, il suffirait que la reconnaissance résultât d'actes sous seing privé pour donner à l'enfant le droit de réclamer des aliments en vertu de l'art. 762. Ainsi il résulte des considérants d'un arrêt de Nancy (20 mai 1816, aff. B..., n° 733) qu'un enfant adultérin, qui ne pourrait fonder une demande d'aliments sur une reconnaissance authentique faite conformément à l'art. 334, peut se prévaloir, pour former une telle demande, de l'aveu de paternité adultérine contenu dans des actes purement privés émanés du père. — Il a été décidé, de même, que le seul fait de s'être reconnu père d'un enfant adultérin, dans un acte sous seing privé, suffit pour autoriser une demande alimentaire de la part de cet enfant; et que c'est à tort qu'on voudrait faire écarter cette demande par le motif qu'elle constituerait de la part de l'enfant une recherche de la paternité (Rennes, 31 déc. 1834) (2).

728. Mais à peine est-il besoin de réfuter cette étrange doctrine. Comment un acte sous seing privé peut-il avoir un effet que n'aurait pas un acte authentique? Comment un tel acte, qui ne prouverait pas même la filiation simplement naturelle, pourrait-il prouver la filiation adultérine ou incestueuse? Aussi Merlin (Rép., v° Filiation, n° 21) a-t-il fait observer que cette manière de juger était trop choquante pour faire jurisprudence. —Il a été décidé, avec beaucoup plus de raison : 1° que la reconnaissance directe est nulle, soit qu'elle ait lieu par acte authentique ou par acte sous seing privé (Rej. 1er août 1827, aff. Ogier, n° 718-1°); — 2° Que l'enfant adultérin qui ne rapporte d'autres preuves de sa filiation qu'un acte de reconnaissance volontaire par acte sous seing privé n'a pas titre et qualité pour récla-

---

jugements de rectification étaient restés étrangers à Jean Lanchère, et n'avaient pu produire aucun effet contre lui; — Démet de l'appel.

Du 5 fév. 1824.-C. d'Agen.-MM. Delong, 1er pr.-Lebé, av. gén., c. contr.-Dayries et Baradat, av.

(1) *Espèce :* — (Lemerle et femme C. veuve Cordelet.) — En 1797, Anne Vigneau entra au service des mariés Cordelet. — Le 18 mars 1798, la femme Cordelet mourut. —Le 16 août suivant, Anne Vigneau donna le jour à un garçon, dont Cordelet se déclara le père sur les registres de l'état civil, et à qui il donna le prénom de René. — En 1800, Cordelet épouse Anne Vigneau; et, par leur acte de mariage, ils reconnaissent solennellement René pour leur fils. — 11 août 1811, testament de Cordelet, qui institue sa femme légataire universelle.— En 1818, mariage de René, qui prend dans l'acte le nom de Cordelet, et reçoit de ses père et mère, comme enfant naturel, à titre d'aliments, une donation immobilière d'un revenu de 618 fr.— 27 juill. 1823, décès de Cordelet.—Ses héritiers assignent sa veuve et René en annulation, 1° de la reconnaissance de celui-ci, comme entachée d'adultérinité; 2° de la donation qui lui avait été faite par son contrat de mariage; 3° du testament fait au profit de sa mère, comme instituant une personne interposée pour arriver à un incapable. — 4 oct. 1823, jugement du tribunal civil d'Angers, qui nomme un séquestre aux biens de la succession, sans rien préjuger sur le mérite des moyens des parties, et sur aucun de leurs droits. — 13 avr. 1824, jugement définitif, qui convertit la donation faite à René en une pension viagère et alimentaire de 350 fr. par an, et convertit aussi le legs universel d'Anne Vigneau en une pension alimentaire et viagère de pareille somme. — Appel par la veuve Cordelet et René, son fils, tant de ce dernier jugement que de celui du 4 oct. 1823.—Appel incident par les époux Lemerle, héritiers de Cordelet. — 8 déc. 1824, arrêt de la cour d'Angers. —V. n° 446-5°.

Pourvoi par les sieur et dame Lemerle. — Premier moyen. — Violation de la chose jugée par le jugement du 4 oct. 1823. — René et la veuve Cordelet n'ont appelé de ce jugement que six mois après, et lorsqu'il avait reçu son exécution. L'appel n'était donc pas recevable.

Deuxième et troisième moyens. — Fausse interprétation des art. 335 et 340 et violation des art. 908, 911 et 1352 c. civ. — Arrêt.

La cour; — Attendu, sur le premier moyen, que le jugement du 4 oct. 1823 n'a prononcé que sur le séquestre; que ce jugement, bien loin de déterminer les droits des parties, les a, au contraire, formellement réservés; que, par conséquent, l'autorité de la chose jugée n'a pas été méconnue; — Attendu, sur les deuxième et troisième moyens, qu'en décidant que la reconnaissance volontaire d'un enfant prétendu adultérin ne pouvait produire aucun effet, et que l'état du défendeur demeurait incertain, malgré une pareille reconnaissance, et malgré les actes qui n'en étaient que la conséquence, la cour royale d'Angers n'est pas contrevenue aux art. 335 et 340 c. civ.; — Attendu, en deuxième lieu, que cette cour, en décidant, par suite de ce principe, que la veuve Cordelet ne pouvait pas être considérée comme personne interposée relativement à son legs universel, et que ce legs devait être considéré comme le résultat de l'affection conjugale après vingt-trois ans de mariage, n'a pas violé les dispositions des art. 908, 911 et 1352 c. civ.; — Rejette.

Du 18 mars 1828.-C. C., ch. civ.-MM. Brisson, pr.-Vergès, rap.-Cahier, av. gén., c. conf.-Taillandier et Isambert, av.

(2) *Espèce:*—(M... C. G...) — La cour; —En ce qui touche la paternité de l'enfant auquel la demoiselle G... a donné le jour, le 17 juil. 1831 : —Considérant, en droit, que l'art. 335 c. civ. prohibe la reconnaissance d'un enfant né d'un commerce adultérin, et que l'art. 342 lui interdit la recherche de la paternité; mais qu'il ne résulte pas de ces dispositions que l'aveu spontané du père ne puisse produire les effets qu'impose la loi naturelle; que le droit civil a seulement voulu prévenir la publicité de la violation des devoirs les plus essentiels par des reconnaissances indiscrètes; qu'en accordant des aliments à l'enfant adultérin (art. 762 c. civ.), il n'a pas entendu le priver de tout moyen de les obtenir, et qu'une fois la paternité déclarée par celui qui s'en reconnaît l'auteur, il doit satisfaire à l'obligation qui en devient la conséquence; que c'est ainsi que se concilient les art. 335 et 762 c. civ.; — L'enfant n'acquiert, par l'aveu de son père, ni les droits de famille, ni le droit de succéder; mais il obtient du moins la faculté de jouir de l'existence qu'il a reçue; — Qu'on ne recherche pas la paternité lorsqu'elle est connue, et qu'on est autorisé à exiger l'accomplissement du devoir naturel qu'elle impose; — Considérant, en fait, qu'il résulte de diverses lettres écrites par le sieur M... à la demoiselle G..., et notamment de celle du 8 nov. 1831, enregistrée, qu'il s'est déclaré père de l'enfant auquel elle a donné la naissance; que, sommé, par exploit du 13 août dernier, d'en reconnaître l'écriture et la signature, il a gardé le silence; qu'ainsi d'après l'art. 194 c. judic., elles doivent être tenues pour vraies, n'étant pas, même aujourd'hui, contestées; d'où il suit que sa paternité ne peut être méconnue, et que l'exception péremptoire qu'il voudrait opposer, en vertu de la loi civile, aux aveux qu'il a plusieurs fois répétés, et ses dénégations récentes, ne sauraient être admises; — Considérant qu'il est établi par la correspondance, surtout par la lettre du 15 juill. 1833, enregistrée, qui n'a pas été désavouée, et qu'il résulte des autres circonstances de la cause, que le sieur M... s'est obligé de payer à la demoiselle G... une somme de 30 fr. par mois pour la pension de son enfant; que, dès lors, il n'est plus en son pouvoir de se refuser à remplir cet engagement.

Du 31 déc. 1834.-C. de Rennes.-M. Boullaire, pr.

mer des aliments (Req. 6 avr. 1820 (1); Montpellier, 19 janv. 1832, aff. Azéma, V. n° 713);—3° Que des actes sous seing privé ou lettres missives portant reconnaissance de paternité adultérine sont insuffisants pour justifier une demande alimentaire de la part de l'enfant (Cass. 4 déc. 1837) (2);—4° Qu'en conséquence, l'enfant adultérin n'est pas recevable dans la demande en vérification de la signature apposée au bas de lettres missives, dans le but de constater sa filiation adultérine et d'obtenir des aliments (Req. 6 avr. 1830, aff. Diosi, précité); — 5° Qu'on ne peut fonder sur l'existence prétendue d'une paternité adultérine une action alimentaire; et que, par suite, il n'y a pas lieu d'ordonner la vérification d'écrits pour constater cette paternité dans l'unique but d'obtenir des aliments (Angers, 16 fév. 1843) (3);—6° Que lorsqu'un enfant est désigné, dans son acte de naissance, comme né de père et mère inconnus, le testament fait en sa faveur ne peut être annulé par cela seul qu'il serait accompagné d'un acte privé, tel qu'une lettre du testateur qui n'est pas même signée, laquelle tendrait à prouver que l'enfant est le fils adultérin du testateur (Req. 1er avr. 1818) (4).

729. Enfin un autre système encore résulterait des motifs

---

(1) *Espèce* : — (Diosi C. Ramel.) — En 1808, Thérèse Diosi quitte Rome, sa patrie, pour suivre le général Ramel. — 21 sept. 1813, un enfant est inscrit sur les registres de l'état civil comme né d'elle et d'un père inconnu. — Le général lui écrit à ce sujet : « Je savais que tu es accouchée d'un garçon, que je reconnais bien pour mon fils; mais consulte un homme de loi, et on te répondra qu'en le reconnaissant, je me fermerais toutes voies pour le nommer dans mon testament; je ne t'en impose pas, je ferai à cet égard ce qui te sera agréable; j'aime autant que toi notre petit Alexandre. » — Le général périt à Toulouse. — Armée de sa lettre, Thérèse Diosi demande contre ses héritiers, au nom de son enfant, une pension de 1,200 fr. et une somme en capital de 24,000 fr.; subsidiairement elle demande la vérification de l'écriture du général. — 21 mars 1818, jugement qui, « attendu que toute reconnaissance volontaire de filiation adultérine est contraire aux bonnes mœurs, et que la vérification d'écriture tend à la recherche de la paternité, prohibée par les art. 340 et 342 c. civ., » rejette les demandes, tant principale que subsidiaire, de la dame Diosi. — Appel. — 17 juill. 1818, arrêt confirmatif de la cour d'Agen.

Pourvoi : 1° Fausse application de l'art. 335 c. civ. et violation des art. 762 et 763 du même code, en ce que la cour d'Agen avait jugé que l'enfant adultérin reconnu ne pouvait pas même prétendre à des aliments. — 2° Fausse application des art. 340 et 342 du même code, en ce que l'arrêt attaqué a rejeté la demande de la dame Diosi, en vérification des lettres missives écrites par le général Ramel, sous le prétexte que cette demande tendait à une recherche de paternité interdite par la loi. — Arrêt.

La cour; — Vu les art. 334, 335, 340 et 342 c. civ.; — Attendu que la demande de Thérèse Diosi, en reconnaissance de signatures apposées au bas de lettres missives attribuées au général Ramel, tendait évidemment et uniquement à faire autoriser une recherche de paternité et à obtenir une reconnaissance de paternité également interdites par les art. 335, 340 et 342 c. civ.; qu'ainsi ce premier chef de conclusions était, d'après les articles cités, non recevable et mal fondé; — Attendu que la demande de la dame Diosi en payement d'une pension alimentaire, ou d'une somme de 24,000 fr. à titre d'aliments, au profit de Henri-Alexandre-Justin, son fils, n'ayant d'autre fondement que cette prétendue reconnaissance inadmissible en la forme et au fond, et n'en étant que la conséquence, n'a pu être accueillie plus favorablement; d'où il suit que l'arrêt attaqué, en confirmant le jugement de première instance qui a rejeté ces deux chefs de conclusions, n'a fait qu'une juste application des articles cités; — Attendu que l'art. 762 du même code n'accorde aux enfants naturels de droits sur les successions de leurs père et mère, et d'aliments aux enfants adultérins et incestueux, que lorsqu'ils ont été légalement reconnus, au cas prévu par l'art. 340, ce qui ne se rencontre point dans l'espèce; qu'en un mot, il serait absurde de supposer que la loi eût voulu donner une action en payement d'aliments contre un individu qui n'est et ne peut être qualifié père; — Rejette.

Du 6 avr. (non 6 mai) 1820. - C. C., sect. req. - MM. Henrion, pr.-Lasaudade, rap.-Naylies, av.

(2) (Millardet C. Grosset.) — La cour; — Vu les art. 335, 342 et 762 c. civ.; — Attendu que la reconnaissance des enfants nés d'un commerce adultérin est interdite, d'une manière absolue, par l'art. 335 c. civ.; — Attendu que, lorsqu'au mépris de cette prohibition d'ordre public, la reconnaissance volontaire d'un enfant adultérin est faite par acte authentique, ou sous seing privé, elle est radicalement nulle et ne peut produire aucun effet, soit contre l'enfant pour faire réduire à de simples aliments les donations faites en sa faveur, soit à son profit, et pour faire condamner l'auteur de cette reconnaissance à lui fournir des aliments; — Attendu que l'art. 762, qui déclare que la loi n'accorde que des aliments aux enfants adultérins, ne détruit pas la prohibition de l'art. 335, et ne peut recevoir son application que lorsque la preuve de la paternité adultérine est indépendante de toute reconnaissance volontaire, et résulte seulement d'actes, de poursuites et de jugements qui n'ont pas pour objet la recherche de cette paternité, interdite, dans tous les cas, par l'art. 342 c. civ.; — Attendu qu'il résulte, de l'arrêt attaqué, que la demande d'aliments, formée par la demoiselle Grosset, pour son fils mineur, contre Millardet, marié lors de la conception et de la naissance de cet enfant, a été fondée sur la paternité attribuée audit Millardet; — Que la demoiselle Grosset et l'arrêt qui a accueilli sa demande, ont fait résulter la reconnaissance de cette paternité et, par suite, l'obligation de fournir des aliments, de lettres missives et actes sous seing privé que Millardet n'a voulu reconnaître, ni désavouer; — Qu'en jugeant ainsi, l'arrêt attaqué a expressément violé les art. 335 et 342 c. civ., et a faussement appliqué et dès lors violé l'art. 762 du même code; — Casse.

Du 4 déc. 1837.-C. C., ch. civ.-MM. Portalis, 1er pr.-Thil, rap.-Tarbé, av. gén., c. conf.-Galisset, av.

(3) (Demoiselle Grosset C. Maillardet.) — La cour; — Attendu que les art. 335 et 336 c. civ. défendent expressément la recherche et la reconnaissance d'une paternité adultérine; il ne pouvait pas y avoir lieu de fonder sur cette paternité une condamnation d'aliments, ni même d'ordonner la vérification des écrits qui pouvaient tendre à la constater; — Attendu que la lettre sans signature citée dans le jugement définitif du tribunal de Rennes, jointe aux autres écrits et aux circonstances de la cause, n'est point suffisante pour prouver que l'appelant avait contracté antérieurement une obligation écrite de fournir des aliments, ni même pour admettre la preuve testimoniale de cette obligation préexistante, surtout quand on considère qu'il n'en est fait aucune mention dans l'exploit introductif d'instance, ni dans les communications qui l'avaient précédé, et que même les termes de cet exploit, que l'appelant aurait juré à la mère de prendre soin de l'enfant, paraissent exclusifs d'un engagement écrit; — Met au néant les deux jugements du tribunal de Rennes, des 30 juin et 27 août 1834, dont est appel; et, statuant par disposition nouvelle, déboute l'intimée de sa demande faite à l'appelant d'une pension alimentaire pour son fils mineur, etc.

Du 16 fév. 1843.-C. d'Angers, aud. solen.-MM. Desmazières, 1er pr.-Corbin, pr. gén., c. conf.-Bellanger et Gain, av.

(4) *Espèce* : — (Mervé C. Louis-Réné-Gustave.) — 29 sept. 1814, naissance, au Palais-Royal, d'un enfant mâle qui reçoit les prénoms de Louis-Réné-Gustave. — Ses père et mère ne sont pas désignés. — 14 mars 1815, testament par lequel le chevalier N... lègue l'usufruit de ses biens à sa femme, et la nue propriété à Louis-Réné-Gustave, sous la condition que cet enfant portera son nom. — Le même jour, 14 mars, le chevalier écrit à sa femme une lettre dans laquelle on lit : « Ma chère amie, tu m'as toujours aimé, et je n'ai jamais cessé de t'aimer et de rendre hommage à tes vertus. Le désir si naturel de se voir survivre, m'a fait profiter des bontés d'une femme généreuse qui m'a donné un fils charmant que tu aimeras. Je te recommande ce second moi-même. Deviens l'amie de sa mère, ses vertus sont sublimes... Protége le sang d'un homme que tu as tant aimé... Ne dis pas que c'est mon fils, à cause des lois... Veille, je t'en supplie, à l'éducation de mon enfant jusqu'à ta mort. Réunis-toi à madame... (ici le nom de la mère), elle a le cœur excellent... Le désir d'avoir un enfant m'a fait faire des fautes: pardonne-les moi, cela n'a influé en rien sur mon attachement pour toi. »

Cette lettre, écrite de la main même du chevalier, ne porte pas sa signature, et se trouve, ainsi que l'acte de naissance de Gustave et le testament, renfermée dans une enveloppe scellée du cachet du testateur, avec cette suscription : « Ceci est le testament de M. le chevalier de N... »

Le chevalier de N... est décédé le 25 avr. 1815. — Le paquet cacheté est remis à Me Tripier, ancien avoué, qui l'a présenté, le 15 mai suivant, à M. le président du tribunal de première instance de la Seine. — L'ouverture en est faite, et le dépôt ordonné dans l'étude d'un notaire. — Me Tripier, se disant tuteur de Louis-Réné-Gustave, demande la délivrance du legs universel fait à son pupille. — Opposition du comte de Mervé, héritier légitime du testateur. — Il se fonde sur la qualité d'enfant adultérin attribuée à Louis-Réné-Gustave par le testament, ou du moins par la lettre qui y était jointe. Il soutient l'institution nulle, comme faite en faveur d'un incapable, et que Louis-Réné-Gustave ne pouvait prétendre qu'à des aliments. — Il produit, en outre, plusieurs lettres tendantes à établir les rapports qui avaient existé entre le chevalier de N... et la mère désignée dans la lettre. — 31 août 1816, jugement du tribunal de la Flèche qui ordonne l'exécution du legs.

Appel. — 6 juin 1817, arrêt confirmatif de la cour d'Angers.

Pourvoi pour fausse interprétation de l'art. 335 et fausse application des art. 340 et 342 c. civ. On soutient que la lettre doit être regardée comme partie intégrante du testament, et qu'on ne peut dénier l'effet de la reconnaissance de paternité adultérine qui en résulte directement. — Arrêt.

La cour; — Attendu que l'acte de naissance du mineur dont il s'agit

de l'arrêt de Bordeaux, du 21 déc. 1835 (aff. Clavaud, V. n° 725). On y lit, en effet, que « l'art. 762 c. nap. n'est nullement contraire au principe ci-dessus (de la nullité absolue de la reconnaissance); qu'il ne peut s'appliquer que lorsque la reconnaissance faite par le père ou la mère a été acceptée par l'enfant : dans ce cas, celui-ci ne peut se plaindre d'une reconnaissance qu'il accepte; de même que le père et la mère seront non recevables à méconnaître un fait volontairement reconnu, et les obligations naturelles qui en sont le résultat. » Mais cette doctrine est évidemment insoutenable; l'acceptation de la reconnaissance par l'enfant n'ajoute aucune force à cet acte, c'est une circonstance insignifiance qui ne peut exercer aucune influence sur la valeur légale et les effets de la reconnaissance. La défense contenue dans l'art. 335 est fondée sur des raisons de morale et d'ordre public tout à fait indépendantes de la volonté des parties intéressées.— Il a été décidé, en ce sens, que le legs fait à un individu par celui qui l'a antérieurement reconnu comme son enfant adultérin doit recevoir son exécution, comme s'il avait eu lieu en faveur d'un étranger, encore bien que la preuve de cette filiation adultérine résulterait, en outre, de l'aveu de l'enfant, cet aveu ne pouvant avoir plus de valeur que la reconnaissance du père (Req. 18 mars 1846, aff. Bouchayer, D. P. 46. 1. 344).

730. Il a été jugé : 1° qu'on ne peut opposer à un enfant la qualification d'adultérin qui lui serait donnée dans des délibérations d'un conseil de famille, surtout s'il n'y avait pas personnellement assisté; qu'on ne peut pas non plus se prévaloir contre lui de ce qu'il aurait déclaré, dans son contrat de mariage, passé pendant sa minorité, avec l'assistance du conseil de famille, être enfant du père qu'on lui attribue (Poitiers, 7 avr. 1824, rapporté avec Rej. 1er août 1827, aff. dames Ogier et Duval, n° 718); — 2° Qu'il importe peu que l'enfant qualifié adultérin ait été élevé dans la maison du prétendu père; la possession d'état, en matière de filiation adultérine, n'est d'aucune valeur, surtout si l'enfant, parvenu à sa majorité, a réclamé contre la qualité d'adultérin (même arrêt).

731. Supposons maintenant que le même acte, par lequel un enfant adultérin ou incestueux est reconnu, contienne, au profit de cet enfant, des libéralités incompatibles avec la qualité que lui attribue la reconnaissance, quel sera le sort de ces libéralités? — Pour prouver qu'elles doivent être annulées, on invoque deux raisons. Et d'abord, dit-on, les énonciations corrélatives d'un même acte forment un tout indivisible, en telle sorte qu'il n'est pas permis à celui en faveur de qui cet acte a été fait d'en répudier une portion pour réclamer le bénéfice du reste; ainsi, dans notre hypothèse, la reconnaissance et la libéralité forment un titre unique et indivisible, et lorsque l'enfant vient réclamer la libéralité, on peut s'armer contre lui de la reconnaissance qui le rend incapable de la recevoir. En second lieu, il est clair qu'ici la reconnaissance est la cause de la libéralité; or l'art. 1131 prononce la nullité de toute obligation dont la cause est illicite, et en présence de l'art. 335 on ne peut nier que la reconnaissance de l'enfant adultérin ou incestueux n'ait ce caractère; donc la libéralité dont il s'agit ne peut avoir aucun effet. Tel est notamment le sentiment de Merlin, Rép., v° Filiation. — Il a été décidé, en ce sens : 1° que, si la libéralité faite par une femme à un enfant qu'elle a, dans son testament même, qualifié son enfant né d'elle et de son beau-frère, par lequel il avait été en outre reconnu, n'a été déterminée que par cette qualité d'enfant de la testatrice, cette libéralité doit être réputée avoir une cause contraire aux bonnes mœurs, en ce qu'elle est faite à un enfant incestueux, et que, par suite, elle ne peut recevoir effet au delà des aliments que l'art. 762 lui donne le droit d'exiger (Rej. 4 janv. 1832) (1); — 2° Que la déclaration faite par un individu dans son testament, que ceux qu'il institue ou auxquels il accorde des libéralités sont ses enfants adultérins, annule les dispositions que le testament renferme en leur faveur (Liége, 31 déc. 1823, aff. Simon C. Tassin et Massin); — 3° Que la nullité de la reconnaissance d'un enfant adultérin emporte aussi la nullité, pour erreur et fausse cause, de la donation qui aurait été faite à l'enfant par son père à titre d'aliments, et comme à son enfant naturel (Angers, 8 déc. 1824, aff. Cordelet, n° 446-5°);—4° Que la donation (déguisée) faite à un enfant reconnu, dans l'acte même de donation, pour enfant adultérin du donateur est nulle, soit comme faite à un incapable, si la reconnaissance doit produire effet, soit comme reposant sur une cause fausse ou illicite, si la reconnaissance doit être annulée (Lyon, 13 mars 1847, aff. Vassivière, D. P. 47. 2. 73);—5° Mais qu'une disposition testamentaire ne peut être annulée sous le prétexte qu'ayant été déterminée chez le testateur par le désir d'avantager son fils adultérin dans la personne du légataire, cette libéralité a une cause illicite, alors que le légataire n'est pas désigné dans le testament par la qualité de fils du testateur (Cass. 3 fév. 1841, aff. Carbonety, n° 725-1°; Grenoble, 6 fév. 1845, rapp. avec Req. 18 mars 1846, aff. Bouchayer, D. P. 46. 1. 344).

Nous ne pensons pas que cette doctrine doive prévaloir. Et d'abord il n'est point exact de dire que les parties d'un tel acte forment un tout indivisible. Nous y voyons, au contraire, deux actes distincts réunis en un seul : la reconnaissance qui est nulle, et la libéralité qui peut fort bien être valable. Il est évident, du moins en thèse générale, que l'auteur de cet acte n'a pas entendu subordonner la libéralité à la validité de la reconnaissance. Pourquoi donc suivrait-elle le sort de cette dernière? — Est-il vrai maintenant que la libéralité doive être annulée comme ayant une cause illicite? On peut contester que les art. 1131 et 1133, qui annulent l'obligation dont la cause est illicite soient applicables aux pures libéralités; on peut soutenir que toute libéralité a pour cause la volonté de donner, laquelle est par elle-même toujours licite, et qu'il n'y a point à s'enquérir du motif déterminant,

---

ne lui confère d'autre qualité que celle d'enfant né de père et mère non désignés; — Attendu que le code civil, art. 340 et 342, prohibe formellement la recherche de paternité; — Attendu que ce serait en faire la recherche que de vouloir établir la preuve de la qualité d'enfant adultérin par un acte privé, telle que la lettre qui s'est trouvée jointe au testament dont il s'agit, et qui n'est pas même signée, ou par d'autres actes de pareille nature, qui peuvent donner lieu à des contestations sur leur vérité ou sur l'individu auquel on veut les appliquer; qu'ainsi, la cour d'Angers n'a violé aucune des dispositions du code civil, en rejetant l'incapacité que le demandeur voulait faire résulter des art. 342 et 908 dudit code; — Rejette, etc.

Du 1er avr. 1818.-C. C., sect. req.-MM. Henrion, pr.-Rousseau, rap.

(1) *Espèce:* — (Pendariès C. Dugourc.) — Un pourvoi ayant été formé contre l'arrêt de Toulouse, 5 mars 1827, rapporté n° 724, il y a été statué dans les termes suivants. — Arrêt (après délibération en ch. du conseil).

La cour; — Attendu qu'aux termes de l'art. 1131 c. civ., toute obligation sur une cause illicite ne peut avoir aucun effet; que, selon l'art. 1133, la cause est illicite, quand elle est contraire aux bonnes mœurs et à l'ordre public; — Attendu qu'une libéralité, faite au profit d'un enfant adultérin ou incestueux lorsqu'elle a évidemment pour cause cette qualité d'enfant adultérin ou incestueux du donateur, est incontestablement contraire aux bonnes mœurs, puisque l'art. 335, qui défend de reconnaître les enfants adultérins ou incestueux, a pour but évident le maintien des bonnes mœurs et le respect de l'ordre public que blessent essentiellement de semblables reconnaissances;

Attendu que, pour faire résulter de la prohibition portée dans l'art. 335 c. civ., la capacité pour l'enfant adultérin ou incestueux, reconnu par acte testamentaire, de recevoir au delà des aliments que l'art. 762 lui accorde, ce serait établir une contradiction manifeste dans l'objet et l'esprit de ces deux articles, et introduire dans la loi une anomalie choquante que sa sagesse désavoue;

Attendu, dans l'espèce, que des considérants de l'arrêt attaqué sur la première question posée par cet arrêt, il résulte clairement que la cour de Toulouse a reconnu, en fait, que la libéralité portée au testament de Jeanne Marie Dugourc, au profit de François Ilpid, a eu pour cause la qualité de fils d'elle et de François Pendariès, qualité que la testatrice a formellement donnée audit François Ilpid, dans la disposition même qui contient cette libéralité;

Qu'il est reconnu, d'ailleurs, dans le même acte, que, François Pendariès était le beau-frère de Jeanne-Marie Dugourc; que, dès lors, l'enfant né de leur union ne pouvait être, aux termes de l'art. 162 c. civ., qu'un enfant incestueux, sans qu'il fût besoin de se livrer à aucune recherche de la paternité; — Qu'il suit de là que l'arrêt attaqué a reconnu, dans la disposition dont il s'agit, une cause contraire aux bonnes mœurs, et, qu'en l'annulant à ce titre et en réduisant son effet à de simples aliments au profit dudit Ilpid, cet arrêt, loin de violer l'art. 335 c. civ., n'a fait qu'établir l'harmonie entre cet article et l'art. 762, et se conformer aux dispositions formelles des art. 1131 et 1133 du même code.—Par ces motifs, rejette.

Du 4 janv. 1832.-C. civ.-MM. Portalis, 1er pr.-Chardel, rap.-de Gartempe, av. gén., c. conf.-Lacoste et Jacquemin, av.

du motif qui a donné l'impulsion à la volonté. « Dans les contrats de bienfaisance, dit Pothier (Obligations, t. 1, n° 42), la libéralité que l'une des parties veut exercer envers l'autre est une cause suffisante de l'engagement qu'elle contracte envers elle. » Cependant nous sommes disposés à admettre, avec Pothier lui-même (Introd. au tit. 16 de la cout. d'Orléans, sect. 2, n° 28), et avec les auteurs du Nouveau Denisart (v° Cause des donat. et des legs, § 4), qu'une libéralité est nulle, si elle a été déterminée par un motif que les lois ou les mœurs réprouvent. Mais il faut pour cela qu'il soit bien certain que tel a été le motif unique de la libéralité, et on comprend qu'en fait il sera bien rarement possible d'avoir une telle certitude. De ce que le même acte contiendra et la reconnaissance et la libéralité, il ne s'ensuivra pas nécessairement que la première est la cause de l'autre. Et même de ce que la qualité reconnue au donataire ou légataire sera indiquée comme cause de la libéralité, on ne pourra pas conclure qu'il n'y a pas d'autre cause, à moins que le donateur ou testateur n'ait exprimé que la qualité d'enfant est la cause unique du don qu'il a fait. Tel est aussi le sentiment de M. Demolombe, t. 5, n° 588.— Il a été décidé, 1° qu'on ne peut prouver la filiation adultérine, à l'effet de faire annuler la libéralité faite à un enfant dans son contrat de mariage, encore bien que l'aveu d'adultérinité se trouve consigné par le donateur dans cet acte, dont l'enfant demande l'exécution contre les héritiers de celui-ci (Pau, 13 déc. 1836, aff. Saint-Aubin, V. Disp. entre-vifs);—2° Que, pour qu'un arrêt qui valide une donation pût être annulé, en ce que la donation aurait une cause illicite ou serait déterminée par l'erreur sur la personne, parce qu'elle serait faite à des enfants adultérins dont la reconnaissance n'est pas admise, il faudrait que les termes de la donation eussent été interprétés en ce sens par l'arrêt (Rej. 28 juin 1815, aff. Lanchère, n° 725).

732. Dans le cas où un enfant en possession de l'état d'enfant, né de père inconnu, a été d'abord reconnu par un homme marié, et dans un seul acte, soit comme enfant naturel, soit comme enfant adoptif, qu'ensuite, et par un acte postérieur, il a été adopté par le même individu, cet enfant est fondé à repousser l'acte qui lui confère une filiation adultérine, lequel est nul, pour s'en tenir à l'acte d'adoption, que la loi autorise. On dirait en vain que l'acte, contenant à la fois une reconnaissance et une adoption, est indivisible, et doit être annulé pour le tout, l'enfant ne se prévalant, dans ce cas, que de l'acte d'adoption postérieur (Toulouse, 15 mai 1827) (1).

733. Il a été jugé 1° que la reconnaissance volontaire d'un enfant adultérin lui donne droit à réclamer des aliments, qu'elle ait été faite par acte authentique ou seulement par acte sous seing privé, si cet acte renferme une obligation de payer une pension ; et qu'à défaut de représentation de cet acte, son existence est suffisamment constatée par l'aveu de son exécution de la part de celui auquel on l'oppose, et par la transcription qui en aurait été faite au bureau de l'enregistrement (Nancy, 20 mai 1816) (2);— 2° Que l'obligation formelle, consentie par le père, de payer une somme déterminée, à titre de pension alimentaire,

(1) (Héritiers Pradère C. Albin.) — La cour ; — Attendu, sur la première question, que les appelants prennent leur grief principal de ce que les premiers juges n'ont pas eu égard à la reconnaissance de paternité contenue dans l'acte du 30 niv. an 8, pour déclarer Albin Pradère enfant adultérin, et pour annuler l'adoption dont il s'agit; — Attendu qu'Albin Pradère n'invoque, à l'appui de sa défense, que l'acte d'adoption du 8 vent. an 9; qu'il repousse et conteste l'acte du 30 niv. an 8, et que tout consiste à savoir s'il est recevable et fondé dans son exception; — Attendu que tous ceux qui ont un intérêt présent peuvent contester un acte de reconnaissance, et que l'intérêt d'Albin Pradère n'est pas douteux; — Attendu qu'à l'époque de l'acte de l'an 8, Albin Pradère était, depuis 1784, en possession d'un état d'enfant naturel de Bernarde Pradère et de père inconnu; qu'un tel état ne lui imprimait aucun signe d'adultérinité; qu'il n'a point dépendu d'Arnaud Pradère de le lui imprimer; qu'Albin Pradère est d'autant plus fondé à repousser un tel acte, qu'il lui est étranger, et que tout ce qui a suivi de sa part, même de la part d'Arnaud Pradère, est une protestation contre cette reconnaissance de paternité; qu'elle serait, d'ailleurs, contraire à la loi, puisque l'art. 335 c. civ. prohibe les reconnaissances d'enfants adultérins, et que rien ne s'oppose, dans l'espèce actuelle, à ce que cet article produise tout son effet, puisque la reconnaissance est indépendante du seul acte d'adoption invoqué par Albin Pradère; — Attendu, sur la deuxième question, qu'il est dès lors inutile d'examiner si, par l'effet de la loi transitoire, l'adoption aurait été valable nonobstant l'adultérinité de l'adopté; — Par ces motifs, sur les conclusions conformes des gens du roi, ordonne que le jugement du 5 avr. 1824 sortira son entier effet.

Du 15 mai 1827.-C. de Toulouse, aud. sol.-MM. de Faydel, pr.-Chalret-Durieu, av. gén., c. conf.-Amilhau et Romiguières, av.

(2) *Espèce :* — (B... C. Agnès.) — En 1789, mariage d'Alexis B... — Le 7 vent. an 3, Marie-Anne C...., sa domestique, accouche d'une fille qui reçoit le prénom d'Agnès. L'enfant est présenté à l'officier de l'état civil : on ne fait pas mention du père. — Au mois de germinal suivant, acte sous signature privée par lequel Alexis B.... se déclare père de cet enfant, s'engage à payer à la mère 1 résal 1/2 de blé annuellement, pendant l'espace de sept ans, et convient avec elle qu'après ce terme il pourra prendre d'autres arrangements, si l'enfant existe encore alors. — Le 26 mars 1814, demande en justice formée devant le tribunal civil de Lunéville, par Marie Anne C.... et Nicolas G...., devenu son mari, contre Alexis B.... à fin de payement de la somme de 1,100 fr., pour onze années échues de la pension de l'enfant, dont ils prétendent qu'il s'est reconnu le père; ils concluent aussi à ce qu'Alexis B... fût tenu de continuer la pension. — Le 21 avril suivant, jugement qui rejette la demande en payement de 1,100 fr., mais qui condamne en même temps Alexis B.... à payer dorénavant à Agnès C.... une pension alimentaire et annuelle de 72 fr. — Appel par Alexis B....; l'appelant invoque les dispositions précises des art. 335 et 342 c. civ., et prétend que la reconnaissance sous seing privé qu'on lui oppose n'étant pas représentée, ne peut être prise en considération par la cour; qu'il a d'ailleurs fidèlement rempli toutes les obligations qu'il se serait imposées par cet acte. — Arrêt.

La cour ; — Considérant qu'en déclarant en principe que les enfants nés hors le mariage succéderaient à leurs père et mère, le décret du 4 juin 1793 a introduit en leur faveur un droit nouveau subversif des principes jusqu'alors reçus, qui leur accordaient des aliments, comme étant dus par obligation de droit naturel, mais qui leur refusaient les droits de successibilité, comme étant le résultat de la filiation légale, et du lien de famille qu'elle produit; que l'application de ce droit nouveau a été déterminée par la loi du 12 brum. an 2, relativement aux successions alors ouvertes; et qu'à l'égard des enfants naturels dont les père et mère vivaient encore, le règlement de leurs droits dans les successions futures de leurs parents a été renvoyé aux dispositions futures du code civil, dont la promulgation était alors présumée prochaine; que, conséquemment à ce renvoi, le code civil, postérieurement décrété, s'est occupé, aux titres de la filiation et des successions, de la filiation et des droits héréditaires attribués aux enfants naturels; que les art. 334 et 335 au premier de ces titres, les art. 756, 757 et 758 au second, déterminent le mode de les conférer, la capacité de les acquérir, et la latitude dans laquelle ils peuvent être exercés; que l'art. 334 exige que la reconnaissance d'un enfant naturel soit faite par un acte authentique, si elle ne résulte d'une déclaration insérée dans l'acte même de naissance, parce que cette reconnaissance ayant pour but d'élever l'enfant naturel à une sorte de légitimation, de lui créer des droits héréditaires par l'effet de la volonté et de la destination formelle et spontanée du père naturel, il importe que l'expression de cette volonté soit assujettie à des formes qui en écartent tout soupçon et toute incertitude; que l'art. 335 prohibe une telle reconnaissance au profit du bâtard adultérin, parce que déjà, par la disposition de l'art. 13 de la loi du 12 brumaire, et ensuite par celle de l'art. 762 c. civ., un tel être étant exclu de la capacité d'obtenir la jouissance des droits énoncés aux art. 757 et 758, il doit être également exclu de la capacité de recevoir le titre destiné à transmettre ces droits, celui qui est incapable de la fin devant être également incapable du moyen; mais que ces prescriptions diverses se réfèrent au principe de successibilité décrété le 4 juin 1793, et renvoyé, pour son application, par la loi de brum. an 2, aux dispositions futures du code; qu'elles en sont le développement et la régularisation; qu'il doit donc demeurer pour constant que le bâtard adultérin ne peut, par aucun moyen, obtenir la jouissance des droits énoncés ès art. 757 et 758 c. civ., et que le bâtard simple ne peut les obtenir que sous l'appui d'une reconnaissance légale dans la forme décrétée par la disposition de l'art. 334; mais que de ces points accordés il serait injuste de conclure que l'adultérin exclu de la reconnaissance légale, ou même le bâtard simple, au profit duquel une telle reconnaissance aurait pu être faite, mais qui ne l'a pas obtenue, se réduisant l'un ou l'autre à la simple demande d'aliments, soient tenus d'appuyer cette demande des mêmes titres qui seraient nécessaires à l'appui d'une demande en délivrance du tout ou partie des biens délaissés par leur père ou mère; que cette interprétation présenterait un système sans bases, en ce qu'il ne peut y avoir de justes motifs de soumettre aux mêmes conditions des droits aussi divers dans leurs principes, dans leur nature, dans leurs effets; qu'aussi cette extension du principe d'un cas à l'autre serait en contradiction formelle avec le texte de la loi;

Qu'en effet, s'il était vrai qu'une reconnaissance légale, dans la forme de l'art. 334, fût indispensable à l'appui d'une demande d'aliments, il s'ensuivrait que le bâtard adultérin, incapable de recevoir

à un enfant adultérin par lui reconnu dans un acte sous seing privé, est valable et doit recevoir son exécution, en tant qu'elle concerne les aliments accordés à l'enfant adultérin par l'art. 762 c. nap. (Rennes, 31 déc. 1834, aff. M..., V. nº 727); — 3º Que le legs d'aliments fait à un enfant adultérin, par celui qui déclare en être le père, et pour l'acquit de sa conscience, doit être maintenu, lorsque la qualité d'adultérin résulte, indépendamment de la reconnaissance contenue dans le testament, des circonstances de la cause, et qu'elle n'a pas été contestée par les héritiers du testateur (Rej. 15 juill. 1846, aff. Tronnet, D. P. 46. 1. 342): nous croyons que le legs aurait dû être maintenu alors même que la qualité d'adultérin ne serait résultée que du testament. Dans ce cas, en effet, le droit aux aliments tire sa force, non pas de la reconnaissance, mais de la volonté du testateur, du legs qu'il en a fait; quant à la déclaration qu'il y a jointe, elle n'a rien d'illicite, elle ne suffirait pas, à la vérité, par elle-même pour donner à l'enfant le droit de réclamer des aliments, mais elle n'invalide point le legs de ces aliments; — 4º Qu'on ne peut annuler pour cause illicite l'obligation consentie en vertu d'une institution d'héritier qui chargeait l'héritier de fournir des aliments à un enfant adultérin du testateur (Riom, 1er mars 1830, aff. Courbon. V. Oblig.).

734. Suivant un principe qui a été précédemment posé (V. *suprà*, nº 349), et qui est applicable en cette matière comme en matière de filiation légitime, les intérêts pécuniaires qui dérivent de l'état des personnes peuvent, à la différence de cet état lui-même, être réglés par voie de transaction.—Ainsi, la convention par laquelle des enfants légitimes issus d'un premier mariage, et les enfants adultérins que le mariage subséquent de leur père et mère n'a pu légitimer, arrêtent que les deux communautés résultant de ces deux mariages, et qui avaient été confondues, seront réunies et partagées entre eux, par portions égales, et nonobstant tout testament ultérieurement découvert, est valable, une telle convention n'ayant pas pour effet, de conférer aux enfants adultérins la qualité d'héritiers, bien que l'expression y soit employée sous forme de simple énonciation (Req. 20 mars 1852, aff. Touzan, D. P. 52. 1. 392).

735. Nous avons vu ci-dessus (nº 725) dans quels cas la filiation adultérine ou incestueuse peut se trouver légalement établie sous l'empire du code civil. Il a été décidé, 1º qu'il suffit que la paternité soit établie d'après les formes de la législation alors en vigueur, pour que, même sous le code civil, l'enfant soit fondé à réclamer des aliments contre son père ou ses héritiers (Grenoble, 5 août 1829, rapporté avec l'arrêt qui suit); —2º Que la preuve de la filiation d'un enfant adultérin résulte suffisamment de ce que le père, déclaré dans l'acte de naissance de l'enfant né avant le code civil, se serait fait délivrer lui-même, par l'officier de l'état civil d'alors, un extrait de l'acte de naissance dans le-

---

à son profit une telle reconnaissance, serait également et nécessairement exclu de tous droits aux aliments, puisqu'il lui serait impossible d'obtenir le titre nécessaire pour se les faire adjuger, et qu'on ne peut supposer dans la loi cette inconséquence ou cette disposition vraiment dérisoire, de concéder un droit, en refusant tous moyens de l'exercer;

Que cependant l'art. 762, en excluant les adultérins du bénéfice des art. 757 et 758, déclare formellement que la loi leur accorde des aliments; que si la loi accorde des aliments, elle accorde une action pour les obtenir; que si elle accorde une action, elle reconnaît un moyen légal d'en assurer le succès; et qu'enfin ce moyen légal ne pouvant être la reconnaissance énoncée en l'art. 334, il faut bien que ce soit toute autre preuve du fait de la paternité, puisque c'est à ce seul fait que se rattachent et l'obligation de fournir des aliments et le droit de les obtenir; qu'à la vérité cette preuve sera souvent difficile ou impossible à recueillir, et que par suite l'action en délivrance d'aliments devra demeurer souvent caduque et vaine, par la difficulté d'atteindre celui qui en serait tenu, la loi interdisant la recherche de la paternité, et ne permettant conséquemment pas de suppléer, par des allégations de fait, par la production de témoins ou autres présomptions conjecturales à l'appui d'iceux, à ce qui manquerait au complément de cette preuve; mais que si, par un concours heureux de circonstances, elle se trouve acquise au demandeur, si surtout elle s'appuie de la confession de celui contre lequel l'action est légalement accordée; si, par un sentiment de justice envers le fruit et la victime de son égarement, il vient s'offrir lui-même au dédommagement que la loi comme la nature lui imposent, en déclarant à ses charges le fait de paternité auquel cette obligation se lie, il est difficile de concevoir comment cet aveu demeurerait impuissant pour assurer cette indemnité; que cette déclaration ne sera pas la reconnaissance légale prescrite en l'art. 334; et qu'elle n'aura pas même, par rapport au bâtard simple, l'effet de l'habiliter aux droits héréditaires accordés par les art. 757 et 758; qu'elle n'établira aucun titre de filiation, aucun droit de successibilité entre l'enfant naturel et les parents dont il est né; qu'elle n'élèvera pas le premier à cette sorte de condition intermédiaire entre la légitimité et la bâtardise, celle de bâtard avoué ou reconnu; qu'elle perdra même, si l'on veut, le titre de reconnaissance de l'enfant, mais que toujours elle demeurera la confession du débiteur, qui avoue l'obligation, qui en avoue la cause et le titre, et qui, conséquemment, ne peut fuir la condamnation qui l'oblige de l'acquitter; qu'il n'y a pas là recherche de la paternité, puisqu'elle est connue, mais l'application de la conséquence qui résulte du fait de paternité toutes les fois que la connaissance en est acquise; que cette maxime, que la paternité étant indivisible, on ne peut être père pour un cas, et ne l'être pas pour l'autre, ne présenterait qu'une vaine subtilité, si on prétendait l'expliquer dans ce sens que de plusieurs actions, diverses dans leurs principes, dans leur nature et dans leur étendue, l'une ne puisse être ouverte lorsque l'autre ne le serait pas; puisqu'au contraire la diversité des conditions sous lesquelles ces actions doivent s'ouvrir, doit aussi en produire une dans les cas qui donnent lieu à cette ouverture; que l'obligation de nourrir est de droit naturel; qu'elle se contracte par le seul fait de la paternité, et subsiste indépendamment de la volonté et de l'assentiment du père naturel; qu'au contraire, la reconnaissance, dans le sens de l'art. 334, appartient au droit civil; qu'elle est un bienfait volontaire de la part du père; qu'elle crée à l'enfant naturel un droit auquel il n'avait aucun titre, et que rien n'obligeait de lui conférer; qu'il est donc simple que l'obligation naturelle soit ouverte et son effet exigible par la vérification du fait de paternité qui la produit, encore que les droits plus relevés et plus étendus qui auraient pu résulter d'une reconnaissance légale, n'aient pas été créés, soit par défaut de volonté de la part de celui auquel il était libre de les conférer, soit par défaut de capacité dans celui auquel ils auraient été destinés; que l'exercice de l'un de ces droits ne peut donc être subordonné à l'exercice ou à l'existence de l'autre; que si on ne peut tout à la fois être père et ne l'être pas, on peut cependant devoir des aliments à un enfant naturel, sans que les droits de successibilité lui aient été conférés ou l'aient été valablement; que, sous une même dénomination, les actes de reconnaissance ou d'aveu dont s'appuient l'une ou l'autre de ces actions, offrent une dissemblance radicale;

Que la reconnaissance légale de l'enfant naturel lui crée un titre, un droit de successibilité qu'il n'avait pas, et dont au contraire le vice de sa naissance l'écartait; que ce droit n'a de fondement et de base que dans l'acte de reconnaissance qui le constitue; qu'il est donc caduc, si cet acte est vicieux ou insuffisant dans sa forme; qu'au contraire, la déclaration ou l'aveu de paternité n'attribue rien, ne confère rien à l'enfant; que le droit aux aliments était préexistant à cet aveu; qu'il a sa racine dans la nature et dans la loi; que l'action en prestation d'aliments était ouverte et ne se trouvait entravée dans sa poursuite que par la difficulté de signaler l'individu qu'elle devait atteindre, comme étant l'auteur de la génération; que si cet individu se signale et s'accuse lui-même, sa déclaration, par quelque acte et sous quelque forme qu'elle se produise, constate de la manière la plus irrécusable le fait dont l'incertitude seule faisait obstacle; qu'ainsi, par cette déclaration, quelle qu'en soit la forme, l'obstacle cesse, et le succès de la poursuite est assuré;

Considérant en fait que, par l'acte du 6 germinal an 3, Alexis B.... s'est reconnu le père de l'enfant dont Marie-Anne C.... était accouchée le 7 vent. précédent, et que c'est à ce titre qu'il s'est obligé de fournir à la mère, annuellement et pendant sept années, une quantité déterminée de grains, sauf, après les sept années écoulées, à prendre d'autres arrangements si l'enfant vivait encore; que, quoique cet acte ne soit pas représenté, son existence et même sa teneur exacte sont constatées par la transcription qui en a été faite, le 8 vent. an 10, dans les bureaux de l'enregistrement; que, lors de sa comparution devant le juge de paix de Gerbéviller, le 26 mars 1814, B.... n'a dénié ni l'acte de l'an 3 ni sa cause, mais que plutôt il a confirmé la réalité de l'un et de l'autre, en alléguant pour défense l'exécution que cet acte avait reçue; qu'il serait donc aujourd'hui non recevable à équivoquer sur la déclaration de paternité que cet acte contient; — Considérant que l'état d'infirmité d'Agnès C.... et la faiblesse de ses facultés physiques et intellectuelles exigent qu'il lui soit prorogé un secours alimentaire, même au delà de l'âge auquel, dans un état d'organisation moins imparfait, elle aurait pu être mise, par les soins du père, en situation de pourvoir par elle-même à sa subsistance; que ce secours a été fixé, par le jugement dont est appel, à une quotité modique et à peine suffisante pour fournir à l'impétrante du pain, dans l'acception littérale du mot; que cette prestation ainsi modifiée n'est pas hors de proportion avec les facultés d'Alexis B....; qu'il n'y a donc pas lieu d'amender ledit jugement; — Dit qu'il a été bien jugé, mal et sans grief appelé.

Du 20 mai 1816.-C. de Nancy.

quel il est déclaré père de l'enfant, et de la remise de cet extrait par lui faite à ce dernier..., et cela, encore bien que le père serait décédé sous le code civil (Rej. 24 déc. 1832) (1);—3° Que, lorsqu'une cour royale a, d'après les titres, les faits et les déclarations des parties, jugé que l'enfant inscrit sur les registres, comme né d'une femme non mariée et d'un père inconnu, est le fils adultérin d'un individu marié qui l'a reconnu de l'aveu de la mère, et qui l'a adopté sous la loi de 1792, cette décision, quant à la qualité adultérine qu'elle attribue à l'enfant, est à l'abri de la censure de la cour de cassation (Rej. 23 déc. 1816, aff. Thiery. V. Adoption, n° 57).

736. Le jugement qui, sans avoir pour objet de prononcer sur l'état d'un enfant, le déclare cependant adultérin, ne saurait faire preuve de cet état (Poitiers, 11 déc. 1824, aff. Testard. V. n° 725).

737. La qualité d'enfant adultérin ou incestueux, dans le cas même où elle est légalement établie (V. *suprà*, n° 725), n'exerce aucune influence sur les droits civils ou politiques de celui à qui elle appartient : ces droits sont les mêmes que ceux des autres citoyens. Les effets qui en résultent n'affectent que les relations de cet enfant, soit avec ses père et mère, soit avec les parents ou alliés légitimes de ceux-ci. Nous allons examiner quels ils sont.

Vis-à-vis de ses père et mère, l'enfant adultérin ou incestueux a droit à des aliments. Il peut les exiger d'eux, de leur vivant, par les voies judiciaires, s'ils ne les lui accordent pas volontairement (V. Mariage, n° 623). Après leur décès, il peut les réclamer sur leur succession (art. 762). Ces aliments sont réglés eu égard aux facultés du père ou de la mère, au nombre et à la qualité des héritiers légitimes (art. 763). Il est deux cas toutefois où l'enfant cesse d'avoir le droit de réclamer des aliments. L'art. 764 porte que, lorsque le père ou la mère de l'enfant adultérin ou incestueux lui auront fait apprendre un art mécanique, ou lorsque l'un d'eux lui aura assuré des aliments de son vivant, l'enfant ne pourra élever aucune réclamation contre leur succession (ces dispositions, que nous nous bornons à indiquer ici, recevront au mot Succession tous les développements qu'elles comportent).—Du reste, non-seulement l'enfant adultérin ou incestueux ne peut exiger que des aliments, mais même il ne peut, dans aucun cas, rien recevoir, rien recueillir au delà. Ainsi, d'un côté, le père ou la mère ne peuvent lui rien donner, par donation ou testament, qui excède la dette alimentaire (art. 908, V. Disp. entre-vifs ou testam.); et, d'un autre côté, lors même que le père ou la mère viendraient à décéder sans laisser d'héritiers légitimes, il n'aurait aucun droit à leur succession; elle serait dévolue à l'État (art. 762, 767 et 768, V. Succession). — Décidé, par application de ces dispositions, que l'enfant conçu durant le mariage déclaré nul parce que l'un des époux était engagé dans les liens d'un précédent mariage, ne peut réclamer que des aliments (Paris, 11 janv. 1808, aff. Champeaux, rapporté avec Cass. 15 juill. 1811, v° Droits civils, n° 445).

Réciproquement, les père et mère de l'enfant adultérin ou incestueux ne peuvent jamais avoir aucun droit dans sa succession. Un auteur cependant, M. Loiseau (des Enfants natur., p. 757, n° 16), a prétendu qu'ils doivent lui succéder à défaut d'enfants légitimes. Mais c'est une erreur évidente. On ne peut succéder qu'en vertu d'une disposition de la loi; or il n'y en a point qui donne un tel droit aux père et mère de l'enfant dont il s'agit. Ne serait-il pas inique, d'ailleurs, que l'enfant, qui est innocent, fût, dans tous les cas, exclu de la succession de ses père et mère, et que ceux-ci, qui sont au contraire coupables, pussent néanmoins recueillir la sienne? Tel est aussi le sentiment de MM. Bedel, de l'Adultère, n° 104; Demolombe, t. 5, n° 595. —V. au surplus Succession.

738. L'enfant adultérin ou incestueux a-t-il le droit de porter le nom, soit de sa mère, soit de son père? — Il est évident d'abord que si sa filiation n'est constatée que par une reconnaissance, comme cette reconnaissance est absolument nulle, elle ne peut lui donner le droit de porter le nom de la personne de qui elle émane. — V. Conf. Merlin, Rép., v° Nom, § 1, n° 2; MM. Richefort, t. 3, n° 502; Demolombe, t. 5, n° 596.

Il a été décidé, en ce sens : 1° que l'enfant adultérin n'a pas le droit de porter le nom du père qui l'a reconnu (Angers, 8 déc. 1824, aff. Cordelet, n°446-5°; Paris, 22 mars 1828, aff. Adèle, n°432-3°); — 2° Qu'un nom de famille est une propriété dont on ne peut jouir qu'en vertu de sa filiation; que, par suite, l'enfant adultérin ne peut prendre le nom du père qui lui est attribué dans son acte de naissance, et qui d'ailleurs l'a reconnu; et cela bien qu'il ait l'aveu tacite de la famille et une possession trentenaire (Douai, 26 déc. 1835) (2); — 3° Qu'un frère a qualité pour demander la radiation du nom de sa famille sur l'acte de

---

(1) *Espèce :* — (Robin C. demoiselle Robin.)—La demoiselle Jay déclara, devant le juge de paix de Romans, qu'elle était enceinte, et que le sieur Robin, marié, était l'auteur de sa grossesse. En 1791, elle accoucha, en effet, d'une fille qui reçut les prénoms de Marie-Rosalie, et fut désignée comme fille de la demoiselle Jay et du sieur Robin. — Celui-ci fit une pension à la mère, et recueillit Marie-Rosalie dans sa maison. — Depuis, il lui fut délivré, sur sa demande, et en qualité de père de l'enfant, par le vicaire du lieu, un extrait de l'acte de naissance de Marie-Rosalie, qu'il a remis à celle-ci avant de mourir. — Cependant Robin, devenu veuf, contracta avec la demoiselle Bernard un nouveau mariage, dont sont nés plusieurs enfants.—Il est décédé en 1822, laissant une succession considérable. — Marie-Rosalie a continué d'être logée et entretenue dans la maison paternelle, où elle avait toujours été regardée comme la fille du sieur Robin, au point que deux sœurs de ce dernier l'avaient qualifiée, dans leur testament, de *nièce*, de *nièce chérie ;* et c'est sous le titre de Marie-Rosalie Robin qu'elle a, en 1827, paru dans une quittance notariée consentie par elle en faveur de la veuve Robin. — Néanmoins en juill. 1827, Marie-Rosalie, alors presque atteinte de cécité, s'est vue obligée de quitter la maison paternelle, et les enfants Robin lui ont refusé toute espèce de droit sur la succession de leur père. — Marie-Rosalie a demandé contre eux des aliments.

Le 7 août 1828, jugement du tribunal de Valence, qui accueille cette demande en ces termes : « Attendu que la naissance de Marie-Rosalie remonte à l'ancienne législation qui autorisait la recherche de la paternité dans tous les cas, et qui faisait résulter de son existence reconnue l'obligation de fournir et d'assurer à l'enfant des moyens d'existence; que, dès lors, cette obligation doit être régie, quant à sa nature, par la législation qui était en vigueur à l'époque où elle s'est formée ; d'où il résulte que la loi du 12 brum. an 2, ainsi que le code civil, sont inapplicables à la cause; — Attendu, en effet, que si la loi de brumaire a renvoyé au code civil, alors projeté, le soin de régler l'état et les droits des enfants nés hors mariage, dont les parents seraient vivants, il ne faut pas perdre de vue que cette loi conférait aux enfants, même adultérins, de véritables droits successifs, quoique qualifiés droits alimentaires, et qu'il était, par conséquent, rationnel qu'elle subordonnât l'exercice de ces droits à la législation qui serait en vigueur lorsqu'ils viendraient à s'ouvrir; — Attendu que le code civil a retiré aux enfants adultérins les droits successifs que leur avait conférés la loi de brumaire, et qu'il leur a seulement attribué des droits alimentaires, en prohibant néanmoins la recherche de leur filiation, et même la faculté de les reconnaître; que, dès lors, cette dernière législation ne peut rétroagir pour enlever des droits acquis, et qu'interpréter différemment l'art. 10 de la loi de brum. an 2, serait faire violence à son esprit ainsi qu'à son texte; — Attendu que Marie-Rosalie a eu, dès le jour de sa naissance, le droit de faire déclarer que le sieur Robin était son père, et que les circonstances que présente la cause sont plus que suffisantes pour que cette demande eût dû être accueillie; qu'il en fût résulté pour Robin l'obligation non-seulement de fournir, mais encore d'assurer des aliments à son enfant; que cette obligation personnelle a existé, quoiqu'elle n'ait pas été déclarée; qu'elle a reçu son exécution pendant la vie dudit Robin, et qu'elle continue à grever les héritiers depuis son décès...... » — Appel des enfants Robin. — Le 5 août 1829, arrêt de la cour de Grenoble, qui adopte les motifs des premiers juges, et, toutefois, élève le taux de la pension à 600 fr. par an. — Pourvoi des enfants Robin pour violation de l'art. 10 de la loi du 12 brum. an 2 et des art. 335, 340 et 342 c. civ. — Arrêt.

La cour; — Attendu qu'il ne s'agit pas dans la cause d'une recherche de paternité par Marie-Rosalie, mais de l'aveu de paternité fait, par écrit, en sa faveur, antérieurement à la loi du 12 brum. an 2, par Joseph Robin; — Qu'en fait, l'arrêt attaqué a reconnu l'existence de cet aveu, et de son exécution avant et depuis le code civil, tant de la part de Robin que de celle de ses héritiers; qu'en jugeant ainsi, la cour royale de Grenoble n'a fait qu'une juste appréciation des faits de la cause; — Que, par suite, elle n'a violé aucune loi en condamnant lesdits héritiers Robin à payer à ladite Marie-Rosalie une pension viagère à titre d'aliments; — Rejette.

Du 24 déc. 1832.-C. C., ch. civ-MM. Dunoyer, pr.-Ruperou, rap.-De Gartempe, av. gén., c. conf.-Lacoste et Dalloz, av.

(2) *Espèce :* — (Leleux C. Jean-Louis.) — Un enfant avait été inscrit sur les registres de l'état civil, sous les prénoms de Jean-Louis, comme fils de la demoiselle Teneuil et de J.-B. Leleux, alors marié. Il se maria sous le nom de Leleux, avec l'assistance de plusieurs membres

naissance d'un enfant adultérin de son frère (même arrêt).

739. Mais supposons que la filiation de cet enfant soit légalement établie comme nous avons vu (*suprà*, nº 725) qu'elle peut l'être dans certains cas. M. Bedel (de l'Adultère, p. 180, nº 98) convient que, si elle l'est vis-à-vis de la mère, l'enfant pourra porter le nom de cette dernière; mais il enseigne que, si elle l'est vis-à-vis du père, l'enfant ne pourra pas prendre son nom. Nous ne pouvons admettre cette distinction, qui ne repose sur rien. Si le caractère adultérin ou incestueux de la filiation n'empêche pas que l'enfant porte le nom de sa mère, pourquoi l'empêcherait-il de porter celui du père?

740. L'obligation imposée aux enfants d'obtenir le consentement ou de demander le conseil de leurs parents pour se marier est étendue par l'art. 158 c. nap. *aux enfants naturels légalement reconnus* (V. Mariage, nº 122). Ces expressions indiquent suffisamment qu'elle ne s'applique point aux enfants adultérins ou incestueux, qui ne peuvent être reconnus. Par la même raison, les père et mère des enfants adultérins ou incestueux n'ont pas la puissance paternelle, que l'art. 383 n'accorde qu'aux pères et mères des enfants naturels légalement reconnus (V. Puissance paternelle). Ils n'ont pas non plus la tutelle légale (V. Minorité-tutelle). Tous ces divers attributs de la paternité étant des marques de confiance accordées par la loi au père ou à la mère, il était rationnel que ceux qui, en commettant l'adultère ou l'inceste, se sont montrés indignes de cette confiance, en fussent effectivement privés. Cela est d'autant plus vrai que l'art. 444 c. nap. exclut ou même destitue de la tutelle les gens d'une inconduite notoire.—V. en ce sens M. Demolombe, t. 5, nº 597. V. toutefois M. Loiseau, des Enf. nat., p. 741, 745.

741. Mais il est certain que la maxime écrite dans l'art. 371 c. nap., lequel porte que « l'enfant, à tout âge, doit honneur et respect à ses père et mère, », s'applique à l'enfant adultérin ou incestueux aussi bien qu'à l'enfant légitime lui-même; car elle est fondée sur les rapports que la nature même établit entre les père et mère et les enfants auxquels ils donnent le jour, et cette règle ne comporte aucune exception. D'où MM. Zachariæ (t. 4, p. 96) et Demolombe (t. 5, p. 598) tirent cette conséquence que l'enfant adultérin ou incestueux ne pourrait, par exemple, exercer la contrainte par corps contre son père ou sa mère, et *vice versâ*.

742. La parenté adultérine ou incestueuse, lorsqu'elle est légalement constatée, produit les mêmes empêchements matrimoniaux que la parenté légitime (161, 162 c. nap.).—V. ce qui est dit vº Mariage.

743. L'enfant adultérin ou incestueux qui commet un meurtre sur la personne de son père ou de sa mère se rend coupable de parricide (c. pén., art. 299). De même, si cet enfant se rend coupable contre son père ou sa mère de coups ou blessures volontaires, il est passible de l'aggravation de peine prononcée par l'art. 312 c. pén. C'est ce qu'enseigne aussi M. Demolombe, t. 5, nº 599.

L'art. 322 c. inst. crim. porte qu'en matière criminelle ne pourront être reçues les dépositions du père ou de la mère, ni celles du fils ou de la fille de l'accusé ou de l'un des accusés. Cette disposition doit être étendue aux relations réciproques des père et mère des enfants adultérins et incestueux avec ceux-ci. — V. conf. M. Demolombe, t. 5, nº 599.

744. L'art. 911 porte que toute disposition au profit d'un incapable sera nulle, soit qu'on la déguise sous la forme d'un contrat onéreux, soit qu'on la fasse sous le nom de personnes interposées. Cet article ajoute : « Seront réputés personnes interposées les père et mère, les enfants et descendants, l'époux de la personne incapable. » La question s'est élevée de savoir si les père et mère des enfants adultérins ou incestueux devaient être réputés personnes interposées à l'égard de leurs enfants et *vice versâ*. Cette question a été résolue affirmativement par la plupart des auteurs (V. notamment MM. Duranton, t. 8, nº 246; Bedel, de l'Adultère, nº 102; Zachariæ, t. 4, p. 96). Et la jurisprudence s'est aussi prononcée dans le même sens. Ainsi il a été jugé : 1º que les dispositions faites par l'un des auteurs de l'enfant adultérin, en faveur de l'autre, doivent être annulées, comme faites à l'enfant adultérin lui-même, par personne interposée (Angers, 13 août 1806) (1);—2º Que, quoique le père d'un enfant incestueux ne puisse disposer au profit de ce dernier, cependant

de sa famille, et notamment de François Leleux, frère de J.-B. Leleux, père désigné. — Enfin, ce dernier a institué Jean-Louis pour son légataire universel. — Le testament, attaqué par François Leleux pour adultérinité résultant de l'acte de l'état civil, a été maintenu par jugement, sur le motif que la reconnaissance était nulle comme contraire à l'art. 335 c. civ. — Alors, François Leleux a intenté contre Jean-Louis une action en rectification de son acte de naissance et des autres actes de l'état civil où il avait pris le nom de Leleux, fils de J.-B. Leleux, et a conclu à ce qu'il lui fût fait défense de porter ce nom à l'avenir. Il se fondait sur ce qu'un nom de famille est une propriété à laquelle nul ne peut avoir droit qu'à l'aide de sa filiation; — Que, dans l'espèce, ce nom se rattachait à une filiation adultérine que la loi ne reconnaissait pas, et que, d'ailleurs, Jean-Louis avait lui-même renié J.-B. Leleux pour son père, lorsqu'il s'était agi de l'exécution du testament fait en sa faveur; — Qu'il ne pouvait donc maintenant continuer à porter le nom d'une famille qu'il avait répudiée. — Le défendeur opposait plusieurs fins de non-recevoir; il disait que J.-B. Leleux seul aurait pu agir pour demander la rectification d'un acte de l'état civil dans lequel il avait été indiqué comme son père; — Que toute action à cet égard était interdite aux collatéraux, lorsque le père était mort sans l'avoir intentée; — Que, d'ailleurs, le nom de Leleux lui avait été reconnu par le demandeur lui-même, notamment dans son acte de mariage, auquel il avait assisté; il ajoutait qu'étant depuis plus de trente ans en possession de porter le nom qu'on voulait lui ravir, il avait acquis par la prescription le droit de le conserver. — Jugement du tribunal de Lille qui accueille ce système.— Appel. — Arrêt.

LA COUR; — En ce qui concerne la demande en rectification des actes de l'état civil et les fins de non-recevoir proposées : — Considérant que cette demande n'est qu'une conséquence de celle en suppression de nom, et qu'elle a été d'ailleurs implicitement comprise dans les termes de l'exploit introductif d'instance; — Considérant que le défaut de qualité et d'intérêt que l'on oppose à l'appelant est évidemment repoussé, tant par son titre de membre de la famille que par cet intérêt d'affection et d'honneur que porte un proche parent, un frère surtout, à écarter toute souillure de la mémoire de son frère, et du nom qu'il possède avec lui; — Qu'ainsi, et sous ces divers aspects, l'action et l'appel de François Leleux ont été utilement formés; — Considérant, en outre, et sur le bien fondé de la demande en rectification, que le nom de Leleux n'est point inscrit isolément dans les actes de l'état civil, mais à la suite ou comme conséquence de sa filiation avec J.-B. Leleux; — Que cette filiation est tout adultérine, et qu'il échet dès lors d'ordonner que rectification soit faite, conformément à la loi, des actes dont il s'agit;

En ce qui concerne le nom de Leleux en lui-même, et la suppression qui en a été demandée : — Vu les lois des 6 fruct. an 2 et 11 germ. an 11; — Considérant qu'un nom de famille est une propriété dont nul ne peut jouir qu'en vertu de sa filiation, et auquel même l'État ne pourrait porter atteinte sans l'aveu de la famille; — Considérant que l'intimé n'a aucune filiation qui lui donne droit au nom de Leleux; — Que l'aveu tacite de la famille et la possession trentenaire qu'il invoque pour le conserver sont inopérants en droit, puisque ce nom n'a jamais été par lui possédé qu'en vertu de son acte de naissance et comme conséquence d'une filiation vicieuse, qu'on ne pouvait légalement reconnaître; — Que cette indivisibilité de position écarte à la fois les exceptions d'acquiescement et de prescription sur lesquelles il s'appuie; — D'où il suit qu'il ne peut, non plus que ses enfants, continuer à prendre le nom de Leleux, et doit se restreindre désormais à celui de sa mère; — Par ces motifs, dit que les noms et qualités de Leleux, fils de J.-B. Leleux de Deulmont ne peuvent appartenir à l'intimé non plus qu'à ses enfants; — Rectifie en conséquence leurs actes civils; — Ordonne que transcription et mention du présent arrêt seront faites sur les registres publics, et en marge des actes de l'état civil qui les concernent, etc.

Du 26 déc. 1835.-C. de Douai.-M. Farez, pr.

(1) (Duchesne C. Revelière.) — LA COUR; — Considérant qu'il est reconnu que Gilles-Aimé est enfant adultérin de l'intimée et du père des appelants; — Considérant que l'art. 762 c. civ., n'accorde aux enfants adultérins ou incestueux que des aliments; que les art. 767 et 758 ne leur sont point applicables; et que, suivant l'art. 908, les enfants naturels ne peuvent, par donation entre-vifs ou par testament, rien recevoir au delà de ce qui leur est accordé au titre des successions; qu'ainsi toute disposition faite au profit des enfants adultérins ou incestueux, soit qu'on la déguise sous la forme d'un contrat onéreux, soit qu'on la fasse sous le nom de personnes interposées, est nulle; que, par conséquent, la mère dudit Gilles-Aimé ne pouvait recevoir aucun don, ni directement ni indirectement de son mari, puisque, d'après l'art. 911, la mère d'un incapable est réputée personne interposée; — Considérant encore que la loi n'ayant point apporté d'exception pour le cas dont il s'agit, il n'est pas possible d'en admettre, dit qu'il a été bien jugé.

Du 13 août 1806.-C. d'ap. d'Angers.

il peut être réputé personne interposée, aux termes de l'art. 911 c. nap., à l'effet de transmettre à son fils un legs que ce dernier était incapable de recevoir (Toulouse, 5 mars 1827, aff. Pendaries, V. n° 724-9°).—V. du reste, v° Disp. entre-vifs et test.

745. En admettant que telle soit la véritable interprétation de l'art 911, une question s'élève. Si la paternité ou la maternité adultérine ou incestueuse n'est établie que par une reconnaissance (que nous avons vu être nulle), cette reconnaissance suffira-t-elle pour faire présumer légalement l'interposition de personnes, et pour faire, par suite, annuler la libéralité? Cette question a été affirmativement résolue par un arrêt qui a décidé que la reconnaissance d'un enfant incestueux peut être invoquée contre le père, afin de faire annuler, pour cause d'interposition, un legs fait à son profit par la mère de l'enfant (Paris, 31 août 1827) (1).

746. Mais il a été décidé, au contraire : 1° que la nullité de la reconnaissance ne peut être scindée, en ce sens que, puisque la filiation adultérine ne peut être prouvée contre les enfants à l'effet de faire déclarer que c'est à eux réellement que s'adresse une donation faite à leur mère, celle-ci ne peut point être déclarée personne interposée, et, par suite, privée de la libéralité (Poitiers, 7 avr. 1824, rapp. avec Rej. 1er août 1827, aff. dames Ogier et Duval, n° 718); — 2° Qu'on ne peut se prévaloir de la reconnaissance d'un enfant adultérin pour faire annuler, comme faite à une personne interposée, la donation dont l'individu qui s'est déclaré le père de l'enfant gratifierait la mère de cet enfant : ici ne s'applique pas l'art. 911 c. nap. (Rej.. 1er août 1827, aff. Ogier, n° 718); — 3° Que le legs universel fait par celui qui s'est reconnu le père d'un enfant adultérin à la mère qui l'a reconnu avec lui ne doit pas être considéré comme une libéralité exercée au profit de l'enfant par personne interposée, et doit être maintenu en faveur de la mère de l'enfant adultérin (Angers, 8 déc. 1824, aff. Cordelet, n° 446-5°); — 4° Que l'arrêt qui, annulant comme entachée d'adultérinité la reconnaissance faite par un mari au profit d'un enfant né de sa femme avant leur mariage, décide que cette femme, en recevant un legs universel de son mari, n'est point personne interposée au profit de l'enfant prétendu adultérin, et qu'un tel legs n'est que le résultat de l'affection conjugale, ne viole aucunement les dispositions prohibitives de l'interposition des personnes au profit des incapables (Rej. 18 mars 1828, aff. Lemerle. V. n° 725-4°). — V. Disp. entre-vifs et test.

(1) *Espèce*. — (Héritiers Moufle C. Rateau.) — LA COUR; — Considérant que, par l'acte de naissance du 28 avr. 1820, Pierre Rateau, intimé, s'est déclaré père de l'enfant, encore vivant, Jean-Marie-Adolphe, dont est accouchée la fille Moufle, sa belle-sœur; que la disposition de l'art. 335 c. civ., qui prohibe la reconnaissance des bâtards incestueux, ne peut être invoquée par Rateau contre son propre aveu, devenu, à son égard, irrévocable, et sur lequel les appelants fondent leur demande contre lui, sans avoir à faire la recherche, soit de la paternité, soit de la maternité, non contestées dans la cause; — Que, le fait de la paternité et de la maternité incestueuse étant ainsi constant, la présomption légale d'interposition établie par l'art. 911 c. civ. est applicable au legs universel fait à Rateau par la fille Moufle; — Qu'en se plaçant sous cette présomption de la loi par un acte formel de sa volonté, Rateau s'est rendu personnellement incapable de recevoir les libéralités de la fille Moufle, réputées par la loi en fraude des art. 762 et 763 du code civil;

A mis et met l'appel et ce dont est appel au néant; — Émendant, décharge les appelants des condamnations contre eux prononcées; — Au principal, déclare nul, quant au legs universel fait au profit de Pierre Rateau, le testament de Louise-Françoise-Lucie Moufle, devant Butta, notaire à Bougival, le 26 mars 1820, etc.

Du 31 août 1827.-C. de Paris, 1re ch.-M. Amy, pr.

Table sommaire des matières.

Table des articles du code Napoléon.

Table chronologique des lois, arrêts, etc.

—23 fév. 312, 315 c.
—2 mai 701.
—15 juill. 89.
—27 juill. 711-3°.
—19 nov. 155, 174-3° c.
—4 déc. 275-1°.
—9 déc. 374.
1823. 20 fév. 426.
—18 mars 558.
—17 avril 714.
—12 mai 367 c., 369-2°, 378 c.
—4 juin 208 c., 331 c., 339.
—12 juin 267 c., 271 c., 615 c., 621.
—10 juill. 320-2°.
—22 juill. 222.
—24 juill. 569-6°.
—26 sept. 371.
—6 nov. 536.
—9 nov. 672-2°.
—27 nov. 569-13°.
—12 déc. 371.
—31 déc. 731-2°.
1824. 4 fév. 334, 388 c.
—5 fév. 446-2°, 725-3°.
—9 mars 725-1°.
—7 avr. 718-1°, 726 c., 730, 746-1° c.
—26 avr. 511 c., 555-6°.
—15 juin 531.
—28 juin 198 c., 202 c.
—7 juill. 439-3°.
—8 juill. 371-3°.
—13 juill. 718-3°.
—19 août 505 c., 517, 518 c., 519 c.
—30 nov. 224.
—8 déc. 446-3°, 731-3° c., 738-1° c., 746-3° c.
—11 déc. 546-5° c., 725-1°, 736 c.
1825. 3 janv. 208-2° c., 388-4°.
—8 mars 433.
—23 mars 241.
—24 mars 62, 130 c.
—7 avril 718-2°.
—28 juill. 618 c., 619-4°.
—3 août 680.
—25 août 230-2°.
—16 nov. 278 c.
—9 déc. 45, 46 c., 50 c.
—22 déc. 279 c.
1826. 19 janv. 466-3°.
—9 fév. 537 c., 597.
—11 mars 14 c., 652-4°.
—15 mars 584-3°.
—8 avril 371.
—11 avril 275-1°.
—6 mai 689-1°, 2° c., 701 c.
—19 juin 34-3°, 54-3° c.
—5 juill. 596, 597 c.
—11 juill. 487 c.
—29 juill. 45, 58 c.
—13 nov. 547-1°.
—29 nov. 241-1°.
—17 déc. 599-1°.
1827. 26 fév. 551.
—5 mars 724-9°, 744-2° c.
—13 mars 558, 645-1° c., 656 c.
—15 mai 732.
—17 mai 234.
—11 juill. 512 c., 527 c.
—13 juill. 49.
—14 juill. 116, 217 c.
—27 juill. 445-1°.
—1er août 718-1°, 726 c., 728 c., 746-2° c.
—31 août 745.
—29 déc. 337.
1828. 28 fév. 279 c.
—5 mars 25 c., 45, 57-2° c., 126 c., 152 c.
—18 mars 725-5°, 746-4° c.
—22 mars 433-3°, 738-1° c.
—8 mai 371-5° c.
—17 juill. 569-3°.
—25 août 145-2°.
—27 août 230.
—29 déc. 116.
1829. 5 mai 446-5° c.
—9 mai 250-3° c., 252, 318-2° c., 355 c.
—20 mai 619-5°, 625 c., 650 c., 693 c.
—12 juin 519 c., 521 c.
—5 août 735.
—17 août 537 c., 543-4° c., 547-5° c., 596.
—27 nov. 378.
—9 déc. 337.
1830. 7 janv. 337.
—19 janv. 555-4° c., 628-1°.
—1er mars 733-4° c.
—20 mars 439-2° c., 4° c.
—7 avr. 640.
—19 mai 252.
—26 mai 252, 318 c.
—16 juill. 145-2°.
—26 juill. 509-2°.
—24 nov. 445-5° c., 547-1°, 2°, 689-3° c., 692 c.
—21 déc. 31.
1831. 20 janv. 724-2°, 3°.
—25 janv. 35 c., 45, 126 c., 152 c.
—15 mars 502.
—7 avr. 371-2° c.
—15 juin 82 c., 161 c., 172.
—16 juin. V. 15 juin.
—12 juill. 446-4°.
—25 nov. 725-1°.
—27 déc. 475 c.
1832. 4 janv. 731-1°.
—19 janv. 715, 728-2° c.
—15 fév. 555-6°.
—16 fév. 115 c.
—7 avr. 668 c.
—2 mars 388-2°.
—14 juin 181 c.
—6 juill. 633-1°.
—24 déc. 735-2°.
1833. 8 janv. 687.
—6 fév. 446-4°.
—12 mars 163-2° c.
—22 avr. 532-3° c.
—25 avr. 460.
—7 mai 539-1°.
—10 juin 266 c.
—27 juin 304.
—27 nov. 252, 261 c.
—14 déc. 578 c., 580 c., 581.
—16 déc. 636-5°.
—28 déc. V. 14 déc.
1834. 6 janv. 66, 219 c.
—3 fév. 598-1° c., 3° c.
—15 avr. 711-5°.
—16 avr. 445-5° c.
—20 juin 645-3°.
—25 juill. 645-3°.
—3 déc. 117 c., 193.
—15 déc. 439-1°, 555-5° c.
—17 déc. 648-1°.
—31 déc. 99 c., 145-2°, 184 c., 195 c., 219 c., 727, 733-2° c.
1835. 28 janv. 327.
—25 mars 724-1° c.
—25 mai 509.
—24 juill. 388-5°.
—4 nov. 492-1°.
—14 déc. 724-6°.
—21 déc. 725-1° c., 726 c., 729 c.
—23 déc. 144 c., 174-2°.
—26 déc. 738-2°, 3° c.
—31 déc. 619 c., 649-1°, 693.
1836. 29 janv. 371-4°.
—31 janv. 164 c., 169, 170 c., 171 c.
—1er fév. 312 c.
—5 fév. 145-3°, 174 c., 184 c., 219 c.
—8 fév. 725-1°.
—3 mars 64, 212 c., 301 c.
—17 mars 320-3° c.
—5 mai 439.
—27 mai 660.
—16 juin 632-1°, 2°.
—6 juill. 119 c., 351 c.
—3 août 674.
—13 déc. 731 c.
—16 déc. 631.
1837. 20 janv. 379 c., 388-3°.
—13 mars 636-3°.
—4 avr. 157, 189 c.
—20 avr. 54-2°.
—2 mai 539-1°, 545 c., 582-1° c., 626, 654 c.
—19 mai 725-1°.
—4 déc. 725-1° c., 728-3°.
1838. 25 janv. 636-5°.
—12 fév. 66 c., 653-1°, 654 c.
—8 mars 460.
—20 mars 66, 174-4° c., 219 c., 285 c., 347 c.
—5 avr. 632 c.
—9 mai 45 c., 50 c., 52 c., 56 c., 129 c., 175, 176 c.
—23 mai 453, 455 c.
—9 juin 365-4° c., 369-7°, 437-8°.
—12 juin 633-2°.
—7 juill. 619-1° c., 624 c., 625 c.
—26 juill. 652-2° c., 655.
—16 août 275, 308 c.
—22 déc. 221.
1839. 4 janv. 627-1° c., 649-2° c., 718-3°, 724-7° c.
—18 janv. 286 c., 633-2°.
—22 janv. 555-2° c.
—7 fév. 201.
—13 fév. 299 c., 653-1°, 716 c.
—27 fév. 633-3° c.
—10 avr. 350 c., 351 c.
—20 avr. 555-3°.
—27 avr. 555-3°.
—29 mai 60 c., 61.
—22 juin 724-4°, 5°.
—16 juill. 94.
—6 août 275-2°, 283 c.
—21 déc. 584-1°.
1840. 13 janv. 505 c., 545.
—22 janv. 583 c., 653-1° c., 655.
—17 mars 492-3°, 567 c., 573 c.
—31 mars 626 c., 636-4°, 648-9° c., 651 c.
—2 avr. 52.
—22 avr. 633-2°.
—19 mai 217 c., 221.
—2 juin 61.
—16 juin 250-2°.
—18 juin 86.
—3 juill. 478.
—30 juill. 439-1°.
—13 août 134.
1841. 21 janv. 115.
—3 fév. 725-1°, 4° c., 731-5° c.
—6 mars 346 c., 387-3°.
—16 mars 262 c.
—23 mars 507.
—28 avr. 14 c., 62 c., 294.
—11 mai 678.
—17 juill. 620-5°, 623 c., 693 c.
—19 juill. 711-6°.
—11 août 323.
—21 août 115 c.
—20 déc. 310 c., 338.
1842. 17 mai 704 c.
—31 mai 48 c.
—4 juin 243 c., 248, 250-1° c.
—7 juin 582-2° c., 584-2°, 673.
—1er oct. 371.
—23 nov. 94, 188 c.
1843. 29 janv. 496 c.
—1er fév. 539-1°, 540 c.
—16 fév. 728-5°.
—22 fév. 297 c., 711-6°.
—5 avr. 618 c., 625 c.
—10 avr. 473-2°, 575-2° c., 582 c.
—8 juin 54-1°, 65 c.
—5 juill. 45, 55-1° c., 139 c.
—1er août 507.
—10 août 94, 183 c., 186 c.
—20 nov. 636-5°.
—29 nov. 635.
—7 déc. 549, 666-4° c., 671-3° c., 672-1° c.
1844. 24 janv. 618 c., 625 c.
—20 fév. 725-1° c.
—16 avr. 616-3° c., 619 c., 636-2°.
—29 avr. 627-3°, 640-1° c.
—4 mai 640-2°, 3° c.
—7 juin 160 c., 177.
—9 juill. 509 c.
—24 juill. 115.
—29 juill. 623.
—21 août 636-2°, 637 c.
—19 déc. 640 c., 648-7° c.
1845. 6 fév. 731-5° c.
—8 mars 325 c., 382 c., 389 c.
—13 mars 473-4° c., 587 c.
—18 août 720 c.
—19 nov. 467 c.
1846. 9 fév. 185 c., 190 c., 198 c.
—18 fév. 557 c., 611 c., 612 c.
—19 fév. 624 c., 625 c., 630 c.
—18 mars. 446-3° c., 725-1° c., 729 c.
—24 juin 293.
—13 juill. 618 c., 622 c., 624 c., 626 c., 651 c.
—15 juill. 725-1° c., 733-3° c.
1847. 4 janv. 644 c.
—16 janv. 492-1° c., 505 c., 569-14° c., 633-4° c.
—10 fév. 473-3° c., 582-3° c., 586 c., 587 c., 588 c., 590 c., 591 c., 592 c., 646 c.
—9 mars 185 c., 190 c., 198 c.
—15 mars 731-4° c.
—17 mars 138 c.
—19 avr. 725-1° c.
—5 mai. 460 c.
—5 août. 672-5° c.
1848. 3 janv. 546-6° c.
—5 janv. 672-5° c.
—4 avr. 625-3° c., 648-3° c.
—25 mai 652-3° c., 653-1° c.
—4 août 693 c.
—30 août 613 c.
1849. 6 janv. 133-1° c.
—1er mai 294-2° c., 379-2° c.
—19 juill. 365-3° c.
—26 juill. 648-2° c.
—10 août 640-2° c.
—28 nov. 457 c.
1850. 7 janv. 57-1° c.
—11 fév. 620-1° c.
—18 mars 648-4° c.
—3 juill. 616-1° c.
—12 déc. 648-5° c.
1851. 10 janv. 365-2° c., 6° c., 377 c.
—3 fév. 636-1° c., 640-2° c., 4° c.
—4 fév. 133-1° c., 149 c.
—17 fév. 649-3° c., 693 c.
—10 mai 552-1° c., 636 c., 637 c., 648-6° c., 652-1° c.
—18 juin 613 c.
—3 août 616-2° c., 627-2° c.
1852. 7 janv. 555-8° c., 9° c.
—18 fév. 477 c.
—20 mars 734 c.
—26 avr. 509-1° c., 649-4° c., 681 c.
—21 mai 149-1° c.
—6 juin 473-5° c., 476 c., 575-1° c.
—20 juill. 509 c.
—18 nov. V. 18 fév.
—22 déc. 565 c., 581 c., 582-2° c., 616 c.
1853. 5 mars 34-2° c.
—11 mars. 555-10° c., 620-6° c., 623 c.
—20 avr. 545 c., 645-2° c.
—3 mai. 163-1° c.
—1er juin 628-2° c.
—4 juill. 133-2° c., 164 c.
—23 juill. 577 c., 580 c.
1854. 14 fév. 128 c., 133-3° c., 136 c., 163-2° c., 166 c., 189 c.
—5 avr. 149-2° c.
—11 avr. 138 c., 297 c.
—26 juill. 632 c.

PATOIS. — Mot qui, en général, exprime la langue qui se parle dans les campagnes. — V. Disp. test., Obligation.

PATOUILLET. — V. Mines, nos 693 et s.; V. aussi Eaux, no 422-23°; Patente, no 205.

PATRE COMMUN. — Celui qui est préposé à la garde d'un troupeau communal (L. 16 juill. 1837, art. 13). — V. Commune, no 814; Droit rural, nos 72 et s., 97 et s.; Forêts, nos 1488 et s., 1552, Usage forestier.

PATRIMOINE. — Mot qui exprime, soit l'ensemble des biens d'un individu, soit les biens qu'on tient de ses parents. On dit en ce sens qu'il est permis de chercher à augmenter son patrimoine, mais que c'est un devoir de le conserver (D., *De adopt.*). A l'égard de la séparation de patrimoines, V. Succession.

PATRON DE NAVIRE. — V. Droit marit., no 301; Louage d'ouvrage, no 84, Organ. marit.

PATRONAGE. — Se dit de l'autorité ou du pouvoir des patrons ou maîtres (V. Industrie, Possessions françaises). — A l'égard du patronage des détenus et libérés, V. Peine.

PATROUILLE. — V. Commune, nos 1305 et suiv., Douanes, no 60; Garde nation., nos 511 et suiv.; Organ. milit.

PATURAGE. — Droit de faire paître des bestiaux sur le fonds des particuliers, des communes ou des établissements publics. — V. Usage; V. aussi Bois et charbon, nos 14 et suiv.; Boucher, no 32; Commune, nos 365, 793 et suiv., 2076; Comp. admin., no 455; Contravention, nos 494 et s.; Droit rural, nos 50 et suiv., 87 et suiv.; Forêts, no 496.

PATURE VAINE. — V. Droit rural, nos 27 et suiv.; Usage.

PAUVRE-PAUPÉRISME. — V. Secours publics, Vagabondage-Mendicité; V. aussi Actes de l'état civil, no 435; Commune, no 83; Compét. admin., no 471; Contravention, no 35; Eaux minér., nos 11, 33 et suiv.; Econom. polit., no 21; Enregist., nos 4857 et suiv.; Hospices, nos 1 et suiv., 19 et s., 119 et s.; Louage, no 5; Mariage, nos 550 et s.; Peine, Respons., Théâtre.

PAVAGE. — V. Voirie; V. aussi Commune, no 464; Compét. admin., no 196.

PAVILLON. — Sorte de drapeau ou d'étendard qui se place sur un navire. — V. Droit marit., nos 72 et suiv., 518, 686, 912, 1503; Organ. marit., Prises maritimes.

PAYEMENT. — Délivrance de ce qui est dû ou accomplissement de ce à quoi on est obligé; c'est aussi la libération du débiteur. — V. Obligation; V. aussi Acquiescement, nos 282 et suiv., 346 et suiv., 430 et suiv., 441, 470 et suiv., 504, 866, 940, 949, 959; Action, no 180; Appel civil, nos 1098, 1212; Assur. terr., nos 178 et suiv., 228 et suiv., 245 et suiv., 335 et suiv.; Avoué, no 232; Banquier, nos 49, 99 et suiv.; Cautionnement, nos 132, 214, 239, 305 et suiv., 365 et suiv.; Caut. de fonctionn., nos 108 et suiv., 126; Chose jugée, nos 167-4°, 376 et suiv.; Commerç., nos 80, 94; Commune, no 131; Compét. commerc., nos 432, 465 et suiv.; Compte courant, nos 16, 133; Contr. par corps, nos 96 et suiv., 182, 1022 et suiv., 1062 et suiv.; Contrat de mar., nos 594, 659; Degré de jur., no 106; Demande nouv., nos 186, 231; Distrib. par contr., nos 81, 193;

Domicile élu, nos 58, 84 et suiv. ; Douanes, nos 94, 614, 853 et suiv.; Droit marit., nos 1376, 2055, 2190, 2201 ; Effets de commerce, Emigré, Enreg., Etabl. d'épargne, n° 149 ; Exprop. pub., nos 690 et suiv., 815 et suiv.; Faillite, Forêts, n° 976; Frais et dép., nos 10 et suiv., 52, 944, 1167 et suiv. ; Garde du commerce, n° 5 ; Halles, n° 34 ; Hospices, nos 167 et suiv., 367; Huissier, n° 361 ; Impôt, n° 30; Imp. dir., nos 422, 499 et suiv., 538 ; Jeu, nos 51 et suiv.; Louage, nos 308 et suiv., 438 et suiv., 612 et suiv., 703; Louage admin., n° 41 ; Mandat, n° 383-8°.

PAYEUR. — V. Trésor public ; V. aussi Cautionn. de fonct., nos 8, 13 et s.; Compét. com., nos 157 et s.; Expr. pub., n° 692.

PAYS ÉTRANGER. — V. Acte de l'état civil, nos 17, 169, 330, 344, 358, 368, 448 et s.; Agent diplom., nos 43, 80; Arbitrage, nos 392, 552, 1196 et s.; Banquier, nos 184 et s.; Brevet d'inv., nos 56, 77, 264 et s.; Cassation, nos 113 et s., 1427; Certificat de vie, nos 2, 11; Commissionnaire, n° 506; Compét. crim., nos 65, 72, 97, 106 et s., 142 ; Conflit, n° 17; Contr. par corps, n° 41; Degré de jur., nos 19 et s.; Disp. test., Domicile, nos 20, 39; Domicile élu, n° 104-3°; Droit civil, nos 433 et s., 481 et s.; Droit polit., n° 29 ; Effet de com., nos 876 et s.; Enreg., nos 3216 et s., 3241 et s., 5075; Etabl. d'épargne, nos 49 et s.; Exploit, nos 409 et s., 442, 448, 462 et s.; Faillite, n° 199 ; Faux, nos 46 et s.; Impôt ind., nos 57 et s., 72, 339; Industrie, nos 287, 312; Loi, nos 101 et s., 383 et s.; Loterie, nos 11 et s.; Patente, n° 118; Presse, Propriété littéraire.

PAYS RÉUNIS.—V. Droit civ., nos 107, 114, 122 et s., 590 ; V. aussi Caut. de fonct., nos 18, 21, 124 ; Compét. crim., n° 115; Dom. de l'Et., nos 67 et s., 111 et s., p. 93; Dom. eng., nos 24 et s., 27 et s.; Droit polit., nos 102 et s., Emigré, n° 17; Enreg., nos 30, 55, 3226 et s.; Loi, nos 146 et s.

PÉAGE.—Droit perçu pour le passage d'un chemin ou d'une rivière.—V. Voirie par terre et Voirie par eau; V. aussi Acte de com., n° 77; Action possess., n° 504; Agent diplom., n° 146; Commune, nos 507, 739 ; Compét. adm., nos 460 et s.; Concession, nos 15, 117; Dom. de l'Etat, n° 55; Eau, nos 3, 161, 166 et s.; Expropr. pub., nos 55-4°, 79 ; Halle, nos 11, 66 et s.; Huissier, n° 11-3°; Impôt, n° 30; Louage, n° 218; Louage adm., n° 21.

PÊCHE FLUVIALE.— **1**. On désigne ainsi l'ensemble des moyens à l'aide desquels on cherche à s'emparer du poisson d'eau douce.— On ne traitera ici que de l'exercice du droit de s'emparer des poissons dans les fleuves, rivières, ruisseaux ou étangs. — Quant au droit de pêche dans les eaux salées, V. Pêche maritime.

Division.

CHAP. 1. — Historique et législation.

2. Les Romains n'étaient pas moins passionnés pour la pêche que pour la chasse (Saint-Yon, p. 224). Ils avaient des esclaves pêcheurs, et des établissements de pêche qui s'étendaient au loin dans la mer (*prædia maritima*). Une ancienne coutume, dont la tradition nous a été transmise par Festus, atteste qu'à Rome, au mois de juin de chaque année, on célébrait au delà du Tibre des jeux appelés *ludi piscatorii*. L'auteur ajoute : *et æris piscatorii meminit quod in monte Albano dabatur pro piscibus.*

La pêche était également comptée, aussi bien que la chasse, parmi les plaisirs des rois de la seconde race. On lit dans les origines du président Fauchet (t. 2, ch. 13) qu'en l'année 834, Louis le débonnaire alla chasser aux Ardennes, et qu'après la pentecôte il vint chasser et pêcher dans la Moselle à Remiremont. Aussi les droits de pêche étaient-ils réputés régaliens : *Inter regalia numerantur piscationum reditus* (Saint-Yon, p. 224).—La chasse était défendue aux religieux, mais la pêche leur était permise (*ibid.*).

3. Dans l'antiquité, les cours d'eau appartenaient exclusivement aux peuples dont ils traversaient le territoire. Cet état de choses dura jusqu'à la conquête romaine. A mesure que les nations subissaient le joug des vainqueurs du monde, ceux-ci s'emparaient des villes, des campagnes, de toutes les rivières (Polybe *Excerpt. legat.* 142, V. Eaux, nos 8 et 9). Plus tard, on établit une distinction entre les cours d'eau permanents (*perennes aquæ*) et ceux qui cessaient de couler pendant l'été. Les premiers étaient du domaine public, les seconds appartenaient aux riverains (*flumina quædam publica sunt, quædam non. Publicum flumen esse Cassius definit, quod perenne sit.* Dig., lib. 43, tit. 13, l. 1, § 2, *De fluminibus*, etc.). Du reste on ne distinguait pas entre les cours d'eau navigables et ceux qui ne l'étaient pas. Les uns et les autres étaient publics, ainsi que leurs rives, et l'édit du préteur protégeait également les uns et les autres (*pertinet autem* (*interdictum*) *ad flumina publica, sive navigabilia sint, sive non sint* (Dig., lib. 43, tit. 13, l. 1 et § 2, *Ne quid in flumine publico*). Par suite, la pêche qui, au point de vue du droit naturel, est libre aussi bien que la chasse (V. Chasse, n° 3), n'était soumise à aucune entrave chez les Romains : *flumina autem et portus publica sunt, hoc est populi romani; quapropter jus piscendi omnibus commune est in fluminibus et portibus* (Instit., *De rerum divisione*, § 2). Ce principe a été appliqué à toutes le provinces de l'empire, et notamment en Gaule.

4. Les lois des barbares contiennent, à cet égard, quelques dispositions. On lit dans la loi salique : *Si quis de diversis venationibus aliquid aut furaverit aut celaverit*, MDCCC *dinariis qui faciunt solidos* XLV, *culpabilis judicetur. Quam legem de venationibus quam de piscationibus convenit observare* (*Lex salica emendata*, cap. 35, éd. Pardessus, p. 299). Cette disposition se trouve reproduite par la loi des ripuaires, tit. 42, cap. 1. — On trouve encore dans le ch. 29 une pénalité édictée contre celui qui aura volé dans un fleuve, des filets propres à prendre du poisson.

Remarquons toutefois que ces textes paraissent s'appliquer à la soustraction des animaux qui étaient déjà devenus une propriété privée; mais qu'il ne paraît pas qu'on dût, à cette époque, considérer comme un démembrement de la propriété le droit de s'emparer des poissons nageant dans les cours d'eau. Il semble donc que, dans les premiers temps de l'invasion Franque, on suivit les règles tracées par la loi romaine. Mais, plus tard, les rois barbares s'attribuèrent le droit exclusif de pêche dans toutes les rivières, ou tout au moins dans celles qui traversaient les terres de la couronne.— On voit en effet les rois disposer souvent de la pêche comme des autres choses de leur domaine. Aux nombreux exemples cités, v° Forêts, n° 2, nous ajouterons les suivants : Charlemagne donne en 780 à la cathédrale d'Utrecht, la rivière de Lecca (*Miræi opera diplomat.*, lib. 2, cap. 6, p. 245) ; Louis le Débonnaire donne aux religieux de Saint-Aubin une masure avec le droit d'avoir un pêcheur dans le cours d'eau qui la traversait (du Cange, Gloss., *v° Piscatores*); en 888 Eudes donne à l'abbaye de Saint-Denis un conduit d'eau, tant au-dessus qu'au-dessous de la rivière de Redon (Doublet, Antiquité de l'abbaye de Saint-Denis, 2, p. 810); plus tard, Charles le Chauve abandonne à la même abbaye le droit de pêche (*Forestam piscationum*), depuis Lisiny jusqu'à Taveaux, et le même droit (*Forestam aquæ*), depuis la Saure jusqu'à Chambrieu (*id.*, p. 803 et 806). D'autres concessions comprenaient non-seulement le droit de pêche, mais celui de navigation (*Jure perpetuo... cum piscationibus et portu navium.* Dom Bouquet, t. 9, p. 697). V. aussi

Du Cange, Gloss., v° *Foreste, Forestis.* Dans toutes les concessions qu'on rappelle ici, les droits de pêche et autres, étaient considérés comme un des attributs du pouvoir souverain, et les donations plus ou moins étendues étaient de véritables aliénations du domaine.

5. Toutefois, nous ne pensons pas que le droit exclusif de pêche ait été étendu, sous Charlemagne et ses successeurs, au delà des domaines administrés au profit de la couronne. — Bien que le mot *foresta* désignât alors la pêche aussi bien que la chasse, et qu'il fût défendu d'établir aucune *foresta* nouvelle *sine jussione regis*, nous croyons que les passages des capitulaires cités v° Forêts, n°s 2 et 21 à 26, s'appliquent exclusivement à la chasse. Il en est autrement du capitulaire intitulé *De forestibus dominicis* où le prince recommande à ses officiers : *ut bene defendant forestas; simul et custodiant bestias et pisces.* Il s'agit ici de la garde des rivières dans les domaines du roi. Mais, comme ces domaines comprenaient une étendue considérable qui équivalait peut-être au quart de la France, les règles consacrées par les capitulaires pour l'administration des *villæ* et des *forestæ regiæ* servirent tout au moins d'exemple aux bénéficiers ou seigneurs laïques et ecclésiastiques pour régir le reste du territoire (Sismondi, Hist. des Français, t. 2, p. 277).

Dans tous les cas, il est certain que, sous les rois de la seconde race, les grands chemins et les *rivières* étaient placées sous la juridiction des comtes, vicaires et centeniers qui étaient tout à la fois chargés de leur administration et de la répression des délits (*lex salica emendata*, tit. 29, *De furtis diversis*, art. 31 et 32, éd. Pardessus, p. 295; capitul., éd. Chiniac, t. 2, col. 338). — V. aussi Eaux, n° 10.

6. Sous les rois de la troisième race, les bénéfices, qui étaient auparavant amovibles et viagers, devinrent patrimoniaux et héréditaires. Ce fut une des conditions imposées par les seigneurs féodaux à Huges Capet. Ainsi fut consacré, en droit, un état de choses qui existait en fait depuis près d'un siècle (V. Eaux, n°s 10 et 11, et M. Guizot, Cours d'histoire, t. 2, p. 436 et 437, t. 4, p. 381). Alors « s'établit la maxime en vertu de laquelle le seigneur féodal avait, soit en domaine, soit en directe, la propriété universelle et privée de sa circonscription censuelle, d'une manière aussi absolue que le haut justicier possédait la seigneurie publique de chaque arrondissement de justice » (M. Rives, de la Propriété du cours et du lit des rivières, p. 32). La pêche devint l'un des attributs de la souveraineté féodale. Il en était ainsi du temps de saint Louis dont les établissements se réfèrent à un état de choses déjà ancien. « Si un gentilhomme avait eau courante dans sa terre, et qu'il voulût y défendre la pêche, il ne le pourrait sans le consentement du baron et la châtellenie duquel il se trouve, et sans celui du vavasseur » (chap. 127, trad. de l'abbé de Saint-Martin).—V. aussi Championnière, n° 357.

7. Aucune distinction n'était admise, quant à la propriété du seigneur et au droit de pêche qui s'y rattache, entre les rivières navigables et celles qui ne l'étaient pas (V. les autorités citées par M. Rives, p. 35 et suiv.). Jusqu'au milieu du quinzième siècle, le droit public consacrait très-explicitement la propriété des hauts justiciers sur les rivières publiques de leur circonscription, sans que, toutefois, la royauté eût complétement perdu le domaine direct de ces rivières (M. Rives, p. 37 et suiv.). Il faut d'ailleurs remarquer que l'on chercherait vainement à cette époque une législation unique et uniforme dans son application. Ce qu'il y a de certain, c'est que les efforts du pouvoir royal tendirent constamment, depuis Philippe le Hardi jusqu'à Louis XIV, à reconquérir les droits d'administration, de police et de pêche, dans les rivières navigables, tout en conservant les mêmes avantages aux seigneurs soit comme droits féodaux, soit comme inhérents à la propriété. C'est ce qu'on remarquera dans les actes que nous allons analyser.

Le premier édit sur la police de la pêche est émané de Philippe le Hardi. Ce prince qui avait déjà réglementé les usages dans les bois et forêts par son ord. de 1280, prit à l'égard de la pêche certaines dispositions qui ont été souvent reproduites par des ordonnances postérieures (ord. sur les pêcheurs et manière de pescher, en toutes rivières, du mois d'août 1291). Ces règles sont relatives à la maille des filets, aux dimensions des poissons, à l'usage de certains engins et filets; et le préambule indique qu'elles s'appliquent à « toutes les rivières grandes ou petites. » — Ces interdictions ont été confirmées et étendues par les ord. de 1302, 1326, 1356, 1388, 1402, 1453, 1467, 1476 et 1515. L'art. 89 de ce dernier acte est remarquable. Il y est dit : « comme les fleuves et rivières grandes et petites de notre royaume, par malice et par engins pourpensez des pescheurs, soient aujourd'hui comme sans fruict, et par eux soient les poissons empeschez à croistre leur droit estat..., laquelle chose tourne en grand dommage, tant des riches comme des pauvres de nostre royaume, et à nous appartient de nostre droit royal curer et penser du bon estat et profit commun de nostre royaume; il nous plaist, etc... » (suivent certaines dispositions de police comprises sous les art. 89, 90, 91 et 92; V. Rousseau de Bazoche, p. 104 et suiv.). Cette ordonnance éprouva, lors de son enregistrement, une vive opposition de la part des parlements et elle ne fut insérée dans les actes des parlements de Paris et de Rouen qu'en vertu de lettres de jussion, *de mandato et precepto regis reiteratis vicibus facto.* La matière fut encore réglementée par des ordonnances rendues en 1517, 1543 (V. Eaux, n° 12), 1544, 1563 et 1597. L'esprit de ces documents législatifs se reflète dans des instructions anciennes sur le fait des eaux et forêts que Saint-Yon a publiées dans son recueil de 1610, p. 240 et suiv. On y lit en termes exprès que : « nulle personne quelconque, soit noble d'église, ne autre, ne doit user ne pescher en son deffaiz (étang ou lieu réservé mais communiquant à un cours d'eau) et en quelque part et temps que ce soit à engin de non maille (c'est-à-dire ayant une maille plus petite que celle prescrite par les ordonnances), et s'ils le font et en sont reprins, lesdits nobles feront amende de leurs meubles, pour ce qu'ils sont gardez de justice, et les autres soient d'église ou coutumiers, s'ils en sont reprins, feront amende arbitraire. » — Il résulte de tous ces monuments, que la conservation et la reproduction du poisson a été depuis très-longtemps en France considérée comme étant d'ordre public et que les règlements sur la matière comprenaient tous les cours d'eau quel que fût le régime sous lequel ils étaient placés. L'ord. de 1669, sur les eaux et forêts, reproduisit et développa cette pensée. Effaçant tous les règlements antérieurs, elle réglementa minutieusement la police de la pêche fluviale et établit une juridiction spéciale qui fut la même que celle des juges forestiers. La reproduction intégrale de cette partie de l'ord. de 1669, qu'on trouvera plus bas, nous dispense d'entrer à cet égard dans de plus longues explications. Nous avons du reste parlé de cette ordonnance au point de vue qui nous occupe, v° Eaux, n°s 13 et 14.

8. Mais quelqu'étendu que fût ce droit de police, il n'en résultait pas moins que, pour les petites rivières, les seigneurs avaient la propriété et par conséquent la pêche de ces cours d'eau (V. Eaux n°s 13 et 14). L'état de choses créé par la féodalité, et conservé par l'ord. de 1669, produisit, jusqu'à la révolution, des effets désastreux pour l'agriculture. Les seigneurs dispensés de l'obligation du curage, qui ne pouvait être imposée aux riverains, abandonnèrent les cours d'eau à eux-mêmes. De là des déplacements fréquents du lit des rivières, des dépôts de vase, de sable, de gravier et de tout ce qui est la conséquence de l'absence d'un régime des eaux auquel il ne fut pourvu que par la loi du 14 flor. an 11.—V. Eaux, n° 107. V. aussi v°s Propriété, Propriété féod.

9. Néanmoins, les droits de pêche qui existaient avant la révolution de 1789 n'avaient pas tous une origine féodale. L'ord. de 1669 (tit. 27, art. 41) reconnaissait que des particuliers pouvaient avoir acquis ces droits par titres et possessions valables. Ces acquisitions avaient même porté sur des parties de quelques rivières navigables et flottables. Leur validité avait même été reconnue par l'édit d'avril 1683 (V. Eaux, p. 318 et 319); ce qui n'empêcha pas que par trois décrets d'ordre du jour des 6, 30 juill. et 28 nov. 1793 (V. p. 442), la convention maintint l'abolition de tous les droits exclusifs de pêche, quelle qu'en fût l'origine, en décidant que ces droits avaient disparu avec la féodalité.

10. Les lois des 4 août 1789, 15 mars 1790 et 13 avril 1791 ont enlevé aux seigneurs l'exercice du droit de pêche dans les petits cours d'eau, et ce droit fut, aux termes de l'avis du conseil d'État des 27-30 pluv. an 13, conféré aux riverains à l'exclusion des communes. — Un décret du 8 frim. an 2 avait accordé à tout le monde l'exercice du droit de pêche. Un arrêté du 28 mess. an 6 remit en vigueur onze articles du titre 31 de l'ordonnance de 1669. Enfin, la loi du 14 flor. an 10 restitua au domaine la pêche dans les rivières navigables.

11. Les autres lois sur la pêche fluviale sont rapportées dans le tableau ci-après. Nous remarquerons, entre toutes, celle du 15 avril 1829, qui a fait de nombreux emprunts à l'ordonnance de 1669. Malgré les longues discussions auxquelles elle a donné lieu devant les chambres législatives (et peut-être à cause de ces discussions), on a dit, avec raison, que cette loi avait réglementé la matière avec moins de bonheur que ne l'avait fait le code forestier quant aux objets qui lui sont propres. La loi sur la pêche a cependant fait beaucoup d'emprunts à la loi forestière et en a reproduit textuellement plusieurs dispositions. Mais elle contient des lacunes que nous signalons dans le cours de ce travail, et qui laissent trop de facilité pour éluder les prescriptions relatives à la conservation et à la reproduction du poisson d'eau douce.

La loi du 15 avril 1829 est seulement relative à la pêche fluviale, à sa police et à sa conservation; elle n'a apporté aucun changement à la législation antérieure sur la propriété, soit des fleuves et des rivières navigables ou flottables, soit de leurs accessoires et dépendances, soit de tous les autres cours d'eau. Toute question de propriété à l'égard de l'Etat, ainsi que dans l'intérêt des communes et des particuliers reste donc soumise aux principes de l'ancienne législation, que les tribunaux ordinaires ont seuls qualité pour appliquer; la loi de 1829, n'a pas créé un droit nouveau, elle a eu seulement pour but de déterminer et de régler l'exercice de la pêche fluviale (M. Favard, rapport à la chambre des députés).

12. Nous devons dire quelques mots d'une découverte nouvelle qui, mieux que la loi du 15 avr. 1829, semble destinée à procurer la régénération du poisson d'eau douce. — Quelle que soit la prodigieuse fécondité des poissons (une carpe d'un kilogramme contient jusqu'à 167,000 œufs), les lois naturelles qui gouvernent la reproduction de ces individus sont fréquemment contrariées par des causes diverses. Ainsi la fécondation des œufs est souvent incomplète; une très-petite quantité arrive à maturité; l'éclosion se fait dans de mauvaises conditions et des causes infinies de destruction atteignent les jeunes individus aussitôt après leur naissance.— Un simple pêcheur, Joseph Remy, habitant la commune de la Bresse, située dans une vallée du département des Vosges, eut l'idée de faire disparaître les obstacles qui s'opposent à la fécondation des poissons et à la conservation des jeunes sujets. Il eut recours à une fécondation pour ainsi dire artificielle, et, après de longues études sur les mœurs et les habitudes des femelles au temps du frai, il finit par surprendre un des secrets de la nature. Il trouva le moyen de faire sortir tous les œufs mûrs du ventre des femelles et de les mélanger convenablement avec la liqueur fécondante des mâles, de telle sorte qu'il obtint ainsi, dans un vase clos, de jeunes poissons qui, placés plus tard dans des conditions favorables, ont grandi et prospéré comme ils l'eussent fait dans l'état naturel.

La réalité de cette importante découverte ayant été constatée par les corps savants, le gouvernement a fait faire des expériences en grand. Un vaste établissement a été créé à Huningue, sous la direction d'un ingénieur des ponts et chaussées, et il a déjà donné des produits importants. La science nouvelle de la *pisciculture* a été ainsi créée, et tout fait espérer que, dans quelques années, les jeunes poissons des meilleures espèces, jetés par milliers dans les cours d'eau convenables, à un âge où ils peuvent plus facilement échapper aux causes de destruction, régénéreront nos rivières, desquelles le poisson tend à disparaître chaque jour.

TABLEAU DES LOIS, DÉCRETS, ORDONNANCES, ETC., SUR LA PÊCHE FLUVIALE.

Août 1669. — Extrait de l'ordonnance des eaux et forêts rendue à Saint-Germain en Laye.

TIT. 31. — *De la pêche.*

Art. 1. Défendons à toutes personnes autres que maîtres pêcheurs reçus ès siéges des maîtrises par les maîtres particuliers ou leurs lieutenants, de pêcher sur les fleuves et rivières navigables, à peine de 50 liv. d'amende, et de confiscation du poisson, filets et autres instruments de pêche pour la première fois, et pour la seconde, de 100 liv. d'amende, outre pareille confiscation, même de punition plus sévère, s'il y échet.

2. Nul ne pourra être reçu maître pêcheur qu'il n'ait au moins l'âge de vingt ans.

3. Les maîtres pêcheurs de chacune ville ou port, où ils seront au nombre de huit et au-dessus, éliront tous les ans aux assises qui se tiendront par les maîtres particuliers, ou leurs lieutenants, un maître de communauté, qui aura l'œil sur eux, et avertira les officiers des maîtrises des abus qu'ils commettront; et aux lieux où il y en aura moins que huit, ils convoqueront ceux des deux ou trois plus prochains ports ou villes, pour tous ensemble en nommer un d'entre eux qui fera la même charge; le tout sans frais et sans exaction de deniers, présents ou festins, à peine de punition exemplaire et d'amende arbitraire.

4. Défendons à tous pêcheurs de pêcher aux jours de dimanche et de fête, sous peine de 40 liv. d'amende; et pour cet effet, leur enjoignons expressément d'apporter tous les samedis et veilles de fêtes, incontinent après le soleil couché, au logis du maître de communauté tous leurs engins et harnois, lesquels ne leur seront rendus que le lendemain du dimanche ou fête après le soleil levé, à peine de 50 liv. d'amende, et interdiction de la pêche pour un an.

5. Leur défendons pareillement de pêcher en quelques jours et saisons que ce puisse être, à autres heures que depuis le lever du soleil jusqu'à son coucher, sinon aux arches des ponts, aux moulins et aux gords où se rendent des dideaux, auxquels lieux ils pourront pêcher, tant de nuit que de jour, pourvu que ce ne soit à jour de dimanche ou fête, ou autres défendus.

6. Les pêcheurs ne pourront pêcher durant le temps de fraie; savoir, aux rivières où la truite abonde sur tous les autres poissons, depuis le 1er février jusqu'à la mi-mars; et aux autres, depuis le 1er avril jusqu'au 1er juin, à peine pour la première fois de 20 liv. d'amende et d'un mois de prison, et du double de l'amende et de deux mois de prison pour la seconde, et du carcan, fouet et bannissement du ressort de la maîtrise pendant cinq années pour la troisième.

7. Exceptons toutefois de la prohibition contenue en l'article, la pêche aux saumons, aloses et lamproies, qui sera continuée en la manière accoutumée.

8. Ne pourront aussi mettre bires ou nasses d'osier à bout des dideaux pendant le temps de fraie, à peine de 20 liv. d'amende et de confiscation du harnois pour la première fois, et d'être privés de la pêche pendant un an pour la seconde.

9. Leur permettons néanmoins d'y mettre des chausses ou sacs du moule de 18 lignes en carré, et non autrement, sur les mêmes peines; mais après le temps de fraie passé, ils y pourront mettre des bires ou nasses d'osier à jour, dont les verges seront éloignées les unes des autres de 12 lignes au moins.

10. Faisons très-expresses défenses aux maîtres pêcheurs de se servir d'aucuns engins et harnois prohibés par les anciennes ordonnances sur le fait de la pêche, et en outre de ceux appelés giles, tramail, furet, épervier, chaslon et sabre, dont elles ne font point de mention, et tous autres qui pourraient être inventés au dépeuplement des rivières, comme aussi d'aller au barandage, et mettre des bacs en rivières, à peine de 100 livres d'amende pour la première fois, et de punition corporelle pour la seconde.

11. Leur défendons en outre de bouiller avec bouilles et rabots, tant sous les chevrins, racines, saules, osiers, terriers et arches qu'en autres lieux, ou de mettre lignes avec échets et amorces vives; ensemble de porter chaînes et clairons en leurs batelets, et d'aller à la fare, ou de pêcher dans les noues avec filets et d'y bouiller pour prendre le poisson et le frai qui a pu y être porté par le débordement des rivières, sous quelque prétexte, en quelque temps et manière que ce soit, à peine de 50 liv. d'amende contre les contrevenants et d'être bannis des rivières pour trois ans, et de 300 liv. contre les maîtres particuliers ou leurs lieutenants qui en auront donné la permission.

12. Les pêcheurs rejetteront en rivière les truites, carpes, barbeaux, brèmes et mouniers qu'ils auront pris, ayant moins de 6 pouces entre l'œil et la queue, et les tanches, perches et gardons qui en auront moins de 5, à peine de 100 liv. d'amende et confiscation contre les pêcheurs et marchands qui en auront vendu ou acheté.

13. Voulons qu'il y ait en chacune maîtrise un coin dans lequel l'écusson de nos armes sera gravé, et autour le nom de la maîtrise, duquel on se servira pour sceller en plomb les harnois ou engins des pêcheurs, qui ne pourront s'en servir que le sceau n'y soit apposé, à peine de confiscation et de 20 liv. d'amende; et sera fait registre des harnois qui auront été marqués, ensemble du jour, et du nom du pêcheur qui les aura fait marquer, sans que pour ce nos officiers puissent prendre aucuns salaires.

14. Défendons à toutes personnes de jeter dans les rivières aucune chaux, noix vomique, coque de Levant, mommie et autres drogues ou appâts, à peine de punition corporelle.

15. Faisons inhibitions à tous mariniers, contre-maîtres, gouverneurs et autres compagnons de rivière, conduisant leurs nefs, bateaux, besognes, marnois, flettes ou nacelles, d'avoir aucuns engins à pêcher, soit de ceux permis ou défendus tant par les anciennes ordonnances que par les présentes, à peine de 100 liv. d'amende et de confiscation des engins.

16. Ordonnons que toutes les épaves qui seront pêchées sur les fleuves et rivières navigables soient garrées sur terre, et que les pêcheurs en donnent avis aux sergents et gardes-pêche, qui seront tenus d'en dresser procès-verbal, et de les donner en garde à des personnes solvables qui s'en chargeront, dont notre procureur prendra communication au greffe, aussitôt qu'il y aura été porté par le sergent ou garde-pêche, et en fera faire lecture à la première audience; sur quoi le maître ou son lieutenant ordonnera que si dans un mois les épaves ne sont demandées et réclamées, elles seront vendues à notre profit, au plus offrant et dernier enchérisseur, et les deniers en provenant mis ès mains de nos receveurs, sauf à les dé-

livrer à celui qui les réclamera un mois après la vente, s'il est ainsi ordonné en connaissance de cause.

17. Défendons de prendre et enlever les épaves sans la permission des officiers de nos maîtrises, après la reconnaissance qui en aura été faite et qu'ils aient été adjugés à celui qui les réclame.

18. Faisons défenses à toutes personnes d'aller sur les mares, étangs et fossés, lorsqu'ils seront glacés, pour en rompre la glace et y faire deux trous, ni d'y porter flambeaux, brandons et autres feux, à peine d'être punis comme de vol.

19. Les ecclésiastiques, seigneurs, gentilshommes et communautés qui ont droit de pêche dans les rivières, seront tenus d'observer et faire observer le présent règlement par leurs domestiques et pêcheurs, auxquels ils auront affermé le droit, à peine de privation de leur droit.

20. Leur enjoignons de donner pareillement par déclaration à nos procureurs ès maîtrises, les noms, surnoms et demeures des pêcheurs auxquels ils auront fait bail de leur pêche, laquelle déclaration sera registrée au greffe de la maîtrise où les pêcheurs seront tenus de prêter le serment, et d'élire annuellement par-devant les maîtres particuliers ou leurs lieutenants, tenant leurs assises, des maîtres de communauté, ainsi que les pêcheurs de nos eaux, pour être par eux gardé et observé pareil ordre que par les pêcheurs de nos maîtrises.

21. Pour le rempoissonnement de nos étangs, le carpeau aura 6 pouces au moins, la tanche 5 et la perche 4, et à l'égard du brocheton, il sera de tel échantillon que l'adjudicataire voudra; mais il ne se jettera aux étangs, mares et fossés qu'un an après leur empoissonnement; ce qui sera observé pour les étangs, mares et fossés des ecclésiastiques et communautés, de même que pour les nôtres; enjoignons aux officiers des maîtrises d'y tenir la main, sans pouvoir prétendre aucuns frais ni droits, à peine de concussion.

22. Tous les maîtres pêcheurs de nos rivières, et ceux des particuliers qui ont droit de pêche sur les fleuves et rivières navigables, répondront pour les délits qu'ils y commettront, par-devant les officiers des maîtrises, et non par-devant les juges des seigneurs, auxquels en interdisons la connaissance, et seront condamnés suivant la rigueur de nos ordonnances.

23. Seront commis en chacune maîtrise des sergents pour la conservation des eaux et pêches, en nombre suffisant, avec gages et suivant le règlement qui en sera fait en notre conseil, par l'avis des grands maîtres, pour être journellement sur les fleuves et rivières, veiller sur les pêcheurs à ce qu'ils ne contreviennent aux ordonnances, et en cas de contravention, saisiront les engins, et les enverront avec leurs procès-verbaux au greffe de la maîtrise, même assigneront au premier jour les délinquants pour y répondre.

24. Permettons aux maîtres, lieutenants et nos procureurs de visiter les rivières, bannetons, boutiques et étuis des pêcheurs; et s'ils y trouvent du poisson qui ne soit pas de la longueur et échantillon ci-dessus prescrite, ils feront procès-verbal de la qualité et quantité qu'ils en auront trouvée, et assigneront les pêcheurs pour répondre du délit, le tout sans frais.

25. Si les officiers des maîtrises trouvent des engins et harnois défendus, ils les feront brûler à l'issue de leur audience, au devant de la porte de leur auditoire, et condamneront les pêcheurs sur qui ils auront été saisis, aux peines ci-devant déclarées, sans les pouvoir modérer, à peine de suspension de leurs charges pour un an.

26. Toutes les amendes jugées pour raison des rivières navigables et flottables et pour toutes nos eaux, seront reçues à notre profit par le sergent collecteur des amendes dans chacune maîtrise ou département, pour lesquelles il en sera usé comme pour celles de nos forêts, et ce qui nous en reviendra sera payé ès mains du receveur, et par lui au receveur général, comme les autres deniers de sa charge.

24 août 1773. — Déclaration du roi qui fixe depuis le 15 décembre jusqu'au 1er février, le temps pendant lequel il est défendu de pêcher dans certaines rivières qui se rendent dans la Manche et où la truite abonde (Baudrillart, Règlements forestiers, t. 1, p. 445).

7 sept. 1790. — Décret qui défère aux tribunaux l'exécution des règlements concernant la police de la pêche (art. 7).—V. Organ. admin.

6-6 juill. 1793.—Décret relatif à l'abolition du droit exclusif de la pêche.

La convention nationale, après avoir entendu son comité de législation sur la pétition du citoyen Cabaret, de la commune d'Orval, département de la Manche, du 8 du mois dernier, tendant à faire décréter l'abolition du droit exclusif de pêche prétendu par des ci-devant seigneurs, et la permission à chacun de pêcher le long de ses héritages, passe à l'ordre du jour motivé sur les art. 2 et 5 du décret du 25 août dernier; le premier portant que toute propriété foncière est réputée franche et libre de tous droits, tant féodaux que censuels, si ceux qui les réclament ne prouvent le contraire dans la forme qui sera prescrite ci-après; l'autre, que généralement tous les droits seigneuriaux, tant féodaux que censuels, conservés ou déclarés rachetables par les lois antérieures, quelles que soient leur nature et leur dénomination, même ceux qui pourraient avoir été omis dans lesdites lois ou dans le présent décret, ainsi que tous les abonnements, pensions et prestations quelconques qui les représentent, sont abolis sans indemnité à moins qu'ils ne soient justifiés avoir pour cause une concession primitive de fonds, laquelle clause ne pourra être établie qu'autant qu'elle se trouvera clairement énoncée dans l'acte primordial d'inféodation, d'acensement ou de bail à cens, qui devra être rapporté.

30-30 juill. 1793.—Décret relatif à l'abolition des droits exclusifs de pêche et de chasse.

La convention nationale, après avoir entendu la lecture d'une délibération prise par l'administration du département de la Charente, le 20 de ce mois, qui réfère à la convention nationale la question de savoir si le droit de pêche est compris dans l'abolition générale des droits féodaux, et sur la proposition d'un membre, passe à l'ordre du jour, motivé sur ce que les droits exclusifs de pêche et de chasse étaient des droits féodaux abolis par les décrets précédents comme tous les autres.

8 frim. an 2 (28 nov. 1793). — Décret qui, sur la pétition de plusieurs riverains de la Seine demandant la suppression du privilége exclusif de la pêche, passe à l'ordre jour motivé sur les décrets des 6 et 30 juillet précédents.

28 mess. an 6 (16 juill. 1798).—Arrêté du directoire exécutif concernant la police du droit de pêche.

Le directoire exécutif, sur le compte qui lui a été rendu par le ministre de la justice, que, dans quelques-uns des départements réunis, aucune règle de police n'est observée relativement au droit de pêche; que la faculté qu'ont tous les citoyens de pêcher dans les rivières navigables et flottables sert même de prétexte pour occasionner des dégâts dans les propriétés d'autrui, et pour commettre toutes sortes de délits, et que certains tribunaux correctionnels de ces départements se croient sans moyens pour réprimer de pareils désordres, faute de lois à ce sujet; — Vu: 1° les art. 5, 6, 7, 8, 9, 10, 11, 12, 14, 17 et 18, tit. 31, de l'ordonnance des eaux et forêts de 1669, qui contiennent diverses dispositions propres à régler l'exercice du droit de pêche, de manière qu'il ne dégénère pas en un abus nuisible; — 2° L'art. 609 du code des délits et des peines, qui veut qu'en attendant que les dispositions de l'ordonnance de 1669 aient pu être révisées, les tribunaux correctionnels appliquent aux délits qui sont de leur compétence les peines qu'elle prononce; — 3° Et l'art. 14 de la loi du 12 vend. an 4, portant que le directoire exécutif et chaque administration départementale ou municipale ou de bureau central, pourront, par délibération spéciale, ordonner la réimpression, l'affiche et la publication des lois anciennes ou récentes;

Considérant que la suppression du droit exclusif de la pêche, en donnant à chacun la faculté de pêcher dans les rivières navigables et flottables, n'entraîne point l'abrogation des règles établies pour la conservation des différentes sortes de poissons, et pour le maintien de l'ordre et le respect des propriétés; qu'ainsi les articles ci-dessus cités du tit. 31 de l'ordonnance de 1669 doivent continuer d'avoir leur exécution; — Considérant que le défaut de promulgation de ces articles dans les départements réunis ne peut pas dispenser les tribunaux de ces départements d'appliquer les peines qu'ils prononcent, puisque la promulgation du code des délits et des peines, dont l'art. 609 impose aux tribunaux l'obligation d'appliquer les peines qui sont établies par l'ordonnance de 1669, suffit pour rendre les dispositions pénales de cette ordonnance obligatoires dans les pays même où elle n'a pas été spécialement publiée, ainsi que le tribunal de cassation l'a jugé plusieurs fois, notamment le 7 vendémiaire dernier, en cassant un jugement rendu par le tribunal criminel du département des Vosges, le 20 prairial précédent, qui avait admis le principe contraire; qu'en conséquence le code des délits et des peines ayant été promulgué dans les départements réunis, les tribunaux de ces départements ne doivent pas hésiter à appliquer, lorsqu'il y a lieu, les peines que prononcent les articles ci-dessus cités du tit. 31 de l'ordonnance de 1669; — Considérant, néanmoins, qu'il est utile de publier ces articles dans les départements réunis; — Arrête ce qui suit:

Art. 1. Les articles 5 jusqu'à ces mots, *pourvu que ce ne soit*, etc.; 6 jusqu'aux mots, *et du carcan*, etc.; 7, 8, 9, 10, 11, 12, 14, 17 et 18 du tit. 31 de l'ordonnance des eaux et forêts de 1669, relatifs à la police de la pêche, continueront d'être exécutés; en conséquence, et conformément à l'art. 609 du code des délits et des peines, les tribunaux correctionnels appliqueront à ceux qui contreviendront aux dispositions de ces articles les peines qu'ils prononcent, jusqu'à ce qu'il en soit autrement ordonné par le corps législatif.

2. Les articles ci-dessus cités du tit. 31 de l'ordonnance de 1669 seront réimprimés, affichés et publiés dans toute l'étendue des neuf départements réunis.

3. Le ministre de la justice est chargé de l'exécution du présent arrêté qui sera inséré au Bulletin des lois, ainsi que les articles précités (*Suivent les articles précités*).

14 flor. an 10 (4 mai 1802) — Loi (Extrait).

TIT. 5. — *Administration forestière.* — De la pêche.

Art. 12. A compter du 1er vendémiaire prochain, nul ne pourra pêcher dans les fleuves et rivières navigables, s'il n'est muni d'une licence ou s'il n'est adjudicataire de la ferme de la pêche, conformément aux articles suivants.

13. Le gouvernement déterminera les parties des fleuves et rivières où il jugera la pêche susceptible d'être mise en ferme, et il réglera pour les autres les conditions auxquelles seront assujettis les citoyens qui voudront y pêcher moyennant une licence.

14. Tout individu qui, n'étant ni fermier de la pêche, ni pourvu de licence, pêchera dans les fleuves et rivières navigables, autrement qu'à la ligne flottante et à la main, sera condamné: — 1° A une amende qui ne pourra être moindre de 50 fr., ni excéder 200 fr.; — 2° A la confiscation des filets et engins de pêche; — 3° A des dommages-intérêts envers le fermier de la pêche, d'une somme pareille à l'amende. — L'amende sera double en cas de récidive.

15. Les délits seront poursuivis et punis de la même manière que les délits forestiers.

16. Les gords, barrages et autres établissements fixes de pêche, construits ou à construire, seront pareillement affermés, après qu'il aura été reconnu qu'ils ne nuisent point à la navigation, qu'ils ne peuvent produire

aucun atterrissement dangereux, et que les propriétés riveraines n'en peuvent souffrir de dommage.

17. La police, la surveillance et la conservation de la pêche seront exercées par les agents et préposés de l'administration forestière, en se conformant aux dispositions prescrites pour constater les délits forestiers.

18. Les fermiers de la pêche pourront établir des gardes-pêche, à la charge d'obtenir l'approbation du conservateur des forêts, et de les faire recevoir comme les gardes forestiers.

17 niv. an 12 (8 janv. 1804). — Arrêté relatif à la pêche sur les fleuves et rivières navigables.

Art. 1. L'art. 14 du titre 5 de la loi du 14 flor. an 10 sera exécuté selon sa forme et teneur : en conséquence, tout individu autre que les fermiers de la pêche ou le pourvu de licence, ne pourra pêcher sur les fleuves et rivières navigables qu'à la ligne flottante, tenue à la main.

11 therm. an 12 (30 juill. 1804). — Avis du conseil d'État relatif au droit de pêche dans les rivières navigables.

Le conseil d'État, après avoir entendu le rapport de la section des finances, sur le renvoi qui lui a été fait par sa majesté l'empereur, d'un projet de décret dont l'objet principal est de maintenir provisoirement les possesseurs de droit de pêche dans les fleuves et rivières navigables, dont les titres sont antérieurs à l'édit de 1566. — Est d'avis : — Qu'on ne peut adopter le projet, attendu : 1° que la convention nationale ayant, par son décret du 30 juill. 1793, rangé les droits exclusifs de pêche et de chasse dans la classe des droits féodaux supprimés sans indemnité, le droit de pêche s'est trouvé irrévocablement anéanti dans la main de ceux qui en jouissaient, soit patrimonialement, soit à titre d'engagiste ou d'échangistes ; 2° que le rétablissement du droit exclusif de pêche dans les fleuves et rivières navigables, ordonné en faveur de l'État, par le titre 5 de la loi du 14 flor. an 10, n'a apporté, à l'égard des particuliers, aucun changement dans la législation établie par le décret du 30 juill. 1793.

27 et 30 pluv. an 13 (16 et 19 fév. 1805.) — Avis du conseil d'État relatif au droit de pêche des rivières non navigables.

Le conseil d'État, qui, d'après le renvoi de Sa Majesté, a entendu le rapport de la section de l'intérieur sur celui du ministre de ce département, relatif à la question de savoir à qui des propriétaires riverains ou des communes appartient la pêche des rivières non navigables ;— Considérant : 1° que la pêche des rivières non navigables faisait partie des droits féodaux, puisqu'elle était réservée, en France, soit au seigneur haut justicier, soit au seigneur du fief ; — 2° Que l'abolition de la féodalité a été faite, non au profit des communes, mais bien au profit des vassaux, qui sont devenus libres dans leurs personnes et dans leurs propriétés.— 3° Que les propriétaires riverains sont exposés à tous les inconvénients attachés au voisinage des rivières non navigables (dont les lois d'ailleurs n'ont pas réservé des avant-bords destinés aux usages publics) ; que les lois et arrêtés du gouvernement les assujettissent à la dépense du curage et à l'entretien de ces rivières, et que, dans les principes de l'équité naturelle, celui qui supporte les charges doit aussi jouir des bénéfices ;— 4° Enfin que le droit de pêche des rivières non navigables accordé aux communes serait une servitude pour les propriétés des particuliers, et que cette servitude n'existe point, aux termes du code civil ;— Est d'avis que la pêche des rivières non navigables ne peut, dans aucun cas, appartenir aux communes ; que les propriétaires riverains doivent en jouir, sans pouvoir cependant exercer ce droit qu'en se conformant aux lois générales ou règlements locaux concernant la pêche, ni le conserver lorsque par la suite une rivière aujourd'hui réputée non navigable deviendra navigable ; et qu'en conséquence tous les actes de l'autorité administrative qui auraient mis des communes en possession de ce droit doivent être déclarés nuls.

23 déc. 1810. — Décret qui attribue à l'administration des ponts et chaussées, la mise en ferme des canaux, et les produits des francs-bords et des plantations qui appartiennent à l'État.

Art. 1. La mise en ferme de la pêche dans les canaux et les produits des francs-bords, et des plantations qui appartiennent à l'État, seront exercés par l'administration des ponts et chaussées.

2. Les fonds en provenant seront versés au trésor public par l'intermédiaire des droits réunis et feront partie des fonds généraux.

19 oct. 1811.— Avis du conseil d'État relatif à un échange proposé pour la commune de Condé-sur-Iton, département de l'Eure.

Le conseil d'État, qui, d'après le renvoi ordonné par sa majesté, a entendu le rapport de la section de l'intérieur sur celui du ministre de ce département, tendant à faire approuver l'acquisition à titre d'échange, par la commune de Condé-sur-Iton, département de l'Eure, d'une maison pour servir de presbytère ; — A la charge par la commune de céder, en contre-échange : 1° des biens communaux ; 2° le droit de pêche dans la rivière d'Iton, le long du terrain communal appelé les prés Morins : le tout estimé 2,200 fr. ;— Considérant que le droit de pêche appartenant à la commune sur la rivière d'Iton résulte pour elle de la propriété des terrains communaux, et en est une dépendance indivisible ; — Qu'elle ne peut aliéner à perpétuité ce droit exclusif de pêche, en conservant la propriété du terrain d'où ce droit découle ;—Est d'avis :— 1° Qu'il n'y a pas lieu à autoriser ledit échange ; — 2° Et que le présent avis soit inséré au Bulletin des lois.

21 janv. 1812.— Décret sur la police de la pêche de la Loire.

21 fév. 1822.— Avis du conseil d'État touchant le droit de pêche dans les rivières flottables.

Le conseil d'État, sur le renvoi qui lui a été fait par M. le garde des sceaux, d'un rapport transmis par M. le ministre des finances, relatif au droit de pêche dans les rivières flottables et non navigables ; vu la lettre de M. le ministre des finances, du 26 déc. 1821, qui propose de soumettre à l'examen du conseil les deux question suivantes :—1° Le droit de pêche dans les rivières flottables et non navigables appartient-il à l'État ?—2° Y a-t-il lieu dans le cas de l'affirmative de réformer l'avis du conseil d'État du 30 pluv. an 13.

Vu la décision du même ministre du 6 nov. 1820, qui prescrit la mise en ferme des parties des rivières de la Meurthe et de la Moselle, qui ne sont pas flottables. L'avis du conseil des finances du 6 oct. 1820, sur les deux questions ci-dessus, la loi du 14 flor. an 10, l'art. 538 c. civ., l'avis du conseil d'État du 30 pluv. an 13, relatif à la propriété du droit de pêche dans les rivières non navigables ; considérant que dans l'acception commune, on confond, sous la dénomination de rivières flottables, deux espèces de cours d'eau très-distincts, savoir :—1° Des rivières navigables sur trains ou radeaux, au bord desquelles les propriétaires riverains sont tenus de livrer le marche-pied déterminé par l'art. 630 c. civ., et dont le curage et l'entretien sont à la charge de l'État ;—2° Des rivières et ruisseaux flottables à bûches perdues, sur le bord desquelles les propriétaires riverains ne sont assujettis qu'à livrer passage, dans le temps du flot, aux ouvriers du commerce de bois, chargés de diriger les bûches flottantes, et de repêcher les bûches submergées ;

Considérant que les rivières flottables sur trains ou radeaux sont, de leur nature, navigables pour toute embarcation du même tirant d'eau que le train ou radeau flottant ; que les rivières flottables de cette espèce ont été considérées comme rivières navigables, soit par l'ordon. de 1669, soit par les premières instructions données pour l'exécution de la loi du 14 flor. an 10 ; que dès lors les rivières flottables sur trains ou radeaux, dont l'entretien est à la charge de l'État, se trouvent comprises parmi les rivières navigables dont la pêche peut, aux termes de ladite loi, être affermée au profit de l'État ; qu'il est impossible, au contraire, d'appliquer les dispositions de ladite loi aux cours d'eau qui ne sont flottables qu'à bûches perdues, et qui ne peuvent, sous aucun rapport, être considérés comme rivières navigables ; est d'avis : — 1° Que l'État a droit d'affermer, en vertu de la loi du 14 flor. an 10, la pêche des rivières qui sont navigables sur bateaux, trains ou radeaux, et dont l'entretien n'est pas à la charge des propriétaires riverains ;— 2° Que ce droit ne peut s'étendre en aucun cas, aux rivières ou ruisseaux qui ne sont flottables qu'à bûches perdues.

15-21 avr. 1829. — Loi relative à la pêche fluviale (1).

TIT. 1. — DU DROIT DE PÊCHE.

Art. 1. Le droit de pêche sera exercé au profit de l'État. — 1° Dans tous les fleuves, rivières, canaux et contre-fossés navigables ou flottables avec bateaux, trains ou radeaux, et dont l'entretien est à la charge de l'État ou de ses ayants causes. — V. rapport et exposé des motifs, n°s 2 s., 23 s., 52.

2° Dans les bras, noues, boires et fossés qui tirent leurs eaux des fleuves et rivières navigables ou flottables dans lesquelles on peut en tout temps passer ou pénétrer librement en bateau de pêcheur, et dont l'entretien est également à la charge de l'État. — V. n°s 4, 24.

Sont toutefois exceptés les canaux et fossés existants, ou qui seraient creusés dans des propriétés particulières, et entretenus aux frais des propriétaires. — V. n°s 5, 26.

2. Dans toutes les rivières et canaux autres que ceux qui sont désignés dans l'article précédent, les propriétaires riverains auront, chacun de son côté, le droit de pêche jusqu'au milieu du cours de l'eau, sans préjudice des droits contraires établis par possession ou titres. — V. n°s 7, 27, 52.

3. Des ordonnances royales, insérées au Bulletin des lois, détermineront, après une enquête *de commodo et incommodo*, quelles sont les parties des fleuves et rivières et quels sont les canaux désignés dans les deux premiers paragraphes de l'art. 1, où le droit de pêche sera exercé au profit de l'État. — V. n°s 8, 28, 53.

De semblables ordonnances fixeront les limites entre la pêche fluviale et la pêche maritime dans les fleuves et rivières affluant à la mer. Ces limites seront les mêmes que celles de l'inscription maritime ; mais la pêche qui se fera au-dessus du point où les eaux cesseront d'être salées sera soumise aux règles de police et de conservation établies pour la pêche fluviale. — V. n°s 10, 29, 52.

Dans le cas où des cours d'eau seraient rendus ou déclarés navigables ou flottables, les propriétaires qui seront privés du droit de pêche auront droit à une indemnité préalable, qui sera réglée selon les formes prescrites par les art. 16, 17 et 18 de la loi du 8 mars 1810, compensation faite des avantages qu'ils pourraient retirer de la disposition prescrite par le gouvernement. — V. n°s 9, 30.

4. Les contestations entre l'administration et les adjudicataires relatives

(1) Cette loi a été présentée à la chambre des pairs, le 26 mars 1828, par M. Bouthiller, commissaire du roi, qui en a lu l'exposé des motifs (Mon. 30 mars 1828). M. Malleville en a fait le rapport, au nom de la commission, dans la séance du 22 avril suivant (Mon. du 27).—La présentation du projet de loi à la chambre des députés a eu lieu le 10 fév. 1829. C'est M. Favard, commissaire du gouvernement, qui a été chargé d'en exposer les motifs (Mon. du 11).—Le 6 mars suivant, le rapport a été présenté par M. Mestadier (Mon. du 19).—Par suite de quelques amendements, le projet de loi, retourné à la chambre des pairs, a été l'objet d'un nouvel exposé des motifs de M. Bouthiller (séance du 19 mars, Mon. du 27), et a donné lieu également à un nouveau rapport de M. Malleville dans la séance du 4 avril (Mon. du 8).—Nous reproduisons, à la suite de la loi du 15 avril 1829 (V. p. 446 s.), le premier rapport de M. Malleville, celui de M. Mestadier et le dernier exposé des motifs à la chambre des pairs. Ces documents, reprenant et développant les considérations qui ont été présentées au sujet du projet de loi sur la pêche, nous paraissent les seuls réellement utiles à consulter.

à l'interprétation et à l'exécution des conditions des baux et adjudications, et toutes celles qui s'élèveraient entre l'administration ou ses ayants cause et des tiers intéressés à raison de leurs droits ou de leurs propriétés, seront portées devant les tribunaux. — V. nos 11, 31, 54.

5. Tout individu qui se livrera à la pêche sur les fleuves et rivières navigables ou flottables, canaux, ruisseaux ou cours d'eau quelconques, sans la permission de celui à qui le droit de pêche appartient, sera condamné à une amende de 20 fr. au moins, et de 100 fr. au plus, indépendamment des dommages-intérêts.—Il y aura lieu, en outre, à la restitution du prix du poisson qui aura été pêché en délit, et la confiscation des filets et engins de pêche pourra être prononcée. — Néanmoins il est permis à tout individu de pêcher à la ligne flottante tenue à la main, dans les fleuves, rivières et canaux désignés dans les deux premiers paragraphes de l'art. 1 de la présente loi, le temps de frai excepté. — V. nos 12, 32, 55.

TIT. 2. — DE L'ADMINISTRATION ET DE LA RÉGIE DE LA PÊCHE.

6. (Art. 3 c. for.) « Nul ne peut exercer l'emploi de garde-pêche, s'il n'est âgé de vingt-cinq ans accomplis. »

7. (Art. 5 c. for.) « Les préposés chargés de la surveillance de la pêche ne pourront entrer en fonctions qu'après avoir prêté serment devant le tribunal de première instance de leur résidence, et avoir fait enregistrer leur commission et l'acte de prestation de leur serment au greffe des tribunaux dans le ressort desquels ils devront exercer leurs fonctions.—Dans le cas d'un changement de résidence qui les placerait dans un autre ressort en la même qualité, il n'y aura pas lieu à une nouvelle prestation de serment. »

8. Les gardes-pêche pourront être déclarés responsables des délits commis dans leurs cantonnements, et passibles des amendes et indemnités encourues par les délinquants, lorsqu'ils n'auront pas dûment constaté les délits. — V. nos 33, 56.

9. L'empreinte des fers, dont les gardes-pêche font usage pour la marque des filets, sera déposée au greffe des tribunaux de première instance.

TIT. 3. — DES ADJUDICATIONS DES CANTONNEMENTS DE PÊCHE.

10. La pêche au profit de l'Etat sera exploitée, soit par voie d'adjudication publique aux enchères et à l'extinction des feux, conformément aux dispositions du présent titre, soit par concession de licences à prix d'argent. — Le mode de concession par licence ne pourra être employé qu'à défaut d'offres suffisantes. — En conséquence, il sera fait mention, dans les procès-verbaux d'adjudication, des mesures qui auront été prises pour leur donner toute la publicité possible et des offres qui auront été faites (1). — V. nos 13, 34.

11. L'adjudication publique devra être annoncée au moins quinze jours à l'avance par des affiches apposées dans le chef-lieu du département, dans les communes riveraines du cantonnement et dans les communes environnantes. — V. n° 13.

12. (Art. 18 c. for.). « Toute location faite autrement que par adjudication publique sera considérée comme clandestine et déclarée nulle. Les fonctionnaires et agents qui l'auraient ordonnée ou effectuée, seront condamnés solidairement à une amende égale au double du fermage annuel du cantonnement de pêche. » — Sont exceptées les concessions par voie de licence.

13. (Art. 19 c. for.) « Sera de même annulée toute adjudication qui n'aura point été précédée des publications et affiches prescrites par l'art. 11, ou qui aura été effectuée dans d'autres lieux, à autres jour et heure que ceux qui auront été indiqués par les affiches ou les procès-verbaux de remise en location. — Les fonctionnaires ou agents qui auraient contrevenu à ces dispositions, seront condamnés solidairement à une amende égale à la valeur annuelle du cantonnement de pêche; et une amende pareille sera prononcée contre les adjudicataires en cas de complicité. »

14. (Art. 20 c. for.) « Toutes les contestations qui pourront s'élever pendant les opérations d'adjudication sur la validité des enchères ou sur la solvabilité des enchérisseurs et des cautions, seront décidées immédiatement par le fonctionnaire qui présidera la séance d'adjudication (2).

15. (Art. 21 c. for.) « Ne pourront prendre part aux adjudications, ni par eux-mêmes ni par personnes interposées, directement ou indirectement, soit comme parties principales, soit comme associés ou cautions : 1° les agents et gardes forestiers et les gardes-pêche, dans toute l'étendue du royaume; les fonctionnaires chargés de présider ou de concourir aux adjudications et les receveurs du produit de la pêche, dans toute l'étendue du territoire où ils exercent leurs fonctions; — En cas de contravention, ils seront punis d'une amende qui ne pourra excéder le quart ni être moindre du douzième du montant de l'adjudication; et ils seront, en outre, passibles de l'emprisonnement et de l'interdiction qui sont prononcés par l'art. 175 c. pén.; — 2° Les parents et alliés en ligne directe, les frères et beaux-frères, oncles et neveux des agents et gardes forestiers et gardes-pêche, dans toute l'étendue du territoire pour lequel ces agents ou gardes sont commissionnés; — En cas de contravention, ils seront punis d'une amende égale à celle qui est prononcée par le paragraphe précédent; — 3° Les conseillers de préfecture, les juges, officiers du ministère public et greffiers des tribunaux de première instance, dans tout l'arrondissement de leur ressort ; — En cas de contravention, ils seront passibles de tous dommages et intérêts, s'il y a lieu. — Toute adjudication qui serait faite en contravention aux dispositions du présent article sera déclarée nulle.

16. (Art. 22 c. for.) « Toute association secrète ou manœuvre entre les pêcheurs ou autres, tendant à nuire aux enchères, à les troubler ou à obtenir les cantonnements de pêche à plus bas prix, donnera lieu à l'application des peines portées par l'art. 412 c. pén., indépendamment de tous dommages-intérêts; et si l'adjudication a été faite au profit de l'association secrète ou des auteurs desdites manœuvres, elle sera déclarée nulle (3). »

17. (Art. 23 c. for.) « Aucune déclaration de command ne sera admise, si elle n'est faite immédiatement après l'adjudication et séance tenante. »

18. (Art. 24 c. for.) « Faute par l'adjudicataire de fournir les cautions exigées par le cahier des charges dans le délai prescrit, il sera déclaré déchu de l'adjudication par un arrêté du préfet, et il sera procédé dans les formes ci-dessus prescrites à une nouvelle adjudication du cantonnement de pêche, à sa folle enchère. — L'adjudicataire déchu sera tenu par corps de la différence entre son prix et celui de la nouvelle adjudication, sans pouvoir réclamer l'excédant, s'il y en a. »

19. (Art. 25 c. for.) « Toute personne capable et reconnue solvable sera admise, jusqu'à l'heure de midi du lendemain de l'adjudication, à faire une offre de surenchère, qui ne pourra être moindre du cinquième du montant de l'adjudication (4). — Dès qu'une pareille offre aura été faite, l'adjudicataire et les surenchérisseurs pourront faire de semblables déclarations de simple surenchère jusqu'à l'heure de midi du surlendemain de l'adjudication, heure à laquelle le plus offrant restera définitivement adjudicataire. — Toutes déclarations de surenchère devront être faites au secrétariat qui sera indiqué par le cahier des charges, et dans les délais ci-dessus fixés; le tout sous peine de nullité. — Le secrétaire commis à l'effet de recevoir ces déclarations sera tenu de les consigner immédiatement, sur un registre à ce destiné, d'y faire mention expresse du jour et de l'heure précise où il les aura reçues, et d'en donner communication à l'adjudicataire et aux surenchérisseurs dès qu'il en sera requis; le tout sous peine de 300 fr. d'amende, sans préjudice de plus fortes peines en cas de collusion. — En conséquence, il n'y aura lieu à aucune signification des déclarations de surenchère, soit par l'administration, soit par les adjudicataires et surenchérisseurs. »

20. (Art. 26 c. for.) « Toutes contestations au sujet de la validité des surenchères seront portées devant les conseils de préfecture (5). »

21. (Art. 27 c. for.) « Les adjudicataires et surenchérisseurs sont tenus, au moment de l'adjudication ou de leurs déclarations de surenchère, d'élire domicile dans le lieu où l'adjudication aura été faite : faute par eux de le faire, tous actes postérieurs leur seront valablement signifiés au secrétariat de la sous-préfecture (6). »

22. (Art. 28 c. for.) « Tout procès-verbal d'adjudication emporte exécution parée et contrainte par corps contre les adjudicataires, leurs associés et cautions, tant pour le payement du prix principal de l'adjudication que pour accessoires et frais.—Les cautions sont en outre contraignables solidairement et par les mêmes voies au payement des dommages, restitutions et amendes qu'aurait encourus l'adjudicataire. »

TIT. IV. — CONSERVATION ET POLICE DE LA PÊCHE.

23. Nul ne pourra exercer le droit de pêche dans les fleuves et rivières navigables ou flottables, les canaux, ruisseaux ou cours d'eau quelconques, qu'en se conformant aux dispositions suivantes.

24. Il est interdit de placer dans les rivières navigables ou flottables, canaux et ruisseaux, aucun barrage, appareil ou établissement quelconque de pêcherie ayant pour objet d'empêcher entièrement le passage du poisson. — Les délinquants seront condamnés à une amende de 50 fr. à 500 fr., et, en outre, aux dommages-intérêts; et les appareils ou établissements de pêche seront saisis et détruits.—V. nos 14, 35.

25. Quiconque aura jeté dans les eaux des drogues ou appâts qui sont de nature à enivrer le poisson ou à le détruire, sera puni d'une amende de 30 fr. à 300 fr. et d'un emprisonnement d'un mois à trois mois. — V. nos 14, 36.

26. Des ordonnances royales détermineront : 1° les temps, saisons et heures pendant lesquels la pêche sera interdite dans les rivières et cours d'eau quelconques; — 2° Les procédés et modes de pêche qui, étant de nature à nuire au repeuplement des rivières, devront être prohibés; — 3° Les filets, engins et instruments de pêche qui seront défendus comme étant aussi de nature à nuire au repeuplement des rivières; — 4° Les dimensions de ceux dont l'usage sera permis dans les divers départements pour la pêche des différentes espèces de poissons;—5° Les dimensions au-dessous desquelles les poissons de certaines espèces qui seront désignées ne pourront être pêchés et devront être rejetées en rivière; — 6° Les espèces de poissons avec lesquelles il sera défendu d'appâter les hameçons, nasses, filets ou autres engins.—V. nos 36, 57.

27. Quiconque se livrera à la pêche pendant les temps, saisons et heures prohibés par les ordonnances, sera puni d'une amende de 30 à 200 fr.

28. Une amende de 30 à 100 fr. sera prononcée contre ceux qui feront usage, en quelque temps et en quelque fleuve, rivière, canal ou ruisseau que ce soit, de l'un des procédés ou modes de pêche ou de l'un des instruments ou engins de pêche prohibés par les ordonnances. — Si le délit a eu lieu pendant le temps du frai, l'amende sera de 60 à 200 fr.

29. Les mêmes peines sont prononcées contre ceux qui se serviront, pour une autre pêche, de filets permis seulement pour celle du poisson de petite espèce. — Ceux qui seront trouvés porteurs ou munis, hors de leur domicile, d'engins ou instruments de pêche prohibés, pourront être condamnés à une amende qui n'excédera pas 20 fr., et à la confiscation des engins ou instruments de pêche, à moins que ces engins ou instruments ne soient destinés à la pêche dans des étangs ou réservoirs. — V. nos 17, 58.

(1, 2, 3) Les art. 10, 14 et 16 ont été modifiés par la loi du 6-15 juin 1840 ci-après.

(4, 5) Le § 1 de l'art. 19 et l'art. 20 ont été supprimés et remplacés par la loi des 6-15 juin 1840.

(6) Art. 21 modifié par la loi des 6-15 juin 1840.

30. Quiconque pêchera, colportera ou débitera des poissons qui n'auront point les dimensions déterminées par les ordonnances, sera puni d'une amende de 20 à 50 fr., et de la confiscation desdits poissons. Sont néanmoins exceptées de cette disposition les ventes de poissons provenant des étangs ou réservoirs. — Sont considérés comme des étangs ou réservoirs les fossés et canaux appartenant à des particuliers, dès que leurs eaux cessent naturellement de communiquer avec les rivières.—V. n°s 18, 38, 59.

31. La même peine sera prononcée contre les pêcheurs qui appâteront leurs hameçons, nasses, filets ou autres engins, avec des poissons des espèces prohibées qui seront désignées par les ordonnances.

32. Les fermiers de la pêche et porteurs de licences, leurs associés, compagnons et gens à gages, ne pourront faire usage d'aucun filet ou engin quelconque, qu'après qu'il aura été plombé ou marqué par les agents de l'administration de la police de la pêche. — La même obligation s'étendra à tous autres pêcheurs compris dans les limites de l'inscription maritime, pour les engins et filets dont ils feront usage dans les cours d'eau désignés par les §§ 1 et 2 de l'art. 1 de la présente loi.—Les délinquants seront punis d'une amende de 20 fr. pour chaque filet ou engin non plombé ou marqué. — V. n°s 14, 60.

33. Les contre-maîtres, les employés du balisage et les mariniers qui fréquentent les fleuves, rivières et canaux navigables ou flottables, ne pourront avoir dans leurs bateaux ou équipages aucun filet ou engin de pêche, même non prohibé, sous peine d'une amende de 50 fr., et de la confiscation des filets.— A cet effet, ils seront tenus de souffrir la visite, sur leurs bateaux et équipages, des agents chargés de la police de la pêche, aux lieux où ils aborderont. — La même amende sera prononcée contre ceux qui s'opposeront à cette visite. — V. n°s 39, 61.

34. Les fermiers de la pêche et les porteurs de licences, et tous pêcheurs en général, dans les rivières et canaux désignés par les deux premiers paragraphes de l'art. 1 de la présente loi, seront tenus d'amener leurs bateaux, et de faire l'ouverture de leurs loges et hangars, bannetons, huches et autres réservoirs ou boutiques à poisson, sur leurs cantonnements, à toute réquisition des agents et préposés à l'administration de la pêche, à l'effet de constater les contraventions qui pourraient être par eux commises aux dispositions de la présente loi. — Ceux qui s'opposeront à la visite ou refuseront l'ouverture de leurs boutiques à poisson, seront, pour ce seul fait, punis d'une amende de 50 fr. — V. n°s 40, 62.

35. Les fermiers et porteurs de licences ne pourront user, sur les fleuves, rivières et canaux navigables, que du chemin de halage; sur les rivières, et cours d'eau flottables, que du marche-pied. Ils traiteront de gré à gré avec les propriétaires riverains pour l'usage des terrains dont ils auront besoin pour retirer et assener leurs filets. — V. n° 41.

TIT. 5. — DES POURSUITES EN RÉPARATION DE DÉLIT.

SECT. 1. — *Des poursuites exercées au nom de l'administration.*

36. Le gouvernement exerce la surveillance et la police de la pêche dans l'intérêt général. — En conséquence, les agents spéciaux par lui institués à cet effet, ainsi que les gardes champêtres, éclusiers des canaux et autres officiers de police judiciaire, sont tenus de constater les délits qui sont spécifiés au tit. 4 de la présente loi, en quelques lieux qu'ils soient commis; et lesdits agents spéciaux exerceront, conjointement avec les officiers du ministère public, toutes les poursuites et actions en réparation de ces délits. — Les mêmes agents et gardes de l'administration, les gardes champêtres, les éclusiers, les officiers de police judiciaire, pourront constater également le délit spécifié en l'art 5, et ils transmettront leurs procès-verbaux au procureur du roi. — V. n°s 19, 42.

37. Les gardes-pêche nommés par l'administration sont assimilés aux gardes forestiers royaux.

38. Ils recherchent et constatent par procès-verbaux les délits dans l'arrondissement du tribunal près duquel ils sont assermentés.

39 (Art. 161 c. for.). « Ils sont autorisés à saisir les *filets et autres instruments de pêche prohibés, ainsi que le poisson pêché en délit.* »

40. Les gardes-pêche ne pourront, sous aucun prétexte, s'introduire dans les maisons et enclos y attenant pour la recherche des filets prohibés.

41. Les filets et engins de pêche qui auront été saisis comme prohibés, ne pourront, dans aucun cas, être remis sous caution : ils seront déposés au greffe, et y demeureront jusqu'après le jugement pour être ensuite détruits. — Les filets non prohibés dont la confiscation aurait été prononcée en exécution de l'art. 5, seront vendus au profit du trésor. — En cas de refus, de la part des délinquants, de remettre immédiatement le filet déclaré prohibé après la sommation du garde-pêche, ils seront condamnés à une amende de 50 fr. — V. n° 63.

42. Quant au poisson saisi pour cause de délit, il sera vendu sans délai dans la commune la plus voisine du lieu de la saisie, à son de trompe et aux enchères publiques, en vertu d'ordonnance du juge de paix ou de ses suppléants, si la vente a lieu dans un chef-lieu de canton, ou, dans le cas contraire, d'après l'autorisation du maire de la commune : ces ordonnances ou autorisations seront délivrées sur la requête des agents ou gardes qui auront opéré la saisie, et sur la présentation du procès-verbal régulièrement dressé et affirmé par eux. — Dans tous les cas, la vente aura lieu en présence du receveur des domaines, et, à défaut, du maire ou adjoint de la commune, ou du commissaire de police.

43. Les gardes-pêche ont le droit de requérir directement la force publique pour la répression des délits en matière de pêche, ainsi que pour la saisie des filets prohibés et du poisson pêché en délit.

44 (Art. 165 c. for.). « Ils écriront eux-mêmes leurs procès-verbaux; ils les signeront, et les affirmeront, au plus tard le lendemain de la clôture desdits procès-verbaux, par-devant le juge de paix du canton ou l'un de ses suppléants, ou par-devant le maire ou l'adjoint, soit de la commune de leur résidence, soit de celle où le délit a été commis ou constaté; le tout sous peine de nullité. — Toutefois, si, par suite d'un empêchement quelconque, le procès-verbal est seulement signé par le garde-pêche, mais non écrit en entier de sa main, l'officier public qui en recevra l'affirmation devra lui en donner préalablement lecture, et faire ensuite mention de cette formalité; le tout sous peine de nullité du procès-verbal. »

45 (art. 166 c. for.). « Les procès-verbaux dressés par les agents forestiers, les gardes généraux et les gardes à cheval, soit isolément, soit avec le concours des gardes-pêche royaux et des gardes champêtres, ne seront point soumis à l'affirmation. »

46. Dans le cas où le procès-verbal portera saisie, il en sera fait une expédition qui sera déposée dans les vingt-quatre heures au greffe de la justice de paix, pour qu'il en puisse être donné communication à ceux qui réclameraient les objets saisis. — Le délai ne courra que du moment de l'affirmation pour les procès-verbaux qui sont soumis à cette formalité.

47 (art. 170 c. for.). « Les procès-verbaux seront, sous peine de nullité, enregistrés dans les quatre jours qui suivront celui de l'affirmation, ou celui de la clôture du procès-verbal, s'il n'est pas sujet à l'affirmation. — L'enregistrement s'en fera en débet. »

48. Toutes les poursuites exercées en réparation de délits pour fait de pêche, seront portées devant les tribunaux correctionnels. — V. n°s 45, 68 et suiv.

49 (art. 172 c. for.). « L'acte de citation doit, à peine de nullité, contenir la copie du procès-verbal et de l'acte d'affirmation. »

50 (art. 173 c. for.). « Les gardes de l'administration *chargés de la surveillance de la pêche* pourront, dans les actions et poursuites exercées en son nom, faire toutes citations et significations d'exploits, sans pouvoir procéder aux saisies-exécutions. —Leurs rétributions pour les actes de ce genre, seront taxées comme pour les actes faits par les huissiers des juges de paix. »

51 (art. 174 c. for.). « Les agents de cette administration ont le droit d'exposer l'affaire devant le tribunal, et sont entendus à l'appui de leurs conclusions. »

52. Les délits en matière de pêche seront prouvés, soit par procès-verbaux, soit par témoins à défaut de procès-verbaux ou en cas d'insuffisance de ces actes.

53. Les procès-verbaux revêtus de toutes les formalités prescrites par les art. 44 et 47 ci-dessus, et qui sont dressés et signés par deux agents ou gardes-pêche, font preuve jusqu'à inscription de faux, des faits matériels relatifs aux délits qu'ils constatent, quelles que soient les condamnations auxquelles ces délits peuvent donner lieu. — Il ne sera, en conséquence, admis aucune preuve outre ou contre le contenu de ces procès-verbaux, à moins qu'il n'existe une cause légale de récusation contre l'un des signataires.

54. Les procès-verbaux revêtus de toutes les formalités prescrites, mais qui ne seront dressés et signés que par un seul agent ou garde-pêche, feront de même preuve suffisante jusqu'à inscription de faux, mais seulement lorsque le délit n'entraînera pas une condamnation de plus de 50 fr., tant pour amendes que pour dommages-intérêts. — V. n° 64.

55 (art. 178 c. for.). « Les procès-verbaux qui, d'après les dispositions qui précèdent, ne font point foi et preuve suffisante jusqu'à inscription de faux, peuvent être corroborés et combattus par toutes les preuves légales conformément à l'art. 154 c. inst. crim. »

56. Le prévenu qui voudra s'inscrire en faux contre le procès-verbal, sera tenu d'en faire par écrit et en personne, ou par un fondé de pouvoir spécial par acte notarié, la déclaration au greffe du tribunal avant l'audience indiquée par la citation. — Cette déclaration sera reçue par le greffier du tribunal; elle sera signée par le prévenu ou son fondé de pouvoir; et dans le cas où il ne saurait ou ne pourrait signer, il en sera fait mention expresse. — Au jour indiqué pour l'audience, le tribunal donnera acte de la déclaration, et fixera un délai de huit jours au moins et de quinze jours au plus, pendant lequel le prévenu sera tenu de faire au greffe le dépôt des moyens de faux, et des noms, qualités et demeures des témoins qu'il voudra faire entendre. — A l'expiration de ce délai, et sans qu'il soit besoin d'une citation nouvelle, le tribunal admettra les moyens de faux, s'ils sont de nature à détruire l'effet du procès-verbal, et il sera procédé sur le faux conformément aux lois. — Dans le cas contraire, et faute par le prévenu d'avoir rempli toutes les formalités ci-dessus prescrites, le tribunal déclarera qu'il n'y a lieu à admettre les moyens de faux, et ordonnera qu'il soit passé outre au jugement. — V. n°s 42, 65.

57 (art. 180 c. for.). « Le prévenu contre lequel aura été rendu un jugement par défaut, sera encore admissible à faire sa déclaration d'inscription de faux pendant le délai qui lui est accordé par la loi pour se présenter à l'audience sur l'opposition par lui formée. »

58 (art. 181 c. for.). « Lorsqu'un procès-verbal sera rédigé contre plusieurs prévenus, et qu'un ou quelques-uns d'entre eux seulement s'inscriront en faux, le procès-verbal continuera de faire foi à l'égard des autres, à moins que le fait sur lequel portera l'inscription de faux ne soit indivisible et commun aux autres prévenus. »

59. Si, dans une instance en réparation de délit, le prévenu excipe d'un droit de propriété ou tout autre droit réel, le tribunal saisi de la plainte statuera sur l'incident. — L'exception préjudicielle ne sera admise qu'autant qu'elle sera fondée, soit sur un titre apparent, soit sur des faits de possession équivalents, articulés avec précision, et si le titre produit ou les faits articulés sont de nature, dans le cas où ils seraient reconnus par l'autorité compétente, à ôter au fait qui sert de base aux poursuites tout caractère de délit. — *Dans le cas de renvoi à fins civiles,* le jugement fixera

un bref délai dans lequel la partie qui aura élevé la question préjudicielle devra saisir les juges compétents de la connaissance du litige et justifier de ses diligences ; sinon il sera passé outre. Toutefois, en cas de condamnation, il sera sursis à l'exécution du jugement sous le rapport de l'emprisonnement, s'il était prononcé, et le montant des amendes, restitution et dommages-intérêts, sera versé à la caisse des dépôts et consignations, pour être remis à qui il sera ordonné par le tribunal qui statuera sur le fond de droit. — V. n° 43, 66.

60 (art. 183 c. for.). « Les agents de l'administration *chargés de la surveillance de la pêche* peuvent, en son nom, interjeter appel des jugements et se pourvoir contre les arrêts et jugements en dernier ressort; mais ils ne peuvent se désister de leurs appels sans son autorisation spéciale. »

61 (art. 184 c. for. « Le droit attribué à l'administration et à ses agents de se pourvoir contre les jugements et arrêts par appel ou par recours en cassation, est indépendant de la même faculté qui est accordée par la loi au ministère public, lequel peut toujours en user, même lorsque l'administration ou ses agents auraient acquiescé aux jugements et arrêts. »

62. Les actions en réparation de délits en matière de pêche se prescrivent par un mois à compter du jour où les délits ont été constatés, lorsque les prévenus sont désignés dans les procès-verbaux. Dans le cas contraire, le délai de prescription est de trois mois, à compter du même jour. — V. n° 44, 67.

63. Les dispositions de l'article précédent ne sont pas applicables aux délits et malversations commis par les agents, préposés ou gardes de l'administration dans l'exercice de leurs fonctions ; les délais de prescription à l'égard de ces préposés et de leurs complices seront les mêmes que ceux qui sont déterminés par le code d'instruction criminelle.

64. Les dispositions du code d'instruction criminelle sur les poursuites des délits, sur défauts, oppositions, jugements, appels et recours en cassation, sont et demeurent applicables à la poursuite des délits spécifiés par la présente loi, sauf les modifications qui résultent du présent titre.

SECT. 2. — *Des poursuites exercées au nom et dans l'intérêt des fermiers de la pêche et des particuliers.*

65. Les délits qui portent préjudice aux fermiers de la pêche, aux porteurs de licences et aux propriétaires riverains, seront constatés par leurs gardes, lesquels sont assimilés aux gardes-bois des particuliers.

66 (art. 188 c. for.). « Les procès-verbaux dressés par ces gardes feront foi jusqu'à preuve contraire. »

67. Les poursuites et actions seront exercées au nom et à la diligence des parties intéressées. — V. n° 46, 70.

68. Les dispositions contenues aux art. 38, 39, 40, 41, 42, 43, 44, 45, 46, 47, §§ 1, 49, 52, 53, 62 et 64 de la présente loi, sont applicables aux poursuites exercées au nom et dans l'intérêt des particuliers et des fermiers de la pêche, pour les délits commis à leur préjudice. — V. n° 45, 68 et suiv.

TIT. 6. — DES PEINES ET CONDAMNATIONS.

69. Dans le cas de récidive, la peine sera toujours doublée. — Il y a récidive, lorsque, dans les douze mois précédents, il a été rendu contre le délinquant un premier jugement pour délit en matière de pêche.

70. Les peines seront également doublées, lorsque les délits auront été commis la nuit.

71 (Art. 202 c. for.). « Dans tous les cas où il y aura lieu à adjuger des dommages-intérêts, ils ne pourront être inférieurs à l'amende simple prononcée par le jugement. »

72. Dans tous les cas prévus par la présente loi, si le préjudice causé n'excède pas 25 fr., et si les circonstances paraissent atténuantes, les tribunaux sont autorisés à réduire l'emprisonnement même au-dessous de six jours, et l'amende même au-dessous de 16 fr.: ils pourront aussi prononcer séparément l'une ou l'autre de ces peines, sans qu'en aucun cas elle puisse être au-dessous des peines de simple police. — V. n° 47, 71.

73 (Art. 204 c. for.). « Les restitutions et dommages-intérêts appartiennent aux fermiers, porteurs de licences et propriétaires riverains, si le délit est commis à leur préjudice; mais, lorsque le délit a été commis par eux-mêmes au détriment de l'intérêt général, ces dommages-intérêts appartiennent à l'État. — Appartiennent également à l'État toutes les amendes et confiscations. »

74. Les maris, pères, mères, tuteurs, fermiers et porteurs de licences, ainsi que tous propriétaires, maîtres et commettants, seront civilement responsables des délits en matière de pêche commis par leurs femmes, enfants mineurs, pupilles, bateliers et compagnons, et tous autres subordonnés, sauf tout recours de droit. — Cette responsabilité sera réglée conformément à l'art. 1384 c. civ.

TIT. 7. — DE L'EXÉCUTION DES JUGEMENTS.

SECT. 1. — *De l'exécution des jugements rendus à la requête de l'administration ou du ministère public.*

75 (Art. 209 c. for.). « Les jugements rendus à la requête de l'administration chargée de la police de la pêche, ou sur la poursuite du ministère public, seront signifiés par simple extrait qui contiendra le nom des parties et le dispositif du jugement. — Cette signification fera courir les délais de l'opposition et de l'appel des jugements par défaut. »

76. Le recouvrement de toutes les amendes pour délits de pêche est confié aux receveurs de l'enregistrement et des domaines. Ces receveurs sont également chargés du recouvrement des restitutions, frais et dommages-intérêts résultant des jugements rendus en matière *de pêche.*

77 (Art. 211 c. for.). « Les jugements portant condamnation à des amendes, restitutions, dommages-intérêts et frais, sont exécutoires par la voie de la contrainte par corps ; et l'exécution pourra en être poursuivie cinq jours après un simple commandement fait aux condamnés. — En conséquence, et sur la demande du receveur de l'enregistrement et des domaines, le procureur du roi adressera les réquisitions nécessaires aux agents de la force publique chargés de l'exécution des mandements de justice. »

78 (Art. 212 c. for.). « Les individus contre lesquels la contrainte par corps aura été prononcée pour raison des amendes et autres condamnations et réparations pécuniaires subiront l'effet de cette contrainte jusqu'à ce qu'ils aient payé le montant desdites condamnations, ou fourni une caution admise par le receveur des domaines, ou, en cas de contestation de sa part, déclarée bonne et valable par le tribunal de l'arrondissement. »

79 (Art. 213 c. for.). « Néanmoins les condamnés qui justifieront de leur insolvabilité, suivant le mode prescrit par l'art. 420 c. inst. crim., seront mis en liberté après avoir subi quinze jours de détention, lorsque l'amende et les autres condamnations pécuniaires n'excéderont pas 15 fr. — La détention ne cessera qu'au bout d'un mois, lorsque les condamnations s'élèveront ensemble de 15 à 50 fr. — Elle ne durera que deux mois, quelle que soit la quotité desdites condamnations. — En cas de récidive, la durée de la détention sera double de ce qu'elle eût été sans cette circonstance. »

80 (Art. 214 c. for.). « Dans tous les cas, la détention employée comme moyen de contrainte est indépendante de la peine d'emprisonnement prononcée contre les condamnés pour tous les cas où la loi l'inflige. »

SECT. 2. — *De l'exécution des jugements rendus dans l'intérêt des fermiers de la pêche et des particuliers.*

81. Les jugements contenant des condamnations en faveur des fermiers de la pêche, des porteurs de licences et des particuliers, pour réparation des délits commis à leur préjudice, seront, à leur diligence, signifiés et exécutés suivant les mêmes formes et voies de contrainte que les jugements rendus à la requête de l'administration chargée de la surveillance de la pêche. — Le recouvrement des amendes prononcées par les mêmes jugements sera opéré par les receveurs de l'enregistrement et des domaines.

82. La mise en liberté des condamnés détenus par voie de contrainte par corps à la requête et dans l'intérêt des particuliers ne pourra être accordée, en vertu des art. 78 et 79, qu'autant que la validité des cautions ou la solvabilité des condamnés aura été, en cas de contestation de la part desdits propriétaires, jugée contradictoirement entre eux.

TIT. 8. — DISPOSITIONS GÉNÉRALES.

83. Sont et demeurent abrogés toutes lois, ordonnances, édits et déclarations, arrêts du conseil, arrêtés et décrets, et tous règlements intervenus, à quelque époque que ce soit, sur les matières réglées par la présente loi en tout ce qui concerne la pêche. — Mais les droits acquis antérieurement à la présente loi seront jugés, en cas de contestation, d'après les lois existant avant sa promulgation. — V. n° 6, 25, 49, 52.

Dispositions transitoires.

84. Les prohibitions portées par les art. 5 et 10, et la prohibition de pêcher à autres heures que depuis le lever du soleil jusqu'à son coucher, portée par l'art. 5, tit. 31 de l'ord. de 1669, continueront à être exécutées jusqu'à la promulgation des ordonnances royales qui, aux termes de l'art. 26 de la présente loi, détermineront les temps où la pêche sera interdite dans tous les cours d'eau, ainsi que les filets et instruments de pêche dont l'usage sera prohibé. — Toutefois les contraventions aux articles ci-dessus énoncés de l'ordon. de 1669 seront punies conformément aux dispositions de la présente loi, ainsi que tous les délits qui y sont prévus, à dater de sa publication. — V. n° 49, 72.

Rapport de M. de Malleville, au nom de la commission de la chambre des pairs (séance du 22 avr. 1828).

1. Messieurs, lorsque le gouvernement du roi soumit à vos délibérations le projet de code forestier, il annonça la prochaine présentation d'un autre projet de loi relatif à la pêche fluviale ; il annonça que les dispositions de l'ordonnance de 1669, et de la législation concernant cette matière y seraient refondues et appropriées aux besoins de l'époque actuelle. — Cette tâche a été remplie, et bien qu'elle fût beaucoup moins difficile, beaucoup moins compliquée que celle qui avait pour objet la police forestière, le travail qui en a été le résultat n'en a pas moins été soumis aux mêmes épreuves avant d'être livré à la solennelle discussion des chambres. — Ce nouveau projet se compose de huit titres et de quatre-vingt treize articles. Mais les deux tiers environ de ces articles étant extraits du code forestier, semblent devoir être aujourd'hui hors de toute discussion. — Les autres, quoique peu nombreux, ont donné lieu à plusieurs réclamations et à des questions graves, qui se rattachent aux principes les plus importants du droit public ou de la propriété. — La commission nommée par vos seigneuries les a examinées avec soin; elle les a discutées avec M. le directeur général des eaux et forêts. Je vais avoir l'honneur de vous rendre compte du résultat de ses délibérations, en faisant remarquer les principaux changements que le projet introduit dans la législation actuelle.

2. Le titre 1 a pour objet le droit de pêche. — Ce droit peut s'exercer dans les fleuves, rivières ou canaux navigables; il s'exerce aussi dans des cours d'eau qui n'ont pas cette propriété. — Dans les fleuves, rivières ou canaux navigables, le droit de pêche appartient à l'État. C'est une conséquence du principe qui place dans le domaine public toutes les rivières de cette nature. — Ce principe, fondé sur tous les monuments de notre législation ancienne et moderne, ne saurait être contesté. Il ne s'agit que de déterminer les applications et les restrictions dont il est susceptible. — L'ordonnance de 1669, dans plusieurs de ses dispositions, la loi du 14 flor. an 10 (4 mai 1802), et enfin l'art. 538 c. civ., ont assimilé les rivières flottables

aux rivières navigables. — Mais les rivières flottables sont de deux sortes; dans les unes, le flottage a lieu à trains ou à radeaux; dans d'autres moins considérables, ou dont le cours est semé de certains obstacles, il ne peut se faire qu'à bûches perdues. — De là la question de savoir si la pêche est domaniale dans celles-ci comme dans les premières. — Le projet de loi fait cesser toute difficulté, en n'attribuant à l'Etat le droit de pêche que dans les fleuves, rivières, canaux et contre-fossés navigables ou flottables avec bateaux, trains ou radeaux. — Cette disposition est, d'ailleurs, conforme à plusieurs décisions émanées des autorités administratives et judiciaires, notamment à un avis du conseil d'Etat du 21 fév. 1822.

3. D'après l'ordonnance de 1669, pour que la propriété d'un fleuve ou d'une rivière fit partie du domaine public, il fallait qu'ils fussent naturellement navigables; qu'ils portassent bateaux de leur fond et sans artifice ni ouvrage de main. — Le projet étend les droits du domaine sur tous les cours d'eau navigables ou flottables dont l'entretien est à la charge de l'Etat ou de ses ayants cause. — C'est parce que tous les cours d'eau de cette nature dont l'entretien est à la charge de l'Etat sont présumés lui appartenir. L'art. 538 c. civ. considère comme dépendant du domaine public tous les fleuves et rivières navigables ou flottables, sans aucune distinction.

4. Le projet déclare faire partie intégrante des fleuves et rivières navigables ou flottables, les bras, noues, boires et fossés qui en tirent leurs eaux, et dans lesquels on peut librement passer en bateaux pendant le temps des moyennes eaux. — Cette disposition a été l'objet de plusieurs réclamations. — On a craint qu'elle ne prêtât à l'arbitraire, que les agents inférieurs de l'administration n'en abusassent pour contester à des propriétaires riverains le droit de pêcher dans les canaux ou fossés où ils l'ont paisiblement exercé jusqu'à ce jour, et qui ne font pas nécessairement partie des fleuves ou rivières avec lesquels ils communiquent. On a demandé que la disposition dont il s'agit ne s'appliquât qu'aux bras de rivières, noues, boires et fossés dans lesquels l'État aurait déjà fait des ouvrages d'art pour les entretenir et y assurer sa jouissance, ou dans lesquels on pourrait librement passer en tout temps avec des bateaux de même dimension que ceux qui servent à la navigation de la rivière ou du moins d'un port déterminé, comme de deux tonneaux ou d'un tonneau. — Ces conditions à imposer à l'Etat n'ont pas paru admissibles à votre commission : elle a pensé que, puisqu'il ne s'agissait que de l'exercice de la pêche, on ne pouvait exiger, pour la reconnaissance du droit de l'Etat que les bras de rivières, noues, boires et fossés qui en tirent les eaux, fussent assez forts pour porter pendant toute l'année un bateau servant à la navigation; qu'il ne pouvait être question que d'un bateau de pêcheur. — Toutefois, pour éviter les difficultés qui pourraient s'élever au sujet de la fixation du temps des moyennes eaux, elle estime que l'Etat ne peut revendiquer le droit de pêche dans les bras, noues, boires et fossés dont il s'agit, que tout autant qu'on peut y pénétrer en bateau, librement et sans aucun artifice accidentel, non-seulement pendant le temps des moyennes eaux, mais encore en tout temps. — C'est ainsi, d'ailleurs, que cela s'est pratiqué jusqu'à ce jour, d'après des décisions ministérielles; et la première rédaction du projet de loi y était conforme.

5. Le troisième paragraphe porte : « Sont toutefois exceptés les canaux et fossés creusés dans des propriétés particulières et entretenus aux frais des propriétaires. » — Quelques personnes auraient désiré qu'on y ajoutât ces mots : « Ainsi que les cours d'eau qui, servant de limites entre les héritages, sont entretenus par les riverains. » — Mais la commission pense que les termes employés dans le projet de loi garantissent suffisamment aux propriétaires riverains les droits qui leur appartiennent dans ces sortes de cours d'eau, et que l'addition proposée ne ferait qu'en obscurcir le sens.

6. Dans l'ancienne monarchie, la propriété des rivières navigables paraissait si essentiellement unie à la couronne, que des domanialistes pensèrent qu'elle ne pouvait en être séparée en aucune manière; que la couronne n'avait pas même pu valablement aliéner, au profit de quelques particuliers, le droit de pêche dans aucune de ces rivières. — A l'époque de la révolution, une autre considération fit supprimer tous les droits de cette espèce exercés par des particuliers; c'est qu'on les regarda comme le résultat de l'abus de la puissance féodale ou de l'usurpation. — La loi du 14 flor. an 10 et différents décrets du gouvernement impérial considérèrent ces droits comme abolis, et décidèrent que nul ne pourrait pêcher dans ces rivières, s'il n'était fermier de l'Etat ou muni d'une licence par lui délivrée; que tous les établissements fixes de pêche seraient affermés au profit de l'Etat. Toutefois, l'ordonnance de 1669, et surtout l'édit de 1683, n'avaient pas regardé la maxime de la domanialité et de l'inaliénabilité des rivières navigables comme tellement absolue, qu'elle ne pût subir quelques modifications. En déclarant que ces rivières faisaient partie du domaine de la couronne, l'ordonnance et l'édit précités avaient maintenu les particuliers dans la propriété, jouissance et possession des droits de pêche et autres qu'ils pouvaient y avoir acquis par titres et possession. — De graves inconvénients, il est vrai, pourraient naître de l'aliénation même d'une rivière navigable. Les rivières, comme la mer, donnent des ailes au commerce; elles sont indispensables pour la circulation générale des habitants du royaume et des produits de l'industrie. Si plusieurs de ces rivières ou des parties notables de ces rivières cessaient d'être dans le domaine public, si le droit de les administrer n'était pas inaliénable, sa division détruirait l'unité de l'action du gouvernement et compromettrait la prospérité publique. — Mais l'aliénation d'un simple droit de pêche dans quelques parties d'une rivière ne saurait avoir de pareilles conséquences; et, d'ailleurs, si elle en avait de dangereuses, l'Etat aurait toujours la faculté d'en déposséder les titulaires pour cause d'utilité publique, en leur payant une indemnité. — Aussi plusieurs cours judiciaires, et notamment la cour de cassation, qui est placée à leur tête, ont-elles réclamé en faveur des droits de pêche valablement acquis à des tiers, dans des rivières navigables ou flottables; et c'est sur leur proposition qu'il a été ajouté au premier projet de loi une disposition portant « qu'il n'est point préjudicié aux droits acquis à des tiers par titres réguliers. » — Cette addition paraît être de toute justice.

7. A l'égard du droit de pêche dans les rivières, ruisseaux et canaux non navigables ni flottables, la loi proposée l'attribue, par son article second, aux propriétaires riverains. — Cette disposition est conforme à la raison, à la nature des choses, au droit commun, et spécialement aux lois romaines, qui suppléaient autrefois à toutes nos lois. — D'après le droit romain, en effet, le lit ou le canal d'une rivière, le sol sur lequel elle coule, les bords qui la resserrent, étaient censés pris sur les fonds contigus, et en étaient un accessoire. — Le droit de pêche dans ces sortes de rivières, celui d'y prendre de l'eau pour l'irrigation ou pour les usines, ainsi que les autres droits de cette nature, étaient pour les propriétaires riverains un dédommagement des inconvénients attachés à leur voisinage, et des dépenses auxquelles ils sont assujettis pour le curage et l'entretien de ces cours d'eau (a). — Il est vrai qu'avant la révolution les droits de pêche et de prise d'eau dans les ruisseaux et petites rivières n'étaient pas généralement attribués aux simples propriétaires des fonds riverains. Ils étaient exercés, tantôt par le seigneur haut justicier, tantôt par le seigneur féodal, qui avait ce qu'on appelait la propriété directe, le domaine direct de ces fonds. — Mais du moins l'Etat n'y avait aucune prétention à titre de souverain, il ne s'attribuait le droit de pêche et les autres droits de propriété que dans les rivières navigables de leur fond, sans aucun ouvrage d'art. — Depuis l'abolition du régime féodal; depuis que le domaine direct a été réuni au domaine utile par l'affranchissement de toutes les terres, au profit des propriétaires riverains, la loi n'a accordé à l'Etat aucun droit nouveau dans les ruisseaux et rivières non navigables. Elle s'est bornée à réserver au gouvernement, non comme propriétaire, mais comme administrateur, la police et la surveillance des cours d'eau; et si elle n'a pas toujours formellement consacré le droit de pêche des propriétaires riverains, comme celui des prises d'eau dans les petites rivières et ruisseaux dont il s'agit, elle a du moins été constamment interprétée en leur faveur. C'est ce qui résulte du décret d'ordre du jour de la convention nationale, du 6 juill. 1793, et d'un avis du conseil d'Etat, du 27 pluv. an 13. — Aussi, depuis 1740, les propriétaires riverains ont-ils constamment joui du droit de pêche, en se conformant aux règlements de police sur cette matière. — Le projet actuel ne fait que les y maintenir.

8. D'après l'art. 3, il appartient au gouvernement de déclarer quelles sont les parties des fleuves et rivières, et quels sont les canaux désignés dans les deux premiers paragraphes de l'art. 1, où le droit de pêche sera exercé au profit de l'Etat. — Ce pouvoir, déféré au gouvernement, est en effet indispensable. — Le gouvernement, pour faire la désignation dont il s'agit, a déjà pris ou prendra les mesures les plus convenables. Il a consulté ou consultera non-seulement les agents de l'administration, mais encore les hommes de l'art, les ingénieurs des ponts et chaussées et les autorités locales. Il ne convient pas que la loi prescrive des précautions particulières pour empêcher que le fisc, dans le dessein de dépouiller les propriétaires riverains de leur droit de pêche, ne fasse déclarer navigables ou flottables des rivières, ou parties de rivières qui ne le sont réellement pas et qui ne l'ont jamais été.

9. Toutefois une disposition plus efficacement rassurante pour les droits des propriétaires a été réclamée dans une pétition adressée à vos seigneuries (b); et la commission ne croit pas pouvoir l'écarter. — L'un des attributs, ou plutôt des devoirs de la souveraineté, est de veiller à tout ce qui peut intéresser l'ordre et la prospérité publique, de faire jouir ses sujets de tous les avantages que la navigation peut leur procurer, d'imprimer au commerce le mouvement qu'il croit le plus utile, d'en écarter les obstacles qui peuvent nuire à son activité, et pour cela de rechercher quelles sont les rivières que la nature a destinées à la navigation; de transformer même en rivières navigables celles qui ne le sont pas naturellement, mais qui sont susceptibles de le devenir; d'imposer à cet effet aux propriétés particulières les sacrifices exigés par l'intérêt général. — Mais, si le gouvernement juge à propos de s'emparer d'une rivière, d'un ruisseau, d'un canal qui de sa nature n'est pas navigable, pour la rendre navigable par le moyen d'écluses ou autres ouvrages; s'il croit devoir s'emparer d'un étang appartenant à des communes ou à des particuliers, pour y faire passer un canal destiné à la navigation, peut-il enlever aux propriétaires riverains de ce ruisseau de cette rivière, de cet étang, leur droit de pêche et tous ceux qu'ils y exerçaient légalement, sans les indemniser? — Les anciens jurisconsultes reconnaissaient le droit à l'indemnité des propriétaires de cours d'eau expropriés, soit que la couronne les dépouillât d'un droit de pêche qu'ils avaient précédemment acquis dans une rivière navigable, soit qu'elle transformât en rivière navigable une rivière qui ne l'était pas auparavant, et où le droit de pêche appartenait à des particuliers (c). — En serait-il autrement aujourd'hui? — Peut-être dira-t-on que la concession du droit de pêche qui a été faite aux propriétaires riverains depuis l'abolition du régime féodal n'est qu'un privilége gratuit et précaire; que cette concession ne leur a été faite que pour les indemniser des dépenses auxquelles ils sont assujettis pour le curage et l'entretien de ces cours d'eau; que, lorsqu'ils sont rendus navigables, les propriétaires riverains cessent d'être chargés de cette dépense, et retirent de grands avantages de la navigation; qu'enfin l'avis du conseil d'Etat, du 27 pluv. an 13, qui a abandonné le droit de pêche aux propriétaires riverains, à l'exclusion des communes, porte formellement « qu'ils ne pourront le conserver, lorsque, par la suite, une rivière aujourd'hui réputée non navigable, deviendra navigable. — Mais ce n'est pas de l'avis du conseil d'Etat, du 27 pluv., que les propriétaires riverains tirent leur droit de pêche; ils le doivent, comme nous l'avons déjà établi, à la nature des choses, au droit commun, aux lois qui ont aboli le régime féodal. — Ce droit est reconnu, consacré par l'art. 2 du projet de loi lui-même; dès lors, les auteurs de ce projet ne sauraient refuser une indemnité aux propriétaires riverains qui en sont privés par le fait du gouvernement, sans se mettre en contradiction avec eux-mêmes, et sans violer l'art. 10 de la charte constitutionnelle. — Si ces propriétaires riverains retirent des avantages de ce que leur rivière ou ruisseau est approprié à la navigation; s'ils sont déchargés de la dépense à laquelle ils étaient assujettis pour le curage et l'entretien, ces avantages entreront en considération lors de l'évaluation de l'indemnité, qui devra être plus ou moins forte, selon que le droit de pêche est plus ou moins productif; mais ce ne peut être une raison absolue pour refuser toute indemnité. — Nous pensons donc qu'en faisant droit aux réclamations adressées à la chambre, il convient d'insérer, à la suite de l'art. 3, une disposition additionnelle, qui, pour le cas dont il s'agit, garantisse le droit à l'indemnité.

10. D'après le même art. 3, il appartient au gouvernement de fixer les limites entre la pêche fluviale et la pêche maritime dans les fleuves et rivières affluant à la mer. — Mais l'article ajoute que « ces limites seront fixées à la marée basse, au point où les eaux cessent d'être salées. » — Cette dernière disposition est contraire à celle de l'ordonnance de la marine de 1681. — Vos seigneuries savent que, d'après cette ordonnance, la pêche maritime est libre, tant sur les grèves qu'en pleine mer; que l'ordonnance répute bords et rivages de la mer tout ce qu'elle couvre pendant les nouvelles et pleines lunes, et jusqu'où le grand flot de mars peut s'étendre sur les grèves. — De là il suit que la pêche maritime ou la liberté de la pêche devrait s'étendre, dans les rivières affluant à la mer, depuis leur embouchure jusqu'au point où le grand flot de mars se fait sentir. — C'est ainsi que

(a) Voyez sur cette question et sur plusieurs autres qui sont traitées dans ce rapport les Dissertations féodales de M. le président Henrion de Pensey, v° Eaux.

(b) Cette pétition est celle de M. Saulnier de la Pinclais, de Nantes.

(c) Voy. M. Henrion de Pensey, *loc. cit.*

cela se pratiquait effectivement avant la révolution, excepté dans quelques rivières où la pêche se trouvait soumise à des redevances féodales. Cet état de choses, si favorable à la multiplication et à la prospérité de la population maritime, dura jusqu'à la publication de la loi du 14 flor. an 10, qui autorisa le gouvernement à percevoir les produits de la pêche fluviale dans les rivières navigables ou flottables, et à déterminer les parties où il conviendrait, soit d'affermer la pêche, soit de la concéder à des porteurs de licences. — Ce fut alors qu'en fixant les limites de la pêche fluviale, le gouvernement crut convenable de les étendre, comme le faisait la loi proposée, jusqu'à la marée basse, au point où les eaux cessent d'etre salées.—Cette extension augmenta sans doute un peu les produits de la pêche fluviale; mais elle devint très-préjudiciable à la population maritime. — D'après les renseignements pris en 1818, par ordre du ministre de la marine, il a été vérifié que l'intervalle existant, dans les différents fleuves et rivières affluant à la mer, entre le point où le grand flot de mars se fait sentir et celui où les eaux cessent d'être salées, comprend trois cent trente-deux communes; qu'avant l'an 10 ou 1802, on y comptait neuf cent quatre-vingt-quatre bateaux et deux mille cent quarante et un pêcheurs, tandis que depuis la mise à exécution de la loi du 14 flor., le nombre des bateaux s'était successivement réduit à huit cent seize, et celui des pêcheurs à dix-sept cent quatre-vingt-quatorze; en sorte qu'il y avait cent soixante-huit bateaux et trois cents quarante-sept pêcheurs de moins. — Et quel profit le gouvernement retirait-il de cette extension de la pêche fluviale au détriment de la population maritime? — Il a été calculé qu'en affermant la pêche des fleuves et rivières affluant à la mer, dans l'intervalle dont il s'agit, le produit net pouvait en être porté à 65,166 fr., tandis que, dans le système contraire, il serait réduit à environ 32,000 fr. — Ce serait donc pour un excédant de produit annuel de 33 à 34,000 fr., et, en supposant que ces calculs ne soient pas bien exacts, pour un intérêt fiscal toujours fort mince, que le gouvernement rejetterait les réclamations sans cesse renouvelées d'une nombreuse classe de Français qui, tous les jours, affrontent les dangers de la mer pour nourrir leurs familles; qui, jusqu'à l'âge de cinquante ans, sont sujets aux rigueurs de l'inscription maritime, et fournissent aux vaisseaux du roi une pépinière de matelots. — La question des limites de la pêche fluviale, plusieurs fois soulevée par les ministres successivement chargés du département de la marine, a été, il est vrai, toujours résolue, par le comité et le ministère des finances, dans le sens du projet de loi. — Mais ces décisions n'ont été en quelque sorte que des fins de non-recevoir; elles ont été prises sous l'empire de la loi de floréal, et des nécessités imposées par des budgets déjà votés. — Aujourd'hui qu'il s'agit de refaire la loi, le gouvernement et les chambres ne doivent céder qu'à des raisons conformes aux véritables intérêts de l'Etat; et Vos Seigneuries n'hésiteront probablement point à adopter une solution plus favorable à la marine, qui, dans les nouvelles destinées de la France, semble appelée de plus en plus à rendre de si grands et si glorieux services.—Votre commission est donc d'avis de faire rentrer la pêche fluviale dans les limites tracées par l'ordonnance de 1681, et de les fixer au point où le grand flot de mars se fait sentir.

11. L'art. 4 de la loi proposée introduit, en faveur de la compétence judiciaire, une innovation remarquable. — Malgré la séparation des pouvoirs décrétée par la première de nos assemblées nationales, l'autorité administrative obtint, dans des circonstances extraordinaires, une étendue d'attributions qui a souvent été signalée comme exorbitante. — D'après la législation et la jurisprudence qui ont précédé la restauration, cette autorité ne se bornait pas à ordonner, à prescrire des mesures dans l'intérêt général, à statuer sur les oppositions qui y étaient formées, à rédiger des cahiers des charges, à prononcer sur la validité, quant à la forme des ventes fermes, ou adjudications faites par ses ordres : elle seule pouvait en interpréter les clauses et conditions; et, par suite, elle était appelée à résoudre des questions de propriété, à juger des litiges existant entre des particuliers, à prononcer sur des contestations qui n'intéressaient le gouvernement que comme propriétaire. Les tribunaux ne connaissaient des adjudications administratives que pour leur exécution; il leur était interdit d'en interpréter les clauses. — D'après le projet de loi, au contraire, les tribunaux désormais ne prononceront pas seulement sur les contestations relatives « à l'exécution » des baux et des adjudications du droit de pêche; ils prononceront sur toutes celles qui pourront dépendre « de l'interprétation » des clauses y contenues. C'est devant eux que seront portées toutes les difficultés existant entre les différents fermiers ou porteurs de licences, sur les limites des cantonnements qui leur auront été respectivement adjugés et généralement toutes celles qui pourront s'élever entre l'administration ou ses ayants cause et des tiers intéressés à raison de leurs droits ou de leur propriété. — Les adjudications une fois faites, la loi proposée ne réserve à l'autorité administrative que l'examen de la validité des surenchères.—Ce projet nous paraît en cela parfaitement conforme à la démarcation constitutionnelle des pouvoirs.

12. L'art. 5 détermine d'une manière convenable les peines à appliquer à ceux qui, sans droit, se livrent à la pêche dans les cours d'eau quelconques. — Nous observerons qu'en permettant à tout individu de pêcher à la ligne flottante tenue à la main, dans les fleuves, rivières et canaux navigables, il excepte le temps du frai.— Cette exception ne se trouvait pas dans la première rédaction de cet article, et quelques personnes ont demandé qu'elle fût retranchée comme trop sévère.—Mais votre commission n'a pas pensé que la faveur qui peut être accordée à ce genre de pêche ou de récréation dût aller jusqu'à la permettre dans un temps où l'intérêt de la reproduction du poisson exige qu'on le défende contre tous les moyens quelconques employés pour le détruire. — Elle n'a pas pensé non plus qu'il convînt de placer dans la loi, comme on le propose dans une pétition adressée à la chambre (a), la définition ou la description de la ligne flottante : cette description, si elle est nécessaire, est du domaine des ordonnances du roi.

13. Le tit. 2, relatif « à l'administration et à la régie de la pêche, » ne donne lieu à aucune critique. — Il en est à peu près de même du tit. 3, qui prescrit les règles concernant « les adjudications des cantonnements de pêche. » — Les dispositions de ces deux titres sont presque toutes empruntées du code forestier. Nous ne proposons de changements qu'aux art. 10 et 11. — La loi du 14 flor. an 10 laissait au gouvernement la plus grande latitude, soit pour déterminer les parties des fleuves et rivières navigables où il jugerait la peche susceptible d'être mise en ferme, soit pour régler, quant aux autres, les conditions auxquelles seraient assujettis les particuliers qui voudraient se livrer à la pêche moyennant une licence. — Le projet actuel, au contraire, tout en permettant la concession des licences à prix d'argent, veut que ce mode d'exploitation ne soit employé qu'à défaut d'offres suffisantes pour une adjudication publique aux enchères; il prescrit en conséquence de faire mention, dans ces procès-verbaux d'adjudication, des mesures qui auront été prises pour la publicité, et des offres qui auront été faites.—Ces précautions, nobles pairs, nous paraissent excessives. Dans beaucoup de localités où il n'y a point de chemins de halage, dans celles où plusieurs propriétaires désirent obtenir séparément la jouissance de la pêche le long de leurs propriétés respectives, la pêche ne pourrait être mise en ferme par la voie des adjudications, sans exposer les propriétaires à des vexations, et sans nuire aux intérêts mêmes de l'Etat.—Pourquoi ne pas laisser au gouvernement la faculté d'adopter, suivant les circonstances, le mode d'exploitation qu'il jugera le plus utile et le plus convenable ? — C'est ce que nous proposons d'exprimer dans l'art. 10, en affranchissant l'administration des liens qu'il lui impose. — Quant à l'art. 11, le changement que nous proposons de faire à sa rédaction n'a pour objet que de la rendre plus claire et plus correcte.

14. Le tit. 4, qui traite « de la police et de la conservation de la pêche, » mérite une attention particulière. — La plupart des dispositions qu'il renferme ont été puisées dans l'ordonnance de 1669 et dans les édits de nos rois; mais elles ont été modifiées conformément à l'état actuel et aux besoins de l'industrie (b).—Le projet n'a d'ailleurs conservé des anciennes dispositions que celles qui étaient d'une nature permanente et vraiment législative. Il s'en réfère pour les autres à la sollicitude du gouvernement, et aux règlements qu'il publiera après avoir consulté les gens de l'art et les usages locaux. — Le poisson, étant né pour les eaux, circule successivement dans toutes celles qui sont coulantes, et n'appartient pas plus à telle rivière ou à telle portion de rivière qu'à telle autre. Au temps du frai, il remonte souvent jusque dans les petits ruisseaux; il préfère alors les lits les plus resserrés, et notamment ceux dont les eaux sont limpides et les bords ombragés d'arbustes.—Il ne saurait donc être permis aux propriétaires riverains des rivières et ruisseaux dans lesquels ils ont droit de pêche, ni d'attaquer le poisson au temps de sa reproduction, ni d'employer pour le prendre, en quelque temps que ce soit, des moyens qui pourraient dépeupler les rivières, ni de chercher à le fixer dans les parties de cours d'eau qui traversent ou bordent leurs propriétés, par des barrages, grilles ou autres ouvrages qui l'empêcheraient entièrement de monter ou descendre dans les autres parties des rivières ou ruisseaux.—Les mêmes prohibitions doivent être appliquées aux fermiers de la pêche et aux porteurs de licences dans les rivières navigables, pour qu'aucun d'eux n'entreprenne rien dans son cantonnement contre l'intérêt général.

15. C'est sur ce principe de l'intérêt général qu'est fondé le droit de police et de surveillance que l'art. 715 c. civ. attribue au gouvernement sur l'exercice de la pêche dans toutes sortes de cours d'eau, ainsi que toutes les dispositions prohibitives que renferme le projet actuel. — C'est d'après ce principe que votre commission a cru devoir écarter toutes les réclamations que l'intérêt privé a suggérées contre ces prohibitions, et qui tendent à soustraire à leurs effets la pêche qui s'exerce au profit des particuliers dans les rivières et ruisseaux non navigables. — La commission se borne à proposer de légères modifications dans quelques-uns des articles dont ce titre est composé.

16. L'art. 27 défend aux fermiers de la pêche et à tous autres individus, sous peine d'amende de 50 fr., « de prendre le poisson à la main. » — En reconnaissant que cette manière de prendre le poisson peut contribuer sensiblement à le détruire, ce n'est du moins que lorsqu'on en fait une véritable pêche dans le lit des rivières, fleuves ou ruisseaux, et qu'on l'emploie à prendre le poisson entre les racines des arbres, ou dans les cavités qui lui servent d'asile, surtout après l'avoir enivré par des drogues, ou pendant le temps de langueur qu'il éprouve avant et après celui du frai.—La loi ne saurait défendre aux fermiers de la pêche, aux porteurs de licences et aux propriétaires, de prendre à la main ou autrement le poisson qui, après le débordement des rivières ou ruisseaux, est resté abandonné dans les flaques d'eau isolées. — Il semble donc nécessaire, pour éviter toute équivoque, de placer dans l'art. 27 un mot qui exprime l'action de la pêche.—L'art. 31 semble aussi susceptible d'une rédaction plus simple et plus nette.

17. L'art. 32 excepte de la prohibition qu'il prononce contre les filets qui n'auraient pas certaines dimensions, ceux qui sont destinés uniquement à la pêche des petits poissons, et qui seront déterminés par des ordonnances royales. — Quelques personnes auraient désiré que l'exception comprît nominativement les filets destinés à la pêche des anguilles. — Mais les ordonnances royales ne peuvent manquer de pourvoir aux besoins de ce genre de pêche ; elles seules peuvent prescrire les mesures nécessaires pour prévenir l'abus qu'on pourrait faire des filets qui y sont destinés.

18. L'art. 35 défend à tous individus quelconques de colporter, débiter et « tenir en réservoir » certaines espèces de poisson qui n'auraient pas encore acquis une dimension déterminée. — Il est à craindre que la défense de tenir en réservoir de pareil poisson ne donne lieu à des équivoques; qu'elle n'expose à des perquisitions vexatoires des citoyens qui ne font pas métier de colporter et débiter le poisson. — Pour éviter cet inconvénient, la commission propose de supprimer dans cet article les mots « tenir en réservoir : » il lui semble suffisant de dire qu'il est défendu à tous individus de colporter et débiter des truites, ombres, etc., ayant moins de 16 centimètres, etc.

19. Le tit. 5 traite « des poursuites en réparation de délits et contraventions, » et se divise en deux sections : la première, relative aux poursuites exercées au nom de l'administration ; la seconde ayant pour objet celles qui sont exercées au nom et dans l'intérêt privé des fermiers de la pêche et des particuliers.—Cette division, admise par le code forestier, est fondée sur la nature des choses. — Le gouvernement exerce la surveillance et la police de la pêche dans l'intérêt général. — Si donc il s'agit de délits ou de contraventions qui portent atteinte à l'intérêt général, s'il s'agit d'infractions aux règles prescrites par le tit. 4 pour empêcher le dépeuplement des rivières et cours d'eau, la constatation doit en être faite par les agents spéciaux de l'administration et par les officiers de police judiciaire ; les poursuites doivent être exercées par ces agents spéciaux, concurremment avec les officiers du ministère public. —Il n'en est pas de même des autres délits ou contraventions qui ne portent préjudice qu'aux fermiers de la pêche, aux porteurs de licences et aux propriétaires. La réparation de ces sortes de délits ou contraventions ne doit être poursuivie qu'au nom des parties lésées : c'est à leurs gardes particuliers qu'est imposée l'obligation de les constater; cette constatation n'est que facultative de la part de ceux de l'administration, et le ministère public ne doit figurer dans les procès qui en sont la suite que comme partie jointe, pour requérir, s'il y a lieu, l'application des peines.

(a) Celle de Kresz aîné, demeurant à Paris.

(b) Les considérations de M. Dralet sur l'histoire naturelle des poissons, sur la pêche et les lois qui la régissent, sont très-utiles pour l'intelligence et l'examen de cette partie du projet de loi.

—D'après cette distinction, l'art. 41 range mal à propos dans la catégorie des délits et contraventions qui doivent être constatés et poursuivis au nom de l'administration, le fait spécifié en l'art. 5, c'est-à-dire le délit commis par les individus qui se livrent à la pêche sans la permission de celui à qui le droit de pêche appartient; car ce délit ne nuit point directement à l'intérêt général: il n'est point du nombre de ceux qui contribuent nécessairement au dépeuplement des rivières. —Cette atteinte portée à la propriété privée peut bien être constatée par les agents de l'administration: il est même utile qu'elle le soit quand cela est possible; mais les poursuites ne doivent avoir lieu qu'au nom des parties intéressées. —Nous proposons de rectifier en ce sens l'art. 41.

20. Presque toutes les autres dispositions contenues dans le tit. 5 et dans les suivants, qui se rapportent aux peines, aux condamnations et à l'exécution des jugements, sont empruntées du code forestier, et ne permettent aucune critique. —Vos Seigneuries remarqueront que, d'après ce projet de loi, comme d'après le code forestier, les amendes et autres condamnations pécuniaires seront souvent converties en emprisonnement, parce qu'à défaut par les délinquants de vouloir ou de pouvoir les acquitter, ils subiront une détention déterminée dans des proportions qui nous semblent justes. —Cette remarque répond aux réclamations des personnes qui craignent que les peines prononcées contre les délinquants insolvables ne soient pas assez sévères, et qu'il n'en résulte une impunité de fait. —Ainsi, malgré les légères imperfections que nous avons cru y apercevoir, le projet de loi n'en est pas moins un nouveau bienfait du règne de Charles X.

Rapport fait par M. Mestadier, à la chambre des députés, au nom de la commission chargée de l'examen du projet de loi relatif à la pêche fluviale (séance du 6 mars 1829).

21. Messieurs, présenté l'année dernière à la chambre des pairs, le projet de loi sur la pêche fluviale a soulevé des questions très-graves d'intérêt privé, d'intérêt général, même de droit public; il a subi d'importantes modifications. — Votre commission n'a rien négligé pour se montrer digne de la mission qui lui est confiée. Elle m'a fait l'honneur de me charger de vous rendre compte du résultat de ses délibérations.

Une loi sur la pêche est-elle nécessaire? Tel a dû être le premier objet de son examen. Les lois inutiles constatent presque toujours l'inexécution des lois existantes, ou un désordre dans l'organisation des pouvoirs de la société: on ne peut en espérer aucune force, aucun avantage. — Devenue insuffisante pour la conservation des forêts, l'ordonnance de 1669 a été remplacée sous ce rapport par le code forestier. Le tit. 31 est relatif à la pêche. Pourrait-il seul, avec le titre de la chasse, rester loi de l'Etat? L'ordonnance a trente-deux titres. Les peines que prescrit le tit. 31 ne sont plus en rapport ici avec les peines que nos nouvelles lois autorisent à infliger pour la répression des délits, ni même avec nos institutions constitutionnelles. En effet, les tribunaux pouvaient punir corporellement, sans que la nature et la durée de la peine fussent déterminées; les pêcheurs étaient érigés en communautés et en maîtrises; les maîtres pêcheurs pouvaient seuls pêcher sur les rivières navigables, et, en cas de contravention, ils pouvaient être bannis des rivières pour trois ans. — Le tit. 31 de l'ordonnance est composé de vingt-six articles. Quels sont ceux que nos lois nouvelles ont abrogés implicitement ou explicitement? Un arrêté du directoire exécutif, du 28 mess. an 6, ordonna que la publication nouvelle serait faite de onze articles seulement; les autres n'étaient donc plus obligatoires. Le directoire ne se permit pas de les déclarer abrogés; il n'en avait pas le droit.— Un décret du 8 frim. an 2 avait déclaré la pêche libre tout le monde; en restituant au domaine public la pêche dans les rivières navigables, la loi du 14 flor. an 10 ne fit-elle pas nécessairement revivre quelques-uns des articles non publiés par le directoire, notamment l'art. 15 portant prohibition aux mariniers d'avoir des engins à pêcher?

A tort ou à raison, le seigneur du territoire et le seigneur haut justicier prétendaient au droit de pêcher sur les rivières non navigables, soit comme droit de police, soit à titre de propriété seigneuriale: à qui ce droit appartient-il depuis les lois et décrets des 4 août 1789, 15 mars 1790, 13 avr. 1791, 25 août 1792, 6 et 30 juill. 1793, qui abolirent la féodalité, les justices seigneuriales, et déclarèrent le droit de pêche compris dans la suppression? Plusieurs communes firent consacrer le droit de succéder aux seigneurs pour l'exercice exclusif de la pêche, et le droit des riverains n'a encore été reconnu que par un avis du conseil d'Etat des 27 et 30 pluv. an 13. — L'ordonnance de 1669, la loi du 22 déc. 1790 et celle du 14 flor. an 10, ne considèrent que les rivières navigables comme la propriété de l'Etat. L'art. 538 c. civ. déclare, en outre, les rivières « flottables » des dépendances du domaine public. Cette disposition suffit-elle pour rendre applicables à la pêche, dans les rivières « flottables, » les dispositions pénales et réglementaires des lois antérieures sur la pêche dans les rivières « navigables?—Quel peut être l'effet du code civil, relativement aux droits acquis sur les rivières « flottables » avant sa publication? — Le respect dû au droit de propriété, la police des fleuves, le repeuplement des rivières, rendaient donc indispensable une loi sur la pêche fluviale. — En consultant les autorités administratives, le gouvernement du roi a donné un nouveau gage de son intention de faire ce qui est le plus utile à l'Etat. C'est ainsi que fut préparé le code civil, monument dont la gloire paisible vaut bien d'autres gloires. C'est ainsi que devraient être toujours préparées toutes les lois importantes qui restent à faire, et surtout les lois qui auront pour objet l'affermissement du gouvernement représentatif, en développant avec sagesse nos institutions constitutionnelles.

22. La définition des rivières navigables et flottables, les formes à suivre pour cette classification, ses effets quant aux droits des tiers. — L'étendue du droit de pêche qui appartient à l'Etat et la connexité de ce droit avec la propriété du fonds des cours d'eau — Le droit des riverains aux cours d'eau non navigables ou non flottables, et l'indemnité qui leur revient en cas que le cours d'eau soit rendu flottable ou navigable. — La validité des prétentions de quelques particuliers à des droits de pêche, en vertu de titres ou de possession, sur des rivières navigables ou flottables.—La distinction à établir entre le domaine de la loi et le domaine des ordonnances sur l'exercice de la pêche. — La répression des faits qui nuisent au repeuplement des rivières, et spécialement les mesures à prendre relativement aux barrages. — Le système adopté pour l'exploitation de la pêche appartenant à l'Etat. — Le droit de poursuivre d'office la répression des délits de pêche commis au préjudice des particuliers. — La classification des délits et des peines. — Tels sont, messieurs, les points importants, pour la propriété privée comme pour la propriété publique, pour l'intérêt individuel des riverains comme pour l'intérêt général, tels sont les points qui doivent être sagement réglés par la loi qui vous est proposée.— Composé de quatre-vingt-six articles, le projet est divisé en huit titres: le premier traite du droit de pêche; le deuxième, le troisième et le quatrième, de l'administration de la pêche; le cinquième, des poursuites en réparation de délit; le sixième, des peines et condamnations; le septième, de l'exécution des jugements, et le huitième, des dispositions générales transitoires.

23. § 1.—Une première question a dû appeler l'attention de tous ceux qui se sont occupés de cette loi. A qui appartient la propriété du lit des fleuves et rivières navigables ou non navigables, flottables ou non flottables? Le droit de pêche est, dit le décret du 19 oct. 1811, une dépendance indivisible de la propriété; c'est ou doit être une conséquence de la propriété. C'est, disent les jurisconsultes, un fruit de la propriété foncière des cours d'eau: telle est l'idée simple et naturelle qui se présente la première. — Mais, au lieu de déduire le droit de la propriété, on a fait l'inverse, sans faire attention que le lit des cours d'eau, « considéré comme chose publique pour l'usage du public, » pouvait fort bien être, « à tous autres égards, » une dépendance des fonds riverains, et n'être au public qu'autant que le lit est couvert d'eau. On n'a pas non plus assez remarqué que la pêche n'était souvent exercée qu'à titre de juridiction et de police; les choses publiques diffèrent quelquefois essentiellement des choses qui appartiennent à l'Etat. Elle était grande autrefois la diversité des opinions sur la nature du droit que les seigneurs s'étaient arrogé relativement au cours d'eau, et on vit souvent le seigneur haut justicier le disputer au seigneur féodal.

Avant que le code civil eût placé les rivières flottables dans le domaine public, les fleuves et rivières navigables, portant bateaux de leur fonds et sans artifice ni ouvrages de main, pouvaient être seuls considérés comme appartenant à l'Etat; ce serait donc un droit nouveau consacré par le code civil; mais le code civil ne définit pas ce qu'on doit entendre par le mot *flottable*, et, s'il est possible de considérer comme telles les rivières où le bois est seulement jeté à bûches perdues, on peut aussi réduire la classification aux rivières où peuvent flotter les grands trains ou radeaux; on pourrait même demander que la dimension en fût légalement déclarée.— Il s'agira donc de régler ce qu'aucune loi antérieure n'a réglé: par voie de conséquence le droit antérieur de propriété pourrait recevoir la plus injuste atteinte; car du droit antérieur de propriété a pu résulter le droit de faire des prises d'eau pour l'irrigation, par des ouvrages permanents et apparents; le droit d'établir des moulins et autres usines, par une dérivation d'une partie des eaux; le droit de vendre la propriété des eaux et l'usage de leur puissance motrice. — En déclarant les rivières flottables une dépendance de l'Etat, le code civil n'a pas pu vouloir porter atteinte aux droits « antérieurs » légalement acquis « sur les rivières flottables, » et la définition du mot « flottable, » que donne l'art. 1 du projet de loi, n'aura non plus aucun effet rétroactif.

Mais les droits, les prétentions peuvent varier à l'infini, et être susceptibles de litige. Il eût été impossible de tout prévoir; il eût été impossible de régler par la loi nouvelle les effets de l'ancienne législation du droit intermédiaire et du code civil. — N'a-t-il pas été plus sage de laisser toutes les questions de propriété en dehors du projet sur la pêche, sans rien préjuger, rien ajouter, rien retrancher? C'est ce qu'on vous propose; l'exposé des motifs le déclare, le projet ne traite que de la pêche, et c'est ainsi que l'a entendu la commission; en conséquence elle vous propose d'adopter la définition du mot « flottable » que donne l'art. 1. — Quel que soit le propriétaire du lit de la rivière « navigable ou flottable, » le droit de pêche doit faire partie du droit de surveillance d'inspection, de juridiction exercée par l'Etat dans l'intérêt général de la navigation et de l'approvisionnement des villes, des fabriques, des usines.

24. Le § 1 veut, avec raison, que l'entretien soit à la charge de l'Etat ou de ses ayants cause; c'est par erreur qu'il est dit à la charge de l'Etat et de ses ayants cause. Si un canal a été cédé à une compagnie, c'est la compagnie, ce n'est plus l'Etat qui entretient; le mot *ou* doit être substitué. — Le § 2 ne considère comme une dépendance des fleuves et rivières navigables et flottables, que les bras, noues, boires et fossés qui en tirent leurs eaux, dans lesquels on peut en tout temps passer ou pénétrer librement en bateau de pêcheur, et dont l'entretien est également à la charge de l'Etat; cette double condition ne permet pas le moindre doute sur le droit exclusif de l'Etat ou de ses ayants cause.

25. Le § 3 est ainsi conçu: « Le tout sans préjudice des droits acquis à des tiers par possession ou titre régulier. » — La loi ne doit jamais avoir d'effet retroactif; la réserve des droits antérieurs est juste: un titre qui n'est pas régulier n'a aucune valeur; mais un titre peut être régulier, c'est-à-dire revêtu de toutes les formes extérieures que la loi exige, et cependant n'être pas valable, soit à raison de la capacité des parties contractantes, soit à raison de la nature des choses dont il s'agit; on ne peut vouloir admettre qu'un titre *légal*, et l'adjectif « régulier » est au moins inutile. La commission propose de le supprimer à la fin de ce paragraphe, ainsi qu'à l'art. 2; quant à la possession, on comprend que le droit puisse résulter de la possession, « comme dépendance du droit de propriété du cours d'eau acquis ou conservé par sa possession. » — Mais a-t-on pu acquérir « par la possession, sans titre, » le droit de pêche « isolé du droit de propriété, » le droit de pêche sur une rivière appartenant à l'Etat ou à un particulier?... — On ne doit entendre le mot « possession » que dans un sens « légalement admissible » suivant les lois anciennes et nouvelles. — Si la loi actuelle ne doit pas avoir d'effet rétroactif au préjudice des individus, elle ne doit pas non plus en avoir au préjudice de l'Etat.

26. L'exception qui termine l'art. 1 en faveur des canaux et fossés existants dans les propriétés particulières et entretenus aux frais des propriétaires, est trop évidemment juste pour qu'il soit nécessaire de la justifier; mais le mot « existant » a paru devoir être substitué au mot « creusé, » qui aurait pu servir de prétexte pour inquiéter les propriétaires.

27. En donnant aux riverains le droit de pêche dans les cours d'eau non navigables et non flottables, chacun de son côté, jusqu'au milieu du cours de l'eau, l'art. 2 consacre légalement le principe reconnu par le décret du 27 pluv. an 13, reconnu aussi dans notre dernier droit par plusieurs auteurs estimés; il en est du lit des cours d'eau comme des chemins et voies publiques.

28. Le premier paragraphe de l'art. 3 est ainsi conçu: « Des ordonnances royales, insérées au Bulletin des lois, détermineront quelles sont les parties des fleuves et rivières, et quels sont les canaux désignés dans les deux premiers paragraphes de l'art. 1, où le droit de pêche sera exercé au profit de l'Etat. » — La fixation des limites est-elle du domaine de la loi ou du domaine des ordonnances? Elle a pour objet, elle a pour effet de placer hors du domaine privé, de placer dans le domaine public des parties de fleuves et de rivières, de les soumettre ainsi sous plusieurs rapports à une législation différente, de priver les riverains du droit de pêche et de la libre disposition des eaux. Nul doute sur le droit du pouvoir législatif; en décla-

rant que les rivières « flottables et navigables » sont une dépendance du domaine public, en disant ce que l'on doit entendre par une rivière « flottable, » le législateur consacre le principe général; mais l'application du principe sera variable selon les lieux, souvent hérissée de difficultés, soumise à de nombreuses exceptions. Le législateur doit s'arrêter dans les limites du possible et ne pas risquer d'agir au hasard; et ne pouvant pas connaître les détails, les circonstances, les spécialités locales, il pose les points fondamentaux et délègue le surplus de ses pouvoirs. Une garantie est donnée contre l'abus, c'est la publicité des ordonnances; elles seront insérées au Bulletin des lois, et le recours des tiers dont les droits seraient compromis est de droit consacré.

29. Le § 2 de l'art. 3 fixe les limites entre la pêche fluviale et la pêche maritime, dans les fleuves et rivières affluant à la mer, à la marée haute, au point où les eaux cessent d'être salées. — Le premier projet proposait de fixer les limites à la marée basse, conformément à la loi du 14 flor. an 10; c'est la chambre des pairs qui, voulant étendre de quelques lieues les limites de la pêche maritime, a voté pour la fixation à la marée haute, mais en prenant toujours pour règle la salure des eaux. Depuis l'ordonnance de 1681 jusqu'à la révolution, le point où pénètre le flux dans les hautes marées d'équinoxe avait servi de limite entre la pêche fluviale et la pêche maritime; le grand flot de mars ne devrait-il pas servir encore de règle? — Il y a ici trois intérêts différents à considérer: l'intérêt du fisc, celui de la marine et celui de la conservation du poisson. — Ce serait pour le fisc une différence de 34,000 à 35,000 fr. en plus ou en moins; ce produit est sans importance. — Il n'en est peut-être pas de même des deux autres intérêts: les questions qui touchent à la prospérité de la marine française seront toujours traitées avec la plus grande faveur; et il a été vérifié que la différence entre le point où le grand flot de mars cesse de se faire sentir et le point où les eaux cessent d'être salées, est de vingt-cinq à trente lieues; cet intervalle comprend trois cent trente-deux communes. Avant l'an 10 (1802), on y comptait neuf cent quatre-vingt-quatre bateaux et deux mille cent quarante et un pêcheurs; le nombre des bateaux s'est successivement réduit à huit cent seize, et celui des pêcheurs à mille sept cent quatre-vingt-quatorze; différence en moins, cent soixante-huit bateaux et trois cent quarante-sept pêcheurs. Ces faits ont été l'objet des plus sérieuses méditations. — Mais c'est un double principe que, dans la mer, la pêche est libre à tous, et que, dans les fleuves, rivières et cours d'eau, elle est la propriété, soit de l'État, soit des riverains. Si l'on prenait pour limite le point où le grand flot de mars se fait sentir, la pêche deviendrait libre dans les fleuves et rivières à une distance de la mer de trente à quarante lieues; dans la Dordogne jusqu'à Libourne, dans la Seine jusqu'à Pont-de Larche; ce serait évidemment une irruption exagérée de la pêche maritime, hors de toute mesure, hors de toute vérité. Cette irruption aurait l'effet le plus funeste sur la conservation du poisson, l'administration n'ayant plus dans tout cet espace aucun droit de surveiller l'exercice de la pêche. D'ailleurs la loi de l'an 10 a déjà vingt-sept ans de date et d'exécution; les limites de la pêche maritime seront étendues de quelques lieues de plus, et, en prenant pour règle la salure des eaux à la marée haute, le projet concilie le respect des lois, la vérité des faits, l'intérêt de la marine et l'intérêt de la société à la conservation du poisson. — Tels sont les motifs qui ont déterminé le vœu de la commission en faveur du deuxième paragraphe de l'art. 3.

30. Le troisième paragraphe reconnaît le droit à une indemnité, pour les propriétaires qui seront privés du droit de pêche, dans le cas où des cours d'eau seraient rendus ou déclarés navigables ou flottables. Il suffit d'énoncer ce principe pour en reconnaître la justice; mais il est indispensable de remarquer, il est important de constater qu'en parlant de l'indemnité pour la pêche, cet article n'est point exclusif de tout autre droit à une indemnité; si l'article ne parle d'indemnité que pour la pêche, c'est parce que le projet laisse en dehors les questions de propriété, et ne traite que de la pêche.

31. L'art. 4 règle la compétence relativement aux contestations qui pourront s'élever, et il consacre la juridiction des tribunaux, non-seulement entre l'administration ou ses ayants cause et des tiers intéressés, à raison de leurs droits ou de leurs propriétés, mais encore entre l'administration et les adjudicataires, relativement à l'interprétation et à l'exécution des baux et adjudications, abandonnant ainsi la compétence des conseils de préfecture sur les conventions du gouvernement avec des tiers, relativement à des intérêts matériels. La commission applaudit à cette grande amélioration dans l'ordre des juridictions. — A la quatrième ligne de l'art. 4, le mot *ou* doit être substitué au mot *et*. On doit dire: « entre l'administration ou ses ayants cause. »

32. L'art. 5 est la sanction du droit de propriété reconnu par les articles précédents; il punit justement d'une amende de 20 à 100 fr. l'individu qui pêche sans la permission de celui à qui le droit de pêche appartient; mais la confiscation des engins de pêche, « même non prohibés, » est ordonnée impérativement par le § 2. Cette disposition a paru trop sévère, et la commission propose de la rendre facultative.

33. § 2. — Le tit. 2 traite de l'administration et de la régie de la pêche; il est composé de quatre articles, dont trois sont littéralement extraits du code forestier: ils sont relatifs à l'âge des gardes-pêche, à leur serment, à leur responsabilité et au dépôt de l'empreinte des fers destinés à la marque des filets. — La commission a considéré comme trop rigoureuse la disposition absolue de l'art. 8, portant que les gardes-pêche sont responsables des délits commis dans leurs cantonnements. Les délits forestiers laissent des traces qu'il est possible de reconnaître et de suivre; il n'en est pas de même des délits de pêche; ne voulant pas exposer à une peine inévitable le garde qui a fait son devoir et rempli ses fonctions avec zèle, la commission vous propose de rendre cette disposition facultative, disant seulement que les gardes-pêche pourront être déclarés responsables des délits commis dans leurs cantonnements. Les tribunaux n'en auront pas moins le pouvoir de punir la complicité, la connivence, même la négligence, et cela suffit à la société.

34. § 3. — Le tit. 3 traite des adjudications des cantonnements de pêche; il est composé de treize articles, de 9 à 22. Les art. 10 et 11 prescrivent l'adjudication publique aux enchères et à l'extinction des feux; ils ne permettent la concession des licences qu'à défaut d'offres suffisantes; les onze autres sont littéralement extraits du code forestier. Toutes les précautions possibles sont prises pour prévenir ou réprimer la fraude.

35. § 4. — Le tit. 4 traite de la conservation de la police de la pêche; il est aussi composé de treize articles, de 22 à 35, et contient quelques dispositions dignes de toute votre attention. — Ce serait en vain que le législateur prendrait tous les moyens d'empêcher le dépeuplement des rivières, soit en déterminant lui-même la forme des filets et engins, les temps, saisons et heures de la pêche, la dimension des poissons, soit en proscrivant l'emploi des drogues ou appâts qui sont de nature à enivrer le poisson ou à le détruire, s'il permettait les barrages qui, empêchant la remonte du poisson, nuisent plus au repeuplement des rivières que toutes les drogues et tous les engins prohibés, et si l'administration ne tenait pas sévèrement la main à la prompte destruction des barrages frauduleusement construits pendant l'anarchie à laquelle le projet de loi mettra enfin un terme. — Pourvus par la nature de l'instinct et de la force nécessaires pour affronter et vaincre les plus grandes difficultés, les poissons franchissent les digues, les déversoirs les plus rapides. Ils remontent les fleuves et rivières souvent jusqu'à la source pour y déposer leur frai. — Au lieu de présenter des deux côtés une pente douce sur laquelle le cours d'eau, quoique très-rapide, ne peut pas arrêter la remonte, des barrages présentent au poisson qui remonte une face perpendiculaire qui oppose à ses efforts un obstacle invincible, le fait retomber dans les filets placés au pied du barrage, et empêche ainsi la reproduction. — C'est donc avec raison que l'art. 24 interdit les barrages ayant pour objet d'empêcher entièrement le passage du poisson. — A cet égard nulle possession n'a pu donner le droit, car la possession ne pourrait pas faire supposer un titre. Ce serait le droit d'empêcher le repeuplement des rivières, et on ne prescrit ni contre le droit naturel ni contre la police générale, le bon ordre, le droit public. Dans ce cas, l'abus peut toujours être réformé.

36. A l'art. 26, § 2, la commission propose de supprimer comme inutiles les mots: « autres que celui dont il est fait mention dans l'art. 25. » Le premier de ces articles contient une disposition spéciale contre l'emploi coupable des drogues destructives du poisson, et le second une prohibition générale de tous les procédés de nature à nuire au repeuplement des rivières. Il est trop visible que le deuxième ne déroge pas au premier, pour qu'il soit nécessaire de l'exprimer.

37. L'art. 29, § 1, punirait d'une amende de 30 à 100 fr. ceux qui seront trouvés porteurs ou munis, hors de leur domicile, d'engins ou instruments de pêche prohibés; c'est une tentative de délit, et votre commission a longtemps hésité à vous proposer de la consacrer. — En statuant (art. 3) que les tentatives de délit ne sont considérées comme délit que dans les cas déterminés par une disposition spéciale de la loi, et en bornant la répression des tentatives de délits aux cas très-graves qui sont prévus par les art. 179, 401, 405, 414 et 415, le code pénal avertit que ce cadre périlleux ne doit pas être légèrement étendu. Néanmoins, après de mûres réflexions, la commission s'est déterminée pour le principe, à cause de la nature des délits de pêche qui ne laissent aucune trace, et aussi parce qu'il s'appliquera seulement aux engins prohibés; il y a même exception dans le cas de destination de ces engins à la pêche dans des étangs ou réservoirs. Mais la peine a paru excessive, et votre commission propose de la réduire à une amende qui ne pourra pas excéder 20 fr. et à la confiscation des engins.

38. En prohibant avec une sage prévoyance la vente des poissons au-dessous des dimensions déterminées par les ordonnances, l'art. 30 excepte seulement les ventes d'alevin provenant des étangs ou réservoirs, et destinés à l'empoissonnement; en sorte que le propriétaire qui aurait le malheur de trouver en pêchant dans son étang, comme cela arrive trop souvent, du poisson très-petit, et néanmoins ne convenant pas à l'empoissonnement, ne pourrait en tirer aucun parti, sous peine d'amende et confiscation. Par respect pour le droit de propriété, la commission propose d'excepter généralement le poisson provenant des étangs et réservoirs.

39. L'art. 33 punit avec raison d'une amende de 50 fr. et de la confiscation des filets les mariniers qui auront dans leur bateau des filets et engins de pêche; mais il les oblige à souffrir la visite toutes les fois qu'ils en seront requis, et cette disposition a paru trop gênante pour la navigation commerciale, trop susceptible d'abus de la part des agents de la police de la pêche: votre commission propose de ne les assujettir à la visite que dans les lieux où ils aborderont.

40. L'art. 34 oblige non-seulement les fermiers de la pêche et les porteurs de licence, mais encore tous pêcheurs en général, à emmener leurs bateaux et à faire l'ouverture de leurs loges et réservoirs à toute réquisition des préposés. Votre commission a considéré cette disposition comme trop offensive pour les propriétaires qui, riverains d'un cours d'eau ou d'une partie de rivière non flottable, non navigable, tiennent du droit de propriété leur droit à la pêche; elle propose de restreindre l'article aux rivières navigables et flottables.

41. L'art. 35 oblige avec justice les fermiers et porteurs de licence à traiter de gré à gré avec les propriétaires riverains pour l'usage des terrains dont ils auront besoin, pour retirer et assener leurs filets. Le riverain d'un cours d'eau déclaré flottable ne doit que le marchepied, et nul ne peut disposer de sa propriété sans son consentement, sauf le cas d'expropriation pour cause d'utilité publique, exception qui ne peut pas s'étendre à l'exercice de la pêche par un fermier ou porteur de licence.

42. § 5. — Le tit. 5 traite des poursuites en réparation des délits. — La poursuite d'office est autorisée par l'art. 36 pour tous les délits spécifiés au tit. 4, et ce sont des délits publics; c'est à la diligence des parties intéressées que seront exercées les poursuites et actions pour réparation du préjudice qu'elles prétendront avoir éprouvé. — L'art. 56 est relatif à l'inscription de faux contre un procès-verbal; la commission propose de porter à huit jours au moins et quinze jours au plus, au lieu de trois à huit jours, le délai pour le dépôt des moyens de faux et des noms, qualités et demeures des témoins. Ce n'est pas tout que de consacrer le droit naturel de la défense, il ne faut pas le rendre illusoire.

43. Une erreur non moins grave serait consacrée par l'art. 59, relatif à la proposition d'une exception préjudicielle: cet article oblige le prévenu dont l'exception a été admise à saisir lui-même les juges civils de la connaissance du litige, sous peine de voir passer outre. — Une plainte est portée, le prévenu est défendeur et présumé innocent: il se prétend propriétaire, ou il propose à tout autre titre une exception préjudicielle. Jusqu'à présent une grande incertitude a existé sur le point de savoir si le tribunal de police correctionnelle n'était pas tenu de renvoyer, dans tous les cas, le jugement de l'exception préjudicielle aux tribunaux civils, sans examen et sans en apprécier le mérite, même apparent ou probable. — Ne permettant plus un doute fort préjudiciable à l'administration de la justice, l'article donne, avec raison, au tribunal de police correctionnelle le droit de passer outre si l'exception préjudicielle paraît dénuée de tout fondement. Mais si, lui trouvant une apparence de justice, admettant l'exception préjudicielle, le tribunal sursoit à prononcer sur la plainte et renvoie à fins civiles, le prévenu ne cesse pas pour cela d'être défendeur: déjà présumé innocent, cette probabilité d'innocence a acquis un degré de plus par le jugement qui a admis l'exception. Le sursis laisse le plaignant avec la qualité de demandeur et tous les devoirs qui en résultent, c'est donc au plaignant que doit rester le devoir de saisir les juges compétents de la connaissance du litige: en charger le prévenu, le défendeur, c'est intervertir les rôles et méconnaître les principes de la justice. — Ce serait, dans tous les cas, une exagération tout à fait inadmissible, que de conclure du retard du tri-

bunal civil que la cause doit revenir au tribunal de police correctionnelle, qu'elle doit y être jugée, malgré la probabilité reconnue de la justice de l'exception préjudicielle, et le jugement exécuté provisoirement, sauf l'emprisonnement, par la consignation du montant des condamnations pécuniaires. — Ce serait même compromettre, en quelque sorte, l'autorité de la chose jugée; car l'exception préjudicielle venant à être admise plus tard par le tribunal civil, le jugement du tribunal de police correctionnelle serait regardé comme non avenu, sans être réformé, ce que l'article ne dit cependant pas. — La commission propose de considérer le sursis comme indéfini et de laisser à la partie la plus diligente le soin de saisir les juges compétents; elle soumet, en conséquence, à la chambre une nouvelle rédaction de l'art. 59, y supprimant d'ailleurs quelques mots qui lui paraissent inutiles.

44. Il y a une si grande analogie entre les délits de pêche, les délits de chasse et les délits ruraux, que la commission, déterminée d'ailleurs par le désir de ne pas prolonger hors d'une juste mesure l'incertitude d'une répression qui, pour être efficace, ne doit pas être différée, vous propose de restreindre la prescription à un mois au lieu de trois, lorsque le prévenu est désigné dans le procès-verbal, et, dans le cas contraire, à trois mois au lieu de six, comme le propose l'art. 62.

45. L'art. 68 déclare plusieurs articles antérieurs du projet de loi applicables aux poursuites exercées au nom et dans l'intérêt des particuliers et des fermiers de la pêche; la commission a vérifié et reconnu la justice de cette application, et elle vous propose de réparer ce qui est probablement un oubli, en ajoutant à cette nomenclature l'art. 48, qui attribue la connaissance des délits de pêche aux tribunaux de police correctionnelle. — Au moyen de cette addition, l'art. 69 devient inutile.

46. L'art. 70 porte que les fermiers de la pêche et les particuliers seront tenus de remettre, dans le mois, au procureur du roi, les procès-verbaux dressés par leurs gardes. La commission n'a pas pu reconnaître qu'il fût convenable d'obliger les particuliers à dénoncer malgré eux de simples délits de pêche, pour lesquels la loi leur donne action directe, sans les y contraindre. La législation sur la chasse lui a paru préférable, et elle vous propose de rejeter cet article.

47. § 6. — Le tit. 6 traite des peines et condamnations; il est composé de six articles, de 70 à 77, et l'art. 74 est seul l'objet d'une proposition contraire; cet article a pour objet d'interdire aux tribunaux la faculté d'appliquer aux délits de pêche les dispositions de l'art. 463 c. pén. — Vous savez, messieurs, que l'art. 463 prescrit de réduire, dans tous les cas où la peine d'emprisonnement est portée par le code, l'emprisonnement au-dessous de six jours, et l'amende au-dessous de 16 fr., même de prononcer séparément l'une ou l'autre de ces peines, si le préjudice n'excède pas 25 fr., et si les circonstances paraissent atténuantes. La commission a pensé que, bien loin d'interdire cet article aux délits de pêche, il convenait, au contraire, dans l'intérêt de la justice, de l'autoriser par une disposition expresse. — La trop grande sévérité des peines conduit souvent à l'impunité. Nulle amende n'est, d'après le projet, inférieure à 20 fr.; souvent la confiscation est prononcée; l'emprisonnement l'est quelquefois aussi; et si la commission n'a pas proposé sur plusieurs articles de réduire la peine, c'est qu'elle a préféré d'en laisser la faculté aux tribunaux lorsque le préjudice causé n'excédant pas 25 fr., les circonstances paraîtraient atténuantes.

48. § 7. — Le tit. 7, composé de huit articles, de 76 à 85, traite de l'exécution des jugements, et il n'a paru susceptible d'aucune critique, d'aucune observation tendant à en expliquer les dispositions; les sept premiers articles sont littéralement extraits du code forestier, et l'art. 84 oblige à prononcer contradictoirement sur la solvabilité des cautions ou des condamnés lorsqu'elle sera contestée.

49. § 8.—Le tit. 8, composé des deux derniers art. 85 et 86, est relatif à l'abrogation des lois antérieures et aux dispositions transitoires. — La commission aurait vu avec peine cette formule trop fréquente, et qui ne devrait jamais se trouver dans les lois générales, que la présente ne déroge aux lois antérieures qu'en ce qu'elle a de contraire; elle applaudit à l'art. 85 du projet de loi, qui abroge purement et simplement toutes les lois, décrets, ordonnances, etc., sur la pêche fluviale. — L'art. 86 maintient provisoirement les art. 5, 6, 8 et 10 de l'ordonnance de 1669, jusqu'à la publication des ordonnances royales qui doivent, aux termes de l'art. 20 du projet de loi, déterminer les temps, saisons et heures de la pêche, ainsi que les engins prohibés. Quoique ces ordonnances ne puissent pas se faire longtemps attendre, la société ne doit pas rester désarmée pendant l'intervalle qui s'écoulera nécessairement entre la publication de la loi et celle des ordonnances. Toutefois, c'est par erreur que l'art. 5 a été rappelé purement et simplement, la prohibition de pêcher la nuit devant être seule maintenue.

Exposé des motifs de la loi sur la pêche fluviale, présenté à la chambre des pairs par M. de Bouthilier (séance du 19 mars 1829).

50. Nobles pairs, nous avons présenté à Vos Seigneuries, dans la dernière session, un projet de loi sur la pêche fluviale. Ce projet, dans une sage et lumineuse discussion, a subi d'importantes et utiles améliorations, et, dès lors, la chambre élective, dans l'examen approfondi auquel elle vient de se livrer, n'a pu y apporter que de bien légères modifications.—Vous vous rappelez, nobles pairs, que son objet principal est de remplacer le tit. 31 de l'ordonnance de 1669, sur l'exercice de la pêche, et de mettre cette partie de notre législation en harmonie avec nos institutions. — Les dispositions qui en forment la base et qui ont donné lieu à une discussion approfondie dans cette chambre en 1828, et tout récemment à la chambre des députés, sont renfermées dans environ trente articles. Les cinquante-cinq autres articles du projet ont été empruntés du code forestier; ainsi partie de cette loi a déjà pour ainsi dire acquis l'autorité de la chose jugée.—Les huit titres dont elle se compose règlent l'exercice de la pêche dans les cours d'eau qui sont du domaine public, et dans ceux dont la propriété appartient aux particuliers; l'administration de la pêche appartenant à l'État, la police de celle qui s'exerce dans tous les cours d'eau, la répression des délits, enfin quelques dispositions générales.

51. Le tit. 1, qui traite du droit de pêche, est celui qui, l'année dernière, a fixé le plus particulièrement l'attention de Vos Seigneuries; la discussion a eu pour objet de déterminer, quant à l'exercice de la pêche au profit de l'État, les applications du principe qui place dans le domaine public la propriété des fleuves et rivières navigables et de leurs dépendances. —Vous vous rappelez, nobles pairs, qu'en ce qui touche le fond de cette propriété, la loi proposée ne change point la législation existante, et que, si elle présente une définition des rivières navigables et flottables, cette définition n'a pour but que de restreindre l'exercice de la pêche appartenant à l'État, et de prévenir les contestations qu'il pourrait faire naître, si on lui donnait toute l'étendue que lui assigne le droit de propriété dont la pêche est un accessoire inséparable.—Nous allons exposer les changements que le projet a éprouvés à la chambre élective depuis qu'il avait été discuté par Vos Seigneuries.

52. Art. 1. Le premier paragraphe, en déclarant que la pêche sera exercée dans les fleuves, rivières et canaux navigables ou flottables, dont l'entretien est à la charge de l'État, ajoutait « et de ses ayants cause; » il a été observé que, si un canal est cédé à une compagnie, c'est cette compagnie et non l'État qui l'entretient, et que dès lors il convenait de dire : « et dont l'entretien est à la charge de l'État ou de ses ayants cause. » Ce changement, qui explique d'une manière plus exacte la pensée du législateur, devait être adopté.—Le troisième paragraphe du même article, qui réserve les droits acquis par possession ou titres réguliers, a semblé faire double emploi avec le dernier paragraphe de l'art. 84, et par ce motif a été supprimé. Cette modification a paru plus rationnelle, et dès lors a été approuvée. — Dans le projet sur lequel Vos Seigneuries ont délibéré en 1828, le dernier paragraphe de l'art. 1 était ainsi conçu : — « Sont toutefois exceptés les canaux et fossés « creusés » dans les propriétés particulières et entretenus aux frais des propriétaires. » Le mot « creusés, » sur l'observation d'un noble pair, fut remplacé par celui « existant; » La chambre des députés y ajoute « et qui seraient creusés, » parce qu'en effet, s'il était nécessaire de ne pas mettre le propriétaire dans l'embarras de pouvoir prouver que ce fossé avait été creusé par lui, et s'il fallait seulement prendre les choses en l'état où elles se trouvaient, il était pourtant indispensable de laisser, pour l'avenir, une garantie à celui qui « creuserait » un fossé, et qui, dès lors, devrait profiter du bénéfice des dispositions de cet article.

53. Art. 3. Le § 1 de l'art. 3 a pour objet de faire régler, par des ordonnances royales insérées au Bulletin des lois, les parties des fleuves et rivières navigables et flottables, et les canaux où le droit de pêche sera exercé au profit de l'État. — La chambre des députés y a ajouté une disposition portant que les ordonnances royales seraient précédées d'une enquête « *de commodo et incommodo*. » Nous avions pensé que les mesures prises par le gouvernement pour la classification des rivières garantissaient suffisamment tous les intérêts; mais nous avons dû consentir à un amendement qui a paru rassurer davantage encore les intérêts privés. —Dans le premier projet du gouvernement, le deuxième paragraphe de l'art. 3 fixait les limites entre la pêche fluviale et la pêche maritime à la marée basse, au point où les eaux cessent d'être salées; la chambre des pairs crut devoir les fixer à la marée haute : cette concession n'a pas paru assez large à la chambre des députés, qui n'a admis d'autres limites que celles de l'inscription maritime. L'intérêt des familles soumises à cette inscription a été le principal objet de l'amendement, qui fait sortir la pêche maritime de ses limites naturelles, et causera quelque diminution dans les produits. Toutefois, comme l'objet le plus important pour l'intérêt général est que la pêche, dans tout le cours des rivières, se fasse suivant les règles tracées par le projet, et qu'une disposition conforme et utile pour la police a été ajoutée à l'art. 32 dont il sera parlé ci-après, nous avons pensé que cet amendement pourrait être admis.

54. Art. 4. Les mêmes motifs qui ont fait substituer dans l'art. 1 le mot *ou* à la conjonction *et* ont fait adopter cette substitution dans l'art. 4.

55. Art. 5. L'art. 5 prononçait, contre celui qui pêcherait sans autorisation, la confiscation des filets et engins, même non prohibés, conformément à la règle qui veut que les instruments du délit soient confisqués. Mais il a paru que cette disposition était trop sévère, et qu'il suffisait, dans ce cas, de rendre la confiscation facultative. Comme l'art. 41 du projet ordonne que les filets et engins prohibés qui auront été saisis soient détruits et que c'est principalement contre l'emploi de ces instruments que la loi doit se montrer sévère, l'amendement n'a pas dû éprouver de difficultés de notre part.

56. Art. 8. Cet article, copié de l'art. 6 du code forestier, rendait les gardes-pêche responsables des délits qu'ils n'auraient pas dûment constatés. Il a été observé que cette disposition serait trop rigoureuse à l'égard des délits de pêche, qui, différant des délits forestiers, ne laissent point de traces qui puissent exciter les recherches des gardes, et motiver leurs rapports. On a, en conséquence, laissé aux tribunaux la faculté de déclarer les gardes responsables suivant les circonstances.

57. Art. 26. Le deuxième paragraphe de l'art. 26, qui laisse à déterminer par des ordonnances les modes et procédés de pêche qui sont de nature à nuire au repeuplement des rivières, exceptait le mode de pêche qui est prohibé par l'art. 25, et qui consiste dans l'emploi de substances propres à enivrer le poisson ou à le faire périr; la chambre des députés a pensé qu'il était inutile d'exprimer cette exception.

58. Art. 29. L'art. 29 prononçait une amende de 30 fr. à 100 fr. contre ceux qui seraient trouvés porteurs ou munis, hors de leur domicile, d'engins ou instruments de pêche prohibés, à moins que ces instruments ne fussent destinés à la pêche des étangs ou réservoirs; cette disposition, qui était impérative, a été changée en une disposition facultative, quant à l'application de la peine, et l'amende a été réduite à 20 fr. Ces changements ont été motivés principalement sur la considération qu'il ne s'agissait pas d'une mesure préventive, et que les tentatives de délits ne doivent être assimilées aux délits eux-mêmes que dans les cas graves.

59. Art. 30 a subi plusieurs changements; cet article, en prohibant la vente des poissons au-dessous des dimensions déterminées par les ordonnances, exceptait seulement la vente de l'alevin provenant des étangs ou réservoirs, et destiné à l'empoissonnement; on a pensé que, par respect pour le droit de propriété, on devrait excepter généralement le poisson provenant des étangs ou réservoirs.—Le second changement consiste à avoir ajouté, après le premier mot de l'article, le mot *pêchera*; de sorte que la disposition pénale s'appliquera à celui qui pêchera, comme à celui qui colportera ou débitera des poissons qui n'auront pas les dimensions requises; cette addition répare une omission qui avait été faite par suite des changements opérés sur plusieurs articles du tit. 4 dans la session de 1828.—Enfin, on a ajouté au paragraphe qui a pour objet de faire considérer comme des étangs ou réservoirs les fossés et canaux appartenant à des particuliers, dès que les eaux qui s'y répandent dans les inondations cessent naturellement de communiquer avec les rivières. Cette disposition a pour objet de laisser aux propriétaires de ces fossés ou canaux la faculté de se servir des instruments et procédés de pêche qu'ils jugeront convenables pour enlever les poissons qui restent dans leurs fossés après que les eaux se sont retirées au point de n'avoir plus de communication avec la rivière. — Nous n'avons pas cru devoir nous opposer à ces divers amendements.

60. Art. 32. Par suite de l'amendement de l'art. 3, qui étend les limites de la pêche maritime, l'art. 32, qui oblige les fermiers de la pêche, et porteurs de licences, à faire plomber leurs filets par les agents de l'administration, a dû comprendre tous les autres pêcheurs dans les limites de l'inscription maritime.

61. Art. 33. L'art. 33 obligeait les mariniers à souffrir la visite de leurs bateaux, par les agents chargés de la surveillance de la pêche, toutes les fois qu'ils

en seraient requis ; la chambre des députés a remplacé ces derniers mots par ceux ci : *aux lieux où ils aborderont*, et elle a motivé ce changement sur ce que la disposition était trop gênante pour la navigation commerciale.

62. Art. 34. L'obligation imposée par l'art. 34, à tous pêcheurs en général, de permettre la visite de leurs bateaux, loges, hangars, réservoirs, a été considérée comme peu compatible avec le droit des propriétaires et riverains d'un cours d'eau ou d'une partie de rivière non flottable ou navigable; elle a, en conséquence, été restreinte aux rivières navigables et flottables.

63. Art. 41. Le second paragraphe de l'art. 41 portait que les filets non prohibés, qui auraient été saisis comme ayant été employés la nuit, seraient vendus au profit du trésor : il y avait évidemment erreur de rédaction dans ce paragraphe; car, si les filets employés la nuit ne sont pas de la classe de ceux prohibés, il n'y aura pas lieu d'en faire la saisie, puisque ni l'art. 27, qui détermine la peine applicable aux délits commis pendant les temps et heures défendus, ni l'art. 72, qui est spécialement relatif à la circonstance de la nuit, ne portent que, pour ce dernier cas, il y aura confiscation des filets et engins, lorsqu'ils ne seront pas, d'ailleurs, de la classe de ceux que les ordonnances auront prohibés. — L'objet du paragraphe est seulement que les filets et engins non prohibés qui auront été saisis dans les cas prévus par l'art. 5, et dont la confiscation aura été prononcée, soient vendus au profit du trésor, tandis que le § 1 veut, à l'égard des filets et engins prohibés, qu'ils soient brûlés, afin qu'ils ne puissent être remis dans le commerce. — La modification apportée par la chambre des députés au § 2 de l'art. 41 rectifie convenablement la rédaction de ce paragraphe.

64. Art. 54. Les procès-verbaux dressés et signés par un seul agent ou garde devaient, d'après l'art. 54, faire preuve suffisante jusqu'à inscription de faux pour les délits qui ne devaient pas entraîner une condamnation de plus de 100 fr.; c'était la disposition de l'art. 177 c. for. : on a considéré que généralement les délits de pêche n'entraînaient pas des condamnations au-dessus de 100 fr., et que, dès lors, le procès-verbal d'un seul garde suffirait dans presque tous les cas, ce qui serait détruire les dispositions de l'art. 53, qui exige le concours de deux gardes pour constater et établir, jusqu'à inscription de faux, les délits d'une certaine importance. La chambre des députés a réduit, en conséquence, à 50 fr. le taux des condamnations à l'égard desquelles le procès-verbal d'un seul préposé pourra faire preuve suffisante jusqu'à inscription de faux. Cet amendement n'a point éprouvé d'opposition de notre part.

65. Art. 56. Dans le cas d'inscription de faux, l'art. 179 c. for. accorde à l'inscrivant un délai de « trois jours » au moins, et de huit jours au plus, pour faire au greffe le dépôt de ses moyens, l'art. 56 du projet reproduisait littéralement cette disposition du code forestier. Pour que les deux législations fussent concordantes, et attendu, d'ailleurs, que le délai, qui ne compte que de l'audience, était suffisant, la chambre des députés, pour rendre le défaut plus facile, a étendu à huit jours au moins le délai pour le dépôt des moyens de faux.

66. Art. 59. L'art. 59, emprunté au code forestier, règle le mode de procéder à l'égard des exceptions incidentes de propriété. Cet article a été l'objet d'une discussion particulière à la chambre des députés. — Le § 1, en déclarant que le tribunal saisi de l'action correctionnelle statuera sur l'incident, ajoute ces mots : « en se conformant aux règles suivantes; » il a paru que cette énonciation était inutile, et elle a été supprimée. — Le second paragraphe disposait que l'exception préjudicielle ne serait admise qu'autant qu'elle serait fondée, soit sur un titre apparent, soit sur des faits de possession équivalents, « personnels au prévenu » et par lui « articulés; » ces derniers mots ont pareillement été supprimés.

67. Art. 62. Le délai pour la prescription des actions en réparation de délits était fixé par l'art. 62 du projet, comme il l'est par l'art. 185 c. for., à trois mois pour le cas où les prévenus sont désignés dans les procès-verbaux; et, pour le cas contraire, à six mois à compter du jour où les délits ont été constatés. L'analogie qui a paru exister entre les délits de pêche, les délits de chasse et les délits ruraux, et le désir de ne point prolonger l'incertitude de la répression, ont déterminé la chambre des députés à réduire le délai de la prescription à un mois pour le premier cas, et à trois mois pour le second.

68. L'art. 68, qui déclare plusieurs articles du projet applicables aux poursuites exercées au nom et dans l'intérêt des particuliers, ne comprenait point l'art. 48, qui attribue aux seuls tribunaux correctionnels la connaissance des délits poursuivis au nom de l'administration. Cette omission venait de ce qu'on n'avait point fait attention que la moindre amende fixée par le projet était de 20 fr., et que, dès lors, les tribunaux correctionnels se trouvaient seuls compétents pour connaître des actions exercées, soit au nom de l'administration, soit au nom des particuliers et des fermiers de la pêche. Ce fait, ayant été reconnu, a dû déterminer l'addition de l'art. 48 à la nomenclature rappelée dans l'art. 68; et, par une conséquence nécessaire, la suppression du mot *contravention* partout où il s'est trouvé dans le projet de loi.

69. Art. 69. Au moyen de cette rectification, l'art. 69, qui, par opposition à l'art. 48, laissait aux tribunaux de simple police le jugement des contraventions commises au préjudice des particuliers, a été supprimé comme étant tout à fait sans objet, puisqu'en matière de pêche le minimum de l'amende place toutes les infractions de la loi dans la classe des délits, et en attribue la connaissance aux tribunaux correctionnels. Ce changement fait à l'art. 72, qui permet aux tribunaux de réduire l'amende et l'emprisonnement au taux des peines de simple police, n'a pas dû faire maintenir l'art. 69, puisque c'est toujours le maximum de la peine prononcé par la loi qui détermine la compétence.

70. Art. 70. La chambre des députés a pareillement supprimé l'art. 70 de l'ancien projet qui ordonnait la remise au procureur du roi des procès-verbaux dressés par les gardes des particuliers et des fermiers de la pêche; elle a pensé qu'à l'égard de la pêche comme à l'égard de la chasse, les particuliers devaient demeurer libres de dénoncer les délits pour lesquels la loi leur donne action directe. — La suppression de ces deux articles réduit à quatre-vingt-quatre le nombre des articles du projet.

71. Art. 72. L'art. 72, conforme à l'art. 203 c. for., défendait aux tribunaux d'appliquer aux matières réglées par le projet les dispositions de l'art. 463 c. pén., qui permet de réduire l'emprisonnement au-dessous de six jours, et l'amende au-dessous de 16 fr., et même de prononcer séparément l'une ou l'autre de ces peines, si le préjudice n'excède pas 25 fr., et si les circonstances paraissent atténuantes. La chambre des députés a pensé qu'il convenait d'autoriser l'application de cet article du code pénal aux délits de pêche. Nous avons dû faire remarquer que les peines prononcées par le projet étaient beaucoup moins sévères que celles qu'elles étaient destinées à remplacer; qu'elles se trouvaient justement proportionnées avec la gravité de chaque délit, et qu'il y aurait des inconvénients à introduire dans une loi composée d'un petit nombre de dispositions pénales une disposition qui en rendrait, pour ainsi dire, l'application arbitraire, et qu'une semblable disposition ne devait se rencontrer que dans une loi semblable au code pénal, où se trouve une série nombreuse de crimes et de délits de toute espèce, et dont il est impossible au législateur de prévoir tous les degrés de gravité. Ces observations n'ont pas prévalu, l'amendement a été admis; ce sera à la sagesse des tribunaux à user modérément et avec discernement de la faculté qui leur est accordée.

72. Art. 84. Enfin, un léger changement a été fait à l'art. 84 et dernier de la loi proposée; il consiste à avoir spécifié la disposition de l'art. 5 du tit. 31 de l'ordonnance de 1669, qui doit être maintenue jusqu'à la promulgation des ordonnances qui, aux termes de l'art. 26 du projet, doivent déterminer les temps et heures de la pêche, ainsi que les engins prohibés. — Telles sont, nobles pairs, les modifications que la chambre des députés a cru devoir apporter au projet, et qui ont été consenties par le roi. — Le besoin d'une nouvelle loi sur la pêche, et le degré de maturité auquel est arrivé le projet qui vous est soumis pour la seconde fois, nous donnent l'assurance que vos seigneuries la mettront promptement à même de recevoir de l'autorité royale la sanction qui doit la placer au rang de nos nouvelles, importantes et utiles institutions.

15-19 nov. 1830. — Ordonnance relative à la pêche.

Art. 1. Sont prohibés, sous les peines portées par l'art. 28 de la loi du 15 avril 1829 : 1° les filets traînants; — 2° Les filets dont les mailles carrées, sans accrues et non tendues, ni tirées en losange, auraient moins de 30 millimètres (14 lignes) de chaque côté, après que le filet aura séjourné dans l'eau; — 3° Les bires, nasses ou autres engins dont les verges en osier seraient écartées entre elles de moins de 30 millimètres.

2. Sont néanmoins autorisés pour la pêche des goujons, ablettes, loches, vérons, vandoises et autres poissons de petite espèce, les filets dont les mailles auront 15 millimètres (7 lignes) de largeur, et les nasses d'osier ou autres engins dont les baguettes ou verges seront écartées de 15 millimètres. Les pêcheurs auront aussi la faculté de se servir de toute espèce de nasses en jonc à jour, quel que soit l'écartement de leurs verges.

3. Quiconque se servira, pour une autre pêche que celle qui est indiquée dans l'article précédent, des filets spécialement affectés à cet usage, sera puni des peines portées par l'art. 28 de la loi du 15 avril 1829.

4. Aucune restriction, ni pour le temps de la pêche, ni pour l'emploi des filets ou engins, ne sera imposée aux pêcheurs du Rhin.

5. Dans chaque département, le préfet déterminera, sur l'avis du conseil général et après avoir consulté les agents forestiers, les temps, saisons et heures pendant lesquels la pêche sera interdite dans les rivières et cours d'eau.

6. Il fera également un règlement dans lequel il déterminera et divisera les filets et engins qui, d'après les règles ci-dessus, devront être interdits.

7. Sur l'avis du conseil général, et après avoir consulté les agents forestiers, il pourra prohiber les procédés et modes de pêche qui lui sembleront de nature à nuire au repeuplement des rivières.

8. Les règlements des préfets devront être homologués par ordonnances royales.

10 juillet-16 sept. 1835. — Ordonnance du roi relative à la pêche fluviale (1).

Vu les art. 1 et 3 de la loi du 15 avril 1829 sur la pêche fluviale; —

(1) Cette ordonnance a été précédée d'un rapport au roi fait par M. Humann, ministre des finances, le 10 juillet 1835, en ces termes :

Sire, d'après l'art. 1 de la loi du 15 avril 1829, relative à la pêche fluviale, le droit de pêche est exercé au profit de l'Etat. — 1° Dans tous les fleuves, rivières, canaux et contre-fossés navigables ou flottables avec bateaux, trains ou radeaux, et dont l'entretien est à la charge de l'Etat ou de ses ayants cause; — 2° Dans les bras, noues, boires et fossés qui tirent leurs eaux des fleuves et rivières navigables ou flottables dans lesquels on peut en tout temps passer ou pénétrer librement en bateau de pêcheur, et dont l'entretien est également à la charge de l'Etat. — L'art. 3 de la même loi porte : « Des ordonnances royales insérées au Bulletin des lois détermineront, après une enquête *de commodo et incommodo*, quelles sont les parties des fleuves et rivières et quels sont les canaux désignés dans les deux premiers paragraphes de l'art. 1, où le droit de pêche sera exercé au profit de l'Etat. — De semblables ordonnances fixeront les limites entre la pêche fluviale et la pêche maritime dans les fleuves et rivières affluant à la mer. Ces limites seront les mêmes que celles de l'inscription maritime. » En exécution de ces dispositions, des enquêtes ont été ordonnées dans chaque département. L'accomplissement de ces formalités a entraîné beaucoup de temps et a donné lieu, dans la plupart des localités, à une foule de réclamations qui ont été soumises en premier ordre aux préfets. Les résultats de ces enquêtes m'ont été transmis successivement avec les avis des préfets : mais il m'a paru que le travail que je devais soumettre à votre majesté sur cette matière devait embrasser la généralité du royaume, car il eût été d'autant plus difficile de statuer par des ordonnances partielles, que le cours d'un grand nombre de fleuves ou de rivières s'étend sur plusieurs départements. J'ai pensé d'ailleurs qu'il y aurait quelque inconvénient à ne pas donner à la mesure un effet simultané dans toutes les parties de la France.

Une commission spéciale où se trouvaient représentées les administrations des domaines, des ponts et chaussées et des eaux et forêts a été chargée de réunir et d'examiner les divers documents résultant des enquêtes ainsi que les propositions des préfets. A la suite de cet examen, et après avoir consulté M. le ministre de la marine, en ce qui concerne ses attributions, la commission a formé un tableau général par département, de toutes les parties des fleuves, rivières et canaux, auxquels sont applicables les dispositions des art. 1 et 3 de la loi du 15 avril 1829; — Ce tableau comprend soixante-huit départements : les autres départements, qui sont ceux du Cantal, de la Corse, du Gers, de la Lozère, de l'Orne, des Pyrénées-Orientales, de la Haute-Vienne et du Var, n'étant arrosées que par des rivières flottables à bûches perdues, ne doivent pas y figurer. — Il est à remarquer que, se renfermant dans l'application des art. 1 et 3 de la loi du 15 avril 1829, la commission n'a dû considérer les rivières que sous le rapport du droit de pêche que l'état est appelé à exercer. Elle a écarté les questions qui peuvent se rattacher aux droits plus

Vu les pièces transmises par les préfets des départements, et contenant les résultats des enquêtes auxquelles il a été procédé en exécution de l'art. 3 de ladite loi ; — Vu les tableaux de l'inscription maritime ; — Sur le rapport, etc.,

Art. 1. La pêche sera exercée au profit de l'Etat dans les fleuves, rivières, canaux et portions de fleuves et rivières désignées par le tableau joint à la présente ordonnance.

2. Les limites entre la pêche fluviale et la pêche maritime demeurent fixées, conformément aux indications portées dans la cinquième colonne du même tableau.

(Suit le tableau, par départements, des parties de *fleuves* et *rivières*, et des *canaux* navigables ou flottables en trains, sur lesquels la pêche sera exercée au profit de l'Etat, conformément aux dispositions des art. 1 et 3 de la loi du 15 avril 1829, avec l'indication des limites entre la pêche fluviale et la pêche maritime).

6-15 juin 1840. — Loi qui modifie celle du 15 avril 1829, sur la pêche fluviale.

Art. 1. Les art. 10, 14, 16 et 21 de la loi du 15 avril 1829, relatifs à l'adjudication des cantonnements de pêche, sont modifiés ainsi qu'il suit : Art. 10. La pêche au profit de l'Etat sera exploitée, soit par voie d'adjudication publique, soit par concession de licences à prix d'argent. — Le mode de concessions par licences ne sera employé que lorsque l'adjudication aura été intentée sans succès. — Toutes les fois que l'adjudication d'un cantonnement de pêche n'aura pu avoir lieu, il sera fait mention, dans le procès verbal de la séance, des mesures qui auront été prises pour donner toute la publicité possible à la mise en adjudication, et des circonstances qui se seront opposées à la location.

14. Toutes les contestations qui pourront s'élever pendant les opérations d'adjudication, soit sur la validité desdites opérations, soit sur la solvabilité de ceux qui auront fait des offres et de leurs cautions, seront décidées immédiatement par le fonctionnaire qui présidera la séance d'adjudication.

16. Toute association secrète, toute manœuvre entre les pêcheurs ou autres, tendant à nuire aux adjudications, à les troubler ou à obtenir les cantonnements de pêche à plus bas prix, donnera lieu à l'application des peines portées par l'art. 412 c. pén., indépendamment de tous dommages-intérêts; et si l'adjudication a été faite au profit de l'association secrète ou des auteurs desdites manœuvres, elle sera déclarée nulle.

21. Les adjudicataires seront tenus d'élire domicile dans le lieu où l'adjudication aura été faite; à défaut de quoi tous actes postérieurs leur seront valablement signifiés au secrétariat de la sous-préfecture.

2. Les art. 19 et 20 de ladite loi sont supprimés et remplacés par les dispositions suivantes :

19. Toute adjudication sera définitive du moment où elle sera prononcée, sans que, dans aucun cas, il puisse y avoir lieu à surenchère.

20. Les divers modes d'adjudication seront déterminés par une ordonnance royale.

Les adjudications auront toujours lieu avec publicité et concurrence.

28 oct.-17 nov. 1840. — Ordonnance du roi concernant les adjudications du droit de pêche à exercer au profit de l'Etat, dans les fleuves, rivières et cours d'eau navigables et flottables.

LOUIS-PHILIPPE, etc.; — Vu l'art. 2 de la loi du 6 juin 1840, § 3, qui modifie celle du 15 avr. 1829 sur la pêche fluviale, les propositions de l'administration des forêts; sur le rapport, etc.

Art. 1. A l'avenir, les adjudications du droit de pêche à exercer, au profit de l'Etat, dans les fleuves, rivières et cours d'eau navigables et flottables, pourront se faire par adjudications au rabais ou par adjudications aux enchères et à l'extinction des feux.

2. Lorsque l'adjudication publique aura été tentée sans succès, l'exercice du droit de pêche pourra être concédé par licence à prix d'argent, sur l'autorisation du directeur général des forêts.

28 fév.-15 mars 1842. — Ordonnance du roi qui modifie celle du 15 nov. 1830, en ce qui concerne la pêche des ablettes.

Art. 1. L'art. 2 de notre ordonnance précitée du 15 nov. 1830 est modifié en ce qui concerne la pêche des ablettes seulement, dans ce sens que la largeur des mailles de filets et l'écartement des baguettes ou verges des nasses d'osier ou autres engins employés à cette pêche pourront être réduits à 8 millimètres.

2. Les préfets, dans chaque département, détermineront dans quels lieux et à quelles conditions ce mode spécial de pêche pourra être pratiqué.

19 fév.-10 mars 1843. — Ordonnance du roi portant que la pêche sera exercée au profit de l'Etat dans la Vienne, à partir du port de Chitré (Vienne).

14 mai-1er juin 1843. — Ordonnance portant que la pêche doit être exercée par l'Etat dans la rivière de Cure à partir du gué aux Chèvres (Yonne).

29 janv.-22 fév. 1844. — Ordonnance du roi portant que la pêche sera exercée au profit de l'Etat dans la rivière de Creuse, à partir du moulin de Saint-Marin, commune de Saint-Marcel (Indre).

9 juin-3 juill. 1844. — Ordonnance du roi qui dispose que les dispositions du tableau annexé à l'ordonnance du 10 juill. 1835, portant que la pêche sera exercée au profit de l'Etat dans la rivière du Vieux-Cher, depuis Villandry jusqu'au barrage de Rupuanne, sont rapportées.

30 avr.-25 mai 1849. — Arrêté relatif au droit de pêche dans le canal neuf d'Auvers, département de la Manche. — D. P. 49. 4. 107.

6 sept. 1849. — Approbation par le ministre des finances du cahier des charges des adjudications du droit de pêche dans les fleuves et rivières navigables et flottables (délib. le 10 août 1849, adopté le 15 du même mois).

TIT. 1. — *Dispositions générales.*

Art. 1. A moins de stipulations contraires dans l'acte d'adjudication, les baux seront consentis pour neuf années consécutives, commençant le 1er janv. 1850 et finissant le 31 déc. 1858.

2. Les adjudications comprennent le droit d'exercer, dans les fleuves, rivières et cours d'eau navigables et flottables, outre la pêche mobile, la pêche fixe au moyen de gords et autres établissements placés aux arches des ponts, écluses et moulins. — Toutefois la pêche fixe au moyen de ces appareils et établissements ne sera exercée que dans les limites et suivant les conditions déterminées, soit par l'acte d'adjudication, soit par le cahier des clauses spéciales.

3. Font partie intégrante des cantonnements, les bras, noues, boires et fossés désignés dans le § 2 de l'art. 1 de la loi du 15 avr. 1829, tant qu'ils se trouveront dans les conditions spécifiées audit paragraphe, et sans aucune garantie de la part de l'État en cas d'éviction résultant d'une décision quelconque, par suite de laquelle le droit de pêche serait reconnu appartenir aux riverains.

4. La chasse des oiseaux aquatiques fait aussi partie de chaque cantonnement; mais les adjudicataires, sous-fermiers et permissionnaires ne pourront l'exercer qu'après s'être munis de permis de chasse et en se conformant aux lois et règlements.

5. Il ne pourra être fait aucune réclamation ni diminution de prix pour défaut de mesure dans l'étendue de chaque cantonnement, telle qu'elle sera indiquée dans les procès-verbaux d'adjudication.

6. Dans le cas où, par suite d'un jugement ou d'une décision quelconque, tout ou partie d'une rivière comprise dans un cantonnement serait distraite de ce cantonnement, soit parce qu'elle cesserait de faire partie du domaine public, soit parce qu'elle serait rangée dans les limites de l'inscription maritime, le bail sera résilié de plein droit et sans indemnité aucune au profit du fermier, à partir du jour de la notification qui lui sera faite pour porter cette circonstance à sa connaissance, à moins que le fermier ne préfère continuer le bail aux conditions par lui souscrites, ce qu'il sera tenu de déclarer, par écrit, avant toute continuation de jouissance. — Il en sera de même dans le cas où, pour une cause quelconque, la suppression d'établissement de pêcherie fixe existant dans un cantonnement viendrait à être ordonnée. — En cas de résiliation, l'État conservera ses droits à la portion du terme qui sera échue.

7. Le fermier qui se trouvera troublé dans sa jouissance, par suite de la canalisation d'une rivière ou de travaux exécutés dans l'intérêt de la navigation, ou dans tout autre intérêt public, pourra demander la résiliation de son bail. — La demande sera déposée par lui, en double expédition, entre les mains de l'agent forestier chef de service, qui en délivrera récépissé. — Dans le cas où le fermier sera reconnu fondé à la réclamer, la résiliation du bail courra du vingtième jour qui suivra la date du dépôt de la demande, à moins qu'à cette époque les travaux ne soient terminés, auquel cas la demande sera considérée comme non-avenue. — Aucune indemnité ne pourra être réclamée par le fermier à quelque titre et sous quelque prétexte que ce soit.

TIT. 2. — *Adjudications.*

8. Les baux pourront être consentis, soit par adjudication au rabais, soit par adjudication aux enchères et à l'extinction des feux. — Ces adjudications seront d'abord tentées au rabais; en cas de non-succès, le conservateur ou son délégué pourra faire procéder, séance tenante, à une nouvelle adjudication, soit au rabais, soit aux enchères; après cette seconde tentative, l'amodiation des cantonnements restants sera remise, séance tenante et sans nouvelles affiches, au jour qui sera indiqué par le président sur la proposition de l'agent forestier. — Le procès-verbal de la séance fera mention des mesures qui auront été prises pour donner toute la publicité possible à la mise en adjudication et des circonstances qui se seront opposées à la location.

9. Les adjudications au rabais auront lieu de la manière suivante : — La mise à prix et le taux auquel les rabais devront être arrêtés seront déterminés par le conservateur ou l'agent forestier qui le remplacera. Le chiffre en sera remis au président de l'adjudication, après la lecture de chaque article de l'affiche. — La mise à prix annoncée par le crieur sera

ou moins étendus du domaine public. Le projet d'ordonnance qu'elle a préparé n'a donc pas pour but et ne peut avoir pour résultat de déplacer les limites de ce domaine telles qu'elles sont ou peuvent être fixées, en vertu des lois ou des règlements en vigueur. — Quant aux canaux, la commission a distingué ceux qui appartiennent à l'État et qu'il entretient à ses frais, de ceux dont la concession a été faite temporairement à des compagnies. Dans cette seconde classe de canaux, il en est qui ont été concédés avec jouissance du droit de pêche, et d'autres où ce droit de pêche est réservé à l'État; les uns et les autres figurent sur le tableau général; mais la date et la durée de la concession, ainsi que l'abandon ou la réserve du droit de pêche, ont été particulièrement mentionnés dans la colonne d'observations. — Enfin, c'est d'après les indications fournies par M. le ministre de la marine sur les points où s'étend l'inscription maritime, que la commission a fixé, selon le vœu de la loi, les limites entre la pêche fluviale et la pêche maritime. — Le travail adopté par la commission m'a paru susceptible d'être approuvée dans toutes ses parties. J'ai l'honneur, en conséquence, de soumettre à votre majesté, avec le tableau général y annexé, un projet d'ordonnance dont l'objet est de déterminer, conformément aux dispositions de l'art. 3 de la loi du 15 avril 1829, les parties des fleuves, rivières et cours d'eaux où le droit de pêche devra s'exercer au profit de l'État.

diminuée successivement, jusqu'à ce qu'une personne prononce les mots : *je prends*. — Dans le cas où plusieurs personnes se porteraient simultanément adjudicataires du même cantonnement, il sera tiré au sort entre elles, d'après le mode qui sera fixé par le président, sur la proposition de l'agent forestier, à moins que l'une d'elles ne réclame les enchères.

10. Les adjudications aux enchères seront faites après l'extinction de trois bougies allumées successivement. Si, pendant la durée des trois bougies, il survient des enchères, l'adjudication ne pourra être prononcée qu'après l'extinction d'un dernier feu, sans enchères survenues pendant sa durée. — Les enchères ne pourront être moindres de 5 fr. pour les mises à prix au-dessous de 200 fr. ; de 10 fr. pour celles de 501 à 1,000 fr. ; et de 15 fr. pour celles au-dessus de 1,000 fr.

11. Le fonctionnaire qui présidera la séance pourra rejeter les offres des personnes qui ne lui paraîtraient pas présenter des garanties de solvabilité suffisantes. — Toutes les contestations qui pourront s'élever pendant les opérations d'adjudication, soit sur la validité desdites opérations, soit sur la solvabilité de ceux qui auront fait des offres et de leurs cautions seront décidées immédiatement par ce même fonctionnaire.

12. Toute adjudication sera définitive du moment où elle sera prononcée, sans que, dans aucun cas, il puisse y avoir lieu à surenchère.

13. Les minutes des procès-verbaux d'adjudication seront rédigées sur papier visé pour timbre et signées sur-le-champ par tous les fonctionnaires présents et par les adjudicataires ou leurs fondés de pouvoir ; s'ils sont absents ou s'ils ne veulent ou ne peuvent signer, il en sera fait mention aux procès-verbaux.

14. Chaque adjudicataire sera tenu de donner, dans les cinq jours qui suivent celui de l'adjudication, une caution et un certificateur de caution solvables, lesquels s'engageront solidairement avec lui à l'exécution de toutes les charges et conditions de l'adjudication. — Ces cautions et certificateurs de caution ne pourront être reçus que du consentement du receveur des domaines, et l'acte en sera passé au secrétariat de la sous-préfecture du lieu de l'adjudication. — Faute par l'adjudicataire de fournir les cautions dans le délai prescrit, il sera déchu de l'adjudication, conformément aux dispositions de l'art. 18 de la loi du 15 avril 1829, et une réadjudication aura lieu à sa folle enchère dans les formes ci-dessus déterminées. — L'adjudicataire déchu sera tenu de la différence entre son prix et celui de la réadjudication, sans pouvoir réclamer l'excédant, s'il y en a, et il payera en outre les frais de la première adjudication, à raison de un et 1/2 p. 100 sur le prix principal pour une année.

TIT. 3. — *Prix des baux et frais d'adjudication.*

15. Le prix annuel des baux sera payé par trimestre et d'avance, dans la caisse du receveur des domaines du chef-lieu de l'arrondissement, aux époques des 1er janvier, 1er avril, 1er juillet, 1er octobre. — La perception du décime pour franc ne sera pas opérée sur ce prix. — Les adjudicataires des cantonnements affermés postérieurement au 31 déc. 1849 ne seront tenus au payement du prix des baux, pour le trimestre courant, qu'au prorata du temps qui devra s'écouler depuis le jour de l'adjudication jusqu'au premier jour du trimestre suivant.

16. Indépendamment du prix principal, des droits de timbre et des droits d'enregistrement, les adjudicataires payeront comptant, dans la caisse du receveur des domaines, à titre de remboursement des frais d'adjudication, un et 1/2 p. 100 du prix de leurs baux pour une année.

17. Aucun délai de payement ne pourra être accordé qu'en vertu d'une décision de M. le ministre des finances.

18. Lorsqu'un fermier aura laissé écouler un terme sans satisfaire à ses engagements, il pourra être déchu de son adjudication.

La déchéance sera prononcée par arrêté préfectoral, sur la proposition du directeur des domaines et l'avis du conservateur.

TIT. 4. — *Sous-locations. — Cessions de baux. — Permission.*

19. Les adjudicataires pourront sous-louer, ensemble ou séparément, le droit de chasse et le droit de pêche à des personnes agréées par l'agent forestier local chef de service. — A moins de stipulation contraire dans l'acte d'adjudication, le nombre des sous-fermiers est limité à huit pour la pêche et à deux pour la chasse. — Les sous-fermiers ne seront agréés qu'après avoir souscrit l'engagement de se conformer, comme le fermier lui-même, aux clauses du présent cahier des charges et des clauses spéciales relatives à l'exploitation et à la police de la pêche (1).

20. Les adjudicataires seront tenus de remettre à l'agent forestier chef de service l'état indicatif des noms, prénoms et demeure des compagnons employés par eux et par leurs sous-fermiers pour l'exploitation de la pêche. — Ces compagnons, dont le nombre sera fixé par le cahier des clauses spéciales, pourront pêcher isolément pour le compte des adjudicataires et sous-fermiers. — Tout individu qui se prévaudrait de la qualité de compagnon sans être inscrit sur l'état mentionné ci-dessus sera traité comme délinquant.

21. Les adjudicataires auront la faculté de délivrer des permissions de chasse ou de pêche à des personnes agréées par l'agent forestier chef de service, et dont ils seront responsables. — Est nulle et de nul effet toute permission non revêtue du visa de l'agent forestier chef de service. — A moins de stipulations contraires dans l'acte d'adjudication ou dans le cahier des clauses spéciales, le nombre des permissions de chaque espèce ne pourra excéder cinq par demi-myriamètre.

22. Tout sous-fermier, compagnon ou permissionnaire qui, dans le délai de douze mois, aura encouru deux condamnations pour infraction aux lois et règlements sur la pêche ou la chasse, pourra être privé de la faculté de participer à la jouissance ou à l'exploitation des droits conférés aux adjudicataires.

TIT. 5. — *Exploitation et police de la pêche.*

23. Les adjudicataires et leurs sous-fermiers ne pourront, à peine d'être traités comme délinquants, se livrer à la pêche ou à la chasse qu'après avoir obtenu de l'inspecteur des forêts un permis qu'ils exhiberont à toute réquisition. — Ce permis, qui est indépendant de celui dont il est fait mention à l'art. 4, ne sera délivré que sur la représentation d'un certificat du receveur des domaines constatant la réception des cautions et le payement des sommes dues en vertu de l'art. 16.

24. Les fermiers de la pêche, sous-fermiers, permissionnaires et compagnons se conformeront, sous les peines portées par la loi, aux dispositions de l'ordonnance du 15 nov. 1830 et du règlement d'administration locale qui détermine les temps, saisons et heures pendant lesquels la pêche est interdite ; les procédés et modes de pêche, ainsi que les filets, engins et instruments prohibés ; les dimensions des filets dont l'usage est permis pour la pêche des différentes sortes de poissons ; les dimensions au-dessous desquelles les poissons de certaines espèces ne peuvent être pris et doivent être rejetés en rivière ; enfin, les espèces de poissons avec lesquels il est défendu d'appâter les hameçons, nasses, filets et autres engins. — Les modifications qui seront apportées à ces règlements pendant la durée des baux ne donneront, en aucun cas, ouverture à indemnité au profit des fermiers.

25. Ils ne pourront, même hors le temps de frai, placer au bout des dideaux des bires ou nasses d'osier dont les verges auraient moins de 30 millimètres d'écartement.

26. Les filets et engins dont il est permis de faire usage seront remis à l'agent forestier local pour être scellés, en plomb, du sceau de l'administration. — Les frais de plombage, fixés à 20 cent. par plomb y compris la valeur du plomb, seront acquittés par les pêcheurs entre les mains du garde qui aura procédé à l'opération du plombage. — Le cahier des clauses spéciales déterminera, d'après l'importance et la dimension de chaque filet ou engin, le nombre de plombs dont il devra être revêtu. — Le nombre des plombs ne pourra être supérieur à cinq.

27. Les adjudicataires sont autorisés à établir à leurs frais des gardes-pêche qui, avant d'entrer en fonctions, devront être agréés par le conservateur des forêts et avoir prêté serment devant le tribunal civil. — Ces gardes seront revêtus d'une bandoulière avec plaque indiquant leur qualité. — Ils remettront sans délai à l'agent forestier local les procès-verbaux en due forme, des délits et contraventions qu'ils auront constatés.

28. Le nombre des bateaux servant à l'exploitation d'un cantonnement est fixé au double du nombre des sous-fermiers, tel qu'il est fixé par l'art. 19, non compris deux bateaux pour l'usage personnel de l'adjudicataire. — Dans le mois de l'adjudication, pour tout délai, il sera mis à ces bateaux ou bachots, des deux côtés, à l'intérieur et à l'extérieur de la proue, une plaque de fer-blanc peinte à l'huile, de couleur blanche, sur laquelle seront inscrits en noir le nom de l'adjudicataire ou sous-fermier, celui du port auquel le bateau est attaché et le numéro du cantonnement. Les lettres et le numéro auront au moins 5 centimètres de hauteur. — Chaque bateau ou bachot sera, en outre garni d'une chaîne avec cadenas. Il devra être rentré au port désigné pour le cantonnement dont il dépendra, à l'heure à partir de laquelle la pêche se trouve interdite par le règlement d'administration locale, pour y rester enchaîné jusqu'au matin, à l'heure à laquelle l'exercice de la pêche est autorisé.

29. A moins d'en avoir été dispensé par une clause spéciale, chaque fermier sera tenu de placer à ses frais, en présence de l'agent forestier local et du fermier du cantonnement inférieur, un poteau indiquant la limite et le numéro de son cantonnement. — Chaque poteau aura 2 mètres de hauteur et 16 centimètres d'équarissage. Il sera peint de couleur blanche à l'huile. L'une des trois faces portera au sommet, en lettres noires de 27 millimètres de long, le nom et le numéro du cantonnement supérieur, et l'autre le nom et le numéro du cantonnement inférieur.

30. Si, dans le mois qui suivra l'adjudication, ces poteaux ne sont pas placés, ou si les bateaux n'étaient pas revêtus des plaques dont il est fait mention à l'art. 28, les adjudicataires ou sous-fermiers qui auront négligé de remplir leurs obligations seront tenus de verser au trésor public une somme de 2 francs par jour de retard pour chaque contravention qui sera constatée par les agents ou gardes de l'administration. — Le recouvrement des sommes qui pourront être dues au trésor en vertu de la disposition qui précède aura lieu par voie de simple contrainte.

31. Dans le cas où les adjudicataires des dideaux, gords et autres pêcheries fixes ne seraient pas les mêmes que ceux du dernier bail, les nouveaux fermiers payeront aux anciens, d'après l'estimation qui en sera faite de gré à gré ou par expertise contradictoire, le prix des filets, engins, ustensiles et établissements relatifs à l'exploitation de la pêche, à la charge, par les anciens fermiers, de justifier de leurs droits, conformément à la décision de M. le ministre des finances du 19 vendémiaire an 8. — Cette disposition est également applicable aux filets, engins, instruments et bateaux servant à l'exploitation de la pêche mobile.

32. Les fermiers renoncent à toute demande d'indemnité pour perte de filets, agrès et apparaux par suite de la débâcle des glaces ou par tout autre événement. — L'État ne répond d'aucun cas fortuit prévu ou imprévu.

---

(1) *Modèle d'engagement.* — Je soussigné..., demeurant à..., m'engage, si je suis agréé en qualité de sous-fermier de M..., adjudicataire du... cantonnement de pêche de la rivière de..., à me conformer aux clauses et conditions contenues aux cahiers des charges, et des clauses spéciales dont je déclare avoir une parfaite connaissance. — *Nota.* Cet engagement, qui devra être souscrit sur papier timbré, sera annexé au procès-verbal d'adjudication.

33. Aucune des conditions énoncées, tant au présent cahier des charges qu'au cahier des clauses spéciales arrêté par le conservateur des forêts, ne pourra être réputée comminatoire : elles sont toutes de rigueur.

31 mai-21 juin 1850. — Décret qui modifie, en ce qui concerne l'Hérault, l'ordonnance du 10 juill. 1835, relative à la pêche fluviale.—V. D. P. 50. 4. 137.

12 nov.-1er déc. 1853.—Décret impérial portant que le droit de pêche sera exercé au profit de l'État, dans la Loire, à partir de Vorey (Haute-Loire).—V. D. P. 54. 4. 11.

CHAP. 2. — DE LA PÊCHE DANS LES COURS D'EAU.

SECT. 1. — *Du droit de pêche en général.*

13. Le droit de pêche est d'une nature différente suivant qu'il s'exerce dans les fleuves ou rivières qui sont navigables ou flottables, ou bien dans les cours d'eau qui ne le sont pas. Dans le premier cas, le cours d'eau et son lit font partie du domaine public (c. nap., 538); ils sont l'un et l'autre inaliénables et imprescriptibles (V. Eaux, n° 36, et Domaine public, n° 24); le droit de pêche l'est également (Req. 9 nov. 1836, aff. Dunoyer *C.* Préfet du Lot, V. n° 37). — Dans le second cas, le droit de pêche est un accessoire de la propriété riveraine; mais il y est incorporé, sans pouvoir en être complétement détaché. Le droit de pêche constitue alors, au profit du riverain, une servitude sur le cours d'eau, qui, considéré en lui-même, est très-certainement *res nullius* (V. Eaux, nos 208 et suiv. V. aussi un article de M. Deville sur le droit de propriété des cours d'eau dans ses rapports avec le droit de pêche, article recueilli dans les Ann. forest., 1848, p. 426 et suiv.). La propriété riveraine est le fonds dominant, et le cours d'eau est le fonds asservi. Dans ce cas, le droit de pêche n'est pas inaliénable, en ce sens qu'il suit le sort du fonds riverain; mais il ne peut être aliéné seul et sans le fonds auquel il est attaché.

On chercherait vainement, soit dans la loi du 15 avril 1829, soit dans les discussions dont elle a été l'objet devant les chambres législatives, un argument à l'appui du système qui vient d'être exposé. Cependant la difficulté avait été signalée par plusieurs cours d'appel qui auraient voulu que la loi nouvelle s'expliquât à cet égard, et déclarât que le droit de pêche, étant une dépendance indivisible de la propriété des rives, ne pouvait être aliéné sans cette propriété. Mais, comme cette question appartenait essentiellement au droit de propriété, et que la loi projetée n'avait en vue que la police de la pêche, on s'en est référé à cet égard à la législation antérieure et aux principes généraux du droit. La solution que nous avons adoptée n'est nullement contraire à celle que nous avons donnée v° Chasse, nos 43-45, parce que le droit de chasse est un véritable démembrement de la propriété, qu'il peut en être détaché et reporté, à titre de servitude, sur un autre immeuble, tandis que le droit de pêche est une servitude sur le cours d'eau, lequel est, par la nature des choses, incorporé à la propriété riveraine, et ne peut en être détaché. Par suite il a été décidé qu'une commune ne peut aliéner la pêche dans une rivière non navigable, à laquelle son terrain est contigu (Avis du c. d'Ét. 19 oct. 1811, V. p. 443).—V. dans le même sens MM. Proudhon, n° 373, et de Valserres, p. 303 : *contrà* M. Daviel, nos 931 et suiv.—V. Servitude et Prescription). — Il ne peut également être acquis par prescription, si ce n'est lorsqu'on acquiert, par ce moyen, la propriété riveraine : dans ce cas il est clair que l'accessoire suit le principal.—Mais il peut être détaché temporairement de la propriété riveraine, en ce sens qu'il peut être cédé isolément ou par un bail à ferme ou par une aliénation temporaire (Proudhon, n° 373, de Valserres, p. 303). — Il peut également donner lieu, au profit du propriétaire ou du fermier, à une action possessoire devant le juge de paix, soit par complainte, soit par réintégrande (M. Garnier, n° 637).—V. cependant Act. poss., n° 486, où nous avons indiqué, à tort, M. Garnier comme professant une opinion contraire.

14. Le droit de pêche doit-il, en cas de silence du bail sur ce point, appartenir au propriétaire ou au fermier? Les opinions sont divisées sur cette question; et il en est bien peu qui, en présence des situations diverses dans lesquelles elle peut s'offrir, suivant que l'on est ou non dans l'usage de louer le droit de pêche, suivant que le locateur a dans la localité une maison de maître qu'il continue d'habiter ou qu'il demeure loin de là, suivant enfin que la pêche est ou n'est pas d'une importance réelle, il en est peu, disons-nous, qui estiment que la question doit être décidée d'une manière générale, et abstraction faite des circonstances.—V. cependant ce qui va suivre.

M. Troplong (dans son comment. du Louage, n° 163) distingue entre le cas où la pêche serait pratiquée dans un étang dépendant de la propriété affermée, dont la pêche est un revenu, et celui où elle s'exercerait dans un cours d'eau qui traverse la même propriété. Dans le premier cas, il reconnaît au fermier le droit de pêcher : « c'est là, dit-il, un fruit dont le bail a voulu lui assurer la jouissance. » Dans le second cas, M. Troplong pense que le droit de pêche reste au propriétaire, et il invoque à l'appui de son opinion celle de Julien, qui dit, d'après Minicius, *Venationem fructus fundi non esse, nisi fructus fundi ex venatione constet* (*Dig. L.* 26, *De usuris*). Nous croyons, en effet, que le droit de pêche ne doit appartenir au fermier que dans le cas où il tient plus de l'utilité que de l'agrément (V. notre Dict. gén., v° Louage, n° 282). — Mais, quand ce droit est purement voluptuaire, il y a évidemment les mêmes raisons de décider que pour le droit de chasse (V. Chasse, nos 49 et suiv.), et la solution doit être la même.—Toutefois, des auteurs pensent que, dans le silence du contrat, la pêche est réputée appartenir de droit au fermier (V. en ce sens MM. Duvergier, Louage, t. 1, n° 75; Proudhon, Du Domaine public, n° 1251; Garnier, Régime des eaux, n° 856, et Vaudoré, Droit rural, t. 2, n° 181.— *Contrà*, Rouen, 13 juin 184 , aff. Burel, V. plus bas). — M. Daviel, qui, dans sa seconde édition, avait exprimé une opinion conforme à celle des auteurs que nous venons de citer, l'a abandonnée, dans sa troisième édition, pour adopter la doctrine de M. Troplong (V. son traité des cours d'eau, t. 2, n° 685).—Dans ses notes sur le Domaine public de M. Proudhon, M. Dumay se range également du côté de M. Troplong. Il fait, toutefois, une observation qui nous paraît infiniment juste. « Il n'est pas douteux, dit-il, que le locataire d'un château avec parc, pièces d'eau ou rivières traversant ce parc, y aurait les droits de chasse et de pêche, à moins de stipulation contraire. » Le même auteur estime que le fermier d'un moulin doit avoir le droit de pêche dans le bief artificiel qui met en mouvement son usine, parce que c'est là un réservoir qu'il entretient, et dont, sous tous les rapports, il doit avoir la libre disposition, opinion qui, suivant nous, est vraie si, pour exercer le droit de pêche dans le bief de l'usine, il faut pénétrer dans la propriété louée et faire acte de possesseur sur les parties du cours d'eau qui traversent des jardins, des enclos ou des dépendances des habitations; mais qui cesse de l'être si le canal traverse des propriétés ouvertes, alors même qu'elles seraient comprises dans le bail de l'usine, et, à plus forte raison, si ce bail ne comprenait que l'eau du canal considérée comme force motrice : peu importerait d'ailleurs que le locataire fût tenu de créer et d'entretenir le canal ou la rivière servant à mettre l'usine en mouvement.—C'est, au reste, ce qui a été décidé dans une espèce où il s'agissait d'une usine placée au confluent de deux petites rivières dont l'entretien et le curage étaient à la charge du preneur; il a été jugé 1° qu'en ce cas le droit de chasse devait être réputé avoir été réservé par le propriétaire; et spécialement que le locataire d'une usine n'a pas le droit de pêche dans le cours d'eau qui fait mouvoir la roue d'eau, lorsque le bail garde sur la pêche un silence absolu..., et encore que l'entretien des berges et le curage du cours d'eau seraient à la charge du preneur, ce preneur devant être réputé n'avoir considéré le cours d'eau que comme un moteur nécessaire à l'activité et à la mise en valeur de l'usine louée, et non comme un moyen d'obtenir, par l'exercice de la pêche, une jouissance de pur agrément (Rouen, 13 juin 1844) (1); — 2° Qu'au surplus, la permission de pêcher, résultant de quelques actes

(1) *Espèce :* — (Burel et Chopart *C.* Lasne.) — Le sieur Burel prit à bail, en 1839, une usine appartenant au sieur Lasne : le bail porte que cette usine est limitée d'un côté par la rivière de Saffimbec, et de l'autre par celle de Sainte-Austrebert; l'entretien des berges et le curage de ces deux rivières y sont mises à la charge du preneur; mais le bail ne fait nulle mention du droit de pêche. — Après avoir laissé plusieurs fois à son locataire l'exercice de ce droit, le sieur Lasne l'actionna ainsi que Chopart, son ouvrier, pour avoir commis, en temps prohibé (en fév. 1844) et sans l'autorisation du propriétaire, des actes réitérés de pêche.

Un jugement du tribunal correctionnel de Rouen condamna les sieurs

tolérés, n'équivaut pas à l'autorisation du propriétaire et ne rend pas ce dernier non recevable à demander contre l'auteur de ces actes (un locataire), la réparation du dommage qu'ils lui ont causé (même arrêt).

SECT. 2. — *De la pêche dans les rivières navigables et flottables.*

ART. 1. — *Du droit de pêche au profit de l'Etat.*

15. « Le droit de pêche s'exerce au profit de l'Etat dans les fleuves, rivières, canaux et contre-fossés, navigables ou flottables avec bateaux, trains ou radeaux, ou dont l'entretien est à la charge de l'Etat ou de ses ayants cause » (L. 15 avril 1829, art. 1, § 1). — Quant à la distinction entre les fleuves navigables et ceux qui ne le sont pas, V. Eaux, nos 39, 47 et suiv.; V. aussi n° 22 ci-après.

Cette disposition de la loi du 15 avril 1829 a fait cesser le doute qui existait avant sa promulgation sur la question de savoir si les riverains possédaient le droit de pêche sur les rivières *flottables* mais non navigables. On disait, pour l'affirmative, que l'art. 14 de la loi du 14 flor. an 10 n'interdisait la pêche que dans les rivières navigables, et que, dès lors, dans les rivières simplement flottables par trains et radeaux, la pêche appartenait aux riverains (Pau, 11 mars 1824, ch. correct., aff. Salomon et autres *C.* forêts). — Mais on répondait, et, selon nous, avec avantage, qu'il n'y avait aucune distinction à faire entre les rivières navigables par bateaux et celles qui sont simplement flottables par trains et radeaux, puisque les unes et les autres font également partie du domaine public (c. nap., art. 538); que, d'ailleurs, les rivières flottables par trains et radeaux sont également navigables pour les bateaux du même tirant d'eau; que, par conséquent, toutes ces rivières étaient également régies, quant à leur police, par la loi du 14 flor. an 10 (avis cons. d'Et. 21 fév. 1822, V. Eaux, n° 61).

Quoi qu'il en soit, il est certain que, sous la loi du 14 flor. an 10, le droit de pêche n'était pas exercé au profit de l'Etat sur les cours d'eau ou rivières flottables à bûches perdues; en conséquence, il a été décidé que ces rivières sont assimilées à des propriétés privées, et que, par suite, la pêche en appartient aux riverains (Crim. rej. 22 août 1823) (1).— Il en est de même sous la loi du 15 avr. 1829, puisque cette loi ne parle que des rivières navigables ou flottables avec bateaux, trains ou radeaux. — V. dans le même sens M. Garnier, Régime des eaux, n° 289.

Quant à la condition voulue par la loi que l'entretien du cours d'eau soit à la charge de l'Etat pour que le droit de pêche puisse y être exercé à son profit, elle doit être entendue en ce sens que la jouissance du droit de pêche est corrélative de l'obligation d'entretenir le cours d'eau, et non du fait même de l'entretien; en effet, il est clair que les représentants de l'Etat sont les seuls juges de l'opportunité des travaux à exécuter, et que l'interruption dans ces travaux, quelque longue qu'elle ait pu être, ne peut créer aucun droit au profit des riverains, alors même que ceux-ci auraient pris l'initiative de certains travaux qu'ils auraient fait exécuter dans leur intérêt. A ce point de vue, il a été jugé qu'un propriétaire n'a pu se prévaloir, pour réclamer le droit de pêche dans une rivière flottable, des ouvrages d'art qu'il avait fait exécuter et entretenir sur le cours de cette rivière (Orléans, 19 juin 1846, aff. Voyer d'Argenson, D. P. 49. 2. 93). —V. au surplus Ann. forest., t. 8, p. 78 et suiv.; V. aussi Eaux, n° 107.

Remarquons d'ailleurs que la loi parle des canaux et cours d'eau dont l'*entretien est à la charge de l'État*. Ce n'est donc pas le fait même de l'entretien, mais l'obligation d'entretenir qui procure le droit de pêche à l'État. Un riverain ne pourrait donc, de sa propre autorité, se substituer aux obligations et aux droits de l'État. Il ne le pourrait qu'en vertu d'un traité administratif conclu entre lui et les représentants de l'intérêt domanial.

16. Le droit de pêche étant un accessoire des rivières navigables et flottables qui font partie du domaine public (c. nap. 538), est inaliénable et imprescriptible comme ces rivières elles-mêmes (Req. 9 nov. 1836, aff. Dunoyer, V. n° 37). — En conséquence, aucun droit de pêche ne peut y être exercé par un particulier, si ce n'est en vertu des concessions faites conformément à la loi du 15 avr. 1829 (M. Daviel, t. 1, n° 239).—Mais ces concessions sont essentiellement temporaires, et elles constituent une simple amodiation du droit de pêche pour un temps déterminé. Toute aliénation définitive, même sur une faible partie de la rivière, est sans aucune valeur encore bien qu'elle ait été faite administrativement (Colmar, 1er août 1823) (2); — Et le minis-

Burel et Chopart chacun à 30 fr. d'amende et 50 fr. de dommages-intérêts envers Lasne. — Appel. — Arrêt.

LA COUR; — Attendu qu'il résulte de l'instruction et des débats que, dans le cours du mois de février dernier, Burel et Chopart ont plusieurs fois pêché dans la rivière qui fait mouvoir l'usine louée par Lasne à Burel; — Attendu que ces faits de pêche en temps prohibé ne sont pas méconnus par les prévenus, mais que Burel prétend que sa qualité de locataire de Lasne et la tolérance de celui-ci lui donnaient le droit de pêche, soit seul, soit à l'aide de Chopart, l'un de ses ouvriers;—Attendu que la jurisprudence a consacré le principe que le fermier n'a pas le droit de chasse, lorsque son bail ne lui a pas expressément conféré ce droit; — Que la même décision doit être prononcée à l'égard de la pêche; car les motifs pour ne pas donner au fermier ou locataire le droit de chasse, militent avec la même force pour lui refuser le droit de pêche; — Attendu que le seul droit qui puisse appartenir à un fermier ou locataire est celui de profiter des produits utiles de la chose qui lui est louée; — Mais, attendu que les animaux sauvages, comme le gibier et le poisson, ne peuvent être considérés comme des fruits ou produits des terres ou des eaux où ils peuvent se nourrir et se repeupler, mais qu'ils parcourent, traversent et quittent en pleine liberté; — Attendu, d'ailleurs, que la pêche dans un cours d'eau est, comme la chasse elle-même, généralement considérée moins comme un produit utile que comme une jouissance d'agrément; — Qu'ainsi, le droit de pêche est habituellement une dépendance du droit même de propriété, et reste, par suite, attaché au domaine du maître du fonds, qui est censé s'être réservé la jouissance de la pêche, par cela seul qu'il ne l'a pas concédée à son fermier, à moins de circonstances exceptionnelles que les juges devraient apprécier; —Attendu que ces principes sont surtout vrais dans l'espèce de la cause, où le bail fait par Lasne à Burel, outre qu'il garde le silence absolu sur la pêche, a pour objet principal l'exploitation d'une usine, dont les eaux courantes n'ont dû être considérées par le preneur que comme un moteur nécessaire à l'activité et la mise en valeur de cette usine, et non comme un moyen d'obtenir des jouissances de pur agrément, par l'exercice de la pêche; — Attendu, enfin, que si Lasne a quelquefois permis à Burel de pêcher dans le cours d'eau dont il s'agit, ces actes de tolérance ne peuvent être envisagés comme l'abdication du droit exclusif appartenant au propriétaire, et que le preneur ne peut s'en prévaloir pour prétendre que des permissions de pêcher, résultant de quelques actes tolérés, peuvent constituer une autorisation indéfinie et illimitée pour des faits de pêche postérieurs, même en temps prohibé, et lorsqu'il n'apparaît d'ailleurs aucune permission expresse de Lasne; — Déclare Burel et Chopart coupables de s'être livrés à la pêche, en temps prohibé dans un cours d'eau dont la pêche appartenait à Lasne, et sans sa permission, les condamne, par application des art. 5 et 27 de la loi du 15 avr. 1829, chacun à 30 fr. d'amende et 5 fr. de dommages-intérêts.

Du 13 juin 1844.-C. de Rouen, ch. des app. corr.-MM. Gesbert, pr.-Chassan, 1er av. gén., c. contr.-Renaudeau et Pouyer, av.

(1) (Min. pub. *C.* Gombert et autres.)— LA COUR; — Attendu qu'en jugeant que l'art. 538 c. civ. ne s'étend pas aux rivières et ruisseaux simplement flottables à bûches perdues, le tribunal de Troyes n'a pas violé cet article, et qu'en jugeant, par suite, que les nommés Gombert et Vitalis n'avaient pas dû être condamnés pour avoir pêché sur une portion de rivière qu'il déclare être la propriété du sieur l'Escuyer, lequel n'a exercé aucune poursuite, et en renvoyant les prévenus de l'action exercée contre eux, ce tribunal n'a violé aucune disposition de la loi; — Rejette.

Du 22 août 1823.-C. C., sect. crim.-MM. Barris, pr.-De Chantereyne, rap.-Marchangy, av. gén., c. contr.-Teste-Lebeau, av.

(2) *Espèce*:—(Cerf *C.* Sittler et autres.)—24 oct. 1810, adjudication devant la préfecture du Bas-Rhin, par laquelle Théodore Cerf devient acquéreur d'un jardin, en terres et prés, situés au Ban de Hipsheim, contenant vingt ares, ainsi que du droit de pêche dans la rivière de l'Ill, au canton dit Bannwasser. — Par acte notarié du 6 juill. 1812, il en revendit une partie aux sieurs Sittler et consorts. — Ceux-ci ayant été troublés dans la jouissance des objets de leur acquisition par des pêcheurs à qui le gouvernement avait délivré des licences, actionnèrent leur vendeur et conclurent à ce que, faute par lui d'avoir fait cesser l'éviction qu'ils souffrent dans la propriété à eux transmise, il soit condamné à leur payer le prix de la vente, les frais et loyaux coûts, les intérêts du jour du payement, et, en outre, les dommages-intérêts. — 28 nov. 1820, jugement du tribunal de Strasbourg qui, « considérant que le contrat de vente du 6 juill. 1812 ne peut obtenir son exécution en ce qui concerne le Bannwasser, faisant partie de l'Ill, parce qu'une rivière navigable et flottable, ainsi que la pêche en dépendante, est un domaine de l'Etat déclaré inaliénable par les lois; — Prononce la résiliation de la vente consentie par Cerf à Sittler et autres; quant à la par-

tre des finances est autorisé à faire cesser, par ses décisions, la jouissance provisoire indûment accordée par un préfet à un particulier, relativement à un droit de pêche dans une rivière navigable (ord. cons. d'Et. 30 juill. 1817, aff. Boudard, V. nº 33).

17. *Bras de rivières, noues, boires et fossés.* — Le droit de pêche est exercé au profit de l'Etat « dans les bras, noues, boires et fossés qui tirent leurs eaux des fleuves et rivières navigables ou flottables dans lesquels on peut, en tout temps, passer ou pénétrer librement en bateau de pêcheur, et dont l'entretien est également à la charge de l'Etat » (L. 15 avr. 1829, art. 1, § 2). — Les *noues* sont des sortes de trous ou de lieux bas où se jettent les eaux des rivières. — Le mot *boire* s'emploie pour désigner toute communication que les mares, fossés ou chantepleures ont avec les rivières. Dans la partie inférieure du cours de la Loire, on donne le nom de boire aux anfractuosités ou mieux aux petits golfes que forme cette rivière (Baudrillart, Dict. des pêches, vº Boire). On appelle aussi quelquefois boires les fossés pratiqués de main d'homme sur les rives des fleuves. Dans ce cas, et lorsque ces boires ont été établies sur des propriétés particulières, elles rentrent dans la catégorie des fossés dont parle le § 3 de l'art. 1 L. 15 avr. 1829, et le propriétaire peut y pêcher, alors même qu'on pourrait constamment communiquer du fossé à la rivière en bateau de pêcheur (décr. min. fin. 23 nov. 1821, 12 juill. 1822 et 18 avr. 1823). — Dans la pratique les expressions *boires* et *noues* sont souvent employées comme synonymes. Suivant les localités, les mots *golfe*, *anse*, *reculade*, *canche* et *chantepleure* désignent des flaques d'eau qui se trouvent sur le bord des rivières et qui sont alimentées par elles.

18. Le § 2 de l'art. 2 que nous venons de transcrire contient une véritable réserve du droit de pêche au profit des propriétaires dont les héritages bordent les rivières navigables ou flottables, dans les parties de ces rivières qui ne sont pas en communication directe avec le cours d'eau. L'esprit de la loi est que dès qu'il n'est pas possible de passer ou de pénétrer *en tout temps* en bateau de pêcheur, dans une partie de rivière autre que celle qui constitue le cours d'eau principal, la pêche de cette partie ainsi privée de communication perpétuelle appartient au riverain. — Cette interprétation ne peut être douteuse si l'on se reporte aux actes administratifs qui étaient la règle de la matière avant la promulgation de la loi sur la pêche fluviale. Cette loi a consacré législativement ces actes, qui sont intervenus dans les circonstances suivantes : l'administration avait compris, dans l'amodiation des cantonnements de pêche, toutes les noues *dont la pêche appartenait à l'Etat*. Le vague de cette désignation appelait une interprétation administrative. Sur la demande de l'administration des eaux et forêts, le ministre des finances a décidé, le 2 juill. 1812, que « les noues, boires et fossés qui accompagnent les rivières et qui ont à leurs extrémités une communication libre avec les rivières qui y entrent pendant le cours de l'année, et où les bateaux peuvent passer en tout temps, doivent être considérés comme une dépendance de ces rivières, et qu'en conséquence, ils doivent être compris dans la mise en ferme de la pêche; mais que, relativement aux noues qui n'ont point de communication libre avec la rivière, et qui ne se remplissent que dans le temps des grandes eaux, la pêche en appartient aux propriétaires riverains. » Une seconde décision porte que « la pêche dans les noues ne peut être affermée au profit de l'Etat, comme dépendante d'une rivière navigable, que lorsque la noue communique à cette rivière, de manière que le pêcheur puisse y entrer et en sortir librement avec un bateau, attendu que s'il en était autrement, le fermier d'un cantonnement de pêche voisin de la noue serait autorisé à violer la propriété des riverains pour le jet et l'amarrage de ses filets » (décis. min. fin. 14 août 1812). — Enfin, des difficultés s'étant élevées relativement à l'exercice de la pêche au profit des fermiers dans des noues, boires, canaux ou fossés creusés de main d'homme dans des propriétés privées ou communales, le ministre des finances a décidé que la pêche ne pouvait être affermée au profit de l'Etat dans ces cours d'eau, attendu qu'ils ne peuvent être assimilés à des fleuves ou rivières navigables ou flottables (décis. min. fin. 23 nov. 1821, 22 juill. 1822 et 18 avr. 1823). Il est évident que la loi du 15 avr. 1829 n'a fait que reproduire l'esprit de ces décisions; par conséquent il suffit qu'une noue ou boire qui dépend d'une rivière navigable ou flottable ne soit pas, en tout temps, accessible au bateau pêcheur pour que le droit d'y pêcher appartienne aux riverains (Bourges, 3 juin 1845, aff. Decray, D. P. 49. 2. 68; V. *eod.* nos obs. sur cet arrêt; Bordeaux, 16 juin 1849, aff. Espitalier, D. P. 50. 2. 119; Bull. des Ann. for., t. 5, p. 93; trib. de Dôle, 26 mai 1840, aff. Petit-Jean et Myet, et trib. de Gien, 27 avril 1847, aff. Gandron, Bull. des Ann. forest., t. 4, p. 338 et 450).

Mais les riverains ne seraient pas fondés à réclamer le droit de pêche dans une noue ou boire en libre communication avec une rivière navigable, encore bien que cette noue ne soit pas exclusivement alimentée par les eaux de la rivière, et qu'un bateau pêcheur ne puisse pas circuler et naviguer sur toute son étendue (Bordeaux, 16 juin 1849, aff. Espitalier, D. P. 50. 2. 119; Bull. des Ann. for., t. 5, p. 93).

19. Toutefois, ce serait une erreur de croire que cette attribution soit définitive. Rien n'est plus variable que l'état d'une rivière; mille causes peuvent faire changer la direction ou le volume des eaux: Il peut donc arriver que l'état de choses constaté pour une année, et par suite duquel on doit attribuer au riverain le droit de pêche, en vertu de la disposition de l'art. 1, n'existe plus dans les mêmes conditions l'année suivante, et, dès lors, le domaine doit rentrer dans l'exercice du droit de pêche (V. à cet égard le travail de M. Deville, Ann. forest., t. 8, p. 142 et suiv.). — Quant à la pêche dans les canaux de dérivation établis par les particuliers sur leurs propres terrains, V. nº 45.

20. De ce que le droit de pêche peut être exercé par les riverains sur une partie de rivière navigable et flottable qui ne communique pas en tout temps avec le cours d'eau principal, il faut se garder d'en conclure *que la pêche* y soit entièrement libre. Il faut faire la distinction suivante. Si les bras, noues, boires et fossés ont une communication quelconque avec la rivière, de telle sorte que le poisson puisse y entrer et en sortir, ces parties sont considérées comme des *cours d'eau* privés soumis à toutes les règles de police tracées par les art. 23 et suiv de la loi sur la pêche fluviale. En conséquence, il est défendu de pêcher : 1º la nuit, en temps de frai, au moyen d'engins prohibés qui barrent entièrement un canal ou fossé qui, en tout temps,

---

tie seulement de l'acquisition dont ils ont été dépossédé, déclare n'y avoir lieu à des dommages-intérêts. » — Appel de la part de Sittler et consorts.—6 mai 1823, arrêt, par défaut faute de plaider, contre Théodore Cerf, par lequel la cour : « Considérant qu'il est suffisamment justifié que le Bannwasser était le principal objet qui avait déterminé les appelants à se rendre acquéreurs des immeubles dont il s'agit; que se trouvant évincés de cette portion principale de leur acquisition, qui appartenait incontestablement au domaine, il y a lieu à résilier le contrat; —Que, s'agissant d'acquisition d'immeubles, la demande en dommages-intérêts résultant de l'éviction est fondée puisque l'acquéreur a pu être privé par là de l'avantage qu'il s'était promis;—Déclare le contrat résilié; condamne, etc. » — Opposition de Cerf. — Arrêt.

LA COUR; — En ce qui touche la résiliation du contrat de vente passé par Théodore Cerf, au profit de George Sittler et consorts, le 6 juillet 1812, adoptant les motifs exprimés en l'arrêt par défaut du 6 mai dernier;—Quant à la restitution des fruits et dommages-intérêts : — Considérant, d'une part, que Théodore Cerf a acquis du domaine par son contrat du 24 oct. 1810, les jardins et prés dont s'agit au procès, tels que ces immeubles étaient loués par bail expiré, pour un loyer annuel de 48 fr.; que ce bail comprenait notamment et principalement le droit de pêche du Bannwasser dans la rivière navigable de l'Ill; que l'acquéreur a encore été confirmé dans son droit par une délibération spéciale du conseil de préfecture du Bas-Rhin, en date du 8 juin 1812, basé sur un avis conforme du directeur des domaines, du 23 mars précédent; qu'il a dès lors pu vendre de bonne foi, comme il avait acquis, et ainsi qu'il avait été confirmé dans son acquisition; — Considérant, d'autre part, que Sittler et consorts, en acquérant de Théodore Cerf, le 6 juill. 1812, ont pareillement été de bonne foi, lorsqu'ils ont cru que le droit de pêche était invariablement aliéné par le domaine; que s'ils ont été dépouillés postérieurement de ce droit, par application du principe de l'inaliénabilité des choses qui appartiennent au domaine public, cette éviction ne peut être particulièrement imposée à aucune des parties;—Que dans cette position, la résiliation du contrat ayant été demandée et ordonnée, il n'y a pas lieu à un dédommagement extraordinaire; mais qu'en mettant les parties au même et semblable état où elles étaient avant leur contrat, il est juste d'ordonner qu'elles se fassent respectivement état des fruits qu'elles ont perçus; — Ordonne, etc.

Du 1er août 1823.-C. de Colmar.

sert de communication entre une noue et une rivière flottable (Crim. rej. 14 fév. 1846, aff. Ruinet, D. P. 55. 5, v° Pêche);— 2° au moyen d'engins prohibés dans une noue qui formait autrefois le lit de la rivière de l'Aube, et qui communique avec cette rivière aux époques où elle atteint la hauteur moyenne des eaux, pourvu que le fait de pêche ait eu lieu à l'une de ces époques (Crim. cass. 5 nov. 1847, aff. Peuchot, D. P. 47. 4. 366);—3° au moyen d'un barrage complet et de filets prohibés tendus dans un canal creusé dans une plaine pour faire rentrer dans le lit d'une rivière avec laquelle ce canal est en communication les eaux provenant du débordement de cette rivière (Crim. cass. 7 avr. 1848, aff. forêts *C.* Lauthier, D. P. 48. 1. 168);—4° également au moyen d'un barrage établi dans un cours d'eau qu'un fleuve débordé aurait momentanément créé à travers une propriété particulière (Bourges, 24 fév. 1853, aff. Favard, D. P. 53. 2. 138). — Dans toutes ces circonstances, les infractions peuvent être poursuivies à la requête de l'administration forestière.—V. n°s 168 et suiv.

21. Mais si, au moment où le fait de pêche a lieu, les bras, noues, boires et fossés constituent une eau stagnante et morte, sans aucune communication avec la rivière, ces amas d'eau non courante ne sont plus soumis aux règles de police tracées pour les cours d'eau. Ils rentrent alors dans le cas prévu par le paragraphe dernier de l'art. 30, qui considère comme des étangs ou réservoirs, dans lesquels la pêche est entièrement libre, les fossés et canaux appartenant à des particuliers dès que leurs eaux cessent naturellement de communiquer avec les rivières (V. n° 148). — V. aussi Ann. forest., t. 8, p. 142, un travail de M. Deville sur le droit de pêche et les conditions d'exercice de ce droit dans les dérivations et dépendances des rivières navigables et flottables.

22. *Déclaration de navigabilité.* — Le soin de désigner les parties des fleuves, rivières et canaux où la pêche sera exercée au profit de l'Etat est réservée au pouvoir réglementaire après enquête *de commodo et incommodo* (L. 15 avr. 1829, art. 3, § 1, V. Exposé et rapp., n°s 8, 28, 53). — Les enquêtes dont il s'agit ont été faites, et, par suite, est intervenue l'ord. du 10 juill. 1835, présentant le tableau, par département, des parties de fleuves et rivières et des canaux navigables ou flottables en trains sur lesquels la pêche doit être exercée au profit de l'Etat (V. p. 452 cette ordon., et le rapport au roi par M. Humann, min. des fin.). — Plusieurs ordonnances ont modifié celle du 10 juill. 1835 (ord. 19 fév.-10 mars 1843, 14 mai 1843, 29 janv. 1844, 9 juin 1844, V. p. 453; arrêté 30 avr.-25 mai 1849, D. P. 49. 4. 107; décret 31 mai 1850, D. P. 50. 4. 137; 12 nov.-1er déc. 1853, D. P. 54. 4. 11). L'état de choses actuel n'a donc rien de définitif, et peut toujours être changé selon les besoins de l'intérêt général. M. Garnier pense aussi (Régime des eaux, n° 303) qu'il n'y a rien de définitif dans les dispositions de l'art. 1, L. 15 avr. 1829, qui abandonnent aux riverains le droit de pêche dans les parties des rivières navigables qu'ils entretiennent; mais il reconnaît, avec raison, que les riverains dépossédés auraient droit à l'indemnité. — Les ordonnances rendues en exécution de l'art. 3 L. 15 avr. 1829, reconnaissent moins le fait de la navigabilité que l'aptitude des cours d'eau à devenir navigables au moyen de certains travaux. Il en est de même à l'égard des rivières qui sont déclarées flottables par trains et radeaux. Ces actes du pouvoir exécutif sont des règlements d'administration publique. En conséquence, ils ne peuvent être attaqués par voie contentieuse devant le conseil d'Etat (V. Eaux, n°s 44 et suiv.) — Il faut remarquer aussi que l'ordonnance du 10 juill. 1835 n'ayant pas été délibérée en conseil d'Etat, le recours par voie gracieuse, devant ce conseil, ne peut avoir lieu, l'art. 1 du décret du 22 juill. 1806 n'admettant que le recours par voie contentieuse (V. Cons. d'Et., p. 181). C'est ce qui a été décidé dans une espèce où des propriétaires avaient demandé au roi, en conseil d'Etat, et par voie gracieuse, de modifier ou rectifier l'ordonnance du 10 juill. 1835, en ce qui concernait la flottabilité des ruisseaux du Val, de la Sarre-Rouge et de la Sarre-Blanche (avis cons. d'Et. 7 janv. 1845, aff. Demetz, Chevandier et autres; Bull. des Ann. for., t. 2, p. 292).

23. En tous cas, et alors même que l'ord. du 10 juill. 1835 aurait pu être attaquée par voie contentieuse, elle n'aurait pu l'être que dans les termes du décret réglementaire du 22 juill. 1806. En conséquence, l'insertion de cette ordonnance au Bull. des lois ayant valu notification aux riverains, le pourvoi formé plus de trois mois après cette insertion a dû être considéré comme tardif (ord. cons. d'Et. 1er juill. 1839, aff. Ferney de Saint-Martin, V. Cons. d'Etat, n° 232 1°). — Et c'est à l'autorité administrative seule qu'il appartient de décider si une rivière déclarée navigable par l'ord. du 10 juill. 1835 était déjà navigable antérieurement (ord. cons. d'Et. 23 juin 1841, aff. Lemenuet, V. Eaux, n° 49).

24. La loi du 14 flor. an 10 et celle du 15 avr. 1829 ne punissant le délit de pêche simple, sans engins prohibés, que lorsqu'il est commis dans une rivière navigable, il suit de là que si une cour saisie d'un délit de pêche, sur la poursuite de l'administration forestière, déclare que la rivière n'était pas navigable au moment où le fait de pêche a été pratiqué, elle peut rejeter la preuve testimoniale tendante à établir que la rivière est navigable (Crim. rej. 29 avr. 1830) (1). — Il en est de même dans le silence du procès-verbal sur le caractère de la rivière (Crim. rej. 7 mai 1830) (2).

25. Mais s'il était constant en fait que la partie de la rivière dans laquelle il a été pêché était navigable ou flottable, il y aurait délit, car la pêche de ces cours d'eau appartient exclusivement à l'Etat, encore bien que la rivière n'ait pas été expressément reconnue navigable ou flottable par un acte du pouvoir exécutif (Crim. cass. 3 mai 1834, 5 mars 1835) (3); et l'on doit décider ainsi, quand bien même le tribunal saisi de la poursuite

(1) (Forêts *C.* Latapy.) — LA COUR; — Attendu que l'arrêt attaqué, déclarant, en fait, que le gave de Pau n'est pas navigable, il n'y avait pas lieu, dans la cause, à l'application de l'art. 14 de la loi du 14 floréal an 10, et qu'en refusant d'admettre la preuve de la pêche faite par les prévenus dans le gave, et en les relaxant, ledit arrêt n'a pas violé l'article précité; — Attendu que, devant le tribunal de première instance, l'administration forestière avait borné son action au fait de pêche dans le gave de Pau, et qu'eût-elle voulu l'étendre devant la cour royale, aux faits d'avoir pêché en temps et avec des engins prohibés, l'arrêt attaqué n'a violé aucune loi, en jugeant que ces deux faits n'ayant pas été poursuivis en première instance, ne pouvaient l'être en appel; — Rejette.

Du 29 avr. 1830.-C. C., ch. crim.-MM. Ollivier, f. f. pr.-De Ricard, rap.

(2) (Forêts *C.* Dunan.) — LA COUR; — Vu l'art. 3 de loi du 15 avril 1829; — Attendu que l'administration forestière ne doit constater les délits de pêche que quand ils ont été commis dans des rivières flottables et navigables ou dans leurs dépendances; — Attendu que, dans l'état des faits reconnus et constatés dans le jugement, les filets saisis ne l'ont été que dans un canal du gave de Pau qui n'était ni flottable ni navigable; que ces faits ne sont point en contradiction avec ceux énoncés au procès-verbal, qui ne s'explique pas sur la question de savoir si cette rivière est flottable ou navigable; — Attendu que rien, au procès, ne détruit l'assertion des premiers juges, d'après laquelle la rivière du gave de Pau, dans l'endroit où la saisie des engins a eu lieu, n'était ni flottable ni navigable; qu'ainsi l'appréciation de ces faits a pu être valablement faite par le tribunal, et qu'en agissant ainsi il n'a ni violé la foi due au procès-verbal, ni fait une fausse application de l'art. 5 de la loi du 15 avril 1829. — Rejette.

Du 7 mai 1830.-C. C., ch. crim.-MM. Ollivier, f. f. pr.-Dupaty, rap.

(3) 1re *Espèce:* — (Forêts *C.* Despouys.) — LA COUR; — Vu les art. 1, 3 et 5, L. 15 avr. 1829, relative à la pêche fluviale; — Attendu que l'art. 1 de cette loi reconnaît le droit de pêche au profit de l'État dans les rivières navigables ou flottables avec bateaux, trains ou radeaux, et dont l'entretien est à sa charge; — Attendu que l'art. 3, qui autorise le gouvernement à déterminer les parties des rivières navigables ou flottables où le droit de pêche sera exercé au profit de l'Etat, ne modifie pas la disposition générale de l'art. 1, et ne suspend pas l'exercice du droit exclusif de pêche établi par cet article en faveur de l'Etat; — Attendu qu'en l'absence d'ordonnances royales rendues en exécution de l'art. 3, l'Etat doit continuer à jouir exclusivement du droit de pêche dont il était en possession paisible et publique, sur les parties des rivières reconnues navigables ou flottables avant la loi du 15 avril 1829; — Attendu qu'il est constant et qu'il n'a point été contesté que la rivière du gave de Pau est navigable à l'endroit où Despouys a établi une pêcherie sans autorisation; — Que l'entretien de cette partie de la rivière est à la charge de l'Etat; — Que la pêche a été constamment affermée à son profit, et qu'elle l'était encore lors du procès-verbal régulièrement dressé contre Despouys, le 26 mai 1832; — Attendu qu'en rejetant l'action de l'administration forestière formée contre Despouys en vertu de ce procès-verbal, par le motif qu'aucune ordonnance royale postérieure à la loi du 15 avr. 1829 n'avait déclaré que la pêche serait exercée au profit de l'Etat dans la partie de la rivière du gave de Pau, où ledit Despouys avait établi une pêcherie,

déclarerait que c'est par abus que la partie de la rivière dans laquelle le prévenu a pêché a été reconnue jusqu'à ce jour navigable ou flottable (arrêt précité, du 5 mars 1835, aff. Ducourneu).

26. *Limites de la pêche maritime.* — Des ordonnances, également rendues après enquête, doivent « fixer les limites entre la pêche fluviale et la pêche maritime dans les fleuves et rivières affluant à la mer. Ces limites sont les mêmes que celles de l'inscription maritime (V. Droit marit., nos 612 et s., 629, V. aussi Organis. marit.); mais la pêche qui se fait au-dessus du point où les eaux cessent d'être salées est soumise aux règles de police et de conservation établies pour la pêche fluviale » (L. 15 avril 1829, art. 3, § 2). — Cette disposition est nouvelle. La loi du 14 flor. an 10 ne faisait aucune distinction entre les différentes parties des fleuves et rivières affluant à la mer. Elle autorisait, d'une manière générale, le gouvernement à percevoir les produits de la pêche fluviale et à déterminer les parties où il serait convenable, soit d'affermer la pêche, soit de la concéder à des porteurs de licences. — Le projet de loi sur la pêche était plus explicite; il proposait de fixer la limite de la pêche fluviale « à la marée basse, au point où les eaux cessent d'être salées. » Cette limitation était plus libérale que celle de la loi de flor. an 10, qui consacrait, en cette matière, le pouvoir arbitraire de l'administration. Néanmoins le projet souleva de nombreuses réclamations. Les uns demandaient qu'on fixât la limite à flot moyen, d'autres aux marées hautes équinoxiales, c'est-à-dire lorsque le grand flot de mars se fait sentir. — C'est ce dernier système qui fut admis par la première commission de la chambre des pairs chargée d'examiner le projet en 1828. Elle se fondait surtout sur ce que les bases adoptées par elle étaient conformes à l'ord. marit. de 1681 (V. Pêche marit. et *suprà*, p. 457, Rapp., n° 10). — Toutefois, lors de la discussion, le rapporteur déclara que la commission, revenant sur sa première détermination, « pensait que la démarcation par elle adoptée ne serait pas assez précise ou qu'elle donnerait à la pêche maritime une extension exagérée. » En conséquence, elle se borna à demander que les limites de la pêche fluviale et de la pêche maritime fussent fixées à la marée haute, au point où les eaux cessent d'être salées. Cette proposition fut adoptée après une discussion à laquelle prirent part MM. de Tocqueville, de Tournon, de Marcellus, de Peyronnet, M. de Rougé, M. Roy, ministre des finances, et M. de Bouthillier, commissaire du gouvernement (ch. des pairs, séance du 29 avril 1828, Monit. du 1er mai 1828).

Cette rédaction, consentie par le gouvernement, avait été adoptée par la commission de la chambre des députés à laquelle la loi fut soumise en 1829 (V. Rapp., p. 450, n° 29). Deux amendements furent proposés par MM. Gautier et Laboissière, qui demandèrent qu'on adoptât pour limites les points qu'atteignent les hautes marées moyennes de pleine et de nouvelle lune (ch. dép., séance du 10 mars 1829, Monit. du 12 mars). Enfin M. Ch. Dupin proposa d'écrire dans la loi : « Ces limites seront les mêmes que celles de l'inscription maritime. » — A l'appui de son amendement, M. Ch. Dupin faisait valoir l'injustice que le système proposé consacrait envers les pêcheurs des rivières qui se jettent dans la Méditerranée, où la marée ne se fait pas sentir. Il ajoutait que les marins étaient assujettis à l'inscription maritime, savoir pour les fleuves et rivières de l'Océan jusqu'au point où remonte le flot d'équinoxe; et pour les ports de la Méditerrannée au point où cesse la remonte des bâtiments à voile; — Que cette inscription constituant une charge lourde pour les marins on devait, en compensation, leur accorder la liberté de la pêche. Après une vive discussion à laquelle prirent part MM. de Bouthillier, commissaire du roi, Pardessus, de Fromont, Mestadier, rapporteur, et M. Roy, ministre des finances, l'amendement de M. Dupin fut adopté, mais avec cette addition : « La pêche qui se fera au-dessus du point où les eaux cesseront d'être salées, sera soumise aux règles de police et de conservation établies pour la pêche fluviale » (ch. dép., séance du 11 mars 1829, Monit. du 13 mars, p. 327). — Cette rédaction a été votée sans discussion nouvelle, à la chambre des pairs, sur le rapport de M. de Malleville.

27. Il résulte de ce qui précède : 1° que jusqu'au point où les eaux restent salées la pêche est considérée comme maritime, et par conséquent gratuite, mais soumise à l'observation des règles de police spéciales à la pêche maritime (V. ces mots); 2° qu'à partir du point où la salure cesse, jusqu'à la limite de l'inscription maritime, la pêche est gratuite encore et ne peut être affermée au profit de l'Etat; mais que, néanmoins, l'administration exerce sur les pêcheurs la même surveillance que sur ceux des autres parties des rivières, et qu'elle peut y interdire tout procédé de pêche nuisible à la remonte ou à la reproduction du poisson. En un mot, les pêcheurs sont, dans cette partie de l'inscription maritime, soumis à toutes les règles de police et de conservation établies pour la pêche fluviale (L. 15 avril 1829, art. 3, § 2).

28. Toutefois l'Etat ne peut mettre en adjudication ces parties de rivière, ni soumettre les pêcheurs à aucune rétribution. L'administration peut seulement prendre toutes les mesures propres à faciliter l'exercice du droit de surveillance qui lui est assuré par l'art. 3.

29. Si les limites de l'inscription maritime sont aujourd'hui parfaitement déterminées, il n'était pas toujours facile, jusqu'en 1852, de reconnaître quel est, pour chaque fleuve, le point précis où cesse la salure des eaux et où commence, par conséquent, l'action de la loi du 15 avril 1829. Il était à désirer que ces difficultés fussent réglées (V. à cet égard les observations de de M. Deville, Annales forestières, 1848, p. 76 et suiv.). — C'est pour remplir cette lacune qu'a été rendu le décret, ayant force de loi, du 21 fév. 1852, dont l'art. 1 porte : « Des décrets du président de la République, insérés au Bulletin des lois et rendus sur la proposition du ministre de la marine, détermineront, dans les fleuves et rivières affluant directement ou indirectement à la mer, les limites de l'inscription maritime et *les points de cessation de la salure des eaux* (V. ce décret et le rapport de M. Ducos, min. de la marine, D. P. 52. 4. 67). Les décrets dont il est question ont été compris dans les règlements sur la pêche maritime pour les arrondissements de Brest, Lorient et Rochefort, des 4-6 juillet 1853 (D. P. 53. 4. 170, 173, 181, 193, 196); il ne reste plus à rendre que le décret pour l'arrondissement de Toulon. — V. note de la p. 170; V. aussi Pêche maritime.

Ajoutons que, dans la pratique actuelle, le point de cessation de la salure des eaux dans les rivières affluant directement ou indirectement à la mer doit être fixée à marée haute de pleine et de nouvelle lune (décis. min. fin. et min. trav. pub. du 8 déc. 1852).

30. La disposition qui attribue à la pêche maritime les mêmes limites que celles qui ont été tracées pour l'inscription maritime, a été diversement interprétée. On a dit que la loi n'autorise pas la pêche maritime indistinctement dans toutes les rivières navi-

le tribunal de Mont-de-Marsan a faussement interprété l'art. 3 de cette loi, et a violé l'art. 5, en refusant d'en faire l'application; — Casse, etc.

Du 3 mai 1834.-C. C., ch. crim.-M. Thil, rap.

Nota. Du même jour, arrêts ident., aff. Lasalle, Taoules et Majourau.

2e *Espèce* : — (Forêts C. Ducourneu et autres.) — LA COUR; — Vu les art. 1, 3 et 5 de la loi sur la pêche fluviale; — Attendu que l'art. 1 de cette loi reconnait le droit de pêche au profit de l'Etat dans les rivières navigables ou flottables avec bateaux, trains ou radeaux, et dont l'entretien est à sa charge; — Attendu que l'art. 3, qui autorise le gouvernement à déterminer les parties des rivières navigables ou flottables, où le droit de pêche sera exercé au profit de l'Etat, ne modifie pas la disposition générale de l'art. 1 et ne suspend pas l'exercice du droit exclusif de pêche, établi par cet article au profit de l'Etat; — Attendu qu'en l'absence d'ordonnances royales, rendues en exécution de l'art. 3, l'Etat doit continuer à jouir exclusivement du droit de pêche dont il était en possession sur les parties des rivières reconnues navigables ou flottables, avant la loi sur la pêche fluviale; — Attendu que le jugement attaqué constate que, jusqu'à ce moment, les lieux où les prévenus ont pêché ont été reconnus pour navigables ou flottables; que, s'il ajoute que ce n'est que par abus qu'ils ont été reconnus pour tels, cette assertion ne détruit pas le fait constaté et ne peut en arrêter les conséquences; — Qu'il suit de là que la partie de l'Adour dont il s'agit au procès restait sous la disposition de l'art. 1er de la loi précitée, et qu'en rejetant l'action de l'administration forestière, sur le motif qu'aucune ordonnance royale, postérieure à la loi, n'avait déclaré cette partie de l'Adour navigable ou flottable, le jugement attaqué a faussement interprété l'art. 3 et violé l'art. 5 de la loi sur la pêche fluviale, en refusant d'en faire l'application; — Casse.

Du 5 mars 1835.-C. C., ch. crim.-MM. Bastard, pr.-De Ricard, r.-Parent, av. gén., c. conf.

gables et flottables situées dans le ressort de l'inscription maritime, mais seulement dans celles de ces rivières qui affluent immédiatement à la mer (Crim. cass. 17 nov. 1832) (1). En conséquence il a été jugé qu'un individu non muni d'une licence, qui s'est livré à la pêche dans une rivière navigable qui n'est pas exceptionnellement déterminée par la loi pour la pêche maritime, quoique située dans le ressort de l'inscription maritime, a dû être condamné à une amende (Bordeaux, 15 fév. 1833) (2).—Mais, depuis ces arrêts, le conseil d'Etat a décidé, et avec raison, que les dispositions de la loi du 15 avril 1829 portant que les limites entre la pêche fluviale et la pêche maritime seront les mêmes que celles de l'inscription miritime, s'appliquent à tous les cours d'eau affluant soit directement, soit indirectement à la mer (avis cons. d'Et. 15 sept. 1837, D. P. 49. 3. 45). Enfin la loi du 21 fév. 1852 (V. numéro précédent) est venue confirmer cette interprétation.

Cette solution, qui est le complément de l'ord. du 10 juill. 1835, est due aux efforts incessants de l'administration de la marine pour améliorer le sort des matelots et de leurs familles. Il était seulement à craindre que les avantages que la loi a voulu réserver à cette intéressante population ne tournassent au profit presque exclusif des spéculateurs dont les vastes établissements de pêche occupaient les parties des fleuves comprises dans l'inscription maritime et interceptaient la remonte des poissons de passage (V. sur ce point les observations de M. Deville, Annales forestières, 1848, p. 76 et suiv., et la lettre de M. Curmer qui contient des révélations curieuses; *eod.*, p. 208). Mais la police de la pêche maritime étant aujourd'hui réglementée par les décrets des 4-6 juillet 1853 (D. P. 53. 4. 170, 173, 181, 193 et 196), les inconvénients signalés ne sont plus à redouter.

31. *Indemnités aux riverains.* — Le projet de loi présenté aux chambres sur la pêche fluviale, tout en conférant au gouvernement le droit de déclarer navigable ou flottable toute espèce de cours d'eau, ne contenait aucune disposition relative aux riverains qui se trouveraient dépossédés du droit de pêche, par suite de cette déclaration. Une pétition fit admettre par la commission de la chambre des pairs l'addition suivante qui passa dans la loi : « Dans le cas où les cours d'eau seraient rendus ou déclarés navigables ou flottables, les propriétaires qui seront privés du droit de pêche auront droit à une indemnité préalable qui sera réglée selon les formes prescrites par les art. 16, 17 et 18 de la loi du 8 mars 1810 (aujourd'hui par la loi du 3 mai 1841, V. Expropriation pour cause d'utilité publ., n° 30), compensation faite des avantages qu'ils pourront retirer de la disposition prescrite par le gouvernement. » — M. Proudhon fait remarquer « que cette espèce de compensation ne peut être que fort difficile à établir, et qu'elle doit, surtout dans l'estimation des avantages que promet la navigation, entraîner une foule de débats avec les propriétaires riverains » (Dom. publ., n° 893). Le même auteur pense également que la loi s'est montrée trop généreuse dans la concession de cette indemnité, puisque c'est d'elle seulement que les propriétaires riverains tiennent, à titre de don purement gratuit, la faculté de pêcher (*id. ibid.*).—La pratique n'a pas justifié les appréhensions de M. Proudhon sur les complications que présente la fixation de l'indemnité. Le principe de la compensation est, au contraire, utile et fécond dans ses applications. Déjà consacré par l'art. 54 L. 16 sept. 1807 (V. Trav. pub.), il a été admis en principe à l'égard de toutes les expropriations pour cause d'utilité publique par la loi du 3 mai 1841 (V. Expropr. pub. n° 598).—Quant à la seconde observation, elle est parfaitement fondée. Quoi qu'il ait été dit à cet égard, lors de la discussion de la loi sur la pêche, il est certain que, avant cette loi, si les riverains jouissaient du droit de pêche dans les rivières non navigables, ils ne pouvaient le conserver lorsque, par la suite, une rivière serait déclarée ou rendue navigable (avis cons. d'Ét. 27 et 30 pluv. an 13, V. p. 443; V. aussi le travail de M. Deville sur le droit de propriété des cours d'eau considéré dans ses rapports avec le droit de pêche (Ann. forest., t. 7, p. 426 et suiv.; V. également, n° 33).

Il résulte de ce qui précède que l'art. 3, L. 15 avr. 1829, ayant créé et non déclaré le droit des riverains à une *indemnité*, celle-ci ne pourrait être réclamée par eux à raison d'un cours d'eau qui, en fait, aurait été navigable ou flottable avant 1829, mais qui n'aurait été déclaré tel que par un acte postérieur du pouvoir exécutif. — En ouvrant l'action en indemnité aux propriétaires riverains des rivières rendues ou déclarées navigables ou flottables, la loi a voulu spécifier que le seul fait de la déclaration de navigabilité ou de flottabilité suffit pour que la pêche soit interdite, alors même que cette déclaration ne serait suivie d'aucun ouvrage d'art ou travail propre à faciliter la navigation ou le flottage. Toutefois, si la déclaration comprenait des parties de rivière dans lesquelles il serait impossible de pénétrer en tout temps avec un bateau de pêcheur, le droit de pêche subsisterait tant qu'on n'aurait pas fait les ouvrages propres à établir la communication.

32. *Titres anciens.* — La loi du 15 avr. 1829 n'a pas fait cesser les doutes qui s'étaient élevés sur la question de savoir si les lois abolitives de la féodalité avaient enlevé le droit de pêche aux propriétaires riverains des cours d'eau navigables et flottables qui tenaient leurs droits d'actes de concession émanés du pouvoir royal. La discussion de la loi devant les chambres législatives, loin d'éclaircir la difficulté n'a fait que l'obscurcir.

Le projet présenté à la chambre des pairs, portait ces mots : « Sans préjudice des droits acquis à des tiers par titres réguliers. « Cette partie du projet qui se référait au § 1 de l'art. 1 reproduisait la pensée qui avait dicté l'art. 41, tit. 27, de l'ordonnance de 1669, portant : « Déclarons la propriété de tous les fleuves et rivières portant bateaux de leurs fonds, sans artifice et ouvrages de mains..., faire partie du domaine de notre couronne..., sauf les droits de pêche... que les particuliers peuvent

(1) (Forêts *C.* Rabala). — LA COUR (ap. dél. en ch. du cons.); — Vu le § 2 de l'art. 3 de la loi sur la pêche fluviale : — Attendu qu'il résulte de cette disposition que les limites entre la pêche fluviale et la pêche maritime ne s'appliquent qu'aux fleuves et rivières affluant à la mer, c'est-à-dire se jetant directement dans la mer; que la liberté de la pêche ne peut donc s'étendre aux rivières ou cours d'eau qui, bien que compris dans les limites de l'inscription maritime, ne se jettent pas directement dans la mer; que, néanmoins, l'arrêt attaqué a relaxé le prévenu, qui pêchait sans licence dans la rivière d'Ille, qui se jette dans la Dordogne; en quoi ledit arrêt a violé la disposition de la loi sur la pêche fluviale, ci-dessus citée; — Par ces motifs, casse l'arrêt de la chambre correctionnelle de la cour de Bordeaux, du 17 mai dernier.

Du 17 nov. 1832.-C. C., ch. crim.-M. Ollivier, pr.-Ricard, rap.

(2) (Administ. des eaux et forêts *C.* Boursaud). — LA COUR; — Attendu que les fleuves et rivières navigables ou flottables sont considérés comme des dépendances du domaine public; — Qu'aux termes de l'art. 1 de la loi du 15 avr. 1829, le droit de pêche y doit être exercé au profit de l'Etat; — Attendu qu'on ne peut soumettre à la pêche maritime que les fleuves et rivières exceptionnellement déterminés par le législateur; — Que le second alinéa de l'art. 3 de la loi précitée est ainsi conçu : « De semblables ordonnances fixeront les limites entre la pêche fluviale et la pêche maritime dans les fleuves et rivières affluant à la mer; ces limites seront les mêmes que celles de l'inscription maritime; » — Que l'alinéa qui vient d'être transcrit ne spécifie que les rivières affluant à la mer; qu'on ne peut arbitrairement ranger dans la même catégorie les rivières qui, se perdant dans d'autres rivières, ne se jettent pas directement dans la mer; qu'on ajouterait à la disposition législative, si l'on décidait que le lit des rivières, dans les lieux où existe l'inscription maritime, fait partie de la pêche maritime, qu'en effet, ce serait appliquer aux rivières en général ce qui n'a été spécialement statué qu'à l'égard de celles qui se jettent directement dans la mer; qu'on donnerait ainsi à la pêche maritime une extension que la loi n'a pas formellement autorisée; — Attendu, en fait, que la rivière de Dordogne sur laquelle Boursaud s'est livré à la pêche le 5 mars 1832, n'afflue pas à la mer; que, dès lors, elle n'est point susceptible de la pêche maritime; qu'il suit de là que Boursaud, non pourvu d'une licence de l'Etat, à qui appartient le droit de pêche dans cette rivière, est, en s'en attribuant indûment l'exercice, contrevenu à l'art. 5 de la loi précitée; — Attendu qu'il dépend de la cour d'ordonner ou non la confiscation des filets et engins de pêche; que les circonstances sont de nature à porter la cour à faire usage de son pouvoir discrétionnaire en faveur du contrevenant; — Reçoit l'appel que le procureur du roi a interjeté du jugement rendu le 3 mai 1832, par le tribunal correctionnel de Libourne, dans le chef qui renvoie Jean Boursaud de la poursuite; en conséquence, le déclare coupable de s'être livré à la pêche sur une rivière navigable, sans licence; pour réparation de quoi le condamne à 20 fr. d'amende; ordonne que la disposition du susdit jugement qui accorde mainlevée du filet, sortira effet.

Du 15 fév. 1833.-C. de Bordeaux, ch. corr.

y avoir par *titres* et *possessions valables*, auxquels ils seront maintenus. — Pour comprendre la discussion qui s'engagea devant les chambres sur le maintien de la clause du projet qui a été définitivement supprimée, il est nécessaire de rappeler sommairement les monuments législatifs et judiciaires qui existaient sur cette question antérieurement à 1829.

88. Les droits féodaux ont été abolis dans la nuit du 4 août 1789 (V. Propriété féodale). Depuis, la Convention décida par deux décrets d'ordre du jour que les droits de pêche devaient être compris parmi les droits féodaux dont l'abolition avait été prononcée en 1789 (décr. 6 et 30 juill. 1793, V. p. 442). Bien que ces deux décrets, provoqués par des pétitions individuelles, ne s'expliquassent nullement sur les titres; bien que l'application de la loi du 4 août 1789 fût mal fondée, puisque la pêche dans les fleuves et rivières navigables n'était pas exercée au profit des seigneurs, mais au profit du trésor, il n'en est pas moins constant que la loi du 14 flor. an 10 a gardé un silence absolu sur les titres et les possessions dont pouvaient se prévaloir certains particuliers sur la pêche des rivières navigables. En conséquence, le conseil d'État a été d'avis que ces titres étaient sans aucune valeur (avis interprétatif du 11 therm. an 12 (V. p. 443). Par suite, il a été jugé : 1° que l'ancien propriétaire d'un droit de pêche supprimé ne peut se faire considérer comme engagiste et conserver la possession de ce droit en payant le quart de sa valeur. Ce propriétaire n'a droit à aucune indemnité pour des dépenses qui étaient des charges de sa jouissance; l'indemnité ne pouvant porter que sur les bâtiments, ustensiles et agrès qui lui appartenaient et dont l'administration se serait emparée (ord. cons. d'Ét. 30 juill. 1817) (1); — 2° Que l'adjudicataire, par suite d'une vente nationale, d'un moulin établi sur le bras d'une rivière navigable et flottable ne peut réclamer le droit de pêche sur ce cours d'eau si ce droit n'a pas été énoncé ni dans l'acte d'adjudication, ni dans les estimations préparatoires (ord. cons. d'Ét. 30 mai 1821, aff. Caumia-Bailleux *C.* le domaine); — 3° Que le représentant de l'acquéreur par bail à fief remontant au 11 nov. 1489, d'un droit de pêche sous deux arches du pont de Vernon, dans la Seine, a dû cesser sa jouissance aussitôt que le gouvernement a cru devoir affermer la pêche dans cette partie de la rivière, quand bien même le droit aurait été exercé paisiblement jusqu'en 1812 (ord. cons. d'Ét. 11 avril 1810, aff. Leufroi-Leroux *C.* Leroi; 22 janv. 1823, M. Tarbé, rap., aff. hér. Hébert *C.* min. des fin.);— 4° Que la vente nationale d'un jardin de la contenance d'un arpent, ne comprend pas le droit de pêche sur la rivière de l'Ill qui borde ce terrain, quand bien même l'acte d'adjudication rappellerait un ancien bail dans lequel le droit de pêche se trouvait compris. La vente ne pouvait porter sur le droit de pêche qui est inaliénable (ord. cons. d'Ét. 12 fév. 1823, aff. Cerf, V. n° 16); — 5° Qu'un conseil de préfecture n'a pu décider que le contrat de vente nationale de deux anguillars ou essarts dépendant d'un moulin, comprenait le droit de placer des filets dans ces anguillars ou essarts pour y prendre du poisson (ord. cons. d'Ét. 27 avril. 1825, M. Peyronnet, rap., aff. Chanavaud); — 6° Que la loi du 14 flor. an 10, en faisant revivre au profit de l'État, et comme moyen de finance, le droit exclusif de pêche dans les fleuves et rivières navigables, avec la faculté de le concéder à d'autres, n'a statué que pour l'avenir; elle n'a pu ni voulu maintenir les droits des anciens possesseurs ou engagistes du domaine, supprimés par les lois abolitives du régime féodal. Dès lors, il n'est pas vrai de dire que ces droits peuvent encore être exercés aujourd'hui jusqu'à ce que le rachat en ait été fait par le domaine (Cass. 8 mai 1826) (2); — 7° Que le droit de pêche, dans la Charente, était inaliénable à l'époque d'une vente nationale, et qu'il n'a pu

(1) (De Boudard *C.* régie des domaines.) — LOUIS, etc.; — Vu les requêtes à nous présentées au nom, tant du sieur Claude-Pierre-Martin de Boudard, en qualité de tuteur de ses trois enfants mineurs, que du sieur Barthélemi-Auguste-Martin de Boudard, son fils majeur; lesdites requêtes tendantes à ce qu'il nous plaise annuler un arrêté du préfet du département de l'Hérault, du 27 déc. 1808, et deux décisions du ministre des finances des 1er déc. 1810 et 5 mars 1813; et, en conséquence, ordonner que lesdits sieurs de Boudard seront maintenus dans la propriété et jouissance du tiers de la bourdigue ou pêcherie établie dans le canal de communication de l'étang de Thau au port de Cette; subsidiairement, à ce que, dans le cas où il serait jugé que la concession de ladite pêcherie est susceptible de révocation, ils soient admis à en conserver la propriété en payant le quart de la valeur, conformément à la loi du 14 vent. an 7; enfin, à ce qu'en cas d'éviction, pour des considérations d'utilité publique, il soit ordonné que leur dépossession n'aura lieu qu'après le payement préalable et effectif d'une indemnité proportionnée aux dépenses qui ont été faites par eux et leurs auteurs, pour l'établissement de ladite pêcherie, pour leur contribution à l'entretien du canal et du port de Cette, pour l'acquisition d'une partie de l'étang de Thau, et pour droits de mutation par décès; — Le brevet de concession pour l'établissement de ladite pêcherie, en date du 31 déc. 1685; les lettres patentes expédiées sur ledit brevet, au mois de mai suivant, et l'arrêt d'enregistrement en la chambre des comptes de Montpellier, du 16 mai 1687; — Les arrêtés du directoire du département de l'Hérault et du préfet du même département, en date des 22 mess. an 3 et 27 déc. 1808; — Les décisions du ministre des finances, des 1er déc. 1810 et 5 mars 1813, attaquées par les sieurs de Boudard, lesquelles portent que les susdits arrêtés du directoire et du préfet du département de l'Hérault seront considérés comme non avenus, en ce qu'ils maintiennent provisoirement lesdits sieurs de Boudard dans la jouissance de la bourdigue ou pêcherie dont il s'agit, et qu'en conséquence cet établissement sera réuni au domaine public, et administré comme en faisant partie; — Vu aussi les décrets des 6 et 30 juill. 1793, et 8 frim. an 2, relatifs aux droits de pêche; le tit. 5 de la loi du 14 flor. an 10, relative aux contributions indirectes de l'an 11, et deux avis du conseil d'Etat, relatifs aux droits de pêche, approuvés les 11 therm. an 12 et 17 juill. 1808; — Considérant que les susdits décrets des 6 et 30 juill. 1793 et 8 frim. an 2, ayant rangé les droits exclusifs de pêche dans la classe des droits féodaux supprimés sans indemnité, ces droits se sont trouvés irrévocablement anéantis, dans les mains de ceux qui en jouissaient, soit patrimonialement, soit à titre d'engagement ou de concession; que la loi du 14 flor. an 10, en rétablissant au profit de l'Etat le droit exclusif de pêche dans les fleuves et rivières navigables, auxquels le canal de navigation de l'étang de Thau au port de Cette doit être assimilé, n'a apporté, à l'égard des particuliers, aucun changement dans la législation établie par les susdits décrets; — Considérant que les motifs ci-dessus ont été textuellement adoptés par les avis susdits du conseil d'Etat des 11 therm. an 12 et 17 juill. 1808; — Qu'en conséquence le ministre des finances a été fondé à faire cesser, par ses décisions susdites, des 1er déc. 1810 et 5 mars 1813, la jouissance provisoire indûment accordée par les arrêtés du directoire du département de l'Hérault et du préfet, en date des 22 mess. an 3 et 27 déc. 1808, et à assurer la perception du produit entier de la bourdigue au profit de l'Etat, conformément à la loi du 14 flor. an 10;

Considérant, en ce qui concerne les indemnités réclamées par les sieurs de Boudard, qu'il leur a été réservé par la décision du ministre des finances, du 5 mars 1813, de se pourvoir par devers l'administration des ponts et chaussées pour celles qui seraient relatives aux bâtiments, ustensiles et agrès à eux appartenant, dépendant de la bourdigue, et dont l'administration se serait emparée; et qu'il n'y a lieu de leur accorder aucune autre indemnité pour des dépenses qui étaient des charges de leur jouissance, et pour raison d'un droit que les lois ont supprimé sans indemnité;

Art. 1. Les requêtes des sieurs de Boudard sont rejetées.

2. Les sieurs de Boudard sont condamnés aux dépens envers l'administration des domaines.

Du 30 (et non 20) juill. 1817.-Ord. cons. d'Et.

(2) *Espèce :* — (Préfet de Seine-et-Marne *C.* Perrier, Evrard, etc.) — Le 17 nov. 1819, le garde de la pêche, étant en tournée, trouva les sieurs Perrier, Evrard et consorts, occupés à relever leurs filets sous deux arches de l'ancien pont de Samois. Ils n'agissaient ni d'ordre, ni pour compte du fermier de la pêche; ils prétendirent user d'un droit qu'ils tenaient de leurs auteurs, et qu'ils justifieraient par titres. Ils produisirent, en effet, devant les tribunaux, une adjudication du 2 juin 1718, faite au sieur Gautier de Tournant, à titre d'engagement, et avec faculté de rachat perpétuel, du droit de pêche, sous les cinq arches du pont de Samois, dépendant du domaine de Melun, pour en jouir, de même que le roi et ses fermiers en ont joui ou dû en jouir, conformément à l'édit du mois d'août 1717. Le prix de l'engagement fut de 5,100 fr. — Quelques difficultés étant alors survenues de la part des tiers, il y eut évocation au conseil; et, le 14 mars 1724, arrêt qui ordonna l'exécution du contrat d'engagement du 2 juin 1718. — La question soumise aux tribunaux fut donc si ce droit subsistait encore dans l'état actuel de la législation. — Le tribunal civil de Fontainebleau, qui en fut saisi, par son jugement du 22 août 1821, considéra d'abord qu'il résulte des lois anciennes que c'est à titre de souverains que nos rois s'étaient réservé exclusivement le droit de pêche dans les rivières navigables; — Qu'il en résulte que ce droit de pêche était évidemment un droit féodal; que tous les droits feodaux ont été supprimés, sans indemnité, par les lois qui nous régissent, et notamment par les lois d'août 1789, juill. 1793, et autres lois et décrets postérieurs; qu'il n'appartient pas aux tribunaux de raisonner sur ces lois, mais seulement d'en ordonner l'exécution; — En conséquence, le tribunal déclara le droit de pêche litigieux, supprimé sans indemnité.

y être compris (ord. cons. d'Ét. 14 mai 1828) (1); — 8° Que l'art. 538 c. nap. n'ayant fait aucune distinction entre les rivières navigables et les cours d'eau flottables, il importe peu que les cours d'eau aient été appropriés à la navigation et au flottage, ou qu'ils le soient naturellement. En conséquence, le propriétaire riverain d'un canal, autrefois rivière non navigable, mais qui depuis a été déclarée telle, ne peut réclamer le droit de pêche sur ce canal (Req. 29 juill. 1828, aff. d'Harville, v° Eaux, n° 56).

34. Vainement on a voulu introduire une exception en faveur des propriétaires qui avaient obtenu leur concession à prix d'argent. Ces concessions étaient, en effet, de véritables engagements (M. Daviel, t. 1, p. 232). Mais, dans le silence des lois des 14 vent. an 7, et 12 mars 1820 (V. Domaines engagés, p. 190 et 194), il est impossible de leur reconnaître cette qualité. Cette circonstance se rencontrait d'ailleurs dans les espèces jugées par la chambre civile, le 8 mai 1826, et par le conseil d'État, le 30 juill. 1817. Ces deux juridictions ont écarté l'application de la loi de vent. an 7 (V. aff. Perrier et Boudard, n° 33; Angers, 10 déc. 1842, aff. Abrial, n° 39). — On a décidé *à fortiori* que si le droit de pêche sur une rivière navigable émanait, non d'un acte royal, mais d'une concession faite par un ancien seigneur, ce droit avait été éteint par les lois abolitives de la féodalité et par celle des 6 et 30 juill. 1793 (Rennes, 12 août 1824) (2).

35. Cependant le principe consacré par ces décisions n'a

Appel; et, le 7 fév. 1824, arrêt de la cour de Paris, qui infirme en ces termes : — Considérant que le droit de pêche appartenant à l'État, sur les rivières navigables, ne présente aucun caractère de féodalité; que les appelants, engagistes du droit de pêche, dont il s'agit, sur portion de la Seine, suivant contrat du 2 juin 1718, moyennant la somme de 5,100 fr., et à charge de rachat perpétuel, doivent demeurer en possession, conformément aux lois des 14 ventôse an 7 et 12 mars 1820, jusqu'à l'exercice du rachat par l'administration du domaine, etc., etc. — La cour maintient Perrier et consorts dans le droit de pêche à eux concédé à titre d'engagement par l'acte susdaté, sauf l'action de la régie pour le rachat, etc. »

Pourvoi en cassation de M. le préfet de Seine-et-Marne. D'abord, il fait observer que le droit de pêche litigieux fut aliéné comme *dépendant du domaine de Melun*, c'est-à-dire d'un fief de la couronne, dans un pays où régnait la maxime, *nulle terre sans seigneur*, ce qui constituerait un véritable droit féodal. Il ajoutait que, si l'art. 41 du tit. 27 de l'ordonnance de 1669, en déclarant les fleuves et les rivières navigables la propriété de l'État, maintient les droits de pêche que des particuliers pouvaient y avoir par titre ou possession valables, cette réserve ne se trouvait plus ni dans l'art. 2 de la loi domaniale des 22 nov. et 1er déc. 1790, ni dans l'art. 538 c. civ.; que ces droits furent constamment regardés comme *supprimés avec tous les autres* par les décrets des 4 et 11 août 1789; et que la question en ayant été référée à la convention les 6, 30 juillet, et le 28 nov. 1793, il intervint trois décrets d'ordre du jour motivés sur ce que les droits exclusifs de pêche étaient abolis par les décrets précédents, comme tous autres droits féodaux. Dès lors, il fut reconnu que tous les citoyens avaient la faculté de pêcher dans les rivières navigables et flottables; et le 28 mess. an 6, le gouvernement, pour empêcher que cette liberté n'entraînât des abus, ordonna la publication de divers articles de l'ordonnance de 1669, avec ce considérant remarquable : « Que la suppression du droit exclusif de la pêche, en donnant à chacun la faculté de pêcher dans les rivières navigables, n'entraîne point l'abrogation des règles établies pour la conservation des différentes sortes de poissons, et pour le maintien de l'ordre et le respect des propriétés.»

Les mêmes idées présidèrent à la discussion de deux projets de loi qui furent proposés en la même année; l'un avait pour objet la mise en ferme de la pêche au profit de l'État, et l'autre de fixer la législation sur les domaines engagés. La suppression générale proclamée du droit exclusif de pêche fit échouer le premier projet; et le deuxième, qui fut adopté le 14 vent. an 7, ne contint, par le même motif, aucune disposition susceptible d'application à ces sortes de droits, quand ils avaient été aliénés par engagement. En l'an 10, le gouvernement réalisa le projet de rétablir, au profit de l'État, et comme moyen de finance, le droit exclusif de pêche dans les rivières navigables; mais la loi du 14 floréal an 10 fut générale; elle ne contint aucune exception : « Nul ne pourra pêcher, s'il n'est adjudicataire, etc.... (art. 12); » « Tout individu qui, n'étant ni fermier ni pourvu de licence, pêchera, sera condamné, etc. (art. 14); » aussi, dans un arrêté du 17 niv. an 12, publié au bulletin, retrouve-t-on la disposition, que « l'art. 14 du tit. 5 de la loi du 14 floréal an 10 sera exécuté, et que *nul individu*, autre que les fermiers de la pêche, ne pourra pêcher dans les fleuves et rivières navigables. » — A cette époque de l'an 12, il fut néanmoins proposé au conseil d'État de maintenir provisoirement les possesseurs des droits de pêche, dont les titres seraient antérieurs à 1566; mais le projet fut rejeté, attendu, 1° que, par le décret du 30 juillet 1793, le droit de pêche s'est trouvé irrévocablement anéanti dans la main de ceux qui en jouissaient, soit patrimonialement, soit *à titre d'engagistes*, ou d'échangistes; 2° que le rétablissement de ce droit, en faveur de l'État, par le tit. 5 de la loi du 14 flor. an 10, n'a apporté, à l'égard des particuliers, aucun changement dans la législation établie par le décret du 30 juillet 1793. — Cet avis fut approuvé le 11 thermidor suivant; et il en a été fait, le 11 avril 1810, l'application à une espèce identique avec celle des défendeurs. Il s'agissait d'une pêcherie, sous une des arches du *pont de Vernon*, sur la Seine, dite l'*Arche du Saulx*. Un arrêté du conseil de préfecture du département de l'Eure avait maintenu un particulier dans la propriété et possession de cette pêcherie; l'arrêté, en date du 6 juin 1807, fut annulé, sur la demande de l'adjudicataire de la pêche, et le motif fut précisément énoncé dans les termes de l'avis du conseil d'État, du 11 therm. an 12. Ainsi une série non interrompue d'actes législatifs et interprétatifs atteste la suppression du droit de pêche réclamé par les défendeurs, et l'arrêt de la cour de Paris ne saurait échapper à la censure de la cour suprême. — Les défendeurs ont fait défaut. — Arrêt.

LA COUR; — Vu le décret du 30 juillet 1793, la loi du 8 frim. an 2 (28 nov. 1793), et la loi du 14 flor. an 10 (4 mai 1802), tit. 5, art. 12 et 14; — Attendu que, si l'art. 41, tit. 27, de l'ord. de 1669, en déclarant que la propriété de tous les fleuves et rivières navigables fait partie du domaine de la couronne, a maintenu les droits de pêche que des particuliers pouvaient y avoir par titre ou possession valable, cette réserve ne s'est plus reproduite, ni dans l'art. 2 de la loi domaniale du 22 nov., 1er déc. 1790, ni dans l'art. 538 c. civ.; — Attendu qu'il résulte, au contraire, d'une série constante d'actes nombreux, tant législatifs qu'interprétatifs des lois promulguées depuis 1789, que les droits exclusifs de pêche, nominativement, ont été déclarés compris dans l'abolition générale de tous les autres droits et privilèges, soit qu'ils se trouvassent dans les mains des seigneurs, soit qu'ils fussent exercés par le domaine lui-même ou par ses concessionnaires, et que, par tous ces actes, la faculté de pêcher dans les fleuves et rivières navigables a été formellement reconnue libre pour tout le monde; — Attendu que, si la loi du 14 flor. an 10 a fait revivre, en faveur de l'État, et comme moyen de finance, le droit exclusif de pêche dans les rivières navigables, qui sont sa propriété, cette loi n'a apporté, à l'égard des particuliers ou des anciens concessionnaires, aucun changement à la législation établie notamment par les décrets des 6 et 30 juill. 1793 et 8 frim. an 2; — Que les dispositions de cette loi sont générales, absolues; qu'elles interdisent à tout autre qu'au fermier de la pêche, ou au porteur de licence, de pêcher dans ces rivières autrement qu'à la ligne; — Que ces défenses de la loi du 14 flor. an 10 sont surtout inconciliables avec la supposition qu'il y eût des droits exclusifs de pêche encore subsistants au profit de quelques anciens concessionnaires, et qui devaient être réglés par la loi antérieure du 14 vent. an 7, sur les domaines engagés; qu'aussi l'on ne trouve dans cette dernière loi aucune disposition qui soit susceptible d'application au rachat des droits de pêche; — Qu'en jugeant le contraire, et en maintenant, sur ce motif, les défendeurs dans le droit par eux réclamé, l'arrêt attaqué a fait une fausse application de la loi sur les domaines engagés, et a formellement violé les lois ci-dessus citées, et notamment les art. 12 et 14 de la loi du 14 floréal an 10; — Donne défaut contre les défendeurs; — Casse.

Du 8 mai 1826.-C. C., ch. civ.-MM. Brisson, pr.-Legonidec, rapp., Vatimesnil, c. conf. Teste-Lebeau, av.

(1) (Merle.) — CHARLES, etc.; — Sur le rapport du comité du contentieux; — Vu les lois des 25 août 1792, 6 et 30 juill. 1793 et 28 nov. 1793 (8 frim. an 2); — Considérant qu'il résulte des lois de la matière, ci-dessus visées, que le droit de pêche réclamé par le sieur Merle sur la rivière navigable de la Charente, n'était pas aliénable à l'époque de la vente et qu'il est établi par les actes d'estimation et d'adjudication, qu'en effet, il n'a pas été aliéné; — Art. 1. L'arrêté du conseil de préfecture de la Charente, du 7 nov. 1821, est annulé.

Du 14 mai 1828.-Ord. cons. d'Ét.-MM. de Cormenin, rap.

(2) (Forêts C. Marion.) — — LA COUR; — Considérant que, d'après les décrets de la convention des 6 et 30 juill. 1793, les droits exclusifs de pêche, sans distinguer ceux qui s'exerçaient sur les petites rivières de ceux qui pourraient être réclamés sur les fleuves ou rivières navigables ou flottables, furent déclarés compris au nombre des droits féodaux abolis; que cette suppression frappa tout à la fois ceux de ces droits qui étaient possédés par les ci-devant seigneurs de fiefs, et ceux qui l'étaient par toute autre personne, patrimonialement ou à titre d'engagistes ou d'échangistes; que c'est, en effet, en ce sens, que l'avis du conseil d'État, du 30 mess. an 12, approuvé le 11 therm. suivant, a interprété ces lois, et qu'elles ont été appliquées, notamment par un décret du 11 avr. 1810, et par une ordonnance du roi du 22 janv. 1823; — Considérant que le droit de pêche, concédé aux auteurs du sieur Marion sur la rivière de l'Oust par l'acte de féage qui leur fut consenti le 29 avr. 1667 par le seigneur propriétaire du comté de Rieux, se trouve donc supprimé par l'effet des lois précitées des 6 et 30 juill. 1793; que de ce moment le sieur Marion ne peut plus prétendre à ce droit de pêche qu'en sa qualité de propriétaire riverain, et sans pouvoir, aux termes

pas été constamment admis par les tribunaux, et des arrêts souverains, « ainsi que des décisions administratives passées en force de chose jugée, ont maintenu des droits anciennement acquis » (Baudrillart, t. 1, p. 51). On voit, notamment dans le tableau général annexé à l'ord. du 10 juill. 1835, qu'un particulier a conservé, sur la Marne, des droits de pêche en vertu d'un arrêt de la cour de Paris, du 9 mai 1823, qui a acquis l'autorité de la chose jugée. La consécration de droits analogues sur une partie canalisée de la rivière de Vire, résulte d'un arrêté de conseil de préfecture, du 30 vent. an 12, passé en force de chose jugée. Le conseil d'État a déclaré que cet arrêté conférait effectivement au propriétaire le libre et exclusif usage de la pêche dans une partie de cette rivière, au profit des ayants cause d'un sieur Gohier, et que cette partie devait être distraite du cantonnement de pêche affermé par l'Etat (ord. cons. d'Ét., 13 fév. 1846) (1). Mais il a été jugé, en même temps, que ce droit de pêche ne pouvait entraver la faculté que possède l'administration de faire, soit en aval, soit en amont, des travaux préjudiciables à l'établissement de pêcherie jouissant d'un droit exclusif, et que l'exécution de ces travaux ne donnait ouverture à aucune indemnité au profit du propriétaire de ladite pêcherie (même ordonnance).

36. Tel était l'état du droit lorsque le projet de la loi sur la pêche fluviale fut apporté à la chambre des pairs. Ainsi qu'on l'a fait observer, n° 32, ce projet ne tranchait pas la difficulté, il contenait une simple réserve du droit des tiers. Cette disposition répondait au vœu exprimé par plusieurs cours d'appel et par la cour de cassation elle-même qui, malgré son arrêt du 8 mai 1826 (V. n° 33), avait émis le vœu que la question fût soumise à un nouvel examen (Baudrillart, t. 1, p. 51). — M. de Kergariou demanda la suppression de cette réserve, par le motif qu'elle serait une véritable innovation; que la jurisprudence y était contraire, et que cette jurisprudence était conforme aux principes sur l'inaliénabilité du domaine; qu'il y avait un inconvénient grave à réveiller une question dont les tribunaux n'avaient plus à s'occuper. — M. d'Argout fit observer que si la loi nouvelle s'occupait des droits anciens elle devait s'expliquer catégoriquement à cet égard. A son avis, s'il convenait de faire revivre les titres anciens, il fallait restreindre cette faculté aux concessionnaires dépouillés en 1793 et dont les titres étaient antérieurs à 1566; mais ce qu'il y avait de mieux à faire c'était de laisser les choses dans l'état où elles étaient, et par conséquent de ne pas parler des anciens titres. — Mais sur les observations de M. de Malleville, rapporteur de la commission, de M. Roy, ministre des finances, de M. de Pontécoulant et de M. de Peyronnet, la réserve fut maintenue; en conséquence l'art. 1 fut adopté avec ces mots : « Le tout sans préjudice des droits acquis à des tiers par possession ou titres réguliers » (ch. des pairs, séance du 29 avril 1828, Moniteur du 1er mai 1828).

Devant la chambre des députés, M. Favard, commissaire du gouvernement, résumait ainsi la discussion qui avait eu lieu à la chambre des pairs : « En régularisant l'exercice du droit de pêche de l'Etat, le gouvernement n'a point oublié le principe inviolable qui proscrit toute rétroactivité dans l'application des lois... Ce principe a été maintenu dans le code forestier. Le même esprit devait aussi régner dans le projet de loi sur la pêche... Cette réserve, qui a été demandée par la cour de cassation et par plusieurs cours royales (V. l'alinéa précédent), se trouvait dans l'ord. de 1669, tit. 27, art. 41. Elle n'ajoute rien aux droits acquis antérieurement; elle les laisse sans force s'ils sont mal fondés; elle les conserve s'ils sont régulièrement établis. En cas de contestation, ils seront appréciés et jugés, non selon la loi nouvelle, mais d'après les lois qui existaient avant sa promulgation. » — M. Mestadier, au nom de la commission dont il était rapporteur, a proposé de supprimer le mot *régulier* après le mot *titre* et, quant à la possession, il a déclaré qu'il ne pouvait s'agir que de celle qui était légalement admissible suivant les lois anciennes et nouvelles. — M. de Chantelauze voulait que le principe admis par la chambre des pairs et par la commission, fût élargi et qu'on en étendît les conséquences en rendant aux particuliers, munis de titres, les droits dont ils avaient été dépouillés. Quant à la rédaction adoptée, M. de Chantelauze la trouvait inutile si elle n'avait d'autre objet que de s'en référer sur la difficulté aux lois existantes.

M. Roy, ministre des finances, expliqua qu'une erreur s'était

---

de l'avis du conseil d'Etat du 27 pluv. an 13, approuvé le 30 même mois, conserver ce droit si la rivière réputée non navigable devenait ensuite navigable ; — Considérant que la rivière d'Oust est aujourd'hui réputée navigable et déclarée telle, ainsi que cela résulte de l'état annexé à l'arrêté du gouvernement du 11 brum. an 12, et de l'avis du conseil de préfecture du département du Morbihan du 5 janv. 1824; que dès lors la pêche en appartient exclusivement à l'Etat, et que personne autre que les adjudicataires de la ferme de la pêche, ou ceux qui seraient pourvus d'une licence, ne peut y prétendre droit, suivant la disposition précise de l'art. 12, L. 14 flor. an 10 ; — Par ces motifs, faisant droit sur l'appel relevé par l'administration du jugement précité du tribunal de Redon; — Dit qu'il a été mal jugé; déclare Marion mal fondé en sa demande d'être déclaré bien et dûment propriétaire d'un droit d'écluses et de pêche sur la rivière d'Oust, aujourd'hui reconnue navigable, etc.

Du 12 août 1824.-C. de Rennes, 2e ch.-M. Boulay-Paty, pr.

(1) (Veuve Poullet C. concessionnaires du canal de Vire et Taute.)— LOUIS-PHILIPPE, etc. ; — Vu l'ordonnance d'août 1669, la déclaration du roi d'avr. 1683, l'arrêt du conseil du 24 juin 1777, la loi des 28 sept.-6 oct. 1791; l'arrêté du directoire exécutif du 19 vent. an 6 et la loi du 16 sept. 1807 ; — Vu la loi des 22 nov.-1er déc. 1790, celle du 25 août 1792, les décrets des 6 et 30 juill. 1793 et la loi du 18 pluv. an 8;

En ce qui touche la demande d'indemnité formée par la dame veuve Poullet pour le dommage qu'elle aurait éprouvé dans l'exploitation de son moulin des claies de Vire, par suite des travaux ordonnés par l'administration et exécutés par les concessionnaires dans le lit de la rivière : — Considérant qu'aux termes des lois ci-dessus visées, l'administration a le droit de prescrire, sur les rivières navigables et flottables, toutes les mesures qu'elle juge utiles dans l'intérêt du service de la navigation, et qu'il n'est dû d'indemnité aux propriétaires d'usines situées sur lesdites rivières auxquels ces mesures seraient préjudiciables qu'autant que l'origine de ces usines remonterait à une époque antérieure à 1566, ou que, par suite de vente nationale, il y aurait eu affectation spéciale auxdites usines d'une force motrice déterminée; — Considérant que la rivière de Vire est navigable et flottable depuis plusieurs siècles au point dont il s'agit; que le seul titre produit par la dame veuve Poullet est un acte de vente nationale du 7 mess. an 4, et qu'aucune affectation spéciale de force motrice n'a été faite au moulin de ladite dame par ledit acte de vente ; que, dès lors, le préjudice que la dame veuve Poullet allègue avoir éprouvé dans l'exploitation de cette usine, par suite des travaux ordonnés par l'administration et exécutés par les concessionnaires dans le lit de la Vire, ne pouvait donner lieu, en faveur de ladite dame, à l'allocation d'aucune indemnité;

Sur les conclusions des concessionnaires tendant à ce qu'il soit déclaré que le droit de pêche dans toute la portion navigable de la rivière de Vire appartient exclusivement à l'Etat, représenté par lesdits concessionnaires; en conséquence, à ce qu'il soit fait défense à la dame veuve Poullet de plus à l'avenir pêcher au moyen de son établissement fixe de pêche : — Considérant que, par l'arrêté du conseil de préfecture du 30 vent. an 12, passé en force de chose jugée, il a été déclaré que, par l'acte du 7 mess. an 4, le sieur Gohier était devenu propriétaire de pêcherie dont il s'agit, et qu'elle devait être exceptée du bail de la pêche dans la rivière de Vire, que l'administration se disposait à affermer; — Considérant qu'il résulte du rapprochement des diverses pièces visées dans ledit arrêté et des termes dans lesquels cet arrêté est conçu que le conseil de préfecture a de plus reconnu au sieur Gohier le libre et exclusif usage de ladite pêcherie pour la pêche du poisson ;

Sur les conclusions des concessionnaires tendant au rejet du chef de demande par lequel la dame veuve Poullet réclame une indemnité pour l'empêchement que la construction du barrage de Poribet aurait apporté à l'exercice de son droit de pêche : — Considérant que l'acte du 7 mess. an 4 n'a point entendu conférer au sieur Gohier, ni l'arrêté du 30 vent. an 12 lui reconnaître un droit qui pût devenir la base d'une demande en indemnité au cas où il serait pris par l'administration ou ses représentants dans le lit de la Vire, en amont ou en aval de la pêcherie, des dispositions préjudiciables au produit de cet établissement;

Art. 1. L'arrêté du conseil de préfecture de la Manche, en date du 15 juillet 1841, est annulé dans la disposition qui ordonne une expertise à l'effet d'évaluer le préjudice qui aurait été causé à la dame veuve Poullet dans l'exploitation de son usine des claies de Vire par les travaux du canal de Vire et Taute. — Art. 2. Les demandes en indemnité formées par ladite dame, et motivées tant sur ledit préjudice que sur celui qui résulterait de l'empêchement apporté à l'exercice de son droit de pêche par la construction du barrage de Poribet, sont rejetées.—Art. 3. La requête des concessionnaires du canal de Vire et Taute est rejetée dans le surplus de ses conclusions.—Art. 4. Les dépens sont compensés entre les parties.

Du 13 fév. 1846. Ord. Cons. d'Ét. M. de Jouvencel, rap.

glissée dans la rédaction du paragraphe en discussion, et qu'il avait toujours été entendu qu'on devait y lire : « par *possession* et *titres réguliers;* » de telle manière qu'il ne suffirait pas d'avoir la possession sans titres, ou des titres sans possession. Du reste, et bien que la condition de présenter des titres réguliers ait été demandée par la cour de cassation, le ministre ne s'opposait pas à ce qu'on effaçât le mot *réguliers*. — Passant à la question de savoir si le paragraphe en discussion ferait revivre des droits éteints, le ministre, après avoir rappelé les termes de l'art. 41, tit. 27, ord. de 1669, s'exprimait ainsi : « Le droit de pêche est de deux espèces : il y a un droit de pêche qu'on appelle *exclusif*, c'est le droit féodal; il y a un droit de pêche inhérent à la propriété. Le droit exclusif est aujourd'hui définitivement supprimé comme féodal; c'est-à-dire que nul n'a le droit de pêcher dans la rivière d'un autre à l'exclusion du propriétaire. Quant au droit de pêche accessoire de la propriété, celui-là évidemment continue d'exister au profit du propriétaire; il existe tellement que l'Etat en jouit et l'afferme. Les riverains des ruisseaux en jouissent de même, et au même titre; de telle façon que, s'il était supprimé, il le serait pour l'État... La restriction du paragraphe ne crée pas un droit, elle ne fait que réserver le droit qui peut appartenir à chacun et que l'Etat contesterait au besoin. On a mis tant de soin à éviter toute espèce de rétroactivité relativement à la conservation des droits des tiers que, par l'art. 85 (devenu l'art. 83), il est dit, comme au code forestier : « Sont et demeurent abrogés toutes lois, édits, ordonnances sur les matières réglées par la présente loi en tout ce qui concerne la pêche. »

M. Thil, complétant les explications données par le rapporteur et par le ministre, déclara que la commission n'avait eu aucune arrière-pensée. Elle n'a pas imaginé, comme M. de Chantelauze l'a supposé, qu'on pût faire revivre des droits abolis. « On n'a pas voulu toucher à la législation..., mais après avoir proclamé un principe général, on a désiré que les droits particuliers fussent à l'abri de toute atteinte. La propriété est un droit sacré; le droit de pêche est une dépendance du droit de propriété; il ne fallait donc pas exposer ce droit par la déclaration générale que les rivières navigables et flottables appartiennent à l'Etat, il fallait réserver à chacun le moyen de faire valoir sa possession ou ses titres... La commission a d'autant moins hésité à ne pas proposer de modifier l'art. 1 qui conserve les droits des tiers, que, par l'avant dernier article du projet, on déclare que : *les droits acquis seront jugés conformément aux lois existantes*; or, la possession ou les titres devant être jugés par les tribunaux ordinaires, cette garantie doit rassurer tous les intérêts. » — M. Pardessus proposa de supprimer ces mots : *par possession ou titres réguliers*, et de rédiger ainsi le paragraphe : « Le tout sans préjudice des droits acquis aux propriétaires riverains de la pêche des rivières qui ont été déclarées *flottables* depuis la promulgation de la loi du 14 flor. an 10. » En proposant cette rédaction, M. Pardessus déclara qu'il partageait l'avis du ministre des finances, mais il ajouta qu'en présence de l'incertitude qui existe actuellement sur la question de savoir si les propriétaires riverains des rivières *flottables* ont le droit de pêche, il était nécessaire de réserver les droits des riverains des rivières déclarées flottables depuis la loi de l'an 10. — MM. Bavoux, His et de Schonen se sont bornés à demander la suppression du paragraphe en discussion comme faisant double emploi avec l'art. 83 du projet d'après lequel « les droits acquis seront jugés d'après les lois existantes. » — Malgré les instances de M. Mestadier, rapporteur, en faveur de la rédaction adoptée par la commission, et après de nouvelles observations présentées par MM. Thil, Jacquinot de Pampelune, Pataille, de Chantelauze et Pardessus. On alla aux voix sur la proposition de M. Bavoux, consistant à supprimer le paragraphe. Elle fut adoptée après deux épreuves et à une faible majorité (ch. des députés, séance du 10 mars 1829, Moniteur du 11 mars 1829, p. 318).

37. Il paraît résulter de cette discussion, du reste assez confuse, que si la chambre n'a nullement voulu faire revivre des droits abolis, elle a entendu laisser les choses dans l'état où elles étaient avant la loi du 15 avril 1829, laquelle n'a apporté aucune modification à la législation antérieure sur ce point. C'est d'ailleurs ce que confirment les paroles prononcées par le commissaire du roi lors du retour de la loi à la chambre des pairs. « Le troisième paragraphe, a-t-il dit, qui réservait les droits acquis par possession ou titres réguliers a semblé faire double emploi avec le dernier paragraphe de l'art. 83, et, par ce motif, a été supprimé. Cette modification a paru plus rationnelle, et dès lors a été approuvée. » Disons toutefois que cette explication n'a pas été adoptée sans une nouvelle protestation de M. de Malleville, rapporteur de la commission. Suivant lui : « le double emploi n'existait peut-être pas exactement; car le paragraphe supprimé n'avait pas seulement pour objet d'empêcher qu'on ne donnât aux dispositions nouvelles un effet rétroactif : son but était aussi de prévenir l'abus qu'on pourrait faire de ces dispositions, ainsi qu'on l'a peut-être fait de la loi du 14 flor. an 10, pour dépouiller les tiers de leurs droits acquis, malgré les titres réguliers ou la possession sur lesquels ces droits auraient été fondés (ch. des pairs, séance du 4 avril 1829, Monit. du 8 avril). —Quoi qu'il en soit, aucune discussion nouvelle ne s'éleva sur ce point; la chambre des pairs, revenant sur la première décision, maintint la suppression votée par la chambre des députés (ch. des pairs, *id.*, *ibid.*).

On doit donc tenir pour certain qu'avant comme depuis la loi du 15 avril 1829, les lois abolitives de la féodalité, non plus que la loi du 14 flor. an 10, n'ont entendu porter atteinte « aux droits acquis à des tiers par des titres réguliers, » et qui étaient maintenus par l'art. 41, tit. 27, ord. de 1669. Que si, maintenant, on demande ce qu'on doit entendre par *titres réguliers*, nous répondrons que ce sont des actes d'engagement, d'aliénation ou d'inféodation, mais antérieurs à l'édit de 1566, c'est-à-dire à l'époque où le principe de l'inaliénabilité du domaine a été sérieusement proclamé et appliqué (V. Domaine de l'Etat, nos 17, 25 et suiv.). Nous croyons aussi avec M. Daviel (t. 1, p. 235) que la possession pourrait être invoquée par les ayants droit, mais qu'elle devrait également remonter à l'époque où les droits domaniaux étaient prescriptibles, et que, pour être admise, il faudrait qu'elle fût attestée par des actes tels qu'inféodations, engagements, etc. Et c'est en ce sens qu'il a été jugé 1° que l'art. 41, tit. 27 de l'ord. de 1669, qui, en déclarant les fleuves et rivières navigables partie intégrante du domaine de la couronne, avait réservé les droits de pêche et autres usages que les particuliers pourraient y avoir acquis par *titres* ou *possession* valables, a été expliqué et complété par l'édit de 1683, qui déclare que ces titres et cette possession devront exister avant 1566, et qui ajoute que la possession devra être établie par actes, tels qu'inféodations, engagements, contrats d'aliénation, aveux ou dénombrements rendus sans blâme.—Qu'en conséquence, la preuve de la possession immémoriale d'un droit de pêche n'est pas recevable, alors qu'elle n'est pas relative à une époque antérieure à 1566, et qu'elle n'est pas fondée sur un des actes énumérés dans l'édit de 1683 (Req. 9 nov. 1826) (1); —

(1) *Espèce :* — (Dunoyer C. préfet du Lot.) — Le sieur Dunoyer possède, dans la commune de Casennac, sur les bords de la Dordogne, un moulin dit *de l'Hermitage*. La prise d'eau qui alimente cette usine est formée par un canal en partie creusé dans les terres et en partie retenu par une digue qui coupe diagonalement la rivière et se prolonge jusque vis-à-vis le *pré haut de Vergnes*. Ce qu'on nomme le *pré inférieur de Vergnes* se trouve en face de l'extrémité inférieure de la digue, dont l'extrémité supérieure est séparée de la rive droite de la rivière par un pertuis ou espace vide appelé *Pas du Roi*, destiné à laisser écouler librement les eaux et au libre exercice du flottage et de la navigation.

Dunoyer ou ses auteurs jouissaient depuis longtemps du droit de pêche sur le canal précité. Cela résulte de plusieurs baux à ferme de la pêche sur la Dordogne, consentis par l'administration, et où il était toujours fait réserve du canal du moulin de l'Hermitage, en faveur des propriétaires de ce moulin. C'est ainsi que, notamment, dans les actes d'adjudication des 18 fruct. an 13, 25 sept. 1806, 20 nov. 1821 et 10 janv. 1831, on trouve la clause expresse que les adjudicataires de la pêche n'auront pas le droit de l'exercer sur le canal dont il s'agit, ce droit appartenant aux maîtres de l'usine alimentée par ce canal. — Bien plus, en 1825, ces réserves étant devenues l'objet de contestations judiciaires entre les fermiers d'alors et Dunoyer, la décision du tribunal qui était saisi du litige fut toute en faveur de Dunoyer. — Quoi qu'il en soit, le 30 nov. 1831, une dernière adjudication eut lieu pour neuf ans, à partir du 1er janvier suivant, au profit du sieur Mazeyrie qui s'associa en-

2° Que d'ailleurs un particulier ne peut invoquer comme constituant un commencement de preuve par écrit et devant, par suite, autoriser la preuve testimoniale de son droit de pêche sur une rivière navigable, des actes administratifs contenant, en

---

suite les sieurs Lalé et Lacroix. La réserve en faveur de Dunoyer avait, comme toujours, été stipulée.

Le 29 nov. 1832, par jugement du tribunal correctionnel de Gourdon, un pêcheur du sieur Mazeyrie fut condamné à 20 fr. d'amende et 15 fr. de dommages-intérêts envers Dunoyer, pour s'être permis de pêcher dans les eaux réservées à celui-ci. — Le 22 décembre suivant, Mazeyrie lui-même, ainsi que Lacroix et Lalé, ses associés, furent cités pour le même délit. Mais alors ils contestèrent au plaignant son droit de propriété, et, par suite, son droit de pêche sur le canal formé par le prolongement de la digue sur la rivière ; ils demandèrent donc que le tribunal correctionnel sursît à statuer jusqu'à ce que la question de propriété eût été vidée devant les juges civils. — 12 janv. 1833, jugement qui rejeta l'exception préjudicielle, en se fondant : 1° sur ce que les défendeurs étaient sans droit pour la proposer, puisque la portion des eaux pour laquelle ils plaidaient n'entrait pas dans les termes de leur contrat, et qu'ils n'arguaient pas d'un droit à eux personnel ; et 2° sur ce qu'encore le sieur Dunoyer avait pour lui une possession depuis longues années.

Sur l'appel, le tribunal de Cahors réforma cette décision et ordonna qu'il serait sursis à statuer sur la plainte du sieur Dunoyer, jusqu'à ce que l'autorité compétente eût prononcé sur la question de propriété des eaux de la digue et du canal formée par cette dernière, à savoir si elles appartenaient au propriétaire du moulin de ce nom, ou bien à l'Etat. — Mazeyrie, Lalé et Lacroix assignèrent, en conséquence, le préfet du Lot, comme représentant du domaine, et Dunoyer, et ils conclurent à ce que le préfet fût tenu de prendre leur fait et cause, et à ce qu'il fût déclaré que leur droit de pêche s'étendait sur les eaux, objet de la contestation. — Mais, par jugement du tribunal de Gourdon, du 3 sept. 1833, ce dernier chef de leurs conclusions fut repoussé ; après quoi le tribunal, pour répondre au réquisitoire du ministère public, examinant la question de savoir si Dunoyer devait être maintenu dans la jouissance de son droit de pêche, déclara que, bien que les eaux du canal de la digue appartinssent au domaine comme dépendance de la rivière de la Dordogne, le droit de pêche devait être considéré comme une chose distincte, acquise à Dunoyer en vertu d'une possession immémoriale.

Appel principal de la part du préfet du Lot ; appel incident de la part de Dunoyer en ce que les eaux de la digue avaient été déclarées propriété de l'Etat : il conclut subsidiairement à ce qu'il fût admis à prouver la possession immémoriale de son droit de pêche, même antérieurement au code civil. — Mais, par arrêt de la cour d'Agen du 16 juill. 1835, cette offre fut rejetée et le droit de pêche déclaré appartenir exclusivement à l'Etat. Voici les motifs de cet arrêt : — « Attendu que le droit de pêche que Dunoyer prétend exercer s'étend non-seulement sur le canal propre du moulin de l'Hermitage, ce qu'on ne conteste pas, mais encore sur toutes les parties de la rivière de la Dordogne qui se trouvent entre la rive gauche et la digue qui la coupe en diagonale, à l'effet de dériver les eaux dans le canal dudit moulin jusqu'au point de la digue où se trouve le pertuis destiné au passage des bateaux ; — Attendu qu'il n'est pas contesté que la rivière de la Dordogne ne soit navigable tant en amont qu'en aval de la digue ; que la circonstance que les bateaux ne peuvent descendre et remonter le courant que par le pertuis, ne peut, ainsi que le prétend Dunoyer, restreindre la navigabilité de la rivière à l'étendue du pertuis, rien ne pouvant d'ailleurs empêcher les bateaux d'aller à volonté d'une rive à l'autre ; — Attendu que, suivant le droit commun de la France, résultant des lois tant anciennes que modernes dont les dispositions sont expressément consacrées par l'art. 538 du c. civ., les rivières navigables sont une dépendance du domaine public et ne sont pas susceptibles d'une propriété privée ; que le droit de pêche dans ces rivières est une conséquence nécessaire de la propriété ; qu'il ne peut appartenir qu'à l'Etat, les poissons qui naissent et croissent ou viennent dans ces rivières ne pouvant être considérés que comme un de leurs produits, qui, suivant l'art. 547 du code, appartient au propriétaire par droit d'accession ; qu'aux termes de l'art. 1 du code de la pêche fluviale du 15 avr. 1829, le droit de pêche dans les rivières navigables appartient à l'Etat ; que cette disposition ne comporte d'autres exceptions que celles qui se trouvent exprimées dans les art. 2 et 83 du susdit code ; la première relative aux canaux et fossés existants ou qui seraient creusés dans les propriétés particulières et entretenus aux frais des propriétaires ; la deuxième concernant les droits acquis antérieurement au susdit code ;

Mais attendu, d'une part, qu'étant incontestable que l'intervalle placé entre la digue et la rive gauche de la Dordogne, dans lequel Dunoyer prétend exercer le droit de pêche, est une partie du lit de cette rivière, il est évident qu'il ne peut être considéré comme un fossé existant ou qui aurait été creusé dans une propriété particulière et entretenu aux frais du propriétaire, encore moins comme une prolongation ou un accessoire du canal propre au moulin de l'Hermitage ; que dès lors, la prétention de Dunoyer ne peut avoir aucun fondement raisonnable dans l'exception portée en l'art. 2 du code de la pêche fluviale du 15 avril 1829 ; — Attendu, d'autre part, que Dunoyer ne rapporte aucun titre de concession du droit de pêche qu'il réclame ; que les baux à ferme consentis par ses auteurs, dont le plus ancien remonte à 1771, sont ou insignifiants ou totalement étrangers à l'Etat ou à ses agents ; que, si quelques baux passés par l'administration, du droit de pêche dans le cantonnement de Casennac, semblent reconnaître le droit de Dunnoyer de pêcher entre la digue et la rive gauche de la Dordogne, ces reconnaissances se trouvent démenties par l'arrêté du conseil de préfecture du 5 août 1825, qui, en interprétant le bail d'adjudication du 20 novembre 1821, détermine la réserve des eaux, insérée dans ce bail, en faveur du propriétaire du moulin de l'Hermitage au pré inférieur de Vergnes, qui est, d'après le plan produit au procès, le point d'affluence des eaux de la Dordogne dans le canal propre du moulin de l'Hermitage ;

Attendu, au surplus, qu'aux termes de l'art. 83 du code de la pêche fluviale, les droits prétendus acquis par Dunoyer doivent être jugés d'après les lois existantes avant la promulgation de ce code, ce qui ramène l'application à la cause des lois de 1789, juillet 1793, 14 flor. an 10, et de l'avis interprétatif du conseil d'Etat, en date du 30 therm. an 12 ; qu'il est manifeste, d'après cette législation, que les titres produits par Dunoyer ne méritent aucune considération ; que les dispositions de ces lois permettent encore moins d'admettre les preuves de la possession alléguée par Dunoyer : d'où la conséquence ultérieure qu'il est sans droit et sans qualité pour exercer le droit de pêche qu'il réclame.

Pourvoi de Dunoyer. — 1° Violation des lois des 24 août 1790 (tit. 2, art. 13) et 16 fruct. an 3, et encore du décret du 22 janv. 1808 ; — En ce que le demandeur avait excipé de la non-navigabilité de la rivière au lieu qui forme le siége du débat, et que, dès lors, la question de navigabilité présentait une question préjudicielle de la compétence de l'autorité administrative. — Ce moyen a été rejeté en fait.

2° Violation de l'art. 1 de la loi du 15 avril 1829. — Le droit de pêche, disait l'avocat du demandeur, est un accessoire de la propriété du cours d'eau ; ce principe est reconnu par la plupart des auteurs (V. Merlin et Favard, Rép., v° Pêche ; Proudhon, Traité du domaine public, t. 3). Or, il est constant que le propriétaire du moulin est, jusqu'à preuve contraire, présumé propriétaire d'un canal fait de main d'homme, qui fait dériver et conduit les eaux à son usine. — Mais quels sont les indices au moyen desquels on peut affirmer que le canal a été fait de main d'homme ? L'auteur déjà cité, M. Proudhon, examine cette question et ne balance pas à déclarer que l'exercice exclusif du droit de pêche, ou bien la construction ancienne d'ouvrages d'art, dans le but de favoriser la dérivation du cours de la rivière, constituent des indices suffisants ; d'où la conséquence que, dans ce cas, le canal doit être réputé fait de main d'homme, et, par suite, une propriété privée. — Toutes ces circonstances se trouvent dans l'espèce. Voyons maintenant ce qu'exige la loi du 15 avril 1829 pour que le droit de pêche sur les canaux qui tirent leurs eaux des rivières navigables, appartiennent aux propriétaires des usines alimentées par ces eaux. — Deux conditions : La première, c'est que les canaux soient creusés dans une propriété particulière, ou, ce qui revient au même, que ces canaux soient une propriété privée, et, dans la cause, les présomptions sont en faveur du demandeur, comme on vient de le prouver. — La seconde, c'est que ces mêmes canaux soient entretenus aux frais des propriétaires. Or, l'entretien par le sieur Dunoyer du canal de la digue n'a jamais été contesté par personne. — On comprend aisément que la loi de 1829 ait accordé le droit de pêche sur des eaux à celui qui était chargé d'en entretenir le cours, car il eût été souverainement injuste que les avantages provenant de ces eaux eussent été refusés aux individus qui en devaient souffrir les inconvénients. Si l'Etat a seul le droit de pêche dans les rivières navigables et dans leurs accessoires, c'est que leur entretien est aussi à la charge de l'Etat. Bien mieux, il résulte de l'esprit de la loi précitée et des discussions qui l'ont précédée aux chambres, que le législateur n'a entendu réserver à l'Etat le droit de pêche que dans les rivières navigables qu'il était tenu d'entretenir, de telle sorte que cet entretien était la condition de son droit ; mais cette condition n'a jamais été exécutée par lui sur le canal litigieux ; le demandeur jouissait donc d'un droit qui lui appartenait exclusivement, et l'arrêt attaqué n'a pu l'en dépouiller sans violer tous les principes.

3° Violation de l'art. 547 c. civ. et des principes de la jurisprudence ancienne et moderne sur l'exercice du droit d'usage constituant une copropriété. — En admettant un instant, que la propriété du cours d'eau contentieux pût être niée au sieur Dunoyer, il n'en aurait pas moins acquis le droit de pêche en vertu de sa possession. L'art. 41, tit. 27, de l'ordonn. de 1669, tout en attribuant au domaine de la couronne la propriété des fleuves et rivières navigables, réservait expressément les droits de *pêche*, moulins, bacs et autres usages que les particuliers pouvaient y avoir acquis par *titres* ou *possession valables* ; et une déclaration du mois d'avril 1683, rapportée par M. Favard dans son Répertoire, v° *Pêche*, vint ensuite confirmer le principe et l'exception. Ce dernier auteur déclare formellement que le droit de pêche peut être détaché de la propriété des eaux, et que les particuliers doivent y être maintenus,

sa faveur, réserve de ce droit, alors qu'il est reconnu que ces actes ne remontent pas à une époque où la concession du droit de pêche eût pu être valable, et que, d'ailleurs, la réserve ne s'étendait pas à la portion des eaux de la rivière qui en forme une dépendance (même arrêt).

38. Quoi qu'il en soit, il est hors de doute que les droits de pêche dans les rivières navigables ne peuvent être utilement revendiqués qu'autant qu'ils résultent de titres authentiques antérieurs à l'édit de 1566, et passés avec les rois prédécesseurs de Louis XIV (Rouen, 27 nov. 1838 (1); Orléans, 19 juin 1846,

---

s'ils ont titres et possession valables. — Et cette doctrine est conforme aux vrais principes du droit, car le droit de propriété ne constitue pas un droit unique et indivisible. Indépendamment de ses divers démembrements, prévus et réglés par le code civil, il n'est guère un de ses autres émoluments utiles qui ne puisse en être séparé pour reposer sur une tête autre que celle du propriétaire lui-même. Tels sont, par exemple, les droits de chasse et de pêche. Un arrêt récent, en date du 26 déc. 1833, a même décidé qu'un individu pouvait avoir la propriété des chaumes d'une montagne, et un autre individu celle des bois excroissant sur la même montagne.

La distinction spéciale entre la propriété des cours d'eaux navigables et le droit de pêche sur ces cours d'eaux subsiste-t-elle encore aujourd'hui? La faculté d'acquérir par titres ou possession valables ce dernier droit, est-elle maintenant abrogée? — Remarquons d'abord, que le silence des lois nouvelles ne peut rien préjuger; car, lorsqu'une conséquence découle naturellement des principes généraux, il faut une disposition formelle pour l'exclure. D'un autre côté, le droit du sieur Dunoyer ne prenait pas sa source dans un privilége féodal, ce qui, par cela même, devait faire écarter l'application des lois invoquées par l'arrêt attaqué. Suivant la cour d'Agen les lois de 1789, de juill. 1793, du 14 flor. an 10, et l'avis du conseil d'Etat du 30 therm. an 12, ne permettaient pas de prendre en considération les titres et la possession allégués par le sieur Dunoyer.—Mais les décrets des 4 et 11 août 1789, et ceux des 6 et 30 juill. 1793, en abolissant, les premiers, les priviléges féodaux, et les seconds, les droits exclusifs de la pêche, n'ont évidemment entendu frapper que les droits entachés de féodalité. Quant à la loi du 14 flor. an 10, qui rétablit au profit de l'Etat, le droit de pêche, elle n'était qu'une simple loi de finances, le budget de l'année, et nullement une loi organique du droit de pêche. L'avis du 30 therm. an 12 lui-même n'est pas moins étranger à l'espèce. Un projet de décret avait été proposé pour maintenir provisoirement en possession du droit de pêche, dans les rivières navigables, les individus dont les titres seraient antérieurs à 1566, et l'avis précité lui refusa sa sanction, craignant sans doute que ces titres ne prissent leur origine dans une concession toute gratuite de la part du domaine, et pouvant constituer un privilége féodal.

Reste donc dans toute son intégrité la disposition précitée de l'art. 41 de l'ord. de 1669, qui réserve le droit de pêche aux particuliers qui l'ont acquis par *titres* ou *possession* valables. Nul doute que l'un ou l'autre de ces moyens ne soit également puissant pour établir le droit. L'arrêt attaqué a refusé aux baux administratifs énumérés dans l'exposé des faits, la force de titres; mais du moins on ne saurait leur refuser le caractère de commencement de preuve par écrit, puisqu'ils sont émanés de l'administration publique et que les conditions exigées par l'art. 1347 c. civ. s'y trouvent réunies. Dès lors pourquoi ne pas leur attribuer l'effet déterminé par cet article? La cour royale ne s'est pas même donné la peine de les apprécier. Dira-t-on qu'elle a jugé en fait? mais il suffit de faire observer que c'est par une raison de droit qu'elle se dispense d'entrer dans un examen: « Attendu, dit-elle, qu'il résulte de cette législation (celle qu'elle vient de rappeler) que les titres produits par Dunoyer ne méritent aucune considération. » Or, il a été démontré que ce motif ne pouvait être justifié, et les lois invoquées appliquées à l'espèce, qu'en attribuant, ce qui n'a pas été seulement allégué, une origine féodale aux titres produits;

4° Violation de l'art. 83 de la loi du 15 avril 1829 et de l'art. 41, tit. 27, de l'ord. de 1669.—Cette dernière ordonnance, ajoutait l'avocat du Dunoyer, est bien précise. En présence de ses termes, il était impossible de rejeter l'offre en preuve d'une possession immémoriale, puisqu'elle indiquait cette possession comme un des moyens d'établir le droit de pêche. L'art. 83 de la loi de 1829 dispose expressément que les droits acquis antérieurement à la présente, seront jugés, en cas de contestation, d'après les lois existant avant la promulgation. Dès lors, en supposant, ce qu'on est loin d'admettre, que la preuve autorisée par l'art. 1347 c. civ., dans les cas qu'il mentionne et dont nous prétendons que l'espèce présentait une application, ne fût pas admissible, du moins la preuve d'une possession immémoriale antérieure à ce code, ne pouvait pas être refusée, conformément à l'ordonnance qui devait régir la question. — L'avocat insistait surtout sur ce moyen; il soutenait que le principe de l'inaliénabilité des rivières navigables ne pouvait s'étendre au droit de pêche; que ce droit, en effet, tenait plus au domaine utile et à l'usufruit qu'au domaine réel; qu'il est de principe que des droits de jouissance ou d'usage sur la chose inaliénable, peuvent s'acquérir par prescription; qu'ainsi les droits d'usage de chasse peuvent être aliénés, quoique les biens soient insusceptibles d'une propriété privée; qu'il doit en être de même du droit de pêche.—Arrêt.

La cour; — Attendu, sur le moyen d'incompétence, que le point de litige devant la cour royale n'avait pas pour objet de faire décider si la rivière de la Dordogne était, ou non, navigable; que la navigabilité avait été reconnue par toutes les parties; que seulement il s'agissait de savoir si les eaux sur lesquelles le demandeur prétendait exercer un droit de pêche, étaient une dépendance de la rivière ou formaient un canal particulier, question évidemment soumise, par sa nature, à l'autorité judiciaire;

Attendu, au fond, que l'arrêt attaqué a reconnu, d'après l'état des lieux et l'examen des actes et circonstances de la cause, que l'intervalle placé *entre la digue et la rive gauche, sur lequel Dunoyer prétend exercer le droit de pêche, fait partie du lit de la rivière*, et qu'on ne peut le considérer *ni comme un fossé creusé dans son fonds, ni comme une prolongation du canal propre au moulin*; — Que ce point de fait souverainement jugé ne saurait permettre d'appliquer à la cause l'exception prévue par l'art. 1, § 2 de la loi du 15 avr. 1829, sur la pêche fluviale, qui réserve aux particuliers le droit de pêche sur les canaux et fossés existant ou qui seraient creusés dans leurs propriétés privées et entretenus à leurs frais;

Attendu que cette exception écartée, il reste à examiner si le demandeur a justifié avoir acquis un droit de pêche sur la rivière de la Dordogne, au moyen des titres par lui produits, ou s'il devait être admis à prouver la possession immémoriale par lui alléguée;

Attendu, quant aux titres, que la cour royale les a appréciés; qu'il a été reconnu par elle, comme il l'avait été déjà par l'autorité administrative, qu'aucun d'eux ne contenait concession d'un droit de pêche au profit du demandeur, à une époque où cette concession eût pu être valable, ni depuis, et que si certains actes administratifs avaient paru reconnaître l'existence de la faculté par lui revendiquée, ces actes ne concernent, dans la réserve qui y est exprimée, que la partie des eaux qui coulent dans le canal du moulin limité par le pré inférieur de Vergnes, et ne s'appliquent nullement à celle qui est en litige, venant au-dessus de la chaussée jusqu'au pré supérieur de Vergnes;

Sur l'offre en preuve de la possession immémoriale: — Vu l'art. 83 de la loi précitée du 15 avril 1829, qui, en abrogeant toutes les lois, ordonnances et arrêts de conseil intervenus sur les matières réglées par cette loi, réserve pourtant les droits acquis antérieurement à sa promulgation, lesquels, en cas de contestation, seront jugés d'après les lois alors existantes; — Vu l'art. 538 c. civ, l'art. 2 de la loi du 22 nov. 1790, l'art. 4, tit. 1 de la loi du 6 oct. 1791, sur la police rurale; l'arrêté du directoire, du 19 vent. an 6, concernant des mesures pour assurer le libre cours des rivières navigables; — Attendu que de l'ensemble de ces dispositions il résulte que les rivières navigables forment une dépendance du domaine public, et sont à ce titre insusceptibles d'une propriété et d'une possession privée; — Que le fait de possession de la pêche, loin de faire acquérir un droit, a été déclaré délit par la loi du 14 flor. an 10, qui l'a puni d'une amende et que si, antérieurement à cette loi, il ne constituait pas un délit, il ne pouvait être acquisitif d'un droit sur une propriété inaliénable et imprescriptible de sa nature;

Attendu qu'à la vérité l'art. 41, tit. 27 de l'ord. de 1669, invoqué par le demandeur, en déclarant tous fleuves et rivières navigables, partie intégrante du domaine de la couronne, avait réservé les droits de pêche et autres usages que les particuliers pourraient y avoir acquis par *titre* ou *possession* valables; — Mais que la disposition de cette ordonnance ne définissant pas les *titres* et la *possession* valables pour faire maintenir les droits déjà acquis au moment de sa promulgation, se trouve, quant à ce, expliquée et complétée par celle de l'édit de 1683, qui déclare que ces titres ou possession légitimes *devront exister avant* 1566, époque où a été consacré définitivement le grand principe de l'inaliénabilité du domaine, et qui ajoute que la possession légitime devra être établie par actes tels qu'*inféodations, engagements, contrats d'aliénation, aveux ou dénombrements rendus sans blâme*; — Qu'ainsi la preuve offerte par le demandeur devait être repoussée, soit parce qu'elle se reportait à une époque où la possession ne pouvait être acquisitive du droit, soit parce qu'elle ne s'appuyait pas sur des titres desquels seuls on eût pu la faire résulter; et que la cour royale, en la rejetant, loin de violer les principes de la matière, en a fait, au contraire, la plus juste application; — Rejette.

Du 9 nov. 1836.-C. C., ch. req.-MM. Zangiacomi, pr.-Viger, rap.

(1) (Préf. de l'Eure C. marquis de Praslin et autres.) — La cour; — Attendu que l'appel principal du domaine et l'appel incident du marquis de Praslin et joints soumettent à l'examen de la cour les questions soulevées devant les premiers juges; — Attendu, sur le point de savoir si le marquis de Praslin et consorts peuvent légalement se prévaloir des titres et possessions par eux invoqués, qu'il importe de bien fixer le sens et la portée du dernier paragraphe de l'art. 83 de la loi du 15 avr. 1829, relative à la pêche fluviale; — Attendu que le législateur, en déclarant que les droits acquis antérieurement à cette loi seraient jugés, en cas de contestation, d'après les lois existant avant sa promulgation,

aff. Voyer-d'Argenson, D. P. 49. 2. 93). — Vainement le titre constitutif remonterait-il à l'année 1573, et le droit aurait-il été établi à titre onéreux (Rouen, 27 nov. 1838, aff. de Praslin, V. ci-dessus). — Vainement encore l'ancien possesseur de la pêche alléguerait-il que, soit avant, soit depuis la loi du 15 avril 1829, il a été établi dans la rivière quelques ouvrages d'art ou d'entretien, surtout si ces travaux ont été faits dans l'intérêt d'établissements industriels, et s'il est constant, d'un autre côté, que l'Etat a fait des ouvrages d'art et des dépenses considérables pour faciliter la navigation et assurer le libre cours des eaux (mêmes arrêts).

39. On a décidé encore, et avec raison, que la pêche dans une boire, dépendant d'une rivière navigable, appartient à l'État, nonobstant tous titres anciens et possession contraire... On objecterait en vain que l'art. 83 de la loi du 15 avril 1829, en maintenant les droits acquis, a consacré les droits privatifs de pêche, anciennement établis et exercés dans les rivières ou dépendances, cette disposition de la loi étant impuissante pour faire revivre les droits abolis antérieurement à sa promulgation (Angers, 10 déc. 1842) (1).

40. La prescription ne pourrait même pas être utilement invoquée, car on ne prescrit pas contre le domaine public et sous

---

n'a entendu ni faire revivre des droits antérieurement éteints, ni porter atteinte à ceux qui auraient pu être légalement conservés ; — Qu'en respectant ainsi le principe sacré de la non-rétroactivité, la loi a laissé aux tribunaux la faculté de juger les contestations qui s'élèveraient, non d'après le droit nouvellement introduit, mais selon les principes de la législation antérieurement existante; — Qu'il faut donc exclusivement consulter cette ancienne législation pour apprécier les droits de pêche réclamés par le marquis de Praslin et joints;

Attendu que, si l'ord. de 1669, en déclarant, par l'art. 41, tit. 27, propriété de l'Etat les fleuves et rivières navigables de leurs propres fonds, a maintenu les droits de pêche que les particuliers pouvaient y avoir acquis par titres et possessions valables, cette réserve a d'abord été expliquée, modifiée et restreinte par l'édit du mois d'avril 1683, lequel n'a confirmé les droits de pêche qu'au respect de ceux qui rapporteraient des titres de propriété authentique faits avec les prédécesseurs de Louis XIV avant l'année 1566; — Attendu que la loi des 22 nov. et 1er déc. 1790, en déclarant propriété domaniale les rivières navigables, n'a plus reproduit les réserves portées dans l'ord. de 1669 et l'édit de 1683; qu'elle n'a pas non plus rappelé la distinction précédemment établie entre les rivières navigables de leurs propres fonds et celles qui ne l'auraient été qu'artificiellement;

Attendu que le droit exclusif de pêche dans les rivières navigables et flottables a été généralement regardé comme compris dans l'abolition des privilèges et droits féodaux prononcée par le décret du 4 août 1789; — Que c'est en effet dans ce sens que la question fut explicitement résolue par la convention dans les trois décrets d'ordre du jour rendus les 6, 30 juill 1793, et 8 frim. an 2, relativement aux difficultés soulevées à cet égard; — Attendu qu'à cette époque la faculté de pêcher appartenait à tous les citoyens; qu'elle ne pouvait être paralysée par qui que ce soit; que tout droit exclusif de pêche; quelle qu'en fût l'origine, avait cessé d'exister; que cette vérité se trouve consacrée dans un arrêté du gouvernement, en date du 28 mess. an 6, dans lequel on déclare que la suppression du droit exclusif de pêche, en donnant à chacun la faculté de pêcher dans les rivières navigables, n'entraîne point l'abrogation des règles établies pour la conservation des diverses sortes de poissons;

Attendu que la loi du 14 flor. an 10 a depuis ressaisi l'Etat du droit exclusif de pêche dans les rivières navigables; que l'art. 12, tit. 5, de cette loi, déclare qu'à partir du 1er vend. lors prochain, nul ne pourra pêcher dans les fleuves et rivières navigables s'il n'est muni d'une licence ou s'il n'est adjudicataire de la ferme de la pêche; que l'art. 14 prononce une pénalité contre tout individu qui, n'étant ni fermier de la pêche ni pourvu de licence, pêcherait dans les fleuves et rivières navigables; — Attendu que les dispositions générales et absolues de cette loi ne permettent pas de supposer des exceptions préexistantes en faveur soit de riverains, soit de tiers concessionnaires d'un droit exclusif de pêche; — Que cette déduction de la loi du 14 flor. an 10 est consacrée par l'avis du conseil d'Etat en date du 11 therm. an 12, dans lequel on déclare que le droit de pêche s'est trouvé irrévocablement anéanti dans les mains de ceux qui en jouissaient, soit patrimonialement, soit à titre d'engagistes ou d'échangistes;

Attendu qu'en présence de ces actes législatifs les titres invoqués par le marquis de Praslin et joints se trouvent frappés d'inefficacité; — Que le contrat d'échange entre Charles IX et Philippe de Boulainvilliers, par lequel le roi donne en contre-échange la terre de Vaudreuil, avec le droit de péage sur la rivière et autres, porte la date du 11 août 1573; que, dès lors, il est postérieur à l'année 1566; d'où suit que le droit de pêche, s'il eût été spécialement concédé, tomberait même sous l'application des dispositions restrictives de l'édit de 1683; — Attendu que d'autres titres également invoqués se trouvent entachés de féodalité; qu'ils ont été consentis, soit par les ci-devant seigneurs du fief, soit par les seigneurs haut-justiciers; tels sont les actes des 27 juin 1515 et 1er oct. 1680;

Attendu que plusieurs autres titres produits ne font pas connaître la cause et l'origine des premières concessions; qu'en supposant que ces concessions n'aient pas été féodales dans le principe, les droits de pêche transmis successivement, à quelque titre que ce soit, sur une partie de rivière navigable et flottable dès le règne de Louis XIV, ne pourraient s'exercer au préjudice du domaine et au mépris de la législation susénoncée; que le droit de pêche, étant d'ailleurs un accessoire de la propriété, ne peut appartenir qu'à l'Etat, dans les rivières navigables et flottables avec bateaux, trains et radeaux; — Attendu que la longue possession dont argumentent les demandeurs originaires n'a pu leur faire acquérir un droit sur une chose déclarée imprescriptible, alors surtout que les faits de possession et de jouissance constitueraient de véritables délits dont la répression était prononcée par la loi; qu'ainsi, et sur ce premier point, les premiers juges ont fait une juste application des principes et des lois sur la matière;

Attendu, sur la seconde partie de la cause, qu'en supposant que la loi du 15 avril 1829 ait consacré une innovation et n'ait pas entendu maintenir le droit de pêche au profit de l'Etat dans le cas où les riverains justifieraient avoir fait les dépenses nécessaires à l'entretien d'une rivière navigable et flottable, on ne pourrait, dans l'espèce, invoquer l'application du droit nouveau; qu'en effet il est dès à présent suffisamment établi que le domaine, depuis un temps très-reculé, a constamment fait sur la partie de rivière navigable dont il s'agit des travaux d'art et des dépenses considérables pour faciliter la navigation et assurer le libre cours des eaux; que la preuve de ces faits est justifiée par des arrêts du conseil, une série d'actes administratifs et de procès-verbaux d'adjudication; — Attendu que, si, de leur côté, le marquis de Praslin et joints établissent que certains riverains ont été astreints à faire ou entretenir à leurs frais quelques ouvrages d'art dans la même rivière, il est facile de reconnaître que ces travaux n'ont eu lieu que dans l'intérêt d'établissements industriels, et comme condition de concessions premières qui avaient été faites lors de la création de ces établissements; — Attendu que cette assertion est loin d'être contrariée par l'arrêt du conseil en date du 16 nov. 1784, dont se prévalent particulièrement le marquis de Praslin et joints; — Qu'en effet les injonctions dont il est fait mention dans cet arrêt ne s'adressent pas aux riverains indistinctement, mais bien aux propriétaires des moulins et des prises d'eau, qui, en cette qualité, avaient été astreints à certaines obligations; — Attendu que les documents produits de part et d'autre sur cette partie de la cause rendent superflue l'enquête ordonnée par les premiers juges; — Infirme.

Du 27 nov. 1838.-C. de Rouen.-M. Fercoq, pr.

(1) *Espèce* : — (L'Etat C. comtesse Abrial.) — L'adjudicataire de la pêche du 4e cantonnement de la rivière navigable le Loir, ayant exercé son droit dans la boire de Congre, spécialement comprise dans son bail, Letellier, qui s'en prétendait propriétaire, le poursuivit correctionnellement. L'exception de propriété fut élevée au nom de l'Etat, et, par suite, soumise au tribunal civil d'Angers. La cause s'y est instruite contradictoirement avec la comtesse Abrial, qui, comme garante, a pris le fait et cause du plaignant originaire, son acquéreur. — Il est demeuré constant que la boire litigieuse tire ses eaux du Loir; que les bateaux de pêcheurs peuvent y pénétrer librement en tout temps; qu'enfin, elle forme une dépendance de cette rivière. La défenderesse a excipé d'une possession immémoriale, fondée sur des titres remontant au delà de 1566; elle a soutenu que ses droits avaient été conservés par l'art. 83 de la loi du 15 avril 1829. Mais il a été répondu que cette loi, en réservant les droits acquis antérieurement, n'avait entendu ni pu faire revivre les droits privatifs de pêche, abolis par la législation intermédiaire, d'une manière absolue et sans exception.

15 févr. 1842, jugement qui, sans avoir égard aux titres et à la possession de la dame Abrial, maintient l'Etat dans la propriété et jouissance exclusive de la pêcherie dont il s'agit. En voici les principaux motifs : — « Considérant que le § 2 de l'art. 83 de la loi du 15 avril 1829 n'a point introduit un droit nouveau; qu'il en résulte seulement que le législateur de cette époque n'a entendu ni faire revivre des droits antérieurement éteints, ni porter atteinte à ceux qui avaient pu être légitimement conservés, de telle sorte qu'il a maintenu la législation antérieure à 1829; — Que l'ord. de févr. 1566, en proclamant l'inaliénabilité du domaine de la couronne, n'a fait que mettre en relief un principe fondamental de notre droit public en pratique dès 1275;... que des droits de jouissance ont pu seulement être conférés sur ce domaine, mais toujours pour un temps limité et à condition de révocation; — Que l'ord. de 1669 n'a point dérogé à ce principe et n'a eu pour but que de laisser aux jouissances légalement acquises leur exercice dans les limites de l'ord. de 1566; — Considérant que l'édit d'avril 1683, en mainte-

l'empire de l'ord. de 1669, comme sous l'empire de la loi du 14 flor. an 10, le droit de pêche n'ayant pu être exercé exclusivement par personne, n'a pu être prescrit (Orléans, 19 juin 1846, aff. Voyer-d'Argenson, D. P. 49. 2. 93).

41. Le propriétaire riverain d'une rivière navigable ou flottable dont les droits de pêche ont été éteints par les lois abolitives de la féodalité, ne peut revendiquer ces droits par le motif qu'il aurait fait certains ouvrages d'art qui facilitent le cours de la rivière, s'il a agi, non point uniquement à titre de propriétaire riverain, mais dans l'intérêt de ses usines et en vertu des obligations qui lui sont imposées (même arrêt).—Il en serait autrement si le réclamant prouvait que l'entretien de la rivière est à sa charge exclusive; car, aux termes de l'art. 1, § 1, de la loi du 15 avril 1829, le droit de pêche n'est exercé au profit de l'État que sur les fleuves et rivières dont l'entretien est à la charge de l'Etat ou de ses ayants cause. Mais cette preuve serait extrêmement difficile, car il faudrait établir que l'entretien du cours d'eau a été mis par l'Etat à la charge exclusive du riverain. — V. sur ce point Annales forestières, 1849, p. 78 et suiv.

42. *Canaux.*—L'Etat ne peut exercer de droit de pêche que sur les canaux qui sont entretenus par lui. Cette proposition ne peut souffrir aucune difficulté en présence des termes formels de l'art. 1, § 1, de la loi du 15 avril 1829. Le dernier paragraphe de cet article fait d'ailleurs une exception à l'égard des canaux et fossés des propriétés particulières entretenues aux frais des particuliers (V. n° 45).—Toutefois le propriétaire riverain d'un canal, autrefois rivière non navigable, mais qui depuis a été déclarée navigable, ne peut aujourd'hui réclamer le droit de pêche sur ce canal (Req. 29 juill. 1828, aff. d'Harville, V. Eaux, n° 56).

43. Par application des principes développés n°s 33 et 34, il a été décidé : 1° que le droit de pêche qu'un seigneur s'est réservé sur un canal alimenté par une rivière, en cédant ce canal, est, de même que le droit de pêche réservé sur une rivière, compris dans la suppression prononcée par les lois qui ont aboli la féodalité (Dijon, 20 août 1822, aff. Jacquinot, rapporté avec Rej. 10 mai 1825, v° Vente jud.); — 2° Que le canal de l'étang de Thau, au port de Cette, doit être considéré comme navigable (ord. cons. d'Et. 30 juill. 1817, aff. Boudard, V. n° 33).

44. Lorsqu'une rivière a été rendue navigable par un entrepreneur qui a traité avec les riverains du droit de creuser, canaliser et rendre navigable, les propriétaires riverains sont-ils réputés avoir cédé leur droit de pêche, s'ils ne prouvent pas se l'être réservé ?— Il a été imprimé qu'un arrêt de la cour de cassation du 28 juill. 1828 avait jugé l'affirmative; mais on n'a pas découvert cet arrêt, dont la doctrine serait fort contestable.

Art. 2. — *Réserve au profit des propriétaires de canaux.*

45. On a déjà vu que le § 2, art. 1, L. 15 avril 1829, contient une réserve implicite au profit des riverains des cours d'eau navigables ou flottables. Le § 3 du même article réserve très-explicitement le droit de pêche au profit de ceux qui ont creusé ou creuseraient des canaux dans leurs propriétés et qui les entretiendraient à leur frais. En parlant des « canaux existants ou qui *seraient creusés* dans les propriétés particulières,» la loi du 15 avril 1829 n'a pas entendu créer un droit nouveau pour les prises d'eau, lesquelles restent soumises à la législation existante.—V. Eaux, n°s 335 et suiv.

Parmi ces canaux, les plus nombreux sont ceux qui servent à conduire les eaux des rivières navigables et flottables sous les roues des moulins et usines qu'elles mettent en mouvement. La loi ayant réservé aux propriétaires ou aux constructeurs de ces canaux le droit exclusif de pêcher, ce droit ne peut appartenir aux riverains des canaux (Req. 3 mai 1830) (1). — M. Rogron,

---

nant les droits de pêche acquis à des particuliers antérieurement au mois de février 1566, n'a point changé le principe de la domanialité en cette matière, et que le souverain est toujours resté maître de faire cesser toute concession inconciliable avec l'inaliénabilité absolue qui seule pouvait être efficace pour conserver l'intégrité du domaine de l'Etat; — Considérant que c'est en vertu de cette souveraineté que la loi du 22 nov.-1er déc. 1790, en déclarant propriétés domaniales les rivières navigables et flottables, n'a plus reproduit les réserves portées dans l'ord. de 1669 et l'édit de 1683; — Considérant que, dès lors, les droits exclusifs de pêche dans les rivières navigables et flottables ont été considérés comme compris dans l'abolition des droits féodaux prononcée par le décret du 4 août 1789; — Qu'en effet, la Convention l'a déclaré ainsi par les trois décrets d'ordre du jour, des 6, 30 juill. 1793 et 8 frim. an 2; — Qu'alors ce droit de pêche a été considéré comme une faculté naturelle appartenant à tous, sous l'empire des règlements de police; — Considérant que la loi du 14 flor. an 10 a ressaisi l'Etat du droit exclusif de pêche dans les rivières navigables et flottables, et qualifie délit tout fait de pêche, sans distinction de droits prétendus acquis; que l'avis du conseil d'Etat, du 11 therm. an 12, déclare, au contraire, que ces droits sont irrévocablement anéantis; — Considérant que l'art. 538 c. civ. a nettement déclaré que les rivières navigables et flottables ne sont pas susceptibles d'une propriété privée, et sont considérées comme dépendances du domaine public, inaliénable de sa nature; — Considérant que les aveux et déclarations produits par les défendeurs, ainsi que les actes d'acquisition et la possession qui s'en est suivie, sont restés sans force, depuis le 4 août 1789, quant au droit de pêche réclamé, et au fond même du Congre dont il s'agit, qui fait partie du lit de la rivière. »

Appel par la comtesse Abrial. — On dit à l'appui : L'ord. de 1669, tit. 7, art. 41, en déclarant partie intégrante du domaine public, les fleuves et rivières navigables, avait réservé et maintenu les droits de pêche et autres usages que les particuliers pourraient y avoir acquis par titres ou possession valables, c'est-à-dire, aux termes de l'édit de 1683, antérieurs à 1566. Les réserves de la loi de 1829 doivent être entendues dans le même sens de conservation et de véritable justice. Les titres, versés dans la cause, qui servent de base et de preuve à la possession invoquée, remontent, comme elle, au delà de 1566, et sont précisément au nombre de ceux spécifiés et exigés par l'édit de 1683. La cour de cassation a finalement consacré ce système, par son arrêt du 9 nov. 1836 (V. n° 37).

On répond, dans l'intérêt de l'Etat : S'il est un point démontré, certain, en législation et en jurisprudence, c'est que les lois intermédiaires ont aboli tous les droits de pêche des particuliers dans les rivières navigables et dans les eaux qui en dépendent, de quelques titres ou possessions qu'ils fussent appuyés (Arrêt précis de cassation du 8 mars 1826). — Toute la question est donc de savoir si la loi du 15 avril 1829 a entendu rétroagir et si elle a fait revivre les droits privatifs de pêche qui avaient disparu depuis plus de quarante ans et fait place à d'autres droits constamment établis. Une innovation aussi énorme pourrait-elle s'induire des termes de la loi nouvelle qui contiennent une simple réserve des droits antérieurement acquis? Cette réserve n'a été admise que pour écarter toute idée de rétroactivité et par une formule commune au code forestier. La réserve n'était pas, d'ailleurs, dans le système du maintien des vrais principes, aussi superflue qu'on affecte de le dire. Des droits particuliers pouvaient avoir été accordés par jugements passés en force de chose jugée, sous l'empire des lois abolitives; ces droits ont dû continuer à s'exercer : voilà, d'une part, l'objet et l'effet des réserves de la nouvelle loi; de l'autre, et en l'absence de chose jugée, au contraire, l'Etat a été ensaisiné de tous les droits de pêche dans les rivières navigables, à l'exclusion de toutes autres personnes. Ce sont là aussi des droits acquis respectables et qui sont maintenus également. Quant à l'arrêt de rejet de 1836, émané de la chambre des requêtes, il n'avait pas à statuer sur la question actuellement agitée; il contient, il est vrai, quelques motifs qui s'y rapportent; mais ces motifs exorbitants ne peuvent l'emporter sur l'autorité de l'arrêt de 1826, et infirmer les vrais principes et un ordre légal de quarante années. Enfin, la loi qui réserve aux tribunaux le jugement des droits qui seraient prétendus avoir été acquis avant sa promulgation, ne préjuge rien sur l'existence de ces droits. Il restera toujours à les vérifier à priori. La discussion qui a précédé la loi de 1829 ne laisse aucun doute à cet égard. — Arrêt.

La cour; — Adoptant les motifs, etc.

Du 10 déc. 1842.-C. d'Angers.-MM. Desmazières, 1er pr.-Allain-Targé, av.-gén., c. conf.-Freslon et Ségris, av.

(1) *Espèce :* — (Cottin *C.* Leharle.) — Un canal de dérivation, prenant ses eaux dans la rivière de Favières, alimente le moulin de Leharle : ce canal est bordé par des fonds appartenants, soit à la commune, soit à des particuliers. — L'un de ces riverains, le sieur Cottin, auquel la commune s'est jointe, a prétendu avoir le droit de pêcher dans la partie du canal qui se trouve vis-à-vis de sa propriété. — Leharle soutient que ses titres lui donnent un droit exclusif de pêche dans le canal, dont il prétend être propriétaire. — Jugement qui nomme des experts, à l'effet de vérifier si les eaux qui alimentent le moulin y arrivent par un cours naturel ou par un canal fait de main d'homme. — Les experts reconnaissent que le canal est fait de main d'homme. — 19 mars 1828, jugement qui, considérant que les titres de Leharle ne lui attribuent la propriété exclusive ni de l'eau, ni du sol, le démet de sa demande. — Appel par Leharle. — Cottin conclut à ce qu'une nouvelle expertise soit ordonnée. — 18 août 1828, arrêt de la cour de Paris, qui infirme en ces termes : — « Considérant qu'il résulte du bail à rente du 30 sept. 1772, que le moulin Marchand a été aliéné avec le ru conduisant l'eau audit moulin; qu'il résulte également du rapport des experts,

qui cite cet arrêt, n'a pas fait attention que la doctrine qu'il consacre se réfère aux canaux dont il est parlé au paragraphe dernier de l'art. 1 L. 15 avril 1829, et non, comme il le suppose, à l'art. 2 de la même loi. Le même auteur professe, sur l'art. 1, une opinion diamétralement contraire à celle que consacre l'arrêt du 3 mai 1830. Suivant lui les riverains doivent profiter du droit de pêche, parce que « subissant les inconvénients du cours d'eau, ils doivent en recueillir les avantages ; » mais cet argument est sans valeur. En effet, de deux choses l'une : ou l'établissement du canal ne cause aucun préjudice à la propriété qu'il borde, et dès lors l'argument tombe de lui-même ; ou il en résultera un dommage, et comme on ne peut, par son fait, nuire à la propriété de son voisin, le propriétaire du canal pourra être passible de tous dommages-intérêts ; mais il n'en conservera pas moins le droit exclusif de la pêche.

46. Du reste, ce droit de pêche n'autorise pas le propriétaire qui en jouit exclusivement à s'affranchir des règles tracées pour la conservation et la police de la pêche, et il ne pourra s'emparer du poisson à l'aide de filets ou engins prohibés. — V. nº 136.

47. Les fossés creusés par les propriétaires sont assimilés par la loi aux canaux servant à conduire les eaux sous les roues des moulins. Ainsi les propriétaires des fossés d'assainissement qui se déchargent dans une rivière navigable ou flottable jouissent exclusivement du droit de pêche. Il faut se garder de confondre les fossés creusés par le propriétaire, sur son terrain, dont parle le § 3, avec les fossés qui sont entretenus par l'Etat et dont parle le § 2. Dans ces derniers, la pêche ne peut être exercée par les riverains que si l'on ne peut y pénétrer depuis la rivière avec un bateau de pêcheur. — Il a été jugé, relativement aux fossés d'assainissement, que le droit de pêche dans un canal creusé par le propriétaire, dans la vue d'assainir son domaine, vendu depuis nationalement à divers acquéreurs, et auquel ce canal n'a pas cessé d'être indispensable, appartient en commun à tous les acquéreurs de ce domaine, riverains ou non, qui supportent les frais de réparation et d'entretien (Caen, 25 juill. 1848, aff. Lebey, D. P. 49. 2. 4).

SECT. 3. — *De la pêche dans les cours d'eau qui ne sont ni navigables ni flottables.*

48. Nous avons traité précédemment du droit de pêche dans les rivières navigables et flottables; nous allons parler maintenant de l'exercice du même droit dans les petites rivières et nous désignons sous ce nom celles dont l'aptitude à la navigation ou au flottage n'a été reconnue ni en fait ni en droit.

Après l'abolition de la féodalité, la question de propriété de la pêche fut agitée dans l'assemblée nationale. Elle fut examinée par le comité féodal, par celui des domaines et par celui de l'agriculture et du commerce, qui se réunirent et chargèrent le député Arnoult de faire un rapport au nom des trois comités. Ce rapport, déposé le 23 avril 1791, a été imprimé, et voici les termes dans lesquels la question s'y trouve posée : « La faculté de pêcher doit-elle être accordée indistinctement à tous les citoyens ? N'appartiendra-t-elle qu'à ceux dont les propriétés sont baignées par les cours d'eau? Ce droit formera-t-il la propriété spéciale des municipalités dont le territoire est traversé par les rivières? Convient-il au bien général de l'empire de soumettre la pêche à un régime qui soit tout à la fois utile aux finances de l'Etat et profitable aux subsistances publiques? » Le rapporteur discute ces questions p. 25 et suiv., puis il conclut ainsi : « L'abandon de la pêche ne procurerait aucun avantage réel aux citoyens ; la liberté indéfinie de pêcher serait une source intarissable de désordres ; le produit de toutes les rivières du royaume formera, dès à présent, un revenu considérable qu'une police sévère et de bonnes lois ne peuvent manquer d'améliorer..... En conséquence, nous vous proposons de décider : 1° que la pêche des fleuves et rivières est une propriété commune et nationale; à la nation appartient le droit d'en régler l'exercice et l'usage.— Les fruits de la pêche étant un moyen général de subsistance, la pêche des fleuves et des rivières sera exercée au nom de la nation et au profit du trésor public... »—Aucune suite ne fut donnée à ce rapport, dont la discussion fut renvoyée à la prochaine législature.

Sous la convention, la question fut posée par diverses pétitions qui demandaient que l'assemblée s'expliquât sur la question de savoir si le droit de pêche était compris dans l'abolition des droits féodaux. La convention passa constamment à l'ordre du jour en motivant ses décisions sur ce que « les droits exclusifs de pêche et de chasse étaient des droits féodaux abolis par les décrets précédents, comme tous les autres » (décr. 6 et 30 juill. 1793, 8 frim. an 2, V. p. 442). — Ces décrets, quoique préjugeant fortement le droit de pêche en faveur des propriétaires riverains, laissaient cependant encore la question indécise, et elle ne fut définitivement décidée en ce sens que par un avis du conseil d'Etat des 27 niv. et 30 pluv. an 13 (V. p. 443). C'est ce système que la loi sur la pêche fluviale a définitivement consacré, dans les termes que nous allons reproduire, sans qu'aucune discussion sur le principe de la propriété ait été soulevée sur ce point dans les chambres législatives de la restauration. — V. notre discussion sur les indemnités, nº 31.

49. L'art. 2, L. 15 avril 1829, porte : « Dans toutes les rivières et canaux autres que ceux qui sont désignés dans l'article précédent, les propriétaires riverains auront, chacun de son côté, le droit de pêche jusqu'au milieu du cours de l'eau, sans préjudice des droits contraires établis par possession ou titres. » — Les mots *sans préjudice*, etc., qui terminent cet article, n'existaient pas dans le projet primitif présenté en 1828 à la chambre de pairs; M. d'Argout a signalé cette lacune en demandant qu'elle fût comblée. Il a cité l'exemple d'un particulier, possesseur des deux rives, qui vend une partie de sa propriété et assigne le cours d'eau pour limites de la vente. Dans ce cas, il est évident que la vente s'étend jusqu'au cours d'eau et non pas jusqu'au milieu de son lit; le vendeur a entendu se réserver la propriété de la totalité du cours d'eau. « Or comme l'intention de la loi ne peut pas être d'invalider des contrats et des conventions privées, il faut ajouter à l'article : *sans préjudice des droits acquis par titres et possessions contraires*. » — Le rapporteur s'est opposé à cette addition, par le motif que les particuliers avaient toujours le droit de déroger, par des conventions spéciales, aux présomptions légales, et que ce principe n'avait pas besoin d'être énoncé. — Toutefois, M. d'Argout insista, et M. de Peyronnet se joignit à lui en faisant observer que « l'amendement serait inutile, si l'art. 1er fût demeuré dans les termes généraux où il avait été originairement conçu ; mais on a cru devoir y faire une réserve pour certain droits qui ont paru légitimes (allusion à la réserve des droits des tiers écrite dans le projet de l'art. 1er adopté d'abord par la chambre des pairs, mais modifié en ce point par la chambre des députés [V. nº 32]). Ne serait-il pas à craindre que le défaut de réserve dans l'art. 2 ne parût être une interdiction absolue de toute délimitation différente de celle qu'il a pour but d'établir ?..... » — Toutefois l'orateur, bien qu'il approuvât le

que le ru est un canal fait de main d'homme pour l'usage du moulin; — Que le droit de pêche attribué aux riverains, comme propriétaires de la moitié du lit d'une rivière non navigable ni flottable, ne peut appartenir à celui dont l'héritage aboutit à un canal qui est la propriété exclusive d'autrui; — A mis et met l'appellation et ce dont est appel au néant; — Emendant, décharge l'appelant des condamnations contre lui prononcées; — Au principal, fait défenses à Cottin de plus, à l'avenir, s'immiscer dans la jouissance du canal dont il s'agit, soit en y pêchant, soit de toute autre manière. » — Pourvoi de Cottin. — Arrêt.

LA COUR; — Attendu 1° qu'en n'accordant pas la faculté de faire, sur l'appel, une seconde expertise, la cour royale annonçait assez explicitement, ou que la première était suffisante, ou qu'elle voulait juger d'après les titres produits; que, dans tous les cas, elle n'avait point à donner, sur ce chef, un motif spécial, puisque les juges sont libres de consulter ou non des experts; — Attendu 2° qu'il ne s'agissait point, dans l'espèce, d'un droit de servitude, mais d'un droit de pêche, que le demandeur prétendait exercer dans un canal fait de main d'homme, comme il l'aurait fait dans un cours d'eau naturel; mais que le défendeur éventuel ayant été déclaré propriétaire de ce canal, qu'il avait fait creuser pour conduire les eaux à son moulin, les riverains, exclus de toute propriété du lit du canal, ne pouvaient y pêcher sans son consentement, comme ils auraient pu le faire dans une rivière non navigable ni flottable, coulant le long de leurs propriétés ; — Rejette, etc.

Du 3 mai 1830.-C. C., ch. req.-MM. Favard, pr.-Hua, rap.

principe de l'amendement, pensait qu'il y aurait danger à y faire mention de la possession qui peut donner matière à beaucoup de difficultés. En conséquence, il proposa de se borner à faire réserve des droits établis par titres et de rédiger ainsi la fin de l'art. 2 : *sans préjudice des droits contraires qui seraient établis par titres réguliers.* » M. d'Argout s'étant réuni à cette rédaction, l'amendement fut mis aux voix et adopté; puis le Moniteur ajoute que la chambre adopte l'art. 2 modifié par cet amendement (ch. des pairs, séance du 29 avr. 1828, Mon. du 1er mai, p. 527 et 537). Cependant la rédaction de M. de Peyronnet n'est pas celle de la loi. M. Baudrillart fait observer, avec raison (p. 95), que les mots *et possession* que M. d'Argout avait abandonnés, d'après l'observation de M. de Peyronnet, ont été reproduits par erreur dans le projet présenté à la chambre des députés ; mais comme ils n'ont donné lieu à aucune critique, ils ont définitivement passé dans le texte de la loi voté par la chambre des députés, sans autre changement que la substitution de *ou* à la place de *et* en avant du mot *possessions*, et la suppression du mot *réguliers* qui terminait l'article amendé par la chambre des pairs. Ajoutons qu'à la chambre des députés M. de Schonen fit une observation très-juste. Il fit remarquer que la même raison qui avait fait demander la suppression d'une disposition analogue dans l'art. 1, exigeait le rejet de l'amendement introduit dans l'art. 2 par la chambre des pairs. Mais la proposition ne fut pas comprise; aucun membre ne l'appuya et elle ne fut pas même mise aux voix. Le sens de la loi n'en est pas moins parfaitement fixé (ch. des dép., séance du 10 mars 1829, Mon. du 12 mars).

50. Il résulte de ce qui précède que, relativement au droit de pêche, les particuliers restent dans le droit commun. Ce droit peut devenir, entre les propriétaires, l'objet de conventions spéciales, et rien ne s'oppose à ce que la pêche des deux côtés de la rivière devienne ainsi la propriété d'un seul. Il est évident qu'une possession suffisante à prescrire produirait les même résultats. S'il arrivait qu'un des riverains eût constamment exploité les arbres ou les buissons qui garnissent la rive opposée, s'il avait réparé ou endigué cette rive, s'il avait seul pêché et fait d'autres actes analogues, il est clair que le droit de pêche appartiendrait exclusivement à ce riverain (M. Daviel, no 540). Ces principes ont été appliqués à la propriété du lit même de la rivière, ou du moins à l'usage de ce lit pour l'extraction de la vase fertilisante (Req. 7 déc. 1842, aff. Verny-Lamothe, V. Action possessoire, no 310).

51. En l'absence de titre ou de possession contraire, chaque riverain est présumé propriétaire jusqu'au fil de l'eau, c'est-à-dire jusqu'à la ligne imaginaire qu'on suppose tracée au milieu même de la rivière. « Il suffit, pour établir cette ligne, de prendre le milieu de chacune des lignes abaissées perpendiculairement d'une rive sur l'autre, et qui représentent les largeurs de la rivière à tous les points où ces lignes sont posées. La ligne transversale à l'aide de laquelle on rattache tous les points au milieu de ces lignes, est la ligne de séparation des coriverains. Suivant les diverses largeurs du cours d'eau et suivant les inflexions de son lit, la ligne du fil de l'eau varie, tantôt droite, tantôt courbe » (Dissertation du doct. Rittinghausen, trad. des Archives du droit pour les provinces rhénanes, et insérée Revue de législ., t. 4, p. 302).

52. Il faut remarquer que, d'après la loi, chacun des riverains est propriétaire de la pêche *jusqu'au milieu du cours de l'eau*, et non pas jusqu'au milieu du lit de la rivière, ce qui est bien diffrent. C'est, en effet, dans l'eau même que la pêche s'exerce; en sorte que si l'eau vient à se retirer d'un côté pour se reporter sur l'autre, l'exercice de la pêche devrait suivre le cours de l'eau, puisque ce droit n'est pas inhérent au sol. Il suit de là, comme l'observe avec raison M. Proudhon (Dom. pub., no 1248), que les délimitations que les propriétaires des deux bords opposés de la rivière pourraient faire à ce sujet ne seraient que provisoires, et seulement pour le temps pendant lequel le cours d'eau resterait dans la même situation.

53. Le droit de pêche étant ainsi formellement reconnu au profit du propriétaire riverain, il est évident qu'on ne peut prendre du poisson dans un cours d'eau privé, de quelque manière que ce soit, sans le consentement de celui auquel la pêche appartient. L'art. 5 L. 15 avril 1829 protége ce droit de propriété par les sanctions pénales qu'il édicte (V. nos 86 et suiv. plusieurs applications de ce principe).—On décidait du reste, avant cette loi, par application des art. 1 et 6, tit. 31, ord. 1669; 5, tit. 26; 28, tit. 32, *eod.*, que la pêche dans une rivière particulière et non navigable était un délit (Crim. cass. 27 déc. 1810, MM. Barris. pr., Bazire, rap., aff. Gillot), et que cette pêche ne pouvait avoir lieu en temps de frai (même arrêt).—Il est évident également que la loi sur la pêche fluviale, en maintenant les droits de pêche indépendants de la qualité de riverains, qui auraient été acquis sur les rivières non navigables par possession ou par titres, antérieurement à sa promulgation, n'a pas renoncé par là à en régler l'usage (Crim. rej. 14 déc. 1837, aff. d'Espeuilles, V. no 100).

SECT. 4.—*Administration et régie de la pêche.*

54. La loi du 15 avril 1829 assimile les gardes-pêche aux gardes forestiers. En conséquence : 1° les employés de l'administration et de la régie de la pêche doivent être âgés de vingt-cinq ans au moins (V. Forêts, nos 192 et 193); — 2° Ils sont tenus de prêter serment avant d'entrer en fonctions, et la prestation de leur serment ainsi que leur commission doit être enregistrée au greffe (art. 7, V. nos 56 et 177; V. aussi Forêts, no 202, et Serment); — 3° Ils peuvent être déclarés responsables des délits commis dans leurs cantonnements, lorsqu'ils n'auront pas dûment constaté ces délits (art. 8). Toutefois il y a cette différence entre la position des gardes-pêche et celle des gardes forestiers que ces derniers ne peuvent jamais être excusés, lorsqu'ils ont négligé de constater un délit forestier qui laisse toujours des traces visibles, tandis que les gardes-pêche peuvent être excusés à raison de l'absence de traces. C'est ce qui résulte du mot *pourront*, substitué dans l'art. 8 L. 15 avril 1829, au mot *seront* qu'on lit dans l'art. 6 c. forest. (V. rapp. ch. dép., p. 450, no 33, 451, no 36). Du reste, et sauf cette exception, la doctrine et la jurisprudence relatives à la responsabilité des préposés forestiers sont applicables aux gardes-pêche.—V. Forêts, nos 178 et suiv.

55. On doit remarquer, quant à la responsabilité des gardes-pêche, qu'ils ne sont pas tenus de constater tous les délits, mais seulement ceux qui consistent dans le fait d'avoir pêché en temps prohibé ou avec des instruments, appâts ou moyens quelconques défendus par la loi, ou d'avoir pris du poisson qui n'avait pas les dimensions requises (L. 15 avril 1829, art. 36). Quant aux délits qui ne portent atteinte qu'aux intérêts privés, les gardes commissionnés par l'Etat ont seulement la faculté de les constater (*id.*, *ibid*, § 3). Par conséquent, si les gardes peuvent être déclarés responsables de la non-constatation des délits de la première classe, ils ne peuvent jamais l'être lorsqu'il s'agit de la non-constatation des délits de la seconde classe.

56. En cas de changement de résidence, le garde fait constater par le greffier, qui le mentionne sur la commission, sur sa feuille d'audience, à la date courante, son nom, la nature de ses fonctions, la date de la prestation de son serment avec l'indication du tribunal qui l'a reçu (instr. de l'enreg., no 438).

57. Un garde-pêche ne peut être poursuivi sans autorisation préalable (V. Mise en jug., nos 93 et suiv.). — Il importe peu qu'il ait agi, en outre, en une autre qualité (*ibid.*, no 316). — Mais s'il n'a agi que comme officier de police judiciaire, il ne peut, en cette qualité, être jugé que par la cour d'appel (ord. cons. d'Ét. 22 nov. 1822, aff. N...). — V. Mise en jug., nos 98, 319).

SECT. 5. — *Adjudications des cantonnements de pêche.*

58. L'art. 10 L. 15 avr. 1829 dispose : « La pêche au profit de l'Etat est exploitée, soit par voie d'adjudication publique *aux enchères et à l'extinction des feux*, soit par concession de licence à prix d'argent. Mais le mode de concession par licence ne peut être employé qu'à défaut d'offres suffisantes. Dans tous les cas, il doit être fait mention, dans les procès-verbaux d'adjudication, des mesures qui ont été prises pour leur donner toute la publicité possible, et des offres qui ont été faites» (V. rapp., p. 448, nos 13, 14).—Cette disposition a été modifiée en ce sens que le mode d'adjudication *aux enchères* n'est plus le seul qui puisse être employé. C'est ce qui résulte de la loi du 6 juin 1840, qui a reproduit l'art. 10 ci-dessus, moins les mots *aux enchères et à l'extinction des feux*; par conséquent, la concession temporaire du droit de pêche dans les rivières navigables ou flottables peut avoir lieu, soit au rabais, soit aux enchères, soit par soumissions cachetées (ord. 28 oct.-17 nov. 1840, V. p. 453), mais « toujours avec publicité et concurrence » (art. 20 L. 15 avr. 1829, modifié par L. 6 juin 1840). — La loi du 6 juin 1840 a appliqué aux adjudications des cantonnements de pêche les dispositions de la loi du 4 mai 1837 relatives à l'aliénation des produits forestiers (V. Forêts, nos 1014 et 1015). — M. Eusèbe Salverte avait demandé que la durée des baux ne pût excéder neuf années et celle des licences trois années. Mais le ministre des finances fit observer « qu'il y aurait trop d'inconvénient à donner des limites trop étroites pour les baux et pour les licences, par la raison que celui qui n'aurait qu'une licence de deux ou trois années se hâterait de dépeupler par tous les moyens qui pourraient augmenter sa jouissance. Il est donc convenable de laisser au gouvernement la faculté de fixer la durée des baux et des licences, puisqu'il ne peut, sans une loi, excéder la durée de neuf années » (ch. dép., séance du 11 mars 1829, Monit. du 13 mars). Il suit de là que, bien que la loi n'ait pas indiqué la limite pour la durée des baux et des licences, le gouvernement ne peut excéder celle de neuf années, parce que, s'il agissait autrement, il excéderait ses pouvoirs d'administrateur. Mais il peut agir dans cette limite comme il le juge convenable, et accorder des licences ou passer des adjudications pour une durée inférieure à neuf années.

59. Avant la loi du 15 avr. 1829, il y avait deux espèces de licences : « les unes s'appliquaient (et s'appliquent encore) aux cantonnements des rivières de l'intérieur qui n'ont pu être mises en ferme à raison de leur peu d'importance ou d'autres difficultés locales...; la seconde classe des licences comprenait celles qui étaient accordées aux marins à l'embouchure des fleuves...; le cantonnement dans lequel elles s'exerçaient ne pouvant d'ordinaire, à raison de circonstances locales, se subdiviser d'une manière facile entre les concessionnaires, on en avait fixé le prix total, et ce prix avait été réparti... entre les divers porteurs de licence pour chacun desquels la redevance annuelle était fixée, en raison du nombre et de la nature des filets qu'il emploie » (explic. du dir. gén. des forêts, commiss. du roi, ch. des pairs, séance du 1er mai 1828, Monit. du 3 mai, p. 555). — La commission de la chambre des pairs avait proposé une addition qui n'a pas été admise... Elle voulait que des licences pussent être accordées *gratuitement*, pour l'exercice de la pêche aux embouchures des fleuves; mais l'amendement de la commission a été rejeté par cette considération qu'il serait dangereux d'affranchir les concessionnaires de toute dépendance envers l'administration en les exemptant de toute redevance » (explic. du comm. du roi, ch. des pairs, séance du 1er mai 1828, Monit. du 3 mai). — Sans doute il résulte bien de cette première partie de la discussion qu'il ne peut être accordé de licences gratuites; mais il faut bien se garder d'en conclure, ainsi qu'on l'a fait dans un recueil (où l'on indique comme ayant eu lieu à la chambre des députés, en 1829, une proposition et une première discussion qui ont eu lieu en 1828 à la chambre des pairs), que la pêche soit pratiquée à titre onéreux dans les parties inférieures des rivières. Cette pêche est entièrement gratuite jusqu'à la limite de l'inscription maritime (V. nos 27 et 29), qui, dans certains fleuves, s'étend fort loin de l'embouchure. Il n'y a donc pas lieu à délivrer des licences sur ces parties, aussi n'en a-t-il plus été question en 1829, surtout après l'adoption de l'amendement de M. Charles Dupin. — V. *eod.*

60. Lorsque le droit de pêche doit être concédé par voie d'adjudication publique, elle doit être annoncée au moins quinze jours à l'avance par des affiches apposées dans les communes riveraines et environnantes du cantonnement de pêche (L. 15 avr. 1829, art. 11). — Toute location faite autrement que par adjudication publique est nulle. Il en est de même dans le cas où elle n'a pas été précédée des affiches et publications exigées par la loi. — Dans l'un comme dans l'autre cas, des peines sont prononcées contre les fonctionnaires ou agents qui ont procédé à l'adjudication (art. 12 et 13; relativement au mode de poursuites, V. Mise en jug., nos 164 et suiv.). — Mais les concessions par voie de licence peuvent être faites autrement que par adjudication publique (art. 12, § 2).

61. L'art. 13 L. 15 avr. 1829 porte : « Sera de même annulée toute adjudication qui n'aura point été précédée des publications et affiches prescrites par l'art. 11, ou qui aura été effectuée dans d'autres lieux, à autres jour *et heure* que ceux qui auront été indiqués par les affiches ou les procès-verbaux de remise en location. » Cette disposition est conforme à l'art. 19 c. for. On y remarque seulement cette différence que dans les affiches rédigées pour la location des cantonnements de pêche l'indication de l'heure doit être relatée à peine de nullité de la vente. — V. Forêts, no 1074.

62. Les formalités de publicité et d'enchère prescrites pour les baux et adjudications de la pêche, sont introduites en faveur de l'État; en conséquence leur omission n'autorise point les adjudicataires à en demander la nullité (Agen, 2 janv. 1834, aff. Marronnat, V. no 64). — Cette décision est conforme au principe d'après lequel la négligence des administrations dans l'exécution des formalités établies en leur faveur ne peut être invoquée par les administrés; et, à cet égard, la jurisprudence du conseil d'État est constante. — Les tiers sont, dans ce cas, écartés à défaut d'intérêt. L'inobservation des formes ne peut ouvrir un droit à autrui, s'il ne prouve qu'elle lui a porté préjudice.

63. La décision des contestations qui s'élèvent pendant les opérations sur la validité desdites opérations, appartient au fonctionnaire qui présidera la séance (L. 15 avr. 1829, art. 14, et L. 6 juin 1840, V. p. 453; V. aussi Forêts, no 1048).

64. Mais l'adjudication, une fois consommée, les contestations relatives à ses effets et aux engagements réciproques des contractants, sont de la compétence des tribunaux civils (L. 15 avr. 1829, art. 4). — Quant à l'annulation de l'adjudication qui serait provoquée par l'administration pour infraction à l'art. 13 L. 15 avr. 1829, elle doit être prononcée par les tribunaux correctionnels (V. Forêts, no 1094). — Cette solution n'est pas sans difficultés. M. Duvergier (Notes sur l'art. 13 L. 15 avr. 1829) n'admet pas notre distinction, et pense que les tribunaux civils sont exclusivement compétents pour prononcer la nullité dans le cas prévu par l'art. 13, de sorte qu'il faudra faire deux procès lorsqu'il s'agira d'exécuter cette disposition, l'un devant le tribunal correctionnel pour faire appliquer la peine, l'autre devant le tribunal civil pour faire annuler l'adjudication, ce qui est la conséquence forcée de la peine, comme la restitution est la suite nécessaire de la condamnation pénale dans les cas prévus par les art. 198 c. for. et 5 L. 15 avr. 1829. Il est vrai que le système de M. Duvergier paraît, au premier abord, confirmé par le rejet d'un amendement proposé par M. Pataille, et qui était ainsi conçu : « Les peines portées par les art. 12 et 13 seront appliquées par les tribunaux de police correctionnelle, qui prononceront par le même jugement la nullité de l'adjudication, sans qu'il soit besoin d'aucune autorisation préalable pour la poursuite des agents et fonctionnaires qui auront contrevenu aux dispositions desdits articles. » Quoique cet amendement ait été rejeté par la chambre malgré les développements donnés par M. Pataille, mais combattus par MM. Amat et de Chantelauze, il ne faut pas croire que la chambre ait voulu se prononcer en faveur de l'un ou de l'autre système. Elle a été déterminée par le discours de M. Mestadier, rapporteur de la commission, qui, résumant la discussion sur ce point, a dit : « *Toutes* les questions qu'on vient d'agiter ont d'avance été examinées dans la commission. Elle a pensé qu'en attendant une loi, qu'on ne peut tarder à vous présenter (ici l'auteur faisait plus spécialement allusion à la loi sur la mise en jugement des fonctionnaires, qu'on entend encore aujourd'hui), il n'était pas convenable de trancher ces questions à propos de la pêche fluviale » (ch. des députés, séance du 12 mars 1829, Monit. du 13 mars). — En présence du dissentiment qui s'était manifesté, le vote de la chambre s'explique de lui-même; elle a voulu laisser au droit commun la décision de toutes les questions de compétence, aussi bien que la solution de la question de savoir si l'autorisation préalable était ou non nécessaire pour poursuivre les fonctionnaires dans le cas des art. 12 et 13, tout en conservant l'attribution exclusive faite par l'art. 4 aux tribunaux civils de toutes les difficultés relatives à l'*inter-*

prétation et à l'*exécution* des conditions des baux de pêche. Mais autre chose est d'annuler une convention pour vice de forme ou par suite d'un délit, ou bien de l'interpréter et de la faire exécuter dans tel ou tel sens. L'annulation est la conséquence de la peine, lorsque celle-ci est prononcée. C'est ce que nous avons décidé à l'occasion de l'art. 19 c. for. (Forêts, n° 1094), et il y a même raison de donner une décision semblable, lorsqu'il s'agit de l'art. 13 L. 15 avr. 1829, qui édicte une peine tant contre le fonctionnaire que contre l'adjudicataire, en cas de complicité. — Il en serait autrement dans le cas prévu par l'art. 12, qui ne prononce de peines que contre le fonctionnaire. Comme il ne s'agit alors que de la forme de l'acte administratif et non des conventions réciproques qu'il contient, nous pensons que les tribunaux administratifs seraient seuls compétents pour annuler l'adjudication (V. Forêts, n° 1052). C'est en se fondant sur ce principe qu'on a pu juger que les dispositions de l'art. 4 L. 14 avr. 1829 contenant une dérogation aux règles du droit administratif, ne peuvent s'étendre jusqu'à conférer aux tribunaux le pouvoir d'annuler les baux et les adjudications, lorsque l'annulation est requise par l'adjudicataire et non par l'administration (Agen, 2 janv. 1834) (1).

65. Au contraire, toutes les fois qu'il s'agit de « consestations entre l'administration et les adjudicataires de la pêche relativement à l'interprétation et à l'exécution des conditions des baux et adjudications, et de toutes celles qui s'élèveraient entre l'administration et ses ayants cause et des tiers intéressés à raison de leurs droits et de leurs propriétés, ces contestations seront portées devant les tribunaux » (L. 15 avril 1829, art. 4); — Et ces tribunaux ne peuvent être autres que les tribunaux civils. Ces principes avaient été consacrés avant la loi du 15 avril 1829, qui n'a fait que formuler législativement la jurisprudence antérieure. Il a été effectivement jugé, avant la loi sur la pêche fluviale, que les tribunaux civils doivent connaître, à l'exclusion des tribunaux administratifs : — 1° Du droit exclusif de pêche prétendu par un particulier à titre de propriété privée (décr. cons. d'Ét. 18 août 1807, aff. d'Hyjar); — 2° D'une demande tendant à la démolition d'une digue construite dans une rivière non navigable dont le but serait d'attribuer à un seul riverain la pêche des poissons qui remontent la rivière et qui appartient à tous les riverains (décr. cons. d'Ét. 12 avril 1812)(2); — 3° Des dommages-intérêts réclamés par le fermier d'un droit de pêche de partie d'une rivière flottable contre l'entrepreneur d'un canal qui transporte sur ce point ses matériaux, et par ses manœuvres continuelles trouble le poisson et le force à s'éloigner du canton de ce fermier (décr. cons. d'Ét. 29 déc. 1812) (3); — 4° D'une contestation portant sur la question de savoir si une noue ou fossé est ou non une dépendance de la rivière et fait partie du cantonnement de pêche affermée (ord. cons. d'Ét. 4 juin 1815, aff. Labbé); — 5° Des contestations élevées entre les adjudicataires d'un droit de caler des madragues dans un lieu désigné par des pêcheurs, qui prétendent avoir le droit d'y tendre leurs filets lorsque leurs madragues en ont été enlevés (décr. cons. d'Ét. 18 sept. 1813, aff. pêcheurs de Saint-Nazaire). — V. Louage adm., n° 16-7°.

66. Il a été jugé aussi qu'ils doivent connaître : 1° des dommages-intérêts prétendus par le fermier d'un droit de pêche sur une rivière, lorsqu'il soutient qu'il a été pêché dans l'étendue de son cantonnement (décr. cons. d'Et. 4 juin 1815, aff. Labbé); — 2° D'une contestation sur l'étendue d'un droit de pêche, affermé par bail administratif, alors que la question ne peut être résolue

---

(1) *Espèce :* — (Marronat *C.* le domaine.) — Le 8 déc. 1831, la pêche de la Garonne est affermée par l'administration au sieur Biraube; le sieur Marronat est sa caution. — A l'expiration du bail, l'exploitation leur en est continuée sur leurs demandes. — Le 20 déc. 1831, une saisie est faite à leur préjudice par le directeur du domaine. — Le sieur Marronat soutient que son cautionnement est nul, aux termes de la loi du 15 avr. 1829, par le défaut de publicité dans la concession du droit de pêche. — Jugement qui rejette ce moyen. — Appel. — Arrêt.

LA COUR; — Attendu que les lois sur l'organisation judiciaire défendent expressément aux tribunaux de s'immiscer dans les opérations de l'autorité administrative, et de connaître des actes qui en émanent; que si l'art. 4 c. pêche fluv., du 15 avr. 1829, déroge à cette prohibition en attribuant aux tribunaux la connaissance des contestations entre l'administration et les adjudicataires, relatives à l'interprétation et à l'exécution des conditions des baux et adjudications, ainsi que de celles qui s'élèveraient entre l'administration et des tiers intéressés, cette dérogation étant, ainsi que toutes les exceptions, de droit étroit, doit être rigoureusement renfermée dans la disposition textuelle du susdit art. 4 du code précité, et ne peut s'étendre jusqu'au pouvoir d'annuler les baux et les adjudications; — Attendu que le défaut de publicité et d'enchères, reproché aux actes de continuation du bail pour une année, et du cantonnement de pêche compris dans le procès-verbal d'adjudication du 8 déc. 1821, en date des 21 août et 30 déc. 1830, touche essentiellement la forme des susdits actes, et n'a rien de commun avec la convention et la condition du bail qui en font la substance; — Attendu que bien que ces formalités soient, par les art. 10, 11, 12 et 13 du code précité, prescrites à peine de nullité, néanmoins, ni ces articles ni aucun autre n'autorisent spécialement les tribunaux à prononcer cette nullité, et que, dès lors, il faut s'en tenir à cette règle fondamentale, qui fixe, d'une manière invariable, les attributions respectives des corps judiciaires et des corps administratifs, et leur défend expressément d'empiéter sur la juridiction les uns des autres; d'où suit que la cour est sans pouvoir à l'effet de statuer sur la nullité proposée des actes de continuation du bail dont s'agit; — Attendu, au surplus, que les formalités de publicité et d'enchères, prescrites pour les baux et adjudications de la pêche, ayant été introduites en faveur de l'Etat, il serait injuste, soit de rétorquer contre lui l'omission d'une mesure de laquelle il aurait seul pu profiter, soit d'autoriser les adjudicataires à se créer une exception d'un fait auquel ils auraient bien volontairement participé et bien librement consenti; — Par ces motifs, disant droit sur l'opposition de Marronat envers le précédent arrêt de défaut du 17 décembre dernier, reçoit ladite opposition pour la forme, et néanmoins, comme autrefois, condamne ledit Marronat en tous les dépens.

Du 2 janv. 1834.-C. d'Agen, 2e ch.-MM. Bonet, av. gén.-Baze, av.

(2) (Royre.) — NAPOLÉON, etc.; — Vu la requête du sieur Royre, tendante à ce qu'il nous plaise annuler un arrêté du préfet du département du Cantal, du 30 mai 1811, qui, sur la plainte de plusieurs riverains et sur les rapports de l'ingénieur ordinaire et de l'ingénieur en chef des ponts et chaussées, ordonne la démolition d'une digue que ledit sieur Royre a construite à travers la rivière de Cère, et qui forme barrage permanent pour la pêche de ladite rivière; — Considérant que la rivière de Cère n'est point navigable; — Que, par l'avis de notre conseil d'Etat, approuvé le 3 pluv. an 13, et inséré au Bulletin des lois, la pêche des rivières non navigables appartient aux propriétaires riverains, en se conformant aux lois et règlements; — Que, par l'avis de notre conseil d'Etat, du 24 vent. an 12, et non inséré au Bulletin des lois, « les contraventions aux règlements de police sur les rivières non navigables, canaux et autres petits cours d'eau doivent, selon les dispositions du code civil et les lois existantes, être portées, suivant leur nature, devant les tribunaux de police municipale ou correctionnelle, et les contestations qui intéressent les propriétaires, devant les tribunaux civils; — Que la loi du 14 flor. an 11 n'attribue à l'autorité administrative que les mesures relatives au curage des canaux et rivières non navigables, à l'entretien des digues et ouvrages d'art qui y correspondent, au rôle de répartition et au recouvrement des sommes nécessaires au payement des travaux d'entretien, réparations ou reconstructions; — Qu'il ne s'agit, dans l'espèce, que d'une digue nouvelle, dont l'effet serait d'attribuer au sieur Royre la pêche exclusive du saumon et des autres poissons qui remontent la rivière de Cère, au préjudice des propriétaires riverains; — Art. 1. L'arrêté du préfet du Cantal, du 30 mai 1811, est annulé pour cause d'incompétence, et les parties renvoyées à se pourvoir devant les tribunaux.

Du 12 avr. 1812.-Décret inséré au Bulletin, n° 7903.

(3) (Cachot *C.* Eteveniot.) — NAPOLÉON, etc.; — Vu l'arrêté du 13 juill. 1812, par lequel le préfet du département du Doubs a élevé le conflit sur un jugement rendu, le 1er juin précédent, par le juge de paix du canton de Boussières, qui, faisant droit à la demande de Philippe Cachot, fermier du droit de pêche dans une partie de la rivière du Doubs, condamne Claude Eteveniot, chargé par l'entrepreneur des travaux du canal, du transport des pierres nécessaires à son entreprise, à des dommages-intérêts, pour avoir, par le passage fréquent de son bateau, détourné le poisson de la partie de la rivière, dont la pêche est affermée à Philippe Cachot; — Considérant que la demande formée par le sieur Cachot contre le sieur Eteveniot ne concerne ni la grande voirie, ni la police de la rivière du Doubs, confiées à l'autorité administrative par la loi du 29 flor. an 10, les décrets des 16 déc. 1811 et 10 avr. 1812, mais que cette contestation entre deux particuliers n'a pour objet que des intérêts privés dont la connaissance appartient aux tribunaux ordinaires; — Art. 1. L'arrêté de conflit élevé par le préfet du département du Doubs, le 13 juill. 1812, est annulé. — Art. 2. Les parties s'adresseront aux tribunaux ordinaires pour faire prononcer sur leurs contestations.

Du 20 déc. 1812.-Décr. cons. d'État.

qu'en combinant les dispositions du bail avec les baux et usages antérieurs (ord. cons. d'Et., 6 mars 1816, aff. Barreaux);—3° D'une contestation sur des droits de pêcherie dans un étang, à titre prétendu féodal (ord. cons. d'Et. 20 juin 1816, aff. Nadaud); — 4° Des contestations sur l'exécution d'un bail administratif touchant un droit de pêche, par exemple sur la question de savoir en quels lieux la pêche est affermée (ord. cons. d'Et. 16 juill. 1817) (1); —5° Et généralement de toutes les contestations relatives à l'interprétation d'un bail de pêche (ord. cons. d'Et. 26 juin 1822, aff. Questel, V. Louage adm., n° 16-2°); — 6° Et de celles relatives à son exécution (ord. cons. d'Et. 18 déc. 1822, aff. Sabathie-Paga, V. *eod.*); — 7° De la question de savoir quels sont les droits privés conférés à deux particuliers par leurs titres respectifs, également émanés de l'administration, et spécialement, quels sont les droits de deux fermiers de la pêche dans une rivière navigable résultant pour eux des baux respectifs que leur a passés l'administration (ord. cons. d'Ét. 16 fév. 1826, aff. Montméja, V. Louage adm., n° 16-6°); — 8° Des contestations élevées dans les mêmes circonstances, entre deux fermiers, sur les limites de leurs cantonnements, quand bien même la difficulté aurait été attribuée à l'autorité administrative par une clause expresse du bail (ord. cons. d'Et. 4 nov. 1824) (2).

67. Depuis la loi du 15 avril 1829, il a été jugé : 1° que c'est à l'autorité judiciaire seule qu'il appartient de prononcer sur les droits des tiers intéressés contre l'exécution et l'application des baux administratifs, notamment lorsqu'il s'agit de savoir si le fermier d'un cantonnement de pêche, à la disposition duquel un bail administratif met les grèves de la rivière, peut, relativement aux parties non utilisées par lui, s'opposer au dépôt des plantes textiles sur les grèves où le rouissage est toléré (Req. 14 mars 1842) (3); —2° Que bien qu'il n'appartienne qu'au conseil d'Etat de déterminer le sens et les effets d'une ordonnance royale rendue en matière de pêche, cependant les questions de propriété et d'indemnité auxquelles elle peut donner lieu appartiennent aux tribunaux ordinaires (ord. cons. d'Et. 5 sept. 1836, aff. Praslin; Rouen, 30 mai 1836, même affaire, V. Compét. admin., n° 148); — 3° Que les tribunaux civils sont seuls compétents pour déterminer, entre deux adjudicataires de cantonnements de pêche, les limites respectives de ces cantonnements (décr. cons. d'Et. 29 mars 1851, aff. Dutour, D. P. 53. 3. 2).

68. La compétence de l'autorité judiciaire a été aussi implicitement reconnue dans le cas où des indemnités sont prétendues pour préjudice causé à des pêcheurs par suite de la construction d'un canal par l'Etat et de travaux d'amélioration dans un port. —Dans ces circonstances, il a été jugé : 1° que la décision ministérielle qui refuse le placement, à l'entrée du canal d'Arles, d'un filet destiné à prévenir l'introduction du poisson dans ce canal est un acte administratif qui ne peut dès lors être attaqué par la voie contentieuse; que, toutefois, la décision du ministre des travaux publics qui rejette la demande en indemnité, résultant de l'établissement du canal, ne fait pas obstacle à ce que cette demande ne puisse être portée devant qui de droit (ord. cons. d'Et. 20 mars 1838), aff. Galiffet, V. Chose jugée, n° 77-9°); — 2° Que néanmoins lorsque, dans une contestation portée devant les tribunaux, au sujet de l'exécution d'un bail passé entre l'adjudicataire de la pêche d'une rivière et ses sous-fermiers, s'élève la question préjudicielle de savoir si une rivière affluant à celle qui fait l'objet de l'adjudication est ou non navigable, cette question, qui par sa nature, est administrative, doit être décidée par le préfet et non par le conseil de préfecture (ord. cons. d'Et. 27 déc. 1820, aff. Mellon, V. Eau, n° 475-7°); —3° Que c'est aussi au préfet, et non au conseil de préfecture, qu'il appartient de reconnaître si le

(1) *Espèce :* — (Pecquet C. Provost.)—Le droit de pêche du cantonnement n° 10 de la rivière de la Somme, auquel affluaient un canal et deux rivières, avait été adjugé à Pecquet. Il pensa que la pêche du canal et des deux rivières était comprise dans ce bail, bien qu'elle eût été affermée déjà à Provost par la commune de Long, propriétaire des prairies riveraines. — Jugement du tribunal d'Abbeville qui se déclare incompétent. — Conflit du préfet qui demande le renvoi aux tribunaux.

LOUIS, etc.; — Vu le rapport de notre garde des sceaux ministre de la justice, concluant à l'approbation d'un arrêté du préfet du département de la Somme, en date du 27 mars 1817, lequel établit le conflit négatif relativement au renvoi devant l'autorité administrative ordonné, par jugement rendu le 4 juin 1816, par le tribunal civil d'Abbeville, d'une contestation pendante devant lui entre le sieur Pecquet, adjudicataire de la pêche d'une partie de la rivière de Somme, et le sieur Provost, fermier de la pêche dans les eaux communales de Long et Catelet, l'administration des eaux et forêts, d'une part, et la commune de Long, d'autre part, étant intervenues dans la cause; — Vu le jugement préparatoire du tribunal de première instance séant à Abbeville, en date du 4 juin 1816; — Considérant qu'il s'agit d'une contestation relative à un bail administratif, et que la connaissance en appartient aux tribunaux; — Art. 1. Le jugement du tribunal de première instance séant à Abbeville, en date du 4 juin 1816, est considéré comme non avenu.

Du 16 juill. 1817.-Ord. cons. d'Et.

(2) (Chapron C. Navarre.) — CHARLES, etc.; — Considérant qu'il s'agissait, dans l'espèce, d'une contestation entre deux fermiers d'un droit de pêche sur l'étendue de leurs cantonnements respectifs, et que cette question d'intérêt privé, qui ne peut être résolue que par l'application du bail, est du ressort des tribunaux ordinaires, à la juridiction desquels il n'a pu être valablement dérogé par aucune clause dudit bail; — Art. 1. L'arrêté du préfet du département de la Charente, du 3 avr. 1822, est annulé pour cause d'incompétence, et les parties sont renvoyées devant les tribunaux. — Art. 2. Est condamnée aux dépens la partie qui succombera en fin de cause.

Du 4 nov. 1824.-Ord. cons. d'Ét.-M. de Cormenin, rap.

(3) *Espèce :* — (Talbot C. Rousseau.) — Le 22 oct. 1838, le sieur Talbot s'est rendu adjudicataire du troisième cantonnement de la pêche de la Loire. L'art. 6 des clauses spéciales porte : « Tous les ilots, îles, grèves et atterrissements appartenant à l'Etat, et non utilisés par lui ou ses ayant-cause, seront à la disposition des adjudicataires des cantonnements, soit pour le dépôt des filets et instruments de pêche, soit pour le rouissage des plantes textiles, dans les endroits où il est autorisé en vertu d'actes administratifs. » — Cependant un arrêté du préfet de Maine-et-Loire, du 12 mai 1839, déclara, art. 6, que les lins et chanvres, dans les lieux où le rouissage était toléré, pourraient, au sortir de la rivière, être déposés, sans rétribution envers qui que ce soit, sur les grèves, îlots et atterrissements appartenant à l'État, sauf aux propriétaires à se concerter préalablement avec le fermier général de la pêche. — Le sieur Rousseau ayant étendu sur les grèves une certaine quantité de chanvre, sans demander l'autorisation au sieur Talbot, fermier, celui-ci l'a assigné en 300 fr. de dommages-intérêts. — Un premier jugement du tribunal d'Angers, considérant que pour apprécier cette demande, il fallait interpréter le bail de la pêche et l'arrêté du préfet, a sursis à statuer jusqu'après cette interprétation faite par l'autorité compétente.—Le sieur Talbot s'est donc pourvu contre l'arrêté du 12 mai 1839 devant le ministre des finances qui, par décision du 25 juill. 1840, a annulé l'art. 6 dudit arrêté comme étant contradictoire avec le bail à ferme de la pêche du 22 oct. 1838, lequel réservait au fermier la jouissance exclusive des grèves, îles et îlots.

Les parties étant ensuite revenues devant le tribunal d'Angers, un jugement définitif, du 22 déc. 1840, a déclaré Talbot non recevable dans sa demande contre Rousseau, en considérant que les faits reprochés à ce dernier étant antérieurs à la décision ministérielle, et s'étant passés sous l'empire de l'arrêté du préfet, Rousseau a pu croire qu'il avait le droit d'étendre son chanvre sur les grèves comme celui de le faire rouir dans la Loire, et que le fermier n'avait lui-même sur ces grèves qu'une jouissance personnelle et non exclusive. — Pourvoi de Talbot.—Arrêt.

LA COUR; — Attendu qu'aux termes de la loi du 15 avr. 1829, c'est à l'autorité judiciaire qu'il appartient de prononcer sur les droits des tiers intéressés contre l'exécution ou l'application des baux administratifs, et que les principes généraux sur la distinction de pouvoirs sont ici sans application; — Attendu qu'il ne s'agit pas, dans l'espèce, d'un de ces usages généraux dont chacun peut librement et gratuitement user, puisque le rouissage dans la Loire est seulement toléré; mais que le sieur Rousseau a pu conclure de cette tolérance officielle et reconnue qu'il n'y avait pas de distinction entre le droit de déposer son chanvre dans l'eau et le droit de l'étendre sur les grèves, l'un étant la conséquence de l'autre; — Attendu qu'entre le fermier et les habitants, la tolérance absolue du rouissage, sans distinction, exception ni restriction, a été la seule règle connue, pratiquée, exécutée, l'art. 9 du bail n'étant considéré que comme concédant au fermier une faculté personnelle d'user des grèves, soit pour le dépôt des filets et instruments de pêche, soit pour le rouissage des plantes textiles; —Attendu que la décision ministérielle du 25 juill. 1840 autorisant le fermier à exiger une rétribution pour l'étendage des plantes textiles n'a pas été publiée, pas plus que ne l'avait été le bail, et que le fermier aurait pu seulement en conclure contre les habitants qu'il avait le droit de défendre, à l'avenir, l'étendage sans rétribution, comme conséquence du rouissage; — Attendu, dès lors, que, loin d'avoir violé aucune loi, méconnu aucun principe, le tribunal d'Angers en a fait une juste application aux circonstances et à l'espèce de la cause; — Rejette.

Du 14 mars 1842.-C. C. Ch. req.-MM. Zangiacomi, pr.-Mestadier, rap.-Delangle, av. gén., c. conf.-Mandaroux, av.

lieu où un délit de pêche a été commis dépend ou non du canton de pêche de l'adjudicataire qui sollicite la répression et la réparation de ce délit (ord. cons. d'Et. 27 août 1845, aff. Thomas, D. P. 46. 3. 35).

69. La jurisprudence présente encore les solutions suivantes sur la compétence en matière de pêche : 1° le ministre des finances a pu statuer sur la demande d'un propriétaire prétendant à un droit exclusif de pêche et tendante à faire modifier ou restreindre les baux de droits de pêche précédemment affermés (ord. cons. d'Et. 22 janv. 1823, M. Tarbé, rap., aff. Hébert). Il faut remarquer toutefois que, dans cette espèce, on a pu décider ainsi parce que le propriétaire demandait la réduction du cantonnement de pêche affermé qui nuisait à ses droits. Mais la décision rendue n'aurait pas fait obstacle à ce que le particulier fît juger par les tribunaux que son droit de pêche devait être conservé comme étant antérieur à 1566 (V. n°s 32 et suiv.); — 2° La décision ministérielle qui, en interprétant le bail du fermier, l'autorise à exiger une rétribution pour le dépôt des lins et chanvres dans certaines parties de la rivière, ne peut produire d'effet que pour l'avenir (Req. 14 mars 1842, aff. Talbot C. Rousseau, V. n° 67); — 3° Le département où se trouve une rivière comprise, par ordonnance royale, au nombre des rivières flottables, et dont la pêche doit, par suite, être affermée au profit de l'Etat, n'est pas recevable à intervenir dans l'instance introduite devant le conseil d'Etat, par un riverain qui revendique le droit de pêche (ord. cons. d'Et. 19 juin 1838, aff. Voyer d'Argenson, V. Eaux, n°s 439-6°); — 4° Et les frais résultant de son intervention sont à la charge de ce département (même ordonnance). — V. aussi ord. sur conflit, 23 juin 1841, aff. Lemenuet, Eaux n° 49.

70. *Incapacités.* — Les personnes qui ne peuvent prendre part à l'adjudication, ni par elles-mêmes, ni par personnes interposées, directement ou indirectement, comme parties principales, ou comme associés ou caution, sont : 1° les agents et gardes forestiers et les gardes-pêche, dans toute l'étendue de l'empire; les fonctionnaires chargés de présider ou de concourir aux adjudications, les receveurs du produit de la pêche, dans l'étendue du territoire où ils exercent leurs fonctions, sous peine d'amende, ni plus forte que le quart, ni moindre que le douzième de l'adjudication, et de l'emprisonnement et de l'interdiction, prononcés par l'art. 175 c. pén. (L. 15 avr. 1829, art. 15, § 1);—2° Les parents et alliés en ligne directe, les frères, beaux-frères, oncles, neveux des agents et gardes forestiers et gardes-pêche, dans le territoire où ces agents sont commissionnés, sous peine d'amende égale à celle prononcée au paragraphe précédent (art. 15, § 2); — Les conseillers de préfecture, les juges, officiers du ministère public et greffiers des tribunaux de première instance dans l'arrondissement de leur ressort, sous peine de tous dommages-intérêts, s'il y a lieu (art. 15, § 3. — V. Forêts, n° 1077). — Mais l'art. 15 ne comprend pas dans les exclusions qu'il prononce, les cousins germains des agents, gardes forestiers et gardes-pêche, comme le faisait l'ord. de 1669. — V. Forêts, n° 1087.

71. *Associations secrètes.* — Toute association secrète ou manœuvre entre pêcheurs ou autres, tendant à nuire aux adjudications, à les troubler, ou à obtenir les cantonnements de pêche à plus bas prix, est formellement prohibée, et donne lieu à l'application des peines portées par l'art. 412 c. pén., indépendamment de tous dommages-intérêts. L'adjudication doit, de plus, être annulée, si elle a eu lieu au profit de l'association secrète (art. 16, L. 15 avril 1829, modifié par la loi du 6 juin 1840, V. p. 453 et Forêts, n°s 1096 et suiv.).— Mais on ne doit pas entendre par association secrète, une association en participation, non constatée par écrit; il faut qu'il y ait eu réellement association secrète ou manœuvre frauduleuse tendante à nuire aux enchères (explic. de M. de Martignac, comm. du roi, sur l'art. 22 c. for., V. Forêts, n° 1098). — Néanmoins, une adjudication ne sera pas nulle, par cela seul qu'elle aurait été faite à une société anonyme, où l'un des fonctionnaires, compris dans le § 3 de l'article, se trouverait propriétaire d'une action : il en serait autrement, s'il était gérant (réponse du commissaire du roi, *id. ibid.*).

72. *Déclaration de command.*—La déclaration de command, pour être admise, doit être faite immédiatement après l'adjudication, séance tenante (art. 17, V. Forêts, n° 1021).— Mais le command n'est lié envers l'administration que par son acceptation (Crim. cass. 26 oct. 1810, M. Busschop, rap., aff. forêts C. Heuseler).— V. Merlin, Rép., v° Command. Il est évident en effet qu'il faut ou une ratification formelle du command, ou la représentation du pouvoir qu'il a dû donner.

73. *Folle enchère.*— Il y a lieu à folle enchère, lorsque l'adjudicataire ne fournit point les cautions exigées, et l'adjudicataire est tenu, par corps, de la différence entre son prix et celui de la nouvelle adjudication, sans pouvoir réclamer l'excédant, s'il y en a (art. 18, V. Forêts, n° 1030).

74. *Surenchère.*—La loi du 15 avril 1829 admettait que la surenchère du cinquième au moins de l'adjudication pouvait être faite par toute personne solvable jusqu'à midi du lendemain de l'adjudication, et jusqu'au midi du surlendemain, par l'adjudicataire et les surenchérisseurs; les déclarations devaient être faites, reçues et consignées immédiatement sur registre, à peine de nullité, et communiquées à l'adjudicataire et aux surenchérisseurs, ceux-ci le requiéraient, par le secrétaire indiqué au cahier des charges, sous peine contre celui-ci de 300 fr. d'amende (art. 19).— Mais la faculté de surenchérir a été supprimée, et « toute adjudication est définitive du moment où elle est prononcée sans que dans aucun cas il puisse y avoir lieu à surenchère » (L. 6 juin 1840, V. p. 453). — Quant aux motifs qui ont fait supprimer la faculté de surenchérir, V. Forêts, n°s 1014 et 1015.

75. *Élection de domicile.* — Une élection de domicile doit être faite dans le lieu de l'adjudication, par les adjudicataires et surenchérisseurs; sinon, les actes postérieurs leur sont valablement signifiés au secrétariat de la sous-préfecture (art. 21, V. Forêts, n°s 1023 et suiv.).

76. *Contrainte par corps.*—Le procès-verbal d'adjudication emporte exécution parée et contrainte par corps contre les adjudicataires, leurs associés et cautions. Ces derniers sont en outre contraignables eux-mêmes solidairement au payement des dommages, amendes et restitutions encourues par les adjudicataires (art. 22, V. Forêts, n°s 1039 et suiv.).

77. *Aliénation du droit de pêche.*—Celui qui s'est rendu acquéreur, devant l'administration, de la pêche dans une rivière navigable et flottable, et qui revend à d'autres le même droit, est valablement poursuivi par ces seconds acquéreurs en résiliation de la vente, dans le cas où la pêche vient à être revendiquée par l'Etat et déclarée inaliénable.—Dans ce cas, vu la bonne foi des parties respectives, il n'y a pas lieu d'allouer des dommages-intérêts aux seconds acquéreurs contre leur vendeur; mais les parties sont tenues de se faire réciproquement raison des fruits qu'elles ont perçus, à savoir : le vendeur des intérêts du prix de la vente du jour des payements, les acquéreurs de tous les fruits qu'ils ont tirés de la chose (Colmar, 1er août 1823, aff. Cerf, V. n° 16).

78. *Administration et mode de perception du droit de pêche sur les canaux.*—Quoique les canaux qui font partie du domaine public soient soumis au même régime que celui des cours d'eau navigables et flottables, les agents d'administration et de perception sont différents. La loi du 14 flor. an 10 a chargé l'administration des domaines de la perception des fermages de la pêche dans tous les cours d'eau appartenant à l'Etat, la régie de la pêche sur ces mêmes cours d'eau restant dans les attributions de l'administration des forêts (V. p. 442). Deux exceptions ont été introduites en ce qui concerne les canaux par le décr. du 23 déc. 1810 (V. p. 443). La régie de la pêche dans ces canaux a été confiée à l'administration des ponts et chaussées et le recouvrement des produits à celle des contributions indirectes (V. aussi décr. 5 germ. an 12, art. 4, v° Imp. ind., p. 403). Ces dispositions s'étendent aux rivières canalisées (décis. min. fin. 26 déc. 1831 et 13 sept. 1832). En conséquence, les ingénieurs des ponts et chaussées, en ce qui concerne les canaux et rivières canalisées, sont chargés de la formation des cantonnements de pêche et de la rédaction des cahiers de charges. Ils concourent aux adjudications faites sous la présidence des préfets. Toutefois les agents forestiers restent chargés de la constatation et de la poursuite des délits (décis. min. fin. 30 sept. 1839). — V. au surplus sur la régie de la pêche dans les canaux et rivières canalisées, Ann. for., t. 7, p. 76.

79. En ce qui concerne spécialement les fermages, l'administration des contributions indirectes a seule le droit d'en poursuivre le recouvrement, encore bien que l'adjudication porterait qu'ils seront payés entre les mains du receveur des domaines, et qu'une partie aurait déjà été payée à cet employé de l'Etat (Civ. cass. 25 juin 1834) (1).

80. *Infractions au cahier des charges.* — Nous avons vu (nº 59) que le droit de pêche dans les cours d'eau désignés dans les deux premiers paragraphes de l'art. 1 de la loi du 15 avr. 1829 doivent être affermés au profit de l'Etat. — Les fermiers sont autorisés à s'adjoindre des sous-fermiers agréés par l'administration et à délivrer des permissions à des tiers. Toutefois les fermiers, sous-fermiers et permissionnaires ne peuvent se livrer à la pêche qu'après l'accomplissement de certaines formalités prescrites par le cahier des charges actuel (art. 21 et 23), et puisées dans les cahiers des charges antérieurs. A défaut d'accomplissement de ces formalités, les pêcheurs ne peuvent être considérés comme nantis du consentement de l'Etat, consentement sans lequel l'exercice de la pêche est illicite (L. 15 avr. 1829, art. 5). — En conséquence, il a été jugé : 1° que le sous-fermier d'un adjudicataire de cantonnement de pêche, qui se livre à la pêche avant d'avoir été agréé par l'administration forestière et d'avoir obtenu un permis de l'inspecteur des forêts, commet un délit, que les tribunaux refuseraient à tort de réprimer, sous prétexte que ce fait peut donner lieu à la résiliation du bail principal ou à une action en dommages-intérêts contre le sous-fermier, mais ne tombe pas sous l'application de la loi pénale (Crim. cass. 16 juill. 1846, aff. Houssier, D. P. 46. 4. 393); — 2° Que l'individu qui s'est livré à la pêche dans une rivière dépendant du domaine public, en vertu d'une permission du fermier de la pêche, non conforme aux conditions du cahier des charges, est personnellement passible des peines portées par l'art. 5 de la loi du 15 avr. 1829 : il objecterait vainement que la permission du fermier suffisait pour que, de sa part, le fait de pêche fût licite, sauf à l'administration à poursuivre le fermier, pour infraction à la loi de son contrat (Crim. cass. 10 fév. 1849, aff. Magneux, D. P. 49. 1. 232; Paris, 10 juin 1852, aff. Descoins, D. P. 55. 5. vº Pêche). — V. aussi Crim. cass. 13 mars 1851, Forêts *C.* Knobé, D. P. 51. 5. 385, et Forêts *C.* Ricaud, *eod.* 387. *A fortiori* on doit considérer comme délinquant le pêcheur qui n'étant ni fermier ni sous-fermier ne justifie pas d'un permis délivré par l'adjudicataire. Le prévenu objecterait vainement qu'il est l'associé du sous-fermier du cantonnement (Crim. cass. 21 mars 1846, aff. Pujols, D. P. 46 4. 392).

Les fermiers et sous-fermiers ne peuvent, d'ailleurs, être poursuivis correctionnellement à raison des infractions qu'ils commettent à celles des clauses de leurs cahiers des charges qui ne trouvent leur sanction dans aucune loi pénale. Ces infractions ne peuvent donner lieu qu'à une action civile en dommages-intérêts. Ainsi il a été jugé qu'aucune peine n'est applicable au fermier qui ne se conforme pas à l'obligation qui lui est imposée par le cahier des charges de tenir ses barques amarrées au port pendant la nuit (Besançon, 3 août (et non 28 juin) 1854, aff. Forêts *C.* Girardot, Bull. des Ann. for., t. 6, p. 199). — Cette jurisprudence doit être suivie. Il est évident, d'ailleurs, que dans le cas même où des clauses pénales civiles seraient introduites dans le cahier des charges pour forcer les adjudicataires à remplir leurs obligations, les actions résultant de l'inexécution de ces clauses ne pourraient être portées que devant les tribunaux civils.

81. En affermant la pêche, l'Etat est responsable des causes de non-jouissance qui proviendraient de son fait. En conséquence il a été jugé que si un embargo a été mis sur des bateaux, en 1814, si la rivière a été barrée et si un pertuis a été supprimé, ces faits ont nécessairement diminué la jouissance du fermier de la pêche. Ce n'est pas là un cas fortuit extraordinaire, résultant des ravages de la guerre, mais un acte du gouvernement dont l'Etat est responsable, et il doit indemniser le fermier à raison des pertes qu'il a éprouvées (Toulouse, 26 janv. 1831) (2).

SECT. 6. — *Conservation et police de la pêche.*

82. Nous allons traiter sous cette rubrique de tout ce qui concerne les délits de pêche qui peuvent être commis dans les

(1) *Espèce* : — (Contrib. ind. C. Taffin.) — Taffin, adjudicataire de la pêche dans une partie de la rivière de Law, avait payé pendant plusieurs années le prix annuel du fermage entre les mains du receveur des domaines de Béthune, conformément à l'art. 4 du cahier des charges dressé pour l'adjudication. — En 1831, Taffin étant en retard de payer deux années de son fermage, la direction des contributions indirectes décerna contre lui une contrainte. — Il y forma opposition, et demanda la nullité des poursuites, attendu qu'il devait payer entre les mains du receveur des domaines, et que lui seul avait le droit de le poursuivre. — La direction, en invoquant le décret du 23 déc. 1810, qui ordonne que le produit des fermes de la pêche dans les canaux sera versé au trésor par l'intermédiaire des droits réunis, et une décision ministérielle qui assimile la Law et autres rivières aux canaux, soutenait qu'elle avait qualité pour agir. — 28 mai 1832, jugement du tribunal de Béthune qui déboute la régie de sa demande en ces termes : « Considérant que Taffin oppose à l'action dirigée contre lui une fin de non-recevoir qu'il fait résulter du défaut de qualité de la part de l'administration des contributions indirectes, pour former à sa charge une demande à fin de payement des loyers de la pêche dont il s'était rendu adjudicataire; — Attendu que ces loyers, aux termes de l'art. 4 du contrat intervenu entre l'administration des domaines et lui, devaient être acquittés entre les mains du receveur de cette dernière administration; — Considérant que le tribunal doit, dès lors, avant tout, entrer dans l'examen du mérite de cette fin de non-recevoir, puisque, si elle doit être accueillie, il devient inutile de s'occuper autrement de la demande; — Attendu qu'ainsi que l'allègue le défendeur, il est, en effet, stipulé dans l'art. 4 du cahier des charges, qui renferme les conditions sous lesquelles Taffin a traité, que le prix annuel des adjudications devrait être payé à la caisse du receveur des domaines de l'arrondissement où elles seraient consenties; — Attendu qu'en vain l'administration des contributions indirectes invoque un décret du 23 déc. 1810, qui aurait placé dans les attributions des droits réunis la perception des produits de la mise en ferme du droit de pêche, puisque utilement on lui répond que ce décret manque de la formalité qui seule pouvait lui donner une existence légale, celle de son insertion au Bulletin des lois; que, par suite, jamais ses dispositions n'ont reçu ni pu recevoir d'exécution; que, par conséquent, l'art. 231 de la loi de 1816 est sans application dans l'espèce, puisqu'il est incontestable qu'il n'existe, le décret écarté, aucune loi ancienne qui attribue à la régie des contributions indirectes la perception des droits de pêche; — Attendu qu'il faut donc tenir que, sans droit comme sans raison, cette administration a décerné une contrainte à la charge de Taffin; qu'il y a, dès lors, lieu de la déclarer non recevable dans l'action par elle ouverte. » — Pourvoi. — Arrêt.

LA COUR; — Vu l'art. 4 du décret du 5 germ. an 12, et l'art. 231 de la loi du 28 avr. 1816; — Attendu que, si le décret du 23 déc. 1810 n'a point été inséré au Bulletin des lois, celui antérieur du 5 germ. an 12, dont il n'était que l'application, y avait été dûment inséré, et que l'art. 231 de la loi de finances du 28 avr. 1816 avait ordonné l'exécution de ces dispositions; — Attendu qu'aux termes de l'art. 4 du règlement précité, l'administration des contributions indirectes est expressément chargée du recouvrement des droits de navigation et autres revenus des canaux; que le produit de la mise en ferme de la pêche dans les canaux, fait essentiellement partie des revenus des canaux; qu'on est toujours fondé à revenir à l'exécution des lois; qu'en cet état, lors même que l'administration des contributions indirectes aurait négligé pendant quelque temps de remplir ses devoirs à cet égard, elle était toujours en droit, en cas de non-payement, de décerner une contrainte contre le fermier retardataire; et que celui-ci ne pouvait efficacement résister à l'exécution de la contrainte qu'en justifiant de sa libération entre les mains, soit de l'administration du domaine, soit de tout autre mandataire de l'Etat, ce qu'il n'a point fait; et qu'en jugeant, dans l'espèce, que l'administration des contributions indirectes, remplissant la mission qu'elle avait reçue de la loi, avait indûment procédé, le tribunal civil de Béthune a expressément violé les lois précitées; — Donnant défaut contre le défaillant, casse.

Du 25 juin 1834.-C. C., ch. civ.-MM. Portalis, 1er pr.-Bonnet, rap.-Laplagne-Barris, 1er av. gén., c. conf.-Latruffe, av.

(2) (Préfet de Tarn-et-Garonne *C.* Sabathié.) — LA COUR; — Attendu au fond, que l'embargo mis sur les bateaux en 1814, que la construction du barrage de Sainte-Livrade, que la suppression du perthuis au pas navigal de Moissac ont nécessairement occasionné un préjudice au fermier de la pêche; que l'Etat, dont l'embargo fut l'ouvrage, et qui donna son autorisation à la construction du barrage, à la suppression du pas navigal, doit une indemnité au fermier, d'après les principes qui régissent tous les baux à ferme, et notamment, d'après les dispositions des art. 1719 et 1723 c. civ.; — Attendu que les premiers juges ont sagement prononcé, en ordonnant que cette indemnité serait fixée par experts.

Du 26 janv. 1831.-C. de Toulouse.

cours d'eau. Nous parlerons d'abord des dispositions de police applicables à tous les cours d'eau et ensuite de celles qui concernent spécialement les fleuves et rivières navigables ou flottables. Toutes ces règles dérivent des principes généraux et d'ordre public déjà consignés dans l'ord. de 1669 et modifiés dans leur application par la législation moderne, d'après les règles relatives à la séparation des pouvoirs.

ART. 1. — *Dispositions de police applicables à tous les cours d'eau.*

83. *Exercice de la pêche sans la permission de celui à qui le droit appartient.* — « Tout individu qui se livre à la pêche sur les rivières navigables ou flottables, sans la permission de celui à qui le droit de pêche appartient, doit être condamné à une amende de 20 fr. au moins et de 100 fr. au plus, indépendamment des dommages-intérêts » (L. 15 avr. 1829, art. 5). La loi ajoute : « Il *y aura lieu*, en outre, à la restitution du prix du poisson qui aura été pêché en délit, et la confiscation des filets et engins de pêche *pourra* être prononcée » (art. 5, § 2). La restitution doit toujours être prononcée alors même qu'elle n'aurait pas été demandée (V. Forêts, nº 426); mais la confiscation des filets et engins de pêche est facultative.

84. Les dispositions pénales de l'art. 5 ne sont pas applicables au fait d'avoir pêché dans une pièce d'eau ou étang dépendant d'une propriété non close. Ce fait tombe sous le coup de l'art. 388 c. pén. (Crim. rej. 11 déc. 1834, aff. caisse hypoth. *C.* Vincent, V. nº 240). — Mais on ne doit pas appliquer l'art. 388 c. pén. à celui qui a pêché la nuit dans une rivière sans la permission du locataire ou du propriétaire riverain. Ce fait constitue seulement une violation du droit de pêche prévue par une loi spéciale, et au cas particulier par l'art. 5, tit. 31, ordonn. 1669 (Paris, ch. d'acc. 22 avr. 1825, aff. Jacquet et Laguerre, M. Bouchard, f. f. pr.).

85. La pénalité de l'art. 5, L. 15 avr. 1829, s'étend à tous les cours d'eau, même à ceux qui traversent les propriétés closes. Les parties des cours d'eau qui parcourent ces propriétés sont elles-mêmes soumises aux dispositions des art. 24 et suiv. de la loi du 15 avr. 1829. La discussion aux chambres ne peut laisser aucun doute à cet égard. On avait demandé une exception en faveur des propriétés closes, afin qu'elles ne fussent pas soumises aux visites des gardes-pêche; mais cette proposition a été repoussée (V. ch. des pairs, séance du 7 avr. 1829, Monit. du 10 avril). — Entre autres motifs donnés par le commissaire du roi à la chambre des pairs, M. Baudrillart indique les suivants que le Moniteur ne reproduit pas, et qui sont cependant péremptoires : « L'art. 715 c. nap. porte que la faculté de pêcher sera réglée par des lois particulières. Le droit de pêche dans les cours d'eau n'est pas, en effet, une propriété qui, comme les autres, puisse se définir le droit d'user et d'abuser. On conçoit que le propriétaire d'un étang soit le maître de disposer à son gré, et sans aucune entrave, du poisson qu'il contient : son droit, à cet égard, est exclusif de celui de tout autre, et personne n'a à lui demander compte de l'usage qu'il en fait; mais le poisson du cours d'eau n'appartient pas d'une manière absolue au riverain : ce qui lui appartient, c'est le droit d'appréhension dans les limites de sa propriété; il n'est réellement propriétaire que du droit de pêche et du poisson effectivement saisi par lui. La conséquence immédiate de ce principe est que le propriétaire du droit de pêche ne peut rien faire qui porte préjudice au droit de son voisin, et qu'il ne peut user de son droit que par les moyens que la loi autorise. » — Lors de la première discussion du projet de loi sur la pêche, le commissaire du gouvernement avait également défendu les mêmes principes et soutenu que l'administration doit conserver son droit de surveillance, même dans les lieux clos. Il a établi qu'il n'existe aucune analogie entre le cas présent et les dispositions du code forestier qui exceptent les enclos de la servitude de martelage et de l'interdiction de défricher. D'ailleurs, il a fait observer que l'art. 40 L. 15 avr. 1829 est une garantie suffisante contre les abus qui pourraient résulter de la surveillance exercée par les gardes de l'administration (ch. des pairs, séance du 1er mai 1828, Monit. du 3 mai 1828, complété par les renseignements particuliers fournis à M. Baudrillart).

86. L'art. 5, L. 15 avr. 1829, protége tout à la fois les droits de l'Etat quant aux rivières navigables ou flottables dont la pêche n'a pas été affermée, et les droits des fermiers qui jouissent en vertu d'une adjudication régulière. Ces derniers peuvent déléguer à un tiers le droit de pêche qui leur a été conféré par l'Etat, mais la permission qu'ils donnent doit être visée par l'inspecteur des forêts (V. nº 80). Les adjudicataires ont aussi le droit d'avoir des gardes (L. 15 avr. 1829, art. 65), et de poursuivre les délits (*eod.*, art. 67). Les particuliers ont absolument les mêmes droits que les adjudicataires, lorsqu'il s'agit des délits de pêche commis dans les rivières qui ne sont ni navigables ni flottables, ou dans les parties des fleuves et des rivières qui ne sont pas considérées comme des dépendances du domaine public. En conséquence, il a été jugé que le riverain d'une rivière non navigable ni flottable a seul le droit d'y faire la pêche des écrevisses, qui doivent être considérées comme des poissons dans le sens de la loi du 15 avr. 1829 (Trib. de Besançon, 11 mars 1843, Bull. des ann. for., art. 132, aff. Mélot; Trib. de Tours, 22 sept. 1843, *eod.*, art. 337, aff. Brette).

87. Les communes dont les biens sont arrosés par des rivières non navigables peuvent exercer le droit de pêche. L'ordonnance de 1669 (tit. 25, art. 17) exigeait que la pêche fût mise en ferme au profit de la communauté. Les formes indiquées pour l'exécution de cette disposition ont seules varié; le principe est resté le même et le droit de pêche doit être mis en adjudication. C'est, en effet, le seul moyen de faire profiter utilement le corps moral d'un produit qui, autrement, serait dilapidé au profit de quelques-uns seulement (M. Daviel, nº 684). — Il suit de là que l'habitant d'une commune ne peut exercer individuellement le droit de pêcher sur les propriétés communales sans se rendre passible des peines portées par l'art. 5. Spécialement, nul n'a le droit de pêcher à la ligne dormante, dans les eaux et pêcheries des communes, s'il n'est adjudicataire de la pêche, ou pourvu de licence (Crim. cass. 5 mars 1829) (1). Les principes de cet arrêt, rendu sous l'ordonnance de 1669, sont évidemment applicables sous la loi nouvelle, et l'on déciderait encore aujourd'hui que le délit ne peut être excusé sur ce que les habitants

---

(1) (Forêts *C.* Alphand.)—LA COUR;—Vu l'art. 12, tit. 24 de l'ord. de 1669;—Attendu que, par cet article, les officiers des maîtrises avaient la police et la surveillance sur les eaux et pêcheries appartenant aux communes;—Que l'administration forestière, telle qu'elle est organisée, a remplacé, pour la partie administrative, les maîtrises des eaux et forêts;—Qu'ainsi, cette administration a le droit de constater et de poursuivre tous les délits relatifs aux eaux et pêcheries des communes; —Vu aussi l'art. 18, tit. 25 de la même ordonnance;—Attendu que, par cet article, aucune personne non adjudicataire de la pêche, ou non pourvue de licence, n'a le droit de pêcher, même à la ligne, dans les eaux et pêcheries des communes, sous les peines portées par ledit article;—Que, par aucune possession quelconque, les habitants n'ont pu prescrire le droit de pêcher dans lesdites eaux, puisque l'art. 18 précité a aboli toutes coutumes et possessions contraires, antérieures à l'ordonnance, et que postérieurement tout fait de pêche étant un délit, n'a pu former titre en faveur des habitants: un délit ne pouvant jamais conférer le droit de le commettre de nouveau;—Attendu, dans l'espèce, que, quoiqu'il résultât d'un procès-verbal régulier, et non attaqué, du 27 mai 1827, que J. Martin Alphand pêchait, avec six lignes dormantes, dans un lac appartenant à la commune du Lauret, sans être fermier de la pêche, ni pourvu de licence, le tribunal de Barcelonnette, devant lequel ledit Alphand fut traduit pour être condamné aux peines de l'art. 18, l'avait néanmoins relaxé d'instance par jugement du 7 juillet 1827, sur le double motif que l'administration forestière n'avait aucune surveillance sur les eaux des communes; et que, d'ailleurs, les habitants de la commune du Lauret, ainsi que l'avait attesté le maire dans un certificat, avaient toujours joui, sans trouble ni empêchement, de la faculté de pêcher dans ledit lac du Lauret, à la ligne dormante;—Que, sur l'appel de ce jugement devant le tribunal de Digne, il fut confirmé, purement et simplement, le 22 mai suivant;—Attendu que, par ce jugement, le tribunal de Digne, s'étant approprié les vices de celui de première instance, il a manifestement violé l'art. 12, tit. 24, et l'art. 18, tit. 25 de l'ord. 1669;—Par ces motifs, casse.

Du 5 mars 1829.-C. C., ch. crim.-MM. Bailly, f. f. de pr.-Bernard, rap.

Nota. Le même jour deux autres arrêts semblables.

d'une commune auraient toujours joui sans trouble de la faculté de pêcher, si cette jouissance était illégale (même arrêt).

88. Suivant cette décision, le fait de pêche à la ligne dormante dans une pêcherie communale est un délit que l'administration forestière a le droit de poursuivre (même arrêt). — Mais cela ne saurait plus être admis sous la loi qui nous gouverne. Il n'en serait ainsi que dans le cas où ce mode de pêche aurait été prohibé par un arrêté du préfet dûment homologué. A cet égard, il n'y a aucune différence entre une pêcherie communale et celle d'un particulier.

89. Il a été décidé, sous l'empire de la loi de floréal an 10, et l'on jugerait encore aujourd'hui : 1° que celui qui s'est livré à la pêche dans une rivière navigable sans être muni de licence ou sans être adjudicataire de la pêche, ne peut être exempt de la peine, sous prétexte qu'il a pu se croire autorisé à pêcher, par un bail qu'il tenait d'une autre personne n'ayant non plus ni droit ni titre pour faire la pêche (Crim. cass. 11 juin 1825) (1); — 2° Que lorsqu'une cour, reconnaissant qu'un individu non autorisé a pêché avec un épervier non revêtu du sceau en plomb prescrit par la loi, le punit seulement pour fait de pêche sans autorisation, au lieu de le punir pour sa double contravention de pêche avec engins prohibés non revêtus du sceau en plomb, cette cour fait une fausse application de la loi du 14 flor. an 10, et viole les art. 10 et 13, tit. 31, ord. de 1669 (Crim. cass. 20 août 1824, aff. Laglace, V. n° 151);—3° Que les amendes prononcées par l'ordonnance de 1669 pour pêche avec engins prohibés, n'ont pas été modifiées par la loi du 13 flor. an 10, qui prononce une amende contre ceux qui, sans permis ni licence, pêchent dans une rivière navigable autrement qu'à la ligne ou à la main; cette dernière loi suppose que la contravention a lieu avec des engins non prohibés (Crim. cass. 2 mars 1809, MM. Barris, pr., Guieu, rap., aff. min. pub. *C.* Maurice).

90. *Pêche à la ligne flottante.* — Dans les rivières navigables et flottables, le droit de pêche est mis en adjudication au profit de l'Etat. Dans les autres cours d'eau, la faculté de pêcher profite exclusivement aux riverains ou à leurs fermiers. — Comme garantie de l'exercice du droit de pêche, dans quelque cours d'eau que ce soit, la loi du 15 avril 1829, art. 5, a édicté des peines contre ceux qui pêchent sans le consentement de celui à qui le droit de pêche appartient, « néanmoins il est permis à tout individu de pêcher à la ligne flottante tenue à la main dans les fleuves, rivières et canaux désignés dans les deux premiers paragraphes de l'art. 1 de la loi du 15 avril 1829, le temps de frai excepté. » En d'autres termes, la pêche à la ligne est permise à tout le monde, sauf le temps de frai, dans les cours d'eau qui dépendent du domaine public; mais elle ne l'est pas dans les autres cours d'eau où le droit de pêche constitue une propriété privée. Et comme l'Etat, à raison des biens qui composent son domaine, est considéré comme un propriétaire ordinaire (V. Domaine de l'Etat), il en résulte nécessairement qu'il a le droit d'interdire la pêche à la ligne dans les cours d'eau non navigables ou flottables qui traversent ses propriétés (Crim. cass. 4 juill. 1846, aff. Antoine, D. P. 46. 4. 391). Les communes peuvent interdire ce droit même à leurs habitants (Crim. cass. 5 mars 1829, aff. Alphand, V. n° 87). — Mais on peut pêcher à la ligne flottante dans les canaux qui appartiennent à l'Etat ou dans ceux qui sont exploités par une compagnie concessionnaire, pour un temps limité, et dont la propriété doit revenir à l'Etat. Dans ce cas, la compagnie est l'ayant cause de l'Etat (V. art. 1) et elle ne peut avoir plus de droits qu'il n'en a lui-même (Douai, 27 sept. 1844, aff. Deudou *C.* Leblond, D. P. 52. 2. 54). — M. Isambert (Traité de la voirie, n° 202) n'admet pas que le propriétaire, quel qu'il soit, puisse interdire la pêche à la ligne dans les cours d'eau non navigables ni flottables et dans lesquels la pêche lui est exclusivement réservée. Selon cet auteur, la pêche est un produit naturel qui reste dans la communauté primitive et qui n'est point dans le domaine privé des riverains. La même opinion est professée par M. Rogron, au moins en ce qui concerne le droit des habitants des communes sur les rivières dont la pêche appartient à ces communes. — Ce système est tout à fait contraire à l'esprit de la loi du 15 avril 1829, dont la portée a été parfaitement définie dans l'exposé des motifs fait à la chambre des députés par M. Favard de Langlade. « Il est pourtant, a dit l'orateur au nom de la commission chargée d'examiner le projet de loi, un mode de pêche que les pénalités ne doivent pas atteindre, c'est celui de la ligne flottante tenue à la main. Toutefois il ne jouit de ce privilége que dans les rivières et canaux où la pêche est exercée par l'Etat, et il constituerait une contravention punissable s'il avait lieu dans les cours d'eau dont la pêche appartient aux propriétaires riverains. » (V. en ce sens MM. Daviel, n° 688, et Dumay, notes sur le n° 1253 du Traité du dom. pub. de Proudhon). — Cette opinion n'est pas nouvelle. Sous l'ord. de 1669 elle était professée par d'anciens commentateurs et notamment par Denisart, v° Pêche, n° 10. La jurisprudence était également conforme. — Il a été décidé que les lois des 14 flor. an 10 et 17 niv. an 12 n'autorisent la pêche à la ligne flottante tenue à la main, que dans les rivières du domaine public, et non dans celles qui ne sont ni navigables et flottables (Caen, arrêt d'octobre 1826, Gazette des trib. du 13 du même mois). — V. sur cette question un travail de M. Deville, Annales forestières, t. 5, p. 351 ; V. aussi même recueil, t. 4, p. 47.

91. Pour qu'on puisse pêcher à la ligne dans les rivières navigables et flottables il n'est pas indispensable que la pêche n'ait pas été affermée par l'Etat. Il n'est même pas nécessaire que le cahier des charges contienne aucune réserve à cet égard, parce que le droit est écrit dans la loi. Mais on ne peut l'exercer que le long de son propre héritage, ou avec l'autorisation du propriétaire riverain (M. Garnier, n° 329).

92. Toutefois il n'est pas nécessaire qu'on stationne sur la rive elle-même pour pouvoir pêcher à la ligne flottante. On peut à cet effet monter sur un bateau, « attendu que la loi du 14 flor. an 10 et l'arrêté interprétatif du 14 flor. an 13 permettent d'une manière absolue de pêcher dans les rivières navigables avec une ligne flottante tenue à la main, sans distinguer si cette espèce de pêche a lieu en se tenant sur les bords des rivières ou sur des nacelles » (Liége, 28 déc. 1835, aff. Ponsart). — Il est évident qu'on pourrait de même pêcher en montant sur un radeau ou train de bois.

93. Mais il faut que la ligne soit *flottante* et non fixe. Ainsi l'on ne doit pas assimiler à l'action de pêcher avec une ligne flottante tenue à la main, l'action de pêcher avec un instrument dont l'extrémité est fixée au fond de l'eau, par le moyen d'un plomb (Crim. cass. 1er déc. 1810) (2).

94. Il faut, en outre, que la ligne soit tenue à *la main*, et le

(1) (Min. pub. *C.* Rouxel). — LA COUR ; — Attendu que la rivière d'Oult est navigable ; — Attendu que la loi du 14 flor. an 10 prohibe la pêche dans toute rivière navigable, à quiconque ne s'est pas muni d'une licence, ou n'est pas adjudicataire de la pêche ; — Que Rouxel n'était porteur, ni d'une licence, ni d'une adjudication, et qu'il s'est livré, comme fermier de Marion, à la pêche dans ladite rivière d'Oult ; — Mais que Marion n'avait ni droit ni titre pour faire ladite pêche, ainsi qu'il a été jugé par arrêt de la cour royale de Rennes, du 30 avr. 1825 ; qu'ainsi il n'avait pu en transmettre aucun à Rouxel ; — Attendu qu'en jugeant que Rouxel, quoiqu'il n'eût ni licence ni adjudication du gouvernement, avait pu croire être autorisé à pêcher dans ladite rivière d'Oult, par le bail qu'il tenait de Marion, et qu'il devait être, par conséquent, exempt de toute peine, a évidemment violé les dispositions de la loi du 14 flor. an 10 ; — Par ces motifs, casse et annule l'arrêt rendu, le 30 avril dernier, par la cour royale de Rennes, chambre correctionnelle.

Du 11 juin 1825.-C. C., sect. crim.-MM. Portalis, pr.-de Bernard, r.

(2) (Eaux et forêts *C.* Gabrielli). — LA COUR ; — Vu l'art. 456, § 6, c. des dél. et des peines, du 3 brum. an 4 ; l'art. 14 de la loi du 14 flor. an 10 ; et l'art. 1 de l'arrêté du gouvernement, du 17 niv. an 12 ; — Considérant qu'il a été constaté par un procès-verbal régulier et non argué de faux, que Barthélemi Gabrielli, qui n'est ni fermier de la pêche, ni pourvu de licence, a pêché dans la rivière de l'Arno avec un mazzacchera qu'il ne tenait point à la main, mais dont le manche était appuyé sur une fourchette fixée en terre ; qu'il est prouvé, en outre, par la déclaration d'experts qui a été ordonnée par l'arrêt préparatoire de la cour de justice criminelle, du 28 juin 1810, qu'on ne peut se servir du mazzacchera pour la pêche, qu'en fixant l'extrémité de sa ligne au fond de l'eau, au moyen d'un plomb qui y est attaché ; et qu'ainsi, ledit instrument de pêche exclut toute idée d'une ligne flottante ; que ledit Gabrielli ne se trouvait donc, sous aucun rapport, dans le cas d'exception prévu par les art. 14 de la loi du 14 flor. an 10, et 1er de l'arrêté du 17 niv. an 12 ci-dessus cités ; d'où il suit qu'en déchargeant ledit Gabrielli de la peine due à sa contravention, la cour

fait d'avoir déposé sa ligne, même momentanément, sur le bord de la rivière, rend le pêcheur passible de l'application de l'art. 5 de la loi de 1829 comme coupable de la contravention de pêche à la ligne dormante sans autorisation (Bourges, 12 oct. 1839) (1).

95. A plus forte raison a-t-on dû décider que l'art. 14 de la loi du 14 flor. an 10 n'autorise que la pêche à la ligne flottante tenue à la main, dans les rivières navigables. — Celui qui, n'étant ni fermier de la pêche, ni pourvu de licence, prend du poisson avec la main, en plongeant dans une rivière navigable, se rend coupable du délit de pêche (Crim. cass. 7 août 1823) (2).

96. Mais ces conditions sont les seules que le législateur ait imposées, et l'on ne pourrait en ajouter d'autres sans étendre abusivement les termes de la loi. Ainsi l'on ne pourrait pas exiger que l'hameçon flottât continuellement à la surface de l'eau, ni interdire de placer à la ligne un grain de plomb pour entraîner l'appât vers le fond, pourvu qu'il n'y séjourne pas et que la ligne soit toujours flottante (Paris, 21 mai 1851, aff. Moriceau, D. P. 52. 2. 54; Douai, 27 sept. 1844, aff. Deudon, D. P. *ibid.*). Ainsi encore il n'y a pas délit de la part du pêcheur qui emploie une ligne flottante armée de plusieurs hameçons (jug. trib. Versailles, 24 déc. 1844, Ann. forest., 1845, p. 47). Ces solutions sont exactes, mais elles cesseraient de l'être dans le cas où un règlement local, dûment homologué, aurait prohibé l'emploi de la ligne plombée, ou l'usage de plusieurs hameçons. Il en serait de même dans le cas où ce règlement interdirait de se servir de certains appâts, comme par exemple des mouches naturelles ou des mouches artificielles. — V. au surplus l'art. de M. Deville, Ann. for., t. 5, p. 351.

97. *Barrage.* — Il est interdit de placer dans les rivières navigables ou flottables, canaux et ruisseaux, aucun barrage, appareil ou établissement quelconque de pêcherie ayant pour objet d'empêcher entièrement le passage du poisson, sous peine d'une amende de 50 à 500 fr. de dommages-intérêts, et de la saisie et destruction des appareils (L. 15 avr. 1829, art. 24). — Cette prohibition s'étend à tous les cours d'eau sans exception; aux propriétaires, fermiers, porteurs de licence de pêche comme à ceux qui sont sans droit de pêche; autrement il y aurait surabondance dans quelques localités, et manque dans d'autres. « S'il était permis, a dit M. Favard dans l'exposé des motifs, d'intercepter le passage des poissons qui remontent le cours des fleuves et des rivières, il en résulterait une dépopulation funeste, un monopole au profit de quelques individus, une surabondance de poissons dans certaines localités, tandis qu'on en manquerait dans les lieux supérieurs. » — Il importe peu que le passage soit entravé à la descente ou à la remonte; mais il faut qu'il ait pour objet d'empêcher le passage du poisson, et qu'il soit un barrage de pêcherie; la loi ne s'appliquerait pas à un barrage établi pour l'irrigation ou le service d'une usine, lors même qu'il empêcherait le poisson de passer (M. Garnier, Tr. des eaux, 3e éd., nos 323 et 324; V. toutefois no 111). — Jugé, par suite, que la seule possibilité d'intercepter entièrement le passage du poisson, par la manœuvre combinée des vannes d'une usine, ne suffit pas pour faire prohiber le vannage (Rouen, 26 fév. 1839, 8 mai 1840, arrêts inédits cités par M. Daviel, t. 3, p. 49).

98. Bien que l'art. 24, L. 15 avr. 1829, gouverne toute espèce de cours d'eau, ses prohibitions ne s'étendent cependant pas aux ruisseaux d'une source dont les eaux, avant de se rendre à la rivière, circulent au travers de l'héritage où naît la source. Un ruisseau de cette nature est réellement une propriété privée dans le sens le plus absolu de ce mot. Le propriétaire en a la libre disposition. Il a la faculté d'intercepter par un barrage la partie supérieure pour y retenir le poisson (M. Daviel, t. 3, p. 49). Ce droit a été reconnu, à la chambre des pairs, par le directeur général des forêts, commissaire du roi, dans les termes suivants : « Un ruisseau qui prend naissance dans une propriété privée ne devient, en quelque sorte, propriété publique qu'au sortir des fonds où il a sa source. La partie supérieure de ce cours d'eau qui se trouverait interceptée par un barrage semblerait dès lors pouvoir être assimilée à un canal dont le propriétaire aurait la libre disposition » (Rép. de M. de Bouthillier, comm. du

---

de justice criminelle dont l'arrêt est attaqué, a manifestement violé les dispositions desdits articles, et commis un excès de pouvoir; — Casse.

Du 1er déc. 1810.-C. C., sect. crim.-MM. Barris, pr.-Busschopp, r.

(1) *Espèce :* — (Forêts C. Bouchard et autres.) — Un procès-verbal est dressé contre Bouchard, Baudry, Lafond et Chapeau, pour avoir été trouvés pêchant sur la levée du canal latéral de la Loire, avec une ligne appuyée sur la digue, circonstance de laquelle l'administration des forêts concluait que les prévenus s'étaient rendus coupables de la pêche à la ligne dormante. — 26 août 1839, jugement du tribunal correctionnel de Sancerre qui renvoie les prévenus de la plainte, par les motifs suivants :

« Attendu qu'il résulte de la déposition du témoin entendu, rédacteur du procès-verbal annulé, qu'il a trouvé sur la levée droite du canal latéral à la Loire, au-dessus du pont de la commune de Sury, les quatre prévenus pêchant chacun avec une ligne appuyée sur la digue au bord du canal; — Que cette circonstance, que les prévenus avaient posé leurs lignes sur le bord du canal et à côté d'eux, n'est pas déterminante pour prononcer une condamnation; — Qu'aux termes du § 3 de l'art. 5 de la loi sur la pêche fluviale, il n'y a point de délit lorsque la ligne dont on se sert est une ligne flottante; — Que, d'après tous les renseignements donnés tant par le garde entendu que par les prévenus, il est résulté que les lignes dont se servaient ceux-ci étaient des lignes flottantes; — Que la circonstance que dans ce moment ils ne les auraient pas tenues rigoureusement à la main, ne peut donner à ces lignes la qualification de lignes dormantes; qu'étant constant que ces lignes étaient placées très-près des prévenus, assis sur le bord du canal, elles ne peuvent être considérées comme des lignes dormantes, qui, de leur nature, ne sont pas posées, mais sont fixées à la terre; que dès lors elles n'ont point le caractère de lignes dormantes, et se trouvent dans l'exception de l'article ci-dessus cité;

Appel par l'administration des eaux et forêts. — Arrêt.

LA COUR; — Considérant, en droit, que le code de la pêche fluviale défend la pêche d'une manière absolue dans les fleuves, rivières, canaux, etc., sans la permission de celui à qui appartient le droit de pêche; que la loi ne fait d'exception qu'en faveur de celui qui pêche avec une ligne flottante tendue à la main; — Considérant, en fait, qu'il est constaté par la procédure que les prévenus ont été trouvés pêchant à la ligne dans le canal latéral à la Loire, ayant chacun leur ligne posée sur le bord du canal; qu'ainsi, ils ne se trouvent point dans l'exception prévue par la loi; — Qu'ils sont dès lors passibles de la peine portée par l'art. 5 précité, dont il a été donné lecture par le président, et qui est ainsi conçu : Tout individu qui se livrera à la pêche, etc., mais, considérant que le préjudice causé n'excède pas 25 fr., et qu'il existe en faveur des prévenus des circonstances atténuantes; — Vu l'art. 72 de la même loi dit qu'il a été mal jugé, bien appelé; émendant et, faisant ce que les premiers juges auraient dû faire, condamne les nommés François Bouchard, Jean Baudry, Gustave Lafond et Louis Chapeau en chacun 1 fr. d'amende.

Du 12 oct. 1839.-C. de Bourges.-Ch. vac.-M. Dufour, pr.

(2) (Montméja C. Espitalier.) — LA COUR; — Vu l'art. 14 de la loi du 14 flor. an 10, portant que tout individu qui, n'étant ni fermier de la pêche, ni pourvu de licence, pêchera dans les fleuves et rivières navigables autrement qu'à la ligne flottante et à la main, sera condamné à une amende qui ne pourra être moindre de 50 fr., ni excéder 200 fr., et à des dommages-intérêts envers le fermier de la pêche, d'une somme pareille à l'amende; — Vu aussi l'arrêté du gouvernement en date du 17 niv. an 12, lequel ordonne que le susdit article sera exécuté selon sa forme et teneur; qu'en conséquence, tout individu, autre que les fermiers de la pêche, ou le pourvu de licence, ne pourra pêcher sur les fleuves et rivières navigables, qu'avec une ligne flottante tenue à la main; — Attendu que, de ces dispositions législatives, il résulte une défense absolue, pour tous ceux qui ne sont ni fermiers de la pêche, ni porteurs de licence, de prendre du poisson dans les rivières navigables, autrement qu'avec une ligne flottante tenue à la main; — Que, hors de ce cas d'exemption, seul admis par la loi, l'individu qui, sans aucun droit à l'exercice de la pêche, se permet d'employer tout autre moyen pour prendre du poisson, commet un délit de pêche, et qu'ainsi l'action de prendre indûment du poisson à la main dans une rivière navigable rentre dans la classe des contraventions que la loi du 14 flor. an 10 a eu pour objet de prévenir et de réprimer; — Attendu que, dans l'espèce, le tribunal, dont le jugement est attaqué, a reconnu, d'après l'instruction, qu'Espitalier, sans être pourvu de licence, a pris du poisson en plongeant dans la rivière de Dordogne et dans le cantonnement affermé au sieur Montméja; qu'il devait donc, pour cette contravention, être condamné à l'amende et à l'indemnité déterminées par la loi; — Que cependant le tribunal de Périgueux, en annulant le jugement du tribunal correctionnel de Sarlat, qui condamne Espitalier en 50 fr. d'amende et 50 fr. de dommages-intérêts, s'est permis de le renvoyer des poursuites exercées contre lui; — En quoi ce tribunal a violé l'art. 14 de la susdite loi du 14 flor. an 10; — Par ces motifs, casse et annule le jugement rendu le 27 février dernier, par le tribunal de Périgueux, en faveur dudit Espitalier.

Du 7 août 1823.-C. C., sect. cr.-MM. Barris, pr.-De Chantereyne, r.

roi, à M. Belliard, ch. des pairs, séance du 7 avr. 1829, Monit. du 10 avr. 1829, p. 519).

99. On a également soulevé, lors de la discussion, la question de savoir si les grilles qu'on est dans l'usage de placer à l'entrée et à la sortie des eaux, pour être clos chez soi, doivent être assimilées à un barrage prohibé. Remarquons d'abord que la difficulté ne peut être soulevée qu'à l'égard des cours d'eau qui ne sont ni navigables ni flottables. Voici comment elle a été résolue par le directeur général des forêts, commissaire du roi : « On n'a pas eu l'intention d'empêcher les particuliers, qui ont des réservoirs près de la rive, d'y établir des barrages. Le propriétaire qui veut faire un vivier chez lui peut y creuser un canal, le fermer par des grilles à ses extrémités, et y dériver les eaux de la rivière ou du ruisseau voisin; mais on ne saurait leur reconnaître le droit d'intercepter par un barrage le lit même de la rivière, car alors la remonte du poisson se trouvant arrêtée, il en résulterait un préjudice commun pour tous les riverains. C'est précisément pour empêcher de telles entreprises que la disposition de l'art. 24 a paru nécessaire » (explic. de M. de Bouthillier, com. du roi, ch. des pairs, séance du 7 avr. 1829, Monit. du 10 avril, p. 518). — Disons toutefois que le propriétaire ne pourrait pas ouvrir ou fermer à volonté la grille par laquelle s'introduit l'eau de la rivière; autrement il pourrait profiter de la remonte du poisson et empêcher sa descente, ce qui est contre le vœu de la loi (Crim. cass. 5 fév. 1848, aff. Marcelin, D. P. 48. 5. 279).

100. On ne prescrit pas contre les lois d'ordre public. Or l'art. 24 de la loi du 15 avr. 1829, ayant évidemment ce caractère, l'existence d'un barrage complet ne constituerait rien autre chose qu'une série de délits successifs. C'est ce que reconnaissent MM. Dubreuil, t. 2, p. 214, et Garnier, n° 317; mais ce dernier ajoute : « Il en serait autrement si le barrage avait été autorisé ou avait été possédé avant le 1er avr. 1566; il devrait être maintenu, sauf à l'administration à le faire détruire pour cause d'utilité publique et moyennant indemnité préalable. » Cette opinion se fonde sur ce que le domaine public n'était pas inaliénable antérieurement à 1566; mais l'auteur reconnaît lui-même (n° 318) que l'exception tirée d'un établissement de barrage ou d'une autorisation antérieure à 1566 ne pourra jamais être utilement proposée, car il faudrait prouver que l'autorisation ou la possession comprenait un barrage entier et complet avec ses dimensions et ses caractères actuels, ce qui est presque impossible. La jurisprudence ne semble même pas admettre la légitimité d'une semblable possession. Dans une espèce où il était allégué que le barrage était établi en vertu de titres remontant à 1543, il a été jugé que si la loi du 15 avr. 1829 a reconnu implicitement, par son art. 2, et explicitement par l'art. 83, l'existence de droits de pêche indépendants de la qualité de riverains, cette reconnaissance n'a pas interdit au législateur de régler l'exercice de ces droits par des lois de police et d'ordre public, et qu'en conséquence un tribunal d'appel avait bien jugé en ordonnant la destruction du barrage (Crim. rej. 14 déc. 1837, aff. d'Espeuilles, n° 101), et que le propriétaire a pu être considéré comme complice de son fermier, possesseur de ce barrage, et être condamné personnellement à l'amende (même arrêt).

101. Ne doit pas être prohibé, comme engin de pêcherie, le barrage destiné à une usine, par cela que le propriétaire de l'usine s'en sert, pour prendre avec des filets ou autres instruments le poisson arrêté par le barrage qui l'empêche de remonter sans qu'il s'en empare (M. Garnier, n° 325). — Il en serait autrement si de la réunion de la digue de l'usine et de la pêcherie il résultait un barrage empêchant le passage du poisson (*eod.*, nos 326, 327).—Cependant il a été jugé que l'art. 24 serait applicable non-seulement aux barrages construits pour une usine, si ces barrages servaient en même temps pour la pêche. Seulement, dans ce dernier cas, on ne doit ordonner la destruction que de la portion des travaux qui n'a d'utilité que pour la pêche.—...Et il importe peu que le barrage servant à la pêche forme la moindre ou la majeure partie du barrage total de la rivière, et que l'empêchement à la remonte du poisson n'existe que pendant telle ou telle époque de l'année (Crim. rej. 14 déc. 1837) (1).

102. Du reste, la question de savoir si un barrage a été

---

(1) *Espèce :* — (Marquis d'Espeuilles C. Min. pub.) — Le sieur d'Espeuilles est propriétaire du moulin de Kanguiel, situé sur la rivière (non navigable ni flottable) du Leguer. Il paraît que, de temps immémorial, la chaussée qui dépend de ce moulin traversait la rivière dans toute sa largeur, et qu'on avait établi le long de cette chaussée des pêcheries. — Sur la plainte de plusieurs riverains, le garde général des eaux et forêts ayant constaté, par procès-verbal du 18 nov. 1836, que ces pêcheries avaient pour objet d'empêcher entièrement le passage du poisson, le fermier de l'usine fut traduit en police correctionnelle, comme coupable de contravention à l'art. 24 de la loi du 15 avril 1829. — La citation était à la date du 7 déc. 1836 : par nouvelle assignation du 10 janvier suivant, l'action fut rendue commune au sieur d'Espeuilles. — Les prévenus ont soutenu : 1° En fait, que toute espèce de poisson, le gros saumon excepté, pouvait passer à travers les barrages; — Qu'en hiver, époque de la remonte du saumon, l'eau dépasse toujours le sommet du déversoir et facilite ainsi le libre passage du poisson; — Qu'en été, la rivière est tellement basse, que le défaut de courant empêche le poisson de s'engager dans les pêcheries; — Que, dès lors, la loi sur la pêche fluviale n'est pas applicable; 2° En droit, que la possession des prévenus étant fondée sur des titres remontant jusqu'à 1543, doit être maintenue, aux termes des art. 41 et suiv, tit. 27, de l'ordonn. de 1669; — Que, loin de consacrer un principe rétroactif, la loi de 1829 respecte les droits acquis (art. 2 et 83); — Ils concluent à un renvoi à fins civiles. — Le 9 mars 1837, un jugement du tribunal correctionnel de Lannion rejette ces moyens et exceptions, condamne les prévenus chacun à 50 fr. d'amende, et ordonne la destruction de tous les travaux établis seulement pour la pêche du poisson, en se fondant notamment sur ce que l'art. 10, tit. 31, de l'ordon. 1669 prohibait les barrages, et que, d'ailleurs, l'existence de pareilles constructions constitue un flagrant délit imprescriptible, sous l'empire de la loi de 1829. — Appel, et, pendant l'instance d'appel, décès du fermier. — Le marquis d'Espeuilles a reproduit ses conclusions de première instance. Il a prétendu, en outre, que ses pêcheries se trouvaient en dehors des termes de l'art. 24 de la loi du 15 avril 1829, puisqu'elles n'occupaient que le tiers de la longueur de la digue établie pour le roulement du moulin de Kanguiel; — Que l'art. 10 de l'ordonn. ne punit que les contraventions commises par les maîtres pêcheurs et sur les rivières navigables; Qu'en tous cas, le délit étant étranger à l'appelant, l'amende n'aurait pu être prononcée que contre son fermier. Il insistait sur le renvoi à fins civiles.—19 mai 1837, jugement confirmatif du tribunal d'appel de St-Brieuc, qui considère, en substance, que la chaussée du moulin barre la rivière du Leguer dans toute sa largeur; — Que cette chaussée, construite perpendiculairement, ne permet aucune communication entre la partie inférieure et la partie supérieure de la rivière, que par trois coupures dans lesquelles sont établies les pêcheries qui les ferment entièrement, et ne laissent pas passer le poisson qui y est attiré par le courant des eaux; — Qu'il suit de là que ces pêcheries complètent le barrage de la rivière et ont pour objet d'empêcher entièrement le passage du poisson; — Qu'elles tombent, par conséquent, sous le coup de l'art. 24 de la loi de 1829, nonobstant cette circonstance accidentelle constatée par les témoins, à savoir que, lors des crues extraordinaires, le poisson peut remonter les eaux par-dessus le déversoir de la digue; — Que, quant aux titres invoqués, ils constituent un abus de la puissance féodale, et ont été supprimés par les lois abolitives de la féodalité; — Que, quant à la possession ancienne, elle ne saurait prévaloir contre les dispositions prohibitives d'une loi de police et d'ordre public, telle que l'était l'ordonnance de 1669, art. 10, dont les termes sont démonstratifs et non limitatifs; — Que, d'ailleurs, il ne s'agit pas d'un droit de pêche, mais d'un mode particulier d'exercer ce droit; — Que la loi de 1829 est applicable à tous barrages qui tendent au dépeuplement des rivières, dès qu'ils existent après sa promulgation; — Enfin, que le sieur d'Espeuilles est passible de l'amende, comme propriétaire du fonds sur lequel les pêcheries, objet du délit, sont établies, ces pêcheries figurant nécessairement dans son bail pour un revenu quelconque, dont il profite.

Pourvoi du sieur d'Espeuilles pour : 1° Violation et fausse application de l'art. 24 de la loi du 15 avril 1829 sur la pêche fluviale, en ce que cet article ne prévoit que le cas où des barrages seraient établis sur toute la largeur de la rivière, uniquement pour la pêche, et ne peut pas être étendu à celui où un barrage complet, existant déjà pour le service d'une usine, des pêcheries y ont été placées accessoirement; qu'au surplus, il faut, pour qu'il y ait délit, que les barrages empêchent *entièrement*, et en tout temps, la circulation du poisson, condition qui ne se rencontre pas dans l'espèce, puisque le jugement attaqué reconnaît lui-même que, dans les crues d'eaux (qui sont continuelles en hiver, époque de la pêche), le passage du poisson est libre. — On invoque la discussion de la loi aux deux chambres, à l'appui de la première proposition; à l'appui de la seconde, on cite, par analogie, l'arrêt du 22 août 1835, rapporté n° 196.

2° Excès de pouvoir, violation des art. 2, 4, 59, 83 de la même loi; 403, 415 c. inst. crim., et 7 de la loi du 20 avril 1810, en ce qu'il

construit dans l'objet réel d'empêcher entièrement le passage du poisson, rentre dans le domaine exclusif des juges du fond (même arrêt).

103. Les dispositions prohibitives de l'art. 24 s'appliquent à tous les canaux, quels qu'ils soient, communiquant par un point avec une rivière, encore qu'ils seraient établis dans des propriétés particulières, et qu'ils se perdraient dans ces propriétés (Crim. cass. 24 nov. 1832) (1). — Et le fait de pêcher, sans observer les dispositions des art. 23 et 24 de la loi du 15 avr. 1829, dans un canal destiné à faciliter après débordement, le retour des eaux d'une rivière dans son lit, constitue un délit (Crim. cass. 7 avr. 1848, aff. Lauthier, D. P. 48. 1. 168). — De même, le fait d'avoir établi un barrage dans un golfe avec des nasses destinées à capturer tout le poisson à mesure que l'abaissement des eaux le ferait redescendre dans le fleuve, constitue une contravention aux articles 23, 24 et 28 de la loi du 15 avr. 1829 (Crim. cass. 5 fév. 1848, aff. Marcelin, D. P. 48. 5. 279). — Il y a également délit dans le fait d'avoir établi un barrage dans un cours d'eau qu'un fleuve débordé aurait momentanément créé à travers une propriété particulière (Bourges, 24 fév. 1853, aff. Favard, D. P. 53. 2. 138).

104. L'art. 10, tit. 31, ord. 1669, défendait de se servir

---

résulte des art. 2 et 4 que le demandeur pouvait avoir acquis des droits de pêche plus étendus que ceux des propriétaires riverains, en vertu de titres, et même de la simple possession; que l'art. 83, § 2, déclare que de pareilles questions doivent être jugées suivant les lois alors existantes; — Qu'il s'agissait donc de savoir si les pêcheries en litige avaient été valablement acquises; mais que, suivant l'art. 59 de la loi du 15 avril, le tribunal de répression devait renvoyer devant le *juge compétent* pour apprécier le mérite des titres ou de la possession, alors surtout que ce renvoi lui était demandé; — Qu'en tous cas, le jugement attaqué n'a pas donné de motifs pour repousser le moyen du demandeur tiré de ce que l'ordonn. de 1669, art. 10, tit 31, ne s'appliquait qu'aux maîtres pêcheurs et aux rivières navigables ou flottables.

3° Violation de l'art. 2 c. civ., de l'art 62 de la loi du 15 avril 1829 et de l'art. 638 c. inst. crim., en ce que le jugement attaqué a attribué à la loi du 15 avril un effet rétroactif qui n'y est pas exprimé, et que, y eût-il délit, l'action était prescrite vis-à-vis du demandeur par le laps d'un mois, à compter du jour où il avait été constaté, puisque le procès-verbal du garde général était à la date du 18 novembre 1836, et que la citation n'a été donnée au sieur d'Espeuilles que le 10 janvier suivant.

4° Violation et fausse application de la loi pénale, en ce que le demandeur ne pouvait être condamné à l'amende en sa seule qualité de propriétaire; qu'il aurait fallu qu'il eût été complice de son fermier, mais qu'aucun des faits qui constituent la complicité n'a été déclaré à sa charge. — Arrêt.

La cour; — En ce qui touche le premier moyen de cassation, tiré de la fausse application de l'art. 24 de la loi du 15 avr. 1829; — Attendu que la prohibition portée par cet article s'applique non-seulement aux barrages construits dans le but unique de la pêche, mais encore à ceux qui, ayant été construits pour un moulin, servent néanmoins, en même temps, pour la pêche; — Attendu qu'en ce cas la prohibition, et par suite la pénalité, ne portent que sur la portion desdites constructions, qui n'a d'utilité que pour la pêche, et non sur la portion qui sert au service de l'usine; — Attendu que ledit art. 24 prohibe tout barrage ayant pour objet d'empêcher entièrement le passage du poisson; ce qui ne permet aucune distinction des cas où la partie du barrage servant à la pêche serait la plus faible ou la plus forte partie du barrage total de la rivière, et des cas où l'empêchement à la remonte du poisson n'existerait que pendant telle ou telle époque de l'année; — Attendu que la loi n'a remis qu'aux juges du fait le droit d'apprécier le caractère plus ou moins complet de l'empêchement au passage du poisson; — Et que, dès que les juges du fait ont déclaré qu'un barrage avait été construit dans l'objet d'empêcher entièrement le passage du poisson, ils ont constaté, en dernier ressort, un fait caractérisé par la loi pénale, et à l'égard duquel les éléments de conviction n'ont pu être appréciés que par eux;

Attendu que, dans l'espèce, le jugement attaqué déclare, en propres termes, que les pêcheries dont il s'agissait ont pour objet d'empêcher entièrement le passage du poisson, ce qui est le fait prévu et puni par l'art. 24 de la loi du 15 avr. 1829; — Attendu que le jugement attaqué se borne à ordonner la destruction de tous les travaux établis pour la pêche, et existant sur la rivière de Leguer au moulin de Kanguiel, ce qui ne comprend que les travaux destinés à prendre le poisson, mais non le barrage destiné à conduire les eaux de la rivière au moulin, lequel ne peut être régi que par les lois relatives à la police des eaux, et non par la loi réglementaire de la pêche; — En ce qui touche le deuxième moyen de cassation, tiré d'un excès de pouvoir, et de la violation des art. 2, 4, 59 et 83, § 2, de la loi du 15 avr. 1829, 409 et 413 c. inst. crim., et 7 de la loi du 20 avr. 1810; — Attendu que les art. 2 et 83, § 2, de la loi du 15 avr. 1829, se bornent à reconnaître qu'il peut exister, dans les rivières non navigables ni flottables, des droits de pêche indépendants de la qualité de riverains, et que ces droits de pêche peuvent être établis par possession ou par titres; — Attendu que la reconnaissance que fait le législateur de cette nature de droits, ne lui interdit pas d'en régler l'exercice par des lois de police et d'ordre public, et de changer ces lois quand il le juge convenable; — Attendu que l'art. 59 détermine le devoir du tribunal de répression, en matière de délits de pêche, lorsque le prévenu excipe du droit de propriété ou de tout autre droit réel; mais que, dans l'espèce, quelles que fussent les prétentions du prévenu, le procès ne roulait pas sur la propriété du droit de pêche, mais sur un mode illégal d'exercer ce droit, qui n'a été maintenu par les art. 2 et 83 qu'à la charge de se conformer à l'art. 24 et autres dispositions qui peuvent régler l'exercice de ce droit; — Attendu que le jugement attaqué est suffisamment motivé, et qu'aucune loi n'exigeait qu'il s'expliquât d'une manière catégorique sur chacun des raisonnements par lesquels le prévenu repoussait la prévention; — D'où il suit qu'il n'a été contrevenu ni à l'art. 408, ni à l'art. 413 c. inst. crim., ni à l'art. 7 de la loi du 20 avr. 1810; — En ce qui touche les troisième et quatrième moyens de cassation, tirés de la violation de l'art. 2 c. civ., de l'art. 62 de la loi du 15 avr. 1829, de la fausse application de l'art. 24 de la même loi, et de l'art. 638 c. inst. crim.: — Attendu que ce moyen consistait à savoir si l'action publique, à raison de la construction d'un barrage prohibé, était éteinte par la prescription lors de la promulgation de la loi de 1829; — Attendu que les lois d'ordre public et de police générale saisissent, le jour de leur promulgation, les faits qu'elles ont pour but de régler et les droits dont elles veulent régulariser l'exercice, quelle qu'ait pu être à cet égard la teneur des lois antérieures; — Attendu que l'art. 24 de la loi du 15 avr. 1829 est une loi d'ordre public, puisqu'elle a pour objet d'empêcher, dans l'intérêt général, que l'exercice du droit de pêche nuise au repeuplement des rivières; — Attendu que l'existence d'un barrage prohibé par ledit article est un délit continu, et que sa conservation, sous l'empire de la loi qui l'interdit, est une désobéissance à cette même loi, comme le fait même de sa construction, puisque la loi prohibitive est violée aussi bien par le maintien que par la création de l'objet prohibé; — Attendu que ce délit ne doit pas être confondu avec le délit de pêche prohibée, lequel se consomme et finit dans un moment donné, tandis que le barrage prohibé opère le dépeuplement des rivières, par le fait seul et pendant toute la durée de son existence; — Attendu que l'art. 62 de la loi du 15 avr. 1829 dispose que les actions en réparation de délits, en matière de pêche, se prescrivent par un mois, à compter du jour où les délits ont été constatés, lorsque les prévenus sont désignés dans les procès-verbaux; — Attendu que, dans l'espèce, le procès-verbal du garde-général est du 18 nov. 1836; — Que, le 7 décembre, le fermier seul a été assigné à comparaître devant le tribunal de Lannion; — Que, le 15 décembre, la mise en cause du propriétaire a été ordonnée, et que cette mise en cause a été effectuée par citation du 10 janv. 1837; — Attendu que, d'après le § 2 de l'art. 637, la citation donnée au fermier du moulin a conservé l'action publique vis-à-vis du propriétaire, qui n'a pu être mis en cause devant le tribunal de répression qu'avec le caractère de la complicité; — Attendu que, dès lors, le jugement attaqué, en refusant d'appliquer l'exception de la prescription au fait dont il s'agit, a sainement appliqué les art. 24 et 62 de la loi du 15 avr. 1829; — Rejette.

Du 14 déc. 1837.-C. C., ch. crim.-MM. de Bastard, pr.-Mérilhou, r.

(1) (Forêts C. Schmitt.) — La cour; — Vu les art. 23, 24 et 32 de la loi sur la pêche fluviale; — Attendu qu'il résulte des art. 23 et 24 précités, qu'il est interdit de placer dans les canaux, ruisseaux ou cours d'eau quelconques, des barrages ayant pour objet d'empêcher entièrement le passage du poisson; que cette prohibition s'applique nécessairement à tous les canaux et fossés, quels qu'ils soient, communiquant par un point avec les fleuves et rivières, puisqu'elle a pour objet d'en assurer le repeuplement et d'en conserver le poisson; — Attendu qu'il est constaté par un procès-verbal régulier, et reconnu par le jugement attaqué, que le prévenu avait entièrement barré, et de manière à fermer complétement tout passage au poisson, des canaux ou fossés communiquant avec la rivière d'Ill; que, néanmoins, ledit jugement l'a relaxé, par le motif que ces canaux ou fossés étaient établis entre des propriétés particulières, ne communiquant, par l'autre extrémité, avec aucune rivière navigable ou flottable, et se perdaient même dans les propriétés particulières; en quoi ledit jugement a violé les dispositions des art. 23 et 24 ci-dessus cités; — Attendu que le procès-verbal des gardes-pêches constatait, en outre, qu'il avait été trouvé sur la même place, et appartenant au prévenu, associé de la ferme de la pêche, des filets non plombés ni marqués, ce qui constituait une contravention à l'art. 32 précité, à raison de laquelle l'arrêt attaqué devait faire l'application des peines portées par cet article; — Par ces motifs, casse le jugement du tribunal correctionnel de Strasbourg, du 27 mars dernier.

Du 24 nov. 1832.—C. C., ch. crim.-MM. Olivier, f. f. prés.-Ricard, rap.

« d'aucuns engins ou harnois (spécialement dénommés)... et de tous autres qui pourraient être inventés au dépeuplement des rivières. » Ces dispositions prohibitives étaient beaucoup plus étendues que celles de l'art. 24 L. 15 avr. 1829. En conséquence, l'établissement des *gords* sur les rivières navigables et flottables était interdit, à moins que les pêcheurs n'eussent obtenu une autorisation spéciale à cet effet. Les *gords* sont de grands entonnoirs qu'on forme avec des filets ou des pieux qui se touchent les uns les autres et dont la pointe aboutit à l'entrée d'un verveux ou d'un guideau pour y conduire le poisson (Baudrillart, Dr. des pêches, v° Gord; V. aussi Eaux, n° 318). Il est évident qu'un semblable appareil est très-destructeur. Dans les rivières navigables ou flottables les gords étaient et sont encore interdits, parce qu'ils peuvent nuire à la navigation (V. Navigation et Voirie). Toutefois, et au point de vue de la pêche, leur établissement ne tomberait sous le coup de l'art. 24 L. 14 avr. 1829, que s'ils avaient pour objet d'empêcher entièrement le passage du poisson (Conf. M. Garnier, n° 319).

Ces explications rendent suffisamment compte du changement de jurisprudence qui s'est établi, en ce qui concerne les gords, après la promulgation de la loi du 15 avr. 1829. Avant cette loi on jugeait, avec raison, en se fondant sur la généralité des termes de l'ord. de 1669, que la construction, sans autorisation, dans une rivière navigable ou flottable d'un gord, ayant pour objet d'empêcher le passage du poisson, et tendant, par conséquent, au dépeuplement de la rivière (alors même qu'une grande partie seulement, mais non la totalité de la rivière, aurait été ainsi barrée), constitue, par son existence seule, le délit de pêche prévu par les art. 10 et 25, tit. 31, ord. 1669 (Crim. cass. 5 juill. 1828, MM. Bailly, f. f. de pr., Chantereine, rap., aff. Larrasset et autres; 4 déc. 1828, M. Bernard, rap., aff. min. pub. *C.* Darbo). —...Et qu'ils ne peuvent être excusés sous le prétexte qu'ils n'en ont pas fait usage (même arrêt du 5 juill. 1828). Quant à la jurisprudence nouvelle, V. n°s 106 et suiv.

105. En ce qui concerne la compétence, il était certain que le fait de tendre dans une rivière des piéges arrangés de manière à rendre la pêche plus abondante, et, par exemple, d'avoir formé, au moyen de pieux plantés à certaine distance, une espèce de gord, est un délit de pêche et non un délit de grande voirie, dont la connaissance appartenait aux tribunaux correctionnels et non à l'autorité administrative (Crim. cass. 20 sept. 1828, M. Bernard, rap., aff. forêts *C.* Cassaigne. — Du même jour quatre arrêts identiques, aff. Lamaison-Lami, Cadillon, Tamenon et Lamagnère, même rap.—V. aussi Eaux, n° 449, et Voirie).—Les tribunaux correctionnels étaient aussi compétents pour connaître, à l'exclusion de l'autorité administrative, du fait d'avoir pratiqué, sur une rivière, un barrage qui empêche la remonte du poisson, et l'oblige de se jeter dans des filets établis au-dessous (Crim. cass. 26 juill. 1827, M. Bernard, rap., aff. forêts *C.* Dussaut.— Du même jour six autres arrêts identiques, même rapp.).—Il en est de même sous l'empire de la loi nouvelle. Aussi, a-t-il été jugé que la construction d'un barrage dans une baie ou bras secondaire d'une rivière navigable, lorsqu'il n'en résulte pas d'obstacle pour la navigation dans le lit principal, n'est pas une contravention de grande voirie, mais bien une infraction à l'art. 24, L. 15 avril 1829 (ord. cons. d'Ét. 23 juill. 1841) (1). — Toutefois, la poursuite du délit de pêche, sous quelque législation que ce soit, qu'il s'agisse d'un barrage partiel ou d'un barrage total, est indépendante de la contravention de grande voirie qui peut résulter de l'établissement du barrage. Les conseils de préfecture peuvent être saisis de l'infraction, appliquer la peine et ordonner la destruction des barrages qui nuisent à la navigation et au flottage (V. Eaux, n° 515, Navigation, Voirie). — Ces principes ont été appliqués dans la plupart des espèces qui précèdent.

106. Outre l'infraction de voirie reconnue par les juges du fait et par la chambre criminelle, il n'en a pas moins été décidé que la loi spéciale sur la pêche devait être appliquée (Crim. cass. 26 juill. 1827, M. Bernard, rap., aff. Dussaut; 5 juill. 1828, MM. Bailly, pr., Chantereyne, rap., aff. Larrasset; 20 sept. 1828, M. Bernard, rap., aff. Cassaigne).

Mais il a été jugé sous la loi nouvelle que l'établissement d'un gord n'est punissable, d'après l'art. 24 c. pêche fluv. (dont l'art. 83 a abrogé l'ord. 1669) qu'autant qu'il empêcherait entièrement le passage du poisson (Pau, 24 déc. 1829, aff. Lazaret, V. Exploit, n° 721).— Il n'est pas nécessaire que le barrage ait réellement empêché le passage : il suffit qu'il le puisse ou qu'il ait pour objet de l'empêcher (M. Garnier, n°s 320, 321). C'est aux tribunaux qu'il appartient d'apprécier si l'obstacle est ou n'est pas complet (*eod.*, n° 322).

107. Toutefois les filets ou engins prohibés par l'art. 24 de la loi du 15 avril 1829, ne sont pas ceux-là seulement qui barrent sur toute sa largeur le lit de la rivière sur laquelle ils sont placés.— Et, spécialement, on doit considérer comme appareil ou établissement de pêcherie probibé un filet qui, bien que disposé de manière à laisser un certain espace libre à côté de chaque rive, a cependant pour effet d'empêcher entièrement le passage du poisson, soit parce que l'espace réservé ne renferme qu'une trop faible quantité d'eau, soit parce qu'il est obstrué par des roseaux ou par un autre objet quelconque (Nancy, 17 avril 1839) (2). — V. aussi Ann. for., t. 8, p. 142 et suiv.

108. Il pourrait même arriver que l'établissement d'un bar-

(1) *Espèce :* — (Min. des trav. pub. et des fin. *C.* Bazille.) — Un procès-verbal de garde-pêche constate que le sieur Bazille, propriétaire au Lion-d'Angers (Maine-et-Loire), avait fait construire dans un bras secondaire de la rivière canalisée la Mayenne, dit la Boire de Vauléard, une écluse de 8 mètres de large environ, destinée à former pêcherie, de sorte que les eaux de la Boire se trouvaient interceptées. — L'administration départementale, voyant là une contravention de grande voirie, a fait citer le sieur Bazille devant le conseil de préfecture, qui le 10 sept. 1838 a rendu un arrêté en ces termes : —« Considérant que l'écluse ou porte pratiquée à quelques mètres de distance de l'ancienne, pour remplacer cette dernière, n'empêche nullement l'écoulement des eaux dans la Boire de Vauléard et qui vont se rendre dans la rivière ; qu'elle ne peut servir de pêcherie et n'a pas été construite dans le lit de la Mayenne puisqu'elle en est séparée par une portion de la Boire ; qu'elle a pour but de dessécher des marais et de les convertir en pré, en détournant les eaux du coteau et en les amenant dans un fossé nouvellement fait, à l'extrémité duquel est établie la porte ci-dessus donnant sur la Boire, dont le sieur Bazille se prétend seul propriétaire ; — Que rien dans l'espèce ne caractérise une contravention aux termes de l'art. 42, tit. 27, de l'ord. de 1669, et de l'art. 24 de la loi du 15 avr. 1829, invoqué dans l'avis du sous-inspecteur des eaux et forêts, arrête : — Le sieur Bazille est renvoyé des fins du procès-verbal et renvoyé devant les tribunaux compétents, sur la question de propriété de la Boire de Vauléard, graviers et pêcheries en dépendant. »

Le ministre des travaux publics, auquel cet arrêté fut envoyé, pensant que le fait constituait une question relative à la pêche fluviale, le transmit au ministre des finances, dans les attributions duquel rentrait alors l'affaire. — Mais, sur l'avis du directeur général des eaux et forêts, qu'il s'agissait d'une prévention de contravention en matière de grande voirie, les pièces ont été renvoyées au ministre des travaux publics, qui s'est pourvu contre l'arrêté, le 18 avr. 1840. — De son côté le ministre des finances s'est également pourvu contre le même arrêté le 11 août 1840, après avoir reçu un rapport de l'administration des domaines, en se fondant sur ce qu'il s'agissait d'un délit de pêche.

LOUIS-PHILIPPE, etc.; — Vu l'édit du mois d'août 1669, portant règlement général pour les eaux et forêts; l'arrêt du conseil du 23 juill. 1783, portant règlement pour la navigation de la Loire; l'art. 2 de la loi du 29 flor. an 10 sur les contraventions en matière de grande voirie et l'art. 118 du décret du 16 nov. 1811; la loi du 15 avril 1829 sur la pêche fluviale, art. 24 et 48; — Considérant que le pourvoi de notre ministre des finances et celui de notre ministre des travaux publics ont pour objet l'annulation du même arrêté ; qu'il y a lieu de les joindre et d'y statuer par une seule et même ordonnance ;—Considérant que la contravention dont était saisi le conseil de préfecture de Maine-et-Loire par le procès-verbal du garde-pêche Harpin n'était relative qu'aux lois et règlements sur la pêche fluviale, et non pas aux lois et règlements sur la grande voirie; — Qu'aux termes de l'art. 48 de la loi du 15 avril 1829, les tribunaux de police correctionnelle seuls sont compétents pour connaître de ces sortes de contraventions :— Art. 1. Les conclusions du rapport de notre ministre des travaux publics sont rejetées.—Art. 2. L'arrêté du conseil de préfecture du département de Maine-et-Loire, du 10 sept. 1838 est annulé pour cause d'incompétence.

Du 23 juill. 1841.-Ord. cons. d'Et.-M. Du Martroy, rap.

(2) *Espèce :* —(Forêts *C.* Guyot.)— Le procès-verbal constatait, à la vérité, que le prévenu avait laissé un certain intervalle entre chaque extrémité de son filet et la rive ; mais le garde avait ajouté que, d'un côté, cet espace, quoique non toléré, était encore obstrué par des roseaux et autres herbages coupés et rassemblés à dessein pour arrêter le poisson

rage pût être considéré comme un délit, encore bien que ce barrage ne fermerait pas entièrement la rivière. En effet l'art. 26, § 2, L. 15 avril 1829, autorise le pouvoir exécutif à interdire les « procédés et modes de pêche qui doivent être prohibés comme étant de nature à nuire au repeuplement des rivières. » Cette disposition corrige celle de l'art. 24, dont on pourrait facilement abuser, et rien ne s'oppose à ce que des ordonnances ou décrets rendus, pour chaque département, sur les propositions des préfets, limitent les ouvertures qui devront être laissées dans les barrages. — En conséquence, il a été jugé : 1° que lorsqu'un arrêté du préfet, dûment homologué, interdit dans les rivières ou cours d'eau tout barrage qui empêcherait entièrement le passage du poisson, et ajoute qu'une ouverture de 2 mètres 50 cent. sera laissée à chaque barrage, il y a contravention à cet arrêté de la part d'un usinier qui, dans son barrage, a laissé une ouverture suffisante, il est vrai, en largeur, mais à laquelle sont placées des pelles ou vannes qui, retenant une partie de l'eau, obstruent l'ouverture dans une partie de sa hauteur. On dirait en vain qu'au-dessous des pelles il existe un passage suffisant pour le poisson (Crim. cass. 1er oct. 1841, aff. Even, V. Eaux, n° 581-4°); — 2° Que, dans ce cas, le délit est prévu et réprimé, non par l'art. 24 mais par les art. 26 et 28, L. 15 avril 1829 (Crim. cass. 31 mai 1833, aff. Brocas, V. n° 131); — 3° Que de même, si des filets ont été attachés à des claies placées dans la rivière, ce mode de pêche tombe sous le coup de l'arrêté préfectoral qui défend de retenir le poisson en plaçant des fascines et amas de pierres aux passe-lits et digues des moulins (Crim. cass. 7 sept. 1849, aff. Savy, D. P. 49. 5. 304).

109. Mais il y a excès de pouvoir dans le règlement d'un préfet qui pose en principe qu'il y aura présomption légale de délit de pêche contre un propriétaire riverain dans le fait seul de l'existence d'un barrage (ou peyrade) placé dans la partie d'une rivière qui joint immédiatement sa propriété (Limoges, 4 déc. 1838) (1); — En conséquence, le propriétaire riverain ne peut, sur la poursuite de l'administration des eaux et forêts, être, pour ce fait seul, condamné à une amende, si l'on ne prouve pas que le barrage a été construit par son ordre et dans son intérêt (même arrêt). — Si la doctrine de ce dernier arrêt est à l'abri de toute critique, la même cour s'est placée à un faux point de vue en décidant qu'un arrêté du préfet, rendu conformément à l'ord. du 15 nov. 1830, n'a pu empêcher l'établissement d'un barrage partiel (Limoges, 15 nov. 1843, 3e ch., M. Garraud, pr.; aff. Rouvery *C.* forêts). La cour s'est fondée, pour juger ainsi, sur ce que le préfet n'avait pas défendu un barrage partiel, tandis que l'art. 24 de la loi ne prohibe que le barrage total empêchant entièrement le passage du poisson. Mais il faut remarquer que la pêche à l'aide d'un barrage partiel est un des modes et procédés qui peuvent être interdits comme étant de nature à nuire au repeuplement des rivières, et que le pouvoir réglementaire des préfets, à cet égard, est gouverné par l'ord. du 15 nov. 1830 (V. p. 452). L'arrêté du préfet qui l'aurait ordonné ainsi ne serait sans valeur que s'il n'avait pas été homologué dans les formes prescrites par l'ord. du 15 nov. 1830. L'arrêt ne s'explique pas suffisamment à cet égard.

110. Il a été jugé que le fait d'avoir intercepté le passage du poisson à l'aide de claies et de fascines placées à la digue d'une usine, ne constitue pas le délit prévu par l'art. 24 de la loi du 15 avr. 1829, lorsque le poisson n'est pas privé de toute issue, et que notamment le passage reste libre dans une autre partie du cours d'eau où se trouve une autre usine (Crim. cass. 7 sept. 1849, aff. Savy, D. P. 49. 5. 304). — Nous croyons que cette décision est très-contreversable. Dans l'espèce, il s'agissait d'un cours d'eau non navigable (la Vienne) qui se trouve, à un certain endroit, partagé en deux branches d'égal volume. L'arrêt décide que le délit n'existe pas si l'une des branches est seule fermée, parce que le poisson peut passer dans l'autre branche. Ce serait très-bien si le barrage était établi au point d'intersection des deux branches. C'est peut-être ce qu'a pensé le rédacteur de l'arrêt, et à ce point de vue la décision serait à l'abri de toute critique. En fait, il n'en était pas ainsi, et le passage du

qui, ne trouvant plus d'issue, devenait infailliblement la proie du pêcheur. Étant allé de l'autre côté au moyen d'une barque, disait-il ensuite, nous avons vu qu'il y avait entre la rive et le piquet maintenant le filet un assez long espace; mais le peu d'élévation d'eau dans cet endroit, choisi à dessein, ne permettait pas la libre circulation du poisson qui, ne trouvant plus de passage, et étant poussé de chaque côté (ce qui se fait toujours en cette circonstance), soit au moyen de perches ou autres instruments, était immanquablement pris. — Le 26 oct. 1838, jugement du tribunal correctionnel de Saint-Mihiel qui, — « Attendu qu'il y avait un espace libre de 62 cent., d'un côté, entre la rive et l'engin, et de l'autre côté un espace assez long, qui seulement ne permettaient pas facilement la circulation du poisson; — Que, par conséquent, le barrage n'avait pas pour objet d'empêcher entièrement le passage du poisson; — Renvoie le prévenu. » — Appel. — Arrêt.

LA COUR; — Attendu que, si le garde rédacteur du procès-verbal qui sert de base aux poursuites a déclaré, dans son rapport, que Christophe Guyot avait laissé un espace libre à chaque extrémité du filet à l'aide duquel il a commis le délit de pêche qui lui est imputé, d'un autre côté, il a eu soin d'ajouter que cet espace ne renfermait qu'un volume d'eau peu considérable, et qu'il était obstrué, sur un autre point, par des herbes et des roseaux qui y avaient été rassemblés à dessein, de telle sorte qu'il était impossible au poisson d'échapper au piége qui lui était tendu; que la manière dont ce filet était disposé constitue évidemment le délit prévu et réprimé par l'art. 24 de la loi sur la pêche fluviale; qu'en effet, on doit considérer comme appareil ou établissement de pêcherie prohibé, dans le sens de cet article, celui qui a pour objet d'empêcher entièrement la libre circulation du poisson, soit que la rivière soit barrée sur toute sa largeur, soit que, à raison de la faible quantité d'eau qu'il renferme, ou par suite d'autre obstacle physique, l'espace libre laissé à côté de chaque rive, dans l'intention apparente de se conformer au vœu de la loi, n'offre au poisson qu'une issue tout à fait impraticable, les inconvénients que le législateur a voulu prévenir étant absolument les mêmes dans l'un et l'autre cas; — Infirme, etc.

Du 17 avr. 1839. — C. de Nancy, ch. corr.-MM. Mourot, pr.-Fabvier, proc. gén. c. conf.-Urguet de Saint-Ouen, av.

Du même jour, arrêt identique.-Affaire Gillon.

(1) (Veyrier-du-Mureau *C.* Forêts). — LA COUR; — Attendu que, le 1er août dernier, M. le garde général des forêts résidant à Limoges et le garde-pêche Rajou ont dressé procès-verbal contre M. Jean-Baptiste Veyrier-du-Mureau pour avoir contrevenu au règlement de M. le préfet de la Haute-Vienne, du 20 mars 1835, rendu exécutoire par l'ordonnance royale du 26 août 1836, en ce qu'il aurait laissé établir, dans les rivières de Mode et de la Vienne et dans les parties de ces rivières qui joignent ses propriétés, des peyrades ou barrages destinés à y placer des verveux; — Attendu que le même procès-verbal constate que les auteurs de ces barrages sont inconnus, et qu'aucune preuve, en dehors de ce procès-verbal, n'établit qu'ils ont été pratiqués par le prévenu ou par ses ordres; — Attendu que, pour déclarer coupable d'une contravention le sieur Veyrier-du-Mureau, les premiers juges ont eu recours au règlement de M. le préfet, qui rend les propriétaires riverains des rivières responsables des barrages appelés peyrades, à moins qu'ils ne prouvent qu'ils sont étrangers à leur construction; — Attendu que cette responsabilité légale ne résulte d'aucunes dispositions de la loi relative à la pêche fluviale; — Que l'on invoquerait en vain l'art. 2 de cette loi, qui donne aux propriétaires riverains des rivières le droit de pêche jusqu'au milieu du cours de l'eau, parce que ce droit, qui est accordé comme une juste indemnité du préjudice que cause le voisinage des eaux, n'oblige pas les propriétaires à exercer, dans l'intérêt général, une surveillance qui serait beaucoup plus onéreuse que le droit de pêche ne serait profitable; — Que la seule conséquence que l'on puisse tirer de l'art. 2 de la loi, c'est que le propriétaire riverain de la partie de rivière dans laquelle des barrages ont été faits est présumé les avoir pratiqués dans son intérêt pour pêcher d'une manière fructueuse; mais que cette présomption, quand elle est isolée, ne peut à elle seule constituer une preuve suffisante pour déterminer l'application d'une peine; — Attendu que le législateur a bien, par l'art. 26 de la loi sur la pêche fluviale, délégué aux préfets le pouvoir de faire des règlements pour déterminer les temps de pêche, les procédés et modes à employer, enfin les engins et leurs dimensions; mais il ne leur a pas conféré la puissance de créer une présomption légale de culpabilité qu'il aurait pu créer lui-même s'il l'avait cru juste et nécessaire; — Attendu que le règlement du préfet est en opposition avec les principes de droit criminel, qui imposent aux poursuivants l'obligation de prouver les délits dont ils se plaignent; — Qu'il est aussi contraire aux dispositions du code forestier, qui se lie avec la loi sur la pêche fluviale, lequel, en général, n'assujettit les personnes responsables qu'à des réparations civiles, et qui, lorsqu'il veut infliger une amende, a le soin de l'exprimer, comme dans l'art. 46; — Que, sous tous les rapports, le règlement de M. le préfet est illégal, et ne peut servir de base à la condamnation demandée par l'administration des forêts; — Par ces motifs, met appel au néant; émendant, réformant, relaxe le sieur Veyrier-du-Mureau de la plainte portée contre lui.

Du 4 déc. 1838.-C. de Limoges, 3e ch.-M. Lavaud-Condat, f. f. de pr.

poisson était entièrement intercepté dans le bras où se trouvait le barrage, et à une assez grande distance du point communiquant à l'autre bras, de telle sorte que, pour s'y réfugier, le poisson était obligé de redescendre pour s'y frayer une issue. Dans ce cas, nous croyons qu'il y aurait délit, même en l'absence de toute interdiction particulière au département (Conf. Bull. des Ann. forest., t. 5, p. 81). —V., au surplus, le numéro suivant.

111. On peut donc poser en principe que le délit prévu par l'art. 24 existe toutes les fois qu'une partie quelconque d'un cours d'eau est interceptée de telle sorte que le poisson ne puisse franchir l'obstacle. Aussi ne pouvons-nous refuser notre approbation aux décisions qui ont jugé, contrairement à l'arrêt ci-dessus du 7 sept. 1849, que la prohibition établie par l'article précité est applicable à un appareil de pêche occupant toute la largeur d'un bras de rivière, alors même que ce passage pourrait s'opérer librement par un autre bras de la même rivière (Crim. cass. 20 déc. 1851, aff. Dabbadie, et Bordeaux, 4 mars 1852, bull. des Ann. for., t. 5, p. 466 et 516).—Ajoutons encore que, pour échapper à la disposition de cet article, il ne suffit pas que le poisson puisse, à certains intervalles, se frayer un passage, si, dans tout autre moment, il rencontre l'empêchement absolu qui n'est, dans aucun temps, autorisé par la loi. Spécialement on doit considérer comme tel un établissement de pêcherie disposé en *ailes de moulin* mises en mouvement par le cours d'eau, alors même que l'obstacle qui s'opposerait au passage du poisson serait momentanément écarté pendant le temps où le vide se forme par suite du mouvement alternatif d'ascension du filet (mêmes arrêts). — L'appareil décrit ici est celui qu'on désigne en Gascogne sous le nom de *barreau*. — V. Ann. forest., année 1849, p. 151.

112. *Usage de drogues ou d'appâts de nature à enivrer le poisson.* — Il est expressément prohibé « de jeter dans les eaux des drogues ou appâts de nature à enivrer ou détruire le poisson, sous peine de 30 à 300 fr. d'amende et d'un emprisonnement d'un à trois mois » (L. 15 av. 1829, art. 25).—Cette disposition est empruntée à l'ord. de 1669, tit. 31, art. 14, qui désignait certaines substances propres à enivrer le poisson (V. p. 441). On a cru devoir généraliser, autant que possible, cette prohibition parce que la nomenclature qu'on essayerait de faire, à cet égard, contiendrait toujours des omissions dont la malveillance ne manquerait pas d'abuser (Rapp. ch. des pairs, p. 448, n° 14). — Du reste, c'est aux tribunaux qu'il appartient d'apprécier si les substances jetées peuvent produire l'effet prévu par la loi (MM. Garnier, n° 334; Baudrillart, t. 1, p. 263. V. aussi Crim. rej. 19 mai 1837, n° 113).

113. L'expression de l'art. 25, *dans les eaux*, ne doit s'entendre que des eaux courantes, énumérées dans l'art. 23. Dès lors, celui qui jetterait des drogues soporifiques, dans des étangs, viviers et réservoirs, ne serait point punissable (Explic. du min. des fin., ch. des pairs, séance du 2 mai 1828, Mon. du 4 mai). —Toutefois, le fait d'empoisonner les poissons d'un étang est un délit d'une nature particulière soumis aux peines de l'art. 452 c. pén. (Opin. de M. de Malleville, rapporteur de la ch. des pairs, discussion de 1828, même séance). — D'après un arrêt, la loi n'ayant pas déterminé quelles sont les substances qui sont de nature à enivrer ou à détruire le poisson dans les rivières, et dont le jet constitue une contravention à l'art. 25 de la loi du 15 avril 1829, les cours impériales ont le droit d'ordonner une expertise, sur le point de savoir si telle substance peut produire l'effet prévu par la loi, encore bien qu'un arrêté de préfet, approuvé par une ordonnance royale, aurait classé cette substance au nombre de celles qui sont de nature à détruire le poisson (Crim. rej. 19 mai 1837) (1). — Les auteurs des annales forestières font observer, avec raison, que les préfets pourraient, aux termes de l'ord. du 15 nov. 1830 (V. p. 452), interdire les drogues dont l'emploi, combiné avec l'usage de certains filets ou engins, leur paraîtrait présenter les dangers que la loi a voulu prévenir. Dans ce cas, les peines à appliquer seraient celles de l'art. 28, L. 15 avril 1829.

114. *Rouissage des plantes textiles.*—Quant au rouissage du lin et du chanvre dans les fleuves et rivières, l'art. 30 du projet du gouvernement l'interdisait dans les termes suivants : «Le rouissage du lin, du chanvre et de toute autre plante textile dans les fleuves, rivières, canaux et dans les ruisseaux y affluant est défendu sous peine d'une amende de 25 à 100 fr.—Toutefois, dans les localités où l'on ne pourrait suppléer au rouissage dans l'eau par un autre moyen, le préfet, sous l'approbation du gouvernement, pourra accorder les exceptions qu'il jugera nécessaires. »—Cette disposition fut vivement attaquée à la chambre des pairs par MM. d'Argout, de Marcellus, de Corbière et surtout par M. Chaptal. Le projet fut faiblement défendu par le commissaire du gouvernement. M. Roy, ministre des finances, proposa d'ajouter que le rouissage des plantes textiles serait permis dans les localités où des ordonnances royales en auraient autorisé l'usage. Malgré ce tempérament qui, du reste, n'ajoutait rien au projet, puisque le pouvoir exécutif avait le droit qu'on voulait écrire dans la loi, l'art. 30 de projet fut rejeté (ch. des pairs, séance du 2 mai 1828, Mon. du 4 mai 1828).

La conclusion à tirer de ce rejet est que le rouissage est permis dans tous les cours d'eau, du moins en le considérant au point de vue de la police de la pêche. Toutefois, l'opinion contraire a été soutenue dans la discussion par M. d'Argout qui a prétendu qu'on pouvait considérer le rouissage des plantes textiles comme une tentative d'empoisonnement du poisson prévu et puni par l'art. 25 L. 15 avril 1829 (*loc. cit.*). Mais cette opinion n'est pas admissible, et l'on doit décider avec M. Garnier (n° 332) que l'art. 25 est inapplicable au cas proposé parce que, dans cet article, le législateur suppose l'emploi d'un moyen frauduleux, dans l'unique but de faire périr le poisson ou de l'enivrer; tandis que

(1) *Espèce :* — (Forêts C. Heymann.) — Un procès-verbal fut dressé par des agents forestiers contre les sieurs Heymann et Grumback, pour avoir fait passer dans la Sarre de l'eau de chaux ayant servi à la macération et au lavage des matières qu'ils emploient dans la fabrication de la colle forte, ce qui constituait, suivant eux, une contravention à l'art. 25 de la loi du 15 avr. 1829, et à l'arrêté du préfet de la Moselle, du 7 juill. 1831, homologué le 3 novembre suivant, qui range la chaux au nombre des matières nuisibles au poisson. — Traduits pour ce fait devant le tribunal de police correctionnelle de Sarreguemines, les sieurs Heymann et Grumback furent condamnés à 50 fr. d'amende par application des dispositions ci-dessus citées. — Appel par les prévenus. La cour de Metz, par un premier arrêt, ordonna que des experts examineraient si les eaux s'échappant de la fabrique des prévenus pouvaient réellement nuire au poisson : —Les experts ayant déposé leur rapport, où ils émettaient l'avis qu'il ne pouvait résulter de ces eaux aucun dommage pour le poisson de la rivière, la cour rendit, le 11 janv. 1837, un arrêt définitif, par lequel elle renvoya les prévenus de l'action de l'administration; — Attendu qu'il était justifié qu'ils n'avaient pas jeté dans la Sarre des drogues propres à enivrer ou détruire le poisson. — Pourvoi par l'administration des forêts, qui a soutenu que l'art. 25 de la loi du 15 avr. 1829, ayant porté des peines contre ceux qui jettent des drogues de nature à enivrer le poisson, et que l'ordonnance du 7 juill.-3 nov. 1831, ayant classé la chaux, la noix vomique, le tet bymale, etc., au nombre des substances de nature à enivrer et à détruire le poisson, ce qu'elle avait le droit de faire, en vertu de l'art. 26 de la même loi, il ne pouvait y avoir lieu à expertise, et que la cour devait appliquer les peines de la loi à une contravention constatée, tant par le procès-verbal que par les aveux des prévenus.—Arrêt.

La cour ; — Vu les art. 25, 26 et 28 de la loi du 15 avr. 1829, sur la pêche fluviale ; — Attendu que l'art. 25, qui défend de jeter dans les rivières des drogues de nature à enivrer le poisson ou à le détruire, ne détermine point les substances nuisibles au poisson, auxquelles s'étend cette prohibition ; qu'il appartient donc aux cours royales de décider, suivant, les cas, s'il y a infraction audit article; — Que la disposition de l'art. 26, d'après laquelle des ordonnances royales doivent déterminer les procédés et les modes de pêche prohibés comme pouvant nuire au repeuplement des rivières, et l'ordonnance royale du 3 nov. 1831, qui homologue l'arrêté du préfet de la Moselle, du 7 juillet précédent, pris pour l'exécution dudit art. 26, sont étrangères à l'art. 25, invoqué par l'administration des forêts, contre les sieurs Heymann et Grumback, et concernent uniquement l'application de l'art. 28 de la même loi ; — Que, dès lors, l'arrêt attaqué a pu ne tenir aucun compte de l'arrêté du préfet de la Moselle, et qu'ayant jugé, en fait, qu'Heymann et Grumback, en laissant écouler dans la source les eaux provenant de leur manufacture de colle forte, ne nuisaient pas au poisson, il n'a violé, par son refus de leur appliquer les dispositions de l'art. 25 de la loi du 15 avr. 1829, ni ledit article, ni aucune autre loi ;—Rejette.

Du 19 mai 1837.-C. C. Ch. crim.-MM. Chopin, pr.-Vincens-Saint-Laurent, rap.-Parent, av. gén.-Arronshon, av.

Nota.— Le même jour, autre arrêt semblable.

le rouissage a un tout autre but. On ne peut évidemment assimiler les plantes textiles à une drogue ou à un appât, et l'on ne peut pas dire qu'elles aient été jetées. D'ailleurs les auteurs du projet comprenaient qu'il fallait une disposition spéciale pour interdire le rouissage, et cette disposition a été écartée.

115. Une autre question a été élevée. C'est celle de savoir si le rejet de la disposition relative au rouissage dans la loi du 15 avril 1829, laissait subsister les anciens règlements qui interdisaient cette opération. Cette défense est écrite dans un grand nombre de coutumes, dans un arrêt du 26 juill. 1557 et dans les arrêts du conseil dont les dates suivent : 27 juin 1702, 17 déc. 1719, 11 sept. 1725, 26 fév. 1732, 28 déc. 1756 et 24 juin 1777. Ces arrêts avaient force réglementaire, mais ils n'ont jamais reçu qu'une exécution incomplète. — A supposer qu'ils ne soient pas abolis par le non-usage, leur abrogation résulte non pas virtuellement de la suppression de l'art. 30, mais explicitement de l'art. 83 L. 15 avril 1829. En conséquence, le règlement administratif qui interdit le rouissage du lin dans les rivières navigables et flottables, ainsi que dans les ruisseaux qui y affluent, est illégal (Crim. rej. 5 fév. 1847, aff. Joly, D. P. 47. 1. 58). — Au reste, il a été décidé qu'un dépôt de chanvre dans une rivière navigable doit être considéré comme faisant obstacle au libre cours de la navigation, et qu'à ce point de vue seul il constitue un délit de grande voirie, qui, d'après la loi du 29 flor. an 10, l'art. 112 décr. 16 déc. 1811 et l'art. 1 décr. 10 avril 1812, ne peut être jugé que par l'autorité administrative (ord. cons. d'Et. 4 fév. 1824, aff. Bruard et Pierre Noire ; 4 nov. 1824, aff. Faucher, etc.; V. Voirie et Navigation).

116. Il est, en effet, certain que, dans certaines circonstances, le rouissage des plantes textiles peut compromettre la salubrité publique. Les maires pourraient donc prendre des arrêtés portant interdiction de cette opération (V. Commune, nos 669 et 941). D'un autre côté, la police des cours d'eau publics, indistinctement, a été attribuée aux préfets (inst. législ. 12-20 août 1790, V. Organ. admin. et L. 14 flor. an 11, V. Eaux, p. 326). Il appartient donc à ces magistrats de prescrire, chacun dans sa circonscription administrative, à l'égard de ces cours d'eau, toutes les mesures qu'ils jugent nécessaires relativement à la salubrité publique (Crim. rej. 5 fév. 1847, aff. Joly, D. P. 47. 1. 58).

117. Il résulte de ce qui précède que, sous la loi du 15 avril 1829 : 1° le rouissage des plantes textiles, dans quelque cours d'eau que ce soit, ne peut jamais être considéré comme un délit de pêche, et par suite qu'il ne peut être poursuivi par l'administration forestière devant les tribunaux correctionnels ; 2° si, dans les cours d'eau navigables ou flottables, la plantation des pieux et l'apport des pierres nécessaires pour pratiquer le rouissage nuisaient à la navigation ou au flottage, ces faits pourraient être considérés comme des contraventions de grande voirie susceptibles d'être déférées aux conseils de préfecture (V. Navigation et Voirie) ; — 3° Que, dans les mêmes rivières, les préfets et les maires peuvent interdire le rouissage comme contraire à la salubrité publique, sans que ces arrêtés aient besoin d'être approuvés par l'autorité supérieure comme dans le cas de l'art. 26 L. 15 avril 1829 ; — 4° Que les maires ont le même pouvoir, à l'égard de tous les cours d'eau qui ne sont ni navigables ni flottables et de toutes les eaux stagnantes. — V. au surplus sur ces matières M. Garnier, nos 330 à 333 et 585. On consultera aussi avec fruit un excellent travail de M. Ch. Deville sur le rouissage des plantes textiles considéré au triple point de vue de la pêche, de la salubrité publique et de la grande voirie (Annales forestières, 1847, t. 6, p. 118).

118. Il est rare que le pouvoir réglementaire use de la faculté d'interdiction que nous venons de lui reconnaître à l'égard du rouissage. Il arrive même quelquefois que certains baux de pêche mettent à la disposition exclusive du fermier les grèves appartenant à l'État, tant pour le dépôt de ses filets que pour le rouissage des plantes textiles. Dans ce cas, un particulier qui a étendu ses chanvres sur les grèves ne peut être recherché pour ce fait par le fermier de la pêche, si son bail n'a pas été publié, et tant qu'un acte administratif, également publié, n'a pas fait connaître que ce bail a concédé au fermier, au lieu d'une simple faculté personnelle, le droit d'exiger une rétribution pour l'étendage sur les grèves (Req. 14 mars 1842, aff. Talbot, V. no 67).

119. *Conservation du poisson. — Principes généraux. — Législation ancienne.* — La conservation du poisson, ressource alimentaire importante, est considérée comme étant d'ordre public. L'intérêt général prescrit donc de limiter l'exercice de la pêche, dans tous les cours d'eau, en prenant toutes les précautions propres à prévenir la destruction du poisson et à favoriser le repeuplement des rivières. — En conséquence, l'ord. de 1669 avait interdit la pêche de nuit et pendant le temps du frai. Elle avait pareillement défendu l'usage de certains modes et procédés de pêche, ainsi que l'emploi de certains harnais, filets et engins considérés comme destructeurs (ord. 1669, tit. 31, art. 5 à 13, V. p. 441).

120. Ces dispositions ont été fréquemment appliquées avant la loi du 15 avril 1829 par les décisions que nous allons rapporter. Sous l'empire de cette législation il a été jugé : 1° qu'il est défendu au propriétaire riverain de pêcher dans une rivière même non navigable dans le temps du frai (Crim. cass. 27 déc. 1810, MM. Barris, pr., Basire, rap., aff. Gillot) ; — 2° Que la prohibition de pêcher la nuit, établie par l'art. 5, tit. 31, ordon. 1669, étant d'ordre public, ne doit pas être considérée comme abrogée par un usage contraire, quelque long qu'il ait été, alors, surtout que cette défense se trouve dans le cahier des charges de l'adjudication de la pêche (Crim. cass. 24 sept. 1830) (1). — « Attendu, porte un autre arrêt, que la prohibition de pêcher pendant la nuit, faite par l'art. 5, tit. 31 de l'ord. de 1669, l'a été dans l'intérêt de l'ordre public, du respect des propriétés, et pour la sûreté des citoyens, la pêche, pendant la nuit, pouvant servir de moyen pour commettre des dégâts dans les propriétés riveraines, d'autres délits, et même des crimes ; — Que, d'ailleurs, la surveillance de la pêche, prescrite par les lois, est impossible pendant la nuit... ; casse (Crim. cass. 29 août 1829, MM. Bastard, pr., Bernard, rap., aff. forêts *C.* Néra).

121. Et, suivant un arrêt, cette prohibition ne reçoit aucune exception, ni de l'art. 7 de ce titre, lequel se borne à établir, pour la pêche aux saumons, aux aloses et aux lamproies, une exception à la défense générale de l'art. 6 de pêcher pendant le temps du frai, ni de l'usage immémorial où l'on serait de pêcher pendant la nuit.... cet usage d'ailleurs ne pourrait être invoqué alors que le cahier des charges renouvelait au fermier contrevenant la prohibition de l'art. 5 (Crim. cass. 3 oct. 1828) (2).

122. Il a été jugé aussi : 1° que les dispositions de l'ord. de

---

(1) (Forêts *C.* Lamarque.) — LA COUR ; — Vu les art. 5, 6 et 7, tit. 31 ordonn. de 1669 ; — Attendu que la prohibition de pêcher pendant la nuit, faite par l'art. 5 précité, l'a été dans l'intérêt de l'ordre public et des propriétés riveraines, et pour assurer la surveillance de la pêche, et que l'art. 7 ne fait exception qu'aux dispositions de l'art. 6 qui le précède ; — Attendu qu'un usage immémorial, alors même qu'il serait prouvé, ne peut déroger aux dispositions d'une loi d'ordre public, rappelées d'ailleurs dans le cahier des charges de l'adjudication de la pêche ; — Attendu que, néanmoins, le jugement attaqué a relaxé P.-B. Lamarque, prévenu d'avoir pêché, pendant la nuit, dans la rivière de l'Adour, par le motif que, de temps immémorial, et sous les yeux des agents de l'administration, on a pêché, pendant la nuit, aux lamproies, saumons, aloses et anguilles ; en quoi ledit jugement a violé l'art. 5 précité du tit. 31 de l'ordonn. de 1669 ; — Par ces motifs, casse, etc.

Du 24 sept. 1830.-C. C. Ch. crim.-MM. Bastard, pr.-De Ricard, rap.

Nota.— Le même jour, cinq autres arrêts semblables.

(2) (Forêts *C.* Douditz et autres.) — LA COUR ; — Vu les art. 5, 6 et 7, tit. 31, ord. 1669, et l'arrêté du directoire exécutif, du 28 mess. an 6 ; — Attendu que la prohibition de l'art. 5, de pêcher pendant la nuit, a été faite dans l'intérêt de l'ordre public, du respect des propriétés et pour la sûreté des citoyens, la pêche pendant la nuit pouvant servir de prétexte pour commettre des dégâts dans les propriétés riveraines, d'autres délits et même des crimes ; que l'art. 7 n'a apporté aucune exception à cette prohibition ; que celle établie par ledit art. 7 n'est applicable qu'à l'art. 6, qui prohibait d'une manière générale la pêche pendant le temps de frai, parce que la pêche aux saumons, aux aloses et aux lamproies avait toujours eu lieu pendant le temps de frai ; que, d'ailleurs, l'art. 7, en disant qu'il excepte de la prohibition contenue en l'article la pêche aux saumons et aux lamproies, indique clairement que l'exception ne s'applique qu'au seul article, lequel ne peut être que celui qui précède immédiatement l'exception ; — Attendu que, fût-il justifié que, d'après un usage immémorial, la pêche avait lieu pendant la nuit

1669, qui déterminaient certains engins ou modes de pêche dont elles prohibaient l'usage, n'étaient pas limitatives, et la prohibition s'étendait à tout mode qui empêchait le repeuplement des rivières. — Qu'en conséquence, et sous l'empire de ces dispositions qui ont continué à avoir force de loi, tant que les ordonnances annoncées par la loi du 15 avril 1829 n'ont pas été promulguées, l'individu prévenu d'avoir pratiqué des caches à pêcheur, et d'avoir fait usage de ce mode de pêcher, que l'administration soutient être nuisible au repeuplement, n'a pu être renvoyé de la prévention, non par le motif que ce mode n'est point nuisible, mais sur l'unique motif que l'ordonnance de 1669, ni aucune autre, n'auraient prohibé ce mode de pêche (Crim. cass. 8 juin 1833) (1); — 2° Que l'emploi d'un panier ou corbeille pour prendre du poisson, constitue le délit prévu par l'art. 31, tit. 10 de l'ord. de 1669, si le fait de la pêche a eu lieu dans une rivière ou ruisseau appartenant à un particulier : l'art. 18 du titre 25 de la même ordonnance ne serait applicable qu'autant que le délit aurait été commis dans une pêcherie communale par un habitant de la commune (Crim. cass. 7 août 1823, MM. Barris, pr., Chantereine, rap., aff. Faivre); — 3° Que les art. 1, 10 et 23, tit. 31 de l'ord. de 1669, prohibaient d'une manière générale, et sans aucune distinction, la pêche avec des filets ou engins défendus dans les rivières navigables ou non, ruisseaux et étangs, etc. — Des individus surpris en contravention à ces articles n'ont donc pu être absous ni sous le prétexte qu'ils n'étaient pas maîtres pêcheurs, et que la rivière où ils ont été trouvés pêchant n'était ni navigable ni flottable (Crim. cass. 12 fév. 1808, M. Babille, rap., aff. Dumoulin); — ...Ni sous le prétexte qu'ils étaient en possession depuis longtemps des constructions et engins prohibés dont ils se servaient. La possession, en effet, quelque longue qu'elle soit, n'établit pas un droit contre une prohibition d'ordre public (Crim. cass. 20 déc. 1810, M. Bauchau, rap., aff. forêts C. Labattut); — ...Ni parce que la pêche aurait eu lieu dans un canal dont les eaux dérivent d'une rivière et y refluent ensuite (même arrêt). — Cette question, si souvent agitée sous l'ancienne législation, qui a donné lieu à un double pourvoi devant la chambre criminelle (20 fév. 1812, M. Basire, rap., aff. forêts C. Rabiet; aff. Fresnois, même rap.) et devant les sections réunies (20 août 1812, le duc de Massa, pr., M. Basire, rap., même aff.), ne peut plus faire le moindre doute sous la loi du 15 avril 1829 dont l'art. 28 est tout à fait explicite.

123. On décidait avec raison, avant la loi du 15 avril 1829, et l'on jugerait encore aujourd'hui : 1° que la preuve qu'un individu s'est rendu coupable du délit de pêche avec engins prohibés ne résulte pas de cette circonstance qu'un filet dont l'usage est défendu a été trouvé encore mouillé dans un enclos à lui appartenant (Crim. rej. 1er mars 1822) (2); — 2° Que s'il n'est pêcheur de profession, il ne devient point, par ce fait seul, passible de l'amende prononcée par l'art. 25 du tit. 31 de l'ord. de 1669 (même arrêt) (remarquons, toutefois, que, sous la loi nouvelle, la profession de pêcheur n'impliquerait pas la condamnation dans le cas précisé par l'arrêt); — 3° Que le tribunal correctionnel doit, dans ce cas, se borner à ordonner le brûlement du filet prohibé (même arrêt); — 4° Que le batelier dont le bateau amarré devant sa maison, renfermait un épervier ou filet dont l'usage est prohibé, et à lui appartenant, a dû être condamné à l'amende de 100 fr. et à la confiscation de son épervier, conformément aux art. 15 et 25 du tit. 31 de l'ord. de 1669 (Cass., sect. réun. 29 oct. 1813) (3).

124. Il a encore été jugé, avant la loi nouvelle : 1° qu'un

---

la prohibition portée par l'art. 5 ayant été renouvelée par l'art. 46 du cahier des charges pour le bail passé à Cazan, serait ainsi obligatoire pour lui; — Attendu, d'ailleurs, qu'on ne peut se créer un droit au moyen d'une contravention et surtout au moyen d'un délit; qu'un usage, même immémorial, ne peut légitimer l'infraction faite à une loi positive et en vigueur;

Attendu qu'il résulte d'un procès-verbal du 8 février 1828, régulier et non attaqué, que les nommés Doudits et Houdillé pêchaient, à deux heures du matin, pour le compte de Cazan, fermier de la pêche dans le seizième cantonnement de l'Adour; qu'ils étaient, par conséquent, en contravention à l'art. 5 précité; qu'au lieu de les condamner à la peine de ladite contravention, le tribunal de Mont-de-Marsan a, par son jugement du 14 mai 1828, relaxé les prévenus et condamné l'administration forestière aux dépens; — En quoi ce jugement a fait une fausse application de l'art. 7, tit. 31, ord. de 1669, et ouvertement violé l'art. 5 du même titre; — Casse,

Du 3 oct. 1828.-C. C., ch. crim.-MM. Bailly, f. f. de pr.-Bernard, rap.

(1) (Forêts C. Bonnin, etc.) — LA COUR; — Vu les art. 26, 28 et 84 de la loi du 15 avril 1829 et l'art. 10, tit. 31, de l'ord. de 1669; —Et attendu que, jusqu'à la promulgation des ordonnances royales qui, aux termes de l'art. 26 de la loi du 15 avril, détermineront les filets et les instruments de pêche dont l'usage sera prohibé, l'art. 44 de la même loi maintient les prohibitions portées par l'art. 10, tit. 31 de l'ord. du 13 août 1669; — Que cet art. 10 fait expresses défenses aux pêcheurs de se servir d'aucuns engins ou harnois prohibés par les anciennes ordonnances sur le fait de la pêche et de tous autres qui pourraient être inventés au dépeuplement des rivières; — Que les contraventions à cet article doivent, aux termes des art. 28 et 84 de la loi précitée, être punies d'une amende de 30 à 100 fr.; —Attendu que le procès-verbal régulièrement dressé, le 7 mars 1831, contre les sieurs Bonnin et Maudineau, constate qu'ils pêchaient sur le grand canal du marais de Magué, enlevant des branches qui étaient dans l'eau et qui formaient une cache; qu'à raison de ce mode de pêche que l'administration forestière a considéré comme nuisible au repeuplement des rivières, elle a poursuivi les sieurs Bonnin et Maudineau pour les faire condamner à l'amende prononcée par l'art. 28 de la loi du 15 avril; — Que, sur l'appel, la cour de Poitiers, sans exprimer si les caches à pêcheurs étaient nuisibles au repeuplement des rivières, a décidé, en droit, qu'il n'y avait lieu de prononcer aucune peine, parce que l'art. 10, tit. 31, de l'ord. sur les eaux et forêts, ni les ordonnances antérieures, n'avaient prohibé d'une manière expresse et formelle les caches à poisson d'aucune espèce; —Mais attendu que la prohibition portée par cet article ne s'applique pas seulement aux engins et harnois prohibés par les anciennes ordonnances, et en outre à ceux appelés giles, tramail, furet, épervier, chasson et sabre, dont elles ne font pas mention, mais encore à tous autres qui pourraient être inventés au dépeuplement des rivières; — Que cette dernière disposition est précise et formelle; qu'ainsi elle donnait le caractère de délit au fait reproché aux sieurs Bonnin et Maudineau, si ce fait constituait un mode de pêche inventé au dépeuplement des rivières; — Que, dès lors, la cour de Poitiers a fait une fausse interprétation de l'art. 10, tit. 31, de l'ord. du 13 août 1669, et par suite en a violé les dispositions, ainsi que celles des art. 84 et 28 de la loi du 15 avril 1829; — Casse.

Du 8 juin 1833.-C. C., ch. crim.-MM. Choppin, f. f. de pr.-Thil, rap.

(2) (Min. publ. C. Juniot.) — LA COUR; — Sur le premier moyen : — Attendu, en droit, que si les procès-verbaux des gardes forestiers, non argués de faux, ont le caractère et la force de la preuve légale pour les faits positifs et matériels qui ont frappé leurs sens, et qui sont les éléments constitutifs des délits qu'ils ont à constater, la loi n'imprime pas le même caractère et n'attache pas la même force à de simples inductions tirées avec plus ou moins de vraisemblance des circonstances énoncées en ces procès-verbaux; — Et attendu, en fait, que Juniot n'a point été trouvé se servant d'un filet défendu; que l'épervier saisi n'était pas sur un bateau conduit ou amarré par lui, et qu'en jugeant que la preuve du délit de pêche ne résultait pas nécessairement de ce qu'un filet encore mouillé avait été trouvé dans un enclos à lui appartenant, et en refusant de le condamner à l'amende, la cour royale de Dijon n'a violé ni la foi due au procès-verbal ni les art. 10 et 15 du tit. 31 de l'ord. de 1669;

Sur le deuxième moyen : — Attendu que les délinquants, susceptibles de l'amende prononcée par l'art. 25 du même titre, sont ou les pêcheurs de profession, ou ceux à qui, en raison d'un fait particulier de pêche, la qualité de pêcheur peut être accidentellement attribuée, et qui ont été trouvés en même temps saisis de filets prohibés; — Et attendu que Juniot n'est point pêcheur de profession, et que le procès-verbal qui a été la base des poursuites n'établit pas contre lui un fait accidentel de pêche; qu'ainsi l'arrêt attaqué n'a point violé le susdit art. 25, et que la cour royale, en ordonnant le brûlement du filet prohibé, a fait de cet article la seule application dont il fût susceptible dans la circonstance; — Rejette.

Du 1er mars 1822.-C. C., sect. cr.-MM. Barris, pr.-Chantereyne, r.

(3) (Min. publ. C. Picard.) — LA COUR; — Vu les art. 15 et 25, tit. 31, ord. 1669; — Attendu que l'art. 15 précité n'est point limitatif, et n'autorise point les tribunaux à distinguer, pour son application, les bateaux amarrés de ceux en mouvement sur les rivières; — Que l'esprit évident de cet article repousse même cette distinction, puisqu'il a pour objet de prévenir et de réprimer des délits de pêche, de la part des bateliers, qui, à l'aide de leurs bateaux, soit en mouvement, soit amarrés, auraient une telle facilité de pêcher à tout moment, que la surveillance la plus active ne pourrait les en empêcher; — Attendu, d'ailleurs, que l'expression *conduisant*, employée dans ledit article, a pour objet de désigner un bateau sur rivière, soit qu'il soit en mouvement, soit qu'il soit amarré, et d'exclure seulement de sa disposition les bateaux hors de l'eau et en radoub; — Attendu que l'art. 25, également précité, enjoint aux officiers des maîtrises de faire brûler tous les engins

individu prévenu du délit de pêche avec engins prohibés n'a pu être renvoyé des poursuites, par le motif que les engins qui ont été saisis sur lui n'ont pas été incontinent envoyés au greffe avec le procès-verbal constatant le délit, conformément à l'art. 23, tit. 31, de l'ord. de 1669, s'il est établi par ce procès-verbal qu'il a été fait usage d'engins prohibés, ou si, pour suppléer à l'insuffisance du procès-verbal, ces engins, remis provisoirement par le garde saisissant à un dépositaire judiciaire, ont été représentés à la justice avant le jugement définitif (Crim. cass. 18 avril 1822, M. Chantereyne, rap., aff. min. pub. *C.* Robert); — 2° Que la défense que contient l'art. 18, tit. 31, de l'ord. de 1669, et les peines qu'il établit pour la rupture de la glace des mares, étangs et fossés, ne sont point applicables à la rupture de la glace des fleuves et rivières (Crim. cass. 7 avril 1827) (1); — 3° Qu'il en est de même encore bien que, par le cahier des charges de l'adjudication d'une pêche, il ait été défendu au fermier de casser la glace sur une rivière (même arrêt); — 4° Et lorsque la pêche a eu lieu dans une rivière navigable, il n'y a pas lieu de distinguer, pour l'application de la peine, entre le fermier de la pêche et un simple particulier, l'un et l'autre doivent être punis des peines portées par l'art. 10, tit. 31, de l'ord. de 1669 (Crim. cass. 21 juin 1821, MM. Barris, pr., Ollivier, rap., int. de la loi, aff. Milhaud père et fils).

125. *Législation actuelle.* — La plupart des prohibitions que nous venons de rappeler avaient été reproduites dans le projet de loi sur la pêche fluviale; mais la discussion a changé toute l'économie de la loi. Le projet remettait bien au pouvoir exécutif le soin de déterminer les temps, saisons et heures, pendant lesquels la pêche sera interdite, et de déclarer quels seraient les filets et les autres instruments de pêche dont l'usage devrait être prohibé comme étant de nature à nuire au repeuplement des rivières. A l'égard de toutes les autres dispositions conservatrices, le projet consacrait des règles fixes et dont l'application devait s'étendre aux rivières de tous les départements et à toutes les espèces de poissons. Sur la demande de M. Mounier, appuyée par MM. d'Argout, de Sesmaisons, Pasquier et de Broglie, et avec l'assentiment du commissaire du roi, les art. 25 à 40 du projet furent renvoyées à la commission (ch. des pairs, séance du 2 mai 1828, Monit. du 4 mai 1828). A la séance suivante, le rapporteur rendit compte du travail de la commission : « Elle a reconnu, dit-il, qu'il y a avantage à laisser au gouvernement le soin de déterminer, par des règlements d'administration publique, les temps où l'exercice de la pêche doit être prohibé, les modes de pêche et engins nuisibles au repeuplement des rivières, les conditions que doivent remplir les filets dont l'usage est permis; enfin les dimensions au-dessous desquelles le poisson ne peut pas être pêché, et les espèces d'appâts défendus. » En conséquence, le projet fut remanié et voté dans les termes énoncés aux art. 26 et suiv., L. 15 avr. 1829. Ce fut une importante amélioration. On comprend en effet que, sauf les dispositions des art. 24 et 25 que nous avons expliquées ci-dessus (n°s 97 et s., 112 et s.), et qui doivent s'appliquer aux cours d'eau de toute la France, les mesures relatives à la conservation du poisson sont essentiellement variables, suivant les lieux, les temps et les espèces de poissons. C'était donc le cas d'écrire, comme on l'a fait, la prohibition et la pénalité dans la loi et de laisser au pouvoir exécutif le soin d'en faire l'application au moyen de règlements d'administration publique mobiles comme les besoins qu'ils sont destinés à satisfaire et les intérêts qu'ils doivent garantir.

126. Les règlements d'administration publique destinés à assurer le repeuplement des cours d'eau sont préparés par les préfets. « Dans chaque département le préfet détermine, sur l'avis du conseil général, et après avoir consulté les agents forestiers, les temps, saisons et heures pendant lesquels la pêche sera interdite dans les rivières et cours d'eau » (ord. 15 nov. 1830, art. 5; V. p. 452). — « Il fait également un règlement dans lequel il détermine et divise les filets et engins qui devront être interdits » (*id.*, art. 6). — « Sur l'avis du conseil général, et après avoir consulté les agents forestiers, le préfet peut prohiber les procédés et les modes de pêche qui lui sembleront de nature à nuire au repeuplement des rivières » (*id.*, art. 7). — « Les règlements des préfets doivent être homologués par des ordonnances royales » (*id.*, art. 8); aujourd'hui par des décrets impériaux.

Ces actes du pouvoir exécutif ne peuvent être considérés comme obligatoires qu'autant qu'ils ont été publiés. A ce point de vue, l'insertion d'une ordonnance homologative dans le Recueil des actes administratifs du département a été considérée comme suffisante : « Attendu, porte un arrêt, que le règlement dont il s'agit a été imprimé et inséré dans le Mémorial admin. de la préfecture, et que ce règlement charge expressément les maires de le publier dans les formes par lui déterminées;—Que dès lors, et tant que la preuve contraire n'est pas rapportée, il y a présomption que la publication ordonnée par le préfet a eu lieu suivant le mode prescrit par ce magistrat, et conséquemment que les habitants de toutes les communes du département des Hautes-Pyrénées ont eu connaissance légale du règlement en question... (Crim. cass. 5 mars 1836, aff. forêts *C.* Arcy, M. Choppin, f. f. pr., Frétau de Peny, rap.; V. aussi Chasse, n° 73; V. cependant Lois, n° 171).

127. Nous allons parcourir successivement les différents points indiqués par les art. 5, 6 et 7 de l'ord. du 15 nov. 1830, qui ne fait que reproduire les termes de l'art. 26 L. 15 avril 1829. Disons cependant, et avant tout, que les prohibitions énoncées dans ces actes sont essentiellement limitatives, quant aux objets qu'elles réglementent, et que tout ce qui n'est pas défendu est permis, quand bien même le fait poursuivi sous l'empire de la loi actuelle serait réputé délit par l'ord. de 1669 aujourd'hui abrogée. Spécialement, la prohibition de bouiller (battre l'eau sous les racines, saules ou osiers pour en faire sortir le poisson et le faire donner dans les filets), portée par l'art. 2, tit. 31, ord. 1669, n'est pas punissable sous la loi nouvelle (Pau, 21 août 1829) (2).

---

défendus qu'ils trouvent, dans quelque endroit que ces engins soient saisis, et sans égard à l'usage qu'en auraient pu faire ou ne pas faire les détenteurs, sauf, toutefois, à prononcer en outre, contre ces détenteurs, les peines déterminées par la loi, lorsqu'ils en auraient fait usage pour pêcher; — Attendu qu'il était constaté, dans l'espèce, par un procès-verbal, et qu'il n'a pas été méconnu par l'arrêt attaqué, qu'un épervier avait été mis à sécher sur un bateau amarré devant la porte de Picard; que Picard, qui s'est avoué lui-même batelier, était propriétaire de ce bateau, et qu'il a réclamé cet épervier comme lui appartenant; que, dès lors, il y avait lieu de prononcer contre lui la confiscation de l'épervier, expressément défendu par l'art. 10, tit. 31, de l'ord., et l'amende de 100 fr.; que, cependant, l'arrêt attaqué n'a prononcé ni la confiscation de l'épervier ni l'amende; d'où il suit qu'il a été formellement contrevenu par cet arrêt aux art. 15 et 25 précités du tit. 31 de l'ord. de 1669; — Casse.

Du 29 oct. 1813.-C. C., sect. réun.-MM. de Massa, grand juge, pr.-Bazire, rap.

(1) (Eaux et forêts C. Renard.) — LA COUR; — Vu les art. 13 et 25 du tit. 31 de l'ordon. de 1669; — Attendu, sur le premier moyen, que l'art. 18, tit. 31, de l'ord. de 1669, ne contenant des défenses et n'établissant des peines que pour la rupture de la glace des mares, étangs et fossés, ces défenses et ces peines ne sont point applicables à la rupture de la glace des fleuves et rivières; que si l'art. 59 du cahier des charges étend la disposition dudit art. 18 aux fleuves et rivières, le cahier des charges, n'étant qu'un contrat civil, n'est point obligatoire pour les tribunaux criminels, les peines ne pouvant être établies que par la loi; — Rejette ce moyen; — Attendu, sur le second moyen, que les art. 13 et 25, tit. 31, de l'ord. de 1669, disposent que tous les harnois et engins dont se serviront les pêcheurs seront scellés en plomb du sceau déterminé par ledit art. 13, à peine de confiscation des engins qui seront brûlés et de 20 fr. d'amende; — Attendu qu'il résulte d'un procès-verbal régulier du 6 janv. 1826 et non attaqué, ledit procès-verbal rédigé par le garde-pêche Claude Morel, que François Renard, fermier de la pêche de deux lots de la rivière de la Saône, avait étendu sur la grève un engin non scellé ni marqué, dont le garde-pêche déclara la saisie; — Que, sur ce procès-verbal, Renard ayant été traduit devant le tribunal correctionnel de Vesoul, il fut renvoyé par jugement du 6 avril suivant, sans amende ni confiscation; que, sur l'appel interjeté par l'administration forestière, ce jugement fut purement confirmé, par arrêt du 26 juin suivant, par la cour royale de Besançon, chambre des appels de police correctionnelle; — Que cet arrêt, en s'appropriant ainsi les vices du premier jugement et en refusant de prononcer la confiscation de l'engin non marqué et de condamner le prévenu Renard en l'amende, a formellement violé les art. 13 et 25, tit. 31, de l'ordon. de 1669; — Casse.

Du 7 avr. 1827.-C. C., ch. crim.-MM. Bailly, pr.-Bernard, rap.

(2) (Forêts C. Fontan.)— LA COUR; — Attendu, 1° que, d'un côté, l'art. 182 c. inst. crim. autorise l'administration forestière à poursuivre

128. On a pu décider ainsi, même en l'absence des ordonnances spéciales qui ont dû intervenir, pour chaque département, sur la proposition des préfets en exécution des art. 26 L. 15 avril 1829 et 8 ord. 15 nov. 1830. Toutefois cette jurisprudence n'est applicable que dans le cas où il s'agit d'un délit autre que ceux prévus par les art. 5, 6, 8 et 10, tit. 31, ord. 1669, à l'égard desquels l'art. 84 L. 15 avril 1829 dispose que l'ordonnance servira de sanction pénale «jusqu'à la promulgation des ordonnances royales qui doivent déterminer les temps où la pêche sera interdite dans les cours d'eau, ainsi que les filets et instruments de pêche dont l'usage sera prohibé. — Cette disposition a été appliquée au délit prévu par l'art. 10, tit. 31, ord. de 1669 (Crim. cass. 8 juin 1833, MM. Choppin, f. f. pr., Thil, rap., aff. Bonnin).

129. 1° *Temps, saisons et heures pendant lesquels la pêche doit être interdite.* — Lors de la discussion générale à la chambre des pairs, M. de Sesmaisons a manifesté le regret qu'on n'eût pas conservé les dispositions de l'ord. de 1669, qui réglaient les temps et les saisons où la pêche devait être interdite ou permise. «Ces règles, a-t-il dit, ne sont pas arbitraires. Calquées sur les lois de la nature, elles doivent participer à leur fixité... A côté des prohibitions qu'elle établissait, l'ancienne ordonnance posait les exceptions reconnues nécessaires. Si la pêche était, en général, prohibée pendant la nuit, une disposition expresse (art. 7, V. p. 441) permettait de pêcher, même en temps de frai, les saumons, aloses et lamproies. En cette matière, les règles qui seraient posées par la loi auraient l'avantage de prévenir les accusations injustes dont l'administration ne saurait manquer d'être l'objet lorsqu'elle froisse par ses règlements les intérêts privés» (ch. des pairs, séance du 26 avril 1828, Monit. du 30 avril 1828). — Cette observation était plus spécieuse que fondée; aussi n'a-t-elle pas été admise. On a répondu avec avantage que l'époque du frai varie suivant les espèces de poissons, le climat et la température. Cela est tellement vrai que le vice de l'ord. de 1669 avait été depuis longtemps reconnu. L'art. 6, tit. 31, avait fixé le temps du frai depuis le 1er avril jusqu'au 1er juin. Cette limitation était trop absolue et trop générale. On avait senti la nécessité d'y déroger par quelques règlements locaux, et notamment par une déclaration du roi, du 4 août 1773, qui fixait depuis le 15 déc. jusqu'au 1er fév. le temps pendant lequel il était défendu de pêcher dans certaines rivières qui se rendent dans la Manche et dans lesquelles la truite abonde. — En général, c'est le retour de la belle saison et une chaleur tempérée qui disposent la plupart des poissons à l'acte du frai, sauf la truite et la lote ou lotte. Par conséquent, l'époque du frai ne peut être la même dans le nord et dans le midi, sur les hautes montagnes et dans les plaines. C'est donc pour mettre la loi d'accord avec la nature que l'art. 26 L. 15 avril 1829, statue que des ordonnances royales détermineront le temps pendant lequel la pêche sera interdite (Baudrillart, sur l'art. 26). — Ainsi la loi nouvelle présente les mêmes avantages qu'offrait la loi ancienne, sans en avoir les inconvénients. On peut même désigner, dans les règlements d'administration publique, certaines rivières dans lesquelles la pêche sera régie par des conditions particulières, eu égard au temps où elle devra s'exercer. Rien n'est plus essentiel à observer dans les cours d'eau où la truite se plaît. Si l'on veut perpétuer cette espèce de poisson, il est indispensable d'en interdire la pêche pendant une partie de l'hiver, non-seulement parce que cette époque est celle du frai, mais encore parce qu'à ce moment la truite se laisse prendre avec la plus grande facilité. — D'un autre côté, tout en maintenant l'interdiction de pêcher la nuit dans la plupart des circonstances, on pourra cependant permettre de pêcher dans certaines rivières après le coucher du soleil, parce qu'il y a des poissons, comme l'anguille, qu'il est difficile de prendre pendant le jour. A ce point de vue encore la loi nouvelle est préférable à l'ancienne, qui prohibait d'une manière absolue la pêche pendant la nuit (ord. 1669, tit. 31, art. 5, V. p. 441).

130. La sanction pénale des prohibitions dont nous venons de parler se trouve dans l'art. 27 L. 15 avril 1829, qui punit d'une amende de 30 à 200 fr. « *quiconque* se livrera à la pêche pendant les temps, saisons et heures prohibés par les ordonnances » (V. l'ancienne jurisprudence, notamment sur la pêche de nuit, n° 120-2°.)—L'énergie de cette disposition ne permet pas de douter que la peine ci-dessus énoncée ne doive être appliquée séparément à chacun des délinquants et non collectivement aux coauteurs ou complices d'un même délit. Ainsi, lorsqu'un procès-verbal constate que trois individus ont pêché ensemble, la nuit, au moyen du feu et avec des filets prohibés, chacun d'eux doit être condamné individuellement aux peines portées par l'art. 28, le fait constaté par le procès-verbal constituant, à l'égard de chacun d'eux, un délit distinct (Nancy, 29 janv. 1840, aff. forêts *C.* Harotte, V. n° 213). — Ce n'est pas ici le cas d'appli-

---

les délits forestiers, en laissant, toutefois, le même droit au ministère public; que cet article ne distingue pas entre l'action civile et l'action publique; que, par cela même, il les embrasse toutes deux; que le doute qu'il pourrait laisser sur ce point se dissipe, si l'on considère que la poursuite a lieu dans l'intérêt général qui est l'objet de l'action publique, et si l'on arrête son attention sur l'art. 202 du même code, qui, après avoir dit que la faculté d'appeler des jugements correctionnels appartient à la partie civile, quant à ses intérêts civils seulement, ne répète pas cette restriction à l'égard de l'administration forestière, ce qui montre qu'il n'a pas voulu la lui imposer; que, d'un autre côté, l'art. 15, tit. 5, de la loi du 14 flor. an 10, veut que les délits de pêche soient poursuivis de la même manière que les délits forestiers; et que, pour ce qui concerne la conservation et la police de la pêche, les cours d'eau privés sont assimilés à ceux qui appartiennent au domaine public, par l'arrêt du conseil du 27 nov. 1773; qu'il suit de là que l'administration forestière a action contre les délits de pêche comme contre les délits forestiers, et que l'étendue de son action est la même, quels que soient les cours d'eau où ils ont été commis; qu'ainsi, s'agissant, dans l'espèce, d'une infraction à un règlement sur la police de la pêche, la fin de non-recevoir que Fontan oppose à l'administration forestière, prise de ce que le fait qu'elle lui reproche ayant eu lieu dans une rivière qui n'est ni navigable ni flottable, elle est sans qualité pour en demander la répression, se trouve dénuée de fondement;

Attendu, 2° que les dispositions du tit. 31 de l'ord. de 1669, qui déterminent les instruments, les modes et procédés de pêche dont il n'est pas permis de faire usage, étant relatives à la police de la pêche, les raisons qui viennent d'être développées démontrent qu'elles s'appliquent à tous les cours d'eau et à tous les pêcheurs indistinctement; que c'est donc encore en vain que, pour justifier son action, Fontan se prévaut de ce qu'il ne peut être considéré comme maître pêcheur, et de ce que la rivière où il a pêché est une propriété privée; — Attendu, 3° que c'est avec tout aussi peu d'avantage qu'il soutient que l'emploi de la bouille, défendu par l'art. 11 du tit. 31 de l'ord. de 1669, dont les premiers juges lui ont fait l'application, ne constitue pas par lui-même un délit lorsque, comme dans l'espèce de la cause, il n'a pas accompagné l'usage d'un filet prohibé; que la disposition de cet article est générale et absolue, et qu'on ne peut admettre des distinctions ni des exceptions que la loi n'a pas faites; que l'intérêt public, que le législateur avait en vue, repousse, d'ailleurs, celle que Fontan veut faire accueillir, puisque, quels que soient les engins dont on peut se servir, le bouillage, forçant le poisson à sortir de ses retraites et à se jeter dans les filets, causerait bientôt le dépeuplement des rivières, s'il était toléré, et qu'il a été de la sagesse de la loi de le proscrire dans tous les cas, sous peine de manquer le but qu'elle se proposait; qu'il suit de là que tous les moyens proposés par Fontan, à l'appui de son appel, sont sans consistance, et qu'on ne peut s'y arrêter; — Mais attendu qu'aux termes de l'ord. royale du 27 nov. 1816, sur la promulgation des lois, le nouveau code de la pêche fluviale fut obligatoire dans le département des Hautes-Pyrénées, le 30 avril dernier, puisque le Bulletin qui le contient fut reçu par le garde des sceaux, le 24 du même mois, et que le chef-lieu de ce département n'est éloigné de Paris que de 81 myriamètres; que le fait de pêche reproché à Fontan ayant eu lieu le 30 juin, ainsi que cela résulte du procès-verbal qui le constate, devait être jugé d'après ce code, qui, par son art. 83, abroge la législation antérieure sur la matière; que l'art. 11, tit. 31, de l'ord. de 1669, n'est point du nombre de ceux que l'art. 84 veut que l'on continue d'observer, jusqu'à ce que les instruments, mode et procédés de la pêche aient été déterminés par une ordonnance du roi, qui n'a pas encore été rendue; que cet article était, dès lors, compris dans l'abrogation générale de l'ordonnance précitée; que ce que la loi ne défend pas est licite; qu'en matière pénale, le juge doit suppléer les moyens de défense que le prévenu a omis de proposer; qu'ainsi le fait reproché à Fontan ne constituant point un délit, il y a lieu d'annuler le jugement qui l'a condamné à raison de ce fait, et de le renvoyer de l'action dirigée contre lui par l'administration forestière, avec dépens; — Par ces motifs, statuant sur l'appel de François Fontan envers le jugement du tribunal correctionnel de Tarbes, du 21 juill. 1829, dit avoir été mal jugé, bien appelé; réforme ledit jugement; et procédant par nouveau jugé, relaxe ledit Fontan de l'action dirigée contre lui.

Du 21 août 1829.-C. de Pau, ch. cor.-M. de Crouzeilhes, pr.

quer la doctrine contraire admise en matière forestière (V. Forêts, n° 628). La raison de cette différence est que, d'après le code forestier, les peines se mesurent sur la quotité des objets enlevés ou d'après le mode d'enlèvement, abstraction faite du nombre des individus qui y ont coopéré, tandis que la loi sur la pêche fluviale prononce des peines individuelles contre chacun des auteurs des délits. Dès lors, et en l'absence de toute dérogation écrite dans la loi spéciale, il y a lieu d'appliquer les règles du droit commun.

131. 2° *Procédés et modes de pêche.* — L'ordon. de 1669, tit. 31, interdisait un grand nombre de procédés et modes de pêche. Ainsi il était défendu : 1° de mettre des bires ou nasses d'osier au bout des dideaux pendant le temps du frai (art. 7) (les dideaux sont de grands filets en forme de sacs qui se tendent dans les rivières, principalement sous les arches des ponts ou aux angles des gares); —2° De bouiller (V. Bouille) avec bouilles ou rabots (art. 11); — 3° De mettre à l'eau des lignes avec des amorces vives (*id.*); — 4° De porter dans les batelets des chaînes (destinées à faire du bruit pour rejeter le poisson dans les filets) et clairons (espèce de trompette dont on se sert pour attirer le poisson dans les filets); — 5° D'aller à la fare (*id.*) (la fare est une pêche solennelle et de réjouissance qui se faisait autrefois dans le mois de mai par les pêcheurs réunis); —6° De bouiller dans les nasses pour y prendre le poisson (*id.*); —7° De faire des trous pour pêcher sur les *mares*, *étangs* et *fossés* lorsqu'ils seront glacés (art. 18); — 8° D'y porter des flambeaux, brandons et autres feux.

Toutefois, cette énumération était incomplète. Elle ne comprenait pas notamment la prohibition de procédés très-destructeurs, comme la pêche à la main, la pêche dans les trous pratiqués sur les *rivières glacées*. Cette lacune avait été comblée dans le projet de loi sur la pêche fluviale. D'après le système adopté pour la spécification des prohibitions, toutes ces énonciations ont disparu, et les procédés et modes de pêche qui doivent être interdits, comme étant de nature à nuire au repeuplement des rivières, doivent être indiqués par des règlements d'administration publique préparés pour chaque département par les préfets, et homologués par le pouvoir exécutif (L. 15 avril 1829, art. 26, § 2, et ord. 15 nov. 1830, V. p. 452). — Ainsi, dans chaque localité on pourra reproduire toutes les interdictions comprises dans l'ordonnance de 1669 et dans le projet de loi sur la pêche fluviale, en ajouter même de nouvelles ou en retrancher. Par exemple, bien que la loi (art. 25) ne prohibe que le barrage total, rien n'empêche que des règlements d'administration publique ne défendent le barrage partiel. — Jugé que, dans ce cas, le règlement dûment homologué par ordonnance royale, par lequel un préfet prohibe divers procédés de pêche, et spécialement des barrages partiels pour empêcher le passage du poisson, est obligatoire pour les tribunaux, encore bien que ce règlement n'ordonnerait pas de poursuivre les auteurs d'un barrage partiel, ce droit de poursuite dérivant expressément de l'infraction aux dispositions des actes administratifs et de l'art. 28 de la loi du 15 avril 1829 (Crim. cass. 31 mai 1833) (1).

132. Il en est de même du règlement par lequel un préfet défend l'emploi des filets connus sous le nom de *dideaux*. Et il a été jugé que le préfet de la Seine avait pu interdire l'usage de semblables filets aux arches du pont de Saint-Cloud, et que la seule circonstance que des *dideaux* encore mouillés étaient suspendus à ce pont constituait le prévenu en contravention (Paris, 11 juin 1846, aff. Gallet et consorts *C.* min. pub., Bull. annales forest., art. 625). — Mais que la défense faite par un arrêté préfectoral de se servir pour la pêche de *cliers* (espèce de coffre en planches à jour) ne comprend pas, à défaut d'une mention spéciale, les engins connus sous la dénomination d'*anguilleries* ou couleries (Paris, 28 août 1845, Bull. ann. for., art. 447).

133. La sanction pénale de l'interdiction faite par un arrêté préfectoral, dûment homologué, d'employer un mode ou procédé de pêche défendu, se trouve dans l'art. 28 L. 15 avr. 1829, qui prononce pour ce fait une amende de 30 à 100 fr. Cette peine est doublée si le délit a eu lieu en temps de frai. Il faut remarquer toutefois que si le délinquant s'est servi, pour un mode de pêche interdit par le règlement local, de filets non prohibés de leur nature, il n'y a pas lieu de confisquer ces instruments, puisque cette peine n'est pas prononcée par l'art. 28 (Paris, ch. correct., 11 juin 1846, M. Cauchy, pr., aff. Germain et Leroux, journal le Droit du 12 juin).

134. 3° *Filets, engins et instruments de pêche prohibés.*— L'ordonn. de 1669 défendait de se servir « d'aucuns engins et harnois prohibés par les anciennes ordonnances, et en outre de ceux appelés giles, tramail, furet, espervier, chaslon et sabre, dont elles ne font point de mention, et de tous autres qui pourraient être inventés au dépeuplement des rivières; comme aussi d'aller au barandage, et de mettre des bacs en rivière, à peine de 100 liv. d'amende pour la première fois et de punition corporelle pour la seconde » (art. 10, tit. 31). Parmi les instruments dont l'ordonnance de 1669 donne la nomenclature, il y en a qui ne sont plus connus aujourd'hui; d'autres reçoivent différents noms suivant les localités; enfin plusieurs filets destructeurs ont été inventés depuis l'ancienne ordonnance. Par suite, il n'y avait pas lieu de reproduire l'énumération ci-dessus, et il était préférable de laisser au pouvoir réglementaire le soin de déterminer, d'après les localités, les filets dont l'usage doit être prohibé. C'est ce que dispose l'art. 26, § 3, de la loi sur la pêche fluviale. Toutefois il y a un genre de filets qui doit être prohibé dans toute la France. En effet, l'art. 1 ord. 15 nov. 1830 dispose : « Sont prohibés : ... 1° les filets traînants, 2° les filets dont les mailles... ont moins de 30 mill... » Par conséquent, tant qu'un acte régulier du pouvoir réglementaire n'aura pas, pour chaque département, dérogé à cette disposition générale, elle sera obligatoire sous les peines portées par l'art. 28 L. 15 avr. 1829. Dès lors, il n'est nullement nécessaire que les règlements départementaux, rendus sur la proposition des préfets, prohibent expressément les filets traînants, puisque cette prohibition ferait double emploi avec celle de l'ordonnance du 15 nov. 1830.—Cependant il a été jugé que les seuls filets traînants prohibés sont ceux qui sont nominativement désignés dans les règlements administratifs, pris pour chaque département, en exécution de cette ordonnance, et que, spécialement, on avait pu pêcher avec une seine vulgairement appelée *essave*, bien que ce filet fût traînant, alors que son emploi n'avait pas été prohibé par l'ordonnance spéciale au département dans lequel la pêche avait eu lieu (Bordeaux, 13 août 1841) (2).

---

(1) (Forêts *C.* Brocas.) — LA COUR; — Vu les art. 26 et 28 de la loi du 15 avr. 1829 relative à la pêche fluviale, et l'art. 3, n° 4, du règlement du préfet du département des Landes, du 15 juill. 1831, ledit règlement homologué par ordonnance royale du 3 novembre suivant;— Attendu que le procès-verbal dressé le 22 mai 1832 constate que le sieur Brocas fils, fermier d'un cantonnement de pêche, avait établi sur la rivière de Leny, un barrage confectionné de manière à détourner les eaux de leur cours naturel et à empêcher le passage du poisson;—Que ce barrage est un procédé et mode de pêche prohibé par le n° 4 de l'art. 3 du règlement du préfet du département des Landes; — Que ce règlement, homologué par ordonnance royale du 3 novembre, est obligatoire pour les tribunaux; qu'à cet égard, l'autorité du pouvoir royal et le droit de l'administration résultent bien expressément de l'art. 26 de la loi du 15 avr. 1829, qui dispose que « des ordonnances royales détermineront.... 2° les procédés et modes de pêche qui étant de nature à nuire au repeuplement des rivières, » et de l'art. 28 qui prononce une amende « contre ceux qui feront usage de l'un des procédés ou mode de pêche prohibés par les ordonnances; » — Qu'il est indifférent que l'ordonnance ni le règlement n'aient ordonné de poursuivre les auteurs d'un barrage partiel, puisque le droit de poursuivre dérivait, pour l'administration, de l'infraction à leurs dispositions et de l'art. 28 déjà cité; — Qu'ainsi le tribunal de Mont-de-Marsan, en renvoyant le sieur Brocas de l'action dirigée en résultance du procès-verbal du 22 mai, est contrevenu aux art. 26 et 28 c. for., à l'ordonnance royale du 3 novembre, au règlement du préfet du département des Landes, du 15 juillet, et en a violé les dispositions; — Par ces motifs, casse.

Du 31 mai 1833.-C. C., ch. crim.-MM. Chopin, f. f. de pr.-Thil, rap.

(2) (Eaux et forêts *C.* Blanchet, etc.)— LA COUR; — Attendu qu'un procès-verbal du 13 fév. 1841, dressé par le brigadier de la pêche à la résidence de Libourne, constate que Magret, Fourcaud, Blanchet et Gobain ont été trouvés exploitant la pêche sur la rivière de Dordogne, au lieu appelé l'Escave du Gallet, au moyen d'un bateau et d'un filet traînant; qu'il a été vérifié que le filet désigné sous la dénomination de filet traînant était une seine vulgairement appelée escave; — Attendu que l'art. 26 de la loi du 15 avr. 1829, sur la pêche fluviale, dispose que les ordonnances royales détermineront les filets, engins et instruments de pêche

Si la *doctrine* sur laquelle repose cette solution était fondée, il s'ensuivrait que les règlements faits pour chaque département devraient également s'expliquer sur la dimension des mailles fixée d'une manière générale, pour toute la France, par l'art. 1 ordonnance du 15 nov. 1830, et que, faute d'avoir reproduit cette fixation dans les ordonnances spéciales, on pourrait pêcher avec des filets dont les mailles auraient des dimensions inférieures à celles qui sont déterminées par l'ordonnance de 1830. Cependant le contraire a été formellement jugé (Grenoble, 27 déc. 1833, V. nº 138), et cette jurisprudence nous paraît préférable.

135. La sanction pénale de la disposition que nous venons d'examiner se trouve dans l'art. 28 L. 15 avr. 1829, qui prononce « une amende de 30 à 100 fr., laquelle doit être doublée si le délit a été commis en temps de frai. » — Il s'est élevé la question de savoir si cette pénalité doit être appliquée, non-seulement quand le délit avait eu lieu dans tous les cours d'eau, mais encore dans les noues, fossés, canaux, appartenant aux particuliers, et dans lesquels on ne peut pénétrer, en tout temps, en bateau de pêcheur (V. nºs 17 et s.). La cour de Montpellier a consacré la négative : « Attendu que l'art. 28 ne défend la pêche avec engins prohibés que dans les fleuves, rivières, canaux et ruisseaux, et que la noue dont il s'agit ne rentre dans aucune de ces catégories (ch. réun. 11 avr. 1837, M. Ginestat, pr., aff. Lartigues). Nous ne saurions approuver cette décision. Du moment qu'une noue tire ses eaux d'un cours d'eau, elle en fait partie en ce sens qu'elle est soumise pour la police de la pêche à toutes les mesures prescrites pour la conservation du poisson. Vainement dirait-on que cette noue est une propriété privée, puisque l'interdiction existe pour les cours d'eaux privés aussi bien que pour ceux qui dépendent du domaine public. Cette doctrine a été fréquemment appliquée (Crim. rej. 14 fév. 1846, aff. Ruinet, D. P. 55. 5, vº Pêche; 5 nov. 1847, aff. Peuchot, D. P. 47. 4. 366; 7 avr. 1848, aff. Lauthier, V. nºs 20 et 103).

136. 4º *Dimension des filets dont l'usage est permis.* — La loi du 15 avr. 1829 porte : « Des ordonnances royales détermineront... les dimensions des filets dont l'usage sera permis dans les divers départements pour la pêche des différentes espèces de poissons » (art. 26, § 4). — Il s'agit moins ici de la dimension des filets eux-mêmes que de l'écartement de leurs mailles. La loi suppose que des dispositions réglementaires pourront prescrire d'employer des filets ayant des mailles différentes, suivant l'espèce de poisson qu'on se propose de prendre. Les filets à larges mailles sont destinés à la pêche du gros poisson, et les filets dont les mailles sont moindres doivent être exclusivement employés à la pêche des poissons de petite espèce. Il faut nécessairement qu'il en soit ainsi, sans quoi la pêche du petit poisson serait impossible. Aussi les seuls filets dont l'usage soit permis sont : pour le gros poisson, ceux dont les mailles carrées, sans accrue (c'est-à-dire sans qu'on puisse diminuer la largeur de la maille en joignant deux mailles ensemble par un seul nœud), et non tendues ni tirées en losange, ont au moins 30 millimètres de chaque côté, après que le filet aura séjourné dans l'eau; et pour la pêche du petit poisson, qui comprend celle des goujons, ablettes, loches, vérons, vandoises et autres poissons de petite espèce, les filets dont les mailles ont 15 millimètres de largeur (ord. 15 nov. 1830, art. 1 et 2). — Spécialement pour la pêche de l'ablette, on peut se servir de filets dont la maille est réduite à 8 millimètres (ord. 28 fév. 1842).— L'infraction à ces dispositions est punie, par les art. 28 et 29, d'une amende de 30 à 100 fr., laquelle est élevée au double si la pêche a eu lieu en temps de frai.

137. On comprend combien il est facile d'éluder les prohibitions de la loi, et combien la constatation du délit sera difficile, à moins que le délinquant ne soit saisi en flagrant délit de pêche au gros poisson avec un filet destiné à la pêche de l'ablette et du petit poisson. Les pêcheurs ayant le droit de se servir alternativement de filets à grandes mailles pour les grosses espèces, et de filets à mailles réduites à 15 ou à 8 millimètres pour les petites espèces, il est peu probable qu'ils pousseront l'observation de la loi jusqu'à rejeter en rivière le poisson qu'ils auraient pris avec les filets à petites mailles. Pour que la loi pût être exécutée, il faudrait décider que le délit existe, par cela seul qu'un gros poisson a été pris dans un filet à petites mailles. Ce serait exagérer la rigueur de la loi, qui n'a pas voulu qu'on commît un délit malgré soi, ce qui arriverait si un poisson de grosse espèce se prenait dans un filet à petites mailles. Tout ce qu'on peut exiger, c'est que le poisson soit rejeté en rivière à l'instant même où il sort du filet. Or il est à peu près certain qu'il n'en sera ainsi que quand on pêchera sous les yeux mêmes du garde. — On est conduit par ces observations à se demander pourquoi, dans les actes réglementaires, on persiste à maintenir la distinction entre les filets à grande et à petite maille. Qu'importe qu'un gros poisson ait été pris avec un filet de telle ou telle dimension, puisque sa capture était licite? On comprend très-bien qu'on oblige les pêcheurs à rejeter en rivière les individus de certaines espèces qui n'ont pas encore atteint les dimensions voulues. Mais, à l'égard de ceux qui ont atteint ou dépassé ces dimensions, pourquoi y aurait-il délit à s'en être emparé avec un filet d'une maille inférieure à 30 millimètres?

Toutefois on peut répondre que l'usage habituel du filet à petites mailles présente un grave inconvénient, en ce sens qu'il permet de prendre plus fréquemment les petits individus des espèces qui doivent être rejetées en rivière, et que, par conséquent, les pêcheurs se trouvent plus exposés à la tentation de commettre des délits très-préjudiciables. La pêche avec des filets à petites mailles n'est qu'exceptionnelle, et ne doit avoir lieu, en général, que sur les bords des rivières. Toutefois, comme rien n'interdit de se servir de ces filets dans toutes des parties de la rivière, leur usage tend à se généraliser, et c'est là une des causes les plus actives du dépeuplement des rivières. Le seul moyen d'y remédier serait de proscrire d'une manière absolue l'usage du filet à petites mailles, et si cela n'était pas possible, d'en limiter l'usage aux cours d'eau privés. Quant aux cours d'eau qui dépendent du domaine public, rien ne s'oppose à ce qu'on y défende l'emploi de ces filets destructeurs, ou du moins qu'on soumette les pêcheurs à des obligations telles qu'ils ne puissent en abuser. Rien n'empêcherait, ce nous semble, qu'on les astreignît à ne se servir de ces filets qu'à certains jours de la semaine, ou à prévenir le garde du jour où ils seraient dans l'intention d'en faire usage.

Quoi qu'il en soit, et dans l'état actuel des règlements, il a été jugé que la circonstance que les mailles du filet seraient d'une ouverture supérieure à 15 millimètres, n'est pas une présomption suffisante de pêche aux gros poissons, la largeur de 15 millimètres étant un minimum pour les filets aux petits poissons, que le pêcheur est libre de dépasser. Dès lors, celui qui est trouvé pêchant avec un filet dont les mailles ont moins de 30 millimètres, et qui déclare ne pêcher qu'aux petits poissons, doit, en l'absence de déclaration contraire contenue dans le procès-verbal, être cru dans son allégation jusqu'à preuve du délit, laquelle est à la charge de l'administration forestière ou du ministère public (Dijon, 4 janv. 1837, 21 déc. 1842) (1).

---

qui seront défendus comme étant de nature à nuire au repeuplement des rivières ; — Attendu que si l'ordonnance du roi, du 15 nov. 1830, qui vise les art. 26, 27, 28 et 29 de la loi du 15 avr. 1829, prohibe en termes généraux, par son art. 1, les filets traînants, cette prohibition n'est pas cependant absolue; qu'elle se trouve modifiée par l'art. 6 qui charge les préfets, sur l'avis des conseils généraux de département et après avoir consulté les agents de l'administration des eaux et forêts, de déterminer, par voie de règlement administratif, les filets et engins qui devront être interdits ; — Attendu que l'art. 2 de l'arrêté du préfet de la Gironde, du 13 août 1831, pris en conformité de l'ordonnance précitée, est ainsi conçu : L'emploi des filets dont les noms suivent est interdit sous les peines portées par l'art. 27 de la loi du 15 avr. 1829, etc.; —Que, dans la nomenclature des filets interdits ne se trouve pas comprise la seine ou escave ;—Attendu que cet arrêté, rendu sur l'avis du conservateur des forêts et celui du conseil général, a été définitivement homologué et rendu exécutoire dans le département de la Gironde, par l'ordonnance royale du 3 novembre de la même année ; — Attendu qu'il ne peut appartenir aux tribunaux correctionnels d'étendre le cercle des prohibitions et de prononcer des amendes hors des cas limitativement prévus; — Met au néant l'appel que l'administration des eaux et forêts a interjeté du jugement rendu par le tribunal correctionnel de Libourne, le 25 mars 1841.

Du 13 août 1841.-C. de Bordeaux, ch. corr.-M. Gerbeaud, pr

(1) 1re *Espèce :* — (Min. pub. C. Fourot). — Le sieur Fourot, cité

138. Mais lorsqu'un arrêté de préfet, homologué par ordonnance royale, ne s'explique pas sur la dimension des mailles des filets employés à la pêche du petit poisson, on ne doit pas en conclure, quels que soient les anciens usages de la localité à cet égard, que cet arrêté dérogeait à l'ordonnance royale du 15 nov. 1830, qui a généralement réglé la dimension à donner aux mailles de ces mêmes filets (Grenoble, 27 déc. 1833) (1).

139. 5° *Dimensions des poissons.* — La loi a autorisé le pouvoir réglementaire à déterminer, pour chaque localité, « les dimensions au-dessous desquelles les poissons de certaines espèces qui seront désignées ne pourront être pêchés et devront être rejetés en rivière (L. 15 avr. 1829, art. 26, § 5). — Cette disposition est empruntée à l'art. 12, tit. 31, ord. 1669, aux termes de laquelle « les pêcheurs rejeteront en rivière les truites, carpes, barbeaux, brèmes et meuniers qui seront pris ayant moins de 6 pouces entre l'œil et la queue, et les tanches, perches et gardons qui en auront moins de 5, à peine de 100 liv. d'amende. » — La loi nouvelle est préférable en ce sens qu'elle peut s'étendre à toute espèce de poisson, et qu'elle permet de lever l'interdiction dans le cas où elle ne serait plus nécessaire dans certaines localités.

140. L'interdiction n'est pas générale et l'ord. du 15 nov. 1830 est muette à cet égard. Par conséquent, le délit n'existe qu'autant que les espèces et les dimensions des poissons qui doivent être rejetées en rivière ont été formellement déterminées par les règlements faits pour chaque département. Aussi approuvons-nous la décision par laquelle il a été jugé que l'art. 12 de l'ord. de 1669, qui fixe la dimension du poisson au-dessous de laquelle il doit être rejeté en rivière, a été abrogé par la loi du 15 avr. 1829. — Par suite, et en l'absence d'un arrêté préfectoral homologué par ordonnance royale qui renouvelle la prohibition établie dans l'ord. de 1669, le fait d'avoir pêché des poissons de la dimension prohibée ne tombe sous l'application d'aucune loi pénale (Riom, 28 janv. 1846, aff. Grange-Rodet, D. P. 46. 2. 80).

141. Les pêcheurs qui ne satisferaient pas aux prescriptions des règlements sur le rejet en rivière des poissons qui n'ont pas les dimensions déterminées encourent une amende de 20 à

---

devant le tribunal correctionnel de Dijon comme prévenu d'avoir pêché dans la rivière de l'Oignon avec un échiquier dont les mailles avaient moins de 30 millim. de largeur, contrairement à l'ordonn. du 15 nov. 1830, art. 1, n° 2, répondit qu'il n'avait entendu se livrer qu'à la pêche du petit poisson, pour laquelle le filet qu'il avait employé était autorisé par l'ordonnance (art. 2). — Sur cette allégation, non démentie par le procès-verbal, un jugement du 24 nov. 1836 renvoya le sieur Fourot des poursuites. — Appel du ministère public. — Arrêt.

LA COUR ; — Considérant qu'il résulte de la combinaison des art. 20 et 29 de la loi sur la pêche fluviale, 1, 2 et 3 de l'ordonn. du 15 nov. 1830, relative à l'exécution de cette loi, que les filets dont les mailles ont 15 millim. de largeur et moins de trente, ne sont pas prohibés par leur nature ; qu'ils sont, au contraire, formellement autorisés pour la pêche du poisson de petite espèce, et qu'il n'y a délit à en faire usage que lorsque l'on s'en sert pour une autre pêche ; qu'il suit de là que c'est à la partie poursuivante à prouver qu'ils ont été employés à une autre pêche que celle pour laquelle ils sont autorisés ; — Considérant que le prévenu a constamment soutenu que lorsqu'il a été rencontré par le garde Brille il pêchait aux poissons de petite espèce ; que le procès-verbal qui sert de base aux poursuites ne constate pas que les mailles du filet dont il se servait avaient moins de 15 millim. de largeur, et qu'il se livrait à une pêche autre que celle du poisson de petite espèce ; que, dès lors, il n'est pas suffisamment prouvé qu'il ait contrevenu aux dispositions des art. 28 et 29 de la loi sur la pêche fluviale ; qu'ainsi c'est le cas de confirmer le jugement dont est appel qui a prononcé le renvoi du prévenu ; — Confirme.

Du 4 janv. 1837.-C. de Dijon.-MM. Dagaillier, pr.-Dumay, av.

2° *Espèce :* — (Eaux et forêts C. Morizot et Daujon). — Le 17 nov. 1842, le tribunal correctionnel de Dijon, saisi des poursuites dirigées à la requête de l'administration forestière contre les sieurs Morizot et Daujon, pour avoir pêché dans la rivière de l'Ignon avec un filet ne portant que 22 à 23 millim. à la bourse, renvoya les prévenus de la plainte par jugement ainsi motivé : « Considérant qu'il résulte de deux procès-verbaux réguliers du garde Pessard, des 14 oct. dernier et 18 août précédent, qu'il a trouvé dans la rivière de l'Ignon, territoire de Tilchâtel, les nommés Morizot et Daujon qui faisaient acte de pêche avec un filet ne portant que 22 à 23 millim. à la bourse ; — Considérant que les prévenus à l'audience soutiennent qu'ils pêchaient aux petits poissons, allégation qui n'est point démentie par les termes du procès-verbal ; d'où il suit que les prévenus peuvent invoquer avec succès la disposition réglementaire de l'art. 2 de l'ordonnance du roi, du 15 nov. 1830. »

Appel. — L'administration forestière a dit : En principe général, les mailles des filets doivent avoir 30 millim. au moins (ord. du 15 nov. 1830, art. 1, n° 2). La faculté de se servir de filets à mailles de 15 millim. (art. 2), pour la pêche des petits poissons, est une exception, et il incombe au prévenu d'établir qu'il est dans le cas de l'exception. De plus, la largeur de 15 millim. fixée par l'ordonnance n'est pas un simple minimum ; les mailles doivent avoir cette largeur, ni plus ni moins, d'abord pour se conformer aux termes de l'art. 2, puis pour répondre à l'intention du législateur, qui, en fixant les deux largeurs, de 15 millim. pour la pêche du petit poisson et de 30 millim. au moins pour la pêche au poisson de grosse espèce, a évidemment indiqué qu'il ne voulait pas qu'à l'aide de filets dont les mailles approcheraient, par exemple, de 30 millim., on pût prendre plus facilement du poisson de grosse espèce, et cela avec impunité, puisqu'il suffirait aux prévenus de se retrancher dans cette allégation qu'ils ne pêchaient que des poissons de petite espèce, et que, si par hasard ils en prenaient de la grosse espèce, ils les rejetaient dans l'eau.

Les sieurs Morizot et Daujon ont répondu que la contravention qu'on leur imputait constituait un délit que le poursuivant était tenu d'établir, et qui ne pouvait résulter que d'un fait matériel et réalisé, et non d'une simple intention ; que la preuve qu'on voulait mettre à leur charge, à savoir l'obligation de démontrer qu'ils n'avaient point pris de poisson de la grosse espèce, était impossible, en ce qu'elle portait sur un fait négatif ; qu'il n'était pas non plus exact de prétendre que l'art. 2 fixait tout à la fois un maximum et un minimum ; que telle n'avait pu être la volonté du législateur, car, outre que l'observation de cette limite rigoureuse, dont on ne devrait s'écarter ni en deçà ni au delà, serait impraticable, elle n'atteindrait nullement le but de l'ordonnance, les poissons de la grosse espèce pouvant aussi et plus facilement être pris avec un filet de 15 millim. justes qu'avec un de 20 ou 25. — Arrêt.

LA COUR ; — Adoptant les motifs des premiers juges, confirme, etc.

Du 21 déc. 1842.-C. de Dijon, 2° ch.-M. Boissard, pr.

(1) *Espèce :* — (Forêts C. Quoet.) — Quoet était poursuivi pour délit de pêche, consistant à s'être servi pour pêcher d'un engin dont les mailles n'avaient pas les dimensions voulues par la loi. — Jugement du tribunal de Grenoble par lequel, considérant que, si l'ord. du 15 nov. 1830 avait fixé à 7 lignes la longueur des mailles des filets à employer à la pêche du poisson de la petite espèce, il avait été dérogé à cette disposition par l'arrêté réglementaire du préfet de l'Isère, du 3 fév. 1832, homologué par ord. royale du 19 oct. suivant, lequel, en autorisant la pêche au carré sans distinction, avait toléré le carré à mailles de 5 lignes de largeur employé de tout temps à la pêche dans la rivière d'Isère ; il déchargea Pierre Quoet de la plainte portée contre lui, et le mit hors d'instance. — Appel. — Arrêt.

LA COUR ; — Considérant qu'une ord. royale du 15 nov. 1830, rendue en exécution de l'art. 26 de la loi sur la pêche fluviale, en déterminant les dimensions des filets, engins et instruments de pêche dont l'usage est permis, a fixé à 15 millimètres (7 lignes) les mailles des filets dont les pêcheurs auraient la faculté de se servir pour prendre les poissons de petite espèce ; — Considérant que, si l'art. 6 du règlement sur l'exercice de la pêche, arrêté par le préfet de l'Isère et homologué par ord. royale du 19 oct. 1832, en exécution de l'ord. du 15 nov. 1830, a autorisé l'emploi du carré et carrelet pour la pêche des poissons de petite espèce, il ne s'est pas expliqué sur la dimension des mailles qu'auraient ces sortes d'engins, et que, par conséquent, les dispositions de l'ord. du 15 nov. 1830 ont dû continuer à recevoir leur exécution quant à ce ; — Considérant qu'on peut d'autant moins penser que le préfet de l'Isère, en gardant le silence sur la dimension des mailles, et se contentant d'autoriser l'emploi du carré ou carrelet, ait voulu changer les dispositions de l'ordonnance réglementaire ; que la prohibition de se servir de mailles au-dessous de 15 millimètres (7 lignes) a été répétée dans l'art. 32 du cahier des charges, d'où il faut conclure que le carré ou le carrelet ne sont autorisés qu'à la condition d'en porter les mailles à la dimension voulue ; — Considérant que si l'ancien usage de ce département était de ne donner que 12 millimètres (5 lignes) aux carrés ou carrelets, cet usage avait dû cesser à partir de l'ord. de 1830, antérieure de deux ans au règlement spécial du département de l'Isère, et que, par conséquent, les termes de l'art. 6 de ce règlement n'avaient pu raisonnablement s'en référer à un usage légalement aboli ; — Considérant qu'il résulte d'un procès-verbal régulier, que Pierre Quoet a pêché avec un carré dont les mailles n'avaient que 11 millimètres (5 lignes) ; mais qu'il existe des circonstances atténuantes dans la cause, et que c'est le cas de faire l'application de l'art. 72 du code sur la pêche fluviale ; — Réformant, déclare Quoet convaincu d'avoir pêché avec un carré dont les mailles n'avaient pas la dimension voulue, et, pour réparation, le condamne à 1 fr. d'amende et aux dépens.

Du 27 déc. 1833.-C. Grenoble, ch. corr.-M. Duboys, pr.

Nota. Du même jour, deux autres arrêts conformes.

50 fr. et la confiscation des poissons (L. 15 avr. 1829, art. 30).

142. 6° *Défense d'appâter avec certaines espèces de poissons.* — Enfin, la loi a remis au pouvoir exécutif le soin de déterminer « les espèces de poissons avec lesquelles il sera défendu d'appâter les hameçons, nasses, filets et autres engins (L. 15 avr. 1829, art. 26, § 6). — Cette disposition est plus large que celle de l'art. 11, tit. 31, ord. 1669, auquel elle est empruntée. Cet article ne défendait l'emploi des amorces vives que pour la pêche à la ligne. La loi nouvelle permet d'étendre cette défense à toute espèce de pêche. Toutefois la défense n'est pas absolue, et elle n'existe pas dans beaucoup de départements. En général, la défense d'appâter au vif ne comprend que les espèces les plus recherchées, telles que truites, ombres, carpes, brèmes, tanches, perches, etc.

143. Du reste, il est certain que, tant que la défense d'appâter au vif n'a pas été faite par le règlement départemental, ce mode de pêche est licite. Mais, s'il a été régulièrement interdit, il donne lieu contre les contrevenants à l'application d'une amende de 20 à 50 fr. (L. 15 avr. 1827, art. 31).

144. 7° *Transport de filets ou d'engins prohibés.* — Ceux qui sont trouvés porteurs ou munis hors de leur domicile d'engins ou instruments prohibés *peuvent*, à moins que ces engins ou instruments ne soient destinés à la pêche dans des étangs ou réservoirs, être condamnés à une amende qui ne doit pas excéder 20 fr., et à la confiscation des filets (L. 15 avr. 1829, art. 29). — La rédaction de cet article démontre clairement qu'il ne peut jamais s'agir ici de considérer le délit comme un fait matériel dont la constatation régulière lie le juge et l'oblige à condamner les prévenus. — Ils ne seront pas condamnés de droit; ils pourront seulement l'être, aux termes de l'article, s'ils sont reconnus coupables.

Cette disposition facultative est de toute justice. Elle a été introduite sur la demande de M. Reboul, lors de la discussion de la loi à la chambre des députés, et consentie par M. Mestadier, rapporteur de la commission. M. Jacquinot-Pampelune avait voulu établir une distinction entre l'amende et la confiscation. Il admettait la substitution des mots *pourront être condamnés* aux mots *seront condamnés*, comme s'appliquant à l'amende, mais il ne voulait pas que la même faculté fût accordée aux juges relativement à la confiscation des filets, qui, selon lui, devait toujours être prononcée. Cette distinction a été repoussée par M. Mestadier, rapporteur. « Dans quels cas, a-t-il dit, les porteurs d'engins prohibés pourront-ils être condamnés? Dans le cas où ces engins ne seraient pas destinés à la pêche dans des étangs ou réservoirs; car, dans le cas contraire, on ne doit pas les condamner. Cependant l'amendement de M. Jacquinot-Pampelune tendrait à faire confisquer ces engins comme si c'était un délit absolu, tandis que, dans le système du projet de loi, c'est un délit purement relatif. Si le porteur de filets prohibés n'est pas condamné, il ne peut y avoir lieu à la confiscation de ces filets. » L'amendement de M. Reboul a été adopté, et il n'a pas été donné suite à l'observation de M. Jacquinot-Pampelune (ch. des dép., séance du 12 mars 1829, Monit. du 13 mars 1829).

145. Non-seulement la loi n'autorise pas les visites domicilières pour la recherche des filets prohibés, mais elle défend expressément ces visites (art. 40). Cette défense est la conséquence nécessaire de ce que la possession de ces filets n'est pas un délit, non plus que leur usage pour la pêche dans les étangs ou réservoirs. La loi n'interdit que l'usage de ces filets dans les cours d'eau quelconques, mais non ailleurs. Dès lors, et comme cela a été jugé, on ne saurait douter que la seule détention à domicile de filets ou engins de pêche prohibés ne constitue pas un délit, en l'absence du port extérieur de ces objets (Crim. rej. 3 janv. 1846, aff. Barrière, D. P. 46. 1. 63). — V. n° 187.

146. Si la condamnation à l'amende et à la confiscation du filet est facultative pour les tribunaux, à plus forte raison en est-il de même à l'égard des dommages-intérêts. Il est évident d'ailleurs qu'il ne peut en être alloué si le procès-verbal ne constate pas qu'aucun poisson ait été pris (Besançon, 27 mai 1844, aff. Lenaire C. Vaucher, D. P. 45. 4. 390).

147. 8° *Colportage ou débit des poissons dont la pêche est prohibée, à raison de leurs faibles dimensions.*—Une amende de 20 à 50 fr. et la confiscation des poissons doit être prononcée contre les pêcheurs, débitants, colporteurs de poissons n'ayant point les dimensions déterminées par les ordonnances, mais autres, cependant, que les poissons d'étangs ou réservoirs (L. 15 avril 1829, art. 30).— Cette interdiction est la conséquence de celle qui précède. Aussi, bien qu'elle ne fût pas explicitement écrite dans l'ord. de 1669, on considérait comme délit, sous l'empire de cette loi, le fait de colportage des poissons qui, aux termes de l'art. 12, tit. 31, devaient être rejetés en rivière. La loi nouvelle ne présente à cet égard aucune ambiguïté, cependant il est essentiel de bien se pénétrer de son esprit.

Le projet présenté à la chambre des pairs, en 1828, interdisait de conserver, même dans des réservoirs, les poissons qui n'auraient pas les dimensions prescrites par les ordonnances. Cette disposition a été écartée par la chambre, parce qu'elle assujettissait les particuliers qui ne font point métier de colporter et de débiter le poisson à des visites et à une surveillance gênantes.

148. Le droit de transporter l'*alevin* provenant des étangs fut formellement écrit dans la loi. Mais cette faculté était restreinte à l'*alevin* destiné à l'empoissonnement, ce qui excluait le droit de vendre ce jeune poisson. La commission de la chambre des députés proposa de substituer le mot *poisson* au mot *alevin* et de supprimer les mots *destinés à l'empoissonnement*. M. Mestadier, rapporteur de la commission, a donné les motifs de ce changement (V. Rapp., p. 450, n° 38), qui a été adopté.

Toutefois, cette première modification ne parut pas donner une entière satisfaction au libre exercice du droit de propriété. Sans doute, l'intérêt général exige que la pêche soit exercée, dans les cours d'eau, de manière à conserver la précieuse ressource alimentaire que procure le poisson. Dans ce but, on a soumis à certaines règles l'exercice de la pêche dans les cours d'eau; et ces règles, pour être efficaces, ont été rendues applicables aux affluents de ces cours d'eau et à leurs dépendances de toute espèce. Mais les mêmes motifs n'existent pas pour réglementer la pêche dans les étangs et réservoirs établis dans des propriétés privées et qui ne s'alimentent pas aux dépens des rivières comme les affluents et les dépendances de celles-ci (V. nos 238 et suiv.). Partant de ce principe, M. Fleuriau de Bellevue a demandé qu'on assimilât aux étangs ou réservoirs certaines flaques d'eau morte et qu'on ajoutât à l'art. 30 ces mots: — « Sont considérés comme étangs ou réservoirs les fossés et canaux des particuliers, dès que leurs eaux cessent naturellement de communiquer avec les rivières. »

Voici comment l'auteur de cette proposition la justifiait : « Il existe un grand nombre de plaines qui sont plus ou moins inondées par le débordement des rivières qui les traversent, et où les riverains sont forcés, pour rendre leurs terrains à la culture, de les sillonner plus ou moins par des fossés et des canaux qui, dans certains temps, sont de véritables étangs, sans en porter le nom. Pendant plusieurs mois de l'année, les eaux de ces fossés sont *communes* avec celles des rivières, et *dans ce temps* on comprend la nécessité de n'y employer que des filets suivant l'ordonnance; mais quand les eaux de la rivière sont abaissées pendant l'été, un très-grand nombre de ces fossés, qui n'ont pas été fermés par des barrages, restent plus ou moins à sec. Il arrive alors que les poissons qui n'ont pas suivi le cours de l'eau se réfugient dans les fonds de caves et dans toutes les parties basses de ces fossés et canaux, où ils peuvent encore exister quelques moments. — Dans tous les temps le propriétaire s'est empressé de prendre ces poissons, soit à la main, soit à l'aide d'engins prohibés. On lui a contesté ce droit. N'était-ce pas déjà assez pénible pour lui de ne pouvoir prendre le poisson qu'avec des filets à l'ordonnance, tant que les eaux de ces fossés sont communes avec celles de la rivière? Faudra-t-il qu'il obtienne la permission de le prendre par d'autres moyens quand la communication aura cessé? Chaque flaque d'eau n'est-elle pas alors dans la même catégorie qu'un étang? Quelle différence essentielle peut-on établir entre eux? Chaque cavité d'un fossé n'est-elle pas un véritable réservoir?—Il ne suffit pas que les propriétaires des fossés dont je parle puissent y pêcher; je demande qu'ils puissent le faire comme ils l'entendent, dans les circonstances que j'ai citées, c'est-à-dire quand la rivière s'est retirée, et que le poisson resté à sec menace le pays d'infection. » Ces observations décidèrent l'adoption de l'amendement qui forme aujourd'hui le dernier paragraphe de l'art. 30 (ch. des dép., séance du 13 mars 1829, Monit. du 14 mars).

Ainsi, il résulte de cette addition que du moment où une partie de terrain appartenant à un particulier, et mis accidentellement en communication avec la rivière, cesse d'être en communication naturelle avec elle, de manière à ne plus former qu'une flaque d'eau morte, on a le droit d'y pêcher, de quelque manière que ce soit, même avec des filets ou engins prohibés. Mais pour qu'il en soit ainsi, il faut que l'absence de communication se produise naturellement et non artificiellement. Ainsi, dans le cas où un canal aurait été creusé dans une plaine pour faciliter l'écoulement et la rentrée dans la rivière des eaux provenant des débordements, ce canal est, par sa destination, en communication avec la rivière, tant que les eaux qu'il doit y faire rentrer ne sont pas écoulées. Par conséquent, si les eaux de ce canal étaient retenues au moyen d'une écluse, l'obstacle à l'écoulement cesserait d'être naturel, et dès lors on ne pourrait pêcher qu'à l'aide de filets ou engins permis (Crim. cass. 7 avril 1848, aff. Lauthier, D.P. 48. 1. 168). — V. aussi n° 20.

149. Il résulte de ce qui précède qu'on peut pêcher, colporter et vendre toute espèce de poisson, quelle que soit sa dimension, s'il a été pris dans un étang ou réservoir, ou bien dans les fossés, canaux ou flaques d'eau qui leur sont assimilés. Toutefois, et comme la disposition relative aux étangs, réservoirs, etc., est exceptionnelle, et qu'en principe général, le débit du poisson n'ayant pas la dimension voulue est défendu, il résulte de cette prohibition une présomption *juris tantum* dont la destruction est à la charge de celui qui colporte ou débite ce poisson. Autrement il serait impossible d'établir contre le prévenu que le produit de la pêche provient d'un cours d'eau. En conséquence il a été jugé que, lorsque du poisson exposé dans un marché n'a pas la dimension voulue, c'est au possesseur de ce poisson à prouver qu'il a été pris, non dans une rivière, mais dans un étang ou dans un réservoir; et c'est à tort qu'on a mis cette preuve à la charge du garde qui a constaté cette contravention (Crim. cass. 13 juin 1833) (1);—Mais qu'un particulier trouvé porteur de poisson au-dessous de la dimension voulue, et qu'il a acheté pour les besoins de sa maison, ne peut être réputé coupable de colportage de poisson prohibé et passible des peines portées par l'art. 30 de la loi du 15 avril 1829 (Riom, 28 juin 1843) (2).

ART. 2. — *Règles spéciales à la police des rivières navigables et flottables.*

150. Les dispositions que nous venons de parcourir s'appliquent à toute espèce de cours d'eau. Il nous reste maintenant à indiquer quelles sont les règles spéciales à la police des fleuves et rivières navigables et flottables. Parmi ces règles, il y en a plusieurs qui concernent spécialement les adjudicataires.

151. *Pêche avec un filet non marqué.* — «Les fermiers et porteurs de licence, leurs associés, compagnons et gens à gages, ne peuvent faire usage d'un filet ou engin quelconque, non plombés ou marqués par les agents de l'administration de la police de la pêche, sous peine d'une amende de 20 fr. pour chaque filet ou engin non plombé ou marqué» (L. 15 avr. 1829, art. 32).— Cette disposition est renouvelée de l'ord. de 1669, qui prescrivait de sceller en plomb les filets, harnois et engins des pêcheurs, et faisait défense à ceux-ci de s'en servir, à moins que le sceau n'y ait été apposé, à peine de confiscation et de 20 liv. d'amende (tit. 31, art. 13). Sous l'empire de cette loi, il a été jugé que le fait de s'être servi d'un filet prohibé tombait sous le coup, non-seulement de l'art. 10, tit. 31, ord. 1669, qui défend l'usage de ces filets, mais aussi de l'art. 13, qui prescrit de plomber les filets autorisés (Crim. cass. 20 août 1824) (3). Telle est du moins la conséquence qui semble résulter de cet arrêt qui vise tout à la fois les deux articles susrappelés et déclare que l'engin était dou-

(1) (Forêts C. femme Soulié, etc.) — LA COUR; — Vu l'art. 30 de la loi du 15 avr. 1829; — Et attendu qu'il résulte du procès-verbal régulièrement dressé le 5 déc. 1831, que les femmes Soulié, Grandmaison et Cassagnard, revendeuses de poisson, ont été trouvées mettant en vente du poisson qui n'avait pas les dimensions prescrites par les ordonnances; — Attendu que, lors du procès-verbal de saisie, ni ensuite devant le tribunal correctionnel, ou devant la cour de Toulouse, elles n'ont point soutenu que le poisson provînt d'étangs ou réservoirs; — Attendu, d'ailleurs, que leur simple articulation, à cet égard, eût été insuffisante, et qu'il leur serait tombé à charge de la justifier; — Attendu que le garde qui a dressé le procès-verbal du 5 déc. n'était pas obligé, pour sa validité, de faire connaître d'où provenait le poisson saisi, puisqu'il devait être considéré comme poisson de rivière, tant qu'il n'était pas établi qu'il provenait d'étangs ou de réservoirs; qu'en décidant le contraire, et en déchargeant les femmes Soulié, Grandmaison et Cassagnard de l'action de l'administration forestière, la cour de Toulouse a violé les dispositions ci-dessus citées de l'art. 30 de la loi du 15 avr. 1829; — Casse.

Du 13 juin 1833.-C. C., ch. crim.-MM. Choppin, pr.-Thil, rap.

(2) *Espèce:* — (Eaux et forêts C. Coudert.) — Jugement du tribunal de police correctionnelle de Clermont-Ferrand qui le décide ainsi, par les motifs suivants: — « Attendu qu'il résulte du procès-verbal dressé le 26 fév. dernier par le garde-pêche à la résidence du Pont-du-Château, et de l'audition des parties, que, sur les dix heures et demie du matin, il a rencontré Marie Gimel, domestique des époux Coudert, accompagnant sa maîtresse et portant un panier découvert, dans lequel se trouvait 1 kilog. 1/2 de poisson, espèce barbeau, dont dix n'avaient pas la dimension exigée par les ordonnances, à défaut de règlement administratif; — Attendu que de la déclaration, non contestée, du sieur Coudert assigné comme civilement responsable, il résulte qu'il exerce au Pont-du-Château la profession d'entrepositaire de bouteilles; que les poissons avaient été achetés par sa femme, d'une personne qui lui était inconnue, non en vue d'en faire le commerce, mais uniquement pour les besoins de sa maison, ce jour-là étant un samedi; — Attendu, en droit, que la loi sur la pêche fluviale n'a entendu atteindre et punir que ceux qui procurent ou font le commerce du poisson; — Attendu, en effet, que l'art. 30 porte textuellement que celui-là seul sera puni qui pêchera, colportera, ou débitera du poisson n'ayant pas la dimension voulue; — Attendu que la prévenue n'est assignée ni pour avoir pêché, ni pour avoir débité, mais bien pour avoir colporté; — Attendu que des circonstances déjà relevées, il résulte évidemment que la prévenue ne s'est rendue coupable d'aucun fait de colportage, ni dans l'acception de la langue, ni dans l'intention du législateur, qui connaissait évidemment le sens du mot qu'il employait; — Attendu que d'après les dictionnaires, le colporteur est celui qui fait le métier de colporteur; c'est porter et vendre dans les lieux publics des marchandises, ce que n'ont fait ni voulu faire les prévenus, qui n'ont acheté que pour consommer; — Attendu que telle a été aussi l'intention des auteurs de la loi, puisqu'on voit par l'exposé des motifs de M. de Malleville, à la chambre des pairs, séance du 13 mars 1829, que le projet de 1828, art. 35, portait d'abord qu'il était défendu à tout individu quelconque de colporter, débiter et tenir en réservoir du poisson n'ayant pas la dimension voulue; mais que, craignant que cette disposition n'exposât à des poursuites vexatoires des citoyens qui ne font pas métier de colporter et débiter, elle fut rayée du projet;

Attendu, en effet, que la loi, par la disposition finale de l'art. 30, autorise la vente du poisson provenant des étangs et réservoirs, quoique n'ayant pas la dimension voulue, et il est évident alors que ceux qui n'achètent que pour leur consommation, n'ont aucun moyen d'en connaître l'origine réelle, et sont dès lors eux-mêmes dans l'impossibilité de la démontrer au garde qui les arrête; et cependant, dans le système de la loi, ils ne sont coupables que si le poisson a été pêché en délit; — Attendu cependant que, d'après un principe incontestable en droit criminel, le délinquant n'a rien à prouver; au contraire, tout doit être évident contre lui pour qu'il y ait lieu à l'application de la peine encourue; et alors puisque la provenance du poisson pourrait, suivant le cas, rendre son action punissable ou innocente, c'est à la partie poursuivante à prouver l'origine du poisson, ce qui n'a pas eu lieu; — Attendu que si le système contraire venait à prévaloir, les propriétaires d'étangs et réservoirs particuliers ne trouveraient plus d'acheteurs de leurs poissons, ces derniers craignant toujours d'acheter en délit, puisqu'on voudrait leur imposer l'obligation d'en prouver l'origine; ce qui n'est presque jamais possible à de simples consommateurs, surtout à leurs domestiques; — Par ces motifs, etc. » — Appel. — Arrêt.

LA COUR; — Adoptant les motifs des premiers juges, confirme.

Du 28 juin 1843.-C. de Riom, ch. corr.-M. Maignol, pr.

(3) (Forêts C. Frentz-Laglace.) — LA COUR; — Vu l'art. 10, tit. 31, de l'ord. de 1669, lequel fait très-expresses défenses aux maîtres pêcheurs, et à plus forte raison à ceux qui pêchent sans y être autorisés, de se servir d'aucuns engins et harnois prohibés par les anciennes ordonnances sur le fait de la pêche, notamment de l'épervier et autres engins inventés au dépeuplement des rivières, à peine de 100 livres d'amende; — Vu aussi l'art. 13 même titre de la susdite ordonnance, portant qu'il y aura, en chaque arrondissement des eaux et forêts, un coin dans lequel l'écusson aux armes de France sera gravé, duquel on se servira pour sceller en plomb les harnois ou engins des pêcheurs, qui ne pourront s'en servir que le sceau n'y soit apposé, à peine de confiscation et de 20 livres d'amende; — Et attendu que les prohibitions portées aux susdits articles sont générales, absolues et sans aucune excep-

blement prohibé. La cour a d'ailleurs admis très-explicitement que la double pénalité devait être prononcée (Crim. cass. 26 juill. 1828, aff. Ayral, V. nº 207). Cependant nous ne croyons pas que cette doctrine fût fondée même sous l'ord. de 1669 qui gouvernait la matière à l'époque où les arrêts ci-dessus ont été rendus. Remarquons d'ailleurs que, dans l'espèce de l'arrêt de 1824, la question de la double pénalité n'était pas directement soumise à la chambre criminelle, puisque les juges d'appel avaient appliqué à tort la loi du 9 flor. an 10, comme s'il se fût agi d'un fait de pêche sans autorisation. Quoi qu'il en soit, sous la loi nouvelle, il ne nous paraît pas douteux que le fait de pêche avec un filet prohibé ne soit nécessairement exclusif du délit consistant à avoir pêché avec un filet non marqué. Il est clair, en effet, que les filets prohibés ne sont jamais marqués. Les deux délits peuvent donc se produire isolément, mais jamais collectivement, lorsqu'il s'agit du même engin. Il y a analogie entre le cas qui nous occupe et celui prévu par l'art. 194 c. for., qui punit tout individu qui a coupé un fagot. Il est évident qu'outre la peine afférente à ce fait on ne peut ajouter celle qui est prononcée par l'art. 146 c. for., qui réprime le simple port en forêt d'un instrument propre à couper le bois (V. Forêts, nº 687). Par la même raison, il est impossible de voir une infraction à l'art. 32 L. 15 avr. 1829, dans le fait d'avoir pêché avec un engin prohibé. La seule peine à appliquer est celle de l'art. 28.

152. La contravention résultant de ce qu'un individu a pêché avec un filet permis, mais non marqué ou plombé par les agents forestiers, ne cesse pas de subsister par cela seul qu'un garde forestier aurait été chargé de remettre au délinquant les plombs destinés à marquer ses engins, et que même il les aurait remis à lui ou sa femme. Les juges ne peuvent pas même admettre le délinquant à faire la preuve de ce fait. Il ne suffit pas d'avoir en sa possession des plombs ou marques destinés au filet; il faut que chacun de ces filets en soit revêtu au moment où il en est fait usage (Crim. cass. 15 mars 1839) (1).—Il a été jugé encore : 1º que le fait, par un fermier de la pêche ou par son associé, d'avoir des filets non plombés et non marqués, constitue la contravention prévue par l'art. 32 de la loi sur la pêche fluviale (Crim. cass. 24 nov. 1832, aff. Schmitt, V. nº 103); — 2º Que, lorsque le fermier d'une pêche est saisi pêchant avec des engins non marqués, ces engins doivent être confisqués (Crim. cass. 7 avr. 1827, aff. Renard, V. nº 124).

153. L'obligation de n'employer pour la pêche que des filets marqués est imposée, sous les mêmes peines, à tous les pêcheurs compris dans l'inscription maritime, lorsqu'ils pêchent dans les cours d'eau navigables ou flottables (L. 15 avr. 1829, art. 32, § 2). Ces pêcheurs sont entièrement assimilés aux fermiers de la pêche. Cette disposition, qui n'existait pas dans le projet primitif, a été ajoutée sur la proposition de M. Reboul, qui la justifiait ainsi : « Depuis qu'on a étendu la pêche fluviale aux limites de l'inscription maritime (V. nº 26). Il y a, vers l'embouchure des fleuves, vingt ou trente lieues où la pêche sera libre, comme la pêche maritime... Il faut donc étendre à ceux qui pêcheront dans ces parties des fleuves l'obligation de faire marquer ou plomber leurs filets. Cette précaution est véritablement indispensable; car il n'y a déjà que trop de moyens pour éluder la surveillance de l'autorité. Toutefois elle s'applique seulement aux filets dont on fera usage dans les cours d'eau, et la liberté reste entière pour la pêche maritime (ch. des dép., séance du 13 mars 1829, Monit. du 14 mars, p. 338).

154. *Possession de filets par les mariniers et autres.* — Les contre-maîtres, les employés du balisage et les mariniers qui fréquentent les fleuves, rivières et canaux navigables ou flottables ne peuvent avoir, dans leurs bateaux ou équipages, aucun filet même non prohibé, sous peine d'une amende de 50 fr. et de la confiscation des filets (L. 14 avr. 1829, art. 33). — L'ord. de 1669 défendait pareillement « à tous mariniers, contremaîtres, gouverneurs et autres compagnons de rivières, conduisant leurs nefs, bateaux, besognes, marnois (espèce de bateau plat en usage sur la Marne), flettes ou nacelles, d'avoir aucuns engins à pêcher, soit de ceux permis ou défendus, à peine de 100 livres d'amende et de confiscation des engins » (tit. 31, art. 15). — Les employés au balisage étaient certainement compris dans cette désignation générale « compagnons de rivières. » Néanmoins l'art. 33 de la loi nouvelle est plus explicite à leur égard. Le balisage ou balissage était anciennement une opération qui consiste à balayer ou nettoyer les rivières en les curant et en ôtant de leur lit les troncs d'arbres, poutres et autres obstacles qui peuvent nuire à la navigation. — Le sens du mot a changé. — V. Eaux, nº 299.

155. Malgré la généralité apparente de l'art. 33, ses prohibitions ne s'appliquent pas dans l'étendue de l'inscription maritime. La pêche y étant gratuite, il n'y a pas lieu d'interdire aux mariniers ou autres qui naviguent sur cette portion des fleuves et rivières la possession de filets permis ou de tous autres engins de pêche autorisés (Conf. M. Garnier, nº 337). Cependant il a été jugé, mais à tort suivant nous, que l'art. 33 est applicable dans tous les cas, et en toutes circonstances, lorsque les mariniers naviguent dans les limites de l'inscription maritime, en amont du point où les eaux contractent la salure (Bordeaux, 5 janv. 1849, aff. Galineau, D. P. 49. 2. 67). Cette décision est en contradiction manifeste avec la loi qui autorise la pêche dans les parties des fleuves et rivières comprises dans les limites de l'inscription maritime (L. 15 avr. 1829, art. 3, § 2, V. nº 26). Du moment qu'on a le droit de pêcher, même dans les parties où cesse la salure, il est clair qu'on peut *à fortiori* naviguer sur ces mêmes parties avec des filets de pêche. Lorsque les mariniers, qui naviguent dans les eaux non salées de l'inscription maritime, sont détenteurs de filets, ce fait n'est punissable que dans deux cas : 1º si, à l'époque de la constatation du délit, la pêche était interdite à raison du frai; 2º si les filets trouvés à bord des bateaux étaient d'une espèce ou d'une maille prohibée. (V. en ce sens Bull. des annales forestières, t. 4, p. 449).

Contrairement à la doctrine de l'arrêt que nous venons de combattre, il a été décidé : « Que l'art. 3, § 2, L. 15 avr. 1829, n'a eu évidemment en vue que le fait de pêche lui-même; qu'il n'a voulu qu'en régler le mode, sans en paralyser l'exercice et déterminer certaines mesures de police sans lesquelles le fait de pêche ne pourrait se produire; que l'entendre autrement et y rattacher la

---

tion ni restriction; — Attendu, en fait, qu'un procès-verbal, dont les énonciations n'ont pas été contestées, constate que le nommé Frentz-Laglace a été trouvé pêchant dans le 3ᵉ cantonnement de la rivière de la Moselle, avec un épervier non revêtu du sceau en plomb prescrit par la loi; — Que cet individu avait donc, par une double contravention, encouru les peines portées aux susdits articles de l'ordonnance; — Que cependant le tribunal correctionnel de Thionville a cru devoir renvoyer le prévenu de l'action intentée contre lui, et que la cour royale de Metz, tout en reconnaissant que le fait de la poursuite était un délit, n'en a pas saisi le véritable caractère et l'étendue; — Que cette cour, ne voyant qu'un fait de pêche sans autorisation là où elle avait à réprimer l'emploi d'un engin doublement prohibé, s'est bornée à condamner le prévenu en 50 fr. d'amende, par application de la loi du 14 floréal an 10, au lieu de prononcer contre lui les peines portées en l'ord. de 1669 contre ceux qui se servent d'engins dont l'usage est défendu; — En quoi ladite cour royale a violé les art. 10 et 15, tit. 31, de la susdite ordonnance, et fait une fausse application de l'art. 14 de la loi du 14 flor. an 10; — Par ces motifs, casse.

Du 20 août 1824.-C. C., sect. crim.-MM. Portalis, pr -Chantereyne, rap.

(1) (Forêts C. Huchet.) — LA COUR; — Vu les art. 32 et 53 de la loi du 15 avr. 1829, sur la pêche fluviale;—Attendu que, par procès-verbal régulier du 22 juin 1838, il a été constaté que les nommés Huchet père et fils pêchaient ce jour-là dans la Loire, avec un filet qui n'était pas marqué ou plombé par les agents de l'administration; — Attendu que les faits dont l'arrêt attaqué a admis la preuve, savoir qu'un garde forestier avait été chargé par un brigadier de remettre à Huchet les plombs destinés à marquer ses engins, et qu'il les avait remis, en effet, à celui-ci ou à sa femme, laissait subsister le délit, objet des poursuites; — Que la loi, en effet, ne veut pas seulement que ceux qui se livrent à la pêche aient en leur possession des plombs ou marques destinés aux filets dont ils se servent, mais qu'elle exige, à peine d'amende, que chacun de leurs filets soit revêtu, au moment où ils en font usage, des plombs ou marques de l'administration; — Attendu qu'en refusant d'appliquer la peine portée par la loi, et en autorisant la preuve, par témoins, des allégations de l'un des prévenus, outre les faits matériels constitutifs du délit, dont le procès-verbal qui les constate faisait foi, jusqu'à inscription de faux, l'arrêt attaqué a violé les art. 32 et 53 ci-dessus cités de la loi du 15 avril 1829; — Casse.

Du 15 mars 1839.-C C., ch. crim.-MM. de Bastard, pr.-Gartempe, r.

prohibition de l'art. 33, qui n'a été établie que comme un moyen préventif applicable seulement dans le cercle de la pêche fluviale appartenant à l'Etat, ce serait constituer une anomalie ou des éléments contradictoires dans la loi, puisque d'une part, dans la partie maritime d'un fleuve, elle établirait un droit de pêche pour tous, tandis que de l'autre elle interdirait absolument la pêche elle-même dans la partie maritime en punissant la simple détention d'un filet non prohibé» (Rennes, ch. corr., 4 déc. 1850, aff. Forêts *C.* Doussard). — Nous n'hésitons pas à préférer cette doctrine à celle de la cour de Bordeaux, en tant qu'elle s'applique à la détention par les mariniers de filets non prohibés. Mais il faudrait se garder de conclure de l'arrêt de Rennes, et de ce que nous venons de dire, que la faculté par les mariniers, de détenir des filets dans les limites de l'inscription maritime soit illimitée. La pêche est gratuite, sans doute, en amont comme en aval du point où les eaux contractent la salure; mais en amont, elle n'est libre que sous certaines conditions et à certaines époques de l'année; elle n'est libre que hors le temps de frai, et à la condition de n'employer que des engins autorisés par les règlements relatifs à la pêche fluviale. Nous pensons avec M. Deville (Bull. des ann. forest., t. 5, p. 372), que, du moment que les détenteurs de filets ne peuvent plus se prévaloir de la liberté de la pêche, soit à raison de l'époque du frai, soit à raison de ce que leurs filets ne sont point conformes aux prescriptions des règlements, les dispositions de l'art. 33, L. 15 avr. 1829, doivent reprendre tout leur empire.

156. Suivant un arrêt, l'art. 33, L. 15 avril 1829, est limitatif dans ses termes et ne s'applique qu'aux bateaux montés par des contre-maîtres employés au balisage et mariniers fréquentant exclusivement les fleuves et les rivières, et non à un navire de mer monté par un maître au cabotage (Rennes, arrêt ci-dessus du 4 déc. 1850). — Nous croyons au contraire que l'article précité est démonstratif et non limitatif; que l'expression *mariniers* est générale et qu'elle comprend les maîtres au cabotage, puisqu'ils parcourent habituellement les fleuves et rivières avec leurs bateaux. La question a d'ailleurs été préjugée en ce sens (Crim. cass. 6 mars 1835, aff. Rambaud; 19 fév. 1836, aff. Lartigue; et 16 déc. 1836, même affaire. V. tous ces arrêts numéro suivant).

157. La loi nouvelle comprend, sous l'expression de *mariniers*, tous ceux qui, comme par exemple les pêcheurs de profession et les marins, parcourent habituellement, en bateaux, les fleuves, rivières et canaux (Cass. ch. réun. 16 déc. 1836) (1). Mais sur le renvoi il a été décidé que la même loi ne concerne pas tous les individus qui fréquentent les rivières, mais les mariniers seulement. Cette expression *mariniers* ne saurait s'appliquer aux pêcheurs de profession, mais à ceux qui conduisent des bateaux sur les rivières et y sont jour et nuit (Montpellier, 11 avril 1837, M. Ginestat, pr.). — Toutefois, il est évident qu'elle ne peut s'appliquer aux personnes sans profession, qui seraient trouvées dans un bateau munies de filets de pêche (mêmes arrêts, ch. réun. 16 déc. 1836; Montpellier, 11 avril 1837, M. Ginestat, pr.). — Le contraire avait été décidé, quant au principe (Crim. cass. 6 mars 1835) (2). Du reste, quoique les termes de l'arrêt du 6 mars 1835 soient trop généraux et trop absolus, la

(1) *Espèce :* — (Forêts *C.* Lartigue, Fieuzal et Billa.) — 23 oct. 1834, procès-verbal constatant que Fieuzal, Lartigue et Billa ont été surpris retirant leurs filets de la Garonne, et que du poisson, nouvellement pêché, se trouvait dans leur barque. — Jugement du tribunal de Castel-Sarrazin, qui renvoie tous les prévenus par le motif que le fait de pêcher a eu lieu dans une noue appartenant à un particulier. — Appel de l'administration des forêts qui, devant le tribunal de Montauban, prend des conclusions additionnelles tendantes à ce qu'il soit fait application aux prévenus de l'art. 33, l. 15 avr. 1829. — Jugement du tribunal d'appel qui renvoie les prévenus en adoptant les motifs des premiers juges à l'égard des premières conclusions, et, sur les conclusions additionnelles, décide qu'ils doivent être renvoyés par le motif que leur profession est exclusive de l'application de l'art. 33. — Pourvoi. — Arrêt.

LA COUR; — Attendu que l'art. 33 de la loi du 15 avril 1829 a pour objet la conservation des intérêts des fermiers de la pêche et des porteurs de permissions et licences; — Que ces mots, les mariniers qui fréquentent les fleuves, rivières et canaux navigables ou flottables, sont seulement démonstratifs, et comprennent tous ceux qui, n'étant ni fermiers, ni porteurs de licences dans un cantonnement, y sont trouvés ayant des filets dans leur bateau; — Attendu que, dans l'espèce, il est légalement établi que les prévenus, qui ne sont ni fermiers de la pêche, ni porteurs de permissions ou licences, ont été trouvés sur la Garonne, ayant des filets dans leur bateau; — Que, dès lors, en décidant que ces prévenus n'étaient pas atteints, par les dispositions de l'art. 33 précité, le tribunal de Montauban a faussement interprété et conséquemment violé cet article; — Casse et renvoie devant la cour de Toulouse.

Du 19 févr. 1836.-C. C., ch. crim.-M. de Bastard, pr.-M. Fréteau, r.

Le 9 mai 1836, arrêt de la cour de Toulouse qui décide, en fait, comme les tribunaux de Castel-Sarrazin et de Montauban, que la pêche a eu lieu dans une noue appartenant à un particulier, et qu'ainsi il n'y a pas lieu de faire application aux prévenus des art. 5 et 28, l. 15 avr. 1829. — Quant à l'art. 33, la cour de Toulouse décide qu'il est limitatif; que comme tel il n'atteint que trois classes de personnes et que les prévenus ne se trouvent compris dans aucune de ces classes. — Nouveau pourvoi. — Arrêt.

LA COUR; — Vu l'art. 33 de la loi du 15 avril 1829, sur la pêche fluviale; — Attendu, en droit, que cet article, placé sous le titre de la conservation et police de la pêche, porte une mesure de police relative aux fleuves, rivières et canaux navigables et flottables, mesure introduite à la fois dans l'intérêt de l'Etat, pour la conservation du droit qui lui appartient, et dans l'intérêt des fermiers et porteurs de licences, qui ont acquis, à titre onéreux, l'exercice exclusif du droit de l'Etat; — Que, à la vérité, la prohibition d'avoir dans leurs bateaux aucun filet ou engin de pêche, même non prohibé, ne s'applique qu'aux personnes désignées par ledit article, savoir les contre-maîtres, les employés du balisage et les mariniers qui fréquentent les fleuves, rivières et canaux navigables ou flottables; mais que, de l'objet même de cette prohibition, comme de la généralité des expressions de la loi, on doit conclure que, sous le nom de *mariniers*, la loi a compris tous ceux qui parcourent habituellement, avec leurs bateaux, lesdits fleuves, rivières ou canaux, notamment les pêcheurs de profession qui se servent de bateaux pour la pêche; — Et, attendu qu'il est constaté, en fait, tant par le procès-verbal du 23 oct. 1834, que par les pièces de la procédure, et par l'arrêt attaqué lui-même : 1° Que Jean Lartigue, Jean Fieuzal et Bernard Billa, avaient, dans le bateau avec lequel ils naviguaient sur la Garonne, des filets de pêche; — 2° Que Lartigue a déclaré être marin, et Billa, être pêcheur de profession; que Fieuzal seul a déclaré être sans profession; — Qu'ainsi Lartigue et Billa se trouvaient dans la classe des personnes désignées par l'art. 33 précité sous le nom de *mariniers*; — Attendu que la cour royale ne pouvait écarter, comme n'étant pas justifié par les débats, soit le fait de la possession, par les prévenus, de filets de pêche dans leurs bateaux, puisque ce fait était constaté par un procès-verbal régulier qui, aux termes de l'art. 53 de la loi du 15 avril 1829, faisait preuve jusqu'à inscription de faux, soit les qualités qui rendaient les prévenus Lartigue et Billa passibles de la peine prononcée à raison de ladite possession, puisque ces qualités avaient été déclarées par eux, et qu'elles sont mentionnées dans l'arrêt lui-même; — Que, dans cet état des faits, en déclarant que Lartigue et Billa n'étaient dans aucune des catégories établies par l'art. 33 de la loi du 15 avril 1829, et en refusant, par suite, de leur appliquer la peine que cet article prononce, la cour royale a mal interprété, et formellement violé ledit article; — Attendu, en ce qui concerne le nommé Fieuzal, qu'il a déclaré être sans profession; et que, ni le procès-verbal du 23 oct. 1834, ni aucune des pièces du procès, ni les énonciations de l'arrêt attaqué, n'établissent que ce prévenu doive être rangé dans la classe des personnes auxquelles l'art. 33 est applicable; — Que, dès lors, la disposition de la loi n'a pas été violée à son égard; — Par ces motifs, en ce qui concerne Jean Fieuzal, rejette le pourvoi de l'administration des forêts. Et, en ce qui concerne Jean Lartigue et Bernard Billa, casse et annule l'arrêt rendu, en leur faveur, le 9 mai 1836, par la cour royale de Toulouse, chambre des appels de police correctionnelle; remet les parties au même et semblable état qu'elles étaient avant ledit arrêt, etc.

Du 16 déc. 1836.-C. C., ch. réun.-MM. Portalis, 1er pr.-Valigny, rap.

(2) (Rambaud *C.* min. pub.) — LA COUR; — Vu l'art. 33 de la loi du 15 avril 1829 et ses §§ 1 et 2 : — Attendu que cette disposition a pour objet la conservation des intérêts des fermiers de la pêche et des porteurs de licence; que ces mots *les mariniers qui fréquentent les fleuves, rivières et canaux navigables ou flottables*, sont seulement démonstratifs et comprennent tous ceux qui, n'étant ni fermiers de la pêche, ni porteurs de licence, sont trouvés ayant des filets dans leurs bateaux; — Attendu que, bien qu'il s'agisse, dans la cause, d'un bateau portant un moulin et constamment amarré sur une rivière navigable, lequel n'est conséquemment pas dans le cas de naviguer et d'aborder, dans l'acception ordinaire de ces mots, néanmoins, la généralité des expressions de l'article embrasse évidemment ce genre de bateaux, lequel, autrement, donnerait à ceux qui y résident habituellement pour l'exploitation de l'usine, plus de facilités que tout autre pour violer les lois protectrices de la pêche, échapper aux mesures conservatrices ordonnées par le législateur et compromettre les intérêts des fermiers de la pêche et des porteurs de licence; — Attendu, d'ailleurs, et en fait, que le bateau dont il s'agit dans l'espèce, n'était point le lieu du domicile de Rambaud; — Attendu que l'arrêt attaqué, en statuant, d'après ces principes, a sainement in-

solution en est exacte en tant qu'elle reconnaît que les propriétaires de bateaux portant moulin sont soumis à l'art. 33.

158. Toutefois, la doctrine consacrée par l'arrêt des chambres réunies doit être restreinte au cas précis auquel elle s'applique, qui est celui où les détenteurs des filets n'exercent point une profession qui exige la fréquentation des rivières. Lorsque, au contraire, des filets sont trouvés en possession de personnes dont la profession suppose le parcours habituel des cours d'eau, l'art. 33 L. 15 avril 1829 devient applicable. En conséquence, il a été jugé que les peines qu'il édicte devaient être prononcées : 1° si des filets sont trouvés dans un bateau portant moulin, quoique constamment amarré, alors surtout que ce bateau n'est pas le domicile du propriétaire (Crim. cass. 6 mars 1835, aff. Rambaud, V. numéro précédent); — 2° Contre les propriétaires de bateau à lessive et autres établis sur les rivières navigables et flottables, lors même qu'ils ont leur domicile constant sur ces bateaux (Paris, 21 juin 1838)(1); —3° Contre un individu trouvé ayant des filets sur son bateau dans un cantonnement de pêche affermé à un tiers, surtout si les filets étaient mouillés, encore bien qu'il serait fermier d'un autre cantonnement voisin, et qu'il pourrait alléguer qu'il s'y rendait (Crim. cass. 24 nov. 1832)(2). — Ces solutions sont, du reste, conformes à la jurisprudence antérieure à la loi sur la pêche fluviale. On décidait, avec raison, sous l'ord. 1669, que les prohibitions de l'art. 15, tit. 25, de cette ordonnance étaient applicables aux bateaux amarrés, aussi bien qu'aux bateaux en mouvement sur les rivières (Crim. cass. 26 mars 1813 (3); ch. réun. Cass. 29 oct. 1813, même aff. Picard, V. n° 133-4°).

159. *Opposition à la visite des bateaux.* — Les personnes désignées au § 1 de l'art. 33 sont tenues de souffrir la visite, sur leurs bateaux et équipages, des agents chargés de la police de la pêche aux lieux où ils aborderont. — Ceux qui s'opposeront à cette visite seront punis d'une amende de 50 fr. (L. 15 avr. 1829, art. 33, §§ 2 et 3). Ainsi, il suffit que le refus, de la part d'un individu soupçonné de se livrer illégalement à la pêche, de laisser visiter son bateau, soit constaté par procès-verbal régulier, pour qu'il soit, en raison de ce fait, passible des peines prononcées par l'art. 33 §§ 2 et 3, et que le tribunal ne puisse se borner à réserver l'action du ministère public et de l'administration forestière..., alors, d'ailleurs, que cette action se trouverait prescrite (Crim. cass. 24 nov. 1832. aff. Bomey, V. n° 158-3°).

Il résulte du texte de l'art. 33 que les individus qu'il désigne ne sont tenus de souffrir la visite que dans les lieux où ils aborderont. Tant qu'ils naviguent, on ne peut ni les forcer à s'arrêter ni les visiter. La discussion a manifesté l'esprit de cette disposition. Le projet adopté par la chambre des pairs, et présenté à la chambre des députés, portait que les mariniers et autres seraient tenus de souffrir la visite « toutes les fois qu'ils en seraient requis. » La commission a considéré que cette disposition serait trop gênante pour la navigation commerciale. En conséquence, elle a proposé de n'autoriser la visite des bateaux que dans les lieux où leurs propriétaires aborderont (V. rapp., n° 39). Cette rédaction a été adoptée après une discussion à laquelle ont pris part MM. de Fussy, Thil, Creuzé, et Mestadier (ch. dép., séance du 13 mars 1829, Mon. du 14 mars, p. 338).

160. *Visite des boutiques à poisson.* — Les fermiers de la pêche, les porteurs de licence et tous pêcheurs en général, dans les rivières et canaux désignés par les deux premiers paragraphes de l'art. 1 de la loi, sont tenus d'amener leurs bateaux et de faire l'ouverture de leurs loges et hangars, bannetons, huches et autres réservoirs ou boutiques à poisson, sur leurs cantonnements, à toute réquisition des agents de l'administration de la pêche, à l'effet de constater les contraventions à la loi, sous peine de 50 fr. d'amende » (L. 15 avr. 1829, art. 34). — Cette disposition ne concerne pas les mariniers et autres individus désignés par l'art. 33. Le mot *pareillement*, qui se trouvait dans le projet de l'art. 34,

---

terprété l'art. 33 de la loi du 15 avril 1829, et fait une légale application de ses dispositions;—Rejette.

Du 6 mars 1835.-C. C., ch. crim.-MM. de Bastard, pr.-Fréteau, rap.

(1) *Espèce:* (Brigand C. Min. pub.). — Le sieur Brigand est propriétaire d'un bateau à lessive qu'il a été autorisé à établir sur la Seine, et sur lequel il habite. Un procès-verbal a été dressé contre lui, comme détenteur d'un filet connu sous le nom de *trouble*. — Cité en police correctionnelle, le tribunal le condamne à 50 fr. d'amende et aux dépens. — Attendu en droit qu'il résulte de l'esprit et des termes de la loi du 15 avril 1829, que l'art. 33 de ladite loi n'est pas limitatif et s'applique à toutes personnes qui possèdent sur les fleuves, rivières ou canaux navigables ou flottables, des bateaux ou équipages de marine; — Attendu en fait qu'il résulte de l'instruction et des débats, que le 12 mars dernier le sieur Brigand a été trouvé nanti d'un filet prohibé par le règlement du préfet de la Seine, en date du 22 juill. 1832, sur le bateau à lessive qu'il possède sur la rivière de Seine, au bas du quai de la Mégisserie, ce qui constitue le délit prévu par l'art. 33 précité.—Appel par Brigand ; il a d'abord fait observer qu'il faut écarter la qualité de prohibé donnée au filet, parce qu'il n'est poursuivi et condamné que pour contravention à l'art. 33 de la loi sur la pêche, qui défend à tout marinier d'avoir aucune espèce de filets même non prohibés; que dès lors, s'il était prouvé que cet article n'est pas applicable dans l'espèce, on ne saurait prononcer de condamnation contre lui. En droit, il a soutenu que cet article ne pouvait être applicable à une personne ayant son domicile sur un bateau qu'elle a été autorisée à établir sur la Seine ; et en fait le sieur Brigand est électeur, et cependant il n'a pas d'autre domicile. — Arrêt.

LA COUR ; — Adoptant les motifs, etc, confirme.

Du 21 juin 1838.-C. de Paris, ch. corr.-MM. Dupuy, pr.-Glandaz, av.-gén., c. conf., Garbé, av.

(2) (Forêts C. Bomey, etc).—Arrêt. — LA COUR ; — Vu le § 1 de l'art. 33 de la loi sur la pêche fluviale : — Attendu que cette disposition a pour objet la conservation des intérêts des fermiers de la pêche et des porteurs de licence dans les cantonnements qui leur sont affectés ; que ces mots *les mariniers qui fréquentent les fleuves, rivières et canaux navigables et flottables* comprennent tous ceux qui n'étant ni fermiers ni porteurs de licence dans un cantonnement, y sont trouvés ayant des filets dans leurs bateaux ; que peu importe qu'ils soient fermiers d'un autre cantonnement; que, s'ils veulent, pour s'y rendre, traverser des fleuves, rivières ou canaux navigables ou flottables, sur lesquels ils n'ont aucun droit, ils ne peuvent le faire avec des filets dans leurs bateaux, sans devenir passibles des peines portées par la disposition précitée de l'art. 33 ; — Attendu que, dans l'espèce, il est établi, par le procès-verbal du garde-pêche, et non contesté par l'arrêt attaqué, que les prévenus ont été trouvés sur la Saône, où ils n'avaient aucun droit de pêche, ayant dans leurs bateaux des filets mouillés; que, néanmoins, l'arrêt attaqué les a relaxés de la poursuite contre eux intentée, par le motif qu'ils ne sauraient être compris dans la catégorie des personnes auxquelles s'applique la prohibition portée par l'art. 33 précité; en quoi ledit arrêt a faussement interprété, et par suite violé les dispositions de cet article; — Casse.

Statuant sur le réquisitoire du procureur général, dans l'intérêt de la loi ; — Vu les § 2 et 3 de l'art. 33 de la loi sur la pêche fluviale : — Attendu que le procès-verbal du garde-pêche constatant que les prévenus s'étaient opposés à la visite de leur bateau, ils devaient être condamnés aux peines qu'ils avaient encourues pour ce fait, et qu'en ne le faisant pas et en se bornant à réserver à l'administration forestière et au ministère public, une action qui, dans ce cas, aurait été prescrite, l'arrêt attaqué a violé les deux § ci-dessus cités ; — Casse, quant à ce, mais dans l'intérêt de la loi seulement, l'arrêt de la cour de Dijon.

Du 24 nov. 1832.-C. C., ch. cr.-MM. Ollivier, f. f. pr.-Ricard, rap.

(3) (Forêts C. Albert Picard.)— LA COUR ; — Vu les art. 15 et 25, tit. 31, ord. 1669 ; — Attendu que le premier de ces articles n'est point limitatif; qu'il s'étend aux bateaux amarrés, comme aux bateaux en mouvement sur les rivières; et que le propriétaire d'un bateau qui se déclare lui-même batelier, est de la classe des personnes comprises audit article ; — Attendu qu'aux termes de l'art. 25, tous engins défendus, trouvés par les agents de l'administration forestière, doivent être brûlés, soit qu'on en ait fait, soit qu'on n'en ait pas fait usage; et que les pêcheurs sur qui ils sont saisis, sont passibles de peines ; — Attendu que, dans l'espèce, il était établi qu'un épervier avait été trouvé et saisi sur un bateau où il avait été mis pour sécher ; qu'il était reconnu et avoué que ce bateau appartenait à Picard ; qu'il était amarré devant son auberge; que Picard s'est déclaré lui-même batelier, et que c'est lui qui a réclamé l'épervier en question ; — Attendu que de la circonstance que cet épervier avait été mis sur le bateau pour y sécher, résultait une présomption légale que Picard s'en était servi pour pêcher ; — Attendu que, d'après ces faits, Picard était passible des peines déterminées par la loi, soit comme batelier, propriétaire du bateau sur lequel avait été trouvé le filet, soit parce que ce filet était un épervier, espèce d'engin prohibé par l'art. 10, tit. 31, ord. 1669 ; — Attendu, enfin, qu'abstraction faite de toute autre circonstance, le filet, par cela seul que c'était un engin défendu, devait être brûlé; — Que cependant le jugement attaqué n'a ni condamné Picard aux peines déterminées par la loi, ni même ordonné que le filet saisi sur son bateau serait brûlé; et que, dès lors, ce jugement a violé les art. 15 et 25 précités, ord. 1669 : — Par ces motifs, — Casse et annule, etc.

Du 26 mars 1813.-C. C., sect. crim.-M. Basire, rap.

a été effacé, précisément parce qu'il paraissait les astreindre à une visite à laquelle ils ne sont pas soumis. L'art. 33 ne les atteindrait que dans le cas où ils auraient des boutiques à poisson, car c'est le fait de possession de ces réservoirs qui soumet le possesseur à la visite des préposés. Et il a été jugé que l'art. 34 de la loi du 15 avril 1829, qui oblige les fermiers de la pêche, porteurs de licence et tous les pêcheurs en général dans les rivières navigables et flottables, à ouvrir leurs loges et hangars sur leurs cantonnements, à toute réquisition des agents de l'administration, comprend même ceux qui ont des boutiques à poisson; que dès lors, faute d'obtempérer aux réquisitions des agents chargés de la police de la pêche, ceux qui ont des boutiques à poisson sur les rivières navigables et flottables encourent l'amende de 50 fr. édictée par la disposition ci-dessus (Amiens, 3 déc. 1843) (1).

161. Il a été jugé qu'il y a refus d'ouverture de boutique à poissons, ou opposition à la visite des agents et préposés de l'administration des eaux et forêts, de la part d'un fermier de la pêche qui, surpris par un garde au moment où il venait de prendre des poissons qui ont paru au garde être de la grosse espèce, avec un filet destiné seulement au poisson de la petite espèce, se débarrasse de ce poisson qu'il avait mis dans sa poche, l'enferme dans un mouchoir, le remet à un tiers qui l'accompagnait et qui prend la fuite par son ordre, et refuse ensuite de représenter le poisson qu'il a pris, ou de le faire représenter par son complice. — Le tribunal ne peut renvoyer le prévenu sous le prétexte que le refus de montrer le poisson au garde n'a pas été fait par le prévenu lui-même, qui n'en était plus détenteur au moment de la sommation, mais bien par un inconnu, à qui le prévenu l'avait remis (Nancy, ch. corr., 17 janv. 1834, aff. forêts *C.* Châtelain). — Mais le pêcheur qui se refuse à amener sa barque pour la visite de ses *nasses*, ne commet pas le délit prévu par l'art. 34 de la loi sur la pêche fluviale, ce délit ne s'appliquant qu'au refus du pêcheur de laisser visiter ses *réservoirs* ou *boutiques à poisson* (Besançon, 2 mars 1846, aff. Sancey, D. P. 47. 4. 367).

162. Le projet imposait aussi l'obligation de souffrir la visite des réservoirs, boutiques à poisson, etc., placés dans les cours d'eau qui ne sont ni navigables ni flottables. Cette disposition avait même été adoptée par la chambre des pairs, en 1828, mais elle a été retranchée par la commission de la chambre des députés comme peu compatible avec le droit des propriétaires et riverains d'un cours d'eau ou d'une partie de rivière non flottable ou navigable.—V. Exposé des mot., par M. de Bouthillier, p. 432, n° 62, et rapport de M. Mestadier, p. 450, n° 40.

163. *Chemin de halage et marchepied.* — Les fermiers et porteurs de licence ne peuvent user sur les fleuves, rivières et canaux navigables que du chemin de halage; sur les rivières et cours d'eau flottables, que du marchepied. Ils doivent traiter de gré à gré avec les propriétaires riverains pour l'usage des terrains dont ils auront besoin pour retirer et asséner leurs filets (L. 15 avril 1829, art. 35). — Le chemin de halage doit avoir vingt-quatre pieds et le marchepied dix pieds (ord. 1669, tit. 28, art. 7, V. Eaux, n°s 118 et suiv., 138). — La discussion a fixé le sens de cet article. Le projet présenté à la chambre des pairs était autrement rédigé. Il ne faisait aucune distinction entre le chemin de halage et le marchepied, et l'usage de l'un et de l'autre était également permis « aux pêcheurs *pour l'exercice de la pêche;* sauf, en cas de besoin d'un espace plus étendu pour asséner ou retirer leurs filets, à se procurer, auprès des propriétaires riverains, la jouissance des terrains dont ils (les pêcheurs) auraient besoin. » — Le but de cette disposition était « d'avertir en même temps et les concessionnaires de la pêche et les riverains, du droit qui appartenait à ceux-ci d'exiger que le chemin de halage fût débarrassé des obstacles que les riverains pourraient apporter à son libre usage, et à ceux-là de restreindre les pêcheurs dans les limites du chemin » (Explic. de M. de Bouthillier, commiss. du roi, ch. des pairs, séance du 3 mai 1828, mon. du 6 mai 1828). — Cependant la suppression de l'article fut proposée par la commission et appuyée par plusieurs membres (MM. de Malleville, d'Argout, Lainé et Decazes, *id.*, *ibid.*). Le ministre des finances et le commissaire du gouvernement consentaient également à la suppression, l'administration n'ayant aucun intérêt au maintien de l'article (*id.*, *ibid.*).

Mais d'autres membres (MM. de Fitz-James, de Tournon, de Peyronnet, de Cornet, de Pontécoulant, Forbin des Issarts et de Monville) firent observer qu'il s'était élevé entre les fermiers de la pêche et les propriétaires riverains, relativement à l'usage du chemin de halage, des difficultés qu'il importait de faire cesser. M. de Tournon fit remarquer que toute la difficulté résidait dans l'interprétation des mots *pour l'exercice de la pêche*. Cet exercice comporte en effet plusieurs actions distinctes : d'une part, le tirage des bateaux et des filets dans l'eau; d'autre part, le séchage des filets lorsqu'ils sont retirés. Nul doute que les pêcheurs n'aient droit d'user du chemin pour le tirage, et c'est le seul droit que l'article leur accorde. Mais quant au séchage, qui exige un plus grand espace de terrain, il ne peut avoir lieu qu'en dehors du chemin et sur les propriétés riveraines. — M. de Peyronnet ajouta : « On a semblé craindre que l'autorisation accordée aux pêcheurs d'user du chemin de halage pour l'exercice de la pêche ne parût, à raison de la latitude de cette expression, leur donner le droit de sécher leurs filets sur l'espace destiné au halage, au préjudice des propriétaires, qui seraient exposés à perdre le produit qu'ils peuvent encore tirer de cette partie de leur fonds. » Selon l'orateur, cette interprétation ne saurait être admise. « La faculté d'user du chemin de halage doit se restreindre à l'usage même pour lequel le chemin est établi, c'est-à-dire au tirage des bateaux et filets; elle ne peut s'étendre au séchage, qui, loin d'être une conséquence et un accessoire du halage, l'intercepterait au contraire, s'il avait lieu sur les chemins. » Il de-

(1) *Espèce :* — (Forêts *C.* Duchêne.) — Par procès-verbal du 5 janv. 1843, les gardes chargés de la surveillance de la pêche dans l'arrondissement d'Amiens avaient constaté qu'ayant trouvé une boutique à poisson établie sur la Somme, rivière navigable, par le sieur Duchêne, ce particulier, sommé d'en faire l'ouverture, s'y était refusé. —L'administration avait fait assigner le sieur Duchêne devant le tribunal correctionnel d'Amiens et avait conclu contre lui à l'application de l'art. 34 de la loi du 15 avril 1829 sur la pêche fluviale, ainsi conçu : « Les fermiers de la pêche et les porteurs de licences, et tous pêcheurs en général dans les rivières et canaux désignés par les deux premiers paragraphes de l'art. 1 de la présente loi, seront tenus d'amener leurs bateaux et de faire l'ouverture de leurs loges et hangars... ou boutiques à poisson sur leurs cantonnements, à toute réquisition des agents et préposés de l'administration de la pêche, à l'effet de constater les contraventions qui pourraient être par eux commises aux dispositions de la présente loi. — Ceux qui s'opposeront à la visite ou refuseront l'ouverture de leurs boutiques à poisson, seront, pour ce seul fait, punis d'une amende de 50 fr. » — Mais les premiers juges mirent le défendeur hors d'instance, « attendu, porte le jugement, que le prévenu n'est ni fermier de la pêche ni porteur de licence; enfin, qu'il n'est pas prouvé qu'il se soit livré à la pêche et qu'il doive être rangé dans le nombre des individus désignés dans l'art. 34 précité. »

Appel de l'administration, fondé sur ce que l'expression *tous pêcheurs en général* comprend nécessairement tous les individus qui ont des boutiques à poisson établies sur les rivières navigables, sans quoi la loi serait sans application possible, et il faudrait renoncer aux visites des réservoirs, parce que les véritables pêcheurs pouvant partout se procurer un prête-nom, ces établissements seraient toujours censés appartenir à d'autres qu'à leurs véritables propriétaires. — Arrêt.

LA COUR; — Considérant que la loi du 15 avril 1829, en enjoignant, par son art. 34, à tous pêcheurs dans les rivières navigables ou flottables, d'ouvrir leurs boutiques à poisson à toute réquisition des préposés de l'administration de la pêche, a voulu que ceux-ci pussent s'assurer si parmi les poissons renfermés dans les boutiques il ne s'en trouverait pas qui eussent des dimensions moindres que celles déterminées par les ordonnances; — Que ce vœu de la loi ne pourrait être entièrement accompli si par l'expression *pêcheurs* dont elle se sert elle n'eût pas entendu désigner, comme soumis à son injonction, non-seulement ceux qui par état se livrent à la pêche, mais aussi ceux qui ne le font qu'accidentellement ou avec l'assistance d'autrui; — Qu'aussi ne distingue-t-elle pas entre les uns et les autres; — Considérant que ceux-là doivent nécessairement être rangés dans l'une de ces deux classes de pêcheurs, qui ont des boutiques à poisson établies sur les rivières navigables ou flottables, puisque autrement ces sortes de réservoirs n'auraient pas d'objet; — Considérant que d'un procès-verbal régulier de deux préposés de l'administration des forêts, en date du 5 janv. dernier, il résulte que ce jour ils ont trouvé une boutique établie sur la Somme, rivière navigable, par le nommé Duchêne; que, l'ayant sommé d'en faire l'ouverture, il s'y est refusé; — Considérant que ce refus constitue la contravention prévue et réprimée par l'art. 34 de la loi précitée; met l'appellation et le jugement dont est appel au néant, et statuant sur la plainte, et faisant au sieur Duchêne l'application de l'art. 34 de la loi du 15 avril 1829, le condamne à 50 fr. d'amende.

Du 3 déc. 1843.-C. d'Amiens, ch. cor.

mandait en conséquence le maintien de l'article en le modifiant dans le sens de ses observations.

164. Une discussion incidente s'est élevée sur le point de savoir si les chemins de halage sont la propriété de l'État. L'affirmative a été soutenue par M. Roy, ministre des finances. Selon lui, les chemins de halage sont des chemins publics appartenant à l'État et dont, par conséquent, la loi peut régulièrement concéder l'usage aux adjudicataires de la pêche. — Cette opinion n'est pas fondée, et M. Decazes a rétabli les véritables principes de la matière, en disant : « Si le principe énoncé par le ministre était vrai, les terrains qui, dans toute la France, forment les chemins de halage, devraient à l'instant être dégrevés de l'impôt qu'ils payent, et l'État aurait droit de recueillir les fruits que presque tous produisent. Il faut donc en revenir à la vraie doctrine et reconnaître que le chemin de halage n'est qu'une servitude. » — V. en ce sens Eaux, n° 119.

Quoi qu'il en soit, l'art. 35 fut renvoyé à la commission, afin que la rédaction en fût modifiée (ch. des pairs, séance du 3 mai 1828, Mon. du 6 mai 1828). — A la séance suivante, M. de Malleville, rapporteur, donna lecture de la nouvelle rédaction qui est celle de la loi. Approuvant complétement la doctrine de M. Decazes, il a dit : « L'examen nouveau auquel la commission s'est livrée, l'a convaincue de plus en plus de la vérité de ce principe, que le chemin de halage n'est qu'une servitude, et que dès lors son usage doit être restreint à l'objet déterminé pour lequel la servitude a été établie, sans qu'elle puisse être aucunement agravée au préjudice des riverains. Or la destination première du chemin de halage étant uniquement le tirage des bateaux dans l'eau, c'est à cela aussi que doivent se restreindre les pêcheurs; mais ils ne peuvent en user pour tirer leurs filets hors de l'eau et les sécher, ce qui entraînerait une agravation à la servitude; et pour ces opérations ils doivent traiter avec les riverains de la jouissance des terrains dont ils ont besoin. La commission s'est appliquée à distinguer, dans la rédaction, ces deux opérations bien distinctes qui se trouvaient, jusqu'à un certain point, confondues dans les mots : *user pour l'exercice de la pêche*, dont se servait l'article du projet. »

Il résulte de toute cette discussion : 1° que, sur les rivières navigables, les pêcheurs peuvent se servir du chemin de halage pour tout ce qui concerne le service de leurs bateaux, mais qu'ils ne peuvent s'en servir que comme les autres navigateurs; — 2° Que le même droit leur est accordé sur le marchepied des rivières flottables; — 3° Que toutes les fois qu'ils se servent du marchepied ou du chemin de halage pour accomplir un acte quelconque de pêche, ils s'exposent à des poursuites de la part des propriétaires riverains, s'ils causent quelque dommage aux fruits qui se trouvent sur ces chemins (V. Droit rural); — 4° Qu'à plus forte raison ils n'ont pas le droit de faire sur ces mêmes terrains aucun établissement à demeure, d'y planter des pieux, d'y retirer leurs filets, même pour prendre le poisson qu'ils contiendraient ou les assécher (M. Garnier, n° 92); — 5° Que si le chemin de halage est en même temps un chemin public, ils commettent une infraction de voirie s'ils déposent sur ce chemin des objets pouvant entraver la circulation (V. Voirie).

165. Suivant M. Garnier (n° 300) les fermiers de la pêche, non en leurdite qualité, mais comme tous les navigateurs, n'ont le droit que de se servir du chemin réellement établi, et avec sa largeur effective. De telle sorte que si le marchepied avait moins de dix pieds, ou le chemin de halage moins de vingt-quatre, les fermiers seraient tenus de se conformer à l'état de choses existant matériellement. Mais ils pourraient obtenir de l'autorité administrative l'établissement du chemin avec toute la largeur fixée par les lois et règlements; à la charge, toutefois, d'indemniser les riverains pour cette augmentation de servitude. — Nous croyons aussi que les fermiers de la pêche auraient le droit, sous les mêmes conditions, de faire abattre les arbres qui nuiraient au libre usage du chemin (V. au surplus Eaux, n°s 3, 120 et suiv., et Navigation). — Mais le propriétaire d'une île située au milieu ou sur le bord d'une rivière navigable ne peut être assujetti à la servitude du marchepied, et le fermier de la pêche doit se procurer, à ses frais, auprès des propriétaires riverains, la jouissance des terrains excédant l'étendue réglée par la loi (Décis. du min. des fin. du 19 mars 1823; Traité de Baudrillart, t. 3, p. 123). — Cette décision est conforme à l'opinion exprimée v° Eaux n° 137.

166. Nous croyons aussi, avec M. Garnier (n° 299), que « les fermiers qui auraient le droit de pêcher dans les bras, noues, boires et fossés qui ne sont pas à proprement parler navigables, mais dans lesquels on peut pénétrer en tout temps, en bateau de pêcheur, ne peuvent réclamer ou exiger sur les bords un chemin quelconque et que, s'ils en ont absolument besoin pour l'exercice de la pêche, ils doivent traiter de gré à gré avec les propriétaires ou obtenir une autorisation par la voie d'expropriation pour cause d'utilité publique, mais à charge d'indemnité. » Cette solution est corroborée par la discussion à la chambre des pairs. M. de Cornet ayant demandé si les pêcheurs pourraient prétendre jouir d'un chemin de halage sur les noues, boires et fossés dépendant des rivières navigables, M. Roy, ministre des finances, a répondu que « le halage n'existant que sur les cours d'eau réellement navigables et pour l'usage de la navigation seulement, le chemin ne peut, dans aucun cas, être exigé pour les dérivations qui peuvent bien être considérées, en ce qui concerne la pêche, comme des dépendances de la rivière, mais sur lesquelles la navigation n'est pas et ne peut pas être établie » (Ch. des pairs, séance du 3 mai 1828; Monit. du 6 mai 1828).

167. Il résulte de ce qui précède, que, en présence de la rédaction limitative de l'art. 35 L. 15 avr. 1829, on ne pourrait plus décider aujourd'hui, comme avant cette loi, que tant que les travaux et appareils que la pêche à l'*essave* (espèce de seine) exige ne s'étendent point au delà du terrain réservé au marchepied des rivières, les propriétaires riverains n'ont pas le droit d'en empêcher l'exercice (ord. cons. d'Et. 20 nov. 1815, aff. Dolezac *C.* Boissac, etc.). La question, envisagée à ce point de vue, est autre que celle dont on s'est occupé v° Eaux n° 154.

SECT. 7. — *Des poursuites en réparation de délits.*

ART. 1. — *Des poursuites exercées au nom de l'administration.*

168. « Le gouvernement exerce la surveillance et la police de la pêche dans l'intérêt général » (L. 15 av. 1829, art. 36, § 1). — Cette disposition est une conséquence et une application du principe que la conservation du poisson est d'ordre public. — Ainsi il a été jugé que l'exercice de l'action publique appartient à l'administration forestière à l'égard des délits de pêche, soit qu'ils aient été commis dans un cours d'eau privé, ou dans une rivière du domaine public, en employant des instruments ou des procédés prohibés. L'art. 202 c. inst. crim., qui dispose que la partie civile pourra interjeter appel des jugements correctionnels, quant à ses intérêts civils seulement, ne lui est pas applicable (Pau, 21 août 1829, aff. Fontan, V. n° 127).

169. Après avoir posé ce principe général, la loi décide que « les agents spéciaux institués par le gouvernement, les gardes champêtres, éclusiers des canaux et autres officiers de police judiciaire sont tenus de constater les délits de pêche, en quelques lieux qu'ils soient commis, et d'exercer, conjointement avec les officiers du ministère public, toutes les poursuites et actions en réparations de ces délits » (art. 36, § 2).

170. Par une dérogation aux principes généraux, la loi ajoute que « ces mêmes agents et officiers de police judiciaire ont encore qualité pour constater les délits commis par ceux qui se livrent à la pêche sans la permission de celui à qui ce droit appartient; ils sont tenus de remettre leurs procès-verbaux au procureur du roi » (art. 36). — Cette dernière disposition n'existait pas dans le projet. Elle a été introduite par la commission de la chambre des pairs qui adopta d'abord une rédaction conforme à la jurisprudence de la cour de cassation. On jugeait, en effet, sous la loi du 14 flor. an 10, que l'action publique ne pouvait, en l'absence de toute plainte par le propriétaire ou fermier de la pêche, être exercée : 1° par l'administration forestière à raison d'un fait de pêche dans le bassin d'un canal exploité par une compagnie, laquelle est propriétaire de la pêche (Crim. rej. 26 oct. 1821) (1); — 2° Par le ministère public à raison d'un fait de pê-

(1) (Debax.) — LA COUR ; — Attendu que la cour royale de Toulouse, d'après le résultat de l'instruction faite devant elle, a jugé en fait que

che dans un ruisseau non navigable et dont les deux rives appartiennent au même propriétaire (Crim. rej. 5 fév. 1807) (1). En conséquence, la commission de la chambre des pairs proposait que les procès-verbaux dressés par les fonctionnaires publics, pour des infractions portant atteinte au droit de pêche appartenant à des particuliers ou aux adjudicataires, fussent remis *aux parties intéressées*. Dans ce système, qui était celui de la législation antérieure à 1829, l'action publique ne pouvait être mise en mouvement qu'autant que les parties civiles intéressées à la répression des infractions voulaient faire usage des procès-verbaux qui leur étaient remis. — M. de Malleville, au nom de la commission dont il était rapporteur, a justifié ainsi l'amendement : « La rédaction originaire du projet de loi aurait pour effet d'imposer aux agents de l'administration le devoir de constater les délits prévus par l'art. 5, c'est-à-dire les usurpations du droit de pêche commises soit au préjudice de l'Etat, soit au préjudice des particuliers, en même temps que les délits spécifiés au tit. 4, et qui sont relatifs à la police générale de la pêche. Or il y a une distinction à faire entre ces deux cas. Si le délit constitue une infraction au tit. 4, il doit donner lieu à des poursuites exercées par le ministère public, dans l'intérêt général, tandis que le délit prévu par l'art. 5 ne peut donner naissance qu'à une action au nom du propriétaire lesé, qui est libre de poursuivre ou non le délinquant devant les tribunaux. C'est donc à tort que le projet a confondu dans cet article ces deux sortes de contraventions... A l'égard de l'art. 5, la commission a rédigé un paragraphe additionnel qui, sans faire aux agents de l'administration un devoir de constater les contraventions prévues par cet article, leur en laisse néanmoins le droit à titre de *simple faculté*. » Discutant ensuite le point de savoir quelle devait être la suite à donner aux procès-verbaux, M. le rapporteur rappelait la jurisprudence (V. les arrêts précédents) et demandait s'il fallait que la loi y fût conforme ou contraire. Sur ce point, M. de Malleville abandonna la rédaction de la commission et proposa d'autoriser l'exercice de l'action publique, mais seulement par les officiers du parquet, pour la répression des infractions prévues et punies par l'art. 5. — En conséquence, il demanda qu'on substituât aux mots *aux parties intéressées*, ceux-ci, *au procureur du roi*. Malgré l'opposition de M. de Peyronnet, qui appuyait la première rédaction, l'article fut renvoyé à la commission (ch. des pairs, séance du 2 mai 1828, Monit. du 4 mai, p. 564). — A la séance suivante, M. de Malleville annonça que la rédaction par lui proposée était consentie par la commission, et l'article fut voté avec cette modification.

171. Quand on a parcouru cette discussion on ne comprend pas comment on peut refuser au ministère public le droit de poursuivre les délits de pêche commis au préjudice du propriétaire, sans la plainte préalable de celui-ci; cependant les plus savants s'y sont égarés. MM. Mangin (Act. pub., nos 54 et 161), Daviel (nos 691 et 749) et les nouveaux éditeurs de Dubreuil (Législ. sur les eaux supp., n° 135) professent que le fait de pêche de la part d'un non riverain, sans autre circonstance aggravante, ne peut être l'objet d'une action publique, lorsque les propriétaires riverains ne se plaignent pas. M. Daviel cite, à l'appui de son opinion, un arrêt du 7 mai 1830 (Crim. rej. aff. forêts *C.* Dunan, V. n° 24) qui ne tranche nullement la question, puisqu'il s'agissait dans l'espèce d'une poursuite dirigée non par le ministère public, mais par l'administration forestière. La discussion devant les chambres législatives suffirait, selon nous, pour écarter l'opinion des auteurs que nous venons de citer, si elle n'était en outre condamnée par la jurisprudence (Crim. cass. 17 oct. 1838, aff. Havet; 3 juin 1853, aff. Jacquot, V. n° 175).

172. Il est bien certain que si les officiers du parquet ont l'action publique, dans le cas prévu par l'art. 5; l'art. 36 ne donne pas cette même action à l'administration forestière. Aussi a-t-il été jugé que cette administration est sans qualité pour poursuivre les infractions à l'art. 5 de la loi du 15 avril 1829, telles que celle d'avoir pêché dans un cantonnement affermé, sans la permission de l'adjudicataire, alors, d'ailleurs, que le fait de pêche a eu lieu en temps permis, et avec engins non prohibés (Nancy, 27 janv. 1847, aff. Morlain, D. P. 47. 2. 29). — A ce point de vue, cette décision est à l'abri de toute critique; mais il n'en serait pas de même si (comme on peut l'induire de la généralité des motifs) la cour de Nancy avait entendu dénier, dans tous les cas, l'exercice de l'action civile à l'administration forestière. A cet égard nous croyons qu'on doit faire une distinction. Si le délit de pêche qui donne lieu à l'application de l'art. 5 a été commis dans un cours d'eau qui n'est ni navigable ni flottable, l'administration n'a aucune action. Mais si le fait a eu lieu dans un cantonnement affermé par l'Etat, l'administration peut poursuivre, quant à ses intérêts civils, bien que l'adjudicataire n'ait pas jugé à propos de le faire, et alors même que le ministère public se serait abstenu. En effet l'action en réparation de dommage causé par un délit peut être exercée par tous ceux qui ont souffert de ce dommage (c. inst. crim. art. 1, § 2); de plus l'action civile peut être poursuivie en même temps et devant les mêmes juges que l'action publique (art. 3). Or l'administration a un intérêt évident à ce que la négligence du fermier de la pêche ne soit pas un obstacle à la poursuite des délits qui peuvent contribuer au dépeuplement des rivières. Elle a donc intérêt et qualité pour poursuivre, mais quant à ses intérêts civils seulement, la réparation du préjudice que peuvent occasionner les délits prévus par l'art. 5.—Jugé qu'elle peut poursuivre ainsi l'individu trouvé pêchant dans une rivière navigable ou flottable, sans en avoir obtenu la concession de l'Etat, sans permission du fermier accordée dans les limites et sous les conditions du cahier des charges (Crim. cass. 2 mars 1849, aff. Willeminot, D.P. 49. 1. 233).—V. n° 80.

173. L'exercice de l'action civile peut avoir lieu quand bien même le fait de pêche n'aurait causé aucun préjudice appréciable. L'administration est ici dans le cas d'un propriétaire qui poursuit, à fins civiles, un délit de chasse sur ses terres dépouillées, ou l'infraction prévue par l'art. 146 c. for. Les tribunaux se bornent alors à condamner le prévenu aux dépens pour tous dommages-intérêts.

174. Si l'administration n'a que l'action civile dans le cas prévu par l'art. 5, elle possède les deux actions publique et privée, lorsqu'il s'agit d'un tout autre délit. — En conséquence, il a été jugé, avant la loi sur la pêche fluviale et l'on déciderait encore aujourd'hui, que les délits de pêche avec engins prohibés, commis dans une rivière navigable affluant à la mer, sur un point de la rivière au-dessus de la limite de la pêche maritime, peuvent être poursuivis et constatés par les agents de l'administration des eaux et forêts, encore qu'un décret du gouvernement ait accordé la liberté de la pêche précédemment affermée dans cette partie de la rivière (Crim. cass. 18 juill. 1823) (2).

175. *Ministère public.* — Avant la loi sur la pêche fluviale,

la pêche, objet des poursuites sur lesquelles cette cour avait à statuer, a eu lieu dans un bassin du canal des Deux-Mers, appelé l'Octogone; que ce bassin ne dépend point du 11e cantonnement de pêche du fleuve de la Garonne et fait, au contraire, partie de la propriété privée des actionnaires du susdit canal; — Attendu que ces propriétaires ne se plaignent pas, que le ministère public n'avait pas non plus porté plainte directe contre Debax pour le fait de pêche dont s'agit, et qu'il n'a figuré au procès que comme partie jointe à l'administration des forêts qui depuis s'est désistée elle-même de son pourvoi contre l'arrêt attaqué; — Que dans le silence de ceux qui avaient seuls qualité pour se plaindre et pour agir comme parties principales, l'arrêt attaqué, en relaxant le prévenu des poursuites pour un fait de pêche dans un lieu qui, d'après les documents du procès, a été reconnu faire partie d'une propriété privée, n'a violé ni l'ord. de 1669, ni la loi du 14 flor. an 10, ni aucune autre disposition de loi; — Rejette.

Du 26 oct. 1821.-Cr. r.-MM. Barris, pr.-Chantereyne, rap.

(1) (Minist. public *C.* Finve et autres.) — LA COUR; — Attendu qu'aucune loi ne classe au nombre des délits publics l'action de pêcher dans un ruisseau qui est la propriété d'autrui, comme étant non navigable, et ses deux rives appartenant à ce propriétaire; — Que Villefagne de Sorine, propriétaire à ce titre, selon qu'il est dit au procès-verbal du garde champêtre, de la portion du ruisseau de Lizoche, dans lequel, selon le même procès-verbal, Finve et Virkai ont été trouvés faisant la pêche, ne se plaint pas de cette action. — Rejette le pourvoi formé par le procureur général de la cour de justice de Sambre-et-Meuse, contre l'arrêt de cette cour du 18 déc. 1806.

Du 5 fév. 1807.-C. C., sect. crim.-MM. Barris, p.-Seignette, rap.

(2) *Espèce :* — (Eaux et forêts *C.* Badaud et cons.) — Deux décrets rendus en 1808 et 1810 ont accordé aux mariniers de Nantes la liberté de la pêche dans une portion de la Loire où elle avait été affermée conformément à la loi, et fixé les limites de cette pêche fluviale, devenue libre et gratuite. — L'administration des eaux et forêts n'a pas prétendu empê-

il n'était pas douteux que le ministère public ne pût poursuivre d'office toutes les infractions aux règles de police et de conservation de la pêche dans les cours d'eau et qui sont aujourd'hui prévues et punies par le titre 4 de la loi du 15 avr. 1829.—Ainsi il a été jugé, et l'on jugerait encore aujourd'hui, que le ministère public peut poursuivre : 1° la pêche de nuit, sur une partie du lac du Bourget épanchée dans un pré appartenant à un particulier (Crim. cass 17 brum. an 14, M. Minier, rap., aff. N...) ; — 2° La pêche dans une rivière non navigable ni flottable, soit en temps prohibé, soit avec un engin défendu (Crim. cass. 27 déc. 1810, MM. Barris, pr., Basire, rap., aff. Gillot; 21 fév. 1812, M. Audier-Massillon, rap., aff. Choron). — A l'égard de l'arrêt du 17 brum. an 14, nous ferons remarquer qu'on a dit à tort dans un recueil que, « sous la loi du 15 avr. 1829, la nuit est une simple circonstance aggravante qui fait doubler la peine (art. 70) et qui est insuffisante pour autoriser le ministère public à poursuivre d'office lorsque le fait de pêche n'acquiert pas, par quelque autre circonstance, le caractère de délit d'ordre public. » La pêche de nuit, dégagée de toute autre circonstance peut, à elle seule, constituer un délit d'ordre public puisque, aux termes de l'art. 26, elle peut être prohibée par un règlement d'administration publique. Que si, même en l'absence de toute prohibition, elle se joint à un autre délit, la peine est alors doublée. Mais, dans tous les cas, le ministère public peut poursuivre d'office, puisque ce droit lui a été reconnu, même à l'égard des délits prévus par l'art. 5, qui portent seulement atteinte à l'intérêt privé (V. n° 169 et s.). C'est, d'ailleurs, ce qui a été formellement jugé depuis la loi de 1829 : 1° à l'occasion d'un fait de pêche accompli, sans autorisation, dans une tourbière appartenant à une commune (Crim. cass. 17 oct. 1838) (1) ; — 2° A l'occasion d'un fait

---

cher ces mariniers de jouir des avantages que leur assurent ces décrets; mais elle a prétendu exercer par ses agents et préposés, le droit de constater les délits de pêche commis dans l'étendue de la pêche libre, et d'en poursuivre les auteurs, comme tous autres délinquants. — Les pêcheurs de Nantes ont soutenu, au contraire, qu'elle était sans qualité pour les poursuivre, et que la pêche ayant été déclarée libre, depuis les ponts de Nantes jusqu'à la mer, était, par cela seul, assimilée en tout à la pêche maritime, et que la police n'en pouvait appartenir qu'à l'administration de la marine. — La cour royale de Rennes avait adopté ce système. — Pourvoi. — Arrêt.

LA COUR; — Vu les art. 12, 13, 15 et 17 de la loi du 14 flor. an 10, desquels il résulte que, dans les fleuves et rivières navigables, la pêche ne peut avoir lieu qu'aux conditions prescrites par les règlements; que les délits de pêche doivent être poursuivis et punis de la même manière que les délits forestiers, et que la police, la surveillance et la conservation de la pêche y doivent être exercées par les agents et préposés par l'administration des eaux et forêts; — Vu également les décrets des 11 août 1808 et 6 juill. 1810, ensemble l'avis du conseil d'Etat du 15 juill. 1809, approuvé le 11 août par le chef du gouvernement; — Attendu que les dispositions de la loi du 14 flor. an 10, qui viennent d'être rappelées, sont générales et absolues; qu'elles embrassent les fleuves et rivières, depuis le point où ils commencent d'être navigables jusqu'à leur embouchure; — Que le décret de 1808, en établissant la liberté de la pêche, depuis le point où la marée se fait sentir, dans la Loire, jusqu'à l'embouchure de cette rivière dans la mer, et en ordonnant la résiliation du bail existant, n'a fait qu'accorder aux riverains une licence générale et gratuite pour l'exercice d'une pêche alors affermée comme fluviale; que le susdit décret ne change rien à la police de cette pêche, et ne dispense pas les pêcheurs de l'observation des règlements, qui ont pour objet de conserver le jeune poisson et de le faire remonter le long des fleuves et rivières; — Que le conseil d'Etat, consulté relativement à l'exécution de ce décret, a été d'avis que par ces expressions, *du point où la marée se fait sentir*, on ne pouvait entendre que celui où les eaux deviennent salées, et où l'on commence à rencontrer les substances et les phénomènes qui annoncent la présence et le séjour des eaux de la mer; — Que si, pour ne pas rendre illusoire le bienfait accordé aux mariniers de Nantes par le décret du 11 août 1808, le même conseil d'Etat a pensé qu'il convenait de rendre la pêche libre, depuis les ponts de Nantes jusqu'à l'embouchure de la Loire, il ne résulte pas moins de son avis, et de l'approbation qui lui a imprimé le caractère et l'autorité d'un acte du gouvernement, que, dans le sens du susdit décret, le point où la marée se fait sentir n'est pas celui où, par l'action du flux de la mer, les eaux fluviales, refoulées sur elles-mêmes, couvrent leurs rives sans rien perdre de la pureté de leur goût, mais celui où, par leur mélange avec les eaux de la mer, elles en contractent la salure; — Que dans cette dernière portion des rivières navigables, la pêche doit sans doute être regardée comme pêche maritime, et conséquemment soumise à la surveillance des administrateurs de la marine; mais que dans toutes les autres parties, elle reste, comme les eaux sur lesquelles on l'exerce, purement fluviale; — Attendu que le rapport fait le 17 juin 1806, par l'ingénieur des ponts et chaussées du département de la Loire-Inférieure, en exécution des ordres du gouvernement, en présence du commissaire de la marine et de l'inspecteur des eaux et forêts, à l'effet de déterminer le point où les eaux cessent d'être salées à l'embouchure de la Loire, et de fixer ainsi les limites de la pêche maritime, constate que, d'après les différentes épreuves répétées sur divers points de cette rivière, le point où les eaux cessent d'être salées est audessous du Prehéré, en face du Migron; — Que le décret du 6 juill. 1810, rendu en exécution de celui de 1808, ne présente aucune disposition nouvelle d'où l'on puisse induire que, sous le rapport de la police de la pêche sur la Loire-Inférieure, le chef du gouvernement ait voulu déroger en rien à la loi du 14 flor. an 10; — Que si l'art. 1er du susdit décret de 1810 déclare que le point de limitation entre la pêche libre et la pêche affermée au profit du trésor public est définitivement fixé à 40 brasses au-dessous des ponts de Nantes, suivant l'alignement des poteaux anciennement plantés pour servir de limites entre la pêche dont la surveillance appartenait à l'amirauté et celle dont la police était confiée à l'administration des eaux et forêts, cette disposition n'a eu pour objet que d'indiquer, pour les limites de la pêche libre, un point fixe et propre à prévenir toute difficulté, conformément à l'avis du conseil d'Etat auquel ce décret se réfère, et non de transformer en pêche maritime une pêche fluviale, dont l'exercice libre et gratuit ne change pas la nature et ne peut soustraire les pêcheurs à la police qui lui est propre; — Attendu que, dans l'espèce, les procès-verbaux dressés les 26 et 27 fév. 1822, par les gardes-pêche de la Loire-Inférieure, constatent que ces gardes ont trouvé à environ 60 brasses au-dessous des ponts de Nantes, et conséquemment bien au-dessus du point du Migron, le nommé Pierre Badaud et autres individus occupés à la pêche sur des bateaux, avec des carrelets à cul, montés sur leurs armures d'environ 30 pieds d'envergure, instruments de pêche que les gardes rapporteurs signalent comme engin prohibé, et qu'ils ont cru devoir saisir, ainsi que les bateaux; — Que dans ces circonstances, les agents de l'administration des eaux et forêts avaient caractère, non-seulement pour constater des contraventions commises dans les limites de la pêche fluviale, mais encore pour en poursuivre la répression devant les tribunaux compétents; — Que cependant le tribunal correctionnel de Nantes, sous le prétexte que la pêche est libre au-dessous des ponts de cette ville, et doit être regardée, dans cette partie de la Loire, comme pêche maritime, a jugé que les administrateurs des eaux et forêts étaient sans qualité pour poursuivre aux fins desdits procès-verbaux, et qu'il n'y avait rien à statuer sur leurs demandes; que la cour royale de Rennes, en confirmant à cet égard les deux jugements dont l'appel lui était déféré, s'en est approprié les vices, qu'elle a même ajouté à leurs dispositions erronées, en condamnant par suite ladite administration à faire la remise aux prévenus des objets saisis, et à leur payer des dommages-intérêts; — En quoi ladite cour royale a violé les art. 15 et 17 de la loi du 14 flor. an 10, et fait une fausse application des décrets des 11 août 1808 et 6 juill. 1810. — Casse.

Du 18 juill. 1823.-C. C., sect. crim.-MM. Barris, p.-Chantereyne, r.

(1) *Espèce* :—(Min. pub. C. Havet et autres.)—1er juin 1828 procès-verbal constatant que les prévenus ont pêché dans une tourbière appartenant aux communes de Berny, d'Ailly et de Chaussay.—Jugement du tribunal correctionnel de Montdidier qui renvoie les prévenus en se fondant sur ce qu'il s'agissait d'une usurpation du droit de pêche appartenant aux propriétaires de la tourbière, et que dès lors l'action n'appartenait qu'aux parties intéressées et non au ministère public.—Sur l'appel, arrêt confirmatif de la cour d'Amiens (13 sept. 1838). Pourvoi du procureur général d'Amiens.

M. Pascalis, avocat général, a dit à l'appui du pourvoi : — « Quoiqu'en règle générale l'action en répression des délits et contraventions appartienne au ministère public, il est cependant vrai que quelques délits prennent, dans notre législation, un caractère privé. La poursuite alors en est exclusivement réservée au particulier dont le droit de propriété a été violé. Tel est le délit de chasse, lorsque le délinquant, muni de port d'armes, a été surpris après l'ouverture de la chasse. Un autre exemple est fourni par le code forestier, lorsque le délit a été commis dans un bois appartenant à un particulier. Il en était ainsi pour la pêche avant la loi du 15 avril 1829, lorsque le fait avait eu lieu en temps permis et avec des engins ou des moyens non prohibés. Cette jurisprudence prenait son principe dans l'art. 25, tit. 31 de l'ordonnance de 1669. Il faut même reconnaître que la nouvelle loi sur la pêche fluviale a été conçue d'abord dans le même esprit. L'art. 41 (aujourd'hui 36), placé à la section des Poursuites exercées au nom de l'administration, était terminé, dans le projet du gouvernement, par une disposition qui, dans le cas d'un délit n'affectant que le droit de propriété, et ne portant atteinte à aucune des règles prescrites pour la conservation et la police de la pêche, donnait aux agents de l'administration le droit de constater ce délit. La même disposition ne prescrivait pas la remise du procès-

de pêche, sans le consentement du propriétaire riverain, dans l'ancien lit du Doubs (Crim. cass. 3 juin 1853, aff. Jacquot, D. P. 54. 1, 239, V. la note qui accompagne cet arrêt. — Conf. Nancy, c. corr., 25 mars 1836, aff. N... — *Contrà*, MM. Mangin, Daviel, etc., V. la discussion analysée n° 170).

176. *Gendarmes.* — Indépendamment des agents spéciaux, des gardes champêtres et autres fonctionnaires dénommés dans l'art. 36, les gendarmes ont le droit de verbaliser en matière de pêche (trib. de Libourne, 23 nov. 1843, aff. Magret, V. Procès-verbal).

177. *Gardes-pêche.* — Les gardes-pêche nommés par l'administration, sont assimilés aux gardes forestiers royaux (L. 15 avr. 1829, art. 37). — Bien que les mots *sous tous les rapports*, qui terminaient l'article dans le projet, aient été supprimés lors de la discussion à la chambre des députés, l'assimilation des gardes pêche aux gardes forestiers est complète (V. Forêts, n°s 171 à 175, 192 à 207); sauf cependant en ce qui concerne la responsabilité (V. *sup.* n° 55). — L'assimilation complète dont on vient de parler a été reconnue, et il a été jugé qu'il n'est pas nécessaire que les préposés chargés de la police de la pêche prêtent un nouveau serment pour qu'ils puissent, en cas de changement de résidence, exercer leurs fonctions dans un autre ressort : il leur suffit de faire enregistrer leur commission et l'acte de prestation de serment primitif au greffe du tribunal du nouveau ressort soumis à leur surveillance (Nancy, ch. corr., 9 janv. 1835, aff. A...). — Il en est de même, à plus forte raison, lorsqu'il y a simple extension de la commission qui leur a été originairement donnée; et cette extension résulte suffisamment de l'ordre par lequel un conservateur prescrit à des gardes forestiers, d'après les instructions du directeur général des forêts, de rechercher et constater les délits qui se commettent sur les confins d'un arrondissement voisin de celui pour lequel ces gardes sont assermentés (même arrêt).

L'assimilation déclarée par l'art. 37 a pour conséquence d'attribuer aux gardes-pêche la qualité d'officiers de police judiciaire. Par suite ils ne peuvent être mis en jugement que conformément aux dispositions des art. 479, 483 et suiv. c. inst. crim. (V. Mise en jugement, n°s 96 et s., 316 et s.). — Par suite encore ils peuvent arrêter les délinquants dans le cas prévu par l'art. 25, L. 15 avr. 1829, qui prononce la peine de l'emprisonnement (c. inst. crim. art. 16); mais, comme assimilés aux gardes forestiers, ils peuvent arrêter tout délinquant inconnu (c. for. art. 163). Ils peuvent aussi faire des visites domiciliaires pour rechercher et saisir le poisson pêché en délit (V. n° 185), mais non pour rechercher les filets prohibés (*eod.*).

178. *Procès-verbaux.* — C'est dans le traité des Procès-verbaux qu'on trouvera l'exposé complet des conditions de validité et des causes de nullité de ces actes, ainsi que les règles relatives à la foi qui leur est due, avec l'indication des cas où ils font foi jusqu'à inscription de faux ou jusqu'à preuve contraire.

179. *Saisies.* — Les gardes sont autorisés à saisir les filets et autres instruments de pêche prohibés, ainsi que le poisson pêché en délit (L. 15 avril 1829, art. 39) : et ils peuvent, pour la répression de ces différents délits, requérir directement la force publique (art. 43). — Ces dispositions étant empruntées aux art. 161 et 164 c. for., il suffit de renvoyer v° Forêts, n°s 385, 387, 395 et 396.

180. La loi sur la pêche contient quelques dispositions par-

---

verbal au procureur du roi, parce que ce fonctionnaire devait être sans qualité pour exercer l'action qui en dérivait. M. de Bouthillier, commissaire du roi, exposant les motifs du projet à la chambre des pairs, le 25 mars 1828, disait à cette occasion : « Vous retrouverez dans le » titre qui traite des poursuites une partie des dispositions du code fores- » tier relatives au même objet. Ce titre se divise en sections : l'une dé- » termine les poursuites confiées à l'administration, et l'autre celles qui » sont exercées au nom des particuliers. Nous avons rangé dans cette » dernière section les poursuites et actions que peuvent intenter les fer- » miers de la pêche domaniale pour les délits et contraventions qui por- » tent atteinte à leurs droits, parce qu'elles ont pour objet un intérêt » privé, et qu'à cet égard les fermiers du gouvernement sont assimilés » aux particuliers. »

» Mais dans la discussion à la chambre des pairs il fut dit que les délits de pêche, lors même qu'ils ne touchent pas à la conservation du poisson ou aux règles de police, peuvent, en portant atteinte au droit de propriété, affecter l'intérêt public par leur importance ou leur répétition. Il fut demandé, en conséquence, que le ministère public eût action dans tous les cas. D'après cette observation, un changement important fut apporté dans la rédaction de l'art. 36. La commission, se conformant à la première pensée du projet, avait proposé de déclarer que, dans le cas d'infraction à l'art. 5 (violation du droit des propriétaires de la pêche), le procès-verbal des préposés serait transmis aux parties intéressées. Par le résultat de la discussion, cette rédaction ayant dû être changée, il fut décidé que la transmission du procès-verbal serait faite, même alors, au procureur du roi. C'est en effet ce qu'exprime l'art. 36, tel qu'il a passé dans la loi. Ce magistrat ne doit recevoir cet acte, fondement de la poursuite, que parce qu'il a qualité pour l'exercer. Si ce droit n'était ouvert qu'aux seuls propriétaires de la pêche, il leur deviendrait le plus souvent impossible d'exécuter l'art. 49, qui veut, à peine de nullité, qu'en tête de la citation il soit donné copie du procès-verbal et de l'acte d'affirmation. Comment donneraient-ils copie de la pièce qui souvent ne serait pas en leur pouvoir, et que le procureur du roi ne serait pas dans l'obligation de leur livrer? Lors donc que l'art. 67 déclare que les poursuites et actions (résultant de l'infraction au droit de pêche) seront exercées au nom et à la diligence des parties intéressées, ce n'est plus une attribution exclusive qui leur est conférée; cet article est démonstratif, et non limitatif; les parties intéressées, c'est-à-dire les propriétaires de la pêche, ont bien droit de poursuite, mais sans préjudice d'un droit pareil qui appartient à la partie publique. — L'art. 67 se concilie et se combine avec l'art. 36. L'ancienne législation a été modifiée sur ce point, non dans un intérêt limité, celui de la conservation du poisson; ce qu'en temps permis et avec des moyens licites le propriétaire peut faire, d'autres le pourraient aussi avec sa permission tacite, et à la faveur de son silence. Mais il a été reconnu que le droit de propriété, quand il s'agit de ces infractions qui se répètent fréquemment, et qui ne laissent pas de mettre en action de vives passions, manque de vigilance ou de force; qu'il ne suffit pas à se protéger lui-même. La loi vient lui prêter par ce motif le secours de l'action publique. — D'ailleurs on peut ajouter : L'art. 67 eût-il le sens restreint qui lui a été donné, que cette disposition, placée dans la section relative aux poursuites exercées au nom et dans l'intérêt des particuliers, serait toujours inapplicable à une action qui intéresse une commune. La loi du 15 avril 1829 ne s'explique pas formellement sur le droit de pêche dans les eaux communales. — En l'état de silence de la loi nouvelle, l'ancienne législation à cet égard n'aurait pas été abrogée. Or, l'art. 12, tit. 14, de l'ord. de 1669, chargeait de la police et de la surveillance sur les eaux et pêcheries appartenant aux communes les officiers des maîtrises, aujourd'hui remplacées par l'administration des eaux et forêts, laquelle exerce à son tour, en concurrence avec le ministère public, les actions que la loi lui confie. — V. l'arrêt du 5 mars 1829, n° 87.

» En résumé, s'il ne s'agissait que de faire respecter sur des eaux courantes un droit de pêche réservé à des particuliers, la poursuite aurait été bien introduite. A plus forte raison doit-il en être ainsi, puisque le lieu où le délit a été commis formait une propriété communale. »

La cour; — Vu les art. 1 et 4 c. inst. crim., et 36 de la loi du 15 avril 1829; — Attendu, en droit, que ces deux premiers articles investissent le ministère public du droit absolu de poursuivre d'office la répression de tous les délits; que la loi précitée, loin de déroger à ce principe général, l'a formellement sanctionné en ce qui concerne la pêche fluviale, puisque après avoir prononcé la peine des faits qu'elle défend, même sur les ruisseaux et cours d'eau quelconques, quand ils n'ont pas été permis par celui à qui le droit de pêche appartient (art. 5), elle déclare que le gouvernement exerce la surveillance et la police de la pêche dans l'intérêt général, et que les officiers de la vindicte publique exercent, conjointement avec les agents spéciaux par lui institués à cet effet, toutes les poursuites et actions en réparation de ces délits, en quelques lieux qu'ils soient commis (art. 36); que l'art. 67 de la même loi ne modifie nullement ces règles, puisqu'il ne fait qu'accorder en cette matière, aux parties intéressées, l'action civile qui, dans les délits de droit commun, leur est ouverte par les art. 1 et 3 du code précité; d'où il suit que le ministère public a la faculté de poursuivre directement aussi bien la répression des délits de pêche qui lui sont signalés au préjudice des particuliers, que ceux qui sont commis au détriment de l'État; — Et attendu qu'il est constant, dans l'espèce, que les prévenus ont été trouvés, le 31 mai dernier, pêchant avec des rondeaux, et sans permission des propriétaires, dans une tourbière appartenant aux communes de Berny, d'Ailly et de Chaussay, et qu'il n'est point méconnu que cette tourbière est en communication libre et directe avec la rivière d'Arure; — Que ce fait constitue le délit prévu et puni par l'art. 5 de la loi précitée; que le ministère public avait, par suite, caractère pour en poursuivre d'office la répression; — Qu'en le déclarant non recevable dans son action, parce qu'elle n'a pas été exercée au nom desdites communes, l'arrêt dénoncé a faussement interprété l'art. 67 de cette loi, et commis une violation expresse des dispositions ci-dessus visées...; — Casse, etc.

Du 17 oct. 1838.-C. C., ch. crim.-MM. Rives, rap.-Pascalis, av. gén., c. conf.

ticulières. — Ainsi les filets et engins de pêche saisis comme prohibés, ne peuvent, dans aucun cas, être remis sous caution; ils sont déposés au greffe et y demeurent jusqu'après le jugement pour être ensuite détruits. Quant aux filets non prohibés, mais confisqués en exécution de l'art. 5, ils sont vendus au profit de l'État. Une amende de 50 fr. est encourue par les délinquants qui refusent de remettre immédiatement le filet déclaré prohibé, après sommation des gardes-pêche (art. 41).

181. Lorsque les filets sont saisis comme prohibés, l'exécution de la loi n'offre aucune difficulté. Mais il n'en est pas de même quand il s'agit de filets non prohibés, dont il a été fait usage dans un cours d'eau, au préjudice du propriétaire de la pêche. Ces filets *peuvent* être confisqués (art. 5).

182. La conséquence naturelle paraît être qu'ils peuvent aussi être saisis, car la confiscation est une suite de la saisie. M. Baudrillart partage cette opinion (t. 1, p. 341), que nous ne pouvons adopter. La saisie matérielle n'est pas le préalable nécessaire de la confiscation, qui peut être prononcée, bien que l'objet n'ait pas été appréhendé par le garde. Cela est si vrai que, même à l'égard des filets prohibés, la saisie n'est pas obligatoire, mais simplement facultative pour les gardes. La loi dit : « Ils sont autorisés (art. 39); » donc, s'ils peuvent saisir, il peuvent aussi s'abstenir. C'est du reste ce que reconnaît M. Baudrillart en remarquant que la loi, dans la vue d'éviter les rixes, se borne à déclarer le droit qu'ont les gardes de saisir les filets, mais qu'elle ne leur en impose pas l'obligation absolue. Il en est de même en matière forestière (V. Forêts, n° 387, et Procès-verbal). Il fallait donc une disposition spéciale pour donner aux gardes le droit de saisir et surtout de requérir directement la force publique. Tel est l'objet de l'art. 43. Mais cet article ne parlant que des filets prohibés, et l'art. 40 interdisant toute visite domiciliaire, pour la recherche des filets, il en résulte que les gardes n'ont aucun pouvoir pour contraindre les délinquants à leur remettre les engins permis dont il aurait été fait un usage illicite. Ces engins restent en la possession de ceux qui s'en sont indûment servis, parce que la confiscation est seulement facultative dans le cas de l'art. 5, et qu'elle ne peut même pas être prononcée dans le cas de l'art. 27. Sans doute, lorsqu'il s'agira de l'usurpation du droit de pêche, la confiscation de l'instrument pourra être prononcée, mais les tribunaux ne doivent pas obliger le condamné à rapporter l'objet confisqué ou à en payer la valeur représentative (V. Forêts, n° 344). — Par conséquent, la disposition qui prescrit la vente des filets, au profit du trésor, est illusoire et vaine, puisque les délinquants peuvent toujours se soustraire à la confiscation prononcée contre eux en refusant de remettre leurs filets.

Remarquons cependant qu'il y a, entre le code forestier et la loi sur la pêche fluviale, une différence essentielle. Lorsque le procès-verbal d'un garde-pêche constate qu'un individu s'est servi d'un filet prohibé, et que le fait est tenu pour certain par le tribunal, le refus par le délinquant d'obtempérer à la sommation du garde, quant à la remise du filet prohibé, donne lieu à une amende de 50 fr. (L. 15 avril 1829, art. 41, § 3).— Cette disposition ne s'applique qu'aux filets dont l'usage est prohibé, et non à ceux dont on aurait fait un usage illégitime, bien qu'ils soient permis par les ordonnances. Tel serait le cas de pêche en temps prohibé avec un filet permis.

183. Une autre question s'est présentée, c'est celle de savoir si la confiscation des filets non prohibés peut être prononcée contre ceux qui auront pêché la nuit dans les lieux où la pêche de nuit sera prohibée par les ordonnances.—La discussion à la chambre des députés, laisse la solution de cette question assez indécise. Nous croyons cependant que la chambre a entendu adopter l'opinion de M. Pataille, qui s'est formellement prononcé pour la négative (ch. des dép., séance du 13 mars 1829, Monit. du 14 mars, p. 339; Conf. M. Baudrillart, t. 1, p. 348; — *Contrà*, M. Rogron sur l'art. 41). — Remarquons toutefois, que d'après nos observations qui terminent le numéro précédent, cette question est à peu près dépourvue d'intérêt.

184. Quand la saisie des filets prohibés a eu lieu, la loi ordonne qu'ils soient déposés au greffe (art. 41). Toutefois l'exécution de cette disposition n'est pas une condition nécessaire pour la validité de la poursuite. En conséquence, un tribunal ne peut renvoyer un prévenu par le motif que les engins saisis sur lui n'ont pas été incontinent envoyés au greffe avec le procès-verbal constatant le délit; il suffit que le procès-verbal établisse qu'il a été fait usage d'engins prohibés, ou que, pour suppléer à l'insuffisance du procès-verbal, ces engins, remis provisoirement par le garde saisissant à un dépositaire, aient été représentés à la justice avant le jugement définitif (Crim. cass. 18 avril 1822), MM. Barris, pr., Chantereyne, rap., aff. Robert).

185. « Quant au poisson saisi pour cause de délit, porte l'art. 42, il doit être vendu sans délai dans la commune la plus voisine du lieu de la saisie, à son de trompe et aux enchères publiques, en vertu d'ordonnance du juge de paix ou de ses suppléants, si la vente a lieu dans un chef-lieu de canton; dans le cas contraire, d'après l'autorisation du maire de la commune. Ces autorisation et ordonnance sont délivrées sur la requête des agents ou gardes qui ont opéré la saisie et sur la présentation du procès-verbal. Dans tous les cas, cette vente a lieu en présence du receveur des domaines, et, à défaut du maire, ou adjoint, du commissaire de police. » Il n'en est pas de cet article comme du précédent qui établit une distinction entre les cas dans lesquels les filets doivent ou non être confisqués. Lorsqu'il s'agit du poisson pêché en délit, il doit toujours être saisi, même dans le cas de l'art. 5, même aussi dans le cas de l'art. 26, § 5, qui prescrit aux pêcheurs de rejeter en rivière les poissons qui n'ont pas les dimensions requises. En général, on peut dire avec M. Baudrillart (t. 1, p. 342), que toute pêche qui se fait, soit sans avoir le droit, soit avec un instrument, un procédé ou dans un temps défendus, constitue une pêche faite en délit; et il y a lieu dans tous les cas à la saisie du poisson.

186. Avant la loi sur la pêche fluviale, le poisson était donné aux hospices ou vendu au profit de ces établissements. Un député, M. Busson, proposa de décider que le poisson serait vendu au profit des fermiers de la pêche, si le délit avait été commis dans une rivière navigable ou flottable. Cet amendement a été rejeté, comme inutile, sur les observations de M. Mestadier, rapporteur, qui a dit : « Il n'en est pas du poisson comme des filets. On peut attendre pour vendre les filets; mais le poisson, il ne faut pas le laisser pourrir, il doit être vendu sans délai. Cette vente aura lieu au profit de qui il appartiendra. Si le prévenu est acquitté, c'est à lui qu'on rend le prix du poisson; dans le cas contraire, le prix pourra être donné soit au fermier, soit au propriétaire riverain. Le paragraphe ne fait que consacrer une mesure provisoire, sans rien préjuger sur l'attribution qui sera faite du prix du poisson » (ch. des dép., séance du 13 mars 1829, Monit. du 14 mars 1829). — V. d'ailleurs la disposition formelle de l'art. 73, n° 221.

187. *Visites domiciliaires.*—Les gardes ne peuvent s'introduire dans les maisons et enclos y attenant pour la recherche des filets prohibés (L. 15 avril 1829, art. 40).—La loi sur la pêche fluviale diffère ici complétement de la loi forestière. L'art. 161 c. for. autorise les gardes forestiers à faire des visites domiciliaires, avec l'assistance du juge de paix ou du maire. La raison de cette différence est sensible. Outre que les délits forestiers sont généralement plus graves que les délits de pêche, il y avait une raison péremptoire pour interdire la recherche à domicile des filets prohibés. En effet, la simple possession de ces filets n'est pas un délit; l'infraction ne commence que quand on les transporte hors du domicile (art. 29, § 2). Même dans ce cas, le prévenu peut faire disparaître le délit en prouvant que les filets dont il a été trouvé porteur étaient destinés à pêcher dans des étangs ou réservoirs. En conséquence, il a été jugé : 1° que le fait d'avoir étendu, sur une haie autour de sa propriété, des filets prohibés pour les faire sécher, ne constitue pas un délit, en l'absence de tout port extérieur de ces filets (Crim. rej. 3 janv. 1846, aff. forêts *C.* Barrière, D. P. 46. 1. 63); — 2° Que l'adjoint au maire d'une commune et le garde champêtre sont sans droit ni qualité pour faire une visite domiciliaire dans le but de saisir des engins prohibés : par suite, le procès-verbal dressé par eux est nul et ne peut servir à prouver le délit (Douai, 4 nov. 1847, aff. Duhaut, D. P. 50. 5. 392; V. aussi ci-après les explications du rapporteur à la chambre des pairs). — Dès lors, on devrait considérer comme illégale et nulle la saisie de filets dont l'usage est prohibé dans les cours d'eau, si cette saisie avait eu lieu au domicile d'un pêcheur, par suite d'une recherche ayant pour objet la constatation d'un délit forestier.

188. Bien que « les gardes ne puissent pas s'introduire dans les maisons et enclos pour la recherche des filets prohibés, » ils le peuvent cependant pour la recherche et la constatation des contraventions prévues aux art. 24 et 25. La discussion sur ces derniers articles ne laisse subsister aucun doute à cet égard (ch. des pairs, séance du 7 avr. 1829, Monit. du 10 avr.).

189. Le principe admis, on s'est occupé, à l'occasion de l'art. 40, d'en régulariser l'application. On s'est demandé si, lorsqu'il s'agit des délits pour la recherche et la constatation desquels les gardes ont le droit d'entrer dans les enclos, ils devaient nécessairement être assistés d'un officier public. L'affirmative a été décidée par la commission de la chambre des pairs, dont le rapporteur s'est exprimé ainsi : « L'art. 40 ne s'applique qu'à la recherche des filets prohibés. C'est pour ce cas qu'il interdit d'une manière absolue l'entrée des habitations, et l'on conçoit, en effet, qu'une pareille recherche serait vexatoire, la possession des engins prohibés ne pouvant par elle-même constituer un délit. Mais, quant aux autres contraventions auxquelles la pêche peut donner lieu, leur constatation rentre dans les termes généraux du droit. Les gardes-pêche sont constitués, à cet égard, officiers de police judiciaire. Ils sont assimilés aux gardes champêtres (et aussi aux gardes forestiers, art. 37, V. n° 177). Si l'on se reporte à l'art. 16 c. inst. crim., on verra que, dans aucun cas, les gardes champêtres ne peuvent s'introduire dans les propriétés closes qu'en présence soit du juge de paix ou de son suppléant, soit du commissaire de police, soit du maire ou de son adjoint. Les garanties que l'on réclame (allusion à l'amendement de M. de Vogué) existent donc déjà, et il n'y a pas lieu de rien ajouter à cet égard à une législation que le projet laisse subsister tout entière. » L'amendement de M. de Vogué a été rejeté et la rédaction de la commission adoptée dans les termes de la loi actuelle (ch. des pairs, séance du 5 mai 1828, Monit. du 7 mai 1828).

190. La loi laisse sans solution la question de savoir si des visites domiciliaires peuvent être faites pour la recherche des poissons pêchés en délit. M. Rogron, sous l'art. 40, décide la négative, en se fondant sur la nécessité de respecter le domicile. Cette opinion ne peut être admise. Les gardes-pêche sont assimilés aux gardes forestiers (art. 37, V. n° 177); or, ces derniers ont le droit de faire des visites domiciliaires (c. for. 161); les gardes-pêche le peuvent donc également. Tel est leur droit général qui ne souffre exception que dans un cas, celui où il s'agit de rechercher les filets prohibés (L. 15 avr. 1829, art. 40). Dans toutes les autres circonstances, et notamment lorsqu'il s'agit de poisson pêché en délit, il n'existe aucun empêchement au droit de visite. On doit, d'ailleurs, remarquer que le poisson obtenu frauduleusement peut être saisi et qu'il doit être vendu. Il n'en est donc pas ici comme d'un filet non prohibé, dont la saisie ne peut avoir lieu et dont la confiscation est seulement facultative.

191. *Compétence.* — La connaissance des poursuites en réparation des délits appartient aux tribunaux correctionnels (L. 15 avr. 1829, art. 48). — Ainsi jugé que, quoique l'autorité administrative seule soit compétente pour ordonner la destruction d'un appareil de pêcherie (un gord) établi sans autorisation sur une rivière, les tribunaux ne sont pas moins seuls compétents pour réprimer le délit de pêche résultant du fait seul de cet établissement (Crim. cass. 5 juill. 1828, MM. Bailly, f. f. pr., de Chantereyne, rap., aff. min. pub. *C.* Larraset).

192. La rédaction primitive de l'art. 48 de la loi sur la pêche fluviale était entièrement calquée sur l'art. 171 c. for. M. de Peyronnet a demandé qu'on supprimât le mot *contraventions*, parce qu'aucune des infractions prévues et réprimées par la loi n'avait le caractère de contraventions de police. Il a demandé ensuite qu'on supprimât comme inutiles les mots : « lesquels sont seuls compétents pour en connaître, » ajoutant qu'il était contraire à la dignité de la loi de rendre raison de la manière dont elle dispose. Cette double suppression a été votée, mais il n'en résulte pas moins de la discussion que les règles générales en matière de compétence souffrent exception en matière de pêche. Il suffit qu'un fait soit relatif à cette matière, pour qu'il soit poursuivi devant la police correctionnelle, quelle que soit la quotité de l'amende. Ainsi, dans le cas où le chiffre des amendes qui fixent la compétence des tribunaux de simple police viendrait à être élevé de manière à faire rentrer dans cette catégorie certains faits punis par la loi sur la pêche fluviale, ces faits n'en seraient pas moins exclusivement justiciables de la police correctionnelle (ch. des pairs, séance du 5 mai 1828, Monit. du 7 mai).

193. *Citations.* — L'acte de citation doit contenir copie du procès-verbal et de l'acte d'affirmation, à peine de nullité (L. 15 avr. 1829, art. 49). — L'art. 50 porte : « Les gardes chargés de la surveillance de la pêche peuvent faire toutes citations et significations d'exploits dans les poursuites exercées au nom de l'administration, mais sans pouvoir procéder aux saisies-exécutions. La taxe des rétributions de ces actes est faite comme pour les huissiers de la justice de paix. — Ces deux dispositions étant empruntées aux art. 172 et 173 c. for., nous renvoyons aux développements donnés v° Forêts, n°s 493 à 539. — Nous ajouterons ici quelques explications nécessitées par la matière spéciale que nous traitons. Il a été décidé : 1° que ce n'est point sur le tarif en matière civile, mais sur les décrets des 18 juin 1811 et 7 avr. 1813, que doivent être réglées les rétributions des gardes (instr. de l'admin. des forêts du 7 mars 1834, V. Forêts, n° 493); — 2° Qu'on doit considérer comme nulle l'assignation dont la copie de l'exploit n'est pas signée par le garde. Une telle nullité n'est pas couverte par la signature mise en marge de l'acte, audessous d'un renvoi qui y est porté (décis. min. des fin., 13 août 1808). — V. aussi Forêts, n°s 408 et 521.

194. *Agents de l'administration.* — Les agents de l'administration ont droit de faire l'exposé de l'affaire devant le tribunal, et d'être entendus à l'appui de leurs conclusions (art. 51). Cette disposition est empruntée à l'art. 174 c. for., auquel il suffit de se reporter. — V. Forêts, n°s 540 à 547.

195. *Preuve testimoniale.* — Suivant l'art. 52 de la loi sur la pêche fluviale, la preuve des délits de pêche est faite par les procès-verbaux, ou les témoins, à défaut ou en cas d'insuffisance des procès-verbaux. Cette disposition n'est que la reproduction de l'art. 175 c. for. (V. nos explications v° Forêts, n°s 400 à 408). — Nous rappellerons seulement ici que les gardes qui ont dressé les procès-verbaux peuvent être entendus comme témoins (V. Témoin). — ...Soit pour compléter, soit pour suppléer à l'irrégularité du procès-verbal. — V. ce mot.

196. A ce sujet il importe de déterminer le sens exact d'un arrêt qui, mal compris, conduirait à une fausse interprétation de la loi. Il a été jugé avec raison qu'il ne pouvait être rien prouvé outre ou contre le contenu aux procès-verbaux faisant foi, en matière de pêche, jusqu'à inscription de faux; qu'en conséquence un tribunal n'avait pu décider que des nasses ou paniers empêchaient entièrement le passage du poisson, alors que les faits constatés par le procès-verbal n'impliquaient pas nécessairement l'idée que ces nasses ou paniers eussent cet effet (Crim. cass. 22 août 1835) (1). Il faudrait bien se garder de conclure que telle eût été la décision, si le ministère public poursuivant avait offert

(1) (Voyer-d'Argenson C. min. pub.) — La cour; — En ce qui touche le pourvoi du sieur Voyer-d'Argenson et le premier moyen de cassation présenté à son appui : — Vu les art. 24, 52, 53, 54 et 55 de la loi du 15 avr. 1829 sur la pêche fluviale; — Attendu que dans les matières réglées par cette loi, les procès-verbaux revêtus des formalités voulues par les art. 44 et 47, et qui sont dressés par deux agents ou gardes-pêche, font preuve, jusqu'à inscription de faux, des faits matériels relatifs aux délits qu'ils constatent, et qu'il ne peut être admis aucune preuve outre et contre le contenu auxdits procès-verbaux, sauf le cas de récusation; — Attendu que le procès-verbal du 29 juin 1833, qui sert de base à l'affaire actuelle, a été dressé par l'inspecteur général des forêts du département d'Indre-et-Loire et par le garde général des forêts, à la résidence de Loches; qu'il est revêtu de la forme prescrite par l'art. 47, et qu'il était dispensé par l'art. 45 de l'observation de l'art. 44; d'où il suit qu'il ne pouvait être reçu aucune preuve outre et contre la teneur dudit procès-verbal; — Attendu que ledit procès-verbal qui constate l'état du barrage du moulin de la Guerche, ainsi que l'existence des nasses ou paniers placés en aval des pertuis dont ce barrage est coupé, n'établit pas d'une manière explicite que ces nasses ou paniers établis par le demandeur en cassation aient eu pour objet et puissent avoir pour effet d'empêcher entièrement le passage du poisson, ce qui est un des caractères essentiels du fait prévu et puni par l'art.

de compléter par la preuve testimoniale l'insuffisance du procès-verbal de l'administration. C'est précisément parce que, dans l'espèce, cette preuve n'avait été ni faite régulièrement ni même offerte, que la cour suprême a pu et dû casser une décision qui s'était appuyée sur des renseignements extérieurs au procès-verbal pour trouver le caractère constitutif du délit. Cet arrêt n'infirme donc nullement les principes développés vº Forêts, nºs 400 à 408, qui subsistent avec toutes leurs conséquences —V. aussi Procès-verbal.

197. Du reste, il suffit que le garde rédacteur déclare avoir vu le délinquant portant un engin prohibé, le placer dans la rivière, et se retirer ensuite, encore bien qu'il ait ajouté avoir attendu quelque temps, mais inutilement, pour voir si l'auteur de ces actes ne reviendrait pas, lorsque, du reste, toutes les autres circonstances du délit y sont régulièrement constatées (Crim. cass. 4 mai 1820) (1). — Pour tout ce qui concerne les procès-verbaux des gardes-pêche, V. Procès-verbal.

198. *Inscription de faux*. — Les art. 56 et 57 de la loi sur la pêche fluviale permettent au prévenu de s'inscrire en faux contre les procès-verbaux des agents et des préposés, lorsque ces actes ne peuvent être attaqués par les voies ordinaires. Ces dispositions sont conformes à celles des art. 179 et 180 c. for., sauf une seule modification. En cas d'inscription de faux, l'art. 179 c. for. accorde à l'inscrivant un délai de trois jours au moins et de huit jours au plus pour faire au greffe le dépôt de ses moyens. L'art. 56 du projet reproduisait littéralement cette disposition du code forestier. Cependant la chambre des députés, pour rendre la défense plus facile, a étendu à huit jours au moins et à quinze jours au plus le délai pour le dépôt des moyens de faux. M. Favard de Langlade, commissaire du roi, a vainement fait remarquer que les lois sur les contributions indirectes et sur les douanes ne laissent que trois jours au délinquant pour déposer les pièces et donner l'indication des témoins; que le même délai avait été inscrit dans le code forestier, auquel la loi sur la pêche fluviale faisait de nombreux emprunts, et qu'il y aurait quelque inconvénient à ce que les deux législations ne fussent pas concordantes. Malgré ces observations, et sur l'insistance de M. Mestadier, rapporteur, les délais de huit et de quinze jours, proposés par la commission, ont été écrits dans la loi (ch. des dép., séance du 16 mars 1829, Monit. du 17 mars). — Quant aux principes généraux sur l'inscription de faux, ils se trouvent réunis aux mots Faux incident, nºs 322 et suiv., et Procès-verbal.

199. *Question préjudicielle*. — Si le prévenu excipe d'un droit de propriété ou tout autre droit réel, il est statué par le tribunal saisi de la plainte (L. 15 avril 1829, art. 59, § 1). — L'exception préjudicielle n'est admise qu'autant qu'elle est fondée soit sur titre apparent, soit sur faits de possession équivalents articulés avec précision, et si le titre produit ou les faits articulés sont de nature, dans le cas où ils seraient reconnus par l'autorité compétente, à ôter au fait qui sert de base aux poursuites tout caractère de délit (art. 59, § 2). — De plus, la question de propriété n'est préjudicielle que lorsque le prévenu se prétend propriétaire, et dit : *Feci, sed jure feci*. — Telle est la règle fondamentale de la matière dont on trouvera les développements vº Question préjudicielle. — On se bornera à remarquer ici que l'art. 59 de la loi sur la pêche fluviale ne diffère de l'art. 182 c. for. qu'en ce que cette dernière disposition exige, pour que la question soit préjudicielle, que non-seulement les faits soient articulés avec précision, mais encore qu'ils soient *personnels au prévenu*. Ces derniers mots ont été retranchés par la chambre des députés sur la proposition de la commission et sans discussion (Mon. du 17 mars 1829). — Un débat plus animé s'est élevé sur la question de savoir si l'on conserverait dans la loi sur la pêche fluviale la disposition de l'art. 185 c. for. qui oblige celui qui a élevé la question préjudicielle à saisir la juridiction civile. La chambre, contre l'avis de la commission, s'est prononcée pour la négative, et l'art. 59 de la loi sur la pêche fluviale est resté, sur ce point, entièrement conforme à l'art. 185 c. for. (Mon., *loc. cit.*, V. au surplus Question préjudicielle). En conséquence, dans le cas de renvoi à fins civiles, le jugement fixe un bref délai dans lequel la partie doit saisir les juges compétents de la connaissance de la question préjudicielle, et justifier de ses diligences; sinon, il est passé outre. Toutefois, en cas de condamnation, il est sursis à l'exécution du jugement, sous le rapport de l'emprisonnement, s'il était prononcé, et le condamné est tenu de verser à la caisse des dépôts et consignations le montant des amendes, restitutions et dommages-intérêts, pour être remis à qui il sera ordonné, après décision sur le fond (art. 59, § 3).

200. *Appel et pourvoi en cassation*. — Les agents de l'administration peuvent, en son nom, interjeter appel des jugements, et se pourvoir contre les jugements et arrêts en dernier ressort; mais ils ne peuvent se désister de leurs appels sans son autorisation spéciale (L. 15 avril 1829, art. 60). — Mais ce droit de l'administration est indépendant de la même faculté accordée par la loi au ministère public, lequel peut toujours en user, même en cas d'acquiescement aux jugements ou arrêts par l'administration (art. 61).—Ces dispositions sont, en tout point, conformes à celles des art. 183 et 184 c. for. —V. Forêts, nºs 561 à 577, et Appel crim., nºs 172 et suiv.

201. *Prescription*. — Les actions en réparation de délits, en matière de pêche, se prescrivent par un mois, à compter du jour de la constatation des délits, lorsque les prévenus sont désignés dans les procès-verbaux, et par trois mois, à compter du même jour, dans le cas contraire (L. 15 avril 1829, art. 62). — Cette disposition ne diffère de l'art. 185 c. for. qu'en ce que les délais d'un et de trois mois sont étendus par ce code à trois et à six mois (V. Forêts, nºs 487 à 491). — On a décidé, avant la loi de 1829, que l'action pour délit de pêche, dans les eaux qui sont des propriétés privées, se prescrivait par trois mois (Crim. cass. 8 sept. 1820, MM. Barris, pr., Aumont, rap., aff. min. pub. *C.* Marcelot). — On doit suivre aujourd'hui les distinctions établies par l'art. 62 de la loi sur la pêche fluviale.

202. Mais lorsqu'un acte a interrompu la prescription d'un délit spécial, la prescription qui recommence à courir depuis l'acte interruptif s'accomplit-elle par le temps déterminé par l'art. 185 c. inst. crim., ou par le temps de la loi spéciale? — V. sur cette question Forêts, nºs 487 et 489.

203. Suivant un arrêt, dans le cas où un délit de pêche a été commis par un individu connu, de complicité avec d'autres individus demeurés d'abord inconnus, mais découverts et poursuivis dans les trois mois, la prescription peut être invoquée par l'auteur du délit, s'il a été poursuivi avec ses complices plus d'un

24 de la loi précitée; — Attendu que, si le jugement attaqué articule formellement que tel serait l'effet desdites nasses, ce ne peut être par suite de renseignements extérieurs audit procès-verbal, puisque aucune preuve ne pouvait être faite outre et contre son contenu; que ce n'est là qu'un raisonnement plus ou moins exact adopté par le tribunal de Tours, mais dont la conclusion peut toujours être appréciée par la cour de cassation, dans ses rapports avec le procès-verbal qui ne fait foi que dans les faits matériels qu'il a établis et qui par conséquent laisse aux juges du droit la faculté d'apprécier les conséquences légales qu'il faut tirer desdits faits matériels; — Attendu que les faits constatés par le procès-verbal n'impliquent pas nécessairement l'idée que lesdites nasses ou paniers empêchent entièrement le passage du poisson, puisque l'espace qu'elles occupent étant infiniment plus étroit que la rivière, le poisson peut circuler librement dans tout l'espace non occupé par lesdites nasses et redescendre en aval du barrage; d'où il suit qu'il a été fait au demandeur, par le jugement attaqué, fausse application, et par conséquent violation de l'art. 24 de la loi précitée; — Casse, etc.

Du 22 août 1835. C. C., ch. crim.-MM. de Bastard, pr.-Mérilhou, r.

(1) (Eaux et forêts *C.* Dinat.) — LA COUR; — Vu l'art. 15, tit. 9, de la loi du 29 sept. 1791; — Attendu que par l'art. 1, tit. 31, de l'ord. de 1669, il est défendu à toutes personnes autres que les maîtres pêcheurs de pêcher sur fleuves et rivières navigables, et que, par l'art. 10 du même titre, il est défendu auxdits maîtres pêcheurs, et, à plus forte raison, à tout particulier, de pêcher avec engins prohibés; — Attendu qu'il était constaté, par le procès-verbal dressé dans l'espèce, et non argué de faux, que le prévenu avait placé au fond de la Garonne un engin reconnu prohibé; que cet engin était attaché au fond de l'eau avec un piquet, et qu'au dedans il y avait de la mie de pain et un petit poisson; que de l'ensemble de ces faits résultait la preuve légale du délit prévu par les art. 1 et 10 du tit. 31 de l'ord. de 1669, et de la culpabilité du prévenu; d'où il suit qu'en déchargeant Dinat des poursuites exercées contre lui, il a été contrevenu formellement par l'arrêt attaqué à l'art. 15 précité du tit. 9 de la loi du 29 sept. 1791, et par suite aux lois pénales de la matière;—Casse et annule l'arrêt rendu par la chambre correctionnelle de la cour de Toulouse, etc.

Du 4 mai 1820.-C. C., sect. crim.-MM. Barris, pr.-Basire, rap.

mois après le délit, bien que ces derniers ne pussent se prévaloir que de la prescription de trois mois (Crim. cass. 18 avril 1846, aff. Creurzon et autres, D. P. 46. 4. 395).—Mais la citation donnée dans le mois par l'administration devant un juge incompétent, à raison de ce que le prévenu, à cause de sa qualité de magistrat, aurait dû être poursuivi devant la cour royale, tandis qu'il a été cité devant le tribunal correctionnel, suffit néanmoins pour interrompre la prescription (même arrêt).

204. Lorsque plusieurs individus sont impliqués, soit comme auteurs principaux, soit comme complices, dans la poursuite d'un délit de pêche, aucune disposition n'interdit au ministère public de diviser les poursuites, et aux juges de statuer séparément. Cela a lieu surtout quand il y a plusieurs délinquants et qu'un seul a pu être immédiatement traduit en justice (même arrêt).— V. sur ce point les observations de M. Meaume, Bull. des annal. for., t. 3, p. 307; V. aussi Prescript. crim.

205. Les délais de la prescription à l'égard des préposés de la pêche ou de leurs complices pour leurs malversations, sont les mêmes que ceux déterminés par le code d'instruction criminelle (L. 15 avr. 1829, art. 63). — V. Forêts, nº 488.

206. *Formes des poursuites.* — Les dispositions du code d'instruction criminelle sur les poursuites des délits, sur les défauts, oppositions, jugements, appels et recours en cassation, sont applicables à la poursuite des délits spécifiés par la présente loi, sauf les modifications du présent titre (L. 15 avr. 1829, art. 65). — V. Exploit, Inst. crim., Prescription, et Forêts, nºs 490 à 492.

207. *Cumul des peines.* — En renvoyant, pour la forme des poursuites, aux règles tracées par le code d'instruction criminelle, l'art. 64 de la loi sur la pêche fluviale n'a pas rendu applicables aux délits qu'elle prévoit et qu'elle punit les dispositions de l'art. 365 c. inst. crim., qui prohibent le cumul des peines. Il en était de même sous l'ordonnance de 1669, dont toutes les peines pouvaient être appliquées cumulativement, puisqu'à l'époque où cette ordonnance a été rendue le principe de la non-cumulation des peines n'était pas introduit dans la législation (V. Peine). En conséquence, on jugeait que l'individu convaincu d'avoir pêché dans une rivière, avec un engin prohibé, et non revêtu du sceau de l'administration, devait, pour cette double contravention, être condamné cumulativement aux peines prononcées par les art. 10 et 13 de l'ordonnance de 1669, et par l'art. 8, tit. 32, de la même ordonnance (Crim. cass. 26 juill. 1828 (1), 20 août 1824, aff. forêts C. Frentz, V. nº 151). Le principe sur lequel ces arrêts sont fondés est irréfragable, mais son application ne nous semble pas heureuse. Il ne nous paraît pas possible qu'on puisse faire résulter une double peine du fait d'avoir pêché avec un filet prohibé et par conséquent non marqué. Nous nous sommes expliqués, à cet égard, nº 151.—En sens contraire, il a été décidé que le fait de pêche, dans un cours d'eau navigable, à l'aide d'engins prohibés et sans la permission du fermier de la pêche, ne donne lieu qu'à une seule amende (Metz, 1er juin 1819) (2).— Cette dernière solution, déjà contestable sous l'ordonnance de 1669, ne devrait pas être suivie depuis la loi nouvelle. La jurisprudence s'est formellement prononcée, en matière forestière, pour le cumul des peines (V. Forêts, nº 336), et il y a même raison de décider en matière de pêche, puisque l'art. 65 L. 15 avr. 1829 a été calqué sur l'art. 187 c. for.

ART. 2. — *Des poursuites exercées au nom et dans l'intérêt des fermiers de la pêche et des particuliers.*

208. Les délits qui portent préjudice aux fermiers de la pêche, aux porteurs de licences et aux propriétaires riverains, sont constatés par leurs gardes, lesquels sont assimilés aux gardes-bois des particuliers (L. 15 mars 1829, art. 65). Les procès-verbaux dressés par ces gardes font foi jusqu'à preuve contraire (art. 66). — En conférant à des fermiers, pour un temps plus ou moins long, le droit exclusif de pêche dans les cours d'eau qui font partie du domaine public, il était nécessaire que la loi donnât à ces fermiers le moyen de conserver et de faire respecter ce droit. De là la disposition qui permet aux fermiers d'avoir des gardes particuliers pour la surveillance de leurs cantonnements de pêche. Ces gardes, comme ceux qui sont institués par les propriétaires de bois, sont des fonctionnaires publics, des officiers de police judiciaire qui, dans l'exercice de leurs fonctions, jouissent du privilége de juridiction établi par les art. 479 et 483 c. inst. crim. (V. Mise en jug., nºs 93 et s., 316 et s.).—Le mode de leur institution est en tout semblable à celui des gardes-bois.— V. Forêts, nºs 1682 à 1688.

209. L'exercice des poursuites et actions se fait au nom et à la diligence des parties intéressées (art. 67). Ces parties intéressées peuvent être les fermiers de la pêche, les porteurs de licence, les propriétaires riverains ou ceux qui ont affermé l'exercice de la pêche, en un mot, tous ceux qui ont intérêt à la conservation du droit. Il est clair que cette désignation comprend l'Etat représenté par l'administration, quoique l'art. 67 de la loi sur la pêche fluviale se trouve placé sous une rubrique traitant spécialement des poursuites exercées au nom et dans l'intérêt des fermiers de la pêche et des particuliers. L'Etat doit être considéré comme un particulier à l'égard des rivières dans lesquelles il a cédé temporairement le droit de pêche, et c'est par ce motif qu'il a été décidé que l'administration forestière peut être considérée comme partie intéressée dans le sens de l'art. 67, lorsqu'il s'agit d'une usurpation du droit de pêche au préjudice d'un fermier, fait prévu et puni par l'art. 5 (Crim. cass. 2 mars 1849, aff. Villeminot, D. P. 49. 1. 233).

210. Malgré les termes, en apparence restrictifs, de l'art. 67 L. 15 avril 1829, la poursuite n'appartient pas seulement aux parties civiles intéressées à son exercice; elle peut aussi avoir lieu à la requête du ministère public. En effet, le droit d'action du ministère public, en matière pénale, ne peut pas être écarté ainsi par voie d'induction. Cette doctrine est confirmée par la jurisprudence (V. nº 175). Le même principe a été appliqué aux matières forestières, à l'occasion des poursuites exercées d'office par le ministère public pour les infractions commises dans les bois des particuliers (Crim. cass. 29 juill. 1853, aff. Naon, D. P. 53. 1. 338).

211. D'après l'art. 68 L. 15 avril 1829, les dispositions des art. 38, 39, 40, 41, 42, 43, 44, 45, 46, 47, § 1, 49, 52, 59, 62 et 64 de la loi sont applicables aux poursuites exercées au nom et dans l'intérêt des particuliers et des fermiers de la pêche. » L'exécution de cette prescription ne présente aucune difficulté.

---

(1) (Forêts C. Ayral.)—LA COUR;—Vu l'art. 13 de l'ord. de 1669; — Vu également l'art. 8, tit. 32, même ord.; — Attendu, en fait, qu'il résultait d'un procès-verbal régulier qu'Ayral avait pêché dans la rivière de l'Aveyron avec épervier ou engin prohibé et non revêtu du sceau de l'administration; que, par cette double contravention, il avait encouru les peines portées aux art. 10 et 13 de l'ordonnance précitée, ainsi que celles de l'art. 8, tit. 32, même ord.; — Attendu qu'il s'agit d'une matière spéciale; que chaque contravention doit être punie de la peine que la loi y attache; — Attendu que la cour de Montpellier, en s'abstenant de prononcer les peines portées en l'art. 13 cumulativement avec celles de l'art. 10, a violé le premier de ces articles;—Attendu que l'art. 8, tit. 32, même ord., embrasse, dans la généralité de ses dispositions, tous les délits et contraventions qui, aux termes de l'ordonnance des eaux et forêts, donnent lieu à une condamnation d'amende;—Et attendu que la cour de Montpellier, en refusant d'appliquer, dans l'espèce, les dispositions pénales de l'art. 8 précité, a violé ledit article; — Par ces motifs, casse, etc.

Du 26 juill. 1828.-C. C., ch. crim.-MM. Bailly, pr.-Choppin, rap.

(2) (Thouret et autres C. Grosselin.) — LA COUR; — Attendu qu'il est suffisamment prouvé que les appelants ont pêché ensemble le 9 août dernier, dans la rivière de Bar, affermée à Pierre Grosselin, et ce, avec un engin prohibé; — Attendu que, dès lors, en outre des dommages-intérêts dus à Grosselin, ils ont encouru l'amende portée en l'art. 10, tit. 31, ord. 1669; — Attendu que si cet article est dirigé contre les maîtres pêcheurs, il ne doit pas moins être appliqué à ceux qui pêchant sans aucun droit, aggravent leur délit par l'usage des filets défendus; — Que les appelants sont donc passibles de l'amende de 100 fr., et non de celle de 50 fr. seulement, ainsi qu'il a d'ailleurs été jugé par arrêt de la cour de cassation, du 2 mars 1809 (V. nº 89); — Mais attendu qu'ils se plaignent, avec raison, d'avoir été condamnés cumulativement à l'une et à l'autre; — Annule le jugement dont est appel, en ce que les appelants auraient été condamnés chacun et solidairement en 50 fr. d'amende d'une part, et en 100 fr. d'amende d'autre; — Faisant à cet égard jugement nouveau, les décharge de la première de ces condamnations, le jugement au résidu sortissant son effet.

Du 1er juin 1819.-C. de Metz, ch. correct.

SECT. 8. — *Des peines et condamnations.*

212. Nous allons traiter dans cette section, non des peines particulières que la loi prononce pour chaque espèce de délit, ce sujet fait la matière de la section 6, mais des conditions générales de pénalité qui s'appliquent à tous les délits qui peuvent être commis en matière de pêche.

213. Remarquons d'abord qu'à l'égard de tous les délits qu'elle caractérise et punit, la loi sur la pêche fluviale n'a nullement dérogé aux principes du droit commun en ce qui concerne l'application de la peine à chacun des auteurs, coauteurs ou complices du même fait. — Jugé ainsi que lorsqu'un procès-verbal constate que trois individus ont pêché ensemble la nuit, au moyen du feu, avec des filets prohibés, le fait constitue un délit distinct à l'égard de chacun des prévenus, et, par suite, il y a lieu d'annuler le jugement qui les aurait condamnés tous trois collectivement à une seule amende, au lieu de leur faire une application individuelle de cette peine (Nancy, 29 janv. 1840) (1). Il n'en est pas ici comme en matière forestière, où, le plus souvent, la peine se divise entre les codélinquants (V. Forêts, n° 628). Nous avons donné la raison de cette différence n° 130.

214. *Récidive.* — L'art. 69 de la loi sur la pêche fluviale, conforme à l'art. 200 c. for., porte : « Dans le cas de récidive, la peine sera toujours doublée. Il y a récidive, lorsque, dans les douze mois précédents, il a été rendu contre le délinquant un premier jugement pour délit en matière de pêche. » Les règles de la matière sont exposées v° Forêts, n°s 348 à 359 ; elles sont applicables à la récidive des délits de pêche. — Nous devons toutefois ajouter une explication particulière à la loi, et qui confirme ce que nous avons dit v° Forêts, n° 359. Lors de la discussion à la chambre des députés, M. de Schonen demanda que le doublement de la peine fût facultatif. M. Mestadier, rapporteur de la commission, fit observer « qu'il y a, dans tous les cas, un minimum très-bas et un maximum beaucoup plus élevé; que, pour la récidive, comme pour le premier délit, les tribunaux peuvent prendre ou le minimum ou le maximum, et qu'enfin la disposition relative à l'application de la peine, en cas de récidive, doit être une disposition impérative. » Ces explications ont déterminé le rejet de l'amendement de M. de Schonen (ch. des dép., séance du 16 mars 1829, Mon. du 18 mars 1829). Il reste donc bien établi qu'en matière de pêche les juges ont la faculté de prendre telle base qu'ils jugeront convenable, à partir du minimum, jusques et y compris le maximum, pour le doublement de la peine (V. notre discussion v° Forêts, n° 359). Ce n'est pas ici le cas d'appliquer la doctrine qu'en matière de récidive le double de l'amende se calcule toujours d'après le maximum de l'amende simple (Crim. cass. 30 déc. 1813, aff. Meyer, V. Médecine, n° 63).

215. *Nuit.* — Les peines sont également doublées, lorsque les délits ont été commis la nuit (L. 15 avril 1829, art. 70). Cette disposition est conforme à la première partie de l'art. 201 c. for. Nous avons expliqué, v° Forêts, n° 302, qu'on doit entendre par le mot *nuit* l'espace compris entre le coucher et le lever du soleil. — Il est évident qu'on a voulu faire passer dans la loi sur la pêche fluviale l'esprit qui a dicté l'art. 201 c. for., dont le législateur de 1829 a emprunté les termes. Cette question ne pouvait être douteuse sous l'ordonnance de 1669, qui défendait de pêcher « à autres heures que depuis le lever jusqu'au coucher du soleil » (tit. 31, art. 5). Quoique l'art. 70 de la loi nouvelle ait été rédigé pour un cas différent, l'esprit est le même que celui de la loi ancienne.

216. Il est essentiel de ne pas confondre la disposition de l'art. 70 avec l'art. 27 qui défend de pêcher à des heures défendues, lesquelles ne peuvent être autres que les heures de nuit. Comme le fait très-bien remarquer M. Baudrillart (sur l'art. 70), la pénalité de l'art. 27 ne devra être prononcée que dans le cas où aucun des délits prévus par la loi ne viendrait se joindre à la pêche de nuit. Il est évident que cette pénalité (amende de 30 à 300 fr.) ne pourra, dans ce cas, être doublée en vertu de l'art. 70, puisqu'elle est la peine spéciale qu'on doit appliquer au fait pur et simple de la pêche pendant la nuit. — Mais si la circonstance de nuit vient se joindre à un autre délit caractérisé par la loi, ce ne sera plus l'art. 27 qu'il faudra appliquer, ce sera l'art. 70, en vertu duquel la peine doit toujours être doublée. Ainsi il y aura lieu au doublement de la peine si, pendant la nuit, un homme pêche dans un cours d'eau où il n'a pas le droit ou la permission de pêche; s'il fait usage de procédés, filets, engins ou instruments de pêche non autorisés, s'il se sert de drogues ou appâts de nature à enivrer le poisson, etc. En un mot la peine doit toujours être doublée toutes les fois qu'un délit quelconque, autre que celui consistant uniquement dans le fait d'avoir pêché la nuit, a été commis avec la circonstance aggravante prévue par l'art. 70.

217. *Concours de la récidive et de la nuit.* — La loi n'indique pas quelle doit être la peine lorsque la circonstance aggravante de la récidive vient s'ajouter à celle de la nuit. La question a cependant été posée par M. Pataille, lors de la discussion à la chambre des députés, dans les termes suivants : « Que fera-t-on si le second fait qui constitue la récidive a été commis dans la nuit, de manière qu'il y ait le concours des deux circonstances? Doublera-t-on une seconde fois la peine, de manière que si la peine simple est de 20 fr., la peine encourue par suite des deux circonstances aggravantes soit de 40 fr.? ou bien la peine sera-t-elle triplée? ou bien enfin la peine simple de 20 fr., portée à 40 fr. pour raison de la récidive, sera-t-elle doublée une seconde fois, c'est-à-dire portée à 80 fr. pour raison de la circonstance de la nuit? » — M. Favard de Langlade, commissaire du roi, a répondu : « Vous savez que, d'après le code pénal, les circonstances aggravantes donnent lieu à une peine plus forte. Dans le cas particulier, on parle de la récidive et du délit de pêche commis pendant la nuit. On ne peut se dissimuler que la pêche ne soit plus dangereuse pour la surveillance pendant la nuit que pendant le jour. Sous ce rapport il était donc nécessaire de considérer cette circonstance comme aggravante, et de mettre, dès lors, le délinquant dans le cas de supporter une peine plus forte. Si le délinquant a récidivé, il en résultera qu'il aura d'abord le double pour la récidive, et ensuite le double pour la circonstance d'avoir pêché la nuit; mais si la peine se trouve ainsi augmentée, c'est à lui seul qu'il doit l'attribuer, il était averti par la loi. L'art. 70 me paraît donc très-clair et n'avoir pas besoin d'être changé en rien. » M. Amat fit remarquer que, d'après ces expressions, l'amende serait quadruplée. Or, a-t-il dit, « il est de principe, en matière criminelle, que les circonstances aggravantes ne se cumulent jamais. C'est ainsi que, pour le vol, les circonstances aggravantes ne sont cumulées que parce que les art. 282, 284 et suiv. c. pén. l'ordonnent ainsi. Dans le cas actuel, mon opinion est que les circonstances prévues par les art. 69 et 70 (de la loi sur la pêche fluviale) ne peuvent être cumulées, c'est-à-dire que l'amende ne peut jamais qu'être doublée. Je crois qu'il est essentiel de faire passer cette opinion que j'exprime dans la loi, et pour cela je propose d'ajouter à l'art. 70 ces mots : Sans que la circonstance aggravante prévue par cet article, ainsi que celle prévue par l'article précédent, puissent être cumulées. » M. Pataille se réunit à l'amendement de M. Amat, qui fut mis aux voix et rejeté (séance du 16 mars 1829, Mon. du 18 mars 1829). Il suit de là que la chambre a très-explicitement décidé que les circonstances aggravantes seraient cumulées. Toutefois, suivant M. Pataille, l'incident n'était pas complétement vidé; il insista et dit : « L'amendement est rejeté; mais je crois qu'il y a toujours nécessité que la chambre s'explique dans le cas où les deux circonstances concourront. Qu'on double, qu'on triple, qu'on quadruple l'amende, tout ce qu'on

(1) (Forêts C. Harotte et autres.) — LA COUR; — Attendu que le tribunal de police correctionnelle de Toul, au lieu de comprendre les trois prévenus dans une seule condamnation collective, aurait dû leur appliquer individuellement la peine prononcée par la loi, le fait constaté par le procès-verbal constituant, à l'égard de chacun d'eux, un délit distinct et séparé; — Attendu, en ce qui concerne la restitution et les dommages-intérêts, que le fermier de la pêche, qui devrait seul profiter du bénéfice de cette condamnation, n'étant point intervenu dans l'instance, il n'y a pas lieu, par conséquent, de statuer sur ce dernier chef de conclusions; — Par ces motifs, etc., etc.

Du 29 janv. 1840.-C. de Nancy, chambre correctionnelle.-M. Mourot, pr.

voudra, pourvu qu'on le dise. Je crois qu'il serait dangereux de lancer dans la société, d'envoyer devant les tribunaux une loi sur laquelle ils seraient nécessairement divisés; car sur neuf membres que nous étions dans la commission, nous avons été, sur la question de l'interprétation des art. 69 et 70, cinq d'un avis et quatre d'un autre; une autre personne, consultée, s'est réunie aux quatre, de sorte qu'il y a eu partage complet. Je propose de dire que la peine sera triple; enfin qu'on dise quelque chose. » On voit que si la question du cumul n'était plus douteuse, il y avait incertitude sur la question de savoir si, en cas de concours, l'amende serait triplée ou quadruplée. M. Favard répondit : « Il est impossible de s'expliquer plus clairement que ne le fait la loi. Je suppose qu'une personne commette une première fois un délit de pêche et que ce soit pendant la nuit, elle n'encourt que la peine double. Si celui qui s'est rendu coupable pendant la nuit récidive, on lui appliquera la peine de la récidive, comme on l'a fait constamment en exécution du code pénal. » Ces explications ne parurent pas satisfaisantes à M. Pataille, qui regretta que le commissaire du roi ne se fût pas expliqué d'une manière plus catégorique. Il proposa de mettre à la suite de l'article : « Si le délit constituant une récidive a été commis la nuit, la peine sera triplée. » — M. de Schonen indiqua une nouvelle rédaction consistant à dire : « La peine ne pourra excéder le triple. » —Enfin M. Favard répliqua une dernière fois en disant : « L'article est susceptible d'applications très-diverses. Comme il est impossible de prévoir tous les cas qui pourront se présenter dans l'avenir, votre commission a cru devoir s'en rapporter à la sagesse des tribunaux. Voilà pourquoi elle a voté le maintien de l'article. » — M. Pataille n'ayant pas fait de proposition formelle, l'art. 70 a été adopté sans amendement (Mon. *ut suprà*).

218. Telle est cette discussion de laquelle il résulte : 1° qu'en repoussant l'amendement formulé par M. Pataille, la chambre a entendu décider qu'il y aurait cumul ; 2° qu'en votant l'article après les dernières observations de M. Favard, la chambre a laissé aux tribunaux le soin de décider si l'amende serait, en cas de concours, quadruplée ou seulement triplée. Nous croyons que c'est à ce dernier parti qu'il faut s'arrêter, et nous en avons donné les motifs v° Forêts, n° 367. La discussion qui vient d'être rapportée confirme l'opinion par nous émise v° Forêts. Nous ferons remarquer à cet égard que quand même cette opinion devrait être abandonnée pour suivre celle d'après laquelle les peines doivent être simplement doublées, quel que soit le nombre des circonstances aggravantes (Crim. rej. 16 août 1849, aff. Mannet et Prévost, D. P. 50. 5. 240), cette doctrine ne pourrait être appliquée en matière de pêche, puisque la chambre a rejeté l'amendement de MM. Pataille et Amat qui prohibait le cumul.

219. *Amendes.*— Les amendes prononcées contre les contrevenants à la loi sur la pêche fluviale appartiennent au trésor (L. 15 avril 1829, art. 73). Elles ne sont pas au nombre des amendes de police correctionnelle et de police simple, que l'ord. du 30 déc. 1823 attribue aux communes (décis. min. des fin. 9 août 1827).

220. *Restitutions et dommages-intérêts.* — L'art. 73 de la loi sur la pêche fluviale porte : « Les restitutions et dommages-intérêts appartiennent aux fermiers, porteurs de licences et propriétaires riverains, si le délit est commis à leur préjudice ; mais lorsque le délit a été commis par eux-mêmes au détriment de l'intérêt général, ces dommages-intérêts appartiennent à l'État, ainsi que toutes les amendes et confiscations. » Cette disposition est empruntée à l'art. 204 c. for.— V. Forêts, n° 601.

221. Nous avons indiqué (v° Forêts, n° 409) la nature des actions civiles résultant d'un délit forestier, et en quoi les restitutions diffèrent des dommages-intérêts. Ces développements sont applicables en matière de pêche (V. aussi Forêts, n°s 425 et suiv.).

222. Disons seulement qu'il a été jugé qu'en matière de pêche, les restitutions et les dommages-intérêts ne peuvent appartenir au fermier de la pêche qu'autant qu'il est intervenu dans l'instance poursuivie par l'administration ou par le ministère public. Lorsque cette intervention ne s'est pas produite, il n'y a lieu de statuer sur les conclusions de la partie publique qui sont relatives aux réparations civiles (Nancy, 29 janv. 1840, aff. Harotte, n° 213). Ce principe est vrai en ce qui concerne les dommages-intérêts; mais, relativement aux restitutions, V. n° 225.

223. Lorsqu'une usurpation du droit de pêche a été commise dans une rivière navigable ou flottable, les réparations civiles appartiennent à l'État, si la pêche n'est pas affermée; elles appartiennent aux fermiers ou aux porteurs de licence, si elle est affermée. — Si le même fait a eu lieu dans un cours d'eau non public, les réparations civiles appartiennent à celui des riverains sur le côté duquel la pêche a eu lieu. Chaque riverain est propriétaire de la pêche jusqu'au milieu du cours de l'eau (V. n°s 37, 39).— Si à l'usurpation du droit de pêche se joint l'emploi d'un moyen prohibé, ou la circonstance que la pêche a eu lieu en temps défendu, les solutions précédentes restent absolument les mêmes.

224. Il y a plus de difficulté dans le cas où il s'agit, non de la pêche faite sans droit, mais de la pêche faite à l'aide d'instruments non autorisés, ou en temps défendu, par les propriétaires ou par les fermiers de la pêche. Il faut ici distinguer entre les restitutions et les dommages-intérêts. La loi déclare formellement que l'intérêt général ayant souffert un préjudice, les dommages-intérêts appartiennent à l'État. Quelle que soit la singularité de cette disposition, elle est formelle. Mais la loi se tait à l'égard des restitutions. M. Baudrillart (sur l'art. 73) en conclut que le poisson doit continuer à rester la propriété de celui qui s'en est indûment emparé, de même que le gibier appartient à celui qui le tue, quoiqu'en temps prohibé. Le même auteur ajoute : « Le fermier de la pêche ou le propriétaire riverain avait le droit de pêche, et ce n'est point pour avoir usé de ce droit, mais bien pour avoir employé des moyens prohibés, qu'ils se sont constitués en délit. » — Cette opinion ne nous paraît pas soutenable, en tant qu'elle se réfère à l'hypothèse où le poisson a été saisi en vertu des art. 39 et 42 de la loi sur la pêche fluviale (V. n°s 179 et 185). Dans ce cas, le poisson doit être vendu et, s'il y a condamnation, le prix doit rester attribué à l'État. On ne peut en effet songer à le rendre au délinquant au préjudice duquel il a été saisi. Alors à quoi aurait servi la saisie? Toutefois nous croyons que le prix du poisson n'est ainsi attribué à l'État que dans le cas où la saisie a eu lieu. Or, aux termes de l'art. 39, la saisie du poisson est facultative pour les gardes. Lorsqu'ils n'ont pas jugé à propos de l'accomplir, le poisson reste la propriété du délinquant, puisque la confiscation n'est pas prononcée dans ce cas.

225. Les réparations civiles doivent-elles être accordées au fermier ou au propriétaire de la pêche, lorsqu'il n'est pas intervenu dans l'instance dirigée par l'administration forestière ou par le ministère public? La cour de Nancy a décidé la négative : « Attendu, en ce qui concerne la restitution et les dommages-intérêts, que le fermier de la pêche, qui devrait seul profiter du bénéfice de cette condamnation, n'étant point intervenu dans l'instance, il n'y a pas lieu par conséquent de statuer sur ce dernier chef de conclusions » (Nancy, 29 janv. 1840, aff. Harotte, V. n° 213).— Il nous semble qu'il y a lieu de maintenir, en matière de pêche, la distinction que nous avons établie v° Forêts, n° 429, entre les dommages-intérêts et les restitutions. Si les dommages-intérêts doivent toujours être demandés, il n'en est pas de même de la restitution, alors que le poisson a été saisi. Dans ce cas, en effet il a dû être vendu conformément à l'art. 42. De quel droit l'État s'attribuerait-il le produit d'un vol commis au préjudice d'un particulier? C'est ici le cas d'appliquer les principes établis v° Forêts, n°s 426 et 427.

226. « Dans tous les cas où il y aura lieu à adjuger des dommages-intérêts, ils ne pourront être inférieurs à l'amende simple prononcée par le jugement. » Telle est la disposition de l'art. 71 de la loi sur la pêche fluviale copiée littéralement sur l'art. 202 c. for. (V. pour les développements Forêts, n° 429).— On jugeait, sous l'ordonnance de 1669, que la disposition générale de l'art. 8, tit. 32, de cette ordonnance, qui porte que, dans tous délits, les restitutions et dommages-intérêts seront au moins de pareille somme que l'amende, était applicable au délit de pêche avec engin prohibé (Crim. cass. 28 fév. 1823, M. Chantereyne, rap., aff. Goguillon). — Cette solution est évidemment applicable sous la loi nouvelle, en ce qui concerne les dommages-intérêts. — Mais il ne peut être alloué de dommages-intérêts pour fait de pêche avec engins prohibés, lorsque le procès-verbal ne constate pas qu'aucun poisson ait été pris (Besançon, 27 mai 1844, aff. Lemire, D. P. 45. 4. 390).

227. *Circonstances atténuantes.* — Suivant l'art. 72 de la loi sur la pêche fluviale, « dans tous les cas prévus par cette loi, si le préjudice causé n'excède pas 25 fr., et si les circonstances paraissent atténuantes, les tribunaux peuvent réduire l'emprisonnement même au-dessous de six jours, et l'amende même au-dessous de 16 fr.; ils peuvent aussi prononcer séparément l'une ou l'autre de ces peines, sans qu'elle puisse être au-dessous des peines de simple police. » — Cette disposition est une des plus fâcheuses innovations que la commission de la chambre des députés ait introduites dans la loi. Le projet déjà adopté par la chambre des pairs contenait la prohibition formelle d'appliquer aux délits de pêche l'art. 463 c. pén. Cette prohibition, déjà écrite dans l'art. 203 c. for., se lit également dans l'art. 20 de la loi du 3 mai 1844 sur la chasse, et c'est par suite d'une philanthropie mal entendue que le système des circonstances atténuantes a été introduit dans la loi sur la police de la pêche. Les statistiques criminelles établissent que les tribunaux ont fait un usage excessif du pouvoir discrétionnaire qui leur est attribué. L'indulgence qu'ils montrent, en général, pour les bribeurs de rivières a déjà occasionné une diminution très-sensible dans la consommation des poissons d'eau douce. Il est certain que, depuis plusieurs années, les rivières se dépeuplent de plus en plus, par suite de la faiblesse de la répression. M. Mestadier, rapporteur de la commission à la chambre des députés, a dit, pour justifier cette innovation : « La trop grande sévérité des peines mène souvent à l'impunité. Nulle amende n'est, d'après le projet, inférieure à 20 fr.; souvent la confiscation est prononcée; l'emprisonnement l'est quelquefois aussi; et si la commission n'a pas proposé, sur plusieurs articles, de réduire la peine, c'est qu'elle a préféré en laisser la faculté aux tribunaux.» Aucun de ces arguments ne nous touche. L'impunité n'est pas à craindre, puisque les procès-verbaux des gardes font foi jusqu'à inscription de faux. D'un autre côté, la loi n'est pas trop dure, puisque les pénalités qu'elle édicte sont généralement moins sévères que celles de l'art. 388 c. pén. Il n'y avait donc aucun motif pour introduire dans la loi sur la pêche une disparate choquante avec le code forestier, auquel on avait déjà fait tant d'utiles emprunts; mais la loi a prononcé.

228. La loi nouvelle est, d'ailleurs, en opposition complète avec l'ordonnance de 1669, qui n'admettait point la modération des peines, et sous l'empire de laquelle il a été jugé que les tribunaux ne peuvent faire remise de l'amende encourue ni la modérer (Crim. cass. 3 sept. 1813, MM. Barris, pr., Aumont, rap., aff. Manoux).

229. *Responsabilité civile.* — Suivant l'art. 74 de la loi sur la pêche fluviale, « la responsabilité civile pèse (sauf tous recours de droit) sur les maris, pères, mères, tuteurs, fermiers et porteurs de licence, ainsi que tous propriétaires, maîtres et commettants, pour les délits, en matière de pêche, commis par leurs femmes, enfants mineurs, pupilles, bateliers et compagnons, et tous autres subordonnés. Elle est réglée conformément à l'art. 1384 c. civ.» — Cette disposition est la reproduction à peu près textuelle de l'art. 206 c. for. (V. pour les développements v° Forêts, n°s 451 à 467). Il faut cependant noter cette différence que le code forestier déclare que la responsabilité civile est réglée par le dernier paragraphe de l'art. 1384 c. nap., tandis que la loi sur la pêche fluviale applique la responsabilité telle qu'elle est réglée par la loi civile, avec toutes les nuances qu'elle établit. Nous avons expliqué (V. Forêts, *loc. cit.*) les conséquences que la jurisprudence a tirées de l'application restreinte de la responsabilité civile aux matières forestières. Il n'en est pas de même lorsqu'il s'agit d'infractions à la loi sur la pêche fluviale.

230. A ce point de vue, il a été jugé qu'on doit considérer comme ayant agi *dans les fonctions auxquelles il était employé* par son maître, le domestique d'un meunier qui, en temps de frai, a pêché avec un épervier appartenant à son maître, dans le canal du moulin faisant partie d'une rivière. — Vainement le maître alléguerait-il que c'est sans son autorisation que son domestique a pêché; il doit être déclaré civilement responsable du délit commis par ce dernier (Nancy, ch. corr., 17 janv. 1844, aff. forêts *C.* Audelaire, Bull. des ann. for., t. 2, p. 26).

231. Il est certain que cette responsabilité étant purement civile, ne s'étend pas aux amendes. — Jugé, en conséquence, que le fermier de la pêche d'une rivière n'est pas responsable des amendes encourues pour délits de pêche contre ceux à qui il avait délivré des licences; mais il est responsable des dépens prononcés contre les porteurs de licences (Crim. cass. 14 juill. 1814) (1). Les licences dont on parle ici sont les permissions de pêche que, d'après le cahier des charges, l'adjudicataire peut accorder à des étrangers, sous des conditions spécialement déterminées par le cahier des charges. Il faut remarquer, au surplus que la responsabilité civile du fermier à l'égard du permissionnaire est écrite dans le cahier des charges et non dans la loi.

232. On a jugé, avant la loi de 1829, que le prévenu d'un délit de pêche ne peut pas être renvoyé des poursuites dirigées contre lui, et son père déchargé de la responsabilité civile, sur le motif que le prévenu, âgé de moins de seize ans, a commis le délit sans discernement, et que son père n'y a point participé; qu'à ce délit spécial ne s'applique pas la disposition de l'art. 66 c. pén. (Crim. cass. 2 juill. 1813) (2). — Nous croyons qu'au contraire on doit, en toute matière, appli-

---

(1) (Rolland *C.* Min. pub.); — LA COUR; — Vu les art. 9 et 74 c. pén.; — Attendu qu'il résulte de ces articles : 1° qu'en thèse générale la responsabilité, à laquelle sont soumis des tiers étrangers aux délits qui donnent lieu à des condamnations, est essentiellement civile; qu'elle est conséquemment restreinte aux dommages causés par ces délits, et ne peut être étendue aux peines prononcées contre lesdits déliquants; 2° qu'en thèse générale aussi les amendes sont des peines; — Attendu que si, dans certains cas déterminés par des lois spéciales et positives, les amendes sont considérées comme des réparations civiles, et si, dans ces cas, des tiers en sont déclarés responsables, ce sont des exceptions qui doivent être strictement renfermées dans leurs termes; — Attendu qu'il n'existe dans aucune loi générale ou spéciale une disposition qui déclare les fermiers de pêche responsables des amendes prononcées pour délits de pêche contre des porteurs de licences délivrées par ces fermiers; — Attendu que la responsabilité imposée, dans l'espèce, à Rolland par le cahier des charges de son adjudication, peut bien l'assujettir à répondre des dommages causés par les délits des porteurs de licences délivrées par lui, mais non à répondre des peines qu'ils ont encourues : d'où il suit qu'on n'a pu déclarer Rolland responsable des amendes prononcées contre Dupuis, sans contrevenir aux art. 9 et 74 précités du c. pén.; —mais attendu que les dépens ne sont point des peines, qu'ils ne sont que l'indemnité des frais avancés pour la poursuite des délits, et que dès lors ils doivent être considérés comme des dommages-intérêts dont la responsabilité peut être prononcée contre ceux qui y sont assujettis par les lois, ou qui y sont soumis par des conventions; que conséquemment on a pu, dans l'espèce, sans contrevenir à aucune loi, déclarer Rolland responsable des dépens prononcés contre Dupuis, porteur d'une licence délivrée par ledit Rolland qui, d'ailleurs, s'était soumis par son adjudication à répondre des cessionnaires de tout ou partie des droits de son bail; — Casse et annule la disposition de l'arrêt de la cour royale de Paris, qui confirme contre Rolland la responsabilité de l'amende prononcée par les premiers juges; ordonne que le surplus dudit arrêt sera exécuté, etc.

Du 14 juill. 1814.-C. C., sect. crim.-MM. Barris, pr.-Basire, rap.

(2) (Eaux et forêts *C.* Triquet père et fils.) — LA COUR; — Attendu que, d'après l'art. 484 c. pén., les disposition de ce code ne sont point applicables aux matières qui n'ont pas été réglées par lui, et qui sont régies par des lois et règlements particuliers; — Que les matières d'eaux et forêts ne sont pas réglées par le code pénal, et qu'elles sont régies par l'ordonnance de 1669, et autres loi forestières postérieures; — Que cette ordonnance et ces lois ne contiennent aucune disposition qui autorise les tribunaux à prendre en considération l'âge et le défaut de discernement des délinquants dont elles s'occupent; — Attendu qu'il resulte de diverses dispositions de l'ordonnance de 1669 et de l'art. 1384 c. civ., que les pères sont civilement responsables des délits commis par leurs enfants mineurs, à moins qu'ils ne prouvent qu'ils n'ont pu empêcher le fait qui donne lieu à cette responsabilité; — Attendu qu'il a été reconnu par l'arrêt attaqué, que Triquet fils a commis un délit de pêche avec un engin prohibé; que cependant la cour de Caen, par le motif que Triquet fils, âgé de moins de seize ans, avait agi sans discernement, n'a point prononcé contre lui les peines applicables à ce délit, et a déchargé Triquet père de la responsabilité du délit commis par son fils; que, dès lors, cette cour a faussement appliqué l'art. 66 c. pén., et violé formellement les art. 10 et 25 précités du titre 31 de l'ordonn. de 1669; — Casse, etc.

Du 2 juill. 1813.-C. C., sect. crim.-MM. Barris, pr.-Basire, rap.

quer les principes des art. 66 et suiv. c. pén. Cela est aujourd'hui certain en matière forestière (V. Forêts, n° 324). Il n'y a aucune raison pour qu'il n'en soit pas de même en matière de pêche. — V. aussi Chasse, n° 358 et Responsabilité.

Sect. 9. — *De l'exécution des jugements.*

233. On va parler dans cette section : 1° de l'exécution des jugements rendus dans l'intérêt de l'administration ou du ministère public; 2° de l'exécution des jugements rendus dans l'intérêt des fermiers de la pêche et des particuliers. La plupart des règles de la matière sont empruntées aux art. 209 et suiv., c. for. Aussi, après l'analyse des dispositions légales, n'aurons-nous, le plus souvent, qu'à renvoyer au traité des Forêts, n°s 578 et s.

234. *De l'exécution des jugements rendus dans l'intérêt de l'administration ou sur la poursuite du ministère public.* — Les jugements rendus à la requête de l'administration chargée de la police de la pêche ou sur la poursuite du ministère public, sont signifiés par simple extrait qui contient le nom des parties et le dispositif du jugement. — Cette signification fait courir les délais de l'opposition et de l'appel des jugements par défaut (L. 15 avr. 1829, art. 75). — V. Forêts, n°s 579 à 582.

235. C'est aux receveurs de l'enregistrement et des domaines qu'est confié le soin de recouvrer les amendes, restitutions, frais et dommages-intérêts résultant des jugements rendus en matière de pêche (art. 76; V. Forêts, n°s 583 à 589). — Mais les receveurs des domaines ne peuvent recevoir, à titre de dépôt, le montant des soumissions souscrites par les délinquants pour prévenir les contestations; ils doivent attendre que ces soumissions aient été approuvées par le ministre des finances avant de se charger en recette des sommes qui y sont exprimées (décis. du min. des fin. 13 août 1822). — Les jugements portant condamnation à des amendes, restitutions, dommages-intérêts et frais, sont exécutoires par la voie de la contrainte par corps, et l'exécution peut en être poursuivie cinq jours après sur un simple commandement fait aux condamnés. — En conséquence, les réquisitions nécessaires seront, sur la demande du receveur de l'enregistrement, adressées par le procureur du roi aux agents de la force publique chargés de l'exécution des mandements de justice (art. 77). — Mais cette contrainte par corps doit-elle être ordonnée par le jugement? Nous nous sommes prononcés pour la négative v° Forêts, n° 594 (V. dans le même sens M. Baudrillart sous l'art. 78 de la loi sur la pêche fluviale et sous l'art. 212 c. for.). — Les individus contre lesquels la contrainte par corps a été prononcée subissent l'effet de cette contrainte jusqu'au payement de ces condamnations, ou le fournissement d'une caution admise par le receveur des domaines, ou, en cas de contestation de sa part, déclarée bonne et valable par le tribunal de l'arrondissement (art. 78; V. Forêts, n° 590). — Néanmoins la mise en liberté doit être ordonnée après quinze jours de détention, si l'amende et les autres condamnations pécuniaires n'excèdent pas 15 fr., alors que les condamnés justifient de leur insolvabilité, suivant le mode prescrit par l'art. 420 c. inst. crim.; après un mois, lorsque les condamnations s'élèvent ensemble de 15 à 50 fr.; après deux mois, quelle que soit la quotité des condamnations. En cas de récidive, la durée de la détention est double de ce qu'elle eût été sans cette circonstance (art. 79).—Dans tous les cas, la détention employée comme moyen de contrainte est indépendante de la peine d'emprisonnement prononcée contre les condamnés, pour tous les cas où la loi l'inflige (art. 80).

236. *De l'exécution des jugements rendus dans l'intérêt des fermiers de la pêche et des particuliers.* — Les jugements contenant des condamnations en faveur des fermiers de la pêche et des particuliers, sont, à leur diligence, signifiés et exécutés suivant les mêmes formes et voies de contrainte que les jugements rendus à la requête de l'administration (L. 15 avril 1829, art. 81). — Mais la mise en liberté des condamnés détenus dans ce cas ne peut être accordée en vertu des art. 78 et 79 qu'autant que la validité des cautions ou la solvabilité des condamnés aura été, en cas de contestation de la part desdits propriétaires, jugée contradictoirement entre eux (art. 82). —V. Forêts, n°s 598 à 603.

Sect. 10. — *Dispositions générales et transitoires.*

237. L'art. 83 de la loi sur la pêche fluviale porte : « Sont abrogés toutes lois, ordonnances, édits et déclarations, arrêts du conseil, arrêtés et décrets, et tous règlements intervenus, à quelque époque que ce soit, sur les matières réglées par la loi de 1829, en tout ce qui concerne la pêche.—Mais les droits acquis antérieurement à la présente loi seront jugés, en cas de contestation, d'après les lois existantes avant sa promulgation. » — Malgré l'abrogation prononcée par cet article, les prohibitions des art. 6, 8 et 10 (tit. 31 ord. 1669), et la prohibition de pêcher à autres heures que depuis le lever jusqu'au coucher du soleil (*id.*, art. 5), ont dû être maintenues jusqu'à la promulgation des ordonnances qui ont ultérieurement déterminé les temps de l'interdiction de la pêche dans tous les cours d'eau, et les filets et instruments d'usage prohibé (art. 26 de la loi actuelle).—Toutefois, les contraventions aux articles ci-dessus de l'ord. de 1669 ont dû être punies conformément aux dispositions de la présente loi, ainsi que tous les délits qui y sont prévus, à dater de sa publication (art. 84). — Jugé que la prohibition de la pêche, le dimanche et jours de fête, n'est pas maintenue (ord. 1669, tit. 31, art. 4). Elle ne l'est même pas aux termes de la loi du 18 nov. 1814, attendu que l'énumération des travaux prohibés par cette loi est limitative et non démonstrative (Crim. cass. 14 août 1823, aff. Daguet, V. Jours fériés, n° 68).

CHAP. 3. — De la pêche dans les étangs.

238. La pêche dans les étangs n'est que le simple exercice du droit de propriété. Il en est de même à l'égard de la pêche dans les cours d'eau qui prennent naissance sur une propriété et qui ne communiquent pas avec les parties inférieures du même cours d'eau. Dans tous ces cas, les règles établies par la loi du 15 avril 1829, pour la conservation du poisson et la police des rivières, ne sont pas applicables.

239. Mais des difficultés peuvent s'élever entre les propriétaires d'étangs ou de cours d'eau, relativement à l'exercice du droit de pêche. La coutume d'Orléans l'avait prévu par la disposition de son art. 167, portant que « quand les étangs sont assis en même ruisseau et cours d'eau, si l'un d'eux (des propriétaires) est prêt à pêcher, ne pourra celui de dessus lever la bonde du sien, pendant que celui de dessous est en pêche, pour laquelle il sera tenu de faire toute diligence. » Cette sage disposition n'a point été reproduite dans notre législation; mais elle ne nous semble pas moins devoir servir de guide aux tribunaux dans le règlement des contestations qui peuvent naître entre les propriétaires d'étangs voisins. — Il a été jugé en ce sens que, lorsque deux étangs sont assis sur un même cours d'eau, la pêche doit s'en faire de manière à concilier les droits respectifs de chaque propriétaire; ainsi, l'étang inférieur doit être pêché avant l'étang supérieur, mais la pêche ne doit pas en être retardée de manière à reculer celle de l'étang supérieur à une saison trop avancée (Paris, 28 juill. 1814) (1); — Mais que le propriétaire de l'étang inférieur, dont la pêche a été contrariée par celui de l'étang su-

(1) *Espèce :* — (Nicaise C. Jacquiet.) — Quatre étangs assis sur un même cours d'eau, et qui originairement avaient appartenu à un même propriétaire, avaient passé en différentes mains. Les deux premiers, situés en amont de la rivière appelée la Grande-Rouillée et le Flamin, avaient été acquis par le sieur Jacquiet; les deux autres, situés en aval, nommés le Profondon et la Demoiselle, étaient devenus la propriété du sieur Nicaise. — Celui-ci allait faire sa pêche quand Jacquiet y mit obstacle en levant les bondes des étangs supérieurs. — Nicaise, ainsi contrarié dans l'exercice de son droit de pêche, fit assigner Jacquiet : 1° en payement de la somme de 1,200 fr. pour dommages-intérêts, résultant soit du mal qu'avait fait aux poissons de ses étangs l'extrême dilatation des eaux, soit de la nécessité où il s'était trouvé de renvoyer les marchands qui étaient venus pour acheter sa pêche; 2° pour obtenir un règlement sur la manière dont se ferait à l'avenir la pêche de leurs étangs respectifs. — Le 21 avril 1813, jugement du tribunal civil de Sainte-Menehould qui condamne Jacquiet aux dommages-intérêts réclamés et règle la manière dont les propriétaires feront la pêche à l'avenir.—Appel. — Arrêt.

La cour; — Statuant sur l'appel interjeté par Jacquiet du jugement rendu par le tribunal civil de Sainte-Menehould, le 21 avril 1813; —

périeur qui aurait mal à propos lâché sa bonde, ne peut réclamer de dommages-intérêts contre celui-ci, s'il ne l'a pas prévenu en temps utile de la pêche qu'il se disposait à faire (même arrêt).

240. Du principe ci-dessus posé, que la loi du 15 avr. 1829 gouverne seulement les cours d'eau traversant différentes propriétés, il suit nécessairement que les délits de pêche commis dans des étangs sont exclusivement prévus et punis par l'art. 388, § 2, c. pén., lequel prononce un emprisonnement d'un an au moins et de cinq ans au plus, et, en outre, une amende de 16 à 500 fr. contre quiconque aura volé ou tenté de voler du poisson en *étang*, vivier ou réservoir (Crim. rej. 11 déc. 1834) (1). Toutefois, le prévenu d'avoir pêché avec un *échiquier* dans un étang où il avait seulement la faculté de pêcher à la ligne flottante, a pu être valablement renvoyé de la plainte, sur le motif que les circonstances du fait, matériellement prouvé, ne permettaient pas de le considérer comme une soustraction frauduleuse (même arrêt).

241. Le droit de pêche dans un étang faisant partie de la propriété est censé vendu avec elle, à moins que le vendeur ne se le soit formellement réservé. En cas de difficulté sur les clauses du contrat, les tribunaux civils sont compétents. Toutefois, entre deux acquéreurs de domaines nationaux, c'est aux tribunaux administratifs à décider à qui appartient le droit de pêche dans un étang (Cass. 14 fév. 1827, aff. Clément, V. Vente administrative).

242. Le droit de pêche dans les étangs comprend la chasse du gibier d'eau. A ce point de vue, il a été jugé que le locataire de la chasse et de la pêche sur un étang devait obtenir des dommages-intérêts contre la compagnie concessionnaire du canal du Midi qui avait fait établir un phare pour faciliter l'entrée dans ce canal des bateaux venant de l'étang de Thau. On comprend, en effet, que la lumière du phare peut contribuer à écarter les canards (trib. Montpellier, jugem. du 26 nov. 1841, inséré dans le Bull. des Ann. forest., t. 1, p. 23 (Gaz. des tribunaux du 19 déc. 1841).

243. Les droits de pêche perçus sur les étangs salés qui communiquent à la mer sont supprimés, et les fermiers ont été admis à résilier leurs baux, et à compter de clerc à maître des produits par eux perçus (décis. min. fin. 14 nov. 1823). — Mais la réintégration d'un ancien propriétaire dans la jouissance des étangs salés et de leurs dépendances, et la ventilation qui détermine sa quote-part dans les produits, sont des actes émanés du pouvoir administratif qui ne peuvent être appréciés que par lui (même décis., Baudrillart, Traité gén. des eaux et forêts, t. 3, p. 173).

Attendu que la raison et la justice indiquent que les étangs inférieurs, qui ne sont alimentés que par les eaux des étangs supérieurs, doivent, pour ne pas rester longtemps à sec, être pêchés avant les étangs supérieurs; qu'il est de droit que, pendant le temps nécessaire pour la pêche des étangs inférieurs, les propriétaires des étangs supérieurs doivent retenir les eaux, comme aussi que la pêche des étangs inférieurs ne doit pas être tellement retardée qu'elle recule à une saison trop avancée la pêche des étangs supérieurs; qu'il est aujourd'hui avoué par toutes les parties que cet usage général a été conséquemment suivi aussi longtemps que les étangs dont il s'agit ont été réunis dans la main du propriétaire; — Attendu que si Jacquiet a pu causer quelques dommages à Nicaise, en laissant couler les eaux des étangs de Flamin et de la Grande-Rouillée pendant la pêche de l'étang du Profondon, et au mépris de la dénonciation à lui faite de la sommation du 28 octobre 1812, Nicaise a à s'imputer de n'avoir pas annoncé plus tôt le jour de la pêche qu'il se disposait à faire; — Attendu enfin que Nicaise, par son exploit introductif d'instance, a, devant les premiers juges, sollicité un règlement qui, eu égard aux circonstances particulières des lieux, déterminât d'une manière fixe les droits de chacune des parties, et que par conséquent il ne saurait s'opposer à la demande de ce même règlement, faite par Jacquiet devant la cour; a mis et met l'appellation et ce dont est appel au neant; émendant, décharge Jacquiet des condamnations contre lui prononcées; au principal, ordonne que, pendant huit jours (temps nécessaire pour l'écoulement des eaux et la pêche des étangs de la Demoiselle et du Profondon), Jacquiet sera tenu de fermer les bondes de l'étang Flamin, et même de la Grande-Rouillée, si besoin est; ordonne que la pêche desdits étangs de la Demoiselle et du Profondon sera terminée le plus tard au 22 octobre, et que Nicaise sera tenu d'avertir Jacquiet huit jours au moins avant celui où il voudra commencer lesdites pêches et obliger Jacquiet à arrêter les eaux des étangs supérieurs, tous dépens compensés, sauf le coût de l'arrêt qui sera supporté par Jacquiet; ordonne la restitution de l'amende; sur le surplus des demandes, fins et conclusions des parties, les met hors de cour.

Du 28 juill. 1814.-C. de Paris.-MM. Quequet et Berryer, av.

(1) *Espèce:* — (Caisse hypoth. *C.* Vincent.) — La caisse hypothécaire, propriétaire de l'étang de Saint-Gratien, à Enghien-Montmorency, avait accordé à quelques propriétaires des maisons de campagne voisines le droit de s'y promener en bateau et d'y pêcher à la ligne flottante. — Le 2 sept. 1833, un procès-verbal fut dressé contre Vincent, l'un de ces propriétaires, qui pêchait à l'échiquier. — Cité devant le tribunal correctionnel de Pontoise, à la requête des administrateurs de la caisse hypothécaire, qui conclurent contre lui à ce qu'il fût condamné aux dépens et 3,000 fr. de dommages-intérêts, le 12 fév. 1833, Vincent fut renvoyé de la demande : — « Attendu que les tribunaux correctionnels ne peuvent allouer des dommages-intérêts, lorsque les faits ne sont pas de nature à faire prononcer une peine contre le prévenu; — Attendu que la caisse hypothécaire reconnaît au sieur Vincent le droit de pêcher à la ligne flottante dans l'étang de Saint-Gratien; que, s'il a été trouvé pêchant à l'échiquier, et s'il a ainsi employé un autre mode de pêche que celui qui lui était concédé par son contrat d'acquisition, néanmoins les circonstances dont ce fait a été accompagné ne permettent pas de le considérer comme une soustraction frauduleuse, et qu'il ne peut, en conséquence, y avoir lieu à l'application de l'art. 388 c. pén.; — Attendu qu'aucune autre loi pénale ne réprime le fait de pêche dans un étang appartenant à autrui. » — Le ministère public, qui avait aussi pris des conclusions contre Vincent, appela de ce jugement en même temps que la caisse hypothécaire; mais le tribunal de Versailles confirma la décision des premiers juges, par jugement du 22 mai 1834. — Pourvoi par la caisse hypothécaire. — Arrêt (après délibération en chambre du conseil).

La cour; — Sur le premier moyen de cassation, tiré de la violation de l'art. 388 c. pén. : — Attendu que le tribunal correctionnel de Pontoise, et après lui, et sur l'appel, le tribunal correctionnel de Versailles, ont reconnu, en fait, que si le sieur Vincent, auquel la caisse hypothécaire ne conteste pas le droit de pêcher à la ligne flottante dans l'étang de Saint-Gratien, y a été trouvé, le 2 sept. 1833, pêchant avec un échiquier, et que s'il a ainsi employé un autre mode de pêche que celui qui lui était concédé par son contrat d'acquisition, néanmoins les circonstances dont ce fait a été accompagné ne permettaient pas de le considérer comme une soustraction frauduleuse; qu'en conséquence, il ne peut y avoir lieu contre lui à l'application de l'art. 388 c. pén.; — Attendu, en droit, que les tribunaux correctionnels, dont les membres réunissent les fonctions de jurés à celles de juges, n'excèdent nullement leurs pouvoirs, en reconnaissant qu'à raison de sa moralité ou des circonstances dont il est entouré, le fait qui a été l'objet des poursuites se trouve dépouillé des caractères de criminalité qui pouvaient lui faire appliquer les peines portées par la loi; qu'en décidant, dès lors, comme ils l'ont fait, les tribunaux correctionnels de Pontoise et de Versailles n'ont, en aucune sorte, violé ledit art. 388 c. pén.; — Sur le deuxième moyen de cassation, tiré d'une prétendue violation des art. 5, tit. 26, et 10, tit. 31, de l'ord. de 1669, maintenus en vigueur par l'art. 83 de la loi du 15 avr. 1829 sur la pêche fluviale : — Attendu, en droit, que la loi du 15 avr. 1829, comme son titre même l'indique, n'est applicable qu'à la pêche sur les fleuves et rivières navigables ou flottables. et généralement sur les cours d'eaux quelconques, mais nullement à la pêche dans les étangs, viviers et réservoirs, délit prévu par l'art. 388 c. pén. de 1832, qui punit d'un emprisonnement d'un an à cinq ans et d'une amende de 16 fr. à 500 fr. le vol de poissons dans les étangs, viviers ou réservoirs, espèce de vol que l'ancien code pénal de 1810, art. 388, punissait même de la reclusion; — Attendu qu'en décidant, dès lors, qu'aucune autre loi pénale que l'art. 388 c. pén. ne réprime le fait de pêche dans un étang appartenant à autrui, les tribunaux correctionnels de Pontoise et de Versailles n'ont, en aucune sorte, violé les art. 5, tit. 26, et 10, tit. 31, de l'ord. de 1669, qui ne sont nullement applicables à l'espèce; — Rejette.

Du 11 déc. 1834.-C. C., ch. crim.-MM. Brière, pr.-Meyronnet, rap.

Table sommaire des matières.

Table des articles de la loi du 15 avril 1829.

Table chronologique des lois, arrêts, etc.

PÊCHE MARITIME. — 1. C'est celle qui a pour objet de s'emparer des poissons de mer, des coquillages, huîtres, moules, etc., et du corail. On comprend aussi sous cette désignation la pêche dans les fleuves et les rivières affluents à la mer, lorsqu'elle a lieu dans la partie de ces cours d'eau qui contractent la salure. A l'égard des fleuves et des rivières où la marée ne se fait pas sentir, la pêche est maritime jusqu'au point où les vaisseaux de mer peuvent remonter.—V. Pêche fluviale, n°s 26 et s.

Il y a deux espèces de pêches maritimes : la grande pêche est celle qui se pratique hors de l'Europe et qui comprend principalement la pêche de la morue et celle de la baleine. Ces industries ont appelé depuis plusieurs années l'attention toute spéciale du gouvernement, et ont été l'objet de puissants encouragements. — La petite pêche, ou pêche côtière, a lieu sur ou à peu de distance des côtes, dans la partie salée des fleuves et dans les étangs ou lacs salés.

Cette matière est réglementée par un très-grand nombre de lois, décrets, ordonnances qui ont souvent varié. Chaque genre de pêche a, pour ainsi dire, son code spécial. Dans le travail qui va suivre, nous nous attacherons principalement à exposer l'ensemble de la législation, en groupant les lois et actes réglementaires sous les rubriques qui leur sont propres.

Division.

ART. 1. — HISTORIQUE ET LÉGISLATION GÉNÉRALE.

2. La mer est le domaine de tous, *communia sunt hæc : aer, aqua profluens et mare* (V. Eaux, n° 2). Par une conséquence nécessaire, les lois romaines déclarent que le droit de pêche fait partie de ce domaine public : *Flumina autem omnia et portus publica sunt, ideoque jus piscandi commune est omnibus, in portu fluminibusque* (Instit., *De rerum divis.*, § 1). *Si quis me prohibeat in mari piscari, vel everriculum... ducere, an injuriarum judicio possim eum convenire?* (Dig., tit. 10, *De injuriis*, § 13). Ce droit, comme celui de la pêche fluviale, fut longtemps usurpé en France par la féodalité (V. Pêche fluviale, n° 6). La célèbre ordonnance sur la marine, préparée par Colbert, et promulguée par Louis XIV en 1681, consacra le retour aux principes de la législation romaine. Elle porte : « que la pêche de la mer est libre et commune à tous les Français, et ils peuvent la faire tant en pleine mer que sur les grèves, avec les filets et engins permis par les lois » (liv. 5, tit. 1, art. 1). Il suit de là que la pêche maritime n'est pas, comme la pêche fluviale, exploitée au profit de l'État. Elle est entièrement gratuite et ne peut être mise en adjudication La raison de cette différence est que le gouvernement a toujours cru devoir favoriser les gens de mer, afin d'entretenir cette population maritime qui s'habitue aux dangers de la mer pendant la paix et devient ensuite en état de servir sur les vaisseaux pendant la guerre (V. Organ. marit.). C'est encore ce motif qui a fait étendre la gratuité de la pêche, même au delà du point où les eaux des fleuves contiennent la salure ; de telle sorte qu'on peut dire avec vérité que, sauf l'observation de certains règlements, la pêche est libre et surtout gratuite dans toute l'étendue de l'inscription maritime. — V. Pêche fluviale, n°s 26 et suiv.

3. En proclamant la liberté de la pêche maritime, l'ord. de 1681 a cherché à en prévenir les abus. A cet effet elle indique les espèces de filets dont il est permis de se servir et ceux dont l'usage est défendu ; elle réglemente la forme et l'usage des pêcheries sur les côtes, l'établissement des madragues et bordigues, ainsi que les modes et procédés de pêche du hareng et de la morue ; enfin un titre spécial est consacré à l'organisation des maîtres pêcheurs et à l'établissement des prud'hommes (1).

Presque toutes les dispositions de l'ord. de 1681 ont été successivement modifiées. Certains engins, modes et procédés de pêche ont été défendus. La pêche du maquereau, du hareng, de la sardine et surtout celle de la morue et de la baleine, ont été l'objet de règlements très-nombreux que nous allons indiquer rapidement dans des divisions spéciales. Les lois modernes ont fait d'heureux emprunts à l'ordonnance de 1681.

(1) **Août 1681.** — Ordonnance sur la marine (extrait).

LIV. 5. — DE LA PÊCHE QUI SE FAIT PAR MER.

TIT. 1. — *De la liberté de la pêche.*

Art. 1. Déclarons la pêche de la mer libre et commune à tous nos sujets, auxquels nous permettons de la faire, tant en pleine mer que sur les grèves, avec les filets et engins permis par la présente ordonnance.

2. Nos sujets qui iront faire la pêche des morues, harengs et maquereaux sur les côtes d'Irlande, Ecosse, Angleterre et de l'Amérique, et sur le banc de Terre-Neuve, et généralement dans toutes les mers où elle se peut faire, seront tenus de prendre un congé de l'amiral pour chaque voyage.

3. Et quant à nos sujet qui font la pêche du poisson frais avec bateau portant mât, voiles et gouvernail, ils seront seulement tenus de prendre

ART. 2. — Des grandes pêches hors du territoire continental de l'Europe.

4. Les grandes pêches s'effectuent hors d'Europe dans des mers lointaines et orageuses. Cette industrie exige des capitaux considérables et expose ceux qui s'y livrent aux plus grands dangers. Abandonnée à elle-même, il lui serait impossible de prospérer sans les secours du gouvernement. Ces secours ne lui ont pas manqué, et des primes ont été offertes aux armateurs pour les encourager à lutter avec la Hollande et surtout avec l'Angle-

---

un congé par chacun an, sans qu'ils soient obligés de faire aucun rapport à leur retour, si ce n'est qu'ils aient trouvé quelques débris, vu quelque flotte ou fait quelque rencontre considérable à la mer, dont ils feront leur déclaration aux officiers de l'amirauté, qui la recevront sans aucun frais.

Tit. 2. — *Des diverses espèces de rets ou filets.*

Art. 1. Les pêcheurs pourront se servir de rets ou filets appelés *folles, dreiges, tramaux* ou *tramailades*, et autres mentionnés en la présente ordonnance, dans les temps et en la manière ci-après réglée.

2. Les folles auront leurs mailles de 5 pouces en quarré, et elles ne pourront être laissées à la mer plus de deux jours, à peine de confiscation et de 25 liv. d'amende.

3. Ceux qui pêcheront avec les folles seront tenus d'être toujours sur leurs filets, tant qu'ils seront à la mer, pour les visiter de temps en temps et de marée à autre, s'ils n'en sont empêchés par la tempête ou par les ennemis.

4. Les rets de la dreige auront les mailles de 1 pouce 9 lignes en quarré, et les tramaux ou hamaux qui sont attachés des deux côtés du filet auront les leurs de 9 pouces en quarré, sans qu'ils puissent être chargés de plus d'une livre et demie de plomb par brasse, sous les peines ci-dessus ordonnées.

5. Permettons toutefois de faire la pêche des vives, avec des mailles de 13 lignes en quarré, depuis le 15 février jusqu'au 15 avril seulement.

6. Les pêcheurs qui voudront pêcher pendant la nuit seront tenus de montrer trois différentes fois un feu dans le temps qu'ils mettront leurs filets à la mer, à peine de 50 liv. d'amende et de réparation de toutes pertes et dommages qui en pourraient arriver.

7. Si les filets d'un bateau dreigeur sont arrêtés et retenus par quelques ancres, rochers ou autre chose semblable, en sorte qu'il ne puisse dériver, l'équipage sera tenu, sous les mêmes peines, de montrer pendant la nuit un feu, tant que le bateau demeurera sur le lieu où ses filets seront attachés.

8. Les mailles des filets appelés picots seront de pareille grandeur que celles de la dreige, et seront chargées d'un quarteron de plomb au plus par brasse; défendons de se servir, pour battre l'eau, de pêches ferrées ou pointues, à peine de 10 liv. d'amende.

9. Faisons défenses aux pêcheurs qui arriveront à la mer de se mettre et jeter leurs filets en lieu où ils puissent nuire à ceux qui se seront trouvés les premiers sur les lieux de la pêche, ou qui l'auront déjà commencée, à peine de tous dépens, dommages et intérêts et de 50 liv. d'amende.

10. Faisons encore défenses, sous pareilles peines, à tous pêcheurs qui se trouveront dans une flotte de pêcheurs, de quitter leur rumb ou rang pour se placer ailleurs, après que les pêcheurs de la flotte auront mis leurs filets à la mer.

11. Permettons de faire la pêche de la sardine avec des rets ayant des mailles de 5 lignes en quarré et au-dessus.

12. Faisons défenses aux pêcheurs d'employer de la résure pour attirer la sardine, et à tous marchands d'en vendre, qu'elle n'ait été visitée et trouvée bonne, à peine de 300 liv. d'amende.

13. Défendons de faire la pêche du ganguy et du bregin, et celle du marquesèque ou du nonnat, pendant les mois de mars, avril et mai, à peine de confiscation des filets et bateaux et de 50 liv. d'amende.

14. Défendons aussi, sous mêmes peines, de pêcher pendant les mêmes mois, avec boucliers, à 200 brasses près des embouchures des étangs et rivières.

15. Faisons, en outre, défenses aux pêcheurs qui se servent d'engins appelés fichures, de prendre les poissons enfermés dans les bastudes ou autres filets tendus dans les étangs salés, à peine de punition corporelle.

16. Il y aura toujours au greffe de chaque siége d'amirauté un modèle des mailles de chaque espèce de filets dont les pêcheurs demeurant dans l'étendue de la juridiction se serviront pour faire leur pêche tant en mer que sur les grèves; enjoignons à nos procureurs de tenir soigneusement la main à l'exécution du présent article, à peine de répondre des contraventions en leur nom.

Tit. 3. — *Des parcs et pêcheries.*

Art. 1. Permettons de tendre sur les grèves de la mer et aux baies et embouchures des rivières navigables, des filets appelés *hauts et bas parcs, ravoirs, courtines et venets*, de la qualité et de la manière prescrites par les articles suivants.

2. Les mailles des bas parcs, ravoirs, courtines et venets auront 2 pouces en quarré, et ils seront attachés à des pieux plantés à cet effet dans les sables sur lesquels le ret sera tendu sans qu'il puisse être enfoui.

3. Les mailles des hauts parcs auront 1 pouce ou 9 lignes au moins en quarré, et ils seront tendus en telle sorte que le bas du filet ne touche point aux sables, et qu'il en soit éloigné de 3 pouces au moins.

4. Les parcs dans la construction desquels il entrera bois ou pierre, seront démolis, à la réserve de ceux bâtis avant l'année 1544, dans la jouissance desquels les possesseurs seront maintenus conformément aux art. 84 et 85 de l'ordonnance du mois de mars 1584, pourvu qu'ils soient construits en la manière ci-après.

5. Les parcs de pierre seront construits de pierres rangées en forme de demi-cercle, et élevées à la hauteur de 4 pieds au plus, sans chaux, ciment ni maçonnerie; et ils auront, dans le fond, du côté de la mer, une ouverture de 2 pieds de largeur, qui ne sera fermée que d'une grille de bois ayant des trous en forme de mailles, d'un pouce au moins en quarré, depuis la Saint-Remy jusqu'à Pâques, et de 2 pouces en quarré depuis Pâques jusqu'à la Saint-Remy.

6. Les parcs appelés bouchots seront construits de bois entrelacés, comme clayes, et auront, dans le fond, du côté de la mer, une ouverture de pareille grandeur de 2 pieds, qui ne pourra être fermée de filets, grilles de bois, paniers ni autres choses, depuis le premier mai jusqu'au dernier août.

7. Et pour les parcs de bois et de filets, ils seront faits de simples clayes d'un pied et demi de hauteur auxquelles seront attachés des filets ayant les mailles d'un pouce en quarré; et les clayes auront dans le fond, du côté de la mer, une ouverture aussi de 2 pieds qui ne pourra être fermée que d'un filet dont les mailles seront de 2 pouces en quarré, depuis Pâques jusqu'à la Saint-Remy, et d'un pouce au moins depuis la Saint-Remy jusqu'à Pâques.

8. Faisons défenses à toutes personnes, de quelque qualité et condition qu'elles puissent être, de bâtir ci-après, sur les grèves de la mer, aucuns parcs dans la construction desquels il entre bois ou pierre, à peine de 300 liv. d'amende, et de démolition des parcs à leurs frais.

9. Faisons aussi défenses aux seigneurs des fiefs voisins de la mer, et à tous autres, de lever aucuns droits, en deniers ou en espèces, sur les parcs ou pêcheries, et sur les pêches qui se font en mer ou sur les grèves, et de s'attribuer aucune étendue de mer pour y pêcher à l'exclusion d'autres, sinon en vertu d'aveux et dénombrements reçus en nos chambres des comptes avant l'année 1554, ou de concession en bonne forme, à peine de restitution du quadruple de ce qu'ils auront exigé, et de 1,500 liv. d'amende.

10. Faisons pareillement défenses à tous gouverneurs, officiers et soldats des îles et des forts, villes et châteaux construits sur le rivage de la mer, d'apporter aucun obstacle à la pêche dans le voisinage de leurs places, et d'exiger des pêcheurs argent ou poisson pour la leur permettre, à peine, contre les officiers, de perte de leurs emplois, et, contre les soldats, de punition corporelle.

11. Les parcs et bouchots qui se trouveront construits à l'embouchure des rivières navigables ou sur les grèves de la mer, à 200 brasses du passage ordinaire des vaisseaux et au-dessous, seront démolis aux frais des propriétaires.

12. Faisons défenses à tous ceux qui feront leur pêche avec des guideaux, de les tendre dans le passage ordinaire des vaisseaux, ni à 200 brasses près, à peine de saisie et confiscation des filets, de 50 liv. d'amende, et de réparation des pertes et dommages que les guideaux auront causés.

13. Ordonnons que les pieux pour tendre les guideaux qui se trouveront plantés dans le passage des vaisseaux, ou à 200 brasses près, seront arrachés quinzaine après la publication de la présente ordonnance, aux frais des propriétaires et à la diligence de nos procureurs en chacun siége, à peine d'interdiction de leurs charges.

14. Voulons que le procès soit fait et parfait à ceux qui replanteront des pieux aux mêmes lieux d'où ils auront été arrachés en exécution de la présente ordonnance, et que les délinquants soient condamnés au fouet.

15. Les pêcheurs dont les pieux et guideaux auront été ôtés comme nuisibles à la navigation, ou les pêcheries démolies, seront déchargés de toutes rentes et redevances qu'ils pouvaient devoir, pour raison de ce, à notre domaine ou à quelques seigneurs particuliers, auxquels nous faisons défenses, ainsi qu'à nos receveurs, d'en exiger le payement, à peine de concussion.

16. Faisons aussi défenses à toutes personnes de se servir de bouteux ou bouts-de-quièvres, ruches, paniers ou autres engins pour prendre crevettes, grenades ou salicots, depuis le premier mars jusqu'au dernier du mois de mai, et de pêcher en aucune saison de l'année avec colerets, seynes ou autres semblables filets qui se traînent sur les grèves de la mer, à peine d'amende arbitraire, saisie et confiscation des filets pour la première fois, et de punition corporelle en cas de récidive.

17. Défendons, en outre, de faire parcs, ravoirs et venets, dont les mailles soient de moindre grandeur que celle ci-dessus, et de faire des seynes et colerets, en vendre ou recéler, à peine de 25 liv. d'amende.

18. Faisons pareillement défenses, et sous les mêmes peines, de dreiger dans les moulières, d'en racler les fonds avec couteaux et autres semblables ferrements, d'arracher le frai des moules, et d'enlever celles qui ne sont pas encore en état d'être pêchées.

19. Déclarons les pères et mères responsables des amendes encourues par leurs enfants; et les maîtres, de celles auxquelles leurs valets et de-

terre dans ces expéditions qui sont la meilleure école des marins. Dans les instructions qui suivirent l'ord. de 1681, Colbert fit établir des primes pour la navigation dans la Baltique et la pêche dans les mers éloignées, « afin d'augmenter le nombre naturel

---

mestiques auront été condamnés pour contravention aux articles du présent titre.

20. Permettons aux officiers d'amirauté d'appliquer le tiers des amendes en paiement des frais faits pour parvenir aux condamnations.

21. Leur enjoignons de faire brûler toutes seynes, colerets et autres filets qui ne seront de la qualité portée par la présente ordonnance; à l'effet de quoi ils seront tenus, à peine d'interdiction de leurs charges, de faire de mois en mois leur visite sur les côtes, et de temps en temps la perquisition dans les maisons des pêcheurs et autres riverains de la mer.

Tit. 4. — *Des madragues et bordigues.*

Art. 1. Faisons défenses à toutes personnes de poser en mer des madragues ou filets à pêcher des thons, et d'y construire des bordigues, sans notre expresse permission, à peine de confiscation et de 3,000 liv. d'amende.

2. Ceux qui auront obtenu de nous les lettres nécessaires pour l'établissement de quelque madrague ou bordigue, seront tenus de les faire enregistrer au greffe de l'amirauté dans le détroit de laquelle ils devront faire leur pêche.

3. Enjoignons aux propriétaires des madragues de mettre, sur les extrémités les plus avancées en mer, des hoirins, bouées ou gaviteaux, à peine des dommages qui arriveront faute de l'avoir fait, et de privation de leurs droits.

4. Faisons aussi défenses, sous les mêmes peines, de placer aucune madrague ou bordigue dans les ports et autres lieux où ils puissent nuire à la navigation, et d'y laisser, en levant leur madrague, les pierres ou baudes qui y étaient attachées.

5. Ne pourront, les capitaines de madragues, ôter la liberté aux autres pêcheurs, de tendre thonnaires ou combrières, ni de pêcher dans le voisinage de la madrague, pourvu qu'ils ne l'approchent point plus près de 2 milles du côté du Levant et abord des thons.

6. Les propriétaires et fermiers des bordigues sont tenus d'en curer annuellement les fossés et canaux, chacun à l'endroit et dans l'étendue de leur bordigue, en sorte qu'il y ait en tout temps 4 pieds d'eau au moins, à peine de 300 liv. d'amende et d'y être mis ouvriers à leurs frais.

7. Leur faisons défenses, sous même peine de 300 liv. d'amende, de fermer leurs bordigues depuis le premier mars jusqu'au dernier juin; enjoignons aux officiers de l'amirauté de les faire ouvrir pendant ce temps, à peine de suspension de leurs charges.

8. Ne pourront, les propriétaires ou fermiers, prétendre aucuns dépens, dommages-intérêts contre les mariniers dont les bateaux auront abordé leurs bordigues, s'ils ne justifient que l'abordage a été fait par leur faute ou malice.

Tit. 5. — *De la pêche du hareng.*

Art. 1. Les mailles des rets ou aplets pour faire la pêche du hareng auront un pouce en quarré, sans que les pêcheurs y en puissent employer d'autres, ni se servir des mêmes filets pour d'autres pêches, à peine de 50 liv. d'amende et de confiscation des filets.

2. Lorsqu'un équipage mettra ses filets à la mer pour faire la pêche du hareng, il sera tenu de les jeter dans une distance de cent brasses au moins des autres bateaux, et d'avoir deux feux hauts, l'un sur l'avant et l'autre sur l'arrière de son bâtiment, sous pareille peine de 50 liv. d'amende et de réparation de toutes pertes, dommages-intérêts résultant des abordages qui pourraient arriver à faute de feu.

3. Chaque équipage, après ses filets jetés à la mer, sera obligé, sous les mêmes peines, de garder un feu sur l'arrière de son bateau et d'aller à la dérive le même bord au vent comme les autres pêcheurs.

4. Enjoignons, sous pareilles peines, aux maîtres de barques, qui, pendant la nuit, voudront s'arrêter et jeter l'ancre, de se retirer si loin du lieu où se fera la pêche qu'il n'en puisse arriver aucun dommage aux barques et bateaux étant sur la dérive.

5. Lorsqu'un équipage sera forcé par quelque accident de cesser sa pêche ou de mouiller l'ancre, il sera tenu de montrer un feu par trois différentes fois; la première lorsqu'il commencera à tirer ses filets, la seconde quand ils seront à moitié levés, et la troisième après les avoir entièrement tirés, et alors il jettera son feu à la mer.

6. Si les filets sont arrêtés à la mer, l'équipage ne jettera point son troisième feu, mais il sera tenu d'en montrer un quatrième et d'en garder deux jusqu'à ce que les filets soient dégagés.

7. Faisons défenses, à peine de punition corporelle, à tous pêcheurs de montrer des feux sans nécessité, ni autrement, que dans les temps et en la manière ci-dessus prescrite.

8. Si la plus grande partie des pêcheurs d'une flotte cesse de pêcher et mouille l'ancre, les autres seront tenus de faire de même, à peine de réparation de tout le dommage et d'amende arbitraire.

Tit. 6. — *De la pêche des molues (morues).*

Art. 1. Quand nos sujets iront faire la pêche des molues aux côtes de l'île de Terre-Neuve, le premier qui arrivera ou enverra sa chaloupe au havre appelé du Petit-Maître, aura le choix et prendra l'étendue du galet qui lui sera nécessaire, et mettra, au lieu dit l'Échafaud du Croc, une affiche signée de lui, contenant le jour de son arrivée et le nom du havre qu'il aura choisi.

2. Tous les maîtres qui arriveront ensuite seront tenus d'aller ou envoyer successivement à l'Échafaud du Croc, et d'écrire sur la même affiche le jour de leur arrivée, le nombre de leurs matelots et les havres ou galets qu'ils auront choisis à proportion de la grandeur de leur vaisseau et de leur équipage.

3. Le capitaine arrivé le premier fera garder l'affiche par un des hommes de son équipage, qu'il laissera sur le lieu jusqu'à ce que tous les maîtres y aient écrit leur déclaration, qui sera mise ensuite entre ses mains.

4. Faisons défenses à tous maîtres et mariniers de s'établir en aucuns havres, ou s'accommoder d'aucuns galets sans en faire leur déclaration en la forme ci-dessus et de troubler aucuns maîtres dans le choix qu'ils auront fait, à peine de 500 liv. d'amende.

5. Le premier de nos sujets qui arrivera aussi avec son vaisseau en la baie de Canada pour y faire la pêche des molues, sera le maître du galet pour y prendre la place qui lui sera nécessaire, même pour y marquer successivement à ceux qui viendront après lui celles dont ils auront besoin, eu égard à la grandeur de leur vaisseau et au nombre de gens dont ils seront équipés.

6. Faisons défenses aux gouverneur ou capitaine de la côte, depuis le cap des Roziers jusqu'au cap d'Époir, et à tous autres, sous peine de désobéissance, de troubler le premier maître arrivant dans la baie, au choix et en la distribution des places sur le galet.

7. Faisons aussi défenses, sous peine de 500 livres d'amende, aux maîtres et équipages des vaisseaux qui arriveront tant aux côtes de Terre-Neuve qu'en la baie de Canada, de jeter le lest dans les havres, de s'emparer des sels et huiles qui s'y trouveront, et de rompre, transporter ou brûler les échafauds, lesquels appartiendront aux maîtres qui auront fait choix des havres ou galets sur lesquels ils auront été laissés.

8. Leur défendons pareillement de s'emparer des chaloupes échouées sur le galet ou laissées dans la petite rivière dans la baie de Molues, sans un pouvoir spécial des propriétaires des chaloupes, à peine d'en payer le prix et de 50 liv. d'amende.

9. Si toutefois les propriétaires des chaloupes ne s'en servent ou n'en ont point disposé, ceux qui en auront besoin pourront, par la permission du capitaine, le premier arrivé, s'en servir pour faire leur pêche, à condition d'en payer, à leur retour, les loyers aux propriétaires.

10. Le capitaine ou maître qui se saisira de quelques chaloupes, sera tenu de mettre entre les mains du maître qui lui en aura donné la permission, ou, en son absence, en celles du capitaine établi sur le galet voisin, un état contenant le nombre des chaloupes, avec sa soumission d'en payer le loyer, même de les remettre au propriétaire s'il arrive à la côte, et à tout autre ayant pouvoir de lui.

11. Sera aussi tenu, après sa pêche, de remettre en lieu de sûreté les chaloupes, et d'en tirer certificat du même capitaine s'il est sur le lieu, sinon d'en prendre attestation d'un autre étant encore à la côte.

12. Enjoignons au capitaine du premier navire arrivé aux côtes de Terre-Neuve ou dans la baie de Canada, de dresser procès-verbal de toutes les contraventions aux articles ci-dessus, de le signer et faire signer par les principaux officiers de son équipage, et de le mettre, à son tour, entre les mains des juges de l'amirauté, pour y être pourvu.

13. Défendons à tous maîtres de navires, faisant la pêche des molues sur le banc de Terre-Neuve ou dans la baie de Canada, de faire voile pendant la nuit, à peine de payer le dommage qu'ils pourraient causer en cas qu'ils abordent quelque vaisseau, de 1,500 liv. d'amende, et de punition corporelle s'il arrive perte d'hommes dans l'abordage.

Tit. 7. — *Des poissons royaux.*

Art. 1. Déclarons les dauphins, esturgeons, saumons et truites, être poissons royaux, et en cette qualité nous appartenir, quand ils seront trouvés échoués sur le bord de la mer, en payant les salaires de ceux qui les auront rencontrés et mis en lieu de sûreté.

2. Les baleines, marsouins, veaux de mer, thons, souffleurs, et autres poissons à lard, échoués et trouvés sur les grèves de la mer, seront partagés comme épaves, et tout ainsi que les autres effets échoués.

3. Lorsque les poissons royaux et à lard auront été pris en pleine mer, ils appartiendront à ceux qui les auront pêchés, sans que nos receveurs ni les seigneurs particuliers et leurs fermiers y puissent prétendre aucun droit, sous quelque prétexte que ce soit.

Tit. 8. — *Des pêcheurs.*

Art. 1. Trois mois après la publication de la présente ordonnance, il sera fait par le lieutenant de l'amirauté, à la diligence de notre procureur en chaque siége, une liste des pêcheurs allant à la mer, de l'âge de dix-huit ans et au-dessus, demeurant dans l'étendue de leur ressort, dans laquelle seront spécifiés le nom, l'âge et la demeure de chaque pêcheur, et la qualité de la pêche dont il se mêle.

2. Les deux plus anciens maîtres pêcheurs de chaque paroisse seront tenus, au premier jour de carême de chaque année, d'envoyer au greffe du siége de l'amirauté dans le ressort duquel ils seront demeurants, un rôle de tous ceux de leur paroisse, de l'âge de dix-huit ans et au-dessus, qui se mêleront d'aller à la mer pour pêcher, à peine de 10 liv. d'amende solidaire contre les anciens maîtres.

3. Chaque maître de bateaux pêcheurs sera aussi tenu, sous peine de 10 liv. d'amende, de mettre au greffe de l'amirauté en prenant son

des navires que les Français devraient avoir en proportion de la puissance de la nation, du nombre de ses peuples et de ses côtes de mer. »

5. Les événements politiques ne permirent pas à l'industrie des grandes pêches de prendre tous les développements qu'avait espérés le ministre de Louis XIV. La pêche de la morue seule donna lieu cependant à des armements nombreux dans le courant du dix-huitième siècle; quelques armateurs firent aussi la pêche de la baleine; mais ces expéditions cessèrent presque complétement à la révolution et pendant toute la durée du premier empire. Ce fut surtout sous la restauration que des encouragements nombreux et variés appelèrent les armateurs à prendre part à ce genre de spéculation. Ces encouragements furent de plusieurs sortes. Ainsi, les lois de douanes frappèrent d'un droit énorme l'importation des produits des pêches étrangères (ord. 27 juin-12 juill. 1814), et les lois fiscales donnèrent aux regnicoles toutes facilités pour user en franchise des sels nécessaires à la conservation des poissons pêchés par des Français et importés sur bâtiments français (V. Sel). Ainsi encore, le système des primes fut remis en vigueur avec de notables accroissements. Ces primes furent calculées tout à la fois sur le jaugeage des navires, le nombre d'hommes qui les montent et la quantité des produits importés.

6. Ces primes n'ont pas seulement pour objet d'encourager l'industrie des grandes pêches. Le gouvernement ne s'impose pas des sacrifices énormes pour enrichir quelques spéculateurs et faire pénétrer en France une ressource alimentaire, importante sans doute, ou des matières premières utiles au commerce, mais qui ne sont pas d'une indispensable nécessité. Le but des lois qui ont institué ces primes est plus important. Pénétrés depuis longtemps de cette vérité que « la pêche de mer est la véritable pépinière des marins » (rapp. de la commission chargée de préparer la loi du 3 brum. an 4, V. Organ. marit.), les législateurs ont constamment cherché à entretenir et à développer la puissance navale du pays en augmentant le nombre des marins et des matelots qui prennent part aux grandes pêches. Le rapporteur d'une des dernières lois sur les primes disait même formellement que c'était seulement à ce point de vue que les encouragements dont jouissent les grandes pêches doivent être maintenus (rapp. de M. Ancel sur la loi des 22 juill.-21 août 1851, D. P. 51. 4. 169).

7. Les lois qui réglementent les grandes pêches comprennent : 1° la morue; 2° la baleine, le cachalot et les autres poissons à huile ou à lard; 3° le corail. Nous allons parler successivement de la législation qui gouverne ces matières.

§ 1. — *De la pêche de la morue; — Historique et législation; — Encouragements divers qui lui sont accordés; — Police; — Répartition des places; — Capitaines-prud'hommes; — Compétence.*

8. *Historique et législation.* — La morue se reproduit avec une merveilleuse facilité. On en jugera par ce seul fait que Leuwenhoek a compté dans l'ovaire d'une femelle de taille moyenne plus de neuf millions d'œufs. Il est vrai que ces œufs, et le frai qui en provient, sont en grande partie la proie d'une multitude de poissons voraces, parmi lesquels il faut compter la morue elle-même, sans quoi la mer, au dire des naturalistes, serait promptement remplie par ces animaux. Cette destruction, presque aussi puissante que la production elle-même, s'oppose à ce que les morues envahissent les mers d'Europe. Elles se tiennent généralement dans les mers du Nord. C'est seulement à l'époque du frai qu'elles quittent les grandes profondeurs et s'approchent des rivages. C'est aussi le moment de la pêche. Elles se rassemblent alors en prodigieuse quantité sur le banc qui avoisine l'île de Terre-Neuve et sur les rivages de cette île elle-même. On en voit aussi sur les côtes méridionales de l'Islande et sur celles du golfe Saint-Laurent. Quelques-unes, mais en petit nombre, descendent dans les mers du nord de l'Europe. On en prend sur les côtes de l'Ecosse, de l'Angleterre, du Danemark, de la Norwége et même de la France. Mais la pêche n'est pas assez abondante pour qu'on fasse dans ces parages des armements spéciaux. La capture de ce poisson, qui prend alors le nom de cabillaud, fait partie de la pêche côtière. Il est vendu à l'état frais et sans préparation. — C'est surtout la pêche de la morue, au banc de Terre-Neuve et aux îles Saint-Pierre et Miquelon, qui fait l'objet du présent paragraphe. Cette pêche comprend l'armement des navires qui y sont exclusivement destinés, la capture proprement dite du poisson, sa préparation et sa conservation au moyen du sel. Elle se distingue de la pêche des morues dites vertes qui se pratique dans la mer d'Islande et au Doggers-Bank (banc des Chiens), vaste banc de sable qui s'étend dans la mer du Nord entre l'Angleterre et le Danemark.

9. On assure que le banc de Terre-Neuve fut découvert par les Basques cent ans avant que Christophe Colomb eût abordé en Amérique. En tout cas, il est certain que la pêche de la morue était très-florissante au commencement du siècle dernier. Cette prospérité disparut successivement avec les riches possessions que la France avait acquises dans l'Amérique du Nord. Cependant le traité d'Utrecht, en 1713, ceux de Paris et de Versailles, de 1763 et 1783, tout en cédant aux Anglais l'île de Terre-Neuve et le Canada, ont toujours réservé au profit des Français le droit de pêcher sur le banc, ainsi que sur les côtes ouest et est de l'île de Terre-Neuve. La France ne peut former dans ces parages aucun établissement fixe; les pêcheurs n'ont d'autre droit que celui d'y placer les échafauds et les cabanes nécessaires pour y préparer et sécher le poisson (V. le rap. déjà cité de M. Ancel, D. P. 51. 4. 169). Ces concessions ont été obtenues par les traités de 1815 en vertu desquels les îles Saint-Pierre et Miquelon furent rendues à la France. M. Beaussant (c. marit., t. 2, p. 177) fait observer avec raison que c'est surabondamment que le droit de pêche au banc de Terre-Neuve fut stipulé au profit de la France par les traités. Ce banc, qui a une étendue de 1,000 kilom. en longueur sur 300 kilom. en largeur, est inhabitable. Il ne peut donc être la propriété d'aucun peuple. En fait, il est ouvert à toutes les nations, et il est principalement exploité par les Français, les Anglais, les Américains, les Hollandais et les Espagnols. Aussi, des forces de la marine militaire se tiennent souvent dans ces parages pour y protéger nos pêcheurs, empêcher les communications avec les pêcheurs étrangers et éviter toute collision. Quant aux îles Saint-Pierre et Miquelon, elles appartiennent à la France et elle a le droit exclusif d'en exploiter les côtes qui sont très-avantageuses pour la pêche de la morue. Malheureusement ces îles ne peuvent, suivant M. Chabanel (Dic. gén. d'administration, v° Pêche), offrir aucune des ressources nécessaires aux opérations de la pêche, de sorte que les navires expédiés chaque année des ports de France sont obligés d'emporter avec eux tous les approvisionnements nécessaires pour toute la durée de la campagne (V. aussi le rap. de M. Ancel, *loc. cit.*). Quoi qu'il en soit, et malgré les difficultés que l'état actuel des choses présente au commerce, le nombre des navires employés à la pêche de la morue a été de 428 en 1836; il n'était plus que de 332 en 1850; mais leur jaugeage était plus considérable. Ces navires sont montés par onze ou douze mille hommes d'équipage et représentent une navigation d'environ 50,000 tonneaux (47,000 en 1850). De plus, cent cinquante à deux cents bâtiments d'un moindre tonnage et ayant, en moyenne, un équipage de dix hommes, sont employés au transport des produits de la pêche. « Il est donc facile de comprendre, ajoute M. Chabanel, combien la pêche de la morue, bien plus que celle de la baleine, importe aux intérêts de la flotte et à la puissance maritime du

congé, une liste de ceux qui composent son équipage, contenant leurs nom, âge et demeure.

4. Les pêcheurs de chaque port ou paroisse où il y aura huit maîtres et au-dessus, éliront annuellement l'un d'entre eux pour garde juré de leur communauté, lequel prêtera serment par-devant les officiers de l'amirauté, fera journellement visite des filets, et rapport aux officiers des abus et contraventions à la présente ordonnance, à peine d'amende arbitraire.

5. S'il y a moins de huit maîtres dans quelque port ou paroisse, ils seront tenus d'en convoquer des paroisses voisines, ou de se joindre avec eux pour procéder à l'élection du juré, laquelle se fera sans frais, présents ni festins, à peine de 20 liv. d'amende contre chacun contrevenant.

6. Dans les lieux où il y a des prud'hommes, les pêcheurs s'assembleront annuellement pour les élire par-devant les officiers de l'amirauté, qui recevront le serment de ceux qui seront nommés, et entendront sans frais les comptes des deniers de leur communauté.

pays. Ainsi se trouvent justifiés les encouragements que le gouvernement n'a cessé d'accorder à la pêche de la morue et sans lesquels cette industrie ne pourrait soutenir la concurrence des Anglais et des Américains que les traités politiques, leur position rapprochée des lieux de pêche ou les établissements permanents qu'ils peuvent y entretenir placent, à cet égard, dans des conditions si avantageuses. » En effet, les Anglais sont en possession exclusive des meilleures pêcheries, et ils ont pu fonder sur la côte méridionale de l'île de Terre-Neuve des établissements permanents où le climat est moins aride et le sol moins rebelle à la culture.

Malgré ces facilités, les Anglais ont aussi pratiqué pendant longtemps le système des primes qu'ils n'ont abandonné qu'en 1822, époque à laquelle l'industrie a pu se suffire à elle-même.

10. Nous allons indiquer en quoi consistent ces encouragements, en nous bornant à ceux qui sont accordés aujourd'hui, et en nous référant principalement à l'état de choses créé par la loi du 22 avril 1832 et par les lois postérieures. On trouvera d'ailleurs dans le tableau de la législation, que nous avons formé avec le plus grand soin, l'indication des documents que nous n'avons pas jugé utile d'analyser (1).

(1) TABLEAU DES ÉDITS, ARRÊTS DU CONSEIL, DÉCRETS, LOIS ET ORDONNANCES RELATIFS A LA PÊCHE DE LA MORUE.

7 mars-10 avr. 1791. — Décret qui maintient les primes accordées à la pêche et au commerce de la morue, et qui accorde une prime de 6 liv. par chaque baril de hareng exporté dans les pays désignés.

17 vent. an 10 (8 mars 1802). — Arrêté relatif aux primes accordées pour l'encouragement de la pêche de la morue (abrogé).

17 prair. an 10 (6 juin 1802). — Arrêté additionnel à celui du 17 vent. an 10, sur la pêche de la morue (abrogé).

20 vend. an 11 (12 oct. 1802).—Arrêté qui autorise provisoirement les armateurs de Dunkerque, pour la pêche de la morue sur les côtes d'Islande, à faire entrer dans cette ville 20,000 quintaux de sel d'Espagne pour la salaison de cette morue.

15 pluv. an 11 (4 fév. 1803). — Arrêté contenant règlement sur la police de la pêche de la morue à l'île de Terre-Neuve. — V. ord. 21 nov. 1821, 24 avr. 1842; décr. 2 mars 1852.

27 juin-12 juill. 1814. — Ordonnance portant que le droit sur le poisson de mer provenant de pêche étrangère, réduit à 20 fr. par la loi du 22 vent. an 12, sera porté à 40 fr.

13-25 fév. 1815. — Ordonnance qui modifie les art. 11 et 24 du règlement du 15 pluv. an 11 sur la pêche de la morue. — V. le décret du 2 mars 1852.

8-21 fév. 1816. — Ordonnance relative aux primes pour la pêche de la morue (abrogée).

21 oct.-10 nov. 1818. — Ordonnance relative aux primes d'encouragement pour la pêche de la morue (abrogée).

4-17 oct. 1820. — Ordonnance additionnelle à celle du 21 oct. 1818, relative aux primes d'encouragement pour la pêche de la morue (abrogée).

21 nov. 1821.-3 janv. 1822. — Ordonnance portant règlement sur la police de la pêche de la morue à l'île de Terre-Neuve. — V. le décret du 2 mars 1852.

20 fév.-9 mars 1822. — Ordonnance qui modifie celles des 21 oct. 1818, 4 oct. 1820 et 1er août 1821, relative aux primes d'encouragement pour la pêche de la morue (abrogée).

24 fév.-11 mars 1825. — Ordonnance concernant les primes d'encouragement pour la pêche de la morue et la pêche de la baleine (abrogée).

27 sept.-1er nov. 1826. — Ordonnance du roi ayant pour objet d'empêcher l'introduction et la salaison frauduleuses en France des poissons provenant de pêche étrangère.

CHARLES, etc.; — Sur le rapport de notre ministre de l'intérieur; — Vu l'art. 3 de l'ordonnance royale du 14 août 1816, portant règlement sur la pêche du hareng et du maquereau, et qui défend expressément à tous pêcheurs et autres d'acheter en mer des harengs de pêche étrangère; — Vu l'art. 34 de la même ordonnance, qui charge les syndics de la pêche de constater par des procès-verbaux les contraventions aux dispositions qu'elle renferme, et d'en poursuivre la répression; — Vu l'ord. du 30 octobre suivant; — Considérant que ces mesures, prescrites spécialement dans l'intérêt de la pêche nationale, sont loin d'exclure l'application des lois générales sur l'introduction et la préparation en France du poisson provenant de pêche étrangère; — Que les lois imposent un droit de 40 fr. par 100 kilogrammes sur le poisson de pêche étrangère introduit par navire français, et de 44 fr. par 100 kilogrammes sur le même poisson quand il est introduit par navire étranger; — Que le poisson étranger ne peut, dans aucun cas, jouir, pour sa préparation, de l'immunité sur le droit du sel, exclusivement réservée aux produits de la pêche nationale; — Que c'est aux agents des douanes qu'il appartient d'assurer la perception de ce droit, et qu'ils doivent, soit avec l'aide des syndics de pêche, soit sans le concours de ceux-ci, rechercher et constater les tentatives qui pourraient être faites pour l'introduction et la salaison frauduleuses dans nos ports du poisson provenant de pêche étrangère; — Notre conseil d'État entendu, — Nous avons, etc.

Art. 1. La faculté attribuée aux syndics de pêche de constater et de poursuivre les contraventions à l'ordonnance royale du 14 août 1816, est indépendante du droit qu'ont les préposés de nos douanes d'empêcher, par tous les moyens que les lois mettent à leur disposition, l'introduction et la salaison frauduleuse en France des poissons provenant de pêche étrangère.

2. Les officiers et employés de nos douanes dans les ports sont particulièrement chargés de constater l'origine des harengs et autres poissons rapportés de la mer par des pêcheurs français, et présentés pour être admis aux franchises et privilèges réservés aux seuls produits de la pêche nationale : à cet effet, lesdits officiers et employés auront, dans les cas douteux, à procéder concurremment avec les syndics de pêche, et, au besoin, avec les officiers de l'administration de la marine, à l'interrogatoire des équipages, à l'examen des livres et papiers de bord, et à toutes autres vérifications et recherches tendant à reconnaître si le poisson représenté a été pêché en mer par l'équipage du navire qui en est porteur, ou s'il a été acheté à des pêcheurs étrangers.

3. En cas de contravention, les préposés des douanes en rédigeront procès-verbal contre le maître du bateau pêcheur, l'armateur et les signataires des soumissions relatives au sel délivré en franchise pour servir à la salaison du poisson; et les prévenus seront déférés aux tribunaux compétents en matière de douane.

7-24 déc. 1829. — Ordonnance relative aux primes d'encouragement pour la pêche de la morue. — V. le rapp. au roi, Monit. du 9 déc. 1829 (abrogée).

22 avr.-2 mai 1832. — Loi sur la pêche de la morue.

Art. 1. A compter du 1er mars 1832, les primes accordées pour l'encouragement à la pêche de la morue seront fixées conformément aux articles ci-après.

2. Les primes d'armement pour la pêche de la morue seront de 50 fr. par homme d'équipage embarqué pour la pêche et sécherie, soit à la côte de Terre-Neuve, soit aux îles de Saint-Pierre et Miquelon; — 30 fr. par homme d'équipage pour la pêche, soit du grand banc de Terre-Neuve, soit des mers d'Islande, où le poisson est salé à bord et non séché à terre; — 15 fr. par homme d'équipage pour la même pêche au Dogger-Bank.

3. La prime de 50 fr. sera due quand le navire, ayant pêché au grand banc, ira sécher à Saint-Pierre et Miquelon, ou à la côte de Terre-Neuve.

4. La prime d'armement n'est accordée qu'une fois par campagne de pêche, quand même le navire aurait fait plusieurs voyages dans une même saison. — Elle n'est accordée que pour les hommes de l'équipage inscrits définitivement aux matricules de l'inscription maritime, et pour ceux qui, n'étant que provisoirement inscrits, n'auront pas atteint l'âge de vingt-cinq ans à l'époque du départ.

5. Il est accordé une prime par quintal métrique sur les morues sèches de pêche française introduites aux colonies françaises, tant en Amérique qu'au delà du cap de Bonne-Espérance, savoir : — 24 fr. sur morues exportées de France; — 30 fr. sur morues transportées directement des îles de Terre-Neuve, de Saint-Pierre et de Miquelon.

6. Il est accordé une prime par quintal métrique sur les morues sèches de pêche française introduites en Espagne, en Portugal, dans les États étrangers sur les côtes de la Méditerranée, et dans les possessions françaises en Afrique, sur les côtes de la Méditerranée, savoir : — 12 fr. sur morues exportées de France; — 10 fr. sur morues transportées directement des lieux de pêche.

7. La prime sera de 10 fr. par quintal décimal sur les morues introduites en Espagne par la frontière de terre.

8. Les primes pour introduction ou exportations ne sont acquises que sur les morues parvenues, introduites et reconnues propres à la consommation alimentaire dans les lieux de destination.

9. Le transport des morues chargées aux lieux de pêche pour les destinations susceptibles de primes pourra être fait, soit par les navires pêcheurs, soit par des navires partis des ports de France pour aller recevoir les produits de la pêche.

10. Il sera payé 20 fr. de primes par quintal décimal des rogues de morues que les navires pêcheurs rapporteront en France du produit de leur pêche.

11. Tout marin qui aura fait cinq voyages, dont les deux derniers en qualité d'officier, à la pêche de la morue sur les côtes d'Islande, sera admissible au commandement d'un navire expédié pour cette même pêche.

12. Des ordonnances royales détermineront la distinction entre les hommes de mer susceptibles de compter pour la prime, et les autres hommes embarqués qui n'y auraient pas droit; — La nature des soumissions à exiger des armateurs avant de payer les primes d'armement; — Les preuves à fournir pour justifier de la destination accomplie; — Les déclarations à faire au départ pour les navires non-pêcheurs partant pour lever des cargaisons aux lieux de pêche; — La justification du départ, de l'arrivée, de l'admission et du versement dans le commerce pour la consommation alimentaire des morues exportées aux destinations susceptibles de primes; — La forme des pièces de la liquidation des primes.

13. Les mêmes ordonnances pourront déterminer : — L'époque à laquelle les armements annuels pour la pêche de la morue devront être mis

11. *Primes.*— Ce système d'encouragement est fort ancien. Jusqu'en 1832 le taux des primes fut réglé par des ordonnances;

à la mer, afin d'obtenir la prime ; — La proportion du nombre d'hommes d'équipage avec le tonnage du navire pêcheur.

14. Tout armateur qui n'aurait pas fait suivre à son armement la destination portée en sa soumission, sera passible du payement du double de la prime qu'il aurait reçue ou indûment demandée.

15. Les primes fixées par la présente loi ne seront accordées qu'aux armements ou transports de produits effectués par bâtiments français, et aux seuls produits de la pêche française.—L'armateur qui aurait reçu ou demandé des primes hors de ces conditions, sera passible du payement du double des primes reçues ou demandées, sans préjudice des condamnations pour cause de contravention aux lois sur les douanes.

16. Les dispositions de la présente loi cesseront d'avoir effet le dernier jour de février 1837.

26 avr.-8 mai 1833. — Ordonnance du roi relative aux primes pour la pêche de la morue.

Louis-Philippe, etc.; — Sur le rapport de notre ministre secrétaire d'État du commerce et des travaux publics; — Vu les art. 12 et 13 de la loi du 22 avr. 1832, relative aux encouragements accordés pour la pêche de la morue; — Vu l'art. 2 de la loi du 21 avr. 1833; — Nous avons ordonné, etc. :

Armements.

Art. 1. Les armateurs qui expédieront des navires à la pêche de la morue, pour une des destinations déterminées par les art. 2 et 3 de la loi du 22 avr. 1832, seront tenus, pour avoir droit à la prime, 1° de déclarer, avant le départ, au commissaire de marine du port d'armement, la destinanation de l'expédition ; — 2° De comprendre dans l'équipage de tout armement destiné pour la pêche à la côte de Terre-Neuve, cinquante hommes au moins si le navire jauge 188 tonneaux ou au-dessus, trente hommes au moins de 118 à 187 tonneaux inclusivement, et vingt hommes au moins au-dessous de 118 tonneaux ; — 3° D'effectuer leur départ avant le 1er juillet, lorsqu'ils auront pour destination les îles de Saint-Pierre et Miquelon ou les côtes de Terre-Neuve ; — 4° De faire suivre au navire la destination indiquée; — 5° De justifier, au retour, de la pêche faite par le navire; — 6° De ne rapporter que des produits de pêche française.

2. En conséquence des dispositions des art. 4 et 12 de la loi du 22 avr. 1832, seront susceptibles de compter pour la prime, quel que soit leur emploi dans l'armement, tous les hommes de l'équipage appartenant définitivement à l'inscription maritime. — Les inscrits provisoires, âgés de moins de vingt-cinq ans à l'époque du départ du navire, ne compteront pour la prime que si les fonctions qu'ils doivent remplir dans l'armement sont de nature à rendre ultérieurement leur inscription définitive. — Ne donneront pas droit à la prime les hommes non inscrits faisant partie de l'équipage ni les hommes inscrits ou non inscrits qui, sous le nom de passagers ou sous toute autre dénomination, seront transportés à Saint-Pierre et Miquelon ou à Terre-Neuve, à l'effet d'y faire la pêche pour leur propre compte.

3. La déclaration d'armement devra indiquer les noms de l'armateur, du navire et du capitaine; le tonnage du bâtiment, le nombre d'hommes de l'équipage, la destination, et contenir, en outre, l'engagement de faire suivre à l'armement sa destination, de ne rapporter que des produits de pêche française et de payer, en cas de violation de ces conditions, le double de la prime reçue ou indûment demandée; une expédition de ladite déclaration sera délivrée à l'armateur après le départ du navire; elle énoncera la date effective du départ.—L'armateur devra, en outre, s'il en est requis, fournir une caution suffisante, qui sera reçue par le président du tribunal de commerce de l'arrondissement, et dont il sera donné mainlevée, au retour du navire, par notre ministre du commerce et des travaux publics, sur la présentation en due forme de la déclaration du capitaine prescrite par l'art. 4 ci-après.

4. Au retour des navires pêcheurs, l'armateur sera tenu de justifier de la destination accomplie. — Cette justification aura lieu au moyen d'une déclaration, qui devra être faite à la douane par le capitaine, à l'arrivée du navire pêcheur; cette déclaration indiquera le port et la date du départ, le nom du navire, ceux de l'armateur et du capitaine, le lieu et la durée de la pêche, la quantité de morue qui aura pu être expédiée directement du lieu de pêche, soit aux colonies françaises, soit à l'étranger, et la quantité rapportée en France. — Le journal de bord sera produit à l'appui de cette déclaration; et, en cas de besoin, l'équipage sera interrogé collectivement ou séparément pour en reconnaître l'exactitude. — Une expédition de cette déclaration sera délivrée au capitaine pour être adressée, par ses soins ou par ceux de l'armateur, dans le délai de trois mois au plus tard, à notre ministre du commerce et des travaux publics, chargé de faire connaître à notre ministre des finances les noms des armateurs qui n'auraient pas justifié de l'accomplissement des conditions de la prime. Il sera procédé contre ces derniers ainsi qu'il appartiendra, en exécution des art. 14 et 15 de la loi du 22 avr. 1832. — L'administration des douanes transmettra, en outre, directement à notre ministre du commerce et des travaux publics, un duplicata des déclarations de retour reçues par ses preposés dans les différents ports du royaume.

5. Dans le cas où une circonstance quelconque de force majeure empêcherait un navire d'accomplir sa destination ou d'effectuer son retour en France, l'armateur sera tenu d'en justifier dans le délai d'une année, à dater du départ du navire.

Exportations directes des lieux de pêche.

6. Tout armateur qui expédiera d'un port de France aux lieux de pêche un navire non pêcheur, à l'effet d'y prendre une ou plusieurs cargaisons de morue de pêche française pour une destination donnant droit à la prime d'importation, devra, avant le départ de France du navire, en faire la déclaration par-devant le commissaire de la marine du port d'armement, qui lui délivrera une expédition de sa déclaration. — Les chargements de morue faits aux îles de Terre-Neuve ou de Saint-Pierre et Miquelon par des navires pêcheurs ou non pêcheurs, devront être accompagnés d'un certificat délivré, savoir : à Saint-Pierre et Miquelon, par le commandant de ces îles, et sur les côtes de Terre-Neuve, par un des capitaines ou officiers des bâtiments de l'État composant la station de ces parages, ou, à défaut, par le capitaine prud'homme du havre où le chargement aura été effectué, ou enfin, dans le cas d'impossibilité, par trois capitaines de navires pêcheurs appartenant à d'autres armateurs que celui du navire chargeur. — Ce certificat indiquera le nom du navire, ceux de l'armateur et du capitaine, le poids net de la morue et le nom du ou des navires français qui l'auront pêchée; il attestera, en outre, la bonne qualité de la morue.

Exportations de France.

7. Tout armateur qui expédiera d'un port de France un chargement de morue pour une destination susceptible de prime, sera tenu de déclarer à la douane du lieu d'expédition, 1° le nom du navire, du capitaine et de l'expéditeur; — 2° La destination; — 3° La quantité de morue à embarquer; — 4° La saison de pêche dont elle provient et le lieu où elle a été séchée. — Cette déclaration devra être accompagnée d'un certificat délivré concurremment par deux courtiers et deux employés des douanes, et attestant que ladite morue est de bonne qualité et bien conditionnée : ce certificat sera visé par le président du tribunal de commerce et par le chef du service des douanes. — L'administration des douanes, après avoir fait constater le poids brut et le poids net de la morue, délivrera à l'armateur une expédition de sa déclaration, qui devra accompagner le chargement, et en transmettra, en outre, directement un duplicata à notre ministre du commerce et des travaux publics.

Débarquement des morues dans les colonies françaises et à l'étranger.

8. A l'arrivée à leur destination des morues expédiées, soit directement des lieux de pêche, soit des ports de France, les directeurs des douanes dans les colonies et dans les possessions françaises en Afrique, sur les côtes de la Méditerranée; les agents consulaires de France dans les pays étrangers procéderont à la reconnaissance et à la vérification des chargements; ils se feront à cet effet représenter, pour les morues expédiées directement des lieux de pêche, 1° le certificat prescrit par l'art. 6 ci-dessus, et dont l'exactitude devra être attestée par le capitaine et les trois premiers officiers ou matelots de son équipage; 2° le journal de bord; et pour les morues venant de France, le certificat de la douane du port de départ. — Quelle que soit d'ailleurs la provenance, la morue devra être reconnue en totalité, pesée avec soin, et les poids brut et net indiqués en kilogrammes; son état de conservation et sa bonne qualité seront, en outre, scrupuleusement vérifiés; et il devra être formellement constaté, à peine de perdre tout droit à la prime, qu'elle est propre à la consommation alimentaire.

9. La vérification de la bonne qualité de la morue sera faite dans les colonies par une commission nommée par le gouverneur, et composée d'un officier de l'administration de la marine, d'un agent de l'inspection coloniale, d'un fonctionnaire de l'administration municipale, d'un membre de la chambre ou du bureau de commerce, ou, à défaut, d'un négociant notable ou d'un sous-inspecteur ou vérificateur des douanes. — Dans les pays étrangers, les agents consulaires se feront assister, dans cette vérification, par deux négociants choisis, autant que possible, parmi les négociants français établis dans le lieu de leur résidence.

10. Un certificat énonçant les résultats de cette vérification sera remis aux parties intéressées pour servir ce que de raison, et les pièces produites par elles leur seront restituées après qu'il en aura été fait l'usage convenable.

11. Les directeurs des douanes dans les colonies et dans les possessions françaises en Afrique, sur les côtes de la Méditerranée, et les agents consulaires de France dans les pays étrangers, tiendront, pour les chargements de morues reconnus par leurs soins, un registre énonçant toutes les circonstances nécessaires pour délivrer, au besoin, un duplicata des certificats qui viendraient à se perdre dans la traversée. — Ils adresseront, tous les trois mois, à notre ministre du commerce et des travaux publics, par l'entremise de nos ministres de la marine, de la guerre et des affaires étrangères, un relevé sommaire de ce registre pour servir de contrôle aux pièces fournies par les armateurs. — Il sera tenu également dans les ports de France, par les administrations de la marine et de la douane, un registre des déclarations et certificats qu'elles sont appelées à recevoir ou à délivrer.

Expéditions par terre en Espagne.

12. Pour les expéditions de morues par terre en Espagne, l'expéditeur sera tenu de déclarer à la douane du lieu de sa résidence, la quantité qu'il se propose d'exporter, la saison de pêche dont elle provient, le lieu où elle a été séchée, et le bureau de douane par lequel elle doit sortir. Cette déclaration sera accompagnée d'un certificat de bonne qualité délivré dans la forme déterminée par l'art. 7 ci-dessus. — La douane, après avoir reconnu l'exactitude de la déclaration et constaté les poids brut et net de la morue, en délivrera deux expéditions qui devront être représentées par le voiturier aux officiers de la douane du bureau de sortie et sur lesquelles

Depuis cette époque, diverses lois ont réglementé la matière. La loi des 22 avr.-2 mai 1832, dont l'effet ne devait durer que jusqu'en 1837, a été prorogée jusqu'en 1842, par une loi du 9 juill. 1836. La loi des 25 juin-13 août 1841, modifia le taux des

ces derniers certifieront l'identité du chargement et la conformité des poids. — Ces deux déclarations seront ensuite transmises à notre ministre du commerce et des travaux publics pour la liquidation de la prime, l'une par les soins de la douane, qui en retiendra à cet effet une expédition au bureau de sortie, et l'autre par l'expéditeur.

Rogues.

13. Les capitaines de navires pêcheurs qui rapporteront en France des rogues de morues, produit de leur pêche devront, pour avoir droit à la prime accordée par l'art. 10 de la loi du 22 avril précitée, en faire la déclaration devant la douane du port de retour, en indiquant le nom du navire, celui de l'armateur, le port d'armement et la quantité de rogues importées. — Le journal de bord sera produit à l'appui de cette déclaration, et, en cas de besoin, l'équipage sera interrogé collectivement ou séparément pour reconnaître l'exactitude des faits déclarés. — Cette déclaration devra être accompagnée d'un certificat établissant la bonne qualité desdites rogues, délivré dans la forme déterminée par l'art. 7 ci-dessus. — La douane, après avoir constaté les poids brut et net des rogues importées, délivrera au capitaine une expédition de sa déclaration, et en fera parvenir un duplicata à notre ministre du commerce et des travaux publics.

Liquidation des primes.

14. La liquidation des primes, dans les différents cas ci-dessus mentionnés, sera faite par notre ministre du commerce et des travaux publics sur la remise, par les ayants droit, des pièces ci-après.

Armement. — 1° La déclaration d'armement; — 2° La copie du rôle d'équipage.

Expéditions directes des lieux de pêche.—1° Dans les colonies (y compris le Sénégal): — 1° La déclaration au départ de France; — 2° Le certificat de chargement;—3° Le certificat de débarquement;—4° Le certificat de la commission coloniale (les navires pêcheurs n'ont que les trois dernières pièces à fournir). — 2° Dans les possessions françaises en Afrique, sur les côtes de la Méditerranée; en Espagne, en Portugal et dans les États étrangers, sur les côtes de la Méditerranée :—1° La déclaration au départ de France;—2° Le certificat de chargement;—3° Le certificat de débarquement (les navires pêcheurs n'ont que les deux dernières pièces à fournir).

Expéditions de France. — 1° Aux colonies: — 1° Le certificat de la douane au départ; — 2° Le certificat de bonne qualité; — 3° Le certificat de débarquement;—4° Le certificat de la commission coloniale.—2° Dans les possessions françaises en Afrique, sur les côtes de la Méditerranée; en Espagne, en Portugal et dans les États étrangers sur les côtes de la Méditerranée: — 1° Le certificat de la douane au départ; — 2° Le certificat de bonne qualité;—3° Le certificat de débarquement.—3° Par terre en Espagne : — 1° Le certificat de la douane;—2° Le certificat de bonne qualité.

Importations de rogues. — 1° Le certificat de la douane; — 2° Le certificat de bonne qualité.

15. Les pièces fournies par les armateurs devront être sur papier timbré, régulières dans leur libellé, sans rature, surcharge ni altération, à peine de n'être point admises à la liquidation, et les signatures devront, en outre, être légalisées.

16. La liquidation sera faite de mois en mois, sur la remise, par les armateurs, des pièces énoncées dans l'art. 14 qui précède; mais les primes perçues par eux ne leur seront définitivement acquises, savoir : celles d'armement, qu'après l'accomplissement des justifications prescrites par les art. 4 et 5 de la présente ordonnance; et celles d'importation de morue, qu'après qu'il aura été reconnu que les énonciations des pièces qui auront servi à la liquidation sont conformes à celles des relevés trimestriels prescrits par l'art. 11 ci-dessus.

17. Les armateurs qui n'auront pas produit les pièces justificatives nécessaires pour la liquidation des primes auxquelles ils auront droit dans le délai de cinq années, à partir de l'exercice auquel elles appartiennent, encourront la prescription et l'extinction définitive, au profit de l'État, prononcée par la loi de finances du 29 janv. 1831.

18. Au moyen de la présente ordonnance, toutes les dispositions des ordonnances antérieures sont et demeurent annulées.

9-20 juill. 1836. — Loi sur la pêche de la morue.

Art. 1. La loi du 22 avr. 1832, relative à la pêche à la morue, dont l'art. 16 a limité l'effet au dernier jour de fév. 1837, restera en vigueur jusqu'au dernier jour de fév. 1842, sous les modifications suivantes.

2. A partir du 1er mars 1837, les primes accordées par l'art. 5 de ladite loi, par quintal métrique de morues sèches de pêche française introduites aux colonies françaises, seront réduites, savoir : — A 20 fr. sur les morues exportées des ports de France pour la susdite destination; — A 26 fr. sur les morues qui y seront transportées directement de Saint-Pierre et Miquelon, et des côtes de Terre-Neuve directement, ou des ports de France, quand elles y auront été entreposées. — Les conditions de l'entrepôt seront réglées par une ordonnance. — A partir du 1er mars 1838, ces primes diminueront chaque année de 1 fr., de sorte qu'elles ne seront plus, du 1er mars 1841 au dernier jour de février 1842, que de 16 fr. par quintal métrique de morues importées de France aux colonies;—De 22 fr. par quintal métrique de Saint-Pierre et Miquelon et des côtes de Terre-Neuve directement ou des ports de France, quand elles y auront été entreposées.

3. La prime d'armement pour la pêche de la morue, fixée à 50 fr. par homme d'équipage embarqué pour la pêche et sécherie aux îles de Saint-Pierre et Miquelon, par l'art. 2 de la loi du 22 avr. 1832, est réduite à 40 fr.

4. L'art. 3 de la même loi n'aura son effet que sous la condition d'embarquer au moins cinquante hommes si le navire jauge 188 tonneaux et au-dessus, ou trente hommes si le navire jauge moins de 188 tonneaux.

2-26 sept. 1836. — Ordonnance du roi relative aux primes pour la pêche de la morue.

Louis-Philippe, etc.; — Sur le rapport de notre ministre secrétaire d'État au département du commerce et des travaux publics (Passy); — Vu les lois des 22 avr. 1832 et 9 juill. 1836, et l'ordonnance royale du 26 avr. 1833; — Nous avons ordonné, etc.

Art. 1. Les armateurs qui, à partir du 1er mars 1837, expédieront des navires pour la pêche de la morue au grand banc de Terre-Neuve, avec l'intention de faire sécher le produit de leur pêche, soit à Saint-Pierre et Miquelon, soit sur les côtes de Terre-Neuve, seront tenus, pour avoir droit à la prime de 50 fr., — 1° D'en faire la déclaration avant le départ du navire (modèle A); — 2° De comprendre dans l'équipage du bâtiment, conformément à l'art. 4 de la loi du 9 juill. 1836, cinquante hommes au moins, si le navire jauge 188 tonneaux et au-dessus, ou trente hommes si le navire jauge moins de 188 tonneaux;—3° De justifier, au retour, de l'accomplissement de cette double destination, en produisant un certificat délivré, savoir : — Pour les morues séchées à Saint-Pierre et Miquelon, par le commandant et administrateur de ces îles (modèle B); — Pour les morues séchées à la côte de Terre-Neuve, par un des capitaines ou officiers des bâtiments de l'État formant la station de ces parages, ou, à défaut, par le capitaine prud'homme du havre le plus voisin du lieu de la sécherie, ou enfin, dans le cas d'impossibilité, par trois capitaines de navires armés pour la pêche de la côte, et appartenant à d'autres armateurs que celui du navire du banc (modèle B). — Lesdits certificats devront indiquer les noms des hommes de l'équipage qui auront été employés à la sécherie.

2. Au retour des navires, les capitaines remettront le certificat mentionné en l'article qui précède au commissaire de la marine qui le visera après en avoir reconnu l'exactitude au moyen du journal de bord, et au besoin par l'interrogatoire des équipages. — Ledit certificat sera ensuite adressé directement au département du commerce par l'administration de la marine, afin d'opérer la décharge des armateurs. — Une expédition dudit certificat sera délivrée à l'armateur, pour servir ce que de raison.

3. Les morues séchées à Saint-Pierre et Miquelon, ou à la côte de Terre-Neuve, pourront, à leur arrivée en France, être placées en entrepôt, pour être ultérieurement réexportées aux colonies françaises, avec jouissance de la prime accordée par l'art. 2 de la loi du 9 juill. 1836. — Les demandes d'admission en entrepôt présentées pour les morues sèches provenant du grand banc devront être accompagnées du certificat de sécherie à Saint-Pierre et Miquelon, ou à la côte de Terre-Neuve, prescrit par l'art. 1 de la présente ordonnance.

4. Les magasins affectés à l'entrepôt devront être agréés par la douane, et seront fermés de la clef de l'administration et de celle du propriétaire. — Les employés des douanes tiendront un compte ouvert pour l'entrée et la sortie des morues ainsi entreposées.

5. Les morues sortant pour l'exportation aux colonies, avec jouissance de la prime ci-dessus mentionnée, ne pourront être expédiées qu'après que la bonne qualité en aura été reconnue et constatée par deux courtiers de commerce et deux employés des douanes, qui en délivreront un certificat conformément à l'art. 7 de l'ordonnance royale du 26 avr. 1833. — La provenance et l'embarquement desdites morues seront constatés dans la forme du certificat (modèle C) annexé à la présente ordonnance. — Dans le cas où l'expédition n'aurait pas lieu directement du port d'entrepôt, la morue pourra être dirigée sur le port de départ, mais seulement après avoir été emboucautée, et sous la garantie du plombage et d'un passavant contenant les indications nécessaires pour la rédaction du certificat de chargement. — Le prix des plombs dans ce cas sera de 25 c.

6. Les morues extraites de l'entrepôt, pour quelque cause que ce soit, ne pourront pas y être réadmises. — Toutes violations de l'entrepôt, soit par le bris ou l'enlèvement des moyens de clôture, soit autrement, feront perdre à la morue entreposée le bénéfice de l'entrepôt. — Les armateurs pourront en tout temps s'affranchir de l'accomplissement desdites conditions, en renonçant volontairement au bénéfice de l'entrepôt.

7. Les armateurs auront à produire, pour la liquidation de la prime des morues exportées des entrepôts, avec les pièces (modèle nos 8, 9 et 10) mentionnés dans notre ordonnance du 26 avr. 1833, le certificat de chargement (modèle C) annexé à la présente ordonnance.

8. Toutes les dispositions de notre ordonnance du 26 avril 1833 sont et demeurent maintenues en ce qu'elles n'ont point de contraire à la présente.

25 juin-13 août 1841. — Loi sur la pêche de la morue.

Art. 1. Les primes accordées pour l'encouragement de la pêche de la morue seront fixées comme suit, du 1er mars 1842 au 31 déc. 1850, savoir : — *Primes d'armement.* — 1° 50 fr. par homme d'équipage, pour la pêche avec sécherie, soit à la côte de Terre-Neuve, soit à Saint-Pierre et Miquelon, soit sur le grand banc de Terre-Neuve; — 2° 50 fr. par homme d'équipage, pour la pêche sans sécherie, dans les mers d'Islande; —

primes tout en laissant subsister les principales dispositions des actes précédents; son effet devait durer jusqu'au 31 déc. 1850; mais il fut prorogé par la loi des 7-14 août 1850. Enfin, la loi des 22 juill.-22 août 1851 a établi un nouveau système de primes qui doit durer jusqu'au 30 juin 1861.

12. On distingue deux sortes de primes. Celle qui est donnée à l'armateur au moment du départ du navire s'appelle *prime d'armement*. Elle est calculée d'après le nombre des marins embarqués. L'art. 1, L. 22 juill.-22 août 1851 (D. P. 51. 4. 165) la fixe ainsi : 1° 50 fr. par homme d'équipage pour la pêche *avec sécherie*, soit à la côte de Terre-Neuve, soit à Saint-Pierre et Miquelon, soit sur le grand banc de Terre-Neuve ; — 2° 50 fr. par homme d'équipage pour la pêche *sans sécherie* dans les mers d'Islande ; — 3° 30 fr. par homme d'équipage pour la pêche *sans sécherie* sur le grand banc de Terre-Neuve ;— 4° 15 fr. par homme d'équipage pour la pêche au *doggers-bank*. Les motifs de ces différences sont parfaitement expliqués par M. Ancel, rapporteur de la loi de 1851 (D. P. 51. 4. 169 et 170, n° 11). — V. d'ailleurs les autres dispositions de cette loi, et notamment l'art. 3; V. aussi décret 29 déc. 1851-4 janv. 1852, D. P. 52. 4. 27.

La seconde sorte de prime est celle qui est accordée sur les produits de la pêche, proportionnellement à ces produits, suivant le lieu où elle a été faite et eu égard à la destination des produits. La loi a eu surtout pour objet de favoriser l'exportation des morues sèches. La seconde partie de l'art. 1 de la loi du 22 juill. 1851 indique la valeur de ces primes. L'économie de la loi est expliquée dans le rapport de M. Ancel, *loc. cit.*, n°s 12, 13 et 14.

13. La loi de 1832 donnait à la pêche de la morue une autre espèce d'encouragement qui a été conservé par la loi nouvelle. L'art. 11, L. 22 avr. 1832, dispose : « Tout marin qui aura fait cinq voyages, dont les deux derniers en qualité d'officier, à la pêche de la morue sur les côtes d'Islande, sera admissible au commandement d'un navire expédié pour cette même pêche. » Cette rédaction a été reproduite par l'art. 6, L. 22 juill. 1851, avec cette addition : « s'il justifie de connaissances suffisantes pour la sécurité de la navigation » (V. Rapp., *loc. cit.*, n° 19, et le décr. du 29 déc. 1851, D. P. 52. 4. 27). — Les maîtres au cabotage sont, du reste, autorisés à commander, concurremment avec les capitaines au long cours, les navires employés à la pêche de la morue (L. 21 juin 1836).

14. *Encouragements divers.* — Enfin la pêche de la morue est encore encouragée : 1° par la faculté qu'ont les armateurs d'em-

---

3° 30 fr. par homme d'équipage, pour la pêche sans sécherie, sur le grand banc de Terre-Neuve ; — 4° 15 fr. par homme d'équipage, pour la pêche au Dogger-Bank. — *Primes sur les produits de la pêche.* — 1° 22 fr. par quintal pour l'importation aux colonies françaises, tant en Amérique qu'au delà du cap de Bonne-Espérance, des morues sèches de pêche française expédiées directement des côtes de Terre-Neuve et de Saint-Pierre et Miquelon, ou extraites des entrepôts de France ; — 2° 16 fr. par quintal pour l'importation aux mêmes colonies, des morues sèches de pêche française, lorsque ces morues seront exportées des ports de France, sans y avoir été entreposées ; — 3° 14 fr. par quintal pour les morues sèches de pêche française, expédiées, soit directement des lieux de pêche, soit des ports de France, et importées, soit dans les Etats étrangers de la mer des Antilles ou de l'Amérique, sur les côtes de l'océan Atlantique, par les ports où il existe un consul français, soit en Espagne et en Portugal, dans les Etats étrangers sur les côtes de la Méditerranée et dans l'Algérie; — 4° 12 fr. par quintal pour les morues sèches de pêche française expédiées, soit directement des lieux de pêche, soit des ports de France, et importées dans les ports d'Italie; — 5° 10 fr. par quintal pour l'importation en Espagne, par terre, de morues sèches de pêche française. — *Rogues de morue.* — 6° 20 fr. par quintal de rogues de morue que les navires pêcheurs rapporteront en France du produit de leur pêche.

2. Les navires expédiés pour la pêche avec sécherie, soit sur les côtes de Terre-Neuve, soit à Saint Pierre et Miquelon, soit au grand banc de Terre-Neuve, devront avoir un minimum d'équipage qui sera déterminé par une ordonnance royale.

3. Les dispositions de la présente loi et celles des lois des 22 avr. 1832 et 9 juill. 1836 auxquelles il n'est pas dérogé, cesseront d'avoir leur effet le 1er janvier 1851.

25-28 fév. 1842.—Ordonnance du roi sur la pêche de la morue.

Louis-Philippe, etc.; — Sur le rapport de notre ministre de l'agriculture et du commerce ; — Vu les lois des 22 avr. 1832, 21 avr. 1833, 9 juill. 1836 et 25 juin 1841, relatives aux encouragements accordés pour la pêche de la morue ; — Vu nos ordonn. des 26 avr. 1833, 2 sept. 1836 et 8 fév. 1840, rendues pour l'exécution desdites lois ; — Vu la loi du 5 juill. 1836 et notre ordonn. du 18 nov. 1837, relative au jaugeage des bâtiments à voile, de commerce, — Nous avons, etc.;

Art. 1. Le minimum d'équipage déterminé par l'art. 1 de notre ordon. du 26 avr. 1833, pour les navires expédiés à la pêche de la morue sur les côtes de Terre-Neuve, sera fixé comme suit à partir du 1er mars 1842, savoir : — Vingt hommes au moins pour les navires au-dessous de 100 tonneaux ; — Trente hommes au moins pour les navires de 100 à 158 tonneaux exclusivement ; — Et cinquante hommes au moins pour les navires de 158 tonneaux et au-dessus.

2. A partir de la même époque, les navires expédiés pour la pêche, avec Sécherie à Saint-Pierre et Miquelon seront assimilés, quant au nombre d'hommes à embarquer, aux armements pour les côtes de Terre-Neuve.

3. Le minimum d'équipage imposé par l'art. 4 de la loi du 9 juil. 1836 aux armements pour la pêche sur le grand banc, avec sécherie, soit à St-Pierre et Miquelon, soit sur la côte de Terre-Neuve, sera fixé à l'avenir à trente hommes pour les navires jaugeant moins de 158 tonneaux, et cinquante hommes pour les navires de 158 tonneaux et au-dessus.

4. Les navires expédiés au grand banc pour la pêche de la morue, salaison à bord, ne pourront, dans aucun cas, porter les produits de leur pêche, en partie ou en totalité, soit à Saint-Pierre et Miquelon, soit sur les côtes de Terre-Neuve, sous peine par les armateurs de payer le double de la prime reçue ou indûment demandée, sans préjudice des condamnations pour cause de contravention aux lois sur les douanes.

5. La déclaration d'armement des navires expédiés au grand banc pour la pêche de la morue, salaison à bord, devra, conformément au modèle n° 1 annexé à la présente ordonnance, contenir, indépendamment des indications prescrites par l'art. 3 de notre ordonnance du 26 avr. 1833, l'engagement de rapporter en France la totalité des produits de leur pêche.

6. Au retour des navires pêcheurs dans les ports de France, l'interrogatoire de l'équipage, prescrit par l'art. 4 de notre ordonn. du 26 avr. 1835, sera fait par l'administration des douanes, de concert avec l'administration de la marine. — Le modèle n° 3, joint à notre ordonnance précitée, sera remplacé par le modèle n° 2, annexé à la présente ordonnance.

7. La faculté d'entrepôt des morues sèches de pêche française, accordée par l'art. 2 de la loi du 9 juill. 1836 et réglée par notre ordonnance du 2 septembre de la même année, s'exercera, à l'avenir, sous les conditions de l'entrepôt fictif des douanes.

8. Si l'exportation aux colonies des morues entreposées n'a pas lieu directement du port d'entrepôt, la morue ne pourra être dirigée sur le port de départ qu'après avoir été emboucautée, et sous la garantie du plombage et d'un passavant. — Dans ce cas, la douane du port d'escale constatera, à la suite du certificat de chargement délivré au port d'entrepôt, l'identité des colis représentés, la date de leur départ pour la colonie, et, s'il y a eu transbordement, le nom du navire exportateur et celui du capitaine. — Le séjour à terre des boucauts de morue non vérifiés à fond ne pourra avoir lieu au port d'escale que sous la double clef de la douane et du commerce, dans un magasin fourni par ce dernier et agréé par elle.

9. L'expédition des morues par mutation d'entrepôt pourra avoir lieu par mer sous la garantie d'un passavant contenant les indications nécessaires pour la rédaction des soumissions d'entrepôt au port de destination.

10. A partir du 1er mars 1842, les duplicata des déclarations de retour, certificats de chargement, expédition de morue et importation de rogues mentionnés aux art. 4, 7, 12 et 13 de notre ordonn. du 26 avr. 1833, et à l'art. 5 de notre ordonn. du 2 sept. 1836, seront remplacés par des états présentant les diverses indications contenues dans ces pièces et conformes aux modèles 3, 4, 5, 6 et 7, annexés à la présente ordonnance.—Ces états seront transmis par l'administration des douanes à notre ministre de l'agriculture et du commerce, dans les dix premiers jours de chaque mois, et comprendront les déclarations et certificats reçus ou délivrés pendant le cours du mois précédent.

11. Les dispositions de nos ordonn. des 26 avr. 1833, 2 sept. 1836 et 8 fév. 1840, non contraires à la présente, sont maintenues.

24 avril-23 mai 1842. — Ordonnance du roi portant règlement sur la police de la pêche de la morue à l'île de Terre-Neuve (abrogée et remplacée par le décret du 2 mars 1852).

24-26 août 1848. — Décret concernant la prime accordée à l'exportation des morues sèches de pêche française (D. P. 1848. 4. 163)

7-14 août 1850. — Loi portant prorogation jusqu'au 31 déc. 1851 des lois des 25 juin 1841 et 24 août 1848, qui accordent des primes d'encouragement pour la pêche de la marine, de la baleine et du cachalot (D. P. 50. 4. 187).

22 juill.-22 août 1851. — Loi relative aux grandes pêches maritimes, dont le titre 1er est relatif à la pêche de la morue (D. P. 51. 4. 165).

29 déc. 1851-14 janv. 1852. — Décret relatif aux primes pour la pêche de la morue (D. P. 52. 4. 27).

2-22 mars 1852. — Rapport et décret sur la police de la pêche de la morue à l'île de Terre-Neuve (D. P. 52. 4. 80).

16 juin-18 juill. 1853. — Décret impérial portant que la déclaration exigée des navires non pêcheurs, qui se rendent sur les lieux de pêche pour y charger une ou plusieurs cargaisons de morue, pourra être faite dans tous les ports étrangers où il existe un consul ou un agent consulaire de France (D. P. 53. 4. 150).

barquer en franchise les sels français ou étrangers nécessaires à la conservation des morues (ord. 30 oct. 1816 et décis. min. du 21 sept. 1836, citées par M. Beaussant, Code marit., t. 2, p. 187); — 2° par l'interprétation qui considère les provisions de tabac comme faisant partie de l'avitaillement; une décision administrative du 25 sept. 1837, citée par M. Beaussant (*loc. cit.*), a fixé, pour les bâtiments pêcheurs, le prix des tabacs en feuilles de France et des États-Unis; — 3° Par l'admission de la morue française en franchise de tous droits de douane, tandis qu'un droit élevé frappe la morue étrangère à son entrée en France et dans les colonies. Il suit de là que les produits de la pêche de la morue faite par des bâtiments français régulièrement expédiés à cet effet, ne sont pas, lors de leur rentrée, soumis à une justification d'origine, comme toute autre marchandise venant de l'étranger. Ainsi, une cour prévotale a pu déclarer les tribunaux des douanes incompétents pour connaître, en un tel cas, de la contravention d'une prétendue communication avec l'ennemi (Crim. rej. 4 fév. 1813, aff. Hoogenyk, etc., Douanes, n° 1010).

15. *Police de la pêche de la morue.* — La pêche de la morue, sans sécherie, se pratique dans la mer d'Islande et au Doggers-Bank et aussi sur le grand banc de Terre-Neuve. Le poisson provenant de cette pêche est salé à bord des navires pêcheurs, et chaque bâtiment l'importe en France au fur et à mesure qu'il a complété son chargement. C'est la morue verte qui se consomme presque entièrement en France. Cette pêche n'est soumise à aucun règlement spécial. Toutefois, une disposition de l'ordonnance de 1681, qui paraît toujours en vigueur, est celle qui défend de faire voile, pendant la nuit, du banc de Terre-Neuve ou de la baie de Canada, sous peine de tous dommages-intérêts, en cas d'accident, de 1,500 liv. d'amende, et même de punition corporelle en cas de perte d'hommes dans l'abordage. — La *peine corporelle*, il est inutile de le faire remarquer, n'existe plus nominativement dans notre code pénal actuel. En un cas pareil, il y aurait homicide par inobservation des règlements et, par suite, application de l'art. 319 c. pén. (V. M. Beaussant, Code marit., p. 188, 189 et la note).

La pêche avec sécherie a lieu sur la côte de l'île de Terre-Neuve et sur celles des îles Saint-Pierre et Miquelon. Cette morue sèche est peu consommée en France, elle est presque toujours exportée, sous bénéfice de primes, soit aux colonies françaises, soit à l'étranger.

16. *Règlements relatifs à la pêche sur les côtes des îles Saint-Pierre et Miquelon.* — Les grèves de ces îles ont été l'objet d'anciennes concessions, réglementées d'abord par un arrêté du 14 vent. an 11, puis par une ordonnance du 12 mai 1819, enfin, par celle du 26 juill. 1833 (V. Possessions françaises). — Quant à quelques règlements particuliers faits par le commandant de Saint-Pierre et Miquelon, pour la police des pêcheurs, V. M. Beaussant, Code marit., p. 189, 191 et suiv.

17. *Règlements relatifs à la pêche sur les côtes de Terre-Neuve.* — La police de la pêche sur ces côtes est depuis longtemps l'objet de dispositions spéciales. — Depuis 1640, où il intervint un règlement approuvé par une réunion de notables habitants de Saint-Malo, approuvé par le parlement de Rennes, il a été rendu un grand nombre d'actes législatifs dont les principales dispositions ont été reproduites et confirmées par les ordonnances des 21 nov. 1821, 24 avr.-23 mai 1842, et par le décret des 2-22 mars 1852. — L'art. 47 de ce décret abroge l'ordonnance du 24 avril 1842. D'un côté, certaines dispositions de cette ordonnance avaient besoin d'être modifiées et complétées; d'un autre côté, le caractère de cet acte n'assurait pas l'exécution des dispositions pénales qu'il édictait. L'assemblée générale des armateurs, réunie à Saint-Servan, fut consultée par le ministre de la marine, et le décret de 1852 a été rendu après un examen attentif du travail de cette commission (D. P. 52. 4. 80).

18. 1° *Répartition des places.* — Cette répartition est faite entre les armateurs, tous les cinq ans, par la voie d'un tirage au sort, et au moyen d'un état indicatif des havres situés sur la partie des côtes de l'île de Terre-Neuve où, d'après les traités, les capitaines français peuvent s'établir pour la pêche (décr. 2 mars 1852, art. 1 à 8). — Les autres dispositions du même décret, sur la répartition des places, ont pour objet de pourvoir : 1° aux concessions de places après le tirage général (art. 4); 2° à la répartition des saumoneries (art. 5); 3° à la formation du tableau de répartition (art. 6 et 7); aux droits et aux obligations des armateurs occupant les places (art. 8, 9, 13, 14); 4° aux pénalités contre les armateurs qui, ayant obtenu des places, n'auraient pas expédié des navires pour les faire occuper (art. 13).

19. 2° *Police pendant la pêche.* — Les navires qui auront concouru au premier tirage des places de pêche à la côte de Terre-Neuve ne peuvent obtenir des bureaux de la marine la remise de leurs papiers de bord avant le 1er mars pour le banc et la côte ouest de Terre-Neuve, et avant le 20 avril pour la côte de l'est; il leur est défendu, sous peine de 1,000 fr. d'amende, d'appareiller avant les époques susdites (décr. 2 mars 1852, art. 21). — Le capitaine, parti à l'époque ordinaire, doit être muni de son bulletin de mise en possession, d'un exemplaire du décret du 2 mars 1852 et d'un exemplaire du tableau de répartition prescrit par l'art. 6 de ce décret (*eod.*, art. 25). Il est tenu d'exhiber ce bulletin aux capitaines prud'hommes des havres ou des baies où il devra faire la pêche (art. 11). Quoique le décret ne s'explique pas à cet égard, comme le faisait l'ord. de 1842, il est certain que chaque capitaine a le droit de requérir aide et assistance de la part de tous ceux qui sont chargés de concourir à l'exécution de ce décret, sous peine, contre ceux qui s'y refuseraient, de 500 liv. d'amende (ord. de 1681, liv. 5, tit. 6, art. 4) et de tous dommages-intérêts qui pourraient être, au retour en France, réclamés auprès des tribunaux. D'un autre côté, le capitaine ne peut, sous les mêmes peines, indépendamment d'une interdiction de commandement, faire pêche ou sécherie dans un havre autre que celui qui lui aura été assigné par son bulletin de mise en possession (décr. de 1852, art. 22). Toutefois, il y a exception pour les bateaux à la ligne expédiés en *dégras* ou *degrat* (*id.*, *eod.*), c'est-à-dire qui sont envoyés dans d'autres havres, quand la pêche n'est pas bonne dans celui où l'on se trouve. — A cet égard il a été jugé, et l'on déciderait encore aujourd'hui que les tribunaux français sont exclusivement compétents pour connaître, entre commerçants français, des demandes en dommages-intérêts formées par suite des empêchements apportés par les concessionnaires de places à l'établissement des bateaux expédiés en *dégras*, et ces tribunaux sont les tribunaux de commerce du domicile des défendeurs (Rennes, 2 janv. 1832) (1). — Mais cette demande ne serait fondée qu'autant que l'admission du bateau en dégras ayant été ordonnée par le capitaine-prud'homme, les

(1) (N... C. N...) — La cour; — Considérant qu'il n'existe à Terre-Neuve aucune autorité devant laquelle pût être portée une demande en dommages-intérêts intentée par des négociants français, par suite de leurs opérations respectives de commerce; qu'une telle demande, essentiellement commerciale, ne peut être portée que devant le tribunal de commerce du domicile des défendeurs en France; que c'est aussi ce qui résulte de l'art. 22, ordon. royale 21 nov. 1821, portant règlement sur la pêche de la morue à l'île de Terre-Neuve; que c'est donc à tort que le tribunal de Saint-Brieuc s'est déclaré incompétent pour connaître de la contestation d'entre parties; — Considérant, au fond, que les bateaux expédiés en dégrat n'ont pas, d'après l'art. 23, ordonnance précitée, une faculté générale et illimitée d'aller pêcher dans des havres occupés par des concessionnaires; que cet article porte seulement que ces bateaux pourront être admis à y pêcher; qu'il suit de ces expressions mêmes que l'admission à pêcher dans ces havres peut leur être accordée ou refusée, suivant les circonstances; que, s'il s'élève des difficultés sur leur admission, les maîtres de ces bateaux doivent, en conformité de l'art. 17, même ordonnance, se pourvoir devant le prud'homme du havre où ils veulent être admis, ou, si celui-ci est intéressé dans la contestation, devant le prud'homme du havre le plus voisin, conformément à l'art. 18, pour se faire admettre, et que ce n'est qu'après que leur admission a été autorisée, qu'ils peuvent être fondés à se plaindre des concessionnaires qui s'opposeraient à leur pêche, et à réclamer des dommages-intérêts contre eux; — Considérant que, dans l'espèce de la cause, les concessionnaires de places au havre de la Scie s'étant opposés à ce que des bateaux expédiés par des concessionnaires du havre de Pasquet vinssent s'établir en dégrat dans ledit havre de la Scie, les maîtres de ces bateaux se retirèrent sans avoir fait ordonner leur admission; que les demandeurs sont, dès lors, mal fondés dans leur demande en dommages-intérêts, etc.; — Par ces motifs, etc.

Du 2 janv. 1832.-C. de Rennes, 4e ch.-M. Legrand de la Diriays, pr.

premiers concessionnaires se seraient opposés à cette admission. Si le commandant du bateau en dégras se retire sans avoir fait ordonner son admission, il est censé y avoir renoncé, et, par suite, le propriétaire de ce bateau ne peut prétendre à aucune réparation (même arrêt).

Les art. 23 et suiv. du même décret contiennent plusieurs dispositions pénales sur la police de la pêche. Sans entrer dans le détail des infractions prévues, on remarque que les unes peuvent nuire à l'intérêt général, comme le fait de jeter du lest dans les havres, ou de se servir d'engins prohibés; ou à des intérêts particuliers, comme le fait de détruire, ou d'endommager des instruments et établissements. Dans toutes ces circonstances, les infractions prévues par le décret de 1852 sont des délits assimilés aux délits ordinaires, et leur répression a lieu dans l'intérêt de la vindicte publique.—Les autres infractions, et notamment celles qui sont prévues par les art. 38 et 39 du décret, sont de nature à nuire à une pêche commencée et ne peuvent avoir lieu que dans le but de procurer à leurs auteurs une pêche plus facile et plus abondante. Dans ce dernier cas, les sanctions pénales ne consistent plus en amendes, mais dans l'obligation de donner un certain nombre de morues à celui qui a souffert ou pu souffrir un préjudice. C'est moins une sanction pénale proprement dite qu'une clause pénale civile, écrite dans un règlement public et statuant sur des réparations civiles.

20. Bien que le décret de 1852 n'ait pas indiqué comme étant toujours en vigueur certaines dispositions de l'ordonnance d'août 1681, que l'ordonnance de 1842 avait pris soin de rappeler, il est évident que le décret de 1852 n'ayant abrogé que l'ordonnance de 1842 et non l'œuvre de Colbert, celle-ci continue toujours à subsister. On peut consulter sur ces dispositions de l'ordonnance de 1681 le code maritime de M. Beaussant, p. 205 et suiv.

21. 3° *Instruments de pêche.* Les art. 30 et suiv. du décret du 2 mars 1852 indiquent quels sont les filets et instruments de pêche dont l'usage est permis. Le décret défend aussi expressément l'usage de certains engins et laisse toujours subsister les interdictions prononcées par l'ordonnance de 1681. — V. D. P. 52, 4. p. 82 et 83.

22. 4° *Prud'hommes.* Autrefois c'était le capitaine arrivé le premier aux côtes de Terre-Neuve qui était chargé de constater toutes les infractions à l'ordonnance de 1681. Il prenait le titre d'amiral. Aux termes de l'art. 16 du décret de 1852 « le capitaine le plus âgé remplit les fonctions de prud'homme dans tous les havres et dans toutes les baies communes. » Cette disposition doit être entendue en ce sens qu'il y a aujourd'hui autant de capitaines prud'hommes qu'il y a de havres ou baies. A cet égard, le décret de 1852 n'a fait que se référer à l'état de choses établi par les arrêtés de l'an 11 et par l'ordonnance de 1821. Dans chaque baie ou havre le capitaine prud'homme est spécialement chargé de maintenir la discipline, la police et le bon ordre, d'assurer à chaque capitaine la jouissance du havre, de la grave ou du mouillage qui lui sont assignés; d'inspecter les filets, de veiller à la sûreté des mouillages ou rades; de recevoir les plaintes des capitaines pêcheurs et d'y faire droit lorsqu'il est compétent pour les juger (décr. 2 mars 1852, art. 17).—Les art. 18, 19 et 20 du nouveau décret énumèrent encore un grand nombre d'attributions des prud'hommes pêcheurs; mais il ne nous paraît pas moins avoir complétement abrogé les lois précédentes qui ont organisé cette utile institution (V. arrêté 15 pluv. an 11 et ord. 21 nov. 1821). Parmi les attributions qui lui sont dévolues, nous remarquons la suivante : « S'il est commis des délits qui, en France, sont du ressort des tribunaux, le capitaine prud'homme remplit les fonctions de juges de paix ; il forme la première instruction; il veille à ce que le prévenu ne puisse s'évader et soit remis au commandement de la station, avec les pièces constatant le délit (décr. du 2 mars 1852, art. 20).

Outre ces fonctions d'officier de police judiciaire, le capitaine prud'homme est juge civil. Il termine, sans frais, les contestations qui peuvent s'élever entre les capitaines, et garde minute de ses décisions qu'il remet, à son retour en France, au commissaire de l'inscription maritime dans le port d'où il est parti (décr. 2 mars 1852, art. 17).—Dans le cas où le capitaine prud'homme est lui-même intéressé dans une contestation, ou s'il est absent, l'affaire est portée et soumise au jugement du prud'homme du havre le plus voisin (*eod.*, art. 17). — Il s'agit ici, du moins on peut le supposer, des affaires civiles qui sont de la compétence des prud'hommes, car ils ne possèdent pas la juridiction criminelle, pas même celle de simple police qu'on aurait pu leur attribuer sans inconvénients.

23. *Compétence.* — Toutes contraventions, soit de la part des armateurs, soit de celle des capitaines de havre, sont punies conformément au décret du 2 mars 1852. Les procès-verbaux qui les constatent doivent être remis par les prud'hommes aux commissaires de l'inscription maritime, afin que les poursuites soient, à la diligence des administrateurs, exercées devant les tribunaux ordinaires (décr. 2 mars 1852, art. 45). Ces tribunaux sont évidemment les tribunaux correctionnels du domicile des prévenus. — Cette question ne peut plus être douteuse aujourd'hui, en présence des termes du nouveau décret.

Les conseils de préfecture seraient incompétents dans ce cas, même à l'égard des délits commis dans les ports et rades, tels que le jet de lest, par exemple. En effet, les conseils de préfecture sont des tribunaux d'exception, et, s'ils connaissent des délits de même nature, lorsqu'ils sont commis dans les ports de France, ce n'est pas une raison pour étendre leur compétence aux faits accomplis en pays étranger ou dans les colonies. Tel est aussi l'avis de M. Beaussant, *eod.*, p. 209; nous aurions été disposés à l'adopter, même sous l'empire de l'ancienne législation ; sous la nouvelle, le doute n'est plus possible. — Quant aux amendes, elle appartiennent aujourd'hui à la caisse des invalides de la marine (décr. 2 mars 1852, art. 46).

24. Relativement aux délits contre la discipline et aux contraventions aux règles établies en ce qui concerne le régime de la pêche et le mode d'occupation des places, le décret de 1852 a établi une juridiction locale qui, du reste, était commandée par la nature des choses. L'art. 19 veut que ces infractions soient dénoncées par le capitaine-prud'homme aux commandants des bâtiments de la station qui ont mission de les réprimer et de maintenir partout le bon ordre. Ces attributions sont très-étendues et très-nécessaires. Il fallait que justice prompte pût être rendue lorsqu'il s'agit, par exemple, de savoir si un bateau donnera à l'autre mille morues dans les cas prévus par les art. 38 et 39. Il fallait également une justice locale pour appliquer les sanctions pénales aux infractions de pêche proprement dites. Aussi les tribunaux correctionnels ne doivent-ils connaître, au retour en France, que des délits communs et des contraventions commises par les armateurs ou les capitaines de navire.

25. Il a été jugé que l'indemnité accordée en réparation de l'empêchement apporté à la pêche de la morue doit être calculée sur la valeur, en France, du poisson que le bâtiment pouvait rapporter, mais déduction faite des chances de pêche et du voyage (ord. cons. d'Et., 8 août 1838) (1).

(1) *Espèce :* — (Robion, etc. C. min. des fin.)—Le capitaine du brick la Jeune-Emilie, dont le sieur Robion était propriétaire, avait été obligé d'abandonner la pêche de la morue par un corsaire américain qui lui enjoignit de recevoir onze prisonniers anglais et espagnols et de les débarquer à Saint-Jean-de-Terre-Neuve ;—S'étant pourvus devant la commission de liquidation des créances américaines, les propriétaires de la Jeune-Emilie, au lieu de 40,000 fr. qu'ils demandaient, n'ont obtenu que 12,844 fr., savoir : 1° 572 fr. pour la nourriture des onze prisonniers; 2° 12,272 fr. représentant le prix de 45,000 kil. de morue, charge présumée d'un navire du tonnage de la Jeune-Emilie, évaluée à raison de 15 fr. les 55 kil.—Les propriétaires demandaient que l'indemnité fût portée à la valeur réelle de la morue.

Louis-Philippe, etc.;—Vu la convention du 4 juin 1831, la loi du 14 juin 1835 et l'ord. du 21 mai 1836;—Considérant que l'allocation des sommes accordées pour la nourriture des hommes que le navire la Jeune-Emilie a été violemment obligé de recevoir à son bord est reconnue suffisante;—Que le surplus de l'indemnité a pour objet, non une perte réellement éprouvée par les armateurs, mais un bénéfice dont ils auraient été privés; —Que le bénéfice était subordonné aux produits de la pêche, aux chances du voyage et au prix des morues à l'arrivée en France;—Que, dans ces circonstances, la somme allouée par la décision attaquée est une juste évaluation des droits des réclamants. — Art. 1. La requête de la dame Pioger veuve Robion et autres est rejetée.

Du 8 août 1838.-Ord. cons. d'Et.-M. Vivien, rap.

§ 2. — *Pêche de la baleine, du cachalot et autres cétacés à lardon ou à huile.*

26. Bien que les naturalistes distinguent plusieurs espèces de baleines et que celles-ci diffèrent des cachalots et des autres cétacés à lardon et à huile, nous confondrons sous une même rubrique la législation relative à la pêche de ces animaux, en nous réservant de rétablir les distinctions, lorsqu'elles seront nécessaires pour l'intelligence de l'exposé qui va suivre. Le plus ordinairement nous entendons parler de la baleine franche dont la pêche est principalement pratiquée par les Français. Du reste, la pêche de la baleine et celle du cachalot sont les seules qui aient donné lieu à des actes législatifs.

27. *Historique et législation.* — Les baleines paraissent vivre volontiers dans toutes les mers et l'on en rencontre sous toutes les latitudes. Cependant la pêche de ces monstres marins n'est fructueuse, et ne devient un véritable objet de commerce, que dans les mers du Nord ou dans celles du Sud. Cette industrie est d'origine française. Les Basques l'exploitaient dès le seizième siècle, dans le golfe de Gascogne, et plus tard sur les côtes du Canada. A cette époque, la supériorité de nos pêcheurs baleiniers excluait toute concurrence étrangère. Cette supériorité provenait de l'exercice continuel de cette pêche par des marins expérimentés dont les connaissances spéciales se transmettaient de génération en génération. Il faut en effet savoir conduire les navires sur les lieux les plus favorables; connaître à fond tous les détails de la pêche et surtout savoir harponner les baleines, opération qui demande autant d'adresse que de sang-froid et de courage. Nos longues guerres maritimes nous enlevèrent, dès le dix-septième siècle, cet élément de prépondérance. L'industrie baleinière était perdue en France, au commencement du dix-huitième siècle. Aussi ne trouve-t-on dans la législation ancienne qu'un seul monument qui ait trait à cette industrie. C'est un arrêt du conseil, du 9 sept. 1738, qui exemptait des droits les huiles des poissons de pêche française. En 1783 et 1786 le gouvernement voulut reconquérir, au profit de la France, cette industrie complétement perdue. A cet effet il accorda des avantages particuliers à une compagnie de braves pêcheurs de Nantuket (Amérique) qui, après la perte de nos possessions dans l'Amérique du Nord, étaient venus s'établir à Dunkerque. Les guerres de la révolution dispersèrent la colonie des Nantukais, comme on l'appelait alors, et ce fut seulement lorsque le rétablissement de la paix eût rendu au pavillon français la liberté des mers, qu'on s'occupa sérieusement de favoriser la pêche de la baleine. La compagnie des Nantukais n'existe plus; mais la nécessité de recourir aux marins étrangers pour former les marins français à la pêche de la baleine, a fait établir une distinction entre les navires composés uniquement de marins français, et ceux dont l'équipage est formé de marins français et de marins étrangers. Le nombre de ces derniers a toujours été déterminé, pour chaque navire, et il a été successivement réduit à mesure que l'instruction et l'éducation des marins devenaient plus complètes. — V. M. Chabanel, Dict. gén. d'admin., vº Pêche maritime.

28. La nature de cette pêche ne la soumet à aucun règlement de police spéciale. Elle est assujettie aux règles générales et communes à tous les armements pour les expéditions lointaines (V. Organ. maritime). Mais, comme la pêche de la morue, et à plus juste titre encore, la pêche de la baleine a été l'objet de nombreux encouragements. Ils ne peuvent être mieux justifiés que par le passage suivant du rapport de M. Ancel sur lequel a été rendue la loi du 22 juill. 1851. « Les marins formés par la pêche de la baleine sont des hommes intrépides, habitués à lutter pendant de longs voyages contre les périls des mers les plus rudes. Le séjour, même à bord des bâtiments de guerre, ne produirait pas de tels marins, et s'il fallait que l'État entretînt sur ses vaisseaux les hommes que l'industrie des pêches met à sa disposition, un accroissement du matériel naval serait nécessaire et le résultat ne serait pas proportionné aux sacrifices...; car ce n'est pas le nombre des vaisseaux d'un pays qui fait sa force maritime... Les Etats-Unis n'ont pas une marine militaire puissante et cependant ils peuvent tenir tête à l'Angleterre. Ce qui fait leur force, c'est une marine marchande admirable, et que le gouvernement de ce grand pays n'a jamais cessé d'encourager, parce qu'il sait qu'elle est la base de la prospérité et de la sécurité nationales. Voyez au contraire tel grand État (la Russie) qui possède chez lui les bois, les chanvres, les fers et tous les éléments de construction et les vivres à bas prix, et qui cependant n'arrivera que lentement au rang de puissance maritime..., parce qu'il lui manque un commerce extérieur, des mers ouvertes pour le développer, des pêches établies. »

Aussi, depuis 1816, des concessions variées, des primes inégales, mais constantes, ont protégé la pêche de la baleine. Sous l'influence de cette législation mobile, continue M. Ancel dans son rapport, le nombre des armements pour la pêche de la baleine et du cachalot s'est progressivement accru. Les ports français ont armé jusqu'à cinquante-huit baleiniers, et cette industrie avait atteint un degré de prospérité dont une foule d'autres profitaient, et qui créait pour notre inscription les marins les plus habiles et les plus intrépides. Aujourd'hui la situation de cette pêche est alarmante. Il n'y avait en France que dix navires baleiniers en 1846 et dix-sept en 1850. C'est une diminution considérable sur le chiffre des armements qui, en 1837, était de quarante-trois navires jaugeant 18,560 tonneaux montés par 1,457 hommes d'équipages, dont huit marins étrangers seulement.

29. La pêche des éléphants de mer et des autres cétacés à lardon ou à huile se pratique quelquefois en même temps que celle de la baleine franche et du cachalot. Les produits de ces pêches se confondent quant à la législation qui les gouverne. Les produits de la pêche du cachalot donnent lieu à une prime particulière sur les quantités d'huile de cachalot et de matière de tête qu'ils peuvent rapporter (L. 22 juill. 1851, art. 9, D. P. 51. 4. 168).

30. La législation sur la pêche de la baleine se compose, en grande partie, des règlements faits pour l'encourager. Nous en présentons ci-dessous le tableau, que nous accompagnerons de quelques renseignements sur l'état actuel de la législation (1).

---

(1) TABLEAU DES LOIS, DÉCRETS ET ORDONNANCES RELATIFS A LA PÊCHE DE LA BALEINE, DU CACHALOT ET DES CÉTACÉS A HUILE OU A LARDON.

9-25 juill. 1791. — Décret relatif aux Nantukois établis en France, et à ceux qui désireraient y venir par la suite.

Art. 1. Les Nantukois établis en France, et y exerçant la pêche de la baleine, sont exceptés des dispositions du décret du 4 mars dernier, et pourront, en conséquence, continuer à faire venir, pour leur compte, des États-Unis de l'Amérique, les bâtiments propres à la pêche de la baleine, à condition toutefois de les employer à cette pêche, en remplissant, d'ailleurs, toutes les charges, clauses et conditions de leur établissement en France.

2. Il sera aussi permis aux habitants de l'île de Nantuket, qui désireront venir s'établir en France pour se livrer à la pêche de la baleine, de s'y transporter avec tous leurs effets et bâtiments propres à ladite pêche; et ils seront admis à jouir des avantages du pavillon français, et de tous ceux accordés aux pêcheurs nantukois déjà établis dans les ports de France, sans que leursdits navires puissent avoir aucune autre destination que celle de la pêche de la baleine.

23-27 mai 1792. — Décret relatif à la pêche de la baleine et du cachalot dans les mers du Nord et du Sud.

L'assemblée nationale, sur le rapport de son comité de commerce, considérant que la pêche de la baleine et du cachalot, dans les mers du Nord et du Sud, est une source prospère pour la marine et le commerce national; considérant que tous les citoyens de l'empire ont un droit égal aux mêmes encouragements, décrète qu'il y a urgence.

Art. 1. Les armateurs de tous les ports du royaume qui se livreront à la pêche de la baleine et du cachalot dans les mers du Nord et du Midi, jouiront, à compter de la publication du présent décret, en observant les règlements de la navigation française, de la prime de 50 liv. par tonneau de jauge, accordée le 5 mai 1786 aux Nantukois établis en France.

2. Les commissaires de la trésorerie nationale acquitteront incessamment les primes échues aux Nantukois, sur les mandats du ministre de l'intérieur, à prélever sur les fonds destinés aux primes.

9 niv. an 10 (30 déc. 1801). — Arrêté relatif à la prime pour la pêche de la baleine et du cachalot (abrogé).

17 prair. an 10 (6 juin 1802). — Arrêté interprétatif de celui du 9 niv. an 10, concernant les primes accordées pour l'encouragement de la pêche de la baleine (abrogé).

21 fév. 1816. — Ordonnance du roi relative aux primes pour la pêche de la baleine.

Louis, etc.; — Sur le rapport de notre ministre de l'intérieur; — Les

31. *Primes.* — Les primes accordées pour la pêche de la baleine sont de deux sortes : les unes sont payées au départ, les

anciens succès de nos sujets basques et les progrès récents des armateurs de Dunkerque et de plusieurs de nos autres ports dans les pêches de la baleine et du cachalot nous ont fait sentir la nécessité de reproduire, en faveur de cette pépinière de nos matelots, les encouragements accordés en 1785 et 1786, confirmés par la loi du 27 mai 1792, renouvelés par les arrêtés des 9 niv. et 17 prair. an 10, et dont les guerres maritimes ont seules suspendu les bons effets ; — Notre conseil d'État entendu ; — Nous avons, etc. :

Tit. 1. — *Encouragements.*

Art. 1. Aux termes de la loi du 27 mai 1792, les armateurs des ports de notre royaume jouiront d'une prime de 50 fr. par tonneau de jauge de chacun des navires qu'ils expédieront, pour les pêches de la baleine ou du cachalot, dans les mers du Nord ou du Sud.

2. La prime sera payée sur le nombre des tonneaux que pourra porter le bâtiment, sans aucune déduction ; à l'effet de quoi il sera jaugé contradictoirement par le jaugeur des douanes et le jaugeur de la marine du port de l'armement.

3. Dans le cas où le navire, ayant doublé le cap de Horn ou franchi le détroit de Magellan, aurait fait ladite pêche des baleines ou des cachalots, ou de tous autres cétacés ou amphibies à lard, dans l'océan Pacifique, et rentrerait dans un port de France, chargé de produits d'une telle pêche, après une navigation de plus de seize mois et de moins de vingt-six, l'armateur recevra, au retour dudit navire, une seconde prime égale à celle déterminée par l'art. 2.

4. La prime de 50 fr. par tonneau sera avancée par notre ministre secrétaire d'État de l'intérieur, sur les fonds d'encouragement du commerce et de la navigation mis à sa disposition.

5. Pendant trois ans à compter de ce jour, les armateurs, pour les susdites pêches, pourront se pourvoir de navires étrangers qui seront naturalisés avant leur départ et sans frais, à charge de ne pouvoir les employer qu'auxdites pêches, sauf une autorisation spéciale de notre secrétaire d'État ministre de la marine, laquelle ne pourra être accordée qu'après au moins une campagne de pêche faite par ledit navire.

6. Pendant trois ans à compter de ce jour, les armateurs pourront composer leurs équipages, tant en états-majors qu'en matelots, de deux tiers d'individus étrangers et d'un tiers de Français.

7. Du jour où le rôle d'équipage aura été remis par l'armateur au commissaire de l'inscription maritime, les individus y portés ne pourront être commandés pour le service de nos vaisseaux, jusqu'au retour du navire pêcheur.

8. Le harponneur, le timonier et les matelots loveurs de ligne de chacune des chaloupes baleinières d'un navire baleinier ne pourront être commandés pour ledit service tant qu'ils exerceront ou seront engagés pour exercer ladite pêche.

Tit. 2. — *Conditions, formalités.*

9. Les primes sont accordées à la charge par l'acquéreur : 1° de faire suivre à son vaisseau sa destination pour les pêches susdites ; — 2° De faire son retour dans un port de notre royaume ; — 3° De n'apporter dans lesdits ports aucun fanon, blanc, huile, ni matière quelconque résultant de pêche étrangère ; — 4° De tenir journal de sa navigation.

10. L'armateur déclarera au bureau de la marine du lieu du départ, à laquelle des deux pêches, septentrionale ou méridionale, il destine son navire. — Le rôle d'équipage contiendra la désignation spéciale des âges, lieu de naissance et fonctions de pêche des individus engagés comme timoniers, loveurs de ligne et harponneurs de chacune des chaloupes de pêche.

11. Au retour de chaque navire, le préfet maritime, ou le commissaire de marine entendra collectivement ou séparément les hommes de l'équipage, et conférera avec leurs déclarations le journal de bord, pour reconnaître si les conditions prescrites par les articles précédents ont été suivies. — En cas de contravention à l'art. 9, l'armateur rendra le double de la prime à lui avancée : à l'effet de quoi, avant le départ, il fournira une caution, qui sera admise, si elle est recevable, par le préfet maritime ou le commissaire de marine.

12. En cas de relâche dans un port où se trouve un fonctionnaire public français, ou de rencontre d'un de nos vaisseaux, le capitaine du navire pêcheur sera tenu de déclarer au fonctionnaire ou à l'officier français les principaux faits de sa navigation et de sa pêche, et d'en prendre acte sur son journal de bord.

14 fév.-2 mars 1819. — Ordonnance du roi relative aux primes d'encouragement pour la pêche de la baleine et du cachalot.

Louis, etc. ; — Sur le rapport de notre ministre de l'intérieur ; — Vu notre ord. du 8 fév. 1816 ; — Voulant continuer d'encourager, dans l'intérêt de l'État et du commerce, cette branche importante de l'industrie maritime ; — Notre conseil d'État entendu ; — Nous avons, etc.

Tit. 1. — *Encouragements.*

Art. 1. La prime d'encouragement accordée par notre ord. du 8 fév. 1816 continuera à l'être jusqu'au 1er fév. 1825, à tout armateur français pour chaque expédition qu'il fera dans les mers du Nord et du Sud, à la pêche de la baleine et du cachalot ou de tous autres cétacés ou amphibies à lard.

2. Cette prime sera payée par tonneau et suivant la quantité qu'en jaugera le bâtiment baleinier, sans aucune déduction : à cet effet, tout navire destiné à cette pêche sera, à la requête de l'armateur, jaugé contradictoirement par un officier de la marine et un officier de la douane du port d'armement. Il sera procédé à l'opération du jaugeage de la manière déterminée par la loi du 12 nivose an 2 (1er janv. 1794), et en prenant toutes les mesures de dedans en dedans, ou de tout autre mode qui pourrait être ultérieurement prescrit.

3. Jusqu'au 1er mars 1822, les armateurs français pourront se pourvoir, pour les susdites pêches, de navires étrangers, qui seront admis à une francisation provisoire, laquelle sera effectuée sans frais. Ces navires, soit qu'ils arrivent dans les ports du royaume sur leur lest ou chargés, seront exempts du droit de navigation imposé sur les navires étrangers. Lesdits bâtiments ne pourront être employés qu'à la pêche de la baleine, du cachalot et autres poissons à lard. Néanmoins, si des circonstances extraordinaires, dûment constatées, forçaient d'interrompre leur emploi à la pêche, ils pourraient, sur une autorisation spéciale de notre ministre secrétaire d'État de la marine et des colonies, être expédiés, pendant six à huit mois, pour une autre destination. Cette autorisation ne pourra être accordée qu'après que le navire aura fait au moins une campagne de pêche, et à condition qu'il sera réexpédié pour la pêche après l'autorisation expirée, le tout sous caution valable. Si la condition n'est pas remplie, la francisation provisoire précédemment accordée sera révoquée, et l'armateur sera tenu d'acquitter, sur le même pied que les navires étrangers, les droits de navigation et de douane, pendant tout le temps que le navire aura été employé à d'autres destinations que celle de la pêche. Les navires étrangers achetés par des négociants français, armés par eux dans un des ports de notre royaume, et qui, ayant été constamment employés pendant cinq années consécutives à la pêche de la baleine et des poissons à lard, auront fait au moins deux voyages dans l'Océan Pacifique et quatre voyages dans les mers du Nord, pourront seuls être admis à la francisation définitive, si toutefois ils demeurent la propriété d'armateurs français.

4. Jusqu'à la même époque (1er mars 1822), les armateurs sont autorisés à composer l'équipage de leurs bâtiments baleiniers, l'état-major compris, de moitié de marins étrangers.

5. La prime accordée aux armateurs français par l'art. 1er de la présente ordonnance, pour tout navire expédié des ports du royaume à cette pêche, sera : — 1° De 40 fr. par tonneau lorsque, le navire étant étranger, l'équipage sera composé par moitié de marins français et étrangers, et que l'un des deux premiers officiers de l'expédition sera français ; — 2° De 50 fr. par tonneau lorsque, le navire étant français ou étranger, l'équipage sera composé de deux tiers de marins français et d'un tiers de marins étrangers, et que le capitaine de l'expédition sera français ; — 3° De 60 fr. par tonneau lorsque le navire sera construit et équipé en France, que l'équipage sera en entier composé de marins français, et que les bateaux, lignes, tonnes, ustensiles et instruments nécessaires, auront été entièrement fabriqués en France ; ce qui devra être attesté par le commissaire de l'inscription maritime et par le principal agent des douanes dans le port d'armement.

6. Pour tout navire qui, ayant doublé le cap Horn ou franchi le détroit de Magellan, aurait fait ladite pêche dans l'Océan Pacifique, et rentrerait dans un port français, chargé des produits de sa pêche, après une navigation de plus de seize mois ou de moins de vingt-six, l'armateur français qui l'aura expédié recevra, au retour dudit navire, une seconde prime égale à celle qui lui aura été allouée au départ, en conformité de l'article précédent.

7. Aucun armateur français ne pourra jouir des primes accordées par l'art. 5, si les capitaines ou officiers français qu'il doit en conformité de l'art. 5, §§ 1 et 2, faire entrer dans la composition de l'état-major d'un navire baleinier, ne sont pourvus de lettres de capitaine au long cours, ou du moins si, dans le cas où le navire serait commandé par un étranger, le second officier n'est un capitaine au long cours français.

8. Du jour où le rôle d'équipage d'un navire baleinier aura été remis par l'armateur au commissaire de l'inscription maritime du port d'armement, tous les individus en faisant partie ne pourront être commandés pour le service de nos vaisseaux, jusqu'au retour du bâtiment pêcheur.

9. Le harponneur, le timonier et les matelots loveurs de lignes de chacune des chaloupes baleinières ne pourront être commandés pour ledit service, tant qu'ils exerceront ou seront engagés pour ladite pêche.

10. Jusqu'au 1er mars 1822, seront admis dans les ports de notre royaume, en exemption de tous droits, les bateaux, lignes, tonnes, ustensiles et instruments nécessaires à l'équipement d'un navire baleinier, importés, soit par le bâtiment étranger qui vient se faire franciser pour aller à la pêche, soit par tout autre bâtiment français ou étranger, à la charge par l'armateur, dans le premier cas, de ne débarquer aucun de ces objets, à l'exception de ceux destinés à servir de modèles, dont le débarquement ne pourra avoir lieu toutefois que sur une permission spéciale délivrée par la douane ; dans le second cas, d'en faire, au préalable, sa déclaration à la douane du port d'armement, qui en autorisera le transport sur le navire allant à la pêche. — Les ustensiles et instruments mentionnés au présent article ne jouiront de l'exemption des droits d'entrée qu'autant qu'ils arriveraient confectionnés et prêts à être employés, les simples matériaux propres à les fabriquer, comme fer, merrain, etc., restant sujets aux droits.

Tit. 2. — *Conditions et formalités.*

11. Les primes seront ordonnancées par notre ministre secrétaire d'État au département de l'intérieur, sur le fonds d'encouragement des pêches maritimes, aux conditions ci-après spécifiées, et à fur et à mesure de la

autres au retour. La dernière loi sur la matière, celle des 22 juill.-22 août 1851 (D. P. 51. 4. 168), dispose, art. 8, que ces

production, en due forme, des pièces qui doivent être fournies par les armateurs, en conformité des articles suivants.

12. Les primes sont accordées, à la charge par l'armateur : — 1° De déclarer, au bureau de la marine du port d'armement, à laquelle des deux pêches, septentrionale ou méridionale, il destine son navire; — 2° De lui faire suivre sa destination pour la pêche; — 3° De lui faire faire son retour dans un des ports du royaume; — 4° De n'apporter dans lesdits ports aucun fanon, blanc, huile ni matière quelconque résultant de pêche étrangère; — 5° De faire tenir journal de sa navigation; — 6° De rendre, en cas de violation, le double de la prime. — Ces conditions seront insérées dans la déclaration que l'armateur souscrira, comme il sera dit à l'article suivant; et pour assurer l'effet de la sixième, il se soumettra à fournir une caution suffisante, qui sera reçue par le commissaire de l'inscription maritime du port de départ.

13. Les pièces qui devront être produites par l'armateur au département de l'intérieur, pour obtenir les primes allouées par l'art. 5 de la présente ordonnance, sont : — 1° L'extrait du rôle d'équipage délivré par le commissaire de la marine au port d'armement, suivant la revue de départ qu'il en aura passée : ce rôle contiendra la désignation spéciale des âges, lieux de naissance, grades et fonctions de pêche de tous les individus embarqués, et la récapitulation séparée du nombre des marins français et étrangers composant l'état-major et l'équipage du navire; — 2° L'extrait de la déclaration de l'armateur passée par-devant le commissaire de la marine au port de départ, contenant sa soumission aux conditions portées en l'art. 12, avec spécification du nom du navire, du capitaine, du tonnage, du lieu de pêche et du port de retour : au bas de cet extrait, le commissaire de la marine certifiera le départ du navire et en marquera la date; l'extrait ne pourra être délivré à l'armateur qu'après le départ du navire; — 3° Le certificat de jaugeage du navire, certifié par les officiers de la marine et de la douane; — 4° L'acte de cautionnement exigé de l'armateur; — 5° Et au retour du navire, la déclaration du capitaine constatant les différents faits et lieux de pêche, suivant qu'il est déterminé à l'article suivant.

14. Pour constater que les primes avancées au départ ont été acquises par l'accomplissement des conditions prescrites à l'art. 12, tout capitaine de navire baleinier revenant de la pêche sera tenu, aussitôt après son arrivée dans un des ports du royaume, de déclarer par-devant l'ordonnateur ou commissaire de la marine (en indiquant, au préalable, le lieu et la date de son départ et le nom de ses armateurs) : — 1° Le jour de son entrée dans le port; — 2° Le temps et les circonstances de sa navigation; — 3° Les lieux de pêche; — 4° La quantité et le poids des produits qu'il en rapporte et qui composent sa cargaison. — Le commissaire de l'inscription maritime dans nos ports, après avoir entendu collectivement ou séparément les hommes de l'équipage, et s'être assuré, par leur déclaration comparée au journal du bord et à celle faite par le capitaine, si les conditions prescrites par les articles précédents ont été exécutées, affirmera, au bas de la déclaration du capitaine, la régularité de l'expédition, ou en énoncera l'irrégularité, s'il y a lieu : il en rendra compte à notre ministre secrétaire d'État au département de la marine et des colonies. — En cas de contravention à l'art. 12, l'armateur rendra le double de la prime qui lui aurait été allouée : dans le cas contraire, il sera, sur sa demande au ministère de l'intérieur, et sur la production en due forme de la déclaration du capitaine, énoncée ci-dessus, dégagé de toute caution.

15. En cas de relâche dans un port où se trouve un fonctionnaire public français, ou de rencontre d'un de nos vaisseaux, tout capitaine de navire baleinier sera tenu de déclarer au fonctionnaire ou à l'officier français les principaux faits de sa navigation et de sa pêche, et d'en prendre acte sur son journal de bord.

16. Les commissaires de l'inscription maritime dans les différents ports de notre royaume tiendront des registres destinés à recevoir et à enregistrer les déclarations et certificats exigés par les art. 13 et 14 de la présente ordonnance. Ils en délivreront des extraits aux capitaines, armateurs, expéditeurs, ou à leurs représentants. Ces extraits seront conformes aux modèles annexés à la présente ordonnance. Lesdits fonctionnaires adresseront un duplicata de chacun de ces extraits directement à notre ministre secrétaire d'État de la marine, qui après s'être assuré de la régularité desdites pièces et après avoir légalisé la signature des agents de son département, les transmettra à notre ministre secrétaire d'État de l'intérieur pour servir de contrôle aux expéditions présentées par les armateurs. Celles dont les deux duplicata ne concorderaient pas seraient provisoirement rejetées. — Toutes ces pièces et leurs duplicata, les extraits de rôle d'équipage y compris, seront timbrés aux frais et par les soins des parties intéressées.

11-31 déc. 1821. — Ordonnance qui proroge les dispositions des art. 3, 4 et 10 de l'ord. du 14 fév. 1819, relative à la pêche de la baleine et du cachalot.

5-19 fév. 1823. — Ordonnance qui proroge jusqu'au 1er mars 1825 les dispositions des art. 3, 4 et 10 de l'ord. du 4 fév. 1819, relative à la pêche de la baleine et du cachalot.

7-24 déc. 1829. — Ordonnance du roi relative aux primes d'encouragement pour la pêche de la baleine (a).

CHARLES, etc.; — Sur le rapport de notre ministre de l'intérieur; — Vu l'art. 1 de notre ordonnance du 24 fév. 1825, suivant lequel les primes accordées pour l'encouragement de la pêche de la baleine cesseraient au 1er mars 1830, s'il n'était pourvu à leur renouvellement;

Art. 1. A dater du 1er mars 1830, les primes d'encouragement pour la pêche de la baleine ne seront attribuées qu'aux navires construits et armés en France; la francisation, à raison de cette destination, cessera d'être appliquée aux navires de construction étrangère. Néanmoins, ceux qui, jusqu'à ce jour, ont été admis à la francisation provisoire pour ladite pêche, conformément à l'art. 3 de l'ord. royale du 14 fév. 1819, continueront à jouir de la faculté de parvenir à la francisation définitive qui leur était promise sous la condition qu'ils seraient employés pendant cinq années consécutives. Ceux de ces mêmes navires qui, après cette condition accomplie, ont reçu ou recevront la francisation définitive, resteront assimilés aux navires construits en France.

2. Les primes seront accordées sur les bâtiments baleiniers à raison de leur tonnage comme par le passé, mais seulement jusqu'à concurrence de cinq cents tonneaux : il ne sera rien alloué pour le tonnage qui excéderait cette limite.

3. Les navires baleiniers seront, à la requête de l'armateur, jaugés tant par un officier de la marine que par un officier des douanes du port d'armement.

4. Sera compris dans le décompte de la prime le tonnage de toute mouche ou bâtiment léger qui accompagnerait le bâtiment principal à l'effet de coopérer à la pêche.

5. Les primes seront graduées suivant que le personnel des expéditions se composera en totalité ou en partie de marins français. Les armateurs sont autorisés à y admettre jusqu'à un tiers seulement de marins étrangers; mais en ce cas, la prime ne sera allouée qu'autant que les deux tiers au moins des emplois des officiers et des harponneurs seront occupés par des Français.

6. La prime s'élèvera : 1° à 90 fr. par tonneau, lorsque l'équipage sera entièrement composé de marins français, sauf ce qui est dit à l'article suivant; 2° à 40 fr. par tonneau, lorsque, des étrangers faisant partie de l'équipage, le commandant de l'expédition sera Français; 3° à 30 fr. par tonneau, lorsque le commandant de l'expédition sera étranger : en ce cas, la prime ne sera acquise qu'autant que le second officier sera un marin français.

7. La prime réservée aux armements baleiniers entièrement français sera aussi allouée : 1° à l'armement destiné à la pêche du nord qui, étant commandé par un capitaine français, aurait quelques étrangers pour compléter son équipage, pourvu que le nombre de ces étrangers ne dépasse pas le sixième de l'équipage; 2° à l'armement, d'ailleurs tout français, dont le capitaine d'origine étrangère, étant en instance pour sa naturalisation, et ayant donné des gages suffisants de ne reconnaître que la France pour patrie, aurait commandé plusieurs fois sous pavillon français pour la pêche de la baleine, et serait reconnu par notre ministre de la marine avoir instruit et bien traité les marins français de son équipage.

8. Outre les primes allouées au départ, suivant la composition du personnel de l'armement, il sera accordé au retour : 1° moitié desdites primes en sus pour tout navire qui aura fait la pêche à l'est du cap de Bonne-Espérance, à 45 degrés au moins de longitude du méridien de Paris, et par 48 à 50 de latitude méridionale; 2° une nouvelle prime, égale à la première, pour tout navire qui aura fait la pêche dans la mer du Nord, au delà du soixantième degré de latitude; pour tout navire qui aura fait la pêche dans l'océan Pacifique, soit en doublant le cap Horn, soit en franchissant le détroit de Magellan; pour tout navire qui aura fait la pêche dans le sud du cap Horn, à 62 degrés au moins de latitude. Quand, au retour des navires baleiniers actuellement en mer, ou qui seront expédiés avant le 1er mars prochain, il y aura lieu de liquider les demi-primes ou primes en sus dans les cas prévus par le présent article, elles seront réglées sur la quotité fixée par les ordonnances sous le régime desquelles l'expédition desdits navires aura été faite.

9. La prime est accordée, à la charge par l'armateur : 1° de faire suivre à son navire sa destination à la pêche; — 2° De justifier au retour que cette destination a été accomplie, sauf le cas de force majeure; — 3° De n'apporter aucun produit autre que de pêche française; de se soumettre à rendre double prime en cas de violation de ces conditions, sans préjudice des peines de la contravention aux lois de douane pour introduction de produits étrangers sous fausse déclaration. L'armateur, avant le départ, déclarera son armement devant le commissaire de marine du lieu de départ, lequel lui en donnera acte. Les conditions ci-dessus seront énoncées dans sa déclaration. Pour garantir les restitutions éventuelles, l'administration maritime pourra exiger que l'armateur fournisse une caution suffisante qui sera reçue par ledit commissaire. Les capitaines seront, en outre, tenus de rapporter au retour le journal exact de leur navigation.

10. La liquidation des primes sera opérée sur la remise faite par l'armateur : 1° d'un extrait de sa déclaration d'armement contenant sa soumission aux obligations portées en l'art. 9; — 2° De l'acte de cautionnement; — 3° De l'extrait du rôle de l'équipage. Ces pièces lui seront délivrées par l'administration maritime du port de départ; — 4° Des certificats de jauge du navire, délivrés par les officiers de la marine et de la douane.

11. Pour constater que les primes avancées au départ du navire ont été acquises par l'accomplissement des conditions prescrites, tout capitaine de navire baleinier revenant de la pêche sera tenu, aussitôt après son arrivée dans un des ports du royaume, de déclarer devant l'ordonnateur

(a) V. le rapport au roi, Monit. 9 déc. 1829.

primes, tant pour la pêche de la baleine que pour celle du cachalot, seront accordées jusqu'au 30 juin 1861. — Les primes au départ sont de 70 fr. par tonneau de jauge pour les armements entièrement composés de Français, et de 48 fr. pour les armements composés en partie d'étrangers dans les limites déterminées par l'art. 11 de la loi du 22 juill. 1851 (art. 8). — Les primes au retour sont calculées d'après la longueur du voyage et d'après la quantité des produits. Elles ne sont accordées qu'autant que le navire justifie avoir fait la pêche soit dans l'océan Pacifique, en doublant le cap Horn ou en franchissant le détroit de Magellan, soit au sud du cap Horn, à 62° de latitude au moins, soit à l'est du cap de Bonne-Espérance, à 45° de longitude du méridien de Paris et à 48 ou 50° de latitude méridionale. Il faut de plus que le produit de la pêche soit égal à la moitié, au moins,

---

ou commissaire de marine (en indiquant au préalable le lieu et la date de son départ et le nom de ses armateurs : 1° le jour de son entrée dans le port; — 2° Le temps et les circonstances de sa navigation ; — 3° Les lieux de pêche ; — 4° La quantité et le poids des produits qu'il en rapporte et qui composent sa cargaison. Le commissaire de l'inscription maritime dans nos ports, après avoir entendu collectivement ou séparément les hommes de l'équipage, et s'être assuré, par leurs déclarations comparées au journal de bord et à la déclaration du capitaine, si les conditions prescrites par les articles précédents ont été exécutées, affirmera au bas de la déclaration du capitaine la régularité de l'expédition, ou en énoncera l'irrégularité, s'il y a lieu; il en rendra compte à notre ministre secrétaire d'État au département de la marine et des colonies. En cas de contravention à l'art. 9, l'armateur rendra le double de la prime qui lui aura été allouée : dans le cas contraire, il sera, sur sa demande au ministère de l'intérieur, et sur la déclaration en due forme de la production du capitaine énoncée ci-dessus, dégagée de toute caution. La production des mêmes pièces servira pour obtenir les demi-primes en sus ou doubles primes stipulées dans l'art. 8, quand il y aura lieu.

12. En cas de relâche dans un port où se trouve un fonctionnaire public français, ou de rencontre d'un de nos vaisseaux, tout capitaine de navire baleinier sera tenu de déclarer au fonctionnaire ou à l'officier français les principaux faits de sa navigation et de sa pêche, et d'en prendre acte sur son journal de bord.

13. Notre ministre secrétaire d'Etat de la marine et des colonies pourra délivrer des permis spéciaux de commandement pour la pêche de la baleine aux marins français qui, ayant fait, en qualité d'officiers, deux campagnes au moins à ladite pêche, seront réputés en état de diriger un armement baleinier.

14. Du jour où le rôle d'équipage d'un navire baleinier aura été remis par l'armateur au commissaire de l'inscription maritime du port de l'armement, aucun marin en faisant partie ne pourra être requis pour le service de nos vaisseaux.

15. Seront pareillement exempts de levée, même avant la formation du rôle d'équipage, les marins engagés par un armateur pour une expédition à la pêche de la baleine, dans les six mois qui précéderont le départ du navire, si ces marins ont déjà fait une campagne à la pêche de la baleine, si le capitaine sous les ordres de qui ils auront servi atteste par écrit qu'ils ont montré une aptitude suffisante. L'armateur qui aura ainsi engagé d'avance des marins pour une expédition à la pêche de la baleine devra en faire la déclaration par écrit au commissaire de l'inscription maritime, qui adressera un état nominatif de ces marins au ministre de la marine, après s'être assuré qu'ils remplissent les conditions ci-dessus exprimées. Les marins engagés d'avance pour la pêche de la baleine, qui, pour une cause quelconque, ne suivront pas cette destination, rentreront dans la catégorie des gens de mer susceptibles d'être levés.

16. Les mousses qu'il est prescrit d'embarquer sur les navires du commerce pourront être remplacés par un nombre égal de novices à bord des bâtiments baleiniers.

17. Les marins français adonnés à la pêche de la baleine qui se présenteront aux examens pour être reçus capitaines au long cours seront dispensés de l'obligation de justifier de douze mois de navigation sur nos bâtiments s'ils prouvent avoir fait trois campagnes au moins à la pêche de la baleine.

18. Les primes fixées provisoirement par la présente ordonnance sont accordées pour tous les armements baleiniers qui auront lieu dans les ports de notre royaume, du 1er mars 1830 au dernier jour de fév. 1832. Un projet pour régler ultérieurement les encouragements à la pêche de la baleine sera préparé pour être présenté aux chambres législatives, afin qu'une loi sur ce sujet puisse être promulguée avant le 1er mars 1832.

22 avr.-2 mai 1832. — Loi sur la pêche de la baleine.

Art. 1. La prime accordée aux armements pour la pêche de la baleine, soit dans les mers du Nord, soit dans les mers du Sud, sera, par tonneau de jaugeage, de 70 fr., du 1er mars 1832 au 1er mars 1833, sur les armements composés de Français sans exception ; elle diminuera chaque année de 4 fr., en sorte qu'elle ne sera plus que de 54 fr., du 1er mars 1836 au 1er mars 1837. — La prime sera de 48 fr. sur les armements dont l'équipage est en partie étranger, dans les limites fixées par l'art. 4 ci-après ; elle diminuera chaque année de 2 fr., en sorte qu'elle sera réduite à 40 fr. du 1er mars 1836 au 1er mars 1837.

2. Le navire qui aura fait la pêche, soit dans l'océan Pacifique en doublant le cap Horn ou en franchissant le détroit de Magellan, soit au sud du cap Horn à 62 degrés de latitude au moins, obtiendra au retour un supplément de prime, s'il rapporte en produit de sa pêche la moitié au moins de son chargement, ou s'il justifie d'une navigation de seize mois au moins. — Cette prime supplémentaire sera de 50 fr. par tonneau sur les armements composés de Français sans exception, et décroîtra chaque année de 3 fr., de manière qu'elle ne sera plus que de 38 fr. pour le navire qui partira du 1er mars 1836 au 1er mars 1837.

3. La prime supplémentaire sera réduite à moitié pour les navires qui auront pêché à l'est du cap de Bonne-Espérance, à 45 degrés au moins de longitude du méridien de Paris, et à 48 et 50 degrés de latitude méridionale. — 24 fr. sur les armements composés d'équipages mixtes, et décroîtra chaque année de 1 fr., de manière qu'elle ne sera plus que de 20 fr., du 1er mars 1836 au 1er mars 1837.

4. Aucun navire baleinier n'aura droit à la prime qu'à concurrence du maximum de 500 tonneaux. Il n'est point dû de prime aux embarcations auxiliaires ou accessoires de l'armement. — Pour avoir droit à la prime, l'équipage mixte ne pourra être composé, en étrangers, que du tiers des officiers, harponneurs et patrons, sans que le nombre puisse excéder deux pour la pêche du Sud, et cinq pour la pêche du Nord.—Les armateurs de navires destinés à la pêche de la baleine seront tenus, alors même qu'ils renonceraient à la prime, de confier moitié au moins des emplois d'officiers, de chefs d'embarcation et harponneurs, à des marins français, sous peine d'être privés de la jouissance des avantages attachés à la navigation nationale.

5. Tout marin âgé au moins de vingt-quatre ans, qui aura fait cinq voyages, dont les deux derniers en qualité d'officier, à la pêche de la baleine, sera admissible au commandement d'un navire baleinier.

6. Est également dérogé, en temps de paix, et en faveur des armements pour la pêche des baleines, aux dispositions législatives sur la navigation dans les cas suivants : — 1° Du jour où le rôle d'équipage d'un navire baleinier aura été remis au commissaire de l'inscription maritime du port de l'armement, aucun marin en faisant partie ne pourra être requis pour le service des vaisseaux de l'État.—2° Sont pareillement exempts des levées, même avant la formation du rôle d'équipage, les marins engagés par un armateur pour voyage à la pêche de la baleine, dans les six mois qui précéderont le départ du navire, lorsque l'armateur aura fait, par écrit au commissaire de l'inscription maritime, déclaration de ces engagements, si ces marins ont déjà fait une campagne à la pêche de la baleine, ou si le capitaine sous les ordres de qui ils auront servi atteste, par écrit, qu'ils ont montré une aptitude suffisante. — 3° Les mousses qu'il est prescrit d'embarquer sur les navires du commerce, pourront être remplacés par un égal nombre de novices.— 4° Les marins français adonnés à la pêche de la baleine, qui se présenteront aux examens pour être reçus capitaines au long cours seront dispensés de l'obligation de justifier de douze mois de navigation sur les bâtiments de l'État, s'ils prouvent avoir fait trois campagnes au moins à la pêche de la baleine.

7. Des ordonnances royales détermineront la nature des soumissions à exiger des armateurs, avant de payer les primes d'armement ; — Les preuves à fournir pour justifier de la destination accomplie ; — La forme des pièces de la liquidation des primes.

8. Tout armateur qui n'aurait pas fait suivre à son armement la destination portée en sa soumission, sera passible du payement du double de la prime qu'il aurait reçue ou indûment demandée.

9. Les primes fixées par la présente loi ne seront accordées qu'aux armements ou transports de produits effectués par bâtiments français, et aux seuls produits de la pêche française.—L'armateur qui aurait reçu ou demandé des primes hors de ces conditions, sera passible du payement du double des primes reçues ou demandées, sans préjudice des condamnations pour cause de contravention aux lois sur les douanes.

10. Les dispositions de la présente loi cesseront d'avoir effet le dernier jour de février 1837.

26 avril-8 mai 1833.— Ordonnance du roi relative aux primes pour la pêche de la baleine (abrogée).

9-20 juill. 1836.— Loi sur la pêche de la baleine (abrogée).

20 fév.-1er mars 1839.— Ordonnance relative au jaugeage des baleiniers (abrogée par l'ord. des 12-15 mars 1842).

25 juin-13 août 1841.—Loi sur la pêche de la baleine (abrogée).

10-13 août 1841.— Ordonnance du roi qui détermine les conditions spéciales à remplir par les armateurs qui expédieront des navires à la pêche du cachalot (abrogée).

12-15 mars 1842. — Ordonnance du roi sur la pêche de la baleine (abrogée).

7-14 août 1850.— Loi portant prorogation de la loi du 25 juin 1841 (D. P. 50. 4. 187).

22 juill.-22 août 1851.—Loi sur les grandes pêches maritimes dont le tit. 2 est relatif à la pêche de la baleine et du cachalot (D. P. 51. 4. 165).

20-23 août 1851. — Décret relatif aux primes pour la pêche de la baleine ou du cachalot (D. P. 51. 4. 172).

20-23 août 1851. — Décret pour l'exécution de l'art. 10 de la loi du 22 juill. 1851, sur la pêche de la baleine ou du cachalot (D. P. 51. 4. 173).

du chargement, ou que le navire justifie d'une navigation de seize mois au moins (*eod.*, art. 8). — Aucun navire armé pour la pêche de la baleine ou du cachalot n'a droit à la prime que jusqu'à concurrence d'un maximum de 600 tonneaux. Il n'est pas dû de prime aux embarcations auxiliaires ou accessoires de l'armement. Un décret des 20-23 août 1851 a réglé les conditions d'exécution de cette loi en ce qui concerne les primes (D. P. 51. 4. 172). — Il est dû une prime supplémentaire pour des produits spéciaux de la pêche au cachalot (L. 1851, art. 9).

32. L'équipage d'un navire est considéré comme français lorsque le quart seulement est composé d'étrangers (V. Navigat.). Les navires baleiniers sont aujourd'hui placés sous cette loi commune (V. rapp. de M. Ancel, n° 26; D. P. 51. 4. 172). Toutefois la loi de 1851 a reproduit, dans son art. 11, la disposition de la loi du 22 avril 1832, art. 4. Il en résulte que, pour avoir droit à la prime, un équipage mixte ne peut être composé, en étrangers, que du tiers des officiers, harponneurs et patrons, sans que le nombre puisse excéder deux pour la pêche du Sud et cinq pour la pêche du Nord. Cette disposition a été appliquée sous la loi du 22 avril 1832 à un navire baleinier dont l'état-major se composait d'un capitaine et de deux autres officiers étrangers. On a vainement soutenu que le capitaine avait satisfait au décret du 14 fruct. an 8 (V. Organ. marit.), qu'il avait été autorisé par le ministre de la marine à prendre le commandement du navire, et que dès lors il devait être considéré comme Français. Malgré ces circonstances si favorables, la demande de liquidation de la prime a été repoussée par le motif que le capitaine n'était pas, comme l'exige l'ord. du 7 déc. 1829, en instance pour faire déclarer sa naturalisation (ord. cons. d'Ét. 31 janv. 1834) (1).

33. *Autres encouragements.* — La pêche de la baleine a trouvé d'autres encouragements dans certaines dérogations aux lois générales des armements. Ainsi, quant au *matériel*, le décret des 9-25 juill. 1791 et, plus tard, l'ord. des 8-21 fév. 1816 avaient autorisé les armateurs à se pourvoir, pour la pêche de la baleine, de navires étrangers qui seraient francisés avant le départ et sans frais. L'ord. des 14 fév.-2 mars 1819 avait ajouté que les navires étrangers, provisoirement francisés pour la pêche de la baleine, et qui auraient été employés pendant cinq années consécutives à la pêche de la baleine et des poissons à lard seraient admis, sous certaines conditions, à une francisation définitive, avec exemption de tous droits, en demeurant la propriété d'armateurs français. Mais cette faculté a été abolie par l'ord. du 7 déc. 1829, sans effet rétroactif. Les lois nouvelles ne l'ont pas rétablie; mais elles ont maintenu les dérogations qui avaient été créées en faveur du *personnel* employé à cette pêche, et elles ont ajouté de nouveaux encouragements. Ainsi, d'après l'ordonnance ci-dessus de 1816, les marins compris dans le rôle d'équipage remis par l'armateur au commissaire de marine ne peuvent être levés pour le compte de l'État qu'au retour du navire. De plus, le harponneur, le timonnier et les matelots leveurs de lignes ne peuvent être commandés pour le service de la marine tant qu'ils sont engagés pour la pêche. Cette faveur a été augmentée par l'ord. du 7 déc. 1829, qui exempte de la levée non-seulement les marins portés sur le rôle, pour une expédition à la pêche de la baleine dans les mois qui précèdent le départ du navire : 1° si ces marins ont déjà fait une campagne; 2° si le capitaine atteste par écrit qu'ils ont montré une aptitude suffisante. — L'art. 12 de la loi du 22 juill. 1851 dispose, par dérogation aux dispositions législatives sur la navigation, que les mousses qu'il est prescrit d'embarquer sur les navires de commerce peuvent être remplacés par un nombre égal de novices. — Le même article ajoute que les marins français adonnés à la pêche de la baleine et du cachalot qui se présenteront aux examens pour être reçus capitaines au long cours seront dispensés de l'obligation de justifier de douze mois de navigation sur les bâtiments de l'État, s'ils prouvent avoir fait, avant le 1er janv. 1852, trois campagnes au moins à la pêche de la baleine et du cachalot (V. rapp. de M. Ancel, D. P. 51. 171. 27). — De plus, tout marin, âgé au moins de vingt-quatre ans, qui aura fait au moins cinq voyages, dont les deux derniers en qualité d'officier, à la pêche de la baleine, sera admissible au commandement d'un navire baleinier, s'il justifie des connaissances suffisantes pour la sécurité de la navigation (L. 22 juill. 1851, art. 13).

L'art. 10 de la loi du 22 juill. 1851 a introduit dans la législation deux dispositions nouvelles qui semblent devoir exercer une heureuse influence sur les résultats de la pêche de la baleine. Ce sont : 1° la faculté d'embarquer des passagers; 2° l'autorisation de transborder les produits de la pêche sur des points déterminés. Si l'émigration européenne continue vers les mers du Sud, le transport d'un certain nombre de passagers pourrait aider l'armement des navires baleiniers. L'exécution de cette disposition est réglée par un décret des 20-23 août 1851 (D. P. 51. 4. 173).

Enfin la pêche de la baleine trouve encore des encouragements dans l'exemption du payement des droits sur le sel employé à préparer les viandes destinées à la provision des navires. — Les produits de cette pêche sont aussi introduits en exemption de tous droits. Ainsi a disparu la disposition de la loi du 28 avril 1816 qui avait imposé à 1 fr. par 100 kilogr. l'huile de poisson de pêche française, ainsi que les fanons et les barbes de baleines bruts (M. Beaussant, p. 229).

§ 3. *De la pêche du corail.*

34. *Historique et législation.* — Le corail est une sorte de végétation sous-marine d'une riche nuance rouge. Pendant longtemps sa véritable origine fut inconnue. Théophraste en parle comme d'une pierre gemme. Pline, et après lui Tournefort, le firent considérer comme une plante jusqu'au moment où les travaux des naturalistes modernes le rangèrent dans la classe des polypiers. Il se rencontre principalement dans la mer Rouge et dans la Méditerranée; mais son extraction, que les lois appellent pêche, n'est réglementée qu'en ce qui concerne cette dernière mer. Cette pêche se fait sur les côtes de France et sur celles d'Afrique; mais l'exploitation la plus fructueuse est maintenant celle qui se pratique sur les rivages de l'Algérie et de la régence de Tunis. La France, qui est aujourd'hui en possession du territoire de l'Algérie, avait, depuis l'année 1560, des droits à la pêche du corail dans ces mêmes parages par l'établissement de la Calle exploité par une compagnie. La loi des 21-29 juill. 1791, des arrêtés des 27 niv. an 9 et 17 flor. an 10 eurent pour objet de constituer de nouvelles compagnies françaises pour la pêche du corail. La guerre maritime fit passer l'établissement de la Calle aux mains des Anglais. En 1816, quand cet établissement fut restitué à la France, cette industrie se releva, mais d'une façon languissante, et la guerre avec l'Algérie vint mettre de nouveaux obstacles à son développement (V. les Codes maritimes de Beaussant, t. 2, p. 230 à 232, et Hautefeuille, p. 47 et suiv.). Les actes réglementaires relatifs à cette pêche sont peu nombreux. Le tableau que nous présentons ci-dessous nous dispensera de les analyser. Disons seulement que, relativement à la pêche du corail sur les côtes de l'Algérie, cette pêche est libre pour tous les

(1) (Delaroche et consorts.)—Louis-Philippe, etc.;—Vu les art. 1, 2 et 3 de l'arrêté du gouvernement, du 14 fruct. an 8; —Vu l'ord. du 7 déc. 1829; —Vu le deuxième alinéa de l'art. 4 de la loi du 22 avril 1832, ainsi conçu :—« Pour avoir droit à la prime, l'équipage mixte ne pourra être composé, en étrangers, que du tiers des officiers, harponneurs et patrons, sans que le nombre puisse excéder deux pour la pêche du Sud et cinq pour la mer du Nord; »—Considérant que la destination du navire l'Albastros était expédiée pour la pêche de la baleine dans les mers du Sud; que, dès lors, et aux termes de l'art. 4 de la loi ci-dessus visée, l'état-major dudit navire ne devait pas se composer de plus de deux officiers étrangers, pour que l'armateur eût droit à la prime;—Qu'il est constant, par l'instruction, qu'au départ, il y avait à bord trois officiers étrangers y compris le capitaine Smith;—Que l'arrêté du 14 fruct. an 8, en accordant certains avantages aux marins étrangers, assujettis à servir sur les bâtiments de l'État, ne les assimile pas aux marins français, dont l'emploi sur les bâtiments destinés à la pêche de la baleine peut donner lieu à la prime;—Considérant, au surplus, que l'ordonnance ci-dessus visée du 7 déc. 1829, qui régissait la matière avant la loi du 22 avril 1832, n'accordait la prime à l'armement d'ailleurs tout français, dont le capitaine était d'origine étrangère, que lorsque celui-ci était en instance de naturalisation; — Que la loi du 22 avril 1832 n'a rien changé sous ce rapport aux dispositions antérieures. — Art. 1. Les requêtes... sont rejetées.

Du 31 janv. 1834.-Ord. cons. d'Et.-MM. Boivin, rap.-Dalloz, av.

Français (arrêté du gouv. gén. 31 mars 1832); les étrangers sont soumis à une redevance de 216 piastres d'Espagne par bateau pour la pêche d'été, et à 98 piastres pour la saison d'hiver (*eod.*) (1).

35. *État actuel.* — L'état actuel de cette pêche est très-fâcheux; elle est presque uniquement exploitée par les Italiens. Cependant il serait à désirer que le gouvernement y portât son attention, non-seulement pour la pêche en elle-même, mais parce qu'elle forme de bons matelots, comme les pêches de la baleine et de la morue. Pour atteindre à ce but, il faudrait assurer cette pêche aux Français et limiter avec prudence l'admission des étrangers. — Il serait bon d'accorder des primes qui s'éteindraient ensuite graduellement. Il serait également urgent de tracer des règles de police pour la pêche sur les bancs, et même de faire la désignation des bancs qui devraient se reposer, afin d'éviter la destruction complète du corail (M. Beaussant, *eod.*, p. 232, 233).

ART. 3. — PÊCHE CÔTIÈRE OU PETITE PÊCHE.

36. Les pêches dont il nous reste à parler, quoique moins importantes que celles de la morue et de la baleine, sont cependant dignes d'attention, et elles ont plusieurs fois éveillé la sollicitude des législateurs et de l'administration. Les pêches côtières ou petites pêches sont celles qui ont lieu le long ou à peu de distance des côtes françaises. Elles ont pour objet tantôt de rapporter le poisson frais, tantôt de saler les produits de la pêche. La salaison se fait à terre ou en mer.

La pêche côtière se pratique aussi dans toutes les parties de fleuves ou rivières affluant directement ou indirectement à la mer, sous la seule condition que ces parties sont comprises dans les limites de l'inscription maritime. Il faut noter toutefois que les règles auxquelles est soumise cette pêche diffèrent suivant qu'elle a lieu dans une partie où les eaux contractent la salure ou dans la partie non salée de l'inscription maritime. — V. à cet égard Pêche fluviale, nos 26 et suiv.

§ 1. — *De la pêche côtière en général.*

37. *Historique et législation.* — Cette industrie n'occupe pas moins de trente mille marins, montant cinq ou six mille bateaux. Ses produits varient entre 15 et 16 millions. Elle fournit à l'État de bons matelots, sans imposer au trésor d'énormes sacrifices. Elle n'a besoin que de bonnes règles de police et de la protection de l'autorité dans le cas où ses droits seraient méconnus par les gouvernements étrangers. Son importance est telle, qu'elle a été quelquefois sauvegardée des horreurs de la guerre. On connaît ces *trêves pêcheresses* si souvent citées dans l'histoire du moyen âge. Elles sont attestées par Froissard dans les termes suivants : « Car pescheurs sur mer, quelque guerre qu'il soit entre la France et l'Angleterre, jamais ne se firent mal. Ançois sont amis et s'aident l'un et l'autre au besoing, vendent et acheptent sur mer l'un à l'autre leurs poissons quand les uns en ont plus largement que les autres; car s'ils se guerroyaient on n'aurait pas de marée. » Cet usage s'est longtemps perpétué, et jusqu'à Louis XIV les amiraux ont eu le droit de conclure des trêves de cette nature. Lors même que ces trêves n'existaient pas, « l'amiral pouvait accorder aux sujets du peuple ennemi des saufs-conduits pour la pêche, sous telles et semblables cautions, charges et précis que les ennemis les accordaient aux Français » (ord. de 1584). Suivant Valin, le peu de bonne foi des pêcheurs étrangers contraignit Louis XIV à supprimer ces sortes de traités; en effet, l'ord. du 1er oct. 1692 « défend à tous corsaires de donner à tous bâtiments ennemis qu'ils rencontrent, pêcheurs ou autres, la permission de continuer leur pêche ou leur navigation. » — Cependant on en revint aux anciens principes. Une lettre du roi, du 5 juin 1779, veut qu'on respecte les pêcheurs anglais ou les navigateurs de cette nation qui auraient à bord du poisson frais pêché même par d'autres,... « et cela afin d'adoucir les calamités de la guerre en faveur d'hommes qui n'ont d'autres ressources que le commerce de la pêche. » Plus tard ces principes cessèrent d'être respectés, et un arrêté du 20 germ. an 3 prescrivit l'établissement de bateaux et de chaloupes pour protéger la pêche sur les côtes de France. La législation française tend aujourd'hui à faire admettre la liberté de la pêche comme un principe de droit international; à cet effet, l'art. 2 du décr. du 4 juill. 1853 porte qu'en temps de guerre maritime la pêche ne peut être interdite, suspendue ou limitée que par l'ordre du ministre de la guerre. Toutefois, en cas d'urgence, le préfet maritime exerce le même droit, sauf à rendre compte immédiatement au ministre de la guerre de ses décisions (D. P. 53. 4. 170).

38. Malgré l'abondance des poissons de mer et la prodigieuse facilité de leur reproduction, il est certain que la police de cette pêche a besoin d'être réglementée. Jusqu'à ces derniers temps, elle l'avait été très-imparfaitement par l'ordonnance de 1681 et par quelques actes postérieurs. Des plaintes nombreuses se sont élevées. On a cité certains établissements de pêche placés près de l'embouchure des fleuves dans lesquels le jeune poisson était capturé en telle quantité qu'on en nourrissait les porcs; on s'en servait même comme engrais. Ces abus ne sont plus possibles sous l'empire de la législation actuelle. Un décret présidentiel rendu pendant la dictature de 1852, et ayant force de loi, a réglé l'exercice de la pêche côtière (décr. 9 janv.-1er fév. 1852, D. P. 52. 4. 41). L'art. 3 de cette loi a voulu qu'un décret séparé réglementât la pêche côtière dans chaque arrondissement maritime. Cette disposition a reçu son exécution pour les arrondissements de Cherbourg, Brest, Lorient et Rochefort (décr. 4 juill.-6 sept. 1853, D. P. 53. 4. 170). Il ne reste plus à promulguer que le décret relatif à l'arrondissement de Toulon, qui doit être prochainement inséré au Bulletin des lois.

39. La loi du 9 janv. 1852 et les décrets qui ont réglementé son exécution rendent à peu près sans intérêt les actes législatifs, sur la petite pêche, qui sont antérieurs à cette époque. Cependant leur abrogation étant prononcée par l'art. 24 dans les termes d'usage : « En ce qu'ils ont de contraire aux dispositions de la présente loi, » il peut encore arriver qu'on ait besoin de recourir à l'ancienne législation, dont nous présentons le tableau ci-après (2). Ce tableau ne contient que les actes qui se réfèrent à la pêche côtière en général. Nous indiquons séparément la législation concernant certaines pêches spéciales, comme celles du maquereau et du hareng, des huîtres et des moules. Enfin nous présentons aussi, dans des tableaux séparés, tout ce qui concerne l'établissement des pêches fixes avec parcs, bouchots, madragues, etc. Ces documents sont terminés par l'indication de la législation relative aux prud'hommes pêcheurs.

---

(1) TABLEAU DES LOIS, DÉCRETS ET ORDONNANCES RELATIFS A LA PÊCHE DU CORAIL.

21-29 juill. 1791. — Loi qui supprime la compagnie d'Afrique, qui avait le privilége exclusif pour la pêche du corail.

27 niv. an 9 (17 janv. 1801). — Arrêté portant établissement d'une compagnie pour la pêche du corail.

17 flor. an 10 (7 mai 1802). — Loi portant établissement d'une nouvelle compagnie d'Afrique.

Art. 1. La compagnie d'Afrique, supprimée par la loi des 21-29 juill. 1791, et qui avait le privilége exclusif de la pêche du corail et celui de l'exploitation des concessions faites à la République française par les puissances barbaresques, reste définitivement supprimée.

2. Il sera établi une nouvelle compagnie qui jouira des avantages et prérogatives stipulés dans les derniers traités. — La pêche du corail demeurera libre à tous les Français, moyennant une rétribution qui sera payée à la compagnie par chaque bâtiment pêcheur, et dont la quotité sera fixée tous les ans par le gouvernement.

3. Les consuls de la République feront, en conséquence, avec les actionnaires de la nouvelle compagnie, toutes les stipulations et conditions, ainsi que les réglements nécessaires.

9-20 nov. 1844. — Ordonnance du roi relative à la pêche du corail en Algérie (D. P. 45. 3. 10).

(2) TABLEAU DES ORDONNANCES, ÉDITS, DÉCLARATIONS, ARRÊTS DU CONSEIL, DÉCRETS, LOIS ET ARRÊTÉS RELATIFS A LA PÊCHE CÔTIÈRE.

23 avr. 1726. — Déclaration du roi pour le rétablissement de la pêche du poisson de mer, et qui interdit à cet effet toutes espèces de dreiges et autres filets traînants, excepté pour la pêche de l'huître, et supprime l'usage des bateaux sans quilles, mâts, voiles ni gouvernail, pour faire la pêche en mer, le long des côtes et aux embouchures des rivières (abrogée).

2 sept. 1726. — Déclaration du roi qui défend la pêche du poisson nommé blanche ou blacquet (abrogée).

24 déc. 1726. — Déclaration du roi qui défend la pêche, le trans

10. *Personnel des pêcheurs.* — Avant 1789, les pêcheurs formaient des communautés dans un grand nombre de ports. Les règlements qui les régissaient ont été abrogés avec l'institution par le décret des 2-17 mars 1791, qui a supprimé les maîtrises et jurandes (V. Patente, p. 44). Cependant plusieurs communautés ont été rétablies sur des bases nouvelles, et les décrets des 4 juill.-6 sept. 1853 déterminent leur organisation. — Un décret de la convention, du 2 oct. 1793, défend aux pêcheurs de s'engager pour plus d'une année. M. Beaussant, Code marit., p. 237, fait remarquer avec raison qu'on ne comprend pas trop le but de ce décret, car tous les pêcheurs côtiers sont soumis à l'inscription (V. Organ. marit.), et ils peuvent être enlevés de leur bord pour les besoins du service de l'Etat au milieu de leur engagement. Les patrons des bateaux employés à une pêche qui exige un voyage de cabotage ne peuvent les commander qu'autant qu'ils ont obtenu leur titre en forme (V. Organ. marit.). Mais pour les barques et bateaux employés à la pêche côtière du poisson frais, aucun examen n'est exigé; car il ne s'agit pas de naviguer, mais de pêcher. Cependant les commandants de ces barques sont assujettis aux règles générales sur la navigation (V. *eod.* et Navigation). A cet égard il a été jugé que le règlement du 23 janv. 1727, qui prescrit aux maîtres de chaloupes servant à la pêche du poisson frais de prendre un rôle d'équipage, est toujours en vigueur. — Par suite, un permis de navigation ne peut suppléer à ce rôle d'équipage, et relever le contrevenant de la peine de 100 liv. d'amende prononcée par le règlement de 1727 (Bordeaux, 9 déc. 1847, aff. Barreyre, aff. Nideau et aff. Goudichaud, D. P. 48. 2. 114).

---

port et la vente du poisson nommé blanche ou blacquet, et du frai de poisson de mer (abrogée).

23 janv. 1727. — Règlement dont l'art. 8 porte que les maîtres des traversiers et chaloupes servant à la pêche du poisson frais seront tenus de prendre un rôle d'équipage.—V. Voirie par eau.

23 mars 1728. — Déclaration du roi au sujet de la pêche du poisson de mer dans la province de Languedoc.

8-12 déc. 1790. — Décret relatif aux pêcheurs dans les ports, et notamment à ceux de Marseille.

L'assemblée nationale, s'étant fait rendre compte des pétitions et mémoires des patrons pêcheurs de Marseille et autres pêcheurs étrangers établis dans cette ville et autres ports français de la Méditerranée, ouï ses comités de marine, de commerce et diplomatique, a décrété ce qui suit :

Art. 1. Toutes les lois, statuts et règlements sur la police et les procédés de la pêche, particulièrement les règlements sur les faits et procédés de la pêche en usage à Marseille, autres que ceux du 29 déc. 1786 et du 9 mars 1787, seront provisoirement exécutés, l'assemblée se réservant, après la révision desdites lois, statuts et règlements, de former un nouveau code des pêches; et attendu que l'on a renouvelé, sur les côtes de Provence et de Languedoc, un procédé de pêches anciennement proscrit et sensiblement préjudiciable à l'industrie des pêcheurs et à la reproduction du poisson, ledit procédé connu sous le nom de la pêche aux bœufs, l'assemblée nationale, confirme les défenses prononcées par les précédentes lois, sous les peines y portées.

2. Les pêcheurs catalans continueront à jouir, d'après les conventions subsistantes entre la France et l'Espagne, de la faculté de pêcher sur les côtes de France, et de vendre leur poisson dans les ports où ils aborderont, en se conformant aux lois et règlements qui régissent les pêcheurs nationaux : en conséquence lesdits pêcheurs catalans et autres étrangers domiciliés ou stationnaires à Marseille et sur les côtes de Provence, seront soumis, comme les nationaux, à la juridiction des prud'hommes dans les lieux où il y en a d'établis (celle de Marseille est maintenue), et obligés de se faire inscrire au bureau des classes, où il leur sera délivré un rôle d'équipage, contenant le nombre d'hommes dont sera armé chaque bateau pêcheur, ceux sous pavillon français pouvant être composés par moitié d'étrangers, et ceux sous pavillon d'Espagne pouvant aussi être composés par moitié de Français.

3. Sont également soumis les pêcheurs catalans et autres étrangers, comme les nationaux, au payement de la contribution dite de la demi-part, lorsqu'ils viendront vendre leurs poissons dans les marchés français.

4. La parité de charges et d'obligations entre les nationaux et les Catalans, assurant aux uns comme aux autres une parité de droits dans l'exercice de leur profession, les pêcheurs catalans domiciliés à Marseille jouiront en commun pour l'étendage de leurs filets, des terrains appartenant à la communauté des pêcheurs, seront appelés à ses assemblées et délibérations, et pourront être élus prud'hommes aux mêmes titres et conditions que les nationaux.

5. Les assemblées de la communauté des pêcheurs, pour toutes les élections et pour la reddition des comptes de recette et de dépense de la communauté, seront tenues en présence d'un officier municipal, du procureur de la commune ou de son substitut, lequel aura le droit de requérir ce qu'il avisera pour constater l'authenticité des comptes, et parvenir à la liquidation des dettes de la communauté.

6. Les délibérations de ladite communauté pour l'administration des revenus et les contestations qui surviendraient sur le fait des élections, seront soumises à la décision du directoire du district, et en dernière instance à celle du directoire du département.

7. Tous les patrons pêcheurs, propriétaires d'un bateau monté de quatre hommes au moins, le patron et le mousse compris, ne pourront être soumis à aucun service public hors de l'enceinte du port et de la rade qu'ils habitent.

8. Le roi sera prié de donner ses ordres au ministre des affaires étrangères, pour concerter avec la cour d'Espagne les moyens d'attacher au service de l'une et de l'autre nation les gens de mer français et espagnols domiciliés ou stationnaires sur les côtes de France ou d'Espagne.

9. L'assemblée nationale, prenant en considération la pétition de la ville de Cassis, pour le rétablissement dans son port de la juridiction de prud'hommes dont elle jouissait anciennement, décrète que ladite juridiction y sera rétablie, et qu'il sera accordé, sur les côtes de la Méditerranée, de pareils établissements, à tous les ports qui en feront présenter la demande par les municipalités et corps administratifs des lieux.

9-15 avril 1791. — Décret relatif à la pêche à la traîne dans les provinces du Languedoc et du Roussillon.

Art. 1. L'assemblée nationale, sur la pétition des patrons pêcheurs des ci-devant provinces du Languedoc et du Roussillon, interprétant l'art. 2 du décret du 8 déc., confirme la défense portée par ledit décret, d'exécuter la pêche aux bœufs avec des filets dont les mailles seraient au-dessous de 9 lignes dans la partie inférieure, de 10 lignes dans la partie moyenne, et 18 lignes, dans la partie supérieure. L'usage même de ces filets pour la pêche aux bœufs et toute espèce de pêche à la traîne, ne pourra être permis depuis le 1er avril jusqu'au 1er juillet. Dans toute autre saison de l'année, et en se conformant aux dimensions prescrites pour les mailles des filets, la pêche aux bœufs et celle dite à la traîne pourront s'exécuter sur les côtes des ci-devant provinces de Languedoc et de Roussillon.

2. L'assemblée nationale décrète qu'il sera établi une juridiction de prud'hommes et de patrons-pêcheurs dans le port de Saint-Tropez, à la charge d'y faire observer les mêmes lois, statuts et règlements de la juridiction des prud'hommes de Marseille.

3. La juridiction des prud'hommes établie dans la ville de Cette, sera commune à tous les pêcheurs du quartier des classes de la même ville; et, en conséquence, les patrons-pêcheurs des étangs, ayant en propriété leurs filets et barques de pêche montées de trois hommes au moins, mousses compris, concourront avec ceux de la mer aux places de prud'hommes, et jouiront des mêmes prérogatives énoncées dans le décret du 8 décembre dernier.

3-7 mars 1792. — Décret concernant les citoyens non inscrits sur les registres des classes maritimes, qui se livreront à la navigation intérieure des rivières et des canaux. — V. Organ. marit.

2 oct. 1793. — Décret portant que les engagements relatifs à la pêche ne peuvent excéder le terme d'une année.

La convention nationale, après avoir entendu le rapport de son comité de marine, décrète que les engagements qui pourront être pris par les maîtres pêcheurs des différents ports de la République, et les armateurs et propriétaires des bateaux de pêche, ne pourront excéder le terme d'une année, ou de deux saisons de pêche; déclare nul et de nul effet tout engagement ou bail qui excéderait ce terme, et abroge tout décret, jugement ou ordonnance contraire au présent décret.

24 vend. an 2 (18 oct. 1793). — Décret qui exige que les bâtiments, barques, etc., employés à la pêche sur la côte, soient marqués d'un numéro, du nom du propriétaire, etc.— V. Organ. marit.

18 therm. an 10 (6 août 1802). — Arrêté concernant la pêche en goëmon et varech (abrogé).

21 vent.-1er germ. an 11 (12 mars 1803). — Loi qui prohibe la pêche dite *pêche aux bœufs* ou à *la drége*, et la pêche *au gangui* (abrogée).—V. l'exposé des motifs, Baudrillart p. 600.

11 juin 1806. — Décret concernant les sels dont le tit. 3 est relatif aux sels employés à la pêche maritime, et le tit. 4 à la pêche des sardines, maquereaux et autres poissons dont les salaisons se font à terre, ou qui sont salés en mer pour être consommés en vert.—V. Sel.

13-28 mai 1816. — Ordonnance sur l'emploi des filets de pêche dits *rets traversiers* ou *chalut* et *petit chalut à la chevrette* (abrogée).

16 juin-1er juill. 1836. — Ordonnance du roi qui autorise la pêche de la guildre, en mer et dans les rivières (abrogée).

23 juin-2 juill. 1846. — Loi relative à la répression des infractions au règlement général du 23 juin 1843, sur les pêcheries dans les mers situées entre les côtes de France et celles du royaume-uni de la Grande-Bretagne et d'Irlande (D. P. 46. 3. 109).

23 juin-2 juill. 1846. — Ordonnance du roi qui prescrit la publication de la déclaration portant règlement général (du 23 juin 1843), des pêcheries entre la France et la Grande-Bretagne (D. P. 46. 3. 110).

9 janv.-1er fév. 1852. — Décret sur l'exercice de la pêche côtière (D. P. 52. 4. 41).

4 juill.-6 sept. 1853. — Décrets impériaux portant règlement sur la pêche maritime dans les arrondissements de Cherbourg, Brest, Lorient et Rochefort (D. P. 53. 4. 170).

41. L'administration de la marine a-t-elle le droit d'interdire à un pêcheur l'exercice de sa profession pendant un certain temps? Une lettre ministérielle du 8 déc. 1829 s'est prononcée pour l'affirmative. M. Beaussant, Code marit., p. 238, 230, se range à l'opinion contraire, parce que ce pouvoir n'est pas écrit dans la loi. « En principe, dit-il, la liberté des professions est telle que l'administration qui les réglemente ne peut punir elle-même les infractions, et doit les déférer aux tribunaux. » (V. ce qui est dit à cet égard v° Droit marit., n°s 606 et s. : la question y est résolue dans le même sens). Il y a même, pour les pêcheurs, un motif particulier, c'est que la déchéance temporaire ou à toujours de commander une barque de pêche est précisément une des peines prononcées en cas de contravention; qu'autrefois l'application de cette peine était toujours dévolue aux amirautés, remplacées aujourd'hui par les tribunaux.

42. Les sels destinés à la petite pêche sont exempts de tous droits. Leur délivrance en franchise par l'administration des douanes a été organisée par le décret du 11 juin 1806 et l'ordonnance du 30 oct. 1816. — V. Sel.

43. *Police de la pêche côtière*. — Ainsi que nous l'avons dit, n° 39, tout est réglé à cet égard par la loi du 9 janv. 1852 et par les décrets rendus pour chaque arrondissement maritime les 4 juill. et 6 sept. 1853. La pensée de la loi et des dispositions réglementaires qui l'ont suivie, est indiquée par un rapport du ministre de la marine à l'empereur, D. P. 53. 4. 171. La pêche maritime qui, depuis longues années, était pour ainsi dire abandonnée à elle-même, est aujourd'hui soumise à une législation très-précise, qui a emprunté à la loi du 15 avr. 1829, sur la pêche fluviale, de très-bonnes dispositions, sans adopter l'indulgence excessive qui se remarque dans cette dernière loi. Aujourd'hui la pêche maritime a des règles de police aussi bien tracées que celles de la pêche fluviale. Cette législation spéciale gouverne toute espèce de pêche autre que celle de la morue, de la baleine et du corail. Elle place dans la dépendance et sous la surveillance du ministre de la marine tous les établissements fixes de pêcheurs, soit sur les bords de la mer, soit à l'embouchure des fleuves, soit dans les étangs salés (art. 2); elle laisse au pouvoir réglementaire le soin de déterminer, non pas d'une manière générale, mais en tenant compte des nécessités locales et pour chaque arrondissement ou sous-arrondissement maritime, toutes les mesures de police propres à garantir la conservation et la reproduction du poisson de mer, des coquillages, des huîtres et des moules (art. 3 et 4). Les art. 5 et 9 sont relatifs à la pénalité, qui est mise en rapport avec la législation moderne. Les art. 12, 13 et 14 se réfèrent à la responsabilité civile, à la recherche et à la saisie des filets et des instruments prohibés. Le surplus de la loi règle le mode de constatation des infractions et de leur poursuite, qui a lieu devant les tribunaux correctionnels. Plusieurs dispositions sont empruntées au code forestier et à la loi sur la pêche fluviale. Elles ont surtout pour objet de simplifier la procédure et de diminuer les frais.

44. L'art. 24 déclare abrogés, en ce qu'ils ont de contraire à la loi nouvelle, les lois et règlements aujourd'hui existants sur la police de la pêche côtière ou pêche de poisson et coquillage à la mer, le long des fleuves, ainsi que dans la partie des fleuves, rivières, étangs et canaux où les eaux sont salées. — Il en est de même à l'égard du règlement relatif à la récolte du goëmon et autres herbes marines. — Toutefois, il n'est aucunement dérogé à la loi du 23 juin 1846, sur les pêcheries dans les mers situées entre les côtes de France et celles du Royaume-Uni. — V. cette loi et l'ordonnance du même jour, D. P. 46. 3. 109 et 110.

45. Il serait superflu d'entrer dans les détails infinis que contiennent les quatre décrets des 4 juill. et 6 sept. 1853, qui ont pourvu à l'exécution de la loi de 1852. Ces documents qui, avec les répétitions, n'occupent pas moins de trois cents pages du Bulletin des lois, ont été reproduits dans la forme la plus propre à en faciliter l'étude, D. P. 53. 4. 170. Il nous suffit d'y renvoyer.

Quant à la jurisprudence, d'ailleurs très-peu nombreuse, qui se réfère à l'état ancien de la législation, nous allons l'indiquer très-sommairement, en négligeant toutefois certaines décisions qui ne peuvent plus avoir aucun intérêt aujourd'hui.

46. *Poissons royaux. — Épaves*. — L'ord. de 1681 avait une disposition spéciale pour les poissons royaux. Leur nombre, autrefois très-étendu, avait été restreint par l'ordonnance à quatre, savoir : les dauphins, les esturgeons, les saumons et les truites. Quoique la pêche de ces animaux fût entièrement libre et qu'il fût permis à tout le monde de s'en emparer, ils devenaient la propriété exclusive du roi lorsqu'ils étaient trouvés sur les grèves. Valin, Comment. ord. de la marine, atteste que « jamais la disposition n'a été appliquée, qu'on supposait toujours les poissons pris en pleine mer, et qu'il fallait en passer par là à défaut de preuves contraires. » Cette disposition, inexécutable en fait, nous paraît abrogée en droit, et nous croyons que les poissons échoués sur les côtes appartiennent au premier occupant. — V. à cet égard M. Beaussant, Code marit., t. 2, p. 167.

Il n'en est pas de même à l'égard des baleines, marsouins, veaux de mer et autres poissons à lard qui seraient trouvés échoués sur les bords de la mer. Ils doivent être partagés comme épaves (V. Propriété). M. Beaussant cite, p. 165, un exemple d'une liquidation faite, en 1836, sur vingt-deux souffleurs échoués et sauvés sur les côtes du quartier de Roscoff.

47. *Étangs salés*.— Ces étangs, a dit M. Dupin dans un réquisitoire, ne diffèrent point de la mer, ils en sont les annexes; ils en font partie, ce sont les mêmes eaux. Un étang salé n'est qu'une baie à étroite entrée. L'ancienne législation a constamment assimilé à la pêche en mer la pêche sur les étangs salés. Cette parité est établie par l'ord. de 1681, liv. 1, tit. 2, art. 5; par l'ord. du 31 oct. 1784 et par la loi de finances du 1er mai 1822. Toutefois, il importe d'établir une distinction entre les étangs salés que nous venons de décrire et ceux qui n'ont aucune communication avec la mer, si ce n'est dans les grandes marées. Ces derniers sont des propriétés privées, tandis que les premiers font partie du domaine public. — V. Domaine public, n° 34.

La pêche sur les étangs salés communiquant à la mer est donc soumise à toutes les dispositions des lois sur la pêche maritime. Cette proposition ne peut plus faire l'objet d'aucun doute depuis la loi du 9 janv. 1852, qui déclare formellement que toutes ses dispositions sont applicables aux étangs dont les eaux sont salées. En conséquence, l'art. 1 du règlement du 31 août 1722, qui interdit aux maîtres et patrons de bateaux qui font la pêche à la mer du poisson frais, d'embarquer aucun matelot ou garçon de bord, qui ne soit compris au rôle d'équipage, à peine de 60 liv. d'amende pour chaque matelot ou garçon de bord embarqué, doit être appliqué à ceux qui pêchent dans des étangs salés comme à ceux qui pêchent à la mer, les étangs salés étant les annexes et faisant partie de la mer (Crim. cass. 24 juin 1842) (1).

---

(1) *Espèce* : —(Int. de la loi, aff. Fabre.) —Sur la question importante que cette proposition a résolue, M. le procureur général Dupin s'est exprimé en ces termes :—« Les étangs salés, a dit ce magistrat, ne diffèrent point de la mer; ils en sont les annexes, ils en font partie; ce sont les mêmes eaux. Un étang salé n'est qu'une baie à étroite entrée. — L'ancienne législation a constamment assimilé à la pêche en mer la pêche sur les étangs salés. C'est ainsi que les mêmes règlements régissaient l'une et l'autre pêche, et les infractions à ces règlements compétaient à une même juridiction, qu'elles eussent été commises sur des étangs ou sur mer. C'est ainsi encore que, dans l'ordonnance de la marine du mois d'août 1681, on lit au tit. 2 du liv. 1, art. 5 : « La connaissance de la pêche qui se fait en mer dans les étangs salés et aux embouchures des rivières, appartiendra aux juges de l'amirauté comme aussi..., etc. » — Plus tard, l'ordonnance du 31 oct. 1784 comprit indistinctement dans le second état des classes les gens faisant la pêche ou à la mer ou sur les étangs. L'art. 4, tit. 10, de cette ordonnance, commence ainsi : « Seront inscrits dans l'état des pêcheurs et bateliers tous ceux qui s'occuperont de la pêche du poisson frais, soit à la mer, soit sur les côtes, dans les rades, étangs, canaux et rivières compris dans l'étendue des quartiers des classes... » Et ce texte a été implicitement maintenu en vigueur par les dispositions transitoires de l'art. 17 de l'arrêté du 21 vent. an 4.—Récemment enfin, une loi de finances, la loi du 1er mai 1822, a créé une parité nouvelle entre la pêche en mer et la pêche sur les étangs salés. L'exercice de cette dernière pêche était assujetti à certains droits de fermage et de licence, à la perception desquels la pêche en mer ne pouvait pas donner lieu. L'art. 7 de la loi des finances a retranché ces droits du budget des recettes, et il résulte de la discussion du projet à la chambre des députés, que ce qui a déterminé

48. Les tribunaux ordinaires sont compétents pour décider si l'acquéreur d'un étang salé, communiquant à la Méditerranée, a droit de se servir, pour le pêcher, d'une substance soporifique (le suc de tithymale ou *lletresa*), suivant d'anciens titres et la possession, alors que ce suc nuit à la reproduction du poisson (décr. cons. d'Ét. 18 août 1807) (1).

49. Des bordigues (V. ce mot) ou bourdigues sont quelquefois établies dans des étangs salés pour y prendre le poisson; quelquefois aussi ces établissements sont régis par des règlements particuliers fort anciens. Tel est celui de la chambre des comptes de Provence, du 9 avril 1568, pour l'étang de Caronte. —A cet égard il a été jugé, par application de cet arrêt, que les bourdigaliers investis de la faculté exclusive de pêcher, même en temps prohibé, dans les limites de leurs bourdigues, sont sans qualité pour s'opposer aux faits de pêche, même illégaux, commis hors de ces limites, et d'en poursuivre la répression (Crim. rej. 14 fév. 1852, aff. Maumier, D. P. 52. 5. 412). —La disposition de l'ord. de la marine du mois d'août 1681, qui détermine l'époque fixe à laquelle les propriétaires de bordigues doivent les tenir ouvertes, est obligatoire même à l'encontre de ceux dont les titres plus anciens indiquaient une époque de fermeture plus éloignée (Crim. cass. 16 mai 1846, aff. Galliffet, D. P. 46. 4. 390).

50. L'examen de la question préjudicielle de savoir si une localité dépend d'une circonscription territoriale indiquée, n'entre pas dans les attributions des tribunaux de répression; elle est de la compétence exclusive de l'autorité administrative; — Et spécialement un tribunal correctionnel saisi de la poursuite du délit de pêche illégale du goëmon en une localité désignée par le ministère public comme dépendant de la circonscription communale qui jouit du privilége exclusif de cette pêche, ne peut, lorsque le prévenu oppose que cette localité ne dépend pas de la circonscription communale indiquée, connaître de la question préjudicielle de reconnaissance de délimitation : il doit surseoir à statuer et renvoyer cette question à l'autorité administrative (Crim, cass. 1er août 1844) (2).

51. *Goëmon.* — L'arrêté municipal qui, dans un intérêt d'ordre public, interdit la pêche du goëmon les dimanches et fêtes, est obligatoire (Crim. rej. 24 nov. 1848, aff. Renés, D. P. 48. 5. 280).—V. aussi le numéro précédent.

§ 2. — *De la pêche du hareng et du maquereau.*

52. *Pêche du hareng. — Historique et législation.* — La pêche du hareng se fait, soit avec des filets jetés en pleine mer, soit avec des filets flottés retenus au fond par des pieux et à la surface par des tonneaux. Les bandes de ces poissons, dit M. Beaussant, sont si considérables, qu'elles ont plusieurs lieues de long et plusieurs mètres d'épaisseur. Cette pêche est fort ancienne. Elle se fait si facilement, et si près des côtes, le poisson offre une proie si facile que, dès que les habitants du rivage commencèrent à se hasarder sur les flots, ils durent tirer parti de cette précieuse ressource envoyée chaque année, à la même époque, avec une égale abondance et dans les mêmes lieux. Sous l'empire de la féodalité, la fourniture d'un certain nombre de tonneaux de harengs figurait au nombre des redevances féodales. Dans les temps modernes, cette industrie a donné lieu à un commerce important, qui était autrefois protégé par des primes. Un décret des 7 mars-10 avril 1791 accordait une prime de 6 liv. pour chaque baril de hareng exporté de France à certaines destinations (V. ci-dessus le tableau de la législation pour la pêche de la morue). Un arrêté du 13 (et non 17) pluv. an 11 accordait une prime aux armateurs pour la pêche du hareng d'automne (V. ci-dessous, p. 530). Ce mode d'encouragement a été bientôt abandonné et il n'a pas été rétabli.

Quant à la police de cette pêche, l'ord. de 1681 est le premier

---

la proposition et l'adoption de l'article, c'est que les étangs salés sont de véritables appendices de la mer. —Il est à remarquer qu'une double importance s'attache à la question sur laquelle ont statué les tribunaux de Narbonne et de Carcassonne: d'une part, en effet, cette question concerne directement l'exercice de la police de la pêche sur les étangs salés; puis, d'un autre côté, elle se rapporte aux plus graves intérêts de l'inscription maritime. Car si, comme l'ont décidé l'un et l'autre jugement, la pêche sur les étangs salés devait demeurer entièrement distincte de la pêche à la mer, la loi du 3 brum. an 4 qui comprend dans l'inscription maritime les gens faisant la pêche en mer, cesserait d'être applicable aux gens faisant la pêche sur les étangs salés : les ressources de l'inscription maritime subiraient ainsi un notable décroissement. »— Arrêt.

La cour; — Vu le réquisitoire, etc.; — Vu le règlement du roi, en date du 31 août 1722, portant, art. 1 : « Fait défenses à tous maîtres et patrons de bateaux portant mâts, voiles et gouvernails, qui font la pêche à la mer, du poisson frais, d'embarquer aucun matelot, ou garçon de bord, qui ne soit compris au rôle d'équipage, à peine de 60 liv. d'amende pour chaque matelot ou garçon de bord embarqué; — Attendu, en fait, que le jugement attaqué reconnait que Martial Fabre, patron pêcheur, a été trouvé pêchant sur l'étang salé de Leucate, et ayant à son bord un matelot qui n'était pas porté sur le rôle d'équipage; — Attendu que ledit jugement a refusé d'appliquer à Martial Fabre la disposition pénale précitée, sous prétexte que cette disposition n'est faite que pour celui qui pêche à la mer, et non pour ceux qui pêchent dans un étang salé;

Attendu, en droit, que l'art. 1 du règlement du roi, du 31 août 1722, qui ne fait que reproduire pour le cas de la pêche à la mer du poisson frais, le principe général posé par le règlement du roi, du 8 mars 1722, doit s'entendre non-seulement de la pêche en mer, mais encore de la pêche dans un étang salé, qui n'est qu'une baie communiquant à la mer par une issue plus ou moins étroite, et qui en est une prolongation et une partie intégrante, formée des mêmes eaux, peuplée des mêmes poissons, et soumise par conséquent aux mêmes mesures de police; — Attendu que l'ordonnance de la marine du mois d'août 1681, liv. 1, tit. 2, art. 5, attribue à la même juridiction les infractions commises en mer et sur les étangs salés; que l'ordonnance du 31 oct. 1784 assimile, quant à leur inscription dans le second état des classes, les gens faisant la pêche du poisson frais à la mer ou sur les étangs, et que cette disposition a été maintenue par l'art. 17 de l'arrêté du 21 vent. an 4; —Attendu enfin que cette assimilation est maintenue par la loi de finances du 1er mars 1822; —Attendu que, dès lors, le jugement attaqué, en refusant d'appliquer à la pêche sur les étangs salés, les dispositions de l'art. 1 du règlement du 31 août 1722, et en restreignant ces dispositions aux patrons de bateaux pêchant en mer, a faussement interprété et par suite violé ledit règlement du 31 août 1722; —Casse, dans l'intérêt de la loi, le jugement du tribunal correctionnel de Narbonne, renvoyant Martial Fabre des poursuites dirigées contre lui.

Du 24 juin 1842.-C. C., ch. crim.-MM. de Bastard, pr.-Mérilhou, rap-

(1) *Espèce :* — (Hyjar.) — Dans l'espèce, le préfet des Pyrénées-Orientales avait fondé sa défense sur l'ord. de 1669, la loi du 12 déc. 1790, renouvelée par l'arrêté du 28 mess. an 6.

Napoléon, etc.; —Considérant que la question qui se présente est de savoir si les dispositions prohibitives en l'art. 14 du tit. 31 de l'ordonnance du mois d'août 1669, et étendues aux propriétés privées par les art. 11, 12 et 13 du tit. 1, sont applicables aux propriétés du duc d'Hyjar, et que l'application des dispositions de cette ordonnance appartient à l'autorité judiciaire, sur les plaintes, soit des agents de l'administration générale, soit des communes, soit des particuliers intéressés. — Art. 1. L'arrêté du préfet du département des Pyrénées-Orientales, en date du 23 vent. an 12, est annulé, et les parties sont renvoyées pardevant les tribunaux compétents.

Du 18 août 1807.-Décr. cons. d'Et.

(2) (Min. pub. *C.* Hervéou.) — La cour; —Vu les lois des 24 août 1790 et 16 fruct. an 3; —Attendu qu'un procès-verbal du maire de l'île de Batz, en date du 9 février dernier, a constaté à la charge de François Hervéou et consorts, un fait de pêche du goëmon dans un îlot dit de Tysauson, désigné par ledit acte comme formant une dépendance de cette commune; —Attendu que ce fait imputé à des individus ne faisant point partie des habitants de l'île de Batz, rentrait dans les termes d'un arrêt du conseil d'Etat, du 9 fév. 1687, qui attribuait à ces derniers la possession exclusive du goëmon flottant jeté par les flots de la mer sur leurs grèves et rivages, et portait défense, sous peine d'amende, à tous étrangers, de les troubler dans ladite possession; — Attendu que la disposition prohibitive de cet arrêt, ainsi que sa sanction pénale, ont été rappelées par un arrêté municipal du 18 juillet 1836; — Attendu que le tribunal correctionnel de Quimper, saisi, par appel, du fait qualifié de contravention à cet arrêté, s'est renfermé dans l'examen de la question préjudicielle de savoir si l'îlot de Tysauson, ainsi que l'énonçait le procès-verbal du maire, conforme en ce point à un arrêté de l'administration centrale du Finistère du 29 niv. an 6, était ou non dépendance de l'île de Batz; — Attendu qu'il s'agissait là d'une question de circonscription territoriale qui ne devait être appréciée et décidée que par l'autorité administrative, et qu'en lui donnant une solution contraire à l'acte de nivôse an 6, le jugement attaqué a méconnu le principe de la séparation des pouvoirs, violé les règles de la compétence, et par suite les dispositions combinées des lois d'avril 1790 et fructidor an 3; —Casse le jugement du tribunal de Quimper, du 14 juin 1844.

Du 1er août 1844.-C. C., ch. crim.-MM. Laplagne, pr.-Rocher, rap.

acte législatif qui l'ait réglementée; mais elle ne fixait pas aux pêcheurs un temps limité. Dès 1687 apparaît le principe de la limitation. —Un arrêt du conseil du 24 mars de cette année, considérant que « le hareng ayant frayé après Noël devient de mauvaise qualité; que la grande quantité qu'on en prend alors ruine entièrement les côtes et les pêches faites en bonne saison par le vil prix auquel il est vendu,... défend d'aller ni d'envoyer à la pêche du hareng après le mois de décembre, ni d'en acheter à bord d'aucun navire étranger, à peine de 500 liv. d'amende, confiscation du hareng, des équipages et vaisseaux, et autres peines s'il y échoit. » Cependant on fit souvent des exceptions à cette règle. Un décret de la convention, des 15-18 vend. an 2, déclara que les pêches du hareng et du maquereau commenceraient et finiraient à volonté. La lutte entre le système de limitation et celui de liberté a duré longtemps. On peut consulter à cet égard un mémoire de M. Estancelin, député de la Somme, qui a été inséré dans les Annales maritimes de 1835. On y signale les abus de la pêche côtière dans la Manche, et les inconvénients qui résultent de la pêche du hareng vide ou guai. Sans entrer à cet égard dans des détails plus étendus, et sans rechercher si ce sont réellement les abus de la pêche qui ont éloigné les bancs de harengs des côtes de France, nous dirons que la limitation de la pêche du hareng a été rétablie par l'ord. du 14 août 1816 dont l'art. 2 fixe l'ouverture de la pêche au 1er septembre, et sa clôture au 15 janvier. Le 4 janv. 1822, une nouvelle ordonnance abrogeant, en cette partie, celle du 14 août 1816, rendit la pêche du hareng libre et illimitée. « Profitant de cette liberté absolue, dit M. le ministre de la marine dans le rapport qui précède le décret, ayant force de loi du 28 mars 1852, les pêcheurs du Calvados se livrent sur les côtes de la Hollande, et dans les parages du Texel où le hareng vient atterrir vers le mois de janvier, à des achats qui prennent chaque année une plus grande importance. La modicité du prix du poisson, l'inutilité d'un armement sérieux, permet aux acheteurs de faire une concurrence écrasante, et les ports situés au nord de la Seine, bientôt contraints de suivre l'exemple de ceux du Calvados, expédient à leur tour des bateaux qui introduisent ainsi frauduleusement des quantités considérables de harengs de pêche étrangère. »

L'art. 9 de la loi du 6 mai 1841 (V. Douanes, p. 614) avait mis un terme aux achats sur les côtes de Hollande, mais il n'empêchait pas les opérations illicites signalées par le ministre de se continuer aux Orcades, en Écosse et en Angleterre. Ses prescriptions (qui n'avaient d'ailleurs, pour toute sanction pénale, que le refus de l'immunité des droits) et celles de l'ordonn. du 2 juill. 1843 (V. ci-dessous, p. 532), restèrent inefficaces.

« Dès 1845, ajoute le rapport déjà cité, le gouvernement se préoccupait d'une situation aussi fâcheuse, mais les études entreprises par une commission formée à cette époque n'amenèrent aucun résultat. En 1850, une nouvelle commission, instituée sur de larges bases par une décis. du 30 avril, a été chargée de nouveau d'examiner les questions relatives aux introductions frauduleuses de harengs de pêche étrangère et de rechercher les mesures qu'il conviendrait d'adopter pour y mettre un terme. Cette commission, dans laquelle les ports du Pas-de-Calais, de la Seine-Inférieure et du Calvados étaient largement représentés, comprenait des délégués des départements de la marine, des finances, du commerce et des affaires étrangères; elle a poursuivi son œuvre, pendant près de deux ans, avec persévérance, et je viens aujourd'hui soumettre à votre sanction un décret destiné à consacrer ses propositions.

» A la suite d'une enquête effectuée aux Orcades, en Écosse, en Angleterre et dans les ports compris entre Dunkerque et Caen, la grande majorité de la commission, jugeant que la pêche du hareng peut être pratiquée par nos bateaux dans ces parages étrangers, d'une manière suffisamment fructueuse, s'est refusée à accueillir des dispositions qui devaient y mettre obstacle. Elle a, en conséquence, adopté un système de sévère répression des achats, combiné avec une active surveillance, système dont le résultat doit être, dans son opinion, de ramener les armateurs les pêcheurs à la pratique loyale de leur industrie. »

53. Tel était l'état de la législation sur la pêche du hareng, lorsque intervint le décret ayant force de loi des 28 mars-16 avr. 1852 (D. P. 52. 4. 117) qui forme le code spécial de la pêche du hareng. Il remplace toutes les dispositions précédentes, et notamment l'art. 9 de la loi du 6 mai 1841 ainsi que l'ordonnance du 2 juill. 1843. L'art. 1 admet à l'immunité des droits, du 1er août au 31 déc., les produits de la pêche française du hareng avec salaison à bord faite dans les parages d'Ecosse, d'Angleterre et sur les côtes de France. Aucun bateau ne peut être expédié plus d'une fois dans la même année pour la pêche dite d'Ecosse. Cette disposition est une des plus importantes du décret. Elle respecte la pêche sérieuse; car il est démontré que, sauf des circonstances exceptionnelles, un bateau expédié de nos ports ne peut pêcher au delà de son plein chargement, pendant le temps du séjour du hareng sur les côtes d'Ecosse. Elle met un terme à ces voyages répétés des acheteurs qui, au grand préjudice des pêcheurs, encombraient le marché en introduisant frauduleusement les produits de leur coupable industrie. La loi fixe ensuite les règles d'après lesquelles s'opère la délivrance des sels et établit des tarifs (art. 2 à 5). Les art. 6 et 7 contiennent des pénalités sévères pour réprimer la fraude combattue si longtemps d'une manière impuissante. La pénalité de l'arrêt du conseil de 1687 est remise en vigueur et même aggravée. Le surplus de la loi contient des mesures de surveillance et d'exécution.

Pour compléter ce qui est relatif à la police de la pêche du hareng, il faut revenir aux règlements d'administration publique des 4 juill.-6 sept. 1853. Ces règlements indiquent quelles sont, pour chaque arrondissement maritime, les époques auxquelles s'ouvre et se ferme la pêche du hareng sur les côtes avec salaison à bord. Ainsi se trouve rétabli le système de limitation.

54. On trouvera ci-après le tableau de la législation de la pêche du hareng qui, étant le plus souvent réglementée en même temps que celle du maquereau, ne peut en être séparée.

55. *Pêche du maquereau. — Historique et législation.* — La pêche du maquereau se fait à peu près dans les mêmes temps et dans les mêmes lieux que celle du hareng; mais elle est moins importante. Ce poisson, dit M. Beaussant, voyage en troupes dans l'Océan et dans la Méditerranée où l'on a l'habitude de le mariner. Il n'est pas question de cette pêche dans la législation antérieure à 1789. Celle qui nous régit assimile sur plusieurs points la pêche du maquereau à celle du hareng. Il y a cependant plusieurs différences. L'ordonnance du 14 août 1816 (V. ci-dessous), abrogée en ce qui concerne le hareng, forme, pour ainsi dire, le code spécial de la pêche du maquereau. Elle est importante à consulter, car elle reproduit en grande partie les décisions très-nombreuses prises antérieurement sur cette matière. Elle s'occupe avec détail de la pêche proprement dite, de la vente des produits au port, des salaisons du maquereau, etc. Cependant il ne faut pas oublier que cette pêche est aussi réglementée par les décrets des 4 juill.-6 sept. 1853 (D. P. 53. 4. 170). La salaison de ce poisson a donné lieu à un décret des 7-21 mars 1853 (D. P. 53. 4. 65). — V. aussi les art. 212 et suiv. décr. 4 juill. 1853, D. P. 53, 4. 179.

56. Nous réunissons ci-dessous dans un même tableau les monuments législatifs sur la pêche du hareng et du maquereau (1).

---

(1) TABLEAU DES ORDONNANCES, DÉCLARATIONS, ARRÊTS DU CONSEIL, DÉCRETS ET LOIS RELATIFS A LA PÊCHE DU HARENG ET DU MAQUEREAU.

7 mars-10 avril 1791. Décret qui accorde une prime de 6 liv. par baril de hareng de pêche française.

15 vend. an 2 (6 oct. 1793). — Décret portant qu'il est permis à tout Français de commencer et finir à volonté, et sans détermination d'aucune époque, la pêche du maquereau et du hareng sur les côtes de la République, en se conformant d'ailleurs aux lois du code maritime relatives à la pêche et non encore abrogées.

13 pluv. an 11 (2 fév. 1803). — Arrêté qui accorde une prime pour la pêche du hareng d'automne (abrogé).

8 oct. 1810. — Décret concernant la pêche du hareng et du maquereau sur la côte comprise entre Calais et Barfleur, ainsi que la salaison et la vente de ces poissons.—V. décr. 11 juin 1806, v° Sel.

14-28 août 1816. — Ordonnance du roi portant règlement sur la pêche du hareng et du maquereau.

Louis, etc.; — Nous étant fait représenter les anciennes ordonnances, arrêts, lois et décrets relatifs à la pêche du hareng et du maquereau, nous avons reconnu que ces divers règlements offraient une insuffisance et une

57. *Jurisprudence*.—La pêche du maquereau n'a jusqu'à ce jour donné lieu à aucune difficulté. Quant à la pêche du hareng

diversité également nuisibles aux intérêts bien entendus de ceux de nos sujets qui se livrent à ce genre d'industrie; qu'il importe de les réunir en une seule et même ordonnance, et d'y faire les changements commandés par l'expérience; — A ces causes, et vu ces anciennes ordonnances, arrêts, lois et décrets; — Voulant donner à ces sortes de pêches tous les encouragements nécessaires à leur prospérité; — Sur le rapport de notre ministre de l'intérieur; — Notre conseil d'État entendu; — Nous avons, etc. :

Tit. 1. — *De la pêche du hareng et du maquereau.*

Art. 1. Nul ne pourra se livrer à la pêche du hareng et du maquereau qu'en se conformant aux dispositions prescrites par la présente ordonnance.

2. La pêche du hareng s'ouvrira le 1er sept., et se fermera le 15 janv., dans tous les ports du royaume; les autre pêches restent libres et non limitées.

3. Il est expressément défendu à tous pêcheurs et autres d'acheter en mer du hareng de pêche étrangère, à peine de 500 fr. d'amende, confiscation du hareng, des barques, bateaux et tous ustensiles de pêche (arrêt du conseil du 24 mars 1687).

Tit. 2. — *De la vente de ces poissons au port.*

4. Il est défendu à tous maîtres de barques ou bateaux pêcheurs, leurs matelots et équipages, d'apporter dans le port et d'y débarquer, comme frais, d'autre hareng que celui d'une ou deux nuits, à peine de confiscation et de 100 fr. d'amende pour chaque contravention (art. 6 du décret du 8 oct. 1810, et art. 1er de l'arrêt du parlement de Rouen, du 23 mai 1765).

5. Le hareng d'une ou deux nuits ne sera vendu, acheté et livré que jusqu'à onze heures du soir au plus tard, sous peine de confiscation et d'amende (art. 8 du décret du 8 oct. 1810; art. 4 de l'arrêt du parlement de Rouen, du 23 mai 1765).

6. Le hareng de trois nuits ne pourra être vendu que pour la subsistance de ceux qui voudront l'acheter aux débitants, revendeurs et chasse-marées, et pour être roussi à la cheminée, pour faire l'espèce de hareng appelé craquelot. — Il est expressément défendu d'en apporter ni vendre aucun de quatre nuits, sous quelque prétexte que ce soit, à peine de confiscation et de 100 fr. d'amende (art. 9 du décret du 8 octobre 1810; art. 5 de l'arrêt du parlement de Rouen, du 23 mai 1765).

7. Il est défendu d'embarquer, sous quelque prétexte que ce soit, les breuils et intestins des harengs et des maquereaux dans les mêmes navires ou bateaux que le poisson.

8. Il est défendu aux revendeurs de poisson, et à toutes autres personnes que ce puisse être, même aux femmes, filles et enfants de matelots, de s'introduire dans les bateaux lors de leur arrivée à terre, et d'y faire aucun choix, triage ou séparation des gros harengs d'avec les petits, avant et pendant la vente, ou lors de la livraison de la batelée. — Il est défendu pareillement aux maîtres et matelots desdits bateaux de souffrir ladite entrée dans les bateaux et ledit triage, à peine de trois jours de prison contre les premiers; et, en cas d'attroupements ou d'insultes faites aux maîtres, propriétaires ou acheteurs, des peines portées par les lois, et de 100 fr. d'amende contre lesdits maîtres et matelots en cas de tolérance de leur part (art. 11 du décret du 8 oct. 1810; art. 7 de l'arrêt du parlement de Rouen, du 23 mai 1765).

9. Il est néanmoins permis aux débitants et revendeurs de poisson frais en détail de se faire livrer, à l'arrivée des bateaux, par préférence à tous autres, telle quantité de hareng d'une ou plusieurs nuits qui leur conviendra, en se faisant inscrire, lors de la vente, par les préposés que la police municipale pourra, si elle le juge convenable, désigner dans chaque localité, pour maintenir, concurremment avec les employés des douanes, l'ordre et la police dans les ventes. — Les règlements nécessaires pour établir ces préposés ne pourront être exécutés qu'après avoir été homologués en notre conseil, sur l'avis du préfet du département et sur le rapport de notre ministre secrétaire d'Etat au département de l'intérieur.

10. La livraison des harengs dont il est parlé en l'article précédent aura toujours lieu à la mesure et non au compte, à l'effet d'éviter le triage défendu par l'art. 8.

11. Chaque maître de bateau et chaque pilote allant au batelage du hareng seront tenus de se fournir d'une ou de plusieurs mesures uniformes, réglées de manière que cinquante mesures combles produisent pleinement un lest de douze barils de hareng en vrac. Ces mesures seront vérifiées tous les ans, et dûment étalonnées et marquées au feu dans le bureau du vérificateur des poids et mesures.

12. Il en sera déposé une au tribunal de commerce, pour y servir d'étalon, auquel on aura recours en cas de contestation sur le port ou dans les bateaux, lors de la livraison dans la ville ou chez les marchands.

13. Les harengs ne pourront être mis dans lesdites mesures qu'avec des pelles non ferrées, et non autrement, à peine de 20 fr. d'amende contre les pêcheurs (art. 16 du décret du 8 oct. 1810; art. 14 de l'arrêt du parlement de Rouen, du 23 mai 1765).

14. Les maîtres pêcheurs feront ledit mesurage sur le quai, par eux-mêmes ou par des gens de leur équipage, sans pouvoir y introduire des rogues ou autres ordures, à peine de tous dépens, dommages et intérêts, même d'amende, s'il y échéait; sauf, en cas d'infidélité, à y être pourvu ainsi qu'il appartiendra (art. 17 du décret du 8 oct. 1810; art. 15 de l'arrêt du parlement de Rouen, du 23 mai 1765).

15. Les acheteurs ne pourront refuser le hareng qui leur sera livré de la manière ci-dessus exprimée, ni prétendre à aucune diminution, sous prétexte qu'il serait ébreuillé ou autrement, à moins que la quantité de poisson qui donnerait lieu au refus n'excédât le cinquantième de la livraison; auquel cas l'excédant sera constaté sommairement et sans frais, en présence de l'acheteur et du propriétaire vendeur.

16. Le baril de harengs, soit braillés, soit caqués, arrivant de la mer, salés en vrac, sera fourni de hareng loyal et marchand, bien conditionné, et pèsera, y compris 39 kilogrammes au plus pour tare du baril et saumure, au moins 140 kilogrammes, et sera plein au moins jusqu'à 81 millimètre au-dessous du jable, à peine de 100 fr. d'amende en cas de contravention (art. 19 du décret du 8 oct. 1810; art. 18 de l'arrêté du parlement de Rouen, du 23 mai 1765).

Tit. 3. — *Des salaisons du hareng et du maquereau, et de l'embarillage du hareng.*

17. Nul ne pourra se livrer à la profession de saleur, s'il n'est patenté comme tel, à peine de confiscation des salaisons, et de 5 fr. d'amende, conformément à l'art. 37 de la loi du 1er brum. an 7.

18. Le hareng caqué et salé en vrac dans des barils devra rester au moins huit jours dans la saumure avant d'être paqué.

19. Le maquereau, avant d'être salé, sera caqué et vidé de ses intestins, œufs et laitance, et restera en saumure au moins dix jours avant d'être paqué.

20. Les marchands saleurs et les pêcheurs ne pourront caquer, en terre ni en mer, aucun hareng qui aura d'abord été braillé en grenier ou en baril, l'embariller ni le mêler avec les autres harengs caqués ou salés, soit en mer, soit à terre, à peine de confiscation des marchandises qui se trouveront ainsi salées ou mélangées, et de 500 fr. d'amende (art. 10 du décret du 8 oct. 1810; art. 6 de l'arrêté du parlement de Rouen, du 23 mai 1765).

21. Il est défendu, à peine de confiscation et de 100 fr. d'amende, à tous maîtres de barques, pêcheurs ou matelots, et à tous marchands saleurs vendant dans les ports, de caquer, saler ou brailler pour saurer au roussable, et d'embariller d'autre hareng que celui d'une ou de deux nuits (art. 7 du décret du 8 oct. 1810).

22. Le hareng préparé à terre pourra prendre la saumure, soit dans des cuves en bois, soit dans des cuves en maçonnerie; il y restera au moins dix jours.

23. Le baril d'envoi dans lequel le hareng est paqué ne sera pas considéré comme mesure de contenance, mais seulement comme enveloppe. — Ce baril ne sera réputé plein, loyal et marchand, qu'autant qu'il pèsera de 144 à 147 kilogrammes, y compris la tare du baril, qui, vide, ne pourra peser plus de 14 kilogrammes à 19 kilogrammes et demi, et dans lequel il ne pourra se trouver plus de 1 kilogramme et demi ou 2 kilogrammes de saumure.

24. Le demi-baril, le quart de baril et le huitième suivront le poids du baril proportionnellement, de manière toutefois que deux demi-barils, quatre quarts ou huit huitièmes pèsent au moins 142 kilogrammes.

25. Pour distinguer le hareng d'une nuit de celui de deux nuits, tous les marchands saleurs seront tenus, chacun en droit soi, de faire apposer à feu et sur le fonds de tous les barils, demi-barils, quarts et huitièmes provenant de leur paquage et contenant du hareng d'une nuit seulement, une marque portant: 1° le nom de la ville ou du port de leur résidence, 2° leur propre nom. Il leur est défendu de mettre aucune marque ni impression à feu sur les barils contenant des harengs de deux nuits ou tous autres, à peine, contre les contrevenants aux articles précédents, de confiscation des marchandises au profit de l'hospice le plus voisin. La marque énoncera si le baril contient du hareng plein ou guai. Toute contravention au présent article sera punie conformément à l'art. 423 c. pén.

26. Défenses sont faites, sous les peines portées dans les lois et règlements, à tout marchand saleur, de contrefaire la marque d'un autre marchand de la même ville ou tout autre.

27. Dans le cas même où un marchand saleur ferait paquer en tout autre port que celui de sa résidence habituelle, il ne pourra se servir de sa marque ordinaire, il devra en employer une indicative du lieu où le paquage aura été fait.

Tit. 4. — *Surveillance de la pêche et des salaisons.*

28. Pour assurer l'exécution des dispositions prescrites dans les titres précédents, il sera établi dans chaque port, baie ou crique, deux syndics, qui seront pris, l'un parmi les anciens armateurs, et l'autre parmi les anciens saleurs non exerçants.

29. Les syndics seront choisis et nommés par les chambres de commerce, dans les villes où il en existe, et, à défaut, par les tribunaux de commerce ou par les maires.—Leurs fonctions seront gratuites; ils seront renouvelés chaque année.

30. Les syndics prêteront serment devant le tribunal de première instance, ou devant le juge de paix du canton.

31. Sur la demande des syndics, il pourra leur être adjoint, suivant le mode de nomination prescrit par l'art. 29, un ou plusieurs aides qui seront assermentés, ainsi qu'il est dit à l'art. 30; ces adjoints seront salariés aux frais du commerce.

32. Les syndics auront le droit de surveiller la qualité et la livraison du hareng, tant frais que salé en grenier, venant de la mer, de vérifier le poids des barils des harengs braillés ou salés en mer, et d'en faire

elle n'avait soulevé que deux questions qui ne sont plus susceptibles de renaître aujourd'hui. Elles se rattachaient l'une et l'autre à l'exécution de l'ordonnance de 1816. La première était celle de savoir par qui serait jugée l'infraction consistant à avoir acheté en mer du hareng provenant de pêche étrangère, et il a été décidé que cette contravention devait être jugée par les tribunaux correctionnels, et non, comme infraction à des lois de douanes, par le juge de paix (Crim. cass. 14 janv. 1832, MM. de Bastard, pr., Chantereyne, rap., aff. Papin *C.* min. pub.). — La seconde avait un intérêt spécial aux populations des côtes du Calvados. Ici ce n'était plus la compétence qui était contestée, mais la légalité même de l'ord. de 1816, en ce qui concernait l'ancienne Normandie. Cette ord. étant fondée sur l'arrêt du conseil du 24 mars 1687, qui n'avait pas été enregistré au parlement de Rouen, il a été jugé que ses dispositions n'étaient pas applicables au fait d'achat en mer de poissons provenant de pêche étrangère (Crim. rej. 28 mai 1842, MM. de Bastard, pr., Bresson, rap., aff. Letellier). Cette jurisprudence a contribué à faire modifier la législation. Les art. 6 et 7 du décr. du 28 mars 1852, qui a force de loi, répriment sévèrement tout achat ou toute tentative d'achat de hareng en mer, et les art. 11 et 12 attribuent aux tribunaux de police correctionnelle le jugement des contraventions.

§ 3. — *De la pêche des huîtres et des moules.*

58. *Pêche des huîtres.* — La pêche des huîtres dans les baies de Grandville et de Cancale est l'objet d'un commerce étendu. Plusieurs arrêts du parlement de Bretagne, rendus en 1755 et 1764, et renouvelés les 17 oct. 1775 et 16 oct. 1784, ont proscrit différents abus qui se commettaient dans cette pêche et qui pouvaient avoir pour effet d'épuiser les bancs d'huîtres. — La pêche dont il s'agit a aussi été l'objet d'un règlement de l'amirauté de Saint-Malo, du 16 août 1766, et d'un arrêt du conseil d'Etat, du 20 juill. 1787, dont plusieurs dispositions se trouvent reproduites par une ord. du 24 juill. 1816, qui y a ajouté de nouvelles règles sur la police administrative et judiciaire de cette sorte de pêche. — Toutes ces dispositions sont abrogées et remplacées par les règlements rendus pour chaque arrondissement maritime, en exécution de la loi du 9 janv. 1852. Ces règlements varient pour chaque localité (D. P. 53. 4. 170 et suiv.). Ceux qui ont été faits pour les arrondissements maritimes de Brest et de Cherbourg sont surtout importants à consulter.

L'abrogation complète des anciens règlements sur la pêche des huîtres nous dispense d'entrer à cet égard dans des détails plus étendus. Mais nous devons parler ici de la convention du 2 août 1839, qui a réglé les limites en dedans desquelles les Anglais et les Français peuvent librement exercer la pêche des huîtres entre l'île de Jersey et les côtes avoisinantes de France (1).

59. *Pêche des moules.* — Les règles à suivre au sujet de la pêche des moules sur les côtes de Flandre, du Boulonnais, de Picardie et Normandie, ont été tracées par la déclaration du 18 déc. 1728, enregistrée au parlement de Paris le 5 fév. 1729.

---

l'ouverture à l'effet d'en examiner l'emplissage, ainsi que la qualité et l'apprêt du poisson.

33. Ils seront également autorisés à se transporter, quand ils le jugeront à propos, dans les divers ateliers, pour s'assurer de la qualité et de l'apprêt du hareng, tant blanc que saur, plein ou guai; à constater le poids du paquage, quant au hareng saur; à reconnaître la marque des barils d'envoi de hareng, et la préparation et salaison du maquereau : à l'effet de quoi, tout propriétaire sera tenu de faire défoncer tous et chacun des barils dont l'ouverture sera demandée.

34. La répression et la punition des contraventions à la présente seront poursuivies par la voie de police correctionnelle : en conséquence, les syndics en dresseront procès-verbal qu'ils transmettront dans le jour même à nos procureurs ou à leurs substituts près les tribunaux de première instance, et ils pourront provisoirement arrêter la livraison ou l'expédition de la marchandise frauduleuse ou défectueuse, même la saisir et la mettre en séquestre.

35. Dans les lieux ou ports de pêche et de salaison soit du hareng ou du maquereau, les maires pourront proposer les arrêtés de police locale propres à garantir la loyauté des ventes et la bonté des salaisons, et à fournir aux moyens de couvrir les frais de surveillance : ces arrêtés ne pourront être exécutés qu'après homologation en notre conseil, sur le rapport de notre ministre secrétaire d'Etat de l'intérieur.

36. Les ventes, achats et apprêts de harengs et de maquereaux sont permis les dimanches et jours fériés, à l'exception du temps du service divin.

37. Notre ministre secrétaire d'Etat au département de l'intérieur nous présentera incessamment un projet d'ordonnance, pour régler les quantités de sel à accorder en franchise pour l'encouragement de la pêche du hareng et du maquereau, et des pêches françaises en général.

4-18 janv. 1822. — Ordonnance portant que la pêche du hareng reste libre et non limitée pour tous les ports du royaume (abrogée).

3-12 janv. 1828. — Ordonnance concernant la poursuite des contraventions à l'art. 3 de l'ordonnance du 14 août 1816, qui défend expressément à tous pêcheurs et autres d'acheter en mer du hareng provenant de pêche étrangère (abrogé).

6-7 mai 1841. — Loi relative aux douanes.

Art. 9, relatif aux harengs salés apportés dans les ports français par les bateaux pêcheurs français (V. Douanes, p. 614. — Abrogé par l'art. 15 L. 28 mars 1852, D. P. 52. 4. 117).

2-8 juill. 1843. — Ordonnance du roi sur la pêche du hareng (Abrogée par l'art. 15 L. 28 mars 1852).

28 mars-16 avr. 1852. — Décret relatif à la pêche du hareng (D. P. 52. 4. 117).

7-23 juin 1852. — Décret relatif à la pêche du hareng (D. P. 52. 4. 163).

6-25 nov. 1852. — Décret portant que le tiers du produit des amendes encourues par suite de contraventions relatives au mode de conditionnement et au poids des barils de harengs salés sera attribué aux préposés des douanes qui auront signalé ou constaté ces contraventions (D. P. 52. 4. 211).

7-21 mars 1853. — Décret impérial portant que la préparation en mer des produits de la pêche du maquereau aura lieu exclusivement avec des sels de France, délivrés en franchise (D. P. 53. 4. 63).

7-21 fév. 1854. — Décret impérial relatif à la pêche du maquereau avec salaison à bord (D. P. 54. 3. 31).

10-18 fév. 1855. — Décret impérial portant : Art. 1. Les sels pour la préparation en mer des produits de la pêche du maquereau, qui doit avoir lieu exclusivement avec des sels de France, seront délivrés en franchise chaque année, à partir du 15 février.

(1) 27-30 août 1839. — Ordonnance du roi qui prescrit la publication de la convention conclue à Paris, le 2 août 1839, entre la France et la Grande-Bretagne, pour la délimitation des pêcheries sur les côtes respectives des deux pays.

Louis-Philippe, etc. ; — Savoir faisons qu'entre nous et sa majesté la reine du royaume-uni de la Grande-Bretagne et d'Irlande, il a été conclu à Paris, le 2 du présent mois d'août, une convention relative à la délimitation des pêcheries sur les côtes respectives de la France et de la Grande-Bretagne; — Convention dont les ratifications ont été échangées à Paris, le 17 de ce mois, et dont la teneur suit :

Convention.

Sa majesté le roi des Français et feu sa majesté le roi du royaume-uni de la Grande-Bretagne et d'Irlande ayant, en l'année 1837, nommé une commission mixte pour établir et déterminer les limites en dedans desquelles les sujets des pays respectifs pourront librement exercer la pêche des huîtres, entre l'île de Jersey et les côtes avoisinantes de France; — Les membres de ladite commission étant convenus de certaines lignes (tracées sur une carte à laquelle il sera référé plus loin) pour déterminer lesdites limites, et étant aussi tombés d'accord sur certains arrangements qui leur semble devoir prévenir le renouvellement des disputes qui se sont souvent élevées entre les pêcheurs des deux nations; — Il a paru opportun à sa majesté le roi des Français et à sa majesté la reine du royaume-uni de la Grande-Bretagne et d'Irlande que les limites dont sont convenus lesdits commissaires, et les arrangements qu'ils ont proposés, fussent reconnus et sanctionnés par une convention qui sera conclue entre leursdites majestés; — Et comme les hautes parties contractantes ont aussi considéré qu'il était à désirer que les limites, en dedans desquelles le droit général de pêche sur toutes les parties des côtes des deux pays sera exclusivement réservé aux sujets respectifs de la France et de la Grande-Bretagne, fussent définies et réglées, lesdites hautes parties contractantes ont à cet effet nommé pour plénipotentiaires, savoir, etc.

Lesquels, après s'être communiqué réciproquement leurs pleins pouvoirs, trouvés en bonne et due forme, ont arrêté et conclu les articles suivants :

Art. 1. Il est convenu que les lignes tracées entre les points indiqués par les lettres A, B, C, D, E, F, G, H, I, K, sur la carte annexée à la présente convention et signée par les plénipotentiaires respectifs, seront reconnues par les hautes parties contractantes comme déterminant les limites entre lesquelles et les côtes de France la pêche des huîtres sera exclusivement réservée aux sujets Français; ces lignes sont

Elle déterminait les précautions à prendre par les pêcheurs pour ne point endommager les moulières; indiquait les instruments dont il était permis de faire usage pour ce genre de pêche, suivant qu'elle était pratiquée sur les moulières qui découvrent de basse-mer ou sur celles qui ne découvrent point; enfin, elle donne pouvoir aux officiers des amirautés dans le ressort desquelles il se trouve des moulières en partie détruites, d'interdire la pêche sur ces moulières pendant le temps et dans les saisons qu'ils estimeraient convenables pour parvenir à les rétablir. — Un avis du conseil d'Etat, du 24 déc. 1807, a décidé : 1° que la pêche des moules et autres coquillages sur les plages des côtes maritimes est libre, ainsi que la pêche en pleine mer, sauf le maintien des règlements existants pour assurer la reproduction du poisson, et que cette pêche ne peut être l'objet d'un privilége exclusif; 2° qu'un tel privilége ne peut être considéré comme la conséquence d'une concession de territoire faite par le gouvernement, à moins qu'il ne fût exprimé textuellement et littéralement par les termes mêmes de la concession.

Ces règles de police se trouvent en partie reproduites, pour chaque localité, par les règlements dont nous avons parlé au numéro précédent; il suffit de s'y reporter.

60. *Dispositions communes à la pêche des huîtres et des moules.* — « Les préfets maritimes et, dans les sous-arrondissements, les chefs de service de la marine, fixent, par des arrêtés, les époques d'ouverture et de la clôture de la pêche des huîtres et des moules et déterminent les huîtrières et moulières qui doivent être mises en exploitation. Ces arrêtés sont transmis au ministre de la marine dans la quinzaine de leurs dates » (L. 9 janv. 1852, art. 4, D. P. 52. 4. 41). — « Quiconque aura formé sans autorisation un établissement de pêcherie, de parc à huîtres ou à moules ou de dépôt de coquillages, de quelque nature qu'il soit, sera puni d'une amende de 50 à 250 fr., et pourra, en outre, être puni d'un emprisonnement de six jours à un mois, sans préjudice de la destruction des établissements » (*eod.*, art. 5). — Ces dispositions, entièrement nouvelles, sont excellentes. Elles ne gênent en rien l'industrie des marins pêcheurs. Elles laissent, d'ailleurs, toute latitude aux règlements particuliers et aux associations reconnues par l'autorité, dont les stipulations diverses sont indiquées dans les règlements rendus pour chaque arrondissement maritime.

61. Il a été jugé, sous l'empire des anciens règlements, que la déclaration du 23 avr. 1726, qui permet l'emploi de la dreige à dents de fer pour la pêche aux huîtres, ou du râteau pour la pêche aux moules sur les moulières qui ne découvrent point aux basses eaux, ne s'étend pas à la pêche aux coquillages : à l'égard de cette pêche, les instruments dont il s'agit restent dans la classe des engins prohibés (Crim. cass. 11 juill. 1851, aff. Roubaud, D. P. 51. 5. 386).

§ 4. — *De la pêche fixe: — Parcs; — Pêcheries, bouchots, bordigues, écluses, etc.*

62. Nous n'avons parlé jusqu'à présent que de la pêche mobile. C'est celle qui se pratique à l'aide de filets transportés sur des bateaux, jetés à la mer, ramenés à bord des embarcations et rentrés en même temps qu'elles. Il nous reste à dire quelques mots de la pêche fixe. C'est celle qui se fait au moyen de certains établissements attenant au rivage ou rattachés à la terre par un moyen quelconque.

Parmi ces établissements, l'ord. de 1681 désignait les *hauts*

---

comme suit : — La première ligne se dirige du point A à 3 milles de la laisse de basse mer (la pointe du Menga restant au sud), jusqu'au point B, dont les amers sont la tour d'Agon, par la touffe d'arbres sur le mont Huchon, et le sommet de Gros-Mont, en ligne avec le signal sur Grand'Ile. — La seconde ligne court dudit point B vers la tour d'Agon et la touffe d'arbres sur le mont Huchon, dans la direction nord, 64 degrés est, jusqu'à relever au point C le moulin de Lingreville, à l'est du monde. — Partant du point C, la troisième ligne court, est du monde, vers le moulin de Lingreville, jusqu'à ramener au point D le rocher l'Etat par le Grand-Huguenant. — La quatrième ligne se dirige du point D vers le nord (relevant toujours l'Etat par le Grand-Huguenant), jusqu'à la section en E d'une ligne ayant pour amers la tour d'Agon par la cathédrale de Coutances. — La cinquième ligne court, dans la direction de l'est, du point E au point F, où le clocher de Pirou se relève par le rocher le Senneguet. — La sixième ligne, partant du point F, se dirige vers nord du monde, jusqu'au point G, dont les amers sont le clocher de Blainville par le Sennequet. — La septième ligne court du point G vers le clocher de Pirou, jusqu'au point H, où le phare du cap Carteret reste au nord, 24 degrés ouest, — La huitième ligne court du point H au point I, qui est à peu près par le travers de Port-Bail, et qui a pour amers le fort de Port-Bail, en ligne avec le clocher de Port-Bail. — La neuvième ligne enfin court du point I aux Trois-Grunes, point K, où le cap Carteret reste à l'est, 10 degrés nord, par le clocher de Barneville. — Il est en outre convenu que tous les relèvements désignés au présent article sont corrigés de la variation du compas, et non calculés d'après le méridien magnétique.

2. La pêche des huîtres, en dedans de 3 milles (calculés de la laisse de basse mer) de l'île de Jersey, sera exclusivement réservée aux sujets britanniques.

3. Sera commune aux sujets des deux pays, la pêche des huîtres entre les limites ci-dessus désignées, et en dedans desquelles cette pêche est exclusivement réservée, soit aux pêcheurs français, soit aux sujets britanniques.

4. Depuis le coucher du soleil jusqu'au lever du soleil suivant, il sera défendu aux sujets des deux pays respectivement de draguer des huîtres entre les côtes de France et les côtes de Jersey, du cap Carteret à la pointe du Menga.

5. Attendu que les lois de France exigent que tous les bateaux de pêche français soient marqués et numérotés, il est convenu, par ces présentes, que tous bateaux pêcheurs britanniques, draguant des huîtres entre Jersey et les côtes de France, seront aussi marqués et numérotés.

6. Tous bateaux pêcheurs britanniques engagés dans ladite pêche seront inscrits au bureau de l'inspection des pêches dans l'île de Jersey, et l'enregistrement de chaque bateau sur la matricule constatera le numéro, la description et le tonnage dudit bateau, ainsi que le nom du propriétaire. Cette inscription devra être renouvelée annuellement avant l'ouverture de la pêche.

7. Le droit d'abri dans les îles Chausey sera accordé aux pêcheurs anglais, pour cause d'avaries ou de mauvais temps évident.

8. Lorsque les bateaux pêcheurs d'une des deux nations seront portés en dedans des limites de pêche établies pour l'autre pays, par des vents contraires, des courants violents, ou par toute autre cause indépendante de la volonté du patron et de l'équipage, ou qu'ils auront enfreint les limites en louvoyant pour regagner leur terrain de pêche, les patrons seront tenus d'arborer aussitôt un pavillon bleu de 2 pieds de guindant sur 3 pieds de largeur, et de conserver ce pavillon en tête du mât, aussi longtemps qu'ils resteront en dedans desdites limites. — Les croiseurs de chaque nation apprécieront les causes de ces infractions, et lorsqu'ils auront reconnu que lesdits bateaux de pêche n'auront ni dragué ni pêché en dedans des limites ci-dessus mentionnées, les croiseurs susdits ne devront détenir ni les bateaux ni les équipages, ni exercer à l'égard de ces derniers aucune répression.

9. Les sujets de sa majesté le roi des Français jouiront du droit exclusif de pêche dans le rayon de 3 milles, à partir de la laisse de basse mer, le long de toute l'étendue des côtes de France, et les sujets de Sa Majesté britannique jouiront du droit exclusif de pêche dans un rayon de 3 milles de la laisse de basse mer, le long de toute l'étendue des côtes des îles britanniques. — Bien entendu que, sur cette partie des côtes de France qui se trouve entre le cap Carteret et la pointe du Menga, le droit exclusif de toute espèce de pêche n'appartiendra qu'aux sujets français en dedans des limites mentionnées en l'art. 1 de la présente convention. — Il est également entendu que le rayon de 3 milles, fixant la limite générale du droit exclusif de pêche sur les côtes des deux pays, sera mesuré, pour les baies dont l'ouverture n'excèdera pas 10 milles, à partir d'une ligne droite allant d'un cap à l'autre.

10. Il est convenu que les milles mentionnés en la présente convention sont des milles géographiques de soixante au degré de latitude.

11. Dans le but de prévenir les collisions qui, de temps à autre, ont lieu sur les mers entre les côtes de France et de la Grande-Bretagne, parmi les dragueurs, les pêcheurs à la ligne et au filet des deux pays, les hautes parties contractantes consentent à nommer, dans le délai des deux mois qui suivront l'échange des ratifications de la présente convention, une commission qui sera composée d'un nombre égal d'individus de chaque nation, qui prépareront une série de règlements sur les devoirs et obligations des pêcheurs des deux pays dans les susdites mers. — Ces règlements seront soumis par lesdits commissaires à leurs gouvernements respectifs, pour être approuvés et confirmés; et les hautes parties contractantes s'engagent à proposer à la législature de leurs nations les mesures nécessaires pour assurer l'exécution des règlements qui seront ainsi approuvés et confirmés.

12. La présente convention sera ratifiée, et la ratification en sera échangée dans l'espace de six semaines. — En foi de quoi, etc.

et bas parcs, ravoirs, courtines et venects, dont elle réglait très-imparfaitement la police. Il en était de même à l'égard d'autres procédés de pêche, tels que les *guideaux*, les *parcs de filets couverts et non couverts*, les *parcs de perches et de filets*, les *filets flottés et lestés*, etc. On peut consulter, à l'égard de tous ces instruments plus ou moins destructeurs, le Dictionnaire des pêches de Baudrillart. Les règlements postérieurs à l'ord. de 1681, et qui concernent leur emploi, étaient ou inefficaces ou sans application.

63. Il existe encore d'autres établissements fixes de pêche qui peuvent nuire à la navigation. Tels sont les bouchots, les bordigues (V. ces mots et Baudrillart, Dict. des pêches, v° Bordigue), et les écluses. Telles sont encore les madragues, dont l'emploi est usité dans la Méditerranée pour la pêche du thon.— V. Domaine de l'État, n° 54.

La police de ces derniers établissements était mieux réglée que celle des autres qui ont donné lieu aux plus grands abus jusqu'en 1852. Jusqu'alors ils n'étaient soumis à aucune règle. Il n'en est plus ainsi aujourd'hui. « Aucun établissement de pêcherie, *de quelque nature qu'il soit*, aucun parc, soit à *huîtres*, soit à *moules*, aucun dépôt de *coquillages* ne peut être formé sur le rivage de la mer, le long des côtes, ni dans la partie des fleuves, rivières, étangs et canaux où les eaux sont salées, sans une *autorisation* spéciale délivrée par le ministre de la marine (L. 9 janv. 1852, art. 2, D. P. 52. 4. 41). — Le même article ajoute que les formes suivant lesquelles cette autorisation sera accordée et pourra être révoquée, seront déterminées par un règlement d'administration publique. — Ce règlement a été fait, pour chacun des arrondissements maritimes de Cherbourg, de Brest, de Lorient et de Rochefort, par les décrets des 4 juill.-6 sept. 1853 (D. P. 53. 4. 170). Le règlement pour l'arrondissement de Toulon sera promulgué incessamment.

64. Ainsi la police des établissements fixes de pêche se trouve réglementée pour chaque localité; l'administration est appelée à répondre à tous les besoins et à concilier tous les intérêts.—On est en droit d'espérer que les mesures nouvelles remédieront efficacement aux spéculations abusives de certains grands industriels qui occuperaient à leur profit les meilleurs produits de la pêche à l'embouchure des fleuves, au grand détriment des pêcheurs de profession. Toutefois les règlements peuvent autoriser les pêcheries fixes, toutes les fois que leur établissement ne présentera aucun inconvénient. Le tit. 9 de chacun des règlements faits pour les arrondissements maritimes de Cherbourg, Brest, Lorient et Rochefort (D. P. 53. 4. 176), règle les conditions relatives à l'établissement des pêcheries, parcs en général, avec ou sans titre, des pêcheries en pierres ou écluses, des pêcheries en bois ou bouchots, etc.

Ces règlements sont trop récents pour que nous ayons à signaler aucune décision qui les ait appliqués. Rappelons seulement qu'il a été jugé, par application de l'ancienne législation, qui reste en vigueur tant que le règlement spécial pour l'arrondissement maritime de Toulon, n'aura pas été promulgué : — 1° Que le fait, par le fermier d'une bordigue, de caler un filet à l'ouverture de cette bordigue, pour prendre le poisson qui en sort, est soumis aux règles relatives à la police de la pêche, et, notamment, à celle qui fixe à 4 lignes au moins la largeur des mailles des filets dont l'emploi est autorisé (Crim. rej. 27 sept. 1850, aff. Perron, D. P. 50. 5. 346);— 2° Que, par suite, si les mailles du filet ainsi placé à la sortie de la bordigue n'ont que 2 lignes de largeur, ce fermier encourt la peine de la confiscation (même arrêt); — 3° Qu'à cette peine doit être ajoutée une amende de 25 fr., en vertu des art. 2 et 4, tit. 2, liv. 5, de l'ord. de 1681, auquel se réfère virtuellement l'art. 11, qui porte fixation de la largeur des filets qui peuvent être employés à la pêche (même arrêt).

§ 5. — *Des prud'hommes pêcheurs.*

65. L'institution des prud'hommes pêcheurs, qu'il ne faut pas confondre avec celle des conseils de prud'hommes (V. Prud'hommes), a été créée pour la première fois à Marseille par le roi René, comte de Provence, en 1452, et confirmée par de nouvelles lettres patentes du même prince de 1477. Louis XI eut à peine réuni la Provence à la France qu'il se hâta de confirmer, en 1481, l'institution créée par René d'Anjou. Elle fut en outre reconnue par des lettres patentes de François Ier en 1536, de Henri II du 27 juill. 1557, de Charles IX en novembre 1564, de Louis XIII en novembre 1622 et 1629; de Louis XIV en septembre 1647 et mars 1660, et de Louis XV en octobre 1723. On trouve encore sur cette matière une foule d'arrêts du conseil des 6 mars 1728, 25 fév. 1736, 16 mai 1738, 11 fév. 1755, 29 mars et 9 nov. 1776, 4 oct. 1778 et 20 mars 1786. Ce dernier arrêt définit ainsi les attributions des prud'hommes pêcheurs : « Veut Sa Majesté que les prud'hommes, élus en la manière accoutumée, connaissent seuls, dans l'étendue des mers de Marseille, de la police de la pêche et jugent souverainement, sans forme ni figure de procès, et sans écriture, ni appeler avocats ou procureurs, les contraventions qui pourront être commises par les pêcheurs étrangers fréquentant lesdites mers, ensemble les différends nés et à naître entre lesdits pêcheurs français et catalans et autres pêcheurs étrangers, lesquels seront assujettis, lorsqu'ils viendront pêcher à Marseille, aux mêmes règles, etc. » Cet arrêt reproduit à peu de choses près celui du 16 mai 1738, rapporté par Merlin, Rép., v° Pêche maritime sous la date de 1728.

L'organisation des prud'hommes pêcheurs de Marseille est ainsi décrite par Valin : « Chaque année, à la seconde fête de Noël, les patrons pêcheurs qui sont en grand nombre à Marseille, s'assemblent dans leur salle, en présence du lieutenant ou de son représentant, et du procureur du roi de l'amirauté qui sont invités à y assister. Ils élisent quatre prud'hommes d'entre eux qui deviennent leurs juges souverains pour tout ce qui concerne la police de la pêche aussitôt qu'ils ont prêté serment. La manière dont ces prud'hommes exercent leur juridiction est toute singulière. Ils ne tiennent leurs audiences que le dimanche, à deux heures de relevée. Par le privilége qu'ils ont de juger *souverainement sans forme ni figure de procès, ni écriture*...., ils n'ont pas de greffier parce que leurs jugements ne s'écrivent point et s'exécutent sur-le-champ. —Rien de plus sommaire que la procédure usitée dans cette sorte de tribunal. Le pêcheur qui a quelque plainte à former contre son confrère pour contravention à la police de la pêche, ou quelque demande à lui faire, à l'occasion de leur profession, va trouver le garde de la communauté, et, en mettant deux sols dans la boîte, il dit d'assigner *un tel*. Le dimanche suivant, le défendeur, avant d'être écouté, met aussi deux sols dans la boîte, et ce sont là toutes les épices des juges. Cela fait, les deux parties disent leurs raisons, après quoi les prud'hommes prononcent leur jugement. Celle des parties qui succombe paye sur-le-champ, et sans appel, la somme à laquelle elle est condamnée; faute de quoi le garde va saisir la barque et les filets, dont mainlevée n'est accordée que moyennant le payement du jugé.... » (Valin, Comment. de l'ord. de la marine, t. 2, p. 798 et suiv.).

66. L'organisation des prud'hommes de Marseille a servi de type à celle de toutes les autres villes ou ports de la Méditerranée. La prud'homie de Toulon était régie par des lettres patentes d'avril 1618 et sept. 1622, et encore par des arrêts du conseil des 19 oct. 1776 et 10 avr. 1778. — Les choses étaient en cet état, lorsque intervint le décret des 8-12 déc. 1790 (V. n° 39), qui reconnut les juridictions de prud'hommes organisées sur le littoral de la Méditerranée, et rétablit celle de Cassis. Depuis, plusieurs lois ont statué, soit sur l'organisation de nouvelles prud'homies, soit sur celles qui avaient été autrefois établies. Elles sont indiquées dans le tableau ci-après (1).

67. Il est essentiel de remarquer que, jusqu'à présent, l'organisation des prud'hommes pêcheurs ne s'étend pas au delà des ports de la Méditerranée. Les prud'hommes institués pour la

(1) Tableau des décrets, lois et arrêtés relatifs aux prud'hommes pêcheurs de la Méditerranée.

8-12 déc. 1790. — Décret relatif aux pêcheurs dans les ports, et notamment à ceux de Marseille. — V. n° 39.

9-19 janv. 1791. — Décret relatif aux juridictions de prud'hommes et patrons pêcheurs de la ville de Toulon.

L'Assemblée nationale, en conséquence de son décret du 8 décembre dernier, par lequel la juridiction des prud'homme sde Marseille est confirmée définitivement, décrète qu'elle a entendu donner la même stabilité

pêche des huîtres, les capitaines prud'hommes du banc de Terre-Neuve, pour la pêche de la morue, n'ont que le nom de commun avec les membres des juridictions de prud'hommes dont on vient de parler. — Cependant l'institution tend à se généraliser. L'art. 16 de la loi du 9 janv. 1852, sur la pêche côtière, charge les prud'hommes pêcheurs de constater les infractions à la police de la pêche. Les quatre décrets rendus le 4 juill. 1853 (D. P. 53. 4. 170), pour l'exécution de cette loi, et qui régissent la pêche côtière pour les arrondissements de Cherbourg, Brest, Lorient et Rochefort, parlent tous, dans leur tit. 1, des prud'hommes pêcheurs.— Il peut en être établi dans les quartiers où la pêche a de l'importance (art. 5). — Ils sont nommés, sur la proposition des commissaires de l'inscription maritime, par le préfet maritime ou par d'autres fonctionnaires (art. 6). — L'art. 7 indique les marins parmi lesquels ils peuvent être choisis, et l'art. 8 limite leur nombre. — Leurs fonctions sont indiquées par l'art. 9, aux termes duquel ils concourent à faire exécuter les lois et les règlements concernant la pêche côtière et assurer la répression des contraventions y relatives. Ils recueillent, en outre, les renseignements de nature à intéresser l'industrie de la pêche côtière, et les communiquent aux commissaires de l'inscription maritime sous l'autorité desquels ils sont placés. Leurs fonctions sont gratuites.

Cette organisation diffère entièrement de celle des anciens prud'hommes de Marseille et de la Méditerranée. Le décret réglementaire pour l'arrondissement maritime de Toulon, qui s'élabore en ce moment, nous fera connaître comment cette organisation sera modifiée. D'après l'organisation des autres arrondissements maritimes, les prud'hommes pêcheurs ont bien plutôt des attributions d'officiers de police judiciaire que des pouvoirs juridictionnels. En tout cas il paraît impossible de laisser subsister cette justice sommaire et primitive, dont nous avons donné plus haut l'indication (V. n° 65). Elle serait incompatible avec les peines sévères que prononce aujourd'hui la loi sur la pêche côtière, dont l'art. 18 dispose que les infractions prévues par elle seront déférées aux tribunaux correctionnels.

68. L'inconvénient de l'organisation actuelle s'est révélé dans les procès du marquis de Gallifet, dont nous avons rendu compte D. P. 47. 1. 214 et 243. Si une juridiction aussi peu définie que celle des prud'hommes commet un excès de pouvoirs, il n'y aura contre elle aucun recours, pas même celui du pourvoi en cassation, puisque leurs jugements ne sont pas écrits, et qu'il faut nécessairement déposer avec la requête une copie de la décision attaquée. C'est effectivement ce qui a été jugé (Req. 13 juill. 1847, aff. de Gallifet *C.* prud'hommes pêcheurs de Martignes, D. P. 47. 1. 243). — V. au surplus v° Mise en jugement.

§ 6. — *Constatation des infractions, Poursuites, Compétence.*

69. Avant la révolution de 1789 les infractions, en matière de pêche côtière, étaient jugées par les tribunaux de l'amirauté. Outre que la police de la pêche était peu sévère, les règlements étaient rarement exécutés. Valin se plaint, dans son Comment. sur l'ord. de 1681, de ce que l'amirauté ne puisse poursuivre les contraventions aux lois sur la pêche maritime, jusque dans les marchés où, de son temps, on exposait en vente le produit des délits. Il déclare que, malgré l'art. 13 de l'ord. du 24 déc. 1726, qui prescrivait aux juges ordinaires de police d'avertir les officiers de l'amirauté, ceux-ci n'avaient jamais reçu un seul avis, bien que l'on vît tous les jours dans les marchés, et surtout à la campagne, du frai de poisson. — La loi du 9 mai 1791 a substitué aux tribunaux de l'amirauté les tribunaux de simple police, pour les contraventions, et les tribunaux correctionnels, pour les délits. Mais malgré ce changement de juridiction, les rares infractions prévues par les lois anciennes n'étaient presque jamais poursuivies. «En fait, dit M. Beaussant (c. marit., t. 2, p. 376), les officiers de l'inscription maritime sont devenus les arbitres de ces délits, ordonnant de brûler les filets, prononçant quelquefois leur confiscation, de leur autorité privée, ou faisant payer à l'amiable l'amende due à la caisse des invalides de la marine.» Une circulaire, du 8 sept. 1828, avait défendu aux commissaires de marine de faire brûler ou de confisquer les filets des pêcheurs pris en contravention; mais il paraît que les abus ont continué, car M. Beaussant indique qu'on n'avait que de loin en loin des exemples de peines prononcées par la juridiction ordinaire pour faits de pêche maritime.

70. Aujourd'hui, tout est réglé par la loi du 9 janv. 1852 (D. P. 52. 4. 41) et par les décrets des 4 juill.-6 sept. 1853, intervenus pour son exécution (D. P. 53. 4. 170). D'après l'art. 13 du décret de 1852, la recherche des rets, filets, engins et instruments de pêche peut être faite à domicile chez les marchands et fabricants. Cette recherche, et la constatation des infractions à la police de la pêche côtière, sont opérées par les commissaires de l'inscription maritime, les officiers et officiers mariniers commandant les bâtiments et les embarcations garde-pêche, les inspecteurs des pêches maritimes, les syndics des gens de mer, les prud'hommes-pêcheurs, les gardes jurés de la marine, les gardes mariniers et les gendarmes de la marine. Si l'infraction porte sur le fait de vente, transport ou colportage de frai, du poisson qui lui est assimilé ou du coquillage n'ayant pas les dimensions prescrites, elle peut aussi être constatée par tous les officiers de police judiciaire, par les agents municipaux assermentés, par les employés des contributions indirectes et par ceux des octrois (*eod.* art. 16). L'art. 17 règle la forme des procès-verbaux; ils font foi jusqu'à inscription de faux. — V. procès-verbaux.

71. C'est un principe général, qu'à moins de dispositions prohibitives dans les lois spéciales les procès-verbaux insuffisants pour constater les infractions peuvent être remplacés par la preuve testimoniale (V. Procès-verbaux). Aussi a-t-il été jugé que si un

---

aux juridictions de prud'hommes ci-devant établies, et particulièrement à celle des patrons pêcheurs de Toulon (*a*).

4-20 mars 1791. — Décret portant :

L'Assemblée nationale en conformité de son décret du 9 janv. dernier, décrète que la juridiction des patrons pêcheurs de la ville de Cannes, district de Grasse, département du Var, est confirmée définitivement.

17-27 mars 1791. — Décret qui confirme la communauté des patrons pêcheurs et prud'hommes de Cassis.

9 avril 1791. — Décret qui autorise une juridiction de prud'hommes pêcheurs à St.-Tropez.

3 avril 1793. — Décret qui autorise une juridiction de prud'hommes pêcheurs dans les ports d'Antibes, Bandol et St-Nazaire (Provence).

23 mess. an 9. (12 juill. 1801). — Arrêté relatif à la juridiction des prud'hommes pêcheurs du quartier maritime de Martigues.

Art. 1. La juridiction de prud'hommes pêcheurs établie à Martigues sera commune à tous les pêcheurs du quartier maritime dont cette ville est le chef-lieu.

2. En conséquence, les patrons-pêcheurs des communes dépendant de ce quartier concourront avec ceux de Martigues à la nomination et élection aux places de prud'hommes-pêcheurs; et il existera entre eux tous une égalité absolue de droits, de charges et d'obligations.

23 mess. an 9 (12 juill. 1801). — Arrêté portant établissement de prud'hommes-pêcheurs à Saint-Laurent, Bages et Leucate.

Art. 1. Il sera, conformément à la loi du 12 déc. 1790, établi des juridictions de prud'hommes-pêcheurs dans la commune de Saint-Laurent de la Salauque, département des Pyrénées Orientales; dans celle de Bages et dans celle de Leucate, département de l'Aude.

2. Ces juridictions auront pour arrondissement toute l'étendue du syndicat maritime dont chacune de ces communes est le chef-lieu.

3. En conséquence, les patrons-pêcheurs des communes dépendant de ces syndicats concourront, avec ceux du chef-lieu, à la nomination et élection aux places de prud'hommes-pêcheurs, et il régnera entre eux égalité de droits, de charges et d'obligations.

4. Ces trois juridictions se formeront et procéderont suivant les lois, statuts, règlements et usages de celle établie à Marseille.

22 niv. an 11 (12 janv. 1803). — Arrêté qui autorise une juridiction de prud'hommes-pêcheurs à l'île d'Elbe (art. 32).

26 prair. an 11 (15 juin 1803). — Arrêté portant établissement d'une juridiction de prud'hommes pêcheurs à la Seyne.

Art. 1. Il sera, conformément à la loi du 8-12 décembre 1790, établi une juridiction de prud'hommes-pêcheurs dans la commune de la Seyne, département du Var.

2. Cette juridiction aura pour arrondissement toute l'étendue du syndicat maritime dont la Seyne est le chef-lieu.

3. En conséquence les patrons-pêcheurs des communes dépendant de ce syndicat concourront à la nomination aux places de prud'hommes-pêcheurs; et il existera entre eux égalité de droits, de charge et d'obligations.

4. Cette juridiction se formera et procédera suivant les lois, statuts, règlements et usages de celle établie à Marseille.

(*a*) On donne aussi à ce décret la date du 1er déc. 1790.

délit de pêche maritime n'est pas suffisamment établi par un procès-verbal, le tribunal saisi de l'affaire ne peut se refuser à ce qu'il y soit suppléé par la preuve testimoniale (Cr. cass. 21 nov. 1823 (1); 1er mai 1823, MM. Barris, pr., Chantereyne, rap., aff. min. pub. *C.* Delpierre). — La question ne saurait être douteuse sous la loi du 9 janv. 1852, dont l'art. 20 porte formellement que « à défaut de procès-verbaux, ou en cas d'insuffisance de ces actes, les infractions (à la police de la pêche maritime) pourront être prouvées par témoins (D. P. 52. 4. 42).

72. Les poursuites doivent avoir lieu devant les tribunaux correctionnels, dans les trois mois qui suivront le jour où la contravention aura été constatée, à la diligence du ministère public ou des officiers du commissariat chargés de l'inscription maritime. Ces officiers, en cas de poursuites par eux faites, ont le droit d'exposer l'affaire devant le tribunal et d'être entendus à l'appui de leurs conclusions » (L. 9 janv. 1852, art. 18 et 19). Cette disposition est empruntée à l'art. 174 c. for. (V. Forêts, no 541).

Si le délit a été commis en mer, les poursuites seront portées devant le tribunal du port auquel appartient le bateau (art. 18). — Les citations, actes de procédure et jugements sont dispensés du timbre et enregistrés gratis. Les citations et significations sont faites et remises, sans frais, par les syndics des gens de mer, les gardes jurés, les gardes maritimes et les gendarmes de la marine, ou par les agents de la force publique dans le cas où la contravention aurait été constatée par un officier de police judiciaire, un agent municipal, un employé des contributions indirectes ou des octrois (art. 21). — Les jugements sont signifiés par simple extrait contenant le nom des parties et le dispositif; cette signification fait courir les délais d'opposition, d'appel et de pourvoi en cassation (*eod.*). — Ces dispositions donnent la plus grande latitude à l'exercice de l'action publique et enlèvent toute espèce de prétexte tiré de l'énormité des frais et des lenteurs de la justice. Les commissaires de la marine pouvant désormais poursuivre eux-mêmes les délits de pêche côtière, s'abstiendront d'exercer cette justice sommaire et illégale qu'ils s'étaient attribuée. Les amendes seront régulièrement perçues au profit de la caisse des invalides de la marine, par les receveurs de l'enregistrement qui sont chargés de l'exécution des jugements (L. 9 janv. 1852, art. 23).

(1) (Min. pub. *C.* Lamour, etc.) — La cour; — Vu l'art. 408, c. inst. crim., duquel il résulte que la cour doit annuler les arrêts et jugements rendus en dernier ressort par des cours et tribunaux qui, en rendant ces arrêts et jugements, ont violé les règles de la compétence; — Vu également les art. 154, 189 et 211, même code, d'après lesquels la preuve des délits en matière correctionnelle se fait, en cause d'appel comme en première instance, devant les tribunaux saisis de la connaissance de ces délits, soit par les procès-verbaux ou rapports, soit par témoins, à défaut de ces actes, ou à leur appui; — Attendu qu'il résulte du rapport fait, le 21 avr. 1823, par le syndic des gens de mer à Berck et le brigadier de la gendarmerie maritime au quartier de Saint-Valery-sur-Somme, qu'ils ont trouvé en mer cinq bateaux de pêche, armés de leurs filets jetés à la mer, pour draguer à une distance prohibée des côtes, et en contravention à la déclaration du roi du 23 avr. 1726; — Que ces contrevenants sont 1° François Lamour, maître du bateau le Saint-Jean, trouvé à la distance d'une lieu de terre; 2° Charles Ramet, maître du bateau le Père de Famille, trouvé draguant à la même distance; 3° Daniel Caloin, maître du bateau le Coureur, trouvé à trois quarts de lieue de terre; 4° Marc Baillet, maître du bateau le Généreux, trouvé également draguant à la distance d'un quart de lieue de terre, à basse mer; 5° Nicolas Caloin, maître du bateau la Sainte-Barbe, trouvé à la distance d'un quart de lieue et demi de terre, de basse mer; — Attendu que ce rapport, remis au commissaire de marine, qui l'a légalisé, et adressé au procureur du roi près le tribunal de Montreuil, à l'effet de poursuivre les prévenus, remplit, autant que les circonstances pouvaient le permettre, le vœu de la loi du 21 vent. an 11 et de l'ordonnance de 1818, sur la constatation des délits de pêche maritime; que si, dans les circonstances dans lesquelles il avait été rédigé, il n'avait pas été possible aux verbalisants de spécifier les faits, de manière à prouver qu'il avait été pêché à la drague par les individus qui y étaient dénommés, il pouvait être suppléé à cette insuffisance de preuve par une audition de témoins, et que cette preuve supplétive ne pouvait être refusée au ministère public; — Que l'ordonnance du 13 mai 1818, en établissant quelques règles particulières pour les rapports et procès-verbaux destinés à constater les délits de pêche y énoncés, n'a point exclu les autres genres de preuve que le code d'instr. crim. admet dans la recherche et la poursuite des divers délits; — Que, cependant, le tribunal de Saint-Omer s'est permis de rejeter la preuve qui lui était offerte par le ministère public, à l'appui du procès-verbal servant de base à ses poursuites, et de confirmer, dans cet état de l'instruction, le jugement du tribunal correctionnel de Montreuil, qui, d'après des renseignements officieusement donnés à l'audience par quelques marins, et d'après les déclarations des prévenus eux-mêmes, les a renvoyés des poursuites, sur le motif qu'il n'était pas prouvé qu'ils eussent dragué et employé des filets prohibés, à la distance des côtes énoncée au rapport; en quoi le tribunal de Saint-Omer a méconnu les règles de sa compétence, violé les art. 154, 189 et 211 du code d'instruction criminelle, et, par suite, les règlements sur la pêche à la drague : — Par ces motifs, casse et annule, etc.

Du 21 nov. 1823.-C. C.-sect. cr.-M. Chantereyne, rap.

Table sommaire des matières.

Table chronologique des lois, arrêts, etc.

PÊCHERIE. — V. Pêche.

PÉCULAT. — V. Forfaiture, nos 28 et suiv.

PÉCULE. — Ce qu'un individu placé sous la puissance d'autrui s'acquérait par son travail ou son industrie. — V. Usufruit légal.

PÉDICURE. — V. Médecine, no 43.

PEINE. — **1**. En thèse générale, c'est le châtiment ou le mal infligé à celui qui a enfreint une loi à laquelle il était tenu de conformer ses actes. Au point de vue juridique, c'est le mal infligé, par la volonté de la loi, à celui qui lui a désobéi, ou en faisant ce qu'elle défendait, ou en ne faisant pas ce qu'elle prescrivait. Ce mal peut consister, soit dans une souffrance corporelle, même dans la privation de la vie, soit dans la nécessité, imposée par contrainte, de certaines actions, soit dans la privation, perpétuelle ou temporaire, d'une faculté naturelle, d'un ou de plusieurs droits civils, soit dans une prestation pécuniaire ou payement d'amende, c'est-à-dire dans la privation d'un élément de bien-être, soit enfin dans le dessaisissement de certains biens ou de certains objets par voie de confiscation, le tout aggravé, modifié ou réduit par les circonstances aggravantes ou atténuantes, par la récidive, par le cumul, par l'excuse.—On parlera des modes proposés pour rendre les délits, et, par suite, les peines moins fréquents, ou, en d'autres termes, pour améliorer la moralité des hommes avant ou après condamnation.

Division.

CHAP. 1. — HISTORIQUE ET LÉGISLATION.

2. La législation criminelle des Hébreux admettait une assez grande variété de peines. Les supplices capitaux les plus ordinaires étaient : la lapidation, le feu, le glaive, l'étranglement. Nous les mentionnons suivant l'ordre de leur gravité. La lapidation était le plus rigoureux des supplices ; les femmes y étaient soumises aussi bien que les hommes ; on lapidait hors de la ville ; les témoins y étaient les premiers exécuteurs, ils jetaient la première pierre (V. notamment le Lévit., XXIV, v. 14 ; Deutér., XIII, v. 9 ; XVII, v. 5 et 7 ; Nombres, XV, v. 35). — Le supplice du feu ne fut pas toujours appliqué de la même manière. Tantôt on éleva un bûcher avec des branches d'arbres, tantôt on jeta l'accusé dans des chaudières bouillantes (Machabées, 2, VII, v. 3) ; tantôt on le plongeait dans le fumier jusqu'aux genoux, et, serrant son cou d'un linge qu'on tirait des deux côtés pour le forcer à ouvrir la bouche, on y versait du plomb fondu qui dévorait ses entrailles (V. la Mischna, IV, p. 237). — Le supplice du glaive consistait à trancher la tête avec un glaive, ou quelquefois avec une hache. On trouve dans l'Écriture sainte de nombreux exemples de décollation (V. notamment Juges, IX, v. 5 ; saint Matthieu, XIV, v. 8-10). Ce supplice était regardé comme un des plus honteux. — L'étranglement était le plus ordinaire des supplices capitaux. On l'infligeait toutes les fois que le législateur n'avait pas déterminé un autre genre de mort. Il paraît qu'on l'exécutait en serrant avec un linge, en sens contraire, le cou du malheureux enfoncé auparavant dans le fumier jusqu'aux genoux.—V. la Mischna, IV, p. 238 ; M. de Pastoret, Hist. de la législ., t. 4, p. 136.

Ces supplices capitaux n'étaient pas les seuls : il y en avait d'autres encore, tels que la *scie*, la *croix*, la *potence* ; précipiter du haut d'une tour ou d'un rocher, engloutir dans la cendre ou dans les eaux, *écraser* sous les pieds des animaux, sous des traîneaux à battre le grain, sous des épines (V. M. de Pastoret, Hist. de la législ., t. 4, p. 127). — La scie consistait à scier le corps par le milieu ; on l'employa quelquefois contre les ennemis vaincus (V. notamment les Rois, 2, XII, v. 31). Manassé y condamna Jérémie (V. saint Jérôme, sur Isaïe, ch. 15). — Le supplice de la croix était-il usité chez les Hébreux ? Cette question est controversée. L'affirmative est soutenue par D. Calmet (Dissert, t. 1, p. 243). D'autres, au contraire, et notamment M. de Pastoret, t. 4, p. 136 et suiv., soutiennent qu'il était inconnu et que D. Calmet a confondu le crucifiement avec la potence. Ce dernier supplice consistait à attacher à la potence le cadavre du coupable qu'on venait d'exécuter ; il avait ainsi un caractère purement infamant et n'était point afflictif. M. de Pastoret invoque sur ce point le témoignage unanime des docteurs mosaïques. Partout où l'on a cru voir dans l'Ecriture, dit-il, la mention du crucifiement, il est question seulement d'*attacher au bois*.

3. De toutes les peines qui figurent dans la législation criminelle des Hébreux, le *fouet* paraît avoir été la plus fréquemment appliquée. — On l'infligeait quand la loi n'avait pas indiqué la peine, si elle n'avait pas dit qu'il serait capital. « Les juges, dit le Deutéronome, XXV, v. 1-3, feront étendre et frapper devant eux le coupable ; il ne pourra recevoir plus de 40 coups ; le nombre de coups sera proportionné à la gravité du crime. » S'il y avait eu deux fautes commises par le même homme, ou s'il commettait la même faute pour la seconde fois, la peine était double ; on pouvait aller jusqu'à 79 coups.—V. Selden, *De synedr.*, 2, ch. 13, § 6.

Celui qui, ayant été condamné trois fois à la flagellation pour un délit grave, ou quatre pour des fautes légères, se rendait de nouveau coupable, était enfermé dans un cachot tellement étroit qu'on ne pouvait s'y étendre et qui devenait son dernier asile. Pour tout breuvage, de l'eau ; pour toute nourriture, du pain et de l'orge quand son affaiblissement annonçait une mort prochaine (V. Mischna, t. 4, p. 252 et 253). — Il y avait plusieurs sortes de prisons. Les lévites et les prêtres n'étaient pas renfermés dans la même que les autres citoyens (V. Jérémie, XX, v. 2). Quelquefois l'emprisonné conservait une sorte de liberté (Jérémie, XXXII, v. 8 et 9; XXXVII, v. 14, 15 et 20). Quelquefois on ajoutait à la détention des menottes, des colliers, des entraves, des chaînes de toute espèce. La plupart étaient en bois; quelquefois cependant ils étaient en fer. — V. D. Calmet, Dissert., t. 1, p. 251; Menochius, 8, ch. 1, §§ 5 et 6; le Psaume CXLIX, v. 8, et Jérémie, XXVIII, v. 13; M. de Pastoret, t. 4, p. 154 et suiv.

Des peines pécuniaires étaient prononcées dans beaucoup de cas.—V. notamment Exode, XXI et XXII.

4. L'excommunication ou le retranchement de la famille d'Israël était une peine toute spirituelle. Il y en avait deux: la majeure et la mineure. La première consistait à être retranché de tous ceux qui composaient la famille d'Israël, la seconde à être retranché d'une partie seulement (V. Selden, *De synedr.*, 1, ch. 7). Cette peine étant toute spirituelle, comme nous venons de le dire, n'empêchait pas qu'il n'y en eût une autre infligée par les hommes (V. M. de Pastoret, t. 4, p. 157). L'excommunication majeure entraînait la confiscation des biens, le plus souvent au profit des prêtres (Lévit., XXVII, v. 21 et 28; Nombres, XVIII, v. 14).

Enfin, à toutes ces peines, il faut ajouter encore la privation de la sépulture (Deutér., XXXII, v. 24; Rois, 3, XIII, v. 22).

5. Dans la législation des Athéniens, la peine de mort était libéralement prodiguée, surtout à l'égard des crimes commis contre la chose publique, contre la démocratie ou contre la religion (V. M. Pastoret, Hist. de la législ., t. 6, p. 480 et suiv.). La confiscation des biens était également prononcée dans ces cas. On ordonnait quelquefois que la maison du traître fût rasée (*ibid.*). — Les peines capitales étaient: 1° le *glaive* ou la *décapitation*; — 2° La *lapidation*: Eschyle fut sur le point de la subir pour un drame qu'on accusait d'impiété (Elien, Hist. div., V, ch. 29); pendant la guerre médique, Cyrsile, qui avait proposé de se soumettre à Xerxès, fut lapidé; sa femme le fut aussi (V. Démosth., sur la Couronne; Cicér., Offic., 3, § 2); cette peine était infligée hors de la ville, et les magistrats eux-mêmes jetaient des pierres au coupable (V. Platon, Lois, 9); — 3° Le *poison*: ce supplice était plus particulièrement réservé aux attentats contre le gouvernement, la patrie, la religion et les dieux; c'est ce genre de mort qui fut infligé à Socrate et à Phocion; — 4° Le *bâton*: le coupable en était frappé jusqu'à ce qu'il mourût (V. Lysias *C.* Agoratus); — 5° Le *barathre*, ou le gouffre, l'abîme, c'est-à-dire la condamnation à être jeté dans une fosse profonde. Un décret du peuple y destinait Miltiade; mais le magistrat qui présidait l'assemblée fit changer cette peine en une amende pécuniaire.—V. Platon, dans le Gorgias.

Dès qu'une condamnation capitale avait été prononcée, le condamné était livré aux undécemvirs, qui étaient, non pas des magistrats, mais des officiers préposés à l'exécution. Il y avait des époques pendant lesquelles les exécutions capitales étaient suspendues. Ainsi les Athéniens envoyaient tous les ans à Délos, avec des présents et des victimes pour Apollon, un vaisseau qui, suivant les traditions, était le même que Thésée avait monté lorsqu'il alla combattre le Minotaure. Il n'était permis de faire mourir personne depuis le départ de ce vaisseau jusqu'à son retour: ainsi, la mort de Socrate, prononcée pendant cet intervalle, fut retardée jusqu'à l'arrivée de ce vaisseau.—V. Platon, dans le Phédon.

L'*exécution* avait souvent lieu dans la prison même (Hérod., V, § 72). Il n'en pouvait guère être autrement lorsque le supplice était le poison ou la ciguë. — Avant de mener au supplice des condamnés à mort, on rayait leurs noms du tableau de citoyens, comme pour épargner l'infamie à ce titre glorieux (Meursius, Them. attic., 3, chap. 12). — Il était défendu d'exécuter à mort une *femme enceinte* (Elien, Hist. div., V, chap. 18; Meursius, Them. att., 2, chap. 9).

6. Parmi les peines non capitales, plusieurs étaient corporelles; ainsi notamment la *mutilation*, les *stigmates*, le *fouet*, les *fers*. Ces peines étaient applicables surtout aux esclaves; quelquefois cependant on les appliquait aussi aux hommes libres. Les stigmates se traçaient avec un *fer brûlant* sur une partie du corps, sur le front ordinairement pour les esclaves, et c'est le nom de leur maître qu'on y inscrivait; sur la main pour les soldats, et l'on y inscrivait le nom de leur général (M. de Pastoret, t. 7, p. 78). — Une loi de Solon voulait qu'on privât de ses deux *yeux* celui qui avait privé un borgne de l'œil qui lui restait (Val. Maximus, 9, chap. 2; Diogène Laërte, Vie de Solon, 57).

Le *bannissement* figurait aussi dans la législation pénale des Athéniens. Il était temporaire ou perpétuel. Dans ce dernier cas, il avait, quant aux biens et aux droits civils, le même effet qu'une peine capitale (V. Démosthène *C.* Mid.). La rupture du ban entraînait la peine de mort. Le bannissement fut prononcé contre plusieurs des hommes illustres dont l'histoire nous a transmis le souvenir: Alcibiade, Xénophon, Thucydide, Démosthène. Les biens des bannis étaient confisqués et vendus.

A côté du bannissement, nous devons mentionner une institution qui s'en rapprochait à certains égards, mais qui cependant en différait notablement: nous voulons parler de l'*ostracisme*. C'était moins une peine véritable qu'une mesure politique destinée à rassurer la démocratie athénienne contre les craintes que pouvaient lui inspirer les hommes devenus trop puissants. L'ostracisme n'était pas prononcé par un jugement, il résultait d'un vote populaire. Il n'éloignait celui qui en était frappé que pour dix ans du territoire de la république; il n'avait rien d'infamant et n'entraînait aucune confiscation des biens. Voici comment on y procédait. Chaque citoyen prenait une coquille sur laquelle il écrivait le nom de celui qu'il voulait bannir, et la portait dans un endroit de la place publique fermé circulairement par une cloison de bois. Les magistrats comptaient d'abord le nombre des coquilles, car s'il y en avait moins de dix mille, l'ostracisme n'avait pas lieu; ensuite on mettait à part chacun des noms écrits; et celui dont le nom se trouvait sur un plus grand nombre de coquilles était banni (V. Plutarque, Vie d'Aristide, n° 12). On sait qu'Aristide fut frappé de cette peine.

La *détention*, soit temporaire, soit perpétuelle, était aussi du nombre des peines en vigueur à Athènes. Une loi autorisait le sénat à faire emprisonner, les fers aux pieds, le fermier public qui ne se serait pas acquitté envers l'Etat (Andoc., 1, p. 12).

Enfin les *peines pécuniaires* étaient fréquemment appliquées. Quelquefois le chiffre en était laissé à la détermination du juge; d'autres fois il était fixé par la loi (V. Démosthène *C.* Midias). L'amende était payable le jour de la condamnation (Sam. Petit, 18, tit. 9, § 10); on la doublait si le condamné n'y satisfaisait pas dans le terme prescrit (Démosthène *C.* Néera). On emprisonnait souvent le condamné jusqu'à ce qu'il l'eût payée. C'est ce qui arriva à Miltiade. Condamné à une amende de 50 talents, et ne pouvant la payer, il fut mis en prison, où il mourut (Plut., Vie de Cimon, n° 4).

A toutes ces peines il faut ajouter encore une peine purement morale: la privation de la *sépulture*. On voit dans Xénophon que la sépulture était toujours refusée à celui dont le crime était d'avoir volé les choses saintes ou trahi la république. Et Plutarque (Vie de Phocion, n° 42) raconte que les ennemis de Phocion, non contents de l'avoir fait condamner à mort, firent décréter que son corps serait porté hors du territoire de l'Attique, et que nul Athénien ne pourrait donner du feu pour faire ses funérailles.

7. A Rome, la peine capitale existait aussi sous diverses formes. On distinguait la *strangulation*, la *hache*, la *précipitation*, la *noyade*. — La *strangulation*, le seul de ces supplices qui fût secret, paraît avoir été l'un des plus usités: c'est celui qui fut infligé aux complices de C. Gracchus et à ceux de Catilina. Dans la prison publique il existait, à 10 ou 11 pieds au-dessous du sol, un cachot infect, humide et ténébreux, dont on attribuait la construction au roi Tullius, et que pour cela sans doute on nommait *Tullianum*; c'est là qu'on faisait subir aux traîtres le supplice de la strangulation (V. Varron, lib. 4; Festus, v° *Tullianum*; V. aussi M. Albert du Boys, Hist. du dr. crim. des peuples anciens, p. 439). — Le supplice de la *hache* consistait à avoir la tête tranchée par la hache du licteur. C'est ainsi que périrent les enfants de Jun. Brutus, après l'expulsion des Tarquins (V. Tite-Live, 1, 26; 2, 5). — La *précipitation* consistait à être jeté du haut de la roche Tarpéienne. Le bas de cette roche était garni de pointes aiguës qui assuraient à ce supplice un effet certain (Appian., *De bell. civ.*, lib. 3). — La *noyade* était le plus cruel des supplices; elle était réservée aux plus grands crimes, aux parricides. Après avoir été flagellé, le coupable était cousu dans un sac de cuir avec un chien, un coq, une vipère et un singe; et le sac était jeté dans le Tibre.—V. Circér., *Pro Sext.*

Rosc.; Juvénal, sat. 13, v. 154; Quintil., *Instit. orat.*, VII, 8).

Celui qui était condamné à mort était préalablement *dégradé* du titre de citoyen romain; il devenait esclave de la peine, *servus pœnæ*; ainsi ce n'était pas un homme libre, c'était un esclave que frappait le glaive de la justice (V. Appian., *De bello civ.*, IV, 1-31). — Ordinairement les cadavres des suppliciés étaient privés de *sépulture*. Ceux qui avaient péri par la strangulation étaient tirés du *Tullianum* avec de grands crocs et exposés sur les degrés des gémonies; on les y laissait quelque temps, après quoi ils étaient jetés dans le Tibre.

Le citoyen romain accusé d'un crime capital pouvait toujours se dérober à la peine dont il était menacé en s'exilant pendant le cours de la procédure dirigée contre lui; mais l'amour de la patrie était si puissant dans le cœur des Romains, que souvent, au lieu d'user de cette faculté, le citoyen accusé préférait courir la chance périlleuse du jugement.—V. M. Albert du Boys, p. 433 et s.

L'interdiction du feu et de l'eau n'était que l'exil prononcé sous forme indirecte. Interdire le feu et l'eau à un citoyen, c'était le priver des choses nécessaires à la vie, et, par conséquent, le contraindre à chercher dans une contrée étrangère les moyens d'existence qui lui étaient refusés dans sa patrie. La loi avait pris cette voie détournée par respect pour l'inviolabilité du citoyen; elle ne voulait pas qu'il fût appréhendé au corps pour être conduit au lieu désigné. Mais le législateur n'eut pas toujours le même scrupule; les empereurs ne craignirent pas d'établir l'exil direct sous les noms de *deportatio* et de *relegatio*. La première était perpétuelle, elle imposait à celui qui en était frappé l'obligation de séjourner dans un lieu déterminé; elle emportait la confiscation des biens et la perte des droits civils (*media capitis deminutio*). La relégation obligeait aussi à résider dans un lieu déterminé; mais elle n'était pas perpétuelle, elle n'enlevait pas les droits de cité, et enfin elle ne privait pas le condamné de ses biens, à moins que la sentence ne le portât expressément (L. 14, § 1, ff., *De interd. et relegat. et deport.*). Ces peines furent établies par le premier des empereurs, par Auguste lui-même, pour le crime d'adultère.

L'esclavage était infligé comme punition directe à celui qui ne donnait pas son nom à inscrire au livre du censeur, et à celui qui cherchait par quelque fraude à se soustraire au recrutement de la milice (Val. Max., VI, 3-4; L. 4, § 10, ff., tit. 16, lib. 49). Auguste fit vendre un chevalier romain et confisquer ses biens parce que ce chevalier avait coupé les pouces à ses deux fils pour les rendre impropres au service militaire (Suéton., *August.*, 24).

La *confiscation* était l'accessoire des peines capitales. Souvent aussi, dans les troubles civils, et particulièrement lors des proscriptions de Marius et de Sylla, elle fut appliquée par le parti victorieux au parti vaincu. Quand elle était régulièrement prononcée par jugement, on en atténuait la rigueur en faveur des enfants s'ils n'avaient pas d'autres moyens d'existence que l'héritage paternel (Hugo, Hist. du dr. rom., t. 2, p. 201).

8. Au-dessous des peines qui précèdent, il y avait : 1° la détention (*vincula*), 2° la flagellation (*verbera*), 3° l'amende. — La détention était ou publique ou particulière. La première était destinée au châtiment de certains criminels (V. Cicéron, *De divinat.*, 1, 25); la seconde avait pour but de s'assurer de la personne des accusés, elle répondait à ce que nous appelа la prison préventive; on la nommait aussi *libera custodia* (Sallust., Catil., 47; Tit.-Liv., 39, 14). — La flagellation consistait à frapper le condamné soit avec des bâtons (*fustibus*), soit avec des verges (*virgis*), soit avec des fouets (*flagellis*); la première punition était infligée aux militaires, la seconde aux citoyens, la troisième aux esclaves. Vers la fin de la République, la peine des verges fut abolie pour les citoyens par la loi porcienne (Cicér. contre Verrès, 3, 29; Tit.-Liv., 10, 9; V. aussi M. Albert du Boys, p. 442). — Quant à l'amende, dans l'origine, elle n'excédait pas deux bœufs et trente moutons, ou la valeur de ces animaux en argent (Tit.-Liv., 4, 30); mais ensuite elle augmenta progressivement en raison de la richesse publique.

9. A côté des peines dont nous venons de parler, et qui formaient en quelque sorte le droit commun en matière criminelle, venaient se placer : 1° les peines censoriales, c'est-à-dire les châtiments que les censeurs pouvaient infliger en vertu du contrôle qu'ils étaient chargés d'exercer sur la vie privée de chaque citoyen; 2° les peines militaires; 3° les peines applicables aux esclaves. Nous nous bornons à les mentionner sommairement, sans entrer dans des détails qui nous entraîneraient trop loin.

10. Disons un mot maintenant de la législation pénale des peuples barbares qui s'établirent au cinquième siècle sur notre sol, et qui, en se fondant peu à peu avec la population primitive, contribuèrent à former insensiblement la nation française. Cette législation présentait une assez grande simplicité. On y distinguait les délits en *publics* et *privés*. Les délits publics se rapportaient généralement à la trahison. Les peines corporelles étaient peu nombreuses et ne s'appliquaient guère qu'aux délits publics. Elles se réduisaient le plus souvent à la peine de mort, qui était infligée sous diverses formes : l'écartellement à quatre chevaux, le feu. Quant aux délits privés, c'est-à-dire à ceux qui étaient dirigés soit contre les personnes, soit contre les propriétés, ils n'entraînaient que des peines ou plutôt des compositions pécuniaires. Il en était ainsi même de l'assassinat. Les lois déterminaient minutieusement la somme à payer pour chaque délit. D'après la loi salique, il y avait, chez les Francs, trois cent cinquante-huit compositions diverses. La plus légère était de 7 deniers, et la plus forte de 1,080 sous d'or. Ces compositions étaient désignées sous le nom générique de *wehrgeld*. Le wehrgeld n'était pas une amende perçue au profit du trésor public, c'était une réparation pécuniaire que l'offenseur devait offrir à l'offensé ou à sa famille. S'il ne le faisait point, il était déclaré *wargus*, c'est-à-dire hors la loi. Dans le principe, il pouvait être tué par tout le monde; ou bien il était remis aux parents de l'offensé pour qu'ils en fissent ce qu'ils voudraient, ou tout au moins il était exilé. Si le coupable était insolvable, ses proches parents étaient obligés de contribuer à la prestation. D'un autre côté, l'offensé ou sa famille étaient tenus d'accepter le wehrgeld, et en l'acceptant ils renonçaient à tirer vengeance de l'offense. Le wehrgeld variait, non-seulement suivant la nature du fait, mais aussi suivant la qualité de la personne offensée. Ainsi, par exemple, la composition à payer pour un meurtre n'était pas la même que pour une blessure; et, de même, le meurtre d'un Franc, celui d'un Germain, d'un Romain, d'un évêque, étaient inégalement taxés. Celui qui se vengeait après avoir reçu le wehrgeld commettait un grand crime, que les diverses législations punissaient diversement. Comme l'intervention du pouvoir était nécessaire afin d'assurer l'exécution des lois sur le wehrgeld, une portion de la somme reçue à ce titre était attribuée à ce pouvoir à titre d'indemnité. Cette portion se nommait *fredum*. Le montant du *fredum* variait suivant les diverses législations. D'après la loi salique, il était du tiers du wehrgeld; chez les Lombards il était de moitié.

11. Les lois barbares perdirent peu à peu de leur empire. Nous n'avons point à retracer ici les diverses phases de la révolution qui s'opéra insensiblement au sein de la société française et qui eut pour résultat la formation de notre ancienne jurisprudence. Disons tout de suite ce que furent les peines pendant cette dernière période jusqu'à l'époque de rénovation qui commença en 1789. Elles étaient nombreuses et variées; elles formaient plusieurs catégories; on les distinguait en capitales, afflictives, infamantes, enfin peines qui n'avaient aucun de ces caractères.

Les *peines capitales* étaient celles qui entraînaient la perte de la vie ou la privation pour toujours du droit de citoyen et de la liberté. C'étaient : la mort naturelle, le bannissement à perpétuité hors du royaume, les galères perpétuelles et la reclusion à perpétuité dans un hospice ou dans une maison de force. Toutes les peines capitales étaient aussi afflictives et infamantes; elles emportaient mort civile; elles entraînaient en outre, du moins dans la plupart des provinces, la confiscation des biens du condamné. Nous ferons remarquer en passant combien cette confiscation était inique et odieuse. Ce n'était pas le coupable qu'elle frappait, c'était sa famille, ses enfants, qui étaient innocents.

La forme de la peine de mort était différente suivant que le crime était grave ou atroce et suivant la qualité des personnes. Le mode le plus ordinaire était la potence; mais les gentilshommes avaient le privilége de n'y être pas soumis; c'était la décollation qui pour eux était le supplice ordinaire. Les crimes les plus atroces, tels que l'assassinat prémédité, le vol sur les grands chemins, ou dans les maisons, avec effraction et violence publique, entraînaient la peine de la roue; toutefois les femmes n'étaient jamais condamnées à cette peine. La peine du feu était aussi en usage pour certains crimes, tels que les sacriléges énormes, les crimes contre nature, etc. Quelquefois une personne était condamnée à être brûlée vive, quelquefois seulement à être pendue et étranglée, et le corps jeté au feu. Ceux qui attentaient à la vie des rois étaient condamnés à être écartelés.

Les juges pouvaient, quand le crime se distinguait en quelque sorte par une atrocité exceptionnelle, appliquer cumulativement deux modes d'exécution et géminer les peines. « Il y a quelques années, dit Pothier, Tr. de proc. crim., n° 151, la cour condamna un parricide de ce pays-ci à être roué, et ensuite jeté au feu tout vivant. » Quelquefois on ajoutait à la peine de mort une mutilation, comme d'avoir le poing coupé, la lèvre fendue, la langue coupée ou percée d'un fer chaud, ou bien encore l'obligation de faire amende honorable; on ordonnait aussi assez souvent que celui qui était condamné à mort serait appliqué à la question, pour avoir par lui la révélation de ses complices.

12. On appelait afflictives les peines qui infligeaient une souffrance au corps de l'homme ou qui le gênaient dans sa liberté. Les premières étaient spécialement appelées corporelles. Les peines afflictives étaient : les *galères à temps*, leur durée pouvait être de trois, cinq, six ou neuf ans; elle ne passait jamais ce dernier terme; on ajoutait à la condamnation aux galères, soit perpétuelles, soit temporaires, la peine accessoire d'être flétri sur l'épaule des lettres GAL ; — La *reclusion à temps*; on y condamnait les femmes et ceux qui, par leurs infirmités, n'étaient pas capables du service des galères; la durée de cette peine pouvait être également de trois, cinq, six ou neuf ans ; — La peine du *fouet;* elle était le plus souvent accompagnée du bannissement à temps; on ajoutait à cette peine, contre les voleurs, celle de la lettre V sur l'épaule, ou d'un W lorsque c'était une récidive ; — Le *bannissement à temps*; ce temps était, comme pour les galères et la reclusion, trois, cinq, six ou neuf ans ; — Le *bannissement perpétuel hors d'une province* (V. n°s 647 et s.); — Le *pilori* et le *carcan;* ces peines étaient regardées comme afflictives parce que le condamné, pendant qu'il les subissait, était dans un état de géhenne, bien qu'il ne souffrît pas de douleur.

13. Parmi les peines infamantes, la plus considérable était l'*amende honorable*. Il y en avait deux espèces : l'une qu'on nommait *publique*, parce qu'elle se faisait dans le tribunal, l'audience tenante, et en présence du public, où le criminel, la corde au cou, la tête et les pieds nus, en chemise, avec écriteaux devant et derrière pour indiquer son crime, et portant une torche de cire allumée, était conduit par l'exécuteur de la haute justice ; l'autre qu'on nommait *sèche*, parce qu'elle était faite à huis clos, en présence des juges seulement, où le coupable était conduit, par de simples archers, vêtu de ses habits ordinaires, mais tête nue, et sans aucune marque de dignité, s'il en avait quelqu'une. Elle consistait dans un aveu public que faisait le criminel des crimes dont il était jugé coupable et dont il devait demander pardon à Dieu, au roi et à la justice. Quelquefois elle était prononcée seule; d'autres fois elle était ajoutée comme peine accessoire à une autre peine, et, par exemple, à la peine de mort.

Les autres peines infamantes étaient le *blâme*, qui consistait en une réprimande adressée, avec un certain appareil, par les juges à des accusés reconnus coupables de faits qui, bien que graves, ne méritaient pas cependant une peine afflictive, et l'*amende*. Cette dernière peine, quand elle était seule, était infamante en matière criminelle, mais non en matière civile. Toutes les peines, tant capitales qu'afflictives, ou même simplement infamantes, étaient accompagnées d'une amende, à l'exception toutefois des galères.

Les peines non infamantes étaient l'*admonition*, la *condamnation à une aumône*, et les diverses injonctions qui pouvaient être portées par le jugement, comme l'injonction de s'abstenir d'un lieu ou des endroits où l'accusateur se trouvera, de demander pardon ou excuse à la personne offensée, soit à l'audience, à genoux ou debout, soit en la chambre du conseil; de donner acte au greffe de réparation et de reconnaissance que l'on tient la personne offensée pour personne d'honneur, etc.

14. Déjà nous avons dit un mot du pouvoir discrétionnaire qui était laissé aux juges pour la détermination de la peine, du pouvoir qu'ils avaient soit d'ajouter à la peine principale des peines accessoires, soit même de combiner et de cumuler en quelque sorte divers modes d'exécution de la peine. Mais ce n'est pas tout. Diverses ordonnances permettaient de punir certains délits à l'arbitrage du juge; et quant aux faits criminels qui n'étaient pas littéralement prévus par les édits, ils étaient punis *suivant la gravité du cas*. Rousseaud de la Combe raconte, d'après Mornac, qu'un particulier fut accusé et convaincu d'avoir jeté de la chaux sur le visage d'un autre, afin de le rendre aveugle. « Ce crime est grave, dit-il, et la peine est arbitraire, les ordonnances n'ayant pas prévu un fait de cette qualité; un tel coupable ne pouvait guère éviter les *galères* ou le *bannissement*. »

15. Lorsqu'en 1789 les états généraux de la nation furent convoqués, les cahiers remis par les bailliages à leurs commettants contenaient tous le vœu que les lois criminelles fussent revisées. L'esprit de réforme et d'innovation dominait alors toutes les intelligences; il était naturel qu'il s'attaquât à cette branche de notre législation : c'était la plus imparfaite, celle dont les vices avaient été le plus énergiquement signalés par les philosophes et les publicistes. L'assemblée constituante, dans la loi des 16-24 août 1790 (art. 21), posa en ces termes le principe de la réforme : « Le code pénal sera incessamment réformé, de manière que les peines soient proportionnées aux délits; observant qu'elles soient modérées, et ne perdant pas de vue cette maxime de la déclaration des droits de l'homme, que la loi ne peut établir que des peines strictement et évidemment nécessaires. » En effet, environ un an après, furent successivement décrétées les lois du 19 juillet et des 25 sept.-6 oct. 1791. La première s'occupait spécialement des délits de police municipale et des délits correctionnels; la seconde, des infractions qui sont aujourd'hui qualifiées crimes. Ces lois qui, suivant l'observation de M. Bérenger, dans son Rapport sur la répression pénal, t. 2, p. 10, établissent trois ordres de peines répondant aux trois ordres de juridiction, ont été améliorées encore soit par le code des délits et des peines du 3 brum. an 4 (art. 609 et 610), qui, malgré son titre, s'occupait beaucoup plus de l'instruction criminelle que de la répression des crimes et délits, soit par la loi du 22 prairial de la même année qui punit comme le crime même les *tentatives* manifestées par des actes extérieurs et suivies d'un commencement d'exécution; principe qui, remarque encore M. Bérenger, p. 18 et 19, est demeuré acquis à notre droit criminel.—Enfin, ces lois constituent, en matière pénale, ce qu'on appelle la législation intermédiaire. — V. Lois codifiées, p. 229 et suiv.

16. Les peines infligées par la loi du 19 juill. 1791 aux délits correctionnels étaient l'amende, la confiscation, en certains cas, de la matière du délit, et l'emprisonnement. Ces mêmes peines s'appliquaient aux simples contraventions de police, avec cette distinction, bien tranchée dans le code des délits et des peines du 3 brum. an 4 (art. 600, 601), que toutes les fois que les amendes prononcées par la loi étaient inférieures à trois journées de travail, ou si l'emprisonnement n'excédait pas trois jours, l'infraction ainsi réprimée n'était que de simple police. Quand, au contraire, la peine légale excédait soit une condamnation pécuniaire à trois journées de travail, soit un emprisonnement de trois jours, le délit devenait correctionnel.

17. D'après la loi du 25 sept. 1791, les peines afflictives et infamantes, ou simplement infamantes furent la mort, les fers, la reclusion, la gêne, la détention, la déportation, la dégradation civique. Dans l'économie de cette loi, aucune peine, la déportation exceptée, ne dut être perpétuelle. Les peines perpétuelles étaient considérées comme plus terribles que la mort même. Celle dont la durée pouvait être la plus longue était les fers, que l'on prononçait quelquefois jusqu'à vingt-quatre années. Cette peine, uniquement applicable aux hommes, représentait à peu près celle des galères d'autrefois, ou des travaux forcés d'aujourd'hui. Les femmes coupables de crimes que la loi punissait des fers, étaient condamnées à la reclusion, c'est-à-dire, à être renfermées dans une maison de force. — Une imitation trop peu réfléchie avait fait établir la peine de la gêne, supplice affreux qui livrait le condamné, pendant plusieurs années, à une solitude absolue, et le séquestrait de tout être animé. — Les horreurs du secret, dans la procédure préparatoire, donnent une faible idée des souffrances morales d'un homme enseveli vivant pour un temps souvent fort long, puisqu'il pouvait aller jusqu'à douze ans, et qui ne devait avoir, dans toute la durée de sa peine, ni de commerce avec les autres condamnés, ni de communication au dehors.—Il a été décidé, sous l'empire de cette législation, que la confiscation était une peine correctionnelle, puisque, n'étant ni afflictive ni infamante, elle excédait néanmoins la valeur de trois journées de travail (Crim. cass. 12 prair. an 11, MM. Viellart, pr., Schwendt, rap., aff. Behemer).

18. On a fait au code pénal de 1791 un juste reproche : c'est de ne pas laisser au juge, pour l'application des peines, une latitude suffisante, de le forcer à prononcer la peine édictée par la loi, sans pouvoir l'abaisser ou l'élever selon les circonstances, et de ne tenir ainsi aucun compte des diverses nuances qui peuvent modifier la criminalité de l'action. C'était une réaction naturelle, mais pourtant excessive, contre le vice de l'ancienne législation criminelle, qui, ainsi que nous l'avons vu, abandonnait la punition de certains délits à l'arbitrage du juge, et qui lui laissait le soin de punir suivant la gravité des cas les faits criminels qui n'étaient pas littéralement prévus par les édits.

19. Aux pénalités édictées par les lois criminelles dont il vient d'être parlé, la loi du 23 flor. an 10 (V. v[is] Faux et Fausse monnaie, n° 12) en ajouta une autre, usitée à la vérité dans l'ancien droit, mais qui n'avait pas trouvé place dans les lois nouvelles : nous voulons parler de la flétrissure ou marque. L'art. 1 de cette loi portait que tout individu qui, condamné une première fois pour crime, commettrait un second crime emportant peine afflictive, serait condamné, indépendamment de la peine principale applicable à ce crime, à être flétri publiquement, sur l'épaule gauche, de la lettre R. L'art. 6 disposait également que tout individu condamné pour crime de faux ou de fausse-monnaie serait, dès la première fois, et outre la peine prononcée par le code pénal, flétri publiquement, sur l'épaule droite, de la lettre F.

20. Cependant, sous le gouvernement consulaire, une commission fut chargée de rédiger un projet de code criminel qui devait être divisé en deux parties consacrées : l'une à l'instruction criminelle et l'autre au droit pénal. Un projet fut effectivement préparé, et la discussion en fut commencée. Un certain nombre de questions fondamentales avaient été posées pour être préalablement examinées; plusieurs de ces questions étaient consacrées au droit pénal; elles étaient ainsi conçues : « La peine de mort sera-t-elle conservée? — Y aura-t-il des peines perpétuelles? — La confiscation aura-t-elle lieu en certains cas? — Les juges auront-ils une certaine latitude dans l'application des peines? Y aura-t-il un maximum et un minimum qui leur laisseront la faculté de prononcer la peine pour un temps plus ou moins long suivant les circonstances?—Pourra-t-on placer sous la surveillance certains condamnés qui auront subi leur peine, et pourra-t-on exiger, dans certains cas, des cautions de leur conduite future?—Y aura-t-il un mode de réhabilitation pour les condamnés dont la conduite aura mérité cette faveur? » Ce projet n'eut pas de suite; la discussion en fut interrompue le 29 frim. an 13, pour ne plus être reprise que plusieurs années plus tard. —Toutefois il donna lieu à des observations de Target qui jettent beaucoup de jour sur les idées dominantes et sur les progrès de la législation à cette époque. — V. Locré, t. 29, p. 7 et suiv.

21. Le 8 janv. 1808 fut présenté au conseil d'Etat un nouveau projet qui divisait le droit criminel en deux codes distincts, le code d'instruction criminelle et le code pénal. Ce dernier, le seul dont nous ayons à nous occuper, fut commencé le 4 oct. 1808. Les travaux d'élaboration antérieurs simplifiaient beaucoup la tâche. « Les questions fondamentales, dit M. Locré (Législ. civ., com. et crim., t. 1, p. 229), avaient été tranchées dès l'an 12. Dans la séance du 30 prairial on avait décidé que la peine de mort serait conservée; qu'il y aurait des peines perpétuelles; que la confiscation aurait lieu en certains cas; qu'on donnerait aux juges, pour l'application des peines une latitude renfermée entre un maximum et un minimum; que les condamnés pourraient être mis sous la surveillance de la police, après avoir subi leur peine; que la réhabilitation était admise. Il restait donc beaucoup moins à faire. Le travail se réduisait à revoir le code de 1791, et à y ajouter les dispositions que le changement survenu dans l'état des choses rendait nécessaire, en ajoutant à tout cela les principes adoptés sur la latitude donnée au juge. » Le conseil d'Etat consacra quarante et une séances à ce travail, qui fut terminé le 18 janv. 1810. Le dernier titre du nouveau code pénal fut décrété le 20 fév. 1810 ; mais ce code ne fut mis en vigueur, aux termes du décret du 17 déc. 1809, qu'à partir du 1er janv. 1811. — V. Lois codifiées, n°s 12 et suiv.

22. On comprend que nous n'avons point à nous occuper ici de l'ensemble de ce code, et notamment de diverses incriminations qu'il contient. Nous devons nous borner aux règles générales qui se rapportent aux peines considérées en elles-mêmes, à leur application, à leur exécution, aux circonstances qui influent sur leur aggravation ou leur adoucissement, etc. Ces règles sont renfermées dans les dispositions préliminaires placées en tête du code pénal et dans les deux premiers livres de ce code, intitulés, le premier : *Des peines en matière criminelle et correctionnelle et de leurs effets* ; et le second : *Des personnes punissables, excusables ou responsables, pour crimes ou pour délits*. — Les dispositions préliminaires et le livre 1 faisant l'objet d'une seule et même loi (la première de celles qui furent successivement adoptées et dont la réunion forma le code pénal), furent présentés au conseil d'Etat le 4 oct. 1808, par le comte Treilhard, discutés dans la même séance, dans celles des 21 fév., 22 et 25 juill. 1809, et adoptés définitivement le 3 oct. 1809. Le projet, arrêté dans cette dernière séance, fut officieusement communiqué le même jour à la commission de législation civile et criminelle du corps législatif, conformément à l'acte du 19 août 1809. Cette commission fit des observations qui donnèrent lieu à une conférence entre ses membres et ceux de la section de législation du conseil. Le 8 janv. 1810, M. le comte Treilhard rendit compte de ces observations, et présenta au conseil une dernière rédaction qui fut adoptée sans discussion nouvelle. Le 1er février, M. le comte Treilhard, accompagné de MM. Faure et Giunti, présenta le projet au corps législatif et en exposa les motifs (1). Le 12 fé-

---

(1) *Exposé des motifs de la loi contenant le liv. 1. c. des dél. et des peines*, par M. Treilhard (séance du 1er fév. 1810).

1. Messieurs, si la lecture des lois pénales d'un peuple peut donner une juste idée de sa morale publique et de ses mœurs privées, le code pénal qui vous est annoncé, et dont nous vous portons le premier livre, attestera les progrès immenses qu'ont faits parmi nous la raison et la philosophie. — Vous n'y trouverez que des peines nécessaires, des peines clairement énoncées, répressives, et jamais atroces; vous y verrez aussi des dispositions faites pour diminuer la masse des désordres, parce qu'elles placeront sous une surveillance active et salutaire les hommes dont les intentions perverses auront éclaté. — L'assemblée constituante a dégagé notre législation pénale de plusieurs dispositions contre lesquelles l'humanité réclamait depuis longtemps ; elle a réduit la peine de mort à la simple privation de la vie ; elle a fait disparaître les supplices barbares du feu, de la roue, et d'être tiré à quatre chevaux. Toute mutilation est défendue, et les peines de lèvre coupée, de langue percée, et autres de cette nature, ne souillent plus le code français. C'est déjà un grand pas vers la perfection ; mais cette assemblée célèbre, qui se distingua par tant de conceptions utiles, qui détruisit tant d'abus, qui avait, sans contredit, pour elle la pureté des intentions, ne se tint pas toujours en garde contre l'enthousiasme du bien : le flambeau de l'expérience qui lui manquait, a fait apercevoir depuis d'utiles améliorations, dont le code de 1791 est susceptible. — L'assemblée constituante crut devoir poser en règle qu'aucune peine ne serait perpétuelle ; celle des fers, la première après celle de mort, ne dut jamais être prononcée que pour un temps qui, dans aucun cas, n'excéderait vingt-quatre années.—La durée des peines fut déterminée pour chaque espèce de crime, d'une manière invariable ; la marque et la confiscation furent supprimées ; enfin, un coupable qui avait subi sa condamnation, fut lancé sans précaution dans la société pour y jouir de toute la liberté des autres citoyens. — Les bases du projet qui vous est soumis diffèrent, sur ces points importants, de celles posées par l'assemblée constituante.

2. Nous avons pensé que, pour parvenir à une juste gradation des peines, il fallait en établir de perpétuelles.— Il nous a paru suffisant de régler la nature des peines à appliquer, et de fixer les termes qu'elles ne pourraient excéder, sans déterminer la durée précise de celle qui serait prononcée contre chaque condamné ; les magistrats la régleront dans la latitude que la loi leur laisse. — Nous avons rétabli la peine de la marque.— La confiscation pourra être prononcée dans certains cas. — Enfin les condamnés, après avoir subi leur peine, seront placés sous une utile surveillance.— J'aurai occasion de remarquer dans la suite quelques autres différences moins importantes, entre la législation pénale de l'assemblée constituante et celle qui vous est proposée.— Quant à présent, je dois me borner à exposer, en peu de mots, les motifs qui ont fait adopter nos nouvelles bases.—Et d'abord, pour peu qu'on veuille y réfléchir, on sera bientôt convaincu que la distance entre une peine temporaire et la mort est si immense que, pour la combler, il faut nécessairement établir une peine perpétuelle ; sans elle, plus de gradation, et toute proportion entre la peine et certains crimes, est absolument rompue. — On ne peut disconvenir, par exemple, qu'un fonctionnaire coupable de faux en écriture authentique, et dans l'exercice de ses fonctions, doit être puni beaucoup plus sévèrement qu'un particulier qui a commis le même crime ; et lorsque celui-ci subit une simple peine temporaire, si on ne prononce pas la peine de mort contre le premier, parce qu'il est dangereux de donner trop souvent au peuple le spectacle du sang versé, il mérite certainement de subir, à perpétuité, la peine prononcée temporairement contre l'autre.— Le faux monnayeur qui a altéré ou fabriqué des espèces d'or et d'argent est puni de mort; convient-il d'appliquer la même peine à celui qui n'a altéré ou fabriqué que des espèces de cuivre? Si la gravité du crime et ses funestes

vrier, M. d'Haubersart, président de la commission de législation du corps législatif, apporta au corps législatif le vœu d'a-

conséquences ne permettent pas de se borner en ce cas à une simple peine temporaire, n'est-il pas plus convenable, dans l'alternative de la peine de mort ou d'une peine perpétuelle, de se borner à cette dernière? — La règle posée par l'assemblée constituante, que nulle peine ne serait perpétuelle, détruit donc les proportions qui doivent exister entre les peines et les crimes; dans son système on est souvent exposé, ou à infliger au coupable une peine trop sévère, ou à lui faire grâce d'une partie de celle qu'il a encourue.

3. Vivement frappée de quelques erreurs graves reprochées aux tribunaux, l'assemblée constituante ne crut pas pouvoir resserrer dans des bornes trop étroites la délégation de pouvoir faite à la magistrature; elle régla, en conséquence, avec une exacte précision, la durée de la peine qui devait être appliquée à chaque fait particulier, et elle voulut qu'après la déclaration du jury, la fonction du juge fût bornée à l'application mécanique du texte de la loi. — Sans doute le magistrat ne doit et ne peut prononcer que la peine de la loi; mais n'y a-t-il pas quelque distinction à faire entre deux hommes convaincus du même crime? Doit-on placer sur la même ligne le jeune homme séduit, que des conseils désastreux et son inexpérience ont précipité dans l'abîme, et l'homme dont la profonde corruption est manifeste et dont toute la vie est souillée de crimes?— Ici nous avons pensé qu'une saine politique et la justice bien entendue appelaient sur la magistrature une marque honorable de confiance, non que les cours puissent changer la nature de la peine indiquée par la loi; mais la loi voudra que chaque espèce de peine puisse être prononcée pour un temps qui ne doit être moindre ni excéder les limites qu'elle prescrit. C'est dans cette latitude que les magistrats, après avoir présidé à toute l'instruction, pesant le degré de perversité de chaque accusé, connaissant parfaitement toutes les circonstances qui peuvent aggraver ou atténuer le fait, c'est, disons-nous, dans cette latitude que les magistrats fixeront la durée de la peine légale qu'ils doivent appliquer.

4. La peine de la marque ou de la flétrissure fut proscrite par l'assemblée constituante, parce qu'elle offre un caractère de perpétuité que l'opinion d'alors repoussait; vous avez déjà vu que la perpétuité de quelques peines était nécessaire pour la perfection du système pénal, et l'on ne peut se dissimuler que l'apposition publique de la marque produit, et sur le coupable et sur les spectateurs, une impression qui ne peut être que vive et profonde. — Je pourrais ajouter que la marque est un des moyens les plus efficaces pour constater les récidives dont il est si important de s'assurer; mais je ne crois pas qu'il soit nécessaire de s'appesantir sur cet article, puisque déjà vous avez adopté le rétablissement de la peine de la marque pour certains crimes, et que l'expérience a démontré les bons effets de cette mesure.

5. La confiscation générale fut aussi écartée du code de 1791; nous n'hésitons pas à en proposer le rétablissement.— Les intentions philanthropiques de l'assemblée constituante, quand elle rejeta la confiscation et la marque, étaient certainement louables; mais, ne craignons pas de le dire, cette assemblée a trop souvent considéré les hommes, non tels qu'ils sont, mais tels qu'il serait à désirer qu'ils fussent; elle était mue par un espoir de perfectibilité qui malheureusement ne se réalise pas; et si, dans le mouvement rapide qui l'entraînait, cette erreur fut excusable, nous ne le serions pas, nous qui, éclairés par l'expérience, méditons dans le calme des passions; nous ne serions, dis-je, pas excusables de persister à méconnaître l'efficacité incontestable de quelques moyens de répression qui ne furent pas bien appréciés en 1791. — On objecte que la peine de la confiscation réfléchit sur des enfants qui peuvent n'être pas complices du crime de leur père; mais qui donc souffrira pour les fautes des pères, si ce ne sont les enfants? Lorsqu'un homme a consumé tout son patrimoine par des spéculations insensées, ou par des vices souvent plus répréhensibles, ses enfants ne supportent-ils pas la peine des égarements de leur père?— Lorsque des réparations civiles prononcées en faveur d'une victime du crime, absorbent toute la fortune du coupable, peut-on se récrier contre sa condamnation sous le frivole prétexte que sa succession est ruinée?—Or, qu'est-ce que la confiscation prononcée pour des crimes qui ont pour but de renverser l'État, le gouvernement, et la fortune publique (car la confiscation n'est proposée que pour des crimes de cette nature), qu'est-ce, dis-je, que la confiscation dans des cas de cette espèce? C'est évidemment une indemnité légitime, toujours trop faible pour la réparation du tort que l'on a fait, et qui ne couvre presque jamais les dépenses qu'on a occasionnées; la confiscation qui doit être odieuse, quand on l'appliquait sans choix et sans discernement, n'aura rien que de convenable, rien que de juste, lorsqu'elle sera appliquée avec mesure et discrétion.— Je ne vous dirai pas qu'en rejetant la confiscation pour des crimes contre la sûreté de l'État, il serait souvent fort à craindre qu'on ne laissât aux ennemis de la chose publique des moyens de lui nuire; je n'ai pas besoin de ces considérations secondaires pour justifier une mesure toute fondée sur un principe de justice; déjà même la confiscation a été rétablie pour les crimes de fausse monnaie. Au reste, vous verrez dans la suite, combien la rigueur de cette peine est adoucie dans l'exécution, et vous serez convaincus qu'on a su concilier ce que prescrivait la justice et ce que conseillait l'humanité.

6. Enfin en nous occupant des voies de répression, nous n'avons pas négligé les moyens de prévenir le mal; les condamnés, après avoir subi leur peine, demeureront, dans les cas prévus par la loi, sous la surveillance de la haute police. — Dans un petit État, tout le monde est surveillé, parce qu'on est pour ainsi dire réuni sur un même point, et que personne ne peut se soustraire à l'œil vigilant de ses concitoyens; dans un empire immense, il est nécessaire qu'une institution sage et active remplace cette surveillance respective qui ne peut pas y exister; il faut que les hommes pervers ne soient jamais perdus de vue; or quelle dénonciation plus pressante que celle qui résulte d'un arrêt de condamnation. — Je crois, messieurs, que cette mesure sera vue avec reconnaissance par tous les amis de la paix publique. Je dirai dans la suite comment elle s'effectuera; dans ce moment je ne dois vous parler que des bases en général du projet qui vous est soumis. — J'ai justifié celles que nous avons adoptées en matière criminelle; j'ai peu d'observations à faire sur celles en matière correctionnelle.

7. L'assemblée constituante punissait les délits par l'amende, la confiscation, en certains cas, de la matière du délit, et par l'emprisonnement. — Nous avons cru devoir ajouter à ces peines celle de l'interdiction, à temps, de certains droits civiques, civils ou de famille, et même, dans quelques cas, le renvoi sous la surveillance spéciale du gouvernement. Je n'ai rien à ajouter à ce que j'ai dit sur cette dernière. Quant à la privation temporaire de certains droits, je demanderai quelle peine plus convenable on peut infliger à celui qui, par exemple, aura troublé la paix et commis quelque délit dans une assemblée politique, que celle de lui en interdire l'entrée pendant un certain temps? Au reste, on a dû prévoir l'abus et ne rien laisser à l'arbitraire du juge; les peines de cette nature, ainsi que celle de la mise en surveillance, ne seront prononcées que dans les cas où elles seront autorisées par une loi précise.

8. Après avoir développé les nouvelles bases du projet de code pénal, je dois vous donner une idée du plan que nous avons suivi. — L'ouvrage est divisé en quatre livres : le premier énonce les peines établies par la loi; il prescrit le mode de leur exécution, et il en règle les effets. — Le second a pour objet les personnes punissables, excusables ou responsables pour crimes ou pour délits. — Le troisième détermine la nature de la peine encourue pour chaque crime ou chaque délit commis, soit contre la chose publique, soit contre les particuliers. — Le quatrième enfin est destiné aux contraventions de police et aux peines dont elles sont susceptibles. — Cette division embrasse l'ensemble des matières criminelles et de police; et vous verrez dans la discussion de ces différents livres, que nous avons rempli plusieurs lacunes du code de 1791. — Nous n'apportons aujourd'hui que le premier livre : il expose, en général, les peines que les tribunaux pourront infliger, sans s'occuper en aucune manière de leur application aux faits particuliers. Il règle, comme je l'ai déjà annoncé, le mode d'exécution de ces peines et leurs effets : ces dispositions sont précédées d'un petit nombre d'articles préliminaires.

9. Le premier de ces articles définit les expressions de *crime, délit, contravention*, trop souvent confondues et employées indifféremment. Désormais le mot *crime* désignera les attentats contre la société qui doivent occuper les cours criminelles. Le mot *délit* sera affecté aux désordres moins graves qui sont du ressort de la police correctionnelle. Enfin, le mot *contravention* s'appliquera aux fautes contre la simple police.

10. Le second article préliminaire punit des mêmes peines que le crime, les tentatives manifestées par des actes extérieurs, et suivies d'un commencement d'exécution, lorsque cette exécution n'a été suspendue ou n'a manqué son effet que par des circonstances fortuites, indépendantes de la volonté du coupable. — Il a commis le crime autant qu'il était en lui de le commettre; il a donc encouru la peine prononcée par la loi contre le crime; la sûreté publique avait déjà provoqué cette disposition, qui se trouve textuellement écrite dans une de nos lois. On peut même dire qu'elle est un développement nécessaire de deux articles du code pénal de 1791, qui infligent aux tentatives d'assassinat et d'empoisonnement les mêmes peines qu'au crime consommé. — Mais cette disposition ne peut pas être si généralement adoptée pour les délits, parce que les caractères n'en sont pas aussi marqués que les caractères du crime; leur exécution peut très-bien avoir été préparée et commencée par des circonstances et des démarches qui en elles-mêmes n'ont rien de répréhensible, et dont l'objet n'est bien connu que lorsque le délit est consommé; il a donc été sage de déclarer que les tentatives du délit ne seraient considérées et punies comme le délit même que dans des cas particuliers déterminés par une disposition spéciale de la loi.

11. Le dernier des articles préliminaires retrace une maxime que l'on peut regarder comme la plus forte garantie de la tranquillité des citoyens : « Nulle contravention, nul délit, nul crime ne peut être puni de peines qui n'étaient pas prononcées par la loi avant qu'ils fussent commis. » — Un citoyen ne doit être puni que d'une peine légale; il ne doit pas être laissé dans l'incertitude sur ce qui est ou n'est pas punissable; il ne peut être poursuivi pour un acte qu'il a pu, de bonne foi, supposer au moins indifférent, puisque la loi n'y attachait aucune peine. — Vous pouvez, messieurs, juger, par la disposition de cet article, de l'esprit qui a présidé à la rédaction du code pénal. Vous voyez que si l'on s'est occupé efficacement de la recherche et de la poursuite des hommes qui se constituent en état de guerre avec la société, on n'a pas apporté moins de soin pour ne pas troubler la sécurité du citoyen paisible qui ne transgresse les dispositions d'aucune loi.

12. Le premier livre, dont vous entendrez bientôt la lecture, donne le tableau des peines que les tribunaux pourront prononcer. — Celles adoptées en matière criminelle sont : la mort, les travaux forcés à perpétuité, la déportation, les travaux forcés à temps, la reclusion, le carcan, le bannissement, la dégradation civique, la marque, la confiscation et le renvoi sous la surveillance de la haute police.— L'assemblée constituante n'avait inséré dans son code que les peines de mort, des fers, de la reclusion, de la gêne, de la détention, de la déportation, de la dégradation civique et du carcan. Nous en avons conservé une partie et nous avons apporté quelques modifications dans les autres. — Il nous a paru à propos de remplacer par la peine des travaux forcés, celle des fers, qui, n'étant établie que pour les hommes, avait mis dans la nécessité d'introduire, particulièrement pour les femmes, la peine de la reclusion; celle des travaux forcés, que nous substituons, peut être appliquée aux deux sexes, en donnant à chacun l'espèce de travail qui peut lui convenir. Ainsi les femmes ne pourront être employées à ces travaux que dans une maison de force; les hommes pourront être employés à toute espèce de travaux pénibles, avec les précautions suffisantes pour prévenir leur révolte ou leur évasion. — La peine des travaux forcés étant commune aux deux sexes, nous avons fait de la peine de la reclusion, qui, dans le code de 1791, est particulière aux femmes, une peine également commune, et nous avons pu supprimer la peine de la détention.

13. Nous avons aussi supprimé la peine de la gêne, qui consistait à être enfermé dans une maison de force, sans aucune communication à l'extérieur ni avec les autres prisonniers : cette peine était prononcée quelquefois pour vingt ans. — Nous avouerons que nous n'avons pas reconnu dans cette occasion les sentiments philanthropiques de l'assemblée constituante. — Quel est donc le sort d'un homme enfermé pour vingt ans, sans espoir de communication ni à l'intérieur ni à l'extérieur? N'est-il pas plongé vivant dans son tombeau? Quelle peut être d'ailleurs l'utilité de cette peine? On ne peut pas dire qu'elle est établie pour l'exemple, puisque le condamné, soustrait à tous les yeux, est mort pour ainsi dire à la société; d'ailleurs, il est presque impossible qu'une disposition qui introduit une séquestration aussi sévère, soit jamais exécutée; nouveau motif pour faire disparaître du code la peine de la gêne.

14. En supprimant cette peine, nous avons rétabli celle de la rélégation ou du bannissement; elle nous a paru convenable pour certains crimes politiques qui, ne supposant pas toujours un dernier degré de perversité, ne doivent pas être punis des peines réservées aux hommes profondément corrompus. — Vous jugerez, messieurs, dans la suite, si les peines que nous avons cru devoir adopter sont appliquées avec

doption émis par cette commission (1). Son rapport revient sur la différence des peines précédentes avec la loi nouvelle (n°s 26 et suiv.), sur la nécessité de leur perpétuité en certains cas (n° 27), sur la reclusion (n° 29), sur la flétrissure

---

sagesse aux crimes et aux délits : le premier livre du code que nous vous présentons ne s'occupe, je le répète, en aucune manière de cette application, les règles en seront tracées dans les autres livres; j'ai dû me borner aujourd'hui à vous faire connaître notre système pénal, et à vous donner une idée du mode d'exécution et des effets des peines qui pourront être infligées.

15. J'aurai peu d'observations à faire sur le mode d'exécution; il s'éloigne peu du mode actuel, et les dispositions que nous vous présentons sont du nombre de celles qu'il suffit de lire pour les justifier. — L'assemblée constituante a réduit la peine de mort à la simple privation de la vie; en applaudissant à cette mesure, nous avons cependant pensé qu'elle devait éprouver une légère dérogation pour un crime qu'on ne peut pas se dispenser de prévoir, puisqu'il ne nous est malheureusement pas permis de le regarder comme impossible, pour le parricide; le monstre aura le poing coupé; puisse notre siècle n'avoir jamais à rougir de cet horrible forfait! — Les condamnés à la peine des travaux forcés à perpétuité seront toujours flétris sur la place publique, par l'application d'une empreinte avec un fer chaud sur l'épaule droite; les condamnés à d'autres peines ne subiront cette flétrissure que dans les cas où la loi l'aura attachée à la peine qui leur est infligée. — Ceux qui seront condamnés à la peine des travaux forcés à perpétuité ou à temps, et à la peine de reclusion, seront, avant de subir leur peine, attachés au carcan sur la place publique, pour y demeurer exposés aux regards du peuple, durant une heure. — La déportation s'effectuera par un transport dans un lieu déterminé par le gouvernement, hors du territoire continental de l'empire, et pour y demeurer à perpétuité. — Les condamnés au bannissement seront transportés hors du territoire de l'empire; s'ils y rentrent avant le temps prescrit, ils seront punis de la peine de la déportation. — Si les déportés rentrent, ils subiront la peine des travaux forcés à perpétuité. — Celui qui aura été condamné à la reclusion sera renfermé dans une maison de force et employé à des travaux, dont le produit pourra être en partie appliqué à son profit. — La dégradation civique consistera toujours dans la destitution et l'exclusion des condamnés de toutes fonctions ou emplois publics; ces dispositions ne présentent rien de nouveau, rien qui exige une explication.

16. Quant à la durée des peines temporairement infligées, l'échelle en a été graduée de manière à correspondre à l'échelle des crimes, en sorte que la proportion entre le fait et la peine ne sera jamais rompue. — Vous avez vu dans le code d'instruction criminelle, art. 137, que les tribunaux de police ne pourront prononcer la peine d'emprisonnement que pour cinq jours; la peine d'emprisonnement, en matière correctionnelle, ne pourra être prononcée pour moins de six jours, ni pour plus de cinq ans, sauf les cas de récidive. — La durée de la peine du bannissement et de celle de la reclusion sera, au moins, de cinq ans, et de dix ans au plus. — La peine des travaux forcés ne pourra, comme les précédentes, être moindre de cinq années; elle ne pourra pas en excéder vingt. — Le projet règle, au surplus, avec précision, le moment où commencera la peine, le lieu où seront faites les exécutions, les jours où il ne sera pas permis d'en faire. — Il serait superflu d'entrer dans des explications sur ces objets de détail; je passe aux effets des peines prononcées.

17. Je crois pouvoir me dispenser de remarquer que toute peine, en matière criminelle, est infamante, et que les peines des travaux forcés à perpétuité et de la déportation emportent la mort civile. — L'effet de la condamnation aux travaux forcés à temps, au bannissement, à la reclusion, ou au carcan, ne doit pas être aussi étendu; mais la tache d'infamie imprimée sur le front des condamnés ne permet pas que leur témoignage soit admis en justice, et surtout leur présence ne doit jamais souiller les rangs des braves qui ont porté si loin la gloire du nom français; ils sont, en conséquence, déclarés déchus du droit de servir dans les armées de Sa Majesté. — Ceux qui ont été condamnés à la peine des travaux forcés à temps et de la reclusion, sont, de plus, pendant la durée de leur peine, dans un état d'interdiction légale; il ne faut pas, comme il est trop souvent arrivé, que des profusions scandaleuses fassent d'un séjour d'humiliation et de deuil, un théâtre de joie et de débauche. — Le curateur qui administrera le bien du condamné ne pourra lui faire aucune remise de ses revenus pendant la durée de la peine; lorsqu'elle sera subie, le curateur rendra compte de son administration.

18. La confiscation ne pourra jamais porter le moindre préjudice aux droits acquis par des tiers sur les biens du condamné; si une sévérité juste et politique a nécessité l'adoption de cette mesure, l'humanité en tempérera la rigueur dans l'exécution; non-seulement les biens confisqués demeurent grevés des dettes légitimes, ce qui est de toute justice, mais les enfants et la famille du condamné éprouveront encore la bienfaisance du gouvernement : les enfants recevront la moitié de la portion dont leur père n'aurait pu les priver dans sa succession; les parents qui pouvaient avoir droit à des aliments n'en seront pas déchus et l'empereur pourra encore disposer en tout ou en partie des biens confisqués, en faveur des père, mère, enfants, ou des autres parents des condamnés. C'est ainsi qu'après avoir assuré la punition du coupable, la loi prépare le moyen de récompenser la bonne conduite des membres de sa famille.

19. Je passe aux effets du renvoi sous la surveillance de la haute police de l'État. — Nous devons attendre, comme je l'ai déjà observé, des résultats heureux de cette mesure; mais il a fallu prévoir les abus de l'exécution, et ne tolérer que la rigueur qui est indispensable. — Celui qui sera placé sous cette surveillance donnera une caution solvable de bonne conduite; on pourra exiger une caution de ses père, mère, tuteur ou curateur, s'il est en âge de minorité; toute personne pourra être même admise à fournir pour lui cette caution; à son défaut, le gouvernement peut ordonner l'éloignement du condamné, mais lui indiquer une résidence dans un lieu déterminé; et s'il n'obéit point à l'ordre qu'il aura reçu, le gouvernement pourra le faire arrêter et le détenir pendant tout le temps fixé pour l'état de surveillance.

20. Indépendamment des peines dont je viens de parler, les cours et tribunaux peuvent encore prononcer des restitutions, des amendes, des condamnations de frais; le projet pourvoit aussi au mode d'exécution de ces dispositions; mais les articles ne sont susceptibles d'aucune observation particulière.

21. Il ne me reste plus actuellement qu'à vous faire connaître le dernier chapitre du premier livre du code pénal; il est relatif aux peines de la récidive pour crimes et délits. — Un premier crime ne suppose pas toujours nécessairement l'entière dépravation de celui qui s'en est rendu coupable; mais la récidive annonce des habitudes vicieuses et un fond de perversité, ou au moins de faiblesse non moins dangereuse pour le corps social que la perversité. — Un second crime doit donc être réprimé avec plus de sévérité que le premier. — L'assemblée constituante n'a établi contre le second crime que la peine prononcée par la loi, sans distinction de la récidive; mais elle a voulu qu'après la peine subie les condamnés pour récidive fussent déportés; disposition qui ne nous paraît pas conforme aux règles d'une justice exacte, puisqu'elle ne fait aucune différence entre celui dont le second crime entraîne la peine de la reclusion, et celui dont le second crime emporte la peine de vingt-quatre années de fers, la plus grave du code de 1791, après celle de mort. — Il nous a paru convenable de rechercher une autre règle plus compatible avec les proportions qui doivent exister entre les peines et les crimes; elle se présente naturellement : c'est d'appliquer au crime, en cas de récidive, la peine immédiatement supérieure à celle qui devrait être infligée au coupable, s'il était condamné pour la première fois. — Ainsi, si le second crime emporte la peine de la dégradation civique, le coupable sera puni de celle du carcan; si le second crime emporte la peine du carcan ou celle du bannissement, le coupable sera condamné à celle de la reclusion; il sera condamné à la peine des travaux forcés à temps, si le second crime emporte la peine de la reclusion; à la peine des travaux forcés à perpétuité, si le second crime emporte celle des travaux forcés à temps ou de la déportation; et enfin il sera condamné à la mort, si le second crime emporte la peine des travaux forcés à perpétuité.

Lorsque le condamné pour un crime n'aura commis depuis qu'un délit de nature à être puni correctionnellement, il sera toujours condamné, dans ce cas, au maximum des peines correctionnelles, et même la condamnation pourra s'élever jusqu'au double, c'est-à-dire jusqu'à dix ans.

Vous connaissez actuellement, messieurs, toutes les bases sur lesquelles s'est élevé le nouveau code; nous le proposons avec confiance; l'adoption que vous en ferez complétera notre législation criminelle. — Le code d'instruction que vous avez sanctionné dans l'avant-dernière session, garantit que les méchants seront poursuivis, atteints et punis. Le code pénal garantira les proportions qui doivent exister entre les peines et les crimes, ou les délits. — Nous n'avons jamais perdu de vue le but que nous devions atteindre, celui de concilier la sûreté publique qui réclame des peines répressives, et le vœu de l'humanité qui repousse toute rigueur qui n'est pas nécessaire. — J'ose dire que cet ouvrage porte l'empreinte de la sagesse profonde qui caractérise tous les codes que Sa Majesté a donnés à la nation : le code pénal méritera aussi la reconnaissance du peuple français, l'hommage des contemporains, et le respect de la postérité.

(1) *Rapport fait au corps législatif par M. d'Haubersart, président de la commission de législation, sur la loi qui comprend le livre premier du code des délits et des peines* (Séance du 12 févr. 1810).

22. Messieurs, le code d'instruction criminelle que vous avez décrété dans la session de 1808, a établi des formes qui, dans la poursuite des crimes et des délits, doivent servir de garantie, tant au corps social qu'aux particuliers; une instruction publique, des débats solennels assurent la punition du crime, ou le triomphe de l'innocence; tout est prévu, tout est réglé pour rendre l'action de la justice plus éclairée et plus rapide, et pour éviter l'erreur dans une matière où le moindre écart peut conduire à la perte de l'honneur et de la vie. — Mais l'instruction n'est qu'une partie de la législation criminelle; une autre partie non moins intéressante doit la compléter : c'est celle qui a pour objet d'indiquer les faits que la loi considère comme crimes ou délits, d'en déterminer le caractère et la gravité, et de fixer dans une juste proportion les peines qui doivent leur être appliquées. — Malgré le sens intime qui rappelle l'homme à la vertu, malgré la voix qui lui crie qu'il ne peut être heureux que par elle, la violence des passions, le choc des intérêts, et la corruption du cœur produisent partout de nombreux délits. — Les leçons de la morale, les impressions que laisse toujours dans le cœur une éducation soignée, la vigilance de la police administrative, préviennent sans doute beaucoup de crimes; mais l'expérience a prouvé que ces ressources sont insuffisantes, et qu'il est nécessaire d'en chercher d'autres dans les moyens de répression. — Mais s'il est nécessaire de punir, il ne l'est pas moins de régler avec précision et clarté l'application des peines.

Sous un gouvernement sagement organisé, il faut que les magistrats ne puissent voir d'autres crimes que ceux qui sont qualifiés tels par la loi, ni appliquer d'autres peines que celles que la loi prononce; il faut que la loi montre au juge ce qu'il doit faire, et au coupable la punition qui l'attend : sans cette sage mesure, la liberté et la sûreté individuelle succomberaient sous les abus d'une administration arbitraire de la justice. — L'incertitude de l'ancienne législation criminelle a fait plusieurs victimes; les vices de cette législation, souvent combattus par des écrivains distingués, étaient depuis longtemps reconnus; aussi, l'assemblée constituante s'empressa-t-elle d'y porter remède, en créant le code pénal de 1791. — Par ce code, que la France reçut comme un bienfait signalé, un grand pas sans doute a été fait vers la régénération de la législation pénale; néanmoins, on ne tarda pas à remarquer des omissions; la nécessité de quelques changements fut sentie; les peines, ou trop faibles, ou trop fortes, parurent n'être pas toujours convenablement proportionnées aux délits; de là les différentes lois qui depuis l'ont modifié sur plusieurs points. — Depuis encore, l'expérience et l'étude du cœur humain ont indiqué d'autres améliorations; d'ailleurs, la constitution de l'État a reçu des changements qui ne sont plus en harmonie parfaite avec le code de 1791; tout se réunit donc pour faire sentir la nécessité d'un nouveau code.

23. Le projet de ce code, messieurs, est divisé en quatre livres; le premier traite des peines en général, abstraction faite de leur application; le deuxième regarde les personnes punissables, excusables, ou responsables, pour crimes ou délits; le troisième a pour objet les crimes et délits contre la sûreté intérieure ou extérieure de l'État, contre la constitution, contre la paix publique, contre les personnes et les propriétés; le quatrième concerne les simples contraventions de police. — Je n'ai à vous entretenir, dans ce moment, que du projet de loi qui forme le premier livre du code : je tâcherai de vous faire remarquer le bien qui doit en résulter, et je vous rendrai compte des motifs qui ont déterminé votre commission à vous en proposer l'adoption.

24. Les dispositions préliminaires posent des principes généraux qui sont, en quelque sorte, la base de tout le code pénal. — On y établit la différence entre ce qui constitue la simple contravention de police, le délit, et le crime. — La tentative du crime devait aussi être prévue; celui qui, par des actes extérieurs, et suivis d'un commencement d'exécution, manifeste la volonté d'un crime, que des circonstances fortuites l'empêchent de commettre, n'est pas moins coupable, pour ne l'avoir pas consommé; aussi le nouveau code reproduit-il la sévère mais sage disposi-

(nº 30), la confiscation (nºs 34 et suiv.), etc. Dans la même séance, le projet fut décrété à la majorité de deux cent vingt-

---

tion de la loi du 22 prair. an 4 qui déjà avait puni cette tentative comme le crime lui-même. — La tentative du délit n'appelle pas la même rigueur; ses résultats sont moins graves, le délit ne suppose pas toujours la corruption : cette tentative, hors les cas spécialement prévus par la loi, n'est donc point considérée comme délit, par le projet qui, sur ce point, ne fait encore que confirmer la jurisprudence actuelle.—On y consacre ensuite un principe, qui est de tous les temps et de toutes les lois, celui qui veut qu'un délit, qu'un crime ne soit puni que des peines prononcées par les lois qui étaient en vigueur au moment où il a été commis.—Enfin, on avertit que le code ne s'applique pas aux crimes et délits militaires qui, appartenant à un autre ordre de choses, doivent être régis par d'autres lois.

25. Les peines sont divisées en quatre classes.—La première contient les peines afflictives et infamantes; ce sont: la mort, les travaux forcés à perpétuité, la déportation, les travaux forcés à temps, la reclusion.—Vous remarquerez, messieurs, que, dans certains cas spécifiés par la loi, la flétrissure et la confiscation générale des biens, doivent être simultanément prononcées avec la peine principale. —La seconde classe rappelle les peines seulement infamantes; ce sont le carcan, le bannissement, la dégradation civique. — Toutes ces peines sont exclusivement du domaine de la justice criminelle.—Les peines correctionnelles qui forment la troisième classe, sont l'emprisonnement à temps dans un lieu de correction, l'interdiction à temps de certains droits civiques et de famille, l'amende, le renvoi sous la surveillance spéciale de la haute police, et la mise à la disposition du gouvernement. — Mais cette dernière peine et même l'amende sont, dans certains cas, communes aux matières criminelles et correctionnelles :—La quatrième classe comprend les peines pour contravention de police.— Ce sont, l'amende légère, l'emprisonnement d'un jour à cinq, et la confiscation spéciale de certains objets saisis; cette dernière peine est, en certains cas, commune aux condamnations en matière criminelle.

26. Ces diverses peines qui sont, sur beaucoup de points, les mêmes que celles établies par la loi de 1791, présente néanmoins avec celles-ci, des différences et des modifications importantes. —Suivant le nouveau code, comme suivant celui de 1791, la peine de mort ne sera encore que la simple privation de la vie; une seule exception est introduite, elle atteint le parricide qui aura le poing coupé, après avoir été conduit au supplice, la face couverte d'un voile noir: puisqu'une funeste expérience a forcé le législateur à prévoir ce crime, il a fallu en entourer la punition de tout l'effroi propre à en augmenter l'horreur.—D'ailleurs le projet, d'accord avec le code de 1791, a rejeté les tortures autrefois employées dans l'exécution des condamnations à mort, et dont l'humanité gémissait, sans avantage pour la société, toujours satisfaite dès qu'elle s'est purgée du coupable. — Mais en supprimant les tortures, le code de 1791 avait créé la peine de la gêne; l'orateur du gouvernement vous a fait remarquer, messieurs, à quel point l'assemblée constituante s'est écartée de ses principes, dans l'institution de cette peine, qu'on peut nommer une torture prolongée; il paraît d'ailleurs qu'elle n'a pas été exécutée; le nouveau code l'abolit.

27. La peine des travaux forcés peut, suivant le nouveau code, être perpétuelle. Le code de 1791 en avait fixé à vingt-quatre ans la durée la plus longue; mais il est des coupables profondément corrompus, que la société doit tenir à jamais séparés d'elle; le tempérament d'une peine temporaire, quelque éloigné qu'en fût le terme, ne lui eût pas donné une garantie suffisante contre le danger de leur retour, et l'on a senti le besoin de rendre ce retour impossible; d'ailleurs la perpétuité était nécessaire dans le système de la gradation des peines, pour faire disparaître la trop grande distance que l'assemblée constituante avait laissée entre les travaux forcés à temps et la peine de mort.

28. En abordant les dispositions du projet, qui traitent de la déportation, plusieurs observations d'un grand intérêt se présentent.—Vous apprécierez d'abord, messieurs, les motifs de la juste sévérité dont s'est armée la loi proposée contre les déportés qui rentreraient sur le territoire de l'empire; la peine de la déportation étant particulièrement réservée aux crimes politiques, plus ces offenses sont graves et susceptibles d'un résultat funeste, plus il importe que ceux qui s'en sont rendus coupables ne soient pas tentés de reparaître sur le territoire dont ils pourraient troubler le repos par leur présence. — Mais, pour les retenir dans les lieux assignés à leur déportation, on a pensé qu'à la crainte d'une peine plus grave, pourraient encore se joindre d'autres motifs non moins puissants sur des hommes dont le cœur n'est pas entièrement dépravé.—Tel a été l'objet de la disposition qui, après avoir frappé le déporté de mort civile sur le territoire de l'empire, a néanmoins réservé au gouvernement le droit de lui accorder l'exercice des droits civils dans le lieu de la déportation; par cette disposition d'une politique bienfaisante, le déporté sera provoqué à mériter, par une conduite sage et laborieuse, de récupérer la vie civile et d'acquérir l'état de colon; ce sera l'encourager à devenir meilleur, et ce ressort ne sera pas moins utile au bien de la colonie, qui est intéressée à compter des citoyens plutôt que des captifs, et à les fixer dans son sein par l'attrait de la propriété et les liens de la vie civile.—Des motifs du même ordre ont fait excepter les condamnés à la déportation, de la flétrissure, dont je vais vous entretenir tout à l'heure; les délits politiques que la déportation atteint, ne supposent point toujours la renonciation entière à tous principes d'honneur et de morale; ils n'ont pas, comme les autres crimes, leur cause nécessaire dans la dépravation du cœur; aussi, ces considérations n'ont-elles pas été étrangères à la disposition qui permet au déporté l'espoir d'être restitué dans ses droits de citoyen, dans le lieu de son exil; mais on se fût exposé à détruire à l'avance l'effet de cette disposition, si on eût puni le déporté d'une flétrissure qui, en imprimant sur lui une marque ineffaçable d'infamie, eût pu l'éloigner sans retour des principes et de la conduite qui peuvent en faire un citoyen utile dans la colonie qu'il doit habiter. —L'ensemble de ces dispositions vous paraîtra sans doute coordonné avec discernement et sagesse.

29. La partie du projet qui traite des travaux forcés à temps, et de la reclusion, n'a fait que reproduire, avec quelques légères modifications, les dispositions de la législation actuelle; par la loi de 1791, la reclusion était particulière aux femmes; mais cette peine existait par le fait, à l'égard des hommes, sous le nom de *détention*. Le nouveau code a supprimé cette différence, qui n'existait que dans les termes; il prononce que la reclusion est commune aux deux sexes.

30. C'est le moment d'appeler votre attention sur les motifs qui ont déterminé, dans le projet, les dispositions sur la flétrissure: cette peine avait été rejetée du code de 1791; depuis elle a été rétablie par la loi du 23 flor. an 10 pour le crime de faux, et ceux qui sont commis par récidive; le nouveau code ne fait donc que l'appliquer à un plus grand nombre de cas, et une triste expérience en a fait sentir la nécessité; en vain on opposerait que le criminel, pouvant revenir au bien, une flétrissure ineffaçable est trop rigoureuse; les crimes auxquels s'infligera cette peine, ne sont pas de la nature de ceux dont je vous entretenais tout à l'heure à l'occasion de la déportation; il s'agit ici de crimes qui partent d'une morale dépravée et de la corruption du cœur; et le passé a prouvé qu'il est bien rare qu'un homme repris de justice pour des crimes de cette nature, se corrige jamais: avant le code de 1791, on a observé que la plupart des condamnés à mort avaient déjà été flétris. Rien ne peut donc balancer ici le grand intérêt qu'a la société de prévenir le crime, par la crainte d'une peine qui en impose aux hommes pervers, et les pénètre d'une salutaire terreur

31. Je passe aux peines de la seconde classe. — La première est le carcan; la loi de 1791 en avait fait une peine principale; maintenue comme telle par le nouveau code, elle devient aussi accessoire, en certains cas, à d'autres condamnations afflictives; on en a rendu l'application plus fréquente, parce qu'on a reconnu son efficacité. Le carcan isole le condamné, il le laisse seul, avec son crime, exposé à toutes les atteintes de la honte, principal ressort de cette peine. L'assemblée constituante avait créé la peine de l'exposition; et, dans l'esprit qui l'animait, elle devait en attendre d'utiles effets; mais l'expérience a frustré cette attente; on a vu fréquemment plusieurs criminels réunis sur un même échafaud, au lieu de montrer une contenance abattue, s'encourager réciproquement à l'impudence; on a dû abolir une peine qui a perdu son action.

32. Mais l'application des peines afflictives eût souvent manqué ses plus salutaires effets, si elle eût continué de se faire dans des lieux éloignés de celui du délit, et c'était là l'une des fautes les plus graves de la législation actuelle; en effet, messieurs, c'est sur les personnes qui se sont entretenues de ses détails, et qui ont connu le coupable, que l'impression produite par l'exécution est profonde, et inspire une terreur utile; c'est aussi là qu'est plus puissant l'effet de la honte et du remords, sur celui qui est frappé de la peine; en laissant aux juges la faculté de fixer le lieu de l'exécution, le projet a donc atteint le but auquel doit tendre l'application des peines, celui de leur donner toute l'action dont elles sont susceptibles pour la répression des crimes et le maintien de l'ordre public.

33. J'ai maintenant à vous parler du bannissement; il avait été aboli par l'assemblée constituante, et il faut convenir qu'appliqué comme il l'était alors aux délits de toute nature, cette suppression était politique et sage; le bannissement, à cette époque, était un échange de malfaiteurs entre les gouvernements; aussi, n'est-il rétabli par le projet que pour les crimes politiques : ainsi modifié, cette peine devient sans inconvénients. Un homme, en effet, peut être mauvais citoyen dans un pays, et ne l'être pas dans un autre: la présence du coupable d'un délit politique n'a ordinairement qu'un danger local et qui peut disparaître dans le gouvernement sous lequel se fixe le banni.

Je passe rapidement sur la dégradation civique, de même que sur les dispositions relatives à l'interdiction légale des condamnés, et à la privation de leurs droits civiques, qui toutes sont puisées dans le code de 1791, et dont une longue expérience a démontré les motifs et l'utilité, pour arriver à la peine accessoire de la confiscation générale.

34. Dans une grande partie de la France, la confiscation générale était autrefois appliquée à tous les crimes capitaux; quelques provinces seulement en étaient affranchies; les unes en vertu des capitulations sous la foi desquelles s'était opérée leur union à la France; les autres, par l'effet de leurs coutumes, revêtues de l'homologation du principe; de là l'ancien axiome du droit français : *Qui confisque le corps, confisque les biens*. L'assemblée constituante, par le motif sans doute que cette peine rendait des innocents victimes du crime de leurs auteurs, l'avait repoussée du code de 1791; mais, par des lois postérieures dont on retrouve la substance dans celle du 15 flor. an 3, la confiscation générale fut rétablie, pour les crimes commis contre la sûreté de l'Etat, et pour celui de la fabrication de fausse monnaie. C'est aussi pour ces deux cas et pour la dévastation et le pillage public, par attroupement et à force armée, que le nouveau code veut que la confiscation soit prononcée.— Les crimes contre la sûreté de l'Etat et contre la personne du souverain, ont des conséquences désastreuses; les dommages que peut occasionner la seule tentative de ces crimes, sont incalculables; la législation doit donc déployer une légitime rigueur, et chercher à retenir l'ambitieux que la crainte du supplice n'effrayerait pas, par l'aspect des besoins qui, après lui, poursuivraient sa famille.

Il faut bien distinguer, messieurs, les crimes qui attaquent l'existence politique d'un empire, d'avec ceux qui ne blessent que les intérêts particuliers. — Le législateur doit se servir contre les premiers de tous les remèdes convenables pour les empêcher, quand bien même ces remèdes blesseraient les intérêts d'un tiers, parce qu'en fait de législation, la conservation de l'Etat et de la société est la loi suprême. — C'est d'après ces principes que les plus sages législateurs des temps anciens et modernes ont cru nécessaire d'ajouter la confiscation des biens à la peine de mort, contre les coupables des crimes de lèse-majesté, de haute trahison, et autres qui compromettent la sûreté de l'Etat. — Ces crimes sont ordinairement suscités par l'ambition; les ambitieux qui craindraient la mort seraient rarement des conspirateurs dangereux : la peine capitale ne suffirait donc pas pour arrêter l'exécution de leurs desseins pervers.—L'ambition qui se met en état de guerre contre son prince ou contre le gouvernement qu'il a adopté, ne pense pas seulement à son élévation personnelle, il croit travailler aussi pour sa postérité; c'est pour sa famille qu'il s'expose : le danger de la mort ne suffit pas pour l'effrayer et le contenir. En sondant le cœur humain, on découvre que la crainte de réduire ses enfants à l'indigence par les suites de la confiscation, sera souvent un moyen plus efficace pour le détourner de l'exécution de ses projets, et arrêter son bras parricide. — Au surplus, la peine de la confiscation dont le conspirateur est menacé par la loi, intéresse la famille elle-même à surveiller les démarches de son chef et à le retirer du précipice s'il se trouvait engagé dans quelques trames ou complots contre son prince, ou dans quelques projets de trahison contre la sûreté de l'Etat. — Il est juste, d'ailleurs, que le trésor public trouve dans la fortune de ceux qui se sont rendus coupables des grands crimes auxquels s'applique la confiscation, une légère réparation des dommages qu'ils ont occasionnés à l'Etat.

35. Au surplus, messieurs, quelque puissants que soient les motifs qui prescrivent ici la mesure de la confiscation, vous remarquerez que la rigueur en est tempérée par des dispositions qui rendront même la législation sur ce point moins sévère qu'elle ne l'a jamais été, soit sous la législation ancienne, soit sous la législation actuelle. — L'une de ces dispositions porte que les biens confisqués demeureront grevés de toutes les dettes légitimes jusqu'à concurrence de leur valeur, ainsi que de l'obligation de fournir aux enfants ou autres descendants une moitié

cinq voix contre trente-cinq. La nouvelle loi fut promulguée le 22 fév. 1810, V. p. 553.

23. Le livre 2, formant la seconde loi, avait été présenté au conseil d'Etat, le 29 juill. 1809, par M. Treilhard. Adopté dans la même séance et définitivement arrêté dans celle du 3 octobre, il fut communiqué officieusement le 4 à la commission de législation. Cette commission fit des observations dont M. Treilhard rendit compte au conseil dans la séance du 10 janv. 1810. Dans cette même séance, il présenta la dernière rédaction qui fut adoptée sans discussion. Le 3 février, M. Faure, accompagné de MM. Berlier et Portalis, présenta le projet au corps législatif et en exposa les motifs (1). Le 13 février, M. Riboud, membre et secrétaire

de la portion dont le père n'aurait pu les priver : ces biens restent aussi grevés de la prestation des aliments, à qui il en est dû de droit. Enfin, la loi réserve à l'empereur la faculté de disposer des biens confisqués en faveur, soit des ascendants, soit des descendants, soit de la veuve, soit même des parents des condamnés : par là un tempérament pourra être apporté à la peine; par là aussi, le prince aura un puissant moyen de rattacher à sa personne et à l'état, la famille qui aura eu le malheur de compter dans son sein un conspirateur. — Vous voyez, messieurs, que les droits du fisc dans la matière importante des confiscations ont été modifiés, et restreints en faveur de l'intérêt des familles, autant que le permet l'intérêt plus puissant de la société et de la vindicte publique.

36. Je suis arrivé à la partie du code qui traite des peines correctionnelles et de police; les délits auxquels s'appliquent ces peines, quoiqu'ils ne fassent à la société que des offenses moins graves, n'en appellent pas moins toute la prévoyance du législateur. De légers délits, qu'une sage sévérité ne réprimerait pas, produiraient, en se multipliant, de grands désordres et frapperaient le corps social d'une langueur dangereuse; c'est, d'ailleurs, par des délits que les malfaiteurs s'essayent au crime : cette partie du code n'est donc pas sans une grande importance pour la société et la morale publique. — Les peines correctionnelles sont l'emprisonnement, l'interdiction de certains droits civiques, civils ou de famille, et l'amende. — Les dispositions par lesquelles la peine de l'emprisonnement est réglée, ont été puisées dans la loi du 22 juill. 1791. On a eu soin de maintenir cette prévoyante disposition, par laquelle le détenu est excité au travail par l'attrait de quelque adoucissement à sa position présente, et par l'espoir de trouver, à sa sortie, un fond de réserve qui lui sera précieux.

37. J'aborde, messieurs, une peine d'institution nouvelle, et qui appelle toute votre attention : je veux parler de l'interdiction de certains droits civiques, civils et de famille, que le juge peut prononcer dans les cas spécialement prévus par la loi. Il est des délits qui présentent, avec l'exercice de ces droits, une alliance offensante, et que repousse le noble caractère des uns, l'intérêt grave ou touchant des autres. Les plus belles fonctions du citoyen ne doivent pas être confiées à l'homme qui vient de porter atteinte aux principes et aux vertus, sans lesquels l'exercice en devient dangereux; et si l'offense n'a pas été assez grande pour l'en priver sans retour, il faut du moins un intervalle entre le délit et l'entier oubli que la société en pourra faire; il faut un temps d'épreuve qui servira de garantie pour l'avenir : espérons aussi, messieurs, que ce sera un frein nouveau pour l'homme sur qui l'honneur n'aura pas encore perdu ses droits; il sentira sans doute combien est grave pour l'honneur l'affront attaché à cette peine.

38. De même que la loi du 22 juill. 1791, le projet laisse au juge une certaine latitude pour fixer la quotité de l'amende correctionnelle. Les circonstances qui atténuent ou augmentent un délit ne peuvent être toutes prévues par la loi; il faut donc accorder aux juges le moyen de proportionner l'amende à la faute.

39. Je m'arrête un instant sur le renvoi sous la surveillance de la haute police de l'Etat et sur la mise à la disposition du gouvernement. Ces deux peines rendues, en certains cas, communes aux crimes et aux délits, sont encore d'institution nouvelle : il a paru essentiel que l'autorité suprême fût mise à portée d'exercer une surveillance spéciale sur ces hommes qui, après avoir subi déjà des condamnations, ne reportent souvent dans la société que plus de perversité et de disposition aux méfaits; ils ne doivent y être admis qu'avec de sages précautions qui les contiennent dans la ligne du devoir. — C'est encore par une suite de cette même prévoyance que le renvoi sous la surveillance de la haute police donnera au gouvernement, ainsi qu'à la partie intéressée, le droit d'exiger soit du condamné, après qu'il aura subi sa peine, soit de ses père et mère, tuteurs ou curateurs, un cautionnement pécuniaire de sa bonne conduite. Cette mesure aura le double avantage de donner une garantie de plus contre de nouveaux délits et d'intéresser les personnes par qui le cautionnement aura été fourni à les prévenir par leur surveillance et leur autorité. — L'impossibilité ou le refus de fournir ce cautionnement, devant faire naître une plus vive défiance, il a paru nécessaire d'y pourvoir par d'autres mesures : le projet porte qu'alors le condamné demeurera à la disposition du gouvernement, qui pourra ordonner son éloignement de certains lieux, ou sa résidence continue dans un lieu déterminé. — Il fallait prévoir aussi la désobéissance à cet ordre; elle sera punie par la détention. — Enfin les vagabonds et les gens sans aveu seront soumis à ces mesures, et ici leur utilité n'a pas besoin d'être indiquée.

40. Au surplus, messieurs, le projet détermine avec clarté le mode de contrainte auquel est soumis celui qui s'est porté caution, la nature des poursuites qui tendent au recouvrement des condamnations, l'objet et l'ordre des privilèges entre l'Etat et les particuliers sur les biens des condamnés, la solidarité dont sont tenus les condamnés pour un même crime ou pour un même délit; et, parmi ces diverses dispositions, je me bornerai à vous faire remarquer celle qui défend aux juges d'appliquer à une œuvre quelconque, même du consentement de la partie lésée, les dommages et intérêts qu'ils prononcent : dans la législation actuelle cette faculté est laissée aux juges; mais on a remarqué qu'ils en ont abusé, et que, par des motifs d'une fausse bienfaisance, ils ont adjugé en faveur d'œuvres pies, plus qu'ils n'eussent fait en faveur des parties, et que ne le voulait une sage application de la peine; il a donc fallu pourvoir à cet abus. — Vous remarquerez aussi, messieurs, le privilège que le nouveau code accorde ou plutôt conserve aux restitutions et dommages et intérêts au profit des particuliers, sur les amendes et confiscations au profit de l'Etat. — Il est juste que la réparation du dommage soit préférée au fisc qui n'a pas été lésé; mais les frais de la procédure, avancés par le gouvernement, ne sont pas soumis à la même préférence, par la double raison que la partie civile étant personnellement tenue du remboursement des frais, cette préférence eût été illusoire, et que, dans tous les cas, il s'agit ici d'avances faites dans l'intérêt des parties civiles, et dont le payement doit être, avant tout, assuré.

41. Des dispositions sur la récidive terminent le premier projet de loi; le gouvernement a reconnu que la loi de 1791 était, sur ce point, trop indulgente. — La récidive porte un caractère plus grave que la première chute; elle annonce l'habitude du crime et l'incorrigibilité du coupable; c'est pour cette raison que le projet de loi veut que celui qui, précédemment condamné pour un crime, en aura commis un second, soit puni de la peine immédiatement supérieure à celle que la loi a prononcée contre le second crime. — Il prévoit ensuite le cas où l'individu condamné pour crime aurait commis un délit de nature à être puni correctionnellement, et il veut que cette sorte de récidive soit punie du maximum de la peine portée par la loi; il permet même de l'élever jusqu'au double. Une autre disposition est enfin appliquée aux personnes qui, après avoir été déjà correctionnellement condamnées à un emprisonnement de plus d'une année, commettraient un nouveau délit de la même classe; dans ce cas, les coupables par récidive seront condamnés au maximum de la peine portée par la loi, laquelle pourra être élevée jusqu'au double; le projet les soumet, en outre, à la surveillance de la haute police, pendant cinq années au moins et dix années au plus : la sagesse de toutes ces dispositions est facilement aperçue.

42. Je vous ai exposé, messieurs, les principales considérations qui ont fixé l'attention de votre commission dans l'examen approfondi qu'elle a fait au projet qui vous est soumis. — Elle a particulièrement considéré comme une amélioration précieuse le maximum et le minimum assignés à la gradation des peines temporaires applicables aux crimes. La loi ne peut prévenir ni déterminer toutes les circonstances, toutes les nuances par lesquelles ils peuvent se varier; si cette précision ne peut pas exister dans le code pénal, il faut bien laisser à la sagesse des juges, qui ont les informations sous les yeux, qui entendent les témoins, interrogent les prévenus et peuvent apprécier toutes les circonstances qui aggravent ou atténuent le crime, la latitude nécessaire pour appliquer la peine dans la plus juste proportion. — Cette latitude ne peut pas faire craindre l'arbitraire; la loi en écarte suffisamment le danger, en fixant aux magistrats des limites qu'ils ne peuvent jamais franchir. — Les lacunes qui existaient dans le code de 1791 n'existent plus dans celui-ci; tous les crimes et délits qui peuvent troubler l'ordre public ont été prévus avec la plus grande attention, et si l'on a gardé le silence sur certains crimes obscurs et secrets, qui sont plutôt du ressort de la conscience et de la justice divine, c'est qu'il a paru que la loi devait les considérer comme impossibles et qu'on ne pouvait même pas les nommer sans alarmer les mœurs. — La peine déterminée pour chacun des crimes et délits est fixée avec discernement et dans une sage proportion : le nouveau code, beaucoup moins sévère que l'ancienne législation pénale, l'est quelquefois davantage que celui de 1791; mais l'expérience a prouvé que ce dernier code, souvent trop indulgent, a fait à la philanthropie des sacrifices que réprouvait l'intérêt de la société; votre commission a reconnu que le projet a gardé un sage milieu entre les dangers de l'indulgence et l'injustice d'une trop grande rigueur...

Je vous propose, messieurs, au nom de votre commission de législation, de convertir en loi le projet soumis à votre délibération.

(1) *Extrait de l'exposé des motifs présentés par M. Faure au corps législatif sur le livre 2 du code pénal* (séance du 3 fév. 1810).

43. Messieurs, vous avez entendu dans la dernière séance l'exposé du système pénal qui forme la base du nouveau code des délits et des peines. Tel est l'objet du livre 1. — Sa Majesté nous a chargés de vous présenter aujourd'hui le second livre, qui contient plusieurs dispositions générales destinées à faciliter l'application des cas particuliers, et à prévenir un grand nombre de difficultés qu'ils pourraient faire naître. Cette partie regarde spécialement les complices et les personnes excusables ou responsables pour crimes ou délits.—V. ce qui concerne la complicité, v° Complicité, n° 7.

44. ...Une règle commune à tous les prévenus, soit du fait principal, soit de complicité, est qu'on ne peut déclarer coupable celui qui était en état de démence au temps de l'action, ou qui, malgré la plus vive résistance, n'a pu se dispenser de céder à la force. — Tout crime ou délit se compose du fait et de l'intention; or, dans les deux cas dont nous venons de parler, aucune intention criminelle ne peut avoir existé de la part des prévenus, puisque l'un ne jouissait pas de ses qualités morales, et qu'à l'égard de l'autre, la contrainte seule a dirigé l'emploi de ses forces physiques.

45. Après cette disposition, le code rappelle que nulle excuse ne peut être admise, à moins que la loi même ne déclare le fait excusable; ce principe est déjà consacré par l'art. 339 c. inst. crim. — Il ajoute que nulle peine ne peut être mitigée, excepté dans les cas où la loi l'autorise formellement. — Ces deux dispositions ont pour but de prévenir l'arbitraire qui substitue les passions, toujours mobiles et souvent aveugles de l'homme, à la volonté ferme et constante de la loi.

46. Le code détermine ensuite l'influence de l'âge des condamnés, sur la nature et la durée des peines. — Il s'occupe d'abord de celui qui, au moment de l'action, n'avait pas encore seize ans. On se rappelle que l'art. 340 c. inst. crim. a décidé, qu'à l'égard de l'accusé qui se trouverait dans cette classe, la question de savoir s'il a commis l'action avec discernement serait examinée. — Les dispositions actuelles règlent ce qui doit être ordonné d'après le résultat de l'examen. — Si la décision est négative, l'accusé doit nécessairement être acquitté; car il serait contradictoire de le déclarer coupable d'un crime et de dire en même temps que ce dont il est accusé a été fait par lui sans discernement. — Les juges prononceront donc qu'il est acquitté; mais ils ne pourront le faire rentrer dans la société, sans pourvoir à ce que quelqu'un ait les regards fixés sur sa conduite; ils auront l'option de le rendre à ses parents, s'ils ont en eux assez de confiance, ou de le tenir renfermé durant un espace de temps qu'ils détermineront. — Cette détention ne sera point une peine, mais un moyen de suppléer à la correction domestique, lorsque les circonstances ne permettront pas de la confier à sa famille. Sa plus longue durée n'excédera jamais l'époque où la personne sera parvenue à l'âge de vingt ans accomplis. Ces limites laissent un intervalle suffisant pour que les juges puissent proportionner la précaution au besoin.

47. Mais si la décision porte que l'action a été commise avec discernement, il ne s'agit plus de correction : c'est une peine qui doit être prononcée. Seulement ce

de la commission législative, apporta au corps législatif le vœu d'adoption émis par la commission, et en exposa les motifs (1).

ne sera ni une peine afflictive ni une peine infamante. La loi suppose que le coupable, quoique sachant bien qu'il faisait mal, n'était pas encore en état de sentir toute l'étendue de la faute qu'il commettait, ni de concevoir toute la rigueur de la peine qu'il allait encourir. Elle ne veut point le flétrir, dans l'espoir qu'il pourra devenir un citoyen utile; elle commue, en sa faveur, les peines afflictives en peine de police correctionnelle; elle ne le soumet point à l'exposition aux regards du peuple. Enfin elle consent, par égard pour son jeune âge, à le traiter avec indulgence, et ose se confier à ses remords. — Quant à la proportion établie pour la durée de ces peines, relativement à celles qu'eût subies le condamné s'il avait eu plus de seize ans, nous nous abstiendrons d'entrer dans des détails qui seront suffisamment connus par la lecture des articles; ils sont d'ailleurs conformes à la loi de 1791.

48. Après avoir parlé de l'indulgence de la loi pour un âge où l'inexpérience atténue la faute, nous allons faire connaître son humanité pour une autre époque de la vie, où les forces du corps sont présumées n'être plus capables de supporter une peine très-rigoureuse. Le code fixe cette époque à soixante-dix ans. Celui qui sera parvenu à cet âge, au moment de son jugement, ne sera condamné ni aux travaux forcés à perpétuité, ni à la déportation, ni même aux travaux forcés à temps; les juges prononceront contre lui la reclusion pour le temps qu'eût duré la peine qu'il aurait subie s'il n'eût pas été septuagénaire; lorsqu'il n'atteindra les soixante-dix ans que depuis sa condamnation, la peine de la reclusion doit remplacer aussi celle à laquelle il avait été condamné, et il subira cette nouvelle peine jusqu'à l'expiration du temps que portait le jugement. — On observera cependant que le dernier cas regarde seulement les condamnés aux travaux forcés à perpétuité ou à temps. Quant à celui contre qui la déportation a été prononcée, il est facile de sentir que, lorsqu'il ne devient septuagénaire qu'après avoir été transporté hors du territoire continental de l'empire, et s'être fixé dans le lieu déterminé par le gouvernement, sa nouvelle situation rend moins désirable pour lui cette commutation de peine, et qu'il ne trouverait pas assez d'avantage dans un retour, dont l'unique effet serait une reclusion perpétuelle. — En rapprochant le mode proposé de celui qu'adopta l'assemblée constituante, on aperçoit plusieurs différences. Suivant la loi de 1791, il faut, pour que le sort du septuagénaire soit adouci, qu'il ait atteint l'âge de soixante-quinze ans. Alors la durée de la peine est réduite à cinq années : ici la commutation n'est que pour la durée; il ne s'en opère aucune dans la nature du châtiment. Si le crime emporte les fers, le coupable doit subir cette peine, quel que soit son âge, sauf la réduction du temps. — Pour nous, messieurs, nous avons pensé qu'il serait plus convenable de ne rien changer à la durée de la peine, mais d'y substituer la reclusion comme mieux appropriée à l'état d'un vieillard. Les travaux forcés seraient trop rigoureux pour la plupart des septuagénaires : il n'en est pas ainsi de la reclusion; et comme le but de la loi ne peut être de faire rentrer dans la société le coupable qui a soixante-dix ans, plutôt qu'un autre coupable moins âgé, comme il s'agit uniquement d'empêcher qu'il ne succombe par l'effet de travaux et de fatigues excessives, on a donné la préférence au mode proposé.

49. Il nous reste à parler d'une espèce de responsabilité qu'il appartenait au code pénal de consacrer dans ses dispositions : c'est celle des aubergistes et hôteliers qui n'auront pas inscrit sur leurs registres le nom, la profession et le domicile des personnes qu'ils ont logées. — Si ces personnes ont, pendant leur séjour, commis un crime ou délit, ils seront responsables de tout dommage qui en sera résulté. Ils devront s'imputer d'avoir négligé de prendre ces précautions salutaires, qu'une sage police a prescrites dans tous les temps. On ne doit pas perdre de vue qu'ils ne seront soumis à cette responsabilité que lorsque le coupable qu'ils ont reçu dans leur maison y aura passé plus de vingt-quatre heures. Il eût été trop rigoureux, et même injuste, de leur appliquer la peine, quelque courte qu'eût été la durée de son séjour. Lorsqu'un voyageur ne s'arrête que pendant quelques heures dans une hôtellerie, et disparaît pour faire place à d'autres qui n'y restent pas plus longtemps; il serait le plus souvent impossible de remplir, à l'égard du premier comme à l'égard de ceux qui lui succèdent, toutes les formalités exigées par la loi. L'hôtelier ne doit répondre que de celui qu'il a été à portée de voir; mais il est inexcusable de ne s'être pas mis en règle, lorsque la personne qu'il a logée n'a quitté sa maison qu'après les vingt-quatre heures. — Cette responsabilité est ajoutée aux différentes espèces prévues par le code Napoléon. Nous nous contenterons de rappeler l'art. 1384 de ce code, qui porte qu'on est responsable non-seulement du dommage que l'on cause par son propre fait, mais encore de celui qui est causé par le fait des personnes dont on doit répondre ou des choses que l'on a sous sa garde. Les cas spécifiés dans ce même article et dans les articles suivants serviront d'appendice à cette partie du code pénal.

Tels sont, messieurs, les motifs sur lesquels repose le projet de loi soumis à votre sanction. Vous trouverez sans doute que les améliorations qu'il contient sont une nouvelle preuve des soins constants que Sa Majesté apporte à tout ce qui peut contribuer au perfectionnement des lois.

(1) *Extrait du rapport fait au corps législatif, par M. Riboud, membre de la commission de législation, sur la loi formant le liv. 2 c. des dél. et des peines* (séance du 13 fév. 1810).

50. Messieurs, le code pénal qui forme la seconde partie du code criminel, dont celui d'instruction est la première, a dû présenter d'abord l'exposé du système général de l'établissement et de la nature des peines; mais, avant de passer de leur institution à leur application et aux détails concernant les diverses *infractions aux lois*, qui, selon leurs espèces, prennent le nom de *crimes*, *délits* ou *contraventions*, et appartiennent, d'après cette classification, aux matières *criminelles*, *correctionnelles* ou de *police*, il était nécessaire de s'occuper des *personnes*. Cet objet est rempli dans le liv. 2, et il résulte des articles qui le composent qu'elles y sont considérées sous trois rapports : personnes *punissables*, personnes *excusables* et personnes *responsables*. — Tout fait duquel il suit un préjudice envers la société ou les membres qui en font partie, entraîne une réparation proportionnelle à ce préjudice; l'auteur d'un fait de cette nature, l'individu qui en est complice, ou qui en a retiré un avantage illicite, sont dans le cas d'être soumis à cette réparation. — Toute personne qui commet ou aide à faire commettre une infraction aux lois est punissable; il est néanmoins des exceptions et distinctions à faire en certains cas, d'après l'âge ou l'état des facultés intellectuelles de l'auteur et les circonstances du fait en lui-même; en d'autres cas, ces circonstances sont telles que, malgré le préjudice résultant, ce fait perd entièrement le caractère decrime ou délit. Il se présente enfin des cas dans lesquels ce qui a précédé, accompagné ou suivi l'action, atténue, mais n'efface pas entièrement la culpabilité. Dans ces différentes hypothèses, les personnes punissables deviennent excusables, et ne sont plus passibles de la peine prononcée par la loi contre l'acte qualifié crime ou délit; sa sévérité la mitige, la remet ou la commue. — Enfin, quoique les fautes et les peines soient personnelles, des tiers qui ne sont ni auteurs ni complices, peuvent quelquefois encourir une responsabilité, non du fait mais du préjudice qu'il a causé. Ces principes sur les personnes, entièrement conformes à la raison et à la justice, ont été plus ou moins consacrés dans les législations criminelles anciennes et modernes; mais leur application n'offrait pas l'ensemble et les proportions graduelles qui se trouvent dans le projet de loi dont je viens, au nom de la commission, vous présenter l'analyse sous ce triple rapport, en y joignant les observations propres à développer les motifs de son opinion. — V. le passage relatif à la complicité v° Complicité, n° 7.

51. Après avoir fixé les principes concernant les personnes punissables à raison de la part qu'elles peuvent avoir prise aux crimes ou délits, le projet considère ces personnes sous des rapports qui tiennent à *elles-mêmes*, telle que l'influence de leur âge, la situation de leur esprit, le degré de la force qui les a entraînées. Cette partie de la loi proposée tend donc à faire apprécier jusqu'à quel point leur volonté a dirigé l'action réputée crime ou délit. Il est reconnu dans l'art. 64 que l'action cesse d'avoir ces caractères si elle est l'effet d'une force à laquelle il a été impossible que son auteur pût résister, ou s'il ne jouissait pas de la plénitude de ses facultés intellectuelles, ou enfin s'il a agi sans discernement. — Il n'existe plus alors ni crime ni délit, et l'accusé doit être absous. Ces caractères ne disparaissent point, au contraire, s'il a été plus ou moins en état d'évaluer l'action à laquelle il s'est livré. Ainsi, l'âge au-dessous de seize ans doit en atténuer la gravité, sans l'effacer entièrement. et par conséquent entraîner alors une peine quelconque, mais différente de celle que la loi inflige au crime.

52. Pour déterminer l'influence que peut avoir l'âge de l'individu qui n'a pas accompli sa seizième année, il est nécessaire de faire une distinction admise dans le code de 1791, et conservée dans celui de 1810 : elle a pour objet de vérifier s'il a agi avec discernement ou non? S'il n'a pas agi avec discernement, il n'y a point de crime ni de peine, cependant, par une précaution sage, l'art. 66 autorise les juges à ordonner qu'en ce cas, l'accusé acquitté sera remis à ses parents, ou conduit dans une maison de correction, pour y être élevé et détenu pendant un temps qui ne peut excéder l'époque où il aura atteint sa vingtième année. Cette disposition facultative porte l'empreinte de la prévoyance publique, qui doit prévenir le retour des excès, et celle d'une vigilance paternelle qui ne permettrait pas de priver totalement la jeunesse des premiers principes d'éducation nécessaires au commun des hommes, quelle que soit leur position, et de ne pas l'abandonner à une communication dangereuse avec les individus immoraux qui peuplent la maison de correction. — Si le discernement a dirigé l'action, le crime reste, et est punissable; mais la peine ne sera point assimilée à celle des coupables qui ont atteint l'âge où l'homme est capable de connaître ce qui est bien ou ce qui est mal, et où rien ne peut atténuer ses égarements aux yeux de la loi. — En conséquence, lorsque le crime emporte une peine capitale ou perpétuelle, il n'est prononcé contre l'individu au-dessous de seize ans, que l'emprisonnement de dix ans au moins, et de vingt ans au plus. La loi de 1791 portait, sans minimum, vingt ans de détention, peine afflictive et infamante qui entraîne l'exposition. — Lorsque le crime doit être puni des travaux forcés à temps, l'emprisonnement sera de la moitié au plus, et du tiers au moins, du temps auquel l'accusé aurait été condamné, s'il avait eu plus de seize ans; la durée de cet emprisonnement, par la loi de 1791, est égale à celle de la peine des fers qu'il aurait encourue, en sorte que, par le code proposé, elle sera inférieure de deux tiers, ou de moitié au moins. — Dans les cas ci-dessus le condamné peut être mis sous la surveillance de la haute police pendant cinq ans au moins, et dix au plus, si les juges croient cette mesure nécessaire pour l'intérêt de la société et celui de l'accusé dont la conduite coupable, dirigée par le discernement, peut inspirer des inquiétudes pour l'avenir.—Enfin, s'il a encouru la peine du carcan ou celle du bannissement, il sera emprisonné pour un an au moins et cinq au plus. — Vous voyez, messieurs, que les condamnés dont nous parlions, n'éprouveront jamais qu'une peine correctionnelle, tandis que la loi actuellement en vigueur, leur en impose de beaucoup plus longues et même d'infamantes. L'art. 68 du projet interdit formellement à leur égard, l'exposition publique; flétrir par l'infamie un enfant au-dessous de seize ans, c'est l'y dévouer à jamais, c'est le constituer ennemi de la société en l'en séparant, et le placer en quelque sorte, dans la carrière du crime. Le garantir de cet anathème, c'est ouvrir son âme au repentir et ne pas l'empêcher de devenir meilleur.

53. Quant à l'influence de l'âge des condamnés, relativement aux vieillards, elle n'est et ne pouvait être, dans les diverses législations, rangée sur la même ligne avec celle des mineurs au-dessous de seize ans. En effet, les uns ont contre eux les leçons méprisées d'une longue expérience, les autres n'ont pu les recevoir; bien loin de changer ou modérer les peines pour les premiers, la loi les aggraverait peut-être, si le respect pour la vieillesse et les infirmités qui l'entourent ordinairement, ne lui faisaient un devoir de ne la punir que comme l'âge mûr, et d'adoucir le mode de la peine à cette époque reculée de la vie de l'homme, où la nature ouvre la tombe devant lui. — Suivant le code de 1791, à l'âge de soixante-quinze ans, on ne peut plus être condamné à la déportation; et les peines des fers, de la reclusion ou de la détention, sont déterminées à cinq années, en sorte qu'elles peuvent être infligées jusqu'à l'âge de quatre-vingts ans. Par ce projet présenté, la reclusion remplace les travaux forcés, à l'égard du septuagénaire qui les encourt, et il en est retiré dès qu'il arrive à cet âge, pour être reclus jusqu'au terme fixé par sa condamnation. Deux améliorations se trouvent dans ces dispositions consignées dans les art. 70 et 71, l'une d'avancer de plusieurs années l'adoucissement dont il s'agit, l'autre d'éviter l'inconvénient de faire rentrer un octogénaire pervers au milieu de la société qu'il a outragée par ses crimes.

D'après les observations et les rapprochements que nous venons, messieurs, de vous soumettre relativement aux personnes punissables, la partie du code discutée en ce moment, présente de nombreux avantages : ils résultent de la clarté des définitions, de la modération des peines, de leur graduation exacte, et de la latitude dans leur application : ces avantages incontestables sont des garants de ceux que vous allez remarquer dans le surplus de ce titre, concernant les personnes *excusables* et les personnes *responsables*.

Dans la même séance, le projet fut décrété à la majorité de 240 voix contre 16. La nouvelle loi a été promulguée le 23 février 1810, V. p. 556.

24. Indépendamment des dispositions renfermées dans les deux premiers livres du code pénal, il en est d'autres qui, éparses dans les codes criminels et mêlées à des matières spéciales, se réfèrent cependant, par leur nature et leur portée, à l'ordre d'idées que nous nous proposons de traiter ici. Ce sont notamment les art. 365 c. inst. crim., sur le cumul des peines, les art. 321 et suiv. c. pén. sur les excuses, 464 et suiv. c. pén. sur les peines de police, etc. On trouvera ces dispositions citées en leur lieu dans le cours de cet article.

25. Parmi les dispositions répandues dans le code pénal, il en est une qui mérite une mention particulière et sur laquelle nous devons appeler l'attention, à cause de son importance : nous voulons parler de l'art. 463 c. pén., qui forme le point de

§ 2. — *Des personnes excusables.*

54. La discussion des effets de l'influence de l'âge des condamnés conduit naturellement à celle des articles qui traitent de l'excuse en matière criminelle, puisque cette influence n'est elle-même au fond qu'une excuse, d'après l'acception et le sens ordinaire de ce mot. — Excuser un tort, c'est le regarder comme le résultat de circonstances qui le rendent moins blâmable dans son principe, quoique ses effets aient été aussi préjudiciables à des tiers, que si ces circonstances n'eussent pas existé. — Celles-ci peuvent être telles, que le fait, quoique préjudiciable à des tiers ou à la société, ne présente ni crime ni délit, comme dans le cas de force extérieure irrésistible, de démence, d'obéissance à la loi ou à un ordre de l'autorité légitime, de défaut de connaissance ou d'intention du crime. — Cette intention pouvant seule rendre l'acte criminel, les lois des 14 brum. an 3, et 4 brum. an 4 ont fait un devoir aux juges de poser la question intentionnelle; mais l'expérience a tellement démontré les abus et les dangers de la proposer formellement aux jurés, qu'elle n'est plus requise par le code d'instruction qui doit être mis en activité au 1er janv. 1811. La moralité du fait doit s'établir par le fait lui-même et par ses circonstances; elle doit sortir de la procédure et des débats, et nous ne devons point perdre de vue, que ne point proposer de question expresse sur l'intention, ce n'est pas écarter l'examen et l'appréciation de cette intention. L'influence qu'elle doit avoir sur le jugement est établie dans le code nouveau, par les nombreux articles où vous verrez qu'elle est désignée comme condition intégrante, par l'insertion des mots *avoir agi sciemment, avoir agi volontairement*, à la suite desquels la peine est prononcée. — Il ne vous échappera pas, messieurs, qu'il arrive quelquefois, quoique l'intention soit évidente, que la loi ne prononce point de peines. Vous en trouverez des exemples dans les articles où les proches parents et alliés des personnes prévenues de complot contre la sûreté de l'Etat, de fabrication de fausses monnaies, de recèlement de personnes accusées de crimes n'en auraient pas fait la révélation. Ces exceptions sont un hommage rendu aux lois de la nature, elles assimilent ces cas à ceux où l'on n'a pu résister à une force majeure et constituent une véritable excuse.

Enfin, il se présente souvent des cas, tels que celui du meurtre occasionné par une provocation violente, où le crime est entouré de circonstances qui l'atténuent et le rendent excusable aux yeux de la loi. L'excuse de cette espèce est la principale dont elle s'occupe; mais en admettant que la peine doit être mitigée ou commuée, elle se réserve néanmoins le droit d'infliger une punition quelconque. — Je dois ajouter à cette énumération des divers genres d'excuse, qu'il en dérive véritablement un autre des circonstances et considérations qui peuvent décider les juges à réduire la peine de l'un des accusés du même crime, au minimum, tandis qu'ils punissent l'autre du maximum.

55. En résumant ces détails, il s'ensuit que les diverses excuses directes ou indirectes forment deux classes; la première, des excuses *absolues ou péremptoires*, lesquelles effacent le crime ou délit; la seconde des excuses *atténuantes* : celle-ci peut se subdiviser en deux espèces, savoir : l'excuse dérivant de l'influence de l'âge des condamnés, et l'*excuse légale* dans laquelle les circonstances antérieures, identiques, ou postérieures, au crime ou délit, affaiblissent sa gravité, libèrent de la peine portée par la loi pour ce crime ou délit, et n'en exigent qu'une autre d'une nature inférieure. — Les cas de l'excuse légale sont rapportés dans le § 2 de la sect 3 du liv. 3 : quoiqu'ils ne soient point compris dans le projet de loi dont je m'occupe, ils ont une liaison si étroite avec les principes qui y sont établis, et dont ils forment les corollaires, que je ne puis me dispenser de les en rapprocher.

56. Lorsque le fait de l'excuse est prouvé, les peines sont : s'il s'agit d'un crime emportant la mort ou une peine perpétuelle, un emprisonnement de deux ans à cinq ans; — S'il s'agit de tout autre crime (ce qui embrasse ceux punis des travaux forcés à temps, de la reclusion, du carcan, du bannissement, de la dégradation civique), l'emprisonnement sera de six mois à deux ans. — Sa durée sera de six jours à six mois, s'il s'agit d'un délit.—Ainsi, messieurs, en cas d'excuse prouvée, les peines afflictives et infamantes, ou seulement infamantes, sont remises ; elles ne sont remplacées que par des peines correctionnelles.

En appliquant les peines prononcées par le code de 1791, combien de fois le cœur du juge n'a-t-il pas désavoué la condamnation que sa bouche prononçait? Combien de fois n'a-t-il pas gémi d'être forcé de dévouer à l'infamie, à un supplice de tous les moments, douloureusement prolongés pendant dix ans de gêne, un individu qu'il venait de proclamer solennellement excusable, et conséquemment plus malheureux que criminel? Si je reporte un instant vos regards sur le tableau que le rapporteur du premier livre vous a fait de la gêne; si je rouvre le tombeau où l'homme excusé devait être enseveli vivant, c'est pour vous faire entendre cet infortuné réclamant, dans son désespoir, ces mêmes fers qu'il avait redoutés, regrettant d'avoir offert ses moyens d'excuse, et déplorant la grâce illusoire à laquelle il a eu droit : c'est pour démontrer, d'une part, jusqu'à quel point les peines, en cas d'excuse admise, étaient rigoureuses et disproportionnées; et, de l'autre, le degré de modération, de justice et de convenance de celles qui doivent leur succéder.

57. L'art. 69 donne aux juges le pouvoir de mettre sous la surveillance de la haute police, pendant cinq ans au moins et dix au plus, les individus excusés. Les motifs qui peuvent quelquefois nécessiter ce moyen de précaution et de garantie de la conduite future d'un individu, qui, par le fait, et souvent par sa faute, a causé un préjudice, ou troublé l'ordre public, quoique certaines circonstances aient déterminé à son égard l'indulgence de la loi, sont trop sensibles pour que je m'arrête à les détailler.— La disposition dont il s'agit tend de plus en plus à justifier l'introduction de cette mesure dans notre législation criminelle, ne pouvant être prononcée que par l'arrêt ou le jugement, lorsqu'elle est inhérente, de droit, à la peine principale, confiée à la prudence des juges ; lorsqu'elle n'est que facultative, sa durée pouvant être, par eux, plus ou moins étendue dans l'intervalle qui sépare son minimum et son maximum, donnant ouverture à un cautionnement qui peut la mitiger et empêcher que le surveillé soit mis à la disposition du gouvernement, ne pouvant s'adapter, en général, qu'aux condamnés et aux repris de justice, et quelquefois, en matière correctionnelle, elle ne peut faire craindre d'abus. Quoiqu'elle n'ait pas encore subi l'épreuve du temps, son organisation est trop régulièrement établie pour qu'elle ne puisse pas être regardée comme très-utile.

Après vous avoir entretenu, messieurs, de ce qui concerne dans le liv. 2 les personnes punissables et excusables, il me reste à appeler, pendant quelques instants, votre attention sur les personnes responsables.

§ 3. — *Des personnes responsables.*

58. En matières criminelles comme en matières civiles, certaines personnes peuvent encourir une responsabilité légale, sans avoir participé au crime ou délit : cette responsabilité ne s'étend point à la peine prononcée, elle ne porte que sur le dommage fait à autrui. Elle a lieu comme celle établie dans l'art. 484 c. nap., en raison de l'influence ou de l'autorité des personnes responsables, sur les auteurs de l'action punissable. — Le premier cas de cette espèce, que présente le liv. 2, est relatif à ceux qui ont cautionné un individu placé sous la surveillance de la haute police, ou poursuivi pour faits de vagabondage. La loi nouvelle établit (art. 46) que si, pendant la durée du cautionnement, le cautionné éprouve quelques condamnations par jugements ou arrêts devenus irrévocables, pour crimes ou délits, la caution sera contrainte, par corps, à payer le montant du cautionnement. L'effet de cette disposition sage et sévère sera d'intéresser la caution à exercer elle-même une surveillance particulière, à éclairer le cautionné par ses conseils, à lui procurer les moyens d'être bon citoyen, et à l'y déterminer par la crainte, quelquefois plus puissante que celle des peines, de ne point compromettre son bienfaiteur.

59. Nous voyons ensuite dans l'art. 73 une responsabilité imposée aux aubergistes et hôteliers convaincus d'avoir logé chez eux un individu qui, pendant un séjour de plus de vingt-quatre heures, aurait commis un crime ou délit, et de n'avoir pas inscrit sur leur registre son nom, sa profession, son domicile. Ils deviennent, en ce cas, responsables civilement des restitutions, indemnités, et frais que ce crime ou délit peut entraîner. — Cette responsabilité est indépendante de celle qui est prévue à l'égard des mêmes personnes par les art. 1952 et 1953 c. nap., où ils sont considérés comme dépositaires et garants des effets déposés chez eux par les voyageurs. Elle ne saurait être confondue, d'un autre côté, avec la disposition de l'art. 475 du code proposé, laquelle n'a pour objet que de faire prononcer contre les aubergistes une amende de 6 à 10 fr., lorsqu'ils ne tiendront point le registre dont il s'agit. La loi ne punit ici que la contravention aux règlements ; tandis que, dans l'art. 73, elle prononce une responsabilité civile des suites d'un crime ou délit commis pendant la contravention.

La sévérité de cette responsabilité, qui peut frapper au premier abord, a disparu aux yeux de votre commission, lorsqu'elle a considéré : — 1° Que, faute par les aubergistes et hôteliers de remplir une formalité facile et simple, ils fournissent à des coupables les moyens de se dérober plus aisément aux recherches; qu'ainsi leur négligence favorise l'impunité, par le défaut de notions propres à faire découvrir les traces du crime ou délit ; — 2° Que dans les villes ils n'ont point d'excuses qui puissent les justifier, et que, dans les campagnes, ceux qui logent des voyageurs pendant plus de vingt-quatre heures, ne manquent pas de moyens, lors même qu'ils ne savent pas écrire, de se conformer à la règle pour cette inscription, par le secours de quelqu'un de leurs maisons, ou par celui de leurs voisins ou des officiers publics. Pour les autres cas de responsabilité civile qui peuvent se présenter dans les affaires criminelles, correctionnelles ou de police, l'art. 74 enjoint aux cours et tribunaux de se conformer au code Napoléon, liv. 3, tit. 4, chap. 2, où ces cas sont exprimés. Comme ils sont consignés dans une loi générale promulguée, suivie et connue dans tout l'empire, et qu'ils ne peuvent être soumis à aucune discussion, il est inutile de prolonger ce rapport pour s'en occuper. — Presque tous les articles qui en ont été l'objet, contenant des principes et des règles sur la manière dont les personnes doivent être considérées dans l'application des lois criminelles, il a été nécessaire de suivre chaque disposition du projet, et de rapprocher celles qui leur sont liées, afin d'en saisir l'ensemble et d'en déduire les conséquences. Si ce but a été rempli, il ne peut en résulter que des espérances favorables sur ce qu'on peut attendre de la mise à exécution d'un code fondé, comme vous l'avez vu dans les deux premiers livres, sur des bases modérées, raisonnables, et bien coordonnées avec le système monarchique.

60. Dans la confection d'une loi aussi importante, deux écueils étaient à éviter: la trop grande sévérité et la trop grande indulgence. Une réunion sociale immense, un empire vaste et puissant, composé d'éléments différents, ne peuvent être régis par les mêmes lois qu'un Etat naissant et circonscrit : les effets de certains attentats, par exemple, y sont terribles ; ils compromettent non-seulement la sûreté de l'Etat, mais la sûreté de chaque individu. Alors, pour prévenir de si grands maux, la loi peut opposer des moyens extraordinaires, des moyens plus puissants que la perte d'une vie que l'ambitieux a toujours le courage de hasarder, des moyens enfin capables d'agir sur son âme, par l'aspect du danger de ses plus chères affections. Aussi l'examen de l'histoire des peuples nous prouve-t-il, en général, que leurs lois pénales sont devenues plus sévères à mesure que leur population et leur puissance se sont étendues : ce qui était suffisant à leur berceau ne l'est plus lorsqu'ils ont atteint la virilité. Chez une nation parvenue à un degré supérieur de lumières et de civilisation, où les intérêts, les passions, les besoins, agitent les hommes en tous sens, il est indispensable, pour le bonheur de tous, que la loi défende la société d'une main prudente et ferme, qu'elle prévienne le crime par la crainte d'une peine proportionnée, qu'elle l'en frappe, s'il a osé se montrer, et qu'elle s'oppose à son retour après qu'il aura été puni...

départ du système des circonstances atténuantes, l'un des points capitaux de notre droit pénal. Cet article, rejeté, sous la rubrique *Dispositions générales*, à la suite du livre 3 du code pénal, renfermait dans des limites très-étroites la faculté attribuée aux juges d'abaisser la peine au-dessous du *minimum* légal, lorsqu'il existe des circonstances atténuantes; d'abord il ne l'admettait que pour les simples délits, à l'exclusion des crimes et des simples contraventions; de plus, il exigeait que le préjudice causé n'excédât pas 25 fr. L'esprit de cette disposition, les vues du législateur ont été exposés d'abord par M. Faure dans l'Exposé des motifs (1) présenté au corps législatif dans la séance du 9 fév. 1810, puis par M. Louvet, dans le rapport (2) par lequel il présenta le vœu d'adoption émis sur le projet de ce titre par la commission législative. — V. n°s 508 et suiv.

26. En résumé, quel était l'esprit de cette législation nouvelle? quelles doctrines l'avaient inspirée? A cette époque, les écrits de Bentham venaient d'être récemment publiés par Dumont de Genève; les idées du célèbre criminaliste y étaient présentées avec une supériorité de talent, une vigueur de dialectique qui les rendait très-séduisantes; elles avaient d'ailleurs une assez étroite affinité avec les doctrines morales que la philosophie du dix-huitième siècle s'était efforcée de faire prévaloir et dont les esprits étaient alors fortement imprégnés; on comprend donc qu'elles durent exercer une grande influence sur l'élaboration du nouveau code. Cette influence, toutefois, ne fut pas unique et souveraine; cela ne pouvait être; il n'arrive jamais à la doctrine de l'utilité de s'affirmer, sans rencontrer aussitôt dans la conscience humaine la réaction de l'idée de justice. Il est facile de retrouver la trace de cette double influence dans le langage des auteurs du code pénal de 1810. Qu'on nous permette deux citations à ce sujet, et l'on verra que les hommes qui ont concouru à sa confection paraissent appartenir, en théorie, à des écoles différentes. Ainsi, par exemple, d'une part, on retrouve la pensée de Bentham dans ces paroles de Target (Observ. génér. sur le projet du code criminel présenté dès 1804, V. Locré, t. 29, p. 8) : « ...C'est la nécessité de la peine qui la rend légitime. Qu'un coupable souffre, ce n'est pas le dernier but de la loi; mais que les crimes soient prévenus, voilà ce qui est d'une haute importance. Après le plus détestable forfait, s'il pouvait être sûr qu'aucun crime ne fût désormais à craindre, la punition du dernier des coupables serait une barbarie sans fruit, et l'on ose dire qu'elle passerait le pouvoir de la loi. La gravité des crimes se mesure donc, non pas tant sur la perversité qu'ils annoncent, que sur les dangers qu'ils entraînent. »

Ecoutons maintenant Berlier (Exposé des motifs du tit. 1 du liv. 3 du code pénal; Locré, t. 29, p. 422) : « On n'a pas oublié que des lois qui statuent sur tout ce que les hommes ont de plus cher, la vie et l'honneur, ne doivent effrayer que les pervers, but qui serait manqué si elles imprimaient trop légèrement le caractère de crime à des actes qui ne sont pas essentiellement criminels. On a soigneusement cherché à établir de justes proportions entre les peines et les délits. » Ces paroles supposent évidemment que, dans la pensée de Berlier, le droit de punir dérive plutôt de l'immoralité du fait, que de l'utilité de la peine.— Ainsi, pour résumer, en quelques mots, l'esprit du code pénal de 1810, on pourrait dire qu'il présentait la doctrine de l'intérêt tempérée par l'idée de justice.—V. aussi sur ce point MM. Chauveau et Hélie, t. 1, p. 20 et suiv.

27. Ce code établissait trois classes de peines : 1° les peines criminelles, c'est-à-dire applicables aux crimes; 2° les peines correctionnelles, applicables aux simples délits; 3° enfin les peines de simple police. — Les peines criminelles étaient ou afflictives ou infamantes, ou simplement infamantes. Les premières étaient : 1° la mort; 2° les travaux forcés à perpétuité; 3° la déportation; 4° les travaux forcés à temps; 5° la reclusion. La marque et la confiscation générale pouvaient être prononcées concurremment avec une peine afflictive, dans les cas déterminés par la loi. — Les peines simplement infamantes étaient : 1° le carcan; 2° le bannissement; 3° la dégradation civique, auxquelles il faut ajouter, comme peine accessoire, l'exposition au poteau, déjà établie par les codes de 1791 et de l'an 4. — Les peines correctionnelles étaient : 1° l'emprisonnement à temps dans un lieu de correction; 2° l'interdiction à temps de certains droits civiques, civils ou de famille; 3° l'amende. — Enfin les peines de simple police étaient : 1° l'emprisonnement, mais seulement d'un jour à cinq jours; 2° l'amende de 1 à 15 fr.; 3° la confiscation de certains objets saisis.

28. Ce code fut, dès son apparition, considéré comme excessivement sévère. On trouva que l'échelle des peines y était empreinte d'une barbare exagération, qu'il n'y avait point entre les châtiments et les délits une juste proportion. D'énergiques réclamations s'élevèrent. Plus d'une fois même on vit, chose tou-

---

(1) *Extrait de l'exposé des motifs du livre 3, tit. 2, chap. 2 c. pén., présent par M. Faure* (Séance du 9 fév. 1810).

61. *Observations générales.*—Au milieu d'un si grand nombre de délits de police correctionnelle que le code a prévus, il est facile de concevoir que plus d'une fois des actes qualifiés délits seront accompagnés de circonstances particulières qui, loin de les aggraver, les atténueront sensiblement. La justice reconnaîtra peut-être en même temps que le dommage éprouvé par la personne lésée est extrêmement modique; il pouvait dès lors en résulter que le minimum de la peine déterminée par la loi pour le cas général serait trop fort, et que les juges se trouveraient placées dans l'alternative fâcheuse d'user envers le coupable d'une rigueur dont l'excès leur paraîtrait injuste, ou de les renvoyer absous, en sacrifiant le devoir du magistrat à un sentiment inspiré par l'humanité. — Une disposition qui termine la partie du code dont nous nous occupons en ce moment, porte que si le préjudice n'excède pas 25 fr., et que les circonstances paraissent atténuantes, les juges sont autorisés à reduire l'emprisonnement et l'amende même jusqu'au minimum des peines de police. Au moyen de cette précaution, la conscience du juge sera rassurée, et la peine sera proportionnée au délit. — Il n'était pas possible d'établir une règle semblable à l'égard des crimes. Tout crime emporte peine afflictive ou infamante, mais tout crime n'emporte pas la même espèce de peine; tandis qu'en matière de délits de police correctionnelle, la peine est toujours soit l'emprisonnement, soit l'amende, soit l'un et l'autre ensemble. — Cela posé, la réduction des peines de police correctionnelle ne frappe que sur la quotité de l'amende et sur la durée de l'emprisonnement.

62. Au contraire, les peines établies pour les crimes étant de différentes espèces, il faudrait, lorsqu'un crime serait atténué par quelque circonstance qui porterait le juge à considérer la peine comme trop rigoureuse, quant à son espèce; il faudrait, disons-nous, que le juge fût autorisé à changer l'espèce de peine, et à descendre du degré fixé par la loi à un degré inférieur, par exemple, à prononcer la reclusion au lieu des travaux forcés à temps, ou bien à substituer le carcan à la reclusion. Ce changement, cette substitution ne serait pas une réduction de peine proprement dite, elle serait une véritable commutation de peine. Or le droit de commutation de peine est placé par la constitution dans les attributions du souverain; il fait partie du droit de faire grâce : c'est au souverain seul qu'il appartient de décider, en matière de crime, si telle circonstance vérifiée au procès est assez atténuante pour justifier une commutation. La seule exception laissée au pouvoir judiciaire est dans le cas d'excuse; encore faut-il que le fait allégué pour excuse soit admis comme tel par la loi avant qu'on puisse descendre, en cas de preuves, à une peine inférieure.—Il résulte de ces observations qu'en fait de peine afflictive ou infamante, le juge doit se renfermer dans les limites que la loi lui a tracées; qu'il ne peut dire que la faute est excusable que lorsque la loi a prévu formellement les circonstances sur lesquelles l'excuse est fondée, et que toute application d'une peine inférieure à celle fixée par la loi est un acte de clémence qui ne peut émaner que du prince, unique source de toutes les grâces.

(2) *Extrait du rapport fait au corps législatif par M. Louvet* (*de la Somme*), *sur le chap. 2 du tit. 2 du liv. 3 c. pén.* (séance du 19 fév. 1810).

63. Enfin, messieurs, le projet est terminé par une disposition générale que sans doute vous approuverez aussi. Elle prononce que dans tous les cas où la peine d'emprisonnement portée par le présent code (ainsi tant dans le projet actuel que dans ceux que vous avez déjà convertis en lois), si le préjudice causé n'excède pas 25 fr., et si les circonctances paraissent atténuantes, les juges sont autorisés à réduire l'emprisonnement même au-dessous de six jours et l'amende au-dessous de 16 fr., et à appliquer seulement l'une ou l'autre de ces deux peines, sans cependant qu'en aucun cas, elles puissent être au-dessous des peines de simple police.

Voilà comme finit une loi qui a été souvent sévère, sans jamais l'être trop cependant; sans l'être autant, non pas seulement que les lois anciennes, mais dans beaucoup de cas que la législation actuellement en vigueur. — Vous aimerez sûrement, messieurs, à trouver ici cette disposition. Elle ne s'applique et ne pouvait, comme l'a encore si bien établi l'honorable orateur du conseil d'Etat, s'appliquer qu'aux délits correctionnels; il eût été trop dangereux de l'étendre aux crimes, mais même ainsi restreinte, puisqu'il était impossible d'aller plus loin, elle répand cependant encore sur le code entier une teinte d'adoucissement qui, après tant de menaces effrayantes, semble conduire à la réflexion suivante sur l'ensemble du code en lui-même : cette grande conception est sans doute combinée de manière à atteindre le but de répression que s'est proposé le législateur, mais comment, et ici je n'ose pas parler de tant d'autres titres de gloire qu'il est bien moins facile de raconter que de sentir et d'admirer; comment, dis-je, le génie qui paraît si essentiellement se complaire à créer tant d'institutions toutes marquées de l'auguste empreinte de sa bonté, et à répandre partout ses bienfaits, comment a-t-il pu entreprendre et achever un ouvrage où l'on ne rencontre que des dispositions qui défendent et qui menacent que peines, que supplices, que tableaux pénibles à l'imagination et au cœur? Ah! messieurs, et sans doute vous me prévenez vous-mêmes dans cette réponse, pour l'y résoudre, il n'a pas fallu moins que le sentiment d'une impérieuse nécessité, que le besoin indispensable de réprimer des actes criminels, dont l'expérience lui a montré la malheureuse possibilité : il n'a pas fallu moins que le haut intérêt du repos de l'Etat; que l'intérêt de l'universalité des citoyens contre un petit nombre de méchants qui ne compte pas dans leurs rangs; que le suprême intérêt de la propriété qui sert à la fois de fondement à tout notre édifice social, et de gage à sa conservation; enfin que l'espoir justement fondé; que l'effet infaillible de tant de soins sera de contenir les penchants pervers, de les affaiblir même, et de prévenir beaucoup de crimes, par l'impossibilité à peu près assurée et évidente d'échapper aux sages précautions prises pour les découvrir, les poursuivre, les atteindre et les punir.

jours fâcheuse, le jury sortir de sa sphère d'action, et, suivant le courant de l'opinion publique, s'attribuer en quelque sorte le pouvoir de proportionner la peine au délit. Le législateur sentit enfin qu'il y avait là un besoin public, et il se mit à l'œuvre. Déjà quelques réformes partielles avaient été opérées. Ainsi, la charte de 1814 (art. 66) avait solennellement aboli la confiscation (V. Dr. const., p. 327, V. p. 556). Une autre loi, du 25 juin 1824, aujourd'hui abrogée, avait eu pour but d'apporter quelque adoucissement à des pénalités reconnues trop rigoureuses; cette loi, développant le germe contenu dans l'art. 463 c. pén., avait étendu aux crimes la faculté, restreinte par cet article aux simples délits, d'abaisser la peine d'un degré lorsqu'il existait des circonstances atténuantes; mais elle réservait aux magistrats seuls, à l'exclusion du jury, la déclaration de ces circonstances. La charte de 1830 s'était bornée à reproduire la disposition de la charte de 1814, abolitive de la confiscation.

29. C'est par la loi du 28 avril 1832 que la réforme a été accomplie. Le projet de cette loi fut présenté à la chambre des députés, avec l'Exposé des motifs, par le garde des sceaux (M. Barthe), le 31 août 1831. Une commission fut nommée pour l'examiner. Cette commission désigna pour son organe M. Dumon, qui présenta son rapport à la séance du 11 novembre. La discussion s'ouvrit le 22 novembre et continua dans les séances des 23, 24, 25, 28, 29 et 30 novembre, 1er, 2, 5, 6 et 7 décembre. Le projet, ayant été adopté à cette dernière séance, fut, en conséquence, porté à la chambre des pairs, qui, de son côté, nomma une commission pour l'étudier. Cette commission désigna pour son organe M. de Bastard, qui présenta son rapport le 8 mars 1832. La discussion, commencée le 16 mars, fut continuée les 19, 20, 22, terminée le 23 mars, jour où le projet voté par la chambre des députés fut adopté avec quelques modifications. Reporté en conséquence à la chambre des députés, ce projet fut, conformément au nouveau rapport de M. Dumon, adopté le 8 avril avec les amendements introduits par la chambre des pairs. Revêtu de la sanction royale, le 28 avril 1832, il fut promulgué le 1er mai suivant et devint ainsi loi de l'État. — Nous ne croyons pas devoir publier ici le texte, soit de l'Exposé des motifs, soit des rapports présentés par MM. Dumon et de Bastard à la chambre des pairs et à la chambre des députés; nous nous bornerons à en donner des extraits dans le cours de ce travail, au fur et à mesure que nous y serons amenés par l'ordre du sujet. — La réforme accomplie par cette loi ne fut point aussi radicale qu'on aurait pu le penser; sans méconnaître son utilité, sans contester les heureuses améliorations qu'elle a fait entrer dans la législation pénale, on lui a reproché d'être superficielle, de ne point procéder d'une vue systématique. « Au lieu de remonter aux principes, disent MM. Chauveau et Hélie, t. 1, p. 23, le législateur s'est contenté d'en corriger les applications; au lieu de dominer le système de la loi qu'il voulait reviser, il l'a suivi dans ses diverses conséquences : négligeant à peu près le système des incriminations, il lui a suffi de modérer les peines. Cette tâche était peut-être la seule qu'il fût possible d'accomplir à cette époque d'inquiétudes politiques. On doit en recueillir le travail avec reconnaissance; c'est un pas dans une voie progressive, dans une carrière nouvelle. Mais on se tromperait sans doute si l'on voulait y voir un code nouveau substitué à l'ancien, le règne d'un autre système, la consécration d'une pensée nouvelle et complète. »

Du reste, le législateur ne s'est pas fait d'illusion sur le caractère et la portée de son œuvre. Il n'a cru ni voulu faire une réforme complète. Il a sagement pensé que s'imposer la tâche de reviser les 484 articles du code pénal, et des lois accessoires plus nombreuses encore, ce serait risquer de retarder plus qu'on ne devait des améliorations dont la plupart présentaient un caractère d'urgence incontestable, et il a préféré pourvoir au plus pressé. « C'est aux préparations de la science, dit l'Exposé des motifs, aux méditations journalières du gouvernement et de la magistrature, qu'il faut demander une refonte générale de la législation. Il est beaucoup de besoins auxquels on peut satisfaire dès aujourd'hui, et que le bon sens public a suffisamment mûris pour que l'humanité en tire profit immédiatement. »

30. Depuis la révolution de février 1848, notre système pénal a subi d'assez graves modifications. Nous allons indiquer, dans l'ordre chronologique où ils ont été rendus, les décrets ou lois qui ont opéré ces modifications, avec l'énonciation sommaire de leur objet, nous réservant d'y revenir avec le développement nécessaire dans les diverses parties de ce traité auxquelles ils se réfèrent. Ce sont : 1° le décret des 26-29 fév. 1848 (D. P. 48. 4. 36), qui abolit la peine de mort en matière politique; 2° le décret des 12-14 avril 1848 (D. P. 48. 4. 67), qui abolit la peine de l'exposition; 3° le décret des 27 juin-3 juill. 1848 (D. P. 48. 4. 118), qui ordonne la transportation dans les possessions françaises d'outre-mer des individus qui sont reconnus avoir pris part à l'insurrection des 23 juin et jours suivants; 4° la loi des 24-30 janv. 1850 (D. P. 50. 4. 8), qui ordonne la translation en Algérie des individus dont la transportation a été ordonnée par le décret du 27 juin 1848; 5° la loi des 5 avr.-16 juin 1850 (D. P. 50. 4. 129), qui organise la peine de la déportation; 6° le décret des 23-30 juill. 1850 (D. P. 50. 4. 178), qui affecte la citadelle de Belle-Isle-en-Mer aux condamnés à la peine de la détention et aux individus condamnés à la déportation pour crimes commis antérieurement à la promulgation de la loi du 8 juin 1850; 7° le décret des 8-12 déc. 1851 (D. P. 52. 4. 8), qui ordonne la transportation à Cayenne et en Algérie des individus qui, placés sous la surveillance de la haute police, ont rompu leur ban, ou qui sont reconnus avoir fait partie d'une société secrète; 8° le décret des 31 mai-18 juin 1852 (D. P. 52. 4. 163), relatif aux transportés de 1848 et 1852; 9° la loi des 30 mai-1er juin 1854 (D. P. 54. 4. 90) sur l'exécution de la peine des travaux forcés; 10° enfin la loi des 31 mai-3 juin 1854 (D. P. 54. 4. 91) qui a aboli la mort civile.

TABLEAU DE LA LÉGISLATION RELATIVE AUX PEINES.

21 janv. 1790 (lett. pat.).—Décret concernant les condamnations pour raison des délits et des crimes.

Art. 1. Les délits du même genre seront punis par le même genre de peines, quels que soient le rang et l'état des coupables.

2. Les délits et les crimes étant personnels, le supplice d'un coupable et les condamnations infamantes quelconques n'impriment aucune flétrissure à sa famille; l'honneur de ceux qui lui appartiennent n'est nullement entaché, et tous continueront d'être admissibles à toutes sortes de professions, d'emplois et de dignités.

3. La confiscation des biens des condamnés ne pourra jamais être prononcée en aucun cas.

4. Le corps du supplicié sera délivré à sa famille, si elle le demande. Dans tous les cas, il sera admis à la sépulture ordinaire, et il ne sera fait sur le registre aucune mention du genre de mort.

5-19 déc. 1790. — Décret qui place le recouvrement des amendes et autres peines pécuniaires dans les attributions des préposés de l'enregistrement (art. 19). — V. Enregistr., n° 22.

19-22 juill. 1791.—Décret contenant des dispositions relatives à la solidarité des condamnations, au recouvrement et à la répartition des amendes, en matière de police simple et correctionnelle (tit. 1, art. 26; tit. 2, art. 41, 42, 70). — V. Lois codifiées, p. 229 et s.

3-14 sept. 1791. — Constitution portant que les peines ne peuvent être appliquées qu'en vertu d'une loi antérieure au délit (décl. des droits, art. 8), que la loi ne doit établir que les peines strictement et évidemment nécessaires, et que les mêmes délits sont punis des mêmes peines sans distinction des personnes (tit. 1). Les mêmes principes sont reproduits dans la déclaration des droits de l'homme, du 28 mai 1793, art. 14, 16, celle du 24 juin 1793, art. 14, 15.—V. Droit constit. p. 288. V. aussi la constit. du 5 fruct. an 3, décl., art 12, *eod.*, p. 303.

25 sept.-6 oct. 1791. — Code pénal dont le titre 1 de la première partie est relatif aux peines en général, le titre 4 à l'effet des condamnations, le titre 5 à l'influence de l'âge des condamnés, à la nature et à la durée des peines, le titre 7 à la réhabilitation des condamnés. L'art. 13 de ce titre abolit le droit de grâce et de commutation de peines à l'egard des crimes poursuivis par voie de jurés.—V. Lois codifiées, p. 233 et s.

27 (26 et)-23 sept. et 30 déc. 1791. — Décret portant : Art. 1. Dès à présent, la peine de mort ne sera plus que la simple privation de la vie.—Art. 2. La marque est abolie de ce jour.

28 sept.-6 oct. 1791. — Code rural qui attribue aux communes les amendes de police rurale (sect. 7, art. 3).—V. Droit rural, p. 203 et s.

20-25 mars 1792.—Décret relatif au mode d'exécution de la peine de mort.

L'assemblée nationale, considérant que l'incertitude sur le mode d'exécution de l'art. 3 du tit. 1 c. pén. suspend la punition de plusieurs criminels qui sont condamnés à mort; qu'il est très-instant de faire cesser des inconvénients qui pourraient avoir des suites fâcheuses; que l'humanité exige que la peine de mort soit la moins douloureuse possible dans son exécution, décrète que l'art. 3 du tit. 1 c. pén. sera executé suivant la manière indiquée et le mode adopté par la consultation signée du secrétaire perpétuel de l'académie de chirurgie, laquelle demeure annexée au présent décret; en conséquence, autorise le pouvoir exécutif à faire les dépenses nécessaires pour parvenir à ce mode d'exécution, de manière qu'il soit uniforme dans tout le royaume.

Avis motivé sur le mode de la décolation du 7 mars 1792.

« Le comité de législation m'a fait l'honneur de me consulter sur deux lettres écrites par l'assemblée nationale concernant l'exécution de l'art. 3, tit. 1, c. pén., qui porte que *tout condamné* à la peine de mort *aura la tête tranchée*. Par ces lettres, M. le ministre de la justice et le directoire du département de Paris, d'après les représentations qui leur ont été faites, jugent qu'il est de nécessité instante de déterminer avec précision la manière de procéder à l'exécution de la loi, dans la crainte que si, par la défectuosité du moyen, ou faute d'expérience et par maladresse, le supplice devenait horrible pour le patient et pour les spectateurs, le peuple par humanité n'eût occasion d'être injuste et cruel envers l'exécuteur, ce qu'il est important de prévenir. — J'estime que les représentations sont justes, et les craintes bien fondées. L'expérience et la raison démontrent également que le mode en usage par le passé pour trancher la tête à un criminel, l'expose à un supplice plus affreux que la simple privation de la vie, qui est le vœu formel de la loi: pour le remplir, il faut que l'exécution soit faite en un instant et d'un seul coup; les exemples prouvent combien il est difficile d'y parvenir. — On doit rappeler ici ce qui a été observé à la décapitation de M. de Lally; il était à genoux, les yeux bandés: l'exécuteur l'a frappé à la nuque; le coup n'a point séparé la tête et ne pouvait le faire; le corps, à la chute duquel rien ne s'opposait, a été renversé en devant; et c'est par trois ou quatre coups de sabre que la tête a été enfin séparée du tronc: on a vu avec horreur cette *hacherie*, s'il est permis de créer ce terme. — En Allemagne, les exécuteurs sont plus expérimentés, par la fréquence de ces sortes d'expéditions, principalement parce que les personnes du sexe féminin, de quelque condition qu'elles soient, ne subissent point d'autres supplices; cependant, la parfaite exécution manque souvent, malgré la précaution, en certains lieux, de fixer le patient assis dans un fauteuil. — En Danemark, il y a deux positions et deux instruments pour décapiter. L'exécution qu'on pourrait appeler *honorifique* se fait avec un sabre. Le criminel, à genoux, a un bandeau sur les yeux, et ses mains sont libres. Si le supplice doit être infamant, le patient, lié, est couché sur le ventre, et on lui coupe la tête avec une hache.

» Personne n'ignore que les instruments tranchants n'ont que peu ou point d'effet lorsqu'ils frappent perpendiculairement; en les examinant au microscope, on voit qu'ils ne sont que des scies plus ou moins fines qu'il faut faire agir en glissant sur le corps à diviser. On ne réussirait pas à décapiter d'un seul coup avec une hache ou couperet dont le tranchant serait en ligne droite; mais avec un tranchant convexe, comme aux anciennes haches d'armes, le coup asséné n'agit perpendiculairement qu'au milieu de la portion du cercle; mais l'instrument, en pénétrant dans la continuité des parties qu'il divise, a sur les côtés une action oblique en glissant, et atteint sûrement au but.

» En considérant la structure du cou, dont la colonne vertébrale est le centre, composé de plusieurs os dont la connexion forme des enchevauchures, de manière qu'il n'y a pas de joint à chercher, il n'est pas possible d'être assuré d'une prompte et parfaite séparation, en la confiant à un agent susceptible de varier en adresse par des causes morales et physiques; il faut nécessairement, pour la certitude du procédé, qu'il dépende de moyens mécaniques invariables, dont on puisse également déterminer la force et l'effet. C'est le parti qu'on a pris en Angleterre: le corps du criminel est couché sur le ventre, entre deux poteaux barrés par le haut par une traverse, d'où l'on fait tomber sur le cou la hache convexe, au moyen d'une déclique. Le dos de l'instrument doit être assez fort et assez lourd pour agir efficacement comme le mouton qui sert à enfoncer des pilotis: on sait que sa force augmente en raison de la hauteur d'où il tombe.

» Il est aisé de faire construire une pareille machine, dont l'effet est immanquable. La décapitation sera faite en un instant, suivant l'esprit et le vœu de la nouvelle loi: il sera facile d'en faire l'épreuve sur des cadavres, et même sur un mouton vivant. On verra s'il ne serait pas nécessaire de fixer la tête du patient par un croissant qui embrasserait le cou au niveau de la base du crâne: les cornes ou prolongements de ce croissant pourraient être arrêtés par des clavettes sous l'échafaud; cet appareil, s'il paraît nécessaire, ne ferait aucune sensation, et serait à peine aperçu. » *Signé* Louis, *secrétaire perpétuel de l'Académie de chirurgie.*

30 août-3 sept. 1792. — Décret portant que les biens de ceux qui seront convaincus d'avoir excité des troubles ou qui auront pris part aux conspirations seront confisqués au profit de la nation, et que le produit en sera appliqué au soulagement de ceux qui auront souffert de ces troubles.

31 août 1792. — Décret relatif aux femmes enceintes condamnées à la peine du carcan.

L'assemblée nationale voulant concilier les sentiments de l'humanité avec ceux de la justice, et conserver aux femmes enceintes les égards, les ménagements que mérite leur situation, décrète:

Art. 1. Les femmes condamnées à la peine du carcan et qui seront trouvées enceintes au moment de leur condamnation, ne subiront point cette peine, et ne seront point exposées en public; mais elles garderont prison pendant un mois, à compter du jour de leur jugement, qui sera imprimé, affiché et attaché à un poteau planté à cet effet sur la place publique.

2. Le présent article aura son exécution à l'égard des jugements rendus; en conséquence, les femmes condamnées à la peine du carcan et qui sont enceintes, garderont prison pendant un mois, qui commencera à courir du jour de leur jugement.

3-8 sept. 1792. — Décret relatif aux demandes en abolition ou commutation de peines afflictives ou infamantes formées par les individus condamnés, selon les formes anciennes de la procédure.

6-8 oct. 1792. — Décret qui remplace provisoirement la peine des fers par celle des galères.

10-12 mars 1793. — Décret qui déclare acquis à l'État les biens des condamnés à la peine de mort par le tribunal criminel extraordinaire, et qui autorise ce tribunal à prononcer la peine de la déportation contre les auteurs de crimes et délits contre la sûreté de l'État, ou tendant à rétablir la royauté, qui ne sont pas prévus par le code pénal, ou contre ceux dont la résidence sur le territoire français serait un sujet de trouble et d'agitation (tit. 2, art. 2 et 3).

19-20 mars 1793. — Décret dont l'art. 7 contient une disposition semblable à celle qui précède, et dont l'art. 8 déclare confisqués les biens des prêtres, émigrés, etc., tués en portant les armes contre la patrie. Cette peine est prononcée par le tribunal criminel sur le procès-verbal de reconnaissance du cadavre.

7-8 juin 1793. — Décret qui rend commune à tous les tribunaux criminels la disposition du 10 mars 1793, relative à la déportation (V. ci-dessus), et donne à ces tribunaux la faculté de prononcer cette peine temporairement ou à vie.

13-14 juin 1793. — Décret qui établit près des tribunaux criminels un exécuteur de leurs jugements, et qui fixe le traitement de ces exécuteurs.

Art. 1. Il y aura dans chacun des départements de la République, près les tribunaux criminels, un exécuteur de leurs jugements.

2. Le traitement des exécuteurs est une charge générale de l'État.

3. Dans les villes dont la population n'excède pas cinquante mille âmes, il sera de 2,400 livres; — Dans celles dont la population est de cinquante à cent mille âmes, de 4,000 livres; — Dans celles de cent à trois cent mille âmes, de 6,000 livres. — Enfin à Paris, le traitement de l'exécuteur sera de 10,000 livres.

4. Lorsque les exécuteurs seront obligés d'aller faire hors le lieu de leur résidence une exécution à mort, il leur sera accordé 20 sous par lieue pour le transport de la guillotine, et autant pour le retour.

5. Tout casuel et autres droits généralement quelconques dont étaient en possession de jouir les exécuteurs des jugements criminels, sont supprimés.

6. Ceux d'entre eux qui, par l'effet du présent décret, se trouveront sans emploi, recevront un secours annuel de 600 livres, jusqu'à ce qu'ils soient placés.

7. Il sera fait, à la diligence du ministre de la justice, un tableau des exécuteurs ci-devant en titre, non employés; ils seront envoyés, suivant l'ordre de leur ancienneté, dans les départements qui viendront à en manquer. S'ils refusent de s'y rendre, le secours ci-dessus à eux accordé cessera d'avoir lieu.

8. Les exécuteurs qui exerçaient les droits connus sous le nom de havage, riflerie, et autres dénominations de l'espèce, et qui, depuis la révolution, ont cessé d'en jouir par le refus formel des citoyens de s'y soumettre, sur l'attestation des corps administratifs, constatant ce refus et l'époque où il a eu lieu, ensemble qu'ils n'ont rien touché qui puisse y suppléer, recevront, à partir de sa date, et par forme d'indemnité, le traitement ci-dessus déterminé.

27-29 juin 1793. — Décret relatif à l'exposition sur un échafaud des condamnés à la détention et aux fers.

5 oct. 1793. — Décret portant que « le défaut de payement des amendes prononcées par la police correctionnelle ne pourra entraîner qu'une détention d'un mois à l'égard de ceux qui sont insolvables. »

24 vend. an 2 (15 oct. 1793). — Décret dont le titre 4 est relatif à la transportation des mendiants et vagabonds. — V. Vagabondage-mendicité; V. aussi n° 603.

1er brum. an 2 (22 oct. 1793). — Décret qui applique la confiscation des biens au crime de fausse monnaie. — V. Faux, p. 491.

11 brum. an 2 (1er nov. 1793).—Décret relatif aux mendiants condamnés à la déportation.—V. Vagabondage-mendicité; V. aussi n° 603.

15 brum. an 2 (5 nov. 1793). — Décret qui porte que les enfants en bas âge, dont les père et mère ont subi la confiscation, sont déclarés appartenir à la République.

19-20 brum. an 2 (9-10 déc. 1793). — Décret suivant lequel les enfants des personnes dont les biens ont été confisqués seront reçus dans les hospices destinés aux enfants abandonnés.

3-5 frim. an 2 (23-25 nov. 1793. — Décret qui accorde un supplément de traitement aux exécuteurs des jugements criminels.

5-7 frim. an 2 (25-27 nov. 1793). — Décret qui ordonne que la peine de la déportation sera désormais pour la vie entière.

27 germ.-5 flor. an 2 (16-24 avril 1794). — Décret portant: « Si celui qui sera convaincu désormais de s'être plaint de la révolution vivait sans rien faire et n'était ni sexagénaire ni infirme, il sera déporté à la Guyane. »

22 flor. an 2 (11 mai 1794). — Décret relatif à la nomination aux places vacantes d'exécuteur des jugements criminels.

17 frim. an 3 (7 déc. 1794). — Décret qui prescrit le mode d'exécution de la confiscation des biens à l'égard des établissements de commerce dont les individus frappés de confiscation étaient seuls propriétaires ou dans lesquels ils étaient intéressés pour partie.

12 brum. an 3 (2 nov. 1794). — Décret relatif aux biens des individus détenus comme suspects.

22 frim. an 3 (12 déc. 1794).—Décret par lequel la convention déclare qu'elle n'admettra aucune demande en révision des jugements criminels portant confiscation de biens, rendus et exécutés pendant la révolution.

26 vent. an 3 (16 mars 1795). — Décret qui modifie et interprète celui du 17 frim. précédent.

23 germ. an 3 (12 avril 1795). — Décret portant qu'aucune femme prévenue de crime emportant peine de mort ne peut être mise en jugement qu'il n'ait été vérifié qu'elle n'est pas enceinte.—V. n° 379.

14 flor. an 3 (3 mai 1795). — Décret relatif à la confiscation. —V. n° 828.

3 brum. an 4 (25 oct. 1795). —Code des délits et des peines qui détermine les peines applicables en matière criminelle, correctionnelle et de simple police (art. 599 et suiv.). — V. Lois codifiées, p. 239 et s.

4 brum. an 4 (26 oct. 1795). — Décret portant qu'à dater du jour de la publication de la paix générale, la peine de mort sera abolie.

22 germ. an 4 (11 avril 1796). — Loi qui autorise la réquisition des ouvriers pour les travaux nécessaires à l'exécution des jugements. — V. Jugement, n° 332.

27 germ. an 4 (16 avril 1796). — Loi dont l'art. 1 porte que la peine de mort sera commuée en celle de la déportation, si le jury déclare qu'il y a dans le délit des circonstances atténuantes.—V. n° 412.

1er niv. an 5 (21 déc. 1796). — Arrêté qui prescrit des mesures pour assurer la perception des amendes et confiscations prononcées par les tribunaux.

Art. 1. Les commissaires du directoire exécutif près les tribunaux sont tenus, dans les trois jours qui suivent la prononciation d'un jugement portant peine d'amende ou de confiscation, de remettre un extrait de ce jugement aux receveurs des droits d'enregistrement établis dans l'arrondissement.

2. Les receveurs des droits d'enregistrement feront sur-le-champ les diligences nécessaires pour opérer le recouvrement des condamnations prononcées.

3. Tous les décadis, les receveurs des droits d'enregistrement adresseront aux commissaires du directoire exécutif, un état des recouvrements faits et des recouvrements à faire, correspondant aux états indicatifs des condamnations prononcées que ceux-ci leur auront fait parvenir.

4. Les commissaires du directoire exécutif tiendront la main à ce qu'aucun détenu, dans les cas indiqués tant par l'art. 41 du tit. 2 de la loi du 19 juill. 1791, sur la police correctionnelle, que par l'art. 5 du tit. 2 de la loi des 28 sept.-6 oct. 1791, sur la police rurale, et qui ne sera point dans le cas prévu par la loi du 3 oct. 1793, ne soit mis en liberté, s'il n'a produit la quittance du receveur des droits d'enregistrement, constatant qu'il a satisfait aux condamnations pécuniaires prononcées contre lui.

5. Les ministres de la justice et des finances sont chargés de faire connaître au directoire exécutif ceux d'entre ses commissaires près les tribunaux, et les préposés de la régie de l'enregistrement, qui ne se conformeraient pas exactement aux dispositions ci-dessus.

16 niv. an 5 (5 janv. 1797).—Arrêté en interprétation de celui du 1er niv., concernant la remise aux receveurs des droits d'enregistrement, d'un extrait des jugements portant peine d'amende et de confiscation.

Art. 1. Le délai de trois jours, dans lequel l'art. 1 de l'arrêté du directoire exécutif, du 1er niv. présent mois, oblige ses commissaires près les tribunaux de remettre aux receveurs du droit d'enregistrement un extrait des jugements portant peine d'amende ou de confiscation, n'est applicable qu'aux jugements rendus par les tribunaux de police contre lesquels il n'y a point de déclaration de recours en cassation.

2. A l'égard des jugements de ces tribunaux contre lesquels il a été fait, dans les trois jours, une déclaration de recours à cassation, les extraits n'en seront remis aux receveurs du droit d'enregistrement, que dans les trois jours qui suivront, soit la réception du jugement confirmatif du tribunal de cassation, soit la déchéance du recours à cassation, par l'effet du défaut de consignation d'amende dans les dix jours fixés par l'art. 449 c. des dél. et des pein., pour la remise au greffe de la requête en cassation, à laquelle la quittance de consignation d'amende doit être jointe, aux termes de l'art. 17 de la loi du 2 brum. an 4.

3. Quant aux jugements des tribunaux correctionnels, les extraits n'en seront remis aux receveurs du droit d'enregistrement que dans les trois jours qui suivront, soit l'expiration du délai fixé pour l'appel de ces jugements, et ce dans le cas seulement où il n'en aura pas été appelé, soit la réception des jugements confirmatifs rendus par les tribunaux criminels, lesquels, suivant l'esprit des art. 203, 440 et 443 c. des dél. et des pein., ne doivent, en cas de déclaration de recours en cassation, être adressés aux commissaires du directoire exécutif près les tribunaux correctionnels, pour être mis à exécution, qu'après avoir été eux-mêmes confirmés par le tribunal de cassation, ou après que la déchéance du recours à cassation est encourue par le défaut de consignation d'amende, ainsi qu'il est dit à l'article précédent.

4. Les commissaires du directoire exécutif près les tribunaux de police et correctionnels se pourront, au surplus, se prévaloir de l'art. 4 de son arrêté du premier de ce mois, pour empêcher qu'un condamné insolvable qui se trouvera dans le cas prévu par l'art. 5 du tit. 2 de la loi des 28 sept.-6 oct. 1791, sur la police rurale, ne soit mis en liberté après le terme pendant lequel cette loi autorise la continuation de sa détention pour cause d'insolvabilité.

27 niv. an 5 (16 janv. 1797).—Arrêté concernant les jugements des tribunaux de police qui, en matière de délits de leur compétence, feraient remise aux délinquants, soit de l'amende, soit de l'emprisonnement.

Le directoire exécutif, informé que certains tribunaux de police se bornent, en statuant sur les délits qui sont de leur compétence, à condamner les délinquants aux dommages-intérêts des parties lésées, sans prononcer ni amende ni emprisonnement, ce qui constitue, de leur part, un véritable déni de justice, puisque par là ils refusent de faire droit sur l'action publique intentée au nom de la nation pour la réparation des délits, action qui, aux termes des art. 5, 6 et 8 c. des dél. et des pein., est essentiellement distincte de l'action civile appartenant à ceux à qui les délits ont causé du dommage, et avec laquelle celle-ci peut bien concourir, mais sans pouvoir lui préjudicier; — Considérant que tout déni de justice emporte contre l'officier public qui s'en est rendu coupable la prise à partie et la condamnation aux dommages-intérêts; que cela résulte de la combinaison de l'art. 565 c. des dél. et des pein., nos 1 et 2, avec l'art. 4 du tit. 25 de l'ordonnance du mois d'avril 1667, laquelle, aux termes de la loi du 21 sept. 1792, doit continuer, à cet égard, de recevoir son exécution, tant qu'il n'y aura pas été dérogé par le corps législatif; — Considérant enfin qu'il importe à l'ordre public et au maintien de la constitution de pourvoir, par les moyens que la loi a mis à la disposition du gouvernement, à ce que les tribunaux de police n'abusent pas de l'autorité dont elle les a investis; — Arrête ce qui suit :

Art. 1. Tout commissaire du directoire exécutif près chaque administration municipale est tenu, en sa qualité de commissaire près le tribunal de police de l'arrondissement, de se pourvoir en cassation, dans les formes et les délais prescrits par l'art. 163 c. des dél. et des pein., contre les jugements qui, en matière de délit de sa compétence, feraient remise aux délinquants dûment convaincus, soit de l'amende, soit de l'emprisonnement déterminés par la loi. — Il est pareillement tenu d'en faire mention expresse dans les états décadaires qu'il doit fournir au commissaire près le tribunal correctionnel, en exécution de l'arrêté du 4 frim. dernier.

2. Le ministre de la justice, sur l'envoi qui lui sera fait de chacun de ces jugements, et sans préjudice de la transmission qu'il doit en faire au tribunal de cassation, examinera s'il y a lieu de poursuivre la prise à partie contre le tribunal de police qui a rendu le jugement, pour le faire condamner aux dommages-intérêts envers la République; et dans le cas de l'affirmative, il adressera les instructions nécessaires, pour cet effet, au commissaire du directoire exécutif près l'administration centrale du département où ce tribunal est placé, lequel est chargé, par la loi du 19 niv. an 4, d'intenter, au nom de la République, toutes les actions judiciaires qui la concernent.

29 vent. an 5 (19 mars 1797). — Arrêté du directoire concernant le recouvrement des amendes prononcées par les tribunaux jusqu'au 1er niv. an 5.

11 frim. an 7 (1er déc. 1798). — Loi portant que la moitié des amendes de police fait partie des recettes communales (art. 9, n° 2, art. 11). — V. Trésor pub.

6 prair. an 7 (25 mai 1799). — Loi qui ordonne la perception extraordinaire d'un décime par franc sur les amendes et condamnations pécuniaires. — V. Enregistr., n° 29.

26 brum. an 10 (17 nov. 1801). — Arrêté qui rétablit les communes dans la jouissance des amendes de police rurale. — V. Commune, n° 108-3°.

8 niv. an 10 (29 déc. 1801). — Loi portant : « La peine de mort continuera d'être appliquée dans les cas déterminés par les lois, jusqu'à ce qu'il en ait été autrement ordonné. »

23 flor. an 10 (13 mai 1802). — Loi relative aux délits emportant peine de flétrissure et aux tribunaux spéciaux qui en auront la compétence.—V. Faux, n° 12-6°.

19 vent. an 13 (10 mars 1805).—Décret concernant la résidence des forçats libérés.

Art. 1. Tout forçat libéré sera tenu de déclarer dans quel département et dans quelle commune il veut établir sa résidence.

Il ne pourra l'établir ni dans une ville de guerre ni à moins de 3 myriamètres de la frontière.

2. Le département et la commune qu'il aura choisis pour sa résidence seront désignés sur la feuille de route qui lui sera délivrée.

3. Arrivé dans le département où il aura fixé sa résidence, il se présentera à la préfecture, y déclarera la commune où il veut aller résider, et sera mis, par le préfet, sous la surveillance de l'autorité locale.

17 juill. 1806. — Décret concernant les forçats libérés.

Art. 1. A compter du 1er janv. 1807, les forçats libérés, après avoir subi dans les bagnes les peines portées par les jugements prononcés contre eux, seront, en conséquence des ordres du ministre de la police générale, dirigés sur les lieux déterminés pour leur résidence.

2. A leur sortie des bagnes, les forçats libérés seront remis, par l'administration de la marine, aux autorités civiles.

3. Dès le 1er octobre de la présente année, et successivement au commencement de chaque trimestre, le ministre de la marine transmettra à celui de la police générale des états nominatifs des forçats susceptibles d'être libérés pendant le trimestre précédent.

Ces états présenteront, pour chaque individu, l'indication du lieu de sa naissance, de son âge, du crime qu'il a commis, de la peine infligée, de la date de la condamnation, du tribunal qui a prononcé le jugement, du jour où le forçat doit être libéré, et du lieu dans lequel chaque individu aura déclaré devoir fixer sa résidence.

4. Des extraits desdits états seront adressés, par le ministre de la police générale, aux préfets de département, afin que les autorités locales exercent la surveillance nécessaire sur les forçats libérés.

5. Conformément au décret impérial du 19 vent. an 13, aucun forçat libéré, à moins d'une autorisation spéciale du ministre de la police générale, ne pourra fixer sa résidence dans les villes de Paris, Versailles, Fontainebleau, et autres lieux où il existe des palais impériaux, dans les ports

où des bagnes sont établis, dans les places de guerre, ni à moins de 3 myriamètres de la frontière et des côtes. L'art. 3 dudit décret, qui oblige les forçats libérés à se présenter au chef-lieu du département dans lequel ils doivent se retirer, lors même que leur résidence n'est pas fixée dans ce chef-lieu, est révoqué.

6. Outre les résidences interdites par l'article précédent aux forçats libérés, le ministre de la police générale pourra, lorsque des motifs d'ordre et de sûreté publics l'exigeront, leur en interdire d'autres, les déplacer des lieux mêmes qu'il leur aura été permis d'habiter, et charger les autorités locales de les diriger sur d'autres lieux.

Les forçats originaires de pays étrangers seront, après leur libération, dirigés sur la frontière la moins éloignée de leur pays.

7. L'administration de la marine continuera de délivrer, pour chaque forçat libéré, un congé portant le signalement de l'individu, et sur lequel seront relatés l'ordre en vertu duquel il est libéré, et le numéro sous lequel il était détenu au bagne.

8. Le forçat libéré sera remis, avec son congé, à la disposition du commissaire général de police du lieu. Ce fonctionnaire en donnera une décharge à l'administration de la marine, laquelle sera notée sur les matricules de la chiourme.

9. Le congé du forçat libéré sera transmis directement, par le fonctionnaire qui l'aura reçu, au ministre de la police générale, qui l'adressera au préfet du département dans lequel le forçat doit résider; et le préfet le fera tenir, sans délai, au commissaire de police ou au maire du lieu où le forçat doit établir son domicile, pour être remis par lui au forçat, à son arrivée, en échange de sa feuille de route, qui lui sera retirée.

10. Aucun forçat libéré ne pourra quitter le lieu de sa résidence sans l'autorisation du préfet du département, qui sera tenu d'en donner avis au conseiller d'Etat chargé de la police administrative dans l'arrondissement duquel le département sera compris, et au préfet du departement dans lequel le forçat libéré se rendra.

11. Il est alloué 30 c. par myriamètre à chaque forçat libéré, pour ses frais de route; il ne lui sera payé à son départ que la somme nécessaire pour se rendre à la première, seconde ou troisième couchée. L'officier public du lieu, auquel il sera tenu de se présenter, visera la feuille de route, et notera la somme qu'il aura remise au forçat pour se rendre à la nouvelle couchée qu'il lui aura indiquée. Le même ordre sera successivement observé sur toute la route à suivre par le forçat libéré.

12. Arrivé à sa destination, le forçat libéré se présentera au commissaire de police ou au maire, qui lui délivrera son congé, en échange de sa feuille de route, qu'il lui retirera.

13. Les fonds nécessaires à la direction des forçats libérés seront compris dans le crédit qui sera ouvert au ministre de la police générale, pour l'année 1807.

31 juill. 1806. — Décret qui, dans le cas où la loi prononce une amende égale à une quotité ou à la totalité de la contribution mobilière, fixe le taux de ces amendes dans les lieux où il n'est pas imposé de contributions mobilières.

17 mai 1809. — Décret portant affectation aux communes de la moitié des amendes en matière d'octroi (art. 13). — V. Octroi.

17 mai 1809. — Décret qui fixe les attributions des communes et des hospices dans les amendes de police municipale, correctionnelle et de police.—V. n° 809.

12 et 13-22 et 23 fév. 1810. — Code pénal (art. 1 à 74) publié sous la date du 28 avril 1832 avec la loi qui a modifié les dispositions préliminaires, le livre 1 et le livre 2, p. 553, 556.

23 mai 1810-9 mars 1832. — Décret qui fixe la remise des receveurs pour le recouvrement des amendes. — V. Enregist., n° 52.

18 juin 1811. — Decret portant le tarif des frais en matière criminelle, dont l'art. 126 est relatif aux frais de recouvrement des amendes, et les art. 113 et suiv., aux frais d'exécution des arrêts.

4 août-20 sept. 1812.—Avis du conseil d'Etat, sur la question de savoir par qui et devant quelle autorité peut être poursuivie la fixation du cautionnement porté par l'art. 44 c. pén., quand ce cautionnement n'a pas été fixé par le jugement ou arrêt qui a prononcé au principal.

Le conseil d'État, qui, d'après le renvoi ordonné par Sa Majesté, a entendu le rapport de la section de législation sur celui du ministre de la police générale, présentant la double question de savoir par qui et devant quelle autorité peut être poursuivie la fixation du cautionnement porté par l'art. 44 c. pén., quand ce cautionnement n'a pas été fixé par le jugement ou arrêt qui a prononcé au principal; — Vu ledit art. 44, — Est d'avis : — 1° Que, le droit d'exiger des condamnés placés sous la surveillance de la haute police de l'État le cautionnement dont ils sont passibles n'étant accordé qu'au gouvernement et aux parties civiles, il s'ensuit que les procureurs de Sa Majesté et les parties civiles ont seuls caractère pour demander que ce cautionnement soit fixé, sans que les condamnés puissent les obliger à user d'un droit qui serait blessé dans son essence même, s'il n'était librement exercé; — 2° Que, lorsque le jugement ou arrêt de condamnation n'a pas éventuellement fixé le montant du cautionnement, la demande qui en est formée, après l'expiration de la peine, par les procureurs de Sa Majesté ou les parties civiles, n'est évidemment qu'un incident relatif à l'exécution du premier jugement ou arrêt, et ne peut être portée que devant les mêmes juges.—V. n° 673.

4-10 juin 1814. — Charte qui abolit la peine de la confiscation (art. 66, v° Droit const., p. 327). — V. aussi l'art. 57 de la charte du 14 août 1830. eod., p. 333.

9 nov. 1814. — Avis du conseil d'État sur l'emploi du produit des amendes.

Les membres du conseil du roi composant le comité de l'intérieur, consultés par le ministre secrétaire d'État au département de l'intérieur sur l'application à faire du produit des amendes en police correctionnelle, sont d'avis : — 1° Que le produit des amendes en police correctionnelle doit être appliqué au profit des communes, conformément au décret du 17 mai 1809, auquel il n'a été formellement dérogé par aucun article du code pénal; — 2° Que le produit de ces amendes, ainsi que celui des amendes pour contraventions, doit être appliqué au profit de la commune dans laquelle le délit ou la contravention a été commis, ainsi qu'il a été statué relativement aux amendes pour contravention par l'art. 466 c. pén.

12-14 janv. 1816. — Loi qui ordonne le bannissement des régicides et de la famille Bonaparte.—V. Amnistie, p. 512; V. aussi n° 662.

17-20 janv. 1816. — Ordonnance qui prononce le bannissement des personnes dénommées dans l'art. 2 de celle du 24 juill. 1815.

2-11 avr. 1817. — Décret relatif à l'exécution des condamnations à la reclusion, à l'emprisonnement, à la déportation, au bannissement, et qui dispose que les condamnés correctionnellement à l'emprisonnement seront envoyés dans les maisons centrales de détention, lorsque la peine à subir ne sera pas moindre d'une année (art. 1). — V. Prisons; V. aussi n° 610.

19 fév. 1820. — Ordonnance du roi sur l'emploi des amendes.

LOUIS, etc.; — Notre ministre de l'intérieur nous ayant exposé que les amendes prononcées par jugements antérieurs au 1er janv. 1820, des tribunaux de police correctionnelle et de simple police rurale et municipale, ont été perçues par les receveurs des domaines et versées dans la caisse des receveurs généraux, sans distinction des communes où les délits et contraventions ont eu lieu; — Que dans cet état de choses, l'art. 466 c. pén. ne peut recevoir son exécution pour les amendes antérieures au 1er janv. 1820, et qu'en conséquence il y a lieu d'en faire l'application, conformément aux règles établies par le décret du 17 mai 1809; — Nous avons, etc. : — Art. 1. Les amendes prononcées par jugements définitifs antérieurs au 1er janv. dernier, des tribunaux correctionnels et de simple police rurale et municipale, continueront d'être perçues par les receveurs des domaines, à la charge par eux d'en faire, avec celles dont ils ont opéré le recouvrement, le versement dans les caisses de services, pour être ensuite employées avec les intérêts qui en proviendront, savoir : un tiers aux dépenses des enfants trouvés, et les deux autres tiers aux dépenses communales indiquées dans les états de répartition qui en seront soumis par les préfets à l'approbation de notre ministre de l'intérieur. — Nos ministres de l'intérieur et des finances se concerteront pour assurer à l'avenir l'exécution de l'art. 466 c. pén., et en soumettre les moyens à notre approbation.

30 déc. 1823-10 fév. 1824. — Ordonnance du roi relative au recouvrement des amendes de police correctionnelle et de simple police, et à la répartition du produit de ces amendes.

LOUIS, etc.; — Vu notre ordonnance du 19 fév. 1820, l'art. 466 c. pén. et le décret du 17 mai 1809; — Sur le rapport, etc.

Art. 1. Conformément à l'art. 19 de la loi du 19 déc. 1790, les receveurs de l'enregistrement continueront de faire la recette des amendes prononcées tant par voie de police rurale et municipale que par voie de police correctionnelle, à la charge par eux d'entretenir une comptabilité distincte et séparée, d'en rendre compte annuellement aux préfets, et de leur transmettre, au mois de janvier de chaque année : 1° un état sommaire, et divisé par communes, des sommes dont ils auront opéré le recouvrement dans le cours de l'année précédente, sur les amendes prononcées par voie de simple police; 2° un état dressé dans la même forme et présentant les recouvrements opérées sur les amendes de police correctionnelle.

2. Les greffiers des tribunaux seront tenus d'envoyer aux préfets, au commencement de chaque semestre, le relevé des jugements portant condamnation d'amendes et rendus dans le cours du semestre précédent, pour servir à contrôler les états de recouvrements produits par les receveurs.

3. Pourront, en outre, les préfets faire vérifier, quand ils le jugeront convenable, soit par les inspecteurs généraux ou particuliers des finances, soit par les inspecteurs de l'administration de l'enregistrement et des domaines, les états de recouvrements qui leur auront été remis par les receveurs. Ces comptables seront tenus de donner aux inspecteurs désignés pour cette opération, communication de leurs registres et de toutes les pièces et documents qu'elle rendra nécessaires.

4. Les amendes de police rurale et municipale qui seront recouvrées à compter du 1er janv. 1824, appartiendront exclusivement aux communes dans lesquelles les contraventions auront été commises, le tout ainsi qu'il est prescrit par l'art. 466 c. pén. — Le produit en sera versé dans leurs caisses, distraction faite préalablement des remises et taxations des receveurs, sur les mandats qui en seront délivrés, au nom des receveurs municipaux, par les préfets, immédiatement après la remise et la vérification des états de recouvrement.

5. Les amendes de police correctionnelle qui seront recouvrées à compter dudit jour 1er janv. 1824, seront versées par les receveurs des domaines, distraction faite de leurs remises ou taxations, et sur les mandats des préfets délivrés également au vu des états de recouvrement, au nom des receveurs des finances, à la caisse de ces derniers comptables qui en feront recette distincte au profit des communes, comme des produits communaux centralisés à la recette générale de chaque département, pour être employés sous la direction des préfets.

6. Le produit des amendes versées à la caisse des receveurs des finances formera un fonds commun qui sera tenu à la disposition des préfets,

et qui sera applicable : 1° au remboursement des frais de poursuite tombés en non-valeurs, soit en matière de police correctionnelle, soit en matière de simple police; 2° au payement des droits qui seront dus aux greffiers des tribunaux pour les relevés des jugements mentionnés en l'art. 2; 3° au service des enfants trouvés et abandonnés, jusqu'à concurrence du tiers du produit excédant lesdits frais; 4° et pour les deux autres tiers, aux dépenses des communes qui éprouveront le plus de besoins, d'après la répartition qui en sera faite par les préfets, et par eux soumise, dans le cours du premier semestre de chaque année, à l'approbation de notre ministre secrétaire d'Etat de l'intérieur.

25-25 juin 1824. — Loi contenant diverses modifications au code pénal.—V. n°s 509 et suiv.

Art. 1. Les individus âgés de moins de seize ans, qui n'auront pas de complices au-dessus de cet âge, et qui seront prévenus de crimes autres que ceux auxquels la loi attache la peine de mort, celle des travaux forcés à perpétuité, ou celle de la déportation, seront jugés par les tribunaux correctionnels, qui se conformeront aux art. 66, 67 et 68 c. pén.

2. Les vols et tentatives de vols spécifiés dans l'art. 388 c. pén. seront jugés correctionnellement et punis des peines déterminées par l'art. 401 du même code.

3. Seront jugés dans les mêmes formes, et punis des mêmes peines, les vols ou tentatives de vols commis dans l'auberge ou l'hôtellerie dans laquelle le coupable était reçu. — Le vol commis par un aubergiste, un hôtelier, un batelier, un voiturier ou un de leurs préposés, quand ils auront volé tout ou partie des choses qui leur étaient confiées à ce titre, continuera d'être puni conformément à l'art. 386 c. pén.

4. Les cours d'assises, lorsqu'elles auront reconnu qu'il existe des circonstances atténuantes, et sous la condition de le déclarer expressément, pourront, dans les cas et de la manière déterminés par les art. 5 et suiv., jusques et y compris l'art. 12, réduire les peines prononcées par le code pénal.

5. La peine prononcée par l'art. 302 c. pén. contre la mère coupable d'infanticide pourra être réduite à celle des travaux forcés à perpétuité. —Cette réduction de peine n'aura lieu à l'égard d'aucun individu autre que la mère.

6. La peine prononcée par l'art. 309 c. pén. contre tout individu coupable d'avoir volontairement fait des blessures ou porté des coups dont il est résulté une incapacité de travail de plus de vingt jours, pourra être réduite aux peines déterminées par l'art. 401 du même code, sans que l'emprisonnement puisse être au-dessous de trois années. — La peine ne pourra être réduite dans les cas prévus par les art. 310 et 312 du même code.

7. La peine prononcée par l'art. 383 c. pén. contre les coupables de vols ou de tentatives de vols sur un chemin public, quand ces vols auront été commis sans menaces, sans armes apparentes ou cachées, sans violence et sans aucune des autres circonstances aggravantes prévues par l'art. 381 c. pén., pourra être réduite, soit à celle des travaux forcés à temps, soit à celle de la reclusion.

8. La peine prononcée par l'art. 384 c. pén. contre les coupables de vol ou de tentative de vol commis à l'aide d'effraction ou d'escalade pourra être réduite, soit à celle de la reclusion, soit au maximum des peines correctionnelles déterminées par l'art. 401 du même code.

9. La peine prononcée par l'art. 386 c. pén. contre les individus déclarés coupables des vols prévus par le n° 1 de cet article pourra être réduite au maximum des peines correctionnelles déterminées par l'art. 401 du même code.

10. Les art. 2, 3 et 8 de la présente loi ne s'appliquent pas aux vols commis la nuit, ni aux vols commis par deux ou plusieurs personnes. — Les dispositions de ces articles, ainsi que celles de l'art. 9, seront également inapplicables aux vols qui, indépendamment des circonstances spécifiées dans chacun desdits articles, auront été accompagnés d'une ou de plusieurs des autres circonstances aggravantes prévues par les art. 381 et suiv. c. pén. — Les vols dont il vient d'être fait mention continueront à être punis conformément au code pénal.

11. Les peines correctionnelles qui seront prononcées d'après les articles précédents ne pourront, dans aucun cas, être réduites en vertu de l'art. 463 c. pén.

12. Les dispositions ci-dessus, autres toutefois que celles de l'art. 5, ne s'appliquent ni aux mendiants, ni aux vagabonds, ni aux individus qui, antérieurement au fait pour lequel ils sont poursuivis, auront été condamnés, soit à des peines afflictives ou infamantes, soit à un emprisonnement correctionnel de plus de six mois.

13. Lorsque les vols et tentatives de vol de récoltes et autres productions utiles de la terre, qui, avant d'avoir été soustraites, n'étaient pas encore détachées du sol, auront été commis, soit avec des paniers ou des sacs, soit à l'aide de voitures ou d'animaux de charges, soit de nuit par plusieurs personnes, les individus qui en auront été déclarés coupables seront punis conformément à l'art. 401 c. pén.

20-27 août 1828.— Ordonnance qui fixe la répartition des criminels condamnés aux travaux forcés, entre les ports militaires du royaume en raison de la durée de la peine qu'ils auront à subir. — V. n° 590.

6-9 juin 1830. — Ordonnance portant qu'à l'avenir les individus des deux sexes condamnés correctionnellement à plus d'un an de prison seront seuls envoyés dans les maisons centrales de détention pour y subir la peine qui leur aura été infligée.

10-11 avril 1832. — Loi qui prononce le bannissement de branche aînée des Bourbons et de la famille de Napoléon. — V. n° 664.

28 avril-1er mai 1832.—Loi contenant des modifications au code pénal.

Dispositions préliminaires.

Art. 1. L'infraction que les lois punissent des peines de police est une *contravention*. — L'infraction que les lois punissent de peines correctionnelles est un *délit*. — L'infraction que les lois punissent d'une peine afflictive ou infamante est un *crime*. — V. Exposé des motifs et rapport, n°s 9, 24.

2 (*a*). Toute tentative de crime qui aura été manifestée par un commencement d'exécution, si elle n'a été suspendue ou si elle n'a manqué son effet que par des circonstances indépendantes de la volonté de son auteur, est considérée comme le crime même. V. n°s 10, 24.

3. Les tentatives de délits ne sont considérées comme délits que dans les cas déterminés par une disposition spéciale de la loi.—V. n°s 10, 24.

4. Nulle contravention, nul délit, nul crime, ne peuvent être punis de peines qui n'étaient pas prononcées par la loi avant qu'ils fussent commis.—V. n°s 11, 24.

5. Les dispositions du présent code ne s'appliquent pas aux contraventions, délits et crimes militaires.—V. n° 24.

LIV. 1.

DES PEINES EN MATIÈRE CRIMINELLE ET CORRECTIONNELLE ET DE LEURS EFFETS.

6. Les peines en matière criminelle sont ou afflictives et infamantes, ou seulement infamantes.—V. n°s 8, 12, 25.

7 (*b*). Les peines afflictives et infamantes sont: — 1° La mort; 2° Les travaux forcés à perpétuité; 3° La déportation; 4° Les travaux forcés à temps; 5° la détention; 6° La reclusion. — V. Exposé des motifs et rapports, n°s 2, 12 s., 17, 25, 27, 29.

8 (*c*). Les peines infamantes sont: —1° Le bannissement; 2° La dégradation civique.—V. n°s 12 s., 17, 25, 31, 33.

9. Les peines en matière correctionnelle sont: — 1° L'emprisonnement à temps dans un lieu de correction; 2° L'interdiction à temps de certains droits civiques, civils ou de famille; 3° L'amende.—V. n°s 7, 12 s., 15, 25, 36.

10. La condamnation aux peines établies par la loi est toujours prononcée sans préjudice des restitutions et dommages-intérêts qui peuvent être dus aux parties.

11. Le renvoi sous la surveillance spéciale de la haute police, l'amende et la confiscation spéciale, soit du corps du délit, quand la propriété en appartient au condamné, soit des choses produites par le délit, soit de celles qui ont servi ou qui ont été destinées à le commettre, sont des peines communes aux matières criminelles et correctionnelles.—V. n°s 6, 7, 25.

CHAP. 1. — *Des peines en matière criminelle.*

12. Tout condamné à mort aura la tête tranchée.—V. n°s 15, 26.

13 (*d*). Le coupable condamné à mort pour parricide, sera conduit sur le lieu de l'exécution, en chemise, nu-pieds, et la tête couverte d'un voile noir. — Il sera exposé sur l'échafaud pendant qu'un huissier fera au peuple lecture de l'arrêt de condamnation, et il sera immédiatement exécuté à mort.—V. n°s 15, 26.

14. Les corps des suppliciés seront délivrés à leurs familles, si elles les réclament, à la charge par elles de les faire inhumer sans aucun appareil.

15. Les hommes condamnés aux travaux forcés seront employés aux travaux les plus pénibles; ils traîneront à leurs pieds un boulet, ou seront attachés deux à deux avec une chaîne, lorsque la nature du travail auquel ils seront employés le permettra.—V. n° 12.

16. Les femmes et les filles condamnées aux travaux forcés n'y seront employées que dans l'intérieur d'une maison de force.—V. n° 12.

17 (*e*). « La peine de la déportation consistera à être transporté et à demeurer à perpétuité dans un lieu déterminé par la loi, hors du territoire continental du royaume. — Si le déporté rentre sur le territoire du royaume, il sera, sur la seule preuve de son identité, condamné aux travaux forcés à perpétuité. — Le déporté qui ne sera pas rentré sur le ter-

(*a*) *Ancien article :* 2. Toute tentative de crime qui aura été manifestée par des actes extérieurs, et suivie d'un commencement d'exécution, si elle n'a été suspendue ou n'a manqué son effet que par des circonstances fortuites ou indépendantes de la volonté de l'auteur, est considérée comme le crime même.

(*b*) *Ancien article :* 7. Les peines afflictives et infamantes sont:—1° La mort;—2° Les travaux forcés à perpétuité;—3° La déportation;—4° Les travaux forcés à temps; — 5° La reclusion. — La marque et la confiscation générale peuvent être prononcées concurremment avec une peine afflictive, dans les cas déterminés par la loi.

(*c*) *Ancien article :* 8. Les peines infamantes sont :—1° Le carcan;—2° Le bannissement;—3° La dégradation civique.

(*d*) *Ancien article :* 13. Le coupable condamné à mort pour parricide sera conduit sur le lieu de l'exécution, en chemise, nu-pieds, et la tête couverte d'un voile noir.—Il sera exposé sur l'échafaud pendant qu'un huissier fera au peuple lecture de l'arrêt de condamnation; il aura ensuite le poing droit coupé, et sera immédiatement exécuté à mort.

(*e*) *Ancien article :* 17. La peine de la déportation consistera à être transporté et à demeurer à perpétuité dans un lieu déterminé par le gouvernement, hors du ter-

ritoire du royaume, mais qui sera saisi dans les pays occupés par les armées françaises, sera conduit dans le lieu de sa déportation. — « Tant qu'il n'aura pas été établi un lieu de déportation, le condamné subira à perpétuité la peine de la détention, soit dans une prison du royaume, soit dans une prison située hors du territoire continental, dans l'une des possessions françaises, qui sera déterminée par la loi, selon que les juges l'auront expressément décidé par l'arrêt de condamnation.

Lorsque les communications seront interrompues entre la métropole et le lieu de l'exécution de la peine, l'exécution aura lieu provisoirement en France » (L. 9 sept. 1835).

18 (a). Les condamnations aux travaux forcés à perpétuité et à la déportation emporteront mort civile. — Néanmoins le gouvernement pourra accorder au condamné à la déportation l'exercice des droits civils ou de quelques-uns de ces droits. — V. nos 2, 17, 28.

19. La condamnation à la peine des travaux forcés à temps sera prononcée pour cinq ans au moins, et vingt ans au plus. — V. nos 2, 16, 29.

20 (b) Quiconque aura été condamné à la détention sera renfermé dans l'une des forteresses situées sur le territoire continental du royaume, qui auront été déterminées par une ordonnance du roi rendue dans la forme des règlements d'administration publique. — Il communiquera avec les personnes placées dans l'intérieur du lieu de la détention ou avec celles du dehors, conformément aux règlements de police établis par une ordonnance du roi. — La détention ne peut être prononcée pour moins de cinq ans, ni pour plus de vingt ans, sauf le cas prévu par l'art. 33. — V. nos 2, 4, 15, 28, 30.

21. Tout individu de l'un ou l'autre sexe, condamné à la peine de la reclusion, sera renfermé dans une maison de force, et employé à des travaux dont le produit pourra être en partie appliqué à son profit, ainsi qu'il sera réglé par le gouvernement. — La durée de cette peine sera au moins de cinq années, et de dix ans au plus. — V. nos 12, 15 s., 29.

22 (c) Quiconque aura été condamné à l'une des peines des travaux forcés à perpétuité, des travaux forcés à temps ou de la reclusion, avant de subir sa peine, demeurera durant une heure exposé aux regards du peuple sur la place publique. Au-dessus de sa tête sera placé un écriteau portant, en caractères gros et lisibles, ses noms, sa profession, son domicile, sa peine et la cause de sa condamnation. — En cas de condamnation aux travaux forcés à temps ou à la reclusion, la cour d'assises pourra ordonner par son arrêt que le condamné, s'il n'est pas en état de récidive, ne subira pas l'exposition publique. — Néanmoins, l'exposition publique ne sera jamais prononcée à l'égard des mineurs de dix-huit ans et des septuagénaires. — V. nos 15, 31.

23 (d) La durée des peines temporaires comptera du jour où la condamnation sera devenue irrévocable. — V. no 16.

24 (e) Néanmoins, à l'égard des condamnations à l'emprisonnement prononcées contre les individus en état de détention préalable, la durée de la peine, si le condamné ne s'est pas pourvu, comptera du jour du jugement ou de l'arrêt, nonobstant l'appel ou le pourvoi du ministère public, et quel que soit le résultat de cet appel ou de ce pourvoi. — Il en sera de même dans les cas où la peine aura été réduite, sur l'appel ou le pourvoi du condamné.

25. Aucune condamnation ne pourra être exécutée les jours de fêtes nationales ou religieuses, ni les dimanches. — V. no 16.

26. L'exécution se fera sur l'une des places publiques du lieu qui sera indiqué par l'arrêt de condamnation. — V. nos 16, 32.

27. Si une femme condamnée à mort se déclare et s'il est vérifié qu'elle est enceinte, elle ne subira la peine qu'après sa délivrance.

28 (f). La condamnation à la peine des travaux forcés à temps, de la détention, de la reclusion ou du bannissement, emportera la dégradation civique. La dégradation civique sera encourue du jour où la condamnation sera devenue irrévocable, et, en cas de condamnation par contumace, du jour de l'exécution par effigie. — V. no 17.

29 (g). Quiconque aura été condamné à la peine des travaux forcés à temps, de la détention ou de la reclusion, sera, de plus, pendant la durée de sa peine, en état d'interdiction légale; il lui sera nommé un tuteur et un subrogé tuteur pour gérer et administrer ses biens, dans les formes prescrites pour les nominations des tuteurs et subrogés tuteurs aux interdits. — V. no 17.

30 (h). Les biens du condamné lui seront remis après qu'il aura subi sa peine, et le tuteur lui rendra compte de son administration. — V. no 18.

31. Pendant la durée de la peine, il ne pourra lui être remis aucune somme, aucune provision, aucune portion de ses revenus. — V. no 17.

32. Quiconque aura été condamné au bannissement sera transporté, par ordre du gouvernement, hors du territoire du royaume. — La durée du bannissement sera au moins de cinq années, et de dix ans au plus. — V. nos 155, 33.

33 (i). Si le banni, avant l'expiration de sa peine, rentre sur le territoire du royaume, il sera, sur la seule preuve de son identité, condamné à la détention pour un temps au moins égal à celui qui restait à courir jusqu'à l'expiration du bannissement, et qui ne pourra excéder le double de ce temps. — V. no 15.

34 (j). La dégradation civique consiste : — 1o Dans la destitution et l'exclusion des condamnés de toutes fonctions, emplois ou offices publics; — 2o Dans la privation du droit de vote, d'élection, d'éligibilité, et en général de tous les droits civiques et politiques, et du droit de porter aucune décoration; — 3o Dans l'incapacité d'être juré-expert, d'être employé comme témoin dans des actes, et de déposer en justice autrement que pour y donner de simples renseignements; — 4o Dans l'incapacité de faire partie d'aucun conseil de famille et d'être tuteur, curateur, subrogé tuteur ou conseil judiciaire, si ce n'est de ses propres enfants, et sur l'avis conforme de la famille; — 5o Dans la privation du droit de port d'armes, du droit de faire partie de la garde nationale, de servir dans les armées françaises, de tenir école, ou d'enseigner et d'être employé dans aucun établissement d'instruction, à titre de professeur, maître ou surveillant. — V. nos 15, 33.

35 (k). Toutes les fois que la dégradation civique sera prononcée comme peine principale, elle pourra être accompagnée d'un emprisonnement dont la durée, fixée par l'arrêt de condamnation, n'excédera pas cinq ans. — Si le coupable est un étranger ou un Français ayant perdu la qualité de citoyen, la peine de l'emprisonnement devra toujours être prononcée.

36 (l). Tous arrêts qui porteront la peine de mort, des travaux forcés à perpétuité et à temps, la déportation, la détention, la reclusion, la dégradation civique et le bannissement, seront imprimés par extrait. — Ils seront affichés dans la ville centrale du département, dans celle où l'arrêt aura été rendu, dans la commune du lieu où le délit aura été commis, dans celle où se fera l'exécution, et dans celle du domicile du condamné.

37 (m). Abrogé.

---

ritoire continental de la France. — Si le déporté rentre sur le territoire du royaume, il sera, sur la seule preuve de son identité, condamné aux travaux forcés à perpétuité. — Le déporté qui ne sera pas rentré sur le territoire du royaume, mais qui sera saisi dans des pays occupés par les armées françaises, sera reconduit dans le lieu de sa déportation.

Art. 17, modifié par la loi de 1832 : « La peine de la déportation consistera à être transporté et à demeurer à perpétuité dans un lieu déterminé par la loi, hors du territoire continental du royaume. — Si le déporté rentre sur le territoire du royaume, il sera, sur la seule preuve de son identité condamné aux travaux forcés à perpétuité. — Le déporté qui ne sera pas rentré sur le territoire du royaume, mais qui sera saisi dans les pays occupés par les armées françaises, sera conduit dans le lieu de sa déportation. — Tant qu'il n'aura pas été établi un lieu de déportation, ou lorsque les communications seront interrompues entre le lieu de la déportation et la métropole, le condamné subira à perpétuité la peine de la détention.

(a) *Ancien article :* 18. Les condamnations aux travaux forcés à perpétuité et à la déportation emporteront mort civile. — Néanmoins le gouvernement pourra accorder au déporté, dans le lieu de la déportation, l'exercice des droits civils ou de quelques-uns de ces droits.

(b) *Ancien article :* 20. Quiconque aura été condamné à la peine des travaux forcés à perpétuité, sera flétri, sur la place publique, par l'application d'une empreinte avec un fer brûlant sur l'épaule droite. — Les condamnés à d'autres peines ne subiront la flétrissure que dans les cas où la loi l'aurait attachée à la peine qui leur est infligée. — Cette empreinte sera des lettres T. P. pour les coupables condamnés aux travaux forcés à perpétuité; de la lettre T. pour les coupables condamnés aux travaux forcés à temps, lorsqu'ils devront être flétris. La lettre F. sera ajoutée dans l'empreinte, si le coupable est un faussaire.

(c) *Ancien article :* 22. Quiconque aura été condamné à l'une des peines des travaux forcés à perpétuité, des travaux forcés à temps, ou de la reclusion, avant de subir sa peine, sera attaché au carcan sur la place publique : il y demeurera exposé aux regards du peuple durant une heure : au-dessus de sa tête sera placé un écriteau portant, en caractères gros et lisibles, ses noms, sa profession, son domicile, sa peine, et la cause de sa condamnation.

(d) *Ancien article :* 23. La durée de la peine des travaux forcés à temps et de la peine de la reclusion se comptera du jour de l'exposition.

(e) *Ancien article.* 24. La condamnation à la peine du carcan sera exécutée de la manière prescrite par l'art. 22.

(f) *Ancien article :* 28. Quiconque aura été condamné à la peine des travaux forcés à temps, du bannissement, de la reclusion ou du carcan, ne pourra jamais être juré, ni expert, ni être employé comme témoin dans les actes, ni déposer en justice autrement que pour y donner de simples renseignements. — Il sera incapable de tutelle et de curatelle, si ce n'est de ses enfants, et sur l'avis seulement de sa famille. — Il sera déchu du droit de port d'armes, et du droit de servir dans les armées du roi.

(g) *Ancien article :* 29. Quiconque aura été condamné à la peine des travaux forcés à temps ou à la reclusion, sera, de plus, pendant la durée de sa peine, en état d'interdiction légale; il lui sera nommé un curateur pour gérer ses biens, dans les formes prescrites pour la nomination des tuteurs aux interdits.

(h) *Ancien article :* 30. Les biens du condamné lui seront remis après qu'il aura subi sa peine, et le curateur lui rendra compte de son administration.

(i) *Ancien article :* 33. Si le banni, durant le temps de son bannissement, rentre sur le territoire du royaume, il sera, sur la seule preuve de son identité, condamné à la peine de la déportation.

(j) *Ancien article :* 34. La dégradation civique consiste dans la destitution et l'exclusion du condamné de toutes fonctions ou emplois publics, et dans la privation de tous les droits énoncés en l'art. 28.

(k) *Ancien article :* 35. La durée du bannissement se comptera du jour où l'arrêt sera devenu irrévocable.

(l) *Ancien article :* 36. Tous arrêts qui porteront la peine de mort, des travaux forcés à perpétuité ou à temps, la déportation, la reclusion, la peine du carcan, le bannissement et la dégradation civique, seront imprimés par extrait.

Ils seront affichés dans la ville centrale du département, dans celle où l'arrêt aura été rendu, dans la commune du lieu où le délit aura été commis, dans celle où se fera l'exécution et dans celle du domicile du condamné.

(m) *Ancien article abrogé par l'art. 55 de la charte :* 37. La confiscation géné-

38 (a). Abrogé.
39 (b). Abrogé.

CHAP. 2. — *Des peines en matière correctionnelle.*

40. Quiconque aura été condamné à la peine d'emprisonnement sera renfermé dans une maison de correction : il y sera employé à l'un des travaux établis dans cette maison, selon son choix.—La durée de cette peine sera au moins de six jours, et de cinq années au plus ; sauf les cas de récidive ou autres où la loi aura déterminé d'autres limites.—La peine à un jour d'emprisonnement est de vingt-quatre heures ;—Celle à un mois est de trente jours.—V. nos 16, 36.

41. Les produits du travail de chaque détenu pour délit correctionnel seront appliqués partie aux dépenses communes de la maison, partie à lui procurer quelques adoucissements, s'il les mérite, partie à former pour lui, au temps de sa sortie, un fonds de réserve ; le tout ainsi qu'il sera ordonné par des règlements d'administration publique.—V. n° 36.

42. Les tribunaux jugeant correctionnellement pourront, dans certains cas, interdire, en tout ou en partie, l'exercice des droits civiques, civils et de famille suivants :—1° De vote et d'élection ;—2° D'éligibilité ;—3° D'être appelé ou nommé aux fonctions de juré ou autres fonctions publiques, ou aux emplois de l'administration, ou d'exercer ces fonctions ou emplois ;—4° Du port d'armes ;—5° De vote et de suffrage dans les délibérations de famille ;—6° D'être tuteur, curateur, si ce n'est de ses enfants et sur l'avis seulement de la famille ; — 7° D'être expert ou employé comme témoin dans les actes ;—8° De témoignage en justice, autrement que pour y faire de simples déclarations.—V. n° 37.

43. Les tribunaux ne prononceront l'interdiction mentionnée dans l'article précédent, que lorsqu'elle aura été autorisée ou ordonnée par une disposition particulière de la loi. — V. n° 37.

CHAP. 3. — *Des peines et des autres condamnations qui peuvent être prononcées pour crimes ou délits.*

44. (c). L'effet du renvoi sous la surveillance de la haute police sera de donner au gouvernement le droit de déterminer certains lieux dans lesquels il sera interdit au condamné de paraître après qu'il aura subi sa peine. En outre, le condamné devra déclarer avant sa mise en liberté, le lieu où il veut fixer sa résidence ; il recevra une feuille de route réglant l'itinéraire dont il ne pourra s'écarter, et la durée de son séjour dans chaque lieu de passage. Il sera tenu de se présenter, dans les vingt-quatre heures de son arrivée, devant le maire de la commune ; il ne pourra changer de résidence sans avoir indiqué, trois jours à l'avance, à ce fonctionnaire, le lieu où il se propose d'aller habiter, et sans avoir reçu de lui une nouvelle feuille de route. — V. nos 6, 19, 39.

45. (d) En cas de désobéissance aux dispositions prescrites par l'article précédent, l'individu mis sous la surveillance de la haute police sera condamné, par les tribunaux correctionnels, à un emprisonnement qui ne pourra excéder cinq ans. — V. n° 39.

46. (e) *Abrogé.*

47 (f) Les coupables condamnés aux travaux forcés à temps, à la détention et à la reclusion, seront, de plein droit, après qu'ils auront subi leur peine, et pendant toute la vie, sous la surveillance de la haute police. — V. nos 2, 6.

48. Les coupables condamnés au bannissement seront, de plein droit, sous la même surveillance pendant un temps égal à la durée de la peine qu'ils auront subie. — V. nos 2, 6.

49. Devront être renvoyés sous la même surveillance ceux qui auront été condamnés pour crimes et délits qui intéressent la sûreté intérieure ou extérieure de l'Etat. — V. n° 6.

50. Hors les cas déterminés dans les articles précédents, les condamnés ne seront placés sous la surveillance de la haute police de l'Etat que dans le cas où une disposition particulière de la loi l'aura permis.

51 (g). Quand il y aura lieu à restitution, le coupable pourra être condamné, en outre, envers la partie lésée, si elle le requiert, à des indemnités dont la détermination est laissée à la justice de la cour ou du tribunal, lorsque la loi ne les aura pas réglées, sans que la cour ou le tribunal puisse, du consentement même de ladite partie, en prononcer l'application à une œuvre quelconque. — V. nos 20, 40.

52. L'exécution des condamnations à l'amende, aux restitutions, aux dommages-intérêts et aux frais, pourra être poursuivie par la voie de la contrainte par corps. — V. n° 20.

53 (h). Lorsque des amendes et des frais seront prononcés au profit de l'Etat, si, après l'expiration de la peine afflictive ou infamante, l'emprisonnement du condamné, pour l'acquit de ces condamnations pécuniaires, a duré une année complète, il pourra, sur la preuve acquise par les voies de droit, de son absolue insolvabilité, obtenir sa liberté provisoire. —La durée de l'emprisonnement sera réduite à six mois, s'il s'agit d'un délit ; sauf, dans tous les cas, à reprendre la contrainte par corps, s'il survient au condamné quelque moyen de solvabilité. — V. n° 20.

54. En cas de concurrence de l'amende (i) avec les restitutions et les dommages-intérêts, sur les biens insuffisants du condamné, ces dernières condamnations obtiendront la préférence. — V. nos 20, 40.

55. Tous les individus condamnés pour un même crime ou pour un même délit, seront tenus solidairement des amendes, des restitutions, des dommages-intérêts et des frais. — V. n° 20.

CHAP. 4. — *Des peines de la récidive pour crimes et délits.*

56 (j). Quiconque, ayant été condamné à une peine afflictive ou infamante, aura commis un second crime emportant, comme peine principale, la dégradation civique, sera condamné à la peine du bannissement. — Si le second crime emporte la peine du bannissement, il sera condamné à la peine de la détention. — Si le second crime emporte la peine de la reclusion, il sera condamné à la peine des travaux forcés à temps. — Si le second crime emporte la peine de la détention, il sera condamné au maximum de la même peine, laquelle pourra être élevée jusqu'au double. — Si le second crime emporte la peine des travaux forcés à temps, il sera condamné au maximum de la même peine, laquelle pourra être élevée jusqu'au double. — Si le second crime emporte la peine de la déportation, il sera condamné aux travaux forcés à perpétuité. —Quiconque, ayant été condamné aux travaux forcés à perpétuité, aura commis un second crime emportant la même peine, sera condamné à la peine de mort. — Toutefois, l'individu condamné par un tribunal militaire ou maritime, ne sera, en cas de crime ou délit postérieur, passible des peines de la récidive qu'autant que la première condamnation aurait été prononcée pour des crimes ou délits punissables d'après les lois pénales ordinaires. — V. nos 21, 41.

57. Quiconque, ayant été condamné pour un crime, aura commis un délit de nature à être puni correctionnellement, sera condamné au maximum de la peine portée par la loi, et cette peine pourra être élevée jusqu'au double. — V. nos 21, 41.

58. Les coupables condamnés correctionnellement à un emprisonnement de plus d'une année, seront aussi, en cas de nouveau délit, condamnés au maximum de la peine portée par la loi, et cette peine pourra être élevée jusqu'au double : ils seront de plus mis sous la surveillance spéciale du gouvernement pendant au moins cinq années, et dix ans au plus. — V. n° 41.

---

rale est l'attribution des biens d'un condamné au domaine de l'Etat.—Elle ne sera la suite nécessaire d'aucune condamnation : elle n'aura lieu que dans les cas où la loi la prononce expressément.—V. nos 2, 5, 34.

(a) *Ancien article abrogé par l'art.* 57 *de la charte :* 38. La confiscation générale demeure grevée de toutes les dettes légitimes jusqu'à concurrence de la valeur des biens confisqués, de l'obligation de fournir aux enfants ou autres descendants une moitié de la portion dont le père n'aurait pu les priver.—De plus, la confiscation générale demeure grevée de la prestation des aliments à qui il en est dû de droit.—V. nos 5, 18, 35.

(b) *Ancien article abrogé par l'art.* 57 *de la charte.* 39. Le roi pourra disposer des biens confisqués, en faveur soit des père, mère ou autres ascendants, soit de la veuve, soit des enfants ou autres descendants légitimes, naturels ou adoptifs, soit des autres parents du condamné.—V. nos 18, 35.

(c) *Ancien article :* 44. L'effet du renvoi sous la surveillance de la haute police de l'Etat sera de donner au gouvernement, ainsi qu'à la partie intéressée, le droit d'exiger, soit de l'individu placé dans cet état, après qu'il aura subi sa peine, soit de ses père et mère, tuteur ou curateur, s'il est en âge de minorité, une caution solvable de bonne conduite, jusqu'à la somme qui sera fixée par l'arrêt ou le jugement : toute personne pourra être admise à fournir cette caution.—Faute de fournir ce cautionnement, le condamné demeure à la disposition du gouvernement, qui a le droit d'ordonner, soit l'éloignement de l'individu d'un certain lieu, soit sa résidence continue dans un lieu déterminé de l'un des départements du royaume.

(d) *Ancien article :* 45. En cas de désobéissance à cet ordre, le gouvernement aura le droit de faire arrêter et détenir le condamné, durant un intervalle de temps qui pourra s'étendre jusqu'à l'expiration du temps fixé pour l'état de la surveillance spéciale.

(e) *Ancien article :* 46. Lorsque la personne mise sous la surveillance spéciale du gouvernement, et ayant obtenu sa liberté sous caution, aura été condamnée par un arrêt ou jugement devenu irrévocable, pour un ou plusieurs crimes ou pour un ou plusieurs délits commis dans l'intervalle déterminé par l'acte de cautionnement, les cautions seront contraintes, même par corps, au payement des sommes portées dans cet acte. —Les sommes recouvrées seront affectées de préférence aux restitutions, aux dommages-intérêts et frais adjugés aux parties lésées par ces crimes ou ces délits.—V. nos 40, 78.

(f) *Ancien article :* 47. Les coupables condamnés aux travaux forcés à temps et à la reclusion seront de plein droit, après qu'ils auront subi leurs peines, et pendant toute la vie, sous la surveillance de la haute police de l'Etat.

(g) *Ancien article :* 51. Quand il y aura lieu à restitution, le coupable sera condamné en outre, envers la partie, à des indemnités, dont la détermination est laissée à la justice de la cour ou du tribunal, lorsque la loi ne les aura pas réglées ; sans qu'elles puissent jamais être au-dessous du quart des restitutions, et sans que la cour ou le tribunal puisse, du consentement même de la partie, en prononcer l'application à une œuvre quelconque.

(h) Cet article a été modifié par le tit. 5 de la loi du 17 avril 1832, sur la contrainte par corps.—V. Cont. par corps, p. 337.

(i) *Ancien article modifié en vertu de l'art.* 57 *de la charte :* ou de la confiscation.

(j) *Ancien article :* 56. Quiconque, ayant été condamné pour crime, aura commis un second crime emportant la dégradation civique, sera condamné à la peine du carcan. — Si le second crime emporte la peine du carcan ou le bannissement, il sera condamné à la peine de la reclusion.—Si le second crime entraîne la peine de la reclusion, il sera condamné à la peine des travaux forcés à temps et à la marque. —Si le second crime entraîne la peine des travaux forcés à temps ou la déportation, il sera condamné à la peine des travaux forcés à perpétuité. — Si le second crime entraîne la peine des travaux forcés à perpétuité, il sera condamné à la peine de mort.

LIV. 2.

DES PERSONNES PUNISSABLES, EXCUSABLES OU RESPONSABLES POUR CRIMES OU POUR DÉLITS.

Chapitre unique.

Art. 59 à 63. — V. Complicité.

64. Il n'y a ni crime ni délit, lorsque le prévenu était en état de démence au temps de l'action, ou lorsqu'il a été contraint par une force à laquelle il n'a pu résister. — V. nos 44, 51.

65. Nul crime ou délit ne peut être excusé, ni la peine mitigée, que dans les cas et dans les circonstances où la loi déclare le fait excusable, ou permet de lui appliquer une peine moins rigoureuse. —V. n° 45.

66. Lorsque l'accusé aura moins de seize ans, s'il est décidé qu'il a agi sans discernement, il sera acquitté ; mais il sera, selon les circonstances, remis à ses parents, ou conduit dans une maison de correction, pour y être élevé et détenu pendant tel nombre d'années que le jugement déterminera, et qui toutefois ne pourra excéder l'époque où il aura accompli sa vingtième année. — V. nos 46, 51.

67 (*a*). S'il est décidé qu'il a agi avec discernement, les peines seront prononcées ainsi qu'il suit : s'il a encouru la peine de mort, des travaux forcés à perpétuité, de la déportation, il sera condamné à la peine de dix à vingt ans d'emprisonnement dans une maison de correction.—S'il a encouru la peine des travaux forcés à temps, de la détention ou de la reclusion, il sera condamné à être renfermé dans une maison de correction, pour un temps égal au tiers au moins et à la moitié au plus de celui pour lequel il aurait pu être condamné à l'une de ces peines. — Dans tous les cas, il pourra être mis, par l'arrêt ou le jugement, sous la surveillance de la haute police pendant cinq ans au moins et dix ans au plus. — S'il a encouru la peine de la dégradation civique ou du bannissement, il sera condamné à être enfermé, d'un an à cinq ans, dans une maison de correction. — V. nos 47, 52.

68 (*b*). L'individu, âgé de moins de seize ans, qui n'aura pas de complices présents au-dessus de cet âge, et qui sera prévenu de crimes autres que ceux que la loi punit de la peine de mort, de celle des travaux forcés à perpétuité, de la peine de la déportation ou de celle de la détention, sera jugé par les tribunaux correctionnels qui se conformeront aux deux articles ci-dessus. — V. nos 47, 52.

69 (*c*). Dans tous les cas où le mineur de seize ans n'aura commis qu'un simple délit, la peine qui sera prononcée contre lui ne pourra s'élever au-dessus de la moitié de celle à laquelle il aurait pu être condamné s'il avait eu seize ans. — V. n° 57.

70. Les peines des travaux forcés à perpétuité de la déportation et des travaux forcés à temps, ne seront prononcées contre aucun individu âgé de soixante-dix ans accomplis au moment du jugement.—V. nos 48, 53.

71 (*d*). Ces peines seront remplacées, à leur égard, savoir : celle de la déportation, par la détention à perpétuité ; et les autres, par celle de la reclusion, soit à perpétuité, soit à temps, selon la durée de la peine qu'elle remplacera. — V. nos 48, 53.

72. Tout condamné à la peine des travaux forcés à perpétuité ou à temps, dès qu'il aura atteint l'âge de soixante-dix ans accomplis, en sera relevé, et sera renfermé dans la maison de force pour tout le temps à expirer de sa peine, comme s'il n'eût été condamné qu'à la reclusion. — V. n° 48.

73. Les aubergistes et hôteliers convaincus d'avoir logé, plus de vingt-quatre heures, quelqu'un qui, pendant son séjour, aurait commis un crime ou un délit, seront civilement responsables des restitutions, des indemnités et des frais adjugés à ceux à qui ce crime où ce délit aurait causé quelque dommage, faute par eux d'avoir inscrit sur leur registre le nom, la profession et le domicile du coupable ; sans préjudice de leur responsabilité dans le cas des art. 1952 et 1953 c. civ.—V. n° 49, 59.

74. Dans les autres cas de responsabilité civile qui pourront se présenter dans les affaires criminelles, correctionnelles ou de police, les cours et tribunaux devant qui ces affaires seront portées, se conformeront aux dispositions du code civil, liv. 3, tit. 4, chap. 2. —V. n° 49.

7-8 oct. 1832. — Ordonnance du roi relative aux exécuteurs des arrêts de justice criminelle et à leurs aides.

LOUIS-PHILIPPE, etc. ; — Vu les décrets des 13 juin et 23 nov. 1793 et l'art. 115 du décret du 18 juin 1811 ;—Vu la loi du 28 avril 1832, contenant des modifications au code pénal et au code d'instruction criminelle ; Considérant que les comptes généraux de l'administration de la justice criminelle en France constatent une progression notable dans la diminution des condamnations à des peines afflictives et infamantes ; que la loi rendue le 28 avril 1832 a supprimé les peines de la flétrissure et du carcan, et rendu facultative celle de l'exposition publique ; que, dans cet état de choses, il devient possible de réduire le nombre des exécuteurs des arrêts de justice criminelle et de leurs aides, etc.

Art. 1. Jusqu'à ce que le nombre actuel des exécuteurs des arrêts de justice criminelle se trouve réduit de moitié, notre garde des sceaux, ministre de la justice, est autorisé à ne pas pourvoir à leur remplacement au fur et à mesure des extinctions.

2. A l'avenir, il n'y aura qu'un aide-exécuteur dans les départements du Calvados, de la Corse, de l'Eure, d'Ille-et-Vilaine, de la Manche, du Nord, de l'Orne, du Pas-de-Calais, du Rhône, de Seine-et-Oise.—Il y aura deux aides dans le département de la Seine-Inférieure, et quatre dans le département de la Seine. — Les aides-exécuteurs dans les autres départements sont supprimés, et il ne pourra en être rétabli que dans ceux de ces départements où, conformément à l'art. 1, il ne sera pas pourvu au remplacement des exécuteurs.

3. Les gages des exécuteurs qui seront nommés postérieurement à la publication de la présente ordonnance sont fixés annuellement ainsi qu'il suit :—Pour l'exécuteur résidant à Paris, 8,000 fr. ; à Lyon, 5,000 fr. ; à Bordeaux et Rouen, 4,000 fr. — Dans les autres villes dont la population excède cinquante mille âmes, 3,500.—Dans les villes dont la population est de vingt mille âmes à cinquante mille âmes, 2,400 fr. — Dans les villes de vingt mille âmes et au-dessous, 2,000.

4. Les aides-exécuteurs seront à la nomination du ministre secrétaire d'Etat de la justice. Leurs gages sont fixés annuellement à 1,000 fr. pour ceux de Paris, et à 800 fr. pour ceux des autres villes.

5. Il pourra être accordé, sur le montant des économies résultant de la présente ordonnance, un secours alimentaire, dont le maximum sera de 400 fr., à chacun des aides dont les fonctions sont supprimées.

6. Pour toute exécution, autre que celles par contumace, les exécuteurs auxquels il n'est point attribué d'aide par la présente ordonnance seront, sur la réquisition du ministère public, assistés par les exécuteurs ou aides des chefs-lieux voisins, conformément au tableau qui sera dressé à cet effet par notre ministre de la justice.—Pour les exécutions dans les départements où les exécuteurs auront été supprimés en vertu de l'art. 1, les exécuteurs et aides des départements voisins seront mis à la disposition du ministère public, conformément à un tableau dressé dans la même forme.

7. Le ministère public pourra requérir un ou plusieurs exécuteurs ou aides, autres que ceux qui sont désignés par le précédent article, en cas d'empêchement ou de maladie d'un exécuteur ou de son aide, et en outre toutes les fois qu'il jugera nécessaire d'augmenter le nombre des agents d'une exécution.

8. Les exécuteurs ou leurs aides qui se seront déplacés en vertu de réquisition du ministère public, recevront une indemnité de 12 fr. par jour.

9. Les décrets, ordonnances et règlements antérieurs, sont abrogés en ce qu'ils ont de contraire à la présente ordonnance, laquelle sera exécutoire à compter du 1er janvier prochain.

5-18 mai 1833. — Ordonnance portant : Art. 1. Les individus ayant à subir la peine de la déportation et celle de la détention seront provisoirement détenus dans un quartier de la maison centrale de détention du mont Saint-Michel, entièrement distinct des bâtiments occupés par les autres condamnés.

22 janv.-1er févr. 1835. — Ordonnance du roi portant que les individus condamnés à la déportation et à la détention seront renfermés dans la citadelle de Doullens (Somme).—V. n° 610.

9-9 sept. 1835. — Loi qui rectifie l'art. 17 c. pén. — V. ci-dessus, p. 553 et 554.

9-30 déc. 1836. — Ordonnance du roi concernant le transport des forçats aux bagnes.—V. n° 590.

26-29 févr. 1848. — Décret sur l'abolition de la peine de mort en matière politique (D. P. 48. 4. 36).

24 mars 1848. — Décret qui suspend le travail dans les prisons (D. P. 48. 4. 56).—V. Prisons, V. aussi n° 639.

12-14 avril 1848. — Décret qui abolit la peine de l'exposition publique (D. P. 48. 4. 67).

26 mai-9 juin 1848. — Décret qui interdit le territoire de la France et de ses colonies à Louis-Philippe et à sa famille (D. P. 48. 4. 103).

27 juin-5 juill. 1848. — Décret qui ordonne la transportation dans les possessions françaises d'outre-mer, des individus qui seront reconnus avoir pris part à l'insurrection des 23 juin et jours suivants (D. P. 48. 4. 118).—V. n° 620.

11-14 oct. 1848.—Décret qui abroge l'art. 6 de la loi du 10 avr. 1832 relatif au bannissement de la famille Bonaparte (D. P. 48. 4. 177).

4-10 nov. 1848. — Constitution qui abolit la peine de mort en matière politique (art. 5) et qui déclare que la confiscation des biens ne pourra jamais être rétablie (art. 12 ; D. P. 48. 4. 215).

9-13 janv. 1849.— Loi relative au travail dans les prisons (D. P. 49. 4. 28).—V. ce mot ; V. aussi n° 659.

2-9 janv. 1850. — Loi relative au mode d'exécution des peines par effigie (D. P. 50. 4. 5).—V. Contumace, n° 56.

(*a*) *Ancien article :* 67. S'il est décidé qu'il a agi avec discernement, les peines seront prononcées ainsi qu'il suit : — S'il a encouru la peine de mort, des travaux forcés à perpétuité, ou de la déportation, il sera condamné à la peine de dix à vingt ans d'emprisonnement dans une maison de correction ; — S'il a encouru la peine des travaux forcés à temps, ou de la reclusion, il sera condamné à être renfermé dans une maison de correction pour un temps égal au tiers au moins et à la moitié au plus de celui auquel il aurait pu être condamné à l'une de ces peines. — Dans tous ces cas, il pourra être mis, par l'arrêt ou le jugement, sous la surveillance de la haute police pendant cinq ans au moins et dix ans au plus. — S'il a encouru la peine du carcan ou du bannissement, il sera condamné à être enfermé, d'un an à cinq ans, dans une maison de correction.

(*b*) *Ancien article :* 68. Dans aucun des cas prévus par l'article précédent, le condamné ne subira l'exposition publique.

(*c*) *Ancien article :* 69. Si le coupable n'a encouru qu'une peine correctionnelle, il pourra être condamné à telle peine correctionnelle qui sera jugée convenable, pourvu qu'elle soit au-dessous de la moitié de celle qu'il aurait subie s'il avait eu seize ans.

(*d*) *Ancien article :* 71. Ces peines seront remplacées, à leur égard, par celle de la reclusion, soit à perpétuité, soit à temps, et selon la durée de la peine qu'elle remplacera.

24-30 janv. 1850.—Décret qui ordonne la translation en Algérie des individus dont la transportation a été ordonnée par le décret du 27 juin 1848 (D. P. 50. 4. 8).

31 janv.-20 mars 1850. — Décret relatif à l'organisation de l'établissement disciplinaire affecté aux transportés (D. P. 50. 4. 28).

5 avril-16 juin 1850. — Loi qui organise la peine de la déportation (D. P. 50. 4. 129).

8-16 juin 1850.—Loi sur la déportation (D. P. 50. 4. 129). — V. n° 612.

23-30 juill. 1850. — Décret qui affecte la citadelle de Belle-Ile-en-Mer aux condamnés à la peine de la détention, et aux individus condamnés à la déportation pour crimes commis antérieurement à la promulgation de la loi du 8 juin 1850 D. P. 50. 4. 178).

8-12 déc. 1851. — Décret concernant les individus placés sous la surveillance de la haute police et les individus reconnus coupables d'avoir fait partie d'une société secrète (D. P. 52. 4. 8).—V. n°s 621, 676 et s.

25 fév.-22 mars 1852. — Décret relatif au travail dans les prisons (D. P. 52. 4. 75).—V. Prison; V. aussi n° 639.

27 mars-16 avril 1852. — Décret concernant les condamnés aux travaux forcés, actuellement détenus dans les bagnes, et qui seront envoyés à la Guyane française pour y subir leur peine (D. P. 52. 4. 115).

28 mars-29 avril 1852. — Décret concernant les transportés de 1852 qui sont dirigés sur l'Algérie (D. P. 52. 4. 135).

31 mai-18 juin 1852. — Décret concernant les transportés de 1848 et de 1852 (D. P. 52. 4. 163).

9-12 juill. 1852. — Loi relative aux interdictions de séjour dans les département de la Seine et dans les communes de l'agglomération lyonnaise (D. P. 52. 4 181).

23 déc. 1853-28 janv. 1854. — Décret portant que les individus destinés pour être transportés à la Guyane seront dirigés provisoirement sur l'Algérie (D. P. 54. 4. 22).

30 mai-1er juin 1854. — Loi sur l'exécution de la peine des travaux forcés (D. P. 54. 4. 90).—V. n°s 593 et s.

31 mai-3 juin 1854.—Loi abolissant la mort civile (D. P. 54. 4. 91).

CHAP. 2.—FONDEMENT DU DROIT DE PUNIR.—BUT, QUALITÉS ET MESURE DE LA PEINE.

31. En abordant l'étude de la législation pénale, on rencontre, dès le début, une grave question : Quel est le fondement du droit de punir? D'où dérive, pour l'homme, le droit d'infliger à l'homme un mal, une souffrance quelconque? Diverses réponses ont été faites à cette question par les philosophes et les publicistes. Nous allons les exposer et les examiner succinctement.

32. Faisons observer d'abord, avec un éminent publiciste (M. Rossi, Tr. de droit pénal, t. 1, p. 127), que ces mots *peine*, *punir*, n'impliquent pas seulement l'idée d'un mal fait à l'auteur d'un acte réprouvé par la loi, mais qu'ils impliquent, en outre, l'idée d'une certaine supériorité de celui qui inflige la peine sur celui qui la subit.

33. Quelques-uns font reposer le droit de punir sur la convention primitive qui a réuni les hommes en société. C'est le système de Beccaria, Tr. des délits et des peines, § 1. « Libres et isolés sur la surface de la terre, dit ce célèbre criminaliste, las de s'y voir sans cesse dans un état de guerre continuel, fatigués d'une liberté que l'incertitude de la conserver rendait inutile, les hommes en sacrifièrent une partie pour jouir sûrement et en paix du reste. Pour former une société, il fallut des conditions, et voilà les premières lois. Toutes les portions de liberté sacrifiées ainsi au bien d'un chacun se réunissent pour composer la souveraineté d'une nation. » Il ajoute que, la tendance naturelle de l'homme le portant, non-seulement à retirer de la masse commune la portion de liberté qu'il y a mise, mais encore à usurper celle des autres, il fallait élever un rempart contre cette usurpation, et que ce fut pour cela que des peines furent prononcées contre les infractions des lois.—Mais cette hypothèse d'un contrat social primitif, soutenue avec tant d'éclat, au siècle dernier, par J. J. Rousseau, est aujourd'hui reléguée au rang des rêves. La société, tous le reconnaissent aujourd'hui, n'est pas le résultat d'une convention; elle est l'état naturel, disons plus, l'état nécessaire de l'homme; elle n'a pas été précédée par l'état sauvage, elle a commencé avec l'humanité même. D'ailleurs, admettons pour un instant l'hypothèse de ce prétendu pacte social, chaque individu n'eût pu céder à la masse que les droits qu'il avait lui-même; or peut-on dire que l'homme ait le droit de se punir? Quand il a commis une mauvaise action, quand il a violé une loi qu'il devait observer, il doit se repentir; mais dire qu'alors il a le droit de se punir, c'est, comme le dit avec raison M. Rossi, t. 1, p. 244, confondre le pouvoir de se faire du mal avec le droit de punir.

34. Suivant Bentham, le droit de punir repose sur l'utilité sociale. « Ce qui justifie la peine, dit-il (Théorie des peines et des récomp., t. 1, p. 7), c'est son utilité majeure, ou, pour mieux dire, sa nécessité. » Cette doctrine est le corollaire de celle qui considère l'intérêt comme le fondement de la morale, le mobile unique et légitime de toutes les actions humaines; doctrine funeste, révoltante, contre laquelle proteste la conscience du genre humain. Si elle prévalait dans le droit social, il en résulterait cette conséquence monstrueuse qu'un homme peut être légitimement privé de la vie, par cela seul que sa mort est jugée utile à la société; et comme l'utilité n'a rien d'absolu ni d'immuable, comme c'est une chose purement relative qui varie suivant les temps, les lieux et les circonstances, qui peut être diversement appréciée par chacun, il s'ensuit que la vie, la liberté, la fortune des citoyens seraient livrées à un arbitraire contre lequel il n'existerait pas de garanties. Ainsi, non-seulement la doctrine en elle-même est fausse; mais son application produirait des conséquences effrayantes. Sans doute, l'utile doit avoir sa place dans les vues du législateur comme dans la vie de l'homme; contenu dans de certaines limites, il a sa légitimité; mais en faire le principe unique, soit des actes humains, soit des lois sociales, c'est détruire le fondement même de toute morale et de toute justice.

35. Tout homme a le droit de se défendre quand il est attaqué, et de repousser la force par la force ; il a même le droit de prévenir, par l'emploi de la force, une attaque imminente. On a prétendu faire dériver le droit de punir de ce droit de légitime défense. Quand la société punit un crime, a-t-on dit, elle exerce le droit de défense au nom de celui de ses membres que le crime a atteint, elle l'exerce en vertu de la cession que les individus lui ont faite.—Raisonner ainsi, c'est retomber, à certains égards, dans le système du pacte social que nous venons de combattre; nous ajoutons que c'est confondre des notions distinctes et des hypothèses totalement différentes. Autre chose est de repousser une agrèssion, autre chose de punir un crime. Ce qui, dans le premier cas, légitime l'emploi de la force, c'est la nécessité, c'est l'existence d'un danger actuel : quand ce danger est passé, quand, par exemple, en se défendant, l'individu attaqué a mis son agresseur hors d'état de lui nuire, il n'a plus aucun droit, et il commettrait lui-même un crime s'il se portait à quelque violence que sa sûreté personnelle n'exige pas. Il en est tout autrement dans le second cas : quand la punition légale intervient, le danger n'existe plus, le coupable est désarmé; peut-être des années se sont écoulées depuis la perpétration du crime, peut-être son auteur a été réduit, par quelque accident ou quelque infirmité, à l'impuissance d'en commettre de nouveaux; peu importe : le droit de punir n'en subsiste pas moins plein et entier. Ce n'est pas tout. Dans la légitime défense que voyons-nous? Une lutte entre deux individus d'ailleurs égaux; celui qui se défend frappe à l'aventure; il ne calcule point la portée de ses coups; blessera-t-il son agresseur? le tuera-t-il? succombera-t-il lui-même? Il l'ignore; le résultat final est livré aux chances de la force et du hasard. Dans l'exercice du droit de punir il n'y a rien de semblable. Et d'abord pas de lutte : la justice est armée, l'accusé ne l'est pas, il est captif; pas d'égalité : nous avons constaté déjà la supériorité morale de celui qui inflige le châtiment sur celui qui le reçoit; enfin pas d'éventualité dans le résultat : le crime étant donné, la peine applicable est prévue et déterminée d'avance par la loi. On voit, dès lors, combien il est impossible d'établir un rapport de génération entre deux ordres de faits si profondément différents.

Afin de rendre plus acceptable pour la raison la théorie qui rattache le droit de punir au droit de légitime défense, quelques publicistes l'ont présentée sous un autre jour. Ce n'est plus de la défense de l'individu qu'il s'agit dans leur système, mais de la défense de la société elle-même. Voici comment ils raisonnent. La société a le droit de se défendre contre l'invasion du désordre qui la trouble, et qui même pourrait compromettre son existence; or comment se défend-elle? Par des lois pénales qui préviennent le crime en inspirant une crainte salutaire à ceux qu seraient tentés de le commettre. Du reste, les partisans de ce système circonscrivent le droit de défense sociale dans les limites tracées par la distinction du juste et de l'injuste; en sorte qu'à leurs yeux, pour qu'une peine soit légitime, il faut non pas seulement que le fait auquel elle s'applique soit nuisible à la société, mais encore qu'il soit une violation de la loi morale (V. à cet égard M. Ch. Lucas, du Système pénal, p. 47, 108 et suiv.; V. aussi MM. Ch. Comte, Tr. de législ., t. 1, p. 153, et Considér. sur le pouvoir judic., p. 6; de Pastoret, Lois pén., t. 1, 2e part., p. 35). — Ce système a été, notamment de la part de M. Rossi, Tr. de dr. pén., t. 1, p. 202 et suiv., l'objet de vives et justes critiques. Et d'abord l'idée de justice, dont les auteurs veulent bien tenir compte, n'est point un élément nécessaire de la théorie; elle n'y figure qu'accessoirement; on peut dire même qu'elle en détruit l'unité. L'idée dominante de cette théorie, c'est la défense sociale. Or il peut arriver que ces deux idées se trouvent en conflit : supposons, par exemple, que, dans une circonstance donnée, les nécessités de la défense sociale paraissent exiger des mesures répressives que la justice réprouve : qu'est-ce qui prévaudra? On peut le prédire hardiment : ce ne sera pas la justice; l'accessoire cédera au principal. C'est là une première considération. Voyons maintenant si l'on peut dire qu'en punissant un coupable la société se défend. Un délit vient d'être commis; son auteur a été saisi et désarmé; il est devant la justice. Est-ce que la société se trouve contre lui dans le cas de légitime défense? Évidemment non; car le mal qu'il a voulu faire est consommé, et il est hors d'état de porter à la société de nouveaux coups. Contre qui donc se défendra-t-elle en lui appliquant une peine? On répond : contre les délinquants futurs; mais ne serait-ce pas une chose étrange qu'un mal présent et positif fût infligé à un homme devenu inoffensif comme moyen de défense contre des agresseurs inconnus et incertains qui n'ont encore ni la volonté ni même la pensée du mal qu'on veut empêcher? Outre qu'il ne nous semble ni juste ni moral de faire souffrir, de faire mourir même un homme uniquement pour agir sur l'imagination d'autres hommes, nous avouons qu'il nous est impossible de rien voir là qui ressemble à ce droit de légitime défense sur lequel on prétend s'appuyer. Ajoutons une autre considération qui nous paraît grave. Si ce système venait à prévaloir, quel en serait l'effet presque inévitable? Ce serait, chez le législateur, une tendance à l'exagération des pénalités, attendu que, plus les peines seraient sévères, plus l'intimidation serait puissante; ce serait aussi, chez le juge, une tendance à condamner toujours, même en présence de preuves insuffisantes, attendu que la condamnation, dans cette hypothèse, doit avoir autant et même plus d'efficacité; en effet, la crainte du châtiment serait d'autant mieux imprimée dans l'âme des méchants, qu'ils sauraient que ce châtiment peut leur être infligé, encore bien que leur crime ne soit pas pleinement prouvé.

36. M. Rossi nous paraît être beaucoup plus dans le vrai lorsqu'il assigne pour base au droit de punir la justice elle-même, la loi morale. Exposons succinctement les idées émises sur ce sujet par ce judicieux publiciste dans son Traité de droit pénal, p. 246 et suiv. — Il existe des lois morales, dont le Créateur a imprimé la notion dans la conscience de chacun, que l'homme, être libre, peut bien violer, si telle est sa volonté, mais auxquelles il a le devoir de conformer ses actions. De plus l'homme n'a pas été créé pour vivre isolément : la société est son état naturel, son besoin, son devoir. Sans elle il ne pourrait accomplir sa destinée en ce monde, atteindre la fin pour laquelle il a été créé. Or la vie sociale implique nécessairement deux choses : 1° des lois qui maintiennent l'ordre au sein de la société; 2° un pouvoir qui les établisse et qui les applique. Ces lois ne doivent point être arbitraires; elles ne doivent être, autant que la faiblesse humaine le comporte, qu'une émanation, un rayon de la suprême justice qui gouverne le monde moral. Exiger de chacun la part de services qu'il doit à la société pour la faire vivre, défendre cette dernière contre les atteintes qui pourraient être portées à son existence ou à son repos, protéger la liberté des individus contre l'abus de la force ou les funestes suggestions de l'intérêt et contenir chacun dans sa propre sphère d'activité: tel est le but que la raison assigne à ces lois, but qui peut être résumé en ces quelques mots : empêcher chacun des membres de l'association de nuire aux autres. Or, la punition, c'est-à-dire la souffrance infligée au mal, est un moyen nécessaire d'atteindre ce but, un moyen dont nul autre ne peut tenir lieu. Toutes ces propositions sont enchaînées l'une à l'autre par un lien nécessaire. Aussi, lorsqu'une peine est infligée à l'auteur d'un crime par cette branche du pouvoir social qui s'appelle la justice, personne ne murmure, parce que la conscience de tous est satisfaite; et celui-là même qui reçoit la souffrance ne se plaint pas parce que sa raison et sa conscience lui disent, d'une part, que le châtiment est intrinsèquement juste, d'autre part, qu'il lui est infligé par un supérieur légitime.—Nous avons dit que la justice sociale doit être une émanation de la justice absolue, de la loi suprême qui régit tous les êtres moraux; il en résulte qu'elle ne doit jamais punir les actes qui ne sont point immoraux de leur nature; mais elle n'est ni aussi étendue quant à son objet, ni aussi parfaite quant à ses moyens d'action. Et d'abord il est des infractions à la loi morale dont le maintien de l'ordre social n'exige pas la punition; il en est qu'il est presque impossible d'atteindre et de prouver; il en est d'autres enfin qui sont de telle nature que le scandale de la preuve produirait plus de mal que la répression ne produirait de bien. Ainsi la loi morale est la source du droit de punir; mais l'utilité sociale, la possibilité sont des conditions qui limitent l'exercice de ce droit. Telle est, brièvement résumée, la théorie développée par M. Rossi. — V. également, dans la Revue française (sept. 1828), un article de M. de Broglie sur ce sujet; V. aussi l'opinion de Kant, Doctrine du droit, traduite et commentée par M. J. Barni, trad., p. 197 et 247, introd. p. XCVI et CLXXXIII.

Nous tenons cette théorie pour juste et vraie. Nous devons, toutefois, faire une observation qui nous paraît nécessaire. M. Rossi exige, comme condition première de la légitimité de la peine, que l'acte auquel elle s'applique soit immoral en lui-même. Pour nous, nous reconnaissons au législateur le droit d'interdire les actes qui, bien que non réprouvés par la morale, lui paraissent nuisibles ou dangereux pour la société, et de sanctionner ces prohibitions par des pénalités; et nous ne croyons pas que cette proposition soit en contradiction avec la théorie. En effet une action, innocente en elle-même, cesse de l'être du moment qu'elle est défendue par la loi comme contraire à l'intérêt public. —V. Conf. MM. Chauveau et Hélie, Th. c. pén., 3e éd., t. 1, p. 19. —Ici, il est vrai, on retrouve l'*utile* cité plus haut; mais ne peut-on pas recourir à une peine en harmonie avec la nature du délit?

Au surplus, ces divergences de systèmes n'ont pas sur la législation pénale autant d'influence qu'on pourrait le croire au premier abord. Un publiciste distingué, M. Livingston, que la Louisiane avait chargé de lui rédiger un code pénal, semble même regarder toutes ces théories comme aboutissant au même résultat. « Si le contrat social a jamais existé, dit-il dans son introduction à ce code, son but a dû être la conservation des droits naturels de ses membres, et dès lors les effets de cette fiction sont les mêmes que ceux de la théorie qui prend une abstraite justice comme base du droit de punir; car cette justice, bien entendue, est celle qui assure à chaque membre de la cité l'exercice de ses droits. Et s'il se trouve que l'utilité, dernière source à laquelle on fasse remonter le droit de punir, soit si intimement unie à la justice qu'elle en est inséparable dans la pratique du droit, il s'ensuivra que tout système fondé sur l'un de ces principes doit être soutenu par les autres. » Il résulterait de là que les dissentiments que nous avons exposés ne seraient guère que des disputes de mots.—C'est aller trop loin. Seulement ce qu'il faut dire c'est que le législateur, lors même qu'il inscrit en tête de son œuvre un principe faux, comme celui de l'utilité, par exemple, est nécessairement retenu, même à son insu, par l'idée de justice dont l'homme ne peut jamais se séparer, et que cette idée, ce sentiment intime le défend contre les conséquences extrêmes et funestes du système.

37. Maintenant quel est le but de la peine? Selon Bentham (Théor. des peines et des récomp., p. 15 et 193), c'est d'intimider et par là de prévenir les délits. Suivant d'autres (M. Ch. Lucas, du Système pénal, p. 213, 272, 308), c'est de réformer le condamné. Il y a du vrai dans l'un et l'autre de ces points de vue, et nous croyons que le législateur doit en tenir grand compte; mais nous ne pensons pas qu'ils soient absolument vrais et qu'il faille voir, soit dans l'intimidation, soit dans la réforme du condamné, le principal but du châtiment. Si c'était l'intimidation, il s'ensuivrait que les peines ne sauraient jamais être trop sévères, puisque, plus elles le seraient, mieux le but se trouverait atteint. Si c'était la réforme du condamné, il en résulterait que, dès que ce condamné paraîtrait se repentir et revenir au bien, la peine devrait cesser parce qu'elle n'aurait plus de raison d'être; or il pourrait arriver que le repentir, les larmes, les bonnes résolutions ne fussent qu'une feinte; en admettant leur sincérité, il serait possible que ce ne fût qu'un mouvement passager, que le fond du cœur ne fût pas changé; enfin, en s'attachant à cette considération, le législateur pourrait être amené à désarmer la société de ces rigueurs nécessaires qui seules peuvent la défendre contre l'invasion du désordre. — Pour nous, nous croyons que le but principal de la peine, c'est de maintenir, de conserver l'ordre social, en donnant une sanction aux lois sur lesquelles il repose, en rétribuant le mal commis par une souffrance proportionnelle infligée à l'auteur de ce mal. L'intimidation occupe sa place dans ce système, puisque le châtiment est inscrit dans la loi comme une menace dirigée contre ceux qui seraient tentés de mal faire; mais elle n'y occupe pas la première place, elle n'y domine pas la théorie, elle y est subordonnée à cette loi de justice qui exige une proportion aussi exacte que possible entre la punition et la faute. La réforme du condamné y occupe également sa place, car elle est un moyen de maintenir l'ordre et, par conséquent, elle concourt au résultat final que le législateur veut obtenir par l'établissement des peines; mais entendue ainsi et contenue dans de justes limites, elle n'a pas les inconvénients et les dangers qui nous l'ont fait repousser comme but principal. Signalons un autre effet salutaire des pénalités : le spectacle de l'expiation qu'elles font subir au criminel, de cette rétribution du mal par la souffrance, entretient et affermit dans les âmes l'idée de la justice dont elle est une éclatante manifestation; et par là il concourt puissamment à la conservation de l'ordre dont la loi morale est l'immuable fondement. — V. MM. Rossi, t. 1, p. 289 et s., et t. 3, p. 72 et s.; Chauveau et Hélie, 3ᵉ éd., t. 1, p. 70 et s.

38. Le but de la peine connu, voyons quelles qualités elle doit avoir, quelles conditions elle doit remplir pour atteindre ce but. La première de ces qualités c'est d'être *proportionnelle* au délit et suffisante pour la protection du droit; trop forte, elle est injuste; trop faible, elle est inefficace. Reste à savoir comment cette proportion doit être établie, et quelle doit être la mesure de la peine. C'est ce que nous examinerons bientôt; mentionnons d'abord les autres qualités que doit réunir, autant que possible, la peine. Elle doit être : *exemplaire*, c'est-à-dire capable de produire sur l'imagination de ceux qui sont témoins de son application une impression assez forte pour éloigner le désir d'imiter le coupable qui l'a subie; — *réformatrice*, c'est-à-dire propre à exercer sur le condamné lui-même une heureuse influence, à l'améliorer, à lui donner des habitudes morales; — *instructive*, c'est-à-dire capable, soit par son analogie avec le délit, soit par sa justice intrinsèque ou par son autorité légale, de fortifier dans les âmes l'idée de la justice; — *morale*, c'est-à-dire qu'elle ne doit pas consister en une action contraire elle-même aux lois de la morale, de la pudeur; ainsi la peine qui consisterait à fouetter publiquement une femme ne serait pas morale; — *personnelle*, c'est-à-dire frapper seulement le coupable et ne pas rejaillir sur sa famille, qui est innocente; — *divisible*, c'est-à-dire susceptible de plus ou de moins, afin de pouvoir se proportionner aux divers degrés de criminalité qui peuvent exister dans la même action; — *égale*, c'est-à-dire imposant une même souffrance, ou la privation d'un bien ayant le même prix pour tous, en un mot affectant au même degré tous ceux qu'elle atteint; — Enfin, *réparable*, afin que, dans le cas où la justice humaine reconnaîtrait qu'elle a par erreur frappé un innocent, elle puisse revenir utilement sur sa décision et anéantir les effets de la condamnation (V. sur ce point MM. Rossi, liv. 3, chap. 5; Chauveau et Hélie, t. 1, p. 70 s.; Bérenger, p. 10 s.).—La réunion des qualités et conditions que nous venons d'indiquer forme ce qu'on pourrait appeler l'idéal de la peine, dont le législateur doit toujours tendre à approcher le plus possible; avons-nous besoin d'ajouter que cet idéal n'est jamais complétement réalisé, et qu'ici encore se retrouve l'imperfection inhérente à toutes les institutions humaines?

39. Maintenant quelle doit être la mesure de la peine? La loi romaine répond : *pœna debet commensurari delicto* (L. 11, ff., *De pœnis*). Rien de plus juste, assurément. Mais comment établir un rapport, une équation entre deux choses si distinctes? A l'aide de quelle règle déterminer la quantité de souffrance due pour tel ou tel méfait? Voilà la grande difficulté. Bentham, Théor. des peines et des récomp., p. 23 et 24, pose en principe que le mal de la peine doit surpasser le profit du délit; et il en conclut que lorsque l'acte, par sa nature, paraît révéler une habitude, on doit tenir compte, dans la fixation de la peine, non pas seulement du profit tiré du délit constaté, mais encore du profit présumé de tous les délits semblables qu'on peut supposer avoir été commis impunément par le même délinquant; et il ajoute que, lorsqu'un délit est très-nuisible, on peut hasarder une grande peine pour la chance de le prévenir. Mais, d'abord, ce système ne résout pas la difficulté. Comment, dans beaucoup de cas, déterminer le profit d'un délit et le degré de souffrance qui surpasse ce profit? Qu'on suppose, par exemple, un meurtre commis par vengeance : où est le profit, et quel mal supérieur à ce profit? Si le meurtre a été commis pour faciliter un vol, suffira-t-il, pour que la peine soit exactement mesurée, d'infliger au meurtrier une amende pécuniaire supérieure au produit de son crime? Ce produit peut être une somme très-minime. Et puis, est-il d'une bonne justice de tenir compte des faits supposés et non prouvés? Une peine calculée sur une base si incertaine peut-elle être juste? Enfin, la dernière des propositions que nous venons d'énoncer ne pourrait-elle pas conduire le législateur aux plus dangereuses exagérations? — Nous ne pensons pas que Bentham ait résolu le problème d'une manière satisfaisante.

M. Rossi, t. 3, p. 96 et suiv., commence par poser en principe que la peine, vis-à-vis de la justice morale, se proportionne à la nature du devoir violé et à la moralité (c'est-à-dire à la perversité) de l'agent. En même temps il reconnaît que le mal matériel aggrave le délit moral en tant qu'il en est une conséquence que le délinquant avait prévue ou devait prévoir. Mais comment établir l'équation entre la gravité du délit ainsi appréciée et la souffrance à infliger? Il faut pour cela, selon Rossi, recourir au sentiment intime. « C'est un fait dit-il, p. 99. que l'homme saisit un rapport entre le mal moral et la souffrance même physique qui est infligée en raison de ce mal.... Qu'on place la conscience humaine en présence d'un délit déterminé et d'une certaine souffrance infligée à l'auteur de ce délit, le moment arrive où elle s'écrie : c'est assez. Si la souffrance continue, la conscience résiste; elle désapprouve, car elle a senti que la faute est expiée... Si, après avoir pris la conscience humaine sur le fait, dans un cas particulier, on voulait sommer l'intelligence de rendre un compte logique de ce fait moral, d'y appliquer le raisonnement, on lui imposerait une tâche au-dessus de ses forces.... Le rapport de la peine avec le crime est une vérité d'intuition; elle ne se démontre pas. C'est la notion du bien et du mal, du juste et de l'injuste, qui s'applique au fait de l'expiation. »

MM. Chauveau et Hélie (3ᵉ édit.), t. 1, p. 75, font remarquer que cette limite, tracée à la souffrance pénale par la conscience humaine, est bien vague et bien incertaine. « Comment nous assurer, disent-ils, que les jugements de la conscience nous ont conduits à une appréciation vraie? La passion, les intérêts, les préjugés, ne peuvent-ils pas, à notre insu, en altérer le résultat? » Ils reconnaissent cependant que, parmi ces jugements, il en est qui sont consacrés, en quelque sorte, par une adhésion unanime qui les revêt du caractère de la vérité même, et que ces jugements forment, pour le publiciste, pour le législateur, comme un point d'appui sur lequel peut être construit tout le système pénal, à l'aide de l'analogie et de l'induction. — C'est à peu près la doctrine de Rossi. — On est averti par le sens intime; mais c'est l'examen, la méditation qui en révèlent les exigences.

40. Le législateur doit s'efforcer de mettre, entre les diverses peines, une gradation correspondante avec celle qui existe entre les crimes. « Il est essentiel, dit Montesquieu, Espr. des lois, liv. 6, chap. 16, que les peines aient de l'harmonie entre elles, parce qu'il est essentiel que l'on évite plutôt un grand crime qu'un moindre; ce qui attaque plus la société que ce qui la choque moins.... C'est un grand mal parmi nous de faire subir la même peine à celui qui vole sur un grand chemin et à celui qui vole et assassine. Il est visible que, pour la sûreté publique, il faudrait mettre quelque différence dans la peine. A la Chine, ajoute-t-il, les voleurs cruels sont coupés en morceaux, les autres non; cette différence fait que l'on y vole, mais que l'on n'y assassine pas. En Moscovie, où la peine des voleurs et celle des assassins sont les mêmes, on assassine toujours. Les morts, y dit-on, ne racontent rien. » — Rien de plus sage que cette théorie de Montesquieu : c'est aussi l'esprit qui a présidé à nos codes.

CHAP. 3. — EXAMEN GÉNÉRAL DE NOTRE SYSTÈME PÉNAL. — GRAVITÉ RELATIVE DES PEINES.

41. Le code pénal, ainsi que nous l'avons vu (n° 27), a divisé les peines en trois classes, suivant la gravité des infractions auxquelles il les appliquait : peines criminelles, peines correctionnelles, peines de simple police ; et il a subdivisé les premières en peines afflictives et infamantes et peines simplement infamantes. La loi de 1832 n'a rien changé à cette classification. Ainsi, dans ce système, les peines criminelles sont toutes infamantes, mais elles ne sont pas toutes afflictives ; en second lieu, les peines criminelles sont seules infamantes, les peines correctionnelles n'ont pas ce caractère ; enfin, les peines afflictives ne sont pas correctionnelles, et réciproquement les peines correctionnelles ne sont pas afflictives.

Ces distinctions ont été l'objet de vives et justes critiques. Et d'abord, ce n'est point à la peine, c'est au crime que doit être attachée l'infamie ; quant à la détermination des actes qui doivent être réputés *infâmes*, c'est un soin qu'il valait mieux abandonner à la conscience publique, meilleur juge que la loi de l'immoralité des actions. Il pourra arriver que, dans tel cas, la qualification légale ne soit point d'accord avec le sentiment général ; alors de deux choses l'une : ou bien l'opinion publique cédera à la loi et réputera infâme celui que la loi frappe d'une peine infamante ; dans ce cas, la conscience publique sera faussée, ce qui est un grand mal : ou bien, au contraire, l'opinion résistera et entourera de respect celui que la loi déclare infâme ; cela s'est vu souvent en matière politique, et alors non-seulement la loi aura fait une chose inutile, mais encore elle perdra de son autorité morale. Mais ce n'est pas tout : pourquoi réserver l'infamie aux seules peines criminelles ? Celui qui commet un vol, un abus de confiance, une escroquerie, n'est-il pas plus infâme que celui qui, entraîné peut-être par un sentiment généreux, s'est rendu coupable d'un crime politique ? Et n'est-il pas vrai de dire, avec M. Ch. Comte, Consid. sur le pouv. jud., p. 93, que toutes les actions qui méritent châtiment sont plus ou moins infamantes ? L'espèce d'opposition que la loi semble mettre entre les peines afflictives et les peines correctionnelles n'est pas non plus à l'abri de critique. Si la dénomination de peine afflictive exprime l'idée d'une souffrance infligée à l'auteur d'une action coupable, cette dénomination convient aussi bien aux peines dites correctionnelles qu'aux autres, elle convient aussi bien à l'emprisonnement qu'à la reclusion ; et, d'un autre côté, si, en appelant certaines peines correctionnelles, le législateur a voulu faire entendre qu'il se proposait de réformer ceux qui en étaient frappés, il n'eût pas dû restreindre, comme il l'a fait, l'acception de ce mot, car toutes les peines qui ne privent pas de la vie doivent tendre, autant que possible, à la réforme du condamné.—V. chap. 7, et M. Bérenger, t. 2, p. 3 s.

42. Les peines afflictives et infamantes sont : 1° la mort ; 2° les travaux forcés à perpétuité ; 3° la déportation ; 4° les travaux forcés à temps ; 5° la détention ; 6° la reclusion (c. pén., art. 7). Les peines simplement infamantes sont : 1° le bannissement ; 2° la dégradation civique (c. pén. 8). — Les peines correctionnelles sont : 1° l'emprisonnement à temps dans une maison de correction ; 2° l'interdiction à temps de certains droits civiques, civils ou de famille ; 3° l'amende (c. pén. 9). — Le renvoi sous la surveillance de la haute police, l'amende et la confiscation spéciale, soit du corps du délit, quand la propriété en appartient au condamné, soit des choses produites par le délit, soit des choses qui ont servi ou qui ont été destinées à le commettre, sont des peines communes aux matières criminelles et correctionnelles (art. 11).—Enfin, les peines de simple police sont : 1° l'emprisonnement ; 2° l'amende ; 3° la confiscation des objets saisis (c. pén. 464).—V. aussi M. Bérenger, t. 2, p. 10 et 12.

43. On donne le nom de peines *capitales* à celles qui privent de la vie celui qui en est frappé. La peine de mort est la seule peine capitale proprement dite ; cependant on désignait aussi sous cette dénomination les peines qui emportaient privation de la vie civile, avant que la loi du 31 mai 1854 eût prononcé l'abolition de la mort civile.

44. Envisagée sous le rapport de leur durée, les peines se divisent en *perpétuelles* et *temporaires*. Les premières sont les travaux forcés à perpétuité et la déportation ; les secondes sont les travaux forcés à temps, la détention, la reclusion, le bannissement, l'emprisonnement.

45. Parmi les diverses peines que la loi applique aux faits qu'elle prévoit, les unes sont *principales*, les autres sont *accessoires*. La peine accessoire est une peine ajoutée à une peine principale pour compléter la répression que celle-ci n'opérerait pas d'une manière suffisante. Il y a des peines qui sont toujours des peines principales, et d'autres qui sont toujours peines accessoires ; mais il en est qui sont tantôt peines principales et tantôt peines accessoires. La mort, les travaux forcés à perpétuité ou à temps, la détention, la reclusion, le bannissement sont toujours peines principales ; la mort civile, l'interdiction des droits civiques, civils ou de famille, la surveillance, la confiscation spéciale sont toujours peines accessoires ; la dégradation civique, l'emprisonnement, l'amende sont tantôt peines principales et tantôt peines accessoires ; l'emprisonnement n'est peine accessoire que lorsque la dégradation civique est peine principale.

46. Au plus haut degré de l'échelle des peines, nous trouvons la *peine de mort*, qui depuis un siècle a été et est encore de nos jours l'objet de tant de controverses. La légitimité de cette peine a été contestée à divers points de vue. Beccaria (Tr. des dél. et des peines, § 28) a prétendu que l'homme, n'ayant pas de droit sur sa propre vie, n'avait pu céder ce droit à la société. Cette objection se lie étroitement au système qui fait dériver la société d'une convention primitive, système dont nous avons montré la fausseté (V. aussi la réfut. de l'opin. de Beccaria par Kant, Doctr. du dr., trad. Barni, p. 203). D'autres ont prétendu que ce droit de l'homme à l'existence est inviolable, et que dès lors la société ne peut, dans aucun cas, ôter la vie à l'un de ses membres. Si l'on se bornait à dire que l'homme ne peut, *sans une juste cause*, ôter la vie à son semblable, on énoncerait une vérité incontestable ; mais dire que l'homme ne peut jamais ôter la vie à son semblable, c'est avancer une erreur manifeste. Il est permis de tuer pour défendre soit sa vie, soit celle de ses proches ou de son semblable, contre une injuste agression ; il est permis de tuer pour sauver l'honneur de sa femme, de sa fille ; et la guerre, quand elle a une juste cause, n'est-elle pas légitime ? Nous ne disons pas seulement la guerre défensive, mais même la guerre offensive ; or déclarer la guerre c'est vouer d'avance à la mort un grand nombre d'hommes. Il n'est donc pas vrai que le droit de l'homme à l'existence soit absolument inviolable.—Ainsi la question se réduit à examiner, dans chaque cas, s'il y a juste cause de priver un homme de la vie ; et cette question se trouve résolue du moment où il est reconnu que l'application de la peine de mort aux coupables de certains crimes est un moyen nécessaire de conserver l'ordre social, un moyen à défaut duquel les droits des innocents se trouveraient insuffisamment protégés. La vie est un bien, et toute peine est ou une souffrance ou la privation d'un bien. Or s'il est légitime d'enlever aux coupables les autres biens, s'il est légitime de leur enlever leur liberté, par exemple, pourquoi ne serait-il pas permis de leur ôter la vie ? L'homme a droit à sa liberté aussi bien qu'à sa vie. Ce qui prouve, du reste, que la peine capitale n'est pas illégitime en soi, c'est qu'elle a toujours existé chez tous ou presque tous les peuples, et que jamais la conscience du genre humain ne s'est soulevée contre elle, c'est qu'aujourd'hui encore, malgré toutes ces controverses, quand la loi morale reçoit cette solennelle sanction, la pitié qu'inspire le condamné ne se convertit jamais en indignation contre le juge et contre la loi. — On a dirigé contre la peine de mort d'autres objections : on a prétendu qu'elle est inefficace, qu'elle ne prévient pas les crimes, que le propre des grands scélérats comme des héros, c'est de mépriser la mort, et à l'appui de ces objections, on a cité ce grand nombre de crimes capitaux qui se commettent là même où cette peine existe (V. notamment Livingston, Introd. au c. pén. ; V. aussi le rapport de Lepelletier Saint-Fargeau à l'ass. constit. sur le projet de c. pén. de 1791). Ces objections ne nous paraissent nullement décisives. Que la peine de mort ne prévienne pas tous les crimes auxquels elle s'applique, c'est malheureusement ce que démontre l'expérience de chaque jour, et il est facile de s'en rendre raison : la peine est terrible, mais on espère y échapper ; ou bien, poussé par une forte passion, on commet le crime sans en calculer les conséquences ; on oublie tout pour ne voir que la satisfaction du moment ; enfin il est des scélérats dont l'âme est comme endurcie contre tout sentiment humain, même contre la crainte de la mort; mais de ce que la crainte de la mort n'a pas toujours une efficacité souveraine, conclure à son impuissance, nier qu'elle ait pour effet de retenir un grand nombre d'hommes sur la pente du crime, c'est méconnaître la nature humaine et la force de ses instincts les plus vivaces.

Voyons maintenant si la peine de mort réunit les qualités constitutives d'une bonne pénalité. Et d'abord elle est exemplaire au plus haut degré; nulle n'agit aussi fortement sur les imaginations; à la vérité elle n'est pas réformatrice dans le sens rigoureux du mot, car celui qui tue ne réforme pas la victime; mais, d'un côté, elle ôte au criminel le pouvoir de nuire, et, d'un autre côté, le mettant, pour ainsi dire, en face de la justice divine pendant l'intervalle qui sépare la condamnation de l'exécution, elle fait presque toujours surgir dans son âme le sentiment du repentir; elle est instructive en raison même de la solennité de l'expiation qu'elle impose à l'auteur du mal et du tardif hommage qu'elle lui arrache pour les lois qu'il a violées; elle est morale; enfin elle est personnelle, du moins quant à ses effets directs; elle n'atteint la famille du condamné que d'une manière indirecte, en privant une femme de son mari, des enfants de leur père. Voilà ses qualités. Mais elle est indivisible : quelle que soit la nuance de criminalité, la peine ne peut être ni augmentée ni diminuée; de plus elle est inégale : tous les hommes en effet n'attachent pas un égal prix à la vie, et même les plus dépravés sont ceux que la mort punit le moins; enfin elle est irréparable, et c'est là son plus grand défaut; la justice humaine a beau reconnaître qu'elle s'est trompée, elle ne peut pas rendre la vie à l'innocent qu'elle a frappé. Voilà les imperfections; la dernière surtout est grave. Mais, quand une institution est en elle-même bonne et salutaire, quand surtout elle est une condition de la sécurité publique, elle doit être maintenue, malgré ses imperfections et ses inconvénients. Reconnaissons-le toutefois : de ce que la peine de mort est à la fois terrible et irréparable, il s'ensuit que son application doit être aussi rare que possible, et qu'elle doit être réservée pour les crimes les plus graves et les plus faciles à constater avec certitude. De plus, la légitimité de cette peine étant subordonnée à sa nécessité, il s'ensuit que du jour où elle ne paraîtrait plus nécessaire au maintien de l'ordre, elle devrait être effacée de nos codes. « La peine de mort, dit M. Rossi, t. 3, p. 163, est un moyen de justice extrême, dangereux, dont on ne peut faire usage qu'avec la plus grande réserve, qu'en cas de véritable nécessité, qu'on doit désirer de voir supprimer complétement, et pour l'abolition duquel le devoir nous commande d'employer tous nos efforts, en préparant un état de choses qui rende l'abolition de cette peine compatible avec la sûreté publique et particulière (V. aussi M. Bérenger, Rapp. sur la répress. pén., 2e part., p. 38). » Parmi les philosophes, publicistes et jurisconsultes qui se sont prononcés pour la légitimité de la peine de mort, on peut citer notamment Montesquieu, Esprit des lois, liv. 12, ch. 4; Mably, Princ. des lois, liv. 3, ch. 4; Kant, Doctr. du droit, trad. Barni, p. 202 et s.; J.-J. Rousseau, Contr. social, liv. 2, ch. 5; J. de Maistre, Soirées de Saint-Pétersbourg; Rossi, t. 3, p. 158 et s.; Merlin, Rép., vº Peine, nº 6; Chauveau et Hélie, t. 1, p. 77 et s.

47. Faisons connaître les vicissitudes que la peine de mort a subies, depuis soixante ans, dans notre législation. Lors de la discussion du code pénal de 1791, son abolition avait été demandée par plusieurs orateurs; leur opinion n'avait pas prévalu; il paraît toutefois que telle était alors la tendance générale des esprits, car une loi du 4 brum. an 4 porte (art. 1) : « A dater du jour de la publication de la paix générale, la peine de mort sera abolie dans la République française. » Cette promesse ne fut point réalisée. Un loi du 8 niv. an 10 déclara que « la peine de mort continuerait d'être appliquée dans les cas déterminés par les lois, jusqu'à ce qu'il en eût été autrement ordonné. » Lors de la discussion du code pénal, M. Target établit en principe la légitimité de la peine de mort à raison de sa nécessité; il voulait cependant que son application fût renfermée dans certaines limites (V. Locré, t. 29, p. 9); mais ces limites furent dépassées, et le nouveau code se montra prodigue de cette peine terrible. Cet excès amena tout naturellement une réaction, et l'on vit souvent le jury absoudre un criminel plutôt que de s'associer à une condamnation qui lui semblait passer la mesure. Quelques mois après la révolution de 1830, l'abolition de la peine de mort fut demandée, à la chambre des députés, par un membre de cette chambre. Accueillie à l'unanimité, cette demande n'eut toutefois aucune suite. Lors de la révision du code pénal, en 1832, la question dut nécessairement revenir de nouveau; on reconnut que cette peine devait être renfermée dans d'étroites limites, que son application devait être rare, que cependant le moment n'était pas venu de l'abolir entièrement, que l'état des mœurs publiques ne permettait pas encore d'opérer une réforme aussi capitale. On se borna donc, d'une part, à remplacer la peine de mort, dans beaucoup de cas où le code pénal de 1810 la prononçait, par une peine plus douce, et, d'autre part, à permettre, pour les cas mêmes où elle était maintenue, d'y substituer une peine inférieure lorsqu'il existait des circonstances atténuantes. Le droit de déclarer que ces circonstances existent étant abandonné au jury, il en résulte que le maintien ou la suppression de la peine de mort se trouve, en quelque sorte, remis entre ses mains. — Quelques jours après la révolution de 1848, le 26 février, parut un décret du gouvernement provisoire portant que, « dans sa pensée, la peine de mort était abolie en matière politique, et qu'il présenterait ce vœu à la ratification définitive de l'assemblée constituante » (D. P. 48. 4. 36). Effectivement l'art. 5 de la constit. de 1848 portait : « la peine de mort est abolie en matière politique; » et l'art. 1 de la loi du 8 juin 1850 (D. P. 50. 4. 129) dispose, en conséquence, que « dans tous les cas où la peine de mort est abolie par l'art. 5 de la constitution, cette peine est remplacée par celle de la déportation dans une enceinte fortifiée, désignée par la loi, hors du territoire continental de la République. » Ces dispositions sont restées en vigueur malgré les changements survenus depuis dans les institutions; la peine de mort n'a point été rétablie en matière politique, si ce n'est pour les attentats dirigés, soit contre la vie, soit contre la personne de l'empereur, soit contre la vie des membres de la famille impériale (V. Crimes et délits contre la sûreté de l'Etat, nos 5 et suiv.). Pour les matières ordinaires, elle est restée en vigueur dans les limites tracées par la loi réformatrice de 1832; son abolition fut demandée à l'assemblée constituante par plusieurs de ses membres; mais, après une longue et savante discussion, la proposition fut rejetée.

48. Par suite de la réforme opérée en 1832, la peine de mort est aujourd'hui restreinte aux crimes qui compromettent la vie des personnes, ainsi elle n'est plus applicable aux faux monnayeurs (c. pén. 132), aux contrefacteurs du sceau de l'Etat, des effets publics et de la banque (c. pén. 139), aux coupables de vols avec circonstances aggravantes (c. pén. 381), etc.—V. Faux, Vol.

49. La mort est par elle-même une peine assez rigoureuse; y ajouter des souffrances qui l'aggravent encore, par exemple, des mutilations, c'est une barbarie qui n'est propre qu'à inspirer de l'horreur pour la loi ou à développer les instincts cruels et sanguinaires des spectateurs qui assistent à l'exécution. *Ultimum supplicium esse mortem solum interpretamur*, disait la loi romaine. Le code pénal de 1810 voulait que le parricide, avant de subir la peine capitale, eût le poignet coupé; la loi de 1832 a supprimé cette mutilation comme une barbarie inutile; il a voulu néanmoins que, pour les parricides, le dernier supplice fût entouré d'un appareil capable de frapper vivement les imaginations; il a voulu que le condamné soit conduit sur le lieu de l'exécution en chemise, nu-pieds, la tête couverte d'un voile noir, et qu'il soit exposé sur l'échafaud pendant qu'un huissier fait au peuple lecture de l'arrêt de condamnation. MM. Chauveau et Hélie (t. 1, p. 90 et 91) s'élèvent contre cette disposition, qu'ils considèrent comme étant encore une barbarie. « N'est-ce pas, disent-ils, une aggravation de supplice que cette translation en chemise, ces pieds nus, ce voile noir sur la tête? Faut-il encore prolonger l'agonie de la victime pendant l'inutile lecture de l'arrêt de condamnation? On veut inspirer de l'horreur, on inspire de la pitié; un tel spectacle outrage l'humanité, et révolte les spectateurs. » Ces critiques nous paraissent empreintes d'exagération; le parricide est un crime plus horrible que tout autre meurtre; pourquoi, dès lors, la peine ne serait-elle pas aggravée? Faisons observer, du reste, que l'aggravation réside tout entière dans la forme, qu'elle n'entraîne aucune souffrance matérielle, aucune effusion de sang et qu'enfin elle ne dépasse point la mesure que comporte l'état de nos mœurs. — V. aussi en ce sens M. Trébutien, Cours élém. de dr. pén., t. 1, p. 212.

50. Outre la peine de mort, il existait autrefois en France d'autres peines corporelles, par exemple : la flagellation, la mutilation avec toutes ses variétés. Elles ont été bannies de notre droit pénal; ces peines peuvent être une nécessité sociale à une époque de barbarie, elles sont indignes de figurer dans la législation d'un peuple civilisé. Elles n'ont guère qu'un mérite, celui d'être exemplaires. Outre qu'elles avilissent celui qui les subit et ravalent l'homme au rang d'un animal en lui infligeant, par la main d'un autre homme, un traitement barbare et dégradant, elles bannissent le condamné de toute société honnête, elles le placent en état de guerre contre la société, et ainsi, au lieu de le réformer, elles le dépravent; quant aux spectateurs, si, d'un côté, elles sont propres à les intimider, elles peuvent, d'un autre côté, contribuer puissamment à développer en eux les instincts féroces et sanguinaires; en somme, loin d'élever le niveau moral, elles l'abaissent; quelques-unes même, comme la flagellation, sont immorales par elles-mêmes et outragent la pudeur; enfin elles ont, comme la peine de mort, l'inconvénient d'être irréparables; malheur au peuple chez lequel une indemnité pécuniaire pourrait être considérée comme compensation suffisante d'un châtiment corporel injustement subi!

51. Après la peine de mort, les peines les plus graves qui puissent être infligées au criminel sont les peines *perpétuelles*. L'existence de ces peines nous paraît avoir été très-bien justifiée par M. Dumon, dans son rapport à la chambre des députés sur le projet de révision du code pénal en 1832 (V. Code pén. progress., p. 87) : « La perpétuité des peines, a-t-il dit, retranche du monde un être incorrigible; elle épargne à ses semblables et à lui-même les nouveaux forfaits auxquels d'indestructibles habitudes l'avaient en quelque sorte prédestiné. Elle rassure la société, en dissipant l'alarme que le crime avait causée, et en prévenant celle que le retour du criminel ferait naître. Les peines perpétuelles ont aussi un puissant effet d'intimidation ; elles sont une imitation de l'éternité des supplices, et l'idée de l'éternité des supplices saisit fortement les imaginations. Elles seront la transition entre la peine de mort et les peines temporaires. Retranchez-les, et l'échelle pénale présentera un intervalle immense, sans correspondance avec l'échelle des crimes. Combien de crimes, en effet, pour lesquels la peine de mort est trop sévère et les peines temporaires trop indulgentes! Moins inquiétantes pour le jury qu'une peine irréparable, plus effrayantes pour les coupables qu'une peine dont ils espèrent voir la fin, les peines perpétuelles ont une efficacité préventive qui leur est propre et qui doit être conservée. » On fait contre ces peines une grave objection : c'est qu'au lieu de réformer le coupable elles achèvent de le dépraver. Pourquoi, dit-on, s'efforcerait-il de vaincre ses mauvaises habitudes, de corriger ses mauvais penchants, lui qui ne doit pas rentrer dans la société et qui, par conséquent, ne peut espérer d'y occuper jamais une place honorable? Rien ne peut l'encourager dans la lutte qu'il aurait à soutenir contre lui-même; il n'a pas devant les yeux la perspective d'une réhabilitation morale. On peut répondre d'abord que, quand cela serait vrai, les peines perpétuelles n'en devraient pas moins être maintenues si, comme on n'en peut douter, elles sont une nécessité sociale ; en second lieu, que les criminels auxquels on applique ces peines sont le plus ordinairement des hommes endurcis par une longue habitude du mal, et sur lesquels on peut fonder bien peu d'espoir de régénération morale ; en outre, que, à défaut même du mobile toujours si puissant de l'intérêt humain, il reste toujours la justice divine, l'espoir des récompenses et la crainte des châtiments qu'elle réserve à nos actions bonnes ou mauvaises ; on peut ajouter encore que les inconvénients dont il s'agit peuvent être beaucoup atténués par l'établissement d'un bon régime pénitentiaire. Mais ce n'est pas tout : on peut, tout en maintenant les peines perpétuelles, laisser au pouvoir souverain la faculté de les adoucir, de les abréger même par un acte de clémence, dans les cas où le condamné, par une bonne conduite persévérante, prouve qu'il s'est amendé, qu'il est devenu un autre homme. Mais la grâce ne doit intervenir qu'après qu'il a subi une notable partie de sa peine, et cela pour deux raisons : d'abord parce que la durée seule peut prouver que l'amendement est sérieux et sincère ; en second lieu, parce que la réforme du condamné n'est pas le seul but de la peine. « Ce n'est pas assez qu'il se repente, disent avec raison MM. Chauveau et Hélie, t. 1, p. 96, il faut que son crime soit réparé ; la peine est un moyen d'exemple et d'instruction en même temps que de réforme. Il faut que le pouvoir, avant de la briser, non-seulement ait acquis la certitude de la réforme du coupable, mais soit encore convaincu que la société a obtenu une réparation suffisante. » — Ainsi, nous sommes d'avis que les peines perpétuelles doivent être maintenues ; seulement, nous pensons avec les auteurs que nous venons de citer, qu'elles doivent être réservées pour les crimes qui, sans nécessiter l'application de la peine capitale, arrachent à la société un cri d'effroi, et pour les condamnés en récidive contre lesquels les premières peines sont reconnues impuissantes.

52. Le code pénal établit deux sortes de peines perpétuelles : les travaux forcés à perpétuité, et la déportation. La peine des travaux forcés, telle du moins qu'elle existait avant la réforme opérée par les lois de 1852 et de 1854, avait ses partisans et ses détracteurs. Il faut reconnaître avec ceux-ci qu'elle était inégale, et que l'homme faible succombait sous le poids de la chaîne que le fort portait sans peine ; que, d'un autre côté, l'infamie de la publicité tendait plus à dépraver les individus que l'habitude du travail à les amender ; enfin, que la facilité des communications que les travaux établissaient entre les condamnés avait pour effet de les corrompre davantage encore (V. Livingston, report on the plan of a penal code, p. 56 ; Bentham, Théorie des peines, p. 190 ; MM. Chauveau et Hélie, t. 1, p. 98). Mais on ne peut nier qu'elle ne fût essentiellement exemplaire ; elle offre sans cesse, dit Scipion Bexon (Code de la sûreté publique, introd.), l'exemple des maux attachés au crime par le spectacle répété des chaînes, des fatigues et des signes honteux de la servitude des coupables. MM. Chauveau et Hélie (*loc. cit.*) pensent aussi que l'ordonnance du 20 août 1828 avait corrigé quelques-uns des inconvénients de cette peine, en séparant les condamnés d'après la durée de leurs peines (mais nous verrons *infrà*, n° 590, que cette séparation avait cessé d'être pratiquée) ; ils ajoutent que l'on pourrait obtenir encore d'heureux résultats de nouvelles classifications basées sur la nature des infractions, et d'améliorations introduites dans l'ordre de discipline intérieure ; mais qu'il faudrait surtout restreindre l'emploi de cette peine, et ne pas l'appliquer, par exemple, à un gardien qui a laissé échapper un détenu, au bigame, etc. — Au surplus, les inconvénients du régime établi par le code pénal avaient dès longtemps éveillé la sollicitude du législateur. En attendant qu'une réformation définitive pût être opérée, des mesures provisoires avaient été prises dans le double but de purger la société d'une population dangereuse, et d'améliorer les condamnés eux-mêmes en les plaçant dans des conditions plus favorables au développement de leur moralité. Un établissement pénitentiaire avait été formé à la Guyane française, et une partie des condamnés détenus dans les bagnes y avaient été transportés pour être employés aux travaux de la colonisation, de la culture, de l'exploitation des forêts et à tous autres travaux d'utilité publique. Le décret du 17 mars-16 avr. 1852 déterminait le régime auquel ils seraient soumis. La réforme définitive a été accomplie par la loi des 30 mai-1er juin 1854 (D. P. 54. 4. 90), qui, laissant au gouvernement le soin de déterminer par des décrets ultérieurs les colonies dans lesquelles la peine serait subie, déterminait le régime auquel les condamnés y seraient soumis. Cette loi, au surplus, ne fait guère que reproduire les dispositions du décret des 17 mars-16 avr. 1852.

53. La seconde peine perpétuelle, la *déportation*, est réservée à une classe spéciale de délits, les *délits politiques*. MM. Chauveau et Hélie, t. 1, p. 101, pensent que, si l'on considère cette peine comme un simple exil dans un lieu spécial, elle est insuffisante, puisqu'elle ne met point la société à l'abri de la fuite des coupables et de leur retour dans son sein ; et que si, au contraire, on l'accompagne d'une surveillance et d'un régime sévères, elle ne convient alors qu'aux crimes les plus graves, et non à ceux qui, comme les délits politiques, ont plus souvent leur principe dans de fausses idées, dans l'esprit de parti, dans une ambition mal entendue, que dans la perversité du cœur. — Cette critique ne nous paraît pas fondée. Que la déportation ne soit pas un mode de répression parfait et sans inconvénient, nous l'admettons sans difficulté; mais on peut en dire autant de toutes les peines, et ce n'est pas une raison pour les rejeter. Il fallait bien trouver, pour les crimes politiques les plus graves, une peine rigoureuse qui satisfît aux exigences de la répression et qui rassurât la société contre les périls que lui font courir les délits politiques, sans toutefois dégrader et flétrir le condamné, comme la peine des travaux forcés; or la déportation nous paraît remplir ces conditions d'une manière suffisante; elle est rigoureuse et exemplaire, sans être flétrissante.

54. L'art. 17 c. pén., qui définit la déportation, a été successivement modifié et par la loi de 1832, et par celle du 9 sept. 1835. Aux termes de cette dernière loi, la déportation consiste à être transporté et à demeurer à perpétuité dans un lieu déterminé par la loi, hors du territoire continental du royaume. — Après avoir reproduit les anciennes dispositions du code pénal contre le déporté qui rentrerait sur le territoire du royaume ou qui serait saisi dans les pays occupés par les armées françaises, la loi ajoute : « Tant qu'il n'aura pas été établi un lieu de déportation, le condamné subira à perpétuité la peine de la détention, soit dans une prison du royaume, soit dans une prison située hors du territoire continental, dans l'une des possessions françaises, qui sera déterminée par la loi, selon que les juges l'auront expressément décidé par l'arrêt de condamnation.—Lorsque les communications seront interrompues entre la métropole et le lieu de l'exécution de la peine, l'exécution aura lieu provisoirement en France. »

55. Depuis est intervenu une loi des 5 avril-16 juin 1850, qui déclare les îles Marquises lieu de déportation, et établit pour cette peine deux degrés différents applicables : l'un aux crimes pour lesquels le code pénal prononce directement cette peine, l'autre aux crimes qui entraînaient la peine de mort avant que cette peine eût été abolie en matière politique.

56. Outre les peines dont nous venons de parler, il existe encore d'autres peines afflictives et infamantes : ce sont les travaux forcés à temps, la reclusion et la détention, trois peines temporaires. — Nous avons parlé suffisamment de la peine des travaux forcés; nous croyons dès lors inutile d'y revenir.

57. La *reclusion* et l'*emprisonnement* sont deux peines identiques qui ne diffèrent l'une de l'autre que par leur durée. Elles consistent toutes d'eux à enfermer le coupable dans une maison de force et à l'appliquer à l'un des travaux établis dans cette maison (comp. les art. 21 et 40 c. pén.). Mais la *durée* de l'emprisonnement peut varier de un jour à cinq ans; celle de la reclusion est limitée entre un *minimum* de cinq ans et un *maximum* de dix ans (c. pén. 21, 40, 463).

58. La reclusion ou l'emprisonnement présente presque tous les avantages que l'on peut désirer dans une peine. Ainsi notamment elle est divisible, puisque non-seulement sa durée, mais son intensité même peuvent varier; elle est appréciable, car elle emporte privation d'un bien auquel tous les hommes attachent du prix : la liberté; elle est instructive et exemplaire; elle met le coupable dans l'impossibilité de nuire. Enfin, indépendamment de ces avantages, elle se prête plus aisément que tout autre à l'application du système pénitentiaire, cette institution toute moderne dont on a tantôt trop exagéré, tantôt trop dédaigné les résultats probables. Aussi est-elle généralement considérée comme formant la base principale d'un bon système pénal. Sans entrer, au sujet des prisons pénitentiaires, dans des détails qui sortent du plan de cet article (V. Prisons), nous dirons un mot du but de cette institution et des moyens qu'elle emploie : ce but, c'est l'amélioration des condamnés; ces moyens sont ou doivent être : 1° l'instruction morale et religieuse dont on ne peut méconnaître la puissante influence; 2° la séparation des criminels dans les prisons, séparation qui a tout au moins pour effet d'empêcher la contagion corruptrice résultant toujours de la communication de ces hommes entre eux; 3° enfin le travail, qui tend à effacer les mauvaises habitudes, qui inspire des idées d'ordre, assure au condamné, à la sortie, un pécule et une profession, et écarte par là jusqu'à l'occasion du crime. On a dénié à la société le droit de contraindre des détenus au travail : c'est, a dit B. Constant (Comment. sur Filangieri, 3e part., p. 12), consacrer la servitude, dégrader la condition humaine; mais cette opinion d'un homme illustre est généralement rejetée. Il n'y a rien de commun entre l'esclavage et l'obligation du travail imposée aux détenus. Si l'on reconnaît à la société le droit de priver de sa liberté celui de ses membres qui en a abusé, pourquoi lui refuserait-on le moyen de le corriger? On ne dégrade point l'homme, on l'élève, au contraire, quand on l'oblige à remplir cette obligation du travail qui est la loi même de l'humanité. Mais s'il refuse de travailler, quel moyen emploiera-t-on pour l'y contraindre? Aux États-Unis on fait usage du fouet, peine ignominieuse, qui flétrit le condamné, et qui, d'ailleurs, serait repoussée par nos mœurs (V. MM. de Tocqueville et de Beaumont, du Système pénitent. aux États-Unis, p. 84). M. Livingston propose de substituer au fouet, comme châtiment disciplinaire, l'emprisonnement solitaire de jour et de nuit, sans travail, et avec réduction de nourriture. Bentham proposa aussi, comme moyen d'aggraver, quand il y a lieu, la détention, de plonger le prisonnier dans les ténèbres. — Le mode d'isolement des détenus n'est pas le même dans les diverses prisons pénitentiaires : dans l'ancienne maison d'Auburn, aux États-Unis, ils étaient enfermés sans travail, le jour et la nuit, dans leurs cellules particulières; ce système a été condamné par l'expérience; les détenus qui ne sont pas devenus fous, ou qui ne sont pas morts de désespoir, disent MM. de Tocqueville et de Beaumont, ne sont rentrés dans la société que pour y commettre de nouveaux crimes. Dans d'autres prisons, comme à Philadelphie, les détenus sont renfermés le jour et la nuit dans leurs cellules, mais ils ont au moins le travail pour les occuper et les consoler. Dans d'autres enfin, notamment dans la nouvelle maison d'Auburn et à Genève, les détenus ne sont renfermés dans leurs cellules que la nuit; pendant le jour ils travaillent en commun, mais sous l'obligation de garder un silence rigoureux.

59. La *détention* destinée à réprimer les attentats politiques, est moins rigoureuse que la reclusion, en ce qu'elle n'impose au condamné ni le travail ni la solitude, comme on peut le voir en recourant à la définition qu'en donne l'art. 20 c. pén. Cette peine n'a pas pour objet l'amélioration morale du condamné; les crimes politiques ne supposent pas nécessairement la dépravation de leurs auteurs; ils s'allient souvent avec les sentiments les plus élevés, la moralité la plus sévère; l'unique but que s'est proposé le législateur en l'instituant, c'est de donner à la société troublée le repos et la sécurité. C'est pourquoi il a jugé inutile de l'aggraver soit par le régime humiliant, soit par les travaux pénibles des prisons.

60. Les peines exclusivement infamantes sont aujourd'hui le bannissement et la dégradation civique.

61. Le bannissement consiste dans le transport du condamné hors du territoire du royaume.

62. La peine du bannissement peut être diversement appréciée suivant les faits auxquels on l'applique. Beccaria propose de la généraliser pour tous les délits sans distinction. « Celui qui trouble la tranquillité publique, dit-il, Tr. des délits et des peines, ch. 17, qui n'obéit point aux lois, qui viole les conditions sous lesquelles les hommes se soutiennent et se défendent mutuellement, celui-là doit être exclu de la société, c'est-à-dire banni. » On a fait observer, avec beaucoup de raison, que si le bannissement était ainsi étendu aux délits de toute nature, et s'il était introduit dans la législation des différents peuples, il pourrait être très-bien qualifié un échange de malfaiteurs entre les gouvernements, et qu'on pourrait le définir l'action de s'envoyer de peuple à peuple l'écume de la société (V. notamment M. de Pastoret, Lois pén., t. 1, 2e part., p. 112, et les paroles de M. d'Haubersaert au corps législatif, V. *suprà*, p. 544, n° 33). Et, en effet, il est évident que le criminel ne quitte le pays d'où il est banni que pour porter dans un autre ses vices et sa perversité, que pour y commettre de nouveaux crimes, qu'il sera d'autant plus éloigné de s'amender qu'il ne trouvera pas dans un pays inconnu des ressources qui lui permettent de vivre honorablement par son travail. Mais on a pensé que ces inconvénients disparaissaient du moment où le bannissement n'était plus appliqué qu'à la punition des crimes politiques, attendu qu'un homme peut être mauvais citoyen dans un pays et ne pas l'être dans un autre, et que la présence de l'auteur d'un délit politique n'a ordinairement qu'un danger local qui peut disparaître dans le gouvernement sous lequel se fixe le banni (V. M. d'Haubersaert, *loc. cit.*; V. aussi dans le même sens, MM. Rossi, Tr. de dr. pén.,

t. 3, p. 188; Ch. Lucas, du Système pénal, liv. 3). M. Livingston est d'un avis contraire, il repousse le bannissement même comme peine applicable seulement aux crimes d'Etat, parce qu'un factieux trouve souvent au dehors des moyens de nuire plus efficaces et plus dangereux que ceux que lui eût fournis sa patrie. MM. Chauveau et Hélie, t. 1, p. 119, présentent dans le même sens, c'est-à-dire contre le bannissement, quelques considérations qui ne sont pas sans force. Ils font d'abord observer, avec M. Dumon, le rapporteur de la loi de 1832, que, dans nos Etats modernes, où la facilité des correspondances fait, pour ainsi dire, vivre l'exilé au milieu de son pays, où la rivalité des nations et la solidarité des partis offrent partout à l'exilé des amis et des auxiliaires, le bannissement est quelquefois, en matière politique, une peine très-peu préventive, et qu'il renvoie le condamné à ses complices. Ils ajoutent que cette peine n'est point exemplaire, puisque le mal que souffre le banni est entièrement perdu pour l'exemple, et que, de plus, elle est essentiellement inégale, attendu que, rigoureuse pour les uns à l'égal de la mort, elle est presque nulle pour d'autres. — Nous avons dit que le bannissement était, dans notre législation pénale actuelle, une peine spéciale aux délits politiques, et cela est vrai, du moins en thèse générale; les art. 156 et 158 s'appliquent toutefois à des délits qui n'ont rien de politique : à la falsification d'une feuille de route et au fait de recevoir des frais de route avec cette feuille ainsi falsifiée. On ne s'explique pas par quel motif le législateur a cru devoir appliquer ici à des délits communs une peine que partout ailleurs il appliqua à des faits d'un autre ordre.

63. La seconde peine infamante, la *dégradation civique*, est définie par les art. 34 et 35 c. pén. — Elle consiste dans la privation des droits qui sont considérés comme l'apanage du citoyen, comme le droit d'occuper des fonctions publiques, le droit d'élire ou d'être élu, le droit de porter une décoration, le droit d'être témoin dans des actes publics ou devant la justice, celui d'être expert, tuteur, curateur, membre d'un conseil de famille, de tenir école, etc. (V. *infrà*, n° 667). Quelquefois elle est appliquée comme peine principale; mais elle est l'accessoire nécessaire des travaux forcés à temps, de la détention, de la reclusion ou bannissement (c. pén. 28). Elle ne se manifeste plus, comme sous le code pénal de 1791, par aucun acte d'exécution. C'est le prononcé du jugement de condamnation qui la constate. —On reproche à cette peine : 1° d'être perpétuelle comme toutes les peines infamantes; 2° de prononcer simultanément, contre les coupables de certains délits, une foule d'incapacités dont quelques-unes n'ont aucun rapport avec la nature de ces délits. Ainsi, que l'on prive des droits politiques le falsificateur des billets d'un scrutin; du droit d'être tuteur, le condamné pour vol, pour corruption de mineur; du droit de port d'armes, celui qui en a fait un funeste usage, etc., rien de mieux. Mais quels motifs d'enlever les droits de famille, les droits de servir dans l'armée, de tenir école, etc., au fonctionnaire qui a usurpé un pouvoir étranger à ses attributions, ou qui, de concert avec d'autres, a donné sa démission, etc.? Il eût fallu réserver au juge le pouvoir de prononcer telles ou telles incapacités suivant la nature du délit à punir; 3° enfin, parmi les incapacités mentionnées dans l'art. 34 c. pén., celle de déposer en justice n'est-elle pas déraisonnable? N'est-il pas évident que plus un témoignage est suspect, moins il est dangereux, et que, pour faire disparaître tout inconvénient, il suffit que les juges soient instruits de la circonstance qui rend son témoignage moins digne de foi? Il faut ajouter que l'homme dont on écarte la déposition peut avoir été seul témoin du crime; qu'il peut n'avoir nul intérêt à céler la vérité, et qu'il n'y a pas de motif alors pour que sa déposition soit sans valeur (V. en ce sens MM. Chauveau et Hélie, t. 1, p. 122 et suiv.; V. aussi Bentham, Théor. des peines, p. 140). « Il y a, dit cet illustre criminaliste, un mode de punition où, pour faire une égratignure au coupable, on passe une épée au travers du corps d'un innocent : je veux parler de cette peine infamante qui rend inadmissible à témoigner. » — M. Livingston qui, dans son code pénal de la Louisiane, a admis la dégradation civique, l'a modifiée toutefois de manière à éviter les inconvénients que nous avons signalés. Il s'est borné à énumérer les droits politiques et civils dont il autorise la suspension ou l'interdiction; puis lorsqu'il arrive successivement aux divers délits, il attache à chacun d'eux l'incapacité qui lui correspond. Mais, parmi les incapacités qui, d'après ce code, peuvent être la suite de la dégradation civique, ne se trouvent point celles d'être expert, de déposer en justice ou de tenir école.

64. L'art. 35 c. pén. porte que la dégradation civique, lorsqu'elle est prononcée comme *peine principale*, peut être accompagnée d'un emprisonnement dont la durée, fixée par l'arrêt de condamnation, n'excédera pas cinq ans. « Cet emprisonnement facultatif, a dit M. Dumon dans son rapport (V. le code pén. progress., p. 160), a pour objet d'atteindre les coupables trop peu punis par les incapacités. La dégradation et l'exclusion de tous emplois publics sont une peine très-grave dans certaines positions; mais ce n'est qu'une peine nominale dans des situations moins élevées. L'emprisonnement accessoire frappera ceux que la peine principale de la dégradation civique n'aurait pas frappés. » Il faut remarquer que la loi n'a pas fixé de *minimum* de durée à cet emprisonnement facultatif; en sorte que le juge peut ou l'appliquer ou ne pas l'appliquer, et, s'il l'applique, peut l'abaisser à la durée la plus courte, même à celle des peines de simple police. — L'art. 35 ajoute que, si le coupable est un étranger ou un Français ayant perdu la qualité de citoyen, la peine de l'emprisonnement devra toujours être prononcée. C'est qu'en effet, dans ces cas, la dégradation civique n'est point en elle-même susceptible d'application, et qu'ainsi l'emprisonnement est alors la seule peine effective.

65. L'*exposition* publique, qui a subsisté dans notre législation criminelle jusqu'à ces dernières années, n'était qu'une peine *accessoire*; mais c'était une peine infamante. Elle avait remplacé l'ancienne peine du carcan, et elle en différait en ce que le condamné qui la subissait n'était point attaché au poteau et exposé dans l'isolement aux regards de la foule. Ce fut le code pénal de 1791 qui, tout en maintenant la peine du carcan, institua l'exposition publique comme accessoire des fers, de la reclusion, de la gêne et de la détention. Le code pénal de 1810 supprima l'exposition et conserva le carcan, comme plus efficace à cause de la honte dont il couvre le condamné; on peut dire même qu'il prodigua cette peine avec une brutale libéralité, sans distinction d'âge ni de sexe, de faute première et de récidive, confondant à cet égard la violence et les entraînements de la passion avec l'habitude invétérée du crime. Un tel excès appelait une réforme; ce fut l'un des objets de la loi de 1832 : d'abord le carcan fut supprimé comme peine principale et remplacé par la dégradation civique; comme peine accessoire il fut, non pas supprimé, mais modifié dans son mode d'exécution et réduit à l'exposition publique. Après divers tâtonnements, on en vint à attacher l'exposition comme accessoire à la peine des travaux forcés à perpétuité, à celles des travaux forcés à temps et de la reclusion, en attribuant à la cour d'assises la faculté de dispenser, par son arrêt, de cette peine accessoire, le condamné aux travaux forcés à temps ou à la reclusion, pourvu qu'il ne fût pas en état de récidive. En même temps il fut défendu de prononcer cette peine contre les mineurs et les septuagénaires.

Lors de la réforme du code pénal, en 1832, M. Dumon, dans son rapport, avait motivé le maintien de cette peine en disant qu'elle avait une grande efficacité répressive; qu'elle était exemplaire comme la peine de mort, et n'avait pas, comme cette peine, le triste dénouement qui détruit, par la pitié, tous les effets de l'exemple; qu'elle donnait à la sanction pénale la plus importante publicité, et qu'elle était surtout très-redoutée. — Mais ses inconvénients l'emportaient de beaucoup sur ses avantages. On pouvait dire d'elle ce que le garde des sceaux disait du carcan dans l'exposé des motifs de la loi de 1832 : elle dégrade le condamné à ses propres yeux; il peut, avant l'exposition, avoir conservé quelques sentiments de pudeur; il les perd, lorsqu'il a été obligé d'affronter les huées de la populace; et le sentiment de son infamie lui ôte la possibilité, comme le désir, de regagner l'estime de ses concitoyens. Quant au public, cette peine qui l'effraye peut aussi le dépraver; elle éteint en lui les sentiments de bienveillance et de pitié; elle le familiarise avec la vue de l'infamie. — Ajoutons, avec MM. Chauveau et Hélie, t. 1, p. 137, que cette peine, légère pour un scélérat devenu étranger à tout sentiment de pudeur, écrasait un malheureux susceptible de honte et de repentir; qu'elle atteignait par sa publicité une famille tout entière; enfin que l'empreinte qu'elle laissait était indélébile, quand même on serait venu à reconnaître l'innocence du condamné. — Le décret du 12 avr. 1848 a donné à ces critiques la consécration législative en prononçant l'abolition de l'exposition. Ce décret est ainsi conçu : « Le gouvernement provisoire; — Vu l'art. 22 c. pén.; — Considérant que la peine de l'exposition publique dégrade la dignité humaine, flétrit à jamais le condamné et lui ôte, par le sentiment de son infamie, la possibilité de la réhabilitation; — Que cette peine est empreinte d'une odieuse inégalité, en ce qu'elle touche à peine le criminel endurci, tandis qu'elle frappe d'une atteinte irréparable le condamné repentant; — Que le spectacle des expositions publiques éteint le sentiment de la pitié et familiarise avec la vue des crimes; — Décrète : la peine de l'exposition publique est abolie. »

66. La *marque* avait été, comme nous l'avons déjà dit, établie ou plutôt maintenue, comme peine accessoire, par le code pénal de 1810. Elle était toujours appliquée quand le coupable avait été condamné aux travaux forcés à perpétuité. Les condamnés à d'autres peines ne la subissaient que dans le cas où la loi l'avait expressément attachée à la peine qui leur était infligée. Elle consistait dans l'application d'une empreinte avec un fer brûlant sur l'épaule droite. Cette opération flétrissante avait lieu sur la place publique. Les condamnés aux travaux forcés à perpétuité étaient marqués des deux lettres T P; les condamnés aux travaux forcés à temps, quand ils étaient marqués, l'étaient seulement de la lettre P; la lettre F était ajoutée quand le coupable était un faussaire. — On s'était élevé avec beaucoup de force contre cette peine. La marque, disait-on, produit trois funestes résultats : elle détruit dans son principe le droit de grâce en imprimant sur la personne du condamné une flétrissure indélébile; elle rend inefficace la réhabilitation du condamné; et enfin elle le porte souvent à fuir toute réconciliation avec la société, dont elle le sépare pour toujours. Voilà les tristes effets de la marque, lorsque le condamné est réellement coupable; mais quand un innocent a succombé sous de faux indices, s'il a été flétri, la revision de son procès ne devient-elle pas inutile par l'indélébilité du sceau de l'infamie...? Ces graves considérations ont déterminé le législateur à supprimer cette peine lors de la réforme du code pénal de 1832; elle ne figure plus dans le nouveau code au nombre des peines.

67. L'art. 23 c. nap. porte que la condamnation à la mort naturelle emporte *mort civile*. — L'art. 24 ajoute que les autres peines afflictives perpétuelles n'emportent la mort civile qu'autant que la loi y a attaché cet effet. — Enfin, l'art. 18 c. pén. fait résulter la mort civile des condamnations aux travaux forcés à perpétuité et à la déportation.

La nécessité d'abolir la mort civile avait été généralement proclamée dans les chambres lors de la revision du code pénal. On avait cru devoir seulement ajourner cette réforme. «La mort civile, disait M. Dumon (V. le Code pénal progress., p. 111), est une fiction; est-il digne de la gravité du législateur de fonder une peine sur une fiction? Quelle n'est pas, d'ailleurs, l'inégalité de cette peine qui, pour quelques condamnés, équivaut à la mort même; qui, pour d'autres, n'ajoute à leur état ni privation ni infamie? La mort civile dissout le mariage; elle rompt de vive force un lien que les parties ne voudraient pas rompre; elle donne à la fidélité les effets du concubinage, elle proscrit la vertu. La mort civile ouvre de plein droit la succession du condamné; qu'importe qu'il mérite sa grâce ou qu'il l'obtienne? Il rentre dans la société sans fortune comme sans famille. En cas de condamnation par contumace, les effets accomplis au bout de cinq ans deviennent irrévocables : un nouveau jugement, une déclaration d'innocence ne sont plus qu'une dérisoire et stérile réparation. La déshérence qui attribue à l'État les biens acquis par le condamné, fait revivre la confiscation; et, dans le cas où la représentation n'est pas admise, l'incapacité dont le condamné est frappé, dépouille ses enfants et transporte à d'autres familles l'héritage qu'il aurait recueilli et que ses enfants auraient retrouvé dans sa succession. » Si ces raisons n'avaient pas déterminé l'abolition de la mort civile, c'est que les conséquences de cette abolition étaient trop graves, atteignaient trop d'intérêts, pour qu'on pût les régler par voie d'amendement à l'occasion d'une loi pénale. — Mais cette abolition est maintenant un fait accompli. La loi du 8 juin 1850, qui établit un lieu de déportation, commença par déclarer (art. 3) qu'en aucun cas la condamnation à la déportation n'emporterait mort civile, qu'elle entraînait seulement la dégradation civique; puis est venue la loi du 31 mai 1854 (D. P. 54. 4. 91) qui a formellement prononcé l'abolition de la mort civile, et qui, à l'égard des condamnations à des peines afflictives perpétuelles, l'a remplacée par la dégradation civique et l'interdiction légale.—V. *infrà*, n°s 720 et s.

68. Avant la loi du 8 juin 1850, qui a fixé un lieu de déportation, la détention perpétuelle qui remplaçait la déportation, n'étant qu'un mode d'exécution de cette dernière peine, devait, comme elle, entraîner la mort civile. C'est ce qui résulte de la discussion de la loi de 1832 à la chambre des députés. — V. le Code pén. progress., p. 116 à 121.

69. L'art. 18, § 2, c. pén. attribuait au gouvernement le pouvoir d'accorder au condamné à la déportation l'exercice des droits civils ou de quelques-uns de ces droits. « Le déporté, disait à cet égard M. Treilhard dans l'exposé des motifs, sera provoqué à mériter par une conduite sage et laborieuse de récupérer la vie civile et d'acquérir l'état de colon; ce sera l'encourager à devenir meilleur, et ce ressort ne sera pas moins utile au bien de la colonie, qui est intéressée à compter des citoyens plutôt que des captifs, et à les fixer dans son sein par l'attrait de la propriété et les liens de la vie civile. » — Aujourd'hui que la déportation n'entraîne plus la mort civile, la disposition dont il s'agit n'a plus d'objet.

70. La peine de la déportation, celles des travaux forcés à perpétuité ou à temps, de la détention et de la reclusion ont pour effet légal de mettre celui qui en est frappé en état d'*interdiction légale* et de lui enlever l'*administration* de ses biens; il lui est, dans ce cas, nommé un tuteur et un subrogé tuteur. La loi du 8 juin 1850 contient à cet égard quelques dispositions particulières aux déportés, ainsi que nous le verrons *infrà*, n°s 612 et s. quand nous serons amenés à traiter cette partie de notre sujet.

71. *L'interdiction des droits civiques, civils et de famille*, diffère de la dégradation civique en ce qu'elle n'est qu'une peine *correctionnelle*, en ce qu'elle n'est jamais une peine *principale*, en ce qu'elle entraîne un moindre nombre d'incapacités, et en ce que ces incapacités peuvent n'être pas cumulativement prononcées par le juge. — L'art. 42 c. pén. porte : « Les tribunaux jugeant correctionnellement pourront, dans certains cas, interdire, en tout ou en partie, l'exercice des droits civiques, civils et de famille suivants : 1° de vote et d'élection; 2° d'éligibilité; 3° d'être appelé ou nommé aux fonctions de juré ou autres fonctions publiques, ou aux emplois de l'administration, ou d'exercer ces fonctions ou emplois; 4° du port d'armes; 5° de vote et de suffrage dans les délibérations de famille; 6° d'être tuteur, curateur, si ce n'est de ses enfants et sur l'avis seulement de la famille; 7° d'être expert ou employé comme témoin dans les actes; 8° de témoignage en justice, autrement que pour y faire de simples déclarations. » Pour voir quels sont les droits dont la dégradation civique entraîne la privation *ipso jure*, et qui ne peuvent être atteints par l'interdiction dont il est ici question, on peut comparer l'art. 42 qui précède à l'art. 34 c. pén.

72. Le renvoi sous la *surveillance* de la haute police n'est pas une peine proprement dite, c'est plutôt une incapacité, une restriction imposée à la liberté que recouvre le condamné après qu'il a subi sa peine. Elle a un double but : d'une part, prévenir, autant que possible, par une surveillance spéciale, le retour de méfaits semblables à ceux qui déjà ont attiré sur le condamné les rigueurs de la répression; et, d'autre part, mettre à l'abri des vengeances du condamné ceux qui ont contribué à sa condamnation, les plaignants, les témoins, les juges, les jurés. Cette surveillance est une mesure utile et juste quand elle est appliquée aux grands criminels; mais on peut trouver que le code en a été trop prodigue. Les règles auxquelles cette surveillance est soumise, le mode suivant lequel elle s'exerce ont plusieurs fois varié depuis qu'elle a été introduite dans notre législation pénale. — V. *infrà*, n°s 672 et suiv.

73. L'*amende* est aussi rangée par le code au nombre des peines. Elle présente plusieurs avantages. D'abord elle est *divisible* à l'infini, et par conséquent elle peut, suivant qu'on l'élève ou qu'on l'abaisse, se proportionner aux délits les plus graves ou les plus légers. Elle est *égale* en ce qu'elle peut facilement se proportionner à la fortune des délinquants. Enfin elle est *réparable*, car, du moment où il serait prouvé qu'elle a été injustement prononcée, rien ne serait plus facile que d'en opérer le remboursement. Mais ce n'est rien que d'apprécier d'une manière abstraite le mérite de cette peine; la difficulté c'est d'en faire une bonne et juste application soit aux actes, soit aux personnes. Dans notre ancienne législation, les amendes, presque toujours accessoires à d'autres peines, étaient en général ou fixes ou arbitraires; ces dernières pouvaient être fixées par le juge suivant les circonstances, la nature du crime, la qualité de l'accusé (V. Jousse, Inst. crim., t. 1, p. 63). Le même principe se retrouve dans plusieurs législations modernes, notamment dans le code pénal d'Autriche et dans la législation anglaise (V. la grande charte, art. 25, 26, 27 et 28). Dans le code rural de 1791 et dans le code des délits et des peines du 3 brum. an 4 la base de l'amende était la valeur d'une journée de travail; la loi avait évalué le taux de la journée de travail pour chaque localité, et ce taux était multiplié suivant la nature du délit, abstration faite d'ailleurs de la fortune du délinquant. Ce système avait un grand défaut, c'est que l'amende, lors même qu'elle était excessive pour le pauvre, était nulle pour le riche. Pour obvier à cet inconvénient, il eût fallu que la fixation de l'amende eût une certaine proportion avec la fortune du condamné, avec les ressources que lui fournissent soit le revenu de ses biens, soit le produit de son travail. Cette idée se trouve réalisée par le code pénal du Brésil, qui pose en principe (art. 55) que la peine de l'amende obligera les coupables au payement d'une somme pécuniaire qui sera toujours réglée selon ce que les condamnés peuvent retirer chaque jour du revenu de leurs biens, emplois ou industrie. Rien de plus juste en soi et de plus rationnel; mais l'application n'est pas sans difficulté : comment connaître avec certitude les revenus de chacun? Sur quelle base s'appuyer pour faire cette appréciation? — Notre code pénal a établi un système différent : il fixe les amendes en les graduant suivant la nature des délits, sans tenir compte de la situation sociale du condamné; seulement, au lieu d'en déterminer le chiffre d'une manière absolue et invariable, il s'est borné, pour chaque espèce de délit, à indiquer un *minimum* et un *maximum* qu'elle ne peut dépasser, laissant au juge le soin d'en fixer le chiffre entre ces deux limites, suivant que les circonstances rendent le délit plus ou moins grave. Ce système permet de prendre en considération jusqu'à un certain point la fortune du condamné, puisque le juge peut, toutes les circonstances étant d'ailleurs les mêmes, condamner le pauvre au *minimum* et le riche au *maximum* de l'amende; mais il peut arriver que cette amende, même réduite au *minimum*, soit néanmoins très-onéreuse pour celui qui la subit, et qu'au contraire élevée même au *maximum* elle soit illusoire par son extrême disproportion avec la richesse du condamné. On pourrait remédier, en partie du moins, à cet inconvénient en supprimant le *minimum* et en laissant au juge la faculté d'abaisser indéfiniment le taux de l'amende. Mais comment fixer le *maximum* de manière à rendre l'amende efficace à l'égard du riche? Le code de la Louisiane (art. 90) pose en principe à cet égard que l'amende ne doit pas dépasser le quart de la fortune du délinquant. Mais à cet égard on a fait observer que l'amende ne doit atteindre que les revenus; que, si elle touche au capital, ce n'est plus une amende, mais une confiscation. M. Rossi (Tr. de droit pén., t. 3, p. 212) pense que le législateur doit se contenter d'établir une limite discrétionnaire basée sur l'évaluation de la moyenne des fortunes, limite qui serait essentiellement variable, suivant les progrès de la richesse générale de la nation. Telle paraît être aussi l'opinion de MM. Chauveau et Hélie, t. 1, p. 183. — Mais quand nous parlons de la nécessité de proportionner l'amende à la fortune des condamnés, nous n'entendons pas dire qu'il en doive être ainsi dans tous les cas; les simples contraventions doivent être mises en dehors de ces considérations; l'amende, dans ce cas, est moins une peine qu'un avertissement ayant pour but de rappeler les citoyens à l'observation des règles de police; peu importe donc qu'elle soit légère, même pour les riches.

74. La *confiscation*, abolie par la charte de 1814 (art. 66), puis par celle de 1830 (art. 57), ne figure plus dans notre législation pénale. Ainsi il a été jugé que l'art. 332 c. pén., qui prononce la peine de la confiscation prononcée contre le coupable de fausse monnaie, a été abrogé par l'art. 66 de la charte (Crim. cass. 16 avril 1819, MM. Barris, pr., Chasle, rap., aff. Giboul).

Mais cette abolition ne s'étend point à la confiscation spéciale, laquelle est maintenue par l'art. 11 c. pén., qui lui attribue le caractère de peine ; d'où il suit qu'elle ne peut être prononcée qu'en vertu d'une loi formelle, conformément aux règles qui sont ci-après exposées.—V. n°s 81 et suiv.

75. La peine du *blâme* par jugement, qui existait sous les anciens parlements, a été abolie. — Aujourd'hui les tribunaux, en relaxant un prévenu, ne peuvent se permettre de *censurer* néanmoins les actes à raison desquels il était poursuivi (Crim. cass. 25 juill. 1839) (1).

76. On ne parlera point ici de quelques peines prononcées par des juridictions spéciales, telles, par exemple, que les peines du boulet, des travaux publics, de la cale, de la bouline, que prononcent les tribunaux militaires ou maritimes. — V. Organ. milit. et Organ. marit.

77. La condamnation aux peines établies par la loi est toujours prononcée sans préjudice des *restitutions* et *dommages-intérêts* qui peuvent être dus aux parties (c. pén. 10). Ces restitutions et dommages-intérêts ne sont point un châtiment; ils sont simplement la réparation du préjudice injustement causé à autrui par le crime ou le délit, ils sont une application pure et simple du principe général posé par les art. 1382 et s. c. nap. —V. Responsabilité.

78. Nous n'avons point à nous occuper ici de la condamnation aux *frais*. Cette matière a été traitée v° Frais et dépens, n°s 966 et suiv., avec tout le développement nécessaire.

79. Il est quelquefois très-important et il peut, dans certains cas, être assez difficile de discerner laquelle, entre deux peines, doit être réputée la plus grave. Cette question s'élève notamment 1° lorsqu'il s'agit d'appliquer l'art. 365, 2e alin., c. inst. crim., qui porte qu'en cas de conviction de plusieurs crimes ou délits, la peine la plus forte sera seule prononcée; 2° lorsque la peine applicable à un crime ou délit ayant été changée dans l'intervalle de la perpétration du fait au jugement, il s'agit de savoir laquelle, de la peine ancienne ou de la peine nouvelle, est la plus douce (V. *infrà*, n° 112). — La règle à suivre à cet égard, c'est que la gravité relative des peines est déterminée par l'ordre dans lequel elles sont classées par la loi elle-même. Ainsi les peines afflictives et infamantes sont plus graves que les peines purement infamantes ; celles-ci sont plus graves que les peines correctionnelles, et les peines correctionnelles sont plus graves que les peines de simple police. Quant aux peines comprises dans une

(1) (Min. pub. *C.* Pesnel et Moreau.)—LA COUR ;—Attendu que le tribunal de Saint-Louis a déclaré les prévenus non coupables du délit à eux imputé ; et que néanmoins il a dit qu'il y avait lieu de considérer les lettres écrites par lesdits Pesnel et Bagnick-Moreau, comme une démarche irréfléchie qui ne saurait échapper à la censure du tribunal, et que par une disposition formelle de son jugement, il a blâmé hautement la teneur et le but des lettres par eux adressées à trois membres du tribunal d'appel ;—Attendu, en droit, que le blâme prononcé en jugement était, dans l'ancienne jurisprudence criminelle, une peine emportant note d'infamie, et laissée à l'arbitraire des juges (art. 1 et 6 du tit. 9 de l'édit de Louis XV du mois de juin 1768 relatif à la justice criminelle dans l'île de Corse) : Il avait été introduit par les parlements du royaume, en vertu du pouvoir de haute police, dont ils étaient en possession, et avait été confirmé par l'art. 28 du règlement du parlement de Paris du 3 sept. 1667, mais n'avait pas été sanctionné par l'autorité législative du roi ; — Attendu que cette peine a été abolie par l'art. 35, tit. 1 c. pén. des 25 sept.-6 oct. 1791 ; qu'elle n'a pas été rétablie par le code pénal de 1810, et se trouve au contraire expressément interdite par les art. 4 et 9 de ce code ; que l'art. 226 autorise seulement les magistrats à prescrire une réparation par écrit, au cas d'outrage constaté, et nullement dans le cas où l'outrage n'existe pas ; — Attendu que le code métropolitain a été publié dans la colonie du Sénégal, par deux arrêtés locaux des 11 mai 1824 et 5 sept. 1827, et qu'il a été réformé, conformément à la loi du 28 avr. 1832, et à celle du 22 juin 1835, par une ord. royale du 29 mars 1836, insérée au Bulletin des lois le 19 avr. suivant ; — Qu'ainsi c'est en infraction à ces lois, par une disposition arbitraire, et par un évident excès de pouvoir, que le tribunal de Saint-Louis, en acquittant les prévenus de la poursuite dont ils étaient l'objet, a prononcé contre eux une formule de blâme ; — Casse.

Du 25 juill. 1839.-C. C., ch. crim.-MM. Bastard, pr.-Isambert, rap.

même catégorie, leur gravité relative est déterminée par l'ordre dans lequel la loi les nomme. Ainsi, la mort est plus grave que les travaux forcés à perpétuité, les travaux forcés à perpétuité que la déportation, etc. (c. pén., art. 7). De même, l'emprisonnement est plus grave que l'interdiction à temps de certains droits, et cette interdiction est plus grave que l'amende (c. pén. art. 9). — Il a été décidé que la peine immédiatement inférieure à la peine de mort applicable aux crimes politiques, non mélangés de délits communs, n'est pas la peine des travaux forcés, mais bien la peine de la déportation (Crim. cass. 3 fév. 1849, aff. Durand, D. P. 49. 1. 10).

En général, les peines accessoires attachées par la loi à certaines peines n'entrent pas en considération lorsqu'il s'agit de déterminer leur gravité.—Il faut en dire autant de la durée plus ou moins longue des peines temporaires. — Il a été décidé, en ce sens, que ce n'est pas du plus ou moins de durée de la peine qu'en résulte la gravité, mais de sa nature et du caractère que la loi lui a imprimé « Attendu, porte l'arrêt, que la gravité d'une peine résulte de la nature même de cette peine et du caractère que lui a imprimé la loi, et non de l'espace de temps plus ou moins long pendant lequel elle doit être subie (Crim. rej. 6 nov. 1812, MM. Barris, pr., Oudard, rap., aff. Léonard; V. aussi Crim. cass. 18 janv. 1850, aff. Lalane, et Paris, 7 juin 1851, aff. Raymond, cités *infrà*, nº 130). Bien que juste en soi, cette règle, il faut le reconnaître, peut amener dans la pratique des résultats assez choquants.

80. Le § 2 de l'art. 6 du décret du 23 juill. 1810, relatif à la mise en activité du code d'instruction criminelle, contenait une disposition ainsi conçue : « Dans le concours de deux peines afflictives temporaires, celle qui emporterait la marque serait toujours réputée la plus forte. » C'est qu'en effet la marque, imprimant une flétrissure indélébile, tenait de cette circonstance un caractère de perpétuité qui la rendait plus grave que toute autre peine temporaire. Il avait été jugé cependant que la peine des travaux forcés à temps était plus forte que celle de la reclusion pour le crime de faux, qui entraînait la marque (Crim. cass. 29 sept. 1815, aff. Gilles, V. nº 151; 11 sept. 1823, aff. Simon, *eod.*; V. aussi dans ces motifs Crim. cass. 8 oct. 1824, aff. Bouchot, V. nº 190-2º). Il serait sans intérêt d'examiner si ces décisions étaient bien conformes à la loi alors en vigueur. La *marque* n'existe plus aujourd'hui. Comme nous l'avons dit, elle a été effacée de notre législation par la réforme de 1832.

CHAP. 4. — PRINCIPES GÉNÉRAUX.

SECT. 1. — *Légalité des peines.*

81. Nous avons vu précédemment, nºs 11, 14, 18, que dans notre ancienne jurisprudence, les peines étaient souvent arbitraires; que diverses ordonnances permettaient de punir certains délits *à l'arbitrage du juge*, et que, quant aux faits criminels non littéralement prévus par les édits, ils étaient punis *suivant la gravité des cas*. Cet arbitraire était un grand vice; il laissait aux juges un pouvoir effrayant, et ne prévenait par aucune garantie l'abus qui pouvait en être fait. Ce système ne pouvait survivre à la révolution de 1789. L'art. 8 de la déclaration des droits de l'homme, promulguée le 14 sept. 1791 était ainsi conçu : « La loi ne doit établir que des peines strictement et évidemment nécessaires, et nul ne peut être puni qu'en vertu d'une loi établie et promulguée antérieurement au délit et légalement appliquée. » Ce principe n'a rien perdu de sa force : il domine encore aujourd'hui toute notre législation pénale. Ainsi notamment, l'art. 1 c. pén. ne reconnaît de crimes, délits ou contraventions que dans les infractions spécialement prévues et punies par la loi; l'art. 4 même code porte que « nulle contravention, nul délit, nul crime, ne peuvent être punis de peines qui n'étaient pas prononcées par la loi avant qu'ils fussent commis; » les art. 159, 191 et 364 c. inst. crim. veulent que les tribunaux criminels renvoient absous l'individu traduit devant eux qui n'est reconnu coupable d'aucun fait qualifié crime, délit ou contravention; enfin, le même principe ressort également des art. 163, 195, 364, 407, 410, 414 c. inst. crim.

82. Ce principe a été consacré par une jurisprudence constante. — Ainsi il a été jugé : 1º que les peines ne peuvent être prononcées qu'en vertu d'une loi (Crim. règl. de juges, 7 oct. 1826, aff. Tribouley, V. Compét. crim., nº 349; Cass. 19 mars 1831, aff. Roy, V. Domm.-destruct., nº 29); — 2º Que ce principe est applicable dans les colonies aussi bien que dans la métropole « Attendu que le principe de droit public, d'après lequel les tribunaux ne peuvent prononcer de condamnations pénales qu'en vertu d'une loi, est en vigueur dans les colonies comme dans la métropole, etc. » (Crim. rej. 21 mai 1840, MM. Bastard, pr., Vincens, rap., aff. Coupin); — 3º Qu'aucune induction, aucune raison d'analogie ne justifierait une condamnation que n'avouerait pas clairement la lettre de la loi (Crim. cass. 19 mars 1831, aff. Roy précitée); — 4º Qu'ainsi la déclaration de culpabilité ne donne lieu à aucune peine, si le fait reconnu constant n'est pas punissable (Crim. cass. 18 avr. 1834, aff. Geysse, V. Tentative); — 5º Qu'on ne peut appliquer même des peines de simple police à des faits répréhensibles, mais que la loi n'a pas caractérisés délits (Crim. cass. 1er therm. an 12, MM. Vermeil, pr., Lachèze, rap., aff. Bailly; Crim. rej. 26 mai 1837, aff. Maugras, V. Substances vénén.); — 6º Qu'un tribunal qui reconnaît que les faits imputés au prévenu ne sont pas prévus par la loi, ne peut le condamner à garder prison indéfiniment comme homme dangereux, ni ordonner que le jugement sera expédié au ministre de la justice, pour être, à l'égard du détenu, statué ce qu'il appartiendra (Crim. cass. 9 mess. an 10, M. Delacoste, rap., aff. min. pub. *C.* Septier); — 7º Qu'un tribunal ne pourrait ordonner la reclusion à perpétuité d'un prévenu, par le motif qu'il est atteint de fureur (Req. cass. 8 frimaire an 13, aff. Guillaume, V. Compétence administrative, nº 87); — 8º Que, sous l'empire du code du 3 brum. an 4, un tribunal de police ne pouvait, sans excéder ses pouvoirs, condamner un prévenu d'injures à faire, par acte passé au greffe, une réparation d'honneur au plaignant : — « Attendu, porte l'arrêt, que cette condamnation, qui affecte la personne même des individus contre lesquels elle est prononcée, a le vrai caractère d'une peine et que les seules peines qu'il soit au pouvoir des tribunaux de police d'infliger sont une amende qui ne doit pas s'élever au-dessus de la valeur de trois journées de travail et un emprisonnement qui ne doit pas excéder trois jours » (Crim. cass. 24 frim. an 12, MM. Aumont, rap., Pons, subst. du commiss. du gouv., aff. Peyroche *C.* Vernay); — 9º Que, de même, sous ce code, un tribunal ne pouvait condamner un prévenu d'injures à déclarer au greffe que c'était calomnieusement qu'il avait proféré contre le plaignant les injures dont il était question, qu'il s'en repentait, et qu'il tenait ledit plaignant pour homme d'honneur et de probité, ou bien à rétracter à l'audience les propos injurieux qu'il avait tenus, et à en demander excuse à la partie lésée, ces peines n'étant point autorisées par la loi (Crim. cass. 4 brum. an 7, M. Barris, pr., aff. Lacouture; 19 mess. an 8, aff. Guestin *C.* Potet-Godin; 12 niv. an 8, M. Jaume, rap., aff. X...; 3 brum. an 8, M. Cassaigne, rap., aff. Casenave; 10 flor. an 10, M. Buschop, rap., aff. Cirette; 20 vend. an 13, aff. Morand); — 10º Que l'art. 10 du décret du 1er mai 1812, qui permet d'appliquer aux cas non prévus par les lois militaires, une des peines du code pénal civil ou militaire, que le juge, dans sa conscience, croira proportionnée au délit, a cessé d'être en vigueur comme prononçant des peines arbitraires, inconciliables avec notre droit pénal et constitutionnel (Crim. cass. 10 mai 1849, aff. Minard, D. P. 49. 1. 175); — 11º Que le décret du gouvernement provisoire, du 12 mars 1848, qui, en abolissant la peine de la cale, l'a remplacée par un emprisonnement de quatre jours à un mois, s'oppose, par cela même, à l'application d'une peine autre ou plus forte que cette dernière; qu'en conséquence, le jugement d'un conseil de guerre maritime qui, pour des délits précédemment punis de la peine de la cale, prononce un emprisonnement de plus d'un mois, est nul (Crim. cass. 16 mars 1849, aff. Pascal et aff. Veyrier, D. P. 49. 1. 133).

83. Les lois pénales antérieures à 1789 sont encore en vigueur à la Martinique; ainsi la peine du blâme, admise par l'ancienne jurisprudence, quoique aucune ordonnance du royaume ne la prononçât, peut y être appliquée, à l'arbitrage du juge, pour des faits reprochables ou criminels qui ne sont cependant pas de nature à être atteints par l'une des peines portées par les lois (Crim. rej. 11 juin 1825, MM. Portalis, pr. Ollivier, rap., aff. Rolland).

84. L'arrêt qui décide qu'un condamné à la détention sera employé, pendant la durée de sa peine dans la maison de correction, aux travaux qui y sont autorisés par l'administration supérieure dans l'intérêt de la bonne organisation des maisons de corrections et qui n'ont d'ailleurs rien d'infamant, ne viole aucune loi (Crim. rej. 27 janv. 1809, aff. Vuillans-Vans, n° 102-12°). En effet, cet arrêt ajoute à la condamnation qu'il prononce une explication surérogatoire, mais il n'applique point une pénalité illégale.

85. La condamnation aux frais d'une expédition au profit de la partie injuriée, encore que le condamné exécuterait le jugement, ne peut être considérée comme une peine, mais seulement comme une quotité de dommages-intérêts (Crim. rej. 24 août 1810, MM. Barris, pr., Lamarque, rap., aff. Desclaux). D'où il suit qu'une telle condamnation ne peut être considérée comme prononçant une peine non légalement établie.

86. Les peines ne peuvent être établies par des expressions équivoques; et si une loi présente des doutes dans son interprétation, elle doit être entendue dans le sens le plus généreux et le plus moral (Crim. cass. 19 oct. 1821, aff. Cauchois-Lemaire, V. Instr. crim., n° 769).

87. C'est par une loi proprement dite que la peine doit être édictée. Cela résulte des termes mêmes des dispositions, soit de la loi de 1791, soit des codes criminels que nous avons cités. Un décret, une ordonnance, ou tout autre acte de l'autorité publique ne suffiraient pas, du moins en thèse générale. Ainsi il a été jugé que la peine d'emprisonnement ne peut être prononcée qu'en vertu d'une loi, et non en vertu d'un décret impérial, surtout lorsqu'il n'est pas établi que ce décret ait jamais été exécuté dans sa disposition pénale (Bordeaux, 22 mars 1832, aff. Langlet, V. Presse). Cette dernière distinction nous paraît arbitraire. Le décret existe ou n'existe pas : voilà toute la question. — V. ce qui a été dit sur ce point v° Lois, n° 57.

88. Le principe général qui vient d'être posé souffre toutefois exception pour les cas spéciaux où le législateur aurait spécialement délégué à l'administration le pouvoir d'établir des pénalités. — V. ce qui a été dit à cet égard v° Lois, n° 68.

89. Il va de soi que les peines prononcées par des lois qui ont été abrogées, ne peuvent plus être appliquées. Il a été décidé, à cet égard : 1° que depuis la suppression des corporations, on ne peut appliquer les lois pénales qui les régissaient (Crim. cass. 25 fruct. an 13) (1) ; — 2° Que les anciens arrêtés et règlements de police ne doivent aujourd'hui recevoir leur exécution que quand ils statuent sur des objets qui n'ont pas été réglés, soit par le code pénal de 1810, soit par des lois postérieures à 1789, soit par des arrêtés pris, depuis cette époque, dans l'exercice légal des fonctions municipales (Crim. cass. 2 juin 1825, aff. Jozon, V. Commune, n° 1151) ;—3° Que la condamnation à une peine prononcée par une loi spéciale abrogée, n'est pas nulle lorsque cette peine est inférieure à celle dont le même fait serait passible, d'après le droit commun (Crim. rej. 15 mars 1849, aff. Pretini, D. P. 49. 1. 192).

90. On ne peut prononcer de peine en vertu d'une loi qui remet en vigueur la disposition d'une ancienne loi abrogée, mais sans en reproduire la pénalité.

91. En règle générale, l'autorité administrative, lorsqu'elle fait des règlements de police sur les objets confiés à sa surveillance, ne peut déterminer arbitrairement les peines qui seront encourues par les contrevenants. En conséquence, les tribunaux ne doivent appliquer que celles qui sont édictées par les lois (Crim. rej. 27 mars 1823) (2).

92. Lorsque l'autorité administrative a reçu de la loi le pouvoir d'attacher à ses actes une sanction pénale, elle ne peut évidemment prononcer que l'une des peines établies par la législation; elle ne pourrait ni faire revivre l'une des pénalités anciennes que les lois nouvelles ont abrogées, ni emprunter à une législation étrangère une peine qui ne figure pas dans notre système pénal, ni enfin créer une peine nouvelle. Il a été jugé, conformément à ces principes, que le pouvoir municipal ou administratif, ne pouvant porter des peines non autorisées par la législation, les tribunaux ne doivent avoir aucun égard aux peines portées dans leurs règlements, en tant qu'elles excéderaient celles que la loi a établies (Crim. cass. 1er déc. 1809, aff. Pooters, V. Commune, n° 899; Cr. règl. de juges, 7 oct. 1826, aff. Tribouley, V. Compét. crim., n° 349; Crim. cass. 28 sept. 1827, aff. Pons, V. Commune, n° 948 ; 17 janv. 1829, aff. Fleuriel, V. Voirie).

93. A plus forte raison, l'autorité administrative ne peut-elle pas, lorsque la loi a établi une peine pour un certain fait, prononcer contre ce même fait une peine plus forte ou différente. — Ainsi il a été jugé que, lorsqu'un règlement de police punit une contravention d'une peine de police plus forte que celle établie par la loi, le juge doit se borner à appliquer cette dernière (Crim. cass. 9 frim. an 12, M. Vermeil, rap., aff. Bochet; 3 juill. 1806, aff. Claverie; Crim. rej. 13 mars 1834, aff. boulangers de Montauban, V. Commune, n° 1268).

SECT. 2.—*De l'application des peines.—Preuve.*

94. Les tribunaux ne peuvent infliger de peines qu'à des faits déclarés *constants*, soit par le jury, soit par les magistrats eux-mêmes, dans les cas où la loi leur confère simultanément l'appréciation du fait et l'application de la peine. Ils ne pourraient appliquer une disposition pénale à des actes dont l'existence ne leur serait pas complétement démontrée. Ainsi, un jugement de condamnation ne peut être motivé sur une simple *induction*; il doit établir avec certitude l'existence du fait incriminé, en présenter la preuve comme complétement acquise et non comme une simple présomption. — Ainsi, décidé que lorsqu'un tribunal, jugeant un prévenu de crime emportant la peine de mort, déclare qu'il n'est pas suffisamment convaincu pour lui appliquer la peine

(1) (Bailleul C. min. pub.)— LA COUR ; — Vu l'art. 456, nos 1 et 6, c. des délits et des peines; — Attendu, 1° que pour qu'une loi pénale soit justement appliquée, il faut que le délit qui en fait l'objet existe et soit reconnu constant ; que, dans l'espèce, le jugement ne dit point positivement que les viandes de boucherie, saisies au préjudice de Bailleul, étaient gâtées, corrompues ou nuisibles; qu'il dit seulement qu'on peut conclure qu'elles l'étaient; ce qui présente d'autant moins la certitude voulue par la loi, que, loin d'ordonner la destruction de ces viandes comme il aurait dû le faire, si elles étaient réellement nuisibles, gâtées ou corrompues, le jugement en ordonne la confiscation au profit d'un hospice de la commune; qu'ainsi, en condamnant Bailleul à l'amende, et en prononçant la confiscation de ces viandes, le jugement a fait une fausse application des art. 605 c. des délits et des peines et 20 de la loi du 22 juill. 1791 ; — Attendu, 2° que la suppression des anciennes corporations entraîne avec elle l'abolition des différents statuts qui les régissaient; que, par suite, on n'a pu invoquer ni appliquer dans l'espèce les art. 15 et 21 des statuts de l'ancienne communauté des bouchers de la ville de Rouen; qu'en effet l'art. 15, en défendant à tous voituriers de porter dans cette ville des viandes de boucherie appartenant à des bouchers de la campagne et lieux voisins, sous peine de confiscation, n'avait pour objet que les priviléges de cette ancienne corporation; qu'il en était évidemment de même de l'art. 21, qui défendait, sous peine d'amende à discrétion de justice, d'exposer en vente des viandes sans qu'elles eussent été préalablement visitées; que des peines absolument arbitraires ne peuvent être appliquées par les tribunaux actuels; d'où il suit qu'en appliquant ces articles à l'espèce, le tribunal de police a excédé ses pouvoirs ; — Par ces motifs, casse et annule le jugement rendu par le tribunal de police de la ville de Rouen, le 27 niv. an 13.

Du 25 fruct. an 13.-C. C., sect. crim.-M. Cassaigne, rap.

(2) (Min. pub. C. Selme.) — LA COUR ; — Considérant que du pouvoir de l'autorité administrative de faire des règlements de police sur des objets confiés à sa vigilance et à son autorité par la loi des 16-24 août 1790, ne dérive point le droit de déterminer arbitrairement les peines qui seront encourues par les contrevenants à ces règlements; que ceux-ci ne peuvent, quelle que soit à cet égard la disposition du règlement violé, être punis de peines plus fortes que celles qui sont déterminées par la loi ; — Considérant que la peine qui, dans l'espèce, était encourue par Sébastien Selme, pour ne pas s'être pourvu des instruments de pesage et de mesurage prescrits par l'arrêté du préfet du département du Puy-de-Dôme, du 19 mars 1822, est déterminée par l'art. 5, tit. 11, de ladite loi de 1790, combiné avec les art. 600 et 606 du code des délits et des peines du 3 brum. an 4; que l'amende de 2 fr., à laquelle ledit Selme a été condamné par le jugement attaqué, est conforme auxdits articles, et que si, au lieu de citer ces articles le tribunal de police de Clermont-Ferrand à mal à propos cité dans son jugement l'art. 471 c. pén. de 1810, cette erreur de citation ne saurait, aux termes des art. 411 et 414 c. instr. crim., donner ouverture à cassation ; — Rejette le pourvoi formé contre le jugement de simple police du tribunal de Clermont-Ferrand, du 12 déc. dernier.

Du 27 mars 1823.-C. C., sect. crim.-MM. Barris, pr.-

capitale, il ne peut le condamner à la déportation. Il doit l'acquitter et prononcer sa mise en liberté (Crim. cass. 19 juin 1813) (1). — Mais n'est pas nul un jugement sur appel, qui ne déclare pas, en termes exprès, le prevenu coupable du fait qui lui est reproché, et qui le condamne, cependant, à des peines moins fortes que celles prononcées d'abord, lorsque ce jugement a déclaré adopter le dispositif du jugement dont était appel, qui déclarait positivement cette culpabilité. — Ainsi, un jugement d'appel qui condamne un prévenu de délit d'habitude d'usure à une amende moindre que celle prononcée en première instance, sans déclarer cet individu coupable du délit qui lui était imputé, n'est pas nul, s'il a adopté le dispositif du jugement de première instance qui déclare cette culpabilité (Crim. rej. 19 fév. 1830) (2).

95. Décidé qu'un tribunal de police ne peut, tout à la fois, condamner à l'amende pour une contravention, et ordonner que le prévenu n'exécutera l'arrêté municipal auquel il a contrevenu, qu'autant qu'il lui aura été notifié, et qu'il n'aurait pas pu le faire réformer (Crim. cass. 15 mai 1835) (3). — Il y a contradiction entre les deux dispositions d'un tel jugement; en effet,

---

(1) (Int. de la loi. — Levie, Padovani et consorts.) — LA COUR; — Vu l'art. 31 de la loi du 3 brum. an 4; — Considérant que la commission militaire formée à Ajaccio, conformément au décret du 17 mess. an 12, a déclaré que François Levie, Clément Padovani, Etienne Durazzy et Joseph Caparelli, n'étaient pas suffisamment convaincus pour leur appliquer la peine capitale; que, d'après cette déclaration, la commission militaire ne pouvait se dispenser de les acquitter et d'ordonner leur mise en liberté sur-le-champ, conformément à l'art. 31 de la loi citée ci-dessus, qui doit être observée par les commissions militaires comme par les conseils de guerre; que néanmoins la commission militaire formée à Ajaccio les a condamnés à la déportation, se fondant sur le décret de la convention nationale du 7 juin 1793; — Considérant que ce décret, fruit de la terreur, et que la convention nationale avait rapporté par son décret du 29 niv. an 3, n'autorisait les tribunaux criminels à prononcer la peine de la déportation que contre les hommes dangereux accusés de crimes dont ils seraient pleinement convaincus, mais qui ne seraient point classés dans le code pénal, et ne les autorisait pas à prononcer cette peine contre des individus accusés de crimes classés dans les lois pénales, mais qui n'en seraient pas pleinement convaincus; — D'où il suit que ladite commission militaire a violé l'art. 31 de la loi citée ci-dessus, et fait une fausse application du décret de la convention nationale, du 7 juin 1793; — Par ces motifs, faisant droit sur le réquisitoire du procureur général, vu la lettre à lui écrite par le grand juge ministre de la justice, vu l'art. 441 c. inst. crim.; — Casse.

Du 19 juin 1813.-C. C., sect. crim.-MM. Barris, pr.-Oudart, rap.

(2) (Delon C. min. pub. et Morisseau.)—LA COUR;—Statuant sur la demande en intervention, formée par Morisseau; — Attendu que Morisseau n'a été partie au procès ni en première instance ni devant les juges d'appel; — Attendu, d'ailleurs, que nulle partie civile n'est reçue à intervenir dans les préventions pour délit d'habitude d'usure, cette nature d'affaire n'admettant d'autres parties que le ministère public d'une part, et le prévenu de l'autre, sauf aux individus lésés par des stipulations d'intérêts usuraires à se pourvoir devant les tribunaux civils, conformément à l'art. 3 de la loi du 3 sept. 1807; — Rejette l'intervention, statuant sur le pourvoi de Delon de Lacombe;

Sur le deuxième moyen, pris de la fausse interprétation de la loi du 3 sept. 1807, en ce qu'il ne résulte pas, des faits spécifiés par le jugement, que les prétendus prêts, qui servent de base à la condamnation, aient été faits moyennant un intérêt usuraire : — Attendu que ce moyen est démenti par le fait, 1° quant aux prêts faits à Jacquinot, se portant à 25,000 fr., le jugement déclarant que ces prêts ont été faits sur les simples billets du débiteur, à raison de 1 p. 100 par mois; 2° quant aux sommes prêtées, toujours à raison de 1 p. 100 par mois, à Poulard et à Villers; 3° quant aux opérations de banque faites avec Morisseau, et simulant, d'après le jugement, des prêts conventionnels, les intérêts reçus, excédant de beaucoup le taux légal de 6 p. 100, déterminé par la loi du 3 sept. 1807, comme étant celui du commerce; d'où il suit que, d'après les faits constatés par les juges du fond, à qui l'appréciation en appartenait exclusivement, il a été fait une juste application de la loi du 3 sept. 1807;

Sur le troisième moyen, fondé aussi sur une fausse interprétation de la même loi, en ce que le tribunal d'appel avait considéré les opérations qu'il signale comme des prêts conventionnels usuraires, et non comme des opérations de banque, par l'unique motif que les perceptions, faites par le demandeur, avaient excédé le taux de 6 p. 100 : — Attendu qu'il suffit de lire le jugement pour se convaincre que la perception des intérêts usuraires n'a nullement servi à faire déclarer que les opérations faites avec Morisseau couvraient des prêts conventionnels; — Que ce jugement constate, d'une manière irréfragable et inaccessible à toute critique devant la cour, 1° que, dans un ensemble d'opérations excédant 800,000 fr., Delon prélevait, sur le montant des effets qu'il recevait, un droit de 1 p. 100 par mois, outre un autre droit d'un huitième, quelquefois un demi et même trois quarts environ, qualifié droit de commission; 2° que Delon savait que ces effets ne constituaient pas, au profit de Morisseau père, des créances sur ceux qui les avaient souscrits ou endossés; qu'ils ne représentaient aucune valeur commerciale, et qu'ils étaient créés pour le besoin des opérations auxquelles ils donnaient lieu; il savait que ces signatures étaient de complaisance, qu'elles n'étaient là que pour revêtir les effets d'une apparence commerciale; il le savait, car, le plus souvent, c'était lui qui disait de quels noms devaient être souscrits les billets qu'on devait lui apporter; — Attendu que, par suite de ces faits constatés, et les résumant dans son dernier motif, le jugement s'énonce ainsi : — « Attendu que, des faits ci-dessus déclarés constants, il résulte que les opérations faites par Delon avec Morisseau père, doivent être considérées, non comme des opérations de banque, mais comme des prêts conventionnels usuraires, les intérêts reçus excédant de beaucoup le taux légal de 6 p. 100, déterminé par la loi du 3 sept. 1807, comme étant celui du commerce; » — Que ce dernier motif du jugement n'est que la conséquence des deux faits constatés par les motifs précédents, savoir : 1° que les effets relatifs aux opérations faites entre Delon et Morisseau ne représentaient aucune valeur commerciale; que les signatures n'étaient là que pour revêtir les effets d'une apparence commerciale; 2° qu'au moyen d'un prélèvement, sur le montant des effets, d'un droit de 1 p. 100 par mois, d'un autre droit de huitième, quelquefois un demi et même trois quarts environ, qualifié droit de commission, les intérêts perçus excédaient évidemment et de beaucoup le taux fixé par la loi; — Que le tribunal d'appel, dans son dernier motif, qui n'est que le résumé du précédent, a dû lier les deux faits et de la simulation des opérations et de l'excès de l'intérêt, parce que le concours de ces deux faits pouvait seul justifier la prévention qui était établie à ses yeux et déterminer une juste application de la loi du 3 sept. 1807;

Sur le quatrième moyen, pris de la violation de l'art. 4 de cette loi, en ce que le tribunal a fait à Delon l'application de cet article et l'a condamné à une amende de 30,000 fr., sans déclarer, en même temps, qu'il s'était rendu coupable d'habitude d'usure : — Attendu que le tribunal d'appel, en mettant les appellations au néant et en ordonnant que le jugement dont est appel sortira en effet, sauf la réduction de l'amende, a adopté le dispositif de ce dernier jugement, ainsi conçu : — « Le tribunal déclare Delon de Lacombe coupable du délit d'habitude d'usure, en réparation de quoi, etc...; » — D'où il suit que le tribunal d'appel s'est approprié cette déclaration de culpabilité, et qu'on doit la considérer comme si elle était consignée dans son propre jugement; qu'à la vérité le tribunal d'appel s'est déterminé par d'autres motifs que ceux énoncés dans le jugement de première instance, qu'il a déclaré ne pas adopter; mais que la différence des motifs n'altère pas le dispositif, quand la condamnation est confirmée; — Que les jugements, en pareille matière, se composent essentiellement de deux parties, des motifs et du dispositif; que dans le dispositif doivent se trouver, nécessairement, 1° le fait ou délit prévu et qualifié par la loi applicable; 2° la peine prononcée par cette loi; qu'en adoptant ce dispositif et en confirmant la condamnation plus ou moins modifiée, suivant la latitude laissée aux tribunaux, les juges supérieurs se sont pleinement rendus les deux parties intégrantes et essentielles de ce dispositif; — Par ces motifs, rejette les deuxième, troisième, quatrième et cinquième moyens; mais, sur le premier, ordonne un rapport de pièces.

Du 19 fév. 1830.-C. C., ch. crim.-MM. Bastard, pr.-Gory, rap.

(3) (Min. pub. C. Loye.) — LA COUR; — Vu l'art. 161 c. inst. crim.; — Attendu qu'en matière de contravention aux arrêtés d'alignement pris par les maires, en vertu de l'édit de déc. 1607 et des lois des 24 août 1790 et 22 juil. 1791, la réparation du préjudice causé consiste dans la démolition des constructions faites au mépris desdits arrêtés; qu'aux termes de l'art. 161 ci-dessus cité, cette réparation doit être prononcée en même temps que la peine encourue; — Attendu, cependant, que le tribunal correctionnel de Dijon, saisi de l'appel du sieur Loye contre un jugement de simple police qui l'avait condamné à l'amende pour avoir contrevenu à un arrêté d'alignement du maire de Couchey, et avait ordonné qu'il se conformerait à cet arrêté, a, tout en confirmant la première disposition de ce jugement relative à l'amende, modifié la deuxième, et ordonné que le sieur Loye ne serait tenu de se conformer à l'arrêté du maire de Couchey, qu'autant que cet arrêté lui aurait été légalement notifié, et qu'il ne l'aurait pas fait réformer par l'autorité supérieure compétente;

Que cette dernière disposition du jugement attaqué est en contradiction avec la première, confirmative de la condamnation à l'amende, de laquelle ressort virtuellement la reconnaissance que le sieur Loye connaissait légalement l'arrêté auquel il est déclaré avoir contrevenu, et qu'elle contient une violation formelle de l'art. 161 c. inst. crim.; — Par ces motifs, casse.

Du 15 mai 1835.-C. C., ch. crim.-MM. Choppin, pr.-Vincens, rap.

de deux choses l'une : ou le prévenu est obligé de se conformer à l'arrêté du maire, ou, s'il n'y était pas obligé, il ne peut être passible d'aucune amende pour y avoir contrevenu; mais on ne peut en même temps et le condamner à l'amende et déclarer qu'en l'état l'arrêté auquel il a contrevenu n'est pas obligatoire pour lui.

96. C'est un grand principe de justice défensive que les peines sont personnelles, et qu'ainsi la peine encourue pour un fait criminel ne peut être appliquée qu'à l'auteur de ce fait. De là résultent plusieurs conséquences importantes. La principale, c'est que la mort du coupable, si elle survient avant la condamnation, ne permet plus de prononcer aucune peine, et, si elle survient après la condamnation, fait tomber cette condamnation et rend inapplicable la peine qui avait été prononcée.—Il a été jugé, conformément à ces principes, 1° que, lorsqu'une contravention est imputée à une société, dont le directeur ou chef est mort depuis, une cour d'appel qui renvoie les autres associés des poursuites, sous le prétexte qu'il est présumable que les travaux faits en contravention ont été ordonnés par ce directeur, ne viole aucune loi (Crim. rej. 2 avril 1830) (1);—2° Que la mort naturelle du condamné, avant qu'il ait été statué sur son pourvoi, anéantit tant la condamnation pénale que celle accessoire aux frais du procès (Crim. rej. 21 juill. 1814; Crim. cass. 3 mars 1836) (2);—3° Que l'héritier n'est jamais passible d'aucune peine afflictive pour un délit commis par celui auquel il succède. En est-il de même si la peine est purement pécuniaire? Oui, s'il s'agit d'une peine que le défunt eût dû subir personnellement, s'il eût été condamné; telle serait une contravention à laquelle n'aurait pas été condamné l'auteur du délit (Crim. cass. 28 mess. an 8, aff. Mitchell, V. Douanes, n° 865);—4° Que l'amende encourue par un notaire pour contravention à l'art. 13 de la loi du 25 vent. an 11 doit être considérée comme une véritable peine, bien qu'elle soit applicable par les tribunaux civils seuls; qu'en conséquence, le décès du notaire contrevenant éteint l'action du ministère public et que ce dernier est non recevable à reprendre l'instance contre la veuve et les héritiers (Nancy, 1re ch., 30 août 1844; MM. Arbois, f. f. pr., Leclerc, subst., c. contr., aff. Labouille. Extrait de M. Garnier, Jurisp. de Nancy, v° Notaire, n° 1).

97. Le principe que les peines sont personnelles s'applique en matière de garde nationale, et encore bien qu'il ne s'agisse ni de prison ni d'amende (Crim. rej. 17 mai 1834, aff. Beugourd-Lambert, V. Garde nat., n° 161; V. aussi *eod.*, n° 329).

98. Par exception au principe de la personnalité des peines, il a été décidé : 1° que ceux qui exercent une profession spéciale régie par des règlements de police, et notamment les entrepreneurs de vidanges, sont passibles des peines qu'entraîne toute infraction à ces règlements, qu'elle soit leur fait personnel ou celui de leurs ouvriers ou préposés, sans que, dans ce dernier cas, ils puissent se prévaloir des principes qui régissent la responsabilité civile des maîtres et des commettants (Crim. cass. 4 juin 1842, aff. Marchegay, V. Vidange); — 2° Qu'ainsi le gérant d'une société peut valablement être cité et condamné, en son nom personnel, pour un fait de contravention commis par lui, ou auquel il a concouru à l'occasion des opérations de la société; — Et, spécialement, que le directeur d'une société ayant pour objet la vidange des fosses d'aisance, qui ne s'est pas conformé à un arrêté par lequel des mesures de salubrité étaient prescrites pour la vidange de ces fosses, peut être déclaré passible personnellement des peines de police encourues pour cette contravention; et que c'est à tort qu'il prétendrait que la citation aurait dû être donnée à la société, comme être moral (Crim. rej. 1er déc. 1838, aff. Grange, V. Commune, n° 944-1°); — 3° Que ce sont les entrepreneurs de vidanges seuls, et non leurs ouvriers, qui sont passibles des peines prononcées par l'ordonnance de police du 5 juin 1834 : ceux-là se prévaudraient en vain des principes qui

---

(1) (Min. pub. *C.* Devillez Bodson.) — LA COUR; — Statuant sur le pourvoi du procureur général près la cour royale de Nancy; — Attendu que l'arrêt attaqué a reconnu, en fait, que Devillez Bodson, le père, était chef et principal directeur de la société, propriétaire des mines dont il s'agit; qu'il était présumable que c'était lui qui avait ordonné la construction des lavoirs indûment établis; qu'il est mort depuis le dernier arrêt de la cour, et qu'à défaut de preuves suffisantes contre les deux fils survivants, d'avoir coopéré à l'établissement et au maintien desdits lavoirs, il y avait lieu de les renvoyer de l'action publique dirigée contre eux; qu'en jugeant ainsi, l'arrêt attaqué n'a violé aucune loi;—Attendu que ledit arrêt constate que les lavoirs ont été illégalement établis, et que la société Devillez, qui en a profité, demeure civilement responsable de ce fait défendu par la loi; que la cour de Nancy, qui l'a rendu, a donc été compétente pour statuer sur les conséquences de ce fait, et qu'elle a pu, sans violer aucune loi, ordonner la destruction des lavoirs, et condamner la société Devillez aux dépens; — Par ces motifs, rejette.

Du 2 avr. 1830.-C. C., ch. crim.-MM. Bastard, pr.-Ricard, rap.

(2) 1re *Espèce* : — (Enreg. *C.* Vincent.) — 20 mai 1831, arrêt de la cour d'assises de la Drôme qui condamne Vincent père à cinq ans de travaux forcés, à 100 fr. d'amende et aux frais au profit de l'État. — Le condamné se pourvoit en cassation le lendemain et décède le jour même, ce qui rend le pourvoi sans objet, l'exécution de l'arrêt de condamnation étant devenue impossible.

Toutefois, la régie de l'enregistrement et des domaines décerne contre Vincent fils une contrainte à fin de payement de 231 fr., montant des frais mis à la charge de son père. — Opposition de la part de Vincent fils, qui soutient que la mort de son père a anéanti toutes les condamnations prononcées contre lui, sans aucune distinction.

Ce système est accueilli par jugement du tribunal de Die, en date du 9 fév. 1833, sur les motifs suivants : « Considérant qu'en matière criminelle, le pourvoi des condamnés est suspensif et dévolutif, en sorte que les arrêts rendus contre eux ne deviennent véritablement définitifs et exécutoires que lorsque ce pourvoi a été rejeté par un arrêt de la cour de cassation; que la mort du condamné, postérieurement à son pourvoi, et avant que la cour de cassation ait statué ne peut porter atteinte à ces principes, détruire l'existence d'un fait accompli, celui du pourvoi, et anéantir le bénéfice qui est y attaché, le sursis à toute exécution;—Considérant, dans la cause, que l'arrêt de la cour d'assises du département de la Drôme, du 20 mai 1831, d'abord provisoirement suspendu dans son exécution, par l'effet du pourvoi régulier formé par François Vincent, le 21 dudit mois, a été frappé d'un sursis indéfini par la mort de ce condamné, puisqu'il n'a point acquis, puisqu'il n'a pu acquérir, par la décision de la cour suprême, la confirmation nécessaire, qui seule pouvait le rendre définitif et exécutoire; — Qu'admettre que la mort du condamné anéantit le bénéfice suspensif du pourvoi, et donne une sanction définitive à l'arrêt qui l'a frappé, serait un système éminemment contraire à la morale et à cet esprit de sagesse et de générosité qui a dicté les salutaires améliorations introduites de nos jours dans notre législation pénale; un pareil système, en effet, tendrait à placer le condamné, décédé, dans une position moins favorable que vivant; il refuserait à l'héritier, c'est-à-dire à l'innocent, l'exception qui était acquise au condamné et qu'il a recueillie de lui au moment de sa mort; ce qui n'était pas exécutoire contre l'auteur du crime, le deviendrait contre celui qui y était étranger et que grève déjà si douloureusement l'héritage d'une condamnation paternelle; — Considérant que, de tout ce qui précède, découle la conséquence que François Vincent père, décédé après son pourvoi, est mort dans l'intégrité de ses droits; que l'arrêt qui l'avait condamné n'a point acquis un caractère définitif, et qu'il ne peut, dès lors, servir de base aux poursuites que l'administration de l'enregistrement a dirigées contre Vincent fils, poursuites qu'un titre exécutoire peut seul autoriser. »

Pourvoi de la régie, pour fausse application des art. 2 (1re partie) et 373 c. inst. cr., et du même art. 2 (2e partie); en ce que la mort naturelle du condamné, avant qu'il n'ait été statué sur son pourvoi, ne produit d'autre résultat que de l'affranchir de la peine corporelle et de l'amende; qu'elle n'anéantit pas l'action pour réparations civiles, laquelle retombe sur sa succession; que c'est à titre de réparation civile que le fisc, aux dépens duquel se font les poursuites criminelles, répète contre les condamnés les frais du procès. — Arrêt (apr. dél. en ch. du cons.).

LA COUR; — Attendu que la condamnation au remboursement des frais de justice est un accessoire de la condamnation pénale qui a causé lesdits frais; que le pourvoi en cassation suspend l'exécution de cette condamnation; que le décès du condamné, avant qu'il ait été statué sur le pourvoi, rend l'exécution de la condamnation pénale impossible, et ne permet pas à la cour de cassation de statuer sur le pourvoi; qu'en cet état, quoique l'action en réparation et dommages, s'il y a lieu, existe encore pour les parties civiles, l'arrêt de condamnation ne peut être exécuté dans aucune de ses dispositions; et qu'en le jugeant ainsi, le tribunal civil de Die n'a violé aucune loi, mais qu'il s'est pleinement conformé aux principes de la matière; — Rejette.

Du 21 juill. 1834.-C. C., ch. civ.-MM. Portalis, 1er pr.-Piet, rap.

2e *Espèce* : — (Fournier *C.* Min. pub.) — LA COUR; — Attendu que la condamnation au payement des frais est un accessoire de la condamnation pénale; que la mort du condamné, avant que le pourvoi ait été jugé, rend l'exécution de la condamnation impossible, et ne permet pas à la cour de cassation de statuer sur le pourvoi; — Par ces motifs, dit qu'il n'y a lieu de statuer sur le pourvoi, ni sur l'intervention, etc.

Du 3 mars 1836 (non 1834).-C. C., ch. crim.-MM. Choppin, f. f. de pr.-Rocher, rap.-Voysin de Gartempe, f. f. d'av. gén.-Garnier, av.

régissent la responsabilité civile des maîtres et des commettants (Crim. cass. 15 janv. 1841, aff. Orsel, n° 158).

99. Le cessionnaire d'une adjudication publique, telle que celle des boues d'une ville, peut être personnellement passible des peines encourues pour contravention au règlement local relatif à l'exploitation de cette adjudication, lorsque la cession a reçu l'assentiment de l'administration.

...Mais de telles condamnations ne peuvent atteindre les agents de ce cessionnaire, quand bien même il leur aurait consenti des sous-baux, demeurés étrangers à l'administration (Crim. rej. 24 avril 1845, aff. Gay, D. P. 45. 1. 307).

100. Une condamnation pénale peut être prononcée contre un inconnu, si l'identité entre la personne condamnée et celle qui s'est rendue coupable du délit incriminé est constante, alors que cette personne a persisté dans son refus de déclarer ses noms et profession, et que toutes les recherches, à cet égard, ont été infructueuses (Crim. rej. 15 fév. 1849, aff. une inconnue, D. P. 49. 1. 135).

101. Une condition essentielle de la juste application des peines, c'est, en général, que l'auteur du fait punissable ait agi dans une *intention* coupable (V. ce qui est dit à cet égard *infrà*, n°s 369 et suiv.). Mais nous verrons également (n°s 354 et suiv.) que les juges ne peuvent admettre d'autres excuses que celles qui sont formellement déterminées par la loi.

102. Le juge doit appliquer au fait reconnu constant et imputable au prévenu la peine que la loi a établie pour ce fait même; il ne lui est permis ni de l'*élever* ni de l'*abaisser* au delà des limites que la loi elle-même a posées, ni de prononcer une peine *différente*, ni d'*ajouter* à la peine principale prononcée par la loi une peine *accessoire* qu'elle ne prononce pas. — Ainsi, il a été jugé: 1° que, le code de 1791 n'assujettissant à porter la chemise rouge en allant au supplice que les condamnés à mort pour crime d'assassinat, d'incendie ou de poison, on ne pouvait appliquer cette disposition aux condamnés à mort pour tous autres crimes (Crim. cass. 28 flor. an 9, MM. M..., pr., Barris, rap., aff. Petit-Brueil; même jour, aff. Lavergne; 6 mess. an 7, M. Sautereau, rap., aff. Perrin); — 2° Que celui qui était déclaré coupable d'un délit simplement correctionnel, ne pouvait pas être condamné à l'exposition, cette peine étant l'accessoire des condamnations pour crime; que ce principe devait s'appliquer au délit rural prévu par l'art. 26 de la loi du 26 oct. 1791, encore que la peine prononcée par cette loi fût celle de la détention, que le code pénal de cette époque qualifiait d'afflictive et infamante: le mot *détention* dans l'article cité n'ayant d'autre valeur que celui d'emprisonnement (Crim. cass. 15 prair. an 10, MM. Sieyès, rap., aff. Chiafredo Isoardi); — 3° Qu'en cas de culpabilité d'un vol qualifié, tel que celui qui emporte la peine des travaux forcés à temps, aucune loi n'autorisant de réunir à la peine la condamnation à une amende, il ne peut en être prononcé une (Crim. cass. 3 mars 1826, MM. Portalis, pr., Chasles, r., aff. Dominé); — 4° Que la peine des fers, appliquée par le code pénal militaire aux crimes commis par des militaires, est distincte de celle des travaux forcés établie par le code pénal ordinaire; qu'en conséquence, la décision d'un conseil de guerre qui prononce, pour un crime puni par le code pénal militaire de la peine des fers, cette peine, en y ajoutant, comme explication du sens de la condamnation, ou celle des travaux forcés, doit être cassée, dans l'intérêt du condamné, par voie de retranchement de ces dernières expressions (Crim. cass. 2 août 1851, aff. Larquay, D. P. 53. 5. 348); — 5° Que le titre de vol qualifié donné à l'enlèvement d'une pirogue, ne suffit pas pour justifier une aggravation de peine (Crim. cass. 26 mars 1835, aff. Nicaise, V. Possess. franç.); — 6° Que quand un tribunal n'applique à un délit que l'amende ou l'emprisonnement, il ne peut prononcer des peines autres que celles dont le délit est puni par le code pénal, et par exemple, s'il s'agit d'outrages à la pudeur, délit dont le maximum de l'amende est de 200 fr., il ne peut condamner à 400 fr. d'amende (Crim. rej. 3 nov. 1827, aff. Faillette, V. n° 552); — 7° Qu'aujourd'hui ce n'est que dans les cas spécialement prévus par la loi que l'offenseur peut être condamné à faire réparation d'honneur (Crim. cass. 24 avril 1828, aff. Laneizolle, V. Contravention, n° 24); — 8° Que, lorsque la loi prononce textuellement une amende de 500 livres comme peine d'un délit, un tribunal ne peut, sans excès de pouvoir, modérer l'amende à une somme inférieure (Crim. cass. 7 fruct. an 3, MM. Lalonde, pr., Fradin, rap., aff. Pelle); — 9° Que le jugement par lequel un tribunal de police condamne à 5 fr. d'amende un individu coupable d'une contravention punie par la loi d'une amende de trois journées de travail, est nul, lorsque le préfet du département a fixé à 1 fr. et 1 fr. 30 cent. la journée de travail (Crim. cass. 20 mai 1831) (1); — 10° Que la faculté laissée aux juges par plusieurs articles du code pénal, de prononcer ou de ne pas prononcer certaines peines, n'emporte pas celle de les pouvoir réduire au dessous du minimum déterminé par la loi; cette réduction ne peut avoir lieu que dans le cas prévu par l'art. 463 c. pén.; qu'ainsi, bien que le tribunal puisse, d'après l'art. 401 c. pén., ne pas prononcer la surveillance contre le coupable d'un vol simple, cependant s'il la prononce, il ne peut, sauf le cas prévu par l'art. 463, en réduire la durée à trois ans au lieu de cinq, minimum fixé par l'art. 401 (Crim. cass. 2 sept. 1837, M. Vincens, rap., aff. N...; 24 nov. 1838, M. Thil, rap., aff. N...); — 11° Que les contraventions à des règlements de police trouvant leur sanction dans la loi du 24 août 1790 et le code de brumaire, et que, ces lois n'établissant que *l'emprisonnement et l'amende*, il s'ensuit qu'un tribunal de police ne doit pas, dans ces cas, prononcer *la confiscation* des objets saisis (Crim. rej. 13 juin 1823) (2); — 12° Que les tribunaux ne peuvent, hors des cas prévus par la loi, ordonner l'impression et l'affiche de leurs jugements (Crim. cass. 17 fruct. an 9; 30 vend. an 11; Crim. rej. 27 janv. 1809 (3); Crim. cass. 7 fruct. an 3, MM. Lalonde, pr., Fradin, rap., aff. Pelle). — A moins qu'elle n'ait été

(1) (Audouard C. min. pub.) — LA COUR; — Vu les art. 605 et 606 c. 3 brum. an 4, et l'arrêté du 12 janv. 1830, par lequel le préfet du département de l'Hérault, procédant en exécution de l'art. 4 du tit. 2 de la loi du 6 oct. 1791, a fixé à 1 fr. 30 c. et à 1 fr., suivant la population des lieux, le prix moyen de la journée de travail pour servir de base à l'appréciation des amendes de police, pendant cette même année; — Attendu que la contravention commise par le demandeur, n'est punissable que des peines prononcées par les art. 605 et 606 ci-dessus rappelés; que l'amende dont il s'est rendu passible ne pouvait, par conséquent, pas s'élever au-dessus de la valeur de trois journées de travail; d'où il suit qu'en le condamnant à une amende de 5 fr., le jugement a fait une fausse application de l'art. 471, n° 6, c. pén., et violé lesdits art. 605 et 606 c. 3 brum. an 4; — En conséquence, casse le jugement du tribunal de simple police de Mèze, du 16 nov. 1830.

Du 20 mai 1831.-C. C., ch. crim.-MM. Ollivier, pr.-Rives, rap.

(2) (Min. pub. C. Renault, Deliry et autres.) — LA COUR; — Attendu qu'aux termes de l'art. 470 c. pén., les tribunaux de police peuvent, *dans les cas déterminés par la loi*, prononcer la confiscation des choses saisies en contravention; — Que les faits dont les boulangers sont déclarés coupables, dans l'espèce, ne sont point l'objet des dispositions du liv. 4 c. pén.; que ce sont des infractions d'un règlement de police fait par le maire de Soissons dans l'exercice légal des fonctions municipales; — Que les infractions des règlements de police constituent des contraventions dont les peines sont dans les dispositions combinées des art. 5, tit. 11 de la loi du 24 août 1790, 600 et 606 c. pén. du 3 brum. an 4, que les peines établies par ces articles sont l'emprisonnement et l'amende, et que la confiscation n'y est pas comprise;

Qu'en refusant de prononcer, dans la cause, la confiscation requise par le ministère public, le tribunal de police de Soissons (par jugement du 28 avr. 1823), s'est conformé aux principes et aux lois de la matière et s'est renfermé dans les termes de sa compétence; — Rejette.

Du 13 juin 1823.-C. C., sect. crim.-MM. Barris, pr.-Aumont, rap.

(3) 1re *Espèce*: — (Festa C. le min. pub.) — LA COUR; — Vu l'art. 456 c. des délits et des peines, portant, etc.; — Considérant que, dans l'espèce, le tribunal de police a condamné le réclamant aux frais de l'impression et affiche du jugement, au nombre de deux cents exemplaires, quoique le plaignant n'eût demandé par ses conclusions, ni l'impression, ni l'affiche dudit jugement, d'où résulte un excès de pouvoir de la part dudit tribunal de police, casse.

Du 17 fruct. an 9.-C. C., sect. crim.-MM. Viellart, pr.-Génevois, r.

2e *Espèce*: — (Benoît et autres C. le min. pub.) — LA COUR; — Vu la 6e disposition de l'art. 456 et l'art. 163 du c. des délits et des peines...; — Attendu que les lois dont l'application a été faite ne prononcent point l'impression et l'affiche du jugement; — Que néanmoins le tribunal de police, par son jugement du 29 fruct. an 9, a ordonné qu'il serait imprimé et affiché au nombre de cinquante exemplaires, aux frais des demandeurs; — Que cette condamnation, prononcée d'office, est un excès de pouvoir qui, aux termes de la sixième disposition de l'art.

requise par la partie civile, à titre de dommages-intérêts (Crim. cass. 23 mars 1811 (1); V. aussi les arrêts précités). — Auquel cas, le tribunal ne peut ordonner l'affiche à un nombre d'exemplaires plus considérable que celui demandé (Crim. cass. 17 therm. an 11) (2).

103. En prononçant la dégradation civique contre un individu après l'avoir condamné à la reclusion, laquelle emporte déjà cette peine, la cour d'assises fait sans doute une chose inutile; mais son arrêt ne pouvant aggraver le sort de l'accusé, il y a lieu à rejeter le réquisitoire du ministère public tendant à l'annulation de cette disposition de l'arrêt (Crim. rej. 19 sept. 1832, MM. Portalis, pr., Brière, rap., aff. Bougé).

104. Si le juge ne peut ni appliquer une peine que la loi ne prononce pas, ni ajouter à la peine qu'elle prononce, il ne peut pas non plus, sans excès de pouvoirs, dès qu'il reconnaît le délit constant, faire au prévenu la *remise totale* ou *partielle* de la peine qui s'applique à ce délit : une telle disposition serait l'usurpation du droit de *grâce* qui n'appartient qu'au souverain; il ne pourrait également, en prononçant la peine principale, exempter le prévenu de la peine *accessoire* que la loi y a ajoutée. Cette règle, toutefois, ne doit être entendue qu'avec la restriction suivante : à moins que l'exemption ou l'abaissement de la peine, ou la dispense de la peine accessoire ne soit expressément autorisée par la loi. — Il a été jugé en ce sens : 1° que le tribunal de police qui reconnaît l'existence d'une contravention ne peut faire remise de la peine encourue (Crim. cass. 10 déc. 1807, aff. Lambry, V. n° 806; 9 fév. 1815, MM. Barris, pr., Dunoyer, rap., aff. Pepin; 17 mess. an 7, M. Minier, rap., aff. François Baize; 9 brum. an 14, MM. Seignette, pr., Minier, rap., aff. Magen et Demichet); — 2° Que, lorsque les tribunaux correctionnels ont déclaré constant un fait puni par la loi, ils ne peuvent alléguer des considérations particulières pour se dispenser d'appliquer les peines qu'elle prononce (Crim. cass. 9 vend. an 7) (3); — 3° Que la gravité plus ou moins grande d'une peine ne saurait fournir une dispense d'appliquer la loi; et, par exemple, que le prévenu d'un outrage envers un chef supérieur ne peut être renvoyé de la plainte, sur le seul motif qu'il encourrait la dégradation, ce qui serait déshonorant (Crim. cass. 3 avril 1835, aff. Bourgoin, V. Garde, nat., n° 323); — 4° Qu'un tribunal de police ne peut renvoyer de la poursuite le prévenu d'infraction à un arrêté de police, sous le prétexte qu'il y a déjà eu jugement d'acquittement pour pareilles contraventions antérieures (Crim. cass. 11 oct. 1827, MM. Ollivier, pr., Mangin, rap., aff. Julliard; 28 janv. 1832, aff. Piédel, V. Manuf., n° 189); — 5° Que le tribunal de police qui reconnaît qu'un prévenu est convaincu d'une contravention, ne peut pas s'empêcher de lui appliquer la peine, et qu'il viole la loi en cherchant à l'interpréter pour motiver l'acquittement, et à distinguer où elle ne distingue pas (Crim. cass. 9 frim. an 7) (4); — 6° Qu'il ne peut renvoyer pareillement de la plainte l'individu prévenu d'avoir abattu du bétail malsain et nuisible, sous le prétexte que le commissaire de police aurait, sans jugement et sans qu'il en eût le droit, fait enfouir le bétail : il doit, en tous cas, constater si la contravention existe (Crim. cass, 18 oct. 1827, aff. Canon, V. Boucher, n° 51); — 7° Qu'il ne peut, n'ayant pas le droit de s'immiscer dans l'examen d'une mesure administrative, excuser la contravention à un arrêté municipal qui, dans l'intérêt de la salubrité publique, a ordonné que certaines matières seraient enfouies, sur le motif que ces matières, quoiqu'elles répandent une odeur incommode, ne sont pas insalubres (Crim. cass. 12 juin 1828, aff. Cotin, V. Commune, n° 981); — — 8° Qu'un jugement de police qui décharge le prévenu de l'amende *pour cette fois seulement* décide par là que celui-ci a commis un délit; et que dès lors il est nul comme dispensant d'une amende qu'il devait prononcer tout en la graduant, s'il y avait lieu,

456 précité, donne ouverture à cassation ; — Par ces motifs, casse.
Du 30 vend. an 11.-C. de cass., sect. crim.-M. Liger, rap.

3e *Espèce* : — (Vuillans Vans); — Arrêt. — LA COUR; — Attendu, sur le 4e moyen, que quand la loi pénale a voulu en certains cas qu'il y eût impression et affiche de l'arrêt, il y a obligation imposée aux tribunaux de l'ordonner ainsi, mais que l'on ne peut en tirer la conséquence que les tribunaux ne puissent que dans les cas déterminés ordonner l'impression et l'affiche; — Que l'impression et l'affiche ne pourraient il est vrai être ordonnées sans aggravation de peine, si hors des cas prévus elles l'étaient d'office ou sur la réquisition du ministère public, dans le seul intérêt de la vindicte publique; mais que la partie civile peut y conclure comme plus ample réparation civile du préjudice qu'elle a souffert, et qu'alors les tribunaux peuvent l'ordonner pour tenir lieu de plus amples dommages-intérêts et sans aggravation de peine;

Attendu, sur le cinquième et dernier moyen, que la loi du 22 juill. 1791 renferme une disposition formelle pour que les condamnés à la détention correctionnelle soient assujettis à des travaux autorisés par l'administration supérieure du département, et que l'arrêt attaqué n'a fait que rappeler cette disposition en déclarant que le réclamant serait employé pendant le temps de sa détention dans la maison de correction aux travaux qui lui seraient indiqués par le préfet, travaux d'ailleurs qui n'ont rien d'infamant, mais qui tiennent uniquement à la bonne organisation des maisons de correction; — Rejette.

Du 27 janv. 1809.—C. C., sect. crim.-MM. Barris, pr.-Carnot, r.

(1) (Min. pub. C. Jordren et consorts.) - LA COUR; — Vu l'art. 456 du 3 brum. an 4, n° 6; — L'art. 163 du même code; — Attendu que l'art. 600 c. du 3 brum., qui détermine les peines de simple police, et les réduit à une amende de trois journées de travail ou à un emprisonnement qui n'excède pas trois jours, ne comprend point dans cette détermination pénale l'affiche du jugement de condamnation; — Que, s'il est permis d'ordonner l'affiche d'un jugement de police simple, c'est seulement lorsque la partie civile l'a demandée à titre de dommages-intérêts, parce qu'elle n'a point, en ce cas, le vrai caractère de peine; — Que, dans l'espèce, la partie civile n'avait pas conclu à l'affiche du jugement attaqué; — D'où il suit que le tribunal de police, en ordonnant que le jugement qui condamnait Jordren à trois jours d'emprisonnement serait affiché dans toutes les communes du canton, a prononcé une peine non déterminée par la loi, conséquemment arbitraire, et a, sous ce rapport, commis un excès de pouvoir; — Par ces motifs, casse.

Du 23 mars 1811.-C. C. sect. crim.-M. Lamarque, rap.

(2) (Leroux et consorts C. Legrip.) — LA COUR; — Attendu que les cent cinquante exemplaires du jugement, dont l'impression et affiches ont été ordonnée par le tribunal de police du canton de Brechy, au-delà des cinquante qui avaient été demandées par les parties plaignantes, ne peuvent être considérés que comme une augmentation de peine, et non comme dommages-intérêts; et qu'aux termes de l'art. 600 de la loi du 3 brum. an 4, les peines de simple police ne peuvent excéder trois jours d'emprisonnement, ou la valeur de trois journées de travail; et vu l'art. 456, qui autorise le tribunal de cassation à annuler les jugements des tribunaux criminels pour usurpation de pouvoir : — Casse.

Du 17 therm. an 11.-C. C., sect. crim.-M. Lachèse, rap.

(3) (Min. pub. C. Vallet et consorts.) — LA COUR; — Vu l'art. 10, tit. 32 de l'ord. des eaux et forêts de 1669; — Les art. 609, 428, 429, 432 de la loi du 3 brum. an 4; — Et attendu qu'en matière d'appel d'un jugement de la police correctionnelle, les juges des tribunaux criminels remplissent à la fois les fonctions de jury, comme étant juges du fait; — Attendu qu'il résulte du jugement même du tribunal criminel du département d'Eure-et-Loir, que les bestiaux dont il s'agit au procès ont été trouvés en délit; que les juges ayant ainsi déclaré le fait dont Jean-Louis Valet père, Jean-Louis Valet fils, et vingt-quatre autres habitants de Bourgeray, commune d'Alluye, étaient prévenus, constant, ils ne pouvaient dès lors s'empêcher d'appliquer la loi en prononçant la confiscation des bestiaux, qui est la peine attribuée par elle à ceux qui, sans être usagers, sont convaincus d'avoir laissé paître leurs bestiaux dans les bois nationaux; — Attendu que des considérations particulières ne peuvent motiver un jugement, détruire un fait déclaré constant, ni empêcher la juste application de la loi : — Par ces motifs, faisant droit sur le pourvoi du commissaire du pouvoir exécutif près le tribunal criminel du département d'Eure-et-Loir, casse.

Du 9 vend. an 7.-C. C., sect. crim.-M. Dor, rap.

(4) (Min. pub. C. Louis Doré.) — LE TRIBUNAL; — Vu l'art. 606, C. 3 brum. an 4, et l'art. 8, loi 17 therm. an 6; — Et attendu qu'en matière de simple police les juges chargés de connaître du fait remplissent à la fois les fonctions de jurés; d'où il suit que, quand ils ont déclaré constant le fait qualifié délit par la loi, et le prévenu convaincu de l'avoir commis, ils ne peuvent s'empêcher de prononcer la pénalité que la loi a prescrite; qu'étant seulement chargés d'appliquer son texte, ils ne peuvent, sous aucun rapport, l'interpréter, ni dans aucun cas distinguer où elle ne distingue pas; que, dans l'espèce, la contravention à l'art. 8 ci-dessus est déclarée constante par le jugement; que le cit. Louis Doré est déclaré, par le même jugement, le contrevenant; que, dès lors, aucune considération particulière ne pouvait empêcher les juges du tribunal de police de Verdun de prononcer la peine prescrite par l'art. 606 précité; que ne l'ayant pas fait, mais ayant, au contraire, cherché dans l'esprit de la loi des prétextes et de prétendues distinctions pour acquitter le prévenu, comme ils l'ont acquitté de fait, le tribunal de police a, à la fois et faussement appliqué l'art. 8, L. 17 therm. an 6, et formellement contrevenu à l'art. 606, L. 3 brum. an 4 : — Par ces considérations, casse.

Du 9 frim. an 7.-C. C., sect. temp.-M. Ch. Dor, rap.

(Crim. cass. 8 fruct. an 5) (1);— 9° Qu'un tribunal de police ne peut, sous prétexte que c'est pour la première fois que les prévenus sont traduits devant lui, à raison du fait qui leur est imputé, et que c'est le cas d'user de modération, se borner à prononcer contre eux une amende inférieure au minimum fixé par la loi (Crim. cass. 15 fév. 1828) (2);— 10° Que le pardon accordé même librement par la victime d'un crime ou d'un délit ne peut arrêter ni l'action publique ni l'application de la peine (Crim. rej. 8 août 1811) (3);—11° Que les tribunaux ne peuvent pas diviser les peines que la loi a cumulativement prononcées, à l'effet de n'infliger au condamné que l'une d'entre elles (Crim. cass. 15 oct. 1807) (4);— Spécialement que, lorsque la loi punissait un crime des travaux forcés et de la marque, les tribunaux ne pouvaient se dispenser de prononcer ces deux peines (Crim. cass. 23 oct. 1807) (5);— 12° Qu'il y avait lieu de casser l'arrêt qui avait omis de prononcer la flétrissure dans les cas où la loi l'ordonnait (Crim. cass. 13 oct. 1813, M. Ollivier, rap., aff. Besancelle);—13° Qu'on a dû, par exemple, ordonner que le faussaire serait marqué des lettres T. F., et non pas seulement de la lettre T. (Crim. cass. 21 sept. 1827) (6);—14° Que sous l'empire des lois révolutionnaires, le jugement qui, reconnaissant constante une contravention à la loi sur le chômage des jours fériés, se bornait à condamner le prévenu aux dépens, avec défense de récidiver, est nul : « Attendu qu'en prononçant ainsi, le tribunal a contrevenu aux dispositions de l'art. 606 c. des dél. et des peines, ci-dessus rapporté, qui ne permet pas de prononcer de condamnation au-dessous d'une journée de travail ou d'un jour d'emprisonnement, ni de faire remise de la peine » (Crim. cass. 19 niv. an 7, M. Meaulle, rap., aff. Houlard ; 18 mess. an 7, aff. Haussetête); — 15° Que doit être cassé l'arrêt d'une cour d'assises qui a omis de condamner l'accusé à l'amende, concurremment avec les autres peines portées par la loi (Crim. cass. 11 avril 1828, aff. Lacaze, V. Cassation, n° 445);— 16° Qu'un tribunal de police qui reconnaît un prévenu coupable d'avoir, sans provocation, jeté des corps durs contre quelqu'un, ne peut, en prononçant contre lui l'emprisonnement, se dispenser de le condamner à l'amende, sous le prétexte qu'il est insolvable; il y a nécessité, en tout cas, de prononcer l'amende (Crim. cass. 3 nov. 1826) (7); — 17° Qu'il ne suffit pas que le jugement qui reconnaît l'existence d'une contravention de police, se borne, pour la punir, à condamner le prévenu à l'amende de 5 fr. et aux frais; il doit, à peine de nullité, statuer sur la réparation du dommage, ordonner, par exemple, la démolition des travaux faits en contravention (Crim. cass. 8 janv. 1830, aff. Bourgeois, V. Appel crim., n° 69);— 18° Que le jugement qui, reconnaissant l'existence de la contravention d'où est résulté un dommage à la propriété d'autrui, se borne à prononcer des dommages-intérêts sans prononcer d'amende, est nul (Crim. cass. 9 sept. 1825, aff. Sigfrid, V. Instr. crim., n° 908-2°);— 19° Qu'un jugement de police qui, après avoir reconnu la contravention, se borne à condamner les prévenus aux frais du procès-verbal, citation et coût du jugement, est nul (Crim. cass. 7 janv. 1830, aff. B..., V. Jugement, n° 1058-5°).

105. Toutefois un condamné n'est pas recevable à se faire un moyen de cassation de ce qu'on lui a appliqué une peine moins forte que celle qu'on aurait dû lui appliquer (Crim. rej. 24 mai 1812 (8); Crim. cass. 2 juin 1825, aff. Suzzoni, V. Cassation, n° 443; 8 sept. 1826, aff. Amen, V. *eod.*, n° 445; Crim. rej. 21

---

(1) (Min. pub.) — LE TRIBUNAL; — Vu les art. 605 et 606 du code des délits, etc.; — Attendu que le tribunal de police de la troisième municipalité de Paris, en disant par son jugement du 15 prairial dernier, eu égard aux moyens déduits à l'audience par les comparants, les décharge pour cette fois seulement de l'amende, a déclaré qu'ils avaient commis un délit, sans quoi au lieu de les décharger de l'amende pour cette fois seulement, il les eût renvoyés des conclusions, que le tribunal de police n'avait pas le droit de décharger d'une amende prononcée par la loi, qu'il ne pouvait que la graduer, aux termes de l'art. 606, duquel article il se tire particulièrement que le tribunal ne pouvait se dispenser de prononcer une amende, puisque la faculté de la réduire à une valeur au-dessous de celle d'une journée de travail lui était interdite; —Casse le jugement du tribunal du 15 prairial dernier.

Du 8 fruct. an 5.-C. C. sect. crim.-MM. Allasœur, pr.-Seignette, r.

(2) *Espèce* :—(Intérêt de la loi : Mauduit.)—En déférant, dans l'intérêt de la loi, le jugement qui a donné lieu à ces deux résolutions, M. le procureur général a dit : Ce jugement a violé la loi sous deux rapports, d'abord, en ce qu'il réduit arbitrairement la peine encourue par les contrevenants au-dessous du minimum fixé par la loi, et, en second lieu, en ce qu'il ne prononce qu'une seule amende collective contre les deux prévenus, au lieu de les condamner chacun à une amende distincte. La qualité d'époux ne changeait rien au principe, alors qu'il était constant qu'ils étaient coupables l'un et l'autre de la contravention. Or, ce point de fait résulte de l'aveu même des prévenus : en droit, la cour a déjà posé le principe dans son arrêt du 25 mars 1825. — Arrêt.

LA COUR ; — Statuant sur le réquisitoire du procureur général du roi, et en adoptant les motifs, casse dans l'intérêt de la loi seulement.

Du 15 fév. 1828.-C. C., ch. cr.-MM. Bailly, f. f. de pr.-Gary, rap.

(3) (Pasqui et Domini.) — LA COUR; — Attendu que l'arrêt attaqué déclare Domini et Pasqui coupables d'attaque à dessein de tuer avec préméditation, ce qui suffit pour l'application légale de la peine; que cette attaque ayant été effectuée, les événements qui se sont passés depuis n'ont pas pu en diminuer la culpabilité. — Que quand le pardon prétendu accordé par Cavigli serait aussi sincère, qu'il était forcé par la circonstance; qu'au moment où il le donnait, il était encore en la puissance de ces assassins; ce pardon n'aurait et ne pourrait avoir aucune influence sur les poursuites dirigées par le ministère public, et qui, seules, ont fait prononcer la punition du crime; — Rejette le pourvoi formé contre l'arrêt de la cour criminelle du Trasimène, du 20 juin dernier.

Du 8 août 1811.-C. C., sect. crim.-MM. Barris, pr.-Brillat, rap.

(4) (Min. pub. *C.* Beoldo.) — LA COUR; — Attendu qu'en appliquant les dispositions de l'art. 35, tit. 2 de la loi du 19 juill. 1791, les tribunaux ont bien le droit de graduer les peines et de les fixer dans leur quotité et dans leur durée plus ou moins étendue, eu égard aux circonstances du délit; mais qu'il ne leur appartient point de diviser les peines que la loi a cumulativement prononcées pour les délits qu'elle a prévus à l'effet de n'infliger au condamné que l'une de celles qui sont déterminées par ladite loi; — Attendu que, dans l'espèce, la cour de justice criminelle du département de Gênes a contrevenu à la loi en ne condamnant Jean-Baptiste Beoldo qu'à six mois d'emprisonnement, sans le condamner en même temps à une amende, tandis que l'art. 35 de ladite loi du 19 juill. 1791 détermine, pour le délit d'escroquerie dont Beoldo a été convaincu, la double peine de l'amende et l'emprisonnement; — Casse.

Du 15 oct. 1807.-C. C., sect. crim.-M. Guieu, rap.

(5) (Min. pub. *C.* Collini et Ferrari.) — LA COUR; — Vu l'art. 6 de la loi du 23 flor. an 10; — Et attendu que Collini et Ferrari sont coupables du crime de fausse monnaie, par la distribution qu'ils en ont faite sciemment à Plaisance; — Que cette loi du 23 flor. an 10 y a été publiée, et que, par conséquent, la cour criminelle y a contrevenu en n'ajoutant pas à la peine de quinze années de fers celle de la flétrissure; — Casse.

Du 23 (non 25) oct. 1807.-C. C., sect. crim.-M. Vermeil, rap.

(6) (Min. pub. *C.* Wendling.) — LA COUR; — Vu les art. 155 et 20 c. pén.; — Attendu que Jacques Wendling, condamné par la cour d'assises du Bas-Rhin aux travaux forcés à temps, pour crime de faux, devait, aux termes desdits articles, être flétri de la marque des lettres T F; — Que cependant ladite cour d'assises a ordonné que ledit condamné ne serait flétri que de la marque de la seule lettre T, et qu'ainsi elle a violé la disposition finale dudit art. 20; — Casse.

Du 21 sept. 1827.-Ch. crim.-MM. Ollivier, pr.-Busschop, rap.

(7) *Espèce* : — (Int. de la loi. — Bonté.) — 25 août 1826, jugement qui, reconnaissant Hilaire Bonté coupable d'avoir, sans provocation, injurié Amiot et d'avoir lancé contre lui des pierres, le condamne à vingt-quatre heures de prison, en vertu de l'art. 476 c. pén., et, néanmoins, le dispense de l'amende en raison de son insolvabilité. — Pourvoi de M. le procureur général, dans l'intérêt de la loi. — Le fait déclaré constant, la peine, a-t-il dit, « était déterminée par l'art. 475 c. pén. qui prononce une amende de 6 à 10 fr. contre ceux qui auront volontairement jeté des corps durs ou immondices sur quelqu'un. » — Cet article est précis et impératif. Ses dispositions sont même rappelées dans l'art. 476, invoqué par le juge de paix; ce dernier article laisse la faculté de condamner à un emprisonnement, mais il confirme la nécessité de prononcer l'amende. — La question de solvabilité, qui a déterminé le tribunal à supprimer cette dernière peine, était hors des attributions de l'autorité judiciaire. Il pouvait y avoir obstacle dans l'exécution, ou bien motif suffisant pour que le condamné demandât à qui de droit remise de la peine; mais cette circonstance de fait ne pouvait rien sur le principe. — Arrêt.

LA COUR ; — Statuant sur le réquisitoire ci-dessus, et en adoptant les motifs, casse dans l'intérêt de la loi.

Du 3 nov. 1826.-C. C., ch. crim.-MM. Portalis, pr.-Gary, rap.

(8) (Maurency.)—LA COUR ; — Attendu que le condamné a été poursuivi comme garde forestier, et par suite de l'autorisation donnée par l'administrateur général des eaux et forêts impériales; qu'il n'est pas re-

oct. 1831, aff. Pichery, V. *eod.*). Dans ce cas, en effet, il n'a à se plaindre d'aucun grief, et, par conséquent, son pourvoi est sans intérêt. — Ainsi l'individu coupable de faux n'est pas recevable, à défaut d'intérêt, à se faire un moyen de cassation de ce que la cour aurait omis de lui appliquer l'une des peines du faux, l'amende, par exemple (Crim. rej. 11 avr. 1828, aff. Lacaze, V. Cassation, n° 445).

106. Une partie civile ne peut, en cassation, se plaindre de ce qu'un prévenu n'a pas été condamné à l'amende qu'il avait encourue. — Et spécialement, le propriétaire d'un livre ne peut se faire un moyen de cassation de ce que le contrefacteur de ce livre, qu'il a poursuivi et qui a été reconnu coupable de la contrefaçon, n'a pas été condamné à l'amende (Crim. rej. 26 juin 1835, aff. Hacquart, V. Propriété littéraire). Ce n'est pas dans l'intérêt de la partie civile que les peines sont appliquées; c'est uniquement dans l'intérêt de la société; la partie civile est donc sans qualité et sans intérêt, soit pour requérir l'application d'une peine, soit pour se plaindre de ce qu'elle n'ait pas été appliquée.

107. C'est au juge seul qu'il appartient de déterminer la peine que doit subir l'auteur du fait; elle ne peut être laissée au choix de ce dernier. — Ainsi un tribunal de police, saisi d'une contravention, telle que le grappillage, ne peut, en condamnant les contrevenants, leur laisser l'option entre l'emprisonnement et l'amende (Crim. cass. 2 sept. 1825, aff. Chezeau, V. Contravention, n° 28).

108. Le juge qui prononce une condamnation doit spécifier la peine qu'il prononce. Toutefois l'arrêt de condamnation qui prononce contre l'accusé la peine des parricides ne peut être annulé comme ne spécifiant pas la peine encourue, cette irrégularité ne causant aucun préjudice au condamné (Crim. rej. 27 déc. 1850, aff. Huet, D. P. 51. 5. 392).

109. Un prévenu ne peut être acquitté en ce que le fait incriminé ne constitue pas le délit dont la peine est requise contre lui, si ce délit rentre dans les cas prévus par un autre article (Crim. cass. 1er juin 1839, aff. Coumeig, V. Forêts, n° 609).

110. Lorsque la pénalité portée par deux articles de loi est la même, il n'y aurait pas nullité de ce qu'à certain fait on aurait, par erreur, appliqué un article, tandis qu'on aurait dû faire l'application d'un autre (Rej. 19 mai 1827, aff. Robart, V. Culte, n° 97-2°).

111. La loi pénale n'a pas d'*effet rétroactif*. En effet, le bon ordre et l'équité veulent que chacun puisse discerner ce qui est défendu et ce qui est permis par la loi, que chacun sache d'avance à quoi il s'expose en faisant tel ou tel acte; et il n'y aurait pas de sécurité possible si l'on pouvait se voir frappé d'une peine pour un fait que la loi laissait impunie au moment où il a eu lieu. L'art. 4 c. pén. dispose, en conséquence, que « nulle contravention, nul délit, nul crime, ne peuvent être punis de peines qui n'étaient pas prononcées par la loi avant qu'ils fussent commis. »

112. Le principe de la non-rétroactivité des lois pénales reçoit toutefois une exception. Si, depuis la perpétration du fait, mais avant la condamnation, une loi nouvelle est venue substituer à la pénalité ancienne une pénalité plus douce, c'est cette dernière, et non pas celle sous l'empire de laquelle le fait a été commis, qui doit être appliquée. En effet, en substituant à l'ancienne peine une peine plus douce, le législateur a condamné la première comme trop sévère; or la raison et l'équité ne permettent pas d'appliquer une peine que le législateur lui-même a déclaré être trop sévère; le bénéfice de l'adoucissement doit donc profiter à l'accusé. Et ce que nous venons de dire pour le cas où la pénalité aurait été adoucie par la loi nouvelle, on devrait le dire à plus forte raison pour le cas où elle aurait été entièrement abolie. En effet, la raison se refuse à admettre qu'une peine quelconque puisse être appliquée à un fait que la loi a déclaré innocent. Ces règles ont été posées pour la première fois par le code pénal de 1791, dont l'article dernier disposait en ces termes : « Pour tout fait antérieur à la publication du présent code, si le fait est qualifié crime par les lois actuellement existantes, et qu'il ne le soit pas par le présent décret, ou si le fait est qualifié crime par le présent code et qu'il ne le soit pas par les lois existantes, l'accusé sera acquitté, sauf à être correctionnellement puni, s'il y échoit. » Plusieurs années après, la question s'étant élevée de savoir si les délits prévus par la loi du 29 niv. an 6, qui avaient été commis pendant l'existence de cette loi, mais qui n'avaient pas encore été jugés lors de son abrogation, devaient être frappés des peines qu'elle prononçait ou des peines plus douces édictées par le code pénal, un avis du conseil d'Etat du 29 prair. an 8 (1) décida que le code pénal était seul applicable parce que « il est de principe, en matière criminelle, qu'il faut toujours adopter l'opinion la plus favorable à l'humanité comme à l'innocence. » Enfin, le décret du 23 juill. 1810, relatif à la publication des codes criminels, disposa dans les termes suivants : « Si la nature de la peine prononcée par notre nouveau code pénal était moins forte que celle prononcée par le code actuel, les cours et tribunaux appliqueront les peines du nouveau code. »

113. Il a été jugé : 1° que lorsqu'un accusé est déclaré coupable d'un fait que les juges ne croient point prévu par la loi pénale, ils doivent l'absoudre sur-le-champ, et le renvoyer en liberté; qu'ils ne peuvent le retenir en prison jusqu'à ce que la question pénale ait été décidée par le gouvernement ou le corps législatif (Crim. cass. 29 vend. an 7) (2); — 2° Que le principe de la non-rétroactivité est toujours applicable, quand une loi nouvelle vient punir un fait que la loi ancienne ne punissait point ou qu'elle frappait de peines moins rigoureuses (Crim. cass. 6 niv. an 14) (3); — 3° Que le crime de faux en écriture privée, commis

cevable à se plaindre de ce qu'on lui a appliqué une peine moins grave que celle qu'en sa qualité de fonctionnaire il avait méritée; que dans l'examen et les débats il n'a été commis violation d'aucun article de loi prescrit à peine de nullité; — Rejette le pourvoi contre l'arrêt de la cour d'assises du Montblanc, du 13 mars 1812.

Du 24 mai 1812.-C. C., sect. crim.-MM. Barris, pr.-Bauchau, rap.

(1) Avis du conseil d'État du 29 prair. an 8. — Le conseil d'État qui, d'après le renvoi des consuls, a entendu le rapport de la section de législation, sur celui du ministre de la justice, présentant la question suivante : « Les délits prévus par la loi du 29 niv. an 6, non encore jugés, mais commis pendant l'existence de cette loi, doivent-ils, sans aucune distinction si les procédures ont été commencées ou non, avant qu'elle se trouvât abrogée, être punis des peines qu'elle prononce, ou de celles portées par le code pénal ? » est d'avis que, dans tous les cas, le code pénal est seul applicable aux délits prévus par la loi du 29 niv. an 6, et non jugés avant l'abrogation de cette loi. Il est de principe en matière criminelle qu'il faut toujours adopter l'opinion la plus favorable à l'humanité comme à l'innocence.—Les délits énoncés dans la loi du 29 niv. et punis par elle d'une peine extraordinaire, étaient déjà prévus par le code pénal : l'exécution de ce code n'a été que suspendue dans cette partie par la loi du 29 niv.: dès que celle-ci a cessé d'exister, elle a fait place à l'application du code pénal, qui est la loi générale et le droit commun des Français. C'est d'après ce code que doivent être jugés les individus coupables des délits dont il s'agit, l'art. 22 de la loi du 29 niv. n'est applicable qu'au mode de procéder, et non à la peine à infliger. —Cette opinion, conforme au principe éternel que nous venons d'énoncer, se trouve consacrée par le dernier article du code pénal, ouvrage de l'assemblée constituante.

(2) *Espèce :* —(Caussidery C. min. pub.) — Caussidery était accusé d'un délit que le tribunal criminel du Tarn jugea n'avoir pas été prévu par la loi. Il en référa au ministre de la justice, et ordonna cependant que le prévenu resterait détenu jusqu'après la décision. —Pourvoi pour violation de l'art. 432 c. des délits et des peines, qui veut que les juges prononcent sans désemparer la peine établie par la loi ou l'absolution de l'accusé. — Arrêt.

LA COUR ;— Vu l'art. 432 c. des délits et des peines ; — Et attendu que le tribunal criminel du Tarn, au lieu de se conformer à la disposition de cet article, en faisant l'application d'une loi quelconque ou en acquittant l'accusé, si le fait dont il était déclaré coupable ne donnait lieu à aucune peine, a ordonné qu'il en serait référé au corps législatif, et que cependant l'accusé resterait détenu, d'où résulte une contravention au vœu dudit article; — Casse.

Du 29 vend. an 7.-C. cass., sect. crim.-M. Rataud, rap.

(3) (Thomas Lejeune C. Min. pub.) — LA COUR ; — Vu l'art. 455 c. des dél. et des peines; — Attendu qu'il est reconnu et constaté par les pièces de l'instruction, et par l'arrêt attaqué même, que le délit auquel la peine de mort a été appliquée, d'après l'art. 1 de la loi du 26 flor. an 5, a été commis le 15 fruct. an 4 ; — Qu'une peine ne peut être appliquée à un délit antérieur à la publication de la loi qui la prononce; — Que les juges qui ont fait cette application d'une loi postérieure à l'époque du délit, et plus sévère que celle qui était en vigueur à cette époque, reconnaissent eux-mêmes la double erreur de fait et de droit qui

sous le code pénal de 1791, qui le punissait des fers, ne devait subir que la réclusion, s'il était jugé sous le code pénal de 1810 (Crim. cass. 13 janv. 1814) (1); — 4° Que la loi du 29 flor. an 6, qui punissait de mort les vols commis à force ouverte, sur les chemins publics, ayant cessé d'être en vigueur au 29 niv. an 8, ne pouvait être appliquée aux crimes de cette nature commis sous son empire, mais jugés depuis son abrogation, alors même que les procédures avaient été commencées avant le 29 niv. an 8 (Crim. cass. 23 flor. an 8, M. Busschop, rap., aff. Hébert; 26 flor. an 8, M. Viellart, rap., aff. Dizel); — 5° Que comme d'après les décrets des 23 juill. et 25 oct. 1810, le code pénal, même année, a dû recevoir son exécution dans les ressorts des cours, à compter du même jour de l'installation de ces cours, il y a lieu de casser l'arrêt qui appliquait à un délit commis le jour même de l'installation de la cour, les dispositions plus douces du code de 1791, sur le motif que le code pénal actuel ne devait être exécuté qu'à compter du lendemain de cette installation (Crim. cass. 5 déc. 1811, aff. Bertrand, V. Lois, n° 177-2°. V. aussi Crim. cass. 11 juin 1841, aff. Bosc, v° Attentat aux mœurs, n° 95; Crim. rej. 5 fév. 1830, aff. Leray, v° Lois, n° 371). —V. eod., n° 366.

114. La cour de cassation a étendu autant que possible l'application du principe que la pénalité la plus douce doit être appliquée: elle a décidé que lorsque trois législations avaient successivement régi une espèce de délit, le fait commis sous la première, et jugé sous la troisième, doit être puni conformément à la législation intermédiaire, si celle-ci est la plus douce des trois. Il y a droit acquis pour l'accusé dès qu'une peine plus douce a remplacé celle plus sévère qui le menaçait. — Ainsi il a été jugé qu'un meurtre commis sous la législation des Etats romains avant leur réunion à la France, et que cette législation eût puni de mort, devait, s'il était jugé sous le code de 1810, être passible, non point des travaux forcés perpétuels prononcés par ce code, mais de vingt ans de fers, suivant la loi de 1791 (Crim. cass. 9 et 15 juill. et 3 sept. 1813) (2). — V. Conf. MM. Chauveau et Hélie, t. 1, p. 37; Trébutien, Cours élém. de droit crim., t. 1, p. 83.

115. La règle suivant laquelle on doit appliquer la loi la plus douce, quoique postérieure au délit, ne concerne, en général, que les condamnations à prononcer. L'effet des condamnations passées en force de chose jugée ne peut cesser que par un acte exprès et spécial du souverain (V. Lois, n° 374). — Toutefois, il a été jugé que l'art. 271 c. pén. revisé, qui substitue la surveillance de haute police à la mise à la disposition du gouvernement pour un temps indéterminé, consacrée par le même article de l'ancien code, s'applique aux condamnations même antérieures à la révision du code pénal; qu'ainsi un condamné pour vagabondage en 1830, et mis à la disposition du gouvernement, aux termes de l'art. 271 c. pén., alors en vigueur, se trouve, en 1834, par suite de la révision du code, placé sous la surveillance de la haute police, et assujetti à ce qui est prescrit par l'art. 44 c. pén. revisé, sous les peines portées, en cas de désobéissance, par l'art. 44 c. pén. (Crim. cass. 23 août 1834) (3). —Décidé pareillement que la loi du 28 avr. 1832, qui règle les effets de la surveillance de la haute police, s'applique même aux condamnations prononcées antérieurement à cette loi (Paris, 26

---

a entraîné une fausse application de la loi pénale; — Par ces motifs, faisant droit sur la demande de Thomas Lejeune, casse.

Du 6 niv. an 14.-C. C., sect. crim.-MM. Seignette, pr.-Delacoste, r.

(1) (Min. pub. C. Piccinni.) — LA COUR; — Vu les art. 41 et 42 de la 2e sect. du tit. 2 de la 2e partie c. pén. du 25 sept. 1791, les art. 147 et 150 du nouveau code pénal de 1810, l'art. 6 du décret impérial du 23 juill. 1810 et l'art. 410 c. inst. crim.; — Considérant que le fait dont le condamné a été convaincu est un faux en écriture privée, commis sous l'empire du code pénal du mois de septembre 1791, qui le punissait de la peine des fers, égale en gravité à celle des travaux forcés, établie par le nouveau code pénal de 1810; — Que, suivant les art. 147 et 150 de ce dernier code, le faux en écriture privée n'est puni que de la réclusion, moins forte que celle des travaux forcés, d'où il suit, d'après l'art. 6 du décret impérial du 23 juill. 1810, que le faux en écriture privée, commis sous l'empire du code pénal de 1791, ne peut être puni, sous l'empire du code pénal de 1810, que de la peine de la réclusion; — Que, néanmoins, la cour spéciale extraordinaire, séant à Casal, a condamné le réclamant à la peine des fers, conséquemment à une peine plus forte que celles qu'autorisaient d'appliquer les lois pénales en vigueur au temps où a été rendu l'arrêt de condamnation; — Casse, etc.

Du 13 janv. (non fév.) 1814.-C. C., sect. crim.-MM. Barris, pr.-Busschop, rap.

(2) 1re Espèce : — (Menchinucci C. min. pub.) — Menchinucci était coupable d'un meurtre commis avant la réunion des Etats romains à la France. — 1er mai 1813, arrêt de la cour spéciale de Trasimène, qui d'après l'art. 304 c. pén. 1810, et attendu que, suivant les anciennes lois du pays, le crime eût été puni de mort, et que conformément à l'art. 6 du décret du 23 juill. 1810, on doit appliquer celle des législations ancienne ou nouvelle, qui est la plus douce, condamne Menchinucci aux travaux forcés à perpétuité. — Pourvoi pour fausse application du code de 1810, du décret du 23 juillet et violation du code de 1791. — Arrêt.

LA COUR; — Vu l'arrêté de la consulte extraordinaire des Etats romains, du 19 juill. 1809, art. 5; — Vu l'art. 6 du décret du 23 juill. 1810; — Vu enfin l'art. 8 de la première section du tit. 2 de la deuxième partie du code pénal de 1791; — Attendu que les lois anciennes des Etats romains, sous l'empire desquelles avait été commis le meurtre dont André Menchinucci a été déclaré convaincu, autorisaient les juges à prononcer la peine de mort contre les auteurs d'un crime de ce genre, et que le code pénal de 1791 ne punissait le même crime que de la peine de vingt années de fers; — Que, d'après le susdit art. 5 de l'arrêté publié par la consulte extraordinaire, lors de la mise en activité de ce code, André Menchinucci n'aurait donc pu être condamné qu'à la peine de vingt années de fers, s'il avait été jugé sous l'empire du susdit code de 1791; que ce code avait irrévocablement anéanti les anciennes lois relativement à la peine du crime de meurtre; que, pour l'exécution de l'art. 6 dudit décret impérial, du 23 juillet, la cour spéciale extraordinaire du département du Trasimène, séante à Pérouse, ne pouvait donc remonter jusqu'à ces lois; qu'elle devait s'arrêter au code de 1791, en comparer la peine avec celle du code pénal de 1810, et ne condamner conséquemment Menchinucci qu'à la peine de vingt années de fers, moins forte que celle des travaux forcés à perpétuité, prescrite par ce dernier code; — Qu'en prononçant la condamnation aux travaux forcés à perpétuité, par fausse application de l'art. 304 du code de 1810, et d'après les rapprochements de ce code des anciennes lois du pays, la cour spéciale extraordinaire de Pérouse a donc faussement appliqué l'art 6 du décret du 23 juill. 1810, et violé l'art. 5 de l'arrêté de la consulte extraordinaire des Etats romains, du 19 juill. 1809, ainsi que l'art. 8 de la première section du tit. 2 de la deuxième partie du code pénal de 1791; — D'après ces motifs, casse.

Du 9 juill. 1813.-C. C., sect. crim.-MM. Barris, pr.-Benvenuti, rap.

2e Espèce : — Arrêt identique, le 15 juill. 1813.-MM. Darla, pr.-Benvenuti, rap.-(Min. pub. C. Cardinali.)

3e Espèce : — Arrêt identique, le 3 sept. 1813.-Gaetan Savioli C. le min. pub.-M. Benvenuti, rap.

(3) (Min. pub. C. de Villiers.) — LA COUR; — Vu l'art. 408 c. inst. crim., et les art. 44 et 45 c. pén.; — Attendu qu'il est prouvé par l'extrait joint aux pièces du procès, et reconnu que, par un jugement correctionnel du tribunal de première instance de Romorantin, rendu le 18 fév. 1830, et passé en force de chose jugée, J. G. de Villiers de l'Ile-Adam, a été condamné pour délit de vagabondage, en trois mois d'emprisonnement, et mis, après l'expiration de sa peine, à la disposition du gouvernement pendant le temps qu'il déterminerait eu égard à sa conduite, et ce, conformément à ce qui était prescrit par l'art. 271 c. pén. alors en vigueur; que cette disposition rigoureuse et indéterminée a été modifiée par le même article du code pénal révisé, et convertie en surveillance de la haute police pendant cinq ans au moins et dix ans au plus; que, dès lors, ledit de Villiers de l'Ile-Adam était pendant cinq ans au moins, à compter du jour de sa condamnation, assujetti à ce qui est prescrit par l'art. 44 révisé c. pén., sous les peines, en cas de désobéissance, portées en l'art. 45; — Attendu qu'en exécution du jugement correctionnel de Romorantin ci-dessus daté et d'un arrêt de la chambre des mises en accusation de la cour royale de Grenoble, du 15 fév. dernier, un passe-port avait été délivré, à la préfecture du département de l'Isère, audit de Villiers de l'Ile-Adam, qui l'avait accepté avec itinéraire obligé pour se rendre à Auch, ville qu'il avait désignée pour son séjour; — Que cependant cet individu s'est écarté de son itinéraire obligé; qu'il s'est fait arrêter à Limoux, département de l'Aude, ville non comprise dans son itinéraire, se présentant à la gendarmerie et aux magistrats sous des nom et prénoms supposés; — Que, dans cet état, le tribunal correctionnel de Carcassonne, en réformant le jugement du tribunal de première instance de Limoux qui avait prononcé contre ce prévenu des peines correctionnelles pour rupture de ban, et ce, sur la présomption non établie que le gouvernement avait voulu cesser de le retenir à sa disposition, ce qui l'affranchissait de toute mise en surveillance, et par suite de toute peine pour rupture de ban, a violé, par cette interprétation, des actes administratifs, les règles de la compétence et sur le fond des art. 44 et 45 c. pén.; — En conséquence, casse.

Du 23 août 1834.-C. C., ch. crim.-MM. Bastard, pr.-Brière, rap.

nov. 1836, aff. Rixain, V. n° 679). — V. au surplus v° Lois, n°s 365 et suiv., ce qui a été dit sur l'application du principe de non-rétroactivité des lois en matière pénale.

116. Lorsqu'une loi punit les contraventions à ses dispositions d'une peine dont elle ne détermine pas l'étendue, on doit, à moins qu'il n'y ait des circonstances aggravantes, prononcer la plus faible des peines de police (Crim. cass. 5 nov. 1831, et ch. réun., Rej. 28 août 1832, aff. Baillet, V. Médecine, n° 55).—V. aussi *infrà*, n°s 798.

117. Pour qu'une peine puisse être appliquée, il faut que la loi qui la prononce soit *claire*, *précise* et *non équivoque*. En cette matière, les doutes qui peuvent exister soit sur l'existence, soit sur le sens de la loi, doivent s'interpréter en faveur du prévenu. « Les devoirs que le législateur prescrit, disent avec raison MM. Chauveau et Hélie, Théor. c. pén., t. 1, p. 34, doivent être tracés avec clarté par les lois vivantes, dans des textes précis et accessibles à tous les esprits. Toute incertitude sur la force obligatoire de la loi pénale, toute ambiguïté dans ses dispositions doivent se résoudre en faveur du prévenu, car une prohibition indécise et douteuse n'est point une raison suffisante de s'abstenir. C'est au législateur à se faire comprendre s'il veut être obéi. » — V. au surplus les développements qui ont été donnés à ces principes v° Lois, n°s 491 et suiv.

118. Les tribunaux criminels ont seuls *qualité* et *compétence* pour appliquer les peines : c'est l'objet direct et spécial de leur mission; les tribunaux civils sont, à cet égard, absolument incompétents (V. Organ. jud.). — Ainsi, il a été jugé que la réparation d'honneur, et spécialement la condamnation à se présenter devant un juge commis pour y reconnaître que c'était méchamment et calomnieusement qu'on avait injurié un individu, déclarer qu'on s'en repentait et faire des excuses, étant une véritable peine, ne pouvait pas être prononcée par les tribunaux civils (Civ. cass. 20 juill. 1812) (1).

119. Un tribunal ne peu prononcer une peine contre un individu sans être saisi, soit par une plainte, soit par les conclusions du ministère public (V. Instr. crim.). Mais quand il se trouve régulièrement saisi, sa décision n'est pas subordonnée aux réquisitions du ministère public. Il doit appliquer librement la peine qui lui paraît méritée par l'auteur de l'infraction qui lui est soumise. —Ainsi il a été décidé : 1° que les tribunaux ne sont pas tenus de se conformer aux conclusions du ministère public, et sont maîtres d'augmenter ou de diminuer les peines par lui requises, pourvu qu'ils se renferment dans les limites que la loi a posées; qu'ainsi lorsqu'il s'agit d'un délit dont la peine peut être portée jusqu'à une année de prison, les conclusions du ministère public tendant à une condamnation d'un mois n'obligent pas le tribunal à se restreindre à ce terme (Crim. rej. 22 therm. an 13) (2); — 2° Que les tribunaux peuvent appliquer une peine quand bien même le ministère public n'aurait pris aucune réquisition à cet égard, son silence n'ayant pu enlever au tribunal le droit d'appliquer une pénalité que la loi prononce en termes impératifs ou absolus (Nancy, 12 fév. 1840, aff. Collot, V. Forêts, n° 1102);—3° Qu'un tribunal supérieur saisi par voie d'appel *à minimâ*, de la répression d'un délit (coups et blessures), peut, sans excès de pouvoir, prononcer une condamnation qui excède les réquisitions du ministère public (Crim. rej. 14 mai 1847, aff. Macaire, D. P. 47. 4. 369); — 4° Qu'un tribunal correctionnel ne peut exempter un prévenu de toute peine sur le seul motif que le ministère public a conclu à l'acquittement de ce prévenu : de telles conclusions n'emportent point désistement de l'action publique, et ne sauraient lier le tribunal (Crim. cass. 14 pluv. an 12) (3).

120. Lorsque la loi a établi deux degrés de juridiction pour

---

(1) *Espèce :* —(Roydet *C.* de Nervaux.) — Sur appel d'une sentence de justice de paix, 5 janv. 1811, jugement du tribunal civil de Gray, qui, après enquête, condamne le sieur Roydet envers le sieur de Nervaux, qui prétendait avoir été injurié, à 30 fr. de dommages-intérêts et à se présenter devant un juge-commissaire désigné à cet effet, pour y déclarer que c'est méchamment et calomnieusement qu'il a traité de Nervaux de gueux, de coquin, etc.; qu'il s'en repend et lui en fait ses excuses. — Roydet se refuse à faire cette déclaration ; 25 mars, second jugement qui le condamne à payer à de Nervaux 3 fr. par jour jusqu'à l'entière exécution de celui du 5 janv. précédent. — Pourvoi. — Arrêt.

La cour ; — Vu les divers articles du code des délits et des peines du 3 brum. an 4, et notamment l'art. 605 ; — Vu aussi les divers articles du code d'instruction criminelle, ainsi que du code pénal ; — Attendu que de l'ensemble de ces lois il résulte qu'aucune peine proprement dite ne peut être appliquée à un fait qu'autant que ce fait est envisagé comme un délit, et que la réparation en est poursuivie par-devant les tribunaux que la loi a chargés de la punition des délits, et dans les formes qui leur sont propres qu'en particulier la peine des injures verbales doit, aux termes de l'art. 605 susénoncé c. 3 brum. an 4, être poursuivie devant les tribunaux de police, lorsque ces injures ne sont pas de nature à être punies par la voie criminelle ; — Qu'il suit de là que toute application d'une peine proprement dite, pour cause d'injures verbales, ne peut être faite par les tribunaux de l'ordre civil, lesquels ne peuvent ordonner que des réparations purement civiles ; — Attendu néanmoins que la réparation d'honneur, telle surtout qu'elle a été ordonnée, dans l'espèce, par le jugement du tribunal civil de Gray, du 5 janv. 1811, ne peut être considérée que comme une véritable peine ;— Qu'ainsi ce tribunal, en ordonnant une semblable réparation, a évidemment excédé ses pouvoirs, et usurpé les attributions des tribunaux chargés de l'exercice de la justice criminelle, correctionnelle ou de police ; — Que cet excès de pouvoir est d'autant plus répréhensible, qu'en ordonnant une peine, le tribunal de Gray n'a pris par ledit jugement aucune mesure pour assurer au besoin l'exécution de cette peine par une condamnation pécuniaire qui pût en tenir lieu ; qu'ainsi la condamnation portée audit jugement a été aussi illégale en soi qu'illusoire en son objet ; — Attendu que ce jugement devant, sous ce double rapport, être annulé, cette annulation doit nécessairement entraîner celle du jugement de ce même tribunal, du 25 mars suivant, qui n'a été que l'exécution et la suite du précédent ; — Par ces motifs, casse, etc.

Du 20 juill. 1812.-C. C., sect. civ.-M. Boyer, rap.

(2) *Espèce :* — (Philippart *C.* min. pub.) — Philippart a été poursuivi en police correctionnelle pour avoir frappé et blessé grièvement William. — Le ministère public a requis contre lui une amende de 25 fr. et un mois de prison. — Mais le tribunal a acquitté le prévenu. — Appel par le procureur général près la cour criminelle de Sambre-et-Meuse, qui reproduit les conclusions prises en première instance. — Le 24 vent. an 12, arrêt qui déclare Philippart convaincu, et le condamne à l'amende de 25 fr. et à sept mois d'emprisonnement. — Pourvoi pour excès de pouvoir, en ce que les juges d'appel ont augmenté la peine requise par le ministère public. — Arrêt.

La cour ; — Attendu que les tribunaux ne sont pas tenus de se conformer aux conclusions du ministère public, et qu'ils sont maîtres d'augmenter comme de diminuer les peines par lui requises, pourvu qu'ils se renferment dans les limites que la loi a posées ; — Que le délit dont Philippart est déclaré convaincu pouvait, aux termes de l'art. 14, tit. 2, de la loi sur la police correctionnelle, être puni d'une année d'emprisonnement; qu'ainsi, quoique le ministère public n'eût conclu qu'à un mois de prison, la cour de justice criminelle de Sambre-et-Meuse a pu également ajouter à cette peine, et condamner le prévenu à une détention de sept mois ; — Rejette.

Du 22 therm. an 13.-C. C., sect. cr.-MM. Verneuil, pr.-Aumont, rap.

(3) Intérêt de la loi *C.* Maréchal.) — La cour ; — Vu l'art. 88 de la loi du 27 vent. an 8, l'art. 5 et le § 6 de l'art. 456 c. des dél. et des peines ; — Et attendu que les jugements soumis à la censure de la cour ont fait évidemment une application fausse et abusive du principe consacré par l'art. 5 c des dél. et des peines; que l'action publique à laquelle donne essentiellement lieu toute espèce de délit ne peut être exercée que par des fonctionnaires spécialement établis à cet effet ; — Qu'il résulte de ce principe que les officiers du ministère public ont seuls qualité pour intenter, au nom de la société, une action pénale contre un délinquant, mais il ne suit pas de là que l'action pénale une fois intentée, qu'une fois les tribunaux saisis légalement par là de cette action, il dépend des officiers du ministère public de la rendre illusoire, par les conclusions qu'ils croient devoir donner à décharge ; — Il faut distinguer, dans un officier du ministère public, deux caractères différents : celui d'agent de la société pour la poursuite des délits, et celui d'organe de la loi pour requérir l'application des peines aux prévenus qui sont l'objet de cette poursuite ; — Lorsque les prévenus lui paraissent coupables, et dans le cas de l'application d'une loi pénale, les fonctions d'organe de la loi se trouvant en harmonie avec celles d'agent de la société, il donne, sous le premier rapport, son avis en faveur de l'action qu'il a intentée sous le second ; — Mais si les prévenus lui paraissent innocents, ou s'il pense qu'aucune disposition du code pénal ne leur est applicable, alors, organe de la loi et impassible comme elle, il propose, en cette qualité, le rejet de la demande qu'il a formée comme agent de la société ; mais la demande qu'il a formée comme agent de la société n'en subsiste pas moins ; le tribunal, qu'il en a constitué juge, n'en demeure pas moins saisi, et c'est à la conscience des magistrats à décider si c'est à tort ou avec raison que l'organe de la loi opine contre l'agent de la société. — S'il en était autrement, après que le ministère public aurait, à la suite des débats, donné ses conclusions en faveur d'un prévenu, il deviendrait impossible au tribunal de rendre même un jugement d'absolution ; ces

certains délits, il faut, pour que ces deux degrés soient remplis, que le tribunal d'appel connaisse du fond de l'affaire, et ne se borne point à statuer sur la forme du jugement de première instance et sur la légalité de la peine infligée. — Jugé, en ce sens, que la peine n'est censée réellement prononcée qu'au moment où il n'existe plus de moyen légal pour la faire atténuer; qu'ainsi c'est le tribunal qui juge en dernier ressort qui est le véritable applicateur de la peine; et qu'il ne peut confirmer la sentence du premier juge sur le seul motif que ses pouvoirs se borneraient à examiner si les faits de culpabilité sont prouvés, et si on leur a appliqué la peine indiquée par les lois (Crim. cass. 15 mars 1810) (1).

121. Les tribunaux criminels ne peuvent pas plus se réformer que les tribunaux civils : lorsqu'ils ont jugé le délit et appliqué la peine, ils sont dessaisis et ne sauraient, sans excès de pouvoir, corriger par un second jugement, soit les omissions, soit les erreurs du premier. — Ainsi, une cour criminelle qui, ignorant qu'un accusé était en état de récidive, l'avait condamné sans prononcer la peine de la marque, ne pouvait lui infliger cette peine par un arrêt postérieur, ses pouvoirs se trouvant épuisés (Crim. cass. 18 fruct. an 13, MM. Seignette, pr., Vermeil, rap., aff. Arnauld; V. au surplus Jugement, n°s 317 et s.).

Sect. 3. — *Du cumul des peines.*

122. Le droit romain admettait en principe le *cumul* des peines; ainsi, quand un même individu avait commis plusieurs délits, toutes les peines applicables à ces divers délits lui étaient cumulativement appliquées. C'est ce qui résulte notamment de la loi 2, ff., *De privat. delict.*, où il est dit : *Nunquàm plura delicta concurrentia faciunt ut ullius impunitas detur.* — Ce principe avait passé dans notre ancien droit : « Lorsqu'un accusé, disait Jousse (Just. crim., t. 2, p. 643), est convaincu de plusieurs crimes, dont chacun doit être puni d'une peine particulière, il doit être puni d'autant de peines qu'il y a de délits différents. » Toutefois la jurisprudence avait, suivant le même auteur (*loc. cit.*), admis certaines dérogations à cette règle du cumul.

123. Ce principe de cumulation des peines est aujourd'hui banni de notre législation. Le principe contraire y a prévalu. Ce changement date du code pénal de 1791. Prévoyant le cas où le débat révélerait à la charge de l'accusé un fait nouveau, l'art. 40 de ce code disposait en ces termes : « Si l'accusé est déclaré convaincu du fait porté dans l'acte d'accusation, il pourra encore être poursuivi pour raison du nouveau fait; mais s'il est déclaré convaincu du second délit, il n'en subira la peine qu'autant qu'elle serait plus forte que celle du premier, auquel cas il sera sursis à l'exécution du jugement. » Il est évident, par identité de raison, et même *à fortiori*, ainsi que le fait observer M. Morin (Dict. de dr. crim., v° Peines [Cumulation des]), que le principe devait recevoir son application aussi bien au cas où la *poursuite* avait lieu *simultanément* pour les deux crimes qu'au cas où il y avait deux poursuites *successives*. — Le code du 3 brum. an 4 alla plus loin : il interdit même la cumulation des poursuites : « Lorsque, pendant les débats qui ont précédé le jugement de condamnation, porte l'art. 446, l'accusé a été inculpé, soit par des pièces, soit par des dépositions de témoins, sur d'autres faits que ceux portés dans l'acte d'accusation, le tribunal criminel ordonne qu'il sera poursuivi, à raison de ces nouveaux faits, devant le directeur du jury du lieu où il tient ses séances, mais seulement dans le cas ou ces nouveaux faits mériteraient une peine plus forte que les premiers. Dans ce cas, le tribunal sursoit à l'exécution de la première peine jusqu'après le jugement sur les nouveaux faits. »

124. Les mêmes principes ont passé dans le code d'instruction criminelle; l'art. 365, § dernier, porte : « En cas de conviction de plusieurs crimes ou délits, la peine la plus forte sera seule prononcée. » L'art. 379 du même code complète en ces termes la disposition qui précède : « Lorsque, pendant le cours des débats qui auront précédé l'arrêt de condamnation, l'accusé aura été inculpé, soit par des pièces, soit par des dépositions de témoins, sur d'autres crimes que ceux dont il était accusé, si les crimes nouvellement manifestés méritent une peine plus grave que la première, ou si l'accusé a des complices en état d'arrestation, la cour ordonnera qu'il soit poursuivi à raison de ces nouveaux faits, suivant les formes prescrites par le présent code. Dans ces deux cas, le procureur général surseoira à l'exécution de l'arrêt qui a prononcé la première condamnation jusqu'à ce qu'il ait été statué sur le second procès. »

Ces dispositions, ainsi que le font justement remarquer MM. Chauveau et Hélie (Th. c. pén., t. 1, p. 244), impliquent un principe général qui peut être formulé ainsi : En subissant la peine la plus forte, le coupable expie tous les crimes passibles d'une peine de la même nature ou d'une moindre gravité que celle qui lui est appliquée. « Cette règle, ajoutent les mêmes auteurs, se justifie par de hautes considérations de justice et d'humanité. Lorsqu'un individu s'est rendu coupable de plusieurs crimes avant d'avoir été l'objet d'une poursuite, la justice doit s'imputer la lenteur ou l'impuissance de son action; si le coupable avait été saisi avant son premier crime, s'il avait reçu le solennel avertissement d'une première condamnation, peut-être n'eût-il pas commis les crimes auxquels il a été entraîné; l'inaction de la justice a en quelque sorte atténué ses fautes. Et puis la défense sociale ne demande qu'une peine; une seule peine suffit à l'expiation des crimes commis, les autres ne seraient qu'une inutile rigueur. » — V. aussi Mangin, Act. pub., t. 2, n° 456; MM. Le Sellyer, Tr. des act. pub. et priv., t. 1, n° 230 (qui fait ressortir ce qu'il y aurait d'excessif à accumuler des peines dont la durée pourrait excéder la vie du condamné), et Rauter, Tr. du dr. cr., n° 186 (qui fait observer que le but préventif de la pénalité se trouve complétement atteint par l'application de la peine la plus forte); Bertauld, Cours de code pén., p. 316 et suiv. — M. Trébutien (t. 1, p. 318) soutient qu'en cette matière le principe général c'est le cumul des peines, et que la prohibition du cumul n'est qu'une exception qui doit être strictement renfermée dans les limites tracées par la loi. Nous croyons que ce point de vue n'est point exact.

125. Le code pénal d'Autriche et celui de Prusse, sans proclamer nettement le principe de la non-cumulation des peines, n'ont point cependant admis le principe du cumul. Le code autrichien dispose (art. 28) que, si un délinquant est coupable de plusieurs délits de différentes espèces, on doit le punir pour le délit qui entraine la peine la plus grave, *en ayant néanmoins égard aux autres délits.* Le code prussien porte (art. 57) que, s'il y a concours de plusieurs peines afflictives, il faut augmenter ou prolonger celle du plus grave des délits à punir. Ces dispositions, auxquelles on peut reprocher trop de vague, établissent une sorte de moyen terme entre le principe du cumul et le principe opposé.

---

conclusions, en effet, emportant désistement de l'action publique, l'action publique serait éteinte de plein droit; il ne resterait plus rien à juger; les juges ne pourraient plus délibérer; — Casse.

Du 14 pluv. an 12.-C. C., sect. crim.-MM. Viellart, pr.-Carnot, rapporteur.

(1) (Min. pub. C. Fabri, Lavcusini et Pisco.) — La cour; — Vu l'art. 3 de l'arrêté de la consulte extraordinaire, du 19 juill. 1809, ainsi conçu : « Pour tout fait antérieur à la publication du présent arrêté, on appliquera, en cas de condamnation, celle des deux lois, anciennes ou nouvelles, qui sera la plus favorable au prévenu; » — Attendu qu'il est de principe dans la législation française que la peine n'est censée réellement prononcée qu'au moment où il n'existe plus de moyen légal de la faire atténuer, ce qui est si vrai, que le condamné qui décède avant le jugement de l'appel par lui émis meurt *integri status*; — Qu'il suit de là que c'est le tribunal qui juge en dernier ressort qui est le vrai applicateur de la peine, et, par suite, que ce tribunal doit se conformer aux lois existantes au moment où il prononce son arrêt; — Qu'ainsi la cour criminelle du département du Tibre, liée par l'arrêté de la junte, du 19 juill., était dans l'obligation de comparer entre elles les lois anciennes et nouvelles, pour faire au crime dont elle allait déterminer la punition l'application de la peine la plus douce; elle le devait d'autant plus, qu'il était évident que cette disposition de la consulte était toute d'indulgence et de faveur pour les condamnés;

Attendu qu'en laissant subsister, pour un vol avec effraction, la peine des galères à perpétuité, tandis que les lois françaises ne prononçaient que celles des fers pour vingt ans au plus, la cour de justice criminelle du département du Tibre a violé l'arrêt de la junte ci-dessus rappelé, et les divers articles de la loi de 1791, applicables au vol avec effraction; — Casse, etc.

Du 15 mars 1810.-C. C., sect. crim.-MM. Barris, pr.-Busschop, r.

Le code du Brésil, au contraire, admet dans toute son étendue le principe du cumul; son art. 61 prescrit l'exécution des diverses peines, l'une après l'autre, en commençant et en continuant de la plus forte à la moindre.

126. Il a été jugé, par application pure et simple de la règle prohibitive du cumul des peines consacrée par les art. 365, § ult., et 379 c. inst. crim. : 1° que si un individu, s'étant rendu coupable de deux vols dans une même année, a été, à raison du premier, condamné aux travaux forcés par un arrêt de cour d'assises postérieur au second, et si ce dernier vol dégénère, au milieu des débats devant une autre cour d'assises, en un simple délit correctionnel, il ne peut donner lieu à l'application d'aucune peine (Crim. cass. 18 juin 1829) (1); — 2° Que la condamnation à dix ans *de reclusion et au carcan, si fait n'a été*, prononcée contre un individu pour un vol avec circonstances, antérieur à un autre vol pour lequel le même individu avait déjà été condamné précédemment à douze ans de travaux forcés et au carcan, c'est-à-dire à une peine plus forte, est nulle (Crim. cass. 26 mai 1831) (2);—3° Que la condamnation aux travaux forcés à temps, contre un individu condamné, par un premier arrêt du même jour, aux travaux forcés à perpétuité, est nulle (Crim. cass. 25 nov. 1830) (3); — 4° Que, lorsqu'une cour d'assises a, par un premier arrêt, condamné un individu à sept ans de travaux forcés pour subornation de témoins, et que, par son second arrêt, elle le condamne pour un fait différent à cinq ans de reclusion à raison d'un autre fait d'une moindre gravité pénale, son second arrêt doit être annulé (Crim. cass. 25 août 1842, M. Rocher, rap., aff. Barrière); — 5° Que l'accusé condamné à une peine infamante ne peut être atteint d'une condamnation correctionnelle, à raison d'un fait postérieur au crime qui a entraîné la première condamnation, mais antérieur au jugement qui l'a prononcée (Crim. cass. 16 janv. 1835) (4); — 6° Que lorsqu'un individu coupable de deux vols qualifiés a été condamné pour l'un d'eux, par arrêt contradictoire, à la peine des travaux forcés; qu'à raison de l'autre, il a été antérieurement condamné par contumace à la reclusion, ce dernier vol n'entraîne plus aucune peine, s'il vient à dégénérer, par suite des débats, en un simple délit correctionnel; —Que l'individu ne peut, dans ce cas, être condamné qu'aux frais (Crim. cass. 31 janv. 1840) (5); — 7° Qu'il y a nullité dans la condamnation d'un individu, pour vol commis antérieurement à

(1) (Intérêt de la loi C. Piquot.) — LA COUR; — Vu les art. 419 et 420 c. instr. crim.; — Statuant sur le réquisitoire du ministère public, tendant à ce que l'arrêt rendu par la cour d'assises du département de l'Eure, le 15 mai dernier, soit annulé dans l'intérêt de la loi; — Vu l'art. 442 c. inst. crim., duquel il résulte que l'arrêt rendu par une cour d'assises, qui aurait acquis l'autorité de la chose jugée, soit parce que le condamné ne l'aurait pas attaqué dans le délai déterminé par la loi, soit parce qu'il aurait été jugé non recevable dans son pourvoi, peut, néanmoins, être déféré d'office, par le procureur général, à la censure de la cour, pour être annulé, s'il y a lieu, sans que les parties puissent s'en prévaloir pour s'opposer à son exécution; — Vu l'art. 365 c. inst. crim., dont le § 2 est conçu en ces termes : « En cas de conviction de plusieurs crimes ou délits, la peine la plus forte sera seule prononcée; »

Attendu, en fait, qu'Édouard L. Piquot, après s'être rendu coupable, le 7 avr. 1828, d'un crime de vol, pour lequel la cour d'assises du Calvados l'a condamné, par arrêt du 1er août suivant, à la peine des travaux forcés, avait, le 26 juin de la même année, commis un deuxième vol, qui, par suite du débat devant la cour d'assises du département de l'Eure, a dégénéré en un simple délit correctionnel; que, dans cette circonstance, et d'après la disposition du susdit art. 365 c. inst. crim., ce dernier délit ne pouvait donner lieu à aucune peine, puisque, des deux faits, objet des poursuites exercées contre Piquot, le premier avait été suivi d'une condamnation à la peine des travaux forcés, et que le deuxième, susceptible seulement d'une peine correctionnelle, était antérieur à la première condamnation; — Que cette condamnation à une peine grave, prononcée contre le même individu, et dont la preuve authentique était sous les yeux de la cour d'assises du département de l'Eure, s'opposait à ce qu'en raison d'un délit postérieur au premier crime, mais antérieur à l'arrêt qui en avait été la suite, Piquot subit une double peine, quand la peine du simple délit, absorbée par une peine plus forte, et confondue avec elle, ne pouvait plus recevoir une application isolée; qu'enfin, si Piquot n'a pas été poursuivi en même temps pour le crime et le délit dont il s'était rendu coupable, il ne devait pas, pour cela, être frappé d'une condamnation arbitraire; — Que cependant la cour d'assises du département de l'Eure, par une fausse application des art. 401 et 58 c. pén., a condamné Piquot à la peine de six années d'emprisonnement, lorsqu'il ne devait être condamné qu'aux frais; en quoi la cour d'assises a commis un excès de pouvoir et violé formellement le § 2 de l'art. 365 c. inst. crim.; — Par ces motifs, faisant droit sur le réquisitoire du procureur général, casse, dans l'intérêt de la loi, l'arrêt rendu le 15 mai dernier, par la cour d'assises du département de l'Eure.

Du 18 juin 1829.-C. C., ch. crim.-MM. Ollivier, pr.-Chantereyne, r.

(2) (Lucie Houde C. min. pub.) — LA COUR; — Vu les art. 365, § 2 et 379 c. inst. crim.; — Attendu qu'il résulte de ces articles que les peines afflictives et infamantes ne peuvent être cumulées, et qu'un accusé, mis en jugement, expie tous les crimes qu'il peut avoir précédemment commis, par la condamnation à la plus forte des peines encourues par ces crimes; — Attendu, en fait, que, par arrêt de la cour d'assises du département de la Seine, du 28 avr. 1829, Lucie Houde avait été condamnée, sous le nom de Henriette Dubois, il est vrai, mais sans qu'il pût s'élever le moindre doute sur l'identité, à la peine de douze ans de travaux forcés et au carcan, comme coupable d'un vol de 21,000 fr. par elle commis le 13 juill. 1828, et avec fausses clefs; que, néanmoins, et par un deuxième arrêt de la même cour, du 21 mars dernier, elle a été de nouveau condamnée, sous son vrai nom de Lucie Houde dite Dubois, et pour vol commis la nuit, en maison habitée, en compagnie de plusieurs personnes, en décembre 1825, et, par conséquent, antérieurement à celui qui avait motivé sa première condamnation, à dix ans de reclusion et au carcan, si fait n'a été, peine d'une nature inférieure à celle précédemment prononcée contre elle; — Attendu que si, malgré sa première condamnation aux travaux forcés à temps, Lucie Houde dite Dubois, qui avait des complices en état d'arrestation, a dû être soumise à de nouveaux débats, aux termes de l'art. 379 c. crim., elle ne pouvait, d'après les dispositions de l'art. 365 du même code, et pour un crime antérieur à sa première condamnation, être condamnée à la peine, moins grave, de la reclusion; que la peine de douze ans de travaux forcés, prononcée par l'arrêt du 28 avril 1829, a donc satisfait la vindicte publique pour le crime qui a donné lieu à l'arrêt attaqué; — Que l'arrêt attaqué a donc fait une fausse application de la loi pénale et violé le principe établi par les art. 365 et 379 c. inst. crim.; — D'après ces motifs, casse... sans renvoi.

Du 26 mai 1831.-C., ch. crim.-MM. Ollivier, pr.-Meyronnet, rap.

(3) *Espèce* : — (Licardy C. min. pub.) — Licardy était traduit devant la cour d'assises du Morbihan, sous la prévention de deux vols différents avec circonstances. — Par un premier arrêt du 19 oct., il fut condamné aux travaux forcés à perpétuité, attendu son état de récidive; et, par un second arrêt du même jour, il fut condamné seulement à cinq ans de travaux forcés. Il s'est pourvu en cassation contre ces deux arrêts; son pourvoi contre le premier a été rejeté; son pourvoi contre le second a été accueilli.—Arrêt.

LA COUR; — Attendu que, par un premier arrêt rendu le même jour, Théodore Licardy a été condamné aux travaux forcés à perpétuité; — Attendu qu'il n'y avait pas lieu, dès lors, de prononcer contre lui une seconde peine qui était absorbée par la première, et que la pénalité, à son égard, était épuisée; — Attendu que cette cumulation de peines constitue une violation des dispositions de l'art. 365 c. inst. crim.; —Casse sans renvoi.

Du 25 nov. 1830.-C. C., ch. crim.-MM. Ollivier, pr.-Rocher, rap.

(4) (Huet C. min. pub.)— LA COUR; — Vu l'art. 365 c. inst. crim.; — Attendu, en fait, qu'à l'époque où a été perpétré, par le demandeur, l'abus de confiance qui a donné lieu à l'arrêt attaqué, des poursuites étaient commencées contre lui pour un crime antérieur, à raison duquel il a été condamné, le 22 mai 1834, par la cour d'assises de la Seine-Inférieure, à la peine de cinq ans de reclusion; — Attendu que le délit d'abus de confiance ne pouvait, aux termes du susdit art. 365, rendre le demandeur passible d'aucune peine, puisque, des deux faits, objet des poursuites exercées contre lui, le premier avait été atteint d'une condamnation à la peine de la reclusion, et que le second, susceptible seulement, à raison des circonstances atténuantes déclarées par le jury, d'une peine correctionnelle, était antérieur à la première condamnation; — Que cette condamnation à une peine infamante absorbait la peine correctionnelle prononcée pour un délit antérieur, à une époque postérieure et à la date du 8 déc. 1834; et qu'enfin, s'il n'y avait pas eu jonction des deux procédures, le demandeur ne devait pas pour cela être frappé d'une condamnation arbitraire; — Par ces motifs, casse.

Du 16 janv. 1835.-C. C., ch. crim.-MM. Choppin, pr.-Rocher, rap.

(5) Intér. de la loi. — Min. pub. C. Maillerowick.) — LA COUR; — Statuant sur la réquisition du ministère public tendant à ce que l'arrêt de la cour d'assises de la Charente soit annulé dans l'intérêt de la loi; — Vu l'art. 442 c. inst. crim., duquel il résulte que l'arrêt rendu par la cour d'assises, qui aurait acquis l'autorité de la chose jugée, peut néanmoins être déféré d'office, par le procureur général, à la censure de la cour; — Vu le § 2 de l'art. 365 c. inst. crim. — Attendu, en fait, que Jean Maillerowick, condamné par arrêt contradictoire de la cour d'assises de la Charente, du 13 août 1839, à cinq ans de travaux forcés, pour un vol qualifié, avait commis plus anciennement un autre vol qualifié, pour lequel il avait été condamné par la même cour et par un arrêt rendu par contumace, le 1er sept. 1838, à cinq ans de reclusion, mais

un autre vol avec circonstances, pour lequel il avait été condamné au maximum des peines de la loi, encore bien qu'au jour du second arrêt le sort du pourvoi en cassation, dirigé contre le premier, ne fût pas encore connu (Crim. cass. 17 juin 1831) (1).

127. Mais la peine de l'emprisonnement substituée, par l'effet de l'admission des circonstances atténuantes, à celle des travaux forcés à temps, ne pouvant avoir une durée inférieure à deux années, ne doit pas se confondre avec une peine d'emprisonnement antérieure et non subie, qui, déduite de la nouvelle, la réduirait au dessous de ce minimum de deux années (Crim. cass. 12 oct. 1849, aff. Logeat, D. P. 51. 5. 388).

128. Dans les cas où l'accusé est convaincu de plusieurs crimes ou délits, la raison et la loi veulent que ce soit la peine la plus forte et non la plus douce qui soit prononcée. L'art. 365, § ult., c. inst. crim., le dit positivement. Par application de cette règle, il a été jugé : 1° que, sous une législation qui punissait de mort le vol commis avec violence, et de la peine des fers l'introduction dans la maison d'autrui sous le nom de la justice, l'accusé convaincu de s'être introduit sous le nom de la justice dans une maison étrangère et d'y avoir commis un vol avec violence, devait être puni de mort; qu'il ne pouvait l'être seulement des fers (Crim. cass. 18 mai 1810) (2); — 2° Que, de même, avant la réforme de 1832, lorsqu'un accusé avait été tout à la fois déclaré coupable de banqueroute frauduleuse et de faux en écriture de commerce, était nul l'arrêt qui le condamnait seulement aux travaux forcés à temps, sans y ajouter la marque et une amende au moins de 100 fr. (Crim. cass. 3 juin 1830) (3);—3° Que la cour, saisie de l'appel de deux jugements qui ont condamné un indi-

qui, par suite des débats qui eurent lieu devant la même cour d'assises, a dégénéré en un simple délit correctionnel; — Attendu que, dans cette circonstance, et d'après la disposition du susdit art. 365 c. inst. crim., les deux vols imputés à Maillerowick étant tous deux antérieurs à la première condamnation contradictoire, il ne pouvait, dès lors, y avoir lieu à la prononciation d'aucune peine contre lui, pour celui des deux vols passible seulement d'une peine correctionnelle; — Attendu que cette condamnation à la peine de cinq ans de travaux forcés contre le même individu dont la preuve authentique était sous les yeux de la cour d'assises de la Charente, s'opposait à ce que, à raison d'un délit antérieur au second, mais tous deux antérieurs à l'arrêt qui avait été la suite de celui-ci, Maillerowick subît une double peine, quand la peine du simple délit, absorbée par une peine plus forte et confondue avec elle, ne pouvait plus recevoir une application isolée; — Qu'enfin si Maillerowick n'a pas été poursuivi en même temps pour le crime et le délit dont il s'était rendu coupable, il ne devait pas pour cela être frappé d'une condamnation arbitraire;—Que cependant la cour d'assises de la Charente, tout en rendant hommage dans les motifs de son arrêt incident, du 6 novembre dernier, au principe consacré par l'art. 365, relatif au cumul des peines, que la peine moindre doit s'absorber dans la condamnation antérieure d'une peine plus grave, a néanmoins, par son arrêt définitif du même jour, et par une fausse application de l'art. 401 c. pén., condamné Maillerowick à la peine de cinq ans d'emprisonnement, lorsqu'il ne devait être condamné qu'aux frais; en quoi ladite cour a commis un excès de pouvoir et formellement violé l'art. 365 c. inst. crim.;—Casse.

Du 31 janv. 1840.-C. C., ch. crim.-MM. Bastard, pr.-Meyronnet, r.

(1) (Pienne C. min. pub.) — LA COUR (après délib. en ch. du cons. — Vu la deuxième disposition de l'art. 365 c. inst. cr.; — Attendu qu'il résulte de l'extrait en forme d'un arrêt de la cour d'assises du département des Ardennes, du 21 avril dernier, joint aux pièces du procès, que le nommé J. Pienne, âgé de vingt ans, né à Monthelon, arrondissement d'Epernay, département de la Marne, demeurant à Epernay, profession de peigneur de laines, a été condamné en vingt ans de travaux forcés, au carcan et à la surveillance de la haute police pendant toute sa vie, par application des art. 384, 381, n°s 4, 22 et autres du code pénal, et aux frais du procès, pour crime de vol avec circonstances aggravantes; que ce même extrait porte que ledit Pienne s'est pourvu en cassation; que, d'après la vérification faite au greffe de la cour, le pourvoi dudit J. Pienne a été rejeté le 13 mai suivant; d'où il suit qu'à compter dudit jour, l'arrêt de la cour d'assises du département des Ardennes a acquis l'autorité de la chose jugée irrévocablement; — Que, par cette condamnation à la peine du maximum des travaux forcés à temps, J. Pienne expiait, d'après les dispositions de l'art. 365 c. inst. crim., ci-dessus cité, tous les crimes qu'il avait pu commettre antérieurement, n'emportant pas une peine plus forte que celle des travaux forcés à temps;

Que, cependant, l'arrêt attaqué de la cour d'assises du département de la Marne, rendu le 10 mai dernier, postérieur à celui du département des Ardennes, condamne J. Pienne, dit Cinquante-Ecus, âgé de vingt ans, né à Monthelon, arrondissement d'Epernay (Marne), peigneur de laines, demeurant à Epernay, en dix ans de travaux forcés, au carcan, à la surveillance de la haute police, et à un emprisonnement de six mois, pour crime de vol commis le 30 août 1830, dans une maison habitée, à l'aide d'escalade et d'effraction, et pour le délit d'évasion, par bris de prison, commis le 12 octobre de la même année, de la maison d'arrêt de Reims où il était détenu, et aux frais, par application des art. 384, 381, n°s 4, 245, 22 et autres c. pén.; — Qu'il résulte évidemment du rapprochement et de la similitude des nom, prénoms, âge, profession, lieu de naissance, demeure, arrondissement et département, que J. Pienne est le même individu contre lequel se cumulent ces condamnations pour des crimes commis antérieurement à la première; que ces documents incontestables sont encore corroborés par d'autres pièces étant au dossier;— Que, dans cet état, et si, à l'époque du 10 mai dernier, la cour d'assises du département de la Marne a pu prononcer contre J. Pienne la peine des travaux forcés à temps, parce qu'audit jour le sort du pourvoi contre l'arrêt de la cour d'assises du département des Ardennes était incertain, cependant l'effet de cette dernière condamnation était subordonnée à l'événement dudit pourvoi; que, présentement, le pourvoi étant rejeté, ladite condamnation ne peut être cumulée avec celle de vingt ans de travaux forcés, prononcée antérieurement par la cour d'assises du département des Ardennes; qu'il se trouve, en fait, au préjudice du demandeur, une violation formelle de l'art. 365 c. inst. crim., et que, pour y obvier, l'arrêt postérieur de la cour d'assises du département de la Marne doit être annulé quant à la disposition qui prononce la peine de dix années de travaux forcés, du carcan, de la surveillance de la haute police, et maintenu au chef de la condamnation en six mois d'emprisonnement à l'expiration de sa peine, pour évasion par bris de prison, l'art. 245 c. pén. autorisant formellement le cumul pour ce cas exceptionnel, comme aussi au chef de la condamnation aux frais; — D'après ces motifs, casse, etc.

Du 17 juin 1831.-C. C., ch. crim.-MM. Bastard, pr.-Brière, rap.

(2) (Int. de la loi C. Dainelli et autres.) — LA COUR; — Vu l'art. 88 de la loi du 27 vent. an 8; — L'art. 90 des bans généraux du pape Benoît XIV, du 8 nov. 1754; — Les art. 9 et 29 de la loi du 18 pluv. an 9; — Le dernier article du code pénal, du 25 sept. 1791; — Et enfin l'art. 456 c. des délits et peines; — Et attendu que la cour criminelle du Trasimène a, par son arrêt du 20 oct. 1809, déclaré les nommés Vincent Dainelli, Dominique Innocenzi et Jacques Bacciali coupables de vol commis de nuit, à main armée, à force ouverte, et avec violences personnelles dans une maison de campagne habitée, en réunion de plusieurs personnes, et en employant le nom de la justice; — Que ce crime rentrait évidemment dans les dispositions formelles de l'art. 90 des bans généraux du pape Benoît XIV et dans celles de la loi du 18 pluv. an 9, et devait en conséquence être puni de mort; — Que cependant la cour de justice criminelle, s'attachant à la circonstance que les coupables s'étaient introduits dans la maison dont il s'agit, sous le nom de la justice, et considérant que, par l'art. 69 des mêmes bans généraux, il est statué que quiconque se sera introduit, de jour et de nuit, dans la maison d'autrui, sous le nom de la justice, ne fût-ce que par plaisanterie, sera condamné à cinq ans de galères, s'il ne s'en est ensuivi aucun mauvais traitement, et pourra être condamné aux galères perpétuelles, et même à perdre la vie, s'il s'en est ensuivi insulte, violence ou autre mal, a cru pouvoir se permettre de ne prononcer contre les coupables que la peine de vingt-quatre années de fers; — Que cette condamnation ne présenterait rien d'irrégulier, si les bans généraux du 8 nov. 1754 ne contenaient d'applicables au crime dont il s'agit que les dispositions dudit art. 69;

Mais que ledit crime se trouvant formellement compris dans la disposition générale de l'art. 90, c'était évidemment et nécessairement cette disposition qui devait être appliquée; — Qu'en effet, on ne peut supposer dans une même loi deux dispositions qui se contrarieraient, ni les interpréter dans un sens qui aurait l'effet de faire punir moins sévèrement un crime commis avec une circonstance qui, isolée et en elle-même, serait déjà plus ou moins punissable; — Que l'art. 69 des bans généraux, sur lequel s'est fondée la cour criminelle du Trasimène, ne peut donc s'appliquer qu'au cas où l'emploi fait du nom de la justice ne serait accompagné d'aucun des faits déterminés et formellement prévus par l'art. 90; et qu'ainsi, il a été fait dans l'espèce une fausse application dudit art. 69; — Qu'il n'importe que déjà la cour ait maintenu l'arrêt dénoncé, en rejetant, le 16 décembre dernier, le pourvoi desdits Dainelli, Innocenzi et Bacciali; qu'elle n'a jugé et pu juger que les moyens par eux présentés et qui n'étaient pas fondés, et qu'ils n'auraient pas été recevables à se plaindre de n'avoir été condamnés qu'à une peine moindre que celle portée par la loi; — Par ces motifs, faisant droit sur le réquisitoire de M. le procureur général, casse.

Du 18 mai 1810.-C. C., sect. crim.-MM. Barris, pr.-Rataud, rap.

(3) (Intérêt de la loi C. Desjouis.) — LA COUR; — Statuant sur le réquisitoire de l'avocat général pour le procureur général, — Vu l'art. 442 c. inst. crim.; — Vu pareillement les art. 636, 637, 638 c. com., 147, 148, 164, 165 c. pén. et 365 c. inst. crim.; — Attendu que J.-L. Desjouis n'a pas été seulement déclaré par le jury coupable de banqueroute frauduleuse, mais qu'il a été, en outre, déclaré coupable

vidu pour deux délits différents, l'un à la peine de deux ans de prison et à l'interdiction des droits énoncés dans l'art. 42 c. pén. (pour abus de confiance), l'autre à deux ans de prison (pour banqueroute simple), doit, non confirmer purement et simplement, mais prononcer la réduction de la peine la plus faible (Crim. cass. 5 août 1842) (1).

129. Les délits ne se classent pas, sous le rapport de leur plus ou moins de gravité, d'après leur nature de délits contre la chose publique et de délits contre les particuliers, mais seulement d'après l'étendue de la peine que la loi prononce. Jugé : 1° que la provocation à l'évasion des prisonniers est un délit moins grave que celui d'escroquerie ; que, dans le concours de ces deux délits, c'est donc ce dernier qui a dû servir de base à la condamnation (Crim. rej. 16 avr. 1813) (2) ; — 2° Qu'en cas de prévention simultanée de deux délits tels que propos séditieux, délit prévu par les art. 5 et 8 de la loi du 9 nov. 1815, et destruction d'arbres pendant la nuit, délit prévu par les art. 445 et 450 c. pén., la cour saisie par appel *à minimâ* du ministère public doit prononcer l'emprisonnement de cinq ans, peine du deuxième délit, qui se trouve être la plus forte, les juges pouvant, à l'égard du premier, réduire l'emprisonnement à trois mois (Crim. rej. 12 juin 1818) (3).

130. Il n'est pas toujours facile de déterminer la gravité relative des peines. Il peut arriver, en effet, que telle peine occupe un degré plus élevé qu'une autre dans l'échelle des pénalités, et que cependant, dans certains cas, elle soit moins rigoureuse que cette dernière, si l'on considère la durée assignée à chacune. Quelle sera, dans ce cas, la règle à suivre? — A cet égard, on a décidé : 1° que la peine de la reclusion est plus forte que celle de l'emprisonnement, encore qu'elle serait prononcée pour une durée moins longue, et que, par suite, lorsque le même prévenu est condamné tout à la fois à la reclusion pour cinq années et à un emprisonnement de dix ans, cette dernière peine doit se confondre avec la première : qu'il n'y a pas lieu de déclarer que la peine de cinq ans de reclusion se confondra dans celle plus longue de dix années d'emprisonnement, qui devra ainsi être intégralement subie (Crim. cass. 18 janv. 1850, aff. Lalane, D. P. 50. 5. 349); — 2° Que, pour l'application du principe de l'art. 365 c. inst. crim., prohibitif du cumul des peines, au cas où les délits commis par le même individu avant les poursuites ont été jugés et condamnés séparément, c'est le caractère des peines prononcées et non leur durée que les tribunaux doivent prendre en considération ; en sorte qu'une condamnation à cinq ans de détention doit être regardée comme plus forte qu'une condamnation à dix ans de reclusion, et conséquemment être déclarée avoir absorbé celle-ci (Paris, 7 juin 1851, aff. Raymond, D. P. 52. 2. 81). — Ce résultat est certainement bizarre, et l'on peut douter que ce soit bien là l'esprit de la loi. Aussi que voit-on dans l'espèce? Un individu condamné à dix ans de reclusion qui, par une nouvelle décision, est déclaré coupable d'un crime politique pour lequel on lui inflige cinq ans de détention : une amnistie survient, qui fait tomber la seconde condamnation, et qui, par suite, dans le système de notre arrêt, le libère de toute peine, tandis que le complice de droit commun, qui, lui, n'avait pas eu le bonheur de commettre en outre un crime politique, restera sous les verroux et devra subir une reclusion de dix années, et, de plus, comme le porte l'art. 47 c. pén., la surveillance pendant toute sa vie. Or tel n'est point, à nos yeux, l'esprit de l'art. 365, et il nous semble que la condamnation la plus grave n'absorbe la première que jusqu'à concurrence de la durée qui a été donnée à celle-ci, au moins lorsque la seconde condamnation a été prononcée sans que les magistrats aient connu la première ; car, s'ils l'ont connue, il semble qu'ayant alors déterminé la peine en considération des deux faits imputés à l'accusé, il serait difficile de prétendre que l'excédant de pénalité contenu dans la première condamnation doit subsister ; d'une part, l'exception de la chose jugée, d'autre part, le principe *in mitius indulgendum* serait ici réclamé avec avantage par le condamné.

131. Il est évident, au surplus, d'après les termes mêmes de la loi et d'après les considérations sur lesquelles elle s'appuie, que la prohibition du cumul des peines ne s'applique point au cas où il s'agit d'un crime ou délit postérieur à une première condamnation. Il serait absurde que cette condamnation fût une absolution anticipée pour tous les crimes et délits ultérieurs dont la peine serait moins forte. (V. en ce sens MM. Mangin, Act. publ., t. 2, n° 464 ; Rauter, n° 186 ; Morin, Dict. dr. crim., v° Peines [cumulation des] ; Le Sellyer, n° 235). — Ainsi, il a été jugé : 1° que l'art. 365 c. inst. crim., qui prohibe le cumul des peines, ne s'applique pas au nouveau délit qu'un individu commet après avoir été condamné en vertu d'un jugement par

---

d'avoir fabriqué plusieurs billets à ordre faux, dits valeur reçue en marchandises, prétendus souscrits par des individus commerçants, et qu'il a négociés sachant qu'ils étaient faux, en déclarant à l'escompteur qu'ils étaient souscrits par des commerçants, et qu'il en a reçu les valeurs, ce qui constituait des faux et usage de pièces fausses en écritures de commerce et de banque ; que, dès lors, en le condamnant à la peine des travaux forcés à temps, peine commune à la banqueroute frauduleuse et aux faux en écriture de commerce, la cour d'assises devait le condamner, à cause de ces faux, en une amende qui ne pouvait être moindre de 100 fr. et à la marque des lettres T F, et qu'en omettant de prononcer ces peines accessoires et speciales pour le crime de faux, elle a violé, par l'arrêt attaqué, les articles ci-dessus cites code de commerce, code pénal, et l'art. 365 c. inst. crim., dont elle a fait une fausse application. — D'après ces motifs, casse, dans l'intérêt de la loi seulement, l'arrêt rendu le 17 avr. 1850, par la cour d'assises de l'Orne.

Du 3 juin 1830.-C. C., ch. crim.-MM. Bastard, pr.-Brière, rap.

(1) (Gauthier *C.* min. pub.) — LA COUR ; — Sur le deuxième moyen, tiré de la violation de l'art. 365 c. inst. crim., 2e alinéa : — Vu le second alinéa dudit art. 365 ; — Attendu, en droit, que lorsqu'un individu a été déclaré, par un jugement, coupable de plusieurs délits, il ne doit lui être fait application que de la plus forte des peines par lui encourues, et que, dès lors, il y a lieu de retrancher de la condamnation prononcée tout ce qui excède cette peine ; — Et, attendu, en fait, que, par un jugement du tribunal correctionnel d'Angers, du 31 janv. 1842, Gauthier a été déclaré coupable d'abus de confiance et condamné à deux ans de prison, maximum de l'emprisonnement, et aux autres peines portées par les art. 408, 406 et 405 c. pén. contre les auteurs de ce délit ; que, par autre jugement du même tribunal, du 26 fév. 1842, ledit Gauthier a été déclaré coupable du délit de banqueroute simple, et condamné, pour ce dernier délit, à deux ans de prison, maximum de la peine prononcée par l'art. 402, dernier alinéa, c. pén. ; — Attendu que la cour royale d'Angers, après avoir joint les appels interjetés par Gauthier, a confirmé par une disposition collective les deux jugements ci-dessus énoncés du tribunal d'Angers, ce qui laisse subsister les deux peines prononcées ; — Que cependant Gauthier étant reconnu coupable des deux délits d'abus de confiance et de banqueroute simple, la cour royale ne pouvait maintenir ou prononcer contre lui, aux termes de l'art. 365 c. inst. crim., que la plus forte des deux peines, c'est-à-dire celle de l'abus de confiance qui comprend, outre l'emprisonnement, une amende et l'interdiction des droits mentionnés en l'art. 42 c. pén. ; — Que, dès lors, en confirmant purement et simplement les deux jugements, et en laissant, par là, subsister la double condamnation prononcée contre Gauthier, l'arrêt attaqué a formellement violé l'art. 365 c. inst. crim. ; — Casse.

Du 5 août 1842.-C. C., ch. crim.-MM. de Crouseilhes, pr.-Brière, r.

(2) (Grellet.) — LA COUR ; — Attendu que l'arrêt a dû considérer le délit d'escroquerie comme le délit le plus grave, puisque la loi le punit de peines plus sévères que celui de provocation à l'évasion des prisonniers, et que ce délit étant reconnu il a dû faire la base de la condamnation ; — Rejette le pourvoi contre l'arrêt de la cour impériale de Lyon, du 11 fév. 1813.

Du 16 avr. 1813.-C. C., sect. crim.-MM. Barris, pr.-Schwendt, rap.

(3) (Dupré.) — LA COUR ; — Vu le mémoire présenté par le condamné à l'appui de sa demande, dans lequel il propose pour seul moyen de cassation la fausse application de la loi pénale ; — Considérant que le demandeur a été déclaré coupable du délit de propos séditieux prévu par les art. 5 et 8 de la loi du 9 nov. 1815, et du délit de destruction d'arbres faite pendant la nuit, prévu par les art. 445 et 450 c. pén. ; — Considérant qu'à l'égard du premier de ces délits, le juge peut, d'après la latitude qui lui est donnée par l'art. 10 de ladite loi de novembre, réduire la durée de l'emprisonnement à trois mois, mais qu'à l'égard du deuxième délit, il ne peut, d'après les articles précités du code pénal, se dispense, de prononcer un emprisonnement de cinq ans ; qu'il est donc évident que le deuxième délit emporte une peine plus forte que le premier, d'où il suit qu'ayant été saisi par appel *à minimâ* du ministère public, la cour royale de Bourges, en prononçant contre le demandeur un emprisonnement de cinq ans, a fait une juste application des art. 445 et 450 c. pén. et de l'art. 365 c. inst. crim. ; — Qu'au surplus, le demandeur ne serait pas recevable à se faire un moyen de cassation de ce qu'il aurait été condamné à une peine moins forte que celle qui aurait dû lui être infligée ; — Rejette.

Du 12 juin 1818.-C. C., sect. crim.-MM. Barris, pr.-Busschop, rap.

défaut passé en force de chose jugée (Crim. cass. 1er juin 1837) (1); — 2° Que l'arrêt qui déclare qu'il est de droit que la seconde peine prononcée contre un détenu soit par lui subie immédiatement après celle qu'il subissait avant de s'être rendu coupable du deuxième fait, ne viole aucune loi (Crim. rej. 26 mars 1813) (2).

132. Mais si, au moment où le deuxième délit a été commis, la condamnation prononcée pour le premier n'était pas encore devenue définitive, cette condamnation pouvant être considérée comme n'existant pas, l'art. 365 c. inst. crim. doit recevoir son application (V. Conf. M. Le Sellyer, t. 1, n° 236).

133. Peu importe, pour l'application de l'art. 365, que le fait antérieur à la première condamnation n'ait été connu qu'après cette condamnation. A la vérité, les art. 365 et 379 semblent se référer seulement à deux cas spéciaux : au cas où l'accusé est convaincu, dans le même débat, de plusieurs crimes ou délits, et au cas où les nouveaux crimes sont découverts dans le cours du débat auquel leur auteur se trouve déjà soumis pour d'autres faits; mais ces articles ne doivent pas être restreints aux deux cas dont il s'agit : ils doivent être étendus à tous les cas où un individu, précédemment condamné pour un crime, ou pour un délit, se trouve poursuivi à raison de faits nouveaux, antérieurs à sa condamnation, et qui n'ont pas fait l'objet du jugement rendu contre lui. S'il en était autrement, il dépendrait du ministère public d'aggraver ou d'adoucir arbitrairement les peines applicables à un même individu pour différents crimes ou délits; il lui suffirait pour cela de diviser ou de réunir les poursuites. On ne doit donc voir dans les art. 365 et 379 c. inst. crim. que deux applications particulières d'un principe plus général qui plane, en quelque sorte, sur notre législation criminelle : du principe de la non-cumulation des peines.— V. en ce sens Mangin, t. 2, n° 457; M. Le Sellyer, t. 1, n° 237.

134. Il a été jugé, conformément à ce qui vient d'être dit, 1° que la règle prohibitive du cumul doit être appliquée au cas où les peines ont été prononcées par deux jugements distincts, comme au cas où elles l'ont été par un seul; qu'en conséquence l'arrêt qui condamne à des peines infamantes l'individu déjà condamné précédemment à des peines correctionnelles a pu déclarer que les peines correctionnelles se confondront avec les peines prononcées par la seconde condamnation (Crim. rej. 8 mars 1833) (3) : le mot *a pu*, dont se sert l'arrêt, annonce que ce mode de disposer n'est pas impérieusement prescrit; et si, au lieu d'ordonner que les peines se confondraient, la cour d'assises s'était bornée à prononcer la peine résultant de la seconde condamnation, sans parler de la première, son arrêt ne serait pas pour cela attaquable devant la cour de cassation; c'est sans doute à une disposition pareille que la cour suprême a entendu faire allusion, lorsqu'elle a employé le mot *a pu* dans son arrêt; toutefois, le silence des juges sur ce point n'enlèverait pas son droit au condamné;— 2° Que dans le cas de conviction de plusieurs crimes ou délits, la règle de non-cumulation des peines doit être observée, soit que la conviction résulte de jugements distincts, soit qu'elle ne résulte que d'un seul (Crim. cass. 26 janv. 1837) (4).

---

(1) (Min. pub. *C.* Guillot.) — LA COUR; — Vu l'art. 365 c. inst. crim.; — Attendu que, des pièces et documents transmis au greffe de la cour, en exécution de son arrêt interlocutoire du 20 avr. dernier, il résulte que la première condamnation rendue par défaut contre Antoine Guillot avait acquis l'autorité de la chose jugée antérieurement au second délit, à raison duquel la seconde est intervenue; — Attendu que l'art. 365 précité ne s'applique qu'au cas où des faits divers sont poursuivis et jugés, soit collectivement, soit à des intervalles non séparés par la condamnation définitive des uns, suivie de la perpétration des autres; mais qu'on ne saurait en étendre le bienfait à l'accusé qui, après avoir été l'objet des rigueurs de la justice, les a de nouveau encourues; — Qu'ainsi le jugement attaqué, en déclarant, après avoir confirmé la condamnation prononcée contre Guillot par le tribunal correctionnel de Saint-Girons, à cinq années d'emprisonnement et peines accessoires, que cette condamnation se confondrait avec celle de dix années de la même peine, portée, contre ledit Guillot, par jugement dûment signifié du tribunal de Limoux, à la date du 6 juin 1835, a fait une fausse application du susdit art. 365 c. inst. crim.; — Casse.

Du 1er juin 1837.-C. C., ch. crim.-MM. de Bastard, pr.-Rocher, rap.

(2) (Min. pub. *C.* Lenoir.) — LA COUR; — Attendu qu'en déclarant qu'il est de droit que la seconde peine prononcée contre un détenu soit par lui subie immédiatement après l'expiration de celle qu'il subissait avant d'avoir commis l'action qui a entraîné la seconde condamnation, la cour impériale n'a violé aucune disposition du code, et que, par cette déclaration, elle a satisfait à la réquisition du procureur général; — Rejette le pourvoi contre l'arrêt de la cour impérial de Dijon, du 15 janv. 1813.

Du 26 mars 1813.-C. C., sect. crim.-MM. Barris, pr.-Oudart, rap.

(3) (Lefebvre *C.* min. pub.) — LA COUR; — En fait : — Attendu que Lefebvre a commis divers crimes dans le courant des mois de janvier et d'oct. 1832, pour lesquels il a été poursuivi devant la cour d'assises du département d'Indre-et-Loire; — Que, mis d'abord en accusation pour les crimes du mois de janvier, il a été condamné, le 15 novembre, à cinq ans d'emprisonnement; que, traduit ensuite devant la cour d'assises pour le crime du mois d'octobre, il a été condamné par cette cour, le 6 février dernier, à huit années de travaux forcés, dans lesquelles viendront se confondre les cinq années d'emprisonnement prononcées contre lui par l'arrêt du 14 novembre; — Attendu que Lefebvre s'est pourvu contre l'arrêt du 6 février, et que, d'une autre part, le ministère public en demande la cassation dans l'intérêt de la loi et aux termes de l'art. 442 c. inst. crim., pour excès de pouvoir et violation de l'art. 365 du même code; — En droit : — En ce qui concerne le pourvoi de Lefebvre;—Attendu que la procédure est régulière, et que les faits dont Lefebvre a été déclaré coupable par le jury emportent la peine des travaux forcés à temps pour cinq ans au moins et vingt ans au plus; d'où il suit que la cour d'assises, en le condamnant à huit années de travaux forcés, a fait une juste application de la loi pénale;— Rejette le pourvoi de Lefebvre; — En ce qui concerne le réquisitoire pris par M. l'avocat général dans l'intérêt de la loi. — Attendu qu'aux termes de l'art. 365 c. inst. crim, lorsqu'un accusé est convaincu de plusieurs crimes ou délits, la peine la plus forte doit seule être prononcée; — Qu'il est indifférent, pour l'application de cet article, que l'accusé soit soumis à un même débat pour les divers crimes qu'il a commis, ou que ces crimes soient l'objet de deux accusations distinctes, puisque le développement et l'accélération plus ou moins rapide des différentes poursuites dirigées contre lui ne doivent pas aggraver son sort, et empêcher la cour d'assises d'apprécier l'ensemble des faits, et d'user, en appliquant la peine la plus forte, de la latitude qui lui est accordée par la loi; — Qu'ainsi la cour d'assises, qui aurait eu le droit, dans le premier cas, de ne prononcer contre Lefebvre qu'une condamnation de huit années de travaux forcés, a pu, dans l'espèce, reconnaître et déclarer que la même peine était suffisante pour expier non-seulement le crime du mois d'octobre, mais encore celui qui avait donné lieu à la condamnation du 14 novembre; — Attendu, dès lors, qu'en prononçant, par son arrêt du 6 février, contre Lefebvre, une condamnation de huit ans de travaux forcés, dans lesquels viendront se confondre les cinq années d'emprisonnement auxquelles il avait été déjà condamné, la cour d'assises de l'Aisne n'a pas commis un excès de pouvoir, ni violé l'art. 365 précité; — Rejette le réquisitoire, etc.

Du 8 mars 1833.-C. C., ch. crim.-MM. Chantereyne, pr.-Thil, rap.

(4) (Laurent *C.* min. pub.) — LA COUR; — En ce qui concerne l'arrêt du 15 décembre; — Vu l'art. 365 c. inst. crim. d'après lequel, en cas de conviction de plusieurs crimes ou délits, la peine la plus forte doit être seule prononcée, — Attendu que cette règle de non-cumulation des peines doit être appliquée au cas où la conviction de plusieurs crimes résulte de jugements différents, comme au cas où elle résulte d'un seul jugement; — Attendu que, par l'arrêt du 10 décembre, qui devient définitif en vertu du présent arrêt, les demandeurs sont condamnés, indépendamment de la peine principale des travaux forcés, à 100 fr. d'amende et à l'exposition; — Que l'arrêt du 15 décembre condamne les demandeurs, pour crimes antérieurs à l'arrêt du 10 du même mois, à cinq ans de travaux forcés, à 100 fr. d'amende et à l'exposition; — Que cet arrêt ordonne bien que la peine des travaux forcés qu'il prononce se confondra avec celle qu'a prononcée l'arrêt du 10, mais ne contient aucune disposition pareille quant à l'amende et à l'exposition; — Que les demandeurs se trouvent donc condamnés à 200 fr. d'amende chacun, et à subir deux fois l'exposition; — Attendu qu'il n'est point légalement établi que le bénéfice illégitime que les faux qui ont motivé la condamnation des demandeurs ont procuré ou étaient destinés à procurer, se soit élevé à 800 fr., ce qui serait pourtant nécessaire pour que l'amende prononcée n'excédât pas le maximum fixé par l'art. 164 c. pén. au quart de ce bénéfice illégitime; — Que, faute de constatation légale sur ce point, on ne pouvait prononcer, pour tous les faux commis par les demandeurs, qu'une amende n'excédant pas le minimum déterminé par le même article; — D'où il suit qu'en condamnant purement et simplement les demandeurs à l'amende de 100 fr., sans ordonner que cette condamnation se confondrait avec la même condamnation contre eux prononcée par l'arrêt du 10 décembre, et en cumulant ainsi ces deux amendes, la cour d'assises a formellement violé l'art. 365 ci-dessus cité;—Attendu qu'elle l'a violé encore, et par la même raison, à l'égard de l'exposition; — Par ces motifs, casse.

Du 26 janv. 1837.-C. C., ch. crim.-MM. Bastard, pr.-Vincent, rap.

135. Lorsque les deux faits à raison desquels des poursuites distinctes ont été successivement exercées sont passibles de peines de même nature, si la première condamnation n'en a pas prononcé le *maximum*, la seconde peut s'élever à ce *maximum* en prononçant le supplément de peine nécessaire pour la compléter. Cette aggravation n'est point incompatible avec le principe de non-cumulation des peines. Tel est, au surplus, le sentiment de Legraverend, t. 2, p. 266; Mangin, n° 460; Rauter, n° 187; Bourguignon, Jur. des c. crim., sur l'art. 365, n° 4; MM. Chauveau et Hélie, t. 1, p. 245 et 246; Le Sellyer, t. 1, n° 238; Trébutien, t. 1, p. 322. — Il a été décidé, en ce sens, que, si un individu déjà condamné pour vol à la peine de la reclusion, se rend coupable du même crime, la durée de la peine de la reclusion prononcée à la première condamnation peut, lors de la seconde, être étendue jusqu'au *maximum*, c'est-à-dire jusqu'à dix ans (Crim. cass. 27 avril 1827, aff. Bunet, n° 153-4°).

136. Lorsqu'un accusé condamné à une peine afflictive ou infamante est, à raison d'un deuxième fait de même nature et punissable de la même peine, traduit de nouveau devant la même cour d'assises, cette cour peut n'augmenter la peine que d'une peine moindre que le *minimum* légal; ainsi lorsqu'après avoir par un premier arrêt condamné un accusé de faux en écriture authentique à cinq ans de travaux forcés avec la flétrissure, elle a de nouveau le lendemain condamné le prévenu du même crime à six ans en déclarant que, combinée et fondue avec celle de la veille, la dernière condamnation serait seule subie, elle n'a point violé les dispositions de la loi dans son art. 361 c. inst. crim.; la deuxième condamnation enlève à la première son effet, en sorte qu'on ferait à faux un grief à la cour d'avoir appliqué une peine au-dessous du *minimum* légal (Crim. rej. 15 mars 1828) (1).

137. Si la seconde condamnation se borne à prononcer la peine dont elle détermine la durée sans déclarer formellement que cette peine doive être ajoutée à celle qui a été prononcée précédemment, doit-on, dans l'exécution, se borner à appliquer la plus forte des deux ou les réunir jusqu'à parfaire le maximum? M. Le Sellyer (t. 1, n° 238) pense qu'elles doivent être réunies. « On ne doit pas supposer, en effet, que les juges, en prononçant la deuxième condamnation, n'ont pas eu l'intention d'y attacher tout l'effet que naturellement elle pouvait avoir. » —Mais tel n'est pas le sentiment de MM. Chauveau et Hélie, t. 1, p. 246. Sans doute, disent ces auteurs, la cour d'assises avait la faculté d'épuiser le maximum de cette peine, si le coupable méritait cette sévérité; mais si elle ne l'a pas fait, la peine qu'elle a mesurée doit être seule appliquée, parce que la loi l'a jugée suffisante pour expier les différents crimes; et c'est contredire ce vœu clairement manifesté que de faire concourir, par des poursuites postérieures, les autres crimes à aggraver cette peine jusqu'à l'épuisement de son maximum, sous prétexte que la peine la plus forte c'est le maximum de la peine. Ils ajoutent que la doctrine qu'ils combattent fait dépendre l'aggravation du sort du condamné, non du caractère plus ou moins immoral des crimes, mais du hasard qui a fait infliger à ces crimes des peines d'une même nature; ce qui leur paraît inadmissible.—Pour nous, nous croyons que la question se réduit à une appréciation de l'intention qu'ont eue les juges en prononçant la seconde condamnation. En effet, MM. Chauveau et Hélie reconnaissent (p. 248) que, lorsque l'accusé reparaît devant eux pour un fait antérieur à la première condamnation, ils ont le droit d'élever au maximum la peine qu'ils avaient prononcée; la cour d'assises, disent-ils, avait ce droit sur la première accusation; elle l'aurait eu, à plus forte raison, si les deux accusations avaient été réunies; elle ne peut donc en être privée parce qu'elles ont été séparées. Lors donc que, dans la seconde condamnation, les juges ne se sont pas formellement exprimés à cet égard, la question est de savoir si, la peine qu'ils ont prononcée, ils l'ont prononcée abstraction faite de toute autre condamnation et en n'envisageant que le fait dont ils étaient saisis, ou si leur intention a été de prononcer un supplément de peine qui doive être ajouté à la peine antérieurement prononcée jusqu'à concurrence du maximum. Dans le premier cas, la plus faible des deux peines doit être absorbée par la plus forte; dans le second, la cumulation doit avoir lieu. Or c'est d'après les circonstances que la question nous paraît devoir être résolue, et le juge doit s'expliquer à cet égard.

138. Il a été jugé, sur cette question, que lorsque, par un premier arrêt, un individu est condamné pour vols qualifiés à huit ans de travaux forcés et à l'exposition; que, par un second arrêt rendu un mois après, il est condamné pour vols de même espèce, antérieurs au premier arrêt, à douze ans de travaux forcés et à l'exposition, la condamnation est légale quant aux travaux forcés, puisque les années réunies n'excèdent pas le nombre de vingt, maximum de la peine prononcée contre ces délits, et que les juges ont pu réduire à douze ans, en faisant entrer dans ce nombre les huit années prononcées par le premier arrêt (Crim. cass. 6 août 1824) (2). Mais si les deux peines doivent être confondues, comme cet arrêt paraît le décider, qu'importerait que la réunion de leur durée excédât le maximum? On ne doit, ce nous semble, considérer que la plus forte.

139. D'un autre côté, il a été jugé, dans le sens du cumul jusqu'à concurrence du maximum : 1° que celui qui a déjà été condamné à huit ans de travaux forcés, pour faux en écriture publique, peut être condamné de nouveau à cinq ans de la

---

(1) (Min. pub. C. Ripert.) — LA COUR; — Statuant sur le pourvoi du ministère public près la cour d'assises de Vaucluse : — Attendu, sur premier moyen, que la disposition de l'art. 365 c. inst. crim., sur la nécessité de prononcer la peine la plus forte, reçoit son application au cas où un accusé condamné à une peine afflictive ou infamante est, à raison d'un deuxième fait postérieur au premier crime, mais antérieur à la première condamnation, traduit derechef à la cour d'assises.

Que lorsque ces deux faits sont punissables de la même peine, quant à sa nature, la cour d'assises satisfait à l'art. 365, en augmentant la durée de la peine, sans excéder le maximum déterminé par la loi; — Mais qu'aucune disposition de loi ne lui défend de n'augmenter la peine que d'une durée moindre que son minimum légal; que, par conséquent, dans l'espèce, où la première condamnation était de cinq ans de travaux forcés avec la flétrissure, la cour d'assises, en portant la deuxième à six ans en déclarant que celle-là seule serait subie avec la flétrissure, loin de contrevenir à l'art. 365 c. inst. crim., s'y est au contraire exactement conformée.

Attendu, sur le deuxième moyen, que la deuxième condamnation était non pas à une année de travaux forcés, mais au contraire à six ans, au moyen desquels la première condamnation n'avait plus d'effet; — Que, dès lors, sous ce rapport comme sous celui du surplus de l'arrêt, la peine a été appliquée conformément à la loi aux faits déclarés constants par le jury; — Rejette.

Du 15 mars 1828.-C. C., ch. crim.-MM. Bailly, pr.-Ollivier, rap.

(2) (Min. pub. C. Le Bourhis.)—LA COUR;—Vu les art. 365 et 379, § 2, c. inst. crim.;—Attendu qu'il résulte de ces articles que les peines afflictives et infamantes ne peuvent être cumulées, et qu'un accusé mis en jugement expie tous les crimes qu'il peut avoir précédemment commis, par sa condamnation à la plus forte des peines encourues par ces crimes;—Attendu que, par arrêt de la cour d'assises du Finistère, du 10 avril dernier, Pierre-Marie-Joseph Le Bourhis avait été condamné, pour vols qualifiés, à huit années de travaux forcés et à l'exposition publique ordonnée par l'art. 22 c. pr.;—Que, par un second arrêt de la même cour d'assises, du 8 juillet aussi dernier, le même Le Bourhis a été condamné à douze ans de travaux forcés et à l'exposition publique, pour un vol de même nature, commis antérieurement à sa première condamnation;—Que Le Bourhis, condamné par le premier arrêt à huit années de travaux forcés, aurait pu également être condamné par le second à douze ans de la même peine, parce que ces deux nombres réunis n'auraient pas excédé celui de vingt, qui exprime, aux termes de l'art. 19 c. pén., la plus longue durée de la peine des travaux forcés à temps; que la cour d'assises, qui n'était pas obligée d'infliger à l'accusé le maximum de cette peine, a pu légalement aussi la réduire à douze ans, en y faisant entrer les huit ans prononcés par l'arrêt du 10 avril, et que, sous ce rapport, son arrêt du 8 juillet est à l'abri de la censure.—Mais attendu que cet arrêt condamne Le Bourhis à l'exposition publique pendant une heure, à laquelle il avait été déjà condamné par l'arrêt du 10 avril, et qu'il a subie; qu'il y a, dans cette seconde condamnation, cumulation évidente des peines, conséquemment violation des art. 365 et 379 c. inst. crim., et fausse application de la loi pénale; — Par ces motifs, casse et annule l'arrêt de la cour d'assises du département du Finistère, rendu le 8 juillet dernier contre Pierre-Marie-Joseph Le Bourhis, dans la disposition par laquelle ledit Le Bourhis est condamné à une heure d'exposition publique;—Et vu l'art. 429, § 5, c. inst. crim.;—Attendu qu'il n'y a lieu de prononcer aucune peine, et qu'il n'y a pas de partie civile, ladite cour déclare qu'il n'y a lieu à renvoi.

Du 6 août 1824.-C. C., sect. crim.-MM. Ollivier, pr.-Aumont, rap.

même peine pour un autre crime de faux commis antérieurement au premier arrêt, sans qu'on puisse alléguer une violation de la règle qui défend de cumuler les peines (Crim. cass. 27 fév. 1824) (1); — 2° Qu'une cour d'assises peut prononcer la peine de la flétrissure contre un individu condamné déjà une première fois pour faits de même nature, si la flétrissure n'avait pas été prononcée lors de la première condamnation (Crim. rej. 28 avr. 1831, aff. Cary, V. Chose jugée, n° 507);— 3° Que le cumul des peines n'est prohibé, dans le cas de conviction de deux délits successifs de la presse, qu'autant que les deux peines sont de nature différente; qu'alors la peine la plus faible se confond avec la plus grave ; que, si les deux peines sont de même nature, elles peuvent être cumulées, pourvu que la plus forte n'atteigne pas le maximum, ou que, par leur réunion, elles n'excèdent pas ce maximum (Crim. cass. 2 août 1833) (2); — 4° Qu'en cas de poursuites et de condamnations successives, la peine la plus

(1) *Espèce :* —(Esménard C. min. pub.) — Esménard, condamné en 1816 pour faux en écriture authentique et publique, à l'exposition et à la flétrissure, et à huit ans de travaux forcés, fut poursuivi, en 1823, pour un autre faux commis antérieurement à sa condamnation. — Un arrêt arrêt prononça contre lui cinq ans de travaux forcés, convertis en cinq ans de reclusion, à raison de son âge, l'exposition et la flétrissure. —Pourvoi.

La cour; — Vu les art. 365 et 379 c. inst. crim. : — Attendu qu'il résulte de ces articles, que les peines afflictives et infamantes ne peuvent être cumulées, et qu'un accusé mis en jugement expie tous les crimes qu'il peut avoir précédemment commis, par sa condamnation à la plus forte des peines encourues par ces crimes;—Attendu qu'en 1816, Esménard avait été condamné pour crime de faux en écriture authentique et publique; que, si la peine qui lui était infligée pour ce crime, eût été de vingt ans de travaux forcés, sa condamnation à cette peine, la plus forte par sa nature et par sa durée qu'il pût subir, eût pleinement satisfait la vindicte publique, pour tous les crimes punissables du même genre de peines ou de peines inférieures, qu'il avait précédemment commis; et que la nouvelle condamnation prononcée contre lui en 1823, à raison d'un faux en écriture authentique et publique, antérieur à sa première condamnation, eût été, dans toutes ces parties, une véritable cumulation de peines et une violation évidente du principe établi par les art. 365 et 379 c. inst. crim.; —Attendu qu'Esménard n'était condamné, par arrêt de 1816, qu'à huit ans de travaux forcés, et que l'arrêt de 1823 ne le condamne qu'à cinq ans de la même peine, réduite à celle de la reclusion à raison de son âge; que ces deux peines réunies ne s'élevant pas à celle de vingt ans de travaux forcés, qui auraient pu lui être infligée en 1816, il n'y a pas, dans sa condamnation de 1823 aux travaux forcés pendant cinq ans, cette cumulation de peines qui est incompatible avec la loi.—Mais considérant que la peine de cinq ans de travaux forcés, convertie en cinq ans de reclusion, n'est pas la seule que la cour d'assises ait prononcée; qu'elle y a joint celle de l'exposition et de la flétrissure, auxquelles Esménard avait été condamné une première fois en 1816 et qu'il ne pouvait pas plus y être condamné une seconde fois en 1823, qu'il n'eût pu l'être aux travaux forcés à temps, s'il eût été déjà condamné à vingt ans de cette peine; que, par conséquent, sous ce rapport, il y a cumulation de peines dans l'arrêt de la cour d'assises, violation des art. 365 et 379 c. inst. crim., et fausse application de la loi pénale; — Par ces motifs, casse et annule l'arrêt rendu le 13 décembre dernier, par la cour d'assises des Bouches-du-Rhône, contre Jean-Vérédème Esménard, dans la disposition par laquelle Esménard est condamné à une heure d'exposition et à être flétri par l'application d'une empreinte des lettres T. F. —Et vu l'art. 429, § 5, c. inst. crim.; —Attendu qu'il n'y a lieu de prononcer aucune peine, et qu'il n'y a point de partie civile au procès, la cour déclare qu'il n'y a lieu au renvoi.

Du 27 fév. 1824.-C. C., sect. crim.-MM. Barris, pr.-Aumont, rap.

(2) *Espèce :*—(Mie C. min. pub.)—Le sieur Mie, imprimeur, condamné par la cour d'assises de la Seine, le 20 juillet 1832, à 3,000 fr. d'amende et à 6 mois d'emprisonnement, comme complice du double délit d'offenses envers la personne du roi et d'attaque contre ses droits constitutionnels; et, le 8 septembre suivant, à trois mois de prison et 50 fr. d'amende, pour provocation non suivie d'effet au renversement du gouvernement du roi, s'est constitué prisonnier à Sainte-Pélagie le 22 janv. 1833.—Le 23 février suivant, il a été écroué de nouveau en exécution de la seconde condamnation, qui avait eu pour motif un délit antérieur à la première condamnation. — Le sieur Mie a demandé à la cour sa mise en liberté, sur le motif que, dans le concours des deux peines, si elles sont de même nature, elles se confondent, et, si elles sont de nature différente, la plus forte absorbe la plus légère; que les six mois d'emprisonnement résultant de la première condamnation étant expirés, sa détention devait cesser.

15 juillet 1833, arrêt de la cour d'assises de la Seine qui rejette sa demande : « Considérant, y est-il dit, que le maximum de la peine, qui pouvait être appliqué au demandeur, était, dans le premier cas, de cinq ans de prison et de 10,000 fr. d'amende; que le maximum de la peine était, dans le second cas, de cinq ans de prison et de 6,000 fr. d'amende; qu'ainsi, en fait, les deux condamnations réunies n'ont pas même atteint le maximum de la peine la moins grave prononcée par la loi, et qu'en outre, la cour d'assises de la Seine n'a point ordonné, par son second arrêt, que la peine prononcée contre Mie, le 8 septembre, se confondrait avec celle qui lui avait été infligée le 20 juillet précédent; — Considérant, qu'aux termes de la loi, lorsque les peines prononcées contre le même individu, dans le cas de conviction de plusieurs crimes ou délits, sont de nature différente, la peine la plus faible doit toujours se confondre avec la plus grave; que, si les peines de même nature ne diffèrent que quant à la durée, il n'y a de cumulation prohibée par l'art. 365 c. inst., qu'autant que les peines successivement prononcées excéderaient le maximum de la plus forte peine encourue par le condamné;—Considérant que la date du second écrou fait à la diligence du procureur général ne peut avoir pour effet d'opérer la confusion des deux peines, mais assure, au contraire, l'exécution successive des deux condamnations prononcées contre Mie. »

Pourvoi du sieur Mie pour violation des art. 365 et 379 c. inst.—Le système qu'il a présenté avait été développé dans une consultation délibérée pour lui par Me Moulin, et à laquelle avaient adhéré MM. Odilon-Barrot, Charles Comte, Jolly, Delangle, Crousse, Coffinières, Boinvilliers, Paillet, Stourm, A. Jollivet, Colmet-d'Aage, Coin-Delisle, Ledru-Rollin, Bethmont, Patorni, Carteret, Tonnet, Saunières, N. Boussi, Joffrès, Force, Rigaud, H. Lacoin, de Goulard, Flayol, Frémery, Mauguin, Berryer fils, Hennequin, Gairal, H. de Vatimesnil, Gaudry, Chaix-d'Est-Ange, Plougoulm, Landrin, Pinard, A. Syrot, A. Fleury, Barroche, Pinet, Laterrade, P. Fenet, Verwoort, Wollis, Paillart de Villeneuve, Sylvestre de Sacy, Alex. Guillemin, Le Loup de Sancy, Dupont, Benoist (de Versailles), Franque, Lafargue, Parquin, bâtonnier, Marie, Duvergier, Mermilliod, Leroy, Fontaine, G. de Beaumont, Ch. Ledru, A. Crémieux.—Voici un extrait de la consultation.

« Lorsque la société est contrainte de sévir contre l'un de ses membres, elle punit dans un intérêt de conservation, non dans un esprit de vengeance. Le but de la peine est de corriger le coupable, d'arrêter par la crainte du châtiment ceux qui seraient tentés de l'imiter, et de défendre ainsi le corps social contre les attaques dont l'impunité multiplierait et le nombre et l'audace. Une sage proportion entre la peine et le délit, est la voie la plus sûre pour conduire à ce résultat: l'obtenir, en évitant et une excessive sévérité, et une excessive indulgence, est le problème à résoudre.— Quand un homme a commis un crime, la loi, qui le punit, doit être appliquée, et le magistrat n'éprouve d'embarras que pour fixer la durée plus ou moins longue de la peine, et opter, suivant les circonstances favorables ou contraires à l'accusé, entre le minimum et le maximum. Mais lorsqu'un coupable a commis plusieurs crimes, chacun de ces crimes doit-il être puni d'une peine particulière, ou la peine destinée au crime le plus grave suffit-elle à l'expiation de tous les autres? La justice, l'humanité, et le but même de la répression ne veulent qu'une peine. Ou elle suffit, en effet, à la sécurité du corps social, à l'amélioration du condamné, et à l'exemple qu'on en attend pour les citoyens; ou elle est impuissante pour assurer le repos de la chose publique, maintenir dans le devoir les hommes à mauvaises passions, et ramener le coupable au repentir et aux sentiments de l'honneur; et, dans l'un et l'autre cas, ajouter au châtiment, serait une rigueur inutile; car, dans le premier, le but du législateur est atteint, et, dans le second, comment espérer de peines plus légères un résultat qu'on n'a pu obtenir d'une peine plus forte?... Dans l'un et l'autre cas, c'est donc assez d'une seule peine, puisque le législateur trouve une garantie contre le coupable corrigé dans l'efficacité du châtiment, et contre le coupable endurci dans la menace de la récidive.—Cette considération qui n'a échappé ni à nos anciens ni à nos modernes criminalistes, pouvait-elle ne pas trouver place dans nos lois pénales, qui, depuis trente ans, tendent à se dépouiller de la barbarie de leur origine, et que des modifications successives ont eu pour objet de rendre plus humaines?—« En cas de conviction de plusieurs crimes ou délits, porte l'art. 365 c. inst. crim., la peine la plus forte sera seule prononcée, » — « Lorsque, pendant les débats qui auront précédé l'arrêt de condamnation, l'accusé aura été inculpé, soit par des pièces, soit par des dépositions de témoins, sur d'autres crimes que ceux dont il était accusé, si ces crimes nouvellement manifestés méritent une peine plus grave que les premiers, la cour ordonnera qu'il soit poursuivi à raison de ces nouveaux faits, suivant les formes prescrites par le présent code » (art. 369 c. inst. crim.).

» Ainsi, deux cas peuvent se présenter: — « Si un accusé est poursuivi simultanément pour plusieurs crimes ou délits, il n'est passible que de la peine réservée au plus grave des méfaits qui lui sont reprochés (art. 365). » — « Si les poursuites sont successives, et qu'après une condamnation il soit traduit en jugement pour un délit antérieurement commis, il ne tombe sous le coup de la loi, qu'autant que le fait qui motive la nouvelle poursuite est de nature à entraîner une peine plus forte que celui qui a servi de base à la première condamnation; car si

forte suffit pour l'expiation de tous les crimes ou délits commis antérieurement à la première de ces condamnations, sans que jamais, par la réunion des peines séparément prononcées, le maximum de la peine la plus forte puisse être dépassé (Crim. rej. 3 oct. 1835) (1).

140. Enfin, il a été décidé : 1° que lorsque le maximum de la peine n'a pas été appliqué par un premier jugement, il n'est pas exact de dire que la peine dont sont passibles des infractions antérieures soit expiée par ce jugement (Crim. rej. 23 mai 1835) (2) ; — 2° Que lorsqu'un individu qui n'a été condamné pour un crime qu'à une peine correctionnelle, à raison de circonstances atténuantes, vient à être reconnu postérieurement coupable d'un délit antérieur au crime objet de la première condamnation, les magistrats saisis de la connaissance de ce délit peuvent, s'ils reconnaissent que la peine prononcée par le premier arrêt était insuffisante, prononcer une addition de peine, sous la seule condition de ne pas dépasser le maximum de la peine la plus forte, prononcée par l'article en vertu duquel la première peine avait été appliquée (Req. 4 juin 1836) (3).

141. Si la première condamnation n'était pas encore exécu-

---

la peine destinée à la répression du second délit est moins grave, ou de même nature que celle déjà prononcée, elle se confond avec elle » (art. 379).—Le résumé des art. 365 et 379 rapprochés, est donc que, dans le concours de deux peines, si elles sont de même nature, elles se confondent; que, si l'une est plus grave que l'autre, la plus grave absorbe toujours la plus légère.—Cette conséquence, qui sort du texte de la loi, trouve un nouvel appui dans la double autorité de la doctrine et de la jurisprudence. » Me Moulin s'attache ensuite à démontrer que la règle qui prohibe le cumul des peines s'applique aux délits politiques et aux délits de la presse.

LA COUR; — Attendu qu'il résulte de la combinaison des art. 365 et 379 c. inst. crim., que, lorsque les peines prononcées successivement contre le même individu, dans le cas de conviction de plusieurs crimes ou délits, sont de nature différente, la peine la plus faible se confond nécessairement avec la plus grave; mais que si, dans ce cas, les peines prononcées sont de même nature et ne diffèrent que relativement à leur durée, elles doivent être toutes subies successivement, tant que, par leur réunion, elles n'excèdent pas en durée le maximum de la peine la plus forte de celles que la loi a prononcées pour les divers crimes ou délits qui ont été l'objet de diverses condamnations; — Attendu que la réunion des deux peines prononcées contre le demandeur, par les deux arrêts de la cour d'assises de la Seine, des 20 juill. et 8 sept. 1832, est inférieure au maximum de la peine la plus forte à laquelle il eût pu être condamné par suite des faits déclarés constants contre lui dans les deux procès; — Attendu que le deuxième écrou fait le 23 fév. 1833 contre le demandeur, à la requête du procureur général, en vertu du deuxième arrêt, n'a pu avoir pour objet et pour résultat que d'assurer l'exécution de la seconde condamnation, après l'expiration de la première peine; — Attendu que, dès lors, en décidant que le demandeur était tenu de subir successivement les deux peines prononcées contre lui, l'arrêt attaqué a fait une juste application des articles précités; — Rejette.

Du 2 août 1833.-C. C., ch. crim.-MM. de Bastard, pr.-Mérilhou, rap.-Parant, av. gén., c. conf.-Crémieux, av.

(1) 1re *Espèce* : —(Min. pub. C. le Réformateur.) — Le journal le Réformateur avait été condamné pour délit de presse au maximum de la peine portée par la loi. Poursuivi plus tard pour un délit de la presse antérieur à cette condamnation, le gérant est condamné à une nouvelle amende. Mais la cour d'assises de la Seine, faisant application de l'art. 365 c. inst. crim. déclare que cette nouvelle amende se confondra avec celle qui avait été précédemment prononcée. — Pourvoi de la part du procureur général de la cour royale de Paris. — Arrêt.

LA COUR; — Sur l'unique moyen pris de la fausse application de l'art. 365 c. inst. crim. et de la prétendue violation des art. 1 et 16 de la loi du 17 mai, et 10 de celle du 9 juin 1819; — Vu l'art. 365 c. inst. crim., § 2; — Attendu que cette disposition est générale; qu'elle s'applique tout à la fois aux délits et aux crimes, et conséquemment aux matières correctionnelles comme aux matières criminelles; qu'elle ne distingue pas entre les peines de nature différente qui peuvent être prononcées conformément à la loi; qu'ainsi elle les comprend toutes, les peines pécuniaires aussi bien que les peines corporelles; qu'il suit de cette disposition que la peine la plus forte suffit à l'expiation de tous les crimes ou délits qui ont précédé la condamnation, et qu'en cas de poursuites et de condamnations successives, elle suffit encore à l'expiation de tous les crimes ou délits que le condamné aurait pu commettre antérieurement à la première de ces condamnations, sans que, par la réunion des peines séparément prononcées, le maximum de la peine la plus forte puisse être jamais dépassé; — Que si le principe posé par l'art. 365 c. inst. crim. reçoit exception dans les matières qui sont régies par des lois et des règlements particuliers, et sur lesquelles il n'a point été statué par le code pénal, c'est que, dans ces matières toutes spéciales, l'amende est moins considérée comme une peine proprement dite, que comme la réparation civile du dommage; mais que cette exception ne peut s'étendre aux délits commis par la voie de la presse, les prohibitions portées par les lois répressives de ces délits, découlant nécessairement de celles que le code pénal a établies pour les délits ordinaires; — Que cette exception est d'autant moins admissible, qu'aux termes de l'art. 31 de la loi du 26 mai 1819, relative à la poursuite et au jugement des crimes et délits commis par la voie de la presse, les dispositions du code d'instruction criminelle, auxquelles il n'a pas été dérogé par ladite loi, doivent continuer de recevoir leur exécution.

Et attendu que l'arrêt attaqué constate que, postérieurement au fait qui a donné lieu à la poursuite sur laquelle cet arrêt est intervenu, Jaffrenou a été condamné à un mois d'emprisonnement et à 10,000 fr. d'amende; — Attendu que cette condamnation est le maximum de la peine pécuniaire dont le demandeur était passible; qu'ainsi, en décidant que la peine de 3,000 fr. d'amende, prononcée en dernier lieu, se confondrait avec la précédente condamnation, ledit arrêt a fait une juste application de l'art. 365 c. inst crim et n'a violé aucune loi; — Rejette.

Du 3 oct. 1835.-C. C., ch. crim.-MM. Choppin, pr.-Bresson, rap.

2e *Espèce* : — Le même jour arrêt semblable, affaire de *la Tribune*.

(2) Domain C. min. pub.) — LA COUR; — Attendu que les manquements antérieurs à un jugement de condamnation, lors duquel il n'en a pas été question, ne sont expiés par ce jugement qu'autant que le maximum de la peine a été appliqué; et attendu que le jugement du 23 oct. 1834 n'ayant prononcé qu'un jour d'emprisonnement aux deux manquements des 9 août et 5 oct. 1834, celui du 15 de ce dernier mois ne peut pas avoir été purgé par ledit jugement; — Attendu que le jugement attaqué, régulier dans sa forme, a appliqué l'art. 89 de la loi de la garde nationale à deux refus d'un service d'ordre et de sûreté; — En quoi ce jugement s'est conformé à la loi; — Rejette.

Du 23 mai 1835.-C. C., ch. crim.-MM. Choppin, pr.-Ricard, rap.

(3) *Espèce* : — (Everling C. Min. pub.) — Un arrêt de la cour d'assises de la Moselle, du 24 fév. 1836, avait condamné le nommé Everling, pour tentative de vol qualifié, commis le 25 déc. 1835, à trois ans d'emprisonnement, par application de l'art. 401 c. pén., à raison des circonstances atténuantes déclarées en sa faveur par le jury. — Depuis, un arrêt de la chambre des appels de police correctionnelle de Metz condamna Everling à un an de la même peine, par application du même art. 401, pour vol simple commis en maison habitée, le 9 du même mois de déc. 1835. — Cette addition de peine fut prononcée par le motif que la condamnation prononcée par la cour d'assises n'avait pas épuisé le maximum de la peine prévue par l'art. 401, et que, si cette cour eût connu ce délit, elle aurait prononcé plus de trois ans de prison, et par la considération qu'Everling, condamné, en 1832, à six mois de prison pour un autre vol, était un fort mauvais sujet qui n'offrait à la société aucune garantie par son inconduite et son immoralité. — Pourvoi d'Everling, pour violation de l'art. 365, 2e alin., c. inst. crim., en ce que la peine prononcée par l'arrêt attaqué avait pour motif la répression d'un crime, et que la peine infligée à ce crime ne pouvait être aggravée par celle due à un simple délit. — Arrêt.

LA COUR; — Sur le moyen unique, tiré de la violation de l'art. 365, 2e alin., c. inst. crim., qui veut qu'en cas de conviction de plusieurs crimes ou délits, la peine la plus forte soit seule prononcée; — Attendu que la peine en laquelle le demandeur a été condamné pour le crime dont il a été trouvé convaincu, par arrêt de la cour d'assises, du 24 fév. 1836, a été, par l'effet de l'application de l'art. 463 c. pén., à raison des circonstances atténuantes déclarées par le jury, commuée en une peine correctionnelle, dans les limites tracées par l'art. 401 du même code, en trois ans d'emprisonnement; — Attendu que le délit antérieur dont, par l'arrêt attaqué, le demandeur a été déclaré convaincu, était légalement passible des peines du même art. 401; qu'ainsi la peine est de même nature, si le fait n'est pas également qualifié par la loi; — Attendu que, si les peines encourues pour un crime ou pour un délit, antérieur à celui qui est le sujet de la répression de la justice, ne peuvent être aggravées dans leur nature, ni dans la durée légale que la loi assigne à chacune d'elles pour maximum, il est du devoir des magistrats qui en sont saisis, lorsque la poursuite a été divisée, d'examiner si la répression a été suffisante, et d'appliquer une addition à la peine, si celle prononcée ne leur paraît pas suffisamment répressive, à raison de la cumulation des crimes ou délits, sous la seule condition de ne pas dépasser le maximum de la peine la plus forte, qui est la limite posée par l'art. 365; s'il en était autrement, des faits criminels qui étaient inconnus à la justice, au moment où les premiers juges auraient prononcé le châtiment voulu par la loi, resteraient impunis par le fait de cette ignorance ou de la division de la poursuite, tandis que cette division, souvent forcée, ne peut préjudicier ni au condamné, ni à la vindicte publique ;

Attendu que, dans l'espèce, l'arrêt attaqué a prononcé une peine d'un an d'emprisonnement, par application de l'art. 401 c. pén., par le motif que celle de trois années de la même peine, pour le crime commis postérieurement avec circonstances atténuantes, ne suffisait pas à la répres-

tée au moment où la deuxième est prononcée, et que celle-ci, au lieu de se borner à prononcer un supplément de peine, prononçât le maximum, le principe de non-cumulation exigerait que cette dernière condamnation fût seule exécutée et absorbât la première.—V. Conf. M. Le Sellyer, n° 239.

142. Un second écrou à la diligence du procureur général, pendant la durée d'une première peine, n'opère pas la confusion des peines, mais seulement assure l'exécution successive des deux condamnations (Crim. cass. 2 août 1833, aff. Mie, n° 139).

143. Il peut arriver que, sur l'exécution de deux condamnations successives, des difficultés s'élèvent quant à l'application du principe de non-cumulation des peines. La connaissance de ces difficultés appartient au tribunal qui a prononcé la seconde condamnation, car la solution de ces difficultés nécessite l'interprétation de ce dernier arrêt, et cette interprétation ne peut être faite que par le tribunal de qui émane l'arrêt. Le ministère public n'a pas qualité pour y statuer seul. A la vérité, c'est à lui que la loi a confié le soin de faire exécuter les condamnations criminelles (c. inst. crim. 197 et 376); il suit de là que le ministère public a qualité pour résoudre les difficultés purement administratives qui peuvent s'élever relativement à l'exécution; mais, s'il y a contestation, de la part du condamné, sur la peine elle-même, sur sa durée, son expiration, etc., le ministère public n'a pas le pouvoir de prononcer; la question doit être portée devant le tribunal qui a prononcé la condamnation. C'est ce qu'enseignent aussi MM. Chauveau et Hélie, t. 1, p. 248 et s., et Le Sellyer, n° 240.—V. n°s 241 et suiv.

144. Lorsqu'une première condamnation a été prononcée, les juges saisis de la connaissance d'un autre fait antérieur nouvellement découvert, au lieu de prononcer une peine plus forte que la première, ou bien un supplément de peine à ajouter à celle-ci, peuvent très-bien ne prononcer aucune nouvelle condamnation et déclarer que la première suffit à la répression de tous les crimes ou délits qui l'avaient précédée; car si, au lieu d'être distinctes, les poursuites avaient été simultanées pour tous les faits, les juges auraient pu ne prononcer que la condamnation qui a été effectivement prononcée (V. en ce sens Mangin, t. 2, n° 460, et M. Le Sellyer, n° 241).— Il a été décidé, en ce sens, 1° que lorsqu'un individu, déjà condamné pour crime par une cour d'assises, est traduit devant une autre cour d'assises pour un crime antérieur n'entraînant pas une peine plus rigoureuse que celle à laquelle il est déjà condamné, cette cour d'assises qui, en cas de déclaration nouvelle de culpabilité, a la faculté d'étendre la durée de la peine, peut, si elle estime que la première condamnation suffit à la culpabilité, se borner à condamner l'accusé aux dépens; et que le ministère public n'est pas fondé à tirer de là un moyen de cassation contre l'arrêt (Crim. rej. 28 mars 1829) (1); — 2° Que si un individu est poursuivi sur deux accusations distinctes, pour deux crimes, devenus deux délits par les déclarations du jury, une cour d'assises peut ne prononcer aucune peine pour le second fait, lorsqu'elle a puni le premier, encore bien que la peine appliquée n'atteindrait pas le maximum prévu par la loi, alors, d'ailleurs, qu'elle a reconnu des circonstances atténuantes, telles que le jeune âge de l'accusé, etc. (Crim. rej. 27 avril 1832) (2).

145. Peu importe, au surplus, pour l'application de l'art. 365, que la première condamnation ait été prononcée par le tri-

---

sion du délit distinct et antérieur, que les premiers juges n'avaient pu prendre en considération ; — Que cette addition de peine n'a pas été prononcée pour cause de récidive, à raison d'un délit antérieurement puni de six mois d'emprisonnement, mais à raison seulement de la moralité et de l'inconduite du condamné ; — Attendu que les deux peines prononcées par l'arrêt de la cour d'assises du département de la Moselle, du 24 fév. 1836, et par l'arrêt attaqué du 13 avril suivant, sont de même nature, appliquées en vertu du même art. 401, et n'atteignent pas même le maximum fixé par cet article; qu'ainsi il n'y a pas eu violation de l'art. 365 c. inst. crim.; — Rejette.

Du 4 juin 1836.-C. C., ch. crim.-MM. Choppin, pr.-Isambert, rap.

(1) *Espèce :* — (Min. pub. *C.* Aubry.) — Aubry, condamné par la cour d'assises de la Moselle, le 29 juillet 1828, pour faux, à huit ans de travaux forcés, etc., était traduit, en même temps, devant la cour d'assises de Nancy, sous la prévention d'avoir fabriqué une fausse lettre de change, mais antérieurement aux crimes pour lesquels il était déjà condamné. Cette dernière cour d'assises n'a condamné Aubry qu'aux frais du procès, par arrêt du 4 mars 1829. — Pourvoi du ministère public. — Arrêt (apr. dél. en ch. du c.).

LA COUR ; — Attendu que, par arrêt de la cour d'assises du département de la Moselle, en date du 29 juillet dernier, Charles Aubry a été condamné à la peine de huit ans de travaux forcés, à l'exposition et à la marque, à raison de plusieurs faux en écriture de commerce ; — Que le fait de fabrication d'une fausse lettre de change, dont il est reconnu coupable par l'arrêt de la cour d'assises du département de la Meurthe, est antérieur aux crimes qui ont motivé la condamnation prononcée par la cour d'assises de la Moselle ; — Que si, aux termes de l'art. 365 c. inst. crim., la cour d'assises de la Meurthe était tenue d'appliquer au nouveau fait dont Aubry est reconnu coupable, la peine prononcée par la loi, cette obligation se trouvait modifiée par le deuxième alinéa de ce même article, qui porte : « En cas de conviction de plusieurs crimes ou délits, la peine la plus forte sera seule prononcée ; — Qu'il résulte, de cette disposition, qu'en subissant la peine la plus forte, le coupable expie tous les crimes passibles d'une peine de même nature ou d'une moindre gravité que celle qui lui est appliquée ; — D'où il suit que, si Charles Aubry avait été jugé par la cour d'assises du département de la Moselle, à raison de la fausse lettre de change dont il s'agit, en même temps qu'il le fut pour les autres crimes de même nature, cette cour n'aurait pas pu prononcer contre lui une condamnation particulière, mais que la répression de cet autre crime se serait confondue dans la condamnation aux travaux forcés, à l'exposition et à la marque, qu'elle a appliquée audit Aubry ; que seulement la cour d'assises aurait eu la *faculté* d'aggraver, à raison de ce même faux, la durée de la peine qu'elle prononçait ; — Attendu que cette faculté a été dévolue à la cour d'assises du département de la Meurthe ; qu'il a été au pouvoir de cette cour d'ajouter à la durée de la condamnation précédemment prononcée, un nombre d'années qui n'avait de limite que le *maximum* même de la peine, mais que l'exercice de ce droit était purement *facultatif ;* — Qu'en effet, la circonstance que l'accusé était jugé par une autre cour d'assises que la première, n'a pu aggraver sa position ; que cette circonstance, indépendante de sa volonté, totalement étrangère d'ailleurs à la nature des faits qui lui étaient imputés, ne pouvait rien ajouter à leur gravité, ni conséquemment l'exposer à des peines plus rigoureuses que s'il eût été jugé simultanément sur tous les crimes dont il était accusé ; — Que si la cour d'assises du département de la Moselle avait pu décider que tous les crimes de faux commis par Aubry étaient suffisamment expiés par huit années de travaux forcés, la cour d'assises du département de la Meurthe a pu le décider également ;

Attendu que, par l'arrêt attaqué, la cour d'assises de la Meurthe n'a point méconnu le droit qu'elle avait d'ajouter à la durée de la peine prononcée contre Aubry ; qu'elle a seulement déclaré qu'en appréciant les circonstances du crime dont il était reconnu coupable, et l'ensemble des faits à sa charge, elle pensait que la condamnation prononcée par la cour d'assises de la Moselle était suffisante ; — Qu'à la vérité, l'arrêt attaqué a ajouté à ces déclarations des considérations en droit qu'on ne peut approuver ; mais que ces erreurs ne peuvent vicier son dispositif, qui se justifie par des appréciations de faits que la cour de cassation n'a point à vérifier ; — Par ces motifs, rejette le pourvoi du procureur général près la cour royale de Nancy.

Du 28 mars 1829.-C. C., ch. crim.-MM. Bailly, pr.-Mangin, rap.

(2) (Min. pub. *C.* Caussignac.) — LA COUR ; — Attendu que les deux crimes dont L.-A. Caussignac était accusé, et devenus simples délits d'après les déclarations successives des jurés, étaient l'un et l'autre antérieurs au 17 mars dernier, jour où ledit Caussignac a été traduit à la cour d'assises du département de l'Hérault, sur les deux accusations distinctes formées contre lui ; que, sur le premier délit, la cour d'assises a prononcé la peine d'une année d'emprisonnement, par application de l'art. 401 c. pén., et que, sur le deuxième, dont il était pareillement déclaré coupable, la cour d'assises a déclaré néanmoins qu'il n'y avait lieu d'appliquer aucune peine (sauf le remboursement des frais), par le motif que le deuxième vol était antérieur à la condamnation prononcée dans la même audience ; que, s'il a été l'objet d'une procédure séparée, cette circonstance ne saurait changer la position de l'accusé ni le priver du bénéfice de l'art. 365 c. instr. crim., et encore par cet autre motif, en fait, qu'il y avait des circonstances atténuantes, tirées de la modicité des objets volés et du jeune âge de l'accusé ; — Attendu que la circonstance que l'accusé était jugé sur deux accusations distinctes ne pouvait empirer sa condition ; qu'il restait sous le droit fixé par le deuxième alinéa de l'art. 365 c. inst. crim. ; que, si la cour d'assises pouvait, en faisant, sur le deuxième délit, l'application de l'art. 401, prononcer une deuxième peine d'emprisonnement, pourvu que les deux réunies n'excédassent pas le maximum fixé par ledit article, également applicable aux deux délits, elle a pu cependant, comme elle l'a fait, et par les considérations recueillies dans son arrêt, déclarer la première peine suffisante pour l'expiation des deux délits, sans contrevenir à aucune loi, et même s'y déterminer par une saine interprétation de l'art. 365 ci-dessus cité ; — Rejette.

Du 27 avril 1832.-Ch. crim.-MM. de Bastard, pr.-Brière, rap.

bunal même devant lequel les nouvelles poursuites sont intentées, ou qu'elle l'ait été par un autre tribunal : cette circonstance est sans aucune influence sur l'application des règles dont nous nous occupons. L'art. 365 ne fait pas de distinction, et la raison n'en comporte pas (V. en ce sens M. Le Sellyer, n° 242).— Ainsi il a été jugé que l'arrêt qui condamne à cinq ans d'emprisonnement, pour attentat à la pudeur, un individu déjà condamné par une autre cour à sept ans de reclusion pour vol commis postérieurement à cet attentat, doit ordonner que la seconde peine sera confondue dans la première (Crim. cass. 24 juin 1837) (1).

146. Le principe d'après lequel l'individu, mis en jugement, expie tous les crimes et délits qu'il a pu commettre par la peine la plus forte, ne s'applique point à des chefs de prévention qui n'ont été l'objet d'aucun débat judiciaire (Crim. cass. 20 juill. 1832) (2).

147. Suivant Legraverend, t. 2, p. 611, la prohibition du cumul ne s'appliquerait point aux peines *pécuniaires*, aux amendes. Ainsi, une amende pourrait être cumulée, soit avec une autre amende, soit avec une peine corporelle encourue pour un autre fait. La raison qu'il en donne c'est que les amendes, comme les autres condamnations pécuniaires, sont la réparation du délit plutôt qu'une peine véritable, et que les diverses réparations qu'entraînent des délits différents peuvent être prononcées concurremment sans que la règle qui interdit le cumul des peines soit violée. Mais c'est là une erreur. Le code pénal (art. 9 et 464) met positivement l'amende au nombre des peines correctionnelles et de police. L'art. 365 c. inst. crim. doit donc être appliqué à l'amende aussi bien qu'à toute autre peine. C'est le sentiment de Bourguignon, Jur. c. crim., sur l'art. 365, n° 4 ; Mangin, Act. pub., t. 2, n° 465; MM. Chauveau et Hélie, t. 1, p. 185 et 191; Rauter, t. 1, n° 188 ; Le Sellyer, t. 1, n° 234 ; Bertauld, p. 335).—Jugé, conformément à cette dernière opinion, 1° qu'en cas de conviction de plusieurs crimes ou délits, la peine la plus forte devant être seule prononcée (365 c. inst. crim.), on ne peut y ajouter une amende qui ne serait qu'une peine accessoire à celle des autres crimes; qu'ainsi, si un individu était déclaré coupable, 1° de faux en écriture privée; 2° de banqueroute frauduleuse, la cour d'assises ne pourrait, après l'avoir condamné comme banqueroutier aux travaux forcés à temps, lui infliger, en outre, comme faussaire, l'amende prononcée par l'art. 164 c. pén. (Crim. cass. 29 déc. 1826) (3) ; — 2° Que les *amendes* sont en général des peines; que, par suite, elles ne peuvent pas être plus cumulées que les peines corporelles, à moins qu'elles ne soient prononcées à titre de restitution, ou que la loi n'en ordonne le cumul par une disposition formelle (Crim. rej. 5 oct. 1835, aff. le Réformateur, n° 139 ; même jour, aff. la Tribune; 28 janv. 1837, aff. Laurent, n° 134; 2 juin 1838, aff. Chabrier, V. Chasse, n° 336; 23 mai 1839, aff. Bergot, *eod.*, n° 339); — 3° Qu'ainsi, celui qui, condamné pour vol simple à quinze jours de prison, est en même temps convaincu du délit de chasse sans port d'armes, ne peut être condamné, pour ce dernier délit, à l'amende prononcée par le décret du 4 mai 1812 (même arrêt 2 juin 1838); — 4° Que l'individu convaincu en même temps de deux délits de genre différent entraînant chacun l'application d'une amende ne doit être condamné qu'à l'amende la plus forte; et spécialement que, dans le cas où le double délit de détention non autorisée de plus de 2 kilogrammes de poudre, et de fabrication de cartouches et autres munitions de guerre, est déclaré constant à la charge du même prévenu, si le tribunal correctionnel condamne ce dernier à une amende de plus de 100 fr. (outre la prison) pour le second délit, il n'y a pas lieu d'appliquer, en outre, l'amende de 100 fr. encourue pour le premier (Crim. rej. 16 mars 1839) (4) ; — 5° Que

---

(1) (Leizour C. min. pub.) — LA COUR ; — Attendu, en droit, que l'art. 365 c. inst. crim. est général et absolu, et que son application ne peut dépendre de la manière dont les poursuites ont été dirigées ; — Qu'ainsi, toutes les fois qu'un fait punissable a été commis antérieurement à une condamnation intervenue pour un fait différent, contre l'auteur de ce premier fait, le bénéfice de l'art. 365 lui est acquis, soit que la condamnation relative à ce premier fait soit prononcée par la même cour, soit qu'elle intervienne à un tribunal différent; — Attendu, en fait, que l'attentat à la pudeur, pour lequel le réclamant était traduit devant la cour d'assises du Finistère, avait été commis en 1834, c'est-à-dire antérieurement à l'arrêt de la cour d'assises des Côtes-du-Nord, par lequel il avait été condamné à sept ans de reclusion pour un vol commis postérieurement à cet attentat; — Que, dès lors, la peine de cinq ans d'emprisonnement, à laquelle il a été condamné par la cour du Finistère, étant moins grave que celle qui était déjà prononcée contre lui, cette seconde peine devait être confondue dans la première; — Attendu que la cour d'assises du Finistère, en refusant au réclamant d'ordonner cette confusion, sur le motif que l'art. 365 n'est applicable que quand une même cour d'assises est appelée à statuer par un seul arrêt sur plusieurs crimes imputés au même accusé, a faussement interprété, et, par suite, violé l'article dont il s'agit; — Casse en ce point, etc.

Du 24 juin 1837.-Ch. crim.-M. de Bastard, pr.-M. Fréteau, rap.

(2) *Espèce* : — (Min. pub. C. Granier.) — La cour royale de Lyon, par arrêt du 16 fév. 1832, avait, en adoptant les motifs des premiers juges, confirmé un jugement du tribunal correctionnel de cette ville, portant que le délit poursuivi n'était autre chose que le mode de publication des articles incriminés dans une autre poursuite; qu'il s'identifiait dès lors avec le crime; — « Considérant, était-il dit, qu'il est de principe, en matière criminelle, qu'un individu prévenu de plusieurs actions coupables, doit subir la peine la plus forte, et que cette règle serait inapplicable, si successivement et devant des juridictions différentes, on commençait par prononcer des peines légères qui plus tard ne sauraient se combiner avec une peine rigoureuse, sans former un cumul inconciliable avec la législation. »

Pourvoi pour fausse application de l'art. 365 c. inst. crim., et violation des art. 5 de la loi du 18 juill. 1828, et 6 de la loi du 19 juin 1819. — Arrêt.

LA COUR ; — Attendu que le tribunal correctionnel, compétent pour juger le fait qui lui était déféré, n'avait point à s'occuper d'un autre fait dont il n'était pas saisi, et dont la connaissance était étrangère à ses attributions ; — Attendu que, dès lors, il ne pouvait surseoir à statuer, sur le fondement d'une connexité prétendue qu'il ne lui appartenait pas d'apprécier ; — Attendu que le principe consacré par l'art. 365 c. inst. crim. ne s'applique point à des chefs de prévention qui n'ont été l'objet d'aucun débat judiciaire; qu'ainsi la cour royale de Lyon, en confirmant le jugement du tribunal de cette ville, du 19 déc. 1831, a fait une fausse application dudit art. 365 et violé les règles de sa compétence ; — Casse.

Du 20 juill. 1832.-C. C., ch. crim.-MM. Bastard, pr.-Rocher, r.

(3) (Leclerc C. min pub.) — LA COUR (après délib. en ch. du cons.) ; — Attendu que, d'après les dispositions de l'art. 365 c. inst. crim., en cas de conviction de plusieurs crimes ou délits, la peine la plus forte doit être seule prononcée ; — Que le demandeur ayant été déclaré coupable du crime de faux en écriture privée, qui devait être puni de la reclusion et de banqueroute frauduleuse, crime qui entraînait la peine des travaux forcés à temps, cette dernière peine, comme la plus forte, devait seule être prononcée, comme elle l'a été légalement par l'arrêt attaqué ; — Attendu néanmoins que, par le même arrêt, le demandeur a été condamné, en outre, en une amende de 100 fr., l'une des peines accessoires de celle décernée par la loi contre les faussaires, et ce par application de l'art. 164 c. pén.; en quoi il a été fait, par ledit arrêt, fausse application dudit article, et commis une violation expresse de l'art. 365 c. inst. crim. ; — Casse l'arrêt de la cour d'assises de l'Aube, du 25 nov. 1826, au chef seulement, par lequel une amende de 100 fr. a été prononcée contre Leclerc.

Du 29 déc. 1826.-C. C., ch. crim.-MM. Bailly, f. f. de pr.-Brière, rap.

(4) (Min. pub. C. Raban.) — LA COUR (ap. délib. en ch. du cons.) ; — Vu le mémoire du procureur général près la cour royale de Paris, à l'appui du pourvoi qu'il a formé contre l'arrêt de cette cour, chambre des appels de police correctionnelle, du 28 nov. 1838 ; — Sur le moyen de cassation pris de la violation de l'art. 2 de la loi du 24 mai 1834, en ce que Louis-Thomas Raban, déclaré détenteur, sans autorisation légale, de plus de deux kilogrammes de poudre de chasse, n'aurait pas été condamné à 100 fr. d'amende ; — Attendu que les art. 24 et 25, tit. 2, de la loi du 13 fruct. an 5, défendaient aux citoyens qui n'y seraient pas autorisés, de conserver chez eux de la poudre au delà de la quantité de cinq kilogrammes, à peine de 100 fr. d'amende et de la confiscation des poudres, et que l'art. 2 de la loi du 24 mai 1834 punit la détention non autorisée de plus de deux kilogrammes de poudre ordinaire, d'un emprisonnement d'un mois à deux ans, sans préjudice des autres peines portées par les lois ; — Qu'ainsi, par la loi nouvelle, la quantité de poudre dont la possession est permise se trouve réduite à deux kilogrammes, et que les infractions doivent être punies d'une peine corporelle ; — Qu'il suit de là qu'en renouvelant la prohibition de la loi du 13 fruct. an 5, celle du 24 mai 1834 en a modifié les dispositions ; — Qu'elle a rendu la répression plus sévère; — Qu'elle contient, à cet égard, une dérogation à la loi ancienne; mais qu'elle a expressément maintenu la peine pécuniaire, et celle de la confiscation, pour les rendre applicables aux faits constitutifs de la détention illicite ; — Qu'en décidant le contraire, l'arrêt attaqué a faussement interprété lesdites lois ;

Mais attendu que Louis-Thomas Raban a été déclaré coupable, 1° d'avoir détenu, sans autorisation légale, plus de deux kilogrammes de poudre de chasse ; 2° d'avoir fabriqué et détenu, sans autorisation, des

de même, l'individu convaincu de plusieurs contraventions ne peut être condamné à plusieurs amendes (Crim. cass. 15 janv. 1841, aff. Orsel, n° 158; 19 mars 1841, aff. N..., V. n° 161-3°; 13 mai 1841, aff. Delaporte, V. n° 161-3°; 12 juin 1841, aff. Segé, n° 158). Ces derniers arrêts impliquent deux propositions distinctes, savoir : 1° que la règle établie par l'art. 365 c. inst. crim. s'applique aux simples contraventions aussi bien qu'aux crimes et aux délits, et 2° que la prohibition du cumul s'applique aux amendes comme aux peines corporelles. C'est à cette dernière proposition que nous nous attachons en ce moment; quant à la première, elle fera l'objet d'un examen ultérieur.—V. n°s 157 et suiv., et v° Contrav., n° 39.

148. Mais il a été jugé, contrairement aux décisions qui précèdent : 1° que l'art. 365 ne fait pas obstacle à ce que, en cas de condamnation à l'amende, pour usure, et aux travaux forcés, pour crime, ces deux peines, dont l'une, pécuniaire, est essentiellement distincte des peines corporelles, ne soient cumulées; et qu'ainsi, nonobstant la peine des travaux forcés, on ne puisse poursuivre le recouvrement de l'amende prononcée par les juges correctionnels pour délit d'usure (Req. 14 nov. 1832, aff. Dubosc, n° 189-2°); —2° Que la règle prohibitive du cumul des peines ne concerne que les peines corporelles et non les peines pécuniaires : que celles-ci, en cas de conviction de plusieurs délits donnant lieu à des peines pécuniaires et à des amendes, peuvent être cumulativement appliquées avec la peine corporelle (Rouen, 29 février 1844) (1);—3° Que l'amende encourue par l'individu déclaré coupable du crime de faux peut être appliquée cumulativement avec d'autres peines prononcées à raison de crimes distincts commis par le même individu (Crim. rej. 11 avr. 1850, aff. de Saint-Jean dit Blond, D. P. 50. 5. 349).

149. Au surplus, l'amende encourue pour opposition à l'exercice des employés de l'octroi peut être cumulée par les tribunaux correctionnels avec la peine de l'emprisonnement, sur la plainte des intéressés, parce qu'elle n'a que le caractère d'une réparation civile que les parties lésées ont le droit d'obtenir, soit en se joignant à l'action publique, soit en formant une action civile séparée devant les tribunaux civils (Crim. rej. 15 oct. 1840) (2).

150. Est-il permis d'ajouter à la peine la plus forte les peines

---

cartouches et autres munitions de guerre; — Que ces délits, passibles l'un et l'autre d'un emprisonnement d'un mois à deux ans, sont punis, le premier, d'une amende de 100 fr., et le second, d'une amende de 16 fr. à 1,000 fr.; — Qu'aux termes de l'art. 365 c. inst. crim., la peine la plus forte a dû seule être prononcée; — Que, par jugement du tribunal de première instance de la Seine, du 17 oct. 1838, confirmé, sur appel, par le jugement dénoncé, Raban a été condamné à deux années d'emprisonnement, et à 500 fr. d'amende; — Que cette dernière peine, supérieure à celle que la loi prononce pour le premier genre de délit, comprend en même temps celle qui est prononcée pour le second, et qu'elle se justifie par l'application de l'art. 365 c. inst. crim.;—Sans approuver les motifs de l'arrêt attaqué; — Rejette.

Du 16 mars 1839.-C. C., ch. crim.-MM. de Bastard, pr.-Brosson, r.

(1) (Min. pub. C. Debraux.) — La cour; — Attendu que Debraux est en état de récidive pour délit de chasse sans permis de port d'armes, ayant été condamné pour délit de cette nature le 30 déc. 1842, et ainsi dans le courant de la même année, condition nécessaire pour qu'il y ait récidive pour un délit de chasse, même sans permis de port d'armes; mais que Debraux n'est pas en récidive pour délit de chasse sans la permission du propriétaire, puisque ce délit prévu par la loi du 30 avril 1790 est distinct du délit de chasse sans permis de port d'armes réprimé seulement par le décret du 4 mai 1812, et qu'en cette matière la récidive est toute spéciale, est restreinte à la même nature de contravention et ne peut s'étendre d'un cas à un autre; — Attendu que s'il paraît juste que la concurrence de plusieurs délits ou de plusieurs crimes, ne doive pas faire qu'un seul reste impuni et que le prévenu ou l'accusé ne subisse pas autant de peines qu'il a commis de délits ou de crimes, une dérogation d'indulgence et d'humanité a été faite à cette règle d'une rigoureuse justice par l'art. 365 c. inst. crim. qui dispose qu'en cas de conviction de plusieurs crimes ou délits, la peine la plus forte sera seule prononcée; — Mais attendu que les motifs qui ont déterminé cette faveur de la non-cumulation des peines, ne peuvent s'appliquer qu'aux peines corporelles, les seules qui aient pu exciter la sollicitude du législateur à un assez haut degré pour qu'il laissât fléchir les principes d'une justice plus sévère constamment suivie sous la législation antérieure à 1791; — Attendu que ces raisons d'humanité n'existent plus lorsqu'il ne s'agit que de peines pécuniaires; que dès lors la règle générale et ancienne qui veut que chaque délit soit puni de la peine qui lui est propre doit reprendre tout son empire, et que d'ailleurs il ne résulte nullement des termes et de l'esprit de la règle consacrée par l'art. 365 c. inst. crim. qu'en cas de conviction de plusieurs délits dont l'un n'emporte que la peine d'une amende, cette amende ne puisse être cumulée avec la peine d'emprisonnement encourue par les autres délits; attendu que la cumulation de la peine pécuniaire avec la peine corporelle doit surtout être appliquée lorsqu'il s'agit d'amendes prononcées par des lois spéciales qui ne rentrent dans aucune des prévisions du code pénal et qui dès lors ne peuvent se trouver atteintes par les dispositions de l'art. 365 c. inst. crim.; — Attendu que la cumulation de la peine pécuniaire avec la peine d'emprisonnement devient particulièrement nécessaire, lorsque les amendes ont le caractère de réparation civile plutôt que de peines proprement dites; ou que la peine pécuniaire est tellement en rapport avec la nature du délit que le but de la loi ne serait pas atteint si l'amende pouvait être supprimée; ou enfin lorsque, comme dans la cause, un tiers autre que le trésor public profite seul de l'amende prononcée par la loi, car il ne peut pas se faire que, parce qu'un délit plus grave a été commis, les communes soient privées de l'amende, de la réparation que la loi veut qu'elles obtiennent toutes les fois qu'elles ont été lésées par un délit de chasse commis sur leur territoire, en temps prohibé ou sans la permission du propriétaire; — Donne défaut sur le nommé Debraux, le déclare coupable : 1° d'avoir, étant en état de récidive, chassé le 25 novembre, sans permis de port d'armes, sur les terres de la dame Coumont et du sieur Olivier, sans leur permission, lesquelles terres dépendent des communes d'Auquemesnil et de Guilmécourt; 2° d'avoir, le 17 sept. aussi dernier, commis le délit de menaces verbales avec ordre et sous condition d'un meurtre sur la personne du sieur Féron; — Et vu les dispositions des art. 1, 2, 3, du décret du 4 mai 1813 et 5 de la loi du 30 avr. 1790 transcrits au jugement dont est appel et les art. 305, 307 et 308 c. pén.; émendant le jugement dont est appel (du tribunal de Dieppe), condamne Debraux à dix-huit mois de prison, 200 fr. d'amende envers l'État, 20 fr. envers la commune d'Auquemesnil, 20 fr. envers celle de Guilmécourt; prononce la confiscation du fusil dont il était armé; lui enjoint d'en faire le dépôt au greffe sous une contrainte de 50 fr.; le condamne en outre aux dépens, le tout par corps aux termes de l'art. 52 c. pén.; ordonne qu'à l'expiration de la peine de prison ci-dessus prononcée, Debraux restera pendant cinq ans sous la surveillance de la haute police de l'État, etc.

Du 29 fév. 1844.-C. de Rouen, ch. corr.-M. Gesbert, pr.

(2) (Castets et autres C. min. pub., agissant pour l'octroi de Bordeaux.) — La cour (apr. délib.); — Attendu que, suivant l'art. 15 de la loi du 27 frimaire an 8, toujours en vigueur, « toute personne qui s'oppose à l'exercice des fonctions des préposés de l'octroi, doit être condamnée à une amende de 50 fr., » disposition reproduite littéralement dans l'art. 102 du règlement pour l'octroi municipal de Bordeaux : « et qu'en cas de voie de fait, il devait en être dressé procès-verbal qui devait être envoyé au directeur du jury, pour en poursuivre les auteurs et leur faire infliger les peines portées par le code pénal contre ceux qui s'opposent avec violence à l'exercice de fonctions publiques; » — Qu'il résulte de cet article que, si, dans le cas d'opposition sans violence et voies de fait, une amende est encourue par le contrevenant, elle n'en est pas moins encourue par le délinquant dans le cas d'opposition avec violence et voies de fait; que l'amende due à la contravention peut donc être cumulée avec l'emprisonnement infligé au délit de violence et de voies de fait;

Que cette vérité ressort plus nettement encore des dispositions de l'art. 218 de la loi du 28 avril 1816, applicable aux matières d'octroi, et qui porte que « les rebellions ou voies de fait contre les employés sont poursuivies devant les tribunaux qui ordonnent l'application des peines prononcées par le code pénal, *indépendamment* des amendes et confiscations qui pourraient être encourues par les contrevenants; » — Que cette faculté, cette nécessité de cumuler l'amende et l'emprisonnement, nonobstant la disposition de l'art. 365 c. inst. crim., tiennent à ce qu'en cette matière l'amende est moins une peine qu'une réparation civile du dommage causé, à ce point que les art. 15 et 126 du règlement du 17 mai 1809, et 84 de l'ord. du 9 déc. 1814, attribuent ces sortes d'amendes moitié à la commune et moitié au régisseur intéressé ou aux employés de l'octroi;—Qu'il résulte de ce qui précède que l'action à intenter pour obtenir cette amende, est une action civile de sa nature qui ne compète qu'à ceux auxquels elle doit pécuniairement profiter, et qui auraient, aux termes de l'art. 83 de ladite ord. du 9 déc. 1814, le droit de la remettre en tout ou en partie; — Que, dès lors, cette action peut être exercée soit concurremment avec l'action publique pour le cas de violences et de voies de fait, soit séparément de cette action publique; qu'on ne concevrait pas en effet, que l'action plus ou moins rapide du ministère public pour faire infliger la peine seulement, pût neutraliser l'action pour obtenir une réparation civile; — Que ce point serait sans difficulté aux termes des art. 1 et 3 c. inst. crim., si l'action civile était portée devant les tribunaux civils, sauf à suspendre l'exercice tant que l'action publique ne serait pas épuisée;—Qu'il n'en peut pas être autrement, parce que, sans lui ôter son véritable caractère, l'art. 17 de ladite loi du 27 frim. an 8 a voulu que l'amende, en matière d'octroi, fût

accessoires qui eussent accompagné la peine la plus faible, si cette dernière eût été appliquée? Il semble au premier abord qu'une telle combinaison présente le caractère d'un véritable cumul, au moins partiel, et qu'ainsi elle soit interdite par l'art. 365, § dernier. — Toutefois, le système contraire a été soutenu. On a prétendu que, la loi ne déterminant point la gravité respective des peines accessoires, qui, sous ce rapport, ne peuvent être comparées ni entre elles ni avec les peines principales, il s'ensuit que, lorsqu'un accusé ou prévenu est reconnu coupable de deux crimes ou délits dont le moins grave emporte une peine accessoire, l'art. 365 ne fait pas obstacle à ce que cette peine soit prononcée cumulativement avec la peine principale la plus forte (V. notamment M. Le Sellyer, n° 244, V. aussi les considérants de l'arrêt du 23 sept. 1837, rapporté *infrà*, n° 152). Cette argumentation ne nous paraît pas bien solide. En effet, de deux choses l'une : ou bien la peine la plus faible devient, par l'adjonction de la peine accessoire, la plus forte des deux peines, et dans ce cas c'est elle-seule qui doit être appliquée; ou bien, malgré cette adjonction, elle reste la plus faible, et alors c'est l'autre peine seule qui doit être appliquée. Mais rien ne justifie la combinaison de la peine la plus forte avec la peine accessoire qui accompagnait la plus faible. — On invoque une autre raison. Les peines accessoires, dit-on, étant établies dans l'intérêt général et en vue du caractère propre à certains délits, le but du législateur serait manqué si le condamné, contre qui il a voulu que ces mesures fussent employées, échappait à leur application, par cela seul qu'outre le délit spécial, qui rend cette application nécessaire, il aurait commis un autre délit plus grave (V. M. Trébutien, t. 1, p. 322). Cet argument nous touche davantage. En effet, parmi les peines accessoires, il en est qui sont fondées sur un motif particulier, qui ont un objet spécial auquel la société est directement intéressée; ainsi, par exemple, le renvoi sous la surveillance de la haute police est une mesure d'ordre public destinée à protéger la société contre le retour de méfaits qui déjà l'ont désolée; et l'on comprend que la règle qui prohibe le cumul des peines ne doit pas faire obstacle à l'application de cette mesure tutélaire. Nous serions donc disposés à faire, relativement aux peines accessoires, une distinction entre celles qui sont une aggravation pure et simple de la pénalité, qui ne font qu'ajouter à l'énergie de la répression, et celles dans lesquelles le caractère répressif, purement secondaire, est dominé par des considérations d'un autre ordre. Nous bornerions aux premières l'application de la règle établie par l'art. 365 c. inst. crim.

151. Il a été jugé sur cette question : 1° que, lorsqu'un individu était déclaré coupable à la fois de vol avec escalade ou de banqueroute frauduleuse (crimes passibles des travaux forcés à temps), et de faux en écriture privée (crime qui emportait la reclusion, la flétrissure et l'amende), il ne devait être condamné qu'aux travaux forcés, et non point, en outre, à la flétrissure et à l'amende; la reclusion étant une peine moindre que les travaux forcés, même lorsqu'elle était accompagnée de la flétrissure et de l'amende (Crim. cass. 29 sept. 1815; 11 sept. 1823 (1); 6 avr. 1827, aff. Bourdillat, V. Faux, n° 305); — 2° Que le coupable d'un faux en écriture privée entraînant la peine de la reclusion et celle de l'amende, et d'un vol avec effraction et escalade dans une maison habitée entraînant la peine des travaux forcés à temps, n'est passible que de cette dernière peine; qu'en conséquence, si un arrêt de cour d'assises a prononcé, outre la peine des travaux forcés à temps, une amende de 100 fr., il doit être cassé quant à ce dernier chef (Crim. cass. 11 déc. 1834) (2); — 3° Que l'accusé déclaré coupable du crime de faux en écriture privée et de celui de bigamie, ne doit être condamné qu'à la seule peine encourue pour ce dernier crime; que l'arrêt qui le condamne en même temps à l'amende, peine accessoire de celle du faux, doit être annulé (Crim. cass. 4 août 1843, M. Rocher, r., aff. Housseau).

152. Il a été jugé, dans un sens contraire en apparence, mais non point inconciliable cependant avec les décisions qui précèdent, suivant la distinction que nous avons établie : 1° que l'art. 365 c. inst. crim. ne s'applique qu'à la peine principale et non aux peines accessoires; que, dès lors, si de deux crimes ou délits, le moins grave emporte une peine accessoire, cette peine doit être prononcée cumulativement avec la peine la plus forte; spécialement, que celui qui est reconnu coupable de vagabondage et d'escroquerie doit être condamné à la peine encourue pour ce dernier délit comme peine principale la plus forte, et en outre à la surveillance, comme peine accessoire attachée au délit de vagabondage (Crim. cass. 23 sept. 1837) (3); — 2° Que l'in-

---

prononcée par les tribunaux de simple police ou de police correctionnelle suivant la quotité de la somme; — Attendu, en conséquence, que, dans l'espèce, le jugement qui, sur la poursuite du ministère public, avait condamné chacun des trois demandeurs à 15 jours d'emprisonnement, par application des art. 209 et 211 c. pén., ne faisait point obstacle à ce que plus tard le maire de Bordeaux et le régisseur intéressé de l'octroi de cette ville poursuivissent et obtinssent contre chacun des contrevenants l'amende déterminée par la première disposition de l'art. 15 précité; — Rejette.

Du 15 oct. 1840.-C. C., sect. crim.-MM. Bastard, pr.-Romiguières, r.

(1) 1re *Espèce* : — (François Gilles C. min. pub.) — LA COUR; — Vu l'art. 365 c. inst. crim. et les art. 7, 20, 150, 151, 165 et 384 c. pén.; — Considérant que François Gilles a été déclaré coupable par le jury, 1° d'un vol commis, dans une maison habitée, à l'aide d'escalade; 2° d'avoir fait sciemment usage d'une pièce fausse en écriture privée; que la peine des travaux forcés à temps dont la loi punit le premier de ces deux faits étant plus forte que celle de la reclusion qu'elle attache au second, il s'ensuit, d'après les dispositions formelles et précises de l'art. 365 c. inst. crim., que l'accusé ne pouvait être puni comme faussaire, et que, conséquemment, il n'a pu être ordonné que la marque lui serait infligée en vertu de l'art. 165 c. pén., que la marque de la lettre F est un accessoire de la peine de faux; que, dans l'espèce, la peine de faux n'a pas été prononcée contre l'accusé; qu'en ordonnant donc que l'accusé, condamné à la peine de vol, sera marqué de la lettre F, la cour d'assises a fait une fausse application de la loi pénale; — D'après ces motifs et vu l'art. 410 c. inst. crim.; — Casse.

Du 29 sept. 1815.-C. C., sect. crim.-MM. Barris, pr.-Busschop, rap.

2e *Espèce* : — (Simon C. min. pub.) — Arrêt identique, le 11 sept. 1823.-C. C.-M. Chopin, rap.

(2) (Huot C. min. pub.) — LA COUR; — Attendu qu'aux termes de l'art. 365 c. inst. crim., en cas de conviction de plusieurs crimes ou délits, la peine la plus forte doit seule être prononcée; — Que le demandeur ayant été déclaré coupable d'un faux en écriture privée qui entraînait la peine de la reclusion et celle de l'amende, et d'un vol avec effraction et escalade, dans une maison habitée, qui entraînait la peine des travaux forcés à temps; cette dernière peine, comme la plus forte, devait être seule prononcée; — Que, néanmoins, l'arrêt attaqué a prononcé contre le demandeur, outre la peine des travaux forcés à temps, celle de 100 fr. d'amende; qu'en cela cet arrêt a fait une fausse application de l'art. 164 c. pén. et violé l'art. 365 c. inst. crim.; — Attendu que, d'ailleurs, la procédure est régulière en la forme et la peine légalement appliquée aux faits déclarés constants qui entraînaient la peine la plus forte.

Du 11 déc. 1834.-C. C., ch. crim.-MM. Brière, pr.-Bresson, rap.

(3) (Min. pub. C. Rondeau.) — LA COUR; — Vu l'art. 271 c. pén.; — Vu l'art. 365 c. inst. crim.; — Vu aussi les art. 6, 7, 8, 9 et 11 c. pén.; — Attendu qu'il y a lieu de distinguer, pour l'application de l'art. 365 c. inst. crim., entre les peines qui peuvent être prononcées seules et qui forment la répression principale des crimes et délits, et les autres peines qui, dans certains cas, peuvent être prononcées contre les coupables en sus de la peine principale et que l'on peut qualifier de peines accessoires; — Que les premières, énumérées dans les art. 7, 8 et 9 c. pén., y sont classées suivant l'ordre de leur gravité, de manière qu'en recourant à ces articles on peut reconnaître, en cas de conviction des deux crimes ou délits, laquelle des deux peines encourues est légalement la plus forte; — Qu'il en est autrement des peines accessoires, soit celles qui sont mentionnées en l'art. 11 c. pén., comme la surveillance et la confiscation spéciale, soit celles qui sont établies par des dispositions spéciales pour certains délits particuliers, comme la réparation d'honneur, l'affiche et la distribution; que la loi ne détermine point la gravité respective de ces peines qui, sous ce rapport, ne peuvent être comparées ni entre elles ni avec les peines principales; — Que lorsqu'un accusé ou prévenu est reconnu coupable de deux crimes ou délits dont le moins grave emporte une peine accessoire, l'art. 365 ne fait pas obstacle à ce que cette peine soit prononcée contre lui, cumulativement avec la peine principale la plus forte; — Qu'en effet, d'une part, la remise de la peine accessoire ne résulte pas directement du texte de cet article, puisqu'il n'existe aucune règle légale pour décider si elle est plus forte ou moins forte que la peine principale à prononcer; que, d'autre part, elle ne pourrait être la conséquence de la remise de la peine principale, qu'autant qu'elle serait une dépendance de celle-ci; mais qu'il n'en est point ainsi, la peine accessoire étant attachée non à la peine principale, mais au délit lui-même; — Que, d'ailleurs, les peines accessoires sont établies, dans l'intérêt général, en vue du carac-

dividu coupable de vol et du délit de mendicité a dû être condamné non pas seulement à la peine du vol, comme étant la plus forte, mais, en outre, à la surveillance de la haute police, par application de l'art. 282 c. pén. (Crim. cass. 12 sept. 1844) (1);—3° Que lorsqu'un accusé est reconnu coupable de deux délits dont le moins grave emporte une peine accessoire, et par exemple ceux d'escroquerie et de vagabondage, l'art. 365 c. inst. crim. ne met pas obstacle à ce que la peine accessoire (la surveillance) soit prononcée contre lui cumulativement avec la peine la plus forte, celle d'une année d'emprisonnement (Crim. cass. 24 avril 1847, aff. Bigot, D. P. 47. 4. 367);—4° Que la peine accessoire de la surveillance, prononcée par la loi en matière de vagabondage, doit être appliquée même dans le cas où, par suite de conviction d'un autre délit, le coupable serait condamné à une peine principale absorbant comme plus forte la peine principale édictée contre le vagabondage; qu'en cas pareil, la règle prohibitive du cumul des peines doit être sans influence sur la prononciation de la surveillance (Nîmes, 22 janv. 1852, aff. Forest, D. P. 52. 5. 415); — 5° Que la règle prohibitive du cumul des peines ne met pas obstacle à ce que la peine accessoire de la surveillance de la haute police encourue pour le crime ou le délit le moins grave (le délit de vagabondage), soit prononcée conjointement avec la peine infligée au condamné pour le crime ou le délit le plus grave (le délit de rupture de ban), quoique ce dernier fait n'entraîne pas l'accessoire de la surveillance (Crim. cass. 13 mai 1853, aff. Voirin, D. P. 53. 1. 308); — 6° Que l'individu déclaré coupable de délit de coups et blessures et de délits de chasse sur le terrain d'autrui ne doit être condamné qu'aux peines prononcées pour le premier de ces délits; mais que toutefois la peine accessoire de la confiscation du fusil, applicable au second délit, doit être prononcée (Poitiers, 20 mai 1843, aff. Pignet, V. Chasse, n° 328).

153. Au surplus on ne saurait contester l'application faite aux peines accessoires de la règle prohibitive du cumul par les arrêts suivants qui ont décidé : 1° que lorsqu'un individu a été condamné par un premier jugement aux travaux forcés à perpétuité et à l'exposition publique, le second jugement qui prononce contre lui les mêmes peines pour un fait antérieur à la première condamnation, doit ordonner que la peine de l'exposition se confondra avec celle déjà prononcée (Crim. rej. 24 septembre 1835) (2); —2° Que lorsque, sur une première accusation d'un crime de faux, un individu a été condamné, indépendamment de la peine principale des travaux forcés, à une amende de 100 fr. et à l'exposition, ce même individu, traduit de nouveau devant la cour d'assises, pour un crime de même nature et antérieur à celui qui a motivé cette condamnation, ne peut pas être condamné, par le second arrêt, à une nouvelle amende de 100 fr. et à l'exposition, alors que, notamment, l'application des deux amendes cumulées, se portant ensemble à 200 fr., n'est pas fondée sur ce qu'elles représenteraient le quart du bénéfice illégal qui avait ou aurait été le résultat des faux reconnus, conformément à l'art. 164 c. pén.; qu'en conséquence, le dernier arrêt, dans ce cas, doit ordonner, à peine de nullité, que les condamnations qu'il prononce se confondront avec celles déjà encourues par le même accusé, et cela, non pas seulement en ce qui concerne la peine principale des travaux forcés, mais aussi relativement à l'amende et à l'exposition (Crim. cass. 26 janv. 1837, aff. Laurent, n° 134); — 3° Que l'individu condamné une première fois à la peine de l'exposition ne peut pas l'être une seconde fois pour des faits antérieurs à la dernière condamnation; que tel est le cas où deux arrêts successifs interviennent le même jour contre le même individu, d'abord comme seul accusé, et ensuite comme coaccusé avec un tiers : si un premier arrêt prononce l'exposition, le second ne peut porter de nouveau la même peine (Crim. cass. 19 janv. 1838) (3); — 4° Qu'il y aurait cumulation de peines et par conséquent violation de l'art. 365 c.

---

tère propre à certains délits; que le but du législateur serait manqué, si celui contre qui il a voulu que ces mesures fussent employées y échapait, par cela seul qu'outre le délit spécial qui les rend nécessaires il en aurait commis un autre plus grave; — Et attendu que la cour royale de Paris, en reconnaissant le nommé Rondeau coupable de vagabondage et d'escroquerie, a refusé de le mettre sous la surveillance de la haute police, par le motif que la peine de l'escroquerie étant la plus forte, devait seule être prononcée; qu'en cela elle a faussement appliqué l'art. 365 c. inst. crim. et formellement violé l'art. 271 c. pén.; — Casse.

Du 23 sept. 1837.-C. C., ch. crim.-MM. de Bastard, pr.-Vincent Saint-Laurent, rap.

(1) (Min. pub. C. Arnault.) — LA COUR; — Vu l'art. 282 c. pén., portant : « Les mendiants qui auront été condamnés aux peines portées par l'article précédent, seront renvoyés, après l'expiration de leur peine, sous la surveillance de la haute police pour cinq ans au moins et dix ans au plus; »—Vu l'art. 365 c. inst. crim., portant : « En cas de conviction de plusieurs crimes ou délits, la peine la plus forte sera seule prononcée; »

Vu aussi les art. 6, 7, 8, 9 et 11 c. pén.; — Attendu qu'il y a lieu de distinguer pour l'application de l'art. 365 c. inst. crim., entre les peines qui peuvent être prononcées seules, et qui forment la répression principale des crimes et délits, et les autres peines qui, dans certains cas, peuvent être prononcées contre les coupables, en sus de la peine principale, et que l'on peut qualifier de peines accessoires;

Que les premières, énumérées dans les art. 7, 8 et 9 c. pén., y sont classées suivant l'ordre de leur gravité, de manière qu'en recourant à ces articles, on peut reconnaître, en cas de conviction de deux crimes ou délits, laquelle des deux peines encourues est légalement la plus forte; —Attendu qu'il en est autrement des peines accessoires, soit celles qui sont mentionnées dans l'art. 11 c. pén., comme la surveillance et la confiscation spéciale, soit celles qui sont établies par des dispositions spéciales pour certains délits particuliers, comme la réparation d'honneur, l'affiche et la destitution; que la loi ne détermine pas la gravité respective de ces peines qui, sous ce rapport, ne peuvent être comparées ni entre elles ni avec les peines principales; — Que lorsqu'un accusé ou prévenu est reconnu coupable de deux crimes ou délits dont le moins grave emporte une peine accessoire, l'art. 365 ne fait pas obstacle à ce que cette peine soit prononcée contre lui, cumulativement avec la peine principale la plus forte;

Qu'en effet, d'une part, la remise de la peine accessoire ne résulte pas directement du texte de cet article, puisqu'il n'existe aucune règle légale pour décider si elle est plus forte ou moins forte que la peine principale à prononcer; que, d'autre part, elle ne pourrait être la conséquence de la remise de la peine principale qu'autant qu'elle serait une dépendance de celle-ci; mais qu'il n'en est point ainsi, la peine accessoire étant attachée non à la peine principale, mais au délit lui-même. —Que, d'ailleurs, les peines accessoires sont établies dans l'intérêt général, en vue du caractère propre à certains délits; que le but du législateur serait manqué si celui contre qui il a voulu que ces mesures fussent employées y échappait, par cela seul qu'outre le délit spécial qui les rend nécessaires il en aurait commis un autre plus grave; et attendu que la cour royale de Poitiers, en reconnaissant le nommé Charles Arnault coupable de vol simple et du délit de mendicité, a refusé de le mettre sous la surveillance de la haute police, par le motif que la peine du vol étant la plus forte, devait seule être prononcée; qu'en cela, elle a faussement appliqué l'art. 365 c. inst. crim. et formellement violé l'art. 282 c. pén.; — Casse.

Du 12 sept. 1844.-C. C., ch. crim.-MM. Crouseilhes, pr.-DeHaussy, r.

(2) (Raffault C. min. pub.) — LA COUR; — Attendu que, d'après l'art. 365 c. inst. crim., en cas de conviction de plusieurs crimes ou délits, la peine la plus forte sera seule prononcée; que cette règle de non-cumulation des peines doit être appliqué aux peines accessoires comme aux peines principales, au cas où la conviction de plusieurs crimes résulte de jugements différents, comme au cas où elle résulte d'un seul jugement; — Et attendu que, lors de l'arrêt attaqué, Raffaut avait été condamné le 27 juin précédent, par la même cour d'assises, à la peine des travaux forcés à perpétuité et à l'exposition publique; que cette première condamnation est postérieure au fait pour lequel a été prononcée la condamnation contre laquelle est dirigée le pourvoi; que, si la peine des travaux forcés à perpétuité, prononcée le 20 juin, se confondait nécessairement et par la force des choses avec la même peine, prononcée le 27 juin, il n'en était pas de même de celle de l'exposition, laquelle ne devait cependant, en conformité des principes ci-dessus posées, être subie qu'une fois par le demandeur; — D'où il suit que l'arrêt attaqué, en condamnant purement et simplement le demandeur à l'exposition, sans ordonner que cette condamnation se confondrait avec celle qui avait été prononcée par l'arrêt du 27 juin, a violé la disposition ci-dessus citée de l'art. 365 c. inst. crim.; — Par ces motifs, rejette le pourvoi de Baucher, Legouge, Jegal et Leturiellec; casse la disposition de l'arrêt de la cour d'assises du Morbihan, du 30 juin 1835, par laquelle Raffaut a été condamné purement et simplement à l'exposition; les autres condamnations prononcées contre lui par le même arrêt maintenues, etc.

Du 24 sept. 1835.-C. C., ch. crim.-MM. Crouseilhes, pr.-Vincens, r.

(3) (Faure C. min. pub.) — LA COUR; —Vu l'art. 365 c. inst. crim.; En ce qui touche la peine de l'exposition qui a été prononcée contre Faure et par les deux arrêts du même jour 14 novembre et par l'arrêt

inst. crim. si, après qu'un premier arrêt avait condamné l'accusé à l'exposition publique et qu'il l'a subie, un second arrêt le condamnait de nouveau, pour un fait antérieur à la première condamnation, à la même peine de l'exposition (Crim. cass. 29 juill. 1826 et 27 avril 1827 (1); V. aussi Crim. cass. 27 fév. 1824, aff. Esménard, n° 139; 6 août 1824, aff. Lebourhis, n° 138).

154. Mais il a été jugé qu'un individu condamné en récidive, pour crime de faux en écritures privées, à la peine des travaux forcés à temps et à la marque des lettres T. F. qu'il a subie, doit, s'il est de nouveau convaincu d'un crime de faux en écriture de commerce, c'est-à-dire d'un crime emportant contre lui une peine plus grave, celle des travaux forcés à perpétuité, être flétri des lettres T. P. F., encore bien que ce fait soit antérieur à la première condamnation (Crim. cass. 17 août 1827, aff. Duchesne, V. Faux, n° 303). — « Parce que, dit l'arrêt, cette flétrissure est un accessoire INDIVISIBLE de la condamnation à la peine des travaux forcés à perpétuité pour crime de faux. »

155. En cas de conviction de deux délits distincts punissables l'un et l'autre soit de l'emprisonnement, soit d'une amende, si les juges estiment qu'il n'y a pas lieu de prononcer l'emprisonnement, ils doivent condamner le prévenu à l'amende la plus forte, alors même que la criminalité du délit qui entraîne cette amende plus forte serait moindre que celle de l'autre délit. — Et spécialement, le prévenu qui est convaincu d'avoir fait des blessures à des hommes et à des chevaux, ce qui constitue deux délits différents, prévus, le premier par l'art. 311 c. pén., et le second par l'art. 30, tit. 2 de la loi du 6 oct. 1791, doit nécessairement être condamné, à défaut d'emprisonnement, à une amende qui ne peut être inférieure au double des dommages-intérêts accordés à la partie civile, conformément à la loi de 1791, à moins qu'il ne soit déclaré que les dommages-intérêts alloués n'ont pour objet que les blessures faites aux hommes et non celles faites aux animaux (Crim. cass. 10 avril 1841) (2).

156. Il pourrait se faire que chacun des deux crimes ou délits emportât la peine accessoire de la surveillance; l'art. 365 devrait, dans ce cas, recevoir son application; ainsi, si la première condamnation avait prononcé le maximum de la surveillance, la seconde ne pourrait plus prononcer cette même peine (V. en ce sens M. Le Sellyer, n° 245). Mais si le maximum de la surveillance n'avait pas été prononcé par la première condamnation, et que la seconde eût aussi infligé à l'accusé une certaine durée de cette peine, les deux condamnations devraient-elles être cumulées, en tant du moins que le maximum déterminé par la loi n'en serait point excédé; ou bien la plus faible devrait-elle être absorbée par la plus forte? Cette question est la même et doit être résolue dans le même sens que la question de savoir si, quand deux condamnations successives ont prononcé des peines de même nature, ces peines doivent être confondues ou si au contraire elles doivent être cumulées jusqu'au maximum, question que nous avons examinée ci-dessus et à laquelle, par conséquent, il nous suffit de renvoyer. — V. *suprà* n° 137.

157. L'art. 365 dit : « En cas de conviction de plusieurs crimes ou délits...; » de là est née la question de savoir si la règle prohibitive du cumul s'applique également aux contraventions de police? La cour de cassation avait paru d'abord adopter la négative. En effet elle avait décidé que l'art. 365 c. inst. crim. ne fait pas obstacle à ce que l'individu poursuivi pour déficit dans le poids, et pour mauvaise qualité du pain, soit condamné, par un premier jugement, à une amende sur le premier fait, et, par un autre jugement, à une autre amende sur le second (Crim. cass. 26 août 1830, aff. Rousseau, V. Compét. crim., n° 407).

158. Plus tard, revenant sur cette jurisprudence, elle avait décidé que le principe de la non-cumulation des peines s'applique aux matières de simple police; qu'ainsi, en cas de plusieurs faits de contravention constatés à la charge du même prévenu, il n'y a lieu de prononcer qu'une seule peine pour tous ces faits, la plus forte (Crim. rej. 23 mars 1837; 22 fév. 1840; Crim. cass. 15 janv. 1841; 12 juin 1841 (3); 19 mars 1841, aff. X...,

---

du 16 novembre : — Attendu qu'aux termes de l'art. 365 c. inst. crim., et en cas de conviction de plusieurs crimes ou délits, cette peine ne pouvait être deux fois prononcée contre un même individu, pour des faits antérieurs à la dernière condamnation, et que, dans l'espèce, la peine de l'exposition déjà prononcée contre Faure par le premier arrêt intervenu le 14 novembre contre lui seul, a encore été prononcée contre lui par l'arrêt du 16 du même mois, pour un fait antérieur à toutes ces condamnations; et que ce dernier arrêt a commis, quant à ce, une violation de l'art. 365 c. inst. crim.; — Par ces motifs, et en ce chef seulement; — Casse.

Du 19 janv. 1838.-C. C., ch. crim.-MM. Bastard, pr.-Crouseilhes, rap.

(1) 1re *Espèce :* — (Dussac C. min. pub.) — LA COUR; — Vu l'art. 365, n° 2, c. inst. crim.; — Attendu qu'aux termes de cet article, les peines afflictives ou infamantes, encourues pour plusieurs crimes antérieurs à la condamnation, ne peuvent être cumulées; que le coupable expie tous les crimes qu'il a précédemment commis par la condamnation à la peine applicable au crime le plus grave; que la vindicte publique est satisfaite par cette condamnation; d'où il suit, 1° que s'il y a plusieurs condamnations pour des faits antérieurs à la première, il ne doit subir que celle qui lui inflige la peine la plus rigoureuse; 2° que si, en exécution de la première condamnation, il a subi la peine de l'exposition il ne peut plus être soumis à cette même peine, en vertu des condamnations postérieures, sans quoi il y aurait cumulation de la même peine; — Et attendu qu'il résulte des pièces et documents fournis en exécution de l'arrêt interlocutoire du 23 juin dernier, que le fait pour lequel le demandeur a été condamné, le 17 mai précédent, à la peine de sept ans de travaux forcés et à celle de l'exposition, est antérieur à la condamnation prononcée contre lui par l'arrêt du 7 juin 1826, qui lui infligeait la peine de six années de reclusion et la peine de l'exposition qu'il a subie le 26 juill. suivant; — Attendu que l'arrêt du 17 mai 1825, en le condamnant à la peine du carcan, déjà subie par lui en exécution de l'arrêt du 7 juin 1825, a violé l'art. 365, n° 2, c. inst. crim.; — Vidant l'interlocutoire, disant droit sur le pourvoi, casse et annule, en ce dernier chef seulement, l'arrêt de la cour d'assises de Rouen, du 17 mai 1826, et déclare qu'il n'y a lieu à renvoi.

Du 29 juill. 1826.-C. C., ch. crim.-MM. Bailly, pr.-Gary, rap.

2e *Espèce :* — (Bunet C. min. pub.). — LA COUR; — Attendu que Jean-Hyacinthe Bunet a été condamné, en 1826, à la peine de la reclusion, pour vol commis postérieurement à celui qui a donné lieu à l'arrêt attaqué; que l'exposition publique, pendant une heure, est une suite nécessaire de la condamnation prononcée en 1826; — Que si la cour d'assises de la Seine-Inférieure, par l'arrêt attaqué, en ordonnant que la peine de la reclusion qu'elle prononçait pour huit années serait réduite en telle sorte que sa durée, combinée avec la durée de celle prononcée en 1826, n'excéderait pas dix années, maximum de cette peine, s'est conformée aux dispositions de la loi pénale, d'après laquelle les peines afflictives et infamantes ne peuvent être cumulées, ladite cour s'est écartée de ce principe en condamnant le demandeur à la peine de l'exposition publique; — Casse et annule cette disposition de l'arrêt de la cour d'assises de la Seine-Inférieure, du 25 mars dernier, et sans renvoi à autre cour.

Du 27 avril 1827.-Ch. crim.-MM. Bailly, pr.-Gaillard, rap.

(2) (Min. pub. C. Mazays.) — LA COUR; — Vu les art. 311 c. pén. et 30, tit. 2 de la loi du 6 oct. 1791; — Vu aussi l'art. 365 c. inst. crim.; — Attendu que les prévenus ont été reconnus coupables d'avoir volontairement fait des blessures à des hommes et à des chevaux, c'est-à-dire de deux délits prévus par des lois distinctes; — Que, pour le premier de ces délits, ils avaient encouru, conformément à l'art. 311 c. pén., un emprisonnement de six jours à deux ans, et une amende de 16 à 200 fr.; et que, par le second, ils avaient encouru une amende double du dédommagement et pouvaient même être punis d'un emprisonnement n'excédant pas un mois, en vertu de l'art. 30 du tit. 2 de la loi du 6 oct. 1791, dont la disposition protége les chevaux comme les autres bestiaux; — Que, d'après l'art. 365 c. inst. crim., en cas de conviction de plusieurs crimes ou délits, la peine la plus forte doit être seule prononcée; mais qu'on ne peut, en aucun cas, s'autoriser de cet article pour appliquer à la réunion de deux délits une peine inférieure à celle qui serait encourue pour chacun de ces délits commis séparément; — Qu'ainsi, pour satisfaire à cette règle, les prévenus auraient dû être condamnés, soit à la peine d'emprisonnement, soit, si une peine pécuniaire paraissait suffisante, à la plus forte des deux amendes fixées par les dispositions pénales applicables; — Que cependant l'arrêt attaqué, en affranchissant tous les prévenus de la peine d'emprisonnement, n'a prononcé contre eux que de simples amendes dont la réunion est de beaucoup inférieure aux doubles dommages-intérêts alloués aux parties civiles; — Qu'à la vérité l'arrêt ne dit pas clairement que ces dommages-intérêts sont accordés à raison du délit prévu par l'art. 30 de la loi de 1791, mais que, sous ce point de vue, il ne peut pas davantage se soutenir, puisque, faute d'une fixation distincte du dédommagement dû pour ce délit particulier, il y a eu impossibilité légale de connaître l'amende à laquelle il devait donner lieu, et, par suite, de savoir laquelle des deux amendes encourues était la plus forte et devait être prononcée; — Qu'ainsi, sous tous les rapports, l'arrêt a fait une fausse application de l'art. 365 c. inst. crim.; — Casse.

Du 10 avr. 1841.-C. C., ch. crim.-MM. Crouseilhes, pr.-Vincens, rap.

(3) 1re *Espèce :* — (Min. pub. C. Poirier.) — Poirier, boulanger à

et aff. Richer, n° 161-3°; 13 mai 1841, aff. Delaporte, eod.).

150. Mais appelée, à la suite d'un second pourvoi formé dans l'une des affaires qui précèdent, à prononcer sur la question en assemblée générale, elle a décidé, en sens contraire, que la disposition de l'art. 365 c. inst. crim., qui prohibe le cumul des peines, ne s'applique pas en matière de simples contraventions de police (Ch. réun. rej. 7 juin 1842) (1).—Et depuis la chambre criminelle a décidé, dans ce même sens : 1° que l'art. 365 c. inst.

Paris, était traduit devant le tribunal de police pour avoir mis en vente dans sa boutique, les 22 et 23 déc. 1836 (ce qui était constaté par deux procès-verbaux différents), plusieurs pains au-dessous du poids, et dépourvus de la marque exigée par les règlements. Comme il avait déjà été condamné pour des faits semblables, le ministère public requit contre lui l'application des peines de la récidive (trois jours d'emprisonnement et 5 fr. d'amende), pour chacune des deux nouvelles contraventions dont il s'était rendu coupable. — Mais le tribunal de simple police, tout en déclarant Poirier passible des peines de la récidive, décida qu'il n'y avait lieu de les appliquer qu'une seule fois, dans la limite du minimum au maximum, pour toutes les contraventions poursuivies; et, en conséquence, Poirier ne fut condamné qu'à 5 fr. d'amende, à trois jours de prison (maximum déterminé par l'art. 474 c. pén.) et aux dépens.

Pourvoi du ministère public pour fausse application de l'art. 365 c. inst. crim., en ce que cet article qui, en cas de conviction de plusieurs crimes ou délits, défend de cumuler les peines, ne s'applique pas aux contraventions de police; — Qu'en effet, si le ministère public intente, comme il en a le droit, autant d'actions distinctes qu'il y a de contraventions différentes, chaque contravention devra être réprimée séparément;—Que, de ce que, dans le but d'économiser des frais, il comprend plusieurs faits dans une même poursuite, la position du prévenu ne peut être plus favorable; — Que, d'ailleurs, la rubrique sous laquelle se trouve l'art. 365 prouve assez qu'il est inapplicable aux contraventions. — Arrêt.

LA COUR; — Attendu que l'art. 365 c. inst. crim. contient un principe général et applicable à tous les cas, d'après lequel les peines encourues pour tous les faits, à quelque classe d'infractions qu'ils appartiennent, ne peuvent jamais être cumulées; — Que, par suite de ce principe, si l'un des faits a le caractère de contravention, la peine de simple police est absorbée dans la peine afflictive ou correctionnelle encourue pour le crime ou le délit dont le condamné est reconnu coupable; — Que, si tous les faits ont le caractère de contravention, il ne peut y avoir qu'une seule peine de police à prononcer pour tous, la plus forte de celles qui peuvent être appliquées à ces faits, sauf à l'élever jusqu'au maximum fixé par la loi; — D'où il suit que le tribunal de police de Paris, en ne prononçant contre Poirier qu'une seule amende de 5 fr. et un seul emprisonnement de trois jours, quoiqu'il le reconnût coupable de plusieurs contraventions, n'a violé aucune loi; — Rejette.

Du 23 mars 1837.-C. C. ch. crim.-MM. de Bastard, pr.-Vincens-St-Laurent, rap.-Parant, av. gén., c. conf.

2e *Espèce* :—(Min. pub. C. Ségé.)—Plusieurs contraventions successives étaient reprochées au prévenu, entrepreneur de vidanges. Il avait enfreint une ordonnance de police : 1° en faisant sortir une voiture de vidange après l'heure indiquée; 2° en opérant la vidange d'une fosse avec des vaisseaux ni fermés, ni lattés, pour porter la matière dans la tonne stationnant sur la voie publique; 3° en faisant déverser des eaux vannes sur la voie publique.—Par jugement du 24 juin 1839, le tribunal de simple police de Paris ne l'a condamné qu'au maximum de l'amende et non à une amende répétée autant de fois qu'il y a eu de contraventions. —Pourvoi du ministère public. —Il a dit qu'en matière de crimes et délits, on conçoit la prohibition du cumul des peines, parce que l'individu est détenu, et que pendant le temps de sa détention la société est à l'abri de nouvelles poursuites de sa part; mais qu'il n'en est pas de même du contrevenant qui est libre et peut chaque jour, même plusieurs fois, renouveler les faits pour lesquels il a été poursuivi et puni. Il ajoute que le prévenu d'une contravention à qui on applique 1 fr. d'amende est puni plus sévèrement que celui qui, ayant commis dix fois la même contravention, n'est frappé que d'une amende de 5 fr., maximum de la peine; qu'un grand nombre de contraventions restera impuni; qu'on encourage même à en commettre. On a enfin combattu l'arrêt du 23 mars 1837 par la distinction des peines pécuniaires et corporelles.—Arrêt.

LA COUR;—Attendu que là loi, quand elle parle des délits dans l'acception générique de cette expression, dispose nécessairement aussi bien à l'égard des faits qui emportent l'application d'une peine correctionnelle qu'à raison de ceux qui ne constituent qu'une simple contravention de police; d'où il suit que le deuxième paragraphe de l'art. 365 c. inst. crim. s'applique indistinctement aux uns comme aux autres, et qu'il n'est susceptible d'aucune exception en ce qui concerne les derniers; — Rejette.

Du 22 fév. 1840.-C. C., ch. crim.-MM. Crouseilhes, pr.-Rives, rap.

3e *Espèce* : —(Orsel C. min. pub.)—LA COUR (après délib. en ch. du cons.);—Sur le premier moyen, relatif au jugement du 23 mars 1840, et tiré de la prétendue violation des art. 1384 c. civ. et 74 c. pén.;—Attendu que l'ordonnance de police du 5 juin 1834, concernant l'exploitation des vidanges, des fosses d'aisance, n'impose les obligations qu'elle prescrit qu'aux entrepreneurs qui trafiquent de cette industrie sous la surveillance spéciale du préfet de police; qu'ils s'y sont soumis par le seul fait de l'exercice de leur profession; qu'ils sont donc seuls passibles des peines dont les contraventions commises peuvent entraîner l'application, lors même que les ouvriers par eux employés en seraient les auteurs, et ne sauraient se prévaloir des principes qui régissent la responsabilité civile des maîtres et des commettants;—Qu'en condamnant personnellement les demandeurs à ces peines, dans l'espèce, le jugement précité n'a, dès lors, fait qu'assurer l'exécution de ladite ordonnance, et n'a point expressément violé les art. 1384 c. civ. et 74 c. pén.;—Rejette ce moyen.

Mais, sur le deuxième moyen, tiré de la violation de l'art. 365 c. inst. crim., lequel moyen est relatif, tant au jugement susdaté qu'à celui du 24 du même mois;—Vu cet article;—Attendu que son deuxième paragraphe, d'après lequel, en cas de conviction de plusieurs crimes ou délits, la peine la plus forte sera seule appliquée, doit, pour sa parfaite intelligence, être rapproché du premier, auquel il se réfère nécessairement;—Que, d'après celui-ci, la cour d'assises est tenue, si le fait dont l'accusé est reconnu coupable se trouve défendu par la loi pénale, de prononcer la peine qui fixe cette loi, même dans le cas où il ne serait plus de sa compétence; — Que cette disposition est conçue en termes généraux, et ne fait aucune distinction entre les délits et les contraventions;—Qu'il faut entendre dans le même sens les termes du deuxième paragraphe de cet article, où le mot *délit* est employé par opposition au mot *crime*, pour indiquer les infractions qui ont un caractère de criminalité moins grave, et comprend, dès lors, les délits proprement dits et les contraventions de police;—Qu'il ne pourrait, en effet, exister aucun motif pour que la peine du crime absorbât celle du délit, et n'absorbât pas celle de la contravention; — Attendu que, d'après la manière dont elle est rédigée, la disposition précitée prohibe le cumul des peines, non-seulement quand il y a conviction de plusieurs crimes, ou d'un crime et d'un délit, mais aussi lorsqu'il y a conviction de plusieurs délits; ce qui, en conséquence des motifs déjà déduits, doit s'entendre des délits et des contraventions;

Attendu que l'on ne peut restreindre l'application du deuxième paragraphe de l'art. 365 au cas où la conviction de plusieurs faits punissables résulte d'un débat devant la cour d'assises; que c'est là une disposition sur la peine et non sur la procédure; que les prévenus ne sauraient être privés de son bénéfice en matière correctionnelle ou de simple police, par cela seul qu'ils auraient été poursuivis devant le juge compétent, au lieu de l'être, par quelque motif de connexité ou de qualification apparente, devant la cour d'assises; — Qu'il suit de là que ce deuxième paragraphe contient une disposition générale et absolue, applicable à toutes les classes d'infraction et à toutes les juridictions; — Et attendu, dans l'espèce, que les deux jugements énoncés ont violé expressément cette disposition, l'un en la déclarant inapplicable aux contraventions de simple police; tous les deux, en condamnant les prévenus, individuellement, à une amende pour chacune de ces contraventions;—En conséquence, la cour, faisant droit au pourvoi, casse et annule, mais seulement en ce qu'il a déclaré le deuxième alinéa de l'art. 365 ci-dessus cité, non applicable aux matières de simple police, le jugement rendu contre les vidangeurs le 23 mars dernier;—Casse et annule pareillement le jugement du 24 du même mois;—Et, pour être de nouveau statué sur l'opposition formée par les susnommés aux jugements qui en sont l'objet, renvoie les affaires et les parties devant le tribunal de simple police du canton de Sceaux.

Du 15 janv. 1841.-C. C., ch. crim.-MM. de Bastard, pr.-Rives, rap.

4e *Espèce* : — (Ségé C. min. pub.) — LA COUR; — (Ici l'arrêt reproduit textuellement les motifs de l'arrêt qui précède sur le deuxième moyen, puis il termine en ces termes) :

Et attendu que, dans l'espèce, les jugements dénoncés ont violé expressément cette disposition, en appliquant au demandeur en cassation autant d'amendes qu'il y a eu de contraventions constatées à sa charge;—Casse.

Du 12 juin 1841.-C. C., ch. crim. MM. de Bastard, pr.-Mérilhou, rap.

(1) (Orsel et autres C. Min. pub.) — LA COUR; — Attendu que le code pénal divise en trois catégories, désignées sous le nom de *contraventions*, de *délits* et de *crimes*, tous les faits déclarés punissables; — Que c'est sur cette division fondamentale qu'il a créé l'échelle des peines qu'il prononce; que toutes ses dispositions, en harmonie parfaite et constante avec ce point de départ, ne confondent jamais ces trois catégories entre elles, en leur donnant une dénomination et une signification différentes de celles qui leur ont été d'abord assignées, et qu'il distingue les peines applicables aux simples contraventions de police de celles qui ne doivent être infligées qu'aux crimes ou aux délits; — Attendu que le code d'instruction criminelle n'a pas adopté d'autres bases; que, dans toutes ses dispositions où il s'occupe des peines et de la juridiction qui doit les prononcer, il s'est exactement conformé aux distinctions établies par le code pénal; — Attendu que si, par l'art. 365, il impose aux cours d'assises le devoir de n'appliquer que la peine la plus forte, c'est uniqu-

crim. n'est pas applicable aux contraventions de police; que, par suite, chaque contravention, quoique de même nature, rend le contrevenant passible d'autant d'amendes qu'il y a d'infractions distinctes (Crim. cass. 13 fév. 1845, aff. des Essars, D. P. 46. 4. 396); — 2° Qu'ainsi l'individu convaincu d'avoir commis plusieurs contraventions, et notamment d'avoir dégradé un chemin public et de l'avoir dégazonné, doit être cumulativement puni des peines relatives à chacune de ces contraventions; que, par suite, le jugement qui n'applique au prévenu qu'une peine unique encourt cassation (Crim. cass. 15 mars 1845, aff. Ricochon, D. P. 45. 4. 543); — 3° Que les diverses infractions au même règlement de police peuvent être poursuivies et réprimées séparément, quoiqu'elles soient toutes antérieures à la première condamnation, et que le prévenu doit supporter les frais de chaque poursuite, et non pas seulement ceux occasionnés par cette première condamnation (Crim. cass. 2 déc. 1848, aff. Hommeau, D. P. 51. 5. 389);—4° Qu'une contravention de simple police qui s'est prolongée malgré des procès-verbaux successifs, peut être considérée comme renfermant autant de contraventions, et doit être l'objet d'autant de peines qu'il y a eu de procès-verbaux distincts, la prohibition du cumul des peines étant d'ailleurs inapplicable en matière de simple police (Crim. rej. 22 mars 1851, aff. Nolant, D. P. 51. 5. 389). — Cette dernière interprétation, que la cour de cassation paraît avoir définitivement adoptée, nous paraît être la meilleure. En effet, l'art. 365, ne parlant que des crimes et délits, exclut par cela même les simples contraventions. Et ce n'est pas sans raison. S'il avait été interdit de cumuler les peines, toujours très-légères, qui leur sont applicables, les contrevenants eussent eu un véritable intérêt à multiplier le nombre de leurs infractions, sûrs qu'ils eussent été de l'impunité pour toutes celles qui auraient suivi la première, en sorte que la non-cumulation eût été comme une prime d'encouragement qui les eût invités à violer la loi. Il n'en est pas de même lorsqu'il s'agit des crimes ou délits; les peines qui leur sont applicables sont trop graves, et la faculté laissée aux juges d'en graduer la durée suivant les circonstances est trop redoutable pour qu'on puisse craindre que le coupable n'accumule les crimes ou délits dans l'espoir d'arriver, par cette accumulation, à l'impunité de quelques-uns.—V. en ce sens MM. Le Sellyer, n° 266; Bertauld, p. 331; Trébutien, t. 1, p. 326.

160. Il est évident, au surplus, et il avait été décidé, même avant que la cour suprême eût changé sa jurisprudence, que chaque contravention aux règlements de police donne lieu à l'application de la peine, lorsque la contravention antérieure a été réprimée par une condamnation, et cela, alors même que la seconde poursuite serait exercée avant la notification de la condamnation précédente (Crim. cass. 28 sept. 1837) (1).

Il a été jugé: 1° que la règle de jurisprudence qui refuse d'appliquer aux contraventions le principe prohibitif du cumul des peines, doit s'étendre même aux infractions à des règlements spéciaux qui tiennent à la fois des contraventions en ce qu'elles existent par le seul fait matériel indépendamment de toute intention délictueuse, et des délits en ce qu'elles sont justiciables des tribunaux correctionnels et passibles de peines correctionnelles; spécialement, que le libraire qui ne s'est pas pourvu du brevet exigé, et qui a, en outre, exposé en vente des emblèmes sans en avoir l'autorisation, doit, pour ces deux infractions distinctes, être puni cumulativement des peines édictées par les art. 22 et 24 du décret du 17 fév. 1852 (Douai, 26 avril 1853, aff. Bressols, D. P. 53. 2. 153); — 2° Que la règle prohibitive du cumul des peines est inapplicable aux infractions spéciales, déférées à la juridiction des tribunaux correctionnels, lesquelles existent par le fait matériel de leur perpétration, et que ne peut excuser la bonne foi de leurs auteurs; et, spécialement, que le prévenu de plusieurs contraventions à la loi du 21 oct. 1814, sur la police de l'imprimerie, est passible d'une peine distincte pour chacune des contraventions (Crim. rej. 17 mai 1851, aff. Mangin, D. P. 51. 1. 215).

Nous ne croyons pas que cette doctrine doive être suivie. En effet, si l'on a pu admettre qu'en matière de contraventions l'art. 365, § 2, était inapplicable, c'est surtout parce qu'on voyait peu d'inconvénient à laisser prononcer plusieurs fois une peine qui, à raison de son importance minime, pouvait être considérée comme un simple avertissement. Mais lorsqu'une infraction est déférée au tribunal correctionnel, lorsque la peine appliquée est, non plus celle que la loi prononce contre les contraventions, mais celle dont elle atteint les délits, comment admettre qu'il ne soit pas entré dans les prévisions du législateur de faire profiter ces infractions du bénéfice de l'art. 365? Comment supposer que ce n'est pas du degré de la peine que la loi s'est occupée, mais plutôt de cette distinction toute théorique entre les infractions qui existent par le seul fait matériel et celles qui exigent en outre une intention délictueuse? On arrive, nous le répétons ici, à ce résultat bizarre, qu'il vaut beaucoup mieux, pour l'individu traduit devant le tribunal correctionnel à raison de plusieurs infractions, que ces infractions soient, au fond, de véritables délits, dont la perpétration accuse par suite une intention perverse, plutôt que des contraventions ne tenant des délits que par l'importance du châtiment; car, d'après la doctrine de notre arrêt, il ne doit être prononcé, dans le premier cas, qu'une seule peine, tandis que, dans le second, il faut absolument prononcer autant de condamnations qu'il y a d'infractions relevées par la poursuite. Or c'est ce qui nous paraît inadmissible.

---

ment en cas de conviction de plusieurs crimes ou délits, sans faire aucune mention du cas où la conviction porterait sur une réunion de plusieurs contraventions de police, et où le tribunal chargé de les réprimer n'aurait d'autre alternative que de les punir par l'application successive de la peine encourue ou du maximum de cette même peine; — Attendu qu'en ne désignant ainsi que deux des trois catégories des faits déclarés punissables, et en gardant le silence sur la troisième, cet article a suffisamment montré qu'il n'a pas compris cette dernière dans ses dispositions;

Attendu qu'en prohibant le cumul des peines applicables aux délits et aux crimes et en établissant une règle spéciale pour la punition des divers crimes ou délits dont un accusé serait convaincu, le législateur a été déterminé, tant par la nature des peines et les limites du droit de punir, que par l'intérêt même de l'humanité et de l'amendement des coupables; — Que ces motifs ne sauraient avoir lieu quand il s'agit des peines qui ne sont applicables, le plus souvent, qu'à de simples infractions ou omissions, négligences ou désobéissances, sans intention de la part de celui qui les a commises, à des lois ou à des règlements de police; — Attendu qu'il importe peu que la première partie de l'art. 365 c. inst. crim. attribue aux cours d'assises une compétence générale sur tous les faits qui sont constatés devant elles; — Que l'étendue de cette compétence est la conséquence naturelle de la plénitude de la juridiction qu'elles exercent; mais qu'on n'en peut conclure qu'elle emporte nécessairement avec elle l'obligation d'appliquer sans aucune distinction, à tous les faits sur lesquels ces cours peuvent être appelées à prononcer, la défense du cumul des peines;

Attendu, en effet, que la loi a pu, par des raisons d'intérêt public, prescrire à une juridiction supérieure de statuer sur des faits qui ne sont pas habituellement portés devant elle, et laisser cependant aux principes généraux sur la nature et l'étendue des peines toute leur application; — Qu'il n'en pourrait être autrement qu'au moyen d'une dérogation expresse à ces principes, et que celle qui a été introduite dans la deuxième partie de l'art. 365 c. inst. crim. ne porte pas sur les cas où il s'agit de contravention de police; — Attendu, dès lors, que le jugement attaqué, en refusant d'appliquer aux sieurs Orsel, Richer, Ragouin, Hougardy, Ségé, Rieux, Daoust, convaincus d'avoir commis chacun diverses contraventions à l'ordonnance de police du 5 juin 1834, sur l'exercice de la profession de vidangeur, le bénéfice des dispositions de l'art. 365 c. inst. crim., qui décident qu'en cas de conviction de plusieurs crimes ou délits, la peine la plus forte sera seule prononcée, loin d'avoir violé cet article, n'en a fait, au contraire, qu'une juste interprétation et n'a violé aucune autre loi; — Rejette.

Du 7 juin 1842.-C. C., ch. réun.-MM. Portalis, 1er pr.-Bryon, rap.-Dupin, pr. gén., c. conf.-Bonjean, av.

(1) (Min. pub. C. X...) — LA COUR; — Vu les nos 1 et 5 de l'art. 5, tit. 11, de la loi des 16-24 août 1790, et l'art. 46, tit. 1, de celle des 19-22 juill. 1791; — L'arrêté du maire de Falaise concernant l'étalage des marchandises dans la foire de Gabray, en date du 4 juin 1836; — L'art. 471, n° 15, c. pén.; — Attendu, en droit, que chaque contravention commise aux règlements de police entraîne, contre celui qui s'en est rendu coupable, la peine attribuée à l'infraction de ces règlements, lorsque, comme dans l'espèce, la contravention antérieure avait été réprimée par l'application de cette peine; — D'où il suit qu'en décidant le contraire, sur le motif que la seconde poursuite a été exercée contre le prévenu avant qu'on lui eût notifié la précédente condamnation, le jugement dénoncé a commis un excès de pouvoir, faussement appliqué le principe de l'art. 360 c. inst. crim. et violé expressément les dispositions ci-dessus visées; — Casse.

Du 28 sept. 1837.-C. C., ch. crim.-M. Rives, rap.

Faisons remarquer, en terminant, le peu de valeur du seul motif donné par l'arrêt de Douai, précité, à l'appui d'une aussi grave solution. Il se fonde sur ce que, dans les lois de police, chaque prescription a un but spécial et déterminé; qu'à chaque infraction prévue est attachée une sanction pénale particulière. Mais est-ce que dans le code pénal les dispositions qui atteignent des méfaits aussi divers n'ont pas chacune aussi un but spécial et déterminé? est-ce que la répression édictée contre chaque crime ou chaque délit n'a pas aussi un caractère particulier? — Concluons donc que la doctrine consacrée par les arrêts qui précèdent doit être rejetée, parce qu'elle ne repose sur aucune base solide.

161. En ce qui concerne les délits eux-mêmes, un doute peut s'élever. En effet, l'art. 365 c. inst. crim. proclame bien le principe du non-cumul des peines à l'égard des *crimes et délits*; mais, comme cet article est placé au titre *Des affaires qui doivent être soumises au jury*, on peut se demander si la règle qu'il établit doit être appliquée aux délits qui sont poursuivis devant les tribunaux correctionnels, comme il est incontestable qu'elle doit l'être aux délits dont l'existence est reconnue devant la cour d'assises. L'affirmative ne nous paraît pas douteuse; en effet, il n'y a nulle raison de distinguer. Les prévenus ne doivent pas être privés du bénéfice de l'art. 365 c. inst. crim., parce qu'ils ont été poursuivis devant le tribunal compétent, au lieu de l'être, par quelque motif de connexité ou de qualification apparente, devant la cour d'assises (V. en ce sens, MM. Chauveau et Hélie, t. 1, p. 258; Lesellyer, n° 267; Bertauld, p. 330). — Il a été décidé, en ce sens, 1° que l'art. 365 c. inst. crim., portant qu'en cas de conviction de plusieurs crimes ou délits, la peine la plus forte sera seule prononcée, s'applique aux matières correctionnelles comme aux matières criminelles (Cr. rej. 3 oct. 1835, aff. le Réformateur, n° 139-4°); — 2° Et que l'individu séparément poursuivi pour un crime et pour un délit commis antérieurement à ce crime, ne doit pas être condamné cumulativement, d'abord à la peine encourue par le délit, puis à celle plus forte encourue par le crime, avec déclaration que cette dernière ne commencerait à courir qu'à l'expiration de la peine correctionnelle (Crim. cass. 5 nov. 1846, aff. Colombots, D. P. 46. 4. 396); — 3° Que la règle qui défend le cumul des peines est générale et absolue: qu'elle s'applique quand il y a conviction, soit de plusieurs crimes ou d'un crime et d'un délit, ou d'un crime et d'une contravention devant la cour d'assises, soit de plusieurs délits ou d'un délit et d'une contravention devant les tribunaux correctionnels (Crim. cass. 19 mars et 13 mai 1841) (1).—V. toutefois *Contrà*, M. Trébutien (t. 1, p. 324 et suiv.), qui, ne voyant dans la prohibition du cumul qu'une exception, pense qu'elle doit être renfermée dans les termes rigoureux de la loi, qu'ainsi elle ne doit être appliquée aux délits qu'autant qu'ils sont soumis au jury.

162. Mais la règle du non-cumul est absolument inapplicable aux réparations civiles qu'entraîne le crime ou le délit. Ces réparations ne sont pas des peines et n'ont aucun caractère répressif; elles sont purement et simplement des dettes: or la justice veut que toute dette soit acquittée. Ainsi, il a été jugé que, lorsqu'un individu a été reconnu coupable de délit de coups et blessures et de délit de chasse sur le terrain d'autrui, le principe de non-cumul qui ne permet pas de lui appliquer concurremment les peines prononcées par la loi pour chacun de ces deux délits, ne fait pas obstacle à ce que, outre la peine encourue pour coups et blessures, le prévenu soit condamné à payer une indemnité au propriétaire des fruits du terrain sur lequel le délit de chasse a été commis (Poitiers, 20 mai 1843, aff. Pignet, V. Chasse, n° 328).—Il a été jugé, par application de ces principes: 1° que l'individu condamné à l'emprisonnement pour rébellion envers les employés de l'octroi (de Bordeaux) a pu être plus tard poursuivi à la requête de l'administration, et condamné à l'amende prononcée pour ce fait par les règlements de l'octroi (Bordeaux, 13 mai 1840, aff. Pasquet, V. Octroi): — « Attendu, porte l'arrêt, que cette amende n'est autre chose qu'une réparation pécu-

(1) 1re *Espèce*: — (.... *C.* min. pub.) — La cour; — Vu le § 2 de l'art. 365 c. inst. crim.; — Attendu que d'après la manière dont elle est rédigée, la disposition de ce paragraphe prohibe le cumul des peines, non-seulement lorsqu'il y a conviction de plusieurs crimes, ou d'un crime et d'un délit, mais aussi lorsqu'il y a conviction de plusieurs délits ou plusieurs contraventions, par la raison qu'elle est générale, absolue, et applicable à toutes les classes d'infractions, ainsi qu'à toutes les juridictions; — Et attendu, dans l'espèce, que les jugements dénoncés l'ont expressément violée en punissant le demandeur d'autant d'amendes qu'il a commis de contraventions; — Casse.

Du 19 mars 1841.-C. C., ch. crim.-MM. de Bastard, pr.-Rives, rap.

2e *Espèce*: — (Min. pub. *C.* Richer.) — La cour; — Vu l'art. 365 c. inst. crim.; — Attendu que, d'après le premier paragraphe de cet article, la cour d'assises est tenue d'appliquer la peine prononcée par la loi pour le fait déclaré constant par le jury, quand bien même ce fait serait un simple délit, ou même une contravention; — Qu'il faut entendre dans le même sens le deuxième paragraphe du même article et l'appliquer tout aussi bien aux contraventions qu'aux crimes et aux délits, parce que dans ce paragraphe le mot *délit* n'est pas employé dans un sens restrictif, mais plutôt par voie d'énonciation et par opposition au mot *crime*, pour indiquer toutes les infractions qui ont un caractère de criminalité moins grave; — Qu'il ne saurait, en effet, exister aucun motif raisonnable pour que la peine du crime absorbât celle du délit et n'absorbât pas celle de la contravention; — Attendu que la disposition précitée prohibe le cumul des peines non-seulement quand il y a conviction de plusieurs crimes ou d'un crime et d'un délit, mais encore lorsqu'il y a conviction de plusieurs délits, ou bien de plusieurs contraventions; — Attendu que le deuxième paragraphe précité ne peut se restreindre au cas où la conviction de plusieurs faits punissables résulte d'un débat devant la cour d'assises; que c'est là une disposition sur la peine et non sur la procédure; que les prévenus ne sauraient être privés de son bénéfice en matière correctionnelle ou de simple police, par cela seul qu'ils auraient été poursuivis devant le juge compétent pour ce genre de faits au lieu de l'être devant la cour d'assises par suite de connexité de qualification apparente, ou par tout autre motif; — Qu'il suit de là que le deuxième paragraphe de l'article précité contient une disposition générale et absolue, applicable à toutes les infractions et toutes les juridictions; —Et attendu que, dans l'espèce, les jugements dénoncés ont violé expressément cette disposition en appliquant au demandeur en cassation autant d'amendes qu'il y a eu de contraventions constatées à sa charge; — Casse.

Du 19 mars 1841.-C. C., ch. crim.-MM. de Bastard, pr.-Mérilhou, r.

3e *Espèce*: — (Delaporte *C.* min. pub.) — La cour (après délib. en ch. du cons.); — Attendu, en droit, sur le premier moyen, que la disposition des nos 6 et 14 de l'art. 475 c. pén. est générale; que celle du second prévoit et punit nécessairement la vente des comestibles gâtés, corrompus ou nuisibles, par cela seul qu'elle s'applique à la simple *exposition en vente* de ces comestibles; qu'elle concerne donc les marchands en *gros*, aussi bien que les marchands en *détail*; — Mais, sur le deuxième moyen: — Vu l'art. 365 c. inst. crim.; — Attendu que le deuxième paragraphe de cet article, qui veut qu'en cas de conviction de plusieurs crimes ou délits, la peine la plus forte soit seule appliquée, doit, pour sa parfaite intelligence, être rapproché du premier, auquel il se réfère nécessairement; — Que, d'après celui-ci, la cour d'assises est tenue, si le fait dont l'accusé est reconnu coupable, se trouve défendu par la loi pénale, de prononcer la peine portée par cette loi, lors même qu'il ne serait plus de sa compétence; — Que cette disposition est conçue en termes généraux et ne fait aucune distinction entre les délits et les contraventions; — Qu'il faut entendre dans le même sens les termes du second paragraphe, où le mot *délit* est employé par opposition au mot *crime*, pour indiquer les infractions qui peuvent présenter un caractère de criminalité moins grave, et comprend, dès lors, les délits proprement dits et les contraventions de police; — Qu'il ne saurait, en effet, exister aucun motif pour que la peine du crime absorbât celle du délit, et n'absorbât pas celle de la contravention; — Attendu que la disposition de ce paragraphe, d'après la manière dont elle est rédigée, prohibe le cumul des peines, quand il y a conviction, non-seulement de plusieurs crimes, ou d'un crime et d'un délit, mais aussi de plusieurs délits: ce qui, en conséquence des motifs déjà déduits, doit s'entendre des délits et des contraventions; — Attendu que l'on ne peut restreindre son application au cas où la conviction de plusieurs faits punissables résulte d'un débat devant la cour d'assises; que c'est là une disposition sur la peine et non sur la procédure; que les prévenus ne doivent pas être privés de son bénéfice en matière correctionnelle ou de simple police, par cela seul qu'ils auraient été poursuivis devant le juge compétent, au lieu de l'être, par quelque motif de connexité ou de qualification apparente, devant la cour d'assises; — Qu'il suit de là: 1° que le § 2 de l'art. 365 ci-dessus cité contient une disposition générale et absolue, qui s'applique à toutes les classes d'infractions et à toutes les juridictions; 2° que les tribunaux de simple police ne peuvent punir que d'une amende, hors le cas de récidive, toutes les contraventions de même nature sur lesquelles ils sont appelés à statuer simultanément; 3° que la punition de l'une d'elles couvre et efface toutes celles qui ont été commises antérieurement; — Et attendu qu'en décidant le contraire dans l'espèce, le jugement dénoncé a commis une violation expresse du sus dit alinéa 2 de l'art. 365; — Casse.

Du 13 mai 1841.-C. C., ch. crim.-MM. de Bastard, pr.-Rives, rap.

niaire que la régie de l'octroi pouvait demander lors du premier jugement, et qu'elle n'a pas perdu le droit de réclamer; qu'ainsi les juges du tribunal correctionnel, en accordant à la régie une amende représentative des dommages-intérêts que lui devaient les prévenus, n'ont point cumulé les peines dans le sens de l'art. 365 c. inst. crim.; que, dans l'espèce de la cause, cet article était évidemment inapplicable; » — 2° Que les peines pécuniaires peuvent être cumulativement appliquées lorsqu'elles profitent exclusivement, non au trésor public, mais aux tiers lésés par le délit (Rouen, 29 fév. 1844, aff. Debraux, n° 148-2°). Alors, en effet, elles sont, non pas des peines proprement dites, mais plutôt des réparations civiles destinées à compenser le dommage causé par le délit.

163. Le principe de la non-cumulation des peines est général et domine toute notre législation criminelle (V. en ce sens MM. Chauveau et Hélie, t. 6, p. 296 s.; Le Sellyer, n° 250).—Ainsi il a été jugé : 1° que ce principe s'applique au cas où les faits punissables sont prévus par des lois spéciales, comme au cas où ils sont qualifiés par le code pénal (Crim. rej. 2 juin 1838, aff. Chabrier, v° Chasse, n° 336; Poitiers, 20 mai 1845, aff. Pignet, v° Chasse, n° 328); — 2° Que le principe du non-cumul des peines s'applique en matière de garde nationale (Crim. cass. 9 mai 1835, M. Rocher, rap., aff. Gamain; Crim. rej. 23 mai 1835, aff. Domain, n° 140-1°; Cr. règl. de jug. 8 août 1840, MM. Bastard, pr., Isambert, rap. aff. Parisot); — 3° Qu'ainsi un garde national, condamné pour un manquement commis en récidive, au maximum de la peine, ne peut, plus tard, être de nouveau condamné pour un autre manquement de même nature, commis et constaté antérieurement à la première condamnation (Crim. cass. 5 août 1836 (1); 4 juill. 1835, aff. Châteaubriand, V. Garde nat., n° 326); — 4° Que ce principe s'applique également en matière de délit de la presse (Crim. rej. 3 oct. 1835, aff. le Réformateur et la Tribune, n° 139-4°); — 5° Qu'il s'applique aux délits de pêche maritime côtière prévus par le décret du 9 janv. 1852 (Crim. cass. 26 août 1853, aff. Ramet, D. P. 53. 5. 347); — 6° Qu'il s'applique au cas où il s'agit de deux délits de genre différent, prévus par des lois spéciales différentes et entraînant chacun une pénalité différente (Crim. rej. 23 mai 1839, aff. Bergot, v° Chasse, n° 339).

164. Il a été décidé, en sens contraire, 1° que l'art. 365 c. inst. crim., prohitif du cumul, ne s'applique pas aux matières prévues par des lois spéciales et, par exemple, aux amendes encourues par les imprimeurs pour plusieurs contraventions (Paris, 24 juill. 1850, aff. Plon, D. P. 51. 5. 390); — 2° Que la règle prohitive du cumul des peines est inapplicable au délit d'entrave à la circulation des grains, prévu par la loi du 21 prair. an 5 (Cr. cass. 29 mai 1847, aff. Collarec, D. P. 47. 4. 367). — V. aussi Chasse, n° 335; Garde nat., n° 327.

165. La règle prohibitive du cumul des peines reçoit plusieurs exceptions. Et d'abord, l'art. 245 c. pén. en établit une pour le cas d'évasion ou de tentative d'évasion; il est ainsi conçu : « A l'égard des détenus qui se seront évadés ou qui auront tenté de s'évader par bris de prison ou par violence, ils seront, pour ce seul fait, punis de six mois à un an d'emprisonnement, et subiront cette peine immédiatement après l'expiration de celle qu'ils auront encourue, pour le crime ou délit à raison duquel ils étaient détenus, ou immédiatement après l'arrêt ou jugement qui les aura acquittés ou renvoyés absous dudit crime ou délit : le tout sans préjudice de plus fortes peines qu'ils auraient pu encourir pour d'autres crimes qu'ils auraient commis dans leurs violences. »

166. La peine prononcée par cet article s'applique, soit que le délit ait été commis pendant la prévention ou après la condamnation, mais c'est dans le premier cas seulement qu'il y a exception à la règle du non-cumul; cette règle, en effet, n'est pas susceptible d'application dans le second cas. — V. en ce sens M. Le Sellyer, n° 253.

167. Pour l'intelligence de la disposition finale de l'art. 245 c. pén. : « sans préjudice, etc.... » nous devons faire observer que si, en s'évadant ou tentant de s'évader, le détenu commettait d'autres crimes ou délits entraînant des peines plus graves que celles que la loi prononce pour l'évasion ou la tentative d'évasion, ces peines, à la vérité, devraient être cumulées avec la peine principale encourue pour le fait qui motive la détention, mais qu'elles ne devraient pas l'être avec celle que prononce l'art. 245, et qu'elles devraient absorber cette dernière. C'est ce qu'enseignent aussi Carnot, C. pén., sur l'art. 245, n°s 9 et 12; Bourguignon, Jur. c. crim., sur l'art. 365 c. inst. crim., n° 3; Le Sellyer, n°s 251 et 254 (V. au surplus Évasion, n° 20).—Il a été jugé: 1° que l'art. 245 c. pén. autorise expressément le cumul des peines dans le cas particulier de l'évasion ou de la tentative d'évasion opérée par bris de prison ou violence; qu'ainsi, l'arrêt de la cour d'assises, nul dans la disposition qui prononce des peines pour un vol avec circonstances antérieur à un vol semblable déjà puni du maximum de la peine, est valable dans celle qui condamne l'accusé à six mois d'emprisonnement pour bris de prison (Crim. cass. 17 juin 1831, aff. Pienne, n° 126-7°);— 2° Que la peine pour bris de prison ne peut jamais se confondre avec la peine à prononcer contre l'accusé pour le fait principal: qu'elle doit être subie après celle-ci; que, dès lors, l'arrêt qui déclare constant le délit de tentative de bris de prison doit, pour ce fait, à peine de nullité, prononcer une peine spéciale, distincte et séparée de la peine encourue par le fait principal (Crim. cass. 14 juill. 1837) (2).

168. L'évasion avec escalade ne pourrait donner lieu à infliger une peine au détenu, et, par suite, ne pourrait conduire

---

(1) (Guérin C. min. pub.) — LA COUR; — Attendu que, d'après l'art. 365 c. inst. crim., en cas de conviction de plusieurs délits ou contraventions, le tribunal ne peut prononcer que la peine la plus forte que chacun de ces faits ait pu encourir, et ne peut pas prononcer autant de peines qu'il y a de faits judiciairement constatés; — Attendu que ce principe ne souffre pas d'exception pour les conseils de discipline de la garde nationale; — Attendu que deux jugements distincts, du 8 déc. 1834, rendus par le conseil de discipline du 2e bataillon de la 5e légion de la garde nationale de Paris, ont condamné ledit sieur Guérin, l'un à vingt-quatre heures de prison, et l'autre à quarante-huit heures, à raison de manquements séparés à un service d'ordre et de sécurité; — Attendu que, le 27 dudit mois de déc. 1834, le même sieur Guérin s'est présenté sans uniforme pour monter sa garde, et a été, à raison de ce fait, condamné à trois jours de prison, à titre de récidive, par deux jugements, l'un par défaut, du 9 mars 1835, et l'autre contradictoire, du 27 avr. aussi 1835, attaqués par le pourvoi du 15 mai même année; — Attendu que, le 28 mars 1835, ledit Guérin s'est présenté aussi sans uniforme pour monter sa garde, et a été, à raison de ce fait, condamné à trois jours de prison, à titre de récidive, par deux jugements, l'un par défaut, du 15 avr. 1835, et l'autre contradictoire, à la date du 8 juin même année, attaqués par le pourvoi du 28 juin même année; — Attendu que, lors du jugement contradictoire du 27 avr. même année, le manquement du 28 mars même année était déjà intervenu, ainsi que le jugement par défaut du 15 avr. même année; d'où il suit qu'aux termes de l'art. 365 c. inst. crim., ledit jugement du 27 avr. 1835 aurait dû statuer déjà sur ce manquement du 28 mars 1835, et que ce manquement a été purgé par ce jugement, malgré le silence de ses dispositions, et par la seule force de la volonté de la loi; — Attendu que, dès lors, le jugement contradictoire du 8 juin 1835, attaqué par le pourvoi du 28 du même mois, en prononçant une peine pour ledit manquement du 28 mars 1835, a puni un fait légalement expié, et violé l'art. 365 précité, puisque le jugement du 27 avril précédent avait épuisé le maximum de la condamnation possible;

Attendu que le manquement du 27 déc. 1834 a pu être, dans les circonstances de la cause, qualifié désobéissance et insubordination, et que la récidive est légalement établie par la production des deux jugements du 8 déc. 1834, apportés au greffe de la cour, en vertu de l'arrêt du 11 juin dernier; d'où il suit que le jugement contradictoire du 27 avr. 1835, attaqué par le pourvoi du 15 mai même année, a fait une juste application de la loi pénale aux faits déclarés constants; — Attendu que le manquement du 28 mars 1835 étant, aux termes de l'art. 365 c. inst. crim., puni implicitement par le jugement du 27 avr. 1835, ne peut plus être l'objet d'une poursuite légale, d'après l'art. 429 c. inst. crim.; — Rejette le pourvoi du 15 mai 1835, contre le jugement du 27 avril précédent, et condamne le sieur Guérin, demandeur, à l'amende de 37 fr. 50 c. envers le trésor public; — Casse et annule le jugement du 8 juin 1835, qui condamne ledit Guérin à trois jours de prison; déclare qu'il n'y a pas de renvoi.

Du 5 août 1836.-C.C., ch. crim.-MM. de Bastard, pr.-Mérilhou, rap.

(2) (Min. pub. C. Soutag.) — LA COUR; — Attendu que Soutag a été déclaré coupable non-seulement du fait principal dont il était accusé, mais encore d'une tentative de bris de prison, tentative caractérisée suivant la loi, et punie par l'art. 245 c. pén.; — Attendu que, d'après l'art. 245, ce fait était passible d'une peine distincte et séparée de celle

à un cumul. — Il en serait, ce semble, de même, de l'évasion opérée ou tentée par un détenu en corrompant ses gardiens. — On peut objecter, il est vrai, que l'art. 179 comprend généralement dans sa disposition tous ceux qui emploient la corruption. Mais l'art. 245 c. pén. contient, relativement aux détenus, une législation spéciale qui forme exception aux règles communes; or il ne punit l'évasion qu'autant qu'il y a bris de prison ou violence.

169. Nous trouvons une disposition analogue à l'art. 245 c. pén. dans l'art. 220 de ce même code, qui a trait à la rébellion des détenus; cet article porte : « La peine appliquée pour rébellion à des prisonniers prévenus, accusés ou condamnés relativement à d'autres crimes ou délits, sera par eux subie, savoir : par ceux qui, à raison des crimes ou délits qui ont causé leur détention, sont ou seraient condamnés à une peine non capitale ni perpétuelle, immédiatement après l'expiration de cette peine;— Et par les autres, immédiatement après l'arrêt ou jugement en dernier ressort qui les aura acquittés ou renvoyés absous du fait pour lequel ils étaient détenus. » Cet article veut que la peine encourue pour le fait de rébellion soit cumulée avec celle qui sera prononcée pour le fait principal à raison duquel le prévenu était détenu.— V. au surplus Rébellion.

170. Une autre exception à la règle prohibitive du cumul résulte de la loi du 3 sept. 1807, sur l'intérêt de l'argent et l'usure. « Tout individu, porte l'art. 4 de cette loi, qui sera prévenu de se livrer habituellement à l'usure, sera traduit devant le tribunal correctionnel, et, en cas de conviction, condamné à une amende, qui ne pourra excéder la moitié des capitaux qu'il aura prêtés à usure. — S'il résulte de la procédure qu'il y a eu escroquerie de la part du prêteur, il sera condamné, outre l'amende ci-dessus, à un emprisonnement qui ne pourra excéder deux ans. » C'est dans cette dernière disposition que réside l'exception.—Il a été décidé, conformément à ce qui vient d'être dit: 1° que l'individu déclaré coupable en même temps d'usure habituelle et d'escroquerie est passible de la double peine de l'amende et de l'emprisonnement; que, dès lors, l'arrêt qui prononce l'amende pour le premier de ces délits et l'emprisonnement pour le second, ne viole point le principe de la non-cumulation des peines (Crim. rej. 9 sept. 1826, aff. Lahayes, V. Vol [escroquerie]);—2° Que la disposition de l'art. 4 de la loi du 3 sept. 1807, qui autorise le cumul des peines des délits d'usure et d'escroquerie, s'applique au délit d'abus de confiance : qu'on ne peut invoquer, dans ce cas, la disposition de l'art. 365 c. inst. crim., qui prohibe le cumul des peines (Ch. réun. cass. 26 nov. 1841) (1);— 3° Que l'amende encourue pour le délit d'habitude d'usure, en vertu de la loi du 3 sept. 1807, doit être prononcée cumulativement avec les autres peines dont le prévenu s'est rendu passible, à raison d'autres délits qui sont venus se joindre à l'usure : ici ne s'applique pas la règle prohibitive du cumul des peines (Crim. cass. 10 mai 1851, aff. Aubril, D. P. 51. 5. 391).

171. Mais une condamnation pour délit d'habitude d'usure réprime tous les faits antérieurs qui pouvaient constituer cette habitude, même ceux qui n'auraient pas été compris dans le jugement de condamnation. Par suite, ces faits antérieurs ne peuvent pas être recherchés pour la fixation de l'amende encourue ultérieurement par le même individu à raison de nouveaux faits d'usure (Crim. rej. 25 août 1836) (2).

172. La question s'était élevée de savoir si la prohibition du cumul devait être appliquée dans le cas où le même individu était reconnu coupable de délit de chasse et du délit de port d'armes sans permis. Cette question avait été diversement résolue sous l'empire de la législation qui, antérieurement à la loi du 3 mai 1844, régissait la police de la chasse (V. Chasse, n°s 334 et suiv.). Elle ne peut plus s'élever aujourd'hui. En effet, l'art. 17 de cette loi de 1844 porte « qu'en cas de conviction de plusieurs délits prévus par la présente loi, par le code pénal ordinaire ou par les lois spéciales, la peine la plus forte sera seule prononcée. » Cet article, toutefois, fait une exception ; il porte que « les peines encourues pour des faits postérieurs à la déclaration du procès-verbal de contravention pourront être cumulées, s'il y a lieu, sans préjudice de la peine de la récidive. »—V. au surplus Chasse, *loc. cit.*

173. La défense de cumuler les peines ne s'applique pas aux peines dont sont passibles les contraventions aux lois sur les contributions indirectes : il doit être, en cette matière, appliqué autant de peines qu'il y a eu de contraventions commises (V. Impôts indirects, n° 295-2°; V. aussi MM. Mangin, n° 461; Le Sellyer, n° 248).—Décidé, en conséquence, que le débitant convaincu du refus d'exercice, et de n'avoir pas fait connaître sa profession par une enseigne ou bouchon, ne peut être condamné seulement à l'une des amendes dont chacune de ces contraventions est passible; qu'il doit subir la peine attachée à chacune d'elles (Crim. cass. 26 mars 1825, aff. contrib. ind., V. Impôts indir., n° 292-2°).

174. La même règle s'applique aux amendes prononcées en matière de douanes. Ainsi il a été jugé que les amendes, en matière de douanes, peuvent être cumulées en cas de conviction de plusieurs faits emportant différentes condamnations (Req. 26 avr. 1830, aff. Félieu, V. Douanes, n° 747).

175. Il en est de même de l'amende encourue, aux termes de l'art. 2 de la loi des 15 et 25 vent. an 13, par les entrepreneurs de voitures publiques marchant à grandes journées, qui refusent de payer aux maîtres de poste dont ils n'emploient pas les chevaux, l'indemnité fixée par l'art. 1 de cette loi. Il doit

---

encourue par le fait principal, ladite peine devant être subie après la peine prononcée à raison du crime déclaré constant contre l'accusé ; en quoi il y a, pour le cas spécial du bris de prison, dérogation au principe général posé par l'art. 365 c. instr. cr.; — Attendu que, dès lors, en ne prononçant contre Soutag que la peine du vol dont il a été déclaré coupable, et en s'abstenant de prononcer aucune peine contre le bris de prison, l'arrêt attaqué a violé l'art. 245 c. pén. précité; — Attendu que, néanmoins, le condamné Soutag ne peut être censé s'être pourvu contre lui-même; — D'où il suit qu'il n'y a lieu, à cet égard, qu'à statuer sur les réquisitions prises à l'audience par le ministère public, dans l'intérêt de la loi; — Rejette le pourvoi de Soutag, et, faisant droit, sur les réquisitions de M. l'avocat-général; — Casse, etc., dans l'intérêt de la loi seulement, l'arrêt de cour d'assises du Haut-Rhin du 25 mai dernier, en ce que ledit arrêt a omis de prononcer la peine de l'art. 245 à raison du bris de prison.

Du 14 juill. 1837.-C. C., ch. crim.-MM. de Bastard, pr.-Mérilhou, rap.

(1) (Vigné.) — LA COUR; — Vu l'art. 4 de la loi du 3 sept. 1807; — Vu aussi la loi du 1er avr. 1837;—Attendu que le délit d'habitude d'usure est prévu par une loi spéciale antérieure à la promulgation du code d'instruction criminelle, et par conséquent de l'art. 365 de ce code; qu'il est puni d'une peine purement pécuniaire qui peut être proportionnelle au montant des capitaux prêtés; —Que la nature de cette peine est en rapport avec la nature du délit; — Attendu que le second paragraphe de l'art. 4 de la loi du 3 sept. 1807 porte que, s'il y a escroquerie de la part du prêteur, il sera condamné, outre l'amende, à un emprisonnement qui ne pourra excéder deux ans; — Qu'ainsi, dans le cas où l'escroquerie n'est en quelque sorte qu'une circonstance aggravante du délit d'habitude d'usure, cette loi autorise et prescrit même le cumul des deux peines d'emprisonnement et d'amende; — Qu'il en résulte la conséquence nécessaire que le législateur autorise à plus forte raison le cumul, lorsque le prévenu ne s'est pas borné à aggraver le délit d'habitude d'usure par des faits constitutifs de l'escroquerie, mais a commis, en outre, des délits distincts qui peuvent avoir une plus grande gravité que l'escroquerie considérée comme aggravant le délit d'usure habituelle;— Qu'ainsi il faut reconnaître qu'il a été dans l'intention du législateur que l'amende prononcée pour le délit d'usure habituelle soit toujours appliquée, et que le texte et l'esprit de la loi de 1807 écartent l'application de l'art. 365 c. inst. crim., au cas particulier; —D'où il suit qu'en refusant de prononcer la peine portée par ladite loi du 3 sept. 1807, contre Vigné, déclaré coupable du délit d'habitude d'usure, l'arrêt attaqué a fait une fausse application de l'art. 365 c. inst. crim. et a expressément violé l'art. 4 de la loi du 3 sept. 1807; — Casse, etc.

Du 26 nov. 1841.-C. C., ch. réun.-MM. Portalis, 1er pr.-Miller, rap.-Dupin, pr. gén., c. conf.-Dupont-White, av.

(2) (Min. pub. C Taisand.) — LA COUR (ap. dél. en ch. du cons.); —Attendu, en droit, qu'une condamnation pour délit d'habitude d'usure réprime nécessairement tous les faits antérieurs qui pouvaient constituer cette habitude, et dès lors ceux mêmes qui n'auraient pas été compris distinctement dans le jugement qui l'a punie; — Que l'amende attachée par la loi à ce délit ne doit donc être réglée qu'à raison des faits qui sont déclarés le caractériser de nouveau; — D'où il suit qu'en le décidant ainsi, dans l'espèce, et en écartant de la fixation de la peine par lui prononcée les faits antérieurs à la précédente condamnation, l'arrêt dénoncé n'a commis aucune violation de l'art. 4 de la loi du 3 sept. 1807; — Rejette, etc.

Du 25 août 1836.-C. C. ch. crim.-MM. Crouseilhes, pr.-Rives, rap.

être prononcé autant d'amendes qu'il y eu de contraventions (V. Mangin, nº 462; Le Sellyer, nº 249). — Ainsi, il a été jugé que l'art. 365 c. inst. crim., qui défend le cumul des peines, n'est pas applicable à la matière des postes aux chevaux; qu'en conséquence chaque refus de la part de l'entrepreneur d'une voiture publique, marchant à grandes journées, de payer l'indemnité de 25 cent. au maître de poste dont il n'emploie pas les chevaux doit être puni d'une amende particulière (Crim. rej. 11 oct. 1827) (1).

176. Mais il a été jugé, en sens contraire, que lorsqu'il y a eu plusieurs passages de voitures sans payement de l'indemnité ou emploi des chevaux du maître de poste, et avant toute condamnation, le jugement qui intervient ne peut prononcer qu'une seule amende de 500 fr. : ici s'applique l'art. 365 c. inst. crim. (Crim. cass. 22 déc. 1838) (2).

177. Les contraventions à la police du roulage ne tombent pas non plus sous l'application de l'art. 365 c. inst. crim. — En conséquence, celui qui s'est rendu coupable de plusieurs contraventions à la fois, telles, par exemple, que celle d'avoir fait circuler des voitures à jantes étroites et sans plaque, est passible des amendes cumulées qui sont relatives à ces deux sortes de contravention (ord. cons. d'Et. 17 nov. 1843) (3).

178. Nous avons vu ci-dessus (nº 163-4º) que la règle prohibitive du cumul des peines est applicable aux délits de la presse. Cette proposition toutefois doit recevoir une certaine limitation. En effet l'art. 12, § 2, de la loi du 9 sept. 1835 porte que « les peines prononcées par la présente loi et par les lois précédentes sur la presse et autres moyens de publication ne se confondront point entre elles, et seront toutes intégralement subies, lorsque les faits qui y donneront lieu seront postérieurs à la première poursuite. »

179. La législation qui régit la presse contient une autre exception à la règle du non-cumul. L'art. 4 de la loi des 18 et 29 juill. 1828 porte que, dans le cas où, un journal n'ayant qu'un seul gérant responsable, ce gérant vient à décéder, les propriétaires seront tenus de le remplacer dans les quinze jours qui suivront son décès, et que, faute par eux de le faire, le journal ou écrit périodique cessera de paraître, à peine de 1,000 fr. d'amende *pour chaque feuille ou livraison, qui serait publiée après l'expiration de ce délai.* Ainsi, d'après cette disposition, l'amende devra être répétée autant de fois que la contravention se sera renouvelée, et ce nonobstant la règle qui prohibe le cumul des peines.

180. Ces exceptions sont les seules que contiennent les lois sur la presse. Ainsi il a été jugé : 1º que la publication de plusieurs numéros d'un journal, faite en contravention à l'art. 8 de la loi du 18 juill. 1828, relatif au dépôt à faire au parquet du procureur du roi, ne peut entraîner l'application de plusieurs amendes distinctes que dans le cas où elle a eu lieu dans l'intervalle d'une première poursuite à la condamnation; tant qu'il n'y a pas eu de première poursuite, une seule amende est applicable, quel que soit le nombre des numéros illégalement publiés (Crim. cass. 25 juill. 1839) (4); — 2º Mais, qu'il en serait autrement

---

(1) (Lesueur C. min. pub.) — LA COUR; — Considérant que l'art. 365 c. inst. crim., n'est point applicable aux amendes et peines pécuniaires portées par les lois relatives aux matières qui n'ont pas été réglées par le code pénal; — Que du nombre de ces lois est celle du 15 vent. an 13, relative à l'indemnité à payer aux maîtres de poste; — Que les amendes que cette loi prononce doivent donc être cumulées sur la tête de l'individu qui les a encourues; — Que l'entrepreneur d'une voiture publique marchant à grandes journées se constitue en contravention à ladite loi, toutes les fois qu'il refuse de payer l'indemnité de 25 c. au maître de poste dont il n'emploie pas les chevaux; — Que le nombre d'amendes à prononcer contre lui doit être égal au nombre de refus qu'il a faits de payer l'indemnité quand elle était due; — Que la loi ayant voulu que l'amende de 500 fr. fût acquise pour moitié au maître de poste à qui le refus de payer l'indemnité a été fait, il s'ensuit que cette portion de l'amende demeure invariable à son égard, et que conséquemment elle ne peut être soumise à réduction par le concours d'autres refus de payement de même nature; — Que ce sens de la loi est d'autant plus conforme à son intention et à son esprit, que du système opposé il résulterait que la part d'amende à laquelle le maître de poste a droit serait d'autant plus réduite que les contraventions seraient plus multipliées, ce qui serait absurde; — Que le second moyen de cassation, appuyé sur ledit système, n'a donc pas le moindre fondement; — Attendu d'ailleurs que la procédure et l'arrêt dénoncés sont réguliers dans la forme; — Rejette, etc.

Du 11 oct. 1827.-C. C., ch. crim.-MM. Ollivier, pr.-Busschop, rap.

(2) (Lafitte C. Desvoys.) — LA COUR; — Vu l'art. 365 c. inst. crim., et les art. 1 et 2 de ladite loi du 15 vent. an 13; — Attendu que chaque passage de voiture, sans payement de l'indemnité, ne constitue pas une contravention distincte passible d'une amende de 500 fr. en sorte qu'il y ait autant d'amendes prononcées cumulativement qu'il y a eu de passages de voitures; — Attendu, d'ailleurs, que, ne s'agissant pas de l'application d'une loi relative au recouvrement des revenus publics, il y a lieu à suivre la règle générale tracée par l'art. 365 ci-dessus visée; qu'ainsi, tous les faits antérieurs sont purgés par la condamnation à une seule amende, et que c'est seulement lorsque les mêmes faits se reproduisent après une condamnation définitive, qu'ils peuvent être réprimés de nouveau; — Et attendu, en fait, que la cour royale de Dijon a condamné les demandeurs pour trente-quatre passages de voitures, tous antérieurs à son arrêt, et même à la demande, à trente-quatre amendes de 500 fr.; en quoi elle a faussement appliqué la loi du 15 vent. an 13, et formellement violé l'art. 365 c. inst. crim.; — Casse.

Du 22 déc. 1838.-C. C., ch. crim.-MM. Bastard, pr.-Vincens, rap.

(3) (Rosé.) — LOUIS-PHILIPPE, etc.; — Vu la loi du 7 vent. an 12, le décret du 23 juin 1806 et l'ord. royale du 23 juin 1842; — Considérant qu'il résulte de l'instruction que le sieur Rosé a fait circuler sur une grande route une voiture attelée de plus d'un cheval, bien que les jantes eussent moins de 11 cent. de largeur, et que ladite voiture était en outre dépourvue de la plaque de métal exigée par l'art. 34 du décret du 23 juin 1806; que chacune de ces deux contraventions est punie par une amende fixe et distincte; qu'ainsi c'est à tort que le conseil de préfecture du Cher n'a condamné le contrevenant qu'à l'amende la plus forte, par une fausse application de l'art. 365 c. inst. crim.; — Considérant néanmoins qu'en raison des circonstances de l'affaire il y a lieu de réduire les amendes encourues, et que le contrevenant se trouve dans le cas de l'application de notre ord. du 23 juin 1842, laquelle accorde remise de toute amende de 100 fr. ou au-dessous, prononcée ou encourue en matière de police de roulage pour les contraventions commises antérieurement au 24 juin 1842, autres que les contraventions aux dispositions des lois et règlements qui déterminent le poids des voitures de roulage et des voitures publiques, sous la réserve, toutefois, de la part attribuée par les lois et règlements aux agents chargés de constater la contravention; — Art. 1. L'arrêté du conseil de préfecture du Cher du 6 mai 1841, est annulé. — Art. 2. Le sieur Rosé est condamné : 1º à 25 fr. d'amende pour contravention aux art. 1 et 2 de la loi du 7 vent. an 12; 2º à 15 fr. d'amende pour contravention à l'art. 34 du décret du 23 juin 1806; 3º aux frais de poursuites. — Art. 3. Il est accordé au sieur Rosé remise desdites amendes, sous la réserve spécifiée en l'art. 4 de notre ord. 23 juin 1842.

Du 17 nov. 1843.-Ord. cons. d'Et.-M. Baudon, rap.

Ordonnances identiques à l'égard des sieurs Berthault et Frasnier, rendues le même jour sur le rapport du même magistrat.

(4) (Paya C. min. pub.) — LA COUR; — Vu l'art. 365, alinéa 2, c. inst. crim., combiné avec l'art. 12, alinéa 2, de la première des lois du 9 sept. 1835; — Attendu, en droit, que le 2ᵉ alinéa de l'art. 365 c. inst. crim. qui ne permet pas le cumul des peines, est une disposition générale sur la pénalité, qui s'applique à tous les cas sur lesquels il n'a pas été prononcé d'exception par des lois spéciales; — Attendu que la loi précitée du 9 sept. 1835 n'autorise le cumul des peines, en ce qui concerne les délits de la presse, que par exception; que cette exception n'est établie que pour les faits postérieurs à la première poursuite et antérieurs à la condamnation; qu'elle ne saurait donc être étendue aux faits passibles de l'application des pénalités qui se sont accumulées avant la première poursuite, par le silence du ministère public; — Attendu que la loi du 18 juill. 1828 sur la police des journaux et écrits périodiques, est au nombre de celles auxquelles se réfère l'alinéa 2 de l'art. 12 de la loi précitée du 9 sept. 1835; — Attendu que ladite loi de 1828 ne contient elle-même d'exception au principe de la non-cumulation des peines que par l'art. 4 relatif à la publication du journal, dépourvu de son gérant légal; — Attendu que, dans l'espèce, il s'agit de la contravention à l'art. 8 de la même loi, relatif au dépôt des exemplaires de chaque numéro au parquet du procureur du roi, dont l'infraction est punie d'une amende fixe de 500 fr.; — Attendu que la poursuite comprenait à la fois les six numéros du journal l'Émancipation, édition de l'Aude, par suite de laquelle l'arrêt attaqué a justement déclaré l'imprimeur gérant Paya, convaincu du délit prévu par ledit art. 8; qu'il n'existait pas de poursuite antérieure; d'où il suit qu'en condamnant ledit Paya à 3,000 fr. d'amende à raison de 500 fr. par chaque numéro, l'arrêt attaqué a violé les dispositions combinées des art. 365 c. inst. crim. et 12 de la loi du 9 sept. 1835, et le principe de la non-cumulation des peines, et que par suite ledit arrêt a commis un excès de pouvoir; — Par ces motifs, et attendu que l'arrêt de la cour d'Agen est attaqué par d'autres motifs que ceux qui ont fait prononcer la cassation

s'il s'agissait d'une contravention pour défaut de gérant légal; en ce cas, la loi prononce autant de peines qu'il y a de numéros (même arrêt).

181. On pourrait penser qu'une exception au principe du non-cumul se trouve dans l'art. 360 c. pén., qui punit d'une amende de 16 fr. à 200 fr. quiconque s'est rendu coupable de violation de tombeaux ou de sépultures, *sans préjudice des peines contre les crimes ou délits qui seraient joints à ceux-ci*; mais nous croyons, avec MM. Carnot, sur cet article, n° 3; et Le Sellyer, t. 1, n° 262, que cet article doit être entendu en ce sens, non pas que les peines applicables au délit qu'il prévoit et celles dont seraient passibles les autres délits doivent être cumulativement infligées, mais en ce sens que ces dernières, si elles sont les plus fortes, doivent être seules prononcées, conformément à l'art. 365 c. inst. crim. — V. au surplus Violation de sépultures.

182. Le principe de la non-cumulation des peines doit-il être appliqué en matière forestière? Cette question a été examinée v° Forêts, n°s 336 et suiv., 631 et 687. — Doit-il l'être en matière de pêche fluviale? — V. Pêche, n°s 207 et suiv.

183. La circonstance qu'un accusé aurait été déclaré coupable d'un fait non prévu dans la citation n'est pas une cause d'annulation de la condamnation, si, déclaré, en outre, coupable sur un autre chef prévu dans la citation et entraînant une pénalité plus grave, il n'a été condamné qu'aux peines de ce dernier délit, et si, par conséquent, le délit non prévu dans la citation, et qui, dans le cas particulier, consistait en un délit d'excitation à la haine et au mépris d'une classe de personnes, tandis qu'il était accusé de diffamation envers la garde nationale et d'attaque envers la dignité royale, n'a causé aucune aggravation (Crim. rej. 25 nov. 1831) (1).

184. Nous avons vu (*suprà*, n° 124) que, d'après l'art. 379 c. inst. crim., lorsque, pendant les débats qui précèdent la condamnation, l'accusé vient à être inculpé sur d'autres crimes que ceux dont il était accusé, de nouvelles poursuites doivent, à raison de ces nouveaux faits, être dirigées contre lui, mais dans deux cas seulement : « 1° si ces crimes, nouvellement manifestés, méritent une peine plus grave que les premiers; 2° si l'accusé a des complices en état d'arrestation. » Nous avons vu également que, suivant le même article, le procureur général doit, dans ces deux cas, surseoir à l'exécution de l'arrêt qui a prononcé la première condamnation jusqu'à ce qu'il ait été statué sur le second procès.

185. L'application de ces dispositions donne lieu à quelques difficultés. Et d'abord le sursis doit-il être ordonné, conformément à la disposition finale, non-seulement dans le cas où la peine que mérite le crime nouvellement découvert est plus grave par sa nature que celle encourue pour le premier, mais encore dans le cas où cette peine, identique par sa nature, est plus grave par sa durée seulement? Nous croyons, avec MM. de Molènes, de l'Humanité dans les lois criminelles, 1re part., § 11, p. 168, et Le Sellyer, t. 1, n° 269, qu'il n'y a lieu au sursis que dans le cas où la peine méritée par le deuxième crime est plus grave par sa nature; en effet, dans cette hypothèse, la peine que subirait le condamné ne serait pas celle qu'il doit subir en définitive et qui doit absorber l'autre; si donc on faisait tout d'abord subir au condamné un commencement d'exécution de la première peine (la plus faible), la peine plus grave qu'il doit subir en vertu de la seconde condamnation se trouverait aggravée, contre le vœu de la loi, d'une addition qui ne devait point y être jointe; si, au contraire, la deuxième peine devait être de même nature, mais seulement plus longue, il n'y aurait pas de raison pour surseoir à l'exécution de la première condamnation, il suffirait de prolonger la peine, après la seconde condamnation, jusqu'au terme marqué par cette dernière.

186. Mais, pour que la cour d'assises saisie en premier lieu ordonne de nouvelles poursuites, est-il nécessaire que la peine méritée par le nouveau crime soit plus grave par sa nature? M. de Molènes (*loc. cit.*) soutient l'affirmative; il ne suffit pas, suivant cet auteur, que la peine méritée par le nouveau crime puisse être plus longue par sa durée seulement; car la première cour d'assises ne peut pas savoir si la seconde, à qui seule il appartient de mesurer la durée de la peine qu'elle prononce, fixera une durée plus ou moins longue que celle fixée par la première condamnation. Il pourrait donc se faire qu'à la suite des poursuites par elle ordonnées intervînt une condamnation moins rigoureuse que la première, et dans cette hypothèse la loi aurait été violée, car, aux termes de l'art. 379 de nouvelles poursuites n'eussent pas dû être ordonnées. Mais nous ne croyons pas que la loi doive être ainsi interprétée. La première cour d'assises ne sait pas d'une manière absolue ce que jugera la seconde, elle ne sait pas si cette dernière prononcera une peine plus forte par sa nature, ou moindre, ou n'en prononcera pas du tout; l'issue des nouvelles poursuites dépend des circonstances; tout ce que peut faire la première cour d'assises, c'est d'apprécier d'après les éléments qui lui sont offerts quel sera le résultat probable de nouvelles poursuites; or elle peut, en comparant les circonstances connues qui caractérisent chacun des deux faits devant entraîner une peine de même nature, apprécier quel est celui qui mérite la peine la plus longue, sauf à la seconde cour d'assises à prononcer avec une entière indépendance la peine qui lui paraîtra le mieux appropriée aux faits établis par les débats. Lors donc que la première estime, d'après les circonstances, que le crime nouvellement découvert mérite une peine plus grave par sa durée, nous ne voyons pas pourquoi elle ne pourrait pas ordonner de nouvelles poursuites. L'art. 379 nous semble l'y autoriser pleinement. Tel est aussi le sentiment de Legraverend, Lég. crim., t. 2, p. 266, et de M. Le Sellyer, t. 1, n° 270.

187. On peut se demander si la condamnation d'un individu à la peine la plus forte éteint l'action publique relativement à tous les crimes ou délits entraînant une peine moins grave qu'il aurait pu commettre antérieurement à sa condamnation, de telle

---

de l'arrêt de la cour de Toulouse; qu'ainsi la chambre criminelle est compétente pour connaître de ce pourvoi; — Casse.

Du 25 juill. 1839.-C. C., ch. crim.-MM. Bastard, pr.-Isambert, rapporteur.

(1) (L'Ami des lois C. min. pub.) — LA COUR (après délib. en ch. du cons.); — Sur le premier moyen, tiré de la violation de l'art. 2 de la loi du 8 avril 1831, relatif à l'articulation et à la qualification des faits servant de base à la poursuite, en ce que la citation du 18 juin ne contient nullement le délit d'excitation à la haine et au mépris d'une classe de citoyens pour lequel il a été condamné; — Attendu que le prévenu n'a pas été seulement déclaré coupable par le jury de diffamation envers la garde nationale, et d'excitation à la haine et au mépris d'une classe de personnes, mais aussi d'attaque contre la dignité royale, et de diffamation envers le jury des courses; — Que la cour d'assises du département de la Haute-Vienne a déclaré que le délit d'attaque envers la dignité royale emportait une peine plus grave que les deux autres, et qu'à raison de la conviction de plusieurs délits, il échéait de ne prononcer que la peine la plus forte, et qu'en prononçant, à raison de ce délit d'attaque, une peine de trois mois d'emprisonnement et de 300 fr. d'amende, la cour d'assises s'est arrêtée au minimum; qu'ainsi, aucune aggravation de peine n'a été prononcée pour délit d'excitation à la haine et au mépris d'une classe de personnes; que par cela même, l'arrêt attaqué est suffisamment justifié, sans qu'il soit besoin d'examiner le mérite du moyen;

Sur le deuxième moyen, tiré de l'omission ou refus, par la cour d'assises, de prononcer sur une réquisition du prévenu, tendante à user d'un droit qui lui était accordé par la loi, et motivée par son défenseur sur ce que le procureur général, recherchant l'intention criminelle qui avait présidé à la publication des articles incriminés du journal l'Ami des lois, avait présenté l'analyse de nombres d'articles contenus au même journal, notamment depuis la première plainte, avec offre d'en donner lecture, si les jurés ou le prévenu le désiraient; — Attendu que, d'après le procès-verbal des débats, le procureur général ne s'est prévalu du contenu de ces articles que pour tirer de leur rapprochement avec ceux qui ont été l'objet de la poursuite, une nouvelle preuve de l'intention criminelle qui, dans le système de l'accusation, avait présidé à la composition de ces derniers; — Attendu que la recherche de cette intention devait naturellement s'étendre à tout ce qui pouvait éclairer le jury sur la moralité des faits dénoncés à la justice; que cette règle de droit commun, en matière criminelle, ne reçoit aucune exception des dispositions spéciales des lois sur la poursuite des délits de la presse; que le ministère public ne s'est pas écarté de son droit de discussion, et que le président des assises, en lui maintenant la parole, n'a point excédé le pouvoir qui lui est attribué par l'art. 267 c. inst. crim. pour la police de l'audience; qu'il n'a donc pas été omis ou refusé de prononcer sur une réquisition du prévenu, puisque c'est le magistrat compétent qui a statué; — Par ces motifs, rejette, etc.

Du 25 nov. 1831.-C. C., ch. crim.-MM. Ollivier, pr.-Isambert, rap.

sorte que nulles poursuites ne puissent plus être intentées à l'effet de faire constater ces crimes ou délits. Cette question est controversée. Pour l'affirmative on raisonne ainsi : Il résulte de l'art. 365 c. inst. crim. ce principe général proclamé par la cour de cassation elle-même (Cr. cass. 19 mars 1818, aff. Boudoit, V. Contum., n° 89), qu'un accusé mis en jugement expie tous les crimes qu'il peut avoir précédemment commis par la condamnation à la plus forte des peines encourues par ces crimes ; or l'action publique n'a pour objet que l'application des peines ; toutes les fois donc que l'auteur d'un fait défendu par la loi cesse d'être punissable, l'action publique n'a plus d'objet, elle ne peut plus être intentée, elle n'existe plus (V. en ce sens Mangin, Act. pub., t. 2, n° 453). — Mais à cette argumentation on répond : Il est bien vrai que l'application de la peine la plus forte ne permet pas d'en appliquer d'autre ; mais il ne s'ensuit pas qu'il ne puisse y avoir qu'une seule condamnation, il ne faut pas confondre les jugements avec leur exécution ; tout ce qu'a voulu la loi, c'est que la peine la plus forte soit seule infligée ; mais de ce que nulle autre peine ne peut plus être appliquée, il ne s'ensuit pas que l'action publique soit pour cela sans objet. Cette action, en effet, ne tend pas seulement à l'application matérielle de la peine, elle a encore pour but, quand des délits ont été commis, de faire reconnaître et constater la culpabilité ou l'innocence de leurs auteurs présumés. S'ils sont réellement coupables, il importe à la société qu'ils soient flétris par une condamnation, il lui importe que la loi morale reçoive ainsi une consécration exemplaire, et l'on aurait tort de penser que cet effet moral disparaisse en quelque sorte devant la condamnation plus grave antérieurement prononcée. Qu'on se figure, par exemple, un condamné pour crime politique poursuivi ultérieurement et condamné pour vol ; l'effet moral de cette dernière condamnation ne sera-t-il pas immense? S'ils sont innocents, il leur importe et il importe à la justice que leur innocence soit reconnue, qu'ils ne restent pas sous le coup de soupçons flétrissants. D'ailleurs, pourquoi les parties lésées seraient-elles privées du droit de saisir la justice répressive parce que celui qu'elles poursuivent aurait été antérieurement frappé d'une condamnation? Malgré cette condamnation antérieure, il y a des dommages-intérêts, des restitutions, des frais à prononcer ; il y a donc lieu de saisir de nouveau la justice. Ainsi donc, alors même qu'il ne peut plus y avoir de peine à appliquer, il existe encore des motifs suffisants pour justifier l'exercice de l'action publique. — V. en ce sens MM. Faustin Hélie, Instr. crim., t. 3, p. 757 et suiv. ; Bertauld, p. 325, dont le sentiment nous paraît devoir être adopté.

Il a été jugé, conformément à cette doctrine : 1° que de ce que les peines ne peuvent être cumulées, aux termes de l'art. 365 c. inst. crim., il ne résulte pas qu'un individu ne puisse pas être poursuivi pour crimes antérieurs à une première condamnation. Seulement la peine portée par la seconde condamnation, au lieu de s'ajouter à la première, se confondra avec elle (Crim. rej. 21 mai 1819, MM. Barris, pr., Giraud, rap., aff. Mongis) ; — 2° qu'un individu déjà condamné à six ans de fers pour crime de faux, peut être mis en accusation pour crime de banqueroute frauduleuse commis antérieurement à la première condamnation (Crim. rej. 9 brum. an 14) (1) ; — 3° Que dans le cas où, pendant les poursuites correctionnelles dirigées contre le prévenu d'un délit, cet individu aurait été condamné pour crime à une peine afflictive et infamante telle que les travaux forcés à perpétuité, le tribunal correctionnel, bien qu'il ne puisse plus appliquer de peine, doit cependant demeurer saisi de l'action, ne serait-ce que pour accorder des réparations civiles aux parties civiles reçues intervenantes (Crim. rej. 18 juin 1841, aff. veuve Lafarge, V. Compét. crim., n° 519) ; — 4° Que le gérant d'un journal, poursuivi d'abord pour délit d'offense envers la personne du roi, et une seconde fois avant qu'il soit intervenu jugement sur cette première action, pour le délit d'excitation à la haine et au mépris du gouvernement du roi et de diffamation envers des autorités constituées (délit emportant des peines moins fortes que le premier), peut être traduit en jugement sur la seconde poursuite, et condamné aux peines de la loi, encore bien qu'il ait été condamné sur la première, sauf à n'appliquer que la peine la plus forte (Crim. rej. 23 juin 1832) (2).

---

(1) (Moisson *C.* min. pub.) — La cour ; — Considérant que, quoique le sieur Moisson eût déjà été condamné à la peine de six années de fer pour crime de faux, aucune loi ne s'opposait à ce que ledit Moisson fût mis postérieurement en jugement sur l'accusation de banqueroute frauduleuse ; que l'ordre public, l'intérêt des parties civiles et la présence de Mauger, coaccusé du même délit, commandaient au contraire impérieusement le rejet de l'exception présentée par Moisson ; — Rejette.

Du 9 brum. an 14.-C. C., sect. crim.-MM. Seignette, pr.-Vergès, r.

(2) (L'Ami de l'Ordre *C.* min. pub.) — La cour (après délib. en ch. du cons.) ; — Attendu que le pourvoi formé contre l'arrêt de la cour d'assises qui a statué sur l'une des exceptions proposées par le demandeur, *à limine litis*, et celui qui est dirigé contre le refus fait par la même cour, de surseoir à prononcer sur le fond, jusqu'après la décision de la cour de cassation, sur le pourvoi dirigé contre le premier, et contre l'arrêt de condamnation du même jour, sont connexes, et ne sont que la suite l'un de l'autre ; — Joint ces deux pourvois, et y statuant : sur le moyen unique dirigé dans le mémoire du demandeur, contre le premier arrêt du 22 mars 1832, qui a déclaré entiers les droits du ministère public, quant à l'article inséré dans le n° 89 du journal intitulé l'Ami de l'Ordre, et pris de la violation de l'art. 365 c. inst. crim. ;

Attendu, en fait, que le demandeur a été poursuivi séparément, savoir : pour le délit d'offense envers la personne du roi, à cause d'un article inséré dans le n° 88 du même journal, publié le 23 juillet 1831, et pour les délits d'excitation à la haine et au mépris du gouvernement du roi, et de diffamation envers des autorités constituées, à cause de deux articles : l'un inséré dans ledit n° 89, publié le 26 juillet 1831, et le second dans le même n° 88 ; — Attendu que cette seconde poursuite a été commencée le 12 août 1831, antérieurement à la condamnation qui a été prononcée le 8 décembre même année, pour le délit d'offense ; — Attendu, en droit, qu'à raison de cette antériorité de poursuite à la condamnation, il y avait lieu, d'après l'art. 379 c. inst. crim., à l'application de la seconde disposition de l'art. 365 du même code, qui veut qu'en cas de conviction de plusieurs crimes ou délits, la peine la plus forte soit seule prononcée ;

Mais attendu que, si les délits d'excitation à la haine et au mépris du gouvernement du roi, et de diffamation envers des autorités publiques, étaient passibles de peines moins fortes que le délit d'offense envers la personne du roi, ils auraient pu, en cas de poursuite simultanée et de culpabilité déclarée contre leur auteur, déterminer l'application d'une peine plus longue dans sa durée, dans les limites du maximum établi par la loi, pour le délit le plus grave ; que tout ce qui résulte de la division de la poursuite, c'est que le tribunal, appelé à prononcer en second lieu, ne peut pas, sans excéder ses pouvoirs, excéder les limites de la peine réservée par la loi au délit moins grave, ni prononcer une peine d'une nature différente, qui serait applicable au délit plus grave dont il n'est pas saisi, ni, lorsque la peine est de même nature, excéder, par sa cumulation avec la peine précédemment prononcée, le maximum de la peine applicable au délit le plus grave, sans violer l'art. 365 c. inst. crim. ;

Attendu, dans l'espèce, que, si la cour d'assises a écarté de la seconde poursuite l'article incriminé de diffamation, par le motif erroné que l'action publique était éteinte à son égard, à cause de la simultanéité de sa publication, avec l'article condamné le 8 décembre, le ministère public ne s'est pas pourvu contre ce chef de l'arrêt, mais que ladite cour a justement retenu la connaissance de l'article incriminé d'excitation à la haine et au mépris du gouvernement du roi ; qu'à cet égard, les droits de la vindicte publique n'étaient pas épuisés ; qu'il y avait d'autant plus lieu de statuer ainsi, qu'autrement, le gérant d'un journal ou écrit périodique pourrait, avec impunité, se rendre coupable de crimes ou délits de même nature, ou moins graves, dans l'intervalle qui s'écoulerait entre la poursuite et la première condamnation ; que dans l'espèce, la cour d'assises n'a donc pas violé l'art. 365 c. inst. crim. ; — Rejette ce premier pourvoi ;

Sur le deuxième pourvoi, dirigé tout à la fois contre le refus fait par la cour d'assises, de surseoir à prononcer sur le fond, nonobstant le pourvoi, formé à l'instant par le demandeur, contre le premier arrêt et contre l'arrêt de condamnation : — Attendu, sur la première partie de ce second pourvoi, que, s'il n'appartient pas aux tribunaux de juger du mérite des pourvois en cassation dirigés contre leurs jugements, les juges auxquels est dévolue la connaissance des délits ou des contraventions, sont par là même et nécessairement compétents, pour examiner la nature des exceptions qui sont élevées devant eux ; — Que, s'ils doivent surseoir à prononcer toutes les fois que ces exceptions soulèvent des questions de propriété ou autres, que les lois ont expressément attribuées à d'autres juridictions, et pour la décision desquelles ils seraient incompétents *ratione materiæ et ratione personæ vel loci*, ils doivent retenir la connaissance de toutes les autres et prononcer sans désemparer ; qu'autrement, leur juridiction serait incessamment entravée ; — Attendu que, dans l'espèce, la cour d'assises était compétente, sous tous les rapports, pour connaître du délit imputé au prévenu, et pour apprécier le moyen tiré de l'application de l'art. 365 c. inst. crim., lequel était un moyen de défense au fond et n'avait rien de préjudiciel ; — Que même, par ses conclusions originaires, le demandeur ne contestait pas cette compétence ;

Attendu que, si le recours en cassation n'était pas interdit par l'art.

188. En sens contraire, il a été jugé, 1° qu'il n'y a pas lieu à une nouvelle poursuite, si elle est fondée sur un fait emportant une peine moins grave que celle déjà prononcée; qu'ainsi, un individu condamné comme coupable de faux en écriture de commerce, ne peut être poursuivi à raison d'un faux en écriture privée qu'il aurait commis antérieurement (Crim. cass. 15 oct. 1825) (1); — 2° Qu'un individu, condamné pour un crime, ne peut être poursuivi pour un fait antérieur au crime pour lequel il a été condamné, si ce fait n'est pas de nature à faire prononcer contre lui une peine plus grave que celle qu'il subit, encore bien qu'il y aurait des poursuites dirigées pour le même fait contre des complices (Crim. cass. 14 juill. 1832) (2); — 3° Que, lorsqu'à l'occasion d'une poursuite à cause de délit dirigée contre quelqu'un, on a découvert qu'il était aussi coupable d'une contravention, telle que la détention d'armes de guerre, et qu'on a négligé cette contravention et condamné seulement pour le délit, on ne peut, postérieurement à cette condamnation, et après qu'il a subi sa peine, lui intenter une nouvelle action pour cette contravention, dans le cas où la peine du délit était plus forte que celle de la contravention (Crim. rej. 8 juin 1827) (3).

189. Si un même individu était simultanément poursuivi, à raison de deux faits distincts, devant deux juridictions différentes, par exemple, devant la cour d'assises et devant le tribunal correctionnel, chacune de ces deux juridictions devrait prononcer sur les faits qui lui seraient soumis; seulement la peine la plus forte serait seule appliquée. — Jugé, d'après cette règle: 1° que lorsqu'un journal est poursuivi devant le tribunal correctionnel pour avoir traité de matières politiques, bien que sa destination purement littéraire l'eût affranchi du cautionnement; et devant la cour d'assises pour divers articles incriminés, le tribunal correctionnel ne peut se déclarer incompétent, en se fondant sur l'art. 365 c. inst. crim. (Crim. cass. 20 juill. 1832, aff. Granier, V. n° 146); — 2° Que l'art. 365 c. inst. crim., ayant pour objet les décisions des cours d'assises en matière criminelle, ne fait point obstacle aux peines à prononcer contre les mêmes indi-

---

416 du même code, contre l'arrêt qui rejetait l'exception proposée, en ce que cet arrêt avait de définitif à cet égard, l'effet de ce recours ne pouvait être suspensif de la continuation des débats; que l'effet du pourvoi était de lui réserver le bénéfice de ce moyen devant la cour; qu'ainsi, l'art. 373 c. inst. crim. n'a pas été violé;

Sur la deuxième partie de ce second pourvoi dirigée contre l'arrêt de condamnation: — Attendu que cet arrêt est régulier dans sa forme, et qu'au fait déclaré par le jury constituer le délit d'excitation à la haine et au mépris du gouvernement du roi, il a fait une juste application de la peine établie par l'art. 4 de la loi du 25 mars 1822, par l'art. 10 de celle du 9 juin 1819, et par l'art. 14 de celle du 18 juillet 1828, relatif aux feuilles périodiques; — Attendu qu'en cumulant la peine de six mois d'emprisonnement et de 1,500 fr. d'amende, prononcée par ce dernier arrêt, avec celle de six mois de prison et de 1,000 fr. d'amende qui a été appliquée, par l'arrêt du 8 déc. 1831, en vertu de l'art. 9 de la loi du 17 mai 1819, ladite cour d'assises n'a ni prononcé une peine d'une autre nature, ni excédé le maximum de la peine réservée au délit d'offense envers la personne du roi, commis par voie de publication périodique, par l'art. 10 de ladite loi du 9 juin 1819, et par l'art. 14 de celle du 10 juill. 1828, délit qui était le plus grave de ceux séparément poursuivis par le ministère public, et qu'ainsi, l'art. 365 c. inst. crim. n'a pas été violé; — Rejette.

Du 23 juin 1832.-C. C., ch. crim.-MM. Bastard, pr.-Isambert, rap.

(1) (Leroy C. min. pub.) — LA COUR; — Attendu que, d'après le dernier paragraphe de l'art. 365 c. inst. crim., en cas de conviction de plusieurs crimes ou délits, la peine la plus forte doit seule être prononcée; que l'art. 379 du même code n'ordonne la poursuite du même individu, qui n'a pas de complices en état d'arrestation, pour autres crimes que ceux dont il est accusé, qu'autant que ces crimes nouveaux mériteraient une peine plus grave; — Que, dans l'espèce, le demandeur a été condamné, le 13 janvier dernier, par arrêt de la cour d'assises de la Seine, à la peine des travaux forcés à temps et à la flétrissure, pour crime de faux en écriture de commerce; que le crime pour lequel il a été condamné, par l'arrêt attaqué, est antérieur à celui pour lequel il a encouru la première condamnation; que, sur la déclaration du jury, la peine encourue pour crime ne pouvait être que celle de la reclusion; que rien n'établit que le demandeur ait eu, lors du second procès, des complices en état d'arrestation; qu'il n'était donc dans aucun des cas prévus par l'art. 379; que la peine des travaux forcés à temps, prononcée par l'arrêt du 13 janv. 1825, a donc satisfait la vindicte publique pour le crime qui a donné lieu à l'arrêt attaqué; que si le demandeur a obtenu de la clémence royale la remise ou la commutation de la peine qu'il avait encourue par la première condamnation, cet acte de la puissance et de la bonté du monarque n'a pour effet que de dispenser de la peine encourue, et non celui d'effacer et de détruire la première condamnation; — Que l'arrêt attaqué a donc fait une fausse application de la loi pénale et violé le principe établi par les art. 365 et 379 c. inst. crim.; — Casse.

Du 15 oct. 1825.-C. C., sect. crim.-MM. Portalis, pr.-Gaillard, r.

(2) (Huart C. min. pub.) — LA COUR; — Vu les art. 379 et 365 c. inst. crim.; — Attendu qu'il est reconnu par l'arrêt attaqué et d'ailleurs établi par un extrait en forme authentique, joint aux pièces du procès que Gildas-Marie Huart, a été condamné, le 19 mars dernier, par arrêt de la cour du département du Morbihan, à la peine des travaux forcés à perpétuité et aux accessoires légaux de ladite peine, comme coupable d'avoir commis un vol, la nuit, en réunion, avec violence et sur un chemin public, et que d'après l'art. 365 c. inst. crim., il expiait, par cette peine, tous les crimes et délits qu'il aurait pu commettre antérieurement qui auraient entraîné une peine égale ou moindre que celle contre lui prononcée; — Attendu que ce n'est que postérieurement à cette condamnation, et dans le courant du mois d'avril suivant que Gildas-Marie Huart a été poursuivi sur la prévention d'un crime antérieur à la condamnation ci-dessus énoncée, crime qui, d'après les faits et circonstances recueillis dans l'arrêt attaqué, ne pouvait, en cas de conviction, faire prononcer contre lui une peine plus grave que celle à laquelle il était déjà condamné; — Que cependant l'arrêt de la chambre des mises en accusation de la cour royale de Rennes confirme, en ce qui concerne ledit Huart, l'ordonnance de prise de corps décernée par la chambre du conseil du tribunal de première instance de Pontivy, et le renvoie devant la cour d'assises du département du Morbihan, et ce par le motif tiré de l'art. 379 c. inst. crim, que deux de ses complices étaient en état d'arrestation; — Et, attendu que, d'après ledit art. 379, il n'y avait que la cour d'assises du département du Morbihan, qui, d'après la connaissance qu'elle aurait acquise pendant les débats de l'autre crime antérieur, et de l'arrestation des complices, aurait pu ordonner des poursuites à raison de ces nouveaux faits, ce qui n'a pas eu lieu; d'où il suit que la chambre des mises en accusation de la cour royale de Rennes, a fait, à l'égard dudit Huart, une fausse application dudit art. 379 c. inst. crim., violé l'art. 365 du même code et les règles de la compétence; — En conséquence, casse, et vu l'art. 429 c. inst. crim.: — Attendu que dans l'état, aucune mise en accusation ne pourrait être prononcée, ni aucune peine, en définitive, et qu'il n'y a point de partie civile, déclare qu'il n'y a lieu de prononcer aucun renvoi.

Du 14 juill. 1832.-C. C., ch. crim.-MM. de Bastard, pr.-Brière, rap.

(3) (Min. pub. C. Charpentier.) — LA COUR; — Attendu que, pendant l'instruction du délit de rébellion dont était prévenu René Charpentier, et à l'occasion de la poursuite correctionnelle dirigée contre lui à ce sujet, il fut ordonné et effectué une perquisition au domicile dudit Charpentier, par suite de laquelle celui-ci fut trouvé détenteur d'armes de calibres prohibées par l'ordon. du 24 juill. 1816, en contravention aux art. 1 et 5 de cette même ordonnance, et punissable des peines portées audit art. 5; — Attendu que la contravention commise par Charpentier, par défaut de déclaration des armes prohibées trouvées chez lui, était punissable de peines moindres que celles qu'il avait encourues, et qui furent contre lui prononcées par les deux tribunaux correctionnels de Corbeil et de Versailles, à raison du délit de rébellion; mais que le délit de rébellion, et la contravention à l'ordon. du 24 juill. 1816 existaient en même temps, et avant que le jugement de condamnation pour le délit de rébellion fût rendu contre Charpentier; — Attendu que, d'après l'art. 365 c. inst. crim., en cas de conviction de plusieurs crimes ou délits de la part du prévenu, la peine la plus forte doit être seule prononcée, et que, dans l'espèce, la peine la plus forte contre Charpentier était celle qui devait lui être appliquée pour le délit de rébellion; — Attendu que la contravention à l'ordon. du 24 juill. 1816, dont Charpentier s'était rendu coupable, et le délit de rébellion, à l'occasion duquel des recherches faites chez Charpentier firent découvrir sa contravention aux art. 1 et 5 de la loi du 24 juill. 1816, existaient simultanément et en même temps; que la contravention ne pouvait donner lieu qu'à trois jours d'emprisonnement, tandis que le délit de rébellion détermina contre Charpentier la condamnation à une peine d'un an d'emprisonnement, et que cette peine ayant été prononcée et subie, il ne saurait y avoir lieu désormais à poursuivre Charpentier pour la contravention par lui commise; — Que, conséquemment, le tribunal de Versailles n'a violé aucune loi en acquittant Charpentier des nouvelles poursuites postérieurement dirigées contre lui, à raison de sa contravention à l'ordon. du 24 juill. 1816, cette contravention se trouvant effacée par la peine la plus grave prononcée contre Charpentier, à raison de sa rébellion.

Sans approuver, d'ailleurs, les motifs qui ont déterminé le jugement du tribunal d'appel de Versailles du 3 mai dernier; — Rejette.

Du 8 juin 1827.-C. C., ch. crim.-MM. Portalis, pr.-Cardonnel, rap.

vidus par les tribunaux correctionnels (Req. 14 nov. 1832) (1); — 3° Que le principe prohibitif du cumul des peines ne s'oppose pas à ce qu'un individu renvoyé par le même arrêt de la chambre des mises en accusation devant la cour d'assises pour crime, et devant le tribunal correctionnel pour délit puisse être jugé par le tribunal correctionnel avant de l'être par la cour d'assises; qu'en conséquence, le tribunal correctionnel n'est pas tenu de surseoir au jugement jusqu'après la décision de la cour d'assises (Montpellier, 17 oct. 1844, aff. D..., D. P. 45. 2. 63).

190. Il est incontestable, au surplus, d'après tout ce qui précède : 1° que l'individu condamné pour un vol, à un an d'emprisonnement, peut être de nouveau poursuivi pour un vol antérieur au premier jugement, et condamné à deux ans de prison, dont la durée commence du jour de la première condamnation (Crim. cass. 29 juin 1821) (2); — 2° Que l'individu qui a subi une peine correctionnelle, peut être mis de nouveau en jugement pour un délit correctionnel, commis avant celui pour lequel il a été puni, mais impoursuivi ou ignoré alors; que seulement, en cas de condamnation du prévenu à une peine plus forte que la première, on devra lui tenir compte du temps qu'il aura subi; que, dès lors, s'il a déjà subi une condamnation de quinze mois, il n'aura plus à subir, en cas de condamnation au maximum, que trois années et neuf mois de détention correctionnelle (Crim. cass. 8 oct. 1824) (3).

---

(1) *Espèce :* — (Dubosc C. Enreg.) — Par jugement du 25 août 1827, le tribunal correctionnel de Rouen condamne Alexis Dubosc, pour usure, à deux ans de prison et 110,000 fr. d'amende. — Appel. — Pendant l'instance d'appel, Dubosc, autorisé à prendre au greffe communication des pièces, en falsifie plusieurs. — De là, poursuite en faux. — Le 28 janv. 1828, Dubosc conclut à l'audience à ce qu'il soit sursis à statuer sur son appel jusqu'à l'issue du procès en faux, se fondant sur ce qu'en cas de condamnation par la cour d'assises, il ne pourrait être condamné pour délit d'usure. — 8 février, arrêt de la cour de Rouen qui passe outre, confirme le jugement et réduit l'amende à 80,000 fr. — Pour le recouvrement de cette amende, une saisie-opposition est formée par la régie entre les mains de deux débiteurs de Dubosc. — 15 août, arrêt de la cour d'assises qui condamne Dubosc pour faux aux travaux forcés, à 100 fr. d'amende, à l'exposition et autres peines accessoires. — 9 nov. 1828, l'arrêt est exécuté. — En 1829, le curateur Dubosc signifie requête contenant les moyens de défense de ce dernier. — La régie y répond. — On plaide à l'audience. — 24 juin 1829, jugement du tribunal civil qui, jugeant en premier ressort, rejette la prétention du curateur en ces termes : « Attendu qu'il résulte des dispositions de la loi et de la jurisprudence que Dubosc ne doit subir que la plus forte des deux peines prononcées contre lui; mais qu'il résulte de la même jurisprudence que la prohibition de cumuler les peines de divers délits et crimes ne s'étend point aux peines pécuniaires. »

Appel du curateur. — 14 juill. 1831, arrêt par lequel la cour de Rouen confirme le jugement : « Attendu que l'art. 365 c. inst. crim., ne s'applique point aux peines pécuniaires qui sont établies par des lois spéciales, et sont en dehors du code pénal. »

Pourvoi pour violation des art. 365 et 379 c. inst. crim. — C'est un principe absolu de notre droit criminel, a-t-on dit, que les peines ne peuvent être cumulées qu'autant que la loi l'a déclaré expressément; c'est ce qui s'induit du texte général de l'art. 365 c. inst. crim., conforme en cela à l'art. 446 de la loi du 3 brum. an 4; ces articles s'appliquent aux délits comme aux crimes et à leurs accessoires, aux peines pécuniaires comme aux peines corporelles, et certes on ne contestera pas que l'amende, en matière d'usure, ne soit pas une peine; or, si l'on admet que Dubosc ne devra pas, après avoir subi les travaux forcés pour crimes de faux et autres accessoires de ce crime, subir encore ses deux ans de prison pour délit d'usure, pourquoi prétendrait-on qu'il reste débiteur de l'amende qui a été une suite de ce délit? — On objecte que c'est une loi spéciale qui prononce cette amende. — Mais qu'importe? les art. 365 et 379 ne sont-ils pas généraux? ne se réfèrent-ils pas à toutes les lois précédentes, à celle de 1807 sur l'usure comme aux autres? — Arrêt.

LA COUR; — Attendu que la disposition de l'art. 365 c. inst. crim., ayant pour objet les arrêts que sont appelés à rendre les cours d'assises dans l'exercice de leur juridiction criminelle, ne fait point obstacle aux peines à prononcer contre les mêmes individus par les tribunaux correctionnels, et que, d'ailleurs, les peines pécuniaires étant essentiellement distinctes des peines corporelles, l'art. 365 n'empêche pas de cumuler ces deux espèces de peines dans les cas de conviction de plusieurs crimes ou délits dont les uns n'encouraient qu'une amende, tandis que les autres emportent la peine de l'emprisonnement; — Rejette.

Du 14 nov. 1832.-C. C., ch. req.-MM. Zangiacomi, pr.-Bernard de Rennes, rap.-Laplagne-Barris, av. gén. c. conf.-Deloche, av.

(2) (Min. pub. C. femme Guineheu.) — LA COUR; — Vu l'art. 379 c. inst. crim., d'après lequel l'accusé, inculpé aux débats sur d'autres crimes que ceux pour lesquels il était en jugement, est poursuivi à raison de ces crimes nouvellement manifestés, s'ils méritent une peine plus grave que les premiers; et il est sursis à l'exécution de l'arrêt qui a prononcé sa première condamnation, jusqu'à ce qu'il ait été statué sur le second procès. — L'art. 365 du même code, portant, § 2 : — En cas de conviction de plusieurs crimes ou délits, la peine la plus forte sera seule prononcée; — Attendu qu'il résulte de ces dispositions du code d'instruction criminelle que, le cas de récidive excepté, il ne peut y avoir de cumulation de peines sur un même individu, et qu'un accusé mis en jugement expie tous les crimes qu'il peut avoir précédemment commis, par sa condamnation à la plus forte des peines encourues par ces crimes; — Que du principe que les peines ne doivent pas être cumulées, il ne saurait cependant s'ensuivre qu'un individu, déjà condamné pour un crime ou délit, ne puisse pas être poursuivi à raison d'un autre crime ou délit antérieur à sa condamnation, et être condamné à une peine plus grave par sa nature ou par sa durée; mais que le second arrêt ou jugement doit seul alors recevoir son exécution, et qu'il ne viole pas le principe établi par les articles cités du code d'instruction criminelle, s'il n'ordonne pas que la seconde condamnation sera exécutée après que la peine prononcée par la première aura été subie; — Attendu que, par jugement du tribunal de police correctionnelle de Rennes, du 8 mars dernier, la femme Guineheu a été condamnée à une année d'emprisonnement, pour délit de vol; que, poursuivie pour un autre vol semblable, antérieur à sa condamnation, et qui, s'il n'était pas susceptible d'une peine plus grave par sa nature, pouvait être puni d'une peine plus grave par sa durée, elle a été condamnée, par un second jugement, à deux ans de prison, qui, dit le tribunal, se confondront avec la condamnation à une année d'emprisonnement, prononcée par le jugement du 8 mars, et commenceront du jour de ladite condamnation; que la peine prononcée par le second jugement, loin d'excéder celle dont l'art. 401 c. pén. punit les coupables du délit de vol, est même loin d'en atteindre le maximum; que cette disposition du code n'est donc pas violée; qu'aux termes du second jugement, la peine de deux années d'emprisonnement, plus grave par sa durée, devant seule être subie, il n'y a point ici de cumulation de peine, à raison de plusieurs délits qui ne devaient être punis que d'une seule; et qu'ainsi il n'a été contrevenu par le jugement du 19 avril, ni aux art. 365 et 379 c. inst. crim., ni à aucune autre loi; — Que, cependant, la cour royale de Rennes, chambre correctionnelle, prétendant que la femme Guineheu, condamnée une première fois le 8 mars, n'avait pas pu être condamnée une seconde le 19 avril, pour un délit emportant la même nature de peine, et que sa seconde condamnation était une contravention à l'art. 365 c. inst. crim., a réformé le jugement du tribunal correctionnel, déchargé la prévenue des condamnations prononcées contre elle, et l'a déclarée acquittée de l'action du ministère public; qu'en jugeant ainsi, cette cour a elle-même faussement interprété et violé lesdits art. 365 et 379 c. inst. crim.; — Casse.

Du 29 juin 1821.-C. C., sect. crim.-MM. Barris, pr.-Aumont, rap.

(3) (Min. pub. C. Julie Bouchot.) — LA COUR; — Vu les art. 408 et 413 c. inst. crim.; — Vu le second paragraphe de l'art. 365 c. inst. crim., ainsi conçu : « En cas de conviction de plusieurs crimes ou délits, la peine la plus forte sera seule prononcée; » — Attendu qu'il résulte de cet article et du 379ᵉ du même code, qu'en matière criminelle ou correctionnelle, les peines ne peuvent être cumulées, et qu'un individu mis en jugement expie tous les crimes ou délits qu'il a pu commettre, par la plus forte des peines applicables à ces crimes ou à ces délits; mais qu'il en résulte également, et même textuellement du mot *conviction* employé dans l'art. 365, qu'il faut que le crime ou délit ait été connu, qu'il ait été l'objet d'un débat, pour que la peine puisse être appliquée et que le juge ait pu l'arbitrer d'après la gravité et le nombre desdits crimes et délits; — Attendu que les peines doivent être considérées quant à leur nature et à leur durée; quant à leur nature, d'après la classification du code pénal; quant à leur durée, d'après les circonstances aggravantes ou atténuantes qui ont accompagné le crime ou le délit, ou d'après le nombre de ces crimes ou délits, qui caractérisent la perversité plus ou moins opiniâtre de l'individu qui s'en serait rendu coupable; parce que, toutefois, et dans aucun cas, la durée de la peine ne peut excéder le maximum de la plus forte décernée par la loi au crime ou délit le plus grave; qu'il suit de ces principes que, pour les crimes ou délits qui n'ont été l'objet d'aucun débat et qui sont restés ignorés, quant à la personnalité de l'individu, par l'effet d'une cause quelconque, la position de l'accusé ou du prévenu, s'il est reconnu et poursuivi postérieurement à une précédente condamnation, n'est point aggravée, pourvu qu'il lui soit tenu compte, en cas de conviction, sur le maximum de la peine, de celle qu'il a déjà subie, tellement qu'il n'y ait pas cumulation;

Attendu qu'il résulte de l'arrêt attaqué, et du jugement correctionnel confirmé par ledit arrêt, que Julie Bouchot, s'étant rendue coupable, sous le nom d'Annette Guerne, d'un crime prévu par l'art. 386 c. pén.,

191. En admettant qu'un condamné ne put être remis en jugement à raison d'un crime différent, emportant une peine moins forte que celle prononcée contre lui, il n'en est pas de même de son complice, qui doit être traduit devant la juridiction à laquelle il appartient (Crim. règl. de jug. 7 mai 1824, aff. Eckerlé, V. Org. milit.).

192. La circonstance qu'un individu aurait déjà été condamné pour un crime ne fait pas obstacle à ce qu'il soit poursuivi pour un autre crime de même nature commis antérieurement ou contemporainement, si le *maximum* de la peine ne lui a pas été appliqué lors de la première condamnation (Crim. rej. 21 nov. 1822) (1).

193. En cas de conviction de plusieurs crimes ou délits, les juges de répression peuvent prononcer le *maximum* de la peine la plus forte, mais ils ne sont nullement tenus d'étendre ainsi la durée de la peine (Crim. rej. 4 mai 1821) (2).

194. La règle prohibitive du cumul des peines ne met pas obstacle à ce que les peines de même nature prononcées par plusieurs condamnations successives, pour faits antérieurs à la première condamnation, soient intégralement subies, pourvu que la durée de ces peines réunies n'excède pas le maximum déterminé par la loi pour le délit le plus grave. — Ainsi, l'individu renvoyé, pour vol qualifié devant la cour d'assises, et pour délit de mendicité, devant le tribunal correctionnel, peut, après avoir été condamné par la cour d'assises à deux ans d'emprisonnement, à raison du vol dont il était accusé, être condamné, par le tribunal correctionnel, à deux autres années d'emprisonnement, à raison du délit de mendicité dont il était en même temps prévenu, ces deux peines n'atteignant pas le maximum établi par l'art. 402 c. pén. pour celui des deux délits qui avait le plus de gravité (Crim. cass. 15 juin 1850, aff. Lemaistre, D. P. 50. 5. 348).

195. Lorsque, sur une prévention de coups et blessures ayant occasionné la mort sans intention de la donner, la cour d'assises prononce le maximum de la peine, elle doit tenir compte de la peine prononcée par une précédente condamnation correctionnelle pour port d'armes prohibées et motivée sur le même fait et réduire d'autant la peine qu'elle applique (Crim. cass. 15 oct. 1845, aff. Paoli, D. P. 45. 4. 390).

196. La règle prohibitive du cumul des peines devrait être appliquée encore bien que le condamné aurait obtenu une remise ou une commutation de peine pour le premier crime entraînant la peine la plus forte (Crim. cass. 15 oct. 1825, aff. Leroy, n° 188).

197. Il a été jugé qu'en cas de conviction de plusieurs délits jugés soit séparément, soit simultanément, si celui qui motive l'application de la peine seule prononcée ou seule maintenue comme étant la plus forte, est un délit politique, il suffit qu'une amnistie soit accordée en faveur des individus condamnés pour des délits de cette sorte, pour que tous les effets de la condamnation soient effacés; que, par suite, encore bien que la peine dont la loi frappe chacun des délits dont le condamné a été reconnu coupable, peine qui a été effectivement prononcée dans le cas où les délits ont été jugés séparément, entraîne de plein droit la surveillance perpétuelle de la haute police; comme le condamné n'est soumis à cette surveillance que parce qu'elle est une conséquence de la peine politique de laquelle seule il lui a été fait application, il s'ensuit qu'il doit en être déclaré complétement affranchi, s'il vient à lui être fait remise de cette peine en vertu d'une amnistie (Paris, 7 juin 1851, aff. Raymond, D. P. 52. 2. 81).

Il nous semble que ce n'est pas ici le cas d'appliquer l'amnistie. Déterminée pour un fait simple, pour un acte politique, elle ne peut être étendue à des condamnations mixtes, et, par exemple, à celle qui, comme cela a eu lieu dans l'espèce, absorbe des pénalités prononcées pour des délits distincts. En cas pareil, le gouvernement, qui oublierait d'insérer une exception dans son amnistie, n'en serait pas moins en droit d'en contester l'application; et il lui appartiendrait de rechercher jusqu'à quel point le crime politique a pu influer sur la condamnation, lorsque, par exemple, les juges ont statué par un seul jugement sur les deux délits. Le gouvernement procédera alors par voie de commutation de peine, et s'il était constaté que la condamnation pour délit de droit commun ait été, comme dans l'espèce, prononcée par d'au-

---

avait été renvoyée à la cour d'assises et condamnée par contumace à la peine de la réclusion; que, sur ces entrefaites et sous son véritable nom de Julie Bouchot, elle a commis un délit correctionnel prévu par l'art. 401 c. pén., pour lequel elle a été condamnée à quinze mois d'emprisonnement, qu'elle a subis; que, poursuivie, après l'expiration de sa peine correctionnelle pour le crime qui avait fait l'objet de l'accusation et de l'arrêt par contumace, crime devenu délit par la disposition de l'art. 3 de la loi du 25 juin 1824, elle n'était plus susceptible que de peines correctionnelles, par application du même art. 401 c. pén., et que, d'après les motifs ci-devant énoncés, sa peine, en cas de conviction, ne pouvait être moins d'une année ni excéder trois ans et neuf mois d'emprisonnement; — Attendu que, néanmoins, la cour royale de Paris a confirmé, par l'arrêt attaqué, le jugement correctionnel du tribunal de première instance de la Seine, par lequel Julie Bouchot, dite Annette Guerne, a été renvoyée des poursuites dirigées contre elle, pour les vols commis dans le courant de 1822, et antérieurement à celui pour lequel elle avait été condamnée en quinze mois d'emprisonnement, et ordonné sa mise en liberté, non par la conviction de l'innocence de ladite Julie Bouchot, ni par défaut de preuves suffisantes, mais parce qu'elle avait été condamnée en quinze mois d'emprisonnement pour un délit postérieur, motif que la cour royale a adopté, et dont, dès lors, elle s'est approprié les vices, et encore parce que l'art. 365 du code ne doit s'entendre que de la nature de la peine et non de sa durée; qu'en statuant ainsi, la cour royale de Paris a créé contre l'action du ministère public une fin de non-recevoir qui n'est point dans la loi, a commis un excès de pouvoir, violé les règles de la compétence et fait une fausse application de l'art. 365 c. inst. crim.; — D'après ces motifs, statuant sur le pourvoi du procureur général près la cour royale de Paris, casse et annule l'arrêt rendu le 2 septembre dernier par la chambre des appels de police correctionnelle de ladite cour, sur l'appel interjeté par le procureur du roi près le tribunal de première instance du département de la Seine, d'un jugement correctionnel de ce tribunal rendu le 31 juill. 1824 en faveur de Julie Bouchot.

Du 8 oct. 1824.-C. C., sect. crim.-MM. Portalis, pr.-Brière, rap.

(1) (Françoise Rio *C.* min. pub.)—La cour; — Attendu que Jeanne-Françoise Rio a été condamnée à huit années de reclusion pour vols qualifiés, par arrêt de la cour d'assises du département des Côtes-du-Nord, en date du 16 avr. 1822; — Que cet arrêt n'a pas ainsi prononcé pour la durée de la peine le maximum dont elle était susceptible;

Que la femme Rio a donc pu régulièrement être mise postérieurement en jugement pour des crimes de même nature, soumis à la même peine, non connexes à ceux de sa première condamnation, quoiqu'ils eussent été commis antérieurement à ceux sur lesquels cette condamnation avait porté; — Que l'arrêt de la cour d'assises du département des Côtes-du-Nord, en date du 18 octobre dernier, a eu, ainsi que les poursuites, une base légitime; — Que cet arrêt a pu prononcer contre ladite accusée la peine déterminée par la loi, et par conséquent la condamner à la reclusion, quoique, par l'arrêt du 16 avr. précédent, elle eût été condamnée à la même peine pour d'autres vols de même nature;

Que, pour que ces deux condamnations soient exécutées sans que les dispositions de l'art. 365 c. inst. crim. ne soient point violées, elles devront être combinées par le ministère public, de manière que ladite femme Rio ne soit point retenue en reclusion par l'effet de l'une et de l'autre plus longtemps que le maximum fixé par la loi pour la durée de la peine de la reclusion, mais que cette modification qui doit être donnée à l'exécution de ces deux condamnations n'en altère point la régularité; que, par elle, les dispositions de l'art. 365 sont conciliées en faveur de ladite femme Rio avec les devoirs que la cour d'assises a dû remplir; — Attendu, d'ailleurs, etc.; — Rejette le pourvoi formé contre l'arrêt de la cour d'assises des Côtes-du-Nord, du 18 octobre dernier.

Du 21 nov. 1822.-C. C., sect. crim.-MM. Barris, pr.-Choppin, rap.

(2) (Min. pub. *C.* Robelin.) — La cour; — Considérant que François Robelin avait été condamné par un premier arrêt de la cour d'assises, du 8 juin 1819, à cinq ans de travaux forcés, comme coupable d'un vol qualifié; que, postérieurement à cette condamnation, ledit Robelin a été déclaré coupable de faux en écriture authentique, commis avant ledit premier arrêt, crime qui, d'après l'art. 147 c. pén., emporte également la peine des travaux forcés à temps;

Que si la loi ne s'opposait pas à ce que, pour ce second crime, la cour d'assises condamnât de nouveau le coupable aux travaux forcés pour un temps qui, joint à celui fixé par le premier arrêt du 8 juin 1819, n'eût point excédé le maximum de vingt années, la loi ne faisait pas non plus un devoir indispensable à ladite cour d'étendre ainsi la durée de la peine; — Qu'en se bornant donc à condamner ledit Robelin à la flétrissure pour le crime de faux dont il a été déclaré coupable en dernier lieu, la cour d'assises n'a ni faussement appliqué les art. 365 et 379 c. inst. crim., ni violé l'art. 147 c. pén.; — Rejette le pourvoi formé contre l'arrêt de la cour d'assises de Saône-et-Loire, du 19 mars 1821.

Du 4 mai 1821.-C. C., sect. crim.-MM. Barris, pr.-Busschop, rap.

tres juges et en même temps contre [illegible] ne serait-il pas d'une bonne administration de conserver au moins la peine que le complice continue de subir?

198. Le moyen pris de la violation du principe qui prohibe le cumul des peines peut être proposé pour la première fois devant la cour de cassation (Crim. cass. 19 mars 1841, aff. N..., V. Cassation, n° 1947).

199. L'individu poursuivi devant le tribunal correctionnel comme coupable d'injures et de diffamation, qui, après avoir été condamné en première instance pour le chef de diffamation seulement, est, sur l'appel, déclaré en outre coupable du délit d'injures, n'a pas intérêt à attaquer ce dernier chef, si les juges d'appel ont décidé que la peine du délit d'injures devait se confondre avec celle appliquée par les premiers juges au délit de diffamation, et se sont bornés à maintenir la condamnation déjà prononcée contre le prévenu sur ce chef exclusivement (Crim. rej. 21 fév. 1840) (1).

200. L'accusé mis en jugement à raison de plusieurs crimes ou délits, n'est pas recevable à se plaindre de n'avoir été jugé que sur ceux qui entraînaient les peines les plus fortes (Crim. rej. 21 août 1817, M. Aumont, rap., aff. Simonnet).

SECT. 4. — *De l'exécution des peines.*

201. Nous ne nous occupons point ici des règles relatives à l'exécution de chaque peine en particulier. L'explication de ces règles trouvera naturellement sa place lorsque nous traiterons spécialement de chacune de ces peines. Mais il y a quelques règles générales qui dominent toute cette partie de notre sujet: ce sont ces dernières que nous allons exposer.

202. L'exécution des peines doit se faire de la manière déterminée par la loi. Il n'est pas permis d'en augmenter la rigueur. — Mais il peut être pris des règlements d'administration pour assurer à ces lois une exécution conforme aux intérêts de la société.

203. Quelle est l'autorité chargée de procéder à l'exécution des peines? C'est le ministère public. L'art. 376 c. inst. crim. porte en effet : « La condamnation sera exécutée par les ordres du procureur général; il aura le droit de requérir directement, pour cet effet, l'assistance de la force publique. » — En cas de condamnation à la déportation ou au bannissement, il adresse au ministre de l'intérieur un *extrait* de l'arrêt de condamnation, et donne des ordres pour que les criminels soient remis aux agents chargés de les conduire à leur destination (instr. min. 26 juill. 1817).—V. Jugement, n°s 878 et s.; Min. pub., n° 342.

Des extraits doivent encore être adressés au ministre de la justice pour être transmis aux ministres compétents, des jugements concernant les militaires en activité, disponibilité ou non-activité et avec traitement de réforme (V. Organ. milit.); — Les militaires jouissant d'une pension de retraite, quand la peine est afflictive ou infamante (V. *eod.*); — Les membres de la Légion d'honneur (V. Ordres civ. et milit.);—Les gens de mer employés ou appelés au service de l'Etat (V. Organ. marit.);—Les instituteurs condamnés correctionnellement ou disciplinairement (V. Organ. de l'inst. pub.); — Les [illegible] (V. Presse); — Les faux-monnayeurs, même en cas d'absolution; on y joint un échantillon de chacune des pièces fausses saisies (V. Min. pub., n° 355); — Les délinquants en matière de presse. — V. Presse (circ. 6 déc. 1840).—V. aussi Min. pub., n°s 354 et s.

204. Tous les trois mois, le ministre de la justice doit recevoir une copie des registres que tiennent les greffiers, en conformité des art. 600 et 601 c. inst. crim. (même circ.).—V. Greffier, n° 107.

205. La circulaire du 6 déc. 1840 prescrit encore d'adresser : 1° au ministre de l'intérieur le signalement des condamnés en fuite, avec la date et la teneur des jugements qui les concernent; — 2° Au préfet du département, des extraits des jugements de condamnation pour délit de recrutement dans les cas prévus par les art. 38 et 43 de la loi du 21 mars 1832 (V. Organ. milit.) ; — 3° Au préfet du département et au procureur général du ressort, et cela chaque mois, l'état des individus condamnés à la surveillance de la haute police dans le mois précédent.

206. En dernier lieu, avis doit être donné au procureur général ainsi qu'au recteur de l'académie de toute condamnation prononcée contre un élève ou un membre de l'université (Décr. 15 nov. 1811, art. 162; circ. du min. de la just. du 27 sept. 1822, V. Org. de l'inst. pub.).

207. L'art. 25 c. pén. dispose que « aucune condamnation ne pourra être exécutée les jours de fêtes nationales ou religieuses, ni les dimanches. » Ce n'est donc qu'avec cette restriction qu'il faut entendre la disposition de l'art. 375 c. inst. crim., qui porte que : « la condamnation sera exécutée dans les vingt-quatre heures qui suivront les délais mentionnés en l'art. 373 (pour se pourvoir en cassation), s'il n'y a point eu de recours en cassation ; ou, en cas de recours, dans les vingt-quatre heures de la réception de l'arrêt de la cour de cassation qui aura rejeté la demande. » Il n'en était pas ainsi dans l'ancien droit : les jugements étaient exécutés le jour même où ils étaient prononcés (ord. de 1670, tit. 25, art. 21).

208. Les condamnations prononcées pour crimes par les cours d'assises devant être exécutées dans les vingt-quatre heures, il ne peut être déclaré qu'en cas de condamnation d'un individu, par récidive, à une peine plus forte que la première, la seconde condamnation ne commencera à courir qu'à partir de l'expiration de la première peine : la cour qui le décide ainsi, outre qu'elle viole les art. 373 et 376 c. inst. crim., excède aussi ses pouvoirs, l'exécution des jugements ou arrêts n'appartenant qu'au ministère public (Crim. cass. 6 avril 1827) (2).

209. Nous avons vu, v° Jugement, n° 873, dans quel cas il doit être sursis à l'exécution des jugements criminels. Décidé, à cet égard, que l'exécution d'un condamné peut être différée, alors surtout qu'il s'agit d'en obtenir des renseignements à l'égard d'un de ses complices mis postérieurement en jugement (Crim. rej. 17 janv. 1817, MM. Barris, pr.; Lecoutour, rap., aff. Coutard).

210. En quel lieu doivent être faites les exécutions criminelles? Sur ce point la législation a varié. D'après l'ord. de 1670

---

(1) Dumont C. Assolant. — LA COUR (ap. dél. en ch. du cons.); — Attendu que le jugement attaqué a adopté les motifs et la décision des premiers juges sur le délit de diffamation dont le demandeur a été déclaré convaincu envers Assolant, et a déclaré qu'il avait été bien jugé, mal et sans griefs appelé à ce sujet;—Qu'à la vérité, le même jugement a, sur l'appel d'Assolant, déclaré en outre Dumont coupable du délit d'injures envers cet avocat; mais qu'il a décidé en même temps que la peine de ce délit devait se confondre avec celle appliquée par les premiers juges au délit de diffamation, et s'est borné à maintenir les condamnations déjà prononcées contre Dumont sur ce chef exclusivement ; — D'où il suit que Dumont, qui d'ailleurs ne méconnaît pas la compétence du tribunal correctionnel de Guéret, sur le chef de diffamation, est sans intérêt à attaquer devant la cour le chef relatif au délit d'injure, et qu'il n'y a lieu d'examiner l'exception d'incompétence qu'il puise à ce sujet dans l'art. 23 de la loi du 17 mai 1819; — Rejette.

Du 21 fév. 1840.-C. C., ch. crim.-MM. Bastard, pr.-Isambert, rap.

(2) (Min. pub. C. Sebillotte.) — LA COUR ; — Vu le mémoire du procureur du roi de Melun, requérant l'annulation de l'arrêt de la cour d'assises de Seine-et-Marne, du 13 fév. 1827, dans la disposition seulement qui ordonne que la peine des travaux forcés à laquelle Sebillotte a été condamné par récidive, ne commencera à courir qu'à l'expiration de celle pour laquelle Sebillotte est actuellement détenu dans les prisons de Melun ; — Vu les art. 375 et 376 c. inst. crim.; — Attendu qu'aux termes de l'art. 375 c. inst. crim., les condamnations prononcées par les cours d'assises doivent être exécutées dans les vingt-quatre heures qui suivent les délais mentionnés en l'art. 373, et que, d'après l'art. 376, cette exécution doit avoir lieu par les ordres du procureur général à qui elle est confiée par la loi ; — Que de ce qu'un individu subit actuellement une peine qu'il a encourue pour un premier crime, et qu'il a été condamné par récidive pour un autre crime, à une autre peine plus forte que la première, il ne s'ensuit pas qu'il ne doive pas subir immédiatement cette dernière condamnation; — Que ce n'est point, d'ailleurs, aux tribunaux qu'il appartient de pourvoir à l'exécution de la condamnation prononcée conformément à la loi; — Que la loi s'est reposée, quant à ce soin, sur les officiers du ministère public, et à la charge par eux de ne pas s'écarter des dispositions de la loi; — Que, dans l'espèce, la cour d'assises de Seine-et-Marne, en ordonnant que la peine des travaux forcés, à laquelle Sebillotte a été dernièrement condamné, ne sera subie qu'après l'expiration de la détention que subit actuellement Sebillotte, en vertu d'une première condamnation, a outrepassé et excédé ses pouvoirs, et a violé l'ordre de ses attributions et les art. 375 et 376 c. inst. crim.; — Casse l'arrêt en ce point.

Du 6 avr. 1827.-C. C., ch. crim.-MM. Portalis, pr.-De Cardonnel, r.

(tit. 26, art. 16), les condamnés devaient être renvoyés sur les lieux, s'il n'en était autrement ordonné par les cours par des considérations particulières. Le code de 1791 (tit. 1, art. 5) voulait, au contraire, que l'exécution se fit *dans la place publique de la ville où le jury d'accusation avait été convoqué*, c'est-à-dire du chef-lieu d'arrondissement. Le code du 3 brum. an 4 (art. 445) ordonna que l'exécution aurait lieu sur une des places publiques de la commune où le tribunal criminel tenait ses séances, c'est-à-dire au chef-lieu du département. L'art. 26 c. pén. porte que : « l'exécution se fera sur l'une des places publiques du lieu qui sera indiqué par l'arrêt de condamnation. » Mais il est évident, disent MM. Chauveau et Hélie (t. 1, p. 234), que ce lieu ne peut être que celui du jugement, ou une des communes de l'arrondissement où le crime a été commis.

211. Pour la détermination du lieu de l'exécution, les cours d'assises ont un pouvoir discrétionnaire. Elles peuvent, par exemple, en cas de condamnation à mort de deux individus pour un même crime, ordonner l'exécution de l'un d'eux dans tel lieu, et l'exécution de son coaccusé dans tel autre (Crim. rej. 17 janv. 1812, aff. N.... — Conf. Carnot, t. 1, p. 115, n° 1).

212. Il a été jugé : 1° que la faculté accordée aux cours d'assises, par l'art. 26 c. pén., d'ordonner que l'exécution de leurs arrêts se fera sur la place publique du lieu qu'elles indiqueront, s'entend même des lieux situés hors de leur ressort. « Attendu qu'aux termes de l'art. 26 c. pén., les cours d'assises sont autorisées à ordonner l'exécution de leurs jugements sur la place publique du lieu qu'elles indiqueront, que cet article ne contient aucune restriction, et que les arrêts et jugements des cours et tribunaux du royaume sont exécutoires de plein droit dans toute l'étendue des terres de l'obéissance du roi, rejette. » (Crim. rej. 23 déc. 1826, MM. Portalis, pr., Ollivier, rap., aff. Heurtaux); — 2° Que l'arrêt qui ordonne que l'exécution du condamné se fera sur la place publique du lieu qu'il désigne est à l'abri de la censure de la cour de cassation, à qui il n'appartient pas d'examiner s'il y a ou non dans ce lieu une place publique (Crim. rej. 24 juill. 1817) (1).

213. Si dans l'arrêt il n'avait pas été fait d'indication spéciale du lieu d'exécution, elle devrait être faite sur l'une des places publiques du chef-lieu de la cour d'assises. En effet c'était le droit commun au moment où le code pénal a été rédigé; il paraît donc naturel de s'y référer dans le cas où les juges n'ont pas usé de la faculté que la loi leur accorde de fixer eux-mêmes le lieu de l'exécution. Il n'appartiendrait pas, du reste, au ministère public de suppléer à cette omission; l'art. 376 c. inst. crim. ne lui attribue que le pouvoir de faire exécuter la condamnation. C'est ce qu'enseignent aussi MM. Chauveau et Hélie, t. 1, p. 234. —Décidé, conformément à ce qui vient d'être dit : 1° que l'art. 26 c. pén., qui porte que la cour d'assises doit fixer le lieu de l'exécution, n'est pas prescrit à peine de nullité; qu'à défaut de fixation, elle doit avoir lieu sur la place publique du siége de la cour; et que celle-ci excède ses pouvoirs en fixant ce lieu par un arrêt postérieur (Crim. rej. 3 août 1843) (2); — 2° Que lorsque l'arrêt de condamnation à une peine capitale garde le silence sur le lieu de l'exécution, ce lieu est supposé être l'une des places publiques de la ville où siége la cour d'assises (Crim. rej. 21 janv. 1847, aff. Annet, D. P. 47. 4. 369).

214. MM. Chauveau et Hélie (t. 1, p. 234) enseignent que, si la désignation du lieu de l'exécution appartient au juge, celle de la place publique de ce lieu où doit se faire l'exécution appartient à l'administration. Ils vont même plus loin : ils paraissent être d'opinion qu'il appartient toujours à l'autorité municipale de désigner la place publique où se fera l'exécution, sauf à se concerter à cet égard avec le ministère public, les tribunaux n'ayant d'autre pouvoir que celui d'indiquer la localité, la commune où elle doit être accomplie. Cependant la loi attribue à la cour le droit de désigner le lieu de l'exécution, et il semble que ce mot implique le pouvoir de désigner jusqu'à l'emplacement de l'échafaud : on comprend tout ce qu'en rapprochant le lieu du supplice du théâtre du crime, on ajoute à la terreur salutaire qu'une exécution publique est destinée à jeter dans l'âme des gens pervers. — Nous serions disposés à penser que c'est en effet à l'autorité municipale, comme chargée de la police de la voie, qu'il appartient de désigner le lieu où doivent se faire *ordinairement* les exécutions, mais que les juges ont le droit d'ordonner, dans les cas particuliers où ils le jugent convenable, que l'exécution sera faite dans un autre lieu qu'ils désigneront.

215. Quand aucun choix n'a été fait, le ministère public doit donc adresser sa réclamation au maire de la commune dans les départements. — Il devrait se pourvoir administrativement contre l'arrêté qui ne désignerait pas, selon le vœu de la loi, l'une des places publiques de la commune; car il importe que l'exécution ne soit pas clandestine.

216. Quant aux lieux où doivent être subies les peines soit afflictives et infamantes, soit correctionnelles ou de police, qui consistent dans la privation de la liberté, nous nous en occuperons ultérieurement. — V. *infrà*, n°s 588 et s., 602 et s., 622, 625 et s.

217. L'exécution a lieu publiquement. Ce principe de la publicité des exécutions a été vivement attaqué. Nous croyons que le législateur a bien fait de le maintenir. C'est aussi le sentiment d'un savant jurisconsulte étranger, M. Mittermaïer, qui s'exprime ainsi sur ce sujet (Revue de législ., 1835, t. 2, p. 209) : « La loi qui commande les exécutions secrètes n'agit que partiellement : elle renonce à celui des effets secondaires de la peine qui agit peut-être avec le plus de puissance : elle blesse des opinions enracinées dans les croyances populaires, semble imprimer à l'exécution un caractère honteux et ouvre la carrière à la défiance et à de nombreuses préoccupations, surtout en temps de tour-

(1) (Paoli dit Galina.) — LA COUR; — Attendu, sur le premier moyen, que l'art. 26 c. pén. porte que l'exécution se fera sur l'une des places publiques du lieu qui sera indiqué par l'arrêt de condamnation; — Que l'arrêt ayant ordonné que l'exécution se ferait sur la place publique de Ponte Novo, il s'est conformé au vœu de la loi; qu'il n'appartient point à la cour d'examiner s'il y a une place publique à Ponte Novo; — Que c'est au procureur général près la cour criminelle séante à Bastia, chargé du soin de faire exécuter l'arrêt, à donner des ordres pour que son exécution ait la plus grande publicité;... — Rejette le pourvoi contre l'arrêt de la cour de justice criminelle de la Corse le 11 juin 1817.

Du 24 juill. 1817.-C. C., sect. crim.-MM. Barris, pr.-Lecoutour, rap.

(2) (Kornemann C. min. pub.) — LA COUR; — Statuant tant sur les pourvois desdits Kornemann et Cuny contre les arrêts des 5 et 7 juillet 1843, que sur le pourvoi du procureur du roi d'Epinal, faisant fonction de ministère public près la cour d'assises du département des Vosges contre les mêmes arrêts : — .....En ce qui touche le pourvoi du procureur du roi d'Epinal contre l'arrêt du 5 juillet : — Attendu que l'application de l'art. 26 c. pén. n'est pas prescrite à peine de nullité; — Attendu que lorsqu'une cour d'assises, après avoir prononcé une condamnation capitale, n'a pas, conformément à l'art. 26 précité, indiqué un lieu spécial pour l'exécution, cette exécution doit se faire, suivant les règles du droit commun, sur la place publique du lieu où siége la cour d'assises; que, dès lors, l'arrêt de condamnation n'est pas vicié par l'omission de la fixation d'un lieu spécial pour son exécution; que cet arrêt n'est pas non plus incomplet, puisque son silence à cet égard ne peut avoir d'autre effet que de laisser l'exécution se faire sur la place publique habituellement consacrée à cet usage;

En ce qui touche les pourvois des condamnés et du ministère public contre l'arrêt du 7 juillet 1843, qui ordonne que l'arrêt de condamnation prononcé le 5 juillet contre Kornemann et Cuny sera exécuté sur l'une des places publiques de la commune de Fraize, chef-lieu du canton où le crime a été commis;

Attendu que tout était consommé quant à l'application de la peine; que, d'ailleurs, l'arrêt du 5 juillet 1843 était complet, puisqu'à défaut de désignation d'un lieu spécial pour son exécution, cette exécution devait avoir lieu sur la place publique des exécutions de la ville où siégeait la cour d'assises; que, dans ces circonstances, il n'y avait aucune omission à réparer dans l'arrêt du 5 juillet; que la cour d'assises était sans pouvoir pour ordonner, par un arrêt postérieur, statuant sur la pénalité que l'exécution de cet arrêt du 5 juillet se ferait dans un autre lieu que celui qui, dans le silence de ce premier arrêt, était implicitement désigné; — D'où il suit qu'il y a lieu d'annuler, pour excès de pouvoir, et sans renvoi, l'arrêt du 7 juillet 1843;

Par ces motifs, rejette les pourvois de Jean-Joseph Kornemann et de Jean-Baptiste-Etienne Cuny, et le pourvoi du procureur du roi d'Epinal contre l'arrêt du 5 juillet 1843; casse et annule l'arrêt rendu le 7 juillet 1843 par la cour d'assises du département des Voges, qui ordonne que la condamnation à la peine de mort, prononcée le 5 juillet contre les nommés Kornemann et Cuny, sera exécutée sur la place publique de Fraize; dit qu'il n'échet d'ordonner un renvoi.

Du 5 août 1843.-C. C., ch. crim.-MM. Crousseilhes, pr.-Brière rap.

mente politique. » — V. aussi, en ce sens, M. Trébutien, t. 1, p. 213.

218. Le principal agent chargé de procéder à l'exécution des peines se nomme *exécuteur des arrêts de justice criminelle.* Cette dénomination a remplacé celles de *bourreau*, *exécuteur* ou *maître des hautes œuvres*, *exécuteur de la haute justice*, qu'on lui donnait autrefois. L'exécuteur de la haute justice était ainsi nommé parce qu'il ne pouvait rien faire sans une condamnation rendue par des juges investis du *jus gladii*, droit qui n'appartenait qu'aux hauts justiciers et aux juges royaux. —V. Ferrière, Dict. de dr., v° Exécuteur de la haute justice.

219. Les hommes ont seuls exercé les tristes fonctions d'exécuteur, qui ne paraissent convenir ni à la faiblesse ni à la timidité du sexe. Cependant Merlin, Répert., v° Exécuteur de la haute justice, n° 4, prétend qu'il y avait, du temps de Saint-Louis, un bourreau femelle pour les femmes. Il appuie cette opinion sur une ordonnance de ce prince, rendue en 1264 contre les blasphémateurs, ainsi conçue : « Celui qui aura méfait ou médit, sera battu par la justice du lieu tout de verges en appert; c'est à savoir, li homme par homme, et la femme par seules femmes, sans présence d'hommes. » Tout ce qu'on peut induire de cette ordonnance, c'est que des femmes étaient préposées pour mettre à exécution les condamnations à la peine des *verges*; mais le passage cité de cette ordonnance ne fait pas mention des condamnations capitales.

220. L'emploi d'exécuteur n'était pas, parmi les anciens peuples, un objet de mépris. Chez les Israélites, où il n'y avait pas d'exécuteur en titre, les fonctions en étaient remplies par tout le peuple, ou par les accusateurs du coupable, ou par les parents de l'homicidé, si la condamnation était pour homicide, souvent par les officiers du prince et surtout par les jeunes gens : l'Ecriture en rapporte plusieurs exemples et aucune sorte d'infamie n'était attachée à ces exécutions. — Aristote met le bourreau au nombre des magistrats de la Grèce, et il ajoute même que, par rapport à la nécessité, son office doit être regardé comme un des principaux. — On sait qu'à Rome l'office de bourreau était confié aux licteurs, dont la charge n'était nullement déshonorante. — Suivant Adrien Beyer, pensionnaire de Rotterdam, les juges, autrefois, exécutaient souvent eux-mêmes les condamnés; en Espagne, en France et en Italie, on donnait la vie à celui des criminels condamnés pour un même crime qui voulait bien exécuter les autres. En Allemagne, avant que la fonction de bourreau eût été érigée en titre d'office, on en chargeait le plus jeune de la communauté ou du corps de ville; en Franconie, le nouveau marié; à Gutlingue (Souabe), le conseiller dernier reçu; et à Stedlin, petite ville de Thuringe, le dernier domicilié dans la commune (Merlin, *eod.*, n° 1).

En France, cet emploi a toujours été considéré comme le plus infâme. Un arrêt du parlement de Paris, du 31 août 1709, interdit à l'exécuteur de demeurer dans l'enceinte de la ville, à Paris, excepté dans la maison du pilori, où le logement lui était donné par ses provisions. Les chauffe-cire de la grande chancellerie, après avoir scellé ses lettres, les jetaient sous la table pour marquer l'infamie d'un tel emploi. Un arrêt du parlement de Bordeaux, du 13 avril 1674, rapporté par Lapeyrère, a jugé que si l'on manquait d'exécuteur, les juges pouvaient remettre à un criminel la peine par lui encourue, à condition de servir pendant toute sa vie de maître des hautes œuvres (Ferrière, *loc. cit.*; Merlin, *eod.*, n° 3). — L'opinion publique allait jusqu'à contester aux exécuteurs de la haute justice, à leurs enfants, à leurs préposés, le droit de fréquenter les lieux publics : sur la réclamation portée devant le parlement de Rouen par des exécuteurs de la haute justice qui avaient été insultés et battus au spectacle, un arrêt de ce parlement, du 7 juill. 1781 (1), décida, conformément au réquisitoire du procureur général, qu'on ne pouvait adresser publiquement le nom de *bourreau* à l'exécuteur, à sa famille ou à ses employés, ni les exclure d'aucun lieu public (Merlin, *eod.*, n° 8). — La seconde partie de cette décision serait indubitablement applicable aujourd'hui; on peut même à peine supposer que semblable question puisse encore se présenter. Quant à la première, les tribunaux ne pourraient plus, par voie réglementaire, défendre de donner à l'exécuteur le nom de bourreau (c. nap., art. 5); mais peut-être une pareille épithète, qui n'est pas la simple appellation d'une profession consacrée par la loi, pourrait, suivant les circonstances, et d'après les intentions de celui qui l'aurait employée, être considérée comme une injure et punie comme telle.

221. La charge d'exécuteur était érigée en titre d'office ou donnée par commission du roi.

222. En outre de la dépouille des patients, l'exécuteur avait d'autres droits. Dans différentes villes, il percevait gratuitement sur les grains qui se vendaient dans les marchés autant qu'on en pouvait prendre avec la main. Ce droit était communément appelé droit de *havage*, de l'ancien mot *havir*, prendre. A Paris, où il jouissait de ce droit, on ne le lui laissait exercer qu'avec une cuiller de fer blanc qui servait de mesure (Ferrière, *eod.*, v° Havage). Pour reconnaître les particuliers qui avaient payé le droit, ses préposés les marquaient avec de la craie; mais, comme plusieurs s'opposaient à cette marque, et que d'ailleurs la perception de ce droit donnait lieu à des rixes, on le supprima, et la supression en fut depuis étendue par arrêt du conseil, du 3 juin 1775, à tous les lieux où il était exercé. Mais cet arrêt ne reçut sa complète exécution qu'en 1789, ainsi que le prouve l'art. 8 de la loi du 13 juin 1793, qui est ainsi conçu : « Les exécuteurs qui exerçaient les droits connus sous le nom de *havage*, *riflerie*, et autres dénominations de l'espèce, et qui, depuis la révolution, ont cessé d'en jouir par le refus formel des citoyens de s'y soumettre, sur l'attestation des corps administratifs constatant ce refus et l'époque où il a eu lieu, ensemble qu'ils n'ont rien touché qui puisse y suppléer, recevront à partir de sa date et par forme d'indemnité le traitement ci-dessus déterminé » (Merlin, *eod.*, n° 6).

223. C'est cette loi du 13 juin 1793 qui est venue, après 1789, régulariser la position des exécuteurs. Elle en établit un dans chaque département et fixa leurs droits et émoluments. Les lois des 3 frim. et 22 flor. an 2, relatives à leur traitement, au mode de leur nomination et de leur remplacement ont été, ainsi que celle de 1793, confirmées par l'art. 115 du décret du 18 juin 1811.

L'adoucissement apporté aux lois pénales par la législation de 1832, la diminution des cas de peine de mort, la suppression de la flétrissure et du carcan, et la faculté laissée aux juges dans la condamnation à l'exposition publique, ayant rendu moins nécessaire l'emploi des exécuteurs et de leurs aides, une ordonnance des 7-8 oct. 1832 (V. p. 556) a décidé que leur nombre serait réduit de moitié (art. 1). Elle a restreint le nombre des départements dans lesquels ils seraient placés (art. 2); fixé leurs gages et ceux des aides (art. 3 et 4), et déterminé plusieurs conditions de l'exercice de leurs fonctions.

224. Les exécuteurs, ainsi que leurs aides, sont nommés par le ministre de la justice (L. 22 flor. an 2, et message du directoire du 2e complém. an 4; ord. des 7-8 oct. 1832, art. 4). Par conséquent, c'est par ce même ministre qu'ils peuvent être révoqués.

225. L'art. 114 du décret de 1811 a fait naître une question plus délicate et plus difficile à résoudre. Après avoir rappelé la loi de germ. an 4, cet article ajoute que « les dispositions de cette loi seront observées dans le cas où il y aurait lieu de fournir un logement aux exécuteurs. »

Le ministère public peut-il, en vertu de ce décret, contraindre un particulier à loger l'exécuteur? La cour de Besançon, devant qui la question s'est présentée, l'a résolue négativement en contestant et niant même la légalité de la dernière disposition

(1) Voici le texte de cet arrêt : « Notre-dite cour a ordonné et ordonne que l'arrêt de notre cour du 7 nov. 1681 sera exécuté; en conséquence, a fait défenses itératives à toutes personnes de traiter lesdits Ferrey et Jouenne, leurs familles, ni ceux employés à leur service, de *bourreaux*, sous peine de 100 liv d'amende; ordonne que défenses seront pareillement faites, sous les mêmes peines, d'intercepter la liberté desdits Ferrey et Jouenne dans les lieux publics, tels que les églises, les promenades, les spectacles et autres endroits publics... » (Merlin, *eod.*, n° 8). Le procureur général s'exprimait ainsi au sujet des exécuteurs : « Leur profession ne peut offenser que celui dont l'âme naturellement portée au vice et à l'oisiveté qui en est la mère, se révolte à l'idée seule des peines et des supplices : tout bon citoyen, tout homme honnête les laissent tranquilles partout où ils ne troublent point l'ordre public... » (Merlin, *eod.*, n° 8.)

de l'art. 114 ci-dessus transcrite. La loi de l'an 4 n'a trait qu'à la réquisition des ouvriers pour les travaux, et le décret de 1811, en étendant les dispositions de cette loi à ceux qui refuseraient de loger l'exécuteur, a créé une disposition pénale qui ne pouvait être établie que par cette loi. — La cour de cassation a éludé la question; elle a prononcé, dans l'espèce, par une fin de non-recevoir, en jugeant que le ministère public n'a pas qualité pour agir au civil, par action directe, contre un particulier afin de le contraindre à loger l'exécuteur dans sa maison (Crim. rej. 28 déc. 1829, aff. Maillot, V. Min. pub., n° 96-2°). — L'arrêt du 13 mars 1835 (V. Jugem., n° 884) ne tranche pas non plus la difficulté; car, bien qu'il décide que la loi de l'an 4 et le décret de 1811, sont encore en vigueur, il n'a jugé, dans l'espèce, que pour le cas prévu par la loi de l'an 4, c'est-à-dire, relativement à la réquisition des ouvriers pour la confection des travaux préparatoires nécessaires à l'exécution des arrêts et jugements, et non pour le cas de logement à fournir à l'exécuteur. Sur ce dernier point, nous pensons, avec la cour de Besançon, que le décret de 1811 rappelant une disposition qui ne se trouve pas dans la loi qu'il mentionne, et s'en référant pour la pénalité à cette dernière loi, se trouve à cet égard dépourvu de toute sanction pénale. Obliger d'ailleurs un citoyen à loger malgré lui l'exécuteur des arrêts de justice criminelle, c'est l'exproprier contre toutes les règles du droit et de la justice, c'est porter obstacle à son commerce, à l'exploitation de sa maison qu'il ne pourra plus louer si elle est occupée par un pareil locataire.

226. Il peut arriver que l'exécution des jugements criminels nécessite le concours de personnes étrangères à l'administration, par exemple, outre la force publique, le ministère public peut requérir les ouvriers nécessaires pour l'exécution des décisions de la justice criminelle, conformément à la loi du 22 germ. an 4. — V. ce qui est dit à cet égard v° Jugement, n° 884.

227. L'art. 36 c. pén. dispose en ces termes : « Tous arrêts qui porteront la peine de mort, des travaux forcés à perpétuité et à temps, la déportation, la détention, la reclusion, la dégradation civique et le bannissement seront *imprimés* par extrait. — Ils seront *affichés* dans la ville centrale du département, dans celle où l'arrêt aura été rendu, dans la commune du lieu où le délit aura été commis, dans celle où se fera l'exécution, et dans celle du domicile du condamné. » — Ces dispositions, comme on le voit, ne concernent que les peines *afflictives et infamantes*; elles sont inapplicables au cas où il n'est prononcé que des peines *correctionnelles*. Cependant, en ce qui touche les délits commis par voie de publication, l'art. 26 de la loi du 26 mai 1819 porte que l'impression ou l'affiche de l'arrêt pourront être ordonnés aux frais du condamné; et il ajoute que ces arrêts seront rendus publics dans la même forme que les jugements portant déclaration d'absence (V. Presse). — Dans le principe, les arrêts étaient imprimés en entier; l'arrêté du 2 pluv. an 5 disposa qu'on se bornerait à en dresser un état sommaire et mensuel; et enfin le code pénal a prescrit l'impression par extrait. L'usage est aujourd'hui de réunir les extraits des arrêts dans un seul placard qui est affiché tous les trimestres dans chaque département. Bien que la loi de 1819 ne le dise pas, les arrêts rendus en matière de presse doivent aussi être imprimés par extrait. — V. au surplus les dispositions réglementaires contenues dans les art. 104, 105 et 106 du décret du 18 juin 1811.

228. Avant la loi de 1832, la durée des peines des travaux forcés à temps et de la reclusion se comptait du jour de l'exposition; disposition injuste, puisque l'exposition pouvait être retardée par mille circonstances indépendantes du condamné. Cette disposition avait cessé d'être applicable, même avant le décret abolitif du 12 avr. 1848, depuis que l'exposition était devenue une peine facultative, dans tous les cas où elle n'était pas prononcée. L'art. 23 c. pén. porte aujourd'hui que la durée des peines temporaires compte du jour où la condamnation est devenue irrévocable.

229. On avait proposé de compter dans la durée de la peine l'emprisonnement préalable; mais la loi n'a pas fait entièrement droit à ces réclamations. « L'emprisonnement préalable, a dit M. Dumon dans son rapport (V. le Code progressif), est un tribut que chacun paye à la sécurité de tous; l'innocent qu'une détention préalable a frappé ne peut obtenir aucune réparation. Traitera-t-on le coupable avec plus de faveur? D'ailleurs, l'emprisonnement préalable diffère trop de la plupart des peines, pour qu'on puisse l'assimiler avec elles et le précompter sur leur durée. Quel rapport y a-t-il, par exemple, entre l'emprisonnement préalable et les travaux forcés? » — Décidé, en conséquence, 1° que la durée de la détention préventive subie pendant l'instruction du procès ne doit pas être déduite de la durée de la peine prononcée, encore que cette peine aurait été élevée au maximum (Crim. rej. 7 mai 1851, aff. Mellaud, D. P. 52. 5. 416); — 2° Qu'un tribunal viole la loi en décidant qu'une peine comptera du jour de l'arrestation; elle ne doit compter que du jour du jugement (Cass. 2 mars 1827, MM. Portalis, pr., Cardonnel, rap., aff. min. pub. C. Migout).

230. Alors même que le condamné ne s'est pas pourvu, l'arrêt ne devenant irrévocable que par l'expiration des trois jours pendant lesquels il peut être attaqué, et ces trois jours étant francs, suivant la jurisprudence de la cour de cassation, la durée de la peine ne compte qu'à partir du cinquième jour de la date de l'arrêt. — V. en ce sens MM. Chauveau et Hélie, t. 1, p. 242; Trébutien, t. 1, p. 236.

231. S'il y a eu pourvoi, et qu'il ait été rejeté, c'est du jour de la prononciation de l'arrêt de rejet que la peine doit être comptée, alors même que le pourvoi n'avait été formé que par le ministère public (mêmes auteurs, *ibid.*; M. Bertault, p. 300).

232. La règle par laquelle l'art. 23 c. pén. détermine le point de départ des peines temporaires est générale et s'applique à toutes peines temporaires, même à celles qui sont purement correctionnelles. — Ce principe, avant d'être textuellement proclamé par la loi de 1832, avait été appliqué par la jurisprudence à la peine de l'emprisonnement..., dans le cas surtout où cette peine était réduite au minimum. — Ainsi il avait été jugé : 1° qu'il y avait violation de la loi dans un jugement qui, pour l'application du minimum d'un emprisonnement, comptait à partir du jour de l'arrestation, au lieu de compter du jour où la condamnation deviendrait irrévocable (Crim. cass. 19 août 1808, MM. Barris, pr., Carnot, rap., aff. Arnaldi; 15 oct. 1813, MM. Barris, pr., Schwendt, rap., aff. Bernadas; 22 nov. 1816, MM. Barris, pr., Buschop, rap., aff. Aurussi). — « Attendu, porte le premier de ces arrêts, que l'arrêt attaqué, en faisant commencer la durée de l'année d'emprisonnement à laquelle il a condamné Arnaldi au jour de sa détention légale, n'a réellement pas prononcé la condamnation à une année d'emprisonnement; car la peine ne peut commencer à courir que du jour où la condamnation est devenue définitive, jusqu'alors la détention du prévenu n'étant que provisoire, et par suite de mesure administrative et de police; qu'il suit de là que la cour de justice criminelle, en réduisant ainsi la peine au-dessous du minimum fixé par la loi, a fait une fausse application de la loi pénale, ce qui doit opérer l'annulation de son arrêt; » — 2° Que dans le cas où le condamné se désistait de son appel, les juges d'appel ne pouvaient, en donnant acte du désistement, déclarer que la peine avait commencé à courir du jour du jugement de première instance (Crim. cass. 11 juin 1829, MM. Bailly, pr., Ricard, rap., aff. Gallois); — 3° Qu'une condamnation pénale ne pouvant être exécutée que lorsqu'elle est devenue irrévocable, il s'ensuit que le tribunal correctionnel, statuant sur un appel du ministère public, ne peut prononcer le minimum légal de la peine d'emprisonnement, en faisant courir la condamnation du jour du jugement de première instance (Crim. cass. 9 avr. 1813, MM. Barris, pr., Aumont, rap., aff. Liénem); — 4° Que les jugements rendus en matière correctionnelle ou criminelle ne sont exécutoires que lorsqu'ils ont acquis la force de chose jugée; qu'en conséquence, la durée de la peine ne commence à courir qu'après l'expiration des délais du recours qui peut être exercé, et que la détention subie pendant ces délais ne peut s'imputer sur la condamnation (Angers, 19 mars 1822) (1).

(1) *Espèce* : — (Min. pub. C. Boyer et Pallier.) — Boyer et Pallier, condamnés à un mois de prison, le 9 fév. 1822, et détenus pendant le délai de l'appel, furent écroués après ce délai, sur l'ordre du procureur du roi. — Le 11 mars suivant, le tribunal pensant que la peine avait commencé dès le jour du jugement, a ordonné leur mise en liberté. — Opposition à cette ordonnance par le ministère public.

Cette jurisprudence avait été, dans notre première édition, l'objet de vives critiques. « La détention provisoire, disions-nous, prive-t-elle moins de la liberté, est-elle moins pénible que la détention définitive? Si l'on considère qu'elle peut se prolonger pendant des mois et même durant des années entières, par l'effet de diverses circonstances toutes étrangères au prévenu, comment ne pas y voir une véritable peine qui doit atténuer d'autant la durée de celle que la loi inflige au délit dont il s'est rendu coupable? Nulle part la loi n'a dit expressément que l'emprisonnement ne daterait que du jour de la condamnation; mais on induit cette solution du principe que les peines ne sauraient être exécutées avant d'avoir été prononcées; autrement, dit-on, et si la détention provisoire devait être précomptée sur la durée de la peine, il faudrait mettre en liberté sans jugement tout individu prévenu d'un délit passible d'une peine dont le maximum n'excéderait pas le temps de sa détention. — Nous répondons d'abord que la conséquence n'est pas rigoureuse; car c'est par l'effet d'une fiction commandée à la fois par la justice et l'humanité, c'est par l'effet d'une rétroactivité philanthropique et salutaire, que nous voudrions que le jugement de condamnation donnât à la détention provisoire le caractère d'un commencement d'exécution de la peine : ce qui ne pourrait jamais conduire à la mise en liberté avant le jugement. Nous disons ensuite que, la conséquence que nous combattons, fût-elle exacte, nous n'apercevrions pas la nécessité de reculer devant elle. Où serait, en effet, le grand mal de mettre en liberté, dès avant le jugement, le citoyen dont la détention provisoire s'est prolongée sans que sa volonté y soit pour rien pendant un temps qui dépasse la durée du maximum de la peine attachée à son délit? » — Nous ajoutions que ces considérations s'appliquaient surtout au temps de détention qui s'écoule depuis le jugement de première instance, jusqu'au jugement d'appel, lorsque c'est le ministère public qui a appelé et que le premier jugement a été confirmé, et que cependant la jurisprudence ne faisait à cet égard aucune distinction.

Sans adopter entièrement cette opinion, le législateur de 1832 a atténué, relativement à la peine de l'emprisonnement, la rigueur du principe posé par l'art. 23 c. pén. — « Néanmoins, dit l'art. 24, à l'égard des condamnations à l'emprisonnement, prononcées contre les individus en état de détention préalable, la durée de la peine, si le condamné ne s'est pas pourvu, comptera du jour du jugement ou de l'arrêt, nonobstant l'appel ou le pourvoi du ministère public, et quel que soit le résultat de cet appel ou de ce pourvoi. — Il en sera de même dans les cas où la peine aura été réduite sur l'appel ou le pourvoi du condamné. »

233. L'art. 24 s'applique tout aussi bien aux condamnations à l'emprisonnement prononcées par les cours d'assises, qu'à celles émanées de tribunaux correctionnels; la loi ne distingue pas. — V. conf. MM. Chauveau et Hélie, t. 1, p. 254.

234. Mais la disposition tout à fait exceptionnelle de cet article ne s'applique pas à ceux qui n'ont pas été en état de détention préalable, soit qu'ils eussent obtenu leur mise en liberté provisoire, soit qu'il n'eût pas été décerné contre eux de mandat d'arrêt. La durée de leur peine se règle d'après l'art. 23, et, par suite, ne compte que du jour de l'écrou. — V. en ce sens MM. Chauveau et Hélie, t. 1, p. 252; Bertauld, p. 300.

235. Peu importe, au surplus, que la détention préalable se rapporte au fait même qui a motivé la condamnation, ou à un autre crime ou délit dont le même individu est prévenu. Ainsi il a été jugé : 1° que l'art. 24 c. pén., qui dispose « qu'à l'égard des condamnations à l'emprisonnement prononcées contre les individus en état de détention préalable, la durée de la peine, si le condamné ne s'est pas pourvu, comptera du jour du jugement ou de l'arrêt, nonobstant l'appel ou le pourvoi du ministère public... » s'applique au cas où la détention préalable serait préventivement subie par le condamné à raison d'un autre délit que celui visé par la condamnation; qu'en conséquence, le ministère public qui a succombé dans l'appel *à minimâ*, qu'il a seul interjeté du jugement de condamnation, opposerait en vain, dans ce cas, soit le défaut d'écrou de sa part, soit le caractère purement préventif de la détention préalable, pour en induire que la peine de l'emprisonnement ne doit courir que du jour de l'écrou, et non pas de celui du jugement acquiescé par le prévenu (Crim. rej. 12 mai 1827) (1); — 2° Que la peine de l'emprisonnement à laquelle un individu a été condamné, court à dater du jugement;

LA COUR; — Considérant que les jugements rendus en matière correctionnelle ou criminelle, ne pouvant jamais devenir exécutoires, tant qu'ils n'ont pas acquis l'autorité de la chose jugée, on doit en tirer la conséquence que la durée des peines temporaires ne peut commencer à courir qu'après l'expiration du délai que la loi accorde pour se pourvoir contre les jugements qui les prononcent, et après qu'il a été définitivement statué sur ces pourvois; qu'ainsi, pour décider, comme l'a fait le tribunal de Saint-Calais, que, lorsqu'il n'y a pas eu de pourvoi d'appel dans le délai de dix jours, accordé par l'art. 203 c. inst. crim., la durée de la peine d'emprisonnement commençait à courir du jour du jugement de condamnation, il faudrait que la loi eût textuellement exprimé pour ce cas, une disposition d'exception, et que, loin que cette exception existe, il résulte manifestement des dispositions des art. 203, 205 et 206 c. inst. crim., et de l'art. 23 c. pén., que le législateur n'a pas voulu qu'on confondît l'arrestation du prévenu avant sa condamnation, et sa détention depuis sa condamnation, jusqu'à ce que le jugement qui la prononce ait acquis l'autorité de la chose jugée; qu'au cas particulier, ni les parties condamnées, ni le ministère public près le tribunal de Saint-Calais, n'ayant déclaré, lors de la prononciation du jugement de condamnation, qu'ils renonçaient à la faculté d'interjeter appel, ce jugement n'a pu acquérir l'autorité de la chose jugée, ni par conséquent devenir exécutoire avant l'expiration du délai de dix jours; — Attendu, d'ailleurs, qu'en matière criminelle, l'exécution des jugements appartient au ministère public, et que les tribunaux qui les ont rendus sont incompétents pour connaître de leur exécution; que, si le procureur du roi près le tribunal de Saint-Calais se fût rendu coupable d'un acte arbitraire, en prolongeant illégalement la détention des condamnés, ce tribunal pouvait bien dénoncer cet acte arbitraire à l'autorité compétente supérieure; mais qu'en s'érigeant, comme il l'a fait, en juge de la conduite ou de l'opinion du procureur du roi, sur un incident qui tenait uniquement à l'exécution du jugement qu'il avait rendu, il a manifestement commis un excès de pouvoir; — Par ces motifs, la cour reçoit le procureur du roi opposant à l'ordonnance rendue par le tribunal de Saint-Calais, le 11 mars présente année, et, faisant droit sur l'opposition, annule ladite ordonnance.

Du 19 mars 1822.-C. d'Angers, ch. d'acc.

(1) *Espèce* : — (Min. pub. C. Perroteau.) — Perroteau, condamné par jugement, devenu définitif, de Saintes, en date du 31 janv. 1837, à un mois de prison, pour diffamation envers un notaire, se trouvait écroué, au moment de ce jugement, sous un mandat de dépôt, comme inculpé de destruction partielle d'édifice et de bris de clôture. — Traduit devant le tribunal correctionnel pour bris de clôture seulement, il fut condamné, par un second jugement du 17 fév., à 5 jours de prison. — Dans cet état de choses, il s'éleva une difficulté pour le temps de la durée de ces deux emprisonnements. Perroteau prétendait que sa peine devait finir après trente-cinq jours de prison, à partir du 13 janvier; il demanda, en conséquence, sa mise en liberté pour le 17 fév.

Le procureur du roi s'y opposa, en soutenant que la peine de la prison ne pouvait courir, en pareil cas, pendant l'incarcération préventive du condamné, ordonnée par un juge d'instruction, et sans que le ministère public l'eût fait écrouer en exécution de l'arrêt.

Le tribunal de Saintes, saisi de cette réclamation, se déclara incompétent. — Sur l'appel, le tribunal correctionnel de Niort, par jugement du 17 mars 1837, se déclara compétent, et, statuant au fond, décida que la condamnation prononcée contre Perroteau, compterait du jour du premier jugement du 13 janvier, et ordonna sa mise en liberté : « Attendu, en droit, qu'aux termes de l'art. 24 c. pén., la durée de la peine, à l'égard des condamnations à l'emprisonnement prononcées contre les individus en état de détention préalable, doit compter du jour du jugement, si le condamné ne s'est pas pourvu; — Qu'il résulte de la discussion de la loi qu'un député ayant demandé que l'on prévît, dans l'art. 24, le cas du pourvoi comme celui de l'appel, en ajoutant ces mots : « si le condamné n'a pas interjeté appel ou ne s'est pas pourvu, » M. Parant a expliqué que l'intention de la commission avait été de placer l'appel et le pourvoi sur la même ligne, et que, dans l'expression *pourvu*, elle avait voulu comprendre ces deux voies de recours; — Qu'ainsi ce point est hors de question; — Que, dans l'espèce, le condamné ne s'était pas pourvu; — Attendu que la loi est conçue en termes généraux et absolus; — Qu'elle ne distingue point entre les prévenus détenus pour le fait qui a amené la condamnation et ceux qui seraient détenus pour un autre fait; — Que cette disposition doit profiter au condamné en état de détention préalable, quel que soit le cas qui l'ait produite, suivant la maxime *ubi lex non distinguit, nec nos distinguere debemus*; — Qu'en vain l'on objecterait que le prévenu était écroué en vertu de mandat du juge d'instruction, puisque cette mesure de conservation n'a été introduite que dans l'intérêt de la vindicte publique, et que cette vindicte est satisfaite, quand le prévenu peut être représenté chaque fois que le besoin de la justice l'exige; — Attendu que le bénéfice de l'art. 24 c. pén. ne s'applique qu'aux condamnés qui sont en état de détention préalable; — Qu'il est tout à fait exceptionnel, que ceux qui ont conservé leur liberté demeurent sous l'empire du droit commun, et que la loi n'a dû abréger les

lorsqu'il n'y a eu appel ni pourvoi de la part du condamné, encore bien que celui-ci soit écroué sous la prévention d'un autre crime (Rennes, 19 juin 1839) (1).

236. L'art. 24 est pareillement inapplicable aux condamnés qui ont formé, soit un appel, soit un pourvoi, si leur peine n'a pas été réduite sur cet appel ou d'après l'événement de ce pourvoi. Un amendement en sens contraire à cette solution fut repoussé lors de la discussion de la loi de 1832. Le condamné, a-t-on dit, a dû calculer les avantages et les inconvénients de son appel. Attacher à cet appel la même faveur qu'à celui du ministère public, ce serait engager le condamné à ne jamais omettre d'appeler; de là une foule de recours capricieux qu'il faut éviter (V. conf. MM. Chauveau et Hélie, *loc. cit.*). — Il a été jugé sur ce point: 1° que, depuis la révision du code pénal, la durée de l'emprisonnement ne court, à dater de la condamnation, quand le condamné s'est pourvu, que si, sur ce pourvoi, la peine a été réduite; mais qu'on ne peut considérer comme réduction de peine la réduction de la durée de la contrainte par corps, attendu que la contrainte par corps n'est pas une peine (Crim. rej. 10 mai 1839) (2); — 2° Que la prison à laquelle un condamné à cette peine est tenu de se soumettre, pour faire juger son pourvoi en cassation, est un préliminaire participant du caractère de la détention préventive, et non l'exécution anticipée de tout ou partie de la décision attaquée; que, par suite, en cas de rejet de son pourvoi, lequel est suspensif, il doit subir, en outre, la peine correctionnelle à laquelle il a été condamné (Crim. rej. 30 juin 1837) (3).

---

lenteurs de la détention qu'en faveur de ceux qui la subissaient, et que la peine, à l'égard des autres, ne peut compter que du jour de l'écrou, mais que cet écrou n'est pas nécessaire pour constater le commencement d'exécution, quant à ceux qui sont en état de détention préalable; — Attendu, enfin, que, quand il y aurait doute, dans l'espèce, sur la question de savoir si la détention préalable doit s'entendre uniquement du fait qui a entraîné la condamnation, ou si elle doit comprendre tous les cas de cette détention préalable, ce doute, s'agissant de la liberté individuelle, doit, en équité, être interprété plutôt en faveur du prévenu que contre lui, et qu'il n'apparaît point de jurisprudence à cet égard. » — Pourvoi. — Arrêt.

LA COUR; — Attendu qu'il est constaté par le jugement attaqué qu'au moment où le prévenu Perroteau a été condamné, pour diffamation, à un mois d'emprisonnement, le 13 janv. 1837, il était détenu dans la maison d'arrêt de Saintes, et qu'il n'a point interjeté appel de ce jugement; —Que, s'il est vrai que cette détention avait pour cause la poursuite en bris de clôture, alors dirigée contre Perroteau, et la diffamation dont il a été déclaré convaincu, le 13 janvier, elle n'en existait pas moins au moment où le jugement, par le défaut d'appel, était susceptible d'exécution; — Attendu que l'art. 24 c. pén. n'a point subordonné l'application de ses dispositions au cas où le jugement serait suivi d'écrou; au cas d'appel ou de pourvoi du ministère public, dont l'effet est suspensif, la détention subie par le prévenu, préalablement à la confirmation de la condamnation contre lui prononcée par les premiers juges, lui serait comptée en déduction de la peine d'emprisonnement, nonobstant le défaut d'écrou;

Attendu qu'il suffit, pour que la détention soit comptée au prévenu après sa condamnation, qu'elle soit préalable au jugement, c'est-à-dire préventive, et que le caractère de cette détention ne fait pas obstacle à l'instruction qui se poursuivrait séparément, à raison des faits étrangers à la prévention sur laquelle est intervenue la condamnation, puisque les arrestations préventives n'ont pour but que de tenir les prévenus sous la main de justice; — Attendu que, évidemment, les individus condamnés à l'emprisonnement, auxquels profiterait l'art. 24, restent à la disposition de la justice, aussi bien dans le cas de double poursuite que dans le cas d'une seule action suivie d'un jugement acquiescé par le prévenu et frappé de recours par le min. pub.; —D'où il suit que, dans l'espèce, le tribunal de Niort, en décidant que la peine d'un mois de prison prononcée contre Perroteau, le 13 janv., avait commencé son exécution à compter dudit jour, et non à compter du 17 fév., date du jugement qui a statué définitivement sur une autre prévention, subsistant contre Perroteau, à l'époque du 13 janv., et qui avait motivé son arrestation préventive, loin de violer les dispositions de la loi, a fait, au contraire, une saine application des dispositions de l'art. 24 c. pén.; — Rejette.

Du 12 mai 1837.-Ch. crim.-MM. Choppin, f. f. de pr.-Isambert, r.

(1) *Espèce :* — (Min. pub. C. Grosse.) — Le notaire Grosse avait été condamné à trois mois d'emprisonnement pour divers abus de confiance. Ecroué dans le même temps, sous la prévention de faux en écriture publique, sa peine se trouve cumulée avec sa détention préventive. Après avoir été retenu de la sorte neuf mois en prison, Grosse comparut en cour d'assises et fut acquitté. Il prétendit avoir subi sa peine de trois mois de prison, et opposa les termes de l'art. 24 c. pén. Le ministère public, voyant dans la détention préventive une simple mesure de précaution prise dans l'intérêt de la justice pour que la personne de l'accusé ne puisse se soustraire aux poursuites dirigées contre lui, pense que cette détention ne pouvait être comptée pour la peine à laquelle le prévenu a été condamné par un précédent jugement, et s'oppose à l'élargissement de Grosse. — Jugement du tribunal correctionnel de Rennes, conforme aux conclusions de Grosse. Ce jugement est ainsi motivé : — « Considérant que, par jugement de ce tribunal, en date du 7 fév. dernier, Grosse fut condamné à trois mois de prison pour divers abus de confiance, et qu'il ne se rendit point appelant de ce jugement en exécution duquel il fut écroué le 19 du même mois de février, quoiqu'il fût encore en état de dépôt, de mandat et même de prévention, à raison d'un faux en écriture publique, et d'un autre abus de confiance connexe à ce faux; qu'il s'est écoulé plus de trois mois avant que la cour d'assises ait statué sur le faux et le délit qui lui est connexe, à l'égard desquels Grosse a été acquitté; — Considérant que, suivant l'art. 24 c. pén., dont la disposition a été introduite dans notre législation criminelle par la loi du 28 avr. 1832, lorsqu'il s'agit de condamner à l'emprisonnement pour des peines prononcées contre des individus en état de détention préalable, la durée de la peine, si le condamné ne s'est pas pourvu, compte du jour du jugement ou de l'arrêt, nonobstant l'appel ou le pourvoi du ministère public, et quel que soit le résultat de cet appel et de ce pourvoi; — Considérant que cette disposition est générale et doit s'appliquer à tous les cas de condamnation à l'emprisonnement; qu'ainsi la peine commence à courir de plein droit le jour du jugement ou de l'arrêt, quand il n'y a eu, comme dans l'espèce, ni appel ni pourvoi de la part du condamné; qu'aucun acte d'exécution n'est donc nécessaire; qu'il importe peu aussi que la détention préalable ait eu pour cause unique le fait qui a motivé la condamnation ou tout autre fait au sujet duquel il ne serait pas encore intervenu de jugement; que le législateur de 1832, appelé à tempérer la sévérité souvent excessive du code pénal de 1810, a voulu, par le nouvel art. 24 qu'il y a inséré, abréger, autant que possible, la détention préventive qui est toujours une rigueur, lors même qu'elle est indispensable pour assurer la vindicte publique; qu'il suffirait d'ailleurs que l'interprétation de cet article pût donner naissance à un doute sérieux pour qu'on fit de sa disposition l'application la plus favorable à la liberté individuelle. » — Appel par le ministère public. — Arrêt.

LA COUR; — Adoptant les motifs des premiers juges, confirme.

Du 19 juin 1839.-C. de Rennes, ch. cor.-M. Legeard, pr.

(2)(Lemeneur C. min. pub.) — LA COUR; — Sur le moyen relatif au jour à partir duquel doit courir l'emprisonnement du demandeur:—Attendu que, d'après la nouvelle rédaction de l'art. 24 c. pén., il n'y a lieu de faire courir la durée d'un emprisonnement du jour de la condamnation, quand le condamné s'est pourvu, qu'au cas où, sur ce pourvoi, la peine aurait été réduite; — Attendu que, dans l'espèce, l'arrêt intervenu le 3 août dernier sur le pourvoi de Lemeneur, a prononcé le rejet de ce pourvoi, quant au chef de l'arrêt attaqué qui avait condamné Lemeneur à la peine de l'emprisonnement; et que, si, sur ce pourvoi, la durée de la contrainte par corps a été modifiée, ce n'est pas là une véritable réduction de peine, la contrainte par corps n'étant pas rangée par le code pénal au nombre des peines; — Et attendu, dès lors, que la cour royale de Caen n'a violé aucune loi, en décidant que l'emprisonnement prononcé contre Lemeneur ne courait qu'à partir du 3 août, jour du rejet de son précédent pourvoi contre l'arrêt du 26 avr. 1838; —...Rejette.

Du 10 mai 1839.-C. C., ch. crim.-MM. Bastard, pr.-Crouseilhes, r.

(3) *Espèce :* — (Durand-Vaugaron C. min. pub.) — Me Durand-Vaugaron, avocat, condamné à dix jours d'emprisonnement pour diffamation, s'était pourvu en cassation et constitué prisonnier pour rendre son pourvoi recevable. — Au bout de dix jours, après sa constitution, il fut mis en liberté. Plus tard, son pourvoi fut rejeté. Il s'est élevé alors la question de savoir si l'emprisonnement subi par le condamné avant le rejet de son pourvoi, avait purgé la peine. — La cour d'Angers, saisie de la question, rendit, le 30 déc. 1836, l'arrêt suivant : « Attendu que, d'après l'art. 373 c. inst. crim. et l'art. 23 c. pén., la durée de l'emprisonnement prononcé contre Durand-Vaugaron n'a pu courir qu'après le rejet du pourvoi qu'il avait formé contre l'arrêt de condamnation; — Qu'il ne se trouvait pas dans l'exception admise par l'art. 24, puisque c'est par son fait que l'exécution de l'arrêt avait été suspendue, et que la mise en état, prescrite par l'art. 421 c. inst. crim., pour être admis à se pourvoir, est une formalité préliminaire, et ne peut être confondue avec la peine elle-même; — Par ces motifs, dit qu'il subira la peine de dix jours d'emprisonnement, à laquelle il a été condamné par arrêt de cette cour, du 30 déc. 1835. » — Pourvoi par Durand-Vaugaron. — Arrêt.

LA COUR; — Vu les art. 373, 375, 421 c. inst. crim., 23 et 24 c. pén.; — Attendu que l'art. 373 c. inst. crim. dispose : que le recours en cassation suspend l'exécution de la peine; — Que cet article, bien que placé au chapitre des cours d'assises, régit également les matières cor-

237. De la discussion de la loi de 1832 à la chambre des députés, il résulte que ces mots : *si le condamné ne s'est pas pourvu*, équivalent à ceux-ci : *si le condamné n'a pas interjeté appel ou ne s'est pas pourvu*; on a entendu comprendre l'appel et le pourvoi dans une expression générale (Code pénal progressif, p. 147).

Le condamné qui se pourvoit contre l'arrêt confirmatif du jugement dont le ministère public avait seul interjeté appel, perd, par ce pourvoi, s'il est rejeté, le bénéfice de son premier acquiescement. Sa peine comptera du jour de l'arrêt de rejet seulement, et non du jour du jugement. — Si l'arrêt est cassé, et la peine réduite par les juges saisis par le renvoi de l'affaire, la peine courra encore du jour de l'arrêt attaqué. — Et si la peine est, au contraire, maintenue ou aggravée, elle ne courra que du jour de l'arrêt qui la maintient ou l'aggrave. — C'est ce qu'enseignent aussi MM. Chauveau et Hélie, t. 1, p. 253. — V. toutefois *contrà* M. Bertauld, p. 301 et suiv.

Il a été jugé : 1° que la détention préventive subie par l'inculpé, depuis le jugement qui l'a condamné jusqu'à l'arrêt qui, sur son appel, a réduit cette condamnation, compte pour la durée de la peine, nonobstant le pourvoi qu'il a formé contre ce dernier arrêt; qu'ainsi, lorsqu'un prévenu condamné à l'emprisonnement par un tribunal correctionnel a vu cette condamnation confirmée sur appel, mais obtient, de la cour de renvoi saisie après cassation de l'arrêt confirmatif, une réduction de peine, le temps de sa détention préventive écoulée depuis le jugement jusqu'à la décision de cette cour de renvoi, compte pour l'expiation, bien que le second pourvoi en cassation qu'il forme ultérieurement ait été rejeté (Crim. rej. 3 juill. 1847, aff. Bacon, D. P. 47. 1. 272); — 2° Que l'arrêt par lequel la cour de cassation, saisie d'un pourvoi formé en matière correctionnelle par le condamné, donne acte à ce condamné de son désistement, et déclare, en conséquence, que le pourvoi sera réputé non avenu, replace ce condamné dans le même état que si son pourvoi n'avait jamais existé; qu'en conséquence l'exécution de la peine ne doit pas être considérée comme ayant été suspendue dans l'intervalle qui s'est écoulé entre la date du pourvoi et celle de l'arrêt sur le désistement (Crim. cass. 2 juill. 1852, aff. Bloch, D. P. 52. 1. 222); — 3° Que le temps écoulé entre le pourvoi formé par le condamné à l'emprisonnement, détenu préventivement, et le désistement de ce pourvoi, compte dans la durée de la peine, quand la cour de cassation a donné acte au condamné de son désistement, et a, en conséquence, déclaré que le pourvoi serait déclaré non avenu (Crim. rej. 26 mai 1853, aff. Verpillat, D. P. 53. 1. 240).

238. Bien qu'en règle générale la peine d'emprisonnement doive être subie dans la maison d'arrêt du lieu de la condamnation, cependant, si un condamné, écroué en vertu du jugement dans un lieu autre que celui où la condamnation avait été prononcée, a été détenu dans une prison qui était assimilée à une maison de correction destinée à recevoir les personnes condamnées à une peine d'emprisonnement au-dessous d'un an, la peine a pu être déclarée expiée dans cette maison, alors d'ailleurs qu'il s'agissait d'un emprisonnement de moins de six jours (Crim. rej. 23 fév. 1833, aff. Puylaroque, *infrà*, n° 242). — Mais l'incarcération au dépôt de la préfecture de police d'un individu condamné à la peine de l'emprisonnement, afin d'assurer son transfèrement dans la maison de correction où cette peine doit être subie, ne peut être considérée comme l'équivalent de l'emprisonnement; par suite, la durée de cette incarcération ne peut être déduite du temps fixé pour la durée de l'emprisonnement, lequel doit être expié dans une maison de correction (Req. 17 déc. 1850, aff. Belon de Chassy, D. P. 50. 1. 343).

239. Le condamné qui par son fait personnel et, par exemple, en s'évadant de sa prison interrompt la peine prononcée contre lui, n'est pas fondé à faire imputer sur la durée de cette peine le temps de sa détention dans une autre prison où il n'a été incarcéré après son arrestation que jusqu'à ce qu'il fût statué sur son identité (Crim. rej. 5 avril 1821) (1).

240. L'autorité administrative et l'autorité judiciaire ont chacune leur part d'attribution quant à l'exécution des peines. L'administration matérielle des établissements pénitentiaires, c'est-à-dire la direction de leur police, la surveillance de leur régime et de leur salubrité, la fixation et le payement des dépenses ont été dévolues à l'autorité administrative par la loi du 15 sept. 1791. Mais, d'un autre côté, le code d'instruction criminelle (art. 611 et 613) charge le juge d'instruction et le président des assises de visiter les personnes détenues dans les maisons d'arrêt ou de justice; il leur confère même le pouvoir d'y donner tous les ordres qu'ils croiront nécessaires, soit pour l'instruction, soit pour le jugement, et ordonne que ces ordres soient exécutés. De plus le même code (art. 197 et 376) charge le ministère public de poursuivre l'exécution des jugements et arrêts rendus en matière criminelle.

En présence de ces dernières dispositions, on peut se demander si lorsqu'il s'agit de transférer les condamnés dans les maisons où ils doivent subir leurs peines, le ministère public peut ordonner directement cette translation ou s'il peut seulement la requérir? Si c'est à lui ou si c'est à l'administration qu'il appartient de désigner la maison dans laquelle le condamné sera écroué? MM. Chauveau et Hélie (t. 1, p. 258) pensent que cette difficulté ne peut guère s'élever à l'égard des condamnations à plus d'un an de prison, attendu que les ordonnances des 2 avr. 1817 et 6 juin 1830 ont fixé d'une manière précise les lieux de détention où cette peine doit être subie; quant aux peines inférieures, comme la loi a gardé le silence sur ce point, ils en concluent que le droit d'ordonner l'exécution et la désignation du lieu appartiennent concurremment, soit au ministère public, soit au préfet. « Il est facile d'apercevoir, ajoutent-ils, que cette double action doit amener quelque confusion dans la pratique. Une ligne plus nette devrait être tracée entre les deux pouvoirs. »

---

rectionnelles et de simple police; — Attendu qu'aux termes de l'art. 375 du même code, la condamnation doit être exécutée dans les vingt-quatre heures de la réception de l'arrêt de rejet; — Que cette disposition a été reproduite sous une forme plus générale dans l'art. 23 c. pén., qui porte : « La durée des peines temporaires comptera du jour où la condamnation sera devenue irrévocable; » — Que, si l'article suivant contient une exception à ce principe, elle se rapporte uniquement aux condamnés en état de détention préalable, soit qu'ils n'aient ni interjeté appel, ni recouru en cassation, soit (au cas où ils auraient pris l'une de ces deux voies) que, par l'effet de l'appel ou du recours, leur peine ait été réduite; — Attendu que l'art. 421 c. inst. crim., qui impose à tout individu condamné à une peine emportant privation de la liberté, l'obligation, pour rendre son pourvoi recevable, ou de se mettre en état, ou d'obtenir sa liberté sous caution, n'a eu en vue qu'une formalité préliminaire participant du caractère de la détention préventive, et non l'exécution anticipée de tout ou partie de la décision frappée de pourvoi, laquelle ne sort effet et ne reprend sa force exécutoire que lorsqu'un arrêt de rejet l'a rendue irrévocable; — Attendu, en fait, que Durand-Vaugaron, n'ayant ni subi la détention préalable dont il est parlé dans l'art. 24 c. pén., ni obtenu, en définitive, un arrêt de cassation par suite duquel sa peine aurait été adoucie, ne pouvait, sous aucun rapport, se prévaloir de la seule exception prévue par cet article, et rentrait, dès lors, sous l'empire de la règle posée, soit par l'article précédent, soit par les articles précités c. inst. crim., règle générale et absolue, commune aux condamnés et au ministère public et dont, hors le sens, expressément déterminé par la loi, il n'appartient ni à l'un ni à l'autre de décliner l'application; — Rejette.

Du 30 juin 1837.-C. C., ch. crim.-MM. Bastard, pr.-Rocher, rap.

(1) (Maucorps-Galland C. min. pub.) — La cour; — Statuant sur le pourvoi du demandeur contre l'arrêt de la cour d'assises de Douai du 28 fév. dernier : — Attendu, en droit, que l'interruption survenue dans la peine prononcée contre un condamné ne peut lui procurer l'avantage d'en abréger la durée, lorsqu'elle a pour cause un fait personnel et sa contravention même au jugement qu'il doit exécuter, et dont il est obligé de subir l'effet tout entier; — Et attendu que le demandeur condamné à six ans de travaux forcés et évadé du bagne d'Anvers, n'a été arrêté et détenu à Rouen que par suite de son évasion et pour qu'il fût statué sur l'identité de sa personne avec l'individu condamné, en 1811, par la cour d'assises de l'ancien département de la Lys; — Que, dès lors, le temps d'une détention prolongée par ses diverses dénégations et ses pourvois ne peut être imputée sur les six années pendant lesquelles le demandeur doit subir une peine qui, interrompue par son propre fait, ne reprendra son tour légal que du moment où il sera remis dans un bagne de France au même état où il était avant son évasion; — Qu'ainsi la cour d'assises de Douai, en décidant que le demandeur doit être dirigé sur un bagne, sans que le temps de sa détention à Rouen puisse être imputée sur les trois ans, quatre mois qu'il doit encore passer audit bagne pour l'entière expiration de la première peine prononcée contre lui n'a violé aucune disposition de loi, et s'est conformé aux principes de la matière; — Rejette.

Du 5 avril 1821.-C. C., sect. crim.-MM. Barris, pr.-Chantereyne, r.

241. Si, dans l'exécution de la peine, il s'élève quelque difficulté ayant un caractère contentieux, c'est à l'autorité judiciaire seule, et non point à l'autorité administrative, qu'il appartient de la résoudre. Mais est-ce le ministère public lui-même, ou bien est-ce le tribunal duquel la condamnation est émanée qui doit prononcer? Déjà nous avons examiné cette question à propos de la règle qui prohibe la cumulation des peines (V. *suprà*, n° 143), et nous avons pensé, avec MM. Chauveau et Hélie et M. Le Sellyer que le ministère public a qualité pour statuer sur toutes les difficultés que peut présenter l'exécution d'une condamnation tant qu'il n'y a pas réclamation de la part du condamné, qu'ainsi c'est à lui de fixer soit l'époque où la peine expire, soit le mode de son exécution; mais que, s'il y a réclamation du condamné, et que pour y statuer il soit nécessaire d'interpréter la sentence, c'est au tribunal qui l'a rendue qu'il appartient de faire cette interprétation.

242. Suivant un arrêt, si le ministère public est exclusivement chargé de l'exécution des jugements, les questions qui s'élèvent à l'occasion de cette exécution, soit quant à la prescription, soit quant à la remise, soit quant à l'expiration de la peine, présentent un caractère contentieux qui devient l'accessoire de l'action publique, et doivent suivre le sort de cette action, et être portées devant les juges compétents pour décider sur le principal; spécialement, la question de savoir si un condamné à une peine correctionnelle, qui a été écroué à une maison d'arrêt, au lieu de l'être dans une maison de correction, a suffisamment expié sa peine, présente un caractère contentieux qui doit être soumis aux tribunaux (Crim. rej. 23 fév. 1833 (1); V. aussi, sur une question analogue, le réquisitoire de M. le procureur général Dupin dans l'affaire Belon de Chassy, jugée par arrêt de req. 17 déc. 1852, D. P. 50. 1. 344). — Décidé, de même, que c'est aux tribunaux et non au ministère public qu'il appartient de décider si les mois d'emprisonnement se comptent de quantième en quantième, ou par période de trente jours (Crim. cass. 27 juin 1845, aff. Hamelin, D. P. 45. 1. 288). — Il a été jugé, toutefois, qu'en matière correctionnelle et criminelle, l'exécution des jugements de condamnation appartient exclusivement au ministère public, en sorte que les tribunaux qui les ont rendus sont incompétents pour en connaître; que, dans ce cas, le pouvoir des tribunaux se borne à dénoncer à l'autorité compétente les abus d'autorité commis par le ministère public en prolongeant illégalement la détention d'un condamné (Angers, 19 mars 1822, aff. Boyer, n° 232-4°). Faisons observer que, dans cette espèce, il n'y avait pas eu réclamation de la part du condamné et que le tribunal avait, d'office, prononcé l'élargissement du détenu, empiétant par là sur les attributions que l'art. 197 c. inst. crim. confère au ministère public.

Suivant le réquisitoire de M. le procureur général Dupin précité (aff. Belon de Chassny), la demande en élargissement formée par le condamné à une peine correctionnelle qui se trouve détenu hors du ressort du tribunal qui a rendu la condamnation est de la compétence du tribunal du lieu de la détention : ici s'applique par analogie l'art. 805 c. pr. Et cette demande doit, en cas pareil, être portée devant le tribunal civil, et non devant le tribunal correctionnel. « Dès lors que ce n'est pas le tribunal même qui a rendu le jugement qui doit connaître de la demande, est-il dit dans ce réquisitoire, le motif qui établissait sa compétence n'existe plus; on retombe sous la disposition de l'art. 805, et c'est au tribunal civil, qui a plénitude de juridiction, que la demande en liberté doit être adressée. »

CHAP. 5. — DES CIRCONSTANCES QUI INFLUENT SUR LA PEINE. — RÉCIDIVE, EXCUSE, CIRCONSTANCES ATTÉNUANTES, ETC.

SECT. 1. — *De la récidive.*

243. La récidive est l'état de l'individu qui commet un crime, un délit ou une contravention après avoir été déjà condamné pour crime, délit ou contravention. La récidive suppose dans l'agent une perversité plus profonde que la première faute, car elle prouve qu'il a résisté à la double action des remords et du châtiment; en même temps elle est l'indice d'un péril social plus imminent; par conséquent, elle nécessite une aggravation dans la peine (V. sur ce point MM. Rossi, Tr. du dr. pén., t. 3, p. 114; Chauveau et Hélie, t. 1, p. 278). Ce principe avait été consacré par les lois romaines (V. notamment LL. 28, § 3, ff., *De pœn.*; 1, ff., *De jure patron.*; 3, § 9, ff., *De re militari*; 3, Cod., *De episc. audient.*; 8, § 1, Cod., *Ad leg. Jul. de vi*). Et du droit romain il avait passé dans notre ancienne jurisprudence : *consuetudo delinquendi*, disaient les anciens docteurs, *est circumstancia aggravandi delictum et delinquentem acriùs puniendi* (V. D. Godefroid et Paul de Castro, sur la loi 3, Cod., *De episc. aud.*; Farinacius, quæst. 18, n° 80). Il suffisait de deux actes pour constituer cette habitude de mal faire (*consuetudo*) : *quod enim bis fit frequenter fieri dicitur* (Farinacius, quæst. 18, n° 16; V. aussi Godefroid et Paul de Castro, *loc. cit.*); mais la deuxième récidive était punie plus sévèrement que la première : *gravius multò puniendus est qui ter deliquit quàm qui bis* (Farinacius, quæst. 18, n° 19). Ainsi, par exemple, le troisième vol, quelque minimes que fussent les objets, pouvait entraîner la peine de mort (Farinacius, quæst. 23, n° 4). Ces principes, à la vérité, n'avaient pas été consacrés, d'une manière générale, par les lois; mais les juges, qui pour l'application des peines avaient un pouvoir discrétionnaire, voyaient dans la récidive une circonstance aggravante des crimes ou délits qui leur étaient soumis, et les règles posées par les lois romaines s'imposaient pour ainsi dire à leur jugement à titre de raison écrite (V. Jousse, Just. crim., t. 2, p. 601 et 602). Cependant le principe de la récidive avait passé dans quelques textes positifs : ainsi notamment la coutume de Bourgogne punissait de mort le vol commis avec récidive, et la déclaration du 4 mars 1724 infligeait la peine des galères à ceux qui, ayant déjà été condamnés pour vol (passible du fouet), étaient convaincus de récidive en crime de vol, et la peine de mort à ceux qui, ayant déjà été punis des galères, se rendaient de nouveau coupables d'un crime méritant peine afflictive (V. Decrusy et Isambert, Coll., t. 21, p. 260). — Nous examinerons successivement quels sont les caractères généraux de la récidive et comment elle se prouve; puis quelles sont les règles spéciales à la récidive en matière de crimes, en matière de délits et en matière de simples contraventions.

244. Le code pénal du 25 sept.-6 oct. 1791 (part. 1, tit. 2, art. 1 et 2) s'occupe de la récidive, mais seulement en ce qui concerne les crimes. Il établit à cet égard un système tout nouveau : la récidive ne donne pas lieu à une aggravation de peine; seulement, après avoir subi la seconde peine, le condamné est transféré pour le reste de sa vie au lieu fixé pour la déportation des malfaiteurs. Voilà la règle générale. Mais à cette règle il est fait une exception. Si la première condamnation n'emportait que la peine de la dégradation civique ou du carcan, et que le second crime ne soit également passible que de cette même peine, le condamné n'est pas déporté; mais, attendu la récidive, la peine

(1) (Min. pub. C. Puylaroque.)—LA COUR;—Sur le premier moyen : —Attendu que, si le ministère public est exclusivement chargé de l'exécution des jugements correctionnels, et si ces tribunaux ne peuvent accorder le sursis à cette exécution, sans violer les art. 197, 375 et 376 c. inst. crim., les questions qui s'élèvent à l'occasion de cette exécution, soit quant à la prescription, soit quant à la remise, soit quant à l'expiation de la peine, présentent un caractère contentieux qui devient l'accessoire de l'action publique, et doivent suivre le sort de cette action, et être portées devant les juges compétents pour décider sur le principal; qu'ainsi, dans l'espèce, en se déclarant compétent pour décider si le sieur de Puylaroque, arrêté en vertu d'un jugement correctionnel et déposé dans une maison d'arrêt pendant le temps déterminé par ledit jugement, avait accompli la peine de cinq jours de prison à lui infligée, le tribunal correctionnel de Montauban et la chambre correctionnelle de la cour royale de Toulouse, n'ont point entrepris sur les droits du ministère public et se sont conformés aux art. 1 et 2 c. inst. crim.;

Sur le deuxième moyen :—Attendu que, dans l'espèce, le sieur Puylaroque a été écroué en vertu du jugement de condamnation; qu'il a été détenu dans une prison, que l'arrêt attaqué reconnaît avoir été assimilée à une maison de correction, destinée à recevoir les personnes condamnées à une peine d'emprisonnement au-dessous d'un an; qu'il s'agit, d'ailleurs, d'une peine au-dessous de six jours, et qu'en prononçant que la peine avait été expiée dans cette maison, l'arrêt attaqué n'a violé ni l'art. 40 c. pén., ni aucune autre loi;—Rejette.

Du 23 fév. 1833.-C. C., ch. crim.-MM. Bastard, pr.-Isambert, rapporteur.

est convertie en deux années de détention. En ce qui concerne les délits et les contraventions, le code du 25 sept.-6 oct. 1791 est muet; mais la loi du 19-22 juill. 1791, sur la police municipale et la police correctionnelle, avait déjà pourvu à cet objet. Le système de cette loi consiste, pour la plupart des cas, à doubler la peine en cas de récidive; il consiste, pour quelques cas, notamment en cas de vente à faux poids, à transformer la contravention en délit, et même, s'il y a seconde récidive, en crime (tit. 1, art. 22 et 23; tit. 2, art. 40). Enfin la loi du 28 sept.-6 oct. 1791, dans le titre 2, consacré à la police rurale, porte (art. 4) que toutes les amendes ordinaires qui n'excéderont pas la somme de trois journées de travail seront doubles en cas de récidive dans l'espace d'une année. Le code du 3 brum. an 4 ne contient aucune disposition qui s'applique spécialement à la récidive en matière de crimes et de délits; relativement aux contraventions de police, il porte (art. 607) qu'en cas de récidive les peines suivent la proportion réglée par les lois des 19 juill. et 28 sept. 1791, et ne peuvent, en conséquence, être prononcées que par le tribunal correctionnel. Il ajoute, dans l'article suivant (608) : « Pour qu'il y ait lieu à une augmentation de peines pour cause de récidive, il faut qu'il y ait eu un premier jugement rendu contre le prévenu, pour pareil délit, dans les douze mois précédents, et dans le ressort du même tribunal de police. »

245. Il avait été jugé, sous l'empire de la législation qui vient d'être exposée : 1° que celui qui avait été condamné à la détention pour cause de vol, puis à la déportation pour récidive, ne pouvait pas être poursuivi à raison d'un vol simple qui entraînerait une peine moindre (Crim. cass. 25 fruct. an 5, MM. Seignette, pr., Chasle, rap., Abrial, commiss. du direct. exéc., aff. Bouteillier); — 2° Que, pour que la récidive entraînât la peine de déportation, il ne suffisait pas que le condamné eût déjà subi l'une des peines énoncées dans l'art. 1, t. 2, de la 1re partie, c. pén. (de 1791), qu'il fallait encore qu'il l'eût subie pour un crime emportant l'une de ces peines, d'après le code pénal, et non d'après les lois anciennes (Crim. rej. 6mess. an 6, MM. Gohier, pr., Chupiet, rap., aff. Canon); — 3° Que celui qui, antérieurement au code pénal de 1791, avait été condamné seulement au bannissement à raison d'une tentative de vol commise la nuit dans une maison habitée, fait qui, d'après la législation de l'époque, entraînerait de plus le fouet et la flétrissure, devait être considéré, sous l'empire dudit code, comme repris de justice pour crime, malgré cette omission, et devenait passible des peines de la récidive s'il en commettait un nouveau (Crim. rej. 16 therm. an 8, M. Viellart, rap., aff. Charlemagne); — 4° Que, sous la loi du 25 sept. 1791, la déportation ne pouvait être appliquée pour récidive à un individu déjà condamné pour crime, lorsque le second fait n'entraînerait par lui-même que des peines correctionnelles (Crim. cass. 7 vend. an 10, M. Sieyes, rap., aff. Peyffer); — 5° Qu'un individu n'avait pu être condamné à être transféré pour le reste de sa vie, au lieu fixé pour la déportation des malfaiteurs, lorsque les jurés avaient omis de déclarer la récidive (Crim. cass. 7 déc. 1792, MM. Thouret, pr., Fantin, rap., aff. Signol); — 6° Que le jugement qui appliquait à un accusé la peine de la récidive, quoique le jury n'eût point donné de déclaration sur cette circonstance, était nul (Crim. cass. 5 avr. 1793, MM. Thouret, pr., Baillot, rap., aff. Boudet).

246. La loi du 25 frim. an 8, en faisant descendre au rang de simples délits correctionnels des faits que le code pénal de 1791 punissait de peines afflictives et infamantes, disposait (art. 15) qu'en cas de récidive lesdits délits seraient jugés par le tribunal criminel et punis des peines portées au code pénal. Cet article ajoutait : « Il y aura récidive quand un délit de la nature de ceux énoncés ci-dessus aura été commis par le condamné dans les trois années à compter du jour de l'expiration de la peine qu'il aura subie. — La lecture du présent article sera faite aux condamnés lors de la prononciation du jugement de police correctionnelle. » — Il a été décidé : 1° que cet art. 15, qui disposait qu'en cas de récidive les tribunaux criminels appliqueraient aux délits spécifiés dans les articles précédents les peines portées au code pénal, devait s'entendre des peines simples et non de celle de la récidive déterminée par ce code, car c'eût été doubler la peine de la récidive (Crim. cass. 19 prair. an 8, M. Goupil-Préfeln, rap., aff. Laurent); — 2° Que, sous la même loi, le fait de récidive ne devait opérer qu'une condamnation aux peines ordinaires portées au code pénal contre les délits à l'égard desquels cette loi modérait la peine; que prononcer la déportation c'eût été décerner une double peine pour le fait de récidive (Crim. cass. 7 mess. an 8, M. Target, rap., aff. Bochet); — 3° Que le délai pendant lequel, sous la loi du 25 frim. an 8, le nouveau délit devenait récidive se comptait, non pas du jour du premier jugement de condamnation, mais seulement du jour de l'expiration de la peine infligée pour le premier délit (Crim. rej. 16 vend. an 9, MM. Viellart, pr., Genevois, rap., aff. Bochet); — 4° Que, dès lors, il y avait lieu à appliquer la peine de la récidive à celui qui, pendant qu'il subissait sa peine pour un premier délit, commettait un délit de même nature (Crim. rej. 16 vend. an 9, MM. Viellart, pr., Vallée, rap., aff. Laurent); — 5° Que, pour qu'un nouveau délit commis dans les trois années constituât en récidive l'individu qui avait subi une première condamnation, il fallait que lecture lui eût été faite, lors de la prononciation de ce premier jugement, des dispositions de la loi sur la récidive (Crim. cass. 18 mess. an 9, M. Borel, rap., aff. femme Crampon).

247. En sens contraire, sous la même loi de l'an 8, il avait été décidé 1° qu'en cas de récidive, le délit qui était du ressort des tribunaux correctionnels était de la compétence des cours criminelles qui prononçaient les peines portées au code pénal, et que cet ordre de choses ne changeait pas, bien que, contrairement aux dispositions de l'art. 15 de cette loi, il n'eût pas été donné lecture de cet article au condamné lors de la prononciation du jugement (Crim. rej. 1er avril 1808, MM. Barris, pr., Rataud, rap., aff. Demange); — 2° Qu'en ordonnant qu'il fût donné lecture au prévenu, lors de sa première condamnation, de la disposition portant qu'en cas de récidive la peine serait plus forte, la loi du 25 frim. an 8 ne le faisait que dans une forme réglementaire, et que l'omission de cette lecture ne mettait point obstacle à l'application des peines de la récidive, en cas de nouveau délit (Crim. cass. 26 juin 1807, MM. Barris, pr., Carnot, rap., aff. Dalmondo); — 3° Que lorsque plusieurs personnes se trouvaient prévenues d'un même délit, et que la circonstance de la récidive s'élevait contre l'une d'elles, l'instruction devait être divisée (Crim. règl. de jug. 1er brum. an 13, MM. Delacoste, pr., Borel, rap., aff. Noirhomme).

248. Nous avons vu que, dans le cas de crimes commis avec récidive, le code pénal de 1791 voulait que les condamnés, après avoir subi leur peine, fussent transférés dans le lieu fixé pour la déportation et qu'ils y passassent le reste de leur vie. Aucun lieu n'ayant été désigné et la peine de la déportation étant par suite restée sans exécution réelle, les dispositions du code pénal de 1791, en ce qui concerne la récidive des crimes, devenaient par cela même inapplicables. Cette lacune fut comblée par la loi du 23 flor. an 10 (art. 1), qui prononça, pour tous les cas de récidive, la peine de la marque ou flétrissure... Par là le législateur avait voulu, ainsi que l'expliquait M. Jaubert dans l'Exposé des motifs de cette loi, qu'à tout instant l'identité des récidivistes pût être constatée. Ce système était simple, mais, comme l'ont fait observer MM. Chauveau et Hélie (t. 1, p. 281), il était réellement draconien, puisqu'il ne faisait aucune distinction entre les coupables. — Il a été jugé sous cette loi 1° que la flétrissure ne remplaçait que temporairement la déportation en cas de récidive; qu'un tribunal criminel ne pouvait appliquer cumulativement ces deux peines (Crim. cass. 16 flor. an 11, M. Barris, rap., aff. Claude Fichon); — 2° Que cette loi n'avait établi la flétrissure, en cas de récidive, que par substitution à la peine de la déportation et jusqu'à ce que cette dernière pût être pratiquée; qu'un tribunal criminel ne pouvait donc, sous l'empire de cette loi et de celle du 25 sept. 1791, prononcer cumulativement la flétrissure et la déportation (Crim. cass. 22 pluv. an 11, MM. Seignette, pr., Rataud, rap., aff. Antoine Charavel); — 3° Que la peine de la flétrissure et celle de la déportation n'étaient pas cumulées dans le cas de récidive lorsque l'accusé avait déjà été condamné à la peine de la déportation (Crim. rej. 5 messidor an 11, MM. Viellart, pr., Seignette, rap., aff. Boulanger); — 4° Que l'art. 1 de la loi n'infligeait la flétrissure, en cas de récidive, qu'autant que le premier crime était encore qualifié tel par les lois actuellement existantes (Crim. cass. 9 vent. an 13, M. Viellart, rap., aff. François Raymond); — 5° Qu'ainsi une première condamnation pour crime devenu un délit correctionnel d'après la loi de l'an 8 ne pouvait, en cas de nouveau délit, établir une récidive donnant lieu à l'application de la peine de la flétrissure (Crim. cass. 19 flor. an 13, M. Barris, rap., aff. Mast); — 6° Que la loi du 25 frim. an 8 ayant rangé parmi les délits correctionnels le vol commis par plusieurs personnes dans l'intérieur d'une maison, sans autre circonstance aggravante, un pareil fait n'était pas qualifié crime par les lois existantes lors de l'empire de celle du 23 flor. an 10, et n'a pu servir de base à l'application de la peine de la marque pour récidive (Crim. cass. 10 germ. an 12, M. Basire, rap., aff. Leclerc); — 7° Que les vols de bétail confié à la foi publique, commis soit de jour soit de nuit, n'étaient rangés, depuis la loi de l'an 8, que dans la classe des délits, sans distinguer s'ils avaient été commis par une seule ou par plusieurs personnes; qu'ainsi, ils n'étaient pas qualifiés crimes par les lois subsistantes lors et depuis la loi du 23 flor. an 10, et ne pouvaient, sous cette dernière loi, donner lieu à la peine de la flétrissure, pour récidive (Crim. cass. 21 flor. an 12, M. Barris, rap., aff. Sébastien Milaudon); — 8° Qu'une première condamnation pour vol commis dans une boutique ne pouvait servir à établir une récidive, parce que la loi du 25 frim. an 8 avait réduit ce vol au simple caractère de délit correctionnel (Crim. cass. 25 brum. an 12, M. Borel, rap., aff. Marguerite Soulier); — 9° Que sous la loi de l'an 10, la peine de la flétrissure, remplaçant momentanément pour la récidive celle de la déportation, ne pouvait pas être appliquée à des forçats qui ne doivent être jugés et punis qu'en conformité des lois rendues pour la police et la justice des chiourmes, et qui ne peuvent être soumis à des lois nouvelles que lorsqu'elles l'ont expressément déclaré (Crim. cass. 15 therm. an 12, MM. Vermeil, pr., Audier-Massillon, rap., aff. Renaud et Fricker).

249. La loi du 15 déc. 1808, qui formait le tit. 6, liv. 2 (art. 553 à 599), c. inst. crim., attribuait aux cours spéciales la connaissance des crimes commis en récidive. Des cours spéciales, la loi des 20-27 déc. 1815 (art. 8) transféra cette connaissance aux cours prévôtales qu'elle instituait dans chaque département. Lorsque les cours prévôtales eurent été supprimées, le jugement des crimes commis en récidive revint naturellement aux tribunaux criminels ordinaires.

250. Sur la récidive en elle-même et abstraction faite de la juridiction, le système consacré par le code pénal de 1810 consiste dans une aggravation de la peine applicable au second fait. Et la réforme de 1832, tout en adoucissant, dans certains cas, les peines trop rigoureuses prononcées contre les récidivistes, a néanmoins maintenu et confirmé le système; elle a continué de voir dans la récidive une circonstance aggravante du fait principal.

251. C'est ainsi, du reste, qu'elle est généralement envisagée par les législations étrangères. Ainsi, notamment, d'après le code du Brésil, il existe pour chaque crime trois degrés de punition; or la plus grave est pour le cas où le délinquant est en récidive d'un délit de même nature (art. 16). Le projet de code pénal de la Louisiane augmente la peine infligée au délit d'une moitié en sus lorsque le délit est commis en récidive; et, dans le cas d'une troisième condamnation, il considère le coupable comme inhabile à l'état social, et le condamne à l'emprisonnement et aux travaux de force pour le reste de sa vie (*Code of crimes and punishments*, art. 52 et 53). Le code pénal d'Autriche (art. 17, 37 et 45) aggrave également la peine, soit par la durée, soit par le travail public, soit par l'exposition, les coups de verge ou le jeûne, «si le coupable a déjà été pris une fois pour semblable délit.» Suivant le code prussien (art. 45 et 52), la récidive entraîne toujours l'augmentation de la peine établie par la loi pour le simple délit, mais sans que le juge puisse changer le genre de peine qu'elle détermine.

252. La légitimité du principe de l'aggravation des peines en cas de récidive a été contestée. « Peut-on dire, dit Carnot (Comm. du code pén., t. 1, p. 162), qu'il soit dans les principes d'une exacte justice d'appliquer aux condamnés en récidive une peine plus sévère que celle qu'ils ont encourue par le genre de crime dont ils se sont rendus coupables? S'ils ont commis un premier crime, ils en ont été punis; leur infliger une nouvelle peine à raison de ce crime, n'est-ce pas ouvertement violer à leur égard le *non bis in idem* qui fait l'une des bases de toute législation? D'une autre part, la peine du crime ne peut être aggravée qu'à raison des circonstances qui s'y rattachent, qui lui sont concomitantes, et qui en font un tout indivisible. » Il est facile de répondre à cette argumentation. Lorsqu'elle aggrave la peine à raison de la récidive, la loi ne punit pas le coupable du crime qu'il a déjà expié, mais seulement du crime nouveau qu'il a commis; si elle aggrave la peine qui s'attache au fait en lui-même, c'est qu'il y a dans la récidive un élément de criminalité de plus, et que la peine doit être proportionnée et à l'immoralité de l'agent et à la gravité du péril social que révèle le crime; peu importe, d'ailleurs, que cette circonstance soit étrangère au fait lui-même. Il y a dans tout crime deux éléments dont il doit être tenu compte : la matérialité du fait et la perversité de l'agent; or si la récidive est sans influence sur la première, elle est bien certainement une circonstance aggravante de la seconde, et dès lors elle légitime une aggravation de la peine. — V. en ce sens MM. Rossi, Tr. de dr. pén., t. 3, p. 114; Chauveau et Hélie, t. 1, p. 282; Trébutien, t. 1, p. 293; Bonneville, De la Récidive, t. 1, p. 29 et suiv.; V. aussi dans ses motifs Crim. rej. 5 nov. 1812, aff. Bony, n° 293.

Art. 1. — *Caractères généraux de la récidive.*

253. On comprend que, pour être légitime aux yeux de la raison et de la justice, l'aggravation de la peine, à raison de la récidive, doit être renfermée dans certaines limites. Mais ces limites quelles sont-elles? MM. Chauveau et Hélie (t. 1, p. 283 et suiv.) posent, à cet égard, les règles suivantes : Et d'abord, la récidive étant considérée comme circonstance aggravante parce qu'elle dénote une habitude criminelle dans l'agent, il est nécessaire, pour qu'elle existe, qu'il y ait, non pas une *identité* parfaite, mais du moins une certaine *analogie* entre le premier fait et les faits ultérieurs, il faut que les faits découlent pour ainsi dire d'une même source, que ce soient, par exemple, des délits contre les personnes, des délits contre les propriétés, des délits politiques, militaires, etc., en un mot de même nature et appartenant à la même classe. S'ils différaient totalement, si, par exemple, après s'être rendu coupable de rébellion, le même individu commettait un vol, il ne serait pas possible de réunir ces deux faits pour y voir la révélation d'une habitude invétérée; l'idée d'habitude implique l'analogie des actes qui la constituent. Cette règle était admise par les lois romaines, *Si in iisdem sceleribus perseveret*, dit la loi 1, Cod., *De superexact.*, et elle avait passé dans notre ancienne jurisprudence : *Consuetudinis delinquendi præsumptio*, dit Farinacius (quæst. 23, n° 30), *tantum in eodem vel simili genere mali.* Elle se trouve également dans les codes du Brésil, de l'Autriche, de la Prusse et de la Louisiane. — Il faut, en second lieu, que l'*intervalle* qui s'est écoulé entre les deux faits ne soit pas trop long. Supposons, en effet, que l'individu qui a commis un premier vol et qui en a subi la peine commette un second fait de même nature trente ou quarante ans après; comment établir entre deux faits séparés par tant d'années de vie irréprochable, un lien quelconque? Comment les rattacher à la même cause? Comment voir dans le second la preuve d'une incorrigibilité qui a résisté à l'application de la première peine? Évidemment cela n'est pas possible. Lorsqu'il n'est commis qu'après un certain intervalle, le second délit doit être considéré, non pas comme une *rechute*, mais comme une *faute nouvelle*, absolument indépendante de la première. Aussi nos anciens jurisconsultes exigeaient-ils, pour qu'il y eût récidive, que le second délit eût été commis dans les trois ans. *Si per dictum tempus bene et laudabiliter vixerit*, dit Farinacius (quæst. 23, n° 26), *cessat præsumptio quod semel malum iterum præsumitur malus.* L'art. 15 de la loi du 25 frim. an 8 contenait une règle analogue, ainsi que nous l'avons vu (*suprà*, n° 246). MM. Chauveau et Hélie, toutefois, ne trouveraient point une période de trois ni même de cinq ans suffisante pour établir la preuve de la complète conversion du coupable. Peut-être, disent-ils, en portant ce terme à dix ans, qui ne compteraient que du jour de l'expiration de la première peine, arriverait-on à concilier l'application du principe de la récidive avec la raison qui le justifie. — L'*aggravation* de la peine, en cas de récidive, devrait être, non pas *obligatoire*, mais seulement *facultative* pour le juge, en sorte que ce dernier pût toujours se dispenser d'appliquer l'aggravation quand il lui apparaît que la réitération du fait ne doit pas être attribuée à une perversité opiniâtre et incorrigible. Seulement cette règle a l'inconvénient de substituer à la loi la volonté des juges. — Enfin l'aggravation du châtiment devrait consister dans l'application, non pas d'une *peine différente* et d'un degré supérieur, mais du maximum de la même peine; car, pour être plus condamnable, le délit commis en récidive ne change cependant pas de nature. Tel est aussi le sentiment de M. Rossi, Tr. de dr. pén., t. 3, p. 114. Ce principe, toutefois, avait été méconnu par la loi romaine et par nos anciens auteurs, qui, comme nous l'avons dit, allaient jusqu'à punir de mort le vol commis pour la troisième fois. — V. *suprà*, n° 243.

254. De ces règles, notre code pénal n'a point admis la première : il n'exige pas qu'il y ait analogie entre les faits. Toutes les fois donc qu'après avoir été condamné pour crime, le même individu commet un *nouveau crime*, ou qu'après avoir été condamné pour un délit il commet un nouveau *délit*, ou bien enfin qu'après avoir été condamné pour *contravention* il commet une nouvelle contravention, il est récidiviste, quelque divers que les faits soient d'ailleurs. Il n'admet la seconde règle que pour les *contraventions*. Ainsi, aux termes de l'art. 483 c. pén. il n'y a récidive en matière de contravention que lorsque dans les douze mois qui suivent une première condamnation, le même individu commet une nouvelle contravention. A l'égard des crimes et délits, la loi n'a pas fixé de *délai* après lequel un nouveau crime ou délit ne mettrait pas son auteur en état de récidive.—Et il a été jugé, en conséquence, que la peine de la récidive, en matière correctionnelle, est indépendante de tout délai entre le premier et le deuxième délit (Crim. cass. 14 juill. 1808) (1). — Quant à la troisième, elle trouve jusqu'à un certain point son équivalent dans la faculté attribuée aux juges d'abaisser la peine, même en cas de récidive, lorsqu'il existe des *circonstances atténuantes*. — Enfin la quatrième n'a été adoptée qu'en partie par le législateur. En effet, s'il est des cas où le code pénal veut que la récidive donne lieu à l'application d'une peine supérieure, il en est d'autres où il se borne à élever la peine sans en changer la nature. Le code pénal de 1810 distinguait à cet égard entre les crimes et les délits; à l'égard des crimes, il élevait la peine d'un degré; à l'égard des simples délits, il l'élevait dans le même degré. La loi réformatrice du 28 avril 1832 a introduit cette distinction dans les dispositions relatives aux crimes eux-mêmes. —V. ci-après les art. 56, 57 et 58 c. pén.

Examinons maintenant quels sont, dans notre législation, les caractères constitutifs de la récidive, quelles sont les conditions auxquelles est subordonnée l'existence de cette circonstance aggravante.

255. Et d'abord, il est évident qu'il ne peut y avoir récidive qu'autant que les deux infractions ont été commises par la même personne : les fautes sont *personnelles* et les peines doivent l'être également. On ne pourrait donc avoir égard aux liens qui pourraient rattacher l'auteur de la seconde infraction à celui qui aurait commis la première : peu importerait qu'il fût son fils, son successeur, son associé, etc. — Il a été décidé, en conséquence, que le fils cessionnaire de l'établissement de boulangerie de son père ne pourrait être évidemment condamné à la peine de la récidive pour une contravention au poids légal dans la vente de son pain, alors que le premier délit avait été commis par son père (Crim. rej. 15 nov. 1839, aff. Lapallu, V. Boulanger, n° 89).

256. La preuve de l'identité de l'accusé récidiviste avec celui qui a été précédemment condamné peut légalement être faite devant le nouveau tribunal où l'accusé se trouve traduit (Crim. rej. 9 nov. 1820) (2). — De même, la reconnaissance de l'identité d'un individu condamné et évadé peut être faite par une cour d'assises autre que celle qui a prononcé la condamnation, lorsqu'elle a pour but non l'exécution de cette condamnation, mais la constatation de l'état de récidive légale d'un accusé et l'application de l'aggravation de peine résultant de cet état de récidive : la cour d'assises saisie de l'accusation à propos de laquelle s'élève la question d'identité peut, en cas pareil, déclarer cette identité dans ses rapports avec le fait de récidive (Crim. rej. 23 juin 1853, aff. Burnet, D. P. 53. 5. 349).

257. Pour qu'il y ait récidive, il ne suffit pas que deux infractions aient été *successivement* commises, il faut que la première ait été suivie d'une condamnation et que depuis cette condamnation une nouvelle infraction ait eu lieu. Sans une condamnation antérieure, la multiplicité des crimes ou des délits ne suffirait pas pour constituer la récidive (V. conf. Legraverend, Législ. crim., t. 2, p. 606; Carnot, Comment. sur le code pén., t. 1, p. 173; Bourguignon, Jur. des codes cr., t. 3, p. 47; Favard de Langlade, Rép., v° Récid., n° 4; MM. Chauveau et Hélie, t. 1, p. 294 et s.; Trébutien, t. 1, p. 294). La raison en est simple : c'est que l'inefficacité d'une première punition peut seule démontrer que le coupable est incorrigible; lorsqu'avant la seconde faute le coupable n'avait pas été jugé et condamné pour la première, nul ne peut dire quelle aurait été sur lui l'influence d'une *condamnation*; rien ne révèle donc cette opiniâtreté dans le crime qui seule peut légitimer l'aggravation de la peine (V. Farinacius, quæst. 18, n° 9; MM. Chauveau et Hélie, *loc. cit.*). Au surplus, le code pénal (art. 56, 57, 58, 483) exige positivement qu'il y ait eu une condamnation antérieure au nouveau fait. — Il a été jugé, par application de cette règle : 1° que la récidive ne résulte pas de ce qu'il y a eu délit ou contravention commis plusieurs fois, mais bien de ce qu'il y a eu condamnation avant le délit actuellement dénoncé (Crim. cass. 16 août 1811, aff. Lambert, V. Contravention, n° 56; 27 fév. 1818, aff. Sengès, V. Amnistie, n° 99); — 2° Que l'aggravation de peine établie par l'art. 56 c. pén. contre l'individu qui, ayant été condamné à une peine afflictive ou infamante, aura commis un second crime, ne peut être appliquée qu'autant qu'à l'époque de la perpétration de ce second crime, la condamnation encourue pour le premier crime était déjà pro-

(1) (Min. pub. C. Allard.)— LA COUR; — Vu l'art. 32, tit. 2, L. 22 juill. 1791 ; —Et attendu que la disposition de cet article n'a été, quant à la récidive, modifiée par aucune disposition législative postérieure; —Qu'au contraire son exécution a été expressément ordonnée par l'art. 609 c. des dél. et pein., qui, jusqu'à ce que cette loi et autres qu'il rappelle soient revisées, veut que les tribunaux correctionnels appliquent aux délits qui sont de leur compétence les peines qu'elles prononcent ;— Que si l'art. 608 de ce code n'admet de récidive qu'autant que le premier jugement rendu contre un prévenu d'un pareil délit, l'a été dans les douze mois précédents, cet article ne dispose ainsi que par rapport aux délits de simple police; — Que si l'art. 15, L. 25 frim. an 8 ne reconnaît aussi de récidive qu'autant qu'un délit de la nature de ceux énoncés en cette loi, aurait été commis par le condamné dans les trois années de l'expiration de la peine qu'il aura subie, cette loi ne dispose que relativement à des délits prevus par le code pénal, qu'elle en retire pour les placer parmi les délits correctionnels; — Et qu'ainsi la peine de la récidive est admise en matière correctionnelle ordinaire, indépendamment de tout délai entre le premier et le second délit, toutes les fois que celui qui s'est rendu coupable d'un délit correctionnel a déjà été condamné pour un délit semblable ; — Attendu que le délit dont Jean-Baptiste Allard s'est de nouveau rendu coupable, est de l'espèce de ceux énoncés en l'art. 32 ci-dessus cité, et est, comme tel, un délit correctionnel ordinaire ; — Que déjà, et par jugement d'un conseil de guerre du 15 vent. an 8, il avait été condamné à quatre ans de prison pour un délit de même nature; — Et que ce nouveau délit le constituait nécessairement en récidive ; — Attendu que, d'après l'art. 32 ci-dessus rappelé, et maintenu par l'art. 609 c. des dél. et des pein., Jean-Baptiste Allard était passible de la peine d'un emprissonnement de quatre ans; — Que néanmoins, et sous le prétexte qu'il n'était pas justifié qu'il y eût récidive dans les cas déterminés par la loi, la cour de justice criminelle du département de la Charente ne l'a condamné qu'à deux ans d'emprisonnement, au lieu de quatre, conformément à la disposition finale de cet art. 32, relativement à la récidive; — Et qu'en ce faisant, cette cour a, d'une part, violé cet art. 32, maintenu par l'art. 609 c. des dél. et des pein.; et de l'autre, faussement appliqué les art. 608 de ce code, et 15 L. 25 frim. an 8, absolument étrangers aux délits correctionnels de leur nature; — Par ces motifs, casse et annule.

Du 14 juill. 1808.-C. C., sect. crim.-M. Babille, rap.

(2) (Collet.) — LA COUR ; — Attendu, sur le moyen de cassation présenté, que la cour d'assises du département de la Sarthe a déclaré que tant des pièces de la procédure que des débats, il résultait que le réclamant était réellement et identiquement le même individu qu'Anthelme Collet, précédemment condamné à cinq ans de travaux forcés pour crime de faux en écriture de commerce, par arrêt de la cour d'assises de Grenoble, du 9 août 1815, que la cour d'assises avait caractère pour faire cette déclaration, et qu'ainsi le fait de l'identité, et par suite de la récidive, a été régulièrement établi; — Rejette.

Du 9 nov. 1820.-C. C., sect. crim.-MM. Barris, pr.-Rataud, rap.

noncée; et, spécialement, que l'individu condamné pour la première fois à une peine afflictive ou infamante le 4 sept. 1843, n'a pu être condamné comme récidiviste le 4 déc. 1843, lorsque le second crime était antérieur à la première condamnation (il avait été commis le 7 fév. 1843) (Crim. cass. 26 janv. 1844, aff. Desgrouas, D. P. 45. 4. 445); — 3° Que les contraventions à la loi du 21 oct. 1814, sur l'exercice de la profession d'imprimeur ou de libraire, ne peuvent donner lieu à l'application des peines de la récidive, à raison d'infractions antérieures à celle poursuivie, qu'autant que ces infractions préexistantes ont été frappées de condamnation (Crim. rej. 23 août 1850, aff. Cousch, D. P. 50. 5. 399); — 4° Que la circonstance qu'un individu prévenu de deux contraventions par deux procès-verbaux, et traduit à la même audience, a été condamné, par un premier jugement, pour l'une des contraventions, ne fait pas qu'il puisse, par suite de cette condamnation postérieure à l'autre contravention, être considéré, dans le jugement de celle-ci, comme étant en état de récidive (Crim. cass. 5 nov. 1831) (1).

258. Il a été décidé encore, par application des mêmes principes: 1° que la détention prononcée par mesure de correction contre un individu relaxé des poursuites comme ayant agi sans discernement, ne constitue point une peine, et n'autorise pas, par suite, l'application des peines de la récidive (Montpellier, 6 juin 1848, aff. Ramadié, D. P. 48. 2. 117); — 2° Qu'il n'y a pas récidive de la part de celui qui commet un délit, après avoir été acquitté à raison d'un premier délit, comme ayant agi sans discernement, mais qui a été conduit dans une maison de correction pour y être élevé et détenu pendant plus d'une année (Paris, 3 déc. 1830) (2).

259. Toutefois, il a été décidé que l'individu déclaré coupable d'un délit, après avoir été renfermé dans une maison de correction, à raison d'un crime par lui commis avec discernement avant l'âge de seize ans, doit subir la peine de la récidive (Paris, 3 déc. 1830, aff. Barbier, V. le n° précédent).

260. Pour que la première condamnation puisse servir de point de départ à la récidive, il faut qu'elle soit définitive et qu'elle ait été légalement portée à la connaissance du condamné. S'il en était autrement, on ne pourrait pas dire qu'il a reçu de la justice cet avertissement solennel dont l'inefficacité atteste une perversité incorrigible et nécessite un châtiment plus rigoureux (V. en ce sens MM. Carnot, sur l'art. 58 c. pén., n° 9; Chauveau et Hélie, t. 1, p. 296, Trébutien, t. 1, p. 294). — Il a été jugé, en ce sens, 1° que, pour qu'il y ait récidive, il faut que la première condamnation pour crime ou délit soit définitive et légalement connue du condamné au moment du second crime ou délit; et qu'à cet effet, si la première condamnation a été rendue par défaut, il faut qu'elle ait été notifiée au condamné (Crim. cass. 6 mai 1826 (3); V. aussi Crim. cass. 27 fév. 1818, aff. Sengès, V. Amnistie, n° 99); — 2° Que si, au moment où une seconde contravention a été commise, la première n'était réprimée que par un jugement par défaut, frappé d'opposition, il n'y a pas récidive (Crim. cass. 23 fév. 1833; Crim. rej. 6 mai 1837 (4); Crim. cass. 13 août 1836, aff. Puvinel, v° Garde nationale, n° 598-3°).

261. Néanmoins on a décidé: 1° qu'un jugement contradictoire de simple police, s'il n'a pas été attaqué en cassation, dans le délai de trois jours, étant inattaquable, encore bien qu'il n'ait été signifié à personne ni à domicile, il y a lieu à l'application des peines de la récidive, si, dans les douze mois à partir de sa prononciation, le prévenu a commis une seconde contravention (Crim. cass. 2 août 1828, aff. Bosquet, V. Cassation, n° 572); — 2° Que, lorsque l'instance a été contradictoire, il n'est pas nécessaire, pour qu'il y ait lieu à l'application de la récidive, que le premier jugement de condamnation ait été notifié

(1) (Min. pub. C. femme Michelet.) — LA COUR; — Vu l'art. 483 c. pén., duquel il résulte que, pour qu'il y ait récidive en matière de police, il faut qu'il ait été rendu, contre le contrevenant, dans les douze mois précédents, un premier jugement, pour contravention de police commise dans le ressort du même tribunal; — Attendu que, dans l'espèce, il n'avait pas été rendu de jugement contre la contrevenante, avant sa seconde contravention; qu'elle avait seulement commis deux contraventions, constatées par deux procès-verbaux, et pour lesquelles elle avait été traduite à la même audience; que la première condamnation prononcée à cette audience, et postérieure, par conséquent, à la seconde contravention, ne pouvait donc la constituer en état de récidive, aux termes de l'art. 483 précité; — Attendu que, néanmoins, le jugement attaqué a considéré la contrevenante comme étant en état de récidive, et lui a fait l'application de la peine encourue dans ce cas; en quoi il a violé les dispositions des art. 183 c. pén. et 607 du code de brum. an 4; — Par ces motifs, casse le jugement du tribunal de police de Toulon, du 13 oct. dernier, etc.

Du 5 nov. 1831.-C. C., ch. crim.-MM. Ollivier, f. f. pr.-Ricard, rap.

(2) *Espèce:* — (Barbier et Magrimaux C. min. pub.) — 30 nov. 1830, le tribunal correctionnel de la Seine déclare Barbier et Magrimaux coupables de rébellion contre des agents de police et les condamne au maximum de la peine établie contre ce délit (six mois de prison) et à la surveillance, attendu qu'en 1822, le premier a été condamné, à l'âge de treize ans, à cinq ans d'emprisonnement et à dix ans de surveillance par la cour d'assises de la Seine, et le deuxième à l'âge de quatorze ans, à deux ans de prison par le tribunal de police correctionnelle (art. 212 et 58 c. pén.). — Appel des deux condamnés. — Arrêt.

LA COUR; — Statuant sur les appels interjetés par Barbier et Magrimaux, adoptant les motifs des premiers juges; — Met l'appellation au néant; — Ordonne que ce dont est appel sortira effet. Et néanmoins à l'égard de Magrimaux; — Considérant, qu'antérieurement à la présente condamnation, il n'a pas été condamné à la peine d'emprisonnement pendant deux ans; que, par conséquent, le fait de récidive n'est pas légalement établi contre lui; — Considérant, en outre, que la peine de six mois d'emprisonnement contre lui prononcée, n'est pas dans une juste proportion avec le délit à lui reproché; réduit, à l'égard dudit Magrimaux, l'emprisonnement à quinze jours et supprime la surveillance.

Du 3 déc. 1830.-C. de Paris, ch. corr.-MM. Dehaussy, pr.-De Barneville, subst. c. conf.-Roger, av.

(3) *Espèce:* — (Gauthier C. min. pub.) — Antoine Gauthier était renvoyé devant la chambre d'accusation, sur la prévention d'avoir volé dans une auberge où il était reçu. — D'après l'art. 3 de la loi du 25 juin 1824, ce fait, autrefois passible de la réclusion, suivant l'art. 386 c. pén., n'est plus passible que de peines correctionnelles. — Mais, suivant l'art. 12 de la même loi, la disposition atténuante de l'art. 3 n'est pas applicable aux individus antérieurement condamnés à un emprisonnement correctionnel de plus de six mois. Or, au moment où il commit ce vol, Antoine Gauthier avait été condamné pour vol simple, par jugement en défaut, du 4 août 1825, à un an d'emprisonnement. Dans cet état des faits, la chambre d'accusation, par arrêt du 12 avril 1826, considéra ce prévenu comme étant en récidive, quoique le jugement en défaut ne lui eût pas été notifié, et par conséquent excepté par l'art. 12 de la loi du 25 juin 1824, de la disposition atténuante de l'art. 3 de la même loi; ce qui laissait au vol imputé le caractère de crime déterminé par l'art. 386, n° 3, c. pén. — Pourvoi de Gauthier. — Arrêt.

LA COUR; — Attendu qu'aux termes des dispositions du chap. 4 du liv. 1 c. pén., pour qu'il y ait récidive, il faut d'abord que l'accusé ait déjà été condamné pour un crime ou un délit, et ensuite qu'il ait commis un second crime ou un délit nouveau, dans les cas déterminés par la loi; — Qu'il résulte de ces dispositions que la condamnation prononcée pour le crime ou le délit qui a précédé le second crime, doit avoir été définitive et légalement connue de l'auteur du second crime ou du crime postérieur, et, à cet effet, qu'il ait été mis en demeure pour la faire annuler, si elle a été rendue par défaut; — Que la connaissance légale de la condamnation, en matière correctionnelle, ne peut résulter que de la notification prescrite par l'art. 187 c. inst. crim.; — Que l'acquiescement, en matière criminelle, ne se peut induire que d'un acte formel émané du condamné; — Que, dans l'espèce, aucun de ces éléments ne se rencontre et qu'en faisant, au demandeur, l'application des dispositions de l'art. 58 c. pén., et de l'art. 12 de la loi du 25 juin 1824, lorsqu'il n'avait point eu de connaissance légale de la première condamnation avant que de commettre le crime pour lequel il était renvoyé devant la cour d'assises, et lorsque les faits, d'ailleurs insuffisants, desquels l'arrêt attaqué a induit son acquiescement, sont tous postérieurs à l'époque où il aurait commis le crime dont il était prévenu, la cour de Nancy a fait une fausse application de ces dispositions de loi, et violé l'art. 3 de la loi du 25 juin 1824; — Casse.

Du 6 mai 1826.-C. C., ch. crim.-MM. Portalis, pr.-Gary, rap.

(4) 1re *Espèce:* — (N... C. min pub.) — LA COUR; — Attendu qu'une condamnation définitive peut seule donner aux faits survenus postérieurement, le caractère légal de la récidive; — Attendu que le jugement par défaut du 21 juillet ayant été frappé d'opposition, les manquements des 7 et 9 août ne pouvaient constituer cet oubli d'une leçon judiciaire, auquel la loi a attaché une aggravation de peine. — Par ces motifs, casse.

Du 23 fév. 1833.-C.C., ch. crim.-MM. de Bastard, pr.-Rocher, rap.

Nota. Le même jour autre arrêt semblable.

2e *Espèce:* — (Min. pub. C. Roques.) — LA COUR; — Attendu qu'au moment où a été commise la contravention, matière de poursuite actuelle, la procédure précédente n'avait pas été suivie d'un jugement définitif, puisqu'il n'existait encore qu'un jugement par défaut, qui a été frappé d'opposition; — Attendu, dès lors, et d'après la combinaison des art. 56, 57 et 483 c. pén., et l'art. 187 c. inst. crim., que la nouvelle con-

au condamné (Crim. cass. 19 nov. 1835, aff. Bellé, *eod.*).

262. Ce qui vient d'être dit de la condamnation par défaut, il faut le dire également, par identité de raison, de la condamnation prononcée par contumace, si le condamné, au moment où il a commis le second crime, était encore dans les délais pour se représenter (V. conf. MM. Chauveau et Hélie, *loc. cit.*; Trébutien, *loc. cit.*). C'est ce qui résulte d'un arrêt qui a décidé qu'une première condamnation prononcée par contumace n'expose pas le prévenu à la peine de la récidive (Crim. cass. 22 vend. an 5) (1).

263. Il a même été décidé : 1° que le jugement contre lequel on s'est pourvu ne peut servir de base à l'application de la peine de la récidive, tant qu'il n'a pas acquis, par le rejet du pourvoi, l'autorité de la chose définitivement jugée (Crim. cass. 20 déc. 1833) (2); — 2° Que l'aggravation de peines résultant de la récidive ne peut être motivée sur un jugement déjà attaqué par un pourvoi en cassation (Crim. cass. 13 avr. 1844, M. Rocher, rap., aff. Weil). Remarquons que dans cette affaire il s'agissait non d'un jugement par défaut frappé d'opposition, mais d'un jugement d'un conseil de discipline de la garde nationale attaqué par un pourvoi en cassation. — V. du reste v° Garde nationale, n° 448-5°.

264. Alors même que la condamnation par défaut ou par contumace est devenue définitive par le silence du condamné, MM. Chauveau et Hélie (*loc. cit.*) se demandent si elle a la même force qu'une condamnation contradictoire pour constituer en récidive le condamné qui commet un nouveau délit ou un nouveau crime? Ce qui peut faire naître le doute, dans cette double hypothèse, c'est que, le prévenu ou l'accusé ne s'étant pas défendu, la condamnation ne forme qu'une preuve incomplète de sa culpabilité, et que d'ailleurs il n'a pas subi l'influence corrective du châtiment. Ne peut-on pas dire que pour lui l'avertissement a été moins solennel et la rechute moins criminelle que pour le condamné contradictoire? Quelle que puisse être la force de ces raisons, la loi n'a point fait cette distinction; elle place sur la même ligne tous les condamnés, sans examiner si leur peine a été contradictoire ou par défaut, et s'ils ont ou non subi leur peine. Or il n'est pas permis, en présence d'un texte clair et précis, d'introduire dans la loi une distinction arbitraire. C'est ce que reconnaissent les auteurs précités. — Et il a été décidé, en ce sens, que l'accusé ne peut échapper à la peine portée par la loi pour cause de récidive par cela qu'il a prescrit la première peine à laquelle il a été condamné (Crim. rej. 10 fév. 1820) (3). Tel était aussi, dans l'ancienne jurisprudence, le sentiment de Farinacius : *Pœna augetur*, dit-il (quæst. 23, n° 12), *etiam propter antiqua delicta præscripta.*

265. Un Français serait-il sujet aux peines de la récidive à raison d'une condamnation précédente prononcée par un tribunal étranger? Nous ne le pensons pas; les jugements étrangers n'ont pas force en France (V. Droit civ., n°s 416 et s.; Jugem., n°s 403 et s.). Telle est aussi l'opinion émise par Favard, v° Récid., n° 8, et par MM. Chauveau et Hélie, t. 1, p. 309 et Trébutien, t. 1, p. 294. Il en serait de même d'un étranger traduit devant les tribunaux français. — Ainsi il a été jugé que les cours d'assises du royaume ne doivent pas appliquer les peines de la récidive à un étranger : ce serait là donner exécution, contre les principes de la souveraineté, à un jugement rendu en pays étranger (Crim. rej. 27 nov. 1828) (4). — Toutefois, il paraît résulter d'un arrêt que, pour qu'il y ait récidive, il n'est pas nécessaire que la première condamnation ait été prononcée en vertu du code pénal actuel; qu'il suffit qu'elle ait été prononcée par un tribunal étranger, et avant la réunion du pays à la France (sol. impl. rej. 23 janv. 1813, MM. Barris, pr., Oudart, rap., aff. Xaverio Capo). — V. Merlin, Rép., v° Récidive, n° 12.

266. Mais on ne doit point considérer comme émanant d'un tribunal étranger, la condamnation prononcée par une cour criminelle faisant partie de la France, à l'époque où cette condamnation a été rendue, et détachée du territoire par suite des traités (V. conf. MM. Chauveau et Hélie, *loc. cit.*).—Ainsi il a été jugé que l'individu qui a été précédemment condamné à une peine afflictive et infamante dans un pays réuni alors à celui dans lequel il commet un nouveau crime, mais qui en a été séparé, se trouve dans le cas de la récidive légale (Bruxelles, 1er mars 1819, MM. Wautelée, 1er pr., Macq, subst., c. conf., aff. Pierman).

267. Les peines de la récidive prononcées par l'art. 56 c. pén. sont applicables même au cas où la première condamnation a été prononcée sous l'empire du code hollandais de 1809 (Crim. rej. 2 oct. 1813, MM. Barris, pr., Vantoulon, rap., aff. Wilemse).

268. Favard de Langlade, Rép., v° Récid., n° 12, prétend que la réhabilitation du condamné fait cesser les effets de la condamnation, et que dès lors si le réhabilité se rend coupable d'un nouveau crime ou d'un nouveau délit, il ne peut être considéré comme récidiviste. Mais c'est une erreur, du moins sous l'empire de notre législation criminelle. La réhabilitation n'efface pas le crime, elle ne fait pas cesser *tous les effets* de la condamnation; l'art. 633 c. inst. crim. a évité de se servir de ces expressions qu'avait employées le code pénal de 1791; elle relève seulement le condamné, pour l'avenir, des incapacités qui résultaient de la condamnation (V. en ce sens Carnot, sur l'art. 56

---

travention ne plaçait pas la veuve Roques, boulangère, en état de récidive; — Attendu qu'en jugeant ainsi, le tribunal de simple police de Paris n'a fait qu'une juste application de la loi pénale;—Rejette.

Du 6 mai 1837.-C.C., ch. crim.-MM. Choppin, pr.-Crouseilhes.

(1) *Espèce :* — (Min. pub. *C.* Burgrave.)—Burgrave avait été, sous l'ancien régime, condamné par contumace à trente années de détention, pour crime de vol qualifié. Arrêté pour un autre crime commis postérieurement à cette condamnation, il avait été traduit devant la cour de justice criminelle de la Lys, qui l'avait condamné aux fers et, vu la récidive, à la déportation.—Pourvoi.—Arrêt.

LA COUR; — Attendu qu'aux termes de l'art. 476 c. dél. et peines, le jugement par contumace intervenu contre Burgrave, était anéanti de plein droit par son arrestation; d'où il suit que le tribunal de la Lys n'a pu, sur le fondement de ce jugement, prononcer la peine de la déportation; —Par ces motifs, casse.

Du 22 vend. an 5.-C. C., ch. crim.

(2) (Schattenmann *C.* min. pub.)—LA COUR;—Vu l'art. 89 de la loi du 22 mars 1831; —Attendu, en droit, qu'un jugement ne peut servir de base à l'application de la peine de la récidive, tant qu'il n'a pas acquis, par le rejet du pourvoi formé contre lui, l'autorité de la chose définitivement jugée; — Et attendu, dans l'espèce, que le recours exercé par le demandeur envers le jugement du 29 oct. 1832 n'a été rejeté que le 25 nov. 1833; — D'où il suit, qu'en se fondant sur ce jugement pour le condamner à la peine de la récidive, le conseil de discipline du 2e bataillon de la garde nationale de Strasbourg, a fait une fausse application, et, par suite, commis une violation expresse de l'art. ci-dessus; — En conséquence, casse.

Du 20 déc. 1833.-C.C., ch. crim.-MM. de Bastard, pr.-Rives, rap.

(3) (Mathis C. min. pub.) — LA COUR; — Considérant relativement au pourvoi d'Adré Mathis, et sur le moyen de cassation par lui présenté, que les dispositions de l'art. 56 du c. pén. sur la récidive du crime, sont générales et absolues; qu'elles s'étendent donc à tous les cas où il existe une première condamnation pour crime, à quelque époque et par quelque tribunal que cette condamnation ait été prononcée; que si la prescription de la peine encourue pour le premier crime forme un obstacle à son exécution, elle n'efface pas néanmoins l'existence de la première condamnation, qui est la seule condition que ledit art. 56 exige pour son application.—Rejette.

Du 10 fév. 1820.-C.C., sect. crim.-MM. Barris, pr.-Buschopp, rap.

(4) Min. pub. *C.* Kirkenger.) — LA COUR; — En ce qui concerne le pourvoi du ministère public formé contre Louis Kirkinger, pour violation de l'art. 56 c. pén. : — Attendu que les dispositions de l'art. 56 c. pén., pour l'aggravation des peines en cas de récidive, quelque générales et absolues qu'elles soient, ne peuvent s'appliquer qu'aux jugements et arrêts rendus par les cours et les tribunaux français, par la considération que les limites du territoire sont les limites de la souveraineté; que ce serait donner contre tous les principes du droit public, une exécution en France à un jugement rendu par un tribunal étranger, que de lui imprimer une force active pour l'application des peines de la récidive; — Attendu que l'arrêt de condamnation du 29 déc. 1819 de la cour d'assises du Brabant méridional, séant à Bruxelles, contre L. Kirkinger, né à Alauzy, province de Luxembourg et domicilié à Rebecg, ainsi qu'il est énoncé dans l'extrait de l'arrêt joint aux pièces, a été rendu par un tribunal étranger, pour la répression d'un crime sur ce territoire et contre un individu étranger à la France; que, dès lors, en rejetant le réquisitoire du ministère public, en ce qui concernait l'application de l'art. 56 c. pén. à L. Kirkinger, déclaré coupable d'un crime commis en France, la cour d'assises du département des Ardennes n'a point violé ledit article, mais au contraire, a fait une juste application des principes généraux du droit; — Rejette.

Du 27 nov. 1828.-C. C., ch. crim.-MM. Bailly, pr.-Brière, rap.

c. pén.; Legraverend, t. 2, p. 609; MM. Chauveau et Hélie, t. 1, p. 298; Trébutien, t. 1, p. 295). — Il a été décidé, conformément à cette interprétation, 1° qu'il y a lieu de prononcer les peines de la récidive contre celui qui, après avoir subi une première condamnation, a été réhabilité (Crim. cass. 6 fév. 1823) (1); — 2° Que celui qui, après avoir été condamné pour crime, se rend coupable d'un délit, encourt les peines de la récidive, encore bien qu'ayant expié sa peine il soit réhabilité d'après la législation du pays où la première condamnation a été prononcée (Crim. cass. 25 juill. 1812) (2).

269. Toutefois, en donnant cette interprétation à la loi, MM. Chauveau et Hélie ne pensent point qu'elle soit à l'abri de critique. A leur avis, la réhabilitation suppose le condamné corrigé; elle le replace au même rang que les autres citoyens, elle en fait pour ainsi dire un homme nouveau. Si donc il vient postérieurement à retomber dans une faute nouvelle, cette faute nouvelle ne doit pas être considérée comme découlant de la même source que celle qu'il a expiée, elle doit être prise comme un fait isolé. Ils pensent donc que le législateur aurait dû, par ces considérations, écarter, comme élément de la récidive, la condamnation effacée par la réhabilitation; mais en même temps ils reconnaissent que le législateur ne l'a pas fait.

270. Si la réhabilitation ne fait point obstacle à l'application des dispositions relatives à la récidive, il est évident, à plus forte raison, que la circonstance qu'on a subi la peine de son premier crime, n'empêche point que l'on ne soit passible des peines de la récidive (Crim. cass. 10 oct. 1812, M. Schwendt, rap., aff. Brachi).

271. La grâce ou la commutation de peine, ne détruisant pas la condamnation, mais en modifiant seulement les effets, n'empêchent pas que le condamné à qui elles ont été accordées, s'il vient à retomber dans une nouvelle faute, ne soit considéré comme récidiviste (V. conf. Carnot, sur l'art. 56 c. pén.; MM. Chauveau et Hélie, t. 1, p. 299; Trébutien, t. 1, p. 295; V. aussi ordonn. 14 oct 1818). Cependant Favard de Langlade (Rép., v° Récidive) pense que, si les lettres de grâce avaient été expédiées avant toute exécution de la peine, elles empêcheraient que la condamnation pût servir d'élément à la récidive. Mais nous n'hésitons point (avec MM. Chauveau et Hélie, *loc. cit.*) à repousser ce sentiment; en effet, la grâce ne détruit point la condamnation, elle efface seulement les incapacités qui en résultent.—Il a été jugé, en ce sens : 1° que celui qui, après avoir obtenu sa grâce d'une première condamnation, commet un nouveau crime, doit être condamné aux peines de la récidive (Crim. rej. 5 déc. 1811; crim. cass. 5 juill. 1821 (3); Crim. rej. 1er juill. 1837, aff. Tranchant, v° Grâce, n° 44); — 2° Que la grâce, alors surtout qu'elle n'a eu pour effet que de réduire la peine prononcée, ne fait pas obstacle à l'application de l'art. 56 c. pén. sur la récidive (Crim. rej. 21 juill. 1820) (4); — 3° Qu'une ordonnance royale qui annule les poursuites contre certains délits

---

(1) *Espèce* : — (Int. de la loi, aff. Claude Lièvre.) — Une première condamnation à la peine de mort avait été encourue par Claude Lièvre, en l'an 8. — Sa peine avait été commuée en celle de dix ans de fer, et après l'avoir subie, il avait été réhabilité le 13 sept. 1820.— Arrêté de nouveau pour crime de faux, il n'a été condamné qu'à la peine de six ans de réclusion. — M. le procureur général Mourre s'est pourvu contre cet arrêt, en se fondant sur l'erreur dans laquelle était tombée la cour d'assises, en croyant que la réhabilitation pouvait soustraire le prévenu aux peines de la récidive. Tel n'est pas l'effet de l'art. 633 c. inst. crim.; les incapacités dont il parle sont seulement celles exprimées en l'art. 28 c. pén. — La réhabilitation n'a aucun empire sur le crime; elle ne l'éteint pas, elle ne le pardonne pas. — Le crime n'ayant pas été aboli, le nouveau crime emporte récidive; sans cela, il en résulterait qu'après le nouveau crime, le condamné pourrait être admis à une seconde réhabilitation ; l'art. 634 c. inst. crim., qui s'y oppose formellement se trouverait sans application possible. — Arrêt.

LA COUR; — Vu l'art. 441 c. inst crim.; — Vu le réquisitoire présenté par M. le procureur général du roi, aux fins d'ordre formel de monseigneur le garde des sceaux ministre de la justice; — Vu aussi l'art. 633 c. inst. crim. sur les effets de la réhabilitation des condamnés; — Et l'art. 56 c pén., aux termes duquel, quiconque ayant été condamné pour un premier crime, en commet un second, doit être puni de la peine immédiatement supérieure à celle qui lui aurait été infligée, s'il n'avait pas subi une première condamnation; — Faisant droit au réquisitoire, et adoptant les motifs y énoncés, casse.

Du 6 fév. 1823.-C. C., sect. crim.-MM. Barris, pr.-Aumont, rap.

(2) (Min. pub. C. Landini.) — LA COUR; — Vu l'art. 57 c. pén.; — Attendu qu'il a été reconnu constant, par l'arrêt attaqué, que François Landini avait été condamné pour crime à la peine afflictive de quatorze années de travaux publics, en l'année 1784 ; et que, d'après la disposition formelle et illimitée de l'article ci-dessus, François Landini, déclaré coupable d'avoir commis postérieurement un vol dans une boutique, aurait dû être condamné au maximum de la peine encourue, à la mise en surveillance spéciale de cinq à dix ans, et qu'il aurait pu être condamné au double de la peine portée par l'art. 401 c. pén.; qu'en ne le condamnant qu'à trois ans d'emprisonnement, la cour impériale de Florence a violé l'art. 27 ci-dessus cité; — Que si la loi toscane de novembre 1786 a fait cesser l'infamie résultant d'une peine afflictive lorsque le condamné l'a subie, et défend de lui reprocher le crime qu'il a entièrement expié, cette loi ne peut prévaloir contre la disposition générale et illimitée du code pénal, qui lui est postérieure et qui statue sur une autre matière; — Attendu que cette nouvelle loi n'a atteint François Landini que parce qu'il a provoqué sur lui l'action de la justice depuis qu'elle a été promulguée, et qu'il dépendait de lui de s'y soustraire en ne commettant point de délit postérieur; que le code pénal n'ayant fait aucune distinction entre les condamnés réhabilités et les non-réhabilités, les cours n'en peuvent admettre aucune; — Par ces motifs, casse.

Du 25 juill. 1812.-C. C., sect. crim.-M. Oudard, rap.

(3) 1re *Espèce* : — (Floriani *C.* min. pub.) — Floriani, condamné par un premier jugement en un an de travaux forcés pour crime qualifié, obtient sa grâce. — Quatre ans après, arrêté pour un nouveau crime, il est renvoyé comme prévenu de récidive devant la cour spéciale ordinaire. — Sur le pourvoi en cassation. — Arrêt.

LA COUR; — Attendu que l'arrêt du 15 nov. dernier par lequel la cour impériale de Rome a renvoyé en état d'accusation devant la cour spéciale ordinaire de Rome, Dominique Floriani, pour y être jugé selon les lois, comme étant suffisamment prévenu d'une tentative de vol à l'aide de fausses clefs et par récidive, ayant déjà été condamné pour un autre vol qualifié, à la peine des travaux publics, a fait, relativement à la compétence, une application d'autant plus juste de l'art. 553 c. inst. crim. de 1808, que les lettres de grâce par lui obtenues pour le premier vol encore qu'elles lui aient fait remise de la peine des travaux publics, n'ont ni aboli le premier crime ni effacé la tache qu'il avait imprimée sur sa personne; — Rejette.

Du 5 déc. 1811.-C. C., sect. crim.-MM. Barris, pr.-Bailly, rap.

2e *Espèce* : — (Intér. de la loi, aff. Bénezech.) — Bénezech, qui après avoir encouru une condamnation aux travaux forcés, avait obtenu sa grâce de la clémence du roi, est traduit de nouveau devant le tribunal de Castres, comme coupable du délit prévu par l'art. 511 c. pén. — Jugement qui le condamne aux peines de la récidive, déterminées par l'art. 57 du même code; mais, sur l'appel, le tribunal correctionnel d'Alby a réformé cette décision, attendu (a-t-il dit) que, par la clémence du roi, Jacques Bénezech a été relevé de la condamnation aux travaux forcés qui avait été prononcé contre lui; que cette rémission annule la condamnation, et que dès lors c'est mal à propos que le tribunal de Castres a fait l'application de l'art. 57, relatif aux peines de la récidive. — Pourvoi dans l'intérêt de la loi pour violation de l'art. 57, sur la récidive. — La grâce et l'amnistie, a dit M. le procureur général, remettent la peine, mais n'anéantissent pas la condamnation; on pourrait même dire qu'elles ne servent qu'à rendre plus coupable celui qui en a recueilli le bienfait, puisqu'il s'est montré indigne de l'indulgence qui l'a soustrait au glaive de la loi. — Un arrêt du 5 déc. 1811 consacre ce principe. — On retrouve les mêmes maximes dans une ord. du 14 oct. 1818, sur l'application de l'art. 1 du décret du 23 nov. 1811, relative aux sous-officiers et soldats qui, après avoir obtenu grâce pour crime de désertion, et s'étant rendus aux corps qui leur ont été assignés, désertent de nouveau. — Sa Majesté considère que c'est à raison de la récidive que le condamné pour crime de désertion encourt la peine portée par l'art. 1 du décret du 23 nov. 1811, lorsqu'il déserte de nouveau après s'être rendu au corps qui lui a été assigné;—Considérant que cet article est conforme à l'art. 56 c. pén. ordinaire, qui soumet à la peine de la récidive quiconque, ayant été condamné pour crime, aura commis un second crime; — Considérant que, dans ce dernier cas, nos lettres de grâce accordées pour le premier crime, encore qu'elles aient fait la remise de la peine, ne dispensent pas de celle qui est encourue par la récidive, et qu'elles ne doivent pas en dispenser non plus dans le même cas, lorsqu'il y a récidive pour un crime de désertion; — Considérant qu'en effet, ni la grâce accordée pour un premier crime, ni le défaut de mention de la première condamnation sur les contrôles des corps, n'ont ni éteint le premier crime ni détruit la première condamnation, et portent uniquement sur ses effets. — Arrêt.

LA COUR; — D'après les motifs énoncés audit réquisitoire, casse et annule dans l'intérêt de la loi, etc.

Du 5 juill. 1821.-C. C., sect. crim.-MM. Barris, pr.-Ollivier, rap.

(4) (Bouquin.) — LA COUR; — Attendu sur le deuxième moyen, que la réduction de peine accordée par l'exercice du droit de grâce n'a pas

et qui fait remise de la peine (par exemple, celle du 23 avr. 1824, relative aux conscrits) n'anéantissant pas la condamnation, il suit qu'en cas de nouveau délit, le condamné est passible des peines de la récidive (Crim. rej. 21 juin 1821) (1); — 4° Que, lorsqu'une condamnation pour crime est prononcée contre un individu qui déjà avait été condamné pour un autre crime, la peine de la récidive est applicable, quoique le condamné ait été relevé de la première peine par des lettres de commutation, ces lettres n'ayant pu détruire l'autorité de la chose jugée (Crim. rej. 4 juill. 1828, aff. Brissac, v° Complicité, n° 175-3°); — 5° Que lorsqu'une condamnation pour crime est prononcée contre un individu qui déjà avait été condamné pour un autre crime, la peine de la récidive est applicable, quoique d'après une loi, promulguée dans l'intervalle des deux condamnations, la première infraction ait cessé d'être crime et soit devenue simple délit, cette loi n'ayant pu détruire l'autorité de la chose jugée (même arrêt).

272. Mais il en est autrement de l'amnistie; elle a pour effet d'anéantir entièrement la condamnation, de telle sorte que cette condamnation ne peut être prise en considération pour donner à un nouveau crime ou délit le caractère de la récidive, ainsi que nous l'avons vu v° Amnistie, n°s 118 et suiv. — Ainsi décidé que les condamnations couvertes par une amnistie ne peuvent servir de base à l'application des peines de la récidive, en cas de délit ultérieur commis par l'amnistié (Crim. cass. 4 janv. 1851, aff. Billot, D. P. 51. 5. 459).

273. Pour que les peines de la récidive puissent être appliquées, il est nécessaire que l'existence de la condamnation antérieure au second fait soit établie par le ministère public pendant les débats qui précèdent la seconde condamnation. A cet égard, il a été jugé, sous l'empire de la législation antérieure au code pénal, qu'un tribunal criminel ne pouvait pas ajouter, par jugement nouveau, la peine de la récidive à une condamnation qu'il avait prononcée; que le premier jugement ayant terminé sa mission, le second était entaché d'excès de pouvoir (Crim. cass. 18 flor. an 7, M. Pépin, rap., aff. Salanard; 18 fruct. an 13, MM. Seignette, pr., Vermeil, rap., aff. Arnaud). Et nous croyons, avec MM. Chauveau et Hélie (t. 1, p. 300), et Trébutien (t. 1, p. 297), que cette jurisprudence doit encore être suivie. En effet, la récidive est une circonstance concomitante du second crime; or il y a chose jugée sur toutes les circonstances qui se rattachent à ce fait, dès que la condamnation est prononcée, V. en ce sens crim. cass. 19 juin 1840, aff. Fraisse, v° Contravention, n° 57.

274. Mais les peines de la récidive peuvent être appliquées pour la première fois en cause d'appel, V. conf. M. Trébutien, t. 1, p. 297. — Ainsi il a été jugé que, lorsque les magistrats saisis de l'appel d'un jugement de police correctionnelle viennent à reconnaître que le prévenu était en état de récidive, ils doivent, sans se contenter de confirmer purement et simplement la condamnation, appliquer la peine de la récidive (Crim. cass. 8 fév. 1821) (2).

275. Lorsque le prévenu nie qu'il soit en état de récidive, le tribunal ne peut refuser au ministère public le sursis qu'il demande pour se procurer les preuves des condamnations qu'il prétend être intervenues antérieurement contre le prévenu (Crim. cass. 13 fév. 1806, M. Liborel, rap., aff. Villemer).

276. La récidive se prouve par la production des précédentes condamnations; si les jugements ont été rendus dans des départements éloignés, ils peuvent rester ignorés; mais le code d'instruction criminelle, art. 601 et suiv., a ouvert à la sollicitude du ministère public des moyens de rechercher les condamnations encourues, et une circulaire du garde des sceaux, du 6 nov. 1850 (D. P. 53. 3. 13), a ajouté à l'efficacité de ces moyens par l'établissement des *casiers judiciaires* dans les greffes civils de chaque arrondissement et des colonies. Ces casiers, dont l'idée première paraît venir de M. Bonneville (Tr. de la Récid.), sont destinés à recevoir les bulletins de toutes les condamnations prononcées en matière criminelle ou correctionnelle. Le bulletin de chaque condamné se classe, aussitôt après la condamnation, au casier de l'arrondissement dans lequel se trouve le lieu de sa naissance; de sorte qu'il suffira désormais de connaître le lieu d'origine d'un individu pour obtenir facilement, à l'aide d'un extrait du casier, les renseignements les plus exacts sur ses antécédents judiciaires.

La preuve de la récidive peut se faire à l'audience, et résulter d'un aveu du prévenu. Toutefois, les juges ne sont point obligés de considérer une telle preuve comme suffisante; c'est à eux à apprécier quelle foi ils doivent ajouter à l'aveu qui leur est fait. — Il a été jugé en ce sens : 1° que, dans le cas où le ministère public a rappelé dans sa plaidoirie ce fait avoué par l'accusé, soit dans ses interrogatoires devant le juge d'instruction, soit à l'audience, sur l'interpellation du président, que cet accusé a déjà subi une condamnation, il y a preuve acquise sur ce point, et que la cour d'assises ne peut se dispenser d'appliquer la peine de la récidive, sous le prétexte que le ministère public (qui a d'ailleurs conclu implicitement à cette peine) n'aurait pas parlé dans ses conclusions de la récidive (Crim. cass. 9 juin 1826) (3); — 2° Que, lorsque la seule preuve rapportée d'une condamnation qui constituerait un accusé en récidive consiste

---

changé la nature de la condamnation prononcée contre le demandeur; — Que d'après cette condamnation sur un fait qualifié crime, il a été fait par l'arrêt attaqué une juste application de l'art. 56 du c. pén. — Rejette le pourvoi contre l'arrêt de la cour d'assises du Rhône du 7 juin 1820.

Du 21 juill 1820.-C. C., sect. crim.-MM Barris, pr.-D'Aubers, rap.

(1) (Leclerc.) — LA COUR; — Attendu que l'ordonnance du 23 avril 1814 en annulant les poursuites pour faits et délits relatifs à la conscription, et en faisant remise de la peine n'anéantit pas la condamnation; — Que si dans l'espèce la cour royale de Paris a cru devoir, comme l'avait fait le premier tribunal, porter au maximum fixé par l'art. 224 du code pénal, l'amende encourue par un individu qui, après avoir été condamné correctionnellement à un emprisonnement de deux ans, était reconnu coupable d'un nouveau délit correctionnel prévu par ledit art. 224 et se trouvait conséquemment en état de récidive; cette cour loin d'avoir fait en cela une fausse application de l'art. 58 s'est conformé exactement à ses dispositions. — Rejette le pourvoi formé contre l'arrêt de la chambre des appels de police correctionnelle du 18 mai 1821.

Du 21 juin 1821.-C. C., sect. crim.-MM. Barris, pr.-Chantereyne, rap.

(2) (Min pub. C. Rode.) — LA COUR; — Statuant sur le pourvoi du procureur du roi près le tribunal de Bourg; — Vu les art. 57 et 58 c. pén. sur la récidive, dont le second porte que les condamnés correctionnellement seront, en cas de nouveau délit, punis du maximum de la peine portée par la loi, laquelle pourra être étendue au double; — Attendu que Rode était appelant du jugement du tribunal correctionnel de Trévoux qui le condamnait à un an d'emprisonnement et 16 à fr d'amende; — Que le procureur du roi était appelant du même jugement, et qu'il avait émis et notifié son appel dans la forme et les délais prescrits par l'art. 205 c. inst. crim; — Que dès lors le tribunal correctionnel d'appel était saisi de la cause dans son intégralité, et qu'il devait prononcer, sur les faits reconnus devant lui, l'entière application de la loi pénale; — Que, devant ce tribunal, il fut produit un arrêt de la cour spéciale de l'Oise, prononçant contre Rode la condamnation à six ans de reclusion; — Qu'il y fut même avoué et convenu par Rode qu'il avait précédemment été condamné, par jugement du tribunal correctionnel de Trévoux, à 18 mois d'emprisonnement; — Que dès lors Rode était constitué en état de récidive, et que, d'après l'art. 58 c. pén. sa peine ne pouvait être au-dessous du maximum de celle que prononçait l'art. 401 contre le vol simple dont il était déclaré coupable; — Que néanmoins le tribunal de Bourg s'est contenté de rejeter l'appel du jugement de Trévoux, et de confirmer la condamnation à un an d'emprisonnement et à 16 fr. d'amende; — En quoi ce tribunal a violé les art. 57 et 58 c. pén.; — Casse.

Du 8 fév. 1821.-C. C, sect. crim.-MM. Barris, pr.-Ollivier, rap.

(3) *Espèce* : — (Min. pub. C. Loecher.) — Le procureur général expose, etc.; — Un nommé Loercher, accusé de vol sur un chemin public, fut traduit devant la cour d'assises des Ardennes. — Pendant les débats le ministère public, qui avait été informé que Loercher avait déjà subi une année d'emprisonnement pour vol, fit mention de cette circonstance, et la rappela dans sa plaidoirie, mais dans le réquisitoire qui suivit la déclaration du jury, il omit de présenter formellement la circonstance de la récidive qui s'opposait à ce que la cour délibérât sur les circonstances atténuantes et fit l'application de la loi du 25 juin 1824. — La cour délibéra sur ces circonstances suivant les conclusions de l'avocat de l'accusé, trouva qu'il y avait des circonstances atténuantes, et modéra la peine à dix ans de travaux forcés. Cependant, non-seulement les renseignements que le ministère public avait obtenus pendant les débats et dont il avait donné connaissance à la cour, mais encore l'aveu même de l'accusé fait à l'audience, sur l'interpellation du président, et de plus, ce même aveu consigné dans les interrogatoires devant le juge d'instruction (interrogatoires qu'on avait perdus de vue, mais qui étaient devenus inutiles); tout cela formait un empêchement matériel et insurmontable à ce que la cour délibérât sur les circonstances atténuantes; la réquisition formelle du ministère public était surabondante. — Quoi

dans son aveu et dans un certificat du directeur de la maison de détention où la peine a été subie, l'appréciation de ces preuves est abandonnée à la cour d'assises, qui n'excède pas ses pouvoirs en déclarant qu'elles lui paraissent insuffisantes pour tenir lieu d'un extrait de l'arrêt de condamnation (Crim. rej. 11 sept. 1828) (1).

277. Mais il paraît résulter d'autres arrêts que rien ne pourrait suppléer à la production du jugement ou de l'arrêt qui a prononcé la première condamnation. — En effet, il a été jugé : 1° qu'encore bien que les arrêts rendus par les cours criminelles faisant autrefois partie de la France puissent, même depuis la cessation de la domination française, servir de base à la peine de récidive, cela n'a lieu, toutefois, que lorsque le ministère public représente, à l'appui, une expédition en forme de l'arrêt de condamnation : ni l'acte, signé simplement par le greffier d'une juridiction étrangère, et non légalisé par les autorités françaises, qu'on présente comme une expédition de l'arrêt criminel, ni l'acte constatant que l'accusé avait été précédemment au bagne, comme condamné criminellement, ne peuvent satisfaire, à cet égard, au vœu de la loi (Crim. rej. 6 août 1829) (2); — 2° Que l'état de récidive ne doit être réputé légalement exister à l'égard d'un condamné, qu'autant que la preuve de l'existence de la première condamnation est juridiquement acquise; qu'ainsi l'arrêt qui applique à un individu les peines de la récidive, en déclarant qu'il se trouve en état de récidive, sans énoncer d'ailleurs ni la date de la première condamnation, ni la juridiction de laquelle elle serait émanée, ni que les magistrats aient eu sous les yeux une expédition de cette condamnation ou une mention authentique de son contenu, n'établit pas suffisamment la qualification légale de la récidive, et encourt la censure de la cour de cassation (Crim. rej. 28 fév. 1846, aff. Guillaume, D. P. 46. 1. 138).

278. Lorsqu'il y a preuve de la récidive acquise aux débats, les juges doivent appliquer la peine qui en résulte, nonobstant le silence du ministère public, ou même son acquiescement aux conclusions prises en faveur de l'accusé sur ce point qui touche à l'ordre public (Crim. cass. 9 juin 1826, aff. Loercher, V. n° 276). En effet, nous avons vu (*suprà*, n° 119) que, pour l'application

---

qu'il en soit, il paraît que la réquisition du substitut du procureur du roi, pour l'application de la peine, avait été verbale; et, le lendemain, quand le greffier vint lui demander le réquisitoire par écrit, il crut pouvoir y insérer un motif formel sur la circonstance de la récidive.— Il y eut pourvoi tant de la part du condamné que de la partie publique. — Par arrêt du 2 déc. dernier, la cour rejeta le pourvoi de Loercher; et, faisant droit sur le pourvoi du substitut du procureur du roi : — « Attendu que la cour d'assises avait omis de prononcer sur une partie des réquisitions du ministère public, et, sans s'y arrêter, avait usé de la faculté accordée par l'art. 7 de la loi du 25 juin 1824, » elle a cassé l'arrêt de la cour d'assises des Ardennes, a maintenu la déclaration du jury, et, pour être fait droit sur icelle, a renvoyé devant la cour d'assises de Metz.—Cette dernière cour a prononcé ainsi qu'il suit : — « Attendu qu'en annulant l'arrêt de la cour d'assises des Ardennes, du 2 novembre, pour avoir condamné Loercher aux travaux forcés à temps seulement, au lieu de prononcer contre lui les travaux forcés à perpétuité, selon le vœu de l'art. 382 c. pén., et de l'art. 12 de la loi du 25 juin 1824, la cour de cassation s'est fondée uniquement sur ce que le ministère public près la cour d'assises des Ardennes avait motivé ses réquisitions sur une condamnation antérieure à une peine correctionnelle de plus de six mois d'emprisonnement ; — Attendu qu'il est établi de la manière la plus positive, par les pièces mises par le procureur général sous les yeux de la cour, et par les explications dans lesquelles il est entré, que le ministère public, dans ses réquisitions prises devant la cour d'assises, n'a fait aucune mention de la condamnation à un an de prison antérieurement subie par Laurent Loercher, et n'a point invoqué l'art. 12 de la loi du 25 juin 1824; que c'est par erreur que ce fait se trouve énoncé dans les réquisitions écrites du ministère public, et, par suite, dans l'arrêt; que, dans cet état, ladite cour d'assises a pu légalement s'en tenir à prononcer, comme elle l'a fait, suivant l'art. 7 de la loi précitée, et qui modifie la peine portée en l'art. 383 c. pén., dans les cas y exprimés; — Attendu que la position de l'accusé Loercher est aujourd'hui la même qu'elle était le 2 novembre devant la cour d'assises des Ardennes, où l'art. 12 de la loi du 25 juin n'a pas été invoqué par le ministère public, et qui ne l'est pas davantage devant la cour d'assises saisie par le renvoi; que le renvoi reposant sur une erreur de fait évidente et reconnue, il serait souverainement injuste d'aggraver, contre l'accusé Loercher, une peine légalement prononcée contre lui, et qui, pour cette raison, doit lui être irrévocablement acquise. — La cour, faisant droit aux réquisitions du procureur général du roi, condamne Laurent Loercher en dix ans de travaux forcés. »

Tel est l'arrêt que l'exposant dénonce à la cour. — Tout est extraordinaire dans cet affaire; et ce qui l'est plus que tout, c'est cette dernière décision à laquelle elle a donné lieu. Il est sensible que c'est sans nécessité, sans utilité même, que la cour d'assises du département de la Moselle s'est permis d'apprécier l'arrêt de la cour de cassation. Une pareille appréciation, si elle n'était pas toujours illégale, serait toujours au moins inconvenante, parce qu'elle n'est pas nécessaire. Une cour royale, qui juge après renvoi, est tout juste dans la même position où se trouvait la cour dont l'arrêt a été cassé. Il faut qu'elle prenne le procès tel qu'il existait avant la cassation; l'arrêt de la cour régulatrice n'enchaîne pas son opinion, c'est le procès qu'elle doit voir, et les éléments qui le constituent sont la seule base de sa décision. — Or, que présentait le procès dont il s'agit à la cour d'assises de Metz? Que lui présentait-il qui fût plus clair, plus évident, plus certain que la première condamnation de Loercher? — Qu'importe que le ministère public devant la cour d'assises des Ardennes n'eût pas repoussé par des conclusions explicites l'examen des circonstances atténuantes? Il avait repoussé cet examen par sa plaidoirie, et implicitement par ses conclusions aux travaux forcés à perpétuité. — Et quand même le ministère public aurait été entièrement inattentif et muet sur la circonstance de la récidive, cette circonstance étant certaine et la preuve en étant acquise au procès, la cour d'assises ne pouvait la méconnaître et ne pas en tirer la conséquence qui appartient au droit public. C'est ce que disait l'exposant à la cour de cassation, le 4 fév. 1825; et la cour, par son arrêt du 6 du même mois, n'hésita pas à consacrer ce principe qui importe essentiellement à la société. — Qu'importe encore que le ministère public devant la cour de la Moselle se soit cru lié par le fait du substitut qui avait porté la parole devant la cour des Ardennes, et qu'il ait cru ne pouvoir conclure qu'à dix années de travaux forcés? Cette opinion étrange pouvait et devait être repoussée par la cour de Metz. — Cette cour n'était liée par rien; sa position était la même que celle des Ardennes, après la déclaration du jury. — Or la question en droit sera toujours de savoir si la manière de conclure du ministère public, pour l'application de la peine, peut imposer des limites à l'opinion et à la conscience de la cour d'assises, si elle peut changer la culpabilité ou en faire disparaître les éléments? — L'erreur a été d'autant plus grande, dans l'espèce, que la déclaration du jury emportait les travaux forcés à perpétuité; que le ministère public y avait conclu devant la cour d'assises des Ardennes, et que si cette cour a délibéré sur les circonstances atténuantes, c'est contrairement à un fait légalement connu dont elle devait tirer la conséquence d'office, quand même le ministère public aurait expressément acquiescé aux conclusions prises par l'avocat de l'accusé. » — Ce considéré, etc. *Signé* Mourre. — Arrêt.

LA COUR ; — Statuant sur le réquisitoire du procureur général, et adoptant les motifs du réquisitoire, casse.

Du 9 juin 1826.-C. C., ch. crim.-MM. Bailly, pr.-Brière, rap.

(1) (Min. publ. *C.* Jean-Louis Amiot.) — LA COUR ; — Attendu que, si le ministère public articulait le fait d'une première condamnation pour crime, il ne produisait point l'extrait en forme d'un arrêt qui offrît la preuve judiciaire de cette condamnation; — Attendu que, si les inductions qu'il tirait, soit de l'aveu de l'accusé, soit du certificat du directeur de la maison de détention, pouvaient former des preuves morales, l'art. 56, c. pén., ne déterminait point quel caractère de force probante des preuves de ce genre devaient avoir pour constater le fait d'une première condamnation pour crime; — Attendu que, dès lors, l'appréciation de ces preuves était abandonnée aux magistrats juges de l'accusation ; — Que, dans cet état des faits, la cour d'assises, en déclarant dans l'arrêt attaqué que l'aveu de l'accusé et le certificat du directeur de la maison de Melun lui paraissaient insuffisants pour établir le fait d'une condamnation pour crime, n'a point excédé les bornes de ses attributions, ni violé les dispositions de l'art. 56, c. pén.; — Attendu, d'ailleurs, la régularité de la procédure, et la juste application de la loi pénale aux faits déclarés constants par le jury, — Rejette, etc.

Du 11 sept. 1828.-C. C., ch. crim.-MM. Bailly, pr.-Ollivier, rap.

(2) (Min. pub. *C.* Perrino.) — LA COUR; — Attendu que l'acte, présenté comme expédition en forme d'un arrêt de la cour de justice criminelle de Turin, du 25 germ. an 13, n'est signé que par le greffier d'une juridiction étrangère; — Que cet acte n'est revêtu de la légalisation d'aucun officier français, et que, dès lors, il ne pouvait faire foi en justice devant les tribunaux français; — Attendu que les énonciations contenues aux registres des chiourmes de Toulon ne sauraient suppléer la représentation de l'extrait en forme de l'arrêt de condamnation; — Attendu, dès lors, que les deux pièces produites ne pouvaient servir de base à l'aggravation de peine requise par le ministère public, à cause de l'existence d'une première condamnation pour crime, et qu'en refusant de prononcer cette aggravation, la cour d'assises du Var n'est contrevenue à aucune loi; — Sans approuver le premier motif exprimé en l'arrêt de la cour d'assises du Var, du 29 juin dernier; — Rejette.

Du 6 août 1829.-C. C., ch. crim.-MM. Bastard, pr.-Crouseilhes, r.

de la peine, les juges ne sont pas liés par les conclusions du ministère public.

ART. 2. — *De la récidive en matière de crimes.*

279. L'art. 56 c. pén. 1810, spécialement relatif à la récidive en matière de crimes, était ainsi conçu : « Quiconque, ayant été condamné pour crime, aura commis un second crime emportant la dégradation civique, sera condamné à la peine du carcan; — Si le second crime emporte la peine du carcan ou le bannissement, il sera condamné à la peine de la réclusion; — Si le second crime entraîne la peine de la reclusion, il sera condamné à la peine des travaux forcés à temps et à la marque ;— Si le second crime entraîne la peine des travaux forcés à temps ou la déportation, il sera condamné à la peine des travaux forcés à perpétuité ;— Si le second crime entraîne la peine des travaux forcés à perpétuité, il sera condamné à la peine de mort. »

Cet article a été modifié par la loi réformatrice du 28 avril 1832; il dispose aujourd'hui dans les termes suivants : « Quiconque, ayant été condamné à une peine afflictive ou infamante, aura commis un second crime emportant, comme peine principale, la dégradation civique, sera condamné à la peine du bannissement. — Si le second crime emporte la peine du bannissement, il sera condamné à la peine de la détention.—Si le second crime emporte la peine de la reclusion, il sera condamné à la peine des travaux forcés à temps. — Si le second crime emporte la peine de la détention, il sera condamné au maximum de la même peine, laquelle pourra être élevée jusqu'au double. — Si le second crime emporte la peine des travaux forcés à temps, il sera condamné au maximum de la même peine, laquelle pourra être élevée jusqu'au double. — Si le second crime emporte la peine de la déportation, il sera condamné aux travaux forcés à perpétuité.—Quiconque, ayant été condamné aux travaux forcés à perpétuité, aura commis un second crime emportant la même peine, sera condamné à la peine de mort. » Vient ensuite une disposition concernant les militaires, qui ne figurait pas dans l'ancien art. 56, et dont nous nous occuperons ultérieurement. — V. *infrà*, nos 297 et suiv.

280. En comparant cette dernière rédaction au texte primitif, on aperçoit entre les deux de notables différences. Et d'abord le code de 1810 disait : « Quiconque, ayant été condamné *pour crime*, etc.; » à cette rédaction la loi de 1832 a substitué celle-ci : « Quiconque, ayant été condamné à une *peine afflictive ou infamante*, etc. » Ainsi, supposons qu'un individu ait été condamné pour crime, mais que, le jury ayant déclaré des circonstances atténuantes, ou bien à raison de toute autre circonstance, à raison, par exemple, de l'âge de l'accusé, la cour d'assises n'ait prononcé qu'une *peine correctionnelle*, si le même individu vient à commettre ultérieurement un nouveau crime, il eût dû, d'après l'ancienne rédaction, être considéré comme récidiviste; il ne le sera pas d'après la nouvelle. La peine du *carcan*, prononcée par le § 1 de l'ancien article contre les récidivistes, ayant été supprimée par la loi de 1832, a été remplacée par le *bannissement*. Dans le § 2, par la même raison, le carcan, énoncé par l'ancienne rédaction, a été effacé. De plus, la *reclusion* a été remplacée par la *détention* pour le cas où le second crime, s'il n'eût pas été commis en récidive, eût entraîné le bannissement. Dans le § 3, la marque, abolie par la loi de 1832, a été effacée. L'ancien art. 56 ne pouvait prévoir le cas où le second crime emporte la peine de la *détention;* car cette peine n'existait pas dans le code de 1810; le nouvel article, dans son § 4, veut que, dans ce cas, le récidiviste soit condamné au *maximum* de la même peine; il ajoute même qu'elle pourra être élevée jusqu'au double.

281. L'article abrogé condamnait aux travaux forcés à perpétuité l'individu, déjà condamné pour crime, qui en commettait un nouveau emportant la peine des travaux forcés à temps, et si le second crime entraînait la peine des travaux forcés à perpétuité, le coupable encourait la peine de mort. Aujourd'hui, c'est le maximum de la même peine qui est prononcé dans le premier cas; il peut même être élevé jusqu'au double; et la peine de mort ne peut être infligée qu'autant que le coupable a déjà commis avant la récidive un crime emportant la peine des travaux forcés à perpétuité. C'est une véritable amélioration. Peut-être serait-il préférable que l'aggravation de peine résultant de la circonstance de la récidive, ne pût donner lieu à l'application de la peine de mort. L'art. 13 du projet préparatoire en faisait une disposition formelle, et, lors de la discussion, on proposa, par amendement, l'adoption de ce principe. Son rejet a été déterminé par cette considération que le condamné aux travaux forcés à perpétuité pourra, en cas d'évasion, se livrer impunément à tous les crimes. Cette considération nous paraît peu puissante, surtout si l'on réfléchit à la difficulté et à la rareté des évasions des détenus. Toutefois, l'application du système des circonstances atténuantes au cas même de récidive, sert de correctif à la rigueur des deux dispositions que nous signalons (L. modificative du code d'inst. crim., art. 5). — Le § 6 de l'art. 56 porte que, si le second crime emporte la peine de la déportation, le coupable sera condamné aux travaux forcés à perpétuité. Cette disposition avait été critiquée comme infligeant aux délits politiques une peine établie pour des faits d'une tout autre nature. Elle a cessé d'être applicable depuis la promulgation de la loi du 8 juin 1850, qui a organisé la déportation. Sous l'empire de cette loi, si le second crime emporte la peine de la déportation simple, le récidiviste devra être condamné, non pas aux travaux forcés à perpétuité, mais à la déportation dans une enceinte fortifiée. Mais si le second crime emporte la déportation dans une enceinte fortifiée? Dans ce cas, la récidive restera impunie, par ce double motif que les travaux forcés à perpétuité ne pourraient être prononcés en vertu de l'art. 56, qui ne s'appliquait qu'à la déportation simple, et que la déportation dans une enceinte fortifiée remplace la peine de mort pour les crimes politiques (V. en ce sens un article de M. Molinier dans la Revue critique de jurisprud., 1851, t. 1, p. 49, n° 6; MM. Chauveau et Hélie, t. 1, p. 290, note; Trébutien, t. 1, p. 300).—Sur ce dernier point, toutefois, M. Bertauld (p. 432) est en dissentiment avec les auteurs que nous venons de citer; il pense que, dans le cas où la seconde condamnation entraîne la déportation dans une enceinte fortifiée, il y a lieu d'appliquer, à raison de la récidive, la peine des travaux forcés à perpétuité, conformément à l'art. 56.

282. Il avait été décidé, sous l'empire du code pénal de 1810, conformément aux observations qui viennent d'être faites : 1° qu'il y avait lieu d'appliquer la peine de récidive, lorsqu'il y avait eu condamnation précédente pour fait qualifié crime, alors même que le coupable n'avait été puni à raison de son âge que d'une peine correctionnelle (Crim. cass. 10 avril 1818, MM. Barris, pr., Lecoutour, rap., aff. Elie; Crim. rej. 13 oct. 1826, MM. Portalis, pr., Busschop, rap., aff. de Lattre; 11 sept. 1828, MM. Bailly, pr., Chantereyne, rap., aff. Pinel; 2 oct. 1828, MM. Bailly, pr., Gaillard, rap., aff. Chemitre); — 2° Que l'individu qui, déclaré coupable d'un crime, n'avait été, à cause de la faiblesse de son âge et en vertu de l'art. 67 c. pén., condamné qu'à une détention dans une maison de correction, devait, en cas de conviction d'un nouveau crime, être déclaré passible des peines de la récidive (Crim. rej. 2 avril 1825, MM. Portalis, pr., de Bernard, rap., aff. Dufrier; Crim. cass. 18 janv. 1827, MM. Bailly, pr., Merville, rap., aff. Collesch) : « Attendu, porte le premier de ces arrêts, que la disposition de l'art. 56, *quiconque ayant été condamné pour crime...*, est générale et absolue; que ces expressions embrassent tous les cas d'une première condamnation pour un crime qualifié tel par le code pénal, quelle que soit la peine qui ait été infligée; que ce n'est point d'après la nature de la peine subie lors de la première condamnation qu'il faut décider s'il y a lieu à récidive, mais d'après la nature du fait qui a servi de base à la première condamnation...; » — 3° Qu'il y avait lieu à appliquer la peine de la récidive à un individu déclaré coupable d'un crime, lorsque précédemment il avait été déclaré coupable d'un premier crime, lors même qu'il ne lui aurait été fait application que d'une peine correctionnelle, aux termes des dispositions de la loi du 25 juin 1824 (établissant les circonstances atténuantes) (Crim. rej. 3 mars 1831, MM. de Bastard, pr., Gaillard, rap., aff. Mathieu); « Attendu, porte l'arrêt, que si la cour d'assises, chargée d'appliquer la loi pénale aux faits déclarés constants, ayant reconnu et déclaré que l'affaire présentait des circonstances atténuantes, a usé de la faculté que lui donnait l'art. 8 de la loi du 25 juin 1824, et n'a appliqué au demandeur que le maximum des peines de l'art. 401 c. pén., cette réduction de la peine n'a pas eu ni pu avoir pour effet de changer la nature et le caractère du fait déclaré par le jury, seul appréciateur des faits, et de convertir en délit un vol qualifié crime par la loi; » —4° Que l'individu convaincu d'un crime emportant peine afflictive ou infamante, mais qui n'avait été condamné qu'à l'emprisonnement, parce qu'il n'avait pas seize ans, devait être condamné à la peine de mort s'il se rendait ensuite coupable d'un crime punissable des travaux forcés à perpétuité (Crim. rej. 10 (et non 1er) avril 1828, M. Mangin, rap., aff. Delaisse).

283. Au contraire, il avait été jugé, mais à tort, que, lorsqu'à raison de la faiblesse de son âge, un individu était condamné à une simple peine correctionnelle, pour un fait que la loi qualifiait crime, ce fait ne pouvait plus être considéré, par rapport à lui, que comme un délit correctionnel, insuffisant pour servir de base à l'application des peines de la récidive, sans qu'il fût besoin de distinguer si la condamnation avait été prononcée par un tribunal correctionnel ou une cour d'assises (C. d'ass. de Seine-et-Oise, 18 août 1829, aff. Boquet).

284. La loi de 1824 ayant confié aux tribunaux correctionnels le jugement de certains crimes dont seraient prévenus les mineurs, la cour de cassation en avait induit que le fait imputé descendait, dans ce cas, au rang des simples délits, et que la condamnation ne pouvait servir de base à la récidive, puisqu'elle n'était plus qu'une condamnation pour délit et non pour crime.— C'est ainsi qu'il avait été jugé que, l'aggravation de la peine, à raison de la récidive, dans le cas de l'art. 56 c. pén., n'étant applicable qu'au cas où il y avait eu précédente condamnation pour crime, il suivait de là que, si un individu qui, à raison de son âge, ayant été renvoyé devant le tribunal correctionnel pour vol avec effraction, n'avait été condamné qu'à une peine correctionnelle, par application de la loi du 25 juin 1824, se rendait, depuis, coupable d'un crime emportant la peine des travaux forcés à perpétuité, il ne se trouvait pas dans le cas de l'application de la récidive, la première condamnation ayant eu lieu pour délit et non pour crime (Cr. rej. 10 avr. 1828, M. Mangin, rap., aff. Delaisse; 27 juin 1828, MM. Bailly, pr., Ollivier, rap., aff. Mercier; Crim. cass. 2 oct. 1828, MM. Bailly, pr., Gaillard, rap., aff. Chemitre; 9 fév. 1832, MM. de Bastard, pr., Gilbert de Voisins, rap., aff. Legall).

285. Depuis la loi de 1832, les difficultés résolues par les arrêts ci-dessus ne sauraient se reproduire : quel qu'ait été le caractère de la première incrimination, ce n'est qu'autant qu'elle a entraîné des peines criminelles qu'il peut y avoir lieu aux peines de la récidive prononcées par l'art. 56 (V. Conf. MM. Chauveau et Hélie, t. 1, p. 303; Trébutien, t. 1, p. 297 et 298).—Ainsi il a été jugé 1° que les peines de la récidive ne peuvent être appliquées à un individu reconnu coupable d'un crime, lorsque le premier jugement qu'il avait subi ne lui appliquait que des peines correctionnelles (Crim. cass. 8 juill. 1836) (1); — 2° Que les peines de la récidive au grand criminel ne peuvent être appliquées que lorsque l'accusé a déjà été condamné à une peine afflictive ou infamante; que, par suite, bien que le premier crime dont l'accusé a été déclaré coupable pût entraîner contre lui la peine de la reclusion, par exemple, néanmoins, si, en vertu des circonstances atténuantes, il n'a été condamné qu'à des peines correctionnelles, le second crime dont il est plus tard convaincu ne peut être puni de la récidive (Crim. cass. 8 mars 1838 (2); Req. 22 janv. 1852, aff. Génin, D. P. 52. 1. 61); — 3° que l'individu qui, condamné pour crime à une peine correctionnelle, commet ultérieurement un autre crime, n'est ni dans l'état de récidive prévu par l'art. 56 c. pén., ni dans celui prévu par l'art. 58; qu'en conséquence, l'arrêt qui, à raison de cet état de récidive, applique à l'accusé le maximum de la peine encourue à raison de ce second crime, est nul (Crim. cass. 16 avr. 1852, aff. Arcir, D. P. 52. 5. 465; 7 fév. 1852, aff. Chamboredon, D. P. 52. 5. 465; 12 août 1852, aff Guilon, D., P. 52. 5. 466); — 4° Que l'existence d'une première condamnation pour crime à une peine correctionnelle ne peut donner lieu, contre le condamné déclaré coupable d'un second crime, à l'aggravation de peine résultant de la récidive légale, ni en vertu de l'art. 56 c. pén., qui suppose une première condamnation à une peine afflictive et infamante, ni en vertu de l'art. 58 qui prévoit le cas de récidive de délit à délit; qu'en conséquence, l'arrêt qui prononce cette aggravation, en se fondant sur l'état de récidive de l'accusé est nul; — ... Encore que la peine appliquée aurait pu être prononcée à raison du second crime pris isolément : il n'y a pas, en pareil cas, simple erreur dans la citation de la loi pénale (Crim. cass. 7 juill. 1853, aff. Longuillaume, D. P. 53. 5. 393).

286. Il a été jugé, à plus forte raison, qu'un crime ne constitue pas un cas de récidive à raison d'un simple délit antérieur (Crim. rej. 2 oct. 1818 (3); Bruxelles, 27 sept. 1821, aff. N...; Crim. cass. 9 juill. 1841, aff. Bauguy, n° 525-1°).

(1) (Langlois, etc. *C.* min. pub.) — LA COUR; — En ce qui touche les pourvois de F. Langlois et de J.-F.-G. Dubois : — Attendu que lesdits Langlois et Dubois ayant été condamnés, savoir : Langlois à cinq ans de prison, par jugement du tribunal correctionnel de Caen, du 7 mars 1829, et Dubois à deux ans de prison par un autre jugement du 29 oct. 1829, l'arrêt attaqué leur a fait application des peines de la récidive, en se fondant sur l'art. 58 c. pén.; mais, attendu que ledit art. 58 ne prévoit que le cas où un individu, d'abord condamné correctionnellement, serait plus tard passible d'une nouvelle condamnation à raison d'un nouveau délit; d'où il suit que cette disposition ne s'applique pas au cas où le fait qui donnerait lieu à une seconde condamnation serait un crime, c'est-à-dire un fait passible d'une peine afflictive ou infamante, d'après la définition qu'en donne l'art. 1 c. pén.;—Attendu que, dès lors, l'aggravation de peine infligée auxdits Langlois et Dubois, par suite dudit art. 58, constitue une fausse application et, par suite, violation dudit art. 58; — Casse l'arrêt de la cour d'assises du Calvados, du 20 mai dernier.

Du 8 juill. 1836.-C. C., ch. cr.-MM. Chopin, pr.-Mérilhou, rap.

(2) (Saintes C. min. pub.)—LA COUR;—Vu l'art. 56 c. pén., alinéas 1 et 5; — Attendu que l'arrêt attaqué en prononçant la peine de vingt ans de travaux forcés contre D. Saintes, ne s'est pas fondé exclusivement sur les deux vols qualifiés dont il a été déclaré convaincu par le jury et qui étaient punissables de la peine des travaux forcés à temps, d'après les art. 384 et 381, n° 4 du même code; — Mais que cet arrêt s'est fondé aussi sur la condamnation à deux ans d'emprisonnement, prononcée contre le demandeur par l'arrêt de la cour d'assises du même département, du 13 nov. 1835; qu'à la vérité, cette condamnation avait été prononcée pour un vol de nuit commis en maison habitée, lequel était passible de la peine de la reclusion, aux termes de l'art. 386 du même code, aussi visé dans l'arrêt attaqué, mais que la peine prononcée par cet arrêt de 1835 a été réduite à deux années d'emprisonnement, à cause des circonstances atténuantes reconnues par le jury, en vertu de l'art. 463 c. pén.; — Que néanmoins, l'arrêt attaqué a conclu de l'existence de cette condamnation, rapprochée des nouveaux faits reconnus constants par le jury, qu'il y avait récidive dans les termes de l'art. 56 c. pén., et qu'il y avait lieu de lui faire l'application du § 5 de cet article; mais qu'en le jugeant ainsi, la cour d'assises de l'Aisne a fait une fausse application de cet alinéa 5, et formellement violé la disposition de l'alinéa 1 qui n'attache plus comme le code de 1810, l'état de récidive à la perpétration d'un deuxième crime, mais seulement à la condamnation à une peine afflictive et infamante; qu'il résulte donc de la réforme introduite en 1832 dans la législation pénale, que la récidive du crime n'est pas susceptible d'aggravation, quand, en vertu de circonstances atténuantes, déclarées par le jury, ce crime n'a été puni par la justice que de peines correctionnelles; — Casse.

Du 8 mars 1838.-C. C., ch. cr.-MM. Bastard, pr.-Isambert, rapporteur.

(3) (Min. pub. *C.* Rigaud.)— LA COUR; — Statuant sur le pourvoi du procureur du roi : — Considérant qu'aucun des art. 56, 57 et 58 dont est composé tout le chap. 4, liv. 1, c. pén., intitulé des Peines de la récidive pour crimes et délits, ne prononce une aggravation de peine pour un crime commis par un individu qui déjà aurait été condamné à une peine correctionnelle; qu'en effet les art. 56 et 57 supposent l'un et l'autre le cas d'une première condamnation pour crime, et l'art. 58, celui où un individu déjà condamné à une peine correctionnelle de plus d'une année d'emprisonnement, aurait commis un nouveau délit; que le mot *délit* devant être pris dans l'acception qui lui est donnée par l'art. 1 c. pén., il s'ensuit que l'art. 58 ne peut être appliqué à un individu qui, après une première condamnation correctionnelle quelconque, se serait rendu coupable d'un fait que ledit art. 1 a qualifié crime, et qu'il a spécialement distingué du délit; que, dans l'espèce, l'accusé n'avait point été condamné pour crime, mais seulement pour un délit de police correctionnelle; que, le nouveau fait dont il a été déclaré coupable étant un vol sujet à la peine afflictive de la reclusion, la cour d'assises a donc pu, sans violer ni faussement appliquer l'art. 58 c. pén., le condamner à ladite peine dans la latitude déterminée par l'art. 21 du même code; — Rejette.

Du 2 oct. 1818.-C. C., sect. crim.-MM. Barris, pr.-Busschop, rap.

287. Sous le code pénal de 1810, on a décidé qu'une condamnation antérieure à des peines afflictives fait nécessairement supposer que le prévenu a été jugé coupable de crimes, et que, dès lors, il doit, en cas de récidive, lui être fait application de l'art. 56 c. pén. (Crim. cass. 15 oct. 1813) (1).

288. Pour que l'aggravation de peine prescrite, en cas de récidive, par l'art. 56 c. pén., puisse être prononcée, lorsque déjà il y a eu une première condamnation à une peine afflictive et infamante, est-il nécessaire que le second crime soit lui-même passible d'une peine de même nature? Cette question a été diversement résolue par la cour suprême. — Ainsi il a été jugé que l'aggravation de peine à raison d'une première condamnation à une peine afflictive et infamante, ne peut être appliquée qu'au cas de seconde condamnation à une peine de même nature, et non pas au cas où la seconde condamnation ne porte que des peines correctionnelles, par suite de la déclaration de circonstances atténuantes (Crim. cass. 5 déc. 1840) (2). — Il a été jugé, au contraire, que l'état de récidive existe par le concours d'une condamnation antérieure à une peine afflictive et infamante avec un crime emportant une peine de même nature; — Que, par suite, bien que, par l'effet de circonstances atténuantes, le prévenu d'un crime (de faux en écriture privée) commis après une première condamnation à une peine afflictive et infamante n'eût dû encourir qu'une peine correctionnelle, il n'en résulte pas que l'état légal de récidive ait disparu comme inconciliable avec une condamnation correctionnelle; qu'en cas pareil la réduction déterminée par les circonstances atténuantes doit être calculée sur la peine aggravée par la récidive (Crim. rej. 31 janv. 1845, aff. Béroule, D. P. 45. 1. 112). Cette dernière décision semble plus en harmonie avec le texte de l'art. 56 c. pén., qui ne parle de condamnation à une peine afflictive et infamante que relativement à la première infraction (V. Conf. M. Trébutien, t. 1, p. 298).

289. La disposition de l'art. 56 c. pén. est absolue, et s'applique au cas où la première condamnation serait antérieure au code pénal. En le décidant ainsi, on n'établit pas de rétroactivité, parce que l'augmentation de peine attachée à la récidive n'est infligée qu'au second crime, comme un supplément devenu nécessaire par l'inefficacité de la première condamnation (Crim. cass. 20 juin 1812; Crim. rej. 16 nov. 1815 (3); — Conf. Crim. rej. 13 nov. 1812, min pub. C. Diel Freenzent; 3 mai 1815, MM. Barris, pr., Chasle, rap., aff. Auzas; 10 août 1815, MM. Barris, pr., Busschop, rap., aff. Dubuisson; 2 oct. 1818, MM. Barris, pr., Busschop, rap., aff. Nisette; 2 juill. 1819, MM. Barris, pr., Busschop, rap., aff. Merlan; V. aussi MM. Chauveau et Hélie, t. 1, p. 303).

290. Mais il faut que la première condamnation ait eu lieu pour un fait que les lois de l'époque qualifiaient crime, ou du moins qu'elles punissaient de peines afflictives et infamantes. Ainsi, il a été jugé qu'il y a lieu à l'aggravation de peine prononcée par l'art. 56 c. pén., lorsque l'accusé a été précédemment condamné à une peine afflictive et infamante, quoique cette condamnation ait été prononcée sous l'empire du code pénal de 1791, qui ne précisait pas, comme celui de 1810, les faits qualifiés délits et ceux qualifiés crimes (Crim. cass. 28 mars 1822) (4).

291. L'art. 56 s'applique aux condamnations rendues en

---

(1) (Min. pub. *C.* Dominichelli.) — LA COUR; — Vu l'art. 441 c. inst. crim.; — Vu aussi l'art. 56 pén.; — Attendu que par sentenee du vicaire royal à Montalimo, du 18 octobre, Pierre Dominichelli avait été condamné à la peine de cinq ans de confin à Grossetto, pour vol d'une jument dans une écurie; que, par une autre sentence du même juge, du 17 fév. 1808, la peine de trois ans de travaux publics avait été prononcée contre le même Dominichelli, pour infraction de son ban; qu'arrêté au mois d'août 1812 pour vol commis à l'aide d'escalade, Dominichelli, qui avait été condamné aux peines du confin et des travaux publics, c'est-à-dire à des peines afflictives, et qui conséquemment avait été jugé coupable de crimes, etait, d'après les dispositions de l'art. 56 c. pén., dans le cas de récidive; que le dernier crime par lui commis le soumettant à la peine des travaux forcés à temps, il devrait donc, à raison de cette circonstance de récidive, être condamné aux travaux forcés à perpétuité; que cependant la cour spéciale de l'Ombrone n'a, par son arrêt du 26 janv. 1813, prononcé contre lui que neuf ans de travaux forcés; qu'elle a ainsi manifestement violé l'article cité du code pénal; — D'après ces motifs, casse.

Du 15 oct. 1813.-C. C., sect. crim.-MM. Barris, pr.-Aumont, rap.

(2) (Lavaud *C.* min. pub.) — LA COUR; — Sur le chef relatif à l'application de la peine; — Vu l'art. 56 c. pén. réformé en 1832; — Attendu que, d'après cette disposition, il n'y a lieu d'aggraver la peine qu'envers les individus qui ont encouru une peine afflictive et infamante; que l'aggravation ne peut donc être étendue à ceux qui, par l'effet de de circonstances atténuantes, reconnues par la justice, ne sont condamnés qu'à des peines correctionnelles; — D'où il suit que l'arrêt attaqué, en appliquant à Jean Lavaud la peine des travaux forcés, sur le fondement d'une condamnation précédemment intervenue contre lui, le 17 oct. 1832, a faussement interprété l'art. 56 c. pén., et commis un excès de pouvoir; — Casse.

Du 5 déc. 1840.-C. C., ch. crim.-MM. Bastard, pr.-Isambert, rap.

(3) 1re *Espèce :* — (Min. pub. *C.* Merle et Théron.) — LA COUR; — Vu l'art. 410 c. inst. crim.; — Vu aussi l'art. 56 c. pén.; — Considérant que cette disposition « quiconque ayant été condamné pour crime » est générale et absolue, qu'elle s'étend conséquemment à toutes condamnations pour crime, dans quelque temps et par quelques tribunaux qu'elles aient été prononcées; qu'elle s'applique aux condamnations dont la peine a été subie, comme à celles dont la peine ne serait pas encore expirée, ou à laquelle le condamné se serait soustrait; que les tribunaux sortent nécessairement des bornes de leurs attributions lorsqu'ils se permettent de restreindre à certains cas des lois pénales qui, par leur généralité, les embrassent tous; que l'application d'une plus forte peine, ordonnée par l'art. 56 contre les crimes qui ont été précédés d'un autre crime sur lequel il y a eu condamnation, ne saurait être accusée d'aucune espèce de rétroactivité dans les cas où cette première condamnation serait antérieure au code pénal, puisque cette aggravation de peine ne porte ni sur la première condamnation ni sur le premier crime; qu'elle ne frappe que sur le second crime commis sous l'empire de ce code; et qu'elle est prononcée seulement à raison de la perversité et des habitudes criminelles que suppose la récidive; — Et attendu que Merle et Théron ont été déclarés coupables, par le jury, d'un crime commis depuis la mise en activité du nouveau code pénal, et emportant la peine des travaux forcés à temps; — Que par la déclaration du même jury, et plus légalement encore par des jugements qui font partie des pièces de la procédure, il était établi qu'ils avaient été antérieurement condamnés pour crime; — Que néanmoins la cour d'assises de l'Hérault a refusé de prononcer contre eux la condamnation ordonnée par ledit art. 56 c. pén., sur le motif absolument énoncé et formellement contraire à la loi, que les faits des premières condamnations étaient antérieurs à la publication de ce code, et qu'ayant subi la peine prononcée contre eux à raison de ces faits, les accusés en étaient entièrement libérés; — Statuant sur le pourvoi du procureur général près la cour de Montpellier, casse.

Du 20 juin 1812.-C. C., sect. crim.-M. Bailly, rap.

2e *Espèce :* — (Carlet et Violet *C.* min. pub.) — LA COUR; — Attendu que la disposition de l'art. 56 c. pén. sur la récidive en général et absolue; que pour constituer la récidive, elle ne distingue pas entre les condamnations prononcées sous l'ancienne loi et celles qui l'ont été sous la loi nouvelle, qu'en le décidant ainsi, on n'établit pas de rétroactivité, parce que l'augmentation de peine attachée à la récidive n'est infligée qu'au second crime comme un supplément devenu nécessaire par l'inefficacité de la première condamnation; — Qu'ainsi par cela seul qu'ils avaient été condamnés en l'an 7 à des peines afflictives et infamantes, Carlet et Violet se sont trouvés lors de l'arrêt du 21 oct. dernier dans le cas de la récidive, et que sous ce rapport, la peine a été justement appliquée; — Rejette.

Du 16 nov. 1815.-C. C., sect. crim.-MM. Barris, pr.-Ollivier, rap.

(4) (Min. pub. *C.* Pons.) — LA COUR; — Vu l'art. 27, liv. 2, part. 2, tit. 2 c. pén. de 1791, l'art. 15 de la loi du 27 frim. an 8, et l'art. 56 c. pén. de 1810; — Attendu qu'antérieurement à ce dernier code, l'expression de délit était indistinctement appliquée aux faits punis de peines correctionnelles, et aux faits punis de peines afflictives et infamantes; — Que la loi du 27 frim. an 8, dans son préambule, a elle-même employé cette expression sous cette double acception; — Que l'art. 1 c. pén. de 1810 est la première disposition législative qui ait expressément attribué la qualification de délits aux faits punis de peines correctionnelles, et celle de crimes aux faits punis de peines afflictives et infamantes; — Que l'art. 56 de ce code se réfère nécessairement à cette qualification, fixée dans son art. 1, et que l'expression de crime qui y est portée, doit être entendue des infractions que les lois punissent de peines afflictives et infamantes; — Que l'art. 27 c. pén. de 1791 punissait de peines afflictives les vols d'objets exposés à la foi publique; — Que l'art. 11 de la loi du 27 frim. an 8, réduisit cette peine à une peine correctionnelle; — Mais que, d'après l'art. 15 de cette loi, cette dérogation à l'art. 27 du code de 1791 fut restreinte à ceux de ces vols qui seraient commis une première fois; — Qu'à l'égard de ceux qui seraient commis itérativement et par récidive, cet article a expressément disposé qu'ils continueraient à être jugés par les tribunaux criminels, et à être punis, conformément audit art. 27 c. pén. de 1791, d'une peine afflictive et infamante; — Que ces délits, commis ainsi par récidive, doivent donc rentrer dans le § 3 de l'art. 1

vertu de lois postérieures au code. Les dispositions du code sur la récidive font partie de ces principes généraux qui forment la base d'une législation criminelle et qui sont destinés à servir de complément et de règle, non-seulement aux lois présentes, mais aux lois à venir. C'est aussi la remarque de MM. Chauveau et Hélie (t. 1, p. 304). Le principe de l'aggravation en cas de récidive forme le droit commun, et il faudrait, pour qu'il y fût dérogé, que le législateur en eût formellement manifesté l'intention.

292. Il a été décidé, en ce sens : 1° que les dispositions du code pénal, concernant la récidive, sont générales et absolues; qu'elles embrassent la totalité des crimes et délits, même ceux qui ont été prévus par des lois postérieures à la promulgation du code, à moins que ces lois n'aient dérogé expressément au droit commun; spécialement, qu'une cour d'assises ne pouvait (avant l'abolition de la loi du 20 avr. 1825, sur le sacrilége) refuser de faire l'application de l'art. 56 c. pén. à un accusé poursuivi en vertu de cette loi, sous prétexte qu'elle était spéciale, non susceptible d'extension et postérieure au code pénal (Crim. cass. 21 déc. 1827; 14 mars 1828; ch. réun. cass. 29 nov. 1828) (1); — 2° Que l'individu déclaré coupable du crime emportant, aux ter-

c. pén. de 1810, et doivent être qualifiés de crimes; — Attendu qu'il est constant, en fait, que Jean Pons a été condamné par le tribunal criminel à des peines afflictives, pour vols d'objets confiés à la foi publique, par récidive; que, dès lors, il avait subi une première condamnation pour crime, et qu'en refusant de prononcer l'aggravation de peine prescrite par l'art. 56 c. pén., aggravation requise par le ministère public, la cour d'assises de Tarn-et-Garonne a violé l'art. 27 c. pén. de 1791, l'art. 15 de la loi du 27 frim. an 8, et par suite l'art. 56 c. pén. de 1810; — Casse.

Du 28 mars 1822.-C. C., sect. crim.-MM. Barris, pr.-Louvot, rap.

(1) 1re *Espèce* :—(Min. pub. C. Danielou.)—14 mars 1828, arrêt qui casse (MM. Bailly, pr., Brière, rap.) une décision de la cour d'assises du Finistère, et renvoie devant la cour d'assises d'Ille-et-Vilaine, qui a jugé comme la première;—Nouveau pourvoi.—S'il est vrai, a dit M. Odilon-Barrot, que, d'après le droit commun, un premier délit en aggrave un second et légitime une plus grande sévérité de la loi, encore faut-il que les deux faits qui s'aggravent ainsi mutuellement aient quelques rapports ensemble, quelques points de cohésion, il faut qu'ils puissent se fondre fictivement pour donner lieu à une application pénale plus rigoureuse. Ce n'est pas là une vaine abstraction. L'art. 5 c. pén. consacre cette vérité puisée d'ailleurs dans la nature des choses; c'est ainsi qu'il décide que les dispositions qu'il renferme ne sont point applicables, par exemple, aux crimes et délits militaires. Pourquoi? parce que ces crimes appartiennent à un autre ordre d'intérêts, parce qu'ils sont différents des crimes civils ordinaires, non pas seulement par l'espèce, mais par le genre, et que combiner de pareils crimes pour les soumettre à une aggravation mutuelle, ce serait en quelque sorte faire une chose contre nature. Cette disposition du code pénal n'est point restrictive, elle s'applique partout où le même principe qu'elle a consacré se retrouve; c'est ainsi qu'on n'a jamais songé à établir des rapports de récidive entre les fautes de discipline que punissent certains règlements répressifs propres à tel ou tel établissement, à telle ou telle corporation, et les délits ordinaires. Ces principes étant posés, et nous les croyons incontestables, il s'agit de décider si le crime de sacrilége n'est pas tellement différent des crimes ordinaires punis par le code pénal, qu'il ne puisse être établi aucune espèce de rapports entre eux.

Or, si nous consultons le titre de la loi du 20 avril 1825, si nous nous rappelons les débats qui l'ont précédée, si nous examinons avec quelque attention ses définitions, sa pénalité, nous arriverons à cette conviction profonde et absolue, que la loi du 20 avril 1825 non-seulement ne peut pas se coordonner avec le code pénal, mais qu'elle est en opposition directe avec lui; que ce n'est pas une de ces dispositions complémentaires qui viennent prendre leur place dans le cadre toujours ouvert de la législation générale; mais que c'est une loi à part et qui a plutôt la prétention de briser ce cadre que d'y entrer. C'est à dessein et avec une sorte de préméditation que cette loi fut appelée loi du sacrilége. Un débat s'était élevé entre cette cour et les différentes cours d'assises sur la question de savoir si un vol commis dans une église devait être réputé commis dans un édifice habité; la cour de cassation, comme pressentant d'avance le danger qu'il pouvait y avoir dans les circonstances où l'on était placé, de remettre en question cette partie de notre législation, et reconnaissant cependant qu'il y avait quelqu'inconséquence à ne punir le vol commis dans une église que de la même peine que celui qui serait commis dans une masure abandonnée, jugea qu'il fallait assimiler les églises aux maisons habitées; les cours d'assises résistèrent, s'attachant fortement au texte même de la loi et repoussant une assimilation qui n'était pas une identité : de là, la nécessité pour le ministère de proposer une loi supplétive et de faire subir au code pénal en ce point une modification qui paraissait juste.

Une loi fut présentée à cet effet à la chambre des pairs, loi toute terrestre, toute sociale, qui ne faisait entrer dans sa pénalité d'autres éléments que ceux que notre législation pénale admet, savoir : le préjudice réel causé par le crime, la plus ou moins grande facilité pour le commettre et la nature particulière du droit auquel il porte atteinte. C'est sur cette combinaison purement humaine que la loi était fondée, et comme telle, elle pouvait, elle devait être considérée comme un appendice à notre code pénal; mais au moment du scrutin un noble prélat se leva (M. l'archevêque de Paris) : « Nous avons pensé, dit-il, qu'il nous était permis d'exprimer solennellement le vœu que la loi consacrât dans son vocabulaire, les mots de *sacrilége et de profanation*, que les jugements imprimassent cette note d'infamie sur la mémoire et en quelque sorte sur le front de celui qui se serait rendu coupable de cet attentat, afin d'inspirer plus d'horreur, et aussi afin que la justice humaine, tout imparfaite qu'elle est, en vengeant la société blessée dans ce qu'elle a de plus vénérable et de plus cher, puisse du moins réparer, autant qu'il est en elle, les outrages faits à la vérité de notre religion, à la sainteté, à la divinité de ses mystères. »

Une clameur générale s'éleva dans la chambre contre cet amendement dont le but avoué était d'introduire le péché dans la législation pénale; il fut rejeté, et la loi envoyée à la chambre des députés. Mais, comme elle manquait du caractère sacré qu'on avait voulu lui imprimer, comme elle n'était qu'un corollaire de cette législation, qu'on se plaît à appeler athée, elle ne pût trouver grâce, il fallut la retirer. Et l'année suivante parut avec toute franchise, et même avec une sorte d'affectation, cette loi purement religieuse du sacrilége. Ils sont encore présents à votre souvenir les débats qui s'élevèrent sur cette qualification de loi *du sacrilége.* Vainement on s'efforça de la faire disparaître, la majorité parvint à la maintenir, afin que personne ne pût se méprendre en France sur le véritable caractère de cette loi, afin que l'on sût bien que la violation de la loi sacrée était punie. *Sacrilegium est sacræ legis violatio* (Instit. Juris canonico). Au reste, qui aurait pu s'y tromper, lorsque le ministre (M. de Peyronnet), en présentant cette loi, s'exprimait ainsi : « Lorsque nous venons au nom du roi très-chrétien vous proposer des mesures dictées par le seul désir de conserver la foi de nos pères, et d'entretenir dans l'esprit des peuples les sentiments religieux qui sont si nécessaires à leur bonheur, nous ne devons pas craindre de voir éclater des discussions sur l'utilité générale. » Aussi le rapporteur de cette loi à la haute chambre (M. de Breteuil) n'hésitait-il point à définir attentat déicide le fait dont il proposait la répression, disant que, quant à la peine du parricide, son application était juste et indispensable, puisqu'il s'agissait de punir un attentat plus grand encore que le parricide. On ne peut se dissimuler, ajoutait un autre pair, M. le comte de Labourdonnaye, qu'il existe une gradation entre le parricide et le sacrilége; ne serait-il pas utile, moral et religieux d'établir au moins une nuance dans la peine, puisqu'il en existe une dans le crime. Il proposait de substituer pour le sacrilége un voile rouge au voile noir dont est couvert le parricide; ce changement, léger en apparence, frapperait le peuple, et isolerait un crime qui ne doit être confondu avec aucun autre. A la chambre des députés, mêmes principes, mêmes idées; on ne doit pas, disait le rapporteur M. Chifflet, on ne doit pas comparer ce crime à d'autres, pour en aggraver la peine. La distance entre Dieu et un homme offensé, quel que soit son rang, est infinie, et c'est afin d'éviter cette confusion d'idées pour crimes si dissemblables, que l'expression de lèze-majesté me paraîtrait devoir être restreinte au crime contre les rois, comme le mot sacrilége est propre au grand crime religieux... Ces crimes sembleraient devoir être la matière d'une législation spéciale bien digne des méditations de l'homme public.

Et comment, en effet, les auteurs de cette loi auraient-ils pu justifier l'énormité de la peine qu'ils établissaient, s'ils n'avaient pris pour point de départ cette conviction légale que l'hostie, le vase consacré sont Dieu même; leur loi aurait été atroce si elle n'eût été religieuse, et si elle n'eût eu pour principe cette présence de Dieu dans les objets profanés. Comment en douter d'ailleurs? Ce n'est pas seulement la vie du coupable que la loi lui demande, c'est une expiation religieuse, c'est une amende honorable devant l'église, expiation qui ne serait qu'une misérable et hypocrite représentation, si elle n'était combinée avec cette croyance légale qui domine toute la loi. Laissons-lui donc à cette loi le caractère que ses auteurs ont voulu lui imprimer; nous mentirions à sa conscience, si nous en faisions une loi purement terrestre et humaine.

Or, avec ce caractère, comment pourrait-elle se combiner avec notre code pénal de 1810, avec notre législation, qui, depuis le célèbre ordre du jour de l'assemblée constituante, motivé sur ce que la volonté de tous n'a et ne peut avoir aucun pouvoir sur les consciences et les opinions religieuses, ne considère les faits qu'elle punit, les droits qu'elle consacre que dans des rapports purement humains. Ces deux législations ne sauraient jamais se rencontrer : l'immensité les sépare; l'une appartient à la terre, l'autre a été en quelque sorte dérobée au ciel.

Le défenseur entre dans de nouveaux développements, et prouve que cette loi a un caractère à part, qu'elle ne se fond pas avec notre système pénal; qu'enfin, selon l'intention de ses auteurs, elle répudie même notre

mes de l'art. 9 de la loi du 20 avr. 1825, la peine des travaux forcés à perpétuité, lorsqu'il était en état de récidive, ne devait

législation, qui fut alors considérée comme complice de l'impiété. Spéciale, elle n'était que la base d'un nouvel ordre d'idées; elle appelait un code particulier, qui, si les temps n'eussent changé, aurait bientôt pesé sur nous. Obéissant au même système, on aurait nécessairement introduit des peines contre les actes les plus simples, les plus inoffensifs de notre conscience religieuse.

En appréciant le caractère de la loi du 20 avr. 1825, ou en le comparant avec notre droit commun criminel, je n'ai fait qu'user de mon droit, je n'en ai pas dépassé les limites. Longtemps encore deux systèmes de législation partageront et agiteront le monde civilisé : l'un, faisant de la religion une sorte d'institution sociale, confond la loi civile et la loi religieuse et tend à venger les atteintes portées à cette religion, au même titre qu'il venge ceux portés à la religion; l'autre, laissant, au contraire la religion dans la sphère des croyances, ne s'en occupe que pour en protéger la liberté, mais ne la fait jamais intervenir dans l'appréciation des faits ou des droits. S'il fallait me prononcer entre ces deux systèmes, ce serait de toute la force de ma conviction que je combattrais, comme je l'ai déjà fait, pour le principe de cette législation qu'on a qualifiée d'athée, parce qu'elle sait respecter les limites que notre nature même a mises à l'action de la loi. »

M. Mourre, procureur général, a combattu ces moyens en ces termes : « Messieurs, aucune loi ancienne n'a posé en principe que la récidive exigeait une peine plus grande que celle que le coupable aurait encourue pour le nouveau délit considéré abstractivement. Sans doute que les parlements avaient une grande latitude pour une infinité de cas sur lesquels les ordonnances étaient muettes. Sans doute aussi qu'ils punissaient plus sévèrement l'homme coupable de récidive. Mais, quand la loi avait parlé, ils devaient prendre la peine telle qu'elle était écrite, et la récidive ne pouvait avoir aucune influence, à moins qu'une disposition spéciale ne soumît le coupable à une aggravation de châtiment. — C'est ainsi que la déclaration du 4 mai 1724 punit du fouet le vol simple, et en cas de récidive de la peine des galères. Le code pénal de 1791 avait établi le principe général de l'aggravation de peine en cas de récidive; mais l'aggravation la plus forte n'allait pas au delà de la déportation. Maintenant voici comment s'exprime le code pénal de l'an 10 (V. l'art. 56 de ce code).

» Cet article est-il applicable aux lois spéciales? *Première question*. En cas d'affirmative, faut-il l'appliquer même à la loi du 20 avr. 1825? Cette loi, par son caractère, ne tient-elle pas à un ordre de choses tout particulier? peut-elle s'associer au droit commun pour la peine, lorsque le droit commun exclut le crime de sacrilége? *Deuxième question*. Enfin, et c'est ici le dernier point auquel il faut aboutir, la loi du 20 avr. 1825 a-t-elle voulu que la peine de la récidive fût applicable au vol sacrilége? Si elle l'a voulu, la peine ne s'appliquera pas de plein droit, mais en vertu de la volonté suffisamment exprimée du législateur. — Nous avons dit que c'était là le point final; et certes ce serait bien dans l'ordre naturel des idées la première question à examiner. Mais, comme les cours royales ne l'ont point abordée, nous croyons devoir d'abord examiner leur système. Pris en lui-même, ce système a de la force, de l'importance, et mérite toute l'attention de la cour. Nous allons y jeter un coup d'œil : nos observations doivent avoir plus d'intensité que d'étendue : nous les présenterons en peu de mots.

» Nous croyons que les lois spéciales peuvent et doivent admettre le principe de la récidive, parce que ce principe forme le droit commun de la France, et que si on ne transportait pas l'art. 56 c. pén. dans les lois spéciales, il faudrait aussi s'abstenir d'y transporter une infinité d'autres articles, sans lesquels pourtant il serait impossible de mettre en action ces lois qui statuent sur des matières particulières. Le point essentiel est de bien s'entendre sur la spécialité d'une loi.

» Une loi spéciale est celle qui s'attache à une matière particulière, et qui la considère sous des rapports qui appartiennent au droit commun, la sûreté, l'honneur ou la fortune. — Les lois spéciales jusqu'à présent ont appartenu exclusivement à l'ordre civil. Mais tout à coup le législateur porte ses regards vers une région plus élevée. Il punit des outrages qui sont sans doute une perturbation dans l'ordre social, mais des outrages qui ne lèsent sous aucun des rapports qui constituent notre code pénal. Le vol était déjà puni. C'est le vol sacrilége que la nouvelle loi atteint. C'est l'expression dont elle se sert. C'est pour le sacrilége qu'elle a été faite.— Placée par sa nature, comme par sa sévérité, loin de cette théorie qui, depuis 1790, avait présidé à la législation, peut-on emprunter au droit commun, quant à la rigueur de la peine, un principe qui mène à la mort pour des cas que non-seulement le droit commun n'avait pas admis, mais qu'il avait même virtuellement exclus? Empruntez, peut-on dire, empruntez au code pénal le principe général de la récidive; mais que ce soit lorsque vous verrez un lien naturel entre la loi générale et la loi particulière. — La loi du 20 avril, bien loin de s'allier naturellement avec le code pénal, quant à la peine, le contrarie formellement. Elle adopte des idées que le code pénal avait repoussées. C'est donc brouiller tous les principes que de vouloir que l'art. 56 c. pén. s'applique de plein droit à la loi du 20 avril.

» Mais, dit-on, si l'on n'emprunte pas l'art. 56 c. pén. pour l'appliquer à la loi du 20 avril, l'on n'aura pas plus de droit d'y appliquer une infinité d'autres dispositions, comme celle de la complicité, celle du discernement, celle de la flétrissure. — Vous savez, messieurs, que nous avons déjà dit que les lois spéciales qui, par leur nature et leur essence, s'allient naturellement au droit commun, peuvent et doivent puiser dans le droit commun toutes les dispositions auxquelles elles n'ont pas dérogé. La loi du 20 avril n'est pas contraire au droit commun, quant à la complicité. La complicité est une théorie puisée dans l'ordre naturel et se trouve dans les codes de toutes les nations. — Le discernement tient encore au droit naturel. — La flétrissure est l'accessoire des travaux forcés, et quand une loi spéciale porte la peine des travaux forcés à perpétuité, elle n'a pas besoin de dire que le condamné sera flétri, parce que la flétrissure est inhérente à la peine.

» La loi du 20 avril punit des cas nouveaux. Elle les punit contrairement au droit commun. Il s'agit de savoir si on puisera dans le code pénal, et si on y puisera, de plein droit, la peine de la récidive, qui n'est pas une peine accessoire, mais une peine principale, laquelle consiste, pour l'espèce actuelle, à substituer la mort aux travaux forcés à perpétuité. — Nous répondons non, et nous le répondons avec toutes les forces de notre âme. — Mais, si le législateur l'a voulu, il faut respecter ses motifs et obéir. — Or voici ce que nous lisons dans la loi du 20 avr. 1825 : « Art. 15. L'art. 463 c. pén. n'est pas applicable aux délits prévus par les art. 12, 13 et 14 de la présente loi; il ne sera pas applicable non plus aux délits prévus par l'art. 401 du même code, lorsque ces délits auront été commis dans l'intérieur d'un édifice consacré à la religion de l'Etat. » — Cet art. 463 c. pén., que le législateur déclare n'être pas applicable aux délits prévus par les art. 12, 13 et 14 de la présente loi, ni même aux simples larcins ou filouteries commis dans les églises, est celui qui permet de réduire la peine lorsque le préjudice n'excède pas 25 fr., et si les circonstances paraissent atténuantes. — Il est donc vrai que le législateur n'a pas entendu faire un code particulier, indépendant du code général. Bien au contraire, nous voyons déjà par l'art. 15 de la loi du 20 avril, qu'il manifeste sa volonté que le code pénal concoure et soit exécuté simultanément avec la nouvelle loi. Il l'entend si bien ainsi, qu'il déroge, par une disposition formelle, au code pénal, pour divers cas auxquels il croit que le code pénal ne doit pas être applicable. — Cet art. 15, très-énergique, quoique indirect, suffirait pour fixer notre opinion.

» Mais l'art. 17, qui est l'article final, complète la démonstration. — Il porte : « Les dispositions auxquelles il n'est pas dérogé par la présente loi continueront d'être exécutées. » — Nous doutons que le mot *continueront* soit une expression propre, puisqu'il s'agit de nouveaux crimes; mais cette défectuosité grammaticale, supposé qu'elle existe, n'est d'aucune influence sur la question. — En approchant l'art. 17 de l'art. 15, nous avons ce corollaire. — On exécutera le code pénal simultanément avec la nouvelle loi; seulement il y est dérogé en tel et tel points. » — Dans ces circonstances et par ces considérations, nous estimons qu'il y a lieu de casser. » — Arrêt.

LA COUR; — Vu les art. 8, 15 et 17 de la loi du 20 avr. 1825, 56 c. pén. et 2 de la loi du 30 juill. 1828; — Attendu que, loin de se placer en dehors du code pénal, la loi du 20 avr. 1825 s'y réfère dans plusieurs de ses dispositions; que cette corrélation résulte particulièrement de l'art. 15, qui exclut l'application de l'art. 463 c. pén., aux délits prévus par les art. 12, 13 et 14, et de l'art. 17, qui porte que les dispositions auxquelles il n'est pas dérogé continueront d'être exécutées; — Qu'il suit de là que l'aggravation de peine prescrite par l'art. 56 c. pén. est applicable aux individus qui, ayant été condamnés précédemment pour crime, se rendent coupables de faits qualifiés crimes par la loi du 20 avr. 1825; qu'en refusant, dans l'espèce, d'appliquer cette aggravation de peine à François-Louis Daniélou, l'arrêt attaqué a violé les articles précités; — Par ces motifs, casse l'arrêt de la cour d'assises d'Ille-et-Vilaine, du 11 juin dernier, et pour être statué conformément à la loi, sur la déclaration du jury, qui reste maintenue,... renvoie devant la cour royale d'Angers, toutes les chambres assemblées; — Ordonne qu'il en sera référé au roi pour être ultérieurement procédé par ses ordres à l'interprétation de la loi, le tout conformément à l'art. 2 de la loi du 30 juill. 1828.

Du 29 nov. 1828.-C. C., ch. réun.-MM. Henrion, 1er pr.-Mangin, rap.

2e *Espèce* : — (Min. pub. C. Montpeyre.) — 21 déc. 1827, arrêt qui casse un arrêt de la cour d'assises de l'Aude, et renvoie devant celle d'Alby, qui a jugé comme la première. — Nouveau pourvoi. — Nouvel arrêt qui casse presque dans les mêmes termes que celui qui précède (a).

Du 29 nov. 1828.-C. C., ch. réun.-MM. Henrion, 1er pr.-Carnot, rap.-Mourre, pr. gén., c. conf.-Odilon-Barrot, av.

(a) Il a été fait, sur ces arrêts, les observations critiques que voici : « La cour de cassation n'a point cédé à la force de ces raisonnements; elle n'a vu qu'une question de texte, d'interprétation de lois, là où il y avait une question bien plus grave, là où il s'agissait d'étudier la nature de cette loi du sacrilége, et de chercher si, par son essence, elle n'était pas incompatible avec tout notre système pénal. et si, en conséquence, elle ne devait pas, dans son application comme dans ses propres dispositions, être mise hors du droit commun. Toutefois, il nous semble que

pas, sous l'empire de l'art. 56 c. pén. de 1810, être simplement puni de la peine portée par l'article précité, mais bien de la peine capitale (Crim. cass. 8 janv. 1829; Cass. ch. réun. 13 janv. 1830) (1).

293. Est-il nécessaire que le fait qui a donné lieu à la première condamnation soit encore, au moment de la seconde poursuite, rangé parmi les crimes? La peine de la récidive serait-elle appliquée si le fait qui a basé la première condamnation n'était plus, lors de la seconde poursuite, qu'un délit correctionnel, une contravention, ou même un fait innocent? La loi du 23 flor. an 10 prononçait la peine de la flétrissure contre ceux qui étaient repris de justice, lorsque la première condamnation portait sur un crime qualifié tel par les lois actuellement subsistantes; il a été jugé par divers arrêts (V. *suprà*, n° 248-4°, 8°) que la flétrissure ne pouvait être infligée pour récidive, lorsque le premier fait ne se trouvait plus rangé que dans la classe des simples délits. Le code pénal ne contient point de dispositions semblables; dès lors la question reste entière dans les termes généraux dans lesquels nous l'avons posée. La cour de cassation, qui n'avait pas d'abord consacré sur ce point une doctrine bien explicite, a enfin posé ce principe que, lorsqu'il s'agit d'appliquer les peines de la récidive, la criminalité du fait qui doit servir de base doit être appréciée d'après les lois en vigueur au moment où le premier crime a été jugé, et non d'après les lois postérieures. — Ainsi il a été jugé : 1° qu'il suffit, pour qu'il y ait récidive, que le fait pour lequel l'accusé a subi une peine afflictive et infamante eût été qualifié crime par la loi en vigueur lorsqu'il a été condamné (Crim. rej. 5 nov. 1812) (2); — 2° Qu'il y a lieu à l'application de la peine de la récidive lorsque la première condamnation, antérieure au code pénal, infligeait une peine afflictive et infamante, alors même que cette peine porterait un autre nom, ou même n'existerait pas dans le code pénal actuel (Crim. cass. 12 fév. 1813) (3); — 3° Qu'une cour doit appliquer la peine de la récidive à un individu poursuivi pour crime, lorsque antérieurement il avait déjà été condamné pour crime, encore bien que depuis la première condamnation le fait pour lequel il a été condamné, considéré à cette époque comme crime, ait été considéré par la législation postérieure comme un simple délit (Crim. rej. 4 mai 1827, MM. Portalis, pr., Gaillard, rap., aff. Lefet); — 4° Que, lorsqu'il s'agit d'appliquer les peines de la récidive, la criminalité du fait qui doit servir de base doit être appréciée d'après les lois en vigueur au moment où le premier crime a été jugé, et non d'après les lois postérieures; que, spécialement, un individu condamné en 1812 à cinq ans de reclusion, pour vol dans un cabaret où il était reçu, ce qui était un crime à cette époque, et qui est condamné pour un délit en 1830, est passible de la peine de la récidive, quoique la loi de 1824 ait rangé le vol dans un cabaret dans la classe des délits (Crim. rej. 19 août 1830, aff. Desélus, V. Instruct. crim., n° 2520-2°).

Cette interprétation toutefois avait été critiquée par Carnot, sur l'art. 56, n° 9; Legraverend, t. 2, p. 613; et Favard, Rép., v° Récidive, n° 9. Suivant ces auteurs, le parti le moins sévère doit être suivi pour l'application des peines, surtout lorsqu'il s'agit d'un code dont l'excessive rigueur est généralement reconnue. D'ailleurs la loi a voulu punir la récidive de ce qui est crime suivant cette loi, et non pas suivant une loi qui n'est plus, qui, par conséquent, ne doit pas avoir d'influence sur la condamnation, suivant une loi dont la sévérité, et peut-être l'injustice, a dû être réformée par le nouveau législateur. Carnot ajoute qu'on ne doit pas supposer dans la loi des absurdités, et il cite (sous la restauration) pour exemple d'une condamnation absurde, celle qu'encourrait pour récidive un homme dont le premier crime aurait été un cri de *vive le roi* proféré sous les lois de la République. — MM. Chauveau et Hélie, t. 1, p. 303, considèrent la nouvelle rédaction de l'art. 56 comme devant faire cesser cette divergence d'opinions. Il suffit que la première condamnation ait prononcé une peine afflictive ou infamante pour que le crime commis depuis doive entraîner les peines de la récidive. Du reste, tout en reconnaissant que telle est la théorie du code, ces auteurs pensent qu'il eût été plus conforme aux principes de la justice morale d'autoriser pour ce cas une exception à la règle générale posée par l'art. 56; « car la loi, disent-ils, ne doit pas puiser une sévérité nouvelle dans un fait qu'elle déclare en même temps ou peu dangereux ou innocent. »

294. Celui qui, ayant été condamné à une peine afflictive

(1) *Espèce :* — (Min. pub. C. Rousseau.) — 8 janv. 1829, arrêt qui casse (MM. Bailly, pr., Gaillard, rap.) la décision de la cour d'assises de la Sarthe et renvoie devant celle de Maine-et-Loire qui a jugé comme la première. — Nouveau pourvoi. — Arrêt.

LA COUR; — Vu les art. 8, 13 et 17 L. 20 avr. 1825; 56 c. pén. et 2 L. 30 juill. 1828; — Attendu que, loin de se placer en dehors du code pénal, la loi du 20 avr. 1825 s'y réfère dans plusieurs de ses dispositions; que cette corrélation résulte particulièrement de l'art. 15, qui exclut l'application de l'art. 463 c. pén. aux délits prévus par les art. 12, 13 et 14; et de l'art. 17, qui porte que « les dispositions auxquelles il n'a pas dérogé continueront d'être exécutées; » — Qu'il suit de là que l'aggravation de peine prescrite par l'art. 56 c. pén. est applicable aux individus qui, ayant été condamnés précédemment pour crimes, se rendent coupables de faits qualifiés crimes par la loi du 20 avr. 1825; qu'en refusant, dans l'espèce, d'appliquer cette aggravation de peine à François Rousseau, l'arrêt attaqué a violé les articles précités; — Par ces motifs, casse.

nous devons en quelque sorte nous féliciter de la dissidence qui vient de s'établir entre les tribunaux criminels et la cour de cassation; car si, comme nous devons l'espérer, les cours d'assises persistent dans leur jurisprudence, une interprétation législative sera nécessaire, et alors devant les chambres on ne négligera pas cette occasion d'examiner s'il n'est pas temps de faire disparaître de nos codes cette législation spéciale, contre-sens révoltant avec nos institutions, avec le principe de la liberté de conscience, et avec leurs conséquences immédiates, le droit d'examen, le droit de discussion sur tous les systèmes religieux. »

Ces observations, comme on voit, portent sur la loi en elle-même et sur l'application qui en a été faite. Quant à la loi, nous doutons qu'elle eût obtenu l'approbation du profond Montesquieu, qui a dit : « Il faut honorer la divinité et non pas la venger; » ni de ce sénat d'un peuple non moins religieux que puissant, qui avait adopté pour maxime : *Deorum offensæ, diis curæ.* Mais on n'a point à examiner ici si, en effet, comme l'a remarqué l'auteur du Traité des délits et des peines, il est absurde qu'un insecte essaye de venger la divinité. La loi existe; elle doit être exécutée dans ses dispositions claires et positives, tant qu'elle ne sera pas rapportée.

Relativement à l'application qui en a été faite, il nous semble qu'elle était rigoureusement commandée par les principes du droit commun combinés avec l'économie de la loi du 20 avr. 1825; que la question résidait là précisément où la cour l'a placée; que si la cour a réduit une brillante et spécieuse théorie à une simple question de texte, c'est qu'en effet, et malgré d'habiles efforts, il n'y en avait pas d'autres à examiner; qu'elle a judicieusement saisi, non-seulement l'esprit, mais encore toute la portée, toute l'énergie des expressions de la loi : *Lex dura, sed lex.*

Du 13 janv. 1830.-C. C., ch. réun.-M. Chauveau-Lagarde, rap.

(2) (Bony.) — LA COUR; — Attendu, sur le sixième moyen, que l'art. 56 c. pén. de 1810, relatif à la récidive, est général; qu'il suffit pour qu'il y ait lieu à son application que le fait pour lequel l'accusé a subi une peine afflictive et infamante eût été qualifié crime par la loi qui était en vigueur lorsqu'il a été condamné; que la récidive est considérée par le code pénal de 1810 comme une preuve de l'incorrigibilité du coupable et comme une circonstance aggravante du second crime; que l'aggravation de la peine établie par ce code n'est pas une nouvelle peine du premier crime, mais qu'elle a le second exclusivement pour objet; — Rejette le pourvoi contre l'arrêt de la cour d'assises de la Haute-Garonne, du 18 sept. 1812.

Du 5 nov. 1812.-C. C., sect. crim.-MM. Barris, pr.-Bauchau, rap.

(3) (Int. de la loi C. Georgen.) — LA COUR; — Vu l'art. 441 c. inst. crim., l'art. 410 du même code, et l'art. 56 c. pén. de 1810 :— Attendu qu'il est reconnu au procès que, par arrêt de la cour de justice criminelle de Rhin-et-Moselle, du 28 oct. 1807, Jean Georgen avait été condamné à la peine de quatre années de fers; que la peine des fers établie par le code pénal de 1791, était, sous une autre dénomination, la peine des travaux forcés dont parle le code pénal de 1810; et que Georgen s'étant rendu coupable, en 1812, d'un crime punissable des travaux forcés à temps, devait, attendu la récidive et en exécution de l'art. 56 de ce dernier code, être condamné aux travaux forcés à perpétuité; que, lors même qu'il n'eût pas existé dans le code pénal de 1791 de peine correspondante à celle que le code pénal de 1810 désigne sous la dénomination des travaux forcés, la peine de la récidive n'en aurait pas moins été encourue par Georgen, puisque l'art. 56 c. pén. de 1810 soumet à cette peine quiconque ayant été condamné pour crime, aura commis un second crime, et ne dit rien de la nécessité supposée par l'arrêt attaqué, d'un rapport d'identité entre la peine infligée pour le premier crime, et celle qui doit l'être pour le second; — Que cependant la cour spéciale de Rhin-et-Moselle, qui ne tenait le pouvoir de juger Georgen que de la circonstance de la récidive dans laquelle se trouvait ce prévenu, ne l'a condamné qu'à la peine qu'il aurait encourue s'il n'eût pas déjà subi une première condamnation pour crime; que cette cour a donc commis une violation manifeste des dispositions de l'art. 56 c. pén. de 1810; — Casse.

Du 12 fév. 1813.-C. C., ch. crim.-M. Aumont, rap.

ou infamante, commet un second crime, est passible des peines de la récidive, encore bien que la loi sous l'empire de laquelle il a commis le premier ne prononçât aucune peine particulière pour la récidive (Bruxelles, 15 nov. 1817, M. Wautelée, 1er pr., aff. Licas).

295. Sous l'empire de l'ancien art. 56, la question s'était élevée de savoir si, lorsque la première condamnation avait par erreur donné la qualification de crime à un fait qui n'avait pas ce caractère, le nouveau crime ultérieurement commis par le même individu devait donner lieu aux peines de la récidive. La cour de cassation avait résolu cette question négativement; elle avait pensé que la vérité légale devait ici l'emporter sur l'erreur même consacrée par un arrêt passé en force de chose jugée et ayant reçu son exécution. — Ainsi il avait été jugé qu'un vol commis dans un cabaret, avant la loi de juin 1824, ne constituait un crime qu'autant qu'il avait été commis par un individu reçu dans ce cabaret; qu'en conséquence, il n'y avait pas lieu à appliquer les peines de la récidive à un individu déclaré coupable d'un crime, lorsqu'il avait été condamné précédemment à cinq ans de reclusion, pour vol dans un cabaret, sans qu'il eût été énoncé dans la question soumise au jury lors de la première affaire, ni dans l'arrêt de condamnation, s'il avait commis ce vol dans un cabaret où il était reçu, les peines de la récidive n'étant applicables qu'à un individu déclaré coupable d'un crime et qui aurait été précédemment condamné pour crime (Crim. cass. 16 sept. 1830) (1). — Il nous paraît, disent à ce propos MM. Chauveau et Hélie, p. 306, que les termes formels du nouveau code ne permettraient point de suivre aujourd'hui cette équitable décision. En effet, la cour de cassation n'aurait plus à s'occuper de l'exactitude de la qualification du premier crime, mais seulement à vérifier la nature de la peine encourue; et le fait de son application, élément unique de la récidive, ne serait point détruit par les vices de la condamnation.

296. Quelle que soit la nature de la juridiction qui a prononcé la première condamnation, la récidive n'en existe pas moins; — Que cette juridiction soit exceptionnelle, par exemple, une cour spéciale (Crim. rej. 1er juill. 1824) (2).

297. Sous l'empire du code pénal de 1810, la question s'était élevée de savoir si les condamnations prononcées par les tribunaux militaires pouvaient, lorsque ceux qui en avaient été frappés commettaient de nouveaux crimes, donner lieu à l'application des peines de la récidive. La loi était muette sur ce point. Mais l'affirmative avait été consacrée par une jurisprudence nombreuse.—Ainsi il avait été décidé que les dispositions de l'art. 56, étant générales et absolues, s'appliquaient à tout coupable de crime qui précédemment avait été condamné pour crime, quel que fût le tribunal qui eût prononcé la première condamnation, et spécialement lorsque cette condamnation avait été prononcée par un conseil de guerre (Crim. rej. 13 avril 1812, M. Merlin, proc. gén., aff. Baugé; 12 juin 1812, MM. Barris, pr., Bauchau, rap., aff. Poizat; Crim. cass. 3 janv. 1824, MM. Barris, pr., Clausel, rap., aff. Prévost; Crim. rej. 20 fév. 1824, MM. Bailly, pr., D'Aubers, rap., aff. Lelouet; Crim. cass. 28 fév. 1824, M. Busschop, rap., aff. Zingler; 14 avril 1826, aff. Pingaud, n° 299-2°; Crim. rej. 16 mars 1827, aff. Rognon, n° 299-3°; 18 oct. 1827, aff. Lecomte, n° 299-4°; Crim. cass. 19 mars 1829, aff. Marchal, n° 299-5°; Crim. cass. 2 juill. 1829, aff. Long, n° 299-6°; 6 août 1829, aff. Abillac, n° 299-6°; Crim. rej. 4 fév. 1830, aff. Bourrette, n° 301; Bruxelles, 1er juin 1819, M. Wautelée, 1er pr., aff. Verhœven; Crim. belge rej. 4 mars 1836, aff. Dries, n° 304).

298. Mais on a toujours compris que, pour qu'il y eût récidive, il fallait que la condamnation émanée du tribunal militaire eût été prononcée pour crime, c'est-à-dire emportât une peine afflictive et infamante. Or, parmi les peines applicables aux militaires, la peine des fers a seule ce caractère; quant à celles des travaux publics et du boulet, comme elles ne sont ni précédées de la dégradation ni accompagnées d'aucun accessoire infamant, comme ceux qui en sont frappés conservent tous leurs droits civils et demeurent même aptes à servir dans l'armée, tellement qu'à l'expiration de leur peine ils sont obligés de rejoindre leur corps, on en a conclu avec raison qu'elles ne sont ni afflictives ni infamantes. — Ainsi il a été jugé que l'art. 56 c. pén., sur la récidive, n'est applicable qu'à ceux qui ont été condamnés pour des infractions qui emportent une peine afflictive et infamante; qu'il est inapplicable à celui qui, après avoir été condamné aux travaux publics pour infraction aux lois militaires, telle que la désertion, commet ensuite un délit ou crime ordinaire ou commun (Crim. cass. 22 déc. 1826 (3); V. aussi C. d'assises de la Somme, ... juin 1824, aff. Prévost; Crim. cass. 30 sept. 1825, MM. Portalis, pr., Gaillard, rap., aff. Mathieu).

299. En ce qui concerne les peines afflictives et infamantes

---

(1) (Desélus C. min. pub.)—LA COUR;—Vu l'art. 56 c. pén., d'après lequel, pour constituer la récidive, aggravant la peine afflictive ou infamante encourue par celui qui commet un crime, il faut que cet individu ait été précédemment condamné pour crime;—Vu l'art. 386 du même code, d'après lequel le vol commis dans une auberge, ou hôtellerie, sans aucune circonstance aggravante, ne constitue un crime qu'autant que l'auteur du vol a été *reçu dans l'auberge ou l'hôtellerie où il l'a commis*; — Et attendu que, des pièces transmises au greffe de la cour, il résulte que, par arrêt de la cour d'assises du département du Cher, du 13 juill. 1812, le demandeur avait été condamné à la reclusion pour vol dans les cabarets; que la déclaration du jury, non plus que l'arrêt de condamnation, ne portaient pas que l'accusé fût reçu dans les cabarets où il avait commis ces vols, quoique cette circonstance fût énoncée dans les questions; — Que, dès lors, le fait à raison duquel la condamnation avait été prononcée ne constituait pas le crime prévu par l'art. 386, n° 4, c. pén.; — Qu'ainsi, lors du nouveau crime par lui commis, le demandeur n'était pas précédemment condamné pour crime, ni, par conséquent passible de l'aggravation de peine portée à raison de la récidive par l'art. 56 c. pén.; que, néanmoins, l'arrêt attaqué a prononcé contre lui cette aggravation de peine, en quoi il a fait une fausse application de l'art. 56 c. pén.; — Par ces motifs, casse l'arrêt de la cour d'assises du Cher, du 14 juill. 1830.

Du 16 sept. 1830.-C. C., ch. crim.-MM. Bastard, pr.-Ollivier, rap.

(2) (Carmier C. min. pub.) — LA COUR; — Attendu que le 27 juill. 1803 Charles Carmier avait été condamné à quatre années de fers par la cour spéciale d'Angers comme coupable de faux en écriture privée pour avoir souscrit dans cette ville, du faux nom de Châteaubourg, un billet de 268 fr. au profit d'un aubergiste, et que, par l'arrêt dénoncé du 18 mai dernier, la cour d'assises du Loiret a prononcé la peine de cinq années de travaux forcés contre le même Charles Carmier comme coupable de faux en écriture privée pour avoir à Orléans, le 28 mars 1823, apposé au bas d'une reconnaissance donnée à la veuve Jeannot de la somme de 8,000 fr. la fausse signature chevalier de Torcy; — Que la double condamnation de Carmier n'a donc pas eu lieu pour le même faux, mais pour deux faux semblables par leur nature et différents par la nature des billets, par le nom de la personne à laquelle ils étaient consentis, par leur montant et par leur date que la condamnation prononcée par la cour d'assises du Loiret n'est donc pas une violation de la maxime *non bis in idem*, et qu'elle est une juste application de l'art. 56 c. pén. sur la récidive; — Que si les 2,000 fr. mentionnés dans le billet de 1823 au profit de la veuve Jeannot, signé chevalier Torcy, étaient dus dès 1799 au mari de cette femme par Carmier qui lui en avait donné une reconnaissance souscrite de la même fausse signature, il en résulte qu'après avoir commis un premier faux au préjudice de Jeannot en 1799, ledit Carmier en a commis un second en 1823 au préjudice de sa veuve, et que ni la raison ni la justice ne permettent de voir dans le premier faux la justification ou l'excuse du second; — Que l'obligation qu'un débiteur souscrit au profit de son créancier est un titre pour celui-ci, et sera la base de son action s'il est obligé d'en intenter une pour être payé; — Que si cette obligation est souscrite d'une fausse signature, elle est pour un créancier qui en est porteur un titre vain et illusoire qui ne peut servir à lui procurer le remboursement de sa créance; — Que la fausse signature d'une semblable obligation constitue donc un faux dans un acte établissant un droit et pouvant être la base d'une action; — Que c'est un faux commis évidemment dans l'intérêt du débiteur et au préjudice du créancier, et qu'il réunit tous les caractères du faux criminel; — Attendu que Charles Carmier, déclaré, dans l'espèce, coupable d'avoir souscrit, du faux nom de chevalier de Torcy, un billet de 2,000 fr. au profit de la veuve Jeannot, et par lui remis à cette veuve, a commis le crime de faux en écriture privée que prévoient les articles combinés 150 et 147, § 12, c. pén., qui le punit de la reclusion; — Que la condamnation dudit Carmier à la peine des travaux forces à temps, attendu la récidive, est une juste application de ces articles et de l'art. 56 du même code; — Rejette le pourvoi contre l'arrêt de la cour d'assises du Loiret du 18 mai 1824.

Du 1er juill. 1824.-C. C., sect. crim.-MM. Ollivier, pr.-Aumont, rap.

(3) (Le Breton C. min. pub.) — LA COUR; — Attendu que les dispositions de l'art. 56 c. pén., concernant la récidive, ne sont applicables qu'à ceux qui ont été condamnés pour crimes et délits tels qu'ils ont été qualifiés par ce code, c'est-à-dire en matière de crimes, pour des

elles-mêmes, des doutes s'étaient élevés. On s'était demandé si, pour qu'il y eût récidive, il suffisait qu'une condamnation à une peine afflictive et infamante eût été antérieurement prononcée par un tribunal militaire, ou s'il ne fallait pas en outre que cette condamnation eût eu pour cause un fait qualifié crime par les lois pénales ordinaires, un crime de droit commun. Ainsi il y a des crimes spéciaux qui ne peuvent être commis que par des militaires (par exemple, l'insulte envers un supérieur); d'un autre côté, il y a des faits qui, n'étant pour les simples citoyens que des délits correctionnels, entraînent pour les militaires, lorsqu'ils ont été commis par eux, une peine afflictive et infamante; or, dans l'un et l'autre cas, si, après avoir subi une telle condamnation, le même individu commettait ensuite un nouveau crime, était-il passible des peines de la récidive? La cour de cassation a varié sur cette question. Elle s'était d'abord prononcée pour l'affirmative. — Ainsi il avait été jugé : 1° que l'art. 56 c. pén., relatif à la récidive, était applicable à celui qui, condamné d'abord par un conseil militaire à une peine afflictive et infamante (les travaux forcés pendant cinq ans) pour un crime militaire (propos séditieux et insultes envers un officier de service), commettait ensuite un crime ordinaire prévu par le code pénal (Crim. rej. 25 nov. 1825, MM. Portalis, pr., Chasle, rap., aff. Bréjuin); — 2° Que, lorsque l'art. 1 c. pén. qualifie de crime tout fait puni par les lois d'une peine afflictive ou infamante, il comprend, dans sa généralité, toutes les lois, soit militaires, soit celles qui forment le droit commun de la France; qu'ainsi, l'aggravation de peine prononcée par l'art. 56 c. pén. pour fait de récidive était applicable au cas où la première condamnation avait été une condamnation aux fers prononcée (pour vol) contre un militaire par un conseil de guerre (Crim. cass. 14 avril 1826, MM. Portalis, pr., Gary, rap., aff. Pingaud); — 3° Que l'individu qui, après avoir été condamné à deux années de fers par un conseil de guerre, était depuis reconnu coupable d'un crime emportant la peine des travaux forcés à perpétuité, devait être puni de la peine de mort (Crim. rej. 16 mars 1827, MM. Portalis, pr., Brière, rap., aff. Rognon); — 4° Qu'il y avait lieu à appliquer la peine de récidive à l'accusé déclaré coupable du crime de vol avec circonstances, lorsqu'il avait été déjà condamné une première fois, par un conseil de guerre, aux fers, pour insubordination militaire (Crim. rej. 18 oct. 1827, MM. Ollivier, pr., Gaillard, rap., aff. Lecomte); — 5° Que le vol commis par un militaire, d'effets appartenant à ses camarades, étant puni de peines afflictives et infamantes, devait être considéré comme crime, et que, dès lors, si ce militaire, rentré dans la vie civile, avait commis un nouveau crime (celui de vol domestique), il devait être puni de l'aggravation de peine prononcée en cas de récidive, par la disposition générale de l'art. 56 c. pén. (Crim. cass. 19 mars 1829, MM. Bailly, pr., Brière, rap., aff. Marchal); — 6° Que l'art. 56 c. pén., ne faisant aucune distinction entre les crimes militaires et les crimes ordinaires, devait être appliqué à l'individu qui avait déjà subi une condamnation militaire, comme à celui qui avait été déjà condamné pour crime ordinaire (Crim. cass. 2 juill. 1829, MM. Ollivier, pr., Ricard, rap., aff. Long; 6 août 1829, MM. de Bastard de l'Estang, pr., Ollivier, rap., aff. Abillac).

300. Mais la question ayant été, par suite d'un nouveau pourvoi formé dans l'une des affaires qui précèdent, soumise aux chambres réunies de la cour de cassation, cette cour était revenue sur la jurisprudence consacrée par les arrêts qui viennent d'être mentionnés. Il avait été décidé, en conséquence : 1° qu'il n'y avait pas lieu d'appliquer les peines de la récidive à un individu que l'on condamnait pour un crime commun, quoique cet individu eût déjà été condamné antérieurement, pour vol, à six années de fers, par la juridiction militaire (Ch. réun. rej. 9 nov. 1829, MM. Portalis, 1er pr., Zangiacomi, rap., aff. Marchal); — 2° Qu'on ne pouvait appliquer la peine de la récidive à un individu condamné une première fois par un conseil de guerre pour infraction aux lois militaires (Crim. cass. 12 nov. 1829, MM. de Bastard, pr., Chauveau-Lagarde, rap., aff. Thérin; Ch. réun. rej. 13 janv. 1830, MM. Portalis, 1er pr., Ollivier, rap., aff. Abillac; Crim. cass. 2 fév. 1832, MM. de Bastard, pr., Dupaty, rap., aff. Brasset).

301. D'un autre côté, il avait été jugé, et il n'était pas contesté, que la condamnation d'un individu, par un conseil de guerre, pour un fait constituant un crime du droit commun, donnait lieu, en cas d'un nouveau délit, aux peines de la récidive (Crim. rej. 9 sept. 1824, MM. Portalis, pr., Ollivier, rap., aff. Baclès); qu'ainsi celui qui se rendait coupable d'un nouveau crime, après avoir été condamné par un conseil de guerre à cinq ans de fers pour faux, infraction qualifiée crime par les lois ordinaires, demeure soumis au droit commun en ce qui touche l'application des peines de la récidive (Crim. rej. 4 fév. 1830, MM. de Bastard, pr., Choppin, rap., aff. Bourrette).

302. Tel était sur ce point l'état de la jurisprudence lorsque fut opérée, en 1832, la réforme du code pénal. La distinction admise en dernier lieu par la cour de cassation fut consacrée législativement par une disposition formelle, qui fut ajoutée au nouvel art. 56; cette disposition est ainsi conçue : « Toutefois, l'individu condamné par un tribunal militaire ou maritime ne sera, en cas de crime ou délit postérieur, passible des peines de la récidive qu'autant que la première condamnation aurait été prononcée pour des crimes ou délits punissables d'après les lois pénales ordinaires. » — MM. Chauveau et Hélie (t. 1, p. 307 et 308) expriment, à la vérité sous une forme légèrement dubitative, la pensée que le législateur eût dû aller plus loin encore, et qu'il n'eût pas dû considérer comme éléments de récidive les condamnations, quelles qu'elles fussent, émanées des tribunaux militaires. Ils en donnent plusieurs raisons. Et d'abord les condamnations militaires, quelle qu'en soit la cause, conservent, en quelque sorte, un caractère exceptionnel; elles présentent moins de garanties, à raison des formes expéditives et sommaires de la procédure militaire, et, par suite, elles ont moins d'autorité, impriment moins d'infamie que les condamnations émanant des juridictions ordinaires. En second lieu, la vive susceptibilité des juges militaires pour tout ce qui touche à l'honneur peut avoir influé sur la rigueur de la décision. Enfin, les lois militaires n'admettent pas la récidive; d'où il résulte que le sort du condamné se trouve plus ou moins rigoureux, suivant que la condamnation militaire a précédé ou suivi la condamnation prononcée par les juges ordinaires. Nous avouons que ces considérations nous semblent peu décisives, et qu'à nos yeux elles n'infirment point la valeur de la disposition à laquelle elles s'appliquent.

303. Quoi qu'il en soit, il a été jugé, par application de la disposition finale de l'art. 56 (nouveau), qu'il n'y a lieu à appliquer la peine de la récidive que lorsque l'accusé a déjà subi une condamnation pour un fait ayant la même qualification, en droit commun, que celui pour lequel il est de nouveau traduit devant la justice, quelque sévère que soit la peine appliquée au premier fait; qu'ainsi on ne peut appliquer la peine de la récidive à un individu déclaré coupable du crime d'attentat à la pudeur, commis avec violence, qui a été condamné précédemment par un conseil de guerre pour vol d'effets appartenant à ses camarades, ce fait n'étant qualifié que de délit simple d'après le code pénal (Crim. cass. 6 janv. 1837) (1).

infractions qui emportent une peine afflictive ou infamante; — Attendu que le code pénal n'a point qualifié la désertion; qu'il n'y a attaché aucune peine; qu'elle ne constitue qu'une infraction aux lois militaires, définie par ces lois, et punie conformément à leurs dispositions; — Que la peine des travaux publics, qui est infligée aux déserteurs, n'est point au nombre des peines afflictives et infamantes énumérées dans les art. 7 et 8 c. pén.; qu'elle n'est ni précédée de la dégradation, ni accompagnée d'aucun accessoire infamant de sa nature; que ceux qui l'ont subie conservent l'exercice de tous leurs droits civils; qu'ils demeurent non-seulement aptes à servir le roi dans ses armées, mais encore obligés de rejoindre leurs drapeaux après l'expiration de leur peine, ce qui écarte de leur personne toute note d'infamie, et de la peine qu'ils ont subie tout caractère infamant; — Que, dès lors, celui qui, après avoir été condamné aux travaux publics pour fait de désertion, commet un crime ou un délit commun, ne doit pas être puni comme se trouvant en récidive; — Que la cour d'assises d'Ille-et-Vilaine en jugeant le contraire à l'égard de Jean Le Breton, par l'arrêt du 23 nov. dernier, a fait une fausse application de l'art. 56 c. pén.; — Casse et annule ledit arrêt de la cour d'assises d'Ille-et-Vilaine, du 23 nov. dernier.

Du 22 déc. 1826.-C. C., ch. crim.-MM. Portalis, pr.-Bernard, rap.

(1) (Le Boitté C. min. pub.) — La cour; — Vu les art. 56 et 332, c. pén.; — Attendu qu'il résulte des dispositions de l'art. 56 que la

304. En Belgique, il a été décidé que celui qui, après avoir été condamné par le conseil de guerre pour un crime non militaire, est ensuite déclaré par le jury coupable d'un même crime, est passible des peines de la récidive (Cr. belge rej., 4 mars 1836) (1).

305. Nous avons vu (nº 295) que la cour de cassation avait reconnu à la cour d'assises saisie de la connaissance du second crime le pouvoir de n'appliquer point les peines de la récidive lorsqu'elle reconnaissait que c'était par erreur que la première condamnation avait qualifié crime et frappé de peines afflictives et infamantes un fait qui n'avait que le caractère de simple délit. Il a été décidé, d'une manière analogue, à l'égard des militaires : 1º que, lorsque, par une fausse application de la loi pénale, un individu a été condamné à une peine afflictive et infamante par un conseil de guerre pour un fait qui n'entraînait qu'une peine correctionnelle, par exemple, pour vente de son uniforme, s'il arrive que cet individu commette ensuite un crime, l'art. 56 c. pén. sur la récidive ne peut lui être appliqué (Crim. cass. 30 déc. 1825) (2); —2º Que le fait d'enlèvement, par un militaire ou marin, des effets appartenant à son corps, n'ayant pu, sous la loi du 19 vend. an 12, être considéré comme un crime que par erreur, et, par suite, la peine des fers ayant été mal à propos appliquée à celui qui s'en est rendu coupable, il en résulte que, si le même individu s'est depuis rendu coupable d'un crime, il n'y a pas lieu de lui appliquer la peine de la récidive, cette peine n'étant applicable qu'autant que, suivant l'art. 56 c. pén., le premier fait aurait été un crime (Crim. rej. 11 avr. 1828) (3). — A la différence de ce qui a été dit ci-dessus, nous croyons que cette jurisprudence devrait être encore suivie; car, lorsqu'il s'agit d'anciens militaires, les juges saisis de la connaissance du second crime doivent examiner, non pas seulement quelle peine a été prononcée par le tribunal militaire, mais encore si le fait à raison duquel elle l'a été est qualifié crime par les lois pénales ordinaires.

306. Est-ce à la cour d'assises ou au jury qu'il appartient de décider si l'accusé d'un crime est ou n'est pas en état de récidive? Carnot (sur l'art. 56, nº 14) soutient que cette question doit être soumise au jury, comme tous les faits qui se rattachent à l'accusation. Mais nous pensons, avec MM. Chauveau et Hélie (t. 1, p. 302) et Trébutien (t. 1, p. 296), que cette doctrine ne doit pas être admise. La récidive, en effet, n'est point une circonstance du fait même qu'il s'agit de juger; elle lui est tout à fait étrangère; elle doit seulement être prise en considération pour l'application de la peine; or cette application appartient à la cour d'assises et à elle seule.

307. Au surplus, la jurisprudence a varié sur ce point. Il avait d'abord été décidé que le fait de la récidive doit être proposé lors des débats comme circonstance aggravante, et répondue par le jury (Crim. cass. 18 flor. an 7, aff. Salanard, nº 273). — Mais depuis il a été jugé, en sens contraire, que, lorsqu'il y a lieu d'appliquer la peine de la récidive, le fait qui la constitue ne doit pas être préalablement déclaré constant par le jury; c'est à la cour d'assises seule qu'il appartient de l'apprécier (Crim. rej. 11 juin 1812) (4). —V. aussi Inst. crim., nº 2600.

---

peine de la récidive ne peut s'appliquer, d'après les lois pénales ordinaires, qu'à l'individu qui a déjà subi une condamnation pour un fait ayant la même qualification que celui pour lequel il est de nouveau traduit devant la justice; — Attendu que, si Le Boitté, traduit devant la cour d'assises du département du Finistère pour un fait qualifié crime par la loi, avait subi une condamnation prononcée par le premier conseil de guerre de la treizième division militaire, comme coupable de vol d'effets appartenant à ses camarades, ce fait n'est qualifié que simple délit par le code pénal ordinaire; Que, quelle que soit la sévérité des peines militaires appliquées à ce délit, ce n'est pas la sévérité de la peine mais la qualification du fait qui peut constituer la récidive; — Que, dès lors, la cour d'assises du Finistère, en déclarant Le Boitté coupable du crime par récidive, a fait une fausse application de l'art. 56 c. pén.; — Attendu que le crime dont Le Boitté était accusé constituait un attentat à la pudeur, commis avec violence sur un individu âgé de moins de quinze ans; — Que ce crime est puni par le code pénal de la peine des travaux forcés à temps, ce qui donne au juge une latitude de cinq à vingt ans; — Que la cour d'assises du Finistère a commis une erreur de droit, en déclarant que la réponse affirmative du jury lui imposait l'obligation de prononcer le maximum de la peine; — Par ces motifs, casse.

Du 6 janv. 1837.-C. C., ch. crim.-MM. Bastard, pr.-Gilbert, rap.

(1) (Dries C. min. pub.) — La cour; — Sur l'unique moyen, fondé sur la fausse application de l'art. 56 c. pén. et la violation de l'art. 5 même code : — Attendu que la disposition de l'art. 56 est générale et absolue; qu'elle embrasse tous les cas d'une première condamnation pour crime qualifié comme tel par la loi, sans aucune distinction du tribunal par lequel cette condamnation a été prononcée; — Attendu que Pierre-François Dries a été déclaré coupable par le jury, d'avoir commis des vols chez le sieur Elsom, pendant qu'il y servait comme domestique et homme de service à gages, crimes prévus par l'art. 386, nº 3, c. pén., et punis de la reclusion; — Qu'il est également établi au procès que le même Pierre-François Dries a été antérieurement condamné par le conseil de guerre de la province d'Anvers à cinq années de reclusion, par application du même art. 386, nº 4, pour vol commis dans un cabaret où il était reçu, jugement confirmé par arrêt de la haute cour militaire du 3 juill. 1828; — Que de cette première condamnation résultait pour la cour d'assises la néessité d'appliquer à l'accusé l'aggravation de peine établie par l'art. 56 ci-dessus cité : — En ce qui concerne la violation de l'art. 5 dudit code : — Attendu que les faits qui ont motivé la première condamnation du demandeur ne portent en aucune manière les caractères de contravention, délit ou crime militaires, et que l'arrêt prononcé contre lui en 1828 lui a appliqué les dispositions du code pénal ordinaire; — Attendu, pour le surplus, que la procédure est régulière, etc.;—Par ces motifs, rejette le pourvoi, etc.

Du 4 mars 1836.-C. C. belge.-MM. de Sauvage, pr.-Wurth, rap.

(2) (Retrait C. min. pub.) — La cour; — Attendu que, s'il est constant que la peine prononcée par un premier jugement d'un conseil de guerre contre le demandeur, pour avoir vendu son habit d'uniforme pendant qu'il était sous les drapeaux, a été celle de cinq ans de fers, c'est-à-dire une peine afflictive et infamante, il ne l'est pas moins que cette peine a été prononcée par application des art. 13, sect. 3, tit. 1, de la loi du 12 mai 1793, et 1 de la loi du 4 flor. an 2; que, cependant l'art. 72 du décret du 19 vend. an 12, qui ne prononce contre le soldat qui, commettant le crime de désertion, aurait emporté les effets fournis par l'État ou par le corps, que la peine des travaux publics, c'est-à-dire une peine qui n'est ni afflictive ni infamante, a implicitement, mais nécessairement abrogé les dispositions des lois précitées de 1793 et de l'an 2, qui ont servi de base au jugement prononcé contre le demandeur; qu'en effet, un même fait ne saurait, à la fois, être puni d'une peine plus grave, lorsqu'il est isolé et considéré comme fait principal, que lorsqu'il est réuni à un autre fait incriminé par la loi, et qu'il n'est considéré que comme une circonstance aggravante de ce fait; que, dès lors, la législation militaire actuellement en vigueur étant muette sur le délit dont il s'agissait, il y avait lieu, dans le silence de cette législation, de recourir à la loi commune, et d'appliquer à Retrait la peine portée par l'art. 408 c. pén.; — Attendu qu'il suit de là que la peine de cinq ans de fers a été mal à propos appliquée au demandeur, et que le fait pour lequel il a été condamné n'étant point qualifié crime par la loi, il n'a point été condamné pour crime lors de son premier jugement;—Attendu qu'aux termes de l'art. 56 c. pén., il n'y a lieu d'appliquer la peine de récidive qu'autant que le condamné, pour un second fait incriminé par la loi, a été condamné la première fois pour un crime, que, dès lors, ces dispositions n'étaient point applicables au demandeur, et qu'il n'était point passible de la peine de la récidive; d'où il suit que l'arrêt attaqué qui a fait au demandeur l'application de cette peine, a violé l'art. 56 c. pén., et fait une fausse application de sa disposition pénale; — Casse.

Du 30 déc. 1825.-C. C., sect. crim.-MM. Portalis, pr.-Ollivier, rap.

(3) (Min. pub. C. Gonot.) — La cour; — Statuant sur le pourvoi du procureur du roi près la cour d'assises de Vannes : — Attendu qu'aux termes de l'art. 56 c. pén., il n'y a lieu d'appliquer la peine de la récidive qu'autant que le condamné pour un second fait, déclaré crime par la loi, a été condamné la première fois pour un crime;—Attendu que le fait qui a motivé la première condamnation prononcée contre Pierre-Jean Gonot, n'était point qualifié crime; qu'en effet les dispositions des lois qui punissent de la peine des fers les militaires et les marins qui vendent des effets à eux fournis par leurs corps, ont été abrogées implicitement par l'art. 72 du décret du 19 vend. an 12; — Qu'il suit de là que la peine des fers a été mal à propos appliquée à Pierre-Jean Gonot; que, dans la réalité, il n'a point été condamné pour crime lors de son premier jugement; — Rejette.

Du 11 avril 1828.-C. C., ch. crim.-MM. Bailly, f. f. pr.-Mangin, rap.

(4) (Chiatone C. min. pub.) — La cour; — Attendu, relativement à François Terpan, que des pièces transmises au greffe en exécution de l'arrêt interlocutoire du 2 avril dernier, il résulte que les deux moyens de cassation proposés par ledit Terpan ne sont point fondés en fait, attendu relativement à Jean-Silvestre Chiatone, condamné aux travaux forcés à perpétuité et à la flétrissure à raison de la récidive déclarée contre lui par la cour d'assises, que si d'après les art. 337 et 338 c. inst. crim., toutes les circonstances aggravantes du fait principal de l'accusation, et qui se rattachent conséquemment à ce fait doivent être soumises au jury et être décidées par lui; si, par exemple, dans une accusation de viol sur la personne d'un enfant au-dessous de l'âge de quinze ans accomplis, le fait de l'âge de la personne violée qui est une

308. L'application par la cour d'assises de la peine établie par la loi contre le crime dont l'accusé a été convaincu par le jury, emporte implicitement le rejet des conclusions du ministère public tendant à l'application de la peine de la récidive (Crim. rej. 8 oct. 1812) (1).

309. L'arrêt de cour d'assises qui, pour justifier la condamnation à vingt ans de travaux forcés qu'il prononce, se fonde à tort sur ce que l'accusé doit être considéré en état de récidive, est sujet à cassation, bien que le crime sur lequel a statué cet arrêt fût de nature par lui seul à motiver la même condamnation. Ici ne s'applique pas l'art. 411 c. inst. crim. (Crim. cass. 8 mars 1838, aff. Sainte, V. Cassation, n° 1468).

310. L'art. 22 c. pén., qui, en cas de condamnation aux travaux forcés à temps ou à la reclusion, permettait à la cour d'assises de dispenser le condamné de l'exposition publique, faisait toutefois la restriction suivante : *S'il n'est pas en récidive.* Si donc le condamné était en récidive, il devait nécessairement subir l'exposition et ne pouvait en être dispensé. Il devait la subir, lors même qu'il l'aurait déjà subie en vertu de la première condamnation.

311. Ainsi il avait été jugé : 1° qu'un individu, condamné pour récidive à une peine afflictive et infamante pour crime commis après une première condamnation, doit subir l'exposition publique, lors même qu'il aurait déjà subi cette peine par suite de sa première condamnation; qu'il n'y aurait cumulation de peines que dans le cas où l'individu serait condamné à l'exposition pour un crime commis antérieurement à celui à raison duquel il aurait déjà été exposé (Crim. cass. 17 juin 1825, MM. Portalis pr., Rataud, rap., aff. Vallon; 5 mai 1826, MM. Portalis, pr., d'Aubers, rap., aff. Ostremann; 12 juin 1835, MM. Choppin f. f. de pr., Isambert, rap., aff. Brillois); — 2° Que, lorsqu'un individu déjà condamné à la peine des travaux forcés à perpétuité, encourait, pour un nouveau crime et à raison de l'état de récidive, la peine des travaux forcés à temps et de l'exposition, la cour d'assises devait prononcer l'application de cette seconde peine, la première pouvant disparaître par l'effet de la grâce ou de la révision (Crim. cass. 17 mars 1848, aff. Laruelle, D. P. 48. 5. 315). — Nous avons vu (*suprà*, n° 65) que l'exposition avait été abolie par le décret du 12 avril 1848.

312. De même, il avait été jugé, avant la réforme de 1832, que lorsqu'un accusé se trouvait en état de récidive, la cour d'assises devait lui appliquer toutes les peines portées par la loi; qu'elle ne pouvait se dispenser de lui appliquer la peine de la marque, sous prétexte qu'il avait déjà été flétri une première fois (Crim. cass. 20 juill. 1827, MM. Portalis, pr., Gary, rap., aff. veuve Schoffer; 28 août 1829, MM. de Bastard de l'Estang, pr., Chauveau-Lagarde, rap., aff. Derguignoux).

313. L'aggravation de peine qu'entraîne l'état de récidive peut être mitigée par l'effet de la déclaration du jury qu'il existe des circonstances atténuantes. En effet, l'art. 341 c. inst. crim. prescrit au président, en toute matière criminelle, *même en cas de récidive*, d'avertir le jury que s'il pense qu'il existe des circonstances atténuantes, il doit le déclarer (V. Inst. crimin. n°s 2930 et suivants). Cette admission des circonstances atténuantes corrige ce que le principe de l'aggravation pourrait, en certains cas, avoir de trop rigoureux. Toutefois la déclaration des circonstances atténuantes n'a pas pour les récidivistes les mêmes effets que pour les autres condamnés. A l'égard de ces derniers, elle fait descendre la peine d'un et même de deux degrés; à l'égard des récidivistes, elle prévient seulement l'aggravation, et ne laisse ensuite au juge que la faculté d'abaisser la peine d'un degré. En effet, l'aggravation, en cas de récidive, s'incorpore, en quelque sorte, avec la peine attachée au fait en lui-même, et devient le point de départ de la réduction que les juges doivent prononcer à raison des circonstances atténuantes. C'est ce qu'enseignent aussi MM. Chauveau et Hélie, t. 1, p. 310. — Il a été jugé : 1° que l'aggravation de peine, à raison de l'état de récidive, ne peut être prononcée lorsque le jury a déclaré l'existence de circonstances atténuantes en faveur de l'accusé (Crim. cass. 9 juin 1842) (2); — 2° Que lorsqu'un condamné, à raison de l'état de récidive, a encouru la peine des travaux forcés à temps, si le jury admet en sa faveur des circonstances atténuantes, et que la cour use de la faculté de substituer à la reclusion la peine de l'emprisonnement, elle ne peut élever la durée de cette peine au delà de cinq ans (Crim. cass. 8 janv. 1848, aff. Guyon, D. P. 48. 5. 314); — 3° Que, quoique le crime imputé à un individu n'emporte que la peine de la reclusion, cependant si, à raison de la récidive, il était passible des travaux forcés à temps, la cour d'assises a pu le condamner au maximum de la peine de la reclusion, encore bien qu'il serait déclaré en sa faveur des circonstances atténuantes. On objecterait en vain que cet individu n'aurait dû être condamné qu'au minimum de la peine de la reclusion, ou même à une peine inférieure : ici ne s'applique pas le § 7 de l'art. 463 c. pén. : — « Attendu que la déclara-

---

circonstance aggravante du viol même, doit être déclaré par le jury; s'il en est de même à l'égard des faits qui constituent par eux-mêmes un délit, soit qu'il y ait lieu à jugement sur ces faits comme connexes au fait principal de l'accusation, en vertu des art. 226 et 227 c. inst. crim.; soit qu'ils ne doivent être appréciés que pour l'aggravation de la peine du fait principal, comme dans le cas des art. 280 et 304 c. pén., cette règle cesse relativement aux faits qui n'ont pas par eux-mêmes le caractère de délit, et qui ne forment pas non plus une circonstance aggravante du fait de l'accusation doivent être considérés et appréciés seulement comme éléments accidentels de la délibération sur l'application de la loi pénale, délibération qui d'après les art. 362, 363, 364 et 365 c. inst. crim. est exclusivement dans les attributions des juges de la cour d'assises;

Que le fait de la récidive qui n'est jamais une circonstance aggravante du fait de l'accusation, puisqu'il en est absolument indépendant; qu'il ne constitue pas non plus par lui-même un délit, puisqu'il n'est qu'un fait moral dont la loi déduit la preuve d'une perversité, à raison de laquelle elle aggrave la peine du fait de la nouvelle accusation, peut et doit donc être jugé et déclaré par la cour d'assises; que, dans l'espèce, la cour d'assises du département de l'Isère n'a donc pas violé les règles de compétence établies par la loi, en déclarant elle-même la récidive encourue par Chiatone, et en aggravant en conséquence la peine contre lui par application des art. 56 et 384 c. pén.; qu'enfin relativement à Michel Philippe ainsi que relativement à Terpan et à Chiatone la procédure a été régulièrement suivie; et qu'aux faits déclarés constants la peine a été bien appliquée; — Rejette.

Du 11 juin 1812.-C. C., sect. crim.-M. Barris, pr.

(1) (Min. pub. *C.* Hartox, dit Mandele). — LA COUR; — Considérant que malgré les conclusions prises par le ministère public pour l'application de la peine de la récidive portée par l'art. 56 c. pén. de 1810, la cour du département du Zuyderzée s'est bornée à n'appliquer aux condamnés que les peines établies par ledit code contre le crime dont ils ont été convaincus par la déclaration du jury; que cette application de peine faite par ladite cour d'assises emporte implicitement et nécessairement le rejet desdites conclusions du ministère public et la déclaration que le condamné n'était pas dans le cas de la récidive; que par cette déclaration sur le fait, ladite cour n'a fait aucune violation expresse aux lois pénales; — Rejette le pourvoi contre l'arrêt de la cour impériale de la Haye, du 4 août 1812.

Du 8 oct. 1812.-C. C., sect. crim.-MM. Barris, pr.-Busschop, rap.

(2) (Demay *C.* min. pub.)—LA COUR;—Vu les art. 56, § 5, et 463, § 7, c. pén.; — Attendu que le demandeur a été déclaré coupable par le jury de tentative caractérisée de vol, commise dans une maison habitée, à l'aide d'escalade, mais que le jury a en même temps déclaré l'existence de circonstances atténuantes en faveur de l'accusé ;—Attendu qu'il résulte d'un extrait des registres de la cour d'assises du Calvados, que Jean-Baptiste Demay a été condamné par arrêt de ladite cour, du 20 nov. 1834, à la peine afflictive et infamante de sept années de travaux forcés, à l'exposition publique et à la surveillance perpétuelle, comme coupable de tentative de vol dans une maison habitée à l'aide d'escalade et d'effraction extérieure et intérieure, par application des art. 384, 381 et 2 c. pén.; que, par conséquent, il se trouvait dans le cas de la récidive spécifiée par le cinquième alinéa de l'art. 56 c. pén. précité, puisque le second crime, dont il était déclaré coupable par le jury, entraînait les travaux forcés à temps, et que l'état de récidive dans lequel il se trouvait eût obligé la cour d'assises du Lot à lui appliquer le maximum de cette peine, si le jury n'eût pas déclaré l'existence de circonstances atténuantes en faveur de cet accusé; mais que l'effet de cette déclaration de circonstances atténuantes a été de modifier la peine que lui avait fait encourir son état de récidive et de le placer dans le cas prévu par le septième alinéa de l'art. 463 c. pén., en vertu duquel il n'était passible que du minimum de la peine des travaux forcés, ou même de la peine de reclusion; — Attendu que, contrairement à ces principes qui résultent du rapprochement et de la combinaison des alinéas précités des art. 56 et 463 c. pén., l'arrêt attaqué a condamné Jean-Baptiste Demay à dix années de travaux forcés, et a ainsi formellement violé lesdits articles; — Casse.

Du 9 juin 1842.-C. C., ch. crim.-MM. Bastard, pr.-Dehaussy, rap.

tion de circonstances atténuantes ne détruit pas l'effet des conséquences de la récidive; que l'art. 463 c. pén n'autorise les cours d'assises à appliquer le minimum de la peine afflictive, s'il existe des circonstances atténuantes, ou même la peine inférieure (septième alinéa), qu'autant que la peine prononcée par le code est le maximum » (Crim. rej. 18 fév. 1843, M. Isambert, rap., aff. Canon). —V. n° 528.

314. L'art. 22 c. pén., qui défendait à la cour d'assises de dispenser de l'exposition publique le condamné aux travaux forcés et à la reclusion, s'il était en récidive, conservait toute sa force dans le cas même où le jury avait reconnu en faveur de cet accusé l'existence de circonstances atténuantes. — Il avait été décidé en ce sens : 1° que, bien que le jury eût reconnu des circonstances atténuantes en faveur d'un accusé déclaré coupable d'émission de fausse monnaie, il ne pouvait être exempté de l'exposition, s'il était en état de récidive (Crim. cass. 9 janv. 1834, MM. de Bastard, pr., Dehaussy, rap., aff. Servais);—2° Qu'il suffisait qu'un individu en état de récidive fût condamné à la peine de la reclusion pour que la peine accessoire de l'exposition eût dû lui être infligée, encore bien qu'à raison des circonstances atténuantes, les juges auraient pu ne le condamner qu'à cinq ans d'emprisonnement (Crim. cass. 20 avr. 1843, MM. Crouseilhes, pr., Dehaussy, rap., aff. Bédé). — On sait que l'exposition a été rayée de notre législation pénale par le décret des 12-14 avr. 1848 (D. P. 48. 4. 67).

ART. 3. — *De la récidive en matière de délits.*

315. En matière correctionnelle, le code pénal prévoit deux cas de récidive : le cas où, après avoir été déjà condamné pour crime, le même individu commet un simple délit, et le cas où, après avoir subi une condamnation correctionnelle, le coupable commet un nouveau délit. Nous nous occuperons successivement de chacune de ces deux hypothèses. Voyons d'abord les textes qui y sont relatifs.

L'article 57 c. pén. dispose en ces termes : « Quiconque, ayant été condamné pour un crime, aura commis un délit de nature à être puni correctionnellement, sera condamné au *maximum* de la peine portée par la loi, et cette peine pourra être élevée jusqu'au double. » — L'art. 58 ajoute : « Les coupables condamnés correctionnellement à un emprisonnement de plus d'une année seront aussi, en cas de nouveau délit, condamnés au *maximum* de la peine portée par la loi, et cette peine pourra être élevée jusqu'au double : ils seront de plus mis sous la surveillance spéciale du gouvernement pendant au moins cinq années et dix ans au plus. »

316. L'art. 57 dit : *Quiconque ayant été condamné pour un crime*, etc.—Quoique cette rédaction diffère de celle de l'art. 56, qui porte : *Quiconque ayant été condamné à une peine afflictive ou infamante*, etc., nous pensons, avec MM. Chauveau et Hélie (t. 1, p. 312), que c'est à la nature de la *peine* prononcée par la première condamnation qu'il faut exclusivement s'attacher pour décider s'il y a lieu, ou non, à l'application de l'art. 57. C'est par inadvertance, ce nous semble, que le législateur de 1832 n'a pas étendu à l'art. 57 la rectification qu'il a apportée à la disposition initiale de l'art. 56. Cette rectification n'était d'ailleurs nécessaire ni dans l'un ni dans l'autre article. Ce n'était point la rédaction de la loi, mais l'interprétation qu'on en avait donnée, qui était fautive. En effet, d'après l'art. 1 c. pén., la qualification criminelle du fait se tire de la peine qui lui est applicable. D'où il suit qu'un individu poursuivi pour un fait qualifié crime ne doit pas être *condamné pour un crime*, si, à raison de circonstances quelconques, il n'est prononcé contre lui qu'une peine correctionnelle. Ce n'est que lorsqu'il est question, pour une chambre d'instruction, de régler la compétence, qu'il y a lieu de poser en règle que les circonstances atténuantes n'ôtent point au fait le caractère de crime (V. aussi M. Morin, Dict. de dr. crim., v° Récidive). — Il a été jugé cependant, en sens contraire, qu'un individu condamné une première fois à une peine correctionnelle pour attentat à la pudeur commis sans violence sur un enfant de moins de onze ans, mais avec circonstances atténuantes, doit être réputé avoir été condamné pour crime, en sorte que, s'il commet un nouvel attentat dans les mêmes circonstances, il tombe sous l'application de l'art. 57 c. pén., relatif aux individus condamnés pour crime, qui commettent ensuite un délit, et non sous l'application de l'art. 58, qui ne concerne que les condamnés pour délit, qui se rendent coupables d'un nouveau délit (Crim. rej. 28 août 1845, aff. Capel, D. P. 45. 1. 369).—V. les observations présentées en note sous cet arrêt.

De ces expressions de l'art. 57 : *délit de nature à être puni correctionnellement*, Carnot (sur l'art. 57 c. pén., n° 1) a conclu que le nouveau délit doit entraîner la récidive, alors même qu'à raison des circonstances atténuantes les juges n'auraient prononcé que des peines de simple police. MM. Chauveau et Hélie (t. 1, p. 315) repoussent cette interprétation. Selon eux, l'art. 57 n'a voulu dire qu'une chose : c'est que, pour que la récidive existât, il fallait que le deuxième fait fût un délit correctionnel.

317. A la différence de l'art. 58, l'art. 57 se tait sur la mise sous la surveillance de la haute police. Cette mesure ne peut donc être ordonnée hors des cas où le délit imputé serait de nature à le permettre. L'opinion contraire de Legraverend (t. 2, p. 603) est manifestement erronée. Si l'art. 57, dit Carnot (sur l'art. 57, n° 3), n'a pas poussé plus loin sa prévoyance, c'est que le législateur a supposé que le condamné, à raison du délit dont il s'est rendu coupable par la récidive d'un crime, se trouve déjà sous la surveillance par suite de sa première condamnation. Tel est aussi le sentiment de MM. Chauveau et Hélie, t. 1, p. 315.

318. Des termes de l'art. 58, il résulte que, pour qu'il y ait récidive après une première condamnation correctionnelle, il faut nécessairement que cette condamnation ait prononcé contre le coupable un emprisonnement de plus d'une année, mais qu'il n'est pas nécessaire que le nouveau délit soit passible d'une peine si grave; ainsi, quelque faible que soit la peine que la loi inflige à ce délit, pourvu que ce soit une peine correctionnelle, il y a lieu d'appliquer l'aggravation prescrite par l'art. 58. Cela peut paraître bien rigoureux, mais le système des circonstances atténuantes permet d'adoucir la sévérité de cette règle. C'est ce qu'enseignent aussi MM. Chauveau et Hélie, t. 1, p. 316.

L'art. 58 dit : Les coupables *condamnés correctionnellement*. Ces mots désignent, non pas seulement les condamnés par voie correctionnelle, mais les condamnés *pour délit correctionnel*. La loi, dit l'arrêt du 19 oct. 1833 (rapporté *infra*, n° 320), n'a point eu en vue la compétence ni le mode de procéder du tribunal qui a statué la première fois, mais elle n'a pris en considération que la nature du délit en lui-même, et surtout celle de la peine dont il a été puni.

319. MM. Chauveau et Hélie (t. 1, p. 317) tirent de là plusieurs conséquences. La première, c'est que la qualification légale du fait puni par le premier jugement est indifférente pour la solution de la question de récidive, et qu'ainsi c'est l'art. 58 qui est seul applicable à ceux qui commettent un délit, après avoir été déjà condamnés à plus d'un an d'emprisonnement pour un fait qualifié crime. — Sur ce point, toutefois, ils sont en désaccord avec la cour de cassation, qui a décidé que les peines de la récidive prononcées par l'art. 58 c. pén. ne s'appliquent pas, après une précédente condamnation pour un délit, à une condamnation pour un fait qualifié crime, encore qu'à raison des circonstances atténuantes déclarées par le jury ce fait n'aurait donné lieu qu'à une peine d'emprisonnement; qu'elles s'appliquent seulement au cas où un nouveau délit serait commis après une condamnation pour un premier délit; qu'on doit, dans ce cas, appliquer, d'après les circonstances atténuantes, l'art. 463, § 6, et les peines accessoires de l'art. 401 c. pén. (Crim. cass. 27 juin 1833) (1).

(1) (Femme Connes C. min. pub.) — LA COUR; — Vu les art. 58, 463 et 401 c. pén.; — Attendu que la disposition de l'art. 58 c. pén. n'est exclusivement relative qu'à la récidive commise par la perpétration des délits commis après la condamnation à plus d'une année d'emprisonnement, pour un premier délit; que, par conséquent, elle est sans application à la récidive résultant de la perpétration d'un fait qualifié crime, après une condamnation pour un délit précédent; — Et attendu que, dans l'espèce, la demanderesse avait été déclarée coupable, par le

320. Une autre conséquence que MM. Chauveau et Hélie (p. 318) tirent de l'art. 58, et notamment de l'explication qui vient d'être donnée à ces mots : *condamnés correctionnellement*, c'est que la nature de la juridiction qui a rendu la première condamnation est indifférente ; qu'ainsi la condamnation à plus d'un an d'emprisonnement, prononcée par un tribunal *militaire* (mais pour un délit punissable d'après les lois pénales ordinaires), donnerait lieu, en cas de nouveau délit, aux peines de la récidive. — Il a été jugé, dans le même sens, qu'il suffit que, pour un délit rentrant dans le droit commun, tel que le délit d'offenses envers la chambre des députés, un individu ait été condamné correctionnellement à plus d'une année, pour qu'en cas de condamnation pour un délit nouveau la peine de la récidive doive lui être appliquée, encore bien que la condamnation première ait été prononcée, non par un tribunal ordinaire, mais par la chambre des députés. — En ce cas, on objecterait en vain que cette condamnation serait politique et non judiciaire (Crim. rej. 19 oct. 1833) (1).

321. Une première condamnation, soit aux travaux publics, soit au boulet, prononcée par un tribunal *militaire*, ne pourrait, bien que ces peines n'aient pas, comme nous l'avons dit (*suprà*, n° 298), le caractère afflictif et infamant, être considérée comme élément de récidive en matière correctionnelle. En effet, l'art. 58 ne parle que des condamnés correctionnellement à un *emprisonnement* de plus d'une année ; or, en cette matière, il n'est pas permis d'étendre les sévérités de la loi d'un cas exprimé à celui qui ne l'est pas (V. en ce sens MM. Chauveau et Hélie, t. 1, p. 318). — Il a été décidé, de même, qu'il n'y a pas récidive, lorsque la première peine infligée au prévenu est différente de celle qui sert de base à la récidive ; et que, par exemple, l'affranchi qui avait été condamné, soit au fouet, soit à la chaîne de police, pendant son état de servitude, n'est pas en état de récidive pour le délit par lui commis en état de liberté, les peines du fouet et de la chaîne administrées aux colonies, sur les personnes non libres, ne pouvant être assimilées à l'emprisonnement correctionnel de plus d'un an qui constitue la récidive, aux termes du code colonial (Crim. cass. 17 déc. 1841) (2).

322. Du reste, il suffit, pour qu'il y ait récidive, que le prévenu ait été précédemment condamné à un emprisonnement de plus d'une année ; peu importe soit l'ancienneté de la date du jugement, soit le lieu où le nouveau délit a été commis, pourvu que ce soit en France (Crim. cass. 4 oct. 1821, aff. Giot, V. Matières d'or et d'arg., n° 129). — Mais pour qu'il y ait lieu à l'application des peines de la récidive, en matière correctionnelle, il ne suffit pas qu'un individu ait été condamné en somme à plus d'une année de prison par suite de la réunion de plusieurs condamnations toutes de moins d'une année (Paris, 14 mars 1827) (3).

---

jury, d'un vol commis par deux personnes dans une maison habitée, fait constituant, d'après l'art. 386, n° 1, c. pén., un crime puni de la reclusion ; que si, par la déclaration de l'existence de circonstances atténuantes, la peine afflictive et infamante de la reclusion a dû être remplacée par la peine d'emprisonnement que porte l'art. 401, cette modification de la peine qu'ordonne l'art. 463 n'a rien changé à la nature du fait déclaré, qui a continué de conserver son caractère de crime ; que, dès lors, la perpétration de ce crime, après deux condamnations à l'emprisonnement, l'une à un an, le 28 nov. 1811, l'autre à cinq ans, le 9 déc. 1814, ne rentrait pas dans la disposition de l'art. 58, uniquement relative à la récidive pour un nouveau délit ; qu'aucun article du code ne prononçant d'augmentation de peine pour le fait déclaré, il ne restait qu'à lui appliquer, d'après les circonstances atténuantes, l'art. 463, § 6, la peine d'un an à cinq ans d'emprisonnement et les peines accessoires, portées par l'art. 401 ; — D'où il suit qu'en condamnant la demanderesse, d'après l'art. 58, à dix ans d'emprisonnement, l'arrêt attaqué a faussement appliqué cet article, commis une aggravation illégale de la peine et violé les art. 401 et 463 c. pén. ; — Par ces motifs, casse.

Du 27 juin 1833.-C. C., ch. crim.-MM. de Bastard, pr.-Ollivier, r.

(1) (La Tribune C. min. pub.) — LA COUR ; — Sur le moyen résultant de ce que l'arrêt attaqué aurait fait au demandeur en cassation une fausse application des art. 58 c. pén. et 10 de la loi du 9 juin 1819, en prononçant contre lui les peines de la récidive : — Attendu qu'il est constant, en fait, que le 16 avril 1833, Pierre Lionne, en qualité de gérant responsable du journal la Tribune, a été condamné correctionnellement à un emprisonnement de plus d'une année par la chambre des députés ; que l'arrêt attaqué mentionnant que ledit sieur Lionne a été précédemment condamné à une peine correctionnelle de plus d'une année, sans préciser la date de cette condamnation ni l'autorité de laquelle elle est émanée, se réfère nécessairement, cependant, à la condamnation prononcée par la chambre des députés, et a pu motiver l'application des peines de la récidive, si l'état de récidive se trouve légalement établi ; — Attendu que le délit à raison duquel le sieur Lionne a été, au mois d'avr. 1833, traduit directement devant la chambre des députés, et condamné par cette chambre à plus d'une année d'emprisonnement, était un délit rentrant dans le droit commun, et qu'aux termes de l'art. 15 de la loi du 25 mars 1822, ce délit aurait pu, avec l'autorisation de la chambre des députés, être poursuivi devant les tribunaux ordinaires, et être puni des peines correctionnelles dont la chambre des députés a fait elle-même directement l'application au sieur Lionne ;

Attendu que la loi du 25 mars 1822, en attribuant aux chambres le droit de connaître des délits d'offense commis envers elles, par l'un des moyens énoncés en la loi du 17 mai 1819, et d'y appliquer, en cas de condamnation, les peines portées par les lois, n'a rien changé à la nature du délit et n'a apporté non plus aucune modification aux peines qu'elle a fixées ; — Attendu que la loi, en prononçant une aggravation de peine en cas de récidive, n'a point eu en vue la compétence, ni le mode de procéder du tribunal qui a statué la première fois et prononcé la condamnation, mais qu'elle n'a pris en considération que la nature du délit en lui-même, et surtout celle de la peine dont il a été puni ;

Attendu qu'il résulte des principes ci-dessus déduits, que le sieur Lionne, précédemment condamné par la chambre des députés à une peine correctionnelle de plus d'une année d'emprisonnement, et ultérieurement déclaré coupable par le jury des délits : 1° d'attaque contre l'inviolabilité de la personne du roi ; 2° d'offense envers la personne du roi, prévus par les art. 1 de la loi du 29 nov. 1830 et 9 de la loi du 17 mai 1819, se trouvait dans le cas prévu par l'art. 58 c. pén. et par l'art. 10 de la loi du 9 juin 1819 ; — D'où il suit que l'arrêt attaqué, en appliquant au sieur Lionne les peines de la récidive portées auxdits articles, a fait une juste application de la loi ; — Rejette.

Du 19 oct. 1833.-C. C., ch. crim.-MM. de Bastard, pr.-Dehaussy, rap.-Parant, av. gén., c. conf.-Crémieux, av.

(2) (Montout C. min. pub.) — LA COUR ; — Sans qu'il soit besoin de s'occuper du moyen pris de la violation de l'art. 5 c. pén. colonial, en ce que l'arrêt attaqué aurait fait revivre contre un homme libre des pénalités encourues dans l'état de servitude où il se trouvait avant le fait, objet de la poursuite ; — Vu l'art. 58 du même code, portant : « Les coupables condamnés correctionnellement à un emprisonnement de plus d'une année seront, en cas de nouveau délit, condamnés au maximum de la peine portée par la loi ;..... » — Attendu que la *récidive* est ainsi attachée à la loi de la peine précédemment encourue, et non à la perpétration d'un fait punissable correctionnellement ; — Attendu, dès lors, que les tribunaux de répression ne peuvent procéder par voie d'analogie ; Attendu qu'on ne peut surtout assimiler soit la peine du fouet, soit celle de la chaîne de police, administrées disciplinairement dans l'exercice du pouvoir dominical ou à titre de haute police par l'autorité du gouverneur, ou judiciairement par les juridictions ordinaires ou extraordinaires des colonies, sur les personnes non libres, à celle d'un emprisonnement correctionnel emportant privation de la liberté pendant plus d'une année et interdiction ou suspension des droits civiques ou civils spécifiés aux art. 40, 41 et 42 du même code ; qu'il suffit donc que la peine antérieurement prononcée contre le demandeur fût autre que celle déterminée comme base de la récidive par l'art. 58 c. pén. colonial, pour que cette récidive dût être écartée ;

Attendu qu'il n'a pas été établi que le demandeur ait été précédemment condamné pour crime ; — Que le code métropolitain a été vainement invoqué pour justifier l'arrêt attaqué, puisqu'il n'a point été promulgué aux colonies, lesquelles, d'après l'art. 64 de la charte, sont régies par des lois particulières à raison du régime exceptionnel de l'esclavage ; — Attendu enfin que la peine prononcée contre le demandeur, qui atteint le maximum de celle établie pour le fait dont il a été déclaré coupable par l'art. 311 c. pén., n'a été appliquée par l'arrêt attaqué que sur l'état de récidive dans lequel il se serait trouvé ; — Casse.

Du 17 déc. 1841.-C. C., ch. crim.-MM. Meyronnet, pr.-Isambert, r.

(3) *Espèce :* — (Dubouchet C. min. pub.) — Un nommé Dubouchet, traduit devant le tribunal correctionnel de Paris, sous une prévention d'escroquerie, y fut condamné à dix années d'emprisonnement, par le motif qu'il avait déjà subi plusieurs condamnations de trois, six ou neuf mois, qui, réunies, formaient un total de vingt-sept mois, et qu'ainsi, condamné à plus d'une année d'emprisonnement, le prévenu se trouvait placé sous l'application de l'art. 58. — Appel. — Arrêt.

LA COUR ; — Considérant que l'art. 58 c. pén. ne déclare en état de récidive les individus condamnés pour nouveau délit, qu'autant qu'ils ont été antérieurement condamnés correctionnellement à un emprisonnement de plus d'une année ; qu'on ne peut additionner différentes condamnations qui n'excèdent pas une année d'emprisonnement, et subies par le même individu, pour le constituer en état de récidive légale, la-

323. Pour que celui qui a été précédemment frappé d'une condamnation correctionnelle puisse être considéré comme récidiviste aux termes de l'art. 58 c. pén., une condition est nécessaire : c'est que le fait nouveau dont il s'est rendu coupable soit un simple délit. — Ainsi il a été jugé : 1° que la peine de la récidive, prévue par l'art. 58 c. pén., n'est pas applicable au coupable d'un crime, si les condamnations antérieures par lui encourues n'émanaient que de la juridiction correctionnelle, lors même que l'admission des circonstances atténuantes aurait fait convertir la peine résultant du crime en une peine purement correctionnelle (Crim. cass. 6 avril 1838) (1); — 2° Que l'aggravation de peine qui doit être prononcée à raison de la récidive résultant de la perpétration des délits après la condamnation pour un délit précédent, n'est pas applicable au cas où le second fait est un crime, bien que la peine afflictive et infamante due à ce second fait ait été, par suite de la déclaration de circonstances atténuantes, remplacée par une peine correctionnelle (Crim. cass. 2 juin 1842) (2); — 3° Que pour qu'un individu convaincu de crime soit en état de récidive, il faut qu'il ait été précédemment condamné pour crime à une peine afflictive ou infamante; s'il n'a été condamné qu'à une peine correctionnelle, et pour un fait qualifié délit, il n'y a point récidive, alors même que la peine applicable au crime dont il est convaincu serait, en raison des circonstances atténuantes, la même que celle à laquelle il a été précédemment condamné (Crim. cass. 29 juin 1837 et 11 avril 1839) (3).

324. En matière correctionnelle, comme en matière criminelle, les dispositions du code pénal sur la récidive sont applicables même au cas où la première condamnation a été prononcée en vertu d'une loi spéciale et *postérieure* à ce code, à moins que cette loi ne contienne des dispositions spéciales sur la récidive (V. *suprà*, nos 291 et suiv.).—Ainsi, l'individu condamné à trois ans d'emprisonnement, par application de la loi du 9 nov. 1815, sur la répression des cris séditieux, peut, si plus tard il s'est rendu coupable de vol simple, être condamné, aux termes de l'art. 58 c. pénal, à dix ans d'emprisonnement (Bourges, 25 juill. 1828) (4).

325. De même, l'art. 58 c. pén. est général et s'applique aux

quelle ne peut jamais résulter que d'une condamnation antérieure, prononcée à plus d'une année d'emprisonnement, et non du temps d'emprisonnement qui a été subi en vertu de divers jugements, dont aucun ne porte une condamnation à plus d'un an d'emprisonnement; — Qu'il ne résulte pas de l'instruction et des débats que Dubouchet ait été antérieurement condamné correctionnellement à plus d'une année d'emprisonnement; — Qu'ainsi le jugement dont est appel l'a mal à propos déclaré en récidive, émendant, quant à ce, et adoptant au surplus les motifs de culpabilité des premiers juges, réduit l'emprisonnement à quatre années.

Du 14 mars 1827.-C. de Paris, ch. corr.-M. Dehaussy, pr.

(1) (Guillaume *C.* min. pub.) — LA COUR; — Vu les art. 58 et 463 c. pén.; — Attendu que la disposition de l'art. 58 n'est exclusivement relative qu'à la récidive commise par la perpétration des délits qui ont suivi la condamnation à plus d'une année d'emprisonnement d'un premier délit; que, par conséquent, elle est sans application possible à la récidive résultant de la perpétration d'un fait qualifié crime après une condamnation pour un délit précédent; — Et, attendu que, dans l'espèce, le demandeur a été déclaré coupable par le jury des crimes de fabrication et d'usage de faux en écriture privée, faits punis de la réclusion; que si, par l'admission des circonstances atténuantes, la peine afflictive de la réclusion a dû être remplacée par la peine d'emprisonnement, cette modification de la peine, ordonnée par l'art. 463, n'a rien changé à la nature des faits déclarés, qui ont conservé leur caractère de crimes; que, dès lors, en appliquant au demandeur, qui n'avait été antérieurement frappé que de condamnations émanées de la juridiction correctionnelle, la peine de la récidive prévue par l'art. 58 précité, l'arrêt attaqué a fait une fausse application de cet article; — Casse l'arrêt de la cour d'assises de l'Aisne, du 8 fév. dernier, la déclaration du jury tenant.

Du 6 avr. 1838.-C. C., ch. crim.-MM. Bastard, pr.-Rocher, rap.

(2) (Baty *C.* min. pub.) — LA COUR; — Vu les art. 58, 463 et 401 c. pén. pén.; — Attendu que la disposition de l'art. 58 dudit code n'est exclusivement relative qu'à la récidive commise par la perpétration des délits commis après la condamnation à plus d'une année d'emprisonnement pour un premier délit; que, par conséquent, ledit article n'est pas applicable à la récidive résultant de la perpétration d'un fait qualifié crime, après une condamnation pour un délit précédent; — Et attendu que, dans l'espèce, Claude Baty avait été déclaré coupable par le jury, de plusieurs vols commis la nuit dans des maisons habitées, faits constituant, d'après l'art. 386 c. pén., des crimes punis de la peine de la réclusion; — Que si, par la déclaration de l'existence de circonstances atténuantes en faveur dudit Baty, la peine afflictive et infamante de la réclusion a dû être remplacée par la peine d'emprisonnement que porte l'art. 401, cette modification de la peine, prescrite par l'art. 463, n'a rien changé à la nature des faits déclarés, qui ont continué de conserver leur caractère de crimes; que, dès lors, la perpétration de ces crimes, après deux condamnations à l'emprisonnement, l'une à treize mois de prison, le 4 nov. 1836, et l'autre à quatorze mois de la même peine, le 4 oct. 1839, ne rentrait pas dans la disposition de l'art. 58, uniquement relative à la récidive par un nouveau délit; — Qu'aucun article du code pénal, ne prononçant d'augmentation de peine pour les faits déclarés, il n'y avait lieu d'y appliquer, d'après les circonstances atténuantes et le § 6 de l'art. 463, que la peine d'un an à cinq ans d'emprisonnement et les peines accessoires portées par l'art. 401; d'où il suit qu'en condamnant le demandeur, d'après l'art. 58 du code précité, à dix ans d'emprisonnement, l'arrêt attaqué a fait une fausse application dudit article, commis une aggravation illégale de la peine, et violé lesdits art. 401 et 463 c. pén.; — Casse.

Du 2 juin 1842.-C. C., ch. crim.-MM. de Bastard, pr.-Dehaussy, r.

(3) 1re *Espèce :* — (Girard *C.* min. pub.) — LA COUR; — Vu l'art. 56 c. pén.; — Attendu qu'aux termes de cet article, il faut avoir été condamné pour crime à une peine afflictive ou infamante, pour être constitué en état de récidive dans le cas de conviction d'un nouveau crime; — Attendu que, dans l'espèce, Pierre Girard était accusé d'un fait qualifié crime par la loi, et qui entraînait l'application de la peine de la reclusion, mais que le jury, ayant déclaré qu'il existait en sa faveur des circonstances atténuantes, la peine descendait d'un degré, et la cour d'assises ne pouvait plus lui appliquer que les peines portées en l'art. 401 c. pén.;—Qu'elle a cependant, sous prétexte que Girard était en état de récidive, prononcé contre lui la peine de la reclusion;—Attendu que cet état de récidive n'est nullement établi;—Que la seule condamnation constatée, contre Girard, résulte d'un jugement du tribunal de Clamecy, jugeant correctionnellement, le 22 sept. 1832, qui, pour un fait qualifié délit par la loi, lui a appliqué les peines correctionnelles portées en l'art. 401 c. pén.; — Attendu que, dès lors, Girard ne se trouvait pas dans les conditions exigées par l'art. 56 c. pén., pour constituer la récidive, et que la cour d'assises de la Nièvre, en le condamnant à la peine de la reclusion, malgré la déclaration du jury, qu'il existait en sa faveur des circonstances atténnantes, et par le motif, non justifié, qu'il était en état de récidive, a fait une fausse application de l'art. 56, et violé l'art. 463 c. pén.; — Par ces motifs, casse cet arrêt du 2 juin 1837.

Du 29 juin 1837.-C. C., ch. crim.-MM. de Bastard, pr.-Gilbert, rap.

2e *Espèce :* — (Femme Lindel *C.* min. pub.) — LA COUR; — Vu les art. 463, § 6, 401 et 58 c. pén.; — Attendu, dans l'espèce, qu'Eulalie Montreuil, femme Lindel, qui avait été précédemment condamnée à treize mois d'emprisonnement, par jugement du tribunal correctionnel de Lisieux, du 1er sept. 1826, et à cinq ans de la même peine, par un second jugement du même tribunal du 4 mars 1828, a été déclarée coupable par le jury d'un fait qualifié crime, emportant la peine de la réclusion; mais que le jury a reconnu qu'il existait en sa faveur des circonstances atténuantes; que cette déclaration donnait lieu à l'application du sixième paragraphe de l'art. 463 c. pén., combiné avec l'art. 401, qui punit les coupables d'un emprisonnement d'un an au moins et de cinq ans au plus; — Que cependant la cour d'assises a condamné la demanderesse à six années d'emprisonnement; — Que, pour justifier cette aggravation de peine, l'arrêt attaqué, en rappelant les condamnations précédemment prononcées contre la femme Lindel, s'est fondé sur les dispositions de l'art. 58 c. pén. portant : « Les coupables condamnés correctionnellement à un emprisonnement de plus d'une année seront, en cas de nouveau délit, condamnés au maximum de la peine portée par la loi, et cette peine pourra être élevée jusqu'au double; » — Mais, attendu que la récidive dont parle cet article est l'état de l'individu qui, ayant subi une première condamnation correctionnelle à un emprisonnement de plus d'une année, se serait rendu coupable d'un nouveau délit passible de peines correctionnelles; que le second fait, s'il est qualifié crime par la loi, ne constitue pas la récidive légale, et que cette interprétation est pleinement justifiée par l'article qui précède, où les expressions crime et délit sont employées avec la signification qui leur est propre; — Attendu que la déclaration de circonstances atténuantes ne change pas le caractère du fait incriminé; qu'elle a bien pour effet de modifier la peine, mais qu'elle ne fait pas descendre le crime au rang d'un délit, ni le délit au rang d'une simple contravention; — Qu'il suit de là qu'en condamnant la demanderesse à six années d'emprisonnement, comme étant en état de récidive, l'arrêt attaqué a faussement appliqué l'art. 58 et violé les art. 463, § 6, et 401 c. pén.; — Casse.

Du 11 avril 1839.-C. C., ch. crim.-MM. Bastard, pr.-Bresson, rap.

(4) Bergant.) — LA COUR; — Attendu, sur la récidive, que la dispo-

peines prononcées par les lois spéciales (Crim. cass. 7 sept. 1837, aff. Lenoble, n° 565). Ainsi, celui qui, après avoir été condamné à un emprisonnement de plus d'une année, commet un délit puni par une loi spéciale, par exemple, en matière de contributions indirectes, de règlements universitaires, etc., est en récidive, de même que si ce second délit était prévu et puni par le droit commun; l'art. 58 ne fait aucune distinction. — Il a été décidé en ce sens : 1° que la disposition de l'art. 58 c. pén., sur la récidive, s'applique aux délits prévus par des lois postérieures au code pénal, et particulièrement à ceux prévus par la loi du 17 mai 1819 (Metz, 18 janv. 1825) (1); — 2° Que celui qui, après avoir été condamné à un emprisonnement de plus d'une année, est poursuivi pour avoir proféré des cris séditieux, c'est-à-dire pour un délit qui est puni par une loi spéciale, se trouve en état de récidive, et par suite, doit être condamné au maximum de l'emprisonnement et de l'amende fixés par l'art. 8 de la loi du 25 mars 1822 (Crim. cass. 26 fév. 1835, aff. Delvigne, n° 331-1°).—V. ce qui est dit *infrà*, n° 337, à l'égard de ces derniers délits.

326. Mais il faut bien observer, ainsi que le fait M. Favard, v° Récidive, n° 6, que si les lois spéciales contiennent une peine particulière et graduée pour la seconde infraction, mais que le prévenu n'ait encore commis qu'une première infraction, et ne se trouve en récidive qu'à l'égard du droit commun, c'est l'art. 58 qui doit recevoir son application pour déterminer la peine, et non la loi spéciale.

327. On a décidé : 1° qu'un jugement de condamnation rendu par défaut qui n'a été ni signifié ni acquiescé, ne peut, en cas de nouveau délit, servir d'élément pour constituer la récidive (Crim. rej. 10 avril 1829) (2); — 2° Que la condamnation correctionnelle par défaut qui, faute de signification, est restée à l'état de simple acte d'instruction, et qui, comme telle, a perdu ses effets à l'expiration des trois ans exigés pour prescrire l'action publique, ne peut servir de base à l'application des peines de la récidive (Rouen, 27 janv. 1853, aff. X..., D. P. 53. 2. 99). — V. n° 260.

328. Il y a exception à l'art. 58 : 1° lorsqu'une disposition particulière (telle, par exemple, que l'art. 200 c. pén.) a prévu le cas de récidive d'un délit et a gradué la peine d'après cette circonstance; 2° lorsque la loi punit d'une peine déterminée un fait qui suppose l'état de récidive : cette peine doit seule être appliquée. C'est le cas des art. 45 et 245 c. pén., applicables le premier à la rupture du ban des condamnés libérés, et le second à l'évasion des détenus. « La rupture du ban et l'évasion, disent MM. Chauveau et Hélie (t. 1, p. 319), ne révèlent point dans le délinquant une perversité plus dangereuse; ce sont de simples infractions à des mesures de police et de sûreté; or l'aggravation de la peine se fonde sur une présomption de l'immoralité plus grande du condamné. » Ce motif donné par MM. Chauveau et Hélie nous paraît très-contestable. Est-il, en effet, exact de dire que la rupture du ban constitue plutôt une contravention matérielle qu'un délit? Nous avons de la peine à l'admettre. Ce que le législateur a voulu punir dans la rupture de ban, c'est, il faut le croire, l'intention de se soustraire à la surveillance de la police dans le but coupable de recommencer une vie criminelle. Le législateur suppose de mauvais desseins à l'individu qui, frappé de condamnations antérieures, cache sa résidence à l'autorité lorsqu'il lui a été enjoint de la lui faire constamment connaître pendant un temps dont la durée a été fixée par la condamnation. S'il n'en était pas ainsi, comment concevoir qu'une simple contravention, qui pourrait exister sans aucune intention coupable, et, par exemple, par erreur, oubli ou abstention (ce qui se rencontrerait notamment si la rupture de ban avait été occasionnée par le désir de revoir des parents en danger, désir trop pressant pour que l'individu puisse attendre que les formalités obligées aient été remplies), pût être frappée d'un emprisonnement dont la durée pourrait être portée jusqu'à cinq ans? — Ce qu'il faut dire pour rester dans le vrai, c'est que, la rupture de ban supposant nécessairement une condamnation antérieure pour crime ou délit, le législateur a évidemment pris ce fait en considération pour la fixation de la peine édictée dans l'art. 45 c. pén.; sans cela on ne comprendrait pas le maximum de cinq ans de prison que cet article permet d'appliquer. — Il a été décidé en ce sens : 1° que l'évasion d'un individu, effectuée par bris de prison après sa condamnation à une peine afflictive et infamante, ne peut constituer, à l'égard de ce condamné, une récidive passible de l'aggravation de peine; qu'en conséquence, le fait de l'évasion n'emporte que la peine d'emprisonnement de six mois à un an prononcée par l'art. 245 c. pén. (Crim. rej. 22 fév. 1828) (3); — 2° Que

---

sition de l'art. 58 c. pén. est générale; qu'elle porte que les coupables condamnés correctionnellement à un emprisonnement de plus d'une année, seront, en cas de nouveau délit, condamnés au maximum de la peine portée par la loi, et que cette peine pourra être portée jusqu'au double; que cet article contient donc un principe applicable à tout individu déjà condamné à un emprisonnement de plus d'une année, et qui commet un nouveau délit, soit que la condamnation ait été basée sur le code pénal, soit qu'elle ait eu son fondement dans une loi étrangère au code, à moins que cette loi ne contienne une disposition spéciale sur la récidive; — Que la loi du 9 nov. 1815 ne contient, sur cette partie, aucune disposition dérogeant au code pénal, et qui puisse soustraire Bergant aux conséquences de la récidive, pour un délit commun, prévu par le code pénal; — Qu'elle ne s'occupe de la récidive, que relativement aux délits, objet spécial de ses dispositions, et qu'elle autorise, en cas de récidive, les tribunaux à porter la peine de l'emprisonnement jusqu'à dix ans, doublant, en ce cas, la peine qui peut être prononcée pour le premier délit, et se rapprochant ainsi, même sur ce point, de l'esprit du code pénal; — Confirme, etc.

Du 25 juill. 1828.-C. de Bourges, ch. cor.-M. Trottier, pr.

(1) (N... *C.* N...) — LA COUR; — Attendu, etc.; — Attendu que cette disposition de la loi (celle de l'art. 58 c. pén.) est générale, qu'elle n'est point restreinte aux délits prévus et réprimés par le code pénal; qu'elle ne se trouve point au nombre des articles abrogés par l'art. 26, L. 17 mai 1819; que le chap. 4, tit. 1 dit code, est, il est vrai, modifié par l'art. 25 de cette dernière loi, mais uniquement en ce sens que l'aggravation de peine est facultative pour les tribunaux lorsque la récidive dérive de condamnations prononcées pour des faits prévus par la loi du 17 mai; d'où il suit que la disposition de l'art. 25 de cette loi, loin d'abroger l'art. 58 c. pén., en est une extension, et le rend applicable dans certains cas où il n'aurait pu l'être sans la nouvelle disposition, par exemple lorsqu'il y aurait eu une condamnation antérieurement, en vertu du § 1, art. 19 et 20, L. 17 mai 1819; de là résulte que les premiers juges ont dû prononcer le maximum de la peine édictée par l'art. 19 de la susdite loi; — Attendu, etc.; — Par ces motifs, sans s'arrêter aux deux appels interjetés du jugement rendu le 6 nov. dernier par le tribunal correctionnel de Metz, ordonne que le susdit jugement sortira son plein et entier effet, etc.

Du 18 janv. 1825. C. de Metz, ch. cor.-M. de Julvécourt, pr.

(2) (Min. pub. *C.* Jean-Baptiste Pascarel.) — LA COUR; — Attendu que, d'après les dispositions du chap. 4, liv. 1, c. pén., il faut, pour qu'il y ait récidive, que l'accusé ait été condamné pour un premier crime ou délit, avant que d'avoir commis celui à raison duquel il est poursuivi; — Que, par conséquent, il faut aussi que cette première condamnation, qui a précédé le second crime, ait été définitive et soit légalement connue du condamné; — Que, conséquemment encore, si cette première condamnation a été prononcée en défaut, il faut qu'on l'ait notifiée au condamné, ou que celui-ci y ait acquiescé; d'où il suit que, sans cette notification ou cet acquiescement, la première condamnation en défaut ne peut servir d'élément pour constituer la récidive; — Et attendu que, dans l'espèce, le jugement du tribunal correctionnel de Brives, du 17 juill. 1828, qui condamnait Jean-Baptiste Pascarel à treize mois d'emprisonnement, pour vol simple, avait été rendu en défaut; — Que, d'après l'arrêt attaqué, rien n'établissait que ce jugement eût été notifié à Jean-Baptiste Pascarel, ni que cet accusé y eût acquiescé; — Que, dans cet état des faits, le refus d'appliquer à Jean-Baptiste Pascarel l'aggravation de peine prononcée par l'art. 58 c. pén., en cas de récidive, n'a pas été une violation de cet article; — Attendu, d'ailleurs, la régularité de la procédure, rejette.

Du 10 avr. 1829.-C. C., ch. crim.-MM. Bailly, pr.-Ollivier, rap.

(3) (Min. pub. *C.* femme Jouberjan.) — LA COUR; — Attendu que l'art. 239 c. pén. applique à l'évasion des détenus, à raison de faits emportant des peines afflictives ou infamantes, la même peine, soit que ces détenus évadés fussent prévenus ou accusés, soit qu'ils fussent déjà condamnés; — Que, dans l'art. 240, on trouve une disposition semblable sur l'identité de la peine de l'évasion des individus prévenus de faits emportant la peine de mort ou des peines perpétuelles, ou condamnés aux mêmes peines; — Que l'art. 245, prévoyant le cas ou les individus évadés par bris de prison, seraient détenus par suite d'une condamnation, se borne à déclarer qu'ils subiront la peine encourue, à raison de l'évasion, après l'expiration de celle que leur avait infligée la condamnation antérieure; — Qu'ainsi, d'après l'ensemble de ces articles, l'évasion effectuée après une condamnation, ne peut constituer une récidive passible de l'aggravation de peine portée par les art. 56 et suiv. c. pén.; — Et attendu que, dans l'espèce, la femme Jouberjan, évadée

la rupture du ban de surveillance, de la part d'un condamné, ne peut donner lieu à l'application des dispositions du code pénal, relatives à la récidive (Grenoble, 11 déc. 1833, aff. Doyen, V. n° 710; Orléans, 19 fév. 1853, aff. Heymard, D. P. 53. 2. 186); — 3° Que la rupture de ban, étant plutôt une contravention qu'un délit (c'est ce que nous avons contesté), ou tout au moins un délit d'une nature particulière, dont la peine doit être considérée comme complète en elle-même, ne peut être regardée comme constituant l'état de récidive, tel qu'il est défini par les art. 57 et 58 c. pén., et, par suite, être frappée de l'aggravation de peine prononcée par ces articles (Angers, 16 déc. 1850, aff. Gaultier, D. P. 52. 2. 163); — 4° Que l'infraction au ban de surveillance n'est pas un délit commun dans le sens de la loi; qu'il ne peut, dès lors, constituer la récidive passible de l'aggravation de peine prévue par l'art. 58 c. pén.; qu'ainsi, celui qui a été condamné à plus d'un an de prison pour un délit commun, par un premier jugement, et se rend ensuite coupable d'une infraction à un ban de surveillance, dans l'année de ce jugement, n'est pas passible, pour ce dernier fait, des peines de la récidive (Douai, 27 juin 1833; Riom, 26 nov. 1834; Crim. rej. 15 juin 1837) (1).

On ne saurait donc approuver un arrêt qui a jugé que la rupture de ban est un délit commun, constituant en état de récidive l'individu qui a subi antérieurement une condamnation correctionnelle à plus d'un an de prison (Bourges, 30 avril 1840) (2).

329. Mais, par cela même que nous ne considérons pas la rupture de ban comme une contravention, mais comme un délit, nous serions disposés à admettre qu'un individu condamné d'abord à un emprisonnement au-dessous d'un an et à la surveillance de la haute police, puis pour rupture de ban à un emprisonnement de plus d'un an, devrait, en cas de nouveau délit, être considéré comme récidiviste dans le sens de l'art. 58 c. pén., même si ce nouveau délit était une seconde rupture de ban, parce qu'alors on ne se trouverait plus exactement dans le cas général que le législateur a prévu en édictant l'art. 45, sauf, si le coupable en était jugé digne, à faire usage en sa faveur des dispositions de l'art. 463. — Décidé en ce sens que la seconde rupture de ban commise par un condamné à la surveillance, après une première condamnation pour rupture de ban, le constitue en état de récidive (Limoges, 4 janv. 1845, aff. Deynola, D. P. 45. 4. 446).

330. Nous irions jusqu'à penser, avec un arrêt, que l'individu placé sous la surveillance de la haute police, qui commet une infraction à son ban de surveillance, doit être condamné aux peines de la récidive s'il a déjà été condamné, pour quelque délit que ce soit, à plus d'une année d'emprisonnement par un jugement autre que celui qui l'a mis sous la surveillance de la haute police (Orléans, 19 fév. 1853, aff. Heymard, D. P. 53. 2. 186).

331. Les art. 57 et 58 veulent que, dans les cas de récidive qu'ils prévoient, les juges prononcent le maximum de la peine, et même que cette peine puisse être élevée au double. Cette disposition nécessite quelques explications. — Il peut se faire que la loi prononce plusieurs peines contre le deuxième délit. Si ces diverses peines sont prononcées impérativement, elles doivent toutes être élevées au maximum ou au-dessus. — Ainsi il a été jugé 1° qu'il suffit que le délit commis en état de récidive emporte à la fois un emprisonnement et une amende également

---

par bris de prison, était, à l'époque de son évasion, détenue par suite d'une condamnation à une peine afflictive; — Que, dès lors, en ne prononçant pas contre elle l'aggravation de peine de la récidive, portée par les art. 56 et suiv. c. pén., l'arrêt attaqué n'a point violé la disposition de cet article, mais a fait, au contraire, une juste application des art. 239, 240 et 245 du même code; — Rejette.

Du 22 fév. 1828.-C. C., ch. crim.-MM. Bailly, pr.-Ollivier, rap.

(1) 1re *Espèce :* — (Min. pub. *C.* femme Herbin.) — LA COUR (après délib. en ch. du cons.); — En ce qui touche l'infraction caractérisée par l'art. 45 c. pén. : — Attendu que cet article suppose toujours une condamnation antérieure de l'individu qui la commet, condamnation en général de nature à constituer le contrevenant en état de récidive; que pour la répression d'une telle infraction, le législateur établit dans ledit art. 45 une peine d'emprisonnement qu'il permet d'élever jusqu'à cinq années; — Qu'une répression spéciale étant ainsi créée pour cette espèce toute particulière de récidive, il ne peut être en ce cas permis de faire application de l'art. 58 même code; que par suite les magistrats conservent la faculté de graduer suivant les circonstances la peine édictée par l'art. 45 précité; — Adoptant pour le surplus les motifs des premiers juges, confirme; — Et, néanmoins, réduit l'emprisonnement à deux années, etc.

Du 27 juin 1833.-C. de Douai, ch. corr.

2e *Espèce :* — (Barbecot *C.* min. pub.) — LA COUR; — Considérant, en fait, qu'il est constant et d'ailleurs avoué par le prévenu Barbecot qu'il est en état d'infraction aux dispositions de l'art. 44 c. pén., soit pour n'avoir point indiqué au maire de la commune de Sainte-Ours, lieu désigné par lui pour sa résidence, après l'expiration de sa peine, le nouveau lieu où il se proposait d'aller habiter, soit pour ne s'être point muni d'une feuille de route; — Considérant, en droit, que l'art. 45 même code, en déterminant, pour peine à la désobéissance aux dispositions de l'article précédent, un emprisonnement dont la durée ne pourrait excéder cinq ans, a nécessairement présupposé l'existence d'une condamnation antérieure de nature à constituer l'infracteur en état de récidive, et, par sa restriction spéciale, admis une mesure d'ordre public et de discipline qui ne doit pas entrer dans l'application de l'art. 58 c. pén.; — Dit qu'il a été bien jugé par le tribunal de Riom, etc.

Du 26 nov. 1834.-C. de Riom, ch. corr.-M. Souteyran, pr.

3e *Espèce :* — (Min. pub. *C.* Fontaleyron.) — LA COUR; — Sur le pourvoi du procureur général près la cour royale de Poitiers, pourvoi déposé au greffe le 31 mai, contre l'arrêt rendu par cette cour, chambre des appels de police correctionnelle, du 28 janvier dernier, lequel a confirmé le jugement du tribunal de police correctionnelle de Civray, du 14 du même mois, qui condamne J. Fontaleyron à un an et un jour de prison, pour infraction au ban de surveillance, par application des art. 44 et 45 c. pén., en ce qu'il a été refusé de faire, audit Fontaleyron, précédemment condamné à plus d'un an de prison, application de l'art. 58 du même code : — Attendu que l'infraction au ban de surveillance, résultant d'une première condamnation, est un délit d'une nature spéciale qui se rattache à l'exécution de la première condamnation prononcée contre le prévenu, et que l'inexécution de cette condamnation, quant à la mesure de police de la surveillance à laquelle il a été soumis par le premier jugement de condamnation, ne peut constituer une récidive passible de l'aggravation de peine portée par l'art. 58 c. pén.; — Que ce fait, qualifié de désobéissance, n'est point classé par le code pénal dans la division générale des délits qui peuvent être commis contre la chose publique, contre les personnes ou les propriétés; — Attendu, dès lors, que l'arrêt attaqué, en maintenant la condamnation à un an et un jour de prison prononcée contre Fontaleyron, pour infraction au ban de surveillance, et en jugeant que ce fait ne le constituait pas, par lui-même, en état de récidive, a sainement appliqué les principes de la matière et n'a violé aucune loi; — Rejette.

Du 15 juin 1837.-C. C., ch. crim.-MM. Bastard, pr.-Gartempe, rap.

(2) *Espèce :* — (Petit *C.* min. pub.) — 28 mars 1840, jugement du tribunal de police correctionnelle de Bourges ainsi conçu : — « Le tribunal; — Considérant que Paul Petit, placé sous la surveillance de la haute police, avec résidence à Guéret, a quitté ce lieu sans avoir obtenu les autorisations en tel cas requises des condamnés, et que ce fait constitue le délit de rupture de ban prévu et puni par les art. 44 et 45 c. pén., dont lecture a été faite par le président, et qui sont conçus comme il suit : ..... — Considérant, en outre, que le prévenu a été condamné, par décision antérieure, à un emprisonnement correctionnel de plus d'une année, et vu l'art. 58 du même code, dont lecture a été faite, et qui porte : — « Les coupables condamnés correctionnellement à un emprisonnement de plus d'une année seront aussi, en cas de nouveau délit, condamnés au maximum de la peine portée par la loi, et cette peine pourra être élevée jusqu'au double. Il pourra de plus être mis sous la surveillance spéciale du gouvernement pendant cinq années au moins et dix ans au plus; » — Condamne Paul Petit à cinq années d'emprisonnement; ordonne qu'après l'expiration de sa peine, Paul Petit restera sous la surveillance de la haute police pendant cinq années, à partir du jour où cessera la surveillance à laquelle il est présentement soumis, etc. »

Appel par Paul Petit. — On soutient, dans son intérêt, que la rupture de ban n'est pas un délit de nature à constituer en état de récidive l'individu qui l'a commis; que la rupture de ban est un délit d'une nature toute spéciale, une espèce de contravention matérielle ne comportant pas l'idée de perversité ou d'immoralité, qui est le caractère principal des délits proprement dits, et qui, annonçant dans celui qui s'en rend coupable une persistance criminelle, peut seul justifier l'aggravation de peine ressortant de la récidive. — A l'appui de son système, l'avocat a invoqué un arrêt de la cour de Grenoble, du 11 déc. 1833 (V. n° 328-2°). — Le ministère public a répondu que le jugement attaqué n'avait fait que se conformer à la loi en appliquant le maximum de la peine portée par l'art. 45, et qu'il y avait bien dans l'espèce le cas de récidive prévu par l'art. 58 c. pén. — Arrêt.

LA COUR; — Adoptant les motifs des premiers juges, dit bien jugé.

Du 30 avr. 1840.-C. de Bourges, ch. correct.-MM. Jacquemet, cons. pr.-Robert Chenevière, c. conf.-Planchat, av.

obligatoires, pour que le coupable doive être condamné au *maximum* de l'une et de l'autre peine, à moins cependant qu'il n'existe en sa faveur des circonstances atténuantes (Crim. cass. 26 fév. 1835) (1); — 2° Qu'avant la loi modificative du code pénal, les peines portées par l'art. 311 contre l'individu déclaré coupable de coups et blessures qui n'avaient pas occasionné une maladie ou incapacité de travail pendant plus de vingt jours n'étant pas facultatives, mais obligatoires, l'individu qui, ayant été déjà condamné à un emprisonnement de plus d'une année, avait, depuis et sur nouvelle prévention, été déclaré coupable du délit de coups et blessures prévu par ledit art. 311, était, aux termes de l'art. 58 c. pén., passible du maximum de la peine portée par cet art. 311, c'est-à-dire de deux ans de prison et d'une amende de 200 fr., et de plus d'une surveillance spéciale du gouvernement pendant cinq ans; qu'ainsi, était sujet à cassation le jugement correctionnel qui se bornait à condamner le coupable de récidive d'un tel délit à un mois d'emprisonnement et à 16 fr. d'amende (Crim. cass. 23 juin 1826) (2).

Mais il peut se faire que l'une d'elles seulement soit prononcée impérativement, et que les autres ne soient que facultatives. Ainsi, par exemple, l'art. 401 c. pén., applicable au vol simple, inflige au prévenu l'emprisonnement, et il laisse au juge la faculté d'y ajouter l'amende, l'interdiction des droits civils et la surveillance. Que doit-on décider, pour ce cas, si le coupable est en état de récidive? Nous croyons, avec MM. Chauveau et Hélie (t. 1, p. 322), et Trébutien (t. 1, p. 303), que les juges ne sont pas tenus d'appliquer le maximum de toutes les peines; si le législateur avait voulu que les peines qui, dans les cas ordinaires, ne sont que facultatives, devinssent obligatoires en cas de récidive, il aurait dû s'en expliquer. De son silence on doit conclure qu'il n'a pas entendu changer, en cas de récidive, le caractère attribué aux peines par les dispositions qui les énoncent. — Il a été jugé en ce sens : 1° que, quand l'art. 57 c. pén. porte que quiconque, ayant été condamné pour un crime, aura commis un délit de nature à être puni correctionnellement, sera condamné au maximum de la peine portée par la loi, il n'entend pas ordonner que les juges soient obligés de prononcer aussi le maximum de toutes les peines facultatives portées contre le vol simple par l'art. 401, c'est-à-dire de l'amende, de la surveillance de la haute police et de l'interdiction des droits civils; qu'il ne saurait en être ici comme des cas prévus par les art. 6, 8 et 9 de la loi du 25 juin 1824; qu'en conséquence, les tribunaux doivent être maintenus en possession de la latitude qui leur est accordée pour l'application des peines portées par l'art. 401, et que, par exemple, ils peuvent, tout en condamnant le prévenu en récidive à six ans d'emprisonnement, ne le condamner qu'à 16 fr. d'amende et à cinq ans de surveillance (Crim. rej. 10 fév. 1827) (3); — 2° Que l'application des peines, autres que l'emprisonnement, portées dans l'art. 401 c. pén., contre les vols et larcins, etc., étant facultative pour les tribunaux, et l'art. 58 du même code portant qu'en cas de récidive de la part d'un individu déjà condamné à plus d'une année de prison, il sera condamné de nouveau au maximum de la peine (et non des peines), portée par la loi, il suit de là qu'en cas de récidive de la part d'un tel individu, les juges ont pu se borner à prononcer seulement le maximum de la peine de l'emprisonnement, et non le maximum de toutes les peines portées dans l'art. 401 (Crim. rej. 15 fév. 1829 et 19 avril 1832) (4);

(1) (Min. pub. *C.* Delvigne.) — LA COUR; — Vu l'art. 58 c. pén. et l'art. 8 de la loi du 25 mars 1822; — Attendu que, pour satisfaire à la disposition de l'art. 58 ci-dessus relaté, lorsque le délit commis en état de récidive emporte à la fois un emprisonnement et une amende également obligatoires, le coupable doit être condamné au maximum de l'une et de l'autre de ces peines; qu'on ne peut prononcer de condamnations moindres qu'autant que des circonstances atténuantes sont légalement reconnues en sa faveur; — Et attendu que Delvigne a été déclaré coupable du délit prévu par l'art. 8 de la loi du 25 mars 1822; qu'antérieurement à ce délit, il avait été condamné à un emprisonnement de plus d'une année; qu'il devait donc être condamné, pour le nouveau délit dont il s'était rendu coupable, au maximum de l'emprisonnement et de l'amende fixés par ledit article; — Que cependant la cour d'assises de la Vienne, sans déclarer ni explicitement ni implicitement, par la citation de l'art. 463 c. pén., qu'il existât dans la cause des circonstances atténuantes en faveur de Delvigne, ainsi que l'y autorisait l'art. 14 de ladite loi du 25 mars 1822, n'a prononcé contre ledit Delvigne que le maximum de l'emprisonnement et le minimum de l'amende; en quoi elle a violé lesdits art. 58 c. pén. et 8 de la loi du 25 mars 1822; — Casse.

Du 26 fév. 1835.-C. C., ch. crim.-MM. Bastard, 1er pr.-Vincens, r.

(2) (Min. pub. *C.* Petitot.) — LA COUR; — Vu les art. 311 et 58 c. pén.; — Attendu que des dispositions combinées de ces articles, il résulte que l'individu déclaré coupable de coups et blessures qui n'auront pas occasionné une maladie ou incapacité de travail pendant plus de vingt jours, et qui aurait été antérieurement condamné à un emprisonnement de plus d'une année, devra être condamné au maximum de la peine portée en l'art. 311, et de plus à la surveillance spéciale du gouvernement pendant cinq ans au moins; — Et attendu que, dans l'espèce, il était justifié que Petitot avait été condamné, par arrêt de la cour de justice criminelle du département de la Haute-Marne, du 15 brum. an 13, à quinze mois de prison; — Que, par le jugement du tribunal correctionnel de Langres dont celui de Chaumont avait prononcé la confirmation, il était déclaré coupable d'avoir porté des coups et fait des blessures avec effusion de sang qui n'avaient pas occasionné une maladie ou incapacité de travail personnel pendant plus de vingt jours; — Que, dès lors, attendu la récidive, il devait être condamné au maximum de la peine portée en l'art. 311, qui était de deux ans d'emprisonnement et de 200 fr. d'amende, et de plus à la surveillance spéciale du gouvernement pendant cinq ans au moins; — Que, par conséquent, en se bornant à confirmer la condamnation à un mois d'emprisonnement et à 16 fr. d'amende et 20 fr. de dommages, prononcée par le tribunal correctionnel de Langres, le jugement attaqué a violé la disposition des art. 311 et 58 c. pén.; — Casse.

Du 23 juin 1826.-C. C., ch. crim.-MM. Bailly, pr.-Ollivier, rap.

(3) (Min. pub. *C.* veuve Renaud). — LA COUR; — Attendu que si, aux termes de l'art. 57 c. pén., quiconque, ayant été condamné pour un crime, aura commis un délit de nature à être puni correctionnellement, sera condamné au maximum de la peine portée par la loi, il ne suit pas de cette disposition que les juges soient, en ce cas, obligés de prononcer le maximum, non-seulement de la peine de l'emprisonnement, prononcée d'une manière absolue par l'art. 401 c. pén. contre le vol simple, mais le maximum de toutes les peines que, suivant la même loi, les juges ont la faculté d'appliquer au fait reconnu constant; — Que si les art. 6, 8 et 9 de la loi du 25 juin 1824 ordonnent, dans de certains cas, l'application de toutes ces peines, c'est lorsque la loi autorise les juges à substituer des peines purement correctionnelles à des peines afflictives et infamantes, et qu'on n'en saurait induire que les juges sont obligés à faire la même application dans le cas distinct et déterminé par l'art. 57 c. pén.; — Que les tribunaux doivent être maintenus en possession de la latitude qui leur est accordée par la loi pour l'application des peines portées par l'art. 401 c. pén.; que cette faculté doit d'autant mieux leur être conservée qu'elle tend à alléger le sort des condamnés; — Que, dans l'espèce, aucune disposition législative n'astreignait la cour royale de Paris à prononcer contre la veuve Renaud, dans l'état des faits déclarés constants, le maximum des peines facultatives prononcées par l'art. 401 c. pén.; d'où il suit que l'arrêt de cette cour n'a violé aucune loi; — Rejette le pourvoi du procureur général de la cour royale de Paris, contre l'arrêt de cette cour, du 8 janv. 1827.

Du 10 fév. 1827.-C. C., ch. crim.-MM. Portalis, pr.-Merville, rap.

(4) 1re *Espèce :* — (Min. pub. *C.* Graff.) — LA COUR; — Sur le moyen de nullité, présenté dans l'acte du pourvoi du procureur du roi, près le tribunal de première instance de Strasbourg; — Vu les art. 401 et 58 c. pén.; — Attendu que, d'après l'art. 401, la peine de l'emprisonnement est la seule que les juges soient obligés d'infliger aux individus coupables de simples vols, larcins et filouteries, et que les autres peines mentionnées audit article sont facultatives pour leur application; — Que l'art. 58 ne porte pas que les coupables condamnés correctionnellement à un emprisonnement de plus d'une année, seront aussi, au cas de nouveau délit, condamnés au maximum des peines, mais au maximum de la peine portée par la loi; qu'ils seront, de plus, mis sous la surveillance spéciale du gouvernement, pendant au moins cinq ans, et dix ans au plus; — Que, dès lors, le tribunal de Strasbourg, en confirmant, sur l'appel, le jugement du tribunal correctionnel de Schelestadt, par lequel Marguerite Graff, condamnée antérieurement en treize mois d'emprisonnement, était condamnée, pour un nouveau délit de vol simple, en cinq ans d'emprisonnement et dix ans de surveillance, s'est exactement conformé aux dispositions impératives des art. 401 et 58 c. pén., et n'a pu les violer en usant de son pouvoir discrétionnaire, en ce qui concernait les peines facultatives, quant à leur application, qu'il lui était loisible de ne pas prononcer; — Rejette.

Du 15 fév. 1829.-C. C., ch. crim.-MM. Bailly, f. f. pr.-Brière, rap.

2e *Espèce :* — (Min. pub. *C.* Marie Brun.) — LA COUR; — Attendu qu'il résulte évidemment des art. 57, 58 et 401 c. pén., que le coupable, condamné correctionnellement à un emprisonnement de plus d'une année, ne doit, en cas de nouveau délit, être nécessairement condamné

—3° Qu'en matière de délits politiques, les tribunaux sont obligés d'appliquer les peines de la récidive, à moins qu'elles ne soient facultatives d'après les termes formels de la loi, comme, par exemple, dans les cas de l'art. 25 de la loi du 17 mai 1819; qu'en conséquence, une cour d'assises doit, sous peine de nullité, appliquer les peines de la récidive à un individu condamné précédemment, qu'elle reconnaît coupable de provocation publique à un délit, non suivie d'effet (Crim. cass. 13 sept. 1832) (1).

332. En sens contraire, il a été jugé, mais à tort selon nous: 1° que celui qui, ayant été déjà condamné correctionnellement à un emprisonnement de plus d'une année, s'est de nouveau rendu coupable d'un vol prévu par l'art. 401 c. pén., doit être condamné, non pas seulement à cinq ans d'emprisonnement, mais aussi à 500 fr. d'amende; et qu'ainsi il y a lieu de casser l'arrêt qui, dans ce cas, n'a prononcé qu'un emprisonnement de cinq ans (Crim. cass. 10 septembre 1813) (2); — 2° Qu'il y a lieu de prononcer contre celui qui a déjà été condamné à un emprisonnement de plus d'un an pour vol, et qui commet le même délit, non-seulement la plus longue durée de l'emprisonnement et la surveillance établie par l'art. 58 c. pén., mais encore toutes les autres peines facultatives portées par l'art. 401 du même code (Paris, 23 sept. 1830) (3).

333. Quelquefois il arrive que la loi, tout en prononçant contre l'auteur d'un délit deux peines différentes, laisse aux juges la faculté de n'appliquer que l'une des deux, à leur choix (V. notamment l'art. 301 c. pén.). Si le coupable est en récidive, les juges conservent la même faculté, mais ils doivent nécessairement élever au maximum celle de ces peines qu'ils prononcent; s'ils les appliquent toutes deux, ils peuvent n'en élever qu'une au maximum; car qui peut le plus peut le moins (V. en ce sens Carnot, sur l'art. 58 c. pén., n° 4; MM. Chauveau et Hélie, p. 321 et suiv.).

334. La peine de la surveillance, portée par l'art. 58, doit être prononcée dans tous les cas. Si cependant le tribunal avait omis de la prononcer, elle ne pourrait être suppléée; car ce cas n'est pas un de ceux où elle existe de plein droit (V. les art. 47 et 48 c. pén.). Tout ce qu'on pourrait faire, ce serait de déférer le jugement à la cour de cassation. C'est ce qu'enseignent aussi MM. Chauveau et Hélie, t. 1, p. 323 et 324. — Il a été jugé que, sous la loi du 9 nov. 1815, le jugement qui condamnait un individu à l'emprisonnement et à l'amende comme coupable par récidive de cris séditieux devait, à peine de nullité, prononcer en outre la peine de la surveillance de la haute police (Crim. cass. 13 juin 1816, MM. Aumont, rap., Lebeau, av. gén., aff. Ducrot et Nanty).

335. Sous l'empire du code pénal de 1810, des doutes s'étaient élevés sur le point de savoir si l'art. 463, relatif aux circonstances atténuantes, était applicable au cas de récidive. Il avait été décidé que la peine portée en l'art. 57 c. pén., sur la récidive, peut être réduite au-dessous du maximum, en vertu de l'art. 463 c. pén., lorsqu'il est reconnu qu'il y a des circonstances atténuantes (Crim. cass. 22 fév. 1820, MM. Barris, pr., Gaillard, rap., aff. N...; 2 fév. 1827, MM. Bailly, pr., de Cardonnel, rap., aff. Savary). Mais il avait été décidé en sens contraire par un autre arrêt (Crim. cass. 3 fév. 1814, M. Coffinhal, rap., aff. Onori).

336. La loi de 1832 a dissipé tout doute à cet égard. « Dans tous les cas où la peine de l'emprisonnement et celle de l'amende sont prononcées par le code pénal, porte le nouvel art. 463, si les circonstances paraissent atténuantes, les tribunaux correctionnels sont autorisés, même en cas de récidive, à réduire l'emprisonnement même au-dessous de six jours, et l'amende même au-dessous de 16 fr.; ils peuvent aussi prononcer séparément l'une ou l'autre de ces peines, et même substituer l'amende à l'emprisonnement, sans qu'en aucun cas elle puisse être au-dessous des peines de simple police. » — Pour que l'application de ces dispositions soit légale, il est de toute nécessité que l'existence des circonstances atténuantes soit *constatée* par le *jugement même*.

Dans le cas où il existe des circonstances atténuantes régulièrement constatées, les juges sont-ils néanmoins obligés de prononcer la mise en surveillance pendant cinq ans? Nous ne le pensons pas. L'esprit de la loi, dans l'art. 463, c'est, lorsqu'il existe des circonstances atténuantes, de faire abstraction de la récidive et de permettre l'abaissement de la peine comme dans les cas ordinaires. Supposons que, dans cette hypothèse, la peine ait été abaissée par le tribunal jusqu'au taux des peines de simple police, à un emprisonnement de quelques jours, à une amende de quelques francs; concevrait-on qu'accessoirement à une telle peine, le condamné fût mis en surveillance pour cinq ans? Cela semblerait bien peu rationnel, et l'on aurait peine à s'expliquer tant de rigueur à côté de tant d'indulgence. Si le délit est jugé

---

qu'au maximum de la peine portée par la loi, c'est-à-dire à cinq ans d'emprisonnement, et mis sous la surveillance spéciale du gouvernement que pendant le même espace de temps; d'où il suit que l'arrêt attaqué, loin d'avoir violé la disposition de ces articles, s'y est étroitement conformé; — Rejette, etc.

Du 19 avril 1832-C. C., ch. crim.-MM. de Bastard, pr.-Rives, rap.

(1) *Espèce:* —(Min. pub. C. Clausel.) — Clausel, condamné en 1822, à cinq ans, pour vol, a été déclaré coupable d'avoir, par des discours proférés dans des lieux publics, provoqué à commettre un délit, sans que cette provocation ait été suivie d'effet, délit prévu par l'art 3 de la loi du 17 mai 1819. — Pourvoi. — Arrêt (après dél. en ch. du cons.).

LA COUR; — Vu les art. 56, 57 et 58 c. pén., et 25 de la loi du 17 mai 1819; l'art. 463 c. pén. et l'art. 14 de la loi du 25 mars 1822; — Attendu, 1° que les dispositions des art. 56, 57 et 58 c. pén. ne sont restreintes par aucune de leurs expressions, aux crimes et délits spécifiés dans ce code; qu'elles sont générales et absolues; et qu'ainsi, elles s'étendent sur les crimes et délits déterminés par des lois particulières, lorsque ces lois n'ont pas établi de règles spéciales pour la récidive de ces délits et de ces crimes; que, si l'art. 25 de la loi du 17 mai 1819, rend facultative l'aggravation de peine de la récidive, procédant des crimes et délits prévus par cette loi, pour les cas où la récidive procède du concours avec des crimes communs, il ne déroge point aux art. 56, 57 et 58 qui rendent l'aggravation obligatoire; que par conséquent, en décidant que, dans ce dernier cas, l'aggravation de peine ne devait pas avoir lieu l'arrêt attaqué a violé les art. 56, 57 et 58 c. pén., et faussement interprété l'art. 25 de la loi du 17 mai 1818; — Attendu 2°, que l'art. 463 c. pén. n'est déclaré applicable qu'aux délits punis d'emprisonnement et d'amende par ce code; qu'il ne peut, dès lors, s'appliquer aux délits prévus par des lois spéciales; qu'à l'égard de ceux de la presse, l'art. 14 de la loi du 25 mars 1822, n'en permet l'application qu'aux délits prévus par les premier, deuxième et quatrième paragraphe de l'art. 6, par l'art. 8 et par le premier paragraphe de l'art. 9; — Que, conséquemment, il l'exclut pour tous les autres cas, et par suite, pour la provocation publique à un délit, non suivi d'effet, dont le demandeur a été déclaré coupable; — Que, dès lors, en atténuant la peine de ce fait, d'après l'art. 463 précité, l'arrêt attaqué a faussement appliqué la disposition de cet article; — Casse, quant à l'application de la peine, l'arrêt de la cour d'assises du Gard, du 8 août dernier, qui condamne A. Clausel à deux mois d'emprisonnement et à 50 fr. d'amende, etc.

Du 13 sept. 1832.-C. C., ch. crim.-MM. Bastard, pr.-Ollivier, rap.

(2) (Intérêt de la loi C. Glossinde.) — LA COUR; — Vu l'art. 442 c. inst. crim.; — Vu aussi l'art. 410 du même code; — Vu enfin les art. 58 et 401 c. pén.; — Considérant que Glossinde Chaux, après avoir été déjà condamnée correctionnellement à deux années d'emprisonnement, s'est de nouveau rendue coupable d'un vol prévu par l'art. 401 c. pén.; — Qu'elle devait, aux termes de l'art. 58 du même code, être condamnée au maximum de la peine prononcée par ledit art. 401, qui est de cinq années d'emprisonnement et de 500 fr. d'amende;

Que néanmoins, par son arrêt du 30 juin 1813, la cour de Nancy, statuant sur l'appel du ministère public, n'a condamné ladite Glossinde Chaux qu'à un emprisonnement de cinq ans, sans prononcer aucune amende; d'où il suit que ledit arrêt a expressément violé les dispositions pénales des art. 401 et 58 c. pén. précités; — D'après ces motifs, faisant droit au réquisitoire de M. le procureur général, casse et annule dans l'intérêt de la loi seulement l'arrêt de la cour de Nancy, du 30 juin 1813.

Du 10 sept. 1813.-C. C., sect. crim.-MM. Barris, pr.-Busschop, rap.

(3) (Carnet C. min. pub.) — LA COUR; — Considérant que les premiers juges ayant déclaré que Carnet était en état de récidive au moment où il avait commis le fait à lui reproché et n'ayant pas reconnu dans la cause des circonstances atténuantes, il y avait lieu de prononcer contre ledit Carnet l'interdiction mentionnée en l'art. 401 c. pén.; — Vu ledit article; met l'appellation et le jugement dont est appel au néant, en ce que l'interdiction n'a point été prononcée; émendant quant à ce, ordonne qu'à l'expiration de sa peine, ledit Carnet sera interdit pendant dix ans des droits mentionnés en l'art. 42 c. pén.

Du 23 sept. 1830.-C. de Paris, ch. correct.-MM. Dehaussy, pr.-Vincens, av. gén., c. conf.-Roger, av.

ne mériter qu'une peine si légère, il n'accuse pas une perversité bien profonde; quelle peut être, dès lors, l'utilité d'une si longue surveillance? A quoi répond-elle? Ce ne serait évidemment qu'une rigueur sans objet. Ainsi nous pensons que les juges, en cas de circonstances atténuantes, peuvent, ou ne prononcer la surveillance que pour une durée inférieure à cinq ans, ou même n'en pas prononcer du tout. C'est aussi le sentiment de MM. Chauveau et Hélie, t. 1, p. 168.—Il a été jugé toutefois en sens contraire : 1° qu'en cas de condamnation pour délit en récidive, le juge ne peut, lors même qu'il y aurait des circonstances atténuantes, faire remise au condamné du renvoi sous la surveillance de la haute police (Douai, 5 juin 1835) (1); — 2° Qu'il suffit qu'un individu, déjà condamné correctionnellement à un emprisonnement de plus d'une année, soit déclaré coupable d'un nouveau délit pour qu'il ait dû être condamné à la surveillance de la haute police, encore bien que les juges eussent admis en sa faveur des circonstances atténuantes... En ce cas, la réduction de peine, résultant nécessairement de l'admission des circonstances atténuantes, a dû porter sur l'emprisonnement ou l'amende (Crim. cass. 22 oct. 1835) (2).

337. Les règles qui viennent d'être exposées ne s'appliquent qu'avec restriction aux délits de la presse. L'art. 25 de la loi du 17 mai 1819 porte : « En cas de récidive des crimes et délits prévus par la présente loi, il *pourra y avoir lieu* à l'aggravation des peines prononcées par le chap. 4, liv. 1, c. pén. » D'où il suit que l'aggravation, en ce qui concerne les délits dont il s'agit, au lieu d'être obligatoire pour les juges, est simplement *facultative*. Cette dérogation aux règles ordinaires fut introduite dans la loi sur la proposition de M. de Serre, en vue du cas où le second délit serait faible comparativement au premier (V. le Moniteur du 22 avr. 1819). — Il a été jugé que l'aggravation de peine à raison de la récidive n'est *facultative* pour les tribunaux, aux termes de la loi du 17 mai 1819 (art. 25), que dans les cas où les deux délits successivement commis sont l'un et l'autre punis par cette loi spéciale, mais qu'il y a *obligation* d'appliquer l'art. 58 c. pén. 332, lorsque la première condamnation a été prononcée en vertu d'une disposition de ce code (Crim. cass. 13 sept. 1832, aff. Clausel, n° 331); qu'ainsi l'on doit appliquer la peine de la récidive au délit de diffamation dont parle la loi spéciale du 17 mai 1819, dans le cas où l'individu qui s'en rend coupable a déjà été condamné précédemment à un emprisonnement de plus d'une année, pour délit prévu par le code pénal (Crim. cass. 12 sept. 1829) (3).

338. Au contraire, il a été jugé que la peine de la récidive ne s'applique pas aux délits prévus par la loi du 17 mai 1819, lorsque le prévenu a déjà été condamné, non pour l'un des délits que cette loi prévoit, mais pour un délit commun (Douai, 11 déc. 1829) (4).

---

(1) (Min. pub. C. Prévost.) — LA COUR; — Attendu qu'Alexandrine Prévost, déjà condamnée, le 10 déc. 1816, à plus d'une année d'emprisonnement pour vol, l'ayant été de nouveau, par le jugement dont est appel, pour semblable délit, application a dû lui être faite, en cas de récidive, des art. 401 et 58 c. pén.; que si les peines prononcées contre elle par ces articles combinés ont pu être réduites à un emprisonnement d'un an et un jour, sans amende, c'est que cette réduction, vu l'admission des circonstances atténuantes, était expressément autorisée par le dernier paragraphe de l'art. 463 du même code; — Mais que là aurait dû s'arrêter cette modification, sans l'étendre, comme l'ont fait mal à propos les premiers juges, jusqu'à ne point prononcer la mise en surveillance prescrite par l'art. 58, pour le cas de récidive, et à l'égard de laquelle il n'a point été innové par le susdit art. 463; — Attendu qu'au lieu d'apercevoir à cet égard, dans l'art. 463 une lacune que le seul pouvoir législatif aurait d'ailleurs droit de remplir, il faut plutôt attribuer ce silence à ce que les effets de la mise en surveillance ayant été rendus par la loi du 28 avril 1832 infiniment moins rigoureux qu'ils ne l'étaient sous le code de 1810, le maintien de la mesure ainsi mitigée aura paru une juste précaution contre le peu de garantie qu'offre à la société tout individu qui, après avoir déjà subi une peine aussi grave que celle d'un emprisonnement de plus d'une année, se rend cependant encore coupable d'un nouveau délit; — Par ces motifs, faisant droit sur l'appel du ministère public, et vu les art. 401, 58, 463 c. pén. et 194 c. inst. crim., met l'appellation au néant; émendant, ordonne qu'après avoir subi sa peine, Alexandrine Prévost sera placée sous la surveillance spéciale du gouvernement durant cinq ans, etc.

Du 5 juin 1835.-C. de Douai, ch. corr.-MM. Gosse, pr.

(2) (Min. pub. C. Raspail.) — LA COUR; — Vu les art. 58 et 463 c. pén.; — Attendu, 1° que la disposition de l'art. 58, qui soumet à la surveillance de la haute police tous ceux qui, étant en état de récidive, se rendent coupables d'un nouveau délit, est conçue en termes absolus et impératifs; que l'art. 463, lorsque les circonstances paraissent atténuantes, autorise bien les tribunaux, même en cas de récidive, à réduire l'emprisonnement et l'amende, mais non à dispenser de la surveillance ceux contre lesquels la loi prononce cette mesure; — Attendu, 2° que toutes les fois qu'un tribunal déclare l'existence de circonstances atténuantes, il déclare en même temps par là que le prévenu a droit à une réduction de peine; que, s'il omet de l'en faire jouir, son jugement est nul comme contradictoire, et comme violant les règles que la loi a établies pour maintenir une juste proportion entre les délits et les peines; que, dans le cas de récidive, cette réduction ne pouvant porter sur la surveillance, doit nécessairement porter sur l'emprisonnement ou l'amende;

Et attendu que, par l'arrêt attaqué, la cour royale de Paris a déclaré Raspail, déjà condamné à un emprisonnement de plus d'une année, coupable, mais avec des circonstances atténuantes, du délit prévu par l'art. 222 c. pén., et qu'après avoir ainsi reconnu les faits, elle l'a, d'une part, affranchi de la surveillance prononcée contre lui par le tribunal correctionnel de la Seine, et a, d'autre part, confirmé sa condamnation à deux ans d'emprisonnement, maximum de la peine déterminée par ledit art. 222; — En quoi elle a formellement violé les art. 58 et 463 c. pén., ci-dessus visés; — Joint les pourvois du procureur général près la cour royale de Paris, et de F.-V. Raspail, et y faisant droit; — Casse.

Du 22 oct. 1835.-C. C., ch. crim.-MM. de Bastard, pr.-Vincens, rap.

(3) *Espèce* : — (Intérêt de la loi, aff. Vallier.) — Le procureur général expose; — « Par suite d'un procès-verbal, en date du 18 juin 1828, le sieur Vallier fut traduit devant le tribunal correctionnel comme prévenu d'injures et diffamation envers le sieur Crochard, juge de paix du canton de Vibraye. Les faits imputés ayant été prouvés, le ministère public conclut à ce que le prévenu fût condamné au maximum de la peine portée par l'art. 222 c. pén., attendu qu'il était en récidive, pour avoir été condamné, en 1817, à un an et un jour d'emprisonnement. — Le tribunal « considérant que les injures et diffamations étaient étrangères aux fonctions de juge de paix, et qu'au moment du délit, le sieur Crochard n'exerçait pas ces fonctions; que le fait imputé au prévenu constituait le délit de diffamation prévu par la loi du 17 mai 1819 (art. 13 et 18);

Et attendu, quant à la récidive (Vallier ayant été condamné, en 1817, à un an et un jour d'emprisonnement), que la loi de 1819 ne parle pas d'une augmentation de peine, dans ce cas; qu'elle est spéciale, et qu'on ne peut appliquer aux délits qu'elle prévoit les dispositions du code pénal; que la peine de la récidive ne peut être prononcée que pour les délits prévus par le code qui l'ordonne; — Par ces motifs, condamne Vallier, en vertu de l'art. 18 de la loi du 17 mai 1819, à un mois d'emprisonnement, 200 fr. d'amende et aux frais. »

» Tel est le jugement que l'exposant défère à la cour. La question est donc de savoir si la loi du 17 mai 1819 ne connaît de récidive que lorsque les deux faits sont au nombre de ceux qu'elle a prévus spécialement. — L'art. 25 porte : « En cas de récidive des crimes et délits prévus par la présente loi, il pourra y avoir lieu à l'aggravation de peine prononcée par le chap. 4, n° 1, c. pén. » — Ces expressions paraissent limitatives, et ce qui appuierait cette idée, c'est que le silence du législateur, avec la théorie de la généralité, aurait également rempli son intention. — L'exposant établissait, dans un réquisitoire, sur lequel est intervenu arrêt, le 22 janv. 1824, qu'en effet le principe de la récidive s'applique naturellement aux lois spéciales. Il raisonnait sur la loi du 25 mars 1822; — La cour a partagé cette idée; mais elle a été plus loin. — Elle a dit qu'il fallait rapprocher cette loi de celle du 17 mai 1819; — « Que celle-ci, par son art. 25, n'a fait que modifier les dispositions du code pénal, et qu'il en résulte seulement que, pour les cas qu'elle prévoit, il y a faculté d'aggraver la peine, de manière que, lorsque le premier fait est hors de la loi spéciale, la faculté cesse et se présente alors la nécessité d'appliquer la règle générale du code pénal. » — Tels sont en substance les motifs de l'arrêt. — Ce considéré, il plaise à la cour casser. *Signé* Mourre. » — Arrêt.

LA COUR; — Vu l'art. 58 c. pén., et l'art. 26 de la loi du 17 mai 1819; — Statuant sur le réquisitoire du procureur général du roi, et en adoptant les motifs : — Casse dans l'intérêt de la loi, le jugement du tribunal de police correctionnelle de Saint-Calais, du 26 juill. 1828.

Du 12 sept. 1829.-C. C., ch. crim.-MM. Bastard, pr.-Gary, rap.

(4) (Ghémar C. min. pub.) — LA COUR; — Considérant qu'il résulte des témoignages et aveux recueillis au procès que Ghémar a proféré publiquement des cris injurieux et offensants envers la personne du roi; — Considérant que le principe de la récidive posé par l'art. 25 de la loi du 17 mai 1819 n'est applicable, suivant cet article, qu'aux crimes et délits prévus par ladite loi; qu'il ne peut, dès lors, en être fait application non plus que de l'art. 59 c. pén., au cas particulier; — Statuant par jugement nouveau, déclare Ghémar coupable d'offenses envers la personne du roi, pour quoi le condamne à six mois de prison, 500 fr. d'amende et aux frais (minimum des peines).

Du 11 déc. 1829.-C. de Douai, ch. corr.

ART. 4.—*De la récidive en matière de contraventions.*

339. En matière de contraventions, les caractères de la récidive sont déterminés par l'art. 483, alin. 1, c. pén., qui dispose en ces termes : « Il y a récidive dans tous les cas prévus par le présent livre (liv. 4), lorsqu'il a été rendu, dans les douze mois précédents, un premier jugement pour contravention de police commise dans le ressort du même tribunal. » Ainsi, pour qu'il y ait récidive, dans le sens de cet article, quatre conditions sont nécessaires ; il faut : 1° qu'il s'agisse d'un des cas prévus dans le liv. 4 c. pén. ; 2° qu'un premier jugement ait été rendu contre le prévenu pour contravention de police ; 3° que cette contravention ait été commise dans le ressort du même tribunal ; 4° que le premier jugement ait été rendu dans les douze mois précédents. — V. les développements qui ont été donnés sur ces divers points v° Contravention, n°s 55 et suiv.

340. Quant aux peines de la récidive, elles varient selon la classe des contraventions auxquelles elles s'appliquent. On sait, en effet, que le code pénal divise en trois classes les contraventions qu'il prévoit : la première classe comprend les contraventions énumérées par l'art. 471 ; la deuxième classe, les contraventions énumérées par l'art. 475 ; la troisième, enfin, celles que prévoit l'art. 479. Les peines applicables, en cas de récidive, à chacune de ces classes, sont déterminées par les art. 474, 478 et 482, ainsi conçus : — « Art. 474. La peine d'emprisonnement contre toutes les personnes mentionnées en l'art. 471 aura toujours lieu, en cas de récidive, pendant trois jours au plus... — Art. 478. La peine de l'emprisonnement pendant cinq jours au plus sera toujours prononcée, en cas de récidive, contre toutes les personnes mentionnées dans l'art. 475. Les individus mentionnés au n° 5 du même article (ceux qui ont établi ou tenu dans les rues, chemins, places ou lieux publics, des jeux de loterie ou d'autres jeux de hasard), qui seraient repris pour le même fait en état de récidive, seront traduits devant le tribunal de police correctionnelle, et punis d'un emprisonnement de six jours à un mois, et d'une amende de 16 fr. à 200 fr.... — Art. 482. La peine d'emprisonnement pendant cinq jours aura toujours lieu, pour récidive, contre les personnes et dans les cas mentionnés en l'art. 479. »

341. La disposition finale de l'art. 478 c. pén., qui punit de peines correctionnelles une certaine contravention, lorsqu'elle est commise en récidive, a été introduite par la loi réformatrice du 28 avril 1832 ; elle ne figurait pas dans le code pénal de 1810. Dans ce cas, les poursuites ne doivent pas être dirigées devant le tribunal de simple police, mais devant le tribunal correctionnel. Le tribunal de simple police n'a pas qualité pour prononcer un emprisonnement de plus de cinq jours. — Il a été décidé que, depuis le code pénal revisé, il y a lieu à traduire devant la police correctionnelle les citoyens qui commettent en état de récidive la contravention de police prévue et punie par l'art. 475-5° c. pén., et cela encore bien que la première condamnation aurait été prononcée sous l'empire de l'ancien code (Crim. règl. de jug. 14 mars 1833) (1).

342. Le tribunal de simple police ne peut, à peine de nullité, s'abstenir d'appliquer les peines de la récidive au prévenu qui a subi dans les douze mois une première condamnation pour contravention de police (Crim. cass. 5 mai 1826) (2). — De même, lorsqu'il est établi qu'un individu convaincu d'une contravention de police a subi dans les douze mois une première condamnation pour contravention de même nature, le tribunal ne peut, sans violer la loi, se dispenser de prononcer la peine de la récidive, requise par le ministère public (Crim. cass. 5 nov. 1829, aff. Hardy, V. Jugement, n° 1058-3°).

343. Un tribunal de simple police ne peut se refuser à prononcer la peine de la récidive, lorsque la récidive est prouvée par un jugement émané du tribunal lui-même, sous prétexte que le ministère public n'établit pas la récidive par un extrait du premier jugement (Crim. cass. 3 fév. 1826) (3).

344. Il a été jugé : 1° que la peine de l'emprisonnement prononcée en cas de récidive par l'art. 474 c. pén. est obligatoire, et qu'un tribunal de simple police ne peut se dispenser de la prononcer, sous le prétexte que ce serait une peine trop rigoureuse (Crim. cass. 16 avr. 1825) (4) ; — 2° Qu'un individu condamné une seconde fois dans l'année pour contravention de police ne peut être exempté de la peine de la récidive, et n'être puni que d'une amende, sous le prétexte qu'il n'est pas constant qu'il soit personnellement coupable de la contravention (Crim. cass. 5 mars 1831, aff. Mayer, v° Contravention, n° 61).

345. Le code pénal de 1810 ne contenait aucune disposition répressive concernant les contraventions aux règlements de police. Comme l'art. 484 de ce code disposait que, dans toutes les matières qui n'avaient pas été réglées par le présent code et qui étaient régies par des lois et règlements particuliers, les cours et tribunaux continueraient de les observer, on en avait conclu que les contraventions dont il s'agit demeuraient soumises à l'application des dispositions pénales qui les régissaient antérieurement. Lors donc que ces contraventions étaient commises en récidive, ce n'étaient pas les dispositions du code pénal, mais celles des lois des 19-22 juill. 1791, 28 sept.-9 oct. 1791 et du code du 3 brum. an 4 qui devaient être appliquées. — Ainsi il avait été décidé que les contraventions aux règlements de police municipale, non prévues par le code pénal, restaient soumises au code des délits et des peines du 3 brum. an 4 ; qu'en cas de ré-

---

(1) (Min. pub. *C.* Moyse, etc.) — LA COUR ; — Vu les art. 475, n° 5, et 478 c. pén. revisé : — Attendu que le tribunal de simple police a constaté, en fait, des condamnations antérieures au 1er juin 1832, et que la deuxième contravention imputée à chacun des prévenus et comprise dans les douze mois antérieurs qui constituent la récidive en matière de simple police d'après l'art. 483, est postérieure au 1er juin ; que le code pénal revisé a été déclaré exécutoire à compter du 1er juin 1832 ; que, dès lors, pour les faits postérieurs et pour cette espèce de contravention en récidive, il y a lieu à l'application de peines correctionnelles en cas de conviction ; — Sans s'arrêter aux ordonnances de la chambre du conseil, renvoie devant le tribunal correctionnel de la Seine, etc.

Du 14 mars 1833.-C. C., ch. crim.-MM. de Bastard, pr.-Brière, r.

(2) (Min. pub. *C.* Gauthey.) — LA COUR ; — Vu l'art. 471 n° 3, c. pén. ; — Vu l'art. 474, même code ; — Vu l'art. 2, arrêté 6 sept. 1819, par lequel le maire de Châlons-sur-Saône agissant dans l'exercice de ses fonctions municipales, ordonne à tous les propriétaires et locataires de faire balayer au devant de leurs *maisons*, et de mettre en tas les boues et immondices le long des ruisseaux ; — Vu le jugement du 30 janv. dernier, par lequel le tribunal de police de Châlons-sur-Saône a condamné le sieur Gauthey à 5 fr. d'amende pour contravention à la disposition précitée de l'arrêté du maire de Châlons ; — Attendu qu'une contravention de la même nature, dont le sieur Gauthey a été convaincu par le jugement du même tribunal du 13 mars dernier, le soumettait à la peine de récidive prononcée par l'art. 474 c. pén. ; que l'application de cette peine avait été expressément requise par le ministère public ; que le tribunal, sans même statuer sur ces réquisitions, s'est contenté d'infliger la peine portée par l'art. 471, n° 3, même code, quoique la précédente condamnation n'eût qu'environ un mois et demi de date avant la nouvelle prévention ; par où ce tribunal a formellement violé les art. 474 et 483 c. pén., et 408 c. inst. crim. ; — Casse, etc.

Du 5 mai 1826.-C. C., ch. crim.-MM. Portalis, pr.-Gary, rap.

(3) (Min. pub. *C.* Combe-Deville.) — LA COUR ; — Attendu que le tribunal de police de Châlons-sur-Saône, en déclarant constante, dans le fait, la contravention qui a donné lieu à la poursuite, s'est refusé à prononcer la peine de la récidive, quoique cette récidive fût établie par un jugement du 21 fév. 1825, émané de lui-même, qui condamnait le contrevenant à l'amende de 1 fr. 70 cent. ; en quoi le tribunal de police a violé l'art. 607 c. du 3 brum. an 4, et autres lois de la matière qui prescrivent l'aggravation de la peine pour cause de récidive ; — Casse.

Du 3 fév. 1826.-C. C., ch. crim.-MM. Portalis, pr.-Gary, rap.

(4) (Min. pub. *C.* Françoise Meunier.) — LA COUR ; — Vu les art. 471 et 474, n° 3, c. pén. ; — Attendu que Françoise Meunier a été déclarée coupable de la contravention mentionnée dans la partie 1, n° 3, art. 471 c. pén. ; qu'il a été formellement reconnu par le tribunal qu'elle était en état de récidive ; — Que l'art. 474, même code, dit littéralement que la peine de l'emprisonnement aura toujours lieu, en cas de récidive, contre toutes les personnes mentionnées en l'art. 471 ; que cette disposition du code est évidemment non pas simplement facultative, mais impérative, et que les tribunaux de police ne peuvent, sous aucun prétexte, soustraire les prévenus par eux reconnus coupables, aux peines que la loi leur commande de prononcer ; — Qu'en admettant, en faveur de la prévenue, de prétendues excuses que n'admet aucune loi ; en disant qu'il serait par trop rigoureux de lui appliquer la disposition de l'art. 474 c. pén. et en l'affranchissant de la peine de cet article, dont l'application était requise par le ministère public, le tribunal a manifestement contrevenu audit art. 474 ; qu'il a excédé les bornes de son pouvoir et violé les règles de compétence ; — Casse.

Du 16 avr. 1825.-C. C., sect. crim.-MM. Bailly, pr.-Aumont, rap.

cidive, elles étaient réglées par les dispositions du même code, combinées avec les lois des 19 juill. et 28 sept. 1791 (Crim. cass. 19 mars 1825, MM. Portalis, pr., Aumont, rap., aff. Lesté-Cauchois).

846. Mais quelles étaient alors les peines applicables? Il avait été décidé à cet égard que les contraventions aux règlements de police municipale pouvaient, en cas de récidive, être punies de six jours d'emprisonnement, par application des art. 600, 606 et 607 c. 3 brum. an 4 (Cr. règl. de juges, 15 janv. 1825, MM. Portalis, pr., Rataud, rap., aff. Gayraud).—Jugé toutefois que la peine qu'encourait un cafetier qui ne se conformait pas aux règlements de police d'une ville pour la fermeture de son établissement pendant la nuit ne pouvait jamais être l'emprisonnement, même lorsqu'il y avait récidive; que la peine applicable était l'amende de la valeur d'une à trois journées de travail, et du double de cette amende en cas de récidive (Crim. rej. 11 fév. 1832, MM. de Bastard, pr., Rives, rap., aff. Rousson; V. aussi les arrêts cités au numéro suivant).

847. Quel était le tribunal compétent pour appliquer les peines de la récidive? Sur cette question, comme sur la précédente, la jurisprudence avait varié. — Ainsi, il avait été jugé d'abord que, la compétence des tribunaux correctionnels et de police devant être réglée d'après le maximum des peines qu'ils peuvent prononcer, la peine applicable à une contravention à un règlement de police commise en récidive, laquelle pouvait s'élever à six jours de prison, ne pouvait être prononcée que par un tribunal correctionnel (Cr. règl. de juges, 4 juin 1824, aff. Masson, V. Compét. crim., n° 406; 15 janv. 1825, MM. Portalis, pr., Rataud, rap., aff. Gayraud).

848. Mais il avait été décidé, en sens contraire : 1° que les récidives des contraventions aux règlements de police municipale qui, d'après les art. 606 et 607 du code du 3 brum. an 4, pouvaient être passibles de six journées de travail, et rentraient dans la compétence de la police correctionnelle sous l'empire du code du 3 brum. an 4, étaient, sous l'empire du code pénal de 1810, exclusivement dévolues aux tribunaux de simple police, sans qu'ils pussent jamais prononcer la peine de l'emprisonnement pour cause de récidive (Crim. cass. 19 mars 1825, MM. Portalis, pr., Aumont, rap., aff. Lesté-Cauchois); — 2° Que le fait d'avoir fait paître, de nuit, des oies sur un terrain communal, n'étant puni que d'une amende de trois journées de travail et de trois jours d'emprisonnement, et, s'il y avait eu récidive, l'amende seule devant être doublée, d'après l'art. 27, tit. 1, de la loi du 22 juill. 1791, et l'art. 4, tit. 2, de celle du 6 oct. de la même année, c'est-à-dire portée à six journées de travail représentées par la somme de 9 fr., le tribunal de simple police ne cessait pas d'être compétent pour en connaître (Cr. règl. de jug. 21 mars 1828, MM. Bailly, f. f. pr., Bernard, rap., aff. Paris); — 3° Que dans les cas de simple police non prévus par le code pénal et punissables des peines du code du 3 brum. an 4, la récidive n'entraînait le doublement que de la peine de l'amende, et n'excédait point la compétence du tribunal de police (Crim. règl. de jug., 19 juin 1818, MM. Bailly, cons., f. f. pr., Gary, rap., aff. Jean Monney; 11 juin 1829, MM. Bailly, f. f. pr., Brière, rap., aff. Letillois); — 4° Que le tribunal de simple police était compétent pour statuer sur une contravention qui, en cas de récidive, entraînait, aux termes du code de brumaire an 4, une amende s'élevant à six journées de travail, somme inférieure à celle de 15 fr. que, d'après le code de 1810, les tribunaux de simple police étaient autorisés à prononcer (Crim. règl. de juges, 24 fév. 1826, aff. Gillard, V. Compét. crim., n° 407; 21 déc. 1827, MM. Portalis, pr., Bernard, rap., aff. Meunier; 15 fév. 1828, MM. Bailly, f. f. pr., Bernard, rap., aff. Dupeyrot; 5 sept. 1828, MM. Bailly, f. f. pr., Brière, rap., aff. Lefebvre); — 5° Que, dans les cas de contravention, en matière de simple police, non prévus par le code pénal, et punissables par les dispositions du code du 3 brum. an 4, la récidive n'autorisait et ne prescrivait le doublement que de la peine de l'amende; et que toutes les fois que l'amende, ainsi doublée, ne s'élevait pas à plus de 15 fr., elle rentrait dans la compétence des tribunaux de simple police (Crim. règl. de jug., 26 fév. 1829, MM. Bailly, f. f. pr., Brière, rap., aff. Auzanneau); — 6° Qu'en matière de contraventions de simple police, punies par la loi du 3 brum. an 4, la récidive n'entraînant que le doublement de l'amende, un tribunal de police était compétent pour statuer sur la récidive (Crim. cass. 20 fév. 1829, MM. Bailly, f. f. pr., Gary, rap., aff. Campagnac); — 7° Qu'un tribunal de simple police était compétent pour prononcer les peines de la récidive, dans le cas de contravention résultant de ce qu'un boulanger n'avait pas mis à ses pains le poids fixé, quoique ces peines s'élevassent à une amende de la valeur de six journées de travail (Crim. cass. 26 août 1830, aff. Lefebvre, V. Compét. crim., n° 407).

849. La lacune qui existait dans le code pénal de 1810 a été comblée lors de la réforme de ce code par la loi du 28 avr. 1832. En effet, il a été ajouté à l'art. 471 un § 15, qui punit d'une amende de 1 fr. jusqu'à 5 fr. inclusivement, « ceux qui auront contrevenu aux règlements légalement faits par l'autorité administrative, et ceux qui ne se seront pas conformés aux règlements ou arrêtés publiés par l'autorité municipale, en vertu des art. 3 et 4, tit. 11, de la loi des 16-24 août 1790, et de l'art. 46, t. 1, de la loi des 19-22 juill. 1791. — De là il résulte que, dans le cas de récidive, ces contraventions tombent sous l'application de l'art. 474 c. pén., lequel porte que « la peine d'emprisonnement contre toutes les personnes mentionnées en l'art. 471 aura toujours lieu, en cas de récidive, pendant trois jours au plus. » —V. au surplus Règlem. admistr. et de police.

Sect. 2. — *Des excuses.*

850. Lorsqu'un crime ou un délit a été commis, le juge ne doit pas toujours appliquer la peine édictée par la loi pour ce crime ou ce délit. Il est des circonstances qui, par elles-mêmes, impliquent l'absence de toute criminalité dans l'agent, et par conséquent excluent l'application de toute peine. Il en est d'autres qui, sans effacer entièrement la criminalité, la diminuent cependant et, par suite, entraînent une réduction de la peine qui, si elles n'existaient pas, devrait être appliquée. Nous les réunissons ici sous le mot *excuses*, bien que, à proprement parler, cette dénomination ne convienne et ne soit ordinairement appliquée par la loi qu'à la seconde catégorie (V. aussi en ce sens Merlin, Rep., v° Excuse). Nous ne parlons point encore des circonstances atténuantes proprement dites, dont il sera traité dans la section suivante.

Suivant un arrêt, le caractère d'excuse légale appartient à tout fait qui, d'après les dispositions de la loi, est de nature à atténuer, modifier ou supprimer la peine encourue pour le crime ou délit, objet de l'accusation; comme, par exemple, le fait de la part de l'accusé de contrefaçon, d'avoir procuré l'arrestation d'un autre coupable (Crim. cass. 28 juin 1839, aff. Canal, V. Faux, n° 65). Dans cet arrêt, le mot excuse est employé *lato sensu*; dans une acception plus restreinte, il ne s'applique qu'aux faits que la loi a spécialement qualifiés tels.

Indépendamment des diverses excuses dont nous allons nous occuper spécialement ici, il en est plusieurs autres disséminées dans le code pénal selon la matière spéciale à laquelle elles se rattachent; telles sont celles dont parlent les art. 107, 108, 114, 115, 116, 119, 137, 138, 144, 163, 190, 248, 284, etc., etc. — Elles ont été ou seront traitées aux mots Faux-Fausse monnaie, Sûreté publique, etc.; c'est-à-dire avec le genre ou l'espèce de délit auquel elles se réfèrent.

851. Ainsi il a été décidé qu'on doit considérer comme fait d'excuse dans le sens de la loi tout fait prévu par elle et qui est de nature, s'il est déclaré constant, à permettre au juge d'appliquer à l'accusé une peine moins rigoureuse; spécialement, qu'à l'égard du crime d'arrestation, détention, séquestration de personne, la circonstance que l'accusé a rendu la liberté à la personne arrêtée, détenue ou séquestrée, avant toute poursuite et avant le dixième jour, doit être réputée un fait d'excuse légale que le président des assises ne peut refuser de poser au jury, sur la demande de l'accusé (Crim. cass. 24 avr. 1841, aff. Poncet, V. Instr. crim., n° 2670).

852. Il est des cas où la peine est, soit entièrement remise, soit simplement diminuée par des considérations étrangères à la culpabilité du fait en lui-même, qui reste entière. V. notamment les art. 70, 71, 72, 247, 284, 285, 288, 380 c. pén. — Il a été décidé que l'exception posée par l'art. 380 c. pén., relativement aux soustractions ou vols commis dans l'intérieur des familles entre parents ou alliés, cesse d'être applicable lorsqu'il s'y réunit un autre crime qui est dans une classe distincte du délit de vol, et qui a été commis hors de la famille, tel que le crime de faux en écriture authentique; qu'ainsi un tel faux commis par un fils, par supposition d'une personne au lieu et place de sa mère, dans l'intention d'administrer et d'aliéner les biens de celle-ci, doit être poursuivi par la partie publique (Crim. rej. 26 juill. 1811, aff. Lacombe, V. Complicité, n° 79).

353. Les excuses admises par la loi sont fondées généralement sur cette présomption que le prévenu n'a pu avoir au moment du délit, considéré comme excusable, une force de raison suffisante pour lui faire apprécier toutes les conséquences de l'acte auquel il se livrait. Ainsi la faiblesse de l'âge est une excuse pour toute espèce de crimes; ainsi le meurtre et les blessures sont excusés lorsqu'ils ont été provoqués par des violences graves envers les personnes; ainsi encore le meurtre de l'épouse adultère et de son complice, commis par le mari, au moment où il les trouve en flagrant délit dans la maison conjugale, est excusé par cette réunion de circonstances; ainsi, enfin, le crime de castration trouve une excuse dans la provocation résultant d'une tentative violente d'attentat à la pudeur.

354. Les seules excuses admissibles sont celles auxquelles la loi a expressément attribué ce caractère. « Nul crime ou délit, porte l'art. 65 c. pén., ne peut être excusé ni la peine mitigée, que dans les cas et dans les circonstances où la loi déclare le fait excusable, ou permet de lui appliquer une peine moins rigoureuse. » Ces dispositions, a dit l'orateur du gouvernement, ont pour but de prévenir l'arbitraire, qui substitue les passions, toujours mobiles et souvent aveugles, de l'homme, à la volonté ferme et constante de la loi. — Ainsi il a été jugé 1° que les observations avantageuses faites dans l'acte d'accusation sur la conduite antérieure de l'accusé, ne sont pas un motif d'excuse (Crim. rej. 30 janv. 1807) (1); — 2° Qu'on ne peut se faire une excuse de ce qu'un délit semblable à celui qui nous est imputé est et demeure impoursuivi de la part du ministère public (Crim. cass. 12 mai 1837, aff. Mémorial dieppois, V. Presse); — 3° Que le tribunal de police qui renvoie le prévenu de la poursuite, sous prétexte qu'il n'avait pas l'intention de former un rassemblement ayant pour objet de troubler l'ordre public, et que la détention préalable qu'il avait subie expiait suffisamment ses torts, prononce des excuses qui ne sont pas dans la loi (Crim. cass. 13 avril 1844, M. Mérilhou, rap., aff. Laurent Albert); — 4° Qu'en matière de concussion, la circonstance que les fonds perçus n'auraient pas tourné au profit du concussionnaire ne constitue pas une excuse admise par la loi (Crim. rej. 8 juill. 1819) (2); — 5° Que la circonstance qu'une tentative de meurtre a été le résultat du désir manifesté par celui contre lequel cette tentative a eu lieu, et que, d'ailleurs, elle était réciproque, ne constitue pas une excuse, mais peut être seulement considérée comme une circonstance atténuante dont l'appréciation appartient exclusivement au jury (Crim. rej. 21 août 1851, aff. Denain, D. P. 51. 5. 237).

355. L'art. 65 ne parle que des *crimes* et *délits*, il garde le silence sur les *contraventions*. De là est née la question de savoir si la règle qu'il prescrit s'applique à cette dernière classe d'infraction, ou si, au contraire, les juges peuvent, en matière de simple contravention, admettre arbitrairement des excuses. Il ne nous paraît pas douteux que l'art. 65 est général et domine toutes les classes d'infractions, les contraventions aussi bien que les crimes et délits. En effet, le pouvoir du juge se borne à appliquer la loi telle qu'elle est; il ne lui appartient ni de la modifier ni de la faire. Lors donc qu'elle prononce une certaine peine, le juge doit appliquer cette peine, à moins qu'il ne trouve dans une autre disposition un motif légal qui l'autorise à en appliquer une autre. Cette doctrine résulte des principes élémentaires du droit criminel; elle n'a pas besoin de la consécration spéciale d'un texte de loi. — V. en ce sens MM. Chauveau et Hélie, t. 1, p. 448; Legellyer, t. 1, n° 280.

356. Ainsi il a été décidé : 1° que le principe que nul crime ou délit ne peut être excusé que dans les cas et dans les circonstances où la loi déclare le fait excusable, est applicable aux contraventions : qu'ainsi le fait d'avoir fait passer une charrette attelée d'un cheval sur une prairie encore chargée de sa récolte, ne peut être affranchi de l'amende prononcée par l'art. 475, n° 10, c. pén., sous des excuses qui ne sont pas dans ce code (Crim. cass. 5 août 1824) (3); — 2° Qu'un boulanger chez qui il a été saisi des pains n'ayant pas le poids voulu par les règlements ne saurait être renvoyé des poursuites, sur le motif que le déficit provient de ce que, à cause de la forme particulière du pain, l'action du feu a été plus grande, ni sur ce que ce déficit est, d'ailleurs, si léger (deux onces sur chaque pain) qu'il écarte toute idée de fraude (Crim. cass. 1er avr. 1826, aff. Bousquet, v° Boulanger, n° 34); — 3° Que, lorsqu'une contravention est constatée par un procès-verbal régulier, et que le prévenu l'avoue ou fait défaut, le tribunal de police ne peut prononcer l'acquittement, sur le fondement d'excuses dénuées de preuves ou non concluantes en droit, comme s'il acquitte pour ignorance de la loi, ou par le motif que l'individu prévenu d'avoir donné à boire pendant l'office n'aurait donné à boire et à manger qu'à des voyageurs pressés de partir (Crim. cass. 11 nov. 1825, aff. Gérald, V. Jours fériés, n° 77); — 4° Que le logeur contrevenant à un arrêté du préfet prescrivant l'ouverture d'un registre pour l'inscription des personnes reçues ne peut être renvoyé des poursuites sous le prétexte qu'il n'a pas l'intelligence nécessaire pour tenir ce registre, qu'il n'est point logeur public ni de profession, et qu'il loge, non des voyageurs proprement dits, mais seulement des ouvriers (Crim. cass. 4 oct. 1834, M. Rives, rap., aff. Rivet). — V. Contravention, n°s 286 et s.

357. De même on a jugé : 1° qu'on ne peut non plus excuser une contravention à un règlement de police, sous prétexte qu'il ne contient qu'un simple avertissement (Crim. cass. 5 déc. 1834, MM. Brière, pr., Crouseilles, rap., aff. Lauginier); — Ou sous prétexte que la contravention n'a occasionné aucun inconvénient (Crim. cass. 4 avr. 1835, aff. Vernet, V. Théâtre); — Ou sous le prétexte que le prévenu n'a agi qu'en vertu d'une permission du maire (Crim. rej. 23 avr. 1835, aff. Dangler, V. Règlem. de police); — Ou sous prétexte que le règlement de police est tombé en désuétude ou a été abrogé par le non-usage (Crim. cass. 6 août 1836, aff. Léveillé, V. Commune, n° 703); — 2° Qu'une contravention ne peut être excusée par le motif qu'au moment du jugement le prévenu se serait conformé à l'arrêté municipal (Crim. cass. 14 mars 1833, aff. Berthelin, V. Commune, n° 864); 3° Que l'intention de réparer postérieurement le préjudice résul-

---

(1) (Ferrari et Borrini.) — LA COUR; — Attendu, sur le deuxième moyen, qu'il ne suffisait pas que l'acte d'accusation contînt une observation avantageuse sur la conduite antérieure de l'un des accusés, pour qu'il y eût à leur égard un motif d'excuse relativement au délit pour lequel ils ont été condamnés; — Rejette.

Du 30 janv. 1807.-C. C., sect. crim.-MM. Barris, pr.-Lamarque, r.

(2) (Armel C. Thomas.) — LA COUR; — Attendu que d'après l'art. 339 c. inst. crim., il ne peut être proposé pour excuse que des faits admis comme tels par la loi; que d'après l'art. 174 c. pén. la criminalité du fait de concussion n'est pas subordonnée au cas où les fonds exigés tourneraient au profit du concussionnaire; que, par conséquent, cette circonstance ne pouvait être présentée comme constituant une excuse; que d'ailleurs l'accusé ne l'avait pas proposée; — Rejette.

Du 8 juill. 1819.-C. C., sect. crim.-MM. Barris, pr.-Ollivier, rap.-Hua, av. gén.

(3) (Min. pub. C. Morry.) — LA COUR; — Vu l'art. 475, n° 10, c. pén.; les art. 65 c. pén. et 161 c. inst. crim.; — Attendu qu'il est constant et reconnu dans la cause que, le 24 juin dernier, une charrette attelée d'un cheval appartenant au prévenu a passé sur une prairie encore chargée de sa récolte, dont il n'est ni propriétaire ni fermier; que ce fait, formellement défendu par l'art. 475, n° 10, c. pén., constituait une contravention de police; qu'aux termes de l'art. 65 du même code, nul crime ou délit ne peut être excusé que dans les cas et dans les circonstances où la loi déclare le fait excusable; que ce principe est applicable aux contraventions comme aux délits; — Qu'en admettant, en faveur du prévenu, des excuses qui ne sont ni dans le code pénal ni dans aucune autre loi; en s'abstenant, d'après ces excuses, lorsque le fait constitutif de la contravention était constant, de prononcer contre ce prévenu l'amende qu'il avait encourue, et en le renvoyant de l'action qui lui était intentée, le tribunal de police a violé l'art. 475, n° 10, c. pén., l'art. 161 c. inst. crim., et fait une fausse application de l'art. 159 du même code; — D'après ces motifs, casse et annule le jugement du tribunal de police de Saumur, du 3 juillet dernier.

Du 5 août 1824.-C. C., sect. crim.-MM. Ollivier, pr. d'âge.-Aumont, r.

tant d'un fait que la loi qualifie de crime, n'enlève pas à ce fait son caractère de criminalité (C. d'ass. de Nancy, 7 mai 1841, aff. Husson, V. Défense, n° 135); — 4° Qu'une contravention à l'arrêté qui défend aux compagnons de sortir dans les rues revêtus de rubans de compagnonnage ne peut être excusée sous le prétexte que les contrevenants s'étaient présentés pour obtenir l'autorisation exigée, sans trouver personne, et qu'ils étaient toujours prêts à cacher les rubans qu'ils portaient sous leurs habits, en les boutonnant (Crim. cass. 5 août 1836, aff. Cazes, V. Commune, n° 1055); — 5° Que le refus d'un homme de l'art requis par un maire de l'accompagner pour relever un cadavre, refus motivé sur l'allégation d'une impossibilité de se rendre à la réquisition, ne saurait être excusé sur le seul motif qu'il est possible que cette excuse soit fondée, si, d'ailleurs, il n'y a pas constatation précise de ce fait (Crim. cass. 6 août 1836, aff. Ramonbordes, V. Expertise, n° 411); — 6° Que la circonstance qu'il est déclaré par un maire qu'il n'y a pas nécessité d'éclairer extraordinairement des matériaux, que la nécessité a forcé un individu de déposer sur la voie publique, ne peut fournir une cause d'excuse en faveur de cet individu (Crim. cass. 27 avr. 1843, aff. l'Huillier, V. Contravention, n° 142); — 7° Que le fait seul de la mise en circulation de voitures dont les roues n'avaient pas la largeur prescrite constitue une contravention que le juge ne saurait être dispensé de réprimer, par le motif que le prévenu, sur la première injonction qu'il a reçue, a cessé de les faire circuler et a mis ces roues en réparation pour leur donner la largeur prescrite; que cette cessation volontaire peut bien être un motif pour le juge d'atténuer la peine, mais qu'elle n'efface pas la contravention (Crim. cass. 5 août 1843) (1); — 8° Que l'infraction à l'arrêté municipal portant défense de conduire plus de deux chevaux à la fois et de les mener plus vite qu'au pas, ne peut être excusée sous prétexte que, dans des circonstances analogues, aucunes poursuites n'auraient été exercées, et que l'usage autoriserait cette infraction (Crim. cass. 19 juin 1851, aff. Poiroux, D. P. 51. 5. 238); — 9° Que, lorsqu'un arrêté administratif a ordonné à tous les marchands d'un département de se pourvoir de poids et mesures propres au commerce qu'ils exercent, les contrevenants, passibles des peines de police prononcées par les lois des 24 août 1790 et 22 juill. 1791, ne peuvent être excusés par le motif qu'ils ne sont pas patentés (Crim. cass. 25 fév. 1825, aff. Diétrich, V. Poids et mesures).

358. Pareillement on a décidé : 1° qu'en matière forestière l'adjudicataire est tenu, à peine d'amende et de dommages-intérêts, d'abattre les arbres dans le délai fixé par le cahier des charges, à moins qu'il n'ait obtenu une prorogation de délai ; que l'excuse tirée, soit d'une demande en prorogation de délai, soit d'un ancien usage, n'est pas admissible (Crim. cass. 24 déc. 1841, aff. Dumont, V. Forêts, n° 1271); — 2° Qu'un délit forestier ne peut être excusé par le juge, sous prétexte de prétendues impossibilités qu'il n'allègue même pas d'une manière positive, et qui n'auraient, en tout cas, donné aucun droit au prévenu (Crim. cass. 5 mars 1840, aff. Pellet, V. Forêts, n° 319); — 3° Qu'en matière de contravention aux lois sur l'imprimerie, les tribunaux ne peuvent admettre d'autres excuses que celles admises par la loi elle-même, et qu'ils ne peuvent exempter de la peine, sous prétexte qu'il y a bonne foi ou défaut d'intérêt de la part du contrevenant. C'est au gouvernement à prendre en considération les circonstances, et à modérer ou faire remise de l'amende (Crim. cass. 16 juin 1826, aff. Veysset, V. Presse).

359. Ce principe qu'on ne peut admettre d'autre excuse que celles déclarées telles par la loi, était déjà suivi avant la publication du code pénal. — Ainsi, il avait été jugé : 1° que le tribunal criminel qui reconnaissait qu'un individu avait exercé le ministère d'un culte sans avoir fait la déclaration prescrite par la loi du 7 vend. an 4 devait le condamner aux peines prononcées par cette loi, et ne pouvait l'excuser par des motifs non reconnus par la loi (Crim. cass. 18 mess. an 7) (2); — 2° Qu'on ne pouvait proposer à un jury d'autres faits d'excuses que ceux qui étaient déclarés tels par la loi ; qu'en conséquence, une fille accusée d'infanticide ne pouvait pas être déclarée excusable sous le prétexte de faiblesse d'esprit, de menaces qui lui auraient été faites, d'un empire qu'on pouvait avoir sur elle, alors d'ailleurs qu'elle était reconnue avoir agi volontairement et avec préméditation (Crim. cass. 6 vent. an 9, MM. Target, pr., Viellart, rap., aff. fille Rigollet).

360. L'excuse proprement dite ne détruisant pas la criminalité de l'action, mais en modifiant seulement le caractère, il s'ensuit que, lorsqu'elle existe, les poursuites n'en doivent pas moins avoir lieu. D'où il faut conclure que ni les chambres du conseil, ni la chambre d'accusation ne peuvent en connaître. Cette proposition trouve d'ailleurs sa confirmation dans les art. 339 et suiv. c. inst. crim., qui attribuent au jury la connaissance des excuses (Conf. M. Leselllyer, t. 1, n° 277. V. en ce sens Inst. crim. n° 810-1°, 1064-3°).

361. Lorsqu'une excuse est admise par la loi, et que l'accusé s'en fait un moyen de défense, la cour d'assises est obligée de la proposer aux jurés. Telle était la jurisprudence suivie sous le code de brum. an 4; elle changea depuis et plusieurs arrêts décidèrent que les cours pouvaient rejeter les conclusions tendantes à ce qu'une question d'excuse fût posée, en se fondant, non pas sur ce que l'excuse alléguée ne serait pas admise par la loi pénale, mais seulement sur ce que le fait présenté comme excuse ne résulterait ni des débats ni des circonstances de l'accusation. Cette jurisprudence, combattue par tous les auteurs, blessait les droits du jury, et violait même l'art. 339 c. inst. crim. Elle est aujourd'hui proscrite en termes plus formels et à peine de nullité par ce même art. 339, modifié par la loi de 1832. Cet article est ainsi conçu : « lorsque l'accusé aura proposé pour excuse un fait admis comme tel par la loi, le président devra, à peine de nullité, poser la question ainsi qu'il suit : tel fait est-il constant ? »

(1) (Min. pub. C. Machureau.) — LA COUR ; — Vu l'ord. royale du 16 juill. 1828, art. 9; — Vu l'art. 471, n° 15, c. pén.; — Attendu que le jugement attaqué constate que la dame Anne Royer, veuve Machureau et la dame Anne Carreau, veuve Roux, ont mis en circulation des voitures dont les roues n'avaient pas la largeur prescrite par l'art. 9 de l'ord. royale du 16 juill. 1828, dont l'exécution est garantie par la sanction pénale de la première disposition du § 15 de l'art. 471 c. pén.; — Attendu qu'à la vérité ledit jugement s'abstient d'appliquer une peine aux deux prévenues, par le motif que, sur la première injonction du commissaire de police, elles avaient arrêté le service de leur entreprise, et qu'elles ont mis de suite leurs roues en réparation, afin de leur donner la largeur prescrite; — Mais attendu que, par le fait seul de la mise en circulation des voitures dont il s'agit, lesdites dames Roux et Machureau s'étaient mises en contravention avec l'ordonnance royale précitée, et que la cessation volontaire de cette contravention peut bien être un motif pour le juge d'atténuer la peine, mais n'efface pas la contravention dans le passé, et par conséquent ne saurait autoriser le juge de répression à dispenser de toute peine un prévenu à l'égard duquel un fait répréhensible est judiciairement constaté; — D'où il suit qu'en renvoyant de toute poursuite les veuves Machureau et Roux, et en refusant de leur appliquer la peine portée en l'art. 471, n° 15, c. pén., le jugement attaqué a violé ledit article, ainsi que l'ord. royale du 16 juill. 1828;

Attendu d'ailleurs que le même jugement condamne aux dépens le ministère public, et que, ni l'art. 162 du c. d'instr. crimin., ni aucune autre disposition légale n'autorise une pareille condamnation; qu'il est, au contraire, de principe que les fonctionnaires auxquels la loi délègue les fonctions du ministère public, ne peuvent être condamnés aux dépens par suite de l'usage qu'ils ont fait de leur autorité, en déférant au tribunal de répression les faits qui leur paraissent de nature à mériter des poursuites ; et qu'ainsi, en prononçant cette condamnation aux dépens, le tribunal de simple police de Châlons a commis un excès de pouvoir et violé les règles de sa compétence ; — Casse.

Du 5 août 1843.-C. C., ch. crim.-MM. Crouseilhes, pr.-Mérilhou, r.

(2) (Min. pub. C. Brun.) — LA COUR ; — Vu l'art. 255 de l'acte constitut. ; les art. 5, 6 et 7 de la loi du 7 vend. an 4; — Considérant qu'il a été reconnu pour constant au procès que le nommé Jean-Dominique Brun a exercé le ministère d'un culte, sans avoir préalablement fait la déclaration devant l'administration municipale ou l'adjoint municipal du lieu où il a exercé ledit ministère de culte, conformément aux dispositions de l'art. 5 de la loi du 7 vend. an 4, ci-dessus cité et transcrit ; que dès lors il y avait lieu d'appliquer audit Brun la peine portée par les art. 6 et 7 de la même loi, ci-dessus également cités et transcrits ; que néanmoins le tribunal criminel de l'Yonne a, par son jugement du 11 prairial dernier, déchargé le susdit Jean-Dominique Brun de toute peine, sur des motifs nullement reconnus suffisants par la loi pour le dispenser de la peine ; en quoi ce jugement contient une contravention expresse à ladite loi du 7 vend. an 4 ; — Par ces motifs, et en vertu de l'art. 235 de l'acte constitutionnel, casse.

Du 18 mess. an 7.-C. C., sect. crim.-MM. Méaulle, pr.-Busschop, rap.

362. Il avait été jugé, sous l'ancienne rédaction, que lorsque le procès-verbal d'audience porte que l'accusé a proposé une excuse admise par la loi, par exemple, celle de provocation, il y a présomption qu'il a formellement conclu à ce que cette excuse fût soumise au jury; — Qu'en conséquence, s'il n'apparaît pas que ce fait ait été posé en question, ni qu'il y ait été autrement statué, cette omission donne ouverture à cassation, même dans le cas où l'accusé n'aurait fait aucune observation sur la position des questions (Bruxelles, 2 mars 1816, M. Spruyt, subst., c. conf., aff. Deroo).

363. Sous l'empire de la loi réformée, il a été décidé, par application pure et simple de l'art. 339 c. inst. crim. : 1° que tout fait d'excuse légale doit être soumis au jury, sur la demande de l'accusé, à peine de nullité (Crim. cass. 24 avril 1841, aff. Poncet, V. Inst. crim., n° 2670); — 2° Que lorsqu'un individu, accusé d'homicide volontaire avec discernement et préméditation, soutient qu'il a été provoqué à ce fait par des coups et des violences graves, la cour d'assises doit, à peine de nullité, poser aux jurés la question de provocation; la provocation étant une excuse légale (Crim. cass. 22 sept. 1836, aff. Cheval, V. Inst. crim., n° 2673).

364. Le ministère public, d'après un arrêt, est sans qualité pour requérir la position d'une question d'excuse, lorsque l'accusé, loin d'y adhérer, s'y est au contraire opposé, et que, d'ailleurs, les faits du procès n'en indiquent ni la nécessité ni l'opportunité (Crim. rej. 16 mars 1844) (1). — On comprend que l'accusé avait intérêt à laisser à la prévention le caractère rigoureux qu'elle tenait de l'acte d'accusation, et qui pouvait lui faire espérer, à raison des faits d'excuse et de l'impression qu'ils étaient de nature à produire sur l'esprit du jury, un acquittement complet; tandis qu'il pouvait avoir à craindre que l'atténuation apportée par la solution affirmative d'une question d'excuse le laissât sans aucune chance de se soustraire à une condamnation, laquelle, bien que mitigée, ne le plaçait pas moins dans une position désavantageuse. C'est ainsi, sans doute, qu'on peut soutenir qu'il n'appartient pas au ministère public de proposer une excuse, lorsque cette question, loin de venir en aide à la défense, prend, au contraire, des circonstances le caractère d'une aggravation. Tel est le sens d'un arrêt de cass. du 28 juin 1839, aff. Canal, V. Faux, n° 65; V. aussi Instr. crim., n° 2673. — Mais tout cela est, à notre sens, contraire aux vrais principes : l'excuse doit pouvoir être proposée par le ministère public, quel que soit son mobile; c'est de la justice qu'il s'agit : seulement l'accusé fera ses observations, et le jury appréciera.

365. La cour d'assises, et non le jury, doit décider si des faits d'excuse résultent ou non des débats. V. Inst. cr., n°s 2479, 2659.

366. La cour d'assises ne peut admettre en faveur de l'accusé déclaré convaincu une excuse qui n'a pas été déclarée par le jury (Crim. cass. 6 août 1812, M. Busschop, rap., aff. Christophe Rey).

367. C'est seulement en matière *criminelle* que les excuses doivent être soumises au jury. En matière correctionnelle et en matière de police, où les mêmes magistrats sont à la fois juges et jurés, l'appréciation des excuses appartient naturellement aux juges saisis de la connaissance du délit ou de la contravention. — Ainsi il a été jugé qu'il appartient aux tribunaux de police d'apprécier les excuses présentées par les prévenus (Crim. rej. 23 mars 1809) (2).

Art. 1. — *Des circonstances qui détruisent la culpabilité.*

368. Ces circonstances sont : 1° l'absence d'intention criminelle; 2° la démence; 3° la contrainte; 4° la légitime défense. Il a été traité de cette dernière v° Crimes contre les pers., n°s 220 et suiv. Nous n'avons à nous occuper ici que des trois premières.

§ 1. — *De l'intention; de la bonne foi; de l'ignorance.*

369. C'est l'*intention*, c'est-à-dire la fin que l'on se propose en agissant, qui forme le caractère moral du fait imputé, et qui le rend punissable ou innocent. Sous ce rapport, l'intention peut être bonne, indifférente ou mauvaise. Ainsi la mauvaise intention, jointe au fait défendu par la loi, constitue le délit. Si l'intention a été bonne, bien qu'il y ait eu perpétration d'un fait puni par le législateur, la peine n'est pas encourue, parce que le délit ne peut exister qu'autant qu'on a voulu commettre le mal, et ne saurait s'apercevoir là où on n'a cru faire que le bien.

370. De là il suit : 1° que lorsque le jury a déclaré que l'accusé n'a pas commis le délit avec maligne intention, la cour criminelle ne peut prononcer aucune peine (Crim. cass. 21 pluv. an 8) (3); — 2° Que le commissaire-priseur qui, de bonne foi, et d'après une erreur commune, a perçu au delà de la taxe, ne

---

(1) *Espèce* : — (Min. pub. *C.* Lafon). — Le sieur Joseph Lafon avait été traduit devant la cour d'assises du Lot, comme prévenu d'avoir volontairement porté des coups et fait des blessures sur la personne du sieur Guillaume Lafon, ayant occasionné la mort de ce dernier, mais sans qu'il eût eu intention de la donner. A l'audience, le ministère public requit qu'il plût à la cour poser au jury la question d'excuse atténuante, résultant de la provocation, par application des art. 321 et 326 c. pén. Par son arrêt du 6 fév. 1844, la cour, considérant que le ministère public n'a pas qualité pour demander que la question d'excuse soit posée lorsque l'accusé ne l'a pas provoquée et que, d'ailleurs, les faits du procès n'en indiquaient ni la nécessité ni l'opportunité, décida qu'elle ne serait point posée.

Pourvoi du ministère public. — Avant que la loi du 28 avril 1832, a-t-il dit, apportât un changement à l'art. 339 c. inst. crim. de 1808, il était de jurisprudence que le ministère public avait qualité pour requérir la position de la question de provocation, et que la cour d'assises ne pouvait pas se refuser à la poser, lors même que l'accusé cherchait à la repousser. On n'admettait pas que la loi eût voulu refuser au ministère public un droit dont l'exercice est nécessaire pour la pleine manifestation de la vérité (Cass. 6 juill. 1826, V. Instruction crim., n° 2679; 14 mai 1813, V. *eod.*, n° 2519). — L'art. 339 de la loi du 28 avril 1832 a-t-il abrogé cette jurisprudence? Il est positif que le nouvel art. 339 est, en tout point, conforme à l'art. 339 du code de 1808, sauf qu'il ajoute la peine de nullité pour le cas où la cour ne poserait pas la question d'excuse sur la demande de l'accusé. La loi de 1832 est plus impérieuse dans sa rédaction. « Le nouvel art. 339, exprimait le rapporteur à la chambre des pairs, ne fait qu'établir législativement ce qui existait par la jurisprudence. » L'ancien article, comme le nouveau, ne parle que de la faculté accordée à l'accusé; l'ancien, pas plus que le nouveau, ne dit un mot du ministère public, d'où il faut conclure que dès qu'on décidait, dans le silence de la loi de 1808, que le ministère public avait la même faculté que l'accusé, il ne peut pas y avoir de motifs pour décider qu'aujourd'hui cette faculté ne lui est pas conservée. Le demandeur termine en invoquant un arrêt de la cour de cassation du 28 juin 1839 (V. Faux, n° 65) qui a jugé que, quoique l'art. 339 ne parlât que de l'accusé, il ne s'ensuivait pas que le ministère public, défenseur de tous les intérêts, n'ait pas droit comme l'accusé de faire poser une question d'excuse, et, a cassé par suite, un arrêt de cour d'assises qui avait refusé de poser la question. — Arrêt.

La cour; — Attendu que l'art. 339 c. inst. crim. donne à l'accusé la faculté de requérir la position d'une question spéciale sur tout fait d'excuse admis comme tel par la loi; — Que lorsqu'il a usé de cette faculté la cour d'assises est tenue de poser la question, sans examiner si le fait d'excuse résulte ou non des débats; — Attendu que ce droit absolu est accordé par la loi seulement à l'accusé et dans son intérêt; — Et, attendu en fait, qu'il est constaté par le procès-verbal d'audience que le ministère public, dans l'espèce, ayant requis la position d'une question d'excuse, l'accusé, loin d'adhérer à ses conclusions, s'est formellement opposé à ce qu'il y fût fait droit; et que la cour d'assises a fondé son refus de soumettre cette question au jury, sur ce que les circonstances et les faits du procès n'en indiquaient ni la nécessité, ni l'opportunité; — Attendu qu'en statuant ainsi l'arrêt attaqué n'a violé aucune loi, et qu'il s'est au contraire expressément conformé à l'art. 339 précité; — Rejette.

Du 16 mars 1844.-C. C., ch. crim.-MM. Laplagne-Barris, pr.-Rocher, r.

(2) (Min. pub. *C.* Lefebre, femme Langlez.) — La cour; — Attendu qu'il entre dans les attributions du tribunal de police d'apprécier les faits, les explications et le mérite des excuses présentées par les parties citées devant lui; que, dans l'espèce, le juge de police, attribuant à un accident de force majeure le retard de Marie-Joseph Lefebre, femme Langlez, à balayer devant sa porte, n'a pas violé le règlement de police, qui ne doit s'appliquer qu'à une contravention, et non aux faits de force majeure; — Improuvant le motif tiré dans le jugement de l'art. 12 de la loi du 19 juill. 1791 qui, ainsi qu'il résulte de l'art. 35 de la même loi, n'exige point que toute contravention de police soit constatée par un procès-verbal; — Rejette.

Du 23 mars 1809.-C. C., sect. crim.-MM. Barris, pr.-Lefessier, r.

(3) (Filippi *C.* min. pub.). — La cour; — Vu les art. 424, 425 et 456 c. des dél. et des peines; — Et attendu que le jury avait répondu négativement sur la troisième question, c'est-à-dire que Filippi n'avait pas commis, avec maligne attention, le délit dont il était accusé; que dès lors il n'y avait plus lieu à lui infliger aucune peine, puisque par cette réponse du jury il se trouvait acquitté de plein droit de l'accusation et devait être mis sur-le-champ en liberté; que cependant le tribunal a prononcé contre lui la peine de la déportation, d'où résulte évidemment une violation des art. 424 et 425, ci-dessus transcrits, et une

peut, pour ce fait, être suspendu de ses fonctions (Civ. cass. 13 juin 1825, aff. Charles, V. Vente publ. de meubles);—3° Que la déclaration que le domestique pensait que les objets par lui emportés en quittant le service de son maître lui appartenaient comme faisant partie de son salaire, exclut toute idée d'intention frauduleuse, intention sans laquelle il ne peut y avoir vol (Crim. rej. 21 oct. 1813) (1).

371. Si l'acte défendu et puni a été commis dans la persuasion que cet acte n'avait rien de répréhensible, la *bonne foi* anéantira la culpabilité, et produira les mêmes effets que la bonne intention.—Ainsi, jugé : 1° que la bonne foi est une exception péremptoire et non une simple excuse; et que, lorsqu'elle est déclarée constante par le jury, elle rend inutile toute réponse à la question sur la moralité et ne permet pas qu'il soit prononcé aucune peine même correctionnelle (Crim. rej. 6 germ. an 9) (2);—2° Que les circonstances aggravantes ne peuvent produire leur effet que lorsqu'elles se rattachent à un fait principal qualifié crime ou délit; si donc la cour extraordinaire a déclaré que le fait principal ne constituait pas un vol domestique par défaut d'intention de la part du prévenu, elle n'a pas à s'occuper des circonstances de ce prétendu vol, quelques graves qu'elles soient (Rej. 21 oct. 1813, aff. Projetti, V. n° 370-3°).

372. Mais remarquons que la bonne foi, pour avoir ce résultat, doit porter sur le fait en lui-même, et non sur le droit, ou la question de pénalité. C'est ainsi qu'un prévenu ne sera point admis à prétendre qu'il doit être renvoyé, parce qu'il ne croyait pas que le fait imputé fût défendu et puni par la loi. — *L'ignorance de la loi* ne saurait donc, ni exempter des peines qu'elle prononce, ni excuser le délit. C'est surtout pour les matières criminelles qu'est fait le principe *Nemo jus ignorare censetur*. L'application n'en est rigoureuse et juste que dans la répression des délits, qu'il serait le plus souvent impossible de punir, si l'on admettait l'excuse de l'ignorance du droit.

373. Ces principes ont été consacrés par la jurisprudence. Ainsi il a été décidé : 1° que les juges correctionnels peuvent, comme jurés, renvoyer un prévenu, quoique le fait soit constant, s'il leur paraît exempt de criminalité (Crim. rej. 11 déc. 1834, aff. Vincent, V. Pêche, n° 240); mais que l'ignorance de la loi pénale n'est pas une cause d'excuse (Ch. réun. cass. 17 juill. 1839, aff. Quémeneur, V. Usage); — 2° Qu'en cas d'infraction de l'officier de l'état civil aux lois concernant les actes de son ministère, aucune excuse, tirée de l'ignorance ou de la bonne foi, ne peut non plus être admise (Turin, 6 avril 1808, aff. Barelli, V. Mariage, n° 196);—3° Que l'ignorance d'un règlement de police ne peut servir d'excuse à sa violation (Crim. cass. 3 fév. 1827, aff. Grossier; V. Commune, n° 775). — V. aussi Crim. cass. 19 fév. 1807, aff. Sandeyon, v° Médecine, n°s 48, 153.

374. Les principes généraux que nous venons de poser relativement à l'intention sont applicables à toute espèce de délits, sans exception. La peine ne peut frapper qu'un coupable, et point de culpabilité sans intention criminelle. Mais cette intention ne doit pas seulement porter sur la nocuité de l'action commise; il ne suffit pas que le prévenu n'ait pensé en aucune façon à nuire à autrui : la volonté de nuire n'est pas la seule que la loi punisse, et l'homme qui s'est livré à un acte défendu par la loi en sachant qu'il faisait mal, mérite le châtiment, alors même qu'il ne se serait pas présenté à son esprit la plus petite volonté de causer du dommage.

375. La *bonne intention*, la *bonne foi* devront être difficilement admises comme moyen d'écarter l'application de la peine lorsque la loi naturelle, la règle morale auront été violées. En effet, dans ce cas, nul ne saurait alléguer son ignorance, car il s'agit de vérités dont la conscience de chaque homme est dépositaire; et, d'un autre côté, il est difficile d'imaginer une raison qui puisse justifier entièrement l'infraction. C'est donc à juste titre qu'un arrêt a considéré comme immorale et subversive la position de questions supposant qu'il pouvait y avoir des circonstances capables d'autoriser un homme raisonnable à un deuxième mariage, sachant la non-dissolution du premier, et qu'en sachant cette non-dissolution il pouvait encore contracter le deuxième de bonne foi (Crim. cass. 24 frim. an 12, aff. Fontaine, V. Bigamie, n° 25; V. aussi en ce sens Merlin, Rép., v° Excuse, n° 3; M. Le Sellyer, t. 1, n° 117).—Il a été jugé également 1° que le fait de provocation publique à un délit ne peut être excusé par le juge, sur le motif vague qu'il a la conviction que le prévenu n'a pas agi avec l'intention d'insulter aux lois (Crim. cass. 3 mai 1834, aff. Bertrand, V. Domm. destruct., n° 177); — 2° Que par cela seul qu'il est constaté à la charge d'un fonctionnaire public (un receveur particulier des contributions indirectes) qu'il a frauduleusement dénaturé la substance d'actes qu'il avait mission de rédiger, en constatant, comme vrais, sur ces actes, des faits faux, et qu'il a fait usage de ces pièces fausses, sachant qu'elles étaient fausses, il a légalement été prévenu du crime prévu par les art. 146 et 148 c. pén., encore bien qu'il exciperait de sa bonne foi, ou de la tolérance de l'administration (Crim. rej. 28 juin 1845, aff. Grougeon-Béranger, D. P. 45. 4. 275).

376. Il est certains actes punis par la loi, et qu'elle présume invinciblement avoir été commis dans une intention coupable; en sorte que le prévenu de ces sortes de délits ne peut jamais être admis à établir qu'il les a commis de bonne foi et sans intention de mal faire. Telles sont les contraventions aux lois de police municipale et rurale (V. Contravent., n°s 152, 331 et s., 398, 417, 492, 514) : telles sont certaines infractions notamment aux lois de douanes, aux lois forestières, de contributions indirectes et autres lois fiscales (V. Douanes, n°s 197, 291, 999 et s.; Forêts, n°s 316 et s.; Impôts indir., n°s 63, 70, 85 et s., etc.), celles relatives à l'emploi et à la détention de poids faux ou anciens depuis la loi de 1851, lesquelles infractions constituent des délits ou plutôt des présomptions de délits (V. Poids et mesures). —Conformément à cette doctrine qui, dans la pratique, donne lieu à plus d'une controverse, au moins en matière *délictueuse*, il a été jugé : 1° que la contravention à un règlement municipal n'est pas excusable en ce que le prévenu n'aurait pas eu l'intention de violer ce règlement : qu'en cette matière, la criminalité de l'intention n'est pas nécessaire pour entraîner l'application de la loi pénale; le fait matériel suffit; qu'ainsi le jugement qui admet une pareille excuse doit être annulé;—... A moins qu'il n'y ait eu force majeure reconnue par le tribunal (Crim. cass. 1er therm. an 12; 20 juill. 1838 (3);

fausse application de la loi;—D'après ces motifs, faisant droit, etc., casse.
Du 21 pluv. an 8.-C. C., sect. crim.-M. Jaume, rap.

(1) (Min. pub. C. Projetti.) — LA COUR; — Attendu 1° que l'arrêt attaqué ayant déclaré que Projetti pensait que les objets par lui emportés en quittant le service de Constantino Constantini, lui appartenaient comme faisant partie de son salaire, cette déclaration, en fait, excluait toute idée de soustraction frauduleuse sans laquelle la peine ne peut être appliquée, l'intention, pour caractériser le vol, devant nécessairement concourir avec le fait;

Attendu, en second lieu, que les circonstances aggravantes indifférentes par elles-mêmes, doivent, pour produire leur effet, se rattacher à un fait principal constituant un crime ou un délit; — Qu'ainsi Projetti, n'ayant été convaincu d'aucune soustraction frauduleuse, la cour extraordinaire n'avait pas à s'occuper des circonstances aggravantes;—Rejette le pourvoi formé contre l'arrêt de la cour extraordinaire séant à Pérugia, du 18 août dernier.

Du 21 oct. 1813.-C. C., sect. crim.-MM. Barris, pr.-Coffinhal, rap.

(2) (Min. pub. C. Tustas). — LE TRIBUNAL; — Vu l'art. 374 c. des dél. et des peines; — Considérant que la question de la bonne foi comme la plus favorable à l'accusé a été posée dans l'ordre prescrit par la loi; que cette question ayant été répondue en faveur de l'accusé, la seconde question sur la moralité ne devait point être répondue conformément à l'art. 394; — Que la bonne foi de l'accusé a été prouvée puisque les jurés l'ont déclarée constante, que la bonne foi est une exception péremptoire et non une simple excuse; qu'ainsi il n'y avait point lieu, d'après la déclaration du jury, à appliquer les peines correctionnelles;—Rejette.

Du 6 germ. an 9.-C. C., sect. crim.-MM. Seignette, pr.-Lasaudade, r.

(3) 1re *Espèce* : — (Min. pub. C. Picard). — Un arrêté municipal défendait de faire passer des chevaux et bestiaux sur le boulevard de Lizieux. — Contravention de la part de Picard. — Jugement du tribunal de police qui l'excuse sur son ignorance et sur ses intentions. — Pourvoi. — Arrêt.

LA COUR; — Considérant que l'acte de la mairie du 6 germ. an 9 et le règlement de police du 15 germ. an 10, dûment autorisés et connus, font défense de conduire et faire passer des bestiaux sur le boulevard; — Que la contravention à cette disposition de la part dudit Picard est établie par sa propre défense, insérée dans le jugement attaqué et par le procès-verbal du commissaire de police, et que le fait par lui-même, indépendamment de l'intention, constitue un délit de police; — Casse.

Du 1er therm. an 12.-C. C., sect. crim.-MM. Vermeil, pr.-Schwendt, r.

13 juin 1835, aff. Schmaltzer, V. Commune, n° 840; 13 juill. 1838, aff. Griot, V. Cassation, n° 1008); — 2° Que, la bonne foi ne suffisant pas pour faire excuser une contravention, il s'ensuit que le marchand qui vend avec un poids n'ayant pas la pesanteur exigée par la loi doit être condamné comme détenteur de faux poids, encore bien que le défaut de pesanteur provienne d'altération produite par l'usage (Crim. cass. 23 sept. 1826, aff. Bordage, V. Poids et mesures); — 3° Que le contrevenant à un règlement de police ne peut être excusé sous le prétexte de l'intention; que tout ce que peut faire le juge de simple police, c'est de réduire la peine, s'il reconnaît des circonstances atténuantes (Crim. cass. 6 nov. 1840) (1); — 4° Que l'excuse de bonne foi n'est pas admissible en matière de contravention à la police des théâtres; qu'ainsi les acteurs qui ont donné une représentation dans une ville, après en avoir obtenu l'autorisation du maire, tandis que le préfet était seul compétent pour l'accorder, sont coupables de la contravention prévue par l'art. 21 de la loi du 9 sept. 1835, et passible d'une amende de 1,000 fr. (Rouen, 24 fév. 1842, aff. Poitevin, V. Théâtre); — 5° Que l'enlèvement par une femme des bornes qui avaient été plantées en vertu d'un jugement obtenu par son mari, ne peut être excusé sous prétexte de l'ignorance ou de la bonne foi de la prévenue (Crim. cass. 28 mai 1841, aff. Lecour, V. Domm. destruct., n° 320).

377. De même on a jugé : 1° que les contrevenants aux lois sur les douanes ne peuvent jamais être excusés sur l'intention par les tribunaux; spécialement, que celui qui a troublé des douaniers par injures et menaces dans l'exercice de leurs fonctions ne peut être relaxé de la contravention, sous le prétexte qu'étant peu instruit, il ne croyait pas s'opposer à cet exercice (Civ. cass. 22 juin 1842, aff. Salomon, V. Procès-verbal);—2° Qu'en matière de délits forestiers, il est défendu aux tribunaux d'avoir égard aux exceptions tirées de l'erreur et de la bonne foi (Crim. cass. 27 janv. 1838, aff. Martin, V. Amnistie, n° 72); — 3° Que lorsque des individus, se croyant suffisamment propriétaires d'un bois en vertu d'une vente à eux consentie par un émigré et que la loi frappait de nullité, ont coupé des arbres dans ce bois, ils ont commis un délit punissable d'amende, et que le tribunal, saisi de la connaissance de ce délit, n'a pu se dispenser de condamner les délinquants à l'amende encourue par le motif qu'ils étaient de bonne foi (Civ. cass. 23 mess. an 2, MM. Lalonde, pr., Lenain, r., aff. Brière);—4° Qu'en matière de contributions indirectes, il n'appartient qu'à l'administration, et non aux tribunaux, d'apprécier les circonstances de bonne foi et autre alléguées par le contrevenant : dès que le fait matériel est constaté, les tribunaux doivent prononcer les peines déterminées par la loi (Crim. cass. 6 avr. 1822, contrib. ind. *C.* Bruchet); — 5° Que l'excuse prise de la bonne foi du contrevenant ne peut être admise par les tribunaux en matière d'octroi (Crim. cass. 8 mai 1841, aff. octroi de Besançon, V. Octroi); — 6° Qu'en matière de transport illégal des lettres la bonne foi n'est point une excuse (Crim. cass. 23 nov. 1837, aff. Molinard, V. Poste aux lettres).

378. Les délits commis par la voie de la presse, et notamment la diffamation, ne peuvent non plus être excusés sous le prétexte que le prévenu était de bonne foi et n'avait pas l'intention de nuire (Toulouse, 30 déc. 1836, aff. Xur...; Crim. rej. 28 avr. 1843, aff. Schwartz; Douai, 5 juin 1844, aff. Adam; 10 juin 1844, aff. Degeorge, V. Presse-outrage), ou à raison de la fausse opinion où aurait été l'auteur de l'écrit sur son droit de le composer (Crim. rej. 27 mars 1841, MM. de Bastard, pr., Delapalme, av. gén., aff. Ledwanski). — De même, en matière de contravention aux lois sur la presse, les exceptions de bonne foi ou d'excuse des imprimeurs ne peuvent être prises en considération (Metz, 31 août 1833, aff. Lamort, V. Presse).

379. M. Merlin, Rép., v° Intention, prétend que cette présomption contre laquelle aucune preuve n'est admissible, et qui fait résulter la culpabilité du seul fait matériel, peut s'appliquer, par exemple, à la menace verbale d'incendie, ou à la menace d'incendie par sommation écrite. Nous ne saurions admettre ce principe. Nous croyons que ces deux sortes de délits rentrent dans la règle générale qui permet au prévenu de faire preuve du défaut d'intention criminelle : et c'est ainsi que le prévenu qui établirait que la prétendue menace n'était qu'une plaisanterie, et n'a pas pu être considérée autrement, devrait, sans aucun doute, être acquitté.

380. La loi des 16-29 sept. 1791 (2e part., tit. 7, art. 21 et 26) voulait que les questions relatives à l'intention, et résultant soit de l'acte d'accusation, soit de la défense de l'accusé ou du débat, fussent posées aux jurés, qui devaient y répondre d'une manière spéciale. Cette même loi (tit. 8, art. 2) voulait que l'accusé fût acquitté et mis sur-le-champ en liberté si le jury avait déclaré que le fait avait été commis *sans intention de nuire*. — Le code du 3 brum. an 4 contenait des dispositions analogues (art. 374, 393 et 425). Ce système présentait de graves inconvénients. Il arrivait souvent que les jurés, se méprenant sur le véritable sens de ces mots *intention de nuire*, et sur la portée que le législateur avait entendu leur donner, prononçaient des sentences d'absolution en faveur d'accusés dont la culpabilité était manifeste aux yeux des jurés eux-mêmes. C'est ainsi qu'on vit notamment un jury déclarer dans son verdict qu'un individu accusé de fabrication de fausse monnaie avait commis le fait, et qu'il l'avait commis sciemment, mais qu'il n'avait pas agi dans le dessein de nuire à autrui, et cela parce que peut-être il avait été déterminé par l'intention de subvenir à ses besoins plutôt que par celle de commettre une action criminelle, et que, dans le doute, on ne pouvait pas présumer celle-ci plutôt que celle-là (V. l'Exposé des motifs des art. 336 et 337 c. inst. crim. par M. Faure, v° Instr. crim., p. 329, n° 7, et le rapport de M. Riboud, *eod.*, p. 332, n° 28). Pour remédier à ces inconvénients le nouveau code d'instruction criminelle supprima la position spéciale d'une question d'intention. Ce n'est pas à dire pour cela que la question d'intention ne doive plus être examinée par le jury; mais elle doit l'être comme un des éléments essentiels de la question de culpabilité qui lui est soumise, question complexe qui embrasse tout à la fois et le fait lui-même et l'intention qui en constitue la moralité. — V. au surplus Inst. crim., nos 2735 et suiv., 3461 et suiv.

§ 2. — *De la Démence; — De la Surdi-mutité; — Du Somnambulisme; — De l'Ivresse; — Du Sortilége.*

381. *Démence.* — Nous avons dit (*suprà*, n° 369) qu'il ne peut y avoir délit que là où une intention coupable vient se joindre à un fait nuisible. De là il résulte que l'homme en démence ne saurait être responsable de ses actions devant la loi pénale, car elles ne peuvent avoir aucune moralité, et, s'il fait le mal, c'est sans avoir la faculté de le discerner du bien. Aussi a-t-on toujours tenu pour constant que le malheureux dont la raison est enchaînée n'est passible d'aucune peine et se trouve en dehors

2e *Espèce* : — (Min. pub. *C.* Bonafé, Laborie, etc.). — La cour; — Attendu que le jugement attaqué, tout en reconnaissant la contravention commise par les quatre prévenus, ainsi que la teneur des dispositions prohibitives des règlements municipaux de la ville d'Aurillac, renvoie néanmoins lesdits Bonafé, Laborie, Charrière et Chausson, par le motif qu'ils n'avaient pas l'intention de violer lesdits règlements; — Attendu qu'en matière de contravention, la criminalité de l'intention n'est pas nécessaire pour entraîner l'application de la loi pénale; qu'il suffit que le fait soit matériellement constaté, toutes les fois qu'il n'est pas reconnu en même temps que la violation du règlement aurait été la suite d'une force majeure; — Attendu que, dès lors, le tribunal de simple police d'Aurillac, en refusant d'appliquer la loi à un fait dont il reconnaissait la certitude et le caractère de violation des règlements, a commis un excès de pouvoir et violé l'art. 16 de l'arrêté municipal d'Aurillac, l'art. 7 de l'arrêté du maire du 2 août 1832 et l'art. 471, § 5 c. pén.; — Casse.

Du 20 juill. 1838.-C. C., ch. crim.-MM. Bastard, pr.-Mérilhou, rap.

(1) (Min. pub. *C.* Perron). — La cour; — Vu l'art. 471, n° 15, et les art. 463 et 483 c. pén.; — Attendu qu'il est reconnu par le jugement attaqué que Perron et Renaud se sont rendus coupables de contravention au règlement de police fait pour la police du théâtre de Brest par le maire de cette ville, le 24 juill. 1837, et approuvé par le préfet du Finistère le 1er août suivant; — Que cette contravention qui ne pouvait légalement être excusée par l'intention des contrevenants, devait donner lieu contre eux à l'application des peines de l'art. 471, n° 15, c. pén.; — Que l'existence des circonstances atténuantes qui ont été constatées par le juge de police ne pouvait l'autoriser, aux termes des art. 463 et 483 du même code, qu'à réduire la peine encourue et non en affranchir les prévenus reconnus coupables; — Que le renvoi desdits Perron et Renaud, prononcé par le jugement attaqué, est donc à la fois une fausse application desdits art. 463 et 483 et une violation formelle dudit art. 471, n° 15; — Casse.

Du 6 nov. 1840.-C. C., ch. crim.-MM. de Bastard, pr.-Vincens, rap.

de la loi criminelle, comme il est en dehors de la loi civile. A cet égard, toutefois, il existe entre les actes civils et les actes criminels une différence importante que nous devons signaler. L'interdiction est, en général, nécessaire pour faire annuler les actes civils, tandis qu'en matière de délits, la preuve de la démence suffit pour affranchir leur auteur de toute peine. C'est ce qui résulte de l'art. 64 c. pén., qui dispose que « il n'y a ni crime ni délit, lorsque le prévenu était en démence au temps de l'action. » Réciproquement, le principe, admis en droit civil, que l'interdiction annule de plein droit tous les actes postérieurs ne s'applique pas en matière criminelle. L'interdit peut avoir recouvré sa raison avant la mainlevée de son interdiction, ou avoir agi dans un intervalle lucide; cela suffit pour qu'il réponde de ses actes. En résumé, pour les actes civils, la loi se contente de la présomption de démence résultant de l'interdiction; pour les faits criminels, la loi ne déclare innocents à ses yeux que ceux dont la démence actuelle est prouvée avoir existé au moment du délit.

382. Sous le code de brumaire, lorsque le défenseur d'un accusé alléguait le fait de démence, le jury devait être interrogé sur ce fait, et l'omission de cette question emportait nullité, quand bien même les jurés auraient déclaré que le crime avait été involontairement commis. — Cette question n'a pas besoin d'être posée sous le code actuel. En effet, la démence excluant l'intention et par conséquent la culpabilité, le jury, interrogé sur le point de savoir si l'accusé est coupable, se bornera à répondre négativement, s'il est convaincu du fait d'aliénation mentale. Mais supposons que l'accusé demande, par des conclusions formelles, que la question de démence soit posée au jury, la cour d'assises sera-t-elle tenue de déférer à cette demande? Nous croyons bien que la cour d'assises ne pourrait se dispenser, sans encourir la cassation (c. instr crim. art. 408), de délibérer et de rendre un arrêt sur cette demande; mais nous ne pensons pas qu'elle serait tenue de l'admettre et de poser la question requise. En effet, la démence n'est pas une excuse proprement dite, et, par conséquent, l'art. 339 c. inst. crim. (qui prescrit d'interroger le jury sur les faits admis comme excuse par la loi que l'accusé a proposés pour sa défense) n'est point applicable dans ce cas; cette question d'ailleurs se trouve implicitement comprise dans la question principale touchant la culpabilité. V. en ce sens MM. Bourguignon, Jur. des cod. crim., sur l'art. 64 c. pén.; Rauter, n° 787; Boitard, Leç. sur le c. pén., p. 333, et Leç. sur le c. inst. crim., p. 470; Chauveau et Hélie, t. 1, p. 524; Le Sellyer, t. 1, n° 61. — V. toutefois *contrà*, Merlin, Rép. v° Démence, § 2, n° 2.

383. Il avait d'abord été jugé, sous le code pénal actuel, que la question de démence devait aussi être soumise au jury (Crim. rej. 15 fév. 1816) (1). — V. aussi n° 385.

384. Mais depuis il a été décidé : 1° que la démence, n'étant point un fait d'excuse, mais un fait exclusif de la volonté, et conséquemment de la culpabilité, est substantiellement comprise dans la question relative au fait du crime, et que, par conséquent, la cour d'assises n'est point obligée de poser au jury une question particulière sur la prétendue démence de l'accusé au moment du fait (Crim. rej. 17 janv. 1817 (2); 20 oct. 1814, MM. Barris, pr., Oudart, rap., Pons, av. gén., aff. Guéménée; 27 juin 1822, MM. Barris, pr., Chasle, rap., Hua, av. gén.. aff. Lemaître); — 2° Que la démence d'un accusé n'est pas seulement une excuse qui doive être soumise, quand elle est alléguée, à la délibération du jury, mais qu'elle implique contradiction avec le crime et rend toute culpabilité impossible; qu'en conséquence, le président de la cour d'assises, en demandant si l'accusé est coupable, demande implicitement si cet accusé était sain d'esprit et si sa volonté était libre (Crim. rej. 9 sept. 1825, aff. Rouf. V. Inst. crim., n° 2569-8°); — 3° Que la démence et la fureur ne sont pas des faits d'excuse qui doivent être proposés aux jurés par les cours d'assises sur la réquisition des accusés; que, comme ces faits d'aliénation mentale auraient pour effet de détruire la culpabilité, le jury peut les admettre; mais que la cour d'assises n'est pas tenue, sous peine de nullité, d'en faire la matière d'une question particulière (Crim. rej. 30 déc. 1825, MM. Portalis, pr., Gaillard, rap., aff. Courtonne).

385. Il a été décidé, d'un autre côté, qu'il y a ouverture à cassation de l'arrêt d'une cour criminelle ou d'assises, lorsque, l'accusé ayant conclu à ce qu'il fût déclaré qu'au moment du fait imputé il était en état de démence, et subsidiairement qu'il a été provoqué par des violences graves, cette cour omet de statuer sur ces conclusions, et se borne à déclarer l'accusé atteint et convaincu des faits de l'accusation (Crim. cass. 24 oct. 1822) (3). — V. Inst. crim., n°s 2568 et suiv.

386. Si la cour d'assises n'est point obligée de poser la question de démence, il ne lui est pas cependant interdit de le faire; car la loi ne s'y oppose point. Il peut même arriver que la position de cette question soit utile et prévienne, dans l'esprit des jurés, une funeste méprise. Supposons, en effet, que la défense ait formellement requis que cette question fût posée, et que la cour d'assises s'y refuse, si le jury se trouvait composé d'hommes peu éclairés, ce refus pourrait leur faire penser qu'ils n'ont point à s'occuper de la démence et qu'ils doivent simplement rechercher si l'accusé est réellement l'auteur du fait, sans

---

(1) (Lecouarzer C. min. pub.). — LA COUR; — Attendu que le jury a déclaré qu'il n'était pas constant que Lecouarzer fût en état de démence, lorsqu'il a commis les crimes dont il est accusé; circonstance qui, tenant au fait de l'accusation, a dû être soumise au jury; mais qu'il n'a pas dû être consulté sur le point de savoir si l'accusé se trouvait en état de démence lors du jugement, ce fait étant étranger à l'existence du crime et ne pouvant être décidé que par la cour d'assises; que n'y ayant point eu de réclamation à ce sujet de la part du procureur du roi ni du conseil de l'accusé, ladite cour n'a pas été tenue de rendre sur ce une décision particulière, et qu'en procédant aux débats et au jugement, elle a suffisamment déclaré qu'elle avait reconnu que l'accusé était en état de subir jugement; — Rejette.

Du 15 fév. 1816 (non 11 mars 1815).-C. C., sect. cr.-MM. Barris, pr.-Audier, rap.

(2) (Jean Chaussepied C. min. pub.). — LA COUR; — Attendu, sur le premier moyen, qu'il n'y a lieu à l'ouverture en cassation déterminée dans la deuxième disposition de l'art. 408 c. inst. crim., que lorsqu'il a été refusé ou omis de statuer sur une demande de l'accusé, tendant à user d'une faculté ou d'un droit accordé par la loi; — Que la démence n'est point un fait d'excuse, mais un fait exclusif de la volonté et conséquemment de la culpabilité; que ce fait était donc substantiellement compris dans la question par laquelle le jury était interrogé sur le fait si l'accusé avait commis une tentative d'homicide volontairement et avec préméditation; — Que, dès lors, la cour d'assises n'a pas eu à statuer sur la réclamation du défenseur de l'accusé, tendant à ce qu'il fût posé une question particulière sur la prétendue démence de l'accusé, lors du fait de l'accusation; — Attendu, sur le deuxième moyen, que la démence n'étant pas un fait d'excuse, il n'y a pas lieu, dans l'espèce, à l'application de cet article; — Attendu, d'ailleurs, que la procédure est régulière, et qu'aux faits reconnus constants par le jury, il y a eu juste application de la loi pénale; — Rejette.

Du 17 janv. 1817.-C. C., sect. cr.-MM. Barris, pr.-Robert, rap.

(3) (Salicetti C. min. pub.). — LA COUR; — Vu l'art. 408 c. inst. crim., d'après lequel il y a ouverture à cassation, lorsqu'il a été omis de prononcer sur une ou plusieurs demandes de l'accusé, tendant à user d'une faculté ou d'un droit accordé par la loi; — Considérant que des dispositions des art. 338, 339 et 340 dudit code, il résulte que l'accusé a le droit de faire valoir pour sa défense toutes les circonstances qui, d'après la loi, sont de nature soit à dépouiller le fait de tout caractère de criminalité, soit à en modifier la peine; qu'ainsi les juges appelés pour prononcer sur l'accusation, sont, aux termes dudit art. 408, tenus d'y statuer à peine de nullité; — Que l'art. 64 c. pén. déclare qu'il n'y a ni crime ni délit, lorsque le prévenu était en état de démence au temps de l'action; que l'art. 321 du même code déclare excusables le meurtre, les blessures et les coups qui ont été provoqués par des coups ou des violences graves envers les personnes, et que, dans ce cas, l'art. 326 en modifie la peine; — Considérant, dans l'espèce, qu'Ange-Matthieu Salicetti était accusé d'avoir fait des blessures à sa sœur, qui avaient occasionné à celle-ci une incapacité de travail personnel pendant plus de vingt jours; qu'après les débats terminés, le conseil de l'accusé a demandé que la cour de justice criminelle déclarât qu'au moment de l'action ledit accusé était en état de démence, et subsidairement qu'il y avait été provoqué par des violences graves envers sa personne; — Que ladite cour n'a point déclaré l'accusé coupable, mais seulement atteint et convaincu du fait qui lui était imputé; — Que cette déclaration n'affirme donc que l'existence du fait matériel, et ne prononce conséquemment, ni directement, ni indirectement, sur la circonstance morale de la démence de l'accusé au moment où il aurait commis ledit fait; que la même cour a également omis de prononcer sur le fait d'excuse de la provocation violente; que ces omissions forment donc des ouvertures à cassation; — Casse, etc.

Du 24 oct. 1822.-C. C., sect. cr.-MM. Barris, pr.-Busschop, rap.

se préoccuper de l'état mental dans lequel il se trouvait au moment de sa perpétration. C'est ce qu'enseignent aussi MM. Legraverend, t. 1, p. 468; Chauveau et Hélie, t. 2, p. 248; Le Sellyer, t. 1, nº 62.

387. Si le jury, après avoir déclaré l'accusé coupable, avait ajouté qu'il était en démence au moment du crime, une telle déclaration équivaudrait à un verdict de non-culpabilité et emporterait l'acquittement de l'accusé. Il est évident, en effet, que, par cette déclaration, contradictoire en apparence, le jury aurait entendu dire, d'une part, que l'accusé est bien l'auteur du crime, mais que, d'autre part, il était en démence au moment où il l'a commis, que, par conséquent, il n'en est pas moralement responsable et ne peut être frappé d'aucune peine (V. conf. Carnot, C. pén., t. 2, p. 203; MM. Chauveau et Hélie, t. 1, p. 524 et 525). — Au reste, il avait été décidé, antérieurement au code pénal, que la déclaration du jury que l'accusé d'homicide avait l'esprit aliéné, qu'il n'avait point commis le crime avec des intentions criminelles, ni volontairement ni avec préméditation, ne pouvait donner lieu à l'application d'aucune peine (Crim. cass. 8 pluv. an 5, MM. Boucher, pr., Brun, rap., aff. Girardin).

388. Lorsqu'il est reconnu, soit devant la chambre du conseil, soit devant la chambre d'accusation, que la démence existait au moment où le délit a été commis, le prévenu doit être renvoyé par une ordonnance ou un arrêt de non-lieu. En effet, la démence détruit absolument la criminalité; et l'on ne peut déférer à la cour d'assises ou au tribunal correctionnel que des faits ayant le caractère de crime ou de délit. Tel est aussi le sentiment de Carnot, C. pén., t. 1, p. 201.

389. Que doit-on entendre par *démence?* Sera-ce l'aliénation totale des facultés intellectuelles, sans aucun intervalle lucide, ou bien suffira-t-il que cette aliénation soit momentanée? ou bien encore regardera-t-on comme un fait suffisant pour exclure la culpabilité, cette disposition d'esprit qualifiée monomanie, et qui consiste dans l'aberration de l'intelligence sur un point donné, alors, d'ailleurs, que la raison est parfaitement saine sur tous les autres?—Des discussions graves ont été soulevées sur ces questions : la dernière surtout était de nature à intéresser vivement les moralistes. Sous le rapport du droit, il ne faut, ce nous semble, pour la résoudre, que rappeler quelques notions tout à fait élémentaires. La loi exige et doit exiger, pour qu'un homme soit punissable, qu'il ait eu la conscience du mal qu'il a fait; qu'il ait pu, en commettant une action coupable, en apprécier la culpabilité; toutes les fois donc que le discernement du prévenu se trouvait, au moment du fait imputé, couvert d'un nuage qui l'a empêché d'apercevoir la moralité de l'action à laquelle il se livrait, quel que soit, d'ailleurs, le nom de la maladie, *démence, fureur, imbécillité, idiotisme*, etc., nous ne pouvons le trouver coupable, soit que son esprit ait été égaré par une aliénation momentanée, soit qu'il l'ait été par une démence complète et perpétuelle. Nous croyons donc que la monomanie, lorsqu'elle existe, est un fait destructif de la moralité. Mais il faut s'entendre sur le sens de ce mot : et nous ne saurions l'appliquer à l'état d'un individu qu'une passion violente aura seule entraîné au crime. Personne ne prétendra que l'homme, poussé par une passion, quelque fougueuse qu'elle puisse être, ne conserve pas assez de discernement pour distinguer le bien du mal; or, assurément, il n'en faut pas davantage pour caractériser la culpabilité. Ainsi nous restreignons la monomanie aux seules affections partielles de l'intelligence qui font que le monomane, raisonnable sur le reste, est frappé sur un seul objet d'une démence véritable qui l'empêche d'apprécier la criminalité de ses actes. Quant aux passions, qui entraînent souvent la volonté de l'homme, mais qui ne lui enlèvent ni sa raison ni sa liberté morale, elles ne peuvent être invoquées comme motifs de justification; mais elles peuvent être considérées comme atténuant le délit et, par conséquent, comme devant emporter atténuation de la peine; en effet, la conscience humaine distinguera toujours entre le crime prémédité et froidement calculé et celui que peut faire commettre instantanément une passion vivement surexcitée. — V. les développements donnés sur ce point par MM. Chauveau et Hélie, t. 1, p. 491 et suiv.

Ainsi, il a été jugé : 1º que l'exaltation ou le désordre moral de l'esprit causé par la jalousie, la colère ou toute autre passion, ne peut être assimilé à la démence ou à la contrainte, propres à enlever au fait accompli dans cet état tout caractère de crime ou de délit (Orléans, 25 août 1840) (1); — 2º Que la honte, le respect humain, la crainte révérentielle des parents et celle des reproches du ministre du culte, qui portent la fille-mère à donner la mort à l'enfant dont elle accouche, ne doivent pas être assimilés, quelle qu'en puisse être l'énergie, à un désordre momentané d'intelligence susceptible d'excuser son action (Nancy, 29 juill. 1846, aff. Rousselot, D. P. 47. 2. 88).

390. Il serait superflu de faire observer que si l'état de démence soustrait l'accusé à toute répression pénale, elle ne l'affranchit pas de l'obligation de réparer le dommage civil qui est résulté de son fait; car tout fait, même matériel et dégagé de toute intention répréhensible, engage la responsabilité pécuniaire de son auteur (art. 1382 c. civ.). C'est au surplus ce qu'avait formellement jugé un arrêt du parlement de Paris, du 10 sept. 1683, rapporté par Merlin, Quest., vº Blessures, § 3, nº 4.

391. Quel doit être le sort de l'accusé tombé en démence depuis la consommation du délit? La loi 16, ff., *De officio præs.*, laissait au juge le soin de décider s'il y avait lieu ou non à le mettre en jugement. MM. Carnot, t. 1, p. 204, nº 2, et Legraverend, t. 1, ch. 3, font observer qu'alors les jugements criminels se rendaient à huis clos sur les pièces de l'instruction; mais que, dans l'état actuel de notre législation, les accusés devant être entendus en personne aux débats, il y aurait nécessité de surseoir relativement à un accusé tombé en démence depuis son crime, soit avant, soit pendant l'instruction, soit même depuis qu'elle est

(1) *Espèce :* — (M.... C. min. pub.). — M....., provoqué par les ironies insultantes de Bruland, son rival, lui tira, dans un accès de colère et de jalousie, un coup de pistolet, qui heureusement ne lui fit qu'une très-légère blessure, n'entraînant aucune incapacité de travail. — Traduit pour ce fait devant le tribunal correctionnel, il réclame le bénéfice de l'art. 64 c. pén., se disant dans un état d'exaltation tel au moment où le coup a été tiré, qu'il en avait perdu momentanément l'usage de la raison, et qu'il devait être considéré comme ayant cédé à une contrainte irrésistible.

Acquitté par le tribunal, le ministère public interjette appel. — LA COUR; — Attendu que, si l'art. 64 c. pén. dispose qu'il n'y a ni crime ni délit de la part de celui qui était en état de démence au moment de l'action, ou qui a été contraint par une force à laquelle il n'a pu résister, cette disposition ne doit pas être étendue au delà de sa portée rationnelle et légale; — Que, dans l'esprit du législateur, la démence consiste dans la privation habituelle ou accidentelle de la raison, et non pas seulement dans l'exaltation ou le désordre moral que la jalousie, la colère ou toute autre passion peuvent produire; — Que la force majeure ne doit s'entendre aussi que d'une force extérieure, à laquelle il n'est pas possible de résister, et non pas de simples provocations résultant des injures, même les plus graves; — Que ces circonstances, sagement appréciées par le juge, peuvent sans doute atténuer ou excuser l'action de celui qui a cédé à une provocation, mais ne peuvent pas lui enlever le caractère de criminalité qui lui est propre; — Qu'il n'est guère d'offense plus cruelle et plus provocatrice que celle prévue par l'art. 324 c. pén.; et pourtant le législateur n'y a vu avec raison qu'un motif d'excuse et non d'absolution; — Qu'en effet, l'homme, doué de la raison, doit savoir maîtriser ses passions; — Que s'il cède à leur violence, il en est responsable envers la loi; qu'admettre un système contraire, ce serait jeter le trouble et le désordre dans la société et consacrer en quelque sorte le droit de se faire justice à soi-même; — Attendu, en fait, qu'il résulte de l'instruction et des débats que, le 11 juin dernier, vers huit heures du soir, le prévenu a volontairement, mais sans préméditation, tiré sur Bruland un coup de pistolet chargé à plomb, dont il s'était muni pour sa sûreté personnelle; — Que ce coup de feu n'a fait qu'une légère blessure à Bruland et n'a occasionné aucune incapacité de travail personnel; — Que les circonstances de la cause repoussent d'ailleurs toute intention de donner la mort; — Que l'offense reçue par le prévenu, le refus obstiné d'une réparation loyale, l'ironie des dénégations ou des aveux de son interlocuteur, expliquent suffisamment et atténuent même l'emportement du prévenu; mais que ces circonstances, toutes favorables qu'elles sont à celui-ci, n'enlèvent pas au fait qui lui est reproché le caractère d'un délit légalement punissable; — Par ces motifs, statuant sur l'appel du ministère public; — Déclare J.-B. M..... coupable d'avoir, dans la soirée du 11 juin dernier, volontairement fait au sieur Bruland une blessure qui n'a occasionné aucune incapacité de travail, délit prévu par l'art. 311 c. pén.; — « En conséquence, condamne J.-B. M..... à six jours d'emprisonnement, à 16 fr. d'amende et aux frais du procès. »

Du 25 août 1840.-C. d'Orléans, ch. correct.-M. Vilneau, pr.

terminée; parce que, jusqu'au dernier moment, l'accusé pourrait donner des éclaircissements qui, peut-être, prouveraient son innocence (V. aussi en ce sens Bourguignon, Jur. des c. crim., sur l'art. 2 c. pén.; MM. Chauveau et Hélie, t. 1, p. 525; Le Sellyer, t. 1, n° 54). Cette dernière raison est assurément très-grave; il est sensible que l'accusé privé de sa raison ne saurait être en état de présenter sa défense, quelque secours qu'il emprunte d'ailleurs du conseil qui lui sera donné; et là où la défense ne peut être complète, nous ne concevons pas la possibilité d'une condamnation équitable et utile à la société. Mais il peut arriver que l'accusé soit évidemment innocent ou que les charges produites contre lui soient extrêmement légères; faudra-t-il donc, si d'ailleurs l'état de ses facultés n'offre rien de menaçant pour la sûreté publique; faudra-t-il qu'il soit privé de la liberté jusqu'à résipiscence, c'est-à-dire qu'il passe toute sa vie dans les fers, sous le poids d'une accusation téméraire et qu'il lui sera interdit de purger? Quand on pèse bien ces considérations, il semble difficile, dans le silence du code pénal, de repousser la doctrine de la loi romaine, qui tend à remettre dans la main du magistrat un pouvoir discrétionnaire également protecteur des droits de l'accusé et des besoins de l'ordre social. — Il a été décidé que l'état de démence d'un prévenu, alors qu'il n'existait pas lors de la perpétration des faits poursuivis, n'est pas une cause suffisante pour mettre obstacle à la mise en accusation de ce prévenu, si la chambre d'accusation déclare que cet état de démence n'est pas tel qu'il soit de nature à paralyser la défense de l'accusé; — Et qu'il en est ainsi encore que la démence de l'accusé aurait, antérieurement à l'arrêt de mise en accusation, servi de base à un jugement d'interdiction, les jugements des tribunaux civils ne liant pas les juges criminels; — Que la chambre des mises en accusation n'est pas davantage tenue d'ordonner, en cas pareil, un supplément d'information sur l'état mental de l'inculpé, cette chambre étant seule compétente pour apprécier l'utilité et la nécessité des moyens d'information auxquels elle croit devoir recourir (Crim. rej. 13 oct. 1853, aff. Monnier, D. P. 53. 5. 204).

392. Dans le cas où l'instruction a été suspendue à cause de la démence de l'accusé, les poursuites devraient être reprises s'il recouvrait la raison par une guérison définitive; mais elles ne devraient pas l'être si l'accusé se trouvait seulement dans un intervalle lucide, parce que, d'une part, il serait à craindre qu'un accès de folie n'éclatât pour ainsi dire au milieu des débats, et que, d'autre part, il n'est pas facile d'apprécier, dans cette hypothèse, jusqu'à quel point l'accusé jouit de la plénitude de son entendement. C'est ce qu'enseignent aussi MM. Chauveau et Hélie, t. 1, p. 526.

393. C'est au jury, ainsi que nous l'avons dit, qu'il appartient de décider si l'accusé était en démence au moment du crime; car cette appréciation rentre dans la question de culpabilité dont il est le seul juge; mais c'est à la cour d'assises à juger si l'accusé est en démence au temps du jugement, car cette question est étrangère au crime et se rattache à l'instruction, à la procédure (V. conf. Bourguignon, Jur. du c. crim., sur l'art. 64 c. pén., n° 5; MM. Chauveau et Hélie, t. 2, p. 526; Le Sellyer, t. 1, n° 55). — Il a été jugé, en ce sens, que la démence de l'accusé au moment du jugement est un fait étranger à l'existence du crime, qui ne peut être soumis au jury (Crim. rej. 15 fév. 1816, aff. Lecouarzer, n° 383). — MM. Chauveau et Hélie (*loc. cit.*) ajoutent que, si l'exception posée *in limine litis* est rejetée par la cour, cette décision ne fait point obstacle à ce que le jury s'y arrête dans l'examen de la culpabilité. « Cela est vrai, fait observer à son tour M. Le Sellyer (*loc. cit.*), à quelque moment que l'exception ait été proposée, mais en ce sens que les jurés verront si l'accusé, à raison de l'impossibilité où son état mental l'a mis de se défendre, peut ou non être reconnu coupable. » — Il a été jugé : 1° que la loi n'impose pas aux juges de faire préalablement reconnaître par les gens de l'art l'état de démence d'un individu; qu'il suffit que cet état leur paraisse résulter des pièces de l'instruction et des réponses de l'individu lui-même (Crim. rej. 30 juillet 1807) (1); — 2° Qu'une cour d'assises n'est point liée par les déclarations d'hommes de l'art constatant qu'un individu était en démence lors de la perpétration du crime à lui imputé; qu'en conséquence, elle peut ordonner qu'il sera passé outre au jugement (Crim. rej. 21 nov. 1822) (2); — 3° Que les juges, en déclarant le prévenu aliéné d'esprit, ont pu valablement en ordonner la remise à sa famille pour en prendre soin (même arrêt du 30 juill. 1807, aff. Guillelui).

394. Supposons maintenant que la démence ne soit survenue qu'après la condamnation prononcée. Quel sera son effet sur l'exécution de cette condamnation? Et d'abord il est évident qu'elle empêchera l'exécution des peines corporelles : faire monter sur l'échafaud ou mettre aux fers un insensé, ce serait à la fois absurde et barbare; pour que le châtiment soit moral, il faut qu'il soit compris par celui qui le subit; et chez les spectateurs même de l'exécution, l'effet salutaire de l'exemple serait effacé par l'indignation et la pitié. Cette doctrine était admise, dans l'ancienne jurisprudence, par la plupart des auteurs. V. notamment Jul. Clarus, quæst. 60, n° 8; Farinacius, quæst. 94, n° 13; Baldus, in l. human., § 46, C. *De impub.*; Tiraqueau, causa 3, n° 1 (V. toutefois *contrà* Rousseau de Lacombe, Tr. des mat. crim., p. 39, qui enseigne que le condamné à mort tombé en démence doit néanmoins être exécuté pour l'exemple; Muyart de Vouglans, Lois crim., p. 28, qui limite cette opinion aux coupables condamnés pour crimes de lèse-majesté, et Jousse, Tr. de la just. crim., t. 2, p. 22, nos 235 et 236, qui la limite aux coupables de crimes atroces). Sous l'empire de la législation actuelle, MM. Chauveau et Hélie, t. 1, p. 527 et 528, et Le Sellyer, t. 1, n° 57, se prononcent, comme nous, pour la non-exécution dans tous les cas.

395. Si le condamné, après être tombé en démence, vient à se trouver dans un intervalle lucide, il semble qu'alors rien ne s'oppose plus à l'exécution de la peine corporelle. Telle était, en effet, dans l'ancien droit, l'opinion de Farinacius et de Baldus (*loc. cit.*). « Toutefois, disent MM. Chauveau et Hélie (t. 1,

---

(1) (Min. pub. *C.* Guillelui.) — LA COUR; — Attendu que si, pour fonder son arrêt d'absolution, la cour de justice criminelle de Montenotte a cité l'art. 2, tit. 5, partie 1, c. pén., qui ne s'applique qu'au prévenu âgé de moins de seize ans, qui ne pouvait faire loi, dans l'espèce, puisque Guillelui était âgé de plus de seize ans, la cour n'en a pas moins bien jugé en fait, puisqu'elle reconnaissait que Guillelui avait l'esprit aliéné, car celui qui a l'esprit aliéné ne peut être supposé avoir agi volontairement, et qu'il ne peut jamais y avoir délit sans volonté de le commettre; — Attendu qu'aucune loi ne faisait un devoir à la cour de justice criminelle de Montenotte de faire préalablement reconnaître l'état de démence de Guillelui par des gens de l'art; qu'il lui apparaissait résulter des pièces de l'instruction et des réponses dudit Guillelui, que cet individu avait réellement et évidemment l'esprit aliéné;

Attendu que l'arrêt attaqué est marqué au coin de la sagesse et de la bonne police en ordonnant la remise de Guillelui à sa famille pour en prendre soin, et en assurant cette remise par les voies légales usitées en pareil cas; — Rejette.

Du 30 juill. 1807.-C. C., sect. crim.-MM. Barris, pr.-Carnot, rap.

(2) (Cuingnet *C.* Min. pub.) — LA COUR; — Sur le moyen de cassation proposé et pris de ce qu'il était constaté par les déclarations de deux médecins que, depuis son arrivée dans la prison, l'accusé leur avait paru dans un état d'imbécillité et d'idiotie qui devait faire croire que, même lors de la perpétration du crime, il était frappé d'une aliénation mentale; et que cependant la cour d'assises n'a point ordonné qu'il serait sursis au jugement d'un individu privé de l'usage des facultés intellectuelles et, par conséquent, incapable de se défendre;

Attendu que la cour d'assises n'a point, à cet égard, méconnu les principes et le vœu de la loi; que, pour s'assurer du véritable état mental de l'accusé, des personnes de l'art ont été consultées et entendues; mais qu'elle n'était point liée par leur opinion; qu'il lui appartenait d'apprécier leurs déclarations en les rapprochant de ce qui résultait des réponses de l'accusé devant elles, ainsi que lors de ses divers interrogatoires dans le cours de l'instruction, et des déclarations de tous les autres témoins; — Qu'en procédant aux débats et au jugement, ladite cour d'assises a implicitement, mais nécessairement, reconnu que le prétendu état d'imbécillité de l'accusé n'était que factice; — Attendu que les jurés ont pu et dû apprécier aussi l'état mental de l'accusé, et qu'il a été déclaré par eux que c'était volontairement et avec préméditation qu'il s'était rendu coupable de parricide; que cette déclaration excluait nécessairement l'état de démence lors du crime, et que, dans l'état des faits qu'elle décide, il y a une juste application de la loi pénale; — Rejette le pourvoi formé contre l'arrêt de la cour d'assises du Nord, du 19 octobre dernier.

Du 21 nov. 1822.-C. C., sect. crim.-MM. Barris, pr.-Rataud, rap

p. 528), la justice doit-elle courir l'horrible chance d'exécuter un maniaque? Est-il de sa dignité d'épier la lueur d'une raison vacillante pour préparer son glaive? Il semble qu'une guérison complète peut seule restituer le condamné à la peine qu'il doit subir. » C'est aussi le sentiment de M. Le Sellyer, t. 1, n° 58.

396. Quant aux peines pécuniaires, il ne nous paraît pas douteux qu'elles doivent être exécutées contre le condamné, nonobstant la démence survenue depuis que la condamnation qui les prononce est devenue définitive. En effet, la condamnation, dans ce cas, constitue le condamné débiteur de l'État; or le dément, aussi bien que l'homme sain d'esprit, est tenu de payer ses dettes. —V. en ce sens MM. Chauveau et Hélie, t. 1, p. 528; Le Sellyer, t. 1, n° 57.

397. La prescription court-elle pendant le temps où les poursuites se trouvent suspendues par la démence de l'accusé? Pour la négative on peut invoquer la maxime : *contrà non valentem agere non currit præscriptio*, en faisant observer que le ministère public ne peut pas agir tant que dure la démence. Mais on peut répondre à cela que cette maxime n'a jamais été appliquée en matière criminelle; qu'il est d'ailleurs une règle plus générale formulée par l'art. 2251 c. nap., c'est que *la prescription court contre toutes personnes, à moins qu'elles ne soient dans quelque exception établie par une loi*, et qu'en matière criminelle aucune exception n'a été faite par la loi à la règle consacrée par l'art. 637 c. inst. crim. D'ailleurs, les motifs qui ont fait établir la prescription s'appliquent au cas où l'accusé est tombé en démence, comme à tous les autres cas où les poursuites peuvent avoir été suspendues par un motif quelconque. En effet, on peut dire que pendant les dix années qui s'écoulent après le dernier acte d'instruction, les preuves de l'innocence du prévenu peuvent dépérir, et qu'il serait injuste de le condamner sur les indices qui resteraient de sa culpabilité, tandis qu'il ne resterait rien pour sa justification. C'est en ce sens que se prononcent également Merlin, Répert., v° Prescription, sect. 3, § 7, art. 4, n° 5 *bis*; Legraverend, Législ. crim., ch. 13, § 2; MM. Chauveau et Hélie, t. 1, p. 529; Le Sellyer, t. 1, n° 59; Mangin, Tr. de l'act. publ., n° 334; Rauter, Dr. crim., n° 852.—Décidé, en ce sens, que la prescription de l'action publique court en faveur du prévenu pendant la suspension des poursuites occasionnées par sa démence (Crim. cass. 22 avril 1813, aff. Hartog, V. Presc. crim.).

398. *Surdi-mutité.* — La surdi-mutité ne peut être assimilée à la démence; par elle-même elle n'est point exclusive de la raison, de l'intelligence du bien et du mal; par conséquent, elle ne met point obstacle à l'application des lois répressives. — Décidé, en ce sens, que la protection dont la loi entoure les sourds-muets ne va pas jusqu'à leur assurer l'impunité des crimes dont ils peuvent s'être rendus coupables; que le contraire résulte même des précautions prises en leur faveur quand ils sont accusés : « Attendu, porte l'arrêt, qu'il résulte des art. 332 et 333 c. inst. crim. que les sourds-muets peuvent être poursuivis et jugés à raison des crimes et délits qu'ils commettent » (Crim. rej. 23 juin 1827, MM. Portalis, pr., Mangin, rap., aff. Leballlif).

399. *Somnambulisme.* — Dans l'ancienne jurisprudence, le somnambulisme était assimilé à la démence; ainsi, quoi qu'il pût faire en cet état, le somnambule n'en était pas responsable, parce que ses actes n'étaient pas considérés comme le produit de sa volonté : *dormiens furioso æquiparatur*, disait-on (V. Tiraqueau, *De pœn. temp.*, p. 15; Farinacius, quæst. 98, n° 63; Muyart de Vouglans, Lois crim., p. 29). Cette assimilation est fondée sur la raison; elle doit, par conséquent, être admise encore aujourd'hui.

400. Par exception à la règle générale, les anciens jurisconsultes pensaient que le crime commis par le somnambule devait lui être imputé lorsque, connaissant sa maladie, il n'avait pas pris les précautions que la prudence lui suggérait (V. Farinacius, quæst. 98, n° 70). Nous croyons aussi que dans ce cas il est coupable, mais de négligence seulement, et non pas du fait qu'il a commis sans en avoir la conscience (V. en ce sens MM. Chauveau et Hélie, t. 1, p. 512).

401. Si le somnambule, à son réveil, ratifie le crime qu'il a commis durant son sommeil, ce crime doit-il alors lui être imputé? On l'avait pensé dans l'ancienne jurisprudence (V. notamment Menochius, *De arb.*, Quæst., lib. 2, casu 327, n° 8). Mais nous ne pouvons admettre ce sentiment. Pour qu'il y ait criminalité, il faut qu'entre le fait et l'intention il y ait simultanéité, concomitance, que l'un soit produit par l'autre. Celui qui ratifie après coup le mal qu'il a fait sans le savoir et sans le vouloir, ne le ferait pas peut-être s'il était encore à faire; peut-être il reculerait devant l'exécution. Nous ne croyons donc pas que le fait accompli sans intention, alors même qu'il a été postérieurement ratifié par son auteur, doive être assimilé à la perpétration volontaire. C'est aussi le sentiment de MM. Chauveau et Hélie, t. 1, p. 512.

Nous ne croyons pas davantage que le crime doive être imputé au somnambule, s'il peut être considéré comme étant la suite d'une inimitié capitale existant réellement en lui dans l'état de veille. En effet, cette inimitié peut être réprouvée par la loi morale, elle n'est pas en elle-même un crime que la loi puisse atteindre; elle est seulement la source d'où le crime peut sortir à un moment donné; mais, pour qu'il en sorte et tombe sous le coup de la répression légale, il faut un acte volontaire et libre, et l'acte du somnambule n'a pas ce caractère. Concours simultané de l'intention et de l'acte : telle est, nous le répétons, la condition *sine quâ non* de tout crime punissable. V. en ce sens MM. Chauveau et Hélie, *loc. cit.* — V. *contrà* Fodéré, Tr. de médecine légale; Muyart de Vouglans, p. 29.

402. *Ivresse.*—Examinons maintenant si, en ce qui concerne la criminalité des actes, l'ivresse doit être assimilée à la démence et produire le même effet. Considérée en elle-même, l'ivresse est une faute que la morale réprouve; mais, et l'on doit peut-être le regretter, elle n'est pas un délit que la loi punisse; nous n'avons donc à nous occuper que de ses conséquences, c'est-à-dire des crimes ou délits qui peuvent être commis pendant sa durée. Ces crimes ou délits sont-ils imputables à leur auteur? Telle est la question. Avant d'examiner comment elle doit être résolue sous l'empire et par application de notre législation criminelle, étudions-la à un point de vue purement rationnel et théorique.

403. Préalablement à toute discussion, nous devons faire observer que l'ivresse n'est pas un état uniforme et toujours identique, qu'elle peut exister à des degrés inégaux et avec des nuances diverses. — Supposons d'abord qu'elle soit entière et complète. L'homme en cet état n'a plus ni raison ni liberté, il agit au hasard, il obéit aveuglément à des impulsions, à des instincts sur lesquels sa volonté n'exerce plus aucun empire. Dès lors il n'est pas responsable de ses actes et ne peut être puni des délits qu'il commet (V. en ce sens MM. Rossi, Traité du droit pénal, t. 2, p. 188; Niccola Nicolini, dans son excellent ouvrage intitulé, Principes philosophiq. et pratiques du droit criminel, p. 206; Chauveau et Hélie, t. 1, p. 514; Boitard, Leç. sur le c. pén., p. 319 et suiv.; Le Sellyer, Tr. du dr. crim., t. 1, n° 66; V. aussi la loi 6, § 7, ff., *De re militari*; c. d'Autriche, art. 2, § 3). — Ces principes, toutefois, ne sont point admis en Angleterre ni en Amérique. D'après les lois de ces deux pays, les individus sont entièrement responsables des crimes ou délits qu'ils commettent pendant l'ivresse. L'ordonnance de François Ier (du 30 avr. 1536) allait plus loin encore : elle punissait les délits commis pendant l'ivresse plus rigoureusement encore que les autres. Et cette disposition était conforme à l'avis exprimé, dans l'antiquité, par Aristote (Eth., lib. 1, c. 34), et par Quintilien (Orat. inst., 7, c. 1), que l'ivresse aggrave le crime et doit donner lieu à deux peines : l'une pour le délit et l'autre pour l'ivresse. Que l'ivresse en elle-même soit une faute, cela est vrai le plus souvent, mais non pas toujours cependant. Elle peut survenir inopinément, accidentellement, dans la joie d'un festin; elle peut aussi être produite par les manœuvres d'un tiers. Dans l'un et l'autre cas, on ne peut la condamner. Mais, lors même qu'elle est le résultat d'une intempérance volontaire, si elle est assez complète pour enlever la raison, elle fait par cela même disparaître l'un des éléments essentiels de la criminalité : l'intention.

404. Si l'ivresse n'était que légère, et que, sans détruire complétement, dans l'auteur du fait, le discernement du bien et du mal, elle ait seulement jeté un certain trouble dans son esprit, ses actes ne cessent pas de lui être imputables; seulement la demi-ivresse dans laquelle il se trouvait doit être considérée comme une circonstance atténuante. C'est ce qu'enseignent aussi MM. Chauveau et Hélie, t. 1, p. 518; Boitard, *loc. cit.*; et Le Sellyer, t. 1, nº 67.

405. Si un homme, ayant résolu de commettre un crime, s'était enivré à dessein, soit afin d'étouffer ses remords, soit afin de puiser dans l'exaltation de l'ivresse l'audace dont il a besoin pour accomplir son criminel projet, soit afin de se préparer d'avance une excuse, il devrait être puni comme s'il avait commis son crime de sang-froid. En effet, une telle hypothèse présente le caractère de la préméditation précédant et préparant le crime. L'ivresse dont il est ici question est celle qu'on nomme l'ivresse procurée (V. en ce sens MM. Chauveau et Hélie, t. 1, p. 518; Niccola Nicolini, p. 222; M. Le Sellyer (nº 66) n'admet pas que cette hypothèse puisse se réaliser. « L'homme fortement décidé à commettre un crime, dit-il, ne prend pas des moyens aussi détournés et aussi incertains pour y arriver. Il sait quelles sont les indiscrétions de l'ivresse. Qui l'assure qu'une fois ivre il gardera le secret de son projet criminel et ne donnera pas, à celui qu'il veut immoler, le temps de se précautionner contre ses fureurs? De plus, l'ivresse ôte souvent à l'homme qui en est atteint l'usage de ses facultés morales et physiques; or, comment supposer qu'un scélérat, déterminé à commettre un crime, aille, dans cette vue, se placer volontairement dans un état qui lui enlèverait, peut-être, la possibilité de l'accomplir? »

406. Peu importe, à notre avis, pour l'appréciation de l'acte, que l'ivresse soit habituelle chez l'agent ou qu'elle ait été purement accidentelle. Sans doute, envisagée en elle-même, l'ivresse habituelle est beaucoup plus condamnable qu'une ivresse accidentelle et fortuite; mais, dans l'un et l'autre cas, le défaut de raison, résultant de l'ivresse, produit le même effet et enlève à l'homme la responsabilité morale de ses actes (V. conf. MM. Chauveau et Hélie, t. 1, p. 519; Le Sellyer, *loc. cit.*). « On ne devrait admettre, disent MM. Chauveau et Hélie, que le seul cas où le prévenu, ayant déjà commis un crime en état d'ivresse, s'enivrerait de nouveau; car il serait permis d'apercevoir dans cette réitération l'indice d'une préméditation. » Mais M. Le Sellyer même ne va pas jusque-là; car il n'admet pas, comme nous venons de le voir, qu'on puisse rattacher le crime commis en état d'ivresse à une volonté antérieure, pour voir dans la réunion de ces deux éléments un véritable crime volontaire.

407. Il est toutefois un cas où, suivant M. Le Sellyer (*loc. cit.*), l'acte commis dans l'ivresse devrait être puni: c'est le cas où la loi inflige à l'auteur de cet acte une peine spéciale quand il l'a commis par imprudence. Ainsi, par exemple, les art. 319 et 320 c. pén. punissent spécialement l'homicide ainsi que les coups et blessures lorsqu'ils ont été le résultat de l'imprudence. Or l'ivresse, lors même qu'elle a été assez complète pour enlever au fait le caractère intentionnel sans lequel il ne peut y avoir ni crime ni délit, doit être considérée au moins comme une imprudence.

408. Les notions que nous venons d'exposer sont, nous l'avons dit, purement théoriques. Elles n'ont point été consacrées par notre législation criminelle. L'art. 64 c. pén., qui cite la démence et la force majeure comme des causes d'excuse légale, garde sur l'ivresse un silence absolu. Or il est évident que la disposition concernant la démence ne peut être étendue à l'ivresse, car ce sont deux faits bien distincts dont l'un est un malheur et dont l'autre est, presque toujours du moins, une faute, deux faits, par conséquent, qui ne peuvent être confondus sous la même désignation; et, puisque la loi n'a rangé que le premier de ces faits parmi les excuses, elle a, par cela même, refusé ce caractère à l'autre. C'est ainsi que le silence de la loi a été généralement interprété par les auteurs et par la jurisprudence. — V. notamment Merlin, Rép., vº Excuse, nº 3, § 4; Legraverend, Lég. crim., t. 1, p. 471; Bourguignon, Jurisp. des codes crim., sur l'art. 321 c. pén., nº 5; MM. Chauveau et Hélie, t. 1, p. 520.—V. aussi, dans l'ancienne jurisprudence, Muyart de Vouglans, Inst. au dr. crim., 1re part., chap. 1, p. 6; Jousse, Just. crim., t. 2, p. 618 et 619.

409. Déjà, sous le code du 3 brum. an 4, qui ne parlait pas non plus de l'ivresse, il avait été décidé: 1º que l'ivresse, étant un fait volontaire et répréhensible, ne peut jamais constituer une excuse que la morale et la loi permettent d'accueillir; qu'en conséquence, on ne pouvait interroger le jury sur le point de savoir si l'accusé était dans un état d'ivresse au moment du délit, afin de faire de cet état un motif d'excuse légale (Crim. cass. 7 prair. an 9, MM. Seignette, pr., Schwendt, rap., aff. Foisy; Rej. 19 nov. 1807, MM. Barris, pr., Lombard, rap., aff. Chiguin); — 2º Que la loi n'admettait pas comme excuse du vol l'état d'ivresse et la provocation; qu'en conséquence, de telles causes ne pouvaient être proposées aux jurés (Crim. cass. 15 therm. an 12, MM. Vermeil, pr., Schwendt, rap., aff. Watchern); — 3º Qu'une action répréhensible et immorale par elle-même, par exemple l'ivresse, ne peut jamais être considérée comme une circonstance atténuante d'un crime; qu'ainsi il n'y a pas lieu d'examiner si au moment où il a tiré le coup de fusil l'accusé était dans un état d'ivresse (Crim. rej. 7 juin 1810, MM. Barris, pr., Brillat, rap., aff. Satanassi); — 4º Que l'ivresse n'étant pas une excuse ne pourrait être alléguée pour la première fois en cassation (Crim. rej. 28 flor. an 9, MM. Seignette, pr., Sieyès, rap., aff. Maître-Jean).

410. Il a été jugé de même, sous l'empire de la loi nouvelle, 1º que l'ivresse n'est pas un motif d'excuse légale; qu'ainsi la cour d'assises peut se dispenser d'avoir égard à cette circonstance, surtout si, au lieu de déclarer le fait constant, le jury se borne à déclarer qu'il est présumable que les accusés étaient dans l'état d'ivresse (Crim. rej. 18 mai 1815, aff. Rosay, V. Attentat aux mœurs, nº 67); — 2º Que l'ivresse n'est pas admise par la loi comme rendant excusables le meurtre, les blessures ou les coups (Cr. rej. 2 oct. 1812) (1); — 3º Que l'état d'ivresse ne peut excuser les accusés, et, par exemple, les prévenus de rébellion envers la force publique (Crim. cass. 23 avril 1824) (2); — 4º Que l'ivresse, ne fût-elle même considérée que comme cause occasionnelle de l'état d'aberration où se serait trouvé l'accusé au moment du crime, par suite de prédisposition à des emportements sans cause, ne saurait être considérée comme cause d'excuse (Crim. rej. 1er juin 1843) (3); — 5º Que, dès

(1) (Urtdenbrock.) — LA COUR; —... Attendu, sur le troisième moyen, que, d'après les dispositions de l'art. 65 c. pén., nul crime ni délit ne peut être excusé, ni la peine mitigée, que dans les cas et dans les circonstances où la loi déclare le fait excusable ou permet de lui appliquer une peine moins rigoureuse; que l'état d'ivresse n'est point admis par la loi comme excuse; — Rejette.

Du 2 oct. 1812.-C. C., sect. crim.-MM. Barris, pr.-Vantoulon, rap.

(2) (Min. pub. *C.* Trendel et Carlé.) — LA COUR (ap. délib. en ch. du cons.); — Statuant sur le pourvoi du procureur général à la cour royale de Colmar; — Vu l'art. 209 c. pén.; — Considérant que les termes de cet article sont généraux et absolus; qu'ils ne contiennent ni excuse ni réserve; d'où il suit que si les faits qui sont l'objet de la plainte et des réquisitions du ministère public caractérisent une attaque ou une résistance de la nature de celles exprimées dans ce même article, ils constituent une rébellion, que l'état d'ivresse des coupables ne doit point excuser ni empêcher de punir selon la loi; — Considérant que, dans l'espèce, la plainte et les réquisitions du ministère public portaient sur des faits constitutifs d'un délit de rébellion envers deux gendarmes agissant légalement dans l'exercice de leurs fonctions; — Et que cependant, au lieu de s'expliquer comme elle le devait sur la spécification, la vérité et la nature de ces faits, et au lieu, en cas de qualification de délit de rébellion présenté par le ministère public, de le punir, selon les circonstances, de l'une des peines correctionnelles déterminées par les art. 211 et 212 c. pén., par la cour royale de Colmar, chambre des appels de police correctionnelle, sans s'expliquer sur les faits autrement que par une reconnaissance vague, a déclaré qu'au fond, et en admettant la procédure comme régulière, attendu que l'espèce de lutte qui a eu lieu entre les gendarmes et des hommes ivres n'a point les caractères d'une rébellion dans le sens de la loi, et n'est point passible des peines prononcées en pareil cas, a, par ce motif, réformé le jugement du tribunal correctionnel de Strasbourg, du 30 oct. 1823, et déchargé les nommés Bernard Trendel et Xavier Carlé de la prévention du délit de rébellion envers la gendarmerie; — En quoi elle a commis un excès de pouvoir, en créant arbitrairement une exception et une excuse non déterminées par la loi, en même temps qu'elle a formellement violé ledit art. 209 c. pén.; — Par ces motifs, casse et annule l'arrêt de la cour royale de Colmar, chambre des appels de police correctionnelle, du 4 mars dernier, qui réforme le jugement du tribunal correctionnel de Strasbourg, du 30 octobre précédent, et décharge Bernard Trendel et Xavier Carlé de la prévention du délit de rébellion envers la gendarmerie; renvoie, etc.

Du 23 avr. 1824.-C. C., sect. crim.-MM. Bailly, pr.-Ollivier, rap.

(3) *Espèce:* — (Courtier *C.* min. pub.). — Le sieur Courtier, con-

lors, il ne résulte pas une violation des droits de la défense de ce que la cour d'assises aurait interdit au défenseur de l'accusé de plaider un tel moyen (même arrêt).

411. Mais si l'ivresse ne peut être l'objet d'une question d'excuse qui puisse être posée au jury, ce n'est pas à dire pourtant qu'elle sera toujours sans influence sur la décision à intervenir. Et d'abord le jury, qui est omnipotent, qui n'a point à rendre compte des motifs de sa décision, le jury qui examine dans sa complexité la question de savoir si l'accusé est coupable, et qui la résout par oui ou par non, le jury, disons-nous, s'il juge qu'à raison de l'ivresse l'accusé n'a pas su ce qu'il faisait et qu'ainsi l'un des éléments essentiels de la criminalité, l'intention, a manqué, pourra très-bien rendre un verdict négatif. S'il ne croit pas devoir aller jusque-là, il pourra, et les juges correctionnels eux-mêmes pourront prendre l'ivresse en considération pour émettre en faveur du coupable une déclaration de circonstances atténuantes (V. en ce sens MM. Chauveau et Hélie, t. 1, p. 520 et 521).

412. Déjà, antérieurement à la loi actuelle, il avait été décidé : 1° que l'état d'ivresse était une des circonstances atténuantes qui, sous la loi du 27 germ. an 4, devaient donner lieu à modérer la peine du crime de provocation à la dissolution du gouvernement; qu'en conséquence, lorsque cette circonstance était alléguée par l'accusé, elle devait faire l'objet d'une question au jury qui, d'après cette loi, pouvait seul la constater (Crim. cass. 8 frim. an 7) (1);—2° Que l'état d'ivresse ne détruit point à la vérité le délit d'injures; mais qu'il en diminue la gravité (Crim. cass. 10 flor. an 10) (2).

413. *Sortilége.*—Un crime n'est pas excusable à cause de la persuasion intime où aurait été son auteur qu'il était frappé de sortilége; en conséquence un tel fait ne peut être proposé aux jurés comme fait d'excuse (Crim. cass. 16 frim. an 9) (3). — La cour de cassation a même déclaré, dans les considérants de cet arrêt, que la question tendant à reconnaître si l'auteur d'un meurtre s'est cru, au moment du crime, frappé de sorcellerie, était une question inepte. — Sans doute, cette question ne devait pas être posée, parce que l'état supposé d'ensorcellement, s'il n'est pas de nature à enlever toute espèce de discernement, ne peut être considéré comme excuse. Mais il faut avouer que l'état d'ignorance dans laquelle sont plongés quelques habitants des campagnes peut donner à des esprits faibles une telle opinion du pouvoir d'un sortilége dont ils se croiraient frappés, et égarer à tel point leur raison, que l'action commise dans cet état perdrait sa moralité, et que la défense aurait le droit de prétendre que la raison du prévenu se trouvait aliénée momentanément sous le pouvoir supposé du charme.

§ 3. — *De la contrainte, de la force majeure.*

414. Les actes de l'homme ne lui sont imputables qu'autant qu'ils sont le résultat d'une volonté libre; du moment où il est contraint, il cesse d'être responsable. Ainsi l'art. 64 c. pén., après avoir dit qu'il n'y a ni crime ni délit lorsque le prévenu était en démence au temps de l'action, ajoute-t-il : «ou lorsqu'il a été contraint par une force à laquelle il n'a pu résister. » La *contrainte* ou la *force majeure* est donc une seconde cause qui fait disparaître la culpabilité de l'agent. — On distingue deux sortes de contraintes : la contrainte *physique* et la contrainte *morale*. La première est celle qui s'exerce par l'emploi de la force matérielle; la contrainte morale est celle qui résulte, soit de la me-

---

damné à la peine de mort pour homicide volontaire, par arrêt de la cour d'assises du département de la Meuse, s'est pourvu en cassation pour violation du droit de la défense et de l'art. 64 c. pén., en ce que la cour d'assises n'avait pas permis au défenseur de l'accusé de plaider la question d'excuse résultant de ce que, par suite d'une prédisposition fatale à des actes de violence, l'ivresse avait déterminé chez l'accusé un véritable accès de démence, sous l'influence de laquelle il avait commis le crime qui lui était imputé.—Arrêt.

LA COUR; —Attendu que le défenseur de l'accusé n'a pas plaidé une pure question de démence; mais qu'il a voulu se prévaloir de la prétendue ivresse de l'accusé, et des passions qui l'animaient au moment de la perpétration de son crime; — Attendu que la cour d'assises, en interdisant ce mode de défense, par le motif qu'il ne s'agissait ni d'une excuse légale, ni du cas prévu par l'art. 64 c. pén., relatif à la démence, n'a fait que se conformer à la loi, et n'a pas porté atteinte à la liberté de la défense; — Rejette.

Du 1er juin 1843.-Ch. crim.-MM. de Ricard, pr.-Isambert, rap.

(1) *Espèce:* — (Jean Métay *C.* min. pub.). — Jean Métay était accusé de provocation à la dissolution du gouvernement. Quoiqu'il résultât des pièces de la procédure, de l'acte d'accusation, des débats et défense du prévenu, qu'il était un peu pris de vin et avait en partie perdu ses facultés intellectuelles, lorsqu'il avait commis le délit qui lui était imputé, le tribunal criminel de Maine-et-Loire n'avait point posé la question de savoir s'il y avait dans le délit des circonstances atténuantes. — La position de cette question était cependant d'autant plus nécessaire, que si elle eût été répondue affirmativement par les jurés, la peine de mort à laquelle ledit Métay avait été condamné, d'après l'art. 1 de la loi du 27 germ. an 4, eût été commuée en celle de la déportation, aux termes du même article. — Pourvoi pour contravention aux art. 373, 374 et 380 du code des délits et des peines, et à l'art. 1 de la loi du 27 germ. an 4.—Jugement.

LE TRIBUNAL;—Vu les art. 373, 374 et 380;—Vu aussi l'art. 1 de la loi du 27 germ. an 4, lequel, après avoir prononcé la peine de mort contre les provocateurs de la dissolution de la représentation nationale, du directoire exécutif, du gouvernement, etc., porte : « La peine de mort sera commuée en celle de la déportation, si le jury déclare qu'il y a dans le délit des circonstances atténuantes; » — Et attendu qu'il résulte des pièces de la procédure, et notamment de l'acte d'accusation, des débats et de la défense de l'accusé, que, lorsqu'il a commis le délit dont il s'agit, s'il n'était pas dans un état d'ivresse absolu, et s'il n'avait pas totalement perdu ses facultés intellectuelles, il était du moins dans un état d'ivresse quelconque, et avait perdu en partie ses facultés intellectuelles; que même l'accusé avait toujours soutenu qu'il était ivre, et ne pouvait se rappeler ce qu'il avait pu dire dans le vin; que cette circonstance le rendait certainement bien moins coupable qu'un homme qui n'aurait absolument point été pris de vin, et devenait conséquemment une circonstance atténuante qui aurait dû être proposée aux jurés, et sur laquelle ceux-ci s'étant expliqués affirmativement, la peine de mort n'aurait pu alors être prononcée, mais seulement celle de la déportation, d'après la loi du 27 germ. an 4; d'où il suit que les juges du tribunal criminel du département de Maine-et-Loire, n'ayant point proposé aux jurés la question de savoir si, dans le délit, il y avait eu des circonstances atténuantes, ont contrevenu aux dispositions des art. 373 et 374 du code des délits et des peines, ainsi que de l'art. 1 de la loi du 27 germ. an 4, précités; — Pour ces considérations, casse.

Du 8 frim. an 7.-C. C., sect. temp.-MM. Chasle, pr.-Chupiet, rap.

(2) (Min. pub. *C.* Mauny.)—LE TRIBUNAL;—Vu les art. 153, 154, 456, 600 et 606 c. de brum.; — Considérant que le tribunal de police du canton de Joigny a violé les art. 153 et 154 ci-dessus cités, et fait une fausse application de l'art. 162 du même code, en refusant d'entendre les témoins présentés par la partie civile plaignante, pour constater le délit dont il s'agissait, sous le prétexte que ces témoins n'avaient point été assignés à la requête du commissaire; — Considérant que le second jugement intervenu dans cette affaire contient les mêmes violations des articles précités, en ce que le tribunal a refusé d'admettre la partie civile à prouver que le prévenu n'était pas dans l'état d'ivresse qu'il alléguait lorsqu'il a tenu les propos injurieux; qu'il y a eu, de la part du tribunal, déni de justice et excès de pouvoir à réprimer, conformément au § 6 de l'art. 456 du code ci-dessus cité; — Considérant que l'état d'ivresse, fût-il constant, ne pouvait point effacer entièrement le délit, mais seulement en diminuer la gravité, et que le tribunal, en ne prononçant aucune des peines voulues par la loi, est contrevenu principalement à l'art. 606 du code ci-dessus cité; — Considérant encore que le tribunal de police a commis un excès de pouvoir en ordonnant une réparation d'honneur, audience tenant, en ce qu'aucun des articles relatifs aux tribunaux de police ne les autorise à prononcer cette peine et déterminent celles qu'il leur est permis d'infliger; — Casse.

Du 10 flor. an 10.-C. C., sect. crim.-MM. Seignette, pr.-Sieyes, rap.

(3) (Jean Gabet *C.* min. pub.)—LE TRIBUNAL;—Vu que la huitième des questions posées et proposées à la décision des jurés dans la séance de l'examen qui a précédé le jugement dudit Gabet, porte : « Est-il excusable à raison de la persuasion intime où il était qu'il était ensorcelé? » à laquelle question les jurés ont répondu que l'accusé n'était pas excusable à raison de cette persuasion; — Considérant que, d'après l'art. 373 de la loi du 3 brum. an 4, le président, au nom et de l'avis du tribunal, pose toutes les questions qui résultent, tant de l'acte d'accusation que des débats, et que les jurés doivent décider; — Considérant que, aux termes de l'art. 380 de la même loi, toute contravention à cette règle emporte nullité; — Considérant enfin que pour donner une déclaration pertinente sur l'accusation intentée contre Jean Gabet, du crime d'assassinat, les jurés ne pouvaient avoir à décider la question inepte ci-dessus relatée; — Casse.

Du 16 frim. an 9.-C. C., sect. crim.-MM. Viellart, pr.-Goupil, rap.

nace d'un mal plus ou moins grave, en cas de refus d'exécuter le crime, soit du commandement d'une personne qui a autorité sur l'agent. — A la rigueur, la contrainte physique est la seule qui rentre dans la définition de l'art. 64 c. pén.; c'est vraiment la seule à laquelle on ne puisse résister. Supposons, en effet, qu'un individu nous menace de mort si nous refusons de commettre tel crime; nous pouvons résister, nous sommes toujours libres de préférer la mort au crime qui nous est imposé. Cependant, comme il faudrait pour cela une vertu dont la plupart des hommes sont incapables, on pense généralement que la loi considère comme contraints par une force supérieure ceux dont la volonté a été dominée par la terreur, ceux qui, sous l'impression de la menace, ont fait ce qu'ils n'eussent pas fait de leur libre volonté, et qu'ainsi la contrainte morale peut avoir, aussi bien que la contrainte physique, l'effet de justifier l'auteur d'un fait qualifié crime ou délit. C'est aussi le sentiment de Puffendorf, Dr. de la nature et des gens, t. 1, p. 82; Farinacius, quæst. 97, n° 11; Jul. Clarus, quæst. 60, n° 17; Muyart de Vouglans, Lois crim., p. 31.—V. *contrà* Barbeyrac, notes sur Puffendorf, t. 1, p. 83; Covarruvias, t. 1, p. 2, c. 3, § 4; Burlamaqui, Princ. du dr. de la nature et des gens, t. 1, p. 243. — Toute *menace* ne saurait produire un effet aussi étendu; il faut, dit l'art. 64, que la contrainte soit telle qu'on n'ait pu y résister : *vani timoris excusatio non est*, disait la loi romaine (L. 184, ff., *De regul. jur.*); *metum autem non vani hominis, sed qui meritò et in hominem constantissimum cadat.* Et Muyart de Vouglans (Lois crim., p. 31) exigeait également que la crainte fût juste et fondée sur des causes graves et capables de faire des impressions assez fortes pour que l'homme le plus ferme en fût ébranlé. C'est ce qu'enseignent aussi MM. Chauveau et Hélie, t. 1, p. 536. — En droit civil, il suffit, pour qu'il y ait violence, que la personne menacée ait lieu de *craindre* pour sa personne ou sa fortune un mal considérable et présent (c. nap. 1112). En droit criminel, la crainte d'un préjudice pécuniaire ne suffirait pas pour innocenter l'auteur; car chacun doit être prêt à sacrifier sa fortune plutôt que de commettre un délit; la crainte de la mort ou d'un mal physique très-grave pourrait seule enlever au fait son caractère criminel; quant à la crainte du dommage pécuniaire, elle atténuerait seulement la faute, elle ne l'effacerait pas (V. conf. MM. Chauveau et Hélie, t. 1, p. 538). — Il faut, en outre, que l'auteur du fait ait eu lieu de craindre un *mal présent*, une exécution immédiate des menaces qui lui étaient faites. Des menaces dont l'effet ne devrait se produire qu'ultérieurement et par conséquent ne serait pas certain, ne constitueraient pas une contrainte suffisante pour effacer la criminalité (V. en ce sens MM. Chauveau et Hélie, *loc. cit.* V. aussi L. 9, Cod., *De his qui vi aut metu;* Burlamaqui, Princ. du dr. de la nat. et des gens, t. 1, p. 243; Livingston, *Cod. of crimes and punishments*, art. 10; Code prussien, art. 19).

415. Du reste, en cette matière comme en matière civile, il faut avoir égard à l'*âge*, au *sexe*, et à la *condition des personnes*, conformément à la règle judicieuse formulée par l'art. 1112 c. nap. En effet, telle menace qui ne produirait aucune impression sur telle ou telle personne dominera entièrement la volonté de telle autre, plus timide et plus faible. La règle générale posée, il convient, pour son application, d'avoir égard aux circonstances, à la diversité des caractères, à l'inégalité des forces. C'est l'office du juge et non du législateur. Dans chaque espèce, il y a lieu d'examiner, d'après les circonstances, si l'auteur du fait a cédé à une contrainte morale irrésistible. Si l'on juge que la contrainte, bien que n'étant pas irrésistible, bien que n'ayant pas eu sur la volonté cette influence toute-puissante dont nous avons parlé, a cependant agi sur cette volonté et l'a entraînée, au lieu d'avoir un caractère justificatif, elle sera simplement une circonstance atténuante. Cette distinction avait été faite dans l'ancienne jurisprudence : *Qui delinquit non coactur absolutè*, dit Farinacius (quæst. 97, n° 24), *sed conditionaliter punitur aliquâ pœnâ extraordinariâ, quia vult delinquere, et sic aliquo modo concussit voluntas licet coacta.* V. aussi MM. Chauveau et Hélie, t. 1, p. 540.

416. La contrainte dont il est ici question est celle qui a été exercée par un *tiers* sur l'auteur du fait. Ainsi ce dernier ne pourrait prétendre, pour se justifier, qu'il a cédé à l'entraînement irrésistible soit de la *colère*, soit de toute autre *passion*. Nous en dirons autant de la contrainte résultant des *besoins naturels* auxquels l'humanité est assujettie. Ainsi, par exemple, celui qui, poussé par la *faim*, vole du pain ou d'autres aliments, celui qui, n'ayant pas de quoi couvrir sa nudité, vole des vêtements, ne peuvent pas prétendre qu'ils ont cédé à la contrainte; ils sont, en principe du moins, passibles de la peine. Mais les uns et les autres peuvent invoquer soit la passion qui les a entraînés, soit surtout le besoin qui les pressait comme circonstance atténuante. Il pourrait même arriver, s'il était démontré, par exemple, que l'accusé se trouvait dans l'alternative ou de mourir de faim ou de voler, que le jury rapportât un verdict de culpabilité. C'est aussi le sentiment de MM. Chauveau et Hélie, t. 1, p. 540 et 541.—Il avait été décidé, sous le code pénal de 1791, bien qu'il n'y eût point à cet égard de disposition formelle, que la *misère* de l'accusé pouvait rendre le vol excusable (Crim. cass. 14 germ. an 7) (1). Il n'en est plus de même aujourd'hui. La misère pourrait seulement rentrer dans la classe des circonstances atténuantes. Mais on peut regretter qu'elle ne puisse, de même que la faim, être soumise aux jurés comme fait d'excuse. La pitié qu'inspire toujours un accusé dans cette position, la crainte de le voir condamner à des peines rigoureuses, le désir de ne point abandonner son sort aux chances d'une délibération ultérieure, qui, d'ailleurs, si elle le sauvait de la peine infamante, ne pourrait que le frapper d'un châtiment encore trop sévère; toutes ces causes réunies font prononcer souvent l'acquittement d'accusés bien convaincus. — M. Carnot dit que ce n'est qu'un acte de justice rigoureuse. Nous ne saurions le penser; il y a eu infraction à la loi; elle doit être punie : mais elle doit l'être dans une juste proportion.

417. Nous avons dit que la *contrainte* peut résulter aussi de l'ordre d'un supérieur. Cet ordre peut être donné par un commandant aux militaires sous ses ordres, par un fonctionnaire à ses subordonnés, par un père à ses enfants, par un mari à sa femme, par un maître à ses domestiques. Parcourons ces diverses hypothèses. — Il est bien certain que le militaire doit obéissance à son supérieur hiérarchique. Mais cette obéissance doit-elle être absolue, aveugle? Le militaire doit-il être un instrument purement passif? Et quand il n'a fait qu'obéir à l'ordre de son supérieur, est-il complétement et dans tous les cas irresponsable? On l'a prétendu; mais nous ne croyons pas qu'il faille aller jusque-là. Dans quelque situation qu'il se trouve placé, l'homme ne doit jamais être réduit au rôle de pure machine, d'instrument purement matériel; sa conscience a sur lui des droits que nul ne peut lui ravir. Sans doute, le militaire doit prendre garde d'exagérer le droit d'examen que nous lui reconnaissons, il doit, en règle générale, présumer légitime l'ordre qui lui est donné; mais si cet ordre était évidemment criminel, nous croyons que le militaire pourrait et même devrait refuser son obéissance. S'il est vrai, comme on l'a dit avec une raison éloquente, qu'il n'y a pas de droit contre le droit, il n'est pas moins vrai qu'il n'y a pas de devoir contre le devoir; ce ne peut donc jamais être un devoir que de servir d'instrument à l'accomplissement d'un crime. Les anciens jurisconsultes distinguaient entre les crimes atroces et les crimes légers; l'ordre du prince ne justifiait pas l'agent qui avait commis les premiers, mais il mettait à l'abri de toute peine l'auteur des autres (V. notamment

(1) (Guillaume Colin C. min. pub.)—LE TRIBUNAL;—Vu les art. 1, tit. 2, part. 1, et 19, sect. 2, tit. 2, part. 2 c. pén.; — Considérant que Guillaume Colin était accusé d'avoir détourné à son profit, au préjudice du propriétaire, des fusils qui lui avaient été confiés pour un travail salarié; que le jury de jugement avait répondu affirmativement sur toutes les questions qui résultaient de cette accusation; mais que le tribunal criminel du département de l'Ourte ayant posé ensuite la question de savoir si Colin était dans une extrême misère, il devait encore poser la question de savoir si cette misère était un motif d'excuse, question qui devait être décidée par les jurés seulement; qu'en omettant de la soumettre à l'examen des jurés, et en excusant eux-mêmes l'accusé, d'après la seule déclaration affirmative sur le fait de la misère, ces juges ont fait ce qui n'appartient qu'aux jurés, et ont ainsi commis un excès de pouvoir; — Par ces motifs, faisant droit au réquisitoire du commissaire du directoire exécutif; — Casse.

Du 14 germ. an 7.-C. C., sect. crim.-MM. Barris, pr.-Pepin, rap.

Farinacius, quæst. 97, nos 5 et suiv.; Gomez, *De delict.*, c. 3, *De homic.*, no 42). M. Livingston a fait, dans la législation pénale de la Louisiane, une distinction analogue : les simples soldats qui, d'après l'ordre d'un officier, ont commis un simple délit, n'encourent aucune peine; mais, s'ils ont commis un crime, ils ne sont pas justifiés par l'ordre auquel ils ont obéi. Cette distinction nous paraît peu rationnelle et nous ne croyons pas qu'elle doive être admise; quelle que soit la nature et la gravité du fait, une seule question, selon nous, doit être examinée : l'agent a-t-il dû croire, a-t-il cru commettre un fait illicite (V. en ce sens MM. Chauveau et Hélie, t. 1, p. 542 et suiv.; V. aussi M. Rossi, Tr. du dr. pén., t. 2, p. 130). — Quant au fonctionnaire civil, toutes les fois qu'il obéit à la loi, il est à l'abri de toute peine, lors même que la loi serait inique (MM. Rossi, Tr. de dr. pén., t. 2, p. 130; Chauveau et Hélie, t. 1, p. 545). Il en est de même de celui qui, en vertu de ses fonctions, exécute les jugements et les ordres de la justice, pourvu qu'il se conforme, dans cette exécution, aux règles tracées et aux formes prescrites par la loi. Ainsi, l'huissier qui arrêterait un citoyen sur un simple ordre d'un magistrat, sans que cet ordre ait été revêtu des formes d'un mandat légal, hors les cas de flagrant délit, ferait un acte coupable qui le rendrait passible d'une peine. Pour tous les actes autres que ceux dont nous venons de parler qui peuvent être commandés par le fonctionnaire supérieur à ceux qui sont placés sous ses ordres, l'obéissance n'est due par ces derniers que dans la limite des pouvoirs que la loi a conférés au premier. S'il leur donne un ordre qui soit en dehors des attributions qu'il a reçues de la loi, ils ne sont pas tenus d'obéir; bien plus ils doivent refuser d'obéir si cet ordre a pour objet une chose illicite. Si l'inférieur a seulement des doutes sur la légitimité de l'ordre qui lui est donné, que doit-il faire? Suivant Grotius (*De jur. bell. et pac.*), il doit s'abstenir, parce que la désobéissance est un moindre mal que le crime; mais d'autres auteurs ont pensé que, dans le doute, la présomption doit être en faveur du supérieur, et que l'inférieur doit obéir (V. notamment Barbeyrac, sur Grotius, *loc. cit.*; MM. Rossi, Tr. du dr. pén., t. 2, p. 129; Chauveau et Hélie, t. 1, p. 546). — Il a été jugé que les *ordres* des *maires* ne sont une excuse des contraventions qu'autant qu'ils se rattachent à la loi (Crim. cass. 27 avr. 1843, aff. Lhuillier, V. Contravention, no 142).

418. La *soumission* que les *enfants* doivent à leurs *parents*, celle que la femme doit à son mari ont une limite nécessaire; cette limite c'est la distinction du bien et du mal, de ce qui est permis et de ce qui ne l'est pas. Le père n'a pas le droit d'exiger de son enfant ni le mari de sa femme une action que la morale ou les lois défendent. Dans ce cas, l'enfant (nous supposons qu'il a l'âge du discernement), ainsi que la femme, doivent résister et refuser d'obéir. Si, par obéissance, ils commettaient un crime ou un délit, peut-être ils trouveraient dans le commandement auquel ils ont cédé une circonstance atténuante, mais ils n'y trouveraient point une excuse suffisante pour effacer la criminalité de l'acte. Et nous ne croyons pas qu'il y ait lieu ici de distinguer, avec Farinacius, quæst. 97, nos 153 et 154, entre les délits légers et les délits très-graves (V. en ce sens MM. Chauveau et Hélie, t. 1, nos 547 et 548; V. toutefois, en ce qui concerne la complicité, ce qui a été dit vo Complice-complicité, nos 210 et suiv.).—Il a été jugé en ce sens : 1o que l'obéissance qu'un fils doit à son père n'est pas une excuse d'un délit (Crim. cass. 5 mai 1837, aff. Borderie, vo Forêts, no 731); — 2o Que la soumission que la femme doit à son mari ne peut constituer une excuse pour un crime qu'elle a commis de complicité avec lui (Crim. rej. 25 sept. 1818) (1); — 3o Que la femme qui aide son mari dans le détournement de ses marchandises ou valeurs au préjudice des créanciers dépasse les bornes de l'obéissance qu'elle doit à son mari, et se rend coupable de banqueroute (Crim. rej. 14 déc. 1839, aff. Foulon, vo Contrainte par corps, no 635).

419. Les mêmes principes doivent être appliqués dans les rapports du *maître* et du *domestique*. L'obéissance que le serviteur doit à son maître ne saurait jamais aller jusqu'à la violation des lois. Ainsi, le domestique qui a commis un crime ou un délit ne peut se décharger de toute responsabilité en prouvant qu'il n'a fait qu'obéir à son maître. Il n'était pas tenu d'obéir . son devoir était de refuser. C'est ce qu'enseignent aussi MM. Chauveau et Hélie, t. 1, p. 549.—Décidé en ce sens : 1o qu'un domestique accusé d'un crime ne peut pas alléguer comme excuse qu'il n'a fait, en le commettant, qu'obéir aux ordres de son maître : ici ne peut s'appliquer l'art. 64 c. pén. (Crim. rej. 8 nov. 1811) (2);— 2o Que l'état de domesticité n'est pas un motif d'excuse dont puisse se prévaloir celui qui s'est rendu complice d'un délit commis par son maître, surtout si le domestique a participé au produit du délit (Crim. cass. 14 août 1807, aff. Goffer, V. Inst. crim., no 208); — 3o Que, lorsque l'arrêté d'un maire porte que tout maçon ou entrepreneur ne peut commencer la construction ou reconstruction d'un mur faisant face à une rue, sans la permission que doit obtenir le propriétaire, un maçon ne peut être renvoyé d'une contravention à cet arrêté, sous le prétexte qu'il aurait agi d'après l'ordre exprès du propriétaire qui aurait pris fait et cause pour lui (Crim. cass. 6 août 1836, aff. Joannis, V. Voirie).

420. L'art. 64 c. pén. ne parle que de la *contrainte* qui nous fait commettre un crime ou un délit; mais il est clair qu'on doit assimiler à cette contrainte l'*impossibilité* où une personne peut se trouver d'accomplir une obligation à laquelle la loi a attaché une sanction pénale. Dans un cas comme dans l'autre il y a force majeure et par conséquent irresponsabilité. — Il a été jugé en ce sens, que l'empêchement provenant de force majeure fait exception à la culpabilité, en matière de police, comme en toute autre matière; qu'ainsi, la fermeture d'un spectacle après l'heure fixée par l'autorité municipale ne constitue point une contravention, si le retard provient de faits étrangers au directeur du théâtre et à la troupe dramatique (Crim. rej. 8 août 1840, M. Isambert, rap., aff. Lefèvre).

Art. 2. — *Des excuses proprement dites.*

§ 1. — *De l'âge; du défaut de discernement; des septuagénaires et sexagénaires.*

421. *Mineurs.* — Les notions du bien et du mal sont innées dans l'homme; mais elles ne se développent que par degrés. Un voile épais les dérobe à l'intelligence encore trop faible du premier âge, et elles ne se révèlent entièrement qu'à la raison déjà avancée de l'adolescence. — Aussi ne reconnaît-on en quelque sorte aucune moralité dans les actions de l'enfance, et elles seraient mises en dehors de la loi pénale, si de nombreux exemples ne prouvaient trop souvent que l'âge le plus tendre peut porter des fruits précoces de perversité. — Une limite était pourtant nécessaire pour distinguer celui que la loi doit frapper sans pitié, parce qu'il l'a offensée en connaissance de cause, de celui qui n'a pas encore la raison suffisamment développée pour apprécier dans toute son étendue l'action coupable à laquelle il se livre. Cette limite a été fixée à l'âge de seize ans; passé cet âge, tous sont également responsables des crimes ou délits qu'ils peuvent com-

(1) (Sergeant dit Scevola et femme Delaporte.) — La cour; — ... Attendu, sur le troisième moyen, que la soumission que doit une femme à son mari ne peut s'étendre jusqu'à l'obliger de lui obéir pour l'exécution d'un crime, et que cette soumission ne saurait former une excuse en sa faveur; — Attendu enfin que les demandeurs ont été reconnus l'un et l'autre avoir conjointement en complicité commis un vol de nuit dans une maison habitée; que cette déclaration, qui les constitue tous les deux auteurs de ce vol, a été une base légale à l'application de la loi pénale; — Rejette le pourvoi contre l'arrêt de la cour d'assises de Seine-et-Oise du 17 août 1818.

Du 25 sept. 1818.-C. C., sect. crim.-MM. Barris, pr.-Clausel, rap.

(2) *Espèce :* — (La fille Lacaze C. min. pub.) — Marie Lacaze, servante, accusée d'un vol qualifié, allégua pour excuse qu'elle avait obéi, en le commettant, aux ordres de sa maîtresse, et demanda qu'il fût posé une question relative à cette circonstance. — Refus du président. — Pourvoi fondé sur l'art. 64 c. pén. — Arrêt.

La cour; — Attendu que les art. 64 et 65 c. pén. placent au nombre des crimes et délits excusables, ceux où le prévenu aurait été contraint par une force à laquelle il n'a pu résister; mais qu'il n'est pas ainsi du cas dans lequel Marie Lacaze se place, d'avoir été induite à commettre le vol dont il s'agit, par obéissance à Jeanne ***, celle-ci fût-elle sa maîtresse; qu'ainsi les questions proposées au jury ont été régulièrement posées; — Rejette.

Du 8 nov. 1811.-C. C., sect. crim.-MM. Barris, pr.-Vasse, rap.

mettre. — Sans doute, la ligne tracée par la loi se trouvera dans quelques cas inexacte et trop fortement tranchée, car la raison est plus ou moins avancée suivant les individus; mais il était nécessaire d'établir une règle générale et uniforme; d'ailleurs, il faut avouer qu'on trouvera fort peu de sujets au-dessus de seize ans qui n'aient pas ces premières idées de bien et de mal suffisantes pour discerner une action coupable.

La loi romaine faisait à cet égard plusieurs distinctions. Tant que l'enfant n'avait pas dépassé l'âge de dix ans et demi pour les hommes et de neuf ans et demi pour les femmes, elle le considérait comme incapable d'une pensée criminelle et ne lui infligeait aucune peine à raison de ses actes; depuis cet âge jusqu'à l'âge de quatorze ans pour les hommes et de douze ans pour les femmes, il était encore protégé par la même présomption; mais cependant la preuve contraire était admise, et, s'il était démontré qu'il avait eu conscience du mal qu'il faisait, il était puni, mais avec plus d'indulgence que les adultes; depuis la puberté jusqu'à la majorité (vingt-cinq ans), l'auteur du fait était punissable comme s'il était majeur, et toutefois il encourait une moindre peine que ce dernier (Inst., *De oblig. quæ ex delict. nasc.*, § 18; L. 23, ff., *De furt.*; L. 3, ff., *De reg. jur.*; L. 14, ff., *De senat. cons. Sillan.*; L. 7, Cod., *De pœnit.*; L. 1, ff., *ad Syllam*). Mais ces distinctions n'étaient plus admises dans les crimes atroces; la loi présumait que l'immoralité de ces crimes devait frapper même l'intelligence d'un enfant.

L'ancienne jurisprudence avait adopté à peu près les mêmes règles. —V. notamment Muyart de Vouglans, Lois crim., p. 27; Rousseau de Lacombe, p. 39; Jousse, t. 2.

D'après les lois *anglaises*, l'enfant au-dessous de sept ans ne peut jamais être poursuivi. De sept à quatorze ans, il n'est pas, de plein droit, responsable des délits qu'il peut commettre; mais il peut l'être exceptionnellement, s'il est reconnu avoir eu conscience du mal qu'il a fait, par application de la maxime : *malitia supplet ætatem;* toutefois, les peines qu'il a encourues sont mitigées à raison de son âge. Au-dessus de quatorze ans, il est assimilé au majeur, excepté pour certaines contraventions qui consistent dans des omissions de faire, parce que, n'ayant pas jusqu'à sa majorité la disposition de ses biens, il ne pourrait payer l'amende (Blakstone, Comm. sur la cour crim. d'Angleterre, t. 1, p. 29). — En *Autriche*, les enfants qui n'ont pas dix ans accomplis ne peuvent être frappés d'aucune pénalité. Depuis cet âge jusqu'à quatorze ans, ils ne peuvent être frappés, à raison des délits qu'ils commettent, que de peines de police. Au dessus de quatorze ans, ils sont assimilés aux hommes d'un âge mûr (c. pén. gén. d'Autriche, 1re part., art. 2, et 2e part., art. 4). — Au *Brésil*, les enfants de moins de quatorze ans ne sont point, en règle générale, considérés comme coupables des crimes qu'ils ont commis; seulement ils sont tenus de réparer sur leurs biens le préjudice qu'ils ont causé; et, s'il est prouvé qu'ils ont agi avec discernement, ils peuvent être renfermés dans des maisons de correction jusqu'à leur dix-septième année. A quatorze ans, le mineur est présumé avoir agi avec discernement; mais le juge peut lui infliger une peine inférieure d'un tiers à la peine réservée au crime. Enfin, jusqu'à vingt et un ans, son âge seul constitue une circonstance atténuante qui doit entraîner une diminution des châtiments (c. pén. Brésil, art. 10, 11, 13 et 18).

422. Revenons à notre législation. Les bases du système qu'elle a adopté avaient été posées par le code pénal du 25 sept.-6 oct. 1791 (1re part., tit. 5, art. 1 et suiv.). Le code pénal de 1810 n'a fait que le perfectionner.— Après seize ans accomplis, l'homme, avons-nous dit, est présumé par la loi doué des connaissances nécessaires à l'appréciation de ce qui est permis et défendu. Avant cet âge, le législateur a dû placer l'accusé dans deux hypothèses différentes : ou bien le mineur de seize ans, auteur d'un délit, n'a eu aucun sentiment de sa mauvaise action, et dès lors cette action perd aux yeux de la loi son caractère moral et punissable, elle n'est plus ni crime ni délit, seulement elle peut motiver, à l'égard et dans l'intérêt de l'enfant, l'application d'une mesure analogue à la correction paternelle; ou bien il a agi avec une entière conscience de l'acte qu'il commettait, et, dans ce cas, il doit être puni; mais comme, à raison de son âge, il doit être jusqu'à un certain point considéré comme excusable, la raison et l'équité veulent qu'il soit puni moins rigoureusement que ne le serait une personne dont les facultés auraient atteint tout leur développement. Les règles établies sur ce point ne sont pas les mêmes en matière criminelle et en matière correctionnelle. Nous allons exposer successivement les unes et les autres.

423. L'art. 340 c. inst. cr. porte : « Si l'accusé a moins de seize ans, le président posera, à peine de nullité, cette question : « L'accusé a-t-il agi avec discernement? » Que doit-il donc être décidé, suivant que le jury répond affirmativement ou négativement à cette question? C'est ce qui fait l'objet des art. 66 et 67 c. pén., ainsi conçus : « Art. 66. Lorsque l'accusé aura moins de seize ans, s'il est décidé qu'il a agi *sans discernement*, il sera acquitté; mais il sera, selon les circonstances, remis à ses parents ou conduit dans une maison de correction, pour y être élevé et détenu pendant tel nombre d'années que le jugement déterminera, et qui toutefois ne pourra excéder l'époque où il aura accompli sa vingtième année.—67. S'il est décidé qu'il a agi *avec discernement*, les peines seront prononcées ainsi qu'il suit : s'il a encouru la peine de mort, des travaux forcés à perpétuité, de la déportation, il sera condamné à la peine de dix à vingt ans d'emprisonnement dans une maison de correction; s'il a encouru la peine des travaux forcés à temps, de la détention ou de la reclusion, il sera condamné à être renfermé dans une maison de correction pour un temps égal au tiers au moins et à la moitié au plus de celui pour lequel il aurait pu être condamné à l'une de ces peines. Dans tous les cas, il pourra être mis, par l'arrêt ou le jugement, sous la surveillance de la haute police pendant cinq ans au moins et dix ans au plus. S'il a encouru la peine de la dégradation civique ou du bannissement, il sera condamné à être enfermé, d'un an à cinq ans, dans une maison de correction.»

A côté de ces articles, il convient de placer l'art. 69 ainsi conçu : « Dans tous les cas où le mineur de seize ans n'aura commis qu'un simple délit, la peine qui sera prononcée contre lui ne pourra s'élever au-dessus de la moitié de celle à laquelle il aurait pu être condamné s'il avait eu seize ans. »

424. La loi française ne devrait-elle pas, à l'exemple de plusieurs législations étrangères, mettre à l'abri de toute incrimination les actes de la première enfance, jusqu'à l'âge de neuf ou dix ans? Ne serait-il pas convenable de reculer jusqu'à dix-huit ans au lieu de seize l'époque où cesserait la nécessité de poser la question de discernement; et, en outre, d'atténuer la peine jusqu'à la même époque, dans le cas même où le prévenu aurait agi avec discernement? Enfin, ne serait-il pas juste de prescrire, à l'égard des sourds-muets, vu le développement incomplet de leurs facultés mentales, la même question sur le discernement que la loi exige à l'égard des accusés de moins de seize ans? — L'examen de ces diverses questions sortirait des bornes de cet ouvrage. Elles sont discutées avec étendue par MM. Chauveau et Hélie (t. 1, p. 453 et suiv.), qui les résolvent dans le sens affirmatif. Nous nous bornons à renvoyer aux développements dans lesquels sont entrés à ce sujet ces criminalistes distingués.

425. Il a été décidé, par application pure et simple de l'art. 66, que lorsque l'accusé a moins de seize ans, s'il est décidé qu'il a agi sans discernement, il doit être acquitté; que la cour d'assises ne pourrait le condamner à des peines correctionnelles (Crim. cass. 8 (ou 14) oct. 1813, aff. Klein, V. Inst. crim., n° 3758).

426. La loi ne parle point du cas où le mineur de seize ans, prévenu d'un simple délit, est reconnu avoir agi sans discernement; il nous paraît évident que l'art. 66 doit lui être appliqué comme à celui qui est accusé de crime. En effet, il y a identité de raison : dans un cas comme dans l'autre, le défaut de discernement est exclusif de la criminalité (V. aussi ce qui est dit *infrà*, n° 442).—Il a même été jugé : 1° qu'en matière de contravention de simple police un mineur de moins de seize ans peut être déclaré non punissable, comme ayant agi sans discernement (Crim. cass. 10 juin 1842, aff. Girard. V. Frais, n° 1021); — 2° Que l'art. 66 c. pén., relatif aux accusés de moins de seize ans qui ont agi sans discernement, est applicable aux matières de simple police (Crim. cass. 13 avr. 1844, M. Mérilhou, rap., aff. Laurent Albert).

427. Par ces mots, *les individus âgés de moins de seize ans*, on doit entendre ceux qui n'ont pas encore accompli leur seizième année : ce n'est pas le cas d'appliquer l'adage *annus inceptus pro completo habetur*. Le sens grammatical des mots ne permet pas de considérer comme âgé de seize ans celui qui est entré seulement dans sa seizième année; et d'ailleurs, en matière criminelle, on doit préférer, entre deux interprétations, celle qui est la plus favorable à l'accusé. Ajoutons que le code de 1791 (1re part., tit. 5, art. 1) désignait expressément l'âge de seize ans accomplis, et que rien n'annonce que le législateur de 1810 ait voulu modifier cette disposition. — V. en ce sens Carnot sur l'art. 66 c. pén.; MM. Chauveau et Hélie, t. 1, p. 471.

428. C'est au moment du crime ou du délit, et non pas au moment du jugement, qu'il faut s'attacher pour apprécier si le prévenu est âgé de plus ou de moins de seize ans. Cela ne nous paraît pas contestable. — Ainsi il a été jugé que la question de discernement ne peut être soumise au jury que dans le cas où l'accusé avait moins de seize ans au moment du crime (Crim. rej. 6 août 1819, MM. Barris, pr., Busschop, rap., aff. Chevron).—V. aussi vº Instr. crim., nº 2572.

429. Le jury est exclusivement compétent pour décider si, à l'époque du crime, l'accusé était âgé de moins de seize ans, et, par conséquent, s'il a pu commettre ce crime avec discernement. Par suite, le président doit poser au jury, lorsqu'il en est requis par l'accusé ou par son défenseur, la question de savoir si l'accusé était âgé de moins de seize ans à l'époque du crime, et s'il a pu le commettre avec discernement (Crim. cass. 26 sept. 1846, aff. Chébabisirat, D. P. 46. 4. 106; V. aussi 20 avr. 1827, aff. Boulin, vº Compét. crim., nº 648, et 4 mai 1839, aff. Haye, vº Inst. crim., nº 2447-1º).

Il a été jugé, sous l'empire du code de 1791, et il devrait être jugé *à fortiori* sous l'empire du code d'instruction criminelle (art. 340) : 1º que, lorsque le prévenu d'un délit soumis au jury n'avait pas accompli sa seizième année à l'époque du délit, la question de savoir s'il a agi avec discernement doit être soumise aux jurés, à peine de nullité de l'arrêt de condamnation (Crim. cass. 9 mess. an 8 et 8 brum. an 9) (1) ; l'art. 340 c. inst. crim. dit positivement, ainsi que nous l'avons vu (*suprà*, nº 423), que, si l'accusé a moins de seize ans, la question de discernement doit être posée, *à peine de nullité*; — 2º Que l'âge d'un accusé de crime, lorsqu'il est au-dessous de seize ans, est une circonstance qui doit être constatée par le jury; qu'en conséquence le crime commis par un tel accusé, bien qu'il n'entraîne contre lui que la peine correctionnelle d'emprisonnement, ne peut être jugé que par une cour d'assises (Crim. cass. 18 et 25 avr. 1811) (2). — V. aussi vº Inst. crim., nº 2447, 2465, 2573 et suiv.

430. Au contraire, il a été jugé que l'individu âgé de moins de seize ans, prévenu d'un fait qualifié crime, mais punissable, à raison de l'âge de cet individu, de peines simplement correctionnelles, peut être renvoyé directement devant le tribunal correctionnel par la chambre du conseil : que l'art. 133 c. inst. crim., qui, dans le cas où les faits sur lesquels porte la prévention présentent le caractère d'un crime, ordonne l'envoi des pièces de la procédure au procureur général pour être statué par la chambre d'accusation, ne s'applique qu'aux faits punissables de peines afflictives ou infamantes (Crim. rej. 20 avr. 1850, aff. Rambault, D. P. 50. 5. 213).

431. Lorsqu'un mineur de moins de seize ans est traduit devant la cour d'assises sous l'accusation de plusieurs crimes, la question de discernement doit, à peine de nullité, être posée séparément pour chaque chef d'accusation (Crim. cass. 9 fév. 1854, aff. Tessier, D. P. 54. 1. 88). — Cette solution, qui est neuve, nous paraît devoir être suivie, surtout lorsque les crimes reprochés au mineur sont de natures différentes ou résultent de faits accomplis à des dates distinctes.

432. Quand l'accusé a plus de seize ans, il est présumé par la loi avoir agi avec discernement, et la question, dès lors, ne doit plus être posée. Cependant il est possible, en fait, que la raison de l'individu arrivé à cet âge soit encore très-peu développée. Il existe des natures tardives chez lesquelles les facultés intellectuelles restent longtemps dans une sorte d'engourdissement; ce sont des exceptions dont le législateur ne doit pas se préoccuper lorsqu'il s'agit d'établir une règle générale, mais dont cependant l'équité veut qu'on tienne compte lorsqu'elles viennent à se produire. Supposons donc qu'un accusé de plus de seize ans se trouve dans ce cas : que devrait-on faire à son égard? La question de discernement ne sera point posée, la loi ne le permet pas; mais le jury l'examinera comme élément de la criminalité du fait, et, s'il juge que l'accusé, bien qu'âgé de plus de seize ans, a néanmoins agi sans discernement, il devra prononcer un verdict de non-culpabilité. C'est ce que décident aussi MM. Chauveau et Hélie, t. 1, p. 472. — Il a été jugé, en ce sens, que l'accusé de plus de seize ans doit être acquitté, si la présomption légale de discernement se trouve fausse à son égard; mais qu'alors la formule qu'il a agi sans discernement ne suffirait pas pour entraîner l'acquittement; qu'il faudrait que l'accusé fût déclaré non coupable (Crim. rej. 1er sept. 1826, aff. Christ, V. Inst. crim., nº 3393, V. aussi *eod.*, nº 3733).

433. Quand l'accusé a plus de seize ans, s'il requiert que la question de discernement soit posée, le jugement qui rejette cette demande doit être motivé (Crim. cass. 14 oct. 1826, aff. Chaussat, V. Jugement, nº 1081-3º). En effet, comme le font observer MM. Chauveau et Hélie, t. 1, p. 472, cet arrêt, qui a

(1) 1re *Espèce* : — (Min. pub. *C.* Marguerite Morcan.) — La cour ; — Vu l'art. 1, tit. 5 c. pén. ; — Attendu qu'il est constaté par l'extrait de naissance de Marguerite Morcan, qu'elle n'avait que quinze ans lors du délit par elle commis ; que, dès lors, les jurés auraient dû décider la question du discernement; que, ne l'ayant pas fait, ils sont contrevenus à l'art. 1, tit. 5 c. pén., ci-devant cité ; — Attendu que lesdits jurés, en décidant que Marguerite Morcan avait commis les incendies dont est question à dessein de nuire, mais qu'elle ne les avait pas commis dans l'intention du crime, ont rendu deux décisions contradictoires et qui se choquent entre elles ; qu'alors il s'ensuit qu'il n'y a pas eu de déclaration ; — Par ces motifs, casse.

Du 9 mess. an 8.-C. C., sect. crim.-MM. Viellard, pr.-Dutocq, rap.

2e *Espèce* : — (Claude-Edme Rosselin *C.* min. pub.) — La cour ; — Vu l'art. 1 du tit. 5 de la première partie du c. pén. ; — Considérant qu'il est justifié par acte authentique que Claude-Edme Rosselin, né le 11 nov. 1784, n'a eu seize ans accomplis que le 25 du présent mois de brumaire; que, par conséquent, il n'était que dans sa seizième année commencée, lorsqu'il a commis les délits dont il a été déclaré convaincu, desquels procès-verbal a été dressé le 21 mess. dernier; — Considérant que, cependant, le tribunal criminel de la Seine n'a pas proposé au jury du jugement la question de savoir si Rosselin avait agi avec discernement; — Considérant que du défaut de position de cette question, il est résulté une fausse application de peine contre ledit Rosselin, puisque, de quelque manière que les jurés y eussent répondu, il eût profité du bénéfice, soit de l'art. 2, soit de l'art. 3 du tit. 5 de la première partie du code pénal, dont le premier veut qu'on acquitte le coupable âgé de moins de seize ans accomplis, qui a agi sans discernement, sauf des peines correctionnelles, laissées à l'arbitrage des juges, et dont le second indique des commutations de peines; — Casse.

Du 8 brum. an 9.-C. C., sect. crim.-MM. Goupil, pr.-Viellart, rap.

(2) *Espèce* : — (Marchand *C.* min. pub.)—Joseph-Marie Marchand, prévenu d'un vol qualifié, avait été renvoyé, par la cour de Paris, devant le tribunal correctionnel, sur le motif qu'étant âgé de moins de seize ans, il ne pouvait, à raison de cette circonstance, et d'après les art. 66 et 67 c. pén., être puni que de peines correctionnelles. — Pourvoi par le ministère public.

La cour ; — Vu les art. 1, 7 et 386 c. p. de 1810 ; — Vu aussi les art. 231, 340, 346 et 416 c. d'instr. crim. de 1808 ; — Considérant que Joseph-Marie Marchand est prévenu d'un vol commis la nuit dans une maison habitée, qui, d'après l'art. 386 précité du code pénal, emporte la peine de la reclusion ; — Que cette peine étant afflictive et infamante, d'après l'art. 7 ci-dessus cité du même code pénal, il s'ensuit, aux termes de l'art. 1 du même code, que le vol dont il s'agit est un crime ; qu'ainsi, la connaissance en appartient aux cours criminelles, suivant le prescrit de l'art 231 c. d'inst. crim. de 1808 ; — Que ledit prévenu Marchand ne peut être soustrait à la poursuite criminelle à raison de son âge, qui est au-dessous de seize ans, puisque cette circonstance d'âge, purement personnelle au prévenu, doit, selon les art. 340 et 346 dudit c. d'inst. crim., donner matière à une question dont la décision entre dans les attributions du jury, et qu'il ne peut y avoir de jury que dans les affaires qui s'instruisent devant les cours criminelles, qu'il suit donc de là qu'en renvoyant Joseph-Marie Marchand devant un tribunal de police correctionnelle, la cour impériale dont l'arrêt est attaqué a violé les règles de compétence établies par la loi, — D'après ces motifs, casse.

Du 18 avr. 1811.-C. C., sect. crim.-MM. Barris, pr.-Busschop, rap.

Nota. Arrêt identique, le 25 avr. même année. — (Min. pub. *C.* Jacob.)

pour objet de modifier le fait de l'accusation, la culpabilité de l'accusé et l'application de la peine, ne peut être considéré comme un arrêt d'instruction, ou comme un arrêt simplement préparatoire.

434. L'âge de l'accusé se prouve naturellement par la production de son acte de naissance. Mais s'il ne le produit pas? Il a été jugé que, dans ce cas, il doit être présumé âgé de plus de seize ans (Crim. cass. 19 avril 1821, aff. Picard, V. Inst. crim., n° 2577). Mais cette décision nous paraît inadmissible; aucune disposition de loi n'établit une pareille présomption; l'âge de l'accusé est un fait, un fait qui doit exercer une notable influence sur l'application de la pénalité; or, dans le doute, ce fait, comme tous les autres, doit, selon nous, être soumis à l'appréciation du jury. Tel est aussi le sentiment de MM. Legraverend, Lég. cr., t. 2, p. 229; Carnot, c. pén., t. 1, p. 259; Chauveau et Hélie, t. 1, p. 475; Lesellyer, t. 1, n° 101. — Il a été décidé, en ce sens, que le bénéfice de l'art. 66 c. pén. n'est pas subordonné à la production d'un acte de naissance, qu'en conséquence, lorsqu'il résulte des énonciations de l'arrêt de mise en accusation ou des débats qu'il y a incertitude sur la question de savoir si l'accusé est âgé de moins de seize ans, cette question doit être posée au jury avec une question subsidiaire sur le discernement (Crim. cass. 26 sept. 1850, aff. Peyssel, D. P. 50. 1. 334).

435. L'arrêt du 19 avril 1821 précité décide que le condamné qui n'a pas produit devant la cour d'assises la preuve qu'il était âgé de moins de seize ans au moment du délit, n'est pas recevable à la présenter à la cour de cassation. Mais la présomption ne doit-elle pas, surtout en matière pénale, céder la place à la vérité? Rien ne paraît s'opposer à ce que la cour de cassation fasse établir devant elle la preuve de l'âge du condamné, qui, par cela seul qu'il est mineur de seize ans, ne peut subir de peine afflictive ou infamante. Telle est aussi l'opinion de Carnot, sur l'art. 66 du code pénal, et la cour de cassation elle-même avait, dans le principe, embrassé cette sage doctrine, à laquelle on doit vivement souhaiter la voir revenir. Il avait été décidé en effet, que le condamné qui n'a pas produit devant le tribunal correctionnel ou la cour d'assises la preuve qu'il était âgé de moins de seize ans au moment du délit, est recevable à faire cette preuve devant la cour de cassation (Crim. cass. 9 mess. an 8, MM. Viellart, pr., Dutocq, rap., aff. Morcan; 8 brum. an 9, MM. Goupil, pr., Viellart, rap., aff. Rosselin).

436. L'accusé qui s'est dit âgé de seize ans dans tous ses interrogatoires ne peut être réputé être âgé de moins de seize ans, comme il le prétend ultérieurement, s'il ne justifie pas de son âge dans le délai d'un mois qui lui a été fixé à cet effet, et si son nom n'existe sur aucun des registres des communes qu'il a indiquées (Crim. rej. 19 mess. an 5) (1). Cet arrêt ne décide point la question en principe; il ne juge qu'une spécialité.

437. De ce que l'accusé, après s'être dit dans un premier interrogatoire âgé de seize ans, a déclaré un âge inférieur dans les interrogatoires suivants, il ne s'ensuit pas qu'il doive être réputé âgé de moins de seize ans, pour donner lieu, par suite, à la position de la question de discernement, si, aux débats sur l'interpellation d'âge, il a répondu *seize ans*, si lui et son défenseur n'ont pas réclamé contre l'arrêt de condamnation qui lui donne ce même âge, si enfin il ne produit pas devant la cour de cassation son acte de naissance constatant qu'il a moins de seize ans (Crim. rej. 3 oct. 1817, MM. Barris, pr., Lecoutour, rap., aff. Colette de Saint-Jean).

438. L'accusé de moins de seize ans, lorsqu'il est reconnu avoir agi sans discernement, devant être acquitté, aux termes de l'art. 66 c. pén., ne peut être l'objet d'aucune mesure répressive; spécialement il ne peut être mis sous la surveillance de la haute police (Crim. cass. 16 août 1822, aff. Fillon, V. Inst. crim., n° 3760).

439. Un arrêt qui absout le prévenu par application de l'article du code pénal relatif au prévenu âgé de moins de seize ans, c'est-à-dire comme ayant agi sans discernement, bien que ce prévenu soit âgé de plus de seize ans, est à l'abri de toute critique, s'il a jugé, en fait, qu'il était aliéné d'esprit (Crim. rej. 30 juill. 1807, aff. Guilleini, n° 393).

440. L'art. 66 dit que, dans le cas où il y a lieu d'ordonner, à l'égard du mineur de seize ans qui a agi sans discernement, qu'il soit détenu dans une maison de correction, cette détention sera prononcée pour tel nombre d'années que le jugement déterminera. Peut-elle l'être pour moins d'un an? La raison de douter se tirerait de la lettre de la loi; mais cette interprétation serait rigoureuse. Nous croyons que ses termes ne signifient rien autre chose sinon que le juge peut prononcer cette détention pour plus d'une année. Mais il le peut sans difficulté pour un temps moins long: il y serait même contraint si l'accusé avait vingt ans commencés au moment du jugement, puisqu'il ne pourrait le retenir que jusqu'à vingt ans accomplis (V. en ce sens MM. Chauveau et Hélie, t. 1, p. 476).—Il a été décidé, en ce sens, que l'art. 66 c. pén., en autorisant les juges à ordonner que l'accusé de moins de seize ans déclaré avoir agi sans discernement sera détenu pendant tel nombre d'années que le jugement déterminera, n'établit qu'un maximum de la durée de la détention, et ne s'oppose pas à ce que cette détention soit fixée à une fraction d'année, par exemple, six mois (Crim. rej. 8 fév. 1833) (2). — Au contraire, il a été jugé que l'art. 66 c. pén. doit être entendu en ce sens que le mineur ne peut être condamné à une détention moindre d'une année (Crim. cass. 10 oct. 1811, aff. Stragin, V. Cassation, n° 209). Mais cette dernière décision est inadmissible.

441. Au surplus, les cours d'assises ont un pouvoir discrétionnaire pour ordonner, selon les circonstances, à l'égard du mineur âgé de moins de seize ans, déclaré coupable mais *sans discernement*, ou qu'il sera remis à ses parents, ou qu'il sera détenu dans une maison de correction jusqu'à sa vingtième année, et la cour d'assises qui ordonne cette mesure n'excède pas les limites de son pouvoir (Crim. rej. 3 janv. 1823) (3).

---

(1) (Lingue.) — LE TRIBUNAL; — Considérant que Jeanne Lingue s'était dite âgée de seize ans dans tous les interrogatoires de la procédure; — Que ce n'est que dans la lettre au ministre, prise pour mémoire au procès, qu'elle s'est dite âgée seulement de quinze ans et demi; — Que, quoiqu'il lui ait été accordé un mois pour justifier de son âge, elle ne l'a point encore fait; — Que, malgré la diligence et tous les soins qu'y a mis le commissaire du pouvoir exécutif, il paraît impossible de se procurer des renseignements certains à cet égard, puisqu'il résulte de plusieurs certificats joints à la procédure et rapportés en exécution de l'interlocutoire, que son nom n'existe sur aucun des registres des actes de naissance des communes qu'elle ou son père avaient indiquées; Qu'ainsi donc tout mène à penser qu'elle n'a été vraie que dans ses interrogatoires, et que dès lors le tribunal criminel du Doubs n'a commis aucune infraction aux art. 1 et 2 du tit. 5, 1re partie du c. pén. — Rejette.

Du 19 mess. an 5.-C. C. sect. crim.-MM. Seignette pr.-Poyer, rap.

(2) (Min. pub. C. Stolz.) — LA COUR; — Attendu que l'art. 66 c. pén., en autorisant les juges à ordonner que l'accusé, âgé de moins de seize ans, qui est déclaré avoir agi sans discernement, sera remis à ses parents ou conduit dans une maison de correction, pour y être élevé et détenu pendant tel nombre d'années que le jugement déterminera, et qui toutefois ne pourra excéder l'époque où il aura accompli sa vingtième année, n'a établi qu'un maximum de la durée de la détention et ne s'oppose pas à ce que cette détention soit fixée à moins d'une année; d'où il suit qu'en ordonnant que l'enfant acquitté pour avoir agi sans discernement, serait conduit dans une maison de correction pour y être élevé et détenu pendant six mois, l'arrêt attaqué n'a point violé l'art. 66 précité; — Par ces motifs, rejette, etc.

Du 8 fév. 1833.-C. C., ch. crim.-MM. Ollivier, pr.-Ricard, rap.

(3) (Filleuil C. min. pub.) — LA COUR; — Attendu, sur le moyen de cassation proposé et pris d'une prétendue fausse application de l'art. 66 du c. pén., en ce qu'il a été ordonné par l'arrêt attaqué que le demandeur serait conduit dans une maison de correction pour y être élevé et détenu jusqu'à l'époque où il aurait accompli la vingtième année, quoique, par la déclaration du jury, il n'eût été reconnu coupable que d'un simple délit par lui commis sans discernement; — Attendu que l'art. 66 c. pén., en ordonnant que les individus âgés de moins de seize ans à l'époque des crimes ou délits par eux commis, seront acquittés lorsqu'ils auront agi sans discernement, les soumet d'une manière générale, soit à la surveillance de leurs parents, soit à une détention de discipline qui puisse y suppléer; — Qu'à cet égard la loi s'en rapporte à la sagesse des juges pour ordonner, selon les circonstances, l'une ou l'autre de ces mesures; et qu'ainsi, en refusant, dans l'espèce, de remettre le demandeur à ses parents, et en ordonnant sa détention dans une maison de correction jusqu'à l'âge de vingt ans accomplis, la cour d'assises a usé du pouvoir qui lui est conféré; — Rejette le pour-

442. Nous avons déjà dit (*suprà*, n° 426) que l'art. 66 s'applique indistinctement aux délits comme aux faits qualifiés crimes. D'où il suit que le mineur de seize ans, prévenu d'un délit correctionnel, qui est renvoyé des poursuites comme ayant agi sans discernement, peut aussi ou bien être remis à ses parents, ou bien être conduit dans une maison de correction, comme celui qui était accusé d'un crime proprement dit. — Ainsi, l'arrêt portant qu'un individu, âgé de moins de seize ans, qui a commis sans discernement un vol simple, ne sera point détenu dans une maison de correction, contient une violation de cet article, s'il est motivé, non d'après les circonstances du fait, mais uniquement sur ce que cet article ne s'applique pas aux délits proprement dits (Crim. cass. 17 avril 1824) (1).

443. Lorsque des accusés âgés de moins de seize ans sont acquittés comme ayant agi sans discernement, l'art. 69 c. pén. leur est applicable, et non l'art. 66; par suite, la détention à laquelle ils peuvent être condamnés, en vertu dudit art. 66, n'est point une peine, mais bien une mesure de police propre à rectifier leur éducation (Crim. rej. 21 juin 1811, M. Bauchau, rap., aff. Charles).

444. Le prévenu âgé de moins de seize ans, qui, acquitté pour avoir agi sans discernement, doit, aux termes du jugement d'acquittement, être enfermé dans une maison de correction jusqu'à sa vingtième année, est admissible à interjeter appel de ce jugement, quoiqu'il n'y puisse réussir sans faire décider qu'il a agi avec discernement, et sans subir alors la peine que la loi inflige au délit qui lui était imputé (Rennes, 21 mai 1844) (2).

445. La détention dont il s'agit ici n'est pas une peine, c'est plutôt une mesure de protection destinée à améliorer celui qui en est l'objet, à corriger ses penchants vicieux, enfin à suppléer l'éducation de la famille, lorsque celle-ci ne paraît pas présenter des garanties suffisantes. Aussi a-t-il été reconnu par la jurisprudence que cette détention ne peut jamais être considérée comme le point de départ de la récidive en cas de crime ou délit ultérieur (V. *suprà*, n° 258).

446. Le 6 avril 1842, le ministre de la justice adressa aux procureurs généraux une circulaire destinée à les guider dans l'application des dispositions législatives concernant les mineurs âgés de moins de seize ans, poursuivis à raison de faits passibles d'une peine quelconque, et qui sont reconnus avoir agi sans discernement. Les instructions et décisions contenues dans cette circulaire peuvent être résumées de la manière suivante :

L'art. 66 c. pén., qui prescrit l'acquittement des mineurs de seize ans qui ont agi sans discernement et laisse aux tribunaux la faculté de les remettre à leurs parents ou de les faire conduire dans une maison de correction, bien qu'il se serve du mot *accusé*, s'applique généralement à tous les enfants, quelle que soit la nature de la prévention élevée contre eux.

Dans toutes les affaires qui sont de nature à donner lieu à l'application de l'art. 66 c. pén., on doit procéder par information préalable et non par citation directe, le premier de ces modes permettant aux juges de choisir en connaissance de cause entre la remise des enfants aux parents, ou leur envoi dans une maison de correction ; — ...Les renseignements ainsi recueillis, soit sur les habitudes des enfants, soit sur celles de leurs familles, doivent être consignés sur une notice uniforme et rester annexés à la procédure.

Il est indispensable de se procurer avant le jugement l'acte de naissance des enfants poursuivis, et dans le cas où la production en est impossible, il faut y suppléer en employant les moyens propres à constater l'âge des prévenus.

Les tribunaux, au lieu de fixer la détention jusqu'à un certain âge, doivent ordonner qu'elle durera pendant un nombre d'années déterminé, sans dépasser toutefois l'âge de vingt ans.

La détention étant une mesure de discipline et non une peine, cette mesure ne doit pas être maintenue quand les circonstances qui l'ont rendue nécessaire n'existent plus, ou quand on peut placer les jeunes détenus dans une situation plus favorable à leur avenir. — En conséquence, les préfets sont autorisés à mettre les jeunes détenus en apprentissage, lorsqu'ils en trouvent l'occasion favorable. — Dans ce cas, ou soit que des établissements charitables offrent de se charger des jeunes détenus, ou soit que ceux-ci demandent à être enrôlés dans les armées, ce changement de position doit être concerté entre l'administration et les membres du ministère public. — Lorsqu'un détenu est mis en apprentissage par les soins de l'administration, le procureur impérial continue à surveiller sa conduite, et conserve le droit de le faire réintégrer dans la maison de correction, s'il donne de nouveaux sujets de plainte.

Lorsque, pendant le cours de la détention, les parents demandent que les enfants leur soient rendus, comme il est dans l'esprit de la loi que l'éducation de famille obtienne la préférence sur l'éducation par voie de correction, il appartient au ministre de la justice de statuer sur les demandes des parents, et la mise

---

voi contre l'arrêt de la cour d'assises de la Seine-Inférieure, du 20 nov. 1822.

Du 3 janv. 1823.-C. C., sect. crim.-MM. Barris, pr.-Rataud, rap.

(1) (Min. pub. *C.* Madeleine North.) — LA COUR; — Vu les art. 66, 67, 69 c. pén.; — Considérant que ledit art. 66, relatif aux individus âgés de moins de seize ans, qui ont agi sans discernement, s'applique indistinctement au cas où ces individus n'auraient commis qu'un délit, comme à celui où ils auraient commis un fait qualifié crime; — Que cette généralité d'application résulte de la corrélation évidente dudit article avec les art. 67 et 69 du même code, qui prévoient les différents cas où un individu âgé de moins de seize ans aurait commis avec discernement, soit un crime, soit un délit, et qui déterminent les différentes peines qui doivent lui être appliquées; — Qu'il s'ensuit donc que, lorsqu'un individu âgé de moins de seize ans a été déclaré convaincu d'un fait soumis à des peines correctionnelles, mais d'avoir agi sans discernement, le tribunal, après avoir prononcé son acquittement, peut, selon les circonstances, le remettre à ses parents, ou ordonner sa détention conformément à l'art. 66 c. pén.; — Que, dans l'espèce, le tribunal de première instance de police correctionnelle de Strasbourg a déclaré Madeleine North, âgée de onze ans, convaincue d'un vol simple, fait prévu et puni de peines correctionnelles par l'art. 401 c. pén., mais d'avoir agi sans discernement; — Que ledit tribunal a, en conséquence, acquitté la prévenue, et a néanmoins ordonné qu'elle serait conduite dans la maison de correction de la ville de Strasbourg, pour y être élevée et détenue jusqu'à l'époque où elle aurait accompli sa vingtième année; — Que la cour royale de Colmar, saisie de l'appel de ladite Madeleine North, avait sans doute le droit de réformer le jugement de première instance, et d'ordonner que la prévenue ne subirait point de détention, si ladite cour croyait, d'après les circonstances, que cette mesure de discipline ne devait point lui être appliquée; — Que ce n'est pas néanmoins d'après l'appréciation des circonstances que la cour royale de Colmar a réformé le jugement des premiers juges, et qu'elle a ordonné que la prévenue ne serait point conduite dans une maison de correction, mais uniquement sur le motif que les dispositions de l'art. 66 c. pén. ne pouvaient lui être appliquées, ce qui a été une fausse interprétation et une violation de cet article; — D'après ces motifs, faisant droit au pourvoi du procureur général, casse et annule l'arrêt de la cour royale de Colmar, du 30 déc. 1823, en ce qui concerne ladite Madeleine North; — Renvoie, etc.

Du 17 avr. 1824.-C. C., sect. crim.-MM. Bailly, pr.-Busschop, rap.

(2) (Jeanne-Perrine Dubois *C.* min. pub.) — LA COUR; — Considérant que chacun, dans une cause telle que celle qui se présente, est le premier juge de son propre intérêt; que Jeanne-Perrine Dubois avait donc eu droit de relever appel du jugement qui, en l'acquittant faute de discernement, a ordonné qu'elle sera conduite dans une maison de correction pour y être élevée et détenue jusqu'à l'âge de vingt ans, et de demander qu'il soit fait un nouvel examen des faits de la cause; que, si elle est auteur du fait qui lui est imputé, il soit dit qu'elle a agi avec discernement, préférant être soumise à la peine pécuniaire qu'elle a encourue à être conduite dans une maison de correction, ainsi que les premiers juges l'ont ordonné; — Considérant d'ailleurs que, si dans cet état la cour reconnaît l'existence du discernement, et, par suite, la culpabilité de la prévenue, elle doit nécessairement lui faire application de la peine édictée par la loi; — Considérant en fait qu'il est constant que la prévenue a fait usage d'une pièce de 5 fr. fausse qu'elle avait reçue comme bonne, en la remettant en circulation après en avoir vérifié les vices; qu'il est certain et démontré que cette fille, qui est âgée de moins de seize ans, a agi avec un plein et entier discernement; d'où il résulte que c'est à tort qu'il lui a été fait application de l'art. 66 c. pén., tandis qu'il devait lui être fait application des art. 155 et 69 du même code; — Par ces motifs, faisant droit sur l'appel relevé par la prévenue du jugement du tribunal de police correctionnelle de Rennes du 2 mai dernier, met, conformément à ses conclusions, ledit jugement au néant; et, lui faisant application des art. 135 et 69 c. pén., condamne Jeanne-Perrine Dubois à 15 fr. d'amende et aux dépens des causes principale et d'appel, et dit que l'exécution desdites condamnations pourra être poursuivie contre elle par voie de contrainte par corps.

Du 21 mai 1844.-C. de Rennes.-M. Legeard de la Diriais, pr.

en liberté provisoire peut être ordonnée par lui, sur les renseignements fournis par les membres du parquet (circ. min. de la just., 6 avril 1842) (1).

447. Lorsqu'un mineur, âgé de moins de seize ans, s'est rendu coupable avec discernement d'un crime emportant les travaux forcés à temps ou la reclusion, la durée de la détention

(1) Monsieur le procureur général, l'inexpérience, de pernicieux conseils ou de funestes exemples sont les causes ordinaires des fautes que les enfants commettent sans en apprécier la gravité. Aussi la loi a-t-elle substitué, aux condamnations qui flétriraient leur avenir, des mesures propres à corriger la faiblesse de caractère ou les mauvais penchants qu'ils ont manifestés. — Tel est l'objet de l'art. 66 c. pén.; il prescrit l'acquittement des mineurs de seize ans, qui ont agi sans discernement, et laisse aux tribunaux la faculté, suivant les circonstances, soit de les remettre à leurs parents, soit de les faire conduire dans une maison de correction pour y être élevés et détenus pendant un temps qui ne peut excéder leur vingtième année. — Quoique cet article se serve du mot *accusé*, qui présente un sens restrictif, il s'applique généralement à tous les enfants, quelle que soit la nature de la prévention qui s'élève contre eux : c'est ce qui résulte de sa combinaison avec les articles suivants, et ce qui d'ailleurs a été jugé par la cour de cassation le 17 avril 1824. — L'application de cette disposition du code pénal est dès lors très-fréquente; et, comme l'emploi judicieux des mesures qu'elle autorise doit avoir une grande influence sur la conduite ultérieure de ceux qui y sont soumis, j'ai cru devoir réunir, dans cette circulaire, quelques instructions, tant sur le mode à suivre pour éclairer la décision des tribunaux, que sur les moyens à prendre, après le jugement, pour remplir les intentions du législateur.

La faculté laissée aux tribunaux de remettre les enfants à leurs parents, ou de les faire élever et détenir dans une maison de correction, tend, par des moyens différents, au même résultat, l'amélioration de ces enfants. La première de ces mesures, la remise aux parents, est la meilleure sans doute, quand on peut compter sur les bons exemples et la sage direction que les enfants recevront dans le sein de leur famille; et l'on ne doit recourir à la seconde que quand il y a lieu de penser qu'ils trouveront dans la maison de correction des soins et des enseignements que ne leur offrirait pas la maison paternelle. Il importe donc essentiellement que les tribunaux connaissent, avant de statuer, toutes les circonstances qui peuvent les déterminer à prendre l'un ou l'autre parti. — Le meilleur, le seul moyen de les éclairer à cet égard, est de faire procéder dans toutes ces affaires à une information préalable et de ne pas employer la voie de la citation directe, qui, restreignant l'instruction aux débats de l'audience, mettrait souvent les juges dans l'impossibilité de bien apprécier les causes de la mauvaise conduite des enfants et les garanties que présenteraient leurs parents. — Une information préalable permet, au contraire, de constater la véritable position de ces enfants et de leurs familles; elle apprend si les faits qui leur sont imputés doivent être attribués au défaut de surveillance, à la faiblesse ou à la mauvaise conduite de leurs guides naturels; enfin elle aide à décider la question de discernement. — Il faut donc requérir une information préalable, toutes les fois que les prévenus n'ont pas atteint leur seizième année. Il convient même de recueillir extrajudiciairement tous les renseignements qui peuvent éclairer sur leurs habitudes et celles de leurs familles; ces renseignements doivent être consignés dans une notice dont je vous transmets le modèle et qui restera annexée à la procédure pour être ultérieurement consultée si le besoin s'en fait sentir. — Il est, de plus, indispensable de se procurer, avant le jugement, l'acte de naissance des enfants poursuivis. Cette pièce peut seule faire connaître si l'art. 66 c. pén est applicable, et quelle peut être la durée de la détention. Dans les circonstances rares où cette production est impossible, il faut y suppléer en employant tous les moyens propres à constater l'âge des prévenus. En pareil cas, les tribunaux, au lieu de fixer la détention jusqu'à un certain âge, doivent déterminer le nombre d'années qu'elle devra durer, en évitant soigneusement de dépasser l'époque présumée où les enfants auront atteint leur vingtième année. Ce dernier mode est plus conforme au texte de l'art. 66, qui indique avec précision l'époque de la libération, je pense qu'il convient de l'employer de préférence, même quand l'âge a été authentiquement constaté.

Quand, après les investigations faites avec le soin qu'elles exigent, les tribunaux remettent les enfants à leurs familles, il n'appartient plus qu'à la sollicitude paternelle de les faire rentrer dans la bonne voie; mais lorsque la détention est ordonnée, cette mesure, sur laquelle les tribunaux ne peuvent plus revenir, doit être exécutée de la manière la plus avantageuse pour ceux qui en sont l'objet. — En effet, il ne faut pas perdre de vue que les jeunes détenus ont été acquittés; que ce n'est pas une peine qu'ils subissent, et que l'art. 66, en autorisant leur détention, a formellement exprimé que ce serait pour être élevés, c'est-à-dire pour recevoir les soins et l'instruction propres, non-seulement à corriger leurs mauvaises habitudes, mais encore à leur fournir les moyens de pourvoir plus tard, par le travail, à leurs besoins. En un mot, cette détention ne doit être considérée que comme un supplément à la correction domestique, ou bien comme une mesure de discipline, ainsi que la cour de cassation l'a décidé le 16 août 1822 et le 17 avril 1824. — Il suit de là qu'on méconnaîtrait les intentions du législateur et des tribunaux, qui n'ont en vue que le bien des enfants, si l'on maintenait la détention, quand les circonstances qui l'avaient rendue nécessaire n'existent plus, ou bien quand on trouve à placer les jeunes détenus dans une situation qui assure mieux leur avenir que le régime de la maison de correction. — Aussi, par une décision concertée entre mon département et le département du commerce et des travaux publics, alors chargé de l'administration des prisons, décision qui a été portée à votre connaissance par la circulaire du 15 janv. 1835, les préfets sont autorisés à mettre en apprentissage les enfants détenus par voie de correction, toutes les fois qu'ils trouvent des personnes qui consentent à s'en charger, et qui, offrant des garanties suffisantes sous le rapport du caractère, de la probité et des mœurs, sont en état de préparer ces enfants à l'exercice d'une profession industrielle ou aux travaux de l'agriculture. — Cette mesure a reçu d'utiles extensions. Des établissements et des sociétés charitables, moyennant une subvention qui ne dépasse pas la dépense que les enfants occasionneraient dans la maison de correction, demandent souvent à s'en charger. Il arrive aussi que quelques jeunes détenus, dont la conduite exemplaire permet d'espérer leur réforme complète, sont enrôlés dans les armées de terre ou de mer.

En pareil cas, comme il s'agit uniquement de changer le mode de l'éducation que l'administration est spécialement chargée de donner aux enfants soumis à la détention correctionnelle; et comme, d'ailleurs, c'est elle qui règle et paye les sommes destinées à subvenir à l'entretien des jeunes libérés, les demandes de mise en liberté doivent lui être adressées, et il lui appartient plus particulièrement d'apprécier si ces demandes peuvent être accueillies. Mais, comme les enfants que ces demandes concernent sont détenus en vertu d'un jugement dont l'exécution rentre dans les attributions du ministère public, elles ne peuvent être définitivement admises que quand vous ou vos substituts y avez adhéré.—A cet effet, quand il s'agit de la mise en apprentissage, le préfet doit, avant de conclure, communiquer au procureur du roi le projet de traité ainsi que tous les documents qui peuvent faire apprécier la convenance des engagements contractés au nom des enfants. Quand il s'agit d'un autre placement pour les jeunes détenus, le procureur du roi doit être également instruit de ses conditions et des avantages qu'il présente. En cas de dissentiment entre les deux autorités, il doit en être référé à M. le ministre de l'intérieur et à moi.—Au surplus, le consentement du procureur du roi à la mise en liberté des jeunes détenus laisse subsister la surveillance que la décision judiciaire dont ils ont été l'objet lui donne le droit et lui impose l'obligation d'exercer sur eux. Il doit se faire rendre compte de leur conduite, et vérifier, autant que possible, par lui-même, si les intentions de l'administration et les siennes sont remplies, et si la mesure produit les heureux résultats qu'on en attendait. Afin de conserver sur ces enfants toute l'autorité que lui donne le jugement qui les concerne, il doit toujours se réserver le droit de les faire réintégrer dans une maison de correction, s'ils venaient à donner de nouveaux sujets de plainte. Il doit surtout ne point omettre, quand il s'agit de la mise en apprentissage, de faire stipuler que le contrat serait résolu dans le cas où le maître userait de mauvais traitements envers son élève. — Si l'initiative des placements dont je viens de parler appartient à l'administration, il est d'autres mesures concernant aussi les jeunes détenus, et non moins conformes à l'esprit de la loi, qui rentrent exclusivement dans les attributions de mon ministère.

Comme je l'ai rappelé plus haut, l'art. 66 c. pén. donne la faculté aux tribunaux, soit de remettre les enfants à leurs parents, soit d'ordonner leur détention temporaire. Ils ne se décident ordinairement à prendre ce dernier parti que quand les parents, jugeant une correction nécessaire, refusent de réclamer leurs enfants, ou se trouvent dans une position qui ne leur permet ni de les surveiller ni de leur assurer un état. Or il arrive fréquemment qu'après le jugement les parents, soit qu'ils trouvent la correction suffisante, soit que leur position se soit améliorée, s'adressent à moi pour faire cesser la détention. — Sans doute il serait à désirer qu'en pareil cas les tribunaux eussent le droit d'examiner eux-mêmes si l'autorité paternelle peut reprendre son cours, et si, par conséquent, il y a lieu de mettre un terme à une détention dont les motifs ont cessé. Mais la loi est restée muette sur ce point, et, pour faire ce que les magistrats auraient vraisemblablement ordonné, s'il leur avait été permis de revenir sur leur décision, il est juste et convenable que le ministre de la justice intervienne, puisqu'il s'agit d'une appréciation et d'un acte en quelque sorte judiciaire. Aussi mes prédécesseurs ont toujours exercé sans contestation le droit de remettre les enfants détenus à leurs parents, lorsque les circonstances qui s'étaient opposées à cette remise n'existaient plus, et que, par conséquent, on ne pouvait, sans méconnaître les véritables intentions du législateur, priver les enfants de l'éducation de famille, la meilleure de toutes, quand elle est entourée de garanties qui en assurent l'efficacité. J'ai moi-même exercé ce droit, et je continuerai à le faire, en ayant soin de ne rien négliger pour m'éclairer sur la convenance et l'utilité de son application.—A cet effet, quand les parents

correctionnelle à laquelle il doit être condamné, d'après l'art. 67 c. pén., durée égale au tiers au moins ou à la moitié au plus de la peine qui aurait pu lui être infligée s'il eût eu plus de seize ans, ne se calcule pas nécessairement sur le maximum de cette peine; mais elle peut être graduée depuis le tiers du minimum jusqu'à la moitié du maximum. Si donc le crime commis est puni de cinq ans au moins et de vingt ans au plus de travaux forcés, le mineur peut être condamné à vingt mois au moins et 10 ans au plus de détention (Crim. rej. 15 janv. 1825; 11 fév. 1825) (1).

C'est ce qu'enseignent aussi MM. Chauveau et Hélie, t. 1, p. 479 et 480. — Il a été jugé, avant la loi de 1832 (mais cette décision est repoussée par la nouvelle rédaction de l'art. 69), qu'on ne peut appliquer au mineur de moins de seize ans, coupable d'un délit correctionnel, précisément la moitié de la peine qu'il eût subie s'il avait eu seize ans, mais seulement une peine inférieure à la moitié de celle qu'il aurait subie dans ce cas (Bordeaux, 26 août 1830, M. Degrange, pr., aff. Ponchier). — Par application de l'art. 365 c. inst. crim., sur le cumul des peines, combiné avec l'art. 67 c. pén., il a été jugé que l'individu âgé de moins de seize ans, condamné à l'emprisonnement, et qui, par application de l'art. 67 c. pén., a été de nouveau poursuivi pour des faits de même gravité, antérieurs à cette première condamnation, ne peut être frappé d'une seconde peine d'emprisonnement qui, réunie à la première, dépasserait le maximum de la peine encourue : que les deux condamnations doivent être renfermées dans les limites de ce maximum (Crim. cass. 5 mars 1832, aff. Poincelet, D. P. 32. 5. 414).

448. Aux réductions de peines que prononcent les art. 67 et 69, soit en matière criminelle, soit en matière correctionnelle, il faut ajouter encore celle qui peut résulter, suivant les cas, de l'admission des circonstances atténuantes (V. conf. MM. Chauveau et Hélie, t. 1, p. 468 et 480).—Il a été jugé, par application de ce principe, 1° que le mineur de seize ans ayant encouru la peine des travaux forcés à temps, mais avec des circonstances atténuantes, peut être condamné à deux ans d'emprisonnement, sans que les art. 67 et 463 aient été violés à son égard (Crim. rej. 6 juin 1840) (2); — 2° Que la peine applicable à l'accusé de moins de seize ans, qui est déclaré coupable avec discerne-

---

des enfants, ou ceux qui leur en tiennent lieu, demandent qu'ils soient mis en liberté, j'ai soin de vérifier si les réclamations présentent assez de garantie, sous le double rapport de la probité et de la position de fortune, pour qu'on puisse sans danger adhérer à leur demande; je m'assure en même temps si la conduite des jeunes détenus dans la maison de correction permet d'espérer qu'ils sont revenus à de meilleurs sentiments; et quand les informations que je reçois sur ces deux points sont favorables, je n'hésite pas à autoriser la mise en liberté, mais seulement d'une manière provisoire; car dans ce cas, comme dans celui où les enfants sont placés en apprentissage ou remis à des associations charitables, le jugement qui a ordonné leur détention et dont l'exécution n'est que modifiée, reste dans toute sa force et peut toujours être invoqué pour les réintégrer, s'il y a lieu, dans la prison d'où ils sont sortis.

C'est à vous, monsieur le procureur général, que je m'adresse pour être éclairé sur la position de ceux qui réclament les jeunes détenus et sur la conduite de ceux-ci. L'importance de la décision qu'il s'agit de prendre m'est un sûr garant du soin que vous mettrez à recueillir les renseignements qui doivent lui servir de base. Cette mission deviendra plus facile, puisque désormais, comme je l'ai recommandé plus haut, le jugement des affaires de ce genre sera précédé d'une information où vous trouverez des renseignements, des indications, qui vous permettront de bien connaître les antécédents des jeunes détenus et des membres de leur famille. Mais, comme on est naturellement disposé à exprimer un avis favorable aux demandes qui ont pour objet de faire rentrer les enfants sous la direction paternelle, je dois vous mettre en garde contre un entraînement qui quelquefois irait contre le but louable que vous vous seriez proposé. Ainsi, et l'expérience l'a malheureusement prouvé, il est des parents qui ne réclament leurs enfants que pour se mettre en possession du pécule amassé par ceux-ci dans la maison de correction; d'autres parents, cédant à un sentiment d'aveugle tendresse, désirent ardemment que leurs enfants leur soient rendus; mais dès qu'ils les ont près d'eux, ils les laissent oisifs, ils ne surveillent point leur conduite, et bientôt la même incurie qui avait amené les premières fautes de ces enfants les laisse rentrer dans la voie pernicieuse d'où la justice les avait tirés. On ne saurait donc vérifier avec trop d'attention non-seulement la position des parents, mais aussi leurs véritables intentions. Ce n'est, en effet, ni à la cupidité ni à la faiblesse qu'il faut confier des jeunes gens qui, suivant la direction qu'ils reçoivent, peuvent fournir au pays d'utiles citoyens, ou grossir encore le nombre des malfaiteurs.—C'est par les mêmes motifs que, quand la mise en liberté a été accordée, vous devez employer tous les moyens qui sont en votre pouvoir pour surveiller la conduite des jeunes libérés. Il importe, en effet, que toutes leurs actions soient connues, afin que s'ils ne répondent pas aux espérances qu'on avait conçues, on puisse les soumettre de nouveau au régime de la maison de correction, avant qu'ils aient commis de nouvelles fautes d'autant plus déplorables pour eux, qu'ayant alors presque toujours dépassé leur seizième année, ils ne jouiraient plus du bénéfice de l'art. 66 c. pén., et encourraient de véritables condamnations qui entacheraient le reste de leur vie.—C'est pour éviter un si fâcheux résultat que je réclame votre utile concours, à l'effet d'abord de n'accorder jamais la mise en liberté provisoire des jeunes détenus que quand tout se réunira pour donner lieu de croire qu'elle leur sera réellement profitable; et, en deuxième lieu, pour la faire cesser lorsqu'il ne restera que ce moyen d'arrêter les progrès de la corruption et des mauvaises passions qui entraîneraient bientôt les jeunes libérés à leur perte. Lorsque la nécessité de les réintégrer dans une maison de correction se manifestera, vous devrez immédiatement ordonner cette mesure, sans même m'en référer. En pareil cas, on ne saurait trop se hâter d'arrêter un mal qui pourrait devenir irréparable. Il suffira, quand vous aurez ordonné l'incarcération, de me rendre compte immédiatement de cette mesure, ainsi que de ses motifs, afin que je révoque, s'il y a lieu, l'autorisation en vertu de laquelle la mise en liberté avait été opérée.

Déjà la plupart de ces instructions ont fait l'objet de lettres particulières adressées à quelques magistrats. En les reproduisant ici, mon but a été de les porter à la connaissance de tous et de rendre par cela même plus générales les mesures auxquelles elles se rattachent. Vous et vos substituts apprécierez, je n'en doute pas, l'avantage de ces mesures, et vous vous associerez aux vues du gouvernement, en ne négligeant aucun moyen de régénérer des enfants plus égarés que coupables, dont l'amélioration doit être l'objet constant des efforts de tous ceux qui sont appelés par la loi à veiller sur eux. *Signé* N. Martin (du Nord).

Du 6 avril 1842.-Circ. du min. de la justice.

(1) (Min. pub. *C.* Jean Dalbis.) — LA COUR; — Considérant que l'art. 67 c. pén., en déterminant les peines à infliger aux mineurs de seize ans, qui auraient commis avec discernement des crimes emportant les travaux forcés à temps ou la reclusion, a modifié ces deux peines non-seulement quant à la gravité de leur nature, en les remplaçant par la détention correctionnelle, mais aussi quant à leur durée, en restreignant celle-ci à la limite du tiers à la moitié; — Considérant que, d'après les art. 19 et 21 du même code pénal, la durée soit des travaux forcés à temps soit de la reclusion, pouvant n'être que de cinq ans, il s'ensuit, par une conséquence nécessaire des dispositions dudit art. 67, que la durée de la détention correctionnelle d'un mineur de seize ans peut n'être que du tiers de cinq ans, c'est-à-dire de vingt mois; — Qu'il est absurde de prétendre que le minimum de cette durée ne peut, en aucun cas, être inférieur aux tiers de la plus longue durée des peines temporaires respectivement attachées aux crimes, puisqu'il s'ensuivrait que, lorsqu'il s'agirait d'un crime emportant les travaux forcés à temps (dont la durée est de cinq à vingt ans), la détention correctionnelle ne pourrait être moindre que de six ans et huit mois (tiers de vingt ans), et qu'ainsi le mineur de seize ans serait, quant à la durée de la peine, plus rigoureusement traité que pourrait l'être un individu au-dessus dudit âge;

Considérant, dans l'espèce, que Jean-Baptiste Dalbis, âgé de moins de seize ans, ayant été déclaré coupable d'un vol qualifié, emportant la peine des travaux forcés à temps et d'avoir agi avec discernement, a été condamné à être enfermé pendant l'espace de deux ans dans une maison de correction et à rester ensuite pendant cinq ans sous la surveillance de la haute police; que cette condamnation a donc été une juste application de l'art. 67 c. pén.; — Rejette.

Du 15 janv. 1825.-C. C., sect. crim.-MM. le comte Portalis, pr.-Busschop, rap.

Nota. Le 11 fév. 1825, la même section a rendu un arrêt de cassation, rédigé dans les mêmes termes, sur le pourvoi du ministère public contre Routin.

(2) (Dutilleul *C.* min. pub.) — LA COUR; — Vu les art. 67, 19, 463 et 401 c. pén.; — Attendu qu'en déclarant le demandeur, qui avait moins de seize ans, coupable de complicité d'un vol commis, la nuit, par plusieurs personnes, dans une maison habitée et à l'aide d'escalade, mais avec des circonstances atténuantes, le jury a décidé qu'il avait agi avec discernement; — Qu'en conséquence, le demandeur n'a été condamné à être renfermé dans une maison de correction que durant deux années; — Et qu'il croit voir dans cette condamnation une violation des art. 67 et 463 c. pén., prétendant que la durée de l'emprisonnement correctionnel, auquel l'âge du condamné fait réduire la peine des travaux forcés à temps, ne peut jamais excéder le tiers ou au plus la moitié du minimum de cette peine temporaire; qu'en outre, cette peine doit être moindre quand, indépendamment du bénéfice de l'art. 67, l'accusé a droit au bénéfice de l'art. 463; — Mais, attendu qu'un tel système est inconciliable avec la disposition textuelle de l'art. 67; — Qu'en effet, d'après cet article, le mineur qui a encouru la peine des travaux forcés

ment, mais avec circonstances atténuantes, d'un crime emportant dans les cas ordinaires la peine de la reclusion, est celle qui résulte de la combinaison des art. 463 (qui, en faveur des circonstances atténuantes, fait descendre la peine de la reclusion à celle de l'emprisonnement, prononcée par l'art. 401, pour cinq ans au plus) et 67 c. pén. (d'après lequel, à raison de l'âge au-dessous de seize ans, en cas de discernement déclaré, la durée de la peine encourue est réductible au tiers ou à la moitié au plus) (Crim. rej. 19 sept. 1839) (1); — 3° Pareillement, que le mineur de moins de seize ans, déclaré coupable d'avoir commis avec discernement un crime emportant la peine de mort, peut valablement n'être condamné qu'à dix ans de détention par la cour d'assises qui, jugeant à propos de faire descendre la peine de mort de deux degrés et jusqu'au maximum de la peine des travaux forcés à temps (vingt ans), à raison des circonstances atténuantes, applique ensuite le § 2 de l'art. 67 c. pén. (Crim. rej. 26 fév. 1841) (2).

449. On peut se demander si l'art. 67 (qui réduit les peines applicables au mineur de seize ans qui a agi avec discernement) doit être appliqué au parricide. Pour la négative, on peut invoquer l'art. 323, qui porte que le parricide n'est jamais excusable; mais on peut répondre que cet article, bien que conçu en termes généraux, se réfère seulement aux articles qui précèdent (321 et 322), lesquels sont tout à fait étrangers à l'objet qui nous occupe. On peut ajouter que l'excuse résultant de la minorité de l'accusé est une loi générale fondée sur la nature des choses et qui domine toutes les législations, une loi à laquelle aucune exception ne peut être faite, parce que la raison qui l'a fait établir s'applique à tous les cas, à toutes les incriminations, et ne comporte aucune exception. C'est ce qu'enseignent aussi MM. Chauveau et Hélie, t. 4, p. 118.

450. L'art. 68 modifie, ainsi qu'il suit, à l'égard des accusés âgés de moins de seize ans, les règles ordinaires de compétence : « L'individu, âgé de moins de 16 ans, qui n'aura pas de complices présents au-dessus de cet âge, et qui sera prévenu de crimes autres que ceux que la loi punit de la peine de mort, de celle des travaux forcés à perpétuité, de la peine de la déportation ou de celle de la détention, sera jugé par les tribunaux correctionnels, qui se conformeront aux deux articles ci-dessus. » — Jugé que, pour qu'un accusé puisse revendiquer le bénéfice de la compétence exceptionnelle établie par l'art. 68, il faut qu'il soit constant que cet accusé est âgé de moins de seize ans. C'est en ce sens qu'il a été décidé que c'est au prévenu qui invoque le bénéfice de son âge comme une exception en sa faveur à prouver cette exception; que, dès lors, le prévenu d'un crime qui prétend qu'au moment de sa perpétration il n'avait pas encore seize ans, mais qui ne justifie pas cette exception, doit être renvoyé devant la cour d'assises (Crim. règl. de jug. 28 avr. 1836) (3).

451. Il résulte des termes de l'art. 68 que la cour d'assises est compétente pour connaître des crimes commis par des individus âgés de moins de seize ans : 1° lorsque l'accusé a des complices présents au dessus de seize ans (à cause de l'indivisibilité de la procédure); 2° lorsque le crime dont il est prévenu est puni par la loi de la peine de mort, de celle des travaux forcés à perpétuité, de la déportation ou de la détention (à raison de la gravité du crime ou de sa nature politique). Si un accusé de moins de seize ans avait été renvoyé devant la cour d'assises à raison de l'incertitude de son âge, cette cour ne pourrait se déclarer in-

---

à temps, doit être renfermé dans une maison de correction pour un temps égal au tiers au moins et à la moitié au plus, de celui pour lequel il aurait pu être condamné à cette peine; — Qu'ainsi, la base de la réduction n'est pas uniquement, mais facultativement la totalité de la durée possible de la peine encourue; et que, s'il n'est point exact de dire qu'on doit s'arrêter nécessairement au maximum, il ne l'est pas davantage de dire qu'on doit descendre nécessairement au minimum de la durée;

Attendu que l'art. 19 du même code pénal disposant que la condamnation à la peine des travaux forcés à temps est prononcée pour cinq ans au moins et pour vingt ans au plus, il en résulte que, dans le cas de l'art. 67, le juge peut suivre cette échelle de cinq à vingt ans, pour fixer la durée de l'emprisonnement; qu'il peut, dès lors, la fixer aussi bien au tiers ou à la moitié de dix, vingt ans, par exemple, qu'au tiers ou à la moitié de cinq ans, par la raison que, si l'accusé avait plus de seize ans, il pourrait être condamné à cinq ou à dix, ou à vingt ans de travaux forcés; — Qu'à la vérité, le demandeur, au profit duquel avaient été déclarées des circonstances atténuantes, n'aurait été passible, en le supposant âgé de seize ans et plus, que de la peine de la reclusion ou de celle prononcée par l'art. 401; — Mais que la durée de celle-ci pouvant être de cinq ans et la durée de celle-là de dix ans, le demandeur aurait pu être condamné aussi bien à un emprisonnement de cinq ans qu'à un emprisonnement de deux ans et six mois, suivant que la cour d'assises aurait jugé convenable d'abaisser la peine d'un ou de deux degrés; qu'il en résulte, la durée de l'emprisonnement auquel il est condamné étant limitée à deux ans, qu'il a joui de la double atténuation introduite par les art. 67 et 463, loin que leurs dispositions aient été violées à son détriment; — Rejette.

Du 6 juin 1840.-C. C., ch. crim.-MM. Bastard, pr.-Romiguières, rap.

(1) (Min. pub. *C.* Michaux.) — LA COUR; — Statuant sur le pourvoi du procureur du roi près la cour d'assises du département de Loir-et-Cher, contre l'arrêt de ladite cour d'assises, en date du 24 août 1839, ledit pourvoi fondé sur la violation prétendue de l'art. 67 c. pén., et sur la fausse application des art. 69 et 463 du même code, en ce que ledit arrêt n'a condamné le nommé Jean-Baptiste-Anselme Michaux, âgé de moins de seize ans, déclaré coupable, par le jury, de vol domestique commis la nuit, dans une maison habitée, avec discernement, mais avec des circonstances atténuantes, qu'à la peine de deux ans et demi d'emprisonnement; — Attendu qu'il résulte de la déclaration du jury, dont l'arrêt attaqué avait à faire l'application au nommé Michaux, que cet accusé, âgé de moins de seize ans, est coupable de vol domestique commis la nuit dans une maison habitée; qu'il a agi avec discernement, mais qu'il existe en sa faveur des circonstances atténuantes; que, dès lors, il y avait lieu, pour appliquer la peine encourue par cet accusé, de combiner ensemble les dispositions des art. 67 (à raison de son âge de moins de seize ans, et de ce qu'il a été déclaré par le jury avoir agi avec discernement), 463 (à raison des circonstances atténuantes déclarées en sa faveur par le jury), et enfin 401, à raison de ce que par l'effet du sixième alinéa de l'art. 463 c. pén., la peine à appliquer audit Michaux était celle édictée par l'art. 401 précité, dans les proportions établies par le troisième alinéa de l'art. 67 dudit code; — Attendu que l'arrêt attaqué s'est conformé à ces principes, en condamnant Michaux à deux ans et demi d'emprisonnement, puisque cette peine forme précisément la moitié de celle de cinq années, portée par l'art. 401 précité; que, par conséquent, ledit arrêt n'a ni méconnu ni violé les articles susdits, et en a, au contraire, fait une juste application; — Rejette.

Du 19 sept. 1839.-C. C., ch. crim.-MM. Portalis, 1er pr.-De Haussy, r.

(2) (Min. pub. *C.* femme Werax veuve Castel.) — LA COUR; — En ce qui touche le pourvoi du procureur du roi, contre la disposition de l'arrêt de condamnation concernant Augustine-Périne Castel, et motivé sur une prétendue violation des art. 463 et 67 c. pén. :—Attendu qu'Augustine-Périne Castel, qui avait moins de seize ans à l'époque de la perpétration des crimes dont il s'agit, a été déclaré complice desdits crimes commis sur la personne de son père légitime, pour avoir agi avec discernement, mais que le jury a déclaré en sa faveur des circonstances atténuantes; — Qu'ainsi la peine de mort encourue par la fille Castel, s'il n'y avait pas eu à appliquer l'art. 67, pouvait être réduite, suivant l'art. 463, à celle des travaux forcés à temps; que les vingt ans formant le maximum de celle-ci ont pu, par application dudit art. 67, être réduits à un emprisonnement d'une durée égale à la moitié de ce maximum; que la disposition attaquée est tout à fait conforme à ces règles;— Que dès lors, le demadeur n'est pas fondé à prétendre que, pour arriver à un résultat, qui dans tous les cas serait légal, la fille Castel ayant été condamnée à dix ans d'emprisonnement, la cour d'assises est partie d'une fausse base; qu'en effet, loin de se méprendre sur les peines à substituer à la peine de mort suivant l'art. 463, cette cour a considéré que la déclaration des circonstances atténuantes réduisait forcément la peine à celle des travaux forcés à perpétuité, et facultativement à celle des travaux forcés à temps; qu'elle a considéré que la durée de cette dernière peine ne pouvait dépasser vingt ans; d'où il faut conclure et qu'elle a voulu abaisser la peine de deux degrés, et qu'elle a bien su quel était le maximum de la peine inférieure; —Par ces motifs, rejette.

Du 26 fév. 1841.-C. C., ch. crim.-MM. Bastard, pr.-Romiguières, r.

(3) (Règlement de juges. — Aff. Bonnin.) — LA COUR (ap. dél. en la ch. du cons.); — Attendu que c'est au prévenu qui invoque le bénéfice de son âge comme une exception en sa faveur à prouver cette exception; qu'il résulte, en fait, des décisions qui donnent lieu au règlement de juges, que Bonnin n'a fourni aucune preuve du fait par lui articulé; qu'il n'aurait atteint sa seizième année que le 17 janv. 1836; que les recherches faites dans l'instruction à cet égard ont été sans résultat; que c'est donc à tort que l'ordonnance de la chambre du conseil du tribunal de Châteauroux a admis l'assertion du prévenu relative à son âge, et l'a renvoyé, par ce motif, en police correctionnelle, pour un fait qualifié crime par l'art. 386 c. pén. et de la compétence de la cour d'assises ;— Renvoie Bonnin devant la cour de Bourges, chambre d'accusation, etc.

Du 28 avr. 1836.-C. C., ch. crim.-M. Dehaussy, rap.

compétente après avoir reconnu qu'il a moins de seize ans. — V. à cet égard Instr. crim.-Cour d'assises.

452. L'excuse tirée, à l'égard des mineurs de seize ans, du défaut de discernement est-elle applicable aux délits prévus par des lois spéciales, lorsque d'ailleurs ces lois ne contiennent aucune disposition expresse qui autorise les tribunaux à prendre en considération l'âge et le défaut de discernement des délinquants dont elles s'occupent? Cette question a été diversement résolue par la jurisprudence. — Ainsi il a été jugé que la disposition de l'art. 66 c. pén. qui autorise l'acquittement d'un prévenu âgé de moins de seize ans, lorsqu'il a agi sans discernement, ne peut être appliquée aux délits de chasse (Grenoble, 12 janv. 1825, aff. Burlet, V. Chasse, n° 359; 13 janv. 1825, aff. Clerc, *ibid.*; 28 nov. 1833, ch. cor., M. Duboys, pr., aff. Garillon; Cass. 11 août 1836, aff. Labesse, V. Chasse, *ibid.*; C. cass. belge, 31 mars 1836, min. pub. *C.* Nazette; Cass. 5 juill. 1839, M. de Gartempe, rap., aff. min. pub. *C.* Gilet; Orléans, 24 janv. 1843, aff. min. pub. *C.* Violleau), ni aux délits forestiers (Crim. cass. 2 juill. 1813, aff. Trinquet, V. Pêche, n° 232) ni aux contraventions aux lois de douanes (Crim. cass. 15 avril 1819, aff. Fromel, V. Douanes, n° 1016-3°). — Au contraire, il a été jugé : 1° que la disposition dont il s'agit doit être suivie même dans les matières régies par des lois spéciales, et, par exemple, en matière de douanes; qu'ainsi, bien qu'en matière de douanes, le contrevenant ne puisse être excusé sur l'intention, il ne peut être condamné, s'il a moins de seize ans, qu'autant que les juges déclarent qu'il a agi avec discernement (Crim. cass. 18 mars 1842 (1); 20 mars 1841, aff. Mausse, V. Instruction criminelle, n° 2734); — 2° Que l'art. 66 c. pén. qui permet d'acquitter le mineur de seize ans qui a agi sans discernement, et l'art. 69, qui permet d'abaisser la peine lorsqu'il est décidé qu'il a agi avec discernement, sont applicables en matière de chasse (Crim. rej. 3 janv. 1844, aff. Bourlhoumieux, D. P. 45. 1. 79); — 3° Que la disposition de l'art. 66 c. pén., dérivant des principes qui fondent la moralité des actions, est générale et absolue, et, à moins de dérogation expresse ou virtuelle, s'étend même aux matières régies par des lois spéciales, et notamment aux délits forestiers (Crim. rej. 4 déc. 1845, aff. Frantz, D. P. 46. 4. 311; 3 janv. 1846, M. de Ricard, rap., aff. Bouvier; même jour, M. Rocher, rap., aff. Belot, D. P. 46. 4. 311); — 4° Que l'art. 69 c. pén. est applicable en matière forestière; qu'ainsi le mineur de seize ans, coupable d'un délit forestier et reconnu avoir agi avec discernement, ne doit être condamné qu'à la moitié de la peine dont le délit est punissable (Crim. rej. 21 mars 1846, aff. Minet, D. P. 47. 4. 273).

453. A l'appui de la première solution, l'on invoque l'art. 484 c. pén., qui dispose que dans toutes les matières qui n'ont pas été réglées par le présent code et qui sont régies par des lois et règlements particuliers, les cours et les tribunaux continueront de les observer; et l'on ajoute que les lois spéciales dont il s'agit ne parlant point de l'âge des prévenus comme d'une circonstance qui doive influer sur l'application de la peine, il n'est pas permis de suppléer sur ce point à leur silence. Mais on peut répondre que l'art. 66 c. pén. contient un principe général qui domine toutes les lois pénales et qui doit être appliqué dans tous les cas pour lesquels il n'y a pas de dérogation expresse. En effet, il répugne à la raison d'admettre que le même mineur qui est présumé n'avoir pas conçu la criminalité d'un délit commun, soit censé avoir apprécié, au contraire, la criminalité, bien moins manifeste, d'un délit spécial. L'art. 484 ne défend nullement de combiner les lois particulières avec les principes généraux du droit pénal (V. en ce sens MM. Chauveau et Hélie, t. 1, p. 477; Le Sellyer, t. 1, n° 109.—V. aussi ce qui a été dit sur ce point, v^{is} Chasse, n°s 358 et suiv.; Forêts, n° 324). — MM. Chauveau et Hélie (*loc. cit.*), toutefois, admettent que, dans certaines matières spéciales, où le fait matériel constitue à lui seul la contravention, l'art. 66 cesse d'être applicable; mais ils ajoutent qu'il n'en doit pas être ainsi quand il s'agit de contraventions où la fraude entre comme élément, et qui, dès lors, sont de véritables délits.

454. Cette distinction paraît trouver sa consécration dans un arrêt qui a décidé que les poursuites auxquelles donnent lieu

(1) (Min. pub. *C.* fille Thibaut.) — LA COUR; — Statuant sur le moyen de cassation tiré de la violation de l'art. 66 c. pén., et de la fausse application de l'art. 484 du même code, des art. 41, 42 et 43 de la loi du 28 avr. 1816, 156 du décret du 13 juin 1811, 52 c. pén., 7 et 40 de la loi du 17 avr. 1842 : 1° en ce que, sans décider que la prévenue, âgée de moins de seize ans, avait agi avec discernement, l'arrêt attaqué l'a cependant condamnée à une peine d'emprisonnement; 2° en ce qu'il l'a condamnée à deux amendes, l'une de 500 fr., l'autre de 10 fr. 22 c., et aux frais du procès, et qu'il a fixé à un an la durée de la contrainte par corps à exercer pour le recouvrement de ces condamnations; — Vu les articles ci-dessus cités; — Relativement à la première branche de ce moyen : — Attendu que, d'après les principes généraux du droit criminel, il ne peut être prononcé de condamnations pénales que contre ceux qui sont légalement punissables; — Que si, l'art. 64 c. pén. portant qu'il n'y a ni crime ni délit, lorsque le prévenu était en état de démence au temps de l'action, ou lorsqu'il a été contraint par une force à laquelle il n'a pu résister, doit être appliqué dans toutes les matières sans exception, il en est de même de l'art. 66 du même code, qui ordonne l'acquittement du prévenu âgé de moins de seize ans, lorsqu'il a agi sans discernement; que cette disposition découle des principes qui fondent la moralité des actions; qu'elle doit donc être suivie, même dans les matières qui sont réglées par des lois spéciales, à moins que celles-ci ne contiennent, à cet égard, quelque dérogation expresse ou tacite; — Mais que l'art. 16 du tit. 4 de la loi du 9 flor. an 7, concernant les douanes, lequel défend aux juges d'excuser les contrevenants sur l'intention, ne fait nullement obstacle à l'application de l'art. 66 c. pén.; qu'en effet, l'intention diffère du discernement, celui-ci se rapportant à la conscience que l'homme a de ses actes, et l'intention à la volonté qui les fait commettre; que l'intention criminelle peut marquer là où le discernement existe, ce qui est prévu par ledit art. 16; mais que l'absence de discernement est une cause de justification beaucoup plus péremptoire, à laquelle on ne peut appliquer par extension la prohibition de cet article;

Attendu, d'un autre côté, que les tribunaux ne peuvent prononcer de peines qu'autant qu'ils constatent l'existence de toutes les circonstances exigées par la loi pour rendre le fait punissable; d'où il suit qu'à l'égard d'un prévenu âgé de moins de seize ans, ils doivent, avant toute condamnation, examiner et résoudre la question de discernement; — Que, cependant, la cour royale de Metz, sans déclarer que Catherine Thibaut, âgée de moins de seize ans, avait agi avec discernement, lui a appliqué la peine d'emprisonnement prononcée par les art. 42 et 43 de la loi du 28 avr. 1816, par le motif que l'art. 484 c. pén. prescrit l'observation des lois et règlements particuliers aux matières qui n'ont pas été réglées par ce code, et qu'il faut ranger les douanes dans cette catégorie; — En quoi elle a faussement appliqué lesdits articles et violé l'art. 66 c. pén.;

En ce qui touche la condamnation à l'amende de 500 fr., à celle de 10 fr. 22 c. et aux frais du procès, prononcée contre la prévenue :

Attendu qu'aux termes de l'art. 1382 c. civ., tout fait quelconque de l'homme qui cause à autrui un dommage oblige, celui par la faute duquel il est arrivé, à le réparer; — Attendu qu'en matière correctionnelle, comme en matière criminelle, la question de discernement ne doit être résolue qu'après que le prévenu ou l'accusé a été déclaré coupable ou convaincu du fait qui a donné lieu à la poursuite, et, conséquemment, après qu'il a été reconnu l'auteur du fait dommageable dont la réparation peut être demandée; — Que la déclaration de culpabilité, quelle qu'en soit la forme, suffit donc pour justifier, même à l'égard du mineur, qui a agi sans discernement, l'application des règles concernant la responsabilité civile, dont, au reste, les conséquences doivent peser sur les père et mère du mineur, dans les cas déterminés par la loi;

Attendu que les amendes qui doivent être prononcées, pour contraventions aux lois sur les douanes, n'ont pas un véritable caractère pénal; qu'elles sont plutôt la réparation du préjudice causé à l'État par les effets de la fraude; que cela résulte de la législation spéciale de la matière, et, notamment, des dispositions des art. 20, tit. 13 de la loi du 22 août 1791; 8, tit. 3 de celle du 4 germ. an 2; 3 et 56 de celle du 28 avr. 1816; — Qu'il en est de même de l'amende encourue pour contravention à la loi du 13 fruct. an 5, relative à l'exploitation, à la fabrication et à la vente des poudres et salpêtres; — Que les frais sont aussi la restitution des avances auxquelles la nécessité de poursuivre a donné lieu; et qu'à ce titre ils doivent être considérés comme réparation civile;

Et attendu que le jugement du tribunal correctionnel de Sarreguemines, du 13 août 1841, confirmé en cette partie, par l'arrêt attaqué, a déclaré Catherine Thibaut convaincue d'avoir, le 30 juillet précédent, importé en France une certaine quantité de poudre à feu et de tabacs de fabrication étrangère, prohibés à l'entrée, et qu'en la condamnant aux amendes édictées par les lois et aux frais du procès, ledit arrêt n'a fait qu'une juste application de celles qui règlent la matière; — Par ces motifs, casse et annule l'arrêt rendu par la cour royale de Metz, chambre des appels de police correctionnelle, le 14 sept. 1841.

Du 18 mars 1842.-C. C., ch. crim.-MM. Ricard, pr.-Bresson, rap.

les contraventions aux lois spéciales, notamment en matière de contributions indirectes et d'octroi, ne sont pas susceptibles de l'application des règles relatives au discernement avec lequel aurait agi le prévenu; qu'il suffit que le fait ait été accompli pour que l'amende soit encourue, sans qu'il y ait besoin de rechercher l'intention (Bordeaux, 17 mars 1841) (1). — Et toutefois nous devons faire remarquer que cet arrêt, pour écarter l'application des art. 66 et suiv. c. pén., invoque confusément deux raisons qui doivent être soigneusement distinguées, savoir : qu'il s'agit de contraventions à des lois spéciales, et que ces contraventions consistent dans une infraction purement matérielle pour l'appréciation de laquelle on ne doit avoir aucun égard à l'intention de l'agent. Cette dernière seule nous paraît déterminante.

455. Le défaut de discernement empêche bien qu'une peine proprement dite puisse être appliquée au mineur de seize ans qui a commis un crime ou un délit, mais il ne met pas obstacle à l'application du principe de la responsabilité civile consacré par l'art. 1382 c. nap. Qu'il soit majeur ou mineur, celui qui cause à autrui un préjudice est tenu de le réparer (V. Responsabilité civile). De là on a conclu que le mineur de seize ans, lors même qu'il a agi sans discernement, est passible de l'amende dans les cas où cette amende est considérée, non pas comme une peine, mais comme la réparation civile du préjudice causé à l'Etat. — Il a été jugé notamment que les amendes pour contravention aux lois sur les douanes sont plutôt une réparation civile, rentrant dans la catégorie des restitutions et dommages-intérêts mentionnés en l'art. 10 c. pén., qu'elles n'ont le caractère d'une peine; qu'en conséquence, la qualité de mineur qui appartient au contrevenant, et la circonstance qu'il a agi sans discernement, ne font pas obstacle à ce qu'il soit condamné à l'amende encourue pour infraction aux lois des douanes (Crim. cass. 18 mars 1842, aff. Thibaut, n° 452; Ch. réun., cass., 13 mars 1844, aff. Mendibourc et aff. Daguenne, v° Douanes, n° 976); qu'il en est de même en matière de contravention à l'exploitation, fabrication et vente des poudres et salpêtres (même arrêt 18 mars 1842).

456. La question de savoir si le mineur, lorsqu'il est acquitté comme ayant agi sans discernement, doit néanmoins être condamné aux dépens, a été examinée v° Frais et dépens, n°s 1017 et suiv.

457. *Septuagénaires et sexagénaires.*—La vieillesse, par elle-même, n'est pas une excuse; loin de là, on serait plutôt tenté d'y voir une circonstance aggravante. Le vieillard, en effet, n'est plus sujet aux entraînements de la passion, il a pour lui les enseignements de l'expérience. Nous supposons, bien entendu, qu'il a conservé l'usage de ses facultés intellectuelles; s'il en était autrement, si l'âge lui avait enlevé la connaissance, il ne serait plus responsable de ses actions, et ne pourrait, quoi qu'il fît, être frappé d'aucune peine. Mais laissons de côté cette hypothèse. Nous disons donc que la vieillesse, en elle-même, n'est pas une excuse. Et toutefois on a toujours reconnu qu'il était convenable de mitiger les peines à l'égard des vieillards parvenus à un âge avancé, soit parce que la diminution de leurs facultés intellectuelles les rapproche, en quelque sorte, de l'enfance, soit parce que l'affaiblissement de leurs organes commande certains ménagements. Ce principe avait été consacré par le droit romain (LL. 2, ff., *De termino moto*; 4, ff., *Ad. leg. Jul. pecul.*; 108, ff., *De reg. jur.*; 3, § 7, ff., *De senat. cons. sill.*). Et du droit romain il avait passé dans l'ancienne jurisprudence (V. Tiraqueau, *De pœn. temper.*, p. 29; Farinacius, quæst. 92, n° 23). — Le code pénal des 25 sept.-6 oct. 1791 contenait sur ce point deux dispositions (1re part., tit. 5, art. 6 et 7) émanées du même esprit : l'une portait que, dans le cas où la loi prononçait l'une des peines des fers, de la reclusion dans la maison de force, de la gêne ou de la détention pour plus de cinq années, la durée de la peine serait réduite à cinq ans si l'accusé trouvé coupable était âgé de soixante-quinze ans ou au delà; l'autre ajoutait que tout condamné à l'une desdites peines qui aurait atteint l'âge de quatre-vingts ans accomplis serait mis en liberté par jugement criminel, rendu sur sa requête, s'il avait subi au moins cinq années de sa peine.

Le code pénal aujourd'hui en vigueur a adopté sur ce point un système différent. Ce système consiste, non point à abréger pour les vieillards la durée des peines, mais à remplacer les peines les plus rudes par des peines plus douces. L'exposé des motifs, après avoir rappelé les dispositions du code de 1791 que nous venons de faire connaître, s'exprimait en ces termes : « Nous avons pensé qu'il serait plus convenable de ne rien changer à la durée des peines, mais d'y substituer la reclusion, comme mieux appropriée à l'état du vieillard. Les travaux forcés seraient trop rigoureux pour la plupart des septuagénaires : il n'en est pas ainsi de la reclusion; et comme le but de la loi ne peut être de faire rentrer dans la société le coupable qui a soixante et dix ans, plutôt qu'un autre coupable moins âgé, comme il s'agit uniquement d'empêcher qu'il ne succombe par l'effet de travaux et de fatigues excessives, on a donné la préférence au mode proposé. » — Les art. 70, 71 et 72 c. pén., qui statuent sur cet objet, sont ainsi conçus : « Art. 70. Les peines des travaux forcés à perpétuité, de la déportation et des travaux à temps ne seront prononcées contre aucun individu âgé de soixante-dix ans accomplis au moment du jugement. — Art. 71. Ces peines seront remplacées, à leur égard, savoir : celle de la déportation par la détention à perpétuité, et les autres par celle de la reclusion, soit à perpétuité, soit à temps, selon la durée de la peine qu'elle remplacera. — Art. 72. Tout condamné à la peine des travaux forcés ou à temps, dès qu'il aura atteint l'âge de soixante et dix ans accomplis, en sera relevé, et sera renfermé dans la maison de force pour tout le temps à expirer de la peine, comme s'il n'eût été condamné qu'à la reclusion. » — En ce qui concerne les travaux forcés, soit à perpétuité, soit à temps, les dispositions qui précèdent ont été modifiées par l'art. 5 de la loi des 30-mai-1er juin 1854 (D. P. 54. 4. 90). Cet article porte que les peines des travaux forcés à perpétuité et des travaux forcés à temps ne seront prononcées contre aucun individu âgé de soixante ans accomplis au moment du jugement; qu'elles seront remplacées par celle de la reclusion, soit à perpétuité, soit à temps, selon la durée de la peine qu'elle remplacera. Il ajoute que l'art. 72 c. pén. est abrogé. — Il a été décidé, par application de ces dispositions, que la prononciation, par une cour d'assises, de la peine des travaux forcés contre un individu âgé de soixante ans accomplis, contrairement à l'art. 5 de la loi du 30 mai 1854 qui prescrit, en pareil cas, de remplacer cette peine par celle de la reclusion, entraîne la cassation de la condamnation et le renvoi à une autre cour pour une nouvelle et régulière application de la peine (Crim. cass. 13 oct. 1854, M. Faustin Hélie, rap., aff. Ducroy; 30 nov. 1854, M. Seneca, rap., aff. Vignau).

La loi n'a point parlé de la peine de mort. Il en résulte que cette peine peut être appliquée aux septuagénaires aussi

(1) (Contrib. indirectes C. Jeanne Constantin.) — LA COUR; — Attendu qu'il est établi, par un procès-verbal régulier des employés des administrations des contributions indirectes et de l'octroi, que, le 20 oct. dernier, étant de service au pont de Bordeaux, ils virent rentrer en ville, venant de la Bastide, une jeune fille qu'ils suspectèrent, à l'ampleur de ses vêtements, d'introduire en fraude des objets assujettis à la perception du droit d'octroi; qu'il fut vérifié que cette fille, qui déclara se nommer Jeanne Constantin, portait sous ses jupons quatre vessies de boissons spiritueuses dont elle ne put représenter l'expédition; — Attendu que, bien que Jeanne Constantin soit âgée de moins de seize ans, la question de savoir si elle avait ou non agi avec discernement, ne devait pas être examinée, s'agissant d'un fait prévu par une loi spéciale, lequel ne constitue pas un délit, mais une simple contravention; que le tribunal correctionnel s'est évidemment mépris, lorsqu'il a pensé que l'art. 66 c. pén. pouvait être appliqué; que la négative résulte d'ailleurs, en termes exprès, de l'art. 484 du même code; que si, lorsqu'il s'agit d'un délit, une question complexe se présente à l'examen du juge, celle du fait et celle de l'intention, il en est autrement en matière de contravention; qu'il suffit, dans ce dernier cas, pour l'application de la loi, que le fait soit matériellement prouvé; que la bonne foi n'excuse pas; que ce sont là des principes élémentaires; — Attendu que la contravention dont Jeanne Constantin est convaincue, est celle spécifiée par les art. 1, 6 et 24 de la loi du 28 avril 1816 et 9 du règlement de l'octroi; qu'elle rend son auteur passible de la confiscation des boissons saisies, et en outre de l'amende, aux termes des art. 19 et 46 de la loi précitée; — Emendant, déclare Jeanne Constantin contrevenante aux articles cités; pour réparation de quoi, la condamne par corps à 200 fr. d'amende envers lesdites administrations, ainsi qu'aux dépens.

Du 17 mars 1841.-C. de Bordeaux, ch. app. de police corr.-MM. Gerbeaud, pr.-Desgranges-Touzin, av. gén.-Lulé, Dejardin, av.

bien qu'à tous autres. « Peut-être, disent MM. Chauveau et Hélie, t. 1, p. 490, eût-on pu épargner l'échafaud aux cheveux blancs du vieillard; il y a quelque chose qui répugne à trancher cette vie expirante, à achever des jours épuisés et à demi-éteints. Et qu'est-ce que la mort, d'ailleurs, comme peine, à cette époque où la nature ouvre la tombe devant l'homme? La société n'est-elle pas suffisamment protégée par la détention contre les dernières entreprises d'une vie qui n'a plus de forces à déployer contre elle? »

458. Il a été jugé : 1° que l'arrêt d'une cour d'assises qui prononçait la peine des travaux forcés à temps contre une femme âgée de plus de soixante et dix ans était nul, encore bien qu'elle eût encouru cette peine; qu'on ne pouvait, en ce cas, prononcer que la peine de la reclusion en place de celle des travaux forcés à temps (Crim. cass. 20 avr. 1827) (1); — 2° Qu'en déclarant, dans l'art. 70 c. pén., que la peine des travaux forcés à temps ne pourrait être prononcée contre les accusés âgés de soixante et dix ans, la loi avait entendu aussi affranchir ces accusés de la peine de la marque; qu'en conséquence, cette dernière peine n'avait pu être prononcée contre un individu de soixante et dix ans, déclaré coupable d'un crime qui, à cause de la récidive, aurait entraîné la peine des travaux forcés à temps et la marque (Crim. rej. 31 juill. 1828, MM. Bailly, pr., Merville, rap., aff. Bedouet).

459. Le septuagénaire dans le sens des art. 22 et 70 c. pén., est celui qui a accompli sa soixante-dixième année, et non celui qui n'est seulement entré que dans sa soixante-dixième année : ici ne s'applique pas l'art. 2066 c. nap. (Crim. rej. 5 sept. 1833) (2).

460. Il suffisait qu'au moment de son jugement un individu eût soixante-dix ans accomplis pour que la peine des travaux forcés à perpétuité ne pût plus être prononcée contre lui (Crim. cass. 5 sept. 1833) (3).

§ 2. — *De l'excuse résultant de la provocation.*

461. L'excuse résultant de la provocation est ainsi formulée par l'art. 321 c. pén. : « Le meurtre, ainsi que les blessures et les coups, sont excusables s'ils ont été *provoqués* par des coups ou violences graves envers les personnes. » — La provocation ne justifie pas l'auteur du meurtre ou des blessures et coups; en effet, il n'est pas permis de se faire justice à soi-même, et chacun doit laisser à la loi le soin de venger l'injure qui lui a été faite; se charger soi-même de cette vengeance, c'est usurper la puissance sociale, c'est fixer arbitrairement, au gré de la passion, le taux d'une réparation que la justice doit mesurer. Mais il est évident que celui qui répond, soit par le meurtre, soit par les blessures ou les coups, à la provocation qu'il a reçue, ne saurait être assimilé à celui qui a commis les mêmes actes sans y être provoqué, et que, s'il est coupable, il l'est à un moindre degré. C'est cette différence qui constitue l'excuse.

462. La loi ne définit pas nettement les *caractères* de la provocation. Toutefois il résulte du texte de l'art. 321 qu'elle doit consister en *coups* ou *violences*, et que ces coups ou violences doivent être *graves*. « Cette provocation, disait l'orateur du gouvernement, doit être d'une violence telle, que le coupable n'ait pas eu, au moment même de l'action qui lui est reprochée, toute la liberté d'esprit nécessaire pour agir avec réflexion. Elle doit être de nature à faire impression sur l'esprit le plus fort. » Enfin il est nécessaire, aux termes du même article, que les coups ou violences aient été dirigés contre les personnes. On ne pourrait donc faire résulter la provocation de simples injures, quelque grossières qu'elles fussent, ni même d'imputations, soit vraies, soit calomnieuses (Conf. MM. Chauveau et Hélie, t. 4, p. 105; Trébutien, t. 1, p. 159). — Déjà, sous l'empire du code de 1791, la provocation par injures verbales n'était pas un motif d'excuse (Crim. rej. 3 janv. 1812, aff. Pellicioni). — Décidé de même que le vif ressentiment conçu par l'accusé, à la suite d'une provocation par lui essuyée, ne pouvait servir d'excuse (Crim. rej. 3 nov. 1808, MM. Barris, pr., Vermeil, rap., aff. Lazare Boasso).

463. Dans le même sens, il a été jugé aussi que l'imputation verbale d'un fait injurieux n'est pas une violence grave dans le sens de la loi (Crim. cass. 27 fév. 1813) (4); qu'elle n'excuse point le meurtre qui n'a été provoqué que par une pareille imputation, alors surtout qu'elle n'est pas calomnieuse, le fait imputé ayant été constaté judiciairement (même arrêt).

464. Mais si l'injure verbale ne peut constituer une excuse du crime ou délit qui en a été la suite, elle peut du moins être considérée comme une circonstance atténuante. C'est ce qu'enseignait déjà Farinacius dans l'ancienne jurisprudence : *Licet non licitum sit*, dit-il (quæst. 125, n° 98), *percutere eum qui verbalem injuriam infert, et si quis percutiat, aut vulnerat, aut occidat, puniatur, sed non pœnâ ordinariâ propter provocationem.* — V. aussi MM. Chauveau et Hélie, t. 4, p. 106.

465. Ce que nous venons de dire des injures verbales, il faut le dire également des *menaces verbales*, quand il ne s'y joint pas de voies de fait. Mais il est possible que la menace soit accompagnée de circonstances, et notamment de gestes qui puissent faire craindre leur exécution immédiate; ainsi, par exemple, un individu s'avance vers un autre en le menaçant de le

---

(1) (Lizouzet C. min. pub.) — LA COUR; — Vu les art. 70 et 71 c. pén.; — Attendu, en ce qui concerne le pourvoi d'Anne Lizouzet, veuve Laporte, qu'il résulte de l'arrêt attaqué, que cette femme est âgée de plus de soixante-dix ans; qu'ainsi la peine des travaux forcés à temps qu'elle avait encourue aurait dû être remplacée par la peine de la reclusion; — Casse l'arrêt de la cour d'assises de Tarn-et-Garonne du 9 mars 1827.

Du 20 avr. 1827.-C. C., ch. crim.-MM. Bailly, pr.-Mangin, rap.

(2) (Saint-André C. min. pub.) — LA COUR; — Statuant sur les conclusions du ministère public, tendant à soumettre à la prudence de la cour la question de savoir si le demandeur ayant été reconnu, par l'arrêt attaqué, avoir soixante-neuf ans, ne pourrait pas invoquer en sa faveur le bénéfice que l'art. 2066 c. civ. accorde non-seulement aux septuagénaires, mais encore à ceux qui sont entrés dans leur soixante-dixième année, de ne pouvoir pas être condamnés à la contrainte par corps; — Vu l'art. 2066 c. civ.;

Attendu que, si l'art. 2066 c. civ., en dispensant les septuagénaires de la contrainte par corps, étend la même faveur jusqu'aux individus qui ont commencé leur soixante-dixième année, cette faveur spécialement et uniquement établie en matière civile, ne saurait être étendue aux matières criminelles qui ne sont régies que par le code pénal;

Vu aussi les art. 22 et 70 c. pén.; — Attendu qu'il résulte des dispositions littérales de ces deux articles combinés, que, par septuagénaires, la loi pénale, comme la grammaire, n'entend que les hommes qui ont accompli leur soixante-dixième année, et que, d'ailleurs, ni ces articles, ni aucune autre disposition législative n'étend cette faveur aux hommes simplement âgés de soixante-neuf ans; — Que, dès lors, la cour, instituée pour maintenir la stricte exécution et l'application légale des lois, ne saurait, sans commettre un excès de pouvoir, créer, par une analogie tirée de la législation civile, une faveur exceptionnelle que la loi pénale n'a point établie; — Par ces motifs, rejette.

Du 5 sept. 1833.-C. C., ch. crim.-MM. Bastard, pr.-Lagarde, rapporteur.

(3) (Jouffray C. min. pub.) — LA COUR; — Vu l'art. 70 c. pén.; — Attendu qu'aux termes de cet article, aucun individu âgé de soixante-dix ans accomplis, au moment du jugement, ne peut être condamné aux travaux forcés à perpétuité; — Et attendu que, dans l'espèce, il était constaté par les pièces du procès et reconnu formellement par l'arrêt attaqué que le demandeur, lors de son jugement, était non-seulement âgé de soixante-dix ans accomplis, mais qu'il l'était de soixante-quatorze. — D'où il suit qu'en le condamnant aux travaux forcés à perpétuité, l'arrêt attaqué lui a fait une fausse application de la loi pénale; — Casse l'arrêt de la cour d'assises de l'Isère, du 12 août dernier.

Du 5 sept. 1833.-C. C., ch. crim.-MM. de Bastard, pr.-Lagarde, rap.

(4) (Min. pub. C. Ange Fioravanti.) — LA COUR; — Vu les art. 304 et 321 c. pén.; 339 c. inst. crim.; — Attendu que le meurtre de Carme Damiani n'a été provoqué ni par des coups, ni par des violences graves envers les personnes; que l'imputation par lui adressée à Ange Fioravanti n'est pas une violence et moins encore une violence grave; qu'une telle imputation n'a reçu de la loi d'autre qualification que celle de calomnie, lorsqu'elle est fausse, et qu'elle a été faite dans des réunions ou lieux publics, ou dans un écrit affiché, vendu ou distribué; qu'elle n'est réputée fausse que lorsque la preuve légale n'en est pas rapportée; et que le fait imputé à Ange Fioravanti était prouvé par un jugement du 7 nov. 1810; — Attendu que les juges ne peuvent admettre pour excuse que des faits qui sont admis comme tels par la loi, et que la cour spéciale extraordinaire de Florence a violé les articles cités ci-dessus, en admettant pour excuse, sur une accusation de meurtre, l'imputation faite verbalement à l'accusé d'un délit prouvé constant par un jugement passé en force de chose jugée; — Par ces motifs, casse.

Du 27 fév. 1813.-C. C., sect. crim.-MM. Barris, pr.-Oudart, rap.

frapper, et en même temps il lève sa canne comme pour mettre la menace à exécution; bien qu'il n'y ait pas encore eu de coup porté, comment ne pas voir dans ce fait une provocation véritable constituant l'excuse énoncée dans l'art. 321? Cette interprétation de l'art. 321 c. pén. a été consacrée par un arrêt qui a décidé que la provocation violente excusative du meurtre peut exister sans qu'il y ait eu blessure, par la seule menace avec une arme meurtrière approchée du corps (Crim. cass. 15 mess. an 13) (1). — « En effet, disent MM. Chauveau et Hélie (*loc. cit.*), le caractère principal de la provocation légale est, suivant l'expression du législateur, qu'elle ait été de nature à troubler la liberté d'esprit nécessaire pour agir avec une mûre réflexion; or, quel acte plus capable de faire une vive impression que la menace d'un coup accompagnée d'un geste qui semble le porter? » — V. aussi Farinacius, quæst. 125, n° 70.

466. La loi veut que les coups ou violences soient *graves*; mais cette gravité ne doit pas être appréciée uniformément et d'une manière absolue, d'après leur résultat matériel. On doit examiner quelle impression les violences ont produites sur la personne, quelle influence elles ont exercée sur sa volonté. « Il est difficile, disait M. Monseignat, dans son rapport au corps législatif, de déterminer avec précision ce moyen d'excuse; il doit varier suivant l'isolement, la position, la qualité physique ou morale du coupable de ces violences et de la personne qui les éprouve. » — Il a été jugé que les blessures et les coups ne sont excusables que dans le cas où ils ont été provoqués par des coups ou violences *graves*, et qu'il n'appartient qu'au juge du fond d'apprécier si la gravité de ces coups ou violences leur donne le caractère de provocation (Crim. rej. 2 juill. 1813) (2).

467. L'art. 321 exige que les violences aient été exercées *contre les personnes*. C'est une condition essentielle. Il suit de là : 1° que l'excuse est inadmissible si la circonstance que les violences ont eu lieu envers des personnes n'a pas été déclarée (Crim. cass. 7 fév. 1812, aff. Danes, n° 487); — 2° Que les violences commises par un individu contre une clôture, dans le but de la forcer, pour user d'un droit de passage judiciairement reconnu en sa faveur ne rendent pas excusables les coups et blessures qu'elles ont provoqués, la provocation n'ayant, en cas pareil, le caractère d'une excuse qu'autant qu'elle résulte de coups ou violences graves envers les personnes; qu'en conséquence, la cour d'assises a pu déclarer que de telles voies de fait ne pouvaient servir de base à une question d'excuse (Crim. rej. 22 janv. 1852, aff. Jeannin, D. P. 52. 5. 564). De même des coups donnés à des animaux ne pourraient excuser des blessures faites par le propriétaire de ceux-ci. — V. aussi sur ce point MM. Chauveau et Hélie, t. 4, p. 107; Trébutien, t. 1, p. 159.

468. Il n'est pas nécessaire que les violences aient été commises contre l'accusé lui-même. La loi s'est servie d'une expression générale qui laisse suffisamment comprendre que ce fait d'excuse peut s'appliquer à l'espèce où le prévenu aurait commis le meurtre en défendant un tiers contre des violences graves. Supposons, en effet, que les violences aient été exercées contre le père ou la mère, le frère, le fils, la femme du prévenu; il est clair qu'il les ressentira autant et plus peut-être que si elles l'avaient été contre lui-même et qu'il devra considérer comme un devoir de défendre et de venger celui de ses proches qu'on outrage ainsi sous ses yeux. Nous en dirons autant si c'est un ami. Nous allons même plus loin, et nous pensons qu'il importe peu que le tiers envers qui étaient exercées les violences fût étranger ou même inconnu à l'accusé. La loi ne fait point cette distinction; elle n'a pas prétendu imposer à chaque citoyen, disent très-bien MM. Chauveau et Hélie, t. 4, p. 108, le rôle égoïste de spectateur impassible des outrages adressés à un autre homme (V. aussi Farinacius, quæst. 125, n°s 287 et seq.; Damhouderius, *Praxis criminalis*, cap. 80, n° 1, et M. Trébutien, *loc. cit.*). — Mais il ne peut y avoir lieu à restriction de peine, en cas d'homicide par suite de provocation, qu'autant que la provocation a été exercée par l'homicidé lui-même, non par les auteurs ou les complices de l'homicide (Crim. rej. 30 janv. 1808) (3).

469. Une autre condition de la provocation, c'est qu'elle ait *précédé* immédiatement le fait dont elle a été la cause. Le meurtre ou les blessures ne sont excusables, dans un tel cas, que parce qu'ils ont été la suite d'un courroux violent et soudain. Mais lorsque les violences ont été commises longtemps avant le fait imputé, et que, depuis, celui qui les avait subies avait eu le temps de reprendre son sang-froid et de réfléchir, ces violences ne sauraient, en aucune façon, servir d'excuses (V. conf. MM. Chauveau et Hélie, t. 4, p. 112). — Ainsi, il a été jugé : 1° que des coups de bâton donnés quinze jours ou même plus avant la tentative de meurtre ne rendent pas cette tentative excusable (Crim. cass. 27 mess. an 10) (4); — 2° Qu'un meurtre ne peut pas être déclaré excusable sur le motif que l'accusé y aurait été excité par des violences graves précédentes : une telle provocation ne présente pas les caractères déterminés par

(1) *Espèce* : — (Pierre Feron C. min. pub.) — Un jeune homme insensé, ci-devant soldat, nommé Tonnellier, avait l'habitude d'injurier de la manière la plus grave et de menacer les passants. Il paraissait particulièrement animé contre Feron, son voisin. Un jour ce dernier, passant avec sa femme, avait supporté les provocations de cet insensé; mais, arrivé chez lui, Feron vit de sa porte Tonnellier qui s'opposait avec violence au passage de son garçon meunier conduisant des chevaux. Feron se saisit d'un fort bâton, et courut au secours de son domestique. Il s'ensuivit une action dont les circonstances se trouvent dans l'arrêt qui suit. — Arrêt.

LA COUR; — Vu l'art. 374 c. des délits et des peines; — et attendu que de la défense de Pierre Feron, accusé, il résultait l'exception de la nécessité de légitime défense d'autrui; c'est-à-dire, la défense de son domestique, et l'exception d'une provocation violente autrement que par paroles; — Que ces exceptions sont admises par les art. 146 et 149 de la 1re sect. du tit. 2 de la 2e part. du c. pén.; — Qu'il n'a point été posé de question sur la première de ces circonstances; — Que la question posée sur la seconde est insuffisante, la provocation violente pouvant exister sans blessure effectuée, mais par la seule menace avec une arme meurtrière approchée du corps; — Que lorsque, comme dans le cas dont il s'agit, cette arme est dans les mains d'un insensé, familier avec les armes, cette circonstance ajoute un degré de force à la provocation; — Casse.

Du 15 mess. an 13.-C. C., sect. crim.-MM. Vermeil, pr.-Seignette, r.

(2) (Bruschini.) — LA COUR; — Attendu, sur les trois premiers moyens, que, d'après l'art 321 du c. pén., les blessures et les coups ne sont excusables que dans le cas où ils ont été provoqués par des coups ou violences graves envers les personnes; et qu'il n'appartient qu'aux cours spéciales extraordinaires d'apprécier la gravité de coups ou violences qui sont allégués comme moyen de provocation; — Rejette le pourvoi contre l'arrêt de la cour spéciale extraordinaire du Trasimène, du 27 av. 1813.

Du 2 juill. 1813.-C. C., ch. req.-MM. Barris, pr.-Benvenutti, rap.

(3) (Marion et autres.) — LA COUR; — Considérant, sur le premier moyen, qu'aucun texte de loi ne prescrit aux juges de paix de parafer toutes les pages des procès-verbaux constatant le corps du délit; — ...Considérant que le procureur général impérial près la cour de justice criminelle, qui a rendu l'arrêt attaqué, ne s'est pas pourvu contre la disposition de cet arrêt, par laquelle Falcon, un des réclamants, a été condamné à la peine de dix ans de gêne; — Que néanmoins cette restriction de peine a été contraire à la loi qui suppose une provocation violente exercée, non par les auteurs ou les complices de l'homicide, mais bien par l'individu qui a été homicidé par suite de cette provocation; — Improuve ladite disposition dudit arrêt; — Rejette.

Du 30 janv. 1808.-C. C., sect. crim.-MM. Barris, pr. Vergès, rap.

(4) (Min. pub. C. Schéra.) — LA COUR; — Vu les art. 7 et 8, tit. 2, de la 1re sect., 2e part. c. pén., du 6 oct. 1791; — Vu aussi l'art. 9 du même code; — Considérant qu'il résulte du jugement rendu le 16 prairial dernier, par le tribunal criminel spécial d'Alexandrie, que la prétendue provocation à la tentative de meurtre, déclaré constante par ledit jugement, résultait de coups de bâton donnés au prévenu antérieurement à cette tentative; que le jugement dudit tribunal, du même jour, en expliquant le sens qu'il a attaché à ce mot *antérieurement*, détermine qu'il s'est écoulé entre le coup de couteau et les coups de bâton antérieurs, un délai que quelques témoins ont indiqué comme étant d'environ quinze jours, et les autres comme ayant été plus longs, tel que de trois ou quatre semaines; que le fait, ainsi déclaré et reconnu par les juges, ne renferme pas les caractères admis par l'art. 9 comme excuse du crime, puisque cet article exprime le seul cas où le meurtre sera la suite d'une provocation violente; ce qui exige une continuité immédiate de fait qui n'existe pas dans l'espèce; que la latitude donnée par le jugement attaqué à l'excuse admise par l'art. 9 sus-énoncé du code pénal, contre le vœu dudit article, tendrait à favoriser les attentats les plus funestes des haines invétérées et les actes de vengeance criminelle, qu'il importe au contraire de réprimer; — Considérant que ledit jugement renferme une fausse application dudit art. 9 et une contravention aux art. 7 et 8 dudit code; — Par ces motifs, casse.

Du 27 mess. an 10.-C. C., sect. crim.-MM. Viellart, pr.-Borel, rap.

l'art. 321 c. pén. (Crim. cass. 7 fév. 1812, aff. Danesi, V. n° 487).

470. Cette règle, toutefois, ne doit pas être prise dans un sens trop absolu. L'homicide peut être excusable quoiqu'il n'ait eu lieu qu'après un certain intervalle écoulé depuis la provocation, pourvu que l'intervalle qui sépare ces deux actes n'ait pas été suffisant pour que la réflexion pût tempérer le premier emportement de la passion. Mais si l'intervalle entre la provocation et l'homicide était de plusieurs jours, celle-là ne serait plus une excuse, ainsi que l'a jugé, sous le code de 1791, l'arrêt (précité) du 27 mess. an 10, dont l'autorité peut encore être invoquée aujourd'hui.—Il n'est pas possible de préciser la durée de l'intervalle après lequel la provocation cesserait d'être une excuse pour le crime ou le délit : c'est une appréciation qui doit être faite, dans chaque cas, d'après les circonstances, par le discernement du juge. C'est ce qu'enseignent aussi MM. Chauveau et Hélie, t. 4, p. 113; Trébutien, t. 1, p. 159 (V. également Jousse, Tr. de la just. crim., t. 3, p. 513). — Et il a été jugé en ce sens : 1° que lorsque, dans une accusation de meurtre, le défenseur a demandé la position d'une question d'excuse fondée sur la provocation, la cour d'assises ne peut rejeter cette demande, en se fondant uniquement sur ce qu'aucune provocation n'aurait eu lieu dans telle rue où le meurtre a été commis, et que, pour qu'il y ait eu provocation propre à constituer l'excuse, il faudrait que ce meurtre eût été commis immédiatement : dans ce cas, les coups et violences pouvant avoir eu lieu dans une rue voisine et dans un instant assez rapproché pour exclure la possibilité de la réflexion, il n'est, par une déclaration ainsi restreinte, statué que sur une partie de la demande (Crim. cass. 10 mars 1826) (1); — 2° Que la provocation rend l'injure verbale excusable, bien qu'il se soit écoulé plusieurs heures d'intervalle entre cette provocation et l'injure (Crim. rej. 18 août 1836) (2).

471. La rixe ne rend point excusable le meurtre commis sans provocation (Crim. rej. 20 mars 1812) (3).

472. L'art. 321 c. pén. ne parle que du *meurtre*; faut-il en conclure que l'excuse qu'il prévoit ne soit pas applicable à l'homicide simple, qui consiste dans le fait de donner la mort par des coups ou blessures volontaires, mais sans intention de tuer, et qui en cela se distingue du meurtre, ainsi qu'on l'a vu v° Crimes contre les personnes, n°s 138 et suiv.? Non, évidemment : il répugne à la raison d'admettre qu'aux yeux du législateur la provocation excuse le crime le plus grave, et qu'elle n'excuse pas le crime le moins grave. Ce qui explique l'emploi du mot *meurtre* dans l'art. 321, c'est que le code de 1810 ne distinguait pas entre le meurtre et l'homicide simple, et désignait sous le nom générique de *meurtre* l'action de donner la mort volontairement, sans distinguer s'il y avait eu ou non intention de tuer; ce fut la loi du 28 avr. 1832 qui établit cette distinction; cette loi aurait dû, en conséquence, substituer, dans l'art. 321, le mot *homicide volontaire* au mot *meurtre*, c'est-à-dire le nom générique à celui qui n'avait plus, dès lors, qu'une acception restreinte. Elle ne l'a pas fait; mais ce n'est là qu'une omission sans importance qui ne laisse planer aucun doute sur la pensée du législateur. — V. conf. MM. Chauveau et Hélie, t. 4, p. 120.

473. La loi fait deux exceptions à la règle générale établie par l'art. 321 : ces deux exceptions concernent : 1° le *parricide*, 2° le meurtre commis par l'un des *époux* sur l'autre. — Le parricide n'est jamais excusable (art. 323 c. pén.); il ne peut pas l'être sous le prétexte de provocation ou de violences, si graves qu'elles soient, pourvu qu'elles ne mettent pas en péril la vie de l'enfant. « Le respect religieux qu'on doit à l'auteur de ses jours ou à ceux que la loi place au même rang, dit l'exposé des motifs, impose le devoir de tout souffrir plutôt que de porter sur eux une main sacrilége. » Mais peut-on étendre ce principe aux coups et blessures commis par l'enfant sur son père? L'analogie est évidente, et elle a engagé la cour de Bruxelles à résoudre deux fois la question par l'affirmative. En effet, il a été jugé que, du principe que le parricide n'est jamais excusable, suit la conséquence que les coups portés par un fils à son père ne peuvent être excusés pour fait de provocation violente (Bruxelles, 16 mars 1815 et 28 sept. 1822) (4). — Nous ne pensons pas que cette jurisprudence puisse être suivie. Quelque odieux que soit le crime dont

---

(1) (Chevalier C. min. pub.)—LA COUR;—Vu l'art. 408 c. inst crim., d'après lequel la cour de cassation doit annuler les arrêts des cours d'assises, lorsqu'il a été omis ou refusé de prononcer sur une demande de l'accusé tendante à user d'un droit ou d'une faculté accordé par la loi, bien que la peine de nullité ne fût pas textuellement attachée à l'absence de la formalité dont l'exécution aura été demandée ou requise; — Et attendu qu'il est constaté, par le procès-verbal de la séance de la cour d'assises, que le défenseur de l'accusé Alphonse Chevalier ayant demandé que, dans la position des questions, fût admise la question subsidiaire de meurtre ou blessures graves excusables par la provocation, la cour d'assises a rejeté cette demande, par le motif, en point de droit, que le principal caractère de la provocation nécessaire pour constituer l'excuse légale était que les violences graves eussent été immédiatement exercées, et en fait, qu'il ne résultait point de l'instruction ni du débat que, dans la rue Saint-Lazare, lorsque Millard a été blessé, aucunes violences graves pussent être imputées à celui-ci envers l'accusé Chevalier;—D'où il suit que la cour d'assises a limité, par sa décision, l'excuse tirée de la provocation proposée par l'accusé aux faits qui se seraient passés dans la rue Saint-Lazare seulement; tandis que, par le rapprochement des rues contiguës, les coups ou violences graves auraient pu, s'ils avaient eu lieu dans une rue voisine, être encore flagrants et dans un instant assez rapproché pour exclure la possibilité de la réflexion autre les faits de provocation et ceux commis dans la rue Saint-Lazare, qui faisaient l'objet de l'accusation; que, dès lors, la cour d'assises, par cette déclaration de fait ainsi restreinte et limitée, n'a statué que sur une partie de la demande de l'accusé, qui requérait que les jurés fussent consultés, non pas sur la question de savoir s'il y avait eu provocation dans tel ou tel moment donné, mais provocation suffisante pour caractériser l'excuse dans le sens de la loi; et qu'elle a violé, à son préjudice et en contravention à l'art. 408 c. inst. crim., un droit qui était accordé à l'accusé par la loi;—En conséquence, et sans qu'il soit besoin de s'occuper des autres moyens de nullité proposés, casse et annule ledit arrêt rendu sur l'excuse présentée; par suite, tout ce qui a suivi, et notamment l'arrêt de condamnation, rendu le même jour, 1er février dernier, par la cour d'assises du département de la Seine.

Du 10 mars 1826.-C. C., ch. crim.-MM. Portalis, pr.-Brière, rap.

(2) *Espèce* : — (Brousse C. Gauthier.) — Le sieur Brousse ayant été l'objet d'injures verbales de la part du sieur Gauthier, avait traduit ce dernier devant le tribunal de simple police, qui avait condamné le prévenu à la peine prononcée par l'art. 471, n° 11, c. pén. — Mais, sur l'appel, Gauthier ayant allégué que quelques heures avant les injures il avait été provoqué par Brousse qui l'avait traité de mauvais sujet, le tribunal correctionnel de Béziers admit l'existence de cette provocation, et renvoya le prévenu de la poursuite. — Pourvoi de Brousse, qui a prétendu que la provocation ne peut excuser l'injure que lorsqu'elle en a été suivie immédiatement, puisque, autrement, la loi consacrerait le droit de la vengeance à l'infini.—Arrêt.

LA COUR; — Attendu que le § 11 de l'art. 471 c. pén. n'a pas fixé l'intervalle qu'il devrait y avoir entre une provocation et les injures qui en seraient la suite, pour que celles-ci fussent ou non excusables, et qu'en fait, le tribunal a reconnu l'existence de la provocation; — Rejette.

Du 18 août 1836.-C. C., ch. crim.-MM. Crouseilhes, pr.-Gartempe, r.

(3) (Roméi dit Burrinelli.)—LA COUR;—Attendu que la rixe ne rend pas excusable le meurtre; — Que d'après l'art. 321 c. pén. le meurtre n'est excusable que lorsqu'il a été provoqué par des coups ou violences graves envers les personnes; — Que la cour spéciale et extraordinaire a déclaré que le meurtre dont il s'agit a été commis volontairement et sans provocation, et qu'en le déclarant commis sans provocation, elle l'a ainsi déclaré indigne d'excuse; — Attendu que dès que ladite cour spéciale extraordinaire a déclaré le meurtre commis sans provocation et en conséquence indigne d'excuse, laquelle déclaration est irréfragable, en lui appliquant la peine des travaux forcés à perpétuité, au lieu de violer aucune loi, a, au contraire, fait une juste application des art. 295 et 304 c. pén.; — Rejette le pourvoi contre l'arrêt de la cour spéciale extraordinaire de Rome, du 30 janv. 1812.

Du 20 mars 1812.—C. C., sect. crim.-MM. Barris, pr.-Benvenuti, rap.

(4) 1re *Espèce* : — (Englebert de N. C. min. pub.) — Englebert de N..., accusé d'avoir porté des coups à son père, allégua pour sa défense qu'il avait été provoqué par des violences graves. Il prit en conséquence des conclusions tendant à ce que la question de provocation fût posée. —Arrêt de la cour d'assises qui les rejette, par le motif que des coups portés par un fils à son père ne sont pas plus excusables que le parricide proprement dit.—Pourvoi.—Arrêt.

LA COUR; — Attendu qu'il résulte du contexte de l'art. 323 c. pén., et des discours des orateurs du gouvernement en présentant cette loi, que, dans la législation actuelle, les coups portés aux parents ne sont pas plus excusables que l'homicide commis sur leur personne; — Rejette.

Du 16 mars 1815.-C. sup. de Bruxelles.-MM. Wantelée, pr.-Marcq, subst., c. conf.

2e *Espèce* : — (Min. pub.) — Du 28 sept. 1822.-C. sup. de Bruxelles, arrêt de cassation, M. Duvigneaud, subst., c. conf.

il s'agit, il n'est pas littéralement compris dans les termes de l'art. 323, qui exclut toute espèce d'excuse seulement pour le parricide, c'est-à-dire le meurtre. Nous avouons qu'il y a lacune dans la loi pénale; mais il n'appartient pas aux tribunaux de la remplir par des motifs d'analogie, quelque frappants qu'ils puissent être (Conf. MM. Chauveau et Hélie, t. 4, p. 116).

474. Cette doctrine a été consacrée par un arrêt qui a jugé que les coups ou blessures portés par un fils à l'un des auteurs de ses jours peuvent être déclarés excusables s'il y a eu provocation : que le parricide seul, c'est-à-dire le meurtre commis par le fils sur son père, n'est jamais excusable (Crim. rej. 10 janv. 1812) (1).

475. MM. Chauveau et Hélie (t. 4, p. 117) pensent même que l'excuse de la provocation pourrait être invoquée en cas d'homicide volontaire, commis sans intention de donner la mort, par un enfant sur ses parents, ce crime étant distinct du meurtre, et, par conséquent, du parricide. C'est aussi notre sentiment. — V. Crimes contre les personnes, nos 15, 60 et 61.

476. La seconde exception à la règle générale posée par l'art. 321 concerne, avons nous dit, le meurtre commis par l'un des *époux* sur l'autre. A cet égard, l'art. 324, alinéa 1, c. pén., dispose en ces termes : « Le meurtre commis par l'époux sur l'épouse, ou par celle-ci sur son époux, n'est pas excusable, si la vie de l'époux ou de l'épouse qui a commis le meurtre n'a pas été mise en péril dans le moment même où le meurtre a eu lieu. » L'existence d'un danger présent est en effet, disait l'exposé des motifs, « la seule excuse qui puisse être admise à l'égard des personnes obligées par état de vivre ensemble et de n'épargner aucun sacrifice pour maintenir entre elles une parfaite union. » — L'art. 324 ne parle que du *meurtre* commis par l'un des époux sur l'autre, il se tait sur les *coups* et *blessures*; d'où il résulte que l'excuse de la provocation s'applique à ce dernier délit. « Peut-être, disent MM. Chauveau et Hélie (t. 4, p. 134), cette solution n'est-elle pas parfaitement conforme à l'esprit de la loi; mais son texte est trop positif pour en permettre une autre. » On peut invoquer ici, en se fondant sur l'analogie, l'arrêt précité du 10 janv. 1812 (aff. Ciampi), relatif aux coups et blessures dont un fils s'est rendu coupable envers l'auteur de ses jours. — Il a été décidé que l'époux *complice* du meurtre commis sur son conjoint ne peut, dans aucun cas, profiter de l'excuse qui pourrait exister en faveur de l'auteur du crime (Crim. cass. 19 janv. 1838, aff. Musart, V. Complicité, n° 27). En effet, que l'époux commette lui-même le crime, ou qu'il aide à sa perpétration, la criminalité est la même, et l'excuse de la provocation doit être rejetée dans un cas aussi bien que dans l'autre (Conf. MM. Chauveau et Hélie, t. 4, p. 132).

477. L'art. 324 admet l'excuse de la provocation pour le cas où la vie de l'époux ou de l'épouse qui a commis le meurtre était mise en péril dans le moment même où le meurtre a eu lieu. Ce cas ne doit pas être confondu avec le cas de légitime défense que prévoit l'art. 328 c. pén. Dans l'un, le danger existe, mais il est possible de s'y soustraire sans recourir au meurtre, soit en appelant du secours, soit en prenant la fuite; dans l'autre, la personne attaquée n'a qu'un moyen de sauver sa vie, c'est de tuer son agresseur. Aussi, dans le premier cas, le meurtre est seulement excusable, tandis que, dans le second, il est légitime. Il ne faut donc pas voir, comme quelques auteurs l'ont fait, dans l'art. 324 une dérogation au principe général formulé par l'art. 328. C'est en ce sens que se prononcent MM. Haus, Obs. sur le projet du code belge, t. 2, p. 245; Chauveau et Hélie, t. 4, p. 133. — V. toutefois MM. Morin, Dict. de dr. crim., v° Défense légit., n° 7; Destrivaux, Essai sur le code pén., p. 114.

478. Il est un fait qui rend excusable le meurtre de l'épouse par l'époux : c'est le flagrant délit d'adultère. Il en sera parlé *infrà*, nos 500 et suiv.

479. Si un agent de la force publique commet, dans l'exercice de ses fonctions, des violences graves envers un citoyen, ces violences pourront-elles servir d'excuses aux représailles exercées par ce citoyen ainsi provoqué?—La négative a été consacrée par plusieurs arrêts, qui ont décidé, en conséquence, qu'il n'est pas permis de poser une semblable question au jury (Crim. cass. 13 mars 1817 (2); Crim. rej. 25 juill. 1822, MM. Barris, pr.,

(1) (Min. pub. *C.* Ciampi.) — La cour; — Vu les art. 321 et 323 c. pén. de 1810; — Considérant que la disposition de l'art. 321, qui comprend trois genres de crimes, est conçue en termes généraux et absolus; que l'art. 323, en faisant exception à cette généralité pour le seul parricide, laisse nécessairement subsister ledit art. 321 pour les cas où il ne s'agit que de blessures ou coups, sans distinguer si ces blessures ou coups sont ou non du fait d'un enfant envers l'un des auteurs de ses jours; — D'où il suit que, ne s'agissant que de coups portés par Marie-Ange Ciampi à sa mère qui les avait constamment provoqués par des violences précédentes, la cour spéciale extraordinaire de Florence a pu légalement déclarer ces coups excusables, et, par suite, n'infliger à la coupable qu'une année d'emprisonnement selon le vœu de l'art. 326 dudit code; — Rejette.

Du 10 janv. 1812.-C. C., sect. crim.-MM. Barris, pr.-Bailly, rap.

(2) *Espèce :* — (Min. pub. *C.* Boissin.) — L. Boissin, traduit devant la cour d'assises du Gard, comme accusé d'avoir blessé d'un coup de pistolet le général Lagarde, commandant la force publique pour l'exécution des loi, allégua des faits de provocation commis à son égard par le général. — En conséquence, sur sa demande et contrairement aux conclusions du ministère public, la cour d'assises posa une question en ces termes : « Est-il constant que L. Boissin a agi provoqué par des coups ou violences graves exercées contre sa personne, sans motif légitime, par l'agent de la force publique, dans l'exercice de ses fonctions? » — Cette décision a été dénoncée à la cour de cassation par M. le garde des sceaux, ministre de la justice. — Arrêt (apr. délib. en ch. du cons.).

La cour; — Statuant sur la requête présentée par le procureur général, d'après l'ordre formel donné par le garde des sceaux, ministre de la justice, et contenant dénonciation, comme contraire à la loi, 1° de l'arrêt rendu le 8 février dernier par la cour d'assises du Gard, par lequel il a été jugé dans le procès instruit contre le nommé Boissin, accusé d'une tentative de meurtre contre un commandant de la force armée agissant dans l'exercice de ses fonctions, qu'il serait soumis au jury une question particulière sur le fait d'une prétendue provocation violente alléguée contre le commandant par cet accusé; 2° de la question posée sur cette prétendue provocation en exécution de cet arrêt; — Vu l'art. 441 c. inst. crim.; — Vu aussi les art. 65 et 321 c. pén.; — Vu encore les différents articles du § 2 de la sect. 4 du liv. 3 c. pén., intitulé : Des crimes et délits contre la paix publique; — Vu enfin l'art. 339 c. inst. crim.; — Attendu, en droit, que les dispositions dudit art. 321 c. pén., qui viennent d'être citées, et qui sont relatives à la provocation violente, n'ont pas été insérées dans ce code, comme celles qui concernent la démence, la force majeure et l'âge de l'accusé, dans un titre général et préliminaire, commun à toutes les parties dont ce code se compose, et qui les rendît ainsi applicables aux crimes et délits auxquels elles se réfèrent, sans distinction des personnes à l'égard desquelles ils auraient été commis, et quelles que fussent les circonstances dans lesquelles ils auraient eu lieu; que cet art. 321 a été classé dans le code pénal, sous le titre : Des crimes et délits contre les particuliers; que l'application de ses dispositions est limitativement déterminée par ce titre; qu'elle ne peut donc être faite qu'aux meurtres et aux actes de violence commis sur des individus sans caractère public ou agissant hors de l'exercice de ce caractère; que ce n'est donc qu'aux faits de provocation dont ces individus peuvent s'être rendus coupables qu'on peut appliquer ledit art. 321 pour déclarer excusables les excès commis sur eux; que les excès commis sur les agents de la force publique dans l'exercice de leurs fonctions ont été l'objet, dans le code pénal, de dispositions distinctes et séparées de celles relatives aux excès commis sur des particuliers; qu'ils ont été prévus et punis d'une manière spéciale, au titre Des crimes et délits contre la paix publique, sect. 4, § 2, lequel est intitulé : Des outrages envers les dépositaires de l'autorité et de la force publique; que, dans ce paragraphe, tous les genres de blessures et d'excès, qui peuvent être commis sur les agents de l'autorité et de la force publique, dans l'exercice de leurs fonctions, ont été déterminés; qu'ils y sont punis plus rigoureusement que ne le sont, dans le titre Des crimes et des délits contre les particuliers, les crimes et délits de la même espèce; que ceux-ci, en effet, ne blessent que la sûreté individuelle, et que les autres sont tout à la fois un attentat à la sûreté particulière et un attentat à la sûreté publique; que si le meurtre avec préméditation n'est pas rappelé dans ce paragraphe, c'est que le simple meurtrier y est puni de mort, et que dès lors il devenait sans objet de s'y occuper de la circonstance aggravante de la préméditation; que cependant ce paragraphe n'a point déclaré communes aux crimes et délits dont il traite les dispositions du susdit art. 321; qu'il ne renferme non plus aucune disposition particulière semblable à celle de cet article; que ce serait donc ajouter à la loi et violer son texte que d'admettre, dans une accusation de meurtre ou de violence commise envers un agent de la force publique dans l'exercice de ses fonctions, l'exception atténuante d'une prétendue provocation violente, que ledit art. 321 n'a établie que relativement aux meurtres et violences commis sur des particuliers; que ce serait également violer l'esprit de la loi que d'étendre par induction cette exception d'un cas à un autre; qu'en ne l'énonçant que pour un cas, le législateur l'a nécessairement exclue dans l'autre; que d'ailleurs il n'est pas permis

Busschop, rap., Hua, av. gén., Barrot, av., aff. N...; Crim. cass. 8 avril 1826, MM. Portalis, pr., Ollivier, rap., int. de la loi, aff. Barbelin; Montpellier, 5 juill. 1849, aff. B..., D. P. 49. 2. 142).— Nous ne saurions admettre cette solution. Celui qui frappe ou tue un agent de la force publique dans l'exercice de ses fonctions est puni d'une peine plus grave que s'il avait commis le même délit sur la personne d'un particulier. Cette garantie est suffisante : les fonctionnaires publics qui déploient l'autorité pour la protection des citoyens et l'exécution des lois doivent en être satisfaits. Mais ceux qui, tournant les armes déposées entre leurs mains par la loi contre ceux qu'ils devaient défendre, commettent des actes de violence sans y être contraints par la nécessité, de quel droit réclameraient-ils l'inviolabilité? comment pourraient-ils prétendre que, devenant agresseurs, ils ne donnent pas le droit de la défense? Ils sont *présumés*, dira-t-on, agir conformément aux lois? sans doute; mais cette présomption doit céder devant la vérité des faits. S'il est judiciairement constaté qu'au lieu d'obéir aux lois, ils les ont violées au point de se livrer à des violences contre les citoyens, prétendra-t-on que ces violences sont légitimes et protégées par la présomption dont on arguë? non assurément, et même elles seront réprimées par les tribunaux. Qu'en résulte-t-il? c'est qu'elles ont le même caractère, ou si l'on veut un caractère encore plus grave que les violences exercées par de simples particuliers. Celles-ci, en effet, sont soumises à des peines établies par la loi, et personne ne soutiendra que cela seul suffise pour que le citoyen provoqué ne soit pas excusable s'il frappe ou tue le provocateur. C'est néanmoins le principe posé par l'arrêt cité : la cour prétend que les peines portées contre l'agent de l'autorité qui se livrerait à des violences, sont les seules garanties que la loi ait accordées aux citoyens, et qu'ils doivent se laisser frapper provisoirement, sauf à demander la mise en jugement des fonctionnaires. A la vérité, ce système est plus légal; mais il ne s'ensuit pas que les coups portés par représailles ne soient point excusables. En effet, ne peut-on pas dire de même au cas où la provocation a été commise par un simple particulier? le provoqué avait-il pour cela le droit de frapper le provocateur? nullement : pour agir légalement, il devait se borner à porter sa plainte devant l'autorité. Il a donc transgressé la loi en commettant le meurtre ou les blessures; mais les circonstances qui ont accompagné cet acte illégal sont de nature à le faire excuser. — On objectera peut-être, qu'en admettant notre système, la peine appliquée par la loi se trouverait trop faible relativement au délit, que la qualité de fonctionnaire public rend plus grave; mais aussi il faut remarquer que le fait de provocation a un caractère infiniment plus odieux lorsqu'il est commis par un agent de l'autorité publique, et que si cet agent a droit à une protection spéciale lorsqu'il agit pour l'exécution des lois, il ne peut pas la revendiquer lorsque ses actes en sont des violations manifestes. — Reste l'argument tiré de la place qu'occupe dans le code pénal l'article relatif à l'excuse de provocation. On veut en induire qu'il ne peut s'appliquer aux meurtres ou excès commis sur les fonctionnaires publics, puisqu'il se trouve sous ce titre : *Crimes et délits contre les particuliers*. Evidemment on a soulevé là une question de mots. La loi raisonne pour le plus grand nombre des cas; elle ne suppose pas qu'un agent de la force publique commette des provocations violentes contre les citoyens. Elle a dû placer l'excuse de provocation là où elle traitait du meurtre en général, et c'est abuser de l'argumentation que d'en induire qu'on ne peut combiner les dispositions de la loi, parce qu'elles ne sont pas sous le même titre. Mais il y a plus : l'article lui-même dépose contre cette interprétation : « le *meurtre* ainsi que les *blessures* et les *coups* sont excusables, s'ils ont été provoqués par des coups ou violences graves envers les personnes. » Rien de plus général, et si l'on ne nous montre pas que l'action de tuer ou de frapper un fonctionnaire public est qualifiée autrement que meurtre, coups ou blessures, nous dirons que cette action doit être excusée d'après les termes de la loi. — On invoque des considérations : « Admettre d'autres principes, dit-on, ce serait énerver l'action de la force publique, encourager l'esprit de rébellion et désorganiser l'ordre social. » Ces mots ont sans doute du retentissement; mais les idées qu'ils représentent sont-elles bien nettes? L'action de la force publique consiste-t-elle dans les violences illégales contre les citoyens? L'esprit de rébellion serait-il l'instinct de la défense? et l'ordre social, serait-ce le bon plaisir et l'arbitraire des fonctionnaires publics? En somme, nous persistons à penser que le respect dû aux agents de l'autorité, lorsqu'ils exécutent la loi, ne peut pas dégénérer en inviolabilité, lorsqu'ils oppriment les citoyens. (On peut consulter dans le même sens l'opinion de M. Trébutien, t. 1, p. 160.) — Cette doctrine a été consacrée par un arrêt qui a décidé que la provocation est une excuse légale aussi bien pour les crimes commis envers les fonctionnaires ou agents de la force publique que pour ceux commis envers les simples particuliers; qu'en d'autres termes, l'art. 321 c. pén. s'applique à toutes les provocations (C. d'assises de la Moselle, 9 déc. 1841, aff. Rodolphe-Jost C. min. pub.).

480. L'excuse de la provocation s'applique à *l'homicide*, ainsi qu'aux blessures et coups commis, dans l'exercice de ses fonctions, par un dépositaire de l'autorité ou de la force publique. Ainsi jugé que dans le cas où un garde champêtre est accusé d'homicide volontaire dans l'exercice de ses fonctions, et sans motifs légitimes, il ne suffit pas que la cour d'assises pose au jury la question relative à ces motifs; qu'elle doit encore, sous peine de nullité, poser la question de provocation, si l'accusé la réclame...... et cela, sous un double rapport : 1° en ce que l'art. 321 c. pén. s'applique indistinctement aux fonctionnaires comme aux particuliers, et que la question de provocation, comme atténuation de la peine, est indépendante de la question des motifs

---

d'argumenter d'un cas moins grave à un cas plus grave, pour étendre à celui-ci des dispositions favorables qui n'ont été créées que pour celui-là, et que le code pénal a signalé, par la différence des peines qu'il a ordonnées, la différence de gravité que la raison et l'intérêt social établissent entre des excès commis sur des particuliers et ceux qui sont commis sur les agents de l'autorité, dans leurs fonctions relatives au maintien de l'ordre public; que l'art. 170 de la loi du 28 germ. an 6 a confirmé le droit que les lois antérieures donnaient aux dépositaires de la force publique de repousser par la force les violences et voies de fait qui pourraient être exercées contre eux dans leurs fonctions; que si dans ces fonctions ils se rendent eux-mêmes coupables de violences criminelles, la loi a pourvu à la vengeance du citoyen injustement offensé ou maltraité; que l'art. 186 c. pén. a sévèrement puni cet abus de la force et de l'autorité; mais que, d'après cet article, pour que les violences dont les préposés de la force armée ont usé ou fait user acquièrent un caractère criminel, il faut qu'elles aient été exercées sans motif légitime; que de cette disposition il ne suit pas néanmoins que, lorsqu'elles n'ont pas eu de motif légitime, elles puissent constituer la provocation atténuante que la loi fait résulter des coups et violences graves dont un particulier se serait rendu coupable, et à laquelle elle donne l'effet de rendre excusables le meurtre et les coups dont il peut avoir été victime par suite de cette provocation; qu'aucune parité ne peut être établie, quoique sur les mêmes faits, entre un agent de la force publique dans l'exercice de ses fonctions et un individu agissant sans caractère public; que les violences d'un individu agissant comme simple particulier ne peuvent jamais être présumées légitimes; que le dépositaire de la force publique, au contraire, est toujours présumé, lorsqu'il agit au nom de la loi, ne faire que ce qu'elle lui prescrit ou lui permet; que ce n'est pas aux individus sur lesquels il exerce ses fonctions à se rendre juges des actes de cet exercice, et moins encore à les réprimer; qu'aux seuls magistrats de la loi appartient ce pouvoir; qu'admettre d'autres principes, ce serait non-seulement contrevenir au code pénal, mais encore énerver l'action de la force publique, encourager l'esprit de rébellion et désorganiser l'ordre social; — Et attendu, en fait, que Boissin avait été traduit devant la cour d'assises du département du Gard comme accusé d'une tentative de meurtre avec préméditation sur la personne du général Lagarde, chef de la force armée, et agissant avec elle pour le maintien de l'ordre public, ou du moins de s'être rendu coupable du crime de rébellion et de blessures, par l'effet desquelles le général Lagarde avait été rendu incapable de travail personnel pendant plus de vingt jours; que, sur cette accusation, ledit Boissin a allégué que le général avait exercé sur lui des violences qui avaient constitué la provocation atténuante établie par l'art. 321 c. pén., et a demandé que la question en fût soumise au jury; qu'au lieu de rejeter cette demande qui, dans une accusation de rébellion à la force armée agissant dans l'exercice de ses fonctions, et d'excès commis sur la personne de son chef agissant aussi dans ledit exercice, était contraire à la loi, la cour d'assises l'a accueillie, et a en conséquence posé une question sur cette prétendue provocation; en quoi cette cour a violé l'art. 65 c. pén., faussement appliqué l'art. 321 de ce code, et aussi violé l'art. 339 c. inst. crim.; — Casse, etc.

Du 15 mars 1817.-C. C., sect. crim.-MM. Barris, pr.-Ollivier, rap.

légitimes qui, s'ils existent, justifient péremptoirement le fonctionnaire auteur du meurtre; 2° en ce que si le jury vient à déclarer que l'accusé n'a pas agi dans l'exercice de ses fonctions, il tombe sous l'application du droit commun, et doit, par suite, participer à tous ses bénéfices. (Crim. cass. 30 janv. 1835, aff. Pons, V. Instr. crim., n° 2673-2°).

481. Suivant un arrêt, lorsqu'une cour criminelle est saisie de la connaissance d'une accusation portée contre un gendarme pour meurtre commis au moment où il était à la recherche d'un contumax, il ne suffit pas que cette cour déclare le fait de meurtre excusable par suite de provocation; elle doit déclarer aussi, même d'office, si le gendarme, au moment où il a commis le meurtre, était ou non dans l'exercice légal de ses fonctions, cette circonstance, jointe aux coups et violences, étant de nature à faire disparaître toute criminalité du fait (Crim. cass. 20 janv. 1825) (1).

482. Le code pénal de 1791 disposait que le meurtre pourrait être déclaré excusable dans le cas de provocation violente. — Il suivait de cette disposition que les jurés devaient être appelés à examiner deux questions : 1° si le fait de provocation avait réellement eu lieu; 2° si ce fait était de nature, dans l'espèce, à rendre le délit excusable (Crim. cass. 27 flor. an 8, MM. Viellart, pr., Bayard, rap., aff. Zandor).

483. L'art. 374 c. 3 brum. an 4, déterminant les questions qui devaient être posées au jury, prescrivait qu'après la question sur l'existence du fait et celle qui tendait à savoir si l'accusé était ou non convaincu de l'avoir commis, le président posât les questions qui, sur la moralité du fait et le plus ou le moins de gravité du délit, résultaient de l'acte d'accusation, de la défense de l'accusé ou du débat; et l'art. 380 du même code ajoutait que toute contravention à cet article emportait nullité. — Sous l'empire de ces dispositions il avait été décidé : 1° que l'excuse de la provocation devait, à peine de nullité, être proposée au jury, lorsqu'elle résultait de l'acte d'accusation (Crim. cass. 7 fruct. an 8) (2); — 2° Que lorsque l'homicide était provenu des suites d'un coup qui n'avait pas été donné par l'accusé dans le dessein de blesser, mais en voulant parer un coup de bâton qui lui était porté à lui-même, le défaut de position d'une question d'excuse, si l'homicide avait été la suite d'une provocation ou non, entraînait la nullité de la déclaration du jury (Crim. cass. 2 vend. an 6, MM. Seignette, pr., Jacob, rap., aff. Micard); — 3° Que la cour criminelle qui avait ordonné une information tendant à établir des faits de provocation et de nécessité actuelle de la légitime défense allégués par un accusé de meurtre ne pouvait se dispenser d'interroger le jury sur l'existence de ces faits (Crim. cass. 23 janv. 1807) (3); — 4° Que la cour d'assises ne pouvait

---

(1) *Espèce :* — (Maitre *C.* min. pub.) — Le 11 avril 1824, le brigadier Commun et les gendarmes Maitre et Raynal se rendirent à la commune de Piedicroce, pour y rechercher un contumax; ils rencontrèrent devant la maison du sieur Colombani, les nommés Louis Paoli, Ange Albertini, Félix dit Félili, frère de celui-ci, et Pompéi Pietri : ce dernier avait un stylet à la main. Ces quatre individus, à l'aspect de la gendarmerie, cachèrent cette arme entre le seuil et la porte de ladite maison. Les gendarmes, qui le remarquèrent, accoururent pour saisir le poignard, et demandèrent à celui qui avait cherché à le dérober à leurs yeux, s'il en était le propriétaire. Ce poignard appartenait à Ange Albertini, que les gendarmes voulurent arrêter : il s'engagea un rixe violente, qui fut l'occasion d'un coup de carabine tiré par Maitre, et dont Ange Albertini mourut. Les gendarmes furent mis en accusation; le brigadier Commun, accusé de complicité, a été acquitté; Maitre a été déclaré coupable, mais excusable, et condamné à cinq années d'emprisonnement; il s'est pourvu. — Arrêt.

LA COUR; — Vu le mémoire déposé au greffe de la cour, à l'appui du pourvoi; — Vu l'art. 408 c. inst. crim.; — Attendu qu'il résulte de l'ensemble de l'arrêt de mise en accusation rendu par la cour royale de Corse, le 3 sept. 1824, et de l'acte d'accusation rédigé en exécution dudit arrêt, que Jean-François Maitre, gendarme, était à la recherche d'un coutumax, avec le brigadier Commun, son coaccusé acquitté, et un autre gendarme nommé Raynal, lors du fait pour lequel il a été renvoyé par ledit arrêt devant la cour de justice criminelle du département de la Corse, pour y être jugé sur le crime d'homicide volontaire dont il était accusé; — Attendu que la cour de justice criminelle du département de la Corse, en déclarant, par l'arrêt attaqué, Jean-François Maitre coupable d'avoir, le 11 avril 1824, volontairement, mais sans préméditation, donné la mort au nommé Ange Albertini, en tirant sur lui un coup de carabine, a déclaré néanmoins ce fait excusable, attendu qu'il avait été provoqué par des coups ou violences graves exercées envers ledit Maitre, et l'a condamné à la peine de cinq années d'emprisonnement, par application des art. 295, 304, § 2, 321 et 326 c. pén.; — Attendu que la recherche et la poursuite des malfaiteurs sont classées parmi les fonctions ordinaires et habituelles de la gendarmerie, sans qu'il soit besoin de réquisition des officiers de police judiciaire, ni d'aucun ordre spécial, par les art. 125 et 126 de la loi du 28 germ. an 6, 179 et 180 de l'ord. du roi du 29 oct. 1820; — Qu'aux termes des art. 231 de la même loi et 303 de la même ordonnance, la gendarmerie ne peut déployer la force des armes que dans les deux cas suivants : le premier, si des violences ou voies de fait sont exercées contre les gendarmes; — Le second, s'ils ne peuvent défendre autrement le terrain qu'ils occupent, les postes ou les personnes qui leur seraient confiées, ou enfin si la résistance était telle, qu'elle ne pût être vaincue autrement que par la force des armes;

Attendu que la cour de justice criminelle ayant déclaré, par l'arrêt attaqué, le fait excusable, parce qu'il avait été provoqué par des coups ou des violences graves exercées envers ledit Maitre, devait déclarer, même d'office, s'il était ou non légalement dans l'exercice de ses fonctions, puisque cette circonstance était élémentaire et formait une partie essentielle de l'excuse, et qu'en supposant la déclaration affirmative, jointe à celle des coups ou violences graves exercées contre ledit Maitre, gendarme, il en serait résulté qu'il n'y avait ni crime ni délit, et que l'accusé devait être renvoyé absous, d'après les dispositions de l'art. 328 c. pén. et de l'art. 364 c. inst. crim.; — Que la cour de justice criminelle, en s'abstenant de toute déclaration sur ce fait d'exercice de fonctions, n'a pas purgé toutes les circonstances de l'accusation; en quoi elle a méconnu, et par conséquent violé les règles de sa propre compétence; que, dans cet état, et vu que la déclaration est incomplète, il ne peut être statué par la cour sur la juste ou la fausse application de la loi pénale; — Casse et annule l'arrêt rendu par la cour de justice criminelle du département de la Corse, le 6 déc. 1824, contre Jean-François Maitre.

Du 20 janv. 1825.-C. C., sect. crim.-MM. Bailly, pr.-Brière, rap.

(2) (Mercourt *C.* min. pub.) — LA COUR; — Vu les art. 374, 380 et 646 c. des dél. et des pein.; — Considérant que, d'après les dispositions de ces articles, l'on doit, à peine de nullité, soumettre à la délibération du jury toutes les questions qui tendent ou à atténuer le délit, ou à rendre excusable le prévenu, lorsqu'elles résultent de l'acte d'accusation; que néanmoins, dans l'espèce, on a omis de poser une question relative à la provocation violente, encore bien que cette question résulte de l'acte d'accusation même, où il est dit que Dupuis a été l'agresseur en portant un coup de bâton au préposé Mercourt, dans le moment où celui-ci faisait son devoir en sommant Dupuis de retourner au bureau pour y payer le droit de passe; — Vu pareillement les art. 414, 415 et 456, sixième disposition; — Considérant que, suivant ces articles, il n'y a que deux cas dans lesquels le jury de jugement, après avoir déjà prononcé, puisse délibérer de nouveau, savoir : lorsque les jurés ont violé les règles qui leur sont tracées par les art. 385 et suiv., ou lorsqu'ils se sont trompés au fond; que, par conséquent, un tribunal qui hors de ces deux cas, se permet d'arrêter qu'un jury qui a déjà prononcé, se retirera dans sa chambre à l'effet de délibérer de nouveau, fait non-seulement une fausse application des art. 414 et 415, mais encore commet un excès de pouvoir évident, d'où il résulte que le tribunal criminel de l'Oise, en arrêtant, après la prononciation du jury de jugement, ainsi qu'il est constaté par le procès-verbal des débats, du 17 flor. dernier, que la quatrième question, sera rectifiée par l'addition de deux mots, et que les jurés seront invités à rentrer dans leur chambre pour délibérer de nouveau sur cette quatrième question, ainsi modifiée, s'est rendu coupable d'une usurpation de pouvoir, en même temps qu'il a fait une fausse application des art. 414 et 415 précités; — Vu enfin l'art. 83 du même code; — Considérant que, dans l'espèce, le tribunal ne peut, sans contrevenir à cette disposition formelle de la loi, se dispenser de dénoncer le délit dont Dupuis est dit s'être rendu coupable en appliquant un coup de bâton au préposé Mercourt, alors que celui-ci se bornait à le sommer de rétrograder, afin de payer le droit de taxe pour l'entretien des routes, droit auquel il semblait évidemment chercher à se soustraire; — A ces causes, et par ces considérations, disant droit au pourvoi de François Royer, casse, etc.; — Ordonne qu'à la diligence du commissaire du gouvernement, le sieur Dupuis sera dénoncé au juge de paix de l'arrondissement dans lequel il réside, pour cause de violence et voie de fait qu'il dit avoir commis sur la personne dudit Mercourt, préposé à la barrière du Thul près de Beauvais, auquel effet l'acte d'accusation, dressé le 7 germ. dernier, sera, avec toutes les autres pièces relatives au délit dont est cas, transmis audit juge de paix.

Du 7 fruct. an 8.-C. C., sect. crim.-MM. Goupil, pr.-Rupérou, rap.

(3) (Pierre Mazeyras *C.* min. pub.) — LA COUR; — Vu l'art. 374 c. des dél. et des pein.; — Considérant que le réclamant avait constamment soutenu dans ses interrogatoires et dans le cours de la procédure que lors de l'événement du 18 mai 1806, il avait été obligé de repous-

refuser à l'accusé qui le requérait de poser la question de provocation (Crim. cass. 9 vend. an 8, MM. Méaulle, pr., Minier, rap., aff. Claude Mairot *C.* min. pub.); — 5° Que, lorsque les accusés avaient requis que la cour posât aux jurés la question de provocation, l'arrêt qui rejetait cette demande, sans déclarer que le fait de provocation n'avait pas été articulé pour la défense dans les débats, violait l'art. 374 c. brum. an 4 (Crim. cass. 19 fév. 1807, MM. Barris, pr., Vuïsse, rap., aff. Wilhelmans).

484. Aujourd'hui la question d'excuse à raison de la provocation doit être posée au jury toutes les fois qu'elle résulte de l'acte d'accusation ou des débats, ou bien qu'elle est proposée par l'accusé.—V. Instr. crim., nos 2663 et suiv.

485. Lorsqu'à la question de savoir si l'accusé d'un meurtre volontaire a été provoqué violemment par des blessures et des coups que son adversaire lui aurait portés auparavant, les jurés ont répondu : « Oui, des coups ont été portés auparavant, mais ils ne constituent pas la provocation, » la cour d'assises ne peut scinder cette déclaration, et, déclarant qu'il y a eu provocation, appliquer l'excuse de l'art. 326 (Crim. cass. 30 juill. 1831) (1).

486. Lorsque, dans une accusation de meurtre, le jury a déclaré qu'il y a eu préméditation, il n'y a plus lieu à répondre sur la question de provocation (Crim. rej. 27 sept. 1821) (2).

487. Un meurtre ne peut pas être déclaré excusable sur le motif que l'accusé y aurait été excité par des violences graves précédentes. — Une telle provocation ne présente pas les caractères déterminés par l'art. 321 c. pén. (Crim. cass. 7 fév. 1812) (3).

488. Supposons maintenant l'excuse admise par le jury : quelle sera la peine applicable à l'auteur du fait? — Sous l'empire du code du 3 brum. an 4, lorsque les jurés avaient déclaré constant le fait de provocation violente, les juges ne pouvaient, en vertu de l'art. 646 de ce code, appliquer que l'emprisonnement correctionnel, et non la peine de deux années de détention, prononcée par le code pénal de 1791 (Crim. cass. 10 therm. an 10, MM. Viellart, pr., Rataud, rap., aff. Vermeulin; Crim. rej. 6 pluv. an 12, MM. Viellart, pr., Rataud, rap., aff. femme Gaillard). — L'art. 326 c. pén. dispose à cet égard dans les termes suivants : « Lorsque le fait d'excuse sera prouvé, s'il s'agit d'un crime emportant la peine de mort, ou celle des travaux forcés à perpétuité, ou celle de la déportation, la peine sera réduite à un emprisonnement d'un an à cinq ans. — S'il s'agit de tout autre crime, elle sera réduite à un emprisonnement de six mois à deux ans.—Dans ces deux premiers cas, les coupables pourront, de plus, être mis par l'arrêt ou le jugement sous la surveillance de la haute police pendant cinq ans au moins et dix ans au plus. — S'il s'agit d'un délit, la peine sera réduite à un emprisonnement de six jours à six mois. »

489. Cet article détermine nettement l'effet des excuses légales suivant qu'on les oppose à un simple délit ou à un crime, et selon la gravité du crime auquel elles s'appliquent. Mais on peut se demander si, lorsque la peine se trouve ainsi réduite par l'effet de l'excuse, les juges peuvent encore la modérer, à raison des circonstances atténuantes, par application de l'art. 463 c. pén. La raison de douter vient de ce que le législateur, en autorisant l'excuse et le changement de peine qui y est attaché, a pris soin de modérer lui-même le châtiment, au lieu de laisser ce soin aux tribunaux, qui dès lors semblent ne pouvoir atténuer de nouveau la peine sans entreprendre sur la puissance législative. Malgré cette considération assez spécieuse, nous pensons, avec MM. Carnot, Com. c. pén., t. 2, p. 80, n° 7; Rauter, t. 2, p. 54 ; Chauveau et Hélie, t. 4, p. 119, que, l'art. 463 c. pén. n'ayant admis aucune limitation au droit de modération qu'il accorde au juge, pour toutes les peines prononcées en vertu du code pénal, sa disposition générale ne peut souffrir de dérogation dans le cas particulier; on se trouve surtout fortifié dans cette opinion si l'on réfléchit à la rigueur que présentent, dans un grand nombre de leurs applications, les peines correctionnelles que la loi réserve aux prévenus excusés.

490. Pour que l'homicide, même lorsqu'il a été commis dans les circonstances où la loi le déclare excusable, donne lieu à l'application de la peine réduite, il faut qu'il ait été commis volontairement. Ainsi il avait été décidé, sous le code du 3 brum. an 4, que quoique le jury eût déclaré excusable l'homicide de la femme par le mari, s'il déclarait en même temps que le mari avait agi dans un moment où ses sens étaient totalement aliénés et n'avait pas commis l'homicide volontairement, le prévenu

---

ser la force par la force; — Qu'il avait constamment soutenu que les coups qu'il avait portés avaient été déterminés par la nécessité d'une défense légitime; — Considérant que la cour de justice criminelle elle-même avait ordonné, par ledit arrêt du 27 août 1806, une information sur les faits qui pouvaient atténuer le délit imputé au réclamant ; — Que cette cour avait pris pour base de cet arrêt les excès extrêmement graves et les faits de provocation consignés dans le procès-verbal du 10 mai 1806 ; — Que cette information a été faite ; — Considérant que lors de l'arrêt attaqué, il n'a été posé aucune question, ni sur lesdites provocations et lesdits excès, ni sur la légitime défense qui constituaient la moralité des faits, quoique la nécessité de poser ces questions résultât, tant de la défense constante du réclamant que des actes de la procédure; — Casse la position des questions, la déclaration du jury de jugement, et l'arrêt rendu le 20 nov. 1806 par la cour de justice criminelle du Puy-de-Dôme ; — Ordonne, etc.

Du 23 janv. 1807.-C. C., sect. crim.-MM. Barris, pr.-Vergès, rap.

(1) (Min. pub. *C.* Girardin.) — La cour ; — Vu les art. 304, 321 et 326 c. pén.; — Attendu qu'aux termes de l'art. 321 c. pén., le meurtre, ainsi que les blessures et les coups, ne sont susceptibles de la réduction de peine autorisée par l'art. 326 du même code, que dans le cas où ils ont été provoqués par des coups ou violences graves envers les personnes; que ce ce dernier article n'est donc applicable à l'accusé qui a été déclaré coupable de meurtre, que lorsque le jury, régulièrement interrogé sur ce point, a reconnu formellement l'existence de la provocation et des coups et violences graves, puisqu'il n'appartient à la cour d'assises que d'examiner ensuite si la déclaration portée à ce sujet constitue l'excuse légale et d'en appliquer le bénéfice ; — Et attendu, dans l'espèce, qu'après avoir déclaré Jean-Baptiste Girardin coupable d'avoir le 17 oct. 1830, tenté de donner volontairement la mort à S. Filippi, au moyen d'un coup d'arme à feu, laquelle tentative de meurtre a été manifestée par des actes extérieurs, suivie d'un commencement d'exécution, et n'a manqué son effet que par des circonstances fortuites et indépendantes de la volonté dudit Girardin, le jury, interpellé sur cette question : « Est-il constant que l'accusé Girardin ait été violemment provoqué par des blessures et des coups que S. Filippi lui aurait portés avant le coup de pistolet, a répondu : « Oui, des coups ont été portés par Filippi sur Girardin avant le coup de pistolet, mais ils ne constituent pas la provocation ; » — Que, néanmoins, la cour d'assises sous le prétexte qu'elle n'avait voulu, ni pu vouloir interroger les jurés que sur la question de savoir si les coups et les blessures allégués par l'accusé lui avaient été portés, a réduit la seconde partie de leur déclaration, dans le fait, à cette réponse : « Oui, des coups ont été portés par Filippi sur Girardin avant le coup de pistolet ; — Que, considérant, par suite, cette réponse comme constituant la provocation dans le sens de l'art. 321 c. pén., elle a cru pouvoir appliquer à l'accusé la disposition de l'art. 326 du même code; — D'où il suit que l'arrêt attaqué a méconnu les règles de la compétence, faussement appliqué ce dernier article, et violé tout ensemble ledit art. 321 et le § 2 de l'art. 304 ; — En conséquence, casse l'arrêt de la cour d'assises de la Corse, du 4 mai 1831.

Du 30 juill. 1831.-C. C., ch. crim.-MM. Bastard, pr.-Rives, rap.

(2) (Tronson *C.* min. pub.) — La cour ; — Attendu, sur le premier moyen, que les jurés ayant décidé que le meurtre avait été commis avec préméditation, ils n'ont pas dû répondre à la question sur la provocation qui ne peut jamais devenir une circonstance atténuante dans les crimes commis avec cette circonstance, et qui ne modifie le caractère et la peine du meurtre ou des blessures qu'elle a précédés que parce que le meurtre ou les blessures sont réputés avoir été commis dans le premier mouvement d'une passion violente subitement excitée par elle ; — Rejette le pourvoi contre l'arrêt d'Eure-et-Loire, du 27 août 1821.

Du 27 sept. 1821.-C. C., ch. crim.-MM. Barris, pr.-Saint-Vincent, r.

(3) (Min. pub. *C.* Danesi.) — La cour ; — Vu les art. 65, 321 et 326 c. pén. ; — Attendu qu'après avoir déclaré Jérôme Danesi coupable de la tentative de meurtre dont il était accusé, la cour spéciale extraordinaire de Florence l'a déclaré excusable, et s'est bornée à en donner pour motif qu'il avait été excité par des violences graves précédentes ; qu'une telle déclaration, de laquelle il ne résulte que des faits insignifiants, puisqu'elle laisse ignorer si ce sont des personnes qui ont été l'objet des violences exercées, et si, conséquemment, la provocation présentait le caractère déterminé par l'article cité du code pénal, n'a pu servir de base légale à la commutation de la peine afflictive et infamante encourue par le crime dont Danesi est convaincu, en simple peine correctionnelle ; — Qu'il y a ainsi, dans l'arrêt attaqué, violation de l'art. 65 c. pén. et fausse application des art. 321 et 326 du même code ; — Casse.

Du 7 (non 2) fév. 1812 (non 1814).-C. C., sect. crim.-MM. Barris. pr.-Aumont, rap.

devait être mis sur-le-champ en liberté (Crim. rej. 18 therm. an 9, MM. Dutocq, pr., Seignette, rap., aff. Ecoiffier).

491. Quoique à l'accusé déclaré coupable de meurtre volontaire, sans intention de donner la mort, mais après avoir été provoqué par violence, la cour d'assises ait infligé la peine de deux ans d'emprisonnement par application de l'art. 319 c. pén., sur le meurtre commis par imprudence, tandis qu'elle aurait dû lui appliquer l'art. 326 du même code, qui, au cas où, comme ici, le meurtre est excusable, porte la peine de une à cinq années, cependant la peine de deux années de prison ayant pu être appliquée par la cour, son erreur, au sujet de l'article de loi applicable, ne saurait donner lieu à cassation (Crim. cass. 19 déc. 1828) (1). — Mais si, par suite de son erreur, et en vertu de l'art. 319, la cour a prononcé une amende non autorisée par l'art. 326, son arrêt doit être cassé dans cette dernière disposition (même arrêt).

§ 3.—*De l'excuse résultant d'un violent outrage à la pudeur.— Castration.*

492. Au nombre des violences graves qui constituent la provocation et qui, par suite, rendent excusable le crime ou délit commis contre leur auteur, il faut incontestablement placer les attentats à la pudeur. Il n'en est pas, en effet, qui soient de nature à troubler davantage l'esprit de la personne qui les subit et à provoquer chez elle une plus violente et plus légitime irritation. Nous avons vu (v° Crimes contre les personnes, n° 223), que le viol ou la tentative de viol place la personne qui en est l'objet dans le cas de légitime défense et justifie même le meurtre qu'elle commet pour conserver son honneur. Il n'en est pas de même des autres attentats à la pudeur, de ceux qui ont pour but l'outrage et non pas le viol : ils constituent seulement une provocation qui rend excusables soit le meurtre, soit les coups ou blessures. L'art. 321, dans sa généralité, embrasse cette espèce de provocation aussi bien que celles qui résultent des violences d'une autre nature. Et toutefois, l'art. 325 c. pén. contient à cet égard une disposition spéciale : « Le crime de castration, porte cet article, s'il a été immédiatement provoqué par un outrage violent à la pudeur, sera considéré comme meurtre ou blessures excusables. » — Au premier abord, cette disposition peut paraître superflue en présence de l'art. 321, qui dispose pour tous les cas. « Mais le législateur, disent très-bien MM. Chauveau et Hélie, t. 4, p. 123, a dû faire de cette espèce de blessure l'objet d'une disposition particulière, parce qu'elle suppose, en général, une sorte de préméditation; qu'il pourrait, dès lors, s'élever, dans cette hypothèse, des doutes sur l'application de l'art. 321, et qu'il était nécessaire de déclarer expressément cette application. »

493. Si l'outrage à la pudeur avait été commis contre un tiers, et que le crime de castration eût eu pour but de le défendre, les termes de la loi ne s'opposent pas à ce que l'excuse soit admise dans ce cas. Il y a ici les mêmes raisons de décider que dans le cas d'homicide ou de blessures et coups provoqués par coups ou violences graves (V. *suprà*, n° 468). C'est aussi le sentiment de MM. Chauveau et Hélie, t. 4, p. 124.—Mais nous pensons, avec ces auteurs, qu'il faudrait excepter le cas où un complot aurait été formé à l'avance pour l'exécution de la mutilation, et où l'outrage violent à la pudeur n'aurait été que le résultat et la suite d'une provocation faite à l'offenseur : les auteurs de la mutilation ne pourraient invoquer comme excuse un outrage qu'ils auraient eux-mêmes provoqué.

494. Le code pénal, en caractérisant ce fait d'excuse, parle d'un *outrage violent* à la pudeur. Ces deux mots doivent s'interpréter l'un par l'autre : il ne suffirait pas d'un outrage à la pudeur, s'il n'était accompagné de violences et ne présentait toutes les apparences d'un véritable attentat. Ainsi, un outrage à la pudeur commis sous les yeux d'une personne, mais sans violences exercées sur elle ou sur un tiers, ne serait pas une excuse légale de la castration (Conf. MM. Chauveau et Hélie, t. 4, p. 123).— Suivant M. Carnot, Com. c. pén., t. 2, p. 77, n° 3, la loi suppose qu'il n'a pas été possible à la personne outragée d'employer un autre moyen pour repousser la violence. Nous ne sommes pas entièrement de cet avis : il suffirait, selon nous, de la vraisemblance qu'un autre moyen de défense ne se soit pas présenté à l'esprit de la personne outragée.

§ 4. — *Excuse résultant d'une attaque faite pour pénétrer dans une maison pendant le jour.*

495. On a vu v° Crimes et délits contre les personnes (n° 233) que l'art. 329 c. pén. assimile au cas de légitime défense celui d'un homicide commis, de blessures faites ou de coups portés en repoussant pendant la nuit les tentatives faites pour pénétrer par l'*escalade* ou l'*effraction* dans une *maison habitée* ou dans ses *dépendances*. L'art. 322 s'occupe du cas où les mêmes tentatives ont été faites pendant le jour, et il déclare seulement excusables les crimes ou délits commis en les repoussant. « Les crimes et délits mentionnés au précédent article, porte l'art. 322, sont également excusables, s'ils ont été commis en repoussant pendant le jour l'escalade ou l'effraction des clôtures, murs ou entrée d'une maison ou d'un appartement habité ou de leurs dépendances. » Le même article ajoute que « si le fait est arrivé pendant la nuit, ce cas est réglé par l'art. 329. »

La distinction établie par la loi entre le cas où l'attaque a lieu pendant la nuit et le cas où elle a lieu pendant le jour, est fondée sur la nature des choses. Dans le dernier cas, en effet, le péril est moins grand et il est beaucoup plus facile de le détourner sans avoir recours soit à l'homicide, soit aux blessures et coups. Déjà cette distinction entre le voleur de nuit et le voleur de jour avait été faite par l'Ecriture sainte (Exode, cap. 22, n°s 2 et 3), qui disait : *Si effringens fur domum sive suffodiens fuerit inventus, et accepto vulnere mortuus fuerit, percussor non erit reus sanguinis. Quod si ortâ sole hoc fecerit, homicidium perpetravit.* Elle se trouvait également dans les lois de Solon (V. Démosth. contre Timocrate), ainsi que dans les lois romaines (L. 4, ff., *Ad leg. Aquil.*). De là elle avait passé dans les Capitulaires de Charlemagne (V. Baluze, lib. 5, n° 343). Enfin elle avait été constamment appliquée dans l'ancienne jurisprudence (Farinacius, quæst. 25, n° 199; Jousse, Just. crim., t. 3, p. 501). — Cette règle, toutefois, ne doit pas être prise dans un sens trop absolu. Déjà nous avons vu (v° Crimes et délits contre les personnes, n° 233) que dans le cas d'attaque nocturne, le droit de légitime défense n'existait pas toujours; à l'inverse, ce droit peut exister dans le cas même d'attaque diurne. Si l'escalade et l'effraction étaient accompagnées de circonstances menaçantes pour la sûreté des habitants de la maison, et si en même temps l'isolement de cette maison ne permettait pas d'espérer de secours du dehors, l'homicide qui serait commis et les blessures qui seraient faites en

---

(1) (Min. pub. C. Jean Giraud.) — LA COUR ; — Statuant d'abord sur le moyen de forme résultant d'une prétendue violation de l'art. 344 c. inst. crim.; — Attendu que la déclaration du jury, sur les faits soumis à sa délibération, est conçue dans des termes assez précis pour remplir le vœu dudit article; — Rejette ce moyen; — Sur le moyen tiré de ce que la cour d'assises, en condamnant Giraud à deux années d'emprisonnement et à 200 fr. d'amende, a fait une fausse application de l'art. 319, et aurait violé formellement les art. 295, 304 et 326 c. pén. : — Attendu que si l'instruction du procès et les débats n'ont présenté aucune circonstance qui pût donner lieu à l'application de l'art. 319 c. pén., et si, d'après les réponses du jury aux deux questions qui lui étaient soumises, les art. 295, 304 et 326, même code, devaient être appliqués aux faits déclarés constants, la cour d'assises, en condamnant Giraud à deux ans d'emprisonnement, n'a fait toutefois que prononcer une peine qui, d'après les dispositions combinées desdits articles et dans l'état des faits, pouvait être prononcée contre lui; qu'ainsi, l'erreur en droit dont est vicié son arrêt n'est pas une raison de l'annuler, au moins sous le rapport de la condamnation à la peine d'emprisonnement; — Déterminée par ces considérations, en improuvant les motifs de la cour d'assises; — Rejette à cet égard le pourvoi du ministère public; — Mais attendu que l'amende de 200 fr. portée en l'arrêt attaqué ne peut s'appuyer que sur une fausse application de l'art. 319 c. pén.; que, sous ce rapport, la cour d'assises a violé les règles de sa compétence et commis un excès de pouvoir; — Casse et annule l'arrêt rendu le 16 nov. dernier, par la cour d'assises du département du Puy-de-Dôme, en ce qu'il condamne Giraud à 200 fr. d'amende, etc.

Du 19 déc. 1828 (ou 29 déc. 1829).-C. C., ch. crim.-MM. Bailly, pr.-Chantereyne, rap.

repoussant cette attaque ne seraient pas seulement excusables, ils seraient légitimes et ne pourraient être frappés d'aucune peine. L'art. 322 ne déroge point au principe général posé par l'art. 328; il dispose pour un cas différent (Conf. MM. Chauveau et Hélie, t. 4, p. 126; Trébutien, t. 1, p. 165).

496. Si le meurtre ou les blessures sont excusables lorsqu'ils ont eu lieu pour repousser l'escalade ou l'effraction, à plus forte raison lorsqu'ils ont eu lieu après l'escalade ou l'effraction opérée et pour repousser le voleur ou l'agresseur qui s'est introduit dans la maison (Conf. MM. Chauveau et Hélie, t. 4, p. 127). — M. Carnot (Com. c. pén., t. 2, p. 69, n° 7) estime que l'article devrait également recevoir son application au cas où un individu, sans attendre l'escalade, aurait commis un meurtre en s'opposant aux préparatifs de cette même escalade qu'il voyait se faire sous ses yeux. Nous ne saurions admettre cette doctrine que dans l'hypothèse où, à raison de l'éloignement ou de toute autre cause, on n'aurait eu aucun autre moyen de repousser, d'empêcher l'escalade, ce qui doit assez rarement arriver pendant le jour. C'est aussi le sentiment de MM. Chauveau et Hélie (t. 4, p. 127). Ces auteurs ajoutent avec raison que l'auteur de l'homicide ou des blessures ne serait pas non plus excusable s'il s'était servi de ses armes lorsque les assaillants renonçaient à leurs préparatifs et les abandonnaient en se retirant.

497. Supposons qu'après avoir pénétré dans la maison par l'escalade ou l'effraction, les voleurs ont consommé le crime qu'ils s'étaient proposé et qu'ils se retirent, le meurtre ou les blessures qui seraient alors commis sur eux soit pour les arrêter, soit pour leur reprendre tout ou partie des choses volées, seraient-ils excusables? Cette question était résolue affirmativement par les anciens auteurs (V. notamment Farinacius, quæst. 25, n° 171). Jousse (Just. crim., t. 3, p. 501), adoptant le même sentiment, exigeait cependant que les effets à recouvrer fussent d'une certaine valeur. Les termes de l'art. 322 c. pén. se prêtent difficilement à cette interprétation. En effet, cet article ne déclare excusables que le meurtre commis ou les blessures faites en repoussant l'attaque; or, dans notre hypothèse, il ne s'agit pas de repousser une attaque, mais au contraire d'attaquer soi-même les voleurs. Les deux cas sont bien différents. Lorsque le crime est consommé, celui qui en a été la victime doit laisser à la justice le soin de le réprimer; il ne peut plus alléguer pour excuse la crainte qu'il éprouverait pour sa sûreté personnelle. Il nous paraît donc, comme à MM. Chauveau et Hélie (t. 4, p. 128), que le texte et l'esprit de l'art. 322 s'opposent à l'adoption de l'ancienne doctrine.

498. Que faut-il entendre par ces mots *maison habitée* dont se sert l'art. 322? Pour que la disposition soit applicable, est-il nécessaire que la maison contre laquelle l'attaque a eu lieu soit actuellement habitée, ou bien suffit-il, conformément à l'art. 390, qu'elle soit destinée à l'habitation? MM. Chauveau et Hélie (t. 4, p. 130) pensent qu'il faut que la maison soit actuellement habitée. L'art. 390, disent-ils, n'est relatif qu'aux attaques contre la propriété, il ne s'étend point à celles qui en même temps menacent les personnes; or, dans l'esprit de la loi, pour que le meurtre ou les blessures soient excusables, il ne suffit pas qu'il y ait eu attaque contre la propriété, il faut que les personnes elles-mêmes aient été menacées, au moins indirectement; ainsi, quand une tentative d'escalade ou d'effraction est faite contre une maison réellement habitée, encore bien que cette tentative ait le vol pour objet, cependant la sûreté des habitants peut s'en trouver occasionnellement compromise, et d'ailleurs ils ignorent quels sont au juste les projets des assaillants. Lors, au contraire, que la maison n'est pas actuellement habitée, il n'y a nul péril pour les personnes; la propriété seule est menacée, et cela ne suffit pas pour rendre le meurtre ou les blessures excusables.

499. Que le meurtre ait été commis, que les blessures aient été faites par les habitants de la maison attaquée ou par une personne étrangère accourue pour porter secours, peu importe: l'excuse est également admissible. En effet, la loi ne distingue pas; et son esprit pas plus que son texte ne comporte une pareille distinction. C'est aussi le sentiment de MM. Chauveau et Hélie, t. 4, p. 131.

§ 5. — *De l'excuse tirée du flagrant délit d'adultère.*

500. Nous avons vu précédemment (n° 476) qu'en règle générale le meurtre de l'un des époux par l'autre n'est pas excusable. Cette règle, toutefois, n'est pas sans exception. Le sentiment souvent irrésistible d'un grand outrage a dû entraîner hors de lui-même l'époux dont la maison a été souillée, sous ses propres yeux, par l'adultère. Si, cédant au délire que doit exciter en lui une trahison à la fois si audacieuse et si cruelle, il immole à sa fureur l'infidèle ou son complice, la loi ne peut voir dans cet acte que l'effet trop violent d'une cause en elle-même naturelle et légitime; et le meurtrier, plus malheureux que coupable, ne doit être puni que d'un léger châtiment. Après avoir donc formulé la règle générale dans son 1er alinéa, l'art. 324 ajoute: « Néanmoins, dans le cas d'adultère, prévu par l'art. 336, le meurtre commis par l'époux sur son épouse, ainsi que sur le complice, à l'instant où il les surprend en flagrant délit dans la maison conjugale, est excusable. » Les lois romaines permettaient au père qui surprenait sa fille en adultère de la tuer ainsi que son complice, pourvu qu'elle fût sous sa puissance et que le délit fût flagrant (L. 20 et seq., ff., *Ad leg. Jul. de adulter.*). Elle n'accordait pas le même droit au mari (L. 22, § 4, *eod. tit.*). La raison de cette différence, selon Papinien (*ibid.*), c'est que, dans le premier cas, l'usage du droit est tempéré par la tendresse paternelle, tandis que dans le second le ressentiment de l'époux a besoin d'être réfréné par la loi. Toutefois, si le mari, surprenant son épouse en flagrant délit, la tuait malgré la défense de la loi, il n'était pas puni des peines ordinaires, mais de peines plus douces (L. 38, § 8, *eod. tit.*). Et même, lorsque le complice de la femme était une personne vile, comme un esclave, un affranchi, un baladin, un homme flétri par un jugement public, le mari qui les tuait tous deux n'encourait aucunes peines (L. 24, *eod. tit.*). Notre ancienne jurisprudence n'avait point admis le droit que les lois romaines reconnaissaient au père de famille (Jousse, Just. crim., t. 3, p. 491; Fournel, de l'Adultère, p. 261). Quant au mari, on décidait bien qu'il n'avait pas le droit de tuer sa femme qu'il surprenait en adultère, ainsi que son complice; mais on ajoutait qu'il obtenait facilement sa grâce du roi. « L'usage même, dit Jousse (*loc. cit.*), est que si le mari avait négligé d'obtenir des lettres de grâce, on ordonne qu'il se retirera par-devant le prince pour les obtenir. » — V. aussi Leprêtre, cent. 4, ch. 61, n° 17; Papon, l. 2, tit. 99; add., n° 5; Henrys, t. 1, liv. 4, chap. 6, quæst. 65; Laroche-Flavin, Arrêts, liv. 1, tit. 7, n° 4.

Le code pénal, comme nous l'avons vu, considère le meurtre de l'épouse adultère et de son complice comme excusable; mais il y met deux conditions: 1° que l'époux l'ait commis à l'instant même où il a surpris l'adultère, parce que plus tard il a eu le temps de la réflexion et a dû penser qu'il n'était permis à personne de se faire justice; 2° que l'adultère ait été surpris dans la maison conjugale: on a craint que si ce meurtre, commis dans tout autre lieu, était également excusable, la tranquillité des famille ne fût troublée par des époux méfiants et injustes qu'aveuglerait l'espoir de se venger des prétendus égarements de leurs épouses. C'est l'explication donnée par l'Exposé des motifs. — V. Crimes et délits contre les personnes, p. 572, note, n° 16.

501. Les caractères du flagrant délit d'adultère n'ont pas été déterminés par la loi, et il est impossible d'appliquer ici la définition que donne l'art. 41 c. inst. crim., pour les délits en général, car l'art. 324 c. pén. n'admet l'excuse qu'autant que le meurtre est commis à l'instant même où le mari surprend sa femme et son complice en flagrant délit. La question doit, ce nous semble, être décidée par les jurés, d'après les faits, et sur cette seule définition que le flagrant délit est celui qui se commet actuellement. Dans le droit romain, Ulpien (L. 23, ff., *Ad leg. Jul.*) voulait que la femme fût surprise *in ipsâ turpitudine, in ipsis rebus veneris*. Et les anciens auteurs avaient longuement disserté sur ce sujet. Selon MM. Chauveau et Hélie (t. 4, p. 139), l'intention du législateur n'a pu être de restreindre l'excuse au seul cas où il aurait été témoin de la consommation même de l'adultère: il suffit que la femme et son complice aient été surpris ensemble dans une situation qui ne permette pas de douter que l'adultère vient d'être commis ou qu'il va se commettre; tel serait, par exemple, le cas où il les aurait surpris dans le même lit.

502. L'excuse ne pourrait être invoquée par le mari qui, après avoir surpris et enfermé les coupables, viendrait longtemps après les mettre à mort.—Elle protégerait au contraire celui qui, désarmé au moment où il a été témoin de l'adultère, a couru chercher une arme et est revenu aussitôt exercer sa vengeance, pourvu qu'il n'ait point cessé d'agir sous une impression instantanée. Il y a là une appréciation à faire. Elle est dans les attributions exclusives du jury.—V. aussi en ce sens MM. Chauveau et Hélie, t. 4, p. 140.

503. L'excuse est encore admissible si le mari, soupçonnant l'infidélité de sa femme, s'est caché dans la vue de l'épier, l'a surprise en délit et l'a tuée. Mais il en est autrement si, déjà certain de cette infidélité, il ne s'est caché que dans la seule intention de se venger. Dans le premier cas, il n'avait prémédité que d'éclaircir un doute; il est excusable d'avoir cédé, à la vue de l'outrage qui lui était fait, à l'entraînement de la colère. Dans le second cas, au contraire, c'est une vengeance préméditée qu'il exerce, c'est un véritable assassinat qu'il commet. Toutefois, en proposant cette distinction, MM. Chauveau et Hélie (t. 4, p. 140) font justement remarquer qu'elle n'est point absolue. L'admissibilité de l'excuse est subordonnée à l'appréciation des circonstances variables des faits dans chaque espèce. Il est évident, par exemple, que l'excuse ne devrait point être admise s'il apparaissait que le mari ne s'est servi du prétexte de l'adultère que pour faire excuser un meurtre dont le mobile véritable était la haine, la cupidité, etc.

504. Si au lieu de commettre le meurtre de sa propre main, le mari, se trouvant dans l'impossibilité d'accomplir par lui-même sa vengeance, avait employé l'aide d'un tiers, nous croyons qu'il serait néanmoins excusable, pourvu d'ailleurs qu'il se trouvât dans les conditions déterminées par l'art. 324, alinéa dernier, parce que cet emploi d'un bras étranger ne change pas la nature de l'acte; mais, comme cette excuse lui est personnelle, comme elle n'existe qu'à raison de sentiments, d'impressions que lui seul a dû éprouver, le tiers qui lui aurait servi d'instrument n'en profiterait point et devrait être puni comme un meurtrier ordinaire. C'est aussi l'avis de MM. Chauveau et Hélie, t. 4, p. 142.

505. Pour que l'excuse soit admise, il faut, d'après l'art. 324 c. pén., que le mari ait surpris les coupables dans la maison conjugale. Par exemple, si les époux vivaient séparés de fait, et que l'adultère eût été commis dans la maison habitée par la femme seule, il n'y aurait pas lieu à excuser le meurtre, parce que cette maison n'est pas la maison conjugale. Réciproquement on devrait considérer comme maison conjugale celle qui serait habitée par le mari seul, parce qu'elle est véritablement le siége de l'association matrimoniale, comme on le verra plus amplement v° Séparation de corps. — Il semble que l'excuse n'est pas admissible quand les époux sont séparés de corps. En effet, outre que, dans ce cas, le lien du mariage étant relâché, l'outrage commis devient moins sensible, il y a encore cette raison déterminante que l'on ne peut considérer comme maison conjugale ni celle qu'habite le mari, ni celle où demeure la femme, puisque de droit il n'y a plus de domicile commun.—V. aussi en ce sens MM. Chauveau et Hélie, t. 4, p. 143.

506. L'épouse qui se rendrait coupable de meurtre sur son époux ou la concubine de celui-ci, lorsqu'elle les surprend en flagrant délit d'adultère, n'est pas excusable, d'après les termes ni d'après l'esprit de la loi; car, dans nos opinions et nos mœurs, l'outrage éprouvé par la femme en pareil cas est moins violent que celui qui donne lieu d'excuser le meurtre commis par le mari : il ne saurait avoir non plus les mêmes résultats. Toutefois, MM. Chauveau et Hélie (t. 4, p. 144) pensent que le silence gardé à l'égard de la femme par l'art. 324 est un oubli du législateur, et ils s'élèvent contre toute distinction, sur ce point, entre les deux époux.—V. aussi M. Trébutien, t. 1, p. 164.

507. Nous pensons, avec ces auteurs, que le mari ne pourrait invoquer l'excuse si lui-même était convaincu d'avoir entretenu une concubine dans la maison conjugale. En effet, l'art. 324 n'établit d'excuse que pour le cas d'adultère prévu par l'art. 336; or l'art. 336 refuse au mari le droit de dénoncer l'adultère de la femme, s'il est lui-même dans le cas prévu par l'art. 339, c'est-à-dire s'il a entretenu une concubine dans la maison conjugale. Cette décision est d'ailleurs évidemment conforme à l'esprit de la loi.

SECT. 3. — *Des circonstances atténuantes.*

508. Indépendamment du pouvoir qu'ont les juges de graduer la peine suivant la gravité du délit, en se renfermant, toutefois, dans la limite du minimum et du maximum fixés par la loi, ils peuvent abaisser la peine d'un ou de plusieurs degrés, dans le cas où il existe des circonstances atténuantes. Ce droit leur est expressément conféré par l'art. 463 c. pén.

509. Le principe des circonstances atténuantes n'existait pas dans la rédaction primitive du code pénal, du moins avec la généralité qui lui a été donnée lors de la réforme de 1832. L'art. 463 du code de 1810 portait simplement : « Dans tous les cas où la peine d'emprisonnement est portée par le présent code, si le préjudice causé n'excède pas 25 fr. et si les circonstances paraissent atténuantes, les tribunaux sont autorisés à réduire l'emprisonnement, même au-dessous de six jours, et l'amende même au-dessous de 16 fr. Ils pourront aussi prononcer séparément l'une ou l'autre de ces peines, sans qu'en aucun cas elle puisse être au-dessous des peines de simple police. » Comme on le voit, l'abaissement de la peine à raison des circonstances atténuantes n'était permis qu'en matière correctionnelle, et encore il ne l'était pas dans tous les cas. « Il n'était pas possible, disait M. Faure dans l'exposé des motifs (V. *suprà*, p. 548, notes, n° 61 et 62), d'établir une règle semblable à l'égard des crimes. Tout crime emporte peine afflictive ou infamante, mais tout crime n'emporte pas la même espèce de peine; tandis qu'en matière correctionnelle, la peine est toujours soit l'emprisonnement, soit l'amende, soit l'un et l'autre ensemble. Cela posé, la réduction des peines de police correctionnelle ne frappe que sur la quotité de l'amende et sur la durée de l'emprisonnement; au contraire, les peines établies pour les crimes étant de différentes espèces, il faudrait, lorsqu'un crime serait atténué par quelque circonstance qui porterait le juge à considérer la peine comme trop rigoureuse quant à son espèce, il faudrait que le juge fût autorisé à changer l'espèce de peine et à descendre du degré fixé par la loi à un degré inférieur; par exemple, à prononcer la reclusion au lieu des travaux forcés à temps, ou bien à substituer le carcan à la reclusion; ce changement, cette substitution ne serait pas une réduction de peine proprement dite, elle serait une véritable commutation de peine. Or le droit de commutation de peine est placé par la constitution dans les attributions du souverain; il fait partie du droit de faire grâce. C'est au souverain seul qu'il appartient de décider, en matière de crime, si telle circonstance vérifiée au procès est assez atténuante pour justifier une commutation. » Ces raisons ne sont pas sérieuses : confondre l'abaissement de la peine à raison des circonstances atténuantes avec la commutation de peine qui peut être accordée après le jugement, c'était commettre une méprise évidente; en effet, il n'y a rien de commun entre ces deux choses : la première est un acte de justice, la seconde est un acte de clémence. En restreignant dans des limites aussi étroites l'application du principe qu'il posait, l'art. 463 introduisait dans notre législation pénale une véritable anomalie. Qu'en résulta-t-il? C'est que le jury, pour écarter l'application de peines qu'il jugeait trop sévères, et dont la loi ne permettait pas l'atténuation, acquittait souvent des individus dont la culpabilité était constante. Ces acquittements étaient un déplorable abus.

La loi du 25 juin 1824 (V. p. 553), aujourd'hui abolie par la loi de 1832, vint apporter à ce système un commencement d'amélioration, en permettant, mais dans certains cas seulement, aux cours d'assises de réduire les peines infamantes au maximum des peines correctionnelles. — Cette loi avait tempéré, en matière correctionnelle, quelques-unes des dispositions pénales du code de 1810. Elle portait, art. 2, que les vols et tentatives de vols spécifiés dans l'art. 388 c. pén. seraient jugés correctionnellement, et punis des peines déterminées par l'art. 401 du même code.—L'art. 3 ajoutait que seraient jugés dans les mêmes formes et punis des mêmes peines, les vols ou tentatives de vols commis dans l'auberge ou l'hôtellerie dans laquelle le coupable était reçu. — Le vol commis par un aubergiste, un hôtelier, un batelier, un voiturier ou un de leurs préposés, quand ils auraient volé tout ou partie des choses qui leur étaient confiées à ce titre, continuait d'être puni conformément à l'art. 386 c. pén. — Il avait été jugé : 1° que l'art. 2 ci-dessus n'était pas applicable au cas de vol de poissons dans un étang, commis par deux individus (Crim. cass. 22 oct. 1829, MM. Bastard, pr., Moreau, rap., aff. Morisseau); — 2° Que, bien qu'en général l'art. 401 laisse aux juges la faculté de prononcer toutes les peines qu'il détermine, ou seulement quelques unes d'elles, contre les coupables des délits classés dans cet article, néanmoins toutes ces peines devaient, à peine de nullité du jugement, être appliquées strictement, du minimum au maximum, au coupable de vol ou tentative de vol dans une auberge ou un cabaret où il avait été reçu (Crim. cass. 23 juin 1826, MM. Bailly, f. f. pr., Brière, rap., aff. Villemont; 11 oct. 1827, MM. Ollivier, f. f. pr., Mangin, rap., aff. Juiliard; 22 mars 1832, M. Brière, rap., aff. Epp); —3° Qu'il y avait lieu de casser l'arrêt qui ne condamnait qu'à trois mois de prison le prévenu d'un vol de poissons dans un réservoir (Crim. cass. 1er avr. 1826, MM. Portalis, pr., Busschop, rap., aff. Guépin), et celui qui ne condamnait qu'à un mois de prison l'auteur du vol commis dans une auberge (Crim. cass. 21 avr. 1626, MM. Portalis, pr., Brière, rap., aff. Chassigny); — 4° Que cependant les tribunaux n'étaient pas tenus d'appliquer le maximum des peines de l'art. 401 (Crim. cass. 5 mars 1825, MM. Portalis, pr., Aumont, rap., aff. Lefournier; 11 oct. 1827, MM. Ollivier, f. f. pr., Mangin, rap., aff. Juiliard); — 5° Qu'enfin il était sans difficulté que la réduction de peine autorisée par l'art. 2, à l'égard des coupables de vols de nuit ou dans les champs, etc., ne pouvait être invoquée par l'individu condamné précédemment à une peine criminelle ou à un emprisonnement correctionnel de plus de six mois (Crim. rej. 24 déc. 1829, MM. Bastard, pr., Brière, rap., aff. Coquille).

510. Sur le sujet qui nous occupe spécialement, la loi du 25 juin 1824 portait (art. 4) : « que les cours d'assises, lorsqu'elles auraient reconnu qu'il existait des circonstances atténuantes, et sous la condition de le déclarer expressément, pourraient, dans les cas et de la manière déterminés par les art. 5 et suiv., jusques et y compris l'art. 12, réduire les peines prononcées par le code pénal. » — On voit que la cour d'assises ne pouvait user du droit de réduire la peine qu'autant qu'elle avait déclaré expressément, par son arrêt, qu'il existait dans la cause des circonstances atténuantes. — C'est ce qui, du reste, avait été jugé par de nombreux arrêts (Crim. cass. 24 sept. 1824, MM. Portalis, pr., Aumont, rap., aff. Boisbarry et Lévy; 16 déc. 1824, MM. Aumont, rap., aff. Helary et autres, aff. Toquet et autres, aff. Thomas et autres, aff. Huttin et autres; 30 déc. 1824, MM. Portalis, pr., Bernard, rap., aff. Jean Charmier; même jour, M. Brière, rap., aff. Labitte; 10 avril 1828, MM. Bailly, pr., Gailiard, rap., aff. Groseille).

511. Lors donc que l'arrêt ne contenait pas cette déclaration, l'accusé ne pouvait pas se faire un moyen de cassation de ce qu'une cour d'assises ne lui avait pas fait application de la loi du 25 juin 1824 (Crim. rej. 21 oct. 1830, MM. Ollivier, pr., Choppin, rap., aff. Méan).

512. Aux termes de l'art. 5, la mère coupable d'infanticide pouvait, dans le cas où il existait des circonstances atténuantes, n'être punie que des travaux forcés à perpétuité. Et, suivant l'art. 6, les coups et blessures volontaires ayant produit une incapacité de travail de plus de vingt jours n'étaient plus passibles, dans le même cas de circonstances atténuantes, que des peines de l'art. 401, sans que l'emprisonnement pût être de moins de trois ans, et sauf les cas prévus par les art. 310 et 313 même code. — Décidé, sous l'empire de cette disposition, que, lorsque le fait d'avoir occasionné, par des coups et blessures volontairement portés, une incapacité de travail personnel pendant plus de vingt jours, se trouvait accompagné des circonstances atténuantes, la cour d'assises pouvait réduire la peine afflictive et infamante dont l'art. 309 c. pén. punit ce fait, mais qu'elle se trouvait alors dans la nécessité d'appliquer au coupable *toutes* les peines énumérées en l'art. 401 ; que l'application d'une partie seulement de ces peines donnait ouverture à cassation contre l'arrêt; mais que la déclaration, sur les circonstances atténuantes, faite par la cour elle-même, et non par le jury, devait être maintenue (Crim. cass. 30 avril 1829, MM. Ollivier, f. f. pr., Chantereyne, rap., aff. Pavec).

513. D'après l'art. 7, les vols commis sur les chemins publics, sans armes, violences ni aucune des circonstances prévues par l'art. 381 c. pén. pouvaient n'être plus punis que des travaux forcés à temps ou même de la reclusion. L'art. 8 autorisait la réduction de la peine prononcée par l'art. 384 c. pén. contre les coupables de vol ou de tentative de vol commis à l'aide d'effraction *ou* d'escalade, soit à celle de la reclusion, soit même au *maximum* des peines correctionnelles déterminées par l'art. 401. Enfin l'art. 9 permettait de réduire la peine encourue par l'auteur des vols commis de nuit dans une maison habitée ou un édifice consacré au culte au *maximum* des peines correctionnelles prononcées par l'art. 401. — D'après la jurisprudence, ces dispositions étaient inapplicables aux vols qui, indépendamment des circonstances qui y étaient spécifiées, avaient été accompagnés d'une ou de plusieurs des autres circonstances aggravantes prévues par les art. 381 et suiv. c. pén. — Ainsi, 1° le vol avec escalade et effraction dans une maison habitée devait être puni des peines portées par le code pénal (Crim. cass. 6 mai 1825, MM. Portalis, pr., Aumont, rap., aff. Lecorre; 10 fév. 1827, MM. Portalis, pr., de Cardonnel, rap., aff. Defatz; 10 mars 1827, MM. Portalis, pr., Mangin, rap., aff. Ludovicy; 6 avril 1827, MM. Bailly, f. f. pr., Mangin, rap., aff. Leguennec; 4 oct. 1827, MM. Ollivier, f. f. pr., de Cardonnel, rap., aff. Chabert; 17 avril 1828, MM. Bailly, f. f. pr., de Cardonnel, rap., aff. Leveau; 9 déc. 1830, MM. Bastard, pr., Rives, rap., aff. Camarès; Crim. rej. 6 janv. 1831, MM. de Bastard, pr., Chantereyne, rap., aff. Houlley); — 2° Il en était de même du vol dans une maison habitée avec escalade, quoique sans effraction (Crim. cass. 19 juin 1829, MM. Clausel de Coussergues, f. f. de pr., Ollivier, rap., aff. Leroux), ou à l'aide d'effraction intérieure mais sans escalade dans une maison habitée (Crim. cass. 4 mars 1830, MM. de Bastard, pr., Gaillard, rap., aff. Pitois); — 3° Et du vol commis à l'aide d'escalade dans une auberge où l'auteur du vol était reçu (Crim. cass. 20 janv. 1825, MM. Portalis, pr., Aumont, rap., aff. Jean Parent; 6 mai 1825, MM. Portalis, pr., Aumont, rap., aff. Lecorre; 17 avril 1828, MM. Bailly, f. f. pr., Cardonnel, rap., aff. Diard).

514. Dans les cas prévus par les art. 8 et 9, la cour d'assises devait, à peine de nullité, prononcer le maximum, établi par l'art. 401, de toutes les peines qu'il prononce, savoir l'emprisonnement, l'amende, l'interdiction des droits civiques, civils et de famille, et la surveillance de la haute police, et non pas se borner à prononcer le maximum de l'emprisonnement (Crim. cass. 24 sept. 1824, MM. Portalis, pr., Aumont, rap., aff. Boisbarry; 4 mars 1825, MM. Portalis, pr., Ollivier, rap., aff. Botton; 6 mai 1825, MM. Portalis, pr., Aumont, rap., aff. Lecorre; 14 avr. 1826, MM. Portalis, pr., Busschop, rap., aff. Delesgalerie ; 17 avr. 1828, aff. Ribot; même jour, MM. Bailly, pr., Cardonnel, rap., aff. Fougeron; 20 sept. 1828, MM. Bailly, f. f. pr., Ollivier, rap., aff. Lavacquerie ; 19 nov. 1829, MM. Ollivier, pr., Brière, rap., aff. Bonard; 18 mars 1831, MM. de Bastard, pr., Isambert, rap., aff. Ferrant).

515. La même obligation de prononcer toutes les peines de l'art. 401 s'appliquait au cas où les cours d'assises usaient du droit que leur conférait l'art. 2 de la loi de 1824, de réduire aux peines de l'art. 401 précité, la punition des vols de bestiaux dans les champs (Crim. cass. 5 fév. 1825, MM. Bailly, pr., Aumont, rap., aff. Armerat; même jour, mêmes pr. et rap., aff. Lebec).

516. On décidait encore, sous la loi de 1824 (et cette décision incontestable serait encore suivie), qu'un condamné n'était pas recevable à se plaindre devant la cour de cassation de ce que la cour d'assises avait fait une fausse application de la loi, en réduisant en sa faveur la peine qu'elle prononçait (Crim. cass. 30 déc. 1824, MM. Portalis, pr., Bernard, rap., aff. Charmier).

517. Aucune réduction de peine, si ce n'était celle prononcée en faveur de la mère infanticide, ne pouvait être appliquée ni aux mendiants, ni aux vagabonds, ni aux individus qui, antérieurement au fait pour lequel ils étaient poursuivis, avaient été condamnés, soit à des peines afflictives ou infamantes, soit à un emprisonnement correctionnel de plus de six mois (L. 25

juin 1824, art. 12; Crim. cass. 11 sept. 1828, MM. Bailly, pr., Chantereyne, rap., aff. Pinel; Crim. rej. 10 oct. 1828, MM. Bailly, f. f. pr., Ollivier, rap., aff. Fleury).

518. Les améliorations introduites étaient insuffisantes, notamment en ce que la faculté de réduire la peine était accordée dans un trop petit nombre de cas; en ce que le bénéfice de cette réduction était toujours refusé aux vagabonds, aux mendiants, aux récidifs, aux condamnés à un emprisonnement correctionnel de quelques mois. Cette loi avait, en outre, l'inconvénient d'attenter à la séparation des pouvoirs dans les cours d'assises, puisque c'est aux magistrats qu'elle attribuait le droit d'examiner si la cause offrait des circonstances atténuantes, et, par là, empiétait sur les attributions du jury, qui doit demeurer, autant que possible, seul juge du fait. Un système plus satisfaisant a été établi, lors de la révision en 1832, par la rédaction nouvelle de l'art. 341 c. inst. crim. (V. Inst. crim., nos 2930 et s.), et 463 c. pén., ainsi que nous le verrons bientôt (V. *infrà*, nos 522 et s.). Le principe des circonstances atténuantes fut étendu à tous les crimes, et le droit de les déclarer fut conféré au jury.

519. Que faut-il entendre par *circonstances atténuantes?* Il est impossible de répondre à cette question d'une manière précise; c'est tout ce qui paraît devoir motiver un adoucissement de la peine. L'exposé des motifs s'expliquait ainsi sur ce point (C. pén. progress., p. 349) : « Les circonstances atténuantes ne sont pas des accessoires du fait principal; elles sont une partie essentielle de ce fait lui-même, elles déterminent son plus ou moins haut degré d'immoralité; ce vol est moins criminel, parce que le coupable n'a pas eu pleine conscience de son crime, parce qu'il a été séduit, passionné, parce qu'il a fait des aveux, témoigné du repentir, essayé une réparation. Comment détacher du fait principal ces circonstances? Comment les préciser dans leur variabilité? Comment s'exposer à leur donner la consistance trompeuse d'une jurisprudence avec ses généralités et ses règles? N'est-il pas mille circonstances qui, atténuantes dans beaucoup de cas, seront aggravantes pour d'autres? Les différences d'âge, de sexe, de fortune, les passions, les intérêts, les habitudes, ne font-ils pas présumer tantôt une perversité plus profonde, tantôt de justes droits à la pitié? » Les jurés ou les juges correctionnels ont donc, dans chacune des causes qui leur sont soumises, un pouvoir souverain pour apprécier quelles circonstances doivent être considérées comme atténuantes.

520. Le système des circonstances atténuantes, tel qu'il existe aujourd'hui, outre qu'il sert à établir entre les faits criminels et la répression qui leur est infligée, une plus exacte proportion, présente encore un autre avantage que faisait très-bien ressortir M. Dumon, dans son rapport à la chambre des députés sur le projet de réforme du code pénal (V. le code pénal progressif, p. 13) : « Le système des circonstances atténuantes, disait-il, sert à éluder de très-graves difficultés qui se présentent dans la législation criminelle; il résoudra, dans la pratique, les plus fortes objections contre la peine de mort, contre la théorie de la récidive, de la complicité, de la tentative. Qu'importe, en effet, que la peine de mort soit une peine égale pour tous, et qui ne peut par conséquent s'appliquer avec équité à des crimes souvent inégaux, si l'admission des circonstances atténuantes permet d'écarter la peine de mort dans les cas les plus favorables? Qu'importe que la récidive ne procède pas toujours d'un progrès d'immoralité, et par conséquent ne mérite pas toujours une aggravation de peine, si, dans les cas privilégiés, l'admission des circonstances atténuantes écarte cette aggravation? Qu'importe que la complicité, si diverse dans ses formes et sa criminalité, ne puisse toujours être assimilée au crime principal, si l'admission des circonstances atténuantes rétablit les différences que l'assimilation générale du complice à l'auteur du crime a négligées? Qu'importe enfin que la loi égale dans tous les cas la tentative à l'exécution, quoique dans l'opinion commune la gravité d'un crime se mesure en partie aux résultats qu'il a produits, si l'admission des circonstances atténuantes permet au jury de tenir compte à l'accusé du bonheur qu'il a eu de ne pouvoir commettre son crime? Qu'on y pense bien, toutes ces questions si ardues, si controversées, dans l'examen desquelles il serait si difficile, même approximativement, de formuler les différences et de marquer les degrés, peuvent se résoudre avec autant de facilité que de justesse par le système des circonstances atténuantes confié à la droiture du jury. » En d'autres termes, le système des circonstances atténuantes permet au juge de remédier, dans l'application, à l'imperfection de la loi pénale, de suppléer, en quelque sorte, à l'impuissance des dispositions générales pour l'adapter à la diversité des circonstances et aux nuances si variées de la criminalité (V. aussi sur ce point MM. Chauveau et Hélie, t. 6, p. 248 et suiv.). Il faut convenir, cependant, que ces vues ne sont pas en parfaite harmonie avec la règle (c. inst. crim. 342) qui défend aux jurés de penser aux dispositions des lois pénales et aux suites que pourra avoir leur déclaration. Aussi M. Le Sellyer (t. 1, n° 292) soutient-il que, par circonstances atténuantes, on ne doit entendre que les circonstances atténuantes de la culpabilité, et non les circonstances atténuantes de la peine. Cela est vrai en principe; mais on a toujours reconnu la nécessité de tolérer en fait, sinon de justifier en droit, l'abus qu'il peut faire à cet égard du pouvoir souverain qui lui est déféré. « Les jurés, dit Carnot (obs. sur le code d'inst. crim., p. 136), sans doute, ne devraient pas prendre en considération les suites que pourrait avoir leur déclaration de culpabilité; mais ce serait s'abuser que de supposer que les jurés ne s'occupent pas de ce résultat, et que, lorsqu'il leur est démontré qu'en déclarant l'accusé coupable il deviendra passible d'une peine trop disproportionnée avec la gravité de son délit, ils ne cherchent pas à en diminuer la rigueur dans le moyen légale qui leur offrent les dispositions de l'art. 341. »

521. Nous allons nous occuper successivement des circonstances atténuantes en matière criminelle, en matière correctionnelle et en matière de simple police.

ART. 1.— *Des circonstances atténuantes en matière criminelle.*

522. L'art. 463 c. pén. s'exprime ainsi à l'égard des crimes: « Les peines prononcées par la loi contre celui ou contre ceux des accusés reconnus coupables, *en faveur de qui le jury aura déclaré des circonstances atténuantes*, seront modifiées ainsi qu'il suit: — Si la peine prononcée par la loi est la mort, la cour appliquera la peine des travaux forcés à perpétuité, ou celle des travaux forcés à temps. Néanmoins, s'il s'agit de crimes contre la sûreté extérieure ou intérieure de l'État, la cour appliquera la peine de la déportation ou celle de la détention; mais dans les cas prévus par les art. 86, 96 et 97, elle appliquera la peine des travaux forcés à perpétuité ou celle des travaux forcés à temps. — Si la peine est celle des travaux forcés à perpétuité, la cour appliquera la peine des travaux forcés à temps ou celle de la reclusion. — Si la peine est celle de la déportation, la cour appliquera la peine de la détention ou celle du bannissement. — Si la peine est celle des travaux forcés à temps, la cour appliquera la peine de la reclusion ou les dispositions de l'art. 401, sans toutefois pouvoir réduire la durée de l'emprisonnement au-dessous de deux ans. — Si la peine est celle de la reclusion, de la détention, du bannissement ou de la dégradation civique, la cour appliquera les dispositions de l'art. 401, sans toutefois pouvoir réduire la durée de l'emprisonnement au-dessous d'un an. — Dans les cas où le code prononce le maximum d'une peine afflictive, s'il existe des circonstances atténuantes, la cour appliquera le minimum de la peine, ou même la peine inférieure. »

523. La faculté de déclarer les circonstances atténuantes s'étend à tous les crimes prévus par le code pénal. Quelques cours d'appel auraient voulu qu'on exceptât les crimes atroces, tels que le parricide, l'assassinat, l'empoisonnement. Ces exceptions furent repoussées par la commission nommée à la chambre des députés, pour examiner le projet de loi. « Elle a pensé, disait le rapporteur, qu'il n'y avait pas de crimes dont, dans des circonstances, rares sans doute, l'atrocité ne pût être atténuée par l'entraînement de la passion, la légitimité de la vengeance, la violence de la provocation morale, ou d'incompréhensibles égarements de la raison. Elle n'a pas voulu que, dans ces circonstances, où un intérêt puissant s'attacherait à un accusé dont la vie serait menacée, le jury fût condamné à ne rien accorder à cet intérêt. Elle a craint que, forcé par la loi à taire une partie de sa conviction, il ne la dissimulât tout entière et ne s'affranchît par l'impunité d'une tâche rendue trop pénible. »

524. Dans le cas où la cour d'assises, procédant contre un contumace, déclare la culpabilité de l'accusé, peut-elle admettre en sa faveur des circonstances atténuantes, et, par suite, modérer la peine encourue?—La négative a été consacrée par un arrêt (Crim. cass. 4 mars 1842, aff. Fauchereau, V. Contumace, n° 44). Cet arrêt se fonde sur deux raisons : la première, que c'est au jury seul qu'il appartient de déclarer les circonstances atténuantes ; la seconde, que cette déclaration ne peut être que le résultat d'un débat oral et contradictoire. Il est vrai que c'est, en général, le jury seul qui doit prononcer sur les circonstances atténuantes; mais, à l'égard des contumaces, la cour d'assises remplit l'office du jury. Elle peut condamner ou absoudre l'accusé; elle peut dépouiller le fait du caractère de crime et en faire un simple délit; elle peut admettre ou écarter les circonstances aggravantes, admettre ou écarter aussi les faits d'excuse; pourquoi donc ne pourrait-elle pas déclarer les circonstances atténuantes? Il n'est pas vrai que cette déclaration ne puisse résulter que d'un débat oral et contradictoire; elle peut, comme l'acquittement, comme l'excuse, résulter de l'instruction écrite et des faits qui s'y trouvent constatés. Nous ajouterons que, sous l'empire de la loi du 25 juin 1824, les contumaces étaient admis, comme les accusés présents, au bénéfice des circonstances atténuantes, et qu'il n'en saurait être autrement aujourd'hui, attendu que le code révisé a voulu étendre et non diminuer les garanties données aux accusés. C'est ce qu'enseignent aussi MM. Carnot, nouv. Observ. sur le code d'instr. crim., p. 138; Chauveau et Hélie, t. 6, p. 260 et suiv.; Le Sellyer, t. 1, n° 294. — V. aussi une dissertation de M. Ch. Berriat Saint-Prix dans la Revue de législation (1842, t. 9, p. 521).

525. Il résulte des termes de l'art. 463 que lorsque des circonstances atténuantes sont déclarées exister, la cour d'assises, dans l'application de la peine, est obligée de descendre au moins d'un degré dans l'échelle pénale, et qu'elle a la faculté de descendre de deux degrés. Mais c'est là la limite de son pouvoir. — Ainsi, il a été décidé : 1° que les circonstances atténuantes obligent la cour d'assises à réduire la peine des travaux forcés à temps à la reclusion ou à l'emprisonnement, et ne permettent pas de prononcer le minimum de ladite peine, hors le cas de récidive (Crim. cass. 9 juill. 1841) (1);—2° Que lorsqu'un crime emportant la peine de la reclusion a été commis avec des circonstances atténuantes, la cour d'assises ne doit pas se borner à diminuer le temps de la reclusion; qu'elle ne doit prononcer que des peines correctionnelles (Crim. cass. 26 déc. 1835) (2); — 3° Que, d'un autre côté, sur la déclaration du jury qu'il y a des circonstances atténuantes à l'égard d'un fait reconnu constant et emportant la peine de mort, une cour d'assises ne peut, à peine de nullité, appliquer à l'accusé la peine de la reclusion; l'art. 463 c. pén. nouveau ne permettant pas d'abaisser au-dessous de la peine des travaux forcés à temps, la peine encourue pour un crime puni de mort par la loi, tel qu'un fait d'incendie (Crim. cass. 16 août 1832) (3).

526. Le récidiviste qui avait encouru la peine des travaux forcés à temps ne peut, si le jury a admis en sa faveur des circonstances atténuantes, être puni d'une peine qui excède celle de la reclusion (Crim. cass. 4 mars 1848, aff. Beaudoin, D. P. 48. 5. 314).

527. Lorsqu'un condamné, à raison de l'état de récidive, a encouru la peine des travaux forcés à temps, si le jury admet en sa faveur des circonstances atténuantes et que la cour use de la faculté de substituer à la reclusion la peine de l'emprisonnement, elle ne peut élever la durée de cette peine au delà de cinq ans (Crim. cass. 8 janv. 1848, aff. Guyon, D. P. 48. 5. 314).

528. Le § 6 de l'art. 463 porte que, dans le cas où le code prononce le maximum d'une peine afflictive, s'il existe des circonstances atténuantes, la cour appliquera le minimum de la peine, ou même la peine inférieure. D'un autre côté, l'art. 56, relatif à la récidive, dispose, dans son § 5, que, si le second crime importe la peine des travaux forcés à temps, l'accusé sera condamné au maximum de la même peine, laquelle pourra être élevée jusqu'au double. Quel est, dans ce cas, l'effet de la déclaration des circonstances atténuantes? Nous croyons que de la combinaison des deux dispositions qui précèdent il résulte que, dans le cas dont il s'agit, la peine des travaux forcés se trouvant élevée, par l'effet de la récidive, au maximum, il y a lieu de la réduire au minimum, qui est de cinq ans, et que la cour d'assises peut même, si elle le juge convenable, appliquer la peine inférieure, qui est la reclusion. C'est ce qu'enseignent aussi MM. Chauveau et Hélie, t. 6, p. 267.— Il a été jugé en ce sens,

(1) (Bauguy C. min. pub.) — LA COUR; — Vu l'art. 94 de la loi du 28 avril 1832, appliquée aux colonies françaises des Antilles par celle du 22 juin 1835; — Attendu qu'il résulte du § 5 de cet article, « que si des circonstances atténuantes ont été reconnues en faveur d'un accusé, la peine doit être celle de la reclusion ou celle de l'emprisonnement; » —Que d'après le § 7 du même article, le minimum de la peine encourue pour le crime nouveau ne peut être prononcé par la cour d'assises, à raison des circonstances atténuantes, qu'autant que la peine encourue a été celle du maximum d'une peine afflictive; — Attendu que, dans l'espèce, la peine encourue par le demandeur, d'après les art. 381 et 384 c. pén., pour le vol dont il a été déclaré convaincu, à l'aide d'escalade en maison habitée, était celle des travaux forcés à temps dans la limite du minimum au maximum, fixé par l'art. 19 c. pén. colonial; — Mais qu'il n'existe pas de condamnation antérieure qui, par application de l'art. 56 non modifié du même code, eût obligé la cour d'assises à prononcer cette peine supérieure, ni même le maximum de la peine des travaux forcés, puisque par l'arrêt de la cour d'assises du 30 juin 1834, dans l'affaire de la Grand'Anse le demandeur n'avait encouru aucune peine afflictive et n'avait été soumis, en vertu de l'art. 100, qu'à la surveillance de la haute police et que les autres condamnations, également antérieures, étaient correctionnelles;

Attendu que l'arrêt attaqué, en visant l'art. 58 c. pén. colonial, a fait une fausse application dudit article, lequel n'est applicable qu'à la récidive du délit, et qu'il est de principe qu'un crime n'est pas légalement aggravé par un délit antérieur; — Qu'ainsi, en ne faisant pas jouir le demandeur de l'atténuation de peine à laquelle il avait droit à raison des circonstances atténuantes déclarées en sa faveur, la cour d'assises a violé la disposition précitée de la loi du 22 juin 1835, § 5, et faussement appliqué le § 7; — Casse.

Du 9 juill. 1841.-C. C., ch. crim.-MM. Crouseilhes, pr.-Isambert, r.

(2) *Espèce :* — (Int. de la loi.—Aff. Belasco.)—Le procureur général défère à la cour, pour être cassé dans l'intérêt de la loi, un jugement du tribunal criminel d'Oran.

« Par ce jugement, le tribunal d'Oran, tout en admettant l'existence de circonstances atténuantes en faveur du nommé E. Belasco, déclaré coupable d'un vol commis de complicité, de nuit et dans une maison habitée, crime caractérisé par l'art. 386 c. pén., a cependant condamné cet accusé à la peine de trois années de reclusion, avec exposition sur la place publique.

» Or, d'une part, la durée de la peine de reclusion, aux termes de l'art. 21 c. pén., ne peut jamais être moindre de cinq années. — D'autre part, lorsqu'il y a déclaration de circonstances atténuantes en faveur d'un accusé, l'art. 463 c. pén. règle la manière dont la peine doit être modifiée par le juge.

» Dans le cas où, comme dans l'espèce, il s'agit d'un crime dont la peine serait celle de la reclusion, cet art. 463 c. pén. ne laisse pas au pouvoir du juge d'accorder seulement, en considération des circonstances atténuantes, une diminution de temps de la reclusion; mais la loi substitue formellement à cette peine de la reclusion, celles de l'art. 401 du même code, c'est-à-dire de simples peines correctionnelles; le jugement attaqué contient donc une violation flagrante des art. 21, 386, 401 et 463 c. pén. combinés.

» Dans ces circonstances...... nous requérons qu'il plaise à la cour casser. Signé Dupin. »

LA COUR;—Vu le réquisitoire ci-dessus, et en adoptant les motifs, casse.

Du 26 déc. 1835.-C. C., ch crim -MM. Crouseilhes, pr -Ricard, rap.

(3) (Min. pub. C. Hutinel.)— LA COUR; — Attendu que A. Hutinel a été déclaré par le jury convaincu d'avoir commis le crime d'incendie avec des circonstances atténuantes; — Attendu que le crime d'incendie, dont Hutinel était accusé, est puni de la peine de mort par l'art. 434 c. pén., et que la constatation des circonstances atténuantes réduisait nécessairement la peine de mort à celle des travaux forcés à perpétuité, et donnait, en outre, à la cour d'assises, la faculté de réduire cette même peine des travaux forcés à perpétuité à celle des travaux forcés à temps; — Attendu que la réduction de peine, autorisée par le § 7 de l'art. 463 c. pén., ne s'applique à aucun des cas de réduction sur lesquels disposent les autres paragraphes du même article, mais bien aux cas où le maximum d'une peine temporaire est prononcé par la loi comme peine principale, et non pas comme peine réduite; — Attendu que la cour d'assises du département de la Haute-Marne a fait une fausse application de l'art. 463 c. pén., en appliquant, par voie de réduction, la peine de la reclusion à un fait dont la pénalité ne pouvait être abaissée au-dessous des travaux forcés à temps; — Casse, etc.

Du 16 août 1832.-C. C., ch. crim.-MM. de Bastard, pr.-Mérilhou, r.

1° que l'état de récidive du condamné n'ayant d'autre effet que d'élever la peine au maximum, cet état n'apporte aucune modification au principe posé par le § 7 de l'art. 463 c. pén., qui veut que, dans le cas où ce code prononce le maximum d'une peine afflictive, s'il existe des circonstances atténuantes, la cour applique le minimum de la peine; qu'en conséquence, lorsque le minimum de la peine applicable au crime dont l'accusé a été déclaré coupable avec des circonstances atténuantes, est de cinq ans de travaux forcés, par exemple, l'état de récidive de cet accusé ne donne pas le droit à la cour d'assises d'élever la peine au-dessus de ce minimum, et de la porter jusqu'au double, par application de l'art. 56, § 5 c. pén. (Cr. cass. 21 mars 1840 (1); 22 juill. 1836, MM. de Bastard, pr., de Haussy, rap., aff. Harion; 1er mars 1838, aff. Radamel, V. Instr. crim. (cour d'assises), n° 3145); — 2° Que la déclaration des circonstances atténuantes en faveur d'un individu qui, à raison de l'état de récidive, devait, abstraction de ces circonstances, être condamné au maximum de la peine, réduit cette peine au minimum, et ne permet pas aux juges de la dépasser (Crim. cass. 9 août 1849, aff. Gérard, D. P. 49. 5. 336). — V. aussi nos 313, 556, 689 et s.

529. L'abaissement de la peine résultant de l'admission des circonstances atténuantes n'autorise pas le juge à diminuer ou à supprimer l'amende jointe à la peine, dans le cas surtout où cette amende constitue une peine spéciale, comme lorsqu'il s'agit du crime de destruction d'édifice (Crim. cass. 22 janv. 1847, aff. Meriot, D. P. 48. 5. 281).

530. Avant le décret du 12-14 avril 1848 (abolitif de l'exposition publique), dans le cas même où la cour d'assises, à raison des circonstances atténuantes, ne prononçait que la reclusion contre un récidiviste, elle ne pouvait pas le dispenser de l'exposition. En effet, il résulte de l'art. 22, § 2 c. pén., que les condamnés aux travaux forcés à temps ou à la reclusion doivent toujours subir l'exposition, s'ils sont en état de récidive; or la déclaration des circonstances atténuantes ne fait pas disparaître la récidive (V. Conf. MM. Chauveau et Hélie, t. 6, p. 268). — Ainsi il avait été décidé que, bien que le jury eût reconnu des circonstances atténuantes en faveur d'un accusé déclaré coupable d'émission de fausse monnaie, il ne pouvait être exempté de l'exposition, s'il était en état de récidive (Crim. cass. 9 janv. 1834, MM. de Bastard, pr., Dehaussy, rap., aff. Servais).

531. Pour que le bénéfice des circonstances atténuantes puisse être appliqué à un condamné, il faut évidemment que l'existence en ait été déclarée par le jury. — Ainsi, il a été jugé 1° qu'un individu déclaré coupable de faux en écriture privée ne pouvait être exempté de l'exposition, sous le prétexte qu'il n'était pas en état de récidive ou qu'il existait des circonstances atténuantes, alors que le jury ne les avait pas reconnues (Crim. cass. 16 janv. 1834, MM. Bastard, pr., de Ricard, rap., aff. Bousquet); — 2° Que les juges ne peuvent pas réduire au maximum des travaux forcés à temps la peine des travaux forcés à perpétuité prononcée contre les auteurs de vols commis avec la réunion des cinq circonstances spécifiées par l'art. 381 c. pén., alors que le jury n'a pas admis de circonstances atténuantes (Crim. cass. 26 mai 1838, M. Roche, rap., aff. Gourdel).

532. Lorsqu'un accusé a été déclaré coupable de deux crimes, une tentative d'homicide volontaire avec préméditation et une tentative d'homicide volontaire sans préméditation, et qu'il n'a été déclaré de circonstances atténuantes que sur ce dernier crime, il ne doit pas jouir du bénéfice de l'art. 463 c. pén. :— « Attendu, en droit, que, la déclaration de circonstances atténuantes en faveur de l'accusé ayant été restreinte par le jury au second crime, celui commis sur la personne du nommé Constant laisse subsister dans son entier la réponse affirmative du même jury, tant sur la tentative de meurtre commise le même jour par l'accusé sur la personne de la veuve Chabat, que celle également affirmative sur la circonstance aggravante de la préméditation, crime prévu par les art. 2, 295, 296 et 302 c. pén., et passible de la peine capitale » (Crim. rej. 21 juill. 1843, M. Meyronnet de Saint-Marc, rap., aff. Girone *C.* min. pub.).

533. Lorsque deux individus ont été déclarés coupables, l'un d'être l'auteur, l'autre le complice d'un vol avec escalade, dans une maison habitée, si la cour d'assises atténue la peine encourue par l'auteur principal, à raison de son âge et des circonstances atténuantes reconnues par le jury en sa faveur seulement, elle ne peut, sans violer la loi, étendre au complice cette atténuation de peines (Crim. cass. 20 déc. 1832) (2).

534. Il peut arriver que la déclaration du jury réduise le fait incriminé à n'être qu'un simple délit. Quel est, dans ce cas, l'effet de la déclaration des circonstances atténuantes? L'art. 463 n'a point prévu ce cas; mais, comme il n'accorde au jury le pouvoir de déclarer les circonstances atténuantes qu'en matière criminelle, on peut en conclure que lorsque, d'après sa déclaration, le fait ne constitue plus qu'un délit correctionnel, il n'a plus qualité pour déclarer les circonstances atténuantes et doit laisser à la cour d'assises, qui, dans ce cas, remplace le tribunal correctionnel, le soin d'examiner s'il en existe. Lors de la discussion de l'article, un amendement avait été proposé pour substituer à ces mots : *en matière criminelle*, ceux-ci : *en toute matière soumise au jury*; cet amendement fut rejeté sur l'observation suivante du rapporteur : « Le système des circonstances atténuantes ne peut se combiner qu'avec un système de gradation de peines; or, en matière de délit, il n'y en a pas. Je suppose, en effet, que le délit doive entraîner une peine d'un à cinq ans; si le jury admet les circonstances atténantes, il faudra descendre aux peines de police, c'est-à-dire à cinq jours de prison; dès lors l'art. 463 serait totalement écarté; car, dans la législation actuelle, les juges peuvent réduire les peines, mais en restant, s'ils le jugent convenable, dans les limites des peines correctionnelles. » Il est manifeste, d'après cela, que l'intention du législateur a été de limiter aux matières criminelles la faculté attribuée au jury de déclarer les circonstances atténuantes. Il suffit d'ailleurs de lire attentivement le dernier paragraphe de l'art. 463 et de se demander quel serait, dans le cas qui nous occupe, l'effet de la déclaration des circonstances atténuantes prononcée par le jury, pour reconnaître que ce système n'est point conforme au vœu du législateur. Si donc le jury, écartant les circonstances qui seules auraient donné au fait le caractère d'un crime, déclarait en outre qu'il existe des circonstances atténuantes, cette déclaration ne lierait pas la cour d'assises, qui seule, dans cette hypothèse, aurait le droit de déclarer les circonstances atténuantes (V. en ce sens MM. Chauveau et Hélie, t. 6, p. 268 et suiv.; Le Sellyer, t. 1, n° 303). — Il a été décidé en ce sens : 1° que quand le fait qualifié crime par l'accusation se trouve réduit à un simple délit par la déclaration du jury (par exemple, à raison de l'admission

(1) (Legrand *C.* Min. pub.). — LA COUR; — Vu les art. 19, 56 et 463 c. pén.; — Attendu qu'aux termes du § 7 dudit art. 463 c. pén., dans le cas où ce code prononce le maximum d'une peine afflictive, s'il existe des circonstances atténuantes, la cour doit appliquer le minimum de la peine; — Attendu que l'état de récidive où peut se trouver le condamné, n'apporte aucune modification à ce principe, puisqu'il n'a d'autre effet que d'élever la peine prononcée par la loi au maximum, et que précisément dans ce cas il y a lieu d'appliquer le § 7 de l'art. 463 c. pén.; — Et attendu que, dans l'espèce, le fait dont Pierre Legrand avait été déclaré coupable, entraînait la peine des travaux forcés; qu'il se trouvait en effet en état de récidive, mais que vu les circonstances atténuantes, il ne devenait passible que du minimum de cette peine des travaux forcés; que néanmoins la cour d'assises de la Côte-d'Or a condamné Pierre Legrand à quinze années de travaux forcés; en quoi elle a violé l'art. 463, § 7 c. pén., et faussement appliqué l'art. 56 c. pén.; — Casse.

Du 21 mars 1840.-C. C., ch. crim.-MM. Bastard, pr.-Crouseilhes, rap.

(2) (Min. pub. *C.* Lecomte.) — LA COUR; — Vu les art. 59 et 384 c. pén.; — Attendu que, d'après la déclaration du jury, le vol dont Lecomte a été déclaré complice par recélé, avait été commis par escalade, dans une maison habitée, ce qui rendait l'auteur principal et le complice passibles de la peine des travaux forcés à temps, aux termes des art. 59 et 384 précités; — Attendu que, si l'auteur de ce crime n'a été condamné qu'à rester pendant quatre ans dans une maison de correction, à raison de son âge et des circonstances atténuantes reconnues en sa faveur, ces motifs d'atténuation de peine qui lui étaient tout personnels, ne pouvaient s'étendre à son complice, en faveur duquel le jury n'avait reconnu l'existence d'aucune circonstance atténuante : d'où il suit qu'en ne prononçant contre ce complice que la peine de deux ans d'emprisonnement, l'arrêt attaqué a fait une fausse application des art. 401 et 463 c. pen. et violé les art. 59, 62 et 384 ce ce code; — Par ces motifs, casse l'arrêt de la cour d'assises de la Seine-Inférieure, du 13 novembre dernier.

Du 20 déc. 1832.-C. C., ch. crim.-MM. Bastard, pr.-Ricard, rap.

de l'excuse de provocation dans une accusation d'homicide volontaire) et n'est ainsi passible que de peine correctionnelle, la déclaration de circonstances atténuantes ne peut émaner que de la cour d'assises; que le jury est sans pouvoir à cet égard (Crim. rej. 19 avril 1844, M. de Ricard, rap., aff. Escaude);—2° Que, lorsque, les circonstances aggravantes ayant été écartées, l'accusé ne se trouve plus déclaré coupable que de faits entraînant des peines correctionnelles, avec la mention qu'il y a des circonstances atténuantes, la cour d'assises n'est pas obligée d'avoir égard à ces circonstances atténuantes, et, par exemple, de prononcer une peine au-dessous de six jours d'emprisonnement; qu'elle peut, au contraire, prononcer trois ans de prison (Crim. rej. 8 mars 1833, aff. Mercier, V. Instr. crim., n° 2633).

535. L'art. 463 du nouveau code pénal, d'après lequel les peines doivent être réduites lorsque le jury a déclaré qu'il y avait des circonstances atténuantes, s'applique non-seulement aux dispositions du code pénal, mais encore à toutes les lois portant des peines. En effet, l'art. 463 dit: les peines prononcées *par la loi*, et non pas les peines prononcées *par le code pénal*; et l'art. 341 c. inst. crim., qui ordonne que le jury soit averti de l'obligation de déclarer les circonstances atténuantes, s'il en existe, s'exprime également en termes très-larges: *En toute matière criminelle...* etc. (V. Conf. MM. Chauveau et Hélie, t. 6, p. 253; Le Sellyer, t. 1, n° 298). — Ainsi, est nul l'arrêt par lequel une cour d'assises a refusé d'appliquer cet article au fait d'avoir engagé un soldat à déserter ses drapeaux, crime puni par l'art. 4 de la loi du 4 nivôse an 4, de la détention (Crim. cass. 27 sept. 1832) (1).

536. La faculté de déclarer les circonstances atténuantes appartient-elle aux conseils de guerre? Pour la négative on peut invoquer les termes de l'art. 463 c. pén.: « Les peines prononcées par la loi contre celui ou ceux... en faveur de qui *le jury aura* déclaré les circonstances atténuantes...; » d'où il semble résulter que l'application de cet article est impossible devant les juridictions où il n'existe pas de jurés; mais nous ne croyons pas que la question puisse être résolue par un tel argument; l'art. 463 s'est exprimé en vue du cas le plus ordinaire; mais rien n'indique que ses termes doivent être entendus dans un sens restrictif. Cette question s'est présentée devant la cour de cassation quelques mois après la promulgation de la loi réformatrice du 28 avril 1832. M. le procureur général Dupin, dans son réquisitoire, soutint que l'art. 463 était applicable. Il s'agit ici, disait ce magistrat, d'un grand principe qui domine toutes les juridictions, et qui, par conséquent, doit être appliqué par la juridiction militaire, à moins qu'il ne soit incompatible avec cette juridiction. Or, bien loin qu'il en soit ainsi, c'est surtout dans la juridiction militaire que la faculté de déclarer l'existence des circonstances atténuantes peut produire d'heureux effets parce qu'elle vient tempérer là l'extrême rigueur des peines que le besoin de la discipline a fait établir. Et l'organisation des conseils de guerre se prête fort bien à l'application du système; en effet, ces conseils commencent par se prononcer sur le fait, et ce n'est qu'après cette première déclaration que l'application de la peine est requise. A la vérité, ce sont les mêmes personnes qui statuent sur le fait et qui appliquent la peine; mais les deux opérations sont distinctes et séparées; elles ont lieu successivement. Enfin, l'art. 20 du 2e jour complémentaire an 5 dispose que le conseil prononcera sur tous les délits les peines portées au code pénal militaire; qu'il pourra cependant les commuer et même les diminuer, suivant les cas où les circonstances en atténneront la gravité, mais qu'il ne pourra jamais les augmenter; et cet article ne paraît pas avoir été abrogé par aucun texte précis de la loi.

Cette doctrine, toutefois, ne prévalut pas devant la cour suprême, qui décida que l'art. 463 c. pén. n'est pas applicable aux crimes et délits militaires, dont la connaissance est attribuée aux conseils de guerre (Crim. cass. 2 mars 1833) (2). Cet arrêt se

---

(1) (Latour C. min. pub.) — LA COUR; — Vu l'art. 463 c. pén.; — Attendu, en droit, que les dispositions de cet article sont aussi indéfinies qu'absolues; que, par la généralité de ses expressions, il embrasse nécessairement toutes les peines prononcées par une loi quelconque encore subsistante, contre l'accusé reconnu coupable d'un crime, en faveur duquel le jury a déclaré des circonstances atténuantes; qu'en effet, lorsque, dans le même article, on a voulu appliquer l'échelle de réduction aux seules peines prononcées par le code pénal lui-même, le législateur s'en est expliqué formellement au dernier paragraphe dudit article; que l'art. 484, qui termine le code pénal modifié comme il terminait dans les mêmes termes le code pénal de 1810, avant qu'il fût question d'une réduction de peines, en raison de circonstances atténuantes déclarées par le jury, se borne à maintenir les dispositions pénales sans lesquelles des lois spéciales et des règlements particuliers existant, quoique non renouvelés par le code pénal, dans des matières qui n'ont pas été réglées par ce code même, resteraient sans exécution;

Que cet article n'a pu avoir pour objet d'apporter aucune restriction à l'art. 463 dont les dispositions générales s'appliquent, non-seulement à tous les crimes prévus par le code pénal, mais encore à ceux que punit toute autre loi non abrogée;

Attendu, en fait, que Théodore Latour dit Victor a été déclaré coupable, mais avec des circonstances atténuantes, d'avoir engagé Simon Martin, fusilier dans une compagnie de vétérans, à déserter ses drapeaux; qu'ainsi, en combinant l'art. 4 de la loi du 4 niv. an 4 avec le § 6 de l'art. 463 c. pén. qui le modifie, il y avait lieu de lui appliquer, non la peine de neuf années de détention, mais les dispositions de l'art. 401 c. pén., sans toutefois pouvoir réduire la durée de l'emprisonnement au-dessous d'un an; — Que, cependant, la cour d'assises de l'Ardèche, sans égard à la déclaration de circonstances atténuantes acquises à Théodore Latour dit Victor, et sur le motif qu'il s'agissait de l'application d'une loi spéciale, et que les dispositions de l'art. 463 c. pén. ne sont, d'après le sens restrictif de l'art. 484, applicables qu'aux peines prononcées par ce code, a condamné ledit Latour à la peine de neuf années de détention, lorsqu'elle devait ne prononcer que la peine de l'emprisonnement; — En quoi ladite cour d'assises s'est écartée des règles de sa compétence en créant une restriction qui n'est pas dans la loi, et, par une fausse application de l'art. 484 c. pén., a violé formellement l'art. 463 du même code; — Par ces motifs, casse cet arrêt, etc.

Du 27 sept. 1832.-C. C., ch. crim.-MM. Ollivier, pr.-Chantereyne, r.

(2) (Intérêt de la loi C. Hérault.) — LA COUR; — Vu l'art. 441 c. inst. crim.; — Attendu que les lois antérieures ne sont abrogées ou modifiées par les lois postérieures qu'autant que celles-ci ont eu évidemment pour objet de statuer sur les mêmes matières; — Attendu que la loi du 28 avr. 1832 porte, dans son art. 1, que les articles y désignés du code d'instruction criminelle sont abrogés et remplacés par les art. 2 et suiv. de ladite loi, et que la même loi du 28 avr. porte, art. 12, que les articles y désignés du code pénal sont abrogés et remplacés par les art. 13 et suiv. de la loi précitée; — Attendu que, dès lors, il était évident par le texte même de la loi du 28 avr. 1832, qu'elle n'a eu d'autre objet que de modifier le code pénal de 1810 et le code d'instruction criminelle de la même époque, et que la législation militaire n'a dû, ni pu, par conséquent, en recevoir aucune atteinte; — Attendu que l'art. 5 c. pén. de 1810 déclare explicitement que ses dispositions ne s'appliquent pas aux contraventions, délits et crimes militaires, et que l'art. 484 du même code réserve itérativement, d'une manière implicite, l'effet et le maintien intégral de la législation militaire, et qu'ainsi lesdits art. 5 et 484 c. pén. ne sont pas du nombre de ceux dont la loi du 28 avr. 1832 a prononcé l'abrogation ou la modification; — Attendu que la discussion de ladite loi, dans le sein des deux chambres législatives, n'offre aucune trace de l'intention du législateur d'étendre l'application des circonstances atténuantes aux faits militaires, et qu'au contraire plusieurs amendements, ayant pour objet d'étendre cette disposition nouvelle aux délits et contraventions non prévus par le code pénal de 1810, ont été rejetés; d'où il suit que les circonstances atténuantes n'étant pas admises pour les simples délits militaires, elles ne peuvent pas l'être pour les crimes militaires; — Attendu que, si le § 1 de l'art. 94 de la loi du 28 avril, qui forme l'art. 463 c. pén. actuel, parle en général de l'application des circonstances atténuantes aux peines prononcées par la loi, cette expression ne peut pas s'entendre en ce sens qu'elles s'appliqueraient aux peines prononcées par les lois militaires, puisque cette interprétation serait en contradiction formelle avec les art. 2 et 12 de la même loi et avec les art. 5 et 484 c. pén. de 1810; — Attendu que, d'ailleurs, les §§ 2 et suiv. de l'art. 463 précité règlent, d'après l'échelle des peines prononcées par le code pénal ordinaire, l'effet des circonstances atténuantes admises pour chacun des crimes prévus et classés par le même code; d'où il suit que cette échelle proportionnelle de réduction ne saurait s'appliquer à des peines et des crimes portés par les lois militaires, et qui peuvent y être classés d'une manière tout à fait différente des lois ordinaires; — Attendu que, dès lors, les conseils de guerre et les conseils de révision qui ont appliqué à des faits de leur juriction l'art. 94 de la loi du 28 avr 1832, formant l'art. 463 c. pén. revisé, en ont fait une fausse application; — Attendu que la faculté d'atténuer les peines en certains cas, qui était attribuée aux conseils militaires par l'art. 20 de la loi du deuxième jour complémentaire an 5, n'a pas été conférée aux conseils de guerre par la loi de leur institution qui est en date du 13 brum. an 5, et est, d'ailleurs, en opposition avec les dispositions combinées des art. 32, 33 et 42 de cette

fondé sur les motifs suivants : D'abord la loi réformatrice du 28 avril 1832 n'a eu pour but que de modifier les dispositions du code pénal de 1810 et du code d'instruction criminelle; elle doit donc être sans influence sur la législation militaire, d'autant plus que l'art. 5 c. pén. déclare expressément que les dispositions de ce code ne s'appliquent pas aux contraventions, crimes et délits militaires, et que cet article n'a été ni abrogé ni modifié par la loi de 1832; en second lieu, les §§ 2 et suiv. de l'art. 463 règlent les effets des circonstances atténuantes, d'après l'échelle pénale établie par le code, pour chacun des crimes prévus et classés par ce code; comment donc transporter ce système aux lois militaires, qui portent des peines différentes, et qui d'ailleurs n'ont pas d'échelle proportionnelle, comme les lois pénales ordinaires? Enfin l'art. 20, L. 2e jour complém. an 3, s'appliquait aux conseils militaires, et la loi du 13 brum. an 5, qui a institué les conseils de guerre, ne contient à leur égard aucune disposition analogue.

MM. Chauveau et Hélie (t. 6, p. 257 et suiv.) croient que la question doit être résolue par une distinction. A l'égard des crimes et délits purement militaires, ils admettent la doctrine de la cour de cassation, mais par cette raison seulement que l'échelle proportionnelle de réduction des peines n'existe pas dans la loi militaire, et qu'il n'est pas permis d'en créer une arbitrairement par voie d'analogie; il faudrait que la loi elle-même, disent ces auteurs, classât les peines du code militaire, et déterminât leurs substitutions successives en cas de circonstances atténuantes. Mais dans les cas où les conseils de guerre, saisis de la connaissance des crimes ou délits communs que des militaires peuvent avoir commis, ont à faire l'application des peines portées par le code pénal ordinaire, rien n'empêche que l'art. 463 reçoive son effet; cet article, en effet, domine toutes les pénalités que renferme le code dont il fait partie, et lorsqu'une de ces pénalités est appliquée, elle ne peut l'être qu'avec la faculté d'atténuation qui l'accompagne. On peut ajouter que l'art. 20 de la loi du 3e jour complément. an 3, en admettant qu'il ne soit pas applicable aux conseils de guerre, prouve du moins que la faculté de commuer, de diminuer les peines est bien dans l'esprit de la loi militaire.

ART. 2.—*Des circonstances atténuantes en matière correctionnelle.*

537. L'ancien art. 463 c. pén. portait : « Dans tous les cas où la peine d'emprisonnement est portée par le présent code, si le préjudice causé n'excède pas 25 fr., et si les circonstances paraissent atténuantes, les tribunaux sont autorisés à réduire l'emprisonnement, même au-dessous de six jours, et l'amende même au-dessous de 16 fr. Ils pourront aussi prononcer séparément l'une ou l'autre de ces peines, sans qu'en aucun cas elle puisse être au-dessous des peines de simple police. » — Ainsi, pour que le tribunal fût autorisé à modérer la peine correctionnelle, il fallait le concours simultané de deux conditions : qu'il existât des circonstances atténuantes, et que le dommage éprouvé n'excédât pas 25 fr.—Un tribunal ne pouvait donc se fonder sur l'art. 463 pour réduire la peine, lorsqu'il accordait des dommages-intérêts excédant 25 fr. (Crim. cass. 9 déc. 1819, M. Rataud, rap., aff. Aubry; 12 janv. 1821, MM. Barris, pr., Ollivier, rap., aff. Jacquet).

538. On avait toutefois distingué entre le dommage fixé au profit de la partie civile et celui fixé sous le rapport de la vindicte publique, et l'on décidait qu'encore bien que le dommage eût été évalué, au profit de la partie civile, à plus de 25 fr., le tribunal avait pu, sous le rapport de la vindicte publique et pour l'application de la peine, le fixer par le même jugement à moins de 25 fr., et faire profiter le condamné du bénéfice de l'art. 463 c. pén. (Crim. rej. 4 août 1827, MM. Portalis, pr., Mangin, rap., aff. Bezard).

539. Pour justifier l'application de l'art. 463, la circonstance que le préjudice n'excédait pas 25 fr. devait, ainsi que l'existence des circonstances atténuantes, être constatée dans le jugement, ou littéralement, ou par un exposé de faits (Crim. cass. 24 fév. 1827, MM. Portalis, pr., Bernard, rap., aff. Fallet).

540. La mention que le dommage était modique ne suffisait pas (Crim. cass. 9 sept. 1826, MM. Portalis, pr., Ollivier, rap. int. de la loi, aff. Belgirard).

541. Il avait été décidé : 1° que le jugement qui appliquait l'art. 463 c. pén. au délit de banqueroute simple, attendu les circonstances atténuantes et la bonne foi du prévenu, sans déclarer que le dommage éprouvé par les créanciers n'excédait pas 25 fr., ou que ce dommage provenait de faillite proprement dite, et non du délit de banqueroute, était nul (Crim. cass. 8 avr. 1826, MM. Portalis, pr., Ollivier, rap., int. de la loi, aff. Meyer);—2° Que toutefois un jugement qui faisait application de l'art. 463 c. pén. sans déclarer formellement que le préjudice causé n'exédait pas 25 fr., et qu'il existait en faveur du prévenu des circonstances atténuantes, était susceptible de censure, mais non de cassation, alors qu'il n'y avait pas dans la cause de partie plaignante, la conséquence étant qu'il n'y avait pas eu préjudice de plus de 25 fr., et qu'en appliquant cet article, les juges avaient reconnu l'existence de circonstances atténuantes (Crim. rej. 29 avr. 1813, MM. Barris, pr., Aumont, rap., aff. Stein); — 3° Que déclarer que le prévenu n'a eu que l'intention de faire une espièglerie qui ne pouvait causer aucun préjudice, c'est juger implicitement qu'il y avait des circonstances atténuantes propres à justifier l'application de l'art. 463 c. pén. (Crim. rej. 31 mai 1822) (1).

542. Le mot *préjudice*, dans le sens de l'art. 463, devait s'entendre d'une cause de dommage se référant au moment où le délit avait été commis, sans égard aux événements ultérieurs qui pouvaient en changer les éléments; et, par exemple, il suffisait qu'un titre portant obligation au-dessus de 25 fr. eût été soustrait, pour que la réduction de peine que l'art. 463 autorisait ne pût avoir lieu, encore bien qu'eu égard à l'action civile ouverte au propriétaire du titre, le dommage éprouvé par ce dernier dût être inférieur à 25 fr. (Crim. cass. 14 mai 1829, MM. Bailly, pr., Brière, rap., aff. Klinger).

543. Il avait été jugé que le préjudice matériel causé à un père par l'homicide involontaire de son enfant était, par sa nature, appréciable en argent; qu'en conséquence, une cour royale pouvait, sans que son arrêt fût sujet à cassation, évaluer ce préjudice à 25 fr., et, par suite, prononcer, s'il y avait des circonstances atténuantes, la réduction de peines autorisée par l'art. 463 c. pén. (Crim. rej. 29 fév. 1828, MM. Bailly, pr., Ollivier, rap., aff. Voelcklin).

544. L'art. 463 c. pén. était applicable au cas où le dommage était purement moral (Crim. rej. 4 fév. 1812, MM. Barris, pr., Oudard, rap., aff. Bousquet; 4 fév. 1812, MM. Barris, pr., Rataud, rap., aff. Lemonnier; 6 nov. 1812, MM. Barris, pr., Audier-Massillon, rap., aff. Huppin; 25 mars 1813, MM. Barris, pr., Oudart, rap., aff. B...).

545. Toutefois il avait été jugé qu'on ne pouvait étendre le bénéfice de l'art. 463 aux auteurs de délits ayant causé un dommage inappréciable, par exemple, à l'individu coupable de s'être immiscé sans titre dans des fonctions publiques, en rédigeant et signant des actes de l'état civil (Crim. cass. 21 oct. 1825, MM. Portalis, pr., Busschop, rap., aff. Felgeirolle); — Ni au concierge convaincu d'avoir, par négligence, laissé évader un condamné à quinze ans de travaux forcés (Crim. cass. 9 sept. 1826, MM. Portalis, pr., Ollivier, rap., aff. Belgirard); — Ni à un individu coupable d'homicide par imprudence (Angers, 19 janv. 1828, M. de Beauregard, pr., aff. Moreau); — Ni à un coupable d'adultère

dernière loi ; d'où il suit que l'atténuation de peine, prononcée par les jugements attaqués, constitue un véritable excès de pouvoir ;— Par ces motifs, casse, dans l'intérêt de la loi, les trois jugements précités, etc.

Du 2 mars 1833.-C. C., ch. crim.-MM. de Bastard, pr.-Mérilhou, rap.-Dupin, pr. gén., c. contr.

(1) Min. pub. *C. Martel.*) — LA COUR; — Considérant que la cour royale de Toulouse a déclaré, par son arrêt, que les circonstances du débat démontraient évidemment que Martel n'avait eu que l'intention de faire une espièglerie qui ne pouvait avoir aucun résultat préjudiciable pour le sieur Clergue; que par là elle a implicitement jugé que les circonstances paraissaient atténuantes, et que le fait imputé audit Martel n'avait causé aucun préjudice réel; qu'ainsi, l'exclusion de l'emprisonnement et la réduction de la peine à 50 fr. d'amende que la cour de Toulouse a faite à l'égard du prévenu, sont justifiées par les dispositions de l'art. 463 c. pén.; — Rejette.

Du 31 mai 1822.-C. C., sect. crim.-MM. Barris, pr.-Busschop, rap.

(Lyon, 29 mai 1828, M. Deroche de Longchamps, pr., aff. C...).

546. L'art. 463 était incontestablement applicable lorsqu'il n'existait pas de dommage (Crim. rej. 4 fév. 1812, aff. Bousquet; même jour, aff. Lemonnier; 6 nov. 1812, aff. Huppin; 25 mars 1813, aff. B..., précités).

547. Du reste, l'art. 463, lorsque les conditions exigées par lui se rencontraient dans la cause, était applicable à tous les cas sans distinction, qu'il y eût ou qu'il n'y eût pas de maximum ou de minimum dans la peine, que le préjudice eût été causé à la société ou à des tiers. — Il était spécialement applicable au cas où un individu était poursuivi pour avoir tenu une maison de prêt sur gages, sans autorisation légale (Crim. rej. 24 déc. 1824, MM Portalis, pr., de Cardonnel, rap., aff. Hours); — ... Ou pour avoir tenu une loterie clandestine (Crim. cass. 12 oct. 1811, M. Busschop, rap., aff. N...).

548. La tentative de corruption d'un agent de l'administration publique, quand elle n'avait pas causé de préjudice excédant le taux fixé par l'art. 463, était, comme l'eût été le délit lui-même, susceptible de l'application de cet article (Crim. rej. 21 mars 1828, MM. Bailly, pr., Ollivier, rap., aff. Notté).

549. L'art. 463 c. pén., qui permettait aux juges de modérer la peine lorsqu'il existait des circonstances atténuantes, était applicable, même au cas où la peine consistait en une simple amende (Metz, 7 janv. 1822, M. de Julvécourt, pr., aff. Pierret).

550. Du reste, dans les cas mêmes où il était applicable, l'art. 463 n'autorisait pas les tribunaux à convertir l'amende en un emprisonnement ou l'emprisonnement en amende, dans le cas où l'une de ces peines seulement était prononcée par la loi. Tout leur pouvoir se bornait à modérer et réduire la peine édictée (Crim. cass. 17 mai 1822, MM. Barris, pr., Lanvot, rap., aff. Baudry; 28 août 1823, MM. Barris, pr., Ollivier, rap., aff. Cliquet; 2 oct. 1823, MM. Barris, pr., Brière, rap., aff. Lefèvre-Desgardes). — De même, les tribunaux n'auraient pu, sans excès de pouvoirs, diviser les peines que la loi a cumulativement prononcées, à l'effet de n'infliger au condamné que l'une d'entre elles (Crim. cass. 15 oct. 1807, M. Guieu, rap., aff. min. pub. C. Beoldo).

551. Le nouvel art. 463 (paragraphe dernier) est ainsi conçu : « Dans tous les cas où la peine de l'emprisonnement et celle de l'amende sont prononcées par le code pénal, si les circonstances paraissent atténuantes, les tribunaux correctionnels sont autorisés, même en cas de récidive, à réduire l'emprisonnement même au-dessous de six jours, et l'amende même au-dessous de 16 fr.; ils pourront aussi prononcer séparément l'une ou l'autre de ces peines, et même substituer l'amende à l'emprisonnement, sans qu'en aucun cas elle puisse être au-dessous des peines de simple police. »

De ce que l'art. 463 parle de l'*emprisonnement* et de l'*amende*, il ne faut pas conclure qu'il ne soit applicable que lorsque ces deux peines sont cumulativement prononcées par la loi. Il résulte de la discussion qui eut lieu à la chambre des députés que l'addition des mots *et celle de l'amende* n'a eu pour objet que de dissiper le doute qui, dans l'ancien art. 463, résultait de l'omission de ces mots, quant à la faculté de réduire l'amende. — Ainsi a disparu le reproche qu'on adressait à la loi de laisser aux juges moins de latitude quand il s'agissait de l'application d'une simple amende que dans les cas bien plus graves où elle prononçait l'emprisonnement.

552. Quand un tribunal use, d'après les circonstances, de la faculté qui lui est laissée par l'art. 463 c. pén., de n'appliquer à un délit que l'amende ou l'emprisonnement, il ne peut prononcer des peines autres que celles dont le délit est puni par le code pénal; et, par exemple, s'il s'agit d'outrages à la pudeur, délit dont le maximum de l'amende est de 200 fr., il ne peut condamner à 400 fr. d'amende (Crim. cass. 3 nov. 1827) (1).

C'est une heureuse innovation que la faculté donnée aux juges de substituer l'amende à l'emprisonnement, dans les cas où il est prononcé seul. Cette innovation n'a été introduite que par voie d'amendement. La rédaction primitive laissait bien aux juges la latitude de réduire l'emprisonnement quand il était prononcé seul, mais elle ne leur permettait pas d'y substituer une simple amende. « C'est une inconséquence grave, dit l'auteur de l'amendement, car si le législateur a voulu rendre la peine plus forte en ajoutant l'amende à l'emprisonnement, on peut se borner à appliquer l'amende; et si, dans un cas moins grave, cette addition de peine n'est pas prononcée par la loi, on pourra réduire la peine de l'emprisonnement; mais il faudra toujours qu'un emprisonnement subsiste. Je demande qu'il soit permis, dans ce cas, de substituer l'amende à l'emprisonnement. » Cet amendement fut adopté.

553. Quelle amende doit être substituée à l'emprisonnement? A cette question il a été répondu, lors de la discussion de la loi, que ce serait l'amende fixée par la loi suivant les circonstances. Mais cette réponse ne semble pas fort satisfaisante, puisque, dans le cas dont il s'agit, où la loi n'a prononcé que l'emprisonnement, il n'y a pas d'amende fixée par la loi. MM. Chauveau et Hélie, t. 6, p. 279, sont d'avis que cette amende doit être renfermée dans les limites des peines de simple police. Cela leur paraît résulter naturellement de l'ensemble du paragraphe dernier de l'art. 463. En effet, disent-ils, ce n'est qu'après avoir autorisé l'em-

(1) (Min. pub. C. Faillette, etc.) — La cour; — Reçoit l'intervention de Faillette et de Bournizet, et y statuant, ainsi que sur le pourvoi du procureur du roi de Saint-Mihiel; — Concernant le premier moyen relatif à la disposition du jugement du tribunal de Saint-Mihiel, condamnant Faillette à 400 fr. d'amende; — Vu les art. 330 et 463 c. pén.; — Attendu que, d'après l'art. 330 précité, le maximum de l'amende applicable, ainsi que l'emprisonnement porté par le même article au délit d'outrage public à la pudeur, est de 200 fr.; — Attendu que, si le préjudice n'excède pas 25 fr., et si les circonstances sont atténuantes, l'art. 463 autorise bien les tribunaux, soit à réduire l'emprisonnement au-dessous de six jours et l'amende au-dessous de 16 fr., soit à ne prononcer séparément que l'une ou l'autre de ces peines, sans qu'en aucun cas elle puisse être au-dessous des peines de simple police; mais qu'il ne les autorise pas à prononcer des peines autres que celles qui sont portées dans l'article du code pénal relatif au délit; — Qu'ainsi, lorsque ces peines sont celles de l'emprisonnement et de l'amende, et que, d'après la réunion des deux circonstances spécifiées dans l'art. 463, le tribunal juge convenable de n'appliquer que l'amende, il peut bien la porter jusqu'au maximum fixé par l'article du code pénal concernant le délit, mais il ne saurait aller au delà; — Qu'en effet, en dépassant ce maximum, il prononcerait une amende plus forte, par la quotité de la somme, que celle qui serait fixée par la loi pénale pour le fait imputé, et, sous ce rapport, il punirait ce fait d'une peine autre que celle que la loi aurait établie, ce qui serait un excès de pouvoir;

Et attendu que, dans l'espèce, le tribunal de Saint-Mihiel a déclaré Faillette coupable d'outrage public à la pudeur; — Qu'en se déterminant, d'après la réunion des deux circonstances spécifiées dans l'art. 463 c. pén., à n'appliquer des deux peines d'emprisonnement et d'amende, dont ce délit était passible, que la seule peine de l'amende, ce tribunal l'a portée contre Faillette à 400 fr., tandis que le maximum fixé par l'art. 330 précité était de 200 fr., en quoi il a excédé la maximum de l'amende portée par l'art. 330, et, par suite, violé la disposition de cet article, et faussement appliqué celle de l'art. 463, ce qui doit entraîner la cassation de cette partie de son jugement.

Concernant le deuxième moyen, fondé sur ce que la condamnation aux amendes n'a pas été déclarée solidaire contre les deux prévenus: — Vu l'art. 55 c. pén., et attendu que les deux intervenants condamnés, l'un à 400 fr., et l'autre à 200 fr. d'amende, par le jugement attaqué, étaient déclarés coupables d'outrage public à la pudeur; qu'ils avaient commis ce délit ensemble, au même lieu, dans le même temps, envers les mêmes personnes; que l'un d'eux était présenté comme l'instigateur, et, par ce motif, avait été condamné à une plus forte amende; que, dès lors, il existait entre eux une communion de fait et d'intention rendant indispensable la solidarité des amendes; — Que le tribunal de Saint-Mihiel l'avait reconnu à l'égard de la condamnation aux frais qu'il avait déclarée solidaire; — Qu'à l'égard des amendes il y avait parité de raison d'appliquer la même solidarité, et qu'en omettant de la prononcer, le jugement attaqué a violé l'art. 55 c. pén., d'où résulte la nécessité de l'annuler dans cette partie à l'égard des deux intervenants; — Attendu, enfin, en ce qui concerne la condamnation de Bournizet à l'amende de 200 fr., qu'elle a été une juste application des art. 330 et 463 combinés c. pén., et qu'elle doit être maintenue; — Casse le jugement du tribunal correctionnel de Saint-Mihiel, du 28 septembre dernier, 1° à l'égard de Jules Faillette dans la disposition qui le condamne à l'amende de 400 fr.; 2° à l'égard dudit Faillette et de Louis-René Bournizet dans la disposition qui omet de déclarer solidaires les condamnations à l'amende prononcées contre eux; — Et quant à la condamnation à l'amende de 200 fr., prononcée contre Bournizet, la maintient, et en ce point rejette le pourvoi.

Du 3 nov. 1827.-C. C., ch. cr.-MM. Bailly, f. f. de pr.-Ollivier, r.

prisonnement même au-dessous de six jours et l'amende même au-dessous de 16 fr., qu'il permet la suppression de l'une de ces deux peines et la substitution de l'une à l'autre. Il s'agit donc de peines réduites aux taux des peines de simple police, et, par conséquent, l'amende substituée ne peut excéder la limite de ces peines. — Il a été décidé, cependant, que, lorsqu'en admettant des circonstances atténuantes pour un délit puni de la prison les juges substituent, suivant la faculté que la loi leur en donne, l'amende à la prison, ils doivent la fixer dans les limites du *minimum* au *maximum* des amendes correctionnelles (Douai, 22 mars 1852, aff. Beaucourt, D. P. 54. 2. 135).—Mais quel est ce *maximum*? La loi n'en a fixé aucun. Il a été décidé plus justement, selon nous, que, lorsque les tribunaux correctionnels substituent, à raison des circonstances atténuantes, une amende à l'emprisonnement dans un cas où le délit n'est puni que d'emprisonnement, ils ne peuvent appliquer au délinquant que le minimum des amendes correctionnelles (Crim. cass. 10 janv. 1846, aff. Carossio, D. P. 46. 1. 162). Et, en effet, puisqu'on se trouve dans une matière correctionnelle, pourquoi ne pas rester dans le système de pénalité relatif à cette matière, et puisque le silence ou l'incurie du législateur doit profiter au prévenu, surtout quand des circonstances atténuantes sont admises en sa faveur, pourquoi ne limiterait-on pas le juge au minimum des amendes correctionnelles? Tel est aussi le sentiment de M. Trébutien, t. 1, p. 308.

554. Le tribunal peut bien, aux termes de l'art. 463 (paragraphe dernier), substituer l'amende à l'emprisonnement et *vice versâ*; mais il ne pourrait laisser au prévenu l'option entre ces deux peines.

555. L'art. 463 ne dit pas que, dans le cas où les circonstances atténuantes sont admises, les tribunaux doivent réduire la peine; il dit seulement qu'ils y sont autorisés. De là il suit que cette réduction est, non pas une obligation, mais simplement une faculté. — Il a été décidé en ce sens : 1° que les tribunaux correctionnels ont la faculté, si les circonstances leur paraissent atténuantes, de modérer l'emprisonnement et l'amende, mais que ce n'est pas pour eux une obligation (Crim. rej. 23 janv. 1813, MM. Barris, pr., Audier, rap., aff. Mosecz); — 2° Que, dans le cas où les tribunaux correctionnels déclarent qu'il existe des circonstances atténuantes, l'application de l'art. 463 c. pén. étant facultative pour ces tribunaux, ils peuvent ne pas réduire la peine au-dessous du minimum déterminé par la disposition applicable au délit (Crim. rej. 15 mars 1850, aff. Reys, D. P. 50. 5. 348; 15 janv. 1852, aff. Cachy, D. P. 52. 5. 417).

556. La *récidive* n'est pas un obstacle à l'application de l'art. 463. Et, en effet, bien qu'il y ait récidive, il peut exister des circonstances atténuantes. — Il avait été jugé, avant la loi de 1832, que l'art. 463 ne s'appliquait pas au cas de récidive, et qu'ainsi on ne pouvait réduire, sous prétexte de circonstances atténuantes, la peine encourue par celui qui, condamné antérieurement pour crime, était traduit devant un tribunal correctionnel (Crim. cass. 3 fév. 1814, MM. Barris, pr., Coffinhal, rap., aff. Onori). — Mais l'opinion contraire, fondée sur la généralité des termes de l'art. 463, avait, plus tard, été consacrée (Crim. rej. 22 sept. 1820, MM. Barris, pr., Gaillard, rap., aff. Azéma; Crim. cass. 2 fév. 1827, MM. Bailly, f. f. pr., de Cardonnel, rap., aff. Savary). — Cette dernière opinion, que professait Carnot, et que nous-mêmes avions adoptée dans notre première édition (t. 11, p. 170, n° 4), a été mise hors de controverse par le nouvel art. 463. — V. n°s 313, 528 et suiv.

557. Un délit couvert par l'amnistie, et les condamnations qui en ont été la suite, ne peuvent servir à constituer l'état de récidive, ni justifier l'application de l'art. 58 c. pén., ni empêcher l'admission des circonstances atténuantes (V. Crim. cass. 7 mars 1844, aff. Considère, v° Amnistie, n° 119).

558. L'art. 198 c. pén., qui dispose que les fonctionnaires ou officiers publics qui ont participé à des délits qu'ils étaient chargés de surveiller ou réprimer, subiront *toujours le maximum* de la peine attachée à ces délits, ne fait pas obstacle, par l'expression *toujours*, à la déclaration des circonstances atténuantes et à la modération de la peine en faveur de ces circonstances (Crim. rej. 27 juin 1834) (1). — V. Conf. MM. Chauveau et Hélie, t. 6, p. 278.

559. L'art. 463 (§ ult.) ne parle que de l'emprisonnement et de l'amende; mais il est d'autres peines qui peuvent être prononcées en matière correctionnelle, notamment la *confiscation*, la mise sous la *surveillance*. Quel est donc sur ces peines l'effet des circonstances atténuantes? Et d'abord, quant à la confiscation spéciale, nous croyons qu'elle doit être appliquée nonobstant les circonstances atténuantes; car elle est, en même temps qu'une peine, une mesure d'ordre destinée à retirer de la circulation les instruments du délit; et d'ailleurs elle est commune aux matières criminelles, correctionnelles et de police; par conséquent, la *réduction* de la peine correctionnelle à une peine de simple police ne la fait pas disparaître. C'est en ce sens que se prononcent MM. Chauveau et Hélie, t. 6, p. 276. — Mais il n'en est pas de même de la surveillance. Il n'est pas dans sa nature d'accompagner les peines de police et même l'emprisonnement correctionnel lorsqu'il est de courte durée. Et l'on comprend, en effet, que son utilité sociale disparaît lorsque le délit se trouve entouré de circonstances qui lui font perdre la plus forte part de sa gravité (Conf. MM. Chauveau et Hélie, t. 6, p. 277). — Il a été jugé, en sens contraire, qu'on ne peut dispenser de la mise sous la surveillance de la police le prévenu récidif, condamné au minimum de la prison, à raison des circonstances atténuantes (Crim. cass. 8 mars 1833, MM. Chantereyne, pr., Ricard, rap., aff. Mally; 22 oct. 1835, aff. Raspail, n° 336). — Mais il a été jugé depuis, et avec raison : 1° qu'en matière correctionnelle les tribunaux, lorsqu'ils ont reconnu l'existence de circonstances atténuantes, sont autorisés par l'art. 463 c. pén., même en cas de récidive, à affranchir le condamné de la surveillance spéciale du gouvernement pendant le temps fixé par l'art. 58 c. pén. (Rej., ch. réun., 2 janv. 1836, aff. Raspail, V. n° 691); — 2° Que l'admission des circonstances atténuantes, notamment en matière correctionnelle, autorise la réduction de la peine de la surveillance de la haute police au-dessous du minimum déterminé par l'art. 401 c. pén.; qu'ainsi l'individu déclaré coupable de vol peut, si des circonstances atténuantes ont été admises en sa faveur, n'être soumis que pendant deux années à la surveillance de la haute police (Crim. rej. 9 sept. 1853, aff. Walter, D. P. 53. 5. 351). — V. aussi n°s 689 et suiv.

560. Le droit qui appartient aux tribunaux correctionnels, en cas d'admission de circonstances atténuantes, d'abaisser les peines correctionnelles jusqu'au degré d'une amende de simple police, emporte virtuellement celui d'affranchir, dans le même cas, le condamné (un comptable public jugé coupable de détournement de deniers) de l'interdiction des fonctions publiques, encourue en vertu de l'art. 171 c. pén. (Crim. rej. 12 sept. 1846, aff. N..., D. P. 46. 1. 371). — De même, les tribunaux correctionnels peuvent, en cas de circonstances atténuantes, retrancher de la condamnation encourue par un employé des postes, pour violation du secret des lettres, l'interdiction de toute fonction publique (Colmar, 2 août 1837) (2).

(1) (Min. pub. C. Ludwig.) — LA COUR; — Attendu que l'art. 463 c. pén. est applicable à tous les crimes et délits prévus par ledit code, lorsqu'il y a des circonstances atténuantes; que ces expressions du dernier paragraphe, *dans tous les cas où la peine de l'emprisonnement et celle de l'amende sont prononcées par le code pénal*, sont générales et absolues; qu'elles comprennent, dès lors, l'art. 198 comme les autres; qu'il résulte seulement du mot *toujours*, employé dans ce dernier article, que les tribunaux devront prononcer contre les fonctionnaires publics, pour les cas qui y sont spécifiés et en matière correctionnelle, le maximum de la peine, à moins qu'il n'y ait des circonstances atténuantes; que l'art. 463 confère dans ce dernier paragraphe aux tribunaux correctionnels le droit de le déclarer, même en cas de récidive; et qu'on ne peut raisonnablement supposer que, dans les délits dont l'art. 198 prescrit une répression sévère, il ne puisse se présenter des circonstances atténuantes; que la déclaration de ces circonstances est confiée à la conscience des magistrats, et que leur déclaration, légalement exprimée, ne peut être soumise à la censure de la cour de cassation; — Rejette, etc.

Du 27 juin 1834.-C. C., ch. crim.-MM. Choppin, pr.-Brière, rap.

(2) *Espèce* : — (X.... C. min. pub.) — 23 juin 1837, jugement du tribunal correctionnel de Belfort qui déclare X.... convaincu d'avoir, le 23 janv. précédent, pendant qu'il était employé à l'administration des postes, ouvert une lettre à l'adresse de la demoiselle P.... le condamne en conséquence en trois mois d'emprisonnement, à 100 fr. d'amende, et l'interdit en outre de toute fonction ou emploi public pendant cinq ans,

561. L'art. 463 c. pén. est applicable à la peine de l'interdiction du droit de vote et d'éligibilité (Bastia, 27 avril 1837) (1).

562. Nous avons vu (*suprà*, n° 535) qu'en matière criminelle les circonstances atténuantes sont applicables, non pas seulement aux crimes prévus par le code pénal, mais aussi aux crimes prévus et punis par des lois spéciales. En est-il de même en matière correctionnelle? Nous ne le pensons pas. En effet, tandis que pour les crimes l'art. 463 dit, en termes généraux : « Les peines prononcées par *la loi* contre celui ou ceux des accusés, etc. ; » elle s'exprime, à l'égard des délits, en termes beaucoup plus restrictifs : « Dans tous les cas où la peine de l'emprisonnement et celle de l'amende sont prononcées par *le code pénal*.... » D'où il suit que la disposition n'est point applicable aux cas où ces peines sont prononcées par des lois spéciales. Quelle est la raison de cette différence? En matière criminelle, disent MM. Chauveau et Hélie (t. 6, p. 273), « il eût été sans objet de créer des exceptions au principe général, puisque la même peine réduite préserve la société du danger de l'impunité, et qu'il importait d'ailleurs d'étendre ce principe d'atténuation au petit nombre des lois spéciales qui ont puni des faits qualifiés crimes, et dont la sévérité est souvent excessive. Mais il eût été peut-être dangereux d'étendre le même principe aux nombreuses législations spéciales qui ont prévu des délits et infligé des peines simplement correctionnelles. Ces législations ont des règles à part, une certaine mesure dans leurs peines, une échelle graduée d'application ; permettre subitement de descendre ces peines au taux des peines de simple police, c'eût été affaiblir une répression jugée nécessaire, déroger à des règles particulières et appropriées à des faits spéciaux. D'ailleurs le législateur ne pouvait aveuglément faire une telle application, sans connaître et méditer les lois qu'il eût modifiées; or un pareil travail eût été immense, et ne pouvait rentrer dans le cercle qu'il s'était tracé. » Lors de la discussion de la loi de 1832, un député (M. Dozon) avait proposé d'étendre à tous les délits jugés par les tribunaux correctionnels le dernier paragraphe de l'art. 463. Cet amendement fut rejeté par le motif que cette faculté illimitée d'atténuation eût atteint un grand nombre de cas dont il était impossible de déterminer la nature et l'étendue, et qu'il eût, à l'insu même du législateur, porté le désordre dans des lois spéciales qui n'étaient pas même connues des chambres (V. le Code pénal progressif, p. 345 et 346). C'est en ce sens aussi que s'expriment sur ce sujet MM. Chauveau et Hélie, t. 6, p. 273 et suiv.—Il a été jugé, conformément à ce qui précède, que l'art. 463 c. pén. n'est pas applicable dans les matières régies par des lois spéciales (Crim. rej. 15 nov. 1816, MM. Barris, pr., Busschop, rap., aff. Letac); —Qu'ainsi il ne s'applique pas au fait d'avoir acheté d'un soldat des effets d'habillement militaire (Crim. cass. 10 sept. 1812) (2); —Ni au fait, de la part de la mère d'un conscrit, d'avoir favorisé

---

conformément à l'art. 187 c. pén. — Appel par X.... — Il demande le retranchement de la peine d'interdiction. — Appel *à minimâ* par le ministère public, qui prétend faire porter au maximum les peines édictées par l'art. 187 c. pén. — Arrêt.

LA COUR ; — Considérant que la violation du secret des lettres est un délit grave dont la répression importe à la société ; mais que cette gravité n'empêche pas que ce délit ne soit susceptible d'atténuation ou d'aggravation, suivant les circonstances qui l'ont précédé ou accompagné; — Que ce sont ces circonstances seules, et non les suites plus ou moins fâcheuses, qui ont suivi, qui doivent être appréciées ; — Qu'en envisageant le fait sous ce rapport, on reconnaît facilement que l'art. 187 a pour but réel de punir la violation du secret des lettres, lorsque cette violation a eu lieu pour surprendre le secret des familles ou pour s'emparer d'effets renfermés dans ces lettres; — Qu'au cas particulier, le rapprochement et l'appréciation saine des faits de la cause ne permettent point d'admettre que telle ait été l'intention du prévenu; — Qu'au contraire, tout semble justifier que, dominé par un sentiment d'amour ou de jalousie, il a oublié son devoir comme commis de la poste; — Que l'on peut d'autant moins admettre une intention criminelle de sa part que, sans la lettre d'envoi qu'il a écrite, il n'y aurait contre lui aucune preuve de culpabilité réelle; — Qu'ainsi il y a lieu d'admettre des circonstances atténuantes en faveur du prévenu; — Considérant que l'art. 463 est applicable, et que rien dans sa disposition n'empêche que la peine d'interdiction pendant cinq années de toute fonction publique ne soit retranchée de la condamnation prononcée par les premiers juges; — Qu'en effet il serait incohérent d'admettre que la loi autorisât à faire remise de l'emprisonnement et à réduire l'amende même au-dessous de 16 fr., et que cependant il y ait obligation de prononcer l'interdiction pendant cinq années; — Qu'il est bien plus rationnel d'admettre, conformément au dernier état de la jurisprudence de la cour de cassation, que l'art. 463 donne à la justice la même latitude pour l'interdiction que pour l'emprisonnement et l'amende ; — Que, dès lors, en retranchant la peine d'interdiction, et en maintenant quant au surplus le jugement dont est appel, l'application de la loi sera faite d'une manière rationnelle et conforme au fait sainement apprécié; — Par ces motifs, et adoptant au surplus ceux des premiers juges, statuant tant sur l'appel principal émis par le prévenu que sur l'appel *à minimâ* interjeté par le ministère public du jugement rendu par le tribunal correctionnel de Belfort le 23 juin dernier; — A mis et met les appellations et ce dont est appel au néant, en ce que le prévenu a été interdit pendant cinq années de toute fonction et emploi publics; — Emendant quant à ce, le décharge de cette condamnation, le jugement dont est appel sortissant au résidu son effet.

Du 2 août 1837.-C. de Colmar, ch. corr.-M. de Poujol, pr.

(1) (Min. pub. C. Candeli.) — LA COUR ; — Attendu, en droit, que la loi du 28 avr. 1832, en organisant le système des circonstances atténuantes, a voulu qu'il s'étendît à tous les cas, et que, dans l'application de toutes les peines temporaires, il fût permis aux juges d'exercer le pouvoir modérateur qui leur est attribué par l'art. 463 c. pr.; — Que tel est l'esprit de cette loi, qui a eu pour but, suivant les expressions du rapporteur de la commission, *d'introduire dans chaque accusation un droit absolu d'atténuer le crime ou la peine* ; — Que ce droit, qui est écrit également dans l'art. 483, 2e alinéa, c. pén., embrasse et domine, dans sa généralité, toutes es dispositions du code, non-seulement en matière criminelle, mais en matière correctionnelle et de simple police; — Attendu, et d'après les considérations qui précèdent, que, si l'art. 463 est muet en ce qui touche la peine de l'interdiction de certains droits civiques, civils et de famille, on doit suppléer à son silence par une interprétation conforme aux principes ci-dessus énoncés ; — Qu'il serait étrange, en effet, que la loi eût rangé la peine dont s'agit dans une classe à part, en dehors du système général de graduation pénale, et formant une exception presque unique à la règle commune établie par l'art. 463 précité; — Qu'on est amené, au contraire, à penser que, cette peine se trouvant presque toujours portée par le code à la suite d'une autre peine, le législateur a pu la considérer comme un accessoire, une aggravation de la condamnation qui la précède, et dès lors autoriser les tribunaux à ne la point prononcer toutes les fois qu'ils croient devoir tempérer la rigueur de la peine principale;

Attendu que de la doctrine opposée il résulterait que, dans certains cas, la condamnation serait nécessairement disproportionnée avec le délit ; qu'une peine de simple police emporterait la privation des droits civiques, civils et de famille; qu'un homme que les tribunaux auraient jugé digne de toute leur indulgence, et qui n'aurait, suivant l'appréciation des circonstances, commis, pour ainsi dire, qu'une faute légère, se trouverait, par un effet de la loi, frappé durant cinq ans au moins dans ses droits les plus précieux, repoussé de la société civile et politique, dégradé dans l'opinion, et flétri en quelque sorte aux yeux de ses concitoyens ; — Attendu qu'il serait objecté vainement que l'interdiction du droit de voter et d'être éligible est ici une peine spéciale, inhérente à la nature du délit prévu par l'art. 109, et que la disposition de cet article est conçue en termes impératifs et absolus; qu'à cela on peut, en citant des cas analogues, répondre, contre la première objection, que la dégradation civique est aussi une peine spéciale et inhérente à la nature de certains crimes, et cependant l'art. 463 donne aux cours d'assises la faculté de substituer, s'il y a lieu, à cette peine, celle de l'emprisonnement; contre la deuxième objection, que l'art. 374, en matière de calomnie, aujourd'hui abrogé, prononçait en termes impératifs l'interdiction des droits mentionnés en l'art. 42; que l'art. 58, sur la récidive, prononce de même le renvoi sous la surveillance de la haute police, et cependant la cour suprême (arrêts du 25 mars 1813 et du 2 janv. 1836, ch. réun.), a décidé que, dans ces deux cas, l'admission des circonstances atténuantes permettait aux juges d'écarter l'interdiction et la surveillance; — Attendu que, s'il s'élevait des doutes sur la question, il faudrait toujours l'interpréter dans un sens favorable au prévenu; — Attendu, en fait, que si le prévenu s'est rendu coupable du délit qui lui est imputé, il a agi néanmoins dans des circonstances qui, sans justifier sa conduite, sont de nature à atténuer beaucoup sa culpabilité ;—Réduit l'emprisonnement prononcé contre Candeli à trois jours, et le condamne aux frais ; — Ordonne, etc.

Du 27 avr. 1837.-C. de Bastia, ch. corr.

(2) (Pierre-Louis C. min. pub.) — LA COUR ; — Vu l'art. 35 du tit. 7 de la loi du 22 juill. 1791 ; — Vu aussi l'art. 5 du décr. du 28 mars 1793 ; — Attendu que Pierre-Louis a été reconnu coupable d'avoir acheté de l'un des prisonniers de guerre espagnols (assimilés, quant à la discipline, aux soldats français, par le décret impérial du 23 fév. 1811), un pantalon portant la marque du gouvernement, auquel il appartient ; que ce délit est puni par les lois citées ci-dessus, de la confiscation de l'effet acheté, d'une amende qui ne peut excéder 5,000 fr., et

l'évasion de son fils (Crim. cass. 12 mars 1813) (1) ;—Ni au fait d'avoir jeté dans un port le lest d'un bâtiment, fait puni de 500 fr. d'amende par l'ordonnance de la marine (Crim. cass. 18 mai 1821) (2) ;—Ni aux peines prononcées par le décret du 23 pluv. an 13 contre les détenteurs de poudre de guerre (Crim. cass. 18 avril 1835) (3) ;—Ni à l'établissement par un particulier d'un bureau de poste prohibé, cas prévu et puni par l'ord. du 29 nov. 1681 et le décret du 27 prair. an 9 (Cr. cass. 12 juill. 1834) (4); — Ni au transport illégal des lettres (Limoges, 14 janv. 1836, aff. Multon; 4 juill. 1838, aff. Brunie, V. Poste aux lettres);— Ni à la contravention aux ord. de 1682 et 25 avril 1777 résultant de ce qu'un individu marchand de couleurs a vendu une substance vénéneuse sans aucune inscription de cette vente sur un registre, lorsque l'acheteur était inconnu, et sans qu'il ait été justifié qu'il avait besoin de la subsistance dont la livraison avait été faite ; que c'est à l'administration seule qu'il appartient, eu égard à la bonne foi du prévenu, de modérer la peine ou de l'en affranchir complétement (Paris, 15 avril 1836) (5) ;—Ni aux con-

---

d'une année d'emprisonnement; — Que l'art. 463 c. pén. de 1810 autorise les cours et tribunaux, lorsqu'il existe des circonstances atténuantes, et que le préjudice n'excède pas 25 fr., à réduire la peine de l'emprisonnement et de l'amende, et même à ne prononcer que l'une des deux peines; mais qu'il n'accorde cette autorisation que dans le cas où ces peines sont portées par ce même code pénal de 1810; — Que, d'après l'art. 6 du décret impérial du 23 juill. 1810, les cours et tribunaux, lorsque la peine prononcée par le code pénal de 1810, est moins forte que celle prononcée par l'ancien code, doivent prononcer la peine du code pénal de 1810; mais que cette disposition ne peut s'appliquer à des matières qui sont réglées par d'autres lois que les dispositions de ce code de 1810; — Que les lois spéciales ne sont ni abrogées ni modifiées par les dispositions d'un code qui a pour objet de régler les matières générales d'ordre public; — D'où il suit qu'en ne condamnant Pierre-Louis qu'à la peine de cinq jours d'emprisonnement, et en ne prononçant ni l'amende ni la confiscation, le tribunal du chef-lieu du département de la Loire-Inférieure a violé les lois citées, a fait une fausse application de l'art. 463 c. pén. de 1810; — Par ces motifs, casse.

Du 10 sept. 1812.-C. C., sect. crim.-MM. Barris, pr.-Oudart, rap.

(1) (Min. pub. *C.* veuve Barrière.) — La cour; — Vu l'art. 4 de la loi du 24 brum. an 6, les art. 13 et 14 du décret du 17 vent. an 8; — Vu l'art. 463 c. pén.; — Attendu que l'art. 463 c. pén. n'autorise les tribunaux à réduire les peines de l'emprisonnement et de l'amende au-dessous de celles qui sont prononcées par les lois, que dans les cas où la peine d'emprisonnement est portée par le même code; — Attendu que les peines d'emprisonnement et d'amende contre ceux qui recèlent les conscrits réfractaires, ou qui favorisent leur désertion, sont prononcées par les articles ci-dessus rapportés de la loi du 24 brum. an 6 et de la loi du 17 vent. an 8; que, bien loin que ces lois aient été modifiées par le code pénal, elles ont au contraire été maintenues par l'art. 235 dudit code; qu'elles ont continué d'être exécutées comme lois spéciales, absolument indépendantes du code pénal;—Attendu que le tribunal de Carcassonne, en reconnaissant que ladite Cros, veuve Barrière, avait favorisé l'évasion de son fils, conscrit réfractaire, et par conséquent qu'elle avait encouru les peines portées par les lois des 24 brum. an 6 et 17 vent. an 8, ne pouvait réduire la peine au-dessous du minimum de celles portées par ces lois; d'où il suit qu'en s'autorisant de l'art. 463 c. pén., pour réduire la peine à un mois d'emprisonnement, il a fait une fausse application de cet article, et violé l'art. 4 de la loi du 24 brum. an 6, et les art. 13 et 14 du décret du 17 vent. an 8 ci-dessus rapportés; — Par ces motifs, casse.

Du 12 mars 1813.-C. C., sect. crim.-MM. Barris, pr.-Audier, rap.

(2) (Min. pub. *C.* D. Juliani.) — La cour; — Vu l'art. 484 c. pén., l'art. 6, tit. 4 de l'ordonnance de la marine de 1681; — L'art. 463 c. pén.; — Attendu que l'art. 463 c. pén. n'autorise les tribunaux à exercer le droit qu'il leur accorde de réduire la peine conformément aux dispositions qu'il établit, que dans le cas où la peine de l'emprisonnement est portée par ce code; qu'il ne peut donc y avoir lieu à l'exercice de ce droit, que sur les faits qui y sont spécifiés et classés comme délits, et relativement aux dispositions pénales qui y sont portées; que ce droit ne peut être étendu à des délits qui doivent être jugés et punis d'après des lois spéciales qui doivent continuer, d'après l'art. 484, à recevoir leur exécution; — Et attendu que, dans l'espèce, le délit qui était l'objet des poursuites n'a pas été prévu par le code pénal; qu'il n'a pas pu être jugé d'après les dispositions de ce code; qu'il a dû y être statué d'après les dispositions de l'ordonnance de la marine du mois d'août 1681, qui est maintenue en vigueur par la disposition générale dudit art. 484; — Que d'après l'art. 6, liv. 4, tit. 4 de cette ordonnance, le fait de jeter dans les ports le lest des bâtiments est puni d'une amende de 500 fr.; que, néanmoins, l'arrêt attaqué n'a condamné le prévenu qu'à une amende de 20 fr.; que la cour royale s'est fondée, pour la réduire à cette somme, sur la disposition facultative dudit art. 463 c. pén.; — En quoi elle a faussement appliqué cet article et violé ledit art. 6, tit. 4, liv. 4 de ladite ordonnance de 1681; — Casse.

Du 18 mai 1821.-C. C., sect. cr.-MM. Barris, pr.-Ollivier, rap.

(3) (Contrib. indir. *C.* Lalu.)—La cour;—Vu l'art. 463 c. pén., les art. 2 et 11 de la loi du 24 mai 1834; le décret du 23 pluv. an 13, et la loi du 13 fruct. an 5; — Attendu que la loi du 24 mai 1834, dans son art. 2, prononce contre les détenteurs, non autorisés, de poudre de guerre, la peine personnelle de l'emprisonnement, mais se réfère, quant à la peine pécuniaire, aux lois spéciales qui, sous ce rapport, pouvaient être applicables aux faits de cette nature; — Et attendu que la loi du 13 fruct. an 5, et le décret du 23 pluv. an 13, prononcent, pour ce cas, une peine de 3,000 fr. d'amende; — Attendu que la loi de 1834, se référant purement et simplement à ces dispositions, sans les confondre dans la loi nouvelle, il y a lieu, pour leur application, de suivre les règles qui pouvaient être antérieurement observées; — Attendu que l'art. 463 c. pén., d'après son propre contexte, ne s'étend qu'aux dispositions contenues en ce code, et ne peut dès lors, à moins d'une disposition expresse, être appliqué à des lois spéciales;—Attendu que la loi de 1834, en déclarant, par son art. 11, que l'art. 463 peut être appliquée aux cas prévus par cette loi, n'a pu comprendre dans cette disposition que les pénalités écrites dans cette loi même, et qu'on ne peut étendre cette prévision jusqu'aux peines pécuniaires prononcées par les dispositions spéciales ci-dessus rappelées de la loi de l'an 5 et du décret du 23 pluv. an 13, puisque ces dispositions distinctes et séparées sont maintenues en leur force et vigueur; — Attendu toutefois que le tribunal de Beauvais, par son jugement du 5 janv. dernier, a fait application de l'art. 463 c. pén., non seulement en ce qui touche la peine d'emprisonnement encourue par Lalu, mais aussi en ce qui regarde l'amende prononcée par le décret de l'an 13; en quoi ce jugement a fait une fausse application de cet art. 463, violé l'art. 2 de la loi du 24 mars 1834, le décret du 23 pluv. an 13, et la loi du 13 fruct. an 5; — Par ces motifs, casse et annule le jugement du tribunal de police correctionnelle de Beauvais, du 5 janv. dernier, jugeant sur appel.

Du 18 avr. 1835.-C. C., ch. cr.-MM. Choppin, pr.-Crouseilhes, rap.

Nota. Le même jour, autres arrêts semblables.

(4) (Min. pub. *C.* Gauthier.) — La cour;—Attendu que l'arrêt attaqué a reconnu et déclaré que Gauthier a établi un bureau pour faire porter des lettres et paquets dans Paris, en contravention à l'ord. du 29 nov. 1681 et des art. 1 et 5 du décret du 27 prair. an 9; — Que, dès lors, l'arrêt attaqué ne pouvait se dispenser de prononcer contre l'auteur de la contravention la peine prononcée par cette même ordonnance, modifiée par le décret du 27 prair. an 9, peine que le législateur a même défendu aux tribunaux de modérer; — Attendu que les juges n'ont pu se fonder, pour atténuer la peine comme ils l'ont fait, sur les dispositions de l'art. 463 c. pén., puisque cet article n'est applicable qu'au cas où la peine de l'emprisonnement et celle de l'amende sont prononcées par le code pénal et que, dans l'espèce, la peine à infliger était prononcée par une ordonnance étrangère à ce code, mais maintenue en vigueur par l'art. 484 de ce même code; qu'ainsi, en prononçant comme il l'a fait, l'arrêt attaqué a violé, en ne l'appliquant pas, l'ordonnance de 1681, ainsi que le décret du 27 prair. an 9, en ses art. 5 et 6; — Faisant droit au réquisitoire du ministère public, casse dans l'intérêt de la loi, etc.

Du 12 juill. 1834.-C.C., ch. crim.-MM. Choppin, pr.-Fréteau, rap.

(5) *Espèce :* — (Min. pub. *C.* Drouard.) — Des poursuites avaient été dirigées contre le sieur Drouard, marchand de couleurs, dont le commis avait vendu à un nommé Samson, des substances vénéneuses, à l'aide desquelles cet homme s'était donné la mort. — Le tribunal avait appliqué au sieur Drouard les dispositions des ord. de juill. 1682, et 25 avr. 1777, en les modifiant, vu les circonstances atténuantes. — Appel par le ministère public, qui soutient que le tribunal avait outre-passé ses pouvoirs. — Arrêt.

La cour; — Considérant qu'il résulte de l'instruction et des débats, que le 18 fév. dernier, Jacques Samson s'est donné la mort en employant une forte dose d'acide nitrique, qui lui avait été livrée quelques instants avant, dans les magasins du prévenu, par Thomas, son commis, sans aucune inscription de cette vente sur un registre, lorsque l'acheteur était inconnu, et sans qu'il ait été justifié qu'il avait besoin de la substance dont la livraison avait été faite ; — Considérant que la loi du 21 germ. an 11, en s'occupant dans son tit. 4 de la police de la pharmacie, et, par conséquent, de la vente des remèdes, n'a disposé qu'à l'égard des pharmaciens et des épiciers-droguistes, et que les sages mesures prescrites à l'égard de ces professions dans le débit des substances vénéneuses, ne peuvent être étendues aux marchands de couleurs; — Mais considérant que, par l'édit du roi, de juill. 1682, enregistré le 30 août suivant, et par la déclaration du roi, du 25 avr. 1777, il est défendu à tous de débiter les drogues réputées poisons, si ce n'est à personnes connues, domiciliées, auxquelles ces drogues sont nécessaires pour leurs professions ; — Que ces ventes doivent être, dans tous les cas, constatées par leur mention sur un registre, avec énonciation des nom, prénoms, qualité,

traventions commises aux lois des 9 juin 1819 et 18 juill. 1828, relativement au mode de publication des journaux, et particulièrement au cautionnement (Paris, 23 nov. 1831 (1); Montpellier, 11 juin 1838, aff. Marcou, V. Presse); — Ni au délit d'offense envers la personne du roi, et d'attaque contre la dignité royale (Crim. rej. 11 août 1832, aff. Pitrat, V. Instr. crim., n° 2652); —Ni au fait de provocation publique, non suivie d'effet, à un délit politique (Crim. cass. 13 sept. 1832, aff. Clauzel, V. n° 331); —Ni au cas où il s'agit du délit prévu par l'art. 597 c. com., relatif aux stipulations illicites entre le failli et ses créanciers (Agen, 6 fév. 1850, aff. S..., D. P. 50. 2. 88).

563. Mais il a été jugé que les dispositions pénales portées dans des lois spéciales antérieures au code pénal, par cela seul qu'elles ont été en partie modifiées ou rappelées dans ce code, jouissent du bénéfice des circonstances atténuantes, applicables, en vertu de l'art. 463, à toutes les peines prévues par le code pénal; qu'en conséquence, les peines prononcées au tit. 5, liv. 1 du code civil, contre les officiers de l'état civil, coupables de contravention aux dispositions de la loi en matière de mariage, modifiées en partie par les art. 194 et 195 c. pén., et rappelées, dans leur ensemble, en l'art. 195, sont susceptibles d'être modérées par l'effet de l'admission des circonstances atténuantes; — Et spécialement, qu'un officier de l'état civil, qui a procédé au mariage d'un fils majeur de trente ans (de trente-huit ans), sans qu'il lui ait été justifié du consentement de la mère survivante ou d'un acte respectueux à défaut de consentement, a pu n'être condamné qu'à une amende de 5 fr., si la bonne foi de cet officier n'est pas douteuse, en ce qu'il a pu induire, par exemple, de l'habitation prolongée de la mère avec son fils et sa belle-fille, que le consentement était verbalement accordé, et que par conséquent l'acte respectueux n'était pas nécessaire (Bastia, 1er oct. 1844, aff. Giudicelli, V. Mariage, n° 196). — L'argument principal de cet arrêt consiste à soutenir que l'ensemble des pénalités prononcées par le code civil sur la formation des actes de l'état civil concernant le mariage, a été expressément rappelé par le code pénal. Or si l'on se réfère à l'art. 193 c. pén., on y trouve cette disposition : « ...Sans préjudice aussi des autres dispositions pénales du tit. 5 du liv. 1 du code civil. » Par ces mots, le législateur a-t-il réellement entendu rappeler ces dispositions? On comprend que la question prêterait aisément à la controverse. Mais sans descendre à des distinctions plus ou moins subtiles ou spécieuses à cet égard, il suffit, ce semble, qu'une seule de ces pénalités ait été reprise dans le code pénal (art. 192, 193, 194), et devienne par là susceptible de l'admission des circonstances atténuantes, pour que le système entier doive suivre le même sort. Objectera-t-on que permettre de réduire à une faible amende les peines portées pour inaccomplissement des formalités qui intéressent si directement la société, c'est abandonner la pensée des rédacteurs du code civil et mettre en péril le principe conservateur de l'état des familles? On peut répondre d'une part que le bénéfice des circonstances atténuantes reste facultatif pour les tribunaux, qui n'en useront sans doute qu'avec réserve; d'autre part que l'expérience de cinquante années et l'existence unique de la décision qu'on rapporte témoignent très-efficacement de la rareté des infractions dont il s'agit et de l'exagération des craintes que cette doctrine peut inspirer.

564. La loi des 8-10 oct. 1830 attribue au jury la connaissance des délits de presse et des délits politiques. On s'est demandé si, dans ce cas, le jury avait le droit de déclarer les circonstances atténuantes? Pour la négative on peut dire d'abord que la loi a restreint aux *matières criminelles* la faculté qu'elle a attribuée au jury de déclarer ces circonstances (c. inst. crim. 341), que ce serait donc en tous cas à la cour d'assises qu'il appartiendrait de faire la déclaration (V. *suprà*, n° 534), mais que la cour d'assises elle-même n'a pas ce droit, attendu qu'il s'agit ici de simples délits prévus, non point par le code pénal, mais par des lois spéciales (V. *suprà*, n° 562), et qu'ainsi les circonstances atténuantes ne sont susceptibles d'aucune application à ces délits. On peut invoquer un argument plus concluant encore : c'est que, lors de la discussion qui eut lieu à la chambre des députés sur l'art. 341 c. inst. crim., un député (M. de Podenas) ayant demandé qu'aux mots de l'article *en toute matière criminelle*, on substituât ceux-ci, *en toute matière soumise au jury*, afin que les délits de la presse et les délits politiques, qui ne sont pas matière criminelle dans la rigoureuse acception du mot, fussent compris dans la disposition, et que le jury pût déclarer, à l'égard de ces délits, des circonstances atténuantes, cette proposition, combattue par M. Parant, au nom de la commission, fut rejetée par le motif que le système des circonstances atténuantes suppose des peines échelonnées et graduées, et qu'en matière correctionnelle cette gradation n'existe pas (c. pén. prog., p. 345, 346). Un autre député (M. Lavielle de Masmorel) avait proposé d'étendre le dernier paragraphe de l'art. 463 au délit de diffamation, et la commission y avait adhéré; mais cet amendement, combattu par M. Caumartin, ne fut pas adopté (c. pén. progr., p. 347). Il n'est donc pas douteux que les circonstances atténuantes ne peuvent, du moins en général, être appliquées ni aux délits de la presse ni aux délits politiques (V. aussi en ce sens MM. Chauveau et Hélie, t. 6, p. 274; Le Sellyer, t. 1, n° 299; Duvergier, Coll. des lois, 1832, p. 124, note 1). — Mais il est des cas pour lesquels l'application des circonstances atténuantes est spécialement autorisée (L. 25 mars 1822, art. 14). Elle doit être restreinte à ces cas.

565. Il a été jugé, conformément à ce qui précède : 1° que l'art. 463 c. pén. n'est point applicable aux délits commis par la voie de la parole et de la presse, hors les cas où la loi du 25 mars 1822 permet expressément d'atténuer la peine (Crim. cass. 13 janv. 1827 (2); 6 fév. 1823, MM. Barris, pr., Ollivier, rap., aff. Bèche; 19 janv. 1827, M. Brière, rap., aff. Benechet; 5 juin 1829, MM. Bailly, pr., Ollivier, rap., aff. Coste, V. Presse-

---

demeure, la date précise de la vente, la quantité fournie et l'objet de l'emploi; — Que l'inexécution des prescriptions de ces ordonnances constitue une contravention dont la peine, qui est de 3,000 fr. d'amende ne peut être modérée, les tribunaux n'ayant le droit d'apprécier les circonstances atténuantes que lorsque des dispositions spéciales de la loi leur en laissent la faculté, ou lorsqu'il s'agit de contraventions résultant de l'inexécution de simples ordonnances de police; qu'ainsi, il appartient à l'administration seule, eu égard à la bonne foi des prévenus, et au défaut de surveillance qu'il soutient avoir été apportée pour maintenir l'exécution des règlements relatifs à son industrie, de modérer la peine ou de l'en affranchir complétement; — Condamne le sieur Drouard à 3,000 fr. d'amende.

Du 15 avr. 1836.-C. de Paris, ch. cor.-M. Jacquinot-Godard, pr.

(1) *Espèce :* — (Min. pub. C. Amédée Mugney.) — Le tribunal de police correctionnelle (6e chambre) avait réduit à huit jours de prison et 100 fr. d'amende la peine encourue aux termes de son jugement, par Amédée Mugney, éditeur du Mayeux, pour avoir publié un écrit périodique sans cautionnement (c. pén. 463). — Appel. — Arrêt.

LA COUR; — Considérant, au surplus, que l'appel du ministère public soulève la question de savoir s'il y a lieu à appliquer l'art. 463 c. pén.: —Considérant que cet article n'est pas susceptible de modifier l'art. 6 de la loi du 9 juin 1819, ni aucune des dispositions de la loi du 18 juill. 1828; que c'est mal à propos que les premiers juges en ont fait application dans la cause, et reconnu qu'il existait des circonstances atténuantes; — Met, quant à ce, au néant, le jugement dont est appel, et, procédant sur ce point à la nouvelle application de la peine, condamne Amédée Mugney en un mois d'emprisonnement et 600 fr. d'amende.

Du 23 nov. 1831.-C. de Paris, ch. correct.-M. Dehaussy, pr.

(2) *Espèce :* —(Int. de la loi.—Aff. Lottin et Boucquin.)—« Le procureur général expose, etc. — Lottin et Boucquin furent traduits devant le tribunal correctionnel, comme prévenus d'outrages à la morale publique et aux bonnes mœurs, pour avoir réimprimé l'ouvrage intitulé : Aventures divertissantes du duc de Roquelaure, etc.; délit prévu par les art. 1 et 8 de la loi du 17 mai 1819, et punissable d'un emprisonnement d'un mois à un an et d'une amende de 16 fr. à 500 fr. — Le tribunal, tout en déclarant le délit constant, se borna à condamner Lottin et Boucquin chacun à 16 fr. d'amende, sans emprisonnement. Ce jugement est motivé sur ce que la cause présentait des circonstances atténuantes, et que l'art. 463 c. pén. pouvait être appliqué.—C'est ce jugement que l'exposant dénonce à la cour. — En jugeant ainsi, le tribunal correctionnel de la Seine a tout à la fois violé les art. 1 et 8 de la loi du 17 mai 1819, et faussement appliqué l'art. 463 précité.— En effet, d'une part, cet article n'est applicable qu'autant que (indépendamment des circonstances atténuantes) le préjudice causé n'excède pas 25 fr. Or le préjudice causé par la réimpression d'un ouvrage immoral, tel que celui dont il s'agissait dans l'espèce, est évidemment indéterminé. Les prévenus ne pouvaient donc, sous ce premier rapport, invoquer le bénéfice de l'art. 463. — D'autre part, ce même article ne peut être appli-

outrage; sol. impl. Crim. rej. 18 mai 1833, aff. Petetin, V. inst. crim., n° 2653-2°); — Et cela, alors même que la fixation de la peine prononcée par la loi spéciale aurait lieu, comme au cas de récidive, par application d'une disposition générale du code pénal (Crim. cass. 7 sept. 1837) (1); — 2° Qu'en conséquence, la déclaration du jury sur l'existence des circonstances atténuantes est un excès de pouvoir qui ne lie pas la cour, et n'entraîne pas nullité de l'autre partie de la réponse relative à la culpabilité (Crim. rej. 18 mai 1833, aff. Petetin, V. Inst. crim., n° 2653-2°); — 3° Qu'au contraire cet article est applicable en matière d'outrages faits à un fonctionnaire public à l'occasion de l'exercice de ses fonctions; outrage puni par les dispositions combinées de la loi du 25 mars 1822, art. 6, et du code pénal, art. 328, 329 (Crim. rej. 21 mars 1839) (2).

566. Les délits de presse ont été replacés dans les attributions des tribunaux correctionnels par les décrets des 31 déc. 1851-3 janv. 1852 (D. P. 52. 4. 21) et des 17-23 fév. 1852 (D. P. 52. 4. 56). — V. Presse-outrage.

567. Dans les matières réglementées par des lois spéciales, les dispositions qui permettent d'appliquer l'art. 463 c. pén. doivent, bien qu'il s'agisse d'une faveur, être interprétées d'une manière restrictive; en sorte que, s'il est dit dans l'article qui termine une loi spéciale, comme, par exemple, la loi du 27 juill. 1849 sur la presse, que l'art. 463 c. pén. est applicable aux délits qui y sont prévus, le mot *délits* doit être pris, non dans sa signification générale, mais dans son sens étroit, ce qui ne permet point d'étendre le bénéfice des circonstances atténuantes aux contraventions dont cette même loi s'est occupée (Riom, 6 fév. 1850, aff. Colin, D. P. 52. 2. 71). — Cette solution nous paraît très-contestable. Il arrive souvent qu'une loi spéciale déclare, dans l'article qui la termine, que l'art. 463 c. pén. est ou n'est pas applicable aux délits qu'elle a prévus. Ce sont là des termes généraux. En introduisant dans une loi spéciale l'art. 463 c. pén., relatif à des infractions de toute nature, le législateur ne doit être réputé avoir voulu exclure une partie des dispositions de cet article qu'autant qu'il s'en est formellement expliqué et qu'il a posé lui-même des distinctions; c'est ce qui se rencontre notamment dans l'art. 14 de l'ancienne loi du 25 mars 1822 sur la presse. Il faut le décider ainsi, surtout si l'on examine que le législateur se sert tantôt du mot *délit* et tantôt du mot *contravention* pour désigner des infractions qui sont cependant punies de peines correctionnelles. — V. les lois du 16 fév. 1834 sur les crieurs publics, du 3 mai 1844 sur la chasse, etc.; v^is Presse; Chasse, n° 353.

568. Les juges autorisés par la loi à reconnaître et déclarer l'existence des circonstances atténuantes ne sont pas tenus de motiver leur décision à cet égard, et, par suite, l'arrêt de la cour d'assises qui déclare ne pas s'arrêter aux conclusions de l'accusé, tendantes à l'admission de circonstances atténuantes, n'est pas entaché de nullité pour défaut de motifs (Crim. rej. 17 fév. 1842, aff. Massy, V. Jugement, n° 1071-6°).

ART. 3. — *Des circonstances atténuantes en matière de simple police.*

569. Le code pénal de 1810 n'autorisait point de réduction de peine en matière de simple police, pour le cas où il y aurait eu des circonstances atténuantes. Les tribunaux ne pouvaient donc se dispenser d'appliquer les peines prononcées par la loi contre les contraventions qui leur étaient déférées. Ils ne pouvaient ni les réduire au delà des limites déterminées par la loi, ni substituer l'une à l'autre, ni enfin, lorsque deux peines étaient cumulativement et impérativement prononcées, se borner à appliquer l'une des deux. — Le nouveau code pénal a étendu à toutes les contraventions qu'il mentionne l'application de l'art. 463. Cela résulte de l'art. 483, qui s'exprime en ces termes dans sa disposition finale : « L'art. 463 du présent code

---

qué que dans les cas où la peine d'emprisonnement est portée par le code pénal lui-même, c'est-à-dire lorsqu'il s'agit d'un délit prévu par ce code, et contre lequel la peine d'emprisonnement est prononcée d'après ses dispositions. — C'est ce qu'a jugé la cour par plusieurs arrêts, et notamment par ceux des 10 sept. 1812 et 5 janv. 1820, insérés au Bulletin officiel. — C'est ce qui résulte, d'ailleurs, implicitement des dispositions exceptionnelles de l'art. 14 de la loi du 25 mars 1822, qui, en permettant d'appliquer l'art. 463 c. pén. à quelques-uns des délits prévus par la loi nouvelle, confirme le principe d'après lequel l'atténuation de peine qu'il autorise ne saurait être étendue aux délits non mentionnés dans le code pénal. — Le jugement du tribunal correctionnel de la Seine viole en outre l'art. 27 de la loi du 26 mai 1819, en se bornant à ordonner que les exemplaires saisis seront détruits au greffe, sans prononcer la suppression ou destruction de tous ceux qui pourront l'être ultérieurement. — Ce considéré, etc. — *Signé* Mourre. » — Arrêt.

LA COUR; — Vu ledit réquisitoire et les pièces jointes, notamment le jugement dénoncé; — Vu l'art. 441 c. inst. crim.; — Vu l'art. 463 c. pén.; les lois des 17 mai 1819 et 25 mars 1822; — Attendu que les dispositions de l'art. 463 c. pén., par lesquelles les tribunaux sont autorisés à réduire les peines encourues, ne sont applicables qu'aux délits prévus par ledit code, et, en matière de délits non prévus par ce code, dans les cas où les lois qui y statuent autorisent formellement d'en faire l'application; — Et attendu que le tribunal de première instance de la Seine a fait, par le jugement correctionnel dénoncé, et pour la réduction de la peine prononcée par la loi du 17 mai 1819, application dudit art. 463, quoiqu'aux termes de l'art. 14 de la loi du 25 mars 1822, cette réduction ne puisse avoir lieu que dans les cas prévus par les premier, deuxième et quatrième paragraphes de l'art. 6, par l'art. 8 et par le premier paragraphe de l'art. 9 de ladite loi; d'où il suit que ce tribunal a fait, par le jugement dénoncé, une fausse application de l'art. 463 c. pén., a violé les art. 1 et 8 de la loi du 17 mai 1819, et l'art. 14 de la loi du 25 mars 1822; — Casse et annule, dans l'intérêt de la loi seulement, le jugement du 12 août 1826.

Du 13 janv. 1827.-C. C., ch. crim.-MM. Portalis, pr.-Brière, rap.

(1) (Min. pub. C. Lenoble.) — LA COUR; — Vu les art. 58 et 463 c. pén., 15 et 18 de la loi du 17 mai 1819; — Attendu que les dispositions de l'art. 58 c. pén. sont générales et absolues, et s'appliquent à tous les délits prévus par des lois particulières, lorsque ces lois n'ont pas établi des règles spéciales pour la récidive de ces délits; — Attendu qu'il n'en est pas de même des dispositions de l'art. 463 c. pén., parce que, d'après les termes mêmes de cet article, elles sont restreintes aux délits prévus et spécifiés par ledit code; que, par conséquent, cet article ne peut être appliqué aux délits prévus par des lois spéciales, qu'autant que ces lois en autorisent formellement l'application; — Attendu qu'on ne saurait prétendre avec raison que l'état de récidive du prévenu, lequel entraîne l'application de l'art. 58 c. pén., puisse motiver ou autoriser l'extension de l'art. 463 c. pén., à une loi qui n'en admet pas l'application dans le cas d'une première condamnation; — Attendu que la loi du 17 mai 1819 n'a point admis l'application de l'art. 463 c. pén. aux dispositions qu'elle renferme; qu'il ne serait pas exact de dire, qu'en cas de récidive d'un délit la peine est prononcée par l'art. 58 dudit code, puisque c'est à la loi spéciale qui prévoit et réprime ce délit qu'il faut recourir pour connaître la quotité du maximum de cette peine dont la disposition générale de l'art. 58 ordonne seulement l'application en vue de la récidive; — Attendu qu'il résulte de ces principes que l'arrêt attaqué, en appliquant l'art. 463 c. pén., au délit de diffamation dont Charles-Joseph-Gilles Lenoble a été déclaré coupable, et en ne prononçant qu'une peine de six mois d'emprisonnement, maximum de la peine portée par l'art. 18 de la loi du 17 mai 1819; par le motif que ledit Lenoble se trouvait en état de récidive, a fait une fausse application de l'art. 463 c. pén., et violé, en ne les appliquant pas, les art. 58 dudit code, 15 et 18 de la loi du 17 mai 1819; — Par ces motifs, casse l'arrêt rendu par la cour royale de Caen, chambre des appels de police correctionnelle, le 1er juin 1837, etc.

Du 7 sept. 1837.-C. C., ch. crim.-MM. de Bastard, pr.-De Haussy, rap.-Hébert, av. gén., c. conf.

(2) (Min. pub. C. Lagarde.) — LA COUR; — Statuant sur le moyen de cassation invoqué, fondé sur la fausse application de l'art. 311 c. pén., et par suite sur la violation de l'art. 6 de la loi du 25 mars 1822, et 228 et 229 dudit code pénal; — Vu lesdits articles et encore l'art. 14 de la loi du 25 mars 1822; — Attendu que si, aux termes des articles de loi cités par le procureur du roi de Saint-Flour, les outrages faits sur une place publique, à un fonctionnaire public, à l'occasion de l'exercice de ses fonctions, doivent être réprimés, non par l'art. 311 c. pén., mais bien par l'art. 6 de la loi du 25 mars 1822, combiné avec les art. 328 et 329 dudit code pénal, c'est-à-dire d'une peine qui ne saurait être moindre de deux ans d'emprisonnement et de 50 fr. d'amende, l'art. 14 de la même loi laisse aux tribunaux, dans les cas de délits correctionnels prévus, comme dans l'espèce, par les premier, deuxième et quatrième paragraphes dudit art. 6, la faculté d'appliquer, s'il y a lieu, les dispositions de l'art. 463 c. pén.; — Attendu qu'il n'y avait pas obligation, à peine de nullité, pour le tribunal correctionnel de Saint-Flour, tout en appliquant les dispositions dudit art. 463 c. pén., d'en citer expressément le texte, et que l'existence de circonstances atténuantes reconnues en faveur de Jean-Baptiste Lagarde, dans les motifs du jugement attaqué, suffit pour justifier la réduction de la peine prononcée en sa faveur. — Rejette sur ce premier moyen.

Du 21 mars 1839.-C. C., ch. crim.-MM. Bastard, pr.-Meyronnet, r.

sera applicable à toutes les contraventions ci-dessus indiquées. » —V. Contravention, n° 62.

570. De la combinaison des art. 483 et 463, il résulte que les tribunaux de police ne peuvent jamais abaisser au-dessous du minimum des peines de police, c'est-à-dire 1 fr. (c. pén. 471), les amendes qu'ils prononcent. Mais il en résulte aussi qu'ils peuvent appliquer cette peine à toutes les contraventions prévues par la loi, s'ils reconnaissent qu'il existe des circonstances atténuantes. — Ainsi il a été décidé : 1° que l'admission des circonstances atténuantes en matière de contravention de simple police autorise le juge, même en cas de récidive, à réduire à une simple amende la peine de l'emprisonnement prononcée par la loi (Crim. rej. 7 oct. 1852, aff. Barutzi, D. P. 53. 5. 350; 11 nov. 1852, aff. Mallet, *eod.*; 12 nov. 1852, aff. Roulet, *eod.*; 18 nov. 1852, aff. Aumerle, D. P. 53. 5. 351); — 2° Qu'en matière de contravention prévue par le code pénal, et lorsqu'il existe des circonstances atténuantes, le juge peut réduire l'amende même à 1 fr. (Crim. cass. 25 sept. 1840) (1).

571. Toutefois, il a été décidé, mais à tort selon nous, que, l'art. 463 c. pén. sur les circonstances atténuantes n'étant pas applicable aux simples contraventions, il s'ensuit que le jugement qui n'applique au prévenu d'une contravention qu'une peine inférieure au minimum de celle dont cette contravention est passible par sa nature, encourt cassation ; tel serait le cas où, s'agissant d'une contravention punissable d'une amende de 11 à 15 fr., le juge serait descendu à un chiffre inférieur à 11 fr. (Crim. cass. 15 mars 1845, aff. Ricochon, D. P. 45. 4. 543).

572. Nous avons vu v° Contravention, n° 69, que, dans le cas où il existe des circonstances atténuantes, le juge de police a seulement la faculté de réduire la peine; mais qu'il ne pourrait, sans excès de pouvoir, exempter le contrevenant de toute peine. Il a été décidé, dans le même sens, que l'admission, en matière de contravention de police, de circonstances atténuantes, n'autorise pas le juge à prononcer contre l'inculpé une simple condamnation aux dépens, et donne lieu tout au moins à l'application du minimum de l'amende (Crim. cass. 1er juill. 1853, aff. Marvaudet-Lacour, D. P. 53. 5. 346).

573. Les peines encourues pour contravention de simple police ne peuvent être réduites que par l'effet d'une déclaration de circonstances atténuantes. — Ainsi le juge de police ne peut condamner les auteurs d'un tapage injurieux et nocturne commis en état de récidive à une peine moindre que celle prononcée par les art. 479, § 8, et 482 c. pén., et, par exemple, à 2 fr. d'amende, en prenant uniquement en considération le repentir qu'ils ont manifesté (Crim. cass. 18 mai 1849, aff. Chianpauty, D. P. 49. 1. 180). - Mais le tribunal de simple police qui ne punit que de 1 fr. d'amende le fait d'avoir mené des bestiaux sur le terrain d'autrui (lequel fait est punissable d'une amende de 11 à 15 fr.), comme s'il se fût agi du simple fait de les avoir laissés passer, ne viole pas la loi, s'il n'a appliqué la peine due à ce dernier fait qu'en vue d'une modération de peine (Crim. rej. 10 juin 1842) (2). — Dans l'espèce, le tribunal n'avait pas sans doute énoncé formellement l'existence de circonstances atténuantes; mais son intention évidente était de modérer la peine. Dès lors, s'il avait fait l'application inexacte d'un article, c'est comme s'il avait erré sur la citation du texte de la loi. Il ne pouvait exister d'ouverture à cassation.

574. La peine encourue pour une contravention de simple police, résultant, par exemple, de ce que le contrevenant aurait laissé son chien en état de divagation, contrairement à un arrêté municipal, peut, malgré la récidive imputable à ce contrevenant, être réduite au minimum, en cas de constatation de circonstances atténuantes (Crim. rej. 7 oct. 1852, aff. Barrutzi, D. P. 52. 5. 417).

575. Suivant un arrêt, lorsque des infractions aux règles posées par une loi spéciale participent à la fois des contraventions, en ce qu'il n'est pas nécessaire pour les constituer d'une intention coupable, et des délits, en ce qu'elles sont punies de peines correctionnelles et justiciables des tribunaux correctionnels, elles doivent être considérées et jugées comme de simples contraventions ; et, par exemple, si la loi qui a puni ces infractions autorise pour les délits seuls l'admission des circonstances atténuantes, elles ne doivent point profiter du bénéfice de cette disposition. — Et spécialement, les infractions aux dispositions de l'art. 6 de la loi du 27 juill. 1849 relatif au colportage, ne peuvent, comme constituant de simples contraventions, recevoir le bénéfice de l'art. 463 c. pén., déclaré par cette loi applicable aux délits qu'elle a prévus, bien qu'elles puissent, comme dans le titre même du chapitre où cette loi s'en est occupée, être comprises d'une manière générale sous la dénomination de délits, ou même y être comprises dans un sens restreint, en ce qu'elles sont punies de peines correctionnelles et justiciables des tribunaux correctionnels (Riom, 6 fév. 1850, aff. Colin, D. P. 52. 2. 71). — Cette solution nous semble contestable ; quand il s'agit d'appliquer l'art. 463 c. pén., c'est surtout par la gravité de la peine qu'il faut classer les infractions prévues et punies par une loi. Une contravention punie comme un délit doit, relativement à l'admission des circonstances atténuantes, être considérée comme un délit. Sans cela on arriverait à ce résultat bizarre que, dans une matière réglementée par une loi spéciale, les contraventions pourraient être réprimées plus sévèrement que les délits, contrairement à l'esprit qui domine toutes les lois pénales.

576. La modération de peine en raison des circonstances atténuantes peut être prononcée par un juge de police, même lorsqu'il statue par défaut (Crim. rej. 1er déc. 1842, aff. Lich, V. Jugem. par défaut, n° 436 ; V. au surplus, v° Contravention, nos 62 et suiv.).

CHAP. 6. — DES DIVERSES PEINES CONSIDÉRÉES CHACUNE EN PARTICULIER.

SECT. 1. — *De la peine de mort.*

577. Nous avons examiné précédemment (n° 46) la légi-

(1) (Min. pub. *C.* Bruyet.) — LA COUR; — Vu l'art. 481 c. pén., les art. 463 et 483 du même code ; — Sur le moyen pris de l'application de l'art. 463 c. pén. au fait de l'espèce ; — Attendu que le second paragraphe de l'art. 483 c. pén. placé à la suite de toutes les dispositions qui prononcent des pénalités diverses, porte d'une manière générale et absolue que « l'art. 463 du présent code sera applicable à toutes les contraventions ci-dessus indiquées ; — Et attendu qu'il s'agissait, dans l'espèce, d'une contravention prévue par l'art. 479 c. pén.; — Attendu que l'art. 463 permet de réduire les peines même au-dessus de 16 fr., quand les circonstances paraissent atténuantes ; — Attendu, en fait, que, dans l'espèce, le jugement attaqué, après avoir déclaré qu'il existe des circonstances atténuantes, n'a condamné les inculpés qu'à 1 fr. d'amende ; — En quoi il a usé d'une faculté que lui donnaient les dispositions ci-dessus rappelées ; — Par ces motifs, rejette ce moyen ; — Mais en ce qui touche le chef relatif à la confiscation d'une mesure saisie chez Bruyet : — Attendu que l'art. 481 c. pén. est général et absolu ; qu'il prescrit la confiscation des faux poids et fausses mesures, des poids et mesures différents de ceux que la loi a établis ; — Que, dans l'espèce, il a été formellement déclaré par le jugement, qu'une mesure saisie chez Bruyet était illégale, et que, pour ce fait, il avait encouru une amende ; mais qu'en ce qui regarde la confiscation, le jugement se borne à ordonner que l'on efface sur un côté de la mesure en question (qui, sur l'autre côté, porterait les fractions de mesures légales) l'indication des fractions de mesures anciennes ; — Attendu que la confiscation pure et simple de la mesure illégale devait être prononcée ; que la loi ne permet pas de substituer ainsi à la confiscation proprement dite des corrections ou modifications de l'état matériel des mesures prohibées ; que ce jugement a donc fait une fausse application de l'art. 481 c. pén.; — Casse.

Du 25 sept. 1840.-C. C., ch. crim.-MM. Bastard, pr.-Crouseilhes, r.

(2) *Espèce :* — (Min. pub. *C.* Berlingeri.) — Berlingeri était prévenu, aux termes d'un procès-verbal du garde champêtre, d'avoir attaché une vache à lui appartenante dans un bien d'autrui complanté de châtaigniers, à raison duquel fait le ministère public requiert l'application de l'art. 479, n° 10, c. pén. — Le prévenu a réclamé l'indulgence du tribunal, par le motif que l'animal n'a commis aucun dégât et n'a fait que paître l'herbe existante sur le sol. — Jugement du tribunal de police de Luri, qui ne le condamne qu'à 1 fr. d'amende, en ces termes : « Attendu que, selon les circonstances exposées par le prévenu, il n'existe pas, dans le cas actuel, un degré de gravité tel à ne pouvoir graduer la peine, ainsi que la loi le permet ; — Que, par conséquent, il y a lieu à punir cette infraction comme une contravention punie par l'art. 471, n° 14, c. pén.; faisant application tant de cet article que de l'art. 162 c. inst. crim. » — Pourvoi, pour violation de l'art. 479, n° 10, et fausse application de l'art. 471, n° 14, c. pén.—Arrêt.

LA COUR ;—Attendu que, dans l'état des faits déclarés par le jugement attaqué, ledit jugement, d'ailleurs régulier en la forme, n'a violé aucune loi ;—Rejette.

Du 10 juin 1842.-C.C., ch. crim.-MM. Bastard, pr.-Ricard, rap.

timité de la peine de mort. Nous avons vu également (nº 11) qu'autrefois cette peine revêtait diverses formes suivant les cas et suivant la qualité des personnes. Ces distinctions ont été effacées par la législation nouvelle. La loi du 28 sept. 1791 déclara que « la peine de mort ne serait plus que la simple privation de la vie; » et le code pénal des 25 sept.-6 oct. 1791 proclama de nouveau ce grand principe, qui conciliait si bien les sévérités de la justice avec les droits de l'humanité. «La peine de mort, porte l'art. 2 de ce code, consistera dans la simple privation de la vie, sans qu'il puisse jamais être exercé aucune torture envers les condamnés. » L'art. 3 ajoutait en conséquence : « Tout condamné aura la tête tranchée. » Cette disposition est exactement reproduite par l'art. 12 c. pén.—A la simple *décapitation*, l'art. 13 ajoute, pour le cas de *parricide*, un certain appareil destiné à produire sur les spectateurs une impression plus profonde et plus vive : « Le coupable, condamné à mort pour parricide, porte l'art. 13, sera conduit sur le lieu de l'exécution, en *chemise*, *nu-pieds* et la *tête couverte d'un voile noir*.—Il sera exposé sur l'échafaud pendant qu'un huissier fera au peuple lecture de l'arrêt de condamnation, et il sera immédiatement exécuté à mort. — V. *suprà*, nº 49, les observations auxquelles cette disposition a donné lieu; V. aussi Crimes et délits contre les personnes, nº 75.

578. Les complices du parricide doivent-ils être punis de la même peine que l'auteur principal? Cette question a été examinée vº Complice-complicité, nº 37.

579. Il peut arriver qu'une femme condamnée à mort soit enceinte. Dans ce cas, l'exécution opérée avant sa délivrance priverait de la vie non-seulement elle, mais aussi l'être innocent qu'elle porte dans ses flancs. C'est ce qu'il importe d'éviter. Le droit romain l'avait fait : *Non debet calamitas matris nocere ei qui in ventre est*, disait la loi 5, ff., *De statu hominum*. L'ord. de 1670 contenait une disposition analogue. Enfin l'art. 27 c. pén. porte : « Si une femme condamnée à mort se déclare et s'il est vérifié qu'elle est enceinte, elle ne subira sa peine qu'après sa délivrance. » L'ord. de 1670 voulait que la vérification fût faite dans le cas même où la femme n'avait fait aucune déclaration, si elle paraissait enceinte. L'art. 27 n'a pas reproduit cette disposition; cependant, comme elle est tout à fait dans l'esprit de la loi, nous croyons qu'elle devrait encore être appliquée. C'est aussi le sentiment de MM. Carnot, Comm. du code pén., t. 1, p. 96; Chauveau et Hélie, t. 1, p. 231. — La loi du 23 germ. an 3 était allée plus loin. Elle disposait notamment (art. 1) que « aucune femme prévenue de crime emportant la peine de mort ne pourrait être mise en jugement qu'il n'eût été vérifié qu'elle n'était pas enceinte. » — Cette disposition a été tacitement abrogée. D'une part, en effet, l'art. 27 c. pén. limite les effets de la grossesse de la femme à la suspension de l'exécution capitale; et, d'autre part, le code d'instruction criminelle, qui veut que les accusés soient mis en jugement aussitôt que l'affaire est en état (V. Inst. crim., nºs 1249 et s.), n'a point fait d'exception à ce principe pour le cas prévu par la loi du 23 germ. an 3 (V. en ce sens MM. Bourguignon, Jur. des codes crim., sur l'art. 27 c. pén.; Merlin, Rép., vº Grossesse, nº 3; Favard, vº Grossesse; MM. Chauveau et Hélie, t. 1, p. 231). — Il a été décidé en ce sens que le code pénal a implicitement abrogé la loi de l'an 3, qui ne permettait pas qu'une femme accusée de crime emportant peine de mort fût mise en jugement avant qu'il n'eût été vérifié qu'elle n'était pas enceinte; que la femme qui se prétend enceinte peut seulement, en cas de condamnation à mort, réclamer le sursis autorisé par l'art. 27 c. pén., « attendu, porte l'arrêt, que le code pénal a fait cesser la loi du 23 germ. an 3; et que la condamnée peut réclamer, s'il y a lieu, que l'art. 27 de ce code soit exécuté à son égard » (Crim. rej. 7 nov. 1811, MM. Barris, pr., Bauchau, rap., aff. Bonnefoy); — V. toutefois *Contrà* Carnot (sur l'art. 27 c. pén.), qui pense, mais à tort, que la loi du 23 germ. an 3 est toujours en vigueur. — MM. Chauveau et Hélie font très-bien observer (*loc. cit.*) que ce serait au président des assises, s'il jugeait que l'accusée est, à raison de sa grossesse, hors d'état de supporter les débats, à renvoyer l'affaire à une autre session.

580. Nous avons dit (au numéro précédent) qu'à notre avis la vérification devait être faite dans le cas où la femme condamnée qui n'avait fait aucune déclaration paraissait enceinte. Si cependant la femme s'y refusait, il serait difficile d'user de contrainte, la prudence conseillerait de différer l'exécution jusqu'à ce que le temps ou sa maladie eussent donné la certitude qu'elle n'était point enceinte, ou jusqu'à l'accouchement.

581. On a vu (*suprà*, nºs 210 et s.) en quel lieu doivent être faites les exécutions.—MM. Chauveau et Hélie (t. 1, p. 230) expriment le regret que la loi n'ait pas préposé un officier de justice à la surveillance des exécutions, afin de prévenir les scènes déplorables dont elles ont été souvent l'occasion. « Si les convenances, disent-ils, peuvent paraître s'opposer à ce qu'un magistrat soit chargé de cette pénible mission, il faut faire porter la responsabilité sur un autre officier, sur un commissaire de police ou sur un huissier; mais on ne doit pas laisser le condamné à la discrétion de l'exécuteur; on ne doit pas laisser peser sur cet officier subalterne les obstacles qu'il peut éprouver dans l'exercice de ses fonctions. Il y a lacune dans la loi, et il est urgent de la remplir. » — Nous allons plus loin : ou l'exécution doit être faite sans publicité, ou, puisqu'il n'y a là que l'accomplissement d'un devoir social, elle doit avoir lieu avec tout l'appareil des actes les plus solennels, en présence d'officiers de justice et d'une force publique imposante.

582. Il peut arriver qu'avant de subir sa peine, le condamné désire faire une déclaration, que, par exemple, il veuille éclairer la justice sur des crimes restés inconnus, ou dont les auteurs n'ont pu être découverts, ou qu'il se propose quelque autre objet. L'art. 377 c. inst. crim. prévoit ce cas. « Si le condamné, porte cet article, veut faire une déclaration, elle sera reçue par un des juges du lieu de l'exécution, assisté du greffier. »

583. La déclaration à la réception de laquelle pourvoit l'art. 377 c. inst. crim. doit être spontanée de la part du condamné, et nullement provoquée par le juge; par suite, il ne peut jamais y avoir lieu à la rédaction d'un procès-verbal négatif; et spécialement, le juge commis pour satisfaire à l'art. 377 c. inst. crim. contrevient à cet article, lorsqu'au lieu d'attendre que le condamné le fasse demander, il se transporte près de lui, l'engage à faire des révélations, et, n'en ayant obtenu aucune, dresse un procès-verbal négatif (Crim. cass. 4 janv. 1845, aff. Ronaot, D. P. 45. 1. 79).

584. Le *juge du lieu de l'exécution*, chargé par l'art. 377 c. inst. crim. de recevoir les déclarations que *veut faire* le condamné, doit, dans le cas où l'exécution se fait dans un lieu où ne siége ni cour d'assises, ni tribunal de première instance, s'entendre du juge de paix du canton, sauf au procureur général à requérir la désignation d'un autre juge; en conséquence, le tribunal civil commet un excès de pouvoir lorsqu'il délègue d'office l'un de ses membres pour recevoir cette déclaration.... Et il en commet un second lorsque, sur la notification de la désignation faite par le procureur général, du juge de paix, pour recevoir la déclaration prévue par l'art. 377, le tribunal persiste dans sa délégation (même arrêt).

585. Autrefois les corps des suppliciés étaient jetés à la voirie. Il n'en est plus de même aujourd'hui. L'art. 14 c. pén. porte que « les corps des suppliciés seront délivrés à leurs familles, si elles les réclament, à la charge par elles de les faire inhumer sans aucun appareil. » Au lieu de ces derniers mots la rédaction primitive portait *sans cérémonie*. Sur l'observation qui fut faite, qu'on pourrait induire de ces termes la défense de faire dire des prières sur le corps des suppliciés, ce qui n'était point le but de la loi, cette expression fut changée et la nouvelle rédaction fut adoptée. Il en résulte que le corps des suppliciés peut très-bien être présenté à l'église pourvu que cette présentation ne soit accompagnée d'aucune pompe, d'aucune solennité (proc. verb. du cons. d'Et., séance du 8 oct. 1808. V. aussi MM. Chauveau et Hélie, t. 1, p. 229; Trébutien, t. 1, p. 213).

586. La peine de mort n'est plus applicable en matière politique. Son abolition, prononcée d'abord par décret du gouvernement provisoire des 26-29 fév. 1848 (D. P. 48. 4. 36), a été confirmée par l'art. 5 de la constit. des 4-10 nov. 1848. L'abrogation de cette constitution n'a pu avoir pour effet de faire revivre une peine dont elle avait prononcé ou plutôt confirmé l'abolition. — Il a été décidé que l'art. 5 de la constit. de 1848, qui, en matière politique, a aboli la peine de mort, sans la remplacer par une autre peine, a eu pour effet, non pas d'affranchir de toute peine les crimes politiques emportant précédemment la peine capitale, mais bien de leur rendre applicable la peine immédiatement inférieure; que la peine immédiatement inférieure à la peine de mort, applicable aux crimes politiques non mélangés de crimes communs, n'est pas la peine des travaux forcés, mais bien celle de la déportation (Crim. cass. 3 fév. 1849, aff. Durand, D. P. 49. 1. 10).— Et cette interprétation a été consacrée législativement par l'art. 1 de la loi du 8 juin 1850, qui dispose que, dans tous les cas ou la peine de mort est abolie par l'art. 5 de la constitution, cette peine est remplacée par celle de la déportation dans une enceinte fortifiée, désignée par la loi, hors du territoire continental de la République.

587. En abolissant la peine de mort en matière politique, le gouvernement provisoire la laissait subsister pour les crimes ordinaires, ou du moins il laissait à la future assemblée constituante le soin de se prononcer sur son maintien ou son abrogation. Jusque-là, la question restait en suspens. Dans cette situation, le ministre de la justice crut devoir adresser à tous les procureurs généraux une circulaire, en date du 26 fév. 1848 (D. P. 48. 3. 65), par laquelle il était ordonné de surseoir à toutes les exécutions capitales qui devaient avoir lieu, à la suite des arrêts souverains et de l'ordre définitif qui autorisait ces exécutions. « Vous me présenterez les dossiers, disait le ministre s'adressant au directeur des affaires criminelles, vous m'adresserez un nouveau rapport à la suite des rapports faits par votre prédécesseur : si l'examen me permet de commuer la peine, je proposerai la modification au gouvernement provisoire. Quant aux condamnés sur le sort desquels aucun changement ne me paraîtra possible, je suspendrai toute décision jusqu'au jour où l'assemblée nationale aura prononcé sur la question relative à l'abolition de la peine de mort. » — Cette question se présenta naturellement, lors de l'élaboration de la constit. du 4 nov. 1848. Un grand nombre de représentants demandèrent que la peine de mort fût abolie d'une manière absolue. Mais cette proposition fut rejetée après une longue et savante discussion, et l'abrogation fut limitée aux matières politiques (V. les notes sur l'art. 5 de la constit. de 1848, D. P. 48. 4, p. 216 et 217).

SECT. 2. — *De la peine des travaux forcés.*

588. La peine des travaux forcés, ainsi que nous l'avons vu *suprà* (nos 52 et 56), et que cela résulte d'ailleurs de l'art. 7, c. pén., peut être prononcée à perpétuité ou à temps. Aux termes de l'art. 19 du même code, « la condamnation à la peine des travaux forcés à temps sera prononcée pour cinq ans au moins et vingt ans au plus. » Il semble résulter de la combinaison de ces dispositions que pour la peine des travaux forcés il n'y a pas de durée intermédiaire entre vingt années et la perpétuité. Il est un cas cependant où la peine peut être prononcée pour plus de vingt ans sans être perpétuelle : c'est le cas de récidive. Il résulte en effet de l'art. 56 c. pén., ainsi que nous l'avons vu *suprà* (n° 279), que si un individu ayant été déjà condamné à une peine afflictive ou infamante, commet un second crime emportant la peine de travaux forcés à temps, il doit être condamné au *maximum* de cette peine, laquelle peut même être portée jusqu'au double, et qu'ainsi il pourrait arriver qu'un individu fût condamné à quarante ans de travaux forcés.

589. Cette peine peut être prononcée soit contre les *hommes*, soit contre les *femmes* ou filles ; mais son mode d'exécution n'est pas le même, suivant qu'on l'applique à l'un ou à l'autre sexe.— A l'égard des hommes, le code pénal des 25 sept.-6 oct. 1791, qui, du reste, ainsi que nous l'avons vu déjà (n° 17), ne voulait pas que cette peine fût jamais perpétuelle, disposait en ces termes (1re part., tit. 1) : « Art. 6. Les condamnés à la peine des fers seront employés à des travaux forcés au profit de l'État, soit dans l'intérieur des maisons de force, soit dans les ports et arsenaux, soit pour l'extraction des mines, soit pour le desséchement des marais, soit enfin pour tous autres ouvrages pénibles qui, sur la demande des départements, pourront être déterminés par le corps législatif. — Art. 7. Les condamnés à la peine des fers traîneront un boulet attaché avec une chaîne de fer. » — Ces dispositions furent modifiées par le code pénal de 1810, qui n'indique plus à quel genre de travaux les condamnés doivent être soumis, mais qui se borne à les caractériser d'une manière générale par ces mots *travaux les plus pénibles*. L'art. 15 c. pén. dispose à cet égard dans les termes suivants : « Les hommes condamnés aux travaux forcés seront employés aux travaux les plus pénibles; ils traîneront à leurs pieds un *boulet*, ou seront *attachés* deux à deux avec une *chaîne*, lorsque la nature du travail auquel ils seront employés le permettra. »

590. Ainsi, d'après cet article, c'est à l'administration qu'il appartient de déterminer les travaux auxquels les condamnés à la peine dont nous nous occupons doivent être employés. Avant le décret des 27 mars-16 avril 1852, qui a introduit dans le régime de cette peine de très-importantes innovations, et dont nous parlerons bientôt, les condamnés aux travaux forcés étaient répartis dans les trois bagnes de *Toulon*, de *Brest* et de *Rochefort*. D'après une ord. du 20 août 1828 (1), les forçats condamnés à dix ans et au-dessous étaient envoyés à Toulon, et là ils devaient être employés à des travaux d'art, à des métiers qui ne les laissaient pas sans ressources au moment de leur libération; ceux qui étaient condamnés à plus de dix ans étaient envoyés à Brest et à Rochefort et employés aux travaux de force de ces deux ports; ils devaient y être répartis de telle sorte que ceux qui étaient condamnés à vie ou à plus de vingt ans fussent séparés de ceux dont la peine n'excédait pas vingt années. Mais cette ordonnance fut rapportée par l'ord. du 9 déc. 1836 (2), qui, en outre,

(1) 20-27 août 1828.—Ordonnance du roi qui fixe la répartition des criminels condamnés aux travaux forcés, entre les ports militaires du royaume, en raison de la durée de la peine qu'ils auront à subir.

CHARLES, etc. ; — Sur le rapport de notre ministre secrétaire d'État de la marine et des colonies (Hyde de Neuville), — Nous avons ordonné, etc. ;

Art. 1. Les criminels condamnés aux travaux forcés seront répartis désormais entre les ports militaires du royaume en raison de la durée de la peine qu'ils auront à subir, et conformément à ce qui suit.

2. Les forçats condamnés à dix ans et au-dessous seront envoyés à Toulon.

3. Les forçats condamnés à plus de dix ans seront dirigés sur Brest et Rochefort, et répartis de telle manière, que les condamnés à vie, ou à plus de vingt ans, soient entièrement séparés de ceux dont la peine ne devra pas durer au delà de vingt années.

La répartition des condamnés entre les deux bagnes sera faite par notre ministre de la marine en raison des besoins du service.

4. Le bagne de Lorient continuera d'être exclusivement destiné aux militaires condamnés pour insubordination.

5. La séparation des forçats actuellement détenus dans les bagnes de Brest, Rochefort et Toulon, conformément aux dispositions des art. 2 et 3 de la présente ordonnance, s'exécutera dans le plus bref délai possible. Le transport de ceux qui devront passer d'un bagne dans un autre sera effectué par des bâtiments de la marine royale.

6. Les criminels condamnés aux travaux forcés qui se trouvent dans les prisons du royaume, et ceux qui seront à l'avenir condamnés à la même peine, soit par nos cours d'assises soit par nos tribunaux militaires et maritimes, seront dirigés sur les bagnes où ils doivent être détenus à raison de la durée des peines prononcées contre eux.

(2) 9-30 déc. 1836. — Ordonnance du roi concernant le transport des forçats aux bagnes.

LOUIS-PHILIPPE, etc. ; — Vu l'ordonnance royale du 20 août 1828, portant répartition des condamnés aux travaux forcés entre les ports militaires du royaume, en raison de la durée de la peine qu'ils ont à subir; — Sur le rapport de notre ministre de l'intérieur, — Nous avons ordonné, etc.

Art. 1. Le service des chaînes pour le transport des forçats aux bagnes est supprimé à compter du 1er juin 1837 au plus tard.

2. A l'avenir les criminels condamnés aux travaux forcés seront transférés, sans distinction de la durée de la peine, dans les bagnes de Brest, Rochefort et Toulon.

Nos ministres de la marine et de l'intérieur se concerteront pour la répartition des forçats entre ces trois ports militaires.

3. Le transport des forçats aux bagnes de Brest, Rochefort et Toulon, s'opérera dans des voitures fermées et par des moyens accélérés, suivant les itinéraires qui seront arrêtés par notre ministre secrétaire d'État de l'intérieur.

4. L'ordonnance du 20 août 1828 est rapportée.

5. Nos ministres secrétaires d'État aux départements de l'intérieur et de la marine sont, chacun en ce qui le concerne, chargés de l'exécution de la présente ordonnance, qui sera insérée au Bulletin des lois.

substitua, pour le transport des condamnés, le système des voitures cellulaires à celui des chaînes; en sorte que, depuis cette époque, les condamnés ont été répartis indistinctement entre les trois bagnes de Toulon, de Brest et de Rochefort.

591. En ce qui concerne les femmes et filles, le code pén. de 1791 (1re part., tit. 1) statuait en ces termes : « Art. 9. Dans le cas où la loi prononce la peine des fers pour un certain nombre d'années, si c'est une femme ou une fille qui est convaincue de s'être rendue coupable desdits crimes, ladite femme ou fille sera condamnée, pour le même nombre d'années, à la peine de la reclusion dans la maison de force. — Art. 10. Les femmes et les filles condamnées à cette peine seront enfermées dans une maison de force, et seront employées, dans l'enceinte de ladite maison, à des travaux forcés au profit de l'Etat. » L'art. 16, c. pén., dit plus brièvement : « Les femmes et les filles condamnées aux travaux forcés n'y seront employées que dans l'intérieur d'une maison de force. » — Cette modification dans l'exécution de la peine était impérieusement commandée, d'une part, par la faiblesse du sexe, et, d'autre part, par des motifs de décence et d'honnêteté publique. Il en résulte toutefois cette conséquence que, pour les femmes, la peine des travaux forcés se confond à peu près avec une peine d'un degré inférieur, avec la reclusion (V. Conf. M. Trébutien, t. 1, p. 215).

592. Le code pénal des 25 sept.-6 oct. 1791 (1re partie, tit. 1, art. 6 et 10) portait que les condamnés aux fers seraient employés à des travaux forcés *au profit de l'Etat*. Le code pénal n'a point reproduit ces derniers mots. Faut-il en conclure, avec M. Carnot (Comm. du code pén., t. 1, p. 79), que les produits de ces travaux doivent être appliqués aux besoins des condamnés? Nous ne le pensons pas : en présence de l'art. 21 c. pén., qui porte que le produit des travaux des reclusionnaires *pourra* être en partie appliqué au profit des condamnés, ainsi qu'il sera réglé par le gouvernement, et de l'art. 41, qui dispose que les produits du travail des condamnés à l'emprisonnement *seront* appliqués partie aux dépenses communes de la maison, partie à leur procurer quelques adoucissements, s'ils les méritent, et partie à former pour eux, au temps de leur sortie, un fonds de réserve, il nous paraît que le silence gardé sur ce point par l'art. 15 exprime clairement la volonté du législateur de n'attribuer aux forçats aucune portion du produit de leur travail. Il y a dans l'ensemble de ces dispositions une progression basée sur la gravité de la peine et qui ressort avec évidence : les condamnés aux travaux forcés ne reçoivent rien; les condamnés à la reclusion reçoivent ce qu'il plaît à l'administration de fixer; enfin les condamnés à l'emprisonnement ont droit aux deux tiers des produits de leur travail. C'est ce qu'enseignent aussi MM. Chauveau et Hélie, t. 1, p. 238.

593. Déjà nous avons parlé (*suprà*, no 52) des critiques qui avaient été dirigées contre la peine des travaux forcés et spécialement contre le régime des bagnes. Une réforme était nécessaire. Elle fut provisoirement opérée par le décret des 27 mars-16 avril 1852 (D. P. 52. 4. 115). Mais c'est dans la loi des 30 mai-1er juin 1854 (D. P. 54. 4. 90) que se trouvent les mesures définitives. Nous allons présenter l'analyse de cette loi.

L'art. 1 pose en principe que la peine des travaux forcés sera subie à l'avenir dans des établissements créés par décrets de l'empereur sur le territoire d'une ou de plusieurs possessions françaises autres que l'*Algérie;* mais il ajoute que, néanmoins, en cas d'*empêchement* à la translation des condamnés, et jusqu'à ce que cet empêchement ait cessé, la peine sera subie provisoirement en France. — Les condamnés sont employés aux travaux les plus pénibles de la *colonisation* et à tous autres travaux d'utilité publique (art. 2). — Les femmes condamnées aux travaux forcés peuvent être conduites dans un des établissements créés aux colonies; elles sont séparées des hommes et employées à des travaux en rapport avec leur âge et avec leur sexe (art. 4).

594. Ce mode d'application aggrave sous un certain rapport la peine des travaux forcés en y ajoutant l'éloignement de la mère patrie; mais en revanche il adoucit notablement le sort des condamnés. — Ainsi premièrement ils ne peuvent être enchaînés deux à deux ni assujettis à traîner le boulet, qu'à titre de punition disciplinaire ou par mesure de sûreté (art. 3). — Secondement les condamnés des deux sexes qui se sont rendus dignes d'indulgence par leur bonne conduite, leur travail et leur repentir, peuvent obtenir : 1° l'autorisation de travailler aux conditions déterminées par l'administration, soit pour les habitants de la colonie, soit pour les administrations locales; 2° la concession d'un terrain et la faculté de le cultiver pour leur propre compte. Cette concession ne pourra devenir définitive qu'après la libération des condamnés (art. 11).

595. Les condamnés aux travaux forcés à temps peuvent obtenir du gouvernement, partiellement ou intégralement, l'exercice des droits civils dans la colonie. Ils peuvent être autorisés à jouir ou à disposer de tout ou partie de leurs biens. Les actes faits dans la colonie par les condamnés jusqu'à leur libération ne peuvent engager les biens qu'ils possédaient au jour de leur condamnation, ou ceux qui leur seraient échus par succession, donation ou testament, à l'exception des biens dont la remise a été autorisée (art. 12).

596. Tout condamné à temps qui s'est rendu coupable d'*évasion* est passible de deux à cinq ans de travaux forcés, qui ne se confondent pas avec la peine antérieurement prononcée. Si c'est un condamné à perpétuité, il doit être appliqué à la double chaîne pendant deux ans au moins et cinq ans au plus (art. 7).

597. A l'expiration de leur peine, les condamnés aux travaux forcés ne recouvrent pas leur pleine et entière liberté. Ils ne peuvent point, à leur gré, ou rester dans la colonie, ou retourner dans la mère-patrie. Tout condamné dont la peine est inférieure à huit années de travaux forcés est tenu, à l'expiration de ce terme, de *résider* dans la colonie pendant un temps égal à la durée de sa condamnation. Si la peine est de huit années et au delà, il est tenu d'y résider pendant toute sa vie. En cas de *grâce*, le libéré ne peut être dispensé de l'obligation de la résidence que par une disposition spéciale des lettres de grâce. Toutefois le libéré peut quitter momentanément la colonie en vertu d'une autorisation expresse du gouverneur, mais sans pouvoir être autorisé à se rendre en France (art. 6). — Des *concessions* provisoires ou définitives de terrains peuvent être faites aux individus qui, ayant subi leur peine, restent dans la colonie, ainsi qu'il vient d'être dit (art. 13). — Le gouvernement peut accorder aux libérés l'exercice, dans la colonie des *droits* dont ils sont privés par les 3e et 4e paragraphes de l'art. 34 c. pén. (art. 12, dernier alinéa).—Tout libéré qui a quitté la colonie, sans *autorisation* ou qui a dépassé le délai fixé par l'autorisation, est renvoyé aux travaux forcés pendant une durée de un à trois ans (art. 8).

598. Les infractions prévues par les art. 7 et 8 (*évasion* de la colonie par les condamnés ou libérés), et tous crimes et délits commis par les condamnés seront *jugés* par un *tribunal maritime* spécial établi dans la colonie. Jusqu'à l'établissement de ce tribunal, le jugement appartiendra au premier *conseil de guerre* de la colonie, auquel seront adjoints deux officiers du commissariat de la marine. Les lois concernant les crimes et délits commis par les forçats et les peines qui leur sont applicables continueront à être exécutés (art. 10).

599. La reconnaissance de l'identité de l'individu évadé ou en état d'infraction aux dispositions de l'art. 6 doit être faite soit par le tribunal dont il vient d'être parlé, soit par la cour qui a prononcé la condamnation (art. 9).

600. Il est laissé à un règlement d'administration publique le soin de déterminer tout ce qui concerne l'exécution de la présente loi, et notamment : 1° le régime disciplinaire des établissements de travaux forcés; 2° les conditions sous lesquelles des concessions de terrains, provisoires ou définitives, pourront être faites aux condamnés ou libérés, eu égard à la peine prononcée contre eux, à leur bonne conduite, à leur travail et à leur repentir; 3° l'étendue du droit des tiers, de l'époux survivant et des héritiers du concessionnaire sur les terrains concédés (art. 14).

601. Enfin les dispositions de la présente loi, à l'exception de celles prescrites par les art. 6 et 8 (c'est-à-dire celles concernant l'obligation imposée aux libérés de résider dans la colonie, et la peine qu'ils encourent lorsqu'ils la quittent sans autorisation ou dépassent le délai qui leur a été accordé), sont applicables aux condamnations antérieurement prononcées et aux crimes antérieurement commis (art. 15).

SECT. 3. — *De la déportation et de la transportation.*

602. La peine de la *déportation* consiste, aux termes de l'art. 17 c. pén. (alin. 1er), à être transporté et à demeurer à perpétuité dans un lieu déterminé par la loi hors du territoire continental de l'empire.— Elle n'a été introduite dans notre législation pénale qu'en 1791. Le code des 25 sept.-6 oct. 1791 (part. 1, tit. 1, art. 1) la nomme, parmi les peines qu'il institue, non pas au rang élevé qu'elle occupe aujourd'hui dans notre droit pénal, mais seulement après la mort, les fers, la reclusion, la gêne, la détention, et avant la dégradation civique; et il l'applique (tit. 2, art. 1), comme aggravation de peine, à celui qui, condamné pour un premier crime, se rend coupable d'un second crime. Mais cette loi se bornait à établir en principe la peine de la déportation; l'application en était ajournée jusqu'à ce que le lieu où les condamnés à cette peine devaient être conduits eût été déterminé par un décret particulier (art. 30).

603. A côté de la déportation proprement dite fut instituée la *transportation*, qui était une déportation temporaire, dont la durée devait être au moins de huit ans, et qui fut appliquée d'abord à la répression de la mendicité. Établie par la loi du 24 vend. an 2, elle était applicable, 1° aux mendiants domiciliés, repris en troisième récidive; 2° aux mendiants domiciliés ou non domiciliés, arrêtés une seconde fois après avoir été détenus dans une maison de répression; 3° à ceux qui, après avoir subi une année de détention pour mendicité, ne pouvaient justifier d'aucun domicile.— Nous disons que la transportation n'était, dans la réalité, qu'une déportation *temporaire*. En effet, la loi du 11 brum. an 2, interprétative de celle du 24 vendémiaire, dispose: « Les mendiants condamnés à la déportation..... seront transportés à la partie du sud-est de l'île de Madagascar, au lieu dit ci-devant le Fort-Dauphin. » Et M. Merlin, dans son plaidoyer du 29 prair. an 8, explique comment on s'est servi du mot *transportation* dans la loi du 24 vendémiaire, en faisant observer que cette loi fut proposée non par le comité de législation, mais par celui des secours publics dans lequel il n'y avait pas de jurisconsultes, et qu'elle fut adoptée sans discussion (V. le Répertoire, v° Transportation). — Le code du 3 brum. an 4 maintint la déportation au nombre des peines afflictives et infamantes; l'art. 603 de ce code la nomme immédiatement après la mort et avant les fers. Cette loi laissait subsister la disposition du code de 1791 qui infligeait la déportation comme peine additionnelle aux coupables de crimes commis en récidive. Cette disposition a été abrogée par la loi du 23 flor. an 10, qui à la déportation a substitué la flétrissure (V. au surplus *suprà*, n° 19). Et cette dernière a été elle-même abolie par le code pénal (art. 56 et 57), qui a établi pour la récidive un autre système de répression.— Il a été jugé que la loi du 24 vend. an 2 n'était pas incompatible avec l'art. 603 du code du 3 brum. an 4, et pouvait être appliquée sous l'empire de ce code; que toutefois les dispositions de cette loi, relatives au mode d'application de la transportation, avaient été abrogées par l'art. 594 c. du 3 brum. an 4; qu'ainsi, sous l'empire de ce code, cette peine ne pouvait être prononcée par un tribunal criminel que sur la double déclaration d'un jury d'accusation et d'un jury de jugement (Crim. cass. 29 prair. an 8, MM. Viellart, pr., Liger de Verdigny, rap., aff. Prévost).

604. Outre la déportation dont nous venons de parler, qu'on désignait sous le nom de *déportation judiciaire*, il en était une autre, appelée déportation *politique*, qui figure au nombre des mesures de proscription enfantées par le gouvernement révolutionnaire. Elle fut employée principalement contre les *prêtres insermentés*, c'est-à-dire, qui refusaient de prêter le serment exigé d'eux par la constitution civile du clergé (décr. 12 juill. 1790, tit. 2, art. 1, 2, 3, 21, 25 et 38). — Ainsi un décret du 26 août 1792 ordonna que les ecclésiastiques qui n'auraient pas prêté le serment, ou qui, après l'avoir prêté, l'auraient rétracté et auraient persisté dans leur rétractation, seraient tenus de sortir sous huit jours hors des limites du district et du département de leur résidence, et dans une quinzaine hors du royaume, et que ceux qui, passé ce délai, n'auraient pas obéi à ces prescriptions, seraient déportés à la Guyane. Les mêmes dispositions étaient étendues par ce décret même aux ecclésiastiques qui n'étaient point assujettis au serment, lorsque leur éloignement était demandé par dix citoyens actifs domiciliés dans le même département, ou lorsqu'ils avaient occasionné des troubles venus à la connaissance des corps administratifs. — Un décret des 23-24 avril 1793, allant plus loin à l'égard des prêtres insermentés que le décret du 23 avril 1792, disposa que les ecclésiastiques réguliers, séculiers, frères convers et lais qui n'avaient pas prêté le serment de maintenir la liberté et l'égalité conformément à la loi du 15 août 1792, seraient transférés sans délai à la Guyane, ainsi que ceux qui seraient dénoncés pour cause d'incivisme par six citoyens du canton, et que les déportés qui rentreraient sur le territoire de la République seraient punis de mort dans les vingt-quatre heures. — Un autre décret des 19-29 juill. 1793 ordonna la déportation des *évêques* qui apporteraient quelque obstacle au mariage des prêtres.— Le 17 sept. 1793, la convention rendit un décret qui déclarait applicables en tout point aux prêtres déportés les dispositions des décrets relatifs aux émigrés. Elle les frappait ainsi de mort civile et prononçait la confiscation de tous leurs biens. — Enfin un décret des 29-30 vend. an 2 ordonnait d'embarquer sans délai et de transférer à la côte d'Afrique, depuis le vingt-troisième jusqu'au vingt-huitième degré: 1° tous les ecclésiastiques assujettis au serment qui ne l'auraient pas encore prêté; 2° ceux qui l'auraient rétracté, quand bien même ils l'auraient prêté de nouveau après leur rétractation; 3° ceux qui auraient été dénoncés pour cause d'incivisme par six citoyens du canton, lorsque la dénonciation avait été jugée fondée par le directoire du département, sur l'avis du directoire du district (art. 10, 11 et 12). — Il disposait en outre que les prêtres déportés volontairement et avec passe-port étaient réputés émigrés (art. 17).—Ce décret enjoignait à tout citoyen de *dénoncer*, d'arrêter ou de faire arrêter l'ecclésiastique qu'il saurait être dans le cas de la déportation (art. 18), et il ajoutait que tout citoyen qui aurait *recélé* un prêtre sujet à la déportation serait puni de la même peine (art. 19).

Cependant quelques-uns de ceux qu'atteignaient les lois de déportation étaient parvenus à rentrer en France et à s'y cacher. Un décret du 12 flor. an 3 leur enjoignit, sous peine de mort, de quitter le territoire de la République dans le délai d'un mois. Mais un autre décret du 20 fruct. an 3 remplaça cette peine par le bannissement à perpétuité hors du territoire de la République. Et toutefois ceux contre lesquels le bannissement était prononcé devaient continuer à être traités comme émigrés dans le cas où ils rentreraient sur le territoire.

La *confiscation*, qui avait été prononcée contre les prêtres déportés, fut abolie par un décret du 22 fruct. an 3. Ce décret faisait une distinction entre les ecclésiastiques *déportés volontairement* (c'est-à-dire ceux qui, passibles de la déportation aux termes d'une disposition législative, avaient quitté la France volontairement et avec *passe-port*), ceux qui avaient été déportés *nominativement*, et enfin ceux qui avaient quitté la France sans y avoir été *autorisés* ou *contraints* par une loi. Ceux qui se trouvaient compris dans les deux premières classes pouvaient obtenir la restitution de leurs biens, s'ils étaient relevés de la mort civile; sinon cette restitution devait profiter à leurs héritiers présomptifs. — Quant à ceux de la troisième classe, ils étaient de véritables *émigrés*; aussi la confiscation était-elle maintenue à leur égard.

Après le 18 brumaire, la plupart des prêtres déportés furent autorisés à rentrer en France et rendus à la vie civile. Enfin ils furent tous rappelés en vertu du concordat du 18 germ. an 10, et rétablis dans l'exercice de leurs droits. — V. sur cette matière le mot Culte, n° 43.

605. Il a été jugé, sous l'empire des lois qui viennent d'être exposées: 1° que les prêtres déportés volontairement furent frappés de mort civile comme ceux qui avaient été condamnés à la déportation par jugements ou arrêtés (Req. 2 déc. 1807, MM. Muraire, pr., Dunoyer, rap., aff. Vernède C. Lomet); — 2° Que les prêtres volontairement déportés ne sont pas réputés morts civilement du jour de leur sortie du territoire de France, mais seulement à dater de la loi du 17 sept. 1793, qui les assimile aux émigrés; qu'ainsi la dévolution des biens de ces prêtres s'est opérée en faveur de ceux qui se sont trouvés leurs héritiers à cette dernière époque, et conformément aux lois alors en vigueur (Civ. rej. 24 fév. 1813, MM. Mourre, pr., Reuvens, rap., aff. Sarrabère; Civ. cass. 10 nov. 1823, MM. Brisson, pr., Vergès, rap., aff. Signol *C.* Legendre; Req. 17 déc. 1823, MM. Henrion de Pansey, pr., Vallée, rap., aff. Deshayes *C.* Bétan); — 3° Que les prêtres volontairement déportés étaient frappés de mort civile à dater du 17 sept. 1793, encore bien qu'aucun jugement ni arrêté ne les eût condamnés à la déportation; et que par suite ceux qui avaient été appelés à recueillir leur succession en avaient été irrévocablement saisis et avaient pu en disposer (Req. 9 fruct. (non 5 mess.) an 13, MM. Henrion, pr., Delacoste, rap., aff. Gauthier);—4° Que l'inscription d'un prêtre sur la liste de déportation le frappait de mort civile et emportait la résiliation d'un bail à vie dont il jouissait; que, par suite, il n'a pu, après sa réintégration, réclamer la jouissance de ce bail (décr. cons. d'Ét. 29 janv. 1814, aff. Darnard); — 5° Qu'il suffisait que des ecclésiastiques fussent inscrits sur la liste des émigrés, pour que les tribunaux ne pussent, sur de simples présomptions, décider que ceux-ci n'étaient jamais sortis de France, et n'avaient pu, par conséquent, être frappés de mort civile (Civ. cass. 4 sept. 1810, aff. Roussel, V. Emigré, n° 52); — 6° Que la mort civile n'était encourue par les prêtres, pour défaut de prestation de serment, qu'autant qu'ils étaient, en outre, condamnés à la déportation; qu'ainsi, la succession d'un prêtre non déporté à cause de son âge, mais condamné seulement à la reclusion, n'a pu être dévolue à ses héritiers, la mort civile n'étant encourue par les prêtres que dans le cas de déportation (décr. cons. d'Ét. 2 oct. 1813, aff. Donat *C.* hérit. Pinot); — 7° Que les ecclésiastiques inscrits sur la liste des émigrés, en vertu de la loi du 17 sept. 1793, et qui n'en avaient pas été rayés, étaient, quoique rentrés en France, en état de mort civile, et, par suite, incapables de tester (Civ. cass. 4 sept. 1810, aff. Roussel, V. Emigré, n° 52); —8° Que le débiteur d'une rente viagère constituée sur la tête d'un prêtre déporté ne pouvait opposer à l'État, qui lui en demandait le payement, le défaut de preuve de l'existence du déporté; qu'il devait servir la rente jusqu'à l'époque qui, d'après l'art. 21 de la loi du 3 juin 1793, devait être ultérieurement fixée pour l'extinction des rentes dues aux émigrés (Civ. cass. 16 mess. an 6, MM. Gaultier-Biauzat, pr., Rozier, rap., aff. dom. *C.* Trouillon); — 9° Qu'il en devait être ainsi, même après la loi du 22 fruct. an 3, qui rapporta les décrets qui avaient assimilé les prêtres déportés aux émigrés, quant à la confiscation des biens, à moins que le débiteur de la rente ne prouvât que son créancier était du nombre des ecclésiastiques à l'égard desquels la confiscation avait été maintenue par les art. 2 et 6 de la loi du 22 fruct. an 3 (même arrêt); — 10° Que les jugements rendus contre la nation, qui représentait le prêtre déporté pendant son absence du territoire français, avaient contre lui l'autorité de la chose jugée (Civ. cass. 14 juin 1815, MM. Muraire, pr., Boyer, rap., aff. Ribes); — 11° Que la restitution des biens confisqués sur les ecclésiastiques déportés ou reclus, accordée par la loi du 22 fruct. an 3, ne devait profiter qu'aux héritiers naturels, et non aux héritiers testamentaires (Rej. 24 mess. an 10, MM. Maleville, pr., Liborel, rap., aff. Andrieux).

606. D'autres arrêts ont décidé : 1° que les prêtres volontairement déportés, rentrés en France et rendus à la vie civile, ont été réintégrés personnellement, et à l'exclusion de leurs héritiers présomptifs, dans la propriété de leurs biens confisqués (Rouen, 24 déc. 1821, et sur pourvoi, Req. 17 fév. 1823, MM. Henrion, pr., Vallée, rap., aff. Deshayes *C.* Bétan; Civ. cass. 10 nov. 1823, MM. Brisson, pr., Vergès, r., aff. Signol : *Contrà*, Cons. d'Ét. 19 brum. an 13, aff. Hérembert);—2° Que les ecclésiastiques qui s'étaient déportés volontairement, à la différence de ceux qui avaient été condamnés à la déportation ou à la reclusion, ont été relevés, du moment de leur réintégration à la vie civile, et à quelque époque qu'elle ait eu lieu, de tous les effets de la confiscation qu'ils avaient encourue; de telle sorte qu'ils ont eu le droit de se faire remettre personnellement leurs biens, soit que ceux-ci fussent dans les mains de l'Etat, soit qu'ils fussent dans celles des héritiers présomptifs par suite de l'envoi en possession obtenu par ces héritiers (Civ. rej. 4 mars 1840; Req. 21 déc. 1840) (1);— 3° Que, si les parents mis en possession ont résisté, quoique à

(1) 1re *Espèce* :—(Bubot et autres *C.* Lemaignen, Buisson et autres.) —En 1792, l'abbé Couture ayant refusé de prêter le serment exigé des prêtres catholiques par les lois révolutionnaires, se vit forcé de s'exiler en Angleterre. Ses biens furent placés sous le séquestre en vertu de la loi du 26 août de la même année, puis remis, en vertu du décret du 22 fruct. an 3, aux sieurs Lemaignen, Bubot et six autres parents qui se présentèrent comme étant héritiers présomptifs de l'abbé Couture à l'époque où il avait été frappé de mort civile par suite de sa déportation volontaire.

Après le sénatus-consulte du 6 flor. an 10, l'abbé Couture, rentré en France, forma une action en remise de ses biens contre ceux de ses parents qui en étaient détenteurs, en se fondant sur ce que sa réintégration dans la qualité de citoyen avait fait disparaître tous les effets de la mort civile qui l'avait atteint.—Un jugement du tribunal de Lisieux, ayant renvoyé les parties devant l'administration, il intervint, en cet état, à la date du 9 juill. 1805, une transaction par laquelle les sieurs Lemaignen et consorts s'obligèrent à payer à l'abbé Couture une rente viagère de 1,200 fr., moyennant quoi celui-ci déclarait, de son côté, abandonner l'effet de son action et renoncer à rien réclamer sur ses biens. Cette transaction était fondée sur cette circonstance (qui a plus tard été considérée comme constituant une erreur de droit) à savoir que l'abbé Couture devait, comme prêtre déporté, être assimilé en tout à un émigré, et que son retour à la vie civile ne pouvait dépouiller rétroactivement de la propriété de ses biens, ceux de ses parents qui en avaient été investis en vertu des lois révolutionnaires.

En 1830, décès de l'abbé Couture. — Peu de temps après, le sieur Bubot et autres parents paternels du défunt, qui étaient aussi ses héritiers présomptifs, soit à l'époque de sa mort civile en 1792, soit à celle de sa mort naturelle, mais qui n'avaient pris aucune part ni à l'envoi en possession de l'an 3, ni à la transaction de 1805, ont intenté contre Lemaignen et consorts une action en partage de sa succession. — Les défendeurs ont opposé la transaction, prétendant qu'ils n'avaient stipulé qu'en leur nom personnel.

13 juill. 1830, jugement du tribunal de Lisieux qui accueille la demande, en considérant que les héritiers défendeurs doivent être réputés avoir agi dans l'intérêt de l'hoirie en général, et que la transaction n'a pu leur conférer un droit exclusif, cette transaction ne contenant pas abandon de la propriété de ses biens par l'abbé Couture, mais simple reconnaissance de sa part qu'il n'avait aucun droit à cette propriété.

Appel.— 19 déc. 1835, arrêt infirmatif de la cour royale de Caen qui déboute Bubot et consorts de leurs prétentions.—Cet arrêt est ainsi conçu : « Considérant que Buisson, Lemeignen et autres denommés en la transaction du 9 juill. 1805, avaient obtenu l'envoi en possession par arrêtés administratifs, de biens ayant appartenu à l'abbé Couture, en leur qualité d'héritier de cet ecclésiastique en 1792, époque de sa déportation :—Considérant que l'abbé Couture ayant voulu reprendre lesdits biens après sa rentrée en France, les envoyés en possession se prévalurent contre lui de la disposition du sénatus-consulte du 6 flor. an 10, qui interdisait aux émigrés tout retour sur les actes intervenus en leur absence entre l'Etat et des tiers relativement à leurs biens; que l'abbé Couture se crut obligé, d'après la jurisprudence alors établie par la décision du conseil d'Etat rendue dans l'affaire du prêtre Hérembert, d'obtempérer à ce moyen de défense, ce qui détermina la transaction prédatée du 9 juillet 1805, en vertu de laquelle, moyennant la pension alimentaire promise audit abbé Couture, il reconnut et confirma la propriété incommutable desdits biens en faveur de Buisson et joints, comme en ayant été investis par les lois;

Considérant que, dans cette transaction comme dans les arrêtés d'envoi en possession, Buisson, Lemeignen et joints ont figuré dans leur intérêt propre et leur nom personnel, et non comme stipulant pour la masse des héritiers de l'abbé Couture qui auraient pu avoir des droits analogues aux leurs; qu'en supposant qu'ils eussent des cohéritiers ou qu'ils crussent en avoir, ils ne se conduisaient pas moins comme saisis et appropriés de la totalité des biens, et ils n'en traitaient pas moins en cette qualité avec l'abbé Couture, puisque, envisagés comme héritiers (hypothèse alors admise par toutes les parties), ils étaient investis de l'intégrale succession et la représentaient tant que les cohéritiers demeuraient en état d'abstention; — Considérant que Buisson et joints n'ayant entendu ainsi acquérir que pour eux, ne peuvent être tenus de remettre une partie quelconque de ce qu'ils ont reçu qu'à des personnes qui justifieraient être appelées par la loi à y prendre part;

Considérant que, d'après les diverses jurisprudences qui se sont succédées relativement aux prêtres déportés, il est possible que Bubot et consorts, s'ils s'étaient présentés lorsqu'elles ont régné, eussent été admis, soit comme héritiers de 1792, époque de la déportation de l'abbé Couture, soit comme héritiers de 1793, date de la loi qui assimile les prêtres déportés aux émigrés et qui prononce leur mort civile, à réclamer l'envoi en possession des biens dudit abbé Couture, ou à s'en faire communiquer le bénéfice; — Mais considérant qu'aujourd'hui il est reconnu comme point de législation incontestable, que le prêtre réintégré à la vie civile est censé n'avoir point été dépouillé de ses biens et est fondé à les réclamer; d'où il suit qu'il ne peut avoir d'héritiers que ceux appelés à lui succéder au jour de sa mort naturelle; — Considérant que l'abbé Couture est mort en 1830; qu'il résulte de là que Bubot et consorts, en tant qu'ils se présentent comme héritiers de 1792

tort, à la demande de l'ecclésiastique tendant à la remise de ses biens, et qu'il soit intervenu sur procès une transaction par laquelle ce dernier a abandonné la propriété desdits biens, on doit considérer l'erreur des parties comme une erreur de droit insuf-

ou de 1793, sont dépourvus d'une qualité qui établisse entre eux et la fortune dudit abbé Couture une relation quelconque; qu'en effet, ils ne peuvent pas se faire un titre de la transaction de 1805, puisque personne ne les y a représentés, et ils peuvent encore moins en trouver un dans l'erreur sur laquelle s'est établie la jurisprudence antérieure à celle définitivement adoptée, l'erreur n'étant jamais constitutive d'un droit, si ce n'est pour les choses consommées pendant qu'elle a duré...; — Considérant qu'étant démontré dans les motifs ci-dessus déduits que Buhot et joints sont exclus, faute de qualité, du droit de rien réclamer, de leur chef, aux biens dont est question dans la transaction de 1805, il reste à examiner si eux ou ceux d'entre eux qui sont héritiers de l'abbé Couture, à l'époque de sa mort naturelle, n'ont pas au moins quelques droits à exercer comme représentant celui-ci;

Considérant que, quand l'abbé Couture a transigé, le 9 juill. 1805, avec Buisson et consorts, ils étaient à ses yeux des héritiers ayant pris possession de biens dépendant de sa succession ouverte par sa mort civile; que, partant de là, il les a regardés et a dû les regarder comme exerçant le droit héréditaire en intégrité, lors même qu'ils auraient eu d'autres cosuccessibles, parce que, du moment où ces cosuccessibles ne se présentaient pas, le droit successif se concentrait dans la personne de ceux qui l'avaient appréhendé; que lors donc qu'il a consenti le maintien en possession de Buisson et joints, il l'a consenti pour le tout, lui étant indifférent qu'il existât d'autres héritiers; puisqu'en supposant que ceux-ci eussent pu venir au concours avec les envoyés en possession, ils n'auraient exercé vis-à-vis d'eux qu'un droit de décroissement qui ne regardait plus l'abbé Couture; qu'aussi ce dernier a-t-il stipulé le payement de la rente viagère de 1,200 fr. intégralement envers Buisson et consorts; d'où il suit que l'erreur dans laquelle il aurait été sur le nombre véritable des cohéritiers, ne serait pas de nature à occasionner aucuns changements dans les résultats de la transaction et ne pourrait fournir aucune matière à rescision de cette même transaction; qu'à la vérité, reste bien l'erreur d'après laquelle l'abbé Couture a reconnu la qualité d'héritiers à des personnes à qui la loi ne l'accordait pas, puisque, dans la réalité, il n'y avait pas de succession ouverte; mais que ce n'était là qu'une erreur de droit, impuissante à faire annuler une transaction; d'où la conséquence définitive que les héritiers de l'abbé Couture, au jour de sa mort naturelle, ne sont pas plus fondés qu'il ne l'aurait été lui-même à rien réclamer pour les parts auxquelles auraient eu droit les cosuccessibles de Buisson et joints, s'ils eussent profité de la jurisprudence qui les autorisait à user de ce titre concurremment avec eux; — Par ces motifs, infirme le jugement dont est appel; ce faisant, déclare mal fondée la prétention, tant des intimés que des intervenants, de prendre part aux biens qui font l'objet de la transaction du 9 juill. 1805, etc.

Pourvoi de Buhot et consorts.—1° Violation du principe qu'on ne peut stipuler sur une succession future (art. 791, 1130, 1600 c. civ.), en ce que la transaction du 9 juill. 1805 aurait dû être annulée comme constituant un traité sur la succession future de l'abbé Couture, ou comme manquant de cause, puisque l'arrêt attaqué reconnait lui-même qu'à cette époque ce prêtre, par suite de sa réintégration à la vie civile, était censé n'avoir jamais été mort civilement, et qu'ainsi sa succession n'était pas ouverte. — C'est en qualité d'héritiers, dit-on, que les défendeurs figuraient à l'acte dont il s'agit; ce n'est qu'en cette qualité qu'ils avaient des droits à faire valoir : donc cet acte constituait, de la part de l'abbé Couture, une véritable transaction sur sa succession future, transaction qui pouvait lui être opposée personnellement, mais non à ses héritiers;

2° Violation de l'art. 2045 c. civ., en ce que l'arrêt attaqué aurait dû décider que l'envoi en possession obtenu par les défendeurs profitant à tous les héritiers présomptifs en général, les défendeurs n'avaient pu transiger sur l'hérédité entière et acquérir des droits exclusifs sur la portion de cette hérédité qui appartenait aux demandeurs;

3° Violation des lois relatives aux effets de la déportation des prêtres et à la restitution de leurs biens, en ce que l'abbé Couture, s'étant déporté volontairement et ayant anéanti tous les effets de la mort civile qui l'avait atteint, par son retour en France, d'après la distinction consacrée par arrêt du 10 nov. 1823 (cité ci-dessus, n° 606-1°), l'arrêt attaqué n'a pu assigner pour base à la transaction de 1805 le prétendu droit qui serait résulté au profit des défendeurs de leur envoi en possession.

Pour les défendeurs, on a combattu ces moyens par les considérations qui se trouvent reproduites dans l'arrêt suivant.

LA COUR (ap. délib. en la ch. du cons.);—Sur le premier et le deuxième moyens; — Attendu que la loi du 22 fruct. an 3, spécialement applicable à l'espèce, a rapporté les décrets qui, quant à la confiscation des biens, avaient assimilé aux émigrés les prêtres déportés ou reclus;

Attendu que l'art. 3 de cette loi a établi une distinction entre les ecclésiastiques qui pourraient être relevés de l'état de déportation, reclusion ou mort civile, et ceux qui resteraient en état de mort civile en vertu de jugements ou arrêtés qui les auraient condamnés à la déportation ou à la reclusion; — Qu'à l'égard des premiers, il a ordonné que la restitution de leurs biens leur serait faite personnellement, dans le cas où ils seraient relevés de l'état de mort civile; et que, quant aux autres, la restitution a été ordonnée au profit de leurs héritiers présomptifs, lesquels, d'après l'art. 4, sont ceux qui, au moment de la déportation ou reclusion, leur auraient succédé, s'ils étaient morts naturellement;

Attendu qu'aucun délai n'ayant été fixé par la loi, soit pour la réintégration des ecclésiastiques déportés volontairement, dans la jouissance de leurs droits civils, soit pour l'exercice du droit de demander, par suite de cette réintégration, la remise de leurs biens, il en résulte qu'à quelque époque qu'ils aient été rendus à la vie civile, tous les effets de la confiscation ont dû cesser à leur égard, et qu'ils ont dû jouir du droit de se faire remettre leurs biens soit par l'Etat, s'il en était en possession, soit par leurs parents, si ceux-ci en avaient été mis en possession;

Attendu qu'il est constaté par l'arrêt attaqué que le prêtre Couture s'était déporté volontairement, et que, rentré en France en l'an 10, il a été réintégré dans l'exercice de ses droits civils;

Attendu qu'en décidant qu'il avait eu le droit de demander la remise de ses biens à ceux de ses parents en faveur desquels l'Etat s'en était dessaisi, et que sa succession ne s'était ouverte que par sa mort naturelle, l'arrêt attaqué, loin de violer l'art. 3 de la loi du 22 fruct. an 3, n'en a fait qu'une juste et saine application;

Attendu, d'un autre côté, que, si le prêtre Couture a eu le droit de demander la remise de ses biens à ceux de ses parents qui s'en trouvaient en possession, il n'a fait qu'user des droits qui lui appartenaient, en consentant qu'ils en demeurassent propriétaires; qu'ainsi, l'arrêt attaqué n'a pas violé l'art. 2045 c. civ.; — Attendu, enfin, qu'en déclarant que Lemaignen et autres parents du prêtre Couture qui avaient été parties dans l'acte du 9 juill. 1805, n'avaient stipulé que dans leur intérêt personnel, la cour s'est déterminée par l'appréciation qu'elle a faite des dispositions de cet acte;

Sur le troisième moyen :—Attendu qu'en considérant les circonstances dans lesquelles l'acte du 9 juill. 1805 est intervenu, et les stipulations qu'il renferme, l'arrêt attaqué a pu voir, dans cet acte, tous les caractères d'une transaction intervenue sur un procès dont les résultats pouvaient offrir des avantages ou des pertes pour chacune des parties, et qu'en décidant, par suite, qu'il ne pouvait être attaqué pour erreur de droit, il n'a fait qu'une juste application du § 2 de l'art. 2052 c. civ., et n'a pas violé l'art. 1130 du même code; — Par ces motifs, et sans qu'il soit besoin de statuer sur les fins de non-recevoir, rejette.

Du 4 mars 1840.-C. C., ch. civ.-MM. Portalis, 1er pr.-Moreau, rap.-Laplagne-Barris, 1er av. gén., c. conf.-Piet et Nachet, av.

2e *Espèce :* — (De Graule C. hérit. Ribes.) — Le 16 mai 1839, la cour royale de Montpellier a rendu l'arrêt suivant, qui fait connaître suffisamment les faits de la cause : « Attendu qu'il est constant et non contesté que Christophe Cassoli, prêtre, curé insermenté, sortit de France le 17 sept. 1792, par suite des dispositions du décret du 26 août 1792; qu'il est également constant et non contesté qu'à l'époque de sa sortie, il était en possession des biens compris dans la substitution créée par Michel Cassoli, son père, dans son testament du 6 janv. 1742, et comme tel grevé de restitution en faveur des autres enfants et petits-enfants de Michel Cassoli, par ordre de primogéniture; — Que la nation s'était ultérieurement emparée de ces biens, en exécution de la loi du 17 sept. 1793, qui déclara applicables aux prêtres déportés les dispositions des décrets relatifs aux émigrés, et soumit leurs biens à la confiscation, et de la loi du 22 vent. an 2 (art. 3 et 7), qui fit remonter l'effet de cette confiscation au jour de la sortie de France à l'égard des prêtres qui s'étaient déportés volontairement; — Que, par arrêté du 26 brum. an 4, à la suite d'un avis du directoire du district du 14, et d'une sentence arbitrale du 15 du même mois de brumaire, l'administration du département des Pyrénées-Orientales ordonna le délaissement des biens confisqués en faveur de la dame Luce Capdeville, aujourd'hui veuve Ribes, en reconnaissant que, par suite de l'application des lois qui frappaient les prêtres déportés dans leurs personnes et dans leurs biens, la substitution s'était ouverte en sa faveur, du chef de Marguerite Cassoli, sa mère, avant la loi abolitive du 14 nov. 1792, et que, dès ce moment, les biens compris dans la substitution s'étaient consolidés sur sa tête conformément à l'art. 3 de cette loi; — Que cet acte administratif fut mis à exécution, et la dame Ribes envoyée en possession réelle des biens délaissés; — Attendu qu'antérieurement à cet arrêté avait été promulguée la loi du 22 fruct. an 3, qui, tout en maintenant la déportation et la mort civile des prêtres déportés, avait rapporté les décrets qui les assimilaient aux émigrés, en ce qui concernait la confiscation des biens, et avait ordonné que les biens confisqués seraient restitués, soit à ceux de ces ecclésiastiques qui pourraient être relevés de l'état de déportation et de mort civile, soit aux héritiers présomptifs de ceux qui resteraient en état de mort civile, en expliquant que les héritiers présomptifs seraient les parents qui auraient succédé à l'ecclésiastique déporté ou reclus, s'il était mort naturellement au moment de sa déportation ou de

fisante pour faire annuler la transaction (même arrêt 4 mars 1840); — 4° Que dans le même cas un arrêt a pu valablement, en vertu de son droit souverain d'appréciation, déclarer que les parents qui ont transigé n'ont stipulé que dans leur intérêt per-

sa reclusion; — Que si, comme le soutiennent les intimés, il eût fallu décider, contrairement à l'arrêté du 26 brum. an 4, que les biens substitués s'étaient consolidés sur la tête de Christophe Cassoli avant sa mort civile, et si la loi du 22 fruct. an 3 leur eût ouvert une action pour les réclamer et les recueillir en qualité d'héritiers présomptifs, cette action n'aurait pu être exercée par eux en cette qualité, que tant qu'a duré la mort civile; — Qu'en effet la loi du 22 fruct. an 3 n'a point attribué d'une manière actuelle et irrévocable la propriété des biens du déporté aux parents qui avaient, à l'époque de sa déportation, la qualité d'héritiers présomptifs; — Qu'elle avait seulement créé en leur faveur un droit de succession irrégulière et anticipée dérivant de l'état de mort civile où était maintenu le déporté; — Que lorsque ce droit successif a été exercé et lorsqu'en conséquence des actes administratifs ont attribué aux héritiers présomptifs tout ou partie des biens du déporté, avant qu'il eût été relevé de la mort civile, ces actes ont constitué, en leur faveur, un titre irrévocable, en vertu des lois ultérieures qui ont maintenu tous les actes intervenus entre la nation et des tiers pendant la durée de la mort civile; — Mais lorsque le déporté a été réintégré dans l'exercice de ses droits civils, avant que ses héritiers présomptifs eussent exercé les actions qu'avait pu leur conférer ce droit successif, il s'est éteint par la réintégration du déporté, et ces actions sont rentrées dans son patrimoine; — Attendu qu'en exécution du sénatus-consulte du 6 flor. an 10 et à dater du certificat d'amnistie qui lui fut délivré le 18 frim. an 11, Christophe Cassoli reprit le libre exercice de tous les droits dont il avait été privé pendant le cours de sa déportation; — Qu'à cette époque les intimés, ni ceux qu'ils représentent, n'avaient exercé l'action en vertu de laquelle ils procèdent aujourd'hui; — Qu'elle était dès lors rentrée dans le patrimoine de Christophe Cassoli; — Qu'à partir du 18 frim. an 11 jusqu'à l'année 1817, époque de son décès, lui seul a eu capacité pour former contre la dame Ribes la demande en délaissement des biens qu'on prétend lui avoir été mal à propos abandonnés par l'arrêté du 26 brum. an 4; — Qu'ainsi le 9 juill. 1812, jour de l'introduction de l'instance, les demandeurs étaient sans qualité; — Attendu d'ailleurs que, dès l'an 11, il avait formé lui-même la demande en nullité ou en rétractation de l'arrêté du 26 brum. an 4 et en délaissement des biens substitués, et qu'il avait été démis de cette demande par un arrêté du conseil de préfecture des Pyrénées-Orientales du 27 mess. an 11 et par un décret en conseil d'Etat du 21 brum. an 13, rendu contradictoirement entre lui et la dame Ribes; — Qu'il y avait donc chose jugée à son égard, et que cette chose jugée atteint les intimés en leur qualité soit d'héritiers légitimes, soit d'intimés; — Attendu que, quand même il n'y aurait pas chose jugée, les intimes seraient encore repoussés par les dispositions législatives qui ont motivé l'arrêté du 27 mess. an 11 et le décret du 21 brum. an 13; — Qu'en effet, lorsque le sénatus-consulte d'amnistie du 6 flor. an 10 a relevé les émigrés et les individus qui leur étaient assimilés de l'état de mort civile, les a réintégrés dans l'exercice de leurs droits et leur a accordé la restitution de ceux de leurs biens restant encore entre les mains de la nation, ça été à la charge de respecter tous les actes et arrangements faits antérieurement entre elle et les particuliers; — Que cette condition de l'amnistie définitive qui leur était accordée, écrite dans l'art. 16 du sénatus-consulte, protège tous les actes quelconques dont l'effet a été de transférer à des tiers la propriété des biens auxquels les émigrés ou les déportés auraient pu avoir des droits, sans distinction des actes qui auraient été le résultat d'une exacte appréciation des lois et des titres, et de ceux qui auraient été le résultat d'une erreur sur le titre ou d'une fausse application de la loi; — Que si, dans certaines circonstances, il a été décidé que l'art. 16 du sénatus-consulte précité ne faisait point obstacle aux réclamations élevées par les amnistiés ou leurs représentants, c'est lorsque ces réclamations dérivaient d'un droit analogue à celui qui avait été reconnu par la nation, et qu'elles avaient pour but de faire participer les réclamants au bénéfice de ces actes sans les attaquer dans leur principe; — Mais que, dans l'espèce, il s'agissait d'anéantir l'arrêté du 26 brum. an 4, et de faire décider, contrairement à cet arrêté, que les biens qu'il a attribués exclusivement à la dame Ribes en qualité d'appelée à la substitution, auraient dû être attribués à la succession de Christophe Cassoli et partagés entre tous ses héritiers présomptifs; — Qu'il importe peu que la dame Ribes figure au nombre de ces héritiers, et que, par suite, elle fût admise à conserver une partie des biens dont elle a obtenu le délaissement; qu'il n'en est pas moins vrai que le titre en vertu duquel elle a obtenu ce délaissement, serait entièrement renversé, et que si elle conservait une partie de ces biens, ce serait en vertu d'un titre et d'une qualité bien différents et pris en dehors de l'arrêté du 26 brum. an 4; — Attendu que les intimés ne pourraient se soustraire à l'effet de la chose jugée avec Christophe Cassoli et à la fin de non-recevoir d'ordre public dérivant de l'art. 16 du sénatus-consulte de l'an 10, qu'autant qu'ils procéderaient en vertu d'un titre personnel, et d'un droit à eux acquis avant le décès de Christophe Cassoli; — Mais qu'ainsi qu'il a déjà été dit, dès le moment de sa réintégration à la suite de l'amnistie, le droit personnel qu'ils auraient pu tenir des dispositions de la loi du 22 fruct. an 3, s'était éteint, faute d'avoir été exercé dans l'intervalle de cette loi à l'amnistie; — Qu'on ne peut considérer la demande formée par la dame Ribes, leur cohéritière, et le délaissement par elle obtenu, en l'an 4, comme ayant eu lieu dans l'intérêt commun de tous les héritiers présomptifs et constituant en faveur de tous l'exercice de l'action ouverte par la loi du 22 fruct. an 3, puisque, d'une part, la demande avait été formée avant cette loi, et que, d'autre part, le délaissement lui a été accordé en sa qualité d'appelée au bénéfice de la substitution, et par conséquent en vertu d'un droit exclusif et contraire à celui des héritiers présomptifs; — D'où il suit que ne pouvant exciper d'un droit de succession irrégulière qui avait cessé d'exister avant la mort naturelle de Christophe Cassoli, ils ne peuvent plus agir qu'en vertu des droits successifs ordinaires ouverts en leur faveur par le décès, et que, dès lors, ils sont passibles des mêmes exceptions que leur auteur; — Attendu que, pour éluder les conséquences de cette double fin de non-recevoir, les intimés opposent vainement que le décret du 12 mai 1811, et l'arrêté du conseil de préfecture des Pyrénées-Orientales du 19 décembre de la même année ont réservé les actions et réclamations qu'ils pouvaient avoir à former, soit à eux tous sur la succession de Christophe Cassoli, soit à la dame Graule sur les biens substitués comme s'y prétendant appelée, et ont déclaré que les actes administratifs antérieurs ne faisaient point obstacle à ce que ces réclamations fussent portées devant les tribunaux ordinaires; — Que ces décisions n'ont fait que consacrer l'incompétence de l'autorité administrative, et qu'en délaissant les parties à se pourvoir devant la juridiction civile, elles n'ont rien préjugé ni pu préjuger sur le mérite des demandes qu'elles y formeraient et des exceptions qu'elles pourraient avoir à s'opposer réciproquement, lesquelles exceptions sont restées, comme l'action elle-même, dans le domaine exclusif de l'autorité judiciaire; — Attendu que la dame Ribes se trouvant irrévocablement investie, par l'arrêté du 26 brum. an 4, et par le sénatus-consulte du 6 flor. an 10, de la propriété des biens compris dans la substitution créée par Michel Cassoli, c'est mal à propos que le tribunal, en admettant la demande en partage formée par les intimés, a ordonné que ces biens, ou leur valeur, entreraient dans la masse à partager, et que le partage ne peut être poursuivi et opéré que sur les biens provenus à Christophe Cassoli d'ailleurs que de cette substitution, si toutefois il en existait à son décès. »

Pourvoi de la dame Graule. — Arrêt.

LA COUR; — Attendu que la mort civile prononcée par les lois de la révolution contre les émigrés et les prêtres déportés, se trouve réglée exclusivement par les dispositions de ces mêmes lois, quant à son ouverture, sa cessation et tous ses effets; qu'en ce qui regarde les prêtres volontairement déportés, si, d'une part, ils avaient été assimilés aux émigrés par la loi du 17 sept. 1793 et si leurs biens avaient été frappés de confiscation à compter du jour de leur sortie du territoire français, par la loi du 22 vent. an 2, d'autre part aussi, la loi du 22 fruct. an 3 a voulu les rétablir pleinement dans la vie civile, et que ce n'est qu'autant qu'ils ne seraient pas relevés de la déportation qu'elle a ouvert un droit éventuel de présuccession à leurs héritiers présomptifs;

Attendu qu'il est constant, en fait, que le prêtre Cassoli possédait des biens grevés de substitution au profit de Marguerite Cassoli, sa sœur aînée; qu'il s'est volontairement déporté le 16 sept. 1792; que la dame Ribes, représentant Marguerite Cassoli, sa mère, s'est fait envoyer en possession provisoire des biens substitués dès le 2 fruct. an 3; qu'une sentence arbitrale rendue entre elle et la nation le 25 brum. an 4, a jugé que la substitution avait été ouverte en faveur de ladite dame Ribes par la déportation du prêtre Cassoli avant l'abolition générale de cette sorte de dispositions; qu'en exécution de cette sentence un arrêté du directoire du département, en date du lendemain, l'a envoyée en possession définitive des biens dépendants du fidéicommis; qu'ensuite, et le 18 brum. an 11, le prêtre Cassoli a obtenu son amnistie en invoquant le bénéfice du sénatus-consulte du 6 flor. an 10, qu'il s'est pourvu devant l'autorité administrative en annulation de l'arrêté qui avait envoyé la dame Ribes en possession définitive de ses biens; mais que, par un arrêté du conseil de préfecture du 27 mess. an 11, confirmé par décret impérial du 21 brum. an 13, sa réclamation a été déclarée non recevable, et que ce n'est qu'après ces diverses circonstances que, le 9 juill. 1812, la dame Graule et les représentants de la dame Salamo ont formé leur demande judiciaire en relâche des trois quarts des biens grevés de substitutions, comme leur ayant été dévolus par les art. 3 et 4 de la loi du 22 fruct. an 3;

Attendu que, dans un tel état de choses, l'arrêt attaqué a fait une juste application des lois de la matière, en décidant que cette demande était repoussée par l'autorité de la chose jugée, qui résultait soit de l'arrêté du 26 brum. an 4, soit de celui du 27 mess. an 11 et du décret du 21 brum. an 13; qu'en effet ces actes administratifs avaient définitivement statué, tant entre la dame Ribes et la nation pendant qu'elle représentait le prêtre Cassoli, qu'entre ladite dame et le prêtre lui-

sonnel, et qu'ainsi d'autres parents qui auraient eu les mêmes droits qu'eux ne peuvent profiter du bénéfice de la transaction (même arrêt).

607. On a jugé aussi 1° que les ecclésiastiques déportés en exécution de la loi du 26 août 1792 ne pouvaient, après leur rentrée en France, disposer de leurs biens au préjudice de leurs héritiers présomptifs appelés à les recueillir par la loi des 20 et 22 fruct. an 3, s'ils n'avaient été relevés des effets de leur déportation (Req. 12 prair. an 10, MM. Muraire, pr., Minier, rap., aff. Maury *C.* Cabanel); — 2° Qu'un prêtre émigré ou déporté ne pouvait, après avoir été réintégré dans ses droits civils, réclamer une succession qui s'était ouverte durant sa mort civile (Civ. cass. 14 juin 1815, MM. Muraire, pr., Boyer, rap., aff. Ribes *C.* abbé de Siran); — 3° Qu'il en était de même encore bien que la succession ne se fût ouverte que depuis les lois des 20 et 22 fruct. an 3 (Req. 2 déc. 1807, MM. Muraire, pr., Dunoyer, rap., aff. Vernède *C.* Lomet); — 4° Qu'au surplus, les prêtres déportés ne pouvaient attaquer ni par eux-mêmes, ni par des tiers, l'envoi en possession de leurs biens, légalement fait par l'Etat au profit de leurs héritiers (ord. cons. d'Et. 3 fév. 1819, aff. Hurtaud); — 5° Que lorsque les héritiers d'un prêtre déporté ont consenti, depuis sa réintégration dans ses droits civils, à lui continuer le service d'une rente qui lui avait appartenu avant sa mort civile, renonçant ainsi au bénéfice de la loi du 22 fruct. an 3, ce prêtre a pu valablement prendre inscription sur les biens desdits héritiers affectés à la sûreté de sa rente; qu'en conséquence l'acquéreur de ces mêmes biens est non recevable à demander la radiation de cette inscription, sur le motif que les biens du prêtre avaient été irrévocablement transmis à ses héritiers présomptifs; et que l'arrêt qui le décide ainsi ne porte aucune atteinte à l'acte administratif qui avait envoyé lesdits héritiers dans la possession des biens du prêtre déporté (Req. 19 avril 1814, MM. Lasaudade, pr., Lefessier, rap., aff. Lelièvre *C.* Leroy); — 6° Que la chose jugée avec l'Etat comme représentant un prêtre déporté, est opposable à celui-ci depuis sa réintégration à la vie civile, et, par suite, aux héritiers qui succèdent à ses droits par sa mort naturelle (Req. 21 déc. 1840, aff. de Graule, n° 606); — 7° Que les biens d'un prêtre déporté n'ont point été irrévocablement acquis à ses héritiers présomptifs à son préjudice, si ceux-ci n'ont obtenu la mainlevée du séquestre et l'envoi en possession avant l'amnistie qui l'a réintégré dans ses droits civils, lors même que, de fait, ces héritiers ont eu la jouissance de ces biens après la loi du 22 fruct. an 3 (Caen, 2e ch., 7 mars 1812, M. Troley, av. gén., aff. Sansrefus); — 8° Que l'envoi en possession obtenu par les héritiers présomptifs des prêtres déportés en exécution des lois de l'an 3 et de l'an 4 n'opérait pas une mutation parfaite, semblable à celle qui serait résultée du consentement de ces prêtres; d'où la conséquence que si ceux-ci étaient relevés de leur déportation, il n'était pas nécessaire pour qu'ils fussent réputés réintégrés dans leurs biens, que la propriété leur en eût été retrocédée par leurs héritiers, par acte exprès; qu'il suffisait que ceux-ci eussent toléré qu'ils en reprissent la possession et qu'ils en jouissent comme propriétaire (Civ. rej. 10 mars 1813, MM. Muraire, pr., Cochard, rap., aff. de la Menardeau *C.* de la Bourdonnaye); — 9° Qu'il suffit que par transaction entre des parents qui seuls avaient obtenu cet envoi, et le prêtre rentré en France, celui-ci ait fait l'abandon de ses biens à ceux-là, stipulant en leur nom seul, pour que la transaction doive leur profiter exclusivement, et que les autres cosuccessibles, soit au jour de la mort civile, soit au temps de la mort naturelle du prêtre, se trouvent sans droit pour y prétendre (Caen, 19 déc. 1835, aff. Buhot, rapporté avec Rej. 6 mars 1840, n° 606-2°); — 10° Que les hypothèques acquises sur les biens d'un prêtre déporté par les créanciers de ses héritiers présomptifs, devaient produire leur effet, encore que ces héritiers n'eussent pas obtenu l'envoi en possession de ces biens de l'autorité administrative, s'ils les avaient recueillis à l'exclusion du déporté, dans une succession ouverte durant sa mort civile, et s'ils avaient payé les droits de mutation de ces mêmes biens (Req. 5 mess. an 13, MM. Delacoste, pr., Chasles, rap., aff. Belin).

608. Les prêtres insermentés ne furent pas les seuls contre lesquels fut dirigée l'arme terrible de la déportation. — La loi du 10 mars 1793, qui instituait à Paris le tribunal révolutionnaire, conféra à ce tribunal le pouvoir exorbitant de prononcer la déportation contre ceux qui seraient convaincus de crimes ou délits *non prévus par le code pénal, ou dont la punition ne serait pas déterminée par les lois*, et dont l'incivisme et la résidence seraient un sujet de trouble et d'agitation. — La loi du 7 juin suivant investit du même pouvoir tous les tribunaux criminels. — La déportation devait aussi être infligée, aux termes de la loi du 1er germ. an 3, contre les personnes convaincues de provocations au pillage des propriétés..., à des actes de violences contre les autorités constituées, le gouvernement et la représentation nationale (art. 1 et 2); contre les auteurs d'attroupements séditieux, non dissipés sur l'invitation du chef de la force armée, après trois sommations; contre ceux qui, après les trois sommations prescrites, restaient spectateurs de ces attroupements, si des actes de violence y étaient commis (art. 6); contre ceux qui, dans le sein des assemblées législatives, poussaient des cris séditieux ou manifestaient des mouvements menaçants (art. 15); enfin, la déportation devait être prononcée, d'après la loi du 27 germ. an 4, lorsqu'en déclarant un accusé convaincu d'avoir, par ses discours ou écrits imprimés, distribués ou affichés, provoqué la dissolution du gouvernement ou l'invasion des propriétés publiques ou le partage des propriétés particulières, sous le nom de loi agraire (crimes punis de mort d'après la même loi), le jury décidait que des circonstances atténuantes militaient en faveur de l'accusé. — Plus d'une fois aussi l'on vit les divers gouvernements qui se succédèrent pendant la période révolutionnaire recourir à la déportation comme à un moyen extraordinaire de vaincre les oppositions qu'ils redoutaient. Nous pouvons citer notamment la loi du 12 germ. an 3, qui déporta plusieurs membres de la convention; celle du 19 fruct. an 5, qui ordonna la déportation de Camille Jordan, de Boissy-d'Anglas, et de plusieurs autres citoyens; celle du 22 du même mois, qui prononça les mêmes mesures contre les rédacteurs du Miroir, de la Quotidienne, du Courrier républicain et autres, tous désignés dans cette loi sous la dénomination de journalistes royaux; l'arrêté du 14 niv. an 9, par lequel cent trente individus furent mis en surveillance spéciale hors du territoire européen de la république. — Une partie de ceux qu'avait frappés la loi du 19 fruct. an 5 furent transportés à Cayenne; plus tard, un arrêté du 28 niv. an 7 désigna l'île d'Oleron comme lieu de détention provisoire de ceux qui s'étaient soustraits jusque-là à la déportation, ou qui avaient quitté le lieu où ils avaient été déportés. — A la différence des prêtres insermentés, ceux qui furent déportés en exécution des lois des 19 et 22 fruct. an 5 ne furent pas frappés de *mort civile*: c'est ce qui résulte d'une loi du 19 brum. an 7. — Il a été jugé, en conséquence, que leur déportation ne leur avait pas fait perdre le domicile qu'ils avaient antérieurement, et que ceux qui avaient des droits à exercer contre eux pouvaient les assigner à ce domicile (Rej. 16 frim. an 11, MM. Maleville pr., Pajon, rap., aff. Doumerc).

609. Le code pénal de 1810 mentionna (art. 7) la déportation au nombre des peines qu'il établissait; mais il lui attribua un caractère qu'elle n'avait point eu jusqu'alors. Réservée pour les crimes politiques, cette peine occupa, dans la double échelle

même, depuis qu'il avait été rendu à la vie civile, et que la chose ainsi jugée avait toute sa force contre les demandeurs, puisque le droit de présuccession ouvert en leur faveur n'ayant subsisté, sans qu'ils s'en fussent jamais prévalus, que jusqu'à la réintégration du prêtre Cassoli, ils ne devaient plus être considérés que comme lui ayant succédé par l'effet de sa mort naturelle, et par conséquent passibles de toutes les exceptions qui pouvaient lui être opposées;

Attendu que les demandeurs invoquent en vain les principes du droit commun sur les effets de la mort civile, lesquels ne sont point applicables à l'espèce; que tout aussi vainement ils soutiennent qu'ils auraient été relevés de l'exception de chose jugée par les réserves énoncées en leur faveur dans les actes administratifs des 2 mai et 19 déc. 1811, lesquelles réserves ne pouvaient ni préjudicier à des droits acquis, ni lier les tribunaux;

Et en ce qui touche l'application de l'art. 16 du sénatus-consulte du 6 flor. an 10, attendu que l'arrêt attaqué ne s'est prévalu de cette disposition que pour le cas où l'exception de chose jugée n'existerait pas; d'où il suit que celle-ci se trouvant justifiée, il devient inutile de s'occuper du moyen surérogatoire; — Rejette.

Du 21 déc. 1840.-C. C., ch. req.-MM. Zangiacomi, pr.-Duplan, rap.

des pénalités, une place correspondante à celle qu'occupe, pour les crimes de droit commun, la peine des travaux forcés à perpétuité. — Les *vieillards* qui ont accompli leur soixante-dixième année ne peuvent être condamnés à la déportation (c. pén. art. 70); elle doit être remplacée à leur égard par la détention à perpétuité (c. pén. 71). L'humanité ne permet pas qu'on fasse faire, à un homme de cet âge, un voyage sur mer qui, pour lui, équivaudrait peut-être à un arrêt de mort. — V. *suprà*, n° 457.

610. Pendant la durée de l'empire, aucun *lieu* ne fut désigné pour son exécution. Le gouvernement de la restauration songea à combler cette lacune et fit faire des recherches pour trouver un lieu convenable; mais ces recherches n'aboutirent à aucun résultat. Une ordonnance du 2 avr. 1817 (art. 3) prescrivit d'enfermer au *Mont-Saint-Michel* les condamnés à la déportation jusqu'à leur transfert dans un lieu de déportation. — Après la révolution de 1830, lorsqu'il fut question de réformer le code pénal, la difficulté se présenta de nouveau. Le projet qui fut présenté la tranchait en supprimant la déportation; mais cette proposition fut rejetée. Les chambres pensèrent que, si elle n'était pas absolument inexécutable, il convenait, non de l'abolir, mais de chercher les moyens de la mettre en vigueur le plus tôt possible, et qu'en conséquence il suffisait de la remplacer transitoirement par la détention perpétuelle, peine plus dure à certains égards, quoique moins efficace. On ajouta donc à l'art. 17 une disposition destinée à consacrer ce mode d'exécution provisoire. Cette disposition à son tour fut modifiée par la loi du 9 sept. 1835 et, par suite, se trouva ainsi conçue : « Tant qu'il n'aura pas été établi un lieu de déportation, le condamné subira à perpétuité la peine de la *détention*, soit dans une prison du royaume, soit dans une prison située hors du territoire continental, dans l'une des possessions françaises, qui sera déterminée par la loi, selon que les juges l'auront expressément décidé par l'arrêt de condamnation. — Lorsque les communications seront interrompues entre la métropole et le lieu de l'exécution de la peine, l'exécution aura lieu provisoirement en France. » — Une ordonnance royale des 22 janv.-1er fév. 1835 (article unique) disposa que « les individus condamnés à la déportation et à la détention seraient renfermés dans la citadelle de *Doullens*, département de la Somme. » — Aux termes de l'art. 18 c. pén., les condamnations à la déportation emportaient la *mort civile*. Cet article ajoutait que néanmoins le gouvernement pourrait accorder au condamné l'exercice des droits civils ou de quelques-uns de ces droits. — Cet article avait donné lieu à la question de savoir ce qui constituait l'exécution d'un jugement prononçant la déportation. — Les auteurs n'étaient pas d'accord sur ce point. — Sous l'empire du code pénal de 1810, et avant que la loi du 28 avr. 1832 eût déterminé le mode d'exécution qui serait donné à cette peine tant qu'il n'aurait pas été établi un lieu de déportation, il avait été jugé que l'arrêt qui condamnait un individu à la déportation n'était réputé exécuté, et, par suite, n'emportait la mort civile que du jour où cet individu avait été transféré hors du territoire continental de la France, et qu'on ne pouvait regarder comme une exécution, dans le sens de l'art. 26 c. civ., ni l'affiche de l'arrêt ni la détention provisoire du condamné au Mont-Saint-Michel (Toulouse, 21 août 1820, M. de Cambon, pr., aff. Escoubès *C.* Negrié).

611. Depuis la loi du 28 avr. 1832, on reconnaissait généralement qu'il n'était pas nécessaire, pour que l'arrêt de condamnation fût réputé exécuté, que le condamné fût transporté hors de France. Mais des doutes s'étaient élevés sur le point de savoir si c'était seulement *à partir du jour* de l'arrivée du condamné dans le lieu de la détention, ou bien à partir du moment où l'on se mettait en marche pour l'y conduire, que la mort civile était encourue. Ces questions ne peuvent plus s'élever aujourd'hui.

612. Enfin la loi des 8-16 juin 1850 (D. P. 50. 4. 129) est venue organiser régulièrement la déportation. Elle forme le dernier état de la législation sur la matière. — Cette loi crée pour les déportés deux situations diverses et inégales, elle établit deux sortes de déportation : la déportation dans une *enceinte fortifiée* et la déportation *simple*. — La première consiste, non pas à être renfermé dans une prison, mais à résider dans un lieu où la surveillance puisse s'exercer. L'art. 1 porte que les déportés y jouiront de toute la liberté compatible avec la nécessité d'assurer la garde de leurs personnes, et qu'ils sont soumis à un régime de police et de surveillance déterminé par un règlement d'administration publique. La déportation simple est celle que définit l'art. 17 c. pén., qui consiste simplement à être transporté et à demeurer à perpétuité dans un lieu déterminé par la loi, hors du territoire continental de l'empire. — La déportation dans une enceinte fortifiée est destinée à remplacer la peine de mort dans tous les cas où elle a été abolie par l'art. 5 de la constitution de 1848 (art. 1).

613. Nous avons vu que, sous l'empire du code pénal, la déportation entraînait la mort civile. Il n'en peut plus être de même aujourd'hui que la mort civile a été effacée de notre législation. Avant même que sa suppression eût été prononcée par la loi du 31 mai-3 juin 1854, la loi des 5 avr.-16 juin 1850 avait déclaré (art. 3) qu'en aucun cas la condamnation à la déportation n'emporterait la mort civile. Mais elle entraîne la dégradation civique.

614. L'art. 3 dispose, en outre, que, tant qu'une loi nouvelle n'aura pas statué sur les *effets civils* des peines perpétuelles, les déportés sont en état d'*interdiction légale*, conformément aux art. 29 et 31 c. pén.; que néanmoins, hors le cas de déportation dans une enceinte fortifiée, les condamnés auront l'exercice des droits civils dans le lieu de déportation; qu'il pourra leur être remis, avec l'autorisation du gouvernement, tout ou partie de leurs biens; mais que, sauf l'effet de cette remise, les actes par eux faits dans le lieu de déportation ne pourront engager ni affecter les biens qu'ils possédaient au jour de leur condamnation, ni ceux qui leur seront échus par succession ou donation. Ce point a été réglé définitivement par la loi des 31 mai-3 juin 1854. — V. *infrà*, nos 729 et suiv.

615. En cas de déclaration de circonstances atténuantes, si la peine prononcée par la loi est celle de la déportation dans une enceinte fortifiée, les juges doivent appliquer celle de la déportation simple ou celle de la détention; mais dans les cas prévus par les art. 86, 96 et 97 c. pén., la peine de la déportation simple doit seule être appliquée (art. 2). — La vallée de *Waïthau* aux *îles Marquises* est déclarée lieu de déportation dans une enceinte fortifiée (art. 4). Et l'île de Noukahiva, l'une des Marquises, est déclarée lieu de déportation simple (art. 5). — La loi laisse au gouvernement le soin de déterminer les *moyens de travail* qui seront donnés aux condamnés, s'ils le demandent; elle le charge de pourvoir à l'entretien des déportés qui ne subviendraient pas à cette dépense par leurs propres ressources (art. 6). — L'art. 7 porte que, dans le cas où les lieux établis pour la déportation viendraient à être *changés* par la loi, les déportés seraient transférés des anciens lieux de déportation dans les nouveaux. — Un représentant (M. Heurtier) avait demandé, par voie d'amendement, que la *famille* du condamné pût l'accompagner au lieu de déportation si elle le désirait, et y fût transportée aux frais du gouvernement. Sans vouloir prendre d'engagement formel, le ministre déclara que l'intention du gouvernement était d'entendre la loi dans le sens le plus généreux, et de pourvoir, autant que possible, à ce que les familles pussent suivre les condamnés lorsqu'elles le demanderaient.

616. Lorsque la loi dont nous nous occupons fut discutée à l'assemblée nationale, la question s'était élevée de savoir si elle serait appliquée aux crimes commis antérieurement à sa promulgation. Les avis étaient partagés sur ce point. On avait même proposé de ne pas la trancher législativement, et de laisser aux tribunaux le soin de la résoudre par l'application des principes du droit. Mais cette proposition ne fut point adoptée, et, sur la réclamation énergique de M. Odilon Barrot, on ajouta à la fin de la loi un article (art. 8) portant que la présente loi n'est applicable qu'aux crimes commis postérieurement à sa promulgation. — Il a été jugé que la loi du 18 juin 1850, qui détermine le lieu où devra être subie à l'avenir la peine de la déportation, est applicable aux individus déclarés coupables d'un complot qui, commencé avant cette loi, a été continué jusqu'à une époque postérieure à sa promulgation (Crim. rej. 17 nov. 1851, aff. Gent, D. P. 51. 1. 333).

617. Peu de temps après la promulgation de la loi dont nous venons de faire connaître les dispositions, intervint le décret des 25-30 juill. 1850 (D. P. 50. 4. 178), qui ordonna que les individus condamnés à la déportation pour crimes commis antérieurement à la promulgation de la loi du 8 juin 1850, subiraient leur peine dans la citadelle de Belle-Ile en-Mer (Morbihan).

618. Après avoir, dans son premier alinéa, expliqué en quoi consistait la déportation (V. *suprà*, nº 602), l'art. 17 c. pén., supposant que cette peine recevrait une exécution réelle, ajoutait (alinéas 2 et 3) : « Si le déporté rentre sur le territoire du royaume, il sera, sur la seule preuve de son *identité*, condamné aux travaux forcés à perpétuité. — Le déporté qui ne sera pas *rentré* sur le territoire du royaume, mais qui sera saisi dans des pays occupés par des armées françaises, sera conduit dans le lieu de sa déportation. » — Il avait été décidé que la première de ces deux dispositions ne serait pas applicable à un individu condamné à la déportation, en vertu d'une loi antérieure au code pénal de 1810, et rentré sur le territoire avant la promulgation de ce code, encore qu'il n'eût été poursuivi que depuis (Crim. rej. 9 sept. 1813, M. Dunoyer, rap., aff. Gouguenheim).—La loi des 8-16 juin 1850 ne s'est point occupée de cette hypothèse; on a paru supposer qu'une *évasion* était chose impossible. « L'art. 17, dit avec raison M. Trébutien (t. 1, p. 228), resterait toujours la règle à suivre, si ce cas se réalisait. » — Evidemment, le déporté qui n'aurait été ramené sur le territoire français que par suite d'événements de *force majeure* et non par l'effet de sa volonté, ne serait pas passible de l'aggravation de peine prononcée par l'art. 17 c. pén., puisqu'il n'y aurait pas l'intention, sans laquelle on ne peut concevoir l'idée d'un délit. — De même encore, on ne pourrait pas appliquer la peine des travaux forcés perpétuels au déporté qui se serait évadé avant d'avoir commencé à subir sa peine, et qu'on retrouverait sur le territoire. L'infraction de ban, en effet, consiste à *rentrer* sur le territoire du royaume; or, pour y rentrer, il faut nécessairement en être sorti. — A plus forte raison, on doit décider de même à l'égard du condamné qui, rendu au lieu de sa déportation, s'évaderait pour passer dans un pays étranger.— Si donc le gouvernement appréhendait le déporté par droit d'extradition, il ne pourrait que le faire reconduire dans le lieu où il doit subir sa peine. — V. en ce sens, Carnot, t. 1, p. 83, nº 7.

619. L'aggravation de peine portée par l'art. 17 devrait être appliquée au déporté qui serait trouvé dans les colonies; car cet article ne punit pas seulement la rentrée sur le territoire continental, mais bien la rentrée sur le territoire du royaume. — Carnot, *loc. cit.*, est d'un avis contraire.

620. Il ne faut pas confondre avec la déportation une mesure à laquelle les divers pouvoirs qui se sont succédé en France depuis la révolution de février 1848 ont cru devoir recourir à différentes reprises dans l'intérêt de la sûreté générale : nous voulons parler de la *transportation*. Un premier décret des 27 juin-5 juill. 1848 (D. P. 48. 4. 118) ordonna la transportation, par mesure de sûreté générale, dans les possessions françaises d'outre-mer, autres que celles de la Méditerranée, des individus actuellement détenus qui seraient reconnus avoir pris part à l'insurrection des 23 juin et jours suivants. Ce décret ajoutait que les femmes et les enfants des individus ainsi transportés hors du territoire seraient admis à partager le sort de leurs maris et de leurs pères. — Un pourvoi ayant été formé devant la cour de cassation contre l'application de cette mesure, il fut décidé que la transportation constitue une mesure de sûreté générale prise par le pouvoir exécutif en vertu d'une délégation de l'assemblée nationale, et dont l'application n'est pas sujette au recours en cassation (Crim. rej. 17 nov. 1848, aff. Transportés de juin, D. P. 48. 1. 238). — Les individus qu'atteignait cette mesure de la transportation furent d'abord détenus provisoirement à Belle-Ile, jusqu'à ce que le lieu de leur résidence eût été déterminé. La loi des 24-30 janv. 1850 (D. P. 50. 4. 8) ordonna qu'ils fussent transférés en Algérie, et détermina le régime auquel ils seraient soumis. Nous ne croyons pas utile de présenter ici l'analyse de cette loi, dont les dispositions furent bientôt complétées par un décret des 31 janv.-21 mars 1850. — Enfin, à la suite des troubles qui signalèrent, en décembre 1851, l'avénement du pouvoir dictatorial de Louis-Napoléon, de nouveaux transportés furent dirigés vers l'Algérie. Un décret des 28 mars-29 avr. 1852 (D. P. 52. 4. 135) déclara applicable à ces transportés le règlement du 31 janv. 1850, annexé à la loi de transportation du 24 du même mois, et ajouta même à ce règlement quelques dispositions nouvelles.

621. Pour terminer cette matière, nous devons mentionner encore un décret important : c'est le décret des 8-12 déc. 1851 (D. P. 52. 4. 8), qui ordonne la transportation, par mesure de sûreté générale, dans une colonie pénitentiaire, à Cayenne ou en Algérie, pour cinq années au moins et dix ans au plus : 1º de tout individu placé sous la surveillance de la haute police qui sera reconnu coupable de rupture de ban; 2º des individus reconnus coupables d'avoir fait partie d'une société secrète.—L'art. 7 de ce décret est ainsi conçu : « Les individus transportés en vertu du présent décret seront assujettis au travail sur l'établissement pénitentiaire. Ils seront privés de leurs droits civils et politiques. Ils seront soumis à la juridiction militaire; les lois militaires leur seront applicables. Toutefois, en cas d'évasion de l'établissement, les transportés seront condamnés à un emprisonnement qui ne pourra excéder le temps pendant lequel ils auront encore à subir la transportation. Ils seront soumis à la discipline et à la subordination militaire envers leurs chefs et surveillants civils ou militaires, pendant la durée de l'emprisonnement. »

SECT. 4. — *De la détention.*

622. La détention est une peine nouvelle introduite dans notre législation criminelle par la loi du 28 avril 1832. L'art. 20 du code pénal revisé qui la consacre, ne figurait point dans le code pénal de 1810. Elle est spécialement réservée aux crimes politiques, et vient, dans cet ordre de pénalités, immédiatement former pour lui, au temps de sa sortie, un fonds de réserve; le après la déportation. L'art. 20 c. pén. est ainsi conçu : « Quiconque aura été condamné à la détention sera renfermé dans l'une des forteresses situées sur le territoire continental du royaume, qui auront été déterminées par une ordonnance du roi (maintenant un décret de l'empereur), rendue dans la forme des règlements d'administration publique. — Il communiquera avec les personnes placées dans l'intérieur du lieu de la détention ou avec celles du dehors, conformément aux règlements de police établis par une ordonnance du roi. — La détention ne peut être prononcée pour moins de cinq ans ni pour plus de vingt ans, sauf le cas prévu par l'art. 33. » Ce cas est celui où le banni rentre sur le territoire français avant l'expiration de sa peine. Il doit être, dans ce cas, condamné à la détention pour un temps au moins égal à celui qui restait à courir jusqu'à l'expiration du bannissement, et qui ne peut excéder le double de ce temps. — V. *infrà*, nº 655.

623. La détention diffère de la reclusion principalement en ce qu'elle consiste uniquement dans la privation de la liberté, et n'entraîne aucune obligation de travail.

624. Une ordonnance du 5 mai 1833 avait d'abord désigné comme lieu de détention un quartier du mont Saint-Michel; ce quartier ayant été brûlé, une ordonnance du 12 janv. 1835 avait désigné la citadelle de Doullens. Enfin, le décret des 23-30 juill. 1850 (art. 1) affecte à cette destination la citadelle de Belle-Isle-en-Mer (Morbihan).

SECT. 5. — *De la reclusion et de l'emprisonnement.*

625. La reclusion vient, dans l'échelle des pénalités, immédiatement après la peine des travaux forcés; elle occupe le dernier rang parmi les peines afflictives et infamantes applicables aux crimes de droit commun. Elle consiste dans un double fait : 1º être enfermé dans une maison de force; 2º être soumis à l'obligation du travail. Sa durée peut varier entre cinq et dix ans. L'art. 21 c. pén., qui la définit, porte : « Tout individu, de l'un ou de l'autre sexe, condamné à la peine de la reclusion, sera renfermé dans une maison de force, et employé à des travaux dont le produit pourra être en partie appliqué à son profit, ainsi qu'il sera réglé par le gouvernement. — La *durée* de cette peine sera au moins de cinq années et de dix ans au plus. » — La reclusion emporte avec elle deux autres peines accessoires : 1º la *dégradation civique* (c. pén., art. 28); 2º le renvoi du condamné, pendant toute sa vie, sous la *surveillance de la haute police* (art. 47). — De plus, aux termes de l'art. 29 c. pén., quiconque a été condamné à la reclusion est, pendant toute la durée de sa peine, en état d'*interdiction légale* (V. nºs 719 et suiv. les effets de cette interdiction).

626. La durée de la reclusion compte, aux termes de l'art. 23, du *jour* où la condamnation est devenue irrévocable. — V. ce qui a été dit à cet égard nos 228 et suiv.

627. Quant à l'*emprisonnement*, il présente, nous l'avons déjà dit, la plus grande analogie avec la reclusion; comme elle, il consiste à être détenu et soumis au *travail*. C'est principalement par la *durée* qu'il en diffère. La reclusion, en effet, ne peut être prononcée pour moins de cinq ans, tandis que l'emprisonnement ne peut, du moins en général et sauf certaines exceptions, dépasser ce terme; en sorte que le même espace de temps qui forme le *minimum* de l'une forme le *maximum* de l'autre. L'emprisonnement est à la fois peine *correctionnelle* et peine de *simple police*, selon sa durée. C'est une peine correctionnelle lorsqu'il est prononcé pour plus de cinq jours; c'est une peine de simple police quand il n'est prononcé que pour cinq jours ou au-dessous. Les art. 40, 41 et 465 c. pén. disposent en ces termes à l'égard de cette peine : « Art. 40. Quiconque aura été condamné à la peine d'emprisonnement sera renfermé dans une maison de correction; il y sera employé à l'un des travaux établis dans cette maison, à son choix. — La durée de cette peine sera au moins de six jours, et de cinq années au plus; sauf les cas de récidive ou autres où la loi aura déterminé d'autres limites. — La peine à un jour d'emprisonnement est de vingt-quatre heures, celle à un mois est de trente jours. — Art. 41. Les produits du travail de chaque détenu pour délit correctionnel seront appliqués partie aux dépenses communes de la maison, partie à lui procurer quelques adoucissements, s'il les mérite, partie à tout ainsi qu'il sera ordonné par des règlements d'administration publique. — Art. 465. L'emprisonnement, pour contravention de police, ne pourra être moindre d'un jour, ni excéder cinq jours, selon les classes, distinctions et cas ci-dessus spécifiés. — Les jours d'emprisonnement sont des jours complets de vingt-quatre heures. »

628. La règle générale qui fixe à cinq ans le *maximum* de l'emprisonnement comporte plusieurs exceptions. Et d'abord en cas de *récidive*. Il résulte, en effet, des art. 57 et 58 c. pén. que celui qui, condamné précédemment pour crime, commet un délit correctionnel, doit être condamné au *maximum* de la peine portée par la loi, laquelle peut même être élevée jusqu'au double, et qu'il en est de même de celui qui, condamné précédemment à un emprisonnement correctionnel de plus d'une année, commet un nouveau délit (V. nos 315 et s.).— De plus, il résulte de l'art 67 c. pén., que, dans le cas où le *mineur* de seize ans qui a encouru la peine de mort, celle des travaux forcés à perpétuité ou de la déportation, est déclaré avoir agi avec discernement, il doit être condamné à la peine de dix à vingt ans d'emprisonnement dans une maison de correction; et que, s'il a encouru la peine des travaux forcés à temps, de la détention ou de la reclusion, il doit être condamné à être renfermé dans une maison de correction pendant un temps égal au tiers au moins et à la moitié au plus de celui pour lequel il aurait pu être condamné à l'une de ces peines.— V. nos 423 et 447.

629. Pour l'*exécution* de la peine de la reclusion, la loi (art. 21) désigne les *maisons de force*; et, pour l'exécution de l'emprisonnement, elle désigne (art. 40) les *maisons de correction*. Il semble, dès lors, qu'il doive y avoir deux catégories bien tranchées d'établissements. Et cependant il n'en est point ainsi. C'est à peine s'il existe, dans quelques chefs-lieux de département, des maisons de correction. Dans les départements où il n'en existe point, on fait une distinction entre les condamnés à plus d'un an d'emprisonnement et les condamnés à moins d'un an. Quant aux premiers, l'ordonnance du 2 avr. 1817, en instituant les maisons centrales de détention, y a confondu, avec les condamnés à des peines afflictives et infamantes, tous ceux qu'un simple emprisonnement correctionnel de plus d'une année a frappés. A la vérité, cette ordonnance prescrivait en même temps la séparation de ces deux classes de condamnés; mais cette division n'a été nulle part exécutée. Quant aux condamnés à moins d'un an d'emprisonnement, ils subissent le plus souvent leur peine dans les maisons d'arrêt et de justice, mêlés avec les prévenus ou les accusés, et cela nonobstant l'art. 604 c. inst. crim., qui porte que « les maisons d'arrêt et de justice seront entièrement distinctes des prisons établies pour peines. »

630. Sur quoi repose cette distinction entre les condamnés à plus d'un an et les condamnés à moins d'un an d'emprisonnement? Elle est fondée, d'après l'ordonnance du 6 juin 1830, sur ce que le code pénal (art. 58) a établi, pour l'application des peines de la récidive, une différence essentielle entre les condamnés à un an de prison et les condamnés à plus d'un an; c'est à cette considération que l'administration s'est attachée pour séparer ces deux classes de condamnés. Malheureusement, disent MM. Chauveau et Hélie (t. 1, p. 254), elle ne les a distinguées que pour les confondre avec d'autres classes non moins distinctes de détenus : observation qui n'a d'utilité qu'autant qu'elle ne sera pas prise trop à la lettre, car la distinction, appliquée avec trop de rigueur, conduit à la minutie des détails et à l'impossibilité.—V. Prisons.

631. L'individu frappé de deux condamnations dont chacune porte moins d'un an, mais qui, réunies, excèdent cette durée, doit-il être conduit dans une maison centrale pour y subir sa peine? La négative se fonde sur ce que les condamnés à plus d'un an ne sont transférés dans les prisons centrales que parce qu'ils sont passibles des peines aggravantes de la récidive, et que, sous ce rapport, ils forment une classe à part parmi les condamnés correctionnels. Or deux ou plusieurs condamnations successives ne produisent pas cet effet, encore bien qu'elles excèdent un an; dès lors le condamné qui les a encourues doit les subir dans la prison départementale. Il devrait en être autrement si le condamné à trois ou six mois de prison se trouvait déjà détenu par suite d'une autre condamnation dans une maison centrale; car, outre qu'on évite par là les inconvénients de la translation, il n'y a aucun danger à le laisser avec une classe de condamnés à laquelle il appartient déjà (Conf. MM. Chauveau et Hélie, t. 1, p. 255; Berriat Saint-Prix, Exécut. des jugements et arrêts en mat. crim., p. 79).

632. En cas de condamnation à la reclusion ou à un emprisonnement d'un an ou au delà, et, en cas de condamnation d'une femme ou d'une fille aux travaux forcés, le ministère public, lorsque la condamnation est devenue définitive, doit en adresser un extrait au préfet du département, en l'invitant à faire transférer le condamné au lieu de sa destination, et un autre extrait au procureur général ou au chef du parquet du lieu où est située la maison centrale où le condamné doit entrer. Ces derniers veillent alors à ce que le condamné soit écroué et subisse sa peine sans interruption.— L'extrait en question, qui est destiné à être remis aux gendarmes chargés de l'escorte du condamné, indique l'espèce et la durée de la peine, ainsi que la nature du délit. — On doit, lorsqu'un condamné a donné des preuves de violence ou perversité durant le procès, le mentionner sur une note particulière qui est annexée à l'extrait. — Telles sont les dispositions d'une instruction ministérielle du 26 juill. 1817.

633. En général, les condamnés à moins d'un an d'emprisonnement doivent subir leur peine dans les lieux mêmes où ils ont été condamnés, ou dans la maison de correction du département, s'il en existe une. Cette règle, disent MM. Chauveau et Hélie (t. 1, p. 255 et 256), est une conséquence, d'abord, de l'art. 197 c. inst. crim., qui donne aux procureurs impériaux la mission de surveiller l'exécution des condamnations; elle est aussi la conséquence de l'exemplarité de la peine qui exige que le châtiment soit infligé dans le lieu même où le délit a été commis. — Cependant le condamné peut obtenir, pour des motifs graves, de subir sa peine dans une autre prison du même département ou même dans un autre département, pourvu qu'il y ait, à cet égard, accord entre l'autorité administrative et l'autorité judiciaire (décr. 18 juin 1811, art. 3, no 9; circ. min. 10 sept. 1822).

634. Si le jugement du tribunal correctionnel a été frappé d'appel, et qu'à la suite de cet appel il soit intervenu une nouvelle condamnation, en quel lieu doit-elle être exécutée? On distingue si les juges d'appel ont confirmé purement et simplement la sentence des premiers juges; comme alors c'est cette sentence qu'il s'agit d'exécuter, c'est dans le lieu où elle a été prononcée que la peine doit être subie; si les juges d'appel ont modifié en quelque point le jugement qui leur était déféré, la condamnation devient alors leur fait, et c'est alors dans la prison de leur résidence que le condamné doit être écroué. — V. en ce sens MM. Chauveau et Hélie, t. 1, p. 256; Berriat Saint-Prix, *loc. cit.*, p. 87.

635. Dans le cas où la peine prononcée n'excède pas un mois, et où le condamné a été arrêté dans un lieu éloigné de celui où il a été jugé, le procureur impérial de ce dernier lieu peut, s'il aperçoit des inconvénients graves à ordonner le transfèrement, le suspendre et adresser au ministre de la justice un extrait du jugement avec des observations sur ce qu'il est convenable de faire; c'est alors le ministre qui décide (circ. min. 17 juill. 1822; V. MM. Ortolan et Ledeau, t. 2, p. 243). Mais, dans la pratique, dit M. Massabiau (n° 2412), quand la durée de la peine est si courte, comme la réponse du ministre pourrait se faire attendre longtemps, le procureur impérial du lieu de l'arrestation en donne avis à celui du lieu de la condamnation, lequel lui transmet un extrait du jugement, en le priant d'en assurer l'exécution et de le lui revoyer ensuite, avec mention au pied du lieu où la peine aura été subie, et de l'époque précise de la libération.

636. En cas de *maladie*, les détenus doivent, d'après la loi du 4 vend. an 6 (art. 15 et 16, V. Evasion, p. 48), être transférés dans les *hospices*, où il doit être pourvu à leur garde, et non pas, comme cela se pratique souvent, dans des maisons de santé particulières, n'offrant aucune des garanties d'un établissement public. — Outre que le séjour dans ces maisons pourrait offrir aux détenus des facilités d'évasion, il constituerait une suspension de la peine, et serait d'ailleurs, vis-à-vis des autres détenus, un privilége contraire à l'équité. — V. en ce sens MM. Chauveau et Hélie, t. 1, p. 256; de Molènes, t. 2, p. 59; Berriat Saint-Prix, Exécut. des jugem. et arrêts en mat. crim., p. 103.

637. L'art. 40 c. pén. soumet, d'une manière générale, les condamnés à l'emprisonnement à l'obligation du *travail*. Cependant, dans les cas où les condamnés à moins d'un an subissent leur peine dans la maison d'arrêt, ce qui arrive le plus ordinairement, ainsi que nous l'avons dit, comme, dans la plupart de ces maisons, il n'existe pas d'ateliers de travail, la peine se trouve réduite alors à la privation temporaire de la liberté. Quant aux condamnés à l'emprisonnement en matière de simple police, l'obligation de travail ne leur est point applicable; cela résulte de la comparaison des art. 40 et 465 c. pén.— V. aussi Rauter, Dr. crim., t. 1, n° 177.

638. L'art. 40 laisse au condamné à l'emprisonnement le *choix* du travail auquel il sera employé, et l'art. 41 porte que les produits de son travail seront appliqués partie aux dépenses communes de la maison, partie à lui procurer quelques adoucissements, s'il les mérite, partie à former pour lui, au temps de sa sortie, un fonds de réserve. — Si l'autorité ne croyait pas devoir l'autoriser à se procurer les adoucissements qui peuvent être pris sur le second tiers de son salaire, son fonds de réserve devait s'accroître de la portion non employée à cet usage. En effet cette portion lui appartient, elle est le salaire de son travail, et il ne peut en être privé. — V. en ce sens Carnot, sur l'art. 41 c. pén.

639. Ce n'est point pour le compte de l'administration elle-même que les détenus travaillent dans les prisons. Il existe dans chaque maison de détention un entrepreneur général chargé de leur procurer du travail et en même temps de pourvoir aux dépenses qu'entraînent toutes les parties du service. On a fait à ce mode d'organisation du travail divers reproches, notamment celui de créer, au préjudice des industries semblables exercées au dehors, une concurrence ruineuse, ruineuse pour les commerçants, ruineuse surtout pour les ouvriers et les ouvrières. Et en effet, les travaux des détenus sont exécutés dans des conditions qui permettent d'en livrer les produits à des prix bien inférieurs à ceux de la fabrique ordinaire. Après la révolution de février 1848, le gouvernement provisoire, voulant donner satisfaction à ces plaintes, rendit un décret qui résiliait tous les marchés des entrepreneurs et ordonnait la suspension du travail dans les prisons. Mais ce régime nouveau, qui livrait les détenus à tous les dangers, à tous les inconvénients de l'oisiveté, ne pouvait durer : ce n'était qu'une satisfaction d'un moment donnée à d'impérieuses exigences. La loi des 9-13 janv. 1849, conçue dans des vues plus sages et plus modérées, rétablit le travail et reprit l'exécution des traités, mais en ordonnant, pour l'avenir, que les produits fabriqués par les détenus seraient consommés par l'Etat autant que possible, et dans tous les cas ne pourraient être livrés sur le marché en concurrence avec ceux du travail libre, au moins sans une autorisation du président du tribunal de commerce dans la circonscription duquel serait établie la maison centrale. Cette loi a été abrogée par le décret des 25 fév.-20 mars 1852, qui a autorisé le ministre à réorganiser le travail dans les prisons. Ce décret est ainsi motivé : « Considérant que la disposition de l'art. 3 de la loi du 9 janv. 1849 portant que les produits du travail des détenus seront consommés par l'Etat, autant que possible, n'a pu recevoir jusqu'à présent qu'une exécution incomplète, malgré les efforts de l'administration; que, par suite, une notable partie des condamnés renfermés dans les maisons centrales reste livrée à tous les désordres si graves, si démoralisants de l'oisiveté; que cet état de choses est contraire aux art. 21 et 40 c. pén.;—Considérant que le travail des détenus, réduit à une appréciation exacte, ne présente que des résultats tout à la fois insignifiants, relativement à la masse générale de la production, et qu'il ne peut fournir les éléments d'une concurrence sérieuse; que des mesures administratives peuvent d'ailleurs être prises pour prévenir la réduction des prix de main-d'œuvre du travail libre, par l'effet du travail dans les prisons. » L'art. 3 de ce décret porte que les produits du travail des détenus seront, autant que possible, appliqués à la consommation des administrations publiques, et que les condamnés qui ne seront pas employés directement par l'administration à des travaux destinés, soit au service des prisons, soit à des services publics, pourront être employés à des travaux d'industrie privée; sous les conditions déterminées par des règlements administratifs qui seront faits par le ministre de l'intérieur.

SECT. 6. — *De l'exposition.*

640. L'exposition publique avait été introduite dans notre législation criminelle par le code pénal des 25 sept.-6 oct. 1791. Elle était attachée comme accessoire aux peines des fers, de la reclusion, de la gêne et de la détention (part. 1, tit. 1, art. 28). Elle subsistait dans cette loi concurremment avec le carcan, peine plus rigoureuse, avec lequel elle présentait une grande analogie. Le code pénal de 1810 conserva le carcan, et il l'appliqua tantôt comme peine principale, tantôt comme accessoire d'autres peines. L'art. 22 du code portait : « Quiconque aura été condamné à l'une des peines des travaux forcés à perpétuité, des travaux forcés à temps ou de la reclusion, avant de subir sa peine, *sera attaché au carcan sur la place publique*. Il y demeurera exposé au regards du peuple durant une heure. Au-dessus de sa tête sera placé un écriteau portant, en caractères gros et lisibles, ses noms, sa profession, son domicile, sa peine et la cause de sa condamnation. » La loi réformatrice du 28 avril 1832 remplaça le carcan par la dégradation civique dans tous les cas où il existait comme peine principale, et dans les autres cas elle y substitua l'exposition publique. A vrai dire, c'était moins la substitution d'une peine à une autre qu'une modification dans la forme matérielle de la même peine. Le nouvel art. 22 était ainsi conçu : « Quiconque aura été condamné à l'une des peines des travaux forcés à perpétuité, des travaux forcés à temps ou de la reclusion, avant de subir sa peine, demeurera pendant une heure exposé aux regards du peuple sur la place publique. Au-dessus de sa tête sera placé un écriteau portant, en caractères gros et lisibles, ses noms, sa profession, son domicile, sa peine et la cause de sa condamnation. — En cas de condamnation aux travaux forcés à temps ou à la reclusion, la cour d'assises pourra ordonner par son arrêt que le condamné, s'il n'est pas en état de récidive, ne subira pas l'exposition publique. — Néanmoins l'exposition publique ne sera jamais prononcée à l'égard des mineurs de dix-huit ans et des septuagénaires. »

641. Sous l'empire de cette disposition, il avait été décidé : 1° que, l'exposition étant une conséquence nécessaire de la condamnation aux travaux forcés à perpétuité, il ne résultait pas nullité de ce que l'arrêt de condamnation ne l'avait pas explicitement prononcée (Crim. rej. 12 sept. 1835, M. Fréteau de Peny, rap., aff. Tremblais); — 2° Que l'exposition publique, hors les cas où l'accusé y était formellement condamné par disposition principale, devait être regardée comme le complément de la condamnation, et atteignait le condamné, encore que le président eût omis de lire publiquement la disposition de la loi qui prononçait ce complément; que cette omission, si, d'ailleurs, le président avait prononcé en public la condamnation principale, n'était pas un motif de nullité (Crim. rej. 27 déc. 1832, MM. de Bastard, pr., Chantereyne, rap., aff. Giraud).

642. Des termes du § 2 de l'art. 22 il résultait que, dans le cas où le condamné aux travaux forcés à temps ou à la reclusion était en récidive, la cour d'assises ne pouvait le dispenser de l'exposition. — Décidé, en ce sens, qu'il suffisait qu'un individu en état de récidive fût condamné à la peine de la reclusion, pour que la peine accessoire de l'exposition eût dû lui être infligée, encore bien qu'à raison des circonstances atténuantes, les juges auraient pu ne le condamner qu'à cinq ans d'emprisonnement (Crim. cass. 20 avril 1843, MM. de Crouseilhes, f. f. de pr., Vincens Saint-Laurent, rap., aff. Bédé).

643. L'art. 165 c. pén. disposait impérativement que tout faussaire condamné, soit aux travaux forcés, soit à la reclusion, subirait l'exposition publique. — Il avait été jugé, en conséquence: 1° que la faculté laissée à la cour d'assises, par l'art. 22 c. pén., § 2, de faire remise de l'exposition, ne s'étendait point au cas de condamnation pour faux; qu'en conséquence, le faussaire devait toujours la subir (Crim. cass. 22 janv. 1835, MM. de Bastard, pr., Meyronnet de Saint-Marc, rap., aff. Renault); — 2° Qu'il devait en être de même dans le ressort de la régence d'Alger (Crim. cass. 9 janv. 1835, MM. Choppin, f. f. de pr., Isambert, rap., aff. Noailles); — 3° Qu'un individu déclaré coupable de faux en écriture privée ne pouvait être exempté de l'exposition sous le prétexte qu'il n'était pas en état de récidive ou qu'il existait des circonstances atténuantes, alors que le jury ne les avait pas reconnues (Crim. cass. 16 janv. 1834, MM. de Bastard, pr., de Ricard, rap., aff. Bousquet).

644. Nous avons vu (*suprà*, n° 65) quel était le mérite et quels étaient les défauts et les inconvénients de l'exposition publique. Nous avons vu également (*ibid.*) qu'elle avait été supprimée par décret du 12 avril 1848.

645. Cette abolition a eu un effet rétroactif à l'égard des condamnations antérieures qui n'avaient pas encore reçu d'exécution. En effet, il a été décidé que les condamnés à la peine de l'exposition par arrêts antérieurs au décret qui a prononcé l'abolition de cette peine, sont admis à jouir du bénéfice de ce décret (circ. min. just. 26 fév. 1848, D. P. 48. 3. 65).

646. Le décret du 12 avril 1848 qui abolit la peine de l'exposition publique, édictée par l'art. 22 c. pén., n'emporte pas implicitement abrogation de l'art. 472 c. inst. crim. qui règle les formes de l'exposition par effigie à l'égard des condamnés par contumace (lett. min. de la just. 9 sept. 1848, D. P. 49. 3. 15).

Sect. 7. — *Du bannissement.*

647. Le bannissement consiste à être expulsé d'un pays avec défense d'y rentrer. — Cette peine était très-usitée dans notre ancienne jurisprudence (V. *suprà*, n° 12). On l'appliquait indistinctement aux crimes communs ou aux crimes spéciaux. Mais elle n'avait pas toujours la même étendue. Un criminel pouvait être banni de tout le royaume; mais il pouvait l'être seulement du ressort d'un parlement, d'un bailliage, d'une généralité, d'une justice particulière. Mais quel était à cet égard le pouvoir de chaque juridiction? En d'autres termes, quelle étendue chaque juridiction pouvait-elle donner au bannissement? C'est ce qu'il est inutile de rechercher ici.

648. Le bannissement hors du royaume devait être nécessairement prononcé à perpétuité. Le parlement de Grenoble avait cependant décidé le contraire; mais sur les remontrances du chancelier d'Aguesseau (lettre du 8 juin 1743), il réforma sa jurisprudence.— Quant au bannissement hors d'une circonscription moins étendue, il ne pouvait être prononcé qu'à temps. C'est ce qui résulte également d'une lettre du chancelier d'Aguesseau du 23 sept. 1848, dans laquelle il se plaint que les juges inférieurs de Bretagne soient dans l'usage de condamner au bannissement perpétuel hors de leur ressort seulement, usage qu'il considère comme un abus. — Le bannissement perpétuel hors du royaume entraînait la mort civile. Il en était autrement du bannissement hors d'une partie seulement du royaume (V. Loisel, Instit. cout., liv. 6, tit. 2, max. 23; Jousse, Just. crim., t. 1, p. 51; Muyart de Vouglans, Lois crim., p. 69; d'Aguesseau, lettre du 23 sept. 1748 précitée).—Les bannis qui avaient enfreint leur ban devaient, pour ce seul fait, être condamnés aux galères (déclar. 31 mai 1681). Les femmes ou filles, qui ne pouvaient être condamnées aux galères, devaient être enfermées dans l'hôpital général le plus prochain (déclar. 29 avril 1687).

649. Nous avons vu (*suprà*, n° 62) quels inconvénients présente cette peine, et de quelles critiques elle avait été l'objet. Ces considérations avaient déterminé l'assemblée constituante à supprimer le bannissement, qui en effet ne figure point au nombre des peines établies par le code pénal de 1791. Le code pénal de 1810 le rétablit, mais il en restreignit l'application à quelques crimes politiques. — Lors de la révision du code pénal en 1832, le bannissement fut également maintenu; toutefois son application fut encore restreinte; en effet, il fut remplacé par la détention à l'égard des crimes prévus par les art. 78, 81 et 82 (correspondance avec les sujets d'une puissance ennemie ayant fourni des instructions nuisibles à la situation militaire ou politique de la France; livraison de plans de fortifications, ports ou rades aux agents d'une puissance neutre ou alliée). — Ce fut sur la proposition de la commission de la chambre des députés que cette substitution de peine fut opérée; et le garde des sceaux (Me Barthe) y adhéra dans les termes suivants : « La commission a pensé que punir du bannissement le Français qui trahit la France pour l'étranger, ce n'est autre chose que lui donner le moyen d'aller toucher le prix de sa trahison; aussi, la commission, pour ces trois articles, vous a proposé de substituer la peine de la détention à temps à la peine du bannissement. Je suis tellement frappé des motifs qui ont déterminé la commission relativement à ces trois points, je suis tellement frappé de cette circonstance, que punir du bannissement le Français qui trahit la France et livre certaines places à l'étranger, c'est l'atteindre d'une peine illusoire, que j'adhère à son opinion. » — V. le Code progressif, p. 154.

650. Nous venons de dire que le code pénal a réservé l'application du bannissement à des crimes *politiques*. Il y a quelques exceptions à faire à la généralité de cette proposition. En effet, les art. 156 et 158 c. pén. punissent de cette peine la falsification d'une feuille de route et le fait de recevoir des frais de route avec cette feuille fausse ou falsifiée, crimes qui n'ont rien de politique, et dont on cherche vainement l'analogie avec la peine qui leur est infligée.

651. L'art. 8 c. pén. classe le bannissement au nombre des peines non afflictives, mais seulement *infamantes*. Et l'art. 32 porte : « Quiconque aura été condamné au bannissement sera transporté, par ordre du gouvernement, hors du territoire du royaume. — La *durée* du bannissement sera au moins de cinq années et de dix ans au plus. »

652. Bien que le banni soit libre de résider, à l'étranger, partout où bon lui semble, nous ne pensons pas que le gouvernement soit tenu de le faire conduire à la frontière qu'il désigne. La loi, en effet, ne lui impose point cette obligation. Le gouvernement peut faire transporter le banni où bon lui semble; c'est à ce dernier à se rendre ensuite où il lui plaît d'aller. — V. Conf. Carnot, sur l'art. 32, n° 4.

653. Les gouvernements étrangers ne sont pas obligés de recevoir les criminels qu'un arrêt de bannissement fait sortir d'un Etat voisin. S'il arrivait qu'un banni fût refusé à la frontière par les autorités étrangères, que faudrait-il faire? Nous croyons, avec Rauter (Traité de dr. crim., t. 1, n° 166), que le condamné devrait être détenu jusqu'à ce que l'exécution fût possible, ou jusqu'à l'expiration de la peine. En effet, il doit être constamment sous la main de l'autorité, afin qu'elle puisse lui faire passer la frontière aussitôt que possible; sa situation est celle du condamné qui attend l'exécution de son jugement. Mais alors sa condition ne doit pas être plus dure que celle du détenu en arrestation provisoire.

654. L'ordonnance du 2 avr. 1817, sur les maisons centrales de détention, disposait en ces termes à l'égard des bannis (art. 4) : « Les individus condamnés au bannissement seront transférés à Pierre-Châtel, et y resteront pendant la durée de leur ban, à moins qu'ils n'obtiennent la faculté d'être reçus en pays étranger : dans ce cas, ils seront transportés à la frontière ; ceux qui auront la faculté de s'embarquer et qui le demanderont seront conduits au port d'embarquement sur l'ordre du ministre de l'intérieur. » Depuis, le fort de Pierre-Châtel a cessé d'être une prison, et aucune autre désignation n'a été faite pour remplacer celle-là. Il faut en conclure que le gouvernement pourrait, sans que le condamné eût le droit de s'en plaindre, le faire détenir dans telle prison qu'il jugerait à propos, pourvu cependant que le régime n'y fût pas plus sévère qu'il ne doit l'être pour le banni.

655. Le bannissement emporte défense de rentrer sur le territoire français. La contravention à cette défense se nomme *infraction de ban*. C'est un crime que la loi ne pouvait laisser impuni. Le code pénal de 1810 prononçait pour ce cas la peine de la déportation. — Le code pénal revisé en 1832 a substitué à cette disposition l'art. 33, ainsi conçu : « Si le banni, avant l'expiration de sa peine, rentre sur le territoire du royaume, il sera, sur la seule preuve de son identité, condamné à la détention pour un temps au moins égal à celui qui restait à courir jusqu'à l'expiration du bannissement, et qui ne pourra excéder le double de ce temps. »

656. La détention dont parle cet article n'est pas la détention ordinaire, dont les limites sont posées par l'art. 20, § 3, c. pén., mais une peine spéciale, exceptionnelle, en rapport avec la durée de la peine prononcée contre le banni rentré sur le territoire.—V. le Code progressif, p. 152, note.

657. Le bannissement, nous l'avons dit, ne figurait point dans le système pénal consacré par le code de 1791. Ce code n'avait pas dû, en conséquence, prévoir et punir l'infraction de ban. Il a été décidé, dès lors, que l'individu qui, condamné au bannissement avant la révolution a enfreint son ban sous la loi de 1791, doit être absous purement et simplement de ce fait, bien qu'il n'ait été poursuivi que depuis la publication du code pénal, qui a établi une peine contre l'infraction de ban (Crim. cass. 9 sept. 1813, M. Dunoyer, rap., aff. Gouguenheln).

658. La loi a tracé la procédure à suivre pour constater et punir l'infraction de ban. — Aux termes de l'art. 518 c. inst. crim., l'*identité* d'un individu, condamné au bannissement, qui aura enfreint son ban et sera repris, est constatée par la cour qui a prononcé la condamnation. Cette cour, en prononçant l'identité, applique de plus la *peine* attachée par la loi à l'infraction du ban. — D'après l'art. 519 c. inst. crim., ces jugements sont rendus sans assistance de *jurés*, après l'audition des témoins ; l'audience est *publique*, et l'individu repris est présent, à peine de nullité. — Il résulte de là que si l'individu accusé d'avoir rompu son ban n'avait pas été repris, il ne pourrait être condamné par *contumace* à la peine portée par l'art. 33 c. pén.; car l'identité doit être reconnue, et cette reconnaissance ne peut avoir lieu qu'autant que le condamné repris est présent. D'ailleurs, la présence accidentelle et momentanée d'un banni sur le territoire n'a pas un caractère assez prononcé de désobéissance à l'arrêt de bannissement pour mériter l'aggravation de peine attachée à l'infraction de ban. La fuite a effacé le délit (V. en ce sens MM. Legraverend, t. 2, p. 518; Carnot, Inst. crim., sur l'art. 519, n° 1; Chauveau et Hélie, t. 1, p. 122). — Si la reconnaissance de l'identité se fait sans l'assistance de jurés, il n'en est pas de même de la condamnation ultérieure prononcée pour l'infraction de ban. La peine de la détention, substituée aujourd'hui à celle de la déportation, n'est appliquée qu'en vertu d'une déclaration du jury.

659. Indépendamment du bannissement judiciaire dont le code pénal frappe les auteurs de certains crimes, le seul dont nous nous soyons occupés jusqu'à présent, il en existe un autre que nous devons signaler : le bannissement *politique*, qui, à la suite de nos révolutions, a été souvent infligé par voie législative à certaines classes de personnes. — Ainsi la loi des 12-14 janv. 1816 (art. 4) excluait du royaume à perpétuité les ascendants et descendants de Napoléon Bonaparte, ses oncles et ses tantes, ses neveux et ses nièces, ses frères, leurs femmes et leurs descendants, ses sœurs et leurs maris, et leur enjoignait d'en sortir sous la peine portée par l'art. 91 c. pén. 1810 (la mort et la confiscation des biens). Elle ajoutait qu'ils ne pouvaient y jouir d'aucun droit civil, y posséder aucuns bien, titre, pension, à eux accordés à titre gratuit, et qu'ils seraient tenus de vendre, dans le délai de six mois, les biens de toute nature qu'ils possédaient à titre onéreux. — Cette même loi (art. 7) excluait à perpétuité du royaume ceux des *régicides* qui, au mépris de la clémence dont ils avaient été l'objet, avaient voté pour l'acte additionnel ou accepté des fonctions ou emplois « de l'usurpateur, » et leur ordonnait d'en sortir dans le délai d'un mois, sous la peine portée par l'art. 33 c. pén. 1810 (la déportation). Elle ajoutait qu'ils ne pourraient y jouir d'aucun droit civil, y posséder aucun bien, titre ni pension à eux concédés à titre gratuit.—Il a été jugé : 1° que les régicides privés de tous droits civils par l'art. 7 (L. 12 janv. 1816) ne pouvaient succéder en France (Orléans, 10 juin 1818, M. Delaplace, pr., aff. Champigny); — 2° Que l'art. 7 de la loi du 12 janv. 1816 était applicable au régicide qui se trouvait dans le cas prévu par cet article, nonobstant les infirmités qu'il alléguait, lesquelles pouvaient lui motiver un recours à la clémence royale aux fins d'une prorogation de délai, mais non être appréciées par les tribunaux ; que, dans ce cas, il n'y avait lieu qu'à une procédure d'identité, sans qu'il fût nécessaire de rien soumettre à la décision d'un jury (Crim. rej. 28 mai 1818, MM. Barris, pr., Ollivier, rap., aff. Pointe); — 3° Que l'individu banni par la loi du 12 janv. 1816, et accusé d'avoir rompu son ban, ne pouvait, non plus que celui qui a été banni en vertu d'une condamnation judiciaire, être poursuivi par *contumace*; qu'il fallait qu'il eût été saisi, et que l'*identité* de sa personne eût été constatée (Crim. rej. 6 mars 1817)(1); —4° Qu'il pouvait intervenir, par le ministère d'un avocat, sur le pourvoi en cassation dirigé par le ministère public contre l'arrêt de la cour d'assises qui avait déclaré qu'il n'y avait lieu à suivre (même arrêt); — 5° Que le ministère public était recevable à former ce pourvoi ; qu'il avait, à cet effet, un délai de trois jours, et non celui de vingt-quatre heures seulement que la loi lui accorde en cas d'acquittement (même arrêt); — 6° Que la déclaration faite par le jury qu'un individu était coupable des faits précisés par la loi du 12 janv. 1816, et d'être rentré en France, suffisait pour faire appliquer les peines de l'infraction de ban ; que cette déclaration ne pouvait être attaquée en cassation sous le prétexte du défaut ou de l'insuffisance de preuve des

(1) (Min. pub. C. Me Monnot.) — LA COUR (après délib. en ch. du cons.); — Vu la demande en intervention, formée par le sieur Monnot par l'organe de Me Loiseau, avocat en la cour; — Attendu que l'art. 421 c. inst. crim. est inapplicable à cette demande, reçoit ladite intervention, et y faisant droit, ainsi qu'au pourvoi du procureur général à la cour royale de Besançon, envers l'arrêt de la cour d'assises de cette ville, par lequel il a été déclaré qu'il n'échoit de statuer sur l'accusation portée contre ledit sieur Monnot, et par lequel encore la procédure instruite contre lui a été annulée;

Relativement, en second lieu, au pourvoi du procureur général : — Vu l'art. 7 de la loi du 12 janv. 1816, l'art. 33 c. pén. et les art. 518 et 519 c. inst. crim.; — Attendu que, si ledit art. 33 c. pén. prescrit que le banni qui, durant le temps de son bannissement, rentre sur le territoire du royaume, soit condamné à la peine de la déportation, il subordonne cette condamnation à la preuve de l'identité du banni; que cet article se lie donc d'une manière intime et nécessaire avec les dispositions du code d'instruction criminelle, qui ont fixé les règles à suivre pour la reconnaissance de l'identité des individus condamnés ou évadés; que ces règles sont déterminées dans les art. 518, 519 et 520 du code; que, d'après l'art. 518, pour qu'il y ait lieu à la reconnaissance de l'identité d'un individu condamné à la déportation ou au bannissement qui aura enfreint son ban, il faut qu'il soit repris; que, d'après l'art. 519, il faut, à peine de nullité, que l'individu repris soit présent aux débats et au jugement de l'identité; — Et attendu que le sieur Monnot, accusé d'avoir enfreint son ban, n'avait pas été repris; qu'il n'était pas présent devant la cour d'assises du département du Doubs, lorsqu'elle a prononcé sur l'accusation portée contre lui; qu'en jugeant donc, dans cet état de choses, qu'il n'échoit de statuer sur cette accusation, cette cour s'est conformée à loi; que l'annulation de la procédure par contumace, instruite contre ledit sieur Monnot, n'a été que la conséquence nécessaire et légale de cette disposition principale de son arrêt; que cette procédure, ne pouvant pas, en effet, servir de base à un jugement sur la reconnaissance de l'identité, et devant s'anéantir de plein droit, aux termes de l'art. 476 c. inst. crim., si le sieur Monnot était arrêté, était évidemment frustratoire; — Rejette, etc.

Du 6 mars 1817.-C. C., sect. crim.-MM. Barris, pr.-Rataud, rap.

faits entraînant le bannissement, et qu'il n'était pas nécessaire, pour qu'il y eût lieu au bannissement et à la peine de l'infraction de ban, que la loi du 12 janv. 1816 eût été déclarée individuellement applicable, soit par une disposition nominative, soit par un jugement; que c'était aux jurés qu'il appartenait d'apprécier les faits qui, d'après l'accusation, rendaient cette loi applicable à la personne poursuivie pour infraction de ban (Crim. rej. 27 avril 1820, MM. Barris, pr., Giraud, rap., aff. Lecarpentier).

660. La loi de 1816 a été, en partie du moins, rapportée par celle du 11 sept. 1830 (V. Amnistie, p. 516), qui permet aux personnes bannies par les art. 5 et 7 de rentrer en France.—Il a été décidé : 1° que la loi du 11 sept. 1830 n'ayant ordonné la réintégration des bannis dans les biens dont ils avaient été privés par suite de la loi du 12 janv. 1816, que sous la condition de ne pas porter préjudice aux droits acquis par des tiers, un de ces bannis n'a pu venir revendiquer la propriété d'un immeuble, dont il avait été dépouillé en vertu de cette loi de 1816, contre l'ancien émigré qui, à la suite de la réunion de cet immeuble au domaine de l'État, en avait obtenu la restitution (ord. c. d'Ét. 23 mars 1836, M. Macarel, rap., aff. Sieyès); — 2° Que la possession d'un immeuble concédé par l'État à un simple particulier à titre de récompense nationale ne peut être considérée comme une possession acquise à titre onéreux; qu'en conséquence, la réunion de cet immeuble au domaine de l'État, et par suite sa restitution aux anciens propriétaires émigrés, ont pu être prononcées en vertu des lois des 12 janv. 1816 et 5 déc. 1814, alors que le donataire de cet immeuble se trouvait au nombre des personnes bannies par cette loi de janv. 1816 (même décision 23 mars 1836).

661. La loi des 10 et 11 avril 1832 interdit à perpétuité le territoire de la France et de ses colonies à Charles X, à ses descendants et aux époux et épouses de ses descendants. — Cette loi ayant prescrit aux Bourbons de la branche aînée de vendre les biens qu'ils possédaient en France, et les ayant autorisés à recevoir le prix de ces ventes, il en résulte qu'elle leur a réservé l'exercice momentané de tous les droits civils nécessaires pour l'aliénation de ces biens et le recouvrement du prix. — Ainsi il a été jugé que, nonobstant leur exclusion du territoire français, les enfants mineurs de la duchesse de Berri peuvent avoir un domicile purement légal en France, soit pour l'aliénation de leurs biens, soit pour le recouvrement du prix de cette aliénation (Paris, 24 juill. 1835, aff. Pastoret, V. Minorité, n° 210).

662. A la suite de la révolution de février 1848, fut rendu un décret (26 mai-9 juin 1848) aux termes duquel le territoire de la France et de ses colonies, interdit à la branche aînée des Bourbons par la loi du 10 avril 1832, était interdit également à Louis-Philippe et à sa famille.

663. La loi des 10-11 avril 1832 (art. 6) avait renouvelé, à l'égard de la famille Bonaparte, le bannissement prononcé par la loi des 12-14 janv. 1816. Cependant, après la révolution de février 1848, plusieurs des membres de cette famille rentrèrent sur le territoire français sans être inquiétés. Quelques-uns même furent élus membres de l'assemblée nationale constituante qui fut nommée alors pour organiser et régulariser le régime nouveau créé par cette révolution, et leur admission fut prononcée à peu près sans contestation. Les lois de bannissement n'avaient plus dès lors de raison d'être. La révocation en fut prononcée par un décret des 11-14 oct. 1848, qui porte que l'art. 6 de la loi du 10 avril 1832, relatif au bannissement de la famille Bonaparte, est abrogé. — On sait que le chef de cette famille est devenu successivement président de la République, puis empereur des Français.

Sect. 8. — *De la dégradation civique.*

664. Aux termes de l'art. 34 c. pén., la dégradation civique consiste : 1° dans la destitution et l'exclusion des condamnés de toutes fonctions, emplois ou offices publics; — 2° Dans la privation du droit de vote, d'élection, d'éligibilité, et en général de tous les droits civiques et politiques et du droit de porter aucune décoration; — 3° Dans l'incapacité d'être juré expert, d'être employé comme témoin dans des actes, et de déposer en justice autrement que pour y donner de simples renseignements; — 4° Dans l'incapacité de faire partie d'aucun conseil de famille, et d'être tuteur, curateur, subrogé tuteur ou conseil judiciaire, si ce n'est de ses propres enfants, et sur l'avis conforme de la famille; — 5° Dans la privation du droit de port d'armes, du droit de faire partie de la garde nationale, de servir dans les armées françaises, de tenir école ou d'enseigner et d'être employé dans aucun établissement d'instruction, à titre de professeur, maître ou surveillant.

Cette nomenclature d'incapacités n'était pas aussi complète dans le code pénal de 1810. A celles que prononçait ce code, la loi du 28 avr. 1832 a ajouté la privation du droit de vote, d'élection, d'éligibilité, et en général de tous les droits civiques et politiques et du droit de porter aucune décoration, l'incapacité de faire partie d'aucun conseil de famille et d'être conseil judiciaire, la privation du droit de faire partie de la garde nationale, de tenir école, ou d'enseigner et d'être employé dans aucun établissement d'intruction, à titre de professeur, maître ou surveillant.

665. La *dégradation civique* figurait aussi au nombre des peines établies par la loi des 25 sept.-6 oct. 1791. Mais cette loi avait prescrit, pour son exécution, des formes solennelles. L'art. 31, tit. 1, part. 1, disposait en ces termes : « Le coupable qui aura été condamné à la peine de la dégradation civique sera conduit au milieu de la place publique de la ville où siége le tribunal qui l'aura condamné. Le greffier du tribunal lui adressera ces mots à voix haute : Votre pays vous a trouvé coupable d'une action infâme; la loi et le tribunal vous dégradent de la qualité de citoyen français. Le condamné sera ensuite mis au carcan au milieu de la place publique : il y restera pendant deux heures, exposé aux regards du peuple. Sur un écriteau seront tracés, en gros caractère, ses noms, son domicile, sa profession, le crime qu'il a commis et le jugement prononcé contre lui. » — La dégradation civique n'était point applicable aux personnes qui déjà étaient dépourvues des droits civiques, comme les femmes ou filles, les étangers, les repris de justice. Si donc une de ces personnes commettait un crime passible de la dégradation civique, le jugement devait prononcer seulement la peine du carcan (*loc. cit.*, art. 32). Dans ce cas, le condamné était conduit au milieu de la place publique de la ville où siégeait le tribunal criminel qui l'avait jugé. Le greffier du tribunal lui adressait ces mots à haute voix : Le pays vous a trouvé convaincu d'une action infâme.—Le condamné était ensuite mis au carcan, et restait pendant deux heures exposé aux regards du peuple. Sur un écriteau étaient tracés, en gros caractère, ses noms, sa profession, son domicile, le crime qu'il avait commis et le jugement rendu contre lui (art. 33).

Toutes ces formalités ont été supprimées par le code pénal. Aujourd'hui la dégradation civique consiste uniquement dans les diverses incapacités énumérées par l'art. 34 c. pén., ainsi que nous l'avons vu ci-dessus. Elle est encourue par le fait seul de la condamnation et à compter *du jour* où cette condamnation est devenue irrévocable, et, en cas de condamnation par contumace, du jour de l'exécution par effigie (c. pén., art. 28).—Il a été jugé en ce sens que c'est du jour où la condamnation contradictoire est devenue définitive que la dégradation civique est encourue, et non, comme à l'égard du contumace, à partir seulement de l'exécution par effigie (Crim. rej. 13 oct. 1842, MM. de Bastard, pr., Dehaussy, rap., aff. Couret).

L'art. 23 c. pén. de 1810 portait que la durée de la peine des travaux forcés à temps et de la peine de la reclusion se compterait du jour de l'exposition. Sous l'empire de cette disposition, il avait été décidé que les incapacités résultant du caractère afflictif et infamant des peines ne commencent qu'avec la peine elle-même, c'est-à-dire du jour de l'exécution du jugement par l'exposition. Ainsi, l'individu dont la condamnation à la reclusion est définitive par suite du rejet de son pourvoi en cassation, mais qui n'a pas encore subi l'exposition, peut être entendu en justice sous la foi du serment (Crim. rej. 8 avril 1826, aff. Delphine Bonnet, V. Témoins).

666. Afin d'assurer son effet à la condamnation, le ministère public doit en informer l'autorité supérieure de laquelle dépend le condamné, soit comme fonctionnaire, employé, préposé, garde national, militaire, marin, etc., ou le préfet du département dans lequel il exercerait des droits électoraux, ferait partie du jury, etc. — V. M. Ch. Berriat Saint-Prix, de l'Exécution des jugem. et arrêts, etc., p. 53, n° 81.

667. Cette peine est indivisible; ainsi les juges ne peuvent pas faire un choix parmi les diverses incapacités qu'elle entraîne, infliger les unes et retrancher les autres; nous avons même vu (*suprà*, n° 63) que, sous ce rapport, elle n'est pas à l'abri de critique. De plus elle est perpétuelle, et les juges n'ont pas le droit d'en limiter la durée; elle ne peut cesser que par l'effet de la grâce ou de la réhabilitation (V. Conf. Morin, Dict. de dr. crim., v° Peines; Boitard, Leçons sur le code pénal, p. 181). — Décidé en ce sens : 1° que la dégradation civique est un état permanent qui découle d'une condamnation principale, indiquée par la loi, et non une peine temporaire et principale; qu'en conséquence, l'arrêt qui se borne à prononcer contre le condamné la dégradation civique pendant la durée de sa peine, doit être cassé (Crim. cass. 24 mars 1836 (1); 21 avr. 1836, MM. Choppin, pr., Mérilhou, rap., aff. Philippon); — 2° Que cette peine est perpétuelle (Crim. cass. 31 mars 1842 (2).—Conf. Crim. cass. 9 avr. 1842, MM. de Bastard, pr., Rocher, rap., aff. Michel).

668. Nous avons déjà dit (*suprà*, n° 63) que la dégradation civique est tantôt peine accessoire et tantôt peine principale. L'art. 28 c. pén. détermine les cas dans lesquels elle est peine accessoire. Il porte que « la condamnation à la peine des travaux forcés à temps, de la détention, de la reclusion et du bannissement emportera la dégradation civique. » — Lorsqu'elle est peine principale, elle peut sembler insuffisante comme moyen de répression. Et, en effet, comme le faisait justement observer M. Dumon, la dégradation et l'exclusion de tous les emplois publics qui sont une peine très-grave dans certaines positions, ne sont qu'une peine nominale dans des situations moins élevées (Code progressif, p. 160). C'est pourquoi le code pénal permet d'y ajouter alors un emprisonnement *facultatif* dont le *maximum* est de cinq ans, et le *minimum* abandonné à la libre appréciation du juge. L'art. 35 porte (alin. 1) : « Toutes les fois que la dégradation civique sera prononcée comme peine principale, elle pourra être accompagnée d'un emprisonnement dont la durée, fixée par l'arrêt de condamnation, n'excédera pas cinq ans. » — Cet emprisonnement est même *obligatoire* à l'égard de certaines personnes. « Si le coupable, ajoute l'art. 35, alin. 2, est un étranger ou un Français ayant perdu la qualité de citoyen, la peine de l'emprisonnement devra toujours être prononcée. » La dégradation civique ne pouvant avoir aucun effet à l'égard de ces personnes, il est évident que la peine serait nulle si l'on n'y ajoutait pas l'emprisonnement. — Un député (M. Gaillard de Kerbertin) avait proposé de substituer, dans ce cas, le bannissement (au lieu de l'emprisonnement) à la dégradation civique. Il faisait remarquer qu'il résultait de la disposition projetée cette conséquence choquante qu'un Français jouissant de ses droits devait toujours subir une peine infamante à laquelle pouvait se joindre l'emprisonnement, tandis que l'étranger qui, violant les lois de l'hospitalité, est peut-être plus coupable, ne subit jamais que la peine simplement correctionnelle de l'emprisonnement. La proposition ne fut point adoptée. On fit observer avec raison qu'à l'égard d'un étranger l'emprisonnement est une peine plus réelle, plus effective que le bannissement; qu'est-ce en effet que de bannir un étranger? c'est le renvoyer dans son pays. — V. le Code progressif, p. 160.

669. De ce que l'art. 35 ne fixe pas le *minimum* de l'emprisonnement additionnel, il s'ensuit que les juges peuvent, s'ils le veulent, l'abaisser jusqu'au taux des peines de simple police. Cette extrême latitude accordée aux juges a été l'objet de quelques critiques dont il serait difficile de méconnaître la justesse. On a fait observer que, dans ce système, c'est le juge qui fait la loi, et qu'il eût été convenable de renfermer son pouvoir dans des limites plus étroites et mieux définies. — V. en ce sens, MM. Chauveau et Hélie, t. 1, p. 132; Alauzet, Essai sur les peines, p. 66.

670. Suivant un arrêt, bien que l'individu qui a encouru la dégradation civique ne puisse déposer en justice sous la foi du serment, néanmoins si, en célant cette incapacité, il se fait admettre à être entendu comme témoin sous la foi du serment, et porte contre l'accusé ou en sa faveur un témoignage contraire à la vérité, il se rend coupable du crime de faux témoignage (Crim. rej. 29 juin 1843), aff. Lapeye, v° Témoins). — Cette question sera examinée lorsqu'il sera traité du faux témoignage et de ses éléments constitutifs, v° Témoins.

671. Au surplus, l'audition, avec prestation de serment et sans opposition, d'un témoin qui avait été condamné à la reclusion, n'annulle pas la procédure (Crim. rej. 22 janv. 1825, aff. Paris, V. Témoins). — De même, le condamné qui ne s'est pas opposé à l'audition, avec prestation de serment, d'un témoin condamné à une peine afflictive et infamante, ne peut se prévaloir, devant la cour de cassation, de l'incapacité du témoin; il y a acquiescement valable de sa part (Crim. rej. 8 avril 1826, aff. Bonnet, V. Témoins).

SECT. 9. — *De la surveillance.*

672. La surveillance de la haute police était inconnue dans notre ancienne jurisprudence. Elle ne figurait pas non plus au nombre des peines édictées par le code pénal de 1791. C'est le décret du 19 vent. an 13, V. p. 551, qui l'a introduite dans notre législation pénale. D'après ce décret, tout forçat libéré était tenu de déclarer dans quel département et dans quelle commune il voulait établir sa résidence. Arrivé dans le département désigné, il devait se présenter à la préfecture pour déclarer la commune où il voulait aller résider; le préfet l'y mettait sous la surveillance de l'autorité locale. Il était interdit au forçat de résider dans les villes de guerre ou à moins de 3 myriamètres de la frontière.— Le décret du 17 juill. 1806 vint bientôt ajouter à la sévérité de ces règles. Il étendait la prohibition de résidence à la capitale et à toutes les villes où il existait des palais impériaux, ainsi qu'aux ports où les bagnes étaient établis. De plus, il conférait au ministre de la police le pouvoir d'interdire aux forçats libérés d'autres résidences, quand des motifs d'ordre ou de sûreté publique l'exigeaient, celui de fixer le lieu de leur résidence, de les déplacer des lieux qu'il leur avait été permis d'habiter et de charger les autorités locales de les diriger sur d'autres lieux. D'après ce décret, les forçats libérés n'étaient point tenus de se présenter au chef-lieu du département dans lequel ils se fixaient, mais devaient se présenter devant l'autorité de la commune et restaient toujours sous sa surveillance. Enfin, ils ne pouvaient quitter leur résidence sans l'autorisation du préfet.

Ces décrets avaient restreint aux forçats libérés l'application des mesures de surveillance qu'ils prescrivaient. Le code pénal de 1810 introduisit à cet égard un nouveau système. Il donna à la surveillance une extension beaucoup plus grande, mais en même temps il la soumit à des règles moins rigoureuses. Voici quel en était l'effet, d'après les art. 44, 45 et 46 de ce code : — « Art. 44. L'effet du renvoi sous la surveillance de la haute police de l'Etat sera de donner au gouvernement, ainsi qu'à la partie intéressée, le droit d'exiger, soit de l'individu placé dans

(1) (Perseille C. min. pub.) — LA COUR; — Vu l'art. 442 c. inst. crim. modifié.....; — Attendu, d'autre part, que l'arrêt attaqué, en prononçant contre Perseille la peine de cinq ans de reclusion et de l'exposition, déclare que le condamné sera, pendant la durée de la peine, en état de dégradation civique et d'interdiction légale; — Attendu que, si l'art. 29 c. pén. modifié assigne à l'interdiction légale la même durée que celle de la peine de la reclusion prononcée contre le condamné, il n'en est pas de même de la dégradation civique, qui, d'après l'art. 28 c. pén., est la conséquence virtuelle et nécessaire des peines principales portées par ledit article; — Attendu que la dégradation civique établit, pour celui qui en est frappé, un état personnel permanent qui suit la peine principale après son expiration, et dont il n'est pas permis aux cours d'assises de limiter la durée; d'où il suit qu'en assignant à la dégradation civique la même durée qu'à la reclusion, la cour d'assises de la Pointe-à-Pitre a commis, par l'arrêt attaqué, un excès de pouvoir, une violation de l'art. 28 c. pén. et une fausse application de l'art. 29; — Casse dans l'intérêt de la loi.

Du 24 mars 1836.-C. C., ch. crim.-MM. Choppin, pr.-Mérilhou, rap.

(2) (Int. de la loi. — Aff. Brunel.) — LA COUR; — Attendu que la dégradation civique est une peine qui, de sa nature, est perpétuelle; que cependant l'arrêt en a borné la durée à cinq ans; qu'en cela il a violé l'art. 28 c. pén.; — Casse, dans l'intérêt de la loi, et par voie de retranchement, cette disposition de l'arrêt.

Du 31 mars 1842.-C. C., ch. crim.-MM. Bastard, pr.-Gilbert, rap.

cet état, après qu'il aura subi sa peine, soit de ses père et mère, tuteur ou curateur, s'il est en âge de minorité, une caution solvable de bonne conduite, jusqu'à la somme qui sera fixée par l'arrêt ou le jugement : toute personne pourra être admise à fournir cette caution. — Faute de fournir ce cautionnement, le condamné demeure à la disposition du gouvernement, qui a le droit d'ordonner, soit l'éloignement de l'individu d'un certain lieu, soit sa résidence continue dans un lieu déterminé de l'un des départements du royaume. — Art. 45. En cas de désobéissance à cet ordre, le gouvernement aura le droit de faire arrêter et détenir le condamné, durant un intervalle de temps qui pourra s'étendre jusqu'à l'expiration du temps fixé pour l'état de la surveillance spéciale. — Art. 46. Lorsque la personne mise sous la surveillance spéciale du gouvernement, et ayant obtenu sa liberté sous caution, aura été condamnée par un arrêt ou jugement devenu irrévocable, pour un ou plusieurs crimes, ou pour un ou plusieurs délits commis dans l'intervalle déterminé par l'acte de cautionnement, les cautions seront contraintes, même par corps, au payement des sommes portées dans cet acte. — Les sommes recouvrées seront affectées de préférence aux restitutions, aux dommages-intérêts et frais adjugés aux parties lésées par ces crimes ou ces délits. »

673. Quelques difficultés s'étant élevées sur l'application de ces dispositions, le conseil d'Etat fut appelé à les résoudre. Un avis de ce conseil, du 4 août 1812, approuvé le 20 septembre suivant (V. p. 552), décida qu'en cas d'omission, dans l'arrêt de condamnation, du taux du cautionnement, les condamnés n'avaient aucune action pour la faire réparer; que ce droit n'appartenait qu'au ministère public et aux parties civiles; qu'alors même que le cautionnement était fixé et que le condamné offrait de le réaliser, le gouvernement pouvait ne pas l'accepter, attendu que, ce cautionnement étant établi non dans l'intérêt de l'accusé (proposition évidemment erronée), mais dans celui du gouvernement, il dépendait de celui-ci de l'exiger ou de le refuser. — Par l'effet de cette interprétation donnée au code pénal, le bénéfice du cautionnement se trouvait, sinon tout à fait anéanti, du moins réduit à l'état de fait exceptionnel. D'ailleurs beaucoup de condamnés ignoraient que la loi leur accordât cette faculté et par conséquent ne demandaient point à en user.

674. Sous d'autres rapports, le système établi par le code pénal de 1810 était défectueux. Et d'abord, quant au cautionnement, la loi voulait que le montant en fût fixé au moment même où la condamnation était prononcée, c'est-à-dire à une époque où l'on ne pourrait point prévoir quelle serait la conduite du condamné pendant la durée de sa peine, et, par conséquent, quelles garanties il conviendrait de lui demander lorsqu'il rentrerait dans la société. D'un autre côté, les mesures par lesquelles s'exerçait la surveillance révélaient au public les antécédents du condamné, et par là même le mettaient dans l'impossibilité de gagner sa vie au moyen d'un travail honnête; bientôt donc il était obligé pour subsister de recourir au crime; le désir qu'il eût éprouvé de revenir au bien trouvait, dans le mépris et la défiance dont il était l'objet, un obstacle presque insurmontable. Ces inconvénients avaient frappé tous les yeux, aussi s'était-il élevé une réprobation presque unanime contre le système consacré par le code de 1810. A ce système la loi du 28 avril 1832 en substitua un autre beaucoup plus doux et plus humain. Le mode de surveillance établi par cette loi se trouvait ainsi défini dans le nouvel article 44 : « L'effet du renvoi sous la surveillance de la haute police sera de donner au gouvernement le droit de déterminer certains lieux dans lesquels il sera interdit au condamné de paraître après qu'il aura subi sa peine. En outre, le condamné devra déclarer, avant sa mise en liberté, le lieu où il veut fixer sa résidence; il recevra une feuille de route réglant l'itinéraire dont il ne pourra s'écarter, et la durée de son séjour dans chaque lieu de passage. Il sera tenu de se présenter, dans les vingt-quatre heures de son arrivée, devant le maire de la commune; il ne pourra changer de résidence sans avoir indiqué, trois jours à l'avance, à ce fonctionnaire, le lieu où il se propose d'aller habiter, et sans avoir reçu de lui une nouvelle feuille de route. »

Ainsi, sous l'empire du code pénal revisé, la surveillance se réduisait à deux choses : 1° faculté pour l'autorité d'interdire au libéré l'accès de certains lieux, par exemple, de ceux qu'habitait sa victime ou la famille de celle-ci, les témoins, les jurés, etc.; de ceux où sont établis des maisons de détention, des bagnes, et aussi des grandes villes où la présence d'une foule de libérés pourrait occasionner de redoutables associations; 2° obligation pour le libéré de faire connaître à l'autorité le lieu de sa résidence et de la mettre à même de suivre ses mouvements. — L'esprit de ces dispositions nouvelles a été ainsi expliqué par une circulaire du ministre de l'intérieur, du 8 juillet 1833 : « Les condamnés doivent être dispensés à l'avenir de toutes ces mesures de police qui, en donnant au fait une véritable publicité, les frappaient d'une sorte de réprobation universelle et les mettaient dans l'impossibilité d'amender leur conduite. Ils ne seront donc plus assujettis à se représenter à des époques périodiques, comme on leur en avait imposé l'obligation dans certaines villes. Il faut qu'ils soient toujours connus de l'administration, mais qu'ils restent inconnus du public. »

675. Bien que le mode de surveillance dont nous nous occupons ait, depuis, été abrogé, ainsi que nous le verrons bientôt, comme il n'a point cessé d'être applicable à tous ceux dont la condamnation a été prononcée pendant qu'il était encore en vigueur, il n'est pas sans intérêt d'examiner comment il doit être entendu et appliqué. — Les lieux qui peuvent être frappés d'interdiction sont d'abord les lieux témoins du crime, ceux où réside la victime, les témoins, les juges ou les jurés, la capitale et les grandes villes, où les condamnés libérés trouvent trop de facilités d'échapper à la surveillance dont ils doivent être l'objet, les villes où sont établis les maisons de détention ou les bagnes, afin qu'ils ne forment aucuns liens criminels dans l'intérieur de ces établissements; enfin les places de guerre à l'égard des condamnés politiques (V. Conf. MM. Chauveau et Hélie, t. 1, p. 165). — L'art. 44 n'impose pas au gouvernement l'obligation, il lui donne seulement le droit d'interdire au condamné libéré certaines résidences. C'est une simple faculté dont l'administration peut user ou ne pas user. Il suit de là qu'elle peut et même doit révoquer l'interdiction locale par elle prononcée, quand cessent les motifs sur lesquels cette défense était fondée. — Ainsi, par exemple, si le libéré se conduit de manière à inspirer une parfaite sécurité, l'interdiction n'a pas de raison d'être, et par conséquent elle serait abusive (Conf. MM. Chauveau et Hélie, t. 1, p. 164 et 165). — Le condamné qui a prescrit sa peine est placé sous un mode de surveillance plus rigoureux que celui qui l'a exécutée. A son égard, l'interdiction locale n'est pas facultative, mais nécessaire; l'art. 635 c. inst crim. porte que le condamné ne pourra résider dans le département où demeureraient, soit celui sur lequel ou contre la propriété duquel le crime aurait été commis, soit ses héritiers directs, et il ajoute que le gouvernement pourrait assigner au condamné le lieu de son domicile. La raison de cette différence entre celui qui a prescrit sa peine et celui qui l'a subie est sensible : le premier présente à la société moins de garantie que le second; il n'a point accompli l'expiation que la loi lui imposait; à sa première infraction il en a ajouté par la fuite une seconde. — Le libéré qui veut changer de résidence est tenu d'en faire la déclaration, conformément à l'art. 44 c. pén. — Mais cet article, a dit M. de Bastard à la chambre des pairs, ne signifie pas « que les condamnés ne peuvent aller d'une commune dans une autre pour chercher du travail. Ces excursions, qui peuvent durer deux ou trois jours, ne constituent pas un changement de résidence. » Le garde des sceaux s'est exprimé dans le même sens (V. le Code progressif, p. 168 et 170). — Ainsi la déclaration n'est nécessaire que dans le cas où le libéré veut quitter sa résidence actuelle pour aller habiter un autre lieu (V. en ce sens MM. Chauveau et Hélie, t. 1, p. 166). — Ainsi il a été décidé qu'un individu sous la surveillance de la haute police qui, sans déclaration préalable, quitte le lieu de sa résidence, ne se rend pas coupable du délit de rupture de ban ou d'infraction au ban de surveillance, si son absence est momentanée et motivée par le besoin de gagner sa vie (Agen, 16 août 1849, aff. Chartier, D. P. 49. 2. 247). — Enfin, lorsque le libéré déclare son intention de changer de résidence, le maire ne peut lui refuser la feuille de route dont il a besoin pour se rendre à la commune qu'il a désignée. En cas de refus, le libéré devrait se pourvoir administrativement comme en cas de refus de passe-port. — V. en ce sens

MM. Chauveau et Hélie, t. 1, p. 166; V. aussi Passe-port.

676. Tel était le système de surveillance introduit dans le code pénal par la loi du 28 avr. 1832. Plus humain, plus bienveillant que ceux qui l'avaient précédé, peut-être ne donnait-il point à la sécurité publique de garanties suffisantes. — Après la révolution de février 1848, l'agglomération des libérés dans les grands centres de population fut pour la société une source de graves dangers. Afin d'en prévenir le retour, le législateur a cru nécessaire de ramener la surveillance à des règles plus sévères, et de fortifier à l'égard des libérés l'action de l'autorité. Il l'a fait par un décret des 8-12 déc. 1851 (D. P. 52. 4. 8). — Les art. 3, 4 et 5 de ce décret sont ainsi conçus : « Art. 3. L'effet du renvoi sous la surveillance de la haute police sera, à l'avenir, de donner au gouvernement le droit de déterminer le lieu dans lequel le condamné devra résider après qu'il aura subi sa peine. L'administration déterminera les formalités propres à constater la présence continue du condamné dans le lieu de sa résidence. — Art. 4. Le séjour de *Paris* et celui de la *banlieue* de cette ville sont interdits à tous les individus placés sous la surveillance de la haute police. — Art. 5. Les individus désignés par l'article précédent seront tenus de quitter Paris et la banlieue dans le délai de dix jours, à partir de la promulgation du présent décret, à moins qu'ils n'aient obtenu un permis de séjour de l'administration. Il sera délivré à ceux qui la demanderont une feuille de route et de secours qui réglera leur itinéraire jusqu'à leur domicile d'origine ou jusqu'au lieu qu'ils auront désigné. »

677. Il résulte des termes mêmes de l'art. 3 que la détermination du lieu où le condamné libéré doit résider est purement facultative pour le gouvernement. Il pourrait donc ne point user de son droit si le libéré lui paraissait présenter toutes les garanties désirables dans l'intérêt de la sécurité publique. Mais dans tous les cas le séjour de Paris et de la banlieue est interdit aux libérés : l'art. 4, à la différence de l'art. 3, s'exprime en termes impératifs. — En comparant ensemble les articles qui précèdent, nous faisons une autre remarque : c'est que la faculté attribuée au gouvernement de déterminer le lieu de résidence des libérés n'est applicable qu'à ceux qui seront ultérieurement condamnés à la surveillance, et qu'ainsi tous ceux dont la condamnation est antérieure à ce décret continuent d'être soumis au régime établi par le code pénal de 1832; tandis que l'interdiction du séjour de Paris et de la banlieue et l'obligation de s'en éloigner dans les dix jours s'appliquent indistinctement à tous les libérés condamnés à la surveillance, quelle que soit, d'ailleurs, l'époque de leur condamnation.

678. Il résulte d'une circulaire du ministre de la police générale, du 1er sept. 1852 (D. P. 53. 3. 30) : 1° qu'aucun individu soumis à la surveillance de la haute police ne peut changer de résidence, sans l'autorisation du gouvernement; 2° que les préfets peuvent accorder des autorisations provisoires de changement de résidence, sauf à en donner avis au ministre de la police générale, et que nul autre fonctionnaire, sous-préfet, maire ou commissaire de police, ne peut suppléer le préfet dans l'exercice de ce droit; 3° que toute demande en autorisation de changement de résidence doit être précédée d'une instruction préalable dont l'objet est de rechercher si le pétitionnaire, en désignant le lieu où il veut transférer sa résidence, n'a d'autre intention que de se procurer le travail qui lui manque.

679. Lorsque la loi du 28 avril 1832 eut fait subir au régime de surveillance établi par le code de 1810 les modifications que nous avons fait connaître, la question s'éleva de savoir quelles seraient les règles applicables à ceux dont la condamnation aurait été prononcée antérieurement à la loi nouvelle, soit qu'ils eussent ou n'eussent pas encore subi leur peine. Le conseil d'Etat, consulté sur cette question, émit, le 7 nov. 1832, un avis portant « qu'il est convenable que le gouvernement, usant de la faculté que lui confère l'art. 44 (réformé), et dirigé par les motifs qui l'ont porté à provoquer les modifications qu'a reçues cet article par la loi du 28 avril 1832, substitue lui-même le simple éloignement de certains lieux à la résidence obligée dans un lieu déterminé, pour les individus déjà condamnés...; que les condamnés qui avaient déjà fourni caution conservent le bénéfice qui leur était acquis par cet article, et ne puissent être soumis aux nouvelles mesures prescrites par cette loi; enfin que la faculté de fournir caution reste acquise à tous ceux qui avaient été condamnés par arrêts ou jugements ayant acquis l'autorité de la chose jugée, antérieurement à la loi du 28 avril 1832, soit que la mise en surveillance n'ait pas encore commencée pour eux, soit qu'ils se trouvent déjà placés en surveillance faute d'avoir usé de cette faculté. » Cette décision est en harmonie avec l'esprit qui a dicté l'art. 6 du décret du 23 juill. 1810, lequel est ainsi conçu : « Les cours et tribunaux appliqueront aux crimes et aux délits les peines prononcées par les lois pénales existantes au moment où ils ont été commis; néanmoins, si la nature de la peine prononcée par le nouveau code pénal était moins forte que celle prononcée par le code actuel, les cours et tribunaux appliqueront les peines du nouveau code. » — Il a été jugé en ce sens que les dispositions de la loi du 28 avril 1832, qui règlent les effets de la surveillance de la haute police, s'appliquent même aux condamnations prononcées antérieurement à cette loi (Paris, 26 nov. 1836) (1).

680. Nous avons examiné jusqu'à présent quel est l'effet du renvoi sous la surveillance de la haute police, quelles sont les mesures par lesquelles cette surveillance s'exerce. Voyons maintenant dans quels cas la surveillance est encourue et combien de temps elle dure.

681. La surveillance est l'accessoire nécessaire de certaines peines; elle est tantôt perpétuelle et tantôt purement temporaire. L'art. 47 c. pén. porte que « les coupables condamnés aux travaux forcés à temps, à la détention et à la reclusion, seront de plein droit, après qu'ils auront subi leur peine, et pendant toute la vie, sous la surveillance de la haute police. » L'art. 48 ajoute que « les coupables condamnés au bannissement seront, de plein droit, sous la même surveillance pendant un temps égal à la durée de la peine qu'ils auront subie. »

682. De ces mots *de plein droit*, employés par les art. 47 et 48, il résulte que, dans les divers cas énoncés par ces articles, il n'est pas nécessaire que la surveillance soit prononcée par le juge et qu'elle devrait être appliquée dans le cas même où la condamnation n'en aurait pas fait mention. C'est ce qu'enseignent aussi Carnot sur l'art. 47 c. pén., add., n° 3; Chauveau et Hélie, t. 1, p. 170. — Et il a été jugé en ce sens : 1° que la surveillance de la haute police est une peine accessoire de la reclusion, que doivent subir, pendant leur vie, les condamnés, dans le cas même où les arrêts de condamnation ne la porteraient pas (Crim. rej. 31 janv. 1834) (2); — 2° Que l'omission de prononcer la

(1) (Rixain C. min. pub.)—LA COUR; —En ce qui touche l'appel de Rixain : — Considérant que, par arrêt de la cour d'assises du Puy-de-Dôme, du 20 août 1832, Auguste Rixain a été condamné à la peine de l'emprisonnement, et placé pour cinq ans sous la surveillance de la police de l'État, après l'expiration de sa peine; — Considérant que cette surveillance a été prononcée d'après le nouveau code pénal, alors promulgué, dont les dispositions modifiaient en faveur des condamnés les effets du renvoi sous la surveillance, déterminés par le code antérieur, et que, d'ailleurs, ces mesures administratives s'appliquent même aux condamnations prononcées antérieurement à la loi nouvelle; — Considérant que l'effet de la surveillance de la haute police est, aux termes de l'art. 44 dudit code, d'obliger celui qui y est soumis à déclarer, avant même sa mise en liberté, le lieu où il veut fixer sa résidence; — Considérant que Rixain, à l'expiration de sa peine, a refusé, comme il refuse encore, d'exécuter les dispositions ci-dessus, refus que l'administration a cru devoir faire surabondamment constater par la sommation extrajudiciaire du 3 octobre dernier; — Considérant, enfin, qu'aux termes de l'art. 45 du même code, une peine correctionnelle est encourue par l'individu mis en surveillance en cas de désobéissance aux dispositions de l'art. 44; — En ce qui touche l'appel interjeté par le procureur général du roi; — Considérant que, d'après les circonstances de la cause, la peine n'est pas proportionnée au délit reconnu constant; — Sans s'arrêter à l'appel interjeté par Rixain, faisant droit sur celui du procureur général du roi, et par application des art. 44 et 45 c. pén., mentionnés au jugement dont est appel, en ce que la peine de cinq jours d'emprisonnement qui aurait été seulement prononcée n'est pas assez élevée; condamne Rixain à deux mois d'emprisonnement et aux dépens.

Du 26 nov. 1836.-C. de Paris.-M. Jacquinot-Godard, pr.

(2) (Dermenon-Annet C. min. pub.) — LA COUR (apr. délib. en ch. du cons.); — Attendu, sur le deuxième moyen, que l'arrêt attaqué n'a point fait application au demandeur des décrets des 19 vent. an 13 et 17 juill. 1806, mais de l'art. 47 c. pén. 1810, en vertu duquel les coupables condamnés aux travaux forcés à temps et à la reclusion sont de plein droit, après qu'ils ont subi leur peine et pendant

surveillance de la haute police contre un condamné à l'une des peines portées en l'art. 47 c. pén. ne constitue qu'une simple irrégularité, non susceptible d'entraîner la cassation, le condamné restant de plein droit assujetti à cette surveillance (Crim. rej. 21 nov. 1839) (1); — 3° Que l'individu qui a été condamné à la reclusion par un conseil de guerre, pour vol envers un camarade et vente d'effets d'équipement, est placé de plein droit sous la surveillance de la haute police (Crim. cass. 12 août 1842) (2); — 4° Que la condamnation à la peine de la reclusion prononcée contre un militaire, par un conseil de guerre, soumet de plein droit le condamné à la surveillance la haute police, bien que le fait qui l'a motivée soit qualifié de simple délit par le droit commun (Paris, 26 mai 1848, aff. Stahl, D. P. 48. 1. 145).

683. La loi n'a point attaché la surveillance aux peines perpétuelles. Il est évident, en effet, que, dans ces cas, elle n'aurait pas d'objet et ne pourrait recevoir aucune application. C'est ce qui a été décidé avec raison sur le pourvoi dirigé contre un arrêt de cour d'assises qui, après avoir condamné un accusé aux travaux forcés à perpétuité, avait ajouté qu'à l'expiration de la peine il demeurerait toute sa vie placé sous la surveillance de la haute police (Crim. cass. 13 sept. 1834) (3). — V. dans le même sens MM. Chauveau et Hélie, t. 1, p. 167.

684. Si la durée de la peine perpétuelle venait à être abrégée par l'effet de la *grâce*, le condamné serait affranchi de la surveillance, à moins que les lettres de grâce n'eussent expressément réservé cette dernière peine. — V. Conf. MM. Chauveau et Hélie, t. 1, p. 167.

685. L'art. 49 porte : « Devront être renvoyés sous la même surveillance ceux qui auront été condamnés pour crimes ou délits qui intéressent la sûreté intérieure ou extérieure de l'Etat. » — Cet article garde le silence sur deux points importants : il ne dit pas si, dans les cas auxquels il se réfère, la surveillance existe de *plein droit* ou si elle a besoin d'être formellement prononcée; il ne dit pas non plus quelle sera, dans le même cas, la *durée* de la surveillance. — Nul doute ne peut s'élever si la peine principale prononcée est l'une de celles auxquelles la loi (art. 47 et 48) attache la surveillance comme conséquence nécessaire. Mais que faut-il décider dans les autres cas? Nous croyons, avec MM. Chauveau et Hélie, t. 1, p. 170, que la surveillance doit être prononcée en termes exprès; en effet, les peines de droit ne peuvent être étendues au delà des termes précis de la loi pénale; or l'art. 49 ne dit pas, comme les art. 47 et 48, que les condamnés dont il s'agit *seront de plein droit*, à l'expiration de leur peine, sous la surveillance de la haute police; il dit qu'ils « devront être ren-

---

toute leur vie, sous la surveillance de la haute police de l'Etat, sans qu'il soit nécessaire que l'arrêt de condamnation contienne une disposition expresse et spéciale sur ce point; — Attendu, sur le troisième moyen, que la surveillance de la haute police de l'Etat est, de sa nature, continue et, par conséquent, imprescritible, puisque l'exécution de cette peine est indépendante des mesures facultatives attribuées par la loi à l'autorité administrative; — Attendu, sur le quatrième moyen, qu'il est constaté, par l'arrêt attaqué, que le demandeur ne s'est point conformé aux injonctions de l'autorité administrative qui lui interdisait le séjour de la capitale; qu'il n'a pas fait connaître le lieu où il voulait fixer sa résidence et qu'il a refusé de se rendre à la destination qui lui avait été indiquée d'offi e par l'administration; d'où il suit que cette indication de résidence, qui n'est nullement exclusive du droit résultant en sa faveur de l'art. 44 c. pén. modifié, était obligatoire pour lui, et que l'infraction aux ordres qu'il avait reçus, l'a rendu passible des peines de l'art. 45 du même code, dont ledit arrêt lui a fait une application légale; — Rejette.

Du 31 janv. 1834.-C. C., ch. crim.-MM. de Bastard, pr.-Rives, rap.

(1) (Int. de la loi. — Aff. Remy.) — La cour; — Statuant sur les réquisitions du procureur général du roi, dans l'intérêt de la loi, en ce que l'arrêt susdaté de ladite cour d'assises a omis de prononcer la surveillance contre Claude Remy, condamné à la peine de six années de travaux forcés, ce qui constituerait une violation de l'art. 47 c. pén.; — Attendu qu'aux termes de l'art. 47 dudit code, les condamnés aux travaux forcés à temps, à la détention et à la reclusion, sont de plein droit, après qu'ils ont subi leur peine, et pendant toute leur vie, sous la surveillance de la haute police; que, par conséquent, l'omission de prononcer, dans l'arrêt de condamnation, la surveillance contre un condamné à l'une desdites peines, constitue une simple irrégularité qui n'empêche pas que le condamné ne demeure de plein droit, à l'expiration de sa peine, sous la surveillance de la haute police; — Déclare qu'il n'y a lieu de prononcer la cassation demandée dans l'intérêt de la loi par le ministère public.

Du 21 nov. 1839.-C. C., ch. crim.-MM. Crouseilhes, pr.-Haussy, r.

(2) (Int. de la loi. — Aff. Boucher.) — La cour; — Vu les art. 44, 45 et 47 c. pén.; — Vu aussi l'art. 5 du même code et l'art. 1 de la loi du 15 juill. 1829; — Attendu qu'Etienne Boucher, étant militaire, a été condamné pour vol au préjudice d'un de ses camarades, par un conseil de guerre, en vertu de l'art. 1 de la loi du 15 juill. 1829, à la peine de la reclusion; — Qu'après l'expiration de sa peine, il a été poursuivi devant le tribunal correctionnel de la Seine, comme prévenu d'avoir rompu son ban de surveillance; mais que ce tribunal, et ensuite la cour royale de Paris, ont refusé de lui appliquer les art. 44 et 45 c. pén., par le motif que selon l'art. 5 de ce même code, ses dispositions n'étaient pas applicables aux crimes et délits militaires, et qu'ainsi les individus condamnés à la reclusion par les tribunaux militaires pour des faits qui ne seraient pas de nature à entraîner cette peine, aux termes des lois pénales ordinaires, ne devaient pas être soumis à la surveillance; — Mais attendu que, d'après l'art. 47 du même code, tous les coupables condamnés à la reclusion sont, de plein droit, après qu'ils ont subi leur peine, sous la surveillance de la haute police; — Que les dispositions de cet article sont générales et absolues et ne comportent aucune distinction; — Que lorsque la loi militaire emprunte à la loi commune quelques-unes de ses peines, elle les lui emprunte telles que les règle et les définit le code pénal, et avec toutes les conséquences légales qu'il y attache, à moins qu'il n'en soit autrement ordonné par une disposition expresse; — Que l'art. 5 c. pén., qui a pour objet d'empêcher la confusion entre les deux législations, cesse d'avoir effet lorsque c'est en vertu d'une disposition spéciale de la loi militaire qu'on a recours à la loi pénale ordinaire; — Qu'il suit de là que dans l'arrêt dénoncé il y a fausse application de l'art. 5 et violation formelle des art. 44, 45 et 47 c. pén.; — Casse.

Du 12 août 1842.-C. C., ch. crim.-MM. Crouseilhes, pr.-Vincens, r.

(3) (Perrier C. min. pub.) — La cour (après dél. en ch. du cons.): — Vu le mémoire en cassation du défenseur du condamné, joint à la procédure, sous le n° 44 *bis*, sur l'unique moyen de cassation invoqué par le demandeur, et tiré de ce que l'arrêt attaqué renferme une combinaison de peine que l'on ne retrouve pas dans le code pénal, et qui est formellement proscrite par l'art. 50 même code; — Vu la déclaration du jury, d'après laquelle l'accusé Perrier (Louis-François) est déclaré coupable d'avoir, en avril 1854, volontairement mis le feu à la maison des époux Brandin, mais avec des circonstances atténuantes; — Vu l'arrêt rendu en conséquence le 21 août dernier par la cour d'assises du département d'Eure-et-Loir, qui, par application des art. 434, 463 c. pén., a condamné Louis-François Perrier à la peine des travaux forcés à perpétuité, à l'exposition et aux frais, et a ordonné, de plus, qu'il sera et demeurera placé, de plein droit, sous la surveillance de la haute police, à compter de l'expiration de sa peine, et pendant toute sa vie; — Vu les trois articles cités dans cet arrêt, et encore les art. 47, 48, 49 et 50 c. pén.; 429 et 434 c. inst. crim.; — Attendu que, de la combinaison de ces divers articles, il suit que la mise sous la surveillance de la haute police ne peut jamais, et dans aucun cas, être prononcée que contre des individus condamnés à des peines temporaires, et nullement contre des condamnés à des peines perpétuelles, ce qui serait tout à la fois inutile et dérisoire à leur égard; — Attendu que Louis-François Perrier, déclaré par le jury coupable du crime d'incendie, qui aurait dû, dès lors, et aux termes de l'art. 434 c. pén., être condamné à la peine de mort, si le même jury n'avait pas reconnu en sa faveur l'existence de circonstances atténuantes, ne devait plus encourir que celle des travaux forcés à perpétuité ou des travaux forcés à temps, d'après l'art. 463, § 2, même code; — Qu'en fait, la cour d'assises du département d'Eure-et-Loire, à qui il était facultatif de choisir entre ces deux peines, l'une perpétuelle et l'autre temporaire, a prononcé contre lui la peine des travaux forcés à perpétuité avec l'exposition, qui est toujours l'accessoire forcé et nécessaire de cette peine, aux termes de l'art. 22, même code; — Que si, par une disposition subséquente et séparée dudit arrêt, elle a ordonné de plus, et mal à propos, que ledit Perrier serait et demeurerait placé de plein droit sous la surveillance de la haute police, à compter de l'expiration de sa peine, et pendant toute sa vie, il y a lieu d'annuler cette dernière disposition comme erronée, inutile, dérisoire et en contradiction avec le surplus de la condamnation prononcée contre lui, mais en laissant toutefois subsister cette condamnation, qui est elle-même régulière et légale, et sans que, dès lors, il y ait lieu d'ordonner le renvoi dudit Perrier et du procès devant une autre cour d'assises; — Par ces motifs, casse et annule l'arrêt de la cour d'assises du département d'Eure-et-Loire, dans la disposition seulement qui ordonne que « Louis-François Perrier sera et demeurera de plein droit sous la surveillance de la haute police, à compter de l'expiration de sa peine, et pendant toute sa vie »; — Maintient les autres condamnations prononcées contre lui par ledit arrêt; — Déclare, en conséquence, qu'il n'y a lieu de prononcer aucun renvoi devant toute autre cour d'assises, etc.

Du 13 sept. 1834.-C. C., ch. crim.-M. Meyronnet, rap.

voyés » sous cette surveillance; renvoyés par qui? Par l'arrêt de condamnation évidemment. Il est donc nécessaire que cet arrêt prononce le renvoi. S'il l'avait omis et qu'il n'eût pas été attaqué en temps utile, cette omission constituerait un droit acquis au condamné. Si l'arrêt était attaqué en temps utile, l'omission dont il s'agit en entraînerait la cassation (V. en ce sens Carnot sur l'art. 49, n° 3; MM. Chauveau et Hélie, t. 1, p. 170). — Quant à la *durée* de cette surveillance, Carnot (sur l'art. 49, n° 1) pense qu'elle doit être égale à celle de la peine principale. Par ces mots, *devront être renvoyés sous la même surveillance*, l'art. 49, suivant cet auteur, se réfère à l'art. 48, qui le précède immédiatement, et qui dispose que la durée de la surveillance sera égale à celle du bannissement; d'où l'on doit conclure qu'il entend appliquer la même disposition aux cas pour lesquels il statue. Mais nous ferons observer que l'art. 48 lui-même emploie des expressions analogues, et que, venant après l'art. 47, qui établit la surveillance perpétuelle, il dit que les condamnés au bannissement seront *sous la même surveillance*, etc. L'art. 49 se réfère donc, non point à l'art. 48, mais à l'art. 47, qui établit la surveillance perpétuelle. A la vérité, l'art. 48, qui se trouve entre eux, formule une exception; mais comme elle n'est pas répétée dans l'art. 49, on ne peut l'y suppléer. C'est en ce sens que se prononcent aussi MM. Chauveau et Hélie, t. 1, p. 171.

686. L'art. 50 c. pén. porte que, « hors les cas déterminés par les articles précédents, les condamnés ne seront placés sous la surveillance de la haute police de l'Etat que dans le cas où une disposition particulière de la loi l'aura permis. » — Ces cas sont assez nombreux. Ils sont déterminés, soit dans le code pénal, soit dans diverses lois particulières. Il serait sans intérêt d'en donner ici la nomenclature.

687. Parmi ces divers cas, il en est dans lesquels la loi prononce impérativement la surveillance, en laissant seulement au juge la faculté d'en fixer la durée entre un minimum et un maximum qu'elle détermine (V. notamment les art. 58, 271, 282 c. pén.); il en est d'autres dans lesquels la loi laisse le juge libre de prononcer ou de ne pas prononcer cette peine (art. 67, 100, 221, 246, 308, 315, 317, 326, etc. c. pén.). Qu'elle soit obligatoire ou facultative, si la loi s'est bornée à fixer un minimum sans énoncer de maximum, la durée pourra être aussi longue qu'il plaira au juge de la fixer, elle pourra même s'étendre à toute la vie du condamné; et réciproquement, si la loi a seulement fixé le maximum sans poser un minimum, les juges pourront la réduire à une durée aussi courte que bon leur semblera, par exemple, à un mois. En vain objecterait-on, dans ce dernier cas, que cette peine ne peut descendre au-dessous de cinq années; nous répondrions en citant les art. 315, 317, 335, 415, 416, 419, 421 et 452 c. pén., qui font descendre ce minimum à deux ans, et surtout la loi du 24 mai 1834, qui le fait descendre à un mois.

688. Les juges ne peuvent jamais, dans l'application qu'ils font de la peine de la surveillance, dépasser le maximum ni descendre au-dessous du minimum fixé par la loi. — Ainsi il a été jugé : 1° qu'une cour d'assises, lorsqu'elle use de la faculté que lui accorde l'art. 401 c. pén. d'appliquer la peine de la surveillance, ne peut prononcer moins de cinq ans ni plus de dix ans de cette peine (Crim. cass. 11 mars 1825) (1); — 2° Que, par exemple, elle ne peut la prononcer pour trois ans (Crim. cass. 5 mars 1825) (2); — 3° Que le condamné, pour tentative de vol, à trois ans d'emprisonnement, par application de l'art. 401 c. pén., ne peut pas, en outre, être mis, par l'arrêt de condamnation, sous la surveillance de la police pendant toute sa vie. La surveillance, dans ce cas, ne peut être prononcée que pour dix ans au plus (Crim. cass. 5 janv. 1837, M. Bresson, rap., aff. Voreppe).

689. Dans les cas où les tribunaux correctionnels doivent nécessairement prononcer la surveillance, par exemple, en matière de récidive (c. pén. 58), peuvent-ils néanmoins en affranchir le condamné s'il existe des circonstances atténuantes? Nous croyons qu'ils le peuvent. En effet, l'art. 463 permet d'étendre l'effet des circonstances atténuantes même en cas de récidive. Par là il montre suffisamment qu'à ses yeux la considération des circonstances atténuantes peut effacer même l'aggravation résultant de la récidive. Comment supposer dès lors qu'il ait néanmoins voulu, dans tous les cas, laisser subsister inébranlable une peine qui n'est que la conséquence de cet état? A la vérité l'art. 463, en expliquant jusqu'où peut aller l'atténuation, ne parle que de l'emprisonnement et de l'amende; mais l'art. 463 permet d'abaisser ces peines jusqu'au taux des peines de simple police; or ne serait-il pas étrange que la surveillance, qui n'est qu'une peine accessoire, et qui ne suit jamais les peines de simple police, dût nécessairement être prononcée dans le cas même où la peine principale serait réduite à une amende de 15 fr.? C'est aussi le sentiment de MM. Chauveau et Hélie, t. 1, p. 168.

690. La jurisprudence a varié sur cette question. — Il avait d'abord été jugé 1° qu'on ne peut dispenser de la mise sous la surveillance de la police, le prévenu récidif condamné au minimum de la prison, à raison des circonstances atténuantes (Crim. cass. 8 mars 1833, MM. Chantereyne, pr., Ricard, rap., aff. Mally); — 2° Qu'il suffit qu'un individu, déjà condamné correctionnellement à un emprisonnement de plus d'une année, soit déclaré coupable d'un nouveau délit, pour qu'il ait dû être condamné à la surveillance de la haute police, encore bien que les juges eussent admis en sa faveur des circonstances atténuantes... En ce cas, la réduction de peine, résultant nécessairement de l'admission des circonstances atténuantes, a dû porter sur l'emprisonnement ou l'amende (Crim. cass. 22 oct. 1835, aff. Raspail, V. n° 336).

691. Mais la cour suprême est revenue sur cette jurisprudence. Elle a décidé en audience solennelle et toutes les chambres réunies, que les tribunaux investis par l'art. 463 c. pén., non-seulement du droit de modifier la peine d'emprisonnement, mais même de la retrancher en cas de récidive, lorsqu'il existe des circonstances atténuantes, peuvent, à plus forte raison, se dispenser de prononcer le renvoi sous la surveillance de la haute

(1) *Espèce :* — (Int. de la loi. — Aff. Garcin.) — Le procureur général expose, etc. — Etienne Garcin, accusé d'être auteur d'un vol avec effraction dans une maison habitée, fut traduit devant la cour des Hautes-Alpes; mais le jury, tout en déclarant Garcin coupable de vol, écarta les circonstances aggravantes. — La cour d'assises, par un arrêt du 23 août dernier, faisant l'application de l'art. 401 c. pén., condamna Garcin à trois années de prison et à trois années de surveillance sous la haute police. — « C'est la dernière disposition de cet arrêt que l'exposant est chargé de soumettre à la censure de la cour. — L'art. 401 c. pén. porte..., etc..... — Deux choses bien distinctes sont à remarquer dans cet article : la première, c'est qu'il prononce une peine déterminée que les cours et tribunaux doivent toujours appliquer; la seconde, qu'il donne aux juges la faculté d'en appliquer d'autres qu'il détermine également. — Mais, dans ce dernier cas, quand les magistrats usent de cette faculté, ils doivent toujours appliquer au moins le minimum de la peine qu'ils prononcent, et ils ne peuvent dépasser le maximum; c'est-à-dire que, s'ils croient devoir prononcer l'amende, elle ne peut être moindre de 16 fr., ni plus de 500 fr., sans qu'il y ait violation de la loi. Il en est de même pour l'interdiction des droits civils mentionnés en l'art. 42 du même code et pour la mise sous la surveillance de la haute police; l'une et l'autre ne peuvent être pour moins de cinq années ni pour plus de dix. — Or, la cour d'assises des Hautes-Alpes, en mettant Garcin sous la surveillance de la haute police, ne pouvait l'y placer que pour cinq ans au moins, et, ne l'ayant mis que pour trois années, elle a violé le § 3 de l'art. 401 c. pén.—Ce considéré, etc. Signé Mourre. »—Arrêt.

LA COUR; — Statuant sur le réquisitoire du procureur général du roi et adoptant les motifs y énoncés, casse et annule, dans l'intérêt de la loi, le susdit arrêt de la cour d'assises, en ce que Garcin n'aurait été mis sous la surveillance de la haute police que pendant trois années.

Du 11 mars 1825.-C. C., sect. crim.-MM. Portalis, pr.-Aumont, rap.

(2) *Espèce :*—(Intér. de la loi.—Aff. Lefournier, etc.)—« Le procureur général expose, etc. — Etienne Lefournier, prévenu de vols domestiques, et Henri Donnard, prévenu de vol commis dans une maison habitée, de nuit et avec escalade, furent traduits devant la cour d'assises du Finistère; mais les circonstances aggravantes ayant été écartées, ils furent seulement déclarés coupables des faits principaux. La cour d'assises leur appliquant, en conséquence, l'art. 401 c. pén., condamna Lefournier à deux ans de prison et deux ans de surveillance, et Donnard à trois années de prison et trois ans de surveillance. — La dernière disposition de ces arrêts blesse ouvertement la loi. L'art. 401 porte.... — Il suit de cet article que la mise en surveillance est facultative; mais que, lorsqu'elle est prononcée, elle ne peut être moindre de cinq années ; les deux arrêts violent expressément cette disposition. — Ce considéré, etc. » — Arrêt.

LA COUR;—Statuant sur le réquisitoire du procureur général et adoptant les motifs y énoncés, casse et annule, dans l'intérêt de la loi, etc.

Du 5 mars 1825.-C. C., sect. crim.-MM. Portalis, pr.-Aumont, rap.-Vatimesnil, av. gén., c. conf.

police (Ch. réun. rej. 2 janv. 1836) (1). — V. aussi n° 559.

692. Un revirement analogue s'est opéré dans la jurisprudence en ce qui concerne les mendiants et les vagabonds, contre lesquels le code pénal (art. 271 et 282) prononce impérativement la peine de la surveillance. — Ainsi il avait d'abord été jugé que les tribunaux ne peuvent, alors même qu'ils reconnaissent l'existence de circonstances atténuantes, se dispenser de prononcer contre les mendiants et les vagabonds le renvoi sous la surveillance de la haute police (Crim. cass. 18 juill. 1833, MM. Bastard, pr., Mérilhou, rap., aff. Roth; 12 mars 1835, MM. Choppin, pr., Vincens Saint-Laurent, rap., aff. Tourbatte, aff. Streichenberger; 8 mai 1835, MM. Choppin, pr., Ricard, aff. Roth; 25 juin 1835, MM. Choppin, pr., Ricard, rap., même affaire; 5 novembre 1835, MM. Bastard, pr., Isambert, rap., aff. Pasquier; 11 août 1837, MM. Bastard, pr., Rives, rap., aff. Patissier, aff. Fousse; 6 janvier 1838, M. Bresson, rap., aff. N...; Rouen, 1er mars 1838, M. Simonin, pr., aff. Modeste).

693. Mais il a été jugé, en sens contraire, que les tribunaux correctionnels, lorsqu'ils reconnaissent qu'il existe des circonstances atténuantes, peuvent dispenser les mendiants ou les vagabonds de la surveillance (ch. réun. rej. 26 juin 1838; 24 nov. 1838 (2); Conf. Paris, ch. cor., 30 janv. 1836; 23 nov. 1837, M. Dupuy, pr., aff. Modeste; Douai, 14 av. 1836, M. Gosse de Gorre, pr., aff. min. pub.).

694. Dans le cas où le tribunal reconnaît qu'il existe des

---

(1) *Espèce* : — (Min. pub. *C.* Raspail.) — Un arrêt de la cour de Paris, du 1er sept. 1835, statuant sur l'appel d'un jugement correctionnel qui avait condamné le sieur Raspail à deux ans de prison et cinq ans de surveillance de la haute police, avait maintenu la condamnation à deux ans de prison, mais avait supprimé la surveillance. La chambre criminelle de la cour de cassation, saisie du pourvoi formé contre cet arrêt par Raspail et le procureur général, en prononça l'annulation le 22 oct. 1835, et renvoya devant la cour royale de Rouen qui rendit, le 11 déc. 1835, un arrêt conçu en ces termes : — « Attendu qu'aux termes de l'art. 11, la mise en surveillance est une peine; que, si l'art. 58 ordonne la mise en surveillance spéciale du gouvernement, c'est comme peine aggravante et accessoire de celles dont le maximum n'est prononcé qu'en raison de la gravité que la récidive imprime nécessairement au délit; — Attendu notamment que l'art. 58 a été modifié par l'art. 463, qui, même en cas de récidive, et lorsque les circonstances paraissent atténuantes, autorise les tribunaux correctionnels à ne pas prononcer d'emprisonnement, et d'y substituer une amende, pourvu qu'elle ne soit pas au-dessous des peines de simple police; qu'il serait étrange que celui qui, même en cas de récidive, pourrait, d'après l'art. 463, n'être condamné qu'à une modique amende de 5 fr., dût être mis nécessairement pendant cinq ans sous la surveillance spéciale du gouvernement, et que l'accessoire de la condamnation fût plus élevé que la condamnation principale; — Qu'admettre un pareil système, ce serait évidemment violer la lettre et l'esprit de la loi; — Que le législateur a voulu, en laissant aux magistrats, justes appréciateurs des faits et des circonstances, la faculté de modérer les peines d'emprisonnement et d'amende, leur abandonner, par une conséquence nécessaire, la faculté de prononcer ou de ne pas prononcer la peine de la surveillance.

Pourvoi en cassation par le procureur général près la cour de Rouen. Les moyens présentés à l'appui de ce pourvoi se trouvent résumés, avec beaucoup de netteté, dans le rapport de M. Brière de Valigny.

« Il faut d'abord reconnaître, dit M. le rapporteur, que le renvoi sous la surveillance de la haute police n'est pas une simple mesure de sûreté, prononcée comme accessoire de certaines peines. La surveillance elle-même est une peine que l'art. 11 c. pén. déclare être commune aux matières criminelles et correctionnelles. Il résulte d'un grand nombre d'articles du code pénal qui prononcent le renvoi sous la surveillance de la haute police comme peine accessoire ou comme peine principale, que le renvoi est une seconde peine que les juges sont tenus ou ont la faculté d'appliquer. Dans l'espèce de la cause, le renvoi sous la surveillance de la haute police est une seconde peine infligée, par l'art. 58 c. pén., aux condamnés qui sont dans le cas de récidive prévu par cet article; elle est indépendante de la prison et de l'amende. Ce n'est pas une peine facultative; le juge doit la prononcer, ainsi que cela résulte des termes de l'art. 58 c. pén., dans lequel on dit d'une manière absolue, seront aussi condamnés. Or, si le renvoi sous la surveillance du gouvernement est une peine, et si cette peine n'est pas laissée à l'arbitrage du juge, on devra décider, en règle générale, qu'il y a violation de la loi toutes les fois que le juge néglige ou refuse de la prononcer. Les termes de l'art. 58 sont impératifs; appliquer la peine de la surveillance ne serait donc pas, comme dit la cour de Rouen, violer le texte de la loi; ce serait au contraire s'y conformer. Le texte ne présente aucune ambiguïté. L'art. 463 est muet quant à la surveillance.

S'il fallait, dans la cause actuelle, rechercher l'intention de la loi, on pourrait soutenir, comme le demandeur en cassation, que le condamné qui se trouve en état de recidive, est, malgré les circonstances atténuantes reconnues par le juge, un homme dangereux et sur lequel l'autorité publique doit exercer une surveillance particulière. On peut dire, cependant, ajoute M. le rapporteur, en terminant, que c'est au silence de l'art. 463, relativement à la surveillance, que le juge doit suppléer par son interprétation et que la cour royale, en recherchant l'intention du législateur, intention non exprimée, et qui, par conséquent, à raison même du doute, doit être interprétée en faveur du prévenu, n'a pu commettre la violation qui lui est reprochée. » — Appel.

LA COUR; — Attendu que, dans les affaires correctionnelles, lorsque les tribunaux trouvent les circonstances atténuantes, ils sont autorisés par l'art. 463 c. pén., même en cas de récidive, à réduire la peine correctionnelle, même à lui substituer une peine de simple police; Que les tribunaux, investis par là du droit, non-seulement de modérer la peine d'emprisonnement, mais encore de la retrancher, peuvent, à plus forte raison, se dispenser de prononcer la peine de surveillance; qu'en le décidant ainsi, la cour royale de Rouen n'a commis aucune violation de la loi. — Rejette.

Du 2 janv. 1836.-C. C., ch. réun.-MM. Portalis, 1er pr.-Brière-Valigny, rap.-Dupin, pr. gén.,-c. conf.-Lanvin, av.

(2) 1re *Espèce* : — (Min. pub. *C.* Sachevola.) — Un arrêt de la cour d'Aix du 30 août 1837 a condamné le nommé Sachevola à la peine de l'emprisonnement pour délit de mendicité, mais l'a affranchi de la surveillance de la haute police, en se fondant sur ce qu'il existait dans la cause des circonstances atténuantes. — Pourvoi du ministère public, et, le 23 septembre suivant, arrêt de la chambre criminelle qui casse et renvoie les parties devant la cour royale de Nîmes. Mais cette cour ayant jugé, par arrêt du 15 déc. 1837, comme celle d'Aix, un nouveau pourvoi a été formé par le ministère public, et la cause a été par suite portée devant les chambres réunies.

« Le pourvoi, a dit M. le procureur général Dupin, est fondé sur deux moyens : 1° sur la violation de l'art. 463; 2° sur la violation de l'art. 282 c. pén. Ce dernier moyen offre une question grave que la cour a déjà résolue par un précédent arrêt; nous différons d'opinion avec elle, mais nous croyons inutile de lui présenter de nouvelles observations sur ce point, car le juge du fait ayant reconnu l'existence de circonstances atténuantes dans la cause, a pu, dans tous les cas, s'abstenir de prononcer la surveillance de la haute police, puisque l'art. 463 l'autorise à dispenser de cette peine l'individu convaincu d'avoir mendié. — La théorie des circonstances atténuantes est nouvelle dans notre législation; elle a maintenant des caractères particuliers; l'ancien art. 463 ne s'appliquait qu'aux délits; le législateur de 1832 l'a étendu aux crimes, et même aux plus grands crimes, non pas par une blâmable indulgence, mais pour empêcher, dans beaucoup de circonstances, une impunité que l'on voyait trop souvent se reproduire, surtout en présence du jury, qui refusait de prononcer une condamnation toutes les fois que la peine lui paraissait disproportionnée avec le fait dont l'accusé s'était rendu coupable. Malgré l'espèce d'endurcissement que suppose la récidive, le législateur a voulu que les circonstances atténuantes exerçassent encore leur influence dans ce cas; il a voulu que l'on pût substituer l'amende à l'emprisonnement, et l'amende même de simple police, c'est-à-dire ce qu'il y a de moindre dans l'échelle des peines. Eh bien! c'est en présence de cette théorie que l'on veut imposer aux juges l'obligation de prononcer la peine de la surveillance de la haute police pendant un temps qui ne pourrait être moindre de cinq ans, bien que le prévenu n'eût été condamné qu'à 1 fr. d'amende. Mais c'est tout à la fois méconnaître l'esprit de la nouvelle législation, sur les circonstances atténuantes, et créer inutilement des embarras au gouvernement. — Vainement viendrait-on dire que la loi est conçue en termes impératifs. Cette objection, on l'opposait aussi dans l'affaire Raspail : l'art. 58 sur la récidive est, en effet, rédigé dans des termes qui ne sont pas moins impératifs : « Seront de plus mis sous la surveillance spéciale du gouvernement. » Et cependant la cour a décidé, dans son audience solennelle du 3 janv. 1836, que, même dans le cas de récidive, le condamné pouvait être dispensé de la surveillance de la haute police, si l'on reconnaissait en sa faveur l'existence de circonstances atténuantes. Pourquoi en serait-il autrement dans les circonstances actuelles? Serait-ce à cause des expressions que l'on retrouve dans l'exposé des motifs du code pénal, où on lit : « La loi considère le vagabond, par le seul fait de sa condamnation, comme s'il n'était pas membre de la cité, et ne voit en lui qu'un être incessamment dangereux ou nuisible pour elle? » — Je m'étonne de retrouver ces expressions dans un discours législatif; cela n'est ni légal ni chrétien; cela peut s'expliquer dans un gouvernement despotique qui ne faisait cas que de ceux qui le servaient; mais cela serait indigne de notre gouvernement. Aucun citoyen n'est étranger au pays; celui même auquel il refuse son estime a droit à une juste protection. Quel est donc l'effet des circonstances atténuantes? C'est que le délit n'est plus tout entier. Lorsque le tribunal en reconnaît l'existence, ce n'est pas encore l'innocence pour l'accusé, mais ce n'est plus tout le crime, tout le délit. Quand la loi

circonstances atténuantes, peut-il abaisser la durée de la surveillance au-dessous du minimum fixé par la loi? Nous croyons qu'il le peut. Pourquoi, en effet, cette peine ne serait-elle pas, comme les autres, variable dans sa durée, suivant les divers degrés de culpabilité? La raison et la logique exigent, ce semble, que chacun des éléments divers d'une même pénalité subisse les effets de l'atténuation. On peut d'ailleurs argumenter en ce sens des lois des 10 avril et 24 mai 1834, sur les associations et les détenteurs d'armes, lesquelles lois autorisent cette abréviation (Conf. MM. Chauveau et Hélie, t. 1, p. 169; Trébutien, t. 1, p. 309).—Néanmoins il a été jugé 1° que, lorsqu'une cour d'assises use de la faculté d'appliquer la peine de la mise sous la surveillance de la haute police, elle ne peut jamais prononcer moins de cinq ans, encore bien qu'il y aurait déclaration de circonstances atténuantes (Crim. cass. 7 août 1834 (1); Conf. Crim. cass. 2 sept. 1826, MM. Portalis, pr., Cardonnel, rap., aff. Caubet); — 2° Que la faculté laissée aux juges par plusieurs articles du code pénal, de prononcer ou de ne pas prononcer certaines peines, n'emporte pas celle de les pouvoir réduire au-dessous du minimum déterminé par la loi; que cette réduction ne peut avoir lieu que dans le cas prévu par l'art. 463 c. pén.; qu'ainsi, bien que le tribunal puisse, d'après l'art. 401 c. pén., ne pas prononcer la surveillance contre le coupable d'un vol simple, cependant, s'il la prononce, il ne peut, sauf le cas prévu par l'art. 463, en réduire la durée à trois ans au lieu de cinq, minimum fixé par l'art. 401 (Crim. cass. 2 sept. 1837, M. Vincens Saint-Laurent, rap., aff. Raynaud);—3° Qu'en matière de délit de vagabondage, la faculté pour les tribunaux correctionnels de modérer la peine de l'emprisonnement n'emporte pas celle de diminuer la durée de la surveillance; que les dispositions de l'art. 463 c. pén. ne sont pas applicables (Crim. cass. 6 mars 1838, M. Bresson, rap., et sur renvoi, Rouen, 1er mars 1838, M. Simonin, pr., aff. Modeste).

695. Quoi qu'il en soit, le condamné est sans qualité, à défaut d'intérêt, pour déférer un arrêt à la cour de cassation, sous prétexte que cet arrêt aurait illégalement réduit la durée de la surveillance prononcée par les premiers juges (Crim. rej. 1er juill. 1849, aff. Fagalde, D. P. 51. 5. 391).

696. Le renvoi sous la surveillance de la haute police est une peine consistant en certaines restrictions à l'état de liberté, et qui ne peut, dès lors, être subie que par un individu en liberté. — En conséquence, si le condamné à la surveillance vient à commettre un autre délit pour lequel un emprisonnement est prononcé contre lui, l'exécution de cette peine nouvelle interrompt l'exécution de la peine de surveillance, laquelle ne reprend son cours qu'à l'expiration de l'emprisonnement — ...Peu importe que cette condamnation à l'emprisonnement ait pour cause une infraction au ban de surveillance : à cet égard, la loi de révision de 1832, en érigeant en délit l'infraction au ban de surveillance, a modifié l'ancien code pénal (Crim. cass. 5 sept. 1840, et sur nouveau pourvoi, Ch. réun., cass. 19 mai 1841 (2);

---

accorde une semblable latitude aux juges, quand au lieu d'une peine infamante, ils peuvent ne prononcer qu'une peine correctionnelle, au lieu d'une peine correctionnelle qu'une simple peine de police, pourquoi donc restreindrait-on leur pouvoir discrétionnaire à l'égard de la surveillance de la haute police? On peut prétendre qu'elle doit être appliquée lorsque le délit de mendicité ou de vagabondage reste tout entier; mais lorsqu'il y a des circonstances atténuantes, elle se trouverait hors de proportion avec le fait qu'il s'agit de punir; souvent elle serait une gêne, non-seulement pour le surveillé, mais pour le surveillant lui-même. Je prendrai pour exemple un enfant coupable de mendicité; dans une audience un homme généreux se lève pour le réclamer; de pareils faits se sont présentés plusieurs fois devant les tribunaux. Il offre d'en prendre soin, de lui procurer des moyens d'existence. Si vous appliquez la surveillance, il retirera évidemment son bienfait, il ne voudra pas que son domicile devienne une prison. » — Conclusions au rejet. — Arrêt (après délib.).

LA COUR; — Attendu que du rapprochement et de la combinaison des art. 276, 277 et 282 c. pén., il résulte que la surveillance, prononcée par l'art. 282 contre les mendiants condamnés en vertu des articles précédents, doit être appliquée aux mendiants condamnés en vertu de l'art. 276, comme à ceux condamnés en vertu de l'art. 277, d'où il suit qu'en décidant que Sachevola, condamné en vertu de l'art. 276, ne devait pas être renvoyé sous la surveillance de la haute police, conformément à l'art. 282, l'arrêt attaqué a mal interprété lesdits art. 276 et 282; — Mais attendu que, dans tous les cas où la peine de l'emprisonnement et celle de l'amende sont prononcées par le code pénal, si les circonstances paraissent atténuantes, l'art. 463 de ce code autorise les tribunaux correctionnels à réduire l'emprisonnement même au-dessous de six jours et l'amende même au-dessous de 16 fr., à ne prononcer que l'une ou l'autre de ces peines, même à substituer l'amende à l'emprisonnement; qu'il leur interdit seulement d'abaisser la condamnation au-dessous des peines de simple police; qu'ils peuvent dès lors se borner à appliquer une simple peine de police; — Attendu que la surveillance de la haute police est placée par l'art. 11 c. pén. au rang des peines communes aux matières correctionnelles et criminelles, et qu'elle ne fait pas partie des peines de police déterminées par l'art. 464 du même code; — Qu'ainsi les tribunaux qui peuvent, lorsqu'il y a lieu à l'atténuation de peine permise par l'art. 463, n'appliquer qu'une peine de simple police, sont par là même autorisés à supprimer la surveillance qui est incompatible avec les peines de simple police; — Et attendu qu'il est reconnu et déclaré expressément au procès qu'il existait des circonstances atténuantes en faveur de Sachevola, ce qui suffit pour justifier la disposition de l'arrêt attaqué qui l'affranchit de la surveillance; — Rejette le pourvoi du procureur général de Nîmes.

Du 26 juin 1838.-C. C., ch. réun.-MM. Portalis, 1er pr.-Brière-Valigny, rap.-Dupin, pr. gén., c. conf.

2e *Espèce :* — Du 26 juin 1838.-Arrêt conçu en termes identiques.-(Min. pub. *C.* Patissier.)-Ch. réun.; Rej. (Nîmes).-MM. Portalis, 1er pr.-Brière-Valigny, rap.-Dupin, pr. gén., c. conf.

3e *Espèce :* — (Min. pub. *C.* Mondin.) — LA COUR (apr. délib. en ch. de cons.); — Attendu que l'art. 282 c. pén., en prescrivant le renvoi sous la surveillance de la haute police des mendiants condamnés en vertu des articles précédents, s'est référé par ses dernières expressions, non-seulement aux art. 277 et suiv. placés sous la rubrique : Dispositions communes aux vagabonds et mendiants, mais encore à tous les autres articles composant le § 3, sect. 5, ch. 3, tit. 1, liv. 3 c. pén., intitulé : Mendicité; — Que cela résulte de l'ensemble des dispositions du code pénal sur la mendicité, surtout du rapprochement et de la combinaison des art. 276 et 278, d'après lesquels les différents faits de mendicité qu'ils énumèrent, et qui sont d'une gravité égale, doivent être punis de la même peine, ce qui n'aurait pas lieu si la surveillance prononcée par l'art. 282 ne pouvait pas être appliquée aux faits énoncés dans l'art. 276, tandis qu'elle le serait nécessairement au cas prévu par l'art. 278; — Que cela résulte aussi de l'intention du législateur, manifestée, lors de la présentation du code pénal en 1810, soit dans l'exposé des motifs, soit dans le rapport fait au corps législatif, où il est dit que les vagabonds et les mendiants qui seront condamnés à quelque peine, même simplement correctionnelle, seront mis, quand ils l'auront subie, à la disposition du gouvernement; — Que, dès lors, en décidant que François Mondin, condamné pour un fait de mendicité prévu par l'art. 275 c. pén., ne devait pas être renvoyé sous la surveillance de la haute police, conformément à l'art. 282, la cour royale de Poitiers a méconnu l'intention du législateur et mal interprété lesdits articles;

Mais attendu que les tribunaux, lorsqu'il y a lieu à l'atténuation de la peine de l'emprisonnement et de l'amende, suivant l'art. 463 c. pén., peuvent n'appliquer qu'une peine de simple police, et par conséquent supprimer la surveillance, qui est incompatible avec les peines de simple police;—Et attendu, en fait, que le tribunal de 1re instance de Bourbon-Vendée avait expressément déclaré qu'il existait en faveur de François Mondin des circonstances atténuantes et qu'il y avait lieu de modérer, suivant l'art. 463 c. pén., la peine qu'il avait encourue; — Que cette partie du jugement de première instance n'a pas été attaquée par le ministère public, ni réformée par la cour royale;—Qu'ainsi la déclaration de l'existence des circonstances atténuantes subsistait au procès et qu'elle devait profiter à Mondin; — Que la cour royale l'a reconnu, puisqu'elle a confirmé la décision des premiers juges qui, usant du pouvoir conféré par l'art. 463, avaient réduit l'emprisonnement prononcé contre Mondin au-dessous du minimum fixé par l'art. 275, dont il lui était fait application; — Que, dans cet état des faits, la cour royale a pu, sans contrevenir à aucune loi, s'abstenir de prononcer contre François Mondin la peine de la surveillance de la haute police;—Rejette.

Du 24 nov. 1838.-C. C., ch. réun.-MM. Portalis, pr.-Brière, rap.

(1) (Min. pub. *C.* Jusselin.) — LA COUR; — Vu l'art. 401 c. pén.; — Attendu qu'il résulte de la combinaison des deux derniers alinéas de cet article que, s'il est facultatif pour les tribunaux et les cours d'assises de ne pas appliquer la peine de la surveillance de la haute police aux faits punis par cette disposition pénale, il n'est pas facultatif, lorsque cette peine a été prononcée, d'en restreindre la durée au-dessous de cinq ans, puisque le minimum a été fixé à cinq ans par la loi; — Qu'ainsi, dans l'espèce, la cour d'assises du département de l'Indre a formellement violé ledit art. 401 c. pén. dans la disposition de son arrêt qui prononce contre le nommé Jusselin (déclaré coupable de tentative de vol de foin, la nuit, dans une dépendance de maison habitée, mais avec des circonstances atténuantes) la surveillance de la haute police pendant deux ans seulement; — Par ces motifs, casse, etc.

Du 7 août 1834.-C. C., ch. cr.-MM. de Bastard, pr.-Isambert, rap.

(2) (Min. pub. *C.* Rodelche.) — LA COUR; — Vu l'art. 45 c. pén.;

— Conf. Lyon, 6 fév. 1840, aff. Fargeat). — Il a été jugé, en sens contraire, mais à tort, que le temps pendant lequel un individu est soumis à la surveillance court pendant la durée de sa détention pour cause d'un délit antérieur (Orléans, 16 déc. 1840) (1).

697. La peine de la surveillance par la haute police est imprescriptible (Crim. rej. 31 janv. 1834, aff. Dermenon-Annet, n° 682). Cette peine, qui saisit le condamné au moment où l'achèvement de la peine principale le rend à la liberté, pèse sur lui par le seul effet de la loi; son existence continue est indépendante des mesures facultatives que peut prendre l'administration pour la réaliser d'une manière effective; par conséquent, la suspension de ces mesures ne saurait constituer un droit en faveur du condamné (V. Conf. MM. Chauveau et Hélie, t. 1, p. 171).

698. Mais la prescription de la peine principale entraînerait avec elle la prescription de la surveillance qui n'en est que l'accessoire. C'est ainsi qu'il a été jugé que la peine de la surveillance de la haute police se prescrit, en matière correctionnelle, comme la peine principale à laquelle elle est attachée (Lyon, 13 sept. 1845, aff. Métrat, D. P. 45. 2. 138).

699. La surveillance n'est, du moins en général, qu'une peine accessoire, ainsi que nous l'avons dit. Il est quelques cas cependant dans lesquels elle est prononcée seule. Nous pouvons citer notamment le cas où des individus ayant fait partie de bandes armées organisées pour la sédition s'en sont retirés volontairement (c. pén., art. 100); le cas où les coupables de complots contre la sûreté de l'Etat les révèlent à l'autorité avant toute exécution ou tentative, et avant toutes poursuites commencées (c. pén., art. 108), ceux enfin qui sont prévus par les art. 138, 144 et 271 c. pén. Dans ces cas, elle doit être considérée moins comme une peine que comme une mesure de précaution motivée par la juste méfiance que doit inspirer l'inculpé, à raison des faits criminels auxquels il a été mêlé.

700. La réhabilitation obtenue par le condamné met fin à la surveillance. En effet, l'art. 633 c. inst. crim., porte que la réhabilitation fait cesser pour l'avenir, dans la personne du condamné, toutes les incapacités qui résultaient de la condamnation. Or la surveillance, à raison de la privation de liberté qu'elle entraîne, est une de ces incapacités. — V. Conf. MM. Chauveau et Hélie, t. 1, p. 176.

701. La loi a donné une sanction pénale aux mesures constitutives de la surveillance. Elle a fait de la désobéissance à ces mesures un délit spécial qu'elle désigne sous le nom de *rupture de ban*. L'art. 45 du code pén. de 1810 portait, ainsi que nous l'avons vu (*suprà*, n° 672), qu'en cas de désobéissance, le gouvernement aurait le droit de faire arrêter et détenir le condamné durant un intervalle de temps qui pourrait s'étendre jusqu'à l'expiration du temps fixé pour la surveillance. Cette disposition était odieuse. Elle donnait à l'autorité le pouvoir d'infliger au condamné une détention qui pouvait être perpétuelle, et cela sans jugement, sans que le prévenu pût se défendre. La loi du 28 avril 1832 a remplacé cette sanction par une autre beaucoup plus humaine : « En cas de désobéissance aux dispositions prescrites par l'article précédent, porte le nouvel art. 45, l'individu mis sous la surveillance de la haute police sera condamné, par les tribunaux correctionnels, à un emprisonnement qui ne pourra excéder cinq ans. » D'un autre côté, le décret des 8-12 déc. 1851 porte (art. 1) : « Tout individu placé sous la surveillance de la haute police qui sera reconnu coupable de rupture de ban pourra être transporté, par mesure de sûreté générale, dans une colonie pénitentiaire, à Cayenne ou en Algérie. La durée de la transportation sera de cinq années au moins et de dix ans au plus. »

Cette disposition est évidemment applicable à ceux qui, condamnés à la surveillance antérieurement à la promulgation du décret, se seraient, depuis cette promulgation, rendus coupables de rupture de ban. Mais on peut se demander si l'article précité a abrogé l'art. 45 du code pénal revisé. Nous ne le pensons pas. Le décret des 8-12 déc. 1851 accorde seulement une faculté au gouvernement, il ne dispose pas d'une manière impérative. Si le

— Attendu qu'une condamnation nouvelle pour un fait postérieur à une première condamnation ne détruit pas l'effet de cette première condamnation, et ne peut dispenser le condamné d'en subir les conséquences; — Attendu que le renvoi sous la surveillance spéciale de la haute police est qualifié peine par l'art. 11 c. pén.; — Attendu qu'aucune disposition de la loi ne porte que dans le cas où un individu placé sous la surveillance de la haute police pour un temps qui n'est pas encore expiré vient à être condamné à l'emprisonnement pour un délit quelconque, notamment pour désobéissance aux dispositions prescrites par l'art. 44 c. pén., il sera, en subissant la peine d'emprisonnement, libéré d'une partie de la peine de la surveillance; — Attendu que la condamnation à l'emprisonnement, en vertu de l'art. 45 c. pén., est la punition d'un nouveau fait qualifié délit par la loi, et non le remplacement ou la simple aggravation de la peine de surveillance précédemment prononcée; — Attendu que le renvoi de Rodelche sous la surveillance de la haute police, n'ayant pas été prononcé jusqu'à ce qu'il eût atteint un âge déterminé, ou jusqu'à un jour fixe, mais pendant cinq années, cette surveillance n'est pas prolongée au delà du terme auquel elle a été fixée, lorsque cet état, tel qu'il est réglé par l'art. 44 c. pén., n'a pas duré plus de cinq années; — Attendu que le condamné n'est pas dans l'état légal de surveillance de la haute police, pendant qu'il subit une autre peine; — Attendu que l'art. 45 c. pén. actuel ne limite point l'emprisonnement au temps fixé pour l'état de la surveillance spéciale, comme le faisait le code pénal de 1810, à l'égard de la détention administrative qu'il autorisait; qu'au contraire, le nouvel art. 45 prononce la peine d'emprisonnement pendant un temps dont le maximum est fixé à cinq ans, sans subordonner en aucune manière cette peine au plus ou moins de temps qui reste à courir de la peine de surveillance;

Attendu, en fait, que Rodelche avait été condamné à cinq ans de surveillance, qui ont commencé à courir le 15 mars 1835; que, dans l'intervalle, il a subi diverses condamnations pour désobéissance aux dispositions prescrites par l'art. 44 c. pén., lesdites condamnations s'élevant ensemble à vingt mois et seize jours d'emprisonnement, qui ont reculé d'autant l'expiration de sa surveillance; — Que, par suite, il y était encore assujetti lorsqu'il a été arrêté au mois de mars 1840 à Paris, où il lui avait été interdit de résider; — Que cependant la cour royale d'Orléans (V. l'arrêt suivant) a refusé de lui faire application de l'art. 45 c. pén.; qu'en jugeant ainsi, elle a formellement violé ledit article; — Casse.

Du 19 mai 1841.-C. C., ch. réun.-MM. Portalis, 1er pr.-Miller, rap. Dupin, pr. gén.,-c. conf.

(1) (Min. pub. C. Arry-Rodelche.) — LA COUR; — Attendu que, si, en thèse générale, les peines se cumulent au lieu de se confondre, et doivent être séparément subies, cette règle souffre les exceptions résultant soit des textes de la loi, soit de la nature des peines; — Que le renvoi sous la surveillance de la haute police est moins une réparation du délit commis qu'une précaution contre les délits à venir; que la durée de cette peine, déterminée dans l'esprit des juges par les circonstances d'âge et de moralité du condamné, ne pouvait être prolongée au delà du terme auquel elle a été fixée sans que celui-ci se trouvât dans les liens de la surveillance à une époque de sa vie où les juges ont voulu qu'il en fût affranchi; que, d'ailleurs, les garanties qui devaient résulter de la mise en surveillance ont été efficacement remplacées par celles offertes par l'état de détention; que, si la surveillance ne pouvait courir que dans l'état de liberté, il faudrait dire que l'exécution en serait suspendue non-seulement pendant le cours d'une autre peine, mais encore pendant la simple détention en vertu d'un mandat, ce qui est inadmissible; — Que, si ces principes doivent être suivis alors que la peine nouvelle a été prononcée pour un délit commun portant atteinte aux personnes ou aux propriétés, il doit surtout en être ainsi lorsque cette peine a pour cause une simple infraction à la surveillance; — Qu'en ce cas la peine, n'étant que la réparation de la désobéissance à des obligations imposées, n'est que l'aggravation de l'état auquel on n'a pas voulu se soumettre; d'où il suit que l'emprisonnement pour rupture de ban change seulement le mode, mais ne suspend pas le cours de la surveillance;

Attendu que tel était évidemment l'esprit de la loi avant la révision du code pénal, puisqu'aux termes de l'art. 45, la détention pour rupture de ban infligée par l'autorité administrative ne pouvait excéder le temps qui restait à courir de la peine de la surveillance; — Qu'à la vérité deux grandes innovations ont été introduites en 1832 : l'emprisonnement pour rupture de ban a été élevé au rang des peines, et étendu au delà du temps restant à courir jusqu'à l'expiration de la surveillance; mais qu'aucun de ces changements ne fait obstacle à la thèse ci-dessus posée; qu'en effet, d'une part, en prononçant une peine d'emprisonnement pour rupture de ban, le législateur n'a voulu que placer sous les garanties du pouvoir judiciaire une application plus rigoureuse de la surveillance, et cette garantie, introduite en faveur du condamné, ne peut être retournée contre lui; d'autre part, la faculté de prolonger l'emprisonnement au delà des limites de la surveillance n'empêche pas que du moins ce qui reste à courir de la surveillance ne s'absorbe dans cet emprisonnement; — Par ces motifs, et adoptant au surplus les motifs des premiers juges, confirme le jugement dont est appel.

Du 16 déc. 1840.-C. d'Orléans.-M. Boyard, pr.

gouvernement ne croit pas devoir user de la faculté qui lui est conférée, il n'en faut pas moins que la loi reçoive une sanction, que la désobéissance à ses prescriptions soit punie. C'est le cas d'appliquer l'art. 45. Ainsi, toutes les fois qu'un condamné libéré se rend coupable de rupture de ban, il doit être poursuivi devant le tribunal correctionnel pour qu'il lui soit fait application de la peine portée en l'art. 45; seulement, en cas de condamnation, le gouvernement peut, en vertu de l'art. 1 du décret précité, remplacer l'emprisonnement par la transportation.—V. Conf. M. Trébutien, t. 1, p. 252).

702. La rupture de ban étant, non pas une violation de la loi morale, mais seulement une désobéissance aux formalités imposées par des lois de police, MM. Chauveau et Hélie (t. 1, p. 174) en concluent qu'elle ne constitue pas un délit proprement dit, mais une simple contravention matérielle, et que, par conséquent, elle existe, indépendamment de toute intention criminelle, par le seul fait de l'infraction aux règles qui dérivent de l'état de surveillance. — Il a été jugé 1° qu'un condamné soumis à la surveillance de la haute police, qui, sur l'injonction à lui faite de quitter telle ville, n'a pas fait connaître le lieu où il voulait fixer sa résidence, et a refusé de se rendre à la destination qui lui était indiquée d'office, peut être puni des peines de l'art. 45 c. pén., comme coupable de rupture de ban (Crim. rej. 31 janv. 1834, aff. Dermenon-Annet, n° 682); — 2° Que le refus fait par un individu condamné à la surveillance de la haute police d'indiquer, avant sa mise en liberté, le lieu où il veut fixer sa résidence, doit être puni des peines portées par l'art. 45 c. pén. (Paris, 26 nov. 1836, aff. Rixain, n° 679); — 3° Que le fait par un individu placé sous la surveillance de la police, à qui une feuille de route a été accordée avec itinéraire obligé, d'avoir été trouvé hors de la route qu'il devait suivre et plus de six semaines après la délivrance de ladite feuille, constitue le délit de rupture de ban (Orléans, 3 déc. 1850, aff. Lenaour, D. P. 51. 2. 179).

703. Pour constituer le délit de rupture de ban, il suffit que le condamné reparaisse sans autorisation au lieu qu'il lui est interdit d'habiter. Ce délit ne consiste pas nécessairement dans le fait d'avoir cessé de résider au lieu assigné pour la surveillance; ainsi, un condamné à une peine afflictive et infamante auquel il a été interdit de résider au lieu où il a commis son crime, est coupable de rupture de ban lorsqu'il reparaît en ce lieu, bien qu'il ait été admis à passer à l'étranger, et qu'ainsi il ne lui ait été assigné aucune résidence où il se trouvât soumis à la surveillance (Crim. cass. 13 déc. 1844, aff. Agostini, D. P. 45. 1. 69).

704. Devant quel tribunal correctionnel doit être poursuivi le condamné coupable de rupture de ban? De deux choses l'une: ou le prévenu nie son identité ou il la reconnaît. Dans le premier cas, il doit être traduit devant le tribunal qui a prononcé la condamnation à la surveillance; dans le second cas, il doit être poursuivi devant le tribunal du lieu où il a été arrêté. — Décidé, en ce sens, 1° qu'un individu condamné à la surveillance de la haute police, qui a quitté le lieu fixé pour sa résidence sans avoir rempli les formalités prescrites, doit être traduit, pour ce fait, devant le tribunal du lieu où il est arrêté, lorsqu'il ne nie pas son identité; que ce n'est que lorsqu'il la nie qu'il doit être renvoyé devant le tribunal qui a prononcé la première condamnation (Crim. cass. 23 juill. 1835) (1); — 2° Que c'est au tribunal dans le ressort duquel un individu a été arrêté pour rupture du ban de surveillance qu'il appartient de statuer sur la prévention; que le tribunal qui a prononcé la mise en surveillance ne serait compétent par exception à la règle tracée par l'art. 23 c. inst. crim., qu'autant qu'il se serait élevé une question d'identité, conformément aux art. 518 et suiv. même code (Crim. règl. de jug. 14 avril 1836, MM. Isambert, rap., Franck-Carré, av. gén., aff. Benoist); — 3° Qu'en cas d'infraction du ban de surveillance, le tribunal qui a prononcé la condamnation n'est exclusivement compétent pour appliquer la peine attachée par la loi à cette infraction, que tout autant que le prévenu soutient que le jugement de surveillance qu'on veut lui appliquer lui est étranger (Crim. règl. de jug. 8 oct. 1835) (2).

705. Quant à la peine applicable à la rupture de ban, la loi s'est bornée à en fixer le *maximum* (cinq ans d'emprisonnement). Il suit de là que le tribunal peut l'abaisser indéfiniment, même jusqu'au taux des peines de simple police, qu'ainsi il peut ne prononcer qu'un emprisonnement d'un à cinq jours. Il doit à cet égard se déterminer d'après la nature de l'infraction et d'après les circonstances. L'infraction la plus grave est celle qui consiste à se présenter dans les lieux dont le séjour est interdit; celles qui consistent dans des formalités négligées sont légères et ne doivent être que faiblement réprimées (V. Conf. MM. Chauveau et Hélie, t. 1, p. 174). — Décidé cependant que la peine dont la rupture de ban est passible ne peut être inférieure aux peines correctionnelles, si le tribunal n'a pas appliqué l'art. 463 au prévenu (Rennes, 25 août 1847, aff. Mosset, D. P. 49. 2. 64).

706. Le condamné soumis à la surveillance de la haute police peut être puni, en cas de rupture de son ban, de la peine de l'emprisonnement, même au delà du temps fixé pour son état de surveillance par un jugement antérieur à la publication de la loi du 28 avril 1832 (Crim. rej. 23 janv. 1840) (3).

707. Nous avons déjà vu (*suprà*, n° 328) que l'infraction au

---

(1) (Min. pub. C. Hervé.) — La cour; — Attendu que le jugement attaqué repose uniquement sur le motif que la publicité du fait imputé au prévenu ne se trouverait articulée ni dans la citation introductive d'instance, ni dans le jugement du tribunal de Jonzac attaqué par voie d'appel devant le tribunal de Saintes; — Attendu que, néanmoins, la citation donnée le 4 avril dernier à la requête du ministère public, ainsi que le jugement du tribunal de Jonzac, contiennent textuellement l'articulation formelle de la publicité des faits dont il s'agissait; d'où il suit qu'en méconnaissant la teneur des actes sur lesquels il appuyait sa décision, le tribunal de Saintes a commis un excès de pouvoir et violé les règles de sa compétence; — Casse.

Du 23 juill. 1835.-C. C., ch. crim.-MM. Choppin, pr.-Mérilhou, rap.

(2) (Min. pub. C. Lépine.) — La cour; — Vu la requête en règlement de juges;... — Attendu que la disposition du deuxième alinéa de l'art. 518 c. inst. crim. n'est applicable à l'infraction du ban de surveillance, et n'est attributive de compétence au tribunal qui a prononcé la condamnation, qu'autant que l'individu prévenu d'une telle infraction soutient que le jugement de surveillance qu'on veut lui appliquer lui est étranger; — Attendu, en fait, que Victoire Lépine n'a jamais déguisé son nom, ni nié la condamnation à la surveillance prononcée contre elle par le tribunal correctionnel d'Alençon; d'où il suit que c'est avec raison que le tribunal d'Alençon s'est déclaré incompétent, et que, d'ailleurs, le tribunal de Louviers a épuisé sa juridiction; — Renvoie devant celui de Mortagne.

Du 8 oct. 1835.-C. C., ch. crim.-MM. Choppin, pr.-Vincens, rap.

(3) (Larchevêque C. min. pub.) — La cour; — Sur le moyen tiré de la fausse application de l'art. 45 c. pén., en ce que le demandeur aurait été condamné à un emprisonnement dont la durée devait excéder le temps fixé pour l'état de la surveillance spéciale; — Attendu qu'aux termes de l'art. 44 c. pén. de 1810, l'effet du renvoi sous la surveillance de la haute police était de mettre le condamné, faute par lui de fournir une caution solvable de bonne conduite, à la disposition du gouvernement, qui avait le droit d'ordonner soit son éloignement d'un certain lieu, soit sa résidence continue dans un lieu déterminé; qu'en cas de désobéissance à cet ordre, l'art. 45 conférait au gouvernement le droit de faire arrêter et détenir le condamné, durant un intervalle de temps qui pouvait s'étendre jusqu'à l'expiration du temps fixé pour l'état de surveillance; — Que ces articles ont été modifiés par la loi du 28 avril 1832; que l'effet du renvoi sous la surveillance de la haute police est encore de donner au gouvernement le droit de déterminer certains lieux dans lesquels il sera interdit au condamné de paraître après qu'il aura subi sa peine; mais que celui-ci a le choix de sa résidence; que, seulement, il ne peut en changer sans avoir rempli certaines formalités, et que la désobéissance est punie par les tribunaux correctionnels d'un emprisonnement qui ne peut excéder cinq ans; — Qu'il suit de là que le condamné ne demeure plus à la disposition du gouvernement, et que l'infraction du ban, qui constitue la désobéissance, ne peut être réprimée que par les tribunaux;

Attendu que ces dispositions pénales ne s'appliquent pas seulement aux condamnés qui ont été renvoyés sous la surveillance de la haute police par des jugements postérieurs à la loi du 28 avril 1832, mais aussi à ceux qui auraient été placés dans cet état par des jugements antérieurs à sa publication; qu'en effet, la désobéissance est une infraction nouvelle qui ne peut être atteinte par les lois en vigueur au moment où elle a été commise; qu'enfin, dans la dispensation des peines, le pouvoir donné aux tribunaux ne connaît d'autres limites que celles qui ont été posées par la loi elle-même;

Et attendu qu'il résulte du jugement de première instance et de l'arrêt attaqué, qui en a adopté les motifs, que Larchevêque, placé sous la surveillance de la haute police, a quitté sa résidence sans autorisation,

ban de surveillance ne peut donner lieu à l'application des peines de la récidive.

708. Pour que la peine édictée par l'art. 45, ainsi que les mesures de sûreté publique autorisées par le décret des 8-12 déc. 1851, soient applicables au libéré placé sous la surveillance de la haute police, il faut que la *rupture de ban* soit bien constante, bien régulièrement établie. Dans le cas où la condamnation avait été prononcée sous l'empire du code pénal revisé, il faut, si le condamné a paru dans une localité dont le séjour lui était interdit, que l'ordre enfreint soit représenté, et que le ministère public prouve qu'il en avait eu connaissance; si le condamné est allé résider dans une commune autre que celle qu'il avait désignée dans sa déclaration, il faut que cette déclaration soit représentée. Dans le cas où la condamnation a été prononcée depuis la promulgation du décret des 8-12 déc. 1851, si le libéré est poursuivi pour avoir quitté le lieu qui lui avait été assigné pour résidence, il faut que l'ordre qui lui avait été donné soit produit (V. à cet égard MM. Chauveau et Hélie, t. 1, p. 175). — Jugé : 1° que la peine de la rupture de ban n'est pas applicable au condamné pour vagabondage mis, non pas sous la surveillance de la haute police, mais simplement à la disposition du gouvernement (Paris, 2 juill. 1834) (1); — 2° Que lorsqu'il n'a été assigné aucune résidence à l'individu soumis à la surveillance de la haute police, et que sa feuille de route ne contient pas d'itinéraire obligé, il ne peut être réputé en état de rupture de ban pour avoir été trouvé dans une ville dont la résidence est interdite, par voie de prohibition générale, aux condamnés à la surveillance (Crim. rej. 16 août 1845, aff. Kersausie, D. P. 45. 1. 399).

709. Il est aussi évident que nulle peine ne pourrait être appliquée s'il apparaissait, d'après les circonstances, que le gouvernement a entendu se départir, à l'égard du condamné, des pouvoirs que lui accordait la mise en surveillance.—Mais la délivrance à un condamné, placé sous la surveillance de la haute police, d'un passe-port pour se rendre, avec itinéraire obligé, dans une ville par lui désignée pour son séjour, ne suffit point à établir la présomption que le gouvernement a voulu cesser de retenir le condamné à sa disposition et l'affranchir de toute mise en surveillance..., et, dès lors, le fait de s'être écarté de son itinéraire obligé constitue, de la part du porteur de ce passe-port, une rupture de ban, passible des peines correctionnelles prononcées par la loi (Crim. cass. 23 août 1834, aff. Villiers, n° 115).

710. Il pourrait arriver qu'un individu, condamné à la surveillance sous l'empire du code pénal de 1810, antérieurement à la loi réformatrice du 28 avr. 1832, se rendît coupable de rupture de ban. Les tribunaux correctionnels seraient-ils *compétents* pour connaître de son délit? En d'autres termes, serait-ce l'ancien art. 45, ou l'art. 45 revisé qui devait être appliqué? Il nous paraît évident que ce serait le nouvel article 45; en effet, la rupture de ban, bien qu'elle soit la conséquence d'une condamnation antérieure, est un délit nouveau qui doit, conformément aux principes généraux du droit pénal, être puni par la loi en vigueur au moment où il a été commis. C'est ce qui résulte, au surplus, de l'avis du conseil d'Etat du 7 nov. 1832, que nous avons déjà cité. Il y est dit que « les individus déjà condamnés, lorsque, mis en surveillance avant la loi du 28 avr. 1832, ils n'auraient violé leur ban que postérieurement à la publication de cette loi, doivent, conformément au nouvel art. 45 c. pén., être renvoyés par-devant les tribunaux correctionnels pour y être condamnés à la peine indiquée dans cet article. » —Il a été jugé, en ce sens, que la disposition de l'art. 45 du nouveau code pénal, qui punit de l'emprisonnement la rupture du ban de surveillance, étant une disposition réglementaire de police, s'applique, non-seulement à ceux qui sont condamnés postérieurement à ce nouveau code, mais encore à ceux qui l'ont été antérieurement (Grenoble, 11 déc. 1833 (2); Crim. rej. 23 janv. 1840, aff. Larchevêque, n° 706).

711. Nous avons vu *suprà*, n° 676) que l'art. 4 du décret des 8-12 déc. 1851 interdit le séjour de Paris et de la banlieue à tous les individus placés sous la surveillance de la haute police, et qu'aux termes de l'art. 5, ils ont dû quitter Paris et la banlieue dans les dix jours de la promulgation de ce décret, à moins qu'ils n'eussent obtenu un permis de séjour; enfin qu'une feuille de route et de secours réglant l'itinéraire devait, suivant le même article, être délivrée à tous ceux qui la demanderaient. L'art. 6 donne une sanction pénale à ces dispositions; il porte qu'en cas de contravention aux dispositions prescrites par les art. 4 et 5, les contrevenants pourront être transportés, par mesure de sûreté générale, dans une colonie pénitentiaire, à Cayenne ou en Algérie.

712. Suivant une circulaire du ministre de la police générale du 1er sept. 1852 (D. P. 53. 3. 30), chaque préfet doit rendre compte au ministre de la police générale des poursuites pour rupture de ban intentées dans son département, ainsi que des condamnations intervenues. — En cas de condamnation pour rupture de ban, le préfet qui propose d'appliquer au condamné la transportation autorisée par l'art. 1 du décret du 8 déc. 1851 a le droit de retenir en état de détention, par mesure administrative, le condamné dont la peine devrait expirer avant la réception de la décision du ministre.

713. Disons en terminant que l'art. 7 détermine en ces termes le régime auquel seront soumis les transportés : « Les individus transportés en vertu du présent décret seront assujettis au travail sur l'établissement pénitentiaire. Ils seront privés de leurs droits civils et politiques. Ils seront soumis à la juridiction militaire; les lois militaires leur seront applicables. Toutefois, en cas d'évasion de l'établissement, les transportés seront condamnés à un emprisonnement qui ne pourra excéder le temps pendant lequel ils auront encore à subir la transportation. Ils seront soumis à la discipline et à la subordination militaires envers leurs chefs et leurs surveillants civils ou militaires, pendant la durée de l'emprisonnement. »

SECT. 10. — *De l'interdiction des droits civiques, civils et de famille.*

714. L'art. 42 c. pén. dispose que « les tribunaux ugeant correctionnellement pourront, dans certains cas, interdire, en tout ou en partie, l'exercice des droits civiques, civils et de fa-

---

et qu'il a été arrêté à Paris, où il lui était interdit de paraître; qu'en punissant sa désobéissance d'un emprisonnement d'une année, encore que la durée de cette peine excédât le temps qui restait à écouler pour que l'état de surveillance dût finir, ledit arrêt, loin de violer l'art. 45 c. pén., en a fait une juste application; — Rejette.

Du 23 janv. 1840.-C. C., ch. crim.-MM. Meyronnet, pr.-Bresson, rap.

(1) (Leclair C. min. pub.) — LA COUR; — Attendu que Leclair n'a pas été mis par le jugement du tribunal de Saintes sous la surveillance de la haute police, mais à la disposition du gouvernement; que la peine de rupture de ban n'est pas applicable à cette dernière infraction; — Qu'en fait il n'est pas même établi que la mise à la disposition du gouvernement ait été exécutée contre Leclair, qui, pendant sept à huit ans, paraît avoir conservé la libre disposition de sa résidence; — Emendant, décharge Leclair des condamnations prononcées contre lui, et le renvoie de la plainte sans dépens.

Du 2 juill. 1834.-C. de Paris, ch. corr.-M. Sylvestre, pr.

(2) *Espèce :* — (Min. pub. C. Doyon.)—14 nov. 1833, jugement qui condamne Doyon à deux mois d'emprisonnement, pour avoir rompu son ban de surveillance. — Appel du ministère public, en ce que Doyon étant en état de récidive, puisqu'il a déjà subi une condamnation de trois années d'emprisonnement, l'art. 58 c. pén. aurait dû lui être appliqué. — Le prévenu soutient que l'art. 45 c. pén. de 1810, est seul applicable, puisque le jugement qui a soumis Doyon à la surveillance, est du 2 juin 1829, et de plus, que la rupture du ban de surveillance ne constituant point un délit, la peine de la récidive ne peut lui être appliquée. — Arrêt.

LA COUR;—Attendu qu'il résulte de la procédure que, depuis plusieurs mois, Doyon a violé son ban de surveillance, en fuyant de Dionay, où il y était assujetti, sans en prévenir le maire de sa commune, conformément à l'art. 44 du nouveau code pénal; — Attendu que la disposition de l'art. 45 dudit code, qui punit cette violation, est une disposition réglementaire de police, qui s'applique non-seulement à ceux qui seraient condamnés postérieurement à ce nouveau code, mais encore à ceux qui l'auraient été antérieurement;—Attendu que le fait, qui est puni par ledit art. 45, n'est qu'une infraction qui ne saurait rentrer dans les dispositions du code pénal relatives à la récidive; — Attendu que la peine prononcée par les premiers juges n'est point proportionnée à la gravité du fait imputé à Doyon;—Réforme, et, par nouveau jugement, condamne François Doyon à six mois d'emprisonnement.

Du 11 déc. 1833.-C. de Grenoble, ch. corr.-M. Duboys, pr.

mille suivants : 1° de vote et d'élection; — 2° D'éligibilité; — 3° D'être appelé ou nommé aux fonctions de juré ou autres fonctions publiques, ou aux emplois de l'administration, ou d'exercer ces fonctions ou emplois; — 4° Du port d'armes; — 5° De vote et du suffrage dans les délibérations de famille;— 6° D'être tuteur, curateur, si ce n'est de ses enfants et sur l'avis seulement de la famille; — 7° D'être expert ou employé comme témoin dans les actes; — 8° De témoignage en justice, autrement que pour y faire de simples déclarations. »

715. Cette peine se rapproche beaucoup de la dégradation civique, ainsi qu'on peut le voir en comparant ensemble les art. 34 et 42; toutes les incapacités mentionnées en l'art. 42 font partie de la dégradation civique; mais elles diffèrent l'une de l'autre sous plusieurs rapports importants. Et d'abord la dégradation civique est une peine infamante; tandis que l'interdiction dont il s'agit est une peine correctionnelle. En second lieu, la première est tantôt peine principale et tantôt peine accessoire; tandis que la seconde n'est jamais prononcée seule, mais toujours accessoirement à une autre peine (V. toutefois l'art. 113 c. pén., qui paraît faire exception à cette règle générale). En outre, la dégradation civique entraîne des incapacités plus étendues et plus complètes que l'interdiction. Ainsi la privation du droit de porter des décorations, l'incapacité d'être subrogé-tuteur, conseil judiciaire, de faire partie de la garde nationale ou de l'armée, de tenir école ou d'exercer des emplois dans les établissements d'instruction, sont les conséquences de la dégradation civique; or aucun de ces droits ne figure parmi ceux dont l'interdiction peut être prononcée en vertu de l'art. 42. Mais ce n'est pas tout. Les incapacités résultant de la dégradation civique forment un tout indivisible qui ne peut être scindé; il n'en est pas de même de celles qu'énumère l'art. 42; il résulte des termes de cet article, et notamment de ces mots *en tout ou en partie*, qu'elles peuvent être divisées; ce qui donne aux juges la faculté de les approprier à la nature de chaque délit. Enfin, une dernière différence, c'est que la dégradation civique est de sa nature perpétuelle (sauf le cas de réhabilitation), tandis que l'interdiction de certains droits civiques, civils et de famille est temporaire, et ne dure que le temps fixé par le jugement qui l'a prononcée.

716. L'art. 42 dit que les tribunaux jugeant correctionnellement pourront, *dans certains cas*, interdire, en tout ou en partie, l'exercice des droits qu'il mentionne. De ces mots *dans certains cas* il résulte que l'interdiction dont il s'agit ne peut être prononcée que dans les cas où la loi s'en explique formellement.

717. L'art. 43 c. pén. porte que « les tribunaux ne prononceront l'interdiction mentionnée en l'article précédent que lorsqu'elle aura été autorisée ou ordonnée par une disposition particulière de la loi. » Les dispositions particulières dont il s'agit n'ont pas toujours le même caractère; quelquefois elles sont impératives et obligatoires pour les tribunaux (V. notamment les art. 109, 112, 113, 171, 175, 185, 187, 197 et 335); d'autres fois elles sont purement facultatives et livrent au pouvoir discrétionnaire du juge l'application des incapacités qu'elles déterminent (art. 86, 89, 91, 123, 388, 401, 405, 406 et 410 c. pén.). Dans le premier cas, si les juges s'abstenaient de prononcer l'interdiction prescrite par la loi, alors même qu'elle n'aurait pas été requise par le ministère public, leur jugement serait annulable, à moins toutefois qu'ils n'eussent reçu et constaté l'existence de circonstances atténuantes (V. *suprà*, nos 559 et s.).

718. La peine dont il s'agit n'est, comme la dégradation civique, susceptible d'aucune exécution extérieure; elle est encourue du jour où la condamnation qui la prononce est devenue définitive. Dans le cas où elle porte sur des droits civiques ou politiques, le ministère public doit, lorsqu'elle est devenue définitive, en informer l'autorité supérieure de laquelle dépend le condamné en qualité de fonctionnaire, employé, etc., ou le préfet du département dans lequel il exerce des droits électoraux, fait partie du jury, etc. (V. en ce sens M. Ch. Berriat-Saint-Prix, De l'exécut. des jugem. et arr. crim., p. 53 et 113).

SECT. 11.—*De l'interdiction légale.*

719. Certaines peines entraînent l'interdiction légale de celui qui en est frappé et par suite lui enlèvent l'administration de ses biens. Cette incapacité est, disent très-bien MM. Chauveau et Hélie (t. 1, p. 134), « une conséquence presque nécessaire des peines d'une longue durée et des peines perpétuelles. Il ne faut pas qu'un condamné puisse disposer de ses revenus et de ses biens quand il subit un châtiment sévère; il ne faut pas qu'il ait les moyens d'acheter à prix d'or une évasion, ou que, par des profusions scandaleuses, il fasse d'un séjour d'humiliation et de deuil un théâtre de joie et de scandale. » — L'art. 29 c. pén. porte : « Quiconque aura été condamné à la peine des travaux forcés à temps, de la détention ou de la reclusion, sera, de plus, pendant la durée de sa peine, en état d'interdiction légale; il lui sera nommé un tuteur et un subrogé tuteur pour gérer et administrer ses biens, dans les formes prescrites pour les nominations des tuteurs et subrogés tuteurs aux interdits. »

720. D'après cet article les seules peines qui emportent l'interdiction légale sont les travaux forcés à temps, la détention et la reclusion. Il faut y ajouter les peines afflictives perpétuelles, c'est-à-dire les travaux forcés à perpétuité et la déportation. Ces peines emportaient autrefois la mort civile. Mais la loi du 31 mai 1854, qui a prononcé l'abolition de cette dernière, dispose (art. 2) que « les condamnations à des peines afflictives perpétuelles emportent la dégradation civique et l'interdiction légale établies par les art. 28, 29 et 31 du code pénal. » — Quelques criminalistes auraient voulu qu'afin d'observer une exacte gradation dans l'échelle des pénalités le législateur établit, entre les conséquences des peines perpétuelles, relativement à la capacité des personnes, et celles des peines temporaires, une différence assez considérable; mais la commission de l'assemblée législative recula devant les difficultés qu'eût présentées l'organisation d'un système entièrement nouveau; et elle fit sagement, elle adopta un système mixte qui maintient certains effets de la mort civile (V. *infrà*, nos 729 et s.), en les combinant avec les conséquences des peines criminelles temporaires.

721. Il résulte des termes de l'art. 29 que l'interdiction légale dure autant que la peine elle-même à laquelle elle est attachée. Si donc la peine est perpétuelle, l'interdiction est également *perpétuelle*. Mais, dans ce dernier cas, si la peine perpétuelle vient à être commuée en une peine temporaire, ou si le condamné est gracié, l'interdiction cesse à partir du jour de la libération (Exp. des mot. de la loi du 31 mai 1854 (D. P. 54. 4. 91 et s.); V. aussi M. Humbert, Conséq. des condamn. pén., n° 430).

722. L'art. 29, dans le code pénal de 1810, portait qu'il était nommé *un curateur* pour gérer et administrer les biens de l'interdit; à ces mots *un curateur* on a substitué, lors de la réforme de 1832, ceux-ci : *un tuteur et un subrogé tuteur*. Il résulte de la disposition finale de l'art. 29 que les art. 405 et suiv. (sur la nomination du tuteur et du subrogé tuteur et la forme dans laquelle elle doit avoir lieu) sont applicables au cas d'interdiction légale (V. Minorité-tutelle). Il en résulte encore que le mari est, de droit, tuteur de sa femme, et que la femme peut être nommée tutrice de son mari, conformément aux art. 505 et 506 c. nap. (V. Conf. MM. Ch. Berriat-Saint-Prix, Exécut. des jugem. et arr., n° 98; Humbert, Cons. des condamnat. pén., n° 317 *bis*). — Il a été décidé que dans le cas d'interdiction légale, aux termes de l'art. 29 c. pén., le curateur (maintenant le tuteur) est obligé, pour agir, de se faire autoriser (Bourges, 25 janv. 1832) (1).

(1) *Espèce :* — (N.... C. Lariche.) — Conformément à l'art. 29 c. pén., le sieur N.... était en état d'interdiction légale. — Son père, en qualité de curateur, a demandé la rescision d'une vente consentie par son fils pour lésion des sept douzièmes. — L'acquéreur oppose une fin de non-recevoir, tirée de ce qu'il n'est pas autorisé par le conseil de famille. — Jugement par défaut qui accueille ce système. — Appel de la part du curateur, après s'être fait autoriser; — Il soutient, 1° qu'en matière d'interdiction légale, le curateur n'a pas besoin de se faire autoriser; 2° que l'action qu'il intente est purement mobilière, puisqu'il ne dépend point de lui de priver l'acquéreur de la faculté de conserver l'immeuble en suppléant le juste prix. — Appel.

LA COUR; — Considérant que, devant les premiers juges, l'exception de fin de non-recevoir était tirée de ce que le curateur à l'interdiction n'avait pas été autorisé par le conseil de famille à former sa demande;

723. L'interdiction légale s'applique-t-elle à celui qui n'a été condamné que par *contumace?* Nous ne le pensons pas. A la vérité, ces mots de l'art. 29 c. pén. : *quiconque aura été condamné*, semblent, par leur généralité, comprendre le condamné contumax aussi bien que celui qui a été condamné contradictoirement; mais, d'une part, ces mots *pendant la durée de la peine*, qui se trouvent dans le même article, semblent exclure le contumax, qui ne subit pas sa peine, et, d'autre part, la loi a organisé pour l'administration des biens du contumax des règles spéciales (V. Contumace) incompatibles et avec la nomination d'un tuteur et avec les autres règles établies à l'égard de l'interdit, notamment avec l'art. 30, qui prescrit au tuteur de rendre compte au condamné qui aura subi sa peine. C'est ce qu'enseigne aussi M. Trébutien, t. 1, p. 245.

724. L'art. 508 c. nap. porte que nul, à l'exception des époux, des ascendants et descendants, ne sera tenu de conserver la tutelle d'un *interdit* au delà de dix ans; et qu'à l'expiration de ce délai le tuteur pourra demander et devra obtenir son remplacement. On s'est demandé si cet article était applicable à l'interdiction légale? M. Marcadé (sur l'art. 512 c. nap.) enseigne la négative. « L'interdiction légale, dit-il, ne peut pas, comme l'interdiction judiciaire, durer quarante, cinquante, soixante ans, car les travaux forcés temporaires et la détention ne peuvent être prononcés que pour vingt ans (art. 19 et 20 c. pén.). Or la tutelle d'un mineur (pour laquelle la durée de la fonction ne devient jamais une excuse) peut aussi durer vingt ans. — Si cette doctrine doit être admise, si l'analogie doit faire assimiler l'interdiction légale à la minorité lorsqu'il s'agit de peines temporaires, cette même analogie nous conduit à assimiler l'interdiction légale à l'interdiction proprement dite lorsqu'il s'agit d'une peine perpétuelle. Dans ce dernier cas donc, nous pensons, avec M. Humbert (Conséq. des condamn. pén., n° 317 *bis*), que l'art. 508 serait applicable et qu'au bout de dix ans le tuteur et le subrogé tuteur seraient fondés à demander leur décharge.

725. Le condamné qui s'évade ne cesse pas pour cela d'être en état d'interdiction légale. A la vérité, l'art. 29 c. pén. n'établit cette incapacité que *pendant la durée de la peine* : mais il faut entendre par ces mots la durée légale, qui ne finit qu'au moment où le condamné est régulièrement libéré, et non pas la durée pendant laquelle il subit effectivement sa peine. Il serait absurde que, par une nouvelle faute (l'évasion) un condamné pût rendre sa position meilleure et s'affranchir des incapacités dont il était et dont il serait resté frappé en se soumettant à la loi et subissant son châtiment.— V. en ce sens MM. Boitard, Leç. sur le c. pén., p. 190; Ch. Berriat Saint-Prix, Exéc. des jugem. et arr., n° 95; Humbert, Conséq. des condamn. pén., n° 317 *ter*.

726. A l'expiration de la peine, l'interdiction légale cesse de plein droit, sans qu'il soit besoin d'en demander la mainlevée, comme pour l'interdiction judiciaire, aux termes de l'art. 512 c. nap. (V. Conf. MM. Boitard, *loc. cit.*, et Marcadé, sur l'art. 512). « Les biens du condamné, porte l'art. 30 c. pén., lui seront remis après qu'il aura subi sa peine, et le tuteur lui rendra compte de son administration. »

727. L'art. 31 c. pén. dispose que « pendant la durée de sa peine il ne pourra être remis au condamné aucune somme, aucune provision, aucune partie de ses revenus. » D'où il suit que l'art. 510 c. nap. est inapplicable à l'interdiction légale (V. toutefois ce qui est dit sur ce point v° Droit civ., n° 771).—Le code pénal des 25 sept.-6 oct. 1791 (tit. 4, art. 5) contenait une disposition semblable à celle de l'art. 31 c. pén.; mais après la prohibition relative au condamné, il ajoutait immédiatement : « Mais il pourra être prélevé sur ses biens les sommes nécessaires pour élever et doter ses enfants, ou pour fournir des aliments à sa femme, à ses enfants, à son père ou à sa mère, s'ils sont dans le besoin. » Cette dernière disposition n'a point été reproduite par le code pénal. Faut-il en conclure qu'il ne puisse être accordé, sur les biens du condamné, aucuns secours à sa famille? —V. ce qui a été dit sur ce point v° Droit civil, n° 773.

728. Quels sont les effets de l'interdiction légale quant à la capacité du condamné, relativement aux divers actes de la vie civile? Peut-il s'obliger, aliéner, contracter mariage? Peut-il tester? Cette question est controversée. Plusieurs systèmes ont été émis sur ce point. Ils ont été exposés et examinés v° Droit civ., n° 769. —Sur cette question, il a été jugé : 1° que le testament fait pendant la durée de sa peine, par un condamné à la reclusion qui est décédé avant l'expiration du terme de sa détention, est valable (Rouen, 28 déc. 1822, aff. Biard, V. Disp. testam.);—2° Que l'individu frappé d'interdiction légale par une condamnation judiciaire est, de même que l'interdit pour démence, incapable de contracter; qu'en conséquence, ses créanciers peuvent faire annuler, pour incapacité de vendre, la cession qu'il a consentie d'actions dans une société, soit depuis qu'il est interdit, soit auparavant, mais qui n'a acquis une date certaine que depuis l'interdiction (Req. 25 janv. 1825) (1); — 3° Que, les condamnés à une peine afflictive et infamante ne pouvant contracter d'aucune manière après l'exécution de la condamnation, il s'ensuit que les actes sous seing privé écrits par un condamné à la reclusion, ne font pas foi de leur date, quand ils n'ont pas acquis date certaine avant l'exécution de la condamnation (Nancy, 5 juin 1828) (2);— 4° Que le curateur d'un condamné aux travaux for-

---

— Qu'en première instance, le curateur a fait défaut, et qu'en appel, il oppose deux moyens contre la fin de non-recevoir; — Le premier, tiré de ce qu'en matière d'interdiction, aux termes de l'art. 29 c. pén., le curateur n'est pas obligé de se faire autoriser pour agir; — Le second, de ce qu'une action en rescision est purement mobilière, et qu'ainsi l'art. 464 c. civ. n'est pas applicable; — Mais que la loi n'a établi aucune différence entre les effets de l'interdiction légale et ceux de l'interdiction judiciaire; que, dans l'un et l'autre cas, les principes du code civil sur les tutelle et curatelle sont applicables; — Que l'action en rescision ayant pour but de faire anéantir le contrat de vente et de remettre l'immeuble vendu dans les mains de l'ancien propriétaire, cette action est relative à la propriété d'un immeuble et dès lors immobilière de sa nature; qu'il est vrai que lorsque, l'action en rescision est admise, l'acquéreur peut conserver l'immeuble en payant le supplément du prix; mais que cette faculté accordée à l'acquéreur par l'art. 1081 c. civ., et qui ne peut s'exercer qu'après l'admission de la demande, ne change pas la nature de l'action dont le but est primitivement de faire annuler un contrat de vente; qu'il y avait dès lors lieu à autorisation du conseil de famille; qu'ainsi, dans l'état où se trouvait la cause, et le curateur ne réclamant pas un délai pour régulariser sa demande, les premiers juges ont bien jugé;

Sur la seconde question, que depuis le jugement de première instance dont les effets sont suspendus par l'appel, l'état de la cause a changé; que les parties reconnaissent que le conseil de famille a été assemblé et a autorisé le curateur à former son action; que cette autorisation est rapportée; qu'en principe, l'effet d'une autorisation postérieure est de régulariser l'action du curateur; qu'ainsi, dans l'état actuel de la cause, la demande est recevable; que c'est dès lors le cas de renvoyer devant les premiers juges pour statuer sur le fond, dépens joints;— Sans qu'il soit besoin de statuer sur le bien ou mal jugé; prenant la cause dans l'état où elle se présente, et statuant par arrêt nouveau, déclare l'action recevable en la forme, et, pour être fait droit sur les exceptions du fond et sur l'action, renvoie devant les premiers juges, joint les dépens de première instance et d'appel.

Du 25 janv. 1832.-C. de Bourges, 1re ch -M. Matter, 1er pr.

(1) (Duchêne et autres *C.* la dame Lehardelay.) — LA COUR; — Attendu que l'art. 1124 c. civ. déclare les interdits incapables de contracter; qu'il ne distingue point entre l'interdiction pour cause de démence ou fureur dont ce code s'est occupé dans les art. 489 et suiv., et l'interdiction par l'effet des condamnations afflictives et infamantes qui était prononcée par la législation pénale existante au temps où ce code a été promulgué, comme elle l'est par la législation pénale actuelle; que là où la loi ne distingue pas, le magistrat ne doit admettre aucune distinction; d'où il suit qu'en déclarant nul l'acte du 6 oct. 1816, comme réputé fait par Lebardelay, dans le temps où il était frappé d'interdiction, l'arrêt attaqué a fait une juste application des art. 1124, 1167 et 1328 c. civ., et de l'art. 26 c. pén,; — Rejette.

Du 25 janv. 1825.-C. C., sect. req.-MM. Botton, pr.-Pardessus, rap.

(2) (Letoulat *C.* Lemoine et cons.) — LA COUR; — Considérant, en fait, que Jean-Louis Didiot, cultivateur a été condamné le 3 juill. 1822, par la cour d'assises de Saint-Mihiel, à cinq années de reclusion; qu'il a été exposé au carcan le 20 sept. même année; — Que, par acte sous seing privé, daté du 28 juill. 1822, mais enregistré seulement le 18 nov 1825, le même Didiot a vendu différents immeubles à Letoulat, pour un prix de 2,400 fr.; que ledit Letoulat, se disant fondé de pouvoir de Didiot, a vendu plusieurs immeubles de celui-ci, par actes sous seing privé des 3, 4 août 1822, 14 oct. 1823, mais enregistrés seulement en octobre 1822 et 1823.

Considérant, en droit, qu'il résulte de la combinaison des art. 502, 1124 et 2003 c. civ., et 28 c. pén., que le condamné à une peine afflic-

cés est recevable et fondé à demander la nullité d'effets souscrits par le condamné, s'ils n'ont pas date certaine avant la condamnation (Req. 22 mars 1825, aff. Blin, V. Oblig.); — 5° Que la cession qu'un condamné a faite de ses biens, pendant l'instance du pourvoi en cassation, est nulle, comme faite en fraude des dommages-intérêts dus pour réparation du crime, bien que ces dommages-intérêts ne fussent pas prononcés par l'arrêt de condamnation (Caen, 13 déc. 1816, aff. Lechoismier, V. Disp. entre-vifs et testam.); — 6° Que le condamné placé en état d'interdiction légale par suite de condamnation à une peine afflictive et infamante, a cependant qualité pour défendre seul et sans l'assistance d'un tuteur, à une poursuite correctionnelle dirigée contre lui pour un délit relevé à sa charge par le même procès-verbal qui constatait le crime qui a donné lieu à sa condamnation (Crim. cass. 5 sept. 1846, aff. Rabault, D. P. 46. 1. 302). — V. aussi Disp. entre-vifs et testam., Oblig., Vente.

729. L'art. 3 de la loi du 31 mai 1854, qui a supprimé la *mort civile*, contient sur ce point une disposition spéciale relative au condamné à une peine afflictive perpétuelle. « Le condamné à une peine afflictive perpétuelle, porte cet article, ne peut disposer de ses biens, en tout ou en partie, soit par donation entre-vifs, soit par testament, ni recevoir à ce titre, si ce n'est pour cause d'aliments. — Tout testament par lui fait antérieurement à sa condamnation contradictoire, devenue définitive, est nul. — Le présent article n'est applicable au condamné par contumace que cinq ans après l'exécution par effigie. » — Cet article tranche, à l'égard des condamnés auxquels il s'applique, la question que nous venons d'indiquer et pour la solution de laquelle nous avons renvoyé au mot Droit civil, n° 769.

730. Il résulte de ce même article que l'art. 511 c. nap., qui porte que « lorsqu'il sera question du *mariage* de l'enfant d'un interdit, la *dot*, ou l'*avancement d'hoirie*, et les autres *conventions matrimoniales*, seront réglés par un avis du conseil de famille, homologué par le tribunal, sur les conclusions du *procureur impérial*, » est inapplicable aux condamnés à une peine afflictive perpétuelle. En effet, comme le fait justement observer M. Humbert (Conséq. des condamn. pén., n° 437), l'incapacité de disposer à titre gratuit qu'a encourue le condamné s'oppose à ce que son tuteur et le conseil de famille exercent en son nom un droit dont il a perdu la jouissance.

731. L'art. 4 de la loi du 31 mai 1854 vient tempérer la rigueur des dispositions contenues dans l'art. 3. Il est ainsi conçu : « Le gouvernement peut relever le condamné à une peine afflictive perpétuelle de tout ou partie des incapacités prononcées par l'article précédent.—Il peut lui accorder l'*exercice*, dans le lieu d'exécution de la peine, des *droits civils* ou de quelques-uns de ces droits, dont il a été privé par son interdiction légale.— Les actes faits par le condamné, dans le lieu de l'*exécution* de la peine, ne peuvent engager les biens qu'il possédait au jour de sa condamnation, ou qui lui sont échus à titre gratuit depuis cette époque. » Ces derniers mots peuvent paraître, au premier coup d'œil, difficiles à concilier avec l'art. 3 qui frappe le condamné de l'*incapacité* de recevoir *à titre gratuit*. Mais cette difficulté disparait si l'on observe que la disposition finale de l'art. 4 peut s'appliquer : 1° aux successions *ab intestat* échues depuis la condamnation ; 2° aux libéralités que le gouvernement aurait autorisé le condamné à recevoir. — V. en ce sens M. Humbert, n° 449.

732. Les dispositions qui précèdent sont applicables même à ceux qui avaient été frappés de la mort civile antérieurement à la promulgation de la loi du 31 mai 1854. En effet, l'art. 5 de cette loi porte : « Les effets de la mort civile cessent pour l'avenir, à l'égard des condamnés actuellement morts civilement, sauf les droits acquis à des tiers. — L'état de ces condamnés est régi par les dispositions qui précèdent. » Ainsi, d'après cet article, les biens qui appartenaient au condamné lors de sa condamnation restent acquis à ceux à qui ils sont échus en vertu de l'art. 25 c. nap.; mais le condamné devient capable de transmettre par voie de succession *ab intestat* les biens qu'il pourra acquérir par la suite. Ainsi encore, le mariage du mort civilement reste dissous quant à tous ses effets civils, et si le conjoint du condamné s'est remarié, son nouveau mariage est parfaitement valable.—V. en ce sens M. Humbert, n° 453.

SECT. 12. — *De l'amende.*

733. L'amende consiste dans le payement d'une certaine somme imposé comme châtiment d'une infraction à la loi. Elle figure dans notre législation pénale, le plus souvent comme peine accessoire, mais quelquefois aussi comme peine principale. De plus, la loi, dans beaucoup de cas, l'a appliquée, comme sanction des règles qu'elle avait prescrites, à des faits qui n'ont pas un caractère criminel proprement dit, mais qui ne constituent que des infractions purement *civiles*. De là résulte un double ordre d'idées qui formera la division naturelle de notre sujet : 1° l'amende en matière civile ; 2° l'amende en matière criminelle. Nous allons nous en occuper successivement.

ART. 1. — *De l'amende en matière civile.*

734. L'amende prononcée par la loi en matière *civile* n'est pas une peine dans le sens qu'attachent à ce mot les lois criminelles; elle a plutôt le caractère d'une réparation civile; elle se distingue des peines proprement dites par des différences notables, ainsi qu'on pourra le voir en comparant ensemble les règles exposées dans les deux sections qui composent cet article.

§ 1. — *Des cas principaux où il y a lieu à l'amende en matière civile.*

735. Il est un principe qui domine toute cette partie de notre sujet : c'est qu'une amende ne peut être exigée par induction, mais qu'il faut nécessairement qu'elle soit établie par un texte précis de la loi (décis. min. des fin. 9 nov. 1814). — L'amende est prononcée par les lois civiles dans un grand nombre de cas : on va parcourir les principaux.

736. Et d'abord, le code civil punit d'une amende : 1° les officiers de l'état civil qui, dans la tenue des registres et dans la rédaction des actes de l'état civil, commettent certaines infractions ou omissions (c. civ., art. 50, 53, 192) autres que celles que prévoit et punit le code pénal (art. 192 et suiv.); ces dernières constituent des délits proprement dits qui ne peuvent être réprimés que par les tribunaux correctionnels (V. Actes de l'état civil, n°s 486 et suiv.); — 2° Les époux qui ont fait procéder à leur mariage sans que les publications eussent été préalablement faites, ou ceux sous la puissance desquels ils ont agi (c. nap. 192); et même, dans ce cas, ainsi que nous le verrons (*infrà*, n° 751), l'amende est arbitraire.—V. Mariage, n° 553.

737. En matière de *procédure*, l'amende est prononcée : 1° contre celle des parties qui ne paraît pas en conciliation; toute audience doit lui être refusée jusqu'à ce qu'elle ait justifié que l'amende a été acquittée (c. pr. 56), à moins qu'elle n'ait été dans l'impossibilité de comparaître au bureau de paix : c'est par le tribunal, et non par le juge de paix, que cette amende doit être prononcée (V. Conciliation, n°s 304 s.);—2° Contre l'*huissier* qui, dans les causes portées devant la justice de paix, soit en conciliation, soit autrement, assiste les parties comme conseil ou les représente comme fondé de pouvoirs (L. 25 mai 1838, art. 18; v^is Défense, n°s 258 s., et Org. jud.);—3° Contre celui qui a *dénié son écriture* (c. pr. 213), quand même la vérification de la signature désavouée n'aurait pas été nécessaire, en ce que le débiteur, qui ne l'avait d'abord déniée que pour se procurer un délai, l'aurait ensuite volontairement reconnue;—Mais n'est pas passible d'amende celui qui a dénié, sans mauvaise foi, l'écriture de son auteur (V. Vérif. d'écriture); — 4° Contre le demandeur en *inscription de faux incident* dont les moyens de faux ont été rejetés (c. pr. 247), ou seulement non admis; s'il y a plusieurs demandes en faux, ou plusieurs pièces arguées de faux, les amendes ne doivent être exigées par pièces et par individus, qu'autant que plusieurs parties auraient formé séparément, dans le même procès, plusieurs

---

tive et infamante, ne peut contracter, d'aucune manière, postérieurement à l'exécution de la condamnation; que le mandat qu'il aurait donné antérieurement est résolu par ladite exécution, et qu'il ne peut éluder ces prohibitions d'ordre public au moyen d'actes antidatés ou sans dates certaines; — Met l'appel au néant.

Du 5 juin 1828.-C. de Nancy.-MM. Breton, pr.-Troplong, av. g., c. conf.

demandes en faux, contre des pièces qui ne scraient opposées qu'à chacune d'elles (V. Faux incident, nos 247 s.);—5° Contre les *témoins défaillants* (c. pr. 263, 264): l'amende portée par le dernier de ces articles *doit* être prononcée d'office par le juge-commissaire de l'enquête, à la différence de celle infligée par l'art. 263, dont l'application est facultative pour ce magistrat (V. Enquête); —6° Contre celui qui succombe sur sa demande en *renvoi* à un autre tribunal (c. pr. 374; V. Renvoi); — 7° Contre le demandeur en *récusation* d'un juge (c. pr. 390), ou même d'un arbitre forcé, que la récusation soit jugée non recevable, ou qu'elle soit jugée mal fondée. Ce n'est jamais au profit de l'arbitre ou du juge qui a été l'objet de la récusation, mais au profit du fisc, que l'amende doit être prononcée (V. Récusation).

738. L'amende est aussi prononcée contre *l'appelant* qui succombe (c. pr. 441), ou dont l'appel est déclaré non recevable. Mais l'amende n'a pas lieu contre celui qui se désiste de son appel, même après les plaidoiries, ou qui obtient gain de cause sur un chef, quoiqu'il succombe sur d'autres. — L'amende doit être consignée d'avance par l'appelant lors de l'enregistrement de son acte d'appel; toutefois le défaut de consignation ne rendrait pas l'appel non recevable. — Du reste, les juges ne peuvent, sous aucun prétexte, faire remise de l'amende. — Il a été décidé, au sujet de l'amende d'appel, 1° que les avoués ne peuvent obtenir des jugements et les greffiers ne peuvent délivrer des expéditions de ces jugements avant que l'amende de *fol appel* ait été *consignée*, sans se rendre respectivement passibles d'une amende de 500 fr. pour chaque contravention, conformément à la déclaration du 21 mars 1671, art. 6 et 9, et à l'arrêté du 10 flor. an 11, art. 3 et 8; que les tribunaux ne peuvent les en décharger, sous le prétexte qu'au moment où la contravention a été découverte, l'amende aurait été déjà versée dans la caisse du receveur de la régie, et qu'ainsi il n'y aurait pas eu dessein de fraude (Cass. 8 mai 1809, aff. avoués de Confolens, V. Appel civil, n° 1340);—2° Qu'aucune amende personnelle n'est applicable à l'avoué de l'appelant qui a *consigné* l'amende avant le jugement ou arrêt à intervenir sur l'appel (décis. min. 16 mars 1824), ni à celui qui, ayant consigné l'amende dans le délai légal, n'en a point consigné sur un appel incident qui se serait élevé (décis. min. 2 février 1827); — 3° Qu'une partie ne peut se faire un moyen de cassation contre un arrêt, de ce qu'elle a été condamnée à tort à l'amende de fol appel; cette amende ne profitant pas à l'autre partie, qui a obtenu gain de cause : « Attendu que la condamnation à l'amende de fol appel ne profite pas à la partie qui a obtenu gain de cause devant la cour royale, et ne peut autoriser un recours en cassation contre cette partie;—Rejette » (Req. 8 déc. 1836, MM. Zangiacomi, pr., Valigny, rap., Hervé, av. gén., c. conf., aff. Colasson).

739. L'amende est prononcée encore 1° contre celui qui succombe dans sa *tierce opposition* (c. pr. 479), quelles que soient les causes du rejet de sa demande, à moins cependant que sa tierce opposition ne soit jugée inutile, en ce qu'elle porte sur un jugement par défaut non exécuté dans les six mois de son obtention, circonstance ignorée du tiers opposant (V. Tierce opposition); — 2° Contre celui qui succombe dans sa *requête civile* (c. pr. 494); l'amende consignée doit être restituée à celui qui se désiste ou transige, ou qui, ayant attaqué plusieurs chefs d'un jugement, triomphe sur l'un d'eux : la production d'un certificat d'indigence suppléerait-elle la consignation voulue par l'art. 494? Non, avant la loi sur l'assistance du 22 janv. 1851 (V. Requête civile); oui, depuis cette loi, art. 14 (V. *eod.*, et v° Organisation judiciaire); — 3° Contre celui qui succombe dans son *pourvoi en cassation* (règlement de 1738, art. 5, 1re part.) : la consignation de l'amende est nécessaire pour rendre le pourvoi recevable, à moins que le pourvoi ne soit formé par un indigent. Du reste, l'indigent lui-même est passible de l'amende en cas de rejet de son pourvoi. Lorsqu'un même arrêt est attaqué par plusieurs parties ayant chacune des intérêts distincts, il doit être consigné autant d'amendes qu'il y a de demandeurs en cassation (V. Cassat., nos 747 et s.);—4° Contre celui qui dirige contre un juge ou contre un tribunal une *prise à partie*, si sa requête est rejetée, ou s'il succombe en définitive (c. pr. 513, 516, V. Prise à partie); — 5° Contre les *officiers ministériels* qui ne se sont pas conformés, dans leurs actes, aux dispositions de la loi, sans cependant que l'omission ou la contravention par eux commise emporte nullité de l'acte (c. pr. 1030);— 6° Contre toute personne publique qui refuse de *viser l'original* d'une signification qui lui est faite en cette qualité (c. pr. 1039, V. Exploit, n° 489).

740. Le code de commerce prononce une amende contre le *notaire* qui, ayant reçu le contrat de mariage d'un commerçant, a négligé de transmettre l'extrait de ce contrat au greffe du tribunal de commerce et aux chambres des avoués et des notaires, conformément aux art. 872 c. pr. et 67 c. comm. — V. c. com. 68, et loi 16 juin 1824, art. 10, v° Commerçant, n° 276).

741. Indépendamment des dispositions qui précèdent, il en existe beaucoup d'autres, insérées dans des lois spéciales, et qui, le plus souvent dans des vues purement *fiscales*, punissent d'amende l'omission de certaines formalités. Ces amendes sont prononcées soit contre les simples particuliers, soit contre les *officiers ministériels* et autres officiers publics. Il serait inutile d'en donner ici la nomenclature. On la trouvera sous chacun des mots désignant la matière à laquelle elles appartiennent. — V. notamment Avoué, n° 218; Commissaire-pris., nos 2, 6, 35; Enregistrement, nos 5005 et s., 6201 et s.; Greffier, n° 131; Huissier, nos 45, 60, 135; Notaire, nos 728, 816 et s.; Patente, Poids et mesures, Vente de meubles, etc.

742. En matière de *douanes*, la plupart des contraventions n'entraînent qu'une amende purement civile. Cette amende est considérée moins comme une peine que comme un dédommagement accordé à l'État. De ce principe résultent plusieurs conséquences importantes, soit quant à la compétence, soit quant à la responsabilité civile, soit quant au cumul.—V. Douanes, nos 973 s.

§ 2. — *Règles applicables aux amendes civiles. — Compétence, action, recouvrement, prescription.*

743. C'est à la juridiction civile et non pas à la juridiction criminelle qu'il appartient d'appliquer les amendes prononcées par la loi en matière civile. Ainsi, c'est devant les tribunaux civils que doit être poursuivie la condamnation : 1° Aux amendes prononcées par le code Napoléon contre les *officiers de l'état civil* (Turin, 6 avril 1808, aff. Barelli, v° Mariage, n° 196); — 2° Aux amendes encourues par les *notaires* pour infraction à la loi du 25 vent. an 11; par suite, l'appel des jugements rendus sur cette matière ne peut être porté devant les chambres correctionnelles (Crim. cass. 30 juin 1814, aff. Friot, V. Notaire, n° 645); —3° Aux amendes auxquelles donnent lieu les contraventions en matière de *douanes*, sauf les cas expressément prévus par les lois spéciales (Crim. cass. 21 niv. an 13, aff. Sans. V. ce qui est dit sur ce sujet, v° Douanes, nos 879 et suiv.).

744. C'est un principe général qu'en matière civile le *ministère public* agit, non par voie d'action, mais par voie de *réquisition*, à moins que la loi n'en ait ordonné autrement par une disposition expresse (V. Min. pub., nos 89 s.). Ce principe s'applique au sujet qui nous occupe. Ainsi, en règle générale, le ministère public n'a que le droit de requérir incidemment l'application de l'amende civile; il ne peut la poursuivre directement. — Il a été jugé, en conséquence : 1° que le ministère public n'est pas recevable à se pourvoir d'office en cassation contre l'arrêt qui a déchargé indûment de l'amende celui qui, ayant dénié son écriture, a été ensuite reconnu en être l'auteur (Req. 9 déc. 1819, rapporté avec Civ. cass. 5 janv. 1820, aff. Bergasse, n° 752-3°); — 2° Que les amendes encourues par des *huissiers* pour avoir signifié des copies incorrectes et remplies d'abréviations, peuvent être prononcées, sur la simple réquisition du ministère public, par les tribunaux auxquels ces copies sont présentées (Req. 21 avril 1836, aff. Taranne, V. Huissier, n° 72).

745. Il est quelques cas cependant où le ministère public a le droit d'*action* directe. C'est à lui notamment qu'il appartient d'exercer des poursuites contre les officiers de l'état civil qui, dans la tenue des registres ou la rédaction des *actes de l'état civil*, ont contrevenu aux obligations que la loi leur imposait (c. civ. 50, 53, 192). C'est également au ministère public qu'il appartient de poursuivre la condamnation aux amendes encourues par les *notaires* pour contravention à la loi du 25 vent. an 11 (V. l'art. 53 de cette loi). — Ainsi, il a été jugé que la condamnation à l'amende encourue par le notaire, par exemple, pour n'avoir pas fait insérer l'extrait du contrat de mariage d'un commerçant au tableau de la chambre des notaires et des avoués, ne peut être poursuivie qu'au nom et à la requête du ministère public; que la direction de l'enregistrement est sans qualité à cet égard; que son droit se borne à poursuivre le recouvrement de l'amende, après qu'elle a été prononcée (Rej. 10 déc. 1822) (1).

746. Au sujet de l'amende pour contraventions aux lois sur le notariat, il a été décidé : 1° que les préposés de l'administration qui les constatent doivent adresser leurs procès-verbaux aux directeurs, et que ceux-ci, après les avoir examinés, les doivent transmettre aux procureurs impériaux chargés de poursuivre la condamnation (Instr. gén. de la régie, 5 juin 1837; 22 août 1838, V. Enreg., n° 5331); — 2° Que ces amendes ne peuvent être amiablement perçues par les receveurs, qui doivent attendre la décision des tribunaux rendue sur les poursuites d'office du ministère public (mêmes instructions).—V. aussi n° 757.

747. Il est des cas où le concours du ministère public n'est pas nécessaire pour l'application de l'amende. Ainsi, l'amende encourue par la partie qui ne comparaît pas en *conciliation*, celle qui doit être appliquée à l'huissier qui assiste ou représente les parties devant le juge de paix, celles que le juge-commissaire chargé d'une enquête *peut* ou *doit* infliger aux témoins qui ne comparaissent pas, sont prononcées en l'absence et, par conséquent, sans la *réquisition* du ministère public.

748. En matière de *douanes*, l'amende doit être considérée comme une réparation civile pour laquelle l'administration a une action personnelle directe. Par suite, si la régie n'a pas pris en première instance des conclusions à fin de condamnation à l'amende, elle est irrecevable à se plaindre en appel de ce que cette condamnation n'a pas été prononcée (Crim. rej. 8 oct. 1812) (2).

749. La condamnation aux amendes civiles peut-elle être poursuivie contre les *héritiers* de ceux qui les ont encourues? Les amendes dont nous nous occupons peuvent être rangées en deux classes : 1° celles qui ne sont considérées que comme la *réparation civile* d'un préjudice et sont, en conséquence, attribuées à la personne individuelle ou collective qui a souffert ce préjudice; telles sont notamment les amendes prononcées pour certains délits forestiers, pour contraventions aux lois de douanes, de timbre ou d'enregistrement; — 2° Celles qui constituent, non pas précisément une peine, mais la sanction d'un *règlement professionnel* ou de quelque disposition de procédure ou de pur droit civil.—Il n'est pas douteux que les premières sont à la charge des héritiers, comme les autres dettes de leur auteur. — Quant aux secondes, la question n'est pas sans difficulté. Pour en éloigner la responsabilité de la personne des héritiers, on peut dire que ces amendes, telles que celles qui sont appliquées au témoin défaillant, au fol-appelant, à celui qui succombe dans l'inscription de faux, la tierce opposition, la requête civile, ou le pourvoi en cassation, sont relatives à des faits qui portent une atteinte plus ou moins directe à la régularité de l'expédition des affaires judiciaires; que la répression en est poursuivie dans l'intérêt public bien plutôt que dans l'intérêt des parties adverses; et que si l'amende prononcée en cas pareil n'est pas une peine, elle a été établie à l'instar d'une peine, ce qui suffit pour qu'elle ne puisse être obtenue contre une autre personne que celle du plaideur qui l'a encourue. — On peut aussi répondre, pour soutenir que de telles amendes n'ont d'autre caractère que celui d'une condamnation civile, susceptible, par conséquent, d'être prononcée contre les héritiers, qu'elles jouent dans la procédure civile le rôle des clauses pénales insérées dans les contrats; qu'elles sont prononcées par des juges civils, dans des causes complétement distinctes des procédures répressives; qu'il y a même des amendes, par exemple celles qui s'appliquent à l'omission du préliminaire de conciliation, qui n'emportent pour la partie aucune contrainte, mais forment seulement un obstacle à ce qu'elle se représente en justice avant de l'avoir payée; qu'en un mot, on ne peut considérer comme peines que les amendes édictées par les lois générales ou spéciales dans un intérêt de protection sociale, et que toutes les autres constituent nécessairement des condamnations civiles. — Ces deux opinions paraissent exagérées chacune dans leur sens. Car si la majeure partie des amendes prononcées par le code de procédure semble devoir passer aux héritiers avec l'action formée par leur auteur et à laquelle elle se rattache, toutes n'ont pas ce caractère, par exemple, les amendes prononcées contre le témoin défaillant; contre la partie demanderesse en inscription de faux, si l'héritier se désiste, etc. Les amendes pour infractions professionnelles tenant à des faits personnels à leur auteur, semblent aussi ne pas devoir être étendues à l'héritier, lorsqu'il n'en résulte aucun préjudice pour l'État ou pour des particuliers. — Il a été jugé que les amendes prononcées contre les notaires par la loi du 25 vent. an 11 ont un caractère de pénalité qui s'oppose à ce que la condamnation en puisse être obtenue contre les héritiers du notaire (Nancy, 30 août 1844) (3).

750. De ce que les amendes civiles ne sont point des peines

---

(1) (Enregistr. *C.* le notaire Varry.) — LA COUR (apr. dél. en ch. du cons.); — Attendu qu'aux termes de l'art. 53 de la loi du 25 vent. an 11 sur le notariat, les condamnations aux amendes encourues par les notaires pour les contraventions par eux commises aux obligations que la loi leur impose, doivent être poursuivies au nom et à la requête du ministère public près les tribunaux; d'où il suit que, dans l'espèce, la direction générale était sans qualité dans sa demande originaire contre le sieur Varry; cette demande ayant été engagée au nom et à la requête de l'administration, poursuite et diligence du procureur du roi près le tribunal civil de Fontainebleau, tandis qu'elle aurait dû être formée au nom et à la requête de ce magistrat, sauf à l'administration à poursuivre directement le recouvrement des amendes auxquelles ce notaire aurait pu être condamné; — Attendu que toute la procédure qui a suivi cette demande originaire, étant infectée du même vice, puisque c'est même l'administration seule qui a figuré dans tous les actes ultérieurs, et ce défaut de qualité de sa part tenant à un principe d'ordre public, l'arrêt attaqué qui a rejeté sa demande n'a violé aucune loi; — Rejette.

Du 10 déc. 1822.-C. C., sect. civ.-MM. Brisson, pr.-Boyer, rap.

(2) 1re *Espèce :* — (Douanes *C.* Rustedt.); — LA COUR; — Attendu qu'en matière de contravention aux lois sur les douanes, l'amende n'est point une peine proprement dite; que d'après toutes les dispositions desdites lois, et même celles du décret impérial du 8 mars 1811, elle doit être considérée comme une réparation civile pour laquelle, par cette raison, l'administration a une action personnelle et directe; qu'autrement, ladite administration serait sans qualité pour en requérir la condamnation et se plaindre qu'elle n'eut pas été prononcée; — Attendu que, dans l'espèce, il est établi que la régie des douanes n'avait point, en première instance, pris de conclusions afin de condamnation à l'amende, et qu'en jugeant qu'elle n'était pas recevable à se plaindre de ce que cette condamnation n'avait pas été prononcée, la cour prévotale dont l'arrêt est attaqué n'a violé aucune loi; — Rejette.

Du 8 oct. 1812.-C. C. sect. crim.-MM. Barris, pr.-Rataud, rap.

2e *Espèce :* — (Douanes *C.* Bruckmann.) — Même jour, arrêt semblable, mêmes juges.

(3) *Espèce :* — (Min. pub. *C.* hérit. Labouille.) — Me Labouille, notaire à la résidence de Saint-Mihiel, avait été poursuivi pour des contraventions à l'art. 13 de la loi du 25 vent. an 11, concernant la forme des actes notariés, qu'on lui imputait d'avoir commises. Un jugement du tribunal de Saint-Mihiel le renvoya de la plainte. Appel par le ministère public et, dans l'intervalle, décès du sieur Labouille. Le ministère public crut pouvoir suivre, sur son appel, en mettant en cause les héritiers du notaire Labouille. Ceux-ci déclinèrent la responsabilité des contraventions dont il s'agit en alléguant que les amendes dont les contraventions étaient punies, constituaient une peine et non une simple réparation civile. — Arrêt.

LA COUR; — Attendu qu'en règle générale l'amende est une peine (art. 9, 11, 4, 464 c. pén.), qu'ainsi elle est personnelle et ne peut être requise ni contre les héritiers du contrevenant, ni contre les personnes déclarées civilement responsables; — Attendu que si cette règle a reçu quelques exceptions dans des matières spéciales, ces exceptions, contraires à la nature même des choses, doivent être strictement renfermées dans leurs termes et restreintes aux seuls cas prévus par ces lois mêmes; — Attendu que les lois des 25 vent. an 11 et 6 juin 1824, dont le ministère public requiert l'application contre le prévenu, ne contiennent aucune dérogation aux principes généraux sur le caractère et la nature de l'amende, et gardent un silence absolu sur la responsabilité des veuve et héritiers du notaire contrevenant; — Que tels étaient les principes suivis par l'ancienne jurisprudence et notamment en ce qui concerne les notaires eux-mêmes, ainsi que l'attestent les arrêts du conseil rendus le 24 août 1727, 14 fév. 1728, arrêts qui déclarent non responsables d'amendes encourues par un notaire décédé avant toute condamnation, sa veuve et ses héritiers;

Attendu que si les tribunaux civils peuvent seuls prononcer l'amende contre les notaires contrevenants, cette juridiction ne change en aucune

proprement dites, il résulte : 1° que l'art. 365 c. inst. crim., qui prohibe le *cumul* des peines, ne peut leur être appliqué, et qu'ainsi il doit être prononcé autant d'amendes qu'il y a eu de contraventions commises;—Ainsi il a été jugé que, dans le cas d'opposition avec voies de fait à l'exercice des fonctions des préposés des douanes, l'amende fixée par les lois de la matière au profit de l'administration peut et doit être cumulée avec la peine portée au code pénal, ce qui ne viole point le principe prohibitif du cumul des peines, l'amende étant en ce cas considérée comme une réparation civile (Crim. rej. 21 déc. 1821, aff. Delsaux, V. Douanes, n° 976-3°); — 2° Que le taux des amendes civiles n'est point aggravé, comme les peines criminelles, par le fait de la récidive; — 3° Que les règles de la complicité ne sont susceptibles d'aucune application aux amendes civiles.

751. Les juges n'ont pas le pouvoir de prononcer *arbitrairement* des amendes; ils ne le peuvent qu'autant qu'ils y sont formellement autorisés par un texte de loi. Mais il est des cas dans lesquels la loi leur laisse à cet égard une grande latitude. En effet, si le plus souvent la loi fixe elle-même le chiffre précis de l'amende qu'elle prononce, ou bien circonscrit dans les limites d'un *minimum* et d'un *maximum* le pouvoir qu'elle accorde aux juges d'en déterminer le montant, il est des cas où elle se borne à en fixer, soit le *minimum*, en laissant aux juges la faculté de l'élever autant qu'ils le jugeront convenable (c. pr. 244, 246, 374, 390, 479, 513, 516, 1039), soit le *maximum* en laissant aux juges la faculté de l'abaisser indéfiniment (c. civ. 50, 192). Il est même quelques cas où il confère aux juges, pour la fixation de l'amende, un pouvoir illimité; ainsi l'art. 192 c. nap. dispose que les époux qui auront fait procéder à la célébration de leur mariage sans que les publications préalables prescrites par la loi aient été religieusement faites, ou ceux sous la puissance desquels ils ont agi, seront condamnés à une amende proportionnée à leur fortune. Ainsi encore il résulte de la combinaison des art. 32 et 36 du décret du 22 juill. 1806 que l'*avocat* au conseil, lorsqu'il a présenté une requête et formé un recours contre une décision contradictoire du conseil d'Etat, est passible d'une amende dont le chiffre n'a pas été *fixé* par le législateur et qui, par conséquent, est arbitraire (V. Conseil d'Etat).

752. En règle générale, les tribunaux ne peuvent ni *dispenser* de l'amende prononcée par la loi, ni la *modérer* au delà de la limite que la loi a fixée, lors même que le contrevenant exciperait de sa bonne foi, ni en suspendre le *recouvrement* (V. Conf. Berryat-Saint-Prix, Cours de proc., p. 153, note 7).—Ainsi il a été décidé 1° que le juge ne peut modérer les amendes encourues par les contrevenants à la loi sur le timbre (Cass. 3 flor. an 2, aff. Pilette; 19 pluv. an 2, M. Albarel, rap., aff. Roger; 23 mai 1808, aff. Roger);—2° Que les tribunaux ne sauraient faire remise de l'amende encourue par un huissier à qui le mauvais temps a empêché de faire enregistrer ses exploits dans le délai prescrit (Cass. 5 oct. 1793, MM. Thouret, pr., Prounay, rap., aff. Petit); — 3° Que les tribunaux ne peuvent s'abstenir de condamner à l'amende de 150 fr., prononcée par l'art. 213 c. pr. civ., celui qui, ayant dénié son écriture, est reconnu en être l'auteur, sous prétexte que la vérification de la signature désavouée n'a pas été nécessaire, et que le débiteur, qui ne l'avait d'abord déniée que pour se procurer un délai, l'a ensuite volontairement reconnue (Cass. 5 janv. 1820) (1);—4° Que la bonne foi des contrevenants ne peut être admise par les tribunaux pour motiver

---

manière la nature de l'amende; — Qu'en effet, dans le silence de la loi, il eût été nécessaire de référer aux tribunaux correctionnels toutes les contraventions commises par les notaires, mais que le législateur a voulu au contraire, par une disposition tout exceptionnelle, enlever aux tribunaux correctionnels la connaissance d'affaires qui, sans cette prescription, auraient dû leur rester soumises; — Attendu que l'intention du législateur a été non pas d'ôter à l'amende son caractère de peine, mais de donner une garantie de plus à des officiers ministériels et de ne pas les faire asseoir sur les bancs de la police correctionnelle; — Que la loi a consacré de semblables exceptions en faveur d'autres fonctionnaires dans l'art. 479 c. inst. crim.; — Qu'il serait aussi inexact de soutenir que l'amende cesse d'être une peine quand elle est prononcée par des tribunaux civils, que de prétendre que la prison cesserait d'être une peine, quand elle est prononcée par des tribunaux civils;

Attendu d'ailleurs que si l'art. 53 de la loi de ventôse a donné aux tribunaux civils le droit de prononcer l'amende, elle leur a donné aussi le droit de prononcer la destitution et la suspension qui sont bien évidemment des peines; — Qu'ainsi le législateur n'a pas voulu changer la nature des peines et donner à l'amende un autre caractère qu'un caractère pénal; qu'il a voulu seulement changer la juridiction compétente; — Attendu que les amendes prononcées par les articles précités ne peuvent être considérées comme des réparations civiles, puisqu'elles sont fixes et qu'elles sont requises par le ministère public seul par action directe et principale; — Attendu que l'amende étant une peine, l'action publique, pour la requérir, s'éteint par la mort du prévenu, aux termes de l'art. 2 c. inst. crim., et ne passe pas contre ses héritiers; — Attendu que Labouille étant décédé, le procureur général ne peut demander contre ses héritiers la réformation du jugement et leur condamnation à l'amende; — Par ces motifs, etc., etc.

Du 30 août 1844.-C. de Nancy, ch. civ.-M. d'Arbois, pr.

(1) *Espèce* : — (Min. pub. *C.* Bergasse.) — Le sieur Bergasse ayant dénié avoir souscrit quatre lettres de change dont le sieur Pagès était porteur, le tribunal de commerce a ordonné, conformément à l'art. 427 c. proc., qu'il serait sursis à la demande principale, et a renvoyé les parties devant le tribunal civil pour procéder sur la vérification d'écritures. — Mais au moment où cette vérification allait être faite, le sieur Bergasse déclara qu'il n'avait dénié ses signatures que pour gagner un délai qui lui était indispensable, et en même temps il fit des offres réelles, tant du capital et des intérêts échus que des frais. — Le sieur Pagès répondit qu'il acceptait les sommes offertes, mais que néanmoins il n'entendait pas renoncer à la poursuite de l'instance engagée en vérification d'écritures, attendu qu'il voulait se faire allouer des dommages-intérêts.

Le 3 juin 1819, jugement du tribunal civil de Foix, qui condamne le sieur Bergasse à 150 fr. d'amende envers le domaine, par application de l'art. 213 c. proc., à pareille somme pour dommages-intérêts envers le sieur Pagès, et aux dépens. — Sur l'appel, arrêt de la cour royale de Toulouse, du 7 août suivant, qui, considérant qu'il résulte des circonstances de la cause que, dans l'intention du sieur Bergasse, jamais une vérification ne devait avoir lieu, puisqu'il demeurait prouvé que le désaveu n'avait été qu'un moyen employé par lui pour retarder le payement des sommes qu'il n'avait pas au moment où elles lui ont été demandées en justice, décharge le sieur Bergasse de l'amende de 150 fr. envers le domaine.

Pourvoi formé d'office par M. le procureur général près la cour de Toulouse, pour violation de l'art. 213 c. proc. — La cour royale, disait ce magistrat, a pensé pouvoir s'abstenir de prononcer l'amende portée par la loi, par le motif que le désaveu du sieur Bergasse n'avait eu lieu que dans la vue d'obtenir le délai dont il avait besoin pour se procurer les sommes dont le payement lui était demandé. — Mais c'est précisément de ce motif qu'il faut tirer une conséquence toute contraire. Le législateur, en soumettant celui qui dénie sa signature à une amende de 150 fr., a voulu punir la chicane et le mensonge d'un débiteur peu jaloux de remplir ses engagements; et, en prononçant cette peine, il a encore eu en vue le préjudice que le retard du payement pouvait causer au créancier. L'amende est donc encourue au moment même où la signature est déniée; il suffit, pour qu'elle doive être prononcée, qu'il soit prouvé que la signature est l'ouvrage de celui qui l'a déniée. — Peu importe que la preuve se fasse au moyen d'une vérification par experts ou par témoins, ou bien qu'elle résulte de l'aveu même de la partie qui a désavoué son écriture; l'art. 213 est général, l'esprit dans lequel il a été conçu repousse la distinction consacrée par l'arrêt dénoncé; l'amende doit donc être prononcée dans tous les cas.

Par arrêt du 28 oct. 1819, la section criminelle de la cour de cassation, à laquelle M. le procureur général avait présenté son pourvoi, s'est déclarée incompétente pour en connaître, et l'a renvoyé devant la section des requêtes, qui a rendu l'arrêt suivant : — Arrêt.

LA COUR (apr. délib. en ch. du cons.); — Vu les art. 1, 2 et 3, tit. 8 de la loi du 24 août 1790; — Vu aussi l'art. 46 de la loi du 20 avr. 1810; — Attendu qu'il résulte desdits articles que les officiers du ministère public ne peuvent exercer leur ministère par voie d'action, mais seulement par voie de réquisition dans les procès dont les juges auront été saisis; qu'en matière civile, le ministère public n'agit d'office que dans les cas spécifiés par la loi et qui intéressent l'ordre public; — Attendu que le procureur général près la cour de Toulouse s'est pourvu, par action directe, contre un arrêt de cette cour, du 7 août 1819, dans un cas qui n'intéresse ni l'ordre général ni l'ordre public et qui n'est pas spécifié par la loi; — Rejette.

Du 9 déc. 1819.-C. C., sect. req.-MM. Henrion, pr.-Lasaudade, rapporteur.

Depuis, l'arrêt de la cour de Toulouse a été cassé sur le réquisitoire de M. le procureur général de la cour de cassation, agissant dans l'intérêt de la loi. Ce réquisitoire ne fait que retracer les moyens sur lesquels le pourvoi était fondé. — Arrêt.

LA COUR; — Vu les art. 213 c. proc. et 88 de la loi du 27 vent. an 8, tit. 6; d'après les motifs énoncés au réquisitoire de M. le procureur

la grâce ou la remise des amendes encourues (trib. d'Epernay, 23 mars 1838, aff. Charpentier).

753. Un tribunal peut, sans sortir de ses attributions et sans violer aucune loi, ordonner le sursis au recouvrement d'amende et de frais de justice prononcés par un jugement contre lequel le condamné s'est pourvu en cassation (Rej. 27 mars 1811, MM. Babille, rap., Pons, av. gén., aff. Peitinger).

754. La *contrainte par corps* est-elle applicable au recouvrement des amendes civiles? — V. Contr. par corps, n° 230.

755. L'intervention de la justice n'est pas toujours nécessaire pour l'application des amendes prononcées par la loi. Il est des cas où l'administration en opère le recouvrement, sans jugement préalable, par voie de contrainte. C'est ce qui arrive notamment en matière de timbre et d'enregistrement. C'est seulement dans le cas où, la contrainte décernée, le contribuable y forme opposition, que la justice est appelée à statuer (V. Enregistrement, n°s 5643 et s.).

756. On peut poser en règle générale, à l'égard des amendes encourues par des *officiers ministériels*, que, s'il s'agit de contraventions à des dispositions *fiscales*, comme les lois sur le timbre et l'enregistrement; et si la loi n'exige ni condamnations préalables, ni rédaction de procès-verbaux, c'est par voie de *contrainte* que les amendes doivent être poursuivies (Instr. gén. 23 brum. an 10). — Tel est, par exemple, le mode à suivre pour le recouvrement de l'amende encourue par un avoué de cour d'appel, pour défaut de consignation d'amende sur un appel (Solut. du 3 mars 1832, V. Enreg., n° 5668).

757. Mais lorsque l'amende encourue par un officier ministériel ne provient pas d'une infraction à une loi fiscale, ou lorsqu'un procès-verbal est exigé pour contater cette infraction, ou, enfin, lorsqu'un procès-verbal n'étant pas exigé, l'amende n'est pas déterminée par la loi, c'est alors au ministère public à poursuivre la condamnation (Chauveau, Journ. des avoués, t. 44, p. 68). — Il a été décidé 1° que les *receveurs* de l'enregistrement sont sans qualité pour recevoir les amendes pour contravention à la loi du 25 vent. an 11, encourues par les notaires, avant la poursuite du ministère public et la décision des tribunaux; qu'ils ne peuvent, dès lors, sur l'offre des notaires, être contraints de recevoir ces amendes (Paris, 17 déc. 1833) (1); — 2° Que pareillement les receveurs sont sans qualité pour recevoir de telles amendes, après les poursuites commencées contre le notaire, quoique avant la condamnation (Paris, 25 juill. 1826, aff. Cailleux, V. Oblig.); — 3° Que la régie doit poursuivre, par voie d'action, et non par voie de contrainte, l'amende prononcée contre les entrepreneurs de voitures qui n'ont pas fait la déclaration prescrite par l'art. 69 de la loi du 9 vend. an 6. On ne peut, en effet, confondre un droit dont la perception est simplement attribuée à la régie de l'enregistrement, tel que celui dont il s'agit, avec les droits d'enregistrement en eux-mêmes réglés par la loi du 22 frim. an 7; car ceux-ci sont déterminés, en général, d'une manière certaine, tandis que la quotité de celui-là peut être plus ou moins élevée (Cass. 22 mess. an 11) (2).

758. Voyons maintenant comment s'opère le *recouvrement* des amendes prononcées par les tribunaux civils. — Il a été jugé que l'art. 65 de la loi du 22 frim. an 7 confère à la régie le droit de poursuivre, par la voie de *contrainte*, et sans se conformer aux règles tracées par le code de procédure pour l'*exécution* des jugements, le recouvrement des amendes prononcées par les tribunaux en matière civile, comme le recouvrement de toutes les autres perceptions qui lui sont confiées (Crim. cass. 16 juin 1823, aff. Hamerel, V. Enreg., n° 5658). — Cet art. 65 de la loi du 22 frim. an 7 ne contient, en effet, aucune distinction, et avec raison; car on ne comprendrait pas que le recouvrement d'une amende prononcée par un jugement fût assujetti à de plus longues formalités que la simple poursuite en payement d'une perception réclamée par la régie, et qu'aucun jugement n'a déclaré lui être réellement due.

759. Du principe que l'amende prononcée en matière civile n'est pas une peine (V. n° 734), il suit que les art. 636 et 679 c. inst. crim., qui fixent à un et trois ans la *prescription* des peines portées par les arrêts ou jugements en matière correctionnelle et de simple police, ne peuvent s'appliquer à l'amende prononcée par le juge civil; il faut trente ans pour qu'il y ait prescription acquise, à moins que la loi n'ait formellement établi une prescription plus courte. — Aussi a-t-il été jugé que l'action en payement des amendes adjugées pour non-comparution au bureau de paix ne se prescrit que par trente ans (Cass. 11 nov. 1808) (3). — On ne considère pas non plus comme une peine les

---

général, casse et annule, dans l'intérêt de la loi seulement, l'arrêt de la cour de Toulouse, du 7 août 1819, etc.

Du 5 janv. 1820.-C. C., sect. civ.-MM. Brisson, pr.-Boyer, rap.-Jourde, av. gén., c. conf.

(1) *Espèce :* — (Min. pub. C. Me E.....) — Un procès-verbal du receveur de l'enregistrement constatait deux contraventions commises par Me E..., notaire, à la loi du 25 vent. an 11; la première relative au défaut de mention de la lecture aux parties et aux témoins (art. 15), la seconde à l'addition du mot *un* dans une ligne. — Avant les poursuites, Me E..... offrit l'amende encourue par la première; et, quant à la seconde, il prétendit que la contravention n'existait pas. — Refus du receveur d'accepter les offres. — Assignation à la requête du ministère public en payement des deux amendes. — 28 sept., jugement du tribunal de Nogent-le-Rotrou, qui :

« Attendu, sur le chef relatif à l'admission du mot *un*, que la poursuite est une déplorable vexation; — Attendu, sur le chef relatif à l'omission de la lecture, que les offres réelles faites par Me E..... pour l'amende par lui encourue, en principal, décimes et frais de procès-verbal, sont régulières et suffisantes pour désintéresser le fisc, etc. »

Appel du ministère public. — Il soutenait que les amendes imposées aux notaires pour contravention à la loi du 25 vent. an 11, étaient des peines disciplinaires établies, non dans un but fiscal, mais dans l'intérêt de l'ordre public; que, dès lors, la vindicte publique exige que ces contraventions soient préalablement constatées par l'autorité compétente. — Arrêt.

LA COUR; — Considérant que les receveurs de l'enregistrement sont sans qualité pour recevoir des offres réelles d'amendes encourues par les notaires contrevenants; que ces amendes ne peuvent être perçues avant les poursuites disciplinaires intentées par le ministère public et avant la décision des tribunaux sur ces poursuites; que, d'ailleurs, il y avait insuffisance dans les offres réelles, puisqu'au lieu de deux amendes encourues, elles n'avaient pour objet que l'acquit d'une seule de ces amendes; — Infirme; émendant, déclare nulles les offres réelles, condamne E..... en l'amende de 20 fr., pour contravention à l'art. 16 de la loi du 25 vent. an 11, et en celle de 10 fr., pour contravention à l'art. 85 de ladite loi.

Du 17 déc. 1833.-C. de Paris.

(2) *Espèce :* — (Enregistr. C. Courtois et Desmazures.) — Procès-verbal avait été dressé contre les sieurs Courtois et Desmazures, entrepreneurs de messageries, qui n'avaient pas fait la déclaration prescrite par l'art. 69 de la loi du 9 vend. an 6. Ce procès-verbal fut signifié à la requête de la régie de l'enregistrement, avec assignation aux entrepreneurs, pour voir prononcer la confiscation des harnais et chevaux, et l'amende pouvant s'élever de 100 fr. à 1,000 fr. Le 16 mess. an 10, la poursuite fut annulée par le tribunal de Valenciennes, par le motif que le droit réclamé appartenait à la régie de l'enregistrement, et que la loi de frim. an 7, concernant la perception des droits d'enregistrement, avait réglé que le premier acte de poursuite pour le recouvrement de ce droit était une contrainte. — Pourvoi en cassation, pour fausse application de la loi de frimaire. — Arrêt.

LA COUR; — Vu l'art. 72 de la loi du 9 vend. an 6; — Attendu qu'on ne peut confondre un droit dont la perception est simplement attribuée à la régie de l'enregistrement, tel que celui sur les messageries, établi par l'art. 69 de la loi du 9 vend. an 6, avec les droits d'enregistrement en eux-mêmes réglés par la loi du 22 frim. an 7; — Que ceux-ci, déterminés en général d'une manière certaine, peuvent être poursuivis par voie de contrainte, aux termes de cette loi; mais qu'il s'agit, au cas de l'art. 72 de la loi du mois de vendémiaire, d'une amende dont la quotité incertaine peut être plus ou moins élevée, et d'une confiscation qui ne doit être acquise que lorsque le fait est constaté et jugé; que cela sort des termes mêmes de la loi, qui se sert des expressions, « tout entrepreneur convaincu sera condamné, » etc., ce qui indique assez que ces droits doivent être poursuivis plutôt par action précédée d'un procès-verbal, que par acte exécutoire; que rien ne portait donc à chercher dans la loi de frimaire, étrangère à la matière, une peine de nullité, pour l'inobservation d'une formalité que la loi de vendémiaire ne prescrit pas; que, conséquemment, il y a fausse application de celle de frimaire, et par suite contravention à l'art. 72 de la loi de vendémiaire; — Casse.

Du 22 mess. an 11.-C. C., sect. civ.-MM. Vasse, pr.-Huart, rap.

(3) (Enregistr. C. Cunaud et Coudrin.) — LA COUR; — Vu l'art. 61 de la loi du 22 frim. an 7; — Attendu que ces prescriptions ne concernent que certains droits établis par la loi du 22 frim. an 7, et que le tribunal de Fontenay en a fait une fausse application en l'éten-

amendes encourues en matière disciplinaire, et par exemple, par les notaires pour contravention à la loi du 25 vent. an 11, et par suite une infraction à cette loi commise avant celle du 16 juin 1824, qui en a réduit la prescription à deux ans, n'étant prescriptible que par trente ans (c. nap. 2262), n'était pas soumise à l'application de l'art. 638 c. inst. crim. (Crim. cass. 30 juin 1814, aff. Friot, V. Notaire, nº 865). On a décidé aussi que les amendes relatives aux mesures métriques à exprimer dans les actes de procédure, se prescrivent par trente ans seulement (déc. min. 26 avril 1826, V. Poids et mesures). — C'est, comme on voit, le droit commun qu'on appliquait, avant la loi de 1824, à ces sortes d'amendes; aussi avait-on décidé pareillement que l'amende prononcée par l'art. 49 L. 22 frim. an 7, contre les officiers ministériels, pour défaut d'inscription sur le répertoire des actes par eux reçus, et répétée à l'égard des notaires par l'art. 53 L. 25 vent. an 11, n'est pas soumise à la prescription biennale de l'art. 61 de ladite loi du 22 frim. an 7 (Crim. cass. 6 mars 1809) (1).

760. Comme nous l'avons dit, les amendes pour contraventions à la loi sur l'*enregistrement* se prescrivent par deux ans, du jour où les préposés ont été mis à portée de constater ces contraventions (L. 16 juin 1824, art. 14, V. Enregist., nºs 5541, 5486).—Il a été jugé que cette prescription ne court que du jour où les préposés de la régie ont été mis à même, au vu des copies ou actes à eux soumis, d'en reconnaître l'état. — V. Huissier, nº 74, V. aussi vis Prescription crim.

761. Avant la loi du 16 juin 1824, les amendes encourues par un *notaire*, pour infraction à la loi sur le notariat, ne se prescrivaient que par trente ans; mais, depuis cette loi (art. 14), elles se prescrivent par deux ans, du jour où les contraventions ont été commises (V. Enregistr., p. 43, note). — La même prescription biennale est applicable, aux termes de l'art. 14 de la même loi du 16 juin 1824, aux contraventions commises dans les cas spécifiés par l'art. 1 de la loi du 16 floréal an 4, concernant le dépôt des *répertoires*; par l'art. 37 de la loi du 1er brum. an 7, pour la mention à faire des patentes; et par l'art. 68 c. com., pour la publication des contrats de mariage des commerçants (V. Commerçant, nºs 275 s.).

762. Dans le système qui tend à faire considérer les amendes dont il vient d'être parlé comme des peines, on a prétendu aussi qu'il suffisait qu'il se fût écoulé deux ans depuis que la contravention avait été commise, pour qu'on dût appliquer la prescription biennale de la loi du 16 juin 1824, encore bien que des poursuites eussent commencé avant cette loi, mais plus de deux ans après que la contravention avait été commise; qu'en cela on ne faisait qu'appliquer la loi la plus plus douce et qu'on ne heurtait pas le principe de l'art. 2 c. nap. sur la non-rétroactivité des lois; mais il a été jugé que la contravention était restée soumise à la prescription de trente ans (Bourges, 13 juin 1826, aff. Morot, V. Commerçant, nº 279), et une décision conforme a été rendue dans une espèce où le contrat de mariage du commerçant avait été reçu le 24 avril 1822, où la contravention avait été constatée par procès-verbal du receveur, le 22 mai 1824, et où la poursuite avait été dirigée par le ministère public le 1er juin suivant, c'est-à-dire avant la publication de la loi du 16 juin 1824 :— « Attendu, porte l'arrêt qu'avant la loi du 16 juin 1824, la seule prescription de trente ans était admise » (Bourges, 27 fév. 1826, 1re ch., MM. Sallé, 1er pr., Pascaud, av. gén., c. conf., aff. Bédu).

763. Les amendes pour infraction à la loi sur le timbre se prescrivent également par deux ans, aux termes de l'art. 14 L. 16 juin 1824. — V. Enreg., nº 6197.

ART. 2. — *De l'amende en matière criminelle.*

764. La peine de l'amende a existé de tout temps et chez presque tous les peuples (V. *suprà*, nºs 3, 6 et 8). Nous avons vu également (nºs 10, 13, 16 et 73) quelle fut son origine en France et quel était son caractère dans les premiers siècles de notre histoire, ce qu'elle devint ensuite, quelles modifications elle subit sous la législation intermédiaire, et enfin ce qu'elle est aujourd'hui, soit dans notre droit criminel, soit dans la législation pénale des principaux peuples civilisés. Nous avons dit aussi quelles qualités elle présente, envisagée en elle-même, comme élément d'un bon système pénal. Nous ne reviendrons donc point sur tous ces points. Nous nous bornerons à la considérer ici au point de vue pratique. Nous exposerons les principes généraux qui dominent l'application qui doit en être faite, et nous chercherons à résoudre les principales difficultés que cette application peut présenter.

§ 1. — *Caractère de l'amende.*

765. En général, l'amende prononcée par les tribunaux criminels est une véritable peine. Cela résulte clairement des art. 9, 11 et 464 c. pén., qui indiquent l'amende comme étant une peine commune aux matières criminelles, correctionnelles et de simple police. De là découlent plusieurs conséquences.

766. La première, c'est que l'amende est personnelle et ne peut atteindre que ceux qui ont été reconnus coupables des faits à raison desquels elle est encourue; que, dès lors, elle ne peut être prononcée contre les personnes civilement responsables (V. Conf. Carnot, c. inst. crim., art. 80, nº 9; Merlin, Rép., vº Responsabilité des délits; Favard, vº Délit et quasi-délit; Toullier, Dr. civ., t. 11, nº 290; MM. Chauveau et Hélie, Théor. du c. pén., t. 1, p. 185; Rauter, nº 170; Morin, Dict. de dr. crim., vº Amende; Zachariæ (éd. Aubry et Rau), t. 3, p. 202). — Il a été décidé, en ce sens, 1º qu'en matière de délits ordinaires l'amende, étant une peine, ne peut être prononcée contre les personnes civilement responsables des faits commis par leurs subordonnés; qu'ainsi le propriétaire d'une maison n'est pas responsable de l'amende encourue par les personnes qui, en jetant des pierres de l'intérieur de sa maison, ont blessé des individus rassemblés dans un lieu public (Crim. cass. 16 vend. an 9) (2);

---

dant à l'amende pour non-comparution au bureau de paix; — Casse.
Du 11 nov. 1808.-C. C., sect. civ.-MM. Viellart, pr.-Oudart, rap.

(1) *Espèce* : — (Enreg. C. Locamus.) — Le sieur Locamus ayant omis d'inscrire sur son répertoire dix actes passés depuis le 30 flor. an 5 jusqu'au 30 brum. an 7, et six depuis le 4 vent. an 7 jusqu'au 27 prair. an 13, la régie dressa procès-verbal de ces contraventions le 29 prair. an 13. Le sieur Locamus fut traduit devant le tribunal civil de Castres, pour être condamné à l'amende. Il opposa la prescription de deux ans. Cette fin de non-recevoir fut accueillie. La régie se pourvut en cassation pour fausse application de l'art. 61 de la loi du 22 frim. an 7. — Arrêt.

LA COUR; — Vu l'art. 61 de la loi du 22 frim. an 7; — Attendu qu'il est de principe général que les actions ne sont éteintes que par la prescription de trente ans; que les prescriptions d'une moindre durée sont des exceptions que l'on ne peut invoquer qu'autant qu'elles sont établies par le texte précis d'une loi; — Que l'art. 61 de la loi du 22 frim. an 7, qui établit des prescriptions de deux, de trois et de cinq ans, ne s'applique qu'au cas où il s'agit d'un droit non perçu sur une disposition particulière d'un acte présenté à l'enregistrement, d'un supplément de perception insuffisamment faite, d'une fausse évaluation, ou d'une omission de biens dans une déclaration, de la restitution d'un droit perçu, ou enfin de succession non déclarée; — Que, cet art. 61 ne parlant pas des poursuites relatives à des amendes encourues pour défaut d'inscription sur son répertoire d'actes reçus par un notaire, le tribunal civil de Castres a fait, dans l'espèce, une fausse application dudit article.
Du 6 mars 1809.-C. C., sect. civ.-MM. Liborel, pr.-Liger, rap.

(2) *Espèce* : — (Dufresne C. min. pub.) — Des pierres parties de la maison de Dufresne étaient venues frapper des citoyens réunis sur la place publique de Chevrigny.—Dufresne fut déclaré civilement responsable du fait, et, en conséquence, condamné à une amende de trois journées de travail. Mais la responsabilité civile, qui peut rendre un individu passible de réparations et de dommages-intérêts, ne le rend pas d'une peine telle que celle d'une amende. D'un autre côté, le tribunal de police, en citant les lois qu'il crut pouvoir appliquer, n'en inséra point les termes dans son jugement : contravention à l'art. 162 c. des dél. et des peines.—Pourvoi en cassation de la part de Dufresne.—Arrêt.

LA COUR; — Considérant, 1º que Dufresne n'a pu être condamné, comme civilement responsable des faits dont il s'agit, à une amende, qui n'est pas une réparation civile, mais une peine applicable seulement aux auteurs de délits; — 2º Que le jugement du tribunal de police du canton de Chevrigny, du 4 messidor dernier, ne contient pas le texte des lois qu'il a appliquées, ce qui est une contravention à l'art. 162 c. des dél. et des pein.; — Par ces motifs, casse, etc.
Du 16 vend. an 9.-C. C., sect. crim.-MM. Target, pr.-Viellart, rap.

— 2° Que la responsabilité civile du père ne s'étend pas à l'amende prononcée contre son enfant mineur pour injures verbales proférées par ce dernier (Crim. cass. 14 janv. 1819) (1); — 3° Qu'en matière de contravention à la police rurale, un père ne peut être passible de l'amende encourue par son fils pour avoir fait passer des bestiaux sur un champ ensemencé, et que ce fait du fils ne constitue pas le père, condamné antérieurement pour cette même contravention, en état de récidive (Crim. cass. 4 sept. 1823) (2); — 4° Que l'amende encourue par une femme, en matière de police, ne peut être prononcée solidairement contre son mari (Crim. cass. 28 brum. an 9, aff. Chevalier, et 13 mai 1813, aff. Bounard, V. Contr. de mar., n° 987); — 5° Que le propriétaire de poulains qui ont fait des dégâts et qui a appelé en garantie le pâtre de la commune à qui il les avait confiés a pu être renvoyé de l'action publique, et le pâtre être seul et directement condamné à l'amende (Crim. rej. 14 frim. an 14, aff. Richy, n° 781); — 6° Qu'en matière de pêche, l'amende étant une peine, il s'ensuit que le fermier général de la pêche d'une rivière n'est pas responsable des amendes encourues pour délits de pêche par ceux à qui il a délivré des licences pour pêcher (Crim. cass. 14 juill. 1814, aff. Rolland, V. Pêche, n° 231).

767. Cette règle toutefois souffre exception en certaines matières spéciales. Mais ces exceptions, disent MM. Chauveau et Hélie (t. 1, p. 186), n'existant qu'en vertu des lois qui les ont formulées, doivent être rigoureusement resserrées dans les limites qui leur ont été assignées par ces lois, et ne peuvent être étendus à d'autres cas. Voyons donc quelles elles sont. — On en trouve une première en matière de *douanes*. — On a vu, en effet, v° Douanes, n°s 973 et suiv., que l'amende dont la loi punit les contraventions commises en cette matière est considérée non pas comme une peine, mais comme une réparation civile du préjudice causé à l'Etat. On a vu aussi que cette manière d'envisager l'amende résultait de la jurisprudence plutôt que de la loi, et qu'elle était vivement contredite par MM. Chauveau et Hélie (t. 1, p. 187). — Il a été jugé que l'amende prononcée en matière de douanes par les tribunaux correctionnels n'est pas une peine; qu'ainsi les père et mère sont responsables du fait de leur enfant mineur, et, comme tels, peuvent être condamnés à payer l'amende encourue par cet enfant (Crim. cass. 6 juin 1811) (3).

768. En matière de contributions indirectes, l'amende a le

(1) (Min. pub. dans l'int. de la loi C. Gilles.) — LA COUR; — Vu le réquisitoire du procureur général en la cour, par lequel il demande, en exécution de l'art. 442 c. inst. crim., l'annulation, dans l'intérêt de la loi, d'un jugement du tribunal de simple police du canton de Froissy, contre lequel il n'a été élevé de réclamation par aucune des parties; — Vu ledit art. 442, l'art. 464 c. pén., l'art. 74 du même code, aux termes duquel, dans les cas de responsabilité civile qui peuvent se présenter dans les affaires criminelles, correctionnelles ou de police, les cours et tribunaux, devant qui ces affaires sont portées, doivent se conformer aux dispositions du code civil, liv. 3, tit. 4, ch. 2; — Vu aussi l'art. 1384, § 2, dudit code civil, ainsi conçu : « Le père et la mère, après le décès du mari, sont responsables du dommage causé par leurs enfants mineurs habitant avec eux; — Vu enfin l'art. 163 c. inst. crim.; — Attendu que des pères de famille ont été cités au tribunal de police du canton de Froissy, comme garants et responsables des faits civils de leurs fils mineurs, prévenus d'injures verbales proférées contre le nommé Gilles; — Qu'aux termes de l'article cité du code civil, ils étaient responsables, mais uniquement de la réparation civile qui aurait pu être accordée au plaignant contre les prévenus; et que, d'après l'art. 74 aussi cité du code pénal, leur condamnation solidaire avec leurs fils au payement des dommages-intérêts qui auraient été adjugés eût été légale; mais que le tribunal de police n'a point adjugé de dommages-intérêts, et qu'il a condamné les pères, solidairement avec leurs fils, à payer une amende de 3 fr.; — Que l'amende, qui a essentiellement un caractère pénal, ne peut être comprise dans la responsabilité civile que dans les cas pour lesquels une loi spéciale l'a expressément ordonné; et que cette dérogation au droit commun n'a été prescrite par aucune loi, pour le fait qui était, dans l'espèce, l'objet des poursuites; — Que les pères n'ayant pas allégué, pour moyen de défense à l'action formée contre eux, l'impuissance où ils avaient été d'empêcher le fait dont on les prétendait responsables, le tribunal n'a point eu à s'occuper d'une exception qui n'était pas proposée, et que son silence à cet égard ne saurait être une contravention au § 5 de l'art. 1384 c. civ.; mais qu'en étendant la responsabilité des pères à la condamnation d'amende prononcée contre leurs fils, et en jugeant ainsi, ou que l'amende n'était pas une peine, ou que, dans les matières de police prévues par le code de 1810, les pères étaient responsables des condamnations pénales prononcées contre leurs enfants mineurs, il a manifestement violé ledit art. 1384, § 2, c. civ., et les art. 464 et 74 c. pén.; — Attendu, sur le second moyen de cassation, que, d'après l'expédition produite du jugement dénoncé, les termes de l'art. 471, n° 11, c. pén., que ce jugement a appliqués, n'y sont pas insérés, et qu'il y est dit seulement que le tribunal a condamné les défendeurs conformément à cet article; que le défaut d'insertion dans les jugements définitifs de condamnation des tribunaux de simple police, des termes de la loi appliquée par ces jugements, est une violation formelle de l'art. 163 c. inst. crim., dont les dispositions sont prescrites à peine de nullité; — D'après ces motifs, la cour, faisant droit au réquisitoire du procureur général du roi, casse et annule, dans l'intérêt de la loi, le jugement de condamnation rendu, le 30 novembre dernier, contre les nommés Cotu et autres, par le tribunal de simple police du canton de Froissy.

Du 14 janv. 1819.-C. C., sect. crim.-MM. Barris, pr.-Aumont, rap.

(2) *Espèce :* — (Int. de la loi, aff. Thiébaut.) — Cet arrêt a été rendu sur un réquisitoire du procureur général près la cour de cassation, dont voici les principaux passages; « Le 26 mai 1823, le garde-champêtre de la commune de Fossé dressa un procès-verbal, dans lequel il constata que la fille et le petit garçon du sieur Thiébaut, habitant de cette commune, avaient fait passer deux vaches et trois chevaux sur un terrain ensemencé, appartenant au sieur Guillaume. — Les enfants du sieur Thiébaut ne furent point cités : ce dernier seul reçut une assignation pour comparaître devant le tribunal de simple police, qui, le 10 juin, le condamna à 6 fr. d'amende et à vingt-quatre heures d'emprisonnement, sous le prétexte de récidive. L'adjoint du maire de la commune de Buzancy, remplissant les fonctions du ministère public, avait provoqué cette condamnation par les conclusions suivantes : « Le ministère public conclut à ce que le défendeur soit condamné en l'amende de 6 fr., conformément à l'art. 475 c. pén., pour, par ses enfants desquels il est responsable, avoir fait passer ses bestiaux sur des propriétés ensemencées; et, attendu qu'il y a récidive de la part dudit Thiébaut, pour raison du même délit, puisqu'il a été condamné pour le même fait à une amende de 6 fr. par jugement du 29 avril dernier, conclut en outre à ce qu'il soit condamné en vingt-quatre heures de prison, conformément à l'art. 478 du même code. »

Thiébaut n'avait pas commis le fait; ce fait était imputé à ses enfants : il ne pouvait donc être que civilement responsable des frais et dommages et intérêts; il n'y avait là qu'un quasi-délit qui ne pouvait jamais donner lieu à des condamnations personnelles et pénales. C'est ce qui résulte clairement des dispositions élémentaires de l'art. 1384 c. civ., combiné avec l'art. 74 c. pén. Vainement Thiébaut aurait-il précédemment commis une contravention; ce fait ne pouvait revivre qu'autant qu'il en eût commis une seconde : or, la seconde était commise par ses enfants et non par lui. En le condamnant personnellement à l'amende et à l'emprisonnement, le tribunal de simple police de Buzancy a donc violé l'art. 74 c. pén. et l'art. 1384 c. civ.—Arrêt.

LA COUR; — Statuant sur le réquisitoire du procureur général en la cour, tendant à l'annulation, dans l'intérêt de la loi, du jugement du tribunal de simple police de Buzancy, du 10 juin dernier; — Vu la lettre du ministre de la justice, chargeant le procureur général en la cour de requérir la cassation dudit jugement; — Vu l'art. 441 c. inst. crim., qui confère à la cour de cassation le pouvoir d'annuler les actes judiciaires, arrêts ou jugements qui lui sont dénoncés par ordre du chef de la justice; — Vu le réquisitoire du procureur général susénoncé, et adoptant les motifs qui y sont développés; — Casse et annulle, dans l'intérêt de la loi, le jugement du tribunal de simple police du canton de Buzancy, du 10 juin dernier, qui condamne Thiébaut père, comme civilement responsable du fait de ses enfants, à 6 fr. d'amende et à vingt-quatre heures d'emprisonnement.

Du 4 sept. 1823.-C. C., sect. crim.-MM. Bailly, pr.-Ollivier, rap.

(3) *Espèce :* — (Douanes C. veuve Marchand.) — Il a été saisi sur Marie Marchand, âgée de dix ans, cinq kilogrammes de sel, en deux petits sacs, qu'elle transportait sans être nantie d'une expédition des douanes. — Marie Marchand et la veuve Marchand, sa mère, comme civilement responsable de son enfant mineur, furent citées, à la requête de l'administration des douanes, devant le tribunal correctionnel des Sables-d'Olonne, pour voir prononcer la confiscation du sel saisi, et se voir condamner solidairement en l'amende de 100 fr. Le 27 nov. 1810, jugement qui adjugea à l'administration des douanes les conclusions qu'elle avait prises contre la fille Marchand, mais renvoya la mère de la demande formée contre elle, « attendu que les peines étant personnelles, elles ne peuvent être appliquées qu'aux personnes qui ont commis le délit; que l'amende à laquelle il a été conclu est une peine prononcée par la loi, qui n'a pas été encourue par la veuve Marchand, puisque le délit est personnel à sa fille; et que les dispositions du code civil, relatives aux dommages-intérêts et réparations civiles, ne peuvent, en aucune manière, recevoir leur application en matière criminelle. » Sur l'appel, ce jugement a été confirmé par arrêt de la cour de justice criminelle de la Vendée, du 14 janv. 1811, qui en a adopté les motifs. — Pourvoi. — Arrêt.

même caractère qu'en matière de douanes et elle est soumise aux mêmes règles (V. Impôts indir., n° 513). — Ainsi, jugé qu'en matière de contributions indirectes comme en matière de douanes, l'amende doit plutôt être considérée comme une réparation du préjudice causé à l'état par les faits de fraude que comme une peine proprement dite; qu'en conséquence, le père est civilement responsable de l'amende prononcée en cette matière contre son fils mineur non émancipé demeurant avec lui (Crim. cass. 11 oct. 1834) (1).

769. L'ord. de 1669, sur les eaux et forêts, appliquait les principes de la responsabilité civile aux amendes encourues pour délits commis dans les forêts de l'Etat (V. notamment tit. 19, art. 13; tit. 32, art. 7 et 10). — Sous l'empire de cette ordonnance, il avait été jugé que l'amende prononcée pour délit de pâturage dans les bois de l'Etat n'était pas une peine; qu'en conséquence un père était responsable de l'amende encourue par son fils pour un délit de ce genre (Crim. cass. 6 avr. et 21 sept. 1820) (2). — Mais il avait été décidé que l'amende prononcée par l'art. 38, tit. 2, loi 6 oct. 1791, pour délit de pâturage commis dans un bois communal était, au contraire, une peine; qu'en conséquence un maître n'était pas civilement responsable de l'amende prononcée contre son domestique pour un délit de ce genre (Crim. rej. 25 fév. 1820; Crim. cass. 8 août 1823) (3).

Aujourd'hui, sous l'empire du code forestier, les amendes

LA COUR; — Vu l'art. 1384 c. civ., et l'art. 20, tit. 13 de la loi du 22 août 1791; — Et attendu, 1° qu'en matière de simple contravention aux lois sur les douanes, l'amende encourue par les contrevenants n'est point une peime proprement dite; qu'elle doit être considérée comme une réparation du préjudice causé à l'état par les effets de la fraude, et que, par cette raison, les tribunaux civils ont aussi, dans beaucoup de cas, le droit de la prononcer; qu'elle ne peut donc être assimilée aux peines qui sont personnelles, et ne peuvent en effet être appliquées qu'à ceux qui ont commis le délit qui y donne lieu; d'où il suit que lorsque, comme dans l'espèce, la contravention a été commise par un enfant mineur demeurant chez ses père et mère, ceux-ci sont civilement responsables du fait de leur enfant, tant qu'ils n'ont pas prouvé qu'il n'a pas été en leur pouvoir de l'empêcher; et qu'en jugeant le contraire, la cour de justice criminelle, dont l'arrêt est attaqué, s'est écartée du vœu de l'art. 1384 c. civ.; —Attendu, 2° que, par une disposition particulière, la loi du 22 août 1791 rend les propriétaires des marchandises responsables civilement du fait de leurs agents, en ce qui concerne les droits, la confiscation et l'amende; que cette disposition prouve encore que l'amende n'est point une peine qui soit exclusivement applicable à celui qui a personnellement et matériellement commis la contravention; — Que dans l'espèce, la fille Marchand, âgée de dix ans, était présumée, de droit, agir pour le compte et l'intérêt de sa mère, chez laquelle elle demeurait, en transportant le sel dont s'agit, sans que les droits dus eussent été acquittés; — Que, sous ce second rapport, la veuve Marchand était donc encore responsable civilement de la fraude commise par sa fille; et que la cour de justice criminelle a encore violé le vœu de l'art. 20, tit. 13 de la loi du 22 août 1791, en affranchissant la veuve Marchand de cette responsabilité; — Casse, etc.

Du 6 juin 1811.-C. C., sect. crim.-MM. Barris, pr.-Rataud, rap.

(1) (Contrib. indir. C. Klein.)—LA COUR (ap. délib. en ch. du cons.); — Vu les art. 74 c. pén., 1384 c. civ., et 35 décr. 1er germ. an 13; — Attendu que si, en thèse générale, la responsabilité à laquelle sont soumis des tiers étrangers aux délits qui donnent lieu à des condamnations est essentiellement civile, qu'elle est, conséquemment, restreinte aux dommages causés par ces délits, et ne peut être étendue aux peines prononcées contre les délinquants; ces règles reçoivent exception dans certains cas prévus et déterminés par des lois spéciales; qu'ainsi, l'art. 20, tit. 13, L. 22 août 1791, relative aux douanes, déclare les propriétaires des marchandises responsables civilement du fait de leurs facteurs, agents, serviteurs et domestiques, en ce qui concerne les droits, confiscations, amendes et dépens; que cette disposition a été depuis transportée dans le décret du 1er germ. an 13, concernant les droits réunis, et qu'elle forme l'objet de l'art. 35 de ce décret; qu'en ces matières, l'amende encourue par les contrevenants n'est point une peine proprement dite; qu'elle doit être considérée plutôt comme une réparation du préjudice causé à l'Etat par les effets de la fraude; qu'en tous cas, la responsabilité des propriétaires des marchandises s'étend aux amendes comme aux autres condamnations civiles; — Attendu, en fait, que Joseph Klein, fils mineur de Joseph Klein, tonnelier à Meissengott, département du Bas-Rhin, demeurant chez son père, a été condamné à 100 fr. d'amende, pour avoir, en contravention aux art. 1 et 6, L. 28 avr. 1816, colporté de l'eau-de-vie sans être muni d'aucune expédition; que le tribunal correctionnel de Saint-Dié, saisi de la poursuite exercée contre ce délinquant et de la demande formée contre son père, comme civilement responsable, s'est borné à condamner ce dernier aux dépens solidairement avec son fils, et l'a affranchi de toute responsabilité relativement à l'amende, par le motif que rien ne constate qu'il soit propriétaire des liquides saisis, et que son fils est en âge de faire le commerce pour son compte; — Mais attendu qu'il n'est pas même allégué que Klein fils fût émancipé au moment de la saisie, ni qu'il eût acquis quelque bien par un travail ou une industrie séparés; que ce fils mineur, en colportant de l'eau-de-vie, sans être muni d'une expédition, est, jusqu'à preuve contraire, présumé de droit, avoir agi pour le compte et dans l'intérêt de son père dont il partage l'habitation; que celui-ci ne pouvait donc être légalement affranchi de la responsabilité civile de la fraude commise par son fils; — Que, sur l'appel de ce jugement, le tribunal d'Epinal, en même temps qu'il en a confirmé les dispositions, s'en est approprié les vices; qu'il a ainsi faussement appliqué et, par suite, violé l'art. 35 du décret du 1er germ. an 13; — Par ces motifs et en conséquence, casse, etc.

Du 11 oct. 1834.-C. C., ch. crim.-M. Bresson, rap.

(2) 1re *Espèce* : — (Enreg. C. le sieur Fabre.) — LA COUR; — Vu l'art. 10, tit. 32, de l'ordonn. de 1669; — Attendu que si, en thèse générale, la responsabilité civile des délits ou quasi-délits est restreinte aux dommages et intérêts, et ne peut être étendue aux amendes encourues pour ces délits, il en est autrement dans les cas où des lois spéciales ont expressément ordonné qu'elle comprendrait les amendes dont elles ont prescrit la condamnation; que la répression et la responsabilité des délits forestiers commis dans les bois de l'Etat sont réglées par l'ord. de 1669, et que, par l'art. 10, tit. 32, de cette ordonnance, il est formellement ordonné que les propriétaires des bestiaux trouvés pâturant en délit dans un bois de l'Etat seront civilement responsables, non-seulement des dommages et intérêts, mais encore de l'amende encourue par ce délit; — Et attendu qu'il n'est pas méconnu, dans l'espèce, que les bêtes à laine trouvées pâturant en délit dans un bois de l'Etat, sous la garde de Fabre fils, appartenaient à Fabre père; que, dès lors, ce dernier devait être déclaré responsable non-seulement du dommage occasionné par ses bestiaux, mais encore de l'amende encourue par le délit de son fils; — D'où il suit que l'arrêt attaqué, en restreignant la responsabilité qu'il a prononcée contre Fabre père aux dommages et dépens, a contrevenu formellement à l'art. 10 précité, tit. 32, de l'ord. de 1669; — Par ces motifs, casse et annule l'arrêt rendu par la cour royale de Montpellier, le 13 déc. 1819.

Du 6 avr. 1820.-C. C., sect. crim.-MM. Barris, pr.-Basire, rap.

2e *Espèce* : — (Enreg. C. le sieur Mascou.) — LA COUR; — Vu les dispositions de l'art. 13, tit. 19, de l'ord. de 1669: — Vu aussi l'art. 10, tit. 32, de la même ordonnance; — Et attendu que le procès-verbal du garde forestier, non attaqué, constate que la fille aînée de Jean-Jacques Mascou a été rencontrée par ledit garde dans la forêt royale de Teussenom, ténement de Trivigi, gardant à garde faite, bâton planté, huit chèvres reconnues appartenir à son père; que la fille Mascou a été en conséquence condamnée à une amende de 24 fr.; mais que le jugement qui l'y condamne, et l'arrêt de la cour royale qui a confirmé ce jugement en déclarant Mascou, propriétaire desdites chèvres, civilement responsable seulement des dommages-intérêts et dépens prononcés contre sa fille, a violé les articles susdits de l'ord. de 1669, qui est la loi spéciale sur la matière; que si, en principe général, l'amende, étant une peine, ne doit pas être comprise dans la responsabilité civile, ce principe ne peut recevoir d'application aux cas où des lois spéciales ont ordonné que cette responsabilité civile s'étendrait aux amendes comme aux réparations purement civiles; — Que des principes généraux n'abrogent point les dispositions spéciales des lois particulières; que, pour cette abrogation, il faut une disposition formelle qui la prononce; — Que, d'après l'art. 13, tit. 19, de l'ord. de 1669, les maîtres, propriétaires des bestiaux et pères de famille, doivent être personnellement condamnés à l'amende par tête, prononcée par cet article; qu'en outre, les pâtres et bergers doivent être aussi condamnés à une amende fixe, dont les propriétaires des bestiaux sont responsables; que l'art. 10, tit. 36, de la même ordonnance, relatif, pour la pénalité, aux personnes qui n'ont point droit d'usage ni de panage dans les forêts où le délit a été commis, porte expressément que les propriétaires des bestiaux trouvés en délit seront condamnés à l'amende qu'il prescrit; que la responsabilité civile portée dans cet article comprend donc aussi nécessairement les condamnations d'amende; — Par ces motifs, casse et annule l'arrêt de la cour royale de Montpellier, du 10 avril dernier.

Du 21 sept. 1820.-C. C., sect. crim.-MM. Barris, pr.-Chantereyne, r.

(3) 1re *Espèce* : — (Enreg. C. Sibillat et Vieux.) — LA COUR; — Attendu qu'il ne s'agissait pas d'un délit de pâturage commis dans un bois de l'Etat, dont la peine dût être prononcée d'après les dispositions de l'ordonnance de 1669; que les poursuites avaient pour objet un délit de pâturage commis dans un bois communal, et qui était prévu par l'art. 38, tit. 2 de la loi du 6 oct. 1791; que les condamnations devaient donc être prononcées d'après cette loi; — Et attendu, d'une part, que l'art. 38, tit. 2, du code rural prononce, contre les délits y mentionnés, l'amende et la réparation du dommage causé au propriétaire; — Attendu,

prononcées pour délits commis dans tous les bois et forêts en général sont des peines, et par conséquent elles ne peuvent être prononcées contre les personnes civilement responsables. C'est ce qui résulte manifestement de l'art. 206 c. for., qui limite aux *restitutions*, *dommages-intérêts et frais*, la responsabilité qu'il fait peser, conformément à l'art. 1384 c. nap., sur les maris, pères, mères et tuteurs, et en général sur tous maîtres et commettants, à raison des délits et contraventions commis par leurs femmes, enfants, mineurs, pupilles, ouvriers, voituriers et autres subordonnés. A ce sujet, le rapporteur, M. Favard de Langlade, s'exprimait en ces termes (V. Forêts, p. 87, note, n° 79): « Nous avons jugé indispensable la suppression du mot *amendes* dans l'art. 206. L'amende est une peine personnelle au coupable; et les père, mère, tuteurs et autres, qui ne sont que civilement responsables, ne sauraient en être garants, sans porter atteinte aux principes consacrés par le code civil. » — V. au surplus ce qui est dit v° Forêts, nos 340, 451 et suiv.

770. Le même principe domine le code de la pêche fluviale du 15 avr. 1829 (art. 74). — V. Pêche fluviale, n° 229.

771. La seconde conséquence du caractère pénal de l'amende, c'est qu'après le *décès* de celui qui l'a encourue ses *héritiers* ne peuvent être condamnés à la payer (V. en ce sens Jousse, Just. crim., t. 1, p. 72; Bourguignon, Man. d'instr. crim., sur l'art. 2; MM. Chauveau et Hélie, t. 1, p. 189). Cette proposition, au surplus, n'est que l'application de l'art. 2 c. inst. crim., qui porte que « l'action publique pour l'application de la peine s'éteint par la mort du prévenu. » — L'art. 2 c. inst. crim. ajoute que « l'action civile pour la réparation du dommage peut être exercée contre le prévenu et contre ses *représentants*. » — Il semblerait d'après cela qu'en matière de *douanes* et en matière de *contributions indirectes* l'amende, n'étant pas une peine, mais une simple réparation civile (V. *suprà*, nos 767 et 768), et pouvant, dès lors, être prononcée contre les personnes civilement responsables, devrait, par la même raison, pouvoir être poursuivie contre les héritiers du délinquant. Et cependant la jurisprudence s'est prononcée en sens contraire. Ainsi il a été jugé : 1° qu'en matière de douanes la régie, lorsque le contrevenant vient à mourir, n'a pas d'action contre ses héritiers pour les faire condamner à l'amende encourue par leur auteur (Crim. cass. 28 mess. an 8, aff. Michel, v° Douanes, n° 865-2°); — 2° Qu'en matière de contributions indirectes l'amende est une peine, et qu'ainsi elle ne peut être poursuivie contre les héritiers du délinquant (Crim. cass. 9 déc. 1813, aff. Vanbrabant, v° Impôts indirects, n° 513). — V. nos observations sur ce point, v° Douanes, n° 976.

772. Il peut se faire que la condamnation ait été prononcée contre le délinquant avant son décès; dans ce cas l'exécution du jugement peut-elle être poursuivie contre ses héritiers? Il n'est pas douteux qu'elle ne peut pas l'être si le jugement qui l'a prononcée n'avait pas, lors du décès, acquis l'autorité de la chose jugée. Mais supposons qu'il était devenu irrévocable: que faut-il décider? Pour prétendre que, dans ce cas même, les héritiers ne peuvent être tenus de payer l'amende, on peut dire qu'il est de l'essence des peines de ne point passer aux héritiers, et que, si cette règle doit être appliquée aux peines corporelles, alors même qu'il y avait eu contre le prévenu condamnation irrévocable, il n'y a pas de raison de décider autrement à l'égard des peines pécuniaires; on peut ajouter que l'art. 2 c. inst. crim. ne laisse subsister, après le décès du prévenu, que l'action en réparation civile du dommage. Mais à ces raisons on peut répondre que, dans le cas où le prévenu avait été, avant son décès, condamné à l'amende par jugement passé en force de chose jugée, il y avait pour l'administration, non plus seulement une simple action, mais bien un droit acquis; qu'elle était devenue, par l'effet de ce jugement, une véritable créancière du condamné, et que, dès lors, elle a conservé contre ses héritiers, après son décès, le droit qu'elle avait contre lui-même de son vivant; que le principe posé par l'art. 2093 c. nap., que les biens du débiteur sont le gage commun de ses créanciers, s'applique à toutes les créances existant légalement, quelle qu'en soit, d'ailleurs, la nature et l'origine; que les héritiers n'ont reçu lesdits biens que grevés de cette charge; qu'ils ne peuvent, par conséquent, pas plus se soustraire au payement de la dette dont il s'agit qu'au payement des autres dettes de la succession. Cette doctrine, au surplus, trouve sa confirmation dans les travaux préparatoires. La question que nous venons d'examiner fut soulevée dans la séance du 31 mai 1808. Merlin distingua entre le cas où l'amende est prononcée et celui où elle ne l'est pas. « Dans le premier cas, dit-il, la condamnation doit avoir ses effets; dans le deuxième, la mort du prévenu, le faisant réputer innocent, empêche qu'aucune peine, même pécuniaire, puisse lui être appliquée. » M. Cambacérès dit que c'étaient là les vrais principes : « L'explication de M. Merlin, ajouta-t-il, étant consignée dans le procès-verbal, lèvera les doutes, et fixera le sens de l'article. Il sera bien entendu que le jugement qui prononce l'amende recevra son exécution, nonobstant la mort du condamné. » — V. Locré, t. 25, p. 118. — Il a été décidé, en ce sens, que la condamnation à l'amende prononcée par un tribunal correctionnel ou de police, n'est pas éteinte par le décès du condamné : que le recouvrement doit en être poursuivi sur la succession (décis. min. 21 août 1833, aff. enreg. *C.* Proc...).

§ 2.—*Par qui la condamnation à l'amende peut être poursuivie, et devant quel tribunal.*

773. L'action en condamnation à l'amende, qu'il ne faut pas confondre avec celle en recouvrement de l'amende prononcée, est toujours, sauf quelques rares exceptions, confiée au ministère public, seul chargé de l'exercice de l'action publique. Et en effet, puisque, du moins en général, l'amende est une peine, et non pas la réparation d'un dommage, c'est dans l'intérêt de la société, et non point dans l'intérêt privé de la partie lésée par le délit, qu'elle est prononcée. C'est donc à l'organe de la société et à lui seul qu'il appartient de la requérir. — Décidé en ce sens 1° que l'amende prononcée contre un délit ne peut être poursuivie que par action publique (Crim. cass. 18 avril 1811, MM. Barris, pr., Liborel, rap., aff. Gayant); — 2° Qu'en cas d'appel d'un jugement correctionnel par la partie civile seule, la cour criminelle ne peut prononcer contre le prévenu une amende envers l'Etat (Crim. cass. 10 janv. 1806, MM. Viellart,

---

d'autre part, que l'art. 7, tit. 2, du même code, ne prononce, contre les diverses personnes qu'il désigne, que la responsabilité civile des délits commis par leurs subordonnés; que, dès lors, cette responsabilité ne peut être étendue à l'amende qui est une peine, et doit être restreinte à la réparation des dommages; — Rejette.

Du 25 fév. 1820.-C. C., sect. crim.-MM. Barris, pr.-Basire, rap.

2e *espèce :* — (Le sieur Postel *C.* min. pub.) — Vu l'art. 7, tit. 2, de la loi du 6 oct. 1791, portant que les maîtres seront civilement responsables des délits commis par leurs domestiques; — Vu également l'art. 74 c. pén., duquel il résulte que, dans tous les cas de responsabilité civile, autres que ceux énoncés en l'art. 73, qui peuvent se présenter dans les affaires correctionnelles, les cours et tribunaux devant lesquels ces affaires sont portées, doivent se conformer aux dispositions du code civil sur l'étendue et les effets de cette responsabilité; — Vu enfin les art. 9 et 10 du susdit code pénal, d'après lesquels les amendes sont une des peines établies en matière correctionnelle, et la condamnation aux peines prononcées par la loi, est indépendante des restitutions et dommages-intérêts qui peuvent être dus aux parties; — Attendu que, d'après l'art. 7, tit. 2 du code rural de 1791, les délits prévus et punis par ce code n'entraînent qu'une responsabilité civile; — Qu'aux termes de l'art. 74 c. pén., cette responsabilité doit donc être réglée par les dispositions du code civil; — Que, conformément à l'art. 1384 de ce code, elle doit donc être restreinte aux dommages causés par le délit; — Qu'elle ne peut être étendue à l'amende qui a un caractère pénal, et est ainsi personnelle à l'auteur du délit;

Que, dans l'espèce, la domestique du demandeur a été condamnée pour un délit prévu par le code rural de 1791; — Que la responsabilité dont l'art. 7, tit. 2 de ce code chargeait le demandeur, en sa qualité de maître de l'auteur du délit, se bornait donc aux dommages-intérêts et aux frais des poursuites; — Que cependant le jugement rendu le 5 juillet dernier par le tribunal de police du canton des Andelys, par la généralité de sa condamnation, a rendu aussi le demandeur responsable de l'amende prononcée contre sa domestique, en quoi il a violé l'art. 7, tit. 2 de la loi du 6 oct. 1791, l'art. 74 c. pén., et l'art. 1384 c. civ. — D'après ces motifs, casse et annule ladite condamnation, en tant seulement qu'elle porte sur la responsabilité de l'amende prononcée contre la fille Adèle; ordonne que ladite condamnation sera exécutée dans ses autres parties, et spécialement sous le rapport des frais des poursuites et du jugement.

Du 8 août 1823.-C. C., sect. crim.-MM. Barris, pr.-Chantereyne, r.

pr., Babille, rap., aff. Deramond; V. Appel crim., n° 366); — 3° Qu'en matière de délit de loterie, l'administration de la loterie était irrecevable à appeler d'un jugement qui refusait de prononcer l'amende encourue, si le ministère public n'en avait pas appelé lui-même (Crim. rej. 30 nov. 1821, aff. Michel, V. Loterie, n° 36).

774. Mais l'amende prononcée par l'art. 2 de la loi du 15 vent. an 13, contre les entrepreneurs de voitures publiques qui n'emploient pas les chevaux de poste, amende qui est attribuée, partie aux maîtres de poste, partie à l'administration des relais, a une nature mixte et indivisible; dès lors, un maître de poste a qualité pour appeler, sans le concours du ministère public, d'un jugement correctionnel qui, sur sa poursuite, a refusé de prononcer cette amende (Crim. rej. 12 août 1837, aff. Lemaire, V. Voit. pub.). — Cet arrêt consacre, non pas une dérogation à la règle énoncée au numéro précédent, mais plutôt une limitation de cette règle.

775. Nous avons dit que le principe général suivant lequel l'amende ne peut être requise que par le ministère public comportait quelques exceptions. En effet, l'exercice de l'action publique a été exceptionnellement délégué à certaines administrations publiques, afin que la protection due aux droits du fisc fût assurée de la manière la plus certaine et la plus efficace. Ces administrations ont donc le droit de requérir l'application de l'amende et de la confiscation à raison des faits attentatoires aux intérêts qu'elles ont mission de conserver. Les administrations qui sont en possession de ce droit sont celles des contributions indirectes, des douanes et des eaux et forêts. — V. Instr. crimin., nos 48 et suiv.

776. On a vu ci-dessus (n° 119) que lorsqu'un tribunal est régulièrement saisi de la connaissance d'un fait, sa décision n'est pas subordonnée aux conclusions du ministère public, et qu'il doit prononcer librement la peine qui lui paraît méritée par l'auteur de l'infraction. Ces principes doivent être appliqués à l'amende. — Ainsi, il a été décidé que dans les cas où la loi permet de prononcer une amende, comme au cas de dégradations faites aux champs, les tribunaux peuvent la prononcer d'office, nonobstant le silence de la partie civile ou du ministère public (Req. 17 avr. 1827, aff. Pinette, V. Action possess., n° 527).

777. En règle générale, c'est à la juridiction criminelle seule qu'il appartient de prononcer des condamnations à l'amende. Les peines, en effet, ne peuvent être appliquées que par les tribunaux de répression. — Ainsi il a été jugé que : 1° l'action civile en réparation du préjudice causé par un délit de contrefaçon peut être portée directement devant les tribunaux civils, mais qu'alors ces tribunaux sont incompétents pour appliquer l'amende prononcée par la loi du 7 janv. 1791 (Angers, 4 juin 1842, aff. Briou, v° Brevet d'inv., n° 329); — 2° Que l'amende encourue pour contravention en matière d'octroi ne peut être prononcée par le juge civil : cette incompétence, étant matérielle, peut être proposée en tout état de cause, et même pour la première fois en cassation (Civ. cass. 26 nov. 1810) (1); — 3° Que, l'amende dont le maraudage prévu par l'art. 34 de la loi du 6 oct. 1791 est passible étant du double du dédommagement dû au propriétaire, et, par suite, d'une valeur indéterminée, c'est le tribunal correctionnel, et non le tribunal de police qui, seul, est compétent pour en connaître (Crim. rej. 30 mai 1828, aff. Bruc, V. Instr. crim., n° 834). En effet, le tribunal de police ne peut prononcer une amende supérieure à 15 fr.

§ 3. — *Dans quels cas il y a lieu à l'amende; — Individualité; — Solidarité.*

778. Les cas dans lesquels il y a lieu de prononcer une amende sont très-nombreux en matière criminelle; il serait inutile de les énumérer. Nous devons nous borner à relater quelques décisions qui trouvent naturellement leur place ici.

Le principe qui domine tout cet ordre d'idées, c'est que l'amende, comme toute autre peine, ne peut être prononcée qu'en vertu d'une disposition *expresse* de la loi (V. *suprà*, n° 81). — D'où il suit : 1° que les condamnations d'amende pour fol appel, ordonnées par la loi en matière civile et devant les tribunaux civils, n'ayant été prononcées par aucune disposition de loi, ni en matière de simple police, ni en matière de police correctionnelle, ne peuvent être appliquées à ces matières (Crim. cass. 19 juin 1817, aff. Bortz; 12 juin 1823, aff. Mullot, V. App. crim., n° 128); — 2° Que de même l'amende prononcée par l'art. 479 c. pr. contre celui qui succombe dans sa tierce-opposition n'est pas applicable au tiers opposant à un jugement de simple police (Crim. cass. 25 août 1808 (2). — V. aussi n° 102-3°).

En matière criminelle, comme en matière civile, il y a lieu, en général, à une amende contre ceux qui succombent dans leur pourvoi en cassation. La consignation préalable de l'amende est même, sauf pour les condamnés en matière de grand criminel, une condition de la recevabilité du pourvoi. — V. Cassation, nos 598, 602, 660, 667 et suiv.

N'est pas nul un jugement qui condamne un contrevenant aux lois forestières à l'amende qu'il a encourue, lors même que le ministre des finances l'aurait, précédemment, réduite, et qu'elle aurait été payée, si le tribunal a ajouté à son jugement, sauf au demandeur à faire valoir la réduction prononcée par le ministre des finances (Crim. cass. 20 mars 1830, aff. Henry, v° Forêts, n° 568).

779. Pour que l'amende soit prononcée, il faut que la contravention soit constante et qu'elle ait été régulièrement constatée. Ainsi l'amende ne peut être prononcée contre le prévenu, si la saisie des matières d'or et d'argent est nulle (Crim. rej. 3 pluv. an 8, aff. Berthon, V. Procès-verbal).

780. Les tribunaux ne peuvent se dispenser d'appliquer l'amende dans les cas où elle est impérativement prononcée par la loi. A cet égard, il a été décidé que l'amende est une peine distincte de l'obligation de payer les frais du procès, de la part de celui qui succombe; qu'ainsi la condamnation aux dépens ne peut tenir lieu de la condamnation à l'amende (Crim. cass. 24 oct. 1823) (3).

(1) (Demoiselle Pont-Chapelle C. Lenoble.) — LA COUR; — Vu l'art. 17 de la loi du 27 frim. an 8; — Et attendu que, d'après cet article, l'amende encourue et demandée pour contravention au droit d'octroi ne peut être jugée que par les tribunaux de police; et que s'agissant, dans l'espèce, de prononcer une semblable amende, il n'a pu y être statué par un tribunal civil, sans violation de l'article ci-dessus cité; — Attendu que l'incompétence de ce tribunal a pu, comme absolue et à raison de la matière, être proposée en tout état de cause, et même pour la première fois en cassation, ainsi qu'il résulte d'ailleurs de l'art. 170 c. proc.; — Casse, etc.

Du 26 nov. 1810.-C. C., sect. civ.-MM. de La Coste, pr.-Babille, r.

(2) (Le sieur Deschampsneufs.) — LA COUR; — Vu l'art. 456 c. pén. du 3 brum. an 4; — Et attendu que le jugement du 25 janvier dernier a condamné Joseph Deschampsneufs à l'amende de 50 fr., par application de l'art. 479 c. proc. civ.; que cet article est absolument étranger aux tribunaux de police, dont les attributions sont fixées par le c. pén. 3 brum. an 4, et par les lois qui y sont relatives; que cette condamnation à l'amende, ordonnée par ledit article, renferme donc un excès de pouvoir : — Casse et annule la disposition du jugement du 25 janvier dernier qui prononce cette amende, ledit jugement devant être exécuté dans le reste de son contenu, etc.

Du 25 août 1808.-C. C., sect. crim.-MM. Barris, pr. Lombard, rap.

(3) (Int. de la loi. — Aff. Piquot.) — LA COUR; — Attendu que, par les quatre jugements dénoncés, les prévenus sont condamnés aux dépens seulement, pour tenir lieu d'amende; que cependant l'art. 161 c. inst. crim. veut que, si le prévenu est convaincu de contravention de police, la peine soit prononcée, et que l'art. 162 dit que la partie qui succombera sera condamnée aux frais, même envers la partie publique; que les prévenus ont succombé, puisqu'ils ont été condamnés; qu'ils devaient donc être soumis tout à la fois au payement de l'amende et au payement des frais, et que les frais ne pouvaient pas plus tenir lieu d'amende que l'amende ne pouvait tenir lieu de frais; que les frais ayant été liquidés à 4 fr. 35 c., les prévenus ont, en payant cette somme, payé les frais et n'ont pas payé d'amende; que, si l'on veut voir l'amende dans une partie de ladite somme, ils n'ont payé qu'une partie des frais, lorsqu'ils en devaient la totalité; que ces expressions de l'art. 162, « la partie qui succombera sera condamnée aux frais, » ne laissent pas la faculté de ne condamner les contrevenants qu'à une partie des frais que leur contravention a occasionnés, et que les tribunaux de police ne sont pas plus maîtres de réduire la condamnation de dépens au-dessous du montant de la liquidation, qu'ils ne le seraient de prononcer une amende inférieure au minimum fixé par la loi; — Casse.

Du 24 oct. 1823.-C. C., sect. crim.-MM. Bailly, pr.-Aumont, rap.

781. En général, les peines ne se *cumulent* pas : en cas de conviction de plusieurs crimes ou délits, la peine la plus forte est seule prononcée (c. inst. crim. 365). Cette règle est-elle applicable aux peines pécuniaires, aux amendes? Cette question a été examinée ci-dessus, n°s 147 et suiv. — Jugé, en tout cas, qu'une seule amende doit être prononcée, alors que les divers faits à raison desquels les poursuites sont exercées (travaux confortatifs exécutés sans autorisation) ne constituent qu'une seule et même contravention (ord. cons. d'Et. 11 fév. 1836, aff. Buffaud, V. Voirie). — Jugé même que, lorsqu'il s'agit de deux délits du même genre (délits ruraux) commis par le même individu dans le cours du même mois et à des époques très-rapprochées, le juge peut ne prononcer qu'une seule amende (Crim. rej. 14 frim. an 14) (1).

782. L'amende doit être *individuelle;* en d'autres termes, il doit être prononcé autant d'amendes qu'il y a de codélinquants. La raison en est évidente. En effet, quand un délit, une contravention ont été commis conjointement par plusieurs individus, chacun d'eux est coupable, car chacun a violé la loi, chacun a fait ce que la loi défendait. La culpabilité ne se fractionne point alors entre les individus qui ont coopéré à l'acte, elle existe tout entière dans chacun d'eux. Il n'y a pas un seul délit, mais il y a autant de délits qu'ils y a de personnes. Ce qui constitue le délit, ce n'est pas tel ou tel fait matériel, c'est la violation de la loi. Il en doit être de l'amende comme des peines corporelles, qui sont, à raison d'un même et unique fait, intégralement infligées, non pas seulement à l'auteur principal, mais aux coauteurs et aux complices (c. pén., art. 59 et suiv., V. à cet égard MM. Chauveau et Hélie, t. 1, p. 194). — Il a été décidé, en ce sens : 1° que, lorsqu'un mari et sa femme sont tous deux déclarés coupables du délit d'injures envers un particulier, il doit leur être appliqué à chacun une condamnation particulière; que le tribunal de simple police ne doit pas se borner à prononcer contre eux simultanément une seule amende de 1 fr., minimum de la peine dont chaque prévenu est passible (Crim. cass. 25 mars 1825, aff. Bourquin, V. Contrat de mariage, n° 1126); — 2° Que lorsque deux ou plusieurs individus se sont rendus coupables d'une contravention, et, par exemple, d'usurpation sur la voie publique, chacun d'eux doit être condamné personnellement à l'amende, cette amende fût-elle réduite au minimum; qu'il ne suffirait pas qu'une seule amende fût prononcée contre les deux contrevenants (Crim. cass. 18 janv. 1828) (2); — 3° Que, lorsque deux individus se sont rendus coupables d'une contravention passible d'une amende, ils ne doivent point être condamnés conjointement et solidairement à une seule amende; mais que l'amende doit être personnellement prononcée contre chacun d'eux; peu importe que les prévenus soient époux, s'il est constaté qu'ils étaient l'un et l'autre coupables de la contravention (Crim. cass. 15 fév. 1828, aff. Manduit, n° 104-9°); — 4° Que les amendes encourues par plusieurs individus pour contraventions de police doivent être prononcées individuellement contre chacun d'eux, et que chacune de ces amendes ne peut être inférieure à 1 fr.; qu'en conséquence, la condamnation à 1 fr. d'amende, prononcée collectivement contre plusieurs prévenus d'un contravention de simple police, consistant notamment, de la part de portefaix, à avoir secoué des sacs sur la voie publique, est nulle (Crim. cass. 10 nov. 1853, aff. Farucha, D. P. 53. 5. 346); — 5° Que, de même, l'amende doit être prononcée contre chaque délinquant individuellement dans le cas de tapage injurieux ou nocturne (Crim. cass. 7 déc. 1826) (3).

783. A plus forte raison doit-il être prononcé plusieurs amendes lorsque les contraventions de même nature commises par plusieurs individus sont *distinctes* et *indépendantes* les unes des autres. Ainsi, jugé: 1° que les individus prévenus de n'avoir pas maintenu en bon état de réparation les tuyaux de descente d'eau dépendant de leurs maisons respectives sont passibles d'amendes distinctes, et ne peuvent être condamnés à une amende unique (Crim. cass. 11 nov. 1852, aff. Guezennec, D. P. 52. 5. 414); — 2° Qu'en matière de délits forestiers, il doit aussi être prononcé autant d'amendes qu'il y a eu de délinquants surpris (Crim. cass. 7 janv. 1814, aff. Lorieux, v° Forêts, n° 629; 18 oct. 1822, aff. Thiébault, *cod.*, V. aussi v° Contravention, n° 123).

784. Toutefois à la règle qui précède il doit être fait quelques exceptions. Et d'abord l'art. 164 c. pén. dispose qu'en cas de faux il sera prononcé contre les coupables une amende dont le maximum pourra être porté jusqu'au quart du bénéfice illégitime que le faux aura procuré ou était destiné à procurer aux auteurs du crime, à leurs complices ou à ceux qui ont fait usage de la pièce fausse, et dont le minimum ne pourra être inférieur à 100 fr. Il est clair que, dans ce cas, il ne doit être prononcé qu'une seule amende, encore bien qu'il y ait plusieurs auteurs ou complices.

785. Le code forestier contient aussi quelques exceptions à la règle de l'individualité de l'amende. Ainsi l'art. 144 de ce code porte que toute extraction ou enlèvement non autorisé de pierres, sable, minerai, terre ou gazon, etc., dans les bois et forêts, donnera lieu à des amendes qui seront ainsi fixées : par charretée ou tombereau, de 10 à 30 fr. pour chaque bête attelée; par chaque charge de bête de somme, de 5 à 15 fr. Il est bien clair que, dans cette hypothèse, le nombre des personnes qui auraient concouru à la perpétration du délit serait sans influence sur la condamnation, et qu'il ne devrait être prononcé qu'une seule amende. La même solution devrait être appliquée aux amendes prononcées en vertu des art. 192 et suiv. c. for.—V. Forêts,

(1) (Min. pub. C. Richy.) — LA COUR; — Attendu, sur le premier moyen, que, s'agissant dans l'espèce du même genre de délit pour le même individu, dans le cours du même mois et à des époques très-rapprochées, le jugement attaqué a pu, sans contrevenir à la loi du 28 sept. 1791, ne condamner le délinquant qu'à une seule amende de la valeur de trois journées de travail;—Sur le second moyen, que les poulains qui ont fait le dégât ayant été confiés par Richy, leur propriétaire, à la garde du pâtre établi pour les bestiaux de la commune, le jugement a dû le condamner plutôt que le propriétaire, qui naturellement a dû se reposer sur les soins du garde, et qu'en procédant ainsi, il n'est point contrevenu à l'art. 12 de la loi citée; — Sur le troisième moyen, que, quoique le commissaire de police n'ait point dirigé ses poursuites que contre Richy, propriétaire des poulains, ce dernier ayant appelé en garantie le garde auquel il les avait confiés, le tribunal de police a pu condamner directement ce garde à l'amende encourue par ce délit, et renvoyer de la poursuite le propriétaire; — Sur le quatrième moyen, que l'art. 1385 c. civ., rendant responsable du dommage causé par un animal celui sous la garde duquel il était, le jugement attaqué n'a pas fait une fausse application de cet article en condamnant le garde à l'amende encourue pour le dommage causé par sa négligence; — Rejette.

Du 14 frim. an 14.-C. C., sect. crim.-MM. Viellart, pr.-Vermeil, r.

(2) *Espèce :* — (Intérêt de la loi. — Aff. Pélissier, etc.) — « Le procureur général expose qu'il est chargé de requérir, dans l'intérêt de la loi, l'annulation de deux jugements rendus par le tribunal de simple police du canton de Roquefort (Aude), les 31 juill. et 18 déc. 1826, dans les affaires des nommés Joseph Rivière et Bernard Pélissier; et de Guillaume Roques, prévenus d'usurpation sur la largeur de chemins communaux. — Le fait imputé à ces individus constituait un délit prévu par l'art. 4, tit. 2, code rural, du 6 oct. 1791, et punissable d'une amende qui pouvait s'élever jusqu'à 24 fr.; dès lors, ces affaires sortaient des attributions du tribunal de simple police, qui ne peut prononcer d'amende au-dessus de 15 fr. — Cependant, le tribunal de police de Roquefort en a retenu la connaissance et a condamné les prévenus à une amende de 3 fr. — Ce tribunal viole encore la loi, en ce qu'il se borne à prononcer une seule amende de 3 fr. contre les prévenus, tandis que (en supposant qu'une peine dût être appliquée) elle devait l'être séparément et individuellement, sans pouvoir être inférieure au minimum fixé par la loi, c'est-à-dire à 3 fr. par chaque prévenu; — Ce considéré, etc. — Signé : Mourre.» — Arrêt.

LA COUR; — Statuant sur le réquisitoire du procureur général, et adoptant les motifs qui y sont énoncés; — Casse, dans l'intérêt de la loi.

Du 18 janv. 1828.-C. C. ch. crim.-MM. Bailly, pr.-Gary, rap.

(3) (Min. pub. C. Cardillac, etc.) — LA COUR; — Vu l'art. 479, n° 8, c. pén., les art. 153 et 161 c. inst. crim.; — Attendu que la contravention étant déclarée constante, dans le fait, par le jugement, l'amende prononcée par la loi devait être appliquée à chacun des contrevenants; d'où il suit que le tribunal, en ne prononçant qu'une amende de 15 fr., collectivement, contre les six prévenus, a formellement violé l'art. 161 c. inst. crim., et l'art. 479, n° 8, c. pén., qui inflige aux auteurs ou complices de bruits injurieux ou nocturnes, troublant la tranquillité des habitants, une amende qui ne peut être moindre de 11 fr.; — Casse.

Du 7 déc. 1826.-C. C., sect. crim.-MM. Portalis, pr.-Gary, rap.

Même jour, arrêt identique-(Min. pub. C. Cereau, Trouvé, etc.).-M. Gary, rap.

n° 340, 628, 821, 834; V. en ce sens MM. Chauveau et Hélie, t. 1, p. 194.

786. En matière *fiscale* (et, par exemple, de contributions indirectes), il n'y a lieu qu'à une condamnation solidaire à la même amende contre tous ceux qui ont concouru à une même contravention; l'amende, en pareille matière, n'étant que la réparation civile du préjudice causé à l'Etat par la fraude, et frappant, dès lors, uniquement le fait matériel de la contravention, abstraction faite du nombre des délinquants (Crim. cass. 19 août 1836, aff. Baurin, V. Impôts indirects, n° 513).

787. Il doit encore être fait exception à la règle générale pour le cas où les individus qui ont commis conjointement un délit ou une contravention étaient associés et formaient entre eux un être collectif. Telle est, par exemple, une société commerciale. Si donc une société avait commis un délit ou une contravention par l'un de ses agents, il devrait être prononcé une amende *unique* contre l'être moral, et non pas une amende distincte contre chacun des individus qui la composent. Peu importerait, d'ailleurs, que plusieurs des associés eussent été mis en cause individuellement (Conf. MM. Chauveau et Hélie, t. 1, p. 195, V. aussi en ce sens Crim. cass. 6 août 1829, aff. Devillez, v° Mines, n° 449). — Décidé cependant que des associés convaincus de s'être rendus coupables du délit d'habitude d'usure doivent être condamnés à des amendes distinctes; il ne suffit pas qu'ils le soient collectivement à une seule amende solidaire, la communauté d'intérêts qui existe entre les délinquants ne pouvant faire déroger au principe qu'il doit être prononcé une peine distincte contre chacun des individus qui ont commis le même crime ou délit, sauf à proportionner cette peine au degré de culpabilité de chacun d'eux, dans les limites du maximum au minimum fixé par la loi (Crim. cass. 14 déc. 1838) (1).

788. L'art. 55 c. pén. porte que « tous les individus condamnés pour un même crime ou pour un même délit seront tenus *solidairement* des amendes. » *Pour un même crime ou pour un même délit*; ainsi la solidarité n'existe qu'autant que la condamnation a été prononcée pour le même fait. Si les faits étaient distincts, encore bien que ces faits eussent été compris dans la même plainte ou dans le même acte d'accusation, la solidarité ne pourrait être invoquée (V. en ce sens MM. Chauveau et Hélie, t. 1, p. 195). — Il a été décidé, par application de ces principes : 1° que les amendes doivent être prononcées solidairement contre les individus convaincus d'un même délit, par exemple, d'atteinte à la libre circulation des grains (Crim. cass. 6 mars 1812) (2); — 2° Que les amendes prononcées pour cause d'escroquerie sont solidaires contre chacun des condamnés pour raison du même fait, encore que, par l'effet de la solidarité, l'amende s'élève, pour chacun, au delà du maximum déterminé par la loi (Crim. rej. 11 sept. 1807) (3); — 3° Que les tribunaux de police doivent prononcer la solidarité, lorsqu'ils condamnent plusieurs individus pour tapages nocturnes (Crim. cass. 7 janv. 1830, aff. B., V. Jugement, n° 1058-5°).

789. Pour que la solidarité existe, il n'est pas nécessaire que les individus aient été condamnés aux mêmes peines (*loc. cit.*). — Il a été jugé, en ce sens, 1° qu'un tribunal qui reconnaît deux individus coupables d'avoir commis ensemble le même délit, doit prononcer contre eux la solidarité pour le payement de l'amende, bien qu'en raison de sa participation plus active au délit, l'un ait été condamné à une amende plus forte que l'autre (Crim. cass. 3 nov. 1827, aff. Faillette, n° 552); — 2° Que, dans ce cas, la solidarité embrasse l'ensemble des amendes prononcées, quelles qu'en soient les qualités respectives, et ne doit pas être restreinte au taux de la moindre d'entre ces amendes; et que la solidarité s'applique même à celles de ces amendes qui ont été aggravées par suite de récidive (Crim. cass. 13 août 1853, aff. Berrier, D. P. 53. 1. 338).

790. Suivant un arrêt, il n'est pas nécessaire, pour qu'il y ait solidarité entre les condamnés, que le délit ait été commis par suite d'un concert réfléchi et prémédité entre eux (Crim. cass. 2 mars 1814, aff. N...). Cependant, disent MM. Chauveau et Hélie (t. 1, p. 195), dans ce cas, la complicité n'existe pas; ce sont des actes isolés qui ont concouru accidentellement à un même fait, et, dès lors, il est douteux que la loi ait voulu lier par une commune responsabilité des prévenus qui sont étrangers les uns aux autres.—Pour nous, il suffit qu'instantanément deux individus se soient portés à un fait délictueux, s'aidant l'un l'autre dans la perpétration du délit ou du crime, pour que la condamnation doive être solidaire, bien qu'il n'y ait eu à vrai dire aucun concert arrêté entre eux.

791. Bien que plusieurs individus eussent été condamnés à l'amende pour un même crime ou pour un même délit, s'ils avaient été condamnés par des arrêts ou jugements différents, la solidarité n'existerait point entre eux. L'art. 55 suppose une poursuite simultanée; et l'on comprend, du reste, combien il serait choquant que la condition d'un condamné pût être aggravée, après son jugement, par la condamnation postérieure de ses complices. — V. en ce sens MM. Carnot, sur l'art. 55; Bourguignon, *ibid.*; Chauveau et Hélie, t. 1, p. 196.

792. La solidarité pour le payement des amendes n'a pas besoin d'être prononcée; elle a lieu de droit (Crim. rej. 12 vent. an 11) (4); C'est ce qu'enseignent aussi MM. Car-

(1) (Maissiat et Guinet C. min. pub.) — LA COUR; — Vu l'art. 4 de la loi du 3 sept. 1807; — Attendu que, d'après les principes généraux du droit criminel, toute personne qui se rend coupable d'un délit doit être punie d'une peine; — Qu'il suit de là que, si un délit est imputable à plusieurs personnes, soit comme auteurs, soit comme complices, il doit être prononcé contre chacune d'elles une peine distincte et proportionnée, dans les limites du maximum et du minimum fixés par la loi, au degré de culpabilité de chacune; — Qu'il ne peut y avoir d'exception à cette règle qu'en vertu d'une disposition spéciale de la loi; — Que la loi particulière sur l'usure, loin de déroger au droit commun, le confirme expressément, puisqu'elle ordonne que tout individu convaincu de se livrer habituellement à l'usure soit condamné à l'amende; — Que la communauté d'intérêt entre ceux qui se rendent coupables de ce délit, comme, par exemple, s'ils sont associés pour faire le commerce, ne peut pas davantage autoriser les tribunaux à ne prononcer qu'une amende, à se dispenser d'apprécier la culpabilité personnelle à chacun des prévenus et à se borner à prononcer une seule amende solidaire contre tous; — Et attendu, en fait, que Maissiat et Guinet ont été reconnus coupables, par le tribunal de Bourg, de s'être livrés habituellement à l'usure; — Que ce tribunal devait donc prononcer contre chacun d'eux l'amende qu'il avait encourue; — Que cependant il ne les a condamnés qu'à une seule amende collectivement; — En quoi il a commis un excès de pouvoir et formellement violé l'art. 4 de la loi du 3 sept. 1807; — Casse.

Du 14 déc. 1838.-C. C., ch. crim.-MM. de Bastard, pr.-Vincens-Saint-Laurent, rap.-Pascalis, av. gén.-Lemarquière, av.

(2) (Min. pub. C. Catherine Desplanches et autres.) — LA COUR; — Vu l'art. 55 c. pén. de 1810; — Attendu que, par l'arrêt attaqué, la solidarité entre les délinquants n'est prononcée que relativement à la restitution et aux frais, et non à l'égard des amendes, ce qui est une contravention manifeste à la disposition citée du code pénal, et ne permet pas de laisser subsister cet arrêt; mais que les amendes ayant été payées en exécution dudit arrêt, il n'y a pas lieu à renvoi devant une autre cour pour en prononcer la condamnation solidaire; — Casse.

Du 6 mars 1812 -C. C., sect. crim.-MM. Barris, pr.-Aumont, rap.

(3) *Espèce :* — (Nicolas et autres C. min. pub.) — Le sieur Nicolas et trois autres particuliers se sont pourvus en cassation contre un arrêt de la cour de justice criminelle de la Meuse, qui les a condamnés pour escroquerie, en matière de conscription, chacun en une amende de 5,000 fr., ainsi qu'à un emprisonnement de deux années, et a déclaré les quatre amendes solidaires entre eux. Leur principal moyen était tiré de ce que, par l'effet de la solidarité des amendes, chacun des demandeurs se trouvait puni d'une peine qui excédait le maximum déterminé par la loi du 22 juill. 1791. Ce moyen, a dit M. le procureur général Merlin, tombe de lui-même devant l'art. 42, tit. 2, de cette loi, qui, sans distinguer le cas où les amendes sont portées au maximum, d'avec celui où elles ne le sont pas, et par conséquent les identifiant l'un avec l'autre, déclare les amendes de la police correctionnelle et de la police municipale solidaires entre les complices.—Arrêt.

LA COUR; — Attendu que, d'après l'art. 42, tit. 2, de la loi du 22 juill. 1791, les amendes de la police correctionnelle sont solidaires entre les complices; que la cour, dont l'arrêt est attaqué, a fait par conséquent une juste application de cette loi, en condamnant les réclamants solidairement au payement des amendes légalement prononcées contre eux; — Rejette, etc.

Du 11 sept. 1807.-C. C., sect. crim.-MM. Vermeil, pr.-Vergès, rap.

(4) (Min. pub. C. Chaudron.) — LE TRIBUNAL; — Considérant, sur le premier moyen, que le jugement attaqué en condamnant Chaudron, Gontasson et Pothier fils, chacun à 4 fr. d'amende, n'a point contrevenu à l'art. 42, tit. 2, de la loi du 22 juill. 1791, qui porte que les

not, sur l'article 55. — Chauveau et Hélie, t. 1, p. 196.

793. L'art. 55 ne prononce la solidarité qu'à l'égard des crimes et délits; il n'existe pas dans le code pénal de disposition qui statue d'une manière analogue pour les simples *contraventions*. Or lorsqu'il s'agit, comme ici, de dispositions rigoureuses, il n'est pas permis de suppléer au silence de la loi. — Décidé, en ce sens, que la solidarité prononcée par l'art. 55 c. pén., relativement aux amendes encourues pour crimes ou délits, est inapplicable aux contraventions de simple police (Crim. cass. 12 mai 1849, aff. Deléclaze, D. P. 49. 1. 177). — V. conf. MM. Chauveau et Hélie, t. 1, p. 196.

§ 4. — *Quotité de l'amende. — Remise ou modération.*

794. En règle générale, c'est à la loi seule qu'il appartient de fixer le taux de l'amende. Mais, à cet égard, elle ne procède pas toujours d'une manière uniforme.

795. Quelquefois elle fixe l'amende à une somme précise et invariable. Dans ce cas, les tribunaux doivent l'appliquer telle qu'elle a été établie; ils n'ont aucune latitude quant à sa détermination.

796. D'autres fois la loi, au lieu d'en fixer le chiffre précis, se borne à déterminer le minimum et le maximum dans lesquels elle doit être renfermée. Les juges peuvent alors, suivant les circonstances et afin de proportionner la répression à la gravité du délit, prononcer soit le minimum, soit le maximum, soit un chiffre quelconque entre ces deux limites extrêmes; mais ils ne peuvent ni rester au-dessous du minimum ni dépasser le maximum. —Décidé en ce sens que les cours ou tribunaux, lorsqu'ils usent de la faculté que leur confère l'art. 401 c. pén. d'appliquer l'amende, ne peuvent prononcer moins de 16 fr. ni plus de 500 fr. (Crim. cass. 11 mars 1824, aff. Garcin, n° 688).—V. aussi Crim. cass. 17 brum. an 13, aff. Blatgé, n° 800.

797. Quelquefois la loi se borne à fixer le maximum de l'amende sans en déterminer le minimum. Les juges, dans ce cas, peuvent descendre jusqu'au taux de la plus faible des amendes de simple police, c'est-à-dire jusqu'à 1 fr.

798. Il peut même arriver que la loi, en prononçant une amende contre tel fait déterminé, ait omis d'en fixer le chiffre. Que doivent faire en ce cas les tribunaux? Par application de ce principe général que, dans le doute, les lois pénales doivent toujours recevoir l'interprétation la plus favorable au prévenu, l'amende dont la loi n'a point fixé le montant doit être réduite au taux le plus faible, c'est-à-dire au taux des amendes de simple police. C'est ce qu'enseignent aussi MM. Chauveau et Hélie, t. 1, p. 196. — Décidé, en ce sens, que lorsqu'une loi punit les contraventions à ses dispositions d'une amende ou peine pécuniaire, sans en déterminer la quotité, on ne peut prononcer que la peine la plus faible, c'est-à-dire l'amende de simple police; que, par suite, les tribunaux de simple police sont compétents pour connaître de ces contraventions (Crim. cass. 5 nov. 1831) (1).—V. aussi ch. réun. Cass. 28 août 1832, aff. Baillet, V. Médecine, n° 55.

799. Lorsque la loi, fixant le minimum et le maximum de l'amende applicable à une certaine contravention, dispose qu'en cas de récidive il sera prononcé une amende *double*, cette dernière doit être calculée sur le maximum de l'amende simple, et non sur le taux de celle prononcée lors des premières poursuites. Ainsi, celui qui est convaincu d'avoir exercé la médecine sans s'être conformé à la loi du 19 vent. an 11, doit, s'il tombe en récidive, être condamné à 2,000 fr., double du maximum de l'amende simple, encore bien qu'il n'eût été condamné, pour la première contravention, qu'à une amende de 25 fr. Le tribunal ne pourrait, dans ce cas, se borner à prononcer, pour la seconde contravention, une amende de 50 fr. ni même de 500 fr. (Crim. cass. 30 déc. 1813, aff. Meyer, V. Médecine, n° 63).

800. Le code des délits et des peines du 3 brum. an 4 avait pris pour base du calcul de l'amende, en matière de simple police, la valeur de la journée de travail. Le taux moyen de cette journée était fixé pour chaque localité, par les préfets. Aux termes de l'art. 606 de ce code, le minimum de l'amende applicable aux contraventions était la valeur d'une journée de travail, et le maximum la valeur de trois journées. Il a été décidé que, sous l'empire de cette législation, était nul le jugement de simple police qui, pour une contravention à l'observation des décadis, prononçait une amende inférieure à la valeur d'une journée de travail (Crim. cass. 17 brum. an 13, M. Harzé, rap., aff. Blatgé). —Cette fixation du taux des amendes par journées de travail a continué d'être en vigueur à l'égard des délits ruraux, par application du code rural des 25 sept.-6 oct. 1791 et de la loi du 23 therm. an 4, qui a élevé à trois journées de travail le minimum de l'amende applicable aux délits ruraux. — V. ce qui a été dit sur ce sujet v° Droit rural, n°s 209 et suiv.

801. Il est des cas où le montant de l'amende est calculé sur le dommage causé par le délit. Ainsi, par exemple, aux termes de l'art. 174 c. pén., les coupables de concussion doivent être condamnés à une amende dont le maximum est le quart et le minimum le douzième des restitutions et des dommages-intérêts. Ainsi encore les propriétaires, fermiers, ou toute personne jouissant de moulins, usines ou étangs, qui, par l'élévation du déversoir de leurs eaux au-dessus de la hauteur déterminée par l'autorité compétente, ont inondé les chemins ou propriétés d'autrui, sont punis d'une amende qui ne peut excéder le quart des restitutions (c. pén. 457). Le code forestier contient aussi plusieurs applications de ce mode de fixation des amendes (V. les art. 192 et suiv.). Enfin on peut en voir encore une application dans l'art. 4 de la loi du 3 sept. 1807, qui inflige au coupable d'habitude d'usure une amende dont le maximum es la moitié des capitaux prêtés à usure.—Jugé que bien que la loi prononce une amende égale à la quotité du tort résultant d'un crime, il n'est pas toujours nécessaire que la quotité du tort soit déterminée par le jury; qu'elle peut l'être par la cour d'assises (Crim. rej. 26 août 1824, aff. Villée, V. Forfaiture, n° 72).

Dans d'autres cas, l'amende est proportionnelle au bénéfice que le coupable a retiré ou devait retirer de son délit. Ainsi, par exemple, le fonctionnaire qui s'est laissé corrompre par dons ou promesses est passible d'une amende double de la valeur des promesses agréées ou des choses reçues, sans que toutefois ladite amende puisse être inférieure à 200 fr. (art. 177 c. pén.).

802. En matière d'octroi, les contraventions sont passibles d'une amende égale à la valeur de l'objet soumis au droit d'octroi (L. 27 frim. an 8, art. 11).—Décidé que cette amende ne

---

amendes de la police correctionnelle sont solidaires entre les complices, puisque cette condamnation doit s'entendre dans le sens des lois de la matière;— Considérant, sur le deuxième moyen, que ledit jugement en condamnant lesdits Chaudron, Gontasson et Pothier fils à un emprisonnement pendant deux jours, n'a point excédé le pouvoir attribué aux tribunaux de police correctionnelle; — Rejette.

Du 12 vent. an 11.-C. C., sect. crim.-MM. Seignette, pr.-Liborel, rapporteur.

(1) (Min. pub. C. Baillet.) — LA COUR (ap. délib. en ch. du cons.); —Vu l'art. 35 de la loi du 19 vent. an 11, portant : « Six mois après la publication de la présente loi, tout individu qui continuerait d'exercer la médecine ou la chirurgie, ou de pratiquer l'art des accouchements, sans être sur les listes dont il est parlé aux art. 25, 26 et 34, et sans avoir de diplôme, de certificats ou de lettres de réception, sera poursuivi et condamné à une amende pécuniaire envers les hospices. » — Attendu que les tribunaux ne peuvent prononcer que les peines établies par la loi; — Attendu que l'art. 35, ci-dessus transcrit, n'ayant pas déterminé la quotité de l'amende qu'il prononce, on ne peut appliquer à ceux qui contreviennent à ses dispositions que la peine pécuniaire la plus faible, et par conséquent l'amende de simple police, et que les tribunaux de simple police sont, dès lors, seuls compétents pour statuer; que, si l'art. 36 de la même loi de l'an 11 porte, dans son premier paragraphe, « ce délit sera dénoncé aux tribunaux de police correctionnelle », cette disposition peut n'avoir pour objet que les circonstances aggravantes, que les paragraphes suivants énumèrent; que, si un doute s'élève à cet égard, ce doute doit être résolu en se renfermant dans les termes de l'art. 35, qui établissant, sans la fixer, une peine pécuniaire, ne prononce, ainsi qu'il a été dit, qu'une amende de police;—Attendu que, dans l'espèce, la contravention poursuivie rentrait dans les prévisions de l'art. 35, sans aucune des circonstances aggravantes dont parle l'art. 36; que le tribunal de police de Marines était donc compétent pour statuer, et qu'en refusant de le faire, le jugement attaqué a méconnu ses attributions, violé les règles de sa compétence et l'art. 35 de la loi du 17 vent. an 11; — Par ces motifs, casse le jugement du tribunal de police de Marines, du 15 octobre dernier.

Du 5 nov. 1831.-C. C., ch. crim.-MM. Ollivier, pr.-Ricard, rap.

doit pas être réglée d'après le prix d'achat de l'objet saisi, mais suivant la valeur commerciale de cet objet au lieu de la saisie (Crim. cass. 22 germ. an 13) (1).

803. Lorsque la fixation d'une amende encourue par une contravention dépend de la constatation préalable d'un fait, et spécialement de la détermination du nombre d'hectares qui ont été illégalement défrichés, le tribunal peut, après avoir déclaré constante la contravention imputée, ordonner une opération à l'effet de déterminer la superficie défrichée (Crim. rej. 30 août 1834, aff. Rostaing, V. Forêts, n° 2026).

804. Les tribunaux ne peuvent, sous aucun prétexte, remettre, modérer ou augmenter l'amende, quelles que soient, d'ailleurs, les circonstances qui accompagnent le délit ou la contravention, à moins qu'ils n'y soient autorisés par une disposition expresse, par exemple, dans le cas d'excuse légale et dans les cas où la loi permet l'admission des circonstances atténuantes. — V. notamment *suprà*, nos 537, 569 et s.

805. Le principe que l'amende ne peut être modérée sans une disposition expresse de la loi s'applique non-seulement aux cas où elle est une peine, mais encore à ceux où elle n'est que la réparation d'un dommage (par exemple en matière de douanes). On est porté au premier abord à penser que, le dommage variant suivant les circonstances, et le juge pouvant seul en apprécier l'étendue, la réparation doit suivre ces variations, et être proportionnée à la perte causée. C'est ainsi que, lorsqu'il s'agit d'accorder à un individu lésé des indemnités, la quotité en est laissée à l'arbitraire des tribunaux, qui la fixent d'après la plus ou moins grande lésion. En matière d'amende, on raisonne différemment. La loi a déterminé les actes qui devaient être considérés comme des contraventions ou délits. Elle a de plus précisé quel est le dommage que ces contraventions ou délits pouvaient occasionner, et elle en a évalué la réparation à une quotité déterminée. Dès lors, il suffit de constater le fait pour savoir quel est le préjudice. Le juge apprécie le premier, la loi prononce la réparation du second.

806. Il a été décidé, par application de ce principe: 1° qu'un tribunal ne peut, en prononçant l'emprisonnement contre un individu coupable d'avoir, sans provocation, jeté des corps durs contre un tiers, se dispenser de le condamner à l'amende, sous le prétexte qu'il était insolvable (Crim. cass. 3 nov. 1826, aff. Bonté, V. n° 104-16°); — 2° Que les contraventions à des règlements de police ne peuvent être excusées, quand elles sont reconnues constantes, et que les tribunaux ne peuvent se dispenser d'appliquer l'amende encourue par les contrevenants (Crim. cass. 11 déc. 1807 (2).—Conf. Crim. cass. 10 déc. 1807, MM. Barris, pr., Carnot, rap., aff. min. pub. *C.* Lambry et Trichon);—3° Qu'une transaction, passée entre un seigneur et les habitants d'une commune, par laquelle les amendes prononcées au profit de ce seigneur par ses juges, peuvent être modérées, ne peut lier les juges chargés de prononcer ces amendes au profit du trésor public (Crim. cass. 26 déc. 1806) (3); — 4° Que l'amende prononcée par l'art. 479 c. pén. pour, entre autres contraventions, le tapage nocturne, est de rigueur; que l'emprisonnement autorisé par l'art. 480 est au contraire facultatif et additionnel à l'amende; en sorte qu'un tribunal de police ne peut se dispenser, en condamnant à l'emprisonnement, de condamner à l'amende (Crim. cass. 29 déc. 1815, aff. Remy, v° Contravention, n° 483; 22 nov. 1811, aff. Thirault, *eod.*); — 5° Que le tribunal de simple police ne peut, en déclarant un logeur coupable de contravention à l'art. 475 c. pén., pour avoir logé des individus sans avoir tenu de registre sur lequel il les ait inscrits, réduire l'amende prononcée par le même article (Crim. cass. 11 avr. 1822) (4). Il faut aujourd'hui ajouter ce correctif : à moins que le tribunal n'ait re-

(1) (Boitou *C.* Doysnel.) — LA COUR; — Vu l'art. 11 de la loi du 27 frim. an 8, portant que tout porteur ou conducteur d'objets de consommation compris dans le tarif de l'octroi, sera tenu de faire sa déclaration au bureau de recette le plus voisin, et d'en acquitter les droits avant que de les faire entrer dans le commerce, sous peine d'une amende égale à la valeur de l'objet soumis au droit d'octroi; — Et attendu que la valeur de l'amende prononcée par cet article est évidemment la valeur commerciale de l'objet saisi dans le lieu où l'introduction frauduleuse a été faite, et où l'objet soumis à l'octroi devait être déclaré et acquitter les droits auxquels il était soumis; — Qu'en fixant cette amende sur le prix d'achat fait en gros à Saint-Malo, et dans lequel n'était pas compris le prix du fret de Saint-Malo à Granville, et non pas sur la valeur commerciale que pouvait avoir à Granville, lieu de la saisie, la marchandise dont la saisie était déclarée valable, la cour de justice criminelle du département de la Manche a commis un excès de pouvoir et une violation de l'art. 11 de la loi du 27 frim. an 8; — Casse.

Du 22 germ. an 13.-C. C., sect. crim.-MM. Viellart, pr.-Barris, rap.

(2) (Min. pub. *C.* Guirard.) — LA COUR; — Vu l'art. 456 c. des dél. et des peines, n° 6; — Et attendu qu'il était reconnu, en fait, par le tribunal de police, que les portes des allées communes des maisons habitées par Guirard et Bouteiller étaient ouvertes, en contravention au règlement de police, après dix heures du soir, le 8 novembre dernier, ce qui nécessitait l'application de la peine répressive de cette contravention; que cependant le tribunal de police n'en a prononcé aucune contre lesdits Guirard et Bouteiller, ce qui a été, de la part de ce tribunal, une véritable usurpation de pouvoir, la faculté de faire grâce n'étant pas dans le domaine des tribunaux; — Casse, etc.

Du 11 déc. 1807.-C. C., sect. crim.-MM. Barris, pr.-Carnot, rap.

(3) *Espèce :* — (Les eaux et forêts *C.* Lambert.) — Le 22 janv. 1806, quatre vaches appartenant à Thomas Lambert sont trouvées dans la forêt communale de Mazure, située dans le ci-devant marquisat de Moncornet.—Lambert, en conséquence du procès-verbal dressé par le garde forestier, est traduit devant le tribunal de Charleville. — Le 3 mars, jugement qui ne condamne Lambert qu'à 6 fr. d'amende, à raison de 1 fr. 50 cent. par tête de vache; le tribunal motive sa décision : 1° sur une transaction passée entre les ci-devant seigneurs et les communes du marquisat de Moncornet, et par laquelle les premiers ont consenti que les habitants ne pussent être condamnés envers eux à plus de 5 sous tournois d'amende; 2° sur l'art. 20 du règlement du 24 janv. 1731, fait par le grand maître des eaux et forêts de Champagne; 3° sur un arrêt du conseil, du 6 mars suivant, qui homologue le règlement, et 4° sur l'avis du conseil d'Etat du 18 brum. an 14. — Sur l'appel, arrêt confirmatif de la cour de justice criminelle des Ardennes.—Pourvoi en cassation.—Arrêt.

LA COUR; — Vu l'art. 10, tit. 32, de l'ord. de 1669; — Et attendu qu'il est de principe que les transactions n'ont d'effet qu'entre ceux qui les ont souscrites; qu'on ne peut s'en prévaloir contre un tiers étranger à ces actes; d'où il suit que la transaction du 2 avril 1626, passée entre les ci-devant seigneurs de Moncornet et les habitants, a bien pu avoir l'effet, depuis l'ord. de 1669, de modérer, au préjudice de ces ci-devant seigneurs, les amendes prononcées à leur profit par leurs juges, sur la demande de leurs procureurs fiscaux, pour des délits forestiers, mais qu'il en a toujours dû être autrement lorsque la condamnation a été prononcée par les officiers royaux; — Que cette amende, que ces officiers devaient prononcer au profit du trésor public, comme il résulte particulièrement de l'art. 17, tit. 32, de l'ord. de 1669, n'a jamais pu être réglée par la transaction dont on a parlé, passée entre particuliers; qu'en faveur du droit prétendu par les habitants du territoire de Moncornet, de ne payer pour les délits forestiers que l'amende modérée par la transaction dont ils excipent, on se prévaut vainement de l'art. 20 du règlement du 24 janv. 1731, fait par le sieur de Courtagnon, grand maître et réformateur des eaux et forêts de France, au département de Champagne, dont l'exécution est ordonnée par arrêt du conseil du 6 mars suivant, puisque l'art. 21 du même règlement porte, en termes formels, très-expresses défenses aux habitants, sous les peines portées par l'ord. de 1669, de mener pâturer leurs bestiaux ailleurs que dans les taillis défensables; que, par conséquent, l'avis du conseil d'Etat du 18 brum. an 14, approuvé le 16 frimaire suivant, sur lequel l'arrêt de la cour de justice criminelle du département des Ardennes se fonde, comme sur la transaction et sur le règlement dont il a été parlé, ne peut être applicable à l'espèce; qu'ainsi, par l'arrêt attaqué, la cour de justice criminelle du département des Ardennes, en ne condamnant Lambert qu'à une amende de 1 fr. 50 c. par tête de vache introduite dans un taillis communal d'un an, a fait une fausse application de la transaction du 2 avril 1626, de l'art. 20 du règlement du 24 janv. 1731, et de l'avis du conseil d'Etat du 18 brum. an 14, et, par suite, violé l'art. 38 du tit. 2 de la loi du 28 sept. 1791, combiné avec l'art. 10 du tit. 32 de l'ordon. de 1669, lequel fait résulter une présomption légale du dégât prévu par ledit art. 38, du seul fait que les bestiaux ont été introduits indûment dans un bois; — Casse, etc.

Du 26 déc. 1806.-C. C., sect. crim.-MM. Barris, pr.-Seignette, rap.

(4) (Min. pub. *C.* Padois.) — LA COUR; — Statuant sur le pourvoi du commissaire de police de Soissons, envers le jugement du tribunal de police de cette ville, du 11 mars dernier; — Vu l'art. 475 c. pén. qui punit d'amende depuis 6 fr. jusqu'à 10 fr. les aubergistes, hôteliers, logeurs ou loueurs de maisons garnies, qui auraient négligé d'inscrire de suite et sans aucun blanc, sur un registre tenu régulièrement, les noms, qualités, domicile habituel, date d'entrée et de sortie de toute personne qui aurait couché ou passé une nuit dans leurs maisons; — Et attendu que le jugement attaqué déclare Louis-Marie Padois coupable de contravention à l'art. 475 précité, pour avoir logé des individus sans tenir de registre où leurs noms, qualités, domicile et date d'entrée fussent in-

connu l'existence de circonstances atténuantes (V. Contravention, n° 287, *in fine*).

807. De même on a jugé : 1° que sous l'empire de l'ordonn. de 1669, en matière forestière, un tribunal ne pouvait, sans encourir la cassation, condamner des délinquants à des amendes inférieures à celles portées par les lois et ordonnances (Req. 12 brum. an 11, MM. Target, pr., Genevois, rap., aff. Verdun); — 2° Que la loi du 20 mess. an 3 n'a pas autorisé les tribunaux à modérer les peines prononcées par l'ord. de 1669, pour les délits forestiers (Crim. cass. 13 brum. an 11, MM. Viellart, pr., Seignelle, rap., aff. Boisnard-Renaudet); — 3° Que l'avis du conseil d'Etat du 18 brum. an 14, qui permet aux juges de modérer les amendes suivant les règlements forestiers particuliers auxquels on doit se conformer dans chaque localité, n'établit pas en principe général que les tribunaux sont autorisés à modérer ces amendes (Crim. cass. 18 mai 1809) (1);—4° Qu'un arrêté administratif, qui autorise à mener paître des bestiaux dans un bois, ne peut pas dispenser les tribunaux de prononcer l'amende portée dans une loi non abrogée (Crim. cass. 24 mai 1821, MM. Barris, pr., Chantereyne, rap., aff. Imbert);— 5° Qu'en matière de délits forestiers, les juges ne peuvent, sous aucun prétexte, remettre ou modérer l'amende prononcée par les lois contre les délinquants (Crim. cass. 5 mai 1813, aff. hab. de Gevrey, V. Forêts, n° 1168-3°; 11 juill. 1817, MM. Barris, pr., Basire, rap., aff. Duccrveau et Barra);—6° Qu'en matière de pêche, les tribunaux ne peuvent non plus faire remise de l'amende ni la modérer (Crim. cass. 9 sept. 1813, MM. Barris, pr., Aumont, rap., aff. Manoux); — 7° Qu'en matière d'octroi, le contrevenant ne peut être déchargé de l'amende lorsque le fait matériel de la contravention est constant, quelles que soient les circonstances atténuantes, et qu'au maire seul appartient, dans ce cas, le droit de faire la remise de l'amende ou de la modérer (Crim. cass. 2 mai 1822, aff. Judice, V. Octroi); — 8° Qu'en matière de douanes, l'amende ne peut être remise sous aucun prétexte (Crim. cass. 11 juin 1813, aff. Auriac, V. Douanes, n° 1003), et qu'elle ne peut non plus être modérée (Crim. cass. 26 mars 1812, aff. Dikker, v° Douanes, n° 977); — 9° Que l'amende encourue en matière de douanes ne peut être remise ni réduite par le juge; que c'est à l'administration seule et non aux tribunaux qu'il appartient d'apprécier les circonstances du fait et sa moralité, et de remettre ou modérer l'amende d'après cet examen (Crim. cass. 11 juin 1818; 6 sept. 1821 (2); V. au surplus v° Douanes, n°s 1011 et suiv.); — 10° Qu'en matière de contributions indirectes, à la régie seule appartient d'apprécier la moralité du fait

scrits; que, néanmoins, au lieu d'appliquer à cette contravention, ainsi déclarée, l'amende de 6 à 10 fr., portée par le même article, il a réduit l'amende à 1 fr.; que, par cette réduction arbitraire, il a violé l'art. 475, n°s 1 et 2, précité; — Casse.

Du 11 avril 1822.-C. C., sect. crim.-MM. Barris, pr.-Ollivier, rap.

(1) (Forêts *C.* Duthu, etc.)—LA COUR;—Vu l'art. 456, §§ 1 et 6, de la loi du 3 brum. an 4, les art. 10 et 14, tit. 32, de l'ord. de 1669, et l'art. 50 de l'édit du mois de mai 1716;—Et attendu que les tribunaux ne peuvent s'arroger le droit de modérer les amendes, ainsi que les peines de toute espèce, lorsqu'elles ont été clairement et spécialement fixées par la loi;—Que cette règle des juridictions est le résultat du droit commun et des lois particulières au régime forestier; — Que, de droit commun, il est certain que les magistrats, en modérant arbitrairement les peines déterminées par les ordonnances, usurperaient et la puissance législative et la prérogative du souverain, à qui seul il appartient de faire grâce et de tempérer la sévérité des lois, dans certains cas extraordinaires dont il est l'unique et le suprême arbitre; — Que ces principes, consacrés par le droit romain, ont été adoptés, de tous les temps, par la législation française, ainsi qu'il résulte de l'art. 208 de l'ordonnance de Blois, relativement à toutes les dispositions pénales des ordonnances, et de la déclaration du roi, du 21 mars 1671, relativement aux amendes, tant en matière civile qu'en matière criminelle; — Que les mêmes principes avaient été adoptés dans la législation ancienne sur les aides, gabelles et domaines, ainsi qu'il résulte de l'art. 31 du titre commun de l'ord. de 1681, et qu'ils ont été remis en vigueur pour les amendes de toute nature par l'art. 51 de la loi du 27 mai 1791;

Que les lois particulières au régime forestier confirment cette règle, bien loin d'apporter aucune dérogation à une maxime fondamentale de l'administration de la justice, qui établit le vrai caractère des fonctions des magistrats, en les limitant à l'application stricte, impassible et littérale des lois aux cas que les lois ont prévus et déterminés; — Que l'art. 14 du tit. 32 de l'ord. de 1669 et l'art. 50 de l'édit du mois de mai 1716, enregistré à Dijon, le 7 août suivant, prouvent que l'intention du législateur a été d'interdire aux tribunaux tout arbitraire dans la prononciation des amendes graduées et fixées pour les divers délits forestiers; — Que l'art. 25 du même titre de l'ordonnance ne présente aucune modification des dispositions impératives de l'art. 14, puisqu'il ne dit autre chose, sinon que les juges d'appel peuvent augmenter ou modérer les amendes, non d'une manière arbitraire, mais toujours conformément à la loi, lorsque les tribunaux de première instance les ont prononcées au-dessous ou au-dessus du taux réglé par l'ordonnance;— Que c'est dans le même sens qu'il faut entendre les art. 15 et 21 de l'édit de 1716, lesquels ne sont nullement en contradiction avec l'art. 50;

Qu'on ne peut argumenter non plus des règlements qui avaient modéré les amendes dans certaines maîtrises des eaux et forêts, par la raison que ces règlements étaient l'ouvrage de la puissance souveraine, ne résultaient point de simples décisions judiciaires sur des cas particuliers, et étaient limitativement circonscrits dans les localités pour lesquelles ils avaient été promulgués et autorisés; — Que de l'avis du conseil d'Etat, du 18 brum. an 14, il résulte seulement que les amendes doivent être modérées suivant les règlements particuliers auxquels on doit se conformer dans chaque localité, mais qu'on ne saurait conclure de là que les tribunaux ont la faculté d'étendre ces règlements hors du territoire dans lequel ils étaient en vigueur; — Enfin, que les considérations prises de la position particulière des délinquants ne suffisent pas pour autoriser une dérogation au droit commun et aux lois spéciales de la matière, le recours au souverain étant ouvert à tous les justiciables, et leur offrant un moyen sûr et légal d'obtenir les concessions que des motifs d'équité ou d'intérêt public peuvent motiver à leur égard;

Attendu que la cour de justice criminelle du département de la Côte-d'Or a méconnu tous ces principes par son arrêt du 13 février dernier, et qu'il en résulte : 1° une contravention formelle aux art. 14, tit. 32, ord. de 1669, et 50 de l'édit du mois de mai 1716, par la réduction que cette cour a faite de l'amende encourue par les délinquants; 2° un excès de pouvoir, en ce qu'elle a fondé cette réduction sur la censure qu'elle a faite des dispositions de la loi dont il n'appartient pas aux tribunaux de se rendre les juges; 3° et enfin une violation formelle de l'art. 10 de la même ordonnance, en ce que la cour de justice criminelle n'a pas appliqué à un délit reconnu constant les peines prononcées par cet article; — Casse, etc.

Du 18 mai 1809.-C. C., sect. crim.-MM. Barris, pr.-Gieu, rap.-Daniels, av. gén., c. conf.

(2) 1re *Espèce* : — (Douanes *C.* Singer.) — LA COUR; — Vu les art. 59 et 66 de la loi du 28 avril 1816; — Vu aussi l'art. 16, tit. 4, L. 9 flor. an 7, portant : « Il est expressément défendu aux juges d'excuser les contrevenants sur l'intention; » — Attendu que les marchandises dont il s'agit, saisies sur Isaac Singer, ayant été reconnues être de fabrique étrangère, la contravention était établie par ce seul fait, et que, dès lors, toutes les peines portées par la loi devaient être prononcées; que cependant la cour royale de Colmar a confirmé le jugement par lequel le tribunal correctionnel de la même ville, après avoir prononcé la confiscation des objets saisis, a affranchi ledit Singer de la peine de l'amende, sur le motif que cette peine ne doit être prononcée que contre ceux qui auraient eu intention de frauder, et que, dans ce cas particulier, Singer ne pouvait être considéré ni comme délinquant ni comme receleur, puisqu'il avait déjà présenté plusieurs fois les mêmes marchandises aux bureaux des douanes, et qu'il soutenait qu'avant d'obtenir les premiers passavants à lui délivrés, il avait produit des certificats de fabrication française, par suite de l'admission desquels il avait dû se croire dispensé de faire la déclaration prescrite pour pouvoir les réexporter dans les délais déterminés; mais que ce n'est pas aux tribunaux qu'il appartient d'apprécier les circonstances qui pourraient rendre plus ou moins excusable une contravention reconnue et déclarée constante; que, simples applicateurs de la loi, ils doivent se conformer rigoureusement à sa disposition; que l'art. 16 du tit. 4 de la loi du 9 flor. an 7 leur défend expressément d'excuser les contrevenants sur l'intention, et qu'à l'administration seule appartient le droit de remettre ou modérer les peines encourues; que ce principe a encore été spécialement consacré relativement aux marchandises de fabrique étrangère qui auraient été saisies en exécution de la loi du 28 avril, par l'ord. du roi du 19 juillet suivant; que, par l'art. 3 de cette ordonnance, c'est au ministre des finances qu'est conféré le pouvoir de ne donner d'autre suite auxdites saisies, que la simple réexportation, lorsqu'il aurait été reconnu par lui que c'était par ignorance ou de bonne foi que les déclarations prescrites n'avaient pas été faites dans le délai; qu'ainsi, dans l'espèce, la cour royale de Colmar, en jugeant par des considérations prises de l'intention ou de la bonne foi du prévenu, qu'il n'y avait pas lieu de prononcer contre lui la peine de l'amende, a formellement violé la disposition de l'art. 16, tit. 4, de la loi du 9 flor. an 7 et celle de l'art. 66 de la loi du 28 avril 1816; —Par ces motifs, casse.

Du 11 juin 1818.-C. C., sect. crim.-MM. Barris, pr.-Rataud, rap.

Nota. Annulation, le même jour et par les mêmes motifs, de trois autres arrêts rendus par la même cour.

2e *Espèce* : — (Douanes *C.* Conty.) — LA COUR; — Vu les art. 41

et de faire remise de l'amende (Crim. cass. 10 déc. 1825, aff. Gerest, V. Voit. pub.).—V. ce qui est dit sur ce point v° Impôts indirects, n° 515.

808. Ce même principe, que les tribunaux ne peuvent ni remettre ni modérer les amendes encourues, est applicable aux tribunaux *administratifs*, sauf le droit qui appartient au souverain, et par suite au conseil d'Etat, comme préparateur de ses décisions, de faire remise ou entière ou partielle des peines encourues. Ainsi il a été décidé : 1° que l'amende fixe de 1,000 fr. prononcée par l'arrêt du 24 juin 1777, pour contravention sur les rivières navigables, ne peut être modérée que par le conseil d'Etat (ord. cons. d'Et. 7 fév. 1837, aff. Allard, v° Eaux, n° 79-4°) ; — 2° Qu'il en est de même de l'amende fixe de 500 fr. prononcée par l'ord. de 1669, pour contravention sur les cours d'eau (ord. cons d'Et. 24 avr. 1837, aff. Bonjour, V. Eaux, n° 525-6°) ; — 3° Que les conseils de préfecture commettent un excès de pouvoir en modérant l'amende (de 500 fr.) encourue pour dépôts illicites sur des routes, et, par exemple, en ne condamnant le contrevenant qu'aux frais du procès : le droit de réduire l'amende n'appartient qu'au roi en conseil d'Etat (ord. cons. d'Et. 30 juin 1839, MM. Saglio, rap., aff. habit. du Pallet).

§ 5. — *Attribution de l'amende.*

809. Le code rural des 28 septembre-6 octobre 1791 (tit. 1, sect. 7, art. 3) portait que les amendes encourues par les auteurs de délits ruraux appartiendraient en entier à la communauté et serviraient à payer le salaire des gardes champêtres (V. Droit rural, p. 205, note). Mais il paraît que cette disposition n'avait pas été fidèlement exécutée, car un arrêté consulaire du 26 brum. an 10 (V. v° Commune, n° 108-3°) rétablit les communes dans la jouissance des amendes de police qui leur avaient été attribuées par la loi des 28 sept.-6 oct. 1791 pour être affectées au payement de leurs charges communales. — Dans ces dispositions il n'est question que des amendes de simple police. Un décret du 17 mai 1809 (1), statuant d'une manière générale à l'égard des amendes de police municipale, correctionnelle et rurale, ordonna que les deux tiers du produit de ces amendes seraient attribués aux communes, et l'autre tiers aux hospices du chef-lieu du département. Bientôt vint l'art. 466 c. pén., qui disposa que les amendes pour contravention seraient appliquées au profit de la commune où la contravention aurait été commise. — Des doutes s'étant élevés sur l'application de ces dispositions, le conseil d'Etat, appelé à prononcer, émit, le 9 nov. 1814, un avis (V. *suprà*, p. 552) portant : 1° que le produit des amendes en police correctionnelle doit être appliqué au profit des communes, conformément au décret du 17 mai 1809, auquel il n'a été formellement dérogé par aucun article du code ; — 2° Que le produit de ces amendes, ainsi que celui des amendes pour contraventions, doit être appliqué au profit de la commune dans laquelle le délit ou la contravention a été commis, ainsi qu'il a été statué relativement aux amendes pour contravention par l'art. 466 c. pén.

Malgré ces dispositions si formelles, les amendes prononcées, soit en matière correctionnelle, soit en matière de simple police, étaient perçues par les receveurs des domaines et versées dans la caisse des receveurs généraux, sans distinction des communes où les délits avaient eu lieu. C'est pourquoi une ordonnance royale du 19 fév. 1820 (V. *suprà*, p. 552) fut rendue à l'effet de mettre ordre à cet état de choses. Cette ordonnance portait : « Les amendes prononcées par jugements définitifs antérieurs au 1er janvier dernier, des tribunaux correctionnels et de simple police rurale et municipale, continueront d'être perçues par les receveurs des domaines, à la charge par eux d'en faire, avec celles dont ils ont opéré le recouvrement, le versement dans les caisses de services, pour être ensuite employées avec les intérêts qui en proviendront, savoir : un tiers aux dépenses des enfants trouvés, et les deux autres tiers aux dépenses communales indiquées dans les états de répartition qui en seront soumis par les préfets à l'approbation de notre ministre de l'intérieur. — Nos ministres de l'intérieur et des finances se concerteront pour assurer à l'avenir l'exécution de l'art. 466 c. pén., et en soumettre les moyens à notre approbation. »

En conséquence de cette dernière disposition, une ord. des 30 déc. 1823-10 fév. 1824 (V, *suprà*, p. 552) vint déterminer le mode de recouvrement des amendes correctionnelles et de simple police et régler la répartition de leur produit. — L'art. 1 de cette ordonnance porte que les receveurs de l'enregistrement continueront de faire la recette des amendes prononcées tant par voie de police rurale et municipale que par voie de police correctionnelle, à la charge par eux d'entretenir une comptabilité distincte et séparée, d'en rendre compte annuellement aux préfets, et de leur transmettre, au mois de janvier de chaque année : 1° un état sommaire, et divisé par communes, des sommes dont ils auront opéré le recouvrement dans le cours de l'année précédente, sur les amendes prononcées par voie de simple police ; 2° un état dressé dans la même forme et présentant les recouvrements opérés sur les amendes de police correctionnelle. — L'art. 2 ajoute : que les greffiers des tribunaux seront tenus d'envoyer aux préfets, au commencement de chaque semestre, le relevé des jugements portant condamnation d'amendes et rendus dans le cours du semestre précédent, pour servir à contrôler les états de recouvrements produits par les receveurs. — L'art. 3 autorise les préfets à faire vérifier, quand ils le jugeront à propos, soit par les inspecteurs généraux ou particuliers des finances, soit par les inspecteurs de l'administration de l'enregistrement et des domaines, les états de recouvrements qui leur auront été remis par les receveurs. Il ajoute : que ces comptables seront tenus de donner aux inspecteurs désignés pour cette opération, communication de leurs registres et de toutes les pièces et documents qu'elle rendra nécessaires. — En ce qui concerne

et 42 de la loi du 28 avril 1816 ; — Vu aussi l'art. 16, tit. 4, de la loi du 9 flor. an 7 ; — Attendu que, d'après l'art. 41 de la loi du 28 avril 1816, toute importation d'objets prohibés donne lieu aux peines prononcées par ledit article et par l'art. 42 ; que la loi n'a fait aucune exception ni distinction, relativement au plus ou moins d'importance des objets prohibés ; que, dans l'espèce, il a été constaté, par un procès-verbal régulier, que le nommé Jean-Joseph Conty a été arrêté important de l'étranger un petit paquet de tabac à fumer, qui s'est trouvé du poids de 250 grammes, et dont l'enveloppe ouverte était revêtue de vignettes étrangères ; qu'ainsi il était en contravention formelle à la disposition générale dudit art. 41, et avait conséquemment encouru les peines y portées ; — Que cependant le tribunal correctionnel de Lons-le-Saulnier l'a renvoyé des poursuites intentées contre lui ; — Que le motif de ce renvoi a été que c'était pour son usage que le prévenu avait acheté à l'étranger le tabac dont il s'agit, et que s'il avait commis une faute en apportant ce tabac en France, cette faute ne pouvait être assimilée à une introduction frauduleuse ; qu'en matière correctionnelle, les juges remplissent les fonctions attribuées aux jurés en matière criminelle, et doivent donc avoir égard à la moralité de l'action qui a donné lieu à la poursuite ; mais que, par cette décision, ledit tribunal a ouvertement violé la disposition de l'art. 16 du tit. 4 de la loi du 9 flor. an 7 ; qu'en matière de douanes, l'existence du fait matériel de la contravention suffit pour obliger les juges d'y appliquer la peine qui y a été attachée ; que ce n'est qu'à l'administration, autorisée par l'arrêté du gouvernement, du 14 fruct. an 10, à transiger sur les contraventions, qu'appartient le droit d'apprécier les circonstances du fait et sa moralité, et de remettre ou de modérer, d'après cet examen, les peines encourues ; — Casse.

Du 6 sept. 1821.-C. C., sect. crim.-MM. Barris, pr.-Rataud, rap.

(1) 17 mai 1809. — Décret qui fixe les attributions des communes et des hospices dans la répartition des amendes de police municipale, correctionnelle et rurale.

Art. 1. L'administration de l'enregistrement et des domaines cessera de faire verser, par ses préposés, dans les caisses communales le montant des amendes de police municipale, correctionnelle et rurale, qui auront été recouvrées depuis le 1er janvier dernier.

2. A compter de la même époque, les attributions des communes dans ces amendes seront des deux tiers du produit net.

3. L'autre tiers de ce produit sera attribué aux hospices du chef-lieu du département.

4. Les inspecteurs de l'enregistrement feront compter les receveurs de la totalité de ces amendes, et en verseront le produit net avec le décime par franc, savoir : pour les deux tiers du principal revenant aux communes et pour la totalité du décime, à la caisse du receveur général du département, et pour le tiers affecté à la nourriture des enfants abandonnés, dans celle du receveur de l'hospice, ainsi qu'il est prescrit par l'arrêté du 25 flor. an 8 (15 mai 1800).

5. Les deux tiers du principal desdites amendes versées à la caisse du receveur général, formeront un fonds commun, qui sera réparti par le préfet, sur ses mandats, proportionnellement aux besoins de chaque commune.

l'attribution, l'art. 4 dispose que les amendes de police rurale et municipale qui seront recouvrées à compter du 1er janv. 1824 appartiendront exclusivement aux communes dans lesquelles les contraventions auront été commises, le tout ainsi qu'il est prescrit par l'art. 466 c. pén., et que le produit en sera versé dans leurs caisses, distraction faite préalablement des remises et taxations des receveurs, sur les mandats qui en seront délivrés, au nom des receveurs municipaux, par les préfets, immédiatement après la remise et la vérification des états de recouvrement. — L'art. 5 ajoute que les amendes de police correctionnelle qui seront recouvrées à compter dudit jour 1er janv. 1824 seront versées par les receveurs des domaines, distraction faite de leurs remises ou taxations, et sur les mandats des préfets délivrés également au vu des états de recouvrement, au nom des receveurs des finances, à la caisse de ces derniers comptables qui en feront recette distincte au profit des communes, comme des produits communaux centralisés à la recette générale de chaque département, pour être employés sous la direction des préfets. — Enfin, l'art. 6 porte que le produit des amendes versées à la caisse des receveurs des finances formera un fonds commun qui sera tenu à la disposition des préfets, et qui sera applicable : 1° au remboursement des frais de poursuite tombés en non-valeurs, soit en matière de police correctionnelle soit en matière de simple police; 2° au payement des droits qui seront dus aux greffiers des tribunaux pour les relevés des jugements mentionnés en l'art. 2; 3° au service des enfants trouvés et abandonnés, jusqu'à concurrence du tiers du produit excédant lesdits frais; 4° et, pour les deux autres tiers, aux dépenses des communes qui éprouveront le plus de besoins, d'après la répartition qui en sera faite par les préfets, et par eux soumise, dans le cours du premier semestre de chaque année, à l'approbation du ministre de l'intérieur.

810. Il a été décidé, par application des règles qui précèdent, que les amendes prononcées pour contraventions sont destinées aux communes où ces contraventions ont eu lieu; qu'ainsi un tribunal de police excède ses pouvoirs en appliquant, au profit des pauvres de la commune, des amendes qu'il prononce pour contravention (Crim. cass. 30 mai 1840, aff. Turpin, V. Contravention, n° 35).—Déjà antérieurement il avait été jugé : 1° que c'est dans la caisse du receveur de l'enregistrement que doivent être versées les amendes, et que, dès lors, un tribunal de police ne peut pas ordonner qu'une amende qu'il prononce sera versée dans la caisse de la municipalité pour les hospices (Crim. cass. 13 vent. an 10, MM. Chasle, rap., Merlin, commiss. gouv., aff. Lebec); — 2° Qu'un tribunal de police excède ses pouvoirs en appliquant à l'hospice de la commune l'amende qu'il prononce (Crim. cass. 29 fruct. an 11, MM. Dutocq, pr., Liger-Verdigny, rap., aff. Bassinet);— 3° Qu'un tribunal de police ne peut changer la destination d'une amende établie par la loi et la prononcer au profit des pauvres, lorsqu'elle appartient au trésor public (Crim. cass. 24 frim. an 12, MM. Aumont, rap., Pons, subst. commiss. gouv., aff. Peyroche C. Vernay).

811. Nous venons d'exposer les règles générales sur l'attribution des amendes. Ces règles, toutefois, ne sont pas sans exception. La loi a cru devoir, dans certains cas spéciaux, faire des amendes qu'elle prononçait une attribution différente de celle que nous venons d'indiquer. Ces exceptions doivent être renfermées rigoureusement dans les limites tracées par la loi; elles ne peuvent être étendues d'un cas à un autre. Citons-en quelques exemples. — Et d'abord, en matière de douanes, aux termes de l'arrêté du directoire du 9 fruct. an 5 (V. Douanes, p. 561), le produit net des amendes et confiscations encourues pour contravention aux lois sur l'importation ou sur l'exportation et la circulation des denrées et marchandises, déduction faite des trois vingtièmes qui doivent être versés dans la caisse des retraites, est réparti de la manière suivante : un sixième est réservé à la nation (quand, toutefois, la somme à répartir excède 100 livres; lorsqu'elle est inférieure, ce sixième accroît la part des saisissants); trois sixièmes sont répartis entre les saisissants; les deux derniers sixièmes sont partagés entre les directeur, inspecteur, receveur, contrôleur de brigade et lieutenant d'ordre. — En matière d'impôts indirects, l'art. 240, L. 28 avr. 1816, porte que les employés n'auront aucun droit au partage du produit net des amendes et des confiscations; qu'un tiers de ce produit appartiendra à la caisse des retraites, et que les deux autres tiers feront partie des recettes ordinaires de la régie. Cet article ajoute que néanmoins les employés saisissants auront droit au partage du produit net des amendes et confiscations prononcées par suite des fraudes et contraventions relatives aux octrois, aux tabacs et cartes. L'art. 126 L. 25 mars 1817 porte que les employés seront admis au partage des amendes et confiscations prononcées pour contraventions, non-seulement aux octrois, aux tabacs et cartes, mais encore aux droits de circulation des boissons et aux droits sur les voitures publiques (V. Imp. indir., n° 437). — Le décret du 17 mai 1809 (tit. 1, art. 13) porte que le produit des amendes et confiscations prononcées pour contravention aux règlements de l'octroi sera partagé ainsi qu'il suit : une moitié aux préposés de l'octroi et l'autre moitié à la caisse municipale pour être appliquée, soit aux préposés, soit aux pauvres recevant des secours à domicile (V. Octroi).— D'autres dérogations encore ont été faites par diverses lois spéciales (V. notamment Loterie, p. 259, note, Poste, Voirie).

§ 6. — *Recouvrement de l'amende.*

812. C'est à l'administration de l'enregistrement et des domaines que la loi a délégué la mission de faire le recouvrement des amendes en matière criminelle. « Les préposés à la perception des droits sur les actes, porte l'art. 19 L. 5-19 déc. 1790 (V. Enregistr., p. 10 et 11, note), feront la recette... de toutes peines pécuniaires prononcées par forme de condamnation pour crimes et délits, faits de police, contravention aux règlements des manufactures et autres, etc. » Mais, en ce cas, l'administration des domaines n'agit point en son propre nom. L'art. 197 c. inst. crim., qui, du reste, ne fait que reproduire l'art. 190 c. 3 brumaire an 4 (V. Lois codifiées, p. 243), porte que « les poursuites pour le recouvrement des amendes et confiscations seront faites, au nom du procureur impérial, par le directeur de la régie des droits d'enregistrement et des domaines. » — Décidé, par application de cette disposition, que la régie de l'enregistrement n'a pas le pouvoir de poursuivre en son nom, en matière criminelle, le payement des amendes; qu'ainsi une contrainte décernée par elle n'a pu interrompre la prescription qui a couru au profit du condamné (Civ. rej. 8 janv. 1822) (1). — Il a été cependant jugé

(1) *Espèce :* — (Enreg. *C.* Audicq.) — Par jugement du tribunal correctionnel de Redon, du 13 mai 1813, confirmé sur l'appel, par arrêt de la cour royale de Rennes, du 26 juin suivant, le sieur Audicq a été condamné à trois ans d'emprisonnement, à 1,500 fr. d'amende et aux frais. Cette condamnation n'avait reçu aucune exécution, et n'avait pas même encore été signifiée au condamné, lorsque, le 10 janv. 1818, le receveur de la régie de l'enregistrement a décerné contre lui une contrainte en payement de la somme de 1,763 fr., pour l'amende et les frais prononcés par l'arrêt; contrainte qui, après avoir été rendue exécutoire par le juge de paix, a été notifiée au sieur Audicq, le 22 du même mois, avec commandement. — On voit qu'à la date de cette contrainte, il ne s'était pas encore écoulé cinq ans depuis la condamnation définitive du sieur Audicq; mais il faut remarquer que cette poursuite n'avait point été faite au nom du procureur du roi : ce n'est que le 13 juill. suivant que la direction de l'enregistrement a fait lancer, par ce magistrat, un mandat d'arrêt contre le sieur Audicq, pour le contraindre par corps au payement de l'amende et des frais auxquels il avait été condamné, alors plus des cinq années s'étaient passées depuis l'arrêt de condamnation. Aussi le sieur Audicq a-t-il formé opposition à la contrainte décernée contre lui, et en a-t-il demandé la nullité, en se fondant sur la prescription de cinq ans établie par l'art. 636 c. inst. crim., relativement aux peines prononcées par les tribunaux correctionnels. — La direction de l'enregistrement a opposé à cette exception la contrainte du 10 janv. 1818, et le commandement du 22 du même mois, qu'elle a présentés comme des actes interruptifs de la prescription; mais le sieur Audicq a fait observer que ces actes étaient nuls pour n'avoir point été faits au nom du ministère public, à qui seul la loi confie les poursuites en exécution des jugements correctionnels; il a prétendu d'ailleurs que, quand même la régie de l'enregistrement aurait eu le droit de poursuivre l'exécution de l'arrêt dont il s'agit, la contrainte et le commandement qu'elle avait fait signifier étaient insuffisants pour interrompre la prescription de la peine, et que cette prescription ne pouvait être empêchée que par l'exécution entière de la condamnation.

Le 10 déc. 1818, jugement du tribunal de Redon qui déclare en effet que la régie peut poursuivre, par voie de contrainte et de commandement, le payement des amendes, dommages-intérêts et frais adjugés à son profit, en matière correctionnelle, toutes les fois que le jugement qui les prononce en renferme la liquidation, et que ce jugement a été signifié avec la contrainte et le commandement; qu'il n'est pas nécessaire que cette poursuite soit faite au nom du procureur impérial; qu'il suffit qu'elle le soit, au nom du directeur de la régie, par un proposé (Cass. 6 juin 1809, aff. Chaix, V. Enreg., n° 5660).—On ne peut expliquer l'opposition existant entre cet arrêt et le précédent par la différence des lois sous lesquelles ils ont été rendus; car l'art. 197 c. inst. crim. reproduit textuellement l'art. 190 c. brum. Les deux textes exigent que les poursuites, pour le recouvrement des amendes, soient faites par le directeur de la régie de l'enregistrement, au nom du procureur impérial. Probablement l'arrêt du 6 juin 1809 se serait conformé à ce principe, s'il n'eût pas eu à faire l'application d'une autre loi spéciale. L'art. 3 de la loi du 18 germ. an 7 (V. Frais et dépens, p. 66, note) porte que les frais de justice criminelle seront liquidés et la liquidation rendue exécutoire par le président du tribunal, pour le recouvrement être poursuivi par les préposés de la régie de l'enregistrement. Il n'ajoute pas au nom du procureur impérial; d'où il suit que, pour ces frais, la régie peut agir en son nom. Ainsi, en s'attachant rigoureusement aux deux textes de la loi, il faudrait, d'après le code de brumaire an 4, que le recouvrement des amendes fût poursuivi au nom du procureur impérial, et celui des frais au nom du directeur de la régie, conformément à la loi de germinal an 7. — Dans l'espèce de l'arrêt de 1809, une seule voie avait été suivie; la régie avait décerné des contraintes en son nom seul, tant pour le payement des frais que pour celui des amendes. Il y avait violation de l'art. 190 c. brum.; mais la cour de cassation n'a pas admis la distinction dont on vient de parler. Elle paraît avoir renfermé toute la question dans la loi du 18 germ. an 7, sans doute pour éviter à la régie des frais de poursuite.

813. Les poursuites contre un condamné pour le recouvrement de l'amende prononcée et des frais doivent être faites à la requête de la direction générale de l'enregistrement, agissant au nom du procureur impérial, et non à la requête de celui-ci, poursuite et diligence de la direction générale (Cass. 30 janv. 1826) (1).

814. Quoique la régie ne puisse agir en recouvrement d'une amende correctionnelle qu'au nom du procureur impérial, cependant si, sur l'opposition à ses poursuites, il intervient un arrêt qui la condamne aux frais, elle peut se pourvoir, en son nom, contre cet arrêt (Cass. 17 juin 1835, aff. Pascault, V. Enreg., n° 5732).

815. Le condamné qui a payé la totalité de l'amende et des frais dont il était tenu solidairement avec ses complices, n'est pas subrogé aux droits du fisc, de manière à pouvoir poursuivre ces derniers, par voie de commandement, en vertu du jugement de condamnation; il ne peut exercer qu'une action civile ordinaire (Bruxelles, 14 mai 1821) (2).

816. Les contestations auxquelles le recouvrement peut donner lieu sont du ressort des tribunaux ordinaires (Merlin, Rép.,

---

l'amende prononcée par l'arrêt du 26 juin 1813 prescrite faute d'exécution dans les cinq ans, et déclare que cette prescription n'a pu être interrompue par de simples poursuites faites contre le condamné, surtout au nom de la régie. — Sur l'appel, arrêt de la cour de Rennes, du 16 déc. 1819, qui confirme ce jugement par les motifs qui suivent :—Considérant que la prescription en matière criminelle est réglée par une législation spéciale, et qu'on ne peut lui appliquer des lois d'un ordre différent, ni argumenter des principes qui régissent la prescription en matière civile; que l'art. 636 c. inst. crim., qui est seul applicable, en disposant que les peines portées par les arrêts ou jugements rendus en matière correctionnelle se prescriront par cinq années révolues, à compter de la date de l'arrêt ou du jugement rendu en dernier ressort, sans ajouter que cette prescription pourra être interrompue par un acte de poursuite, suppose nécessairement qu'elle ne pourra être empêchée que par l'exécution, ou au moins par un commencement d'exécution du jugement, c'est-à-dire relativement à la peine d'emprisonnement, par la détention ou l'arrestation, et, relativement à la peine pécuniaire, par le payement de l'amende, ou du moins par l'exécution de la contrainte par corps, ou par une saisie apposée sur les biens du condamné; qu'en effet, si telle n'eût pas été l'intention du législateur, et s'il eût voulu qu'un simple acte de poursuite, tel qu'une contrainte décernée par la régie, pût interrompre la prescription de la peine, il s'en fût formellement expliqué, ainsi qu'il l'a fait relativement à la prescription de l'action résultant d'un crime ou d'un délit, dont l'interruption a lieu par un acte d'instruction ou de poursuite, aux termes des art. 637 et 638 c. inst. crim.; — Considérant, d'ailleurs, que la contrainte signifiée au domicile d'Audicq, le 22 janv. 1818, est nulle faute d'avoir été décernée au nom du procureur du roi, ainsi que l'exige impérativement l'art. 197 c. inst. crim., dans les poursuites faites par la régie pour le recouvrement des amendes. »

Pourvoi de la part de la direction de l'enregistrement. — Arrêt (après dél. en ch. du cons.).

LA COUR; — Attendu qu'aux termes de l'art. 197 c. inst. crim., on ne peut agir contre les parties condamnées qu'au nom du procureur du roi, et qu'il n'existe aucune signification, poursuite ou contrainte décernée contre le défendeur, dans les cinq ans de la date du jugement dont il s'agit, au nom du procureur du roi; — Attendu que la direction n'a pas reçu de la loi le pouvoir de poursuivre en son nom, en matière criminelle, le payement des amendes; qu'ainsi la contrainte décernée par elle, en son nom, n'a pas pu remplacer, au préjudice du défendeur, les poursuites que la loi ne permettait de faire qu'au nom du procureur du roi; — D'où il suit qu'en jugeant que la direction devait se conformer à la lettre de la loi, et que la prescription réclamée par le défendeur n'avait pas été interrompue par la contrainte décernée au nom de la direction, la cour royale de Rennes, loin d'avoir violé les lois invoquées, en a fait une juste application; — Rejette.

Du 8 janv. 1822.-C. C., sect. civ.-MM. Brisson, pr.-Larivière, rapporteur.

(1) *Espèce :* — (Enreg. C. Gauchot père et fils.) — J.-B. Gauchot, condamné correctionnellement à 3,300 fr. et aux frais liquidés à 78 fr. 49 cent., avait été poursuivi pour le payement de ces sommes par le receveur de l'enregistrement. Le tribunal civil de Bar-sur-Seine annula les poursuites, par le motif qu'elles n'étaient pas dirigées à la requête du procureur du roi. — Pourvoi. — Arrêt.

LA COUR; — Vu l'art. 197 c. inst. crim.; — Attendu qu'en dirigeant sa poursuite contre les défendeurs et défaillants, à la requête de la direction générale de l'enregistrement et des domaines, agissant au nom du procureur du roi près le tribunal civil de l'arrondissement, le receveur au bureau de Chaource s'était exactement conformé à la disposition de l'article précité, et qu'en annulant cette poursuite sous le prétexte qu'elle n'avait pas été faite à la requête du procureur du roi, poursuite et diligence de la direction générale, le jugement attaqué a formellement violé cet article; — Donne défaut contre le sieur Gauchot, non comparant, et pour le profit, casse.

Du 30 janv. 1826.-C. C., ch. civ.-MM. Brisson, pr.-Boyer, rap.-Cahier, av. gén., c. conf.-Teste-Lebeau, av.

(2) *Espèce :* — (S... C. G...) — 26 fév. 1819, jugement du tribunal civil de Bruxelles, par lequel : — « Attendu que la condamnation à l'amende dont il s'agit au procès, a été prononcée solidairement contre les deux parties en cause, pour fait d'escroquerie; que le défendeur avait intérêt de l'acquitter en totalité pour se soustraire aux poursuites auxquelles il était exposé; qu'en l'acquittant cependant ainsi, il ne payait pas seulement sa dette personnelle, mais en même temps celle de son complice, condamné comme lui solidairement à la même amende; — Que d'après la disposition du § 3, art. 1251 c. civ., la subrogation a lieu de plein droit au profit de celui qui, étant tenu avec d'autres au payement d'une dette, avait intérêt de l'acquitter; — Que l'obligation contractée solidairement envers quelqu'un se divise de plein droit entre les débiteurs qui n'en sont tenus entre eux que chacun pour sa part et portion (art. 1213); —Attendu, en ce qui concerne le mode d'exécution, qu'on ne peut l'envisager, dans l'espèce, que comme un privilége attribué exclusivement au fisc, et nullement transmissible à des tiers; qu'il le serait d'autant moins au cas actuel, que ce n'est pas proprement l'action du fisc qu'exerce le défendeur par son commandement, mais plutôt celle qui dérive du quasi-contrat intervenu par le payement d'une dette solidaire; — Et par ces motifs, annule le commandement dont il s'agit, en ce qui touche la contrainte par corps; et pour le surplus, déclare le demandeur non recevable et mal fondé dans son opposition. » — Appel de ce dernier. — Arrêt.

LA COUR; — Attendu que par son exploit d'opposition, l'appelant a conclu à la nullité du commandement, sur le motif, entre autres, que l'intimé n'était pas aux droits du gouvernement; — Attendu que cette proposition résulte des principes de la matière, puisque celui qui, comme dans l'espèce, a payé une amende résultant d'un délit, n'a point l'action que la partie publique a acquise par la condamnation, mais a tout au plus une action contre ceux qui, comme lui, en seraient débiteurs, laquelle est purement civile; — Attendu que, dès lors, l'intimé ne pouvait recourir à la voie du commandement, puisqu'il n'avait aucun titre exécutoire par-devant lui, mais n'avait d'autre voie pour récupérer ce qui peut lui être dû que l'action citatoire ordinaire; — Déclare le commandement nul, etc.

Du 14 mai 1821.-C. sup. de Bruxelles, 3e ch.-M. Baumhauer, av. gén.

vº Amende). — Ces contestations sont susceptibles des deux degrés de juridiction et des formes ordinaires des actions judiciaires (Cass. 17 juin 1835) (1).

817. Quant aux amendes encourues en matières spéciales, les administrations auxquelles la loi accorde le pouvoir de provoquer la condamnation ont aussi celui d'en poursuivre le recouvrement, surtout lorsque l'amende n'est considérée que comme une réparation civile. — V. Douanes, nºˢ 860 et suiv.; Forêts, nº 101-9º; Impôts indirects, nº 542.

818. Dans tous les cas, le produit de ces amendes est versé dans les caisses particulières de chacune des administrations, qui en sont elles-mêmes comptables envers le trésor public.

819. Les condamnations à l'amende confèrent-elles au trésor quelque privilége ou hypothèque sur les biens des condamnés? Cette question sera examinée vº Privil.

820. La contrainte par corps a lieu de plein droit pour le recouvrement des amendes, lors même que les jugements qui les prononcent n'en feraient pas mention. — V. Contr. par corps, nºˢ 15, 607 et suiv., 609 et suiv., 629 et suiv.

§ 7. — *Prescription.*

821. Il faut distinguer, quant à la prescription, l'action en condamnation à l'amende encourue, et l'action en recouvrement de l'amende prononcée. La première se prescrit par le laps de temps déterminé pour la poursuite du délit ou de la contravention dont l'amende est la peine. — Ce temps est fixé par les art. 637 et suiv. c. inst. crim., pour les délits ordinaires. Il est de dix ans écoulés sans poursuites s'il s'agit d'un crime (637); de trois ans si c'est un délit (638), et d'un an seulement si c'est une contravention (640).—V. Prescript. crim.

822. Quant aux délits ou contraventions prévus par des lois spéciales, la prescription, en ce qui les concerne, est soumise aux règles établies par les lois qui leur sont applicables.— V. notamment Chasse, nºˢ 467 et s.; Forêts, nºˢ 487 et s.; Pêche fluv., nºˢ 201 et s.

823. Les amendes prononcées sont prescrites, à l'égard des crimes, par vingt années à compter de la date des arrêts ou jugements (c. inst. crim. 635); à l'égard des délits correctionnels, par cinq ans à compter de la date des arrêts ou jugements en dernier ressort qui les ont adjugées (c. inst. crim. 636); ou, si ce sont des jugements de première instance, à compter du jour où ils ne peuvent plus être attaqués par la voie d'appel (même article). Les amendes prononcées par les tribunaux de police se prescrivent par deux ans (art. 639 même code).

824. La régie de l'enregistrement n'ayant pas le pouvoir de poursuivre en son nom, en matière criminelle, le payement des amendes, il s'ensuit qu'une contrainte décernée par elle ne peut interrompre la prescription qui court au profit du condamné (Rej. 8 janv. 1822, aff. Audicq, nº 812).

825. L'amende, en matière correctionnelle, est une peine dont la prescription quinquennale, résultant de l'art. 636 c. inst. crim., ne peut être interrompue que par un commencement d'exécution, et non par un simple commandement fait au redevable... Les règles de la prescription dont parle le code Napoléon ne sont pas applicables à cette prescription particulière (Civ. cass. 17 juin 1835, aff. Pascault-Dubuissonnet, nº 816).

Sect. 13.—*De la confiscation.*

826. On désigne sous le nom de confiscation l'action de dépouiller des particuliers de choses qui leur appartiennent, pour les attribuer soit au fisc, soit même à d'autres particuliers. Elle est ou générale ou spéciale. La confiscation *générale* est celle qui porte sur la masse des biens d'un individu; la confiscation *spéciale* est celle qui ne porte que sur des objets particuliers.

827. Nous avons vu précédemment (V. nºˢ 4, 7, 74) que la confiscation générale, qui figurait dans la législation pénale des Hébreux, ainsi que dans celle des Romains, avait été également admise dans notre ancien droit criminel. Mais à cet égard il y avait entre les provinces du royaume une assez grande diversité. Dans les pays de droit écrit, à l'exception toutefois du parlement de Toulouse, ainsi que dans plusieurs provinces régies par le droit coutumier, l'application de la confiscation était restreinte aux crimes de lèse-majesté divine et humaine. — Il y avait aussi des pays où elle ne pouvait être appliquée qu'aux meubles. Dans le ressort de la coutume de Paris et dans un grand nombre d'autres, on admettait en principe que *qui confisque le corps confisque les biens;* en conséquence, toute peine emportant la mort civile (par exemple, les galères perpétuelles) emportait la confiscation de tous les biens, des immeubles aussi bien que des meubles. Enfin, il y avait des coutumes dans lesquelles la confiscation n'était admise pour aucun cas. — V. Merlin, Rép., vº Confisc., § 1, nº 3.

828. La confiscation générale, abolie d'abord par la loi du 21 janv. 1790, ne tarda pas à être rétablie. Les lois des 30 août 1792 et 19 mars 1793 la prononçaient pour les crimes attentatoires à la sûreté générale de l'Etat, et la loi du 1ᵉʳ brum. an 2 pour le crime de fausse monnaie (V. Faux et Fausse monnaie, nº 5). Elle fut confirmée pas la loi du 14 floréal an 3 à l'égard des conspirateurs, émigrés et leurs complices, fabricateurs et distributeurs de faux assignats, fausse monnaie, dilapidateurs de la fortune publique, et à l'égard de la famille des Bourbons.— Le code pénal de 1810 avait maintenu cette peine (art. 7); mais toutefois il en avait tempéré la rigueur par de sages dispositions. Au lieu d'en faire l'accessoire nécessaire de toute condamnation à la mort naturelle ou civile, il disposait (art. 37) qu'elle n'aurait lieu que dans les cas où la loi la prononçait expressément. Il en attribuait le produit au domaine de l'Etat (même article). Toutefois, en cas de concurrence de la confiscation avec les *restitutions* et les *dommages-intérêts* sur les biens insuffisants du condamné, ces dernières condamnations obtenaient la préférence (c. pén. 54). La confiscation générale était grevée de toutes les dettes légitimes jusqu'à concurrence des biens confisqués, et en outre, de l'obligation de fournir aux enfants ou autres descendants du condamné une moitié de la portion dont le père n'aurait pu les priver, ainsi que les aliments à qui il en était dû de droit (c. pén. 38). De plus, le souverain pouvait disposer des biens confisqués en faveur soit des père et mère et autres ascendants, soit de la veuve, soit des enfants et autres descendants légitimes, naturels ou adoptifs, soit des autres parents du condamné (art. 39).

Les cas pour lesquels la confiscation générale était prononcée, d'après le code pénal de 1810, étaient déterminés par les art. 75, 76, 77, 79, 80, 81, 82, 86, 87, 91, 92, 93, 94, 95, 96, 97, 125, 132 et 139 de ce code.

La charte de 1814 a aboli la confiscation des biens et a déclaré qu'elle ne pourrait jamais être rétablie (art. 66). La même disposition se retrouvait dans la charte de 1830 (art. 57), et la disposition de l'art. 7 c. pén. a disparu lors de la révision de ce code. — Il a été décidé que les confiscations prononcées contre les émigrés, les déportés, les condamnés révolutionnairement, celles même que des dispositions législatives spéciales avaient maintenues, ont été abolies par les lois subséquentes, et

(1) (Enreg. C. Pascault-Dubuissonnet.)—La cour;—En ce qui touche la violation des dispositions de la loi du 22 frim. an 7, notamment de l'art. 65 et de la loi du 27 vent. an 9, art. 17;—Attendu que, si la loi du 22 frim. an 7 établit une procédure spéciale pour la perception des droits d'enregistrement, cette procédure exceptionnelle ne peut s'étendre aux discussions qui s'élèvent sur les autres matières portées par la régie devant les tribunaux, lesquelles doivent suivre les deux degrés de juridiction et les formes ordinaires; — Attendu que les dispositions contenues en l'art. 17 de la loi de vent. an 9 ne sont pas d'ordre public; que, par conséquent, leur inobservation ne peut donner ouverture à cassation, quand l'application n'en a pas été réclamée devant la cour d'appel; En ce qui touche la demande au fond : — Attendu qu'aux termes de l'art. 636 c. inst. crim., la prescription des peines de police correctionnelle court du jour de l'arrêt ou du jugement en dernier ressort qui les a prononcées; que cette prescription est accomplie par cinq ans et ne peut être interrompue que par l'exécution commencée avant l'expiration de ce temps; qu'aux termes des art. 9 et 11 c. pén., l'amende est une peine dont la prescription se trouve écrite dans le code d'instruction criminelle, et non dans le code civil, auquel l'art. 642 c. inst. crim. ne renvoie que pour les condamnations civiles; — Rejette ce moyen.

Du 17 juin 1835.-C. C., ch. civ.-MM. Dunoyer, pr.-Chardel, rap.-Gartempe, av. gén., c. conf.-Teste-Lebeau et Dalloz, av.

notamment par celle du 27 avril 1825 (Req. 26 janv. 1832) (1). —Le même arrêt a décidé que ce ne sont pas les lois existantes au moment de la cessation de la confiscation qui doivent régler les droits de successibilité de ceux qui se prétendent héritiers de celui sur qui la confiscation a frappé, mais bien la législation en vigueur au décès de ce dernier.

829. La confiscation *spéciale*, c'est-à-dire la confiscation des objets saisis par suite d'un délit ou d'une contravention, continue de subsister. L'art. 11 c. pén. porte que « la confiscation spéciale, soit du corps du délit quand la propriété en appartient au condamné, soit des choses produites par le délit, soit de celles qui ont servi ou qui ont été destinées à le commettre, est une peine commune aux matières criminelles et correctionnelles. » — La confiscation spéciale est aussi une peine de simple police. — En effet, l'art. 464 c. pén. mentionne, parmi les peines de simple police, « la confiscation de certains objets saisis; » et l'art. 470 dispose que « les tribunaux de police pourront, dans les cas déterminés par la loi, prononcer la confiscation, soit des choses saisies en contravention, soit des choses produites par la contravention, soit des matières ou des instruments qui ont servi ou étaient destinés à la commettre. » — Il a été décidé que l'abolition de la confiscation des biens prononcée par la charte ne s'étend pas aux confiscations particulières qui, pour la répression des délits, en vertu des lois spéciales, frappent sur les objets qui ont été la matière ou l'instrument de ces délits (Crim. rej. 22 fév. 1822) (2). Le maintien de la confiscation spéciale résulte encore de cette circonstance que, depuis la charte, des lois nouvelles ont établi des confiscations spéciales. Nous pouvons citer, entre autres, l'art. 204 c. for., la loi du 5 juin 1844 (art. 49), sur les brevets d'invention; la loi du 3 mai 1844 (art. 16) sur la chasse.—V. en ce sens Carnot, C. pén., sur l'art. 11, n° 2; MM. Chauveau et Hélie, t. 1, p. 197; Trébutien, t. 1, p. 264.

830. Les lois anglaises admettent une espèce de confiscation qui est la conséquence du malheur plutôt que du crime et qu'on appelle *deodand* : on donne ce nom à tout objet personnel ou mobilier qui est la cause immédiate de la mort d'une créature raisonnable; il est confisqué par le roi et destiné à des usages pieux, à des aumônes distribuées par le grand aumônier du roi ; du temps de l'église romaine, on le destinait à des prières pour le repos des âmes de ceux qui mouraient subitement. Cette ancienne destination explique pourquoi le *deodand* n'est pas dû pour la mort d'un enfant en bas âge tué en tombant d'une voiture, d'un cheval, etc., tandis que l'objet est confisqué si la personne tuée était adulte. La loi ne fait cette distinction que quand l'individu tué ne l'a été que par un objet en repos; mais si un cheval, un bœuf, un animal quelconque en mouvement, tue une personne, ou qu'une voiture lui passe sur le corps, l'animal ou la voiture est confisqué comme *deodand* : on suppose alors qu'il y a eu négligence.

Quand une chose qui n'est pas en mouvement occasionne la mort d'une personne, la partie seule qui en est la cause immédiate est confisquée ; par exemple, la roue d'une voiture de laquelle un individu est tombé et s'est tué ; la roue seule est *deodand ;* si la chose est en mouvement, tout ce qui était en mouvement est confisqué. Il n'importe pas que le propriétaire soit ou non pour quelque chose dans l'événement.

Afin que le roi ou son concessionnaire puisse réclamer le *deodand*, il faut qu'il soit reconnu par le jury. Il n'en est pas dû pour les accidents qui arrivent en hauteur, la juridiction de la loi commune ne s'y étendant pas. Mais si un homme tombe d'un bateau ou navire dans un fleuve ou une rivière, et qu'il s'y noie, on a pensé que le navire et le chargement sont un *deodand*.

En général, les jurés prennent sur eux de modérer ces confiscations, en n'attribuant la cause de la mort qu'à quelque objet de peu d'importance ou à une partie seulement de l'objet entier. Ces déclarations ne sont pas strictement légales, mais la cour du banc du roi refuse d'appuyer la réclamation du droit; ce qui a fait observer avec justesse qu'il vaudrait mieux abolir une loi que les jurés éludent en violant leur serment, et les magistrats en multipliant des subtilités nuisibles à la loi et à la justice (V. sur ce sujet Blackstone, liv. 1, chap. 8).

831. Revenons à la loi française. La confiscation spéciale est prononcée par le code pénal dans les cas prévus par les art. 176 (V. Forfaiture, n° 82), 180 (*eod. verb.*, n° 147), 286 et 287 (V. Presse-outrage), 314 (V. Arme, n° 65), 318 (V. Substances falsifiées), 364 (V. Témoin), 410 (V. Jeu-pari, n° 66; Loterie, n° 20), 413 (V. Industrie, n° 251), 423 (V. Matières d'or et d'argent, n°s 131 et s., Poids et mesures), 427 (V. Propriété littér.), 428 (V. *eod.* et v° Théâtre), 472 (V. Contravention, n° 173), 477 (V. Contravention, n° 50; Jeu-pari, n° 101; Presse-outrage, Substances falsifiées), 481 (V. Poids et mesures, Contravention, n° 462). — Elle est aussi prononcée par diverses lois spéciales (V. notamment Arme, Attroupement, Brevet d'invention, Chasse, Douanes, Droit maritime, Forêts, Impôts indirects, Industrie, Matières d'or et d'argent, Octroi, Pêche, Poudre de guerre, Presse).

832. L'individu condamné à l'emprisonnement et à une amende pour avoir trompé des citoyens en leur vendant du cuivre blanchi pour de l'argent, doit, en outre, à peine de nullité, être déclaré passible de la confiscation des objets pareils à ceux qu'il a vendus, qui sont encore en sa possession, et du prix de ceux qu'il a vendus, alors surtout que cette confiscation est requise par le ministère public. En conséquence, est nul un jugement qui, au lieu d'ordonner cette confiscation, ordonne, au contraire, la restitution de ces objets saisis (Crim. cass. 11 juin 1830, aff. Bonnemaison, V. Industrie, n° 244).

833. Il doit être prononcé, contre un débitant trouvé en contravention, la confiscation non-seulement des objets à raison desquels la contravention est déclarée, mais encore de toutes les autres boissons trouvées en sa possession et dont il ne peut justifier avoir fait la déclaration (Crim. cass. 1er août 1822, MM. Barris, pr., Chasle, rap., aff. Masselin).

834. En thèse générale, pour que la confiscation puisse être

(1) (Brissac C. hérit. Dubarry.) — LA COUR; — Sur le deuxième moyen, consistant dans la violation de la loi du 21 prair. an 3, ainsi que dans celle du 5 déc. 1814 et de diverses dispositions du code civil : — Attendu qu'en supposant que la disposition de la loi du 21 prair. an 3, qui avait maintenu les confiscations prononcées contre les Dubarry par des jugements révolutionnaires, n'eût pas été abrogée par les autres lois qui, plus tard, annulèrent les confiscations précédemment maintenues, elle l'aurait été du moins incontestablement par la loi du 27 avril 1825, qui alloue, comme dette de l'Etat, une indemnité à tous les héritiers de condamnés révolutionnairement, à raison de leurs biens fonds confisqués et vendus, ainsi qu'aux émigrés et déportés ou à leurs héritiers ; — Que, dès lors, c'est aux héritiers de la comtesse Dubarry, et non à l'Etat, qu'il appartient de réclamer le legs à elle fait par le duc de Cossé-Brissac, et qu'en leur reconnaissant ce droit, l'arrêt attaqué n'a pu violer la loi du 21 prair. an 3 ; — Attendu, d'ailleurs, que, d'après les principes des lois qui ont ordonné la restitution des biens confisqués sur les condamnés, ainsi que d'après les dispositions formelles de celle du 27 avril, le droit de réclamer ces biens ou l'indemnité appartient aux héritiers des condamnés qui étaient appelés par la loi ou par leur volonté à les représenter à l'époque de leur décès; — Que l'arrêt attaqué, en le décidant ainsi, n'a violé ni les dispositions du code civil relatives aux successions des enfants nés hors mariage, ni les principes de la loi du 5 déc. 1814, qui n'a pour objet que la remise des biens des émigrés, parce que ces dispositions et cette loi sont sans application à la cause; — Rejette.

Du 26 janv. 1832.-C. C., ch. req.-MM. Zangiacomi, pr.-De Maleville, rap.-Laplagne-Barris, av. gén., c. conf.-Lacoste, av.

(2) (Marie C. Forêts.) — LA COUR; — Attendu, sur le quatrième moyen, que l'abolition de la confiscation des biens, prononcée par l'art. 66 de la charte, ne s'étend point à ces confiscations particulières qui, pour la répression des délits, et en vertu de lois spéciales, frappent sur les objets qui ont été la matière ou l'instrument de ces délits; — Qu'ainsi, la cour royale de Caen, en déclarant confisqués, conformément à l'art. 12, décr. du 15 avr. 1811, les arbres auxquels Marie avait donné une destination contraire, n'a point violé le susdit article de la charte; — Attendu, sur le cinquième et dernier moyen, que la même cour royale, en fixant à 250 fr., d'après le nombre et la dimension des arbres détournés, la contrainte sous laquelle Marie est tenu de les représenter, n'a point commis un excès de pouvoir ni fait un acte arbitraire, mais qu'elle a ordonné une mesure sans laquelle la peine de confiscation eût dû être illusoire; — Que, sous tous les rapports, l'arrêt attaqué ne contient donc aucune violation de loi, et qu'il a fait une juste application du décret du 15 avr. 1811 ; — Par ces motifs, rejette.

Du 22 fév. 1822.-C. C., sect. crim.-MM. Barrot, pr.-Chantereyne, rap.

prononcée, il est nécessaire qu'il y ait eu saisie des objets confiscables, et à défaut de cette saisie les juges ne pourraient, en prononçant la confiscation, condamner le délinquant à représenter les objets ou à en payer la valeur (V. ce qui a été dit sur ce point v° Contravention, n° 50). — Toutefois, il en est autrement en matière de chasse (V. Chasse, n°s 324 et suiv.). — En matière forestière, la question est controversée (V. Forêts, n° 344).

835. La confiscation spéciale est une condamnation pécuniaire, puisqu'elle se résout en la perte d'un objet d'une valeur plus ou moins grande; mais, comme l'amende, elle a le caractère d'une véritable peine (c. pén., art. 11 et 464). De là résultent plusieurs conséquences.

836. La première, c'est que la confiscation ne peut être prononcée que dans les cas où la loi l'autorise formellement (V. Conf. MM. Chauveau et Hélie, t. 1, p. 197; Trébutien, t. 1, p. 265).— Ainsi, 1° elle ne s'applique pas au délit de fraude prévu par l'art. 433 c. pén., lequel est distinct de l'art. 423 (Crim. rej. 1er juill. 1814) (1). — 2° Elle n'est pas applicable aux boulangers qui vendent le pain au-dessous du poids fixé par le règlement (Crim. rej. 31 janv. 1833, aff. Izard, V. Contravention, n° 51). — 3° On ne peut confisquer les remèdes secrets, à moins qu'ils ne soient détériorés (V. Médecine, n° 232).— 4° On ne doit pas confisquer la viande introduite en contravention à un règlement municipal, si elle n'est pas insalubre (V. Commune, n° 1250). — 5° Les autorités municipales et administratives ne pouvant, dans leurs règlements, prononcer d'autres peines que celles autorisées par les lois, il résulte de là que, si un règlement municipal a prononcé une confiscation dans un cas où la loi ne l'autorisait pas, comme, par exemple, au cas de vente de beurre, les tribunaux ne sont pas obligés de la prononcer, et ils peuvent se borner à infliger les peines que la loi autorise (Crim. rej. 7 mars 1828, aff. Girod, V. Commune, n° 709-2°).

837. Une seconde conséquence du caractère pénal de la contravention, c'est qu'elle ne peut être prononcée qu'autant que le prévenu est *déclaré coupable*; en effet, s'il n'y avait pas culpabilité, on ne comprendrait pas qu'il pût y avoir châtiment (V. en ce sens MM. Chauveau et Hélie, t. 1, p. 198; Trébutien, t. 1, p. 265). — Ainsi décidé: 1° que la confiscation n'est qu'un *accessoire* de la peine qui, même en matière de simple contravention, ne peut être prononcé contre celui qui est déclaré non coupable (Crim. cass. 15 mars 1828, aff. Lafontane, V. Poids et mesures; 19 avril 1833, aff. Jaussand, V. Contravention, n° 51); — 2° Que le fait de se procurer des objets contrefaits et d'en conserver la possession, non pour les vendre, mais pour les employer à son usage personnel, ne constituant pas le délit de complicité de contrefaçon, il n'y a pas lieu, en cas pareil, à la confiscation des objets contrefaits (Crim. rej. 23 mars 1848, aff. Christofle, D. P. 49. 1. 24).

838. A cette règle, toutefois, il doit être fait quelques exceptions. Il est des cas où, malgré la *nullité* du procès-verbal qui constate le délit ou la contravention, la loi néanmoins prononce la confiscation des objets saisis. Ainsi, en matière de *douanes*, il résulte d'une jurisprudence constante que la confiscation des marchandises prohibées doit être prononcée, aux termes de l'art. 23, tit. 10, L. 22 août 1791, dans le cas même où la nullité du procès-verbal ne permet pas de constater le délit (Crim. cass. 22 vend. an 7, M. Delaunay, rap., aff. Vanderlinck; 19 mess. an 7, MM. Méaulle, pr., Jaume, rap., aff. Vanderlinck; 6 vend. an 8, MM. Bayard, pr., Beaulaton, rap., aff. Doppe; 15 prair. an 8, M. Target, rap., aff. Simoski; 19 prair. an 8, M. Goupil, rap., aff. Simoski; 19 messid. an 8, aff. Jean-Pierre; 7 pluv. an 9, M. Vallée, rap., aff. Peunemann; 1er germ. an 9, MM. Maleville, pr., Aumont, rap., aff. Latour; 9 flor. an 9, MM. Seignette, pr., Rupérou, rap., aff. Duchesne; 11 flor. an 9, MM. Liborel, pr., Oudot, rap., aff. Boeyre; 26 prair. an 9, M. Carnot, rap., aff. Groenen; 16 brum. an 10, MM. Seignette, pr., Bauchau, rap., aff. Alusse; 3 vent. an 10, MM. Maleville, pr., Liborel, rap., aff. Orban; 8 frim. an 11, M. Coffinhal, rap., aff. Dubois; 8 avril 1812, MM. Muraire, pr., Oudart, rap., aff. Cianti; V. aussi Merlin, Quest., v° Douanes, § 8; MM. Chauveau et Hélie, t. 1, p. 198; Trébutien, t. 1, p. 265; V. enfin v° Douanes, n° 982).—Suivant un autre arrêt, que le procès-verbal constatant une introduction de marchandises prohibées soit nul ou non, il suffit que cette contravention puisse être établie, pour qu'il y ait lieu à prononcer contre les contrevenants, non pas seulement la confiscation, mais toutes les peines portées par les lois et règlements, et notamment l'amende (Crim. cass. 8 fév. 1839, aff. Libert, V. Procès-verbal).

839. Des exceptions analogues existent: 1° à l'égard des contraventions aux lois sur les *contributions indirectes* (V. Impôts indirects, n°s 507 et suiv.): — Ainsi il a été décidé qu'en matière de droits réunis il suffit que la contravention soit constatée par l'instruction pour que, nonobstant la nullité du procès-verbal de saisie, la confiscation puisse avoir lieu (Crim. cass. 31 juill. 1807, MM. Barris, pr., Busschop, rap., aff. Dutemple; 16 mars 1822, aff. Roussel, V. Procès-verbal); — 2° A l'égard des contraventions aux lois sur la garantie des matières d'or et d'argent (V. Matières d'or et d'argent, n° 159).

840. La confiscation de poudre de fabrication illicite doit être prononcée, quoique le détenteur soit affranchi de toute peine par le motif que la quantité de poudre détenue est au-dessous de 2 kilogrammes (Toulouse, 16 nov. 1849, aff. Mayssonnié, D. P. 51. 2. 46).

841. Lorsque l'auteur du délit ou de la contravention est resté *inconnu*, la confiscation doit-elle néanmoins être prononcée? Cette question a été résolue négativement en matière de délit de chasse, par un arrêt qui a décidé que la confiscation de l'instrument du délit, et spécialement celle du fusil abandonné par l'auteur d'un délit de chasse au moment où il a été surpris, n'étant que l'accessoire de la peine principale, il s'ensuit qu'elle ne peut être prononcée lorsque le délinquant est resté inconnu Crim. cass. 21 juill. 1838, aff. min. pub., V. Compét. crim., n° 495).

842. Toutefois il a été décidé que lorsque des objets ont été saisis sur un individu resté inconnu, le tribunal correctionnel doit en prononcer la confiscation, sur une simple requête de la régie, et ne peut, dans ce cas, se déclarer incompétent sous le prétexte qu'il ne peut être saisi que par citation directe ou par une ordonnance de renvoi (Crim. cass. 8 juill. 1841, aff. contrib. ind., v° Impôts indirects, n° 496). — V. aussi ce qui est dit sur ce sujet, *eod.*, n° 509.

843. Il résulte des termes de l'art. 11 c. pén. que la confiscation du corps du délit ne peut être prononcée que lorsque la *propriété* en appartient au condamné, mais que, quant aux choses qui ont été produites par le délit et à celles qui ont servi ou qui ont été destinées à le commettre, elles doivent être confisquées dans tous les cas, c'est-à-dire soit qu'elles appartiennent ou n'appartiennent pas à l'auteur du délit. C'est ce qu'enseignent aussi MM. Chauveau et Hélie, t. 1, p. 199. — Il a été fait application de ce principe par un arrêt qui a décidé qu'il y a lieu à la confiscation du fusil avec lequel le délinquant a chassé sans permis, bien que ce fusil soit la propriété de l'Etat et n'ait été remis au condamné qu'en sa qualité de garde national (Douai, 13 déc. 1834, aff. Delplaque, v° Chasse, n° 323).

844. Lorsqu'un crime ou délit donne lieu à la confiscation de choses dont le condamné n'a que l'*usufruit*, par exemple, des voitures ou des bâtiments de mer à l'aide desquels il a fait la contrebande, quels sont les effets de la confiscation à l'égard du propriétaire? Suivant M. Proudhon, Usufruit, n° 2011, le fisc, subrogé aux droits de l'usufruitier, doit jouir, durant la vie de celui-ci, de l'usufruit des objets confisqués, c'est-à-dire que, comme ces objets doivent être vendus, il a le droit d'en toucher le prix, à la charge de le restituer aux propriétaires, à l'extinc-

(1) (Min. pub. *C.* Lambert.) — LA COUR; — Statuant en premier lieu sur le pourvoi du procureur général; — Considérant, 1° que des dispositions de l'art. 11 c. pén., relatives à la confiscation spéciale, il ne résulte point qu'elle doive être indistinctement prononcée dans tous les cas, puisque le même code a eu soin de l'ordonner d'une manière expresse dans les différents cas particuliers qu'il a prévus; d'où il suit que ne l'ayant point ordonnée par son art. 433, elle ne doit point être prononcée dans le cas particulier de cet article; — Considérant, 2° que ledit art. 433 contient des dispositions spéciales pour le délit de fraude qui y est nominativement prévu; d'où il suit que, quelle que puisse être la similitude de ce délit avec celui généralement prévu par l'art. 423 du même code, ce dernier article ne peut lui être appliqué; — Rejette le pourvoi du procureur général.

Du 1er juill. 1814.-C. C., ch. crim.-MM. Barris, pr.-Busschop, rap.

tion de l'usufruit. — Toutefois, si l'époque de cette extinction était prochaine, le propriétaire obtiendrait sans doute la faculté de conserver sa chose, en en payant le loyer au fisc jusqu'à cette époque. — Enfin, suivant le même auteur, si les objets saisis avaient été, lors de l'entrée en jouissance de l'usufruitier, estimés dans la vue de lui transférer la propriété de ces objets, en le rendant seulement débiteur de leur valeur, la confiscation, dans ce cas, aurait son plein effet.

845. La rédaction de l'art. 470 c. pén. a fait naître des doutes sur le point de savoir si, en matière de contravention de police, la confiscation est obligatoire ou simplement facultative pour les tribunaux. Cette question a été examinée vº Contrav. nº 49.

846. La confiscation est une peine *pécuniaire*, mais elle n'est pas une *amende* et ne peut être assimilée à cette dernière. D'où il résulte que les tribunaux ne peuvent se dispenser de la prononcer dans le cas même où ils admettraient l'existence de circonstances atténuantes. — Il a été décidé en ce sens : 1º qu'un tribunal de police ne peut, par application de l'art. 463 c. pén., s'abstenir de prononcer ou modifier la confiscation des appareils des jeux ou des loteries établis sur la voie publique; que cette confiscation doit être ordonnée, lors même que le juge ne prononcerait pas l'emprisonnement contre le contrevenant (Crim. cass. 14 déc. 1832, aff. Stramasse, V. Jeu, nº 101); — 2º Qu'à la différence des peines proprement dites, telles que l'amende et l'emprisonnement, il ne peut pas, dans le cas de circonstances atténuantes, être fait remise de la confiscation des objets saisis, et, spécialement, qu'un tribunal ne peut se refuser de prononcer la confiscation d'une fausse mesure trouvée dans le magasin d'un marchand, sous prétexte que ce dernier était de bonne foi et qu'il ne s'en servait que pour son usage personnel (Crim. cass. 4 oct. 1839, aff. Tripier, V. Contravention, nº 68).

847. En matière de contravention, la confiscation des objets saisis peut être prononcée par un tribunal de police, quelle que soit la valeur de ces objets. — V. Contrav., nº 51; V. aussi vº Compét. crim., nºs 325 et suiv.

848. Lorsqu'un individu est condamné pour un délit à raison duquel la loi prononce la confiscation des biens, la confiscation n'a pas lieu de *plein droit;* elle doit être prononcée par le jugement (Crim. cass. 16 janv. 1807, M. Audier, rap., aff. Dirguaschino).

849. Dans les cas où la confiscation est prononcée par la loi, le juge doit la prononcer immédiatement et d'une manière absolue; il ne peut en ordonner la suspension (Crim. cass. 18 oct. 1822, aff. Delabrière, de Livry, etc., V. Poids et mesures).

850. La confiscation peut-elle être prononcée après le *décès* de l'auteur du délit ou de la contravention? — Cette question a été résolue affirmativement par Merlin, Rép., vº Tabac : « La confiscation, dit-il, affecte les choses saisies; ce sont les choses saisies qui forment le corps de la contravention à laquelle la loi inflige la peine de la confiscation. La peine de la confiscation doit donc atteindre les choses saisies, tant qu'elles existent; elle doit donc les atteindre partout où elles se trouvent; elle doit donc les atteindre même entre les mains des tiers à qui le contrevenant les a transmises; elle doit donc les atteindre même entre les mains de l'héritier du contrevenant. » Et Mangin (Act. publ., t. 2, nº 280) enseigne également que le décès du prévenu n'éteint pas l'action publique pour la confiscation des choses saisies en contravention (V. aussi dans le même sens une note du président Barris, rapportée par Mangin, *loc. cit.*). — Et il a été décidé en ce sens : 1º que lorsque la loi prononce la confiscation d'une chose comme peine d'une contravention commise au moyen de la chose même, la confiscation peut être poursuivie contre l'héritier du contrevenant, encore que celui-ci soit décédé avant le jugement définitif (Crim. cass. 11 flor. an 10, aff. Huyben, V. Appel crim., nº 171);—2º Que la confiscation d'une marchandise prohibée n'a rien de personnel; qu'elle n'affecte que la marchandise et qu'elle doit l'atteindre en quelque main qu'elle passe; que, par suite, le décès du prévenu n'est point un obstacle à ce que la confiscation des marchandises prohibées (des plants de tabacs) sur lui saisies, ne puisse être prononcée contre ses héritiers (Crim. cass. 9 déc. 1813, aff. Brabant, V. Imp. ind., nº 513).

851. A cet égard toutefois, Mangin (*loc. cit.*) fait une importante distinction. Après avoir posé le principe général que le décès du prévenu ne met point obstacle à la confiscation, il ajoute : « Ces principes s'appliquent nécessairement à tous les cas où la loi prononce la confiscation d'objets, denrées et marchandises, parce que le délit réside dans les objets mêmes, tels que les armes prohibées, les boissons falsifiées, les marchandises à l'égard desquelles il y a eu violation des règlements relatifs aux produits des manufactures françaises, les matières d'or et les pierres sur le titre et la qualité desquelles on a trompé, les ouvrages contrefaits, ainsi que les planches, moules et matrices, et les autres cas prévus par les art. 417 et 481 c. pén. Mais le décès du prévenu éteint l'action publique pour la confiscation, lorsque le délit ne gît pas dans la chose qu'elle doit atteindre, lorsqu'elle n'est qu'une aggravation de peine personnelle au coupable. Telle est la confiscation des grains et boissons qui seraient l'objet d'un commerce, de la part des commandants militaires, des préfets ou sous-préfets dans l'étendue des lieux où ils exercent leur autorité; celle des choses livrées par le corrupteur d'un fonctionnaire public, qui est prononcée au profit des hospices; de l'argent reçu par un faux témoin; des fonds ou des effets exposés au jeu ou mis à la loterie dans les rues; celle des recettes de représentations d'ouvrages dramatiques faites au mépris des règlements concernant la propriété des auteurs. »

852. Communément, c'est au *profit de l'Etat* que la confiscation spéciale est prononcée; elle l'est aussi quelquefois dans l'intérêt des particuliers. On en trouve un exemple dans l'art. 240 c. com., qui, dans le cas où le capitaine d'un navire qui navigue à profit commun sur le chargement embarque des marchandises pour son compte particulier, prononce la confiscation de ces marchandises au profit des autres intéressés (V. Droit maritime, nº 476; V. aussi nº 666). — Il en est d'autres en cas de contrefaçon (V. Brevet d'invention, nº 372; V. aussi Industrie et Propr. litt.).

853. Le recouvrement des confiscations prononcées au profit du fisc doit être poursuivi au nom du procureur impérial, soit par les administrations publiques, lorsque les contraventions ont été poursuivies par ces administrations ou dans leur intérêt, soit par la régie de l'enregistrement, lorsqu'il s'agit de contraventions en général (Bourguignon, Jurisp. c. crim., 1, 389).

SECT. 14. — *Des restitutions et dommages-intérêts.*

854. Indépendamment de la peine proprement dite, du châtiment qui peut être infligé à l'auteur du délit, il peut y avoir lieu à la réparation du dommage causé par ce délit aux intérêts privés. Cette réparation peut consister, soit dans la restitution au propriétaire des choses qui lui ont été frauduleusement soustraites, soit dans le payement d'une indemnité équivalente au préjudice causé. L'art. 10 c. pén. porte que « la condamnation aux peines établies par la loi est toujours prononcée sans préjudice des restitutions et *dommages-intérêts* qui peuvent être dus aux parties. » De ces deux sortes de réparations civiles, l'une (les restitutions) n'est que l'application pure et simple du droit de propriété, l'autre (les dommages-intérêts) est l'application des principes de justice écrits dans les art. 1382 et 1383 c. nap., qui portent que tout fait quelconque de l'homme qui cause à autrui un dommage oblige celui par la faute de qui il est arrivé à le réparer, et que chacun est responsable du dommage qu'il a causé non-seulement par son fait, mais encore par sa négligence ou par son imprudence.

855. L'action en restitution et l'action en dommages-intérêts sont indépendantes l'une de l'autre; elles peuvent être formées soit isolément, soit simultanément. Ainsi, disent MM. Chauveau et Hélie (t. 1, p. 200), ce ne serait point une fin de non-recevoir absolue, pour la partie qui demande la restitution des choses qui lui ont été volées, que d'avoir déjà obtenu des dommages-intérêts pour ce même vol; car ce délit peut avoir entraîné des dommages autres que la valeur des objets volés.

856. La restitution doit être ordonnée d'*office*, alors même que le propriétaire ne se serait pas porté *partie civile*. Elle doit être ordonnée dans le cas même où le prévenu est acquitté, s'il est établi par les débats que ce prévenu n'est pas le *propriétaire* des objets volés (c. inst. crim. 366). — Il a été décidé que, dans une condamnation pour vol, même pour vol domestique, il n'est pas nécessaire de *désigner* les personnes au préjudice desquelles le vol a été commis (Crim. cass. 6 juin 1845, aff. Affnaër, D. P. 45. 1. 287).

857. Presque toujours les choses soustraites servent de pièces de conviction dans les procès soumis à la justice criminelle. La restitution en est alors *suspendue*, dans l'intérêt de l'administration de la justice, jusqu'à ce que la condamnation prononcée contre le coupable soit devenue définitive et irrévocable. «Néanmoins, porte l'art. 366, alinéa dernier, c. inst. crim., s'il y a eu condamnation, cette restitution ne sera faite qu'en justifiant, par le propriétaire, que le condamné a laissé passer les délais sans se pourvoir en *cassation*, ou, s'il s'est pourvu, que l'affaire est définitivement terminée. »

858. Toutefois, lorsque les accusés sont en état de contumace, la cour peut ordonner, après leur jugement, la remise des effets déposés au greffe comme pièces de conviction, lorsqu'ils sont réclamés par les propriétaires ou ayant droit. Elle peut aussi n'ordonner cette remise qu'à la charge de représenter, s'il y a lieu (c. inst. crim. 474; V. Contumace, n° 45).

859. Quant aux *dommages-intérêts*, ils ne peuvent être alloués *d'office*; pour que la cour ou le tribunal puisse les accorder, il faut absolument que la personne lésée se soit portée partie civile et ait pris des conclusions tendant à les obtenir (c. inst. crim. 366). C'est ce qu'enseignent aussi Merlin, Rép., v° Répar. civ., § 2, n° 1; M. Trébutien, t. 1, p. 268). — Décidé, en conséquence, que lorsque, dans une accusation de vol, il n'y a ni partie civile, ni conclusions à fin de dommages-intérêts, les juges ne peuvent attribuer à la partie lésée des objets ou valeurs autres que ceux qui proviennent du vol et qui ont été retrouvés en nature (Crim. cass. 6 juin 1845, aff. Affnaër, D. P. 45. 1. 286).

860. L'art. 51 c. pén. porte que « quand il y aura lieu à restitution, le coupable pourra être condamné, en outre, envers la partie lésée, si elle le requiert, à des *indemnités* dont la détermination est laissée à la justice de la cour ou du tribunal, lorsque la loi ne les aura pas réglées, sans que la cour ou le tribunal puisse, du consentement même de ladite partie, en prononcer l'application à une œuvre quelconque. » — Lorsque cet article fut soumis aux délibérations du conseil d'État, M. Merlin fit observer qu'il semblait restreindre les *dommages-intérêts* au cas où il y a restitution, et que cependant il peut en être dû hors ce cas, comme, par exemple, quand un homme a été excédé de coups. M. Treilhard répondit que la section n'avait pas entendu affaiblir le principe d'après lequel les dommages-intérêts sont dus à toute personne lésée par un crime. Si elle a parlé plus particulièrement de la restitution, dit-il, c'est qu'elle a craint que les juges ne crussent que la réparation devait se borner là, et qu'il ne leur était pas permis d'adjuger d'autres indemnités. La dernière disposition de l'article s'applique donc à tous les cas où il y a lieu à des dommages-intérêts. Elle a pour objet de détruire cette fausse délicatesse qui, en faisant toujours renoncer à l'indemnité, en privait ceux auxquels l'état de leur fortune la rendait nécessaire (séance cons. d'Ét. 25 juill. 1809; V. Locré, t. 29, p. 168).

861. L'ancien art. 51 (c. pén. 1810) disposait que les indemnités ne pourraient jamais être au-dessous du quart des restitutions. Ce minimum a été effacé par la loi réformatrice du 28 avr. 1832; en sorte qu'aujourd'hui la détermination des indemnités est entièrement laissée à la justice de la cour ou du tribunal.

862. De plus, d'après l'ancienne rédaction du même article, toutes les fois qu'il y avait lieu à restitution, le coupable *devait* être condamné, en outre, à des indemnités envers la partie; suivant la nouvelle rédaction, il *peut* seulement être condamné. Ainsi les indemnités, d'obligatoires qu'elles étaient, sont devenues facultatives pour le juge. Enfin, d'après cette rédaction nouvelle, le coupable ne peut être condamné aux indemnités que *si la partie le requiert*.—V. à cet égard le Code progressif, p. 177.

863. Le préjudice à raison duquel les dommages-intérêts peuvent être alloués par les tribunaux criminels peut être matériel ou purement moral, ainsi qu'on le verra v° Responsabilité, où cette matière des dommages-intérêts sera traitée plus amplement.

SECT. 15. — *Impression et affiche des jugements.*

864. Nous avons vu (*suprà*, n° 227) qu'aux termes de l'art. 36 c. pén., tous arrêts portant la peine de mort, les travaux forcés à perpétuité ou à temps, la déportation, la détention, la réclusion, la dégradation civique et le bannissement, doivent être imprimés par *extrait* et *affichés* dans certaines communes déterminées par la loi. — V. aussi ce qui a été dit sur ce point v° Affiche, n°s 65 et suiv.

865. Dans les cas autres que ceux qui viennent d'être spécifiés, les tribunaux peuvent-ils ordonner l'impression et l'affiche de leurs jugements? Il n'y a point, à cet égard, de disposition générale dans notre législation criminelle. La jurisprudence a, dès lors, résolu la question par la distinction suivante. Les tribunaux ne peuvent, soit d'office, soit sur les réquisitions du ministère public, ordonner, à titre de peine supplémentaire, l'impression et l'affiche de leurs jugements, excepté dans les cas particuliers où la loi les y a autorisés par une disposition expresse (par exemple, en matière de presse, aux termes de la loi du 26 mai 1819, art. 26, V. Presse-outrage); car c'est un des principes fondamentaux de notre droit criminel qu'aucune peine ne peut être appliquée qu'en vertu de la loi (V. *suprà*, n°s 81 et s.), et l'on tient que l'affiche est une peine (Paris, 1er juin 1831, aff. Dumont, etc., V. n° 870). Mais lorsque la partie civile requiert cette impression et affiche à titre de réparation du préjudice moral qui lui a été causé par le délit, comme les tribunaux ont une latitude illimitée pour la détermination des dommages-intérêts qui peuvent être dus, rien ne s'oppose à ce que, dans ce cas, ils ordonnent l'impression et l'affiche en vertu des pouvoirs généraux qui leur sont attribués, soit par les art. 1382 et 1383 c. nap., soit par les art. 10 et 51 c. pén.—C'est ainsi qu'il a été jugé: 1° que l'impression et l'affiche du jugement aux frais du prévenu étant une augmentation de peine, quand elles sont demandées par le ministère public, il est facultatif aux juges de ne les point ordonner, alors surtout qu'elles ne sont point prononcées par la disposition pénale en vertu de laquelle le prévenu est poursuivi; et, par exemple, en matière de délit d'habitude d'usure (Req. 16 mai 1823) (1); — 2° Qu'un tribunal de police ne pouvait, sous le code de brum. an 4, ordonner, en même temps qu'il prononçait une condamnation à l'amende de trois journées de travail, l'affiche publique de son jugement (Crim. cass. 11 niv. an 8, MM. Rous, pr., Béraud, rapp., aff. Feunat).

866. D'un autre côté, il a été jugé: 1° que, la loi accordant aux tribunaux de police la plus grande latitude pour déterminer et fixer les dommages-intérêts qui leur sont demandés, un tribunal de police peut ordonner l'affiche de son jugement comme complément de la réparation civile de l'injure commise par le prévenu (Crim. rej. 24 mai 1811, MM. Barris, pr., Bailly, rap., aff. Christ); — 2° Que l'impression et l'affiche d'un jugement correctionnel sont considérées, non comme une peine, mais comme un complément de réparation, lorsque la partie civile y a conclu; que, dans ce cas, en conséquence, le tribunal ou la cour peut ordonner l'impression et l'affiche, lors même qu'elles ne sont point prononcées par la disposition pénale en vertu de laquelle le prévenu est poursuivi, tel, par exemple, que l'art. 373 c. pén., relatif à la calomnie (Crim. rej. 1er fév. 1828, MM. Bailly, pr., Ollivier, rap., aff. Lagard); — 3° Qu'un tribunal de police peut ordonner l'affiche de son jugement, comme complément des dommages-intérêts, lorsque la partie civile y a conclu (Crim. rej. 25 mai 1810 (2); 26 pluv. an 12, MM. Viellart, pr., Basire, rap., aff.

(1) (Min. pub. C. Breton.) — LA COUR; — Attendu que le tribunal, en déclarant que l'impression et l'affiche du jugement aux frais de Breton et sur la demande du ministère public, serait une véritable aggravation de peine, n'a point méconnu les principes d'après lesquels l'impression et l'affiche d'un jugement aux frais du prévenu, sont une augmentation de peine quand la poursuite en est faite par le ministère public, comme elles sont une augmentation de dommages et intérêts quand elles sont demandées par la partie civile; — Attendu que la loi du 3 sept. 1807, n'énonçant ni directement ni indirectement que l'impression et l'affiche du jugement doivent être une suite nécessaire de la condamnation aux peines portées par l'art. 4 de ladite loi, et n'ayant même aucunement disposé relativement auxdites impression et affiche, il a été, dans tous les cas, libre au tribunal de ne les point ordonner; — Rejette.

Du 16 mai 1823.-C. C., ch. req.-MM. Barris, pr.-Cardonnel, rap.

(2) (Banio.) — LA COUR; — Attendu que les dispositions des art. 346 c. brum. an 4, 261 c. proc. civ. ne sont point applicables à la forme de procéder en matière de simple police, où les parties peuvent réciproquement amener et produire leurs témoins sans citation préalable: —

Wirtt ; 13 fév. 1806, MM. Viellart, pr., Babille, rap., aff. Levieux).

867. Les principes qui viennent d'être posés, la distinction qui vient d'être faite semblent avoir été méconnus par les arrêts suivants, qui ont décidé : 1° que l'affiche d'un jugement correctionnel peut être ordonnée d'office dans un intérêt public ; qu'elle ne constitue pas une aggravation de peine (Crim. rej. 15 nov. 1810, MM. Barris, pr., Bauchau, rap., aff. Delacommune) ; — 2° Que les tribunaux de police peuvent, lorsque la contravention est publique, ordonner l'impression et l'affiche du jugement (Crim. rej. 10 avr. 1806, aff. Beaussier, V. Commune, n° 1342) ; — 3° Que le tribunal de police qui prononce une condamnation pour injures proférées contre une personne peut, d'office, ordonner l'affiche de son jugement (Crim. rej. 7 prair. an 7, MM. Meaulle, pr., Sapin, rap., aff. Grulé).

868. Il a été jugé encore que l'impression et l'affiche d'un jugement ordonnés peuvent être considérées comme une sorte de dommages-intérêts au profit du plaignant, et que, si elles n'ont pas été formellement demandées, il n'en résulterait qu'un *ultrà petita* qui ne pourrait donner ouverture à cassation (Crim. rej. 10 therm. an 10, MM. Viellart, pr., Rataud, rap., aff. Sonnet).

869. Nous avons dit que les tribunaux ne peuvent ordonner à titre de peine l'impression et l'affiche de leurs jugements, sinon dans les cas où la loi contient à cet égard une disposition expresse. L'un de ces cas c'est le cas d'usure. La loi du 19 déc. 1850 (D. P. 51. 4. 11) dispose (art. 5) que, dans tous les cas où un individu est condamné pour délit d'habitude d'usure, et suivant la gravité des circonstances, les tribunaux pourront ordonner, aux frais du délinquant, l'affiche du jugement et son insertion par extrait dans un ou plusieurs journaux du département. — A cet égard il a été jugé que, dans le cas où une poursuite dirigée contre un prévenu à la fois pour délit d'habitude d'usure et pour abus de confiance a abouti à une condamnation unique, appliquée par le juge aux deux délits, l'affiche du jugement, bien qu'elle ne soit prononcée par la loi qu'à raison du premier de ces délits, a pu néanmoins être ordonnée pour la totalité (Crim. rej. 18 août 1854, aff. Perrot, D. P. 54. 5. 772).

870. Une partie au profit de laquelle un tribunal a ordonné l'affiche d'un certain nombre d'exemplaires de son jugement, ne peut en afficher, ni même en publier, à la suite de mémoires imprimés, un plus grand nombre que celui fixé, alors surtout qu'elle s'est engagée, postérieurement au jugement, à ne pas en afficher plus que le nombre ordonné. — L'affiche d'un jugement est une peine qui ne peut être étendue au delà du terme fixé par l'autorité qui l'a prononcée (Paris, 1er juin 1831) (1).

871. Un tribunal n'excède pas ses pouvoirs en permettant l'affiche de son jugement hors du territoire de sa juridiction, tant qu'il fixe le nombre des exemplaires à afficher. Et, dans ce cas, l'affiche peut être faite dans tous les lieux où l'injure a été connue, pourvu qu'elle soit du nombre d'exemplaires prescrit (Crim. rej. 18 mess. an 11) (2). — V. aussi v° Affiche, n°s 92 et s.

CHAP. 7. — CESSATION DES PEINES ET DE LEURS CONSÉQUENCES LÉGALES. — AMÉLIORATION DES INDIVIDUS, DES CONDAMNÉS, DES SYSTÈMES PRÉVENTIF ET RÉPRESSIF.

872. La peine est la dette du coupable envers la société qu'il a offensée. De même que la dette s'éteint par le payement, la peine cesse d'exister lorsqu'elle a reçu son entière exécution. Ainsi, par exemple, le condamné à la reclusion ou à l'emprisonnement qui a subi sa peine pendant la durée qui lui avait été assignée, s'est affranchi par là même des effets de la condamnation qui avait été prononcée contre lui, il a payé sa dette (V. ce qui a été dit *suprà*, n°s 201 et s., sur l'exécution des peines). —Les peines peuvent cesser d'exister sans avoir reçu leur exécution en tout ou en partie ; et, de même que le créancier peut faire au débiteur la remise totale ou partielle de sa dette, le souverain, dépositaire et organe du pouvoir social, peut faire au coupable la *remise* de sa peine.—Il peut aussi *échanger* la peine prononcée contre une peine moins grave (V. les mots Amnistie, Grâce et commutation de peine). — En l'absence même de toute remise totale ou partielle, le condamné est affranchi de la peine lorsqu'il s'est écoulé un certain laps de temps sans que cette peine ait reçu aucune exécution, ainsi qu'on le verra v° Prescript. crim.

873. Le condamné qui a subi sa peine, ou qui en a obtenu la remise, ne recouvre pas toujours par cela seul *l'intégrité* de son état civil. Il est certaines peines dont les conséquences légales survivent à l'exécution, ou même ne commencent qu'au moment où cette exécution finit. Ainsi, aux termes de l'art. 28 c. pén., la condamnation aux travaux forcés à temps, à la détention, à la reclusion et au bannissement, emporte la *dégradation civique* à partir du jour où la condamnation est devenue irrévocable. Ainsi encore, aux termes de l'art. 47, les coupables condamnés aux travaux forcés à temps, à la détention et à la reclusion sont de plein droit, après qu'ils ont subi leur peine, et pendant toute la vie, sous la *surveillance de la haute police*. — La loi, toutefois, n'a pas voulu que ces conséquences fussent ineffaçables et que jamais ceux sur qui elles pèsent ne pussent s'en affranchir à aucun prix ; elle a pensé qu'il était plus sage d'encourager le repentir et le retour à des habitudes régulières en offrant aux condamnés libérés, comme récompense de leurs efforts, la perspective d'une *réhabilitation* complète. Elle a donc permis aux condamnés libérés qui, par la régularité de leur vie pendant un certain laps de temps, ont donné à la société des garanties suffisantes d'un retour sérieux au bien, de former une demande en réhabilitation. Les conditions auxquelles l'ad-

---

Attendu que le tribunal de police n'a point ordonné l'impression, mais seulement l'affiche de son jugement, que cette disposition ne blesse aucune loi, soit parce que l'adversaire du demandeur y avait conclu, ainsi qu'il est référé au jugement, soit parce que le juge a considéré que l'offense ayant été publique, la réparation devait avoir le même caractère, et que d'ailleurs cette publicité par l'affiche, est sans doute entrée dans le calcul des dommages et intérêts dus à la partie offensée ; — Attendu qu'il appartenait au tribunal de police d'apprécier les faits, de juger s'ils constituaient une injure, et s'ils étaient suffisamment prouvés, et qu'aucune loi ne lui imposait l'obligation d'ordonner un interlocutoire lorsqu'il trouvait sa conscience assez éclairée ; — Rejette.

Du 25 mai 1810.-C. C., ch. req.-MM. Barris, pr.-Charles, rap.

(1) *Espèce :* — (Dumont et Derosne C. min. pub.) — Par sentence du juge de paix de Pantin, Sommier fut déclaré contrefacteur d'une invention pour laquelle Dumont et Derosne avaient obtenu un brevet, et condamné à des dommages-intérêts envers eux ; cette même sentence ordonna qu'elle serait affichée au nombre de cent exemplaires. — Plus tard, Dumont et Derosne cédèrent l'usage de leur invention à Sommier, et ils convinrent ensemble de n'afficher le jugement qu'à cent exemplaires, ainsi que cela était ordonné, et qui furent en effet placardés ; mais les sieurs Dumont et Derosne firent en outre imprimer ce jugement à la suite de trois cents mémoires produits en l'instance, et les firent distribuer. — Sommier ayant eu connaissance de ces faits, a demandé la suppression de ces mémoires, et des dommages-intérêts. Sur cette contestation, le tribunal civil de la Seine a rendu le jugement suivant : — « Attendu qu'aux termes de l'art. 1036 c. proc., il appartient aux tribunaux seuls d'ordonner l'affiche des jugements par eux rendus ; — Attendu que la publicité, en pareil cas, par voie d'affiches, étant une peine prononcée contre celui qui succombe, elle doit être restreinte dans les limites et dans les formes dans lesquelles elle a été prononcée ; — Attendu que le juge de paix du canton de Pantin avait fixé à cent exemplaires l'affiche du jugement par lui rendu contre le sieur Sommier ; que, postérieurement, Dumont et Derosne s'étaient engagés à ne pas dépasser ce nombre d'affiches ; — Attendu cependant que ces derniers, après le procès terminé, ont fait imprimer et ont distribué un mémoire auquel ils ont joint un exemplaire du jugement rendu contre Sommier, au nombre de trois cents exemplaires ; que cette publicité, qui avait pour objet de signaler Sommier comme contrefacteur, a dû lui nuire dans l'opinion publique ;... » — « Par ces motifs, ordonne la remise entre les mains de Sommier des trois cents exemplaires, sous peine de 1 fr. par chaque exemplaire non représenté, et condamne les défendeurs à 1,000 fr. de dommages-intérêts. » — Appel par Dumont et Derosne, qui soutinrent qu'aucune loi ne défendait d'afficher un jugement à un plus grand nombre d'exemplaires que celui fixé par le jugement, pourvu qu'on ne réclamât pas les frais du surplus ; que, d'ailleurs, l'insertion du jugement à la suite d'un mémoire n'était pas une affiche. — Arrêt.

LA COUR ; — Adoptant les motifs des premiers juges ; — Confirme, néanmoins réduit à 500 fr. les dommages et intérêts, etc.

Du 1er juin 1831.-C. C., c. roy. de Paris, 2e ch.-M. Dehérain, pr.

(2) (Ronsier C. Thierry.) — LE TRIBUNAL ; — Attendu 8° que le nombre des exemplaires qui pourraient être affichés, ayant été fixé par le jugement, il n'y aurait point d'excès de pouvoir dans la disposition qui permettrait cette affiche hors du territoire de la juridiction du tribunal qui la prononçait, et que cette affiche pouvait être légalement faite dans tous les lieux où l'injure ayant été connue, l'affiche serait utile pour en détruire les effets, pourvu que le nombre des exemplaires affichés n'excédât point celui porté dans le jugement ; — Rejette.

Du 18 mess. an 11.-C. C., ch. rej.-MM. Viellart, pr.-Barris, rap.

mission de cette demande est subordonnée, les formes dans lesquelles il est procédé, enfin les effets de la réhabilitation, ont été expliqués v° Droit civ., n°s 747 et suiv.

874. Nous venons d'exposer dans son ensemble le système pénal qui régit actuellement la France. Quels ont été ses résultats? quelle influence exerce-t-il sur la moralité publique? quelles sont ses imperfections, ses lacunes? enfin de quelles améliorations est-il susceptible? L'académie des sciences morales et politiques s'est préoccupée de ces questions. Dans sa séance du 16 août 1851, elle confia à M. Bérenger, l'un de ses membres, la mission de visiter les principaux lieux de répression de France et d'Angleterre, de comparer les résultats des systèmes de pénalité des deux pays, et de rechercher quelles mesures pourraient être adoptées pour conserver les bons effets de l'expiation après la libération des condamnés.—Afin de répondre dignement aux vues de ce corps savant, l'honorable magistrat visita, dans les deux pays, les lieux où les peines reçoivent leur exécution, se livra aux plus minutieuses investigations, consulta tous les documents, questionna tous ceux dont l'expérience pouvait lui fournir quelques lumières, fit une étude approfondie de toutes les questions qui se trouvaient comme impliquées dans sa mission, et enfin présenta à l'académie un rapport dont il lut successivement les diverses parties dans les séances des 9 juill., 6 et 27 août, 26 nov. 1853, 14 et 21 janv., 11 mars, 22 avril, 13 mai, 10 juin, 29 juill. et 5 août 1854. Inspiré par une philanthropie éclairée, riche de faits et d'idées, plein d'aperçus aussi justes qu'élevés, écrit avec cette noblesse et cette élégance qui distinguent si éminemment l'auteur de la Législation criminelle, ce rapport forme un véritable monument élevé à la science du droit pénal. Nous croyons utile de présenter ici une courte analyse de ce beau travail au moins de la partie consacrée à la France, en y entremêlant, s'il y a lieu, quelques brèves remarques.

875. Après avoir rapidement esquissé l'histoire de notre droit pénal, l'auteur présente un tableau général des juridictions devant lesquelles sont poursuivies les diverses classes d'infractions, indique les agents chargés de la recherche des crimes et délits, et retrace les diverses phases de l'instruction et du jugement jusqu'au moment où la condamnation est prononcée; puis, s'attachant aux individus sur lesquels pèsent des présomptions de culpabilité, il les suit tour à tour devant leurs juges, puis dans les lieux de répression où ils sont conduits pour subir leurs peines, *prisons départementales*, *maisons centrales*, *bagnes*, *colonies pénitentiaires*, etc., et décrit avec détail le régime auquel les condamnés sont soumis dans ces divers lieux.—Après avoir ainsi exposé tout ce qui concerne les tribunaux criminels ordinaires, il passe en revue successivement les *tribunaux militaires* et *maritimes*, les tribunaux *spéciaux*, les juridictions exceptionnelles, *extraordinaires*, et fait, pour chacun de ces organes de la justice répressive, un travail analogue à celui que nous venons d'indiquer.—Jetant ensuite un coup d'œil sur l'état de la société en général, il compare la société actuelle à la société ancienne, et constate les grands *progrès* qui assurent à notre temps une supériorité incontestable sur les âges antérieurs. Les populations sont plus éclairées et les mœurs plus douces; l'esprit de charité, la mansuétude générale, l'empressement des classes riches à assister le pauvre se manifestent chaque jour avec un éclat que n'a vu aucune autre époque. D'un autre côté, la division de la propriété a pour effet d'intéresser au maintien de l'ordre et à la conservation sociale tous ceux qui possèdent une portion du sol. Enfin, chacun exerçant librement la *profession* à laquelle il se croit propre, l'homme qui veut s'élever par l'emploi de son intelligence, par l'exercice de ses facultés, ne se sent plus arrêté dans son essor par d'infranchissables barrières.—On voit donc qu'aujourd'hui la société renferme dans son sein moins de causes de perturbation, moins de germes de désordre. Il faut le reconnaître néanmoins, elle a aussi ses infirmités, et les révolutions mêmes qui ont opéré tant d'améliorations dans notre état social, y ont laissé aussi des semences de trouble dont la sollicitude du législateur doit s'efforcer constamment de prévenir ou d'arrêter le développement. Ainsi, par exemple, c'est le sentiment exagéré de la liberté humaine qui a enfanté tant de conspirations, suscité tant de guerres civiles et armé si souvent le bras des assassins politiques (à quoi il faut ajouter, au moins pour notre temps, le désir d'obtenir des emplois publics, des honneurs et même des moyens d'existence qu'on a perdus). Ainsi encore la culture intellectuelle donnée aux générations nouvelles, la facilité qu'aujourd'hui chacun trouve à s'élever, le développement du commerce et de l'industrie, les progrès du luxe, stimulent les ambitions, allument les convoitises, et contribuent souvent à démoraliser les individus en leur inspirant le désir d'acquérir rapidement par des moyens illicites ce qu'ils ne pourraient obtenir légitimement que d'un travail opiniâtre et persévérant. — M. Bérenger cherche ensuite dans les données statistiques le moyen d'établir une répartition de la population française quant à la criminalité. Comparant ensemble les divers départements entre lesquels la France est divisée, il constate : 1° qu'il se commet plus de crimes dans les uns que dans les autres, selon que le sol est plus ou moins riche et que les habitants y ont un travail plus ou moins assuré; 2° que les départements du midi apportent à la répression un contingent beaucoup plus considérable que ceux du nord de la France. La raison de ce double fait est facile à saisir : d'un côté, dans les départements riches, où il est plus facile de trouver du travail, les excitations de la misère sont moins grandes; d'un autre côté, dans les départements méridionaux, les passions, qui sont si souvent la source des crimes, sont plus fortes que dans les départements du nord. Un autre fait, c'est que dans les départements où il existe de grands centres de population, comme la Seine, le Rhône, etc., la criminalité est relativement plus grande qu'ailleurs. — M. Bérenger examine aussi, d'après la statistique, quel contingent fournissent à la répression les diverses situations sociales, et à cet égard il partage la population tout entière en quatre grandes catégories : 1° ceux qui ont des ressources suffisantes pour se passer de travail; 2° ceux à qui le travail est nécessaire et qui ont la ferme volonté de travailler (fonctionnaires publics, arts libéraux, professions libérales, commerçants, médecins, notaires, avoués, huissiers, ouvriers agricoles ou industriels, serviteurs à gages); 3° ceux qui, ayant la volonté de travailler, ne le peuvent pas; 4° enfin ceux qui le pourraient mais ne le veulent pas.—Nous ne le suivrons pas dans les détails où il entre à ce sujet, soit quant à la proportion numérique, soit quant à la nature des crimes ou délits commis par chacune de ces diverses catégories. Cela nous entraînerait trop loin, et d'ailleurs serait ici sans intérêt.—Enfin M. Bérenger recherche quelles sont les influences diverses qui agissent sur la criminalité. Il constate d'abord que les crimes contre les personnes se commettent assez généralement dans les mois de l'année où la température, étant plus élevée, donne au sang plus d'activité, et par suite rend les passions plus vives; qu'au contraire, les crimes contre la propriété se commettent le plus ordinairement dans la saison la plus rigoureuse, celle où le manque d'ouvrage laisse beaucoup de bras inoccupés, et où la classe pauvre est plus exposée aux atteintes du besoin.—Quant au sexe, on remarque que les femmes entrent pour moins d'un sixième dans la masse des accusés, et parmi elles on trouve un plus grand nombre d'accusées de crimes ou délits contre les propriétés que de crimes ou délits contre les personnes.—L'âge n'est pas non plus sans influence sur la criminalité. C'est de seize à trente-cinq ans que se produit le plus grand nombre d'actes punissables. Et en effet, c'est dans cette période de la vie que le corps se développe, qu'il a le plus de vigueur, et que, par conséquent, il est le plus sous l'empire des passions. A ce point de vue, les mêmes causes ont une action à peu près égale sur les deux sexes.—Enfin il est une autre cause dont l'influence est constatée par les chiffres, c'est l'état civil. Il n'est pas douteux, dit M. Bérenger, que le célibataire est plus accessible que l'homme marié à la pensée du mal, dégagé quant à lui de l'étreinte des liens de famille et de la solidarité qu'ils imposent. Et, en effet, la statistique criminelle, pour l'année 1850, donne, sur 1,000 accusés, 558 célibataires, 384 mariés, 58 veufs. On compte peu d'enfants naturels parmi les accusés. Leur nombre n'excède pas 21 sur 1,000. Mais on a fait justement observer à cet égard que l'instruction judiciaire ne constate peut-être pas toujours leur état. Cette classe d'individus commet d'ailleurs proportionnellement plus de crimes contre les propriétés que contre les personnes.

876. Lorsqu'on cherche à se rendre compte de l'état de la criminalité, il est un fait qui, par son importance, mérite au plus haut point de fixer l'attention : c'est la *récidive*. Si, lorsque cet état est constaté, dit avec raison M. Bérenger (Rapport, p. 403), il dénote une plus grande perversité de la part de celui à qui une première répression n'a pas suffi pour le corriger, il dénote aussi l'insuffisance de cette répression, soit que par sa nature elle ait été mal appropriée au fait ou à son auteur, soit que son inefficacité résulte du mode vicieux de son infliction. Or le nombre des récidives est considérable, et, depuis un certain nombre d'années, il s'est constamment accru. Les récidivistes sont en général incorrigibles; ce qui le démontre, c'est que le plus grand nombre d'entre eux subit toujours trois, quatre, cinq condamnations, et que quelquefois même le nombre de ces condamnations s'élève de dix à trente, et même au delà. C'est, en général, dans la première et la deuxième année de leur sortie de prison que les libérés commettent de nouveaux méfaits; bien peu sont repris dans les années suivantes. Les rechutes ne sont pas moins fréquentes parmi ceux qui sortent avec des pécules élevés que parmi ceux qui n'avaient rien ou presque rien gagné pendant leur détention; elles ne le sont pas moins non plus parmi ceux qui savent lire et écrire que parmi les illettrés.—Nous avons dit que le nombre des récidives s'accroissait d'année en année. En comparant ensemble les années 1851 et 1852, on constate l'existence, dans la première, de 28,706 récidivistes, et dans la seconde de 33,005; ce qui fait, d'une année à l'autre, une augmentation de 4,299. Et encore il est bien certain que toutes ces évaluations sont au-dessous de la vérité; car le fait de la récidive est souvent ignoré, surtout lorsque les condamnations successives ne sont pas prononcées par le même tribunal. Comme alors les juges ne peuvent en tenir compte dans la fixation de la peine, la répression se trouve insuffisante et sans proportion avec la perversité du coupable. L'établissement des casiers judiciaires institués dans les greffes de tous les arrondissements et des colonies a précisément pour but de remédier à cet inconvénient; il en résulte que désormais il suffira de connaître le lieu d'origine d'un individu pour obtenir facilement, à l'aide d'un extrait du casier, les renseignements les plus exacts sur ses antécédents judiciaires. — Si maintenant on recherche, à l'aide des statistiques officielles, quel a été, depuis un quart de siècle, le mouvement de la criminalité, on reconnaît que pendant cette période le nombre annuel des crimes a été à peu près le même, mais que, parmi ces crimes, ceux qui sont dirigés contre les personnes ont notablement augmenté, principalement ceux qui attestent une plus grande perversité, tels que les viols et attentats à la pudeur contre des enfants. On reconnaît d'un autre côté que le nombre des délits correctionnels a suivi une progression constante et considérable. Le nombre de ces délits, qui en 1826 était de 59,630, a été en 1852 de 197,394. Il n'est pas possible de voir dans cette augmentation une suite naturelle de l'accroissement de la population, car cet accroissement, pendant cette même période d'un quart de siècle, n'a été que d'un neuvième environ. Quelle en est donc la véritable cause? Elle réside principalement, suivant M. Bérenger, dans l'insuffisance du mode d'infliction de la répression pénale, dans les vices de notre régime pénitentiaire. En effet, si l'on examine ce qu'est aujourd'hui le régime des prisons, on voit que cette forme de la répression ne remplit nullement la condition principale que le législateur doit avoir en vue : la réforme du condamné. Le plus grand obstacle à cette réforme, c'est l'emprisonnement collectif. Corrupteur dans le présent, il a pour résultat inévitable de consolider le mal qu'il a fait en l'étendant au delà des limites dans lesquelles il se reproduit. « En effet, dit M. Bérenger, p. 425, les plans que ces hommes ont formés de concert dans la captivité, c'est également de concert qu'ils les réalisent après leur libération. Après avoir correspondu avec les malfaiteurs du dehors par l'intermédiaire de ceux d'entre eux qui ont été successivement rendus à la vie libre, ils se cherchent, se retrouvent, s'affilient, recrue assurée de ces redoutables associations où leur place était marquée à l'avance, et dont ils ont appris à connaître la langue à part, les signes de ralliement, les lieux de retraite. Si, dans le nombre, il en est qui soient tentés de s'isoler des autres, aspirant à racheter par une conduite toute nouvelle l'opprobre de leur passé, obsession ou menaces, tout est mis en œuvre pour les en détourner. Ramenés de force dans la voie où ils auraient voulu ne jamais rentrer, il faut qu'ils s'y enfoncent plus profondément, et qu'ils s'y enfoncent sans retour. L'un d'eux a-t-il échappé à cette tyrannique influence, dans une résidence éloignée, où ses antécédents sont ignorés, a-t-il, après de longs et honorables efforts, conquis le suffrage public, s'est-il créé par son travail une existence, un patrimoine, une famille, il vient un moment où, découvert par un de ses anciens compagnons de captivité, il le voit s'attacher à lui comme une proie, et pour le rançonner, pour se nourrir de sa substance, tenir suspendu sur sa tête le secret dont il est armé, lui enlever par une sourde et incessante persécution le repos de ses jours et de ses nuits, tarir dans son cœur la source des joies honnêtes et des satisfactions du foyer, ramener dans sa conscience le remords par l'effroi, et lui faire douter de la vertu sous laquelle il n'a pu parvenir à abriter sa vie. »—On a voulu chercher dans la loi du silence un remède au mal qu'engendre la vie commune. Mais ce n'est là qu'un palliatif impuissant. Cette obligation du silence ne fait qu'irriter le désir si naturel à des hommes réunis dans le même lieu d'échanger entre eux leurs sentiments et leurs idées; aussi qu'arrive-t-il? C'est qu'au moyen de signes convenus ils parviennent à se communiquer leurs noms, le lieu de leur naissance, la cause de leur condamnation, l'époque de leur sortie, et même à préparer des associations, à former des plans, à se créer enfin tout un avenir de désordre et de crime.

877. Mais il ne suffit pas de signaler le mal, il faut découvrir le remède. Ce remède quel peut-il être? On se tromperait, dit M. Bérenger (p. 429), si l'on croyait pouvoir obtenir par des *réformes* de détail des résultats qui soient de nature à rassurer la confiance publique; on atténuerait les effets du mal, on n'en détruirait pas le principe. C'est par des mesures d'ensemble qu'il faut procéder; là seulement est le remède.

878. Avant tout, c'est à des mesures *préventives* qu'il faut recourir. En effet, prévenir le mal par tous les moyens possibles, c'est le premier devoir d'un gouvernement.—La première de ces mesures préventives, c'est la bonne *éducation* donnée au peuple, c'est un enseignement fondé sur la morale et la religion (mais c'est aussi ce que notre enseignement proclame au moins en paroles). Se borner à la culture intellectuelle, ce serait mettre aux mains de l'enfant une arme qu'il tournerait contre lui-même et contre la société. On pourrait, comme dans quelques États, obliger les parents à envoyer leurs enfants aux écoles publiques, lorsqu'ils n'ont pas les moyens de les faire élever chez eux; ce ne serait pas porter atteinte à la liberté des familles; car, dans un État bien constitué, la liberté de chacun doit être restreinte pour l'avantage et l'intérêt de tous.—Les pratiques *religieuses* ont aussi une grande efficacité morale. L'une des principales, c'est l'observation du dimanche. On sait combien en Angleterre cette loi est respectée. En France, la liberté des cultes ne permettrait pas d'employer des moyens coercitifs pour arriver au même résultat. Mais c'est à la haute administration à donner l'exemple; c'est à ceux que leur position sociale élève au-dessus des autres à témoigner ainsi de leur fidélité à ces observances qui rendent sans cesse présents à la pensée de l'homme ses devoirs envers Dieu, envers ses semblables, envers lui-même. (Et tous ces devoirs, même les droits généraux de l'homme envers la famille, envers les concitoyens, envers la cité, tant qu'ils ne seront enseignés dès la plus tendre enfance, qu'y aura-t-il d'efficace dans l'éducation?)

Il est désirable aussi que l'enseignement populaire tende à attacher les jeunes habitants des *campagnes* à la vie des champs et à la *culture* du sol, qui contribuent si puissamment à entretenir la santé du corps et à conserver la pureté des mœurs. M. Bérenger recommande à cet égard la création d'écoles agricoles, comme il en existe en Suisse, en Angleterre, en Prusse et dans le Wurtemberg, où l'enfant, tout en recevant l'instruction élémentaire, est initié aux pratiques de l'agriculture, et il signale comme d'heureuses inspirations les essais tentés dans divers départements de la France sous le nom d'*asiles agricoles suisses*, d'*écoles de villages anglaises*, d'*ouvroirs* pour les jeunes filles, etc. — L'éducation des *enfants* des *villes* réclame aussi toute la sollicitude du pouvoir. A cet égard il a été déjà beaucoup fait : les asiles pour l'enfant, les écoles élémentaires pour ceux dont l'intelligence commence à se développer, les écoles du soir pour les adultes dont la journée est employée à gagner le pain de la famille, s'ouvrent de toutes parts (mais pour les jeunes filles des villes qui n'ont les yeux tournés que vers les positions élevées ou le luxe, qui leur apprendra à trouver le bien-être dans les plus modestes situations?), et ces écoles, dirigées le plus souvent par les frères des écoles chrétiennes, par les sœurs de charité, se trouvent dans des conditions excellentes pour contribuer efficacement à moraliser la population (au moins quand ces conditions n'offrent pas de disparate avec les idées et les usages que les enfants retrouvent dans la cité).

Il ne suffit pas de donner aux classes populaires un enseignement religieux et moral, il faut veiller à ce qu'elles n'aient pas de si fréquentes occasions de se pervertir. Créer, pour les jours de repos, des délassements honnêtes, surveiller les cabarets, les cafés, en restreindre le nombre, interdire à ceux qui les tiennent d'y recevoir les jeunes gens qui n'auraient pas atteint un certain âge, leur défendre de livrer des boissons au delà d'une certaine mesure, punir l'ivresse d'une amende ou même d'une peine plus grave, enfin surveiller avec vigilance et réprimer sévèrement le colportage des mauvais livres : telles sont les mesures dont l'emploi semble le plus utile pour conserver les bonnes mœurs et prévenir le désordre.

879. Passant de là à un autre ordre d'idées, sans quitter encore cependant le terrain des mesures préventives, M. Bérenger signale quelques vices, et par suite quelques réformes à opérer dans notre législation criminelle.

Et d'abord il s'élève contre le nombre trop considérable et contre la durée trop longue des *détentions préventives*. La détention préventive, en effet, non-seulement prive de sa liberté un homme qui peut être innocent, mais atteint la famille dont il est le soutien; et, de plus, le séjour des prisons ne peut qu'exercer une influence funeste sur la moralité de ceux qui y sont soumis. Enfin, les détentions préventives sont pour l'Etat une source de dépenses considérables.—Si l'on examine quelles sont sur ce point les données de la statistique, on voit qu'en 1852, par exemple, 85,626 individus ont été arrêtés préventivement. Or, sur ce nombre, 27,986 ont été acquittés après avoir subi une détention plus ou moins longue. D'autre part, sur 90,916 condamnés au simple emprisonnement, 10,004 ne l'ont été qu'à six jours de prison, et 28,175 de six jours à un mois (ce qui est fort exact quoique l'acquittement ou la modicité de la condamnation soient dus peut-être à la longue durée et à la rigueur de la détention préventive). Certainement, dit M. Bérenger (p. 440), les faits qui avaient motivé leur mise en jugement étaient peu graves, et si la plupart de ces condamnés ont subi un emprisonnement préventif, c'était sans nécessité réelle. Il y avait tout avantage à les laisser en liberté sous la simple caution de leur maître ou patron, ou de quelque autre personne domiciliée et bien famée. Si l'on compare cet état de choses avec ce qui se pratique en Angleterre, on se convaincra facilement qu'il y a là une réforme à faire.

Lorsque après une détention plus ou moins longue les inculpés sont renvoyés par une ordonnance de non-lieu ou acquittés par jugement, il arrive souvent que, privés de ressources, ils sont en quelque sorte livrés sans défense aux funestes suggestions de la misère et du besoin, surtout s'ils sont éloignés de leur domicile. Où trouver un gîte? où trouver de quoi apaiser sa faim? — Organiser les moyens de leur venir en aide, soit en leur procurant un asile momentané, soit en facilitant leur retour dans leur pays ou leur passage en Algérie, soit en les aidant à entrer dans les hôpitaux s'ils sont malades ou infirmes, serait une des mesures les plus efficaces pour conjurer les coupables inspirations et prévenir le mal. L'initiative d'une institution de ce genre a été prise à Paris par un honorable magistrat, M. de Metz, le fondateur de la colonie de Mettray; un comité a été formé il y a quelques années pour diriger cette bonne œuvre, une maison d'asile a été ouverte, dans laquelle ont été reçus, de 1836 à 1852, 5,632 individus. Il est hors de doute, dit M. Bérenger (p. 453), que, si des comités semblables existaient auprès de chacun de nos tribunaux, ils en dégageraient les tristes avenues (et l'on ne saurait trop, à notre avis, en encourager l'établissement). Mais s'il est utile d'ouvrir un asile, même momentané, aux prévenus ou accusés acquittés, combien ne le serait-il pas d'offrir un refuge semblable aux condamnés libérés qui, après avoir subi leur peine, n'ont ni famille qui veuille ou qui puisse les recueillir, ni la perspective de se procurer par le travail des moyens d'existence, et qui, cependant, éclairés sur les fautes qui les ont conduits au crime, ont formé la résolution de vivre en honnêtes gens? Il n'y aurait pas de meilleur moyen de prévenir les récidives dont le nombre toujours croissant est, ainsi que nous l'avons déjà dit, une des plaies de notre société.—Comme modèle à suivre dans cette voie, M. Bérenger (p. 454 et suiv.) cite l'établissement formé à Montpellier par l'abbé Coural, aumônier des prisons, sous le nom de *Solitude de Nazareth*, et dans lequel on reçoit toutes les femmes qui, sorties de la maison centrale ou des autres prisons, demandent à y entrer, ainsi que les jeunes filles au-dessous de seize ans qui, acquittées comme ayant agi sans discernement, sont cependant détenues par voie de correction pour un temps qui ne peut dépasser l'époque où elles ont atteint leur vingtième année. Il est à désirer (ajoute très-bien M. Bérenger) que d'autres asiles du même genre s'établissent et qu'il en soit formé de semblables pour les hommes. Enfin M. Bérenger (p. 459 et s.) signale comme une cause de dépravation qu'il est urgent de faire disparaître la publicité des exécutions capitales. Il dépeint énergiquement le ravage causé dans les âmes par « cette curiosité sauvage qui inonde la place où se dresse l'instrument du supplice, associe à son impatience fébrile la plus tendre enfance, épie les angoisses du condamné, s'attache, pour ainsi parler, aux palpitations de son agonie, et, de retour sous le toit domestique, n'y rapporte que l'endurcissement de cœur, produit par la satiété des émotions... Après l'expiation, ajoute-t-il, ce n'est pas silencieuse et réfléchie que la foule s'écoule; rarement remarque-t-on parmi elle un sentiment de tristesse. Mais si le condamné a montré de l'audace, s'il est mort avec résolution, on admire, on exalte son courage. Dans tous les cas, c'est moins l'horreur du crime expié que les incidents du terrible drame auquel on a assisté qui deviennent le sujet des conversations; on oublie le crime, la juste peine qu'il a encourue, pour ne plus songer qu'à la manière avec laquelle l'échafaud peut être affronté. » La publicité du supplice est si peu un frein, dit encore le savant magistrat, que plusieurs ecclésiastiques attachés au service des prisons nous ont affirmé que la plupart des condamnés auxquels, à ce moment suprême, ils avaient offert les secours de la religion, leur avaient avoué que, dans le cours de leur vie, ils avaient assisté à des exécutions capitales. —Mais comment remplacer utilement cette publicité pour donner à la peine de mort toute l'exemplarité dont elle est susceptible? M. Bérenger propose le mode suivant : « Qu'on se figure arrivé, dit-il (p. 470), le jour où un grand coupable va être privé de cette vie dont il a fait un criminel usage. Ce jour est solennellement annoncé; l'heure du supplice l'est également. Toutes les cloches de la ville sont en mouvement, celles du lieu où le crime a été commis le sont aussi et appellent la population dans les temples pour assister au service expiatoire qui va être célébré sur tous les autels. Le prêtre, par sa parole, rappelle les saintes lois qui régissent le monde, et dont la violation ne peut rester impunie sans qu'il y ait subversion de l'ordre dans la société. Sa voix, dans un tel moment, en présence de cette justice humaine qui a la main levée pour frapper, a une autorité qui rend toute-puissante la solennité de l'événement dont tous les esprits sont saisis. Croit-on que le sentiment religieux ainsi provoqué et excité ne produirait pas de plus salutaires effets que la vue du sang coulant à flots? Croit-on que la pensée du terrible sacrifice qui aurait lieu dans l'intérieur de la prison ne frapperait pas plus efficacement les imaginations que si l'on avait devant les yeux sa triste réalité? » —Oui, très-certainement, quoiqu'il soit peut-être à craindre que ces glas lugubres de mort qui, pendant toute une journée, tortureraient l'âme des condamnés, ne reportent à la longue trop d'intérêt sur leurs personnes. On est si léger en France!

880. Quelle que soit l'efficacité des moyens préventifs qui viennent d'être indiqués (et parmi lesquels l'éducation si négligée des hommes doit être placée en première ligne), il n'est pas permis d'espérer qu'ils feront entièrement disparaître le mal; tout ce qu'on peut souhaiter c'est qu'ils le rendent plus rare. Il arrivera donc quelquefois que des crimes ou des délits seront commis. Que doit-on faire dans cette hypothèse? Punir l'auteur du méfait, mais en même temps faire en sorte que le châtiment dont il est frappé le corrige, le rende meilleur, le mette pour l'avenir à l'abri des mêmes écarts. C'est à cela que doit viser la loi pénale.—Mais qu'y a-t-il à faire pour atteindre ce but? Réformer, améliorer notre système pénitentiaire. Et d'abord on arrête l'auteur présumé du crime ou du délit. Il peut être innocent. Dans cette hypothèse, il ne faut pas qu'il sorte de la prison plus mauvais qu'il n'y est entré. Si, après avoir subi l'épreuve d'une captivité préventive, il doit venir reprendre sa place au milieu de ses concitoyens, il ne faut pas qu'il y vienne en quelque sorte flétri par le séjour plus ou moins long qu'il aura fait dans une atmosphère impure. Pour cela, il faut éviter de le mettre en contact avec ces hommes pervers dont la vie n'est pour ainsi dire qu'une suite de crimes, avec ces hommes qui n'ont à la bouche que des propos impies ou obscènes.

Supposons qu'il soit reconnu coupable et condamné, il importe d'empêcher qu'il n'en corrompe de moins avancés que lui dans le mal, ou qu'il n'achève de se corrompre lui-même. Le lieu où il subit sa peine doit être un lieu d'amendement, une sorte d'hospice moral affecté aux infirmités de l'âme. Or, la raison et l'expérience démontrent qu'avec l'emprisonnement en commun ce but ne saurait jamais être atteint, et que l'isolement est la condition indispensable de l'amélioration morale du condamné. Le système de l'isolement met fin au double inconvénient que produit inévitablement l'emprisonnement en commun : d'une part, école mutuelle de perversité, avenir commun engagé dans le crime; d'autre part, et par suite, affiliations toutes formées, complicité forcée de la faiblesse, impuissance du repentir. D'ailleurs il est impossible de méconnaître l'influence de la solitude sur le moral de l'homme. « Placé en présence de lui-même, dit M. Bérenger, p. 487, à l'abri de toute excitation extérieure, le condamné se retrouve tout entier au milieu de ce silence qui le laisse à l'entière spontanéité de ses impressions, en pleine et libre possession de sa pensée, entendant de plus près et forcé d'écouter mieux la voix de sa conscience. Le trouble qu'il éprouve, peut-être pour la première fois, lui révèle toute l'étendue et toute l'énormité de sa faute. Plus de fausse honte; il n'est pas sous le regard d'autrui! Plus de forfanterie, cette force factice du faible! A l'effroi succède l'abattement; à l'abattement ce besoin secret de consolation que Dieu a mis au fond de l'âme de toute créature. Et à quelles consolations peut-il avoir recours, si ce n'est à celles qui viennent d'en haut et qui seules enlèvent au remords tout ce qu'il a de poignant et d'amer? Ainsi préparé à se décharger du poids qui l'oppresse, qu'une voix amie pénètre dans sa cellule, que de temps à autre elle fasse parvenir à son oreille des paroles de paix et d'espérance, et il se fera en lui une heureuse transformation qui, pour être durable, n'aura besoin que de l'emploi suffisamment prolongé des moyens qui l'auront produite. Tel sera l'effet si salutaire de la solitude. »—Après avoir ainsi décrit les avantages de l'isolement, M. Bérenger réfute, p. 487 et suiv., les diverses objections qui ont été dirigées contre ce système.

Pour que le régime de l'isolement produise de bons résultats, plusieurs conditions sont nécessaires : il faut d'abord qu'il y ait une administration forte et centralisée, qui maintienne l'unité, la permanence des vues, et qui imprime la direction et le mouvement aux diverses parties du système.—Il faut, en second lieu, que la religion vienne s'associer à l'action de l'administration; il faut que le prêtre travaille à dompter ces natures rebelles, à adoucir ces cœurs endurcis dès longtemps par le crime, qu'il fasse enfin pénétrer dans la cellule cette voix d'en haut qui provoque à réfléchir sur soi-même.—Il est nécessaire aussi qu'une surveillance attentive, une surveillance de tous les instants soit exercée sur tous les détenus. M. Bérenger croit que cette surveillance pourrait être utilement confiée aux congrégations religieuses, parce que là seulement on trouve l'énergie de volonté nécessaire pour braver tous les dégoûts et surmonter tous les obstacles, parce que là seulement se montrent les vertus qui s'ignorent elles-mêmes, et qui acceptent sans les dédaigner les fonctions les plus humbles pour s'en acquitter comme d'un devoir envers Dieu. — Le travail, qui par lui-même est essentiellement moralisateur, doit avoir aussi sa place dans la vie du détenu. Il le sauve de l'ennui, le protége contre les excitations et les écarts d'une imagination oisive, et enfin il lui donne un métier dont l'exercice pourra, après sa mise en liberté, lui assurer le moyen de vivre honnêtement.—Les visites que le condamné recevra exerceront aussi sur son moral une influence salutaire. S'il importe de lui interdire toute communication avec les autres détenus, il n'importe pas moins de favoriser toutes les communications qui sont de nature à réveiller en lui les bons instincts. — Enfin, il est nécessaire que le détenu ait la faculté de faire de l'exercice une ou deux fois par jour, et pendant un certain temps, au grand air. Aussi partout où des prisons cellulaires ont été construites, des promenoirs ont été ménagés à cet effet; leur usage tempère ce qu'une absence trop prolongée de mouvement pourrait avoir de pernicieux sous plus d'un rapport.

C'est ainsi, dit M. Bérenger, p. 522, et toutes ces conditions remplies, à savoir, organisation forte de l'administration, instructions et consolations religieuses, surveillance appropriée au système, travail, visites fréquentes, exercice journalier; c'est ainsi, disons-nous, et non autrement, qu'on parviendra à asseoir sur des fondements solides un mode de répression dont les bons effets répondront à ce que la sécurité de la société réclame depuis trop longtemps.

881. Après avoir ainsi indiqué les principaux linéaments du système qu'il propose, le savant magistrat entre dans quelques détails d'application. Comme la peine qui consiste dans la privation de la liberté comprend trois degrés, qui sont : 1° l'emprisonnement, 2° la reclusion, 3° les travaux forcés, il devrait être créé trois espèces de prisons, une pour chaque classe. Chaque espèce de prison aurait son régime propre et son caractère particulier. Rien ne serait, d'ailleurs, changé aux effets légaux que notre législation attache à chaque peine. — Dans les *maisons de correction* affectées aux condamnés à l'emprisonnement, le détenu pourrait choisir, parmi les travaux de la prison, ceux qui seraient le mieux à sa convenance, et il lui serait accordé une part sur leur produit. Outre deux heures de promenade en une ou deux fois, il lui serait accordé deux heures et plus pour l'école, pour les visites qu'il serait autorisé à recevoir, et pour la lecture des livres dont l'administration aurait approuvé le choix. — Dans les *maisons de reclusion*, la part du produit du travail accordé au détenu serait moindre que dans les maisons de correction; le temps consacré aux visites autorisées le serait de même. — Il y aurait des *maisons de travaux forcés*, nonobstant l'établissement de la colonie pénitentiaire de la Guyane : 1° pour ceux à l'égard desquels l'âge, les forces physiques, l'état de santé motiveraient impérieusement des exceptions; 2° pour les femmes condamnées à cette peine. Ces maisons devraient être construites dans des lieux éloignés du centre de la France, afin qu'il y ait déjà dans cet éloignement une aggravation de peine, par exemple, sur les côtes, ou en Corse, ou en Algérie. Les condamnés, étant en cellule, ne traîneraient pas un *boulet* aux pieds, mais ils porteraient une *chaîne* légère, qui, relevée des pieds jusqu'à la ceinture, où elle demeurerait attachée, serait destinée à leur rappeler sans cesse la gravité de leur crime. Cette chaîne ne leur serait enlevée qu'à titre de récompense, et lorsque leur amendement paraîtrait assuré. Ils seraient enfin employés aux *travaux* les plus pénibles que le séjour de la cellule pourrait comporter. Ainsi il serait facile, de l'intérieur du pénitencier, de faire mouvoir des artifices qui, placés en dehors de l'enceinte, seraient mis en œuvre, soit pour élever les eaux, soit pour le moulinage des grains, le sciage des planches, le forage du bois ou du fer, soit pour une foule d'industries, dont le commerce, la marine et l'administration de la guerre pourraient tirer avantage. Chaque détenu, toutefois, ne serait employé à ces travaux que quelques heures par jour, car il importe surtout qu'il le soit à des travaux intelligents, qui, en l'initiant à des professions utiles, lui offrent, au moment de sa libération, la facilité de gagner honnêtement sa vie : agir autrement à son égard, ce serait unir la cruauté à l'imprévoyance, ce serait l'abrutir.

Quant à la répartition des *produits* du travail, elle ne serait pas la même pour les détenus des diverses catégories. Elle pourrait être de la moitié pour les condamnés à l'emprisonnement, des quatre dixièmes pour les condamnés à la reclusion, et des trois dixièmes pour les condamnés aux travaux forcés. Et même, à l'égard de ces derniers, il conviendrait de poser en principe que le produit de leur travail appartient à l'Etat; seulement, comme il est utile qu'au moment de sa libération il ait de quoi se vêtir et de quoi subsister jusqu'à ce qu'il ait trouvé du travail, le gouvernement aurait la faculté de lui attribuer la portion susénoncée du produit de son travail, et cette faculté deviendrait la règle, à moins que, par sa conduite, il ne donnât des sujets de mécontentement.

Quand la peine n'est que *temporaire*, quand, après un certain temps, le condamné doit se retrouver dans le commerce de ses semblables, il importe de le préparer, autant que possible, à bien user de la liberté qui lui sera rendue. Mais pour cela que faire? Voici ce que propose M. Bérenger, p. 544 et suiv.

La durée des peines temporaires serait divisée en trois périodes. La première comprendrait le tiers de toute peine au-dessous de dix ans, et le quart de celle au-dessous de vingt ans. Cette première partie de la condamnation serait rigoureusement subie, conformément au régime de l'isolement. — La deuxième embrasserait les deux derniers tiers de la peine pour les uns et les trois quarts pour les autres. Pendant cette période, le condamné serait occupé à de grands travaux extérieurs, en commun avec les autres prisonniers de la même catégorie. Ceux qui, par leur âge, leur sexe ou leurs infirmités, ne pourraient supporter ces travaux, seraient soumis, dans l'intérieur et en commun aussi, à des occupations manuelles. Une fois admis à ces travaux, soit à l'extérieur, soit dans l'intérieur des prisons, les uns et les autres passeraient successivement par divers degrés, selon la mesure de leurs progrès dans le bien. Si, au contraire, leur conduite n'était pas satisfaisante, l'autorité pourrait les faire rétrograder de degré en degré, et même les renvoyer en cellule pour y recommencer leur nouvelle épreuve. — Après avoir accompli dans cette deuxième phase la moitié de la peine qu'il leur reste à subir, et si leur transformation était jugée complète, les condamnés obtiendraient leur liberté provisoire, jusqu'à l'expiration de leur peine. Ils pourraient se procurer de l'ouvrage parmi la population libre, et l'administration aurait le droit de les faire arrêter de nouveau si leur genre de vie nécessitait cette rigueur.

C'est surtout à l'égard des condamnés arrivés à ce temps d'épreuve que l'établissement des sociétés de *patronage* serait d'un grand secours. Placé sous leur protection, le libéré ne serait plus livré à lui-même. C'est à la société du lieu qu'il choisirait pour sa résidence que le pécule serait remis; elle en dirigerait l'emploi, veillerait à ce que les vêtements de la prison fussent remplacés par des habits décents, l'installerait, lui achèterait au besoin les outils et le petit mobilier nécessaires à sa position nouvelle; et si le pécule était insuffisant pour satisfaire aux besoins les plus urgents, l'Etat y pourvoirait. La société de Saint-Vincent de Paul, formée sous les auspices de la religion, et qui se consacre, avec un admirable dévouement, à toutes les œuvres de charité, la société de Saint-Vincent de Paul, qui a des ramifications dans toutes les parties de la France, et qui compte des représentants jusque dans les plus humbles villages, consentirait, on n'en peut douter, à se charger de cette pieuse assistance, si le gouvernement faisait un appel à son zèle; et qui ne voit quels heureux effets son intervention pourrait produire, quelle salutaire influence elle exercerait sur la vie nouvelle de ces hommes qu'attendent tant d'écueils, que menacent tant de périls?

Les grands travaux extérieurs auxquels on emploierait les condamnés dans la seconde période de leur peine, avant la période de demi-liberté dont il vient d'être question, consisteraient dans l'endiguement de la mer ou des rivières, dans des défrichements de terrains incultes, dans des dessèchements de marais, etc. Ainsi, les détenus du Mont Saint-Michel pourraient être employés à protéger, par la construction d'une digue, 18,000 hectares de polders contre l'invasion périodique de la marée. Ce genre de travaux, outre qu'il serait parfaitement approprié au but qu'il s'agit d'atteindre, produirait de grands avantages. Les prisonniers de la maison centrale d'Embrun pourraient être employés à faire de semblables travaux contre la Durance. Les landes de Bordeaux et les vastes étendues de terres incultes qui existent dans notre pays, les marais ou étangs qui couvrent une partie du sol, ceux de la Corse notamment, offrent au gouvernement le moyen d'occuper utilement les bras des condamnés. On pourrait aussi les appliquer à la construction des prisons cellulaires dans chaque département. L'édification du magnifique hôpital de Saint-Mandrier, à Toulon, à laquelle les forçats ont seuls été employés, montre quel parti on peut tirer des prisonniers.

882. L'Académie, dit en terminant M. Bérenger, p. 548, voit que dans ce système, simple en lui-même, tout s'accorde et s'enchaîne, tout concourt à un résultat qui, si nous ne nous abusons, ferait disparaître, ou tout au moins atténuerait sensiblement un état de choses qui ne peut subsister plus longtemps sans devenir le blâme de notre époque.—Nous ajouterons que ce système aura sans doute pour effet d'adoucir des répugnances et des préventions qui aujourd'hui s'élèvent de toutes parts contre les individus qui ont subi des condamnations qualifiées afflictives et infamantes, mais qu'il ne sera complétement efficace qu'autant que l'enseignement et la législature, dans leurs pratiques, auront vaincu ces préventions et ces répugnances, et les auront amenées au niveau de justice et de faveur dû à des existences ou à des organisations régénérées.

Table sommaire des matières.

Table des articles des codes pénal et d'instruction criminelle.

Table chronologique des lois, arrêts, etc.

—17 août 184 c.
—21 sept. 104-13°.
—28 sept. 92 c.
—4 oct. 513-1°.
—11 oct. 104-4°, 175, 509-2°, 4°.
—18 oct. 104-6° c., 297 c., 299-4°.
—3 nov. 104-6° c., 552, 789-1° c.
—21 déc. 292-1°, 348-4°.
1828. 18 janv. 782-2°
—19 janv. 545.
—1er fév. 866-2°.
—15 fév. 104-9°, 348-4°, 782-3° c.
—22 fév. 328-1°.
—29 fév. 543.
—7 mars 836-5° c.
—14 mars 292-1°.
—15 mars 136, 837-1° c.
—21 mars 348-2°, 548.
—1er avr. V. 10 avr.
—10 avr. 282-4°, 284, 510.
—11 avr. 104-18° c., 105 c., 305-2°.
—17 avr. 513-1°, 3°, 514.
—24 avr. 102-7° c.
—29 mai 545.
—30 mai 777-3° c.
—5 juin 728-3°.
—12 juin 104-7° c.
—19 juin 348-3°.
—27 juin 284.
—4 juill. 271-4° c., 5° c.
—25 juill. 324.
—31 juill. 458-2°.
—2 août 261-1° c.
—20 août 590, p. 553.
—5 sept. 348-4°.
—11 sept. 276-2°, 282-1°, 517.
—20 sept. 514.
—2 oct. 282-1°, 284.
—10 oct. 517.
—27 nov. 265.
—29 nov. 292-1°.
—19 déc. 491.
1829. 8 janv. 292-2°.
—17 janv. 92 c.
—15 fév. 331.
—20 fév. 348-6°.
—26 fév. 348-5°.
—19 mars 297 c., 299-5°.
—28 mars 144-1°.
—10 avr. 327-1°.
—30 avr. 512.
—14 mai 542.
—5 juin 565-1° c.
—11 juin 252-2°, 348-3°.
—18 juin 126-1°.
—19 juin 513-2°.
—2 juill. 297 c., 299-6°.
—6 août 277-1°, 297 c., 299-6°, 787 c.
—18 août 283.
—28 août 312.
—12 sept. 337.
—22 oct. 509-1°.
—5 nov. 342 c.
—9 nov. 300-1°.
—12 nov. 300-2°.
—19 nov. 514.
—11 déc. 338.
—24 déc. 509-5°.
—28 déc. 225 c.
—29 déc. V. 19 déc. 1828.
1830. 7 janv. 104-19° c., 788-3° c.
—8 janv. 104-17° c.
—13 janv. 292-2°, 300-2°.
—4 fév. 297 c., 301.
—5 fév. 113-5°.
—19 fév. 94.
—4 mars 513-2°.
—20 mars 778 c.
—2 avril 96-1°.
—26 avril 174 c.
—3 juin 128-2°.
—6 juin p. 553.
—11 juin 832.
—19 août 293-4 c.
—26 août 157 c., 348-7° c., 447.
—16 sept. 293.
—23 sept. 332-2°.
—21 oct. 511.
—25 nov. 126-3°.
—3 déc. 258-2°, 259 c.
—9 déc. 513-1°.
1831. 6 janv. 513-1°.
—3 mars 282-3°.
—5 mars 344-2° c.
—18 mars 514.
—19 mars 82-1° c., 3° c.
—28 avril 139-2° c.
—20 mai 102-9° c.
—26 mai 126-2°.
—1er juin 865 c., 870.
—17 juin 126-7°, 167-1° c.
—14 juill. 189-2°.
—30 juill. 485.
—21 oct. 105 c.
—5 nov. 116 c., 257-4°, 798.
—23 nov. 562.
—28 nov. 183.
1832. 18 janv. V. 28 janv.
—25 janv. 722.
—26 janv. 828.
—28 janv. 104-4° c.
—2 fév. 300-2°.
—9 fév. 284.
—11 fév. 346.
—16 fév. 146.
—3 mars 756 c.
—22 mars 87 c., 509-2°.
—10 avril p. 553.
—19 avril 331.
—27 avril 144-2°.
—28 avril p. 553.
—23 juin 187-4°.
—14 juill. 188-2°.
—20 juill. 146, 189-1° c.
—11 août 562 c.
—16 août 525-3°.
—28 août 116 c., 798 c.
—13 sept. 331, 337 c., 562 c.
—19 sept. 103.
—27 sept. 535.
—7 oct. p. 556.
—7 nov. 679.
—14 nov. 148-1° c., 189-2°.
—14 déc. 846-1° c.
—20 déc. 533.
—27 déc. 641-2°.
1833. 31 janv. 836-2° c.
—8 fév. 440.
—23 fév. 238 c., 242, 260-2°.
—2 mars 536.
—8 mars 134, 534-2° c., 559, 690-1°.
—14 mars 341, 357-2° c.
—19 avril 837-1° c.
—5 mai p. 558.
—18 mai 565-1° c., 2° c.
—27 juin 319, 328-4°
—15 juill. 139-3°.
—18 juill. 692.
—2 août 139-3°, 142 c.
—21 août 772 c.
—31 août 378 c.
—5 sept. 459, 460.
—19 oct. 318 c., 320.
—28 nov. 452.
—11 déc. 328-2° c., 710.
—17 déc. 757-1°.
—20 déc. 263-1°.
1834. 9 janv. 314-1°, 530.
—16 janv. 531-1°, 643-3°.
—31 janv. 682-1°, 697 c., 702 c.
—13 mars 93 c.
—18 avril 82-4° c.
—3 mai 375-1° c.
—17 mai 97 c.
—27 juin 558.
—2 juill. 708-1°.
—12 juill. 562.
—7 août 694-1°.
—23 août 115, 709 c.
—30 août 803 c.
—13 sept. 683.
—4 oct. 356-4°.
—11 oct. 768.
—26 nov. 328-4°.
—5 déc. 357-1°.
—11 déc. 151-2°, 373-1° c.
—13 déc. 843 c.
1835. 9 janv. 643-2°.
—16 janv. 126-5°.
—22 janv. 643-1°, p. 556.
—30 janv. 480 c.
—26 fév. 325-2° c., 331-1°.
—12 mars 692.
—13 mars 225 c.
—26 mars 102-5° c.
—3 avril 104-3° c.
—4 avril 357-1° c.
—18 avril 562.
—23 avril 357-1° c.
—8 mai 692.
—9 mai 163-2° c.
—15 mai 95.
—23 mai 140-1°, 163-2° c.
—5 juin 336-1°.
—12 juin 341-1°.
—13 juin 376-1° c.
—17 juin 814 c., 816, 825 c.
—25 juin 692.
—26 juin 106 c.
—4 juill. 165-3°.
—23 juill. 704-1°.
—24 juill. 661 c.
—9 sept. p. 556.
—12 sept. 641-1°.
—24 sept. 153-1° c.
—3 oct. 139-4°, 147-2° c., 161-1° c., 163-4° c.
—8 oct. 704-3°.
—22 oct. 336-2°, 559 c., 690-2°.
—5 nov. 692.
—19 nov. 261-2° c.
—19 déc. 606-2°, 607-9°.
—26 déc. 525-2°.
1836. 2 janv. 559-1° c., 691.
—14 janv. 562.
—30 janv. 693.
—11 fév. 781 c.
—3 mars 96-2°.
—4 mars 297 c., 304.
—23 mars 660.
—24 mars 667.
—31 mars 452.
—14 avril 693, 704-2°.
—15 avril 562.
—21 avril 667-1°, 744-2° c.
—28 avril 450.
—4 juin 140-2°.
—8 juill. 285-1°.
—22 juill. 528-1°.
—5 août 163-3°, 357-4° c.
—6 août 357-1° c., 5° c., 419-3° c.
—11 août 452 c.
—13 août 260-2° c.
—18 août 470-2°.
—19 août 786 c.
—25 août 171.
—22 sept. 363-2° c.
—26 nov. 115 c., 679, 702-2° c.
—8 déc. 738-3°.
—9 déc. 590, p. 556.
—30 déc. 256-2°, 378.
1837. 5 janv. 688-3° c.
—6 janv. 303.
—26 janv. 134-2° c., 147-2°, 155-2° c.
—30 janv. 256-2°.
—7 fév. 808-1° c.
—23 mars 158.
—24 avril 808-2° c.
—27 avril 561.
—5 mai 416-1° c.
—6 mai 260-2°.
—12 mai 354-2° c.
—26 mai 82-5° c.
—1er juin 131.
—5 juin 746.
—15 juin 328-4°.
—24 juin 145.
—29 juin 323-3°.
—1er juill. 271-1° c.
—14 juill. 167-2°.
—2 août 560.
—11 août 692.
—12 août 774 c.
—2 sept. 102-10°, 694-1°.
—7 sept. 325 c., 565-1°.
—23 sept. 152-1°.
—28 sept. 160 c.
—23 nov. 377-6° c., 693.
1838. 6 janv. 692, 694-1°.
—19 janv. 153-3°, 476 c.
—27 janv. 377-2° c.
—1er mars 528-1° c., 692, 694-2°.
—8 mars 285-2°, 309 c.
—23 mars 752-4° c.
—6 avril 323-1°.
—26 mai 531-2° c.
—2 juin 147-2° c., 3° c., 163-1° c.
—11 juin 562 c.
—26 juin 693.
—4 juill. 562 c.
—13 juill. 376-1° c.
—20 juill. 376-1°.
—21 juill. 841.
—22 août 746.
—24 nov. 102-10°, 693.
—1er déc. 98-2° c.
—14 déc. 787.
—22 déc. 176.
1839. 8 fév. 838 c.
—16 mars 147-4°.
—21 mars 565-3° c.
—11 avril 323-3°.
—4 mai 429 c.
—10 mai 236-1°.
—16 mai 606-2°.
—23 mai 147-2° c., 163-6° c.
—1er juin 109 c.
—19 juin 235-2°.
—28 juin 350 c., 364 c.
—30 juin 808-3°.
—5 juill. 452.
—17 juill. 373-1° c.
—25 juill. 75, 180.
—19 sept. 448-2°.
—4 oct. 846-2° c.
—15 nov. 255 c.
—21 nov. 682-2°.
—14 déc. 418-3° c.
1840. 23 janv. 706, 710 c.
—31 janv. 126-6°.
—6 fév. 696.
—12 fév. 119-2° c.
—21 fév. 199.
—22 fév. 158.
—4 mars 606-2°, 3°, 4°.
—5 mars 358-2° c.
—21 mars 528-1°.
—30 avril 328.
—13 mai 162-1° c.
—21 mai 82-2°.
—30 mai 810 c.
—6 juin 448-1°.
—19 juin 273 c.
—8 août 163-2°, 420
—25 août 389-1°.
—5 sept. 696.
—25 sept. 570-2°.
—15 oct. 149.
—6 nov. 376-3°.
—3 déc. 288.
—16 déc. 696.
—21 déc. 606-2°, 607-6° c.
1841. 15 janv. 98-3° c., 147-5° c., 158.
—26 fév. 448-3°.
—17 mars 454.
—19 mars 147-5° c., 158 c., 161-3°, 198 c.
—20 mars 452-1° c.
—27 mars 378.
—10 avril 155.
—19 avril 534-1°.
—24 avril 351 c., 363-1° c.
—7 mai 357-3° c.
—8 mai 377-5° c.
—13 mai 147-5°, 158 c., 161-3°.
—19 mai 696.
—28 mai 376-5° c.
—11 juin 113-5° c.
—12 juin 147-5° c., 158.
—18 juin 187-3° c.
—8 juill. 842 c.
—9 juill. 286 c., 525-1°.
—17 oct. 189-3° c.
—26 nov. 170-2°.
—9 déc. 479.
—24 déc. 358-1° c.
1842. 17 fév. 568 c.
—24 fév. 376-4°.
—4 mars 524 c.
—18 mars 452-1°, 455 c.
—31 mars 667-2°.
—6 avril 446.
—9 avril 667-2°.
—2 juin 323-2°.
—4 juin 98-1° c., 777-1° c.
—7 juin 159.
—9 juin 313-1°.
—10 juin 426-1° c., 573.
—22 juin 377-1° c.
—5 août 128-3°.
—12 août 682-3°.
—25 août 126-4°.
—13 oct. 665.
—1er déc. 576 c.
—17 déc. 321.
1843. 24 janv. 452.
—18 fév. 313-3° c.
—20 avril 314-2°, 642.
—27 avril 357-6° c., 417 c.
—28 avril 378.
—20 mai 152-6° c., 162 c., 163-1° c.
—1er juin 410-4°, 5°
—29 juin 670 c.
—21 juill. 532.
—3 août 213-1°.
—4 août 151-3°.
—5 août 357-7° c.
—17 nov. 177.
1844. 3 janv. 452-2° c.
—26 janv. 257-2° c.
—29 fév. 148-2°, 162-2° c.
—7 mars 557.
—13 mars 455 c.
—16 mars 364.
—13 avril 263-2°, 354-3°, 426-2°.
—21 mai 444.
—5 juin 378.
—10 juin 378 c.
—30 août 96-4°, 749.
—12 sept. 152-2°.
—1er oct. 563 c.
—13 déc. 703 c.
1845. 4 janv. 329 c., 583 c., 584 c.
—31 janv. 288 c.
—13 fév. 159-1° c.
—15 mars 159-2° c., 571 c.
—24 avril 99 c.
—6 juin 856 c., 859 c.
—27 juin 242 c.
—28 juin 375-2° c.
—16 août 708-2° c.
—28 août 316 c.
—13 sept. 698 c.
—18 oct. 195 c.
—4 déc. 452-3° c.
1846. 3 janv. 452-3° c.
—10 janv. 553 c.
—28 fév. 277-2° c.
—21 mars 452-4° c.
—29 juill. 389-2° c.
—5 sept. 728-6° c.
—12 sept. 560 c.
—26 sept. 429 c.
—5 nov. 161-2° c.
1847. 21 janv. 213-2° c.
—22 janv. 529 c.
—24 avril 152-3° c.
—14 mai 119-3° c.
—29 mai 164-2° c.
—3 juill. 237-1°.
—25 août 705 c.
1848. 8 janv. 313-2° c., 527 c.
—26 fév. 587 c., 644 c., p. 556.
—4 mars 526 c.
—17 mars 311-2° c.
—24 mars p. 556.
—25 mars 837-2° c.
—12 avril p. 556.
—26 mai 682-4° c., p. 556.
—6 juin 258-1° c.
—27 juin p. 556.
—9 sept. 646 c.
—11 oct. p. 556.
—4 nov. p. 556.
—17 nov. 620 c.
—2 déc. 159-3° c.
1849. 9 janv. p. 556.
—3 fév. 79 c., 586 c.
—15 fév. 100 c.
—15 mars 89-3° c.
—16 mars 82-11° c.
—10 mai 82-10° c.
—12 mai 793 c.
—18 mai 573 c.
—5 juill. 479 c.
—7 juill. 695 c.
—9 août 528-2° c.
—16 août 675 c.
—12 oct. 127 c.
—16 nov. 840 c.
1850. 2 janv. p. 556
—18 janv. 79 c., 130-1° c.
—24 janv. p. 557.
—31 janv. p. 557.
—6 fév. 562 c., 567 c., 573 c.
—15 mars 555-2° c.
—5 avr. p. 557.
—11 avr. 148-3° c.
—20 avr. 430 c.
—8 juin p. 557.
—15 juin 194 c.
—23 juill. p. 557.
—24 juill. 164-1° c.
—23 août 257-3° c.
—26 sept. 434 c.
—3 déc. 702-3° c.
—16 déc. 328-3° c.
—27 déc. 108 c., 238 c., 242 c.
1851. 4 janv. 272 c.
—22 mars 159-4° c.
—7 mai 229-1° c.
—10 mai 170-3° c.
—17 mai 160-2° c.
—7 juin 79 c., 130-2° c., 197 c.
—19 juin 357-8° c.
—2 août 102-4° c.
—21 août 354-4° c.
—17 nov. 616 c.
—8 déc. p. 557.
1852. 15 janv. 555-2 c.
—22 janv. 152-4° c., 285-2°, 467-2° c.
—7 fév. 285-3° c.
—25 fév. p. 557.
—5 mars 447 c.
—22 mars 553 c.
—27 mars p. 557.
—28 mars p. 557.
—16 avr. 285-3° c.
—31 mai p. 557.
—2 juill. 237-2° c.
—9 juill. p. 557.
—12 août 285-3° c.
—1er sept. 678 c.
—7 oct. 570-1° c. 574 c.
—11 nov. 570-1° c., 783-1° c.
—12 nov. 570-1° c.
—18 nov. 570-1° c.
1853. 27 janv. 327-2° c.
—26 avr. 160-1° c.
—13 mai 152-5° c.
—26 mai 237-3° c.
—23 juin 256 c.
—1er juill. 572 c.
—7 juill. 285-4° c.
—13 août 789-2° c.
—26 août 163-5° c.
—9 sept. 559-2° c.
—13 oct. 391 c.
—10 nov. 782-4° c.
—23 déc. p. 557.
1854. 9 fév. 431 c.
—30 mai p. 557.
—31 mai p. 557.
—18 août 869 c.
—13 oct. 457.
—30 nov. 457.
1855. 19 fév. 328-2° c., 330 c.

PEINE AFFLICTIVE.—V. Peine.

PEINE COMMINATOIRE. — V. Disp. test., Obligation.

PEINE CONTRACTUELLE. — Se dit de l'engagement de faire une chose en cas d'inexécution d'une convention. — V. Oblig. sous clause pénale.

PEINE DISCIPLINAIRE. — V. Discipline, nos 129 et suiv.; Notaire, nos 809 et suiv., 847 et suiv.; Office. — V. Appel civ., no 348; Avocat, nos 453 et suiv.; Avoué, no 111; Garde nationale, no 352.

PEINE INFAMANTE. — V. Peine; V. aussi Affiche, no 65; Bourse de commerce, no 154; Grâce, nos 5, 7, 43 et suiv.

PEINE PERSONNELLE. — V. Peine; V. aussi Cassation, no 364; Boucher, no 82; Garde nat., no 161.

PEINE PERPÉTUELLE. — V. Peine; V. aussi Contr. par corps, nos 693 et suiv.; Grâce, nos 49 et suiv.

PEINE TESTAMENTAIRE. — Se dit de celle qu'un testateur prononce contre ses successeurs ou plutôt d'une privation dont il les frappe dans le cas où ils n'exécuteraient pas quelqu'une de ses dispositions.—V. Disp. test. (condition).

PEINTRE-PEINTURE. — V. Acte de commerce, n° 85; Patente, Propriété litt.

PÉNALITÉ. — V. Fonctionnaire, Peines.

PENDAISON. — Peine capitale réservée aux vilains sous l'ancien droit, et qui a été remplacée par la guillotine. — V. Peines.

PÉNITENCIER. — V. Peine, n°s 891 et suiv.; Prison.

PENSION. — **1**. Dans le sens le plus général, ce mot exprime toute une somme payée à des termes périodiques, à l'effet de pourvoir aux besoins d'une personne (V. Mariage, n°s 620 et s., Rente, Rente viagère). Il exprime, dans un sens plus restreint, une rente payée par l'Etat, à titre de rémunération, pour des services civils ou militaires. — C'est de cette dernière espèce de pensions que nous allons nous occuper ici.—On donne également le nom de pension à certains établissements consacrés à l'instruction publique. — V. v° Organ. de l'inst. pub.

Division.

SECT. 1. — HISTORIQUE ET LÉGISLATION. — DROIT COMPARÉ.

2. Les pensions de retraite sont fondées sur un sentiment d'équité si naturel et si simple, qu'on est d'abord porté à croire qu'elles ont dû exister partout où une organisation régulière a permis qu'il y eût des personnes vouées par état au service de la société ; mais la réalité ne s'est pas toujours trouvée d'accord avec cette supposition. — Toutefois l'histoire nous offre à cet égard de nobles exemples. — Ainsi, les rois d'*Orient* donnaient, à titre de pension, des villes et même des provinces qui devaient tout fournir à ceux qu'ils voulaient récompenser. — Quelquefois aussi diverses provinces étaient chargées de pourvoir aux besoins et au luxe d'une seule personne. Artaxerxès, par exemple, donna à Thémistocle Magnésie-sur-Méandre pour son pain, Lampsaque, le meilleur vignoble de l'Asie, pour son vin; Myonte, qui abondait en poissons et en pâturages, pour sa table. Thucydide nous apprend que ce général grec tirait de Magnésie seulement 50 talents, c'est-à-dire environ 150,000 fr. de notre monnaie, et ce qui est surtout remarquable, c'est que six cents ans plus tard les descendants de Thémistocle jouissaient des avantages qui lui avaient été accordés. — Les *Romains*, qui ne donnaient guère que des récompenses honorifiques, accordaient cependant, dans certaines circonstances, des rémunérations pécuniaires qui tenaient lieu de pension. — Ainsi, à l'expiration de son temps de service, un vétéran, appelé Vexillaire, parce qu'il était attaché à son drapeau, recevait 12,000 sesterces, environ 2,000 fr.; les prétoriens, au bout de seize ans de service, recevaient 20,000 sesterces (Nieupoort, coutumes et cérémonies des Romains, p. 272).

3. En France, sous l'ancienne monarchie, les pensions étaient multipliées à l'infini; mais elles étaient livrées à l'arbitraire qui était le vice radical du gouvernement de cette époque. Aucune règle n'y était suivie, soit pour la nature ou la durée des services qui les faisaient obtenir, soit pour la quotité de la rémunération. C'était souvent à l'insu et même contre la volonté du roi que les ministres accordaient des pensions, et il n'est pas nécessaire d'être bien versé dans l'histoire des derniers temps de la monarchie pour savoir que, tandis que les droits les plus légitimes étaient méconnus, d'abondantes largesses étaient faites, sur les deniers publics, suivant les caprices du favoritisme.

4. Il existait cependant une législation sur les pensions, mais elle était incomplète, et d'ailleurs on ne l'observait pas. L'ord. du 22 déc. 1776, les lettres patentes du 8 nov. 1778, les deux déclarations des 7 janv. et 8 août 1779 contenaient les règles de la matière. D'après cette législation, les demandes en pensions devaient être présentées au roi dans le mois de décembre de chaque année. Elles ne pouvaient être payées que par celui des gardes du trésor royal qui était choisi par le roi, et il était défendu à la chambre des comptes d'en passer la dépense à tout autre comptable. Un certificat de vie devait être joint à la quittance du pensionnaire. Les pensions qui n'avaient pas été réclamées pendant trois ans étaient éteintes; toutefois, elles devaient être rétablies lorsque le pensionnaire obtenait du secrétaire d'Etat dans le département duquel son brevet avait été délivré, une déclaration constatant qu'il n'avait pas encouru la déchéance. Du reste, les pensions ne pouvaient être ni saisies ni cédées. Les créanciers des pensionnaires n'avaient des droits à exercer que sur le décompte de la pension. — On verra bientôt, par l'analyse de la législation actuellement en vigueur, qu'elle reproduit plusieurs de ces dispositions (V. n°s 17 et suiv.).

Au reste, il y avait des pensions soumises à un régime spécial qui offraient l'exemple d'une répartition équitable et d'une grande régularité. Nous voulons parler de la *caisse des invalides* de la marine, fondée par Colbert, et de la caisse des retraites des employés de la compagnie des fermes, chargée des finances de l'Etat. L'une et l'autre, formées par des retenues exercées sur les traitements, assuraient aux intéressés survivants, le bénéfice des extinctions d'après les principes des tontines. — Ces excellentes institutions ne faisaient d'ailleurs que rendre plus sensible ce qu'il y avait de regrettable dans la situation des serviteurs de l'Etat qui y étaient étrangers.

5. L'assemblée constituante, vivement frappée du désordre qui régnait dans cette partie de l'administration, voulut y mettre un terme.—La loi du 3 août 1790 (V. p. 745) a été votée dans cet esprit. Elle érige les pensions en dette de reconnaissance de la part de l'Etat, et prend pour base de cette obligation l'importance et la durée des services rendus. Cette loi est encore en vigueur, pour la plupart de ses dispositions, relativement aux ministres, aux sous-secrétaires d'Etat, aux membres du conseil d'Etat, aux préfets et aux sous-préfets. Nous aurons à y revenir. — V. *infrà*, n°s 23 et s., 29.

6. Les finances de la République épuisées par la guerre européenne qu'elle avait eue à soutenir ne lui permirent pas de remplir les engagements imposés à l'État, en exécution de la loi de 1790.—Dans le but de rétablir l'équilibre, la loi du 15 germ. an 11 (V. p. 749) voulut que, pendant cinq ans, il ne fût créé de pensions que pour une somme égale à la moitié des extinctions, et fixa le maximum de chaque pension à 6,000 fr. — Le décret des 11-21 sept. 1807 (V. p. 750) permettait de le porter à 20,000 fr. pour les hauts fonctionnaires de l'empire, de leurs veuves et de leurs enfants, lorsqu'ils auraient droit à une récompense particulière.—Ce décret a été abrogé par la loi du 31 janv. 1832 (V. *infrà*, p. 770). Aujourd'hui le maximum varie suivant la nature des fonctions; mais, pour les fonctionnaires de l'ordre le plus élevé, il ne peut dépasser 12,000 fr.

7. La loi de 1790 avait sans doute proclamé le principe de la dette de l'Etat envers les fonctionnaires; mais, comme on l'a vu, la pension devait, d'après cette loi, être fixée suivant l'importance des services rendus. Or l'appréciation de cette condition avait été livrée à la volonté de l'administration. — De cette situation, il était résulté qu'il n'y avait qu'un assez petit nombre de fonctionnaires qui fussent rétribués sur les fonds généraux en vertu de la loi de 1790. — Ces fonctionnaires étaient: les ministres secrétaires d'État, les sous-secrétaires d'Etat, les maîtres des requêtes, les magistrats de la cour des comptes, les préfets, les sous-préfets, les conseillers de préfecture, les contrôleurs du numéraire, les directeurs des postes, les employés des lignes télégraphiques (V. M. de Cormenin, Dr. admin., t. 2, p. 380). — D'où il suivait que le droit à pension était plutôt l'exception que la règle.

8. Cet état de choses souverainement imparfait laissait, on le voit, le plus grand nombre des serviteurs de l'Etat exposés aux souffrances d'une vieillesse nécessiteuse. Ceux d'entre eux qui n'avaient pas été compris dans les dispositions favorables du gouvernement, à cet égard, en conçurent l'idée de se constituer des pensions à l'aide d'un *fonds de retenue* sur leurs traitements. — Par un décret du 4 brum. an 4, la convention nationale, entrant dans cette voie de prévoyance et d'économie pour l'Etat, imposa aux agents de l'enregistrement et des domaines une *retenue* de 1 p. 100 sur leurs traitements.— Elle voulut, en outre, que le fonds ainsi constitué eût pour les intéressés les avantages d'une *tontine*.

Bientôt les employés des diverses administrations demandèrent à jouir du bénéfice d'une semblable institution. C'est ainsi que furent successivement constituées les caisses de retraites des affaires étrangères, des forêts, des salines, de l'instruction publique, de la loterie, des contributions indirectes, des ponts et chaussées, des postes, de l'intérieur, de l'agriculture et du commerce, des poudres et salpêtres, de la guerre, des prisons, des haras et des écoles vétérinaires, des ingénieurs des mines, des employés de la cour des comptes, etc.

9. Dans le but d'étendre à tous les fonctionnaires et employés le bénéfice des pensions de retraite, et de les soumettre autant que possible, à des règles communes, un avis du conseil d'Etat du 5 mars 1811 prescrivit la création d'un fonds commun de pension, en faveur de tous ceux qui reçoivent un traitement ou salaire, à raison d'une fonction ecclésiastique, civile ou militaire. Ce fonds devait être formé à l'aide d'une *retenue* de 2 c. par fr., sur les traitements; et le produit de cette retenue devait être versé à la caisse d'amortissement.—D'après le même avis, chacun des ministres était chargé de soumettre à l'empereur, ses vues sur les conditions d'admission à ces pensions, le mode de leur payement, celui du versement de la comptabilité des fonds de retenue, ainsi que sur les secours à fournir par le trésor impérial pour la création d'un premier fonds. — C'était là encore un pas de plus dans une très-bonne voie. — Mais la retenue de 2 c. par fr. sur les traitements était évidemment insuffisante.

10. Quelque imparfaite que fût l'institution des caisses de retraite, elles étaient encore à la chute de l'empire, dans une situation prospère. Mais, par suite des événements de 1814, la plupart des fonctionnaires des départements retranchés du territoire français, furent mis en disponibilité, et des pensions leur furent accordées sur les caisses de retenue. De là, une énorme disproportion entre les ressources des caisses de retenue et les charges dont elles étaient accablées; l'Etat dut venir à leur secours.— De plus, et pour mettre toute la régularité désirable dans la comptabilité des caisses de retraite, une ord. du 3 juill. 1816 voulut que les fonds leur appartenant fussent versés à la caisse des dépôts et consignations, et que les sommes qui se trouveraient rester au crédit de chaque établissement fussent employées en achat d'inscriptions sur le grand livre.

11. Malgré l'attention donnée à cette partie importante de l'administration, les caisses de retenues ne purent atteindre le but pour lequel elles avaient été créées. — Destinées à réaliser les avantages des tontines, elles manquaient cependant des conditions qui assurent le succès de ces établissements.— Ainsi la multiplicité des caisses en resserrant sur un trop petit nombre de têtes l'application des calculs sur lesquels sont fondées les tontines, en faisait évanouir les bénéfices.— Dans les tontines, d'ailleurs, la mortalité est la seule éventualité à prévoir, tandis que pour les caisses de retraite, il fallait tenir compte aussi des suppressions d'emploi et des nombreux accidents qui peuvent mettre un employé dans l'impossibilité de continuer son service, tout en lui donnant droit à un secours annuel.

Les retenues exercées étaient en outre, complétement insuffisantes pour assurer le payement des pensions, et cependant d'une part, on ne pouvait demander de plus grands sacrifices aux fonctionnaires, sans amoindrir leur situation d'une manière préjudiciable même à l'intérêt public; et, d'autre part, les pensions étaient limitées, à un taux si modéré qu'une réduction aurait laissé les serviteurs de l'Etat exposés, en très-grande partie, à l'avenir de misère et d'humiliation auquel on voulait les soustraire.— Ce n'est pas tout. Il y avait dans la situation résultant de la diversité des règlements auxquels étaient soumises les différentes caisses, cette choquante anomalie que les mêmes services, rendus dans des conditions identiques, par les employés d'un même ministère par exemple, étaient appréciés, quant à la pension, avec la plus étrange inégalité.— Ici le maximum de la retraite ne pouvait dépasser la moitié du traitement; là il pouvait arriver aux deux tiers et même aux trois quarts.—Dans une administration, chaque année de service excédant trente ans donnait droit à un excédant annuel de pension d'un soixantième du traitement; ailleurs, d'un cinquantième et même d'un quarantième.— Tantôt les services militaires étaient calculés à part et rémunérés d'après la loi militaire; tantôt ils se confondaient avec les services civils et étaient récompensés de même. — Ici les infirmités ne donnaient droit à pension que lorsque l'employé avait accompli dix ans de service; là le droit à pension pour infirmités était ouvert sans qu'aucun délai fût exigé, ou bien les infirmités devaient avoir été contractées dans l'exercice des fonctions, tandis qu'ailleurs cette condition n'était pas imposée. — Dans certaines administrations, la moyenne des pensions s'élevait à 1,900 fr., lorsque, dans d'autres, elle descendait à 900 fr. et à 700 fr. (Exposé des motifs de la loi du 9 juin 1853).

12. Ces considérations ont déterminé la *suppression* des caisses de retraite. D'après la loi du 9 juin 1853 (art. 1), leur actif est acquis à l'Etat, qui demeure chargé de servir les pensions auxquelles ces caisses étaient affectées. — V. *infrà*, nos 18 et s.

13. Au reste, peu de problèmes législatifs ont été aussi longuement et aussi consciencieusement étudiés que celui des pensions civiles. — Depuis la révolution de juillet, presque chaque année la question avait été soumise aux chambres, et elle avait toujours été scrupuleusement examinée par les commissions du budget. Toutefois, leurs efforts n'avaient jamais abouti qu'à une solution négative. Deux principes contraires, et qu'il fallait cependant concilier dans une certaine mesure, étaient constamment en présence et divisaient les esprits les plus sages. D'après l'un de ces principes, les fonctionnaires ou employés devaient seuls pourvoir aux pensions à l'aide des retenues exercées sur leurs traitements. L'Etat n'était tenu d'aucune obligation; il ne subvenait à l'insuffisance du fonds des retenues que suivant ses facultés et ses convenances. — D'après l'autre principe, il y avait, au contraire, obligation pour le trésor public de compléter le fonds de retenues, reconnu complétement insuffisant, afin d'assurer des pensions de retraite à tous les serviteurs de l'Etat. C'est ce dernier système qui a été consacré par la loi du 9 juin 1853.

14. Les observations qui précèdent s'appliquent plus particulièrement aux pensions *civiles* qu'aux pensions *ecclésiastiques*. Il en a été parlé vo Culte, nos 456 et suiv., 472. — Il nous reste à dire quelques mots sur les pensions militaires.

15. La convention ne pouvait avoir pour l'*armée* que des pensées de conservation et d'encouragement. — Aussi, non-seulement elle avait respecté sous ce rapport l'œuvre de la constituante (L. 3 août 1790), mais plusieurs actes émanés d'elle attestent sa sollicitude pour les défenseurs de la patrie, comme on le verra dans le tableau chronologique que nous présentons plus bas de la législation de la matière. — Au reste, jusqu'aux lois des 11 et 18 avr. 1831, dont le commentaire fera l'objet de la sect. 4, celle du 3 août 1790 a été, pour les pensions *militaires* somme pour les pensions civiles, la loi fondamentale. Aussi a-t-elle souvent été appelée la charte des pensions. Les lois de 1831 elles-mêmes ont reproduit plusieurs de ses dispositions. Mais elles y ont également apporté diverses modifications importantes que nous allons brièvement indiquer. — Ainsi les lois de 1831 permettent de compter, pour les pensions militaires, le temps passé dans un service civil, pourvu que la durée des services militaires soit au moins de vingt ans.— La loi de 1790 ne s'expliquait pas sur ce point. — La loi du 11 avr. 1831 compte pour triple le temps de service hors d'Europe durant la guerre. —La loi de 1790 (tit. 2, art. 1) ne le comptait que double.—Les lois de 1831 limitaient les pensions à un maximum fixé par des tarifs qui n'atteignent jamais la solde d'activité. — Suivant la loi de 1790, après cinquante ans de service, campagnes comprises, le montant de la pension était de la totalité du traitement.— Les lois des 11 et 18 avril (art. 19 et suiv.) ont conféré aux veuves des militaires des droits certains qu'elles peuvent faire valoir par la voie contentieuse; les dispositions de la loi de 1790, au contraire, ne leur permettaient de recourir qu'à la voie gracieuse (ord. cons. d'Et. 17 juin 1820, M. Maillard, rap., aff. Grattery).

Au surplus, il suffit de rapprocher les textes pour se convaincre que les lois de 1831 ont prévu et réglé un très-grand nombre de cas que la loi 1790 avait abandonnés à l'appréciation du pouvoir. Or ces prévisions nouvelles sont autant de garanties pour l'armée, et elles simplifient aussi beaucoup la tâche de l'administration. — V. *infrà*, sect. 4, nos 105 et s.

16. Jetons maintenant un coup d'œil sur les législations étrangères. — En Angleterre, en Autriche, en Prusse, en Bavière, en Saxe, en Wurtemberg, en Hollande, en Belgique, les serviteurs de l'Etat reçoivent des pensions après une durée de service, et suivant des conditions qui varient suivant les pays. — Mais, dans tous ceux que nous venons de désigner, les employés sont soumis à des retenues perçues directement par le trésor public, chargé seul du service des pensions. C'est là le régime introduit en France par la loi du 9 juin 1853. — Toutefois, en Angleterre, la retenue ne s'exerce que sur les traitements de 100 liv. sterl. (2,500 fr.) et au-dessus. — Sur les traitements de 100 à 200 liv. (2,500 à 5,000 fr.) la retenue est de 2 1/2 p. 100.— Sur ceux de 200 liv. (5,000 fr.) et au-dessus, la retenue est de 5 p. 100. — Quant à la quotité de la pension, elle varie, en Angleterre, entre les trois douzièmes et les huit douzièmes du dernier traitement dont l'employé a joui pendant trois ans. Le minimum peut s'obtenir après dix ans de services; le maximum après quarante-cinq ans de services. — En Prusse, la quotité varie entre un minimum des deux huitièmes et un maximum des six huitièmes du dernier traitement. Le minimum peut être acquis après quinze ans de services; le maximum après cinquante ans de services.

TABLEAU DE LA LÉGISLATION RELATIVE AUX PENSIONS.

5 mars 1790. — Décret qui a pour objet de suspendre toute concession de pensions.

3-22 août 1790. — Décret concernant les pensions, gratifications et autres récompenses nationales.

L'assemblée nationale, considérant que, chez un peuple libre, servir l'Etat est un devoir que tout citoyen est tenu de remplir, et qu'il ne peut prétendre de récompense qu'autant que la durée, l'éminence et la nature de ses services lui donnent des droits à une reconnaissance particulière de la nation; que s'il est juste que, dans l'âge des infirmités, la patrie vienne au secours de celui qui lui a consacré ses talents et ses forces, lorsque sa fortune lui permet de se contenter des grâces honorifiques, elles doivent lui tenir lieu de toute autre récompense, décrète ce qui suit :

TIT. 1. — *Règles générales sur les pensions et autres récompenses pour l'avenir.*

Art. 1. L'Etat doit récompenser les services rendus au corps social, quand leur importance et leur durée méritent ce témoignage de reconnaissance. La nation doit aussi payer aux citoyens le prix des sacrifices qu'ils ont faits à l'utilité publique.

2. Les seuls services qu'il convient de récompenser sont ceux qui intéressent la société entière. Les services qu'un individu rend à un autre individu ne peuvent être rangés dans cette classe qu'autant qu'ils sont accompagnés de circonstances qui en font réfléchir l'effet sur tout le corps social.

3. Les sacrifices dont la nation doit payer le prix sont ceux qui naissent des pertes qu'on éprouve en défendant la patrie, ou des dépenses qu'on a faites pour lui procurer un avantage réel et constaté.

4. Tout citoyen qui a servi, défendu, illustré, éclairé sa patrie, ou qui a donné un grand exemple de dévouement à la chose publique, a des droits à la reconnaissance de la nation, et peut, suivant la nature et la durée de ses services, prétendre aux récompenses.

5. Les marques d'honneur décernées par la nation seront personnelles et mises au premier rang des récompenses publiques.

6. Il y aura deux espèces de récompenses pécuniaires, les pensions et les gratifications. Les premières sont destinées au soutien du citoyen qui les aura méritées; les secondes, à payer le prix des pertes souffertes, des sacrifices faits à l'utilité publique.

7. Aucune pension ne sera accordée à qui que ce soit avec clause de réversibilité; mais, dans le cas de défaut de patrimoine, la veuve d'un homme mort dans le cours de son service public pourra obtenir une pension alimentaire, et les enfants être élevés aux dépens de la nation, jusqu'à ce qu'elle les ait mis en état de pourvoir eux-mêmes à leur subsistance.

8. Il ne sera compris dans l'état des pensions que ce qui est accordé pour récompense de services. Tout ce qui sera prétendu à titre d'indemnité, de dédommagement, comme prix d'aliénation, ou pour toutes autres causes semblables, sera placé dans la classe des dettes de l'Etat, et soumis aux règles qui seront décrétées pour la liquidation des créanciers de la nation.

9. On ne pourra jamais être employé sur l'état des pensions qu'en un seul et même article; ceux qui auraient usurpé, de quelque manière que ce soit, plusieurs pensions, seront rayés de la liste des pensionnaires et privés des grâces qui leur auraient été accordées.

10. Nul ne pourra recevoir en même temps une pension et un traitement. Aucune pension ne pourra être accordée sous le nom de *traitement conservé* et de *retraite*.

11. Il ne pourra être concédé de pension à ceux qui jouissent d'appointements, gages ou honoraires, sauf à leur accorder des gratifications, s'il y a lieu.

12. Un pensionnaire de l'Etat ne pourra recevoir de pensions ni sur la liste civile ni d'aucune puissance étrangère.

13. La liste civile étant destinée au payement des personnes attachées au service particulier du roi et de sa maison, tant domestique que militaire, le trésor public demeure déchargé de toutes pensions et gratifications qui peuvent avoir été accordées, ou qui le seraient par la suite, aux personnes qui auraient été, sont ou seront employées à l'un ou l'autre de ces services.

14. Il sera destiné à l'avenir une somme de 12 millions de livres, à laquelle demeurent fixés les fonds des pensions, dons et gratifications, savoir : 10 millions pour les pensions, et 2 millions pour les dons et gratifications. Dans le cas où le remplacement des pensionnaires décédés ne laisserait pas une somme suffisante pour accorder des pensions à tous ceux qui pourraient y prétendre, les plus anciens d'âge et de service auront la préférence, les autres l'expectative, avec l'assurance d'être les premiers employés successivement.

15. Au de là de cette somme, il ne pourra être payé ni accordé, pour quelque cause, sous quelque prétexte ou dénomination que ce puisse être, aucunes pensions, dons et gratifications, à peine, contre ceux qui les auraient accordés ou payés, d'en répondre en leur propre et privé nom.

16. Ne sont compris dans la somme de 10 millions affectée aux pensions : les fonds destinés aux invalides, aux soldes et demi-soldes, tant de terre que de mer, sur la fixation et distribution desquels fonds l'assemblée se réserve de statuer, ni les pensions des ecclésiastiques, qui continueront d'être payées sur les fonds qui y seront affectés.

17. Aucun citoyen, hors le cas de blessures reçues ou d'infirmités contractées dans l'exercice de fonctions publiques, et qui les mettent hors d'état de les continuer, ne pourra obtenir de pension qu'il n'ait trente ans de service effectif et ne soit âgé de cinquante ans; le tout sans préjudice de ce qui sera statué par les articles particuliers relatifs aux pensions de la marine et de la guerre.

18. Il ne sera jamais accordé de pensions au delà de ce dont on jouissait à titre de traitement ou appointements dans le grade que l'on occupait. Pour obtenir la retraite d'un grade, il faudra y avoir passé le temps qui sera déterminé par les articles relatifs à chaque nature de service. Mais quel que fût le montant de ces traitements et appointements, la pension, dans aucun cas, sous aucun prétexte, et quels que puissent être le grade ou les fonctions du pensionné, ne pourra jamais excéder la somme de 10,000 livres.

19. La pension accordée à trente ans de services sera du quart du traitement, sans toutefois qu'elle puisse être moindre de 150 livres.

20. Chaque année de service ajoutée à ces trente ans produira une augmentation progressive du vingtième des trois quarts restant des appointements et traitements, de manière qu'après cinquante ans de service, le montant de la pension sera de la totalité des appointements et traitements, sans que néanmoins, comme on l'a dit ci-devant, cette pension puisse jamais excéder la somme de 10,000 livres.

21. Le fonctionnaire public, ou tout autre citoyen au service de l'Etat, que ses blessures ou infirmités obligeront de quitter son service ou ses fonctions avant les trente années expliquées ci-dessus, recevra une pension déterminée par la nature et la durée de ses services, le genre de ses blessures et l'état de ses infirmités.

22. Les pensions ne seront accordées que d'après les instructions fournies par les directoires de département et de district, et sur l'attestation des officiers généraux et autres agents du pouvoir exécutif et judiciaire, chacun dans la partie qui le concerne.

23. A chaque session du corps législatif, le roi lui fera remettre la liste

des pensions à accorder aux différentes personnes qui, d'après les règles ci-dessus, seront dans le cas d'y prétendre. A cette liste sera jointe celle des pensionnaires décédés et des pensionnaires existant. Sur ces deux listes envoyées par le roi à la législature, elle rendra un décret approbatif des nouvelles pensions qu'elle croira devoir être accordées; et, lorsque le roi aura sanctionné ce décret, les pensions accordées dans cette forme seront les seules exigibles et les seules payables par le trésor public.

24. Les gratifications seront accordées d'après les mêmes instructions et attestations portées dans l'art. 22; chaque gratification ne sera donnée que pour une fois seulement; et s'il en est accordé une seconde à la même personne, elle ne pourra l'être que par une nouvelle décision et pour cause de nouveaux services. Dans tous les cas, les gratifications seront déterminées par la nature des services rendus, les pertes souffertes et d'après les besoins de ceux auxquels elles sont accordées.

25. A chaque session, il sera présenté un état des gratifications à accorder et des motifs qui doivent en déterminer la concession et le montant. L'état de celles qui seront jugées devoir être accordées sera pareillement décrété par l'assemblée législative. Après que le roi aura sanctionné le décret, les gratifications accordées dans cette forme seront aussi les seules payables par le trésor public.

26. Néanmoins, dans les cas urgents, le roi pourra accorder provisoirement des gratifications; elles seront comprises dans l'état qui sera présenté à la législature; et si elle les juge accordées sans motifs ou contre les principes décrétés, le ministre qui aura contre-signé les décisions sera tenu d'en verser le montant au trésor public.

27. L'état des pensions, tel qu'il aura été arrêté par l'assemblée nationale, sera rendu public; il sera imprimé en entier tous les dix ans; et tous les ans, dans le mois de janvier, l'état des changements survenus dans le cours des années précédentes, ou des concessions de nouvelles pensions et gratifications, sera pareillement livré à l'impression.

TIT. 2. — *Règles particulières concernant les récompenses pécuniaires qui peuvent être accordées à ceux qui ont servi l'Etat dans la guerre, dans la marine, dans les emplois civils, dans les sciences, les lettres et les arts.*

Art. 1. Le nombre d'années de service nécessaire dans les troupes de ligne pour obtenir une pension, sera de trente années de service effectif; mais pour déterminer le montant de la pension, il sera ajouté à ces années de service les années résultant des campagnes de guerre, d'embarquement, de service ou garnison hors de l'Europe, d'après les proportions suivantes: — Chaque campagne de guerre et chaque année de service ou de garnison hors de l'Europe, sera comptée pour deux ans; — Chaque année d'embarquement en temps de paix, sera comptée pour dix-huit mois. — Ce calcul aura lieu dans quelque grade que les campagnes et les années de service ou d'embarquement aient été faites, dans le grade de soldat comme dans tous les autres.

2. Tous officiers, soit étrangers, soit Français, employés dans les troupes de ligne françaises ou étrangères au service de l'Etat, de quelque arme et de quelque grade qu'ils soient, seront traités, pour leur pension, sur le pied de l'infanterie française. Tous les officiers d'un même grade, quoique de classe différente, même simplement commissionnés, mais en activité, seront pensionnés également sur le pied de ceux de la première classe.

3. On n'obtiendra la pension attachée à un grade qu'autant qu'on l'aura occupé pendant deux ans entiers, à moins que, pendant le cours desdites deux années, on n'ait reçu quelque blessure qui mette hors d'état de servir.

4. Le nombre d'années de service nécessaire dans la marine pour obtenir une pension sera de vingt-cinq années de service effectif; et, pour fixer le montant de la pension, il sera ajouté à ces années de service celles résultant des campagnes de guerre, embarquement, service ou garnison hors de l'Europe, dans les mêmes proportions qui ont été fixées par l'art. 1 du présent titre pour les troupes de terre. — Ce calcul aura lieu, quelle qu'ait été la classe ou le grade dans lesquels on ait commencé à servir; mais l'on n'aura la pension attachée au grade qu'après l'avoir occupé pendant deux ans entiers, ainsi qu'il est dit dans l'article précédent.

5. Le taux de la pension qu'on obtiendra après avoir servi l'Etat dans les emplois civils pendant trente années effectives, sera réglé sur le traitement qu'on avait dans le dernier emploi, pourvu qu'on l'ait occupé pendant trois années entières. — Les années de service qu'on aurait remplies dans les emplois civils hors de l'Europe seront comptées pour deux années, lorsque les trente ans de service effectif seront d'ailleurs complets.

6. Les artistes, les savants, les gens de lettres, ceux qui auront fait une grande découverte propre à soulager l'humanité, à éclairer les hommes ou à perfectionner les arts utiles, auront part aux récompenses nationales, d'après les règles générales établies dans le tit. 1 du présent décret, et les règles particulières qui seront énoncées ci-après.

7. Celui qui aura sacrifié ou son temps, ou sa fortune, ou sa santé, à des voyages longs et périlleux, pour des recherches utiles à l'économie publique ou aux progrès des sciences et des arts, pourra obtenir une gratification proportionnée à l'importance de ses découvertes et à l'étendue de ses travaux; et s'il périssait dans le cours de son entreprise, sa femme et ses enfants seront traités de la même manière que la veuve et les enfants des hommes morts au service de l'Etat.

8. Les encouragements qui pourraient être accordés aux personnes qui s'appliquent à des recherches, à des découvertes et à des travaux utiles, ne seront point donnés à raison d'une somme annuelle, mais seulement à raison des progrès effectifs de ces travaux; et la récompense qu'ils pourraient mériter ne leur sera délivrée que lorsque leur travail sera entièrement achevé, ou lorsqu'ils auront atteint un âge qui ne leur permettra plus de le continuer.

9. Il pourra néanmoins être accordé des gratifications annuelles, soit aux jeunes élèves que l'on enverra chez l'étranger pour se perfectionner dans les arts et les sciences, soit à ceux qu'on ferait voyager pour recueillir des connaissances utiles à l'Etat.

10. Les pensions destinées à récompenser les personnes ci-dessus désignées seront divisées en trois classes: — La première, celle des pensions dont le maximum sera de 3,000 livres; — La seconde, celle des pensions qui excéderont 3,000 livres, et dont le maximum ne pourra s'élever au-dessus de 6,000 livres; — La troisième comprendra les pensions au-dessus de 6,000 livres, jusqu'au maximum de 10,000 livres, fixé par les précédents décrets.

11. Le genre de travail, les occupations habituelles de celui qui méritera d'être récompensé, détermineront la classe où il convient de le placer; et la qualité de ses services fixera le montant de la pension, de manière néanmoins qu'il ne puisse atteindre le maximum de la classe où il aura été placé, que conformément aux règles d'accroissement déterminées par les art. 19 et 20 du tit. 1 du présent décret.

TIT. 3. — *Suppression des pensions et autres grâces pécuniaires existant au 1er janvier 1790. — Règles générales pour leur rétablissement. — Exceptions.*

Art. 1. Les pensions, dons, traitements ou appointements conservés, récompenses, gratifications annuelles, engagements contractés pour payements de dettes, assurance de dot et de douaires, concessions gratuites de domaines, existant au 1er janvier 1790 ou accordés depuis cette époque, sont supprimés. Il sera procédé à une création nouvelle de pensions, suivant le mode qui sera établi par les articles suivants. — Et cependant, par provision, tous les ci-devant pensionnaires seront payés des arrérages de la présente année de leurs pensions, si elles ne sont que de la somme de 600 livres ou au-dessous, soit en un, soit en plusieurs articles; et dans le cas où les pensions et gratifications dont on jouissait excéderaient la somme de 600 livres, soit en un article, soit en plusieurs, il sera payé la somme de 600 livres à compte sur les arrérages de la présente année desdites pensions et gratifications.

2. Il ne sera payé, par les administrations municipales et autres, aucune pension ou gratification au delà de la somme de 600 livres, conformément à l'article ci-dessus, jusqu'à ce que, par l'assemblée nationale, il en ait été autrement ordonné. Lesdites administrations municipales et autres seront tenues d'envoyer sans délai au comité des pensions l'état certifié des pensions et gratifications dont elles sont chargées.

3. Les pensions qui étaient établies sur la caisse de l'ancienne administration du clergé seront payées sur cette même caisse pour les six premiers mois de la présente année, sur le pied néanmoins de 600 livres au plus pour l'année entière, conformément à l'art. 1 du présent titre; et il en sera de même des pensions qui pourraient exister encore sur d'autres caisses que le trésor public.

4. Les personnes qui, ayant servi l'Etat, se trouveront dans les cas déterminés par les deux premiers titres du présent décret, obtiendront une pension de la valeur réglée par lesdits titres, s'ils avaient déjà une pension, mais de moindre valeur que celles qu'ils leur assurent; la pension dont ils jouissaient demeurera supprimée, et elle sera remplacée par la pension plus considérable qu'ils obtiendront.

5. Il sera rétabli une pension en faveur des officiers généraux qui, ayant fait deux campagnes de guerre en quelque grade et en quelque lieu que ce soit, avaient précédemment obtenu une pension; mais elle cessera d'être payée s'ils rentrent en activité; en sorte que, conformément à l'art. 10 du tit. 1 du présent décret, il ne soit jamais payé au même officier pension et traitement. — La pension rétablie ne sera jamais plus forte que celle dont on jouissait. — Si la pension dont on jouissait était de 2,000 liv. ou plus, la nouvelle pension sera de 2,000 liv. pour l'officier général qui aura fait deux campagnes de guerre; elle croîtra de 500 liv. à raison de chaque campagne de guerre au delà des deux premières; mais cet accroissement ne pourra porter le total au delà de la somme de 6,000 liv., qui est le maximum fixé pour les pensions mentionnés au présent article.

6. Les officiers des troupes de ligne et les officiers de mer qui avaient servi pendant vingt années dans lesdites troupes de ligne ou sur mer, qui avaient fait deux campagnes de guerre ou deux expéditions de mer dans quelque grade que ce soit, et auxquels leur retraite avait été accordée avec une pension, soit par suite des réformes faites dans la guerre ou dans la marine, soit à une époque antérieure aux règlements qui seront mentionnés en l'article suivant, jouiront d'une nouvelle pension créée en leur faveur, laquelle ne pourra excéder celle dont ils jouissaient, mais pourra lui être inférieure, ainsi qu'il sera dit en l'art. 10 du présent titre.

7. Les personnes qui, n'étant ni dans l'un ni dans l'autre des cas prévus par les deux articles précédents, auront obtenu avant le 1er janv. 1790, une pension pour services rendus à l'État dans quelque département que ce soit, en conformité des ordonnances et règlements faits par lesdits départements, jouiront d'une nouvelle pension rétablie en leur faveur, laquelle ne sera jamais au dessus de celle dont elles jouissaient précédemment, mais pourra être au-dessous dans les cas prévus par l'art. 10 du présent titre.

8. Les veuves et enfants qui ont obtenu des pensions en conformité des ordonnances et règlements faits pour les départements dans lesquels leurs maris ou leurs pères étaient attachés à un service public, et notamment les veuves et enfants d'officiers tués au service de l'État, jouiront de nouvelles pensions rétablies en leur faveur, et pour la même somme à laquelle elles

étaient portées, sous la condition néanmoins que les pensions desdites veuves et celle de tous leurs enfants réunis n'excéderont pas la somme de 3.000 liv., qui sera le maximum desdites pensions. — Les veuves des maréchaux de France qui avaient obtenu des pensions, jouiront d'une pension de 6,000 liv., qui sera rétablie en leur faveur.

9. Les anciens règlements ayant, à différentes époques, soumis des pensions à des réductions, converti en rentes viagères des arrérages échus et non payés, suspendu jusqu'à la mort des pensionnaires d'autres arrérages échus et non payés, il est déclaré : 1° que la disposition des articles précédents, qui porte que les pensions rétablies n'excéderont pas le montant des pensions anciennes, supprimées, s'entend du montant desdites pensions, déduction faite de toutes les retenues qui ont eu ou dû avoir lieu pendant le cours de l'année 1789, toute exception aux règlements qui établissaient lesdites réductions étant anéantie ; 2° que les rentes viagères créées pour arrérages échus et non payés continueront à être servies aux personnes mêmes dont les pensions se trouveraient supprimées sans espérance de rétablissement, et, hors la nouvelle pension, aux personnes en faveur desquelles une nouvelle pension serait rétablie; 3° que les arrérages échus, non payés et portés en décompte sur les brevets, seront compris dans les dettes de l'État et payés comme tels, tant à ceux dont les pensions sont supprimées qu'à ceux qui en obtiendront de nouvelles.

10. Les pensions rétablies en vertu des articles précédents, et dont le maximum n'a pas été fixé, ne pourront excéder la somme de 10,000 liv., si le pensionnaire est actuellement âgé de moins de soixante-dix ans, la somme de 15,000 liv., s'il est âgé de soixante-dix à quatre-vingts ans; et la somme de 20,000 liv., s'il est âgé de plus de quatre-vingts ans.—Les pensionnaires actuels, âgés de plus de soixante-quinze ans, qui ayant rendu des services à l'État, jouissaient de pensions au-dessus de 3,000 liv., conserveront une pension au moins de ladite somme de 3,000 liv.—Ceux qui, ayant servi dans la marine et les colonies, auront atteint leur soixante-dixième année, jouiront de la même faveur que les octogénaires. — Les veuves des maréchaux de France, qui ont atteint l'âge de soixante-dix ou quatre-vingts ans, jouiront de la faveur accordée à cet âge.

11. Il ne sera jamais rétabli qu'une seule pension en faveur d'une même personne, quand elle aurait servi dans plusieurs départements, et quand ce dont elle jouit en pensions lui aurait été accordé originairement en plusieurs articles; mais la fixation de la nouvelle pension sera réglée d'après le total des pensions réunies.

12. Ceux qui, ayant fait quelque action d'éclat ou ayant rendu des services distingués, dignes d'une gratification, d'après les dispositions des art. 4 et 6 du tit. 1 du présent décret, n'en auraient pas été récompensés, ou ne l'auraient été que par une pension qui se trouverait supprimée sans espérance de rétablissement, seront récompensés, sur le fonds de 2 millions destiné aux gratifications.

13. Les personnes qui, ayant droit à une pension ou à une gratification, préféreraient aux récompenses pécuniaires les récompenses énoncées dans l'art. 5 du tit. 1 du présent décret, en feront la déclaration et l'adresseront au comité des pensions, qui en rendra compte au corps législatif.

14. L'assemblée nationale se réserve de prendre en considération ce qui regarde les secours accordés aux Hollandais retirés en France; et jusqu'à ce qu'elle ait prononcé sur cet objet, ces secours continueront d'être distribués comme par le passé.

15. Pour subvenir aux besoins pressants des personnes qui, se trouvant privées des pensions qu'elles avaient précédemment obtenues, n'auraient pas de titres suffisants pour en obtenir de nouvelles, et ne seraient pas dans le cas d'être renvoyées, soit à la liste civile, à cause de la nature de leurs services, soit au comité de liquidation, à cause des indemnités dont elles prétendraient que leur pension est le remboursement, il sera fait un fonds de 2 millions, réparti et distribué d'après les règles suivantes : cinq cents portions de 1,000 liv., mille portions de 500 liv., quatre mille une portions de 200 liv., et treize cent trente-deux de 150 liv. Les secours de la première classe ne seront donnés qu'à des personnes mariées ou ayant des enfants; ceux de la seconde classe pourront être donnés à des personnes mariées ou ayant des enfants, ou sexagénaires; les secours des troisième et quatrième classes seront distribués à toutes personnes qui y auront droit.

16. Les mémoires présentées dans les différents départements, par les personnes qui ont obtenu des pensions, les décisions originales intervenues sur lesdits mémoires, les registres et notes qui constatent les services rendus à l'État, ensemble les mémoires que toutes personnes qui prétendent avoir droit aux récompenses pécuniaires jugeront à propos de présenter, seront remis au comité des pensions, qui les examinera et vérifiera; ainsi que les mémoires qui lui ont déjà été remis.

17. Après l'examen et la vérification des états et pièces énoncés en l'article précédent, le comité dressera quatre listes. La première comprendra les pensions à payer sur les fonds de 10 millions, ordonnés par l'art. 14 du tit. 1 du présent décret. La seconde comprendra les pensions rétablies par les art. 5, 6, 7 et 8 du tit. 2. La troisième liste comprendra les secours établis par l'art. 15 du présent titre. La quatrième liste comprendra les personnes dignes des récompenses établies par l'art. 5 du tit. 1 du présent décret, et qui les auront préférées aux récompenses pécuniaires. Ces listes seront présentées au corps législatif, à l'effet d'être approuvées ou réformées par lui, et le décret qui interviendra sera ensuite présenté à la sanction du roi.

18. Lorsque le décret rendu par le corps législatif aura été sanctionné par le roi, les pensions comprises dans la première liste seront payées sur le fonds qui y est destiné par l'art. 14 du tit. 1 du présent décret. A l'égard des pensions et secours compris dans les seconde et troisième listes, il sera fait fonds par addition, entre les mains des personnes chargées du payement des pensions, du montant desdites listes.—Chacune des années suivantes, les fonds de ces deux listes ne seront fournis que déduction faite des portions dont jouissaient les personnes qui seront décédées dans le cours de l'année précédente; de manière que lesdits fonds diminuent chaque année graduellement, sans que, sous aucun prétexte, il y ait lieu au remplacement d'aucune des personnes qui auront été employées dans lesdites secondes et troisième listes.—Les quatre listes seront rendues publiques par la voie de l'impression avec l'exposé sommaire des motifs pour lesquels chacun de ceux qui s'y trouveront dénommés y aura été compris.—Les pensions accordées commenceront à courir du 1er janv. 1790; mais sur les arrérages qui reviendront à chacun pour l'année 1790, il sera fait une imputation de ce qu'on aurait reçu pour ladite année, en exécution des art. 1, 2 et 3 du présent titre.

19. Nonobstant l'art. 8 du présent titre, relatif aux enfants des officiers tués au service de l'État, les enfants du général Montcalm, tué à la bataille de Québec, au lieu de la somme de 3,000 liv. qu'ils devaient se partager entre eux, aux termes dudit article, toucheront 1,000 liv. chacun. L'assemblée nationale autorise les commissaires par elle nommés pour la distribution des nouvelles pensions, à exprimer dans le brevet de 1,000 liv. qui sera délivré à chacun desdits enfants, que cette exception a été décrétée par elle comme un témoignage de son estime particulière pour la mémoire d'un officier aussi distingué par ses talents et son humanité, que par sa bravoure et ses services éclatants. La même mention sera faite dans les brevets qui seront expédiés à la famille d'Assas, aux termes de l'article suivant.

20. Les pensions accordées aux familles d'Assas, de Chambord, et au général Luckner, seront conservées en leur entier, nonobstant les dispositions des articles précédents qui pourraient y être contraires. A l'égard des autres exceptions qui ont été ou seraient proposées, elles seront envoyées au comité des pensions, qui en fera le rapport à l'assemblée.

14-25 déc. 1790. — Décret relatif au traitement de retraite des militaires, depuis le soldat jusqu'à l'adjudant exclusivement.

16 janv.-16 fév. 1791.— Décret qui dispose que les retraites et pensions de la gendarmerie sont réglées par les mêmes principes que celles de l'armée (tit. 4, art. 13).

22-25 fév. 1791. —Décret qui indique les formalités à remplir par ceux qui pourraient prétendre à des pensions ou à des gratifications.

28 avril-4 mai 1791.—Cinq décrets dont l'un règle la formule des brevets de pensions, et un autre dispose que ces pensions sur le trésor public ne pourront être payées qu'autant que ceux qui en jouissent n'auront aucun traitement d'activité.

24-25 juin 1791. — Décret relatif aux formalités nécessaires pour toucher les pensions.

31 juill. 1791. — Décret qui détermine les pensions et secours à accorder aux employés des fermes, régies et administrations supprimées.

18-22 août 1791.— Décret interprétatif de celui du 3 août 1790, relatif aux pensions.

Art. 1. L'art. 7 du tit. 1 du décret du 3 août 1790, qui porte que, « dans le cas de défaut de patrimoine, la veuve d'un homme mort dans le cours de son service public pourra obtenir une pension alimentaire, et les enfants être élevés aux dépens de la nation, » s'entend des veuves et enfants des militaires et autres fonctionnaires publics qui, étant actuellement employés, meurent de blessures reçues dans l'exercice de leurs fonctions, ou de maladies que l'on constatera avoir été causées par l'exercice des mêmes fonctions.

2. La disposition de l'art. 11 du même titre, qui porte qu'il ne pourra être accordé de pensions à ceux qui jouissent d'appointements, gages ou honoraires, ne s'applique pas aux juges de paix ni aux membres des corps administratifs, lesquels jouiront des pensions qu'ils auront méritées, quoiqu'ils reçoivent l'indemnité attribuée à leurs fonctions.

3. La disposition de l'art. 18 du même titre, qui porte que, « quels qu'aient été le grade ou les fonctions d'un pensionné, sa pension ne pourra jamais excéder la somme de 10,000 liv., » s'entend, en ce sens que, dans tous les cas, et quels que fussent les appointements, ils ne peuvent être comptés, pour déterminer la pension, que sur le pied de 10,000 liv.; de manière qu'après trente années de service, on ne doit pas obtenir plus de 2,500 liv. de pension, de même qu'on ne saurait obtenir plus de 10,000 liv., après cinquante années de service.

4. Les pensions et secours accordés par l'assemblée nationale pourront être saisis, jusqu'à concurrence de la moitié de leur montant, par les créanciers des pensionnaires fondés en titre, pour entretien, nourriture et logement.

21 sept.-12 oct. 1791. — Décret d'après lequel les officiers civils de la marine obtiennent les pensions de retraite et d'invalides par les mêmes règles que les officiers militaires de la marine. — V. Organis. maritime.

21-28 sept. 1791.— Décret rendu pour l'exécution du précédent, dont les art. 17, 18 et 19 sont relatifs aux pensions des officiers d'administration de la marine.

31 mars (30 et)-4 avr. 1792. — Décret relatif aux pensions, dons, traitements, gratifications et secours. — V. Certificat de résidence, n° 3.

30 avr.-16 mai 1791. — Décret qui dispose qu'à l'égard des militaires admis à l'hôtel des Invalides, une pension pourra être substituée au brevet.—V. Organ. milit.

14-15 août 1792. — Décret portant que les pensionnaires de l'Etat qui n'auront pas prêté le serment de fidélité à la nation seront censés avoir renoncé à leur pension.

10 fév. 1793.—Décret qui accorde des pensions de retraite aux volontaires nationaux et soldats de troupes de ligne que des blessures graves mettent hors d'état de continuer et de reprendre leur service.

21-26 fév. 1793. — Décret relatif à l'organisation de l'armée et aux pensions de retraite et traitements des militaires de tous grades.

4 juin 1793. — Décret qui accorde des pensions et des secours aux veuves des militaires décédés au service de l'Etat.

6-16 juin 1793. — Décret relatif aux pensions de retraite des militaires que leurs blessures auront mis hors d'état de continuer ou de reprendre leurs services.

19 juin 1793. — Décret relatif au mode de payement des pensions qui excèdent 3,000 liv., et qui exige des certificats de civisme pour les toucher.

18-24 juill. 1793.— Décret relatif à la pension représentative du brevet d'admission à l'hôtel des Invalides.—V. Organ. milit.

9-14 niv. an 2 (29 déc. 1793-3 janv. 1794).—Décret qui rend le décret du 4 juin en faveur des veuves et enfants des militaires, commun aux familles de tous ceux qui auront été tués aux armées en y faisant un service quelconque.

21-24 pluv. an 2 (9-12 fév. 1794). — Décret qui règle le mode de payement des pensions, indemnités et secours accordés aux défenseurs de la patrie et à leurs familles.

6 germ. an 2 (26 mars 1794). — Décret qui détermine les pièces à présenter par les pensionnaires de l'Etat pour toucher les arrérages de leurs pensions.

13-16 prair. an 2 (1er-4 juin 1794). — Décret qui détermine la quotité et le mode de distribution des secours et pensions aux veuves, enfants, etc., des défenseurs de la patrie.

26 mess. an 2 (14 juill. 1794). — Décret qui détermine les formes à observer pour la rectification des erreurs commises dans l'énonciation des noms, prénoms et actes de naissance des pensionnaires de l'Etat.

18 therm. an 2 (5 août 1794). — Décret qui décide qu'un citoyen pourra réunir traitement et pension lorsque l'un et l'autre n'excéderont pas la somme de 1,000 liv.

27 therm. an 2 (14 août 1794). — Décret additionnel à celui du 6 juin 1793, relatif aux pensions des militaires blessés ou infirmes.

12 brum. an 3 (2 nov. 1794). — Décret qui dispose que les pensions accordées par décret portant le nom du pensionnaire, seront payées sur le vu du décret, sans autre formalité que la production du certificat exigé par la loi du 6 germinal.

26 brum. an 3 (16 nov. 1794). — Décret portant que le secours provisoire n'est point dû aux parents du défenseur de la patrie qui a péri de mort naturelle en activité de service.

7 frim. an 3 (27 nov. 1794). — Décret qui reproduit textuellement la disposition précédente, et qui ajoute que les pensionnaires joindront à l'extrait du décret un certificat de propriété.

16 frim. an 3 (6 déc. 1794). — Décret portant que la loi du 22 août 1791, d'après laquelle les défenseurs de la patrie envoyés aux frontières pourront cumuler leur pension et les traitements attachés à leur grade, n'est applicable qu'aux sous-officiers volontaires et invalides qui sont ou ont été employés à la défense des frontières.

14 vent. an 3 (4 mars 1795). — Décret portant qu'il ne sera pas donné suite aux arrêtés par lesquels les représentants du peuple en mission ont accordé des pensions.

7 germ. an 3 (27 mars 1795). — Décret portant que les campagnes de guerre, service hors d'Europe et années d'embarquement seront comptées aux militaires et marins dans les proportions portées en l'art. 5, tit. 2, loi du 3 août 1790.

15 germ. an 3 (4 avril 1795). — Décret concernant les pensionnaires et les invalides de la marine. Il se réfère : 1° au temps de service et aux circonstances nécessaires pour obtenir une pension sur la caisse des invalides de la marine (tit. 1) ; — 2° Aux pensions existant en l'an 3, liquidées sur la caisse des invalides de la marine, et à celles qui en sont rejetées (tit. 2) ; — 3° Aux pensionnaires relevés de la déchéance qu'ils avaient encourue et à ceux ajournés pour cause d'activité de service qui sont appelés à la liquidation (tit. 3) ; — 4° Aux formalités pour parvenir au payement desdites pensions (tit. 4) ; — 5° A la rectification des erreurs et omissions qui peuvent s'être glissées dans les noms et prénoms des pensionnaires (tit. 5) ;—6° A la comptabilité générale de la caisse des invalides de la marine, et de celle des gens de mer (tit. 6) ; — 7° A l'augmentation des pensions sur la caisse des invalides de la marine, et de la demi-solde (tit. 7).

16 germ. an 3 (5 avril 1795). — Décret portant recréation des pensions affectées sur les corps et corporations supprimées dont l'actif a été déclaré appartenir à la République.

14 mess. an 3 (2 juill. 1795). — Décret qui autorise le cumul de plusieurs pensions jusqu'à la concurrence de 3,000 liv.

24 mess. an 3 (12 juill. 1795). — Décret qui autorise à cumuler pensions et traitements jusqu'à concurrence de 3,000 liv. par an.

11 fruct. an 3 (28 août 1795). — Décret portant qu'à compter du 1er nivôse, les pensions accordées par l'Etat seront payées par les receveurs dans les départements, et qui indique les formalités à remplir.

3 brum. an 4 (25 oct. 1795). — Décret portant qu'il sera accordé aux marins inscrits des pensions suivant leurs grades, âge, blessures ou infirmités (art. 28). — V. Organisat. marit.

15 brum. an 4 (6 nov. 1795). — Loi relative au mode de liquidation des pensions, gratifications, etc., dues ou méritées avant le 1er janv. 1790.

30 vent. an 4 (20 mars 1796). — Arrêté du directoire portant : « Les pensions de retraite des régisseurs et préposés de la régie de l'enregistrement, autres que les receveurs, seront liquidées sur le traitement fixe qui leur est attribué ; celle des receveurs seront réglées sur les deux tiers seulement des remises qui leur sont allouées, l'autre tiers ne devant être considéré que comme l'indemnité du loyer et des autres frais de leurs bureaux. »

18 mess. an 4 (6 juill. 1796). — Loi portant que les dispositions de la loi du 4 juin 1793 qui accorde des pensions et des secours aux veuves des militaires, sont applicables aux veuves des agents civils de la marine, en remplissant les conditions exigées par ladite loi. — Ces pensions et secours ne pourront, conformément aux lois des 4 juin et 29 juill. 1793, excéder la somme de 1,000 fr., ni être moindres de 150 fr.

22 vend. an 5 (13 oct. 1796). — Loi qui prescrit les formalités à observer par les pensionnaires non liquidés, pour toucher les secours à eux accordés.

26 germ. an 5 (15 avril 1797). — Loi portant : « Toutes les pensions de retraite dans l'enregistrement et dans les douanes ou tout autre service public, soit que les fonds proviennent de retenue sur les appointements des employés, soit qu'elles soient acquittées par le trésor public, seront soumises à l'approbation du corps législatif, d'après les états fournis par le directoire exécutif, appuyés de pièces justificatives. »

2 flor. an 5 (21 avr. 1797). — Loi qui prescrit la formation d'un fonds de retenue pour l'acquit des pensions de retraite à accorder aux employés des douanes. La retenue est de 3 deniers par livre sur les appointements des préposés, et de 3 sous par livre sur le produit net des confiscations et amendes (art. 2). — La pension est calculée sur la moyenne des trois dernières années de la gestion. Elle est de moitié de ce produit pour trente années de service, et d'un vingtième de l'autre moitié pour chaque année au-dessous de trente ans, sans que le maximum puisse être au-dessus de 3,000 fr. (art. 3). — La pension peut aussi être obtenue par suite d'infirmités ou de blessures graves acquises dans l'emploi (art. 4 et s.).

26 brum. an 6 (16 nov. 1797). — Loi relative au mode de payement des arrérages de pensions. — V. Rente.

11 frim. an 6 (1er déc. 1797). — Décret portant que les retraites des officiers de santé et les pensions dues à leurs veuves seront fixées d'après l'assimilation prononcée par la loi du 15 niv. an 4.

29 frim. an 6 (19 déc. 1797). — Loi relative aux pensions des veuves des défenseurs de la patrie.

14 fruct. an 6 (31 août 1798). — Loi relative aux secours à accorder aux veuves et enfants des militaires et employés composant les armées de terre et de mer. — V. la loi du 18 avr. 1831 ci-après.

28 vend. an 7 (19 oct. 1798).—Loi relative au payement des pensions. — V. Trésor public.

5 frim. an 7 (25 nov. 1798). —Arrêté contenant des mesures pour assurer l'exécution de la loi qui précède. — V. *eod.*

22 flor. an 7 (11 mai 1799). — Loi contenant des mesures pour assurer et faciliter le payement des pensions. — V *eod.*

3 prair. an 7 (22 mai 1799). — Arrêté du directoire concernant le payement des pensions. Cet arrêté se réfère aux pensions ecclésiastiques, aux pensionnaires de la liste civile, aux militaires pensionnés, indique certaines formalités à remplir, et exige, entre autres, que la déclaration de non-jouissance d'autre pension ni d'aucun traitement d'activité soit contenue dans le certificat de vie.

23 fruct. an 7 (9 sept. 1799). — Arrêté concernant le mode de payement des pensions et secours accordés aux veuves et orphelins des militaires, marins et autres.

28 fruct. an 7 (14 sept. 1799).—Loi sur la solde de retraite pour l'armée de terre. — Elle renferme soixante-cinq articles et est divisée en six titres, qui ont pour objet : 1° les règles générales sur les soldes de retraite pour le service de terre (tit. 1, art. 1 à 15) ; — 2° La solde de retraite pour ancienneté de service, soit à l'égard des militaires, soit à l'égard des employés administratifs militaires (tit. 2, art. 16 à 25) ; — 3° La solde de retraite pour cause de blessures ou infirmités (tit. 3, art. 26 à 45) ; — 4° Le payement de la solde de retraite (tit. 4, art. 46 à 48) ; — 5° La retenue de la solde de retraite pour les subsistances ou soldes provisoires (tit. 5, art. 49 à 51) ; — 6° Les dispositions additionnelles qui se réfèrent aux services antérieurs à la révolution, à la conversion en solde de retraite des pensions, soldes ou demi-soldes accordées pour cause de blessures ou infirmités, conformément à la loi du 23 mai 1792, etc. — Cette loi n'est plus en vigueur. — V. la loi du 11 avr. 1831.

22 frim. an 8 (13 déc. 1799). — Constitution portant qu'il sera accordé des pensions à tous les militaires blessés à la défense de la patrie, ainsi qu'à leurs veuves et à leurs enfants (art. 86). — V. Droit constit., p. 312.

23 therm. an 8 (11 août 1800).— Arrêté portant qu'à compter du second semestre de l'an 8, les pensions seront acquittées en numéraire.

7 brum. an 9 (29 oct. 1800). — Arrêté sur la solde de retraite pour l'armée navale. — V. la loi du 18 avr. 1831.

2 frim. an 9 (23 nov. 1800). — Arrêté portant que les pensions accordées à des militaires incurables seront converties en solde de retraite.

15 niv. an 9 (5 janv. 1801). — Arrêté relatif aux traitements de réforme des officiers de santé, lesquels seront payés de la même manière que les soldes de retraite. — V. Organ. milit.

3 germ. an 9 (24 mars 1801). — Décret qui attribue au liquidateur général de la dette publique, la liquidation des pensions de tous les employés près des ministères et des administrations civiles et militaires.

26 brum. an 10 (17 nov. 1801). — Arrêté portant qu'il ne sera plus fait de payements à titre de secours provisoire.

7 niv. an 10 (28 déc. 1801).—23 déc. 1830.—Arrêté des consuls qui crée un fonds de retraite pour les pensions des employés et ouvriers des salines, au moyen d'une retenue d'un vingtième sur leurs traitements ou salaires.

11 flor. an 10 (1er mai 1802).—Loi sur l'instruction publique dont l'art. 42 prescrit la formation d'un fonds de retenue sur les traitements des fonctionnaires et professeurs des lycées pour être affecté à des retraites.—V. Organ. de l'instr. pub.

20 prair. an 10 (9 juin 1802).—Arrêté sur le mode de payement de l'arriéré des pensions liquidées.

7 therm. an 10 (26 juill. 1802). — Arrêté qui annule des transports et délégations de pensions faites par des pensionnaires (art. 1), et qui déclare : 1° qu'il ne sera reçu à l'avenir au trésor public aucune signification de transport, cession ou délégation de pension (art. 2); 2° que les créanciers d'un pensionnaire ne pourront exercer qu'après son décès, et sur le décompte de sa pension, les poursuites et diligences nécessaires pour la conservation de leurs droits (art. 3).

16 frim. an 11 (7 déc. 1802). — Arrêté relatif au payement des soldes de retraite et des pensions dont la conversion n'a pas encore été faite.

11 pluv. an 11 (31 janv. 1803).—Arrêté contenant une nouvelle rédaction de l'arrêté du 16 frim. an 11 sur la conversion des anciennes pensions militaires en solde de retraite.

15-25 germ. an 11 (5 avril 1803).—*Loi relative aux pensions.*

Art. 1. Il ne sera, pendant cinq ans, créé, chaque année, de pensions, que pour une somme égale à la moitié des extinctions survenues pendant l'année.

2. Aucune pension ne pourra excéder 6,000 fr.

3. Le fonds de pension fera, chaque année, un article particulier de la loi sur les dépenses publiques.

4. Ne sont pas comprises dans les dispositions de l'art. 1, les soldes de retraite, les anciennes pensions restant à liquider, ni les pensions à payer sur les fonds formés par des retenues faites dans diverses administrations sur les traitements des employés.

8-18 flor. an 11 (28 avril 1803).—Loi relative au mode d'admission à la solde de retraite et au traitement de réforme. Le tit. 1 est relatif à la solde de retraite ; — Le tit. 2, aux pensions ou secours aux veuves et orphelins des militaires ; — Le tit. 3, au traitement de réforme ; —Le tit. 4, aux invalides. — V. la loi du 11 avril 1831 ci-après et v° Organ. milit.

15 flor. an 11 (5 mai 1803).—Arrêté relatif aux pensions.

Art. 1. Toutes les demandes de pensions autres que les soldes de retraite seront adressées au ministre du département dans lequel les réclamants ont fait leur dernier service.

2. Les décisions du gouvernement, sur les rapports que les ministres lui feront de ces demandes, seront, ou un *admis* à l'examen avec renvoi au conseil général de la liquidation, pour proposer, s'il y a lieu, la quotité de la pension, ou un *accordé*, avec fixation de la pension.

3. Les pensions accordées en conformité des articles précédents seront inscrites pour le montant de leur fixation, et payées intégralement.

4. Les pensions ne commenceront à courir que du premier jour du semestre qui suivra leur inscription au trésor public.

5. Toutes les pensions autres que les soldes de retraite ne pourront être inscrites au trésor public qu'autant qu'elles auront été comprises sur les états du directeur général de la liquidation, et d'après l'approbation de ces états par le premier consul.

6. Toutes les demandes de pensions à raison de services qui n'ont pas continué depuis le 1er janv. 1792 ne seront pas admises.

7. Toutes les demandes de pensions pour services continus depuis le 1er janv. 1792, portées au conseil général de liquidation, seront par lui renvoyées au ministre du département auquel elles appartiennent.

8. Le conseil général de la liquidation continuera seulement à liquider les pensions qui avaient été précédemment accordées, en se conformant aux lois des 19 juin 1793 et 9 vend. an 6.

9. Les pensions dont les arrérages n'auront pas été réclamés pendant trois années, à compter de l'échéance du payement dernier, seront censées éteintes, et n'en seront plus portées dans les états de payements : si les pensionnaires se présentent après la révolution desdites trois années, les arrérages ne commenceront à courir qu'à compter du premier jour du semestre qui suivra celui dans lequel ils auront obtenu le rétablissement de leur pension.

10. Les héritiers et ayants cause des pensionnaires qui ne fourniront pas l'extrait mortuaire de leur auteur dans le délai de six mois à compter de son décès sont déchus de tous droits aux arrérages alors dus.

15 prair. an 11 (4 juin 1803). — Arrêté sur les pensions des employés de la marine.

28 prair. an 11 (17 juin 1803).—Arrêté relatif au mode de payement des soldes de retraites et pensions des Suisses retirés dans leur patrie.

11 fruct. an 11 (29 août 1803).—Arrêté contenant règlement sur la solde de retraite et traitement de réforme dans la marine.— V. la loi du 18 avril 1831.

7 fruct. an 12 (25 août 1804).—Décret qui établit un fonds de retraite au profit des ingénieurs des ponts et chaussées, au moyen d'une retenue de 3 pour 100 sur leurs appointements (art. 33 et suiv.). — V. Travaux publics.

23 vend. an 13 (15 oct. 1804).—Décret portant : « les militaires de tout grade âgés de plus de soixante ans retirés du service pour infirmités non provenant de blessures ne seront plus sujets, pour jouir de leur solde de retraite, ni à subir la visite annuelle prescrite par l'art. 38 de la loi du 28 fruct. an 7, ni à produire le certificat exigé par le susdit article.

23 vend. an 13 (15 oct. 1804).— Décret relatif au mode de payement des soldes de retraite.

21 frim. an 13 (12 déc. 1804).— Décret portant : — Art. 1. Les membres de la famille impériale, les grands dignitaires, les grands officiers de l'empire et généralement tous les individus remplissant des fonctions publiques qui, d'après les constitutions de l'empire, sont inamovibles, pourront exiger que leurs titres et qualités constitutionnels soient énoncés sur les extraits ou certificats des rentes et pensions qu'ils auraient sur le trésor public.

2. Les mêmes fonctionnaires pourront rapporter au trésor public les certificats ou extraits qui leur auraient été précédemment délivrés : et il leur en sera délivré de nouveaux par le trésor public, lorsqu'ils auront justifié de leur titre, soit par leur acte de nomination, soit par un acte de notoriété.

26 fruct. an 13 (13 sept. 1805). — Décret qui prescrit des formalités pour le payement des arrérages de pensions non réclamées pour les deux années qui précèdent le semestre. —V. Trésor public.

4 juill. 1806-19 mai 1832. — Décret portant règlement sur les pensions de retraite des employés du ministère de l'intérieur.

TIT. 1. — *Dispositions générales.*

Art. 1. A compter du 1er juill. 1806, il sera fait chaque mois, sur tous les traitements des employés du ministère de l'intérieur, une retenue de 2 c. et demi par franc pour former un fonds de pensions de retraite et de secours en faveur de ceux qui en seront susceptibles ou de leurs veuves et orphelins.

2. Le montant net des traitements pendant les vacances d'emploi qui n'excéderont pas un mois sera ajouté au fonds des retraites.

3. Le ministre de l'intérieur est autorisé à prélever, à dater de la même époque, 1er juill. 1806, sur les fonds affectés dans son budget aux frais de bureau, impressions, etc., de son ministère, une somme de 6,000 fr. chaque année, pendant dix ans seulement, pour former le premier fonds des retraites et pensions et représenter les services passés sur lesquels il n'y a point eu de retenue

TIT. 2. — *Des conditions pour pouvoir obtenir une pension.*

4. Les demandes à fin de pension seront adressées, avec les pièces justificatives, au ministre de l'intérieur.

5. Il sera tenu un registre de ces demandes, où elles seront portées par ordre de dates et de numéros.

6. Le ministre fera examiner ces demandes et vérifier les titres à l'appui ; et chaque année, sur son rapport, les pensions seront fixées par nous en conseil d'Etat.

7. Il ne sera accordé de pensions que jusqu'à concurrence des fonds libres sur le montant des retenues et sur ceux ajoutés par l'art. 3 du présent décret.

8. Les employés du ministère de l'intérieur pourront obtenir une pension de retraite après trente ans de service effectif, pour lesquels on comptera tout le temps d'activité dans d'autres administrations publiques qui ressortissaient au gouvernement, quoique étrangères à celle dans laquelle les employés se trouvent placés, et sous la condition qu'ils auront moins (1) de dix ans de service dans le ministère de l'intérieur ou dans les comités du gouvernement et des commissions exécutives qui représentaient ce ministère. — La pension pourra cependant être accordée avant trente ans de service à ceux que des accidents ou des infirmités rendraient incapables de continuer les fonctions de leur place, ou qui se trouveraient réformés

(1) Lisez *au moins*, erratum du Bull. CLIX.

après dix ans de service et au-dessus par le fait de la suppression de leur emploi.

9. Pour déterminer la fixation de la pension, il sera fait une année moyenne du traitement fixe dont les réclamants auront joui pendant les trois dernières années de leur service. — Les gratifications qui leur auraient été accordées pendant ces trois ans ne feront point partie de ce calcul.

10. La pension accordée après trente ans de service ne pourra excéder la moitié de la somme réglée par l'article précédent. — Elle s'accroîtra du vingtième de cette moitié pour chaque année de service au-dessus de trente ans. — Le maximum de la retraite ne pourra excéder les deux tiers du traitement annuel de l'employé réclamant, calculé comme il est dit art. 9.

11. La pension accordée avant trente ans de service dans le cas prévu par le deuxième paragraphe de l'art. 8, sera du sixième du traitement pour dix ans de service et au-dessous. — Elle s'accroîtra d'un soixantième de ce traitement pour chaque année de service au-dessus de dix ans, sans pouvoir excéder la moitié du traitement.

12. Les pensions et secours aux veuves et orphelins ne pourront excéder la moitié de celle à laquelle le décédé aurait eu droit. — Ces pensions ne seront accordées qu'aux veuves et orphelins des employés décédés en activité de service ou ayant eu pension de retraite. — Les veuves n'y auront droit qu'autant qu'elles auraient été mariées depuis cinq ans, et non divorcées, et qu'elles n'auraient pas contracté de nouveau mariage.—Dans le cas où le décédé n'aurait pas acquis de droit à une pension, la veuve ne pourra y prétendre.

13. Si l'employé laisse une veuve sans aucun enfant au-dessous de l'âge de quinze ans, la pension sera du quart de la retraite qui aurait été accordée à son époux, si elle eût été fixée à l'époque de son décès. — Dans le cas où le décédé aurait laissé à la charge de sa veuve un ou plusieurs enfants au-dessous de quinze ans, la pension pourra être augmentée, pour chacun de ces enfants, de 5 p. 100 de la retraite qui aurait été réglée pour le décédé, et sans toutefois que la totalité de la somme à accorder à la veuve, tant pour elle que pour ses enfants, puisse jamais excéder le double de celle qu'elle eût obtenue dans la première hypothèse.

14. Si la veuve décède avant que les enfants provenant de son mariage avec l'employé son défunt mari aient atteint l'âge de quinze ans, sa pension sera reversible à ses enfants, qui en jouiront, comme les autres orphelins jouiront de la leur, par égale portion, jusqu'à l'âge de quinze ans accomplis, mais sans reversibilité des uns aux autres enfants.

15. Si les employés ne laissent pas de veuve, mais seulement des orphelins, il pourra leur être accordé des pensions de secours jusqu'à ce qu'ils aient atteint l'âge de quinze ans, la quotité sera fixée pour chacun à la moitié de ce qu'aurait eu leur mère si elle avait survécu à son mari, et ne pourra excéder, pour tous les enfants ensemble, la moitié de la pension à laquelle leur père aurait eu droit ou dont il jouissait.—La pension qui pourrait revenir, d'après les précédentes dispositions, à un ou plusieurs de ces enfants, leur sera conservée pendant toute leur vie s'ils sont infirmes, et, par l'effet de ces infirmités, hors d'état de travailler pour subvenir à leurs besoins.

16. En cas de concurrence entre plusieurs employés réclamant pension (1), l'ancienneté de service d'abord, et ensuite l'âge et les infirmités, décideront de la préférence.

17. Les dispositions du présent décret ne seront applicables qu'au bénéfice des employés actuels du ministère, ou de ceux qui y seront admis.

TIT. 3. — *Des cas de suspension et de privation du droit à la pension de retraite.*

18. Nul employé démissionnaire n'a droit de prétendre au remboursement des retenues exercées sur son traitement ni à aucune indemnité en conséquence; mais si, par la suite, il était admis à rentrer dans le ministère, le temps de son premier service compterait pour la pension.

19. Tout employé destitué perd ses droits à la pension, quand il aurait le temps de service nécessaire pour l'obtenir; il ne peut prétendre ni au remboursement des sommes retenues sur son traitement pour les pensions, ni à aucune indemnité équivalente.

TIT. 4. — *Dispositions relatives à un cas particulier.*

20. Les employés du ministère dont les traitements sont payés tant par la caisse du ministère que sur des fonds particuliers, seront traités à l'instar des autres employés du même ministère, ainsi que leurs veuves et enfants, et, à cet effet, la retenue réglée par l'art. 1 du présent décret sera faite proportionnellement et sur la totalité du traitement que chacun d'eux reçoit sur ces diverses caisses, à moins que ladite retenue ne soit faite aussi sur lesdites caisses pour pension. — Ces employés justifieront qu'aucune disposition particulière relative à des pensions n'a été faite en leur faveur sur une autre caisse que celle du ministère de l'intérieur, qui contribue à les salarier; et s'il y a une retenue pour pensions auxdites caisses, on ne liquidera leur pension au ministère de l'intérieur que sur la base du traitement payé sur les fonds du ministère.

TIT. 5. — *Du mode de payement des pensions; des versements, et de la comptabilité des fonds de retenue.*

21. Les pensions accordées sur les fonds de retenue et sur ceux ajoutés par l'art. 3 du présent décret seront payées comme les traitements.

22. Au commencement de chaque semestre, il sera formé un bordereau général contenant : 1° l'état des retenues faites pendant le semestre échu et de celles présumées dans le semestre suivant : au total de cet état sera ajouté le montant du prélèvement autorisé par l'art. 3 du présent décret;— 2° L'état des pensions accordées et de celles éteintes;— 3° L'état des nouvelles pensions et des sommes nécessaires pour les acquitter.

23. Si le produit des fonds destinés aux pensions a excédé le montant des payements à faire aux pensionnaires, l'excédant sera versé à la caisse d'amortissement, qui en accumulera les intérêts à 5 pour 100 par an au profit desdits fonds.

24. Les produits des retenues, des versements à la caisse d'amortissement et des intérêts qui en proviendront, seront uniquement et privativement affectés à la destination prescrite par le présent décret.

25. Une expédition du bordereau général ordonnée par l'art. 22 sera remise tant au ministre de l'intérieur qu'au directeur général de la caisse d'amortissement.

26. La caisse d'amortissement rendra, chaque année, au ministre de l'intérieur, compte par écrit des sommes qu'elle aura reçues, payées ou employées, et des extinctions de pensions qui seront survenues. Ce compte arrêté sera mis sous nos yeux, chaque année, par le ministre.

13 sept. 1806. — Décret contenant règlement sur les pensions.

Art. 1. En exécution de la loi du 15 germ. an 11, tout prétendant à pension adressera sa demande et les pièces justificatives au chef de l'administration à laquelle il appartient, et celui-ci adressera le tout, avec son avis au ministre de son département.

2. Il sera tenu, dans chaque ministère, un registre de ces demandes, où elles seront portées par ordre de dates et de numéros; et chaque année, dans le courant de février, les ministres nous en feront les rapports.

3. La pension ne pourra être liquidée s'il n'y a trente ans de service effectif et soixante ans d'âge, à moins que ce ne soit pour cause d'infirmités. Elle sera liquidée au sixième du traitement dont le pétitionnaire aura joui pendant les quatre dernières années de son service.

4. Chaque année de service ajoutée aux trente ans effectifs produira une augmentation à la pension. Cette augmentation sera du trentième des cinq sixièmes restants.

5. La pension ne pourra être liquidée au-dessus soit de 1,200 fr. pour les traitements qui n'excéderont pas 1,800 fr., soit des deux tiers des traitements qui seront au-dessus de 1,800 fr., soit enfin de 6,000 fr., à quelque somme que monte le traitement.

6. Les dispositions ci-dessus ne sont point applicables aux employés des ministères et des administrations dont les pensions sont acquittées au moyen des retenues, et conformément à des règlements particuliers arrêtés par nous, à l'exception néanmoins de ceux qui auraient pris leur retraite avant que lesdits règlements eussent été rendus.

25 janv. 1807. — Avis du conseil d'Etat sur la liquidation des pensions civiles.

Le conseil d'Etat, qui, d'après le renvoi ordonné par Sa Majesté, a entendu le rapport de la section des finances sur celui du ministre de ce département, tendant à faire interpréter à quelle classe des demandes de pensions civiles sont applicables les dispositions contenues dans le décret impérial du 13 déc. 1806, lesquelles diffèrent de celles renfermées dans l'arrêté du 15 flor. an 11, — Est d'avis : 1° que l'arrêté du 15 floréal n'est infirmé dans aucune de ses parties par le décret du 13 sept. 1806; — 2° Que les dispositions du décret impérial du 13 sept. 1806 sont applicables à toutes les demandes de pensions civiles postérieures à la date de ce décret; — 3° Que les demandes de pensions civiles formées aux termes de l'arrêté du 15 flor. an 11, et antérieurement au décret du 13 sept. 1806 par d'anciens employés, doivent continuer d'être examinées d'après les dispositions renfermées dans l'arrêté du 15 flor. an 11.

11-21 sept. 1807. — Loi portant : « Lorsque, par des services distingués, de grands fonctionnaires de l'empire, tels que ministres, maréchaux et autres grands officiers, auront droit à une récompense extraordinaire, et que la situation de leur fortune le rendra nécessaire, le maximum de leurs pensions, de celles de leurs veuves et enfants pourra être élevée jusqu'à 20,000 fr. »

2 oct. 1807. — Décret concernant les officiers de justice auxquels des infirmités donnent droit à une pension de retraite. — V. Organ. jud.

10 nov. 1807-22 mars 1833. — Décret sur les pensions de retraite des officiers de port.

Art. 1. Les officiers de port, de tout grade, auront droit à une pension de retraite dans le département de l'intérieur.

2. Cette pension ne pourra excéder, savoir : — 960 fr. pour les capitaines de première classe, 720 fr. pour les capitaines de deuxième classe, 600 fr. pour les lieutenants de première classe, 480 fr. pour les lieutenants de deuxième classe, 360 fr. pour les maîtres de port de première classe, 240 fr. pour les maîtres de port de deuxième classe, et les deux cinquièmes du traitement des trois dernières années pour les maîtres de port de troisième classe.

3. Seront précomptées sur les pensions de retraite à accorder aux officiers de port, celles qu'ils auraient pu obtenir du ministère de la marine, ou de tout autre département, pour services rendus avant leur nomination à l'emploi d'officier ou de maître de port. En conséquence, les officiers de port seront tenus de fournir, lorsqu'ils seront mis en retraite, un certificat du ministre de la marine constatant qu'ils n'ont pas de pension de retraite, ou qu'ils en ont une dont la somme sera indiquée.

4. Les veuves des officiers de port qui seront morts en activité de service, à dater de l'organisation nouvelle prescrite par notre décret du 16 mars 1807, pourront obtenir une pension alimentaire, qui sera du tiers de celle que leurs maris auraient pu avoir à l'époque de leurs décès, en

(1) Lisez *la pension*, erratum du Bull. CLIX.

appliquant au règlement de cette dernière pension les dispositions des art. 2 et 3 du présent décret.

5. A dater du jour de la mise en activité de notre décret du 10 mars 1807, portant organisation des officiers de port, il sera fait une retenue de 3 pour 100 sur les appointements des officiers de port de tout grade, pour former un fonds destiné à l'acquit des pensions de ces officiers et de leurs veuves. — Le produit de cette retenue sera versé à la caisse d'amortissement, qui en tiendra un compte séparé en capitaux et intérêts.

6. A compter du même jour, il sera prélevé annuellement sur les fonds du demi-droit de tonnage une somme de 10,000 fr., pour former le premier fonds des pensions à accorder à ceux des officiers de port dont la mise en retraite ne pourra pas être différée. — Ce fonds sera versé de même à la caisse d'amortissement, et s'éteindra à fur et mesure du décès des individus compris dans les états approuvés par nous, lorsque d'ailleurs tous les officiers de port incapables de servir dans la nouvelle organisation auront été mis en retraite.

7. N'auront pas droit à une pension de retraite ceux des officiers de port qui, jugés encore en état de servir n'accepteraient pas le poste qui leur serait confié dans la nouvelle organisation.

8. Les services des officiers de port dans la marine ou autre département seront comptés, pour la liquidation de leurs pensions dans le département de l'intérieur, de la même manière qu'ils le seraient dans le département de la marine, et conformément à l'arrêté du gouvernement du 11 fruct. an 11.

9. Tout ce qui n'est pas réglé par le présent décret, le sera conformément aux dispositions de notre décret du 7 fruct. an 12, relativement aux pensions des ingénieurs et de leurs veuves.

11 janv. 1808. — Avis du conseil d'Etat sur la retenue dont la pension d'un militaire peut être susceptible en faveur de sa femme et de ses enfants.

Le conseil d'Etat, qui, en exécution d'un renvoi qui lui a été fait par Sa Majesté l'empereur et roi, a entendu la section de la guerre, sur un rapport du ministre de ce département, ayant pour objet de déroger à l'arrêté du 7 therm. an 10, en faveur des femmes et enfants des militaires jouissant d'une pension ou solde de retraite; — Considérant que, par l'arrêté précité, le gouvernement a eu pour objet, non-seulement d'assurer leur subsistance aux militaires pensionnés ou jouissant d'une solde de retraite, mais encore d'assurer des aliments à leurs femmes et enfants, — Est d'avis que le ministre de la guerre peut ordonner une retenue du tiers au plus sur la pension ou solde de retraite de tout militaire qui ne remplirait pas, à l'égard de sa femme ou de ses enfants, les obligations qui lui sont imposées par les chap. 5 et 6, tit. 5, liv. 1 c. civ.; sauf le recours du mari au conseil d'Etat, commission du contentieux, dans le cas où il se croirait lésé par la décision du ministre.

2 fév. 1808. — Décret portant création d'une caisse de retraite pour les employés des bureaux du ministère de la guerre, les agents de l'administration générale des poudres et salpêtres, les commis entretenus pour le service des bureaux de l'intendance militaire, les écoles militaires, les contrôleurs et réviseurs d'armes. — V. M. de La Roque, C. des pens. civ., p. 232.

2 fév. 1808. — Décret qui crée des pensions de retraite en faveur des employés du ministère de la marine. — V. M. de La Roque, p. 234.

2 fév. 1808. — Avis du conseil d'Etat sur l'inaliénabilité des soldes de retraite, des traitements de réforme, et des pensions militaires et de la Légion d'honneur.

Le conseil d'Etat, qui, d'après le renvoi ordonné par Sa Majesté, a entendu le rapport de la section de la guerre sur celui du ministre de ce département, tendant à faire décréter que les traitements de réforme, soldes de retraite et pensions des veuves ou enfants des militaires, seront inaliénables sous quelque prétexte que ce soit; — Considérant : 1° que l'arrêté du 7 therm. an 10 a statué qu'il ne serait reçu aucune signification de transport, cession ou délégation de pensions à la charge du trésor public, et que ces pensions seraient insaisissables; — 2° Que le but de cet arrêté a été d'assurer la jouissance de ces pensions aux individus qui les ont obtenues, et ce à l'exclusion de tous autres; — 3° Que ces pensions doivent être, en effet, considérées comme des aliments accordés par l'Etat et destinés spécialement à l'individu qui les obtient; qu'elles ne pourraient devenir, par une vente, la propriété d'un autre, sans que l'objet bien évident de cette institution ne fût manqué, puisque l'intention du gouvernement a été d'assurer un secours annuel, et non de donner une somme une fois pour toutes; — 4° Que ces considérations s'appliquent également aux traitements de réforme et aux pensions de la Légion d'honneur,

Est d'avis : 1° que, d'après l'arrêté du 7 therm. an 10, et sans qu'il soit besoin d'une nouvelle disposition, les soldes de retraite et pensions militaires et de la Légion d'honneur sont inaliénables; — 2° Que les traitements de réforme ne sont pas susceptibles non plus d'aliénation; — 3° Que les individus qui peuvent avoir vendu ces pensions ou traitements depuis le 7 therm. an 10 doivent être réintégrés dans cette propriété, sauf aux acheteurs, comme il est dit dans l'arrêté précité, à répéter, par les voies et ainsi qu'il appartiendra, contre les cédants, la restitution des sommes qu'ils peuvent leur avoir payées; — N'entendant pas néanmoins déroger par le présent avis à celui du 22 décembre dernier, qui a eu pour objet les retenues à faire sur les pensions de retraite des militaires, au profit de leurs femmes et de leurs enfants, quand ils ne rempliraient pas à leur égard les obligations imposées par le code civil.

7 mars 1808-9 oct. 1830. — Décret qui crée un fonds de pension pour les employés des prisons au moyen d'une retenue de 2 cent. 1/2 par franc, et qui détermine les conditions pour pouvoir obtenir une pension; — Les cas de suspension et de privation du droit à la pension de retraite; — Et le mode de payement des pensions, des versements et de la comptabilité des fonds de retenue. — V. ord. 8 sept. 1831.

7 fév. 1809. — Décret relatif aux pensions des employés des hospices de Paris. — V. Hospices, p. 70.

27 janv. 1810. — Décret qui ordonne un versement annuel de sommes pour accroître le fonds de retraite des employés des ponts et chaussées. — V. Travaux publics.

16 mai 1810. — Décret relatif aux pensions des employés de la chancellerie de la Légion d'honneur. — V. M. Delaroque, Code des pensions civiles, p. 185.

18 oct. 1810. — Décret relatif aux pensions de retraite des conseillers de l'Université, inspecteurs de l'Université, inspecteurs des académies, doyens, professeurs des facultés, proviseurs des lycées, censeurs et professeurs des lycées. — V. M. de la Roque, C. des pens. civ., p. 210.

18 nov. 1810. — Décret concernant les pensions de retraite des ingénieurs des mines. — V. Mines, p. 630.

10 fév. 1811-8 mars 1831.—Décret impérial sur les pensions de retraite des employés de la cour des comptes.

Art. 1. A dater du 1er janv. 1811, il sera fait, sur les traitements des employés du greffe et des secrétariats de notre cour des comptes, une retenue de 2 cent. 1/2 par franc, pour former un fonds de pensions de retraite et secours en faveur de ceux qui en seront susceptibles, ou de leurs veuves et enfants.

2. La même retenue sera exercée sur les traitements et salaires des huissiers et de tous autres attachés au service de la cour à titre permanent.

3. Une partie du produit libre de la vente des papiers de comptabilité qui auront été réformés, sera employée à établir un premier fonds de retraite. A cet effet, une somme, qui ne pourra excéder 10,000 fr. sera versée à la caisse d'amortissement annuellement et jusqu'à ce que ces versements forment un capital de 60,000 fr.; ladite caisse tiendra compte des intérêts à raison de 5 p. 100, et ces intérêts seront appliqués au payement des pensions.

4. Les demandes à fin de pensions seront adressées au premier président, avec les pièces justificatives. — Le greffier en chef les portera sur un registre particulier, par ordre de dates et de numéros. — Il fera l'examen de chaque demande et en dressera un rapport.

5. Le premier président, après avoir pris l'avis des présidents et entendu le procureur général, prendra sur la demande un arrêté qui, lorsqu'elle aura été admise, sera adressé à notre ministre des finances avec le rapport et les pièces.

6. Notre ministre des finances nous fera un rapport sur les demandes qui lui auront été transmises, et il y sera statué par nous en notre conseil d'Etat.

7. Il ne sera accordé de pensions et secours que jusqu'à concurrence de ce qu'il y aura de libre sur le fonds de retraite.

8. Pour être admis à la pension, il faudra : 1° être âgé d'au moins soixante ans; 2° avoir servi pendant trente ans dans des établissements payés des fonds du trésor, avec un traitement pour lequel on aura été en nom sur ses états; 3° que de ces trente années, dix au moins aient été employées au service de notre cour des comptes, ou des commissions qui l'ont précédée. — Néanmoins, les conditions relatives à l'âge et à la durée des services ne seront pas exigées à l'égard d'un employé que des accidents ou des infirmités dûment constatées rendraient incapable de continuer les fonctions de sa place, ou qui, réformé, après dix ans au moins de service, par la suppression de son emploi, n'en remplirait pas un autre.

9. Pour fixer le montant de la pension, il sera formé une année moyenne du traitement dont l'employé aura joui pendant les trois dernières années de son service; les gratifications n'entreront point dans le calcul. — La pension à accorder à trente années de service ou plus, sera : 1° de la moitié dudit traitement; 2° d'autant de quarantièmes qu'il y aura d'années de service au dessus de trente ans, sans que, dans aucun cas, la pension puisse s'élever au dessus des deux tiers dudit traitement moyen.

10. La pension qui pourra être accordée avant trente ans de service dans le cas prévu par la deuxième partie de l'art. 8, sera d'un soixantième du traitement moyen pour chaque année de service.

11. La veuve d'un employé ne pourra prétendre à une pension qu'autant, 1° que son mari sera mort pourvu de son emploi ou pensionné; 2° que le mariage aura précédé de cinq ans au moins la cessation des services par mort ou autrement, et que ladite veuve n'aura pas divorcé. — Si elle se remarie, elle perdra son droit à la pension.

12. La pension à accorder à une veuve sera du quart de celle à laquelle son mari avait ou aurait eu droit. — Si l'employé décédé a laissé un ou plusieurs enfants naturels et légitimes qui n'aient pas atteint l'âge de quinze ans accomplis, chacun d'eux donne droit à sa veuve à un cinquième en sus de ce qu'elle aurait eu de son chef, sans que jamais le total puisse excéder la moitié de la pension qu'avait ou aurait pu avoir son mari.

13. Si l'employé ou pensionnaire n'a pas laissé de veuve, ou si la veuve pensionnée vient à se remarier ou à décéder, tout enfant dudit employé ou pensionnaire qui n'aura pas atteint l'âge de quinze ans accomplis, recevra un secours annuel qui sera du douzième de la pension à laquelle son père avait ou aurait eu droit. Néanmoins, les enfants ne pourront avoir entre eux tous plus de la moitié de cette même pension.

14. L'âge de quinze ans fera cesser, relativement à chaque enfant, la pension ou le secours accordé, soit à lui, soit à sa mère à cause de lui; il n'y aura à cet égard aucune réversibilité. — Néanmoins, en cas d'infirmité

qui ne permettrait pas à un enfant de travailler pour subvenir à ses besoins, le secours se convertira, du premier jour de la seizième année, en une pension viagère à son nom et à son profit. Si l'infirmité venait à cesser, la pension cesserait pareillement.

15. S'il arrivait qu'il y eût à statuer en même temps sur plusieurs demandes de pensions, sans qu'il y eût assez de fonds libres pour les demandes réunies, il sera fait entre les ayants droits une répartition proportionnelle de la somme disponible, avec faculté d'accroissement pour l'avenir, à mesure qu'il y aura de nouveaux fonds.

16. Un employé destitué perdra tous ses droits sur le fonds de retraite. — A l'égard du démissionnaire, les sommes qui auront été retenues de ses appointements demeureront acquises à la masse; mais, en cas de nouveaux services, ceux précédemment rendus devront être comptés, soit pour l'employé, soit pour sa femme et ses enfants.

17. Les pensions et les secours sur le fonds de retraite seront payés comme les traitements.

18. Si le produit des fonds destinés aux pensions a excédé le montant des payements à faire aux pensionnaires, l'excédant sera versé ou restera à la caisse d'amortissement, qui tiendra compte des intérêts, de même que pour le capital mentionné en l'art. 3.

19. Au commencement de chaque semestre, il sera formé un bordereau général, contenant : — 1° L'état des retenues faites pendant le semestre échu, et de celles présumées à faire sur les six mois suivants, ainsi que des capitaux provenant de l'exécution des art. 3 et 18 du présent décret, des intérêts qu'ils auront produits et de ceux qu'ils devront produire pendant le semestre commençant; — 2° L'état des pensions accordées jusqu'alors et de celles éteintes; — 3° L'état des nouvelles demandes de pensions et des sommes nécessaires pour les acquitter. — Il en sera adressé une expédition au ministre des finances, et une au directeur général de la caisse d'amortissement.

20. Le directeur général de la caisse d'amortissement rendra, chaque année, au ministre des finances, compte par écrit des sommes qu'il aura reçues, payées ou employées, et des extinctions des pensions qui auront eu lieu. Ce compte sera arrêté par le ministre et mis sous nos yeux.

15 fév. 1811. — Avis du conseil d'Etat relatif aux fonctionnaires qui, après avoir été admis à la pension de retraite, sont mis en activité.

Le conseil d'Etat, qui, d'après le renvoi ordonné par sa majesté, a entendu le rapport de la section de la guerre sur celui du ministre directeur de l'administration de ce département, ayant pour objet de déterminer si un fonctionnaire militaire, jouissant d'une pension de retraite, et remis depuis en activité militaire, peut avoir droit à un supplément de pension proportionné à la durée de sa remise en activité; — Considérant que la question proposée peut s'appliquer à tous les fonctionnaires militaires ou civils indistinctement; — Que les lois en vigueur ne permettent pas, en général, de cumuler le traitement de retraite et le traitement d'activité, — Est d'avis: — 1° Que tout fonctionnaire admis à la pension de retraite, et remis depuis en activité, a droit de jouir de ce dernier traitement, et ne doit plus toucher sa pension, tant que son activité continue, sauf les cas particuliers d'exception prononcés par les lois; — 2° Que, lorsque cette dernière activité a cessé, la retraite du fonctionnaire doit être fixée de nouveau, en considérant toutes les années de service actif comme si elles avaient eu lieu sans interruption.

27 fév. 1811. — Décret concernant les pensions et les soldes de retraite de 3,000 fr. et au-dessus.

TIT. 1. — *Règle générale sur les pensions.*

Art. 1. Toutes les pensions à payer sur les fonds de notre trésor seront inscrites au livre des pensions.

2. Aucun ministre ne pourra faire payer de pensions sur les fonds de son département.

3. Les soldes de retraite de 3,000 fr. et au-dessus seront inscrites au livre des pensions, et payées de la même manière, sauf les retenues établies par la loi du 28 fruct. an 7.

4. Nul ne pourra être employé sur le livre des pensions qu'en un seul et même article: la dernière inscription, dans le cas de pensions successives, devra les comprendre toutes.

5. Les pensions seront portées au crédit du ministre des finances. — Le ministre du trésor ne les payera que sur son ordonnance.

TIT. 2. — *Des demandes de pension.*

6. Toutes les demandes de pensions seront adressées au ministre du département dans lequel les réclamants auront fait leur dernier service; elles seront accompagnées de toutes les pièces justificatives.

7. Il sera tenu, dans chaque ministère, un registre de ces demandes, où elles seront portées par ordre de dates et de numéros.

8. Chaque ministre examinera ces demandes, vérifiera les titres à l'appui, et, tous les trois mois, nous soumettra ses rapports et propositions en rejet ou concession de demandes.

9. Ces rapports seront renvoyés à notre ministre des finances, qui nous soumettra, avec un rapport général, un tableau de celles susceptibles d'être accordées, et de leur fixation, l'état de celles accordées de notre propre mouvement depuis le dernier travail, et le tableau des extinctions survenues dans les anciennes pensions.

10. Aucune pension ne sera inscrite au livre des pensions de notre trésor, qu'autant qu'elle se trouvera comprise sur les tableaux qui nous auront été présentés par notre ministre des finances, et auxquels nous aurons donné notre approbation.

5 mars 1811. — Avis du conseil d'Etat relatif à la formation d'un fonds commun de pensions et de secours en faveur des salariés de l'Etat.

8 mars 1811. — Décret qui affecte divers emplois civils aux militaires admis à la retraite ou réformés, et qui permet le cumul de la solde de retraite avec le traitement de ces emplois.

15 juill. 1811. — Loi de finances dont l'art. 13 porte: « Le fonds des pensions civiles est fixé au maximum de 3 millions. Jusqu'à ce que le montant des pensions existantes soit réduit à cette somme, il ne pourra en être créé pour plus de 100,000 fr. par an, et lorsque la réduction à 3 millions aura été effectuée, il ne pourra être créé de nouvelles pensions que jusqu'à concurrence du montant des extinctions annuelles. »

19 oct. 1811. — Décret additionnel à celui du 27 fév. 1811, concernant les soldes de retraite et les pensions de 3,000 et au-dessus.

NAPOLÉON, etc.; — Vu les lois des 14 et 24 mess. an 3, l'arrêté du 3 prair. an 7, les lois des 28 fruct. an 7 et 15 germ. an 11, et notre décret du 27 fév. 1811, etc.

Art. 1. Les soldes de retraite de 3,000 et au-dessus, inscrites au grand-livre des pensions, d'après notre décret du 27 fév. 1811, continueront à pouvoir être cumulées avec les traitements attachés aux fonctions civiles; mais elles seront toujours incompatibles avec la solde ou les traitements d'activité attribués à un service militaire permanent, conformément à la loi du 28 fruct. an 7.

2. Les titulaires des soldes de retraite inscrites au grand-livre des pensions ne seront tenus, pour en toucher les arrérages, que de produire un certificat de vie contenant déclaration qu'ils ne jouissent d'aucun traitement ou solde militaire d'activité.

3. Notre ministre du trésor fera payer, dans leur consistance actuelle, les sept pensions portées dans l'état joint au présent décret, et dont le montant se compose de la réunion qui a été faite, en exécution de notre décret du 27 fév. 1811, des pensions déjà inscrites sur le grand-livre des pensions, et de celles qui avaient été accordées sur les fonds du ministère de l'intérieur.

4. Le présent décret servira de règle à la cour des comptes dans l'examen des comptes du payeur général de la dette publique.

17 nov. 1811. — Avis du conseil d'Etat portant que le décret du 4 juill. 1806 doit servir de règle pour accorder des pensions de retraite à tous les employés qui, sans être directement attachés au ministère de l'intérieur, dépendent de quelque administration départementale ou municipale.

22 sept. 1812-14 janv. 1833. — Décret portant règlement sur les pensions de retraite des employés du mont-de-piété de Paris.

25 janv. 1813. — Décret sur la formation d'un fonds commun pour subvenir au payement des pensions de retraite et secours qu'il y aura lieu d'accorder aux préposés au service des ponts à bascule et à leurs veuves et orphelins.

18 mars 1813. — Décret relatif aux pensions des pharmaciens des hospices et hôpitaux de Paris. — V. Hospices, p. 71.

25 mai-4 juin 1814. — Ordonnance portant qu'il pourra être accordé des pensions aux anciens officiers de la marine, et qu'il leur sera tenu compte du bénéfice des campagnes de guerre qu'ils auront pu faire au service des puissances alliées depuis leur émigration jusqu'au 1er avr. 1814.

4-10 juin 1814. — Charte constitutionnelle qui conserve leurs pensions aux officiers et soldats en retraite (art. 69). — V. Droit constit., p. 326.

14 août-22 oct. 1814. — Ordonnance du roi portant règlement sur les pensions et secours à accorder aux veuves et aux enfants orphelins des militaires.

27 août-13 sept. 1814. — Ordonnance du roi qui fixe la solde de retraite pour chaque grade dans l'armée. — V. la loi du 11 avr. 1831.

27 août 1814. — Règlement de la caisse des retraites pour les courriers des malles-postes. — V. M. de la Roque, C. des pensions civ., p. 241.

23-30 sept. 1814. — Ordonnance du roi portant règlement sur les pensions de retraite à accorder aux présidents, conseillers, conseillers auditeurs, juges et gens du roi des cours royales, tribunaux et justices de paix, ainsi qu'aux fonctionnaires et employés des bureaux de la chancellerie de France.

Art. 1. A compter du 1er oct. 1814, la totalité du produit des places vacantes de présidents, conseillers, conseillers auditeurs, juges et gens du roi de nos cours, tribunaux et justices de paix, ainsi que le montant des retenues ordonnées par le décret du 18 sept. 1806, sur le traitement des fonctionnaires et employés des bureaux de la chancellerie, seront affectés à la formation d'un fonds de pensions de retraite et de secours en faveur de ceux qui seront susceptibles d'en obtenir, ou de leurs veuves et orphelins.

2. Les demandes à fin de pensions seront adressées à notre chancelier de France.

3. Il sera tenu à la chancellerie un registre de ces demandes, où elles seront portées par ordre de dates et de numéros.

4. Les officiers de nos cours, tribunaux et justices de paix, ainsi que les fonctionnaires et employés de la chancellerie, n'auront droit à la pension de retraite qu'après trente ans de services publics effectifs, dont au moins dix ans dans l'ordre judiciaire ou à la chancellerie.

5. Toutefois elle pourra être accordée avant ce terme à ceux desdits officiers employés que des accidents ou des infirmités rendraient incapables de continuer leurs fonctions, ou qui se trouveraient réformés par le fait de la suppression de leur emploi, pourvu qu'ils aient au moins dix années de

service dans nos cours, tribunaux et justices de paix, ou dans la chancellerie.

6. On comptera comme service effectif tout le temps d'activité dans les fonctions législatives, judiciaires ou administratives ressortissant au gouvernement.

7. La pension acquise après trente ans de service sera de moitié du traitement. — Elle s'accroîtera du vingtième de cette moitié pour chaque année de service au delà de trente ans.

8. La pension accordée avant trente ans de service et dans le cas prévu par l'art. 5 des présentes sera du sixième du traitement, pour dix ans de service. — Elle s'accroîtra d'un soixantième de ce traitement pour chaque année de service au-dessus de dix ans, sans que, pour cela, elle puisse jamais excéder celle qui est accordée pour trente années.

9. La fraction de service au-dessous de sept mois ne sera pas comptée; celle de sept mois et au-dessus le sera pour une année.

10. La quotité de la pension sera réglée, dans tous les cas, sur le taux moyen du traitement dont les officiers de justice et employés auront joui pendant les trois dernières années de leur service.

11. Ladite pension ne pourra être fixée à moins de 200 fr., ni excéder les deux tiers du traitement; elle ne pourra également s'élever à plus de 6,000 fr., quel que soit le taux du traitement.

12. Les veuves et orphelins desdits officiers et employés décédés en activité de service après dix années d'exercice, ou ayant été admis à la pension de retraite, pourront obtenir une pension ou des secours, en justifiant que l'état de leur fortune leur rend ces pensions ou secours nécessaires.

13. Les orphelins ne recevront de pensions ou secours que jusqu'à ce qu'ils aient atteint l'âge de dix-huit ans révolus, à moins qu'ils ne soient affligés d'infirmités graves et incurables. — Les pensions ou secours cesseront également à l'égard de ceux desdits orphelins qui, par grâce spéciale, seraient élevés dans quelque établissement à la charge du gouvernement.

14. Les pensions ou secours qui seront accordés à une veuve et à ses enfants, quel que soit le nombre de ses enfants, ne pourront jamais excéder les deux tiers de la pension que leur mari et père aurait obtenue en vertu des art. 4 et 5 des présentes.

15. La destitution ou révocation emporte déchéance du droit à la pension. — Tout officier de justice et employé démissionnaire perd aussi ses droits à la pension.

16. Nul ne pourra cumuler une autre pension avec celle qu'il aurait obtenue en vertu des présentes, sinon dans les cas prévus par les lois. Il sera tenu de justifier, par un certificat du premier commis des finances chargé de la dette inscrite au trésor royal, qu'il ne jouit d'aucune pension sur les fonds généraux.

17. Le trésor royal versera à la caisse d'amortissement, et par l'intermédiaire d'une partie prenante désignée par notre chancelier, les fonds provenant des places vacantes, ainsi que de la retenue opérée sur le traitement des fonctionnaires et employés de la chancellerie. — Le montant de ces fonds, dont la caisse d'amortissement délivrera un récépissé aussitôt le versement effectué, sera mentionné dans les ordonnances de notre chancelier.

18. La caisse d'amortissement créditera les fonds de secours et de pensions de retraite, des intérêts à 4 p. 100 des sommes qui n'auront pas été employées, et rendra, dans les premiers jours de chaque année, à notre chancelier, le compte de ses recettes, avec le calcul des intérêts, ainsi que de la dépense.

19. La caisse d'amortissement fera connaître à notre chancelier l'extinction des pensions ou secours, à mesure qu'elle en sera informée; une pension sera présumée éteinte lorsque le pensionnaire aura laissé écouler trois années sans se présenter. — Notre chancelier donnera, d'ailleurs, les instructions nécessaires pour être informé des décès à mesure qu'ils arriveront.

20. La liquidation des pensions sera faite dans les bureaux de la chancellerie, et déférée ensuite à l'un des comités du conseil d'Etat qui ressortit à ce ministère, pour, sur le rapport de notre chancelier, être statué par nous en la forme d'arrêt du conseil.

21. Les pensions et secours seront payés tous les trois mois par la caisse d'amortissement, sur un état nominatif arrêté par notre chancelier, et sur la production d'un certificat d'inscription de la partie prenante, qui justifiera en même temps de son existence, dans la forme ordinaire.

22. Il ne sera accordé de pensions ou secours que jusqu'à la concurrence de 2 à 300,000 fr.

23. Seront réunies au fonds de pensions et secours créé par les présentes, les sommes actuellement disponibles à la caisse d'amortissement sur le fonds de retenues ordonnées, par le décret du 18 sept. 1806, sur le traitement des fonctionnaires et employés de la chancellerie.

24. A compter du 1er oct. 1814, les pensions et secours accordés en vertu du décret du 18 sept. 1806 et de notre ordonnance du 7 juin 1814, aux employés de l'ancien ministère de la justice et de la chancellerie de France, seront payés sur les fonds de pensions créés par les présentes.

25. A l'avenir, il ne sera accordé aux employés de l'imprimerie royale aucune pension ni secours sur le fonds créé par les présentes. — Les secours et pensions qui ont été accordés jusqu'à ce jour aux employés de cette imprimerie, ainsi qu'à ceux du bureau de l'envoi des lois, en vertu du décret du 18 sept. 1806, continueront à leur être payés jusqu'au 1er janv. 1815. — A partir de cette époque, ces secours et pensions seront payés sur les propres fonds de l'imprimerie royale.

26. Tous règlements relatifs aux pensions et secours des officiers de justice, fonctionnaires et employés de la chancellerie de France, contraires à ce qui est ordonné par les présentes, sont abrogés.

14-22 oct. 1814. — Ordonnance du roi relative à l'inscription au trésor royal et au payement des pensions accordées jusqu'à ce jour par Sa Majesté à des veuves, enfants, orphelins et parents de militaires.

25 nov. 1814. — Ordonnance portant règlement sur les pensions de retraite en faveur des employés de l'administration des contributions indirectes (abrogée par le règlement général du 12 janv. 1825. V. ci-après).

28 déc. 1814-1er janv. 1815. — Ordonnance dont l'art. 19-2° se réfère au fonds affecté au service des pensions des employés de l'imprimerie royale.

9-11 janv. 1815. — Ordonnance du roi additionnelle à celle du 23 sept. 1814 sur les pensions des fonctionnaires de l'ordre judiciaire et de la chancellerie de France.

LOUIS, etc.; — Par notre ordonnance du 23 septembre dernier, nous avons statué sur les pensions de retraite à accorder aux magistrats de nos cours, tribunaux et justices de paix, ainsi qu'aux fonctionnaires et employés de la chancellerie de France; mais il nous a été exposé : 1° qu'il s'est élevé des doutes sur son application aux divers individus qui en sont susceptibles; 2° que les fonds destinés par notre susdite ordonnance pour faire face aux pensions sont insuffisants, et qu'il convient d'y suppléer; ayant égard à l'offre faite par plusieurs magistrats recommandables, de contribuer à l'augmentation desdits fonds par une retenue annuelle sur leurs traitements, et considérant que ce moyen est admis généralement dans les administrations; voulant en outre pourvoir à une répartition équitable desdits fonds entre ceux qui auront contribué à les former;

Sur le rapport de notre chancelier de France; — Notre conseil d'Etat entendu, — Nous avons, etc. :

Art. 1. Les dispositions de notre ordonnance du 23 sept. dernier sur les pensions et secours à accorder aux membres de nos cours, tribunaux de première instance et justices de paix, ne sont applicables qu'aux magistrats qui étaient en exercice à cette époque.

2. La pension à laquelle peuvent avoir droit les magistrats qui, avant le 23 sept. 1814, avaient cessé leurs fonctions pour quelque cause que ce fût, sera réglée conformément au décret du 2 oct. 1807, et, autant que faire se pourra, d'après les bases établies par celui du 13 sept. 1806.

3. Si, dans le nombre des magistrats dont il est parlé dans l'article précédent, il s'en trouve qui ne soient point susceptibles d'obtenir une pension, il pourra, eu égard à leur position et à leurs services, leur être accordé sur le fonds de pensions un traitement provisoire qui ne pourra s'élever à plus de 4,000 fr. — Ces magistrats n'en jouiront que pendant l'année 1815, à moins qu'il n'en soit par nous autrement ordonné.

4. Il sera fait une retenue de 2 pour 100 sur le traitement des présidents, conseillers-auditeurs et juges en nos cours, tribunaux de première instance et justices de paix, ainsi que sur celui de nos procureurs, avocats et substituts établis près ces cours et tribunaux, pour, ladite retenue, avec le produit des places vacantes, former le fonds destiné aux pensions et secours. — Cette retenue n'aura lieu que sur le traitement qui courra à partir du 1er janvier présent mois.

5. La retenue sera faite par notre ministre secrétaire d'Etat des finances, sur le montant des ordonnances délivrées par notre chancelier. — Elle sera mentionnée dans lesdites ordonnances, et reçue par la partie prenante qui y sera désignée, pour être immédiatement versée à la caisse d'amortissement, qui en délivrera un récépissé.

6. La caisse d'amortissement tiendra compte des intérêts des sommes qui n'auront pas été employées, à raison de 4 pour 100.

7. Il ne sera accordé de pension, secours ou traitements provisoires, que jusqu'à la concurrence des neuf dixièmes des fonds libres.

8. A l'avenir, le traitement ne sera payé aux magistrats désignés dans la présente ordonnance, qu'à partir du premier jour du mois qui suivra la prestation de leur serment.

9. Les dispositions contenues dans notre ordonnance du 23 sept. 1814, et qui ne sont point contraires aux présentes, continueront d'être exécutées.

20 janv. 1815. — Ordonnance du roi qui détermine les règles à suivre pour fixer les pensions des employés des administrations militaires, de leurs veuves et de leurs orphelins.

LOUIS, etc.; — Sur le rapport qui nous a été fait par notre ministre de la guerre, de l'insuffisance des règles suivies jusqu'à ce jour pour les pensions des employés des administrations militaires et de leurs veuves, et de la différence qu'elles présentent avec celles adoptées pour les soldes de retraite et les pensions des veuves de militaires; voulant établir, pour la fixation de ces pensions, des principes conformes au mode déterminé par nos ordonnances des 14 et 27 août 1814 pour les soldes de retraite et les pensions et secours des veuves et enfants orphelins des militaires, — Nous avons, etc.

Art. 1. Il sera accordé des pensions aux employés des administrations militaires des armées de terre : 1° Pour ancienneté, après trente années d'activité; — 2° Pour blessures provenant du fer ou du feu de l'ennemi, ou du fait de leur service, et qui auront occasionné l'amputation d'un ou de plusieurs membres, la perte absolue de l'usage d'un membre, ou celle de la vue; — 3° Pour infirmités causées par des blessures moins graves, par les fatigues de la guerre ou par des accidents provenant du service, et qui mettront l'employé hors d'état d'achever ses trente années de service.

2. La pension qui reviendra à ces employés pour les différents cas spécifiés ci-dessus sera fixée conformément aux tableaux annexés à notre ordonnance du 27 août 1814, sur la solde de retraite.

3. A cet effet, les employés des administrations militaires seront divisés

par classes, suivant la quotité de leurs appointements, et chaque classe sera assimilée à un grade militaire, ainsi que l'indique le tableau ci-après ; en sorte que la pension à accorder à un employé, suivant sa position, sera égale à la solde de retraite qu'obtiendrait un militaire du grade correspondant à sa classe.

4. Les veuves des employés des administrations militaires tués dans les combats, ou morts, dans les six mois, des blessures qu'ils y auraient reçues, sont susceptibles d'obtenir des pensions, en justifiant de leur mariage antérieurement aux blessures qui auront occasionné la mort de leur mari. Ces pensions seront fixées au quart du maximum d'ancienneté de la pension affectée à la classe dont leur mari faisait partie.

5. Les veuves des employés morts en activité après trente ans de service effectif sont aussi susceptibles d'obtenir des pensions, en justifiant de cinq ans au moins de mariage, si elles n'ont pas d'enfants. Ces pensions seront réglées comme dans l'article précédent.

6. Les enfants orphelins desdits employés ont également droit à un secours annuel. Ce secours est, pour ces enfants, quel que soit leur nombre, de la somme à laquelle aurait été réglée la pension de leur mère. Il cesse de leur être payé lorsque le plus jeune d'entre eux a atteint l'âge de vingt ans accomplis.

7. Les dispositions prescrites par nos ordonnances des 14 et 27 août 1814 sont applicables, par analogie, en ce qui concerne le droit à la pension et sa fixation, aux employés des administrations militaires, à leurs veuves et à leurs orphelins.

8. Les pensions accordées jusqu'à ce jour sont maintenues aux taux auquel elles ont été fixées.

Suit le tableau de la division des employés dans les administrations militaires, par classes correspondantes à un grade militaire.

14-22 avr. 1815. — Décret qui abroge les art. 1 et 2 de l'ordonnance du 9 janv. 1815, relatives aux pensions des fonctionnaires de l'ordre judiciaire et des employés du ministère de la justice.

27 avr.-4 mai 1815. — Avis du conseil d'Etat portant que les dispositions des articles 18 et 19 de l'ordonnance du 27 août 1814, qui admettent à la retraite du grade immédiatement supérieur, après dix ans de service effectif dans le même grade, les militaires faisant partie des corps de la gendarmerie, de l'artillerie, du génie, etc., ne doivent pas être maintenues.

10 août 1815. — Ordonnance qui rétablit, dans le département de la marine, les pensions, soldes de retraite et traitements de réforme, tels qu'ils étaient avant le 20 mars 1815, et annule ceux réglés depuis cette époque jusqu'au 7 juill. de la même année.

2-18 sept. 1815. — Ordonnance qui contient des dispositions relatives à la retraite des ingénieurs des ponts et chaussées.—V. Travaux publics.

22 nov.-11 déc. 1815. — Ordonnance du roi concernant l'admission des services militaires dans la liquidation des pensions de retraite des employés des régies et administrations des finances.

LOUIS, etc.;—Vu les divers arrêtés, décrets et ordonnances, relatifs aux pensions de retraite que les administrations accordent à leurs employés sur leur fonds de retenue; — Vu l'art. 17 de notre ordonnance du 25 nov. 1814 et l'art. 14 de celle du 9 décembre même année, particuliers aux administrations des impositions indirectes et de la loterie, par lesquels les employés de ces administrations sont admis à faire valoir dans la liquidation de leurs pensions les services militaires non récompensés ; — Considérant qu'il est convenable de traiter également les employés de toutes les administrations qui dépendent du département des finances et d'adopter à cet égard un mode général et uniforme; — Sur le rapport de notre ministre des finances, — Avons, etc. :

Art. 1. Les services militaires non récompensés seront (à l'exception de ceux qui auront cessé pour cause de participation à la révolte du 20 mars 1815) admis à l'avenir et ajoutés aux services administratifs, pour servir de base à la liquidation des pensions de retraite à accorder aux employés par les diverses administrations qui dépendent du département des finances, pourvu toutefois que l'employé ait au moins dix ans de service dans l'administration de laquelle il réclame la pension, et sans qu'il soit dérogé par la présente ordonnance à aucun des règlements en vigueur.

2. Les dispositions de l'article précédent n'auront d'effet, à l'avenir, qu'à dater du jour de la présente ordonnance, sans qu'il puisse être fait aucune réclamation à cet égard pour les pensions déjà liquidées.

21 fév. 1816-8 mars 1831.—Ordonnance du roi sur les pensions et secours des veuves et orphelins des officiers militaires et autres entretenus du département de la marine,—V. la loi du 18 avril 1831.

25 fév.-12 mars 1816. — Ordonnance du roi relative à la fixation des pensions des instituteurs, professeurs et répétiteurs des écoles d'artillerie et du génie, et à la quotité des retenues pour le fond de retraite.

LOUIS, etc. ; — Voulant donner une preuve de l'intérêt que nous prenons aux travaux des instituteurs, professeurs et répétiteurs des écoles d'artillerie et du génie, et assurer à ces fonctionnaires des pensions proportionnées à l'utilité et à la durée de leurs services, ainsi qu'à la quotité des retenues qui sont exercées sur leurs traitements, d'après l'arrêté du 12 vend. an 11, pour former un fonds de retraite ; — Sur la proposition de notre ministre de la guerre, — Nous avons, etc. :

Art. 1. Les instituteurs, professeurs et répétiteurs des écoles d'artillerie et du génie supporteront la retenue de 3 p. 100 sur leur traitement fixe pour le fonds de retraite. Toutes retenues autres que celles réglées par les budgets sur les traitements d'activité cesseront de leur être faites à dater de ce jour.

2. Ces instituteurs, professeurs et répétiteurs ne pourront obtenir de pension avant vingt années de service en cette qualité, et leur activité dans lesdites écoles ne comptera que de l'âge de vingt ans. Tous autres services publics seront ensuite admis pour l'accroissement de la pension. — L'admission à la retraite n'aura lieu que sur un mémoire de proposition accompagné de pièces justificatives de services, et d'après la demande des généraux inspecteurs d'artillerie et du génie.

3. La pension se réglera sur le taux moyen du traitement fixe dont ils auront joui pendant les trois dernières années de leur activité. — Ils obtiendront, à vingt ans de services effectifs, le minimum de la pension, qui sera du tiers de l'année moyenne du traitement; à trente ans, la moitié du même traitement ; à quarante ans, le maximum déterminé aux deux tiers de ce traitement.

4. Il sera accordé des annuités pour le temps au delà de trente ans, jusqu'au terme fixé pour le maximum. La même disposition s'étendra à ceux qui, ayant droit au minimum, auraient quelques-années au delà du temps exigé pour l'obtenir. — Ces annuités seront réglées uniformément à un soixantième du traitement moyen.

5. Ceux qui n'auraient pas vingt ans de service obtiendront le remboursement des retenues qui leur auraient été faites pour la pension, s'ils n'ont pas cessé leur activité par démission ou par destitution. — Dans le cas où ils seraient forcés de quitter leur emploi par suite d'infirmités ou d'accidents résultant de leur service, avant d'avoir atteint les vingt ans, il en sera rendu un compte particulier au ministre secrétaire d'État de la guerre, afin qu'il juge s'il y a lieu de leur accorder une pension par exception dont le montant ne pourra toutefois dépasser la moitié du minimum fixé pour vingt ans de services.

6. Les veuves des instituteurs, professeurs et répétiteurs décédés en activité ou en retraite, pourront obtenir des pensions réglées à la moitié de celles auxquelles leurs maris avaient droit, si, au moment du décès de ces derniers, elles sont âgées de cinquante ans, ou ont des enfants au-dessous de l'âge de dix-huit ans. — Elles n'auront que le quart de cette même pension, si elles ne se trouvent pas dans cette position : elles devront, dans tous les cas, n'avoir point divorcé ; et celles qui n'auraient pas d'enfants devront justifier de cinq ans de mariage.

7. Les orphelins recevront, jusqu'à leur dix-huitième année révolue, à titre de secours annuel, les deux tiers de la pension à laquelle leur mère aurait eu droit.

8. Les veuves et orphelins qui n'auraient pas droit à la pension pourront obtenir, suivant leur position, à titre de secours, une somme une fois payée, prélevée sur le fond de retraite, et dont la quotité ne pourra excéder la moitié de l'année de la pension dont ils auraient été susceptibles, aux termes des art. 6 et 7.

9. Les instituteurs, professeurs et répétiteurs qui auraient obtenu une solde de retraite, ne pourront la cumuler avec la pension : ils devront opter entre l'une ou l'autre de ces récompenses. Les pensionnaires seront tenus, à chaque époque de payement, de faire la déclaration qu'ils ne jouissent d'aucun traitement d'activité soldé par le trésor.

10. Il ne sera apporté aucun changement au taux des pensions accordées antérieurement à la présente ordonnance.

11. Le fonds de retraite des instituteurs, professeurs et répétiteurs, se trouvant, en ce moment, insuffisant pour le payement des pensions dont la liquidation va avoir lieu, elles seront payées provisoirement sur les fonds du trésor royal.

25 fév.-12 mars 1816. — Ordonnance du roi relative à la fixation des pensions des contrôleurs d'armes, des forges et des fonderies, ainsi que des réviseurs d'armes.

LOUIS, etc.; — Sur le compte qui nous a été rendu que le décret du 14 août 1806, relatif à la formation d'un fond de retraite pour les contrôleurs et réviseurs des manufacteures d'armes, et les contrôleurs des forges et fonderies, n'assurait pas convenablement le sort de ces employés et de leurs veuves, et voulant leur donner une preuve de notre intérêt ; — Sur la proposition de notre ministre de la guerre; — Nous avons, etc. ;

Art. 1. Les contrôleurs d'armes, des forges et des fonderies, et les réviseurs d'armes pourront obtenir des pensions ainsi qu'il est déterminé ci-après. — Ils auront, à vingt-cinq ans de service dans les établissements d'artillerie, le minimum de la pension, fixé au tiers du taux moyen du traitement fixe dont ils auront joui pendant les trois dernières années de leur activité ; à trente-cinq ans, la moitié du même traitement ; et à quarante-cinq ans, le maximum déterminé aux deux tiers de ce traitement.— Il leur sera accordé des annuités réglées au soixantième du traitement moyen pour les années au delà de vingt-cinq et trente-cinq ans de service.

2. Leurs services dans les manufactures royales ne courront que de l'âge de vingt ans; et le temps durant lequel ils auront été occupés comme ouvriers de ces manufactures, leur sera compté lorsqu'ils auront exercé, au moins pendant dix ans, les fonctions de contrôleur ou de réviseur.—Tout autre service salarié par le trésor pourra être ensuite admis pour l'accroissement de la pension.

3. Toutes les autres dispositions de l'ordonnance de ce jour en faveur des instituteurs, professeurs et répétiteurs des écoles d'artillerie et du génie, notamment celles sur la quotité des retenues à exercer pour le fonds de retraite, sur les droits des veuves et des orphelins à des pensions ou secours, sur les formes de proposition à la retraite et le mode de payement de cette récompense, sont entièrement applicables aux contrôleurs d'armes, des forges et des fonderies, et aux réviseurs, sauf les modifications pour la durée des services désignés dans les art. 1 et 2 de cette présente ordonnance.

3 mars 1816. — Ordonnance qui crée des pensions de retraite pour les dames de la maison royale de Saint-Denis (art. 55 et 56). —V. M. de la Roque, C. des pens. civ., p. 190.

27 mars-22 avril 1816. — Ordonnance du roi concernant les fonds de retenue et les pensions des employés de l'administration des octrois des villes.

Louis, etc.; — Sur le rapport de notre ministre des finances: — Vu les dispositions de la loi du 8 déc. 1814, qui rendent aux maires, à compter du 1er janv. 1815, l'administration et la perception des octrois, précédemment attribuées à la régie des contributions indirectes; — Vu notre ordonnance du 9 du même mois portant règlement sur les octrois, et voulant suppléer à son silence sur le sort des anciens employés qui, pendant la réunion des octrois aux contributions indirectes, ont obtenu des pensions sur le fonds de retraites commun à ces deux parties; — Notre conseil entendu; — Nous avons, etc.;

Art. 1. L'administration des contributions indirectes restituera aux villes tous les fonds de retraites et de retenues qu'elle en a reçus pour les employés de leurs octrois, sauf déduction des payements opérés sur lesdits fonds.

2. Les pensionnaires des octrois continueront à jouir de leurs pensions telles qu'elles ont été réglées. Ces pensions seront, à partir du 1er janv. 1815, payées par les villes, qui, en cas d'insuffisance du fonds de retraites, sont autorisées à y pourvoir sur le produit de leurs octrois.

1er mai-14 juin 1816. — Ordonnance qui autorise le trésor à payer les pensions sur des procurations. — V. Trésor public.

5-20 juin 1816. — Ordonnance qui fixe définitivement le sort et les droits des militaires étrangers susceptibles de conserver ou d'obtenir en France des soldes de retraite et traitements de réforme. Ils ne peuvent jouir de ces droits qu'en établissant leur domicile réel en France, ou en obtenant du gouvernement la permission de résider à l'étranger.

14-20 août 1816. — Ordonnance du roi relative aux fonctionnaires de l'ordre judiciaire et du ministère de la justice qui, après avoir été admis à la pension de retraite, sont remis en activité.

Louis, etc.; — Sur le rapport de notre chancelier de France; —Vu nos ordonnances des 23 sept. 1814 et 9 janv. 1815, contenant règlement sur les pensions de retraite à accorder aux fonctionnaires de l'ordre judiciaire et du ministère de la justice; — Vu l'avis du conseil d'État en date du 15 fév. 1811, portant que tout fonctionnaire à la retraite et remis depuis en activité a droit de jouir du traitement de la place à laquelle il a été appelé, et ne doit plus toucher sa pension tant que son activité continue, sauf les cas particuliers d'exception prononcés par les lois; — Notre conseil entendu; — Nous avons, etc.;

Art. 1. Les fonctionnaires de l'ordre judiciaire et du ministère de la justice auxquels il a été ou sera accordé des pensions de retraite, ne pourront, s'ils sont remis en activité, cumuler, pendant la durée de leur activité, le traitement de leur place avec leur pension de retraite, si elle surpasse ou égale le traitement.

2. Si le traitement est moindre que la pension, elle leur sera continuée jusqu'à concurrence seulement de ce qui manquera pour qu'ils touchent une somme égale à celle dont ils jouissaient avant leur entrée en activité.

3. Cette activité venant à cesser, ils reprendront leur première pension, qui sera augmentée en raison de leurs nouveaux services.

7-16 déc. 1816.— Ordonnance portant que les militaires autorisés à toucher leur solde de retraite ou traitements de réforme hors du royaume subiront la réduction d'un tiers.

25-26 mars 1817. — Loi sur les finances (extrait).

TIT. 4. — *Dispositions relatives aux pensions.*

Art. 22. Toutes les pensions à la charge de l'Etat seront inscrites sur le livre des pensions du trésor royal, à partir du 1er juill. 1817, et payées sur les fonds généraux, suivant le mode établi pour celles précédemment inscrites au trésor, et aux époques qui seront déterminées par des ordonnances. — Le montant de la dépense sera retranché des crédits ouverts aux ministères, et accroîtra d'autant le fonds de la dette publique.

23. En conséquence, les ministres ne pourront faire payer dorénavant aucune pension sur les fonds de leurs départements respectifs, pour des arrérages postérieurs au 30 juin 1817.

24. L'inscription au trésor aura lieu d'après les tableaux qui seront adressés, par les ministres des différents départements, au ministre des finances. Ces tableaux devront énoncer la date et la nature de l'acte constitutif de chaque pension, ainsi que les motifs sur lesquels elle a été accordée.

25. Le ministre des finances ne pourra faire inscrire ni payer aucune pension dont la création ne serait pas justifiée comme il est prescrit ci-dessus, ou dont le montant dépasserait le maximum fixé par les lois.

26. A l'avenir, aucune pension nouvelle à la charge de l'Etat ne pourra être inscrite au trésor qu'en vertu d'une ordonnance dans laquelle les motifs et les bases légales en seront établis, et qui aura été insérée au Bulletin des lois.

27. Nul ne pourra cumuler deux pensions, ni une pension avec un traitement d'activité, de retraite ou de réforme. Le pensionnaire aura le choix de la pension ou du traitement le plus élevé. — Néanmoins, les pensions de retraite pour services militaires pourront être cumulées avec un traitement civil d'activité.

28. Sont exceptés des dispositions portées aux art. 22 et 23 ci-dessus, les traitements de réforme et les soldes de retraite aux militaires sujets à la visite annuelle, lesquels continueront à faire partie des dépenses du département de la guerre. Le ministre présentera, chaque année, la situation de ce service.

29. Sont exceptées des mêmes dispositions les pensions de retraite accordées aux employés des divers ministères ou administrations, et payées sur le fonds spécial des retenues. — Les pensions de cette nature qui, à raison de l'insuffisance de ce fonds, sont momentanément payées sur le budget des ministères et administrations, seront portées temporairement au budget de l'État en se conformant aux règles prescrites par les art. 24 et 25 ci-dessus, pour être payées par le trésor jusqu'à ce que le fonds des retenues soit en état de les acquitter. Le fonds porté pour cet objet au budget de 1817 ne pourra, dans aucun cas, être augmenté par la suite.

30. Le fonds permanent affecté aux pensions à la charge de l'État ne pourra excéder 23 millions par années. Il sera réparti ainsi qu'il suit: pensions pour services civils, 3 millions; pensions pour services militaires et soldes de retraite, 20 millions.

31. A compter de l'époque à laquelle le montant des pensions civiles aura atteint le maximum fixé par l'article précédent, il ne pourra être accordé de pensions de cette nature que jusqu'à concurrence du montant des extinctions constatées au 1er janvier et au 1er juillet de chaque année; en telle sorte que la totalité des pensions civiles n'excède jamais le maximum des 3 millions.

32. Jusqu'à ce que le montant des pensions allouées aux militaires et à leurs veuves, ainsi que les soldes de retraite, soient réduits à la fixation déterminée par l'art. 30, il ne pourra en être accordé, chaque année, que jusqu'à concurrence de moitié des extinctions connues aux époques désignées par l'article précédent.

33. Avant la présentation du projet de loi sur les finances pour 1818, le ministre des finances sera tenu de faire dresser et imprimer, par ordre alphabétique, un tableau général de toutes les pensions à la charge de l'État, avec indication précise des noms, prénoms, lieux de naissance et de domicile de chaque pensionnaire, de la nature et de la durée des services qui ont donné lieu à la pension, et de sa quotité.

34. Un semblable tableau fera connaître, chaque année, toutes les pensions nouvelles qui auront été accordées, dans l'intervalle d'une session à l'autre, sur le produit de la partie des extinctions qui y est affectée.

35. Sur le crédit ouvert au chap. 2 du budget des dépenses de 1817, pour le payement des pensions militaires et soldes de retraite, il sera mis par une ordonnance du roi, à la disposition du ministre de la guerre, la somme nécessaire pour le mettre en état de faire acquitter, sur ces ordonnances, les soldes de retraite provisoire accordées temporairement pour cause de maladie ou d'infirmité, dont l'existence doit être justifiée chaque année, lesquelles font partie des retraites et pensions militaires dont le maximum permanent est fixé à 20 millions. — Elles seront, comme les pensions définitives, imputées sur le produit de la moitié des extinctions affectées à cette nature de dépenses, et qui ne peut pas être dépassée.

36. L'état général des soldes de retraite provisoires, ainsi que celui des demi-soldes et traitement de réforme, sera imprimé et distribué aux chambres à la prochaine session. — A chaque session, l'état particulier des changements survenus dans le cours de l'année précédente sera également imprimé et distribué aux chambres.—Ces états contiendront: 1° les noms et grades de ceux qui auront obtenu les soldes de retraite dont les causes sont assujetties à des visites annuelles, les demi-soldes et traitements de réformes; 2° la durée et l'époque de leurs services; 3° les motifs de la concession qui leur en a été faite, et la durée du traitement de réforme; 4° enfin, l'indication de la commune, canton et département où ils auront fixé leur domicile.

20-28 juin 1817. — Ordonnance du roi qui règle le mode d'exécution du titre 4 de la loi des finances du 25 mars 1817, concernant les pensions.

27 août-12 sept. 1817.— Ordonnance du roi qui déclare incessibles et insaisissables les pensions affectées sur les fonds de retenue.

Louis, etc.;—Vu la déclaration du 7 janv. 1779;—Vu la loi du 22 flor. an 7;—Vu l'arrêté du gouvernement du 7 therm. an 10;—Vu les différents règlements concernant les pensions de retraite affectées sur les fonds de retenue; — Considérant qu'aux termes des lois, les pensions payées par l'Etat sont incessibles et insaisissables; que les pensions sur fonds de retenue sont essentiellement de même nature que celles acquittées directement par le trésor royal, et conséquemment qu'elles sont soumises à la même législation;—Notre conseil d'État entendu;—Nous avons, etc.

Art. 1. Il ne sera reçu aucune signification de transport, cession ou délégation de pensions de retraite affectées sur des fonds de retenue.

2. Le payement desdites pensions ne pourra être arrêté par aucune saisie ou opposition, à l'exception des oppositions qui pourraient être formées par le propriétaire du brevet de la pension.

27 août-12 sept. 1817. — Ordonnance pour l'application aux pensionnaires du département de la marine des dispositions de la loi du 25 mars 1817, concernant les pensionnaires du trésor royal.

Louis, etc.; — Considérant que la loi des finances du 25 mars dernier, dont le mode d'exécution est réglé par notre ordonnance du 20 juin, a introduit dans le système général des pensions plusieurs dispositions nouvelles;—Que le bon ordre et la régularité de l'administration exigent que ces dispositions, établies en premier lieu pour les pensionnaires payés par le trésor royal, soient étendues aux pensionnaires de la marine qui, recevant leurs soldes de retraite sur le fonds spécial des invalides, jouissent néanmoins de ces concessions au même titre que les autres serviteurs de l'Etat; — Que la caisse des invalides, soumise à des charges extraordinaires par suite des circonstances et de la réorganisation du corps de la marine, réclame le produit de toutes les économies praticables, pour continuer d'acquitter les dépenses auxquelles elle a cessé de suffire; —Vu le tit. 4 et l'art. 138 de la loi du 25 mars 1817; —Vu pareillement nos ordonnances des 7 déc. 1816 et 20 juin 1817; — Sur le rapport, etc.

Art. 1. Toutes les soldes de retraite, pensions et autres concessions de même nature, accordées jusqu'à ce jour sur la caisse des invalides de la marine, sont maintenues dans leur fixation actuelle, sauf la radiation de ce qui excéderait le maximum déterminé par les règlements généraux, soit pour le dernier grade exercé pendant deux ans par les pensionnaires, soit pour la qualité des pensionnaires dont le traitement n'est pas réglé sur des services personnels. — Cette réduction ne s'étend pas aux soldes de retraite et pensions militaires antérieures à la charte constitutionnelle, lesquelles, d'après les dispositions de l'art. 69, doivent conserver leur fixation intégrale.

2. Les dispositions de l'art. 27 de la loi des finances du 25 mars 1817 portant interdiction du cumul de deux pensions, ou d'une pension avec un traitement d'activité, de retraite ou de réforme, sont applicables aux pensionnaires du département de la marine, sous la réserve exprimée audit article en faveur des pensions militaires susceptibles d'être cumulées avec un traitement civil d'activité. — Les titulaires ne pourront toucher leur solde de retraite ou pensions qu'après avoir déclaré, dans leurs certificats de vie, sous les peines portées par les lois et règlements, qu'ils ne jouissent d'aucun traitement, ni d'aucune autre pension quelconque à la charge du trésor ou des divers fonds de retenues.

3. Sont applicables au département de la marine les dispositions de l'art. 138 de ladite loi de finances, qui assujettit les pensions civiles et militaires au-dessus de 500 fr. à la retenue proportionnelle prescrite pour les traitements d'activité par l'art. 79 de la loi du 28 avril 1816. — En conséquence, et jusqu'à ce qu'il en ait été autrement ordonné, cette retenue s'exercera sur les soldes de retraite et pensions payées par la caisse des invalides de la marine.

4. Conformément aux dispositions de notre ordonnance du 7 déc. 1816, tous les pensionnaires de la marine, Français ou naturalisés, qui ont reçu ou recevront de nous l'autorisation de résider en pays étrangers, seront assujettis au retranchement du tiers de leurs pensions à l'exception des pensionnaires expédiés hors du royaume pour notre service, lesquels jouiront de l'intégralité de leurs pensions, sauf l'interdiction du cumul dans les cas spécifiés par l'art. 2 de la présente ordonnance. — Le retranchement du tiers comptera du premier jour du trimestre pendant lequel le pensionnaire aura quitté le territoire français, et réciproquement il cessera à partir du premier jour du trimestre dans le cours duquel le titulaire aura fait constater son retour en France par le maire du lieu de son domicile. — La retenue proportionnelle résultant de l'art. 3 de la présente ordonnance, ne sera exercée sur lesdites pensions que dans la proportion des deux tiers conservés, lesquels seront considérés, sous ce rapport, comme le montant intégral du traitement.

5. Les réductions ou retenues prescrites par les art. 1, 2, 3, 4, seront opérées au profit de la caisse des invalides de la marine, pour être appliquées au payement des dépenses dont elle est chargée.

6. Les demandes de soldes de retraite, pensions et autres récompenses analogues, continueront d'être transmises au ministre par les chefs du service de la marine, suivant les formes établies. — Il sera tenu, dans les bureaux du ministère, un registre où ces demandes seront portées par ordre de dates et de numéros; cet ordre sera réglé tous les trois mois, pour les demandes parvenues pendant cet intervalle. — La priorité entre les individus qui auront cessé leurs fonctions le même jour sera déterminée par la durée des services.

7. Sont exceptées des dispositions de l'article précédent les demandes et propositions de pensions qui existent en ce moment dans les bureaux du ministère : elles seront considérées comme ayant toutes la même date. Néanmoins, les propositions transmises en faveur des blessés, des veuves et des gens de mer, seront liquidées de préférence.

8. L'administration de la caisse des invalides exercera sur les propositions de pensions du département de la marine le même contrôle que le ministère des finances sur les propositions des autres départements. — Ces propositions ainsi contrôlées seront, en définitive, soumises au comité du conseil d'Etat attaché au ministère de la marine.

9. Notre ministre secrétaire d'Etat de la marine, spécialement chargé de la conservation de la caisse des invalides, ne pourra nous proposer de concessions nouvelles que dans la proportion des ressources générales de l'établissement.

10. Pour l'exécution de l'article précédent, il nous sera remis, à l'expiration de chaque trimestre, un état sommaire de la situation de la caisse des invalides, d'après lequel nous déterminerons la quotité des fonds qui pourront être immédiatement appliqués à de nouvelles concessions de pensions.

11. Les pensions qui seront suspendues pour cause de rappel à l'activité, devant être ultérieurement rétablies en dépense, ne pourront être réputées éteintes, et il ne sera point disposé des fonds qui y sont affectés.

12. A mesure que la caisse des invalides réalisera les fonds disponibles, notre ministre secrétaire d'Etat de la marine nous présentera, en suivant l'ordre de priorité, les propositions qu'il aura jugées susceptibles d'être par nous admises : il consignera dans le projet d'ordonnance toutes les indications prescrites par l'art. 33 de la loi du 25 mars dernier. — Les demi-soldes et pensions proposées en exécution de la loi du 13 mai 1791 continueront d'être accordées par notre ministre secrétaire d'Etat de la marine : l'état de ces concessions, ainsi que celui des gratifications et secours, sera soumis annuellement à notre approbation, ainsi qu'il est établi par l'art. 133 de notre règlement du 17 juillet 1816.

13. Suivant les dispositions de notre ordonnance du 20 juin, il ne pourra être liquidé désormais aucune pension à la charge de la caisse des invalides de la marine que sur la présentation d'un certificat du premier commis des finances chargé de la dette inscrite au trésor royal, constatant que le réclamant ne jouit d'aucune pension sur les fonds généraux du trésor. — Ledit réclamant sera tenu de déclarer en outre, sous les peines portées par les lois et règlements, qu'il ne reçoit aucun traitement d'activité, et qu'il ne jouit d'aucune pension sur les divers fonds de retenue.

14. Les soldes de retraite et pensions qui seront désormais accordées sur la caisse des invalides de la marine ne devant pas excéder le fonds disponible, la jouissance n'en pourra remonter au delà du premier jour du trimestre qui suivra celui de l'assignation de ce fonds. — Cette disposition sera exécutée à compter du 1er janv. 1818.

15. Il sera dressé une liste générale des pensionnaires de la marine dans la forme déterminée par l'art. 33 de la loi du 25 mars dernier : elle sera publiée en même temps que celle des autres départements. — Un état annuel fera connaître toutes les pensions accordées sur le fonds assigné aux concessions nouvelles.

16. Sont et demeurent abrogées toutes dispositions contraires à la présente ordonnance, notamment celle de l'ordonnance du 9 déc. 1815 relative aux officiers admis à la retraite avec un grade supérieur, et toutes autres ordonnances d'exception, portant autorisation d'accorder la pension d'un grade qui n'avait pas été exercé pendant le temps determiné par les règlements généraux.

9 janv.-17 fév. 1818. — Règlement relatif aux directions forestières de la marine qui assimile pour la pension les secrétaires de direction aux sous-commissaires de la marine, les maîtres forestiers aux maîtres charpentiers de première classe; les contre-maîtres aux maîtres charpentiers de deuxième classe; les aides contre-maîtres aux maîtres charpentiers de troisième classe. — V. Organ. marit.

1er-15 mai 1818. — Ordonnance concernant la répartition des fonds supplémentaires accordés pour subvenir au payement des pensions à la charge des caisses de retenue.

6-20 mai 1818. — Ordonnance du roi qui détermine la manière de calculer les services militaires dans la liquidation des pensions à la charge des fonds de retenue des administrations financières.

Louis, etc. ; — Sur le compte qui nous a été rendu des difficultés qui se sont élevées à l'occasion de l'art. 15 de notre ordonnance du 20 juin 1817, en ce qui touche l'admission des services militaires dans le calcul des services civils pour établir le droit à la pension sur les fonds de retenue; — Voulant, à cet égard, fixer le sens de cet article par une interprétation conforme à nos intentions, afin qu'il n'en résulte pas pour les caisses de retraite une surcharge que nous n'avons pas entendu leur imposer et que leurs moyens ne comportent pas; — Vu notre ordonnance du 22 nov. 1815, qui permet, pour le règlement des pensions sur le fonds de retenue, le cumul des services militaires non récompensés avec les services civils; — Sur le rapport de notre ministre des finances; — Notre conseil d'Etat entendu, nous avons, etc.

Art. 1. La rétribution des services militaires non récompensés, admis dans la liquidation des pensions sur les fonds de retenue des administrations financières, en exécution de notre ordonnance du 22 nov., sera réglée par année de services, dans la proportion déterminée pour chaque grade par les règlements relatifs aux pensions militaires : les services administratifs seront calculés à part d'après les règlements particuliers.

2. La présente disposition est applicable aux services militaires déjà récompensés qui se trouvent dans le cas prévu par le second paragraphe de l'art. 15 de notre ordonnance du 20 juin 1817.

3. Néanmoins, les pensions déjà accordées par nous, et pour la fixation desquelles les services militaires ont été assimilés aux services administratifs, ne seront assujetties à aucune révision.

15-16 mai 1818. — Loi sur les finances (Extrait).

TIT. 4. — *Dispositions sur les pensions.*

11. Les dispositions de l'art. 23 de la loi du 25 mars 1817, qui interdisent aux ministres de faire payer aucune pension sur les fonds de leurs départements, sont applicables à toutes celles qui existeraient ou seraient créées sous la dénomination de *traitements conservés*, et sous quelque autre que ce soit.

12. Les pensions des vicaires-généraux, chanoines, celles des curés de canton septuagénaires, et celles dont les chevaliers de Malte présents à la capitulation de l'île jouissent, en vertu de cette capitulation, pourront se cumuler avec un traitement d'activité, pourvu que la pension et le traitement ne s'élèvent pas ensemble à plus de 2,500 fr. — Les pensions des académiciens et hommes de lettres attachés à l'instruction publique, à la bibliothèque du roi, à l'observatoire ou au bureau des longitudes, pourront (lorsqu'elles n'excéderont pas 2,000 fr., et jusqu'à concurrence de cette somme, si elles l'excédaient) se cumuler avec un traitement d'activité, pourvu que la pension et le traitement ne s'élèvent pas ensemble à plus de 6,000 fr.

13. Pourront également se cumuler les pensions et traitements de toute nature qui, réunis, n'excéderaient pas 700 fr., et seulement jusqu'à concurrence de cette somme. — Sont spécialement exceptées de la disposition des lois prohibitives du cumul, les pensions ci-après accordées avec faculté expresse du cumul, savoir : celle de 6,000 fr. au sieur Gayant inspecteur du corps royal des ponts et chaussées; celle de 4,000 fr. au sieur Jaubert, professeur à la bibliothèque royale; et celle de 3,000 fr. au sieur Larrey, chirurgien en chef de l'hospice de la garde royale.

14. Tout pensionnaire sera tenu de déclarer, dans son certificat de vie, qu'il ne jouit d'aucun traitement, sous quelque dénomination que ce soit,

ni d'aucune autre pension ou solde de retraite, soit à la charge de l'Etat, soit sur les fonds de la caisse des invalides de la guerre ou de celle de la marine, sauf les cas d'exception déterminés par les articles qui précèdent, et par l'art. 27 de loi du 25 mars 1817, relatif aux pensions de retraite pour services militaires.

15. Ceux qui, par de fausses déclarations, ou de quelque manière que ce soit, auraient usurpé plusieurs pensions ou un traitement avec une pension, seront rayés de la liste des pensionnaires. Ils seront en outre poursuivis en restitution des sommes indûment perçues.

16. Les pensions de retraite accordées aux employés des divers ministères ou administrations, relativement auxquelles il a été ordonné, par l'art. 29 de la loi du 25 mars, qu'elles seraient portées temporairement aux budgets de l'Etat, seront payées sur le fonds spécial des retenues qui ont eu lieu dans chaque ministère ou administration.

17. La somme de 550,000 fr. actuellement disponible sur celle de 3,000,000 à laquelle le fonds permanent des pensions civiles a été fixé, sera réunie au crédit extraordinaire de 1,066,500 fr., ouvert par la loi du 25 mars 1817, pour suppléer temporairement à l'insuffisance des fonds de retenue affectés aux pensions des ministères et administrations. Ce fonds de 1,066,500 fr. sera augmenté d'une somme de 342,000 fr., et porté à celle de 1,408,500 fr.

18. Le fonds supplétif des fonds de retenue portés par le résultat de l'article ci-dessus à la somme totale de 1,958,500 fr. décroîtra d'un vingtième par année, de sorte qu'après vingt ans il n'en soit plus rien payé.

19. En conséquence, il ne pourra, à l'avenir, être accordé de nouvelles pensions civiles à la charge de l'Etat, que jusqu'à concurrence du montant des extinctions successives de celles actuellement accordées, montant à 2,450,000 fr., et du vingtième de la somme de 250,000 fr., lequel accroîtra chaque année le fonds ci-dessus de 2,450,000 fr., jusqu'à ce qu'il ait atteint sa fixation de 3 millions, qui, dans aucun cas, ne pourra être dépassée.

20. Il est défendu d'augmenter, de toute autre manière qu'en vertu d'une loi, le produit des fonds de retenue des ministères ou administrations, par des prélèvements sur les fonds généraux, ou sur les produits de ces ministères et administrations, de quelque nature qu'ils soient. —Néanmoins, sur le fonds attribué au service ordinaire des affaires étrangères, il pourra être employé jusqu'à concurrence de 200,000 fr. en traitements d'agents diplomatiques dont l'activité est temporairement suspendue.

21. Les demi-soldes des officiers qui, aux termes des lois et règlements militaires, sont ou seront dans le cas d'être admis à la retraite, pourront être converties en soldes de retraite, lesquelles seront payées sur le fonds des demi-soldes, en attendant qu'elles puissent être inscrites au trésor, dans l'ordre et les proportions déterminées par les art. 30 et 32 de la loi du 25 mars 1817. — Il pourra être également accordé aux officiers en non-activité qui feront volontairement, dans les six mois de la publication de la présente loi, leur renonciation au service, des traitements de réforme dont la durée sera fixée proportionnellement au temps de leur service, et qui seront payés jusqu'à extinction sur le fonds des demi-soldes.—Ces soldes de retraite et traitements de réforme pourront être cumulés avec un traitement civil. — Indépendamment des états prescrits par l'art. 36 de la loi du 25 mars 1817, le ministre de la guerre présentera, chaque année, le tableau nominatif des officiers qui, portés dans l'état des demi-soldes, et y ayant droit, se trouveront dans les cas prévus par le présent article, de manière que le mouvement décroissant du fonds des demi-soldes puisse toujours être suivi.

22. Les comptes et la situation de la caisse des invalides de la guerre et de celle des invalides de la marine, dans toutes leurs parties, seront présentés aux chambres à leur première session.

23. Le crédit du ministre de la marine sera augmenté, pour 1818, d'une somme de 700,000 fr., pour subvenir, jusqu'à concurrence de l'insuffisance des ressources de la caisse des invalides, au payement des pensions résultant des réformes opérées dans ce département.

20 mai-3 juin 1818.— Ordonnance portant conversion du traitement de non-activité en solde de retraite ou en traitement de réforme.— V. Organis. militaire.

8-15 juill. 1818. — Ordonnance du roi concernant le cumul des pensions inscrites au trésor royal, avec celles accordées sur les fonds de retenue.

LOUIS, etc.;— Voulant fixer l'application de la loi du 15 mai 1818, sur le cumul des pensions;— Ouï le rapport de notre ministre des finances; — Notre conseil d'État entendu;— Nous avons, etc.:

Art. 1. Les titulaires de deux pensions, l'une sur le trésor et l'autre sur la caisse de retenue des ministères et administrations, ne seront plus obligés de les faire réunir en une pension unique sur les caisses de retenue, et pourront en jouir distinctement à compter du 1er avril dernier.

2. Les réunions de pensions faites sur lesdites caisses de retenue, en exécution de l'art. 15 de l'ord. du 20 juin 1817, subsisteront; les pensions rayées au trésor pour être réunies à celles sur les fonds de retenue seront réinscrites au trésor, si la réunion n'est pas consommée à la date de la présente.

3. Nul pensionnaire n'obtiendra toutefois la réinscription au trésor, qu'en administrant la preuve que les services récompensés par la pension à réinscrire ne font pas double emploi avec ceux récompensés par la pension sur fonds de retenue, et qu'ils ont fini avant que les autres commençassent.

4. La remise en activité d'un employé jouissant d'une pension sur fonds de retenue fera cesser ladite pension, tant qu'il sera en possession d'un traitement aux frais de l'État.— Ses derniers services seront ajoutés aux anciens dans la liquidation de la pension nouvelle à laquelle il aura droit.

14-16 juill. 1819.—Loi relative à la fixation du budget des dépenses de 1819.

TIT. 1. — *Dispositions relatives aux pensions.*

Art. 1. Le crédit des pensions militaires, fixé par la loi du 25 mars 1817 à 51,762,317 fr., pourra être augmenté jusqu'à concurrence d'une somme de 1,500,000 fr., destinée à couvrir l'insuffisance de ce crédit, comparé au montant réel des pensions militaires acquises antérieurement à ladite loi.

Les inscriptions qui auront lieu en vertu du présent article porteront jouissance du 1er janv. 1819.

2. Les soldes de retraite des militaires sujets à la visite annuelle, et pour lesquels il avait été fait un fonds particulier de 1,600,000 fr. au budget du ministère de la guerre, en exécution de l'art. 28 de la loi du 25 mars 1817, seront inscrites au livre des pensions du trésor royal, pour être payés à compter du 1er janv. 1819, sur les fonds généraux mis à la disposition du ministre des finances.

3. Ces soldes de retraite provisoires sont déclarées définitives, et les titulaires ne seront plus assujettis à la visite annuelle.

4. L'inscription au trésor aura lieu d'après les tableaux qui seront adressés au ministre des finances par le ministre de la guerre, et suivant les formalités prescrites par les art. 24 et 25 de la loi du 25 mars 1817.

5. A l'avenir, la totalité des extinctions qui surviendront dans les pensions militaires sera acquise à l'État.

La moitié desdites extinctions, affectée à la concession de pensions nouvelles par la loi du 25 mars 1817, sera remplacée, à compter du 1er janv. 1819, par un crédit annuel qui, en temps de paix, ne pourra s'élever au delà de 600,000 fr.

Tous les ans, le ministre de la guerre rendra un compte spécial de l'emploi de ce crédit, qui ne pourra être augmenté qu'en vertu d'une loi.

6. Les dispositions de l'art. 12 de la loi du 15 mai 1818, relatives à la pension dont jouissent les chevaliers de Malte présents à la capitulation de l'île, sont étendues à ceux de ces chevaliers qui jouissent d'une pension de retraite ou de tout traitement quelconque, et leur sont applicables à dater de la promulgation de la loi.

7. Sont exceptées de la disposition des lois qui prohibent le cumul, les pensions accordées aux grand's-croix, commandeurs et chevaliers de Saint-Louis.

8. La disposition de l'art. 98 de la loi du 15 mai 1818, qui assimile les vétérans des camps de Juliers et d'Alexandrie aux donataires des quatrième, cinquième et sixième classes, est abrogée.

Les vétérans des camps de Juliers et d'Alexandrie, ainsi que les veuves et les orphelins de ceux qui sont décédés, tant sur les établissements que depuis leur rentrée en France, seront inscrits au livre des pensions pour une somme égale à leur solde de retraite, en indemnité des domaines nationaux qui leur avaient été concédés par la loi du 1er flor an 11 (21 avril 1803).

Ces pensions seront réversibles sur les veuves des vétérans.

Les arrérages du doublement de solde accordé par l'ordon. du 2 déc. 1814, et suspendu au 1er avril 1817, seront acquittés, sauf déduction des sommes reçues du domaine extraordinaire, en vertu de l'art. 98 de la loi du 25 mars 1817.

9. Les comptes des caisses des pensions de tous les ministères et de toutes les administrations, appuyés sur toutes les pièces justificatives, seront soumis au jugement de la cour des comptes: ils comprendront toutes les recettes et toutes les dépenses faites depuis l'établissement des retenues.

13-23 oct. 1819. — Ordonnance qui détermine le délai pendant lequel les arrérages des pensions pourront être réclamés par les titulaires. — V. Trésor public.

12-18 janv. 1820.—Ordonnance dont les art. 16 et suiv. statuent sur le fonds affecté aux pensions des employés de l'imprimerie nationale.

1er juill. 1820.— Ordonnance du roi sur la retenue à exercer sur les traitements des employés de la guerre pour former un fonds de retraite.

LOUIS, etc.;— Vu, 1° le décret du 2 fév. 1808 sur les retenues à exercer pour les pensions à accorder aux employés des bureaux de la guerre; 2° la loi du 25 mars 1817 et celle du 15 mai 1818; 3° la loi du 27 fruct. an 5 (13 sept. 1798), l'arrêté du 10 prair. an 11 (30 mai 1803), et le décret du 22 janv. 1808 sur les pensions des agents et ouvriers de l'administration des poudres et salpêtres; 4° les ord. du 25 fév. 1816, sur les pensions des instituteurs et professeurs des écoles de l'artillerie et du génie, et celles des contrôleurs et receveurs des manufactures d'armes et des fonderies; considérant l'insuffisance des ressources desdites caisses de retenues, et la nécessité de les accroître, en élevant la retenue à un taux convenable, et égal à celui qui existe déjà pour plusieurs administrations; sur le rapport de notre ministre de la guerre, nous avons ordonné et ordonnons ce qui suit:

Art. 1. La retenue de 3 c. par fr. qui s'exerce sur les appointements des employés des bureaux du ministère de la guerre pour former un fonds de pension, en vertu de l'art. 1 du décret du 2 fév. 1808, est porté à 5 c. par fr. à dater du 1er juill. 1820.

2. Les dispositions de l'art. 14 dudit décret, qui admet les militaires ou fonctionnaires militaires employés dans les bureaux aux mêmes charges et droits que les employés du ministère, sont abrogées, sans préjudice, toutefois, des droits acquis par ceux qui supportent en ce moment la retenue, et qui continueront à subir celle de 5 c. par fr., établie par l'article précédent.

3. Sont également portées au taux de 5 c. par fr., à compter du 1er juill. 1820; — 1° La retenue de 4 c. par fr., qui s'exerce pour former un fonds de pensions, sur le traitement des agents et ouvriers de service des poudres et salpêtres, en vertu de l'arrêté du 10 prair. an 11 et du décret du 22 janv. 1808; — 2° La retenue de 3 c. que supportent pour le même objet les traitements des instituteurs, professeurs et répétiteurs des écoles d'artillerie et de génie, ainsi que ceux des contrôleurs et réviseurs des manufactures d'armes, et des contrôleurs des forges et fonderies, en vertu de notre ord. du 25 fév. 1816.

13 juill.-2 août 1820.—Ordonnance portant que les étrangères veuves de militaires français ou naturalisés, et les femmes françaises veuves de militaires devenus étrangers par suite des traités de 1814 à 1825 ne peuvent jouir de leurs pensions hors du royaume qu'en obtenant la permission du gouvernement, et sous la réduction d'un tiers de la pension.

19-20 juill. 1820. — Loi relative à la fixation du budget des dépenses de 1820 (extrait).

TIT. 1. — *Dispositions relatives aux pensions.*

Art. 1. Les pensions militaires accordées ou restant à accorder par suite de la conversion des traitements de non-activité en soldes de retraite, autorisée par l'art. 21 de la loi du 15 mai 1818, seront inscrites au trésor, à compter du 1er janv. 1820 jusqu'à concurrence d'une somme de 2,600,000 fr.

2. L'inscription aura lieu d'après les ordonnances de concession qui ont été et seront adressées au ministre des finances par le ministre de la guerre, et suivant les formalités prescrites par les art. 24 et 25 de la loi du 25 mars 1817.

3. Du moment où cette somme de 2,600,000 fr. aura été atteinte par les inscriptions effectives, les pensions militaires qui seront ultérieurement accordées par la conversion des traitements de non-activité en soldes de retraite seront imputées sur le crédit annuel d'inscription fixé par l'art. 5 de la loi du 14 juill. 1819.

2-14 août 1820.— Ordonnance du roi relative à la publication au Bulletin des lois, des ordonnances de concession de pensions rendues à compter du 1er juill. 1820.

6 sept.-1er oct. 1820. — Ordonnance relative aux pensions de retraite des employés des hospices et établissements de charité. — V. Hospice, p. 72.

25 oct.-6 nov. 1820. — Ordonnance dont l'art. 8 détermine le grade qui devra régler le droit de retraite.— V. Organis. militaire.

22-24 fév. 1821. — Ordonnance du roi additionnelle à celle du 23 sept. 1814, concernant les pensions de retraite assignées sur les fonds de retenue du ministère de la justice.

LOUIS, etc.; — Vu les art. 5 et 8 de notre ordonnance en date du 23 sept. 1814, portant règlement des pensions de retraite assignées sur les fonds de retenue de notre ministère de la justice; — Considérant que les bases déterminées par l'art. 8, pour fixer le montant de la pension facultative accordée en vertu de l'art. 5 de l'ordonnance précitée, n'établissent point des proportions convenables entre la récompense donnée après trente ans de service et soixante ans d'âge et celle donnée avant trente ans; voulant remédier à cette disproportion, qui se manifeste spécialement dans les pensions afférentes aux fonctionnaires qui jouissent de traitements très-élevés; — Sur le rapport de notre ministre de la justice, nous avons ordonné, etc. :

Art. 1. La pension qui peut être accordée avant trente ans d'exercice, dans les cas prévus et sous les conditions déterminées par l'art. 5 de notre ordonnance du 23 sept. 1814, sera, pour les dix premières années du tiers de celle qui aurait été acquise pour trente années de service, avec accroissement du trentième pour chaque année de service au-dessus de dix ans, le tout sans préjudice des limites posées par l'art. 11.

28 nov. 1821-1er juill. 1832. — Ordonnance du roi sur les pensions de retraite des employés du service des subsistances militaires.

LOUIS, etc.; — Vu les décrets et ordonnances par lesquels il est pourvu aux pensions de retraite des employés des ministères et de diverses administrations publiques au moyen d'une retenue qui s'exerce sur leurs appointements; — Considérant que ce mode a le double avantage de ne point grever le trésor royal et de permettre une sorte de libéralité dans la dispensation des récompenses auxquelles peuvent donner droit les services rendus à l'Etat; voulant, en conséquence, en faire l'application aux employés de la direction générale des subsistances militaires, dont nous avons déterminé la réorganisation par notre ordonnance du 30 janv. 1821; ayant reconnu, toutefois, que le traitement de ceux de ces employés qui sont garde-magasins ne se compose pas seulement de la faible somme qui leur est allouée à ce titre, mais bien encore des bénéfices qu'ils peuvent faire sur leur abonnement de manutention, en sorte qu'il est juste que cet abonnement, jusqu'à certain point, soit passible de la retenue à exercer et conséquemment pris en considération dans les calculs d'après lesquels la quotité de la pension de retraite desdits garde-magasins doit être déterminée, etc.

SECT. 1. — *De la retenue.*

Art. 1. La retenue qui, en vertu d'une décision ministérielle, a été exercée depuis le mois de juin 1817 sur les traitements des divers employés ou agents de la direction générale des subsistances militaires pour leur former un fonds de pension, est approuvée.

2. Ladite retenue continuera d'être exercée sur les traitements des employés composant les deux personnels de la direction générale, jusques et compris les chefs de service; mais, à compter du 1er janv. 1832, elle aura lieu sur les appointements dans la proportion de 3 pour 100 et sur les abonnements de manutention dans celle de 2 pour 100.

3. Le mode d'exercice de ladite retenue sera déterminé par le directeur général, de manière à ce qu'elle s'opère par mois sur les appointements et par trimestre sur les produits des abonnements de manutention.

4. Les produits de ladite retenue continueront d'être versés chaque mois, à la diligence du directeur général, dans la caisse des dépôts et consignations, où ils rapporteront intérêt au taux de 3 pour 100 par année; sauf le cas où, conformément à notre ordonnance du 3 juill. 1816, les sommes libres seraient converties en inscriptions au grand-livre de la dette publique, auquel cas les intérêts se composeraient naturellement du revenu desdites inscriptions.

5. Un compte desdits produits des intérêts qu'ils auront rapportés, et des payements également faits sur les uns et les autres, sera tenu simultanément tant à la caisse des dépôts qu'à la caisse de la direction générale; et la balance de ce double compte, reconnu chaque mois par les deux caissiers, sera arrêtée tous les ans par le directeur général des subsistances, qui la mettra sous les yeux du ministre de la guerre.

6. Hors le cas qui sera prévu ci-après, les employés ou leurs ayants cause ne pourront, sous aucun prétexte, retirer les sommes pour lesquelles ils auront contribué, par les retenues faites sur leurs traitements ou abonnements, à la formation des fonds des pensions.

SECT. 2. — *Des pensions de retraite qui peuvent être accordées aux employés sur les fonds de retenue.*

7. Tout employé de la direction générale qui, à l'époque de sa retraite, justifiera de trente années effectives de services publics civils ou militaires, dont dix ans au moins dans l'administration des subsistances militaires, et qui d'ailleurs aura subi durant six ans au moins la retenue mentionnée aux art. 1 et 2, pourra prétendre à une pension de retraite.

8. La même faculté sera accordée aux employés qui, ayant atteint l'âge de soixante ans, justifieront, à l'époque de leur retraite, de vingt-cinq années effectives de services publics, dont dix ans au moins dans l'administration des subsistances militaires, et qui auront également subi la retenue pendant six ans au moins.

9. Les services rendus dans les entreprises ne seront admissibles qu'autant que les traités auraient assimilé, par clause expresse, les employés desdites entreprises à ceux du gouvernement.

10. Le minimum des pensions auxquelles pourront prétendre les employés dans l'un et l'autre des cas spécifiés aux art. 7 et 8, demeure fixé, savoir : — Pour les garde-magasins de première classe, à 1,500 fr.; de deuxième *idem*, à 1,200 fr.; de troisième *idem*, à 900 fr. — Pour les autres employés, au tiers du traitement annuel (terme moyen) dont ils auront joui pendant les trois dernières années, déduction faite des sommes payées à titre de gratification, frais de bureau, frais de tournée et indemnité quelconque.

11. Tout garde-magasin de première ou deuxième classe qui ne compterait pas au moins trois ans de service dans la classe dont il fera partie à l'époque de sa retraite, ne pourra prétendre qu'à la pension déterminée pour la classe immédiatement inférieure.

12. Les fixations déterminées par l'art. 10 s'augmenteront d'un trentième pour chaque campagne de guerre ou chaque année de service en sus du nombre d'années exigé par les art. 7 et 8, sans toutefois que chaque pension puisse dans aucun cas, ni s'élever au-dessus de la moitié du traitement, ni excéder le taux de 3,000 fr. considéré comme maximum de la plus forte pension.

13. Les employés licenciés, soit sans leur aveu pour cause de surabondance ou de suppression d'emplois, soit sur leur demande pour cause d'infirmités dûment constatées, et qui, à l'époque de leur licenciement, justifieront de quinze ans effectifs de services publics, dont dix ans au moins dans l'administration des subsistances militaires, et qui d'ailleurs auraient subi durant six ans au moins la retenue mentionnée aux art. 1 et 2, auront droit à une pension de retraite dont la quotité sera égale à la moitié du minimum déterminé par l'art. 10 et devra s'augmenter d'un trentième pour chaque campagne de guerre ou chaque année de service en sus de quinze ans, sans toutefois qu'elle puisse excéder les proportions déterminées par l'art. 12.

14. Les employés qui se retireront par démission ou par licenciement sur plaintes, ne pourront prétendre au bénéfice de l'article ci-dessus.

SECT. 3. — *Des pensions et secours qui peuvent être accordés aux veuves et aux enfants des employés.*

15. Les veuves d'employés pourront prétendre à une pension sur les fonds de retenue, dans les deux cas ci-après : — 1° Lorsque leurs maris, à l'époque où ils seront morts, auront été en possession d'emplois dans la direction générale des subsistances militaires et auront rempli les conditions de services et de retenues exigées par l'art. 13; — 2° Lorsque leurs maris, à la même époque, auront été en jouissance d'une pension de retraite sur lesdits fonds de retenue.

16. Les veuves d'employés qui auraient à réclamer une pension dans les cas déterminés à l'article précédent ne pourront toutefois l'obtenir qu'après avoir justifié qu'elles étaient mariées cinq ans au moins avant le décès ou la retraite de leurs maris et qu'elles n'avaient point divorcé.

17. Les veuves d'employés pour la liquidation de leurs pensions seront distinguées en deux classes. — La première comprendra celles qui seront

âgées de cinquante ans au moins, et celles dont les maris auront laissé à leur charge des enfants au-dessous de dix-huit ans d'âge; la deuxième classe comprendra les autres veuves. — La pension des veuves de première classe sera de la moitié, et celle des veuves de la deuxième classe, du quart de la pension dont leurs maris auront joui, ou qu'ils auraient eu droit de réclamer en cas de licenciement.

18. Les enfants orphelins de ceux des employés qui, à l'époque de leur mort, auront été dans l'un des deux cas spécifiés à l'art. 15, seront susceptibles d'obtenir des secours annuels sur les fonds de retenue, tant qu'ils n'auront pas atteint l'âge de dix-huit ans. Ces secours seront fixés, pour les enfants du même employé qui n'auront pas dix-huit ans d'âge, aux deux tiers de la pension dont la veuve aurait joui ou dû jouir d'après l'article précédent. — Ils cesseront d'être payés aussitôt que le plus jeune des orphelins aura atteint l'âge de dix-huit ans.

19. Les enfants dont la mère aurait divorcé seront considérés et traités comme orphelins.

SECT. 4. — *Du règlement et du payement des pensions et secours annuels.*

20. Les pensions et secours annuels qui peuvent être accordés en vertu des dispositions ci-dessus, seront réglés, sur la proposition du directeur général des subsistances militaires, par le ministre de la guerre, qui nous en soumettra la liquidation pour être approuvée par nous.

21. Notre ministre de la guerre expédiera le titre ou brevet de chaque pension ou secours annuel dont nous aurons approuvé la liquidation.

22. Le directeur général des subsistances militaires délivrera, chaque semestre, aux personnes qui auront obtenu des pensions ou secours annuels, un mandat au moyen duquel elles en seront payées à la caisse des dépôts et consignations sur les produits de la retenue.

23. Notre ministre de la guerre, avant de soumettre à notre approbation des liquidations de pensions faites en vertu de la présente ordonnance, devra acquérir la certitude que les fonds restant disponibles sur les produits de la retenue suffiront pour en assurer le payement. Dans le cas contraire, tout règlement de pension sera provisoirement suspendu.

SECT. 5. — *Dispositions spéciales et particulières.*

24. Les dispositions ci-dessus ne sont applicables qu'aux employés qui, à l'époque du 1er janv. 1822, composeront le personnel de la direction générale des subsistances militaires, et à ceux qui y seront admis à l'avenir.

25. Ceux des employés de la direction qui ne seraient pas compris dans l'organisation qui sera faite en vertu de notre ordonnance du 30 janv. 1821, et ceux qui, venant à être licenciés par la suite, ne rempliront pas, à l'époque de leur licenciement, les conditions exigées pour prétendre à une pension par l'un des art. 7, 8 et 13, recevront du directeur général, à la caisse des dépôts et consignations, le montant de la retenue qu'ils auraient éprouvée sur leur traitement jusqu'au jour de leur retraite, sans toutefois qu'ils puissent en réclamer les intérêts, lesquels resteront acquis au fonds des pensions.

26. Dans le cas où, par la suite, nous jugerions convenable de mettre en entreprise générale le service des vivres de la guerre, l'entrepreneur serait tenu de prendre à son compte, jusqu'à concurrence des besoins, les divers employés de la direction générale, au moyen de quoi les dispositions des sections 1, 2, 3 et 4 ci-dessus continueraient de s'exécuter, sauf au ministre de la guerre à remplir lui-même ou faire remplir par qui de droit les obligations qu'elles imposent au directeur général des subsistances militaires.

1er-13 mai 1822.—Ordonnance portant que les pensionnaires de l'ordre de Malte ne seront plus assujettis à justifier de leur résidence pour obtenir le payement de leurs pensions.

17-17 août 1822.—Loi des finances (extrait).

TIT. 2. — *Dispositions relatives aux pensions.*

8. Pourront obtenir, lorsqu'elles seront privées de moyens d'existence, une pension qui sera du quart du maximum de celle d'ancienneté attribuée à chaque grade militaire, ainsi qu'elle a été réglée par les art. 1 et 2 de l'ordonnance royale du 14 août 1814:—1° Les veuves des militaires morts postérieurement à ladite ordonnance, en jouissance de la pension de retraite, ou en possession de droits à cette pension, pourvu que leur mariage ait été contracté cinq ans avant la cessation d'activité de leurs maris, ou qu'elles aient un ou plusieurs enfants issus de leur mariage antérieur à cette cessation ; — 2° Les veuves des militaires morts postérieurement à ladite ordonnance après vingt années d'activité, et qui auraient rendu à l'Etat des services éminents, reconnus tels par une décision spéciale du roi, pourvu que leur mariage ait précédé de cinq ans la mort de leur mari, ou qu'elles aient un ou plusieurs enfants issus de ce mariage. — Seront censées privées de moyens d'existence les veuves dont le revenu ne sera pas équivalent au double de la pension qu'elles seraient dans le cas d'obtenir.

9. Les enfants orphelins desdits militaires pourront, dans les mêmes cas, obtenir le secours annuel de pareille somme, déterminé par l'art. 3 de ladite ordonnance, et en jouir jusqu'à vingt ans accomplis.

10. La jouissance des pensions et secours annuels qui seront inscrits au trésor royal en vertu des deux articles précédents ne pourra donner lieu à des payements d'arrérages antérieurs aux liquidations faites en vertu de la présente loi.

11. Les anciens officiers suisses qui faisaient partie du régiment des gardes suisses à l'époque du 10 août 1792 pourront obtenir la liquidation de leur solde de retraite, conformément aux dispositions exceptionnelles de l'ordonnance du 10 août 1816, sans que néanmoins cette liquidation puisse donner lieu à des payements d'arrérages antérieurs au 1er janv. 1819.

12. Le ministre des finances rendra compte, à la cession de 1824, du montant des pensions inscrites en vertu des dispositions ci-dessus.

28 août 1822.—Ordonnance relative aux pensions de retraite accordées aux employés de la caisse d'amortissement des dépôts et consignation.—V. M. de la Roque, C. des pens. civ., p. 243.

2-6 oct. 1822.—Ordonnance relative aux indemnités temporaires à accorder aux employés réformés des ministères.

16-30 oct. 1822.—Ordonnance du roi qui détermine les justifications à faire par les veuves ou orphelins de militaires, pour réclamer des pensions ou secours en vertu des art. 8 et 9 de la loi de finances du 17 août 1822.—V. ord. 2 juill. 1831.

8-17 janv. 1823.—Avis des comités réunis de législation, des finances et de la guerre, du conseil d'Etat, sur la question de savoir si les militaires retraités qui, condamnés à des peines afflictives ou infamantes, ont subi leur jugement ou ont été graciés, doivent justifier de leur réhabilitation légale pour être remis en jouissance de leurs pensions.

Les comités de législation, des finances et de la guerre, réunis par ordre de monseigneur le garde des sceaux, sur la demande de son excellence le ministre des finances, pour délibérer sur la question de savoir « si les militaires retraités qui, condamnés à des peines afflictives ou infamantes, ont subi leur jugement ou ont été graciés, doivent justifier de leur *réhabilitation* légale pour être remis en jouissance de leurs pensions ; »—Vu, 1° un avis du comité des finances, du 28 déc. 1821, approuvé par le ministre de ce département, portant que la femme d'un pensionnaire condamné à une peine infamante n'a pas droit à une portion de sa pension ; — 2° Un second avis du comité des finances, du 17 mai 1822, qui estime qu'il y a lieu de rendre applicables aux pensions civiles les dispositions de l'art. 3 de la loi du 28 fruct. an 7 ;—3° Les lettres écrites au ministre des finances, les 18 juin, 13 août, 10 sept. et 31 déc. 1821, par son excellence le ministre de la guerre et par monseigneur le garde des sceaux ;—4° Un rapport adressé à monseigneur le garde des sceaux par le directeur des affaires criminelles et des grâces ; — 5° Les dispositions de la charte constitutionnelle, celles des codes civil, pénal et d'instruction criminelle, et celles de l'art. 86 de l'acte du gouvernement, du 16 therm. an 10, sur le droit de grâce et de commutation de peines, sur les incapacités résultant des condamnations à peine afflictive ou infamante et sur le mode de *réhabilitation* des condamnés, et finalement celles de la loi du 28 fruct. an 7 et de l'ordonnance royale du 27 août 1814 sur la perte des pensions militaires par l'effet desdites condamnations ;

Après en avoir délibéré, ont reconnu que la question proposée rendait nécessaires l'examen et la solution des questions suivantes :—1re *question.* Les pensionnaires condamnés à des peines afflictives ou infamantes, qui ont fini le temps de leur peine, sont-ils obligés d'être *réhabilités* pour rentrer dans leur pension? — 2e *question.* Peut-on, pendant la durée de leur peine, accorder, à titre de secours, une partie de leur pension à leur veuve ou à leurs enfants? — 3e *question.* Les lettres de grâce pleine et entière accordées avant toute exécution du jugement de condamnation peuvent-elles tenir lieu de la *réhabilitation?*—4e *question.* Les lettres de grâce accordées après l'exécution du jugement, et qui ne contiendraient aucune clause relative à la *réhabilitation* du condamné, dispensent-elles de l'exécution des dispositions du code de procédure criminelle relatives à la *réhabilitation?* — 5e *question.* Les lettres de grâce peuvent-elles, par une cause explicite, dispenser des formalités prescrites par le code d'instruction criminelle pour la *réhabilitation?*

Considérant, sur la première question, que la loi du 28 fruct. an 7, sur les pensions militaires, et l'ordonnance du 27 août 1814, qui en reproduit les dispositions littéralement, portent, en termes exprès, que la perte des pensions causée par les condamnations à peine afflictive ou infamante dure jusqu'à la *réhabilitation*, et qu'ainsi elles imposent spécialement à cette classe de condamnés une obligation dont on ne pourrait les dispenser sans violer le texte même de la loi ;

Considérant, sur la deuxième question, qu'on ne pourrait payer la pension du condamné, en tout ni en partie, quelle que fût la dénomination qu'on donnât à ce payement, sans violer la loi ci-dessus mentionnée, et par conséquent sans compromettre la responsabilité du ministre ;

Considérant, sur la troisième question, qu'en matière criminelle nul jugement de condamnation ne peut produire d'effet avant l'exécution ; que lorsque la grâce a précédé l'exécution, les incapacités légales ne sont pas encourues ; que par conséquent il ne peut y avoir lieu, dans ce cas, à solliciter des lettres de *réhabilitation*, puisque la *réhabilitation* n'a pour objet que de relever le condamné des incapacités légales auxquelles il a été réellement soumis ;

Considérant, sur la quatrième question, que l'art. 68 de la charte a maintenu les lois qui n'y sont pas contraires ; que la nécessité de la *réhabilitation*, imposée par le code d'instruction criminelle au condamné, pour qu'il soit relevé des incapacités légales encourues par l'exécution du jugement, n'a rien de contraire à l'art. 67 de la charte, qui donne au roi le droit de faire grâce et de commuer la peine ; — Qu'en effet la *grâce* et la *réhabilitation* diffèrent essentiellement, soit dans le principe, soit dans leurs effets ;—Que la *grâce* dérive de la clémence du roi ; la *réhabilitation*, de sa justice ; — Que l'effet de la grâce n'est pas d'abolir le jugement, mais seulement de faire cesser la peine ; —Qu'aux termes du code d'instruction criminelle, le droit de *réhabilitation* ne commence qu'après que le condamné a subi sa peine ; — Que l'effet de la *réhabilitation* est de relever le condamné de toutes les incapacités, soit politiques, soit civiles, qu'il a encourues ;—Que ces incapacités sont des garanties données par la loi, soit à la société, soit aux tiers, et que la grâce accordée au condamné ne peut pas plus le relever de ces incapacités que de toutes les autres dispositions du jugement qui auraient été rendues en faveur des tiers;

Considérant, sur la cinquième question, que la prérogative royale ne s'étend pas jusqu'à dispenser les citoyens des obligations qui leur sont imposées en vertu des lois maintenues par la charte, et dont ils ne pourraient être relevés que par la puissance législative;

Sont d'avis,—1° Que les pensions perdues par l'effet des condamnations à des peines afflictives ou infamantes ne peuvent être rétablies qu'après la *réhabilitation* du condamné;—2° Que, pendant la durée de ces peines, il ne peut être accordé sur ces pensions aucun secours à la veuve ou aux enfants des condamnés; — 3° Que les lettres de grâce pleine et entière accordées avant l'exécution du jugement préviennent les incapacités légales et rendent inutile la *réhabilitation*;—4° Que la grâce accordée après l'exécution du jugement ne dispense pas le gracié de se pourvoir en *réhabilitation*, conformément aux dispositions du code d'instruction criminelle;—5° Que les lettres de grâce accordées après l'exécution du jugement ne peuvent contenir aucune clause qui dispense des formalités prescrites par le code d'instruction criminelle pour la *réhabilitation*.

16 avril-10 mai 1823. — Ordonnance relative aux pensions des aumôniers des hôpitaux de la ville de Paris.—V. Hospice, p. 74.

17-30 sept. 1823. — Ordonnance qui admet pour moitié, dans le calcul des pensions et demi-soldes, le temps employé par les marins à la pêche du poisson frais.

19 nov. 1823. — Ordonnance relative aux pensions de retraite des fonctionnaires ou employés du ministère des affaires étrangères.—V. M. de la Roque, c. des pens. civ., p, 204.

22 janv.-17 fév. 1824. — Ordonnance sur le mode d'admission du temps des prisonniers de guerre dans la liquidation des soldes de retraites, demi-soldes et pensions des marins.

16-18 juin 1824. — Loi qui dispose que les magistrats, admis à la retraite pour infirmités, auront droit à une pension (art. 13). — V. Organ. jud.

17-20 août 1824. — Ordonnance du roi relative aux pensions et secours qui peuvent être accordés aux veuves et orphelins de magistrats, et aux veuves et orphelins des chefs et employés des bureaux du ministère de la justice et du conseil d'Etat.

LOUIS, etc.; — Vu les art. 12, 13 et 14 de notre ordonnance du 23 sept. 1814, relatifs aux pensions et secours qui peuvent être accordés aux veuves et orphelins des magistrats; voulant attribuer aux dispositions de ces articles toute l'extension qui est compatible avec l'état actuel de la caisse des retenues, et donner ainsi à la magistrature une nouvelle preuve de notre bienveillance et de notre sollicitude; — Sur le rapport de notre ministre d'Etat; notre conseil d'Etat entendu; — Nous avons, etc.:

Art. 1. La veuve d'un magistrat a droit à une pension sur les fonds de retenue du ministère de la justice:—1° Lorsqu'au moment du décès de son mari, celui-ci avait trente ans de services susceptibles d'être récompensés, soit que la pension du mari ait été liquidée, ou que la liquidation n'en ait pas encore été faite; — 2° Lorsque son mari est décédé jouissant d'une pension de retraite concédée pour moins de trente ans de services, et liquidée postérieurement à la publication de la présente ordonnance.

2. Dans le cas de l'article précédent, la pension de la veuve sera du tiers de celle dont son mari jouissait, ou qu'il aurait eu le droit d'obtenir; elle ne pourra néanmoins être au-dessous de 100 fr.

3. La veuve d'un magistrat décédé en activité et ayant moins de trente ans, mais plus de dix ans de services dans l'ordre judiciaire, pourra obtenir une pension sur les fonds de retenue, en justifiant que cette pension lui est nécessaire. — Il en sera de même de la veuve d'un magistrat décédé en retraite et qui jouissait d'une pension liquidée pour moins de trente ans de services, avant la publication de la présente ordonnance.

4. La pension sera considérée comme nécessaire lorsque les revenus de la veuve, à l'époque du décès de son mari, seront inférieurs aux deux tiers de la pension que celui-ci aurait obtenue ou pu obtenir.—La veuve justifiera du montant de ses revenus dans la forme et sous les conditions déterminées par notre ordonnance du 16 oct. 1822.

5. La quotité de la pension qui pourra être accordée dans les cas prévus par les art. 3 et 4 sera déterminée ainsi qu'il suit: — Lorsque les revenus de la veuve n'excéderont pas le tiers de la pension que son mari aurait obtenue ou pu obtenir, la pension de cette veuve sera du tiers de celle du mari, sans pouvoir néanmoins être au-dessous de 100 fr.; — Lorsque la veuve jouira d'un revenu supérieur au tiers de la pension qui aura été ou qui aurait pu être accordée au mari, la pension de ladite veuve sera réglée de manière à ce que, réunie à son revenu, elle n'excède pas les deux tiers de la pension du mari.

6. Si la veuve jouit d'un revenu supérieur ou égal aux deux tiers de la pension accordée ou qui eût pu être accordée à son mari, il ne pourra lui être donné de pension.

7. Il ne sera point accordé de pension sur les fonds de retenue du ministère de la justice aux veuves qui n'auront pas été mariées cinq ans avant la cessation des fonctions de leur mari, non plus qu'à celles qui seront séparées de corps, lorsque la séparation aura été prononcée sur la demande de leur mari.

8. Conformément à l'art. 20 de notre ordonnance du 23 sept. 1814, la liquidation des pensions des veuves des magistrats sera préalablement soumise à l'examen de l'un des comités de notre conseil d'Etat, et réglée ultérieurement par une ordonnance rendue par nous sur le rapport de notre garde des sceaux.

9. La pension des veuves qui contracteront un nouveau mariage cessera de plein droit dès le jour de la célébration.

10. Les secours qui peuvent être accordés aux orphelins, dans les cas prévus par l'art. 13 de notre ordonnance du 23 sept. 1814, sont fixés pour chacun au vingtième de la pension que leur père aurait obtenue ou pu obtenir. Néanmoins, ces secours ne seront pas au-dessous de 50 fr.

11. Pour obtenir des secours, les tuteurs des orphelins, ou les orphelins eux-mêmes, s'ils sont majeurs, justifieront de l'insuffisance de leurs revenus, en la forme et sous les conditions déterminées par notredite ordonnance du 16 oct. 1822.

12. Les dispositions de la présente ordonnance sont applicables aux veuves et orphelins des chefs et employés des bureaux du ministère de la justice et du conseil d'Etat.

20-31 août 1824. — Ordonnance du roi portant règlement sur les pensions et secours à accorder aux fonctionnaires, chefs, employés, ouvriers, etc., de l'imprimerie royale.

LOUIS, etc.; — Vu les dispositions des décrets des 18 sept. 1806 et 28 janv. 1811, et de nos ordonnances des 3 juill. 1816, 12 janv. 1820 et 30 juin 1824, relatives aux chefs, employés et ouvriers de l'imprimerie royale; — Vu aussi notre ordonnance du 11 de ce mois qui rend applicables à cet établissement les dispositions de celles du 2 oct. 1822, concernant les indemnités temporaires à accorder, en cas de réforme, jusqu'à la liquidation et au payement des pensions des employés des administrations centrales de nos ministères; — Sur le rapport de notre ministre de la justice; notre conseil d'Etat entendu; — Nous avons, etc.:

TIT. 1. — FORMATION DE LA CAISSE.

Art. 1. La caisse des pensions de retraite et de secours en faveur des fonctionnaires, chefs, employés, ouvriers et hommes de peine de l'imprimerie royale, ainsi que de leurs veuves et enfants, se composera:—1° Du produit de la retenue de 2 p. 100 qui continuera d'être faite sur le salaire des ouvriers et hommes de peine à la journée et aux pièces; — 2° Des retenues sur les salaires qui ont lieu pour infraction à la discipline établie dans les ateliers; — 3° Du produit de la retenue de 3 p. 100 sur les traitements fixes des fonctionnaires, employés et chefs d'ateliers, au-dessus de 2,000 fr.; — 4° D'un douzième des traitements fixes des nouveaux titulaires, à prélever mois par mois, pendant la première année; — 5° Du douzième des augmentations de traitements fixes, à prélever dans les trois premiers mois; — 6° Enfin des rentes appartenant à ladite caisse, ou qui lui ont été attribuées par nos ordonnances.

2. Le montant des retenues de toute nature sera versé, chaque semaine, à la caisse des dépôts et consignations, à la diligence du maître des requêtes administrateur de l'imprimerie royale. — Cette caisse continuera à faire le recouvrement des rentes sur l'Etat affectées au service des pensions. — Les sommes provenant des versements des retenues et des arrérages des rentes qui excéderaient le service trimestriel des pensions seront converties en rentes, dès que le capital pourra permettre l'acquisition de 10 fr. de rentes.

TIT. 2. — AGES AUXQUELS LES SERVICES PEUVENT COMMENCER, ET FORMES DANS LESQUELLES ILS DEVRONT ÊTRE CONSTATÉS.

3. Aucun employé ne sera nommé définitivement avant l'âge de vingt et un ans accomplis. — Nul ne sera admis définitivement comme ouvrier ou homme de peine avant l'âge de vingt ans. Les femmes pourront être admises, en qualité d'ouvrières, à l'âge de dix-huit ans. — Les employés, ouvriers et ouvrières admis avant l'âge fixé ci-dessus seront considérés comme temporaires et aides d'atelier.

§ 1. — *Services des chefs et employés.*

4. Tous fonctionnaires, chefs de service et employés devront être inscrits, après vingt et un ans accomplis, ou à la date de leur nomination après cet âge, sur un registre matricule. — Ce registre sera coté et paraphé par le maître des requêtes administrateur de l'établissement. — Il devra être ouvert de manière à permettre d'y porter toutes les mutations. — Il indiquera, sous un numéro d'ordre continu, les nom, prénoms, âge de chaque chef et employé, la nature des fonctions qui lui sont confiées et le traitement qui lui est attribué, ainsi que les services antérieurs dont il aurait produit la justification légale. — A l'appui de ce registre seront déposés les extraits de naissance et les certificats ou pièces constatant les services antérieurs.

§ 2. — *Services des ouvriers, ouvrières, garçons d'ateliers et hommes de peine.*

5. Les ouvriers, ouvrières, garçons d'atelier et hommes de peine, seront distingués en deux classes: les ouvriers ordinaires, et les ouvriers extraordinaires ou temporaires. — Seront considérés comme ouvriers ordinaires ceux qui auront été employés pendant plus d'un an.

6. Un registre matricule spécial aux ouvriers, ouvrières, garçons d'atelier et hommes de peine, sera tenu de la même manière et dans les mêmes formes que celui destiné aux chefs de service et employés. — Il portera les mêmes indications et sera appuyé des mêmes pièces. — Tout ouvrier, ouvrière, garçon d'atelier, homme de peine, ayant plus d'un an de service habituel dans les ateliers ou magasins, et l'âge requis, aura droit de s'y faire inscrire.

7. A moins de causes particulières, les ouvriers portés sur le registre matricule ne pourront être momentanément congédiés et réappelés que dans leur rang d'inscription sur ce registre.—Le mouvement des ouvriers, distingué en services ordinaire et extraordinaire, sera établi chaque se-

maine, et sera porté sur le registre matricule, après avoir été approuvé par l'administrateur. — Les états dressés à cet effet resteront à l'appui de l'inscription sur ce registre.

8. Lorsqu'un des chefs ou employés, ouvriers, garçon d'atelier ou homme de peine, sera rayé des matricules, le motif ou l'extrait de la décision sera porté en marge de son inscription sur le registre.

9. Tout employé, ouvrier ou homme de peine, qui sera rayé du registre matricule, perdra, par ce seul fait, tout droit à réclamer une pension, sauf son recours contre sa radiation auprès de notre garde-des-sceaux.

TIT. 3. — Droits a la retraite.

10. Les droits des fonctionnaires et employés à la retraite se forment de tous les services rendus dans d'autres administrations publiques ressortissant au gouvernement et payées par l'État, sous la condition qu'il y aura au moins dix ans d'exercice à l'imprimerie royale.

11. Les ouvriers et ouvrières ne pourront compter que leurs services à l'imprimerie royale, ou dans les imprimeries des administrations qui y ont été réunies, et ils devront avoir également dix ans d'exercice dans cet établissement.

12. Le temps successif pendant lequel un ouvrier ou ouvrière aura travaillé à l'imprimerie royale lui sera compté à partir de son inscription sur le registre matricule, à condition : — 1° Qu'il n'aura quitté les ateliers que sur l'autorisation de l'administration ; — 2° Qu'il sera rentré au moins dans les quinze jours, à partir du jour de l'invitation qui lui en aura été faite par l'administration.

13. En conséquence de l'art. ci-dessus, les ouvriers et ouvrières qui auraient quitté leurs ateliers sans l'ordre de l'administration, ou qui, ayant été appelés, ne se seraient pas rendus dans le délai prescrit, seront rayés des matricules ; et n'auront plus aucun droit à la pension de retraite.

14. L'ouvrier ou ouvrière qui serait renvoyé des ateliers pour insubordination ou mauvaise conduite, quel que soit son temps de service, perdra ses droits à la retraite, et sera rayé du registre matricule.— Cette radiation n'aura lieu néanmoins que sur une décision écrite du maître des requêtes administrateur, en suite de l'examen de sa conduite en conseil, et sauf son recours à notre garde des sceaux.

15. Le fonctionnaire ou l'employé destitué ou démissionnaire, quel que soit son temps de service, perdra ses droits à la pension de retraite.

16. Les services à l'imprimerie royale seront justifiés par un extrait des registres matricules de l'administration, dûment certifiés par le maître des requêtes administrateur ; — Les services antérieurs, par des certificats signés des chefs d'administration ou des secrétaires généraux en exercice des fonctions à l'époque de la délivrance des certificats, et, à défaut de ces pièces, par un extrait des comptes et états d'émargement déposés à la cour des comptes, ledit extrait certifié par le greffier de cette cour.

17. Les services à l'imprimerie royale ne pourront être comptés, pour la pension des fonctionnaires, employés et ouvriers, qu'à partir de l'époque de leur inscription sur le registre matricule.

18. La fraction de services au-dessous de sept mois ne sera pas comptée ; celle de sept mois et au-dessus le sera pour une année.

19. Les brevets de pension ne pourront être délivrés qu'autant qu'il y aura dans la caisse des fonds libres, et au fur et à mesure qu'il y en aura. — En cas de concurrence dans les demandes de pension, l'ancienneté de service d'abord, et ensuite l'âge et les infirmités décideront de la préférence.

20. Nul ne pourra cumuler avec la pension qu'il aura obtenue sur la caisse des retraites de l'imprimerie royale, ni une autre pension, ni un traitement d'activité, sinon dans les cas prévus par les lois et ordonnances.

TIT. 4.— Admission a la retraite.

§ 1. — *Par temps de services, âge ou infirmités.*

21. Les fonctionnaires, chefs et employés, ouvriers, garçons d'atelier et hommes de peine de l'imprimerie royale, auront droit à la pension de retraite après trente ans de services effectifs, ou lorsqu'au terme de vingt-cinq ans de services ils auront atteint l'âge de soixante ans, ou qu'ils auront des infirmités qui les mettraient dans l'impossibilité de travailler. — La pension sera, en partie, réversible à leurs veuves, ainsi qu'il sera dit ci-après.

22. Une pension de retraite pourra néanmoins être accordée avant lesdi s trente ans ou vingt-cinq ans de services et soixante ans d'âge, aux employés et ouvriers que des accidents graves, survenus dans l'exercice de leurs fonctions ou de leurs travaux, mettraient également hors d'état de pourvoir à leur existence.

§ 2. — *Par réforme.*

23. Les employés réformés qui, ne se trouvant pas dans les cas prévus par les art. 21 et 22, ne pourront obtenir une pension, auront droit à une indemnité, réglée ainsi qu'il sera dit art. 33.

24. Les ouvriers qui, étant dans le cas de l'art. 22, auraient droit à une pension de retraite, recevront jusqu'à la liquidation et au payement de cette pension une indemnité, réglée ainsi qu'il sera dit ci-après, art. 34.

TIT. 5. — Fixation des pensions de retraite.

§ 1. — *Bases de la liquidation.*

1° *Des fonctionnaires, chefs et employés.*

25. Pour déterminer la pension des chefs et employés, il sera fait une année moyenne du traitement fixe dont les réclamants auront joui pendant les trois dernières années de leur service. Ne seront pas compris dans le traitement les gratifications ou traitements extraordinaires qui leur auraient été accordés pendant ces trois ans.

26. La pension accordée après trente ans ou vingt-cinq ans de service, d'après l'art. 21, sera de la moitié de ladite année moyenne de traitement. — Elle s'accroîtra du vingtième de cette moitié pour chaque année de service au delà des trente ans, sans que, dans aucun cas, la pension de retraite puisse excéder les deux tiers du traitement moyen, ni s'élever à plus de 6,000 fr., quel que soit d'ailleurs le taux du traitement.

27. La pension accordée avant trente ou vingt-cinq ans de service, dans les cas prévus par l'art. 22, sera du sixième du traitement moyen pour dix ans de service. — Elle s'accroîtra d'un soixantième de ce traitement pour chaque année de service au-dessus de dix ans, sans que pour cela elle puisse jamais excéder celle qui est accordée pour trente ans.

2° *Des ouvriers et ouvrières.*

28. La pension accordée aux ouvriers après trente ans de service, ou vingt-cinq ans avec soixante ans d'âge, est fixée à 400 fr. par année. — Elle s'accroîtra d'un vingtième par année en sus des trente ans, sans pouvoir dépasser 500 fr. — Le taux de la pension des ouvrières est fixé, pour le même temps de service et sous les mêmes conditions, aux deux tiers de celle accordée aux ouvriers.

29. La pension accordée dans le cas de l'art. 22 sera du trentième de la somme fixée ci-dessus pour les ouvriers, par chaque année de service, sans qu'elle puisse dépasser 500 fr. — La pension des ouvrières, dans le même cas, sera des deux tiers.

3° *Des garçons d'atelier et hommes de peine.*

30. La pension accordée aux garçons d'atelier et hommes de peine, après trente ans de service, ou vingt-cinq ans et soixante ans d'âge, est fixée à 300 fr. par année. — Elle s'accroîtra d'un vingtième par année en sus des trente ans, sans pouvoir dépasser 400 fr.

31. Dans le cas de l'art. 22, cette pension sera réglée à raison du trentième de la fixation ci-dessus, pour chaque année de service.

§ 2. — *Formes à suivre pour la liquidation.*

32. Les demandes à fin de pension seront inscrites, par ordre de dates et de numéros, sur un registre à ce destiné. — Le travail relatif à leur liquidation sera fait par le maître des requêtes administrateur, et sur l'ordre de notre garde des sceaux, renvoyé à l'examen du comité de législation de notre conseil d'État.

TIT. 6 — Indemnité de réforme.

33. Les employés supprimés recevront, pendant la première année qui suivra leur suppression, une indemnité égale à la moitié du traitement dont ils jouiront au jour de la cessation de leur service. — Après l'expiration de cette année, l'indemnité des employés qui n'auront pas droit à la pension sera réduite au minimum de la pension correspondante à leur traitement, et la durée en sera égale à celle de leur activité. — Les indemnités cesseront successivement à mesure que les pensions commenceront à être payées.

34. Dans le cas de l'art. 24 ci-dessus, l'indemnité à payer à l'ouvrier, jusqu'à la liquidation de la pension et à son payement, sera : pour les hommes, de 1 fr. par jour; pour les femmes, de 70 c.

35. Ces indemnités seront payées, comme les frais d'administration et d'atelier, sur les produits de l'établissement et sans retenue.

36. L'indemnité cessera d'être payée, ou la pension sera suspendue, à l'égard de tout employé réformé qui refuserait un emploi, à l'imprimerie royale, d'un traitement égal à celui dont il jouissait à l'époque de la réforme. — Il en sera de même pour tout ouvrier ou ouvrière qui, après avoir été congédié, serait rappelé et ne rentrerait pas dans les ateliers.

TIT. 7. — Des pensions des veuves, et des secours a accorder aux enfants.

§ 1. — *Des veuves.*

37. Les pensions des fonctionnaires, employés, ouvriers, garçons d'atelier et hommes de peine, seront, en partie, réversibles à leurs veuves, lorsqu'elles auront été obtenues ou auraient pu l'être après trente ans de service. — Lorsqu'elles n'auront été ou n'auraient pu être accordées que pour une durée moindre de services, la réversibilité ne sera que facultative.

38. Les veuves ne pourront réclamer le bénéfice de l'article ci-dessus qu'à condition : 1° qu'elles représenteront l'acte de la célébration de leur mariage ; — 2° Qu'elles auront été mariées depuis cinq ans au moins, à l'époque du décès de leurs maris ; — 3° Qu'il n'aura pas existé entre les époux de séparation de corps, prononcée sur la demande du mari.

39. Les droits de la veuve admise à la réversibilité seront, si elle n'a pas d'enfant, ou si ceux qu'elle a sont âgés de plus de quinze ans accomplis : Du tiers de la pension dont son mari a joui, ou dont il aurait eu droit de jouir ; — De la moitié, si elle a deux enfants au-dessous de l'âge de quinze ans accomplis ; — Des deux tiers, si elle a trois enfants ou un plus grand nombre au-dessous du même âge.

40. Cette pension sera réduite dans les mêmes proportions, à mesure du décès des enfants, ou à mesure qu'ils parviendront à l'âge de quinze ans accomplis.

41. La veuve qui se remariera perdra ses droits à la réversibilité.

§ 2. — *Des enfants.*

42. Lorsqu'il n'y aura pas ou lorsqu'il n'y aura plus lieu à la réversibilité de la pension en faveur de la femme, soit par l'effet des déchéances prononcées contre elles par les nos 2 et 3 de l'art. 38 et par l'art. 41, les enfants auront droit à un secours annuel, si leur père a obtenu ou s'il avait eu droit d'obtenir une pension à raison de trente ans de service. — Cette disposition ne sera que facultative, si la pension n'avait été accordée ou méritée que pour un moindre nombre d'années de service.

43. Ces secours ne seront donnés qu'aux enfants nés en légitime mariage, et sur la représentation de leur acte de naissance.—Ils cesseront d'en jouir lorsqu'ils auront atteint quinze ans accomplis.

44. Ces secours seront annuellement : Du quart de la pension du père s'il n'y a qu'un enfant; — Du tiers, s'il y en a deux; — De la moitié, s'il y en a quatre; — Des deux tiers, s'il y en a plus de quatre.

45. Ces secours seront, comme les pensions, acquittés par la caisse des dépôts et consignations.

TIT. 8. — Du payement des pensions.

46. Les pensions de retraite seront payées, tous les trois mois, à la caisse des dépôts et consignations, sur l'ordonnance de notre garde des sceaux.

47. L'émargement du pensionnaire sur les états de trimestre qui serviront au payement de ces pensions sera appuyé d'un certificat de vie, et, en outre, pour les veuves ayant des enfants et pour les enfants jouissant des secours, des actes de naissance constatant l'âge des enfants, délivrés sans frais à la mairie de leur domicile.

TIT. 9. — Des secours temporaires a accorder aux ouvriers, garçons d'atelier et hommes de peine, pour cause de maladie.

48. Il pourra être accordé, sur les fonds de la caisse des retraites, des secours temporaires aux ouvriers, garçons d'atelier et hommes de peine, malades, ou blessés *dans leurs travaux à l'imprimerie royale.*

49. Ces secours ne pourront être délivrés qu'aux ouvriers, garçons d'atelier et hommes de peines inscrits sur le registre matricule.

50. Il n'y aura lieu à délivrer des secours aux ouvriers que dans le cas de maladie susceptible d'arrêter leurs travaux pendant plus d'une semaine. — Les ouvrières, garçons d'atelier et hommes de peine pourront en recevoir aussitôt après que la maladie aura été constatée par le chirurgien-médecin de l'établissement.

51. Ces secours seront : pour les hommes, de 1 fr. par jour; pour les femmes, de 70 c.

52. Ils ne pourront être accordés dans une année à la même personne pour plus de quatre-vint-dix jours, soit continus ou avec intervalles, et renouvelés d'une année à l'autre qu'après au moins trois mois des derniers secours accordés.

53. Ils ne pourront dépasser par semaine le cinquième du montant des retenues et amendes sur total des banques réunies.

54. En cas de concurrence par l'insuffisance du cinquième du montant des retenues, les ouvriers, garçons d'atelier et hommes de peine les plus malades et les plus âgés, et ensuite les plus anciens et ceux qui auraient reçu des secours pendant le moindre nombre de jours, auront la préférence.

55. Les secours seront avancés par la caisse de l'imprimerie royale, qui en sera remboursée, tous les trois mois, sur les fonds de retraite et secours, au moyen d'une ordonnance de notre garde des sceaux sur la caisse des dépôts et consignations.

TIT. 9 — Dispositions générales.

56. Les pensions accordées après trente ans effectifs de service, ou vingt-cinq ans et soixante ans d'âge, seront liquidées avec jouissance à partir de la cessation des fonctions, sauf l'imputation de l'indemnité payée en vertu du titre 6 ci dessus.— L'époque de la jouissance pour celles accordées avant trente ans de service, ou vingt-cinq ans et soixante ans d'âge, sera fixée à partir du premier jour du trimestre dans lequel l'ordonnance de concession aura été rendue, et sans rappel d'arrérages antérieurs, sauf également l'imputation de l'indemnité qui aurait déjà été payée dans ce trimestre.

57. Les pensions non concédées, réclamées avant la publication des présentes, à raison de trente ans de service, ou vingt-cinq ans et soixante ans d'âge, seront liquidées d'après les bases établies par les ordonnances qui étaient en vigueur à l'époque où les demandes en liquidation ont été formées. — Celles réclamées pour des services moindre de trente ans, ou vingt-cinq ans avec soixante ans d'âge, seront liquidées d'après les bases fixées dans la présente ordonnance.

58 Tous règlements relatifs aux pensions et secours des employés et ouvriers de l'imprimerie royale, contraires à ce qui est ordonné par les présentes, sont abrogés.

59. Il n'est pas dérogé aux dispositions de notre ordonnance du 6 août 1823.

18 sept.-5 oct 1824. — Ordonnance qui dispose que les conditions d'admission à la retraite sont les mêmes pour les officiers d'administration des hôpitaux militaires que pour les officiers de santé (art. 23). — V. Organ. milit.

24 nov.-1er déc. 1824. — Ordonnances portant que les services judiciaires rendus dans les charges vénales de l'ancienne magistrature pourront être comptés pour la liquidation des pensions susceptibles d'être réclamées sur les fonds généraux du trésor.

12-18 janv. 1825. — Ordonnance du roi portant règlement général sur les pensions de retraite des fonctionnaires et employés du département des finances.

Charles, etc.; — Vu les règlements relatifs aux pensions du ministère et des administrations de finances; — Vu notre ordonnance du 4 nov. 1824; — Sur le compte qui nous a été rendu de la situation des diverses caisses de retenues établies dans le département des finances, et de la nécessité de coordonner les règlements qui les régissent aujourd'hui avec les ressources qui leur sont propres; — Considérant qu'il convient d'adopter un règlement uniforme pour l'admission à la retraite de tous les employés de l'administration des finances, la liquidation et la fixation des pensions, et leur réversibilité en faveur des veuves et orphelins; — Sur le rapport de notre ministre des finances; notre conseil d'Etat entendu; — Nous avons, etc. :

Tit. 1. — *Constitution d'une caisse générale et commune des pensions de retraite des fonctionnaires et employés du département des finances.*

Art. 1. A compter du 1er janv. 1825, seront réunies en une caisse commune, sous la dénomination de *caisse générale des pensions de retraite des fonctionnaires et employés des finances*, et seront régies conformément aux dispositions énoncées dans la présente ordonnance, les sept caisses spéciales en ce moment établies pour subvenir au payement des pensions de retraite des employés du ministère des finances, de l'enregistrement et des domaines, des forêts, des douanes, des contributions indirectes, des postes et de la loterie.

2. Les recettes de la caisse générale des pensions de retraite se composent : — 1° D'un retenue de 5 p. 100 sur les traitements, remises proportionnelles, suppléments de traitement et généralement sur toutes sommes payés par l'Etat, autres que gratifications éventuelles, salaires de travail extraordinaire, indemnités de pertes, frais de voyages, abonnement pour frais de bureaux et de loyer et remboursements de dépenses; — 2° De la retenue du premier mois d'appointements; — 3° De la retenue, pendant le premier mois, de la portion de traitement accordée à titre d'augmentation; — 4° Des retenues qui seront déterminées sur les appointements des employés en congé; — 5° Des prélèvements réglés par nos ordonnances sur les parts attribuées par les lois aux employés dans le produit des amendes, saisies et confiscations; — 6° Des fonds subventionnels accordés par les lois et les budgets; — 7° Des arrérages de rentes et des intérêts des fonds appartenant à la caisse générale.

3. Les retenues et autres sommes attribuées à la caisse générale sont affectées au service des pensions de retraite actuellement existantes, et de celles qui seront ultérieurement accordées aux employés, à leurs veuves et orphelins. — Il ne pourra, sous aucun prétexte, en être rien détourné pour une autre destination.

4. Les fonds provenant des ressources affectées à la caisse générale des pensions seront, au fur et à mesure des recettes, et en exécution de l'art. 110 de la loi du 28 avr. 1816 et de l'ord. royale du 3 juillet suivant, versées à la caisse des dépôts et consignations, qui demeure exclusivement chargée du payement des pensions accordées sur leurs produits, d'après les états nominatifs envoyés par le ministre des finances.

5. La caisse des dépôts et consignations remettra, à la fin de chaque année, à notre ministre des finances, l'état des sommes qu'elle aura reçues, payées ou placées pour la caisse générale. Cet état sera mis sous nos yeux, accompagné d'un rapport sur la situation de ladite caisse générale des retraites au 31 décembre, et sur ses ressources et ses charges présumées pour l'année suivante.

Tit. 2. — *Conditions d'admission à la retraite.*

6. Les employés pourront obtenir pension sur la caisse générale lorsqu'ils auront soixante ans d'âge et trente ans accomplis de service, dont au moins vingt années au ministère des finances, ou dans l'une des six administrations désignées en l'art. 1. — Il suffira de vingt-cinq ans de services pour les employés désignés au tableau annexé à la présente ordonnance sous le n° 1, pourvu toutefois qu'ils aient passé quinze années dans le service actif de l'administration. — Sera considéré comme service actif celui des employés des douanes, des contributions indirectes, des forêts et des postes, dans l'un des grades indiqués au tableau susmentionné

7. Tout employé reconnu hors d'état de continuer utilement ses fonctions pourra, quel que soit son âge, être admis à la pension, s'il réunit la durée et la nature des services exigées par l'article précédent.

8. Pourront exceptionnellement, et sur la proposition de leur administration respective, obtenir pension : — 1° Quels que soient leur âge et le nombre de leurs années de services, les employés du service actif mis hors de service à la suite d'un engagement contre des fraudeurs, des rebellionnaires, et généralement par suite de lutte ou combat soutenu par eux pour l'exercice de leurs fonctions, et ceux qui auraient été mis dans l'impossibilité de les continuer par accident fortuit relatif aux mêmes fonctions ; — 2° S'ils ont quarante-cinq ans d'âge et s'ils comptent quinze ans de services dans le département des finances, ou seulement quarante ans et dix années de services dans la partie active; les employés notoirement devenus infirmes par le résultat de l'exercice de leurs fonctions.

9. Les employés admis à faire valoir leurs droit à la retraite seront tenus de produire leurs titres au plus tard dans les trois mois. — Ceux qui se seront mis en devoir de remplir cette condition conserveront leur emploi jusqu'à l'ordonnance qui aura fixé la liquidation de leur pension. — Dans le cas où il aurait été reconnu que l'employé n'a pas droit à la retraite, l'administration sera appelée à délibérer s'il peut, ou non, être conservé dans ses fonctions.

TIT. 3. — *Fixation et liquidation des pensions.*

10. Pour déterminer la fixation de la pension, il sera fait une année moyenne du traitement fixe dont les employés admis à pension auront joui pendant les quatre dernières années de leur activité. — Cette année moyenne s'établira, pour les employés auxquels les remises et salaires tiennent lieu de traitement fixe, savoir : pour les directeurs des postes à remises, sur les quatre cinquièmes desdites remises ; et pour les conservateurs des hypothèques et receveurs de l'enregistrement, sur les deux tiers seulement de leurs remises et salaires ; les derniers cinquième et tiers devant être considérés comme indemnité de loyer et frais de bureau.

11. La pension accordée après trente années de services sera de la moitié du traitement fixe, comme il a été dit en l'article précédent. — Il en sera de même de la pension accordée après vingt-cinq années de services rendus dans les fonctions désignées au tableau annexé à la présente ordonnance sous le n° 1. — Après trente ans de services, ou après vingt-cinq de services actifs donnant droit à la moitié du traitement moyen, la pension s'accroîtra d'un vingtième de cette moitié pour chaque année en sus. — En aucun cas, elle ne pourra excéder ni les trois quarts du traitement moyen, ni les maximum portés au tableau ci-annexé sous le n° 2.

12. Les employés du service actif mis hors de service par le résultat de lutte soutenue contre des fraudeurs ou des rebellionnaires pourront obtenir une pension fixée à la moitié du dernier traitement d'activité dont ils ont joui. — Ceux de ces employés qui seraient mis dans l'impossibilité de continuer leurs fonctions par accident fortuit relatif aux mêmes fonctions obtiendront, s'ils ont moins de dix ans de services, une pension calculée sur dix années d'activité, et sur le dernier traitement qui leur était attribué.

13. Les pensions des employés admis exceptionnellement à la retraite seront liquidées à raison d'un soixantième de leur traitement moyen pour chaque année de service ; mais, dans le cas où la pension est limitée par un maximum inférieur à la moitié de l'année moyenne de leur traitement, cette pension sera fixée à raison d'un trentième dudit maximum par chaque année d'exercice.

14. Les liquidations seront établies sur la durée effective des services ; néanmoins les fractions de mois et celles de franc seront négligées.

TIT. 4. — *Veuves et enfants.*

15. La veuve d'un pensionnaire, ou celle d'un employé décédé dans l'exercice de ses fonctions, aura droit à la réversion du quart de la pension que son mari avait pu obtenir ou dont il aurait joui, lors seulement que celui-ci avait, au moment de sa mise en retraite ou de son décès, trente ans accomplis de services civils. — Il n'est dérogé à cette règle qu'en faveur des veuves d'employés décédés ou mis en retraite après vingt-cinq ans de services dans la partie active de l'administration des finances.

16. La pension de la veuve, si elle est âgée de cinquante ans au moment du décès de son mari, ou si elle a un ou plusieurs enfants au-dessous de seize ans, sera portée au tiers de celle attribuée à l'employé ; elle sera de la moitié dans tous les cas où elle ne s'élèverait pas à la somme de 125 fr., mais sans toutefois qu'elle puisse dépasser ladite somme de 125 fr.

17. La veuve d'un employé qui aurait perdu la vie par un accident fortuit relatif à ses fonctions, ou qui mourrait dans les six mois qui suivraient l'accident sans avoir dix ans de services, pourra obtenir une pension égale au tiers de celle à laquelle l'employé aurait eu droit de prétendre.

18. La veuve de l'employé qui perdrait la vie dans un engagement contre des fraudeurs, des rebellionnaires, et généralement par suite de lutte ou combat soutenu par lui pour l'exercice de ses fonctions, ou qui viendrait à décéder dans les six mois de ses blessures, soit que la pension ait été ou non liquidée, aura droit à une pension égale à la moitié du dernier traitement d'activité dont son mari aura joui. — Hors le cas de mort dans les six mois des blessures reçues dans les circonstances et pour les causes ci-dessus énoncées, la veuve n'aura droit qu'à la réversion du tiers de la pension dont son mari était titulaire.

19. La veuve pouvant prétendre à pension, aux termes des articles précédents, ne sera toutefois admise à la réclamer qu'autant qu'elle justifiera : 1° qu'elle était mariée cinq ans avant la mort de l'employé décédé en activité, ou cinq ans avant la mise en retraite de l'employé mort pensionnaire, ou dans le cas des art. 17 et 18 seulement, avant l'événement qui aurait amené la mort ou la mise en retraite de l'employé ; 2° qu'il n'existait pas de séparation de corps entre eux.

20. Si la pension est réversible, mais que la veuve ne soit pas habile à la recueillir, faute par elle de pouvoir remplir les conditions exigées par l'article précédent, elle pourra être réclamée et elle sera partagée par portions égales entre tous les enfants issus de l'employé décédé et y ayant droit.—Il en sera de même dans le cas où la veuve aurait convolé en secondes noces, et dans celui de séparation de corps.

21. La pension se distribue par égales portions entre les enfants qui y ont droit, et s'éteint proportionnellement, sans réversion de l'un à l'autre, à mesure que chacun d'eux atteint sa seizième année, ou vient à décéder avant d'y être parvenu.

22. Dans le cas où il existerait des enfants de plusieurs mariages et une veuve ayant droit à la réversion, la portion réversible de la pension sera partagée également entre tous les enfants âgés de moins de seize ans et la veuve, qui comptera pour deux têtes, si elle n'a pas d'enfant de son mariage avec l'employé décédé ou le pensionnaire. — Si elle a des enfants, la pension sera attribuée pour moitié à la veuve, et pour l'autre moitié aux enfants des premiers mariages âgés de moins de seize ans.

23. Les pensions susceptibles d'être accordées aux veuves et aux orphelins d'employés qui auraient péri dans les cas énoncés par les art. 17 et 18 pourront être, en raison de circonstances particulières, portées à la somme de 125 fr. pour la veuve, ou de 50 fr. pour chaque enfant resté orphelin.

TIT. 5. — *Services admissibles.*

24. La contribution au fonds de retenue sera désormais une condition nécessaire et indispensable pour donner droit à une pension sur les fonds de la caisse générale. En conséquence, les fonctionnaires et employés qui, à partir de la promulgation de la présente ordonnance, entreront dans l'une des parties de l'administration des finances ne pourront compter comme services civils utiles pour la retraite que ceux pour lesquels ils auront été soumis à une retenue au profit de la caisse générale, ou, s'il y a réciprocité, au profit de l'une des caisses de retraite établies dans un département ministériel.

25. Les services militaires non récompensés seront admis dans la liquidation des pensions des employés, conformément aux ordonnances royales des 22 nov. 1815 et 6 mai 1818, et rétribués dans les proportions déterminées pour chaque grade par les règlements relatifs aux pensions militaires. — Les services militaires récompensés par une pension sur fonds généraux concourront avec les services civils postérieurs pour établir le droit à pension, mais n'entreront pas dans la fixation numérique de la pension liquidée sur les fonds de la caisse générale. La jouissance de la pension militaire sur fonds généraux continuera d'avoir son cours, cumulativement avec celle de la pension assignée sur les fonds de la caisse générale, conformément à la loi du 15 mai 1818. — Seront rejetés ceux de ces services qui ne seraient pas admis dans la liquidation des pensions militaires par le ministère de la guerre.

26. Continueront d'être comptés aux fonctionnaires et employés présentement en activité, comme services utiles pour la retraite, les services militaires et civils actuellement admis dans la liquidation des pensions sur les fonds de retenues des employés du ministère ou de l'une des administrations des finances.

27. Les services civils admissibles pour la retraite ne pourront être comptés qu'à partir de l'âge de vingt ans accomplis, et seulement de la date du premier traitement d'activité. — Il n'est dérogé à cette règle qu'en faveur des facteurs de la poste et des matelots de l'administration des douanes, dont les services en cette qualité, pourvu qu'ils aient été salariés, leur seront comptés à partir de l'âge de dix-huit ans.—Ne seront comptés dans aucun cas et sous aucun prétexte, les services rendus comme suppléant, adjoint, élève ou surnuméraire, et généralement les services qui n'auraient pas été rendus dans le titre et la qualité de l'emploi dont on aurait exercé les fonctions.

28. Les services militaires de terre et de mer seront admis pour le temps effectif de leur durée, sans doublement pour les années de campagne et sans additions pour les années de grâce.

29. Tout employé destitué perd ses droits à la retraite, lors même qu'il aurait l'âge et le temps de service nécessaires pour l'obtenir. Cependant, si l'employé est réadmis dans la même administration, le temps de son premier service lui sera compté pour la pension.

30. Toute démission avant soixante ans d'âge et trente ans de services fera perdre le droit à la pension, à moins de réadmission ultérieure dans la même administration. La sortie d'une administration pour passer immédiatement dans une autre ou dans le service militaire ne sera pas considérée comme démission.

31. Les services civils dont la durée n'aurait pas été d'une année consécutive, et ceux qui, à l'avenir, seraient interrompus par une inactivité de plus de dix années, ne seront pas admis.

32. Les employés qui, sur leur demande, seront remplacés par leurs femmes ou leurs enfants, à moins que ces derniers ne fussent employés de la même administration et dans un grade immédiatement inférieur, ne pourront prétendre à la pension de retraite, quel que soit le nombre de leurs années de services.

TIT. 6. — *Pièces justificatives de la durée et de la nature des services.*

33. Tout employé admis à faire valoir ses droits à la retraite devra produire, indépendamment de son acte de naissance et d'un certificat du directeur de la dette inscrite au trésor royal, constatant qu'il jouit ou qu'il ne jouit pas d'une pension sur les fonds généraux : — 1° Pour la justification des services civils, — Un extrait des registres et sommiers de l'administration à laquelle il appartient, dûment certifié par les chefs, énonçant ses nom et prénom, sa qualité, la date et le lieu de sa naissance, la date de son entrée dans l'emploi avec traitement, la série de ses grades et services, l'époque et les motifs de leur cessation, et le montant du traitement dont il a joui pendant chacune des quatre dernières années de son activité. — Lorsqu'il n'aura pas existé de registres, ou que tous les services administratifs ne se trouveront pas inscrits sur les registres existants, il sera suppléé, soit par un certificat du chef ou des chefs compétents des administrations où l'employé aura servi, présentant les indications ci-dessus énoncées, soit par un extrait des comptes et états d'émargement, certifié par le greffier de la cour des comptes.—A défaut de ces justifications, et lorsque, pour cause de destruction des archives d'où on aurait pu les extraire, ou du décès des fonctionnaires supérieurs, l'impossibilité de les produire aura été prouvée, pourront être admis des actes de notoriété, conformément à l'ordonnance du 13 nov. 1816. — 2° Pour la justification des services militaires de terre ou de mer, — Soit un congé en bonne forme, soit un certificat du ministère de la guerre ou de la marine ; ce certificat devra indiquer la nature des services, leur durée, et faire connaître

la cause de leur cessation. — En outre, il sera produit un certificat qui constatera que ces services n'ont pas été récompensés sur les fonds de la caisse des invalides de la guerre ou de la marine.

34. Les veuves, auxquelles le décès de leur mari ouvrirait un droit à pension, fourniront, avec les pièces que ceux-ci auraient été tenus de produire, leur acte de naissance, l'acte de célébration de leur mariage, l'acte de décès de leur mari et un certificat constatant qu'il n'y a pas eu entre eux séparation de corps. — Elles produiront en outre, si elles ont des enfants au-dessous de seize ans, les actes de naissance et les certificats de vie de chacun d'eux.

35. Les tuteurs des orphelins produiront pour leurs pupilles leurs actes de naissance, les actes de mariage et de décès de leur père et mère, et les titres de services et justifications exigées par l'art. 33.

Tit. 7. — *Mode de liquidation et de payement des pensions.*

36. Les demandes à fin de pension, ou les propositions des administrations ayant pour objet l'admission à la retraite des employés, seront adressées, avec les pièces justificatives, à notre ministre des finances, qui, après en avoir fait préparer la liquidation, les renverra à l'examen du comité des finances, pour être ensuite soumises à notre approbation.

37. Les pensionnaires seront inscrits au ministère des finances sur un registre spécial, indiquant leurs noms, prénoms, date de naissance, l'administration à laquelle ils appartenaient en dernier lieu, le montant de leurs pensions, la date de jouissance, celle des décrets et ordonnances qui les ont accordées et leurs motifs. — Chaque pensionnaire sera porteur d'un certificat de cette inscription, signé du fonctionnaire que le ministre des finances aura désigné.

38. Les pensionnaires sur les fonds de la caisse générale seront assujettis aux dispositions des lois des 25 mars 1817 et 15 mai 1818, relatives aux déclarations et justifications à faire.

39. Après la reconnaissance provisoire des droits de l'employé à obtenir pension, s'il est constaté qu'il soit dans le besoin, le ministre des finances pourra lui faire avancer, à titre de provision, un secours proportionné à la pension présumée, et dont le montant sera précompté sur le payement des arrérages de la pension.

40. Les pensions dont les arrérages n'auront pas été réclamés pendant trois années à compter de l'échéance du dernier payement seront censées éteintes, et ne seront plus comprises dans les états de payement. Si le pensionnaire se présente après la révolution desdites trois années, les arrérages ne commenceront à courir qu'à compter du premier jour du trimestre qui suivra celui dans lequel il aura obtenu le rétablissement de sa pension.

41. Lorsqu'en raison de causes ou de circonstances extraordinaires il y aura lieu de présumer l'absence d'un employé titulaire de pension, et s'il s'est écoulé plus de trois ans sans qu'il y ait eu de sa part réclamation du payement des arrérages, sa femme, ou les enfants qu'il aurait laissés, pourront, si d'ailleurs ils justifient de leurs droits à la réversion, l'obtenir à titre de pension alimentaire.

42. Les pensions courront, au profit de l'employé mis en retraite, à dater du jour de la cessation de son traitement d'activité, et, au profit de la veuve et des enfants, du jour du décès de l'employé ou de la mère.

Tit. 8. — *Dispositions générales.*

43. Les anciens services civils, admissibles aux termes de la présente ordonnance, déjà récompensés par une pension sur fonds généraux, seront comptés avec les services postérieurs pour régler une pension nouvelle, en raison de la généralité des services. — La pension sur fonds généraux, pouvant rester à la charge du trésor, conformément à la loi du 15 mai 1818, sera déduite de celle résultant de la liquidation faite sur la généralité des services, et le surplus de cette liquidation sera affecté sur les fonds de la caisse générale.

44. Lorsqu'un pensionnaire sera remis en activité de service, le payement de sa pension sera suspendu. — Mais après la cessation de la nouvelle activité, la pension reprendra son cours. Si le pensionnaire a rendu de nouveaux services, et si sa pension n'a pas atteint le maximum, il sera procédé à une nouvelle liquidation, qui réunira les derniers services avec les précédents.

45. Nul fonctionnaire ou employé de l'administration des finances, à l'exception des directeurs généraux, auxquels nous laissons cette faculté, ne pourra, même en renonçant au bénéfice éventuel d'une pension sur la caisse générale, s'affranchir de la retenue de 5 p. 100; et, dans aucun cas, les employés, leurs veuves et orphelins, ne pourront prétendre au remboursement des retenues exercées au profit de la caisse générale.

46. Les règlements particuliers relatifs aux pensions actuellement en vigueur dans le ministère et les administrations des finances, sont abrogés; — Néanmoins, les pensions des fonctionnaires et employés ayant aujourd'hui accompli de trente ans de services, ou seulement vingt-cinq susceptibles d'être comptés comme trente, s'ils appartiennent aux administrations où cette règle est établie, continueront d'être liquidées conformément aux anciens règlements, sans qu'elles puissent toutefois excéder ni les trois quarts du traitement moyen des trois dernières années, ni le maximum de 6,000 fr.

47. Les dispositions du présent règlement sont étendues aux employés attachés au bureau du commerce établi près le président du conseil des ministres. (Suivent les tableaux n°s 1 et 2, le premier indicatif des employés du service actif, le second des maximum des pensions.)

25 juin 1825. — Ordonnance relative aux pensions de retraite des principaux et régents des collèges communaux, secrétaires des Académies et des Facultés, économes des lycées, agrégés professeurs des collèges particuliers, maîtres d'étude. — V. M. de la Roque, C. des pein. civ., p. 213.

6-23 déc. 1826. — Ordonnance qui fixe pour les militaires de la garde royale le mode d'admission à la retraite.

20 juin-23 juill. 1827. — Ordonnance du roi portant règlement sur les pensions de retraite et secours annuels à accorder aux employés de l'administration des haras et des écoles vétérinaires, et aux veuves et orphelins de ces employés.

3 nov.-1er déc. 1827.— Ordonnance portant établissement d'une caisse de retraite en faveur des employés de la vérification des poids et mesures.

10-21 oct. 1829. — Ordonnance qui apporte des améliorations dans la fixation des pensions de l'armée de terre.

11-12 sept. 1830. — Loi qui réintègre les Français bannis en vertu de la loi du 12 janv. 1816 dans les pensions dont ils ont été privés en vertu de ladite loi.

11-21 oct. 1830. — Ordonnance portant : « Art. 1. La retenue de 3 p. 100 exercée sur le traitement des ingénieurs, employés, conducteurs et autres agents des services des ponts et chaussées et des mines, sera portée au taux de 4 p. 100 à dater du 1er nov. 1830. »

29-30 janv. 1831. — Loi de finances (extrait).

Art. 15. Les pensions actuellement inscrites à la charge du sceau seront inscrites sur le grand-livre des pensions du ministère des finances; elles seront payées, à partir du 1er janv. 1831, par le trésor public.

16. Les pensions accordées depuis le 1er janv. 1828, en exécution de la loi du 11 sept. 1807, seront revisées dans le délai de six mois. — Seront révoquées, et, comme nulles, rayées du grand-livre de la dette publique, celles de ces pensions qui n'auront pas été accordées à la distinction des services et à l'insuffisance de la fortune, ainsi que le veut cette même loi. — Les titulaires des pensions annulées ne sont pas soumis à la restitution des arrérages qu'ils auront touchés.

30 mars-2 avril 1831. — Loi concernant l'amélioration des pensions accordées aux officiers de tous les corps de la marine, réformés par mesure générale de 1814 à 1817.

11-14 avril 1831. — Loi sur les pensions de l'armée de terre.

TIT. 1. — Des pensions militaires pour ancienneté de service.

Sect. 1. — *Des droits à la pension.*

Art. 1. Le droit à la pension de retraite par ancienneté est acquis à trente ans accomplis de service effectif.

2. Les années de service, pour la pension militaire de retraite, se comptent de l'âge où la loi permet de contracter un engagement volontaire.

3. Le service des marins incorporés dans l'armée de terre leur est compté pour le temps antérieur à cette incorporation, d'après les lois qui régissent les pensions de l'armée de mer.

4. Est compté pour la pension militaire de retraite le temps passé dans un service civil qui donne droit à pension, pourvu toutefois que la durée des services militaires soit au moins de vingt ans.

5. Il est compté quatre années de service effectif, à titre d'études préliminaires, aux élèves de l'école polytechnique, au moment où ils entrent comme officiers dans les armes spéciales.

6. Le temps passé hors de l'activité, avec jouissance d'une pension de retraite, ne peut entrer dans la supputation du service effectif. — Il en est de même du temps pendant lequel une pension militaire aura été cumulée avec la solde d'activité dans les corps détachés de la garde nationale, comme auxiliaires de l'armée, à moins que le pensionnaire n'ait acquis dans ces corps, et par les causes énoncées au titre 2 ci-après, des droits à une pension plus élevée, ou qu'il n'y ait fait campagne, auquel cas il jouira du bénéfice de l'art. 7.

7. Les militaires qui auront le temps de service exigé par les articles précédents pour la pension d'ancienneté seront admis à compter en sus les années de campagne d'après les règles suivantes.— Sera compté pour la totalité, en sus de sa durée effective, le service militaire qui aura été fait : 1° sur le pied de guerre; — 2° Dans un corps d'armée occupant un territoire étranger, en temps de paix ou de guerre; — 3° A bord, pour les troupes embarquées en temps de guerre maritime; — 4° Hors d'Europe, en temps de paix, pour les militaires envoyés d'Europe: le même service en temps de guerre leur sera compté pour le double en sus de sa durée effective. —Sera compté de la même manière le temps de captivité, à l'étranger, des militaires prisonniers de guerre. — Sera compté pour moitié en sus de sa durée effective : 1° Le service militaire sur la côte en temps de guerre maritime; — 2° Le service militaire à bord, pour les troupes embarquées en temps de paix.

8. Dans la supputation des bénéfices attachés aux campagnes par l'art.7, chaque période dont la durée aura été moindre de douze mois, sera comptée comme une année accomplie. — Néanmoins, il ne peut être compté plus d'une année de campagne dans une période de douze mois. — La fraction qui excédera chaque période dont la durée aura été de plus d'une année, sera comptée comme une année entière.

Sect. 2. — *Fixation de la pension d'ancienneté.*

9. Après trente années de service effectif, les militaires ont droit au minimum de la pension d'ancienneté déterminée pour leur grade par le tarif

annexé à la présente loi. — Chaque année de service au delà de trente ans et chaque année de campagne, supputée selon les art. 7 et 8, ajoutent à la pension un vingtième de la différence du minimum au maximum.— Le maximum est acquis à cinquante ans de service, campagnes comprises.

10. La pension d'ancienneté se règle sur le grade dont le militaire est titulaire. — Si néanmoins il demande sa retraite avant d'avoir au moins deux ans d'activité dans ce grade, la pension se règle sur le grade immédiatement inférieur.

11. La pension de retraite de tout officier, sous-officier, caporal et brigadier, ayant douze ans accomplis d'activité dans son grade, est augmentée du cinquième. — Dans ce cas spécial, le bénéfice du présent article est acquis aux officiers, sous-officiers, caporaux et brigadiers, qui ont droit au maximum déterminé par le tarif annexé à la présente loi. — Jouiront de la même augmentation les gendarmes ayant douze années de service dans la gendarmerie.

TIT. 2. — Des pensions de retraite pour cause de blessures ou d'infirmités.

Sect. 1. — *Des droits à la pension.*

12. Les blessures donnent droit à la pension de retraite, lorsqu'elles sont graves et incurables, et qu'elles proviennent d'événements de guerre, ou d'accidents éprouvés dans un service commandé. — Les infirmités donnent le même droit, lorsqu'elles sont graves et incurables, et qu'elles sont reconnues provenir des fatigues ou dangers du service militaire. — Les causes, la nature et les suites des blessures ou infirmités seront justifiées dans les formes et dans les délais qui seront déterminés par un règlement d'administration publique.

13. Les blessures ou infirmités provenant des causes énoncées dans l'article précédent ouvrent un droit immédiat à la pension, si elles ont occasionné la cécité, l'amputation ou la perte absolue de l'usage d'un ou plusieurs membres.

14. Dans les cas moins graves, elles ne donnent lieu à la pension que sous les conditions suivantes : 1° pour l'officier, si elles le mettent hors d'état de rester en activité, et lui ôtent la possibilité d'y rentrer ultérieurement ; — 2° Pour le sous-officier, caporal, brigadier ou soldat, si elles le mettent hors d'état de servir et de pourvoir à sa subsistance.

Sect. 2. — *Fixation de la pension.*

15. Pour la cécité, l'amputation ou la perte absolue de l'usage de deux membres, la pension est fixée conformément au tarif annexé à la présente loi.

16. Les blessures ou infirmités qui occasionnent la perte absolue de l'usage d'un membre, ou qui y sont reconnues équivalentes, donnent droit au maximum de la pension d'ancienneté, quelle que soit la durée des services. — Chaque année de service, y compris les campagnes, supputées selon les art. 7 et 8, ajoute à cette pension un vingtième de la différence du minimum au maximum d'ancienneté. — Le maximum est acquis à vingt ans de services, campagnes comprises.

17. Pour les blessures ou infirmités qui mettent le militaire dans une des positions prévues par l'art. 14, les pensions sont fixées pareillement au minimum d'ancienneté; mais elles ne sont augmentées, dans la proportion déterminée par l'article précédent, que pour chaque année de service au delà de trente ans, campagnes comprises. — Le maximum est acquis à cinquante ans de service, y compris les campagnes.

18. La pension pour cause de blessures ou infirmités se règle sur le grade dont le militaire est titulaire. — L'art. 11 ci-dessus est applicable à la pension pour cause de blessures ou d'infirmités.

TIT. 3. — Des pensions des veuves et orphelins.

Sect. 1. — *Des droits à la pension.*

19. Ont droit à une pension viagère : 1° les veuves de militaires tués sur le champ de bataille ou dans un service commandé; — 2° Les veuves de militaires qui ont péri à l'armée ou hors d'Europe, et dont la mort a été causée, soit par des événements de guerre, soit par des maladies contagieuses ou endémiques, aux influences desquelles ils ont été soumis par les obligations de leur service ; — 3° Les veuves de militaires morts des suites de blessures reçues, soit sur le champ de bataille, soit dans un service commandé, pourvu que le mariage soit antérieur à ces blessures. — La cause, la nature et les suites des blessures seront justifiées dans les formes et dans les délais prescrits par un règlement d'administration publique; — 4° Les veuves de militaires morts en jouissance de la pension de retraite, ou en possession de droits à cette pension, pourvu que le mariage ait été contracté deux ans avant la cessation de l'activité ou du traitement militaire du mari, ou qu'il y ait un ou plusieurs enfants issus du mariage antérieur à cette cessation. — Dans les cas prévus par le présent article, le mariage contracté par les militaires en activité de service, postérieurement à la promulgation du décret du 16 juin 1808, n'ouvrira de droit à pension aux veuves et aux enfants qu'autant qu'il aura été autorisé dans les formes prescrites par ledit décret.

20. En cas de séparation de corps, la veuve d'un militaire ne peut prétendre à aucune pension ; les enfants, s'il y en a, sont considérés comme orphelins.

21. Après le décès de la mère, ou lorsque, par l'effet des dispositions de l'article précédent, elle se trouve déchue de ses droits à la pension, l'enfant ou les enfants mineurs des militaires morts dans les cas prévus par l'art. 19 ont droit, quel que soit leur nombre, à un secours annuel égal à la pension que la mère aurait été susceptible d'obtenir. — Ce secours est payé jusqu'à ce que le plus jeune d'entre eux ait atteint l'âge de vingt et un ans accomplis; mais, dans ce cas, la part des majeurs est réversible sur les mineurs.

Sect. 2. — *Fixation des pensions des veuves.*

22. La pension des veuves de militaires est fixée au quart du maximum de la pension d'ancienneté affectée au grade dont le mari était titulaire, quelle que soit la durée de son activité dans ce grade. — Néanmoins, la pension des veuves des maréchaux de France est fixée à 6,000 fr. — Celle des veuves de caporaux, brigadiers, soldats et ouvriers, ne sera pas moindre de 100 fr.

TIT. 4. — Dispositions générales.

23. Dans les cas non prévus par la présente loi où il y aura lieu de récompenser des services militaires éminents ou extraordinaires, les pensions ne pourront être accordées que par une loi spéciale.

24. Les pensions militaires sont personnelles et viagères. Elles sont inscrites, comme dette de l'État, au livre des pensions du trésor public.

25. Tout pourvoi contre la liquidation d'une pension militaire doit être formé, à peine de déchéance, dans le délai de trois mois, à partir du jour du premier payement des arrérages, pourvu qu'avant ce premier payement les bases de la liquidation aient été notifiées.

26. Le droit à l'obtention ou à la jouissance des pensions militaires est suspendu : — Par la condamnation à une peine afflictive ou infamante, pendant la durée de la peine; — Par les circonstances qui font perdre la qualité de Français, durant la privation de cette qualité; — Par la résidence hors du royaume, sans l'autorisation du roi, lorsque le titulaire de la pension est Français ou naturalisé Français. — Les pensions militaires dans la fixation desquelles il sera fait application de l'art. 4 de la présente loi, ne pourront, en aucun cas, être cumulées avec un traitement civil d'activité.

28. Les pensions militaires et leurs arrérages sont incessibles et insaisissables, excepté dans le cas de débet envers l'État, ou dans les circonstances prévues par les art. 203 et 205 c. civ. — Dans ces deux cas, les pensions militaires sont passibles de retenues, qui ne peuvent excéder le cinquième de leur montant pour cause de débet, et le tiers pour aliments.

TIT. 5. — Dispositions transitoires.

29. Le service militaire antérieur à la promulgation de la présente loi ne pourra être compté au-dessous de l'âge de quatorze ans, pour les tambours et trompettes, et de l'âge de seize ans, tant pour les autres militaires que pour les élèves des écoles spéciales, sauf le cas prévu par l'art. 5.

30. Les trois années de service effectif accordées à titre d'études préliminaires, en vertu des lois des 15 déc. 1790 et 27 avril 1791, aux officiers des corps de l'artillerie, du génie et des ingénieurs géographes qui n'ont pas été élèves de l'école polytechnique, continueront de leur être comptées pour la pension de retraite.

31. Tous les droits acquis en vertu de dispositions antérieures à la présente loi, relativement aux services susceptibles d'être admis dans la liquidation des pensions militaires, sont conservés, sauf les restrictions spécifiées dans l'article suivant.

32. Les services hors des armées nationales, qui ne sont devenus admissibles pour la pension de retraite qu'en vertu des ord. des 25 et 31 mai 1814, ne pourront être comptés qu'autant qu'ils seront accompagnés de quinze ans au moins de service effectif dans les armées nationales.—Dans aucun cas, les campagnes faites dans le cours desdits services ne donneront lieu au bénéfice des art. 7 et 8. — Les années de service et les campagnes dans les armées des États en guerre contre la France ne seront jamais comptées pour la pension. — Toutefois, les droits acquis par les traités ou les décrets antérieurs à 1814 sont maintenus.

33. Est réputé temps d'activité, pour le bénéfice de l'art. 11 : 1° le temps passé avec jouissance de la solde de non-activité régie par les ord. des 20 mai 1818 et 5 mai 1824; 2° le temps passé en réforme suivant les règles posées par les ord. des 5 fév. 1823 et 8 fév. 1829.

34. Les dispositions de la présente loi seront appliquées à toutes les pensions non inscrites, avant sa promulgation, au livre de la dette publique. — Sont néanmoins réservés les droits acquis avant la promulgation de la présente loi, en vertu des règlements d'organisation, aux militaires de l'ex-garde royale, de la ci-devant maison militaire, des divers corps spéciaux et de l'intendance militaire, en ce qui concerne les avantages qui leur étaient attribués pour la liquidation de la pension de retraite; — A la charge par lesdits militaires de faire, dans le délai de six mois, à partir de la promulgation de la présente loi, sous peine de déchéance, leur demande d'admission à la pension de retraite.

35. Dans tous les cas, le tarif annexé à la présente loi sera seul appliqué dans la fixation des pensions.— Les campagnes seront également supputées conformément aux dispositions de la présente loi. — Continuera néanmoins d'être observé le décret du 21 oct. 1805, qui compte le mois de vendémiaire an 14 pour une campagne entière.

36. Les retenues qui s'exercent au profit de la dotation de l'hôtel des Invalides, tant sur les pensions civiles et militaires inscrites au trésor public que sur les traitements des membres de la Légion d'honneur, sont supprimées, pour les arrérages postérieurs au 31 déc. 1830, en ce qui concerne les pensions militaires de retraite et les traitements des membres de la Légion d'honneur; et pour les arrérages postérieurs au 22 du même mois, à l'égard des pensions civiles et de celles des veuves et orphelins de militaires.

37. Sauf les cas prévus par les art. 29, 30, 31, 32, 33, 34 et 35, tous règlements, décrets, ordonnances et lois, antérieurement rendus ou promulgués, tant sur les droits et titres auxquels sont et peuvent être accordées les pensions militaires, que sur la fixation de ces pensions, sont et demeurent abrogées (suit le tarif).

18 avril-11 mai 1831.—Loi sur les pensions de l'armée de mer

TIT. 1. — Des pensions militaires pour ancienneté de service.

Sect. 1. — *Des droits à la pension.*

Art. 1. Le droit à la pension de retraite d'ancienneté est acquis, pour les officiers de la marine et pour les marins de tous les grades, à vingt-cinq ans accomplis de service effectif. — Dans les autres corps de la marine, le même droit est acquis à trente ans accomplis de service effectif.— Toutefois, les individus de ces derniers corps qui réuniraient, ou six ans de navigation sur les vaisseaux de l'État, ou neuf ans tant de navigation sur lesdits vaisseaux que de service dans les colonies, seront assimilés aux marins. Mais dans aucun cas, le service des colonies ne motivera de réduction sur la durée légale des services que pour les individus envoyés d'Europe.

2. Les années de service effectif pour la pension de retraite se comptent de l'âge de seize ans.

3. Le service des militaires entrés dans la marine leur est compté, pour le temps antérieur à cette admission, d'après les lois qui régissent les pensions de l'armée de terre. — Ils seront toutefois assimilés aux marins si, avant ou après leur admission dans la marine, ils réunissent les conditions voulues par le § 3 de l'art. 1.

4. Est compté pour la pension de retraite le temps passé dans un service civil qui donne droit à pension, pourvu toutefois que la durée des services dans le département de la marine soit au moins, ou de vingt ans en France, ou de dix ans dans les colonies, pour les individus envoyés d'Europe.

5. Il est compté quatre années de service effectif, à titre d'études préliminaires, aux élèves de l'école polytechnique, au moment où ils entrent dans les corps de la marine.— Est aussi compté comme service effectif le temps passé à l'école navale, à partir de l'âge de seize ans.

6. Le temps passé hors de l'activité, avec jouissance d'une pension de retraite, ne peut entrer dans la supputation du service effectif.— Il en est de même du temps pendant lequel une pension aura été cumulée avec la solde d'activité dans les corps détachés de la garde nationale, comme auxiliaires de l'armée, à moins que le pensionnaire n'ait acquis dans ces corps, et par les causes énoncées au tit. 2 ci-après, des droits à une pension plus élevée, ou qu'il n'y ait fait campagne, auquel cas il jouira du bénéfice de l'art. 7.

7. Les officiers, marins et autres, qui auront le temps de service exigé par les articles précédents pour la pension d'ancienneté, seront admis à compter en sus les bénéfices de campagne d'après les règles suivantes :— Sera compté pour la totalité en sus de sa durée effective le service qui aura été fait : — 1° En temps de guerre maritime, à bord d'un bâtiment de l'État ;—2° A terre, en temps de guerre, soit dans les colonies françaises soit sur d'autres points hors d'Europe, pour les individus envoyés d'Europe ;—3° Le temps de captivité à l'étranger des officiers, marins et autres, faits prisonniers sur les bâtiments de l'État ou sur les prises faites par les bâtiments de l'État ;— 4° Le temps de navigation des voyages de découverte ordonnés par le gouvernement. — Sera compté pour moitié en sus de sa durée effective : — 1° Le service en paix maritime à bord d'un bâtiment de l'État ;— 2° Le service à terre en temps de paix, soit dans les colonies françaises, soit sur d'autres points hors d'Europe, pour les individus envoyés d'Europe.— Sera compté pour sa durée simple le service fait, en temps de guerre, à bord d'un bâtiment armé en course, ainsi que le temps de captivité en cas de prise ; — Et pour une moitié de sa durée effective, le service fait en guerre comme en paix sur les bâtiments ordinaires du commerce.— Dans tous les cas ci-dessus spécifiés, la navigation faite à l'âge de dix à seize ans sera comptée pour sa durée effective, mais à titre de bénéfice seulement. — Les bénéfices résultant de la navigation sur tous autres bâtiments que ceux de l'État ne peuvent jamais entrer pour plus d'un tiers dans l'évaluation totale des services qui donnent droit à pension.

8. Dans la supputation des bénéfices attachés aux campagnes par l'art. 7, on comptera pour une année entière la campagne dans laquelle l'officier marin ou autre, aura été blessé et mis hors de service.— En tout autre cas, on supputera le temps écoulé à partir de la mise en rade jusqu'à la rentrée dans un port de France, et, sur cette période, le mois commencé sera compté comme fini. — Néanmoins, si l'officier, marin ou autre, retourne immédiatement à la mer, il ne pourra compter qu'une année de bénéfice pour chaque période de douze mois, plus le mois commencé lors du désarmement. — Le service, tant sur les bâtiments armés en course que sur les navires du commerce, ne sera compté que du jour du départ du bâtiment pour sa destination. Il ne comprendra ni le temps de l'équipement, ni celui de la relâche dans un port de France, toutes les fois que cette relâche aura excédé quinze jours.

Sect. 2. — *Fixation de la pension d'ancienneté.*

9. Les officiers de la marine et marins de tous les grades après vingt-cinq ans, et les individus des autres corps de la marine après trente ans de service effectif, ont droit au minimum de la pension d'ancienneté déterminé pour leur grade par le tarif annexé à la présente loi. — Chaque année de service au delà des termes fixés ci-dessus et chaque année de campagne, supputée selon les art. 7 et 8, ajoutent à la pension un vingtième de la différence du minimum au maximum.— Le maximum est acquis pour les officiers de la marine et marins à quarante-cinq ans, et pour les individus des autres corps de la marine, à cinquante ans de service, campagnes comprises.

10. La pension se règle sur le grade dont l'officier est titulaire. — Si néanmoins il demande sa retraite avant d'avoir au moins deux ans d'activité dans ce grade, la pension se règle sur le grade immédiatement inférieur.

11. La pension de retraite de tout officier, sous-officier, quartier-maître et caporal, ayant douze ans accomplis d'activité dans son grade, est augmentée du cinquième.—Dans ce cas spécial, le bénéfice du présent article est acquis même aux individus désignés par le précédent paragraphe qui ont droit au maximum déterminé par le tarif annexé à la présente loi.

TIT. 2. — Des pensions de retraite pour cause de blessures ou d'infirmités.

Sect. 1. — *Des droits à la pension.*

12. Les blessures donnent droit à la pension de retraite, lorsqu'elles sont graves et incurables, et qu'elles proviennent d'événements de guerre ou d'accidents éprouvés dans un service commandé.—Les infirmités donnent les mêmes droits, lorsqu'elles sont graves et incurables, et qu'elles sont reconnues provenir des fatigues ou des accidents du service.—Les causes, la nature et les suites des blessures ou infirmités seront justifiées dans les formes et dans les délais qui seront déterminés par un règlement d'administration publique.

13. Les blessures ou infirmités provenant des causes énoncées dans l'article précédent ouvrent un droit immédiat à la pension, si elles ont occasionné la cécité, l'amputation ou la perte absolue de l'usage d'un ou de plusieurs membres.

14. Dans les cas moins graves, elles ne donnent lieu à la pension que sous les conditions suivantes :—1° Pour l'officier, si elles le mettent hors d'état de rester en activité, et lui ôtent la possibilité d'y rentrer ultérieurement ;— 2° Pour tout individu au-dessous du rang d'officier, si elles le mettent hors d'état de servir et de pourvoir à sa subsistance.

Sect. 2. — *Fixation de la pension.*

15. Pour la cécité, l'amputation ou la perte absolue de l'usage de deux membres, la pension est fixée conformément au tarif annexé à la présente loi.

16. Les blessures ou infirmités qui occasionnent la perte absolue de l'usage d'un membre, ou qui y sont reconnues équivalentes, donnent droit au minimum de la pension d'ancienneté, quelle que soit la durée des services. — Chaque année de service, y compris les campagnes, supputées selon les art. 7 et 8, ajoute à cette pension une vingtième de la différence du minimum au maximum d'ancienneté. — Le maximum est acquis à vingt ans de service, campagnes comprises.

17. Pour les blessures ou infirmités qui mettent l'officier, marin ou autre, dans une des positions prévues par l'art. 14, les pensions sont fixées pareillement au minimum d'ancienneté ; mais elles ne sont augmentées, dans la proportion déterminée par l'article précédent, que pour chaque année de service au delà de vingt-cinq ans ou de trente ans, campagnes comprises. — Le maximum est acquis, pour les officiers et marins, à quarante-cinq ans, et pour les individus des autres corps de l'armée de mer, à cinquante ans de service, y compris les campagnes.

18. La pension pour cause de blessures ou infirmités se règle sur le grade dont l'officier, marin ou autre, est titulaire. — L'art. 11 ci-dessus est applicable à la pension pour cause de blessures ou d'infirmités.

TIT. 3. — Des pensions des veuves et orphelins.

Sect. 1. — *Des droits à la pension.*

19. Ont droit à une pension : — 1° Les veuves d'officiers, marins ou autres, qui ont été tués dans un combat, ou qui ont péri dans un service commandé ou requis ; — 2° Les veuves d'officiers, marins ou autres, qui ont péri sur les bâtiments de l'État ou dans les colonies, et dont la mort a été causée, soit par des événements de guerre, soit par des maladies contagieuses ou endémiques aux influences desquelles ils ont été soumis par les obligations de leur service ; — 3° Les veuves d'officiers, marins ou autres, qui sont morts des suites de blessures reçues, soit dans un combat, soit dans un service commandé ou requis, pourvu que le mariage soit antérieur à ces blessures. — Les causes, la nature et les suites des blessures seront justifiées dans les formes et dans les délais prescrits par un règlement d'administration publique ; — 4° Les veuves d'officiers, marins ou autres personnes mentionnées dans le tarif, morts en jouissance de la pension de retraite, ou en possession de droits à cette pension, pourvu que le mariage ait été contracté deux ans avant la cessation de l'activité du mari, ou qu'il y ait un ou plusieurs enfants issus du mariage antérieur à cette cessation. — Dans les cas prévus par le présent article, le mariage contracté par les officiers et autres en activité de service n'ouvrira de droits à la pension aux veuves et aux enfants qu'autant qu'il aura été autorisé dans les formes prescrites par les décrets des 16 juin et 3 août 1808.

20. En cas de séparation de corps, la veuve d'un officier, marin ou autre, ne peut prétendre à aucune pension. Les enfants, s'il y en a, sont considérés comme orphelins.

21. Après le décès de la mère, ou lorsque, par l'effet des dispositions de l'article précédent, elle se trouve déchue de ses droits à la pension, l'enfant ou les enfants mineurs des officiers, marins et autres, qui sont

morts dans les cas prévus par l'art. 19, ont droit, quel que soit leur nombre, à un secours annuel égal à la pension que la mère aurait été susceptible d'obtenir. — Ce secours leur est payé jusqu'à ce que le plus jeune d'entre eux ait atteint l'âge de vingt et un ans accomplis; mais, dans ce cas, la part des majeurs est réversible sur les mineurs.

SECT. 2. — *Fixation des pensions des veuves.*

22. La pension des veuves des officiers, marins ou autres, est fixée au quart du maximum de la pension d'ancienneté affectée au grade dont le mari était titulaire, quelle que soit la durée de son activité dans ce grade. — Néanmoins, la pension des veuves des amiraux est fixée à 6,000 fr. — Celle des veuves des marins ou autres au-dessous du rang d'officier ne sera pas moindre de 100 fr.

TIT. 4. — DISPOSITIONS GÉNÉRALES.

23. Les dispositions de la loi sur les pensions de l'armée de terre sont pleinement applicables aux officiers, sous-officiers et soldats des troupes de la marine, sauf le bénéfice résultant de l'art. 1 en ce qui concerne l'époque à laquelle ils pourront acquérir droit à la pension d'ancienneté.

24. La pension des magistrats et autres fonctionnaires de l'ordre judiciaire attachés au service des colonies est, à parité d'offices, réglée sur les mêmes bases et fixée au même taux que celle des magistrats employés en France, sauf les bénéfices résultant des art. 1, 4 et 7, pour les individus envoyés d'Europe. — La même règle d'assimilation s'applique aux fonctionnaires civils des colonies, autres que ceux qui sont compris dans l'organisation du département de la marine en France, pourvu que ces fonctionnaires soient rétribués sur les deniers publics.

25. Dans les cas non prévus par la présente loi où il y aura lieu de récompenser des services éminents ou extraordinaires, les pensions ne pourront être accordées que par une loi spéciale.

26. Les pensions de l'armée de mer sont personnelles et viagères : elles sont payables, comme dette de l'Etat, sur la caisse des invalides de la marine, sans rien préjuger sur ce qui pourra être ultérieurement déterminé relativement à l'administration de cette caisse.

27. Tout pourvoi contre la liquidation d'une pension de retraite doit être formé, à peine de déchéance, dans les trois mois à partir du jour du premier payement des arrérages, pourvu qu'avant ce premier payement les bases de la liquidation aient été notifiées.

28. Le droit à l'obtention ou à la jouissance d'une pension de retraite est suspendu : — Par la condamnation à une peine afflictive ou infamante, pendant la durée de la peine; — Par les circonstances qui font perdre la qualité de Français, durant la privation de cette qualité; — Par la résidence hors du royaume, sans l'autorisation du roi, lorsque le titulaire de la pension est Français ou naturalisé Français.

29. Les pensions de retraite dans la fixation desquelles il sera fait application de l'art. 4 de la présente loi, ne pourront, en aucun cas, être cumulées avec un traitement civil d'activité.

30. Les pensions de retraite et leurs arrérages sont incessibles et insaisissables, excepté dans le cas de débet envers l'Etat, ou dans les circonstances prévues par les art. 203 et 205 c. civ. — Dans ces deux cas, les pensions de retraite sont passibles de retenues qui ne peuvent excéder le cinquième de leur montant pour cause de débet, et le tiers pour aliments.

TIT. 5. — DISPOSITIONS TRANSITOIRES.

31. La navigation faite sur les bâtiments de l'Etat antérieurement à la promulgation de la présente loi sera comptée comme service effectif à partir de l'âge de dix ans.

32. Les trois années de service effectif accordées à titre d'études préliminaires, en vertu des lois des 15 déc. 1790 et 27 avril 1791, aux officiers du génie maritime et aux ingénieurs hydrographes qui n'ont pas été élèves de l'école polytechnique, continueront de leur être comptées pour la pension de retraite.

33. Tous les droits acquis en vertu de dispositions antérieures à la présente loi, relativement aux services susceptibles d'être admis dans la liquidation des pensions de retraite, sont conservés, sauf les restrictions spécifiées dans l'article suivant.

34. Les services hors des armées nationales, qui ne sont devenus admissibles pour la pension de retraite qu'en vertu des ordonnances des 25 et 31 mai 1814, ne pourront être comptés qu'autant qu'ils seront accompagnés de quinze ans au moins de service effectif dans lesdites armées nationales. — Dans aucun cas, les campagnes faites dans le cours desdits services ne donneront lieu au bénéfice des art. 7 et 8. — Les années de service et les campagnes dans les armées des Etats en guerre contre la France ne seront jamais comptées pour les pensions. — Toutefois, les droits acquis par les traités ou les décrets antérieurs à 1814 sont maintenus.

35. Les dispositions de la présente loi seront appliquées à toutes les pensions de la marine dont la liquidation est restée en suspens depuis la publication de l'ordonnance du 10 oct. 1829, rendue pour l'armée de terre. — Sont néanmoins réservés les droits acquis avant la promulgation de la présente loi, en vertu des règlements d'organisation, aux officiers de la marine et des autres corps spéciaux, en ce qui concerne les avantages qui leur étaient attribués pour la liquidation de la pension de retraite; — A la charge par lesdits officiers de faire, dans le délai de six mois, à partir de la promulgation de la présente loi, sous peine de déchéance, leur demande d'admission à la pension de retraite.

36. Dans tous les cas, le tarif annexé à la présente loi sera seul appliqué dans la fixation des pensions. Les campagnes seront également supputées conformément aux dispositions de la présente loi. — Ne sont pas comprises toutefois dans les dispositions des art. 35 et 36 les pensions nouvelles qui, en exécution d'une loi spéciale, doivent être accordées aux officiers des divers corps de la marine réformés du 31 mars 1814 au 31 déc. 1817.

37 Sauf les cas prévus par les art. 31, 32, 33, 34, 35 et 36, tous règlements, décrets, ordonnances et lois antérieurement rendus ou promulgués, tant sur les droits et titres auxquels peuvent être accordées les pensions de retraite comprises dans la présente loi, que sur la fixation de ces pensions, sont et demeurent abrogés. (Suit le tarif des pensions.)

2-9 juill. 1831. — Ordonnance du roi qui, en exécution de la loi du 11 avr. 1831, détermine les justifications à faire, dans certains cas, par les militaires, veuves et orphelins, pour établir leurs droits à la pension.

LOUIS-PHILIPPE, etc.; — Vu la loi du 11 avr. 1831, sur les pensions de l'armée de terre; — Ayant à déterminer par un règlement d'administration publique les formes et les délais dans lesquels seront justifiées : 1° les causes, la nature et les suites des blessures ou infirmités pour les droits des militaires à la pension de retraite, aux termes des art. 12, 13, 14, 15, 16 et 17 de ladite loi; — 2° Les causes, la nature et les suites des blessures pour les droits ouverts par le § 3 de l'art. 19 aux veuves des militaires morts des suites des blessures reçues, soit sur le champ de bataille, soit dans un service commandé; — Considérant qu'il est nécessaire de déterminer aussi les formes dans lesquelles seront justifiées les causes de mort, pour les droits ouverts aux veuves de militaires par le § 2 du même art. 19; — Sur le rapport de notre ministre de la guerre; — Notre conseil d'Etat entendu; — Nous avons, etc. :

TIT. 1. — DES FORMES ET DÉLAIS DANS LESQUELS SERONT JUSTIFIÉES LES CAUSES, LA NATURE ET LES SUITES DES BLESSURES OU INFIRMITÉS POUR LES DROITS DES MILITAIRES A LA PENSION DE RETRAITE.

Art. 1. Tout militaire qui aura à faire valoir des droits à la pension de retraite pour cause de blessures ou infirmités, devra faire sa demande avant de quitter le service. — L'administration de la guerre fera procéder, immédiatement après la réception de cette demande, à la vérification des droits du réclamant, selon les règles établies par la présente ordonnance.

2. Si, par une aggravation consécutive, les blessures ou infirmités qui peuvent donner droit à une pension ont occasionné la perte absolue de l'usage d'un membre, le réclamant aura un délai d'un an pour faire sa demande. — Ce délai, qui courra du jour de la cessation de l'activité, sera porté à deux ans, si les blessures ou infirmités ont occasionné l'amputation d'un membre ou la perte totale de la vue. — Néanmoins, la demande ne sera admissible qu'autant que les blessures ou infirmités auront été régulièrement constatées avant que le militaire ait quitté le service.

3. Toute demande d'admission à la pension de retraite pour cause de blessures ou d'infirmités devra être appuyée d'un certificat dans lequel les officiers de santé en chef de l'hôpital militaire ou de l'hospice civil et militaire où le dernier traitement aura été suivi, constateront la nature et les suites desdites blessures ou infirmités, et déclareront qu'elles leur paraissent incurables. — A l'égard de militaires qui n'auront pas été traités dans un de ces établissements, le certificat sera délivré par les officiers de santé en chef d'un des hôpitaux militaires ou hospices civils préalablement désignés par notre ministre secrétaire d'Etat de la guerre pour ces sortes de visites.

4. Toute demande de pension pour cause de blessures ou d'infirmités sera, en outre, appuyée : 1° des justifications prescrites par les art. 5, 6 et 7 ci-après; — 2° De l'état des services et campagnes.

5. Les causes des blessures seront justifiées, soit par les rapports officiels et autres documents authentiques qui auront constaté le fait, soit par les certificats des autorités militaires, soit enfin par une information ou enquête prescrite et dirigée par les mêmes autorités.

6. Lesdites justifications spécifieront la nature des blessures, ainsi que l'époque, le lieu et les circonstances, soit des événements de guerre, soit du service commandé où elles auront été reçues.

7. Les causes des infirmités seront justifiées, soit par les rapports officiels et autres documents authentiques qui auront constaté l'époque et les circonstances de leur origine, soit par les certificats des autorités militaires, soit enfin par une information ou enquête prescrite et dirigée par les mêmes autorités.

8. La demande de tout militaire faisant partie d'un régiment ou autre corps de troupes sera instruite par les soins du conseil d'administration dudit corps.

9. La demande et les pièces à l'appui seront communiquées au sous-intendant militaire, qui, s'il les trouve conformes aux articles ci-dessus, les visera et les transmettra à l'officier commandant la brigade ou la subdivision, lequel désignera deux officiers de santé parmi ceux attachés, soit au corps, soit à d'autres régiments, soit aux établissements publics.

10. Les officiers de santé désignés en vertu de l'article précédent procéderont à l'examen des blessures ou infirmités en présence du conseil d'administration et du sous-intendant militaire, qui donnera, en séance, lecture du tit. 2 de la loi du 11 avr. 1831. — Il sera dressé de cette opération un procès-verbal conforme au modèle ci-joint, n° 1.

11. Le procès-verbal, dressé en exécution de l'article précédent, sera présenté, avec la demande et les pièces ci-annexées, à l'inspecteur général, lors de la plus prochaine inspection.

12. Dans les cas d'urgence, le lieutenant général commandant la division, sur le compte qui lui en sera rendu, exercera ou déléguera aux commandants de subdivision les attributions de l'inspecteur général.

13. L'inspecteur général, après avoir pris connaissance des pièces visées conformément à l'art. 9, et du procès-verbal énoncé dans l'art. 10, fera procéder, en sa présence, par deux autres officiers de santé qu'il aura choisis parmi ceux qualifiés dans l'art. 9, à une vérification des causes qui motivent la demande. — Le sous-intendant militaire assistera à cette vérification, avant laquelle il fera, en séance, lecture du tit. 2 de la loi, et, quel que soit le résultat de l'opération, il en dressera procès-verbal conformément au modèle ci-joint, n° 2.

14. Après la vérification prescrite par l'article précédent, et s'il est reconnu que les causes, la nature et les suites des blessures ou infirmités rentrent, par leur origine, leur gravité et leur incurabilité, dans un des cas déterminés par la loi, l'inspecteur général fera préparer par le conseil d'administration le mémoire de proposition pour l'admission à la pension de retraite. — Ce mémoire, vérifié par le sous-intendant militaire et approuvé par l'inspecteur général, sera soumis à notre ministre secrétaire d'État de la guerre, avec toutes les pièces qui auront servi à l'instruction de la demande, et les observations auxquelles elle aura pu donner lieu.

15. Toutes les dispositions ci-dessus seront applicables aux individus faisant partie d'établissements régis par un conseil d'administration.

16. Dans le cas où un militaire appartenant à un corps de troupes ou à un établissement militaire s'en trouverait assez éloigné pour ne pouvoir y être renvoyé ou transporté sans inconvénient, la demande pourra, sur un ordre du lieutenant général commandant la division, être renvoyée, pour être instruite, au conseil d'administration de l'un des corps à proximité.

17. Les militaires en activité qui ne font pas partie de corps de troupes, ou d'établissements régis par un conseil d'administration, se pourvoiront, en observant les degrés de la hiérarchie, auprès du lieutenant général commandant la division dans le ressort de laquelle ils sont employés. — La demande sera faite et appuyée conformément aux art. 3, 4, 5, 6 et 7 de la présente ordonnance. — Elle sera renvoyée à un officier général ou supérieur qui sera chargé d'en suivre l'instruction, comme il est prescrit relativement aux conseils d'administration des corps. — Lorsque la demande aura été instruite par un maréchal de camp, le lieutenant général exercera lui-même les attributions de l'inspecteur général. — L'art. 12 ci-dessus, concernant les cas d'urgence, s'appliquera de droit aux demandes spécifiées dans le présent article.

18. Les lieutenants généraux qui seront dans le cas de demander la pension de retraite pour cause de blessures ou d'infirmités, se pourvoiront directement auprès de notre ministre secrétaire d'Etat de la guerre, qui ordonnera l'instruction de leurs demandes dans les formes ci-dessus déterminées.

TIT. 2. — DE LA JUSTIFICATION DES DROITS A LA PENSION PAR LES VEUVES ET ORPHELINS DES MILITAIRES.

SECT. 1. — *Des formes et délais dans lesquels seront justifiées les causes de mort par suite de blessures.*

19. Dans le cas prévu par le § 3 de l'art. 19 de la présente loi du 11 avr. 1831, les causes, la nature et les suites des blessures des militaires décédés, seront justifiées par leurs veuves dans les formes et dans les délais ci-après déterminés.

20. Les causes et la nature des blessures seront justifiées ainsi qu'il est prescrit aux art. 5 et 6 ci-dessus, relativement aux droits des militaires.

21. Les suites des blessures seront justifiées par des certificats authentiques d'officiers de santé militaires ou civils, lesquels devront déclarer que lesdites blessures ont occasionné la mort du blessé. — Si le décès survient après que le blessé aura obtenu guérison suffisante pour reprendre son service, ou une année révolue après la blessure, la veuve ne pourra invoquer la disposition du § 3 de l'art. 19 de la loi du 11 avr. 1831. — Il sera accordé à la veuve, pour former sa demande, un délai de six mois, qui courra du jour de la notification du décès du mari au maire de la commune où il résidait.

SECT. 2. — *Des formes dans lesquelles seront justifiées les causes de mort par événement de guerre et par maladies contagieuses et endémiques.*

22. Dans les cas prévus par le § 2 de l'art. 19 de la loi du 11 avr. 1831, les causes de la mort seront justifiées dans les formes ci-après déterminées.

23. Si la mort a été causée par des événements de guerre, ces événements devront être constatés ainsi qu'il est prescrit à l'art. 5 ci-dessus. — Il sera, en outre, justifié dans les mêmes formes, ou par des certificats authentiques d'officiers de santé, que lesdits événements ont été la cause directe et immédiate de la mort du militaire. — Les demandes devront être formées dans le délai prescrit par le § 3 de l'art. 21 de la présente ordonnance.

24. Les causes de mort par maladies contagieuses ou endémiques seront justifiées : 1° par un certificat des autorités civiles ou militaires constatant qu'à l'époque du décès, les maladies régnaient dans le pays où le militaire est décédé ; — 2° Par un certificat de l'autorité militaire constatant que le militaire décédé a été soumis par son service à l'influence de ces maladies ; — 3° Par un certificat dûment légalisé, soit des officiers de santé en chef de l'hôpital où le militaire est mort, soit de l'officier de santé militaire ou civil qui l'aura traité dans sa maladie. — Dans le cas où il y aurait impossibilité de se procurer le certificat des officiers de santé, il y sera suppléé par une information ou enquête prescrite et dirigée par les autorités civiles ou militaires du pays.

SECT. 3. — *Des justifications à faire par les orphelins.*

25. Les dispositions contenues aux sect. 1 et 2 du présent titre sont applicables aux enfants des militaires, dans les cas où les art. 20 et 21 de la loi du 11 avr. 1831 les admettent à représenter leur mère.

TIT. 3. — DISPOSITIONS GÉNÉRALES.

26. Avant de liquider les pensions de retraite pour blessures ou infirmités, notre ministre secrétaire d'Etat de la guerre fera communiquer au conseil de santé des armées, pour avoir son avis, les procès-verbaux et autres pièces constatant les causes, la nature et les suites desdites blessures ou infirmités. Il en sera de même pour les justifications produites, dans les cas prévus par les art. 21, 24 et 25 de la présente ordonnance, par les veuves et orphelins de militaires.

27. Les formes déterminées par la présente ordonnance ne seront pas obligatoires pour les demandes actuellement en instance, lesquelles sortiront leur effet, si les justifications sont conformes aux dispositions réglementaires précédentes, et satisfont, quant au droit, au vœu de la loi du 11 avr. 1831 (suivent les modèles).

8-23 sept. 1831. — Ordonnance du roi sur les pensions des employés des prisons.

LOUIS-PHILIPPE, etc.; — Vu le décret du 7 mars 1808 et l'ordonnance du 1er sept. 1830 concernant la caisse des retraites des employés des prisons ; — Voulant remédier à l'insuffisance actuelle des produits, — Notre conseil d'Etat entendu, etc.

Art. 1. Le fonds des pensions se composera : 1° des arrérages des rentes acquises au moyen des sommes disponibles ; — 2° De la retenue du premier mois d'appointements des employés qui seront admis à l'avenir. — Sont exceptés les employés dont le traitement n'excède pas 600 fr. par an ; — 3° De la retenue du premier mois de toutes les augmentations de traitement obtenues, soit dans les mêmes fonctions, soit par suite d'avancement. — Cette retenue s'applique à toute augmentation, quel que soit le traitement ; — 4° Des retenues opérées sur les traitements des employés en congé. — Ces retenues sont fixées par l'autorité qui accorde les congés ; — 5° Des portions de traitement libres par vacance d'emploi pour un mois au plus ; — 6° D'une retenue de 5 c. pour franc sur les traitements de tous les employés.

2. Ces produits seront, au fur et à mesure des recettes, versés à la caisse des dépôts et consignations, qui demeure chargée du payement des pensions.

Conditions d'admission à la retraite.

3. Les employés des prisons auront droit à une pension de retraite après trente ans de services effectifs, dont quinze au moins dans les prisons.

4. La pension pourra être accordée avant trente ans à ceux qui, ayant quinze ans de service dans les prisons, seront réformés par suppression de leur emploi, ou se trouveront incapables de le remplir par suite d'accident ou d'infirmités résultant de leur service.

5. L'employé qui aura été blessé et mis par les prisonniers hors d'état d'exercer ses fonctions, aura droit à une pension dont le minimum sera calculé sur vingt ans de services, et s'accroîtra dans la proportion de moitié de ses années de service effectif.

6. Tout employé démissionnaire ou destitué par décision du ministre, avant trente ans de services, perd ses droits à la pension.

7. Les employés du service de sûreté, dans les maisons d'arrêt et de justice et dans les prisons pour peines, devront, pour être admis à la pension, justifier par certificats des procureurs généraux et des préfets qu'ils ont rempli fidèlement leurs devoirs, et n'ont pas laissé évader de prisonniers par leur faute.

8. Aucun gardien révoqué, après avoir été condamné pour des faits relatifs, ne pourra être admis à la retraite.

Services admissibles.

9. Seront comptés, pour établir le droit à la pension, les services civils et militaires.

10. Les services civils comprendront le temps d'exercice de toute fonction publique à laquelle est attaché un traitement, et de tout emploi dans les ministères, les directions qui en dépendent, et dans les bureaux des préfectures. — Ces services ne se compteront que de l'âge de vingt ans accomplis.

11. Si l'employé jouit d'une pension pour services civils sur les fonds de l'Etat, la pension de retraite sera liquidée sur la totalité des services ; mais la pension sur l'Etat sera déduite de la somme ainsi réglée, et l'excédant seul sera payé sur la caisse des prisons.

12. Les services militaires seront admis à raison de leur durée effective, sans accroissement pour les campagnes ou pour toute autre cause.

13. Si l'employé a déjà été pensionné comme militaire sur les fonds de l'Etat, ses services militaires ne seront plus comptés dans la liquidation sur la caisse des retraites ; mais il pourra cumuler les deux pensions ; — Les services militaires non récompensés n'accroîtront la pension que dans la proportion, pour chaque année, du trentième de la somme fixée comme minimum pour chaque grade par la loi des 11 et 18 avr. 1831.

Liquidation des pensions.

14. Pour déterminer la quotité de la pension, il sera fait une année moyenne du traitement dont l'employé aura joui pendant les quatre dernières années de son activité. Les gratifications, indemnités et autres allocations supplémentaires, sur lesquelles ne porte pas la retenue, n'entreront pas dans ce compte.

15. La pension sera d'un soixantième du traitement moyen pour chacune des trente premières années de service, et d'un cinquantième pour

chacune des années suivantes, sans toutefois qu'elle puisse, en aucun cas, excéder les deux tiers de ce traitement. Les fractions de franc seront négligées.

Veuves et orphelins.

16. La veuve d'un pensionnaire ou d'un employé décédé en activité de service, et ayant acquis les droits à la pension, conformément aux art. 4, 5 ou 7, pourra obtenir une partie de la pension dont jouissait ou qu'aurait obtenue son mari.

17. Pour être admise à jouir de cette réversibilité, la veuve devra prouver qu'elle était mariée avec l'employé mort en activité de service cinq ans avant son décès, ou avec le pensionnaire, cinq ans avant qu'il fût admis à la retraite.

18. La pension sera accordée, indépendamment de la condition de cinq années de mariage, à la veuve de l'employé qui aura perdu la vie en résistant aux tentatives d'évasion ou aux violences des prisonniers, ou qui sera mort de ses blessures dans les six mois.

19. Ne sont pas admises à la réversibilité de la pension les femmes divorcées ou séparées de corps; celles qui se remarieront cesseront d'en jouir.

20. Si la veuve ne satisfait pas aux conditions exigées, la pension qui lui aurait été attribuée sera répartie, à portion égale, entre les enfants de l'employé décédé, qui en jouiront jusqu'à l'âge de quinze ans accomplis, sans réversibilité des uns sur les autres. Il en sera de même si l'employé ne laisse pas de veuve, ou si la veuve vient à décéder ou à se remarier avant que les enfants aient accompli leur quinzième année. Néanmoins, s'il n'existe qu'un seul enfant de l'âge déterminé ci-dessus, il ne recevra que la moitié de la somme accordée à la veuve.

21. S'il y a des enfants d'un premier lit, la part de pension réversible à la famille sera partagée par moitié entre eux et la veuve.

22. La part de pension échue à un enfant pourra lui être continuée après l'âge de quinze ans accomplis, à titre de secours et par disposition spéciale, s'il est dans l'indigence, et si, à raison d'infirmités graves et incurables, il est hors d'état de travailler.

23. Il est accordé aux veuves et aux enfants, dans les cas prévus ci-dessus : — Sur les pensions de 300 fr. et au-dessous, moitié: — Sur les pensions de 600 fr., un tiers; — Sur les pensions de 1,000 fr. et au-dessus, un quart. — Pour les pensions de 300 fr. à 600 fr., la part de la veuve se composera : 1° de moitié des premiers 300 fr.; 2° d'un sixième de la somme excédant 300 fr. — Pour les pensions de 600 fr. à 1,000 fr., cette part sera : 1° d'un tiers des premiers 600 fr., et 2° d'un huitième de l'excédant.

Dispositions transitoires.

24. Les employés qui ont trente ans de services accomplis à la date de la présente ordonnance, pourront faire liquider leurs pensions suivant les règles établies par le décret du 7 mars 1808.

26 janv.-28 fév. 1832. — Ordonnance du roi portant règlement d'administration publique sur les justifications à faire dans certains cas pour établir les droits à la pension, en exécution de la loi du 18 avr. 1831, pour le département de la marine.

LOUIS-PHILIPPE, etc.; — Ayant à pourvoir par un règlement d'administration publique à l'exécution des art. 12, 13, 14, 15, 16, 19 de la loi du 18 avr. 1831 sur les pensions de l'armée de mer; sur le rapport de notre ministre secrétaire d'État au département de la marine et des colonies; notre conseil d'État entendu, etc.

TIT. 1. — DES FORMES ET DÉLAIS DANS LESQUELS SERONT JUSTIFIÉES LES CAUSES, LA NATURE ET LES SUITES DES BLESSURES ET INFIRMITÉS OUVRANT, DANS LA MARINE, DES DROITS À LA PENSION DE RETRAITE.

Art. 1. Tout individu appartenant à l'un des services de la marine qui aura à faire valoir des droits à la pension de retraite pour cause de blessures ou d'infirmités, devra faire sa demande avant de quitter le service. — L'administration de la marine fera procéder, immédiatement après la réception de cette demande, à la vérification des droits du réclamant, selon les règles établies par la présente ordonnance.

2. Si, par une aggravation consécutive, les blessures ou infirmités qui peuvent donner droit à une pension ont occasionné la perte absolue de l'usage d'un membre, le réclamant aura un délai d'un an pour faire sa demande. — Ce délai, qui courra du jour de la cessation de l'activité, sera porté à deux ans si les blessures ou infirmités ont occasionné l'amputation d'un membre ou la perte totale de la vue. — Néanmoins la demande ne sera admissible qu'autant que les blessures ou infirmités auront été constatées avant que le réclamant ait quitté le service.

3. Toute demande d'admission à la pension de retraite pour cause de blessures ou d'infirmités devra être appuyée d'un certificat de l'officier de santé en chef du bâtiment sur lequel la blessure aura été reçue ou l'infirmité contractée, ou d'un certificat des officiers de santé en chef de l'hôpital militaire ou de l'hospice civil dans lequel le dernier traitement aura été suivi : ces certificats constateront la nature et les suites desdites blessures ou infirmités, et déclareront qu'elles paraissent incurables. — A l'égard des blessures ou infirmités qui n'auront pas été traitées à bord d'un bâtiment de l'Etat ou dans un des établissements désignés ci-dessus, le certificat sera délivré par les officiers de santé en chef d'un des hôpitaux militaires ou hospices civils préalablement désignés par notre ministre secrétaire d'Etat de la marine et des colonies pour ces sortes de visites.

4. Toute demande de pension pour cause de blessures ou d'infirmités sera en outre appuyée : 1° des justifications prescrites par les art. 5, 6 et 7 ci-après ; — 2° De l'état des services et campagnes.

5. Les causes des blessures seront justifiées, soit par les rapports officiels et autres documents authentiques qui auront constaté le fait, soit par les attestations des autorités maritimes, soit enfin par une information ou enquête prescrite ou dirigée par les mêmes autorités. — Cette justification aura lieu de la manière suivante : — *Pour le service à bord.* 1° Par un rapport détaillé sur la nature de la blessure, fait et signé par l'officier de santé en chef du bâtiment ; — 2° Par un certificat de l'officier chargé du détail, visé par le commandant, et, à défaut du commandant, par les deux plus anciens officiers de l'état-major; — 3° Par un extrait du rôle d'équipage, délivré par le commissaire des armemements et revues. — *Pour le service à terre.* Le rapport indiquant le jour et le lieu de la blessure sera fait et signé par l'officier de santé de service, appelé pour donner les premiers secours, et par l'officier de santé en chef de l'hôpital dans lequel le blessé aura été traité. — Il sera certifié par le chef de l'atelier ou magasin dans lequel la blessure aura été reçue, par le commissaire de l'hôpital, et par le chef de la direction à laquelle le blessé appartient. — Toutes ces pièces doivent être visées par le préfet maritime, pour légalisation seulement ; dans les colonies, le gouverneur remplacera le préfet maritime.

6. Lesdites justifications spécifieront la nature des blessures, ainsi que l'époque, le lieu et les circonstances, soit des événements de guerre, soit du service commandé où elles auront été reçues.

7. Les causes des infirmités seront justifiées, soit par les rapports officiels et autres documents authentiques qui auront constaté l'époque et les circonstances de leur origine, soit par des certificats des autorités maritimes, soit enfin par une information ou enquête prescrite et dirigée par les mêmes autorités. — Cette justification aura lieu de la manière suivante : — *Pour le service à bord.* 1° Par un rapport détaillé sur la nature de l'infirmité, signé par l'officier de santé en chef du bâtiment, visé par l'officier chargé du détail et par le commandant ; — 2° Par un extrait du rôle de l'équipage délivré par le commissaire des armements. — Si, le bâtiment étant en relâche ou en station, le malade a été traité dans un hôpital, il sera joint aux pièces ci-dessus un certificat des officiers de santé en chef dudit hôpital, remis au malade à sa sortie, et dans lequel seront relatées les circonstances de la maladie et du traitement. — *Pour le service à terre.* 1° Par un rapport détaillé du conseil de santé du port où se trouve le réclamant, et, dans les ports où il n'y a pas de conseil de santé, par l'officier de santé en chef de la marine ; — 2° Par un extrait des campagnes et autres services dûment constatés; — 3° Par un certificat motivé du chef de la direction à laquelle le réclamant appartient, indiquant que les infirmités doivent être attribuées à la nature des services. — Si le malade a été traité dans un hôpital militaire ou un hospice civil, les formalités seront remplies par les officiers de santé et le directeur de ces hôpitaux ou hospices.

8. Toute demande de pension pour cause de blessure ou infirmité, faite par un individu appartenant à un corps organisé militairement, sera instruite par le conseil d'administration du corps. — Dans le cas où le réclamant ne ferait pas partie d'un corps militaire, le conseil d'administration du port sera chargé de faire cette instruction.

9. La demande et les pièces à l'appui seront communiquées au commissaire des armements et revues, qui, s'il les trouve conformes aux articles ci-dessus, les visera et transmettra au préfet maritime ou gouverneur colonial, qui désignera deux officiers de santé parmi ceux attachés, soit au corps du réclamant, soit au service des ports, soit à des établissements publics.

10. Les officiers de santé désignés en vertu de l'article précédent procéderont à l'examen des blessures ou infirmités en présence des conseils d'administration indiqués à l'art. 8. L'inspecteur ou la commission des armements et revues, selon les cas, donnera lecture, en séance, du tit. 2 de la loi du 18 avr. 1831. — Il sera dressé de cette opération un procès-verbal conforme au modèle ci-joint, n° 1.

11. Le procès-verbal dressé en exécution de l'article précédent sera présenté, avec la demande et les pièces y annexées, à l'inspecteur général, pour les corps organisés militairement, lors de la plus prochaine inspection ; et, pour tous les autres réclamants, au préfet maritime ou au gouverneur de la colonie, selon le cas.

12. Dans le cas d'urgence, le préfet maritime ou le gouverneur de la colonie exercera les fonctions de l'inspecteur général; il pourra déléguer ces fonctions aux chefs maritimes dans les ports secondaires, aux commandants militaires dans les colonies.

13. L'inspecteur général, ou le préfet maritime, ou le gouverneur colonial, après avoir pris connaissance des pièces visées conformément à l'art. 9 du procès-verbal énoncé dans l'art. 10, fera procéder, en sa présence, par deux officiers de santé en chef pris dans le conseil de santé du port, à une vérification des causes qui motivent la demande. — Le commissaire des armements et revues, ou l'inspecteur assistera à cette vérification, avant laquelle il fera, en séance, lecture du tit. 2 de la loi du 18 avr. 1831; et, quel que soit le résultat de l'opération, il en dressera procès-verbal, conformément au modèle ci-joint, n° 2.

14. Après vérification prescrite par l'article précédent, et s'il est reconnu que les causes, la nature et les suites des blessures ou infirmités, rentrent, par leur origine, leur gravité et leur incurabilité, dans un des cas déterminés par la loi, l'inspecteur général, ou le préfet maritime, ou le gouverneur colonial, fera préparer le mémoire de proposition pour l'admission à la pension de retraite par l'officier supérieur militaire ou civil sous les ordres duquel le réclamant se trouve placé, et par le conseil d'ad-

ministration, s'il appartient à un corps organisé militairement. — Ce mémoire, vérifié par le commissaire aux revues et l'inspecteur, et approuvé par le chef maritime, ou l'inspecteur général, ou le gouverneur colonial, sera soumis à notre secrétaire d'Etat de la marine et des colonies avec toutes les pièces qui auront servi à l'instruction de la demande et les observations auxquelles elle aura donné lieu.

15. Toutes les dispositions ci-dessus seront applicables aux individus faisant partie d'établissements régis par un conseil d'administration.

16. Dans le cas où le réclamant se trouverait trop éloigné du corps, ou du quartier, ou du port auquel il est attaché, pour pouvoir y être renvoyé ou transporté sans inconvénient, sa demande pourra, sur un ordre du préfet maritime de l'arrondissement dans lequel il se trouve, ou du gouverneur colonial, être instruite pour l'officier ou l'entretenu de la marine militaire, par les soins de l'officier supérieur compétent; pour le marin ou l'ouvrier, par le commissaire de l'inscription maritime; enfin, si le réclamant fait partie d'un corps organisé militairement, par le conseil d'administration le plus à proximité.

17. Les blessures ou infirmités des prisonniers de guerre seront préalablement constatées, s'il se peut, par les officiers militaires et civils et par les officiers de santé du bâtiment auquel le prisonnier appartenait, et, à leur défaut, par le commandant et l'administrateur en chef dans la prison, et l'officier de santé en chef qui l'aura traité. — A son retour en France, le prisonnier de guerre présentera cette pièce, soit au conseil d'administration du port, soit au conseil d'administration du corps auquel il appartient. Ce conseil y donnera suite dans les formes voulues ci-dessus.

18. Les officiers généraux, préfets maritimes et gouverneurs coloniaux qui seront dans le cas de demander la pension de retraite pour cause de blessures et infirmités, se pourvoiront directement auprès de notre ministre secrétaire d'Etat de la marine et des colonies, qui désignera en France un vice-amiral pour procéder à l'instruction de la demande dans les formes ci-dessus déterminées; dans les colonies, un officier général ou supérieur pour remplacer le vice-amiral.

TIT. 2. — De la justification des droits a la pension par les veuves et orphelins.

Sect. 1. — *Des formes et délais dans lesquels seront justifiées les causes de mort par suite de blessures.*

19. Dans le cas prévu par le § 3 de l'art. 19 de la loi du 18 avr. 1831, les causes, la nature et les suites des blessures des officiers, des entretenus, des marins et ouvriers décédés, seront justifiées par leurs veuves dans les formes et dans les délais ci-après déterminés.

20. Les causes et la nature des blessures seront justifiées ainsi qu'il est prescrit aux art. 5 et 6 ci-dessus.

21. Les suites des blessures seront justifiées par des certificats authentiques d'officiers de santé militaires ou civils, lesquels devront déclarer que lesdites blessures ont occasionné la mort du blessé. — Si le décès survient après que le blessé aura obtenu guérison suffisante pour reprendre son service, ou une année révolue après la blessure, la veuve ne pourra invoquer la disposition du § 3 de l'art. 19 de la loi du 18 avr. 1831. — Il sera accordé à la veuve, pour former sa demande, un délai de six mois, qui courra du jour de la notification du décès du mari au maire de la commune où il résidait.

Sect. 2. — *Des formes dans lesquelles seront justifiées les causes de mort par événements de guerre ou par accident résultant du service ou par maladies contagieuses ou endémiques.*

22. Dans les cas prévus par le § 2 de l'art. 19 de la loi du 18 avr. 1831, les causes de la mort seront justifiées dans les formes ci-après déterminées.

23. Si la mort a été causée par des éléments de guerre ou par accident résultant du fait du service, ces événements devront être constatés ainsi qu'il est prescrit à l'art. 5 ci-dessus. — Il sera en outre justifié, dans les mêmes formes, ou par des certificats authentiques d'officiers de santé, que lesdits événements ont été la cause immédiate de la mort. Les demandes devront être formées dans le délai prescrit par l'art. 21 de la présente ordonnance.

24. Les causes de mort par maladies contagieuses ou endémiques seront justifiées : 1° si le décès a eu lieu à bord d'un bâtiment de l'Etat, par l'officier en second du bâtiment, visé du commandant, attestant qu'à l'époque du décès la maladie régnait à bord, ou que, par l'effet du service, la personne décédée a été soumise à l'influence de la maladie, par un extrait du rôle d'équipage certifié par le commissaire des armements et revues, par un rapport détaillé de l'officier de santé du bâtiment qui a traité le malade, constatant que la maladie a causé la mort; — 2° Si le décès a eu lieu à terre, par un certificat des autorités militaires ou civiles attestant que la maladie régnait dans ce pays, et que la personne décédée a été soumise à l'influence de ladite maladie par le fait de son service, et par un certificat dûment légalisé, soit de l'officier de santé en chef de l'hôpital, soit de l'officier de santé militaire ou civil qui aura traité le malade, attestant que le décès a été la suite de ladite maladie. — Dans le cas où il y aurait impossibilité de se procurer le certificat des officiers de santé, il y sera suppléé par une information ou enquête prescrite et dirigée par les autorités civiles ou militaires du pays.

Sect. 3. — *Des justifications à faire par les orphelins.*

25. Les dispositions contenues aux sect. 1 et 2 du présent titre sont applicables aux orphelins, dans le cas où les art. 20 et 21 de la loi du 18 avr. 1831 les admettent à représenter leur mère.

TIT. 3. — Dispositions générales.

26. Avant de liquider les pensions de retraite pour blessures ou infirmités, notre ministre secrétaire d'Etat de la marine et des colonies fera communiquer à l'inspecteur général du service de santé de la marine, pour avoir son avis, les procès-verbaux et autres pièces constatant les causes, la nature et les suites desdites blessures ou infirmités; il en sera de même pour les justifications produites dans les cas prévus par les art. 21, 24 et 25 de la présente ordonnance pour les veuves et orphelins.

27. Les formes déterminées par la présente ordonnance ne seront pas obligatoires pour les demandes actuellement en instance, lesquelles sortiront leur effet, si les justifications sont conformes aux dispositions réglementaires, et satisfont, quant au droit, au vœu de la loi du 18 avr. 1831 (suivent les modèles).

31 janv.-7 fév. 1832. — Loi qui abroge celle du 11 sept. 1807, relative aux pensions extraordinaires des grands fonctionnaires de l'Etat.

Article unique. La loi du 11 sept. 1807, relative aux pensions extraordinaires des grands fonctionnaires de l'Etat, est abrogée.

15-18 fév. 1832. — Loi relative aux pensions des militaires promus à des grades dans l'intervalle du 20 mars au 7 juill. 1815.

Art. 1. Les officiers qui ont été ou seront rétablis dans les grades qui leur avaient été conférés dans l'intervalle du 20 mars 1815 au 7 juillet suivant, seront admis, pour la liquidation de leur pension de retraite, à compter comme passé en possession desdits grades le temps pendant lequel, depuis leur promotion de 1815, ils ont joui, dans un grade inférieur, d'un traitement d'activité, de non-activité ou de réforme. — Le bénéfice du présent article sera appliqué aux sous-officiers, caporaux et brigadiers promus dans le même intervalle.

2. Ceux des militaires désignés dans l'article précédent qui resteront en retraite, auront droit à une nouvelle liquidation de leurs pensions d'après leurs grades de 1815, et conformément au tarif qui était en vigueur au moment de leur mise en retraite.

3. Les veuves actuellement pensionnées auront également droit à une nouvelle liquidation de leurs pensions d'après les grades obtenus par leurs maris en 1815, et conformément au tarif qui était en vigueur au moment où elles ont été admises à la pension. — La présente disposition sera appliquée aux orphelins.

4. Sortiront leur effet les actes du gouvernement qui, dans l'intervalle du 20 mars au 7 juill. 1815, ont concédé, soit à des militaires, soit à des veuves de militaires, les pensions dont l'état est annexé à la présente loi.

5. Dans les cas prévus par les art. 2, 3 et 4 ci-dessus, la jouissance des pensions rétablies ou à liquider courra du 1er janv. 1832. — La restitution ou liquidation desdites pensions ne donnera ouverture à aucun rappel d'arrérages.

24-28 fév. 1832. — Ordonnance du roi sur les retenues à exercer au profit de la caisse des retraites du département de la justice.

Louis Philippe, etc.; — Vu le compte qui nous a été rendu sur la situation de la caisse des retraites du département de la justice; — Considérant que les ressources de cette caisse ne sont plus en rapport avec ses charges, et qu'il serait impossible d'assurer le service des pensions si la magistrature ne s'imposait pas de nouveaux sacrifice, etc.;

Art. 1. Les recettes de la caisse des retraites du ministère de la justice se composeront, à dater du 1er février présent mois : — 1° D'une retenue de 5 pour 100 sur le traitement des présidents, conseillers, conseillers-auditeurs et juges en notre cour de cassation, en nos cours royales, tribunaux de première instance et justices de paix, ainsi que sur celui de nos procureurs, avocats généraux et substituts près ces cours et tribunaux; — 2° De la retenue du premier mois de traitement; — 3° De la retenue, pendant le premier mois, de toutes les augmentations de traitement obtenues, soit dans les mêmes fonctions, soit par suite de promotions à une place supérieure; — 4° Des fonds subventionnels accordés par les lois des finances.

2. Ces dispositions sont applicables aux chefs de service et employés de l'administration centrale du ministère de la justice et des bureaux du conseil d'Etat.

24 fév.-9 mars 1832. — Ordonnance du roi relative aux titulaires de pensions militaires résidant en pays étranger.

Louis-Philippe, etc.; — Vu l'ordon. du 7 déc. 1816; — Vu l'ordon. du 13 juill. 1820; — Vu la loi du 11 avr. 1831 sur les pensions de l'armée de terre; — Considérant que, par le fait de cette loi, les ordonnances des 16 déc. 1816 et 13 juill. 1820 ont cessé d'être exécutoires; — Considérant qu'il importe d'assurer l'exécution des dispositions de ladite loi, portant : — Art. 26 et 28 : ...... — Sur le rapport de notre ministre des finances; — Notre conseil d'Etat entendu, etc.;

Art. 1. Sera considérée comme résidence hors du royaume pour tous titulaires de pensions militaires, Français ou naturalisés Français, et emportant à ce titre la suspension du droit à la jouissance de la pension, l'absence du royaume sans notre autorisation, lorsque ladite absence sera prolongée au delà d'une année.

2. Toutes les autorisations de résider en pays étranger, accordées aux titulaires de pensions militaires antérieurement à la loi du 11 avr. 1831, sont révoquées. Il est accordé un an à ceux qui les ont obtenues pour se pourvoir en autorisation nouvelle.

3. Les titulaires de pensions militaires qui, à l'avenir, auront besoin de s'absenter pendant plus d'une année, devront adresser leur demande en autorisation à notre ministre de l'intérieur par l'intermédiaire des autorités locales. — Ils justifieront devant le maire de leur domicile, par une déclaration faite en présence de témoins et conforme au modèle ci-joint, n° 1,

des causes qui exigent leur séjour à l'étranger. Le maire du domicile et le préfet du département, en transmettant lesdites demandes et les pièces à l'appui, les accompagneront d'un avis motivé.

4. Les titulaires de pensions militaires qui seraient actuellement absents du royaume et voudraient prolonger leur absence pendant plus d'une année, adresseront leur demande en autorisation à notre ministre de l'intérieur par l'entremise de notre ministre des affaires étrangères et de l'agent diplomatique ou consulaire français accrédité dans leur résidence ou dans celle qui en est la plus voisine. — Ils justifieront par une déclaration conforme au modèle n° 2, et reçue par l'agent diplomatique et consulaire ci-dessus désigné, des causes qui nécessitent la continuation de leur séjour hors du royaume. Dans ce cas, ces agents donneront les avis exigés des autorités locales par l'art. 3.

5. Les autorisations de résider hors du royaume seront révocables.

6. Tout certificat de vie délivré à l'étranger, et produit au trésor pour le payement d'une pension militaire, devra être conforme au modèle n° 3; mais il ne sera admis qu'autant que le titulaire aura obtenu notre autorisation de résider hors du royaume, et que cette autorisation aura été notifiée aux agents du trésor public. A cet effet, notre ministre de l'intérieur adressera à notre ministre des finances une ampliation des autorisations de résider à l'étranger accordées sur son rapport. La date et les conditions de l'autorisation seront consignées sur le registre d'inscription des pensions et sur l'état d'arrérages à l'article de chaque pensionnaire.

7. Néanmoins les titulaires de pensions militaires, pourvus, avant la loi du 11 avril 1831, d'autorisations de résider à l'étranger, pourront, pendant le délai qui leur est accordé pour réclamer des autorisations nouvelles, toucher leurs pensions sur la production des pièces qui étaient précédemment exigées d'eux.

8. Lorsqu'un titulaire de pension militaire produira un certificat de vie délivré en France pour réclamer plus d'une année d'arrérages de sa pension, il devra justifier, par un certificat du maire de son domicile, qu'il n'a pas résidé plus d'un an hors du royaume depuis le dernier payement, ou qu'il en avait obtenu l'autorisation.

9. Les dispositions de la présente ordonnance ne seront point applicables : 1° aux veuves de militaires français ou naturalisés Français, pourvu qu'elles déclarent, dans leurs certificats de vie délivrés hors du royaume, n'avoir point perdu leur qualité de Française par un mariage avec un étranger; et 2° aux pensionnaires militaires qui, conformément à l'art. 13 de l'ordonnance du 5 juin 1816, ou en vertu d'arrangement diplomatique, sont dispensés de se pourvoir d'une autorisation pour continuer à jouir de leurs pensions hors de France (suivent les modèles).

21-28 avr. 1832. — Loi de finances portant : « Art. 4. Sont annulées les pensions dont le montant ne figure pas dans le chiffre porté au budget, le payement ayant dû en être suspendu, soit pour cause de refus de serment, soit pour cause de démission volontaire, soit parce que les pensions ont été accordées à des pairs nommés par Charles X. — Art. 5. Les dispositions contenues dans le § 3 de l'art. 1 de la loi du 28 mai 1829, et dans les art. 2, 3, 5 et 6 de la même loi, sont abrogées. »

27 avr.-19 mai 1832.—Ordonnance qui porte que les recettes de la caisse des retraites des employés du ministère de l'intérieur se composeront : 1° d'une retenue de 5 c. par franc sur les traitements et gratifications; — 2° de la retenue du premier mois de tout employé nouvellement nommé — 3° de la retenue, pendant le premier mois, de la portion de traitement qui sera accordé à titre d'augmentation; — 4° des retenues qui seront déterminées sur les appointements des employés en congé.

30 avr.-19 mai 1832. — Ordonnance qui contient une disposition identique à la précédente à l'égard de la caisse de retraite du ministère du commerce et des travaux publics.

25 mai-13 juin 1832. — Ordonnance contenant une disposition semblable aux précédentes pour la caisse des retraites des employés des cultes, et qui ajoute aux recettes de cette caisse les rentes en capital et arrérages lui appartenant et les fonds subventionnels accordés par les lois.

26 mai-1er juill. 1832. — Ordonnance qui augmente, de même que les précédentes, les retenues opérées au profit de la caisse des retraites de l'administration centrale du ministère de la guerre et des administrations et établissements ressortissant à ce département.

27 mai-13 juin 1832. — Ordonnance qui contient des dispositions analogues aux précédentes à l'égard de la caisse des retraites des employés des haras et écoles vétérinaires.

31 août-19 sept. 1832. — Ordonnance portant création d'une caisse spéciale de retraite pour le Conservatoire de musique.

11 sept.-1er oct. 1832. — Ordonnance du roi relative aux pensionnaires de la marine résidant en pays étranger.

Louis-Philippe, etc.; — Vu les ordonnances royales des 7 déc. 1816 et 13 juill. 1820 relatives aux demandes d'autorisation à former par les militaires français et les veuves de militaires français, résidant en pays étranger, et à la retenue du tiers dont leurs pensions étaient frappées; — Vu l'ordonnance du 27 août 1817 (art. 4), qui imposait les même obligations aux pensionnaires de la marine payés sur les fonds de la caisse des invalides; — Vu les lois des 11 et 18 avr. 1831 sur les pensions des armées de terre et de mer; — Vu notre ordonnance du 24 fév. 1832 portant que les ordonnances des 7 déc. 1816 et 13 juill. 1820 ont cessé d'être exécutoires, nommément en ce qui touche la retenue du tiers, laquelle serait contraire aux nouvelles lois sur les pensions; — Voulant, régler, d'après les principes établis dans notre ordonnance précitée du 24 fév. 1832, le mode d'exécution de l'art. 28 de la loi du 18 avr. 1831, sauf les modifications propres au service de la marine; — Considérant que le droit à la jouissance de la pension de retraite est suspendu, — 1° Si le militaire pensionné réside hors du royaume sans notre autorisation; — 2° S'il perd la qualité de Français en faisant l'un des actes prévus par les art. 17 à 21 c. civ.; — Sur le rapport de notre ministre de la marine, — Avons, etc. :

Art. 1. Sera considérée comme résidence hors du royaume, et emportant à ce titre la suspension du droit à la jouissance de la pension, l'absence du royaume sans notre autorisation, pour tous titulaires de pensions militaires payées par la caisse des invalides de la marine, lorsque ladite absence sera prolongée au delà d'une année et qu'il ne sera pas justifié d'un embarquement sur un navire français.

2. Toutes les autorisations de résider en pays étranger, accordées aux titulaires desdites pensions militaires antérieurement à la loi du 18 avr. 1831 sur les pensions de l'armée de mer, sont révoquées. — Il est accordé un an, à ceux qui les ont obtenues, pour se pourvoir en autorisation nouvelle.

3. Les titulaires desdites pensions qui, à l'avenir, auront besoin de s'absenter pendant plus d'une année (sauf le cas d'embarquement sur un navire français, pour lequel il n'est rien innové), devront adresser leur demande en autorisation à notre ministre de la marine et des colonies par l'intermédiaire des fonctionnaires ci-après : — Dans les quartiers maritimes, par les commissaires des classes; — Dans les départements de l'intérieur du royaume, par les préfets. — A cette demande sera jointe une déclaration passée en présence de témoins devant le maire du domicile du pensionnaire, et indiquant les causes qui exigent le séjour à l'étranger; ladite déclaration, conforme au modèle ci-joint n° 1, contiendra soumission de ne rien entreprendre qui puisse faire perdre la qualité de Français. — Le commissaire à l'inscription maritime, ou, suivant le cas, le préfet du département, en transmettant lesdites demandes et pièces à l'appui, les accompagnera d'un avis motivé.

4. Les titulaires desdites pensions militaires qui résideraient actuellement en pays étranger (sauf le cas d'un embarquement sur un navire français), et qui voudraient prolonger leur absence pendant plus d'une année, adresseront leur demande en autorisation à notre ministre de la marine et des colonies, par l'entremise de l'agent diplomatique ou consulaire français accrédité dans leur résidence ou dans celle qui en est la plus voisine. — Ils justifieront, par une déclaration conforme au modèle n° 2, des causes qui nécessitent la continuation de leur séjour hors du royaume, se soumettant d'ailleurs à ne rien entreprendre qui leur fasse perdre la qualité de Français. — Cette déclaration, ensemble la demande en autorisation, seront transmises, avec un avis motivé, par l'agent diplamatique ou consulaire qui les aura reçues.

5. Les autorisations de résidence hors du royaume seront révocables.

6. A l'exception des pensionnaires en cours de voyages maritimes, dont l'existence sera constatée d'après les règles ordinaires, tout certificat de vie délivré à l'étranger, pour servir au payement d'une pension militaire à la charge de la caisse des invalides de la marine, devra être conforme au modèle n° 3; mais il ne sera admis qu'autant que le titulaire aura obtenu notre autorisation de résider hors du royaume, et que cette autorisation aura été notifiée dans le lieu du payement de la pension.

7. Néanmoins, les parties pourvues, avant la loi du 18 avr. 1831, d'autorisations de résider en pays étranger, pourront, pendant le délai qui leur est accordé pour réclamer des autorisations nouvelles (art. 2 ci-dessus), toucher leurs pensions sur la production des pièces qui étaient précédemment exigées d'elles.

8. Lorsqu'un titulaire de pension militaire, payable par la caisse des invalides de la marine, produira un certificat de vie délivré en France pour réclamer plus d'une année d'arrérages, de sa pension, il devra justifier, par un certificat du maire de son domicile, qu'il n'a pas résidé plus d'un an en pays étranger depuis le dernier payement, ou qu'il en avait obtenu l'autorisation. — Quant au pensionnaire qui aurait été absent pendant plus d'un an pour cause d'embarquement sur un navire français, le payement aura lieu sur le vu d'un extrait du rôle d'équipage, sans qu'il soit besoin de justifier d'une autorisation spéciale d'absence.

9. Les dispositions de la présente ordonnance, en ce qui concerne les demandes d'autorisation, ne seront point applicables :—1° Aux titulaires de pensions non militaires, — Ni même aux veuves d'officiers et autres ayant appartenu aux corps militaires de la marine.—2° Seulement, pour les uns comme pour les autres, lorsque la partie résidera à l'étranger, le certificat de vie ne sera admis par la caisse des invalides qu'autant qu'il sera conforme au modèle n° 4, afin qu'il soit établi que le pensionnaire n'a pas perdu la qualité de Français (art. 17, 19 et 21 c. civ.).

20-29 déc. 1832. — Ordonnance qui fixe à vingt-cinq ans l'âge à partir duquel les services civils seront comptés dans la liquidation des pensions imputables sur les caisses spéciales de retraite du département de la guerre.

21 déc. 1832-14 janv. 1833.—Ordonnance relative aux pensions de retraite des employés du mont-de-piété de Paris.

4-26 janv. 1833. — Ordonnance portant création d'une commission chargée de reviser la législation sur les pensions, d'apprécier le mérite des projets qui ont été publiés sur la matière, et de proposer les modifications conciliables avec les intérêts du trésor et le respect des droits acquis.

25 fév.-22 mars 1833. — Ordonnance portant augmentation des retenues à exercer au profit de la caisse des retraites des ingénieurs, employés et agents des ponts et chaussées et des mines.

17-20 avr. 1833.— Loi portant :— Art. 5. Les pensions à liquider en faveur des militaires et de leurs veuves, ainsi que les secours annuels en faveur des orphelins, ne pourront donner lieu au rappel de plus de trois années d'arrérages antérieures à la date de l'insertion au Bulletin des lois des ordonnances de concession de ces mêmes pensions.

6. A l'avenir, tout militaire, veuve ou orphelin de militaire, qui se trouvera en demeure de faire valoir ses droits à l'obtention d'une pension ou d'un secours annuel, sera tenu de se pourvoir en liquidation auprès du ministre de la guerre, dans un délai dont la durée ne pourra excéder cinq ans, sans préjudice des règles déjà fixées et des déchéances encourues ou à encourir d'après la législation en vigueur sur les pensions de l'armée de terre : passé ce délai, les demandes ne seront pas admises.—Les ayants droit qui, au jour de la promulgation de la présente loi, se trouveront déjà en demeure depuis plus de cinq ans, auront un délai d'un an pour se pourvoir, à partir de cette promulgation.

9-27 oct. 1837. — Ordonnance du roi relative aux pensions dites demi-soldes des marins-pêcheurs.

Louis-Philippe, etc.;— Vu l'édit du roi, du mois de mai 1709, portant que, dans le but d'étendre à tous les marins employés par le commerce national le bienfait des pensions dites demi-soldes, limité, lors de la fondation de la caisse des invalides en 1673, aux marins blessés sur les bâtiments de guerre, il sera perçu et versé à ladite caisse, savoir : 4 deniers pour livre sur les appointements des capitaines, maîtres, patrons, officiers mariniers et matelots payés par les négociants au mois ou au voyage; et, quant aux équipages naviguant à part, au lieu desdits 4 deniers pour livre, une taxe fixe dont le chiffre correspondait à cette proportion;—Vu l'édit du mois de mars 1713, enregistré au parlement le 3 mai et le 13 à la chambre des comptes, par lequel le roi, après avoir amélioré quelques produits dévolus à la caisse des invalides dans la marine militaire, d'un autre côté éleva, dans la marine commerciale, de 4 deniers à 6 deniers pour livre la retenue à exercer sur les salaires des marins payés au mois ou au voyage;—Vu la déclaration du roi, en date du 13 juillet de la même année 1713, interprétative de l'édit visé au paragraphe précédent, qui, pour réparer l'omission commise au sujet des équipages engagés à la part, augmenta également de moitié la taxe fixe réglée quant à ceux-ci par le tarif du mois de mai 1709; — Vu l'édit du mois de juillet 1720, enregistré au parlement, où sont énumérées et maintenues les prestations ci-dessus mentionnées, lesquelles imposaient des charges égales aux marins, soit qu'ils fussent engagés au mois, soit qu'ils fussent engagés à la part;—Vu la loi du 13 mai 1791, votée par l'assemblée nationale, qui, au lieu d'une taxe fixe, prescrit d'exercer sur les bénéfices des marins engagés à la part une retenue de 6 deniers pour livre ou 2 1/2 pour 100, comme sur la solde des marins engagés au mois ; — Vu l'arrêté consulaire du 27 niv. an 9, inséré au Bulletin des lois, dont les dispositions maintenaient le même principe en élevant généralement la retenue à 3 c. par franc ; — Vu l'arrêté des consuls, du 19 frim. an 11, qui, abandonnant cette voie pour retourner à l'ancien système d'une perception combinée selon la nature des engagements, se réfère à l'édit de 1720, avec la simple augmentation d'un cinquième pour les marins naviguant à la part, et règle d'après le tonnage des bateaux la prestation des hommes employés à la pêche; — Vu l'ordonnance du 22 mai 1816, insérée au Bulletin des lois, où se trouve reproduite, pour les équipages engagés à la part, l'erreur de calcul commise dans l'arrêté du 19 frim. an 11, visé ci-dessus, consistant en ce que, dans le rétablissement de la taxe fixe, pour maintenir la balance entre les contribuables de la caisse, il eût fallu ne pas se borner à élever d'un cinquième le tarif de 1720, mais tenir compte, en outre, de ce fait que, dans la période de près d'un siècle lors écoulée, les salaires des marins employés par le commerce avaient doublé; — Vu les documents publiés et distribués aux chambres à la suite de l'enquête faite par une commission parlementaire, où l'attention est appelée sur ce résultat de ladite erreur, qu'aujourd'hui les marins naviguant à la part ne versent à la caisse commune qu'une retenue bien inférieure à celle que supportent, à raison de 3 c. par franc, les marins engagés au mois ou au voyage;—Vu le budget de la caisse des invalides de 1837, qui a élevé les fonds de secours, sur les deniers de cette caisse, de 60,000 à 100,000 fr., mais en expliquant que cette augmentation de 40,000 fr., destinée à la classe la plus malheureuse, suppose et exige impérieusement la rectification d'une erreur manifeste autant que dommageable aux intérêts de la masse; — Vu les rapports des officiers généraux et des capitaines de vaisseau chargés des deux dernières inspections du personnel faites dans les quartiers de l'inscription maritime; ensemble la correspondance administrative ayant trait à cette matière, documents dans lesquels il est proposé : 1° d'améliorer, sous la condition d'une certaine durée de service à bord des bâtiments de guerre, le mode de compter le temps de pêche, admis à raison seulement des trois quarts de sa durée effective; 2° d'améliorer également, à l'égard des veuves des marins morts en jouissance de la pension dite demi-solde, la règle traditionnelle qui ne fait courir les arrérages de leur pension qu'à dater du 1er janvier de l'année de concession;

Considérant que le mode erroné dont la réformation a été présentée comme indispensable par le budget de 1837 blesse le principe d'égale répartition des charges et porte atteinte aux dispositions essentielles, tant des édits de 1709 et de 1720 que de la loi du 13 mai 1791;—Considérant que la caisse des invalides doit être mise en mesure de pourvoir au triple surcroît de charges provenues ou à provenir des améliorations indiquées plus haut; que, pour y faire face, il ne suffirait pas d'opérer la rectification de l'erreur signalée, et que, dans la nécessité d'ouvrir de nouvelles ressources à l'établissement, il paraît d'autant plus juste de soumettre à une perception modérée le transport des fonds privés effectué par son intermédiaire, que ce concours officieux l'oblige à surélever le montant de ses fonds en caisse chez tous les trésoriers, d'où résulte une perte d'intérêts;— Sur le rapport de notre ministre de la marine, etc. :

Art. 1. Les marins qui réuniront six ans de service à bord des bâtiments de guerre seront admis à compter sur le pied de la durée effective le temps d'embarquement sur les bateaux employés à la petite pêche ou pêche du poisson frais, pour la pension dite demi-solde, réglée en vertu de la loi du 13 mai 1791. — Ce même temps d'embarquement, lorsque la condition ci-dessus n'aura pas été accomplie, continuera d'être supputé à raison des trois quarts de sa durée effective, conformément à l'ordonnance royale du 29 juin 1828.

2. Les veuves des gens de mer morts titulaires de demi-soldes qui seront proposées dans le travail annuel comme réunissant toutes les conditions exigées pour avoir droit à la pension, obtiendront le rappel des arrérages à compter du jour du décès de leur mari.

3. Il continuera d'être perçu, au profit de la caisse des invalides de la marine, 3 c. par franc sur les salaires des marins engagés au mois ou au voyage.—La même retenue de 3 c. par franc sera exercée sur les décomptes des marins employés aux pêches de la baleine et de la morue, dites grandes pêches. — A cet effet, le rôle d'armement mentionnera la portion attribué à l'équipage dans les bénéfices éventuels de l'expédition, ainsi que le montant des avances payées. Après le retour du navire, les armateurs ou consignataires remettront au bureau de l'inscription maritime un compte sommaire des résultats de la campagne, certifié par eux, et faisant connaître ce qui revient à chacun des hommes de l'équipage.— Quant aux marins engagés à la part, soit pour le cabotage, soit pour la petite pêche ou pêche du poisson frais, la taxe fixe à payer par eux sera réglée d'après les bases suivantes (1) :

1° Marins engagés à la part pour le cabotage.

Capitaine ou maître.	2f 00c par mois.
Officiers mariniers.	1 00
Matelots.	0 75
Novices.	0 50
Mousses.	0 25

2° Marins faisant la petite pêche ou pêche du poisson frais.

Patron.	0f 80c par mois.
Matelots.	0 50
Novices.	0 30
Mousses.	0 15

4. La caisse des invalides prélèvera 1 c. par franc pour le transport des fonds privés dont le versement en numéraire aurait lieu chez le trésorier général ou chez les trésoriers des ports, en échange des traites fournies sur les trésoriers des autres résidences ou sur les trésoriers des colonies. — Continueront seuls d'être transportés et payés à domicile, sans prélèvement, les décomptes de solde, de parts de prises et autres produits versés à la caisse des gens de mer, et dont le mouvement s'opère par la voie des remises.

18 janv.-1er fév. 1839. — Ordonnance du roi qui règle les justifications à faire pour établir le droit à pension attribué aux veuves et aux orphelins, dans le cas où un bâtiment de guerre serait réputé avoir péri en mer, corps et biens.

Louis-Philippe, etc. ; — Vu la loi du 18 avril 1831, sur les pensions de l'armée de mer, art. 19, n° 1 ; — Vu l'ordonnance du 11 oct. 1836 sur les équipages de ligne, et spécialement l'art. 134, qui, pour les cas de sinistres présumés, fixe ainsi qu'il suit le terme passé lequel il n'y a plus lieu de payer, des fonds du trésor public, les délégations consenties par les officiers-mariniers et marins au profit de leurs familles, savoir : douze mois pour les bâtiments naviguant dans les mers d'Europe; vingt-quatre mois pour les bâtiments ayant à remplir des missions sur des points situés hors d'Europe et sur l'Atlantique; et trente-six mois pour les bâtiments expédiés vers les parages situés au delà du cap Horn et du cap de Bonne-Espérance; voulant régler les justifications à faire dans les cas prévus ci-dessus; — Sur le rapport de notre ministre de la marine; le comité de la guerre et de la marine de notre conseil d'Etat entendu, etc.

Art. 1. Dans le cas où un bâtiment de guerre serait réputé avoir péri en mer, corps et biens, le droit à pension attribué aux veuves et aux orphelins, par le n° 1 de l'art. 19 de la loi du 18 avr. 1831, sera établi de la manière suivante : immédiatement après la clôture de la période durant laquelle l'art. 134 de l'ordonnance du 11 oct. 1836, sur les équipages de ligne, permet d'acquitter, sans formalité, le montant des délégations, le préfet maritime du port où compte le bâtiment fera rédiger un procès-verbal relatant les dates de départ, de relâche, de dernière rencontre, et généralement toutes autres circonstances d'où pourrait résulter la certitude morale que le bâtiment et son équipage ont péri en mer. A ce procès-verbal sera joint un certificat du commissaire des revues constatant quels étaient, d'après l'expédition du rôle d'équipage déposée entre ses mains, les officiers, marins et autres présents à bord lors du départ, et indiquant le grade et la paye de chacun d'eux. Le tout sera soumis au con-

(1) *Nota.* Cette prestation repose sur des salaires mensuels ainsi évalués :

	Capitaine.	Officiers mariniers.	Matelots.	Novices.	Mousses.
Cabotage.	66f	33f	25f	10f	8f
Petite pêche.	28	»	16	10	5

seil d'administration du port, qui déclarera s'il y a lieu de dresser des mémoires de proposition à la pension en faveur des femmes et des enfants desdits officiers et marins.

2. Lorsque la déclaration aura été affirmative, le préfet maritime se fera remettre les mémoires de proposition dûment appuyés des actes de mariage, de naissance, etc., plus d'un certificat du maire du lieu de la résidence, constatant que l'officier, marin ou autre, n'a pas reparu ni donné de ses nouvelles, et il enverra ces pièces à notre ministre de la marine et des colonies.

3. Les pensions qui seront liquidées sur les fonds de la caisse des invalides de la marine suivant les formes établies par la présente ordonnance comporteront un rappel d'arrérages à partir du jour où les délégations sur la solde d'activité des marins eux-mêmes auront cessé d'être payées à leurs familles.

9 janv.-23 fév. 1840. — Ordonnance qui porte le maximum de la pension de retraite des conducteurs des ponts et chaussées à la moitié du traitement moyen dont ils ont joui pendant les trois dernières années de leur activité.

12-17 avr. 1840. — Loi qui ouvre, sur l'exercice 1840, des crédits supplémentaires pour subvention aux caisses de retraite des ministères des affaires étrangères et des finances, et qui dispose : — Art. 3. Jusqu'à la promulgation d'une loi générale sur les pensions des fonctionnaires de l'ordre civil, il ne sera concédé de pensions à la charge des caisses de retraite subventionnées par l'Etat, qu'en proportion des fonds rendus libres par les extinctions, et sans que les crédits actuellement accordés puissent être excédés. — Sont exceptées de cette limitation les pensions qui seraient dues aux veuves des fonctionnaires et employés morts en activité de service.

10 juill.-20 oct. 1840. — Ordonnance du roi portant qu'à l'avenir les veuves des conducteurs des ponts et chaussées, morts pensionnaires ou en possession de droits à la retraite, auront droit à une pension.

LOUIS-PHILIPPE, etc.; — Sur le rapport de notre ministre secrétaire d'Etat au département des travaux publics; — Vu les art. 39 et 55 du décret du 25 août 1804 (7 fruct. an 12); — Vu l'art. 2 de l'ordonnance du 9 janv. 1840, etc.

Art. 1. A l'avenir les veuves des conducteurs des ponts et chaussées morts pensionnaires ou en possession de droits à la retraite auront droit à une pension. Cette pension sera liquidée d'après les mêmes règles que les pensions des veuves des ingénieurs des ponts et chaussées.

5 août-20 oct. 1840. — Ordonnance du roi concernant les pensions de retraite des ingénieurs des ponts et chaussées et des mines.

LOUIS-PHILIPPE, etc.; — Sur le rapport de notre ministre secrétaire d'Etat des travaux publics; — Vu l'art. 35 du décret du 7 fruct. an 12, et l'art. 82 du décret du 18 nov. 1810, etc.

Art. 1. A l'avenir le temps de service des ingénieurs des ponts et chaussées et des mines datera de leur entrée à l'école des ponts et chaussées ou à l'école des mines, ou de l'âge de vingt ans, dans le cas où l'élève serait au-dessous de cet âge lors de sa nomination.

2. Le traitement alloué aux élèves des ponts et chaussées et des mines sera assujetti aux retenues prescrites par notre ordonnance du 25 février 1833.

5 août-20 oct. 1840. — Ordonnance du roi qui fixe le maximum des pensions de retraite des inspecteurs généraux de seconde classe des mines et des inspecteurs divisionnaires des ponts et chaussées.

LOUIS-PHILIPPE, etc.; — Vu les décrets du 7 fruct. an 12 et du 18 nov. 1810; — Vu nos ordonnances du 8 juin 1832 et du 22 déc. 1836; — Sur le rapport de notre ministre des travaux publics, etc.

Art. 1. Le maximum des pensions de retraite auxquelles pourront avoir droit les inspecteurs généraux de deuxième classe des mines et les inspecteurs divisionnaires des ponts et chaussées est fixé à 4,500 fr.

4 sept. 1840. — Ordonnance du roi relative aux pensions des employés des octrois.

LOUIS-PHILIPPE, etc.; — Vu le décret sur les pensions, du 4 juill. 1806, et l'avis du conseil d'Etat, du 12 nov. 1811, approuvé le 17 du même mois, qui rend applicables, sans distinction, aux employés des villes, les dispositions du décret précité; — Vu l'ordonnance du 12 janv. 1825, relative aux retraites des employés du ministère des finances et des administrations qui en dépendent; — Considérant que les employés des octrois rendent les mêmes services et courent les mêmes dangers que les employés des contributions indirectes, et qu'il convient dès lors de liquider leurs pensions d'après les mêmes règles; — Notre conseil d'Etat entendu, etc.

Art. 1. Lorsque les villes en auront fait la demande, les pensions des employés des octrois municipaux seront réglées conformément aux dispositions des tit. 2, 3 et 4 de l'ordonnance du 12 janv. 1825.

10 mai-1er juin 1841. — Ordonnance du roi portant amélioration des pensions dites demi-soldes des capitaines au long cours et des maîtres au cabotage.

LOUIS-PHILIPPE, etc.; — Vu la loi du 13 mai 1791, relative à l'établissement des invalides, et dont le tarif régit les pensions des marins hors le cas où, soit par des blessures reçues dans les combats et dans les manœuvres, soit par vingt-cinq années de service entièrement à l'Etat, ils sont admis à jouir du bénéfice de la loi du 18 avr. 1831, spécialement applicable au personnel entretenu qui compose les cadres de l'armée de mer; — Vu le décret organique du corps de la marine, sanctionné le 15 mai 1791, portant que le brevet d'enseigne de vaisseau auxiliaire serait donné à tous capitaines de navires reçus pour le long cours; — Vu la loi du 13 germ. an 3, sur les pensions de la marine (art. 1), et la loi du 3 brum. an 4, sur l'inscription maritime (art. 24 et 28), lesquels fixent à cinquante ans l'âge où les gens de mer inscrits cessent d'être passibles des levées et peuvent obtenir la pension viagère dite demi-solde, lorsqu'ils comptent une durée de vingt cinq années effectives, soit de service dans les arsenaux maritimes, soit de navigation mixte sur les bâtiments de guerre et les bâtiments du commerce national; — Vu les art. 9, 10, 11, 13 et 14 de la loi du 3 brum. an 4, qui, après avoir posé des règles pour l'examen de capacité et la réception des capitaines au long cours et des maîtres au petit cabotage, garantissent au capitaine au long cours l'emploi d'enseigne de vaisseau auxiliaire, dans le cas où il est requis de servir sur les bâtiments de guerre, et réservent au maître au cabotage l'emploi de pilote côtier sur les mêmes bâtiments; — Vu l'arrêté consulaire du 27 niv. an 9, les ordonnances royales des 22 mai 1816, 17 sept. 1823, 22 janv. 1824, 12 mars 1826, 29 juin 1828, 31 déc. 1833, 12 nov. 1835 et 9 oct. 1837, lesquels actes ont produit ce double résultat, de développer les ressources légales de la caisse des invalides et d'améliorer progressivement le sort des familles de la population maritime, avec priorité pour les hommes de mer qui naviguent dans les grades inférieurs; — Vu le budget de la caisse des invalides, voté pour ordre par les chambres législatives du royaume, et calculé de manière à permettre d'étendre le bienfait de ces améliorations aux capitaines au long cours et aux maîtres au cabotage, lorsqu'ils sont parvenus à l'âge de la pension; — Considérant qu'il importe à l'affermissement de la discipline dans la marine commerciale, de tenir compte à ces navigateurs du droit hiérarchique qui leur a été éventuellement ouvert par les articles précités de ladite loi du 3 brum. an 4, et qu'il convient aussi d'avoir égard à la durée effective des commandements exercés par le commerce, attendu qu'elle implique des prestations plus fortes versées par eux dans la caisse des invalides; — Voulant, d'autre part, assurer sur une base équitable la perception des droits dévolus à la caisse des invalides, dans le cas où il est fait par les capitaines ou autres des arrangements en dehors des conditions communes, etc. :

TIT. 1.

Art. 1. Tout capitaine au long cours, breveté, qui, parvenu à l'âge de cinquante ans et réunissant vingt-cinq ans de navigation mixte, aura servi deux ans sur les bâtiments de l'Etat, en qualité d'enseigne de vaisseau auxiliaire, ou qui, à défaut, justifiera de six années effectives de commandement pour le commerce national, soit au long cours, soit au grand cabotage, aura droit à la pension dite demi-solde, accordée aux enseignes de vaisseau auxiliaires d'après la loi du 13 mai 1791. Le capitaine au long cours qui ne remplira pas l'une ou l'autre condition obtiendra la pension réglée, d'après la même loi, aux maîtres de timonnerie de première classe.

2. Tout maître au petit cabotage, breveté, âgé de cinquante ans et réunissant vingt-cinq ans de navigation mixte, aura droit à la pension dite demi-solde de pilote côtier de première classe, s'il a servi à la paye de ce grade sur les bâtiments de l'Etat, ou si, à défaut, il justifie de douze ans de commandement pour le cabotage. Le maître au cabotage qui ne remplira pas l'une de ces deux conditions obtiendra la pension de pilote côtier de seconde classe.

3. Indépendamment des pensions ci-dessus déterminées, les capitaines au long cours et les maîtres au cabotage auront droit aux suppléments accordés en vertu des art. 3, 4 et 6 du règlement annexé à la loi du 13 mai 1791.

4. Les veuves et, à défaut de veuves, les orphelins des capitaines au long cours et des maîtres au cabotage participent au bénéfice des dispositions contenues dans les art. 1 et 2 de la présente ordonnance, et suivant les bases indiquées par les art. 7 et 9 dudit règlement.

5. Les dispositions ci-dessus seront appliquées aux pensions dont la liquidation est restée en suspens.

TIT. 2.

6. Si un capitaine ou maître, propriétaire de navires, commande en personne son bâtiment, la prestation à verser par lui à la caisse des invalides sera établie sur le taux de la solde moyenne accordée aux navigateurs qui exerceront, pour la même place de commerce, des commandements analogues.

7. Cette règle sera également suivie dans le cas où un capitaine ou tout autre marin de l'équipage aurait fait avec l'armateur des arrangements particuliers ayant pour résultat de lui tenir lieu, en tout ou en partie, de sa solde fixe.

20 mai-1er juin 1844. — Ordonnance du roi portant règlement sur les pensions de retraite des employés du mont-de-piété de Paris.

Art. 1. Le fonds de pension du mont-de-piété se compose : 1° des arrérages de l'inscription de 25,000 fr. de rentes 5 p. 100 consolidés, qui forme un fonds de retraite, en exécution du décret du 22 sept. 1812; — 2° Des rentes 5 p. 100 acquises au moyen des fonds restant libres dans la caisse des retraites à la fin de chaque année; — 3° Du produit d'une retenue annuelle de 5 cent. par franc sur tous les traitements; — 4° De la retenue du premier mois d'appointements des employés admis; — 5° De la retenue du premier mois de toutes les augmentations des traitements obtenues soit dans les mêmes fonctions, soit par suite d'avancement; — 6° Des portions de traitements disponibles par vacances d'emplois, qui n'excéderont pas un mois; — 7° Des retenues de portions d'appointements faites à raison de congés accordés aux employés de tout grade.

2. A mesure des extinctions des pensions existant au 21 déc. 1832, la moitié seulement du montant de ces extinctions continuera à être affectée à

caisse des retraites; l'autre moitié continuera à être restituée au capital du mont-de-piété, et ce jusqu'à ce que ces restitutions s'élèvent aux 25,000 fr. de rentes formant la moitié de la dotation constituée à la caisse par notre ord. du 21 déc. 1832.

3. Les pensions qui seront liquidées ne seront admises au payement que lorsque la caisse aura des fonds libres, déduction faite des prélèvements prescrits par l'article précédent. En cas d'insuffisance des fonds libres, les pensions ne seront admises au payement que dans l'ordre de la date de leur liquidation. Quant aux pensions qui auraient été liquidées à la même date, les fonds libres seront répartis dans la proportion du montant de ces pensions entre leurs titulaires.

4. Les projets de liquidation de pension, tels qu'ils auront été adoptés par le conseil d'administration du mont-de-piété, et accompagnés de l'avis du préfet du département, seront approuvés par une ordonnance royale rendue, le comité de l'intérieur de notre conseil d'État entendu.

5. Les employés auront droit à une pension de retraite lorsqu'ils justifieront de soixante ans d'âge et de trente ans de services effectifs, dont quinze au moins dans l'administration du mont-de-piété, et le surplus dans les administrations municipales de la ville de Paris, dans des administrations ressortissant du gouvernement ou dans l'armée française. Dans le cas où l'employé compterait des services militaires, il sera fait une liquidation séparée pour ces services d'après les bases fixées pour la liquidation des pensions militaires. Les années de service militaire ne seront comptées que pour le temps effectif de leur durée, sans doublement pour années de campagne.

6. Seront dispensés de la condition de soixante ans d'âge, établie par l'article précédent, les employés qui, ayant trente ans de service, sur la proposition du conseil d'administration, auront été reconnus hors d'état de continuer leurs fonctions.

7. Pourront obtenir une pension, quels que soient leur âge et la durée de leurs services, les employés qu'un accident grave, résultant de l'exercice de leurs fonctions, aura mis dans l'impossibilité de les continuer.

8. Pourront obtenir une pension, quel que soit leur âge, mais seulement après quinze ans au moins de service dans l'administration du mont-de-piété, les employés atteints d'infirmités graves reconnues provenir de l'exercice et à l'occasion de leurs fonctions et qui les auraient mis dans l'impossibilité de les continuer.

9. Pour déterminer le montant de la pension, il sera fait une année moyenne du traitement fixe dont les réclamants auront joui pendant les quatre dernières années de leur service.

10. La pension accordée en vertu des art. 5 et 6 sera, pour trente ans, de la moitié du traitement moyen calculé ainsi qu'il est dit dans l'article précédent. Elle s'accroîtra d'un soixantième de ce traitement pour chaque année de service au-dessus de trente ans, sans pouvoir excéder les maximum suivants :—*Traitements*. De 1,000 fr. et au-dessous.—*Maximum*. Trois quarts du traitement; de 1,001 à 2,400 fr., deux tiers du traitement; de 2,401 à 3,200 fr., 1.600 fr.; de 3,201 fr. et au-dessus, moitié du traitement, sans pouvoir jamais dépasser 6,000 fr.

11. Dans le cas prévu par l'art. 7, la pension sera liquidée, pour chaque année de service, à raison d'un soixantième du traitement. Elle ne pourra être inférieure au quart, et ne pourra dépasser la moitié de ce traitement.

12. Dans le cas prévu par l'art. 8, la pension sera, pour quinze ans de service, du quart du traitement. Elle s'accroîtra d'un soixantième de ce traitement, pour chaque année de service au-dessus de quinze ans, sans pouvoir dépasser la moitié du traitement.

13. La veuve d'un employé décédé en jouissance d'une pension de retraite ou en possession de droits à cette pension aura droit à une pension. Si elle est âgée de cinquante ans à l'époque du décès de son mari, ou si elle a un ou plusieurs enfants de son mariage avec lui, cette pension sera du tiers de celle dont jouissait son mari ou à laquelle il avait droit. Si la veuve est âgée de moins de cinquante ans et n'a pas d'enfants, sa pension ne sera que du quart. Dans tous les cas, la pension d'une veuve ne pourra être inférieure à 100 fr.

14. Pour être admise à obtenir une pension, la veuve devra justifier : 1° qu'elle était mariée avec l'employé cinq ans avant la cessation de ses fonctions; 2° qu'elle n'était pas séparée de corps, ou, si elle était séparée, que la séparation n'avait pas été prononcée sur la demande de son mari.

15. La veuve admise à jouir d'une pension cessera de la toucher si elle se remarie.

16. Si la veuve ne satisfait pas aux conditions indiquées dans l'art. 14, ou si elle meurt ou se remarie avant que les enfants provenant de son mariage avec l'employé aient atteint l'âge de quinze ans, la pension dont elle jouissait, ou celle à laquelle elle aurait pu avoir droit, sera réversible sur ses enfants, qui en jouiront, par égales portions, jusqu'à ce qu'ils aient accompli cet âge, mais sans réversibilité des uns sur les autres.

17. Si l'employé ne laisse pas de veuve, mais seulement des orphelins nés en légitime mariage, il sera accordé à ces derniers des secours annuels, jusqu'à ce qu'ils aient atteint l'âge de quinze ans accomplis. La quotité de ces secours sera fixée pour chacun à la moitié de ce qu'aurait eu la veuve si elle avait survécu à son mari, et ne pourra excéder, pour tous les enfants ensemble, le tiers de la pension à laquelle leur père aurait eu droit ou dont il jouissait.

18. Tout employé qui, par suite de démission ou de révocation, cesse ses fonctions, perd ses droits à la pension, lors même qu'il satisferait aux conditions nécessaires pour l'obtenir.

19. Si un employé démissionnaire ou révoqué est réadmis ultérieurement dans l'administration, le temps de son premier service comptera pour la pension.

20. Si le montant des fonds déterminé par l'art. 1 excède le montant des pensions, l'excédant restera dans la caisse du mont-de-piété, qui en fera le placement au profit de la caisse des pensions.

21. Les pensions seront payées tous les trois mois.

22. Le directeur du mont-de-piété rendra chaque année, au conseil d'administration du mont-de-piété, un compte de la situation de la caisse des pensions.

23. Ce compte, arrêté par le conseil d'administration, sera transmis par le préfet à notre ministre de l'intérieur.

5 oct.-1er nov. 1844. — Ordonnance qui apporte de nouvelles améliorations dans le régime des pensions à la charge de la caisse des invalides de la marine (D. P. 45. 3. 5).

14 oct. 1845. — Ordonnance relative aux pensions des courriers des malles-postes. — V. M. de la Roque, C. des pens. civ., p. 244).

29 déc. 1845-1er fév. 1846.—Ordonnance portant que les traitements des gardes-mines attachés au département des travaux publics subiront des retenues au profit de la caisse des retraites de ce département.

24 fév.-15 mars 1846. — Décision du roi concernant les pensions de retraite à accorder aux employés du département des finances mis hors de service par suite d'un acte de dévouement dans un intérêt public, ou en exposant leurs jours pour sauver la vie d'un de leurs concitoyens (D. P. 46. 3. 46).

30 avril-29 mai 1846. — Ordonnance concernant les pensions de retraite des employés des douanes de la Guyane française (D. P. 46. 3. 78).

12 août-14 sept. 1846. — Ordonnance relative aux pensions des veuves et orphelins des employés du département des finances (D. P. 46. 3. 171).

28 juill.-21 août 1847. —Ordonnance sur les retenues à exercer au profit de la caisse de retraite des employés de la cour des comptes (D. P. 47. 3. 168).

13-15 mars 1848. — Décret sur le cumul des pensions de retraite avec le traitement d'activité (D. P. 48. 4. 47).

2-6 mai 1848. — Décret relatif aux pensions à accorder aux fonctionnaires ou employés qui, du 25 fév. au 25 juill. 1848, auront été réformés pour cause de suppression d'emploi ou de réorganisation (D. P. 48. 4. 87).

19 juin-14 juill. 1848. — Décret qui autorise le cumul en faveur des majors, adjudants-majors, adjudants sous-officiers, tambours-majors et tambours-maîtres de la garde nationale (D. P. 48. 4. 125).

30 août-18 sept. 1848.— Arrêté relatif aux pensions de retraite des ouvriers et ouvrières de l'imprimerie nationale (D. P. 48. 4. 167).

23-28 oct. 1848. — Décret relatif aux pensions de retraite des employés de l'ancienne chambre des pairs (D. P. 48. 4. 182).

24-29 nov. 1848.—Loi relative aux pensions de retraite des ouvriers de la marine (D. P. 49. 4. 2).

24 nov.-4 déc. 1848.—Loi qui rectifie la précédente (D. P. 49. 4. 4).

6 fév.-2 mars 1849. — Arrêté relatif aux pensions de retraite des courriers des postes.

15-27 mars 1850.— Loi qui substitue une caisse de retraite à la caisse d'épargne établie par la loi du 28 juin 1833 en faveur des instituteurs primaires (D. P. 50. 4. 52).

22 mai-14 juin 1850.—Décret qui admet à jouir d'une pension de retraite les fonctionnaires et employés de l'institut national agronomique, des écoles régionales d'agriculture, des vacheries, des bergeries et de l'inspection agricole (D. P. 50. 4. 129).

22 mai-14 juin 1850. — Décret concernant les employés de l'enseignement professionnel de l'agriculture qui faisaient partie des administrations de l'ancienne liste civile (D. P. 50. 4. 129).

28 mai-14 juin 1850.—Décret concernant les pensions de retraite à accorder aux employés des manufactures nationales (D. P. 50. 4. 129).

29 août-17 sept. 1850. — Décret relatif aux pensions de retraite des fonctionnaires de l'instruction publique (D. P. 50. 4. 197).

5-9 avril 1851. — Loi sur les secours et pensions à accorder aux sapeurs pompiers, municipaux ou gardes nationaux, victimes de leur dévouement dans les incendies, à leurs veuves et à leurs enfants (D. P. 51. 4. 62).

9-30 avril 1851. — Décret relatif aux pensions de retraite des officiers et employés de l'administration des haras placés temporairement dans les dépôts mixtes d'étalons nationaux et départementaux (D. P. 51. 4. 66).

14-20 déc. 1851.— Décret sur les secours annuels et viagers à distribuer aux anciens militaires de la République et de l'empire (D. P. 52. 4. 40).

19 déc. 1851-10 janv. 1852. — Décret sur le traitement de réforme à accorder aux fonctionnaires ou agents que l'administration de l'instruction publique ne peut plus employer ni conserver dans ses cadres (D. P. 52. 4. 23).

1er-5 mars 1852. — Décret sur la mise à la retraite des magistrats (D. P. 52. 4. 62).

10-30 mars 1852.— Décret sur la mise à la retraite des membres de la cour des comptes (D. P. 52. 4. 89).

25-30 mars 1852.—Décret portant qu'il pourra être accordé des pensions et indemnités temporaires aux membres non replacés de l'ancien conseil d'État (D. P. 52. 4. 92).

8-12 juin 1852. — Décret relatif à la révision des pensions liquidées par les ministres de la guerre et de la marine (D. P. 52. 4. 162).

1er sept.-21 oct. 1852. — Décret qui fixe le maximum de la pension de retraite des inspecteurs généraux de seconde classe des mines (D. P. 52. 4. 202).

24 nov.-3 déc. 1852. — Décret qui déclare tributaires de la caisse des retraites du département des finances, les fonctionnaires, agents et employés ressortissant au ministère d'État (D. P. 52. 4. 214).

31 déc. 1852-11 janv. 1853. — Décret impérial sur les pensions de retraite des fonctionnaires, agents et employés du ministère de la maison de l'empereur, attachés à l'administration de la dotation de la couronne (D. P. 52. 4. 232).

13 avril-14 juin 1853. — Décret portant que les pensions inscrites au nom d'anciens pairs de France et de fils d'anciens pairs, aujourd'hui sénateurs, seront rayées des livres du trésor (D. P. 53. 4. 111).

9-13 juin 1853. — Loi sur les pensions civiles (D. P. 53. 4. 98).

10-15 juin 1853. — Loi relative au crédit de 2,700,000 fr., inscrit au budget pour secours viagers à d'anciens militaires de la République et de l'empire (D. P. 53. 4. 114).

15-30 juin 1853. — Décret qui détermine les bases de liquidation des indemnités accordées, par le décret du 13 juin 1853, aux employés et agents du domaine privé du dernier règne (D. P. 53. 4. 143).

28 juin 1853.—Décret qui institue une caisse générale de retraite en faveur du clergé (non inséré au Bulletin des lois).—V. *infrà*, n° 104, et v° Culte, n° 472.

9-14 nov. 1853. — Décret portant règlement d'administration publique pour l'exécution de la loi du 9 juin 1853 sur les pensions civiles (D. P. 54. 4. 3).

10-24 mai 1854. — Décret portant fixation, pour l'année 1854, du décret d'inscription des pensions civiles régies par la loi du 9 juin 1853 (D. P. 54. 4. 82).

31 juill.-4 sept. 1854. — Décret relatif à la dotation affectée par les décrets des 22 janv. et 27 mars 1852 à l'établissement d'une caisse de retraite en faveur des ecclésiastiques âgés et infirmes (D. P. 54. 4. 111).

26-28 avril 1855. — Loi relative à la création d'une dotation de l'armée et aux pensions militaires (D. P. 55. 4. 44).—V. Organ. milit.

SECT. 2. — DES PENSIONS CIVILES.

17. Nous nous occuperons principalement dans cette section de la loi du 9 juin 1853, seule applicable aujourd'hui à la généralité des pensions civiles. — Nous ne parlerons de la législation antérieure qu'incidemment, en ce qui touche les fonctionnaires dont les pensions continuent à être régies par la loi du 3 août 1790, et le décret du 13 sept. 1806.—Les dispositions qui les concernent ne forment plus que des exceptions aux règles générales tracées par la loi de 1853, et c'est ainsi qu'elles trouveront leur place dans la division de cette partie de notre travail où nous allons examiner : 1° Les dispositions relatives à la suppression des caisses de retraite ;— 2° Quelles sont les conditions du droit à pension ; — 3° Comment ce droit peut se perdre ou se trouver suspendu ;— 4° Quels sont les droits des veuves et orphelins des fonctionnaires ou employés ; — 5° Les règles qui concernent la demande d'admission à la pension, la quotité, la liquidation et la jouissance de la pension.

Ces points divers feront l'objet des cinq premiers articles qui suivent. Dans un sixième article, nous dirons succinctement quelle position ont faite aux employés des anciennes listes civiles les lois postérieures au mois de juillet 1830.

ART. 1. — *Suppression et liquidation des caisses de retraite.*

18. Nous avons expliqué dans la première section les causes qui ont amené la suppression des *caisses de retraite* (V. n° 11). Il nous suffira de rappeler ici qu'elles ont cessé d'exister à partir du 1er janv. 1854, et que leur actif est acquis à l'Etat (L. 9 juin 1853, art. 1). — L'énumération des caisses supprimées forme le tableau n° 1 annexé à la loi de 1853 (V. le tableau, D. P. 53. 4. 98).—On s'était étonné que la caisse des instituteurs communaux possédant un capital de 7,400,000 fr., et celle de l'imprimerie impériale, ne fussent pas comprises dans ce tableau. — M. Stourm, conseiller d'État et commissaire du gouvernement, a expliqué cette omission. « La caisse des instituteurs communaux, a-t-il dit, n'est pas une caisse de retenues, c'est une caisse d'épargne, constitutive de capital, dans laquelle sont versées les épargnes des instituteurs et de leurs familles. C'est une propriété privée : on ne pourrait la supprimer qu'en restituant aux instituteurs ou à leurs familles ce qu'ils auront versé. Le projet de loi accorde, à l'avenir, la pension de retraite aux instituteurs communaux, et la liquidation de cette pension aura pour point de départ le jour où la loi sera devenue exécutoire. La pension sera proportionnelle aux retenues que les instituteurs auront subies depuis cette époque. Le tableau annexé ne saurait donc mentionner la caisse spéciale dont on vient de parler. Quant à celle de l'imprimerie impériale, a ajouté M. le commissaire du gouvernement, elle a deux sortes de pensions bien distinctes à servir : d'abord aux employés, ensuite aux ouvriers de l'imprimerie ; les premiers subissent une retenue de 5 p. 100, les seconds de 3 p. 100. On ne peut soumettre cette caisse aux mêmes conditions que celles des autres administrations, car elle est à la fois caisse d'employés et caisse d'ouvriers. Or, le projet de loi ne concerne pas les ouvriers, il n'y est question que des employés et des fonctionnaires. La caisse de l'imprimerie impériale continuera donc à exister » (Mon., séance corps législ. 14 mai).

A partir du 1er janv. 1854, la caisse des *dépôts* et *consignations* a cessé d'être chargée du service des pensions imputées sur les caisses de retraite supprimées par l'art. 1 de la loi du 9 juin 1853. — Elle a dû néanmoins continuer, jusqu'au 1 mai 1854, à effectuer le payement des arrérages et décomptes d'arrérages afférents à l'année 1853 et années antérieures, et elle a dû également faire recette des retenues portant sur ces années. —Également à partir du 1er janv. 1854, les arrérages antérieurs doivent être, jusqu'au terme de prescription, payés aux caisses du trésor public, par imputation sur le crédit spécial de dépense affecté chaque année au service des pensions civiles. Les retenues arriérées, dévolues aux caisses de retraite supprimées, ou provenant de leur liquidation, ont dû être portées au chapitre spécial ouvert au budget. — La caisse des dépôts et consignations a dû arrêter au 1er juill. 1854 la situation des caisses de retraites supprimées, et verser au Trésor leur solde en numéraire et leurs autres valeurs actives.—Les inscriptions de rente appartenant à ces caisses sont annulées. — Un procès-verbal de clôture et de remise du service a dû être dressé contradictoirement entre un délégué du ministre des finances, le directeur général de la caisse des dépôts et consignations, et un membre de la commission de surveillance placé près de cet établissement et désigné par elle à cet effet (décr. 9 nov. 1853, art. 1, D. P. 54. 4. 3).

19. Comme corollaire de la suppression des caisses de retraite, l'art. 2 de la loi du 9 juin 1853, ordonne l'*inscription* au *grand-livre* de la dette publique, à partir de la même époque : 1° Des pensions existantes ou en cours de liquidation à la charge des caisses supprimées, pour services terminés avant le 1er janv. 1854 ; — 2° Des pensions et indemnités concédées pour cause de réforme, en vertu de l'art. 4 de la loi du 1er mai 1822 et du décret du 2 mai 1848 (D. P. 48. 4. 87) ;—3° Des pensions et des secours annuels qui seront concédés à titre de réversibilité aux veuves et aux orphelins des pensionnaires inscrits en vertu des deux paragraphes qui précèdent. — C'est aussi au grand-livre que doivent être inscrites à l'avenir toutes les pensions accordées par l'Etat (L. 9 juin 1853, art. 17, V. *infrà*, n° 94).

C'est là une mesure financière très-grave sans doute ; mais elle nous semble profondément juste et logique : *juste*, en ce qu'elle fait disparaître entre les divers fonctionnaires une différence de situation qui n'avait aucun fondement équitable ; *logique*, en ce qu'en admettant, comme la loi de 1790, le principe d'une dette contractée par l'État envers ceux qui lui ont consacré leur vie et leurs facultés, elle en accepte franchement les conséquences.

20. Toutefois, les vues du gouvernement à ce sujet ont rencontré une très-vive opposition de la part de la commission du corps législatif, qui, au système de la loi, à cet égard avait proposé de substituer les deux dispositions suivantes : « Art. 1. Les caisses de retraite désignées au tableau n° 1 seront supprimées à partir du 1er janv. 1854, et seront réunies au ministère des finances en une caisse spéciale chargée du service : 1° des pensions existantes ou en cours de liquidation à la charge des caisses supprimées pour services terminés avant le 1er janv. 1854; —2° Des pensions et indemnités concédées pour causes de réforme, en vertu de l'art. 4 de la loi du 1er mai 1822 et du décret du 2 mai 1848; — 3° Des pensions et des secours annuels qui seront concédés, à titre de réversibilité, aux veuves et aux orphelins des pensionnaires inscrits en vertu des deux paragraphes qui précèdent.—Art. 2. L'actif des caisses supprimées sera acquis à la caisse spéciale des pensions civiles sur fonds de retenues, ainsi que celui de la caisse d'épargne des instituteurs communaux. »

Ainsi, la commission admettait la suppression de toutes les caisses particulières de retenues, mais c'était pour leur substituer une caisse générale qui aurait eu aussi pour résultat de soumettre tous les pensionnaires à des règles communes. — Seulement elle ne voulait pas que l'État devînt débiteur direct des pensions. — La pensée de la commission ressort, du reste, avec une grande netteté, du rapport fait en son nom par M. Gouin. « Le projet de loi, y est-il dit, en décidant que toutes les pensions seront inscrites au grand-livre de la dette publique, intervertit les rôles et rend le trésor débiteur direct, quel que soit le résultat des charges produites par la nouvelle loi; alors le montant des retenues n'est plus qu'un accessoire. C'est cette conséquence grave dont les effets ne sauraient être appréciés à l'avance au point de vue de nos finances, que nous tenons à éviter. Nous admettons la participation du trésor, mais avec une limite fixée par la loi : lorsque nous portons dès aujourd'hui cette limite à 7 p. 100 du montant de tous les traitements soumis à la retenue, nous avons égard aux nécessités transmises par le passé, et nous voulons que, dès son début, la caisse générale puisse satisfaire largement à son service. »

21. La commission, on le voit, se préoccupait, avec une très-louable sollicitude, de l'intérêt de nos finances; mais, au fond, son contre-projet était-il beaucoup plus favorable à notre situation financière que le système qui a prévalu? Nous ne le croyons pas, et la raison de cette opinion nous paraît évidente. La commission admettait la nécessité d'une subvention par l'État à la caisse des pensions de 7 p. 100 du montant de tous les traitements soumis à la retenue, ce qui, suivant ses calculs, s'élevait à 12,578,954 fr. — Or, de deux choses l'une : ou cette subvention était suffisante pour couvrir le déficit des retenues, ou elle ne l'était pas. Si elle devait suffire, le trésor ne la dépassera pas, car les retenues doivent s'exercer sur tous les traitements avec plus de régularité que le passé. Il n'y a rien de changé sous ce rapport en faveur des fonctionnaires. Si, au contraire, elle devait être insuffisante, il est facile de comprendre ce qui se fût passé par ce qui est arrivé toutes les fois que le fonds de retenue s'est trouvé en déficit. On aurait obtenu de l'État un nouveau sacrifice en faveur des pensionnaires en invoquant leurs longs services et le sentiment de gratitude qui leur est dû.

En réalité, le dissentiment qui s'est manifesté sur ce point entre le conseil d'État et la commission, avait donc beaucoup moins de portée qu'il n'en présentait au premier aperçu. — Au surplus, comme on l'a fait remarquer dans la discussion au corps législatif, il s'agissait uniquement de régulariser un fait qui remontait déjà à un temps éloigné et qui paraissait destiné à se perpétuer, à savoir, le payement des pensions par l'État à l'aide des fonds généraux du trésor et des retenues opérées sur les traitements.

Art. 2. — *Des conditions du droit à pension.*

22. La loi du 3 août 1790, conçue dans un très-bon esprit, se prêtait cependant, sur quelques points essentiels, au plus regrettable arbitraire. Suivant son texte, l'État ne devait récompenser les services rendus au corps social qu'autant que *leur importance et leur durée* méritaient ce témoignage de reconnaissance. Mais, à quels caractères précis pouvait-on reconnaître ces services? Voilà ce qui était entièrement laissé à l'équitable appréciation du gouvernement. — Aussi a-t-on vu qu'il n'y avait qu'un très-petit nombre de fonctionnaires exclusivement pensionnés sur les fonds du trésor.

La loi du 9 juin 1853 donne, au contraire, des règles qui, sans doute, laissent encore à désirer sous le rapport de la précision, mais qui, du moins, suffisent pour rassurer sur leur avenir le plus grand nombre des fonctionnaires et des employés. — Les conditions qu'elle exige pour qu'on ait droit à une pension de retraite peuvent se réduire à cinq. — La première, c'est que celui qui la demande soit *fonctionnaire* ou *employé directement rétribué* par l'État (L. 9 juin 1853, art. 3). — La seconde, c'est qu'il ait subi les *retenues proportionnelles* fixées par la loi pour contribuer à la pension (art. 3 et 4; V. cependant n° 29); — La troisième c'est qu'il ait l'*âge* et le *temps* de *service* prescrit par la loi (art. 5, 8 et suiv.); — La quatrième, c'est que les *besoins du service* permettent d'accueillir sa demande de mise à la retraite; — La cinquième, c'est que les *extinctions* réalisées sur les pensions inscrites permettent d'accorder la pension demandée. — Nous allons successivement examiner ces conditions dans les cinq paragraphes suivants.

§ 1.—*Il faut être fonctionnaire ou employé directement rétribué par l'État.*

23. La commission nommée par le corps législatif, avait trouvé trop vague cette désignation, *directement rétribués par l'Etat*, et demandait, en conséquence, qu'un tableau fût annexé à la loi pour faire connaître les fonctionnaires et employés auxquels la loi s'appliquerait (V. le rap., n° 16, 2e alin., D. P. 53. 4. 109). —M. Vuitry expliqua, pour justifier le refus du conseil d'Etat d'accéder à ce désir de la commission, que « le cadre administratif doit être essentiellement mobile; si, par exemple, ajouta-t-il, comme la commission du budget en a exprimé le vœu, on voulait réduire le nombre des employés, en augmentant leurs traitements, il serait impossible de concilier une pareille mesure avec l'existence du tableau réclamé par la commission. » — M. Vuitry fit ressortir, au contraire, à ce point de vue, les avantages que présente un règlement d'administration publique; sa préparation est entourée des garanties les plus rassurantes, et il a, en outre, l'avantage de pouvoir être plus facilement modifié qu'une loi, si les besoins légitimes du service rendent un changement nécessaire (V. D.P. 53.4.99, note 1).—Il est toutefois à remarquer que le décret du 9 nov. 1853 (D.P. 54.4. 3), qui est précisément le règlement d'administration publique ayant pour objet l'exécution de la loi du 9 juin, ne fait pas connaître non plus quels sont les fonctionnaires et employés auxquels elle s'applique. — Néanmoins, le tableau contenant les catégories de fonctionnaires admis au bénéfice de la pension existe; il a même été communiqué à la commission par le conseil d'Etat (V. le Mon., séance du 13 mai 1853, discours de M. Baroche, président du conseil d'Etat).—Mais il n'a laissé d'autres traces que celles qui sont restées dans le souvenir des membres de la commission. — Ce que nous apprend seulement à cet égard l'exposé des motifs de la loi de 1853, c'est que le nombre total des fonctionnaires nouveaux appelés à jouir du droit à pension est de 80,753, celui des fonctionnaires ou employés qui en jouissaient antérieurement de 77,474, ce qui donne un total de 158,227.

Par suite de quelques explications données par divers orateurs au corps législatif, on peut cependant connaître une assez grande partie des classes nouvelles de fonctionnaires qui, d'après la loi de 1853, ont droit à une pension. Ce sont les receveurs généraux, les receveurs particuliers, les percepteurs, les employés des contributions directes, les employés des douanes, les instituteurs primaires, les facteurs ruraux (Discours de M. Baroche, *ubi suprà*). — Quant aux cantonniers, M. Levavasseur, membre de la commission, les a cités comme compris dans les catégories nouvelles (Mon., séance du 13 mai 1853). — M. Levavasseur nous a également appris que les gardiens des décors de l'Opéra jouissent du même avantage. — Les employés et ouvriers de l'imprimerie impériale et les ouvriers de la manufacture des tabacs avaient demandé à profiter du bénéfice de la loi (discours de M. André, membre de la commission). — A ces réclamations, un commissaire, M. de Parieu, a répondu, en ce qui concerne les employés et ouvriers de l'imprimerie impériale, que ces employés et ouvriers ne sont pas compris dans la loi et que leur caisse particulière est conservée, parce qu'elle est dans une situation spéciale. Quant aux ouvriers de la manufacture des tabacs, a-t-il dit, les termes du projet sont bien précis, il n'y est parlé que des fonctionnaires et employés, les ouvriers n'ont donc pas à en réclamer le bénéfice.—A l'égard des ministres des divers cultes, M. de Parieu a déclaré aussi qu'ils ne sont pas non plus compris dans la loi ; ils se défendent d'être des fonctionnaires, a-t-il ajouté, ils ne réclament pas le bénéfice de la pension, et leur situation a toujours été considérée comme une situation à part (V. D. P. 53. 4. 99, note 1).—Aussi n'est-ce pas d'après la loi du 9 juin 1853, que les *ecclésiastiques* peuvent obtenir une pension, mais aux termes du décret du 28 juin 1853. — V. *infrà*, n° 104.

24. Au reste, l'interprétation de l'art. 3 rapproché des explications données par les commissaires du gouvernement, ne nous paraît pas susceptible d'une controverse sérieuse. « *Les fonctionnaires et employés directement rétribués par l'Etat*, y est-il dit..., ont droit à une pension conformément aux dispositions de la présente loi. » — Ces expressions ne comprennent pas les ouvriers employés par l'Etat. — Voilà ce qui est hors de doute, d'après les explications de M. de Parieu, que nous venons de rapporter.

M. Gouin, rapporteur de la commission, avait cru pouvoir induire du mot *salaire* qui se trouve dans l'art. 3, que quiconque reçoit un salaire de l'Etat a droit à une pension, ce qui aurait pu s'étendre aux ouvriers à la journée et à la tâche. —Mais M. Stourm a fait observer que cette expression s'applique non pas à des ouvriers, mais à certains agents financiers, et notamment aux conservateurs des hypothèques, parce qu'ils ont droit à des remises variables.

25. Au surplus, la loi du 9 juin 1853 admet plusieurs exceptions à la règle suivant laquelle, pour avoir droit à pension, il faut être *directement rétribué par l'Etat*.—Aux termes de l'art. 4 de cette loi, les fonctionnaires de l'enseignement, rétribués en tout ou en partie, sur les fonds départementaux et communaux, ou sur le prix des pensions payées par les élèves des lycées nationaux, ont droit à pension, et supportent, sur leur traitement et leurs différentes rétributions, la retenue déterminée par l'art. 3. — « La même disposition est applicable aux fonctionnaires et employés attachés à l'administration de la dotation de la couronne et rétribués sur les fonds de la liste civile.— « Il en est de même des fonctionnaires et employés qui, sans cesser d'appartenir au cadre permanent d'une administration publique, et en conservant leurs droits à l'avancement hiérarchique, sont rétribués, en tout ou en partie, sur les fonds départementaux ou communaux, sur les fonds des compagnies concessionnaires, et même sur les remises et salaires payés par les particuliers. » —Mais il a été jugé que dans la liquidation de la pension de retraite d'un agent de l'administration des forêts, on ne doit pas tenir compte des services qu'il a rendus comme chargé de la surveillance de bois communaux, si ces services ont été rétribués non par l'État, mais par la commune (ord. cons. d'Ét. 21 avril 1853, aff. Marlet, D. P. 54. 3. 3.—Conf. 18 fév. 1836, M. Hochet, rap., aff. Vuillemot; 12 mai 1842, M. de Condé, rap., aff. Mollinger; 2 juin 1843, M. Jahan, rap., aff. Manin; 14 juill. 1847, M. Roux, rap., aff. Granier). — C'est sur la proposition de la commission qu'a été ajouté le paragraphe relatif aux employés de la liste civile. — Le motif qui l'a déterminé à proposer cet amendement, c'est que la plupart des fonctionnaires de la liste civile avant d'être admis dans cette administration, étaient au service de l'Etat et avaient subi des retenues sur leurs traitements; il était juste, suivant le rapport, de ne pas les priver des droits déjà acquis par leurs services antérieurs; ce qui n'empêchera pas les employés auxquels, dans l'avenir, ce motif sera inapplicable de profiter du bénéfice de la loi. — Toutefois, pour éviter toute équivoque à cet égard, nous aurions préféré que l'on dit nettement que le souverain personnifiant l'Etat, ceux qui le servent doivent être considérés comme attachés au service de l'Etat. — Du reste, la loi de 1790 n'assimilait point les employés de la liste civile aux serviteurs de l'état; elle disait, au contraire, art. 13 : « La liste civile étant destinée au payement des personnes attachées au service particulier du roi et à sa maison tant domestique que militaire, le trésor public demeure déchargé de toutes pensions et gratifications qui peuvent être accordées ou qui le seraient par la suite aux personnes qui auront été ou seront employées à l'un ou à l'autre de ces services.» — Quant aux employés des anciennes listes civiles, V. *infrà*, n° 103.

26. Suivant l'art. 9 de la loi de 1853, « les services des employés des préfectures et des sous-préfectures rétribués sur les fonds d'abonnement, sont réunis, pour l'établissement du droit à la pension et pour la liquidation, aux services rémunérés conformément aux dispositions de la présente loi, pourvu que la durée de ces derniers services soit au moins de douze ans dans la partie sédentaire et de dix ans dans la partie active. » — On ne peut se dissimuler que c'est là une assez grave atteinte au parallélisme que la loi a établi entre les retenues et le temps de service. Nous verrons bientôt que le temps d'exercice des instituteurs communaux, antérieur au 1er janv. 1854, ne leur est pas compté pour la pension, par la seule raison que les retenues qui leur avaient été imposées jusqu'à cette époque ne profitent pas à l'Etat. Or, les retenues subies par les employés des préfectures et sous-préfectures n'entrent pas non plus dans le trésor public. — Mais des considérations d'un ordre supérieur ont déterminé le conseil d'Etat et le corps législatif à faire fléchir ici la règle commune.— « Rejeter l'art. 9 du projet de loi, a dit M. Stourm, ce serait désormais fermer une carrière à laquelle une issue avait été judicieusement ménagée. La chambre doit vouloir que les administrations préfectorales puissent se recruter d'employés habiles, zélés, capables de bien servir; car il y va de la bonne gestion des intérêts départementaux. Mais, pour cela, il faut laisser entrevoir un horizon, un avenir aux hommes qui acceptent ces modestes fonctions; il faut leur permettre de changer de situation, et de passer au service direct de l'Etat sans être condamnés à faire le sacrifice de leur passé. Alors les administrations préfectorales deviendront pour le gouvernement une précieuse pépinière.

27. Aux termes de l'art. 8 de la loi de 1853, les services dans les *armées* de terre et de mer concourent avec les services *civils* pour établir le droit à la pension, et sont comptés pour leur *durée effective*, pourvu que la durée des services civils soit au moins de douze ans dans la partie sédentaire ou de dix ans dans la partie active.—Le rapprochement entre cette disposition et l'art. 9, relatif aux employés des préfectures et des sous-préfectures, fait naître la question de savoir si les services militaires pourraient être réunis aux services civils dans les préfectures ou les sous-préfectures, en telle sorte que celui qui aurait servi dix-huit ans dans l'armée et douze ans dans une préfecture ou une sous-préfecture, aurait droit à une pension de l'Etat.— L'assimilation établie entre les employés des préfectures et les serviteurs de l'Etat semblerait, au premier aperçu, devoir faire décider que la pension est due dans ce cas. Mais, en se reportant aux motifs et aux limites de cette assimilation, on ne peut au contraire hésiter à résoudre la question négativement.—Un employé de préfecture n'a en effet en cette qualité aucun droit à la pension de l'Etat. Seulement, lorsqu'il est devenu employé ou fonctionnaire dans une administration publique, la loi lui permet de réunir ses services dans le département à ceux qu'il a rendus à l'Etat pour motiver sa pension. Mais isolés des services rendus directement à l'Etat, ceux d'un employé de préfecture ne peuvent avoir de valeur pour faire obtenir une pension.— Sans doute des services militaires sont aussi des services rendus à l'Etat; mais ils ne peuvent être comptés que suivant les prescriptions de la loi; c'est-à-dire suivant les règles qui concernent les pensions militaires (V. *infrà*, nos 105 et s.), ou comme complément de services civils rendus dans une administration publique. En d'autres termes, au point de vue de la pension de l'Etat, les services militaires incomplets et les services de préfecture ou sous-préfecture sont des zéros, qui n'acquièrent de valeur qu'autant qu'ils sont réunis à l'unité légale des services civils dans une administration publique.

§ 2. — *Pour être admis à la pension de retraite, il faut avoir subi les retenues prescrites par la loi.*

28. De l'ensemble des dispositions de la loi de 1853, il résulte clairement que, sauf les exceptions dont nous allons bientôt parler, ceux qui ont subi les retenues qu'elle prescrit, peuvent seuls obtenir des pensions. — Ainsi, l'art. 1 déclare acquis à l'Etat l'actif des caisses de retenues, et c'est moyennant cette condition que le trésor public est chargé de servir des pensions à ceux qui étaient tributaires de ces caisses. — Les art. 3 et 4 fixent le taux des retenues que doit subir *tout* fonctionnaire ou employé; et l'art. 18 veut que les fonctionnaires et employés qui, antérieurement à la loi de 1853, ne subissaient pas la retenue, ne puissent faire liquider leur pension que pour le temps pendant lequel ces fonctionnaires y auront été soumis. — Aussi a-t-il été expliqué, dans la séance du corps législatif du 14 mai, que le droit des *instituteurs communaux* à la liquidation de leur pension de retraite, ne court qu'à partir de la promulgation de la loi, parce que leur caisse de retenues qui avait un caractère spécial n'est point acquise à l'Etat (V. Mon., séance du 14 mai 1853). — Ainsi, rien n'est moins contestable, la retenue est la condition de la pension qui doit être dans la proportion de la déduction subie par le fonctionnaire ou l'employé sur son traitement. Tel est le contrat formé entre eux et l'Etat, relativement à la retraite.

Seulement, comme c'est l'Etat qui donne les traitements, et qui maintenant retient, non pour des caisses particulières, mais pour le trésor public lui-même, la portion du traitement affectée à la pension, il est facile de prévoir que le mot *retenue* disparaîtra tôt ou tard du langage administratif, parce que depuis la loi de 1853, il n'a plus sa raison d'être, du moins pour les fonctionnaires qui, ainsi que le veut le principe de la loi, sont *directement* rétribués par l'Etat. — Ainsi l'Etat donne un traitement de 2,000 fr.; mais il retient 100 fr. pour la pension : il ne donne donc plus que 1,900 fr. — Lorsque c'est la même main qui donne et qui retient pour elle-même, il devient superflu de distinguer le don de la retenue.

29. Sont *exempts* de la retenue, les traitements des ministres secrétaires d'Etat, des sous-secrétaires-d'Etat, des membres du conseil d'Etat, des préfets et sous-préfets (L. 1853, art. 32). — « Des raisons politiques, dont la gravité ne peut être méconnue, est-il dit dans l'exposé des motifs, ne permettent pas de comprendre ces fonctionnaires (au nombre de 491) dans les catégories précédentes. Le gouvernement doit conserver, à leur égard, une indépendance absolue à laquelle pourrait porter atteinte le versement d'une retenue. — Les dispositions de la loi du 22 août 1790 et du décret du 13 sept. 1806 continueront à leur être appliquées, c'est-à-dire que leur pension, lorsqu'ils y auront droit, sera réglée au sixième du traitement moyen des quatre dernières années. Leur position serait presque toujours plus favorisée, si on leur faisait l'application du projet de loi actuel » (D. P. 53. 4. 105).

Au reste, cette exception ne paraît avoir donné lieu à aucune observation au sein du corps législatif. Les motifs donnés par le commissaire du gouvernement étaient, en effet, de nature à faire impression sur les esprits. Mais on a peut-être considéré aussi que jusqu'à présent les vicissitudes de la politique n'ont pas permis à un très-grand nombre des fonctionnaires compris dans l'exception d'acquérir, par la durée de leurs services, des droits à la pension de retraite.

30. Les autres fonctionnaires qui, avant la loi de 1853, étaient appelés à jouir du bénéfice de la pension sur les fonds généraux du trésor, à savoir : les magistrats de la cour des comptes, les conseillers de préfecture, les contrôleurs des monnaies, les directeurs des postes, les employés des lignes télégraphiques, sont maintenant sujets à la retenue. — Mais bien qu'ils ne l'aient pas subie antérieurement, parce qu'ils n'y étaient pas astreints, leur pension doit être calculée sur l'ensemble de leurs services. C'est ce qui résulte de l'art. 18 de la loi de 1853. — V. *infrà*, n° 89.

31. Quant aux fonctionnaires qui n'appartenaient pas à la catégorie dont nous venons de parler, et qui n'étaient pas sujets à retenue, leur pension n'est calculée que sur le temps écoulé depuis qu'ils ont subi la retenue (V. *infrà*, n° 88). Mais, pour acquérir le droit de faire supputer leur pension d'après l'ensemble de leurs services, pourraient-ils être admis à verser en une fois une somme égale aux retenues auxquelles ils auraient été soumis depuis leur entrée en exercice, si elles eussent été exigées? La solution affirmative de cette question qui semble juste au premier aspect est cependant inadmissible. Un amendement avait été proposé dans ce sens au corps législatif par M. Jubinal. Mais il n'a pas été adopté, et comme pour prévenir toute équivoque à ce sujet, M. Stourm, commissaire du gouvernement, a déclaré formellement que les fonctionnaires nouvellement appelés à recueillir le bénéfice de la loi et qui n'auraient pas, jusqu'à présent, subi de retenues, ne seront pas admis à verser en une seule fois le montant des retenues qu'ils auraient dû supporter s'ils avaient fait partie des anciennes catégories. Ces retenues rétrospectives, auraient un caractère tontinier que la coopération de l'Etat ne permet pas de laisser attribuer aux caisses de retraites (Mon., séance du 14 mai 1853). — Il ne peut donc y avoir aucun doute sur ce point.

32. Voyons maintenant quel est le taux de la retenue et quels sont les émoluments qui y sont assujettis. — A cet égard il faut distinguer la retenue normale ou ordinaire des retenues accidentelles. Nous entendons par retenue ordinaire celle qui doit s'exercer sur le traitement du fonctionnaire, indépendamment de sa volonté et de celle de l'administration; par retenue accidentelle, celle à laquelle donnent lieu les congés ou les mesures disciplinaires. — Occupons-nous d'abord de la retenue ordinaire.

33. Aux termes de l'art. 3 de la loi du 9 juin 1853, « les fonctionnaires et employés directement rétribués par l'Etat.... supportent indistinctement, sans pouvoir les répéter dans aucun cas, les retenues ci-après : — 1° Une retenue de 5 p. 100 sur les sommes payées à titre de traitement fixe ou éventuel, de préciput, de supplément de traitement, de remises proportionnelles, de salaires, ou constituant, à tout autre titre, un émolument personnel; — 2° Une retenue du douzième des mêmes rétributions lors de la première nomination ou dans le cas de réintégration, et du douzième de toute augmentation ultérieure. — On voit particulièrement dans le § 2 de cet article, combien la pensée de la loi est ici générale, et comme elle semble s'efforcer de ne laisser échapper aucun émolument, quelle qu'en soit la nature, à l'action de la retenue. — Toutefois le même article ajoute : « Sont affranchies de ces retenues les commissions allouées en compte courant par le trésor aux receveurs généraux des finances. — Ces comptables, les receveurs particuliers et les percepteurs des contributions directes, ainsi que les agents ressortissant au ministère des finances, qui sont rétribués par des salaires ou remises variables, supportent ces retenues sur les trois quarts seulement de leurs émoluments de toute nature, le dernier quart étant considéré comme indemnité de loyer et de frais de bureau. — Cette faveur apparente accordée à des fonctionnaires, déjà placés dans une situation si avantageuse, ne pouvait être admise sans controverse. Aussi a-t-elle donné lieu à un débat assez animé, au corps législatif. — La commission avait proposé de réunir les §§ 5 et 6; de ne pas affranchir des retenues les commissions allouées en compte courant aux receveurs généraux, et en compensation, d'élever au tiers, au lieu du quart, la portion considérée comme indemnité de loyer et de frais de bureau, de manière à ne faire supporter les retenues que sur les deux tiers, au lieu des trois quarts des émoluments de toute nature, touchés par les receveurs des finances et par tous les agents ressortissant au ministère des finances. — Le conseil d'Etat avait accepté la substitution du tiers au quart pour l'affranchissement des retenues; mais il avait maintenu néanmoins le § 5 dans son entier, c'est-à-dire l'affranchissement de toute retenue, pour les commissions allouées en compte courant. — Ces deux questions étant connexes, la commission n'a pu admettre la division de son amendement (Rapport de M. Gouin, D. P. 53. 4. 109, n° 17), et l'article a été voté tel qu'il avait été proposé. — Or, la plus grande partie du traitement des receveurs généraux se composent des allocations qualifiées de commissions. — Les retenues qu'ils ont à subir ne se trouvent donc pas en rapport avec leurs émoluments. — Il ne paraît pas que ce résultat ait été contesté. Mais M. de Parieu, commissaire du gouvernement, a fait observer que si l'on portait à un chiffre trop élevé l'évaluation des traitements variables, on arriverait à un résultat contraire à la justice et à l'égalité, puisqu'on leur ferait subir des retenues trop fortes. Il ne faut pas, a ajouté M. de Parieu, que la somme de ces retenues soit telle que, placée dans une caisse tontinière, elle puisse donner une rente égale ni surtout supérieure au montant de la pension de retraite qui pourrait être liquidée au profit des fonctionnaires qui les ont subies.

Cette observation nous paraît juste. Le maximum de la pension étant de 6,000 fr., il est manifeste que les retenues exercées pendant trente ans sur tous les émoluments d'un receveur général auraient dépassé la valeur d'une rente viagère de ce taux. — Dès lors, il n'y avait plus rémunération de la part de l'Etat, mais, au contraire, préjudice éprouvé par le fonctionnaire. La loi aurait donc manqué de sincérité sur ce point.

34. Suivant l'art. 35 de la loi du 9 juin 1853, un règlement d'administration publique devait déterminer : 1° la portion des rétributions diverses qui peut être affranchie de la retenue mentionnée au § 1 de l'art. 3, c'est-à-dire tous les émoluments en général; 2° la fixation des retenues mentionnées au § 3 du même article, qui s'applique à la retenue du douzième des rétributions attachées à l'emploi, lors de la première nomination, et au douzième de toute augmentation ultérieure. — En exécution de cette disposition, l'art. 21 du décret du 9 nov. 1853 a affranchi des retenues prescrites par l'art. 3 précité les sommes payées à titre d'indemnité pour frais de représentation et de stations navales de gratifications éventuelles, de salaires de travail extraordinaire, d'indemnités pour missions extraordinaires, d'indemnités de pertes, de frais de voyage, d'abonnements et d'allocations pour frais de bureau, de régie, de table et de loyer, de supplément de traitement colonial et de remboursement de dépenses. Sont considérées comme payées à titre de frais de voyage, et comme payées à titre de frais de bureau, les indemnités attribuées aux procureurs impériaux des chefs-lieux de départements et aux juges de paix de Paris, pour traitements de secrétaires. » — Rien de plus juste que cette disposition. Une indemnité, en effet, n'est point un émolument, et la loi de 1853 ne soumet à la retenue que les sommes qui sont payées au fonctionnaire à titre de rémunération. — En fait, il arrive quelquefois que les indemnités excèdent, dans une proportion assez notable, la dépense qu'il s'agit de couvrir; mais le contrôle est souvent difficile en cette matière, et, pour éviter des investigations trop minutieuses, même peu compatibles avec la dignité de l'administration et celle des fonctionnaires, il est, en général, dispensé de rendre compte.

35. Suivant l'art. 22 du même décret, pour les fonctionnaires et employés envoyés d'Europe dans l'Algérie ou dans les colonies, le traitement normal assujetti à la retenue est fixé dans chaque grade, d'après le traitement de l'emploi correspondant ou qui lui est assimilé en France. Dans les emplois qui se divisent en plusieurs classes en France, et qui ne sont pas soumis à cette classification dans les colonies, le traitement normal est réglé d'après celui de la première classe du grade en France. Le surplus constitue le supplément de traitement colonial qui est exempt de retenue. D'où suit également qu'il ne doit servir de base à la liquidation de la pension. — V. *infrà*, n° 50.

36. Pour les fonctionnaires et employés qui sont rétribués par des *remises* et des *salaires* variables (tels que les conservateurs des hypothèques, les receveurs de l'enregistrement, etc.), la retenue du premier douzième des augmentations s'exerce en se reportant au dernier prélèvement subi par le titulaire, soit à titre de premier mois de traitement, soit à titre de premier douzième d'augmentation, et la différence existant entre la moyenne du traitement frappé de la dernière retenue et celle des émoluments afférents au nouvel emploi constitue l'augmentation passible de la retenue du premier douzième (décr. 9 nov. 1853, art. 23).—Le fonctionnaire *démissionnaire*, *révoqué* ou *destitué*, s'il est réadmis dans un emploi assujetti à la retenue, subit de nouveau la retenue du premier mois de son traitement et celle du premier douzième des augmentations ultérieures. — Celui qui, par mesure disciplinaire ou par mutation volontaire d'emploi, est descendu à un traitement inférieur, subit la retenue du premier douzième des augmentations ultérieures.— Le fonctionnaire placé dans la situation indiquée par le dernier paragraphe de l'art. 10 de la loi du 9 juin 1853, c'est-à-dire en inactivité, est assujetti à la retenue sur son traitement d'inactivité; mais il ne subit pas la retenue du premier douzième, lorsqu'il est rappelé à un emploi actif (décr. 9 nov. 1853, art. 25).

37. Nous passons à ce qui est relatif aux *retenues accidentelles*. — Suivant l'art. 16 du décret précité, du 9 nov. 1853, les fonctionnaires et employés ne peuvent obtenir chaque année un *congé* ou une autorisation d'*absence* de plus de quinze jours sans subir une retenue. Toutefois, un congé d'un mois sans retenue peut être accordé à ceux qui n'ont joui d'aucun congé et d'aucune autorisation d'absence pendant trois années consécutives. — Pour les congés de moins de trois mois, la retenue est de la moitié au moins et des deux tiers au plus du traitement. — Après trois mois de congé consécutifs ou non, dans la même année, l'intégralité du traitement est retenue, et le temps excédant les trois mois n'est pas compté comme service effectif pour la pension de retraite. — Si, pendant l'absence de l'employé, il y a lieu de pourvoir à des frais d'intérim, le montant en est précompté, jusqu'à due concurrence, sur la retenue qu'il doit subir. — Nous ne savons si ces dispositions ont paru rigoureuses aux employés qu'elles concernent. Quant à nous, elles nous semblent, au contraire, empreintes d'une grande indulgence. Trois mois de congé accordés avec retenue des deux tiers au plus du traitement, indépendamment des causes de maladie et des devoirs légaux qui sont l'objet de dispositions spéciales, nous semblent une assez grande faveur. — L'intérêt de nos finances et même les conditions d'une bonne administration exigent qu'il n'y ait pas d'emplois inutiles. Or, si pendant trois mois et même plus longtemps, d'après les prévisions du décret, une administration peut se passer d'un employé, sans qu'il y ait excédant de travail pour les autres ou ralentissement dans la marche de l'administration; c'est que cet employé n'est pas d'une réelle utilité.

38. La durée du congé avec retenue de la moitié au moins et des deux tiers au plus du traitement peut être portée à quatre mois pour les fonctionnaires et employés exerçant hors de France, mais en Europe ou en Algérie, et à six mois pour ceux qui sont attachés au service colonial ou aux services diplomatiques et consulaires hors d'Europe (décr. précité 1853, art. 16). — Les distances, souvent très-considérables, à parcourir expliquent suffisamment l'inégalité qui existe, sous ce rapport, entre les fonctionnaires de l'intérieur et ceux de l'extérieur.—Sont affranchies de toute retenue les absences ayant pour cause l'accomplissement des devoirs imposés par la loi (*ibid.*). — Ces devoirs, dont parle ici le décret, sont sans doute le service de la garde nationale dans le cas où elle serait mobilisée, les fonctions de juré, le vote électoral, le mandat de député. — Toutefois, dans ce dernier cas, lors même qu'il n'y aurait pas incompatibilité légale, les nécessités du service pourraient, ce nous semble, à l'égard d'un très-grand nombre d'employés ou fonctionnaires, mettre l'administration dans la nécessité de pourvoir à leur remplacement.

39. Le fonctionnaire ou l'employé qui s'est absenté ou qui a dépassé la durée de ses vacances ou de son congé sans autorisation, peut être privé de son traitement pendant un temps double de celui de son absence irrégulière. — Une retenue qui ne peut excéder deux mois de traitement peut être infligée, par mesure disciplinaire, dans le cas d'inconduite, de négligence ou de manquement au service. — Ces dispositions ne sont applicables ni aux magistrats qui restent soumis, quant aux peines disciplinaires, aux prescriptions des art. 50 et 56 de la loi du 22 avril 1810, 35 du décret du 28 sept. 1807, et 3 du décret du 19 mars 1852 (V. v° Discipline), ni aux membres des corps enseignants qui restent soumis aux art. 33 de la loi du 15 mars 1850, et 3 du décret du 9 mars 1852 (V. v^is^ Organ. de l'instr. pub.). — Il n'est pas dérogé par le présent article aux dispositions des art. 20 et 21 du décr. du 13 oct. 1851, concernant les ingénieurs des ponts et chaussées ni à celles des art. 19 et 20 du décret du 21 déc. 1851, concernant les ingénieurs des mines (décr. 9 nov. 1853, art. 17).

40. En cas d'*absence* pour cause de *maladie* dûment constatée, le fonctionnaire ou l'employé peut être autorisé à conserver l'intégralité de son traitement pendant un temps qui ne peut excéder trois mois. — Pendant les trois mois suivants, il peut obtenir un congé avec la retenue de la moitié au moins et des deux tiers au plus du traitement (même décret, art. 16). — L'indulgence est ici de la justice. Rien ne serait plus injuste, en effet, que de frapper un employé parce qu'il est atteint d'une maladie. — L'équité voudrait même, relativement à certaines positions inférieures, que, loin de faire subir des retenues, l'état de maladie donnât lieu à un supplément d'appointements. Toutefois, le décret impose la retenue après trois mois; sans doute, parce qu'il existe peu de maladies aiguës qui résistent à un traitement de cette durée et que le gouvernement a voulu stimuler le zèle de l'employé convalescent, en lui montrant son devoir dans son intérêt même.

41. Si la maladie est déterminée par l'une des causes exceptionnelles prévues aux premier et deuxième paragraphes de l'art. 11 de la loi du 9 juin 1853, le fonctionnaire peut conserver l'intégralité de son traitement jusqu'à son rétablissement (*ibid.*). — Les causes exceptionnelles dont il s'agit ici sont : 1° les suites d'un acte de dévouement de la part du fonctionnaire ou employé, dans un intérêt public, ou pour sauver la vie d'un de ses concitoyens; ou bien les suites d'une lutte ou d'un combat soutenu par le fonctionnaire ou employé dans l'exercice de ses fonctions; — 2° Un accident grave résultant notoirement de l'exercice des fonctions ou de l'emploi public. — Nous allons, du reste, revenir sur ces exceptions à l'occasion de la condition d'âge et de durée de services.—V. n° 53.

42. Les membres des cours et tribunaux qui n'ont pas joui des vacances peuvent obtenir, en une ou plusieurs fois dans l'année, un congé d'un mois sans retenue. — Ce congé peut être de deux mois pour les magistrats composant la chambre criminelle de la cour de cassation. — La gravité des travaux de la magistrature et l'égalité qui doit d'ailleurs régner entre les membres d'une même compagnie, réclamaient cette disposition.

43. Il n'est, d'ailleurs, dérogé par le décret de 1853, ni aux dispositions des décrets des 13 oct. et 24 déc. 1851, concernant la mise en disponibilité, pour défaut d'emploi, des ingénieurs des ponts et chaussées et des ingénieurs des mines, ni aux règles spéciales concernant la mise en activité des agents extérieurs du département des affaires étrangères et des fonctionnaires de l'enseignement (déc. 9 nov. 1853, art. 16).—Suivant les dispositions précitées, relatives aux ingénieurs des ponts et chaussées, la disponibilité est prononcée d'office par le ministre. Elle comprend les ingénieurs mis en non-activité pour défaut d'emploi ou pour cause de maladie ou d'infirmités temporaires entraînant cessation de travail durant plus de trois mois.— L'ingénieur en disponibilité a droit à la moitié du traitement affecté à son grade, sans aucun accessoire. Il peut obtenir les deux tiers de ce traitement, lorsque la disponibilité a pour cause le défaut d'emploi. Il conserve ses droits à la retraite (V. du reste v° Travaux publics). — Pour les règles spéciales concernant la mise en inactivité des agents extérieurs du département des affaires étrangères, V. v° Agent dipl., n° 217.

44. Quant aux règles concernant les fonctionnaires de l'enseignement, elles sont formulées : 1° dans le décret du 9 mars 1852, art. 3, où on lit que le ministre, par délégation du chef de l'État, prononce directement contre les membres de l'enseignement la suspension des fonctions avec ou sans privation totale ou partielle de traitement;—2° Dans le décret du 10 janv. 1852, relatif aux traitements de réforme à accorder aux fonctionnaires ou agents que l'administration de l'instruction publique ne peut plus employer ni conserver dans ses cadres. — V. v° Organis. de l'inst. publ.

§ 3. — *De l'âge et du temps de service requis pour donner droit à pension.*

45. Le droit à la pension de retraite est acquis par ancienneté à soixante ans d'âge et après trente ans accomplis de services (L. 9 juin 1853, art. 5). — Beaucoup de règlements des anciennes caisses n'exigeaient que les trente ans de service, sans condition d'âge; la loi de 1853, en exigeant à la fois trente ans de service et soixante ans d'âge, introduit une aggravation dans la position des fonctionnaires; mais, d'un autre côté, elle leur donne cet avantage qu'ils ne peuvent être mis à la retraite avant l'âge de soixante ans (Mon. 16 mai 1853, disc. de M. Stourm).—Le même article dispose : « Il suffit de cinquante-cinq ans d'âge et de vingt-cinq ans de services pour les fonctionnaires qui ont passé quinze ans dans la partie active. — La partie active comprend les emplois et grades indiqués au tableau annexé à la présente loi, sous le n° 2. — Aucun autre emploi ne peut être compris au service actif, ni assimilé à un emploi de ce service, qu'en vertu d'une loi. » — Quatre administrations ont seules des fonctionnaires ou agents appartenant au service actif; ce sont : l'administration des *douanes*, celle des *contributions indirectes et tabacs*, celle des *forêts* de l'État et de la couronne, et celle des *postes*.—V. le tableau précité.

46. Les employés des postes qui font leur service sur les chemins de fer et remplacent les courriers doivent-ils être censés compris comme ceux-ci dans le service actif? — Il semblerait qu'il y a même raison de décider à leur égard, car ces employés font un service de jour et de nuit fort pénible et qui n'est pas exempt de danger. Mais la discussion qui a eu lieu au corps législatif ne permet même pas le doute en leur faveur. — Un député, M. Monnier de la Sizeranne, avait demandé à MM. les commissaires du gouvernement une explication catégorique en ce qui concerne ces employés. — M. Stourm, conseiller d'État, commissaire du gouvernement, a répondu : « L'admission dans la catégorie du service actif a été réclamée par un grand nombre d'employés, et toutes ces demandes ont dû être écartées. Le principe du service actif ne repose pas seulement sur la donnée d'une activité plus ou moins grande, mais sur celle d'un service de jour et de nuit qui expose à des fatigues, à des maladies, à des dangers ceux qui en sont chargés. Les employés auxquels on vient de faire allusion ont sollicité depuis longtemps, mais toujours en vain, la faveur d'être compris dans le service actif; en effet, leur assimilation aux courriers manque d'exactitude; leur service est moins fatigant : il a lieu dans l'intérieur d'un wagon et ne les expose à aucun péril. Il importe de conserver au service actif les conditions et les limites qui lui ont été judicieusement assignées. Etendre ces limites, ce serait aggraver d'une manière notable les charges du trésor, puisque, dans le service actif, le droit à la pension s'ouvre à l'expiration de la vingt-cinquième année. Il faut maintenir ce que l'expérience a consacré » (D. P. 53. 4. 102). —Cette réponse donne un sens très-précis aux dispositions relatives au service actif; elle est de nature à prévenir bien des mécomptes.

47. Est dispensé de la condition d'âge établie aux deux premiers paragraphes de l'art. 5 de la loi de 1853 (V. n° 45), le titulaire qui est reconnu par le ministre hors d'état de continuer ses fonctions. — Aux termes de l'art. 30 du décret du 9 nov. 1853 l'admission à la retraite est, dans ce cas, prononcée dans les formes suivantes : « Si l'impossibilité d'être maintenu en activité résulte pour le fonctionnaire d'un état d'*invalidité morale, inappréciable pour les hommes de l'art*, la situation est constatée par un rapport de ses supérieurs dans l'ordre hiérarchique. — « Si l'incapacité de servir est le résultat de l'invalidité physique du fonctionnaire, l'acte prononçant son admission à la retraite doit être appuyé, indépendamment des justifications ci-dessus spécifiées, d'un certificat des médecins qui lui ont donné leurs soins, et d'une attestation d'un médecin désigné par l'administration et assermenté, qui déclare que le fonctionnaire est hors d'état de continuer utilement l'exercice de son emploi. » — Cette dernière disposition n'exige aucune explication. — Mais que faut-il entendre par *invalidité morale inappréciable pour les hommes de l'art?* Sans doute il s'agit ici de l'incapacité de l'employé et non d'une maladie mentale, car il n'en existe pas qui ne soit du ressort de l'art médical. Peut-être la science n'a-t-elle pas encore dit son dernier mot à cet égard; mais elle a fait d'assez grands progrès pour que son secours ne doive jamais être négligé, en pareille matière. Privé de ses lumières, on peut souvent considérer comme désespérée une situation anormale qui n'est due qu'à des causes accidentelles et d'une durée très-limitée.

48. Suivant l'art. 8 de la loi de 1853, « les services dans les armées de terre et de mer concourent avec les services civils pour établir le droit à pension et sont comptés pour leur durée effective, pourvu, toutefois, que la durée des services civils soit au moins de douze ans dans la partie sédentaire, ou de dix ans dans la partie active. — Si les services militaires de terre ou de mer ont été déjà rémunérés par une pension, ils n'entrent pas dans le calcul de la liquidation. S'ils n'ont pas été rémunérés par une pension, la liquidation est opérée d'après le minimum attribué au grade par les tarifs annexés aux lois des 11 et 18 avril 1831 » (V. *infrà*, n° 113, une disposition parallèle dans la loi relative aux pensions militaires). — Un amendement proposé par M. Guyard-Delalain, modifiait ainsi le commencement de l'article :

« Les services dans les armées de terre et de mer concourent *également et sans distinction* avec les services civils, etc. ; » il supprimait en outre la dernière phrase de l'article (D. P. 53. 4. 109, n° 2). — Cet amendement était indispensable, selon son auteur, pour faire disparaître une choquante anomalie qu'il avait rendue sensible par l'exemple suivant : un homme qui n'a jamais rempli que des fonctions civiles, arrivé à la fin de son temps de service avec 1,200 fr. de traitement, recevra une pension de 600 fr. ; s'il a servi quinze ans dans l'armée comme sous-officier et quinze ans dans un emploi civil, on lui allouera seulement 125 fr. pour ses services militaires ; il aura 300 fr. pour ses services civils, total 425 fr. — Néanmoins, la commission n'a pas adopté cet amendement, et la rédaction du projet n'a pas été modifiée. Nous croyons que c'est avec raison, car les considérations sur lesquelles était fondé l'amendement tendaient à troubler complétement l'économie de la législation sur les pensions militaires.

Il a été jugé que pour le calcul des trente années de services effectifs dans les administrations publiques, dont doivent justifier les employés de l'imprimerie impériale à l'effet d'obtenir une pension de retraite, on doit tenir compte même des années de service militaire (ord. cons. d'Et. 26 mai 1853, aff. Jardin, D. P. 54. 3. 3).—Cette décision a un grand intérêt en présence d'une pratique contraire, jusqu'ici suivie par la chancellerie, et d'après laquelle les services civils des employés à l'imprimerie impériale étaient seuls comptés pour l'admission à la retraite, en présence aussi de l'art. 8 précité de la loi du 9 juin 1853, inapplicable aux employés de l'imprimerie impériale (Voy. D. P. 53. 4. 101, note 5).—Le principe énoncé dans cet article paraissait ressortir déjà de la législation antérieure, et n'a été proclamé en quelque sorte que surabondamment ; son application semble donc devoir être générale.

Il a été également décidé avant la loi de 1853 que les services militaires, comme tous les services publics rétribués par l'Etat, sont comptés dans la liquidation des pensions régies par le décret du 4 juill. 1806, lorsque l'employé justifie de plus de dix années de services dans l'administration à laquelle il appartient au moment de sa mise à la retraite, et ce décret doit servir de règle dans les administrations départementales ou municipales qui n'ont pas de règlements locaux approuvés par l'autorité supérieure pour les pensions de leurs employés (cons. d'Et. 23 juill. 1838, M. Gomel, rap., aff. ville de Lyon *C.* Bouteille).

49. Les services des employés des préfectures et des sous-préfectures rétribués sur les fonds d'abonnement sont réunis, pour l'établissement du droit à pension et pour la liquidation, aux services rémunérés conformément aux dispositions de la présente loi, pourvu que la durée de ces derniers services soit au moins de douze ans dans la partie sédentaire et de dix ans dans la partie active (L. 1853, art. 9). — Sur la question de savoir si les services *militaires* peuvent être réunis aux services des employés de préfecture pour constituer le droit à pension, V. *suprà*, n° 27.

50. Les services civils rendus hors d'Europe par les fonctionnaires et employés envoyés d'Europe par le gouvernement français sont comptés pour moitié en sus de leur durée effective, sans, toutefois, que cette bonification puisse réduire de plus d'un cinquième le temps de service effectif exigé pour constituer le droit à pension. — Le supplément accordé à titre de traitement colonial n'entre pas dans le calcul du traitement moyen. — Après quinze années de services rendus hors d'Europe, la pension peut être liquidée à cinquante-cinq ans d'âge. — A l'égard des agents extérieurs du département des affaires étrangères et des fonctionnaires de l'enseignement, le temps d'inactivité durant lequel ils ont été assujettis à la retenue est compté comme service effectif ; mais il ne peut être admis dans la liquidation pour plus de cinq ans (L. 1853, art. 10). — Dans le projet présenté par le gouvernement, la faveur accordée aux services rendus hors d'Europe ne concernait que les années de service ; la commission a pensé qu'il était juste de faire porter cette faveur également sur l'âge du titulaire qu'elle a placé à cet égard, dans la catégorie des services actifs (V. le rapport de M. Gouin, D. P. 53. 4. 109, n° 23) ; elle avait rédigé dans ce sens un amendement que le conseil d'Etat a adopté. Les fatigues inséparables des longs voyages, l'influence souvent pernicieuse d'un nouveau climat justifient très-bien cette modification au projet.

51. Peuvent obtenir pension, s'ils comptent cinquante ans d'âge et vingt ans de service dans la partie sédentaire, ou quarante-cinq ans d'âge et quinze ans de service dans la partie active, ceux que des infirmités graves, résultant de l'exercice de leurs fonctions, mettent dans l'impossibilité de les continuer, ou dont l'emploi aura été supprimé (L. 1853, art. 11). — Dans ce cas, les infirmités et leurs causes sont constatées par les médecins qui ont donné leurs soins au fonctionnaire et par un médecin désigné par l'administration et assermenté. Ces certificats doivent être corroborés par l'attestation de l'autorité municipale et celle des supérieurs immédiats du fonctionnaire (décr. 9 nov. 1853, art. 35).

52. Peuvent aussi obtenir pension les magistrats mis à la retraite en vertu du décret du 1er mars 1852, qui remplissent la condition de services indiquée dans le paragraphe dont il vient d'être parlé (L. 1853, art. 11), c'est-à-dire les magistrats de la métropole qui ont vingt ans de service et ceux des colonies qui ont rempli leurs fonctions pendant quinze ans, puisqu'il résulte des explications données sur l'art. 10 (V. n° 50) que les fonctions remplies hors d'Europe doivent être considérées comme appartenant au service actif. — Les magistrats nommés avant le 1er janv. 1854, et mis à la retraite en vertu du décret du 1er mars 1852, ont droit à pension après quinze ans de service (L. 1853, art. 18).

53. Deux exceptions sont admises par la loi à la condition d'âge et de durée des services. — La première concerne les fonctionnaires et employés qui ont été mis hors d'état de continuer leur service, soit par suite d'un acte de dévouement dans un intérêt public, ou en exposant leurs jours pour sauver la vie d'*un de leurs concitoyens*, soit par suite de lutte ou combat soutenu dans l'exercice de leurs fonctions (L. 1853, art. 11). — Bien que la loi semble limiter l'exception au cas où ce serait la vie d'un Français que le fonctionnaire aurait sauvée, nous n'hésitons pas à penser qu'il devrait jouir de la même faveur, s'il avait sauvé la vie d'un étranger. L'humanité ne nous semble pas permettre ici de distinction ; et si l'on voulait opposer la règle suivant laquelle les exceptions, étant de droit rigoureux, ne peuvent s'étendre d'un cas à un autre, nous répondrons qu'il s'agit, non pas d'une analogie, mais plutôt d'un argument *à fortiori* ; car le sentiment généreux qui porte l'employé à risquer sa vie pour sauver celle d'un étranger est plus élevé encore, et, par suite, plus digne d'éloges peut-être que lorsque c'est un de ses concitoyens qui en est l'objet. — Quand un instant de retard peut avoir les plus funestes conséquences, est-il possible, d'ailleurs, d'aller aux informations ? Réduite à sa signification littérale, la loi irait même contre son but, qui est de favoriser et d'encourager les actes de dévouement. Il serait à craindre, en effet, que des Français ne fussent souvent sacrifiés parce que le fonctionnaire ne serait pas assez sûr de leur nationalité. Aussi y a-t-il lieu de penser que l'administration ne se prévaudra jamais de la lettre de la loi. — Il est d'autant plus à désirer qu'il en soit ainsi que, dans les moments de danger et pour les actes de dévouement, c'est surtout des fonctionnaires que doit venir l'exemple.

54. La seconde exception, qui donne droit à une pension, indépendamment de toute condition d'âge et de durée de services, peut être invoquée par « ceux qu'un accident grave, résultant notoirement de l'exercice de leurs fonctions, met dans l'impossibilité de les continuer » (L. 1853, art. 11). — Le mot *notoirement*, qui se trouve dans l'art. 11, tend à prévenir les difficultés qui peuvent s'élever sur le point de savoir si l'accident a réellement sa cause dans les fonctions de celui qui l'a éprouvé ; mais le vague de cette expression nous fait douter que le but du législateur eût été atteint, si le décret du 9 nov. 1853 n'était venu sur ce point éclaircir la loi et en faciliter l'application. — Suivant l'art. 35 de ce décret, l'événement donnant ouverture au droit à pension doit être constaté par un procès-verbal en due forme dressé sur les lieux et au moment où il est survenu. A défaut de procès-verbal, cette constatation peut s'établir par un acte de notoriété rédigé sur la déclaration des témoins de l'événement ou des personnes qui ont été à même d'en connaître et d'en apprécier les conséquences. — Cet acte doit être corroboré par les attestations conformes de l'autorité municipale et des supérieurs immédiats du fonctionnaire.

§ 4. — *Il faut que les besoins du service ne s'opposent pas à la mise à la retraite du fonctionnaire ou employé qui demande la pension.*

55. L'art. 19 de la loi du 9 juin 1853 dit formellement qu'aucune pension ne doit être liquidée qu'autant que le fonctionnaire *a été préalablement admis à faire valoir ses droits à la retraite par le ministre au département duquel il ressortit*; ce qui signifie clairement qu'il dépend du ministre d'admettre ou de rejeter la demande, bien que le fonctionnaire remplisse les conditions voulues pour la retraite, si ces services sont encore jugés utiles à l'administration. Cette interprétation s'appuie, d'ailleurs, sur les paroles parfaitement explicites de l'un de MM. les commissaires du gouvernement. « Entre les militaires et les fonctionnaires civils, a dit M. Vuitry, il y a cette différence que, quand les premiers ont rempli les conditions exigées pour obtenir la pension de retraite, l'Etat ne peut repousser la demande qui lui est faite (V. sect. 4), tandis que pour les fonctionnaires civils, jamais ce principe n'a été admis; l'Etat peut les conserver dans leurs fonctions aussi longtemps que son intérêt l'exige ou que leurs forces le permettent. Lorsque la liquidation est faite, il y a dette de l'État; mais c'est à l'Etat qu'il appartient d'en déterminer l'échéance en accueillant la demande de mise à la retraite » (D. P, 53, 4.99, note).—Au surplus, comme le fonctionnaire qui n'est pas admis à la retraite continue de recevoir son traitement d'activité, le refus qu'il éprouve ne peut le léser dans ses intérêts. S'il y a chez lui invalidité physique ou morale, il peut être certain que la demande de mise à la retraite sera favorablement accueillie, parce que les exigences du service ne permettent pas à l'administration de conserver des fonctionnaires inutiles.

56. Il est, du reste, bien entendu qu'il n'y a pas réciprocité, à cet égard, entre le fonctionnaire et le gouvernement, et que, bien que le fonctionnaire ne puisse, à son gré, prendre sa retraite, le gouvernement a la faculté de l'y admettre lorsqu'il le juge convenable.

57. Mais cette faculté l'autorise-t-elle à mettre à la retraite les fonctionnaires soumis à une législation spéciale avant l'époque fixée par cette législation? — Non, sans doute. C'est, d'ailleurs, ce qui a été très-clairement expliqué dans la discussion qui a précédé le vote de la loi de 1853. — On lit, en effet, ce qui suit dans le compte rendu officiel de la séance du 16 mai 1853 : « M. Aymé rappelle qu'aux termes de la loi en discussion un fonctionnaire qui compte soixante ans d'âge et trente ans de services peut être obligé par le gouvernement à prendre sa retraite; il demande si cette règle pourrait être appliquée à un magistrat; si, en vertu de la loi qui va être votée, on pourrait dire à un magistrat inamovible : Vous remplissez les conditions exigées pour la retraite, descendez de votre siége et faites place à un autre..... — M. de Parieu répond que la loi n'a pour objet que de régler les rapports entre le gouvernement et les fonctionnaires relativement à la pension. L'art. 5 du projet indique les conditions moyennant lesquelles s'acquiert le droit à la pension, mais il ne dit pas que la mise à la retraite soit obligatoire pour le fonctionnaire, si la législation spéciale qui régit ses fonctions l'autorise à les continuer. Les magistrats qui remplissent les conditions de l'art. 5 ne peuvent être mis à la retraite que sur leur demande ou par application du décret du 1er mars 1852 sur la limite d'âge. — Cette réponse, sous l'influence de laquelle le vote de la loi a eu lieu, fait disparaître jusqu'à l'ombre d'un doute sur la question. — Du reste, l'inamovibilité de la magistrature est consacrée par la constitution; il ne pouvait donc y être porté atteinte par une loi. — Sur les principes en matière d'abrogation, V. v° Loi.

§ 5. — *Il faut que les extinctions réalisées sur les pensions inscrites permettent d'accueillir la demande.*

58. L'art. 20 de la loi de 1853 est ainsi conçu : « Il ne peut être concédé annuellement de pension, en vertu de la présente loi, que dans la limite des extinctions réalisées sur les pensions inscrites. Dans le cas, toutefois, où cette limite devrait être dépassée, par suite de l'accroissement de liquidation auquel donneront lieu les nouvelles catégories de fonctionnaires soumis à la retenue et appelés à la pension par l'art. 3, l'augmentation de crédit nécessaire sera l'objet d'une loi spéciale. » — Cette disposition a pour conséquence efficace de limiter la charge de l'Etat, qui ne peut excéder chaque année les fonds rendus libres par les extinctions dans le courant de l'année précédente (exposé des motifs, n° 13, D. P. 53. 4. 106).—Aussi doit-il être rendu compte annuellement, lors de la présentation de la loi du budget des pensions de retraite concédées et inscrites en vertu de la loi, en distinguant les charges antérieures et celles postérieures (L. 1853, art. 21).

59. En exécution de l'art. 20 de la loi du 9 juin 1853, le ministre des finances arrête chaque année, dans les premiers jours de janvier, l'état des extinctions réalisées dans le cours de l'année précédente et dont le montant sert de base pour la fixation du crédit d'inscription de l'année courante. — Un décret rendu sur le rapport du ministre des finances détermine : 1° la somme jusqu'à concurrence de laquelle le crédit est employé; 2° la portion afférente à chacun des départements ministériels (décr. 9 nov. 1853, art. 38).

60. Comment l'art. 20 précité devrait-il être appliqué si, d'une part, le fonctionnaire remplissait les quatre premières conditions légales de son admission à la retraite, et, d'autre part, était devenu incapable de remplir ses fonctions? — A notre sens, il aurait droit à son traitement d'activité jusqu'au temps où il pourrait être fait droit à sa demande. — Tant que le fonctionnaire n'a pas l'âge et le temps de service exigés pour la retraite, l'administration peut, sans doute, en usant de la rigueur de son droit, le révoquer s'il n'est pas inamovible. Mais l'âge et la durée de services exigés pour la pension constituent un droit acquis qu'il ne nous paraît pas possible de méconnaître (V. cependant *infrà*, n° 62). — Au reste, pour faire cesser l'anomalie dont nous venons de parler, il suffirait de demander un crédit spécial. — V. *suprà*, n° 58.

Nous devons ajouter qu'il est peu probable que l'administration ait, de longtemps, à refuser des pensions à cause du défaut des extinctions. — Les pensions qui figurent à divers titres au budget s'élevaient, pour 1853, y compris les subventions aux caisses de retraite, à 57 millions. — Ces mêmes services montaient, en 1837, à 66 millions, et en 1817, à 90 millions. — En résumé, nous avons lieu de croire que les pensions sur caisses de retraite ont atteint le terme de leur accroissement, et que, dans tous les cas, les fonds rendus libres par les extinctions seront suffisants pour l'acquittement des concessions nouvelles (exposé des motifs, n° 13).

ART. 3. — *Comment se perd le droit à pension.*

61. Tout fonctionnaire ou employé démissionnaire, destitué, révoqué d'emploi, perd ses droits à la pension. S'il est remis en activité, son premier service lui est compté (L. 9 juin 1853, art. 27). — Mais la démission, la destitution ou la révocation d'emploi font-elles perdre au fonctionnaire les droits qu'il a acquis par trente ans de services et soixante ans d'âge; dans la partie *sédentaire*, vingt-cinq ans de services et cinquante-cinq ans d'âge dans la partie *active*? — Quant à la démission, c'est un acte purement volontaire de la part du fonctionnaire. — Il a pu en calculer les conséquences, et nous concevons très-bien que, dans ce cas, il perde ses droits à la pension.

62. Mais doit-il en être de même, lorsque, dans les circonstances que nous venons d'indiquer, il y a destitution ou révocation? — Si nous n'avions pour guide que le texte de la loi, nous penserions que la question devrait être résolue en faveur du fonctionnaire; mais ce qui s'est passé au sujet de la disposition précitée, au sein du corps législatif, nous empêche d'embrasser cette opinion. — M. de Champagny avait proposé un amendement ainsi conçu : « Hors le cas d'une destitution prononcée, soit en vertu d'une disposition expresse de la loi ou d'un règlement, soit par suite d'une condamnation criminelle ou correctionnelle, tout fonctionnaire ou employé remplissant les conditions prescrites par l'art. 5 ou l'art. 11 ci-dessus (V. nos 22 et s.), ne peut être privé des droits résultant desdits articles, mais seulement de l'augmentation à raison des années postérieures à la trentième, conformément à l'art. 7... » — Or cet amendement, qui tend précisément à faire résoudre par la loi et en faveur du fonctionnaire destitué ou révoqué la question que nous venons de poser, cet amendement, disons-nous n'a pas été adopté par la commission, d'après le motif suivant : « Nous comprenons parfaitement, a dit M. Gouin, dans son rapport, la pensée de l'honorable M. de Champagny; nous n'hésiterions pas à nous y associer, si nous n'y trouvions pas, au point de vue administratif, un inconvénient sérieux; car le gouvernement serait alors désarmé du pouvoir que lui donne l'art. 19... » , aux termes duquel aucune pension n'est liquidée qu'autant que le fonctionnaire aura été préalablement admis à la retraite. De cette explication péremptoire, il suit nécessairement que le sens de l'art. 27 est absolu et que le fonctionnaire destitué ou révoqué perd, dans tous les cas, ses droits à faire valoir ses droits à la retraite.

63. Celui qui est constitué en déficit pour détournement de deniers ou de matières, ou convaincu de malversations, perd également ses droits à la pension, lors même qu'elle aurait été liquidée ou inscrite. — La même disposition est applicable au fonctionnaire convaincu de s'être démis de son emploi à prix d'argent, et à celui qui aura été condamné à une peine afflictive ou infamante. Dans ce dernier cas, s'il y a réhabilitation, les droits à la pension seront rétablis (L. 1853, art. 27).

64. Le droit à l'obtention ou à la jouissance d'une pension est suspendu par les circonstances qui font perdre la qualité de Français, ou la privation de cette qualité. — La liquidation ou le rétablissement de la pension ne peut donner lieu à aucun rappel pour les arrérages antérieurs (L. 1853, art. 29). — Sur la manière dont se perd la qualité de Français, V. Droits civils.

ART. 4. — *Droits des veuves et des orphelins des fonctionnaires ou employés.*

65. La plupart des considérations qui ont déterminé le législateur à assurer des pensions aux serviteurs de l'Etat, devaient l'amener naturellement à étendre sa sollicitude à leurs *veuves* et à leurs *enfants*. — « L'Etat, est-il dit dans l'exposé des motifs de la loi de 1853, après avoir profité des travaux et de la vie entière d'un fonctionnaire, ne peut l'abandonner sans ressources, lorsque la vieillesse le met hors d'état de subvenir à son existence. Le bien du service, l'intérêt même de l'administration lui imposent le devoir de prévenir une situation aussi douloureuse.» — Or, abandonner sans ressources la veuve et les enfants du fonctionnaire, c'eût été laisser subsister la plus grande partie des maux que la loi a voulu éviter. — Inquiet sur le sort des objets de ses plus tendres affections, il n'eût pu d'ailleurs apporter, dans l'accomplissement de ses devoirs, ce dévouement sans bornes, ce renoncement absolu aux avantages de toute situation privée, qui font la confiance et la force de l'administration. — Tel est l'enchaînement d'idées qui a fait admettre dans la loi de 1853, les art. 13, 14, 15 et 16 relatifs aux droits des veuves et des orphelins des fonctionnaires ou employés.

66. D'après l'art. 13, premier alinéa, « a droit à pension la veuve du fonctionnaire qui a obtenu une pension de retraite en vertu de la loi de 1853, ou qui a accompli la durée de service exigée par l'art. 5, pourvu que le mariage ait été contracté six ans *avant la cessation des fonctions du mari.* »

67. De là naissait la question de savoir si la *mort civile* du mari avait, quant à la veuve et aux enfants, les mêmes effets que la mort naturelle ? — La négative s'induisait suivant nous de ce que celle-ci résultait de la condamnation à une peine afflictive ou infamante (c. nap., art. 22; V. Droits civils); et que, suivant l'art. 27 de la loi de 1853, tout fonctionnaire qui a été condamné à une peine afflictive ou infamante perd ses droits à la pension. — Or, les droits de la veuve n'ayant d'autre base que ceux du mari, devaient en avoir le sort et s'évanouir avec eux. — Des objections qui n'étaient pas sans gravité s'élevaient contre cette solution; mais la loi du 31 mai 1854 (D. P. 54. 4. 91), en abolissant la mort civile, a levé toute difficulté à cet égard.

68. La veuve n'a-t-elle des droits à exercer qu'autant que le fonctionnaire décédé a non-seulement accompli la durée de services exigée par l'art. 5 de la loi de 1853, mais qu'il a en outre l'âge fixé par la même disposition pour les droits à la retraite? — M. Duvergier (Collect. des lois 1853, p. 201) est d'avis que les deux conditions sont exigées. La raison qu'en donne cet auteur, c'est que le mari n'aurait pu obtenir pension pour ancienneté que sous la double condition exprimée par l'art. 5, et qu'il y a lieu de croire que le droit de la veuve y est également subordonné.

69. Nous croyons qu'il n'est pas permis d'ajouter à la loi, et que lorsqu'elle se contente de l'accomplissement d'une seule condition on ne saurait en exiger deux. — Il n'est nullement probable, d'ailleurs, que l'omission de la seconde condition ait été involontaire. Dans l'art. 13 dont il s'agit de préciser le sens, le législateur indique l'art. 5 comme contenant la condition dont il fait mention. Il avait donc nécessairement sous les yeux cette dernière disposition. Comment admettre, dès lors, que ce soit par oubli qu'il n'a parlé que d'une seule des conditions qu'elle prescrit? — Il y a eu intention réfléchie de sa part, et la preuve de cette intention met fin à toute controverse sérieuse. — Au surplus, renfermé dans les limites que nous venons d'indiquer, l'art. 13 s'explique fort naturellement. — La durée de services est en réalité la condition principale de la pension. L'âge n'y est ajouté que parce que l'Etat ne doit pas être privé d'un fonctionnaire utile, tant que ses forces lui permettent de continuer à servir le gouvernement. Mais, lorsque la mort vient à le frapper, après trente ans de services, dans l'exercice de ses fonctions, on ne peut lui reprocher de n'avoir pas rempli sa tâche jusqu'à l'extinction de ses forces. — C'est au reste ce qui s'induit encore par analogie, de la disposition de l'art. 14 de la loi de 1853.

70. Aux termes de cet article ont droit à pension : 1° la veuve du fonctionnaire ou employé qui, dans l'exercice ou à l'occasion de ses fonctions, a perdu la vie dans un naufrage ou dans un des cas spécifiés au § 1 de l'art. 11, soit immédiatement, soit par suite de l'événement; — 2° La veuve dont le mari aura perdu la vie par un des accidents prévus au § 2 de l'art. 11, ou par suite de cet accident (sur le sens et la portée de l'art. 11, V. *suprà*, n° 53).

71. La veuve du fonctionnaire que des infirmités graves avaient mis dans l'impossibilité de continuer ses fonctions, ou celle du magistrat mis à la retraite en vertu du décret du 1er mars 1852, ont-elles droit à une pension bien que leurs maris n'eussent pas accompli la durée de service exigée par l'art. 5 de la loi de 1853 (trente ans dans la partie sédentaire, vingt-cinq ans dans la partie active)? — Lorsque la pension a été liquidée, pas de difficulté, puisque l'art. 14 dit formellement : « A droit à pension la veuve du fonctionnaire *qui a obtenu une pension de retraite*, en vertu de la présente loi... » Nous pensons même que les droits de la veuve seraient certains, si le mari avait été admis à la retraite, bien que la pension n'eût pas encore été *liquidée*. — Mais, si le mari décédait sans avoir fait valoir ses droits, il semble qu'aux termes de l'art. 13, la demande de la veuve ne pourrait être accueillie. — Cet article prévoit, en effet, deux cas distincts en ce qui la concerne : le premier, que nous venons d'examiner, est celui où les droits du mari ont déjà été reconnus par l'administration; le second est celui où le mari a accompli la durée de service exigée par l'art. 5. — Hors de ces deux cas, il ne paraît pas qu'elle puisse invoquer l'art. 14, parce que la volonté du législateur à cet égard nous semble clairement exprimée.

72. « Le droit à pension n'existe pas pour la veuve dans le cas de *séparation de corps* prononcée sur la demande du mari » (L. 1853, art. 13). — D'où la conséquence toute naturelle qu'il en est autrement lorsque la séparation a été prononcée sur la demande de la femme. — En cas de réconciliation entre les époux, les effets de la séparation sont anéantis pour l'avenir (V. Sépar. de corps). — Ainsi, lorsque la séparation de corps a cessé au moment de la mort du mari, elle est censée n'avoir pas existé quant au droit à pension de la veuve. — V. en ce sens M. Duvergier, Collect. des lois, sur l'art. 13 de la loi du 9 juin 1853; de la Roque, Code des pensions, *ibid.*).

73. La veuve du fonctionnaire perd-elle ses droits à la pension lorsqu'elle *convole* en secondes noces? — La loi de 1853 ne prononce aucune déchéance dans ce cas, et il n'est pas permis de suppléer à son silence (V. en ce sens M. de la Roque, Code des pensions, sur l'art. 13 de cette loi. — Toutefois, il en serait autrement si la veuve épousait un étranger, parce qu'alors elle deviendrait elle-même étrangère (V. *suprà*, n° 64). — Si ultérieurement elle devenait Française, elle recouvrerait ses droits, puisque, aux termes de l'art. 29 de la loi de 1853, le droit à l'obtention ou à la jouissance d'une pension n'est que *suspendu* par les circonstances qui font perdre la qualité de Français durant la privation de cette qualité.

74. Quant aux veuves des fonctionnaires dont les pensions continuent d'être régies par la loi de 1790 et le décret de 1806, la loi du 9 juin 1853 n'a apporté aucun changement à leur position, c'est-à-dire qu'elles ne peuvent agir par la voie contentieuse, dans le cas où leur demande en pension n'est pas accueillie. D'après l'art. 7 de la loi de 1790, le gouvernement a la faculté d'accorder cette pension suivant l'ensemble des convenances; mais il n'y a point de sa part obligation positive à cet égard (ord. cons. d'Ét. 17 juin 1820, M. Maillard, rap., aff. Grattery).

75. L'orphelin ou les orphelins mineurs d'un fonctionnaire ou employé ayant obtenu sa pension ou ayant accompli la durée de services exigée par l'art. 5 de la loi de 1853, ou ayant perdu la vie dans un des cas prévus par les §§ 1 et 2 de l'art. 14, ont droit à un secours annuel, lorsque la mère est ou décédée ou inhabile à recueillir la pension, ou déchue de ses droits. — Ce secours est, quel que soit le nombre des enfants, égal à la pension que la mère aurait obtenue ou pu obtenir, conformément aux art. 13, 14 et 15. Il est partagé entre eux par égales portions, et payé jusqu'à ce que le plus jeune des enfants ait atteint l'âge de vingt et un ans accomplis, la part de ceux qui décéderaient ou celle des majeurs faisant retour aux mineurs (L. 1853, art. 16).— Ainsi, à mesure que les enfants atteignent leur majorité, ils cessent de participer au bénéfice de la pension.— Mais que devrait-on décider à l'égard des enfants majeurs qui seraient dans un état habituel de démence ou d'imbécillité? — Sans doute, les motifs de la loi s'appliquent aussi à ces enfants, puisqu'ils sont plus incapables encore que les mineurs de subvenir à leur existence. — Néanmoins, comme la durée de la pension pourrait dépasser, dans ce cas, toutes les prévisions de la loi, nous ne pensons pas qu'il y ait lieu de la continuer après la majorité accomplie.

76. S'il existe une veuve et un ou plusieurs orphelins mineurs provenant d'un mariage antérieur du fonctionnaire, il est prélevé sur la pension de la veuve, et, sauf reversibilité en sa faveur, un quart au profit de l'orphelin du premier lit s'il n'en existe qu'un en âge de minorité, et la moitié s'il en existe plusieurs (L. 1853, art. 16). — En cas de prédécès de la veuve, avant que l'enfant du premier lit ait atteint sa majorité, la pension nous paraît devoir être également répartie entre tous les enfants mineurs du fonctionnaire décédé, quel que soit leur nombre et sans distinction. Alors il n'y a plus de motif pour attribuer le quart fixe à l'enfant du premier lit.—V. en ce sens M. Duvergier, sur l'art. 16 de la loi précitée.

Art. 5. — *Demande de mise à la retraite.—Quotité, liquidation et jouissance de la pension.*

77. Aucune pension n'est *liquidée* qu'autant que le fonctionnaire a été préalablement admis à faire valoir ses droits à la *retraite* par le ministre au département duquel il ressortit (L. 1853, art. 19).

78. C'est, en effet, au *ministre*, sous la direction duquel le fonctionnaire ou l'employé est placé, à décider s'il est en état de continuer ses fonctions, et, en cas de solution affirmative à cet égard, si les besoins du service permettent de l'admettre à la pension de retraite (V. *suprà*, n° 53). — C'est aussi au ministre du département auquel appartient le fonctionnaire que doit être adressée sa demande en liquidation de pension.

79. Cette demande doit, à peine de déchéance, être présentée avec les pièces à l'appui dans le délai de cinq ans à partir de la promulgation de la loi de 1853, pour les droits ouverts antérieurement, et, pour les droits qui se seront ouverts postérieurement, à partir, savoir : pour le titulaire, du jour où il a été admis à faire valoir ses droits à la retraite, ou du jour de la cessation de ses fonctions, s'il a été autorisé à les continuer après cette admission, et, pour la veuve, du jour du décès du fonctionnaire. — Les demandes de secours annuels pour les orphelins doivent être présentés dans le même délai, à partir de la promulgation de la loi précitée, ou du jour du décès de leur père ou de celui de leur mère (L. 1853, art. 22). — Ici la déchéance ne pouvait être suspendue pendant la minorité, puisque la pension n'est due que jusqu'à la majorité des enfants du fonctionnaire. — Mais le tuteur qui la laisserait encourir serait responsable de sa négligence suivant les règles ordinaires. — V. Minorité, n°s 727 et s.; Responsabilité.

Quant aux pièces à produire à l'appui de la demande en liquidation par le fonctionnaire ou employé, la veuve ou les enfants, V. les art. 31 et suiv. du décret du 9 nov. 1853 (D. P. 54. 4. 3).

80. Le chiffre de la pension varie suivant qu'il s'agit du *service sédentaire* ou du service *actif* (V. n° 45). — Dans la partie sédentaire, chaque année de service donne droit à un soixantième du traitement moyen.—Ainsi, en admettant au traitement moyen de 6,000 fr. pour les six dernières années, le soixantième de 6,000 fr. étant 100 fr., il faut multiplier par 100 le nombre d'années de service du fonctionnaire. — D'où il suit que, pour trente ans de service, la pension est de 3,000 fr.; pour trente et un ans de service de 3,100 fr. et ainsi de suite.—Dans la partie active, la pension est de la moitié du traitement moyen pour vingt-cinq ans de service, avec accroissement du cinquantième du traitement par chaque année de service en sus. — En aucun cas, la pension ne peut excéder ni les trois quarts du traitement moyen, ni les maximums déterminés aux tableaux annexés à la loi de 1853. — V. ces tableaux D. P. 53. 4. 103).

81. Au reste, «la pension est basée sur la moyenne des traitements et émoluments de toute nature soumis à retenues, dont l'ayant droit a joui pendant les six dernières années d'exercice » (L. 1853, art. 6). — La commission du corps législatif avait demandé que la moyenne eût pour base les dix dernières années d'exercice, et M. André, membre de la commission, voulait même que cette moyenne fût prise sur les trente années de service. — Ces modifications au projet n'ont point été admises par la raison que la pension n'est pas seulement une rente viagère représentant exclusivement les retenues effectuées, mais qu'elle est aussi une rémunération donnée au fonctionnaire qui a bien servi, et que, dès lors, la pension doit être en rapport avec la distinction de ses services (Mon., séance du 16 mai 1853).

82. A l'égard des fonctionnaires qui ne sont pas directement rétribués par l'État, et qui cependant sont, par exception, admis au bénéfice de la pension (V. n°23 et s.) la moyenne ne peut excéder celle des traitements et émoluments dont le fonctionnaire aurait joui s'il eût été rétribué directement par l'État (L. 1853, art. 6).

83. Nous avons déjà vu (n°s 27, 48) que les services dans les *armées* de terre et de mer *concourent* avec les services *civils* pour établir le droit à pension, pourvu toutefois que la durée des services civils soit au moins de douze ans dans la partie sédentaire, ou de dix ans dans la partie active. — Si les services militaires de terre ou de mer ont déjà été rémunérés par une pension, ils n'entrent pas dans le calcul de la liquidation; s'ils n'ont pas été rémunérés par une pension, la liquidation est opérée d'après le minimum attribué au grade par les tarifs annexés aux lois des 11 et 18 avril 1831. — V. *infrà*, n°s 113 et s.

84. Lorsqu'un fonctionnaire ou un employé a été mis hors d'état de continuer son service, soit par suite d'un acte de dévouement, soit par suite de lutte ou de combat soutenu dans l'exercice de ses fonctions, la pension est de la *moitié* du dernier traitement, sans pouvoir excéder les maximums déterminés au tableau, n° 3 (L. 1853, art. 12). —V. pour le tableau, D. P. 53. 4. 103).

85. Lorsqu'un *accident* grave résultant notoirement de l'exercice de ses fonctions le met hors d'état de les continuer, sa pension est fixée, dans la partie sédentaire, à raison d'un soixantième, et dans la partie active, à raison d'un cinquantième du dernier traitement pour chaque année de services civils (L. 1853, art. 12). — Ceux que des *infirmités graves* résultant aussi de l'exercice de leurs fonctions mettent dans l'impossibilité de les continuer, ou dont l'emploi a été supprimé, ainsi que les magistrats mis à la retraite en vertu du décret du 1er mars 1852, qui ont vingt ans de service dans la métropole, ou quinze ans de service dans les colonies (V. *suprà*, n° 52), ont droit à une pension fixée à raison d'un soixantième (pour le service sédentaire dans la métropole), ou d'un cinquantième (pour le service actif ou le service dans les colonies) du traitement moyen pour chaque année de service.

86. Les fonctionnaires « qui étaient tributaires de caisses de retraite supprimées et ceux qui obtenaient pension sur fonds généraux sont liquidés dans les proportions et aux conditions réglées par la loi de 1853, pour leurs services postérieurs au 1er janv. 1854; et pour les services antérieurs, conformément, soit aux règlements spéciaux, soit aux loi et décret des 22 août 1790 et 13 sept. 1806, qui régissaient respectivement leur situation, sans que les maximum déterminés par la loi de 1853 puissent être dépassés» (L. 1853, art. 18).—Mais comment faut-il entendre et appliquer cette division des services? Faudra-t-il, pour la première partie du service, prendre la moyenne fixée par les règlements particuliers, et pour la dernière partie la moyenne des six dernières années, suivant la loi de 1853? — A cet égard, nous ne saurions mieux faire que de reproduire le texte même de l'annexe n° 7 de l'exposé des motifs de la loi de 1853. On y lit ce qui suit : — « Un employé comptant quinze ans de service au 1er janv. 1854, sera admis à la retraite après trente ans de service en 1869. — Ses services antérieurs à 1854 devront être liquidés d'après le règlement sous le régime duquel il est aujourd'hui placé, et qui règle la pension sur la moyenne des trois dernières années d'activité. — Le traitement de cet employé aura été, pendant les trois dernières années de son exercice, de 2,400 fr. — Pendant les trois années antérieures, son traitement n'était que de 2,100 fr. — La moyenne des trois ans est de 2,400 fr. — La moyenne des six ans est de 2,250 fr. — Il obtiendra, pour les quinze années antérieures à 1854, quinze soixantièmes du traitement moyen de 2,400 fr., ci 600 fr. — Et pour les quinze années postérieures à 1854, quinze soixantièmes du traitement de 2,250 fr., ci 562 fr. — Total 1,162 fr.

« Liquidé purement et simplement par application de la loi nouvelle, cet employé n'eût obtenu que la moitié du traitement moyen de 2,250 fr., ci 1,125. — Bénéfice résultant de la double liquidation, 37 fr.

« On ne peut se méprendre sur l'intention de l'art. 18; il a voulu conserver aux employés en exercice en 1854, les avantages de liquidation que leur assurent les règlements actuels, pour la partie de leurs services accomplis sous le régime de ces règlements. Cette disposition serait complétement détournée de son but, si, au lieu de liquider les services antérieurs à 1854 d'après la moyenne des trois dernières années d'activité, on les liquidait d'après la moyenne des trois dernières années d'exercice accomplies en 1854. En scindant ainsi les services de l'employé, la liquidation de la première partie de son activité serait toujours calculée sur un traitement très-inférieur, et, au lieu d'assurer un bénéfice, l'art. 18 imposerait une perte énorme aux employés qui auraient servi sous l'empire des règlements actuels, perte dont seraient affranchis ceux qui n'auraient servi que sous le régime de la loi nouvelle. C'est ce qu'il est facile de démontrer.— L'employé qui termine son activité avec un traitement de 2,400 fr. n'avait peut-être à sa cinquième année d'exercice qu'un traitement de 1,500 fr. — Si ce traitement était pris pour base de la liquidation des quinze années de service antérieures à 1854, il n'en obtiendrait que les quinze soixantièmes, ci 375 fr. — Il obtiendrait en outre, pour quinze années de services postérieurs à 1854, quinze soixantièmes de traitement moyen des six dernières (2,250 fr.), ci 562. — Sa pension pour trente ans d'exercice ne serait que de 937 fr. — On a vu qu'elle devrait être, d'après le système de double liquidation bien entendu, de 1162 fr. — La perte serait donc de près d'un quinzième, 225. . . . . — Il est évident que ce n'est pas là ce qu'a voulu l'art. 18. Son texte, d'ailleurs, le dit positivement, en déclarant que les services antérieurs à 1854 seront liquidés d'après le règlement actuellement en vigueur. »

87. Au reste, « les pensions des fonctionnaires et employés qui, au 1er janv. 1854, ont accompli la durée de service exigée par les règlements spéciaux, loi et décret précités, sont liquidées conformément à ces règlements, loi ou décret » (art. 18).

88. Les fonctionnaires ou employés qui, antérieurement, ne subissaient pas de retenues et n'étaient pas placés sous le régime des lois et décret des 22 août 1790 et 13 sept. 1806, sont admis à faire valoir la totalité de leurs services admissibles pour constituer leur droit à pension; toutefois, cette pension n'est liquidée que pour le temps pendant lequel ces fonctionnaires ont subi la retenue, et n'est réglée qu'à raison d'un cent vingtième du traitement moyen par chaque année de services civils; mais le montant de la pension ainsi fixé est alors augmenté d'un trentième pour chacune des années liquidées : cette base exceptionnelle cesse lorsque le titulaire se trouve dans les conditions voulues par l'art. 5 (art. 18), c'est-à-dire lorsqu'il a la durée de services et l'âge exigés pour donner droit à la pension.

89. « Les *magistrats* nommés avant le 1er janv. 1854 et mis à la retraite en vertu du décret du 1er mars 1852, ont droit à pension après quinze ans de service » (art. 18, 4e alin.).—Mais quelle doit être la quotité de cette pension? L'art. 18 ne s'explique pas à cet égard. D'où l'on est fondé à induire qu'il n'y a pas d'exception, pour ce cas, à la règle posée dans l'art. 7 de la loi de 1853; c'est-à-dire que la pension doit être réglée, pour chaque année de services civils, à un soixantième du traitement moyen des six dernières années (art. 6).

90. « Les pensions sont liquidées d'après la durée des services, en négligeant sur le résultat final du décompte les fractions de mois et de franc. — Les services civils ne sont comptés que de la date du premier traitement d'activité et à partir de l'âge de vingt ans accomplis. Le temps de surnumérariat n'est compté dans aucun cas » (L. 1853, art. 23).

91. « La pension de la veuve est du tiers de celle que le mari avait obtenue ou à laquelle il aurait eu droit. Elle ne peut être inférieure à 100 fr., sans, toutefois, excéder celle que le mari aurait obtenue ou pu obtenir » (L. 1853, art. 13).—La pension de la veuve est des deux tiers de celle que le mari aurait obtenue lorsque celui-ci a perdu la vie dans un acte de dévouement, soit dans l'intérêt public, soit dans l'intérêt privé (V. n° 70), ou bien dans un naufrage dans l'exercice ou à l'occasion de l'exercice de ses fonctions (*ibid.*, art. 14). — « Dans le cas où un employé, ayant servi alternativement dans la partie active et dans la partie sédentaire, décède avant d'avoir accompli les trente années de service exigées pour constituer le droit à pension de sa veuve, un cinquième de son temps de service dans la partie active est ajouté fictivement en sus du service effectif pour compléter les trente années nécessaires. La liquidation ne s'opère néanmoins que sur la durée effective des services » (art. 15).

92. Lorsque le mari avait accompli une partie de son service sous les anciens règlements, les droits de sa veuve ou de ses enfants doivent aussi, quant à cette partie, être fixés par ces règlements, et, pour le surplus, par la loi de 1853 (V. en ce sens M. de la Roque, Code des pensions civiles, p. 63). — Quant au principe général d'après lequel les droits de la veuve et des enfants étaient inhérents à ceux du mari ou du père, ils doivent être réglés par la même législation (V. aussi MM. Dumesnil, des Pensions, p. 73; Chevalier, Jur. adm., v° Pension). — Rien n'est, d'ailleurs, plus facile que l'application de ce principe, puisque la pension de la veuve ou celle des enfants n'étant que d'une partie de celle que le mari avait obtenue ou à laquelle il aurait eu droit (L. 1853, art. 13 et 14), il suffit d'une simple déduction pour avoir le chiffre de la pension de la veuve ou des enfants.

D'après la jurisprudence du conseil d'Etat, la liquidation devenue définitive au profit d'un fonctionnaire ou employé ne peut être attaquée par sa veuve (ord. cons. d'Et. 15 juin 1841, M. de Condé, rap., aff. veuve Regnault; 17 nov. 1843, M. Pascal, rap., aff. veuve du Theil; 6 juin 1844, M. du Berthier, rap., aff. veuve Dupan). — Aussi a-t-il été décidé que les bases de la liquidation de la pension de retraite d'un employé d'une administration financière qui avait droit à cette pension en 1825 ne peuvent être critiquées par sa veuve, lorsque cette liquidation a eu lieu conformément à la législation antérieure à l'ordonnance du 12 janvier de cette année, et qu'elle a été acceptée par lui (ord. cons. d'Et. 18 juin 1846) (1). — Mais il a été jugé aussi que lorsque

(1) (Ve Lherminier.) — LOUIS-PHILIPPE, etc.; — Vu la loi du 2 flor. an 5 et l'ord. du 12 janv. 1825; — Considérant qu'en vertu de l'art. 46 de l'ord. du 12 janv. 1825, la pension du sieur Lherminier a été liquidée conformément à la loi du 2 flor. an 5, laquelle n'accorde

la liquidation de la pension d'un employé a été opérée en vertu d'une décision ministérielle dont il a ignoré l'existence et contre l'application de laquelle il n'a pu dès lors réclamer, sa veuve peut demander que son droit de réversion soit fixé suivant d'autres règles que celles qui ont servi de base à la liquidation (ord. cons. d'Et. 5 juin 1846) (1).

93. La liquidation est faite par le ministre compétent qui la soumet à l'examen du conseil d'Etat avec l'avis du ministre des finances. — Le décret de concession est rendu sur la proposition du ministre compétent.—Il est contre-signé par lui et par le ministre des finances.—Il est inséré au Bulletin des lois (L. 1853, art. 24). — Si la partie intéressée se croit lésée, elle peut se pourvoir, par la voie contentieuse, au conseil d'Etat (V. Exposé des motifs, D. P. 53. 4. 105, nº 11). — Dans quel délai et dans quelle forme? V. sur ce point vº Conseil d'Etat, nºs 204 et s.; V. aussi *infrà*, nº 192.

Au reste, il a été jugé, et avec raison, que la demande portée devant le conseil d'État par un magistrat irrégulièrement frappé de suspension, afin qu'il soit déclaré, dès à présent, que le temps de cette suspension lui sera compté lorsqu'il s'agira de procéder à la liquidation de sa pension de retraite, doit être rejetée comme prématurée (cons. d'Et. 7 mai 1852, aff. Saleta, D. P. 52. 3. 26).

94. Les pensions et secours annuels qui sont accordés conformément aux dispositions de la loi du 9 juin 1853 sont inscrits au grand-livre de la dette publique (art. 17).

95. « La jouissance de la pension commence du jour de la cessation du traitement, ou du lendemain du décès du fonctionnaire; celle du secours annuel, du lendemain du décès du fonctionnaire ou du décès de la veuve.— Il ne peut, en aucun cas, y avoir lieu au rappel de plus de trois années d'arrérages antérieurs à la date de l'insertion au Bulletin des lois du décret de concession » (art. 25). — Avant la loi de 1853, on décidait, au contraire, qu'un magistrat n'a droit à la jouissance de sa pension de retraite qu'à partir du jour où il en a demandé la liquidation, conformément aux art. 2 et 3 de l'ord. du 23 sept. 1814 : le droit à cette jouissance ne remonte pas au jour de la cessation du traitement d'activité (Cons. d'Et. 7 mai 1852, aff. Danican, D. P. 52. 3. 26). — Lorsqu'un ancien fonctionnaire a disparu de son domicile et que plus de trois ans se sont écoulés sans qu'il ait réclamé les arrérages de sa pension, sa femme ou les enfants qu'il a laissés peuvent obtenir, à titre provisoire, la liquidation des droits de réversion qui leur seraient ouverts par les art. 13 et 16 de la loi du 9 juin 1853, en cas de décès de ce fonctionnaire (décr. 9 nov. 1853, art. 46).

96. Mais dans le cas où le fonctionnaire remplissant, d'ailleurs, les conditions d'âge et de durée de services, disparaîtrait avant d'avoir demandé son admission à la pension, la femme ou les enfants pourraient-ils demander la liquidation de cette pension afin d'exercer aussi provisoirement leur droit de réversion? — A notre sens, l'humanité qui a inspiré la disposition du décret du 9 novembre pour le cas de disparition du mari *après* liquidation de la pension, commande la solution affirmative de cette question et la loi de 1853 n'y est nullement contraire, puisque dans le cas où le fonctionnaire meurt sans avoir fait liquider sa pension, la veuve ou les orphelins ont le droit d'en demander la liquidation dans les proportions déterminées par la loi. — Le décret assimile l'absence au décès pour le cas de liquidation antérieur à la disparition du fonctionnaire. Il nous semble juste d'étendre le bénéfice de cette fiction au cas où les droits sont ouverts pour le mari bien qu'il ne les ait pas exercés. — Nous ne nous dissimulons pas, cependant, qu'une objection assez sérieuse peut être tirée contre cette solution de la faculté que l'on donnerait ainsi au fonctionnaire d'obtenir immédiatement une partie des avantages de la mise à la retraite, bien qu'il n'y eût pas été admis, ce qui affaiblirait le pouvoir que la loi de 1853 a conféré à l'administration supérieure de décider si, bien qu'âgé de soixante ans et ayant servi trente ans, un fonctionnaire doit continuer ses services. — Mais d'abord, nous pensons qu'il est peu à craindre qu'un fonctionnaire veuille sacrifier ainsi les deux tiers de sa pension, ce qui serait le résultat certain de la liquidation en faveur de sa femme ou de ses enfants. D'un autre côté, on peut trouver dans les circonstances de la disparition, dans la position de famille du fonctionnaire, des éléments de conviction qui ne permettraient guère de s'égarer dans l'appréciation de la réclamation.

97. « Les pensions et *secours annuels* sont payés par trimestre; ils sont rayés des livres du trésor après trois ans de non-réclamation, sans que leur rétablissement donne lieu à aucun rappel d'arrérages antérieurs à la réclamation. — La même *déchéance* est applicable aux héritiers ou ayants cause des pensionnaires qui n'auront pas produit la justification de leurs droits dans les trois ans qui suivront la date du décès de leur auteur. — Le *cumul* de deux pensions est autorisé dans la limite de 6,000 fr., pourvu qu'il n'y ait pas double emploi dans les années de service présentées pour la liquidation. » — Cette limite « n'est pas applicable aux pensions que des lois spéciales ont affranchies des prohibitions du cumul » (art. 30 et 31).—Ces lois sont notamment celle du 13 déc. 1830, par laquelle des pensions ont été accordées à titre de récompense nationale aux Français qui dans les journées de juillet ont reçu des blessures entraînant la perte ou l'incapacité d'un membre; la loi du 26 avr. 1833, qui accorde des pensions aux vainqueurs de la Bastille; la loi du 4 sept. 1835, sur les pensions accordées aux victimes de l'attentat de Fieschi.—V. au surplus le tableau chronologique, p. 745 et s.

98. Suivant l'art. 26 de la loi de 1853, les pensions sont incessibles. Aucune saisie ou retenue ne peut être opérée du vivant du pensionnaire, que jusqu'à concurrence d'un cinquième pour débet envers l'Etat, ou pour des créances privilégiées, aux termes de l'art. 201 c. nap. (V. Priviléges et hypoth.), et d'un tiers dans les circonstances prévues par les art. 203, 205, 206, 207 relatifs aux aliments que se doivent réciproquement les ascendants et les descendants, et par l'art. 214 du même code, qui impose au mari l'obligation de fournir à sa femme tout ce qui est nécessaire pour les besoins de la vie, suivant ses facultés et son état. — V. Mariage.

99. Sur les causes qui font perdre le droit à la jouissance de la pension, V. *suprà*, nº 64.

100. « Lorsqu'un pensionnaire est remis en activité dans le même service, le payement de sa pension est suspendu. — Lorsqu'il est remis en activité dans un service différent, il ne peut cumuler sa pension et son traitement que jusqu'à concurrence de 1,500 fr. — Après la cessation de ses fonctions, il peut rentrer en jouissance de son ancienne pension, ou obtenir, s'il y a lieu, une nouvelle liquidation basée sur la généralité de ses services » (art. 28).

101. Les règles prescrites par la loi du 9 juin 1853 pour la demande d'admission à la pension, les formes de la liquidation et les jouissances de la pension sont applicables aux fonctionnaires dont la pension doit être liquidée conformément à la loi du 22 août 1790 et au décret du 13 sept. 1806 (V. nº 29). — D'a-

---

aucun droit de réversion aux orphelins des pensionnaires; que le sieur Lherminier a touché les arrérages de sa pension sans réclamations jusqu'au jour de son décès; que, dès lors, sa veuve ne peut être admise à contester, au nom de son fils mineur, les bases de cette liquidation; — Art. 1. La requête de la veuve Lherminier, au nom de son fils mineur, est rejetée.

Du 18 juin 1846.-Ord. cons. d'Et.-M. Aubernon, rap.

(1) (Vᵉ Roux.) — LOUIS PHILIPPE, etc.; — Vu l'ordon. du 12 janv. 1825; — Vu la loi du 2 flor. an 5 et l'arrêté du 25 therm. an 11; — Considérant qu'il résulte de l'instruction que la pension du sieur Roux a été liquidée d'après les bases d'une décision ministérielle interprétative de l'ordonnance de 1825, décision dont le sieur Roux a ignoré l'existence, et contre l'application de laquelle il n'a pu, dès lors, réclamer; — Considérant qu'aux termes de l'art. 46 de l'ord. de 1825, les pensions des fonctionnaires et employés ayant accompli, au moment de la publication de ladite ordonnance, trente ans de service ou seulement vingt-cinq ans susceptibles d'être comptés comme trente, continuent d'être liquidées conformément aux anciens règlements; — Considérant qu'au 12 janv. 1825, le sieur Roux avait accompli plus de trente années de services; que dès lors sa pension aurait dû être liquidée d'après les bases et conformément aux prescriptions de la loi du 2 flor. an 5 et de l'arrêté du 25 therm. an 11; — Art. 1. La décision de notre ministre des finances, en date du 22 fév. 1845, est annulée. — Art. 2. La dame Roux est renvoyée devant notredit ministre pour y faire liquider la pension à laquelle elle a droit, laquelle est fixée à la moitié de celle dont aurait dû jouir son mari, conformément à la loi du 2 flor. an 5 et à l'arrêté du 25 therm. an 11.

Du 5 juin 1846.-Ord. cons. d'Et.-M. Aubernon, rap.

près ce dernier texte, leur pension est fixée au sixième du traitement des quatre dernières années (art. 3). — Mais chaque année de service ajoutée aux trente ans effectifs produit une augmentation à la pension, du trentième des cinq sixièmes restants. — Ainsi un fonctionnaire qui a 25,000 fr. de traitement, un conseiller d'État, par exemple, a droit, après trente ans de service effectif et soixante ans d'âge, à une pension de 4,166 fr. Après trente et un ans, à une pension de 4,863 fr.; après trente-deux ans, à une pension de 5,559 fr., et ainsi de suite, en augmentant d'année en année du trentième des cinq sixièmes de 25,000 fr. — Quant aux *veuves* de ces fonctionnaires, V. *suprà*, n° 74

102. « Lorsqu'un fonctionnaire a passé d'un service sujet à retenue dans un service qui en est affranchi, ou réciproquement, la pension est *liquidée* d'après la loi qui régit son dernier service, à moins qu'il n'ait accompli dans le premier service les conditions d'âge et de durée de fonctions exigées. — Dans ce dernier cas, le fonctionnaire a le droit de choisir le mode de liquidation de sa pension » (L. 1853, art. 33). — Ainsi, lorsqu'un sous-préfet, dont le traitement n'est pas sujet à retenue, devient conseiller de préfecture, ou réciproquement, lorsqu'un conseiller de préfecture devient sous-préfet, si le fonctionnaire a soit comme sous-préfet, soit comme conseiller de préfecture, accompli les conditions d'âge et de durée de fonctions, il a le droit de choisir le mode de liquidation de sa pension.

ART. 6. — *Pensions accordées aux employés ou pensionnaires des anciennes listes civiles.*

103. Après les révolutions de 1830 et de 1848, les employés et les pensionnaires rétribués sur les fonds des listes civiles, se sont trouvés tout à coup privés des ressources qu'ils y puisaient, et qui, pour la plupart d'entre eux, formaient leur seul moyen d'existence. — Leur position éminemment digne d'intérêt ne pouvait manquer de fixer l'attention des pouvoirs dont ces révolutions avaient préparé l'avénement. — Aussi, deux lois, l'une du 29 juin 1835, l'autre du 8 juill. 1852, ont-elles affecté annuellement, à savoir : la première un fonds de 600,000 fr., la seconde un fonds de 320,000 fr. au payement d'indemnités viagères de retraite, au profit des employés et agents des anciennes listes civiles. Mais le sort des bénéficiaires est aujourd'hui irrévocablement fixé, et les détails dans lesquels nous entrerions seraient dépourvus d'utilité pratique, puisque l'une et l'autre de ces lois ont prononcé des déchéances qui ne permettent plus à de nouvelles demandes de se produire. — L'art. 2 de la loi du 29 juin 1835 porte, en effet : « qu'aucune réclamation ne sera reçue quatre mois après l'ordonnance royale qui nommera la commission chargée de fixer les pensions à accorder en vertu de cette loi. Or l'ordonnance a été rendue le 30 juin 1835. Depuis le 1er novembre de la même année, aucune demande fondée sur la loi de 1835 n'a donc pu être admise. — La loi du 8 juill. 1852 dit aussi (art. 4) : « Aucune réclamation ne sera reçue quatre mois après la promulgation de la présente loi. » — D'où il suit que depuis le mois de novembre 1852 toute demande relative aux indemnités viagères qu'elle accorde est légalement devenue non recevable. — Cette observation nous dispense de plus amples développements sur ce point. — V. du reste v° Domaine de la couronne, n°s 79 et suiv., 100 et suiv.

SECT. 3. — *Des pensions ecclésiastiques.*

104. Dans l'état actuel de la législation, les pensions ecclésiastiques sont à peine du domaine du jurisconsulte. D'une part, en effet, les anciennes pensions de cette nature, accordées après la révolution de 1789, avaient un caractère transitoire qui ne saurait jeter la moindre lumière sur la situation actuelle des ecclésiastiques; d'autre part, les nouvelles pensions qui font l'objet du décret du 28 juin 1853 ne peuvent donner lieu à un recours par la voie contentieuse, ce qui rend toute discussion de droit superflue. — Voici, du reste, ce que nous lisons à ce sujet dans la circulaire adressée par M. le ministre de l'instruction publique et des cultes à MM. les archevêques et évêques, relativement à l'exécution du décret du 28 juin 1853 : « Le décret du 28 juin n'a pas créé en faveur de tous les prêtres qui ont trente ans de services un droit à une pension de retraite; il leur ouvre seulement les voies et moyens pour l'obtenir. L'administration *est libre de l'accorder ou de la refuser*. En un mot, chaque pension concédée sera une libéralité du gouvernement. Par conséquent, *aucun recours à ce sujet devant le conseil d'État ou toute autre juridiction ne pourra être admis.* » — V. ce qui est dit sur ce point v° Culte, n° 472. C'est également sous ce mot, p. 665 et suiv., qu'on trouvera la législation relative à la matière.

SECT. 4. — *Pensions militaires.*

105. S'il est juste de récompenser les services du fonctionnaire civil, et de protéger sa vieillesse contre les rigueurs de l'indigence, à plus forte raison, un témoignage de bienveillance et de gratitude est-il dû au soldat de terre ou de mer, qui, pour la défense du pays, a exposé sa vie dans les combats, a subi les plus dures privations de la guerre, et souvent enduré de cruelles souffrances. — Aussi, tandis que la diversité des systèmes, le conflit des vues et des intérêts avaient fait ajourner jusqu'en 1830, la solution législative des difficultés que présentait le régime des pensions civiles; dès 1831, deux lois (11 et 18 avril), adoptées à une très-grande majorité, avaient fixé le sort des pensions militaires.

Peut-être est-il permis de reprocher à ces lois un peu de parcimonie dans la rémunération d'aussi importants services; mais, durant une très-longue période, nos guerres avec l'Europe ont nécessité l'entretien d'armées si nombreuses, l'étendue de nos frontières, les ferments de troubles intérieurs, obligent le gouvernement, même en temps de paix, à conserver un effectif si considérable que, sous peine de compromettre gravement notre situation financière, il a fallu accepter les limites dans lesquelles on s'est renfermé.

Les deux lois dont nous venons de parler divisent naturellement la matière des pensions militaires en deux articles; l'un relatif aux pensions de l'armée de terre, l'autre sur les pensions de l'armée de mer.

106. La loi du 26 avril 1855 (D. P. 55. 4. 44), relative à la dotation de l'armée, au rengagement, au remplacement et aux pensions militaires, et qui sera examinée v° Organ. milit., a laissé en vigueur les lois de 1831; elle ne les a modifiées qu'en deux points par son art. 19. — V. *infrà*, n°s 109 et 179.

ART. 1. — *Pensions de l'armée de terre.*

107. Quelles sont les conditions du droit à pension? Comment se perd ce droit? Quels sont les droits des veuves et des orphelins des militaires? A quelles règles sont soumises la demande de mise à la retraite, la liquidation et la jouissance de la pension? — Tels sont les points divers que nous allons examiner sous quatre paragraphes.

§ 1. — *Conditions du droit à pension.*

108. Les conditions du droit à pension varient suivant qu'il s'agit d'une pension pour cause d'*ancienneté de services*, d'une pension par suite de *blessures ou d'infirmités*, ou d'un simple traitement de *réforme*.

109. *Pensions d'ancienneté.* — Le droit à la pension de retraite par ancienneté est acquis à trente ans accomplis de service effectif (L. 11-14 avril 1831, art. 1). Mais depuis la loi du 26 avril 1855 ce droit est acquis à vingt-cinq ans accomplis de service effectif, aux sous-officiers, caporaux, brigadiers et soldats (art. 19). — Aucune condition d'âge n'est d'ailleurs exigée. Il n'en est pas à cet égard des fonctions militaires comme des fonctions civiles (V. n° 45). — Ces années de service se comptent de l'âge où la loi permet de contracter un engagement volontaire (L. 1831, art. 2), c'est-à-dire de l'âge de dix-huit ans (c. nap. 374).

110. Le service militaire antérieur à la promulgation de la loi de 1831 ne peut être compté au-dessous de l'âge de quatorze ans, pour les tambours et trompettes, et de l'âge de seize ans, tant pour les autres militaires que pour les élèves des écoles spéciales, sauf le cas prévu par l'art. 5 de la loi précitée (L. 11 avril 1831, art. 29).

Le service des *marins incorporés* dans l'armée de terre leur est compté pour le temps antérieur à cette incorporation, d'après les lois qui régissent les pensions de l'armée de mer. — V. n° 211.

111. Il est compté quatre années de service effectif, à titre d'études préliminaires aux élèves de l'école polytechnique, au moment où ils entrent *comme officiers dans les armes spéciales* (art. 4).—De ces mots, *comme officiers*, on pourrait induire que les quatre années d'études ne sont pas comptées aux élèves de l'Ecole polytechnique qui entrent dans les services civils, et, par exemple, dans les ponts et chaussées; mais, dans la discussion de la loi de 1831, à la chambre des députés, il a été expliqué que ce temps est compté à tous les élèves de l'Ecole polytechnique, quel que soit le service public dans lequel ils sont admis (Monit. des 16 et 17 mars 1831).

112. « Les trois années de service effectif accordées à titre d'études préliminaires, en vertu des lois des 15 déc. 1790 et 27 avril 1791, aux officiers des corps d'artillerie, du génie et des ingénieurs géographes qui n'ont pas été élèves de l'Ecole polytechnique, continuent de leur être comptées pour la pension de retraite (L. 11 avril 1831, art. 30). »

113. Suivant l'art. 4 de la loi du 11 avril 1831, le temps passé dans un *service civil* qui donne droit à pension, est compté pour la pension militaire, pourvu toutefois que la durée des services militaires soit au moins de vingt ans. — On a vu (n° 48) que la loi civile s'est montrée plus facile à l'égard des services militaires, en ce qu'elle accepte, pour la pension civile, dix-huit ans de services militaires dans la partie active, tandis que la loi sur les pensions militaires ne tient compte que de dix ans de services civils.—Si l'on s'occupe un jour de la révision de la loi de 1831, il est vraisemblable que l'on trouvera juste d'établir sur ce point une exacte réciprocité entre les deux législations. — Conformément à la disposition précitée de la loi de 1831, il a été jugé que le temps passé dans un service civil et notamment dans l'administration des contributions indirectes, par un lieutenant de gendarmerie, doit lui être compté dans la liquidation de la pension, s'il a plus de vingt ans de service militaire (ord. cons. d'Et. 11 janv. 1838) (1). — Le temps passé dans les administrations civiles est compté, quelque faible qu'en soit d'ailleurs la durée. Ainsi, un mois passé dans les services civils pourrait servir à compléter vingt-neuf ans onze mois de services militaires. Dans l'espèce de la décision précitée, le temps passé dans l'administration civile n'était que de cinq mois.

114. Mais il est bien entendu que les services civils ne peuvent avoir de valeur pour la pension militaire, qu'autant qu'ils sont de nature à être comptés pour une pension civile. — Ainsi, aux termes de l'art. 23 de la loi du 9 juin 1853, les services civils ne sont comptés que de la date du premier traitement d'activité et à partir de l'âge de vingt ans accomplis.—On ne pourrait donc faire compter pour la pension militaire ni le temps du surnumérariat, ni celui du service fait avant l'âge de vingt ans. — Il a été jugé, en ce sens, que l'art. 2 du décret du 2 fév. 1808 qui a autorisé les employés de la guerre à compter, pour la liquidation de leur pension de retraite, les services rendus dans les autres administrations publiques, ne peut être invoqué qu'autant qu'il s'agit de services admissibles dans ces administrations (ord. cons. d'Et. 19 juill. 1833) (2).—Dans ce cas, c'est la loi en vigueur, au moment où le temps voulu pour obtenir la pension est accompli, et non celle qui l'était au moment où l'on a quitté l'administration dans laquelle a été fait le service dont on veut se prévaloir, qui doit être prise pour règle (même décision). — Ainsi, l'employé qui a quitté en 1816 les postes où, d'après le décret de 1808, le service comptait à partir de dix-huit ans, pour entrer dans l'administration de la guerre, où il a servi jusqu'en 1831, ne peut, pour le règlement de sa pension, sous l'ord. du 12 janv. 1825, qui ne tient compte des services rendus dans les postes que depuis vingt ans, se prévaloir de son service de dix-huit à vingt ans (même décision). — Il est à remarquer, toutefois, que l'art. 18 de la loi du 9 juin 1853 veut que les services rendus antérieurement au 1er janv. 1854, soient appréciés suivant les règlements en vigueur avant sa promulgation (V. n° 86).

115. Les militaires qui ont le temps de service exigé par la loi pour la pension d'ancienneté sont admis à compter en sus les années de campagne d'après les règles suivantes : — Est compté pour la totalité en sus de la durée effective, le service militaire qui a été fait : 1° sur le pied de guerre; — 2° Dans un corps d'armée occupant un territoire étranger en temps de paix ou de guerre; — 3° A bord, pour les troupes embarquées en temps de guerre maritime; — 4° Hors d'Europe en temps de paix pour les militaires envoyés d'Europe, *peu importe que ce soit à terre ou à bord d'un bâtiment* (V. Mon. 27 mars 1831, Explic. de M. le ministre de la guerre sur un amendement proposé par M. l'amiral Duperré). — Le même service, en temps de guerre, leur est compté pour le double de sa durée effective, c'est-à-dire qu'il compte triple. C'est ce qui résulte du texte de l'art. 7.

(1) *Espèce :* — (Caille-Desmares.) — Le sieur Caille-Desmares, lieutenant de gendarmerie, demandait qu'il lui fût tenu compte pour la liquidation de sa pension de retraite, 1° de cinq mois passés dans l'administration des contributions indirectes; 2° d'une année pour le mois de vend. an 14, et 3° de 4 ans pour les campagnes de 1803 à 1807. Ce qui, d'après le calcul du sieur Desmares, fixait la durée de son service à 34 ans 3 mois et 13 jours, et sa pension à la somme de 890 fr. — 13 juillet 1837, décision du ministre de la guerre qui fixe la durée des services de Desmares à 31 ans 3 mois 13 jours, et sa pension à 830 fr. — Recours.

Louis-Philippe, etc.; — Vu le décret du 18 mai 1792; — Vu le décret du 21 oct. 1805, la décision impériale du 5 mars 1806 et la loi du 11 avril 1831; — En ce qui touche les conclusions tendantes à ce que le mois de vend. an 14 soit compté au requérant pour une campagne entière; — Considérant qu'il résulte d'une décision impériale, en date du 5 mars 1806, que le décret du 21 oct. 1805, qui permet de compter pour une campagne le mois de vend. an 14, n'est applicable qu'aux états-majors et aux troupes ayant composé la grande armée, et qui ayant passé le Rhin, avaient coopéré activement aux résultats de la guerre; — Considérant que le sieur Caille-Desmares étant demeuré attaché, en qualité de gendarme, pendant ce mois de vendémiaire, à l'armée réunie aux camps de Saint-Omer et de Boulogne, et n'ayant point passé le Rhin, n'a pas fait partie de la grande armée; que, dès lors, il n'a pas droit au bénéfice du décret dont il s'agit; — En ce qui touche les conclusions tendantes à ce que le temps de service passé aux camps de Saint-Omer et de Boulogne, du 23 oct. 1803 au 31 janv. 1807, soit compté au requérant comme campagnes, pour la totalité, en sus de sa durée effective : — Considérant que les corps d'armée réunis dans les camps de Saint-Omer et de Boulogne n'étaient pas sur le pied de guerre, et doivent être considérés comme faisant un service militaire sur la côte, en temps de guerre maritime; qu'ainsi il y a lieu de compter au sieur Caille-Desmares le temps de service dans ces camps, pour moitié seulement en sus de sa durée effective, conformément au § 2 de l'art. 7 de la loi du 11 avail 1831; — En ce qui touche les conclusions relatives aux cinq mois passés dans l'administration des contributions indirectes : — Considérant que le sieur Caille-Desmares compte plus de 20 ans de services militaires; que, dès lors, aux termes de l'art. 4 de la loi de 1831, le temps par lui passé dans un service civil doit être admis dans la liquidation de sa pension;

Art. 1. Notre ordonnance du 12 août 1834 est rapportée. — Art. 2. Le sieur Caille-Desmares est renvoyé devant notre ministre de la guerre, pour faire procéder à la liquidation de sa pension de retraite, d'après les bases ci-dessus établies.

Du 11 janv. 1838. — Ord. cons. d'Et.-M. Gomel, rap.

(2) *Espèce :* — (Baudesson C. min. de la guerre.) — Le sieur Baudesson entra, en 1799, à l'âge de dix-huit ans, au service des postes, où il demeura jusqu'en 1816. De 1819 à 1831, il occupa la place d'économe à l'école militaire de la Flèche. A cette dernière époque, il réclama, en qualité d'employé du ministère de la guerre, la pension à laquelle il avait droit d'après le décret du 2 février 1808. — Le ministre de la guerre rejeta sa réclamation, attendu que l'ordonnance de 1825, applicable au sieur Baudesson, ne tenait compte des services rendus dans l'administration des postes qu'après l'âge de vingt ans révolus. — Recours du sieur Baudesson; il prétend que, pour le temps passé au service des postes, c'est le décret de 1808, qu'on doit considérer.

Louis-Philippe, etc.; — Vu le décret du 2 fév. 1808, l'ordonnance royale du 4 nov. 1818, et l'ordonnance du 12 janv. 1825; — Considérant que l'art. 2 du décret du 2 fév. 1808, en autorisant les employés du ministère de la guerre à compter, pour la liquidation de la pension de retraite, les services rendus dans les autres administrations publiques, n'a entendu admettre ces services qu'autant qu'ils auraient été admissibles dans ces administrations; — Considérant que, si le sieur Baudesson fût resté dans l'administration des postes jusqu'en 1831, époque de la cessation de ses fonctions au ministère de la guerre, il eût été soumis aux dispositions de l'ordonnance réglementaire du 12 janv. 1825, aux termes de laquelle les services admissibles pour la retraite, ne peuvent être comptés qu'à partir de l'âge de vingt ans accomplis; que, dès lors, il y a lieu d'appliquer au réclamant ces dispositions; d'où il suit que, d'après cette règle, le réclamant ne réunit point les trente ans de service exigés par le décret du 2 fév. 1808, pour l'obtention d'une pension de retraite. — La requête du sieur Baudesson est rejetée.

Du 19 juill. 1833.-Ord. cons. d'Et.-M. Brian, rap.

116. Est compté de la même manière, dit encore l'art. 7, le temps de captivité à l'étranger des militaires prisonniers de guerre. — De la rédaction de cette disposition il semblerait résulter que le temps de captivité des militaires prisonniers de guerre doit leur être compté triple. Mais tel n'est pas en réalité le sens de cette disposition. A la chambre des pairs, M. le rapporteur a expliqué que le temps de captivité à l'étranger est compté au militaire prisonnier de guerre comme le service sur le pied de guerre; c'est-à-dire qu'il est compté double.

117. Est compté pour moitié en sus de la durée effective: 1° le service militaire sur la côte, en temps de guerre maritime; — 2° Le service militaire à bord, pour les troupes embarquées en temps de paix (art. 7). — Il a été jugé que les corps d'armées réunis dans les camps de Saint-Omer et de Boulogne, depuis 1803 à 1807, n'étaient pas sur pied de guerre, et doivent être considérés comme ayant fait un service militaire sur la côte, en temps de guerre maritime; — Qu'en conséquence, le temps de service dans ces camps doit être compté dans la liquidation de la pension de requête pour moitié en sus de sa durée effective et non pour la totalité (ord. cons. d'Et. 11 janv. 1838, aff. Caille-Desmares, V. n° 113; ord. cons. d'Et. 5 déc. 1839) (1).

118. Le décret du 21 oct. 1805 qui compte le mois de vend. an 14 pour une campagne entière continue d'être observé (L. 1831, art. 35). — Mais ce décret n'est applicable qu'aux états-majors et aux troupes ayant passé le Rhin. — ... Ainsi le gendarme qui est demeuré au camp de Saint-Omer pendant le mois de vendémiaire n'est pas recevable à réclamer le bénéfice de ce décret, bien qu'il ait été attaché, pendant ce temps, au service de la grande armée, avant qu'elle eût passé le Rhin (même ordon.).

119. Dans la supputation des bénéfices attachés aux campagnes par l'art. 7, chaque période dont la durée a été moindre de *douze mois* est comptée comme une *année* accomplie. — Néanmoins, il ne peut être compté plus d'une année de campagne dans une période de douze mois (art. 8). — La fraction qui excède chaque période dont la durée a été de plus d'une année est comptée comme une année entière (art. 8). — Mais, dans la supputation des bénéfices attachés aux campagnes, doit-on compter pour une année entière la campagne dans laquelle le militaire a été blessé et mis hors de service? — L'art. 8 de la loi du 18 avr. 1831 relatif aux pensions de l'armée de mer résout affirmativement la question en ce qui concerne les officiers, marins *ou autres*, et il paraîtrait juste d'étendre le bénéfice de cette disposition à l'armée de terre.

120. Le temps passé hors de l'activité, et avec pension de retraite, n'est pas compté dans la supputation du service effectif (art. 6). Et il a été jugé qu'il importe peu que le temps passé hors de l'activité se soit écoulé sous l'empire de la loi du 28 fruct. an 7, qui autorisait cette supputation (ord. cons. d'Etat, 11 janv. 1838; 3 mai 1839; 21 juin 1839) (2). — Il a été jugé aussi: 1° que l'officier mis à la retraite en 1814, rappelé à l'activité pendant les cent jours, mis de nouveau à la retraite en 1819 et rentré sous les drapeaux en 1830, ne peut compter, pour avoir droit à une pension de retraite par ancienneté, la période de temps écoulée depuis 1819 jusqu'à 1830 (ord. cons. d'Et. 13 fév. 1846) (3); — 2° Que l'art. 23 de la loi du 19 mai 1834 (d'après lequel les officiers mis en réforme depuis 1814 jusqu'en 1830, et qui, en 1834, étaient en activité ou en possession d'une solde de non-activité, sont admis à faire valoir pour la retraite le temps qu'ils ont passé en réforme) ne s'applique pas aux officiers qui pendant la restauration avaient la position de retraite (même ord.).

121. De même encore, et c'est ce qui a été jugé, le temps qui s'écoule entre la mise à la retraite d'un militaire et sa radiation des contrôles ne doit pas être compté pour sa pension (ord. cons. d'Et. 23 août 1836) (4).

---

(1) (Cathala C. min. de la guerre.) — Louis-Philippe, etc.; — Vu les art. 7 et 8 de la loi du 11 avr. 1831; — En ce qui touche les conclusions tendantes à ce que le temps de services passé au camp de Boulogne soit compté au requérant comme campagnes sur pied de guerre, pour la totalité en sus de leur durée effective; — Considérant que les corps d'armée réunis dans les camps de Boulogne et de Saint-Omer, en 1805, 1806 et 1807, n'étaient pas sur le pied de guerre, mais qu'ils doivent être considérés comme faisant un service militaire sur la côte, en temps de guerre maritime; qu'ainsi il y a lieu de tenir compte au sieur Cathala du temps de service dans ces camps, pour moitié seulement en sus de sa durée effective, conformément au § 2 de l'art. 7 de la loi du 11 avr. 1831;

Art. 1. Notre ordon. du 10 mai 1838 est rapportée. — Art. 2. Le sieur Cathala est renvoyé devant notre ministre de la guerre pour faire procéder à la liquidation de sa pension de retraite, d'après les bases ci-dessus établies. — Le surplus des conclusions est rejeté.

Du 5 déc. 1839.-Ord. cons. d'Et.-M. de Condé, rap.

(2) 1re *Espèce :* — (Traversa. — Louis-Philippe, etc.; — Vu la loi du 11 avr. 1831; — Considérant que, par ordonnance du 16 avr. 1820, le sieur Traversa a été admis à la retraite pour cause de blessures et infirmités, en qualité de lieutenant; — Que, le 27 oct. 1830, il a été rappelé au service, avec emploi dans son grade au 38e régiment d'infanterie de ligne; — Qu'il a été promu au grade de capitaine le 25 juill. 1831; qu'il compte plus de deux ans d'activité dans ce grade; — Qu'il résulte de l'instruction de l'affaire que, par suite d'infirmités provenant de ses anciennes blessures et des fatigues de ses nouveaux services, il se trouve hors d'état de rester en activité et d'y rentrer ultérieurement; — Que ces infirmités ont été constatées dans les formes prescrites par l'ord. du 2 juill. 1831; — Qu'elles ont été estimées être plus qu'équivalentes à la perte absolue de l'usage d'un membre; — Qu'ainsi il se trouve dans les cas de blessures et infirmités prévus par les art. 12, 16 et 18 de la loi du 11 avr. 1831, et qu'il a droit à obtenir une pension, liquidée dans son grade de capitaine, conformément auxdits articles; — En ce qui touche les conclusions tendantes à ce que le temps passé par le requérant en jouissance de la solde de retraite lui soit compté comme service effectif, en vertu de l'art. 27 de la loi du 28 fruct. an 7; — Considérant que l'art. 27 de la loi du 28 fruct. an 7, invoqué par le requérant, a été abrogé par la loi du 11 avr. 1831, qui dispose par l'art. 6, que le temps passé hors de l'activité, avec jouissance d'une pension de retraite, ne peut entrer dans la supputation du service effectif;

Art. 1. Notre décision en date du 24 sept. 1835 est rapportée; — Art. 2. Le sieur Traversa est renvoyé devant notre ministre de la guerre, pour y faire procéder à la liquidation de sa pension de retraite, d'après les bases ci-dessus établies; — Art. 3. La requête du sieur Traversa est rejetée dans le surplus de ses conclusions.

Du 11 janv. 1838.-Ord. cons. d'Et.-MM. Saglio, rap.

2e *Espèce :* — (Hensy.) — Louis-Philippe, etc.; — Vu la loi du 11 avr. 1831; — En ce qui touche la demande d'une pension, en vertu des art. 12 et 14 de la loi du 11 avr. 1831 : — Considérant que le sieur Hensy a été mis à la retraite pour cause de blessures et infirmités, le 1er janv. 1815; — Considérant qu'il a été rappelé au service le 7 mars 1831, et qu'il résulte de l'instruction qu'il s'est trouvé après dix-huit mois hors d'état de rester en activité par suite de ses anciennes blessures, et non pour infirmités provenant d'événements de guerre ou d'accidents éprouvés dans son dernier service; — En ce qui touche la demande d'une pension à titre d'ancienneté; — Considérant que le sieur Hensy ne comptait, lors de sa mise à la retraite, en 1815, que douze ans et dix mois de service; — Qu'aux termes de l'art. 6 de la loi du 11 avr. 1831, le temps passé hors de l'activité en jouissance d'une pension ne peut entrer dans la supputation du service; que, dès lors, le sieur Hensy ne pouvant compter les seize années qu'il a passées en jouissance de sa pension liquidée en 1815, ne réunit pas une période de services suffisants pour lui donner droit à une pension par ancienneté; — Art. 1er. La requête du sieur Hensy est rejetée.

Du 3 mai 1839.-Ord. cons. d'Et.-M. Gomel, rap.

3e *Espèce :* — (Duvernay). — Du 21 juin 1839.-Ord. cons. d'Et.-M. Gomel, rap.

(3) (Leblanc.) — Louis-Philippe, etc.; — Vu le décret du 25 mai 1815, portant plusieurs nominations dans le régiment de cavalerie de la jeune garde; — Vu la loi du 11 avril 1831; — Vu la loi du 19 mai 1834, et notamment l'art. 23; — Considérant que le sieur Leblanc a été mis en retraite par décision royale du 20 août 1814; que, si ledit sieur Leblanc est rentré au service à la suite du décret du 25 mai 1815, il résulte de l'instruction que, par décision ministérielle du 17 août 1819, le requérant a été placé dans la position de retraite qu'il avait obtenue par décision royale du 20 août 1814; que, dès lors, il n'y a pas lieu de lui compter comme service effectif la période de temps écoulée depuis ledit jour 17 août 1819 jusqu'au 1er oct. 1830, époque à laquelle il a été appelé à l'activité, et qu'en admettant qu'il y eût lieu de compter audit sieur Leblanc comme service effectif le temps qui s'est écoulé depuis le 25 mai 1815 jusqu'au 17 août 1819, il ne réunirait pas encore les trente ans de service effectif exigés pour avoir droit à la pension de retraite par ancienneté; — En ce qui touche les conclusions subsidiaires par lesquelles le requérant réclame le bénéfice de l'art. 23 de la loi du 19 mai 1834 : — Considérant que c'est dans la position de retraite, et non dans la position de réforme, que le sieur Leblanc a été placé par la décision ministérielle précitée du 17 août 1819; que, dès lors, l'art. 23 de la loi du 19 mai 1834 ne lui est pas applicable.

Art. 1. La requête du sieur Leblanc est rejetée.

Du 13 fév. 1846.-Ord. cons. d'Et.-M. Louyer de Villermay, rap.

(4) *Espèce :* — (Caille-Desmares.) — Le sieur Caille-Desmares, lieutenant de gendarmerie, a été mis à la retraite à raison de ses infirmités

122. Il en est de même du temps pendant lequel une pension militaire a été cumulée avec la solde d'activité dans les corps détachés de la garde nationale, comme auxiliaire de l'armée, à moins que le pensionnaire n'ait acquis, dans ces corps, des droits à une pension plus élevée, ou qu'il n'y ait fait campagne (L. 1831, art. 6).

123. Est réputé temps d'activité, pour le bénéfice de l'art. 11 de la loi de 1831 : 1° le temps passé avec jouissance de la solde de non-activité régie par les ord. des 20 mai 1818 et 5 mai 1824; — 2° Le temps passé en réforme suivant les règles posées par les ord. des 5 fév. 1823 et 8 fév. 1829 (L. 11 avr. 1831, art. 33).

124. Les officiers mis en réforme avec ou sans traitement, depuis le 1er avr. 1814 jusqu'au 1er août 1830, et qui étaient en activité lors de la promulgation de la loi du 19 mai 1834, ou en possession d'une solde de non-activité ou de congé illimité, sont admis à faire valoir pour la retraite ou la réforme, comme service effectif, le temps qu'ils ont antérieurement passé en réforme; toutefois, jusqu'à concurrence seulement du nombre d'années qui ouvre le droit au minimum de la pension de retraite (L. 19 mai 1834, art. 23).—Mais il a été jugé que l'officier mis hors des cadres de l'armée, en 1816, avec une année de solde une fois payée, n'a pas droit, sous l'empire de la loi du 19 mai 1834 (art. 23), après avoir été rappelé au service actif, de faire entrer dans la liquidation de sa pension le temps qu'il a passé hors des cadres de l'armée, sous prétexte que l'art. 23 de cette loi s'appliquant aux officiers mis en réforme, doit également, et à plus forte raison, s'étendre à ceux d'entre eux qui n'ont reçu aucune solde (ord. cons. d'Et. 14 fév. 1838) (1). — Ce sont là, en effet, deux situations toutes différentes. L'art. 23 de la loi de 1834 ne s'applique qu'aux officiers qui ont été maintenus dans les cadres de l'armée.—Il a été jugé aussi dans le même sens : 1° que l'officier de santé qui ne comptait que neuf ans dix mois de service, au moment où il a été licencié, en 1814, ne peut demander que le temps passé en licenciement lui soit compté de même qu'aux officiers mis en réforme, pour compléter le minimum de la pension de retraite. — Qu'en d'autres termes, l'état de licenciement est différent de celui de réforme, et ne peut être régi par les dispositions relatives aux officiers mis en réforme (ord. cons. d'Et. 3 mars 1837) (2); — 2° Que, par suite encore, le chirurgien attaché successivement au service de santé de l'armée de mer et de terre ne peut faire entrer dans la liquidation de sa pension de retraite, ni le temps pendant lequel il a été licencié, ni celui qu'il a passé à ce service, en vertu de réquisition, mais sans ordres ou commissions ministérielles, représentées ou constatées sur les contrôles matricules des ministères (ord. cons. d'Et. 19 août 1837) (3).

125. Il a été jugé également, d'après le même principe, que l'officier dont la démission donnée par lui en 1814 a été acceptée, ne peut faire compter pour la réforme et la retraite les années écoulées depuis sa démission jusqu'à son rappel à l'activité, bien qu'il ait fait partie, en 1815, des gardes nationales actives (ord. cons. d'Et. 2 janv. 1838) (4). — On sait, en effet, que les gardes nationales, même mobiles, ne font pas partie des cadres de l'armée. —V. Garde nationale.

126. Il est, d'ailleurs, sans importance que la démission ait eu pour motifs les infirmités de l'officier et la situation de sa famille. L'art. 23 de la loi du 19 mai 1834 n'est applicable qu'aux officiers éloignés des cadres par mesures arbitraires ou contre leur gré (ord. cons. d'Et. 17 janv. 1838) (5).

Sa pension a été liquidée au minimum des pensions d'ancienneté de son grade, à raison de vingt-huit ans dix mois et dix-huit jours, conformément aux art. 14 et 17 de la loi du 11 avril 1831. — Recours. Il soutient que son genou, déformé et atrophié par suite d'une chute de cheval, équivalait à la perte absolue de l'usage d'un membre, et lui donnait droit au bénéfice de l'art. 16. Il soutenait, d'ailleurs, que la durée de ses services devait être fixée à trente-quatre ans neuf mois vingt-trois jours; et, entre autres temps de services, il comptait celui qui s'était écoulé du jour de sa retraite à celui de sa radiation des contrôles. Ces deux prétentions ont été rejetées, conformément aux observations du ministre de la guerre.

LOUIS-PHILIPPE, etc.; — Vu la loi du 11 avril 1831; — En ce qui touche le premier chef de demande, relatif aux infirmités du sieur Desmares : — Considérant qu'il résulte de l'instruction que la blessure du réclamant constitue une infirmité équivalente seulement à la perte partielle de l'usage d'un membre, et que c'est avec raison qu'il a été fait application des art. 14 et 17 de la loi du 11 avril 1831; — En ce qui touche le deuxième chef...: — Considérant que le sieur Desmares a été admis à la retraite, le 1er juin 1834; que sa pension a été liquidée immédiatement; que le temps passé jusqu'à l'époque où il a été rayé des contrôles ne peut être considéré que comme une mise en subsistance; qu'en conséquence, ce temps ne pouvait lui être compté; — La requête du sieur Cailles-Desmares est rejetée, en ce qui concerne les deux premiers chefs de sa demande.

Du 23 août 1836.-Ord. cons. d'Et.-M. Montaud, rap.

(1) (Charvet C. min. de la guerre.) — LOUIS-PHILIPPE, etc.; — Vu l'art. 23 de la loi du 19 mai 1834; — Considérant que la position dans laquelle a été placé le sieur Charvet, par l'application qui lui a été faite de l'art. 5 de l'ord. du 1er août 1815, n'était pas une position de réforme; — Considérant que l'art. 23 de la loi du 19 mai 1834 n'est applicable qu'aux officiers mis en réforme; qu'ainsi, c'est avec raison que notre ministre de la guerre a refusé de compter au sieur Charvet comme service effectif, le temps par lui passé hors des cadres de l'armée, de 1816 à 1831; — Art. 1. La requête du sieur Charvet est rejetée.

Du 14 fév. 1838.-Ord. cons. d'Et.-M. Gomel, rap.

(2) (Ornano.) — LOUIS-PHILIPPE, etc.; — Vu la loi du 28 fruct. an 7; l'arrêté du gouvernement du 15 niv. an 9; le décret du 12 déc. 1806, et la loi du 11 avril 1831; — Vu l'art. 23 de la loi du 19 mai 1834, ainsi conçu : — « Les officiers mis en réforme, avec ou sans traitement, depuis le 1er avril 1814 jusqu'au 1er août 1830, et qui sont actuellement en activité de service, ou en possession d'une solde de non-activité ou de congé illimité, seront admis à faire valoir pour la retraite ou la réforme, comme service effectif, le temps qu'ils ont antérieurement passé en réforme; mais seulement jusqu'à concurrence du nombre d'années qui ouvre le droit au minimum de la pension de retraite; — Le même droit est accordé aux officiers réintégrés dans l'armée depuis le 1er août 1830, et qui, par suite d'infirmités ou pour tout autre motif de santé dûment constaté, auront été mis à la position de réforme. » — Considérant que le sieur Ornano, à l'époque où il a cessé son activité, ne pouvait faire valoir que neuf ans dix mois de service continu d'officier de santé; — Qu'il ne pouvait, dès lors, aux termes des lois et ordonnances militaires, être mis qu'à l'état de licenciement; — Considérant que cette position, différente de la mise en réforme, ne peut donner lieu à l'application de l'art. 23 de la loi du 19 mai 1834, qui n'a disposé qu'en faveur des officiers mis en réforme; — Art. 1. La requête du sieur Ornano est rejetée.

Du 3 mars 1837.-Ord. cons. d'Et.-M. Prosper Hochet, rap.

(3) (Cadot C. min. de la guerre.) — LOUIS-PHILIPPE, etc.; — Vu l'arrêté des consuls, du 15 niv. an 9, relatif au traitement de réforme des officiers de santé; le décret du 12 nov. 1806, et l'ord. royale du 27 fév. 1815, relatifs aux services rendus par les officiers de santé près les armées, les corps ou les hôpitaux militaires; — Vu la loi du 11 avril 1831, sur les pensions de l'armée de terre, et celle du 19 mai 1834, sur l'état des officiers; — Considérant que le sieur Cadot a été licencié le 17 sept. 1797; et, depuis cette époque, a cessé d'être attaché au service de l'armée; — Que, aux termes du décret du 12 déc. 1806, et de l'ord. royale du 27 fév. 1815, les services qu'il a rendus postérieurement, en vertu d'ordres de réquisition, ne pouvaient être admis pour régler ses droits soit à un traitement de réforme, soit à une pension de retraite, qu'autant que lesdits ordres auraient été précédés ou suivis de brevets ou commissions ministérielles; — Considérant que le sieur Cadot ne produit pas les commissions ministérielles qu'il prétend avoir reçues en 1811 et 1814; et que cette allégation n'est justifiée ni par la vérification que notre ministre de la guerre a faite des contrôles matricules, ni par les pièces que le requérant a fournies à l'appui de sa demande; — Art. 1. La requête du sieur Cadot est rejetée.

Du 19 août 1837.-Ord. cons. d'Ét.-M. Martroy, rap.

(4) (Sauteyron C. min. de la guerre.) — LOUIS-PHILIPPE, etc.; — Vu le décret du 5 avril 1813, l'art. 23 de la loi du 19 mai 1834; — Considérant que le sieur Sauteyron, nommé capitaine le 4 juill. 1813, a donné en 1814 sa démission, laquelle a été acceptée le 21 juin de ladite année; — Que, dès lors, il a cessé de faire partie de l'armée; — Que si, en 1815, il a été nommé capitaine dans les gardes nationales actives du département de Seine-et-Marne, ce service, régi par un règlement spécial, ne pouvait le relever des effets de sa démission; — Qu'il n'est rentré au service que par sa réintégration et son rappel à l'activité, le 21 avril 1831; — Qu'ainsi il ne se trouve dans aucun des cas prévus par l'art. 23 de la loi du 19 mai 1834; — Art. 1. La requête du sieur Sauteyron est rejetée.

Du 2 janv. 1838.-Ord. cons. d'Ét.-M. Saglio, rap.

(5) (De Cours C. min. de la guerre.)—Le 1er déc. 1836, la pension de retraite du sieur de Cours est liquidée par le ministre de la guerre, mais sans qu'il soit fait application de l'art. 23 de la loi du 19 mai 1834, pour les années passées à la réforme. Le sieur de Cours soutient qu'il a été réformé en 1816, avec une année de solde payable en deux ans,

127. Il a même été jugé, d'une manière absolue : 1° que le temps passé en non-activité, pour une cause dépendante de la volonté de l'officier, par exemple, par suite du refus d'accepter l'emploi de son grade qui lui a été assigné, ne compte pas dans le temps de service exigé pour donner droit à la pension de retraite (ord. cons. d'Et. 13 nov. 1841) (1); —2° Que l'officier de santé licencié par le ministre de la guerre pour n'avoir pas suivi la destination qui lui avait été donnée et pour avoir abandonné le corps auquel il était attaché, ne peut faire compter dans les dix ans de services exigés par l'ordonnance du 20 mai 1818, pour un traitement de réforme, les services antérieurs à son abandon, bien qu'il soit rentré depuis en exercice (décr. 12 déc. 1806, art. 4; ord. cons. d'Et. 18 mai 1838, M. Gomel, rap., aff. Cahors); — 3° Que nonobstant l'ord. du 26 août 1830, portant abolition des condamnations politiques prononcées depuis le 7 juill. 1815, les officiers en réforme, qui, par suite de condamnations politiques, ont été rayés des contrôles de l'armée, ne peuvent compter pour leur pension de retraite le temps qui s'est écoulé depuis leur radiation jusqu'à l'ordonnance précitée : — « Considérant que l'art. 23 de la loi du 19 mai 1834 n'autorise les officiers mis en réforme depuis le 1er avril 1814 jusqu'au 1er août 1830, à faire valoir comme service effectif pour la retraite que le temps qu'ils ont antérieurement passé en réforme; que notre ordon. du 26 août 1830 n'a pas eu pour effet de faire considérer comme passé à l'état de réforme le temps qui s'est écoulé depuis le 13 sept. 1822, date à laquelle le sieur Rivereau a cessé d'être porté sur les contrôles de l'armée, jusqu'au jour de notre ordonnance précitée : — Art. 1. La requête du sieur Rivereau est rejetée, etc. » (ord. cons. d'Et. 11 mai 1839, aff. Rivereau). —Une grave objection s'élève cependant contre cette décision, c'est que l'ordon. du 26 août 1830 offre tous les caractères d'une amnistie, et qu'il est de principe que l'amnistie, en ôtant au fait auquel elle s'applique un caractère primitif de criminalité, efface tous les effets de la condamnation (V. à cet égard v° Amnistie). — Or c'est laisser subsister en partie les effets de la condamnation que de donner suite à la radiation des contrôles qui en a été la conséquence.

128. Quant aux officiers réintégrés dans l'armée depuis le 1er août 1830, ils ne peuvent compter, pour leur pension de retraite, le temps passé par eux en état de réforme, qu'autant qu'ils auraient été placés dans cette position par suite d'infirmités ou pour tout autre motif de santé dûment constaté (L. 19 mai 1834, art. 23).—Il a été jugé, en conséquence, que ce temps est perdu pour eux lorsqu'ils ont été mis à la position de réforme pour absence illégale ou pour désobéissance (ord. cons. d'Et. 8 janv. 1836) (2).

129. Comme l'art. 23 de la loi du 19 mai 1834, l'ordon. du 5 fév. 1823 voulait que, pour les militaires, le temps de réforme ne pût être ajouté aux services effectifs, que jusqu'à concurrence de celui nécessaire pour compléter les trente années exigées pour donner droit à la pension. C'était donc se conformer à cette ordonnance que de liquider, à raison de trente années, la pension d'un militaire qui avait douze ans de traitement de réforme, et vingt-six ans de services effectifs (ord. cons. d'Et. 5 mai 1830) (3).

130. Les services hors des armées nationales, qui ne sont devenus admissibles pour la pension de retraite qu'en vertu des ordonnances des 25 et 31 mai 1814, ne peuvent être comptés qu'autant qu'ils sont accompagnés de quinze ans au moins de service effectif dans les armées nationales. — Dans aucun cas, les campagnes faites dans le cours de ces services ne donnent lieu au bénéfice des art. 7 et 8 de la loi du 11 avril 1831 (V. nos 117 et s.).—Les années de service et les campagnes dans les armées des Etats en guerre contre la France, ne sont jamais comptés pour la pension. — Toutefois, les droits acquis par les traités ou les décrets antérieurs à 1814 sont maintenus (L. 11 avril 1831, art. 32).

131. La disposition de la loi de 1831, qui ne tient compte du temps de service passé à l'émigration que lorsque le réclamant compte plus de quinze ans de services dans les armées nationales peut être appliquée à l'officier admis à la réforme en 1827 avec un traitement calculé conformément à l'art. 3 de l'ordonnance de 1823, sur vingt-deux ans de services, dont moins de quinze ans dans les armées nationales; et il a été jugé que de ce que les services rendus dans l'émigration ont déjà été comptés pour le traitement de réforme, il ne s'ensuit pas qu'il y ait droit acquis pour les faire entrer dans la supputation de la pension de retraite (ord. cons. d'Et. 22 janv. 1840, M. Baudon de Mony, rap., aff. la Roche-Aymond).

132. Mais la disposition relative aux services rendus dans l'émigration est inapplicable aux employés civils mis à la retraite avant cette loi, qui réclament une pension sur des fonds de retenue, et cela, quoique leurs pensions, bien que liquidées, n'eussent pas encore été inscrites au grand-livre de la dette publique (ord. cons. d'Et. 16 août 1832) (4).

133. Suivant l'art. 34 de la loi du 11 avr. 1831, les mili-

---

tandis qu'il avait demandé à sortir des cadres de l'armée, avec une pension de retraite; que l'art. 23 de la loi de 1834 est général et ne souffre aucune distinction.

Louis-Philippe, etc.; — Vu la loi du 19 mai 1834; — Considérant que le sieur de Cours, nommé provisoirement capitaine dans la légion du Gers, le 1er janv. 1816, et confirmé comme titulaire dans cet emploi, par décision royale du 17 juill. suivant, a, par sa lettre transmise au ministre de la guerre, le 26 août de la même année, sollicité sa retraite ou son traitement de réforme, par le motif « que ses infirmités et la situation de sa famille ne lui permettaient plus de continuer le service, » et qu'il n'a pas réclamé contre la décision intervenue le 6 sept. 1816, par suite de cette demande; — Que, dès lors, le sieur de Cours n'est pas recevable à réclamer le bénéfice des dispositions de l'art. 23 de la loi du 19 mai 1834, applicables seulement aux officiers éloignés des cadres par mesures arbitraires ou contre leur gré; — Art. 1. La requête du sieur de Cours est rejetée.

Du 17 janv. 1838.-Ord. cons. d'Et.-M. Robillard, rap.

(1) (De Saint-Chamans.) — Louis-Philippe, etc.; — Vu les ordon. des 20 mai 1818, 5 mai 1824, 5 fév. 1823 et 8 fév. 1829; — Vu les lois des 11 avr. 1831 et 19 mai 1834; — Vu nos ord. des 28 août 1830 et 5 nov. 1840; — Considérant qu'aux termes de l'art. 1 de la loi du 11 avr. 1831, la pension de retraite n'est due qu'après trente ans accomplis de service effectif; — Considérant qu'il résulte de l'instruction que le sieur de Saint-Chamans ne compte que dix-sept ans et trois mois de service effectif, et qu'il ne se trouve dans aucun des cas prévus par les lois et ordonnances qui permettent d'admettre pour la retraite comme service effectif le temps passé en non-activité ou en réforme; — La requête du sieur de Saint-Chamans est rejetée.

Du 13 nov. 1841.-Ord. cons. d'Et.-M. Gomel, rap.

(2) (Bidon C. min. de la guerre.) — Louis-Philippe, etc.; — Vu l'ord. du 8 fév. 1829; — Vu la loi du 19 mai 1834; — Vu le décret du 22 juill. 1806; — En ce qui touche les conclusions tendant à ce que le sieur Bidon soit admis à faire valoir pour la réforme ou pour la retraite le temps par lui passé en réforme, du 1er juill. 1818 au 30 sept. 1830; — Considérant qu'il résulte de l'instruction de l'affaire que le sieur Bidon a été mis à la position de réforme le 17 août 1832, non par suite d'infirmités ou pour tout autre motif de santé, mais pour absence illégale et pour défaut d'obéissance aux ordres qui lui ont été donnés de rejoindre son régiment; — Qu'ainsi il ne peut être appelé à jouir du bénéfice résultant du § 2 de l'art. 23 de la loi du 19 mai 1834; — En ce qui touche les conclusions subsidiaires tendant à ce que le sieur Bidon obtienne la position de non-activité; — Considérant que notre ord. du 27 août 1832, par laquelle le sieur Bidon a été mis à la position de réforme a été attaquée par ledit sieur Bidon, le 24 janv. 1833, et rapportée par notre ord. du 27 août suivant, dans la disposition seulement qui refusait un traitement au requérant; — Que celui-ci n'a pas alors réclamé contre la position de réforme qui lui était assignée par l'ordonnance qu'il attaquait, et qu'il est aujourd'hui hors des délais du règlement pour former un nouveau pourvoi contre ladite ordonnance; — Art. 1. La requête... est rejetée.

Du 8 janv. 1836.-Ord. cons. d'Et.-M. de Caffarelli, rap.

(3) (Roux.) — Charles, etc.; — Considérant qu'il résulte des termes de l'ord. du 5 fév. 1823 que le temps passé en jouissance du traitement de réforme ne peut être compté, comme service effectif, dans la liquidation des pensions militaires, que pour l'admission à la retraite par ancienneté et lorsqu'il existe déjà vingt ans au moins de services effectifs; — Qu'il s'ensuit que le temps de réforme ne peut être ajouté aux services effectifs que jusqu'à concurrence de celui nécessaire pour compléter les trente années exigées pour donner droit à la pension; — Que, dès lors, dans la liquidation de la pension du sieur Roux, le ministre de la guerre a fait une juste application de l'ord. du 5 fév. 1823; — Art. 1. La requête... est rejetée.

Du 5 mai 1830.-Ord. cons, d'Et.-M. de Rességuier, rap.

(4) (Delahoussaye.) — Louis-Philippe, etc.; — Vu le règlement du 12 janv. 1825; — Vu la loi du 11 avril 1831; — Considérant qu'avant la promulgation de cette loi, les services contestés aux requérants étaient

taires de l'ex-garde royale, de la ci-devant maison militaire ne peuvent réclamer les avantages qui leur étaient attribués pour la liquidation de leur pension de retraite, en vertu des règlements d'organisation, qu'autant qu'ils avaient un droit acquis à pension avant le 14 avr. 1831, date de la promulgation de la loi du 11 avr., et, par exemple, qu'ils avaient accompli trente ans de service (ord. cons. d'Et. 24 avr. 1837) (1).

134. *Pensions pour cause de blessures ou d'infirmités.* — Les blessures donnent droit à la pension de retraite, lorsqu'elles sont graves et incurables, et qu'elles proviennent d'événements de guerre ou d'accidents éprouvés dans un service commandé. — Les infirmités donnent le même droit lorsqu'elles sont graves et incurables, et qu'elles sont reconnues provenir des fatigues ou des dangers du service militaire (L. 11 avr. 1831, art. 12). — Les blessures ou infirmités graves et incurables provenant des fatigues ou des dangers du service militaire ouvrent un droit immédiat à la pension, si elles ont occasionné la cécité, l'amputation ou la perte absolue de l'usage d'un ou plusieurs membres (art. 13). — Il a été décidé que la perte de l'usage d'un œil n'équivaut point à la perte absolue de l'usage d'un membre, et qu'en conséquence, il faut appliquer à ce cas les art. 14 et 17 de la loi du 11 avril 1831 (ord. cons. d'Et. 1er mai 1851) (2) — V. n° 136.

135. Mais il n'est pas nécessaire, pour que le droit à la pension de retraite soit ouvert, que les blessures ou infirmités graves et incurables aient eu pour effet *immédiat* la cécité, l'amputation ou la perte absolue de l'usage d'un membre, si, d'ailleurs, il est reconnu qu'elles proviennent d'événements de guerre ou d'accidents éprouvés dans un service commandé (ord. cons. d'Et. 6 fév. 1837) (3).

136. Dans les cas moins graves, les blessures ou infirmités ne donnent lieu à la pension que sous les conditions suivantes : 1° pour l'*officier*, si elles le mettent hors d'état de rester en activité et d'y rentrer ultérieurement ; — 2° Pour le *sous-officier*, caporal, brigadier ou soldat, si elles le mettent hors d'état de servir et de pourvoir à sa subsistance (art. 14).

137. L'officier qui, après avoir été admis à une pension de retraite, rentre en activité et en sort ensuite sur sa demande, n'est pas fondé à réclamer la liquidation d'une nouvelle pension de retraite fixée sur son nouveau grade et eu égard à ses nouveaux services, s'il n'est pas établi qu'il cesse son activité pour cause des fatigues de son nouveau service ou de ses anciennes blessures (ord. cons. d'Et. 18 mai 1838) (4). — Ainsi, le militaire qui, après sa mise en retraite sous la restauration et son rappel au service actif à la fin de 1830, a formé une demande de mise en retraite fondée non sur l'impossibilité de rester en activité, soit par suite de l'aggravation de ses anciennes blessures, soit par suite de blessures reçues dans sa nouvelle activité, mais uniquement sur le besoin de se rapprocher de sa famille, n'a pas droit à la liquidation d'une nouvelle pension, d'après les bases fixées par la loi du 11 avr. 1831 (ord. cons. d'Et. 19 avr. 1838) (5).

138. *Traitement de réforme.* — La réforme est la position de l'officier sans emploi, qui, n'étant plus susceptible d'être rappelé à l'activité, n'a pas de droits acquis à la pension de retraite.

---

admis au ministère de la guerre dans la liquidation des pensions militaires ; — Que les requérants ont été admis à faire valoir leurs droits à la retraite dans les derniers mois de 1830, et que, si, aux termes de l'art. 34 de la loi du 11 avr. 1831, les militaires dont les pensions n'étaient pas encore inscrites au livre de la dette publique, avant sa promulgation, doivent être soumis aux nouvelles règles établies par cette loi, cette disposition spéciale ne peut être appliquée à des employés civils admis à la retraite avant ladite loi, et qui réclament une pension sur les fonds de retenue ;

Art. 1. La décision de notre ministre des finances, en date du 26 août 1831, est annulée. — Art. 2. Les pensions de retraite des requérants seront liquidées, conformément aux règlements en vigueur lorsqu'ils ont été admis à faire valoir leurs droits à la retraite.

Du 16 août 1832.-Ord. cons. d'Et.-M. Jauffret, rap.

(1) *Espèce :* — (Lugan.) — Louis-Philippe, etc. ; — En ce qui touche le grief résultant de la violation de l'art. 34 de la loi du 11 avr. 1831 ; — Considérant que les militaires de l'ex-garde royale, de la ci-devant maison militaire, des divers corps spéciaux et de l'intendance militaire, ne peuvent réclamer les avantages qui leur étaient attribués pour la liquidation de leur pension de retraite, en vertu des règlements d'organisation, qu'autant qu'ils avaient un droit acquis à pension avant le 14 avr. 1831, date de la promulgation de ladite loi ; — Que, dans l'espèce, le sieur Lugan n'a accompli ses trente ans de service que le 18 sept. 1834 ; qu'ainsi il ne justifiait d'aucuns droits acquis avant la loi du 11 avr. 1831, et n'est pas fondé à réclamer le bénéfice des dispositions de l'art. 34 de ladite loi. — Art. 1. La requête..... est rejetée.

Du 24 av. 1837.-Ord. cons. d'Et.-M. Prosper Hochet, rap.

(2) (Perot.) — Louis-Philippe, etc. ; — Vu la loi du 11 avril 1831 et notre ordonnance du 2 juillet suivant ; — Considérant qu'il résulte de l'instruction, et notamment de l'avis du conseil de santé des armées, que l'infirmité dont le requérant est atteint n'est pas équivalente à la perte absolue de l'usage d'un membre ; que, dès lors, c'est avec raison que la pension de cet officier a été liquidée par application des art. 14 et 17 de la loi du 11 avril 1831. — Art. 1. La requête du sieur Perot est rejetée.

Du 1er mai 1851.-Ord. cons. d'Et.-M. Aubernon, rap.

(3) *Espèce :* — (Lebis.) — En 1826, au milieu des évolutions d'un exercice à feu, Lebis, sergent-major au 56e de ligne, fit une chute qui lui occasionna la fracture de la rotule du genou gauche. — En 1830, il rentra en activité avec le grade de sous-lieutenant au bataillon d'ouvriers d'administration. — Mais, en 1836, il fut réformé de nouveau à cause de ses infirmités qui avaient entraîné la perte absolue de l'usage d'un membre. — Dans cette situation, il a demandé que sa pension de retraite fût liquidée pour cause de blessures ou infirmités graves et incurables provenant d'un accident éprouvé dans un service commandé. — C'était, en effet, à sa chute de 1826 que Lebis faisait remonter la cause de ses infirmités nouvelles.

M. le ministre n'a pas accueilli sa demande, par le motif que le droit à la pension n'est ouvert, pour blessures ou infirmités, qu'autant que leurs effets, précisément consécutifs, ont mis les militaires qui en ont été atteints hors d'état, pour toujours, de reprendre du service actif. — Or, ajoutait M. le ministre, ce qui prouve que la demande de Lebis, à cet égard, ne rentre pas dans les prévisions de la loi, c'est que longtemps après l'accident, auquel il attribue ses infirmités, il a été remis en activité. — Recours au conseil d'Etat.

Louis-Philippe, etc. ; — Vu les art. 12 et 13 de la loi du 11 avr. 1831 ; — Vu l'art. 18 de la loi du 19 mai 1834 ; — Considérant que les infirmités du sieur Lebis proviennent d'un accident éprouvé dans un service commandé, qu'elles ont occasionné la perte absolue de l'usage d'un de ses membres, et qu'en conséquence il se trouve dans le cas de l'application des art. 12 et 13 de la loi du 11 avr. 1831. — Art. 1. La décision de notre ministre de la guerre est annulée. — Art. 2. Le sieur Lebis est renvoyé par-devant notredit ministre pour y faire procéder à la liquidation de sa pension.

Du 6 fév. 1837.-Ord. cons. d'Et.-M. Montaud, rap.

(4) *Espèce :* — (Izarn.) — Le sieur Izarn, entré au service le 10 juin 1803, avait été admis en 1816, comme lieutenant, en vertu de l'ord. du 1er août 1815, à la moitié du maximum de retraite, 450 fr. — Au mois d'oct. 1830, Izarn est rappelé à l'activité avec le grade de capitaine. En 1832, au moment du siége d'Anvers où il était envoyé, il demande à rentrer dans ses foyers pour mauvaise santé. Il est, en effet, reconnu impropre au service à raison d'une hernie au côté droit et de douleurs rhumatismales chroniques. — En vertu des ord. des 5 et 8 fév. 1829, Izarn est admis au traitement de réforme de 900 fr. pendant sept ans. — Izarn a réclamé une nouvelle liquidation de sa pension calculée sur son nouveau grade et eu égard à ses nouveaux services. Le ministre déclara qu'il n'y avait pas lieu de faire droit à cette demande, mais qu'Izarn conservait le droit de réclamer, dès à présent, ou après l'expiration du temps fixé pour la jouissance du traitement de réforme, son ancienne pension de 450 fr. — Recours de la part d'Izarn. — Il persiste à soutenir que la position qu'il tenait de l'ord. de 1816 ne pouvait être changée par l'ord. de 1833, qui l'avait admis à la réforme, et qu'il y avait lieu pour lui à la liquidation d'une nouvelle pension de retraite.

Louis-Philippe, etc. ; — Vu la loi du 11 avril 1831 ; — Considérant qu'il résulte de l'instruction que, après avoir été admis à une pension de retraite, le sieur Izarn, rentré en activité, en est sorti sur sa demande ; — Qu'il ne résulte pas des certificats de visite et contre-visite auxquelles le sieur Izarn a été soumis, que ce soit par suite des fatigues de son nouveau service et de ses anciennes blessures qu'il a dû cesser l'activité ; — Considérant qu'il n'est pas dans la position prévue par les art. 12, 16 et 18 de la loi du 11 avril 1831 ; — Art. 1. La requête du sieur Izarn est rejetée.

Du 18 mai 1838.-Ord. cons. d'Et.

(5) (Chevillard.) — Louis-Philippe, etc. ; — Vu la loi du 11 avril 1831 ; — Considérant que c'est sur sa demande que le sieur Chevillard a été mis à la retraite ; — Que cette demande n'était pas motivée sur l'impossibilité de rester en activité, soit par suite de l'aggravation de ses anciennes blessures, soit par suite de blessures reçues dans sa nouvelle activité ; que, dès lors, il n'est pas dans la position prévue par les art. 12, 14, 17 et 18 de la loi du 11 avril 1831 ; — Art. 1. La requête du sieur Chevillard est rejetée.

Du 19 avril 1838.-Ord. cons. d'Et.-M. Hély-d'Oissel, rap.

— La réforme peut être prononcée : 1° pour infirmités incurables ; — 2° Par mesure de discipline (L. 19 mai 1834, art. 9 et 10, V. Organisation militaire). — Il est à peine utile de faire observer que les infirmités incurables dont il s'agit ici sont celles qui ne proviennent pas d'événements de guerre ou d'accidents éprouvés dans un service commandé, puisque les infirmités qui naissent de ces causes donnent lieu à une pension de retraite.—V. n° 134.

139. Nul officier réformé n'a droit à un traitement, s'il n'a accompli le *temps de service* imposé par la loi de recrutement (L. 19 mai 1834, art. 18, V. sur ce point v° Org. milit.).

140. Avant la loi de 1834, il a été jugé, conformément à l'ord. du 8 fév. 1829 qui contenait une disposition dans ce sens, qu'après ce temps, tout officier réformé a droit à un traitement de réforme, dont il ne peut être privé que par suite d'une condamnation juridique ; et qu'ainsi, un ministre serait non recevable à lui refuser ce traitement, sur le motif qu'il avait été réformé pour négligence de se rendre à son poste (ord. cons. d'Et. 27 août 1833) (1).

141. Il a été jugé que les années de campagne ne peuvent être comptées pour la pension de réforme ; et qu'en ce qui touche la supputation des années de campagne dans la liquidation de la pension de réforme : — « Considérant, porte l'arrêt du conseil qui l'a ainsi décidé, que, aux termes de l'art. 18 de la loi du 19 mai 1834, la quotité de la pension de réforme doit être déterminée par chaque année de service effectif ; — Rejette » (ord. cons. d'Et. 14 fév. 1839, M. Gomel, rap., aff. Aimino).

142. Lors de la discussion de la loi du 19 mai 1834, M. Bugeaud avait demandé que les campagnes fussent comptées pour l'accroissement du traitement de réforme comme pour les pensions de retraite ; mais M. Martin (du Nord), membre de la commission, expliqua que la pensée du gouvernement et celle de la commission étaient contraires à cet amendement, et il ne fut pas adopté. — La décision qui précède est donc aussi conforme au texte qu'à l'esprit de la loi.

143. Les aumôniers de régiment qui, aux termes de l'ord. du 24 juill. 1816, pouvaient être admis à la pension de retraite, pouvaient-ils l'être également à la jouissance d'un traitement de réforme ? — Cette question n'avait plus d'intérêt depuis l'ordonnance du 10 nov. 1830, qui a supprimé les fonctions d'aumônier de régiment. Mais le décret du 10 mars 1854 (D. P. 54. 4. 40) qui ordonne que des aumôniers seront attachés à l'armée d'Orient, lui rend l'actualité qu'elle avait perdue : nous croyons donc ne devoir pas l'écarter de ce travail. — A notre sens, les aumôniers, qui partagent les fatigues et les dangers de l'armée, qui, aux termes de l'ordon. du 24 juill. 1816, avaient rang de capitaine pour la pension de retraite, ne peuvent, sans injustice, être privés du bénéfice de cette assimilation pour le traitement de réforme. Comme les militaires un aumônier peut être atteint d'infirmités incurables qui le mettent dans l'impossibilité de continuer ses fonctions.— Il y a donc même raison de décider à leur égard que pour les militaires. — Toutefois, il a été jugé que les aumôniers de régiment, bien qu'aux termes de l'ord. du 24 juill. 1816, ils pussent être admis à la solde de retraite, ne pouvaient l'être à la jouissance d'un traitement de réforme (ord. cons. d'Et. 12 avril 1838) (2).

144. Les règles tracées par la loi du 19 mai 1834, pour les mises à la réforme, ne s'appliquent pas aux mises à la retraite (ord. cons. d'Et. 27 avril 1841, aff. Ducros, V. n° 171).

§ 2. — *Comment se perd le droit à la pension, et par quelle cause il est suspendu.*

145. Les droits à la pension de retraite se perdent nécessairement par les actes qui entraînent la perte du grade, à savoir : 1° la *démission* acceptée par le chef de l'Etat ; — 2° la perte de la *qualité de Français* prononcée par jugement ; — 3° la *condamnation* à une peine afflictive ou infamante ; — 4° la condamnation à une peine correctionnelle, pour délits prévus par la sect. 1 et les art. 402, 403, 405, 406 et 407 du chap. 2 du tit. 2 du liv. 3 c. pén. (V. Abus de confiance, Faillite, Vol) ; — 5° la condamnation à une peine correctionnelle d'emprisonnement, et qui, en outre, a placé le condamné sous la surveillance de la haute police et lui a interdit l'exercice des droits civiques, civils et de famille ; — 6° la *destitution* prononcée par jugement d'un conseil de guerre. — La destitution est prononcée : 1° à l'égard de l'officier en activité, pour absence illégale de son corps après trois mois ; — 2° à l'égard de l'officier en activité, en disponibilité ou en non-activité pour résidence hors du territoire de la France sans l'autorisation du chef de l'Etat après quinze jours d'absence (L. 19 mai 1834, art. 1, V. au surplus v° Organ. milit.).

La pension de retraite étant la rémunération attachée au grade, il paraît manifeste que celui qui a perdu tous ses droits comme officier ne peut plus réclamer une pension de retraite.

146. Toutefois, aux termes de l'art. 26 de la loi du 11 avr. 1831, le droit à l'obtention ou à la jouissance d'une pension militaire est seulement *suspendu* : — par la condamnation à une peine afflictive ou infamante pendant la durée de la peine ; — par les circonstances qui font perdre la qualité de Français, durant la privation de cette qualité ; — par la résidence hors du territoire de la France, lorsque le titulaire de la pension est Français ou naturalisé. Comment faut-il entendre cette disposition ? — Il en résulte seulement que celui qui avait des droits acquis à la pension au moment où il se place dans l'un des cas prévus par l'art. 26 de la loi de 1831, peut les faire valoir ultérieurement, si la cause de la suspension vient à cesser ; mais celui qui, lorsqu'il a perdu son grade, n'avait pas encore accompli les conditions exigées pour la pension, ne peut à l'avenir y prétendre.

147. Il a été jugé, par application des art. 12, 15 et 16 de

---

(1) *Espèce :* — (Bidon) — En juill. 1818, Bidon est admis au traitement spécial de réforme jusqu'au 30 juill. 1823. En 1830, il reprend du service et entre au 8e de cuirassiers avec le grade de capitaine. Deux ans après, il est mis en réforme sans solde, pour négligence à se rendre à son poste. — Bidon se pourvoit, et invoque, devant le conseil d'Etat, l'ord. du 8 fév. 1829 qui accorde le traitement de réforme à tout officier qui a complété huit années de service.—Le ministre répond que le sieur Bidon ne pouvait pas jouir du bénéfice de l'ordonnance précitée, parce qu'ayant abandonné son poste sans autorisation, il s'était placé dans un état d'absence illégale ; que le sieur Bidon ne devait pas se plaindre, lui qui, pouvant être traduit devant un conseil de guerre, et condamné comme déserteur, avait au contraire conservé son grade avec la faculté de rentrer dans les rangs de l'armée.— Le conseil, malgré les observations du ministre, n'en a pas moins fait l'application de l'ord. de 1829.

LOUIS-PHILIPPE, etc. ; — Vu l'ord. du 8 fév. 1829 ; — Considérant que, par notre ord. du 1er oct. 1830, le sieur Bidon a été nommé capitaine au 8e régiment de cuirassiers ; — Qu'en vertu de cette ordonnance, il a été réintégré dans les cadres de l'armée active, et par suite rétabli dans tous les droits attachés à cette position ; — Considérant qu'aux termes de l'ord. du 8 fév. 1829, tout officier réformé après plus de huit ans de service accomplis, a droit à un traitement de réforme dont il ne peut être privé que par suite d'une condamnation juridique ; — Considérant qu'il résulte des pièces produites, qu'à l'époque où il a été réformé, le sieur Bidon présentait un effectif de huit années de service ; — Que cet officier n'a été l'objet d'aucune condamnation juridique ;

Art. 1. Notre ordonnance du 27 août 1832 est rapportée en ce qu'elle a refusé un traitement au sieur Bidon mis à la réforme par ladite ordonnance. — Les décisions de notre ministre de la guerre des 25 oct. et 16 nov. 1832, sont annulées dans la même disposition.—Art. 2. Le sieur Bidon se retirera par-devant notredit ministre de la guerre, pour y faire régler le traitement auquel il a droit à raison de son grade et de la durée de ses services. — Art. 3. Ce traitement lui sera payé à partir du jour où il a été mis à la réforme.

Du 27 août 1833.-Ord. cons. d'Ét.-MM. de Felcourt, rap.

(2) *Espèce :* — (L'abbé Julie.) — M. l'abbé Julie comptait six ans de service lors de l'ord. du 10 nov. 1830, qui a supprimé les fonctions d'aumônier de régiment. Il demande à être admis, en attendant le moment de la retraite, au traitement de réforme de capitaine, attendu que l'ord. du 24 juill. 1816 statue que vingt ans de service donneront droit aux aumôniers de régiment à la solde de retraite de capitaine. — Le ministre de la guerre soutient que ce n'est que pour la solde de retraite, et non pour le traitement de réforme, que cette assimilation a été faite.

LOUIS-PHILIPPE, etc. ; — En ce qui touche le rappel d'un traitement de réforme à partir du 10 nov. 1830 : — Considérant qu'aucune disposition de loi ni d'ordonnance n'admet les aumôniers de régiment à la jouissance d'un traitement de réforme ; — En ce qui touche la fixation d'une pension de retraite : — Considérant que la décision attaquée n'a rien prononcé sur ce point, et que, dès lors, il n'y a lieu d'y statuer ; — Art. 1. La requête du sieur Julie est rejetée.

Du 12 avr. 1838.-Ord. cons. d'Et.-M. d'Ormesson, rap.

la loi du 11 avril 1831, que le militaire qui, après avoir obtenu une pension de retraite pour blessures, est plus tard, sur sa demande, rappelé au service, perd droit à la pension qu'il avait d'abord obtenue, encore bien qu'il ait été réformé quelque temps après, par suite de ses anciennes blessures (L. 19 mai 1834; ord. cons. d'Et. 3 mai 1839, aff. Hensy; 21 juin 1839, aff. Duvernay; V. *suprà*, n° 120). — Mais cette décision nous paraît difficile à concilier avec le texte de l'art. 14 de la loi du 11 avril 1831, d'après lequel les blessures qui proviennent d'événements de guerre ou d'accidents éprouvés dans un service commandé donnent droit à une pension, lorsqu'elles mettent l'officier qui en a été atteint hors d'état de rester en activité ou d'y rentrer ultérieurement. — V. du reste, n°s 135 et 137, les aff. Lebis, Izarn et Chevillard.

§ 3. — *Droits des veuves et orphelins.*

148. Ont droit à une pension viagère : — 1° Les veuves de militaires tués sur le champ de bataille ou dans un service commandé; — 2° Les veuves de militaires qui ont péri à l'armée ou hors d'Europe, et dont la mort a été causée, soit par des événements de guerre, soit par des maladies contagieuses ou endémiques, aux influences desquelles ils ont été soumis par les obligations de leur service (L. 11 avril 1831, art. 19). — Ainsi, la veuve d'un militaire décédé en Afrique d'une attaque de choléra, mais ayant pris les principes de la maladie dans une affection contagieuse qui sévissait dans les camps, a droit à une pension (ord. cons. d'Et. 21 nov. 1839) (1). — Il en est de même de la veuve d'un militaire dont la mort, en Afrique, a été causée simultanément par les fièvres endémiques et une fièvre épidémique (choléra-morbus), à la suite des obligations de son service, bien que son mari n'ait pas trente années de service (ord. cons. d'Et. 8 fév. 1838) (2). — Enfin, pour que les veuves de militaires aient droit à une pension, il n'est même pas nécessaire que leur mari ait succombé sous l'influence directe et immédiate d'une maladie endémique, et dans le lieu où règne cette maladie; il suffit qu'il ait succombé des suites de cette maladie quels que soient l'époque à laquelle il l'avait contractée et le lieu où il a succombé (ord. cons. d'Et. 5 sept. 1836) (3).

149. Cependant, il a été jugé que la veuve d'un militaire qui n'avait pas trente ans de service n'est pas fondée à réclamer de pension, bien que sa mort soit le résultat d'une fièvre endémique contractée sous les drapeaux, en Afrique, si elle a eu lieu en France, où il était envoyé en congé; elle opposerait en vain que ce congé n'avait été accordé que pour hâter sa convalescence (ord. cons. d'Et. 8 fév. 1838) (4). — Cette dernière allégation n'est pas reprise dans l'arrêt: était-elle exacte? c'est ce que l'affaire laisse incertain.—En cas d'affirmative, l'arrêt ferait, à notre sens, une application aussi injuste qu'exagérée de l'art. 19 de la loi du 11 avril 1831, aux termes duquel la pension peut être réclamée par les veuves des militaires qui ont péri *hors d'Europe* par des maladies contagieuses ou endémiques, aux influences desquelles ils ont été soumis par les obligations de leurs services.

150. La veuve d'un capitaine mort en Afrique, d'une maladie non contagieuse et endémique, et, par exemple, d'une apoplexie pulmonaire, n'a pas droit à une pension, si son mari n'avait pas trente ans de service, bien qu'il soit mort en revenant d'un camp, à la suite d'un service commandé, si, d'ailleurs, il n'est pas établi que sa mort a été causée par les obligations de son service (ord. cons. d'Et. 8 fév. 1838) (5).

151. Ont droit à une pension, les veuves de militaires morts des suites de blessures reçues, soit sur le champ de bataille, soit dans un service commandé, pourvu que le mariage soit antérieur à ces blessures (L. 1831, art. 19).

Il en est de même à l'égard des veuves de militaires morts en jouissance de la pension de retraite, ou en possession de droits à cette pension, pourvu que le mariage ait été contracté deux ans avant la cessation de l'activité ou du traitement militaire du mari, ou qu'il y ait un ou plusieurs *enfants* issus du mariage antérieur à cette cessation (L. 1831, art. 19).

152. Mais cette disposition devrait-elle recevoir son application dans le cas où le mariage aurait eu pour effet de légitimer des enfants naturels? Ainsi, le mariage contracté six mois, par exemple, avant la cessation de l'activité, donne-t-il des droits à la veuve ou aux enfants légitimés? — La lettre de l'art. 19 de la loi de 1831 semble résoudre négativement cette question puisqu'il y est dit : « ... pourvu... qu'il y ait un ou plusieurs enfants issus *du mariage*, etc.; » et que, dans le sens naturel, cette expression ne s'applique pas à des enfants légitimés.—Mais il est à remarquer que les enfants légitimés par mariage subséquent ont,

---

(1) (Veuve Bourg.) — Louis-Philippe, etc.; — Vu la loi du 11 avr. 1831 et l'ord. du 2 juillet suivant; — Considérant qu'il résulte de l'instruction que le sieur Bourg est décédé à l'hôpital militaire d'Alger, le 24 oct. 1837, des suites du choléra-morbus, dont il a été frappé par suite des obligations de son service; que, dès lors, sa veuve a droit à l'application du § 2 de l'art. 19 de la loi du 11 avr. 1831.
Du 21 nov. 1839.-Ord. cons. d'Et.-M. Gomel, rap.

(2) (Veuve Ruffet C. min. de la guerre.) — Louis-Philippe, etc.; — ...Considérant que le sieur Ruffet est décédé à Alger; qu'il résulte de l'instruction que les fièvres endémiques et le choléra-morbus, dont il a été frappé par suite des obligations de son service, sont la cause de sa mort; que, dès lors, sa veuve se trouve dans le cas d'application du § 2 de l'art. 19 de la loi sur les pensions militaires.
Du 8 fév. 1838.-Ord. cons. d'Et.-M. du Martroy, rap.

(3) *Espèce :* — (Veuve Clémandot.) — Le capitaine Clémandot, détaché de l'île Bourbon pour Madagascar, fut atteint, pendant son séjour, de la fièvre intermittente, dite de Madagascar, endémique dans cette île. De retour dans l'île Bourbon, en juill. 1831, il ne cessa de souffrir des atteintes de cette fièvre, et y succomba en 1832. — Le ministre de la guerre, s'appuyant d'un avis du conseil de santé, refusait à la veuve une pension, prétendant que, pour qu'il y eût lieu à l'application du § 2 de l'art. 19 de la loi du 11 avr. 1831, il fallait que le militaire fût décédé sous l'influence directe et immédiate des maladies endémiques aiguës, promptement mortelles dans le lieu où elles règnent épidémiquement; que le sieur Clémandot était mort plus d'un an après son départ de Madagascar.

Louis-Philippe, etc.; — Vu la loi du 11 avr. 1831 et l'ord. du 2 juillet de la même année : — Considérant qu'il résulte de l'arrêté du gouverneur de l'île Bourbon, des certificats ci-dessus visés des médecins et chirurgiens de l'hôpital de Saint-Paul, et des diverses pièces de l'instruction, que la fièvre, dite de Madagascar, est endémique dans cette île, et spécialement à Tintingue, où le sieur Clémandot était employé; que ledit Clémandot, atteint de cette maladie, à l'influence de laquelle il avait été soumis par son service, a été évacué sur l'île Bourbon, où il n'a cessé d'en éprouver tous les symptômes sans interruption jusqu'à l'époque de sa mort, arrivée le 18 oct. 1832; qu'il y a lieu, dès lors, de faire application à la dame Clémandot, sa veuve, des dispositions du § 2 de l'art. 19 de la loi du 11 avr. 1831; — La décision ci-dessus visée de notre ministre de la guerre est annulée.
Du 5 sept. 1836.-Ord. cons. d'Et.-M. de Caffarelli, rap.

(4) *Espèce :* — (Veuve Rousseau C. min. de la guerre.) — En 1836, le sieur Rousseau, en garnison à Bone, en Afrique, fut envoyé en France, en convalescence, et avec solde entière, pour se guérir d'une fièvre dont il avait été atteint en Afrique. Il est mort à l'hôpital militaire de Brignolles. — Sa veuve a demandé une pension, sur le motif qu'il était mort d'une fièvre contagieuse contractée au service militaire sur un sol étranger; mais le ministre de la guerre a rejeté sa demande, par le motif que l'art. 19 de la loi du 11 avr. 1831, qu'elle invoquait, ne s'appliquait qu'aux militaires morts sur le sol étranger. — Recours au conseil d'Etat.

Louis-Philippe, etc.; — Considérant que ce n'est point à l'armée qu'est mort le sieur Rousseau; qu'il est décédé à Brignolles (Var), où il se trouvait en congé; — Que, dès lors, sa veuve n'est pas dans le cas d'application du § 2 de l'art. 19 de la loi sur les pensions militaires. — Art. 1. La requête de la dame Rousseau est rejetée.
Du 8 fév. 1838.-Ord. cons. d'Etat.-M. du Martroy, rap.

(5) *Espèce :* — (Veuve Pautard C. min. de la guerre.) — Le sieur Pautard, capitaine d'infanterie en Afrique, est mort à la suite d'un service commandé, en revenant du camp de Douera. Le chirurgien du régiment a constaté qu'il était mort d'une apoplexie pulmonaire. Sa veuve a demandé une pension, conformément à la loi du 11 avr. 1831, bien que son mari n'eût pas trente ans de service, mais parce qu'il était mort des suites des obligations de son service. — Le 16 août 1836, refus du ministre de la guerre. — Recours au conseil d'Etat.

Louis-Philippe, etc.; — Considérant qu'il ne résulte pas de l'instruction que le sieur Pautard ait été tué dans un service commandé, ni que sa mort ait été causée soit par des événements de guerre, soit par une maladie contagieuse ou endémique, à l'influence de laquelle il ait été soumis par les obligations de son service; qu'ainsi, sa veuve ne se trouve pas dans le cas de l'application de l'art. 19 de la loi du 11 avr. 1831; — Art. 1. La requête de la dame Pautard est rejetée.
Du 8 fév. 1838.-Ord. cons. d'Etat.-M. d'Ormesson, rap.

d'après l'art. 333 c. nap., les mêmes droits que s'ils étaient nés de ce mariage. D'où il nous paraît juste de conclure qu'il n'y a pas de distinction à faire quant à l'application de l'article précité entre les enfants légitimés et ceux qui sont réellement issus du mariage.

153. Quoi qu'il en soit, il paraît évident que les naissances anticipées ne pourraient être opposées ni à la veuve ni aux enfants. L'enfant né pendant le mariage est issu du mariage. Le mari seul a le droit de le dépouiller de son titre d'enfant légitime en le désavouant, s'il se trouve, d'ailleurs, dans les conditions prévues par la loi.—V. Paternité, n°s 97 et s.

154. Le droit de réversion de la pension du mari n'est pas acquis à la veuve d'un militaire si son mariage, bien qu'antérieur à la loi du 11 avr. 1831, est postérieur à la mise en retraite de son mari (ord. cons. d'Et. 29 janv. 1839) (1). — La loi exige, en effet, comme condition du droit des veuves, que leur mariage ait été contracté avant la cessation de l'activité du mari, et non qu'il ait eu lieu avant la loi de 1831.

Du reste, il a été jugé que lorsque la qualité de veuve est contestée à la femme qui demande la réversion d'une pension militaire, le conseil d'État doit surseoir à statuer jusqu'à ce que les tribunaux civils aient prononcé sur la question d'état (ord. cons. d'Ét. 23 juin 1846) (2).

155. On a décidé que les dispositions de la loi du 11 avr. 1831 sont applicables à toutes les pensions non inscrites avant la promulgation de cette loi (art. 34); que dès lors la veuve d'un officier qui n'a pas accompli, au moment de son décès, trente ans de service à partir de l'âge de seize ans, n'a pas droit à une pension sous l'empire de la loi du 11 avr. 1831 (ord. cons. d'Et. 31 août 1837, aff. veuve Devienne). Sur l'âge à partir duquel se comptent les services militaires, V. *suprà*, n° 109.

156. Cependant, il est à remarquer que tous les droits acquis en vertu de dispositions antérieures à la loi du 11 avr. 1831, relativement aux services susceptibles d'être admis dans la liquidation des pensions militaires, ont été conservés par cette loi, sauf les restrictions relatives aux services rendus hors des armées nationales (art. 31).—Aussi a-t-il été jugé que, bien que le droit de réversion de la pension au profit de la veuve ne s'ouvre qu'au décès du mari, il lui est acquis du jour où le mari pouvait obtenir pension; et qu'en conséquence, c'est d'après les règlements en vigueur à cette dernière époque, que la pension de la veuve doit être liquidée (ord. cons. d'Et. 22 juin 1836) (3).

157. Avant la loi du 11 avr. 1831, il avait été jugé que lorsqu'un militaire rappelé deux fois à l'activité se trouvait, la première fois, sous l'empire de l'avis du conseil du 4 juin 1805, qui ne comptait pas comme service effectif le temps passé dans une retraite provisoire; et que, la seconde fois, il n'avait ni vingt ans de service ni cinquante ans d'âge, et que son rappel avait eu lieu avant la promulgation de la loi du 14 juill. 1819, dont l'art. 3 avait déclaré définitives les soldes de retraite provisoire, s'il décédait en cet état, il ne se trouvait pas en jouissance d'une solde définitive, et que sa veuve était non-recevable à prétendre que le temps de sa retraite provisoire devait lui être compté comme service effectif (ord. cons. d'Et. 26 oct. 1828, M. Rességuier, rap., aff. Baron).

158. La veuve d'un médecin d'armée n'est pas fondée à demander qu'on inscrive en son nom la pension accordée, par un décret de propre mouvement du chef de l'Etat, à une autre femme qu'il avait épousée au mépris de sa première union, alors que cette pension est motivée en partie sur les services du médecin son mari, mort sur le champ de bataille, et sur ceux d'un autre militaire qui avait aussi été le mari de celle-ci (ord. cons. d'Et. 21 juin 1826) (4).

159. La veuve d'un combattant de juillet 1830, décédé en 1834, et à qui une pension avait été accordée, à titre de récompense nationale, ne peut non plus réclamer une partie de la pension de son mari, à titre de réversibilité (ord. cons. d'Et. 13 avr. 1836, M. P. Hochet, rap., aff. Moucheur).

160. Dans les cas prévus par l'art. 19 de la loi du 11 avr. 1831, le mariage contracté par les militaires en activité de service, postérieurement à la promulgation du décret du 16 juin 1808, n'ouvre de droits à pension aux veuves et aux enfants qu'autant qu'il a été autorisé dans les formes prescrites par ce décret. — Ainsi, la veuve d'un militaire n'a pas droit à pension si elle ne justifie pas de la permission par écrit du ministre de la guerre donnée à son mari pour contracter mariage (ord. cons. d'Et. 26 déc. 1837) (5). — Dans l'espèce, le militaire s'était marié sans faire aucune mention de son grade, et avait pris la qualité de propriétaire.

161. La décision qui fixe, pour la pension d'un officier, l'époque de la cessation de son service actif, n'est point irrévocable, en ce qui touche la reversibilité de cette pension en faveur de sa veuve; en ce sens du moins que, bien qu'il résulte de la liquidation de la pension du mari, que la cessation de son service actif est postérieure à son mariage, sa veuve peut être déclarée sans droit à pension, par le motif que son mariage n'a été contracté qu'après la cessation des services de son mari (ord. cons. d'Et. 8 janv. 1836) (6).

---

(1) (Veuve Allard C. min. de la guerre.) — LOUIS-PHILIPPE, etc.; — Vu la loi du 11 avr. 1831; — En ce qui touche les conclusions subsidiaires; — Considérant que, d'après l'art. 19 de la loi du 11 avr. 1831 les veuves de militaires morts en jouissance de pensions de retraite n'ont droit à la réversion de la pension de leurs maris qu'autant que leur mariage a été contracté deux ans avant la cessation de l'activité de ces derniers; que, dans l'espèce, les services militaires du sieur Allard ont cessé le 7 déc. 1801, avant son mariage, qui a été contracté le 8 mai 1806; que, dès lors, la réclamante est sans droit à pension comme veuve d'un officier retraité; — Rejette.

Du 29 janv. 1839.-Ord. cons. d'Etat.-M. Gomel, rap.

(2) (Veuve de Vaudoncourt.) — LOUIS-PHILIPPE, etc.; — Vu la loi du 11 avr. 1831; — Considérant que notre ministre de la guerre conteste à la requérante son état de veuve du général Guillaume de Vaudoncourt, et que les tribunaux sont seuls compétents pour statuer sur les questions d'état; — Art. 1. Il est sursis à statuer sur la demande de la requérante jusqu'à ce que les tribunaux aient prononcé sur la question d'état dont il s'agit.

Du 23 juin 1846.-Ord. cons. d'Et.-M. Gomel, rap.

(3) (Veuve Moreau de Launay.) — LOUIS-PHILIPPE, etc.; — Vu l'ordonnance du 25 nov. 1814 et le règlement général des pensions du 12 janv. 1825; — Au fond: — Considérant que le sieur Moreau de Launay est décédé le 29 oct. 1829, ayant accompli, à l'époque de la promulgation du règlement du 12 janv. 1825, une période de plus de vingt-cinq ans de services, soit civils, soit militaires, susceptibles d'être comptes comme trente ans de services; — Que, d'après les dispositions des règlements alors en vigueur, il y avait lieu à réversion de partie de sa pension au profit de sa veuve; que si le droit de réversion n'a été ouvert pour la dame Moreau de Launay qu'au décès de son mari, arrivé en 1829, le droit était acquis à ladite dame veuve, à partir du jour où le mari pouvait obtenir pension; — Considérant que l'art. 13 du règlement du 12 janv. 1825, qui exige trente années de services civils du mari pour que la veuve puisse prétendre à la réversion de sa pension, ne statue que pour l'avenir.

Art. 1. Les décisions de notre ministre des finances, des 30 avr. 1830 et 13 mai 1835, sont annulées. — Art. 2. La dame veuve Moreau de Launay est renvoyée par-devant notre ministre des finances pour faire procéder à la liquidation de sa pension.

Du 22 juin 1836.-Ord. cons. d'Etat.-M. Prosper Hochet, rap.

(4) (Cérésole.) — CHARLES, etc.; — Vu l'art. 69 de la charte; — Considérant qu'en admettant que la requérante ait eu seule un droit légal à réclamer la pension accordée aux veuves des militaires, comme veuve du sieur Vincent Cérésole, ce droit ne lui donne pas qualité pour demander qu'on inscrive, en son nom, la pension accordée à la dame Jeanne-Suzanne-Esther Roy, par une décision de propre mouvement du chef du gouvernement, et motivée, en partie, sur les services du chef de bataillon Perrot, son mari, mort sur le champ de bataille en Egypte, laquelle pension est maintenue par l'art. 69 de la Charte. — Art. 1. La requête..... est rejetée.

Du 21 juin 1836.-Ord. cons. d'Etat.-M. de Rozière, rap.

(5) (Veuve Gueroult.) — LOUIS-PHILIPPE, etc.; — Vu le décret du 16 juin 1808 et la loi du 11 avr. 1831; — Considérant que l'art. 19 de la loi du 11 avr. 1831 n'ouvre de droit à pension aux veuves de militaires qu'autant que leur mariage a été autorisé dans les formes voulues par le décret du 16 juin 1808; — Considérant que la requérante, dont le mariage est postérieur audit décret, ne justifie pas de la permission par écrit du ministre de la guerre, sans laquelle son mari ne pouvait contracter mariage; que, dès lors, ladite dame est sans droit à la pension; — Rejette.

Du 26 déc. 1837.-Ord. cons. d'Et.-M. Gomel, rap.

(6) *Espèce :* — (Morel de Saint-Ymier C. le ministre de la guerre.) — En 1798, Morel de Saint-Ymier, officier dans les armées de la Vendée,

162. Il a été décidé cependant en sens contraire que lorsque l'ordonnance qui a accordé une pension à un militaire et fixé ainsi la durée de ses services, n'a été l'objet d'aucun recours utile, sa veuve ne peut arguer de services postérieurs pour justifier que son mariage a été contracté plus de deux ans avant la cessation du service actif de son mari (ord. cons. d'Et. 2 mai 1834, M. Brun, rap., aff. Nevene-d'Aiguebelle). — On conçoit, du reste, que les principes de la chose jugée ne peuvent être invoqués en cette matière. Les conditions nécessaires pour que cette exception pût être appliquée, manqueraient à peu près complétement.—V. v° Chose jugée.

163. En cas de *séparation de corps*, porte l'art. 20 de la loi du 11 avril 1831, la veuve d'un militaire ne peut prétendre à aucune pension; les *enfants*, s'il y en a, sont considérés comme orphelins.— Il a été jugé que cet article s'applique aux femmes séparées de corps avant la promulgation de la loi précitée. « Considérant, porte l'arrêt du conseil, qu'aux termes de l'art. 34 de la loi du 11 avril 1831, les dispositions de cette loi sont applicables à toutes les pensions non inscrites avant sa promulgation, au livre de la dette publique » (ord. cons. d'Et. 14 juill. 1841, M. de Condé, rap., aff. Soyez).

164. Mais il faut distinguer toutefois le cas où la séparation a été obtenue contre la femme de celui où elle a été prononcée sur sa demande.—Cette distinction, expressément admise par la loi du 9 juin 1853 (V. *suprà*, n° 72), nous paraît trop juste pour n'être pas adoptée aussi dans l'application de l'art. 20 de la loi du 11 avril 1831. — Que la femme soit privée des avantages résultant du mariage, lorsqu'elle en a enfreint les lois, il n'y a là rien que de très-équitable. Mais qu'il en soit ainsi, lorsque la conduite de son mari a été assez coupable à son égard pour déterminer les tribunaux à accueillir la demande en séparation de corps, c'est ce qui ne nous semble pas admissible; ce serait, en effet, la punir des fautes de son mari et lui retirer la protection de la loi, précisément parce qu'elle serait plus digne d'intérêt.

Toutefois, le conseil d'Etat s'est déjà prononcé dans un sens contraire à notre opinion, en décidant formellement que la femme séparée de corps n'a aucun droit à la pension, lors même que la séparation a été prononcée sur sa demande « Considérant, porte l'ordonnance, que l'art. 20 de la loi du 11 avril 1831 qui dispose qu'au cas de séparation de corps, la veuve d'un militaire ne peut prétendre à aucune pension, n'a pas distingué le cas où la séparation serait prononcée sur la demande de l'épouse de celui où elle le serait sur la demande de l'époux » (ord. c. d'Et. 18 mars 1842, M. Pichon, rap., aff. de la Marthonie). — Mais il y a lieu de penser que la disposition expresse de la loi de 1853 amènera un changement dans sa jurisprudence. Ce serait en effet, entre la loi civile et la loi militaire, une contradiction inexplicable, que celle qui résulterait des situations opposées faites à des veuves placées dans des conditions identiques.

165. Au reste, la réconciliation et la cohabitation des époux fait cesser les effets de la séparation de corps, et notamment rétablit la femme d'un militaire, devenue veuve, dans ses droits à une pension (ord. cons. d'Et. 7 avril 1841) (1).

166. Après le décès de la mère, ou lorsque, par l'effet des dispositions de l'article précédent, elle se trouve déchue de ses droits à la pension, l'enfant ou les enfants mineurs des militaires morts dans les cas prévus par l'art. 19 de la loi de 1831, ont droit, quel que soit leur nombre, à un secours annuel égal à la pension que la mère aurait eu le droit d'obtenir.

Ce secours est payé jusqu'à ce que le plus jeune d'entre eux ait atteint l'âge de vingt et un ans accomplis; mais, dans ce cas, la part des majeurs est reversible sur les mineurs (L. 11 avril 1831, art. 21, V. *supra*, n° 75).

§ 4. — *Demande d'admission à la pension. — Quotité et liquidation. — Recours. — Jouissance de la pension.*

167. *Demande d'admission à la pension.* — Dans quel *délai* doit être formée la demande? à qui doit-elle être adressée? quelles sont les *formalités* à remplir ou les justifications à faire par la partie intéressée? tels sont les points sur lesquels il est nécessaire de fixer ici notre attention.

168. Quant au *délai*, tant que le militaire est en activité, aucune *déchéance* ne peut être encourue par lui, relativement à sa pension de *retraite*, pour ancienneté. Mais s'il cesse d'appartenir à l'armée, il doit former sa demande au plus tard dans les cinq ans, à partir de la cessation de son activité; les veuves ou orphelins de militaires doivent aussi former leur demande dans les cinq ans de l'événement qui donne ouverture à leurs droits (L. 17 avr. 1833, art. 6). — Quant à la pension pour cause de *blessures*, la demande doit en être formée avant que le militaire quitte le service. L'administration de la guerre fait procéder immédiatement après la réception de cette demande à la *vérification* des droits du réclamant (ord. 2 juill. 1831, art. 1er). — Si, par une *aggravation* successive, les blessures ou infirmités qui peuvent donner droit à une pension ont occasionné la perte absolue de l'usage d'un membre, le réclamant a un délai d'un an pour former sa demande. — Ce délai, qui court du jour de la cessation de l'activité, est porté à deux ans, si les blessures ou infirmités ont occasionné l'amputation d'un membre ou la perte totale de la vue. — Néanmoins la demande n'est admissible qu'autant que les blessures ou infirmités ont été régulièrement constatées avant que le militaire ait quitté le service (ord. 2 juill. 1831, art. 2).

169. L'art. 2 de l'ord. du 2 juill. 1831, qui prescrit aux militaires ayant des droits à une pension, et qui ne les ont pas fait constater avant de quitter les drapeaux, de former leur demande dans le délai d'un an, à partir de sa promulgation, s'applique au militaire dont l'activité a cessé antérieurement à cette ordonnance (ord. cons. d'Et. 22 fév. 1838) (2).

170. Relativement à l'autorité à laquelle la demande doit

---

est fait prisonnier et mis en surveillance. — Postérieurement, il contracte mariage. — Au retour des Bourbons, une pension lui est accordée, et dans la supputation de son temps de service on fait entrer celui qu'il a passé sous la surveillance de la haute police.—Décès de Morel de Saint-Ymier. Sa veuve réclame la réversibilité de sa pension. — Le ministre rejette sa demande, par la raison que son mariage a été contracté postérieurement à la cessation du service actif de son mari, que M. le ministre place en 1798, refusant d'admettre comme temps de service celui que le sieur Morel a passé en surveillance. — Recours au conseil d'Etat.

LOUIS-PHILIPPE, etc.; — Vu le § 4 de l'art. 19 de la loi du 11 avr. 1831; — Considérant que les lois de 1822 et 1831 n'accordent aux veuves la réversibilité d'une partie de la pension de leurs maris qu'autant que leur mariage a été contracté avant la cessation de leur activité de service; — Que, dans l'espèce, le service actif du sieur Morel de Saint-Ymier a cessé avant le mariage, qui n'a été contracté qu'en 1799, lorsqu'il était rendu à la vie civile; — Art. 1. La requête... est rejetée.

Du 8 janv. 1836.-Ord. cons. d'Et.

(1) (Dame Mazian.) — LOUIS-PHILIPPE, etc.; — Vu les requêtes; — ... Vu l'acte de notoriété tendant à prouver que la veuve s'était réconciliée et vivait en bonne intelligence avec son mari; — Vu l'art. 20 de la loi du 11 avr. 1831; — Considérant que si, aux termes de l'art. 20 de la loi du 11 avr. 1831, en cas de séparation de corps, la veuve d'un militaire ne peut prétendre à aucune pension, il résulte de l'instruction qu'il y a eu, postérieurement au jugement de séparation, réconciliation et cohabitation entre les époux Mazian; que, dès lors, la séparation de corps avait cessé d'exister, ainsi que toutes les conséquences qui pouvaient en résulter par rapport à l'application de la loi du 11 avr. 1831; — Art. 1. La décision de notre ministre de la guerre, du 4 juill. 1839, est annulée.

Du 7 avr. 1841.-Ord. cons. d'Et.-M. Richaud, rap.

(2) (Guichot C. min. de la guerre.) — LOUIS-PHILIPPE, etc.; — Vu la loi du 28 fruct. an 7, l'arrêté du 19 frim. an 9, la loi du 11 avril 1831, l'ord. du 2 juill. suivant; — Considérant que le sieur Guichot ne justifie pas légalement que les blessures et infirmités dont il excipe eussent, à l'époque où il a cessé d'appartenir à l'armée, le degré de gravité nécessaire pour ouvrir à son profit un droit à une pension de retraite; — Que, le sieur Guichot prétendant que, par une aggravation consécutive, lesdites blessures et infirmités pouvaient lui donner droit à une pension, ce militaire, dont l'activité avait cessé bien antérieurement à l'ord. du 2 juill. 1831, aurait dû former sa demande dans le délai d'un an, accordé par l'art. 2 de ladite ordonnance pour le cas où les blessures ou infirmités n'auraient pas été constatées pendant que le militaire était encore sous les drapeaux, conformément à l'art. 1; — Que le sieur Guichot ne s'est pourvu auprès de notre ministre de la guerre, afin d'obtenir une pension, que le 18 déc. 1832, et qu'ainsi sa demande n'était pas admissible; — Art. 1. La demande du sieur Guichot est rejetée.

Du 22 fév. 1838.-Ord. cons. d'Et.-M. Robillard, rap.

être adressée, c'est évidemment au *ministre de la guerre*. Seulement l'art. 8 de l'ord. du 2 juill. 1831 porte que « la demande de tout militaire faisant partie d'un régiment ou autre corps de troupes sera instruite par les soins du conseil d'administration dudit corps. »

171. Au reste, l'officier qui réunit les conditions exigées par la loi, pour la retraite, peut y être admis d'office et sans qu'il l'ait sollicité (ord. cons. d'Et. 27 avr. 1841) (1). — V. *suprà*, n° 56.

Et la demande à fin de réintégration, dans les cadres de l'armée active, d'un officier mis à la retraite, n'est pas de nature à être déférée au conseil d'Etat par voie contentieuse (même ordonnance).

172. Quant aux *formalités* et aux justifications relatives à la demande, il faut distinguer les demandes formées par les militaires de celles formées par les veuves et les orphelins..... — Voyons d'abord ce qui concerne les demandes formées par les militaires.

Lorsqu'il s'agit de demandes pour ancienneté, il faut qu'elles soient appuyées des *états* de services des réclamants. — C'est là, on le conçoit, une règle absolue. — Aussi a-t-il été jugé que l'officier dont les années de service dans une armée royale (l'armée royale dite de Normandie) ont été reconnues par la commission créée en vertu de l'ord. du 21 mai 1814 est obligé, pour la liquidation de sa pension, de justifier, par des documents authentiques, de ses services, surtout lorsqu'ils n'ont été reconnus qu'en bloc et sans détail par la commission, et que l'existence de l'armée où cet officier prétend avoir servi est douteuse (ord. cons. d'Et. 2 mars 1839) (2).

173. A l'égard des demandes formées pour blessures ou infirmités, la demande doit être appuyée d'un *certificat* dans lequel les officiers de santé en chef de l'hôpital militaire ou de l'hospice civil et militaire où le dernier traitement a été suivi doivent constater la nature et les suites des blessures ou infirmités, et déclarer qu'elles leur paraissent incurables. — A l'égard des militaires qui n'ont pas été traités dans un de ces établissements, le certificat doit être délivré par les officiers de santé en chef d'un des hôpitaux militaires ou hospices civils préalablement désignés par le ministre de la guerre (ord. du 2 juill. 1831, art. 3).

Toute demande de pension pour cause de blessures ou infirmités doit en outre être appuyée : 1° des *rapports* officiels et autres documents authentiques constatant le fait qui donne lieu à la demande; 2° de l'*état des services* et campagnes du réclamant (ord. 2 juill. 1831, art. 5 et suiv.).

174. Toutefois, les pièces exigées par l'art. 1 de la loi du 26 avril 1833 relative à la pension accordée aux vainqueurs de la Bastille, sont les seules pièces justificatives du droit à la pension. — A défaut de ces pièces, le réclamant se prévaudrait en vain de sa qualité de garde française, et de ce qu'il a été porté sur l'état des vainqueurs de la Bastille, dressé lors de la présentation de la loi de 1833 (ord. cons. d'Ét. 14 fév. 1838) (3). — Les pièces dont il s'agit sont les brevets ou états nominatifs remontant à 1790 et des certificats d'identité.

175. A l'égard des *veuves et orphelins*, deux cas distincts peuvent se présenter : le premier est celui où le militaire qu'ils représentent était en jouissance d'une pension. — Dans ce cas, la veuve doit produire son acte de mariage et l'inscription relative à la pension de son mari.—Les orphelins doivent, en outre, produire : 1° l'acte de décès de leur mère, si c'est par suite de sa mort que leur droit s'est ouvert, ou bien le jugement qui prononce définitivement la séparation de corps entre elle et le défunt (V. *suprà*, n° 163); 2° leurs actes de naissance, afin d'établir qu'ils sont encore mineurs (V. *suprà*, n° 166). — Le second cas est celui où le défunt avait seulement droit à une pension pour ancienneté ou pour blessures. — La veuve ou les orphelins doit vent alors, indépendamment des pièces justificatives de leurs qualités, produire les documents officiels dont le militaire décédé aurait dû lui-même appuyer sa demande. — Au reste, il a été jugé que, sous la loi du 17 août 1822, la veuve d'un militaire mort en activité de service devait, pour obtenir une pension, justifier qu'elle était privée de moyens d'existence, bien que la loi de 1814 (14 août) ne l'y assujettit pas (ord. cons. d'Ét. 2 août 1836, M. de Villebois, rap., aff. Levavasseur).

176. *Quotité et liquidation.* — La pension d'ancienneté se règle sur le *grade* dont le militaire est titulaire. —Si néanmoins il demande sa retraite avant d'avoir au moins deux ans d'activité dans ce grade, la pension se règle sur le grade immédiatement inférieur (L. 1831, art. 10).—Il a été jugé cependant que le lieutenant, nommé capitaine en 1814, par décision provisoire du commandant en chef, confirmée en 1821 pour prendre rang du jour de la nomination, et dont la pension de retraite a été liquidée dans l'intervalle de 1814 à 1821 sur le grade de lieutenant, a droit d'obtenir que cette pension soit revisée, en prenant pour point de départ la nomination au grade de capitaine, et non l'époque de la confirmation (ord. cons. d'Ét. 1er juill. 1839) (4).

177. Le militaire doit, d'ailleurs, justifier de son grade par un acte de nomination émané du gouvernement.—Ainsi, il a été jugé : 1° qu'un secrétaire archiviste de place de guerre, bien qu'il ait

---

(1) (Ducros.) — LOUIS-PHILIPPE, etc.; — Vu la requête à nous présentée par le sieur Ducros, capitaine du génie, demeurant à Castres, tendante à ce qu'il nous plaise rapporter notre ordonnance du 4 janv. 1840, qui lui a accordé une pension de retraite à titre d'ancienneté, comme contraire à la loi du 19 mai 1834; ce faisant, le renvoyer à se pourvoir devant le ministre de la guerre pour se faire reintégrer dans les cadres de l'armée active; — Vu les lois des 11 avr. 1831 et 19 mai 1834;

Considérant qu'il nous appartient de mettre à la retraite un officier qui réunit le temps de service exigé par la loi du 11 avril 1831 pour avoir droit à pension; — Considérant que le sieur Ducros comptait plus de trente ans de service lorsqu'il fut mis à la retraite; — Considérant que les règles tracées pour les mises à la réforme par la loi du 19 mai 1834 ne sont pas applicables pour les mises à la retraite; — Considérant que la demande afin de réintégration dans les cadres de l'armée active n'est pas de nature à nous être deférée par la voie contentieuse; — Art. 1. La requête du sieur Ducros est rejetée.

Du 27 avr. 1841.-Ord. cons. d'Et.-M. Gomel, rap.

(2) (Delaunay des Varennes.) — LOUIS-PHILIPPE, etc.; — Considérant que le requérant ne justifie pas suffisamment de la nature et de la durée de ses services aux armées royales de l'intérieur; que, dès lors, c'est avec raison que lesdits services ne lui ont pas été comptés dans la liquidation de ses droits à pension.

Du 2 mars 1839.-Ord. cons. d'Et.-M. d'Ormesson, rap.

(3) *Espèce* : — (Langlet.) — Le sieur Langlet soutenait que les conditions imposées par la loi de 1833 s'appliquaient aux bourgeois, non aux gardes françaises.

LOUIS-PHILIPPE, etc.; — Vu la loi du 26 avr. 1833; — Considérant que les pièces exigées par l'art. 1 de la loi du 26 avr. 1833 sont déclarées, par cette loi, les seules pièces justificatives du droit à la pension accordée aux vainqueurs de la Bastille; — Considérant que le sieur Langlet n'a produit aucune de ces pièces;—Art. 1. La requête du sieur Langlet est rejetée.

Du 14 fév. 1838.-Ord. cons. d'Et.-M. Gomel, rap.

(4) *Espèce* : —(Courchet.) — M. le ministre de la guerre opposait au réclamant la déchéance sur le motif suivant : — Il est de principe, disait-il, d'après le décret du 22 juill. 1806 et la jurisprudence du conseil d'Etat, que le pouvoi contre la liquidation d'une pension de retraite doit être formé par voie de requête au conseil d'Etat, et qu'il n'est plus recevable après trois mois écoulés depuis le premier payement de la pension. Le sieur Courchet ne pouvait donc réclamer après plusieurs années contre une pension qu'il avait si longtemps touchée sans réclamation.

LOUIS-PHILIPPE, etc.; — Vu les ord. des 27 août 1814 et 1er août 1815; — Considérant que la pension concédée le 14 sept. 1816 au sieur Courchet a été réglée sur le grade de lieutenant; — Considérant que le 15 avr. 1814 il avait été nommé par acte provisoire capitaine par le commandant en chef de l'armée d'Italie; — Que par ordon. royale du 17 oct. 1821, il a été confirmé dans ce grade pour prendre rang dudit jour 15 avr. 1814; qu'ainsi, il comptait, lors de son admission à la retraite, les deux ans d'activité de ce grade exigés par l'art. 10 de l'ord. du 27 août 1814; — Considérant que, par une lettre du 29 oct. 1821, le ministre de la guerre avait annoncé au requérant qu'il serait examiné s'il y avait lieu d'augmenter la solde de retraite qui lui avait été accordée; — Que malgré les réclamations renouvelées chaque année depuis cette époque, par ce dernier, cette révision n'a pas été faite, et que notre ministre de la guerre ne justifie, d'ailleurs, d'aucune décision autre que celle du 16 oct. 1838, contre laquelle le sieur Courchet s'est pourvu par-devant nous dans les délais du règlement; — Considérant qu'il ne s'agit pas, dans l'espèce, de procéder à la liquidation d'une pension nouvelle, mais seulement à la révision d'une pension déjà concédée; — Considérant que la pension dont jouit le sieur Courchet a été liquidée par application des ord. des 27 août 1814 et 1er août 1815;

porté pendant longues années les insignes du grade de sous-lieutenant, qu'il ait été qualifié de ce titre dans des actes officiels, ne peut faire liquider sa pension de retraite sur ce grade, s'il ne produit aucun brevet, décret ni ordonnance qui le lui ait conféré (ord. cons. d'Et. 30 mars 1838) (1); — 2° Que, de même, un officier qui aurait touché la solde ou la demi-solde du grade de chef de bataillon ne peut faire liquider sa pension sur ce grade, s'il ne justifie d'aucun brevet ou ordonnance qui le lui ait conféré (ord. cons. d'Et. 14 fév. 1839, M. Gomel, pr., aff. Aimino).

178. Les avantages attribués par des règlements spéciaux pour la liquidation de la pension de retraite des militaires de l'ex-garde royale et autres corps dissous, ne peuvent être réclamés qu'autant qu'il y a des droits acquis à pension avant la loi du 11-14 avr. 1831. ...Par suite, le militaire ayant appartenu à un de ces corps, qui n'a des droits acquis qu'après la promulgation de cette loi, n'est admis à faire liquider sa pension qu'au taux accordé pour le grade qu'il occupe (ord. cons. d'Et. 24 avr. 1837) (2).

179. Après *trente années* de service *effectif*, les militaires ont droit au minimum de la pension d'ancienneté déterminée pour leur grade par le tarif annexé à la loi du 11 avr. 1831.—Chaque année de service au delà de trente ans et chaque année de campagnes, supputées selon les art. 7 et 8 de cette loi (V. ci-dessus, n°s 115 et suiv.), ajoutent à la pension un vingtième de la différence du minimum au maximum. — Le *maximum* est acquis à cinquante ans de service, campagnes comprises (L. 1831, art. 9). Ajoutons que d'après l'art. 19 de la loi du 26 avril 1855, ce *minimum* et ce *maximum* sont augmentés de 165 fr. pour les sous-officiers, caporaux, brigadiers et soldats.

Aux termes de l'art. 11 de la loi du 11 avr. 1831, la pension de retraite de tout officier, sous-officier, caporal et brigadier, ayant douze ans accomplis d'activité dans son grade, est augmentée du cinquième. — Dans ce cas spécial, le bénéfice de cet article est acquis aux officiers, sous-officiers, caporaux ou brigadiers qui ont droit au maximum déterminé par le tarif annexé à la loi précitée. — Les *gendarmes* ayant douze années de service dans la gendarmerie jouissent de la même augmentation. — Il a été jugé, par application de cet art. 11, que, lorsqu'un militaire, quoique continuant de remplir les fonctions du grade inférieur, a été classé dans un grade supérieur, conformément à la législation existante, et qu'il a douze ans de service dans ce grade, sa pension doit, à raison de cette durée de service, être augmentée d'un cinquième en sus (ord. cons. d'Et. 15 mai 1835) (3).

180. Les officiers nommés depuis la révolution de juillet pour prendre rang à partir de l'ordonnance contenant leur nomination, ne peuvent prendre d'autre point de départ que cette ordonnance pour la supputation des douze années de grade donnant droit à l'augmentation d'un cinquième, bien qu'ils aient obtenu le même grade antérieurement,... surtout s'ils ont touché sans réclamation la demi-solde d'un grade inférieur (ord. cons. d'Et. 25 mars 1835) (4).

181. Le temps passé dans les emplois de l'ancienne administration des hôpitaux militaires est compté comme temps passé dans les grades de la nouvelle administration, auxquels ont été assimilés les anciens emplois, pour composer les douze ans d'activité du grade qui donne droit au cinquième en sus de la pension (ord. cons. d'Et. 18 mai 1837, M. Brian, rap., aff. Vignerès; 11 avr. 1837, M. Prosper Hochet, rap., aff. Bourdin; 4 juill. 1837, M. Fumeron, rap., aff. Bergue et Daulnoy).

Spécialement, pour composer douze ans d'activité du grade, l'officier principal, dans le nouveau service, peut compter le temps passé dans les anciens emplois d'inspecteur et de directeur principal, qui ont été assimilés au grade d'officier principal (ord. cons. d'Et. 9 nov. 1836) (5).

Il a été jugé aussi que les dispositions de l'art. 11 sont appli-

---

que, dès lors, c'est conformément au tarif annexé à ces ordonnances qu'il y a lieu de fixer le montant de celle à laquelle il a droit;

Art. 1. La décision de notre ministre de la guerre, en date du 16 oct. 1838, est annulée; — Art. 2. Le sieur Courchet est renvoyé devant notredit ministre pour faire procéder à la révision de sa pension, d'après le grade de capitaine, conformément à la présente ordonnance.

Du 1er juill. 1839.-Ord. cons. d'Et.-M. Gomel, rap.

(1) *Espece :* — (Billière.) — Le sieur Billière disait pour sa défense outre les faits énoncés dans la décision, qu'il avait été considéré comme sous-lieutenant, puisque, lors de la remise de son brevet de chevalier de la Légion d'honneur, il avait payé une somme que ne payent pas les sous-officiers. Il ajoutait d'ailleurs que depuis 1820 il n'avait pas touché le traitement de sous-officier, et que, si on n'avait pas attendu sa mise à la retraite pour lui contester son grade, il aurait pu faire régulariser sa position. — Le ministre de la guerre, tout en reconnaissant vrais les faits avancés par Billière, pensait que la loi ne devait pas être éludée sauf à lui à se pourvoir auprès de la grande chancellerie de la Légion d'honneur.

Louis-Philippe, etc.; — Vu l'arrêté du 26 germ. an 8 (art. 6 et 12): — Vu la loi du 11 avr. 1831 (art. 10); — Vu la loi de 19 mai 1834 (art. 1); — Considérant que le sieur Billière ne produit aucun brevet, aucun décret, aucune ordonnance qui lui ait conféré le grade de sous-lieutenant; — Art. 1. La requête du sieur Billière est rejetée.

Du 30 mars 1838.-Ord. cons. d'Et.-M. Saglio, rap.

(2) (Lugan.) — Louis-Philippe, etc.; — Vu l'ordon. du 2 août 1818 sur l'avancement de l'armée; — Vu l'ordon. du 25 oct. 1820; — Vu l'ordon. du 27 mai 1827; — Vu l'ordon. du 11 août 1830, la décisionn du 28 du même mois; — Vu la loi du 11 avr. 1831; — En ce qui touche les services du réclamant pendant les années 1793 à 1794 et 1799 à 1801 : — Considérant qu'aux termes du § 3 de l'art. 32 de la loi du 11 avr. 1831, les années de service et les campagnes dans les armées des Etats en guerre contre la France ne peuvent jamais être comptées pour la pension; — Qu'à cette époque le réclamant se trouvait dans l'armée d'un Etat en guerre contre la France; d'où il suit que ses services pendant lesdites années ne peuvent être admis. — En ce qui touche le grade sur lequel a été basée la liquidation de sa pension : — Considérant qu'il résulte de l'instruction que le sieur Lugan, au moment où il a acquis le droit à la pension de retraite, était titulaire du grade de lieutenant; qu'il ne justifie point avoir obtenu un grade supérieur, et qu'il se trouve dès lors en jouissance de la solde de retraite afférente à son grade; — En ce qui touche le grief résultant de la violation de l'art. 34 de la loi du 11 avr. 1831 : — Considérant que les militaires de l'ex-garde royale, de la ci-devant maison militaire et des divers corps spéciaux et de l'intendance militaire ne peuvent réclamer les avantages qui leur étaient attribués pour la liquidation de leur pension de retraite, en vertu des règlements d'organisation, qu'autant qu'ils avaient un droit acquis à la pension avant le 14 avr. 1831, date de la promulgation de ladite loi; — Que, dans l'espèce, le sieur Lugan n'a accompli ses trente ans de service que le 18 sept. 1834; qu'ainsi il ne justifiait d'aucuns droits acquis avant la loi du 11 avr. 1831, et n'est pas fondé à réclamer le bénéfice des dispositions de l'art. 34 de ladite loi;

Art. 1. La requête du sieur Lugan est rejetée.

Du 24 avr. 1837.-Ord. cons. d'Et.-M. Prosper Hochet, rap.

(3) (De Berauville.) — Louis-Philippe, etc.; — Vu l'ordon. du 25 oct. 1820 et la loi du 11 avr. 1831, art. 11; — Considérant que le sieur de Berauville, lieutenant-colonel dans la garde royale, avait le rang de colonel dans l'armée, et jouissait d'un traitement supérieur au traitement de ce grade; que l'ordon. du 19 juill. 1826, qui l'a nommé à l'emploi de colonel, l'a, conformément à l'art. 6 de l'ord. du 25 oct. 1820, classé dans ce grade à la date du 21 avr. 1821; qu'ainsi c'est à partir de ce jour que doit être compté son temps d'activité dans ledit grade, pour l'application de l'art. 11 de la loi du 11 avr. 1831.

Art. 1. Notre ordonnance du 5 oct. 1833, qui a fixé à 3,000 fr. la pension de retraite du sieur de Berauville. est rapportée. — 2. Le sieur de Berauville est renvoyé devant notre ministre de la guerre pour faire procéder à la liquidation de sa pension, suivant les bases ci-dessus indiquées.

Du 15 mai 1835.-Ord. cons. d'Et.-M. du Martroy, rap.

(4) (Boissin.) — Louis-Philippe, etc.; — Vu la loi du 11 avr. 1831 et l'ordon. du 19 nov. 1831; — En ce qui touche les conclusions du sieur Boissin, tendant à obtenir le bénéfice du cinquième en sus et sa demande en rappel de solde : — Considérant que, par l'ordon. du 19 nov. 1831, le sieur Boissin, réformé sans traitement, le 31 août 1815, a été nommé colonel pour prendre rang du jour de ladite ordonnance; qu'il ne réunit pas, dès lors, dans le grade de colonel, les douze ans d'activité exigés par l'art. 11 de la loi du 11 avr. 1831; — Qu'il résulte, en outre, de la liquidation faite par notre ministre de la guerre, que le réclamant a été rétabli, avec traitement de chef de bataillon, au contrôle général des officiers en demi-solde, par ordonnance du 27 janv. 1819, et qu'en cette qualité, depuis cette époque jusqu'à sa mise en retraite, le 5 juin 1827, il a touché son traitement sans réclamation;

Art. 1. La requête.... est rejetée.

Du 25 mars 1835.-Ord. cons. d'Ét.-M. Hochet, rap.

(5) (Legendre.) — Louis-Philippe, etc.; — Vu l'ordonnance du 18 sept 1824, portant réorganisation du personnel du service de santé et des hôpitaux de l'armée de terre; — Vu la loi du 11 avril 1831, sur les pensions de l'armée de terre; — Considérant que, d'après l'art. 24 de l'ord. du 18 sept. 1824, les employés de l'ancienne administration des hôpitaux militaires sont admis à compter, dans la liquidation de leur pension, pour leur durée effective, les services rendus antérieurement à la promulgation de cette ordonnance, dans les grades de ladite administra-

cables aux agents du service de l'habillement et du campement qui sont admis à former les douze ans d'activité de grade donnant droit à l'augmentation du cinquième en sus de la pension, au moyen du temps d'activité passé comme agent comptable de première classe de l'habillement et du campement, et dans le grade équivalent, suivant le tableau d'assimilation des anciens grades aux nouveaux (ord. cons. d'Et. 20 avr. 1839) (1).

182. La pension pour cause de blessures ou infirmités se règle aussi sur le grade dont le militaire est titulaire (L. 1831, art. 18). — Ainsi, il a été jugé : 1° que l'officier qui, après avoir été admis à la retraite pour cause de blessures et infirmités, est ensuite rappelé au service dans un grade supérieur, a droit à ce que sa pension soit liquidée dans ce dernier grade, si les fatigues de ses nouveaux services et ses anciennes blessures ne lui permettent pas de rester en activité (cons. d'Et. 11 janv. 1838, aff. Traversa, V. *suprà*, n° 120); — 2° Qu'on ne peut le réduire à sa première pension sous prétexte que sa mise hors de service ne provient pas de nouvelles blessures (cons. d'Et. 30 juin 1835) (2).

183. Toutefois il a été décidé que l'officier mis à la retraite en 1816, pour cause d'infirmités, et rentré en activité après 1830, pour avoir droit à la pension de retraite, s'il ne peut la réclamer à titre d'ancienneté, doit faire valoir des blessures nouvelles, ou l'aggravation des anciennes par les fatigues de ses derniers services. S'il est hors d'état de rester en activité par suite de ses anciennes blessures, il n'a droit qu'à un traitement de réforme (ord. cons. d'Et. 23 août 1838) (3).—Il est à remarquer que, dans l'espèce de cette décision, l'officier rentré en

---

tion, suivant le tableau d'assimilation des anciens grades aux nouveaux annexé à ladite ordonnance;—Que, par ce tableau, les grades d'inspecteur et de directeur principal dans l'ancienne administration des hôpitaux militaires sont assimilés aux grades d'officier principal dans le nouveau service desdits hôpitaux;—Que, dès lors, le réclamant a droit, pour former les douze ans d'activité de grade exigés pour donner droit à l'augmentation du cinquième de sa pension accordé par l'art. 11 de la loi du 11 avril 1831, de compter son temps d'activité, tant comme directeur principal et inspecteur de l'ancienne administration des hôpitaux, que dans son dernier grade d'officier principal, postérieurement à l'ordonnance du 18 sept. 1824; — Qu'il résulte de l'état général des services du sieur Legendre qu'il compte dans lesdits grades et emplois au delà des douze ans d'activité exigés par l'art. 11 précité; d'où il suit que sa pension doit être, par application de cet article, augmentée d'un cinquième;— Art. 1. La décision de notre ministre de la guerre, du 14 nov. 1835, est annulée. — Art. 2. Le sieur Legendre est renvoyé devant notredit ministre, pour y faire rectifier la liquidation de sa pension conformément à notre présente ordonnance.

Du 9 nov. 1836.-Ord. cons. d'Et.-M. Brian, rap.

(1) *Espèce* :—(Magniez.)—Le conseil d'Etat a maintenu à cet égard son ancienne jurisprudence, nonobstant l'avis contraire de M. le ministre de la guerre. M. le ministre disait : — « La requête actuelle est basée sur les mêmes raisonnements que celles des officiers d'administration des hôpitaux, les sieurs Bourdin, Legendre, Vignères, Peyrol, Bergue, etc., raisonnements que j'ai dû combattre dans le temps, et que je crois encore de mon devoir de contester, parce qu'ils ne me paraissent pas conformes au véritable esprit des ordonnances d'organisation de 1824 et de 1830, et à celui de la loi du 11 avril 1831; il est impossible d'admettre, comme on prétend le soutenir, que ces ordonnances se soient bornées à changer la dénomination des anciens emplois des services administratifs réorganisés, et que les grades d'officiers d'administration des hôpitaux et d'agent comptable d'habillement et du campement aient été la continuation pure et simple desdits emplois. Au surplus, cela pourrait être vrai relativement aux fonctions et attributions, sans l'être relativement à la position des titulaires qui, par l'effet de leur nomination en 1824 et 1830, sont devenus militaires, ont été, comme tels, assujettis aux règles de discipline, de police et de subordination, et ont, par conséquent, exercé leurs fonctions sous un régime différent de celui auquel ils étaient précédemment soumis. Il est tout à fait inexact de dire que les ordonnances de 1824 et de 1830 n'ont pas créé des grades. La création de nouveaux grades est au contraire manifeste, non-seulement à cause de la nouvelle dénomination et du changement opéré dans la position, les obligations et les droits des employés civils devenus militaires, mais encore d'après les propres termes des ordonnances d'organisation, qui toutes deux qualifient les grades d'officiers d'administration des hôpitaux et d'agents comptables, etc., de l'habillement et du campement, des grades *créés*. —Le tableau d'assimilation annexé à l'ordonnance du 18 sept. 1824 porte textuellement ce mot, et l'art. 10 de l'ordonnance du 10 nov. 1830 dit que le classement des titulaires, *des emplois créés par son art. 5*, sera déterminé, autant que possible, d'après la quotité des traitements dont ils sont en possession.—L'art. 19 de cette dernière ordonnance, qui admet pour le droit à la pension de retraite les services antérieurs dans les administrations au compte de l'Etat, était, ainsi que les dispositions analogues de l'ordonnance du 18 sept. 1824, concernant les hôpitaux, une mesure de justice et de nécessité. On ne pouvait déshériter de leur passé les employés civils admis dans les nouveaux cadres militaires. Mais s'il était juste d'assurer une rémunération à leurs anciens services réputés civils, s'ensuit-il de là que ces services constituent l'activité dans le grade nouvellement créé, et puissent entrer dans les termes de l'art. 11 invoqué, de la loi du 11 avril 1831? Peut-on considérer, par exemple, le sieur Magniez comme ayant été en activité dans son grade actuel, c'est-à-dire comme en ayant rempli les devoirs, les obligations, les conditions, comme ayant enfin commencé à en acquérir les droits et prérogatives avant que le grade ne fût créé, institué? Je ne le pense pas. »

LOUIS-PHILIPPE, etc. ;—Vu l'ord. du 10 nov. 1830 et la loi du 11 avril 1831; — Considérant que les agents du service de l'habillement et du campement des troupes sont portés, pour la fixation de leurs pensions, au tarif annexé à la loi du 11 avril 1831; que, dès lors, ils ont été assimilés aux militaires, et que les dispositions de cette loi leur sont applicables;—Considérant que, d'après l'art. 19 de l'ordonnance du 10 nov. 1830, les anciens employés de l'habillement et du campement sont admis à compter, dans la liquidation de leur pension, pour leur durée effective, les services rendus antérieurement à la promulgation de cette ordonnance, dans les emplois dont ils avaient été pourvus d'après l'assimilation ou classement opéré en exécution des art. 8 et 10 de l'ordonnance précitée;—Que, dès lors, le requérant, pour former les douze ans d'activité de grade donnant droit à l'augmentation du cinquième en sus de sa pension, conformément à l'art. 11 de la loi du 11 avril 1831, est fondé à se prévaloir de son temps d'activité depuis et avant l'ordonnance du 10 nov. 1830, dans le grade d'agent comptable de première classe de l'habillement et du campement et dans le grade équivalent, d'après l'assimilation réglée par l'art. 10;—Considérant qu'il résulte de l'instruction que le sieur Magniez compte dans lesdits grades au delà de douze ans d'activité, et qu'ainsi il a droit à l'augmentation du cinquième de sa pension, conformément à l'art. 11 de la loi de 1831;—Art. 1. Notre ord. du 15 mars 1838 est rapportée, et la décision de notre ministre de la guerre, en date du 20 avril 1838, est annulée.—Art. 2. Le sieur Magniez est renvoyé devant notredit ministre de la guerre pour faire rectifier la liquidation de sa pension, conformément à la présente ordonnance.

Du 20 avril 1839.-Ord. cons. d'Et.-M. Gomel, rap.

(2) (Couttin.) — LOUIS-PHILIPPE, etc. ;—Vu la loi du 11 avril 1831 et l'ord. du 2 juillet suivant;—Vu la loi du 19 mai 1834 sur l'état des officiers;—En ce qui touche les conclusions tendant à ce que le requérant soit remis en activité de service :—Considérant que cette demande n'est pas susceptible de nous être déférée par la voie contentieuse; — En ce qui touche les conclusions subsidiaires, tendant à ce que le requérant soit admis à la retraite, d'après les bases établies par la loi du 11 avril 1831 : — Considérant que, par décision en date du 4 janv. 1815, le capitaine Couttin a été admis à la retraite après onze ans et un mois de service; mais que sa pension n'a été réglée que sur le minimum attribué au grade de lieutenant, parce que le titulaire ne remplissait pas la condition de deux ans de service dans le grade de capitaine;— Que le 13 fév. 1831, le sieur Couttin a été rappelé au service actif avec emploi dans son grade de capitaine dans le 44e régiment d'infanterie de ligne; qu'il y est resté plus de trois ans, qu'il a fait la campagne d'Anvers et le service dans les départements de l'Ouest; — Qu'il résulte de l'instruction de l'affaire que, par suite de ses anciennes blessures et des fatigues de ses nouveaux services, le capitaine Couttin se trouve hors d'état de rester en activité et d'y rentrer ultérieurement; — Qu'ainsi il se trouve dans le cas de blessures et infirmités prévu par les art. 12, 14, 17 et 18 de la loi du 11 avril 1831, et qu'il a droit à obtenir une pension liquidée dans son grade de capitaine conformément auxdits articles; — Art. 1. Notre décision du 18 mai 1834 est rapportée, et le capitaine Couttin est renvoyé devant notre ministre de la guerre, pour y faire procéder à la liquidation de sa pension de retraite, d'après les bases ci-dessus établies. — Art. 2. Le surplus des conclusions du capitaine Couttin est rejeté.

Du 30 juin 1835.-Ord. cons. d'Et.

(3) (François Pierre, dit Leprêtre.) — LOUIS-PHILIPPE, etc.;—Considérant que le sieur François Pierre, dit Leprêtre a été mis à la retraite le 10 fév. 1816, pour cause de blessures, et qu'il a obtenu une pension, liquidée à la moitié du maximum affecté, pour trente ans de service, à son grade de lieutenant, conformément à l'art. 4 de l'ord. du 1er août 1815; — Considérant qu'il a été rappelé au service le 7 fév. 1831, et qu'il résulte de l'instruction qu'il s'est trouvé, après dix mois, hors d'état de rester en activité par suite de ses anciennes blessures, et non pour infirmités provenant d'événements de guerre ou d'accidents éprouvés dans son dernier service; — Considérant qu'il ne réunit pas une période de services suffisante pour lui donner droit à une pension à titre d'ancienneté ; — Rejette.

Du 23 août 1838.-Ord. cons. d'Et.-M. Gomel, rap.

activité s'était trouvé, après dix mois, hors d'état de continuer son service.

184. Du reste, l'art. 11 précité, relatif aux avantages dont jouissent les officiers et sous-officiers ayant douze ans de grade, est applicable à la pension pour cause de blessures ou d'infirmités (art. 18).

Les blessures ou infirmités qui occasionnent la perte absolue de l'usage d'un membre, ou qui y sont reconnues équivalentes, donnent droit au minimum de la pension d'ancienneté, quelle que soit la durée des services.—Chaque année de service, y compris les campagnes, supputées selon les art. 7 et 8 de la loi de 1831 (V. ci-dessus, nos 115 et s.), ajoute à cette pension un vingtième de la différence du minimum au maximum d'ancienneté. — Le maximum est acquis à vingt ans de service, campagnes comprises (L. 11 avril 1831, art. 16).

185. Pour la cécité, l'amputation ou la perte absolue de l'usage de deux membres, la pension est fixé conformément au tarif annexé à la loi de 1831.

186. Pour les blessures ou infirmités moins graves qui mettent les officiers hors d'état de rester et de rentrer en activité et les sous-officiers, caporaux, brigadiers ou soldats hors d'état de servir et de pourvoir à leur subsistance, les pensions sont fixées pareillement au minimum d'ancienneté; mais elles ne sont augmentées, dans la proportion déterminée par l'article précédent, que pour chaque année de service au delà de trente ans, campagnes comprises.—Le maximum est acquis à cinquante ans de service, y compris les campagnes (L. 1831, art. 17).

Distinguer ces cas divers et déterminer avec précision la catégorie à laquelle appartiennent les blessures ou les infirmités, ce n'est pas toujours une tâche facile, même pour les hommes de l'art; mais, il a été posé en principe que le militaire qu'une blessure met hors d'état de rester en activité, sans espoir d'y rentrer ultérieurement, si elle n'est pas équivalente à la perte absolue d'un membre, n'a pas droit à faire liquider sa pension d'après les bases fixées par l'art. 16 de la loi de 1831 (V. n° 184) (ord. cons. d'Et. 14 juill. 1838) (1).

187. Il a été jugé dans ce sens que la difformité du genou avec atrophie du membre, résultant d'une blessure contractée pendant le service militaire, peut ne constituer qu'une infirmité équivalente à la perte partielle et non absolue de l'usage d'un membre, et, par suite, ne pas donner droit au bénéfice de l'art. 16 de la loi du 11 avril 1831 (ord. cons. d'Ét. 23 août 1836) (2).

188. En tous cas, c'est d'après les avis du conseil supérieur de santé des armées, exclusivement à ceux des autorités médicales inférieures, que les pensions pour causes de blessures doivent être liquidées (ord. cons d'Et. 22 août 1838) (3).

189. Dans les cas non prévus par la loi où il y a lieu de récompenser des services militaires *éminents* ou *extraordinaires*, les pensions ne peuvent être accordées que par une loi spéciale (L. 1831, art. 28).

190. La pension des *veuves* de militaires est fixée au quart du maximum de la pension d'ancienneté affectée au grade dont le mari était titulaire, quelle que soit la durée de son activité dans ce grade (L. 11 avril 1831, art. 22).—Il a été jugé que si le mari est mort après avoir obtenu une pension, la quotité de la pension due à sa veuve doit être déterminée d'après la base qui a servi de liquidation à celle de son mari, et d'après la loi sous l'empire de laquelle elle a été liquidée (décr. 12 flor. an 13; ord. cons. d'Et. 5 déc. 1833) (4). — Il est à remarquer, en effet, qu'aux termes de l'art. 31 de la loi de 1831, tous les droits acquis antérieurement sont réservés. — Or, les droits d'une veuve ne formant qu'une partie de ceux du mari, doivent être nécessairement déterminés par la législation qui les a fixés.

Néanmoins la pension des veuves des maréchaux de France est fixée à 6,000 fr. —Celle des veuves de caporaux, brigadiers, soldats et ouvriers, ne peut être moindre de 100 fr. (L. 11 avr. 1831, art. 22).

191. Les pensions militaires sont *personnelles* et *viagères*. Elles sont inscrites, comme dette de l'Etat, au livre des pensions du trésor public (L. 11 avr. 1831, art. 24).—Il a été jugé que le ministre des finances doit se refuser au payement des arrérages d'une pension de retraite qui n'a point été inscrite au grand-livre (cons. d'Et. 18 avr. 1833, aff. Rigau, V. n° 133).

192. *Recours.* — Si des services admissibles pour la pension de retraite n'ont pas été compris dans la liquidation qui en a été faite au nom du retraité, celui-ci est fondé à demander, par la voie contentieuse, l'annulation de l'ordonnance qui arrêtait cette liquidation, et qu'il soit procédé à une nouvelle. Le ministre offrirait en vain de la liquider lui-même (L. 11 avr. 1831, art. 25; ord. cons. d'Et. 4 juill. 1838) (5).

193. Tout pourvoi contre la liquidation d'une pension militaire doit être formé, à peine de déchéance, dans le *délai* de trois mois, à partir du jour du premier payement des arrérages, pourvu qu'avant ce premier payement les bases de la liquidation aient été

(1) (Delacroix *C.* min. de la guerre.) — Louis-Philippe, etc.; — Vu la loi du 11 avril 1831 et l'ord. du 2 juillet suivant;—Considérant qu'il résulte de l'instruction que, si la blessure du réclamant le met hors d'activité et lui ôte la possibilité d'y rentrer ultérieurement, elle n'est pas cependant équivalente à la perte absolue de l'usage d'un membre; — Que, dès lors, c'est avec raison que notre ministre de la guerre a refusé de lui faire application de l'art. 16 de la loi du 11 avril 1831; — Rejette.

Du 14 juill. 1838.-Ord. cons. d'Et.-M. Hély-d'Oissel, rap.

(2) (Caille-Desmares.) — Louis-Philippe, etc.; — Vu la loi du 11 avril 1831; — En ce qui touche le premier chef de la demande, relatif aux infirmités du sieur Desmares : — Considérant qu'il résulte de l'instruction que la blessure du réclamant constitue une infirmité équivalente seulement à la perte partielle de l'usage d'un membre, et que c'est avec raison qu'il a été fait application des art. 14 et 17 de la loi du 11 avril 1831; — En ce qui touche le deuxième chef relatif aux cinq mois dix jours réclamés par le sieur Desmares : — Considérant que le sieur Desmares a été admis à la retraite le 1er juin 1834; que sa pension a été liquidée immédiatement; que le temps passé jusqu'à l'époque où il a été rayé des contrôles ne peut être considéré que comme une mise en subsistance; qu'en conséquence ce temps ne pouvait lui être compté;—Considérant, en outre, que l'instruction n'est point complète en ce qui concerne les autres chefs;—Art. 1. La requête du sieur Caille-Desmares est rejetée en ce qui concerne les deux premiers chefs de sa demande.—Art. 2. Il est sursis à statuer sur le surplus de ses conclusions jusqu'à l'apport des pièces nécessaires pour compléter l'instruction.

Du 23 août 1836.-Ord. cons. d'Et.-M. Montaud, rap.

(3) *Espèce :* — (Gastaud.) — Les officiers de santé locaux désignés en vertu de l'art. 10 de l'ord. du 2 juill. 1831, réglementaire de la loi du 11 avril 1831, avaient estimé que la blessure du sieur Gastaud équivalait à la perte absolue de l'usage d'un membre.

Louis-Philippe, etc.; — Vu la loi du 11 avril 1831 et notre ord. du 2 juill. 1831; — Considérant qu'il résulte de l'avis du conseil de santé des armées, que la blessure du réclamant constitue une infirmité équivalente à la perte partielle de l'usage d'un membre; que, dès lors, c'est avec raison qu'il lui a été fait application des art. 14 et 17 de la loi du 11 avril 1831; — Rejette.

Du 22 août 1838.-Ord. cons. d'Et.-M. Gomel, rap.

(4) (Veuve Lucy.)— Louis-Philippe, etc.; — Vu le décret du 12 flor. an 13 et le règlement du 12 janv. 1825; — Considérant que le sieur Lucy est décédé le 4 janv. 1833; que sa pension a été liquidée conformément au décr. du 12 flor. an 13, en vertu des dispositions exceptionnelles de l'art. 46 du règlement du 12 jan. 1825; que cette pension devant servir de base à celle de la veuve du sieur Lucy, il y a lieu de lui appliquer le décret du 13 flor. an 13, et de déterminer le montant de la pension de la réclamante d'après les proportions établies par l'art. 3 de ce décret; — Art. 1. Notre ordonnance du 4 juin 1833 est rapportée, en ce qui concerne la dame Drogart, veuve Lucy. — Art. 2. La dame Drogart, veuve Lucy, se retirera devant notre ministre des finances pour faire liquider sa pension, conformément au décret du 12 flor. an 13.

Du 5 déc. 1833.-Ord. cons. d'Etat.-M. Hochet, rap.

(5) *Espèce :* — (Cotte.) — Tout en reconnaissant l'erreur matérielle commise au préjudice du demandeur, M. le ministre de la guerre voulait qu'il n'y eût pas lieu de statuer sur le pourvoi par la voie contentieuse, prétendant qu'imposer les frais d'un recours au conseil à des pensionnaires souvent pauvres, c'était donner au ministère de la guerre l'apparence d'un déni de justice.

Louis-Philippe, etc.; — Vu l'art. 25 de la loi du 11 avr. 1831; — Considérant qu'il n'est pas contesté par notre ministre de la guerre que les services rendus par le requérant dans les campagnes de 1812 et 1813 n'ont pas été compris dans la liquidation de la pension à laquelle il avait droit, et qu'il est juste de lui en tenir compte;

Art. 1. Notre ord. du 11 août 1837 est annulée. — Art. 2. Le sieur Cotte est renvoyé devant notre ministre de la guerre, pour y faire procéder à une nouvelle liquidation de sa pension, conformément aux bases ci-dessus établies.

Du 4 juill. 1838.-Ord. cons. d'Etat.-M. Hély-d'Oissel, rap.

notifiées (L. 11 avr. 1831, art. 25).—Aussi a-t-il été jugé : 1° que le pensionnaire ne peut se pourvoir au conseil d'Etat contre l'ordonnance qui lui accorde sa pension si, en vertu de cette ordonnance, il en a touché les arrérages sans avoir formé de recours dans les délais du règlement (ord. cons. d'Et. 7 juin 1836, aff. Macaire Guezno, V. Cons. d'Et., n° 195). ...Alors surtout qu'il avait été délivré précédemment au titulaire un brevet contenant les bases de la liquidation (cons. d'Ét. 2 avril 1852) (1). ...Et les réserves de se pourvoir faites par le réclamant lors de la réception du brevet ne conservent pas son droit de recours (même décision); — 2° Qu'un employé de la guerre qui a obtenu une pension à titre d'indemnité temporaire est également inadmissible, après en avoir reçu les arrérages sans réclamation pendant neuf ans, à se pourvoir contre la liquidation de cette indemnité (cons. d'Et. 19 juill. 1833) (2).

Mais la décision qui met un officier à la retraite et lui attribue une pension, ne peut, lorsqu'elle ne lui a pas été régulièrement notifiée et n'a reçu aucune exécution, être opposée à la demande de ses héritiers, tendant à obtenir les traitements qui étaient dus à leur auteur, suivant son grade (cons. d'Et. 18 avril 1833) (3).

194. Toutefois, il a été jugé qu'on ne peut attaquer une ordonnance portant concession de pension plus de trois mois après qu'elle a été insérée au Bulletin des lois (ord. cons. d'Et. 23 avr. 1837) (4).—D'où il suivrait que l'insertion au Bulletin des lois doit tenir lieu de la notification des bases de la liquidation dont parle l'art. 25 de la loi de 1831. —On ne peut guère admettre, néanmoins, qu'il y ait parité entre ces deux moyens de porter les décisions du conseil d'Etat à la connaissance des intéressés.

195. Dans tous les cas, la déchéance ne peut être opposée au pensionnaire qui s'est pourvu devant le ministre compétent pour obtenir la révision de sa pension, lorsque, d'ailleurs, le ministre lui a répondu qu'il sera examiné s'il y a lieu d'augmenter la solde de retraite qui lui a été accordée (ord. cons. d'Et. 1er juill. 1839, aff. Courchet, V. n° 176).

196. Avant la loi de 1831, la délivrance d'un certificat d'inscription d'une pension de retraite liquidée par une ordonnance, suffisait pour faire courir contre elle les délais du pourvoi (ord. cons. d'Et. 19 déc. 1821, aff. Allier, V. Cons. d'Et., n° 231-3°). —Il avait même été jugé d'une manière absolue qu'un ancien militaire qui avait touché l'arriéré de sa pension, n'était pas fondé à réclamer contre sa liquidation, après les délais du règlement, et surtout s'il l'avait fait sans réserve (ord. cons. d'Et. 22 nov. 1826, M. de Villebois, rap., aff. Huché).

De même un lieutenant-colonel, dont la pension avait été liquidée et fixée d'après les titres qu'il avait fournis, n'était pas fondé à réclamer contre cette liquidation, bien qu'il eût obtenu ensuite, d'après de nouveaux titres qui n'avaient pas été produits, le rang de colonel, s'il ne justifiait d'un service actif postérieur, et si, surtout, sa liquidation avait été inscrite au trésor sans réclamation de sa part (ord. cons. d'Et. 18 juill. 1821, M. Villemain, rap., aff. Gschray).

197. *Jouissance.* — Les pensions ne commencent à courir que du premier jour du semestre qui suit leur inscription au trésor public (arr. 15 flor. an 11, art. 4)..., quel que soit le nombre d'années qui s'écoule entre l'obtention de la pension et leur inscription au trésor (ord. cons. d'Ét. 20 avr. 1835) (5).

198. Il suit de là, et il a été jugé que la veuve d'un pensionnaire de l'Etat qui est restée plus de trois ans, depuis le décès de son mari, sans réclamer la réversibilité de la pension dont il jouissait, ne peut se pourvoir contre l'ordonnance qui fixe la jouissance de cette pension au premier trimestre qui suit l'ordonnance de concession en se fondant sur le motif qu'elle devait comprendre les arrérages depuis l'ouverture de son droit (ord. cons. d'Et. 17 mai 1837, M. Hochet, rap., aff. veuve Lambert).

199. Les pensions dont les *arrérages* n'ont pas été réclamés pendant trois ans, à *compter* de l'échéance du dernier payement, sont *censées éteintes*, et ne sont plus portées dans les états de payement : si les pensionnaires se présentent après la révolution des trois années, les arrérages n'en commencent à courir qu'à compter du premier jour du semestre qui suit celui dans lequel ils ont obtenu le rétablissement de leur pension (arr. 15 flor. an 11, art. 9)...—Et il a été jugé que l'insertion au Bull. des lois et l'ordonnance portant concession d'une pension avertit suffisamment le pensionnaire qu'il a le droit de réclamer le certificat d'inscription et le payement des arrérages de cette pension; qu'en conséquence, si celui-ci laisse écouler plus de trois ans sans réclamer les arrérages, il encourt la *déchéance* prononcée par l'art. 9

(1) (Delioux de Savignac.)— LOUIS-NAPOLÉON, etc.; — Vu la loi du 18 avr. 1831, art. 27 ; — Considérant qu'aux termes de l'art. 27 de la loi du 18 avr. 1831 tout pourvoi contre la liquidation d'une pension doit être formé à peine de déchéance dans le délai de trois mois à partir du jour du premier payement des arrérages, pourvu qu'avant ce premier payement les bases de liquidation aient été notifiées; — Considérant que le sieur Delioux de Savignac a reçu le 9 janv. 1840 le premier payement des arrérages de la pension de retraite qui lui avait été accordée par ordonnance royale du 11 oct. 1839, et qu'il résulte de l'instruction que les bases de la liquidation lui avaient été notifiées le 7 dudit mois; — Considérant que les réserves qu'il avait faites lors de la notification ne le dispensaient pas de se pourvoir dans les délais fixés par l'art. 27 de la loi précitée; d'où il suit que le pourvoi formé le 15 fév. 1851 contre la liquidation de sa pension, dont les bases lui avaient été notifiées antérieurement au 9 janv. 1840 est non recevable; — Art. 1. La requête du sieur Delioux de Savignac est rejetée.

Du 2 avr. 1852.-Cons. d'Et.-M. Richaud, rap.

(2) (Charnoz.)— LOUIS-PHILIPPE, etc.; — Vu les ord. des 28 nov. 1821, 4 sept. et 2 oct. 1822, 2 juin 1824; — Vu la loi du 1er mai 1822; — Considérant qu'une indemnité temporaire a été accordée au requérant en 1824, et que, depuis cette époque, il en a touché le montant sans avoir formé de recours régulier contre la liquidation de cette indemnité; d'où il suit qu'il est non recevable dans sa demande;

Art. 1. La requête..... est rejetée.

Du 19 juill. 1833.-Ord. cons. d'Etat.-M. Germain, rap.

(3) (Rigau.) — LOUIS-PHILIPPE, etc.; — En ce qui touche la décision de notre ministre des finances : — Considérant qu'aucune pension n'étant inscrite au grand-livre au nom du général Rigau, c'est avec raison que notredit ministre a refusé de statuer sur une demande qui avait pour objet le payement d'arrérages d'une pension de retraite, et que, d'ailleurs, il n'a point prononcé sur le droit que le général Rigau pouvait avoir à un traitement;

En ce qui touche la décision de notre ministre de la guerre : — Considérant que la décision qui mettait le général Rigau à la retraite et qui lui attribuait une pension ne lui a point été régulièrement notifiée et n'a reçu aucune exécution;—Qu'en conséquence elle ne peut être opposée à la demande de ses héritiers, tendante à obtenir les traitements qui étaient dus à leur auteur, selon sa position militaire et son grade;—Art. 1. Le pourvoi dirigé contre la décision de notre ministre des finances, notifiée le 31 mars 1832, est rejeté. — Art. 2. La décision de notre ministre de la guerre, du 21 mai 1832, est annulée.— Art. 3. Les réclamants sont renvoyés devant notredit ministre, pour faire procéder à la liquidation des arrérages du traitement dû à leur auteur jusqu'à l'époque de son décès, selon sa position militaire et son grade.

Du 18 avr. 1833.-Ord. cons. d'Etat.-M. Vivien, rap.

(4) (Duc de Clermont-Tonnerre.) — LOUIS-PHILIPPE, etc.; — Vu la requête du duc de Clermont-Tonnerre, maréchal de camp en retraite, tendante à ce qu'il nous plaise annuler l'ordonnance royale du 7 juill. 1835, qui lui a accordé une pension de retraite comme maréchal de camp, et fixé l'époque de la jouissance conformément à l'art. 5 de la loi du 17 avr. 1833, annuler également la décision de notre ministre des finances du 31 mars 1836; ce faisant, dire que ladite pension sera inscrite au trésor avec jouissance du 1er sept. jusqu'au 1er mai 1832; — Vu la loi du 17 avr. 1833, celle du 21 avr. 1832, le décret réglementaire du 22 juill. 1806; — En ce qui touche les conclusions tendantes à l'annulation de l'ordonnance royale du 7 juill. 1835; — Considérant que ladite ordonnance a été insérée au Bulletin des lois le 17 août 1835; — Que le pourvoi est du 1er juin 1836, et qu'ainsi ledit pourvoi a été formé hors des délais fixés par le décret réglementaire ci-dessus visé; — En ce qui touche les conclusions tendantes à l'annulation de la décision de notre ministre des finances du 31 mars 1836; — Considérant que cette décision ne fait que confirmer ce que l'ordonnance royale du 7 juill. 1835 avait précédemment décidé, et qu'elle n'aurait pu d'ailleurs en rapporter les dispositions qui étaient devenues définitives par défaut de pourvoi contre ladite ordonnance, dans les délais déterminés par le décret réglementaire précité.—Art. 1. La requête... est rejetée.

Du 23 avr. 1837.-Ord. cons. d'Etat.-M. de Luçay, rap.

(5) (Alibert.) — LOUIS-PHILIPPE, etc.; — Vu l'arrêté du 15 flor. an 11, concernant les pensions; — Sans qu'il soit besoin de statuer sur la fin de non-recevoir opposée par notre ministre des finances; — Considérant que la pension dont il s'agit n'a été inscrite au trésor public qu'en 1830, et que, d'après l'art. 4 de l'arrêté ci-dessus visé, les pensions ne doivent commencer à courir que du premier jour du semestre qui suit leur inscription ou réinscription au trésor;

Art. 1. La requête... est rejetée.

Du 20 avr. 1835.-Ord. cons. d'Et.-M. Jauffret, rap.

de l'arrêté du 15 flor. an 11 (ord. cons. d'Et. 24 mai 1836) (1). — A notre sens, ce n'était pas par la *prescription triennale* que la demande devait, dans ce cas, être écartée. L'arrêté du 15 flor. an 11 dit, en effet, que la déchéance est encourue lorque les arrérages n'ont pas été réclamés pendant trois ans, *à compter de l'échéance du dernier payement*.—Mais, d'après le texte de l'art. 4 du même arrêté, tant que la pension n'est pas inscrite au trésor, il ne peut y avoir de payements.—D'où il suit qu'à ce point de vue, il ne peut y avoir déchéance. — Les arrérages ne pouvaient être réclamés dans ce cas uniquement parce que la pension n'était pas inscrite.—V. *suprà*, n° 191.

200. Les héritiers et ayants cause des pensionnaires qui ne fournissent pas l'*extrait mortuaire* de leur auteur, dans le *délai* de six mois, à compter de son décès, sont *déchus* de tous droits aux arrérages alors dus (arr. 15 flor. an 11, art. 10).

201. Au reste, la prescription triennale établie par l'arrêté du 15 flor. an 11 ne s'applique point aux arrérages d'une pension qui a été rayée des registres du trésor par une fausse application de la loi (cons. d'Et. 27 nov. 1835 (2). — Conf. cons. d'Et. 21 avr. 1836, M. Caffarelli, rap., aff. Despinassy).

202. Les pensions militaires accordées conformément à la loi du 11 avr. 1831 ne peuvent, en aucun cas, être *cumulées* avec un traitement civil d'activité (art. 27; V. aussi le décret du 13 mars 1848 sur le cumul des pensions de retraite avec les traitements d'activité, D. P. 48. 4, 47).—Mais il a été jugé : 1° que l'application des lois sur le cumul, qui appartient au ministre des finances, ne peut être faite par une *commission* nommée en vertu d'une loi qui ne contient aucune dérogation à cet égard; et spécialement, que cette application ne peut être faite à un officier en traitement de réforme, au département de la guerre, par la commission chargée, en vertu de la loi du 29 juin 1835, de vérifier et fixer les pensions des vétérans de l'ancienne liste civile, mises à la charge de l'Etat (ord. c. d'Et. 23 août 1836) (3); —2° Que l'art. 10 de la loi du 29 juin 1835 doit être entendu en ce sens que le payement des pensions allouées sur les fonds de vétérance de l'ancienne liste civile, ne peut être cumulé avec le traitement de réforme militaire, lorsque, d'après la législation en vigueur à l'époque où le pensionnaire a été admis à ce traitement, il n'a point cessé d'appartenir à l'armée, et est demeuré à la disposition du ministre de la guerre (ord. cons. d'Et. 15 mars 1838, M. d'Ardeuil, rap., aff. More de Quingery).

203. La loi du 25 mars 1817 prohibait aussi le cumul, soit de deux pensions, soit d'une pension avec un traitement d'activité, de retraite ou de réforme.—Aussi, a-t-il été jugé, sous l'empire de cette loi, que les pensions accordées antérieurement, même pour services extraordinaires, *et avec faculté expresse de cumul*, ne peuvent néanmoins être cumulées par les titulaires avec une pension de retraite ultérieurement accordée. — Vainement, ces titulaires se seraient-ils prévalu des exceptions que contient, à cet égard, l'art. 13 de la loi de 1818, pour en tirer un argument d'analogie, puisque, d'abord, les exceptions ne peuvent s'étendre, et que, d'ailleurs, celles de la loi de 1818 sont nominatives (ord. cons. d'Et. 21 avr. 1830) (4).

204. Les pensions militaires et leurs arrérages sont *incessibles* et *insaisissables*, excepté dans le cas de *débet* envers l'Etat ou dans les circonstances prévues par les art. 203 et 205 c. nap.; c'est-à-dire lorsqu'il s'agit des *aliments* que se doivent réciproquement les ascendants et les descendants (V. Mar., n°s 701 et s.).—Dans ces deux cas, les pensions militaires sont passibles de retenues qui ne peuvent excéder le cinquième de leur montant pour cause de débet, et le tiers pour aliments (L. 1831, art. 28). — Mais il a été jugé que, bien que la loi de 1831 ne s'occupe que des aliments que se doivent les ascendants et les descendants, le bénéfice de sa disposition peut également être invoqué par la femme qui a fait condamner son mari au payement d'une pension alimentaire (Toulouse, 18 janv. 1840) (5). — On ne comprendrait

---

(1) *Espèce* : — (Cantier.) — Une ordonnance du 26 déc. 1821, insérée au Bulletin des lois, a concédé une pension au sieur Cantier. — Ce n'est qu'en 1835 que ce dernier a réclamé le certificat d'inscription de sa pension et le payement des arrérages courus depuis 1821. Mais le ministre des finances, faisant application de l'arrêté du 15 flor. an 11, a déclaré que le sieur Cantier était sans droit pour réclamer les arrérages échus, et qu'il n'entrerait en jouissance de sa pension qu'à partir du 1er avr. 1835.

Louis-Philippe, etc.; — Vu l'art. 9 de l'arrêté du 15 flor. an 11; — Considérant que l'ordonnance royale du 26 déc. 1821, portant concession de la pension du sieur Cantier, a été insérée au Bulletin des lois, et que la publication de ladite ordonnance a suffisamment averti le requérant qu'il avait le droit de réclamer le certificat d'inscription ainsi que le payement des arrérages de ladite pension; — Considérant que, pendant trois années consécutives, le sieur Cantier n'a point réclamé lesdits arrérages de la pension à lui concédée; — Qu'ainsi c'est avec raison que notre ministre des finances lui a fait application de l'art. 9 du décret du 15 flor. an 11, susvisé; — Art. 1. La requête du sieur Cantier est rejetée.

Du 24 mai 1836.-Ord. cons. d'Et.-M. de Luçay, rap.

(2) *Espèce* : — (Carnot.) — Le fils du général Carnot se fondant sur l'ordonnance du conseil d'État du 18 nov. 1834, qui a reconnu que les individus désignés par la loi de bannissement du 12 janv. 1816 ne pouvaient être privés que des pensions dont ils jouissaient à titre gratuit, réclame les arrérages de la pension de son père depuis 1816 jusqu'à 1823, époque de sa mort. — Le ministre des finances rejette sa demande par le motif qu'aux termes de l'art. 9 de l'arrêté du 15 flor. an 11, la pension a été éteinte par défaut de réclamation des arrérages pendant trois années.

Louis-Philippe, etc.; — Vu notre ordonnance du 28 nov. 1834, rendue sur le pourvoi du sieur Carnot, par laquelle ledit sieur Carnot a été renvoyé par-devant notre ministre des finances pour y suivre ses demandes conformément aux lois; — Vu l'arrêté du 15 flor. an 11; — Considérant que la pension du général Carnot était non-seulement contestée, mais avait été rayée des registres du trésor, par une fausse application de la loi du 12 janv. 1816, application qui n'a été rectifiée que par notre ordonnance du 28 nov. 1834; d'où il suit que l'arrêté du 15 flor. an 11 ne lui est pas applicable; — Art. 1. La décision de notre ministre des finances, ci-dessus visée, est annulée. — Le sieur Hippolyte Carnot est renvoyé par-devant notre ministre pour faire liquider les arrérages de la pension de son père, conformément à notre ordonnance du 28 nov. 1834, et à la présente ordonnance.

Du 27 nov. 1835.-Ord. cons. d'Et.-M. de Caffarelli, rap.

(3) *Espèce* : — (Pasquet.) — Le 6 nov. 1835, la commission nommée en vertu de la loi du 29 juin 1835, pour vérifier les pensions de vétérance de l'ancienne liste civile, passée à la charge de l'Etat, et fixer, d'après les anciens règlements de cette caisse, celles qui restaient à liquider ou dont les droits étaient acquis avant le 1er avr. 1832, refusa, par application des lois sur le cumul, de mettre en jouissance de ces pensions le sieur Pasquet, qui était en traitement de réforme au département de la guerre. — Recours au conseil d'Etat pour excès de pouvoir.

Louis-Philippe, etc.; — Vu la loi du 29 juin 1835; — Considérant qu'aux termes de la loi du 25 mars 1817, l'application des lois relatives au cumul appartient à notre ministre des finances, et que la loi du 29 juin 1835 ne contient aucune dérogation à cet égard; — Art. 1. La décision de la commission de liquidation de la caisse de vétérance du 6 nov. 1835 est annulée pour excès de pouvoir.

Du 23 août 1836.-Ord. cons. d'Et.-M. Moutaud, rap.

(4) (Dumoustier.) — Charles, etc.; — Vu l'art. 69 de la charte; — Vu la loi du 25 mars 1817 et celle du 15 mai 1818; — Considérant qu'aux termes de l'art. 27 de la loi du 25 mars 1817, nul ne peut cumuler deux pensions, ni une pension avec un traitement d'activité, de retraite ou de réforme; — Que les seuls cas d'exception à ces dispositions sont ceux déterminés par cette loi même, et par celle du 15 mai 1818; — Que le sieur Dumoustier demande à cumuler sa pension de retraite et une pension qui lui a été accordée avant la promulgation de la charte, pour services extraordinaires, avec faculté expresse de cumul; et que ces faits sont reconnus par notre ministre de la guerre; qu'à la vérité, l'art. 13 de la loi du 15 mai 1818 (§ 2) excepte du cumul plusieurs pensions de cette nature, mais seulement en faveur des pensionnaires qui s'y trouvent dénommés; — Et que le sieur Dumoustier n'est pas compris dans ces exceptions nominatives; — Art. 1. La requête... est rejetée.

Du 21 avr. 1830.-Ord. cons. d'Et.-M. de Rozière, rap.

(5) *Espèce* : — (Coffin-Duvalès C. dame Coffin-Duvalès.) — Ainsi jugé par le tribunal d'Alby, le 28 janv. 1839, sur les motifs suivants : — « Attendu que si, par une dérogation expresse au droit commun, par un privilége très-exceptionnel, l'art. 28 de la loi du 11 avr. 1831 décide, en règle générale, que les pensions militaires et leurs arrérages sont incessibles et insaisissables, cependant le législateur a voulu que le bénéfice accordé aux serviteurs de la patrie cessât, et que les pensions militaires rentrassent dans la classe ordinaire, lorsqu'il s'agit d'exécuter les obligations naissant du mariage; — Attendu qu'au nombre de ces obligations figurent, non-seulement celles qui assujettissent les père et mère à nourrir leurs enfants, et qui, réciproquement, imposent aux enfants le devoir sacré de fournir des aliments aux auteurs de leurs jours, mais encore celle qui prescrit au mari de pourvoir incessamment aux besoins et à l'entretien de sa femme; — Attendu qu'il faut reconnaître, dès lors, que la législation de 1831, en indiquant, comme seuls

pas, en effet, que les ascendants et les descendants pussent avoir à cet égard des droits plus étendus que ceux de la femme, à qui la loi attribue une partie de la pension, même après la dissolution du mariage, tandis qu'elle n'accorde aucun droit de cette nature aux ascendants.

205. Est-ce par la voie de *saisie-arrêt* ou de *requête* au ministre, que devra être formé, dans ce cas, la demande de ces retenues? C'est par la voie de saisie-arrêt entre les mains du trésorier. — Mais si le mari est légionnaire à l'hôtel des Invalides, c'est par une demande au ministre que doit s'adresser la femme qui a obtenu contre lui une pension alimentaire; en cas de refus, la femme ne peut critiquer la décision, ce droit étant purement facultatif (av. cons. d'Et., 11 janv. 1808, V. p. 751).

206. Le droit à la jouissance des pensions militaires est suspendu : par la condamnation à une peine afflictive ou infamante, pendant la durée de la peine; par les circonstances qui font perdre la qualité de Français, durant la privation de cette qualité; par la résidence hors du royaume, sans l'autorisation du chef de l'Etat, lorsque le titulaire de la pension est Français ou naturalisé Français (L. 11 avr. 1831, art. 26). — Il a même été décidé que l'officier comdamné par une cour d'appel à trois années d'emprisonnement comme coupable d'avoir pris part à des manœuvres frauduleuses en matière de recrutement peut être privé, par le ministre de la guerre, de son traitement de réforme, bien que les tribunaux n'aient le droit d'en prononcer la suppression que pour le cas de cris séditieux, prévu par la loi du 2 nov. 1815 (ord. cons. d'Et. 23 avril 1837) (1). — Mais il a été jugé que les pensions accordées par la loi du 13 déc. 1830 aux Français qui, dans les journées de juill. 1830, ont reçu des blessures entraînant la perte d'un membre ou de l'usage d'un membre ou l'incapacité de travail, doivent être réputées *alimentaires*, et qu'elles ne se perdent point par l'effet d'une condamnation à la déportation (ord. cons. d'Et. 7 août 1835) (2).

ART. 2. — *Pensions de l'armée de mer.*

207. Nous avons encore à rechercher ici quelles sont les conditions du droit à pension. — Comment il se perd ou par quelle cause il est suspendu? Quels sont les droits des veuves et des orphelins? Quelles sont les règles relatives à la demande d'admission à la pension ainsi que celles qui concernent la quotité, la liquidation et la jouissance de la pension.

208. *Conditions du droit à pension.* —Ces conditions diffèrent suivant qu'il s'agit d'une pension d'ancienneté ou d'une pension pour blessures ou infirmités.

Le droit à la pension de retraite d'ancienneté est acquis, pour les officiers de la marine et pour les marins de tous les grades, à vingt-cinq ans accomplis de service effectif. — Dans les autres corps de la marine le même droit est acquis à trente ans accomplis de service effectif. — Toutefois les individus de ces derniers corps qui réunissent, ou six ans de navigation sur les vaisseaux de l'Etat, ou neuf ans tant de navigation sur ces vaisseaux que de service dans les colonies, sont assimilés aux marins. Mais dans aucun cas le service des colonies ne motive de réduction sur la durée légale des services que pour les individus envoyés d'Europe (L. 18 avr. 1831, art. 1).— Ainsi, dans le corps d'infanterie de la marine, dans le génie maritime, le droit à la pension d'ancienneté n'est acquis qu'à trente ans accomplis de service effectif. — Il en est de même à l'égard des forestiers de la marine; ils n'ont un droit acquis à la pension d'ancienneté qu'après trente ans de services, à moins qu'ils ne comptent six ans de navigation, ou neuf ans tant de navigation que de service dans les colonies (ord. cons. d'Et. 9 mai 1834, aff. Lafond, V. *infrà*, n° 234).

209. La navigation faite sur les bâtiments de l'Etat antérieurement à la promulgation de la loi du 18 avril 1831 est comptée comme *service effectif* à partir de l'âge de dix ans (art. 31). — Mais, depuis cette loi, les années de service effectif pour la pension de retraite se comptent de l'âge de seize ans (art. 2). — Néanmoins la navigation faite à l'âge de dix ans à seize ans est comptée pour sa durée effective, mais à titre de bénéfice seulement (V. n° 212).—Il a, du reste, été jugé que c'est là une exception exclusivement établie en faveur des marins embarqués; elle ne peut donc être invoquée par les forestiers de la marine dont les services ne doivent être comptés qu'à partir de l'âge de seize ans (ord. cons. d'Et. 9 mai 1834, aff. Lafond, V. n° 234).

210. Il est d'ailleurs à remarquer que sur les vaisseaux de l'Etat on n'admet les enfants qu'à l'âge de douze ans. Mais les marins qui sont entrés avant cet âge sur les bâtiments du commerce et qui ensuite ont pris du service sur les bâtiments de l'Etat, ont le droit de compter ce temps. — C'est ce qui résulte de l'explication donnée par le ministre de la marine dans la discussion de la loi des 18 avril-11 mai 1831 (Mon. du 11 avril 1831). — Le temps de service de la grande et de la petite pêche compte aussi pour la pension de retraite des marins qui ont, d'ailleurs, le temps révolu (V. Mon. 30 mars 1831, Rép. de M. le ministre de la marine).

211. Le service des militaires entrés dans la marine leur est compté, pour le temps antérieur à cette admission, d'après les lois qui régissent les pensions de l'armée de terre. — Ils sont toutefois assimilés aux marins si, avant ou après leur admission dans la marine, ils comptent dix ans de navigation sur les vaisseaux de l'Etat, ou neuf ans tant de navigation sur les vaisseaux de l'Etat que de service dans les colonies. — Est également compté pour la pension de retraite le temps passé dans un service civil qui donne droit à pension, pourvu toutefois que la durée des services dans le département de la marine soit au moins, ou de vingt ans en France, ou de dix ans dans les colonies, pour les individus envoyés d'Europe (L. 1831, art. 4).—

---

cas exceptionnels au principe de l'incessibilité et de l'insaisissabilité des pensions militaires, ceux prévus par les art. 203 et 205 c. civ., n'a pas entendu exclure du bénéfice accordé aux père et mère, et à leurs enfants réciproquement, les uns vis-à-vis des autres, la légitime épouse, dont les droits sont aussi sacrés; — Qu'il faut donc décider que la mention des art. 203 et 205 est purement démonstrative en ce qui concerne les droits de la femme, et que celle-ci peut saisir la pension militaire de son mari, lorsque des sommes doivent lui être fournies par celui-ci à titre d'aliments; — Qu'ainsi, en droit, la saisie-arrêt, faite à la requête de la dame Duvalès, entre les mains de M. le payeur du département du Tarn, doit être déclarée valable; — Attendu, en fait, que la position de fortune de la dame Duvalès étant absolument la même que lorsque l'arrêt de la cour royale de Toulouse, du 22 mars 1831, lui a accordé une pension alimentaire, cette décision doit être respectée et maintenue. » — Sur l'appel, arrêt.

LA COUR; — Adoptant les motifs des premiers juges, confirme.

Du 18 janv. 1840.-C. de Toulouse, 3° ch.-MM. de Faydel, pr.-Lafiteau, subst.-Fossé et Féral, av.

(1) (Duffau-Pouillac.) — LOUIS-PHILIPPE, etc.; — Vu la requête du sieur Duffau-Pouillac, ex-chef de bataillon au corps royal d'état-major, tendante à ce qu'il nous plaise annuler une décision de notre ministre de la guerre, du 9 nov. 1835, qui rejette sa demande en allocation d'un traitement de réforme; ce faisant, dire qu'il sera procédé à la liquidation dudit traitement, conformément à ses droits; — Vu les ordon. du 5 fév. 1823 et 8 fév. 1829; — Considérant que l'art. 2 de l'ordon. du 8 fév. 1829, établit que tout officier qui sera réformé, à l'avenir, après huit ans de services accomplis, jouira du traitement de réforme, et ne pourra en être privé que par suite d'une condamnation juridique; — Qu'il résulte de l'instruction que le sieur Duffau-Pouillac, mis en réforme le 31 déc. 1831, a été condamné, par arrêt de la cour royale de Toulouse, en date du 13 janv. 1832, à trois années d'emprisonnement, comme coupable d'avoir pris part à des manœuvres frauduleuses en matière de recrutement : que, dès lors, c'est avec raison que notre ministre de la guerre a fait au réclamant application des dispositions de l'art. 2 de l'ordonnance précitée; — Art. 1. La requête du sieur Duffau-Pouillac est rejetée.

Du 23 avr. 1837.-Ord. cons. d'Et.-M. Prosper Hochet, rap.

(2) (Jeanne.) — LOUIS-PHILIPPE, etc.; — Vu l'art. 18 c. pén., les art. 25 et 1982 c. civ., la loi du 22 prair. an 7, l'arrêté du 7 therm. an 10, et notamment l'avis du conseil d'Etat du 2 fév. 1808, lequel établit « que les pensions sur le trésor public doivent être considérées comme des aliments accordés par l'Etat et destinés spécialement à l'individu qui les obtient; » — Vu la loi du 13 déc. 1830, et notamment l'art. 5 qui fixe, dans les limites de 300 à 1,000 fr., les pensions des Français qui, dans les journées de juillet, ont reçu des blessures entraînant la perte d'un membre ou l'incapacité de travail; — Considérant que la pension de 400 fr. accordée au sieur Jeanne, en vertu de la loi du 13 déc. 1830, est alimentaire de sa nature; que, par conséquent, elle n'a pu être perdue par l'effet de la condamnation à la déportation prononcée contre ledit sieur Jeanne, et que c'est à tort que notre ministre des finances a ordonné la radiation des registres du trésor; —Art. 1. La décision de notre ministre des finances est annulée.

Du 7 août 1835.-Ord. cons. d'Et.-M. de Caffarelli, rap.

V. ci-dessus (nº 113) nos observations sur les conditions nécessaires pour que les services civils puissent être comptés.

212. Comme pour l'armée de terre, il est compté quatre années de service effectif, à titre d'études préliminaires, aux élèves de l'*école polytechnique*, au moment où ils entrent dans les corps de la marine. — Est aussi compté comme service effectif le temps passé à l'école navale, à partir de l'âge de seize ans (L. 18 avr. 1831, art. 5).—Mais il a été jugé que l'art. 33 de la loi du 18 avril 1831 ayant réservé tous droits acquis en vertu de dispositions antérieures à cette loi, relativement aux services susceptibles d'être admis dans la liquidation des pensions de retraite, le temps passé à l'école navale, sous l'empire du décret du 27 sept. 1810, même avant l'âge de seize ans, doit être compté dans la liquidation de la pension de retraite; que ce décret n'est pas, dans ce cas, abrogé par l'ordon. du 22 oct. 1822, qui ne fait dater les services que de l'âge de seize ans (ord. cons. d'Et. 25 janv. 1839) (1).

213. Les trois années de service effectif accordées à titre d'*études préliminaires*, en vertu des lois des 15 déc. 1790 et 27 avril 1791, aux officiers du génie maritime et aux ingénieurs hydrographes qui n'ont pas été élèves de l'école polytechnique, continuent de leur être comptées pour la pension de retraite (art. 32).

214. A l'égard du temps passé hors de l'activité, il y a identité parfaite entre la disposition de la loi sur les pensions de l'armée de terre et celle de la loi sur les pensions de l'armée de mer.—V. ci-dessus, nºˢ 120 et s.

215. Les officiers, marins et autres, qui ont le temps de service exigé pour la pension d'ancienneté, sont admis à compter en sus les bénéfices de campagne d'après les règles que posent les art. 7 et 8 de la loi de 1831 (V. nºˢ 115 et s.).—Il a été jugé, avant la loi du 9 juin 1853, que la disposition de la loi du 18 avril 1831, qui veut que, pour la liquidation d'une pension, le temps de service dans les colonies soit compté pour moitié en sus de sa durée effective, s'applique non-seulement aux employés des douanes de la Guadeloupe et de la Martinique, mais encore aux employés des douanes des autres colonies, et spécialement à un directeur des douanes, à Cayenne (ord. cons. d'Et. 31 août 1831, M. Gomel, rap., aff. Goussard). — Mais la loi de 1853 ayant réglé ce qui concerne les services civils dans les colonies (V. nº 50), la loi de 1831 leur est devenue inapplicable. — Pour le temps de service hors des armées nationales, V. ci-dessus nº 130. — A l'égard des pensions de retraite pour cause de *blessures* ou d'*infirmités*, les règles sont exactement les mêmes que pour les pensions de l'armée de terre. — V. aussi *suprà*, nºˢ 134 et s.

216. *Comment se perd le droit à pension et par quelle cause il est suspendu.* — Il y a aussi sur ce point identité entre les dispositions relatives à l'armée de terre et celles qui concernent l'armée de mer. — V. ci-dessus nºˢ 145 et s.

217. *Droits des veuves et orphelins.*—Ont droit à une pension : 1º les veuves d'officiers, marins ou autres, qui ont été tués dans un combat, ou qui ont péri dans un service commandé ou requis (L. 18 avril 1831, art. 19). — On entend par service *requis* dans le sens de l'art. 19 de la loi de 1831, celui qui est demandé de bâtiment à bâtiment. Si le bâtiment requis est un navire de commerce, les hommes de l'équipage qui ont pris part à l'action jouissent du même bénéfice que ceux du bâtiment de guerre. — V. Mon. du 30 mars 1831, Explications de M. le ministre de la marine.

218. 2º Les veuves d'officiers, marins ou autres, qui ont péri sur les bâtiments de l'Etat ou dans les colonies, et dont la mort a été causée, soit par des événements de guerre, soit par des maladies contagieuses ou endémiques aux influences desquelles ils ont été soumis par les obligations de leur service; — 3º Les veuves d'officiers, marins ou autres, qui sont morts des suites de blessures reçues, soit dans un combat, soit dans un service commandé ou requis, pourvu que le mariage soit antérieur à ces blessures; — 4º Les veuves d'officiers, marins ou autres personnes mentionnées dans le tarif, morts en jouissance de la pension de retraite, ou en possession de droits à cette pension, pourvu que le mariage ait été contracté deux ans avant la cessation de l'activité du mari, ou qu'il y ait un ou plusieurs enfants issus du mariage antérieur à cette cessation (V. nos observations sur une disposition semblable relativement à l'armée de terre, nºˢ 151 et s.).—Dans ces divers cas, le mariage contracté par les officiers et autres en activité de service n'ouvre de droits à la pension aux veuves et enfants qu'autant qu'il a été autorisé dans les formes prescrites par les décr. des 16 juin et 3 août 1808 (L. 18 avril 1831, art. 19).— Il a été jugé que le droit de réversion des veuves s'exerce même sur les pensions accordées à certains officiers de marine, en exécution de l'ord. du 9 déc. 1815, qui a réduit à leur égard le temps exigé pour la pension d'ancienneté, et elles profitent également du taux de la pension (ord. cons. d'Et. 9 mars 1836, M. Montaut, rap., aff. Laville).

219. Mais, comme on l'a vu plus haut (nº 154) relativement aux pensions de l'armée de terre, quelle qu'ait été la durée du *mariage*, la veuve ne peut prétendre à la réversion de la pension d'ancienneté de son mari, si le mariage n'a pas été contracté deux ans avant la cessation de l'activité de celui-ci, ou s'il n'y a un ou plusieurs enfants issus du mariage antérieur à cette cessation (ord. cons. d'Et. 28 nov. 1834) (2). — Relativement aux droits des veuves, en cas de décès de leurs maris durant leur activité de service, V. *suprà*, nºˢ 148 et s.

220. L'usage immémorial, établi entre les *pilotes* d'une certaine station, qui oblige chaque pilote à servir une pension à la veuve du pilote qu'il a remplacé, doit être exécuté lorsque le remplaçant, qui connaissait cette obligation, l'a librement acceptée (Bordeaux, 24 déc. 1833, aff. Verrière, V. Loi, nº 114).—L'ord. du 31 août 1830, portant création d'une caisse de réserve pour les pilotes lamaneurs, ne dispense pas le pilote qui, suivant l'usage, est obligé de payer une pension à la veuve de celui qu'il a remplacé, de servir cette pension jusqu'au moment du moins où la caisse de réserve pourra y pourvoir elle-même (Bordeaux, 24 déc. 1833, aff. Verrière, précitée).

221. En cas de séparation de corps, la veuve d'un officier, marin ou autre, ne peut prétendre à aucune pension. Les enfants, s'il y en a, sont considérés comme orphelins (art. 20). — V. *suprà*, nºˢ 163 et s., ce qui concerne le cas de séparation de corps également prévu par la loi sur les pensions de l'armée de terre.

222. Relativement aux *orphelins*, les prévisions de la loi sur

---

(1) *Espèce :* — (Dauthiet de Sisgan C. min. de la marine.) — M. le ministre soutenait, dans l'espèce, que le décret du 5 sept. 1810 avait été abrogé par l'ord. du 25 oct. 1822 qui, en échange des avantages qu'elle confère au corps des officiers de vaisseau, dispose qu'ils ne compteront leurs services qu'à partir de l'âge de seize ans ; — Que, d'ailleurs, l'art. 5 de la loi du 11 avr. 1831 sur les pensions de l'armée de terre, laquelle a été rédigée dans le même but que la loi du 18 avril, dispose que les élèves des écoles spéciales, excepté ceux de l'école polytechnique, ne peuvent compter leur service que de l'âge de seize ans.

LOUIS-PHILIPPE, etc.; — Vu le décret du 27 sept. 1810, la loi du 18 avr. 1831 ; — Considérant que, par l'art. 33 de la loi du 18 avr. 1831, tous les droits acquis en vertu de dispositions antérieures à cette loi, relativement aux services susceptibles d'être admis dans la liquidation des pensions de retraite, ont été conservés ; — Considérant que le sieur Dauthiet de Sisgan a été admis, le 24 fév. 1812, en qualité d'élève embarqué sur le vaisseau-école le Duquesne, sous l'empire du décret organique du 27 sept. 1810 ; — Que, aux termes de l'art. 4 de ce décret, le service des élèves de marine date du jour de leur admission à l'école ; — Que, dès lors, il y a eu lieu de compter dans la liquidation de la pension du réclamant tout le temps par lui passé comme élève sur le vaisseau-école le Duquesne, à partir du 24 fév. 1812 ; — Art. 1. Notre ordonnance du 21 nov. 1837 est rapportée, et la décision de notre ministre de la marine, en date du 20 fév. 1838, est annulée. — 2. Le sieur Dauthiet de Sisgan est renvoyé devant notredit ministre, pour y faire rectifier la liquidation de sa pension, conformément à la présente ordonnance.

Du 25 janv. 1839.-Ord. cons. d'Et.-M. Gomel, rap.

(2) (Jance.) — LOUIS-PHILIPPE, etc. ; — Vu la loi du 13 mai 1791, celle du 14 fruct. an 6, l'arrêté du 15 prair. an 11, les décrets des 8 fév. et 4 mars 1808, l'ord. du 21 fév. 1816, et la loi sur les pensions de l'armée de mer, du 18 août 1831 ; — Considérant que le sieur Jance, ancien chef de division au ministère de la marine, a été mis en retraite par décret du 9 brum. an 9 ; que ce n'est que postérieurement, et le 7 therm. an 10, à une époque où il n'était plus employé de l'Etat, qu'il a contracté mariage avec la requérante ; d'où il suit qu'elle n'est pas fondée à réclamer pension comme veuve d'un employé du ministère de la marine ; — Art. 1. La requête... est rejetée.

Du 28 nov. 1834.-Ord. cons. d'Et.-M. Hochet, rap.

les pensions de l'armée de terre et celles de la loi sur les pensions de l'armée de mer, sont encore les mêmes.

223. *Demande d'admission à la pension.* — C'est nécessairement au ministre de la marine que la demande doit être adressée. Quant au délai dans lequel elle doit être formée et aux justifications dont elle doit être accompagnée (V. *suprà*, nos 167 et s.; V. aussi les ord. des 26 janv. 1832, 18 janv. 1839, *suprà*, p. 769, 772).—Nous ajouterons seulement ici qu'il a été jugé que le droit de réclamer de l'Etat une pension de retraite est soumis à la prescription trentenaire; et spécialement, que cette prescription peut être opposée à la veuve d'un officier de marine qui, depuis le décès de son mari, a laissé écouler plus de trente ans sans réclamer la pension de retraite à laquelle elle pouvait avoir droit en sa qualité de veuve (cons d'Et. 21 mai 1852, aff. veuve de Leyritz, D. P. 53. 3. 4).

224. *Quotité et liquidation de la pension.* — Les officiers de la marine et marins de tous les grades après vingt-cinq ans, et les individus des autres corps de la marine après trente ans de service effectif, ont droit au minimum de la pension d'ancienneté déterminée pour leur grade par le tarif annexé à la loi de 1831. — Chaque année de service au delà des termes fixés ci-dessus et chaque année de campagne, supputées selon les art. 7 et 8 de la loi du 18 avr. 1831, ajoutent à la pension un vingtième de la différence du minimum au maximum. — Le maximum est acquis pour les officiers de la marine et marins à quarante-cinq ans, et pour les individus des autres corps de la marine, à cinquante ans de service, campagnes comprises (art. 9). — La pension se règle sur le grade dont l'officier est titulaire (L. 18 avr. 1831, art. 10). — ... Et il a été jugé que le grade ne peut être constaté que par un brevet délivré par l'autorité compétente, brevet que ne suppléent point une qualification donnée dans un ordre de services, ni le taux de la solde ou le montant des retenues opérées sur cette solde (ord. cons. d'Et. 19 juin 1838) (1). — V. *suprà*, n° 176.

L'augmentation de la pension accordée par la loi du 26 avril 1855 (V. n° 179) profite de plein droit aux troupes de la marine, conformément à l'art. 23 de la loi du 18 avril 1831, mais non aux officiers, matelots et autres assimilés, servant ensemble dans les divisions des équipages de ligne ou sur les bâtiments de la flotte. Pour faire cesser cette inégalité, et en attendant la loi qui doit assurer aux marins les mêmes avantages qu'aux troupes de terre, un décret transitoire du 4 août 1855, non encore inséré au Bulletin des lois, a décidé que la pension des maîtres, matelots, etc., serait augmentée conformément aux règles tracées par l'art. 19 de la loi du 26 avril 1855.—V. Monit. du 6 août 1855.

225. Il ne suffit pas non plus qu'il y ait eu promesse de nomination de la part du chef de l'Etat, lorsqu'elle n'a pu recevoir son exécution. — Ainsi, un employé de la marine du roi Murat, rentré en France sur l'avis qui avait été transmis par le gouvernement français que les employés du royaume de Naples qui donneraient leur démission retrouveraient les mêmes fonctions en France, ne peut prétendre à l'amélioration des pensions accordées aux officiers de tous les corps de la marine par la loi du 30 mars 1831, lorsque, par suite des événements de 1814, il est resté étranger à la marine française (ord. cons. d'Et. 15 mai 1835) (2).

226. Si l'officier demande sa retraite avant d'avoir au moins deux ans d'activité dans son grade, la pension se règle sur le grade immédiatement inférieur (art. 10).—Il a été jugé, sous le décret du 2 fév. 1808, que l'officier d'administration de la marine, qui avait été employé dans les bureaux du ministère avec des appointements plus élevés que ceux de son grade, n'était pas fondé à réclamer que sa pension de retraite fût liquidée d'après les honoraires de cet emploi, s'il ne l'avait pas occupé pendant dix années (ord. cons. d'Et. 30 déc. 1822, M. Villemain, rap., aff. Tessier).

227. Mais sous la loi de 1831, l'officier mis en réforme avec pension de retraite, pour cause de blessures, et rappelé plus tard au service actif, avec promotion à un grade supérieur, a droit, s'il est resté plus de deux ans dans ce grade, à une pension de retraite liquidée d'après sa nouvelle position (ord. cons. d'Et. 14 fév. 1838) (3).

228. Il est à observer aussi que l'art. 35 de la loi du 18 avr. 1831 réserve tous les droits acquis avant sa promulgation. — En conséquence, on ne peut opposer à un officier de la marine, et spécialement à un lieutenant de vaisseau, qui avait un droit acquis, d'après la législation existante, pour la liquidation de sa pension, suivant son grade, une ordonnance postérieure qui, modifiant les règlements existants, donnerait à ce grade un rang inférieur (ord. cons. d'Et. 17 janv. 1833) (4). — Il a été jugé cependant que l'employé de l'administration de la marine qui avait, avant 1831, un droit acquis à la pension, d'après un grade équi-

---

(1) (Touzet C. min. de la mar.) — LOUIS-PHILIPPE, etc.; — Vu la loi du 18 avr. 1831, sur les pensions de l'armée de mer; — Considérant que la loi de 1831 est applicable, aux termes de l'art. 35, à toutes les pensions non encore liquidées au moment de sa promulgation; que, aux termes de l'art. 10 de la loi du 18 avr. 1831, la pension se règle sur le grade dont l'officier est titulaire; — Considérant que le sieur Touzet ne produit aucun brevet qui lui ait conféré le grade de commis aux revues et approvisionnements, et que, à l'époque où la loi susvisée a été rendue, il était titulaire du grade de chef de timonerie non entretenu; que, dès lors, c'est avec raison que la pension à laquelle il a droit a été liquidée d'après ce grade;

Art. 1. La requête du sieur Touzet est rejetée.

Du 19 juin 1838.-Ord. cons. d'Etat.-M. Richaud, rap.

Nota. — Espèces identiques.-Même date.-(Braque.)-(Bœuf.)-(Augur.)-(Rouge.)

(2) (Chasteau.) — LOUIS-PHILIPPE, etc.; — Vu la loi du 30 mars 1831, notamment l'art. 1 relatif aux pensions de retraite à accorder aux employés entretenus de la marine, compris dans les réformes générales ordonnées en 1814 et 1817; — Considérant qu'il résulte de l'instruction que la nomination du sieur Chasteau au grade de commis principal de la marine, n'a jamais été confirmée, et que, depuis son retour en France, il est même resté complétement étranger à la marine française; d'où il suit qu'il ne peut, sous aucun rapport, se prévaloir des dispositions de la loi du 30 mars 1831, uniquement relatives aux employés entretenus de la marine compris dans les réformes générales ordonnées en 1814 et 1817; — Art. 1. La requête du sieur Chasteau est rejetée.

Du 15 mai 1835.-Ord. cons d'Et.-M. Jauffret, rap.

(3) (Brasseur C. min. de la marine.) — LOUIS-PHILIPPE, etc.; — Vu la loi du 11 avr. 1831; — Considérant que, le 18 août 1816, le sieur Brasseur a été admis à la retraite pour cause de blessures, et que sa pension n'a été réglée que sur le minimum attribué au grade de lieutenant; — Considérant que, le 22 juin 1831, le sieur Brasseur a été rappelé au service actif, et que, le 29 fév. 1832, il a été promu au grade de capitaine dans le premier régiment d'infanterie de marine; qu'il a servi plus de deux ans dans ce grade; — Considérant qu'il résulte de l'instruction que, par suite de ses anciennes blessures et des fatigues de son nouveau service dans les colonies, le sieur Brasseur se trouve hors d'état de rester en activité et d'y rentrer ultérieurement; qu'ainsi il se trouve dans le cas de blessures et d'infirmités prévu par les art. 12, 14, 17 et 18 de la loi du 11 avril 1831, et qu'il a droit à obtenir une pension liquidée dans son grade de capitaine, conformément auxdits articles; — Considérant que, aux termes de l'art. 6 de la loi du 11 avr. 1831, dont il est fait application au sieur Brasseur, le temps passé hors de l'activité avec jouissance d'une pension ne peut entrer dans la supputation du service; — Art. 1. La décision de notre ministre de la marine est annulée. — Art. 2. Le sieur Brasseur est renvoyé devant notredit ministre, pour y faire procéder à la liquidation de sa pension de retraite, d'après les bases ci-dessus établies.

Du 14 fév. 1838.-Ord. cons. d'Et.-M. Gomel, rap.

(4) *Espèce :* — (Laouenan.) — C'est ce que soutenait contre le ministre de la marine le sieur Laouenan, lieutenant de vaisseau. Il disait qu'ayant été admis à la retraite le jour même de la promulgation de l'ord. du 1er mars 1831, on ne pouvait, sans rétroactivité, lui opposer cette ordonnance, pour lui allouer la pension attribuée au nouveau grade établi par l'ordonnance, mais inférieure à celle du grade de capitaine de frégate, à laquelle il avait droit, conformément à l'ordon. du 25 oct. 1822. — Le ministre défendait sa décision, en raisonnant d'après l'analogie qui existe entre les grades des officiers de l'armée de terre et de mer. Le lieutenant de vaisseau, disait-il, est assimilé au capitaine, le capitaine de corvette au chef de bataillon, et le capitaine de frégate au lieutenant-colonel. Le lieutenant de vaisseau ne peut donc prétendre qu'au grade immédiatement supérieur, qui est celui de capitaine de corvette.

LOUIS-PHILIPPE, etc.; — Vu notre ordon. du 19 déc. 1831, qui fixe à 2,000 fr. la solde de retraite du réclamant; — Vu l'ordon. du 22 oct. 1822, qui confère au corps des officiers de vaisseaux les titres et avantages de corps royal; — Vu la loi du 18 avr. 1831, celle du 22 avr. 1790, et l'ordon. du 1er mars 1831; — Considérant que le sieur Laouenan, admis à la retraite le jour même où a été rendue l'ordonnance d'organisation du corps de la marine, du 1er mars 1831, portant création du

valent à ses fonctions, déterminé par les règlements, mais qui n'a demandé sa pension qu'après la loi du 18 avr. 1831, qui réduit ses fonctions à un grade inférieur, doit être liquidé d'après cette loi, s'il n'a formé sa demande que plus de six mois après sa promulgation (ord. cons. d'Ét. 7 fév. 1837) (1). Mais il n'y a nullement contradiction entre ces deux décisions, puisque, dans l'espèce de la première, le demandeur avait été admis à la retraite le 1er mars 1831, conséquemment avant la loi du 18 avril de la même année, tandis que, dans l'espèce de la seconde, la demande en liquidation était de plusieurs années postérieure à la loi. — Or l'art. 35 de la loi du 18 avr. 1831 avait réservé les droits acquis avant sa promulgation, en vertu des règlements d'organisation, aux officiers de la marine et des autres corps spéciaux, en ce qui concerne les avantages qui leur étaient attribués pour la liquidation de leur pension de retraite. — Mais à la charge par ces officiers de faire dans le délai de six mois, à partir de la promulgation de la loi, *sous peine de déchéance*, leur demande d'admission à la retraite.

229. Les officiers (ou les fonctionnaires qui leur sont assimilés) qui se trouvaient dans le cas prévu par cette disposition et qui n'ont pas formé leur demande dans le délai qu'elle prescrivait, sont irrévocablement déchus des droits qu'ils tenaient de la législation antérieure. — C'est ce qui a été jugé aussi à l'égard d'un sous-inspecteur de marine, qui, sous le titre de contrôleur de marine, avait eu rang de capitaine de frégate avant l'organisation de 1829, d'après laquelle les sous-inspecteurs de marine ont été assimilés aux lieutenants de vaisseau, mais sous la promesse ultérieure que ce changement de position serait sans influence sur la pension de retraite. — En ne demandant pas sa mise à la retraite dans le délai fixé par la loi, cet officier a perdu le droit de faire régler sa pension sur le grade de capitaine de frégate (ord. cons. d'Ét. 19 déc. 1834) (2).

230. Du reste, les grades purement honorifiques ne donnent pas droit à la pension de retraite (ord. 9 déc. 1815, art. 3). — La pension d'un officier de marine ne peut donc être basée sur un grade dont il n'a joui qu'honorifiquement (ord. cons. d'Ét. 14 mars 1834) (3).

231. Un secrétaire de subdivision forestière, nommé antérieurement au règlement du 9 janv. 1818, doit être assimilé pour la pension de retraite aux sous-commissaires de la marine (V. le tarif annexé à la loi du 18 avril 1831). Il ne peut être considéré comme commis principal (ord. cons. d'Ét. 19 août 1837, aff. Legonidec, V. n° 234).

232. Les jardiniers-botanistes de la marine doivent également, pour la fixation de leur pension, être assimilés aux maîtres entretenus aux appointements de 1,500 fr. et au-dessus (ord. cons. d'Ét. 11 avril 1837) (4).

233. La pension de retraite de tout officier, sous-officier,

---

grade de capitaine de corvette, avait, aux termes mêmes de l'ordon. du 22 oct. 1822, un droit à la retraite du grade de capitaine de frégate, immédiatement supérieur alors à celui qu'il avait occupé pendant dix ans dans l'armée de mer; — Considérant, d'ailleurs, que la loi du 18 avr. 1831, qui réserve aux officiers de la marine les droits acquis avant sa promulgation, porte que, dans tous les cas, le tarif annexé à ladite loi sera seul appliqué dans la fixation des pensions; — Art. 1. L'ordon. du 19 déc. 1831 est rapportée dans la disposition par laquelle elle a fixé à 2,000 fr. la pension du sieur Laouenan. — 2. Ladite pension sera liquidée, d'après le tarif annexé à la loi du 18 avr. 1831, à la somme afférente au grade de capitaine de frégate, conformément à l'ordon. du 22 oct. 1822.

Du 17 janv. 1833.-Ord. cons. d'Et.-M. Montaud, rap.

(1) *Espèce :* — (Guérin.) — En 1829, le contrôle de la marine fut supprimé. Le sieur Guérin, sous-contrôleur, fut nommé sous-inspecteur, avec la croyance que, pour sa pension, il conserverait son ancien grade. —Le 18 avr. 1831, les sous-inspecteurs furent, par la loi, assimilés aux lieutenants de vaisseau. — Le 5 mai 1835, sa pension fut liquidée d'après la loi de 1831. — Recours au conseil d'État, fondé sur ce que la loi de 1831 n'avait statué que pour l'avenir, et n'avait pu porter atteinte aux droits acquis du sieur Guérin.

Louis-Philippe, etc.; — Vu la loi du 18 avr. 1831, sur les pensions de l'armée; — Considérant qu'aux termes de l'art. 10 de la loi du 18 avr. 1831, la pension est réglée sur le grade dont l'officier est titulaire; qu'à l'époque de la publication de la loi sus-visée, le sieur Guérin était titulaire de l'emploi de sous-inspecteur de la marine, emploi nominativement porté au tableau annexé à ladite loi; — Qu'il a été liquidé par l'ordon. du 5 mai 1835, conformément au tarif compris dans ce tableau; — Que ladite loi du 18 avr. 1831, aux termes de l'art. 35, doit seule être appliquée à toutes les liquidations de pension, encore en suspens au moment de la promulgation; — Que le sieur Guérin ne pourrait se prévaloir des droits qu'il aurait acquis antérieurement à ladite loi, puisqu'en admettant qu'il pût invoquer l'exception contenue dans le second paragraphe dudit art. 35, il n'a pas, en demandant son admission à la pension de retraite, dans les six mois, à partir de la promulgation de la loi, satisfait à la condition exigée par le § 3 du même article, pour que cette exception lui fût applicable. — Art. 1. La requête du sieur Guérin est rejetée.

Du 7 fév. 1837.-Ord. cons. d'Et.-M. Brière, rap.

(2) (Girard.) — Louis-Philippe, etc.; — Vu la loi du 18 avr. 1831, sur les pensions de l'armée de terre; — Considérant qu'aux termes de l'art. 10 de la loi du 18 avr. 1831, la pension se règle sur le grade dont l'officier est titulaire; — Qu'à l'époque de la publication de la loi sus-visée, le sieur Girard était titulaire de l'emploi de sous-inspecteur de marine, emploi nominativement porté au tableau annexé à ladite loi; — Qu'il a été liquidé par l'ordon. du 17 sept. 1833, conformément au tarif compris dans ce tableau; — Que la loi de 1831, aux termes de l'art. 35, doit seule être appliquée à toutes les liquidations de pensions encore en suspens au moment de sa promulgation; — Que le sieur Girard ne pourrait se prévaloir des droits qu'il aurait acquis antérieurement à ladite loi, puisqu'en admettant qu'il pût invoquer l'exception contenue dans le second paragraphe dudit art. 35, il n'a pas, en admettant son admission à la pension de retraite, dans les six mois, à partir de la promulgation de la loi, satisfait à la condition exigée par le § 3 du même article, pour que cette exception lui fût applicable; — Art. 1. La requête.... est rejetée.

Du 19 déc. 1834.-Ord. cons. d'Et.-M. Hochet, rap.

(3) (De Turpin.) — Louis-Philippe, etc.; — Vu la loi du 18 avr. 1831, l'art. 3 de l'ord. du 9 déc. 1815, l'art. 2 d'une autre ordonnance dudit jour; — En ce qui concerne les années de service antérieures à 1793, dont il n'aurait pas été tenu compte dans la liquidation de sa pension : — Considérant que le sieur de Turpin ne justifie en aucune manière de ses services; — En ce qui concerne le taux de la pension : — Considérant, d'une part, qu'aux termes de l'art. 3 de l'ord. du 9 déc. 1815, les grades honorifiques ne donnent pas droit à pension; que, dès lors, le sieur de Turpin, n'ayant jamais joui qu'honorifiquement du grade de capitaine de frégate, a dû obtenir une pension de retraite liquidée sur le grade de lieutenant de vaisseau; d'autre part, qu'aux termes de l'art. 36 de la loi du 18 avr. 1831, le tarif annexé à ladite loi ayant dû être seul appliqué à la fixation des pensions dont la liquidation est restée en suspens depuis la publication de l'ord. du 10 oct. 1829, il n'y a lieu à rapporter notre ord. du 4 janv. 1833, en ce qui concerne le sieur de Turpin; — Art. 1. La requête... est rejetée.

Du 14 mars 1834.-Ord. cons. d'Et.-M. Caffarelli, rap.

(4) (Bréon.) — Louis-Philippe, etc.; — Vu la requête du sieur Bréon ancien jardinier-botaniste de la marine, tendant à ce qu'il nous plaise réformer la décision de notre ministre de la marine, du 9 juin 1835, qui fixe à 472 fr., proportionnellement à la durée des services du requérant, la pension à laquelle il a droit; ce faisant, dire et ordonner que sa pension sera liquidée à la somme de 1,030 fr., et subsidiairement à celle de 783 fr. 15 c.; — Vu l'ordonnance du gouverneur de l'île Bourbon, du 1er avr. 1821, qui assimile le sieur Bréon, jardinier-botaniste du gouvernement aux jardiniers-botanistes de la marine; — Vu les trois certificats joints au dossier : le premier, émané de la commission de santé de l'île Bourbon, du 1er mai 1829; — Le deuxième, de l'officier de santé en chef de l'hôpital militaire de Paris, du 1er avr. 1834; — Le troisième, de l'inspecteur général du service de santé de la marine du 23 avr. de la même année; — Vu l'arrêté du gouvernement concernant les officiers de santé de la marine, du 19 pluv. an 6 (art. 2); l'arrêté du gouvernement sur le service de santé de la marine, du 7 vend. an 8, tit. 12; — Vu la loi du 18 avr. 1831, art. 1, 7, 8, 12 et 16, et le tableau annexé à ladite loi; — En ce qui touche le grade : — Considérant que l'arrêté du gouvernement, du 19 pluv. an 6, qui assimilait les jardiniers-botanistes aux officiers de santé de deuxième classe, a été abrogé par l'arrêté du gouvernement du 7 vend. an 8; que, dans l'état actuel de la législation, cette assimilation ne saurait être admise, puisque les officiers de santé de 2e classe sont nommés par nous, et pourvus du grade d'officier; qu'on ne peut assimiler lesdits jardiniers-botanistes ainsi qu'il a été toujours pratiqué, qu'aux maîtres entretenus aux appointements de 1,500 fr. et au-dessus; — En ce qui touche les bases de la liquidation de la pension : — Considérant qu'il résulte de l'instruction que les infirmités du sieur Bréon sont le résultat des fièvres endémiques qui règnent dans les pays où il a résidé, ou qu'il a parcourus pour un service commandé; que par leur nature, elles rentrent dans la classe de celles qui sont prévues par les art. 12 et 16 de la loi du 18 avr. 1831; que, dès lors, c'est à tort que sa pension n'a été liquidée que proportionnellement au nombre de ses années de services; — Art. 1. La décision susvisée de notre ministre de la marine et des colonies est réformée. —

quartier-maître et caporal, ayant douze ans accomplis d'activité dans son grade, est augmentée du cinquième pour les mêmes individus qui ont droit au maximum déterminé par le tarif annexé à la loi du 18 avril 1831 (art. 11). — Et ce n'est pas seulement aux marins que cette disposition est applicable, mais à tous les individus appartenant à l'un des corps de la marine qui comptent six ans de navigation sur les vaisseaux de l'État. — Aussi a-t-il été jugé qu'un trésorier des invalides de la marine, qui a navigué plus de six ans sur les vaisseaux de l'État, et compte plus de douze ans d'activité dans ses fonctions, doit être assimilé aux marins militaires, et jouir dès lors, pour sa pension, de l'augmentation d'un cinquième (L. 18 avril 1831, art. 1 et 11; ord. cons. d'Ét. 29 janv. 1839) (1).

234. Mais les individus non marins appartenant à l'un des corps de la marine, qui ne comptent pas six ans de navigation sur les vaisseaux de l'État, ou neuf ans tant de navigation sur ces vaisseaux que de service dans les colonies, ne peuvent invoquer le bénéfice de cette exception. — C'est ce qui a été jugé à l'égard d'un maître forestier de la marine (ord. cons. d'Ét. 9 mai 1834) (2).

De même, les secrétaires de direction forestière au département de la marine n'ont pas droit au cinquième en sus de la pension affectée à leur grade, s'ils n'ont navigué sur les bâtiments de l'État ou servi dans les colonies (ord. cons. d'Ét. 19 août 1837) (3).

235. Au surplus, le conseil d'État détermine en fait l'époque à laquelle un officier était entré en jouissance de la solde de retraite, cette époque devant faire reconnaître si l'officier avait les douze ans d'activité dans son grade et pouvait réclamer, dans la liquidation d'une nouvelle pension de retraite, l'augmentation du cinquième (ord. cons. d'Ét. 9 mars 1836, M. Montaud, rap., aff. Laville).

236. Les services rendus cessent du jour où les bases de la liquidation de la pension sont arrêtées (ord. cons. d'Ét. 23 avril 1837, M. Saglio, rap., aff. Tondelli).

237. Quant à la quotité de la pension pour cause de blessures et infirmités, V. ci-dessus n° 134. — La loi du 18 avril 1831 n'a fait que reproduire à cet égard les dispositions de celle du 11 avril de la même année.—Des principes de l'une et l'autre loi il résulte que, lorsque les infirmités dont sont atteints les serviteurs de l'État sont causées soit par des événements de guerre, soit par des maladies contagieuses ou endémiques aux influences desquelles ils ont été soumis par les obligations de leurs services, elles leur donnent droit à une pension, quelle que soit la durée de leurs services.—V. *suprà*, n°s 182 et s.

Par suite, il a été jugé que lorsque les infirmités pour lesquelles un jardinier-botaniste de la marine obtient pension sont le résultat de fièvres endémiques qui règnent dans les pays où il a résidé pour un service commandé, la pension ne doit pas être liquidée seulement à raison des services effectifs; elle doit être la pension complète du grade (ord. cons. d'Ét. 11 avril 1837, aff. Bréon, V. *suprà*, n° 232).

238. Dans les cas non prévus par la loi où il y aura lieu de ré-

---

Art. 2. Le sieur Bréon est renvoyé par-devant notre ministre de la marine et des colonies pour faire procéder à la liquidation de sa pension, conformément à l'art. 16 de la loi du 18 avr. 1831, en assimilant le grade de jardinier-botaniste à celui de maître entretenu de la marine, aux appointements de 1,500 fr. et au-dessus.

Du 11 avr. 1837.-Ord. cons. d'Et.-M. Saglio, rap.

(1) *Espèce :* — (Pontus C. min. de la marine.) — M. le ministre prétendait que l'augmentation dont il s'agit était réservée exclusivement aux pensions qui avaient un caractère militaire : que les fonctionnaires de l'ordre du sieur Pontus ne pouvaient se prévaloir des six ans de navigation sur les vaisseaux de l'État que pour avoir droit à pension après vingt-cinq ans de service effectifs au lieu de trente.

Louis-Philippe, etc.; — Vu la loi du 18 avr. 1831; — Considérant que, par l'art. 1 de la loi du 18 avr. 1831, les individus appartenant à un des corps de la marine qui réunissent six ans de navigation sur les vaisseaux de l'Etat sont assimilés aux marins militaires; — Considérant que, d'après l'art. 11 de la loi de 1831, sont augmentées d'un cinquième les pensions de tout officier, quartier-maître et caporal ayant douze ans accomplis d'activité dans son grade, et de ceux qui leur sont assimilés dans le cas de navigation énoncé en l'art. 1 de cette loi; — Considérant qu'il résulte de l'instruction que le sieur Pontus compte dans ses fonctions de trésorier des invalides de la marine au delà des douze ans d'activité exigés par l'art. 11 précité; d'où il suit que sa pension doit être, par application de cet article, augmentée d'un cinquième; — Art. 1. La décision de notre ministre de la marine, en date du 4 mars 1836, est annulée. — Art. 2. Le sieur Pontus est renvoyé devant notredit ministre, pour y faire rectifier la liquidation de sa pension, conformément à la présente ordonnance.

Du 29 janv. 1839.-Ord. cons. d'Et.-M. Gomel, rap.

(2) (Lafond.) — Louis-Philippe, etc.; — Vu l'arrêté du 11 fruct. an 11, l'ord. du 9 janv. 1818 et la loi du 18 avr. 1831; — En ce qui touche l'âge auquel doivent commencer à courir les services du sieur Lafond : — Considérant que, d'après l'art. 4 du tit. 1 de l'arrêté du 11 fruct. an 11, et l'art. 2 de la loi du 18 avr. 1831, le temps de service exigé pour la pension de retraite se compte à partir de l'âge de seize ans, et que ce principe ne reçoit d'exception qu'à l'égard des marins embarqués; — En ce qui touche la durée des mêmes services : — Considérant que, d'après l'art. 1 de la loi du 18 avr. 1831, conforme aux règlements antérieurs sur le service forestier de la marine, le droit à la pension de retraite n'est acquis aux entretenus, autres que les marins, qu'après trente ans de service effectif, à moins qu'ils ne justifient d'un certain temps de navigation sur les vaisseaux de l'État ou de service dans les colonies; — En ce qui touche le bénéfice du cinquième en sus accordé par l'art. 11 de la loi du 18 avr. 1831; — Considérant que ce bénéfice n'appartient qu'aux marins, et que les autres corps de la marine ne leur sont assimilés que dans les cas de navigation ou de services aux colonies énoncés en l'art. 1 de la loi ci-dessus visée; — Considérant que le sieur Lafond n'a jamais navigué sur les bâtiments de l'Etat, ni servi dans les colonies, et qu'ainsi, d'après les principes qui précèdent, il ne saurait ni compter ses services antérieurs à l'âge de seize ans, ni prétendre soit à la pension après vingt-cinq ans de service, soit au bénéfice du cinquième en sus; — Art. 1. La requête... est rejetée.

Du 9 mai 1834.-Ord. cons. d'Et.-M. Humann, rap.

(3) 1re *Espèce :* — (Laure C. min. de la guerre.) — Le 25 juin 1815, la pension du sieur Laure fut réglée d'après le minimum affecté au grade du sous-commissaire de la marine, auquel les secrétaires de direction forestière sont assimilés par le règlement du 9 janv. 1818. — Mais le sieur Laure a attaqué cette décision devant le conseil d'Etat, en se fondant sur la loi du 18 avr. 1831, qui accorde le cinquième en sus de la pension, et ne lui avait pas été appliquée dans la liquidation de sa pension. — M. le ministre a soutenu que la loi de 1831 avait remplacé par le cinquième en sus l'assimilation de grade autorisée par les anciens règlements, pour la liquidation des pensions; qu'il ne pouvait réclamer simultanément le bénéfice du règlement du 9 janv. 1818 et celui de la loi du 18 avr. 1831; enfin, que la liquidation avait eu lieu d'après le mode le plus favorable au sieur Laure.

Louis-Philippe, etc.; — Vu le règlement du 9 janv. 1818; — Vu la loi du 18 avr. 1831; — Considérant que, d'après l'art. 11 de la loi du 18 avr. 1831, le bénéfice du cinquième en sus ne peut appartenir qu'aux officiers, sous-officiers, quartiers-maîtres et caporaux ayant douze ans d'activité dans leur grade, ou à ceux qui leur sont assimilés dans le cas de navigation ou de service aux colonies énoncés en l'art. 1 de la loi ci-dessus visée; — Considérant qu'il ne résulte pas de l'instruction que le sieur Laure ait jamais navigué sur les bâtiments de l'Etat, ni servi dans les colonies, et qu'ainsi, d'après les principes qui précèdent, il ne saurait prétendre au bénéfice du cinquième en sus; — Art. 1. La requête du sieur Laure est rejetée.

Du 19 août 1837.-Ord. cons. d'Et.-M. Robillard, rap.

2e *Espèce :* — (Legouidec.) — Louis-Philippe, etc.; — Vu le règlement du 9 janv. 1818; — Vu la loi du 18 avril 1831; — En ce qui touche la liquidation de la pension du sieur Legonidec; — Considérant que le sieur Legonidec était, antérieurement au règlement du 9 janv. 1818, pourvu du grade de chef de subdivision forestière, assimilé aux sous-ingénieurs de seconde classe, dont la pension, d'après le tarif annexé à la loi du 18 avr. 1831, est la même que celle de sous-commissaire de la marine; — D'où il suit que c'est à tort que la pension du requérant a été liquidée seulement sur le pied de commis principal; — En ce qui touche la demande du requérant tendante à obtenir le bénéfice du cinquième en sus : — Considérant que, d'après l'art. 11 de la loi du 18 avr. 1831, le bénéfice du cinquième en sus ne peut appartenir qu'aux officiers, sous-officiers, quartiers-maîtres et caporaux ayant douze ans d'activité dans leur grade, ou à ceux qui leur sont assimilés, dans le cas de navigation ou de service aux colonies énoncés en l'art. 1 de la loi ci-dessus visée; — Considérant qu'il ne résulte pas de l'instruction que le sieur Legonidec ait jamais navigué sur les bâtiments de l'Etat ni servi dans les colonies, et qu'ainsi, d'après les principes qui précèdent, il ne saurait prétendre au bénéfice du cinquième en sus; — Art. 1. Notre ordonnance du 25 juin 1835 est réformée. — Art. 2. Le sieur Legonidec est renvoyé devant notre ministre de la marine, pour être procédé à la liquidation de sa pension d'après le grade de sous-commissaire de la marine. — Art. 3. Les conclusions du requérant tendantes à obtenir le cinquième en sus sont rejetées.

Du 19 août 1837.-Ord. cons. d'Et.-M. Robillard, rap.

compenser des services éminents ou extraordinaires, les pensions ne peuvent être accordées que par une loi spéciale (L. 1813, art. 25).

239. Il nous reste à parler de la *liquidation* relative aux pensions accordées aux officiers de tous les corps de la marine, *réformés* par mesures générales de 1814 à 1817. — Suivant l'art. 1 de la loi du 30 mars 1831, les officiers entretenus de tous les corps de la marine compris dans les réformes générales depuis le 31 mars 1814 jusqu'au 31 déc. 1817, doivent obtenir, sans condition d'âge, en remplacement des soldes de retraites, des pensions proportionnelles ou des gratifications qu'ils ont obtenues, savoir :

Ceux qui, à l'époque où ils ont été réformés, étaient entrés dans leur vingtième année de services effectifs, le maximum d'ancienneté fixé par l'arrêté du 11 fruct. an 11, ou par l'ordon. du 27 août 1814, suivant les corps auxquels ils appartenaient. — Ceux qui, n'ayant pas alors atteint leur vingtième année étaient entrés dans leur quinzième année de services effectifs, les trois quarts du maximum d'ancienneté fixé par les mêmes actes; — Ceux qui, n'ayant pas alors atteint leur quinzième année, étaient entrés dans leur dixième année de services effectifs, les cinq huitièmes du maximum d'ancienneté fixé par les mêmes actes.

Enfin ceux qui n'étaient pas entrés dans leur dixième année de services effectifs, le minimum d'ancienneté fixé par les actes précités.

240. Les avantages résultant de cette disposition pour les officiers qu'elle concerne sont faciles à comprendre quand on la rapproche du décret du 11 fruct. an 11, qui aurait réglé leurs droits si la loi de 1831 n'y avait pas pourvu, puisque, suivant ce décret, le maximum n'était acquis qu'après quarante-cinq ans, les six huitièmes du maximum qu'après trente-cinq ans, les cinq huitièmes après trente ans et la moitié après vingt-cinq ans. — De plus, le décret ne permettait de prendre un grade pour base de la pension de retraite que dans le cas où le titulaire en avait été investi deux ans au moins, tandis que cette condition n'est pas exigée par la loi du 30 mars 1831.

241. Mais à ces avantages il n'est pas permis d'ajouter ceux qui résultent des ordonnances ou des lois postérieures à la mise à la réforme des officiers de marine dont s'est occupée la loi du 30 mars.—Leurs pensions doivent être améliorées suivant cette loi et non liquidées de nouveau.—Par suite, il a été décidé qu'un lieutenant de vaisseau dont la pension a été liquidée en 1816 ne peut se prévaloir de l'ord. du 22 janv. 1824, suivant laquelle il doit être tenu compte, pour la pension de retraite, du temps de captivité passé en pays ennemi (cons. d'Et. 19 juill. 1833) (1).

242. L'art. 4 de la même loi excepte du bénéfice de l'art. 1 : 1° les officiers qui ont obtenu, soit un grade supérieur en vertu de l'ord. du 25 mai 1814, soit une pension exceptionnelle en vertu de la décision du 6 fév. 1815; 2°. les officiers dont la retraite avec pension a été volontaire; 3° les officiers démissionnaires sans pension; 4° enfin les officiers sortis des divers corps de la marine par le mouvement ordinaire du service, avant le 1er avr. 1814 ou depuis le 31 déc. 1817.

243. Ne peuvent non plus, suivant un arrêt du conseil, invoquer le bénéfice de l'art. 1 de la loi du 30 mars 1831, ceux qui, après avoir été destitués en 1814, ont été relevés de leur destitution avant le 31 décembre 1817, bien qu'ils n'aient pas obtenu d'emploi, lorsque, d'ailleurs, leur pension de retraite a été plus tard liquidée : — « Louis-Philippe, etc.; considérant que la loi du 30 mars 1831 concerne exclusivement les officiers des divers corps de la marine atteints par les réformes générales ordonnées depuis le 31 mars 1814 jusqu'au 31 mars 1817; qu'en 1816, loin d'avoir été réformé par mesure générale, le requérant a été, par une mesure spéciale et qui lui était personnelle, relevé de sa destitution sans qu'on ait entendu le rétablir dans l'administration de la marine. — Art. 1. La requête... est rejetée » (ord. cons. d'Et. 17 mai 1833, M. Germain, rap., aff. Tessier).

244. L'art. 6 de la loi du 30 mars déclare déchus des droits qu'elle confère les officiers ou les veuves qui, n'ayant pas déjà réclamé, n'auraient pas présenté de réclamation avant le 1er août 1831. — Et il a été jugé que ceux qui n'ont pas réclamé dans ce délai ne peuvent être relevés de la déchéance qu'ils ont encourue par le motif qu'un témoin assure par serment avoir mis leur réclamation à la poste, à l'adresse du ministre, si un accusé de réception, ou une autre preuve équivalente n'est pas produite (ord. cons. d'Et. 16 nov. 1836) (2).

245. La pension des *veuves* des officiers, marins ou autres, est fixée au quart du maximum de la pension d'ancienneté affectée au grade dont le mari était titulaire, quelle que soit la durée de son activité dans ce grade.—Néanmoins la pension des veuves des amiraux est fixée à 6,000 fr. — Celle des veuves des marins ou autres au-dessous du rang d'officier ne sera pas moindre de 100 fr. (L. 18 avr. 1831, art. 22).

246. Tout pourvoi contre la liquidation d'une pension de retraite doit être formé, à peine de déchéance, dans les trois mois à partir du jour du premier payement des arrérages, pourvu qu'avant ce premier payement les bases de la liquidation aient été notifiées (art. 27). — V. *suprà*, nos 192 et suiv.

247. *Jouissance.* — Les pensions de l'armée de mer sont personnelles et viagères; elles sont payables, comme dette de l'Etat, sur la caisse des invalides de la marine (art. 26). — Elles ne peuvent être cumulées avec un traitement civil d'activité (art. 29). — Il a été jugé que la jouissance d'une pension liquidée en faveur de la veuve d'un fonctionnaire public, dépendant du ministère de la marine, court, non pas du jour de la mort de son mari, mais à partir du trimestre dans lequel la liquidation a eu lieu, encore bien qu'elle ait été retardée par le fait seul de l'administration (arrêté du 15 flor. an 11 et ord. du 27 août 1817, art. 14; ord. cons. d'Et. 19 juill. 1826) (3).

248. Comme les autres pensions de retraite de l'Etat, celles de l'armée de mer sont incessibles et insaisissables. — V. à cet égard *suprà*, nos 98, 204.

249. Quant aux pensionnaires de la marine résidant en pays étranger, V. l'ord. du 11 sept. 1832, p. 771.—D'après cette ordonnance, la pension est *suspendue* si le pensionné réside, pendant plus d'une année, sans *autorisation*, hors du royaume, ou s'il a perdu la qualité de Français (art. 1). — La demande en autorisation doit énoncer la cause qui exige le séjour à l'étranger (art. 3).

---

(1) (Guyot.) — Louis-Philippe, etc.; — Vu l'arrêté du 11 fructidor an 11 et les ord. des 27 août 1814 et 22 janv. 1824; — Vu la loi du 30 mars 1831; — Considérant que la pension du sieur Guyot, lieutenant de vaisseau, a été fixée conformément à la loi du 30 mars 1831, d'après l'état de ses services reconnus lors de la liquidation de sa pension en 1816, et conformément à la législation alors en vigueur; — Considérant que la loi du 30 mars 1831, en améliorant le sort des officiers compris dans les réformes générales de 1814 à 1817, n'a point établi que ces officiers jouiraient à la fois des améliorations et des avantages accordés en vertu d'une législation postérieure à leur mise en retraite. — Art. 1. La requête... est rejetée.

Du 19 juill. 1833.-Ord. cons. d'Et.-M. Germain, rap.

(2) *Espèce :* — (Morin.) — En vertu de la loi du 30 mars 1831, le sieur Morin, officier de marine, avait droit à réclamer une nouvelle liquidation plus favorable de sa pension, mais dans un délai fixé. Il soutenait s'être conformé à ce délai, et produisait une personne qui attestait, par serment, avoir mis à la poste, en temps utile, une lettre pour le ministre. — Sur le refus du ministre, il a formé un recours au conseil d'Etat, contre sa décision; mais il a été rejeté par l'ordonnance suivante :

Louis-Philippe, etc.; — Vu la loi du 30 mars 1831, considérant qu'aux termes de l'art. 6 de la loi ci-dessus visée, les officiers du corps royal de la marine, qui n'ont point présenté de réclamation antérieurement au 1er août 1831, sont déchus de tous droits à l'application de ladite loi; — Qu'il résulte de l'instruction, que la première réclamation du sieur Morin, enregistrée au secrétariat général du ministère de la marine et des colonies, porte la date du 28 janv. 1832; — Qu'il n'établit, ni par un accusé de réception, ni par une autre preuve équivalente qu'une autre lettre soit parvenue, antérieurement à ladite date, au ministère de la marine et des colonies; — Art. 1. La requête du sieur Morin est rejetée.

Du 16 nov. 1836.-Ord. cons. d'Et.-M. d'Haubersaert, rap.

(3) (Veuve Lescalier.) — Charles, etc.; — Vu l'art. 10 de l'arrêté du 5 mai 1803 (15 flor. an 11) et l'art. 14 de l'ord. royale du 27 août 1817; — Considérant que la dame Lescalier reconnaît qu'elle ne s'était pourvue que plus de six mois après le décès de son mari, auprès de notre ministre des affaires étrangères; que, dès lors, la pension ne pouvait, aux termes des règlements généraux du département de la marine, être liquidée, comme elle l'a été, qu'avec la jouissance du trimestre dans lequel la liquidation avait eu lieu; — Art. 1. La requête... est rejetée.

Du 19 uill. 1826.-Ord. cons. d'Et.-M. Hutteau d'Origny, rap.

Table sommaire des matières.

Table des articles des lois relatives aux pensions.

Table chronologique des lois, arrêts, etc.

—15 mai p. 756.
—20 mai p. 757.
—8 juill. p. 757.
1819. 14 juill. p. 757.
—13 oct. p. 757.
1820. 12 janv. p. 757.
—17 juin 15, 74.
—1er juill. p. 757.
—13 juill. p. 758.
—19 juill. p. 758.
—2 août p. 758.
—6 sept. p. 758.
—25 oct. p. 758.
1821. 22 fév. p. 758.
—18 juill. 196.
—28 nov. p. 758.
—19 déc. 196 c.
1822. 1er mai p. 759.
—17 août p. 759.
—28 août p. 759.
—2 oct. p. 759.
—16 oct. p. 759.
—30 déc. 226.
1823. 8 janv. p. 759.
—16 avr. p. 760.
—17 sept. p. 760.
—19 nov. p. 760.
1824. 22 janv. p. 760.
—16 juin p. 760.
—17 août p. 760.
—20 août p. 760.
—18 sept. p. 762.
—24 nov. p. 762.
1825. 12 janv. p. 762.
—25 juin p. 764.
1826. 21 juin 158.
—19 juill. 247.
—2 août 175.
—22 nov. 196.
—6 déc. p. 764.
1827. 20 juin p. 764.
—3 nov. p. 764.
1828. 26 oct. 157.
1829. 10 oct. p. 764.
1830. 21 avr. 203.
—5 mai 129.
—11 sept. p. 764.
—11 oct. p. 764.
1831. 29 janv. p. 764.
—30 mars p. 764.
—11 avr. p. 764.
—18 avr. p. 766.
—2 juill. p. 767.
—31 août 215.
—8 sept. p. 768.
1832. 26 janv. p. 769.
—31 janv. p. 770.
—15 fév. p. 770.
—24 fév. p. 770.
—21 avr. p. 771.
—27 avr. p. 771.
—30 avr. p. 771.
—25 mai p. 771.
—26 mai p. 771.
—27 mai p. 771.
—16 août 132.
—31 août p. 771.
—11 sept. p. 771.
—20 déc. p. 771.
—24 déc. p. 771.
1833. 4 janv. p. 771.
—17 janv. 228.
—25 fév. p. 771.
—17 avr. p. 771.
—18 avr. 191 c., 193.
—17 mai 243.
—19 juill. 114, 193, 241.
—27 août 140.
—5 déc. 190.
—24 déc. 220 c.
1834. 14 mars 230.
—2 mai 162.
—9 mai 208 c., 209 c., 234.
—28 nov. 219.
—19 déc. 229.
1835. 25 mars 180.
—20 avr. 197
—15 mai 179, 225.
—30 juin 182.
—7 août 206.
—27 nov. 201.
1836. 8 janv. 128. 161.
—18 fév. 25.
—9 mars 218, 235.
—13 avr. 159.
—21 avr. 201.
—24 mai 199.
—7 juin 193 c.
—22 juin 156.
—23 août 121, 187, 202.
—5 sept. 148.
—9 nov. 181.
—16 nov. 244.
1837. 6 fév. 135, 147 c.
—7 fév. 228.
—3 mars 124-1°.
—11 avr. 181, 232, 237 c.
—25 avr. 194, 206, 236.
—24 avr. 133, 178.
—17 mai 198.
—18 mai 181.
—4 juill. 181.
—19 août 124-2°, 231 c., 234.
—31 août 155.
—9 oct. p. 772.
—26 déc. 160.
1838. 2 janv. 125.
—11 janv. 113, 117 c., 120, 182 c.
—17 janv. 126.
—8 fév. 148, 149, 150.
—14 fév. 124, 174, 227.
—22 fév. 169.
—15 mars 202.
—30 mars 177-1°.
—12 avr. 143.
—19 avr. 137, 147 c.
—18 mai 127-2°, 137, 147 c.
—19 juin 224.
—4 juill. 192.
—14 juill. 186.
—23 juill. 48.
—22 août 188.
—23 août 183.
1839. 18 janv. p. 772.
—25 janv. 212.
—29 janv. 154, 233.
—14 fév. 141, 177-2°.
—2 mars 172.
—20 avr. 181.
—3 mai 120, 147 c.
—11 mai 127-3°.
—21 juin 120, 147.
—1er juill. 176, 195 c
—21 nov. 148.
—3 déc. 117.
1840. 9 janv. p. 773.
—18 janv. 204.
—22 janv. 131.
—12 avr. p. 773.
—10 juill. p. 773.
—5 août p. 773.
—4 sept. p. 773.
1841. 7 avr. 165.
—27 avr. 144 c., 171.
—10 mai p. 773.
—15 juin p. 92.
—14 juill. 163.
—13 nov. 127-1°.
1842, 18 mars 164.
—12 mai 25.
1843. 2 juin 25.
—17 nov. 92.
1844. 20 mai p. 773.
—6 juin 92.
—5 oct. p. 774.
1845. 14 oct. p. 774.
—29 déc. p. 774.
1846. 13 fév. 120.
—24 fév. p. 774.
—30 avr. p. 774.
—5 juin 92.
—18 juin. 92.
—23 juin 154.
—12 août p. 774.
1847. 14 juill. 25.
—28 juill. p. 774.
1848. 13 mars p. 774.
—2 mai p. 774.
—19 juin p. 774.
—30 août p. 774.
—23 oct. p. 774.
—24 nov. p. 774.
1849. 6 fév. p. 774.
1850. 15 mars p. 774.
—22 mai p. 774.
—28 mai p. 774.
—29 août p. p. 774.
1851. 5 avr. 774.
—9 avr. p. 774.
—1er mai 134.
—14 déc. p. 774.
—19 déc. p. 774.
1852. 1er mars p. 774.
—19 mars p. 775.
—25 mars p. 775.
—2 avr. 193.
—7 mai 93 c., 95 c.
—21 mai 223 c.
—8 juin p. 775.
—1er sept. p. 775.
—24 nov. p. 775.
—31 déc. p. 775.
1853. 13 avr. p. 775.
—21 avr. 25 c.
—26 mai 48 c.
—9 juin p. 775.
—10 juin p. 775.
—15 juin p. 775.
—28 juin p. 775.
—9 nov. p. 775.
1854. 10 mai p. 775.
—31 juill. p. 775.
1855. 26 avr. p. 775 et nos 106, 224.
—4 août 224.

PENSION ALIMENTAIRE. — V. Mariage, nos 620 et s.; V. aussi Compét. civ. des trib. de paix, nos 11, 254, 284 et s.; Contr. de mar., n° 2016; Disp. entre-vifs, Enreg., n° 2003; Paternité, nos 5, 564, 598, 675, 680, 699, 733; Rente, Saisie-arrêt, Success.

PENSION BOURGEOISE. — V. Commerç., n° 51.

PENSIONNAT. — V. Organ. de l'instr. pub.; V. aussi Acte de l'ét. civ., n° 308; Avocat, n° 200; Commerç., nos 29 et s.

PÉPINIÈRE-PÉPINIÉRISTE. — V. Biens, n° 55; Commerç., n° 39; Imp. dir., n° 22; Patente, n° 61, Propriété.

PERCEPTEUR. — Se dit surtout de l'agent ou fonctionnaire qui est chargé de faire la perception des impôts. — V. Abus de conf., nos 47, 147; Cautionn. de fonct., nos 15 et suiv., 22 et suiv., 55; Commerç., n° 78; Commune, nos 308, 398; Commerc., nos 157 et suiv.; Contrainte, n° 12; Domicile, n° 99; Dr. polit., nos 864 et suiv.; Exploit, n° 239; Faux, n° 8; Fonct. pub., n° 47-4°; Forfait., nos 4, 33, 64, 68; Garde nat., nos 66, 100; Hospice, n° 111; Imp. dir., nos 388, 393 et suiv.; 416, 430 et suiv.; 537; Liberté indiv., n° 25; Organ. adm., Trésor pub.

PÈRE. — Parent au premier degré dans la ligne ascendante. —V. Acte de l'état civ., n° 218; Adoption, Chasse, nos 456 et s.; Disp. entre-vifs et test., Mariage, nos 95 et suiv., 219 et suiv.; Parenté, nos 9 et suiv.; Paternité et filiat., Puiss. patern., Success., Usufruit.

PÉREMPTION.—Perte ou anéantissement, soit d'une procédure, soit de certains actes ou jugements par suite d'une inaction prolongée pendant un certain temps : au premier cas, c'est particulièrement de la péremption d'instance qu'il s'agit (V. ce mot). —On connaît dans le second cas la péremption 1° des jugements par défaut (V. ce mot, nos 354 et suiv.); 2° des commandements (V. Contr. par corps, nos 777 et suiv.; Saisie, Vente jud. d'im.); 3° des inscriptions hypothécaires (V. Privil. et hyp.). — Ainsi la péremption d'un commandement à fin d'exécution personnelle entraîne celle de la commission donnée à l'huissier par le juge, et le second commandement signifié sans commission nouvelle est nul (Grenoble, 29 août 1820, aff. Vial *C.* Trolliet).

PÉREMPTION D'INSTANCE. — **1.** La péremption d'instance est, comme le dit fort bien Carré, l'anéantissement de l'instance par la discontinuation des poursuites pendant le temps réglé par la loi.—Et, par le mot *instance*, on doit entendre tous les actes utiles faits par l'une ou l'autre des parties, pour obtenir jugement, à partir de l'acte introductif d'instance, jusqu'au dernier acte de procédure. Par la péremption, l'instance se trouve, éteinte, et doit être considérée, comme non avenue, lorsqu'après l'expiration de trois années sans poursuites une demande en péremption a été formée.

Les lois romaines (2, ff., *Jud. solv.*, et 3, § 1, ff., *Quæ in fraudem*, définissaient la péremption : *la mort de l'instance* (*lite mortuâ; — litem mori patiatur*), et nos anciens auteurs en font une *prescription* d'une espèce particulière (Dunod, p. 2, ch. 11; Lapeyrère, t. 2, p. 449; Pocquet de Livonnière, ch. 11, art. 1, liv. 4; Denizart, v°Erempt.).

Division.

Art. 1. — Historique. — Jurisprudence ancienne (n° 2).
Art. 2. — Des caractères de la péremption (n° 30).
Art. 3. — Des personnes qui ont qualité pour demander la péremption (n° 40).
Art. 4. — Des personnes contre lesquelles la péremption court ou peut être demandée (n° 64).
Art. 5. — Actes et instances susceptibles de péremptions. — Cassation, interlocutoire, etc. (n° 88).
Art. 6. — Délai de la péremption.—Reprise d'instance (n° 140).
Art. 7. — Des actes qui interrompent, couvrent ou suspendent la péremption (n° 174).
Art. 8. — Des formes de la demande en péremption. — Compétence, degré de juridiction (n° 264).
Art. 9. — Effets de la péremption, indivisibilité (n° 303).
Art. 10. — De la péremption devant les justices de paix (n° 362).

Art. 1.—*Historique.*—*Jurisprudence ancienne.*

2. La péremption a été introduite pour abréger les procès, pour déjouer la mauvaise foi d'un plaideur qui voudrait fatiguer son adversaire en traînant la procédure en longueur, ou qui tenterait, à la faveur de l'incertitude des droits que le temps entraîne souvent à sa suite, de faire perdre de vue les véritables éléments de la contestation. — Son origine a longtemps divisé et divise encore les auteurs. Les uns y voient une institution du droit Antejustinien (Berriat Saint-Prix, t. 1, p. 395, notes 5 et 6); les autres, comme Menelet, Traité des péremptions, quest. 1; Bretonnier, Quest. de dr., v° Péremption; Merlin, *eod. v°*, § 1, enseignent que ce mode d'extinction d'instance a pris son origine dans l'ancien droit français, *jus verè gallicum*; d'autres, enfin, en font remonter l'origine au lib. 3, tit. 1, L. 13, Cod., *De judiciis*, ce qui est exact en tant, au moins, qu'il s'agit de l'origine du droit encore plus que d'une loi complète. — La loi 2, tit. 7, ff., *Jud. solv.*, porte aussi : *Cum lite mortuâ nulla res sit : ideo constat fidejussores ex stipulatu judicatum solvi non teneri.*

3. Dans l'origine, le *délai* pour acquérir la péremption n'était que d'une année, mais on pouvait en être relevé par des lettres de chancellerie qui en faisaient cesser l'effet. Une ordonnance rendue en 1539 en étendit le délai à *trois ans*, et son art. 120 interdit expressément pour l'avenir l'usage des lettres de chancellerie, qui disparurent alors et pour toujours de cette procédure. — Quelques années après sa publication, l'ordonnance de 1539 paraissant tomber en désuétude, Charles IX en rétablit les principes dans une seconde ordonnance, dite de Roussillon, rendue en 1563. Sous l'ord. de 1539, l'instance, périmée par la discontinuation des poursuites pendant trois ans, n'en était pas moins considéré comme ayant pour effet d'interrompre la prescription. Mais le contraire fut formellement décidé par l'ord. de

1563, dont l'art. 15 portait : « l'instance intentée, bien qu'elle soit contestée, si par le laps de trois ans, elle est discontinuée, n'aura aucun effet de perpétuer ou proroger l'action; ainsi aura la prescription son cours, comme si ladite instance n'avait pas été formée ni introduite, et sans qu'on puisse prétendre prescription avoir été interrompue. »

4. Cet art. 15, qui déclarait l'instance périmée par le laps de trois ans sans poursuites, fut rendu exécutoire pour tout le royaume sous le règne de Louis XIII, par l'art. 91 de l'ord. de 1629, ainsi conçu : « L'ordonnance de Roussillon, en l'art. 15, pour la péremption d'instance, sera gardée par tout notre royaume, même en nos cours de parlement et autres jurisdictions où elle n'a été jusques ici observée; et voulons que toutes instances et criées périssent par la discontinuation de trois ans, nonobstant l'établissement des commissaires, comme encore toutes saisies et arrêts de deniers, encore qu'il n'y eût aucune assignation donnée en conséquence d'iceux, pareillement que les causes mises aux rolles soient sujettes à péremption, à compter du jour que l'on cesse de plaider desdits rolles, soit que le règlement au conseil soit levé ou non. » — Plus tard, et pour fixer la jurisprudence qui divisait le parlement de Paris et les tribunaux de son ressort, ce parlement rendit, toutes chambres réunies, le 28 mars 1692, un arrêt de règlement, dont plusieurs dispositions sont retracées sous les n°s 13, 21 et 26 (V. aussi Denizart, v° Péremption; Pigeau, Pr. du Châtelet, p. 354). — La *Lorraine* aussi admettait la péremption de plein droit après un laps de trois ans sans poursuites, sans qu'il fût besoin de la demander et sans qu'elle pût être couverte par aucun acte de procédure. Mais cette province observait une législation particulière; la péremption s'y trouvait réglée par l'art. 11 de l'ordonnance du duc Léopold de Lorraine, du mois de nov. 1717.—V. Merlin, Rép., v° Péremption, sect. 1.

5. Malgré la disposition de l'ord. de 1629, l'ordonnance de Roussillon ne fut enregistrée que dans quelques parlements, ce qui fit naître entre les cours souveraines une grande contrariété de jurisprudence. Ainsi, dans la Franche-Comté, le Dauphiné, la péremption d'instance n'avait lieu que par trente ans. — Dans telle autre, on conservait l'interruption annale dont l'effet était de faire considérer la procédure comme non avenue après ce temps. — En Bretagne et en Normandie, à Pau, on ne l'admettait que lorsqu'elle se liait à la prescription de l'action ellemême. — Ici la péremption devait être demandée; là on l'admettait de plein droit (Basset, t. 1, L. 2, t 19, chap. 15).

6. C'est en s'appuyant sur les principes admis en Bretagne, en Normandie et à Pau, qu'il a été jugé : 1° que la péremption de l'instance, pour discontinuation de poursuites pendant trois ans, ne pouvait avoir lieu qu'autant que son admission entraînait la prescription entière de l'action, en anéantissant les actes de procédure qui l'avaient interrompue (Cass. 10 fruct. an 13, MM. Vasse, pr., Bailly, rap., aff. Dossin); — 2° Que la péremption, quoique demandée par action principale, était écartée, lorsqu'elle n'avait pas pour effet d'éteindre l'action comme prescrite (Caen, 1re ch., 11 janv. 1825, M. Regnée, pr., aff. Corblin); — 3° Que, sous cette même ordonnance, la péremption n'était considérée que dans ses rapports avec la prescription, en ce sens que tout l'effet que cette ordonnance accordait à la discontinuation de l'instance pendant trois ans était d'empêcher qu'une instance ainsi discontinuée interrompît la prescription (Cass. 10 fruct. an 13, MM. Vasse, pr., Bailly, rap., aff. Dossin); — 4° Que la péremption n'était acquise de plein droit, dans le ressort du parlement de Pau, après cessation de poursuites pendant trois ans, qu'autant qu'elle concourait avec la prescription de l'action (Pau, 17 juill. 1827, M. Crouzeilhes, pr., aff. Daussier); — 5° Qu'il était de principe en Bretagne que, lorsqu'il y avait contestation en cause, la péremption ne pouvait s'acquérir qu'avec le concours de la prescription (Rennes, 5 janv. 1813) (1);—6° Que lorsque la péremption était acquise, la partie au profit de laquelle elle avait couru n'était pas tenue de la demander, qu'il lui suffisait de l'opposer à ses adversaires (même arrêt); — 7° Que, sous la coutume de Bourgogne, une action ne se périmait que par trente ans, et la péremption entraînait alors la prescription de l'action (Besançon, 3 juin 1808, M. Louvot, pr., aff. Patel; Merlin, Rép., v° Perempt., sect. 3, § 8, n° 1).

7. On le voit, la péremption avait même les effets de la prescription, ce qui n'a point lieu sous le code. — Et tels étaient, suivant certains parlements, les effets de l'expiration de trois ans sans poursuites, qu'ils entraînaient la péremption de plein droit, quoique des actes de procédure eussent été faits par le demandeur avant que le défendeur se fût prévalu de la péremption, ce qui est aussi contraire au code moderne.

8. Dans le sens de ces parlements, il a été jugé dans des causes régies par la législation et la jurisprudence antérieures au code de procédure, 1° que, sous l'ordonnance de Roussillon, la péremption d'instance par discontinuation de poursuites pendant plus de trois ans avait lieu de plein droit et ne pouvait être couverte par la reprise d'instance engagée avant qu'elle ne fût demandée en justice (Rej. 28 flor. an 4, MM. Lalonde, pr., Seignette, rap., aff. Jean Paul); — 2° Que telle était aussi la jurisprudence du parlement de Bordeaux (Agen, 13 nov. 1823, M. Delon, pr., aff. Malus; — *Contrà*, Cass. 12 nov. 1806, MM. Liborel, pr., Oudart, rap., aff. Mansan; 3 janv. 1842, MM. Portalis, pr., Moreau, rap., aff. Félip, V. aussi n° 11).

(1) (Nugent C. Laheu.) — La cour; — Considérant que le procès d'entre les parties ayant pris naissance au ci-devant parlement de Bretagne, c'est d'après les lois anciennes, l'usage et la jurisprudence de cette cour souveraine, que l'on doit juger de la validité des actes de procédure qui ont eu lieu devant elle, et que l'instruction de ce procès doit être continuée, conformément aux règlements antérieurs, ainsi que l'a formellement décidé l'avis du conseil d'Etat, du 16 fév. 1807; — Considérant que sous le ressort du parlement de Bretagne, d'après la règle *dies termini non computantur in termino*, tous les délais, en général, prescrits par l'ord. de 1667, étaient francs; qu'on y tenait pour maxime qu'une requête en opposition à un arrêt par défaut était valablement donnée et signifiée dans les dix jours de la signification de l'arrêt; et que cette maxime, attestée par l'auteur du Style abrégé du palais, imprimé à Rennes, en 1764, sous les yeux du parlement, a été généralement suivie et consacrée par plusieurs arrêts de cette ancienne cour; — Considérant que l'arrêt par défaut, intervenu le 5 juin 1786, par voie solidaire, contre Laheu des Airauds, feu Thoinet et feu Esnou, au profit de Nugent, leur fut signifié, le 12 du même mois, dans la personne de leurs procureurs; que les parties condamnées formèrent opposition à cet arrêt, savoir : feu Esnou, par requête donnée et signifiée le 17 juin; feu Thoinet, par requête donnée le 17 et signifiée le 19; et Laheu, par requête donnée le 16 et signifiée le 21 juin; et que, conséquemment, toutes ces oppositions ont été formées en temps utile; — Considérant qu'en Bretagne, avant l'introduction du nouveau code de procédure, on n'était pas tenu de former la demande en péremption d'instance lorsqu'elle était acquise; qu'une pareille demande et les suites faites en déclaration de péremption auraient été regardées comme frustatoires et nulles, et rejetées comme telles : si donc la péremption de l'opposition eût été acquise avant la mise en activité du code, Nugent serait recevable à l'opposer à ses adversaires; — Considérant qu'il était de principe en Bretagne, à la différence des autres provinces, que la péremption n'avait pas lieu de plein droit, et que, lorsqu'il y avait contestation en cause, elle ne pouvait s'acquérir qu'avec le concours de la prescription; — Considérant que la contestation en cause s'est opérée par les requêtes en opposition à l'arrêt par défaut, du 5 juin 1786, par deux arrêts de renvoi intervenus en juillet et août 1786, par plusieurs assignations à l'audience, pour plaider en conséquence de ces arrêts de renvoi, données par les procureurs des parties et par celui de Nugent, en 1787 et 1788; — Considérant que l'arrêt par défaut, du 5 juin 1786, forme un titre qui ne pouvait être anéanti que par la prescription de trente ans; que l'opposition formée à cet arrêt ayant opéré la contestation en cause, doit avoir la même durée que ce titre; que cette opposition se rattache à cet arrêt pour ne former avec lui qu'une seule et même instance, qu'il n'est pas possible de scinder, pour ne faire porter la péremption que sur les requêtes en opposition et les actes postérieurs; qu'ainsi, d'après les principes constamment suivis en Bretagne, la péremption de l'instance ne peut être invoquée, faute de concours de la prescription du fond du droit; — Considérant que l'opposition à l'arrêt par défaut du 5 juin n'a pas eu l'effet de l'anéantir, mais seulement d'en suspendre l'exécution; qu'ainsi Nugent a pu, en vertu de cet arrêt, faire les commandements autorisés par la loi, et prendre des inscriptions hypothécaires sur les biens de ses parties adverses; que ces mesures conservatoires doivent subsister jusqu'à ce que les parties, qui n'ont fait valoir que des moyens dans la forme, en développant au fond leurs moyens d'opposition, aient mis la cour à même d'ordonner le rapport ou l'exécution définitive de cet arrêt, et de prononcer sur les conclusions par elles respectivement prises; —Par ces motifs, déboute Nugent des exceptions et fins de non-recevoir par lui proposées dans la forme; — Reçoit, en tant que besoin, Laheu des Airauds, etc., opposants à l'arrêt par défaut du 5 juin 1786, etc.

Du 5 janv. 1813.-C. imp. de Rennes, 2e ch.

9. Jugé aussi que, sous le parlement de Toulouse et sous l'ord. de 1667, la péremption était pareillement acquise de plein droit, par le seul fait de la cessation des poursuites pendant trois ans (Toulouse, 8 déc. 1812, M. Desazars, pr., aff. Mothe; 7 janv. 1813, aff. Bonnet; 29 déc. 1813, aff. Saint-Paul; 19 nov. 1816, M. Hocquart, 1er pr., aff. Sabadie; 23 mars 1819, aff. N...; 12 juill. 1827, 2 fév. 1828, cités par Bourbeau, p. 662; 19 déc. 1828, aff. com. de Campan, rapporté avec Cass. 12 nov. 1832, nº 184. — *Contrà* cass. 12 nov. 1806, MM. Liborel, pr., Oudart, rap., aff. Mansan *C.* Darras; Agen, 7 mars 1812, M. Bergognié, pr., aff. Blancher; Req. 15 fév. 1842, MM. Zangiacomi, pr., Bayeux, rap., aff. Beaux *C.* Duplex).

10. Comme conséquence de ce principe, il a été jugé : 1º qu'il suffit qu'il se soit écoulé trois ans sans poursuites dans le ressort d'un parlement où la péremption d'instance était acquise de plein droit par ce laps de temps, pour que l'instance soit éteinte, tellement que la péremption commencée le 22 niv. an 11 n'a pu être couverte par un acte signifié après le 1er janv. 1807 (Montpellier (et non pas Toulouse), 11 nov. 1811, aff. Teissier *C.* Robert);—2º Que les défenses fournies par l'une des parties, après l'expiration de trois années, ne pouvaient empêcher l'autre partie de proposer la péremption (Req. 14 nov. 1811, MM. Henrion, pr., Oudart, rap., aff. Lacarre).

11. Toutefois, le principe opposé paraît avoir été admis par la jurisprudence la plus constante du parlement de Paris; toute procédure faite après trois ans interrompait au contraire la péremption, si la demande en péremption n'avait pas été précédemment formée : c'est, en effet, ce que portait l'art. 1 du règl. du 28 mars 1692.—Décidé que l'ordonnance de Roussillon, aussi bien que la jurisprudence du royaume, n'admettait pas que la péremption pût avoir lieu de plein droit (arr. de la gr. chambre, 12 août 1737, aff. Barbançon, M. Joly de Fleury, av. gén.).

Pareillement, il a été jugé, depuis la révolution de 1789, 1º que dans l'ancien droit, comme sous le nouveau, la péremption devait être demandée encore bien qu'elle concourût avec la prescription de l'action (Cass. 19 avril 1831, aff. Redon, V. Louage, nº 539); — 2º suivant la jurisprudence du parlement de Paris, la péremption ne s'acquérait pas de plein droit, et que, tant qu'elle n'était pas demandée, elle pouvait être couverte, soit par un acte de procédure, soit par le décès des parties, procureurs ou rapporteurs (Req. 12 brum. an 11, MM. Target, pr., Muraire, rap., aff. Bouderon); — 3º Que, sous l'ordonnance de Roussillon, de 1563, art. 15, et celle de 1667, tit. 27, art. 5, et d'après la jurisprudence du parlement de Paris, la péremption n'était jamais acquise de plein droit, qu'elle concourût ou non avec la prescription (Rej. 11 janv. 1826) (1).

12. Il a été décidé aussi en ce sens : 1º que sous l'empire des chartes du Hainaut et de l'ordonnance du Roussillon, la péremption n'avait pas lieu de plein droit par la discontinuation des poursuites pendant un temps déterminé; qu'elle était couverte par une reprise d'instance formée avant la demande en péremption (Douai, 4 fév. 1824, et, sur pourvoi, Req. 5 avril 1825, MM. Henrion, pr.-Botton, rap., aff. Guisez); — 2º Qu'elle n'était acquise par le fait de la discontinuation des poursuites par le laps de quatre ans, qu'autant qu'elle avait été *décrétée par le juge*, « attendu que la décision du tribunal de première instance confirmée par le tribunal d'appel était conforme à ce qui se pratiquait dans le Hainaut avant la conquête et fondé sur les chartes du pays; rejette » (Req. 30 germ. an 11, MM. Vermeil, pr., Brillat, rap., aff. Tibergheim). — Lamoignon dit aussi que la péremption d'instance ne pouvait être suppléée *d'office* par le juge; que celui qui la voulait opposer en devait faire une demande précise, car elle pouvait être couverte par la moindre procédure connue de la partie, ainsi qu'on vient de le dire (arrêtés, art. 7). — Les instances se périmaient en quelques juridictions qu'elles fussent formées, même celles qui étaient pendantes aux officialités (ord. de 1667, tit. 1, art. 1).

13. Le parlement de Paris, par un arrêt de règlement du 28 mars 1692 disposa, art. 4 : « La péremption n'aura lieu, dans les affaires qui y sont sujettes, si la partie qui a acquis la péremption reprend l'instance, si elle forme quelque demande, fournit des défenses, ou si elle fait quelque autre procédure, ou s'il intervient quelque appointement ou arrêt interlocutoire ou définitif, pourvu que lesdites procédures soient connues de la partie et faites par son ordre. »

14. Et il a été jugé : 1º qu'une fois appointées, les causes ne tombaient en péremption que par trente ans (Req. 30 mars 1830, MM. Favard, pr., Voysin, rap., aff. com. de Serres);—2º Que c'était une jurisprudence constante en Bretagne que l'appointement perpétuait l'action à trente ans et que la péremption ne pouvait être demandée, alors d'ailleurs que c'était par le fait de la rétention des pièces par le défendeur que l'instance n'avait pas été suivie (Req. 17 vend. an 14, aff. Boré, V. Avoué, nº 237); — 3º Que la signification d'un simple avenir ou d'une sommation faite même après trois ans de silence, couvrait et faisait cesser la péremption si elle n'était auparavant demandée (arrêt de la grande chambre de Barbançon, 12 août 1737, M. Joly de Fleury, avocat général; arrêt du grand conseil, 15 déc. 1742, aff. Girardot); — 4º Que sous l'ordonnance du Roussillon, la péremption d'une instance était interrompue par un appel devant le parlement (Req. 29 juill. 1813, MM. Henrion, pr., Lasagni, rap., aff. Duchalard).

15. C'était un principe constant que si, dans un procès, il intervenait un arrêt qui contînt à la fois des chefs *définitifs* et des chefs *interlocutoires*, la péremption n'avait pas lieu et qu'il y avait prorogation de l'instance; mais que, quand un arrêt interlocutoire ne contenait que des chefs interloqués, l'instance était périe par trois ans. — En conséquence, jugé (spécialement sous le parlement de Toulouse) que s'il était intervenu un jugement contenant, tout à la fois, des dispositions définitives et des dispositions interlocutoires, la péremption, par suite du principe d'indivisibilité du jugement, n'éteignait l'instance, quant au chef interlocutoire, que par trente ans (14 mai 1685, J. des aud., t. 4, liv. 8, ch. 39; Toulouse, 1er avr. 1829, M. Feydel, pr., aff. Raynal; la Rocheflavin, l. 3, tit. 6, arr. 1; de Ferrière, vº Péremption; Merlin, Rép. vº Péremption, § 1, nº 11). — Cependant Basnage dit que les parlements de Toulouse et de Rouen jugeaient que tout interlocutoire, même par arrêt, était sujet à péremption (art. 547 de la cout. de Normandie).

16. Sous l'ord. de 1563, la péremption était interrompue par le *décès* de l'une des parties et ne pouvait courir que par la

(1) (Reyre et Delglat *C.* Baroud.) — La cour; — Attendu que l'art. 15 de l'art. de l'ordonnance de Roussillon, ne parlant de la péremption que dans son rapport avec la prescription (et pour statuer 1º que la contestation en cause n'empêcherait plus la péremption; 2º que celle-ci acquise, le temps de la durée de l'instance périmée n'aurait plus l'effet d'interrompre la prescription qui aurait son cours comme s'il n'y avait pas eu d'instance formée), laissait des doutes sur le point de savoir si la péremption avait lieu de plein droit, ou si, pour être acquise, il fallait qu'elle fût demandée; — Attendu que ce doute fut résolu, au moins virtuellement par l'art. 5 de l'ord. de 1667, tit. 27, qui, parlant de la péremption des appels, exige qu'elle soit déclarée, par conséquent demandée; — Attendu que la ville de Lyon, où la contestation est née, était du ressort du parlement de Paris, et que cette contestation, pendante en la sénéchaussée de cette ville, fut soumise aux règles de procédure consacrées par la jurisprudence de ce parlement; — Attendu que cette cour souveraine, développant les conséquences résultant de l'ord. de 1667, jugea constamment que la péremption n'avait lieu que lorsqu'elle avait été demandée; qu'elle se trouvait couverte par un acte de procédure quelconque, par tout acte en reprise d'instance signifié avant la demande; d'où l'on a toujours conclu que la péremption n'était pas acquise de plein droit, qu'elle ne pouvait s'opposer par voie d'exception, théorème de droit qu'a admis le code de procédure dans les art. 399 et 400, tit. 22, liv. 2;

Attendu que, dans les nombreux monuments que nous offre la jurisprudence du parlement de Paris, on ne trouve dans aucun recueil qu'on ait jamais distingué entre les cas où la péremption concourt avec la prescription, et ceux où ce concours n'existe pas (distinction qui eût été assez bizarre, puisque la prescription ne pouvant avoir lieu qu'autant que la péremption d'instance déclarée ferait rentrer le temps de la durée dans le cours de la prescription, c'eût été alors subordonner la cause à l'effet); aussi, pour tous les cas, la règle que la péremption doit être demandée, qu'elle est couverte par tout acte de procédure antérieur à la demande, se trouve consacrée par la jurisprudence de la manière la plus générale et la plus absolue; — Attendu qu'en se conformant à cette jurisprudence, la cour de Lyon (son arrêt est du 18 janv. 1823) n'a fait qu'une juste application des règles de la matière, et qu'au surplus elle n'a violé ni pu violer aucunes lois, puisqu'il n'en existe aucunes qui aient disposé que la péremption doive avoir lieu de plein droit, lorsqu'elle peut concourir avec la prescription; — Rejette.

Du 11 janv. 1826.-C. C., sect. civ.-MM. Henrion, pr.-De Gartempe, r.

reprise d'instance. Sous cette législation l'effet de ce décès profitait aux *consorts*, et la péremption était interrompue dans l'intérêt de tous. C'est ce qui a été jugé en ces termes : — « La cour; attendu que Jeanne-Martine Mus, veuve Moris, l'une des parties en l'instance, était décédée, le 1er vent. an 7, avant l'expiration des trois années exigées par l'ordonnance de Roussillon, pour que la péremption soit acquise, et que, par ce décès, l'instance étant demeurée suspendue n'a plus été sujette à la péremption avant d'être reprise; rejette le pourvoi contre l'arrêt de la cour de Bruxelles, du 5 vent. an 12 » (Req. 27 germ. an 13, MM. Muraire, 1er pr., Genevois, rap., aff. Depape; Conf. Trèves, 17 juin 1812, aff. Slander, V. n° 161-1°).

17. Sous l'ord. de 1667, la péremption ne pouvait s'acquérir lorsqu'il y avait lieu à reprise d'instance (Toulouse, 26 fév. 1829, M. Miègeville, pr., aff. Marty). — Il y avait lieu à reprise d'instance, si une fille ou une femme veuve venait à se *marier*, pourvu que le changement d'état eût été signifié; si un cas de maladie contagieuse arrivait dans la maison de l'avocat, ou si des pièces se trouvaient perdues par accident de feu : en ces cas la péremption ne pouvait s'acquérir (arrêts, 18 août 1600, cité par Brodeau, lett. P, somm. 14, et 12 déc. 1575 rapporté par Bouchel. V. encore le Praticien français). — « En Bretagne, dit Hevin, t. 1, Remarques, p. 27, on suivait une autre règle : lorsque quelqu'un de ces *incidents* arrivait après l'instance contestée, notre pratique était que tel accident équipollait un exploit ou pièce de procédure et durait trois ans.»

18. Sous le parlement de Toulouse, le demandeur en reprise d'instance ne pouvait pas demander ensuite la péremption (parl. de Toulouse, 20 fév. 1727, Aguier, t. 1, p. 305). — Et sous la coutume de Normandie, la péremption était couverte par l'assignation en reprise d'instance donnée avant la demande en péremption (Req. 11 nov. 1807 (1); Rouen, 14 mai 1817, M. Eude, pr., aff. Buault de Beaulieu; Caen, 11 janv. 1825, M. Régnée, pr., aff. Corblin).

19. Sous l'ord. de 1563, l'instance d'*appel* pouvait tomber en péremption, et cette péremption devait être admise lorsqu'il en résultait la prescription de la faculté d'appeler (Rej. 12 therm. an 13 (2): Bordeaux; 31 juill. 1826, M. Ravez, pr., aff. Gramache *C.* Montfayon; Merlin, Rép., v°Erempt., n° 9).—Conformément à cette ordonnance, et malgré la disposition de celle de 1667 (tit. 27, art. 5) qui exigeait un jugement qui déclarât l'appel péri, la péremption s'acquérait de plein droit (Req. 14 nov. 1811, MM. Henrion, pr., Oudart, rap., aff. Lacarre). — Les instances d'appel étaient sujettes à péremption, comme celles des causes principales, lorsqu'il y avait assignation sur l'appel, et que l'appelant se laissait anticiper (arrêt du 19 mars 1742, Baume *C.* d'Albon). — Mais l'instance d'appel n'était pas sujette à la péremption, lorsque l'appel interjeté n'avait pas été suivi d'assignation (Paris, 3e sect., 30 nov. 1809, aff. Muller).—Les sentences ayant force de chose jugée, sous l'ord. de 1667, dix ans après leur signification, il s'ensuit qu'il y avait péremption acquise de l'appel d'un jugement relevé après ce délai (Cass. 20 brum. an 14, MM. Muraire, pr., Rousseau, rap., aff. Picqué).

20. En Bretagne, la péremption d'un appel ne s'admettait que quand l'action était prescrite, ce qui était contraire à l'ordonnance de 1667, qui faisait passer en force de chose jugée la sentence dont l'appel était périmé.—Cette disposition n'était point observée au parlement de Bordeaux, où l'on était reçu à appeler de nouveau pendant trente ans en refondant les dépens. Au parlement de Toulouse, on jugeait pareillement que la péremption d'appel n'emportait point confirmation de la sentence. On y était admis à appeler de nouveau, pourvu qu'on fût encore dans les dix ans (V. v° Appel civil, n° 787).

21. L'art. 2 du règlement du parlement de Paris, du 28 mars 1692, portait que les appellations tomberaient en péremption et emporteraient de plein droit la confirmation des sentences, si ce n'est qu'en cour les appellations fussent conclues ou appointées au conseil. — C'est ce que confirment les anciens auteurs, qui disent qu'il y avait péremption d'instance pour discontinuation de procédure pendant trois ans ès siéges royaux et présidiaux, et même aux requêtes du palais ou aux requêtes de l'hôtel, lorsqu'ils jugeaient à l'ordinaire, quoique les procès fussent conclus et en état d'être jugés; mais ès cours souveraines, quand le procès était conclu, il ne pouvait pas y avoir lieu à la péremption (Chenu, cent. 1, quest. 90, et cent. 2, quest. 34, 35; Peleus, quest. 14; Charondas, liv. 7, rép. 134; Filleau, part. 84, quest. 135; Louet et Brodeau, lett. P, somme 18; Leprêtre, cent. 1, chap. 56; Descombes, part. 1, chap. 2, p. 466; de Ferrière, v°Erempt.; Rousseau de Lacombe, art. 2).

22. Lorsque la péremption était acquise en appel contre l'appelant, il ne lui était plus permis d'intenter de nouveau son action, quoique le temps de la prescription ne fût pas accompli; d'où il suivait que l'action périssait avec l'instance, par le moyen de la péremption en cause d'appel, puisque la sentence passait en force de chose jugée (de Ferrière, *ubi suprà*).

23. Au reste, du principe que la péremption en cause d'appel emportait de plein droit la confirmation du jugement de première instance, il faut conclure que l'intimé seul avait le droit de demander la péremption sur l'appel (Rej. 21 nov. 1837, aff. Ponsat, V. Prescript.).—V. n° 321.

24. L'instance de *requête civile* était aussi sujette à péremption (Boniface, t. 3, liv. 3, tit. 4, ch. 11). — L'arrêt *par défaut* faute de comparaître, non signifié, était sujet à péremption (arrêt du mois de juin 1731). Mais le défaut faute de défendre, distribué au parlement, n'y était pas sujet (arrêt du 19 fév. 1687).

25. L'ordonnance de 1629, art. 61, avait établi que toutes *saisies-arrêts* de deniers périraient par trois années, encore qu'il n'y eût eu aucune assignation donnée en conséquence d'iceux. Mais cette disposition n'était pas observée, ainsi qu'il résulte d'un acte de notoriété du Châtelet de Paris, du 23 juill. 1707.— C'est pourquoi il a été jugé que, dans le ressort du parlement de Paris, les simples oppositions non accompagnées ni suivies de citation en justice, étaient considérées comme de simples actes conservatoires et n'étaient pas sujettes à la péremption (Rej. 14 août 1820 (3); de Ferrière, v° Erempt.; Rousseaud de Lacombe, art. 4, § 9). — Mais si elles contenaient assignation pour affirmer, elles périssaient comme les autres (Denizart, v° Péremption, n° 337).

(1) (Decajuel.) — LA COUR; — ...Attendu 4° que dans la supposition où cette première instance eût été déclarée périmée par la discontinuation de procédure pendant trois ans, il aurait fallu, pour faire déclarer la péremption acquise, que les héritiers Decajuel eussent fait assigner eux-mêmes le sieur Beaurepaire en péremption d'instance; d'où il suit que ne l'ayant pas fait, elle a été couverte par l'assignation qu'il leur a fait signifier lui-même en reprise de ladite instance;—Rejette.

Du 11 nov. 1807.-C. C., sect. req.-MM. Muraire, 1er pr.-Cochard, r.

(2) (Boyer *C.* Chaussinand.) — LA COUR; — Attendu que la sentence du 19 avr. 1787 a été rendue dans une juridiction alors dans le ressort de l'ancien parlement de Toulouse, qui avait maintenu l'exécution littérale de l'art. 17 du tit. 27 de l'ord. de 1667; que cette sentence avait été signifiée à procureur et à domicile dès le 23 du même mois; que les dix ans accordés pour appeler étaient expirés depuis longtemps, lorsque le 17 prair. an 9, a été formée la demande en péremption d'instance; qu'il est reconnu qu'il y avait eu interruption de procédure pendant trois ans; d'où il résulte que, comme l'exige l'art. 15 de l'ord. de 1563, il y avait concours de la prescription de la faculté d'appeler, et de la péremption d'instance;—Qu'ainsi en déclarant l'instance périmée, la cour d'appel de Riom, loin de contrevenir à cette loi, en a fait une juste application; — Rejette, etc.

Du 12 therm. an 13.-C. C., sect. civ.-MM. Cochard, pr.-Vasse, rap.-Jourde, av. gén., c. contr.-Dufresneau et Guichard, av.

(3) (Plinguet *C.* Descourtils.) — LA COUR; — Attendu que les oppositions dont il s'agit avaient été faites avant la publication du code de procédure civile, et que les dispositions des art. 563, 564 et 565 de ce code ne pourraient leur être appliquées sans donner à ces articles un effet rétroactif; — Attendu que ces oppositions, non accompagnées ni suivies de citation, n'étaient que des actes conservatoires qui, d'après la jurisprudence du parlement de Paris, dans l'ancien ressort duquel les parties étaient domiciliées, n'étaient point sujets à péremption; — Attendu, pour ce qui concerne en particulier la dame Descourtils, femme divorcée de Jean-Baptiste Plinguet, que la veuve Plinguet, ayant renoncé, après la mort de son mari, à la communauté de biens qui avait existé entre eux, elle ne conserva, d'après l'art. 1492 c. civ., aucun droit sur la créance qui leur avait été cédée par Descourtils fils; que cette créance devint la propriété exclusive de Jean-Baptiste Plinguet, héritier de son père; que le transport qu'il en fit à sa mère ne la saisit, à l'égard des tiers, conformément à l'art. 1690 du même code, qu'au moment de la signification de ce transport au débiteur saisi, et que ces articles ne font que confirmer les principes anciens; — Attendu que, lorsque cette signification fut faite, déjà la dame Descourtils, créancière du cédant,

26. N'étaient non plus sujettes à péremption les saisies réelles, lorsqu'il y avait eu établissement de commissaire en bail judiciaire (Rennes, 2e ch., 10 mars 1818, aff. de Grasse *C.* Malétroit; Brodeau sur Louet, lettre S, somm. 14; de Ferrière, vo Përempt.; Rousseaud de Lacombe, no 3). — Cette jurisprudence était suivie dans les pays relevant de la juridiction du parlement de Paris, qui, par un arrêté du 28 mars 1692, rendu toutes les chambres assemblées, a ordonné que les saisies réelles et les instances de criées des terres, héritages et autres immeubles, ne tomberaient en péremption lorsqu'il y aurait établissement de commissaires et baux faits en conséquences (Denizart, no 7, art. 3). — En tout cas, et par application du principe de l'*indivisibilité*, l'opposition d'un seul opposant à une saisie réelle, empêchait la péremption en faveur des autres créanciers qui n'y avaient pas formé opposition (23 août 1735, arrêt, M. du Mans, r.).

27. Il n'y a que le *roi*, dit Chopin, sur la coutume de Paris, qui ne soit pas sujet à péremption; aussi n'étaient pas sujettes à péremption les instances qui étaient relatives aux droits du roi, aux domaines de Sa Majesté, au droit public, aux causes de régales, aux causes d'appel comme d'abus. Ce principe s'étendait encore aux procès où le procureur général était partie, et aux appels d'incompétence, parce que cela regardait le droit public. — Mais la péremption avait lieu contre les *communautés religieuses;* elle était encore admise contre les *églises*, les *hôpitaux* et les *fabriques*, mais seulement lorsqu'il ne s'agissait en l'instance, pour ces derniers, que de fruits et jouissances, et que la péremption ne tendait pas à leur faire perdre leurs fonds (arrêts du 13 avr. 1518, au profit de l'Hôtel-Dieu de Paris; V. encore Brodeau, lett. P, no 14, qui cite un autre arrêt semblable du 23 déc. 1630, et *contrà*, sur la distinction, Lacombe, vo Përempt., no 13). — Les lettres de restitution contre les péremptions étant défendues par l'art. 120 de l'ordonnance de 1539, il en résultait que la péremption avait lieu tant contre les *mineurs* que contre les majeurs, sauf aux mineurs à avoir leurs recours contre leurs *tuteurs* (arrêt de règlement du 5 juin 1703; Chenu, cent. 1, quest. 91, et t. 4, p. 378; Papon, liv. 8, tit. 16, nomb. 3; Leprêtre, cent. 2, chap. 66; Louet et Brodeau, lett. J, somm. 13; Mornac, *Ad leg. properandum*, § *Si desidia*, Cod., *tit. de judiciis;* de Ferrière, vo Përempt.).

28. Il n'y avait pas lieu à péremption dans une affaire sur laquelle les parties convenaient avoir verbalement compromis (arrêt de la grand'chambre, 15 mars 1737), et les lettres missives suffisaient pour interrompre la péremption (*ibid.*).—V. no 236.

29. Après cet exposé de la législation ancienne et de la jurisprudence qui a eu à se préoccuper, même jusqu'à nos jours, des questions régies par elle, il nous reste à dire brièvement que les motifs du titre de la Péremption dans notre code de procédure, apparaissent à peine dans l'exposé de M. Treilhard où on ne lit que ces mots : « Le titre sur la péremption d'instance par discontinuation de poursuites pendant trois ans, offre des règles si précises, si simples, mais en même temps si forcées qu'il suffit de les lire pour les justifier. » — A l'égard du rapport de M. Perrin, bien qu'il soit plus explicite sur l'origine et les dispositions de ce titre, il ne sera pas d'un grand secours pour la solution des difficultés auxquelles ces dispositions peuvent donner naissance (1). — Enfin, et quant au texte lui-même (adopté le 14 avril 1806, et promulgué le 24) (2), ses termes, malgré leur clarté, mais par suite peut-être de leur brièveté, ont donné lieu à une foule de questions qui seront examinées dans les sections qui vont suivre.

---

avait formé son opposition dans les mains du débiteur cédé; que la créance, objet de la cession, ne passa donc à la veuve Plinguet que chargée de l'opposition de la dame Descourtils, et que celle-ci put exercer sur cette créance les mêmes droits qu'elle était autorisée à y exercer avant la cession;—Attendu que la séparation des patrimoines des sieurs Plinguet père et fils n'ayant pas été demandée, il n'y avait lieu à faire aucune distinction entre leurs créanciers personnels ; d'où il suit qu'en ordonnant que la créance dont il s'agit serait distribuée au marc le franc entre la dame Descourtils, le sieur Delespine et la dame veuve Pringuet, l'arrêt attaqué n'a violé aucune loi ; — Rejette le pourvoi formé contre l'arrêt de la cour d'appel d'Orléans du 10 juill. 1813.

Du 14 août 1820.-C. C., sect. civ.-MM. Brisson, pr.-Trinquelague, rap.-Jourde, av. gén., c. conf.-Delagrange et Camus, av.

(1) Extrait du rapport de M. Perrin sur les titres 10 à 25 du liv. 2 du projet du code de procédure (séance du 14 avril 1806).

Après avoir fatigué votre attention, messieurs, du détail de ces incidents qui, trop souvent, retardent la marche de la justice, compliquent les débats, et souvent dénaturent la contestation, c'est avec plaisir qu'en terminant la carrière que j'avais à parcourir j'ai à vous présenter des idées plus consolantes, en vous entretenant des moyens que la loi organise pour terminer les procès sans discussions ni débats, et d'un ordre de procédure plus simple, moins long, moins dispendieux qu'elle prescrit, soit pour les contestations qui, par leur nature, sont peu susceptibles d'une longue discussion, soit pour celles dont l'objet exige une prompte décision. — Les contestations se terminent sans discussion, ou par la péremption ou par le désistement.

La péremption est un moyen adopté dans le droit pour empêcher que les contestations entre les citoyens ne s'éternisent et n'entretiennent entre eux les divisions, les haines, les dissentiments, qui en sont l'effet trop commun ; *ne lites fiant pene immortales*, disait l'empereur Justinien dans la loi *Properandum, et vitæ hominum modum excedant.*

La péremption, toujours favorablement accueillie dans le droit français, a été consacrée par nos anciennes ordonnances, et particulièrement par celle de Villers-Cotterets, donnée en 1559. — Le droit écrit en fixait le terme à trois années, et, si l'on en excepte quelques provinces, telles que la Franche-Comté, le Dauphiné, cette disposition était généralement adoptée, mais elle variait dans son application. — Dans le droit écrit, et suivant la loi que j'ai déjà citée, la péremption ne pouvait s'acquérir contre le domaine ni dans les causes qui concernaient des fonctions publiques ; *exceptis tantummodo causis quæ ad jus fiscale pertinent, vel quæ ad publicas respiciunt functiones.* — Parmi nous, la jurisprudence avait aussi excepté les causes du domaine, et jusqu'à un arrêt de règlement du 5 juin 1703, la plupart des tribunaux comprenaient aussi dans l'exception les causes qui concernaient les mineurs ; ce règlement ne fut pas même capable d'amener de l'uniformité sur ce point. — Il n'y en avait pas non plus sur les moyens d'interrompre la péremption sur l'effet d'un acte nul, et sur celui du décès ou du changement d'état des parties ; enfin c'était encore un problème de savoir si un acte valable signifié après la péremption acquise, mais non demandée, pouvait la couvrir. Et cette question se subdivisait encore lorsque l'on distinguait par qui l'acte avait été signifié, lorsque l'on prétendait que le procureur de celui au profit de qui la péremption était acquise ne pouvait faire perdre à son client un droit qui lui appartenait. — Enfin, l'effet même de la péremption était incertain, et celui qui l'avait laissé acquérir cherchait encore à sauver les débris d'une procédure que la loi réprouvait, en conservant le droit d'opposer les preuves qu'elle renfermait. — Telle était, messieurs, et telle est encore l'incertitude de notre jurisprudence sur une disposition de droit qui, destinée à mettre un terme aux procès, en faisait naître qui, par la variété des opinions, laissaient à chaque partie l'espoir du succès.

Le projet qui vous est présenté a tout prévu, et les dispositions les plus précises terminent tous les débats ; elles sont toutes modelées sur les avantages qui résultent de la péremption ; elles tendent toutes à en favoriser les effets. — Elle sera acquise après trois années de cessation de poursuites ; ce délai sera augmenté de six mois toutes les fois qu'il y aura lieu en demande en reprise d'instance ou en constitution de nouvel avoué. — Elle courra contre l'Etat, les établissements publics, même les mineurs, sauf le recours contre les administrateurs ou tuteurs. — Elle sera demandée et se couvrira par les actes valables faits par l'une ou l'autre des parties avant la demande. — Enfin, sans éteindre l'action, elle éteint la procédure, sans qu'on puisse jamais en opposer aucun des actes, ni s'en prévaloir. — C'est ainsi que le projet dissipe d'un mot toutes les incertitudes, fixe la jurisprudence et favorise, autant qu'il est possible, un moyen, dès longtemps adopté, de terminer les débats.

(2) Extrait du liv. 2 du code de procédure, tit. 22 : De la péremption.

Art. 397. Toute instance, encore qu'il n'y ait pas eu constitution d'avoué, sera éteinte par discontinuation de poursuites pendant trois ans. — Ce délai sera augmenté de six mois, dans tous les cas où il y aura lieu à demande en reprise d'instance, ou constitution de nouvel avoué.

398. La péremption courra contre l'Etat, les établissements publics, et toutes personnes, même mineures, sauf leurs recours contre les administrateurs et tuteurs.

399. La péremption n'aura pas lieu de droit; elle se couvrira par les actes valables faits par l'une ou l'autre des parties avant la demande en péremption.

400. Elle sera demandée par requête d'avoué à avoué, à moins que l'avoué ne soit décédé, ou interdit, ou suspendu depuis le moment où elle a été acquise.

401. La péremption n'éteint pas l'action ; elle emporte seulement extinction de la procédure, sans qu'on puisse, dans aucun cas, opposer aucun des actes de la procédure éteinte, ni s'en prévaloir. — En cas de péremption, le demandeur principal est condamné à tous les frais de la procédure périmée.

Art. 2. — *Des caractères de la péremption.*

30. La péremption ayant pour effet de faire déclarer l'instance éteinte, a quelque analogie avec la prescription. Ainsi, comme cette dernière, elle ne peut être suppléée par le juge, car elle n'a pas lieu de plein droit (c. pr., art. 401). — Mais elle diffère de celle-là, en ce sens que le délai exigé pour la prescription une fois acquis, le bénéfice ne peut en être soustrait à la partie qui peut s'en prévaloir, par des actes qui seraient faits en vue d'interrompre la prescription : au contraire, la péremption, quoique le délai de trois ans se soit écoulé, peut être couverte tant qu'elle n'a pas été demandée, par un acte quelconque émané de la partie contre laquelle elle était opposable. — Il y a encore cette différence que la péremption doit être demandée, tandis qu'il suffit d'opposer la prescription (V. n° 119).—Au reste, de même qu'on peut renoncer à la prescription acquise (c. nap. 2220), il est permis de renoncer à la péremption non encore proposée, ce qui a même lieu au moyen d'un simple acte de procédure; il peut aussi y être renoncé après qu'elle a été proposée, si un jugement n'a pas encore fait droit à la demande.

31. Que décider à l'égard de la renonciation faite d'avance à une péremption non encore acquise? — Une telle renonciation serait-elle nulle comme celle qui est faite d'avance à la prescription (c. nap. 2220)? — Oui, à notre avis, si la renonciation est générale et sans limitation de temps; car ce serait supposer qu'on peut entretenir un procès sans qu'il fût fait aucun acte de procédure, même pour un temps qui excéderait celui fixé pour la prescription de l'action elle-même.—Mais il en serait autrement si le délai suspensif était déterminé, par exemple, pour cinq, dix ou quinze années. Ce serait là une convention purement suspensive de l'instance, et peut-être même de l'action au fond, que des considérations toutes particulières pourraient, à nos yeux, rendre parfaitement licite. — Il est même des cas où une renonciation implicite pourrait être validée (V. n° 236).

Toutefois, cette renonciation limitative ne devrait pas être admise dans une instance relative à des intérêts touchant à l'ordre public.—Aussi a-t-il été décidé, et cela est moins difficulteux encore, puisque la renonciation était générale, que la péremption d'une demande en séparation de corps peut être demandée par une partie, nonobstant la convention par laquelle elle aurait renoncé à s'en prévaloir ; qu'une telle renonciation à une péremption non encore acquise n'est pas valable (Bourges, 21 déc. 1815) (1).

32. On a dit que la péremption était un désistement tacite (Montpellier, 9 août 1851, aff. Yeno, D. P. 54. 5. 566; Req. 6 fév. 1844, aff. com. de Vindefontaine, V. n° 239-3°; V. aussi Carré, p. 378 et n° 1468; Bourbeau, p. 602, 646 s., 670; Reynaud, n° 81), ce qui est trop absolu, car, tout au plus peut-elle, en raison de ce qu'à l'égard de la partie contre qui elle est formée, elle implique l'idée d'une sorte d'abandon de l'instance, être considérée comme ayant quelque analogie avec le désistement. Elle peut aussi, vis-à-vis de cette même partie, être regardée comme une sorte de punition ou une déchéance en ce qu'elle a omis de donner suite au procès qu'elle avait intenté et a tenu ainsi sous le coup d'une instance un adversaire au secours duquel arrive la loi, en lui permettant de faire déclarer périe après un certain temps la procédure dans les liens de laquelle il a été molestement tenu. — V. n° 180.

33. D'un côté, la péremption implique l'idée qu'il existe une instance, c'est-à-dire un procès actuellement pendant.

34. D'un autre côté, on ne comprend guère d'instance ou de procès lorsque l'intérêt qui l'a fait naître a cessé d'exister. Aussi ne vient-il pas à l'idée que le défendeur demande la péremption d'une instance lorsqu'il a désintéressé le demandeur, et il a été très-bien jugé que lorsque le débiteur saisi a désintéressé le saisissant qui a discontinué les poursuites pendant trois ans, il y a lieu, en ce cas, à demander la mainlevée de la saisie-arrêt, et non pas la péremption de l'instance (Bordeaux, 30 août 1841) (2).

35. Il faut bien se garder de confondre l'instance dont la péremption est demandée avec l'instance ou la demande en péremption elle-même : celle-là, dès qu'elle est formée, se continue par des actes qui s'accomplissent tous au même titre, quel que soit le délai écoulé entre eux; l'un suit l'autre, et l'instance se relie par ces actes qui, en tant qu'interruptifs de péremption, sont considérés comme éléments de la procédure (V. n° 114, 175).— Il a été jugé, en ce sens, qu'un maire autorisé à plaider n'avait pas besoin d'une autorisation nouvelle pour consentir à une remise de cause, et, par conséquent, à un acte ou incident interruptif de la péremption (Req. 7 janv. 1835, aff. Lainsceq, V. Commune, n° 1578).

36. A l'égard de la demande en péremption, placée dans le livre 2, à la suite des *incidents*, elle semblerait ne devoir être considérée que comme une demande *incidente* à l'instance qu'elle se propose d'anéantir et non comme une instance principale. En effet, c'est un incident, en tant que formée au cours de l'instance et se rattachant à la demande originaire; à ce titre encore elle est dispensée des préliminaires de conciliation; elle est signifiée par acte d'avoué à avoué, et n'est pas soumise aux prescriptions de l'art. 61 c. pr. (V. nos 287 et suiv.); enfin, elle est portée devant le tribunal saisi de l'instance principale, quel que soit le domicile de la personne contre laquelle elle est dirigée (V. n° 299). Sous tous ces rapports elle forme un incident.—Mais si l'on considère que la demande en péremption a un but tout particulier, essentiellement différent de celui de l'instance à laquelle elle s'attaque, qu'elle tend à anéantir celle-ci, qu'elle doit recevoir une solution spéciale, on reconnaîtra qu'elle forme une demande essentiellement principale.

37. La péremption a donc, à cet égard, un double caractère, aussi M. Chauveau, n° 378, dit-il très-bien, que, sous le rapport du fond et de l'objet qu'elle se propose, la péremption est une demande principale et distincte de la demande originaire; mais qu'à cause des rapports nécessaires qu'elle a avec l'instance qu'elle veut faire anéantir, on doit la considérer comme *incidente* en ce qui concerne la forme de procéder. Dans le sens de cette doctrine, il a été jugé qu'une instance en péremption n'étant qu'une procédure incidente à un procès existant, a pu être valablement introduite, nonobstant le décès de l'une des parties dans l'intérêt desquelles la péremption est demandée, si elle a été formée avant toute notification de ce décès (c. pr. 344), et surtout si cette demande a été plaidée, à une première audience, sans opposition du défendeur en péremption (Montpellier, 17 nov. 1829) (3). — Cet arrêt, tout en rendant cette décision qui nous paraît exacte, pose, dans ses motifs, le principe que la de-

(1) *Espèce :* — (Dutremblay C. sa femme.) — La dame Dutremblay avait formé, en l'an 13, une demande en séparation de corps contre son mari; mais les poursuites furent presque immédiatement suspendues; il intervint une convention par laquelle le sieur Dutremblay s'interdisait de demander la péremption de l'instance. Cependant, après une suspension de poursuites de sept années, le sieur Dutremblay voulut mettre fin au procès et présenta, en 1812, une requête en péremption. — Arrêt.

La cour; — Considérant, au fond, qu'il s'est écoulé plus de trois ans sans poursuite de l'instance; — Que la convention qui a eu lieu entre les parties, portant suspension des poursuites, ne peut être opposée : 1° parce qu'on ne peut point renoncer à la prescription non acquise, et que cette convention sur une demande en séparation est déclarée inefficace par la loi; et 2° parce que tous les actes dont on veut argumenter contre la péremption sont étrangers à l'instance; — Dit qu'il a été mal jugé; déclare l'instance en séparation périmée; condamne, etc.

Du 21 déc. 1815.-C. de Bourges, 1re ch.-M. Jaimebon, pr.

(2) (Puygerole, etc. C. Jossot.) — La cour; — Attendu que toutes les parties reconnaissent que le 8 juin 1859, conformément à certaines stipulations, Puygerole fut payé par Jossot de tout ce que celui-ci pouvait lui devoir; qu'en conséquence, il fut convenu entre Puygerole et Jossot que toutes contestations cesseraient entre eux, et que toutes poursuites seraient arrêtées; — Attendu que la saisie-arrêt faite par Puygerole au préjudice de Jossot, dans les mains d'un sieur Chaudet, le 23 nov. 1835, tombait évidemment devant les nouvelles conventions arrêtées entre les parties; que, tout étant fini entre elles, la saisie-arrêt n'avait plus d'objet, et qu'il devenait inutile d'en solliciter en justice la péremption; que Jossot pouvait demander la mainlevée de la saisie-arrêt, et recouvrer ainsi le droit d'agir contre Chaudet, ce qu'il n'a pas fait; que la voie par lui prise n'était pas légale, après les faits plus haut exposés, et qu'il y a lieu, par conséquent, de faire droit de l'appel interjeté, tant par les époux Puygerole que par la veuve Pujol; — Déclare Jossot non recevable dans sa demande en péremption.

Du 30 août 1841.-C. de Bordeaux, 1re ch.-M. Desgranges, pr.

(3) *Espèce :* — (Caumels C. Caumels.) — En 1808, instance entre les héritiers Caumels et les sieurs et dame Boussac.— Constitution d'avoués; sommation à venir plaider, du 19 août 1817. —23 août 1826, demande en péremption par le sieur Boussac. — Le même jour, l'avoué de ce dernier reçoit une nouvelle sommation d'audience, à la requête des héritiers

mande en péremption ne constitue point une demande principale, proposition qui est peut-être trop générale dans ses termes, mais qui s'explique cependant lorsqu'on la rapproche de l'espèce dans laquelle elle a été posée, et où la demande était bien un incident de procédure.

38. De ce que la péremption peut être considérée comme une demande principale, il suit, et il a été jugé que celle qui a été formée contre une poursuite en saisie immobilière n'est pas un incident dans le sens de l'art. 723 c. pr.; que, par suite, l'appel du jugement qui a statué sur cette demande peut être interjeté dans les trois mois de la signification de ce jugement, et que c'est à tort qu'on prétendrait qu'il aurait dû l'être dans la quinzaine (Metz, 12 avril 1826, aff. Lhoste-Renet, V. nº 174).—On trouvera, du reste, dans le cours du présent travail, de nombreuses applications du principe que la demande en péremption constitue une demande principale.

39. La péremption est-elle indivisible? — Ce point est fort controversé.—V. nºs 303 et suiv.

Art. 3.—*Des personnes qui ont qualité pour demander la péremption.*

40. La péremption peut être demandée par toute personne qui a le droit de disposer de l'objet du litige ou par son fondé de pouvoir. — Et, quoique les dispositions du code de procédure paraissent ne s'être préoccupées que des parties qui sont engagées personnellement dans l'instance, la jurisprudence et les auteurs ont dû se prononcer sur des questions où la qualité des personnes qui demandaient la péremption était examinée d'une manière plus générale.

41. D'abord, on conçoit bien que celui qui n'a pas la jouissance des droits civils, serait sans qualité pour former une demande en péremption.—Et il a été jugé qu'à supposer que l'Etat, aux droits d'un émigré, ait pu faire déclarer la péremption d'instance avant l'expiration des trois années qui ont suivi la radiation de cet émigré, la même faculté ne saurait appartenir à ce dernier: « Attendu que... jusqu'à la radiation il a été impossible de suivre l'instance contre lui, puisqu'il s'était rendu, par son propre fait, hors d'état d'ester en jugement » (Bruxelles, 30 frim. an 14, aff. X...).

42. D'un autre côté, l'intérêt étant la mesure des actions, on a très-bien jugé, ce semble : 1º que des créanciers peuvent proposer la péremption d'instance du chef de leur débiteur : « Attendu, porte l'arrêt, que l'art. 1166 c. nap. autorise les créanciers à exercer les droits de leurs débiteurs» (Paris, 19 juin 1813, aff. Julier *C.* Blay, V. Oblig.); — 2º Que le cédant d'une créance qui fait l'objet du procès, a qualité, nonobstant la cession, pour suivre l'instance et en demander la péremption, alors d'ailleurs qu'il n'y a pas eu novation (Grenoble, 27 août 1817) (1); — 3º Qu'un légataire particulier, chargé par le testateur d'acquitter toutes ses obligations, a qualité pour demander la péremption d'une instance exclusivement relative à un immeuble qui forme son legs (C. C. belge, 25 mai 1836) (2).—V. nº 79.

43. Toutefois, la jurisprudence s'est montrée plus sévère à l'égard des créanciers qui, dans une faillite, sont représentés par les syndics, et il a été décidé que lorsqu'une instance a été suivie par un syndic au nom et comme mandataire d'une union de créanciers, chacun des créanciers liés par le contrat d'union, est sans qualité pour fournir en son nom personnel et sans le ministère du syndic non révoqué, une demande en péremption de cette instance; qu'il en serait ainsi lors même que la demande en péremption aurait été présentée collectivement par plus des trois quarts des créanciers figurant au contrat d'union (Rej. 24 mars 1835) (3) : c'est ce qui aurait été jugé en règle générale.

Caumels. — 16 mars 1827, la cause est plaidée sur la demande en péremption, sans autre opposition de Caumels, que celle tirée de la priorité de date qu'il cherchait à établir en faveur de sa demande. — Cependant l'une des parties, la dame Boussac, était décédée antérieurement à la demande en péremption. Ce ne fut que le 19 mars 1827 que Caumels notifia ce décès, et conclut, en conséquence, au rejet de la péremption, pour ce nouveau motif, une semblable demande n'ayant pu être formée au nom d'une partie décédée. —22 mars 1827, jugement qui déclare l'instance périmée, et condamne les héritiers Caumels en tous les frais. — Appel. — Arrêt.

La cour; — Attendu, en droit, qu'une instance en péremption ne constitue pas une instance principale, qu'elle n'est qu'une procédure incidente à un procès préexistant; qu'ainsi, les significations qui la constituent sont valablement faites jusqu'à la dénonciation du décès de l'une des parties; que, dans la cause, la requête a été signifiée avec bonne foi; que les qualités ont été posées sans réclamation; que la cause a été plaidée contradictoirement, et le ministère public entendu avant la dénonciation du décès de Marie Bourles, épouse Boussac; qu'après cette dénonciation, l'avoué desdits Boussac n'a fait aucun acte de procédure; qu'ainsi le tribunal, qui n'avait renvoyé que pour délibérer, n'avait point à s'arrêter, et qu'il a jugé régulièrement; — Attendu que les actes de la cause ne justifient point assez que la priorité de date appartienne à la requête en péremption; mais que les faits en preuve coarctés pour les héritiers Boussac sont pertinents et admissibles, puisqu'ils n'ont pu se procurer la preuve écrite de cette priorité; que la vérité de ce principe a été consacrée par plusieurs arrêts de la cour, confirmés par la cour de cassation, le premier, en date du 6 août 1811; un second et un troisième rapportés par Sirey, en 1827;—Par ces motifs, admet les héritiers Boussac à prouver, tant par actes que par témoins, que la requête en péremption, du 23 août 1826, a été signifiée en plein jour, et qu'au contraire la sommation d'audience du même jour ne fut signifiée que le soir.

Du 17 nov. 1829.-C. de Montpellier.-M. de Trinquelague, 1er pr.

(1) (Dusserre *C.* Savoie) — La cour; — Considérant qu'il est d'autant moins possible de douter que le sieur Dusserre avait toujours qualité pour continuer la poursuite du procès; que sa femme, cessionnaire, n'étant point elle-même soumise à le faire terminer, à faire cesser l'obstacle qui s'opposait à l'exécution de la cession, pouvait toujours reprendre ses poursuites contre lui, pour le payement de ses créances, sans qu'il pût lui opposer cette même cession : d'où il suit qu'en demandant, comme il l'a fait, que l'instance qui avait existé entre lui et le sieur Savoie fût déclarée périmée, il a agi dans ses propres intérêts, en même temps qu'il n'a fait qu'user de son droit, que remplir ses obligations envers sa femme;—Considérant qu'il est indifférent que la dame Dusserre ait fait notifier la cession dont s'agit au sieur Savoie, d'autant que cette formalité n'avait pour objet que d'empêcher le sieur Savoie de faire aucun payement au sieur Dusserre, de diminuer les sûretés ou ressources de la dame Dusserre, et nullement de faire novation, en sorte que la notification de la cession était à l'instar d'une saisie-arrêt; qu'il est constant qu'il s'est écoulé un temps suffisant pour opérer la péremption dont il s'agit; — Déclare l'instance périmée.

Du 27 août 1817.-C. de Grenoble.

(2) (Le domaine *C.* de Theux) — La cour; — Vu les art. 397, 399 et 401 c. pr., les seuls que le demandeur invoque à l'appui de son pourvoi; —Sur le premier moyen, fondé sur ce que les sieurs de Gomzé et de Theux de Meylandt n'étant qu'héritiers partiaires du chanoine de Theux, n'avaient pas qualité pour former la demande en péremption : — Attendu qu'aucun de ces articles ne détermine quels sont les héritiers ou ayants cause qui peuvent demander la péremption des instances dans lesquelles le défunt était partie ; d'où il suit que la cour de Liége, en décidant que le sieur de Gomzé comme légataire particulier du domaine de Villereaux, et chargé avec le sieur de Theux de Meylandt du payement des dettes du défunt, avait le principal intérêt et par suite qualité pour demander la péremption des instances dont s'agit, et auxquelles le domaine de Villereaux avait donné lieu, n'a violé aucun des articles précités, mais a fait au contraire une juste application des principes relatifs à la matière;

Sur le moyen tiré de ce que le demandeur originaire n'est pas recevable à demander la péremption d'instance : — Attendu que l'art. 469 c. pr. déclare que la péremption en cause d'appel a l'effet de donner au jugement dont appel la force de la chose jugée; que cet article autorise donc l'intimé à demander la péremption des instances d'appel, et ne fait aucune exception pour le cas où l'intimé serait demandeur au principal; — D'où il suit qu'en déclarant, sur la demande de l'intimé, quoiqu'il fût demandeur originaire, périmées les instances d'appel dont s'agit, et en condamnant en conséquence l'appelant aux dépens, la cour de Liége n'a pas non plus violé ni faussement appliqué les articles précités;—Par ces motifs, rejette le pourvoi formé contre l'arrêt de la cour de Liége, du 14 mai 1835.

Du 25 mai 1836.-C. C. belge, ch. civ.-M. Lefebvre, rap.

(3) *Espèce :* — (Bertrand et autres *C.* Esnault.) — Le 19 oct. 1821, les créanciers de la veuve Devaux et de son fils, s'étant réunis au nombre de vingt, arrêtèrent un traité dans lequel, après avoir discuté et accepté la cession faite par leurs débiteurs, ils nommèrent pour syndic ou directeur de l'union le sieur Couvert. — « A l'effet de quoi, dit le traité, tous les pouvoirs qui naissent du présent abandonnement lui sont transmis; il les exercera sans exception aucune, et dans le sens le plus étendu; toutes les significations lui seront valablement adressées; enfin il fera seul tout ce que les créanciers pourraient faire eux-mêmes, en vertu de la cession qui précède, soit séparément, soit collectivement... »

En conformité de cet acte, il fut procédé aux poursuites contre un sieur Esnault, par le sieur Couvert, comme représentant la masse des créanciers. — C'est à ce titre qu'il figure dans les qualités établies par

44. Les héritiers d'une personne décédée ont évidemment qualité pour demander la péremption. — Mais il a été décidé : 1° que lorsqu'après la mort du mari, la femme qui n'est point son héritière a fait prononcer la péremption d'une instance suivie contre lui, les héritiers du mari n'ayant point été parties, ne peuvent pas se prévaloir du jugement ou arrêt qui est intervenu (Bruxelles, 17 nov. 1815) (1);—2° Que si, après le décès du mari, l'instance commencée avec celui-ci, a été terminée avec ses héritiers seulement, sans que la veuve ait fait connaître son existence et sa qualité ou ait été mise en cause, cette dernière est réputée n'y avoir jamais été partie, et, dès lors, elle est non recevable à reprendre plus tard cette instance pour en faire prononcer la péremption à son égard (Req. 30 janv. 1843, aff. Chamblant, v° Contr. de mar., n° 1141, arrêt indiqué à tort comme émané de la cour de Paris). — Cette dernière décision offre de l'intérêt en raison de la netteté avec laquelle elle pose la situations de la femme relativement aux instances engagées avec son mari. Il est bien certain que d'ordinaire elle ne figure pas au procès durant la vie de celui-ci; et, après sa mort, il faudrait qu'elle y fût intervenue ou qu'elle y eût été appelée pour qu'elle pût être réputée partie dans l'instance. Mais, par l'acceptation de la communauté, la femme acquiert le droit de se prévaloir de ce qui a été fait par son mari, de même qu'on peut lui opposer les actes par lesquels ce dernier a engagé la communauté. Or, si le mari a fait signifier le jugement qu'il avait obtenu, ne semble-t-il pas que la femme pourra se prévaloir de cet acte, en ce qui la concerne, et qu'après avoir notifié son changement d'état, elle sera fondée à se prévaloir du défaut d'entretien de l'instance par l'appelant?—En tout cas, l'arrêt que celui-ci aura obtenu contre les héritiers du mari, pourra-t-il être opposé à sa veuve? On ne le pense pas, quelle que soit la manière dont on entende l'indivisibilité des procédures.

45. La femme mariée a-t-elle besoin d'une autorisation spéciale pour demander la péremption d'une instance engagée contre elle, si, d'ailleurs, elle a déjà été autorisée à défendre à la demande principale? — Non, évidemment, puisque la demande en péremption n'est que la conséquence de l'action originaire.—Au surplus, la demande en péremption formée, elle pourrait ensuite s'adresser à la justice pour obtenir l'autorisation de suivre sur la demande.—V. n°s 35, 50.

46. Quant au mari, il peut toujours former la demande en péremption d'un procès auquel il défend pour lui et pour sa femme.—Il a même été jugé que la péremption demandée par le mari, tant en son nom qu'au nom de sa femme, mais après le décès de celle-ci, d'une instance introduite simultanément contre tous deux, relativement à des biens dotaux dont le mari survivant est usufruitier, est acquise aux héritiers de la femme comme au mari lui-même (Req. 2 mai 1822) (2), ce qui nous paraît souffrir difficulté lorsque les droits, comme ici, ne sont pas indivisibles ou qu'il n'y a pas de solidarité.—V. ce qui est dit à l'art. 8.

47. Le mineur et l'interdit ne peuvent former une demande en péremption sans l'assistance de leur tuteur ou de leur cura-

---

un arrêt de la cour de Rennes, du 25 juill. 1822.—C'est aussi à sa requête qu'un pourvoi est formé contre cet arrêt, et qu'il est cassé par arrêt de la cour suprême, du 20 nov. 1824.

Ce dernier arrêt fut signifié le 13 janv. 1825, et il paraît que depuis le sieur Esnault ne se mit pas en peine d'obtenir un nouvel arrêt de la cour d'Angers, devant laquelle la cause avait été renvoyée par l'arrêt de cassation.

Le 22 mars 1831, les créanciers de la veuve Devaux et de son fils, au nombre de dix-sept, agissant en personne et non plus par leur syndic le sieur Couvert, firent assigner Esnault à comparaître devant la cour d'Angers pour voir dire : « Attendu que, depuis le 13 janv. 1825, les parties se trouvaient en instance, puisque la procédure suivie devant la cour de Rennes se trouvait annulée; que la procédure discontinuée pendant plus de trois ans se trouve périmée;—Voir dire, par ces motifs, que l'appel interjeté par le sieur Esnault est périmé. »

Le 26 mars de cette année, Esnault, de son côté, assigne le sieur Couvert, comme syndic des créanciers unis, pour voir dire que, faisant droit sur le renvoi de la cour de cassation, celle d'Angers sera saisie de l'appel.....

Des conclusions sont signifiées de part et d'autre. — Le sieur Esnault a soutenu que les créanciers étaient sans qualité pour demander la péremption d'une instance dans laquelle ils n'avaient jamais figuré en personne; — Que cette demande en péremption aurait dû être formée sous le nom du sieur Couvert, le seul contre qui Esnault avait procédé.

29 juin 1831, arrêt de la cour d'Angers; il est rendu en audience solennelle. La cour déclare la demande en péremption non recevable : — « Attendu qu'en acceptant la cession de la veuve Devaux et de son fils, les créanciers de ceux-ci formèrent une union, et nommèrent un syndic pour agir au nom de tous, par l'acte du 19 oct. 1821, notifié à l'appelant le 13 nov. suivant; — Que c'est avec ce syndic seul et en sa qualité, que l'instance a été suivie, tant devant la cour de Rennes que devant la cour de cassation; — Qu'ainsi, c'est à lui et non aux créanciers personnellement, que l'appelant devait notifier l'arrêt de cassation, et donner assignation devant la cour royale d'Angers, à laquelle la connaissance de la cause a été attribuée;

» Que la demande en péremption n'a pas été formée par tous les créanciers; qu'ainsi, son admission n'éteindrait pas l'instance; — Que ceux qui la proposent ne prouvent pas, n'articulent même point que l'on ait jamais fait connaître à l'appelant la révocation de la qualité de syndic, donnée indûment ou non à Couvert... »

Pourvoi de la part des créanciers pour, 1° contravention de la loi de 1810, en ce que l'arrêt de la cour d'Angers est nul, comme ayant été rendu en audience solennelle, bien qu'il n'eût à statuer que sur une demande en péremption d'instance, qui n'était pas de nature à être jugée dans cette forme.—2° Violation des art. 397 c. pr. civ., 2005 c. civ. et fausse application de l'art. 1217 du même code.—Les créanciers, en choisissant dans l'intérêt commun un mandataire, n'ont point entendu s'interdire le droit d'agir eux-mêmes en personne, et collectivement, si les circonstances le demandaient. — L'acte émané de la masse des créanciers ne doit pas avoir moins de force que celui qui eût été fait par leur mandataire. — En supposant même que les créanciers unis eussent, par la nomination d'un mandataire, perdu le droit d'agir eux-mêmes, ils ne pouvaient avoir renoncé au droit de révoquer ce mandataire. Or, former eux-mêmes la demande en péremption, c'était implicitement révoquer les pouvoirs du mandataire. — Arrêt.

LA COUR; — Attendu, sur le premier moyen, que s'agissant d'une cause renvoyée à la cour royale d'Angers, après un arrêt de cassation, l'instance était pendante devant l'audience solennelle de cette cour; qu'ainsi, la demande en péremption se trouvant un incident de l'instance principale, elle ne pouvait être portée qu'en audience solennelle;

Sur le second moyen : — Attendu qu'en déclarant non recevables dans leur demande en péremption, les demandeurs qui n'étaient point parties en nom, dans l'instance où ils étaient représentés par un syndic, aux termes du contrat d'union entre tous les créanciers de la dame et du sieur Devaux, parmi lesquels figuraient les demandeurs, la cour royale d'Angers n'a pas violé l'art. 397 c. pr. civ., et a fait, au contraire, une juste application de l'art. 1217 c. civ., de même que de l'art. 2005 du même code; — Rejette, etc.

Du 24 mars 1835.-C. C., ch. req.-MM. Zangiacomi, pr.-Voysin, rap.

(1) (Clappaert C. Vandevelde.) — LA COUR; — Attendu que l'arrêt de la cour de Bruxelles, du 23 avr. 1812, qui a déclaré que la péremption d'instance était acquise, est passée en force de chose jugée entre les parties en cause; — Attendu que les intimés, enfants de Pascal Vandevelde, n'ont pas été parties dans cet arrêt, quoiqu'ils fussent seuls, comme héritiers de leur père, qualifiés à demander la péremption d'une instance originairement intentée contre ce dernier; — Que la veuve de Pascal Vandevelde, qui a été partie en cause dans ledit arrêt, n'étant pas héritière de son mari, ne pouvait le représenter dans cette instance; d'où il suit que l'arrêt du 23 avr. 1812 est étranger aux intimés Vandevelde, et qu'ils ne peuvent l'opposer à l'appelant.

Du 17 nov. 1815 (et non 1816).-C. de Bruxelles, 1re ch.-M. Destoop, av. gén., c. conf.

(2) *Espèce* : — (Bertrand C. les hérit. Maux.) — Dans le cours de l'année 1772, le sieur Bertrand forma contre les sieur et dame Maux une demande en revendication d'un terrain que la Dame Maux s'était constitué en dot, et dont, par son contrat de mariage, elle avait donné l'usufruit à son mari, en cas qu'il lui survécut. Un grand nombre d'années se sont écoulées sans que le sieur Bertrand ait donné suite à cette demande, qui s'est trouvée portée sur l'appel devant la cour de Montpellier. — La dame Maux est décédée le 13 avril 1813.—Peu de temps après sa mort, et le 10 septembre de la même année, l'avoué du sieur Maux, agissant tant au nom de ce dernier qu'en celui de son épouse décédée, a demandé contre le sieur Bertrand la péremption d'instance pour discontinuation de toute poursuite pendant plus de trois ans.—Le sieur Bertrand a soutenu cette demande en péremption non recevable, au moins en ce qui concernait les héritiers de la femme Maux, qui était décédée, et au nom de laquelle aucune demande n'avait été régulièrement formée. Mais la cour a considéré que le sieur Maux était en cause pendant le mariage, comme maître des biens dotaux de sa femme; qu'après le mariage il y avait encore intérêt comme usufruitier, et que la demande avait été régulièrement formée tant en son nom qu'au nom de sa femme, quoiqu'elle fût décédée, 1° parce qu'elle serait valable, alors même qu'elle n'aurait été formée qu'au nom du mari seul; 2° parce que, le décès de la femme Maux

teur, et la nullité d'une demande formée sans cette assistance pourrait être opposée par le défendeur à la péremption : pourrait-elle être suppléée *d'office* par le juge? Non, en général, à moins que le mineur ne fût dans l'âge de l'enfance.—Toutefois, la nullité peut être couverte par l'intervention du tuteur ou du curateur.

48. Quant au tuteur, comme il exerce les droits du pupille, tant en demandant qu'en défendant, sauf qu'au sujet de droits immobiliers, il doit se pourvoir de l'autorisation du conseil de famille (art. 464 c. nap.), il pourra demander la péremption de toutes instances introduites contre le mineur; et il a été jugé, en matière de droits immobiliers, qu'un tuteur peut, même sans autorisation, invoquer la péremption d'instance au nom de son pupille (Riom, 15 fév. 1821 (1).—Conf. M. Reynaud, nº 84, p. 121).

49. Pourtant, si le pupille avait atteint sa majorité, quand bien même les comptes de tutelle n'auraient pas été rendus, le tuteur déchargé de la garde du mineur devenu majeur, n'aurait plus qualité pour agir et former une demande en péremption.— Jugé, en ce sens, que le tuteur d'un mineur devenu majeur n'a pas qualité pour demander, du chef de ce mineur, la péremption d'une instance dans laquelle celui-ci est partie (Bordeaux, 15 novembre 1838, aff. Revoux de Ronchamp, V. Exception, nº 534).

50. Une autorisation nouvelle est-elle nécessaire pour les demandes en péremption à former par les communes déjà autorisées à plaider? — « L'affirmative, dit M. Reverchon, des Autorisations de plaider, nº 10, p. 27, semble d'abord résulter d'une ordonnance du 1er nov. 1837, qui a autorisé la commune de Grandvillers à former une demande de cette nature. Mais si l'on réfléchit que la péremption n'est guère qu'une défense à l'action principale, et si l'on se rappelle qu'une commune est autorisée à se défendre par tous les moyens légaux, on inclinera plutôt vers l'opinion contraire. »—Cette opinion, qui est de toute justesse, a été, en effet, soutenue par M. Merlin, avec sa vigueur habituelle (Quest. de dr., vº Commune, § 5), dans un réquisitoire prononcé le 10 janv. 1810, devant la cour de cassation, qui toutefois n'a pas eu besoin de statuer sur ce point. — Au reste, l'opinion qui tend à établir que la commune n'a pas besoin d'une nouvelle autorisation pour former une demande en péremption, nous paraît aussi la plus conforme à l'esprit de la loi, et c'est en ce sens que s'est prononcée la jurisprudence (Toulouse, 12 nov. 1832, aff. comm. de Compans, V. nº 184, et Commune, nº 1586). A plus forte raison, n'est-il pas besoin d'une autorisation nouvelle pour couvrir la péremption par des actes de procédure. — V. nºs 35 et 178.

51. A l'égard des parties *instanciées*, on agite d'abord la question de savoir si celle qui a engagé l'instance, c'est-à-dire le *demandeur* (V. sur le sens de ce mot vis Action, nº 257, et Inst. civ., nº 21) a qualité pour demander la péremption. — La négative nous paraît une déduction toute naturelle du bon sens, et elle s'induit assez directement des termes des art. 397 et 401; car on ne saurait admettre que celui qui a engagé un procès viendra s'accuser, en quelque sorte, de n'y avoir pas donné suite, et se fera condamner aux dépens, alors qu'un simple désistement lui donnait un moyen aussi facile que légal pour arriver à ce résultat. — Il est bien vrai que ce désistement peut être refusé par la partie adverse; mais comment supposer que celle-ci, qui pourra résister au désistement, devra néanmoins subir les conséquences de la demande en péremption d'une instance que le demandeur était chargé de poursuivre? — Opposera-t-on qu'il était facile au défendeur d'entretenir l'instance par un simple acte? —Mais ne perdons pas de vue que le défendeur est passif, en quelque sorte, et n'est point obligé d'entretenir le procès; qu'ainsi il ne doit pas être davantage dans la nécessité de couvrir par des actes la péremption d'une instance à laquelle il est en butte, que d'en demander la péremption, alors que l'action n'étant pas prescrite, le demandeur aurait tout pouvoir de recommencer immédiatement le procès.

52. Et ce que l'on dit à l'égard du demandeur s'applique aussi à l'*appelant*, qu'il soit ou ne soit point demandeur originaire. Car, d'une part, l'appel est une instance véritable dans le sens de l'art. 397 c. pr.; et, d'autre part, il résulte virtuellement de l'art. 469 qu'on doit lui appliquer les mêmes règles (V. aussi les discours des orateurs, vº Appel civil, p. 16 et 18, nºs 26 et 50). — Nous ne croyons même pas que le rôle de l'appelant change par cela qu'un appel *incident* a été interjeté par l'adversaire.—Toutefois, il a été décidé que l'appelant, s'il y a eu appel incident de la part de l'intimé, peut, en cas de discontinuation de toutes poursuites, demander la péremption de l'instance en totalité (Bruxelles, 23 janv. 1813) (2).—V. nºs 57 et 59.

53. Dans les matières d'enregistrement, c'est la régie qui a délivré la contrainte en payement des droits, et non la partie contre laquelle elle est décernée et qui y a formé opposition, qui

---

n'ayant pas été dénoncé, l'avoué constitué par elle avait pu valablement former en son nom cette demande incidente, qui, aux termes de la loi, doit l'être par acte d'avoué à avoué. En conséquence, par arrêt du 3 août 1820, elle a déclaré la péremption acquise tant aux héritiers de la femme qu'au mari.

Pourvoi en cassation pour violation de l'art. 2003 c. civ., aux termes duquel le mandat finit par la mort du mandant, et de l'art. 344 c. pr., qui déclare nulles toutes poursuites faites depuis la notification de la mort de l'une des parties, en ce que la cour avait déclaré la péremption acquise aux héritiers de la femme Maux, quoiqu'elle n'eût été formée qu'au nom de cette femme après son décès. Le demandeur faisait observer, à l'appui de ce moyen, que l'avoué constitué par une partie ne pouvait pas alléguer l'ignorance du décès de cette partie, sous le prétexte que ce décès ne lui avait pas été dénoncé; que si cette ignorance pouvait valider des simples actes d'instruction et de procédure, il n'en était pas de même d'une demande en péremption, qui, n'étant point incidente, comme l'avait pensé la cour d'appel, mais bien principale, quoique formée par requête d'avoué, n'avait pu indubitablement être formée au nom d'une personne qui n'existait plus. Le demandeur argumentait d'ailleurs sur ce point de l'arrêt du 8 mai 1820, par lequel la cour suprême a décidé que le pourvoi en cassation, formé au nom d'une personne morte, n'est pas recevable. — Il ajoutait que la cour d'appel de Montpellier était également tombée dans l'erreur, quand elle avait considéré que la péremption serait valablement acquise aux héritiers de la femme, alors même qu'elle n'aurait été demandée qu'au nom seul du mari; que si, pendant le mariage, le sieur Maux, comme administrateur des biens dotaux de sa femme, avait eu le droit d'agir pour elle, son mandat et son droit de la représenter avaient cessé par la mort de celle-ci; que, dès cet instant, il n'avait pu agir que dans son propre intérêt, comme usufruitier; que la péremption qu'il avait requise n'avait dû conséquemment profiter qu'à lui seul, et nullement aux héritiers de sa femme, qui ne l'avaient point demandée.—Arrêt.

LA COUR; — Attendu que la demande en péremption a été formée tant au nom du mari (le sieur Maux) qu'en celui de sa femme; que ledit sieur Maux agissait comme maître des cas dotaux; qu'il avait intérêt, pendant le mariage, aux fruits de l'immeuble en litige;—Rejette.

Du 2 mai 1822.-C. C., sect. req.-MM. Henrion, pr.-Rousseau, rap.-Cahier, av. gén. c. conf.-Darrieux, av.

(1) (Chapet C. Rougier.) — LA COUR;—Attendu que les demandeurs en péremption représentent les parties qui avaient figuré dans l'instance principale, et avec lesquelles la sentence dont est appel, de 1751, avait été rendue; — En ce qui concerne Pierre Dosroux;— Attendu qu'ayant épousé Jeanne et Marie Chapet, représentant Joseph, avec lequel la sentence avait été rendue, ledit Pierre Dosroux avait intérêt en la cause, en sa qualité d'usufruitier, et tenu de la restitution des jouissances si la sentence dont était appel avait été infirmée;—En ce qui concerne Marie Degibert, veuve Claude Chapet, agissant tant en son nom que comme tutrice de ses enfants, — Attendu que ladite Degibert avait également qualité comme usufruitière et tenue de restitution de jouissance; — Qu'elle a pu agir pour ses mineurs sans autorisation du conseil de famille, la demande en péremption étant incidente à une demande en désistement et en reprise, formée contre eux; qu'en outre, la demande en péremption était une exception à la demande principale, pour laquelle il n'était pas nécessaire d'autorisation du conseil de famille; que d'ailleurs elle ne tendait point à introduire une action relative aux droits immobiliers de ses mineurs, ou à acquiescer à une demande relative aux mêmes droits; —En ce qui touche le moyen résultant de ce que la demande en péremption aurait été formée dans les six mois, à compter du décès de Claude Chapet :— Attendu que le dernier acte de la procédure est du 5 août 1814, que la demande a été formée en 1820, et qu'il s'est écoulé plus de trois ans et six mois sans poursuites; — Que le délai de six mois qui doit être ajouté, aux termes de l'art. 397 c. pr., aux trois années de discontinuution de poursuites, n'est introduit et ne peut s'appliquer qu'au défendeur à la péremption contre lequel il y aurait lieu à reprise d'instance ou constitution de nouvel avoué; —Sans s'arrêter ni avoir égard à l'opposition formée par Antoine Rougier, partie de Marie, à l'arrêt par défaut du 21 août, dont elle est déboutée,—Ordonne que ledit arrêt sera exécuté suivant sa forme et teneur, etc.

Du 15 fév. 1821.-C. de Riom, 2e ch.-M. Bonnet-Ducondret, pr.

(2) (Baudet et Terrasse.) — LA COUR;— Attendu que si un demandeur ou appelant qui peut mettre fin à l'instance, par un simple désiste-

est demanderesse dans le sens de l'art. 401, et c'est celle-ci qui a qualité pour former une demande en péremption (Liége, 4 juill. 1839) (1).

54. Lorsque, sur l'appel, la cour déclare les conclusions prises en première instance irrégulières et ordonne à l'intimé d'en prendre de nouvelles, ce dernier devient demandeur, et, comme tel, n'est pas recevable à former une demande en péremption (Bruxelles, 28 fév. 1816) (2), ce qui ne semble pas exact. — V. n° 52.

55. La demande en péremption formant une instance principale, distincte de celle qu'elle a pour objet de faire déclarer périe, il s'ensuit que celui qui la forme est un demandeur proprement dit, et qu'en conséquence il n'a point qualité pour en demander la péremption à défaut de continuation de cette instance pendant trois années : il ne pourrait que s'en désister, sous condition, bien entendu, que son désistement serait accepté.

56. On a décidé en ce sens que le demandeur en péremption qui, ayant laissé sa demande impoursuivie, en demande lui-même la péremption, doit être considéré comme s'étant désisté de sa première demande, et qu'un tel désistement doit être déclaré sans effet, en ce qu'il n'a pas lieu dans la forme tracée par les art. 402 et 403 c. pr. (Nîmes, 29 mars 1824) (3), solution que nous ne croyons pas exacte, en tant, du moins, qu'on voudrait assimiler une telle demande à un désistement.

57. Au reste, lorsque, par suite d'une demande en péremption, l'instance principale est demeurée impoursuivie, le demandeur en péremption ne peut, en se désistant de cette demande, en former une seconde, et se prévaloir de la cessation de poursuites occasionnées par la première (Pau, 16 juin 1837, aff. Bonnecarrère, V. Désistement, n° 148), décision qui nous paraît susceptible de critique lorsque le demandeur originaire n'a fait aucun acte propre à entretenir l'instance.—V. n° 59.

58. Relativement au *défendeur* à l'instance principale, on a décidé que la péremption d'une instance ne peut être demandée que par lui (Rej. 10 déc. 1839) (4), ce qui, au surplus, n'était pas contesté dans l'espèce : et l'on doit dire la même chose à l'égard d'un *intervenant* qui appuie ou soutient le défendeur pourvu que ce dernier n'ait pas couvert la demande (V. n° 82).—Dans le

---

ment, n'est pas recevable, en thèse générale, à faire usage de la voie extraordinaire de la péremption, ce principe ne doit pas opérer au cas présent, où les intimés, étant incidemment appelants, ont intérêt à poursuivre l'instance, nonobstant que les appelants voudraient se désister de leur appel; en sorte que les appelants n'ont pas pu employer le moyen ordinaire de désistement pour mettre fin à toute l'instance, et que partant ils ont pu faire usage du moyen de péremption ; — Attendu que les intimés ne produisent pas d'acte valable qui aurait interrompu le cours de la péremption, mais se tiennent à alléguer des pourparlers entre les parties pour parvenir à un accord ; que ces faits sont irrelevants pour interrompre la péremption, et que, par conséquent, la preuve qu'en offrent les intimés serait inutile ;—Attendu que, d'une part, les demandeurs en péremption ont, par leur appel, causé les frais qui ont eu lieu en l'instance d'appel, et que, d'autre part, les défendeurs en péremption, par leur opposition à cette demande, sont cause de ceux occasionnés dans cette dernière contestation, déclare toute l'instance d'appel atteinte et périmée, tant à l'égard de l'appel principal qu'à l'égard de l'appel incident; condamne les demandeurs aux dépens de l'instance sur l'appel, ceux relatifs à la contestation sur la demande en péremption à la charge des intimés.

Du 23 janv. 1813.-C. de Bruxelles.-M. Spruyt, av. gén., c. conf.

(1) (Admin. des dom. *C.* Vanberwaert.) — La cour ; — ... Attendu qu'aux termes de l'art. 64 de la loi du 22 frim. an 7, le premier acte de poursuite pour le recouvrement des sommes dues à l'État est une contrainte ; que si, pour interrompre l'exécution, la partie contre laquelle elle est décernée doit y former opposition avec assignation devant le tribunal compétent, cette démarche forcée de sa part à pour but de lier l'instance, mais n'intervertit pas les rôles respectifs des parties; qu'en effet c'est toujours à l'administration qui a décerné la contrainte à justifier le fondement de sa demande, c'est à elle à poursuivre l'instance et à faire tous les actes et devoirs propres à lui faire obtenir l'objet de la contrainte; d'où il suit qu'elle est réellement demanderesse et que l'art. 401 c. pr. civ., lui est applicable; — Qu'au surplus la péremption est le seul moyen au pouvoir des défendeurs originaires pour mettre fin à l'instance, puisque le désistement n'atteignant que l'opposition les ferait retomber sous le poids de la contrainte; — Attendu que les intimés pour pouvoir demander la péremption d'instance, n'ont pas dû la reprendre, que pareil acte de leur part eût été en contradiction avec le but qu'ils se proposaient, l'anéantissement de cette même instance; — Qu'il suffit que les intimés soient, quant à la rente dont il s'agit, aux droits et obligations de la défunte, pour qu'ils aient qualité pour faire tous les actes que celle-ci aurait pu faire ; — Qu'il résulte de ce qui précède que les intimés sont recevables et fondés dans leur demande de péremption; — Confirme, etc.

Du 4 juill. 1839.-C. d'appel de Liége.

(2) (N.... *C.* N....)—La cour;—Vu l'arrêt de la cour, du 17 pluv. an 13, signifié le 5 déc. 1809 à l'intimée par les appelants, ledit arrêt ainsi conçu : «La cour ordonne à l'intimée de régulariser la procédure en faisant la demande en instance d'appel telle qu'elle a dû être faite en première instance ; — Attendu qu'il en résulte que la cour d'appel n'a eu aucun égard aux conclusions prises en première instance, qu'elle a même déclaré irrégulières et qu'elle ordonne d'en prendre de nouvelles en appel; d'où il résulte ultérieurement que le demandeur en péremption est resté demandeur en instance d'appel ; — Attendu que le demandeur n'est pas recevable à demander la péremption, ce qui résulte de l'art. 401 c. pr.;—Déclare la demande en péremption non recevable.

Du 28 fév. 1816.-C. d'appel de Bruxelles, 3e ch.

(3) *Espèce :* — (Chabrol *C.* Lafabrie) — Chabrol et consorts étaient cités par Lafabrie en dommages-intérêts, en ce qu'ils avaient défriché ses propriétés, en démolition de chaussées par eux construites, en plantation de bornes. — 3 juill. 1811, jugement du tribunal de Florac qui-avant dire définitivement droit aux parties, chargea des experts de procéder à la vérification des lieux, d'examiner si certaines des propriétés en litige avaient été jouies en commun ; si les propriétés de Lafabrie étaient séparées par des bornes de celles qui les avoisinent ; s'il avait été commis des empiétements : ce jugement les chargea pareillement de planter des bornes, s'il n'en existait pas, et de déterminer une jouissance par jour, et en consultant l'intérêt de l'agriculture, de l'aire en litige, afin que Lafabrie pût en jouir un tiers de temps et les défendeurs les deux autres tiers. — Les experts, après avoir rempli leur mandat, dressèrent leur rapport, qui fut déposé au greffe le 9 nov. 1812. — En cet état et le 14 janv. 1815, Chabrol et autres demandèrent la péremption de l'instance introduite contre eux par le sieur Lafabrie. — Le 26 avril suivant, le tribunal, avant dire droit, admit Lafabrie à la preuve du dépôt du rapport dont il excipait pour couvrir la péremption. — L'acte de dépôt fut expédié et signifié le 2 mai 1815.

Les choses en restèrent là jusqu'au 23 juin 1823, jour auquel Chabrol et consorts demandèrent la péremption, tant de l'instance introduite par Lafabrie que de celle en péremption introduite en leur nom, le 14 janv. 1815. — Sur cette nouvelle demande, il intervint, le 26 nov. 1823, un jugement qui rejette la demande en péremption : — « Attendu que l'instance principale avait été entretenue jusqu'au jugement qui ordonnait la justification du dépôt du rapport des experts ; qu'il existait une demande en péremption qui devait être évacuée avant d'en former une nouvelle; qu'aucune des parties n'ayant demandé la péremption de la première demande en péremption, celle-ci devait avoir l'effet d'entretenir l'instance principale ; que d'ailleurs le jugement interlocutoire, contenant dans ses dispositions des chefs qui préjugeaient le fond, et par suite définitifs, le rendait imprescriptible pendant trente ans. »

La cour ; — Attendu que les appelants, en demandant la péremption de l'instance, par leur requête du 23 juin 1823, de la première demande en péremption formée par une autre requête du 14 janv. 1815, doivent être considérés comme s'étant désistés de cette première demande en péremption. — Mais qu'alors leur désistement aurait dû être formé conformément aux dispositions des art. 402 et 403 c. pr. civ., au titre du désistement; qu'en l'absence de toute formalité, il s'ensuit que leur désistement est irrégulier, non conforme à la loi, et qu'il doit dès lors être irrecevable ; — Adoptant au surplus les motifs au fond qui ont déterminé les premiers juges ;—Par ces motifs, a démis de l'appel.

Du 29 mars 1824.-C. de Nîmes (et non Poitiers), 1re ch.-M. Vérot, pr.

(4) *Espèce :* — (Héritiers Dypres *C.* héritiers Lecappé.) — En 1789, le sieur Dypres avait vendu au sieur Lecappé une ferme sise à Mouchy (Somme). Après son décès, sa veuve renonça à la communauté, et ses héritiers répudièrent eux-mêmes sa succession, ce qui nécessita la nomination d'un curateur à la succession vacante, contre lequel la veuve Dypres réclama ses droits et reprises qui furent liquidés par un jugement du tribunal d'Amiens, du 5 prair. an 6. — En l'an 7, la veuve Dypres, après avoir fait signifier ce jugement au sieur Lecappé, le cita en conciliation sur la demande qu'elle annonçait vouloir former contre lui afin de faire déclarer le jugement exécutoire sur l'immeuble dont il était tiers détenteur. Il y eut procès-verbal de non-conciliation ; mais la veuve Dypres décéda, en l'an 9, sans avoir donné suite à son projet de demande. — Deux ans après, et par exploit du mois de flor. an 11, ses héritiers firent signifier à Lecappé le procès-verbal de non-conciliation et l'assignèrent en même temps devant le tribunal de Dieppe (lieu de la situation des biens) pour voir adjuger la demande sur laquelle on n'avait pu se concilier.

Lecappé songea alors à attaquer le jugement du 5 prair. an 6. Par exploit du 29 mess. an 11, il cita à son tour les héritiers Dypres pour se concilier sur la tierce opposition qu'il entendait former contre ce ju-

cas d'opposition à un jugement par défaut, les parties n'intervertissent pas leurs qualités de demanderesse ou de défenderesse, de sorte que le défendeur seul pourra demander la péremption, alors même qu'il serait opposant. On dirait en vain que l'on ne peut demander la péremption de sa propre instance.—V. n° 314.

59. Dans l'instance d'appel, l'intimé est défendeur au même titre que l'appelant est demandeur, et, par exemple, il a été jugé, dans ce dernier sens : 1° que l'intimé, bien qu'originairement demandeur au principal, est recevable à faire déclarer périmée l'instance d'appel (C. C. Belge 25 mai 1836, aff. de Theux, V. n° 42-3°);—2° Que, dans les instances d'appel, la péremption a lieu en faveur de l'intimé qui était demandeur au principal, alors même qu'il n'aurait pas donné suite à un arrêt interlocutoire rendu dans son intérêt (Req. 14 déc. 1813, aff. Tassin, V. n° 124-3°).— L'intimé qui a formé un appel incident peut-il demander la péremption de l'instance de l'appel tant principal que du sien? — Oui, car celui-ci n'est censé déterminé que par celui-là. — V. n°s 52, 57 et 118.

60. La péremption doit-elle être à peine de nullité demandée par *tous* les défendeurs en cause?— Sur ce point, qui soulève la

---

gement. — Cette tentative n'ayant pas mieux réussi que la première, Lecappé ne parut pas néanmoins vouloir encore réaliser son action. — Mais les héritiers Dypres crurent devoir prendre l'initiative. Par exploit du 17 vend. an 12, en tête duquel était signifié le procès-verbal de non-conciliation, ils assignèrent Lecappé devant le tribunal d'Amiens pour voir déclarer mal fondée la tierce opposition qu'il pourrait former contre le jugement de l'an 6. — Sur cette assignation, Lecappé déclara se porter en effet tiers opposant contre ce jugement et déduisit les moyens par lesquels il prétendait le faire réformer.

Ainsi engagée, cette instance était restée impoursuivie pendant un grand nombre d'années, lorsque, le 9 janv. 1834, les héritiers Dypres, qui l'avaient introduite, en ont demandé la péremption et ont conclu à ce que les héritiers du sieur Lecappé, décédé dans l'intervalle, fussent condamnés aux dépens. Leur intérêt à faire prononcer cette péremption provenait de ce que récemment, dans l'instance encore pendante devant le tribunal de Dieppe, les héritiers Lecappé avaient conclu à être reçus incidemment tiers opposants au jugement de l'an 6.

Par jugement du 16 janv. 1835, le tribunal d'Amiens a déclaré les héritiers Dypres non recevables dans leur demande en péremption : — « Considérant, porte ce jugement, qu'au défendeur seul appartient le droit de réclamer la péremption d'une instance et que le droit correspondant du demandeur de se désister est soumis à la condition d'être accepté par le défendeur qui peut avoir intérêt à s'opposer au désistement; — Qu'il faut donc rechercher quelle est la partie défenderesse en l'instance dont les héritiers et représentants de la veuve Dypres sollicitent la péremption comme étant discontinuée depuis le 8 juill. 1807; — Considérant que, lors de la comparution de la dame veuve Dypres et de Lecappé devant le juge de paix du canton d'Eu, le 6 prair. an 7, sur la citation donnée à la requête de la dame veuve Dypres, afin de se concilier sur une action en déclaration d'hypothèque contre Lecappé, acquéreur d'un immeuble du sieur Dypres, ledit Lecappé, sans se rendre formellement tiers opposant, a annoncé seulement l'intention de former, quand il en serait temps, tierce opposition au jugement du tribunal du 5 prair. an 6, qui avait, hors sa présence, liquidé les créances et reprises matrimoniales de ladite veuve Dypres contre la succession de son mari; — Que, par exploits des 29, 30 mess., 2 et 5 therm. an 11, Lecappé a fait, il est vrai, citer en conciliation les héritiers et représentants de la veuve Dypres, décédée en l'an 9, devant le juge de paix du canton d'Oisemont, comme préliminaire d'une action principale en tierce opposition contre le jugement susénoncé du 5 prair. an 6; mais qu'il n'a pas été de sa part donné suite à ladite citation et au procès-verbal de non conciliation du 2 fruct. an 11; — Que ce sont les héritiers et représentants de la veuve Dypres qui, ayant un juste sujet d'actionner en justice le sieur Lecappé pour faire cesser le trouble qu'il apportait à leurs droits, se sont constitués demandeurs par l'exploit introductif d'instance devant le tribunal civil d'Amiens, du 17 vend. an 12; — Que, par cet exploit, les héritiers Dypres ont signifié à leur adversaire le procès-verbal de non-conciliation du 2 fruct. an 11, et l'ont assigné dans le but de faire déclarer exécutoire contre lui le jugement du 5 prair. an 6; — Que l'assignation du 17 vend. an 12, donnée à la requête des héritiers Dypres, a seule saisi le tribunal d'Amiens et commencé l'instance, la citation en conciliation demeurant en dehors de l'instance qu'elle tend à prévenir;... — Considérant enfin que les héritiers Dypres se sont qualifiés demandeurs dans tout le cours de cette instance, ce qu'il appert notamment des actes des 4 et 11 frim., 30 vent. et 5 germ. an 12. »

Appel par les héritiers Dypres. — 23 avr. 1836, arrêt de la cour royale d'Amiens, qui confirme en adoptant les motifs des premiers juges.

Pourvoi des héritiers Dypres, pour excès de pouvoir, fausse application des art. 401, § 2, et 475 c. pr., violation des principes en matière de péremption d'instance et de tierce opposition. — Il faut reconnaître, dit-on, qu'au défendeur seul appartient le droit de demander la péremption d'une instance; la disposition de l'art. 401, § 2, ne permet aucun doute à cet égard, puisqu'elle met à la charge du demandeur principal les frais de la procédure périmée. Toute la question du pourvoi se réduit donc à savoir lesquels, des héritiers Dypres ou des héritiers Lecappé, devaient être considérés comme demandeurs dans l'instance introduite par l'assignation du 17 vend. an 12. — L'arrêt attaqué a attribué cette qualité aux héritiers Dypres, sur le motif que c'est à leur requête que l'instance a été engagée; mais il est évident qu'au fond ils n'étaient que défendeurs. Que demandaient-il en effet? Que le sieur Lecappé eût à s'expliquer sur la tierce opposition dont il les avait menacés, et que, dans le cas où il la formerait, elle fût déclarée mal fondée. — On voit qu'il n'y avait là qu'une simple provocation, et que la position respective des parties dépendait de la détermination qu'allait prendre le sieur Lecappé. — Or, qu'a-t-il répondu? qu'il déclarait former tierce opposition au jugement du 5 prair. an 6 et qu'il en demandait la nullité par divers motifs qu'il exprimait. En cet état, et quand on considère que cette tierce opposition n'était pas incidente, mais principale, puisqu'elle constituait tout le litige, peut-on dire que celui qui la formait n'était pas demandeur? Qu'importe donc que l'assignation ait été donnée par les héritiers Dypres; en acceptant leur provocation, le sieur Lecappé s'appropriait l'initiative; il devenait nécessairement demandeur, car désormais les héritiers Dypres n'avaient plus qu'à défendre contre ses attaques le jugement frappé de tierce opposition principale ; ils n'avaient plus, en un mot, qu'à faire rejeter cette tierce opposition; d'où il suit qu'en leur qualité de défendeurs résultant de la nature même des choses, ils avaient le droit de demander la péremption de l'instance.

Pour les héritiers Lecappé, défendeurs, on répond que le mot *demandeur*, dans sa signification grammaticale, désigne celui qui a saisi l'audience et qui a demandé à un tribunal de statuer sur une chose quelconque ; qu'il est si vrai que le demandeur n'est autre que celui qui lance l'exploit introductif d'instance, que la partie à laquelle s'adresse cet exploit se trouve contrainte et obligée de constituer avoué, sous peine d'être jugée par défaut; — Qu'en fait, il est inexact de prétendre que les héritiers Dypres ne demandaient pas quelque chose par leur assignation du 17 vend. an 12; qu'en effet, leur conclusions tendaient à faire considérer le sieur Lecappé comme ayant acquiescé au jugement du 5 prair. an 6, dans le cas où il ne l'attaquerait pas ainsi qu'il en était sommé; — Qu'on objecterait vainement que la tierce opposition formée par le sieur Lecappé était principale et le constituait par cela même demandeur, que, pour être principale, elle aurait dû être formée par action directe, et qu'ici elle ne l'était qu'en réponse à une assignation déjà adressée au sieur Lecappé ; — Qu'il résulte donc de tout ce qui précède et des autres considérations relevées par l'arrêt attaqué, que les héritiers Dypres ne pouvaient se prétendre défendeurs dans une instance par eux introduite, et qu'ainsi c'est avec raison qu'ils ont été déclarés non recevables à demander la péremption de cette instance. — Arrêt.

La cour; — Attendu que la péremption d'instance a pour but de mettre un terme aux procès restés sans poursuites pendant le temps fixé par la loi ; — Qu'elle repose sur la présomption de l'abandon, par le demandeur, de l'action qu'il a intentée ; — Qu'elle ne peut, dès lors, être demandée que par le défendeur, ce qui résulte, au reste, de l'ensemble des dispositions du titre de la péremption au code de procédure civile, et spécialement de l'art. 401 de ce code ; — Attendu que, pour connaître quel est, dans un procès, le demandeur, c'est à l'exploit introductif d'instance qu'il faut s'attacher, quelle que soit d'ailleurs la cause de la demande ; — Que l'ajournement, en effet, qui seul saisit un tribunal de la connaissance d'un litige, détermine la qualité de chacune des parties, et constitue demandeur celui qui forme l'action, et défendeur, la partie assignée à comparaître et obligée de se présenter sous peine de défaut ; — Que cela résulte manifestement des tit. 2 et 3 du liv. 2 c. pr. civ.; — Attendu que l'arrêt attaqué constate que l'instance, dont les demandeurs en cassation ont voulu faire prononcer la péremption, avait été introduite, à leur propre requête, par assignation du 17 vend. an 12;—Qu'il importe peu que cette instance ait eu pour objet principal de faire déclarer non recevable ou mal fondée une tierce opposition dirigée contre un jugement obtenu par leur auteur, parce que cette tierce opposition n'avait encore donné lieu qu'à une tentative de conciliation de la part de celui qui avait annoncé l'intention de la porter devant les tribunaux; — Que, quoique l'essai de conciliation dût, en 1804, précéder toute action judiciaire c'était néanmoins un simple préliminaire en dehors de l'instance, qui, alors comme aujourd'hui, ne prenait naissance qu'à l'exploit d'ajournement ; — Attendu qu'en jugeant, dans ces circonstances, que les demandeurs étaient non recevables à réclamer la péremption de l'instance qu'ils avaient eux-mêmes formée par l'assignation du 17 vend. an 12, l'arrêt attaqué, loin de violer les règles en matière d'ajournement et de péremption, en a fait, au contraire, une juste application ; — Par ces motifs, rejette.

Du 10 déc. 1839.-C. C., ch. civ.-MM. Portalis, 1er pr.-Thil, rap.-Laplagne-Barris, 1er av. gén., c. conf.-Fichet et Scribe, av.

question de savoir si l'instance est divisible ou indivisible, on renvoie à ce qui est dit à l'art. 9.

61. Le défendeur qui a été admis à procéder à une enquête, à une expertise ou à toute autre mesure, celui qui n'aurait point fait une production, celui enfin, qui, par des exceptions mal fondées, aurait retardé l'instance, conserve-t-il, malgré cet incident, le droit de demander la péremption, quoiqu'en réalité ce fût à lui de conduire à fin les mesures ordonnées?—La négative se fonde : 1° sur ce qu'en réalité on doit le considérer comme demandeur, à raison de ces incidents, puisque c'est lui qui les a réclamés; 2° sur ce que leur exécution lui est imposée par la justice, et qu'il ne saurait appartenir au demandeur originaire de paralyser l'effet des mesures que les juges ont ordonnées pour leur instruction; 3° enfin sur ce qu'il ne saurait appartenir à une partie de se prévaloir de sa propre faute, c'est-à-dire d'une discontinuation de poursuites qui est son propre fait. — Néanmoins, nous croyons que les mesures d'instruction ne changent point la qualité des parties, et ne rendent pas demandeur celui qui n'était que défendeur ; que c'est à la partie qui a engagé l'instance de l'entretenir et de se mettre, par un simple acte, à l'abri d'une péremption par laquelle le législateur a permis de punir sa trop longue inaction. C'est aussi l'opinion de Merlin, v° Pérempt., sect. 1, § 2, n° 2-6°, et de MM. Chauveau sur Carré, n° 1421; Reynaud, n° 38.

62. Il a été jugé en sens contraire 1° que celui qui a retiré les pièces des mains du rapporteur (dans une instruction par écrit), et qui par là a empêché ce juge de faire son rapport, n'est pas recevable à demander la péremption de l'instance (Req. 7 mars 1820 (1); Conf. Rouen, 10 juill. 1821, aff. Lavertu, V. n° 140); — 2° Que celui à qui, dans une instance d'appel, un arrêt a ordonné de produire, dans un certain délai, ses titres à l'appui de sa demande accueillie en première instance, et qui n'a point obéi à cet ordre de la justice, n'est pas recevable à demander, dans la suite, la péremption de l'instance, pour discontinuation de poursuites pendant trois ans, et à se prévaloir ainsi de sa propre inaction (Req. 2 fév. 1830) (2). — Mais ces solu-

---

(1) (Courmier, etc. *C.* Borne.) — 28 avr. 1785, arrêt du parlement de Paris, qui ordonne une instruction par écrit dans un procès entre Borne et Courmier et consorts, au profit de qui le jugement attaqué avait été rendu. — Suppression des parlements. — 9 nov. 1807, Courmier et consorts assignent les filles Borne en reprise de l'instance. — Celles-ci déclarent reprendre l'instance. — Un conseiller de la cour est nommé pour faire son rapport dans la cause. — En mars 1813, les parties produisent leurs titres entre ses mains. — Fin d'août suivant, le conseiller demande le bureau pour faire son rapport. Ce rapport n'a pas lieu au jour indiqué. La cause est appointée de nouveau et renvoyée aux premiers jours de novembre. — Dans l'intervalle, l'avoué de Courmier et consorts avait demandé ses pièces en communication au rapporteur.—La procédure est restée en cet état, sans poursuite ultérieure des filles Borne. — 27 oct. 1817, Courmier et consorts demandent contre elles la péremption de l'instance d'appel. — Les filles Borne opposent que Courmier et consorts, ou leur avoué, faute d'avoir rétabli leur production, ont eux-mêmes tenu la cause en suspens; que le défaut de poursuites sur lequel ils fondent leur demande en péremption provient donc de leur propre fait, et qu'ils ne peuvent s'en prévaloir.

19 août 1818, arrêt de la cour de Riom, qui accueille cette défense. — Attendu que la veuve Dulac et Marie Borne, dont les pièces sont constamment demeurées au pouvoir de M. le rapporteur, ont pu ignorer la remise qu'il avait faite à l'avoué Marie des pièces de ses parties; qu'une fois assurées des productions respectives entre les mains de M. le rapporteur, et de la démarche par lui faite pour avoir le bureau, à l'effet de faire son rapport, elles ont dû attendre le moment où ce rapport aurait lieu, sans qu'il ait dépendu d'elles de pouvoir l'accélérer, la loi ne leur donnant aucun moyen coercitif à cet égard; attendu que, si l'affaire n'a pas été rapportée, c'est par le fait de Me Marie et de ses parties, pour n'avoir pas réintégré leurs pièces entre les mains de M. le rapporteur, ainsi qu'ils devaient le faire. — Pourvoi par Courmier et consorts, pour violation des art. 98, 99, 100 et 345 c. pr. civ., en ce que l'arrêt dénoncé juge implicitement que le défaut de production du défendeur dans une cause instruite par écrit, et en état d'être jugée, doit suspendre indéfiniment la procédure, et empêcher l'accomplissement de la péremption ; et aussi pour violation de l'art. 397 du même code, portant que toute instance est éteinte par discontinuation de poursuites pendant trois ans, en ce que le même arrêt a refusé de prononcer l'extinction de l'instance d'appel introduite et soutenue par les demoiselles Borne, alors que cette instance est restée près de quatre années sans aucunes poursuites de leur part. — Arrêt.

La cour; — Attendu, en droit, que *factum cuique suum, non adversario nocere debet* (loi 156, ff., *De reg. juris*); — Et, attendu qu'il a été reconnu, en fait, par l'arrêt attaqué, que c'était par le fait des demandeurs en cassation eux-mêmes que l'instance dont il s'agit n'avait pu avoir sa décision, quoique le juge rapporteur eût déjà demandé le bureau et fait fixer l'audience pour son rapport; que, dans ces circonstances, en décidant que lesdits demandeurs n'avaient pu invoquer en leur faveur la péremption de la même instance, et profiter par là du laps de temps où l'on avait été empêché d'agir par leur fait, l'arrêt attaqué ne s'est mis en opposition avec aucune loi; — Rejette, etc.

Du 7 mars 1820.-C. C., sect. req.-MM. Lasaudade, pr.-Lasagny, r.

(2) *Espèce :* — (Euzière *C.* Artaud.) — En 1808, le sieur Euzière se rend adjudicataire, pour 4,135 fr., d'un immeuble saisi sur Artaud. — Ce dernier continue d'occuper les lieux. — En 1820, Euzière l'assigne pour le faire condamner à délaisser l'immeuble et à lui payer neuf années de fermages. — Un jugement par défaut accueille cette demande. —Artaud en a interjeté appel. — Devant la cour, il a prétendu que l'immeuble avait été acquis pour son propre compte par Euzière; il a conclu à ce que ce dernier fût tenu de lui payer l'excédant de valeur du fonds, selon l'estimation qui en serait faite par experts.

12 juin 1824, arrêt qui, « avant faire droit, nomme des experts pour faire cette estimation, et ordonne qu'Euzière sera tenu de produire tous les titres de créances qu'il a sur Artaud et ses héritiers, devant M. le conseiller Bermond, délégué à cet effet, et pour recevoir les observations des parties, pour lesdites opérations et productions faites, ou, faute de ce faire dans les deux mois, à dater de la signification du présent arrêt, et les parties plus amplement ouïes, leur être, définitivement, dit droit; tenant jusqu'alors la possession des hoirs Artaud. »

Cet arrêt est signifié à avoué, le 4 oct. suivant; et depuis il s'écoule plus de trois ans sans poursuites de part ni d'autre. — En oct. 1827, Euzière demande la péremption de l'instance. — Les héritiers Artaud se sont opposés à cette prétention.

Le 11 déc. 1827, arrêt de la cour d'Aix qui la rejette en ces termes : « Considérant que, si les jugements interlocutoires n'ont pas l'effet d'arrêter le cours de la péremption d'instance par la discontinuation des poursuites pendant trois ans, ce principe ne saurait être appliqué au cas où ces jugements portent des dispositions qui ont un caractère actuellement réel et profitable; — Considérant, en fait, que l'arrêt du 12 juin 1824, décide, formellement, que les héritiers de Joseph Artaud conserveraient la possession de l'immeuble qui faisait l'objet du procès, jusqu'au résultat des vérifications préalables qui étaient ordonnées, quoique ledit Euzière eût conclu, subsidiairement, à être autorisé de retenir cet immeuble jusqu'au remboursement intégral des sommes d'argent qu'il disait avoir fournies à Artaud père; — Que cette décision portait un profit réel aux héritiers Artaud, jusqu'à l'événement des vérifications ordonnées; que ces vérifications n'ayant pas été faites, Euzière-Lavalette ne peut se faire un titre de son inaction, et demander, au bénéfice de la discontinuation des poursuites pendant trois ans, l'exécution du jugement de première instance, qui prononce par défaut le délaissement en sa faveur de cet immeuble, qui paralyserait la disposition contraire de l'arrêt de la cour, qui conserve en l'état l'autorité de la chose jugée. »

Pourvoi d'Euzière, pour violation des art. 397 et 401, et fausse application de l'art. 452 c. pr. — Il résulte de ces articles, a-t-il dit, que, tant qu'une instance n'est pas terminée par un jugement définitif, la discontinuation des poursuites, pendant trois ans, suffit pour motiver la demande en péremption. — Peu importe qu'il soit déjà intervenu un ou plusieurs jugements provisoires ou préparatoires. Ces décisions ne faisant que régler, momentanément, une difficulté passagère, et ne pouvant avoir d'effet que jusqu'au jugement sur le fond, ou bien n'étant destinées qu'à mettre le juge à même de découvrir la vérité, rentrent, nécessairement, dans la classe des actes dont parle l'art. 401 c. pr. — Il en est de même des interlocutoires; car, bien qu'ils préjugent le fond, ils ne terminent pas le litige, et l'instance subsistant toujours, il y a lieu à péremption : c'est ce qui se voit clairement dans l'art. 15 c. pr., quoique cet article soit placé au titre de la justice de paix; c'est ce qui résulte aussi, très-expressément, de l'arrêt de la cour de cassation du 14 déc. 1813.

On ajoute que l'arrêt du 12 juin 1824 a un caractère définitif, en ce qu'il attribue la possession aux héritiers Artaud, contrairement aux conclusions subsidiaires d'Euzière. — Mais il est évident que ces conclusions subsidiaires ne pouvaient être séparées de la demande principale, et que la cour ne pouvait prononcer, définitivement, sur l'une, sans statuer, définitivement, sur l'autre. C'est toujours comme créancier adjudicataire qu'Euzière concluait subsidiairement. — La cour, en ordonnant qu'il ferait preuve de cette qualité, a donc suspendu son jugement sur la demande subsidiaire, comme sur la demande principale. Si elle a maintenu les héritiers Artaud dans la possession, elle n'a fait qu'obéir au principe, d'après lequel, dans le doute, la cause du possesseur actuel est la meilleure. — Mais il n'y avait là qu'une mesure purement provisoire. — Arrêt.

La cour; — Attendu que, dans l'espèce dont le jugement était sou-

tions ne paraissent pas exactes ; car si la production n'était point faite dans le délai fixé, l'adversaire avait le droit de poursuivre l'audience. On comprend d'ailleurs que si la distinction que ces décisions consacrent était admise, les dispositions de la loi qui ont pris des mesures si sages contre la lenteur des instances et pour leur prompte expédition, seraient trop facilement éludées.

63. Aussi a-t-il été mieux jugé, à notre avis, 1° que, de ce qu'une partie n'a pas donné suite et ne produit pas une enquête ou une expertise ordonnée dans son intérêt, elle ne se rend pas non recevable à demander la péremption, à défaut de poursuites, du jugement qui ordonne l'enquête (Lyon, 2 mars 1830, aff. Peurière, V. n° 299) ; — 2° Que la péremption d'une instance d'appel peut être demandée par celui qui, ayant obtenu gain de cause en première instance, a été admis en appel, pour établir son droit, à la preuve de certains faits par lui articulés (Req. 14 juin 1837) (1).

Art. 4. — *Des personnes contre lesquelles la péremption court ou peut être demandée.*

64. La péremption court, en général, et peut être demandée contre tout poursuivant qui, pendant trois années, aura discontinué ses poursuites. C'est ce qui résulte de l'art. 398 c. pr., portant : « La péremption court contre l'*Etat*, les *établissements publics* et *toutes personnes*, même *mineures*, sauf leurs *recours* contre les *administrateurs* et *tuteurs*. » Elle pourra donc être demandée contre tous aussitôt que le délai fixé par la loi se sera écoulé sans poursuites. — On comprend, au reste, que l'état civil des parties ou leur subordination à une autorité supérieure ont dû être sans influence sur la péremption, laquelle n'ayant trait qu'à l'instance et n'éteignant pas l'action (c. pr. 401), ne touche que d'une manière très-indirecte au fond du droit qui, dans ces matières (domaine de l'État, biens de mineurs, etc.), est presque toujours inaliénable ou imprescriptible.

65. Il résulte de l'art. 398 que la péremption court aujourd'hui contre l'Etat, tandis que, sous l'ancien droit, et comme cela a été jugé, les causes intéressant le fisc n'étaient pas sujettes à péremption (Toulouse, 26 fév. 1829, M. de Miegeville, pr., aff. Marty-Marrot *C.* fab. de Saint-Sauveur). C'est en effet ce qu'établissait la loi *Properandum*, au Cod. *de judiciis*, où on lit : *exceptis causis quæ ad jus fiscale pertinent*. —V. n° 27.

66. De là, il suit encore que la péremption peut être demandée dans les causes qui intéressent l'Etat; et, par exemple, que les matières de contributions indirectes, de douanes, etc., bien que régies par des lois spéciales, sont susceptibles de tomber en péremption (M. Reynaud, n° 13). — Quant aux instances relatives aux droits d'enregistrement, elles sont soumises à une prescription particulière qui se confond avec la péremption (V. Enreg., n°s 5449 et suiv.; V. aussi *eod.*, n° 5742). — Jugé, au reste, en Belgique, que la péremption peut être formée contre l'administration des domaines en matière d'enregistrement (Liége, 4 juill. 1839, aff. Wanberwaert, n° 53).

67. Les communes, se trouvant dans les mêmes conditions que l'Etat, les établissements publics et les mineurs, n'ont droit à aucun privilége; elles rentrent comme ceux-ci sous le coup des prescriptions de l'art. 398, et la péremption peut être formée contre elles quoiqu'elles ne soient point autorisées à y défendre. C'est aussi l'opinion de Merlin, sect. 1, § 2, n° 3-2°; de MM. Reynaud, p. 142; Chauveau sur Carré, n° 1433-5°; Bioche et Goujet, v° Pérempt., n° 17 ; Bourbeau, t. 5, p. 577. — Il a été jugé en ce sens, 1° que la péremption d'instance peut être opposée à une commune, encore bien qu'elle ait esté en justice sans être pourvue d'une autorisation administrative (Paris, 17 janv. 1809) (2); —

---

mis à la cour d'Aix, cette cour avait rendu, entre les parties, un arrêt le 12 juin 1824, qui ordonnait un compte entre elles, et, en conséquence, imposait au demandeur l'obligation de remettre au conseiller commis, les titres et pièces constatant ses créances contre les héritiers Artaud; que, par le même arrêt, cette cour, en rejetant les conclusions du demandeur, tendantes à être mis en possession de l'immeuble contentieux, y a maintenu les héritiers Artaud jusqu'au jugement du compte ordonné; que cet arrêt n'était pas, simplement, préparatoire ou interlocutoire; qu'en se décidant par le caractère particulier de cet arrêt, et par la circonstance que le demandeur, n'ayant pas exécuté les obligations qui lui étaient imposées, ne pouvait se faire un titre de son inaction et demander la péremption d'instance, l'arrêt dénoncé ne s'est point mis en opposition avec les art. 397, 401, 452 c. pr.; — Rejette.

Du 2 fév. 1830.-C. C., ch. req.-MM. Favard, pr.-Pardessus, rap.

(1) *Espèce* : —(Priou *C.* Fillon.) — Le 30 oct. 1813, le sieur Fillon obtint un jugement par défaut contre le sieur Trinité, son sous-fermier des octrois des ponts de Cé, et contre le sieur Priou, comme caution ou associé solidaire de ce dernier. — Opposition par Priou. — 30 novembre, jugement qui rejette cette opposition, par le motif qu'il y a eu acquiescement au jugement par défaut. —Appel. — 22 février 1815, arrêt de la cour d'Angers qui décide que c'est à tort que les premiers juges ont déclaré que le sieur Priou s'était rendu non recevable dans son opposition au jugement du 30 octobre, qui n'avait reçu, de sa part, aucune exécution; qu'en ce qui touche le fond, il a été également mal jugé que le sieur Priou avait été la caution ou l'associé du sieur Trinité; mais, faisant droit à des conclusions subsidiaires du sieur Fillon, la cour admet ce dernier à faire preuve de différents faits qui pouvaient avoir pour conséquence de rendre Priou responsable envers Fillon de la gestion de Trinité. — Aucune enquête n'eut lieu.

Les choses restèrent en cet état jusqu'au 4 août 1834, époque à laquelle le sieur Fillon demanda, contre les syndics de la faillite du sieur Priou, décédé, la péremption de l'instance. — 23 janv. 1836, arrêt de la cour d'Angers qui accueille cette demande.

Pourvoi. — Violation et fausse application des art. 397 et suiv. c. pr. et 1351 c. civ., en ce que la cour a déclaré qu'une instance était périmée, bien qu'il fût intervenu un arrêt définitif, et que la discontinuation des poursuites fût le fait du demandeur en péremption. Il est de principe, en jurisprudence, disait-on, qu'un jugement n'est pas susceptible de péremption, lorsqu'il statue définitivement sur quelques parties du litige, et lorsqu'il touche plus ou moins immédiatement au fond du droit. On citait les arrêts indiqués au Dict. gén., v° Pérempt., n° 42, 69, 122 et suiv., 127, 129 et suiv., 134 162, et suiv. Il est non moins constant que le jugement interlocutoire, bien qu'il ne statue pas sur le fond du litige, à tous les caractères et les effets d'une décision définitive quant au droit qu'il reconnaît à la partie qui l'obtient (Dict. gén., v° Jugement prép., n°s 165 et suiv.). Or, dans l'espèce, il est incontestable qu'il y avait décision définitive, chose jugée par l'arrêt du 22 fév. 1815, sur la question de savoir si Priou avait dû être déclaré recevable dans son opposition au jugement du 30 oct. 1813 et sur celle de savoir s'il avait été ou non associé et caution de Trinité; il y avait droit acquis pour Priou sur ces deux points, comme il y avait droit acquis pour Fillon dans la disposition qui déclare pertinents et admissibles les faits qu'il est admis à prouver par témoins. Il est constant que la cour n'aurait pas eu le pouvoir de revenir sur l'arrêt qu'elle venait de rendre; et, dès lors que sa décision était définitive, obligatoire pour le juge comme pour les parties, elle n'a donc pu tomber en péremption. En décidant le contraire, l'arrêt attaqué a fait profiter de la péremption celui-là même à qui devait être imputée la non-exécution de l'arrêt de 1815; il a fait revivre le jugement par défaut et celui sur opposition, et a ainsi violé la chose jugée par l'arrêt de 1815, qui avait anéanti les moyens sur lesquels ces jugements étaient basés, et en exigeait de nouveaux pour le maintien de la condamnation prononcée. — Arrêt.

La cour; — Attendu que l'arrêt du 22 fév. 1815, soit en admettant l'une des parties à la preuve de certains faits par elle articulés, soit en rejetant les fins de non-recevoir proposées contre l'appel, n'attribue aux parties, dans son dispositif, aucun droit nouveau et définitif sur le fond de la contestation; qu'il leur réserve, au contraire, tous leurs droits et moyens; qu'ainsi, la cour royale d'Angers a pu, par l'arrêt attaqué et sans que celui du 22 fév. 1815 y fît obstacle, accueillir la péremption proposée par l'intimé, par suite de discontinuation de poursuites pendant le temps voulu par la loi, à partir dudit dernier arrêt de 1815; qu'en cela, l'arrêt attaqué n'a point violé l'autorité de la chose jugée, et a fait, au contraire, une juste application des art. 397 et 469 c. pr. civ.; — Rejette.

Du 14 juin 1837.-C. C., ch. req.-MM. Zangiacomi, pr.-Félix Faure, rap.-Nicod, av. gén., conf.-Nachet, av.

(2) *Espèce* : — (Dugretz *C.* commune de Saint-Ouen.) — Dugretz et consorts avaient formé, contre le maire et les habitants de Saint-Ouen, une première demande en péremption d'instance, sur laquelle le tribunal de Vitry rendit, le 22 vent. an 13, un jugement qui, considérant qu'il est constant entre les parties que le tribunal arbitral, chargé de statuer sur le différend, est devenu incomplet par le décès de l'un des arbitres, et que, depuis la suppression des arbitrages forcés, l'affaire n'a été régulièrement reportée devant aucun tribunal; d'où il suit que la péremption n'a pu s'acquérir; ordonne que les parties procéderont au fond. — Ce jugement n'est ni levé ni signifié, et trois années s'écoulent encore sans aucune poursuite de la part de la commune de Saint-Ouen. — Le même tribunal rend, le 23 mai 1808, sur la demande du sieur Dugretz, un deuxième jugement ainsi conçu : — « Considérant 1° que la cause se présente dans le même état où elle se trouvait lors du jugement du 22 vent. an 13, qu'aucune des parties n'a depuis régulièrement reporté l'affaire devant le tribunal; 2° que la commune de Saint-

2° Que la commune qui a reçu d'abord l'autorisation d'intenter une action, puis celle de défendre à une demande en péremption, est suffisamment autorisée à défendre à une seconde demande en péremption (Req. 10 janv. 1810, aff. com. de Saint-Ouen, V. Commune, n° 1595);—3° Que la commune autorisée à interjeter appel d'un jugement, n'a pas besoin d'une autorisation nouvelle pour défendre à la demande en péremption, laquelle n'est, dans ce cas, qu'un incident ou une défense à l'appel (Poitiers, 8 juill. 1828) (1); — 4° Que si, postérieurement à un arrêt qui, sur l'appel d'une commune, la renvoie à se pourvoir de l'autorisation du conseil de préfecture, il s'écoule trois années sans poursuites, la péremption d'instance d'appel doit être prononcée, quoique, dans cet intervalle, la commune ait fait des démarches auprès de l'autorité administrative pour obtenir l'autorisation de plaider (Nîmes, 31 août 1812) (2); — 5° Que lorsqu'une instance a été dirigée contre une section de commune, représentée par un syndic spécial, la demande en péremption de cette instance, après le décès de ce syndic, peut être formée contre le maire de la commune (Cass. 16 déc. 1840, aff. Gilbert Pailler, V. Commune, n° 1480).

68. Il a néanmoins été jugé, contrairement à cette dernière solution, qu'en cas de décès du syndic d'une section de com-

---

Ouen, qui s'est pourvue pour être autorisée à suivre sa demande, n'est pas encore munie de cette autorisation; 3° que le jugement du 22 vent. an 13 n'a été signifié au défendeur que le 29 mars dernier, et qu'il n'a été fait, en conséquence de ce jugement, aucun autre acte de procédure que celui de la signification de la requête de conclusions, tendant à la péremption de l'instance; le tribunal déclare Dugretz et consorts non recevables dans leur demande en péremption. » — Appel de ces derniers; ils soutiennent la péremption d'instance acquise contre la commune, nonobstant le défaut d'autorisation. — Arrêt.

La cour; — Considérant que la commune de Saint-Ouen, défendant à la première demande en péremption, qui n'était qu'une exception à la demande principale, avait conclu à ce que, sans s'arrêter à cette demande en péremption qui n'était qu'une exception à la demande principale, Dugretz et consorts fussent tenus d'instruire et de défendre sur la demande principale, pour y être statué par le tribunal de Vitry, ainsi qu'il appartiendrait; que ce tribunal, conformément aux conclusions de la commune de Saint-Ouen, avait ordonné, par son jugement du 22 vent. an 13, que les parties procéderaient sur le fond, pour être réglé ainsi que de droit; d'où il suit que le tribunal de Vitry a été saisi par la commune de Saint-Ouen, et qu'il s'est lui-même reconnu saisi de la connaissance du fond, qui n'était autre que la demande principale en désistement des propriétés revendiquées; — Considérant que depuis l'époque du 22 vent. an 13, il y a eu discontinuation de poursuites pendant trois ans; — A mis et met l'appellation, et ce dont est appel, au néant; — Déclare la demande formée par la commune de Saint-Ouen, périmée.

Du 17 janv. 1809.-C. de Paris.

(1) *Espèce:* —(Dupuy C. com. de Savigné.) — En 1820, contestation entre la commune de Savigné et le sieur Dupuy; ce dernier est assigné par la commune en délaissement d'une pièce de terre qu'il avait achetée d'une dame Chargelègue, et dont il jouissait depuis l'année 1804. — Celle-ci est appelée par lui en garantie. — En première instance, la commune succombe à l'égard du sieur Dupuy; mais vis-à-vis de la dame Chargelègue, le tribunal, prenant en considération les faits allégués par la commune, l'autorise à en faire la preuve. —16 août 1823, appel de la commune en ce qui touche le sieur Dupuy; —Peu de temps après, appel de la dame Chargelègue contre la commune. — Il paraît qu'à cette époque, le sieur Dupuy et la commune entrèrent en termes d'arrangement: du moins toute espèce de procédure fut interrompue entre eux, et plus de trois ans s'étaient écoulés de la sorte, lorsque le sieur Dupuy forme une demande en péremption de l'instance qui a été introduite contre lui personnellement; — La commune la repousse : 1° par le motif qu'il est de jurisprudence constante que la péremption est indivisible; or il existait, pendant à la même cour, un appel qui avait le même jugement de première instance pour origine; cet appel de la dame Chargelègue avait été alimenté par différents actes de procédure, qui en avaient interrompu la péremption. — L'appel du sieur Dupuy devait donc suivre le sort de celui de la dame Chargelègue; 2° d'ailleurs, la commune soutenait que les propositions d'arrangement qui avaient eu lieu entre elle et le sieur Dupuy, avaient interrompu, ou au moins suspendu, le cours de la péremption invoquée. — Arrêt.

La cour; — Considérant que la demande en péremption est un incident, et même une défense, surtout en cause d'appel, à une demande principale, dont un tribunal, ou une cour est déjà saisi, puisque, sauf les cas d'exception, elle doit être formée par requête d'avoué à avoué; — Que, dans l'espèce, une autorisation spéciale donnée, à la commune de Savigné, pour défendre à cet incident, n'est pas nécessaire; — Considérant qu'il n'est pas justifié au procès que les poursuites aient été interrompues de concert entre les parties, pour régler leur contestation par une transaction, et remplir les formalités voulues par un acte de cette espèce; — Qu'au surplus, la loi n'admet point une pareille exception, et n'assimile point les pourparlers des parties pour terminer leur contestation à l'amiable, à des actes de poursuite et de procédure;

Considérant que la dame Brunet, veuve Chargelègue, n'a été partie au procès, en première instance, que parce qu'elle y a été appelée par le sieur Dupuy, pour qu'elle eût à faire cesser la demande de la commune de Savigné, sinon à le garantir des suites de cette demande; — Que la commune de Savigné, trouvant la veuve Chargelègue en cause, a formé contre elle une demande principale; — Considérant que, par le jugement du 3 juill. 1823, dont le sieur Pantrot, audit nom, a interjeté appel, le tribunal civil de Civrai a déclaré la commune de Savigné non recevable et mal fondée dans sa demande contre le sieur Dupuy, et l'a condamnée aux dépens vis-à-vis de lui; que, par le même jugement, il a admis des faits posés par la commune de Savigné contre la veuve Chargelègue, et, avant de faire droit, a ordonné la preuve desdits faits; — Que ce jugement, en statuant définitivement sur la demande principale de la commune de Savigné contre le sieur Dupuy, et en ordonnant un interlocutoire sur celle principale de ladite commune contre la veuve Chargelègue, a disjoint ces deux demandes, qui étaient jointes de fait; —Considérant que la commune de Savigné, en interjetant appel de ce jugement vis-à-vis du sieur Duguy, et en saisissant la cour de la connaissance de cet appel, n'a point appelé, ni ne pouvait appeler en cause, la veuve Chargelègue qui, au surplus, n'a point été rendue partie au procès à la requête du sieur Dupuy, qui n'y est point intervenu; — Considérant que, si la veuve Chargelègue a, de son côté, interjeté appel du jugement du 3 juill. 1823, vis-à-vis de la commune de Savigné, et a saisi la cour de la connaissance de cet appel, ces deux procès n'ont point été joints devant la cour; que la demande de leur jonction n'y a point été faite, et qu'ils y sont restés distincts et séparés; — Considérant que, dans cet état de choses, le sieur Dupuy n'a pu et n'a pas dû rendre commune, avec la veuve Chargelègue, la péremption qu'il a demandée par requête d'avoué à avoué, le 13 mars 1828, de l'instance pendante devant la cour, entre la commune de Savigné et lui, parce que la veuve Chargelègue, qui n'est pas partie dans ladite instance, n'y a aucun intérêt, et qu'il n'en a point à le faire prononcer avec elle; — Déclare éteinte et périe l'instance pendante devant elle, par suite de l'appel de la commune de Savigné, etc.

Du 8 juill. 1828.-C. de Poitiers, 2e ch.

(2) *Espèce :* — (Maigre C. la commune de Saint-Chapters.) — La commune de Saint-Chapters s'était rendue appelante d'un jugement obtenu contre elle par le sieur Maigre, relativement à la propriété d'un terrain considérable; mais elle avait négligé de se pourvoir de l'autorisation du conseil de préfecture. Un arrêt du 22 mai 1808 ordonna qu'elle serait tenue de se faire autoriser dans le délai d'un mois. Plus de quatre ans s'étant écoulés depuis la signification de cet arrêt, sans que la commune eût rapporté l'autorisation exigée, le sieur Maigre forma une demande en péremption d'instance. Voici le texte des conclusions prises contre cette demande au nom de la commune : — « Attendu qu'il est établi par les pièces rapportées que le maire de Saint-Chapters a fait toutes les diligences nécessaires pour obtenir l'autorisation exigée par la cour d'appel de Nîmes; qu'il n'a pas dépendu de lui de faire prononcer plus tôt par l'autorité administrative; que les lois ne déterminent aucun délai dans lequel les administrations soient astreintes à prononcer; qu'en un mot la demande en autorisation n'a cessé d'être et est encore pendante, et que l'instance n'a pu périmer dans le temps où la mesure préparatoire ordonnée s'exécutait; — Attendu, d'ailleurs, que tant que ladite commune n'était point autorisée, il ne dépendait pas d'elle d'agir, et que la péremption n'a pu dès lors courir contre elle; — Attendu, enfin, que l'avis du sous-préfet, du 13 mai 1809, devrait au besoin être considéré comme un acte valable, interruptif de la péremption aux termes de l'art. 399 c. inst. crim., et que, depuis ladite époque, il ne se serait point écoulé le délai requis pour accomplir la péremption, vu la démission de M. Salaville, avoué, survenue dans l'intervalle, il plaise à la cour de rejeter ladite demande en péremption. » — Cette défense ne prévalut pas. — Arrêt.

La cour; — Attendu qu'aux termes de l'art. 397 c. pr., toute instance s'éteint par la discontinuation de poursuites pendant trois ans, en augmentant ce délai de six mois dans le cas qui s'est vérifié dans l'instance actuelle, où il y a eu constitution de nouvel avoué; — Attendu que l'art. 398 déclare cette règle applicable à toutes personnes, à l'Etat, aux établissements publics, sans admettre en leur faveur aucune sorte d'exception; — Attendu, en fait, que plus de quatre ans se sont écoulés depuis la date des dernières poursuites jusqu'au jour de la demande en péremption d'instance; — Attendu que le recours de la commune au conseil de préfecture pour en obtenir l'autorisation de plaider, en exécution de l'arrêt de la cour d'appel, du 22 mai 1808, n'a pu constituer pour elle une exception que la loi n'a point établie, ni la dispenser de faire devant la cour des poursuites capables d'obvier au cours de la péremption.

Du 31 août 1812.-C. de Nîmes.

mune, l'adversaire ne peut demander la péremption contre cette section, attendu qu'elle n'est pas représentée (Riom, 26 nov. 1820, aff. habit. du Theil, V. n° 208).

69. Les fabriques sont des établissements publics dans le sens de l'art. 398 (Conf. MM. Reynaud, p. 92, et Chauveau sur Carré, n° 1433-3°). — Cependant il a été jugé que la péremption ne court pas contre une fabrique, tant qu'elle n'a pas été autorisée à plaider, et que jusque-là c'est à son adversaire à régulariser l'instance, « Attendu que la fabrique ne pouvait agir au jugement qu'après avoir été légalement autorisée ; que jusque-là aucune péremption ne pouvait courir contre elle, et que c'était aux époux Marrot à reprendre et à régulariser l'instance, etc. » (Toulouse, 26 fév. 1829, M. Miegeville, pr., aff. Marty-Marrot *C.* fab. de Saint-Sauveur).—Mais cette décision pose un principe qui, considéré d'une manière absolue, est évidemment erroné. Quoique, dans l'espèce, l'instance eût été formée par l'Etat, et que ce fût comme ayant succédé à celui-ci que la fabrique était appelée à y prendre part, le défendeur n'était point chargé de la régularisation de la position soit de l'Etat, soit de la fabrique ; c'était aux représentants de ceux-ci de veiller à leurs droits et de prévenir la péremption.

70. L'art. 398 contient, comme on l'a vu à l'égard des mineurs, une exception aux principes ordinaires d'après lesquels la prescription ne court pas contre eux. — Mais les derniers mots de l'art. 398 ont fait naître la question de savoir si la péremption pourrait être invoquée dans le cas où le mineur ne serait pas pourvu d'un tuteur, et où il se trouverait ainsi privé de tout recours. La négative était consacrée par la loi 54, ff., *De re jud.*, en ces termes : *Contrà pupillum indefensum propositum peremptorium nihil momenti habet* (V. aussi L. 6, Cod. *Quomod. et quand. jud.*); et Pothier l'enseignait dans l'ancien droit, v° Vente, n° 140. Pigeau, t. 1, p. 470, et Comment., p. 683; Carré et Chauveau, n° 1433; Favard, v° Pérempt., p. 196; Thomine, art. 398; Raynaud, n° 90; Bourbeau, p. 57 et suiv., adoptent cette opinion. Pigeau ajoute que, dans ce cas, le mineur est véritablement dans l'impossibilité d'agir ; que, d'ailleurs, il est plus favorable que le demandeur, parce que ce dernier *certat de lucro captando*, tandis que le mineur *certat de damno vitando.* — Jugé, en ce sens, que la péremption de l'instance ne court pas contre les mineurs, tant qu'ils ne sont pas pourvus de tuteur, ou, ce qui est la même chose, lorsqu'ayant des intérêts opposés à leur tuteur dans un procès, il ne leur a pas été nommé un représentant; qu'elle ne court pas davantage, pendant le même temps, contre leurs cointéressés, à cause de l'indivisibilité de l'instance (Bruxelles, 1er fév. 1819) (1).

71. Toutefois, cet avis est fortement combattu par Merlin, sect. 1, § 2, n° 3-3°, qui oppose la disposition générale de l'art. 398. Quant à l'ancien droit et à l'avis de Pothier, il fait remarquer qu'on ne peut les suivre aujourd'hui en présence de l'art. 398 qui assimile, pour la péremption, le mineur au majeur; qu'autrement on devrait, comme l'enseigne Pothier, soustraire le mineur à la péremption lorsque le tuteur serait insolvable. — Cette opinion semble devoir être suivie. En principe, en effet, on ne suppose pas qu'un mineur, un interdit, une commune, un établissement public, restent sans représentant légal; et si une exception devait être faite pour ce cas, elle ne devrait point être restreinte au mineur; elle serait générale. Ensuite, il faudrait tenir compte de tous les événements qui auraient momentanément paralysé l'action de ce représentant; et tout cela pour conserver au mineur le faible avantage d'une instance dont la péremption, à son égard, n'aura presque jamais d'influence sur le fond du droit, puisque la prescription ne court pas contre lui, sauf les cas prévus par l'art. 2278 (Conf. MM. Rodière, t. 2, p. 246; Bioche, v° Péremption, n° 34). — Jugé en ce sens que la péremption d'instance court contre les mineurs, même dépourvus de tuteurs ; que le recours que le mineur peut exercer contre son tuteur, en cas de péremption, ne doit pas être interprété en ce sens qu'il est une condition *sine quâ non* de la péremption, en sorte qu'à défaut de recours possible, la péremption ne courrait pas contre le mineur (Bruxelles, 4 déc. 1841; Cass. 10 août 1842 (2); — Sur ren-

(1) (Bogaert *C.* Mouriau et Béyeus.) — LA COUR ; — Attendu que la péremption étant une espèce de prescription négative fondée sur la négligence de continuer les procédures dans le temps fixé par la loi, cette prescription doit, d'après la règle *contrà non valentem agere non curit præscriptio*, cesser lorsqu'il survient une cause interruptive de la prescription ; — Attendu que, dans l'espèce, Henri Mouriau a appelé du jugement du 12 mars 1812, non-seulement comme condamné en nom propre, mais principalement en sa qualité de subrogé tuteur des mineurs Béyeus, puisque c'est en cette qualité que le juge *a quo* lui avait ordonné de remplir un devoir au nom de ces mineurs, sous une pénalité en nom propre ; — Attendu que la qualité de subroge tuteur ayant cessé par sa mort, sans que sa gestion ait pu être continuée de suite par un autre, les mineurs Béyeus n'ont plus été ni pu être représentés en instance d'appel jusqu'à la nomination d'un nouveau tuteur ou subrogé tuteur; — Attendu que les successeurs du subrogé tuteur Mouriau n'étaient obligés, dans l'espèce, ni de soigner le remplacement de leur auteur dans lesdites fonctions, ni même de notifier sa mort à l'intimé ; — Attendu que l'art. 345 c. pr. doit s'entendre des fonctions publiques qui sont censées toujours subsister, malgré la cessation du fonctionnaire ; — Qu'il résulte de tout ce qui précède que, depuis la mort dudit subrogé tuteur jusqu'à son remplacement, il a existé une cause interruptive de la péremption, en sorte qu'elle n'a pu être acquise à l'intimé, ni même demandée par lui contre des mineurs qui étaient en cause sans défense ; — Attendu que le sort de l'appel contre la condamnation pénale qui concernait Henri Mouriau, et maintenant ses successeurs, en nom propre, étant essentiellement subordonné à celui de l'appel que ledit Mouriau a interjeté en sa qualité de subrogé tuteur des enfants Béyeus, le maintien de l'instance d'appel en tant qu'elle concerne ses mineurs, actuellement représentés par leur subrogé tuteur intervenant en cause, doit nécessairement empêcher la péremption de la même instance, en tant qu'elle concerne la veuve et les héritiers Mouriau. — Par ces motifs, déclare l'intimé non recevable ni fondé dans sa demande en péremption.

Du 1er fév. 1819.-C. sup. de Bruxelles.-M. Baumben, av. gén., c. conf.

(2) 1re *Espèce :* — (Lebourgeois *C.* Creteau.) — LA COUR ; — Attendu que la disposition de l'art. 398 c. pr. contient une dérogation formelle à la règle générale admise par le code civil, que la prescription ne court pas contre les mineurs ; — Attendu que cette disposition, portée dans des vues d'ordre public, pour mettre un terme à la longueur des procès, contient l'énonciation d'un droit absolu au profit de tout défendeur de demander la péremption contre toute personne, même mineure; que si cette même disposition laisse une action au mineur contre son tuteur, il est évident, par son esprit et par sa lettre, que ce recours ne constitue nullement une condition sans laquelle la péremption ne peut courir, mais seulement une faculté dont l'exercice est sans aucune influence sur le droit donné de demander et d'obtenir la péremption ; — Attendu, en effet, qu'il est dans l'esprit de l'art. 398 de faire prévaloir des motifs d'ordre public sur des motifs d'intérêt particulier, et que si le législateur avait voulu faire du recours possible contre le tuteur une condition de l'obtention de la péremption contre un mineur, il n'eût pu dire, comme il l'a fait, sauf son recours contre le tuteur, mais eût dû dire, pour autant que celui-ci puisse exercer son recours contre son tuteur; — Attendu que c'est vainement qu'on invoque, au profit des mineurs, la maxime *contra non valentem agere non currit præscriptio*, parce que les mineurs étaient dûment représentés au procès, et qu'aux termes de la disposition générale de l'art. 345 c. civ., qui comprend la tutelle comme toute autre fonction, le décès de la mère tutrice, qui a fait cesser cette tutelle, n'a pu empêcher la continuation de la procédure ; qu'ainsi il n'y a pas eu empêchement d'agir ; — Attendu encore que la disposition de l'art. 398 c. pr., qui donne cours à la péremption contre le mineur, ne distingue nullement si celui-ci est ou non pourvu de tuteur contre qui le recours peut être exercé, mais soumet d'une manière générale le mineur à la péremption ; que d'ailleurs cette maxime, *contra non valentem agere*, etc., reçoit encore des exceptions là où l'impossibilité d'agir est évidente, et où de puissantes considérations auraient dû en faire faire l'application (art. 2258); — Par ces motifs, déclare reprise l'instance entre les appelants et les intimés, etc.

Du 4 déc. 1841.-C. de Bruxelles, 2e ch.

2e *Espèce :* — (De la Torre *C.* de Noailles.) — LA COUR (apr. dél. en ch. du cons.); — Sur les art. 345, 398 et 397 c. pr. civ. : — Attendu que l'art. 398 c. pr. fait courir la péremption d'instance contre les mineurs, de même que contre les majeurs ; qu'il ne distingue pas entre les mineurs dépourvus de tuteurs et ceux qui en sont pourvus ; que le recours accordé, dans ce dernier cas, au mineur contre son tuteur, loin d'être une condition sans laquelle la péremption ne courrait pas contre le mineur, est, au contraire, une action qui lui est réservée pour se faire indemniser du préjudice que la péremption lui cause ; — Attendu que le délai supplémentaire de six mois, accordé par l'art. 398 c. pr., pour le cas où il y a lieu à reprise d'instance, ne couvre pas la péremption ; mais ne fait, comme le porte le texte de la loi, que proroger de six mois le terme de trois ans nécessaire pour accomplir la péremption ; — Attendu, au surplus, que l'arrêt attaqué a sainement interprété la loi, en décidant que la loi n'accorde qu'un seul délai supplémentaire de six

vol, arrêt conforme Agen, 20 juill. 1843, audience solennelle).

72. M. Chauveau, *eod.*, dit aussi que la péremption ne peut être demandée même contre le mineur dépourvu de subrogé tuteur ou, ce qui revient au même, que le délai de la péremption ne court pas contre lui (arg. Grenoble, 28 août 1829, aff. Meyet, V. Minorité, n° 752-2°).—Mais cette opinion nous semble, à plus forte raison, inadmissible.

73. Bien plus, le tuteur qui a laissé périmer l'appel qu'il avait interjeté d'un jugement rendu contre le mineur, n'est pas recevable à interjeter un nouvel appel, sous le prétexte que le jugement n'ayant pas été signifié au subrogé tuteur, le délai de l'appel n'a pu courir contre le mineur (Lyon, 23 nov. 1829) (1).

74. De même, la péremption court contre les interdits et les prodigues (V. n° 64). —M. Chauveau (n° 1433) pense que la péremption ne court pas contre l'interdit dont le tuteur serait décédé, ou contre l'aliéné qui aurait été enfermé dans un établissement public, sans qu'un administrateur lui eût été nommé. — Il nous semble qu'il y a une analogie complète avec le mineur dépourvu de tuteur et qu'on doit décider de même pour tous.

75. L'art. 2 de la loi du 6 brum. an 5 défendait, jusqu'à la paix générale, d'opposer aucune péremption d'instance aux défenseurs de la patrie et aux employés attachés au service de terre et de mer. Les auteurs du Praticien, t. 2, p. 407, prétendent que cet article a cessé d'exister à l'événement de la paix conclue par le traité d'Amiens. Mais on a soutenu avec plus de raison que le bénéfice de la loi de l'an 5 avait subsisté, en faveur des militaires, jusqu'à la loi du 21 déc. 1814 (Conf. Merlin, v° Péremption, sect. 1, § 2, n° 3-4°; Pigeau, Comm., t. 1, p. 679; Berriat, p. 338, n° 14; Thomine, t. 1, p. 614; Carré et Chauveau, n° 1432; Reynaud, n° 167).—MM. Thomine et Carré (*ubi sup.*) pensent néanmoins que, dans le cas d'une nouvelle guerre, la maxime d'équité *contrà non valentem agere non currit præscriptio,* devrait encore être appliquée en faveur de ceux qui feraient partie de l'armée belligérante; mais l'art. 398 est trop général pour qu'il soit permis de faire une exception (Conf. M. Chauveau, *loc. cit.*); et c'est dans ce sens qu'il a été jugé que la loi du 6 brum. an 5, qui suspendait le cours de la péremption et de la prescription en faveur des militaires en activité de service, a cessé d'avoir son effet, à partir d'un mois après la publication de la paix générale; que peu importe que la paix ait été troublée depuis pendant de courts intervalles (Grenoble, 22 déc. 1824, aff. Gouillet, V. Absence, n° 726; V. aussi *eod.*, n° 685).

76. La péremption peut être demandée contre un étranger; et si le jugement ou, sur l'appel, l'arrêt qui l'a condamné à fournir la caution *judicatum solvi* n'est point exécuté dans les trois ans, et s'il n'a été fait aucun acte de poursuite, la péremption pourrait être obtenue. C'est aussi l'avis de M. Chauveau, p. 420, notes.

77. Une demande en péremption peut-elle être formée contre un époux par son conjoint? C'est demander, en d'autres termes, si des époux peuvent plaider entre eux. Or l'affirmative est trop évidente pour que la question puisse faire difficulté. Néanmoins, Pigeau (Comment., p. 683) enseigne la négative par argument de l'art. 2253, sauf le cas de séparation de corps; mais cette opinion est trop contraire au texte des art. 397 et 398 pour être admise (Conf. MM. Chauveau, n° 1426; Reynaud, n° 97).—V. n° 90.

78. C'est, en général, contre tous les héritiers d'une succession, comme représentant la personne du défunt, que doit être formée une demande en péremption. — Il a été jugé que la péremption peut être demandée contre les héritiers en possession légale de l'hérédité, bien que quelques-uns d'entre eux aient fait la cession de leurs droits à des tiers qui ne peuvent être mis en cause s'ils n'ont pas signifié leurs titres (Toulouse, 26 janv. 1828, Mém. de Tajan, t. 17, p. 63);—2° Qu'il n'est pas nécessaire que la demande en péremption d'une instance soit formée contre tous les ayants droit ou héritiers, et qu'il suffit qu'elle le soit contre toutes les parties qui avaient précédemment repris l'instance (Lyon, 27 fév. 1834) (2). — En effet, il nous semble qu'en limitant aux parties instanciées l'obligation de notifier la demande en péremption, l'arrêt satisfait à toutes les exigences, et que c'eût été réduire souvent le demandeur presque à l'impossible, que de l'obliger à s'adresser à tous les héritiers ou ayants droit des défendeurs à la péremption. — Au reste, le principe de l'art. 342 relatif au changement d'état prête une nouvelle force à la doctrine consacrée par cet arrêt.

79. Elle peut être intentée: 1° contre une *succession vacante*, quoique non pourvue de curateur : c'est ce qui résulte de la généralité de l'art. 398 c. pr., et, par analogie, de l'art. 2258 c. civ. C'est aussi l'avis de Merlin, v° Périmpt., sect. 1, § 2, n° 3-5°; Pigeau, t. 1, p. 684; Reynaud, n° 94; Chauveau sur Carré, n° 1433; —2° Contre l'*héritier bénéficiaire*, à l'égard des demandes qu'il a dirigées contre son auteur, et qui frappent une succession bénéficiaire : c'est ce qui s'induit de la faculté d'agir contre la succession, qui est donnée à cet héritier par l'art. 996 c. pr., faculté qui lui était déniée implicitement par l'art. 2258. Cependant Pigeau, t. 2, p. 753, et Comm., t. 1, p. 684, est d'un avis contraire, qu'il fonde sur ce que le législateur n'a pas voulu mettre l'héritier bénéficiaire dans la nécessité d'agir contre la succession et d'en consumer ainsi une partie en frais (Conf. Bilhard, Tr. du bénéf. d'invent., n° 116). — Et il a été jugé qu'un créancier du défunt ne peut, en vertu de l'art. 1166 c. nap., demander contre les héritiers bénéficiaires la péremption d'une instance antérieurement pendante entre eux et le défunt; c'est la procédure déterminée par l'art. 966 qu'on devra suivre (Bruxelles, 16 juin 1824, J. de Bruxelles, 1824, t. 2, p. 18).—V. n° 42-1°.

80. La péremption d'une instance en licitation peut-elle être demandée contre le poursuivant par un des copropriétaires qui veut intenter à son tour une demande en partage? Oui, suivant Pigeau, t. 1, p. 686, et Chauveau sur Carré, n° 1427 *ter*.—Pourquoi, en effet, s'écarterait-on dans ce cas de la règle générale?

---

mois, quel que soit le nombre des événements qui, pendant le cours de la péremption, peuvent donner lieu à reprise d'instance; mais attendu qu'en fait, dans l'espèce, il s'était écoulé plus de trois ans et six mois quand on a formé la demande en péremption d'instance; que, par conséquent, le temps nécessaire pour accomplir la péremption était plus qu'écoulé; — Que néanmoins l'arrêt attaqué a déclaré le contraire, en se fondant sur l'impuissance d'agir où s'étaient trouvés les mineurs; en quoi faisant, il a expressément violé les lois citées; — Par ces motifs, casse l'arrêt de la cour de Bordeaux du 25 janv. 1839.

Du 10 août 1842.-C. C., ch. civ.-MM. Boyer, pr.-Chardel, rap.-Hello, av. gén., c. conf.-Coffinières et Mandaroux, av.

(1) *Espèce :* — (Lapoire C. Dubost.) — En 1824, Dubost obtient un jugement contre la dame Lapoire, tutrice légale, et son mari, cotuteur des enfants Dubost. Ce jugement n'est pas signifié au subrogé tuteur.—18 déc. 1824, appel des époux Lapoire, en leur qualité. —L'instance est interrompue jusqu'en 1829, époque où la prescription en est demandée et prononcée par arrêt par défaut du 14 janv. 1829. —Les époux Lapoire ont formée opposition à cet arrêt, et s'en sont ensuite désistés. — 18 fév. 1829, les époux Lapoire ont émis un nouvel appel du jugement du 19 août 1824. — Pierre Dubost oppose la chose jugée, résultant du jugement de 1824, dont l'appel était périmé. — Les appelants répondent que le délai de l'appel n'a pas couru contre eux à défaut de signification de ce jugement au subrogé-tuteur (c. pr. 444). — Arrêt.

LA COUR ; — Attendu que, sur un appel interjeté le 18 déc. 1824, par les mariés Dubost et Lapoire, en leur qualité de tuteurs des enfants mineurs de Jean-Marie Dubost, d'un jugement rendu par le tribunal de Villefranche, le 19 janv. 1824, est intervenu, le 14 janv. 1829, un arrêt par défaut, qui a déclaré cet appel périmé ; — Attendu que la veuve Dubost, qui avait formé opposition à cet arrêt, s'en est désistée, et que ce désistement a été accepté; — Attendu que l'art. 469 c. pr. dispose que la péremption en cause d'appel aura l'effet de donner au jugement dont est appel la force de la chose jugée ; — Que cet article n'établit aucune distinction entre le jugement qui aurait été signifié et celui qui ne l'aurait pas été; — Qu'admettre un nouvel appel, lorsque le jugement n'aurait pas été signifié, ce serait remettre en question ce qui a été décidé par un jugement qui, aux termes de l'art. 469, a acquis la force de la chose jugée, et n'est, par conséquent, plus susceptible d'être attaqué par aucune voie légale ; —Déclare l'appel non recevable.

Du 23 nov. 1829.-C. de Lyon, 4e ch.-M. de Montviol, pr.

(2) (Touranche C. Touranche.) — LA COUR ; — Considérant que la demande en péremption formée à l'égard des instances auxquelles avaient donné lieu les appels interjetés devant la sénéchaussée d'Auvergne des deux sentences rendues par l'ancienne justice de Saint-Just, le 26 sept. 1780 et le 23 sept. 1785, a été formée contre tous ceux qui avaient repris les instances dont il s'agit devant la cour royale de Riom; qu'ainsi, la nullité tirée de l'indivisibilité de la péremption et qu'on voudrait faire résulter de l'omission dans cette demande de quelques-uns des héritiers de Joseph et d'Etienne Touranche, est mal fondée; déboute les demandeurs de ce chef de leur demande.

Du 27 fév. 1834.-C. de Lyon.-M. de Belbeuf, pr.

81. De ce que la partie qui aurait formé une instance viendrait à changer d'état, elle ne cesserait point d'être exposée à la péremption (Conf. MM. Reynaud, n° 93; Chauveau, quest. 1423-4°). — Par exemple, si une fille qui a entamé une instance vient à se marier, la péremption ne cesse pas de courir contre elle : c'est aussi l'avis des auteurs du Praticien français, qu'ils fondent sur l'art. 345 c. pr., d'après lequel le changement d'état n'empêche pas la continuation des poursuites. Et le principe doit être maintenu dans sa généralité, que l'action de la femme réfléchisse ou non contre son mari. — Lange enseignait la négative dans l'ancien droit. — Seulement, si le changement d'état a été dénoncé, ou si le mari est intervenu dans l'instance, la péremption devra être demandée contre lui et contre sa femme.

82. En général, c'est contre celui qui a formé l'instance, contre le *demandeur* que la péremption est demandée. — Mais s'il *intervient* au procès un individu qui y est admis comme demandeur principal, c'est contre lui qu'on doit agir, à moins qu'il n'arrive au procès que pour *assister* le demandeur, cas dans lequel c'est toujours contre ce dernier que l'action doit être intentée (Conf. M. Reynaud, n° 96).—V. n° 38.

83. Si le demandeur principal a appelé garant en cause, il a été jugé, dans ce cas, qu'il suffit que la péremption soit demandée contre la partie principale, et qu'il n'est pas nécessaire qu'elle le soit aussi contre le garant, alors, d'ailleurs, que ce dernier résiste à la demande (Grenoble, 6 juill. 1818 (1). — Conf. Chauveau sur Carré, quest. 1427).

84. Au reste, dès que la demande en garantie a été jointe à l'instance principale, il y a indivisibilité en ce sens que la péremption doit être demandée tant contre le garant que contre la partie principale : «Attendu que l'instance étant jointe entre toutes les parties devient indivisible; que, dès lors, la péremption ne peut avoir lieu que lorsqu'elle a été demandée contre toutes les parties ; que, dans l'espèce, elle n'a pas été demandée contre le sieur Pascal; rejette » (Grenoble, 26 fév. 1819, aff. Pascal).

85. La demande en péremption ne doit pas être formée contre un tiers saisi qui n'est appelé dans la cause que pour porter sa révélation (Besançon, 12 août 1817, extrait du Recueil de cette cour.—Conf. Reynaud, n° 98; Roger, de la Saisie-arrêt, n° 542). — Le tiers saisi n'est pas, en effet, dans la cause, surtout s'il n'est pas demandeur.

86. Cependant il a été jugé : 1° que, quand un tiers a été mis en cause, et qu'un jugement préparatoire a commis des juges pour recevoir sa déclaration, la péremption doit être demandée non-seulement contre la partie principale, mais encore contre ce tiers, une procédure ne pouvant, en partie, être périmée pour une partie et subsister pour l'autre (Riom, 4 avril 1815) (2).

87. 2° Qu'il suffit que la péremption ne puisse être invoquée contre l'une des parties adverses, pour qu'elle ne puisse l'être contre les autres (Limoges, 8 juill. 1823, aff. Rougier, V. n° 246), ce qui tient au principe d'indivisibilité développé à l'art. 8.

Art. 5. — *Actes et instances susceptibles de péremption. — Cassation, Interlocutoire, etc.*

88. « Toute instance sera éteinte par discontinuation de poursuites, » dit l'art. 397 c. pr. — *Toute instance*, c'est là une expression générale. Ainsi, quel que soit l'objet de la contestation, et bien qu'il s'agisse d'une matière intéressant l'ordre public, l'instance peut se périmer. — La péremption s'applique donc : 1° aux questions d'état; et d'ailleurs, la prescription ne courant point dans ces matières, sauf le cas de l'art. 330 c. nap., la péremption ne saurait avoir d'inconvénients (Conf. MM. Carré et Chauveau, n° 1426; Reynaud, n° 3; Bourbeau, p. 570; Bioche, n° 16; — *Contrà*, Menelet, p. 53). Ainsi, d'après un arrêt, le jugement qui a décidé que la naissance d'un enfant a été cachée au mari et qui autorise ce dernier à prouver qu'il n'en est pas le père, est susceptible de péremption (Bordeaux, 5 juill. 1849, aff. Lestrade, D. P. 50. 2. 155); — 2° Aux demandes en séparation de corps (Bourges, 21 déc. 1813, aff. Dutremblay, V. n° 32).—V. n°s 65 et suiv.

89. Toutefois, il a été jugé que la demande en péremption de l'appel d'un jugement prononçant la séparation de corps entre époux, n'est pas recevable si cet appel est fondé sur l'incompétence des premiers juges (Paris, 30 août 1825) (3). — Mais cette solution n'est pas admissible; et elle est critiquée avec beaucoup de raison par M. Chauveau, *loc. cit.* — « Le législateur, dit cet auteur, s'est-il occupé en aucune manière du fondement ou de la valeur de la demande ou des griefs, lorsqu'il a introduit la péremption d'instance? Nullement. Il n'a considéré que le besoin de faire cesser les procès justes ou injustes, et d'infliger une peine au demandeur négligent. »

90. La péremption a lieu également dans les causes qui intéressent l'état, les femmes mariées, les mineurs, etc. (V. n°s 64 et s.), et même dans les instances entre époux.—V. n° 77.

91. Les instances d'*appel*, de même que les instances du premier degré, sont susceptibles de tomber en péremption. Cela résulte explicitement des art. 469, 470 c. pr. (Conf. Favard, t. 4, p. 195; Reynaud, n° 3; Bourbeau, t. 5, p. 559).—Cette proposition n'est susceptible d'aucun doute; et, en effet, la péremption a été fréquemment appliquée en appel par la jurisprudence sans qu'aucune contestation se soit élevée sur ce point. D'ailleurs, l'exposé des motifs de l'art. 469 dit formellement que la péremption est acquise en appel dans les mêmes délais et dans les mêmes formes que devant les premiers juges (V. Appel civ., p. 16, n° 26). La règle n'a souffert difficulté que dans certains cas spéciaux. — Ainsi, il a été décidé : 1° qu'un appel interjeté sous la loi de 1790, sans que le tribunal qui devait en connaître ait été déterminé par le choix des parties, a été périmé par le laps de trois ans sans poursuites, depuis la création des cours d'appel (Req. 21 mess. an 13) (4);—2° Que l'appel interjeté pour un cas éventuel ou sous une condition apposée par l'appelant seul, et qui ne

(1) *Espèce :* — (Branchu C. Monnet, etc.) — Les héritiers Monnet ont demandé la péremption d'instance contre le sieur Branchu. Celui-ci a soutenu la demande non recevable parce que la péremption n'avait pas été demandée en même temps contre Chevalier et autres qu'il avait appelés au procès en garantie. — Arrêt.

La cour; — Considérant que les consorts Monnet n'étaient pas tenus de diriger leur demande en péremption tout à la fois contre Branchu appelant, et contre les sieurs Chevaliers et autres, à l'égard desquels Branchu avait exercé une garantie en cause d'appel, mais qui, loin d'avoir pris fait et cause pour lui, avaient résisté à la garantie; — Admet la péremption.

Du 6 juill. 1818.-C. de Grenoble.

(2) (Prat C. Morel.) — La cour; — Attendu que le nommé Castanier a été rendu partie dans la cause, en exécution de l'arrêt de la cour du 14 brum. an 11, qui ordonne qu'il y sera appelé;—Que, par un second arrêt préparatoire, les juges de Castres ont été commis, attendu l'éloignement du domicile de Castanier, pour recevoir sa déclaration, en présence de toutes les parties intéressées dans la cause; — Que la partie de Bernet s'est rendue diligente envers Castanier; — Qu'une procédure ne peut être en partie périmée, et subsister pour l'autre partie; — Attendu, dans le fait, que la demande en péremption de la partie de Bernet n'a été formée que contre la partie de Marie, en négligeant de l'intenter contre Castanier; — Déboute la partie de Bernet de sa demande en péremption, etc.

Du 4 avr. 1815.-C. de Riom, 2e ch.-M. Verny, pr.

(3) (Attayde C. Attayde.) — La cour; — Considérant que la demande en péremption devait avoir pour effet de donner autorité de chose jugée à une sentence qui aurait été incompétemment rendue, à raison de la qualité d'étrangers des parties; que dans l'espèce, l'appel est fondé exclusivement sur l'incompétence, — Déclare la femme d'Attayde non recevable dans sa demande en péremption, sauf aux parties à procéder sur l'appel; — Mais considérant que la sûreté et la subsistance de la femme exigent une mesure provisoire, — Ordonne que la sentence dont est appel continuera d'être exécutée, seulement pour le payement des pensions sur les que d'Attayde peut avoir en France.

Du 30 août 1825.-C. de Paris, 1re ch.-M. Séguier, 1er prés.

(4) (Pollart C. Lepoivre.)— La cour; — Attendu que par l'institution des tribunaux d'appel substitués à ceux qui avaient été créés par la loi de 1790, les instances d'appel ont été portées de droit devant ces nouveaux tribunaux, sans qu'il ait été besoin d'employer les formes établies par ladite loi de 1790, pour le choix d'un tribunal d'appel; — Attendu que depuis l'érection de la cour d'appel de Bruxelles, l'instance dont il s'agit est restée impoursuivie par le demandeur pendant plus de trois années; que, dès lors, la péremption est demeurée acquise aux termes de l'art. 15 de l'ordonnance de Roussillon de 1565; — Rejette.

Du 21 mess. an 13.-C. C., sect. req.-MM. Muraire, 1er pr.-Genevois, rap.

peut lier l'intimé, tombe en péremption même avant que l'événement ou la condition se soient trouvés réalisés (Bruxelles, 26 avril 1831, aff. Lavary, V. n° 270).

92. Les instances sur *requête civile* sont également comprises au nombre de celles que la généralité des termes de l'art. 397 c. pr. rend sujettes à péremption (Boniface, t. 3, liv. 3, tit. 4, chap. 11; Reynaud, p. 6, note). — Mais quel sera l'effet de cette péremption? — V. n° 334.

93. Suivant M. Bourbeau, t. 5, p. 559, la péremption s'applique devant les *juridictions exceptionnelles* aussi bien que devant les juridictions ordinaires.—Mais cette proposition est trop générale: il est certaines juridictions devant lesquelles, comme on va le voir, la péremption n'est pas admise.

94. A l'égard des *justices de paix*, V. ce qui est dit ci-après, art. 10.

95. La péremption est-elle admise devant les *tribunaux de commerce?* — L'affirmative nous semble devoir être adoptée; et c'est en ce sens que se prononcent également la jurisprudence et la majorité des auteurs (Bastia, 26 fév. 1834; Req. 21 déc. 1836 (1); Amiens, 28 juin 1826, aff. Oger, V. n° 185; Paris, 12 nov. 1844, aff. Perreau, D. P. 45. 2. 29.—Conf. MM. Merlin, Quest. de droit, v° Tribunal de commerce, § 10; Favard, Rép., v° Péremption, n° 8; Roger et Garnier, Annales univers. de la législ. et jurispr. commerc., t. 4, p. 100; Thomine, t. 1, n° 441; Locré, Espr. du code de com., t. 9, p. 7; Chauveau sur Carré, n° 1411, et Journ. des avoués, t. 18, p. 489; Reynaud, Pérempt., n° 18; Bourbeau, t. 2, p. 559). — On peut encore citer dans ce sens Delvincourt, t. 2, p. 187, qui applique d'une manière spéciale les règles de la péremption aux assurances maritimes. — V. Droit marit., n° 2272.

96. Toutefois, il a été décidé en sens contraire que la péremption d'instance n'a pas lieu devant les tribunaux de commerce (Rouen, 16 juill. 1817) (2), et cette opinion a été adoptée par MM. Pigeau, Comm., t. 1, p. 680; Pardessus, Droit com., t. 5, n° 138; Ravez, dans une consultation datée de Bordeaux, 18 avr. 1832, et Carré, dans une autre consultation insérée au Journ. des avoués, t. 47, p. 563, et Lois de la proc., n° 1411; Coffinières, Journ. des avoués, t. 22, p. 346. — La loi, disent

---

(1) 1re *Espèce :* — (Marcolorchino C. Mastagali.)— LA COUR; — Attendu qu'en principe, les règles de la procédure civile s'appliquent aux matières commerciales, lorsqu'elles ne sont pas inconciliables avec l'organisation des tribunaux de commerce; — Qu'il n'y a aucune raison de proscrire la péremption dans les affaires commerciales qui, étant urgentes de leur nature, sont évidemment susceptibles de la péremption, dont le but est d'accélérer la fin des procès; — Que, d'ailleurs, l'art. 397 c. pr. civ., en soumettant à la péremption toute instance, n'en exclut aucune; — Qu'enfin il y aurait contradiction de la refuser dans le premier degré de juridiction commerciale, lorsqu'il faudrait l'admettre en appel par la combinaison de l'art. 648 c. com. et de l'art. 469 c. pr. civ.; — Attendu, néanmoins, que la péremption ne peut atteindre que les instances où il n'est intervenu aucun jugement contenant des dispositions définitives; — Que l'objet de l'instance introduite entre les parties tendait à la nomination d'arbitres pour la liquidation d'une société de commerce; — Que, sous la date du 15 janv. 1825, est intervenu un jugement qui a débouté l'appelant de la demande de mise en cause d'autres prétendus associés, a donné acte aux parties de la nomination de leurs arbitres respectifs et a ordonné aux mêmes parties de s'entendre, dans la quinzaine, pour la fixation du délai de l'arbitrage et pour le choix du tiers arbitre, sauf, dans le cas contraire, à y être pourvu par qui de droit; — Qu'à supposer que cette dernière disposition ne puisse être regardée comme une simple exécution d'une décision définitive dans toutes ses parties, il serait toujours vrai que le jugement susénoncé contiendrait deux chefs définitifs, dont l'effet nécessaire a été de proroger à trente ans l'action admise au moyen de la nomination d'arbitres contre les seules parties en cause, et, par conséquent, d'empêcher le cours de la péremption à l'égard du choix du tiers-arbitre et du délai de l'arbitrage, étant de principe que les jugements ne peuvent être scindés et qu'on ne peut priver la disposition interlocutoire des avantages attachés à la disposition définitive du même jugement; sans s'arrêter à l'opposition de la partie de Beneditti, ordonne que son arrêt de congé-défaut sera exécuté selon sa forme et teneur.

Du 26 fév. 1834.-C. de Bastia.-M. Colonna-d'Istria, pr.

2e *Espèce :* — (Astruc C. Duchon.) — LA COUR; — Attendu que la péremption d'instance (ce mode utile de mettre fin aux procès et de mettre obstacle même à la perpétuité des actions imprescriptibles, tant qu'elles demeurent *sub judice*) fut d'un usage constant dans la jurisprudence française, et admise indistinctement par tous les tribunaux, même ceux de commerce, avant la publication du code de procédure civile;— Attendu que l'art. 397 c. pr., qui consacre cette règle du droit français, est conçu dans des termes généraux, absolus, qui en font une disposition toute décisoire comme celles du même genre, telles, par exemple, que celles des art. 402, 403, relatives aux désistements; des art. 378, 379 et suivants, relatives à la récusation des juges; des art. 1012, 1028, relatives aux arbitrages volontaires, lesquelles, écrites dans divers titres du code, étrangers à la procédure devant les tribunaux de commerce (quoiqu'elles ne soient reproduites ni dans le tit. 25, liv. 2 de ce code sur la procédure spéciale dans les tribunaux de commerce, non plus que dans le code de commerce), doivent néanmoins s'appliquer, et s'appliquent habituellement aux instances commerciales, comme aux instances civiles, par le motif que ce sont des règles positives qu'on doit suivre, toutes les fois qu'elles ne sont ni exclues par d'autres dispositions expresses, ni incompatibles avec celles spéciales aux tribunaux de commerce; — Attendu que de l'absence du ministère des avoués dans les tribunaux de commerce, on ne peut induire la répulsion de la péremption des instances commerciales, puisque des termes mêmes de l'art. 397, il résulte explicitement que la péremption doit avoir lieu, soit qu'il y ait ou qu'il n'y ait pas d'avoués constitués dans les causes;—Attendu qu'on ne peut non plus se prévaloir, pour rejeter la péremption des instances commerciales, de ce que le législateur ayant pris soin de prescrire la péremption dans les justices de paix, par l'art. 15 c. pr. civ., et, dans les cours royales, par l'art. 469 du même code, l'on doit conclure de son silence, soit dans le tit. 25, liv. 2 de ce même code, soit dans le code de commerce, qu'il n'a pas voulu qu'elle fût applicable aux instances commerciales, puisque, d'abord, l'art. 15 n'a d'autre but que d'empêcher une longue instruction devant les justices de paix, en décidant que toutes instances, après interlocutoire, seront péries, si elles n'ont pas été jugées dans le délai de quatre mois; que, quant à l'art. 469, il n'introduit pas la péremption dans les cours royales où, au contraire, il la présuppose admise par l'art. 397, puisqu'il se borne à déclarer quels en seront les effets en cause d'appel;

Attendu qu'il importe autant, et peut-être davantage, d'admettre la péremption des instances commerciales que celles des instances civiles, puisque, de leur nature, les instances commerciales doivent être promptes, brièvement instruites et jugées dans l'intérêt même du commerce; — Attendu que ce serait mal argumenter que d'opposer à la péremption d'instance devant les tribunaux de commerce l'art. 189 c. com., qui prononce la prescription des actions commerciales pour lettres de change, billets, etc., dans un délai de cinq ans, à dater des protêts ou dernières poursuites (sous prétexte que, par l'admission de la péremption qui annule tous les actes de procédure, la prescription des actions se trouverait hâtivement encourue), puisqu'il faudrait faire le même reproche et reconnaître le même inconvénient pour les instances civiles, résultant d'actions pour lesquelles sont admises des prescriptions encore moindres de cinq ans, et qui, néanmoins, sont soumises à la péremption; — Attendu, d'ailleurs, qu'on ne peut et qu'on ne doit rien induire des règles relatives aux prescriptions des actions introduites par le droit civil, étrangères au code de procédure, pour contredire, comme pour appuyer celles relatives à la péremption d'instance, les unes et les autres règles devant demeurer étrangères entre elles et absolument indépendantes, ainsi que l'a posé en principe la jurisprudence des arrêts, en prononçant constamment que la péremption, lors même qu'elle se trouvait jointe à la prescription, ne pouvait s'acquérir de plein droit; — Rejette le pourvoi contre l'arrêt de la cour de Bordeaux, du 16 juill. 1834.

Du 21 déc. 1836.-C. C., ch. req.-MM. Zangiacomi, pr.-De Gartempe père, rap.-Hervé, av. gén., c. conf.-Dupont-White, av.

(2) *Espèce :*—(Doré C. Lettré).—Trois assignations sont données par le sieur Lettré au sieur Doré, à comparaître devant le tribunal de commerce de Rouen. — Ces assignations portent les dates du 14 juill. 1812, du 9 nov. même année et du 15 janv. 1813. — Lettré n'exerce aucunes poursuites ultérieures. — Au mois d'avril 1817, Doré fait assigner Lettré devant le tribunal de commerce aux fins de voir déclarer périmées les trois instances entamées en 1812 et 1813. — Le 9 mai 1817, le tribunal de commerce rend un jugement par lequel il déclare le sieur Doré non recevable dans sa demande en péremption. — Appel. — Arrêt.

LA COUR; — Vu l'art. 642 c. com., portant : « La forme de procéder devant les tribunaux de commerce sera suivie, telle qu'elle a été réglée par le titre 25 du livre 2 de la 1re partie c. pr. civ.; » — Attendu qu'il n'y a d'exception à cette règle qu'en ce qui concerne les jugements par défaut auxquels l'art. 643 déclare les art. 156, 158 et 159 c. pr. applicables; qu'ainsi, et hors ce cas, il n'y a rien de commun entre la forme de procéder devant les tribunaux de commerce et celle de procéder devant les tribunaux ordinaires de première instance; — Attendu que le titre 25 c. pr. sur la forme à suivre dans les tribunaux de première instance ne contient aucune disposition qui autorise la demande en péremption dans ces juridictions, ou qui leur applique les règles établies au titre 22 sur la péremption, lesquelles, par leur nature, prouvent qu'elles n'ont été instituées que pour les matières civiles; — Confirme, etc.

Du 16 juill. 1817.-C. de Rouen.-MM. Pavie et Thil, av.

ces auteurs, en réglant la forme de procéder devant les tribunaux de commerce (c. pr., liv. 2, tit. 25; c. com., art. 642), est muette sur la péremption; elle n'a donc pas voulu l'admettre, d'autant plus qu'elle s'en explique catégoriquement pour les autres tribunaux. On ne peut, sous prétexte que les règles tracées dans les vingt-quatre premiers titres du liv. 2, sont communes à tous les tribunaux, étendre la péremption aux matières commerciales; car, toutes les fois que le législateur a voulu que ces règles fussent applicables ici, il l'a dit formellement (415, 432, 433 c. pr.). Quelquefois, il est vrai, on est obligé de suppléer au silence de la loi; mais pour cela, il faut qu'il y ait nécessité absolue; or cette nécessité n'existe pas ici. D'ailleurs, ajoute-t-il, la péremption, tracée par l'art. 400 c. pr., est incompatible avec l'organisation des tribunaux de commerce; il faudrait donc, pour l'adapter à ces matières, lui donner de nouvelles formes; mais ce serait agir arbitrairement, ce serait faire la loi.—On a signalé un passage dans lequel Carré semble ne pas toujours avoir professé la même opinion. A l'occasion de la péremption devant les juges de paix admise par l'art. 15 c. pr., il dit, nº 13: « Cette péremption diffère de celle qui s'acquiert devant les tribunaux civils d'arrondissement et *de commerce*, en ce qu'elle a lieu de plein droit. » Il est probable que ce n'est là qu'un *lapsus;* mais, à supposer que ce passage indique un changement de doctrine, il est certain que l'opinion émise dans sa consultation est celle dans laquelle Carré a persévéré. — V. M. Chauveau sur Carré, nº 1411.

Mais les raisons sur lesquelles on fonde cette opinion nous touchent peu. La péremption est de droit commun, et, loin qu'une disposition expresse soit nécessaire pour l'étendre à la juridiction commerciale, dont les formes sont si rapides, il en faudrait une, au contraire, pour qu'elle y fût déclarée inapplicable. Combien d'autres dispositions du code de procédure sont appliquées journellement dans les instances commerciales, auxquelles ce code n'a pas fait de renvoi spécial! On pourrait même dire que c'est là la règle générale, lorsque des raisons impérieuses ne forcent pas à s'en écarter. Si le code s'occupe de la péremption en appel et devant les tribunaux de paix, c'est seulement pour introduire une dérogation aux règles qui la régissent, et non dans le but de l'étendre à ces juridictions, ce qui était inutile. Quant à l'objection tirée des formes tracées pour la demande en péremption, il est bien facile d'y répondre, car devant les tribunaux civils eux-mêmes, lorsqu'il n'y a pas eu de constitution d'avoué, on est bien obligé de ne pas les suivre. Et puis, si la péremption doit être admise sur l'appel des jugements des tribunaux de commerce, ce que Carré lui-même ne conteste pas, quelles bonnes raisons y a-t-il de l'exclure en première instance?

97. Il n'est pas douteux, disons-nous, que la péremption s'applique à l'instance d'appel en matière commerciale comme en matière civile; c'est, en effet, ce qui a été jugé (Riom, 16 juin 1818; Toulouse, 3 janv. 1823) (1).

98. La péremption ne s'applique pas à *l'arbitrage volontaire* ou *forcé*, lequel est régi par des lois spéciales. — Les arbitres n'ont de pouvoir que pendant le délai fixé par les parties ou par la loi. Si le délai s'écoule sans qu'ils aient rendu leur décision, l'instance a cessé d'exister : il est donc inutile d'en demander la péremption (Conf. Thomine, t. 1, p. 609; Carré et Chauveau, nº 1412; Reynaud, nº 21; Bourbeau, p. 369. — *Contrà*, Lange, p. 302, et les auteurs du Praticien, t. 2, p. 410). — C'est ainsi qu'il a été jugé que, lorsque le compromis prend fin par la récusation ou le décès des arbitres, on ne peut demander de péremption, puisqu'il n'y a plus d'instance (Bruxelles, 16 oct. 1829, Journal des arrêts de Bruxelles, t. 1 de 1830, p. 28).—V. vº Arbitrage, nºˢ 682 et suiv.— Quant à l'arbitrage forcé, V. *eod.*, nºˢ 704 et suiv.

99. La procédure devant les *conseils de prud'hommes* est-elle susceptible de tomber en péremption? — V. Prud'hommes.

100. La péremption n'a pas lieu devant les *tribunaux criminels*. C'est ce qui a été jugé (Crim. rej. 23 septembre 1836) (2). — Et il a été décidé spécialement 1º que la péremption d'instance pour discontinuation de poursuites pendant plus de trois ans, n'a pas lieu en matière correctionnelle (Grenoble, 23 juin 1830) (3); — 2º Que, par exemple, la discontinuation

---

(1) 1ʳᵉ *Espèce :*—(Malpel *C.* Damaison.)—Dans une instance d'appel en matière commerciale pendante entre les sieurs Malpel et Damaison, est intervenu, le 16 mai 1815, un arrêt interlocutoire qui les a admis à la preuve respective de divers faits par eux articulés. — Cet arrêt n'ayant reçu aucune exécution, Malpel a demandé, le 15 septembre 1817, la péremption de l'instance pour discontinuation de poursuites pendant plus de trois ans. — Arrêt.

La cour; — Considérant que le livre 3 du code de procédure est consacré tout entier à régler ce qui a trait aux appels portés aux cours royales; — Considérant qu'en partant du principe préexistant, et qui admet parmi nous la péremption des instances faute de poursuites dans un temps déterminé, il est donné par ce livre 3, comme règle générale (art. 469), « que la péremption en cause d'appel a l'effet de donner au jugement dont est appel la force de chose jugée; » — Considérant qu'en matière commerciale le code de commerce (art. 648) renvoie, pour les instances d'appel des jugements des tribunaux de commerce, aux règles et procédure tracées par le livre 3 précité du code de procédure; — Considérant que, dès lors, et par cela même (bien que le code de commerce n'indique rien, ne trace rien pour la péremption des instances pendantes au premier degré devant le tribunal de commerce), il est virtuellement dans les vœux combinés desdits art. 469 c. pr. civ. et 658 c. com., que la péremption soit admissible dans les instances d'appel qui ont trait aux affaires commerciales comme dans les instances civiles ordinaires, puisque l'art. 469 ne distingue point et pose une règle absolue; — Considérant qu'il est constant, en fait, qu'il y a eu cessation de poursuites pendant plus de trois ans dans l'instance d'appel du jugement du tribunal...; — Déclare éteinte et périmée l'instance d'appel dont il s'agit.

Du 16 juin 1818.-C. de Riom.

2ᵉ *Espèce :* — (N... *C.* N...) — La cour; — En ce qui touche le premier moyen; — Attendu qu'il s'agit de la péremption d'un appel porté en la cour; — Attendu qu'il est dans l'ordre que l'exercice de la péremption, soit au fond, soit quant à la forme, soit subordonné aux règles de procédure prescrites pour les cours et pour les tribunaux dans lesquels ont été rendus les arrêts et jugements contre lesquels on oppose la péremption; — Attendu que, bien loin que la législation ait admis une distinction à cet égard, relativement aux appels des jugements des tribunaux de commerce, cette distinction serait plutôt rejetée par l'art. 642 c. com.; — Attendu d'ailleurs la disposition générale et absolue de l'art. 469 c. pr. civ., où il est dit que la péremption en cause d'appel aura l'effet de donner, au jugement dont est appel, l'autorité de la chose jugée...

En ce qui touche le deuxième moyen; — Attendu que, d'après l'art. 397 c. pr. civ., toute instance, encore qu'il n'y ait pas eu constitution d'avoué, est éteinte par discontinuation de poursuites pendant trois ans, qu'il y ait ajouté que ce délai serait augmenté de six mois, dans le cas où il y aura lieu à demande en reprise d'instance dans laquelle se trouvent les parties; — Attendu que le délai de trois ans et six mois, qui a couru à compter du 14 avril 1817, date de la signification des qualités sur l'arrêt du 6 du même mois, était évidemment expiré, non-seulement au 21 fév. 1821, date de l'assignation donnée au défendeur pour voir ordonner la péremption, mais encore au 6 du même mois, date de la requête contenant la demande en péremption, sans qu'avant aucune de ces époques il y ait eu un acte de procédure interruptif du délai de la péremption; — Attendu que ce ne peut être, sous aucun rapport, le cas d'appliquer à l'espèce la disposition de l'art. 1033 c. pr., ainsi qu'a voulu le faire le défendeur en péremption lors de la plaidoirie; — Déclare l'instance périmée.

Du 3 janv. 1823.-C. de Toulouse.

(2) (Min. pub. *C.* Destinan.) — La cour; — Attendu que la péremption établie par l'art. 397 c. pr. civ., n'est pas applicable aux matières criminelles, et que la prescription établie par l'art. 640 c. inst. crim. n'est pas applicable à l'espèce; — Par ces motifs, déclare qu'il y a lieu de statuer sur le présent pourvoi.

Du 23 sept. 1836.-C. C., ch. crim.-MM. Bastard, pr.-Isambert, rap.

(3) *Espèce :* — (Archier *C.* Camfin, etc.) — Camfin, Bonard et autres ont été poursuivis pour avoir fait, le 20 août 1825, des blessures à André et Pierre Archier. — André se porte partie civile. — 3 août 1826, jugement du tribunal correctionnel qui condamne les prévenus à une amende de 6 fr. envers l'Etat, et en tous les dépens envers la partie civile. — Appel, tant de la part des prévenus que d'André Archier. — Absence de poursuites pendant plus de trois ans. — Archier assigne ses adversaires pour faire déclarer l'instance périmée et la confirmation du jugement. — Les prévenus ont soutenu : 1º que la demande en péremption était non recevable, attendu que la péremption ne pouvait avoir lieu en matière correctionnelle; 2º que l'action publique et l'action civile étaient éteintes par la prescription de trois ans, d'après les art. 637 et 638 c. inst. crim.; que si bien, aux termes de l'art. 637, cette prescription ne pouvait avoir lieu lorsque les actes d'instruction ou de poursuite avaient été suivis de jugement, ces dernières expressions ne devaient s'entendre que d'un jugement passé en force de chose jugée, et non d'un jugement attaqué par la voie de l'appel, ce jugement n'étant considéré que comme un acte de procédure, jusqu'à ce qu'il ait été statué sur l'appel...

La cour; — Attendu que la demande en péremption que consacre

de poursuites pendant trois ans, à partir de l'appel, ne donne pas au jugement l'autorité de la chose jugée (même arrêt; Toulouse, 8 déc. 1836, aff. Mourié, V. Prescript. crim.).

101. La péremption ne peut être invoquée devant la *cour de cassation* (V. Cassation, nos 1113, 2185; V. aussi MM. Chauveau, n° 1421 *ter*; Bourbeau, p. 569 et 619; et Rej. 16 janv. 1837, aff. Lenglet, v° Prescript.).

102. Lorsqu'un arrêt a été cassé et l'affaire renvoyée devant une autre cour, l'instance devant la *cour de renvoi* est susceptible de péremption. — C'est ainsi qu'il a été jugé 1° que les arrêts de cassation laissant subsister l'appel et les procédures qui en ont été la suite jusqu'au jugement ou à l'arrêt cassé, ces appels et procédures sont désormais susceptibles de péremption par le laps de temps ordinaire, encore bien que l'arrêt de cassation n'ait pas été signifié, et qu'il n'y ait pas eu assignation devant les tribunaux ou cours qui doivent juger ensuite de l'arrêt de renvoi; qu'en conséquence, la péremption a pu être demandée contre la partie qui, ayant obtenu un arrêt de cassation, a laissé écouler le délai de la péremption sans donner suite à son appel (Cass. 12 juin 1827; et sur renvoi Besançon, 15 mars 1828) (1);

---

l'art. 397 c. pr. ne saurait s'appliquer à une instance correctionnelle, par le motif que le code de procédure civile a précédé de vingt mois la promulgation du code d'instruction criminelle : — Attendu, d'ailleurs, que la demande en péremption en matière civile est assujettie à des formes incompatibles avec la marche de la procédure en matière correctionnelle; que, par conséquent, la demande en péremption formée par André Archier est non recevable; — Attendu, quant à la demande en prescription formée par Giroud, Camfin et consorts, que le principe de la prescription en matière criminelle et correctionnelle, prend sa source dans la nécessité de poursuivre et faire juger définitivement dans un temps déterminé, ces sortes d'actions qui reposent sur une base essentiellement variable et périssable, la déposition des témoins. — Attendu que la prescription pour défaut de poursuites, consacrée par les art. 637 et 638 c. inst. crim., doit s'appliquer non-seulement aux faits à raison desquels des actes de poursuite ou d'instruction non suivis de jugement ont été interrompus pendant trois ans, mais encore aux faits pour lesquels un jugement a été rendu, lorsqu'il y a eu appel de ce jugement, et qu'un intervalle de plus de trois ans s'est écoulé depuis cet appel, sans qu'il y ait été statué, car il y a même motif d'imputer, soit au ministère public, soit à la partie civile, leur négligence à poursuivre leur action, chacun en ce qui les concerne; — Attendu que c'est d'autant mieux le cas d'admettre ces principes à l'égard de la prescription en matière correctionnelle, qu'ils sont textuellement consacrés en matière de contravention de police par l'art. 640 c. inst. crim., et qu'il n'existe pas de motif pour rejeter l'application de ces mêmes principes par voie d'analogie; — Attendu, en fait, que depuis le 5 juill. 1826 jusqu'au 14 mai 1831, il n'y a point eu d'actes de poursuite dans l'affaire dont il s'agit; — Vu les art. 637 et 638 c. inst. crim., rejette la demande en péremption formée par André Archier; déclare l'action, soit du ministère public, soit de la partie civile, éteinte par la prescription par défaut de poursuites pendant plus de trois ans.

Du 23 juin 1830.-C. de Grenoble, ch. cor.-M. Fornier, pr.

(1) *Espèce :* — (Roux, etc., *C.* Lafoy.) — La cour de cassation, par arrêt du 13 mai 1814, a cassé un arrêt de la cour de Dijon et renvoyé les parties (les héritiers de Lafoy) devant la cour de Lyon. — Cet arrêt ne reçoit aucune exécution. — En 1822, deux des héritiers Lafoy, contre lesquels il avait été rendu, ont demandé, devant la cour de Lyon, la péremption de l'appel. — Le 31 juill. 1822, jugement par défaut qui la prononce. — Opposition par la veuve Lafoy et autres, qui avaient obtenu l'arrêt de cassation. — 2 mars 1825, arrêt de la cour de Lyon qui déclare que la péremption ne doit pas être accueillie, « attendu qu'elle ne peut avoir lieu que quand il y a instance; que, pour que l'instance fût liée par-devant la cour de Lyon, il aurait fallu que cette cour fût saisie de la contestation par une assignation donnée en exécution de l'arrêt de la cour de cassation; que, tant que l'exécution en a été suspendue et qu'il n'y a pas eu d'assignation, l'instance n'a pu exister, et, n'existant pas, on ne pouvait demander ni obtenir un arrêt qui prononçât la péremption d'une instance qui n'avait pas lieu devant la cour; que telle est la disposition précise de l'art. 397 c. pr. — Pourvoi pour violation de l'art. 397 c. pr. — La défenderesse oppose d'abord une fin de non-recevoir, et, au fond, elle soutient que l'arrêt de renvoi désigne bien les juges, mais n'introduit pas l'instance; que, pour cela, il faut une signification de l'arrêt de cassation; que cet arrêt est définitif, et qu'on a trente ans pour l'exécuter. » — Arrêt (ap. dél. en ch. du cons.).

LA COUR; — Statuant sur la fin de non-recevoir; — Attendu que l'original de l'exploit de notification de l'arrêt d'admission est régulier, et que la copie y était en tout conforme avant la rature qui y a été faite; mais que cette rature n'ayant point été approuvée, elle doit être considérée comme non avenue, nonobstant l'interligne qui n'est pas non plus approuvée; qu'ainsi foi entière demeure à l'original; — Rejette ladite fin de non-recevoir.

Statuant au fond; vu l'art. 397 c. pr.; — Attendu qu'en remettant les parties au même et semblable état qu'elles étaient avant le jugement ou l'arrêt annulé, l'arrêt de cassation laisse subsister l'appel et les procédures qui ont été faites devant le tribunal ou la cour qui en avait été saisie, et ne fait rien de plus que d'indiquer les nouveaux juges devant lesquels l'instance doit être suivie; que, dès lors, on peut opposer à l'appelant la cessation de la poursuite de ladite instance qu'il a pu continuer devant le tribunal ou la cour de renvoi, où il a pu appeler ses adversaires; — Qu'il suit de là qu'en jugeant, dans l'espèce, que la péremption d'instance n'avait point été acquise contre l'appelant par défaut de poursuites pendant plus de sept ans, la cour royale de Lyon a violé l'art. 397 précité; — Donne défaut contre Lafoy; — Casse.

Du 12 juin 1827.-C. C., ch. civ.-MM. Brisson, pr.-Rupérou, rap.-Cahier, av. gén., c. conf.-Nicod et Scribe, av.

La cour de Besançon, saisie sur renvoi, a adopté la même solution dans un arrêt ainsi conçu :

LA COUR; — Considérant que la demanderesse en tierce opposition, agissant en qualité de créancière de la succession bénéficiaire de François Lafoy son mari, aurait été valablement représentée lors de l'arrêt du 31 juill. 1822; — Que pour se soustraire à la fin de non-recevoir prononcée par l'art. 474 c. pr., et invoquer avec succès les art. 1167 et 1353 c. civ., il faut qu'elle articule et qu'elle établisse un concours de circonstances graves, précises et concordantes, prouvant que l'arrêt par défaut du 31 juill. 1822, qui a prononcé la péremption, est le résultat d'un concert collusoire entre Jean-Jacques Lafoy, héritier bénéficiaire, et les demandeurs en péremption; — Que la demanderesse en tierce opposition fait résulter la preuve de la collusion entre Jean-Jacques Lafoy et les frères Lafoy, de ce que ledit Jean-Jacques Lafoy ayant des moyens décisifs à opposer à la demande en péremption, non-seulement il n'en a fait valoir aucun, mais encore de ce qu'il n'a point formé opposition à l'arrêt du 31 juill. 1822; — Sur ce premier moyen que, par collusion, l'héritier bénéficiaire aurait omis d'opposer, à la demande en péremption, que l'arrêt de la cour de cassation du 23 mai 1814, n'ayant été signifié ni à l'avocat qui avait occupé pour François Lafoy devant cette cour, ni à François Lafoy, conformément à l'art. 9, tit. 13, part. 2 du règlement de 1738, le délai de la péremption n'avait pu courir;

Considérant que l'arrêt de la cour de cassation, du 23 mai 1814, en annulant l'arrêt de la cour de Dijon, du 7 août 1812, a laissé subsister l'instance d'appel du jugement du tribunal de Châlons-sur-Saône, du 15 avril précédent, ainsi que toutes les procédures jusqu'à l'arrêt exclusivement; que l'instance subsistant, le seul fait de discontinuation de poursuites pendant plus de trois ans et demi opérait, dans tous les cas, aux termes de l'art. 397 c. pr., l'extinction de l'instance : — Qu'il est constaté que François Lafoy est décédé le 7 juill. 1821, plus de sept ans après l'arrêt de renvoi devant la cour de Lyon, sans avoir donné aucune suite à son instance d'appel; que, dès lors, on ne peut caractériser de dol le défaut de défense à une demande fondée; — Qu'on oppose inutilement que la signification de tout acte judiciaire, même contradictoire, a remplacé dans le droit français la prononciation faite par le juge en présence des parties, prononciation qui faisait courir les délais d'appel dans le droit romain; qu'en effet, la signification des jugements contradictoires n'est nécessaire que pour leur mise à exécution ou pour faire courir les délais pour leur réformation, et qu'ils ont leur effet, en ce sens qu'ils acquièrent un droit, une action à celui au profit duquel ils ont été rendus, du jour de leur prononciation; qu'ainsi le demandeur par action réelle ou personnelle, qui a obtenu jugement contradictoire de condamnation, est passible de la prescription trentenaire, à compter du jugement et non de la signification qui en aurait été faite par la partie condamnée; — Que, d'après l'art. 12, tit. 35, de l'ord. de 1667, qui ne faisait que modifier des ordonnances antérieures, les jugements contradictoires emportaient hypothèque à compter du jour de leur prononciation; — Qu'enfin, de la combinaison des art. 2123, 2148 et 2157 c. civ., et 548 c. pr., il suit que l'hypothèque judiciaire résulte des jugements; que cette hypothèque peut être inscrite sans signification préalable, et que si la radiation des inscriptions prises ne peut avoir lieu qu'ensuite de jugements signifiés ayant l'autorité de la chose jugée, cette disposition n'a lieu que pour assurer la responsabilité du conservateur; — Qu'il est donc constant que les décisions judiciaires contradictoires assurent un droit, une action en faveur de celui qui les a obtenues, droit et action passibles de prescription; — Que la péremption étant la peine de la négligence des poursuites, c'est au poursuivant qui devait recueillir le fruit de ses poursuites à ne les pas discontinuer pendant le temps suffisant pour l'extinction de l'instance qu'il avait introduite; — Que le règlement de 1738, invoqué, est sans application; — Que la demande en péremption, intentée le 18 mai 1822, ne peut être considérée comme exécution de l'arrêt de la cour de cassation du 23 mai 1814; que la demande en péremption résultait au contraire du défaut de mise à exécution de cet arrêt, de la discontinuation des poursuites d'une instance

Conf. Amiens, 29 nov. 1838, M. Boullet, 1er pr., aff. Fremont C. Gowin; Rouen, 10 avril 1839, M. Eudes, 1er pr., aff. Sénart C. Philippot; conf. D. P. 34. 2. 244); — 2° Que la partie qui a laissé impoursuivie une instance pendant trois ans à partir d'un arrêt de cassation par elle obtenu, n'est pas recevable à prétendre que l'arrêt de la cour de cassation (qu'elle aurait dû faire signifier) ne lui ayant point été signifié, il n'y a, dans la réalité, point d'instance, et, par suite, qu'il ne saurait y avoir lieu à péremption d'instance (Rej. 18 fév. 1828) (1); — 3° Que, par la cassation d'un arrêt, les parties se trouvant remises en état d'instance sur

---

d'appel qu'il avait laissée subsister; — Que, dès lors, on peut qualifier doleux et collusoire le défaut de proposition, de la part de l'héritier bénéficiaire, d'un moyen insuffisant pour faire rejeter une péremption déjà encourue par la négligence de François Lafoy, son auteur;

Sur le moyen employé devant la cour de Lyon, et qui résulterait de ce qu'il ne pouvait y avoir lieu à l'extinction d'une instance qui n'avait point été liée devant elle par une assignation à requête de François Lafoy :—Considérant qu'il n'a été renouvelé par la demanderesse en tierce opposition qu'en s'en référant à la cour sur le mérite de ce moyen, et que, dans les motifs donnés par le présent arrêt, sur le premier moyen, elle a déjà implicitement prononcé le rejet de ce dernier moyen, il est inutile de les répéter ici; — Déboute la demanderesse de sa tierce opposition, tant par fin de non-recevoir qu'autrement, etc.

Du 15 mars 1828.-C. de Besançon.-M. Monnot-Arbilleur, pr.

(1) *Espèce :* — (Delannoy C. Marie Quesnel.) — 20 déc. 1791, sur la demande de Marie Quesnel, jugement du tribunal du district d'Amiens, qui déclare Delannoy père d'un enfant mâle dont elle est accouchée, et le condamne à faire nourrir et élever cet enfant, et à payer 1,000 fr. de dommages-intérêts à la mère. — Appel de Delannoy. — Après les exclusions voulues par la loi 16-24 août 1790, cet appel fut anticipé par la demoiselle Quesnel devant le tribunal du district d'Abbeville, et des requêtes et autres actes de procédure y furent réciproquement signifiés. — 17 fév. 1794, jugement par défaut qui confirme ce dont est appel. — Opposition de Delannoy; et, le 6 mai 1794, nouveau jugement du tribunal d'Abbeville, qui déclare Delannoy non recevable dans son appel. — Pourvoi de Delannoy; et, le 10 mai 1795, cassation de ce dernier jugement du 6 mai 1794. — L'arrêt ne fut pas signifié, et il y eut cessation de poursuites jusqu'en 1818.—8 avril 1818, le fils de Marie Quesnel, décédée, assigne Delannoy devant la cour d'Amiens pour faire déclarer l'instance périmée.

3 avril 1824, arrêt de la cour d'Amiens, qui déclare la péremption acquise : — « Considérant que l'arrêt de cassation dont il s'agit a été rendu contradictoirement, et sur le pourvoi du sieur Delannoy lui-même; que, par conséquent, celui-ci n'a pu en ignorer les dispositions, ni empêcher (en même temps qu'il en éprouvait le bénéfice) que cet arrêt ne produisît son effet immédiat, qui était de renouveler l'instance sur l'appel; — Considérant, en droit, qu'aux termes de l'art. 15, ord. 1563, comme d'après les dispositions de l'art. 397 c. pr., toute instance est éteinte et périmée par la discontinuation des poursuites pendant trois ans; qu'en appel, cette péremption a toujours frappé sur tous les actes de l'instance, y compris celui d'appel, lorsqu'il a été suivi d'assignation et procédure; — Considérant, en fait, que, sur l'appel de Delannoy, un jugement par défaut du tribunal d'Abbeville confirma ce dont était appel; que, sur l'opposition à ce jugement, le tribunal d'Abbeville rendit un nouveau jugement, le 6 mai 1794, par lequel il déclara Delannoy non recevable dans son appel; — Que Delannoy s'étant pourvu en cassation contre ce dernier jugement, en obtint l'annulation le 21 flor. an 3, ou 10 mai 1795; que le tribunal de cassation n'ayant annulé que le jugement du 6 mai 1794, laissa évidemment subsister tous les actes de procédure antérieurs, et renvoya les parties devant les juges qui en devaient connaître; que, néanmoins, Delannoy, depuis cette époque, a complétement abandonné la poursuite de son appel; — Considérant que Delannoy objecte vainement qu'il n'a point été tenu de suivre cet appel pour éviter la péremption, parce que l'arrêt de cassation du 21 flor. an 3 ne désignait pas le tribunal qui en devait connaître; que ce tribunal n'avait point non plus été désigné par les parties, en sorte qu'il n'y avait pas, selon lui, d'instance liée sur l'appel; — Considérant que, d'après l'organisation judiciaire de cette époque, et notamment d'après la loi du 27 nov. 1790, sept tribunaux de district étaient compétents pour connaître de l'instance sur appel qui avait d'abord été liée devant celui d'Abbeville; qu'il dépendait de Delannoy de procéder de suite à la désignation de celui des sept tribunaux de district où l'instance serait reprise par l'exclusion des six autres; que c'est ce qu'il aurait dû faire pour empêcher la péremption de courir; — Que les changements opérés dans l'organisation judiciaire et par la constitution de fruct. an 3 et par la loi du 27 vent. an 8, ne l'ont point dispensé de suivre son appel; que la dernière de ces lois ordonne, par l'art. 31, que les causes pendantes devant les tribunaux supprimés seront portées dans l'état où elles se trouveront, et par une simple citation, au tribunal d'appel dans le ressort duquel siégeait le tribunal qui a rendu le jugement dont est appel; — Que, par l'effet de cette disposition, la connaissance de l'appel du jugement rendu au tribunal d'Amiens a évidemment, et de plein droit, appartenu à la cour; que cependant Delannoy n'y a fait aucune citation ni acte de procédure quelconque pour obtenir décision, et a laissé écouler un temps beaucoup plus long que celui qui est exigé pour opérer la péremption de son instance et la déchéance de son appel. »

Pourvoi de Delannoy : — 1° Incompétence de la cour d'Amiens, en ce qu'elle n'avait pas été désignée, et, de plus, violation de l'art. 87 de la loi du 27 vent. an 8, en ce que cette cour représente, dans l'ordre judiciaire, le tribunal d'appel d'Abbeville dont le jugement a été cassé. — Le défendeur répondait de deux manières : — 1° L'incompétence n'a pas été proposée devant la cour royale; elle est donc couverte; 2° elle n'est pas fondée; car la loi nouvelle du 27 vent. an 8, a saisi les cours d'appel de la connaissance de tous les appels, non encore jugés suivant les lois anciennes. — 2° Fausse application de l'art. 397 du code de pr., et violation de l'art. 147 du même code, en ce que la cour d'Amiens a prononcé une péremption d'instance là où il n'y avait pas d'instance, et a décidé ainsi que l'arrêt de cassation qui n'avait pas été signifié a pu être présumé avoir été exécuté. — Le jugement du tribunal d'Abbeville était réputé non avenu par l'effet de la cassation. Delannoy avait donc le droit d'introduire une nouvelle action. Comment pouvait-il l'introduire? Par la signification de l'arrêt. Jusqu'à cette signification, point d'instance. — Or il avait trente ans pour la faire. — Le défendeur a répondu que l'arrêt de cassation a fait revivre l'instance sur appel; instance susceptible de péremption; que le demandeur doit s'imputer de n'avoir pas signifié l'arrêt qui lui était favorable; que cette signification d'ailleurs n'était pas indispensable pour le faire connaître, puisqu'il a dû être transcrit sur les registres du tribunal dont le jugement a été cassé.

3° Fausse application de l'art. 397 c. pr., qui suppose une instance portée devant un tribunal, et qu'on a négligé de poursuivre. Or, quelles diligences le demandeur aurait-il pu faire devant une cour qui n'avait pas été désignée? — La cour d'Amiens a aussi violé l'ord. de 1563, d'après laquelle le décès d'une partie interrompait la péremption pendant trente ans, et a contrevenu à l'art. 2281 c. civ., qui veut que les prescriptions, commencées avant les lois nouvelles, soient continuées conformément aux lois anciennes. — Le défendeur a répondu que la loi avait désigné elle-même une cour; — Que la cause avait été pendante de plein droit, et sans qu'on eût besoin d'aucune constitution d'avoué devant elle; que la péremption avait été acquise par trois ans de cessation de poursuites, depuis la publication du code de procédure, ce qui rendait inapplicable l'ord. de 1563. — Arrêt (apr. délib. en ch. du cons.).

La cour ;—Attendu, sur le premier moyen, que l'appel du jugement rendu par le jugement du district d'Amiens, le 20 déc. 1791, fut porté par la voie des exclusions (conformément à la loi du 24 août 1790, tit. 5), devant le tribunal du district d'Abbeville, qui, par jugement en dernier ressort, du 17 flor. an 2, déclara cet appel non recevable; que ce jugement ayant été cassé le 21 flor. an 3, les parties furent remises dans l'état où elles étaient avant que l'appel eût été déclaré non recevable, c'est-à-dire en état d'instance sur ledit appel; que la loi du 1er décembre 1790 leur donnait la faculté de convenir d'un tribunal d'appel, ou de procéder de nouveau par voie d'exclusion, entre les sept tribunaux désignés pour les appels des jugements rendus par le tribunal d'Abbeville, mais que n'ayant pas usé de cette faculté, et les choses se trouvant en cet état, lorsque l'art. 31 de la loi du 27 vent. an 8 attribua toutes les causes d'appel pendantes devant les tribunaux supprimés, au tribunal d'appel dans le ressort duquel siégeait le tribunal qui avait rendu le jugement attaqué, l'appel dont il s'agit se trouva dévolu de plein droit au tribunal d'appel d'Amiens, parce que les sept tribunaux qui auraient pu être appelés à statuer sur cet appel, et entre lesquels le choix volontaire ou par voie d'exclusion n'était plus praticable, avaient siégé dans son ressort, de même que celui qui avait jugé en première instance; — Attendu que le moyen pris, de ce que la cour royale d'Amiens remplace le tribunal d'Abbeville, dont le jugement fut cassé, ne paraît pas avoir été proposé devant cette cour; et qu'il est d'ailleurs mal fondé, puisque le tribunal d'Amiens, qui (dans le système du demandeur) aurait aussi représenté les sept tribunaux d'appels désignés pour le district d'Abbeville, avait reçu une organisation entièrement nouvelle, et que, loin de lui interdire la connaissance des affaires jugées en dernier ressort par les tribunaux supprimés, lorsque leurs jugements avaient été cassés, la loi du 27 vent. an 8 lui attribuait indéfiniment toutes les causes d'appel des jugements rendus dans son ressort.

Attendu, sur le deuxième moyen, que le demandeur ayant poursuivi et obtenu l'arrêt de cassation qui faisait revivre l'instance sur son appel, c'était à lui à faire les diligences nécessaires pour en recueillir le fruit; qu'il est non recevable et mal fondé à argumenter du défaut de signification dudit arrêt, et que s'agissant, non de prescription de l'arrêt, mais de péremption de l'instance, l'art. 2272 c. civ. ne pouvait recevoir aucune application.

Attendu, sur le troisième moyen, qu'aux termes de l'art. 397 c. pr.,

appel, il y a lieu, si la péremption est demandée pour défaut de poursuites pendant trois ans à partir de la cassation, de déclarer éteinte toute l'instance sur appel, et, par suite, de déclarer l'appel non recevable (même arrêt); — 4° Que lorsqu'en cassant un arrêt, la cour de cassation n'a pas annulé l'instance d'appel et les actes antérieurs à l'arrêt annulé, toute cette instance d'appel est sujette à péremption, si elle n'est pas poursuivie devant la cour de renvoi, dans les délais de la loi, lors même qu'il n'y a eu de constitution d'avoué, devant la nouvelle cour, ni de la part de l'appelant ni de la part de l'intimé (Toulouse, 10 juill. 1832) (1).

103. On a même décidé que, dans un tel cas, il y a lieu à péremption de l'instance d'appel, encore bien qu'aucun tribunal n'aurait été indiqué par la cour de cassation pour prononcer sur le renvoi (Rej. 18 fév. 1828, aff. Delannoy, V. n° 102-2°).—Il est à remarquer que, dans l'espèce, l'arrêt de cassation avait été rendu sous l'empire de la loi du 16 août 1790, d'après laquelle les parties choisissaient elles-mêmes le tribunal qui devait connaître de l'appel. Il dépendait donc de celle qui avait obtenu la cassation de procéder de suite à la désignation des juges devant lesquels l'affaire devait être portée; ne l'ayant pas fait, la péremption a dû courir. — En serait-il de même aujourd'hui, si, ce qui est du reste peu supposable, la cour de cassation omettait de désigner la cour de renvoi? Oui, semble-t-il, car la partie peut faire aisément réparer l'omission en présentant une requête à la cour : la négligence sur ce point ne peut le placer dans une situation privilégiée.—Mais, en ce cas, devant quel tribunal la demande en péremption devra-t-elle être formée? — Elle le sera, suivant nous, devant le tribunal du domicile de la partie contre laquelle elle est intentée, aucune cour ou tribunal n'étant saisi de l'action principale.

104. La péremption est-elle admise en *matière administrative?* — Elle ne l'est pas devant le conseil d'État (V. ce mot, n° 351).—A l'égard des conseils de préfecture, V. Organisation administ. où la question est examinée.

105. Revenons maintenant à l'art. 397 : Toute *instance* sera éteinte.—Par *instance* on entend tous les actes de la procédure, depuis l'exploit introductif jusqu'au dernier acte qui a été opéré. — Les actes et procédures extrajudiciaires et qui ne font pas partie de cette période sont en dehors de l'instance, et, par suite, ne sont pas susceptibles de tomber en péremption.

106. On doit considérer comme tels : 1° une autorisation administrative, et il a été jugé spécialement qu'une autorisation de plaider donnée à une commune en 1830 n'est pas périmée, bien que l'action ne soit intentée qu'en 1838 (Rennes, 19 fév. 1839, aff. Ksaintgelly, V. Action possess., n° 640); l'autorisation de plaider n'est en effet qu'un mode de surveillance étranger à l'instance, qui ne préjuge rien, qui laisse entiers les droits et actions des parties et dont les tribunaux n'ont pas à connaître.

107... 2° Un commandement tendant à saisie-exécution, une sommation ou tout autre acte de mise en demeure : ces actes ne sont pas anéantis de droit par l'expiration de trois années; et on ne peut en faire prononcer la péremption par le motif qu'ils n'auraient pas été suivis de poursuites; mais il n'en serait pas de même si l'instance était engagée sur la validité de ces actes (M. Bourbeau, p. 587). — Il a été jugé que les saisies-exécutions non suivies de poursuites ne sont pas susceptibles de tomber en péremption : « Considérant, porte le jugement dont les motifs ont été adoptés, que l'art. 22, tit. 19, ord. de 1667 (lequel décharge le gardien, lorsque la saisie-exécution est restée sans poursuites pendant un an), ne prononce pas la péremption des saisies, mais n'est utile qu'aux gardiens » (Paris, 1re sect., 28 germ. an 11, aff. Thierry *C.* Huguier; Conf. Pigeau, Comment., t. 2, p. 194; Boitard, 5e éd., t. 2, p. 319; Chauveau, Quest. 1410 *bis*).—V. n° 25.

108. ...3° Le commandement adressé au débiteur originaire, conformément à l'art. 2169, préalablement à toute poursuite contre le tiers détenteur : il dure autant que l'action qui le motive; (Bordeaux, 23 avril 1831, aff. Destal, V. Vente jud. d'im.).

109. Mais les saisies-arrêts et les saisies de rente qui doivent, à peine de nullité, être suivies d'un acte de demande, peuvent tomber en péremption, parce que ce sont de véritables instances suivies devant les tribunaux, et qu'il faut absolument désigner le tribunal qui en connaîtra (Pratic. franç., t. 2, p. 411; Thomine, t. 1, p. 609; Reynaud, n° 15; Chauveau sur Carré, n° 1410 *bis*).—Il en est de même des saisies immobilières; elles sont susceptibles de tomber en péremption par discontinuation de poursuites pendant trois ans, dans les cas d'ailleurs où la loi n'a pas établi des décisions au sujet d'actes soumis à des délais plus brefs encore (Conf. Thomines, t. 1, p. 609; Chauveau sur Carré, n° 1410 *bis*; — *Contrà*, Boitard, t. 2, p. 320).

110. Il a été jugé qu'une procédure d'ordre n'est pas sujette à la péremption (Pau, 6 mars 1839 (2); Paris, 12 juin 1844, aff. Brion, D. P. 45. 4. 393). Il n'y a, en effet, dans une

---

toute instance est éteinte par discontinuation de poursuites pendant trois ans, encore qu'il n'y ait pas eu constitution d'avoué; que, dans l'espèce, l'instance existait de droit entre les parties; qu'elle était conséquemment susceptible de péremption, et qu'il suffit qu'il y ait eu cessation de poursuites pendant trois années depuis la publication du code de procédure, pour que la péremption ait été acquise; — Rejette.

Du 18 fév. 1828.-C. C., ch. civ.-MM. Brisson, pr.-Delpit, rap.-Joubert, av. gén., conf.-Valton et Nicod, av.

(1) *Espèce :* — (Fargues *C.* Rigaud.) — Dans l'espèce, l'arrêt de cassation avait été signifié par le sieur Fargues au sieur Rigaud, le 28 sept. 1827, avec commandement de s'y conformer. Depuis, la cause n'avait pas été poursuivie. Le 21 fév. 1832, Fargues a demandé la péremption de l'instance engagée par l'exploit de 1825, ou tout au moins de l'instance d'appel, introduite par les sieurs Rigaud. — Arrêt.

La cour; — Attendu, en droit, qu'en prononçant la cassation de l'arrêt de la cour royale de Montpellier, la cour de cassation a laissé subsister l'instance d'appel, et les actes antérieurs à l'arrêt annulé; qu'en renvoyant devant la cour de Toulouse, elle n'a fait que substituer de nouveaux juges devant lesquels l'instance devait être poursuivie; qu'il importe peu que la cour pût ou ne pût pas statuer sur l'appel, parce qu'il n'y avait pas constitution d'un avoué de la part de l'appelant ou de l'intimé; qu'en effet, l'instance n'en existait pas moins devant la cour, sauf aux parties à la mettre en état, pour que, sur les conclusions de l'une ou de l'autre, la cour fût mise à même de rendre une décision sur la première instance; qu'il en est, dans ce cas, comme dans celui où il y a lieu à reprise d'instance, ou à constitution de nouvel avoué; que, dès lors, c'était à l'appelant, s'il voulait éviter la péremption, à faire les actes nécessaires pour régulariser l'instance d'appel devant la cour; — Attendu, en fait, que, depuis l'arrêt du 21 mai 1827, et les notifications à partir des 11 juillet et 26 sept. 1827, les sieurs de Rigaud, appelants, n'ont donné aucune suite à l'instance d'appel renvoyée devant la cour; que, dès lors, le délai de trois ans six mois, nécessaire pour la péremption, dans l'espèce, s'était écoulé sans poursuites, lorsque le sieur Fargues a demandé la péremption de l'instance par la requête et l'ajournement du 21 fév. 1832; — Par ces motifs, la cour déclare périmée l'instance d'appel pendante entre Rigaud frères et Fargues, envers le jugement du tribunal de Carcassonne, du 29 nov. 1825.

Du 10 juill. 1832.-C. de Toulouse, 1re et 2e ch.-M. Hocquart, 1er pr.

(2) *Espèce :* — (Veuve Hériart *C.* Thomasset.) — Cette décision a été adoptée par un jugement du tribunal de Bayonne, ainsi conçu : — « Attendu que la procédure d'ordre a des règles particulières qui lui rendent nécessairement impossible la péremption établie par le tit. 22 du liv. 2, 1re partie, c. pr. : 1° parce que la péremption d'une instance est une punition infligée au demandeur qui cesse ses poursuites pendant trois ans, et au demandeur seul; ce qui ne saurait être douteux lorsqu'on considère que l'art. 401 ordonne de mettre à la charge du demandeur principal tous les frais de la procédure périmée; 2° parce que, dans une procédure d'ordre, il n'y a ni demandeurs, ni défendeurs proprement dits; car chacun des créanciers appelés à y prendre part y figure et comme demandeur et comme défendeur : demandeur aux fins de sa collocation; défendeur aux fins de repousser les collocations qui tendraient à repousser la sienne; — Attendu que c'est en cette double qualité que la veuve Hériart et Didier Thomasset ont figuré dans la procédure d'ordre dont il s'agit, car tandis que la première y demandait d'être colloquée par privilége et préférence à tous autres créanciers, conséquemment à l'exclusion de Thomasset, celui-ci y demandait aussi une collocation par préférence à tous autres, conséquemment encore à l'exclusion de la veuve Hériart; ce qui était bien réellement, de la part de chacun d'eux, demander et défendre tout à la fois; — Attendu que la contestation par Didier Thomasset de la collocation provisoire en faveur de la veuve Hériart ne le constitua pas demandeur dans le renvoi à l'audience, puisque la contestation ne fut en réalité qu'une protestation contre la demande provisoirement admise de la veuve Hériart; ce qui ne change rien à la qualité dans laquelle il avait jusqu'alors procédé, puisque l'art. 761, disant que l'audience sera poursuivie par la partie la plus diligente, indique ainsi que chacune des parties peut se constituer ou ne pas se constituer

instance semblable, ni demandeur ni défendeur : les créanciers et la partie saisie se règlent entre eux sur la distribution du prix (c. pr. 749), et, le mois expiré, sans règlement, *le créancier le plus diligent*, ou même l'*adjudicataire*, requiert la nomination d'un juge devant lequel il est procédé (c. pr. 750). Mais, s'il s'élevait des contestations sur les collocations, et si ces contestations étaient renvoyées à l'audience, il y aurait alors une instance véritable qui tomberait sous le coup de l'art. 397 (Conf. M. Chauveau sur Carré, n° 1410 *bis*).

111. A l'égard d'une procédure ou instance qui ne peut plus avoir lieu aujourd'hui, il a été jugé aussi qu'on ne peut considérer comme un acte introductif d'instance le procès-verbal de nomination d'arbitres par le juge de paix, sur la demande d'une commune, conformément à la loi du 10 juin 1793, et sans qu'il apparaisse d'aucun exploit antérieur ou postérieur au procès-verbal, dans lequel l'objet de la demande serait clairement désigné...; par suite, il n'y a pas lieu d'en prononcer la péremption (Req. 18 mai 1829) (1).

112. La citation en *conciliation* ne fait pas partie de l'instance, elle ne peut donc pas tomber en péremption. — C'est ainsi qu'il a été jugé que les procès-verbaux de non-conciliation ne sont pas sujets à la péremption (Agen, 7 mars 1808, et sur pourvoi, Req. 18 oct. 1809; Grenoble, 16 mars 1823) (2). — V. à cet égard v° Conciliation, n° 41. — Aux auteurs cités *loc. cit.* comme professant cette opinion, ajoutez MM. Reynaud, n° 14; Bourbeau, p. 583.

113. Doit-on considérer comme acte introductif d'instance la citation devant le président, en matière de séparation de corps?—L'affirmative est enseignée par M. Chauveau sur Carré, n° 1410 *ter*. Mais c'est là, suivant nous, un essai de conciliation proprement dit, sans même qu'il y ait assistance d'avoué ni de conseil (art. 877 c. pr.), essai pour lequel les parties se rendent devant le juge chargé de leur faire toute représentation propre à amener un rapprochement (art. 878), et qui, par suite, répugne à l'idée d'une instance ou d'un procès, c'est-à-dire d'un acte d'hostilité réelle entre les époux. En un mot, ce n'est qu'autant que tout ce préliminaire conciliateur est resté sans effet, que l'instance commence par une demande, par un acte introductif soumis aux formes ordinaires (art. 879).

114. Dès que les divers actes dont on vient de parler ont été accomplis, l'instance va commencer son cours, ce qui n'a lieu d'ordinaire qu'au moyen d'un exploit introductif notifié dans les formes prescrites par l'art. 61 c. pr., acte à partir duquel la péremption pourra, en cas de discontinuation de poursuites pendant trois ans, être opposé au demandeur, et cela que le défendeur ait ou non constitué avoué (c. pr. 397). — Il a été jugé notamment que la péremption peut être demandée en appel, bien que l'intimé ne se soit pas constitué : « Attendu que l'art. 397 c. pr. suppose le cas de non-constitution d'avoué » (Bruxelles, 1re ch., 21 mars 1817, aff. Debut *C.* Mainguin). — Dès le moment, en un mot, où l'acte introductif a été signifié, s'ouvre une procédure qui se continue à chaque acte *valable* dont l'exploit introductif sera suivi, quelle que soit la partie, demanderesse ou défenderesse, de laquelle il émane (c. pr. 399, V. n° 175). — On verra que ces actes divers entretenant l'instance, ont pour effet, chaque fois qu'ils se manifestent, de couvrir le délai qui aurait commencé à prendre son cours pour la péremption. Or il est parlé de ces actes divers, nos 175 et suiv.; nous ne nous occupons ici que de ceux des actes ou des phases de procédure intervenus entre les parties, qui sont présentés, non pas seulement comme ayant continué la procédure, mais encore comme ayant mis obstacle à toute péremption, bien qu'il se soit écoulé plus de trois années depuis leur accomplissement.

115. D'abord, on peut se demander s'il est de l'essence de

---

poursuivante, selon qu'elle croit avoir ou n'avoir pas à demander, c'est-à-dire que l'on ne peut réellement considérer comme demanderesse celle qui témoigne, en ne poursuivant pas, ne pas vouloir prendre cette qualité; — Dit qu'il n'y a lieu de prononcer la péremption demandée. » — Appel. — Arrêt.

La cour; — Attendu que la procédure d'ordre est toute spéciale; — Que sa nature et son objet devaient exclure l'application des règles générales de la procédure appliquées aux instances ordinaires; — Que la péremption n'éteignant pas l'action, il eût été contraire à la célérité que la loi s'est proposée de l'admettre; — Que le législateur n'a pas, d'ailleurs, négligé d'appliquer les déchéances et forclusions aux lois qui lui en ont paru susceptibles; — Qu'accueillir la péremption proposée dans la cause, et dans les termes des conclusions de la partie de Cazaubon, serait évidemment contrarier la lettre et l'esprit de la loi, en rendant définitive la collocation hors des cas prévus par ladite loi; — Qu'il a donc été bien jugé par les premiers juges, quant à ce; — Par ces motifs, confirme.

Du 6 mars 1839.-C. de Pau.

(1) (Commune de Gyé *C.* commune de l'Estrade.)— La cour; — Attendu, en droit, que l'on ne peut déclarer périmée une instance, dont l'existence n'a point été prouvée; — Qu'une instance ne peut exister que par un acte qui fixe l'objet de l'action, de manière que la partie assignée soit mise à même de le connaître et de se défendre, art. 1 et 5, tit. 2 (art. 3, tit. 9 de l'ord. de 1667, et art. 12 de la loi du 10 juin 1793); — Et attendu, en fait, qu'il a été reconnu par les demandeurs en cassation eux-mêmes, qu'aucune instance, qu'aucun acte de procédure quelconque, n'ont existé ni avant ni après le procès-verbal, rédigé le 10 frim. an 2, par le juge de paix de Muny, à l'occasion de la nomination des arbitres; — Attendu que la simple énonciation de l'objet de l'action faite, non pas par acte particulier, mais incidemment, et dans le même procès-verbal de nomination d'arbitres, était vague, indéterminée, et portant sur tous les bois généralement quelconques, excepté la garenne de Thouan, situés sur leurs sections, et sur tous les autres objets, qu'ils se réservent de détailler par la suite; que cette énonciation n'a été suivie d'un acte quelconque, ni du côté des parties, ni du côté des arbitres; — Que, dans ces circonstances, en décidant que, par conséquent, il ne pouvait y avoir lieu d'en prononcer la péremption, l'arrêt attaqué ne s'est mis en contradiction avec aucune loi; — Rejette.

Du 18 mai 1829.-C. C., ch. req.-MM. Favard, pr.-Lasagni, rap.

(2) 1re *Espèce* :—(Fodoas *C.* Baudian.)—La cour;—Considérant que la citation en conciliation est un acte préliminaire qui doit précéder toute demande en justice, à peine de nullité; mais qu'elle n'est qu'un acte préparatoire étranger à la procédure et qui ne peut être assujetti à la péremption; — Considérant que la tentative de conciliation ayant été inutilement tentée, ainsi que cela est constaté par le procès-verbal du 5 janvier 1793, la nouvelle action, intentée par Bernard et Pierre Baudian, a été valablement intentée, et qu'il n'était pas nécessaire, pour qu'elle fût jugée régulière, qu'on justifiât d'une nouvelle citation en conciliation, et, qu'en le décidant ainsi, la cour d'appel d'Agen (par arrêt du 7 mars 1808) n'a violé aucune loi; — Rejette.

Du 18 oct. 1809.-C. C., sect. req.-MM. Lasaudade, pr.-Minier, rap.

2e *Espèce* : — (Lattier *C.* Pouzet et dame Girard.) — Après avoir rempli les préliminaires de conciliation, le sieur Lattier fit assigner, en 1814, les sieurs Pouzet et Giraud devant le tribunal civil de Montélimart. — Plus de trois ans s'écoulent sans poursuite. — Le 5 déc. 1819, demande en péremption de l'instance est formée par Pouzet, tant contre Lattier que contre la dame Girard, héritière bénéficiaire de son mari. — Sur cette demande, Lattier déclare se désister de l'instance périmée; et, par exploit des 10 et 14 oct. 1820, il signifie le procès-verbal de non-conciliation de 1814, et assigne de nouveau le sieur Pouzet et la dame Girard. — Ceux-ci soutiennent que la demande de Lattier est non recevable, en ce qu'elle n'a pas été précédée du préliminaire de conciliation. Ils prétendent que la citation en conciliation donnée lors de sa première demande et le procès-verbal de non-conciliation ont été, comme tous les autres actes de l'instance, frappés de péremption; qu'ainsi il y avait nécessité de tenter de nouveau la conciliation. Ils invoquent l'opinion de MM. Lepage, p. 99, et Carré, Analyse, n° 148, p. 82. — Ils insistent surtout sur ce que, à l'égard de la dame Girard, cette tentative de conciliation était indispensable, puisqu'elle n'avait pas été partie dans la première instance. — 2 août 1821, jugement par défaut qui déboute Lattier de sa nouvelle demande; — Attendu que Lattier n'a point épuisé le préliminaire de la conciliation, principalement envers la dame Girard; qu'ainsi, admettant même que le procès-verbal de non-conciliation qui a précédé la demande faite en 1814 puisse servir contre Pouzet, pour celle de 1820, il n'est point suffisant contre la dame Girard, qui peut avoir d'autres motifs que son mari, dont elle est héritière, pour accueillir ou non des propositions de conciliation. — Appel par Lattier. — Il soutient : 1° que le préliminaire de conciliation n'est pas atteint par la péremption; qu'il a pu renouveler sa demande sans le réitérer, et que telle est l'opinion de MM. Demiau, p. 53, et Pigeau, t. 1, p. 47; — 2° Que la dame Girard étant héritière bénéficiaire, il a été dispensé d'employer envers elle cette tentative, et que telle est encore l'opinion de M. Pigeau. — Arrêt.

La cour; — Attendu que le préliminaire de conciliation n'est pas un acte de procédure dans l'instance, qu'il est au contraire destiné à prévenir, et que, d'ailleurs, la veuve Girard, comme héritière bénéficiaire, ne devait pas être citée en conciliation; — Ordonne que les parties continueront de procéder sur les fins de l'assignation des 10 et 14 oct. 1820.

Du 16 mars 1823.-C. de Grenoble.-M. Dubois, pr.

la mise au rôle, non pas seulement de couvrir la péremption (V. n°s 191 s.), mais aussi de mettre obstacle à ce qu'elle puisse être demandée après l'expiration du délai de trois ans? — Ce serait étendre beaucoup, à nos yeux, l'effet de l'inscription ou de la mise au rôle, que de lui accorder (comme le prétendait Menelet, p. 135, § 40, selon lequel tous les auteurs de Paris tenaient qu'une cause mise au rôle ne se périme plus, et comme Carré, n° 1440, l'enseigne sous le code) le pouvoir de suspendre la péremption tant que cette inscription subsiste, quoique, depuis, il n'aurait pas été fait d'autre acte introductif. — Lamoignon disait déjà, dans ses célèbres arrêtés, p. 223, art. 2 : « Les causes mises au rôle se périment. » Merlin, v° Perempt., sect. 1, § 2, n° 2-4°, fait observer, en faveur de cette opinion, qu'aujourd'hui les rôles ne sont plus ce qu'ils étaient dans l'ancienne organisation, qu'ils ne forment plus pour les parties une interpellation permanente de se trouver toujours prêtes à plaider, et que les arrêts rendus à tour de rôle, par défaut, ne sont plus à l'abri de l'opposition. Merlin n'admet pas la prétendue impossibilité légale d'agir depuis la mise au rôle, alléguée par Carré, et que ce professeur fonde sur ce que, dès ce moment, les parties ne pourraient plus faire que des actes insignifiants et frustratoires. Les parties, en effet, peuvent faire aux magistrats des sommations de juger (c. pr. 505, 506, 507); c'est un moyen de prévenir la péremption.— Au surplus, la section de législation du tribunat avait proposé un article additionnel ainsi conçu : « Tant qu'une cause reste au rôle, il n'y a lieu à péremption » (V. Locré, t. 21, p. 503). Mais cette disposition ne fut point adoptée, ce qui montre bien que, dans la pensée du rédacteur du code, la mise au rôle ne devait pas faire exception à la règle générale.—Il a été jugé en ce sens que l'inscription ou la mise de la cause au rôle ne fait pas obstacle à ce que la péremption soit acquise s'il s'est écoulé depuis cette mise au rôle trois années sans signification d'aucun acte de procédure (Toulouse, 5 fév. 1810; Rej. 19 juin 1822; C. C. de Belgique, 10 fév. 1842 (1); Bruxelles, 14 avr. 1815, aff. Gobart, V. n° 295; Riom, 8 mars 1851, aff. R..., D. P. 51. 2. 208; Conf. MM. Reynaud, p. 82; Chauveau, n° 1440; Bioche, n° 45). — Jugé, au contraire, que l'inscription d'une affaire sur le rôle général des causes est suffisante, tant qu'elle subsiste, pour empêcher la péremption, quoiqu'il n'y aurait pas eu d'acte signifié pendant trois ans (Metz, 13 nov. 1811 (2); Conf. Grenoble, 27 déc. 1811, aff. Caneau C. Alvier; 24 mars 1812, aff. Ramilly C. Roussillon).

116. Peut-on encore opposer la péremption lorsque l'affaire est en état, c'est-à-dire lorsque les conclusions ont été prises contradictoirement à l'audience ? — Le retard, peut-on dire, ne provient pas, dans ce cas, du fait de la partie, mais du juge seul. — Néanmoins, dans l'ancienne jurisprudence, on décidait que

(1) 1re *Espèce :* — (Marquier C. Moussin.) — La cour; — Attendu qu'il est établi par les actes de la procédure qu'effectivement l'appelant a laissé impoursuivie pendant plus de trois ans l'instance dont s'agit, puisque la dernière poursuite consiste en une sommation d'audience du 14 nov. 1806, sur la diligence contradictoire qui eut lieu dans ce procès, et à la suite de laquelle la cause fut mise au rôle; que d'après les anciennes et nouvelles lois, la cessation des poursuites pendant cet intervalle doit faire déclarer périmée l'instance en question, vainement l'appelante a-t-elle prétendu que la mise au rôle a empêché la péremption, puisque cette inscription n'est point un acte *ad hominem*, et qu'elle ne produit d'autre effet que de régler l'ordre dans lequel doit être fait l'appel des causes; que le rôle de l'année courante n'étant que la copie du rôle des années qui ont précédé, ne saurait produire le même effet qu'un acte signifié à son avoué; que dès lors une pareille inscription ne peut d'aucune manière suppléer les actes auxquels la loi attache l'effet d'interrompre la péremption, déclare l'instance périmée, etc.

Du 5 fév. 1810.-C. de Toulouse.

2e *Espèce :* — (Debault C. veuve Boucher.) — La cour (après dél. en ch. du cons.); — Attendu 1° que l'art. 397 c. pr. contient une disposition générale, et qui n'est limitée par aucune autre exception que celle énoncée en l'art. 399, c'est-à-dire dans le cas où il aurait été fait, par l'une ou l'autre des parties, un acte valable, antérieur à la demande en péremption; — Attendu 2° qu'il est attesté en fait dans l'espèce de la cause, tant par le jugement de première instance que par l'arrêt attaqué qui, en le confirmant, en a adopté les motifs, qu'aucun acte de cette espèce n'avait eu lieu de la part du demandeur pendant les trois ans qui s'étaient écoulés depuis sa demande introductive d'instance; d'où il s'ensuit qu'en déclarant la péremption acquise au profit de la défenderesse, l'arrêt attaqué n'a fait qu'une juste application dudit code de procédure, et s'est conformé à l'art. 399 du même code (a); — Rejette le pourvoi formé contre l'arrêt de la cour de Douai du 31 mars 1819.

Du 19 juin 1822.-C. C., sect. civ.-MM. Brisson, pr.-Pajon, rap.-Jourde, av. gén., c. conf.-Gueny et Petit de Gatines, av.

3e *Espèce :* — (Dom. C. Decrampagna.) — La cour; — Sur le moyen unique de cassation, consistant dans la violation des art. 397 et 399 c. pr., de l'art. 28 du décret du 30 mars 1808 et des art. 8, 9, 11, 12, 14 et 15, du règlement adopté, pour le service des audiences de la cour d'appel de Bruxelles, le 14 août 1835 : — Attendu que, pour justifier son pourvoi, le demandeur soutient : 1° que le délai de la péremption ne court pas à l'égard des causes portées sur le rôle des causes à poser qualités, et 2° que l'appel de la cause fait le 5 nov. 1838, lors de l'appel du rôle général, est un acte interruptif de la péremption. — En ce qui touche le premier soutènement : — Attendu que l'art. 399 c. pr. exige, pour couvrir la péremption, des actes valables faits par l'une ou l'autre des parties ; — Attendu que la circonstance que la cause avait été inscrite au rôle ne dispensait pas le demandeur, s'il voulait interrompre la péremption, de faire un acte de diligence.

En ce qui concerne le deuxième soutènement : — Attendu que l'appel de la cause, tel qu'il est rapporté, n'est qu'une mesure de service intérieur, prise en exécution du règlement de la cour d'appel; qu'après cet appel, la cause est demeurée au rôle comme auparavant; que dès lors le demandeur, pour pouvoir l'invoquer utilement, devrait justifier que, lors dudit appel, il a été fait, par l'une ou l'autre des parties en cause, quelque déclaration, ou posé quelque fait qui manifestât l'intention de faire acte de poursuite, mais que rien de semblable ne résulte de la pièce produite, laquelle se borne à certifier un appel général des causes fait par ordre du juge, et par conséquent insuffisant par lui-même pour couvrir la péremption; — Attendu que l'art. 28 du décret du 30 mars 1808 n'a rien de contraire aux dispositions du code de procédure sur la péremption, dont il ne s'occupe même pas ; — Attendu qu'il en est de même des articles invoqués du règlement de la cour d'appel de Bruxelles; que d'ailleurs ce règlement n'ayant pas force de loi, la contravention à ses dispositions ne saurait donner ouverture à cassation ; — Attendu qu'il résulte de ce qui précède que c'est avec raison que l'arrêt attaqué a écarté les moyens que le demandeur avait présentés comme ayant formé obstacle à la péremption, et qu'après avoir constaté qu'il y avait eu discontinuation de poursuites pendant trois ans, il a déclaré éteinte l'instance pendante entre les parties; — Par ces motifs, rejette le pourvoi contre un arrêt de la cour de Bruxelles du 15 avril 1841.

Du 10 fév. 1842.-C. C. de Belgique, ch. civ.-MM. Van Meenen, pr.-Defaveaux, rap.-Decuyper, av. gén., c. conf.

(2) (Daumont C. Bourgeois.) — La cour; — Attendu qu'il résulte du certificat du greffier de la cour, que la cause entre la dame Daumont et les héritiers Bourgeois, inscrite au rôle général, n'en fut retirée en août 1808, que du consentement respectif des avoués des parties; — Attendu que plusieurs circonstances non contestées par aucune des parties coïncident avec ce retrait de la cause, du consentement simultané des avoués qui ne le désavouent pas, pour faire présumer que les parties pouvaient alors être en voie de conciliation ; — Attendu que, d'après la disposition du code de procédure civile, lorsqu'une partie a signifié ses griefs d'appel, elle a rempli tout ce que la loi exige d'elle, pour prouver son intention de poursuivre et de faire statuer sur le mérite de son appel; — Attendu que, d'après le règlement du 20 mars 1808, organique de l'exécution du code de procédure civile pour l'instruction des affaires poursuivies en l'audience (art. 19, 28 et 29), l'inscription au grand rôle suffit pour obtenir l'audience qui est indiquée ou sur la demande des parties, ou d'office par le président; d'où il faut conclure : 1° que l'inscription au rôle, tant qu'elle subsiste, interpelle l'une ou l'autre partie d'être prête à venir à l'audience lorsqu'elle sera appelée par la fixation de la cause; 2° que la péremption d'instance ne peut être encourue tant que la cause demeurée au rôle atteste la continuation des poursuites ; 3° que le délai pour encourir la péremption ne peut courir que de l'époque du rôle, convenu ou ordonné d'office, lequel constate seul la cessation de poursuites, tant que l'on ne se pourvoit pas pour faire rétablir la cause au rôle, ainsi que les parties ont droit de le demander; — Attendu qu'il ne s'est pas écoulé, depuis l'époque constatée du retrait de la cause au rôle, en août 1808, le délai de trois ans, jusqu'à l'époque où la demande en prescription fut formée; sans s'arrêter à la demande en garantie, déclare la partie de Naugin non recevable dans sa demande en péremption.

Du 13 nov. 1811.-C. de Metz.

(a) On pourrait être porté à penser, d'après les termes dans lesquels sont conçus les motifs de cet arrêt, que la cour de cassation a entendu décider que la mise de la cause au rôle n'a pas même pour effet d'interrompre une péremption commencée. Mais nous ne croyons pas que la cour suprême ait prononcé sur cette question, qu'elle pouvait s'abstenir de résoudre, et qui nous paraît susceptible d'une plus sérieuse difficulté (V. n° 191). C'est par cette raison que nous nous sommes bornés à présenter comme jugé, par l'arrêt qu'on vient de lire, ce seul point, que la mise de la cause au rôle ne peut empêcher la péremption de s'acquérir par discontinuation de toute poursuite pendant trois ans, à partir de ce moment, alors que, comme dans le cas particulier dont il s'agissait ici, l'instruction n'a pas été complète.

devant les juridictions inférieures, le retard provenant de la négligence d'un juge n'était point un obstacle à la péremption, parce que l'on pouvait faire une sommation aux juges et en appeler comme de déni de justice (Rodier, sur l'art. 5, tit. 27, ord. de 1667; Pothier, Pr. civ., chap. 4, sect. 4, § 2; Brodeau sur Louet, lettre P, § 18; V. aussi Lange, liv. 4, chap. 24, p. 495). — Mais à l'égard des instances pendantes au parlement, il n'en était pas ainsi. — Auzanet, Mém. sur les quest. les plus imp. de la cout., p. 67, constate que, suivant l'usage, les affaires mises en état devant cette juridiction supérieure ne tombaient pas en péremption. Toutefois, il remarque qu'il est sans exemple qu'un rapporteur sollicité de juger un procès ait usé d'un retardement de trois années entières. « C'est pourquoi, ajoute-t-il, il sera avisé si, pour lesdites instances mises en état au parlement, la péremption y doit être reçue. » — Aujourd'hui, que les magistrats supérieurs peuvent aussi bien que les juges inférieurs être pris à partie, la solution ne peut plus faire de doute; elle doit être la même que dans l'espèce présente (Conf. Carré, n° 1416, qui, en adoptant ici une opinion différente de celle qu'il a prise à l'égard de la mise au rôle, se met évidemment en contradiction avec lui-même; Merlin, v° Urempt., sect. 1, § 2, n° 2; Chauveau sur Carré, n° 1416; V. toutefois Pratic. franç., t. 2, p. 408; Lepage, Quest., p. 262). — Il a été jugé en ce sens que la péremption peut avoir lieu, bien qu'il y ait eu clôture des plaidoiries et audition du ministère public, et il n'y a pas lieu de distinguer si le délai s'est écoulé par la négligence du juge ou par celle de la partie (Lyon, 21 juin 1836 (1); Conf. Bruxelles, 3e ch., 9 juin 1841, aff. Dever *C.* Bourgeois). — Toutefois, il a été décidé que, dans les causes qui s'instruisent comme en matière d'enregistrement, l'instruction de la cause est complète par le dépôt au greffe des mémoires, que, dès que cette formalité a été remplie, le demandeur n'ayant plus à faire aucun acte de procédure pour la poursuite de la cause, l'instance n'est plus susceptible de tomber en péremption (Bruxelles, 15 fév. 1825) (2).

117. La péremption aurait également lieu, par les mêmes raisons, 1° dans le cas où un commissaire négligerait de procéder à une opération ordonnée ou un rapporteur de rapporter un procès, bien que l'instruction serait complète et que les délais pour les productions et réponses seraient expirés. Rien ne force, en effet, la partie de rester dans l'inaction; et les ménagements que l'on doit aux magistrats ne sauraient justifier ici l'application de la règle, *contrà non valentem*, etc. (Conf. Lange, p. 495; Merlin, Rép., v° Urempt., sect. 1, § 2, n° 2-6°; Carré et Chauveau, n° 1417; Berriat Saint-Prix, p. 355, note 8, n° 3; Favard, t. 4, p. 193, n° 6; Reynaud, n° 44.—*Contrà*, Lepage et Pratic.. *loc. cit.*; Thomine, t. 1, p. 611 et 612); — 2° Dans l'hypothèse du décès du commissaire ou du rapporteur; le demandeur a à s'imputer dans ce cas de ne pas avoir demandé au tribunal le remplacement du juge décédé (Conf. Menelet, p. 4; Delaporte, t. 1, p. 369; Lepage, p. 262; Demiau, p. 290, 291; Favard, t. 4, p. 193, n° 6; Reynaud, n° 45).

118. Quel est l'effet des demandes incidentes à l'égard de la péremption? Forment-elles une instance distincte de l'instance principale, de telle sorte qu'elles suspendent la péremption de celle-ci et qu'elles soient susceptibles d'une péremption particulière? Lange, p. 499, et Demiau, p. 290, enseignent l'affirmative. Suivant eux, la péremption de l'instance est suspendue pendant la poursuite de l'incident et ne reprend son cours qu'autant que l'incident serait jugé ou périmé lui-même. — Cette opinion ne nous paraît pas devoir être suivie. — Les demandes incidentes ne forment point des instances séparées, susceptibles d'une péremption particulière : une instance se composant tout à la fois de la demande principale et des demandes incidentes qui y sont jointes, la péremption ne peut courir que pour le tout; autrement la péremption, au lieu de diminuer les procès, ne ferait que les traîner en longueur (Conf. Pigeau, Tr., p. 447; Comment., t. 1, p. 678; Carré, n° 1421; Favard, t. 4, p. 190; Reynaud, n° 4). — Il a été décidé dans ce dernier sens, qu'une demande en intervention ne se périme pas seule et séparément; qu'elle ne peut être périmée qu'avec l'instance principale (Bourges, 30 août 1822) (3). — Toutefois, si un incident mettait forcément obstacle à la poursuite de l'instance principale, la péremption serait suspendue. — V. plus bas, art. 7.

119. Il résulte encore de ce qui vient d'être dit qu'on ne

(1) (Praire *C.* Linossier.) — La cour; — Considérant que l'art. 397 c. pr. civ. a eu pour but non-seulement de punir de sa négligenge le plaideur qui a discontinué ses poursuites pendant un laps de temps déterminé, mais plus spécialement encore de mettre un terme aux procès qui divisent les citoyens; que de là résultent les dispositions impératives et absolues de la loi qui décident que toute instance sera éteinte par discontinuation de poursuites pendant trois ans, en ajoutant six mois de plus dans certains cas; — Que le législateur ne distingue pas les diverses phases de l'instance; que peu importe, dès lors, que les plaidoiries soient closes et le ministère public entendu en ses conclusions; que la négligence du juge à prononcer sa sentence ne peut relever davantage de la péremption : la partie qui a intérêt à l'interrompre, conservant toujours cette faculté, soit par une plainte en déni de justice, soit par une interpellation faite à sa partie adverse de se réunir pour engager le juge à prononcer sur le litige; — Considérant que les actes valables exigés par l'art. 399 du même code, pour interrompre la péremption, ne peuvent être que des actes de procédure faisant foi de leur date; que des communications officieuses, des remises de pièces dans les mains du juge, et l'attestation, comme dans l'espèce, du juge lui-même que toutes les parties ont fait des démarches auprès de lui pour obtenir jugement, ne peut remplacer les actes valables exigés par la loi; — Considérant que, dans la cause, il s'est écoulé plus de trois ans et six mois, sans aucun acte de procédure depuis le 9 mars 1830 jusqu'à la demande en péremption en date du 13 déc. 1834; — Émendant, décharge la veuve Praire des condamnations contre elles prononcées, etc.

Du 21 juin 1836.-C. de Lyon, 1re ch.-M. de Belbœuf, 1er pr.

(2) (Enreg. *C.* N...) — La cour; — Attendu qu'en supposant que l'on doive suivre par analogie, pour toutes les autres perceptions confiées à la régie, absolument les mêmes formes d'instruction que celles établies en matière d'enregistrement par les art. 64 et 65 de la loi du 22 frim. an 7, toutefois ledit art. 65 n'impose nullement aux parties l'obligation de provoquer la nomination d'un rapporteur par un acte quelconque; qu'au contraire l'article ayant d'abord dit que l'instruction se fera par simples mémoires respectivement signifiés, et ajoutant ensuite que les jugements seront rendus dans les trois mois au plus tard, sur le rapport d'un juge, à l'audience et sur les conclusions du ministère public, indique suffisamment que l'instruction est terminée, de la part des parties, par la signification et le dépôt au greffe de leurs mémoires respectifs, et que le surplus est entièrement de l'office du juge qui est suffisamment averti par la loi, de juger dans un délai fixé; — Attendu que la loi, en déterminant pour l'instruction des affaires de la régie des formes spéciales, s'est écartée des dispositions générales du code de procédure en ce qui concerne l'objet de ces formes spéciales; — D'où suit, ainsi que de tout ce qui précède, que l'art. 109 c. pr. n'est point applicable en cette matière; — Que, d'ailleurs, il est facile de sentir que les formes des instructions ou délibérés par écrit, où le rapporteur est toujours nommé d'avance par le jugement, et qui ne s'ordonnent par le juge que dans les affaires que leur longueur, leur difficulté et leur complication rendent impossibles à expédier à l'audience, ne peuvent pas s'adopter à l'instruction rapide et très-sommaire des affaires de la régie, et que ce n'est aucunement ce genre de délibéré que la loi a eu en vue lorsqu'elle a ordonné que ces sortes d'affaires s'instruiraient sur mémoires signifiés; — Qu'il résulte de tout ce qui précède, que l'instruction de la cause ayant été complète de la part du défendeur en péremption par la signification et le dépôt au greffe tant de son mémoire de griefs, que de son mémoire en réponse à l'appel incident de la régie, il n'a dû faire aucun autre acte de procédure pour la poursuite de la cause, et a pu se reposer sur les dispositions de la loi pour sa décision ultérieure; de sorte qu'on ne peut lui imputer ni abandon ni négligence, et qu'il n'y a eu de sa part ni l'interruption de procédure ni la discontinuation volontaire de poursuite, nécessaire, aux termes de l'art. 397 c. pr. civ., pour faire tomber une instance en péremption; — Attendu, au surplus, que la régie ayant, depuis les dépôts respectifs au greffe, retiré sa production, sans qu'elle ait établi ni par l'extrait du registre du greffe, ni d'aucune autre manière, que cette production aurait été retirée par elle plus de trois ans après les dernières procédures, elle devrait s'imputer à elle-même la circonstance que l'affaire est restée interrompue et indécise, et qu'elle ne pourrait, dans tous les cas, se faire un moyen de péremption contre sa partie adverse, d'une interruption et d'un défaut de décision auxquels son propre fait aurait donné lieu; — Par ces motifs, la cour, ouï M. le substitut Deguchteneere en ses conclusions, déclare la régie de l'enregistrement et des domaines non recevable dans sa demande en péremption, etc.

Du 15 fév. 1825.-C. sup. de Bruxelles, 2e ch.

(3) *Espèce* : — (Laurent *C.* Delouche.) — En 1809, instance entre Delouche et Godeau. — Laurant, se disant cessionnaire de Godeau, intervint pour repousser la demande de Delouche; il tombe depuis en faillite. — En 1820, l'instance est reprise; alors Delouche demande la péremption de l'instance en intervention. — Le tribunal de Châteauroux la prononce. — Appel par les syndics de Laurant; ils soutiennent que

peut demander la péremption d'un appel incident séparément de l'appel principal (V. aussi Bordeaux, 17 décembre 1840, aff. Manan, art. 9). On doit le décider ainsi avec d'autant plus de raison que l'appel incident pouvant être formé en tout état de cause (V. Appel incid., nos 9 et 143), la péremption qui en serait prononcée ne pourrait mettre obstacle à ce qu'il fût déclaré de nouveau. Mais si l'appel principal n'existe plus, soit qu'il ait été l'objet d'une décision distincte, soit que l'appelant s'en soit désisté, l'appel incident formant à lui seul l'instance entière, est susceptible de péremption. Du reste, il n'en pourrait être ainsi que si l'appel principal a été évacué en totalité. — C'est en ce sens qu'il a été jugé que l'on ne peut demander la péremption d'un appel incident, si l'instance sur l'appel principal n'est pas entièrement terminée; si, par exemple, le juge, après avoir débouté de l'appel principal, a réservé de statuer quant aux dépens par l'arrêt à intervenir sur l'appel incident (Bruxelles, 28 fév. 1824, aff. Martiny, V. no 124). — V. no 59, *in fine*.

120. Les demandes reconventionnelles sont-elles sujettes à péremption? La négative doit être enseignée, soit que la demande reconventionnelle dérive de la même source que la demande principale, car dans ce cas elle n'est qu'un moyen de défense, et la défense ne peut être entravée, soit qu'elle ajoute un chef au litige car c'est alors une demande incidente à laquelle on doit appliquer les règles tracées au numéro 118. A supposer, au surplus, que la demande reconventionnelle puisse se périmer indépendamment de la demande principale, il est évident que la péremption ne saurait enlever au défendeur la faculté d'opposer à l'action tous les moyens dont il peut disposer : la demande reconventionnelle étant un de ces moyens, il ne nous paraît pas douteux qu'il puisse la former de nouveau, tant que l'instance sera pendante; la demande en péremption ne constituerait donc qu'une procédure inutile et sans but. Quant au caractère et à la recevabilité des demandes reconventionnelles, V. Incident, nos 16, 17, 31, et les renvois qui y sont indiqués.

121. La demande en péremption est-elle elle-même susceptible de tomber en péremption? — C'est là une instance particulière, ou plutôt, et comme la cour de cassation l'a dit plusieurs fois, une instance principale elle-même et non un incident de procédure; en conséquence, elle peut se périmer de même que l'instance principale (Conf. MM. Chauveau sur Carré, no 1427 *bis*; Reynaud, no 5; Bioche et Goujet, no 8; V. plus haut no 36). — Jugé en ce sens : 1o que la demande en péremption est soumise à la péremption après *cessation de poursuites* pendant trois ans. « Attendu que la demande en péremption constitue, par elle-même, une instance particulière qui se trouve nécessairement comprise dans la disposition générale et absolue de l'art. 397, par laquelle toute instance est soumise à la péremption après cessation de poursuites pendant trois ans; rejette » (19 déc. 1837, MM. Zangiacomi, pr., Joubert, av., Nicod, av. gén., c. conf., aff. Cadroy C. Laverrie;—Conf. Montpellier, 30 déc. 1828) (1);—2o Que la péremption de la demande en péremption peut être demandée en appel, bien que cette péremption n'ait pas pour effet de donner force de chose jugée au jugement de première instance (Bruxelles, 16 janv. 1820, aff. Flameng, V. art. 9).

122. Toutefois Pigeau, Comm., p. 679, est d'un avis contraire. Il pense que la demande en péremption est un incident qui est soumis aux mêmes juges que la demande originaire, et qui ne doit périr qu'avec elle. — Et il a été décidé en faveur de cette opinion que la demande en péremption n'étant point une instance principale, mais bien un incident judiciaire, ne tombe point elle-même en péremption par la discontinuation de poursuites pendant trois ans (Aix, 22 août 1836) (2).

123. Lorsqu'un jugement a été rendu dans la cause, l'instance est-elle encore susceptible de péremption? Il faut considérer d'abord la nature du jugement selon qu'il est préparatoire et interlocutoire, ou qu'il statue définitivement sur la demande ou sur un des chefs de la demande, puis, distinguer entre les jugements contradictoires et les jugements par défaut.

124. En ce qui touche les jugements interlocutoires ou préparatoires qui ne contiennent rien de définitif, ils ne sont considérés que comme des actes d'instruction, qui, ne liant pas les juges, sont susceptibles d'être atteints par la péremption; c'était la jurisprudence des parlements de Toulouse et de Rouen; les parlements de Paris et de Dijon jugeaient, au contraire, qu'un interlocutoire, préjugeant plus ou moins le fond, ne se périmait pas (V. no 15). Les tribunaux et les auteurs modernes ont pensé que l'art. 397 était général, qu'il s'appliquait aux interlocutoires et préparatoires comme à toutes les autres parties de l'instruction (V. MM. Carré et Chauveau, no 1421; Berriat, p. 357, note 12, no 8; Merlin, Rép., vo Párempt., sect. 1, § 2, no 2-3o; Favard, t. 4, p. 190, no 2; Reynaud, no 7; Bioche, no 8). — Il a été jugé : 1o que le jugement qui ordonne l'expertise des biens litigieux

leur intervention, se rattachant essentiellement à la défense principale, devait avoir le sort de cette défense, et ne pouvait se périmer qu'avec elle. — Arrêt.

LA COUR; — Attendu qu'une demande en intervention ne peut avoir lieu qu'autant qu'il existe une demande principale; que l'intervention devient partie intégrante de cette demande; qu'elle ne peut périr par péremption qu'avec elle; que, dans l'espèce, la demande principale subsistant, l'intervention conserve toute sa force; maintient les syndics Laurant dans leur intervention.

Du 30 août 1822.-C. de Bourges.

(1) *Espèce :* — (Bourges C. Martin) — Le sieur Martin forme, devant le tribunal de Béziers, une demande en délaissement d'immeubles, contre la veuve Bourges. — Cette demande resta plus de trois ans sans poursuites; la veuve Bourges en demande la péremption. — Cette nouvelle demande reste elle-même plus de trois ans impoursuivie. — Alors Martin demande à son tour, 1o que la demande en péremption, formée par la veuve Bourges, soit déclarée périmée; 2o que la demande en délaissement soit continuée d'après ses derniers errements. — Le tribunal a adopté ses conclusions, par jugement du 15 janv. 1827, ainsi conçu : — « Considérant qu'il résulte des dispositions textuelles des art. 397 et 400 c. pr. civ., que, dans le cas de discontinuation de poursuites pendant trois ans, toute instance sera éteinte, lorsque les parties, à ce intéressées, en formeront la demande; — Considérant que les dispositions de ces articles embrassent, par la généralité de leur acception, les instances généralement quelconques; que la législation n'apporte aucune exception à cette règle, et que, par conséquent, les demandes en péremption doivent être assujetties à la loi commune, et tombent elles-mêmes en péremption par la discontinuation des poursuites pendant trois ans; — Considérant que la demande en péremption, formant une instance nouvelle et distincte de l'instance préexistante, la péremption de cette nouvelle instance ne saurait amener celle de l'instance primitive;

Considérant, dès lors, que la dame Bourges n'ayant pas fait prononcer sur sa demande en péremption, et ayant laissé s'écouler plus de quinze ans sans exercer des poursuites au sujet de cette nouvelle demande, le sieur Martin a pu valablement demander la péremption de cette instance en péremption, et conclure à ce que l'instance primitive fût continuée sur ses derniers errements; — Déclare périmée la demande en péremption formée par la veuve Bourges, et ordonne que l'instance préexistante entre parties, et qui était l'objet de cette dernière demande en péremption, sera continuée sur ses derniers errements. » — Appel. — Arrêt.

LA COUR; — Adoptant les motifs des premiers juges, confirme.

Du 30 déc. 1828.-C. de Montpellier.

(2) (Roman, etc. C. Bonnet.) — LA COUR; — Considérant qu'une demande en péremption n'est qu'un incident judiciaire, et n'a point le caractère d'une instance principale, puisque cette demande ne se forme et ne s'instruit que par un simple acte d'avoué à avoué; — Que, dès lors, il ne saurait être que l'on pût détruire cette exception par une autre exception en demandant la péremption de la demande en péremption; — Considérant que le résultat de cette nouvelle demande n'aurait plus l'effet qui appartient à la péremption, puisque ce résultat serait de faire revivre une action au lieu de l'éteindre; — Considérant que les hoirs Bonnet se trouvent régulièrement en cause, et que les diverses fins de non-recevoir, présentées dans la plaidoirie, ne sont pas fondées; — Considérant ensuite que la demande en péremption, formée par Michel-Hyacinthe Bonnet, de son vivant, contre Roman et Peysson, au sujet de l'instance d'appel, introduite par ceux-ci contre ledit Bonnet, par exploit du 25 mai 1826, est fondée, pour ladite instance d'appel avoir resté sans poursuites pendant plus de trois ans; — Que, dès lors, il y a lieu d'accueillir ladite demande en péremption et de déclarer éteinte l'action en rescision dont il s'agit; — Sans s'arrêter à la demande en péremption de Roman et Peysson, dont elle les a démis et déboutés; faisant droit, au contraire, à la demande en péremption formée par feu Michel-Hyacinthe Bonnet, représenté aujourd'hui par ses hoirs et héritiers; — Déclare éteinte et périmée l'instance d'appel introduite par Roman et Peysson, par exploit du 25 mai 1826, contre ledit Michel-Hyacinthe Bonnet, maintient, en conséquence, le jugement du 5 mai 1826, dont il est appelé; condamne Roman et Peysson à l'amende de leur appel et à tous les dépens de l'instance périmée et de la demande en péremption.

Du 22 août 1836.-C. d'Aix.-M. d'Arlatan-Lauris, pr.

réclamée par le demandeur après le consentement du défendeur à ce que, sans préjudice de ses exceptions de fait et de droit, il fût procédé à ladite expertise, étant un jugement préparatoire n'a pas eu l'effet de proroger la durée de l'action pendant trente ans (Req. 21 juill. 1808, MM. Henrion, pr., Borel, rap., aff. X...); — 2° Qu'une instance se périme par discontinuation de poursuites pendant trois ans, quoiqu'il ait été rendu un jugement interlocutoire (Orléans, 26 mars 1841 (1); Rej. 25 nov. 1823, aff. comm. d'Echenevex, V. n° 143; motifs, Montpellier, 9 mai 1825, aff. Timothée, V. n° 133-2°; Bruxelles, 25 avril 1821, aff. N..., V. n° 270; V. aussi Req. 14 juin 1837, aff. Priou, n° 63-2°; 9 août 1837, aff. Dartiguenave, n° 205; Bordeaux, 17 déc. 1840, aff. Manan, V. art. 9);—3° Que, les jugements préparatoires ou interlocutoires, tels que celui ordonnant une expertise, n'empêchent pas la péremption de l'instance, et sont eux-mêmes susceptibles de péremption, encore bien qu'il y ait été acquiescé, en ce que, par exemple, on aurait concouru à la nomination d'un expert, ordonnée par ces jugements (Bourges, 26 juin 1811; Req. 14 déc. 1813; Grenoble, 13 janv. 1817) (2); — 4° Qu'un jugement interlocutoire ou préparatoire n'empêche pas la péremp-

(1) (Bellay C. Sirou.) — La cour; — Considérant qu'aux termes de l'art. 397 c. pr. civ., toute instance est éteinte par discontinuation de poursuites pendant trois ans; — Que, sous ce rapport, le jugement interlocutoire, ne terminant pas l'instance, et étant toujours rendu sous la réserve des droits et moyens des parties sur le fond de la contestation, ne peut être considéré que comme un acte destiné à mettre la procédure en état, et, conséquemment, susceptible de tomber en péremption; — Considérant que le dernier acte de procédure dans l'instance dont il s'agit est la signification des qualités de l'arrêt interlocutoire du 31 août 1837 faite à la date du 28 fév. 1838; — Que la demande en péremption du 2 mars 1841 doit être admise s'il n'est pas justifié d'un acte de poursuite valable fait dans le cours des trois années; — Que les actes invoqués par Sirou ont eu lieu lors des audiences de rentrée par simple mesure d'ordre, sans qu'ils aient été provoqués par aucun des avoués de la cause, et sans qu'il ait été donné avenir; — Que la maintenue de la cause au rôle sur ces appels, n'étant que le fait du juge, ne peut être considérée comme un acte de poursuite qui ait empêché la péremption de s'acquérir; — Par ces motifs, déclare éteinte et périmée l'instance d'appel introduite par exploit du 14 juin 1837.

Du 26 mars 1841.-C. d'Orléans.-M. Travers de Beauvert, 1er pr.

(2) 1re *Espèce :* — (Cartier C. Dupavillon.) — An 7, Dupavillon demande, contre Cartier, la rescision de la vente d'une maison. — Le 18 floréal, une expertise est ordonnée par le tribunal de Nevers. — Aucune poursuite n'est faite. — En 1810, Cartier demande la péremption de l'instance. — Rejet de la demande. — Appel. — Arrêt.

La cour; — Considérant que le dernier acte de la procédure était un jugement du 18 flor. an 7; que la demande en péremption a été formée le 12 mars 1810; qu'ainsi il s'est écoulé plus de dix ans sans poursuites; qu'en vain on excipe du changement survenu parmi les tribunaux dans l'intervalle, puisque le cours de la justice n'en a point été ralenti, les affaires ayant passé de droit des tribunaux supprimés à ceux nouvellement créés, qu'il en est de même du motif tiré de ce que l'intimé pouvait réclamer pendant trente ans l'exécution de ce jugement; que les jugements préparatoires ou interlocutoires ne sont que des actes d'instruction, et, dès lors, soumis à la péremption; — Qu'en vain on a excipé de ce que l'appelant avait acquiescé à ce jugement en nommant un expert; qu'il ne se plaint pas de ce jugement, mais de ce que la procédure qu'il ordonnait a été discontinuée pendant dix ans; — Que la péremption est établie par la loi, et qu'il est permis à tous d'en user. — A mis le jugement dont est appel au néant; émendant, déclare l'instance périe.

Du 26 juin 1811.-C. de Bourges.

2e *Espèce :* — (Tassin C. Huré.) — An 3, Tassin acheta de Huré trois arcades au Palais-Royal, pour le prix de 390,000 liv. — An 6, Huré forma devant le tribunal de la Seine une demande en rescision de la vente pour lésion d'outre moitié. — En frimaire an 7, un jugement ayant ordonné, avant faire droit, que la maison serait estimée, le rapport des experts nommés évalua la maison, au temps de la vente, à 819,000 fr. — Le 5 fruct. an 9, jugement définitif qui rescinda la vente, et condamna Tassin à délaisser la maison à Huré, ou à lui payer le supplément du juste prix. — Sur l'appel, arrêt du 15 vent. an 10, qui, infirmant ce jugement, ordonna qu'il serait procédé par d'autres experts à une nouvelle estimation de la maison. — Cet arrêt ayant été annulé par la cour de cassation le 29 therm. an 11, l'affaire fut renvoyée devant la cour de Rouen. — Le 2 germ. an 12, la cour de Rouen, avant faire droit, rendit un arrêt portant que, par de nouveaux experts, la maison serait de nouveau estimée. — En exécution de cet arrêt, il y eut, à de longs intervalles, plusieurs vacations des experts; leur dernière séance est du 5 sept. 1809. — Les experts n'ayant fait depuis aucune opération, ni les parties aucun acte de procédure, Huré demanda, par requête du 26 déc. 1812, la péremption de l'instance d'appel.

Par arrêt du 26 (ou 6) mai 1813, la cour de Rouen déclara que l'instance était périmée, et que cette péremption avait donné au jugement de première instance la force de la chose jugée. — Voici les motifs de cette décision : — « Attendu que la cour de Rouen, par arrêt du 9 germ. an 12, avant faire droit, et toutes choses tenant état, a ordonné une contre-expertise par un arrêt préparatoire rendu sur la provocation et dans l'intérêt personnel de Tassin, qui s'était porté appelant du jugement du tribunal de la Seine, du 6 flor. an 9; qu'il est reconnu que, depuis le 5 sept. 1809, il n'a été fait, par les experts nommés en vertu de cet arrêt, aucune opération, ni par les parties aucune diligence ou acte de procédure; en sorte qu'à compter du 5 sept. 1809, jour de la dernière vacation des experts, jusqu'au 26 déc. 1812, date de la requête de Huré en péremption d'instance, il y a eu véritablement discontinuation de poursuites pendant plus de trois ans; qu'en droit, l'appelant est demandeur en réformation du jugement de première instance, et par conséquent tenu, en ladite qualité, de remplir les formalités nécessaires pour parvenir au but qu'il se propose; que les jugements préparatoires ou purement interlocutoires sont des actes qui ne contiennent pas des instances spéciales dans l'instance d'appel, mais font partie de l'instruction, et des errements de la cause dans laquelle ils sont intervenus; qu'ainsi, dans le ressort du parlement de Normandie, ou autres cours où l'on ne suivait pas le règlement fait par le parlement de Paris, le 28 mars 1692, les jugements préparatoires et interlocutoires tombaient incontestablement dans la péremption acquise par trois ans de discontinuation de procédure; qu'il est sensible que cette doctrine est celle qui a été adoptée en l'art. 397 c. pr. civ., puisque dans son premier paragraphe il est conçu en des termes généraux qui excluent toute exception que l'on voudrait introduire hors des deux cas exprimés au deuxième paragraphe du même article.

Pourvoi pour fausse application de l'art. 397 c. pr. — La cour de Rouen, a dit Tassin, en décidant que l'instance sur appel était périmée, a jugé que la péremption pouvait atteindre un arrêt interlocutoire, et que cet arrêt pouvait être considéré comme non avenu; mais un arrêt interlocutoire règle les droits des parties, préjuge le fond, et attribue ainsi des droits à la partie en faveur de laquelle il est rendu. Un arrêt interlocutoire ne peut donc pas être détruit par l'effet de la péremption, parce qu'il est définitif sur le point jugé. — L'art. 397 c. pr. civ. reproduit la disposition de l'art. 15 de l'ordon. de Roussillon de 1563, qui porte que l'instance intentée, si par laps de trois ans elle est discontinuée, n'aura aucun effet. Cependant le parlement de Paris, par son arrêt de règlement du 28 mars 1690, déclara que la péremption n'avait pas lieu dans les affaires où il serait intervenu quelque arrêt interlocutoire ou définitif. La même interprétation s'applique à l'art. 397 c. pr., et l'on doit d'autant plus rejeter la jurisprudence du parlement de Rouen que lorsque le code de procédure a pensé que les jugements interlocutoires devaient être atteints par la péremption, il le dit expressément : c'est ce qui se voit, en effet, dans son art. 25 relatif aux instances des justices de paix. Enfin remarquez que la péremption a eu pour objet de punir la négligence des plaideurs; or c'est dans l'intérêt de Huré que l'expertise était ordonnée; c'était, dès lors, à lui à donner suite à son action; il y aurait peu de justice qu'il profitât de sa négligence. — Arrêt.

La cour; — Attendu qu'il n'a été fait, sur l'appel, aucune procédure depuis le 5 sept. 1809, époque de la dernière vacation des experts, jusqu'au 26 nov. 1812, époque de la demande en péremption d'instance; — Qu'il y a eu, par conséquent, sur l'appel, discontinuation de poursuites pendant trois ans; que, d'après l'art. 397 c. pr. civ., toute instance est éteinte par cessation de poursuites pendant trois ans; que la généralité de ces expressions comprend évidemment, même les cas où il est intervenu, comme dans l'espèce, un jugement préparatoire dans l'instance d'appel, lorsqu'il s'est écoulé, postérieurement à ce jugement, un délai de trois ans sans poursuites, à compter du dernier acte de la procédure;

Considérant enfin que l'art. 469 du même code, en déclarant que la péremption en cause d'appel a l'effet de donner au jugement de première instance la force de chose jugée, a eu évidemment pour objet de punir la négligence de l'appelant; — Que, par conséquent, Jacques Tassin, qui était appelant, a eu à s'imputer, quoi qu'il fût défendeur au principal, d'avoir laissé écouler trois ans sans poursuites; que, par cette inaction, le jugement de première instance a acquis la force de chose jugée; — Rejette, etc.

Du 14 déc. 1813.-C. C., sect. req.-MM. Lasaudade, pr.-Vergès, rap.

3e *Espèce :* — (Artbaud.) — La cour; — Considérant que les instances dans lesquelles il intervient des jugements interlocutoires sont également sujettes à la péremption que le sieur Artbaud ayant allégué un rapport d'experts, qu'il a soutenu avoir été clos le 13 juill. 1813, pour tirer la conséquence qu'à l'époque de la demande en péremption, il ne s'était pas écoulé trois années depuis le dernier acte de poursuites ou formalités; — Ordonne que le sieur Artbaud communiquera le rapport d'experts dans le délai de trois semaines, à défaut de quoi déclare l'instance périmée.

Du 13 janv. 1817.-C. de Grenoble.

tion pour discontinuation de poursuites pendant trois années, lorsqu'il n'est pas de nature à paralyser l'action des parties (Caen, 18 mai 1838, aff. Delabrèque, V. nº 171). — Il est certain que les jugements, préparatoires ou interlocutoires, quel que soit le nom qu'on leur donne, qui d'office ou sans opposition des parties, ordonnent une mesure d'instruction, ne sauraient mettre obstacle à la péremption. S'il suffisait d'une pareille décision pour proroger l'instance, il serait vraiment trop facile d'éluder la loi. — Ces jugements d'ailleurs ne lient pas les juges, ils ne tombent pas en force de chose jugée, ils doivent donc suivre le sort de l'instance et tomber avec elle.

Toutefois, il a été jugé que la péremption d'une instance d'appel, dans laquelle est intervenu un arrêt qui évacue l'appel principal et qui en même temps ordonne une instruction par écrit sur l'appel incident, ne court pas si l'arrêt n'a pas été signifié par l'appelant principal à l'intimé qui avait interjeté appel incident (Bruxelles, 28 fév. 1824) (1). — Cette décision ne saurait être admise; elle intervertit les rôles en mettant la signification du jugement à la charge de la partie contre laquelle il a été rendu. C'est ce que remarque fort bien M. Reynaud, nº 73. D'ailleurs, le jugement qui ordonne une instruction par écrit est un jugement préparatoire, lequel ne peut avoir pour effet, ainsi qu'on vient de le dire, d'empêcher la péremption de courir : il importe peu qu'il soit ou ne soit pas signifié.

125. Ne devrait-il pas en être autrement à l'égard des interlocutoires qui préjugent le fond, lorsqu'ils sont rendus sur les conclusions réciproques des parties et après contestation? Ces jugements obtiennent force de chose jugée, lient le juge relativement au point qu'ils ont décidé et consacrent un droit au profit de la partie qui les a obtenus. Il semble donc qu'on devrait leur reconnaître, de même qu'aux jugements définitifs, l'effet de ne pouvoir être anéantis que par le délai de la prescription. Et de là, on pourrait induire que l'instance dans laquelle ils ont été rendus, suivant le sort de ces jugements, pourra être prorogée à trente ans. — C'est, en effet, en ce sens qu'il a été décidé : 1º qu'il ne peut y avoir lieu à péremption dans une instance où il a été rendu un jugement interlocutoire qui préjuge définitivement le fond de la contestation, et de l'exécution duquel dépend le sort du procès, comme si, par exemple, le droit n'étant pas contesté, un jugement a ordonné une simple vérification de titre pour constater un fait (Limoges, 13 juin 1821) (2); — 2º Que l'admission en appel d'un interlocutoire refusé par les premiers juges, empêche que l'instance puisse être périmée par la discontinuation de poursuites pendant trois ans; que la réformation du jugement de première instance proroge à trente ans le temps de l'interlocutoire (Toulouse, 7 déc. 1824) (3). — Mais c'est aller trop loin. Il n'est pas dans le vœu de la loi que les instances aient une telle durée. De ce que l'une des parties aurait contesté la demande en preuve de son adversaire, on ne peut en conclure que celui-ci soit le maître de prolonger l'instance à son gré sans avoir à redouter les suites de sa négligence : c'est une procédure qui se continue; pourquoi ne se périmerait-elle pas? — On peut objecter, il est vrai, que les jugements interlocutoires, étant susceptibles d'acquérir force de chose jugée, ont, à la différence des décisions simplement préparatoires ou d'instruction des effets qui leur sont propres, et que ce serait anéantir ces effets que d'admettre la péremption de l'instance. — Ne serait-il pas possible, pourrait-on encore ajouter, de résoudre la difficulté au moyen d'une distinction entre ce qui, dans le jugement, fait partie de la procédure périmée et dont l'effet cesse avec l'instance, et la constatation du droit qu'il contient, constatation acquise définitivement à la partie qui a obtenu le jugement et dont elle pourrait se prévaloir dans un nouveau procès? — Ainsi, par exemple, le demandeur invoque la preuve testimoniale à l'appui de sa prétention : la partie adverse soutient au contraire que cette preuve est inadmissible, soit en ce qu'il s'agit d'une somme excédant 150 fr., soit en ce qu'il aurait été possible au demandeur de se procurer une preuve écrite de l'obligation dont il réclame l'exécution. Malgré cette opposition, la preuve est ordonnée. L'instance reste ensuite impoursuivie; la péremption

---

(1) *Espèce :* — (Martiny C. Criquillion.) — Martiny père avait appelé au principal d'un jugement rendu par le tribunal de Mons, le 30 nov. 1809. — Les époux Criquillion en avaient appelé incidemment. — 7 avril 1813, arrêt qui met à néant l'appel principal de Martiny, ordonne une instruction par écrit sur l'appel incident des époux Criquillion : « Réserve de statuer sur le surplus des demandes, fins et conclusions des parties, ainsi que sur les dépens, par l'arrêt à intervenir en suite de ladite instruction, condamne néanmoins l'appelant au principal en l'amende de son appel. » — Cet arrêt ne fut point signifié. — 8 déc. 1821, demande en péremption, par les héritiers Martiny, de l'instance sur l'appel incident des époux Criquillion, fondée sur la discontinuation de poursuites depuis 1813 jusqu'en 1821. — Arrêt.

La cour ; — Attendu qu'il est en aveu au procès que l'arrêt de cette cour du 7 avril 1813 n'a jamais été signifié aux intimés ; que ceux-ci ont pu, légalement au moins, en ignorer l'existence, et ainsi se dispenser impunément d'y donner suite et de poursuivre l'instruction qui avait été suspendue par l'ordonnance de la remise des pièces au juge pour y être statué ; — Attendu d'ailleurs que l'instance qui a existé entre les parties par-devant cette cour se composait d'un appel au principal d'une part, et d'un appel incident d'autre part ; que, d'après l'esprit des lois sur la matière, on ne peut demander la péremption de l'appel incident, si l'appel principal n'est totalement évacué, vu qu'il est du caractère de la péremption d'anéantir l'instance, et qu'il est inexact de dire qu'elle serait anéantie par la disparition du seul appel incident, tandis que l'appel principal resterait en contestation ; — Attendu, dans l'espèce, que l'appel principal n'est pas entièrement évacué, vu que le juge s'est expressément réservé de disposer ultérieurement à l'égard des frais et dépens par l'arrêt à intervenir sur l'appel incident ; que, loin de disjoindre ces deux appels, il les a tellement réunis dans l'instance, qu'il a fait dépendre le sort de ce qui restait à juger sur l'appel principal du mérite, de l'instruction ultérieure de l'appel incident ; — Par ces motifs, déclare les demandeurs non fondés ni recevables en leurs conclusions, les condamne aux dépens.

Du 28 fév. 1824.-C. sup. de Bruxelles, 3ᵉ ch.

(2) (Descourteix.) — La cour ; — Considérant que s'il est de principe que toute instance est éteinte par le défaut de continuation de poursuites pendant trois ans, cette péremption ne peut être appliquée aux instances dans lesquelles il serait intervenu un jugement qui préjuge définitivement le fond de la contestation et de l'exécution duquel dépend le sort du procès ; — Que, devant la cour, la contestation existant entre les parties a été réduite au point de savoir si, par l'application du titre de 1617, les sieurs Descourteix avaient enclos plus de terrain qu'il ne leur en attribuait ; qu'il est constant, et que la commune en convient, que les sieurs Descourteix ne peuvent être troublés dans leur possession et propriété ; — Que, dès lors, l'arrêt qui a ordonné cette application de titre, bien qu'il soit désigné sous le nom d'avant faire droit, doit être considéré comme un interlocutoire qui préjuge définitivement la question ; qu'il n'a pu conséquemment être périmé par la discontinuation de poursuites pendant le laps de trois ans ; sans s'arrêter ni avoir égard à la demande en péremption d'instance formée par les parties de Boudet, dans laquelle elles sont déclarées mal fondées.

Du 13 juin 1821.-C. de Limoges.

(3) (Hospice Saint-Nicolas C. Merle.) — La cour (ap. délib. en ch. du cons.) ; — Attendu, en fait, que les mariés Merle fondaient leur demande en annulation de la saisie pratiquée par l'administration de l'hospice, sur le défaut de description d'un fournial et autres objets prétendus existants sur l'objet saisi, et qu'à cet effet ils offraient la preuve de l'existence de ces objets sur ledit enclos ; — Que le tribunal civil de Castelsarasin, en rejetant cette demande en preuve, avait démis les mariés Merle de leur incident ; mais que, sur l'appel, et par son arrêt du 1ᵉʳ août 1816, la cour, réformant, quant à ce, le jugement attaqué, ordonna la preuve offerte par les mariés Merle, dépens réservés, amende restituée ;

Attendu, en droit, que la péremption repose sur une présomption d'abandon de procédure ; et que, dans l'espèce, cette présomption ne saurait s'induire de la discontinuation des poursuites de la part des mariés Merle depuis l'arrêt de 1816, puisque ceux-ci ont obtenu, par cet arrêt, un interlocutoire qu'ils avaient en vain réclamé devant les premiers juges, interlocutoire que l'état de la cause pouvait seul comporter ; — Qu'admettre que, dans un cas de réformation des jugements, les cours pourraient accueillir ensuite une péremption d'instance, ce serait consacrer qu'elles pourraient se réformer elles-mêmes, et par la péremption reconnaître pour juste une décision qu'elles avaient déjà proscrite ;

Que l'ancienne jurisprudence, et notamment celle du parlement de Toulouse, était constante sur ce point ; que la réformation d'un seul chef du jugement prorogeait à trente ans le temps de l'interlocutoire ; — Que les principes consacrés par l'ancienne jurisprudence, en matière de péremption, sont les mêmes que ceux qui nous régissent sous le code de procédure, et qu'il n'y a de différence que dans le mode d'exercer le droit ; que, dès lors, rien dans notre code ne peut s'opposer à l'application de l'ancienne jurisprudence, sur la question pendante ; — Démet de la demande en péremption, etc.

Du 7 déc. 1824.-C. de Toulouse, 1ʳᵉ ch.

est demandée et obtenue. Quel sera l'effet du jugement interlocutoire?—D'abord, quant à la procédure elle-même, ses effets cessent avec l'instance; ainsi l'enquête qu'il avait autorisée ne pourra évidemment plus être poursuivie. Mais, à l'égard du point contesté et résolu par le jugement, c'est-à-dire du droit reconnu au profit du demandeur de pouvoir appuyer sa demande sur une preuve testimoniale, il ne peut plus être débattu, car, sur ce point le jugement acquiert force de chose jugée. — Cette division dans les effets du jugement interlocutoire ne nous paraît pas de nature à prévaloir. Dès que l'instance est éteinte, tous les actes qui en font partie, ainsi que les effets qu'ils peuvent produire, sont anéantis avec elle. — V. art. 9.

126. A l'égard des jugements définitifs, ils ne sont pas susceptibles de tomber en péremption, l'instance est terminée; les droits qu'ils confèrent aux parties sont devenus irrévocables et la prescription seule peut les atteindre.

127. Il en est de même des jugements qui ne porteraient que sur l'un des chefs de la demande. Si ce chef est indépendant de ceux qui restent à juger, ce chef seul est à l'abri de la péremption : l'extinction de l'instance n'est que partielle. Quant à la procédure ultérieure, elle reste soumise aux règles ordinaires et peut se périmer. Cela arrive notamment lorsque le jugement rejette une fin de non-recevoir ou statue sur une question de forme. — C'est à ce point de vue qu'il a été jugé : 1° qu'un jugement définitif empêche bien la péremption des poursuites qui l'ont précédé, mais non de celles qui lui sont postérieures (Agen, 12 avril 1810) (1); — 2° Qu'un arrêt définitif qui ne statue que sur un point de forme du litige, sans rien préjuger au fond, n'est point un obstacle à la péremption du fond (Nîmes, 27 mars 1833) (2); — 3° Que si la péremption introduite par les art. 397 et 401 éteint les jugements préparatoires et interlocutoires que le juge peut réformer, lors même qu'ils ont été exécutés, elle n'opère point l'extinction des jugements qui, dans le cours d'une instance, ont prononcé définitivement sur un point en litige; les procédures ultérieures, en exécution de cette disposition définitive, sont seules passibles de la péremption (Besançon, 20 août 1825, aff. N... C. N...); — 4° Qu'un arrêt qui se borne à rejeter une fin de non-recevoir proposée contre l'appel, en ordonnant la comparution des parties, n'a pas l'effet de soustraire l'instance à la péremption (Nîmes, 22 mai 1826 (3); Toulouse, 2 fév. 1828, arrêt cité par M. Bourbeau, p. 662); — 5° Qu'un arrêt qui ordonne à l'appelant de justifier ultérieurement sa demande, ne fait pas obstacle à la péremption de l'instance d'appel, alors que cet arrêt ne réforme en aucune manière la décision des premiers juges (Bruxelles, 3e ch., 16 juin 1829, aff. Carlier C. fab. de Rosières).

128. Mais si le chef évacué a une telle connexité avec ceux qui restent à juger que l'exécution du jugement soit inconciliable avec la péremption de l'instance, celle-ci ne peut plus, par suite des principes de l'indivisibilité, périr qu'avec le jugement. — Il a été jugé, par exemple : 1° qu'un jugement qui contient une décision définitive sur un chef, proroge, pendant trente ans, l'action relative aux chefs non jugés « parce que l'interlocutoire est tellement lié avec le chef définitif qu'ils sont un tout indivisible » (Pau, 17 juill. 1827, M. Dombideau, pr., aff. Daussiet C. Bonnecase); — 2° Que le jugement par défaut qui, dans une instance ayant pour objet une demande en partage de succession, ordonne aux défendeurs de délaisser une portion des biens dépendants de cette succession, ne pouvant se prescrire que par trente ans, met l'instance à l'abri de la péremption..... et cela bien que ce jugement ait été frappé d'opposition, si l'opposant s'est désisté (Montpellier, 20 déc. 1832) (4); — 3° Qu'un

(1) (Duverrier C. Doazan et autres.) — La cour; — Considérant que l'instance introduite devant le tribunal de Lot-et-Garonne était périmée, puisque les poursuites avaient été suspendues pendant plus de trois ans sans qu'on puisse opposer qu'il avait été rendu un jugement définitif qui empêchait la péremption; parce qu'un jugement définitif empêche bien la péremption des poursuites qui l'ont précédé, mais non de celles qui lui sont postérieures, parce que ces poursuites sont indépendantes du précédent jugement, et forment une instance nouvelle sujette à péremption comme toutes les autres; que l'instance était donc périmée: Doazan n'était donc pas tenu de la reprendre.

Du 12 avril 1810.-C. d'Agen.-M. Lacuée, 1er pr.

(2) *Espèce :* — (Lafont C. Terrasse.) — 16 juin 1823, appel par les époux Lafont d'un jugement qui rejette leur opposition à deux décisions par défaut qui ordonnent un partage demandé par le sieur Terrasse, leur cohéritier, et annulent une donation prétendue faite aux époux Lafont par leur auteur. — Ils se fondent : 1° sur l'irrégularité des poursuites; 2° sur la validité de la donation annulée.— 1er mars 1825, arrêt qui rejette les moyens en la forme, déclare régulières les poursuites de l'instance en partage, et renvoie à huitaine pour statuer sur le surplus de l'appel. — Alors déclaration par Terrasse qu'il s'inscrit en faux contre la donation que produisent les époux Lafont; et, le 18 juill. 1825, arrêt qui admet sa demande. — Mais cette demande n'est pas poursuivie, et les choses demeurent en cet état jusqu'en 1832.—Alors assignation aux héritiers Terrasse, à fin de péremption de l'instance introduite par l'acte de 1823. — Ceux-ci soutiennent qu'en déclarant une instance périmée par une cessation de poursuites, l'art. 397 c. pr. n'entendait que les actes de procédure, d'instruction, qui précèdent un jugement définitif, mais non un jugement définitif statuant sur tel point de la contestation, ou un jugement préparatoire ou interlocutoire contenant des dispositions définitives sur le litige. — D'un autre côté, l'instance est indivisible; elle ne peut périr dans une partie et survivre dans une autre. Or, si l'instance est indivisible, si elle subsiste par l'existence d'un seul acte, il faut dire aussi que la péremption est indivisible; un acte non susceptible de péremption doit donc conserver l'instance toute entière.—Dans l'espèce, l'arrêt du 1er mars 1825 a jugé réellement une partie du litige, les points de forme; il est donc un obstacle invincible à la demande en péremption. — Arrêt.

La cour; — Attendu que l'arrêt du 1er mars 1825, en statuant sur la validité des poursuites, a laissé subsister le procès tout entier sur la question du fond; que cet arrêt ne juge ni ne préjuge rien sur la validité de la disposition qui fait l'objet du procès; que ce qui restait à juger était entièrement indépendant et détaché de ce qui avait été jugé, et que la généralité de l'art. 397 vient écarter ce moyen;—Par ces motifs, déclare l'instance périe.

Du 27 mars 1833.-C. de Nîmes, 1re ch.-M. Cassaignoles, 1er pr.

(3) (Garçon C. Pazot.)—La cour;—Attendu que, s'il est constant, en droit, que le parlement de Toulouse décidait que l'instance était prorogée à trente ans quand il existait un jugement ou arrêt qui contenait un chef définitif, ce n'était que lorsque le chef définitif faisait partie de la demande, évacuait un des points du litige, et conservait un droit inconciliable avec la décision postérieure qui aurait déclaré l'instance périmée; qu'en d'autres termes, l'instance n'était prorogée à trente ans que lorsqu'il eût été impossible de concilier la péremption de l'instance qui aurait éteint tout litige, avec l'exécution à donner au jugement ou arrêt qui avait consacré définitivement un droit; que c'est dans ce sens que le parlement de Toulouse et la cour de céans ont consacré ce point de jurisprudence; — Attendu qu'il est constant, en fait, que l'arrêt du 29 juill. 1816 se borna à écarter une fin de non-recevoir opposée à l'appel, et ordonna la comparution des parties; qu'aucune de ces dispositions ne décida une partie des questions agitées devant les premiers juges, ne confirma ou ne modifia leur sentence, et que son seul effet fut de déclarer l'appel recevable; que, dès lors, l'appel reçu, l'appelant dût l'entretenir; qu'en fût-il autrement, ce serait encore des derniers actes de la procédure qu'il faudrait partir, pour savoir si l'instance a été entretenue; mais que l'arrêt du 29 juillet ayant été exécuté, et deux autres arrêts préparatoires ayant changé la position des parties, ce serait à compter de ce dernier arrêt qu'il faudrait compter le délai de la péremption, puisqu'il serait impossible aujourd'hui de donner aucune exécution à l'arrêt dont on prétend tirer la prorogation de l'instance, la seule qu'il pouvait recevoir étant consommée par la comparution postérieure des parties, seul objet de son prononcé; qu'enfin, depuis le 10 déc. 1816, date du dernier arrêt, l'appelant ne justifiant d'aucun acte utile, et étant impossible de trouver dans le premier arrêt une disposition qui dispensât d'entretenir l'instance, et la demande en péremption ayant été valablement formée, elle se trouve acquise au sieur Pazot; — Par ces motifs, a déclaré et déclare éteinte et périe l'instance d'appel introduite par Garçon.

Du 22 mai 1826.-C. de Nîmes, 3e ch.-MM. de Trinquelague, 1er pr.

(4) (Alary C. Laurens.) — La cour; — Attendu que le jugement du 16 niv. an 8 accueille les demandes formées par les intimés ou leurs auteurs dans l'assignation introductive d'instance, prononce contre les appelants diverses condamnations dont la portée et l'étendue sont subordonnées au résultat des opérations ordonnées, et contient plusieurs chefs définitifs qui attribuent aux intimés des droits divers dans les trois successions dont il s'agit; — Attendu que la péremption de l'instance introduite par l'assignation du 2 fruct. an 7, sur laquelle intervint le susdit jugement serait inconciliable avec l'existence d'un tel jugement, qui n'était susceptible de prescrire, quant aux chefs définitifs qu'il contient et aux droits qu'il consacre, que par le laps de trente années; — Attendu, dès lors, que ce jugement a dû nécessairement et par la seule force des choses, soit d'après les nouveaux, soit d'après les anciens principes, proroger à trente ans l'instance dont la péremption est

jugement qui condamne une partie à rendre un compte de tutelle ou curatelle est un jugement définitif et non un jugement préparatoire ou d'instruction; qu'il n'est donc pas susceptible de se périmer, et que si une nouvelle instance est formée par le tuteur contre un précédent curateur du mineur, pour lui faire déclarer le jugement commun et pour le garantir des erreurs ou omissions qui pourraient être relevées dans le compte, cette instance étant indivisible avec la première, subsiste pendant trente ans (Bordeaux, 16 juill. 1836) (1); — 4° Que la procédure relative à une opération ordonnée par un arrêt qui a statué définitivement sur l'objet principal du procès, et qui n'est que la conséquence de cet arrêt, ne constitue pas une instance particulière, et ne peut, dès lors, s'éteindre que par la péremption acquise contre l'arrêt lui-même; qu'ainsi, lorsque après avoir prononcé l'annulation d'une vente opérée comme mode de partage, un arrêt a ordonné une expertise, pour être fait droit ensuite sur la demande en partage, la procédure engagée sur cette expertise n'est soumise qu'à la seule prescription applicable à l'arrêt dont elle est l'exécution (Cass. 12 mars 1851, aff. Giron, D. P. 54. 5. 565).

129. La même solution doit être admise, dans le cas où des jugements interlocutoires contiendraient des dispositions définitives. — Ces dispositions donnent au jugement ou à l'arrêt un caractère de fixité que les chefs interlocutoires ne peuvent lui enlever, et qui rejaillit même sur ceux-ci, à cause de l'indivisibilité du jugement. — Tel était également le principe adopté par la jurisprudence des parlements de Toulouse et de Rouen (Rodier, p. 259, n° 9; Vedel, Obs. sur Catellan, t. 2, liv. 7, ch. 19). Voici ce que nous lisons dans Vedel, *loc. cit.* : « Quoique les arrêts interlocutoires soient sujets à péremption par la jurisprudence de ce parlement (celui de Toulouse), étant regardés comme des actes d'instruction, en exécution desquels il dépend des parties d'agir, néanmoins, si l'arrêt contient quelque chef par lequel un point du procès ait été jugé définitivement, ce chef, ainsi jugé, proroge pendant trente ans le temps de l'interlocutoire, suivant la doctrine de Graverol, sur Laroche, liv. 3, tit. 6, art. 1, et l'arrêt de ce parlement, qu'il rapporte, en date du 19 janv. 1656. Albert, lettre P, v° Péremption d'instance, art. 1, rapporte deux arrêts conformes, le premier en date du 5 avril 1644, le second du 23 avril 1648. — La raison que donne Graverol, *loco suprà*, de cette jurisprudence, est que, quoique régulièrement *tot sint sententiæ, quot capita*, toutefois, l'arrêt interlocutoire qui juge définitivement quelque chef, est regardé comme un acte indivisible, à l'égard de la prescription; et c'est ce qui convient également aux sentences... » — La jurisprudence nouvelle est conforme à l'ancienne, il n'y avait pas de raison en effet pour s'en écarter. — Mais il faut, pour que le jugement ou l'arrêt interlocutoire ne tombe pas en péremption, que le chef définitif qu'il contient fasse partie de la demande, évacue un des points du litige, et conserve un droit inconciliable avec la décision postérieure qui déclarerait l'instance périmée. En d'autres termes, il faut, pour que l'instance soit prorogée à trente ans, qu'il soit impossible de concilier la péremption de l'instance qui éteindrait tout litige, avec l'exécution à donner au jugement ou à l'arrêt (motifs, Nîmes, 22 mai 1826, aff. Garçon, V. n° 127-3°). — Il a été jugé sur ce point 1° qu'un jugement qui contient tout à la fois des chefs interlocutoires et définitifs, a l'effet de proroger l'instance pendant trente ans (Nîmes, 29 mars 1824, aff. Chabrol, V. n° 56); — 2° Que lorsque des jugements interlocutoires contiennent des dispositions définitives, telles que celle qui reconnaît le bien fondé d'une demande en partage et celle qui a fixé la consistance d'une succession, ils ne peuvent point tomber en péremption par le laps de trois années sans poursuites (Nîmes, 5 janv. 1825) (2); — 3° Que la péremption ne peut atteindre un jugement définitif sur un point et préparatoire ou

demandée; — Attendu, en ce qui touche l'opposition au jugement dont il s'agit, que Victor-Augustin Alary, un des demandeurs en péremption, se désista de son opposition par son mémoire du mois de mars 1824, et les conclusions prises à suite; que ce jugement est donc à son égard resté dans toute sa force, ce qui a suffi pour conserver l'instance à l'égard de toutes les parties, et mettre obstacle à la péremption, l'instance étant indivisible et ne pouvant veiller pour certaines parties et périr pour les autres; — Attendu d'ailleurs que l'opposition envers ce jugement ne fit que suspendre l'exécution, qu'elle ne l'annihila pas, et ne pût jusqu'à rétractation le dépouiller du caractère et des effets qui lui étaient propres; — Par ces motifs, sans s'arrêter à l'appel des des parties de M° Boyer, dont elle les a démises et démet, — Ordonne que le jugement dont est appel sortira son plein et entier effet, etc.

Du 20 déc. 1832.-C. de Montpellier.-M. de Trinquelague, 1er pr.

(1) (Fricout C. Thuilier.) — LA COUR; — Considérant que, par jugement du 25 août 1808, Thuilier fut condamné, sur la demande de Fricout, à lui rendre son compte de tutelle; que ce jugement était définitif, puisqu'il levait tous les doutes sur le point de savoir si Thuilier était tenu de rendre son compte, et qu'il consacrait, au fond, le droit de Fricout; qu'en fixant un délai pour l'exécution, le tribunal de Nontron n'a voulu ni pu enlever au jugement qu'il venait de rendre le caractère que lui assignait la nature des choses, car tout jugement qui porte coup au fond est définitif; - Considérant que d'autres jugements suivirent celui de 1808, et condamnèrent Thuilier à payer des provisions à Fricout; que là aussi se rencontrent tous les caractères de décision définitive;

Considérant que l'art. 397 c. pr. civ., invoqué par les héritiers Thuilier, ne soumet à la péremption de trois ans que l'instance, c'est-à-dire les actes de procédure nécessaires à l'instruction et au jugement du procès; mais qu'un jugement définitif, qui, statuant au fond, tranche la difficulté, est autre chose qu'un acte d'instruction, et qu'il est impossible par conséquent de lui appliquer la lettre de l'art. 397; que l'esprit de la loi lui est moins applicable encore, puisque la péremption n'a été introduite que pour empêcher les procès de s'éterniser, inconvénient qui n'est plus à craindre lorsqu'une décision définitive termine le litige; qu'il faut donc reconnaître que les jugements rendus entre Fricout et Thuilier n'étaient sujets qu'à la prescription trentenaire, et ne pouvaient être soumis, comme un simple acte d'instruction, à la péremption de trois ans; — Que, d'ailleurs, deux instances existantes devant le tribunal de Nontron entre Thuilier et Fricout, d'une part, et Fricout et Vallier, d'autre part, avaient été jointes; que la péremption n'a pas été réclamée contre Vallier; que pourtant l'instance était indivisible, et que toutes les parties auraient dû être appelées par le demandeur en péremption; — Emendant, déclare l'instance en reddition de compte non périmée.

Du 16 juill. 1836.-C. de Bordeaux, 2e ch.-MM. Dégranges, pr.

(2) (Hérit. Brahic C. Rivière.) — LA COUR; — Considérant qu'aux termes de la loi *Properandum* 1, 3 cod., *De judiciis*, tous les procès civils devaient être terminés dans trois ans, à dater de la contestation en cause; — Que, d'après l'ordonnance du mois de janv. 1629, toute instance tombait en péremption par la discontinuation des poursuites pendant trois ans, encore qu'il n'y eût pas eu contestation en cause, ce qui distinguait les principes du droit français sur cette matière des anciens principes; — Considérant que le code de procédure a confirmé, à cet égard, les règles consacrées par l'ordonnance de 1629, avec cette différence seulement qu'aujourd'hui la péremption doit être demandée, tandis qu'elle s'acquérait autrefois de plein droit; — Considérant que, sous l'empire de l'ordonnance de 1629, le parlement de Toulouse jugeait constamment que les jugements interlocutoires, contenant des chefs définitifs, entretenaient l'instance pendant trente ans, et qu'il n'y a point de raison pour s'écarter de cette jurisprudence sous l'empire du code de procédure civile, ainsi que la cour de Nîmes l'a déjà décidé par arrêt du 12 mai 1824; — Considérant qu'il y a lieu de faire une nouvelle application de cette jurisprudence à la cause actuelle, puisque le jugement du 19 mai 1808, qui a ordonné l'estimation des biens à partager, est définitif, en ce sens qu'il a reconnu bien fondée la demande en partage et en désistat, introduite par Nicolas Brahic, en modifiant toutefois cette demande, et la réduisant à un dixième des biens délaissés par François Rivière et Elisabeth Revergat, de la succession desquels il s'agit; — Que, d'ailleurs, il faut rattacher à ce premier jugement un second jugement du 19 janv. 1813, qui a fixé définitivement la consistance de cette succession, et qui devait servir de base aux opérations des experts; — Qu'il devient, dès lors, évident qu'il y avait dans l'instance des points définitivement jugés, et que l'instance, étant indivisible, n'a pu, d'après les principes ci-dessus rappelés, tomber en péremption que par le laps de trente ans; — Considérant que la péremption, alors même qu'elle eût été encourue, serait couverte par l'acte de reprise d'instance du 2 nov. 1821, et par la procédure qui s'en est suivie; — Qu'en vain l'on oppose la nullité de cet acte, comme signifié à la requête d'une personne décédée; qu'aux termes des art. 2008 et 2009 c. civ., les actes que le mandataire fait en exécution de son mandat, et dans l'ignorance du décès de son mandant, sont valables, même à l'égard des tiers. Or, il y a présomption que l'avoué, muni de toutes les pièces, avait reçu mandat de reprendre l'instance au nom de la veuve Brahic, et a exécuté son mandat de bonne foi; ce qui le prouve, c'est que Gaspard Rivière a partagé son erreur, et a dû l'y confirmer en constituant avoué, et continuant à procéder sur l'assignation en reprise du 2 nov. 1821; c'est qu'enfin toutes les parties paraissent avoir poursuivi, avec la même bonne foi, l'instance en partage jusqu'à l'homologation du rapport des experts; — Considérant que, dans cet état de choses, loin d'annuler l'acte de reprise d'instance et ce qui s'en est suivi, le tribunal aurait dû, au contraire maintenir tous les

interlocutoire sur les autres; dans ce cas, la disposition définitive conserve l'instance, laquelle ne peut exister en partie et n'exister pas dans une autre partie, alors que ces demandes sont connexes et dépendent l'une de l'autre (Toulouse, 22 fév. 1825) (1); — 4° Qu'on n'a pu prononcer la péremption d'une instance en partage de succession dans laquelle étaient intervenues une décision définitive en même temps qu'une décision interlocutoire, et par exemple un jugement qui, en ordonnant qu'il serait procédé au partage, avait décidé que les biens seraient estimés par experts : l'instance, dans ce cas, ayant été entretenue dans toutes ses parties par la décision définitive (Grenoble, 7 mars 1828) (2);—5° Que lorsqu'un arrêt règle définitivement le point capital du procès, et sursoit à prononcer seulement sur les conséquences de sa décision jusqu'après l'exécution de la disposition interlocutoire qu'il contient, les poursuites sur l'interlocutoire ne peuvent se périmer; elles ne peuvent s'éteindre que par la prescription de l'arrêt lui-même; et spécialement, que la péremption ne peut atteindre un arrêt interlocutoire qui juge définitivement que, dans une demande en restitution pour lésion, la lésion du tiers au quart sera substituée à celle d'outre moitié, qui admet l'une des parties à répudier une succession pour l'affranchir de toute garantie vis-à-vis de l'autre partie, et qui contient une condamnation aux dépens, ceux de l'interlocutoire étant réservés jusqu'après l'expertise ordonnée : cet arrêt ne peut être annihilé que par la prescription trentenaire (Req. 19 déc. 1837) (3);— 6° Que bien qu'en général une instance puisse tomber en péremption, malgré les jugements préparatoires ou interlocutoires dont elle a été l'objet, il cesse d'en être ainsi, lorsque ces jugements renferment un chef définitif touchant au fond du procès : en pareil cas, l'instance ne peut s'éteindre que

---

actes de bonne foi, dans l'ignorance du décès de la veuve Brahic, et dans l'intérêt de toutes les parties; — Par ces motifs, disant droit à l'appel, met l'appellation et ce dont est appel au néant, et, par un nouveau jugé, déclare l'instance en désistat et en partage, introduite par exploit du 22 oct. 1807, non périe et bien entretenue, soit par les jugements du 19 mai 1808 et du 19 janv. 1813, soit par l'acte de reprise du 2 nov. 1821 et tout l'ensuivi; ce faisant, renvoie la cause devant les premiers juges, pour être procédé en ce qui reste d'après les derniers errements; condamne l'intimé aux dépens.

Du 5 janv. 1825.-C. de Nîmes.-M. Thourel, pr.

(1) (Ve Borderies et autres *C.* Causse.) — La cour; — Attendu que si, aux termes de l'art. 397 c. pr., toute instance périt par la discontinuation des poursuites pendant trois ans, ce principe cesse d'être applicable quand il est intervenu jugement définitif sur l'un des points, et préparatoire ou interlocutoire sur les autres, l'instance ne pouvant exister en partie, et n'exister pas dans une autre partie; que la décision définitive, intervenue, conserve nécessairement l'instance.

Attendu, en fait, que devant le bureau de paix et devant les premiers juges, avaient été formées deux demandes principales entièrement connexes, et qui dépendaient l'une de l'autre; que l'une appartenait au demandeur, et l'autre au défendeur; que, par le jugement du 3 juill. 1820, on statua sur la demande du sieur Jean-Louis Causse, en ordonnant le partage, et que le jugement devint définitif quant à ce point; qu'il fut d'ailleurs interlocutoire sur le chef tendant à la démolition des constructions; que les premiers juges avaient tout consommé quant au chef du partage, et que le chef interlocutoire participant à l'avantage accordé au chef définitif, l'instance n'avait pu périr; que vainement on oppose les termes du jugement du 3 juill. 1820; qu'il faut moins s'arrêter à sa forme qu'aux dispositions au fond, et que les dispositions offrent évidemment un chef définitif. — Par ces motifs, disant droit sur l'appel relevé envers le jugement rendu par le tribunal civil de Castres, le 5 janv. 1824, réformant ledit jugement, démet le sieur Causse de la demande en péremption par lui formée.

Du 22 fév. 1825.-C. de Toulouse, 2e ch.-M. d'Ayguesvives, pr.

(2) Payan *C.* Girard.) — La cour; — Attendu que le jugement du 31 août 1821 renferme tout à la fois des dispositions définitives et des dispositions interlocutoires, celles-ci étant une conséquence des premières; — Attendu que l'instance en laquelle est intervenu ledit jugement est indivisible; — Attendu que toute instance en laquelle il intervient des décisions définitives en même temps que des décisions interlocutoires, est entretenue, dans toutes ses parties, par les décisions définitives, une instance ne pouvant, en effet, être scindée, c'est-à-dire être conservée pour une partie et être éteinte par la péremption de trois années quant à l'autre partie; — Attendu que, dès lors, les premiers juges n'ont pas dû prononcer la péremption de l'instance dont il s'agit, soit en totalité, soit en partie, — La cour a mis l'appellation et ce dont est appel au néant; et, par nouveau jugement, a mis Jean-Baptiste Payan et les mariés Coutellier hors de cour et de procès sur la demande en péremption des consorts Girard.

Du 7 mars 1828.-C. de Grenoble, 2e ch.-M. Paganon, pr.

(3) *Espèce :* — (Cadroy *C.* Laverrie.) — Le 1er juin 1836, arrêt de la cour d'Agen, 1re ch., ainsi conçu : — « Attendu qu'avant l'émission du code de procédure, art. 397, il était constant, en droit, que tout jugement ou arrêt interlocutoire, contenant en même temps une disposition définitive, se liant à l'interlocutoire, empêchait la péremption de l'instance; que la raison était que la péremption entraînant l'extinction de la procédure et de l'instance, elle ne pouvait enlever un droit définitivement acquis par le jugement ou l'arrêt; — Attendu que le code de procédure a les mêmes résultats et qu'il ne produit, comme autrefois, que l'extinction de la procédure et la péremption de l'instance; qu'il y a alors même raison de conserver les droits acquis, et conséquemment les dispositions interlocutoires, sans quoi l'instance ne périrait qu'en partie; ce qui serait contraire à l'art. 401 dudit code de procédure; — Attendu que l'arrêt du ci-devant parlement de Toulouse, sous la date du 11 sept. 1779, ayant réformé et mis au néant la sentence du sénéchal de Lectoure, dont était appel, avait définitivement jugé en faveur du sieur de Sieurac, d'un côté, que la lésion qui, aux termes de la sentence, devait être de plus de moitié, ne devait, aux termes de l'arrêt, être portée que du tiers au quart; de l'autre, que le sieur de Sieurac était admis à répudier la succession de sa mère, et que, par suite, il ne pouvait être tenu à aucune garantie; qu'enfin ce même arrêt, déclarant avoir jugé définitivement un chef de contestation, avait condamné le sieur Baylac aux dépens de l'appel, ceux de l'interlocutoire seulement réservés; d'où suit que, plusieurs points étant définitivement jugés, il en résultait des droits irrévocablement acquis au sieur de Sieurac; que ces chefs se liaient immédiatement et nécessairement à l'interlocutoire ordonné, puisque l'interlocutoire n'était que la dépendance et la conséquence des points souverainement jugés; — Attendu que l'instance n'ayant pu être soumise à la péremption, c'est la prescription trentenaire seule qui aurait pu être invoquée dans la cause; qu'étant de principe et de règle invariable que cette prescription ne peut être acquise que lorsque trente années se sont écoulées sans interruption; étant constant au procès que des actes formels ont interrompu cette prescription au moins jusqu'en l'année 1819, ce n'est qu'à partir de cette époque que la prescription a commencé à courir, qu'il est évident dès lors que le délai de trente ans est loin d'être accompli;—Rejette la demande en péremption, etc. »

Pourvoi fondé sur la violation de l'art. 397, et des principes en matière de péremption, en ce que la cour a décidé que les dispositions définitives contenues dans l'interlocutoire de 1779, bien qu'elles ne se rattachassent point au fond du litige, mais seulement à de simples incidents, ont fait obstacle à la péremption de l'instance. La jurisprudence, disait-on, qui a décidé que les dispositions interlocutoires d'un jugement étaient garanties de la péremption par les dispositions définitives, par le motif tiré de l'indivisibilité de l'instance, est mal fondée, l'indivisibilité ne devant pas aller nécessairement jusqu'à ce point que la péremption de l'interlocutoire dût entraîner celle de la disposition définitive dont elle est la conséquence; mais en admettant même cette jurisprudence, elle n'a jamais statué que pour le cas où la disposition définitive se rattachait au fond du procès, mais non pour celui où elle ne statue que sur un incident, et laisse le fond intact, car alors la disposition interlocutoire n'est plus la conséquence de la disposition définitive; il n'y a plus même raison de décider, et, d'un autre côté, si cette jurisprudence était admise même pour le cas où la disposition définitive statue seulement sur un incident, dans quel procès n'élèverait-on pas des incidents, afin qu'une disposition définitive vînt rendre illusoire les lois sur la péremption? — Arrêt.

La cour; — Attendu, en droit, que lorsqu'un arrêt, devenu inattaquable, a réglé définitivement le point capital du procès, et a sursis à prononcer seulement sur les conséquences de sa décision, jusqu'à ce qu'une opération qu'il ordonne ait été exécutée, la procédure qui a lieu pour parvenir à cette opération, qui n'est que l'exécution de l'arrêt, ne constitue pas une instance particulière susceptible de tomber en péremption; — Qu'elle ne peut s'éteindre que par la prescription acquise contre l'arrêt lui-même; — Et attendu, en fait, que l'arrêt intervenu, au parlement de Toulouse, au mois de sept. 1779, entre les auteurs des parties (arrêt qui a été vainement attaqué par recours en cassation et par requête civile), contient des dispositions définitives qui s'opposaient à ce que la procédure qui a suivi tombât en péremption, à moins que l'arrêt lui-même ne fût prescrit; — Attendu que la prescription qui aurait pu courir contre cet arrêt, a été interrompue par les divers actes rappelés dans l'arrêt attaqué, et dont le dernier est du mois de mars 1819; — Que, dans cet état, l'arrêt attaqué, en déclarant que la procédure dont il s'agit au procès n'était pas éteinte par la péremption, s'est conformé aux principes ci-dessus rappelés, et n'a violé ni l'art. 397 c. pr. civ. ni aucune autre disposition de la loi; — Rejette.

Du 19 déc. 1837.-C. C., ch. req.-MM. Zangiacomi, pr.-Brière-Valigny, rap.-Nicod, av. gén., c. conf.-Galisset, av.

par le laps de trente ans, comme le droit consacré par cette disposition définitive; et spécialement, que le jugement rendu sur une demande en reddition de compte de tutelle, qui condamnele tuteur à rendre le compte de sa gestion dans un délai déterminé, sous peine de dommages-intérêts, et nomme en même temps un juge-commissaire pour recevoir ces comptes, bien que préparatoire quant à ce dernier chef, contient au fond une disposition définitive faisant obstacle à la péremption, en ce qui concerne l'obligation de rendre compte, imposée au tuteur, avec sanction pénale, et cela alors même que cette obligation n'aurait pas été contestée par le tuteur (Limoges, 24 mars 1852, aff. Brunie, D. P. 54. 5. 566).

130. Par application de la même règle, on a décidé que le jugement qui renvoie les parties devant des juges arbitres en raison d'une société, est un jugement définitif; qu'en conséquence il n'est point susceptible de péremption, alors même qu'il contiendrait une disposition interlocutoire, par suite du principe, que les jugements ne peuvent être scindés (Bastia, 26 fév. 1834, aff. Marcolorchino, V. n° 95). — Toutefois s'il s'agit, non plus d'arbitres-juges, mais d'arbitres nommés en vertu de l'art. 429 c. pr., il en sera autrement. Ces arbitres ne donnent qu'un simple avis comme les experts (V. Expertise, n° 339), et le jugement qui les charge de donner leur avis est un simple jugement d'instruction susceptible de tomber en péremption (V. n° 124). — Il a été jugé en ce sens que la péremption court dans le cas où les parties ayant été renvoyées devant arbitres, conformément à l'art. 429 c. pr., et l'une d'elles leur ayant remis ses pièces, les arbitres sont restés dans l'inaction (Bruxelles, 27 mars 1823) (1).

131. Mais si la disposition définitive du jugement interlocutoire ne doit avoir aucune influence sur les points qui restent à juger, il est évident, conformément à ce qui a été décidé ci-dessus, n° 127, qu'elle ne devra mettre aucun obstacle à la péremption. — Il a été jugé, conformément à cette règle: 1° que l'arrêt qui, d'une part, rejette l'appel incident d'une partie, en la condamnant d'avance à un dixième pour des dépens, et, d'autre part, ordonne un interlocutoire sur l'appel principal de l'autre partie, ne met point obstacle à la péremption de l'instance, relativement à tout ce qui n'est pas jugé définitivement, s'il s'écoule trois années sans poursuites à partir de cet arrêt (Grenoble, 22 déc. 1824) (2); — 2° Que, bien que, dans une instance d'appel, un arrêt interlocutoire qui ordonne une enquête, statue en même temps d'une manière définitive sur deux exceptions de forme soulevées respectivement par les parties, l'instance n'en reste pas moins soumise à la péremption (Bruxelles, 14 nov. 1835) (3).

132. Toutefois, il a été jugé que lorsque, sur l'appel, un arrêt infirme le jugement de première instance, en ce qu'il avait accueilli à tort une fin de non-recevoir, et ordonne une expertise avant de statuer au fond, la discontinuation de poursuites pendant trois ans ne peut entraîner la péremption de l'appel : l'infirmation du jugement est une disposition définitive qui conserve à l'arrêt tous ses effets pendant trente ans (Lyon, 17 janv. 1835) (4).

---

(1) (N...) — La cour; — Attendu que l'intimé a, par requête du 1er avr. 1816, demandé que la cause fût déclarée périmée; — Que le dernier acte de la procédure est un avenir du 12 août 1812, donné par l'appelant afin de nomination d'un autre arbitre, nomination qui eut effectivement lieu par arrêt du 17 suivant; qu'ainsi il s'est écoulé trois ans huit mois depuis ledit dernier acte, jusqu'à la demande en péremption; — Attendu que l'appelant, défendeur à cette demande, ne saurait tirer aucun avantage des circonstances suivantes, et qui consistent, 1° en ce que la cour avait nommé trois arbitres pour examen des pièces et registres, concilier les parties, sinon donner leur avis, conformément à l'art 429 c. pr. civ.; 2° que l'appelant a remis les pièces aux arbitres; 3° que ceux-ci n'ont rien fait jusqu'à présent, ni donné aucun avis; — Attendu que l'appelant ne peut induire de ces circonstances que l'inaction des arbitres et le retard dans la cause ne lui seraient pas imputables, puisque l'art. 397 de ce code contient une disposition pénale pour discontinuation des poursuites, et que, d'après l'art. 399, la péremption es couverte par les actes faits par l'une ou l'autre des parties, avant la demande en péremption, et qu'il a été au pouvoir de l'appelant de donner avenir pour demander une disposition de la cour, tendante à faire accélérer l'instruction de la cause, ou même de fixer un délai aux arbitres, ce que l'appelant n'a point fait; — Par ces motifs, déclare périmée l'instance dont il s'agit.

Du 27 mars 1823.-C. de Bruxelles, 2e ch.

(2) *Espèce :* — (Desayes C. les cons. Gouillet.) — Desayes a obtenu au tribunal de Grenoble, les 22 août 1811 et 26 fév. 1812, deux jugements contre les consorts Gouillet; ceux-ci ont appelé de ces jugements au principal, et M. Desayes à son tour a formé un appel incident. — La cour, par arrêt du 21 juill. 1821, a déclaré M. Desayes non recevable en son appel incident, et avant dire droit définitivement sur les autres demandes des parties, a ordonné qu'il serait procédé par experts à l'emplacement d'une parcelle de fonds. Depuis lors, cessation de poursuites. — 23 juill. 1823, demande en péremption de la part de M. Desayes; 18 août suivant, arrêt par défaut qui la prononce.—Opposition des consorts Gouillet, par requête d'avoué à avoué.

Ils ont soutenu que la demande en péremption était non recevable : 1° parce que l'arrêt du 21 juill. 1821 contenait une disposition définitive même sur leur appel principal, puisque le sieur Desayes était condamné au dixième de tous les dépens; 2° parce que Mathieu Gouillet, l'un d'eux, était désigné sous le nom de Jacques dans la requête du sieur Desayes; mais il était constant que cette erreur de nom avait été commise dans les actes même des défendeurs. — Arrêt.

La cour; — Attendu que la condamnation prononcée contre le sieur Desayes, au sujet de son appel incident, à un dixième des dépens, n'empêche pas la demande en péremption, puisqu'il n'y a de périmé que ce qui n'est pas jugé définitivement, et que la demande en peremption se référant à un cas jugé définitivement, l'art. 401 c. pr. civ. ne s'oppose nullement à ce que ladite demande en péremption ne soit accueillie; — Attendu que l'individu dont il s'agit a été constamment connu sous le nom de Jacques; que ses parents eux-mêmes, pendant l'instance, lui ont toujours donné ce prénom, et que, par conséquent, les poursuites dirigées contre lui, sous le même prénom, sont régulières.

Du 22 déc. 1824.-C. de Grenoble, 2e ch.-M. Dubois, pr.

(3) (Eberaerts.) — La cour; — Attendu qu'il est constant en point de fait que l'instance formée par le défendeur en péremption devant la cour supérieure de justice de Bruxelles, par acte d'appel du 5 janv. 1824, est demeurée impoursuivie depuis le 15 fév. 1830, date de la clôture de l'enquête tenue devant M. le juge-commissaire du tribunal d'Anvers, jusqu'au moment où la demande en péremption a été introduite, ce qui forme une discontinuation de poursuites de plus de trois ans et six mois, et ainsi plus que suffisante pour entraîner la péremption de l'instance aux termes des art. 397 et suiv. c. pr. civ.; — Attendu que le défendeur est convenu qu'il n'avait été fait depuis ladite époque du 15 fév. 1830 aucun acte interruptif de cette péremption; — Attendu que c'est en vain que le défendeur prétend que la péremption demandée ne saurait être accueillie par le motif que l'arrêt interlocutoire, rendu par la cour, le 17 juill. 1824, dans l'instance contre laquelle la demande en péremption est dirigée, aurait statué définitivement sur deux exceptions de forme élevées respectivement par les parties, puisque ce qui aura ainsi été décidé définitivement sur ces points préliminaires pourra rester jugé, sans qu'il en résulte le moindre obstacle à la péremption demandée; — Par ces motifs, déclare périmée l'instance introduite par l'acte d'appel du 5 janv. 1824.

Du 14 nov. 1835.-C. de Bruxelles, 3e ch.-M. d'Anethan, substit., c. conf.

(4) *Espèce:* — (Blain et cons. C. Marion.) — Pierre Marion acquiert tous les droits de ses frères dans la succession paternelle. — Plus tard ceux ci attaquent l'acte de cession pour cause de lésion.—Pierre Marion leur oppose plusieurs fins de non-recevoir, qui sont accueillies par un jugement du tribunal de Lyon.—Sur l'appel, il intervient, le 3 fév. 1821, un arrêt de la cour de Lyon, qui infirme le jugement de première instance, et ordonne, avant de statuer sur le fond, une expertise à l'effet de constater la valeur de la succession paternelle.—Il y a discontinuation de poursuites pendant plus de trois ans. — Pierre Marion, intimé, demande la péremption de l'instance d'appel. — Les appelants soutiennent que la péremption est inadmissible dans l'espèce, attendu qu'elle aurait pour effet de faire revivre le jugement de première instance, alors que ce jugement a été anéanti par l'arrêt intervenu sur l'appel.—Pierre Marion réplique en disant qu'on doit distinguer deux dispositions dans l'arrêt du 3 fév. 1821, celle qui infirme le jugement de première instance, et celle qui ordonne l'expertise; que, relativement à cette seconde disposition, l'arrêt est interlocutoire, et par suite se trouve soumis à la péremption.—Arrêt.

La cour; — Considérant qu'aux termes de l'art. 469 c. pr., la péremption en cause d'appel a l'effet de donner au jugement dont est appel l'autorité de la chose jugée; — Que la force de la chose jugée ne peut plus appartenir à un jugement qui a été réformé et mis au néant; — Considérant que l'arrêt rendu par la cour, le 3 fév. 1821, en rejetant les fins de non-recevoir opposées par Pierre-Etienne Marion, a mis l'appellation et ce dont est appel au néant; — Emendant, et faisant ce que les premiers juges auraient dû faire, a ordonné une expertise, sur le rescisoire, réservé les dépens et prononcé la restitution de l'amende; — Qu'il n'est plus au pouvoir de la cour de rendre la vie à un jugement qu'elle avait anéanti; et qu'enfin le droit qui est acquis aux appelants par l'arrêt du 3 fév. 1821, ne peut s'éteindre que par la prescription

133. Les jugements qui accordent une provision peuvent-ils tomber en péremption? — Non, a-t-on dit; car ce ne sont pas des actes d'instruction. Ce sont des jugements définitifs : on doit donc suivre à leur égard les règles tracées plus haut, nos 126 et suiv. (Duparc-Poullain, t. 6, p. 295; Carré, no 1421). — Il a été jugé en ce sens : 1° que la péremption ne peut atteindre un jugement qui, dans le cours d'une instance, prononce définitivement sur un point en litige, ne fût-ce que par provision, et que, par exemple, lorsque, dans une instance ayant pour objet : 1° le rétablissement provisoire d'une digue; 2° le maintien de cette digue telle qu'elle avait été construite, un jugement statuant sur le premier chef, autorise le demandeur à remettre les choses dans leur état primitif (rétablissement qui doit subsister jusqu'à la fin du procès), sauf à statuer ensuite sur les frais de reconstruction, et que, par un autre jugement rendu sur le second chef, le tribunal reconnait sa compétence et ordonne une vérification des lieux, la péremption n'a pu s'acquérir ni contre l'un ni contre l'autre jugement (Lyon, 7 déc. 1821) (1); — 2° Que lorsque sur l'appel formé par une partie contre un jugement qui a réduit sa créance, les débiteurs reconnaissent l'existence de la dette, et qu'il lui est accordé une provision à compte de cette dette reconnue, la discontinuation des poursuites pendant trois ans peut faire déclarer l'instance d'appel périmée, mais le jugement de provision reste à l'abri de la péremption (Montpellier, 9 mai 1825) (2). — Un pourvoi a été formé contre cet arrêt. On disait : la péremption en appel éteint l'action elle-même et attribue force de chose jugée au jugement attaqué, le tribunal est donc censé n'avoir jamais été saisi. Or, dans l'espèce, le jugement provisionnel étant un pur incident, il ne pouvait survivre à l'instance, déclarée éteinte par la péremption : puisque le tribunal était censé n'avoir jamais été saisi, comment laisser subsister la décision émanée de ce tribunal? — Mais la cour de cassation a évité de se prononcer sur ce moyen, ainsi que sur le principe posé par la cour de Montpellier; elle a décidé seulement que, dans l'espèce, le jugement provisionnel n'ayant pas été spécialement attaqué, l'arrêt, en affranchissant ce jugement de la péremption, avait fait une juste application de la loi : — « Attendu, a-t-elle dit, que, d'après la loi de 1790, la cour royale a été valablement saisie de l'instance en péremption, relative au jugement arbitral du 8 flor. an 3; qu'en séparant le jugement du 16 therm. an 7, *qui n'avait pas été attaqué*, de celui du 8 flor. an 3, et ne lui appliquant pas la péremption demandée, l'arrêt a fait une juste application de la loi; rejette » (Req. 9 juill. 1828, MM. Favard, pr., Meneville, rap., aff. Thimothée); — 3° Qu'il suffit qu'un jugement ou arrêt ait un caractère actuellement réel et profitable, comme si, par exemple, tout en ordonnant une production de pièces, il maintient une partie, contre les conclusions de l'adversaire, dans la possession provisoire de l'objet litigieux, pour que le cours de la péremption de l'instance par discontinuation de poursuites, se trouve arrêté...; au moins, l'arrêt qui, appréciant le caractère particulier de cette décision, le juge ainsi, par le motif qu'elle n'est ni interlocutoire ni préparatoire, ne viole aucune loi (Req. 2 fév. 1830, aff. Euzières, V. no 62-2°). — Toutefois, il nous semble qu'en thèse générale, le jugement provisoire ou provisionnel doit tomber en péremption en même temps que la procédure. Supposons, par exemple, qu'un jugement accorde à l'une des parties une provision pendant la durée du procès. Une telle décision n'implique nullement le fond du droit, et, bien que définitive, elle ne saurait avoir pour effet de proroger l'instance : si trois années s'écoulent sans poursuites, cette instance doit tomber en péremption; car elle ne peut être protégée par une décision qui, loin de pouvoir en régler la durée, est entièrement dans sa dépendance. — Au reste, des trois espèces indiquées ci-dessus, la deuxième avait donné lieu à une solution à la fois définitive et provisionnelle.

134. Du reste, suivant un arrêt, c'est d'après les décisions contenues seulement dans le dispositif, qu'un arrêt peut ou ne peut pas tomber en péremption; ainsi, bien que, dans ses motifs, un arrêt dise que c'est à tort que l'appelant a été déclaré non recevable dans son opposition au jugement, que c'est à tort qu'il a été considéré comme associé ou caution du débiteur principal, si, par son dispositif, il n'attribue aux parties aucun droit nouveau et définitif, et leur réservant, au contraire, tous leurs droits et moyens, se borne à admettre l'intimé à une preuve par lui offerte, il est susceptible de tomber en péremption (Req. 14 juin 1837, aff. Priou, V. no 63-2°).

135. Venons maintenant aux jugements par défaut. Si ces jugements ne sont plus susceptibles d'opposition, ils doivent être assimilés aux jugements contradictoires. Comme ceux-ci, ils sont susceptibles d'obtenir force de chose jugée, s'ils ne sont pas atta-

---

ordinaire de trente ans; — Par ces motifs, déboute Etienne Marion de la demande en péremption, etc.

Du 17 janv. 1835.-C. de Lyon.-M. Acher, pr.

(1) (Arriveur C. Favre.) — La cour; — Attendu que l'instance dont le sieur Arriveur demande la péremption a été intentée en suite d'une requête présentée par Françoise Parquier, veuve Favre, au tribunal civil de Trévoux, et que les conclusions prises dans cette requête tendent, d'une part, à ce que par provision la digue dont il s'agit fût rétablie, et au fond, à ce que cette même digue fût maintenue telle qu'elle avait été construite; — Attendu que, sur le premier chef des conclusions, il est intervenu le 15 sept. 1812, jugement qui autorise la veuve Favre à remettre les choses dans leur état primitif, sauf à statuer ensuite sur les frais de reconstruction, et que cette disposition a été exécutée; — Que sur le second chef, il est intervenu, le 19 nov. 1812, jugement par lequel le tribunal de Trévoux s'est déclaré compétent et a ordonné une vérification des lieux; — Attendu que le provisoire ordonné par le jugement du 15 sept. 1812, est définitif, en ce sens que le rétablissement de la digue doit subsister jusqu'à la définition du procès, et que d'ailleurs, cette disposition ayant été exécutée, a acquis la force de chose jugée; — Attendu que la compétence du tribunal civil de Trévoux, décidée par le jugement du 19 nov. 1812, l'a été définitivement, et que c'est par suite de cette décision que la visite des lieux a été ordonnée; — Attendu, dès lors, que la péremption n'a pu s'acquérir, ni contre le jugement du 15 sept. 1812, ni contre celui du 19 novembre suivant; — Réformant, déboute la partie de Péricaud de sa demande en péremption.

Du 7 décembre 1821.-C. de Lyon.

(2) (Timothée, etc. C. Albarel, etc.) — La cour; — Attendu, quant aux effets de la péremption, que, d'après l'art. 401 c. pr., la péremption n'éteint que la procédure elle-même, et n'annule que les actes de la procédure éteinte; — Que les jugements qui font partie de cette procédure, et dont l'objet tend à l'instruction du procès, et à en amener la décision, tels que des jugements préparatoires ou interlocutoires, sont sans doute éteints avec elle; — Mais qu'il ne doit pas en être ainsi des jugements rendus sur les demandes incidentes à l'instance principale et séparée de son objet; que ces demandes forment des instances à part, distinctes de cette instance principale; qu'il y est statué par des jugements particuliers, et qu'étant terminées par les décisions qui y interviennent, elles ne peuvent pas être comprises dans la disposition de l'art. 397 du code, qui n'éteint que les instances demeurées sans poursuite pendant les trois ans; — Attendu que tel est le jugement du 16 therm. an 7, que quoiqu'il ait été rendu dans l'instance d'appel du jugement du tribunal de famille, du 8 flor. an 3, et incidemment à cette instance, il ne faisait pas partie de son instruction, et avait un objet totalement différent; que la demande sur laquelle il prononça avait été introduite par des assignations particulières des 29 mess. et 1er therm. an 7; que, tandis que, dans l'instance principale, il s'agissait de savoir si c'était à bon droit que le tribunal de famille avait réduit à 75,000 fr. la créance que le sieur Timothée prétendait s'élever à 105,000 fr., il n'était question, dans la demande incidente, que de juger si, quand ses débiteurs n'appelaient point eux-mêmes de ce jugement, quand, au contraire, ils avaient reconnu la dette qui était déclarée, en en offrant le payement en assignats, il n'était pas fondé à demander une provision à compte de cette dette reconnue; qu'il est bien évident que le jugement qui lui adjuge cette provision, évacua une contestation indépendante de la contestation élevée sur la quotité de la dette; qu'ainsi, ce jugement, étranger à la procédure instruite pour vider cette dernière contestation, ne saurait être considéré comme un acte de cette procédure, et comme ayant été éteint avec elle; — Qu'on peut d'autant moins le penser, que ce jugement a reçu sa pleine et entière exécution, et que la péremption de l'instance d'appel, loin de contrarier ses dispositions, n'a fait que leur donner une force nouvelle, puisque cette péremption attribue l'autorité de la chose jugée au jugement du 8 flor. an 3, qui fixe à 75,000 fr. la créance de Timothée, et que le jugement du 16 therm. an 7 ne lui accorde qu'une provision de 8,000 fr.; — Par ces motifs, sans s'arrêter au moyen d'incompétence proposée par Timothée, déclare éteinte et périe l'instance d'appel introduite le 15 mess. an 4, du jugement du tribunal de famille, du 8 flor. an 3; déclare, en conséquence, que ledit jugement a acquis la force de la chose jugée, et, disant droit aux conclusions subsidiaires du sieur Timothée, déclare que le jugement de provision du 16 therm. an 7 n'est pas atteint par cette péremption; qu'il conserve, au contraire, toute sa force et ses effets; condamne, etc.

Du 9 mai 1825.-C. de Montpellier.-M. de Trinquelague, 1er pr.

qués par la voie de l'appel; ils terminent l'instance et ne sont plus soumis qu'à la prescription de trente ans. — Mais si ces jugements n'ont pas été signifiés, quel sera leur effet relativement à la péremption? Il faut distinguer. — A l'égard des jugements par défaut contre partie ou faute de comparaître, comme ils sont réputés non avenus, s'ils n'ont pas été exécutés dans les six mois de leur obtention (c. p. 156), et, à plus forte raison, s'ils n'ont pas été signifiés, ils ne peuvent arrêter le cours de la péremption; l'instance est censée n'avoir jamais cessé d'exister (V. Jug. par déf., n° 415). — Il a été jugé en ce sens qu'un jugement par défaut, faute de constitution d'avoué, périmé pour inexécution dans les six mois, est considéré comme n'ayant jamais eu d'existence, et ne peut pas même interrompre la péremption de l'instance (Grenoble, 17 fév. 1842 (1); Amiens, 20 juin 1812, aff. Huvier, sous rej. 27 mai 1818, V. Arbitr., n° 1339; motifs Bruxelles, 17 oct. 1821, aff. Gillet, V. n° 138; Nîmes, 31 août 1829, aff. Bonenfant, V. Jug. par déf., n° 372-2°; Riom, 8 mars 1851, aff. R..., D. P. 51. 2. 208). — Mais tant que les six mois ne sont pas écoulés, ce jugement est un obstacle à la péremption.—Ainsi, il a été jugé que la demande en péremption d'une instance dans laquelle il a été rendu un jugement par défaut contre la partie qui n'avait pas constitué avoué n'est pas recevable, s'il ne s'est pas écoulé six mois depuis la date de ce jugement (Bourges, 1er mars 1831) (2).—V. du reste, ce qui est dit au numéro suivant.

136. En ce qui touche les jugements par défaut faute de plaider leur effet doit être différent (il en est de même des jugements par défaut rendus avant le code, quelle que soit la cause du défaut : on ne faisait pas, dans l'ancien droit, la distinction admise depuis par l'art. 156 c. pr.). Le délai de l'opposition ne court, à leur égard, que du jour de la signification à avoué, et nulle part la loi ne fixe le délai dans lequel cette signification doit avoir lieu, de même qu'elle ne détermine pas non plus un délai dans lequel ils doivent être exécutés. — Il suit de là que ces jugements, comme les jugements contradictoires, ne sont soumis qu'à la prescription de trente ans. — D'ailleurs ils terminent l'instance, conditionnellement il est vrai, puisqu'elle pourra renaître au moyen de l'opposition; mais tant que cette opposition n'est pas formée, c'est-à-dire tant que la condition résolutoire, sous laquelle les jugements par défaut sont rendus, n'est pas accomplie, ils ont un effet définitif : les juges sont dessaisis, il ne leur reste rien à juger et les parties n'ont plus aucun acte de poursuites à faire pour mener le procès à fin. Ce serait bien à tort que l'on considérerait comme acte de poursuite la signification du jugement, car elle ne constitue pas un acte de procédure faisant partie de l'instance; elle n'a d'autre but que de faire obtenir force de chose jugée au jugement et de parvenir à son exécution. Elle est donc en dehors de l'instance, et cette instance ne renaîtra que si les juges sont saisis de nouveau par la voie de l'opposition. — Au surplus, le jugement par défaut, n'autorise-t-il pas une inscription hypothécaire, indépendamment de la signification (c. nap. 2123)? Comment dire alors que cette signification soit nécessaire pour lui faire produire les effets attribués aux jugements définitifs (Conf. Merlin, v° Péremption, sect. 1, § 2, n° 2-10°; Berriat, p. 357, note 12, n° 3; Chauveau sur Carré, n° 1421 *bis*; Reynaud, n° 63)? — Dans l'ancien droit, Bornier, sur l'art. 2, tit. 35, ordonn. 1667, avait enseigné qu'une sentence non signifiée n'empêchait pas la péremption; mais Rodier, sur l'art. 5, tit. 27 de l'ord., n° 18, répondait : « Je ne saurais être de cet avis : l'instance au procès étant jugée, il n'est plus question de péremption; et l'on peut différer d'en faire expédier ou signifier la sentence pendant trente ans sans en perdre le fruit. » — Il a été jugé, conformément à l'opinion qu'on vient d'exprimer : 1° qu'un jugement ou arrêt par défaut, à défaut de plaider, même non signifié ni expédié, fait cesser le cours de la péremption, tant qu'il n'a pas été attaqué (Cass. 19 avril 1830 (3); et sur renvoi, Lyon, 27 fév. 1834, M. de Belbeuf, pr.); — 2° Qu'un jugement

---

(1) (Faure C. Gautheron.)—LA COUR;—Attendu que les jugements par défaut contre une partie qui n'a pas constitué avoué sont réputés de plein droit non avenus s'ils n'ont pas été exécutés dans les six mois (c. pr. 156);—Attendu que cette nullité ne peut être couverte par aucun acte de procédure survenu après les six mois;—Attendu que la signification faite le 16 nov. 1839 du jugement de défaut du 30 juillet 1830, avec sommation d'exécuter ce jugement, ne peut constituer l'acte valable suffisant pour interrompre la péremption de l'instance, exigé par l'art. 399 c. pr., puisque, bien que régulière en la forme, elle n'est point un acte utile de procédure, elle ne fait marcher en aucune sorte l'instruction, et que cette notification d'un jugement qui n'existe plus n'a elle-même aucune valeur et ne peut produire aucun effet sur l'instance principale;—Attendu que cet acte du 16 nov. 1839 ne contient ni demande en reprise d'instance, ni aucune énonciation relative au procès, autre que ce qui a rapport au jugement par défaut, nul pour non-exécution; qu'il n'a donc pu interrompre la péremption encourue par discontinuation de poursuites pendant plus de trois ans;—Par ces motifs, met l'appel au néant.

Du 17 fév. 1842.-C. de Grenoble, 1re ch.-M. Legagneur, pr.

(2) *Espèce* : — (Lapertot C. Bernard.)—Lapertot, après avoir appelé d'un jugement, ne fit aucunes poursuites depuis 1823 jusqu'au 17 janv. 1828, époque où il prit un jugement par défaut contre Bernard, intimé, qui n'avait pas constitué d'avoué. — Celui-ci demanda la péremption de l'instance à défaut de poursuites depuis 1823; il soutenait que le jugement par défaut de 1828 n'ayant été ni levé ni signifié, n'était pas interruptif de la péremption.—Arrêt.

LA COUR; — Considérant que l'intimé fonde sa demande en péremption sur le silence gardé par l'appelant depuis le 17 juin 1823 jusqu'au 17 janv. 1828, jour de la demande en péremption; mais que le 7 janv. 1828, l'appelant avait obtenu un arrêt par défaut contre l'intimé qui n'avait pas constitué avoué;—Que l'art. 399 c. pr. déclare que la péremption se couvrira par les actes valables faits par l'une ou l'autre des parties, avant la demande en péremption; — Qu'en vain on oppose que l'arrêt par défaut du 7 janv. 1828 n'ayant pas été signifié et n'étant pas connu de l'intimé, n'était pas susceptible d'interrompre la péremption; que la loi n'exige qu'un acte valable et qu'un arrêt par défaut contre partie n'ayant pas constitué avoué, étant un acte autorisé par la loi dans la procédure, et le seul que puisse faire l'autre partie, cet acte est valable indépendamment de la signification, et conserve ses effets tant qu'il n'est pas périmé par défaut d'exécution dans le délai de six mois; qu'ainsi, au moment de la demande en péremption, il existait un acte valable fait par l'appelant; que, dès lors, la péremption était couverte;—Déclare la demande en péremption mal fondée, etc.

Du 1er mars 1831.-C. de Bourges.-M. Mater, 1er pr.

(3) *Espèce* : — (Tourranche C. hérit. Tourranche.) — Claude Tourranche et les enfants de Joseph Tourranche étaient en instance devant la cour de Riom. — Le 1er août 1807, ces derniers, appelants, prirent un arrêt par défaut, qui infirmait la décision des premiers juges; mais ils ne firent ni signifier ni même expédier cet arrêt. — En 1825, Claude demande la péremption de l'instance d'appel. — On lui répond que l'arrêt par défaut doit être regardé comme ayant terminé l'instance, et dès lors comme suspendant la péremption. — 20 janv. 1826, arrêt qui accueille la demande en péremption :—« Attendu qu'il y a eu interruption de poursuites depuis 1807 jusqu'au mois de juillet 1824, époque de la demande en péremption;—Attendu qu'il n'est ni produit ni même allégué aucun acte qui ait pu faire obstacle à la péremption; — Que l'arrêt par défaut, sous la date du 1er août 1807, n'a été ni signifié ni expédié; qu'étant susceptible d'opposition, il ne terminait pas l'instance, et que les enfants Touranche ont à s'imputer de l'avoir laissé dans l'oubli pendant dix-huit années. »

Pourvoi des enfants Touranche pour violation de l'art. 397.—Ils soutiennent qu'un jugement par défaut, tant qu'il n'a pas été rapporté, produit tous les effets d'un jugement contradictoire; (V. Menelet, Traité des Péremptions; d'Héricourt, Lois ecclésiastique;) que peu importe, d'ailleurs, qu'il ait été ou non signifié; que la signification ne pourrait ajouter à sa force, parce qu'il la porte tout entière en lui-même, et indépendamment de tous actes ultérieurs; que ces actes ne peuvent être considérés dans leurs effets que relativement à sa révocabilité: la signification, comme ayant pour objet, ou de faire courir les délais pendant lesquels il peut être attaqué, ou de faire exécuter; l'opposition, comme ayant pour objet de le faire rétracter, etc. — Le défendeur répond : Le seul moyen de parer à la péremption, est de faire, à temps, un acte qui l'interrompe; mais il faut que cet acte soit personnel à l'une des parties. Or un jugement par défaut n'est, à proprement parler, le fait d'aucune d'elles.—D'ailleurs, un tel jugement ne dessaisit pas les juges, tant qu'il est susceptible d'opposition : l'opposition, en effet, n'introduit pas une nouvelle instance; elle se rattache seulement à une instance préexistante.—Mais si, nonobstant un jugement par défaut, l'instance continue à subsister, tant que dure le délai de l'opposition à ce jugement, il est évident qu'elle est toujours sujette à péremption faute de poursuites pendant le temps déterminé, car on ne conçoit pas une instance qui, par l'effet d'un acte quelconque, pourrait rester pendante devant les tribunaux, sans encourir la péremption nonobstant tout défaut de poursuites.—Arrêt.

LA COUR; —Vu les art. 397 et 401 c. pr.;—Attendu que ces articles ne prononcent l'extinction des procédures et la péremption des instances que dans le cas de discontinuation de poursuites pendant trois ans;

définitif par défaut (rendu avant le code), n'eût-il été ni levé, ni signifié, se prescrit par trente ans, mais ne se périme pas comme les jugements préparatoires ou d'instruction; qu'en conséquence, un jugement par défaut, accordant une provision, et un jugement par défaut ordonnant qu'un enfant détenteur des successions de ses père et mère, délivrera à son frère sa légitime, après estimation faite des biens, n'ont pu être déclarés périmés, par cela que celui qui les avait obtenus, fût-ce sous l'empire des anciennes lois, et spécialement sous l'empire des usages du parlement de Toulouse, n'avait fait aucun acte de procédure pendant un laps de trois ans (Cass. 2 juin 1834) (1); — 3° Que lorsque dans une instance d'appel la cour rend un arrêt par défaut confirmatif du jugement des premiers juges, cet arrêt a éteint, au moins momentanément, l'instance; que, par suite, l'intimé est non recevable à prétendre qu'à défaut de signification de l'arrêt par défaut, l'instance d'appel est périmée,... alors d'ailleurs que c'est sur sa provocation et sur la réquisition de son avoué que l'arrêt a été rendu (Bordeaux, 4 fév. 1830) (2); — 4° Que l'intimé doit être déclaré sans intérêt, et, par suite, non recevable à demander la péremption de l'instance d'appel, alors que déjà avant cette demande il est intervenu un arrêt par défaut, qui a débouté les appelants de leur appel : peu importe que le demandeur en péremption allègue qu'il a ignoré l'existence de cet arrêt, faute de lui avoir été signifié (Req. 9 déc. 1840) (3).

Cette solution est repoussée par Pigeau, t. 1, p. 538. Après avoir enseigné que les actes de procédure non signifiés ne peuvent avoir pour effet d'interrompre la péremption, il ajoute : « Cette décision doit s'appliquer au jugement par défaut susceptible d'opposition, mais non signifié. En vain, dira-t-on qu'il termine l'instance, et qu'il n'y a pas lieu à prononcer l'extinction d'une instance qui n'existe plus. Pareil jugement ne termine pas l'instance, puisque le condamné l'ignore, et qu'il est susceptible d'opposition; tant qu'il n'est pas signifié, et même après sa signification, la partie est toujours à tems de former son opposition. » —Il a été jugé en ce sens qu'un jugement par défaut, non levé ni signifié, ne peut avoir l'effet d'interrompre la péremption acquise et opposée contre la demande sur laquelle ce jugement a été obtenu (Paris, 22 juin 1813; Bruxelles, 17 oct.

— Qu'il ne s'agit pas d'une instance indécise et d'une discontinuation de poursuites, puisque la cause avait été jugée par l'arrêt du 1er août 1807, rendu par défaut, faute de plaider, contre les défendeurs à la cassation sur les poursuites des demandeurs;—Que les défendeurs ont bien conservé la faculté de former opposition à cet arrêt, qui ne leur a pas été signifié; — Que, néanmoins, ce défaut de signification ne leur a pas donné le droit de demander la péremption d'une instance qui avait été jugée contre eux par cet arrêt; — Qu'indépendamment des art. 397 et 401 c. pr., ces principes dérivent aussi de l'art. 2123 c. civ., qui détermine les effets, tant des jugements contradictoires que des jugements par défaut, en conférant l'hypothèque judiciaire aux parties qui les ont obtenus; — Que, par conséquent, en déclarant l'instance périmée, quoiqu'elle eût été jugée par l'arrêt rendu par défaut, le 1er août 1807, la cour royale de Riom est contrevenue aux art. 397 et 401 c. pr.; — Casse, etc.

Du 19 avr. 1830.-C.C., ch. civ.-MM. Portalis, 1er pr.-Vergès, rap.-Cahier, av. gén., c. conf.-Garnier et Mandaroux-Vertamy, av.

(1) (Bessière C. Ballez.)—La cour (après délib. en ch. du cons.); —Vu l'art. 15 de l'ordonnance de Roussillon de 1563 et les art. 397, 399 et 401 c. pr. :—Attendu que si les actes de procédure et d'instruction sont sujets à la péremption, les jugements définitifs qui émanent des tribunaux régulièrement saisis, se prescrivent, mais ne périment pas; qu'un jugement, même rendu par défaut, quoiqu'il n'ait été ni levé ni signifié, termine la contestation sur laquelle il est intervenu; qu'il existe, indépendamment de tout autre acte, à la différence des actes de procédure, qui ont besoin d'être soutenus d'actes ultérieurs, et de poursuites attestant l'intention des parties de continuer l'instance;—Attendu que, dans l'espèce, le jugement par défaut, du 3 pluv. an 9, avait accordé à A. Bessière une pension provisionnelle, et le jugement par défaut du 12 pluviôse suivant avait définitivement déclaré que la légitime qu'il réclamait était due, sauf à en déterminer plus tard la quotité après plus amples renseignements, et qu'en décidant que ces jugements, qui n'étaient sujets qu'à la prescription de trente ans, étaient périmés par le laps de trois ans, comme s'ils n'avaient constitué que de simples jugements préparatoires ou d'instruction, sur le fondement qu'ils avaient été rendus avant la publication des nouveaux codes, dans le ressort de l'ancien parlement de Toulouse, la cour royale de Nîmes a fait une fausse application de la jurisprudence de cet ancien parlement, et essentiellement violé les lois précitées; — Donne défaut contre Ballez, et casse l'arrêt de la cour de Nîmes du 22 mars 1830.

Du 2 juin 1834.-C. C., ch. civ.-MM. Portalis, 1er pr.-Bérenger, rap.-De Gartempe, av. gén., c. conf.-Roger, av.

(2) *Espèce* : —(Bontemps C. Chassaigne.)—Appel avait été interjeté par Bontemps, d'un jugement rendu au profit de Chassaigne.—Peu après, Chassaigne obtint un arrêt par défaut qui mettait l'appel au néant.—Il ne leva pas cet arrêt et ne le fit pas signifier.—Cela se passait en 1819. —Dix ans après, en 1829, Chassaigne demanda la péremption de l'instance d'appel.—Bontemps prétendit que l'instance ayant été terminée par l'arrêt obtenu par Chassaigne, il n'y avait plus lieu à demander la péremption d'une instance qui n'existait plus. — Chassaigne répondit que l'instance n'était pas terminée, puisque l'arrêt par défaut n'ayant été ni levé, ni signifié, ni exécuté, Bontemps pouvait encore y former opposition, d'où résultait que la cour était encore saisie de l'affaire, ce qui ne serait pas, si l'instance était terminée.—Arrêt.

La cour; — Attendu que, par acte du 23 déc. 1818, le sieur Bontemps-Lonvradoux s'est rendu appelant d'un jugement du tribunal de première instance de Bergerac du 3 du même mois, qui prononce contre lui diverses condamnations; —Attendu que la cour statuant sur cet appel, a rendu un arrêt par défaut du 9 juillet 1819, qui a ordonné que le jugement du 3 décembre précédent, serait exécuté suivant sa forme et teneur; — Attendu que, quoique cet arrêt n'ait pas été signifié, il n'en a pas moins éteint, au moins momentanément, l'instance sur l'appel pendant devant la cour; —Attendu qu'il était au pouvoir de Chassaigne, de rendre cet arrêt définitif en le faisant signifier à Bontemps, et l'obligeant ainsi à y acquiescer ou à y former opposition dans le délai de la loi; — Attendu que Chassaigne avait connaissance de cet arrêt, puisque c'est lui qui l'a provoqué, et qu'il a été rendu sur la réquisition de son avoué; — Attendu qu'aux termes des règlements sur la matière, la péremption est interrompue, s'il est intervenu un jugement définitif et que la partie en ait eu connaissance; —Attendu que c'est précisément là le cas de la cause : —Déboute Chassaigne de sa demande en péremption, et le condamne aux dépens.

Du 4 fév. 1830.-C. de Bordeaux.

(3) *Espèce* : —(Arrighi C. Grimaldi.) — Les sieurs Grimaldi avaient interjeté appel contre le sieur Arrighi d'un jugement rendu par le tribunal de Corte, le 7 mars 1829. — Le 7 août 1832, Arrighi, n'ayant pas encore constitué avoué sur cet appel, il lui fut donné avenir et nouvelle citation par exploit. — Nonobstant cette signification, Arrighi forma, le 2 juin 1835, une demande en péremption de l'instance d'appel. — En cet état, un arrêt du 3 août 1835 débouta par défaut les consorts Grimaldi de leur appel, et débouta Arrighi, aussi par défaut contre avoué de sa demande en péremption. — La cause ayant été reportée par les sieurs Grimaldi devant le tribunal de première instance, Arrighi a renouvelé sa demande en péremption de l'instance d'appel. Il a prétendu qu'il ignorait l'existence de l'arrêt par défaut du 3 août 1835, qui n'avait pas même été expédié. — 26 juin 1839, arrêt de la cour de Bastia, qui déclare cette demande non recevable en ces termes : — « Attendu que le but de la péremption de l'instance d'appel est de donner au jugement appelé la force de la force jugée; — Attendu que, par arrêt du 3 août 1835, les sieurs Grimaldi ont été déboutés de leur appel, et qu'en exécution dudit arrêt, ils ont cité leurs adversaires devant les premiers juges pour continuer la cause d'après ses derniers errements; — Que si cela était nécessaire, le cours de la péremption aurait été interrompu par cet acte, et que, de toute manière, il ne peut plus y avoir lieu à péremption, puisqu'elle est sans intérêt, l'appel ayant été mis au néant. »

Pourvoi d'Arrighi. — 1° Violation des art. 147 et 155 c. pr., en ce que, pour rejeter la demande en péremption, la cour royale s'est fondée sur l'arrêt par défaut du 3 août 1835, qui, n'ayant jamais été signifié au demandeur, ne pouvait pas lui être opposé. — 2° Violation des art. 397 et 399 c. pr. civ., en ce que l'arrêt attaqué a décidé que l'assignation donnée par les sieurs Grimaldi devant le tribunal de première instance en exécution de l'arrêt du 3 août 1835, avait eu pour effet d'interrompre la péremption de l'instance d'appel pendante devant la cour d'appel.—Arrêt.

La cour; — Sur le premier moyen : — Considérant que, pour rejeter la demande en péremption qui lui était soumise, la cour royale de Bastia s'est fondée sur ce que le demandeur était sans intérêt à former cette demande; — Qu'en effet l'arrêt du 3 août 1835, qui avait débouté les défendeurs éventuels de leur appel, donnait force de chose jugée au jugement déféré à la cour royale, et dès lors produisait le même effet que la péremption aurait pu produire, suivant l'art. 469 c. pr. civ.; que cette décision ne contrevient, sous aucun rapport, aux art. 147 et 155 c. pr. civ.; — Sur le deuxième moyen : — Considérant qu'il repose sur un motif qui n'est que subsidiaire dans l'arrêt, et que même en supposant ce motif erroné, il ne saurait en résulter une ouverture à cassation; — Rejette.

Du 9 déc. 1840.-C. C., ch. req.-MM. Zangiacomi, pr.-Brière-Valigny, rap.-Delangle, av. gén., c. conf.-Galisset, av.

1821 (1); Conf. Lyon, 6 août 1824, aff. Larchat, V. n° 139).— Mais, comme on vient de le voir, ce système est repoussé par la majorité des auteurs et par une jurisprudence plus récente. — Merlin fait remarquer avec beaucoup de raison que l'arrêt précité de la cour de Bruxelles contient des propositions contradictoires. Il dit, d'une part, qu'un arrêt par défaut non signifié n'a pas terminé l'instance, et d'autre part que cet arrêt ne laissait plus rien à juger. S'il n'y a plus rien à juger, il n'y a donc plus d'instance.

137. Du reste, si le jugement par défaut statue sur une question de procédure et laisse entier l'objet de la demande, il ne peut empêcher l'instance de se périmer. C'est ce qui a été jugé (Lyon, 6 août 1824) (2), et ce qui est conforme à la solution émise n° 127.

De même encore, lorsqu'un jugement définitif par défaut est rétracté sur l'opposition par un jugement qui ordonne en même temps une expertise, l'instance peut encore tomber en péremption, le premier jugement ayant été rendu non avenu par l'opposition, et le second jugement ne contenant qu'une disposition interlocutoire qui ne met pas obstacle à la péremption de l'instance (Montpellier, 9 nov. 1844) (3).

Et à plus forte raison, si le jugement par défaut est nul à dé-

(1) 1re *Espèce :* — (Godinot C. Boursier.) — Le 2 nov. 1804, le sieur Godinot fit assigner le sieur Boursier sur le provisoire à trois jours, et au principal dans les délais de l'ordonnance, pour voir dire sur le provisoire que défenses seraient faites à ce créancier et à trois autres, d'attenter à sa personne, et pour voir dire au principal qu'il serait admis au bénéfice de cession. — Les conclusions provisoires du demandeur furent accueillies par un jugement par défaut, sous la date du 8 novembre, qu'il fit signifier au sieur Boursier, le 14 janvier suivant. Quant à sa demande principale, le sieur Godinot se borna également à obtenir un jugement par défaut à la date du 9 avr. 1805; mais il négligea de le signifier au sieur Boursier et à ses autres créanciers; le 19 mars 1812, le sieur Boursier l'assigna devant le tribunal de la Seine pour faire déclarer périmée l'instance introduite par son exploit du 3 nov. 1804, attendu qu'il s'était écoulé plus de trois ans sans poursuites. — Ces conclusions ont été accueillies par un jugement du 18 avr. 1812. — Appel.

La cour; — Faisant droit sur l'appel interjeté par Godinot, du jugement rendu au tribunal civil de Paris, le 18 avr. 1812; — Attendu que la péremption d'instance comme toute autre prescription, ne peut être interrompue que par un acte connu de l'adversaire, et qu'à son égard un jugement par défaut non signifié est comme s'il n'existait pas; met l'appel au néant.

Du 22 juin 1813.-C. de Paris.

2e *Espèce :* — (Enreg. C. Gillet.) — Une contrainte ayant été décernée par la régie de l'enregistrement, en payement de treize années d'arrérages d'une rente domaniale due par Gillet, celui-ci y forma opposition. Après une instruction dans les formes spéciales en cette matière, intervint un jugement qui ordonna l'exécution de la contrainte; appel de la part de Gillet : la régie fit signifier un mémoire en défense le 17 oct. 1813. Le 13 janv. 1814 un arrêt par défaut déclara Gillet déchu de son appel. — La régie ne fit point signifier cet arrêt; mais le 12 juin 1822 elle forma une demande en péremption de l'instance d'appel, sur le motif que depuis le 17 oct. 1813, date de la signification de son mémoire, il n'avait été fait aucun acte de procédure. — Gillet a soutenu que l'arrêt par défaut, du 13 janv. 1814, avait terminé l'instance et que la péremption ne pouvait frapper sur rien. — Arrêt.

La cour; — Attendu quant à l'objection faite que l'administration a obtenu un arrêt par défaut le 13 janv. 1814, que cet arrêt a mis fin à l'instance; qu'il ne peut donc plus s'agir de demander la péremption de cette instance; que pour faire évanouir cette objection, il n'y a qu'à observer que ledit arrêt par défaut n'a pas terminé l'instance, d'autant qu'il est constant en fait qu'il n'a jamais été signifié, et qu'en principe il peut être formé opposition à un arrêt par défaut tant qu'il n'a pas été signifié, et qu'après la signification il est passible d'opposition dans le délai déterminé par la loi; que, d'ailleurs, n'ayant pas été exécuté dans les six mois de son obtention, il est réputé non avenu aux termes formels de l'art. 156 c. pr. civ.; qu'ainsi il ne peut produire aucun effet, et que par une suite ultérieure l'instance a continué d'exister; que s'il en était autrement, il en résulterait qu'un demandeur qui a obtenu un jugement par défaut contre son débiteur, et qui a négligé de le mettre à exécution dans les six mois de son obtention, ne pourrait plus poursuivre l'instance, mais qu'il serait contraint d'en commencer une nouvelle en assignant de nouveau son débiteur; en sorte qu'une simple négligence de six mois produirait contre lui tous les effets de la péremption de trois ans, avec cette différence encore que la péremption de trois ans ne peut pas exister de plein droit, tandis que dans la susdite supposition, le jugement, ensemble toutes les poursuites qui l'ont précédé, seraient non avenus de plein droit, par cela seul que le demandeur aurait négligé de mettre ce jugement à exécution dans les six mois de son obtention, ce qui serait absurde; — Attendu, d'autre part, que, d'après la loi 3, ff., *Pro emptore*, dont la disposition est reproduite dans l'art. 2244 c. civ., il faut une interpellation judiciaire pour interrompre le cours de la péremption, qui est une sorte de prescription négative; qu'il est manifeste que la simple existence d'un arrêt par défaut non signifié n'a pas le caractère d'une interpellation judiciaire, de sorte que le dernier acte de poursuite dans l'instance dont il s'agit est la susdite signification d'un mémoire faite de la part de l'administration, par exploit du 17 oct. 1813; — Attendu qu'à l'époque où la demande en péremption a été signifiée, ledit jugement par défaut rendu au profit de l'administration, lequel avait déclaré Gillet déchu de son appel, et auquel il n'avait pas été formé d'opposition, ne laissait plus rien à juger dans l'instance dont il s'agit; qu'il résulte de tout ce qui précède que la demande en péremption, formée par l'administration des domaines, est étayée d'un fondement légitime; — Par ces motifs, déclare l'appel interjeté par Philippe Gillet éteint et périmé.

Du 17 oct. 1821.-C. de Bruxelles.-M. Destoop, av. gén., c. conf.

(2) *Espèce :* — (Larchat C. Girard.) — Une cause, liée au tribunal civil de Lyon, entre les mariés Larchat et le sieur Girard, avait été mise au rôle; le 24 juill. 1816, jugement par défaut contre Girard. Ce jugement ne fut point levé, et aucun acte de procédure ne fut fait jusqu'au 30 mai 1820, jour où la péremption fut demandée. — Girard étant décédé dans l'intervalle, ce sont ses héritiers qui demandèrent la péremption.—Les mariés Larchat soutinrent que la mise au rôle avait empêché la péremption; que, d'ailleurs, lorsqu'un jugement a été rendu, comme son effet est de terminer l'instance, il ne peut y avoir lieu à péremption, puisque l'instance n'existe plus. Peu importe que le jugement ne soit pas signifié, car il consacre des droits certains, dont la signification n'est que l'exercice; — Par ces motifs, le tribunal de Lyon rejeta la demande en péremption, mais son jugement a été réformé.—Arrêt.

La cour; — Attendu que l'art. 397 c. proc. civ. porte :...... — Attendu que l'art. 399 du même code porte : .... — Attendu que, dans l'espèce, quoiqu'il y ait eu changement de qualité des parties, cette circonstance n'a donné lieu qu'à l'augmentation du délai de six mois, conformément à l'art. 397 ci-devant cité;—Attendu que le jugement du 24 juillet 1816 n'a prononcé que sur une question de procédure, et a laissé entier l'objet de la demande; — Attendu que, depuis le 24 juillet 1816 et pendant plus de trois ans et demi, il n'y a eu aucun acte de procédure interruptif de la péremption; qu'un jugement par défaut non retiré ni signifié, non plus que la mise de la cause au rôle, ne sont pas des actes connus de la partie adverse, qui puisse interrompre vis-à-vis d'elle le délai de la péremption; — Met ce dont est appel au néant; déclare l'instance dont il s'agit éteinte et périmée, etc.

Du 6 août 1824.-C. de Lyon, 2e ch.-M. Courbon-de-Montviol, pr.

(3) *Espèce :* — (Houlès C. Combes.) — Jugement qui déclare la demande en péremption non recevable en ces termes : — « Attendu que, s'il est vrai qu'une péremption d'instance peut être interrompue par les opérations des experts, cela ne peut s'entendre que du cas où ils ont, en temps utile, dressé procès-verbal de leurs opérations, ou qu'ils les ont consignées régulièrement par écrit, suivant les formes admises par la loi; —Attendu qu'il n'apparaît dans l'espèce d'aucun acte quelconque émané des experts en temps utile et faisant preuve qu'ils ont vaqué à leurs opérations moins de trois ans avant la péremption d'instance, et qu'un tel acte ne saurait être suppléé ni par la preuve testimoniale ni par une déclaration qui serait faite aujourd'hui de la part des experts... »—Appel. — Arrêt.

La cour;—Attendu qu'aux termes de l'art. 397 c. pr. civ., toute instance est éteinte par discontinuation de poursuites durant trois ans;—Attendu qu'il a sans doute été admis, soit sous l'ancienne, soit sous la nouvelle législation, que les jugements définitifs empêchent la péremption de l'instance; qu'il a même été admis que, lorsqu'un jugement contient en même temps des chefs définitifs et des chefs interlocutoires, l'instance tout entière est prorogée à trente ans; — Mais attendu que l'appelant veut mal à propos faire considérer comme définitifs les jugements rendus dans la cause les 7 fév. et 7 avr. 1840; que le premier de ces jugements, ayant été rendu par défaut, doit être considéré comme non avenu, puisque Combes y forma opposition dans les délais et formes voulus par la loi;—Attendu, quant au jugement du 7 avr. 1840, que, tout en rétractant par une disposition de pure forme le jugement de défaut du 7 février, il ne confère néanmoins aucun droit définitif à aucune des parties, lesquelles, après le jugement du 7 avril, se sont trouvées absolument dans le même état qu'elles étaient avant le jugement de défaut du 7 fév. précédent; qu'il était purement interlocutoire, comme le premier jugement intervenu dans la cause; qu'il n'a pu dès lors empêcher la péremption de l'instance introduite par Houlès contre Combes le 31 mai 1839;

Attendu, d'autre part, qu'il est tout à fait inexact de prétendre que pendant l'expertise ordonnée par le jugement du 7 avr. 1840 les parties ne pouvaient pas agir, et que Houlès notamment devait se borner à surveiller l'exécution dudit jugement : car l'art. 397 précité c. pr. civ. voulant que toute instance soit éteinte par discontinuation de poursuites pendant trois ans, ses dispositions s'appliquent aussi bien aux instances

faut de certaines formalités ne peut-il produire aucun effet dans l'instance (V. art. 7).

138. La circonstance que la partie qui demande la péremption a mis par son propre fait obstacle à la continuation des poursuites, empêche-t-elle la péremption de courir?—Non, suivant nous (V. à cet égard nos 61 et suiv.). — Toutefois, il a été jugé : 1° que pendant une communication de pièces, il y a toujours continuation de procédure entre les parties; qu'ainsi, la péremption ne court pas au profit d'une partie à laquelle il a été donné communication des pièces, tant qu'elle ne les a pas rétablies (Rouen, 10 juill. 1821) (1); — 2° Que si l'interruption des poursuites, pendant le temps exigé pour la péremption, a eu lieu par le fait de chacune des parties et leur négligence commune, la demande en péremption, formée par l'une d'elles, a pu être déclarée non recevable (Rouen, 5 juill. 1828) (2). — Du reste, il a été jugé que la péremption d'instance n'est pas interrompue par le fait que des pièces données en communication n'ont pu être rétablies par suite des scellés qui avaient été apposés après le décès de la partie à laquelle elles avaient été communiquées, si aucune demande n'a été formée en justice pour obtenir cette remise (Req. 8 août 1822) (3).

139. Des propositions d'arrangements, une transaction, un compromis intervenus dans le cours de l'instance empêchent-ils la péremption de courir?— V. à cet égard, art. 7.

Art. 6.—*Délai de la péremption.—Reprise d'instance.*

140. Le terme de trois ans sans poursuites, exigé pour la péremption par l'ordonnance de Roussillon, a été adopté dans notre nouveau code judiciaire (c. pr. 397). Peut-être pourrait-on faire au législateur moderne le reproche d'avoir consacré un délai trop long pour la péremption d'instance. En effet, si le délai de trois ans pouvait convenir sous une législation où les procès duraient quelquefois tout un siècle sans recevoir une solution définitive, l'expérience est là pour apprendre que la justice n'a que bien peu à gagner à la longueur du délai, surtout lorsque, comme en matière de péremption, le législateur ne fait pas encourir la déchéance de plein droit, et qu'un simple acte suffit pour donner cours à un délai nouveau. — En tout cas, le délai court à partir du premier acte d'ajournement et non, comme cela se pratiquait dans plusieurs parlements, à compter de la *contestation* en cause formée suivant l'art. 12, tit. 14 de l'ord. de 1667.

141. D'abord, le passage de cette législation au code de procédure a donné lieu à plusieurs solutions de droit transitoire, desquelles il résulte : 1° que, pour faire prononcer la péremption d'instance, on ne peut cumuler avec le laps de temps qui s'est écoulé sans poursuites, depuis la mise en activité du code de procédure, celui qui s'était écoulé auparavant (Turin, 22 août 1809) (4); — 2° Que, lorsque l'une des parties est décédée sous l'empire d'une jurisprudence qui, pour ce cas, prorogeait la durée de l'instance pendant trente ans, le temps qui s'est écoulé sans poursuites jusqu'au moment de la publication du code de procédure, et qui n'a pas suffi pour faire acquérir la péremption d'après la jurisprudence ancienne, est regardé comme non avenu, et n'entre point en compte dans le calcul de temps nécessaire pour la péremption, d'après la loi nouvelle (Bruxelles, 14 avril 1810 (5); Rej. 2 avril 1823, aff. Dosque, n° 167); — 3° Qu'une demande en péremption doit être régie par la loi en vigueur à l'époque où l'instance a été liée, et non par celle en vigueur à l'époque de l'introduction de cette demande, et que le code de procédure ne pourrait s'appliquer dans ce cas, sans rétroactivité (Req. 14 nov. 1811, MM. Henrion, pr., Oudart, rap., aff. Lacarre); — 4° Que la péremption d'instance se règle par la loi en vigueur au tribunal où elle est pendante, et non par la loi de la situation de l'objet litigieux (Liége, 28 avril 1812) (6).

142. Ensuite, et pénétrant plus avant dans les questions

---

dans lesquelles il a été rendu des jugements interlocutoires qu'à toutes les autres instances; que, d'ailleurs, les experts étant les mandataires des parties, leur inaction doit être considérée comme provenant de ces dernières, tout comme les actes valables émanés des experts seuls profiteraient aux parties et formeraient interruption valable de péremption; qu'enfin il résulte des dispositions combinées des art. 316 et 320 c. pr. civ. que les parties ont les moyens de contraindre les experts à faire et compléter leurs opérations;—Attendu qu'il importe peu que la deuxième expertise ordonnée par le jugement du 7 avril 1840 dût être faite aux frais avancés de Combes; qu'il aurait en effet dépendu d'Houlès de constituer Combes en demeure, et de faire juger la cause faute par ledit Combes d'avoir fait procéder à l'expertise; mais d'ailleurs Combes a fait tout ce qui était en lui pour que les experts procédassent aux opérations dont ils avaient été chargés par ledit jugement du 7 avril 1840; — Attendu, sur les moyens pris de ce que les experts se seraient transportés sur les lieux dans le mois de mars 1844, et sur l'offre que Houlès a faite subsidiairement de prouver le fait de ce transport, qu'il y a lieu d'adopter les motifs qui servent de base aux deux jugements attaqués; — Par ces motifs, et adoptant ceux qui ont déterminé les premiers juges, démet Houlès de son appel.

Du 9 nov. 1844.-C. de Montpellier, 2e ch.-M. Claparède, pr.

(1) (Lavertu *C.* Teinanne et Dupont.) — La cour; — Attendu qu'il est constant et reconnu entre les parties que le 23 déc. 1816, et sur la demande des héritiers Lavertu, il leur a été fait par l'avoué de Teinanne et Dupont une communication de pièces qui n'ont été rendues par l'avoué des héritiers Lavertu, à l'avoué de Teinanne et Dupont, que le 8 sept. 1820; — Qu'il y a toujours eu continuation de procédures entre les parties, tant que l'avoué des héritiers Lavertu a été rétentionnaire des pièces qui lui avaient été communiquées, qu'ainsi le délai de péremption n'a pu courir pendant ce temps.... réformant, déclare la demande en péremption non recevable.

Du 10 juillet 1821.-C. de Rouen.

(2) (Baudoin *C.* Lemire.) — La cour; — Considérant qu'à l'audience du 19 déc. 1823, les parties ont pris des conclusions contradictoires; que, dès lors, l'affaire était en état, aux termes de la loi; — Considérant cependant que, vu la nature et les circonstances de la cause, et sur les conclusions subsidiaires, la cour nomma un commissaire pour entendre les parties, se faire représenter toutes les pièces et les documents relatifs à l'affaire, et ensuite être fait droit sur le rapport du commissaire; — Que le dernier acte notifié au procès est sous la date du 11 juin 1825, et que, rigoureusement parlant, à la même date 1828, le sieur Lemire se trouvait dans le cas de péremption d'instance, conformément à l'art. 397 c. pr.; — Considérant, d'une autre part, que les parties, après avoir satisfait à l'arrêt du 19 déc. 1823, vu le changement de la personne du syndic de la masse Daquin, ont retiré les pièces qu'elles avaient produites au commissaire délégué, ce qui a empêché ce magistrat de faire son rapport; — Que c'est donc par le fait de chacune des parties que l'errement ordonné n'a pu être exécuté, et qu'il serait contre tout principe de justice et d'équité que l'une pût se prévaloir contre l'autre de la négligence ou de l'insouciance que toutes deux auraient apportée à faire statuer sur leur différend; — Que, dans cet état de choses, la péremption ne peut être accueillie quant à présent; — Déclare Beaudouin, au nom qu'il agit, mal fondé dans sa demande en péremption, etc.

Du 5 juillet 1828.-C. de Rouen, 2e ch.-M. Carel, pr.

(3) (Com. de Satonnay *C.* Digé.) — La cour; — Attendu que l'art. 191 c. pr. civ. et les lois existantes fournissant à la commune de Satonnay les moyens de se faire remettre les pièces communiquées à l'avoué du comte et de la comtesse de Morangier, la circonstance du décès de cet avoué ne pouvait écarter l'application des principes sur la péremption; — Rejette le pourvoi contre l'arrêt de la cour de Dijon du 7 juill. 1821.

Du 8 août 1822.-C. C., sect. req.-MM. Lasaudade, pr.-Pardessus, r.

(4) (Baregno *C.* Mongis.) — La cour; — Vu l'art. 1367; — Attendu que la péremption d'instance opposée par le sieur Mongis, ne pourrait avoir lieu en l'espèce qu'en en cumulant avec le délai, pendant lequel la procédure demeura suspendue après la promulgation du code de procédure, celui écoulé avant cette époque, ce qui est hors du vœu de la loi; — Rejette l'exception de péremption, etc.

Du 22 août 1809.-C. de Turin.

(5) (Delannoy *C.* Vandoorne.) — La cour; — Attendu que toutes les parties conviennent que le dernier acte de la procédure date du 19 déc. 1805, et que l'auteur des intimés, Philippe Vandoorne, est décédé le 27 du même mois; — Que de là il résulte qu'en conformité des principes suivis avant la mise en activité du nouveau code de procédure civile, il s'est opéré une interruption d'instance qui a soustrait au cours de la péremption tout le temps écoulé depuis le jour du décès de Philippe Vandoorne, jusqu'au 1er janv. 1807, époque de la mise en vigueur du code; — Qu'alors le temps déjà soustrait à la péremption par la loi ancienne n'a point fait partie de celui que prescrit la loi nouvelle pour l'accomplissement de la péremption; — Que depuis le 1er janv. 1807 jusqu'au 4 nov. 1809, jour de la demande en péremption, il ne s'est pas écoulé un temps suffisant pour l'opérer; — Déclare le demandeur mal fondé, etc.

Du 14 avr. 1810.-C. d'app. de Bruxelles.

(6) *Espèce :* — (Merode-Westéloo *C.* Declerx.) — Il s'agissait de la revendication d'une terre située dans le ci-devant comté de Looz, qui admettait la péremption d'instance après vingt et un ans; l'affaire avait été portée sur appel à la chambre impériale de Wetzlaer, où la péromp-

transitoires, on trouve de suite le point de savoir si la péremption d'instance doit, non-seulement pour la forme, mais encore pour le temps nécessaire à l'effet de l'acquérir, être régie exclusivement par la loi en vigueur à l'époque où elle est formée? La négative se fonde sur ce que cette question touche non à la forme, mais au fond du droit de la péremption, et que, dans le silence du code, on ne pourrait, sans rétroactivité (c. 2), appliquer les principes de l'art. 2281 c. nap.—Mais ce système, qui aurait l'inconvénient de laisser en suspens, pendant un grand nombre d'années, beaucoup de procédures, a été constamment repoussé par la jurisprudence. Et cela est juste. En effet, la partie à laquelle on accorde la totalité du délai établie par la loi nouvelle ne paraît pas avoir à se plaindre. Le seul cas qui, à notre avis, pourrait réclamer une exception, c'est celui où la partie à laquelle on oppose la péremption aurait été absente, et où il serait reconnu, qu'en raison de cette absence, elle n'a point eu connaissance de la loi nouvelle, et que, par suite, elle a dû compter sur le délai accordé par la loi existante au moment où elle a quitté la France. Mais, hors ce cas, le droit commun doit, ce semble, gouverner toutes les procédures.

143. Il a été jugé en ce sens que la demande en péremption d'instance est une demande principale et nouvelle, qui doit être régie, non-seulement pour la forme, mais encore pour le temps nécessaire à l'effet de l'acquérir, par les lois en vigueur à l'époque où elle a été formée, de telle sorte qu'elle doit être admise si dans une affaire commencée avant le code, il s'est écoulé trois années sans poursuites, depuis que le code a été promulgué (Req. 12 juill. 1810; Rej. 25 nov. 1823 (1); Grenoble, 1re ch., 30 juill. 1816; M. Anglès, 1er pr., aff. Richard; Rej. 19 août 1816, aff. Payen, V. n° 163. — Conf. Besançon, 11 fév. 1834, aff. com. de Culles, V. Prescription. — *Conf.* Carré, 2, 14, n° 1628; Merlin, Rép., 17, 343, 2e col. et p. 345; Demiau, p. 289; Reynaud, p. 259.—*Contrà* Pigeau, com. 1, 681).

144. Pareillement, il a été jugé : 1° qu'il suffit qu'il se soit écoulé, sous le code de procédure, un délai suffisant pour la péremption, pour que cette péremption soit acquise, encore bien que la législation locale sous laquelle le procès avait été intenté n'admît pas la péremption (Req. 15 juill. 1818) (2); Colmar, 5 mars 1811, aff. Jantzer; Bruxelles, 19 août 1814, aff. Verspieren; ...ou que cette législation prorogeât le délai de la péremption à

---

tion n'était admise qu'après trente ans. Le comte Merode-Westéloo appelant, assigna, en 1812, les héritiers Declerx en reprise d'instance devant la cour de Liége; mais ceux-ci opposèrent que l'instance étant restée vingt-trois ans impoursuivie était périmée. — Arrêt.

La cour; — Attendu que les demandeurs en reprise d'instance avaient interjeté appel à la chambre impériale de Wetzlaer, du jugement rendu par la salle de Curenge, le 18 juill. 1780, qui les avait déclarés non fondés dans leurs conclusions; — Que, sur cet appel, le procès avait été formellement contesté, et qu'il s'était formé entre parties une nouvelle instance sur appel qui, pendant sa durée, mettait obstacle à la prescription du droit des demandeurs; — Attendu que cette instance n'a pu être prescrite par le laps de vingt et un ans, terme de la prescription ordinaire du ci-devant comté de Looz, parce que cette prescription n'a pu avoir effet sur une instance introduite et formellement contestée devant la chambre impériale où l'on suivait les dispositions de la loi dernière, au code de prescription, *triginta vel quadraginta annorum*, suivant laquelle l'action introduite en justice et formellement contestée, ne pouvait se prescrire que sur le laps de quarante ans, à dater du dernier acte de procédure; — Attendu que le dernier acte de la procédure faite devant la chambre impériale est du 6 nov. 1786, et que la demande en reprise d'instance est du 19 déc. 1809; que, par conséquent, l'instance n'a été discontinuée que pendant vingt-trois ans et quelques mois, ce qui, aux termes de la loi ci-dessus citée, ne suffit point pour la prescrire; — Par ces motifs, sans s'arrêter à la fin de non-recevoir proposée par les défendeurs, dans laquelle ils sont déclarés non fondés, leur ordonne de reprendre l'instance dont il s'agit; — Les condamne aux dépens de l'incident.

Du 28 avr. 1812.-C. de Liége.

(1) 1re *Espèce* :—(Jouffroy C. Laubepin, etc.)—La cour;—Attendu, 1° qu'une demande en péremption d'instance est de sa nature une demande principale, et soumise par conséquent aux lois qui régissent la procédure à l'époque où elle est intentée; d'où résulte que celle dont il s'agissait dans l'espèce de la cause ayant été intentée postérieurement à la promulgation du code de procédure, a dû nécessairement être jugée d'après ses dispositions sur cette matière; — Attendu, 2° qu'à la vérité, l'art. 397 de ce code dispose que, dans le cas où il y aura lieu à reprise d'instance, le délai de trois ans sera augmenté de six mois; mais qu'il est évident que cette prorogation n'a été établie que dans l'intérêt de la partie ayant droit à cette reprise; d'où résulte que les demandeurs ne s'étant pas trouvés dans ce cas, ne peuvent valablement argumenter en leur faveur du décès du sieur Laubepin, contre lequel ils pouvaient toujours agir valablement, tant que son décès ne leur avait point été signifié; — Rejette, etc.

Du 12 juill. 1810.-C. C., sect. req.-MM. Henrion, pr.-Pajon, rap.

2e *Espèce* :—(Com. d'Echenevex C. com. de Chevry.)—En 1786, les habitants d'Echenevex assignèrent ceux de Chevry devant la maîtrise des eaux et forêts de Belley, pour voir déclarer que la commune d'Echenevex était propriétaire d'un certain canton de bois.—En 1786, sentence contradictoire qui renvoya la commune de Chevry de cette demande, et la maintint dans la propriété du terrain litigieux. — Le 2 août même année, la commune d'Echenevex forma contre cette sentence un appel qui fut porté d'abord devant le tribunal de Saint-Claude, ensuite devant des arbitres, et, en dernier lieu, devant le tribunal du département du Jura, séant à Lons-le-Saulnier. — Le 20 fév. 1799, jugement interlocutoire, qui ordonna une descente sur les lieux dont un plan serait levé par experts, et qui admit les habitants d'Echenevex à prouver que, de temps immémorial, ils avaient joui, avec les habitants de Chevry, du terrain contentieux. — Ce jugement n'avait reçu aucune exécution et n'avait été suivi d'aucun acte de procédure, lorsque, le 27 mai 1819, les habitants de Chevry assignèrent ceux d'Echenevex devant la cour royale de Lyon, pour voir dire que l'instance était périmée, parce qu'il s'était écoulé plus de trois ans sans poursuite, depuis la publication du code de procédure. — Les habitants d'Echenevex répondirent que le jugement interlocutoire du 20 fév. 1799 avait dû suspendre pendant trente ans le cours de la péremption, attendu qu'il s'agissait d'une instance commencée avant le code de procédure.

Le 4 août 1820, arrêt de la cour d'appel de Lyon, qui rejette cette défense et déclare l'instance périmée : « Il est de principe, suivant la jurisprudence, portent les motifs de cet arrêt, qu'une demande en péremption d'instance est, par sa nature, une action principale, laquelle, par conséquent, doit être régie par la loi en vigueur lorsqu'on l'intente. Ainsi, ce sont bien les dispositions du code de procédure qu'on doit appliquer à la demande en péremption dont il s'agit, quoiqu'elle concerne un ancien procès commencé sous une législation antérieure. Or, d'après l'art. 397, la péremption s'opère par discontinuation de poursuites pendant trois ans, et, d'après l'art. 401, cette péremption emporte l'extinction de la procédure. Des dispositions aussi absolues sont incompatibles avec l'exception admise par certaines cours, et notamment par l'arrêt du parlement de Paris, du 28 mars 1692, qui disait que la péremption n'aurait pas lieu, lorsqu'il serait intervenu quelque arrêt interlocutoire. Eh bien, le jugement du 20 fév. 1799 ayant laissé indécis le fonds de l'instance d'appel dont il s'agissait, n'a pu faire obstacle à ce que l'instance fût tombée, depuis la promulgation du code de procédure, par discontinuation de poursuites, pendant le temps prescrit. » — Pourvoi pour fausse application de l'art. 397 c. pr. et violation de l'art. 2 c. civ.

La cour; — Attendu que la demande en péremption d'instance est, par sa nature, une demande principale et nouvelle, qui doit être instruite et jugée d'après les lois en vigueur à l'époque où elle a été formée, encore que le procès sur le fond ait été intenté sous l'empire d'une législation antérieure; — Attendu que, d'après l'art. 397 c. pr., conforme aux dispositions des anciennes ordonnances, toute instance est éteinte par cessation de poursuites pendant trois ans; que la généralité de ces expressions comprend évidemment même le cas où il est intervenu un jugement, soit préparatoire, soit interlocutoire, en appel comme en première instance, lorsqu'il s'est écoulé, postérieurement à ce jugement, un délai de trois ans sans poursuites; — Rejette.

Du 25 nov. 1823.-C. C., sect. civ.-MM. Desèze, 1er pr.-Rupérou, r.

(2) *Espèce* : — (Cadena C. Marre.) — Le 14 mai 1793, Cadena fit assigner Marre devant le tribunal de Ceret, en délaissement d'un terrain. — Divers actes de procédure eurent lieu jusqu'au 23 nov. 1812.

Le 20 avril 1816, plus de trois ans par conséquent après la discontinuation des poursuites, Marre fait signifier à Cadena une requête en péremption d'instance. — Le même jour, Marre reçoit à son tour la signification des qualités d'un jugement interlocutoire, que Cadena avait obtenu le 17 août 1812. — Alors question de savoir auquel de ces deux actes attribuer la priorité, ni l'un ni l'autre ne faisant mention de l'heure à laquelle il avait été signifié. — Marre offre de prouver par témoins que l'acte fait à sa requête a été notifié plusieurs heures avant celui de Cadena. — Celui-ci au contraire soutient d'abord qu'abstraction faite de la priorité des actes, la demande en péremption est non recevable, parce qu'il s'agit d'une instance commencée sous l'empire des lois sur la procédure en vigueur dans le Roussillon en 1792, lois qui n'admettaient que la prescription de quarante ans pour les actions portées en justice; en second lieu, que la preuve testimoniale sur la priorité des actes n'est point admissible; qu'ils doivent être réputés avoir été faits tous les deux à la dernière heure du jour, et qu'ainsi, du moment qu'il n'est pas con-

trente ans par le décès de l'une des parties (Agen, 18 fév. 1812, M. Bergogné, pr., aff. Mazot);—2° Que les instances engagées avant le code de procédure sont, quoique non reprises, périmées à défaut de continuation de poursuites pendant trois ans depuis ce code (Grenoble, 3 mars 1817) (1), ce qui ne saurait faire plus de doute (V. art. 7, *in fine*); — 3° Que la péremption d'une instance, intentée et suivie d'un jugement interlocutoire, sous l'empire d'une jurisprudence d'après laquelle un jugement interlocutoire faisait vivre l'instance pendant trente ans, est acquise, s'il s'est écoulé trois années sans poursuites, sous l'empire du code de procédure civile (Cass. 5 janv. 1808, aff. David, V. n° 156-1°; Lyon, 10 janv. 1823, M. Bastard, pr., aff. Garinm; Cass. 25 nov. 1823, aff. com. d'Echenevex, n° 143; 21 nov. 1826, aff. com. de Culles, V. Prescript.; 18 fév. 1828, aff. Delannoy, n° 102; Carré, n° 1428); — 4° Que la péremption d'une instance d'appel, acquise depuis la promulgation du code de procédure civile, par une discontinuation de poursuites de trois années, donne au jugement de première instance la force de la chose jugée, alors même que l'acte d'appel a été formé sous l'empire d'une jurisprudence (celle du parlement de Bordeaux), suivant laquelle cet acte n'était sujet qu'à la prescription trentenaire (Cass. 6 juill. 1835) (2); — 5° Qu'il suffit que, dans une instance antérieure au code de procédure, il

---

étant que la demande du sieur Marre a été formée avant la reprise des poursuites, l'instance ne peut être déclarée périmée.

Le 30 mai 1816, jugement du tribunal de Ceret, qui ordonne une enquête sur le point de savoir lequel des deux actes a été signifié le premier. — Les motifs de ce jugement portent « que, d'après l'art. 397 c. pr., toute instance est éteinte par une discontinuation de poursuites pendant trois ans; que la péremption d'instance étant de sa nature une demande principale est soumise aux lois qui régissent la procédure au moment où elle est intentée; que c'est une procédure nouvelle entièrement distincte de celle à l'occasion de laquelle elle est introduite; que dès lors il importe peu que cette dernière procédure ait été instruite sous l'empire d'une législation qui n'admettait pas la péremption; qu'il suffit au contraire que la demande en péremption ait été formée d'après les règles établies par le code de procédure, pour que cette demande doive être accueillie; que, dans l'espèce, les deux significations ayant été faites le même jour sans qu'aucune mentionnât l'heure, la preuve de la priorité de ces actes doit être admise; que cette preuve peut être faite par témoins, parce qu'elle porte sur un fait indépendant de la teneur des notifications. » — Ce jugement ordonne en outre que les témoins qui seront assignés seront entendus à l'audience comme en matière sommaire.

Le 11 juin 1816, jugement qui, reconnaissant que la signification de la demande formée par Marre a précédé celle de l'acte fait par Cadena, déclare l'instance principale périmée. — Appel. — Par arrêt du 7 mai 1817, la cour de Montpellier confirme le premier jugement, en tant qu'il déclare le code de procédure applicable à l'espèce et qu'il admet la preuve testimoniale sur la priorité des actes; mais elle l'infirme en ce qu'il a ordonné l'enquête dans les formes prescrites en matière sommaire. En conséquence, la cour annule l'enquête, ainsi que le second jugement auquel elle sert de base, et renvoie les parties devant le tribunal de Perpignan, pour la recommencer dans les formes ordinaires. Cet arrêt ne fixe point le délai dans lequel la nouvelle enquête devra être commencée.

Pourvoi de la part de Cadena : — 1° Violation des anciennes lois du Roussillon sur la prescription, et fausse application des règles établies par le code de procédure sur la péremption d'instance; en ce que, pour savoir si une instance formée avant la publication du code de procédure est sujette à la péremption, on doit consulter uniquement les lois existantes à l'époque où elle a été introduite. — Le demandeur insiste principalement sur l'art. 2281 c. civ. D'après cet article, dit-il, toute prescription commencée avant la publication du code doit être réglée d'après les lois anciennes : or, la péremption est une véritable prescription, dont le temps nécessaire pour qu'elle soit acquise doit être déterminé d'après les lois existantes au moment où l'instance a été introduite, car c'est de ce moment que l'action est devenue périmable ou prescriptible, en cas de discontinuation de poursuites;

2° Contravention à l'art. 1341 c. civ., qui défend aux juges de recevoir aucune preuve par témoins contre et outre le contenu aux actes. La cour de Montpellier, dit le demandeur, a violé cet article en autorisant Marre à prouver par témoins à quelle heure les deux actes avaient été signifiés. Vainement prétend-elle justifier sa décision en disant que le fait à prouver ne porte aucune atteinte à la teneur des deux exploits. La loi ne dit pas seulement que la preuve testimoniale ne peut être reçue contre la teneur d'un acte, mais elle défend de plus qu'elle soit admise outre son contenu. Or, c'est bien prouver outre la teneur d'un exploit que de rechercher l'heure de sa signification lorsqu'elle n'y est pas énoncée. — Il y a plus : non-seulement la preuve ordonnée par la cour royale n'était pas admissible, mais encore les juges n'auraient dû avoir aucun égard à l'énonciation de l'heure, si les deux significations l'eussent contenue. Telle est la conséquence à tirer par analogie de l'art. 2147 c. civ., qui place sur le même rang toutes les inscriptions faites le même jour, lors même que les heures de leur confection y seraient mentionnées. —Si la loi eût permis aux huissiers de pareilles énonciations, ou plutôt si elle leur eût attribué quelque effet, elle n'aurait pas manqué de s'expliquer à ce sujet d'une manière expresse; mais le législateur a pensé avec raison que chacune des parties avait fait la même diligence, lorsque leurs exploits étaient signifiés le même jour, et qu'un retard d'une heure, d'une minute, que mille causes physiques et imprévues peuvent produire, ne devait mettre aucune différence entre leurs conditions;

3° Il se divise en deux branches : 1° violation de l'art. 293 c. pr., suivant lequel l'enquête déclarée nulle par la faute de l'avoué ou par celle de l'huissier ne sera pas recommencée. — Suivant le demandeur, la nullité de l'enquête faite par Marre provient de la faute de son avoué, qui, lors du jugement du 30 mai 1816, aurait dû demander au tribunal que l'enquête eût lieu dans les formes ordinaires, et qui, même après ce jugement, pouvait procéder régulièrement, c'est-à-dire instruire comme en matière ordinaire et non se contenter des formes de l'enquête sommaire; 2° violation de l'art. 255 c. pr., en ce que l'enquête ordonnée par l'arrêt dénoncé devant être faite dans un lieu distant de plus de 3 myriamètres, la cour royale était obligée de fixer le délai dans lequel elle serait commencée. — Arrêt.

La cour; — Sur le premier moyen : — Attendu que la demande en péremption est une action nouvelle, susceptible d'être réglée par les lois existantes au moment de son introduction, et qu'il n'a, en conséquence, été commis aucune violation de l'art. 1041 c. pr. civ. en appliquant les dispositions de ce code à une demande en péremption formée le 20 avril 1816; — Sur le deuxième moyen : attendu que l'art. 1341 c. civ. ne prohibe point l'admission de la preuve testimoniale sur des faits étrangers à la teneur légale d'un acte de procédure; et que, dans l'espèce, la preuve admise porte sur une circonstance de faits qui n'a été ni dû être constatée par un acte formel de procédure, et qui était ainsi abandonné à la vérification des magistrats; — Attendu, sur le troisième et dernier moyen, qu'il n'est aucunement justifié que la nullité d'enquête prononcée par l'arrêt attaqué soit provenue du fait de l'avoué ou de l'huissier, et qu'en conséquence, l'art. 293 c. pr. civ. dût recevoir son application, et qu'en l'état, l'application de l'art. 258 du même code sur le délai ne pouvait appartenir qu'au tribunal chargé de la confection de l'enquête; — Rejette.

Du 15 juill. 1818.-C. C., sect. req.-MM. Henrion, pr.-Borel, rap.

(1) (Rif C. Chauvin-Bouchon.) — La cour; — Attendu qu'il est indifférent que toutes poursuites eussent cessé avant la mise en activité du code de procédure, dès que, d'une part, il n'exige pas la reprise des poursuites dans les instances anciennes, pour faire courir la péremption qu'il a introduite, et que d'autre part il a été dans l'esprit du législateur que les instances, tant anciennes que nouvelles, périmassent par discontinuation de poursuites pendant trois années, après la mise en activité du code, etc.

Du 3 mars 1817.-C. de Grenoble.-M. Paganon, pr.

(2) *Espèce :* — (Hérit. Bodin C. Duchatenet.) — Les héritiers Bodin se sont pourvus en cassation contre l'arrêt de la cour de Bordeaux, du 25 juill. 1831, qui avait jugé que le délai de la péremption devait continuer d'être régi par la loi ancienne. — Voici le résumé de leurs moyens : — 1° Violation de l'art. 1041 c. pr., abrogeant toutes lois, coutumes, usages et règlements relatifs à la procédure; — 2° Fausse interprétation de l'art. 2281 c. civ., lequel décide bien que les prescriptions commencées à l'époque de sa publication, seront réglées conformément aux lois anciennes, mais qui ne s'applique nullement aux prescriptions établies par le code de procédure, de beaucoup postérieur au code civil; — 3° Enfin violation des art. 397 et 469 c. pr., évidemment applicables à l'espèce soumise à la décision de la cour d'appel : — Appliquer, disait-on, les dispositions de la loi nouvelle relatives à la péremption, ce n'était pas donner à cette loi un effet rétroactif, car on sait que tout ce qui est prescrit par la loi nouvelle pour la conservation d'un droit, ne fait qu'en régler l'exercice à l'avenir, sans rétroagir sur le passé : c'est ainsi, par exemple, que les hypothèques anciennes ont été soumises, pour leur conservation, à l'inscription hypothécaire. — Arrêt (après délib. en ch. du cons.).

La cour; — Vu les art. 397, 469, 401 c. pr. civ., et 2281 c. civ.; — Attendu que les prescriptions auxquelles les dispositions de l'art. 2281 c. civ. s'appliquent sont évidemment et uniquement celles dont le sort est réglé par le même code; — Attendu que le code de procédure, promulgué postérieurement au code précédent, renferme des dispositions toutes spéciales pour les cas qu'il embrasse, et qui sont de leur nature relatifs à la procédure civile; — Que la spécialité de ces dispositions se remarque surtout dans le titre de la péremption dont il prescrit les règles particulières; que l'art. 397, qui est le premier du même titre, dispose formellement et sans exception que toute instance sera éteinte par discontinuation de poursuite pendant trois ans; — Que le liv. 3 du même code de procédure trace les règles propres aux appels, lesquels forment eux-mêmes une espèce particulière d'instance, et que l'art. 469, ren-

le soit écoulé trois ans sans poursuites, ou trois ans et demi dans le cas où il y aurait lieu à reprise d'instance, pour que la peremption ait pu être demandée par simple citation, encore bien que la législation antérieure aurait exigé préalablement une assignation en reprise d'instance (Req. 21 nov. 1826) (1).

145. Au reste, on juge, et cela est dans la lettre même de la loi : 1° que la péremption dont le délai a commencé à courir avant le code de procédure, ne peut plus être demandée contre une partie qui a formé une demande en reprise d'instance avant la demande en péremption (Agen, 19 juill. 1811, M. Bergognié, pr., aff. Rolland, n° 158-3°); — 2° Que, du principe que la péremption n'a pas lieu de plein droit, il suit que, quel que soit le temps de la suspension de l'instance (six ans, par exemple), elle ne sera pas périmée si la péremption n'a été demandée qu'après la reprise de l'instance (Req. 2 niv. an 10 (2). —Autres arrêts qui posent le même principe : Poitiers, 22 janv. 1823, aff. Isambert, V. n° 169 ; Paris, 28 mai 1838, M. Hardoin, pr., aff. La Briffe);—3° Que l'instance suspendue en 1810, et reprise seulement en 1828, ne peut être déclarée périmée lorsque la péremption n'a pas été demandée avant la reprise (Paris, 12 janv. 1830) (3).—V. n° 176.

146. D'abord, dans tous les cas possibles, le terme de la péremption le plus prolongé est de trois ans et six mois. — Et il a été jugé qu'elle n'est pas suspendue pendant le délai pour faire inventaire et délibérer (Bruxelles, 30 mars 1821, aff. Thielens, V. n° 253).— Ensuite, suivant un autre arrêt, le délai fixé par l'art. 397 c. pr. court dans tous les cas, à moins qu'il n'y ait impossibilité d'agir (C. C. belge, 6 mars 1833, aff. Lavary, V. n° 287).—Enfin, l'instance n'est pas seulement susceptible d'être périmée par discontinuation de poursuites pendant trois ans, mais elle est encore prescriptible par une suspension de trente ans (c. nap. 2262; c. pr. 397); et, lorsque l'instance a été suspendue pendant plus de trente ans, alors l'instance et l'action, se trouvant éteintes à la fois par la prescription, il n'est pas nécessaire de demander la péremption de l'instance pour pouvoir invoquer la prescription (Req. 2 août 1841, aff. de la Villegonan, V. Prescript.). — M. Chauveau, n° 1413, pense, au contraire, qu'une procédure ne peut être assimilée à une action réelle ou personnelle, et que les règles de la prescription ne peuvent lui être appliquées; qu'en conséquence, quel que soit le délai de l'interruption, l'instance ne s'éteint jamais de plein droit.

147. Le délai de trois ans qu'établit l'art. 397 c. pr., est général en ce sens que la péremption reste soumise à ce délai, quelle que soit la durée de l'action ou du droit litigieux, et encore bien que cette action devrait, sous peine de prescription ou de déchéance, être intentée dans un délai plus court. En un mot, les lois qui veulent que certaines affaires soient jugées dans un délai déterminé, moindre que celui exigé pour la péremption, ne sont pas censées vouloir qu'après ce délai, les affaires non jugées soient périmées de plein droit.—Il a été jugé en ce sens : 1° que la contestation en cause met obstacle à la prescription annale (Cass. 23 germ. an 11, aff. Minne, v° Enreg., n° 5859);—2° Que l'instance en mainlevée d'opposition à mariage n'est pas périmée faute d'y être statué dans les dix jours (Req. 4 nov. 1807, aff. Morel, v° Mariage, n° 312);—3° Que quoique l'action en rescision, pour cause de lésion, des ventes faites pendant le cours du papier-monnaie, soit prescriptible par un an à compter de la publication de la loi du 19 flor. an 6, néanmoins, si l'action avait été intentée dans ce délai, la péremption de l'instance n'a lieu qu'après une discontinuation de poursuites pendant trois ans, comme dans les cas ordinaires (Cass. 22 janv. 1816) (4); — 4° Que, quoique l'action pour la poursuite du délit de chasse se prescrive par un mois;

---

fermé dans le même livre, appliquant la péremption à cette spécialité, et déterminant ses effets, dispose qu'elle aura celui « de donner au jugement dont est appel l'autorité de la chose jugée; » — Qu'en statuant ainsi, le législateur a entendu que l'appel fût anéanti ou considéré comme n'ayant jamais existé; — Que si, dans le langage ordinaire, la péremption peut être considérée comme une espèce particulière de prescription, elle n'est cependant pas de la nature de celles qui sont réglées par le code civil, lequel, dans son art. 2219, les définit « un moyen d'acquérir ou de se libérer par un certain laps de temps, et par les conditions déterminées par la loi; » — Que cette définition ne saurait s'appliquer à la péremption, qui n'est elle-même que la punition dont la loi frappe celui qui, après avoir commencé une instance, l'abandonne en cessant de la poursuivre; — Qu'au surplus, et dans le conflit des dispositions générales renfermées dans le titre du code civil sur la prescription, et des dispositions spéciales comprises dans les art. 397 et 469 c. pr. civ., relativement à la péremption des instances, on doit se conformer à la règle qui accorde constamment aux dispositions spéciales la préférence sur celles qui statuent d'une manière générale;

Attendu que si l'art. 401 c. pr. civ. dispose que « la péremption n'éteint pas l'action », cela doit s'entendre seulement de l'action principale sur le fond des contestations, lorsque les parties sont encore devant le tribunal de première instance, et non de l'action qui peut résulter de l'exercice du droit d'appel, et qui appartient à la partie qui a succombé en première instance; que cet exercice, frappé, avec un certain temps, de la péremption renfermée dans l'art. 397 c. pr. civ., se trouve éteint, aux termes de l'art. 469 du même code, qui anéantit l'appel lui-même, et donne au jugement de première instance l'autorité de la chose jugée;

Attendu que si, dans la cause, on admettait, comme le faisait la jurisprudence du parlement de Bordeaux, la prescription trentenaire pour les appels, concurremment avec la péremption, de telle sorte que l'appel non prescrit continuât à subsister, tandis que la péremption se bornerait à éteindre l'instance sur l'appel, les dispositions du code de procédure, qui ont spécialement et uniquement pour objet d'éteindre toutes instances non poursuivies pendant un certain temps, seraient illusoires, et que l'intention du législateur, qui a eu évidemment en vue de mettre un terme aux procès, lorsque ceux qui les intentent négligent de les poursuivre, serait, de cette manière, ouvertement éludée; — Qu'admettre, dans l'espèce, l'extinction de l'appel en même temps que l'extinction de l'instance sur l'appel, ce n'est pas donner un effet rétroactif aux art. 397 et 469 c. pr. civ. sur la péremption, puisque le temps exigé pour accomplir cette dernière s'est entièrement écoulé, dans la cause, depuis la promulgation dudit code;

Attendu, en conséquence, qu'en déclarant éteinte et périmée l'instance sur l'appel interjeté du jugement par défaut, du 30 mess. an 11, et cependant réservant au sieur Duchatenet, appelant, la faculté de se pourvoir pour procéder sur ledit appel, la cour royale de Bordeaux a violé les art. 397 et 469 c. pr. civ., et faussement interprété les art. 401 dudit code et 2281 c. civ.; — Donnant défaut contre les défaillants, casse.

Du 6 juill. 1835.-C. C., ch. civ.-MM. Dunoyer, pr.-Bérenger, rap.-Laplagne, av. gén., c. conf.-Bénard et Moreau, av.

(1) (Com. de Culles C. Dubessey.) — La cour; — Attendu que, par l'établissement des cours d'appel substituées aux anciennes cours et tribunaux qui avaient été créés par la loi du 24 août 1790, ces cours ont été saisies de plein droit de la connaissance des affaires et appels pendants devant lesdits anciennes cours et tribunaux, ce qui résulte spécialement de l'art. 31 de la loi du 27 vent. an 8, et que, depuis l'établissement de ces cours, il n'a plus été besoin d'employer les formes prescrites par ladite loi du 24 août 1790;—Attendu que, depuis l'institution de la cour royale de Dijon, l'instance dont il s'agit, sur l'appel de la commune de Culles, des ordonnances du lieutenant particulier du bailliage de Mâcon, du mois d'octobre 1773, porté successivement au parlement et à la table de marbre de Paris, et même à la cour royale de Dijon, par exploit du 14 juillet 1818, contenant demande en reprise d'instance par les sieur et dame Contenson, assignation considérée ensuite comme non avenue, est demeurée impoursuivie par la commune appelante pendant plus de trois ans et six mois, et que même, depuis cette assignation jusqu'à la demande en péremption formée contre la commune, il s'est écoulé un temps plus que suffisant pour la péremption de ladite instance; qu'ainsi, en déclarant la péremption acquise contre la commune, l'arrêt attaqué s'est exactement conformé à l'art. 397 c. pr., etc.; — Rejette.

Du 21 nov. 1826.-C. C., ch. req.-MM. Henrion, pr.-Dunoyer, rap.

(2) (Coste C. Pathons.)—Le tribunal;—Attendu que Coste neveu, réclamant, avait été appelé en reprise d'instance avant qu'il eût demandé la péremption de l'instance, et que la péremption ne peut être opposée par exception à l'action en reprise; —Rejette.

Du 2 niv. an 10.-C. C., sect. req.-MM. Vermeil, pr.-Gandon, rap.

(3) (Dame Daudeville C. Anichini.) — La cour; — Considérant que la péremption d'instance n'a pas lieu de plein droit, et qu'aucun jugement, préalable à l'action de 1828, n'avait déclaré périmée l'instance commencée par la demande du 5 fév. 1810;—Infirme.

Du 12 janv. 1830.-C. de Paris.-MM. Séguier, 1er pr.-Bayeux, av. gén., c. contr.-Benoît et Mollat, av.

(4) (Thenadey C. Massy.) — La cour; — Vu l'art. 15 de l'ordon. de Roussillon, de 1563, et l'art. 7 de la loi du 19 flor. an 6; attendu que la disposition de l'art. 7 de la loi du 19 flor. an 6 s'étant borné à ordonner que l'action en rescision serait formée dans l'année, n'a pu, sans excès de pouvoir, être étendue à un autre cas, puisque c'est une disposition pénale; que d'ailleurs il n'existe aucune loi qui ait déclaré que la péremption d'instance était acquise de plein droit par la discontinuation de poursuites pendant une année, lorsque l'action était annale; qu'au contraire, l'art. 15 de l'ord. de Roussillon de 1563 avait disposé, d'une manière générale et sans exception, que les péremptions d'in-

cependant, s'il y a eu action intentée en temps utile, la poursuite n'est susceptible d'être périmée que par une interruption de trois ans, comme en matière ordinaire (Cr. cass. 20 sept. 1828, aff. Forquet et aff. Saussac; 27 sept. 1828, aff. Donis, V. Chasse, n° 483).— La loi de l'an 7, a-t-on dit dans l'avant-dernière espèce, se borne à déterminer le délai dans lequel l'action en rescision doit être intentée, et ne fixe nullement le terme de sa durée après que l'instance est introduite. Ce n'est donc pas cette loi qu'il faut consulter dans ce dernier cas; ce sont les lois générales sur la durée des instances et des actions portées en justice. — Or, c'est un principe général et constant, fondé sur la doctrine des auteurs et sur le texte de plusieurs lois, qu'une action temporaire se perpétue par une demande en justice, ou du moins par la contestation en cause (Dunod, Traité des Prescript., part. 1, chap. 9), et que la contestation en cause est nécessaire, lorsque l'action a une courte durée (Pothier, du Retrait). Merlin, Quest. de dr., v° Bureau de paix, dit aussi, § 6 : « S'il y a eu contestation en cause, après l'ajournement, l'action, quoique temporaire par elle-même, devient perpétuelle : ainsi l'ont jugé, pour l'action en retrait, deux arrêts du parlement de Paris, des 15 juill. 1579 et 19 janv. 1587, rapportés par Filleau, part. 4, chap. 95; — Pour l'action en complainte bénéficiale, un arrêt de la même cour, du 2 août 1584, rendu *consultis classibus*, et rapporté par Louet, lettre I, somm. 2; — Pour l'action en complainte civile, un arrêt du parlement de Dijon, du 16 juill. 1717, rapporté par Menelet, Traité des Pérempt., p. 131. » — Cette doctrine est d'autant plus applicable à l'espèce actuelle, que c'est précisément en parlant de l'action en rescision dans un cas semblable à celui qui se présente aujourd'hui, que M. Merlin établit que les actions annales se perpétuent par la contestation en cause. Or ici il y a eu contestation en cause, puisqu'il est intervenu un jugement interlocutoire. Il est donc évident que l'instance a conservé l'action. —C'est en ce dernier sens que se prononcent Pigeau, t. 1, p. 445; Reynaud, n° 20; Favard, t. 4, p. 196; Chauveau et Carré, n° 1413; Mangin, t. 2, n° 363; V. aussi Merlin, v° Pérempt., sect. 1, § 4.

148. En général, c'est du dernier acte de procédure ayant *date certaine* que commence le délai de la péremption; un acte non daté ou dont la date est incertaine ne saurait servir de point de départ pour ce délai. — Jugé en ce sens que si le dernier acte de la procédure signé par un avoué décédé n'a pas de date, c'est le décès et non l'acte qui assigne cette date, et, par suite, c'est du jour du décès que le délai de la péremption commence à courir (Lyon, 25 fév. 1834) (1).

149. Si l'ajournement n'a été suivi ni de constitution d'avoué ni de poursuites ultérieures, les trois années courent à partir de la signification et non pas à partir du jour de l'échéance des délais pour comparaître. C'est aussi l'avis de M. Bourbeau, t. 2, p. 627.

150. La loi se tait sur le point de départ du délai de trois ans; et, ni le § 1 de l'art. 397, qui adopte ce délai, ni le § 2 qui l'étend de six mois en cas de reprise d'instance, ne s'expliquent sur le jour qui doit lui servir de départ. — Lange enseigne dans son Praticien français, ch. 24, p. 494, que le temps de la péremption doit être compté *de momento ad momentum;* qu'ainsi le jour *à quo* doit être compté dans ce délai (Conf. Merlin, sect. 1, § 2, n° 2-1°); mais cette opinion, outre qu'elle est contraire à la règle de droit *dies termini à quo non computatur in termino*, est repoussée par l'art. 2260 c. nap. qui veut que la prescription se compte *par jour* et non *de momento ad momentum* (Conf. Berriat, p. 355, n° 7; Carré et Chauveau, n° 1415; Favard, t. 4, p. 193; Reynaud, p. 32 et suiv.).

Cependant le sentiment de M. Merlin sur le *dies à quo* n'est pas par lui soutenu sur le *dies ad quem*. Il pense, au contraire et avec raison, que la péremption n'est acquise que lorsque le dernier jour du terme est accompli; que, par suite, la demande est prématurée si elle est faite ce jour-là : c'est la conséquence de l'art. 2061 c. civ. (Conf. MM. Reynaud, n° 32, Chauveau sur Carré, n° 1415; Bourbeau, t. 2, p. 627; Bioche, n° 55). —Jugé en ce sens que lorsqu'un jugement accorde un délai pour rapporter une preuve, la péremption de l'instance ne commence à courir que du jour de l'expiration de ce délai (Bordeaux, 14 août 1833) (2).

151. De même, le délai de la péremption de l'instance dans laquelle est intervenu un jugement interlocutoire confirmé sur l'appel ne court qu'à compter de la signification de l'arrêt. — Et l'appelant, quoique succombant, étant tenu, en sa qualité de demandeur, de faire cette signification, n'est pas recevable à demander la péremption de l'instance sur le motif que l'arrêt n'a été ni levé ni signifié par l'intimé dans les trois années de sa prononciation (Bastia, 17 nov. 1841) (3).

---

stances n'avaient lieu qu'après une discontinuation de poursuites pendant trois ans; que la disposition de cet article était constamment entendue et appliquée dans le sens que la péremption d'instance ne pouvait être demandée après que l'instance avait été reprise, et que la jurisprudence uniforme des tribunaux, à cet égard, a été consacrée par l'art. 399 c. pr. civ.; d'où il suit que l'arrêt dénoncé a commis un excès de pouvoir, en appliquant à la péremption d'instance la disposition de l'art. 7 de la loi du 19 flor. an 6, et a violé l'art. 15 de l'ord. de Roussillon; — Casse.

Du 22 janv. 1816.-C. C., sect. civ.-MM. Desèze, pr.-Chabot, rap.-Cahier, av. gén., c. conf.-Sirey et Darrieux, av.

(1) *Espèce :*—(Biessy *C.* Classis, etc.)—Le 5 mars 1830, sur l'appel d'un jugement du tribunal de Trévoux, arrêt de la cour de Lyon, qui ordonne une expertise. Le 19 mars, Lassausaie signifie les qualités de cet arrêt aux sieurs Biessy, Classis et Ozier. —Opposition de la part de leurs avoués, signée par eux en marge de l'original de ces qualités.—Le 25 mars, assignation à comparaître le lendemain pour se voir débouter de leur opposition.—Les avoués donnèrent alors leur désistement, sans mentionner de date.—Le 15 nov. 1833, demande en péremption d'instance. —Le 9 janv. 1834, les sieurs Lassausaie déclarent reprendre l'instance. Opposition.—Arrêt.

La cour;—Considérant que depuis son arrêt préparatoire, du 5 mars 1830, les qualités dudit arrêt ont été signifiées pour en opérer le règlement; que la date du désistement donné à l'opposition auxdites qualités, par Me Claret, avoué, ne se rencontre pas dans ce désistement; que, cette date était incertaine, on ne peut la fixer qu'à l'époque où l'avoué Claret a cessé ses fonctions; qu'en prenant cette date pour règle dans la cause, il ne se serait pas écoulé plus de trois ans et six mois sans poursuites, temps nécessaire pour la péremption, à cause de la démission de l'avoué; que, par conséquent, le temps nécessaire pour opérer la péremption ne se serait pas écoulé; déclare les parties demanderesses non recevables dans leur demande, et les condamne aux dépens de l'incident.

Du 25 fév. 1834.-C. de Lyon.-M. Belbeuf, 1er pr.

(2) *Espèce :* — (Brondeau *C.* Thibaut.) — 16 avr. 1823, jugement contradictoire qui ordonne aux héritiers Thibaut de rapporter, dans le délai de quinze mois, les pièces justificatives d'une créance. Ce jugement est signifié le 5 juin 1829. Le 22 déc. 1832, les héritiers Thibaut demandent la péremption de l'instance. — Jugement qui repousse leur demande. — Appel. — Arrêt.

La cour; — Attendu que trois ans six mois et dix-sept jours se sont écoulés entre la signification faite par Angélique Brondeau, le 5 juin 1829, du jugement interlocutoire du 6 avr. 1823 (signification qui fut le dernier acte de la procédure), et la demande en péremption d'instance formée par les héritiers Thibaut, le 22 déc. 1832; que cette péremption serait, dès lors, acquise d'après l'art. 397 c. pr. civ., dont ces derniers invoquent les dispositions, s'il devait être la seule règle de la décision à rendre; mais que, dans l'espèce particulière de la cause, on doit retrancher de ce laps de temps, les quinze mois accordés aux intimés par ce même jugement pour faire les justifications auxquelles ils avaient été assujettis envers l'appelante; qu'il était dans l'intention du tribunal dont il émane, que pendant ce délai il fût sursis à toutes poursuites; — Attendu que la péremption est une prescription particulière à laquelle plusieurs des règles générales sur la prescription sont applicables; qu'il est de principe qu'elle ne peut courir contre celui qui est dans l'impossibilité d'agir utilement, et que telle était la position d'Angélique Brondeau à l'égard des héritiers Thibaut; — Attendu que si, d'après l'art. 123 c. pr., qui sert de base à la décision dont est appel, le délai accordé pour l'exécution d'un jugement commence à courir du our de sa date lorsqu'il est contradictoire, l'art. 122 auquel il se réfère explique que cette disposition spéciale ne peut s'appliquer qu'aux cas où les tribunaux, en prononçant une condamnation, accordent à la partie condamnée un délai pour l'exécution, d'après la faculté qui leur est laissée à cet égard par l'art. 1244 c. civ.; que ces articles sont, dès lors, sans application au jugement purement interlocutoire dont il s'agit; que le délai de quinze mois qu'il accorde aux intimés pour rapporter les pièces justificatives de leur exception, n'ayant pu courir avant sa signification, la péremption n'était pas acquise; émendant, déclare Jeanne-Rose Raimbault, épouse de Guillaume Thibaut, et consorts, mal fondés dans leur demande en péremption d'instance.

Du 14 août 1833.-C. de Bordeaux.

(3) *Espèce :* —(Ciavaldini, etc. *C.* Galeazzini.)— Les frères Galeazzini, créanciers des héritiers Luiggi, avaient fait à ces derniers commandement tendant à saisie immobilière et avaient en même temps somme un sieur Sanremo, auteur du sieur Ciavaldini, de délaisser une

152. Il est possible que l'acte interruptif et la demande en péremption soient datés le même jour. Lequel aura la préférence? — Si l'heure de la signification est mentionnée dans les deux actes, la foi est due à cette mention jusqu'à ce qu'elle soit détruite par l'inscription de faux.—M. Merlin, v° Prempt., sect. 1, § 2, n° 4-9°, est aussi de cet avis. Et, en effet, c'est une déclaration faite légalement par un huissier qu'il s'agit alors de démentir: ce n'est plus un simple fait laissé incertain, et sur lequel l'acte garde le silence, qu'il s'agit de constater.—M. Merlin remarque que l'art. 2147 c. civ., spécial aux hypothèques, n'est ici d'aucune considération. — Il a été décidé en ce sens : 1° que lorsque la demande en péremption et l'acte interruptif ont eu lieu le même jour, et qu'il résulte de l'énoncé des pièces que la première a été faite dans la matinée et la seconde à huit heures du soir, la demande en péremption doit avoir la priorité (Agen, 27 août 1813, aff. Dantrat, V. n° 207);—2° Qu'un acte de procédure signifié deux heures après la demande en péremption n'est pas fait en temps utile (Liége, 30 mai 1825, aff. N..., V. plus bas).

153. Lorsque l'heure n'est désignée que dans l'une des significations, ou lorsque ni l'un ni l'autre des deux actes ne contient la mention de l'heure à laquelle il a été signifié, la priorité de date peut, dans les deux cas, s'établir par la preuve testimoniale, et même par de simples présomptions, alors bien entendu qu'on ne prétend point détruire l'énonciation de l'heure portée dans l'un des actes, et qu'on n'a d'autre but que de prouver que l'acte resté silencieux a été signifié antérieurement (Conf. Merlin, sect. 1, § 2, n° 4-9°; Carré, n° 1447). — Et il a été jugé, en ce sens : 1° que si la requête à fin de demande en péremption et un acte de poursuite ont été signifiés le même jour, les juges peuvent décider souverainement, d'après les circonstances de la cause, que la requête a été signifiée la première; quoique l'acte de poursuite, par lequel la péremption aurait été interrompue, contienne seul l'énonciation précise de l'heure à laquelle il a été signifié (399 c. pr., 1353 c. nap.; Req. 6 août 1811; Bordeaux, 2 déc. 1828) (1);— 2° Que la priorité de date, entre deux significations faites le même jour, peut être établie par la preuve testimoniale : telle serait, par exemple, la priorité de la signification d'une requête en péremption, ou de celle d'un acte interruptif de cette péremption (Montpellier, 17 nov. 1829, aff. Caumels, V. n° 37; Conf. Req. 15 juill. 1818, aff. Cadena, V. n° 144-1°); — 3° Que même, à défaut de preuves positives, cette priorité peut être établie par des présomptions graves, précises et concordantes (Bordeaux, 18 mars 1830) (3). — Toutefois, elle ne serait pas prouvée par la priorité de la mention de l'enregistrement : cette mention ne constituerait pas même une présomption grave (même arrêt). — Il en serait de

maison et deux boutiques que ledit Sanremo avait acquises des héritiers Luiggi. — Opposition des saisis et du tiers détenteur qui assignent les frères Galeazzini pour voir dire que leur créance, qui date de 1794, est éteinte, et qu'au surplus lui, Sanremo, possède par lui ou par ses vendeurs à tout autre titre que celui d'héritier, les biens par lui acquis. — Jugement du tribunal de première instance de Bastia qui, sans s'arrêter à des exceptions de nullité de formes, déclare que la prescription contre la créance des frères Galeazzini a été interrompue par des actes valables, et avant faire droit, admet Sanremo et consorts à faire preuve qu'ils possèdent depuis plus de trente ans à titre particulier les biens dont s'agit. — Appel de la part des frères Galeazzini le 29 avr. 1835. — Arrêt de la cour qui confirme. — Plus de quatre ans s'étaient écoulés sans que cet arrêt fût levé ni signifié, lorsque les frères Galeazzini assignent leurs adversaires devant le tribunal en péremption d'instance. Ils soutiennent que les délais ont dû courir après l'arrêt qui a statué sur l'appel, et qu'il n'était pas nécessaire de signifier cet arrêt. — Jugement qui accueille ce système et déclare périmée l'instance intentée par Sanremo et consorts, au moyen de leur opposition au commandement en expropriation et délaissement. — Appel par ces derniers. — Arrêt (après délib.).

LA COUR; — Attendu que les deux appels étant dirigés contre le même jugement, intervenu entre toutes les parties, il y a lieu de les réunir; — Attendu, en droit, que l'appel d'un jugement interlocutoire suspend le cours de l'instance, et que ce n'est que par la signification de l'arrêt définitif intervenu sur l'appel, que les parties sont mises en demeure d'agir, et que les délais de rigueur peuvent courir à leur préjudice; car ce n'est qu'à partir de ladite signification qu'elles sont censées en avoir une connaissance légale, et ce n'est qu'alors que les premiers juges sont saisis de nouveau de la connaissance du litige; — Attendu, en fait, que le jugement interlocutoire du 20 déc. 1834 avait été attaqué par la voie de l'appel par les intimés actuels eux-mêmes; ce qui leur attribuait la qualité de demandeurs pendant toute la durée de l'instance d'appel; — Attendu que l'arrêt du 29 avr. 1835, qui a vidé l'appel, n'a été signifié qu'après la demande en péremption; qu'on ne saurait donc imputer aux appelants d'être restés dans l'inaction jusqu'à ladite demande; — Par ces motifs; — Joint les appels, et, statuant par un seul et même arrêt, réforme le jugement attaqué; — Emendant et par nouveau jugé, déboute les intimés de leur demande en péremption et les condamne aux dépens; — Ordonne la restitution de l'amende.

Du 17 nov. 1841.-C. de Bastia.-MM. Colonna d'Istria, 1er pr.-Sigaudy, subst., c. conf.-Camoin-Vences, Benigni, Battesti et Viale, av.

(2) 1re *Espèce :*—(Com. de Tauttavel *C.* Daguillard.)—Le 6 juin 1810, Daguillard forma contre la commune de Tauttavel une demande en péremption d'une instance d'appel; sa requête fut signifiée à l'avoué de la commune.—Le même jour, acte de reprise d'instance signifié à l'avoué de Daguillard, avec cette énonciation : *signifié à deux heures de relevée.* A l'audience, débats entre les parties sur le point de savoir auquel des deux actes devait être accordée la priorité. La commune argumentait fortement de l'énonciation de l'heure de la signification de son exploit de reprise d'instance; tandis que la signification de la requête de son adversaire ne portant point cette énonciation, était censée faite à la dernière heure du jour.— Arrêt du 18 juin 1810, par lequel la cour : « Attendu que jusqu'au 6 juin suivant il s'est écoulé plus de trois années sans poursuites de la part de la commune de Tauttavel; que ledit jour 6 juin, le sieur Daguillard a demandé par requête que la péremption fût déclarée; — Attendu que toutes les circonstances de la cause prouvent que cette requête a été signifiée à l'avoué du maire de la commune de Tauttavel, avant la sommation faite par celui-ci à l'avoué du sieur Daguillard et notamment par la protestation de ce dernier, lors de la signification de ladite sommation, et par le silence gardé par l'avoué du maire de Tauttavel, qui, lors de la signification de la requête du sieur Daguillard, n'eût pas manqué de faire constater une réception postérieure. » — Pourvoi de la commune pour violation des art. 399 c. pr. et 1341, 1353 c. civ. — Arrêt.

LA COUR; — Attendu que la cour d'appel, en décidant, dans l'espèce de cette cause, que l'acte par lequel la commune de Tauttavel déclarait reprendre l'instance impoursuivie depuis trois ans, n'avait été signifié que postérieurement à l'acte par lequel Daguillard avait demandé que cette instance fût déclarée périmée, n'avait fait en cela que juger un point de fait; d'où il ne peut résulter aucune ouverture à cassation; — Rejette.

Du 6 août 1811.-C. C., sect. req.-MM. Henrion, pr.-Genevois, rap.

2e *Espèce :* — (Justinien *C.* Mézille.) — LA COUR; — Attendu que la demande en péremption d'instance, formée par Justinien contre Mézille, et l'assignation en constitution de nouvel avoué, signifiée par Mézille à Justinien, sont datées du même jour, et que, malgré l'heure exprimée dans ce dernier acte, toutes les circonstances se réunissent pour établir qu'il n'a été fait qu'après la connaissance acquise de la notification de la demande en péremption; qu'en effet, le silence et l'inaction de Mézille, depuis plus de trois ans et demi jusqu'à cette époque, le défaut de protestation de la part de Martin, en l'étude de qui la demande en péremption avait été signifiée, et qui n'a pas déclaré n'avoir plus ni pièces, ni charge; l'affectation de Mézille à révoquer cet avoué pour en constituer un autre qu'il avait précédemment révoqué; la précaution insolite de faire mentionner l'heure dans un acte, aussi indifférent en apparence qu'un ajournement en constitution d'un nouvel avoué; enfin, cette mention faite par addition et renvoi, ne permettent pas de douter que tout cela n'a été pratiqué que pour échapper à la demande en péremption qui avait précédé ledit ajournement; — Attendu que le dernier acte de la procédure était du 22 avr. 1823; qu'il s'était écoulé jusqu'au 3 janv. 1827, date de la demande en péremption, plus de trois ans et demi sans poursuites; qu'ainsi la péremption était acquise : faisant droit sur l'appel interjeté par Justinien du jugement rendu par le tribunal civil de Confolens, le 11 août 1827, met ledit appel et ce dont a été appelé au néant;—Emendant, sans s'arrêter à la fin de non recevoir proposée par Mézille, déclare bonne et valable la demande en péremption formée par Justinien le 3 janv. 1827; déclare en conséquence éteinte et périmée l'instance.

Du 2 déc. 1828.-C. de Bordeaux, 1re ch.-M. Ravez, 1er pr.

(3) (Bellusière *C.* Landry.) — LA COUR; — Attendu que la dame Bellusière est obligée de reconnaître qu'au défaut de preuves directes et positives, elle doit justifier sa demande en péremption par des présomptions graves, précises et concordantes;

Attendu que, de toutes les présomptions qu'elle a relevées, il n'en est que deux qui présentent quelque importance : la première, prise de ce que sa requête en péremption paraît avoir été enregistrée avant l'acte qui aurait interrompu cette péremption; la seconde, prise de ce que, lors de la signification de la requête à Me Boyer, avoué de la dame de Peysac, cet avoué n'aurait point excepté de l'acte interruptif de la péremption, qu'il aurait fait signifier, le même jour, à l'avoué des époux Bellusière, antérieurement à la signification de la requête en péremption;

Attendu, sur la première présomption, que la requête en péremption, et l'acte tendant à interrompre la péremption, portent l'un et l'autre la

même de la circonstance que l'avoué, auquel la demande en péremption a été signifiée, n'aurait pas, à l'instant, excipé de la signification par lui faite, le même jour, de l'acte interruptif (même arrêt).—Ajoutons, enfin, qu'il a été décidé que les juges ne peuvent déférer le serment à l'avoué sur la question de priorité (Metz, 10 nov. 1819) (1).

154. Mais lors qu'on ne peut déterminer lequel des deux actes a été signifié le premier, c'est au demandeur en péremption de prouver que son acte a une date antérieure; à défaut par lui de pouvoir faire cette preuve, le doute doit être favorable à l'interruption de la péremption (Rennes, 26 janv. 1813; 10 juin 1816; Angers, 26 juill. 1827 (2); Conf. Metz, 10 nov. 1819,

---

date du 27 août 1824, et sont également, l'un et l'autre enregistrés le même jour, 27 août 1824;

Qu'à la vérité, l'enregistrement de la requête est placé, au registre, dans une case antérieure à celle où est placé l'enregistrement de l'acte interruptif de la péremption; mais que cette circonstance est absolument indifférente pour déterminer, non la priorité de l'enregistrement, mais pour savoir quelle est, dans l'ordre des dates, la pièce qui a été signifiée la première, ou la requête de la dame de Bellusière, ou l'acte de procédure de la dame Peysac;—Que, si l'on pouvait attribuer à la priorité de l'enregistrement la priorité de la signification de l'acte, il en résulterait qu'il dépendrait du receveur de l'enregistrement, par le plus ou moins de célérité qu'il mettrait à enregistrer ces actes, de faire acquérir cette priorité à celle des parties qu'il voudrait favoriser; ce qui ne saurait être;—Qu'il est plus naturel, en pareille circonstance, lorsqu'une demande en péremption et un acte tendant à interrompre cette péremption, sont enregistrés le même jour et dans le délai de la loi, de ne faire produire, à ce double enregistrement, que le même effet que la loi attache à deux inscriptions prises le même jour, c'est-à-dire, de les mettre sur la même ligne, et de ne donner aucun avantage à l'une au préjudice de l'autre; — D'où il suit que cette première présomption, invoquée par la dame de Bellusière, et adoptée par les premiers juges, et prise de la date et de l'ordre dans lequel la requête en péremption, et l'acte en interruption ont été enregistrés, n'est d'aucune conséquence;

Attendu, en ce qui touche la seconde présomption, prise du silence observé par l'avoué de la dame de Peysac, lors de la signification de la requête en péremption, qu'à la vérité, lors de cette signification, l'avoué Boyer aurait pu protester contre la demande qui était formée contre sa partie, et excepter de l'acte de procédure qu'il aurait signifié le même jour; mais qu'une pareille protestation est inusitée; qu'il n'y en a peut-être pas d'exemple au palais, et qu'en supposant que l'avoué Boyer ait réellement reçu des mains de l'huissier, la copie de la requête en péremption, qui paraît lui avoir été signifiée, en parlant à sa personne, il est au moins fort douteux qu'il en ait pris connaissance à l'instant même de la signification, et qu'il ait pu se mettre en mesure d'y répondre tout de suite, et de faire valoir l'exception prise de son acte interruptif de la péremption, et signifié le même jour;

Attendu que, quelque importance que l'on puisse donner à ce silence de l'avoué de la dame de Peysac, il ne pourra jamais en résulter que du doute sur le fait de savoir si c'est la requête en péremption qui a été signifiée la première, ou si ce n'est pas plutôt l'acte interruptif;—Attendu, qu'en supposant même que ce doute fût plus favorable au système des époux de Bellusière, qu'à celui de la dame de Peysac, ce ne serait pas assez pour que la demande dût être accueillie; — Qu'en effet, cette demande ne reposerait que sur une seule présomption, qui ne saurait équivaloir à ces présomptions graves, précises et concordantes que la loi exige au défaut de preuves; — Qu'il suit, de là, que la demande en péremption, formée par les époux de Bellusière, n'est pas fondée;—Déclare les époux de Bellusière mal fondés dans leur demande en péremption de l'instance pendante entre les parties au tribunal de Nontron.

Du 18 mars 1830.–C. de Bordeaux, 2e ch.–MM. Duprat, pr.

(1) (Com. de Saint-Morel *C.* Malimatre.). — La cour; — Considérant que, le 9 juill. 1816, jour où l'avoué de Malimatre a fait signifier sa demande en péremption d'instance, l'avoué de la commune de Saint-Morel lui a, de son côté, fait signifier un avenir pour plaider; que la péremption a dû être couverte par cet acte de procédure, à moins qu'il ne fût établi qu'il a été signifié postérieurement à la requête de l'avoué de Malimatre; mais que rien ne prouve la priorité de l'une ou de l'autre de ces deux significations; qu'il est même possible qu'elles aient eu lieu spontanément; que les juges de première instance n'ont pu faire dépendre la contestation d'un fait du serment de l'avoué de la commune, encore bien que celui-ci ait pu en avoir une connaissance personnelle, parce que le jugement judiciaire ne peut être déféré qu'à l'une des parties, et qu'un avoué n'est point tenu d'affirmer un fait qui pourrait compromettre les intérêts de sa partie, ou sa propre délicatesse; — Emendant, etc.

Du 10 nov. 1819.–C. de Metz.–M. de Maleville, 1er pr.

(2) 1re *Espèce :* — (Le Loroux.) — La cour; — Considérant que la demande en péremption formée par Le Loroux porte la même date que l'exploit d'avoué à avoué fait à requête de celui de l'agent du trésor royal; que ni l'un ni l'autre de ces actes n'indique l'heure à laquelle il a été notifié, qu'aucune circonstance n'offre dans l'espèce présente de document, ou présomptions d'après lesquelles l'on puisse accorder à l'un de ces exploits la priorité de date sur l'autre; — Considérant qu'en général la péremption assimilée aux courtes prescriptions a toujours été peu favorable; que, vu l'impossibilité d'assigner à l'un ou à l'autre des actes dont il s'agit une antériorité de date, il est, dans le doute, plus naturel et plus conforme aux principes de ne pas accueillir une fin de non-recevoir rigoureuse et défavorable; — Par ces motifs, déboute Le Loroux de sa demande en péremption.

Du 26 janv. 1813.–C. de Rennes, 3e ch.

2e *Espèce :* — (Desaunays *C.* Gandon.) — La cour; — Considérant qu'aux fins d'acte d'avoué à avoué, du 13 mars dernier, Gandon, avoué de René-Augustin Tourmeau, represente par Louis Tourmeau, son frère et son procurateur général, dénonça le décès dudit Louis Tourmeau, dont ledit Gandon tenait ses pouvoirs, à l'effet de faire cesser toutes suites contre lui; — Que, par acte du 13 avril dernier, Gandon, avoué, donna une assignation à l'avoué adverse tendant à voir dire que la cause sera suspendue, attendu le décès de Louis Tourmeau, jusqu'à ce que ledit Gandon ait reçu des pouvoirs directs de René-Augustin Tourmeau, ou, en tous cas, pour voir dire que Gandon continuera d'occuper, nonobstant le décès du procurateur de l'appelant, sans être sujet à désaveu. —Considérant que le même jour, 13 avril dernier, le Leroux, avoué de Louis Desaunays, fit signifier à Gandon une requête tendant à ce qu'il plût à la cour dire que l'instance d'appel existant entre René-Augustin Tourmeau et Louis Desaunays est périmée; — Considérant que la péremption n'a pas lieu de plein droit; qu'elle est couverte par des actes valables, faits par l'une ou l'autre des parties, avant la demande en péremption.

Considérant que la demande en péremption, formée par Louis Desaunays, porte la même date que l'exploit d'avoué à avoué fait à requête de René-Augustin Tourmeau; que ni l'un ni l'autre de ces actes ne fait mention de l'heure à laquelle il a été signifié; qu'il serait difficile d'assigner une antériorité de date à l'un plutôt qu'à l'autre de ces exploits; que, dans le doute, une fin de non-recevoir rigoureuse et défavorable ne peut pas être adoptée.

Considérant, d'ailleurs, que l'huissier qui a signifié la demande en péremption ne s'est point conformé aux dispositions de l'art. 61 c. pr., qui exige que l'exploit contienne les noms, demeure et immatricule de l'huissier; qu'une demande en péremption d'instance est une demande nouvelle; que si la loi en autorise la signification par requête d'avoué à avoué, elle ne dispense pas l'huissier qui la fait de l'obligation de s'immatriculer de la même manière qu'il est tenu de le faire dans tous les exploits d'ajournement.

Considérant qu'il est maintenu et reconnu que René-Augustin Tourmeau est hors le continent français; que le décès de son procurateur général exige qu'il soit accordé un délai suffisant pour donner à Gandon, son avoué, la faculté d'en obtenir les instructions nécessaires à la défense de sa partie. — Par ces motifs, donne défaut faute de plaider contre le Leroux et Desaunays, sa partie; par le profit, déboute cette dernière de sa demande en péremption d'instance; ordonne que l'instance d'entre parties demeurera suspendue pendant six mois, pendant lesquels Gandon, avoué, fera les diligences convenables pour se procurer les instructions dont il a besoin pour la défense de sa partie.

Du 10 juin 1816.–C. de Rennes, 1re ch.

3e *Espèce :* — (Tessier *C.* Tessier.) — 4 avril 1823, Tessier appelle d'un jugement obtenu contre lui par son épouse. — Il reste trois ans sans poursuivre l'instance.— La dame Tessier forme alors une demande en péremption. — Le même jour, sommation est faite par l'avoué de Tessier de communiquer les pièces de la procédure, mais on ne sait quel est celui de ces actes qui a été signifié le premier. — Les demandes en péremption, dit le mari, peu favorables en elles-mêmes, le sont encore moins quand on les intente sur l'appel, parce que, dans ce cas, l'autorité de la chose jugée se trouve appartenir au jugement attaqué. — La dame Tessier prétend faire résulter de circonstances qu'elle indique l'antériorité qu'elle veut donner à sa demande. — Arrêt.

La cour; — Considérant que l'acte de procédure, opposé par la partie de Bellanger à la demande en péremption formée par celle de Chedevergne, est régulier dans la forme; que si, relativement à l'heure de la signification dudit acte, il existe du doute, ce doute doit être interprété en faveur de l'opposant à une demande de cette nature, 1° parce qu'elle est exorbitante du droit commun, celui de n'être pas jugé sans avoir été entendu, lorsqu'il s'agit de prononcer l'extinction d'une procédure; 2° parce que c'est au demandeur en péremption qu'il doit incomber de prouver à la justice que son acte a une date antérieure à celui du défendeur; — Ordonne que les parties procéderont sur l'instance pendante entre elles selon les derniers errements.

Du 26 juill. 1827.–C. d'Angers.–MM. De Farcy, pr.

M. Malleville, 1er pr., aff. com. de Saint-Morel, V. no 153, *in fine*; Montpellier, 18 mars 1830, aff. Bellusière, V. no 153-3o).—On se décide alors pour la conservation de l'instance plutôt que pour son abandon. Cela n'est pas sans difficulté, en présence d'une inaction qui a duré plus de trois années : aussi croyons-nous que la plus grande latitude doit être laissée au juge en cas pareil, et que les présomptions légales ne sont pas ici des règles qu'on doive admettre en faveur d'une partie plutôt qu'en faveur de l'autre.

155. Quel est l'effet d'une demande en péremption qui est formée d'une manière prématurée? — Il a été jugé : 1o qu'une demande prématurée en péremption n'interrompt point le cours de la péremption de l'instance; qu'en conséquence, le défendeur peut en former une autre dès que le délai nécessaire pour que la péremption ait lieu est expiré, sans que son adversaire ait fait un acte interruptif (Grenoble, 30 août 1817, M. Angles, pr., aff. Aubert *C.* Offand); — 2o Que, quoique une demande en péremption d'instance ait été formée avant l'expiration du délai légal, la péremption n'en est pas moins acquise, si, avant la fin de ce délai, aucun acte valable n'est intervenu à l'effet de couvrir la péremption d'instance (Grenoble, 12 août 1823) (1).—V. nos 218 et s.

156. L'art. 1033 c. pr., relatif à l'augmentation des délais à raison des distances, ne s'applique pas aux délais requis pour la péremption (Conf. Toulouse, 3 janv. 1823, aff. N..., V. no 97; M. Chauveau sur Carré, quest. 1409).—Dans l'espèce, le défendeur à la demande en péremption prétendait ajouter au délai de la péremption le temps nécessaire pour la signification de la requête à son domicile, en le calculant d'après l'art. 1033.

157. Le délai de trois ans, exigé pour la péremption, sera *augmenté* de *six mois*, dans tous les cas où il y aura lieu à demande en reprise d'instance ou constitution de nouvel avoué (c. pr. 397, § 2). —Il suffira donc, aux termes du § 2 de l'art. 397, pour que le délai de trois ans soit augmenté de six mois, qu'il y ait un décès nécessitant une reprise d'instance, ou qu'une constitution de nouvel avoué devienne indispensable. Ces termes de la loi ne sauraient laisser subsister d'incertitude (Conf. M. Boitard, t. 2, p. 321; Chauveau sur Carré, quest. 1409; Raynaud, no 24). — Sous ce rapport, il a été posé en principe que le délai supplémentaire de six mois accordé par l'art. 397 c. pr. ne couvre pas la péremption; qu'il établit seulement une prorogation au délai ordinaire de trois ans (Cass. 10 août 1842, aff. de la Torre, no 71).—Que l'on prétende que la demande en reprise d'instance couvre la péremption, cela se comprend et il doit en être ainsi (V. art. 7); mais qu'on veuille attribuer cet effet à la faculté de reprendre l'instance, alors qu'elle n'a pas été exercée, on ne peut l'admettre en présence des termes de l'art. 399, qui exige un acte, et même un acte valable.

158. D'abord des difficultés se sont élevées sur divers points transitoires. — Il a été jugé : 1o que le décès d'une des parties ne suspend la péremption que pour six mois, quoique l'instance ait été introduite sous une législation qui donnait à ce décès l'effet de proroger l'instance pendant trente ans (Riom, 17 mai 1810) (2);—2o Que lorsque le délai pour la péremption a commencé à courir sous une législation qui donnait au décès de l'une des parties l'effet de suspendre la péremption jusqu'à *reprise d'instance*, le défendeur ne peut prétendre que la péremption est acquise à son profit par la seule expiration d'un délai de trois ans et six mois, aux termes de l'art 397 c. pr., encore que l'instance soit restée impoursuivie pendant plus de trois ans et demi sous le code (Trèves, 17 juin 1812, aff. Slander, no 161-1o);—3o Que la péremption d'une instance commencée avant le code de procédure ne peut plus être opposée contre une partie qui a formé une demande en reprise d'instance sous le code et avant toute demande en péremption (Agen, 19 juill. 1811) (3).

159. Ensuite on tient, en général, que la prorogation de six mois n'a lieu que dans les cas expressément prévus par l'art. 397. —Ainsi il a été jugé : 1o que le mariage contracté par la femme au cours d'une instance n'empêchant pas de continuer la procédure avec elle, il n'y a lieu à reprise d'instance, ni par conséquent à prorogation de délai (Req. 10 déc. 1812, aff. Delaire, V. Mariage, no 786); — 2o Qu'un changement d'état, tel que le passage d'un mineur à l'état de majorité (survenu du côté des défendeurs à une demande en péremption d'instance) n'a pas pour effet d'augmen-

(1) *Espèce :* — (Raffin *C.* hérit. Dutrait-Morges.) — Une instance d'appel existait entre le sieur Raffin et le sieur Dutrait-Morges. — Le sieur Dutrait étant décédé, le sieur Raffin fit assigner, le 13 janv. 1812, la dame Chavaud, sa veuve, en qualité de tutrice de ses enfants mineurs, en reprise d'instance devant la cour de Grenoble.—L'instance fut reprise et suivie jusqu'au 23 déc. 1816, jour auquel eut lieu le dernier acte de la procédure. — Dans le courant des années 1818 et 1819, M. Adrien et mademoiselle Dutrait-Morges devinrent majeurs; mais ce changement de qualité ne fut point dénoncé au procès. — Le 17 juin 1820, le sieur Raffin demanda la péremption de l'instance par requête d'avoué à avoué, contre la dame veuve Dutrait, toujours en qualité d'usufruitière de la moitié des biens de son mari et de tutrice de ses enfants mineurs. — Ce ne fut que le 14 fév. 1821 que la dame veuve Dutrait et ses enfants, devenus majeurs, firent connaître au sieur Raffin le changement de qualité, en lui donnant assignation en reprise d'instance devant la cour, sur l'appel du sieur Jacques Dutrait-Morges. — La cause portée à l'audience, il s'est agi de savoir si la péremption était acquise, quoiqu'elle eût été demandée avant l'expiration du délai de trois ans et six mois, ou si, au contraire, la péremption n'ayant pas lieu de plein droit, et l'arrêt à intervenir se référant à l'état des choses à l'époque de la demande, la péremption n'avait pas été converte par l'assignation en reprise d'instance du 14 fév. 1821, assignation qui n'avait été précédée d'aucune demande en péremption formée depuis l'accomplissement du susdit délai. — Arrêt.

La cour; — Attendu que, quoique la demande en péremption d'instance ait été formée avant l'expiration des trois ans et six mois, la péremption n'en est pas moins acquise, puisque, pendant l'intervalle de trois ans et six mois, aucun acte valable n'est intervenu, à l'effet de courir la péremption d'instance;— Déclare l'instance dont il s'agit éteinte et périmée.

Du 12 août 1823.-C. de Grenoble, 1re ch.-M. Chenevaz, pr.

(2) *Espèce :* — (Haste *C.* Haste.) — Sur l'appel interjeté par Jean Haste d'un jugement rendu contre lui, les intimés se présentent, le 2 flor. an 13, par le ministère d'un avoué. — L'instance reste impoursuivie. — Le 25 mars 1809, décès de l'appelant. — Le 5 fév. 1810, les intimés demandent que l'instance soit déclarée périmée. — Les héritiers de Jean Haste soutiennent qu'ayant été introduite avant la publication du code de procédure, l'instance doit être réglée, non par le code, suivant lequel le décès de l'une des parties ne suspend la péremption que pendant six mois, mais par les lois anciennes qui prolongent cette suspension pendant trente ans. — Arrêt.

La cour; — Attendu que, depuis le 2 flor. an 13, correspondant au 22 avr. 1805, jour de la présentation faite par Colange pour ses parties, l'instance dont il s'agit est restée absolument impoursuivie; — Attendu que les parties de Pagès, par leur requête du 5 fév. 1810, ont demandé la péremption avant qu'elle fût couverte par aucun acte de procédure;— Attendu que si certaines des parties de Pagès ont déclaré, par leur assignation du 7 fév. 1810, qu'elles reprenaient l'instance, elles ont eu le soin d'expliquer, dans le même exploit, que ce n'était que pour en faire prononcer la péremption; — Attendu qu'une demande en péremption est une demande nouvelle introduite, à la suite d'une précédente, pour la détruire; — Attendu, dès lors, qu'une demande de ce genre étant formée sous l'empire du code de procédure, doit, suivant l'art. 1041 de ce code, être régie par les dispositions qu'il contient; d'où il suit que le décès de Jean Haste, arrivé le 25 mars 1809, n'a pu, relativement à la péremption, produire d'autre effet que celui déterminé par la seconde partie de l'art. 397, qui augmente de six mois le délai de la péremption, dans tous les cas où il y a lieu à reprise d'instance ou constitution de nouvel avoué; — Attendu que, depuis la cessation des poursuites jusqu'au décès de Jean Haste, il s'était écoulé plus de trois ans, et que, depuis le décès jusqu'à la demande en péremption, il s'est écoulé plus de six mois; — Statuant sur la demande en péremption de l'instance d'appel portée en la cour, par exploit du 4 therm. an 12, déclare ladite instance éteinte et périmée, etc.

Du 17 mai 1810.-C. de Riom, 2e ch.

(3) (Dame Rolland *C.* Moncourrier et autres.) — La cour; — Attendu que la demande en péremption d'instance est une instance nouvelle qui est soumise aux règles de procédure existant lorsque la demande est formée; que la partie de Me Ladrix était investie, par le code de procédure, du droit d'intenter sa demande en péremption d'instance, si elle avait voulu l'opposer; que celle de Ducros ayant formé sa demande en reprise d'instance (en 1809) avant que la déclaration de la péremption eût été proposée par la partie de Ladrix, la péremption a été interrompue; qu'on ne peut pas dire que la partie de Ladrix soit dépouillée d'un droit acquis, puisqu'il ne l'aurait été que lorsqu'il aurait été jugé; — Sans s'arrêter à la demande en péremption d'instance, ordonne qu'il sera procédé à l'instruction par écrit.

Du 19 juill. 1811.-C. d'Agen.-M. Bergognié, pr.

ter de six mois le délai ordinaire de la péremption (Toulouse, 4 fév. 1825, aff. Mage, V. nº 291);—3º Qu'après l'institution royale donnée à une cour ou à un tribunal, il n'y a pas lieu à augmenter de six mois, pour cause de reprise d'instance, le délai de trois ans, passé lequel toute instance est périmée par discontinuation de poursuites, l'ordonnance du roi qui accorde cette institution n'ayant rien changé ni au ressort ni aux attributions des officiers ministériels; que bien que pendant l'intervalle qui sépare l'institution de l'installation des magistrats, il y ait lieu à une sorte de vacance judiciaire, on ne doit point regarder l'administration de la justice comme ayant été interrompue; il est d'ailleurs évident que la partie doit s'imputer à elle-même d'avoir discontinué sa poursuite pendant trois ans, depuis l'appel qu'elle avait interjeté (Orléans, 3 juill. 1817, rapporté par M. Colas de la Noue); — 4º Que les changements opérés dans le corps de la magistrature et dans le personnel des magistrats ne donne pas lieu à une reprise d'instance, et par conséquent ne peut en aucune manière modifier la péremption; qu'ainsi, lorsqu'une citation a été donnée pour une cour impériale, on ne peut soutenir qu'il n'y aurait pas lieu à péremption, sous le prétexte que la cause n'ayant jamais été introduite à la nouvelle cour supérieure elle n'y serait pas pendante (Bruxelles, 21 mars 1817) (1).

160. Pareillement, le délai ne se trouve pas augmenté de six mois, par cela seul que le conseiller-rapporteur a cessé ses fonctions pendant le cours de l'instance (Lyon, 25 mars 1829) (2). En effet, c'est au demandeur de s'imputer de n'avoir pas demandé le remplacement de ce magistrat, conformément à l'art. 110 c. pr. (Conf. Favard, p. 193, nº 6; MM. Reynaud, nº 45; Chauveau, nº 1418; Demiau, p. 290; Bioche, nº 35).—V. nº 117.

161. Le délai est prorogé de six mois depuis l'événement donnant lieu à reprise d'instance, bien que cet événement se réalise après plus de trois années sans poursuites (Conf. Pigeau, Comment., t. 1, p. 683; Reynaud, nº 25; Carré et Chauveau, nº 1423; Thomine, t. 1, p. 444). — Il a été jugé en ce sens : 1º qu'il y a lieu au délai additionnel, lors même que l'événement qui rend nécessaire la reprise d'instance ou constitution de nouvel avoué, est arrivé après l'expiration de trois ans et même de trois années et demi écoulées sans poursuites; que ce délai ne compte qu'à partir de l'événement qui y donne lieu; qu'en conséquence, est prématurée une demande en péremption formée avant l'échéance de six mois, à partir du décès de la partie ou de la cessation des fonctions de l'avoué, quoiqu'à l'une ou l'autre de ces époques, il se fût écoulé plus de trois ans et six mois depuis le dernier acte de la procédure (Req. 5 janv. 1808; Trèves, 17 juin 1812 (3); Bordeaux, 17 déc. 1823, M. Marbotin, pr., aff. Boulluguet C. Brandin); —2º Que quel que soit le délai écoulé

---

(1) *Espèce :* — (Dehut C. Mainguin.) — Le 20 mars 1817, l'avoué du sieur Dehut conclut à ce qu'il plaise à la cour déclarer périmée l'instance d'appel commencée, en 1815, par le sieur Mainguin, par exploit du 1ᵉʳ février. — Pour le défendeur en péremption, on prétend qu'il n'y a pas lieu à péremption, 1º parce que la cause n'a jamais été introduite; qu'ainsi elle n'a jamais été pendante à la cour supérieure de justice, la citation étant pour la cour impériale; 2º parce que l'intimé ne s'étant jamais constitué, la péremption ne peut se demander, si même la cause eût été pendante à la cour supérieure de justice, qu'au bout de trois ans et six mois, terme qu'il faut encore augmenter de quinze jours d'interruption au mois de fév. 1814, ainsi que du délai de l'assignation introductive, et ainsi, en comptant sur ce pied, il n'y a pas lieu à la péremption. — Arrêt.

La cour; — Attendu que tant le changement opéré dans le corps de la magistrature que dans le personnel des magistrats ne donne pas lieu à une reprise d'instance, et, par conséquent, ne peut en aucune manière modifier la péremption; — Attendu que l'art. 397 c. pr. suppose le cas de non-constitution d'avoué, et n'accorde que trois ans; — Déclare périmée l'instance d'appel commencée par exploit du 1ᵉʳ fév. 1815.

Du 21 mars 1817.-C. de Bruxelles, 1ʳᵉ ch.-M. Spruyt, av. gén., c. conf.

(2) (Commune de Malix C. commune de Chaley.) — La cour; — Attendu qu'il est constant que, sur l'appel des habitants de Chaley, mû devant la cour, il y avait eu discontinuation de poursuites pendant trois ans et même plus, depuis le 7 janv. 1823, date du dernier acte signifié en l'instance d'appel, lorsqu'a été formée, le 14 janv. 1826, une demande en péremption de la part des habitants de Malix, intimés, laquelle demande ne pouvait qu'être réputée admissible, conformément à l'art. 397 c. pr.; — Attendu qu'on n'est nullement fondé à supposer que cette demande aurait été prématurée, sous prétexte que l'ancien rapporteur du procès ayant cessé, en 1822, d'être au nombre des magistrats de la cour, cette circonstance aurait donné lieu, suivant le § 2 de l'article précité, d'augmenter de six mois le délai de trois ans, après l'expiration duquel une instance, discontinuée pendant cet espace de temps, peut être déclarée périmée : car ce cas particulier n'est pas du tout au nombre de ceux pour lesquels la loi a exigé d'une manière tout à fait spéciale l'augmentation du délai sus-mentionné; —Attendu qu'on n'est pas fondé non plus à supposer que la demande en péremption dont il s'agit, et qui a été formée par une simple requête, signifiée d'avoué à avoué, devrait être réputée irrégulière, parce que la requête ne fut pas suivie d'une ordonnance du juge; qu'en effet c'est là un surcroît de formalité qui n'est nullement prescrit par l'art. 400 c. pr., qui dispose seulement que la péremption doit être demandée par requête d'avoué à avoué, sans indiquer, en aucune manière, qu'une ordonnance du juge puisse être nécessaire pour que la signification de la requête soit par lui autorisée; qu'à la vérité, il y a divers cas qui emportent la nécessité d'obtenir une ordonnance du juge sur la requête qu'on lui présente, lesquels sont bien spécifiés par des dispositions expresses du code de procédure, et notamment par les art. 199, 221, 259, 297, 307, 558, 876; mais qu'ici, c'est-à-dire dans le cas d'une requête à fin de péremption, comme dans d'autres cas analogues, la forme de requête qu'il faut employer, et telle que l'entend l'art. 400, n'est tout simplement qu'une sorte de forme respectueuse que doit avoir la demande; qu'il en est ainsi, par exemple, suivant les art. 160 et 162, lorsqu'il s'agit d'une opposition formée à un jugement par défaut, cas où c'est également sous la forme d'une requête d'avoué à avoué qu'il faut procéder, et où on n'a jamais imaginé de prétendre que ce soit là une requête qui, pour être valablement signifiée, ait besoin d'avoir été auparavant présentée au juge et par lui répondue; qu'alors, évidemment, comme au cas d'une requête à fin de péremption, le juge ne peut avoir d'ordonnance à rendre, parce qu'il n'a rien à ordonner, rien à juger, la demande devant être jugée à l'audience; et qu'enfin, il serait contre toute raison de vouloir induire des termes de l'art. 400, que la requête doit, en matière de péremption, être présentée au juge, afin d'obtenir de lui une permission d'assigner, puisqu'une telle formalité, qui pourrait n'être pas ignorée des parties intéressées et leur donner l'éveil, tendrait alors ouvertement à détruire le bienfait de la loi, en provoquant, avant la signification de la demande, un acte de reprise subit, qui empêcherait que la péremption pût se trouver acquise. — Par tous ces motifs, — sans s'arrêter à l'opposition qu'ont formée les habitants de Chaley, parties intimées, à l'arrêt par défaut du 20 août dernier, lequel déclarant périmée l'instance d'appel dont il s'agit, a prononcé, en conséquence, que le jugement dont est appel avait acquis force de chose jugée, ordonne que ledit arrêt sera exécuté suivant sa forme et teneur.

Du 25 mars 1829.-C. Lyon, 2ᵉ ch.-MM. Reyre, pr.-Bigon, c. conf.

(3) 1ʳᵉ *Espèce :* — (David C. Roussilhe.) — 10 niv. an 6, appel par Roussilhe d'un jugement du tribunal civil du Cantal, rendu au profit de la veuve David. — Cet appel fut suivi d'assignation donnée devant le tribunal de la Lozère, les 29 du même mois de niv. et 28 flor. suivant : point de poursuites ultérieures; 4 vend. an 11, décès de la veuve David. Roussilhe décéda le 2 fév. 1807. Cinq jours après, les héritiers de la veuve David formèrent une demande en péremption d'instance devant la cour d'appel de Riom; mais les héritiers répondirent à cette demande par une demande en reprise d'instance; ils soutinrent que la péremption avait été interrompue et par le décès des parties et par les changements survenus dans les tribunaux. — Les héritiers de la veuve David répondaient qu'avant le décès de celle-ci, la péremption lui avait été acquise, et que la nouvelle organisation judiciaire n'avait pu empêcher qu'elle ne s'accomplît. — Le 13 mai 1807, arrêt de la cour de Riom qui déclare les héritiers David non recevables dans leur demande en péremption:— « Attendu que la demande en péremption est une demande nouvelle exercée sous l'empire du code de procédure, et qui doit être régie par ce code; que l'art. 397 de cette loi parlant, dans sa première disposition, du terme de la péremption déjà révolu, ajoute dans la deuxième un nouveau délai de grâce pour le cas où il y a lieu à reprise d'instance, et veut qu'en ce cas on ajoute aux trois ans expirés six mois de plus, afin que la partie intéressée à prévenir la demande en péremption puisse le faire en demandant la reprise; qu'en effet la péremption n'avait lieu, dans les temps anciens comme par le nouveau code, qu'autant que la demande en était formée avant tout acte ou tout événement qui l'interrompait ou la faisait cesser; que, dans l'espèce, il y avait lieu à reprise d'instance; qu'il ne s'est point écoulé six mois entre le décès de Roussilhe et la demande en péremption, et qu'ainsi c'est le cas d'accorder le délai de grâce accordé par le code de procédure. »

Pourvoi des héritiers David pour violation de l'art. 1041 c. pr. et de l'avis du conseil d'État du 6 janv. 1807 et fausse application de l'art. 397 du même code. — Ils ont soutenu : 1º que le code de procédure n'était pas applicable à une péremption qu'ils prétendaient être acquise avant la mise en activité de ce code; que d'après l'art. 1041 et l'avis du conseil d'État, il n'y a que les procès intentés ou dont il y aurait appel

depuis les dernières poursuites, la péremption ne peut être demandée contre une partie que six mois après la démission ou le décès de son avoué (Grenoble, 12 mai 1817, M. Anglés, 1er pr., aff. Falon *C.* Comte) ;— 3° Que le décès du demandeur, arrivé même après plus de quatre à cinq ans depuis les dernières poursuites, a pour effet de proroger de six mois, à partir de ce décès, le délai de la péremption (Bruxelles, 3 nov. 1820 (1); Conf. Req. 16 août 1833, aff. Lacroix, D. P. 33. 1. 330).

---

depuis le 1er janv. 1807, qui doivent être instruits d'après les dispositions du code de procédure; que d'ailleurs l'instance en péremption est toujours incidente, accessoire à une action principale; qu'aussi doit-elle être demandée par requête d'avoué à avoué, et est-elle qualifiée d'exception par Pigeau; et qu'enfin il s'agit ici d'un moyen tenant non à la forme, mais au fond du droit ;— 2° Que pour qu'un décès ou tout autre événement donnât lieu au délai additionnel de six mois, il fallait que cet événement arrivât dans l'intervalle de trois ans, exigé pour la péremption; que s'il n'arrivait qu'après ce délai, et comme ici, après plus de trois ans et demi, il n'avait pas pour objet de proroger le délai de la péremption ; que cela était attesté par Ferrière, Denisart, Rousseau-Lacombe et Pothier, Traité de la procédure, ch. 4, art. 1, sect. 4 ; que dans ce cas, et ainsi que l'atteste Jousse sur l'art. 5, tit. 27, de l'ord. de 1667, il était seulement permis d'assigner l'héritier de la partie décédée, pour faire déclarer l'instance périmée ; qu'ainsi pour qu'il y eût lieu à l'augmentation de six mois, il fallait que les deux délais fussent consécutifs, se liassent entre eux, se fondissent en un seul; que tel était l'avis de Pigeau. — Arrêt.

LA COUR ; — Attendu, 1° que les procès intentés sous l'empire du code de procédure civile doivent se régir suivant ce code, et qu'une demande en péremption est une nouvelle procédure introduite à la suite d'une précédente, puisqu'il n'y a *nec eadem res, nec eadem causa petendi ;* — Attendu, 2° que suivant l'usage attesté par l'arrêt attaqué, la péremption n'était acquise, sous l'ancien droit, qu'autant qu'elle était demandée avant d'avoir été couverte par quelque acte ou événement ; qu'il en est de même sous le nouveau code, d'après les art. 397 et 399 ; — Attendu, 3° que, suivant les mêmes articles, le délai de péremption est prorogé de six mois dans tous les cas où il y a lieu à reprise d'instance, ou constitution de nouvel avoué ; — Attendu enfin, que, dans l'espèce, la demande en péremption a été faite sous l'empire du nouveau code; qu'elle ne l'a été qu'après le décès de Roussilhe , et que les héritiers de celui-ci ont repris l'instance dans les six mois du décès; qu'ainsi en rejetant la demande en péremption, l'arrêt s'est justement conformé aux lois et aux principes de la matière ; — Rejette, etc.

Du 5 janv. 1808.-C. C., sect. req.-MM. Muraire, 1er pr.-Cassaigne, rap.-Lecoutour, subst., c. conf.-Gaschon, av.

2e *Espèce :* — (Slander *C.* Schorrenburg.) — Instance devant la cour de Trèves entre Slander et consorts, appelants, et les héritiers Schorrenburg, intimés. — Il n'y a pas de poursuites dès le 29 août 1806.— 14 oct. suivant l'un des intimés décédé, il n'y a pas reprise d'instance. — 1er janv. 1812, leur avoué donne sa démission. — Il est aussitôt constitué un nouvel avoué qui, sans signifier sa constitution ni former une demande en reprise d'instance, demande la péremption par requête signifiée à l'avoué des appelants (c. pr. 400). — En cet état, la cour a eu entre autres à juger si la péremption d'instance était acquise, d'après les principes de l'ancienne ou de la nouvelle législation. — Arrêt.

LA COUR ; — Attendu qu'ils conste, dans le fait : 1° que les derniers actes de procédure dans la cause entre les parties ont eu lieu le 29 août 1806 ; — 2° Que Charles-Frédéric de Schorrenburg, l'un des intimés, est décédé le 14 octobre de la même année ; — 3° Que l'avoué des intimés a notoirement fini ses fonctions le 1er janv. 1812, et que jusqu'à ladite époque la procédure avait été discontinuée de part et d'autre ; — 4° Que la demande en péremption d'instance a été formée, le 1er fév. suivant, par requête du nouvel avoué des intimés, sans qu'elle eût été précédée d'une reprise d'instance ou d'une constitution de nouvel avoué, ni qu'il eût été fait d'autres actes de procédure dans l'intervalle du 1er janvier au 1er février ; — Dans le droit : — Attendu que, si une demande en péremption d'instance est soumise à la loi en vigueur au moment de son introduction, cela doit s'entendre de la forme dans laquelle elle doit être intentée, instruite et jugée, et non du droit qui doit servir de base au jugement; — Que la péremption d'instance est une espèce de prescription ;—Que d'après le principe consacré par l'art. 2281 c. civ., pour décider si la prescription est acquise ou non, on doit consulter la loi sous l'empire de laquelle elle a commencé à courir, et non celle sous laquelle elle est demandée ;—Qu'en conséquence, la péremption d'instance demandée dans l'espèce ayant commencé à courir avant la mise en activité du nouveau code de procédure, ce n'est point ce code, mais la loi antérieure qu'on doit appliquer; — Attendu qu'il existe sur cette matière entre la loi ancienne et la nouvelle, cette différence que dans l'ancienne législation, la mort de l'une ou de l'autre des parties au procès interrompait la péremption jusqu'à ce qu'il y eût eu reprise d'instance, tandis que d'après le code actuel, cet événement produit seulement l'effet d'augmenter de six mois le délai requis pour l'acquérir; — D'où il s'infère que, dans l'espèce, la péremption ayant été interrompue par la mort de l'un des intimés, arrivée même dans les trois premières années de la discontinuation des poursuites, il y a d'autant moins lieu de la prononcer, qu'elle n'a point été précédée d'une reprise d'instance ; — Mais en admettant que le code de procédure fût applicable ; — Attendu que, d'après l'art. 399 de ce code, la péremption n'a pas lieu de droit, de même qu'elle n'opérait pas de plein droit dans l'ancienne législation ; et que, suivant l'art. 397 précédent, le délai général doit être augmenté de six mois dans tous les cas où il y a lieu à demande en reprise d'instance ou constitution de nouvel avoué, sans que la loi fasse une distinction entre le demandeur ou le défendeur en péremption ; — Qu'il résulte de la combinaison de ces deux articles que le demandeur au principal ou l'appelant doit pouvoir courir la péremption jusqu'au moment où elle est demandée contre lui, encore que les trois ans soient révolus; et, par une conséquence nécessaire de ce principe incontestable, que si avant qu'elle ait été formée il a existé du côté de la partie adverse un obstacle prévu par l'art. 397 c. qui a empêché l'appelant de la prévenir par un acte valable de procédure, les six mois d'augmentation du délai accordés à raison de cet obstacle, doivent lui profiter et être comptés depuis le jour de l'événement qui a nécessité la reprise ou la constitution d'un nouvel avoué, puisqu'en n'accordant l'augmentation du délai qu'autant que l'événement serait arrivé dans les trois années, ce serait implicitement admettre que la péremption d'instance opère de plein droit; — D'où il suit que, dans l'espèce dont il s'agit, les appelants ayant été dans l'impossibilité, depuis le 1er janvier jusqu'au 1er février suivant, de prévenir la demande en péremption, puisque les intimés n'avaient point d'avoué, et le délai de six mois pour constituer nouvel avoué n'étant pas encore expiré, il n'y aurait pas encore, sous ce dernier rapport, lieu de déclarer l'instance périmée ; — Par ces motifs, sans s'arrêter à la demande en péremption, ordonne aux parties de plaider sur le fond à l'effet de l'acquérir, par la loi en vigueur à l'époque où elle a été formée. Il s'était, en effet, écoulé plus de trois ans et six mois sans poursuites depuis la promulgation du code de procédure civile lors de la demande en péremption des héritiers Schorrenburg, ainsi cet arrêt ne doit pas faire autorité.

Du 17 juin 1812.-C. de Trèves.

(1) *Espèce :* — (Grenier *C.* hérit. Gérard.) — 24 janv. 1812, Gérard assigne l'avocat Grenier en payement de cinq reconnaissances montant à 827 florins. — Trois de ces actes ayant été égarés, la cause reste impoursuivie. — 3 déc. 1817, Gérard décède. Par lettre du 31 du même mois, ses héritiers, qui paraissent avoir ignoré ce qui avait eu lieu, réclament payement de Grenier. — 8 janv. 1818, celui-ci demande, par acte d'avoué à avoué, la péremption de l'instance introduite en 1812. — Les héritiers répondent que rien n'établissant qu'il y ait eu des conclusions contradictoirement prises à l'audience, la cause n'était pas en état (c. pr. 342 et 343); que, dès lors, il y a lieu à reprise d'instance, et qu'ils doivent jouir du délai de six mois accordé par l'art. 397; qu'en droit la péremption d'instance acquise par le laps de trois ans et non encore demandée est couverte par le décès de la partie ou tout autre événement donnant lieu à la reprise d'instance; qu'ainsi la demande en péremption doit être déclarée non recevable, et la cause principale tenue pour reprise. — Subsidiairement, les héritiers soutiennent la demande en péremption nulle, 1° parce qu'elle a été signifiée contrairement à l'art. 344 c. pr., après que la lettre du 31 déc. 1817 avait notifié à Grenier le décès de Gérard; 2° parce que, dans sa requête en péremption, l'avoué de Grenier n'a pas mentionné sa patente, selon le prescrit de l'art. 39, § 1, de l'ord. sur les patentes du 11 fév. 1816; 3° enfin parce que l'exploit par lequel la requête en péremption avait été signifiée, étant un véritable exploit d'ajournement, on n'y avait fixé aucun jour pour la comparution à l'audience, comme le prescrit, à peine de nullité, l'art. 61, n° 4, c. pr.

Grenier répond que la péremption était acquise dès longtemps à l'époque du décès de Gérard; il conclut à l'admission de sa demande et au rejet de celle en reprise d'instance.

Le 17 juin 1818, jugement qui rejette la demande en péremption par ces motifs : — « Attendu que Me Grenier a notifié la demande en péremption d'instance lorsque l'affaire entre lui et le sieur Gérard n'avait pas encore été mise en état, et que les héritiers de ce dernier étaient encore dans le délai de six mois en suivant son décès, pour reprendre les errements de la procédure; — Attendu d'une autre part qu'il lui a été opposé à la première audience que la connaissance qu'il avait eue de la mort de Gérard rendait nulle la notification de ses conclusions faite à l'avoué du défunt. — Appel par Grenier. — Arrêt.

LA COUR ; — Attendu que le code de procédure accorde aux héritiers une prorogation de six mois entre la péremption d'instance, pour que, dans cet intervalle, ils puissent acquérir la connaissance qu'un procès existe, ainsi que de son état et des pièces ; — Que si, pendant ce délai, il était permis à l'adversaire de demander la péremption de l'instance, sous prétexte que les actes de procédure sont valables avant la notification du décès, lorsque la cause n'est point en état, il s'ensuivrait que la prorogation de six mois serait souvent inutile et illusoire pour les hé-

162. Cependant le système contraire, qui fait partir le délai additionnel de six mois du jour de l'expiration du délai ordinaire de la péremption, sans distinguer si l'événement qui donne lieu à la reprise d'instance ou à la constitution de nouvel avoué est survenu pendant ou après ce délai ordinaire, est suivi par MM. Merlin, Rép., vº Péremption, sect. 1, § 2, nº 2-11°, qui critique vivement l'arrêt de la chambre des requêtes du 5 janv. 1808; Favard, *eod. v°*, nº 5; Rodière, Proc., p. 246; Bourbeau, p. 652.—Ce dernier système nous semble en désaccord avec la pensée du législateur, qui a été d'accorder le délai additionnel de six mois pour reprendre l'instance ou constituer un nouvel avoué. Il pourrait, en effet, avoir pour résultat de priver d'une portion, et quelquefois même de la presque totalité de ce délai, le demandeur dont l'auteur serait décédé, ou dont l'avoué aurait cessé ses fonctions à la veille de l'expiration des six mois écoulés depuis que le délai ordinaire de la péremption aurait pris fin. Comment, en cas pareil, la partie, et surtout son héritier, se mettraient-ils à l'abri d'une demande en péremption? Et réciproquement, si c'est du côté du défendeur qu'est arrivé le fait qui donne lieu à la reprise d'instance ou à la constitution de nouvel avoué, ne faut-il pas laisser au demandeur le temps de diriger l'assignation en reprise ou en constitution? — Sans doute, il y a faute de la part de celui qui a discontinué les poursuites pendant plus de trois ans; mais on sait que la péremption n'est pas acquise de plein droit, qu'il faut qu'elle soit demandée. L'événement qui rend nécessaire la reprise d'instance ou la constitution de nouvel avoué, a donc trouvé une instance encore subsistante; et, dès lors, rien de plus simple que, pour la reprendre ou pour constituer avoué, il existe un certain délai durant lequel la péremption ne puisse pas être réclamée.

Toutefois, on a décidé, dans le sens de l'opinion exprimée par Merlin : 1° que le délai additionnel de six mois ne peut être appliqué qu'au cas où le délai ordinaire de trois ans n'était pas accompli avant l'événement qui nécessite la reprise d'instance, et spécialement avant le décès de l'une des parties (Caen, 17 janv. 1828) (1); — 2° Qu'il suffit qu'il se soit écoulé trois ans et six mois depuis le dernier acte de poursuite, pour que la demande en péremption doive être admise, encore bien qu'à cette époque il ne se serait pas encore écoulé six mois depuis l'événement qui a donné lieu au délai additionnel (Liége, 25 mai 1841) (2).

163. Y a-t-il lieu à autant de délais additionnels qu'il est survenu d'événements donnant lieu à reprise d'instance?—Il a été jugé : 1° qu'il n'y a lieu qu'à une seule prorogation de délai, quel que soit le nombre des événements ou des circonstances pouvant donner lieu à reprise d'instance et à constitution de nouvel avoué (Rej. 19 août 1816; Limoges, 9 août 1836 (3).—Conf ; Liége, 12 oct. 1826, aff. N... *C.* hérit. Jacot; Bordeaux, 11

ritiers; — Qu'ainsi l'art. 344, qui déclare nulles les procédures faites postérieurement à la notification du décès dans les affaires qui ne sont pas en état, ne peut raisonnablement être applicable à l'effet de valider une demande en péremption formée avant le décès notifié, puisqu'une telle demande a pour objet d'éteindre l'instance que la loi entend formellement conserver aux héritiers pendant un terme de six mois; — Attendu d'ailleurs qu'avant la demande en péremption l'appelant a eu connaissance du décès, et qu'il a répondu par lettre aux héritiers de Gérard; — Par ces motifs, et adoptant ceux du premier juge, met l'appellation au néant, etc.

Du 3 nov. 1820.-C. de Bruxelles, 1re ch.-MM. Crassous et Joly, av.

(1) (Lemperière *C.* Fleury.) — La cour; — Considérant, en droit, qu'aux termes de l'art. 397 c. pr. civ., toute instance est éteinte par discontinuation de poursuites pendant trois ans, et que ce délai doit être augmenté de six mois, dans tous les cas où il y aura lieu à demande en reprise d'instance ou constitution de nouvel avoué; — Que le décès de l'une des parties litigantes est bien un des cas où il peut y avoir lieu à demande en reprise d'instance; mais que, pour cela, il faut que la notification du décès ait été faite, conformément à l'art. 344 c. pr., parce qu'on ne peut pas méconnaître qu'une instance existant entre deux parties peut être valablement suivie par les héritiers ou légataires d'une partie décédée, sans notification du décès de cette partie, ni demande en reprise d'instance; — Qu'en fait, le dernier acte de poursuite qui a eu lieu dans le procès existant entre les sieurs Jacques Fleury et André Fleury, est à la date du 22 déc. 1819, et que la demande en péremption a été formée par François Fleury, fils d'André, le 26 janv. 1826, plus de six ans après cet acte; qu'ainsi, le droit de péremption était acquis lors de la demande de François Fleury;—Que les époux Lemperière argumentent en vain de ce que Jacques Fleury, qu'ils représentent, était décédé le 3 nov. 1825, moins de trois mois avant la demande en péremption, parce que cette demande était régulièrement formée contre l'avoué de Jacques Fleury, tant que le décès de celui-ci n'était pas notifié, l'avoué dudit Fleury devant être considéré, dans ce cas, comme de ses héritiers et représentants; — Que l'augmentation de six mois, ajoutée au délai de trois ans, fixé par l'art. 397 c. pr. civ., ne peut être appliquée qu'au cas où la partie est décédée pendant ce délai, et non au cas où cette partie est décédée après le droit de péremption acquis : autrement ce serait ajouter un nouveau délai à celui fixé par la loi, puisque, dans une instance où, comme dans l'espèce de la cause, le demandeur serait décédé près de six ans après le dernier acte de poursuite, le défendeur serait obligé d'attendre six mois après le décès du demandeur pour former sa demande en péremption, lorsque le décès ne lui aurait pas été notifié, ce qui ne peut résulter d'aucune disposition de loi;—Qu'à la vérité, la péremption n'a pas lieu de droit; qu'elle se couvre par les actes valables faits par l'une ou l'autre des parties avant qu'elle soit demandée aux termes de l'art. 399 c. pr. civ.; mais que, lorsque la demande est formée avant qu'aucun acte valable ait été signifié, elle ne peut être écartée; — Que l'acte de reprise d'instance, signifié par les époux Lemperière, ne l'a été que le 3 fév. 1826, postérieurement à la demande en péremption, d'où suit que le tribunal civil d'Argentan a dû, comme il l'a fait, déclarer éteinte l'action intentée par le sieur Jacques Fleury contre le sieur André Fleury ;—Confirme le jugement du tribunal civil d'Argentan.

Du 17 janv. 1828.-C. de Caen.-M. Régnée, pr.

(2) (Jamin *C.* Ghiot.)— La cour; — Considérant que le dernier acte de la procédure qui a eu lieu entre parties est du 14 mars 1834; que, sans entrer dans la question de savoir si le décès de l'appelant de Tombay, après les trois ans révolus, a pu donner ouverture au délai supplémentaire de six mois, il est certain qu'il y avait discontinuation de poursuites depuis plus de trois ans et six mois lors de la demande en péremption formée par l'intimée le 21 sept. 1837;—Considérant que, d'après l'art. 397 c. pr., le terme de la péremption ne doit être augmenté que de six mois seulement, lorsqu'il y a lieu à reprise d'instance ou constitution de nouvel avoué; que si le législateur avait voulu que le délai de six mois seulement ne commençât à courir que du jour de l'événement qui nécessite l'augmentation, il s'en serait clairement expliqué et n'aurait pas formulé une disposition dont les termes sont incompatibles avec deux délais distincts et séparés; que les inconvénients que cette interprétation peut entraîner existent également en matière de prescription, et même dans le système soutenu par les appelants, puisqu'il pourrait arriver que la partie qui jouit du délai additionnel de six mois vînt à mourir dans les derniers jours avant d'avoir repris l'instance; — Par ces motifs, déclare éteint et périmé l'exploit d'appel, etc.

Du 25 mai 1841.-C. de Liége, 1re ch.-M. Raikem, pr. gén., c. conf.

(3) 1re *Espèce* :—(Payen *C.* hér. Sanzé.)—An 3, vente par Payen à Sanzé de trois arcades du Palais-Royal; — 22 flor. an 7, demande par Payen en rescision pour cause de lésion ; le dernier acte de procédure eut lieu le 21 déc. 1807 : bientôt après, Payen et Sanzé décédèrent l'un et l'autre. — Le 31 juill. 1811, les héritiers Sanzé intentèrent contre les héritiers Payen une demande en péremption d'instance, par assignation signifiée à domicile, et non par une requête, attendu que l'avoué constitué par Payen avait cessé ses fonctions.

Les héritiers Payen ont soutenu, qu'en supposant que le code de procédure fût applicable à l'espèce (ce qu'ils ont nié), la péremption ne serait point encore acquise. D'après l'art. 397, le délai ordinaire de trois ans, fixé pour la péremption d'instance, doit être augmenté de six mois, dans tous les cas où il y a lieu à demande en reprise d'instance ou en constitution de nouvel avoué : or, dans l'espèce, il y avait lieu, d'un côté, à une demande en reprise d'instance de la part des héritiers Payen, à raison de la mort de Sanzé arrivée depuis l'interruption de la procédure; et, d'un autre côté, il y avait lieu à une assignation en constitution de nouvel avoué, de la part des héritiers Sanzé, à raison de ce que l'avoué des héritiers Payen, le sieur Arrault, avait cessé ses fonctions également depuis le dernier acte de l'instance. D'après ces deux causes différentes de prorogation, on doit donc ajouter ici au délai ordinaire deux espaces de six mois, et décider, en conséquence, que la péremption n'a pu être acquise qu'au bout de quatre ans : or, il ne s'est écoulé que trois ans six mois et dix jours depuis les dernières poursuites jusqu'à la demande en péremption. — Enfin, quand même le délai de la péremption serait accompli, la demande des héritiers Sanzé serait encore non recevable, attendu qu'elle a été formée par une assignation, et non par requête, ainsi que le veut la loi. L'art. 400 c. pr. dispense, à la vérité, d'employer la forme de la requête dans le cas où l'avoué du demandeur en cause principale est décédé, a été interdit ou suspendu depuis le moment où la péremption est acquise. Mais si c'est avant l'accomplissement de la péremption que l'avoué du demandeur au principal a cessé ses fonctions, on rentre dans la règle générale, la demande en péremption doit être formée par requête. La partie qui se propose de demander la péremption doit d'abord assigner son adversaire en constitution de nouvel avoué. Ainsi, dans l'espèce,

mars 1835, aff. Thilhac, *infra*, 4°; Cass. 10 août 1842, aff. de la Torre, n° 71, et, sur renvoi, Agen, 20 juill. 1843, décision semblable); — 2° Qu'ainsi, dans une affaire où le dernier acte de la procédure sur l'appel est du 17 janv. 1824, où le décès de l'avoué de l'appelant est de 1826 et le décès de l'avoué de l'intimé d'avril 1827, la péremption a été valablement demandée le 22 sept. suivant; et c'est à tort qu'on prétendrait qu'en raison des deux décès, il y a eu lieu à deux délais additionnels de six mois, c'est-à-dire à un délai de quatre ans (Bruxelles, 1re ch., 12 janv. 1828, aff. L...); — 3° Que dans une affaire où il y a eu démission de l'avoué d'une partie et le décès de l'autre, il suffit qu'il se soit écoulé entre la demande en péremption et le dernier acte de l'instance un délai de trois ans et six mois (Limoges, 9 août 1836, aff. Bascoulergue, ci-dessus 1°); — 4° Que de même, dans une affaire où il y a eu décès d'une partie et décès ou démission d'un avoué, il suffit qu'il se soit écoulé plus de trois ans six mois depuis les derniers actes de poursuite, pour que la péremption ait été valablement demandée; et qu'on prétendrait en vain qu'en raison des deux événements il y aurait eu lieu à deux délais additionnels de six mois (Bruxelles, 16 juin 1829; Bordeaux 11 mars 1835 (1). — Conf. MM. Merlin, Pérempt., sect. 1, § 2, n° 2-13°; Favard, p. 193; Berriat, p. 356; Reynaud, n° 50; Chauveau sur Carré, n° 1425).

M. Bioche, v° Péremption, n° 56, est d'un avis contraire. Mais,

---

héritiers Payen, demandeurs primitifs, avait cessé ses fonctions avant que la péremption fût acquise, les héritiers Sanzé n'étaient point dispensés de former leur demande par requête. — 20 fév. 1812, jugement du tribunal de la Seine, qui, néanmoins, déclare que la péremption n'est point acquise, attendu qu'il y avait eu lieu de part et d'autre à une prolongation de délai, et que dès lors cette prolongation devait être d'un an.

Appel, et le 1er juill. 1812, arrêt infirmatif de la cour de Paris, « attendu que la péremption d'instance a commencé et s'est accomplie sous l'empire du code de procédure; que les héritiers Payen étaient demandeurs au principal, et que c'est de leur chef seulement qu'il y avait lieu d'ajouter six mois au délai de trois ans, dans les cas qui donnaient ouverture à reprise d'instance ou à constitution de nouvel avoué; qu'en retranchant six mois pour la suppression d'Arrault, avoué des héritiers Payen, du période qui s'est écoulé depuis le 21 déc. 1807, date du dernier errement de la procédure des héritiers Payen, jusqu'au 31 juill. 1811, époque de la demande en péremption d'instance, il reste trois ans six mois et dix jours, temps plus que suffisant pour opérer la péremption. » — Pourvoi des héritiers Payen. — Arrêt.

LA COUR; — Attendu, sur le premier moyen, que, sans entrer dans l'examen de la question de savoir si, comme le prétendent les demandeurs en cassation, le décès d'Antoine Sanzé ou d'aucun autre défendeur au principal a pu donner lieu à la prorogation de délai autorisée dans certains cas par l'art. 397 c. pr., il est certain en principe que tous les cas prévus par cet article, qui arrivent soit intérieurement au dernier acte de procédure, soit depuis cet acte, mais pendant le cours de la péremption, ne peuvent jamais donner lieu qu'à une seule prorogation de six mois, et qu'ainsi l'arrêt attaqué ayant, dans l'espèce, accordé ladite prorogation, motivée sur la suppression de l'avoué des demandeurs au principal, a suffisamment satisfait au vœu dudit article; — Attendu, sur le deuxième, que l'art. 400, en ordonnant la forme d'une requête d'avoué à avoué, a lui-même excepté de sa disposition le cas où l'avoué de la partie défenderesse à la péremption est interdit ou décédé; d'où il suit que, dans l'espèce, la suppression de l'avoué Arrault a suffi pour autoriser les héritiers Sanzé à former leur demande par voie d'assignation à domicile; — Attendu, sur le troisième, que la demande en péremption d'instance est de sa nature une demande nouvelle, indépendante de l'instance périmée et assujettie par conséquent à la forme de procéder en vigueur à l'époque où cette demande est intentée; qu'ainsi la demande en péremption des héritiers Sanzé l'ayant été depuis la publication du code de procédure, c'est avec raison que l'arrêt attaqué lui a appliqué les dispositions de ce même code; — Rejette.

Du 19 août 1816.-C. C., sect. civ.-MM. Brisson, pr.-Boyer, rap.

2e *Espèce:* — (Bascoulergue C. veuve Menu et autres.) — LA COUR; — En ce qui touche la question de savoir si la démission et le décès des avoués des parties devant la cour, doit faire augmenter d'un an ou seulement de six mois le délai de trois ans dont parle l'art. 397 c. proc. civ.: — Attendu qu'aux termes de cet article, le délai de trois ans nécessaire pour faire acquérir le droit de demander la péremption d'une instance, à défaut de poursuite pendant ce laps de temps, doit être augmenté de six mois, dans tous les cas où il y a lieu à demande en reprise d'instance, ou constitution du nouvel avoué; — Qu'un délai de six mois n'est pas accordé pour chacun de ces événements qui pourrait s'accomplir pendant la cessation des poursuites d'une instance, ce qui quelquefois pourrait rendre la demande en péremption impossible, ou au moins faire traîner les procès en longueur, et donner une prime d'encouragement aux plaideurs qui ont intérêt à temporiser; que le législateur n'a réellement donné et n'a voulu accorder qu'un seul délai de six mois, qu'il y ait lieu à plusieurs reprises d'instance, ou à plusieurs constitutions de nouveaux avoués; que ce délai de six mois, joint à celui de trois ans, a paru suffisant pour, dans tous les cas, ménager les intérêts des parties litigantes; — Attendu que l'art. 397 ne distingue pas de quel côté du demandeur ou du défendeur en péremption provient la cause qui donne lieu au délai de six mois, pour augmenter celui de trois ans; qu'ici on ne doit pas distinguer entre les avoués des parties, qui ont cessé leurs fonctions; que l'avoué Béraud-Dupaillis s'est démis en 1834, et que l'avoué Chastagner est décédé la même année; que, dès lors, pour que la demande en péremption soit fondée, il faut qu'il se soit écoulé, entre cette demande et le dernier acte de l'instance que l'on veut faire anéantir, trois ans et six mois;

Attendu, relativement à l'acte d'interruption invoqué par la défenderesse, que l'instance dont la péremption est demandée, a été inscrite sur le rôle général de la cour le 1er mars 1833; que cette inscription, nécessaire, d'après le décret du 30 mars 1808, pour faire juger le procès, a été faite à la diligence de l'avoué du demandeur en péremption; que conséquemment celui-ci n'a pu l'ignorer; — Que, de plus, la même cause en a été affichée dans la salle d'audience de la cour, pour indiquer le jour où les avoués seraient tenus de se présenter pour poser qualités et prendre conclusions, et que cette affiche est un avertissement permanent qui, quant à ses effets, serait équivalent à une signification, si elle était nécessaire; qu'ainsi et sans qu'il soit besoin de se décider par les moyens de droit, il faut dire que l'inscription de la cause telle qu'elle a eu lieu, avec l'affiche dont elle a été suivie, est un acte valable, qui a, conformément à l'art. 399 c. proc. civ., couvert la péremption pour tout le temps antérieur à cet acte; — Attendu enfin que, depuis le 1er mars 1833, jour de l'inscription au rôle, jusqu'au 1er mars 1836, jour de la demande en péremption, il ne s'est pas écoulé trois ans et six mois; que dès lors la péremption n'est pas acquise; — Par ces motifs, déclare mal fondée la demande en péremption de l'instance pendante entre les parties devant la cour, etc.

Du 9 août 1836.-C. de Limoges.-M. Lavaud-Condat, pr.

(1) 1re *Espèce:* — (Carlier, etc. C. Fabrique de Rosière.) — La fabrique de Rosières avait interjeté appel d'un jugement: l'instance est restée impoursuivie depuis le 28 fév. 1825. — L'un des intimés et leur avoué décèdent. — 10 déc. 1828, Carlier et autres intimés demandent la péremption de l'instance. — Arrêt.

LA COUR; — Attendu que depuis le 8 fév. 1825, date du dernier acte de procédure, jusqu'au 9 déc. 1828, date de la demande en péremption, il s'était écoulé plus de trois ans et six mois; — Attendu qu'aux termes de l'art. 397 c. pr., le délai général de trois ans n'est augmenté que de six mois, *dans tous les cas* où il y a lieu à reprise d'instance ou constitution de nouvel avoué, sans aucune exception; — Attendu surabondamment, que même dans les causes qui ne sont pas en état, ce n'est, suivant l'art. 344 du même code, que lorsque le décès de l'une des parties a été notifié, que toutes les procédures qui seraient continuées depuis cette notification jusqu'à la reprise d'instance, sont nulles; — Qu'ainsi, au cas présent, en l'absence de toute notification du décès de la veuve Lois, rien n'empêchait l'administration défenderesse de faire des actes de poursuites valables, qui eussent suffi pour interrompre la péremption, comme aussi, d'assigner en constitution de nouvel avoué, à cause du décès de l'avoué Nuewens, assignation qui, quoique faite à la veuve Lois, dans l'ignorance légale de son décès, eût également mis obstacle à la péremption; — Par ces motifs, rejette l'opposition formée par défaut, en date du 16 mars dernier; ordonne que ledit arrêt sortira ses pleins et entiers effets.

Du 16 juin 1829.-C. de Bruxelles, 3e ch.

2e *Espèce:* — (Thilhac C. Thilhac.) — LA COUR; — Attendu que, sur l'appel de cause qui eut lieu le 23 mars 1825, la cause fut continuée au 26 avril suivant; que, depuis lors, jusqu'aux 15, 16, 27 et 28 janv. 1829, époque des assignations données soit à la requête de Mathurin Thilhac, décédé, soit à la requête de sa veuve et de ses enfants, l'instance d'appel est demeurée impoursuivie; — Attendu que, dans l'intervalle, Cantilhac, avoué des appelants, a cessé ses fonctions avant le 1er janv. 1828, et que Mathurin Thilhac est décédé le 1er janv. 1829; que si ces deux événements ont donné lieu à une constitution de nouvel avoué et à une reprise d'instance, il en résulte que le délai de trois ans, fixé par l'art. 397, a dû être augmenté d'un seul délai de six mois, et non de six mois à raison de chacun des événements; parce que l'art. 397 c. pr., ne parle que d'un seul délai dans l'un et dans l'autre cas; — Attendu que la question que le procès présente alors à juger est de savoir si le délai de six mois, pendant lequel la péremption peut être couverte, doit courir à dater de l'époque de l'événement qui a donné lieu à la reprise d'instance ou la constitution de nouvel avoué; — Que l'art. 397 porte, en termes exprès, que toute instance, encore qu'il n'y ait pas eu constitution d'avoué, sera éteinte par la discontinuation de poursuites pendant trois ans;

dit-il, lorsque les événements ont lieu successivement et à des intervalles assez éloignés, on aurait tort de refuser une nouvelle prolongation de délai; l'art. 397 augmente le délai de *six mois dans tous les cas* où il y a lieu à demander en reprise d'instance, c'est afin d'accorder à la partie le temps de régulariser la procédure. Il faut donc, à chaque événement donnant lieu à reprise d'instance ou à constitution de nouvel avoué, s'il se présente isolément, admettre une nouvelle prolongation; autrement l'une des parties obtiendrait une prolongation qui, plus tard, serait refusée à l'autre.

164. Pour nous, il nous semble que la loi doit être entendue en ce sens qu'il faudra toujours qu'un délai de six mois s'écoule depuis le jour où ont lieu soit le décès soit le fait qui occasionne la reprise d'instance. — Si donc, après un délai de trois mois écoulé depuis qu'un des cas prévus par l'art. 397 a eu lieu, il survient un nouveau cas de reprise d'instance, la péremption se trouvera suspendue pendant six mois à partir du dernier événement (V. notre observation D. P. 53. 1. 330, note 2): s'il n'y a eu de décès que dans le cours du délai principal des trois ans pendant lesquels les poursuites ont été discontinuées, un seul délai additionnel de six mois sera accordé. — Cette double proposition a été, au reste, formellement consacrée (Liége, 3 janv. 1826) (1). — Et il a été décidé implicitement en ce sens, qu'en cas de concours de plusieurs événements donnant lieu à une augmentation de six mois dans le délai ordinaire de la péremption, les six mois courent à partir du dernier de ces événements,

---

que ce délai sera augmenté de six mois, dans tous les cas où il y aura lieu à demande en reprise d'instance ou constitution de nouvel avoué; qu'il est statué ensuite par l'art. 399 que la péremption n'aura pas lieu de droit; qu'elle se couvrira par les actes valables faits par l'une ou l'autre des parties avant la demande en péremption; que la disposition littérale de ces articles est fort claire; qu'il en résulte que, dans tous les cas, la discontinuation des poursuites, pendant trois ans et six mois, autorise à faire prononcer la péremption d'instance, et que cette demande ne peut être couverte que par des actes valables, mais qu'il ne suffit pas d'appliquer la lettre de la loi; qu'il faut se pénétrer de son véritable sens et se conformer à son esprit; que la jurisprudence offre des préjugés divers fondés sur des raisons qui doivent être appréciées; qu'il a été prétendu : 1° qu'admettre que la demande en péremption peut être formée dans les six mois qui suivent l'événement qui donne lieu à la reprise d'instance ou à la constitution de nouvel avoué, et postérieurement au délai de trois ans et six mois accordé par l'art. 397, c'est reconnaître que la péremption peut être acquise de plein droit; 2° que c'est placer l'effet avant la cause; 3° que lorsqu'il y a lieu à reprise d'instance ou à constitution de nouvel avoué, cet incident met le défendeur en péremption dans l'impossibilité d'agir et de prévenir la demande par des actes valables;

Attendu, quant à la première objection, qu'elle n'est pas fondée, puisque, si la faculté de demander la péremption est accordée après le délai de trois ans et six mois, le défendeur peut prévenir cette demande en faisant des actes qui dépendent de sa seule volonté;—Attendu, quant à la deuxième objection, que l'art. 397 a prévu deux cas : le premier, la discontinuation des poursuites pendant trois ans; le second, où ce délai est augmenté de six mois, lorsqu'il y a lieu à reprise d'instance ou à constitution de nouvel avoué; que la loi n'a point fixé l'époque où l'un de ces événements pourrait avoir lieu; qu'elle ne fait aucune distinction, de sorte qu'il résulte de son texte que le délai le plus long qu'elle accorde est de trois ans et de six mois, quelle que soit l'époque de l'événement qui donne lieu à cette prolongation de délai;—Attendu, quant à la troisième objection, que la partie qui a intérêt à s'opposer à la péremption n'est point empêchée d'agir par l'événement qui donne lieu à reprise d'instance ou à constitution de nouvel avoué, car si le demandeur ou l'appelant sont décédés, leurs héritiers peuvent reprendre l'instance et faire des actes conservatoires, sous la réserve de leurs qualités; l'appelant et le demandeur peuvent également se pourvoir pour constituer un nouvel avoué; que si, au contraire, l'avoué du défendeur ou de l'intimé vient à cesser ses fonctions, le demandeur ou l'appelant peuvent l'assigner pour en constituer un autre; et si le défendeur décède, ils peuvent assigner ses héritiers en reprise d'instance;—Que, dès lors, il faut s'en tenir à la disposition expresse de l'art. 397, et reconnaître, qu'après le délai de trois ans et six mois, la demande en péremption peut être formée valablement, quoiqu'elle l'ait été dans l'intervalle des six mois qui ont suivi l'événement qui a nécessité une reprise d'instance ou une constitution de nouvel avoué;

Attendu, d'autre part, que, dans l'espèce, il est constant que Cantilhac, avoué des appelants, avait cessé ses fonctions avant le 1er janv. 1828; que si l'on admet qu'à dater de cette époque, ils avaient six mois pour constituer un nouvel avoué et couvrir la péremption d'instance par des actes valables, ce délai a expiré au mois de juillet 1828; que, pour écarter ce moyen, ils prétendent que le décès de Math. Thilhac, arrivé le 1er janv. 1829, a dû leur faire obtenir un nouveau délai de six mois; mais que cette prétention est mal fondée, car la loi, qui prévoit l'un et l'autre cas, au lieu d'autoriser des délais successifs, n'en accorde qu'un seul réduit à six mois, en termes très positifs;

Attendu que Math. Thilhac étant décédé le 1er janv. 1829, le mandat donné à l'huissier a fini par le décès de la partie requérante, et que, par conséquent, les assignations données les 15 et 16 janv. 1829, à la requête de Math. Thilhac, doivent être déclarées nulles; — Statuant sur les instances jointes par son arrêt du 19 février dernier, et sans s'arrêter aux assignations en reprise d'instance données les 15 et 16 janv. 1829, à la requête de Math. Thilhac, lesquelles sont déclarées nulles et non avenues, déclare éteintes et périmées les instances formées devant la cour, contre Math. Thilbac, sur les appels interjetés par G. Thilbac, par les mariés Duverger et par Jean Thilhac, les 12, 13 et 26 déc. 1808, du jugement du tribunal civil de la Réole, du 22 janv. 1807, et de tous autres qui l'ont suivi, et notamment de celui du 18 juill. 1808, etc.

Du 11 mars 1835.-C. de Bordeaux, 1re ch.-M. Boullet, pr.

(1) *Espèce :* — (Jadot.) — Dans un procès devant le tribunal d'Huy, trois des demandeurs décèdent. Cet événement suspend la péremption de six mois. Dans cet intervalle, un quatrième demandeur décède : postérieurement on demande la péremption. On oppose le décès du quatrième demandeur, et la question s'élève de savoir si par cet événement on peut prétendre qu'il y ait eu lieu à une nouvelle prorogation. — Jugement qui décide que non, mais sur l'appel, arrêt.

La cour; — Attendu que, suivant le texte et l'esprit de la disposition de l'art. 397 c. pr., elle a eu pour but d'ajouter six mois d'augmentation aux trois ans de discontinuation de poursuites qui donnent ouverture à la demande en péremption d'instance, lorsqu'une demande en reprise d'instance ou constitution de nouvel avoué, a légitimement et nécessairement interrompu les poursuites, et qu'alors six mois sont, par la loi, présumés nécessaires et suffisants pour reprendre l'instance ou constituer nouvel avoué;— Attendu que, quand ces interruptions ont lieu pendant le délai principal de trois ans, l'augmentation de six mois profite à tous les intéressés, puisqu'elle n'a commencé à courir que de l'expiration des trois années; que, par conséquent, la loi n'accorde qu'un seul délai de six mois, quel que soit le nombre de décès des parties en cause ou des constitutions de nouvel avoué, pendant les trois ans qu'elle a fixés au § 1 dudit article; — Attendu que lorsqu'il arrive, au contraire, que ces interruptions légitimes de poursuites ont lieu pendant l'augmentation des six mois, accordés pour des causes antérieures à l'expiration des trois années, un nouveau délai est par la même raison accordé, à compter du dernier de ces événements, afin que les intéressés aient aussi les six mois nécessaires, soit pour reprendre l'instance, soit pour constituer nouvel avoué, et ce en vertu de la présomption de la loi qui doit être la même pour tous; — Attendu que c'est ainsi que cette partie de la loi reçoit sa pleine et entière exécution, et que, conformément à sa lettre, le délai de trois ans sera augmenté de six mois, dans tous les cas où il y aura lieu à demande en reprise d'instance, ou constitution de nouvel avoué;

Attendu que, dans l'espèce, il y a eu discontinuation de poursuites le 10 mars 1818, date du jugement préparatoire qui était le dernier acte de la procédure; que pendant les trois ans à dater de cette époque, il y a eu lieu à plusieurs reprises d'instance, qui ont prorogé de six mois le délai de trois ans, et que pendant cette prorogation, savoir le 2 juill. 1821, Jean-Louis Jadot étant décédé, il y a eu lieu à une nouvelle reprise d'instance par ses héritiers et ses représentants; qu'en conséquence il était accordé à ceux-ci un délai de six mois, à dater dudit décès, pour reprendre l'instance, et que néanmoins, le 20 octobre suivant, les intimés ont formé leur demande en péremption d'instance; — Attendu que les appelants ont repris l'instance principale les 13 et 18 déc. 1821, par conséquent dans le délai de six mois qui avait commencé le 2 juillet même année, d'où il suit que cette reprise d'instance a eu lieu en temps utile, et que la demande en péremption d'instance a été prématurément intentée par les intimés le 20 octobre même année;

Attendu que l'art. 367 ne fait pas dépendre l'augmentation du délai de la notification du décès, mais du décès même qui donne lieu à la reprise d'instance, et que l'art. 344 étant sous un autre titre du code, n'est pas relatif à la péremption d'instance, dont il ne fait pas mention, qu'ainsi le délai de six mois était utile aux appelants tant pour faire notifier le décès que pour reprendre l'instance, ce qu'ils ont fait par les mêmes actes;

Par ces motifs : — Met l'appellation et ce dont est appel au néant, émendant, rejette comme prématurée la demande en péremption d'instance formée par requête signifiée le 20 oct. 1821, et faisant droit sur la demande en reprise d'instance formée par les appelants, par exploit du 13 déc. 1821, déclare reprise l'instance principale introduite par assignation du 7 juin 1817, ordonne qu'il sera procédé, etc.

Du 3 janv. 1826.-C. sup. de Liége, 1re ch.

quel que soit le temps écoulé depuis le dernier acte de procédure jusqu'au jour où il est survenu (Req. 16 août 1853, aff. Lacroix, D. P. 53. 1. 330).

165. Que l'événement donnant lieu à prorogation vienne du demandeur ou du défendeur, peu importe : il y a prorogation dans un cas comme dans l'autre (Conf. MM. Merlin, Rép., v° Péremption, sect. 1, § 2, n° 2-12°; Favard, v° Péremption, n° 25; Reynaud, n° 29; Carré et Chauveau, n° 1425; Thomine, t. 1, p. 613; Souquet, Introd., n° 912; Bioche, n° 51).

166. Cependant il a d'abord été jugé que le délai supplémentaire n'est établi qu'en faveur de la partie de la part de laquelle il y a lieu à reprise d'instance ou à constitution de nouvel avoué; que l'autre partie n'est pas recevable à s'en prévaloir (Req. 12 juill. 1810, aff. Jouffroy, V. n° 143; Riom, 15 fév. 1821, aff. Chapet, n° 48).

167. Mais depuis il a été décidé, conformément à la doctrine la plus suivie, que l'augmentation de six mois n'est pas exclusivement établie en faveur des héritiers qui ont à reprendre l'instance de leur auteur décédé, mais qu'elle profite aussi à l'autre partie (ou ses héritiers), qui n'a pas moins besoin de cette prorogation pour rechercher et connaître les héritiers qu'elle doit appeler en reprise d'instance, que ceux-ci pour délibérer sur l'acceptation de l'hérédité (Rej. 2 avril 1823 (1); Trèves, 17 juin 1812, aff. Slander, V. n° 161-1°; Bordeaux, 1re ch., 17 déc. 1823, M. Marbotin, pr., aff. Boulluguet C. Brandin; 11 août 1828, aff. Lynch, n° 168; Poitiers, 2e ch., 12 mai 1830, M. de la Motte, pr., aff. Ganieu C. Anouilh; Limoges, 9 août 1836, aff. Bascoulergue, n° 163-1°; Aix, 11 mai 1843, M. Barlet, pr., aff. N...).

168. La partie qui veut profiter de la prorogation pour repousser la péremption est-elle tenue de *notifier* préalablement la cause donnant lieu à la reprise d'instance? La loi ne l'a point exigé, et d'ailleurs la prolongation est accordée parce que les héritiers peuvent, après une interruption plus ou moins longue, ignorer l'existence du procès. Puis, ils ont trois mois et quarante jours pour faire inventaire et délibérer : comment les obliger à faire une notification d'où l'on pourrait induire une acceptation d'hérédité (Conf. MM. Reynaud, n° 45; Chauveau sur Carré, n° 1423 *bis*; Bioche, n° 58)? — Il a été jugé en ce sens : 1° que le décès de l'une des parties, de l'intimé, par exemple, n'empêche point le cours de la péremption, encore qu'il n'ait pas été signifié aux appelants (Req. 12 juill. 1810, aff. Jouffroy, n° 143; Liége, 3 janv. 1826, aff. Jadot, n° 164; Metz, 12 avril 1826, aff. Lhoste, n° 172); — 2° Que le décès de l'une des parties (et spécialement de l'un des demandeurs) donne lieu au délai additionnel de six mois, quoique ce décès n'ait pas été dénoncé à la partie adverse, et qu'il soit arrivé dès avant le dernier acte de procédure fait au nom des demandeurs (Bordeaux, 11 août 1828) (2); — 3° Que pour que le délai ordinaire de la péremption doive être augmenté de six mois, au cas où il y a lieu à reprise d'instance, il n'est pas nécessaire que le fait qui donne lieu à la reprise d'instance ait été notifié avant la demande en péremption (Bordeaux, 19 avril 1834 (3); — Conf. Paris, 2e ch., 28 mai 1838, M. Hardoin, pr., aff. la Briffe); — 4° Qu'il y a lieu à prolongation du délai de six mois et à reprise d'instance lorsque la cause n'étant pas en état et le décès de l'une des parties survenant, ce décès n'a pas été notifié à l'adversaire (Aix, 11 mai 1843, M. Barlet, pr., aff. N... C. N...);—5° que la péremption court après le décès de la partie, bien que son héritier n'ait pas repris l'instance : et que le défendeur en péremption doit s'imputer de n'avoir pas poursuivi l'instance contre la partie dont le décès ne lui a pas été notifié (Caen, 18 mai 1838) (4).—V. n° 209.

169. Toutefois, il a été décidé que lorsqu'il y a lieu à

(1) (Dosque C. Laffitte.) — LA COUR (ap. dél. en ch. du cons.); — Attendu, 1° que les nouvelles lois ne sont applicables aux affaires antérieures que lorsqu'elles ne font que consacrer les anciens principes, et que l'arrêt constate, d'une part, que, suivant la jurisprudence du parlement de Bordeaux, qui régissait la cause, le décès d'une partie quelconque du procès prorogeait l'instance pendant trente ans; d'une autre, que, dans l'espèce, une des parties intimées était décédée antérieurement au code, avant qu'aucune péremption fût acquise; qu'il suit de là que le temps échu sans continuation de poursuites avant cette loi n'a pu ni dû entrer en compte pour le délai de la péremption; — Attendu, 2° que l'art. 397 du code dispose formellement que le délai de la péremption sera augmenté de six mois dans tous les cas où il y aura lieu à demande en reprise d'instance; que cet article ne limite la prorogation à aucune des parties de l'instance; qu'il est, au contraire, conçu d'une manière générale et absolue qui les comprend toutes et la leur rend commune; que cela est même de toute justice, puisque, s'il est conforme à la raison et à l'équité d'accorder cette prorogation aux héritiers de la partie décédée, pour leur donner le temps de délibérer, il ne l'est pas moins de l'accorder aux adversaires de cette partie, pour leur laisser le temps de connaître les héritiers et de les appeler en reprise d'instance; qu'enfin on ne pourrait juger autrement sans introduire dans la loi une distinction et une restriction que sa lettre et son esprit réprouvent également; — Et attendu que, dans l'espèce, deux des parties intimées sont décédées, l'une en 1808, l'autre en 1809, ce qui a prorogé le délai de la péremption à trois ans six mois; et que, dans le fait, il ne s'est écoulé, depuis le 1er janv. 1807, date de la mise en activité du code, jusqu'au 3 mars 1810, jour de la demande en péremption, que trois ans, deux mois et trois jours; que, par conséquent, la péremption n'était point acquise lorsqu'elle a été demandée, ce qui justifie pleinement l'arrêt attaqué; — Rejette le pourvoi formé contre l'arrêt de la cour de Pau, du 9 fév. 1820.

Du 2 avr. 1823.-C. C., sect. civ.-MM. Brisson, pr.-Cassaigne, rap.-Jourde, av. gén., c. conf.-Nicod et Guillemin, av.

(2) *Espèce :* — (Lynch C. Martineau.) — Il existait, entre les frères de Chabans et le comte de Lynch, demandeurs, et le sieur Martineau, défendeur, une instance qui a été interrompue pendant trois ans. Le dernier acte de la procédure est du 15 mars 1824; il a été fait à la requête des sieurs Lynch et des frères Chabans, quoique ces derniers fussent décédés un peu auparavant. — Le 26 mars 1827, Martineau a demande la péremption. — Le comte Lynch et les héritiers des frères Chabans ont prétendu que le décès de ces derniers, quoique non signifié, donnait lieu à reprise d'instance, et, par suite, au délai additionnel de six mois (art. 397 c. proc.). — Et le comte Lynch a soutenu que cette fin de non-recevoir devait lui profiter, à cause de l'indivisibilité de l'instance. — Arrêt.

LA COUR; — Attendu que, suivant l'art. 397 c. proc., le délai de trois ans, fixé pour la péremption, doit être augmenté de six mois dans tous les cas où il y aura une demande en reprise d'instance; que cette disposition est générale et absolue; qu'elle n'est limitée ni au cas où le décès de l'une des parties, qui donnerait lieu à ladite demande, a été dénoncé, ni au cas où il est arrivé avant le dernier acte valable fait dans la procédure; — Attendu qu'en matière de péremption d'instance, les délais et les exceptions profitent également à toutes les parties, et qu'une demande en péremption n'est pas recevable, si l'instance ne peut pas être déclarée éteinte en entier ; — Attendu que le dernier acte de poursuite fait dans l'instance dont il s'agit est du 15 mars 1824; que les deux frères de Chabans étaient alors décédés, quoique leur avoué eût continué d'agir en leur nom; qu'il y avait lieu, par le fait de leur décès, à reprendre l'instance; que le délai de trois ans pour la péremption, augmenté de six mois, n'expirait que le 15 sept. 1827; que, cependant, Martineau a formé sa demande en péremption dès le 26 mars, plus de cinq mois avant l'expiration du terme légal ; que, par conséquent, elle n'était recevable ni à l'égard des héritiers Chabans, qui n'auraient pu la former eux-mêmes qu'après le 15 sept. 1827, ni au préjudice du comte de Lynch, puisque l'instance ne pouvait pas être déclarée éteinte envers toutes les parties ; — Emendant, déclare Etienne Martineau non recevable dans sa demande en péremption.

Du 11 août 1828.-C. de Bordeaux.-M. Ravez, 1er pr.

(3) (Bernard C. veuve Alois.) — LA COUR ; — Attendu que l'art. 397 c. proc. civ. dispose que le délai de trois ans fixé pour la péremption sera augmenté de six mois dans tous les cas où il y aura demande en reprise d'instance; — Attendu que cette disposition est générale; que la loi n'exige pas, pour qu'il y ait lieu à cette prorogation de délai, qui n'est limitée à aucune des parties, que le décès, qui rend nécessaire la reprise d'instance, ait été préalablement notifié; — Attendu que tout acte ordonné ou permis par la loi couvre la péremption ; — Attendu, en fait, que Marguerite Roy, veuve Alois, intimée sur l'appel que Bertrand Bernard avait interjeté, le 26 août 1826, d'un jugement rendu par le tribunal civil de Blaye, est décédée le 27 sept. 1830; que la cause n'était pas en état; que le dernier acte de poursuite, utilement fait dans l'instance d'appel, est un avenir à plaider signifié par Me Pascault, avoué de l'appelant, le 28 décembre de la même année 1830 ; que la requête en péremption de la veuve Alois est du 11 janv. 1834; qu'entre ces deux dates, il ne s'était écoulé que trois ans et treize jours; d'où il suit que la demande ayant pour objet de faire déclarer l'instance d'appel périmée, a été formée avant l'expiration du délai légal; — Déclare Marguerite Roy, veuve Alois, non recevable dans sa demande en péremption, et la condamne aux dépens.

Du 19 avr. 1834.-C. de Bordeaux, 2e ch.-M. Gerbeaud, pr.

(4) *Espèce :* — (Delabrèque C. Lecarpentier.) — Jugement qui condamne les époux Lecarpentier à payer la somme de .... à la dame de Saint-Sauveur. Appel de ce jugement. — 24 avr. 1829, un arrêt de la cour de Caen autorise la dame de Saint-Sauveur à se faire délivrer une

reprise d'instance, le délai de six mois ne doit être ajouté aux trois années, qui forment le cours ordinaire de la péremption, qu'autant que la cause qui nécessite la reprise d'instance a été notifiée avant la demande en péremption (Poitiers, 22 janv. 1823; Dijon, 26 mai 1830 (1).—Conf. Caen, 17 janv. 1828, aff. Lempérière, n° 162).

170. Au reste, d'après les anciens principes, la péremption était tellement interrompue par le décès de l'une des parties, qu'elle ne pouvait avoir lieu tant que l'instance n'avait pas été reprise (Req. 3 janv. 1808, aff. David, n° 161-1°).

171. Et, comme la péremption n'a pas lieu de plein droit, l'instance suspendue en 1810, et reprise seulement en 1828, ne peut être déclarée périmée lorsque la péremption n'a pas été demandée avant la reprise (Paris, 12 janv. 1830, aff. Daudeville, n° 145).

172. L'effet prorogateur du délai produit par le décès d'une partie ou la démission d'un avoué est tellement absolu que, bien qu'en matière de saisie immobilière, la partie saisie ne soit pas obligée de constituer avoué, cependant si elle en a constitué un, la démission de cet avoué proroge le délai de la péremption (Metz, 12 avril 1826) (2).

173. La *reprise d'instance* est-elle le préliminaire obligé de toute demande en péremption? En d'autres termes les héritiers qui n'ont pas repris l'instance sont-ils non recevables à former une telle demande?—V. n°s 284 et suiv.

---

expédition d'actes et de jugements établissant sa créance. — 30 mai 1832, sommation de communiquer faite par les époux Lecarpentier. Les procédures sont discontinuées jusqu'au 3 sept. 1836, époque à laquelle Delabrèque, légataire de la dame de Saint-Sauveur, forme une demande en péremption de l'instance d'appel pour discontinuation des poursuites pendant trois années. — Les époux opposent que l'arrêt du 24 avr. 1829 est un arrêt qui préjuge le fond et empêche la péremption; que la péremption ne pouvait courir, parce que le sieur Delabrèque n'avait pas repris l'instance. — Arrêt.

LA COUR; — Considérant que, d'après l'art. 397 c. pr. civ., toute instance est éteinte par discontinuation des poursuites pendant trois ans, sauf augmentation de six mois, s'il y a lieu à demande en reprise d'instance et à constitution de nouvel avoué; — Considérant que, depuis la signification faite par les époux Lecarpentier le 30 mai 1832, jusqu'à la demande en péremption formée le 3 sept. 1836, c'est-à-dire pendant plus de quatre ans, aucun acte de poursuite n'a eu lieu; — Considérant qu'on objecte inutilement l'impossibilité d'agir de la part des époux Lecarpentier, en raison de l'ignorance dans laquelle ils étaient du legs universel fait par la dame Larcher de Saint-Sauveur à Delabrèque; que ce moyen n'est fondé ni en fait ni en droit; en fait, parce qu'il résulte de la signification par eux adressée à Delabrèque, le 15 mars 1832, qu'ils connaissaient sa qualité; en droit, parce qu'à défaut de notification du décès de la dame Larcher de Saint-Sauveur, ils pouvaient utilement poursuivre la procédure contre cette dernière; — Considérant que l'arrêt rendu le 24 avr. 1829 ne faisait pas davantage obstacle aux poursuites; — Qu'il n'était lui-même qu'un acte d'instruction qui ne paralysait aucunement l'action des parties; — Considérant qu'il résulte de ce qui vient d'être dit que l'instance est périmée; et qu'aux termes de l'art. 479 c. pr. civ., la péremption en cause d'appel a l'effet de donner au jugement force de chose jugée; —Considérant que l'art. 401 du même code met tous les frais de procédure périmée à la charge du demandeur principal; — Que les époux Lecarpentier, appelants, doivent donc être condamnés, ainsi qu'aux dépens de la demande en péremption qu'ils ont mal à propos contestée; — Dit à bonne cause la demande en péremption formée par la dame Delabrèque.

Du 18 mai 1838.-C. Caen, 2e ch.-M. Binard, pr.

(1) 1re *Espèce*: —(Isambert *C.* hérit. Fruger.)—LA COUR;—Considérant que l'art. 397 c. proc., après avoir fixé à trois ans le temps ordinaire requis pour l'accomplissement de la péremption d'instance, a augmenté ce temps de six mois dans tous les cas où il y a lieu à demande en reprise d'instance ou en constitution de nouvel avoué;—Considérant que la prorogation du délai de six mois, dans le cas où il y a lieu à demande en reprise d'instance, a été établie par la deuxième partie, dit art. 397, dans l'intérêt de la partie ayant droit à la reprise d'instance; qu'ainsi, nonobstant le défaut de notification du décès du demandeur ou de l'appelant, les héritiers de celui-ci ayant droit à la reprise d'instance peuvent invoquer l'augmentation du délai accordé par l'article précité; — Considérant que le dernier acte de procédure fait dans l'instance dont il s'agit est du 19 avr. 1819, et que la demande en péremption a été formée le 24 avr. 1822, à l'expiration de trois ans et cinq jours; — Mais que le 26 octobre suivant, Marie Pahu, veuve d'André Fruger, l'un des appelants, est décédée, ainsi qu'il est justifié par son acte de décès délivré par le maire de la commune de Pont-l'Abbé; que, par conséquent, l'héritier de ladite veuve Fruger se trouve dans le cas d'invoquer l'augmentation de six mois accordée par l'art. 397; que cette augmentation profite aux autres appelants, l'instance ne pouvant être éteinte pour une partie et subsister pour l'autre; — Déclare les frères Isambert purement et simplement non recevables dans leur demande en péremption, etc.

Du 22 janv. 1823.-C. de Poitiers, ch. civ.-MM. de Bernard, 1er pr.-Vincent-Molinière, 1er av. gén., c. conf.-Pervinquière, av.

2e *Espèce* : — (Guillet *C.* Siraud.) — LA COUR; — Considérant que l'art. 397 c. pr., décide que toute instance sera éteinte par discontinuation de poursuites pendant trois ans, mais que ce délai sera augmenté de six mois dans tous les cas où il y aura lieu à reprise d'instance; —Considérant qu'il n'y a lieu à reprise d'instance que quand il y a changement d'avoué ou changement de qualités dans les parties, légalement notifié; — Considérant, en fait, qu'aucun changement de qualité n'a été dénoncé, de la part des demandeurs, dans le délai nécessaire pour faire courir la péremption de l'instance par eux introduite; que, dès lors, il n'y avait lieu à reprise d'instance; et que, par suite, la demande en péremption a été formée dans les délais; — Que, vainement, pour échapper à cette conséquence, le défendeur à la péremption excipe des dispositions du § 2, art. 345 c. pr., et soutient que, dans le cas de décès du demandeur, la formalité à laquelle est assujetti son héritier avant de pouvoir poursuivre, doit être assimilée à une reprise d'instance, et donner lieu, conséquemment, à l'augmentation de six mois pour l'accomplissement de la péremption; cette argumentation pèche par sa base, car toutes les fois qu'il y a lieu à reprise d'instance, toutes les procédures faites avant le jugement qui ordonne cette reprise sont nulles, par quelques parties qu'elles aient été faites; tandis que dans le cas prévu par le § 2, art. 345, il n'est point ordonné de reprise d'instance, et que, conséquemment, le défendeur peut faire toutes les procédures qu'il voudra, et le demandeur n'est obligé, pour agir lui-même légalement, que de donner une nouvelle assignation, et n'est astreint à aucune des formalités ordonnées par les art. 346, 347, 348 et 349, toutes relatives aux règles à suivre; — Considérant que c'est tout aussi vainement que le défendeur à la péremption soutient que la demande est irrégulièrement formée au domicile de l'avoué primitivement constitué, parce que, dans le cas particulier, cet avoué n'avait point de pouvoirs d'aucun d'eux; la réponse à cette objection se trouve dans les termes de l'art. 344, même code, dont il résulte que tant qu'il n'y a point eu de notification de changement d'état des parties, ou de changement d'avoué, les poursuites faites ou procédures suivies sont valables, et ne peuvent être annulées; ainsi, comme dans la cause aucune dénonciation de changement d'état n'a eu lieu, la demande en péremption ne pouvait être formée régulièrement qu'au domicile de l'avoué, aux termes de l'art. 400, même code;—Par ces motifs, déclare reprise, avec Etienne-Gilbert Guillet, en qualité d'héritier bénéficiaire de Louis-Amable Guillet, l'instance en péremption intentée par les héritiers Siraud; et faisant droit sur ladite demande, déclare éteinte et périmée l'instance d'appel introduite par exploit de Didier père; en conséquence, ordonne que le jugement rendu en la cause par le tribunal civil de Mâcon, le 16 déc. 1822, sortira son plein et entier effet, etc.

Du 26 mai 1830.-C. de Dijon, 1re ch.

(2) *Espèce* : — (Lhoste-Renet *C.* Rolland.) — 7 oct. 1820, saisie immobilière par Patrice sur la dame Lhoste. — 7 juin 1821, jugement qui renvoie l'adjudication au 6 décembre; il n'est ni levé ni signifié.— On rembourse le poursuivant et les créanciers, moins un, le sieur Logeart. — En déc. 1822, l'avoué de la veuve saisie donne sa démission.— En août 1824, celle-ci décède. — Ce décès n'est pas notifié. — 18 nov. 1824, la dame Rolland, cessionnaire des droits de Logeart, ayant manifesté le désir de reprendre la saisie, une demande en péremption de l'instance en saisie a été formée contre cette dame par le sieur Lhoste-Renet, héritier de la défunte partie saisie. — La dame Rolland prétend que l'instance n'est pas périmée, puisque le dernier acte de poursuite est le jugement du 7 juin 1821, et que le décès de la partie saisie et la démission de l'avoué occasionnent une prolongation de délai. — Mais Lhoste répond que le jugement du 7 juin n'a pas été notifié, non plus que le décès de sa mère; que quant à la démission de l'avoué, la partie saisie n'étant pas dans l'obligation d'en constituer un, il est absolument indifférent qu'il ait donné sa démission. — Le 14 avr. 1825, jugement qui rejette la demande en péremption. — Le 2 septembre, signification du jugement à avoué.— Les 10 et 13, signification à partie. — Les 3 et 5 décembre suivant, appel. — La dame Rolland le soutient nul, comme interjeté hors les délais de l'art. 723, c. proc. — Arrêt.

LA COUR; — Attendu, sur la fin de non-recevoir, qu'une demande en péremption n'est point un simple incident dans une instance, qu'elle constitue une action principale, et qu'ainsi l'art. 723, c. pr., n'étant point applicable, la fin de non-recevoir doit donc être rejetée; — Attendu, au fond, que la sentence du 7 juin 1821 doit être considérée comme constituant le dernier acte de poursuite, et, dès lors, comme le point de départ de la péremption dont il s'agit, le poursuivant n'ayant fait aucune diligence pour l'exécution de cette sentence, c'est-à-dire pour faire procéder

Art. 7. — *Des actes qui interrompent, couvrent ou suspendent la péremption.*

174. Les divers actes qui constituent l'instance ont, relativement à la péremption, plusieurs effets qu'il importe de signaler et de ne pas confondre. Né avec l'exploit introductif, le cours de la péremption, interrompu et recommencé par chacun des actes de la procédure, ne cesse que lorsque le jugement a mis fin au litige (V. nº 35, 114). Ces actes agissent donc à la fois sur le passé et sur l'avenir; en même temps qu'ils *interrompent* une péremption commencée, ils forment le point de départ d'une péremption nouvelle. — Si, à partir du dernier acte, trois années s'écoulent sans poursuites, la péremption est acquise: mais si, avant qu'elle soit demandée, les parties font un nouvel acte de procédure, la péremption est *couverte*, c'est-à-dire qu'elle est anéantie pour le passé, et qu'un nouveau délai a recommencé à courir. — Les actes qui couvrent la péremption sont les mêmes que ceux qui l'interrompent. — V. toutefois nº 193.

Parmi les actes de la procédure, il en est qui *suspendent* le cours de l'instance: ces actes, tout en *interrompant* la péremption, ne sont pas eux-mêmes le point de départ d'un nouveau délai. Leur effet interruptif se continue pendant un certain laps de temps, et la péremption ne reprend son cours que lorsque la cause de l'interruption a cessé. — On dit assez généralement que, dans ce cas, la péremption est *suspendue:* c'est là une mauvaise locution. L'acte *interruptif* anéantit la péremption qui était en voie de s'accomplir et recommence une péremption nouvelle. La *suspension*, au contraire, est un temps d'arrêt pendant lequel la péremption cesse de courir, et qui laisse toute son efficacité au délai déjà écoulé. On ne peut donc pas dire que, dans le cas qui nous occupe, la péremption soit suspendue, puisqu'elle n'est pas encore commencée. Du reste, les causes de véritable suspension se rencontrent fort rarement dans la matière de la péremption. — Nous avons insisté sur ces idées élémentaires, pour éviter la confusion que peut produire dans les idées l'inexactitude assez fréquente de langage que l'on remarque dans les monuments de la jurisprudence.

Il faut encore bien se garder de confondre les questions examinées sous le présent article avec celles qui font l'objet de l'art. 5 ci-dessus, nºs 88 et suiv. Ici, il s'agit uniquement de rechercher les actes qui, après avoir interrompu, couvert ou suspendu la péremption, donnent ouverture à un nouveau délai. Là, au contraire, on se demande si ces actes dont on ne conteste pour le moment ni l'effet interruptif, ni l'effet suspensif, n'ont pas arrêté complétement le cours de la péremption; si, par exemple, bien que plus de trois années se fussent écoulées depuis leur date, il n'est plus possible de faire déclarer la procédure périmée, soit parce que l'instance serait prorogée au delà du terme ordinaire de la péremption, soit parce qu'elle serait réputée éteinte. — Après ces observations préliminaires, passons à l'explication de l'art. 399 c. pr.

175. « La péremption, porte cet article, n'aura pas lieu de droit; elle se couvrira par les actes valables faits par l'une ou l'autre des parties avant la demande en péremption. » — Ainsi, aujourd'hui, à la différence de ce qui se pratiquait autrefois dans le ressort de certains parlements, la péremption n'a pas lieu de plein droit, c'est-à-dire que non-seulement elle ne peut être suppléée d'office par le juge, mais encore qu'elle doit être formellement demandée et ne pourrait être présentée par voie d'exception, ce en quoi elle diffère de la prescription (V. nº 30). — Il n'en pourrait être autrement que si la péremption concourait avec la prescription de l'action (V. nº 146), ou si elle était acquise en vertu d'un jugement. Si donc, avant la demande, la péremption est couverte par une reprise d'instance ou de toute autre manière, elle ne saurait plus être opposée par exception. C'est l'avis unanime des auteurs (MM. Merlin, vº Péremption, sect. 1, § 2, nº 4-1º; Carré et Chauveau, art. 399, nº 327; Favard, t. 4, p. 197; Boitard, t. 2, p. 322; Bourbeau, p. 631).— Et il a été jugé, en ce sens : 1º que la péremption ne peut être opposée par voie d'exception à la partie qui a repris l'instance (Rej. 26 oct. 1812, aff. Chassaignac, V. nº 262); — 2º Que dès qu'une partie est assignée en reprise d'instance, elle n'est plus fondée à prétendre que la discontinuation des poursuites, pendant plus de trois ans avant la reprise, a opéré la péremption (Paris, 3ᵉ ch., 6 mai 1813, M. Brisson, pr., aff. Poitevin C. Fremeau); — 3º Que, dans le cas où de plusieurs immeubles qui ont été saisis, quelques-uns sont entre les mains d'un tiers détenteur, qui n'a pas satisfait au commandement de payer ou de délaisser, la péremption de la saisie n'est pas acquise de plein droit en faveur de ce tiers détenteur, par cela seul que le saisissant aurait laissé écouler trois ans sans reprendre ses poursuites : cette péremption peut être couverte par des actes valables faits par le saisissant, antérieurement à la demande en péremption (Toulouse, 7 avr. 1829, aff. Soulerat, V. Vente jud. d'imm.). — V. aussi nºs 145, 156-5º.

176. Si une demande en péremption d'une instance commencée sous une législation d'après laquelle la péremption avait lieu de plein droit, est restée impoursuivie pendant trois ans, la péremption de cette demande en péremption peut être requise sans qu'on puisse lui opposer par exception les moyens tirés, soit de ce que cette demande a pour effet de faire revivre l'existence originaire dont la péremption a été acquise de plein droit, soit de ce que l'action elle-même est prescrite : ces moyens ne pourraient être opposés qu'à la demande en reprise de l'instance qu'on prétend périmée, dans le cas où elle serait formée (Req. 19 décembre 1837 (1)).

177. Le code ne parle dans l'art. 399 que des actes qui couvrent la péremption, il ne dit rien des actes qui l'interrompent; mais cela était superflu, car l'art. 397, qui fait partir le délai du dernier acte de poursuite, suppose virtuellement que cet acte a rendu non avenue ou, en d'autres termes, a interrompu la péremption que l'acte précédent avait fait courir.

178. La péremption est valablement interrompue ou couverte par l'une ou l'autre des parties instanciées, demandeur, défendeur, intervenant, garant; car ils sont tous parties dans l'instance, et ont qualité pour l'entretenir et la conserver. — Le demandeur, en couvrant la péremption, rentre dans l'exercice du droit qu'il avait en quelque sorte abandonné. — Si, au contraire, la péremption est couverte par le défendeur, il y a, de la part de celui-ci, renonciation implicite au droit qu'il avait acquis, c'est-à-dire au droit de proposer la péremption. — Quant à l'intervenant, les actes qui émanent de lui produisent des effets semblables, car il agit toujours ou comme demandeur ou comme défendeur, soit qu'il se joigne aux parties principales, soit qu'il agisse en son propre nom. — Il a été jugé, à l'égard de l'intervenant, que la péremption d'instance est valablement interrom-

---

à l'adjudication définitive au jour qui était indiqué; — Attendu qu'il suit de là que le délai ordinaire de la péremption était expiré lors de la demande ; — Mais attendu, d'une part, que la veuve Lhoste, partie saisie, était décédée, et d'autre part, que l'avoué qu'elle avait constitué avait donné sa démission, qu'ainsi il y avait lieu tant à reprise d'instance qu'à constitution de nouvel avoué, et conséquemment qu'aux termes du § 2, de l'art. 397, c. pr., le dit délai doit être augmenté de six mois; — Attendu que l'appelant ne peut se prévaloir du défaut de notification du décès; cette circonstance qui pouvait lui profiter doit de même profiter aux autres parties, toutes choses devant être égales en matière de péremption; — Attendu qu'il ne peut se prévaloir davantage de ce que la partie saisie n'est généralement pas tenue de constituer avoué sur une poursuite de saisie immobilière; dès l'instant que la veuve Lhoste avait jugé à propos d'en constituer un, l'instance était ainsi réglée, et d'après la démission de celui-ci, il y avait lieu à le remplacer par un autre : — Par ces motifs sans s'arrêter à la fin de non-recevoir, a mis l'appel au néant.

Du 12 avr. 1826.-C. royale de Metz.

(1) (Cadroy C. Laverrie.) — La cour; — Sur le moyen tiré de la péremption qui, d'après les demandeurs, s'acquérait de plein droit, dans le ressort du parlement de Toulouse et de la prescription trentenaire, subsidiairement opposée par les demandeurs; — Attendu que l'arrêt attaqué a déclaré, en droit, que ce moyen ne pouvait être opposé, par exception, qu'à la demande en reprise de l'instance primitive, si elle venait à être introduite, et, en fait, que cette demande en reprise n'avait pas été formée par les défendeurs éventuels; — D'où il suit que le moyen, en supposant qu'il fût fondé, est réservé pour le temps où il deviendra nécessaire de s'en servir; — Rejette, etc.

Du 19 déc. 1837.-C. C., ch. req.-MM. Zangiacomi, pr.-Joubert, rap.-Nicod, av. gén., c. conf.-Galisset, av.

que par un acte d'intervention signifié par une partie jusque-là étrangère à l'instance (Toulouse, 28 mars 1843) (1), pourvu, toutefois, que l'intervention soit régulière. — Un acte émané d'un garant produirait aussi le même effet. — Mais il en serait autrement d'un acte émané d'un tiers qui n'est pas réellement partie dans l'instance. — Ainsi, il a été jugé que la déclaration faite au greffe par le tiers saisi ne peut interrompre la péremption, lorsqu'elle n'est pas signifiée au saisissant, parce que le tiers saisi n'est pas partie dans la cause (Besançon, 12 août 1817, aff. N..., extrait du recueil de cette cour.—Conf. M. Reynaud, n° 69).—Quant à la question de savoir si l'acte interruptif fait par une partie, profite aux autres qui ont le même intérêt qu'elle, V. plus bas, art. 9.

179. De ce principe que le défendeur, en couvrant la péremption, renonce à un droit acquis naît une difficulté. — La partie qui a besoin d'autorisation pour exercer un droit ou pour y renoncer, peut-elle couvrir la péremption sans une autorisation spéciale? Oui, sans doute; car si elle a été autorisée à ester en justice, cette autorisation embrasse tous les actes de l'instance (V. n°s 35, 50). — Aussi a-t-il été jugé : 1° que le maire, représentant une commune dûment autorisée à plaider, peut valablement renoncer à la péremption d'instance (Req. 7 janv. 1835, aff. commune de Lainsecq, V. Commune, n° 1578);—2° Que la commune dûment autorisée à ester en justice, a capacité pour couvrir la péremption d'un jugement, en requérant notamment la visite de lieux ordonnée par ce jugement (Rej. 1er déc. 1847, aff. de Breteuil, D. P. 47. 4. 370).

180. Soit pour interrompre, soit pour couvrir la péremption, il faut des *actes valables;* tels sont les termes dont se sert l'art. 399. — Que doit-on entendre par actes valables? — C'est là une expression peu précise et qui a fait naître d'assez nombreuses controverses. — Pigeau, t. 1, p. 537, distingue les actes valables à divers caractères que nous examinerons dans la discussion des difficultés auxquelles l'interprétation de ces mots a donné lieu.

181. D'abord, suivant Pigeau, *loc. cit.*, les actes valables sont ceux qui sont revêtus d'une formule régulière et qui sont ordonnés ou permis. Mais cette définition, beaucoup trop générale, est, comme on va le voir, insuffisante et incomplète (V. n°s 189 et suivants). — Pour déterminer ce que la loi entend par *actes valables*, il vaut mieux rechercher d'abord le but qu'elle s'est proposé. — L'instance, une fois introduite, doit marcher rapidement vers sa fin : tel est le vœu du législateur. Si le procès reste impoursuivi pendant trois ans, la loi voit dans cette inaction des parties un abandon, une sorte de désistement de l'instance (V. n° 32), et elle permet au défendeur de faire déclarer par la justice que cette instance est éteinte. Mais cet abandon de l'instance est une simple présomption qu'une intention contraire formellement exprimée peut détruire. — Il faut donc, non pas s'attacher, comme le fait Pigeau, à savoir si l'acte de poursuites duquel on prétend induire une interruption de la péremption est ordonné ou permis, mais rechercher si cet acte indique la volonté de ne pas laisser l'instance s'éteindre. — Ainsi, on peut, avec la cour de cassation, poser ce principe que, par actes valables, dans le sens de l'art. 399 c. proc., on doit entendre des actes de poursuites, émanés des parties en cause, ou intervenus dans leur intérêt, et *ayant pour objet la continuation de l'instance* (Cass. 9 août 1837, aff. Dartiguenave, V. n° 205).

182. Une des premières conditions pour que l'acte puisse interrompre ou couvrir la péremption, c'est qu'il ne soit vicié d'aucune nullité; car ce qui est nul ne produit aucun effet. Or un acte nul ne peut évidemment être considéré comme valable. On peut, il est vrai, objecter qu'un tel acte exprime au moins l'intention de poursuivre l'instance; mais qu'est-ce qu'une intention qui n'est pas manifestée dans les formes prescrites par la loi? — Toutefois, si un acte vicié de nullité en tant qu'authentique, par exemple, était valable comme acte sous seing privé, la convention sous laquelle l'interruption de l'instance aurait été consentie devrait être exécutée.

183. Quelles sont les nullités qui enlèvent à l'acte son effet interruptif? — Il a été jugé que les mots *actes valables*, dont se sert l'art. 399 c. proc., doivent, comme dans l'art. 2247 c. civ., s'entendre de tout acte qui n'est nul que pour vice de forme (Cass. 12 nov. 1832, aff com. de Campan, V. n° 184). — Telle n'est pas cependant l'opinion de Pigeau. « Quant aux actes de procédure frappés de nullité, dit-il, soit par défaut de forme, *soit autrement*, ils ne peuvent couvrir la péremption. »

Du reste, il a été décidé qu'un acte de procédure qu'un défaut de formes pouvait faire annuler, mais qui a été admis au procès sans critique, interrompt la péremption; qu'au moins, la partie qui l'a signifié est non recevable à en invoquer les vices (C. C. de Belgique, 23 nov. 1835, aff. Rome, etc., *C.* Charlier, etc.).

184. Un acte peut être régulier, et dans sa forme et dans sa substance, quoiqu'il contienne interpellation devant un juge incompétent. Un pareil acte a la force d'interrompre le cours de la prescription (art. 2246 c. civ.). Le même effet doit-il, par analogie, lui être accordé à l'égard de la péremption d'instance? — L'affirmative est enseignée par Carré, n° 1439; Pigeau, Commentaire, t. 1, p. 686; Berriat, t. 1, p. 356. — Mais il nous semble que cette question ne peut être décidée d'une manière générale, et qu'elle doit être différente suivant les rapports que la citation irrégulière peut avoir avec l'instance pendante. — Si cette citation a pour objet de reprendre une instance déjà commencée et interrompue depuis plusieurs années, on conçoit que, bien que portée devant un tribunal incompétent, elle ait pour effet de conserver l'instance originaire, car elle manifeste bien l'intention de ne pas la laisser éteindre. Dans ce cas, l'analogie tirée de l'art. 2246 peut être utilement invoquée. — C'est à ce point de vue qu'il a été jugé que, lorsque le tribunal devant lequel l'instance était pendante a été supprimé, par suite de la nouvelle organisation judiciaire, la citation en reprise d'instance devant un des nouveaux tribunaux, alors même qu'il serait incompétent, a pour effet d'interrompre la péremption (Cass. 12 nov. 1832; Bordeaux, 22 août 1833) (2).

(1) *Espèce :* — (Faillon, etc. *C.* Flamand.) — La cour; — Attendu que pour savoir s'il y avait lieu d'accueillir la demande en péremption, le tribunal de première instance aurait dû examiner la régularité et le mérite de la demande en intervention; qu'en effet, si l'intervention était régulière et fondée, l'intervenant était censé dans l'instance du moment que sa requête avait été signifiée; — Attendu que la requête du sieur Faillon était régulière; qu'elle avait été dûment notifiée à l'avoué de la partie du requérant; qu'elle ne pouvait l'être à l'avoué de Bonnet, parce qu'il était celui de l'intervenant, et qu'elle ne pouvait l'être non plus aux avoués des autres parties, parce qu'eux n'en avaient point constitué; — Attendu, dès lors, que Faillon se trouvant partie dans la cause, elle doit être inscrite et purgée suivant les derniers errements; — Par ces motifs, réformant, etc.

Du 28 mars 1843.-C. de Toulouse, 1re ch.

(2) 1re *Espèce :*—(Com. de Campan *C.* com. des Quatre-Véziaux.)— Un procès intenté depuis de longues années entre ces communes avait été renvoyé devant arbitres, conformément à la loi du 10 juin 1793. Cette loi ayant été abrogée, l'affaire fut reportée devant les tribunaux; la commune de Campan assigna les communes des Quatre-Véziaux devant le tribunal de Cahors. Le 27 mess. an 7, ce tribunal, après avoir entendu les plaidoiries de toutes les parties, mit la cause au rapport d'un des juges, et la renvoya au 28 therm. suivant. — Interruption nouvelle. Le 30 nov. 1824, la commune de Campan assigna les maires des Quatre-Véziaux devant la cour de Pau, pour y voir reprendre l'instance mise hors de droit par la suppression du tribunal civil du Lot. — Le 8 août 1825, ceux-ci assignèrent devant la cour de Toulouse la commune de Campan, pour faire déclarer l'instance périmée. — Il y eut alors pourvoi en règlement de juges, et la cour de cassation renvoya l'affaire devant la cour de Toulouse, par arrêt du 20 juin 1826.

Cette cour rendit, le 19 déc. 1828, l'arrêt contradictoire suivant : — « Attendu que la demande en péremption d'instance a été régulièrement introduite par les communes de Vancizan, Gucheo, Cadéac et Grézian, quoique lesdites communes ne fussent pas autorisées, l'autorisation dans ce cas étant inutile; — Attendu que la discontinuation de poursuites pendant trois ans, opère la péremption d'instance; que, si la législation antérieure au code de procédure civile reconnaissait que, dans le cas où il y avait une instruction par écrit et un rapporteur nommé, la péremption ne courait pas, cette exception ne peut être applicable à la cause actuelle, dans laquelle il n'y a jamais eu instruction par écrit, effectuée ni ordonnée; que, d'ailleurs, le motif de cette exception étant que la péremption ne pouvait courir, lorsqu'il était impossible à la partie de faire aucun acte utile pour provoquer la décision de la contestation, ce motif n'existe pas dans la cause actuelle, puisqu'il était loisible aux parties de Me Marion d'interrompre la péremption, après la suppression du

185. Mais si la citation, donnée devant un tribunal autre que celui devant lequel l'instance principale a été introduite, forme le principe d'une instance nouvelle qui doit se mouvoir parallèlement à l'ancienne, elle ne peut, certes, avoir pour effet d'interrompre la péremption de celle-ci. Il importe peu, en ce cas, que le tribunal saisi en second lieu soit ou ne soit pas compétent; la citation nouvelle est un acte étranger à l'instance originaire, lequel, bien loin de témoigner l'intention de poursuivre la procédure interrompue, en fait plutôt présumer l'abandon (V. nos 224 s.). —C'est en ce sens qu'il a été jugé que la péremption d'une instance n'est pas interrompue par un acte de procédure, tel qu'ajournement, fait devant un tribunal incompétent; qu'ici ne s'applique pas l'art. 2246 c. civ. relatif à la prescription; qu'ainsi, par exemple, une citation devant le tribunal civil, en reconnaissance de signature d'un billet à ordre, et en payement de ce billet, n'interrompt pas la péremption des poursuites relatives à ce même billet, antérieurement commencées devant le tribunal de commerce (Amiens, 28 juin 1826) (1).

186. Toutefois, il a été décidé en sens contraire : 1° que la péremption d'une instance d'appel se couvre par des actes de procédure faits devant d'autres tribunaux, même incompétents (Req. 29 brum. an 13) (2); — 2° Que la péremption est interrompue

---

tribunal civil du Lot, par une citation devant le tribunal compétent; — Attendu que la suppression des tribunaux civils de département, n'a pas mis les causes pendantes devant iceux hors le droit; — Attendu que, dans le ressort du ci-devant parlement de Toulouse, la discontinuation des poursuites pendant trois ans, faisait périr l'instance, quoique l'action ne fût pas périe elle-même; — Attendu que la péremption n'a point été interrompue par la citation donnée par la commune de Campan devant la cour de Pau, puisque cet acte est nul et que la péremption ne se couvre que par des actes valables; — Attendu que les contestations administratives élevées entre la commune de Campan et celles de Vaucizan, Cadéac et Grézian ne sont pas plus interruptives de la péremption qui ne peut jamais être couverte que par les actes judiciaires; — Attendu qu'il n'est nullement établi que la commune de Campan ait éprouvé un incendie qui l'ait mise dans l'impossibilité de couvrir la péremption; — Attendu qu'en droit, la péremption court contre les communes, sans qu'elles aient la faculté de se faire restituer contre icelle; — Par ces motifs, sans avoir égard à la reprise d'instance en requête civile, déclare ladite instance éteinte et périmée. »

Pourvoi. — 1° Fausse application des art. 398 et 399 c. pr., en ce qu'il a été jugé qu'une citation donnée devant un juge incompétent, n'était pas un acte interruptif de la péremption d'instance. — 2° Violation des art. 34 et 37 de la loi du 14 déc. 1789, et des art. 4 et 15 de la loi du 28 pluv. an 8; en ce que la cour de Toulouse avait accueilli la demande en péremption des communes des Quatre-Véziaux, qu'elles avaient formée sans y être autorisées. — Arrêt (après dél. en ch. du cons.).

La cour; — Vu les art. 2246 c. civ. et 399 c. pr.; — Attendu que la cour royale de Toulouse, en déclarant que, dans la jurisprudence du ci-devant parlement du Languedoc, la péremption était acquise par la cessation des poursuites pendant le laps de trois ans, ne s'est point occupée du point de savoir si, pour avoir son effet, la péremption devait ou non être demandée avant toute interruption; que cette question ne paraît pas même avoir fait l'objet du litige; que cette cour s'est seulement occupée du mode de l'interruption, et spécialement de savoir si l'assignation donnée devant un juge incompétent formait une interruption valable; — Attendu que la péremption n'est que la prescription de l'instance; que, dès lors, la règle posée dans l'art. 2246 c. civ., qui veut que la citation en justice donnée même devant un juge incompétent, interrompe la prescription, lui est applicable; que, s'il est dit dans l'art. 399 c. pr., que la péremption n'est couverte que par des actes valables, on ne saurait en induire une dérogation, en matière de péremption, au principe posé dans l'art. 2246 c. civ., puisqu'aux termes du premier alinéa de l'art. 2247, ce mot *valable* doit s'entendre de tout acte qui n'est pas nul pour vice de forme; qu'il suit de là qu'une assignation régulière, quoique donnée devant un tribunal incompétent, n'en est pas moins un acte valable à l'effet de couvrir la péremption; d'où il résulte qu'en jugeant que la citation donnée par la commune de Campan devant la cour royale de Pau qui était incompétente, n'avait pas couvert la péremption, l'arrêt attaqué a expressément violé l'art. 2246 c. civ. et faussement interprété l'art. 399 c. pr.; — Par ces motifs, casse.

Du 12 nov. 1832.-C. C., ch. civ.-MM. Portalis, 1er pr.-Ruperou, rap.-De Gartempe fils, av. gén., c. conf.-Mandaroux et Crémieux, av.

2e *Espèce* : — (Lassus C. Bruneaud.) — La cour...; — Attendu que la demande en péremption est le fondement d'une instance nouvelle et principale, et non un simple incident; d'où il suit qu'il n'y avait pas lieu, de la part des héritiers Bruneaud, de reprendre l'instance dont ils demandaient la péremption; — Attendu que l'assignation donnée le 24 mai 1824 devant la cour, par les héritiers Lassus, à Gradis, Bruneaud et autres, en reprise de l'instance, qui était pendante devant le tribunal de district, a eu l'effet d'interrompre la péremption, bien que la cour, par son arrêt du 12 août 1829, se soit déclarée incompétente pour statuer, et ait renvoyé les parties à se pourvoir devant les juges qui devaient en connaître; que la péremption est une prescription particulière à laquelle sont applicables plusieurs des règles générales sur la prescription; — Qu'aux termes de l'art. 2246 c. civ., la citation donnée devant un juge incompétent interrompt la prescription; — Que l'assignation dont il s'agit était régulière dans sa forme; qu'on ne peut prétendre qu'elle fût étrangère à l'instance qu'elle avait pour objet de reprendre; qu'enfin, l'arrêt de 1829 s'étant borné à juger une question préjudicielle, n'a porté aucune atteinte à sa validité; — Attendu que la prétendue nullité de cette assignation résultant, d'après les appelants, de ce qu'elle aurait été donnée aux frères Bruneaud, qui étaient alors décédés, doit être écartée par deux raisons également décisives : la première, parce qu'elle n'était pas exclusivement dirigée contre les frères Bruneaud, mais encore contre Gradis, Raba et consorts, tant, est-il dit, en leurs noms que pour les autres créanciers délibérants, instanciés dans l'arrêt de 1771, que pour reprendre et continuer l'instance; — Qu'elle avait pour objet de ramener à exécution les condamnations solidaires prononcées par cet arrêt, et que, d'après l'art. 2249 du code précité, la demande adressée à l'un des débiteurs solidaires interrompt la prescription contre tous les autres, même contre leurs héritiers; 2° parce qu'en matière de péremption, les poursuites valablement dirigées contre l'une des parties instanciées, ont l'effet d'empêcher la procédure de périmer à l'égard des autres; — Met l'appel au néant, etc.

Du 22 août 1833.-C. de Bordeaux, 2e ch.-M. Gerbeaud, pr.

(1) *Espèce* : — (Oger C. Leclercq.) — Un billet, souscrit à l'ordre de Leclercq, avait été négocié à Oger, qui, à son tour, l'avait négocié à Lesueur. — A défaut de payement, Lesueur actionne Oger devant le tribunal de commerce d'Amiens. — Le 8 juin 1822, Oger appelle Leclercq en garantie. — 28 juin, jugement contradictoire entre Lesueur et Oger, et, par défaut, contre Leclercq qui accueille les conclusions d'Oger. — Ce jugement n'est point exécuté contre Leclercq dans les six mois. — 25 nov. 1825, Oger traduit Leclercq devant le tribunal de Doullens en reconnaissance de sa signature et en payement du billet. — De son côté, Leclercq demande, le 28 déc. 1825, devant le tribunal de commerce d'Amiens, la péremption de l'instance introduite contre lui le 8 juin 1822. — 17 mars 1826, jugement qui déclare l'instance périmée.

Appel. — On a dit : 1° que la péremption n'est pas applicable aux instances commerciales; que si l'on admettait la péremption, il en résulterait cette conséquence bizarre qu'un billet à ordre qui ne se prescrirait que par cinq ans à l'égard du souscripteur, se prescrirait, nonobstant les poursuites, par trois ans, vis-à-vis de l'endosseur, puisqu'en ce qui le concerne, toute la procédure, l'assignation même, se trouverait anéantie; 2° Que la péremption est une prescription, et qu'il a, dès lors, suffi d'un ajournement, même devant un tribunal incompétent, pour l'interrompre. — Arrêt.

La cour; — En ce qui touche la fin de non-recevoir fondée sur la procédure devant le tribunal de Doullens; — Attendu que l'on ne peut considérer comme ayant opéré continuation de poursuites dans une instance pendante à un tribunal, des actes faits, devant un autre siége, hors de cette instance, et qui, par suite, y seraient entièrement étrangers; — Relativement à la péremption : — Attendu, en droit, qu'il est de principe que les règles générales sont applicables aux matières régies par des règles spéciales, toutes les fois qu'il n'y a point de dérogation, soit expresse, soit tacite; — Attendu qu'aux termes de l'art. 397 c. pr., la péremption doit frapper sur toute instance, par le seul fait de discontinuation de poursuites pendant trois ans; — Qu'il n'existe, ni dans titre 25 c. pr., ni dans le code de commerce, aucune dérogation à cette règle générale; — Que toutes les dispositions spéciales relatives aux tribunaux de commerce concourant à l'accélération de la procédure, l'esprit de la loi est loin de s'opposer à ce qu'on applique à ces matières la péremption dont le but est d'empêcher les procédures de se perpétuer indéfiniment; — Que le silence de la loi et son esprit sont, au surplus, suffisamment expliqués par la combinaison des art. 648 c. com. et 469 c. pr., qui appliquent la péremption, en effet, aux matières commerciales, sans que la raison indique aucun motif de différence à cet égard, entre la procédure de première instance et celle d'appel; — Sans s'arrêter aux fins, moyens et conclusions de l'appelant, dont il est débouté, confirme, etc.

Du 28 juin 1826.-C. d'Amiens, ch. corr.-M. de Monchy, pr.

(2) *Espèce* : — (Ribeyrols.) — Une instance d'appel pendante devant le tribunal d'Agen reste impoursuivie pendant trois ans. Ribeyrols qui était partie dans cette instance, avait fait rendre pendant cet intervalle plusieurs jugements relatifs à la même affaire au tribunal du Lot et à celui de Figeac, tous deux incompétents, puis il demande la péremption de l'instance d'appel. — Jugement du 15 prair. an 11 qui le déclare non rece-

non-seulement par les poursuites faites devant les juges de la cause, mais encore par celles faites devant l'autorité administrative sans que toutes les parties intéressées y aient été appelées (Req. 10 avril 1828) (1). — Mais cette jurisprudence ne nous semble pas devoir être suivie. Comment comprendre que lorsqu'une instance a été abandonnée pendant plusieurs années, de nouvelles poursuites introduites devant un autre tribunal puissent être considérées comme un indice que les parties ont entendu continuer l'instance impoursuivie?—V. du reste ci-après.

187. Quant aux actes réguliers qui font partie de l'instance, et qui sont permis ou ordonnés par la loi, leur effet interruptif ne peut être contesté. Ainsi, la *constitution d'avoué* étant, comme dit Pigeau, un acte ordonné, les *répliques* du demandeur étant permises en matière ordinaire, interrompent ou couvrent la péremption.—Il en est de même d'une demande en communication de pièces (Rennes, 13 avril 1813) (2).—De même encore, la sommation de communiquer toutes les pièces dont une partie entend se servir pour la plaidoirie de la cause couvre la péremption (Rennes, 3 avril 1813, aff. Lebigot, V. n° 267).

188. Un avenir ou sommation d'audience pour plaider est encore un acte de nature à couvrir la péremption, alors même que les avoués de l'une ou de l'autre partie ne se présentent point, car, ainsi que le remarque Carré, n° 1441, il a détruit la présomption légale d'abandon ou de désistement sur laquelle la péremption est fondée. On a cité en ce sens un arrêt (Nîmes, 9 juin 1829, Journ. de Nîmes, t. 1, p. 209.—Conf. M. Chauveau, *loc. cit.*).

189. Mais que décider à l'égard des actes qui ne sont ni permis ni ordonnés, par exemple, les *dupliques* en matière ordinaire, les *écritures* en matière sommaire? Si l'on s'en tenait rigoureusement à la définition de Pigeau, il faudrait décider que ces actes n'interrompent pas la péremption; mais cela serait inadmissible. Ces actes, quoique, dans la stricte exécution de la loi, ils ne soient pas permis, ne sont pas prohibés à peine de nullité; seulement ils n'entrent pas en taxe, mais ils n'en font pas moins partie du procès. C'est ce que Pigeau reconnaît lui-même. « *Ils n'annoncent pas moins*, dit-il, *l'intention où est la partie qui les signifie de continuer la procédure commencée.* S'ils contiennent des aveux, des consentements, l'adversaire peut en requérir acte : celui qui les aurait signifiés ne serait pas reçu à prétendre ces actes nuls pour faire anéantir l'aveu, le consentement qu'il aurait donné. Dès qu'ils sont valables en eux-mêmes, ils ont l'effet d'interrompre et de couvrir la péremption » (Conf. Carré, n° 1438).—On a étendu cette décision même aux actes frustratoires.—V. ci-après.

190. Outre les conditions dont on vient de parler, Pigeau exige encore que les actes, desquels on prétend faire résulter l'interruption de la péremption, soient *signifiés* à partie.— « L'art. 2244 c. nap., dit-il, donne à la citation en justice, au commandement, à la saisie, la faculté d'opérer l'interruption civile, pourvu qu'ils soient signifiés à celui qu'on veut empêcher de prescrire. L'art. 2180 refuse aux inscriptions prises par le créancier la faculté d'interrompre la prescription établie par la loi en faveur du débiteur et du tiers détenteur, parce que les inscriptions consignées sur le registre ne sont signifiées ni à l'un ni à l'autre. Il n'y a donc que les actes signifiés à la partie qui puissent interrompre la prescription. Tant que la partie ne connaît pas l'acte fait contre elle, elle a sujet de croire que l'action qu'on avait contre elle n'est pas poursuivie. La péremption est une espèce de prescription; il n'y a donc que les actes signifiés qui puissent interrompre et couvrir la péremption. Ainsi, les actes valablement faits, mais non signifiés, tels qu'un acte de production, une soumission au greffe, etc., ne peuvent la couvrir. »— On pourrait ajouter encore que, rien ne devant se faire inutilement en procédure, la partie contre laquelle l'instance est interrompue, doit être instruite de l'acte qui opère l'interruption; qu'autrement, elle serait exposée à demander inutilement, quelquefois contre un grand nombre d'adversaires, la péremption d'une instance qui aurait cependant été entretenue par des actes de procédure.— Mais ce système, qui n'a du reste été adopté que par quelques arrêts, a été généralement repoussé dans ses termes absolus. — On a fait une distinction entre les actes dont la loi ou leur nature propre commande la signification et ceux à l'égard desquels elle n'est pas nécessaire. Les premiers ne produisent un effet interruptif qu'autant qu'ils sont signifiés. En effet, c'est par la signification qu'ils se complètent : tant que cette formalité n'est pas remplie, ils ne sont qu'à l'état de projet, et ne manifestent qu'imparfaitement l'intention de poursuivre l'instance. De là la nécessité que ces actes soient en général signifiés à cette partie, ou qu'elle en ait, ou soit réputée en avoir connaissance. —A l'égard des seconds, c'est-à-dire des actes qui, par leur nature, ne sont pas sujets à signification, ils n'ont pas moins l'effet d'interrompre la péremption de l'instance. Tels sont ceux qui sont ordonnés, dans le cours d'une instance contradictoirement engagée, par le juge ou par tout autre représentant des parties. Car le juge, en vertu du contrat judiciaire qui a été formé devant lui par les parties, est censé ne rien prescrire qui ne soit conforme à leur intention. En ce sens, il est vrai de dire *factum judicis factum partis.* C'est aux parties de s'enquérir de tout ce qui est fait en exécution du contrat judiciaire. — Comment, en effet, réputer sans valeur, en tant que propre à couvrir la péremption, un acte qui est nécessaire pour la marche du procès et dont la loi n'exige pas la signification? (Conf. MM. Merlin, v° Pérempt., sect 1, § 2, n° 4-5°; Carré et Chauveau, quest. n° 1440; Thomine, t. 1, p. 616; Reynaud, n° 55). « Exiger cette signification, dit un arrêt, ce serait ajouter à la loi, lui substituer une autorité doctrinale, mettre la volonté de l'homme à la place du législateur; en matière surtout de péremption d'instance, cette extension n'est pas tolérable, cette matière pouvant être, pour la défaveur, assimilée aux dispositions pénales, qui doivent être restreintes plutôt qu'étendues » (Rennes, 2 mars 1818, V. n° 192).

191. Ainsi, la mise au rôle a été justement considérée comme un acte interruptif de la péremption : c'est un acte nécessaire, permis par la loi; l'art. 90 du tarif fixe même la taxe de la vacation accordée à l'avoué pour cet objet : c'est donc un acte valable dans le sens de la loi (Conf. MM. Carré, n° 1440; Merlin, Rép., v° Pérempt., sect. 1, § 2, n° 4-5°; Thomine, t. 1, p. 616; Reynaud,

---

vable, attendu qu'il avait poursuivi et fait rendre plusieurs jugements dans l'affaire, et par conséquent couvert la péremption. — Pourvoi. — Arrêt.

La cour; — Attendu que le jugement attaqué constate que le demandeur a poursuivi, tant au tribunal du Lot qu'à celui d'arrondissement de Figeac, et a fait rendre plusieurs jugements, et que toutes procédures, même celles faites devant les tribunaux incompétents, ont l'efficacité de couvrir la péremption d'instance; — Rejette, etc.

Du 29 brum. an 13.-C. C., sect. req.-MM. Delacoste, pr.-Henrion, rap.-Arnaud, subst., c. conf.-Saladin, av.

(1) *Espèce :* — (Com. de Bar, etc. *C.* ville de Strasbourg.) — Le pourvoi était fondé dans l'espèce sur la violation des art. 397, 398, 399 c. pr., en ce que la cour a refusé la péremption demandée, tandis que la ville de Strasbourg n'avait fait devant le tribunal saisi de la demande aucun acte, aucune poursuite pour l'interrompre, et que ceux qu'elle invoquait avaient été faits devant l'autorité administrative, en l'absence des communes et sans qu'elles y prissent aucune part. — Arrêt.

La cour; — Attendu que la péremption est une prescription abrégée qui se couvre par les actes valables faits par l'une ou l'autre des parties avant la demande en péremption; que l'expression *actes valables* de l'art. 398 c. pr. n'est pas limitative aux seules poursuites faites devant les juges de la cause; que par analogie du principe consacré par l'art. 2246, en matière de péremption, on doit reconnaître que les poursuites faites même devant des juges incompétents sont interruptives de la péremption; — Attendu, en fait, que l'arrêt attaqué constate que les poursuites commencées devant l'autorité judiciaire ont été successivement portées à l'autorité administrative, puis renvoyées à l'autorité judiciaire; que dans cet état, les différents actes de poursuites exercées par le maire de Strasbourg ont pu être déclarées interruptifs de la péremption, sans contravention aux articles invoqués 397, 398, 399 c. pr. civ.; — Rejette.

Du 10 avr. 1828.-C. C., sect. req.-MM. Henrion, pr.-Borel, rap.

(2) (Lavallée.) — La cour; — Considérant que la péremption n'a pas lieu de plein droit; qu'elle se couvre par l'une ou l'autre des parties avant la demande en péremption (art. 399 c. pr.); — Considérant en outre que si Poullioz, avant sa demande en péremption, avait fait revivre, par des actes réguliers, l'instance d'ordre suivie par lui, c'est que, postérieurement à ces actes, la veuve Florentin Lavallée lui avait formellement demandé la communication de ses titres de créances, et qu'elle avait reçu cette communication; ainsi les premiers juges se sont conformés à la loi, en rejetant la demande en péremption de l'instance d'ordre dont il s'agit.

Du 13 avr. 1813.-C. de Rennes.

n° 55; Bioche et Goujet, n° 44; Bourbeau, p. 597). — La jurisprudence s'est prononcée d'abord contre cette opinion. — Ainsi il a été décidé que la mise d'une cause au rôle ne constitue pas une interpellation *ad hominem*, et n'empêche pas le cours de la péremption (Req. 6 août 1811; Rouen, 20 mai 1826 (3); Toulouse, 5 fév. 1810 (ou 1811), aff. Marquier, V. n° 115; 4 déc. 1811, M. Desazars, pr., aff. Carron *C.* Latheulade; Besançon, 2 avril 1813, aff. N... *C.* N...; Agen, 25 août 1813, aff. Lagarlande *C.* Lerou; Lyon, 4 juill. 1823, aff. Lyonnet, *C.* Fourneyras; 6 août 1824, aff. Larchat, V. n° 137). — On lit aussi dans un arrêt plus récent de la chambre des requêtes, que l'inscription au rôle n'est pas un de ces actes de procédure qui, aux termes du code, interrompent ou suspendent la péremption, lesquels ne peuvent être que des actes d'avoué à avoué servant à l'instruction du procès » (motif, Req. 3 fév. 1835, aff. Lattier, V. n° 284).—Mais, dans l'espèce, et aux termes de l'arrêt attaqué, il n'était pas justifié que la cause eût été mise au rôle; en tout cas, il s'était écoulé plus de trois ans et six mois depuis cette prétendue mise au rôle : la péremption avait donc été prononcée justement et à un double titre, et le principe posé par la cour suprême était inutile pour justifier le rejet du pourvoi; il l'était d'autant plus que la chambre des requêtes se mettait ainsi, sans nécessité, en opposition avec elle-même.—V. les arrêts indiqués sous les numéros qui suivent.

192. Des arrêts plus nombreux se sont en effet prononcés dans le sens de notre opinion.—Il a été jugé que la mise de la cause au rôle est un acte suffisant pour interrompre le cours de la péremption, bien qu'elle ne soit pas signifiée à l'autre partie (Rennes, 2 mars 1818; Pau, 28 mars 1822; Req. 30 mars 1830 (3); Tou-

(1) 1re *Espèce* :—(Cabrol *C.* Theron.)—LA COUR ;—Attendu qu'il a été reconnu, en fait que le demandeur en cassation a été plus de trois ans sans donner suite à l'appel qu'il avait interjeté du jugement rendu le 2 juin 1806, par le tribunal de Saint-Pons, et que la demande en péremption d'instance a été formée lorsque le délai de trois ans était écoulé ;—Attendu, en droit, que, quoique suivant le règlement du ci-devant tribunal de Toulouse, la mise au rôle d'une affaire interrompît la prescription, et par conséquent s'opposât à la péremption d'instance, néanmoins, suivant les lois nouvelles, la mise au rôle d'une affaire n'a pas cet effet, et qu'ainsi la cour impériale de Montpellier, en décidant que l'appel était périmé, loin de violer ou faussement appliquer le décret impérial du 16 fév. 1807 et l'art. 2281 c. civ., en a fait une juste application ; — Rejette.

Du 6 août 1811.-C. C., sect. req.-MM. Henrion, pr.-Lasagni, rap.

2e *Espèce* : — (Dame Champigny *C.* Courcy.) — Le 5 avr. 1820, de Courcy et autres actionnent Noyon au sujet d'une prise d'eau.—Noyon met en cause les dames Menillet et de Champigny, celle-ci tant en son nom que comme tutrice de son fils mineur. — 13 mai 1822, sommation d'audience par l'avoué des demandeurs aux avoués adverses. — 6 août 1822, requête en abréviation de délai est présentée par les demandeurs au président du tribunal et répondue par lui, mais elle n'est pas signifiée. — 18 juin 1823, décès de la dame Menillet, laissant pour seul héritier le mineur Champigny. — 19 juin 1824, mise de la cause au rôle sur la réquisition de l'avoué des demandeurs. — 6 janv. 1826, la dame Champigny demande, en son nom et en celui de son fils, la péremption de l'instance; Noyon se joint à elle. — Courcy et autres combattent cette demande en se fondant sur les actes qui viennent d'être rappelés, et en outre sur ce que la péremption étant, selon eux, indivisible, il est nécessaire qu'elle soit demandée par tous les défendeurs ; que, dans l'espèce, elle ne l'a pas été au nom de la dame Menillet, attendu que, quoique le mineur Champigny soit héritier de cette dame, il n'a pas déclaré reprendre l'instance en son lieu et place, et que par là elle n'a pas été représentée.—Jugement qui rejette la demande en péremption.—Appel. — Arrêt.

LA COUR ; —Considérant que l'art. 397 c. pr., contient une disposition générale, et qu'il ne peut y être apporté de modification que dans le cas prévu par l'art. 390 du même code, c'est-à-dire qu'il ait eu un acte valable qui ait empêché la discontinuation des poursuites ; — Que, dans le fait particulier de la cause, les intimés ne justifient d'aucun acte valable qui ait pu empêcher la péremption de l'instance; — Qu'en effet, la mise au rôle, soit au mois d'avr. 1822, soit au mois de juin 1824, ne peut être rangée dans la classe des actes valables, puisque la mise au rôle est un acte purement personnel à la partie qui fait faire cette inscription arrière de sa partie adverse ;—Que la requête présentée le 6 août 1822 est bien un acte légal de procédure, mais que cette requête n'a pu interrompre la péremption, n'apparaissant pas que les intimés aient poursuivi sur cette requête, qu'ils n'ont fait enregistrer que le 26 janv. dernier, et laquelle conséquemment n'avait pas été signifiée aux appelants; que si les intimés eussent voulu qu'elle leur fût profitable, ils auraient dû se conformer à l'ordonnance intervenue sur icelle, qui les renvoie se pourvoir à la conférence, et par suite de ce qui aurait pu y être arrêté, faire une sommation d'audience pour poser qualités, et à ce moyen la cause se serait trouvée en état, puisque, aux termes du code de procédure, les plaidoiries auraient été censées commencées ;— Qu'il n'est donc pas exact de dire qu'ils ont fait tout ce qui était en leur pouvoir pour faire juger la cause; et si la loi n'exige pas qu'une affaire soit jugée dans le délai de trois ans, elle ne veut pas qu'on laisse écouler ce laps de temps sans faire aucun acte valable interruptif de la péremption ; Considérant qu'un mineur est valablement représenté par son tuteur naturel et légal; que la dame de Champigny a pu présenter sa requête en péremption d'instance tant en son nom personnel que comme tutrice de son fils mineur, sans avoir préalablement fait une signification en reprise d'instance ; que d'ailleurs cette signification aurait été contre ses intérêts et ceux de son mineur...; — Réformant, déclare l'instance périmée, etc.

Du 20 mai 1826.-C. de Rouen, 2e ch.-M. Carel, pr.

(2) 1re *Espèce* :—(Veuve Fischer *C.* Fischer.)—LA COUR ;—Considérant, en fait, qu'il ne s'est écoulé, depuis l'appel du 15 avr. 1814 jusqu'à l'acte d'enrôlement du 13 déc. 1816, que deux ans, sept mois et vingt-huit jours; — Considérant, en droit, que l'art. 397 c. proc. civ. exige une discontinuation de poursuites pendant trois ans, pour opérer la péremption d'instance; que l'art. 399 porte que la péremption se couvre par actes valables faits par l'une ou l'autre des deux parties avant la demande en péremption; que, d'un côté, la loi ne dit pas que ces actes, pour être valables, doivent être signifiés; que, d'un autre côté, elle ne distingue pas entre les actes faits avant ou depuis l'expiration de trois ans; que si les actes faits depuis les trois ans révolus couvrent la péremption d'instance, à bien plus forte raison est-elle couverte, ou pour mieux dire interrompue, s'il y a des actes valables faits avant l'expiration du délai fatal;—Qu'aucun texte de loi n'ayant dit qu'un acte, pour être valable, doive être signifié, exiger qu'il le soit, c'est ajouter à la loi, c'est lui substituer une autorité doctrinale qu'on ne peut trouver dans ses dispositions ; c'est enfin mettre la volonté de l'homme à la place de la loi; qu'en matière surtout de péremption d'instance, cette extension n'est pas tolérable, cette matière pouvant être pour la défaveur assimilée aux dispositions pénales, qui doivent être restreintes plutôt qu'étendues ; — Que l'enrôlement de la cause peut être justement défini, l'acte tendant à poursuivre l'audience dans l'ordre établi par le rôle ; que, sous ce rapport, il peut être réputé une poursuite dans le sens de l'art. 397 ; que cet acte est éminemment valable dans le sens de l'art. 399, puisqu'il est le seul moyen légalement établi pour obtenir audience et jugement ; qu'il n'est pas de la nature d'un tel acte d'être signifié ; que la loi ni le tarif n'en autorisent la signification, et qu'il n'en est pas moins valable, comme indispensablement nécessaire; qu'il y a beaucoup d'actes valables de cette nature, indépendamment de la signification, laquelle n'est pas mieux autorisée ; que pour se renfermer dans un seul exemple remarquable, l'art. 94 c. pr. civ. porte que les parties et leurs défenseurs sont tenus d'exécuter le jugement de délibéré, sans qu'il soit besoin de le lever ni signifier. Pourrait-on dire, contre le texte de la loi, que pour interrompre la péremption, la signification d'un tel jugement soit nécessaire? Non, il existe donc des cas où la péremption peut être interrompue sans acte signifié, conséquence d'autant moins résistible, d'autant plus concluante que le texte de la loi n'exige point la signification ; qu'on ne peut pas dire aussi que l'enrôlement de la cause, tel qu'il est pratiqué à la cour, n'est point un acte de procédure ; car qu'est-ce qu'un acte de procédure dans sa véritable acception? C'est un acte attributif d'un droit à l'avoué, ou d'un droit au greffe, ou de droit à l'un et à l'autre ; or, tel est l'acte d'enrôlement. Ce n'est pas, comme on a voulu le faire envisager, une simple quittance du greffier ; la quittance est précédée de l'enrôlement certifié par le greffier en chef, avec émargement du numéro du rôle général et des numéros du rôle particulier de la chambre à laquelle la cause a été distribuée; cet acte atteste une double opération, enrôlement et distribution. Il est de la dernière évidence qu'une cause ne peut être enrôlée et distribuée que sur les qualités fournies par l'avoué poursuivant. — L'acte d'enrôlement est donc donc tout à la fois une poursuite de l'avoué et un acte de greffe; acte dont la poursuite du greffier en chef est la garantie légale ; — Considérant que si des auteurs graves, si des arrêts de cours souveraines établissent un préjugé contraire à cette doctrine ; s'ils ont pensé et jugé qu'une signification d'acte soit nécessaire pour interrompre la péremption d'instance, la négative étant une conséquence directe du silence de la loi, cette conséquence est, sans contredit, préférable pour le magistrat qui ne voit que la loi, au risque évident d'ajouter à son texte, et d'exiger au delà de ce qu'elle a prescrit ; qu'au reste, à la règle du droit *lex non omisit incauta, sed quia dictum noluit*, vient se joindre à l'ancienne jurisprudence du parlement de Bretagne, attestée par tous les auteurs bretons, que l'enrôlement de la cause était un obstacle légal à la péremption d'instance; qu'il ne faut pas, en cette matière, recourir au code civil qui ne l'a point traitée, et qui n'a réglé que les prescriptions ; — Que la confusion des divers ordres de lois conduit nécessairement à l'erreur, et devient la source la plus féconde des mauvais jugements, ainsi que l'a souvent établi l'auteur de l'Esprit des lois ; — Déboute

louse, 1re ch., 15 juin 1836, aff. Ronaix C. Barelle; Bordeaux, 9 juin 1842, aff. Trarieux C. Rollin; Bruxelles, 2e ch., 12 mai 1838, aff. X... : on peut invoquer dans le même sens et par un *à fortiori* les arrêts cités, n° 115, *in fine*),... alors surtout que la cause a été, en outre, affichée dans la salle d'audience (Limoges, 9 août 1836, aff. Bascoulergue, V. n° 163-1°),... et quand bien même le défendeur n'aurait pas constitué d'avoué (Riom, 7 juin 1824, aff. Rispal, V. n° 206; Rej. 16 mars 1843, aff. Thoreau, V. Adoption, n° 117).—L'arrêt de la cour de Rennes, rapporté ci-dessous, est parfaitement motivé et nous dispense de donner plus de développement à cette importante question.

193. La cour suprême semblerait, dans les motifs de quelques-uns de ses arrêts, admettre une distinction. Suivant elle, lorsqu'il s'agit seulement d'interrompre la péremption, il suffit, aux termes de l'art. 397, d'un acte tendant à mettre la cause en état d'être jugée, bien qu'il ne soit pas signifié. Mais pour la couvrir, les actes valables exigés par l'art. 399 sont des actes contradictoires et signifiés par l'une des parties à l'autre. De là la conséquence que la mise au rôle pourrait interrompre la péremption mais ne saurait la couvrir (V. Req. 30 mars 1830, aff. com. de Serres, V. n° 192; Rej. 16 mars 1843, aff. Morcau, V. Adopt., n° 117).—Cela nous paraît inadmissible. « Il serait difficile de concevoir, dit fort bien un arrêt, que, lorsque la mise au rôle a été faite avant trois années de discontinuation de poursuites, elle fût un acte valable, de nature à proroger l'instance pendant trois ans, et qu'il n'en fût pas de même lorsque cette inscription a été faite après trois ans d'une semblable discontinuation, et qu'elle n'eût plus le même caractère, avec d'autant plus de raison que cet acte, n'ayant pas dû être signifié, se trouve parfait et valable sans aucune autre formalité » (Toulouse, 3e ch., 12 juill. 1834, M. Bernard, pr., aff. Binos C. Grillet). — Aussi la jurisprudence de la cour de cassation elle-même ne présente-t-elle aucune application du système qu'elle semblait vouloir introduire. — En effet, il a été décidé formellement que l'inscription de la mise au rôle est un acte suffisant pour *couvrir* la péremption déjà acquise de l'instance (Req. 14 août 1837; Montpellier, 18 mars 1841 (3); Riom, 7 juin 1824, aff. Rispal, V. n° 206; Toulouse, 3e ch., 12 juill. 1834, M. Bernard, pr., aff. Binos C. Grillet; Orléans, 10 juin 1843, aff. Fumey C. Gervais).

194. La radiation de la cause du rôle prononcée d'office par

---

la veuve Fischer, intimée, de sa demande en péremption d'instance.
Du 2 mars 1818.-C. de Rennes.

2e *Espèce :* — (Barzun C. Lannes.) — Le 16 oct. 1818, les mineurs Barzun furent assignés par les frères Lannes en reprise d'instance, et le 7 novembre, il intervint un arrêt conforme. — Aucun acte de procédure n'avait été fait jusqu'au 3 fév. 1820, jour où la cause fut inscrite au rôle général de la cour par l'avoué des frères Lannes. — Le 14 janv. 1822, Louis Barzun ayant acquis les droits de ses frères et sœurs, demande la péremption de l'instance; mais les frères Lannes soutiennent qu'elle a été interrompue par la mise de la cause au rôle, laquelle a formé un acte valable de poursuite dans le sens des art. 397 et 399 c. pr. civ. — Louis Barzun combat cette prétention; l'inscription au rôle, dit-il, est une mesure réglementaire prescrite par le statut organique des cours et tribunaux, autant pour leur utilité que pour celle des parties elles-mêmes : c'est un acte valable, sans doute, mais ce n'est point l'acte valable de poursuite dont parlent les art. 397 et 399 c. pr. Une poursuite, en effet, est la mise en action de divers actes de procédure pour parvenir au jugement de la cause; elle doit nécessairement être dirigée contre quelqu'un; l'enrôlement, au contraire, n'est dirigé contre personne. Là il n'y a ni action, ni signification, ni contradiction; tout se fait par l'entremise de l'avoué le plus diligent. Ce n'est donc point un acte de procédure, un des éléments de l'instance, puisqu'il n'est pas ordonné par le code de procédure ou par quelque disposition qui règle la forme de procéder. — D'ailleurs, de même que la prescription ne peut être interrompue que par une interpellation à celui qu'on veut empêcher de prescrire, par un acte *ad hominem*; de même aussi la péremption qui est une prescription de l'instance, n'est interrompue que par un acte dont la partie contre laquelle il est fait doit avoir eu connaissance; autrement il arriverait que cette partie serait exposée à demander la péremption dans une cause où il aurait été fait des actes interruptifs, et à supporter par suite les frais occasionnés par sa demande.—On invoque la doctrine de Pigeau. — Arrêt.

La cour; — Considérant en point de fait que le 7 nov. 1818, il fut rendu un arrêt de reprise d'instance sur la poursuite des parties de Déjernon; que le 3 fév. 1820, ces parties firent inscrire la cause au rôle sous le n° 4554, après avoir préalablement payé le droit d'inscription dû au greffe, et que la demande en péremption, formée par la partie de Biraben, eut lieu par la requête du 14 janv. 1822, moins de trois ans après la mise au rôle;—Considérant, en point de droit, que l'art. 397, c. pr., porte: « Toute instance, encore qu'il n'y ait pas eu constitution d'avoué, sera éteinte par discontinuation de poursuite pendant trois ans »; — Qu'ainsi, il faut d'abord examiner s'il y a eu discontinuation de poursuites, pendant trois ans, de la part des parties de Déjernon: — Or, à cet égard, l'inscription au rôle fut faite, à la réquisition desdites parties, dans les quinze mois après la reprise d'instance; que cette inscription au rôle était un acte nécessaire, indispensable, prescrit, soit par le décret contenant règlement pour l'administration de la justice, du 30 mars 1808, soit par le décret sur la taxe des frais de justice, du 16 fév. 1807; que cette inscription, par laquelle les parties de Déjernon ont manifesté l'intention de vouloir être jugées, constitue un acte de poursuite qui, d'après le susdit art. 397, s'est opposé au cours de la péremption durant le délai de trois ans;

Considérant que l'inscription au rôle constitue également l'acte valable mentionné dans l'art. 399, pour couvrir la péremption de l'instance, puisque cette inscription est par elle-même un acte dont la validité n'est point contestée, et que ce serait ajouter à la loi que de prescrire une signification à cet égard; que la péremption reposant sur la présomption de l'abandon de l'instance, cette présomption cesse de subsister contre celui qui n'est tenu de requérir l'inscription d'une cause au rôle, qu'autant qu'il veut être jugé; — Que d'ailleurs la péremption n'étant que la prescription de l'instance, elle doit être restreinte au lieu de recevoir de l'extension; et que, s'il pouvait y avoir quelque difficulté dans l'appréciation des dispositions de la loi, elle doit être interprétée en faveur de celui qui résiste à la péremption; qu'ainsi la péremption proposée doit être rejetée.

Du 28 mars 1822.-C. de Pau.-M. de Figarol, 1er pr.

3e *Espèce :* — (Com. de Serres C. Lafont.) — La cour; — Attendu que, si (pour couvrir la péremption déjà acquise par la discontinuation de toutes poursuites pendant trois ans, et faire revivre l'instance une fois éteinte) il faut des actes valables (art. 399), qui ne pourraient être autres que des actes de procédure contradictoires et signifiés par l'une des parties à l'autre, il suffit, alors que la péremption n'est pas acquise, d'actes de l'une des parties tendant à mettre la cause en état d'être jugée, pour conclure qu'il n'y eût pas discontinuation de poursuites (art. 397 c. pr.); et, par conséquent, cours à la péremption;—Attendu qu'il est constant qu'avant l'expiration de trois années, depuis l'introduction de l'appel de la sentence du tribunal de Foix, la cause, mise au rôle, distribuée à la première chambre de la cour, fut appelée à l'audience du 25 juin 1827, sur la poursuite de l'un des avoués des parties, puis inscrite sur la feuille des causes à plaider, et remise à la fin de la session judiciaire, au rôle à plaider après vacations;— Attendu que, s'étant écoulé à peine deux mois depuis ces poursuites, lorsque la demande en péremption fut formée, le reproche fait à l'arrêt qui la rejette, d'avoir violé l'art. 397 c. pr., est mal fondé; — Rejette le pourvoi contre l'arrêt de la cour de Toulouse, du 19 déc. 1827.

Du 30 mars 1830.-C. C., ch. req.-MM. Favard, pr.-De Gartempe, r.

(1) 1re *Espèce :*—(Delouvrié C. sieur et dame Milhau.)—Le procès qui a donné lieu au pourvoi fut intenté par les époux Milhau au sieur Delouvrié, en 1814. — Les choses traînèrent en longueur jusqu'en 1831, et le 20 avril de cette même année l'instance fut reprise. — La cause fut mise au rôle au mois de janv. 1833. La péremption d'instance fut demandée le 28 mai 1834. — Jugement du tribunal de première instance, qui déclare l'instance périmée. — Appel. — 27 juill. 1836, arrêt de la cour de Montpellier, qui réforme et décide que l'inscription d'une cause au rôle d'audience est interruptive de la péremption. — Pourvoi pour fausse application de l'art. 399 c. pr., en ce que l'arrêt attaqué a déclaré la mise au rôle un acte valable pour couvrir la péremption, bien que cette mise au rôle ne soit autre chose que la distribution d'une cause à telle ou telle autre chambre du tribunal, ou son classement à titre d'ancienneté; que, sous ces deux points de vue, elle était purement d'ordre intérieur du tribunal; qu'une semblable mesure n'était pas inhérente et indispensable à l'instruction et au jugement de la cause, puisqu'elle pouvait ne pas avoir lieu, soit que le tribunal ou la cour n'ait qu'une seule chambre civile, soit que l'un ou l'autre étant à jour, il ne puisse y avoir de tour de rôle d'ancienneté. — On repoussait l'argument tiré du tarif qui donne une vacation à l'avoué pour la mise au rôle, en disant qu'une disposition du tarif ne peut servir à résoudre qu'une question de tarif, et non une question de procédure. — Arrêt.

La cour; — Statuant sur le moyen tiré de la fausse application de l'art. 399 c. pr. civ.; — Attendu que, suivant la disposition de l'art. 399 c. pr. civ., la péremption se couvre par les actes valables faits par l'une ou l'autre des parties avant la demande en péremption; — Attendu que la mise au rôle d'une cause est évidemment un acte valable dans le sens de cet article, puisque cet acte est un des moyens légalement établis pour obtenir jugement; — Attendu que l'arrêt attaqué, en décidant que la péremption avait été couverte par la mise au rôle de la cause;

les juges, n'empêcherait même pas la mise au rôle de produire son effet interruptif. C'est en effet ce qui a été jugé (Montpellier, 9 janv. 1832 (1); 18 mars 1841, aff. Vareilhes, V. n° 193). — On a critiqué cette décision : l'inscription effacée ne subsiste plus, a-t-on dit; on ne peut donc attacher d'effet à une chose qui n'a plus d'existence; la décision qui annule un acte quelconque a toujours un effet rétroactif à la date de cet acte, les parties sont remises au même état où elles étaient auparavant, et tous les effets que l'acte avait produits entre elles se trouvent anéantis avec l'acte lui-même (Mémorial de Toulouse). — Mais ces considérations, ne nous paraissent pas de nature à prévaloir.—La radiation de la cause du rôle n'est pas à proprement parler une annulation de l'inscription; elle n'est pas fondée sur ce que cette inscription serait irrégulière ou viciée d'une nullité quelconque; elle a lieu seulement parce que les parties ne se présentent point ou ne sont pas prêtes à plaider, et elle n'a d'autre résultat que de leur faire perdre leur tour de rôle. — De ce que l'un des effets attachés à la mise au rôle ne pourrait plus être obtenu, il ne s'ensuit pas que les autres effets qu'elle a produits doivent être anéantis pareillement. La mise au rôle a valablement interrompu la péremption; et cette interruption, acquise aux parties, ne peut leur être enlevée par la radiation qui, n'atteignant pas cet acte dans sa validité, agit sur l'avenir et non sur le passé.

195. L'appel de la cause à l'audience a même été déclaré constituer un acte interruptif (Grenoble, 24 janv. 1822) (2).—Et il a été décidé spécialement qu'il y a eu interruption de la péremption, lorsque, avant l'expiration des trois années, la cause a été appelée à son tour de rôle, inscrite, sur la demande de l'avoué poursuivant, sur la feuille d'audience, laquelle est restée constamment affichée jusqu'à la fin de la session judiciaire, et qu'à cette époque elle a été remise, avec toutes les autres causes, pour être plaidée à la rentrée (Req. 30 mars 1830, aff. com. de Serres, V. n° 192).

196. Toutefois, il a été jugé que l'appel d'une cause, *lors de l'appel général du rôle de la chambre*, qui a lieu d'office, et par mesure d'ordre, à la première audience de rentrée, ne constitue pas un acte interruptif de la péremption (Orléans, 26 mars 1841, aff. Bellay, V. n 124-2°; Bruxelles, 15 avr. 1841, et sur pourvoi, C. C. de Belgique, 10 fév. 1842, aff. de Crampagnac, V. n° 115), à moins qu'il ne soit établi que, lors de cet appel, il a été fait, par l'une ou par l'autre des parties quelque déclaration ou posé quelque fait qui manifestât l'intention de faire des actes de poursuites (même arrêt de la C. C. de Belgique).

197. La remise de la cause, sur la demande des deux parties, ou même de l'une d'elles seulement, a encore été considérée comme devant interrompre la péremption. — Ainsi, il a été jugé que la péremption est interrompue, soit par la remise successive d'une cause, sur la demande de l'avoué du demandeur en péremption (Rej. 27 fév. 1823) (3); — ... Soit par l'arrêt contradictoire qui, sur l'appel d'une cause à son tour de rôle, renvoie l'affaire à une autre audience (Bordeaux, 12 juin 1827 (4).—Conf. Limoges, 24 juill. 1846, aff. Vergne, D. P. 47. 4. 371).—Toutefois il a été jugé que la péremption n'est pas interrompue par l'appel et les remises de cause qui ont eu lieu en l'absence d'une partie qui n'avait pas constitué avoué (Riom, 8 mars 1851, aff. R..., D. P. 51. 2. 208).

---

fait ainsi une juste application au procès de l'art. 399 c. pr. civ.; — Rejette.

Du 14 août 1837.-C. C, ch. req.-MM. Zangiacomi, pr.-Jaubert, rap.

2e *Espèce :* — (Vareilhes C. Milhau.) — La cour; — Attendu, en droit, que la péremption d'instance est régie par des règles spéciales; qu'ainsi ce n'est pas d'après les principes de droit en matière de prescription qu'il faut décider les questions de péremption; — Attendu qu'aux termes de l'art. 399 c. pr. civ. la péremption n'a pas lieu de plein droit, et qu'elle se couvre par les actes valables faits par l'une ou par l'autre des parties avant la demande en péremption; — Attendu que ces expressions *actes valables* sont générales, et s'appliquent à tous les actes autorisés ou commandés pour la poursuite ou l'instruction d'une cause; qu'il ne faut donc pas considérer comme tels seulement les actes qui doivent être signifiés d'avoué à avoué; — Attendu que la mise d'une cause au rôle est un acte indispensable pour obtenir jugement; qu'elle est donc un des actes valables dont parle l'art. 399 précité pour interrompre la péremption; qu'il en est ainsi, quoique la mise au rôle ne soit pas signifiée d'avoué à avoué, puisqu'il n'est pas de sa nature d'être signifiée, la loi ni le tarif ne prescrivant la signification;

» Attendu, en fait, que le 11 oct. 1839, quarante jours avant la demande en péremption formée par l'intimé de l'instance en péremption introduite par les appelants contre lui, l'avoué de ces derniers avait fait inscrire au rôle la demande en péremption formée par ses clients; qu'ainsi, sous ce premier rapport, la demande en péremption, formée par l'intimé le 21 nov. 1839, de l'instance en péremption introduite par les appelants le 26 août 1836, est mal fondée;—Attendu qu'il importe peu que l'avoué de l'intimé se fût démis de ses fonctions, lorsque le 11 oct. 1839 l'avoué des appelants fit l'inscription au rôle dont il s'agit; qu'il est certain, en droit, que l'inscription d'une cause au rôle peut être faite par l'avoué de l'une des parties, même avant que la partie adverse ait constitué un avoué, et qu'il y a même raison de décider dans le cas où l'avoué adversaire a cessé ses fonctions, puisque, dans l'un comme dans l'autre cas, cette partie se trouve dans une position semblable; — Attendu qu'on argumente vainement des dispositions de l'art. 344 c. pr. civ. pour soutenir que, si la mise au rôle du 11 oct. 1839 est un acte de poursuite, cet acte est nul et ne peut produire l'effet d'interrompre la péremption, parce qu'il a été fait après la démission de l'avoué de l'intimé : car la péremption étant une peine infligée par la loi au plaideur qui abandonne la poursuite de la cause, ne doit être prononcée que contre celui qui n'a fait aucun acte valable depuis trois ans au moins; or la mise au rôle, considérée au point de vue de la péremption, est un acte qui peut être fait valablement; et, puisque cet acte n'a pas besoin d'être signifié à avoué, il a pu être fait, malgré les dispositions de l'art. 344, nonobstant la démission de l'avoué du sieur Milhau;

Attendu qu'il importerait encore peu que la mise au rôle dont il s'agit eût été biffée : car lors même qu'un jugement ordonnerait cette radiation, ce jugement ne pouvant pas avoir d'effet rétroactif, il n'en laisserait pas moins subsister l'effet de l'inscription au rôle, puisque, lorsqu'elle fut faite, elle fut un acte valable qui dut empêcher la péremption pendant trois ans; — Attendu surabondamment que, s'il était vrai que la radiation de la mise au rôle eût été faite, rien ne prouve que l'on puisse attribuer ce fait aux appelants; — D'où il suit que les divers moyens adoptés par le tribunal d'Espalion pour accueillir la demande en péremption formée par l'intimé sont mal fondés; que, par conséquent, il y a lieu de rejeter ladite demande, et, par suite, attendu qu'il s'était écoulé près de quatorze ans sans poursuites dans l'instance en nullité de la sentence arbitrale de 1820 par l'intimé contre les appelants, il faut déclarer cette dernière instance périmée; — Réforme, etc.

Du 18 mars 1841.-C. de Montpellier, 1re ch.-M. Viger, 1er pr.

(1) (Ichac et Barreau C. Duret.) — La cour; — Attendu que l'instance dont la péremption est demandée fut inscrite au rôle, le 2 avril 1829; — Attendu que l'inscription au rôle est un acte judiciaire, utile, indispensable, tendant au jugement de la cause qui ne peut être appelée à l'audience, sans accomplissement de cette formalité, — Qu'il suit de là que l'inscription de la cause au rôle est, dans le sens de l'art. 399 c. pr., un acte valable pour couvrir la péremption; —Attendu que l'arrêt du 11 janv. 1830, ordonnant d'office la radiation de la cause du rôle, n'a pu avoir d'effet rétroactif, et n'en a pas moins laissé subsister entre les parties l'effet de l'inscription au rôle; — Par ces motifs, démet de la demande en péremption.

Du 9 janv. 1832.-C. de Montpellier.-M. de Trinquelague, 1er pr.

(2) (Desplagues C. Vincendon.) — La cour; — Considérant qu'il est établi que la cause au principal fut appelée à l'audience de la seconde chambre du 27 mai 1819; —Considérant que cet appel fut interruptif de la péremption; — Considérant qu'il ne s'est pas écoulé depuis lors plus de trois années; dit n'y avoir lieu à la demande en péremption.

Du 24 janv. 1822.-C. de Grenoble, ch. réun.-M. Paganon, pr.

(3) (Rogier C. André.) — La cour; — Considérant qu'aux termes de l'art. 399 c. pr., la péremption se couvre par des actes valables faits par l'une ou l'autre des parties, avant la demande en péremption; — Attendu que le jugement attaqué constate que l'avoué d'André avait porté plusieurs fois la cause à l'audience dans les trois dernières années qui avaient précédé la demande en péremption, et que si la cause n'avait pas été plaidée, ce n'est que par les renvois successifs demandés et obtenus par l'avoué du demandeur en cassation; — D'où il suit que la disposition consignée dans l'art. 399 précité doit recevoir son application à l'espèce, et suffit pour justifier le jugement; — Rejette.

Du 27 fév. 1823.-C. C., sect. req.-MM. Henrion, pr.-Botton, rap.

(4) (Lalande C. Laroque.) — La cour; — Attendu que, depuis que la cause a été portée devant la cour, les deux premiers avoués des parties s'étant retirés, il a fallu procéder à leur remplacement, et en constituer de nouveaux; — Que, le 3 janv. 1824, il intervint un arrêt contradictoire entre les parties, qui fixa la cause à quinzaine, et que, depuis cette époque, il ne s'est pas écoulé trois ans et demi, temps nécessaire pour éteindre l'instance; — Déboute Lalande de sa demande, et ordonne que les parties procéderont sur le fond.

Du 12 juin 1827.-C. de Bordeaux, 4e ch.-M. Duprat, pr.

198. Du reste, on ne doit pas considérer comme actes interruptifs des bulletins de remise d'une cause, alors, d'ailleurs, qu'ils n'indiquent pas que ces remises aient eu lieu du fait ou en présence de l'avoué (Paris, 25 août 1832; 20 février 1836) (1). — Cela paraît bien jugé. Un acte valable, dans le sens de l'art. 399 c. pr., doit être celui qui émane de la partie ou de son avoué, et qui annonce l'intention de poursuivre l'instance ou d'interrompre la péremption. Que cet effet soit attribué à la mise au rôle d'une cause, on le conçoit; car là se manifeste la présence ou l'acte de l'avoué. — Mais l'effet résultant de l'enrôlement doit-il subsister toujours, quoique les parties ni les avoués n'aient rien fait pour entretenir l'instance? Des bulletins de remise de la cause, auxquels les parties seront restées étrangères, et qui n'émanent que du greffier, auront-ils le pouvoir de mettre la procédure à l'abri de la péremption? La cour s'est prononcée pour la négative, et il semble que cette décision doit être suivie.

199. Les conclusions, prises contradictoirement à l'audience interrompent la péremption (V. Nîmes, 26 avril 1813, aff. N..., n° 278); mais il n'en serait pas de même, suivant un arrêt, des conclusions prises lors d'un arrêt rendu par défaut, faute de comparaître, et qui a été périmé faute d'exécution dans les six mois, les conclusions devant suivre le sort de l'arrêt (Riom, 8 mars 1851, aff. R..., D. P. 51. 2. 208).

200. Les requêtes adressées au juge peuvent-elles valablement interrompre la péremption, lorsqu'elles ne sont pas signifiées?— Il a été jugé, dans le sens de l'affirmative, que l'on doit réputer acte interruptif la requête en nomination d'office d'un avoué, quoique ni cette nomination ni la requête n'eussent été signifiées (Bruxelles, 17 mai 1827, aff. N..., Journ. de Bruxelles, t. 1, p. 263). — La péremption est également couverte par la présentation que fait une des parties au président de la cour, d'une requête tendant à ce que la cause soit mise au rôle, et par l'ordonnance de ce juge (Rej. 2 fév. 1831) (2).

201. Mais il a été décidé en sens contraire: 1° qu'on ne saurait considérer comme pouvant interrompre la péremption une simple requête afin d'être admis à plaider sans frais, présentée à la cour saisie de l'instance, lorsqu'elle n'a pas été signifiée à la partie adverse (Bruxelles, 14 juin 1828) (3);—2° Qu'une requête en obtention de délai répondue par le président, mais non signifiée par la partie qui l'a présentée, n'empêche pas le cours de la péremption au profit du défendeur (Rouen, 20 mai 1826, aff. Champigny, V. n° 191). — Ces décisions ne nous paraissent pas devoir être suivies; car une requête n'est pas de sa nature un acte assujetti à la signification, et elle manifeste bien évidemment l'intention de poursuivre (Conf. M. Chauveau, n° 1437 *bis*, § 2-5°).

202. L'acte de dépôt du rapport des experts est-il un acte interruptif? L'affirmative résulte des motifs d'un arrêt (Pau, 15 juin 1833, aff. Dartiguenave), et peut également s'induire de l'un des considérants de l'arrêt de cassation rendu dans la même affaire (Cass. 9 août 1837, V. n° 203-4°). — C'est aussi l'opinion qui nous semble devoir être adoptée, et l'on peut indiquer dans un sens analogue un arrêt qui décide qu'une expertise interrompt la péremption laquelle ne *recommence à courir que de la dernière vacation* (Besançon, 12 juin 1816, aff. Chenier, V. n° 234).

203. Pour qu'un acte soit déclaré interruptif de la péremption, faut-il qu'il fasse faire un pas au procès, qu'il tende à en hâter le jugement?—La négative est enseignée par Merlin, Rép., v° Péremption, sect. 1, § 2, n° 4-3°; Thomine, t. 1, p. 616; Boitard, t. 2, p. 323; M. Reynaud, n° 52. — Et il a été jugé dans ce sens: 1° qu'un acte de révocation et constitution de nouvel avoué suffit pour interrompre la péremption, attendu que c'est là un acte utile (Toulouse, 24 avril 1816) (4). — Une déci-

(1) 1re *Espèce* :—(Pierreclau C. Montailleur.)—Depuis l'introduction de l'instance entre la dame de Montailleur et le sieur Pierreclau et autres, les parties avaient négligé de se signifier aucun acte. — Seulement, on retrouva dans leurs dossiers des bulletins annonçant l'un, une remise de la cause, l'autre deux appels généraux, et le dernier une remise au premier jour. — Après trois ans et six mois de prorogation, par suite du décès de l'avoué de la dame de Montailleur, requête en péremption est signifiée de la part de cette dernière à l'avoué de Pierreclau. — Ce dernier était alors décédé. — Sa veuve, qui n'avait pas notifié son décès, forma néanmoins opposition au jugement; elle prétendit que, dès le décès de son mari, ce n'était plus à l'avoué de celui-ci, mais à elle-même, ou à son domicile, que la péremption devait être signifiée; que, dès lors, la requête en péremption était nulle. — Elle prétendit, en outre, que le bulletin de remise suffisait pour détruire toute présomption d'abandon de l'instance, et établir la présomption légale de la comparution des parties à l'audience; que, d'ailleurs, un tel acte était une pièce du procès passant en taxe et motivant un droit d'assistance au profit des avoués. — Jugement contradictoire qui rejette ces prétentions : « Attendu qu'il n'est pas justifié que le décès de Pierreclau ait été notifié;... que, d'ailleurs, l'art. 400 n'exige la signification à personne ou domicile de la demande en péremption, que dans le cas du décès de l'avoué; — Attendu que les bulletins ne sont pas des actes émanés de l'une ou l'autre des parties, comme les entend l'art. 399 du code précité. »—Appel.—Arrêt.

La cour; — Adoptant les motifs des premiers juges;—Confirme.

Du 25 août 1832.-C. de Paris, 2e ch.

2e *Espèce* : — (Rancès C. Périssé) — La cour; — Considérant que les bulletins envoyés par le greffier aux avoués des parties, lorsque rien ne justifie que les avoués aient comparu, et aient pris aucune conclusion, n'établissent pas une continuation de poursuites de nature à suspendre les délais de la péremption, aux termes de l'art. 397 c. proc., et que la péremption a été acquise le 4 juin 1831; — Infirme; déclare l'instance périmée, etc.

Du 20 fév. 1836.-C. de Paris, 3e ch.-M. Simonneau, pr.

(2) *Espèce* : — (Diverneresse C. époux Fargeix.) — Dans l'espèce, l'appel interjeté le 10 oct. 1823, était resté en cet état jusqu'au 17 nov. 1826, où la cause fut mise au rôle et renvoyée devant la chambre des appels de police correctionnelle, comme matière sommaire, par ordonnance non signifiée du premier président.—Demande en péremption de l'instance.— Le 22 déc. 1826, arrêt de la cour de Limoges, qui rejette cette demande.—Pourvoi pour violation de l'art. 397 et fausse application de l'art. 399 c. pr.—Arrêt.

La cour;— Attendu que l'art. 399 c. pr. dispose, expressément, que la péremption se couvrira par des actes valables faits par l'une ou l'autre des parties, avant la demande en péremption, sans imposer la nécessité de leur signification à toutes les parties de l'instance; — Qu'il a été reconnu par l'arrêt attaqué, que des actes valables avaient été faits par la veuve Legrand, en temps utile, et que les époux Fargeix en avaient notifié qui étaient également utiles pour arrêter le cours de la péremption; —D'où il suit que la cour royale de Limoges, en rejetant cette demande en péremption, n'a point violé l'art. 397 c. pr. et a fait une juste application de l'art. 399 du même code; — Rejette.

Du 2 fév. 1831.-C. C., ch. civ.-MM. Portalis, 1er pr.-Jourde, rap.-Nicod, av. gén., c. conf.-Mandaroux-Vertamy, av.

(3) (Vanbever C. bur. de bienf. de R...)— La cour; —Attendu que l'art. 397 c. pr., déclare en général les instances périmées par la discontinuation de poursuites pendant trois ans; — Que, bien que les défendeurs en péremption, appelants et demandeurs primitifs, aient présenté requête à la cour, à l'effet d'obtenir le *pro deo*, la présentation de cette requête ne peut cependant être considérée comme un acte de poursuite, dans le sens de l'art. 399 code cité, aussi longtemps qu'elle n'a point été signifiée à partie, et que rien n'a empêché les défendeurs, en attendant qu'il fût disposé sur leur demande en *pro deo*, de faire notifier à leur partie adverse un acte valable, requis par le prédit art. 399, à l'effet d'interrompre la péremption; — Attendu que depuis le 12 mai 1824, époque à laquelle la cause a été distribuée à la première chambre de la cour, les défendeurs en péremption n'ont fait aucune poursuite en cause; — Que, par suite, au 12 juin 1827, lorsque la demande en péremption a été formée, plus de trois ans s'étaient écoulés, et que la signification faite par exploit du 16, même mois de juin, de la part des défendeurs, aux demandeurs en péremption, à l'effet de comparaître devant les commissaires de la cour, pour y faire valoir leurs moyens contre la demande en *pro deo*, ne pouvait plus couvrir leur négligence à poursuivre la cause, déclare l'instance dont s'agit périmée, etc.

Du 14 juin 1828.-C. de Bruxelles, 1re ch.-M. Spruyt, av. gén., c. conf.

(4) *Espèce* : — (Carivenc C. Carivenc.) — Instance entre Joseph et A. Carivenc. Les procédures restent suspendues pendant plus de trois ans : seulement, dans l'intervalle, Joseph Carivenc révoque, par acte, Me Alba, son avoué, et constitue Me Carivenc. En cet état, demande en péremption par A. Carivenc; mais un jugement du tribunal de Castres déclare l'instance bien entretenue par l'acte de constitution de nouvel avoué, fait avant l'expiration des trois années. — Appel par A. Carivenc; — Il soutient que c'est à tort que les premiers juges ont considéré comme un acte de poursuite l'acte de constitution et de révocation d'avoué; que cet acte n'a pas fait faire un pas à la procédure, qui était complète et en état d'être jugée sans lui; que ce n'est pas dans la jurisprudence établie sous l'ord. de 1563 qu'il faut chercher des motifs de décision pour la cause, puisque cette ordonnance ne portait pas qu'il était nécessaire qu'il y eût discontinuation de poursuites, mais disait :

sion identique a été rendue sous l'ancien droit (parl. de Paris, 5 juill. 1618; Brodeau-sur-Louet, lett. P., § 14, V. Merlin, *loc. cit.*); — 2° Que quoiqu'un acte soit inutile, et lors même qu'il ne serait que la répétition d'un acte précédent, sa signification exclut toujours l'idée de laisser la procédure impoursuivie (Toulouse, 5 mars 1835, mem. de Tajan, t. 31, p. 113). — C'est aussi ce qui nous semble devoir être admis. Dès qu'un acte témoigne l'intention du demandeur de ne pas laisser l'instance s'éteindre, et que cet acte est régulier, il interrompt ou couvre la péremption, alors même qu'il serait superflu. C'est ce que Merlin remarque fort bien *loc. cit.*—Toutefois, il a été jugé, mais à tort, suivant nous, que l'acte contenant déclaration de persister dans un appel précédemment interjeté, et sommation de constituer avoué, ne saurait, comme inutile à la marche de la procédure, être réputé valable dans le sens de l'interruption de péremption d'instance (Paris, 2 août 1852, aff. Gérard, D. P. 52. 5. 420).

204. On doit même aller jusqu'à décider que les actes frustratoires sont interruptifs de la péremption. La loi n'en prononce pas la nullité; elle déclare seulement qu'ils n'entreront pas en taxe (V. n° 189). Dans l'ancien droit, Rodier et Lange distinguaient entre les actes superflus et les actes frustratoires; les premiers, à la différence des seconds, interrompaient la péremption; mais cette distinction fort subtile est repoussée avec raison par Merlin, sect. 1, § 2, n° 4-4°. Utile ou inutile, tout acte de procédure manifeste est une intention évidente de ne pas laisser périmer la poursuite (Conf. MM. Raynaud, n° 54; Chauveau, n° 1438; V. toutefois Carré, *eod.*).—Il a été jugé en ce sens que les actes frustratoires, et spécialement une assignation en reprise d'instance, lorsque cette instance était déjà reprise, suffisent pour interrompre la péremption (Toulouse, 5 mars 1835, aff. Cayrac, V. Exploit, n° 654-2°; V. aussi Paris, 25 avril 1815, aff. Issautier, V. n° 257-2°).

205. Mais il serait impossible de reconnaître une force interruptive à des actes qui ne se rattachent qu'accessoirement à l'instance, et qu'on ne peut, à proprement parler, qualifier d'actes de poursuites, ou qui formés dans l'intérêt unique de l'une des parties, n'ont aucune influence sur la marche du procès — C'est ainsi qu'on a jugé que la péremption n'est pas interrompue, 1° par l'enregistrement d'un arrêt interlocutoire, cette formalité ne constituant pas un acte de poursuite (Bordeaux, 17 déc. 1840, aff. Manan, V. n° 313); — 2° Par la signification faite, au nom du cessionnaire, de l'acte de cession des droits litigieux (Bruxelles, 21 juin 1826, Journ. de Bruxelles, 1826, t. 2, p. 95); — 3° Par un acte de voyage (Riom, 7 janv. 1817) (1). Ce ne sont pas là non plus des actes de poursuites; — 4° Soit par l'ordonnance de taxe des vacations des experts, rendue sur leur requête, par le président et suivie de l'exécutoire délivré contre la partie qui a requis l'expertise, soit par la signification de ces actes à cette partie, à la requête des experts : ce ne sont pas là des actes émanés des parties en cause ou intervenus dans leur intérêt et ayant pour objet la continuation de l'instance (Cass. 9 août 1837) (2).

« l'instance est éteinte si, par le laps de trois ans, elle est discontinuée; » locution bien différente, et par laquelle les tribunaux s'étaient crus autorisés à accorder l'effet de suspendre la péremption, à un acte même superflu. L'appelant rappelle que la péremption est favorable, en ce qu'elle tend à mettre fin aux procès. — Arrêt.

La cour; — Attendu qu'aux termes de l'art. 397 c. pr., la péremption d'instance n'a lieu qu'autant qu'il y a discontinuation de poursuites pendant trois ans; que, dans l'hypothèse actuelle, l'acte de révocation de Me Alba, et de constitution de Me Carivenc à sa place, fut signifié avant l'expiration des trois années, à dater des dernières poursuites qui avaient eu lieu; que cet acte, autorisé par l'art. 75 dudit code, constituait un acte utile de la procédure, et mettait ainsi l'instance à l'abri de la péremption, qui n'est autre chose qu'une peine infligée par la loi, à la partie qui abandonne absolument le procès pendant trois ans consécutifs, et qui, d'après une telle inactivité, est présumée ne vouloir plus y donner de suites; que, suivant la doctrine de Rodier et de Lange, et la jurisprudence qu'ils attestent, un acte, même superflu, suffit pour arrêter le cours de la péremption, et l'on doit sans doute attribuer un pareil effet à celui notifié à la requête de Joseph Carivenc, puisque, autorisé par la loi, il faisait partie du procès, et était destiné à en poursuivre le jugement; que la décision des premiers juges doit conséquemment être confirmée, a démis de l'appel.

Du 24 avril 1816.-C. de Toulouse.

(1) (Thomas C. Imbert.) — La cour; — Considérant que les actes de voyage que les parties peuvent prendre dans leur intérêt ne sont ni obligés ni utiles pour l'inextinction et la marche de la procédure; que de pareils actes ne sauraient être mis au nombre de ceux qui ont occupé le législateur dans l'art. 399 c. pr.; — Considérant que l'acte de voyage pris par le fils de la partie de Pagès n'a pas même été signifié antérieurement à la demande en péremption; — Par ces motifs, faisant droit sur la demande formée par la partie de Marie, déclare périmée, faute de poursuites pendant trois ans, l'instance d'appel, etc.

Du 7 janv. 1817.-C. de Riom, 2e ch.-M. Deval de Guymont, pr.

(2) *Espèce :* — (Dartiguenave C. Ferran.) — En mars 1822, instance entre le sieur Ferran et la dame Latapie, au sujet d'un cours d'eau. — Interlocutoire. — Enquête. — Le 2 déc. 1822, le tribunal de Tarbes rend un jugement définitif. — Appel par Ferran. — 1er août 1826, arrêt qui ordonne une nouvelle visite des lieux. — Le 22 décembre suivant, le rapport des experts est fait et clôturé en présence des parties. — Le 3 mars 1827, il est déposé, en leur absence, au greffe du tribunal. Ce dépôt n'a pas été notifié. — Sur requête de l'un des experts, le président a rendu, le 14 mai 1827, une ordonnance de taxe de leurs vacations, et délivré exécutoire contre le sieur Ferran, qui avait requis l'expertise. — Le 9 nov. 1828, signification par les experts, au sieur Ferran, de l'ordonnance de taxe et de l'exécutoire. — 4 mars 1830, la dame Latapie, devenue dame Dartiguenave, a fait signifier avec son mari une demande en péremption de l'instance, par un acte constatant que l'exploit avait eu lieu à sept heures du matin. — Une heure après, l'avoué du sieur Ferran, passant cette signification sous silence, fait faire des actes propres à entretenir l'instance. — Mais l'avoué des époux Dartiguenave réplique par un exploit, dans lequel il déclare qu'il n'y a pas lieu de s'occuper de ces conclusions, attendu que la péremption est acquise. — Débat alors sur ce dernier point, et entre autres moyens présentés par la veuve du sieur Ferran, mort dans l'entrefaite, il en est fourni un tiré de ce que l'un des experts a fait signifier, le 9 nov. 1828, au défendeur, décédé depuis, une ordonnance de taxe, rendue au profit des experts par M. le président, le 14 mai 1827, d'où il résultait, suivant la défenderesse, que la péremption n'avait pu s'accomplir, puisque, du 9 nov. 1828 au 4 mars 1830, il ne s'était pas écoulé trois ans.

Le 15 juin 1833, arrêt de la cour de Pau qui accueille ce moyen en ces termes : — « Attendu, sur le troisième moyen, pris de la taxe et de l'exécutoire signifié le 14 mai 1827, que, si l'on peut considérer le dépôt du rapport des experts au greffe de la cour comme un acte de poursuite, on doit aussi regarder comme tel la taxe des vacations faite par le président, et l'exécutoire délivré contre la partie qui a requis l'expertise; —Que ces actes sont, en effet, le complément de cette procédure; qu'ils sont ordonnés par le même article, qui prescrit le dépôt du rapport au greffe; qu'il est d'autant plus juste de faire courir le délai de la péremption à compter de cette ordonnance, que ce n'est que par sa signification que les parties sont instruites du dépôt de l'expertise au greffe, et sont ainsi mises à même d'achever l'instruction; — Que c'est en vain qu'on oppose l'art. 399, d'après lequel la péremption ne se couvre que par les actes valables faits par l'une ou l'autre des parties avant la demande; que la taxe du président et l'exécutoire sont des actes valables, par cela seul qu'ils sont prescrits par la loi; qu'ils clôturent l'expertise et s'identifient avec tous les autres actes qui la composent; que la demande formée par les experts, aux fins d'obtenir la taxe, est censée faite par les parties elles-mêmes, parce qu'ils sont les mandataires de celles-ci; qu'en effet, d'après l'art. 305, ce n'est qu'autant que les parties ne peuvent convenir d'experts qu'ils sont nommés d'office par le tribunal; mais cette nomination n'enlève point aux experts la qualité que la loi leur imprime, de mandataires des parties; que toutes les opérations des experts, auxquelles les parties sont censées être présentes, puisqu'elles sont sommées d'y assister, doivent être considérées comme faites par les parties elles-mêmes; —Que, vainement on a encore opposé que la taxe et l'exécutoire n'intéressaient que les experts et la partie qui avait poursuivi l'expertise; que ces actes intéressent également chacune des parties, puisqu'ils clôturent l'expertise ordonnée dans l'intérêt commun; —Que ce n'est point la partie qui a requis l'expertise qui en doit payer les frais; qu'elle en fait seulement les avances; que, si elle gagne le procès, c'est son adversaire qui devra les supporter; qu'elles sont donc aussi intéressées l'une que l'autre à ce que la taxe des dépens soit bien faite; que chacune d'elles a le droit de former opposition à l'exécutoire; que cette opposition devrait être vidée par la cour; que, dans ce cas, on ne pourrait point contester que l'arrêt qui interviendrait, ne fût une interruption de la péremption; que, par les mêmes raisons, il faut considérer comme telle l'ordonnance non attaquée, commune aux parties et signifiée, et que, par conséquent, elle a toutes les qualités requises par la loi pour interrompre la péremption; — Attendu que cette ordonnance ayant été signifiée le 14 mai (*a*), ce n'est que depuis cette époque que le délai de

(*a*) On a pu remarquer dans ce texte, d'ailleurs fort bien motivé, que, soit distraction du rédacteur, soit étourderie du copiste, il contient des inexactitudes. Ainsi, entre autres, il recule tantôt au 14 mars, tantôt au 14 mai 1827, l'époque de la

206. La consignation d'amende exigée au cas d'appel est-elle un acte valable dans le sens de l'art. 399 c. pr. qui soit de nature à interrompre la péremption? — Il a été jugé, dans le sens de l'affirmative, que la péremption est interrompue par la consignation d'amende et le placement de la cause au rôle, quoique les quittances qui constatent l'accomplissement de ces formalités n'aient pas été signifiées à l'autre partie qui n'a pas même constitué d'avoué (Riom, 7 juin 1824 (1). — Conf. Caen, 4e ch., 7 juill. 1840, M. Binard, pr., aff. Destrais *C.* Raoult).— Mais il a été décidé, en sens contraire, que la consignation de l'amende de fol appel n'étant pas un acte de poursuite, n'a pas pour effet d'empêcher la péremption de l'instance d'appel (Bordeaux, 5 juin 1834 (2); Poitiers, 26 mars 1852, aff. Poussard, D. P. 53. 5. 355).—Tel est aussi l'avis de M. Reynaud, p. 101. —« Nous ne voyons, dit-il, dans la consignation d'amende qu'un fait de l'avoué qui veut mettre sa responsabilité à l'abri, mais non pas une de ces diligences qui annoncent l'intention de poursuivre, ce qui constitue nécessairement une poursuite. »—Néanmoins, l'art. 399 n'exige pas un acte de *poursuite*, mais seulement un acte valable. Or, une consignation de l'amende exigée sous des peines par l'ord. de 1671 et par les arrêtés des 27 niv. an 10 et 10 flor. an 11 (V. Appel civ., nos 1339), pour laquelle (et pour le retrait de laquelle) l'art. 90 du décret du 16 fév. 1807 accorde une vacation à l'avoué, semble être un acte valable dans le sens de l'art. 399.

207. Le changement d'état des parties interrompt-il la péremption? Non, s'il n'est pas notifié; car les actes faits par la partie adverse n'en sont pas moins valables (arg. c. pr. 344), rien ne l'empêche donc de continuer les poursuites (V. Repr. d'inst.). —Il a été jugé, en ce sens, que l'émancipation non dénoncée de l'une des parties n'interrompt pas la péremption, alors même qu'entre le jour où l'émancipation a eu lieu, et celui où la demande en péremption a été formée, il s'est écoulé un délai insuffisant pour que cette dénonciation pût être faite (Agen, 27 août 1813) (3).— Il en serait de même du décès de l'une des parties, de l'intimé, par exemple, si ce décès n'a pas été signifié aux appelants (Paris, 1re sect., 17 avril 1809, aff. Mouchet *C.* Jouffroy; V. aussi Caen, 18 mai 1838, aff. Delabrèque, V. n° 168-5°).

---

la péremption a couru, et qu'alors elle n'était pas acquise le 4 mars, jour auquel elle a été demandée; que l'acte fait le même jour par la partie de Deyt l'a interrompue. »

Pourvoi pour violation de l'art. 399 c. civ., sous trois rapports: — 1° En ce que la cour de Pau a déclaré la péremption d'instance interrompue au profit de la dame veuve Ferran, contre les sieur et dame Dartiguenave, sur le fondement d'une ordonnance de taxe signifiée par un expert pour avoir son payement, non aux sieur et dame Dartiguenave, mais à la dame veuve Ferran elle-même, quoiqu'un pareil acte ne fût point émané de la veuve Ferran, et ne pût être regardé comme émané de son mandataire, dès que l'expert n'agissait ici que dans son unique intérêt; que c'est, en effet, le cas d'appliquer le principe général de l'art. 1119 c. civ., d'après lequel on ne contracte pas par un tiers, et que la fiction du contrat judiciaire, d'après lequel les parties litigantes sont censées contracter par l'intermédiaire du juge, et, par suite, des experts, n'est pas applicable à l'espèce, où il ne s'agit pas d'un acte d'instruction proprement dit, mais d'un acte dans l'intérêt exclusif des experts. — 2° En ce que cette ordonnance de taxe n'était point un acte pouvant servir à l'instruction de la cause, et, par conséquent, de nature à interrompre la péremption (V. Carré, Quest., n° 1986). — 3° En ce que l'ordonnance de taxe, fût-elle émanée des parties, et pût-elle être regardée comme un acte d'instruction, elle n'aurait pu interrompre la péremption, dès qu'elle n'avait pas été signifiée aux sieur et dame Dartiguenave, *paria sunt non esse aut non apparere.* — Le demandeur s'appuyait, en outre, sur l'art. 321 c. pr., qu'il présentait comme répondant directement au premier et principal moyen de l'arrêt attaqué.

La défenderesse s'est appuyée de la définition de M. Merlin, suivant lequel « les experts sont des gens de l'art nommés par autorité de justice, ou choisis par les parties intéressées, etc., » pour en conclure que, dans un cas comme dans l'autre, ils agissent en vertu d'un mandat des parties, chargés d'exposer leurs griefs reciproques, et dans leur intérêt commun; qu'ils sont, dès lors, de véritables mandataires. (Pigeau, t. 1, p. 577.) — Des dispositions du code, il résulte que tous les actes de l'expertise, jusques et y compris l'ordonnance de taxe et l'exécutoire (c. pr., 318), sont opérés par les experts, en leur qualité de mandataires des parties ou de la justice; ces actes appartiennent au procès comme s'ils émanaient des parties; il ne leur est permis ni de les rejeter, ni de s'y rendre étrangères. — On objecte en vain que la taxe et l'exécutoire n'intéressent ni le procès, ni les parties. — D'abord, ils sont prescrits par la loi, ce qui leur donne effet comme actes de procédure. (Carré, t. 1, p. 539.) — Ensuite, ils sont la conséquence indispensable de l'opération, soit que les experts veuillent être payés, soit que les parties veuillent ou former opposition à l'ordonnance, ou connaître les frais à la charge de celle qui perd le procès, soit pour que le juge-commissaire puisse les allouer dans la liquidation.—Ces actes n'intéressent donc pas seulement les experts; ils ont donc été justement regardés comme interruptifs de la péremption. — On a soutenu à tort qu'il fallait que de tels actes fussent faits par l'une des parties. Car le rapport des experts, l'acte de dépôt, la mise de la cause au rôle, qu'on ne fait nulle difficulté de regarder comme tels, n'émanent d'aucune des parties. — Au reste, ce n'est pas dans l'art. 399, mais bien dans l'art. 397, que se puise la raison de décider. Il s'agit, en effet, uniquement de savoir s'il y a eu discontinuation de poursuites pendant trois ans. Or, comment nier que l'ordonnance de taxe ne soit un acte de procédure, alors que l'art. 319 exige qu'elle soit écrite non sur une feuille volante, mais à la suite de la minute du rapport qu'elle complète? — On remarque encore que ni l'art. 399, ni l'art. 397 n'exigent la notification comme preuve de la valeur de l'acte interruptif. — Arrêt (ap. dél. en ch. du cons.).

La cour; — Vu les art. 321, 397 et 399 c. pr. civ.; — Attendu que le délai de la péremption commence à courir du jour où les parties litigantes, pouvant agir, ont cessé de le faire; — Que, si, pendant l'exécution d'un jugement interlocutoire qui a ordonné une expertise, elles ne peuvent agir et doivent se borner à surveiller cette exécution, conformément au vœu de la loi, à dater du jour du dépôt au greffe du rapport des experts, elles recouvrent la faculté de hâter le progrès de l'instance, et en ont même le devoir, puisque c'est à la partie la plus diligente qu'il appartient de faire signifier le rapport; — Attendu que la péremption ne peut être interrompue, aux termes de l'art. 399 c. pr., que par des actes de poursuite émanés d'une des parties en cause, ou intervenus dans leur intérêt et ayant pour objet la continuation de l'instance; — Attendu que l'ordonnance du président du tribunal, par laquelle, sur la minute du rapport, il alloue aux experts les taxations qui leur sont dues et la signification de cette ordonnance aux parties par les experts qui l'ont obtenue, ne sont pas des actes émanés des parties, intervenus dans leur intérêt, ayant pour objet la continuation et la terminaison de l'instance et ne peuvent, par conséquent, être considerés comme des actes interruptifs de la péremption; — D'où il suit qu'en jugeant, dans l'espèce, que la péremption n'était pas acquise, trois ans révolus après le dépôt de l'expertise au greffe de la cour, et en décidant qu'en ce cas, le délai de trois ans nécessaire pour que la péremption soit encourue, ne devait être compté que du jour où l'ordonnance de taxation des experts avait été rendue, et en donnant ainsi à cette ordonnance étrangère aux parties litigantes le caractère d'un acte interruptif de la péremption, l'arrêt attaqué a expressément violé l'art. 321 et faussement appliqué les art. 397 et 399 c. pr. civ.; — Casse.

Du 9 août 1837.-C. C., ch. civ.-MM. Portalis, 1er pr.-Chardel, rap.-Laplagne, 1er av. gén., c. conf.-Dalloz et Galisset, av.

(1) (Rispal.) — La cour; — Considérant que la péremption est une sorte de peine attachée à l'abandon de sa cause, ou à la simple négligence du plaideur, pendant un délai déterminé par la loi; — Considérant que l'art. 399 c. pr. civ. dispose que la péremption se couvre par des actes valables, faits par l'une ou l'autre des parties avant la demande en péremption; — Considérant qu'avant la demande en péremption dont il s'agit, Martin Rispal avait fait consigner l'amende, requis et obtenu le placement de la cause au rôle pour arriver au jugement; — Considérant que ces actes nécessaires et indispensables même, sont évidemment des diligences de la partie qui veut aller en avant, des actes valables, dans le sens de l'article précité, qui n'impose aucunement l'obligation de la signification de ces actes, pour être utiles et couvrir la péremption; — Déclare la demande en péremption non recevable.

Du 7 juin 1824.-C. de Riom, 2e ch.-M. Deval de Guymoret, pr.

(2) (Gachet *C.* Chaigneau.) — La cour; — Attendu, en fait, que du 27 nov. 1828 au 5 juill. 1833, jour où la requête en péremption a été présentée, il y a eu discontinuation de poursuites; — Attendu qu'avoir consigné, le 26 juin précédent, l'amende d'appel, ce n'est pas avoir continué des poursuites; que cette consignation, qui est restée étrangère à l'intimé, ne peut être considérée à son égard comme un de ces actes valables qui couvrent la péremption, lorsqu'ils ont été faits par l'une des parties avant la demande en péremption; — Déclare l'instance éteinte, par discontinuation de poursuites pendant le temps déterminé par la loi.

Du 5 juin 1834.-C. de Bordeaux, 1re ch.-M. Poumeyrol, pr.

(3) (Dantrat *C.* Vendemios.) — La cour; — Considérant que d'après la jurisprudence de la cour de cassation, des cours impériales, principalement de la présente cour, la demande en péremption d'instance est de sa nature une demande nouvelle, une demande principale, soumise

---

signification de l'exécutoire, après l'avoir, dans ses qualités, placée à sa véritable date, qui est le 9 nov. 1828. Ces erreurs, bien qu'indifférentes, ont été signalées avec raison devant la cour.

208. Toutefois, il a été décidé que si, dans une instance entre sections de commune, auxquelles des syndics ont été nommés pour les représenter, l'un des syndics vient à décéder, ce décès conserve l'instance et met fin aux pouvoirs de l'avoué en tout ce qui ne serait pas une suite de l'instance, alors même qu'il n'aurait pas été notifié à la partie adverse; par suite la demande en péremption, formée par requête d'avoué à avoué, contre la section représentée par ce syndic et après son décès, étant une demande nouvelle et principale, doit être rejetée par le motif que le demandeur en péremption n'a pas de contradicteur légitime (Riom, 26 nov. 1820) (1). — Cet arrêt ne doit pas être suivi : le décès des parties a pu sous l'ancien droit interrompre la péremption; mais, aujourd'hui, il donne seulement lieu à une prolongation de délai.—V. n°s 155 et suiv.

209. La notification du changement d'état ou celle du décès de l'une des parties pourrait-elle être considérée comme acte interruptif?— Il a été jugé dans le sens de la négative, que la dénonciation, par acte d'avoué à avoué, du décès de l'une des parties, n'est pas un acte valable susceptible d'interrompre le cours de la péremption; qu'elle n'a d'autre effet que de proroger le délai ordinaire de six mois de plus (Grenoble, 14 mars 1822 (2).— Conf. M. Bourbeau, p. 631 note).— Néanmoins, il a été jugé 1° que lorsque le mandataire de l'une des parties est décédé, la dénonciation de son décès à l'avoué de la partie adverse, et l'assignation à cet avoué tendant à ce que la cause soit suspendue, interrompt le cours de la péremption (Rennes, 10 juin 1816, aff. Desaunays, V. n° 154); — 2°. Que l'acte par lequel l'avoué d'une partie notifie à l'avoué occupant pour l'autre partie le décès de cette dernière couvre la péremption (C. C. de Belgique, 24 mai 1836) (3). — Mais, c'est là, ce nous semble, exagérer les effets d'une dénonciation de changement d'état ou de décès, laquelle n'implique aucune idée relative à la continuation de l'instance, et n'a trait qu'à l'objet des art. 334 et suiv., 397-2°.

210. Le décès d'un commissaire ou d'un rapporteur n'interrompt pas le cours de la péremption : c'est l'avis de tous les auteurs modernes, fondé sur ce que le code ne parle que du décès de l'avoué, et sur ce que les parties doivent s'imputer de n'avoir pas fait remplacer le juge décédé, ainsi que l'art. 110 leur en donnait la faculté (Carré, n° 1418; Delaporte, t. 1, p. 369; Demiau, p. 289; Favard, t. 4, p. 193; Reynaud, n° 45; Chauveau, n° 1417). — Menelet, p. 108, entre les anciens auteurs, était du même sentiment (Conf. Agen, 27 août 1813, aff. Dantrat, V. n° 207).

211. La demande en reprise d'instance interrompt ou couvre la péremption : cela ne peut, ce semble, faire l'objet d'aucun doute; c'est là un acte qui tend à mettre le procès en état d'être jugé. — Aussi a-t-il été décidé : 1° qu'une citation en reprise d'instance contenant constitution d'avoué couvre la péremption (Req. 16 avril 1807 (4). — Conf. Paris, 3e ch., 6 mai 1813, M. Brisson, pr., aff. Poitevin C. Fremeau; sol. impl. Cass. 12 nov. 1832, aff. com. de Campan, V. n° 184);—2° Que les conclusions prises à l'audience au nom des héritiers, et tendantes à reprise d'instance, couvrent la péremption (Nîmes, 26 avril 1813, aff. N..., V. n° 278); — 3° Qu'une reprise d'instance de la part d'héritiers qui sont dans le délai additionnel vaudrait intervention dans l'instance, à supposer qu'ils n'y aient point été appelés, et, par suite, aurait l'effet d'un acte interruptif de la péremption (C. C. Bruxelles, 19 août 1814, aff. Desmet, n° 332-1°).—Il en est ainsi, soit que la demande en reprise d'instance émane du demandeur ou du défendeur, soit qu'elle soit formée par les héritiers de l'un ou de l'autre (Conf. M. Chauveau, n° 1424 *bis*).

212. Mais que décider à l'égard de la demande en reprise d'instance formée par les héritiers du défendeur dans le but de demander la péremption de l'instance? — Il a été jugé sur ce point que la déclaration de reprise d'instance faite par un héritier en vue de demander la péremption de l'instance, et par l'acte même qui contient cette demande, ne peut être réputée avoir couvert la péremption (Paris, 23 nov. 1848, aff. Hubert, D. P. 49. 2. 47).—V. du reste, n° 284.

---

aux lois qui régissent la matière au moment où elle est instruite, surtout lorsque, comme dans le cas présent, le délai pour la péremption a commencé à courir depuis l'émission du code de procédure; il faut donc dans le cas présent appliquer la décision de ce code, dont l'art. 397 dispose que toute instance sera éteinte par la discontinuation de poursuites pendant trois ans; or, ici, il s'était écoulé plus de trois ans depuis le 15 mai 1809, jour du dernier acte de procédure, jusqu'au 6 juin 1812, jour auquel la demande en péremption a été formée; il y a donc lieu à déclarer la péremption acquise, sans qu'on puisse faire une distinction entre les procès d'audience et ceux mis au rapport, puisque le code ne distingue pas; sans qu'on puisse opposer aussi que le même jour, 6 juin, il fut fait un acte de procédure, parce que la demande en péremption fut faite dans la matinée, et l'acte de procédure fut fait à huit heures du soir, ainsi qu'il résulte de l'énoncé de ces deux pièces, sans qu'on puisse encore opposer le décès du rapporteur, survenu dans les trois ans, parce que la loi elle-même a décidé dans quels cas la péremption n'est acquise qu'après une prorogation de délai; et la démission, la mort du rapporteur n'est pas au nombre de ces cas. En vain oppose-t-on encore que le sieur Dantrat ayant été émancipé, il y a eu changement d'état qui empêche la péremption, parce que le changement d'état n'a pas été dénoncé; il a eu lieu précédemment, la veille du jour auquel la demande en péremption a été formée, et il a eu lieu à Paris; il était donc impossible qu'il fût connu à Agen; il n'a donc pu être dénoncé, et il ne l'a pas été; il n'a donc pu y avoir lieu à une reprise d'instance, ni par conséquent prolonger le délai de la péremption; — Par ces motifs, déclare périmée l'instance d'appel.

Du 27 août 1813.-C. d'Agen-M. Lacuée, 1er pr.

(1) (Habit. de Theil C. habit. de la Montgie.)—LA COUR;—Attendu que Guillaume Chaptard, syndic des habitants de la section de la commune du lieu de la Montgie, est décédé le 13 déc. 1815, bien avant la demande en péremption formée par les habitants des sections de commune des lieux du Mas et du Theil, laquelle est du 22 déc. 1815; — Attendu le principe de tous les temps que le décès de l'une des parties conserve l'instance et tous les droits qui en dépendent; que ce décès met fin aux pouvoirs de l'avoué, respectivement à tout ce qui ne serait pas une suite nécessaire de l'instance; que, s'il est vrai que d'après les art. 342 et suiv. c. pr., l'affaire, quand elle est en état, peut être jugée valablement, malgré le décès de l'une des parties, lorsqu'il n'est pas notifié, on ne peut comparer ce cas à celui dont il s'agit, et on ne peut en conclure qu'on puisse demander la péremption contre des individus qui ne pouvaient se défendre que sous un nom collectif, et par le ministère d'un syndic qui n'existait plus, parce que, dans le cas de l'art. 342 et suiv., il est question de donner suite à la même demande et procédure, et que l'on peut statuer sur cette demande en connaissance de cause lorsqu'elle est instruite, malgré le décès de l'une des parties; au lieu que, dans le cas dont il s'agit, la demande en péremption est une demande nouvelle et principale qui forme le commencement d'une nouvelle, et qu'une pareille demande ne pouvait être formée que contre un contradicteur légitime qui avait été nommé régulièrement sur la diligence de la partie poursuivante;—Déboute de la demande en péremption, etc.

Du 26 nov. 1820.-C. de Riom.

(2) (Jolland C. Carrier.) — LA COUR; — Attendu qué l'on ne saurait considérer comme un acte valable ayant l'effet d'interrompre la péremption l'acte du 21 janv. 1820, par lequel Acarias, alors avoué de Laurent Carrier, a dénoncé à Corréard le décès de Cachi père, partie dudit Corréard, que cette dénonciation ne saurait avoir d'autre effet que de provoquer le délai ordinaire de trois ans pour la péremption, au délai de six mois de plus, accordé par la loi, dans le cas où il y a lieu à reprise d'instance ou constitution de nouvel avoué; — Considérant que la partie de Bernard (Laurent Carrier) ayant laissé écouler plus de trois ans et six mois sans aucune poursuites, et la demande en reprise d'instance n'ayant été formée qu'après celle en péremption, il s'ensuit que la péremption était acquise aux 30 janv. et 2 fév. 1822, jour où cette demande a été faite, déclare éteinte et périmée l'instance dont il s'agit.

Du 14 mars 1822.-C. de Grenoble.

(3) (Terhorst C. de Humbracht.)—LA COUR;—Attendu qu'aux termes de l'art. 399 c. pr. civ., il suffit d'un acte valable fait par l'une ou l'autre des parties pour couvrir la péremption; — Attendu que la notification de la mort de l'une des parties, faite pendant le cours de l'instance, remplit évidemment la condition exigée par cet article, puisque c'est un acte de procédure autorisé par l'art. 344 dudit code; d'où il suit que la cour d'appel, loin d'avoir violé ou faussement appliqué les dispositions invoquées par le demandeur, a fait au contraire une juste application à la cause de l'art. 399 précité; — Par ces motifs, rejette, etc.

Du 24 mai 1836.-C. C. de Belgique, ch. civ.-M. Van Meenen, pr.

(4) (Barthelemy C. Cage.) — LA COUR; — Considérant que la péremption à laquelle aurait pu donner lieu la cessation de poursuites sur la même action, avait été couverte par la citation du 18 niv. an 12, avant que les sieur et dame Barthelemy en fissent la base de leur fin de non-recevoir qui a été rejetée tant en première instance qu'en cause d'appel, et que cette citation portait constitution d'avoué aux termes de la loi; — Rejette.

Du 16 avril 1807.-C. C., sect. req.-MM. Henrion, pr.-Bailly, rap.

213. L'interruption du cours de la péremption peut-elle résulter, non plus d'un acte, mais d'un fait de la partie lequel se rattache à l'instance? La négative ne nous paraît pas douteuse, la loi exige un acte valable, c'est-à-dire un acte qui reste dans la procédure et qui soit une manifestation constante de la partie de poursuivre l'instance. Mais quoi de plus fugitif qu'un fait? Comment apprécier l'intention qui l'a dicté? Il faudra donc recourir à la preuve par témoins; dans quelle involution de procédure ne se trouvera-t-on pas alors entraîné? — Le mieux est de s'en tenir strictement à la loi. — Toutefois il a été jugé, mais à tort suivant nous, que l'on doit regarder comme ayant interrompu la péremption, la communication de pièces relatives au procès, soit par la voie du greffe, soit à l'*amiable*, et que la preuve de cette communication peut avoir lieu par tous les moyens de droit (Bruxelles, 23 déc. 1835) (1).—Mais il a mieux été jugé que des démarches officieuses faites auprès du juge pour l'engager à rendre son jugement ne sont pas interruptives de péremption (Lyon, 21 juin 1836, aff. Praire, V. n° 116).

214. Il en serait de même d'un simple fait matériel. Ainsi, il a été décidé que la péremption n'est pas interrompue par la possession naturelle et civile d'immeubles litigieux, malgré le bénéfice d'une sentence dont il y a appel (sol. impl., Rej. 8 déc. 1819, M. Minier, rap., aff. de Souvigny).

215. Une péremption a pu être déclarée interrompue par un acte qui n'est pas représenté, mais dont l'existence est prouvée par la mention qui en est faite sur le registre de l'enregistrement, alors que la suppression de cette pièce, frauduleusement soustraite du dossier, n'a pu avoir lieu que dans l'intérêt de la partie qui se prévaut de la péremption (Rej. 16 juin 1829, aff. Torchon, V. Tierce oppos.).

216. Si l'avoué avait fait un acte qui eût couvert la péremption, son client ne serait pas fondé à faire annuler cet acte pour proposer la péremption. — V. Désaveu, n° 47.

217. Les jugements rendus dans le cours de l'instance ont-ils pour effet d'interrompre le cours de la péremption? Oui, en général; car on doit reconnaître aux actes émanés du juge des effets aussi puissants que ceux qui sont attribués à de simples actes de procédure. — Mais, pour produire cet effet, faudra-t-il que le jugement soit signifié? — Nous appliquerons ici la règle posée ci-dessus, n° 190. — A l'égard des jugements dont la loi ordonne la signification, ils n'auront un effet interruptif qu'autant qu'ils auront été signifiés. — C'est ainsi qu'il a été jugé que la péremption d'une instance d'appel n'est point interrompue par un arrêt sur requête, qui subroge un commissaire à celui qui avait été nommé précédemment pour procéder à un interrogatoire sur faits et articles, lorsque cet arrêt n'a pas été signifié avant la demande en péremption (La Haye, 21 oct. 1820) (2) — Un pareil jugement est en effet, de sa nature, sujet à signification (Conf. Merlin, Rép., v° Perempt., sect. 1, § 2, n° 4-6°). — Toutefois M. Reynaud, n° 71, critique cette décision.—Un tel arrêt, qu'il soit signifié ou non, dit-il en substance, manifeste de la part de celui qui l'a obtenu le dessein de continuer l'instance. Il doit donc interrompre la péremption. Sans cela, on arriverait à cette conséquence que, comme il serait très-difficile qu'il fût signifié à l'instant, l'adversaire pourrait, quelques moments après et le jour même où le demandeur aurait fait un acte de poursuites utile, donner la requête en péremption, et la faire prononcer, sous prétexte que cet arrêt ne lui a pas été signifié. — Quant aux jugements qui de leur nature ne sont pas susceptibles de notification, ils interrompront par eux-mêmes la péremption aussi bien que les actes émanés de la partie. Ils indiquent, d'ailleurs, tout aussi bien et même plus que ceux-ci l'intention de poursuivre le procès jusqu'à son terme.—Il a été jugé ainsi que le jugement qui, dans une procédure de saisie immobilière, renvoie l'adjudication définitive à un autre jour, interrompt la péremption, bien qu'il ne soit pas notifié (Metz, 12 avril 1826, aff. Lhoste-Renet, V. n° 172; V. aussi dans un sens analogue, Rej. 2 fév. 1831, aff. Diverneresse, n° 200). — Toutefois, il a été jugé, mais à tort suivant nous, que l'arrêt qui n'a d'autre objet que de faire compléter l'expédition du jugement appelé en ordonnant la délivrance d'une nouvelle expédition, n'est pas un acte interruptif de la péremption (Grenoble, 1er août 1837) (3). · Mais le jugement qui serait vicié de nullité ne saurait interrompre la péremption : cela ne peut faire de doute.—Ainsi, il a été jugé: 1° que l'arrêt par défaut obtenu, sans citation préalable en reprise d'instance, contre une partie dont l'avoué avait cessé ses fonctions, est nul, et, par suite, insusceptible de couvrir la péremption (Aix, 1re ch., 1er mars 1826, M. de Sèze, pr., aff. Gérard *C.* d'Armure); — 2° Qu'il en est de même d'un jugement par défaut non signé par le plumitif Paris, 1re ch., 19 juin 1813, M. Séguier, 1er pr., aff. Boucheron *C.* Jubier). — Un jugement par défaut faute de comparaître non signifié dans les six mois n'interrompt pas non plus la péremption.—V. n° 137.

218. Il semblerait superflu de dire que la demande en péremption, ainsi que les actes auxquels elle donne lieu, ne peuvent interrompre ni couvrir la péremption de l'instance principale. Cela est d'une telle évidence qu'on ne pourrait supposer qu'une difficulté ait pu s'élever sur ce point.—Cependant la jurisprudence présente une décision qui a méconnu cette règle. — Il a été jugé, en effet, que l'acte irrégulier, par lequel une péremption d'instance est demandée, peut, bien qu'en raison de son irrégularité il soit déclaré nul, être néanmoins considéré, dans l'intérêt de la partie adverse, comme un acte qui a suffi pour interrompre la péremption, tellement que la demande en péremption doive être rejetée, encore qu'elle aurait été renouvelée par un acte régulier avant tout acte interruptif de l'adversaire (Toulouse, 13 juin 1832) (4).—

(1) (Landeloos *C.* Doverchies.) — La cour; — Attendu que la communication de pièces relatives à la contestation, soit qu'elle ait lieu par la voie du greffe, soit amiablement, est un acte valable et qui tend à faire marcher la cause; que, dès lors, cet acte doit être rangé dans la classe de ceux dont parle l'art. 399 c. pr.; d'où il suit qu'il y a lieu d'admettre préalablement l'appelant à la preuve du fait par lui posé; — Sans s'arrêter aux moyens de l'appelant, l'admet à prouver, par tous moyens de droit, qu'après la date du 24 juin 1828, l'avoué du sieur Landeloos a communiqué à l'avoué du sieur Doverchies deux pièces nouvellement découvertes qu'il disait être relatives à la contestation existant entre parties, etc.

Du 23 déc. 1835.-C. de Bruxelles, 1re ch.

(2) (Merkens et cons. *C.* Thorer.) — La cour; — Vu les art. 397, 398 et 399 c. pr. civ.; — Considérant que, par exploit du 29 avril 1810 l'appelant s'est pourvu devant cette cour contre un jugement du tribunal de commerce d'Amsterdam, du 1er sept. 1812; — Considérant que l'appelant ayant demandé la permission de faire interroger sur faits et articles quelques-uns des intimés, cette permission lui a été accordée par arrêt de cette cour du 28 août 1813, enregistré le 22 nov. suiv., et qu'à cet effet il a été nommé un conseiller commissaire; — Considérant que l'appelant a laissé la cause aller ultérieurement impoursuivie jusqu'au mois d'oct. 1817, lorsque, sur sa demande, il fut nommé un autre commissaire par appointement de la cour, en date du 6 oct. 1817, enregistré le même jour; — Considérant que l'appelant ne fait pas conster d'avoir fait signifier cet appointement aux intimés; et qu'ainsi ce devoir (acte de procédure) de l'appelant ne peut pas être envisagé, vis-à-vis des intimés, comme valable aux termes de la loi, à l'effet d'interrompre la péremption; — Par ces motifs, déclare l'instance périmée.

Du 21 oct. 1820.-C. de la Haye.

(3) (Guérin et Perret *C.* époux Manin.) — La cour; — Attendu que l'arrêt du 12 juin 1833 ne juge rien définitivement sur les intérêts respectifs des parties; — Qu'il n'a eu d'autre objet que de faire compléter l'expédition du jugement de première instance, ce qui ne s'appliquait évidemment qu'à l'instruction du procès; — Que toute instance est éteinte par discontinuation de poursuites pendant trois ans; — Que, dans l'espèce, il n'a été fait aucune poursuite depuis 1833 jusqu'à la demande en péremption; — Qu'il appartenait à Perret et à Guérin, comme aux mariés Manin, d'obtenir et de produire l'expédition du jugement; — Qu'ainsi, l'arrêt précité ne peut être réputé un obstacle à l'accomplissement de la péremption; — Que le délai de trois ans ne doit être augmenté que dans le cas où il y a lieu à reprise d'instance, ou à constitution de nouvel avoué; — Admet la demande en péremption.

Du 1er août 1837.-C. de Grenoble, 1re ch.-MM. Nicolas, pr.

(4) *Espèce :* — (Brun *C.* Lafont.) — Appel d'un jugement par Lafont. — Il laisse écouler trois ans sans poursuites. — Demande en péremption d'appel par Brun. — Celui-ci laisse lui-même écouler quatre ans sans donner aucune suite à sa demande. — Lafont lui signifie un libellé dans lequel il déclare qu'il conclura à ce que sa demande en péremption soit périmée. — S'apercevant de l'irrégularité de sa demande, il la renouvelle par requête, conformément à la loi. — Arrêt.

La cour; — Attendu que, le 7 mai 1829, le sieur Brun avait formé la demande en péremption de l'instance portée par appel devant la cour, à la requête des sieurs Gillard et Lafont, et que cette demande en pé-

Cette décision est vraiment inexplicable. Comment admettre, d'abord, qu'une demande en péremption puisse jamais devenir un acte interruptif, c'est-à-dire ait pour effet de conserver une instance qu'elle a précisément pour objet de faire tomber, et ensuite qu'elle arrive à produire ce résultat, si contraire à sa nature, par cela seul qu'elle est irrégulière et nulle, c'est-à-dire par cela qu'elle ne peut produire aucun effet. Que fait-on de l'art. 399 qui exige un acte valable! (Conf. M. Chauveau, n° 1410).— Aussi a-t-il été jugé, ce qui n'aurait jamais dû souffrir l'ombre d'un doute, que la péremption d'une instance n'est pas couverte par une demande en péremption irrégulièrement formée (Nîmes, 20 août 1838) (1).—V. aussi n° 153.

219. La demande en péremption une fois formée, la péremption est acquise et ne peut plus être couverte. Mais si cette demande est irrégulière ou prématurée, les actes même postérieurs à cette demande et relatifs à l'instance principale, ont pour effet de couvrir la péremption de cette instance. — Il a été jugé spécialement que, si la partie au profit de laquelle la péremption est acquise, au lieu de la demander par requête d'avoué à avoué, la demande par citation en conciliation ou par assignation à domicile, l'autre partie est encore à temps de faire un acte utile pour interrompre la péremption (Paris, 11 fév. 1811 (2); Rennes, 3 avr. 1813, aff. Lebigot, V. n° 267; Nîmes, 26 avr. 1813, aff. N..., V. n° 278).—Du reste, il est à remarquer qu'une demande en péremption formée devant un juge incompétent, n'est pas nulle; que, par suite, la demande en reprise d'instance formée, même après le jugement qui a déclaré l'incompétence, ne couvre pas la péremption (Req. 30 juin 1825, aff. Nesmy, V. plus bas, n° 300).

220. Si, postérieurement à la demande en péremption prématurément formée, il s'écoule, avant qu'aucun acte interruptif intervienne, un délai suffisant pour faire acquérir la péremption, cette demande se trouve-t-elle régularisée, de manière à former un obstacle à ce que la péremption puisse désormais être valablement couverte? — Nous ne le pensons pas; puisque la péremption n'a pas lieu de plein droit et que la demande prématurée n'est pas valable, le laps de temps qui s'écoule depuis qu'elle est formée ne peut rétroagir et lui donner la validité qui lui manque : il en faut donc une nouvelle; jusque-là l'instance peut être reprise par le demandeur (Conf. MM. Carré et Chauveau, n° 1410). — Toutefois, il a été jugé, mais à tort, suivant nous, que quoiqu'une demande en péremption d'instance ait été formée avant l'expiration du délai légal, la péremption n'en est pas moins acquise, si, avant la fin de ce délai, aucun acte valable n'est intervenu à l'effet de couvrir la péremption d'instance, bien qu'après l'expiration du délai de la péremption, et la demande en péremption n'ayant pas été renouvelée, une citation en reprise d'instance ait été signifiée au défendeur (Grenoble, 12 août 1823, aff. Raffin, V. n° 153).

221. De ce principe que la demande en péremption forme une instance distincte de l'instance principale (V. n°s 35 et s.), il suit que les actes faits dans l'une des deux instances n'ont point d'effet interruptif à l'égard de l'autre. Par exemple si, après que la demande en péremption est formée, le demandeur principal fait des actes qui ont pour objet l'action originaire, ces actes ne couvrent pas la péremption de la demande en péremption; de là il suit que si le défendeur reste trois années sans donner suite à sa demande, le demandeur principal pourra, malgré les poursuites au fond qu'il a continuées depuis la demande en péremption, faire déclarer celle-ci périmée.

222. Lorsque le défendeur, qui n'avait pas constitué avoué dans l'instance au fond, forme une demande en péremption déclarée irrégulière, l'acte relatif à l'instance originaire, signifié par le demandeur principal à l'avoué constitué sur la demande en péremption, a-t-il pour effet d'interrompre cette péremption et de mettre obstacle à ce qu'elle soit valablement demandée de

---

remption avait été formée par requête et suivant toutes les prescriptions de la loi; — Attendu que, par libellé du 8 mai 1832, les sieurs Gillard et Lafont déclarèrent vouloir opposer à la demande en péremption du sieur Brun, une demande de même espèce, et proposèrent ainsi leur exception à la susdite demande; — Attendu que les sieurs Gillard et Lafont jugèrent eux-mêmes que ce libellé n'introduisait pas régulièrement une demande en péremption de leur part, puisque, par requête du lendemain 9 mai 1832, ils formèrent leur demande à cet égard, en s'adressant directement à la cour, en conformité de l'art. 400 c. pr.; mais que cette demande, ainsi régulièrement formée par ladite requête, fut tardive puisque, par leur libellé de la veille, ils avaient conclu dans l'instance en péremption formée par le sieur Brun, le 7 mai 1829; d'où suit qu'il faut, sans avoir égard à la requête du 8 mai 1832, dire droit sur la demande en péremption antérieurement formée par ledit Brun; — Déclare non recevable, comme tardive, la demande en péremption formée par les sieurs Gillard et Lafont; déclare au contraire périmée l'instance d'appel portée devant la cour par lesdits Gillard et Lafont.

Du 13 juin 1832.-C. de Toulouse.

(1) *Espèce :* — (Hérit. Geoffroy C. Canourgue.) — L'avoué des époux Canourgue, appelant, à la date de nov. 1822, avait, le 15 déc. 1825, signifié à celui de Geoffroy père, intimé, une sommation d'audience. — Ce dernier avoué a, le 20 déc. 1828, demandé la péremption de l'instance. Or, Geoffroy étant décédé le 12 novembre, il y avait lieu à reprise d'instance : la demande en péremption était donc prématurée. Cette demande fut renouvelée le 19 déc. 1834 par les enfants de Geoffroy, avec déclaration qu'ils se désistent purement et simplement de la demande précédemment introduite au nom de leur père. — Arrêt.

La cour; — Attendu que, dans le moment où la première instance en péremption a été introduite, le temps voulu pour opérer cette péremption n'était pas encore utilement écoulé; — Attendu que, plus tard, et après avoir expressément déclaré qu'ils se désistaient de leur première demande, les enfants Geoffroy en ont formé une nouvelle aux mêmes fins; — Attendu qu'en additionnant le temps couru sans poursuites lors de la première demande en péremption, avec celui couru jusqu'à la seconde, il s'était écoulé plus de trois ans et six mois; — Attendu que, pendant toute cette période de temps, les mariés de la Canourgue n'ont fait aucune sorte d'acte à l'effet d'entretenir leur instance d'appel; que vainement ils voudraient faire considérer la demande en péremption elle-même comme étant un acte qui, bien qu'il leur fût étranger, aurait couvert la péremption demandée; qu'en effet, une instance en péremption étant absolument distincte et séparée de l'instance principale, il n'est pas permis de dire que celui qui a formé une demande tendant à neutraliser l'instance principale a fait un acte qui soit de nature à l'entretenir; que c'est encore sans motif que, pour échapper à la péremption de leur instance d'appel, les mariés de la Canourgue soutiennent que, dès le moment où les parties intimées leur ont fait signifier leur première demande en péremption, ils se sont trouvés placés dans l'impossibilité de pouvoir faire aucune sorte d'acte valable, et que, par suite, et d'après la maxime *contrà non valentem agere non currit præscriptio*, le cours de la péremption s'est trouvé suspendu; — Que cette prétention est sans fondement, d'abord parce qu'elle ne repose sur aucune disposition de nos lois, et, de plus, parce qu'elle est repoussée par ce simple raisonnement que celui qui a formé une demande principale, et qui a acquis une connaissance légale qu'on veut la rendre sans effet, par le motif qu'elle serait périmée, peut et doit facilement s'assurer du plus ou moins de mérite de la péremption qui lui est opposée, et que, lorsqu'il ne peut ignorer, comme dans l'espèce, que l'instance introduite contre lui est ou irrégulière, ou prématurée, il doit, par des actes utiles, faire connaître son intention d'entretenir et de poursuivre son instance principale, et que, lorsqu'il garde le plus profond silence, on doit le considérer comme ayant implicitement renoncé à cette instance; — Par ces motifs, déclare l'instance éteinte et périmée, etc.

Du 20 août 1838.-C. de Nîmes, 1re ch.-M. Fajon, pr.

(2) *Espèce :* — (Foulon C. Lefebvre de la Maillardière.) — Une affaire pendante au tribunal de la Seine, entre le sieur Lefebvre de la Maillardière, demandeur, et les sieur et dame Foulon, défendeurs, était restée impoursuivie pendant plus de trois ans. — Les sieur et dame Foulon en ont demandé la péremption; mais ils ont eux-mêmes laissé passer plus de trois ans sans donner aucune suite à leur demande. Le sieur Lefebvre de la Maillardière était incontestablement en droit de la faire déclarer périmée; mais au lieu d'en former la demande par une requête signifiée à leur avoué, il la forme par une citation en conciliation; et, dès le lendemain, l'avoué des sieur et dame Foulon a fait à celui du sieur Lefebvre de la Maillardière une sommation de fournir des défenses à leur demande en péremption de l'instance principale. Il intervint un jugement par le tribunal, qui considérant que la demande en péremption d'instance peut être formée contre toute espèce d'action, déclara la péremption acquise au profit du sieur Lefebvre de la Maillardière.—Appel.—Arrêt.

La cour; — Attendu que Foulon et sa femme ayant avoué en cause, la demande en péremption d'instance devait être formée contre eux par acte d'avoué à avoué; que la citation en conciliation n'était pas nécessaire, et, par conséquent, n'a pas pu empêcher Foulon et sa femme d'interrompre, comme ils l'ont fait, par un acte de procédure, le cours de la péremption; — Infirme.

Du 11 fév. 1811.-C. de Paris.

nouveau?—La négative se fonde sur ce que cet avoué, constitué sur une demande qui a pour objet l'anéantissement de l'instance, ne peut être présumé muni de pouvoir pour procéder sur cette instance; que l'acte a donc été signifié à un mandataire sans qualité, et que dès lors il n'a pu avoir pour effet d'interrompre la péremption. — Il a été jugé en ce sens que la sommation de communiquer les pièces concernant le fond du litige, signifiée à l'avoué constitué pour poursuivre une demande en péremption d'instance, ne peut être considérée comme un acte interruptif de la péremption, encore bien que l'on pût induire de quelques expressions de la constitution que cet avoué eût été également constitué pour défendre sur le fond (Pau, 13 mars 1836, aff. Cassou, V. n° 267).

223. Le désistement de l'instance, de même que la demande en péremption, et par des motifs analogues, ne peut être considéré comme un acte interruptif. — Mais devrait-on décider de même à l'égard du désistement spécial d'un acte de la procédure? L'affirmative résulte virtuellement d'un arrêt (Lyon, 25 fév. 1834, aff. Biessy, V. n° 144).—V. Désistement, n° 166.

224. Les actes accomplis en dehors de l'instance peuvent-ils interrompre ou couvrir la péremption? — La négative nous semble devoir être adoptée en thèse générale. Les actes produits dans une instance autre que celle dont la péremption est demandée, bien qu'ils se rattacheraient à la même affaire, manifesteront bien rarement l'intention de continuer la procédure interrompue : ils sont plutôt un indice de son abandon (Conf. Merlin, Répert., v° Péremption, sect. 1, § 2, n° 4-4°; Berryat Saint-Prix, p. 357; Reynaud, n° 70; Carré et Chauveau, n° 1436). — Il a été jugé en ce sens : 1° que, dans le cas où un jugement a été frappé d'appel, le commandement de payer la somme qui fait l'objet de la condamnation portée par ce jugement, et l'opposition au commandement, quoique ayant une cause identique avec l'objet du litige, n'ont pas l'effet d'interrompre la péremption de l'instance d'appel : ces actes n'étant point faits devant la cour saisie de l'appel, ni relatifs à cet appel (Turin, 5 avr. 1811) (1);—2° Que les actes qui sont étrangers à l'instance, quoiqu'ils aient un trait plus ou moins direct à l'objet du procès, et par exemple une pétition présentée à l'administration, et une citation donnée en justice de paix en exécution d'un jugement attaqué, ne sont pas interruptifs de la péremption (Rennes, 16 juin 1818) (2);—3° Que la demande en validité d'opposition dans laquelle est rappelée une demande principale introduite pour avoir payement de la même créance, ne peut interrompre la péremption de l'instance principale (Paris, 7 janv. 1827, arrêt cité par M. Chauveau, n° 1436); — 4° Que de ce qu'à une saisie faite en vertu d'un jugement, le saisi a formé opposition en déclarant qu'il y a appel, cette déclaration, insérée au procès-verbal de l'huissier, ne peut être considérée comme un acte de procédure qui interrompt la péremption de l'instance d'appel (Lyon, 12 déc. 1827) (3); — 5° Que des contestations devant l'autorité administrative, durant l'existence d'une instance pendante devant l'autorité judiciaire, n'interrompent pas la péremption de cette instance (Toulouse, 19 déc. 1828, aff. com. de Campan, sous le n° 184);—6° Que la déclaration d'une partie,

---

(1) *Espèce* : —(Prato C. Fea.)—Une contestation s'était engagée entre les frères Prato et le sieur Fea, d'abord devant l'ancien sénat de Piémont, et ensuite devant le tribunal civil de Turin, qui, par un jugement du 14 flor. an 12, avait statué sur cette contestation. — Le sieur Fea a appelé de ce jugement, par exploit du 17 fruct. an 12; mais depuis le 17 niv. an 13, l'instance demeura interrompue. — Le 22 déc. 1810, les frères Prato firent au sieur Fea commandement de payer la somme qui était l'objet de la condamnation portée par le jugement du 14 flor. an 12.—Le sieur Fea forma opposition à ce commandement, et il la motiva sur son appel.—Les choses sont restées dans cet état jusqu'au 5 janv. 1811. — Alors les frères Prato ont demandé que l'instance fût déclarée périmée, à raison de la discontinuation de poursuites pendant plus de trois ans, conformément à l'art. 397 c. pr.—Le sieur Fea a soutenu que cet article ne pouvait être appliqué à une instance commencée bien avant la mise en activité du code de procédure, et que d'ailleurs la péremption d'instance aurait été interrompue ou plutôt couverte par le commandement fait le 22 déc. 1810, et par l'opposition formée à ce commandement.—Arrêt.

La cour;—Vu les art. 397, 469 et 470 c. pr.—Et attendu que la péremption d'instance est l'objet d'une demande nouvelle qui doit être réglée par les lois en vigueur à l'époque où elle est instruite en justice; —Qu'il s'est écoulé, en l'espèce, un délai suffisant depuis le dernier acte fait en appel, pour que les art. 397 et 469 c. pr. y soient applicables; —Qu'enfin, le commandement et l'opposition à celui ne seraient point capables d'interrompre la péremption, dès qu'ils ne sont aucunement des actes faits par-devant la cour, ni relatifs à l'appel discontinué depuis le 7 fruct. an 12;—Déclare l'instance d'appel dont il s'agit éteinte et périmée.

Du 5 avril 1811.-C. de Turin.

(2) (Brilland.)—La cour;—Considérant que l'assignation donnée aux défendeurs n'a pour objet que de faire déclarer périmée l'instance de l'appel qu'ils avaient interjeté devant le parlement de Bretagne d'une sentence contradictoire rendue contre eux le 12 oct. 1782, par la juridiction de Bourgneuf; — Considérant qu'une demande en péremption d'instance ne peut intéresser que les parties qui étaient en cause dans l'instance même qu'il s'agit de déclarer périmée, et que, quelle que soit la décision qui intervienne à cet égard, elle ne peut nuire ni préjudicier aux droits des personnes étrangères à cette instance; qu'il en résulte que Brilland Lanjardière et les personnes qu'il représente, n'ont ni qualité ni intérêt pour demander à être reçus parties intervenantes dans la demande en péremption sur laquelle la cour doit statuer.—Considérant, au fond, sur cette demande, que l'art. 397 c. pr. a déterminé avec précision le délai après lequel une instance peut être déclarée éteinte par discontinuation de poursuites lors même qu'il peut y avoir lieu à une demande en reprise d'instance, en constitution de nouvel avoué; que tous les procès intentés sous le code actuel doivent être régis d'après ces dispositions, et qu'une demande en péremption est une nouvelle procédure. —Considérant que les changements de tribunaux n'ont point empêché la péremption des instances dont ils étaient saisis, attendu qu'elles ont été portées de droit devant les nouveaux tribunaux, qui leur ont été portées; —Considérant que si la péremption peut être couverte par des actes valables faits par l'une ou l'autre des parties avant la demande en péremption, ces actes doivent être relatifs à l'instance qui est l'objet de cette demande et faits devant le tribunal même qui en est saisi;—Considérant qu'il résulte de ce que dessus que les diverses pétitions que les parties ont présentées au conseil de préfecture du département de la Loire-Inférieure, et la procédure qui a eu lieu en 1815 et 1816 devant le juge de paix du canton de Bourgneuf, et le tribunal civil de Paimbe n'ont pu couvrir la péremption de l'instance d'appel qui existait au parlement de Bretagne, attendu que ces différents actes étaient étrangers à cette instance; — Considérant que dans une simple demande en péremption d'instance on ne peut agiter aucune question relative à la contestation même qui était l'objet de cette instance; que la seule chose à juger est le fait unique de la discontinuation des poursuites pendant le temps déterminé par la loi, si, en conséquence de ce fait, la péremption demandée doit être déclarée acquise;—Déboute Brilland Lajardière et consorts de leur intervention; — Déclare périmée l'instance de l'appel, relevé au parlement de Bretagne par les défendeurs de la sentence rendue dans la jurisprudence de Bourgneuf, le 12 oct. 1782.

Du 16 juin 1818.-C. de Rennes.

(3) *Espèce* : —(Durand C. Guerin.)—En juillet 1824, jugement qui condamne la veuve Guerin et la dame Francillon à payer 600 fr. à Durand-Roulets. — Le 29 juill. 1824, appel par les dames Guerin et Francillon. — L'instance resta sans poursuites; et, le 4 août 1827, trois ans et quatre jours après le dernier acte de procédure, le sieur Durand demanda la péremption de l'instance. — Mais, avant cette demande, et nonobstant l'appel, Durand avait voulu, en vertu du jugement, faire opérer, au domicile des appelantes, une saisie mobilière; celles-ci s'y étaient opposées en représentant leur acte d'appel, et l'huissier s'était retiré après avoir dressé du tout procès-verbal, le 6 août 1824. — Les appelantes prétendaient que ce procès-verbal devait être considéré comme interruptif de la péremption, attendu que, se rattachant à la procédure intervenue entre les parties, il devait être compris dans les termes généraux de l'art. 399 c. pr., qui n'exige, pour couvrir la péremption, que des actes valables faits par l'une ou l'autre des parties. —D'ailleurs, l'acte d'appel était rappelé dans le procès-verbal; il avait donc été fait usage de cet appel, et, par là même encore, la péremption avait été interrompue. — Arrêt.

La cour; — Attendu que l'acte interruptif de la péremption indiqué par l'art. 399 c. pr., lorsqu'il est acte de procédure, ne doit s'entendre, d'après l'art. 397 du même code, que d'un acte de continuation de poursuites de l'instance qui était mue devant le tribunal saisi de la contestation;—Que la déclaration faite par les parties de Rivoire, lors du procès-verbal qui avait pour objet l'exécution du jugement, qu'il y avait appel, ne peut être considérée comme un acte de poursuite sur l'instance d'appel;—Attendu que, depuis le 30 juill. 1824, date du dernier acte de procédure fait sur l'appel, jusqu'à la demande en péremption, il s'est écoulé plus de trois ans, sans qu'il y ait eu lieu à reprise d'instance ou constitution de nouvel avoué, ni qu'il ait été fait aucun acte valable par l'une ou l'autre des parties, pouvant couvrir la péremption;—Déclare l'instance d'appel éteinte et périmée.

Du 12 déc. 1827.-C. de Lyon, 4e ch.-M. Calemard-Lafayette, pr.

dans une autre instance que celle dont la péremption est demandée, et l'arrêt dont elle a été suivie, ne peuvent être réputés avoir interrompu la péremption (Bruxelles, 26 avr. 1831, aff. Lavary, V. n° 270) ; — 7° Que la péremption n'étant interrompue que par la signification d'actes faits dans l'instance qu'on veut entretenir, et devant le tribunal investi de cette instance, la signification des qualités du jugement dont est appel, faite à l'avoué qui a occupé en première instance pour l'intimé, ne peut empêcher la péremption de l'instance d'appel (Montpellier, 28 juin 1832) (1); — 8° Que la dénonciation de la saisie au tiers saisi n'interrompt pas la péremption vis-à-vis du débiteur principal. — C'est ce qui a été décidé par un jugement que rapporte M. Chauveau sur Carré, n° 1437 *bis*, sans indiquer ni sa date ni le tribunal qui l'a rendu (2). — V. aussi, dans le même sens, Amiens, 28 juin 1826, aff. Oger, n° 185.

225. De même il a été jugé que, lorsqu'une citation en conciliation donnée par trois parties a été suivie d'une assignation devant le tribunal civil, à la requête de deux de ces parties seulement, s'il arrive que l'instance étant restée impoursuivie pendant plus de trois ans, temps durant lequel il y a lieu à reprise par décès, il soit donné, devant le même tribunal, par les trois parties, une assignation aux mêmes fins que la première, mais sans déclaration expresse que cette assignation ait pour objet de reprendre l'instance restée impoursuivie; cette assignation doit être considérée, non comme une reprise d'instance, mais comme un acte introductif d'une instance nouvelle, tellement que la péremption de l'instance première a pu être demandée contre les deux parties qui l'avaient d'abord intentée (Aix, 25 avr. 1825) (3).

226. Toutefois, il en est autrement, si l'acte qui ne fait pas partie de l'instance se rattache d'une manière nécessaire à la procédure commencée et en implique la continuation. — C'est ainsi qu'il a été jugé que la saisie-arrêt et la demande en validité de cette saisie, poursuivie devant un tribunal civil, constituent des actes valables pour interrompre la péremption de la demande antérieurement formée devant un tribunal de commerce, en payement de la créance qui a servi de fondement à la saisie-arrêt (Lyon, 8 mars 1839) (4).

227. La nomination d'un conseil judiciaire est-elle un acte interruptif de la péremption? La négative ne semble faire aucun doute aux yeux de M. Chauveau, n° 1433, et il cite un arrêt qui aurait jugé la question en ce sens (Rouen, 29 mai 1826, Journ. de Rouen, 1826, p. 331).

228. Nous arrivons maintenant aux actes qui, produisant une cause persistante d'interruption, arrêtent momentanément

---

(1) (Malart C. Sicart.) — LA COUR; — Attendu que la signification des qualités du jugement dont était appel à l'avoué qui a occupé pour Malart (l'intimé) lors de ce jugement, n'a pu interrompre le cours de la péremption, soit parce qu'aux termes des art. 37 et 8 du décret du 16 fév. 1807, les mariés Sicart (appelants) ayant perdu leur procès, n'avaient pas le droit de signifier ces qualités sans avoir mis préalablement en demeure la partie contraire, soit parce que cette signification ayant été faite plus de dix ans après le jugement définitif, l'avoué qui avait occupé pour Malart, lors de ce jugement, ne le représentait plus, aux termes de l'art. 1038 c. pr., soit, enfin, parce que cet acte ayant été signifié en première instance, tandis que le procès se trouvait depuis longtemps porté devant la cour, il n'a pas pu avoir l'effet d'interrompre la péremption de l'instance d'appel, cet effet ne pouvant appartenir qu'aux actes signifiés dans l'instance qu'on veut entretenir, et devant le tribunal investi de cette instance; — Disant droit à la demande en péremption formée par Malart, déclare éteinte l'instance d'appel.

Du 28 juin 1832.-C. de Montpellier.

(2) (Bonnet.) — LE TRIBUNAL; — Attendu qu'il est de principe que toute instance est éteinte par la discontinuation de poursuites pendant trois ans; — Attendu qu'il est également de principe que la péremption n'a pas lieu de plein droit, et qu'elle peut se couvrir par des actes valables, faits par l'une ou l'autre des parties avant la demande en péremption; — Attendu qu'il est hors de doute que, par ces mots *actes valables*, faits par l'une ou l'autre des parties, le législateur a évidemment entendu que ces actes devaient être faits et signifiés par l'une des parties à l'autre; — Attendu que la dénonciation de la demande en validité de la saisie pratiquée par le sieur Barlot au préjudice de Bonnet, faite par ledit sieur Barlot à Sylvain Duvagnon, par un acte en date du 21 juill. 1824, n'ayant pas été signifiée audit Bonnet, il en résulte que cet acte a été de lui ignoré, qu'il ne l'a nullement connu, et que, dès lors, il n'a pu couvrir et interrompre la prescription; et que cette décision est conforme à l'opinion de Pigeau et à la jurisprudence de plusieurs cours royales; — Attendu, d'ailleurs, que le principe ci-dessus doit d'autant plus prévaloir ici, que la demande en validité de saisie est différente de celle de dénonciation de ladite saisie, puisque les deux demandes peuvent être instruites et jugées séparément; — Attendu qu'il est constant, en fait, que depuis l'exploit introductif d'instance qui est en date du 14 juill. 1824, jusqu'au 16 août 1827, époque de la demande en péremption, il s'est écoulé plus de trois ans sans poursuite de l'une ou l'autre des parties, d'où il suit que la procédure dont s'agit est périmée, et que la demande formée par Bonnet doit être accueillie.

(3) Laugier C. ses sœurs.) — LA COUR; — Attendu qu'aux termes de l'art. 397 c. pr., toute instance dont les poursuites ont discontinué pendant plus de trois années est tombée en péremption; — Attendu que celle introduite à la requête d'Adrion et de la veuve Miousset, par exploit du 15 janv. 1811, n'a été suivie d'aucun acte valable qui ait pu interrompre le cours de la péremption; — Attendu qu'on ne peut nullement considérer l'assignation donnée à la requête des mêmes parties, le 5 fév. 1824, comme un acte tendant à reprendre l'instance de 1811, jusque-là demeurée impoursuivie parce qu'on n'y trouve aucun des caractères indicatifs d'une demande en reprise d'instance; — Attendu que l'acte du 5 fév. est, évidemment, introductif d'une instance nouvelle, qu'on y voit même figurer une partie étrangère à l'instance de 1811, et que, s'il se rattache pour le fond des choses à la demande originaire, il ne s'y rattache aucunement pour la forme; d'où il résulte qu'il ne peut pas avoir pour effet d'arrêter le cours de la péremption; — Par ces motifs, faisant droit à l'appel interjeté par Pierre Laugier, du jugement du tribunal de première instance d'Aix, du 18 juin 1824, a mis et met l'appellation et ce dont est appel au néant; — Emendant, déclare l'instance introduite devant ledit tribunal par les intimés, par exploit du 15 janv. 1811, éteinte et périmée.

Du 25 avril 1825.-C. d'Aix, 1re ch.

(4) *Espèce :* — (Richarme C. Mermet.) — 27 mars 1824, Mermet et sa femme souscrivent solidairement au profit de Richarme un billet à ordre de 6,000 fr.; ce billet n'est point payé à son échéance. — Faillite de Mermet. — Richarme forme contre les syndics et contre la femme Mermet, le 24 sept. 1829, devant le tribunal de commerce de Saint-Etienne, une demande en payement des 6,000 fr.; le 22 sept. 1832, Richarme assigne les mêmes parties en reprise d'instance. — Décès de Mermet. — A cette époque, Richarme ayant été informé que le sieur Micol de Lyon était débiteur de la dame Mermet, fait sur elle une saisie-arrêt le 7 juill. 1834, et l'assigne en validité devant le tribunal de Saint-Étienne, le 14 du même mois. — L'avoué de Richarme ayant cessé ses fonctions, la dame Mermet assigne celui-ci, le 26 mars 1836, en constitution de nouvel avoué et en reprise de l'instance de la validité de la saisie-arrêt, et d'ailleurs, conclut, au fond, à la nullité du billet à ordre souscrit le 27 mars 1824, à l'annulation de la saisie et à des dommages-intérêts. — Les choses en étaient là, lorsque, par exploit du 13 mai 1837, la veuve Mermet assigne Richarme devant le tribunal de commerce de Saint-Etienne, en péremption de l'instance formée devant lui, sur les deux demandes des 24 sept. 1829 et 22 sept. 1832. — Richarme soutient que la péremption n'a point été encourue par lui; — Qu'en effet, la saisie-arrêt et toute la série des procédures qui l'ont suivie sont des actes valables en eux-mêmes, et valables dans le sens de l'art. 399 c. pr., pour empêcher la péremption; — Qu'on ne peut prétendre voir dans l'instance engagée devant le tribunal civil une demande isolée de celle qui est pendante devant le tribunal de commerce et dont on demande la péremption; — Que la saisie-arrêt n'a été faite que pour obtenir le payement du billet à ordre de 6,000 fr.; et que la veuve Mermet a reconnu elle-même la liaison des procédures suivies devant les deux tribunaux, en concluant devant le tribunal civil à la nullité du billet à ordre, motif de la saisie-arrêt.

19 sept. 1837, jugement qui rejette la demande en péremption par les motifs suivants : — « Attendu que l'opposition formée par Richarme au jugement du 27 juin dernier est régulière, et n'est pas contestée quant à la forme; — Attendu, au fond, que Richarme a dénoncé à la veuve Mermet, le 14 juill. 1834, une saisie-arrêt par lui faite dans les mains d'un sieur Micol pour obtenir le payement d'un billet qui donne lieu à l'instance dont la veuve Mermet et Roulat demandent la péremption; — Que cette saisie-arrêt a été suivie d'une demande en validité et d'une dénonciation à Mermet de cette demande, et d'une constitution d'avoué par la veuve Mermet; — Attendu que cette saisie-arrêt est une poursuite, et qu'il n'y a pas lieu à l'application de l'art. 397 c. pr. » — Appel. — Arrêt.

LA COUR; — Attendu que la péremption est couverte par un acte valable fait par l'une ou l'autre des parties avant la demande en péremption; — Que, pour être valable, cet acte doit se rattacher à la procédure commencée, et en impliquer la continuation; — Que la demande de 1836 et du 26 mars, qui reportait la question du fond au tribunal civil, a eu l'effet de suspendre l'instance au tribunal de commerce, et, par conséquent, d'interrompre la péremption; — Confirme.

Du 8 mars 1839.-C. de Lyon, 1re ch.-M. Achard-James, pr.

la péremption dont le cours ne recommence, que lorsque cette cause a cessé d'exister. — Cet effet est généralement désigné par le mot *suspension*, expression dont nous avons signalé ci-dessus, n° 175, l'incorrection.

Lorsque l'instance est suspendue, et que les parties ne peuvent faire aucun acte valable de poursuites, quelle que soit la cause de cette suspension, la péremption interrompue ne peut courir tant que l'instance reste suspendue : cela est évident. Ainsi, lorsqu'un jugement prononce un sursis, la péremption, interrompue par le jugement, ne recommence son cours qu'après l'expiration du sursis. — Il a été jugé en ce sens que la péremption est interrompue par un arrêt qui renvoie les parties devant l'autorité administrative et surseoit à statuer sur leurs contestations jusqu'après la décision de cette autorité (Req. 3 nov. 1819) (1).

De même, lorsqu'un jugement accorde à l'une des parties un délai pour rapporter une preuve ou une justification, la péremption de l'instance ne peut courir contre l'autre partie qu'à compter du jour où, depuis la signification qui a été faite du jugement, le délai est venu à expirer (Bordeaux, 4 août 1833, Mém. de Tajan, t. 28, p. 54).

229. Le jugement qui renvoie une commune à se pourvoir d'une autorisation interrompt la péremption, mais n'en arrête le cours que pendant le délai qu'il a déterminé pour que la formalité fût accomplie. A l'expiration de ce délai, la péremption reprend son cours, et la commune ne serait pas fondée à soutenir que l'instance est à l'abri de la péremption, tant que la demande en autorisation est pendante devant la juridiction administrative. —V. en ce sens, Nîmes, 31 août 1812, aff. Maigre, n° 67-4°).

230. Il est des incidents qui suspendent l'instance principale, l'inscription de faux, par exemple; la péremption ne court donc pas pendant l'incident; elle ne recommence qu'à partir du jugement ou du dernier acte valable fait sur l'incident. — Il a été jugé qu'une péremption d'instance pour discontinuation de poursuites, pendant plus de trois ans et demi, a pu être déclarée interrompue par un incident, tel que celui relatif à une inscription de faux qui aurait été élevée et jugée dans l'intervalle, même devant un autre tribunal, s'il a été produit sur cet incident en faux des pièces pouvant influer sur la demande principale (Req. 29 mai 1832) (2).

231. La demande en péremption peut-elle être considérée comme un incident qui suspend l'instance originaire? En d'autres termes, le demandeur principal qui, depuis cette demande, n'a fait aucun acte de poursuite, pourrait-il, dans le cas où elle serait irrégulièrement formée, opposer à une nouvelle demande régulière que la première, ayant suspendu l'instance principale, ne lui a pas permis de faire des actes valables de poursuites; que, par suite, la péremption de l'instance originaire n'a pu courir, tant que les juges restaient saisis de la demande en péremption? Remarquons qu'ici il s'agit d'une véritable suspension : la demande en péremption n'est pas un acte interruptif (V. n° 218). —La négative nous semble devoir être adoptée. C'est au demandeur principal à s'enquérir du fondement des obstacles que le défendeur oppose à son action; c'est à lui surtout qu'il appartient de veiller à ses intérêts. Il lui est si facile, pour peu que la demande en péremption lui paraisse douteuse, de faire un acte de poursuite qui conserve son droit, qu'il a bien mauvaise grâce à invoquer en sa faveur l'inaction dans laquelle il est resté (*Contrà*, M. Chauveau, n° 1421, note). — C'est en ce sens qu'il a été jugé que la péremption d'une instance n'est pas suspendue par la demande en péremption; qu'en conséquence le demandeur en péremption peut, en se désistant de la première demande prématurément formée, la renouveler valablement, tant qu'aucun acte de poursuite n'est intervenu dans l'instance principale (Nîmes, 20 août 1838, aff. Geoffroy, V. n° 218). — Toutefois il a été jugé, en sens contraire qu'une première demande en péremption, tant qu'elle n'a pas été jugée, ayant pour effet de suspendre la décision de l'action principale, une péremption nouvelle ne peut être acquise contre le demandeur originaire, quelque laps de temps qu'il se soit écoulé (Req. 4 juin 1823 (3). — Conf. Pau, 16 juin 1837, aff. Bonnecarrère, V. Désistement, n° 148).

232. Lorsque plusieurs demandes en péremption, dont la

---

(1) *Espèce :* — (Brindelle *C.* Baticle.) — Dans leur pourvoi contre l'arrêt de la cour de Paris du 21 mai 1818, qui rejetait leur demande en péremption d'instance, les demandeurs disaient que, par son arrêt du 3 janv. 1814, la cour ne s'était pas dessaisie de la contestation, qu'elle n'avait fait que suspendre son jugement; que, dès lors, l'instance existait toujours ; — Que les adversaires n'ont fait aucune diligence pour faire statuer sur le conflit, qu'ils auraient dû au moins lever expédition de l'arrêt qui prononçait le sursis et l'envoyer au ministère public, à l'effet de mettre l'autorité administrative en demeure de statuer sur l'interlocutoire. — Arrêt.

La cour ; — Attendu que, par son arrêt du 3 janv. 1814, la cour royale de Paris ayant renvoyé les parties par-devant l'autorité administrative et ayant, en outre, sursis à statuer sur leurs contestations respectives, jusqu'après le jugement à rendre par ladite autorité administrative, il était tout à fait impossible à la veuve Baticle et à son enfant de continuer leurs poursuites par-devant la même cour royale de Paris ;— Et attendu que, dans cet état, aucune péremption d'instance ne pouvait avoir lieu contre ladite veuve Baticle et son enfant ; — Et que l'ayant ainsi jugé, l'arrêt attaqué a fait une juste application de la loi de la matière ; — Rejette.

Du 3 nov. 1819.-C. C., sect. req.-MM. Henrion, pr.-Lasagni, rap.

(2) *Espèce :* — (Hérit. Faure.) — Un partage, poursuivi dès 1763, entre Charles et Georges Faure, avait été ordonné, et ce dernier condamné à des dommages-intérêts. — Il y forma une opposition qui fut rejetée en 1820. — Les héritiers de Georges, alors décédé, furent assignés, le 8 sept. 1823, sur l'instance en partage, par les héritiers de Charles qui, pendant que cette instance était pendante, poursuivirent l'exécution de la condamnation de Georges à des dommages-intérêts. Ils allaient faire saisir, lorsque les héritiers de ce dernier, se prétendant libérés, produisirent, devant le tribunal de Bellac, différentes pièces contre lesquelles les créanciers de Charles s'inscrivirent en faux, et cet incident ne fut vidé qu'en nov. 1827. — Alors les héritiers de Georges ont demandé que l'assignation en partage, du 8 sept. 1823, fût déclarée périmée, à défaut de poursuite pendant plus de trois ans et demi. Les héritiers de Charles opposent que l'inscription de faux a suspendu le délai de la péremption. — Le 21 fév. 1828, jugement du tribunal de Limoges, qui le juge ainsi : « Considérant que la péremption d'instance est une déchéance prononcée par la loi, en cas de négligence ou de retard dans les poursuites et l'instruction d'une cause; mais que cette déchéance cesse d'être encourue, lorsque la cause a été suspendue par un incident auquel le jugement du fond était subordonné; — Que l'instance pendante devant le présent tribunal avait pour objet une demande en partage; que les demandeurs en péremption ont rapporté différentes pièces ayant pour objet d'établir que le partage aurait eu lieu; qu'il a fallu, dès lors, vérifier cette allégation; — Attendu qu'il a été formé une demande en inscription de faux, à raison de ce prétendu acte de partage, comme aussi de différentes pièces dont arguaient les demandeurs; — Que cette instance n'a été vidée que le 16 oct. 1827, et qu'il y a même appel de ce jugement. » — Appel; — 7 avr. 1829, arrêt de la cour de Limoges, qui adopte ces motifs.

Pourvoi pour violation des art. 397 et 398 c. pr.; fausse application de l'art. 240, même code, et de l'art. 460 c. inst. crim. — Dans l'espèce, a-t-on dit, la cour de Limoges prétend qu'il n'y a pas eu discontinuation, à cause d'un incident auquel le jugement du fond était subordonné; — Mais il n'y a jamais eu incident sur la demande en partage, puisque le premier et le dernier acte de cette procédure fut l'assignation du 8 sept. 1823. — C'était une autre procédure, une procédure nouvelle qui se poursuivait devant le tribunal de Bellac. — L'allégation que, parmi les pièces produites devant le tribunal de Bellac, il y en avait qui pouvaient influer sur la décision du tribunal de Limoges, n'est pas exacte; et, le serait-elle, il suffirait qu'il y eût eu discontinuation complète dans l'instance de Limoges. — Encore, si ce dernier tribunal eût, sur la demande des adversaires, déclaré, par un jugement, qu'il ne pouvait statuer que lorsque l'affaire pendante à Bellac aurait été terminée. — Mais rien de pareil n'a eu lieu. — Arrêt.

La cour ; — Attendu que la production des pièces présentées devant le tribunal de Bellac, et arguées de faux, était le fait des demandeurs qui ont ainsi arrêté le cours de la péremption, et que l'arrêt, en rejetant cette demande, n'a violé aucune loi; — Rejette, etc.

Du 29 mai 1832.-C. C., ch. req.-MM. Zangiacomi, pr.-Ménerville, r.

(3) *Espèce :* —(Boers *C.* Laraillet.) — 2 juin 1820, arrêt confirmatif de la cour de Bordeaux en ces termes : — « Attendu que par le jugement du 27 mars 1818, il a été jugé entre les parties que la péremption n'avait pas couru pendant qu'elles étaient en instance devant la cour d'appel, sur la validité de l'ajournement annulé par l'arrêt du 24 juin 1809, et qu'ainsi la péremption ne peut être considérée que relativement au temps qui s'est écoulé depuis cet arrêt; — Attendu que Boers, forma le jour même de cet arrêt, une demande en péremption sur laquelle il n'a pas été statué; que cette instance étant de sa nature préjudicielle, elle mettait le demandeur originaire dans l'impossibilité de suivre son action

dernière seule est régulière, ont été successivement formées, on ne pourrait, non plus, sous prétexte que l'instance principale a été suspendue depuis la première demande, et qu'en conséquence la cessation des poursuites n'a pu autoriser une nouvelle requête en péremption, soutenir que cette dernière requête n'avait pu être formée avant qu'il eût été statué sur les premières : dans ce cas, on n'est pas tenu de faire juger les premières demandes avant la dernière (Lyon, 2 mars 1830, aff. Peurière, V. n° 299).

233. L'appel dirigé contre un jugement interlocutoire interrompt la péremption, qui cesse de courir pendant l'instance d'appel. Mais, dans ce cas, quel est le point de départ du nouveau délai? Court-il à partir de la prononciation de l'arrêt, ou seulement de sa signification? — V. à cet égard n° 151.

234. Il a été jugé encore que la péremption est interrompue par les opérations des experts, et qu'elle ne commence à courir qu'à partir du dernier acte de la dernière vacation (Besançon, 12 juin 1816) (1). — Il semblerait résulter de cet arrêt que la péremption ne court pas pendant les opérations des experts; cela ne serait pas exact. L'expertise n'est pas indivisible; chacune de ses opérations forme un acte de l'instruction qui, separément, interrompt la péremption et fait courir un nouveau délai; de telle sorte que si les opérations de l'expertise sont interrompues, on n'attendra pas, pour faire commencer le délai de la péremption, le dernier acte de la dernière vacation, comme le suppose l'arrêt précité, mais on le fera partir du dernier acte accompli par les experts. Il ne serait pas supposable que, par cela qu'une expertise serait ordonnée, l'instance se trouvât à l'abri de la péremption. C'est toujours au demandeur à veiller à ses intérêts, et à recourir aux tribunaux pour vaincre l'inertie des experts.— Il a été jugé en ce sens que les experts étant les mandataires des parties, leur inaction doit être considérée comme provenant de ces dernières; qu'en conséquence, le cours de la péremption n'est pas interrompu durant l'expertise, et que, de même que les actes émanés des experts formeraient une interruption valable de la péremption, de même la discontinuation des opérations de l'expertise pendant trois années entraînerait la péremption de l'instance; alors même que cette expertise devrait avoir lieu aux frais de la partie qui demande la péremption (Montpellier, 9 nov. 1844, aff Houlès, V. n° 137).

235. Quoique la péremption ait été introduite dans l'intérêt d'une bonne et prompte administration de la justice, et que, par cette raison, elle touche à l'ordre public, on ne peut cependant pas se dissimuler qu'elle a pour objet principal l'intérêt privé des parties : elle est une sorte de peine infligée à celle qui a négligé d'entretenir l'instance et de la conduire promptement au but indiqué par la loi. — De là il résulte que la péremption pourra être couverte par un accord exprès ou tacite des parties, comme elle le serait par une procédure. On doit valider, en effet, le contrat qu'elles feraient, soit par lettres missives, soit par acte sous seing-privé, de tenir pour non avenu le temps qui se serait déjà écoulé pour la péremption de l'instance. C'est aussi l'avis des auteurs (V. MM. Merlin, Rép., v°Orempt., sect. 2, § 2, n° 2-9°; Pigeau, Traité, p. 471, et Comment., t. 1, p. 684; Carré et Chauveau, n° 1419). — Lange, chap. 24, p. 496, et Pothier, Traité de procédure, chap. 4, enseignaient la même doctrine.

236. A l'égard des lettres missives, il a été jugé qu'elles ne peuvent être considérées comme des actes susceptibles d'interrompre la péremption, qu'autant qu'elles renferment une renonciation formelle à l'exercice de ce droit (Grenoble, 6 juin 1822) (2). — C'est trop exiger, selon nous : une lettre missive peut interrompre la péremption, alors même qu'elle ne contiendrait qu'une *renonciation tacite*. Et, par exemple, il y a renonciation tacite de la part du défendeur qui, dans une lettre missive, prie son adversaire de discontinuer les poursuites et de lui accorder un délai pour satisfaire à la demande. Si le demandeur accorde ce délai, l'interruption des poursuites, provenant du fait du défendeur lui-même, n'a pu faire courir la péremption à son profit (Conf. M. Reynaud, n° 37).—V. n° 249.—V. aussi comme exemple d'une renonciation tacite, Req. 2 mai 1831, aff. Garçon, v° Jugem. par déf., n° 418.

237. De même que les parties peuvent, d'un commun accord, renoncer à la péremption commencée ou même accomplie, de même aussi elles peuvent en arrêter le cours; et cela arrivera toutes les fois que les conventions des parties auront produit une discontinuation forcée de poursuites. — C'est en ce sens qu'il a été jugé que la péremption n'étant autre chose qu'un désistement tacite, légalement assimilé à un désistement formel, il s'ensuit que si les faits de la cause sont exclusifs de la volonté de se désister, comme lorsque l'une des parties n'a discontinué le procès par elle engagé que par suite d'une convention passée entre elle et l'autre partie, sur l'objet en litige, il ne peut y avoir de péremption (Req. 6 fév. 1844, aff. comm. de Vindefontaine, V. n° 239-3°). — Quant à cette assimilation de la peremption à un désistement, V. ce qui est dit n° 32.

238. Ainsi, une transaction intervenue entre les parties dans le cours de l'instance a pour effet non-seulement d'interrompre la péremption, mais même de l'empêcher pour l'avenir, si elle est valable : en effet, la transaction met fin au procès et dessaisit les juges; et, puisqu'il n'y a plus d'instance, il n'y a plus rien à périmer. Si, au contraire, la transaction est annulée ou rescindée, comme elle est alors réputée n'avoir jamais eu d'existence, le procès reprendra son cours; mais la péremption a été interrompue tant que la transaction a été exécutée, et elle ne doit recommencer son cours qu'à partir de l'annulation (Conf. Merlin, Rép., v° Péremp., sect. 1, § 2, n° 2-8°; MM. Reynaud, p. 56; Bourbeau, p. 640), ...alors même que la nullité serait d'ordre public (Req. 8 mars 1831, aff. Rivière, V. n° 239-1°. Conf. M. Bourbeau, *eod.*).—On objecterait en vain que l'art. 399 exige un acte valable, et que la transaction étant nulle n'a pu avoir pour effet d'interrompre ou de couvrir la péremption. Cet article, ainsi que l'exprime fort bien

---

avant que l'instance préjudicielle fût terminée; — Attendu que le demandeur originaire n'était pas dans la situation d'un plaideur qui, ayant deux actions incompatibles, peut néanmoins empêcher, par des conclusions subsidiaires ou alternatives, que l'une d'elles dépérisse; mais qu'ayant à repousser une exception péremptoire, il ne pouvait pas suivre l'action principale avant que l'exception fût jugée, d'où il résulte qu'indépendamment de la question de priorité entre les deux exploits donnés le 27 mars 1818, la péremption ne pouvait pas être accueillie.» —Pourvoi.—Arrêt.

La cour; — Attendu qu'indépendamment de la question de priorité entre les deux exploits du même jour, l'un demandant la péremption, l'autre contenant assignation de nature à couvrir la péremption, question que la cour a pu, sans violer les lois, décider en faveur de l'exploit conservatoire, l'arrêt a décidé que tant qu'on plaidait sur une première exception péremptoire, les délais pour suivre et mettre à chef la demande principale ne devaient pas courir, et que cette exception péremptoire n'ayant été rejetée que le 24 juin 1809, une demande en péremption formée le même jour 24 juin 1809 n'avait aucun fondement; — Attendu que cette décision, conforme aux vrais principes, ne peut offrir aucune contravention à l'art. 397 c. pr.; — Rejette.

Du 4 juin 1823.-C. C., ch. req.-M. Pardessus, rap.

(1) (Chenier C. Socier.) — La cour; — Considérant que la péremption d'instance est une sorte de prescription; que l'art. 387 c. pr. civ. déclare l'instance éteinte par discontinuation des poursuites pendant trois ans; qu'aux termes de l'art. 397, la péremption est ouverte par des actes valables faits par l'une ou l'autre des parties; que, d'après la jurisprudence, les opérations d'experts interrompent la prescription qui ne commence à courir qu'à partir du dernier acte de la dernière vacation; que lorsque dans le cours d'une procédure il intervient un jugement ordonnant une opération préparatoire, les actes qui en émanent font partie de la procédure, appartiennent aux parties, et deviennent nécessaires pour la discussion de la cause dont elles ne peuvent provoquer la décision avant que l'opération ne soit terminée; — Que le dernier acte de procédure est la clôture du procès-verbal qui a eu lieu le 10 mars 1812; qu'il ne s'est pas écoulé trois ans depuis cette époque; qu'ainsi la péremption n'a pu être acquise; — Par ces motifs, confirme.

Du 12 juin 1816.-C. de Besançon.

(2) (N... C. N...) — La cour; — Considérant que des lettres missives, susceptibles, en général, d'interrompre la péremption, ne peuvent pas être considérées comme des actes valables de nature à couvrir la péremption, à moins qu'elles ne renferment une renonciation formelle à l'exercice de ce droit, ce qui ne se rencontre pas dans la cause actuelle; — Adoptant au surplus les motifs des premiers juges; — Confirme, etc.

Du 6 juin 1822.-C. de Grenoble.

la cour de cassation, en disant que la péremption se couvrira par des actes valables faits par l'une ou l'autre des parties, n'a eu en vue que les actes personnels à l'une des parties, tels qu'un acte de procédure et autres actes analogues, et n'a pu imposer la même condition de validité aux faits ou actes qui, en dehors de la procédure, comme, par exemple, ceux résultant de la volonté des deux parties, seraient par eux-mêmes exclusifs de la présomption d'abandon du droit qui sert de base à la péremption (Req. 6 février 1844, aff. com. de Vindefontaine, V. nº 239-3º).

239. Il a été jugé spécialement : 1º que la péremption d'instance ne peut aucunement être acquise pendant une suspension de poursuites, arrêtée et exécutée par des accords et par des faits communs et également imputables, sous tous les rapports, aux deux parties au procès; et que l'arrêt qui juge que des poursuites n'ont été que suspendues pour tout le temps où la transaction intervenue entre les parties serait exécutée, est à l'abri de la cassation : on opposerait en vain que la transaction intervenue entre les parties est nulle et de nul effet, comme reposant, par exemple, sur une séparation de corps volontaire (Req. 8 mars 1831) (1);—2º Que la transaction intervenue sur l'instance suspend le cours de la péremption, en sorte qu'en cas d'annulation de la transaction, la péremption ne court qu'à dater de la nullité prononcée (Montpellier, 21 janv. 1840) (2); — 3º Qu'une transaction même non régulière, en ce qu'elle a été consentie par deux communes, sans l'accomplissement des formalités prescrites par la loi, interrompt la péremption, lorsqu'elle a été exécutée par les deux parties (Req. 6 février 1844) (3).—V. aussi nº 246.

240. Toutefois, il a été décidé que la délibération par laquelle le conseil municipal transigerait sur une instance introduite entre une commune et un particulier, ne saurait être considérée non-seulement comme acte valable, mais même comme préliminaire destiné à préparer l'autorisation administrative, et suffisant pour couvrir la péremption de l'instance; cette délibération devant être, dans tous les cas, et aux termes de l'arrêté du 21 frim. an 12, précédée de l'avis de trois jurisconsultes, et l'homologation du préfet ne pouvant être donnée qu'après avis du conseil de préfecture (Rej. 31 janv. 1837, aff. Marion, V. Commune, nº 2484). — V. aussi nº 247.

241. Un compromis passé entre les parties avant toute péremption demandée doit-il être considéré comme un acte interruptif? L'affirmative est enseignée par Lange, p. 495; Pothier, 1re part., ch. 4; Menelet, quest. 43; Pigeau, t. 1, p. 447; Thomine, t. 1, p. 611; Reynaud, nº 35. — Mais, Merlin, Rép., vº Trans., sect. 1, § 2, nº 2-7º, pense au contraire, que le compro-

---

(1) (Rivière C. Rivière.)—LA COUR;—Attendu, en droit, que la péremption d'instance ne peut aucunement être acquise pendant une suspension de poursuites arrêtée et exécutée par des accords et par des faits communs et également imputables, sous tous les rapports, aux deux parties au procès; qu'il est d'autant moins permis à l'une d'elles de critiquer et de méconnaître ses propres faits, qu'elle parviendrait, par là, à se créer dolosivement d'elle-même une action en péremption au préjudice de l'autre partie : *fraus sua nemini prodesse debet*; — Et attendu qu'il a été reconnu, en fait, par l'arrêt attaqué, que, sur l'instance en séparation de corps intentée par l'épouse Rivière contre son mari, il est intervenu, le 22 mars 1824, entre les époux, un accord par lequel le mari autorise son épouse à quitter le domicile conjugal, à se saisir de tous ses meubles et effets à son usage, à fixer son domicile où bon lui semblera, et à prendre avec elle l'enfant issu de son mariage, moyennant une rente que le mari s'oblige de payer; que c'est sous la foi de ces conditions que l'épouse Rivière consent suspendre, pendant leur exécution, la procédure par elle commencée pour parvenir à la séparation de corps; que cet accord a été volontairement et pleinement exécuté par les deux époux, depuis le 22 mars 1824 jusqu'au 6 oct. 1829; — Que ce n'est qu'après plus de cinq ans que le mari a intenté son action en péremption d'instance, et qu'il aurait ainsi tendu un piége à son épouse, en laissant écouler un délai de trois ans depuis la cessation des poursuites, pour les présenter, après ce délai, comme éteintes et périmées, tandis qu'elles avaient été seulement suspendues; — Que, dans ces circonstances, en écartant l'action en péremption d'instance intentée par le mari, l'arrêt attaqué n'a point violé les art. 397 et 399 c. pr., invoqués par le demandeur;—Rejette, etc.

Du 8 mars 1831.-C. C., ch. req.-MM. Favard, pr.-Lasagni, rap.

(2) (Hérit. Vareilles C. Delgrès.) — LA COUR; — Attendu que, d'après l'art. 399 c. pr., la péremption n'a pas lieu de plein droit; qu'elle peut être couverte par des actes valables faits par l'une des parties; — Attendu qu'en 1812, l'instance existait encore; qu'il fut libre aux parties de transiger sur icelle; que si, plus tard, cette transaction a été annulée sur la demande de Delgrès, elle l'a été en ce qui touche les droits de celui-ci, quant au fond du procès seulement; — Attendu que la transaction de 1812 étant un acte valable dans le sens de la loi, la péremption n'a pu reprendre son cours qu'à partir de l'arrêt du 17 nov. 1837 qui l'a annulée, et que, s'étant écoulé moins de trois ans depuis cette époque, la demande en péremption doit être rejetée; — Par ces motifs, rejette la demande en péremption, etc.

Du 21 janv. 1840.-C. de Montpellier, ch. civ.-M. Viger, 1er pr.

(3) *Espèce* : — (Com. de Vindefontaine C. com. des Moitiers.) — Les communes de Vindefontaine et des Moitiers étaient en procès relativement à la propriété d'une lande que chacune d'elles prétendait lui appartenir exclusivement, et un jugement du 30 août 1814, avait donné gain de cause à la commune de Vindefontaine. Ce jugement fut frappé d'appel; mais, le 19 mai 1831, les deux communes firent une transaction par laquelle elles convinrent de jouir en commun de la lande litigieuse. Il est à remarquer que cette transaction ne fut point accompagnée des formalités nécessaires à sa validité (L. 21 frim. an 12, art. 1, 2), et qu'ainsi elle ne fut point précédée d'une délibération du conseil municipal, ni de l'avis de trois jurisconsultes, et que les communes contractantes ne la firent point sanctionner par l'autorité supérieure. — Toutefois, chacune des parties retira ses pièces; elles entrèrent en jouissance de la lande, et cette jouissance se prolongea même pendant plusieurs années. — Le 15 janv. 1841, la commune de Vindefontaine crut devoir poursuivre la péremption de l'instance d'appel discontinuée depuis 1814 par la commune des Moitiers, appelante. Celle-ci opposa, comme ayant couvert cette péremption, la transaction de 1831. La demanderesse répondit que la transaction invoquée était nulle à défaut d'accomplissement des formalités prescrites par la loi, et que, dès lors, elle ne pouvait avoir l'effet interruptif attaché aux seuls actes valables par l'art. 399 c. pr.—Le 14 avril 1842, un arrêt de la cour royale de Caen écarta la demande en péremption.

Pourvoi pour violation des art. 399 c. pr. et 2045 c. civ., et violation de la loi du 21 frim. an 12, art. 1 et 2, en ce que l'arrêt attaqué a considéré comme un acte valable, à l'effet d'interrompre la péremption, une prétendue transaction passée entre les communes de Vindefontaine et des Moitiers, sans le concours des formalités rigoureusement exigées par la loi.—On a dit : La péremption, porte l'art. 399 c. pr., n'aura pas lieu de droit. Elle se couvrira par des actes valables faits par l'une ou l'autre des parties avant la demande en péremption. Le sort de la péremption est donc tout entier dans la valeur de l'acte qu'on invoque pour la repousser. —Or, l'acte valable n'est autre chose qu'un acte non susceptible d'être annulé. Une telle définition ne s'applique assurément pas à l'acte du 19 mai 1831. Cet acte n'était donc point valable, il ne pouvait produire aucun effet, et, en lui attribuant force interruptive de péremption, la cour royale a dès lors violé les articles de lois précités. — Arrêt.

LA COUR; — Attendu qu'il a été reconnu et constaté en fait par la cour royale de Caen, qu'après avoir plaidé pendant dix-sept ans sur la jouissance d'une lande, les deux communes de Vindefontaine et de Moitiers convinrent, par une transaction, de jouir en commun et de terminer ainsi le procès; qu'à la vérité, toutes les formalités voulues par la loi ne furent pas accomplies, mais que chaque commune retira ses pièces, et que le procès fut considéré de part et d'autre comme terminé; que la jouissance eut lieu et se prolongea plusieurs années; — Attendu qu'au lieu d'agir en nullité de la transaction, comme c'était son droit, la commune de Vindefontaine agit en péremption de l'instance; — Attendu, en droit, que la péremption n'a d'autre base que la présomption de l'abandon de son droit que la loi fait résulter d'un silence prolongé pendant plus de trois ans; c'est un désistement tacite et légalement assimilé à un désistement formel, d'où il résulte que si les faits de la cause sont exclusifs de cette présomption, il n'y a plus de péremption possible, la justice ne devant jamais permettre le triomphe de la fraude lorsqu'elle est reconnue, ni admettre la présomption de l'abandon d'un droit, lorsque le fait contraire est constant entre les parties litigantes; — Attendu qu'en disant, par l'art. 399 c. pr. que la péremption se couvrira par les actes valables faits par l'une ou l'autre des parties avant la demande en péremption, le législateur n'a pas porté sa pensée au delà d'un acte personnel à l'une des parties, tel qu'un acte de procédure et autres actes analogues; il n'a pas dit que la péremption ne pourrait pas se couvrir autrement en dehors des actes de la procédure; il n'a pas statué sur la variété possible des actes et des faits exclusifs de toute présomption de l'abandon du droit : il n'a pas prévu la variété possible des faits résultant de la volonté des deux parties, et de la conséquence de ces faits relativement à la péremption; — Attendu, dès lors, que la cour royale de Caen a fait, dans l'espèce, une juste application des principes sur la péremption; — Rejette.

Du 6 fév. 1844.-C. C., ch. req.-MM. Zangiacomi, pr.-Mesadier, rap.-Chégaray, av. gén., c. conf.-Nachet, av.

mis constitue un désistement de l'instance, sans même que les parties aient besoin de s'en expliquer en termes formels; qu'il dessaisit les juges, et, par conséquent, qu'il ne peut plus être question de péremption là où il n'y a plus d'instance. Il résulterait de là que si les arbitres laissaient expirer le terme du compromis sans rendre leur sentence, les parties ne pourraient plus se faire juger ni par les arbitres dont les pouvoirs seraient expirés, ni par le tribunal qui a été dessaisi; elles n'auraient d'autre ressource que de recommencer une nouvelle instance, si leurs droits étaient encore entiers. — Mais cette solution nous semble trop rigoureuse. Il faut plutôt consulter ici l'intention des parties, et ce n'est que dans le cas où elles auraient formellement manifesté la volonté de dessaisir les juges que l'on doit suivre l'opinion de Merlin. — Cette intention peut résulter, par exemple, de ce que les parties, après avoir soumis leur différend à des arbitres, ont respectivement demandé que la cause fût rayée du rôle; dans un tel cas, les juges ont été dessaisis, et la demande en péremption de l'instance doit, ainsi que cela a été jugé, être déclarée non recevable (Paris, 14 août 1809) (1).

242. Si les parties n'ont pas manifesté leur intention d'une manière formelle, il est à présumer que les juges n'ont été dessaisis que conditionnellement, c'est-à-dire, si les arbitres remplissent leur mission. — A défaut d'exécution du compromis, les parties se retrouvent dans les mêmes termes qu'avant leur convention, l'instance reprendra son cours, et la péremption aura été interrompue pendant toute la durée du compromis (Conf. M. Bourbeau, p. 634; V. aussi Carré, n° 1419, qui semblerait pencher vers une opinion analogue).—C'est ainsi qu'il a été jugé 1° que le compromis souscrit par les parties interrompt la péremption de l'instance, et le délai ne recommence à courir qu'à l'expiration du compromis (Grenoble, 6 mai 1817) (2); — 2° Qu'un compromis est *interruptif* de la péremption d'instance pour tout le temps que dure le délai accordé aux arbitres pour prononcer...; encore qu'il n'ait été fait aucun acte de poursuites devant les arbitres (Toulouse 10 janv. 1844, aff. Castel, D. P. 45. 4. 392).

243. Ce serait aller bien loin que d'accorder le pouvoir d'interrompre la péremption à de simples propositions d'arrangement qui n'auraient eu qu'une courte durée, et qui n'auraient été suivies d'aucun traité.

244. Toutefois, si les propositions agitées entre les parties avaient eu une longue durée, et qu'il fût certain que la discontinuation des poursuites ne dût être attribuée qu'aux pourparlers qui auraient eu lieu entre les parties, il nous paraît hors de doute que les juges devraient les assimiler à une convention expresse par laquelle le cours de la péremption aurait été arrêté, et que cette péremption ne recommencerait à courir qu'à compter des dernières négociations. —Il a été jugé en ce sens 1° que des propositions d'arrangement faites entre les parties, depuis le jugement qui ordonne la levée d'un plan des lieux, la convention verbale de faire vérifier les lieux contentieux conformément à ce jugement, et le plan dressé d'un commun accord par suite de cette convention, sont des actes suffisants pour interrompre la péremption (ordonnance de 1563, art. 15; Req. 30 juillet 1807) (3); — 2° Que des tentatives d'arrangement, alors qu'elles sont prouvées, sont susceptibles d'interrompre la péremption; qu'en conséquence, la partie qui les allègue peut être admise à en faire la preuve (Limoges, 15 juill. 1817) (4); — 3° Que la péremption est couverte lorsque, dans le cours de l'instance, le demandeur en péremption a fait à sa partie adverse des propositions d'arrangement qui ont été exécutées en partie, bien qu'en définitive elles n'aient pas été acceptées (Lyon, 29 nov. 1822) (5); — 4° Que le cours de la péremption est interrompu par des propositions d'arrangements et des pourparlers (Bruxelles, 18 mars 1830 (6); Florence, 28 juin 1812, aff. Orsini, V. n° 249); — 5° Que la péremption de l'instance n'a pu courir, alors que la discontinuation des poursuites a eu lieu du commun accord des parties, et dans l'objet de prendre des arrangements amiables (Pau, 13 mars 1836, aff. Cassou, V. n° 267); — 6° Que des tentatives d'arrangement à l'amiable, par suite desquelles la discontinuation des poursuites a eu lieu pendant plusieurs années, ont l'effet d'interrompre la péremption; et spécialement, que lorsque l'intimé écrit à l'homme d'affaires de l'appelant, dont l'avoué pressait la poursuite de l'affaire, pour lui témoigner sa surprise que la cause se poursuive, et lui fait reconnaître qu'il existe des pourparlers entre les parties aux fins de transiger, et que jour est fixé à cet effet, en ajoutant qu'il est résolu de ne pas aller en avant, à moins que tout pourparler d'arrangement ne soit rompu, cette démarche a pour effet d'interrompre la péremption jusqu'à ce que l'intimé ait par un acte formel manifesté une intention contraire (Bruxelles, 1re ch., 13 janv. 1814, aff. Wanwyendaele).

245. Toutefois, il a été jugé que l'art. 399 n'entend par actes valables que les actes de poursuite et de procédure; qu'en conséquence des pourparlers entre les parties pour terminer leur contestation à l'amiable, sont insuffisants pour interrompre la

---

(1) (Haller *C.* Ducorter.) — La cour; — Considérant que par la demande respective des parties la cause, fut rayée du rôle au moyen de ce qu'elles avaient soumis leur différend à des arbitres banquiers; la cour s'est trouvée, par le fait desdites parties, dessaisie de ladite cause; — Déclare le demandeur en péremption non recevable en sa demande et le condamne aux dépens.

Du 14 août 1809.-C. de Paris.

(2) (Barbier.) — La cour; — Considérant que les parties ayant fait un compromis relativement à leur procès, le délai nécessaire pour la péremption avait été interrompu et la péremption couverte; que le délai pour la péremption n'avait recommencé à courir que du jour de l'expiration du délai porté au compromis; — Rejette la demande en péremption comme prématurée.

Du 6 mai 1817.-C. de Grenoble.

(3) (Com. d'Herschbroich *C.* Herresbach.) — La cour; — Attendu que le jugement du tribunal civil de Bonn, du 13 juin 1806, atteste en fait qu'il y avait eu des propositions d'arrangement faites entre les parties, et une convention, avouée lors des plaidoiries, de faire vérifier les lieux contentieux conformément au jugement du 6 frim. an 10, en vertu de laquelle un plan des lieux avait été dressé d'un commun accord, et qu'en décidant que la péremption et l'instance avait été ainsi interrompues le tribunal civil de Bonn n'a point contrevenu aux dispositions de l'art. 15 de l'ord. de Roussillon;—Rejette.

Du 30 juill. 1807.-C. C., sect. req.-M. Muraire, pr.

(4) (Morel *C.* Muzel.) — La cour; — Considérant qu'il a été mis en fait par l'avoué des défendeurs à la demande en péremption que les poursuites n'avaient été discontinuées que par suite des arrangements proposés entre les parties, arrangements qui avaient même eu lieu par écrit, ainsi qu'il offrait de le justifier; que si ces faits étaient établis, ils pourraient avoir de l'influence dans la cause; qu'il est alors utile d'accorder aux parties qui les mettent en avant un délai suffisant pour s'en procurer la preuve; — Continue la cause à un mois, pendant lequel la partie de Mounier rapportera la preuve de l'arrangement qui a été négocié, notamment les quittances notariées par lesquelles cet arrangement a été constaté, etc.

Du 15 juill. 1817.-C. de Limoges.

(5) (Chol, etc., *C.* D.....) — La cour; — Attendu que par l'art. 399 c. pr. il suffit d'un acte valable pour couvrir la péremption; que par actes valables la loi n'entend pas seulement des actes de procédure, mais tout acte émané de la partie, avoué et reconnu par elle; — Attendu qu'il résulte de la correspondance qui a eu lieu entre les parties qu'elles sont entrées en arrangement sur le procès qui les divisait; que différentes sommes ont été reçues par D..... par suite de l'arrangement proposé; — Attendu, en ce qui concerne J.-C. Savoie et les consorts Savoie, outre les moyens précédemment discutés qui leur sont communs, que les fins de non-recevoir contre une demande en péremption d'instance sont indivisibles, et que si elles sont acquises à l'un des défendeurs elles profitent à tous; — Par ces motifs, dit que D..... est déclaré mal fondé et non recevable dans sa demande en péremption, etc.

Du 29 nov. 1822.-C. de Lyon, 1re ch.-M. Bastard d'Étang, 1er pr.

(6) (Denambruide *C.* Vermag.) La cour; — Attendu que la péremption est introduite pour prévenir de longues procédures, et qu'elle punit, par l'extinction de l'instance, la négligence des parties pendant trois ans à la poursuivre; — Que cette négligence n'existant pas, la prescription ne peut être acquise; ce qui a lieu, lorsque les parties se font des propositions d'arrangement et ont été en pourparlers à cet égard, puisque rien n'est plus contraire à l'esprit de conciliation et à l'intention de terminer un procès entre parties, que la signification d'actes de procédure; — Attendu, en fait, qu'il est prouvé que les parties se sont, à diverses reprises, fait des propositions d'arrangement et ont été en pourparlers à cet égard, nommément dans les dernières années qui ont précédé la demande en péremption; — Par ces motifs, déclare la demande en péremption mal fondée, etc.

Du 18 mars 1830.-C. sup. de Bruxelles.

péremption (Poitiers, 8 juill. 1828, aff. Dupuy, V. n° 67-3°; Bordeaux, 21 fév. 1845, aff. Sarlat, D. P. 45. 2. 153; — Conf. Liége, 30 mai 1825) (1).

246. Un projet de transaction, même non suivi d'exécution, arrêterait aussi le cours de la péremption.—Ainsi, il a été jugé: 1° que l'existence momentanée d'un traité qui depuis a été déchiré, suffit pour empêcher la péremption (Limoges, 8 juill. 1823) (2); — 2° Qu'un projet de transaction intervenu entre les parties, même affecté d'une nullité relative, en ce que, par exemple, il émanerait d'un tuteur qui n'a pas rempli les formalités habilitantes, suffit pour interrompre la péremption (Lyon, 17 janv. 1844, aff. dames Ursulines, D. P. 45. 2. 43).

247. Mais il a été décidé en sens contraire, que la péremption d'une instance relative à des biens dotaux a pu être réputée n'avoir pas été interrompue par un projet de transaction, quoique suivi de la radiation de la cause du rôle, du consentement réciproque des avoués, alors que ce projet a été souscrit par le mari seul sans le concours de la femme qui a refusé de le ratifier et est restée étrangère à toute proposition d'arrangement, sans que l'arrêt qui le décide ainsi, d'après l'appréciation des faits et du projet de transaction, encoure la censure de la cour de cassation (Rej. 26 avril 1842) (3).

248. Au surplus, et ainsi que cela a été jugé, pour que des projets ou propositions d'arrangement puissent avoir pour effet d'interrompre le cours de la péremption, il faut au moins qu'on puisse en induire qu'il a été dans l'intention des parties de suspendre le cours de la péremption et de dispenser pendant ce temps de tout acte interruptif de poursuite (Bruxelles, 7 nov. 1838) (4).

249. Les transactions, projets d'arrangements, etc., peu-

(1) (N.....) — La cour; — Attendu que la péremption d'instance tient à l'ordre public et s'acquiert par la discontinuation de poursuites pendant trois ans; qu'ainsi, de simples pourparlers d'arrangement ne suffisent pas pour en arrêter le cours; — Attendu que la partie appelante n'a fait conster d'aucun acte valable de procédure fait de sa part avant la demande en péremption formée par la partie intimée, par sa requête du 10 déc. 1823, signifiée à cinq heures un quart du soir, tandis que la requête, par laquelle l'appelante prétend avoir interrompu le cours de la prescription, n'a été signifiée qu'à sept heures un quart du même soir; — Par ces motifs, déclare l'instance périmée et éteinte.

Du 30 mai 1825.-C. de Liége, 3° ch.

(2) (Rougier Dupont C. Lacoste.) — La cour; — Attendu qu'il a été reconnu, par Rougier Dupont, qu'au mois de juill. 1819 il y avait eu entre lui et Lacoste un traité qui, depuis, a été déchiré; que ce dernier a soutenu que depuis l'époque où ce traité avait été déchiré jusqu'à celle de la demande en péremption, il ne s'était pas écoulé trois ans, assertion qui n'a pas été démentie par Rougier Dupont; — Attendu, de plus, qu'il y a eu entre ce dernier et Valérie Lacoste un traité passé en 1820, et que toutes les circonstances de la cause demontrent que, de la part de Rougier Dupont, l'intention de traiter a été la même envers Lacoste qu'envers Valérie Lacoste, surtout lorsqu'on voit qu'il y avait déjà eu un traité dès 1819; — Et attendu que depuis 1820, jusqu'à l'époque de la demande en péremption, cette péremption n'était pas acquise; — Attendu en fait qu'il est de principe que toute instance est indivisible quant à la péremption, que dès lors le traité fait envers Valérie Lacoste et Rougier Dupont aurait interrompu, indépendamment des circonstances énoncées ci-dessus, le cours de la péremption à l'égard de Lacoste, coïnstancié de Valérie, et qu'ainsi qu'on vient de le dire, depuis 1820, il n'y a pas eu de péremption; — Attendu qu'il est reconnu par toutes les parties que Valérie Lacoste a traité avec Rougier Dupont; que, dès lors, c'est mal à propos qu'on a aussi dirigé contre elle la demande en péremption; — Déclare qu'il n'y a pas lieu de prononcer la péremption demandée.

Du 8 juill. 1823.-C. de Limoges.

(3) *Espèce*: — (Walsh-Serrant C. comm. du Fayel.) — Walsh-Serrant et sa femme avaient introduit contre la commune du Fayel une double instance, pour se faire reconnaître propriétaires d'un fossé et d'un chemin nommé avenue de Paris, qu'ils disaient être des dépendances du château du Fayel, immeuble dotal de la dame de Walsh-Serrant. — Cette demande ayant été rejetée quant au chef relatif à l'avenue de Paris, par un jugement du 26 janv. 1832, les époux de Walsh-Serrant interjetèrent appel de ce jugement devant la cour d'Amiens, par exploit du 22 mai suivant. — Sur cet appel, la commune, intimée, avait donné avenir à ses adversaires, lorsque, par de nouvelles conclusions, ceux-ci réduisirent leur prétention à la propriété des arbres bordant l'avenue. A quoi la commune répondit, par une requête du 9 juill. 1835, qu'elle n'était pas moins propriétaire des arbres que du sol de l'avenue de Paris. — Le 11 juillet suivant, le marquis de Walsh-Serrant, sans se porter fort pour sa femme, et le maire de la commune du Fayel, agissant avec l'approbation du conseil municipal et de l'autorité supérieure, signèrent un projet de transaction, et, en conséquence, à l'audience de la cour royale du 12 juillet, la cause fut *rayée du rôle sans arrêt*, du consentement exprès des avoués respectifs. — Le projet de transaction fut soumis au conseil municipal qui y donna son adhésion, et, au préfet qui, par arrêté du 29 avr. 1834, autorisa le maire à le réaliser par un acte devant notaires. — Mais la dame de Walsh-Serrant, dont la ratification était nécessaire, puisqu'il s'agissait de ses droits immobiliers, ne voulut pas consentir à cette transaction, et refusa d'obtempérer à la sommation qui lui fut faite, ainsi qu'à son mari, de convertir l'arrangement en acte authentique. — Jusqu'alors la commune avait ignoré que cette dame fût mariée sous le régime dotal. — C'est sur l'assignation en dommages-intérêts qu'elle donna au mari, faute par lui de rapporter la ratification de sa femme, que le sieur de Walsh-Serrant notifia en défense un extrait de son contrat de mariage qui établissait que le château et domaine du Fayel était un immeuble dotal, et qu'ainsi aucune transaction n'était possible au sujet de cet immeuble. Il concluait, en conséquence, à ce que la demande en dommages-intérêts formée contre lui fût déclarée non recevable. — Ces conclusions furent accueillies par un jugement du 3 août 1837; mais le sieur de Walsh-Serrant fut condamné aux dépens faits jusqu'au jour où il avait donné connaissance à la commune de son contrat de mariage.

Dans ces circonstances, la commune de Fayel, reconnaissant que le projet de transaction était inexécutable, a demandé, par requête du 15 nov. 1837, la péremption de l'instance d'appel restée impoursuivie depuis le 9 juill. 1835. — Les époux de Walsh-Serrant ont répondu que la péremption n'avait pu courir, 1° parce que la cause avait été rayée du rôle d'un commun accord, sur les propositions d'arrangements faites par la commune et acceptées par le mari; 2° parce que, d'après une clause expresse de l'acte du 11 juill. 1837, en cas d'inexécution de la transaction, les parties devaient rentrer dans tous leurs droits.

26 janv. 1838, arrêt de la cour royale d'Amiens qui déclare l'instance périmée, par les motifs suivants: — « Considérant que l'instance concernait les droits immobiliers de la dame de Walsh-Serrant; que, dès lors, le projet de transaction intervenu entre M. de Walsh-Serrant et le maire du Fayel est étranger à ladite dame; qu'elle ne l'a point ratifié; qu'ainsi il ne constitue point un acte interruptif de la péremption; qu'aucun acte de procédure n'est intervenu depuis le 9 juill. 1835, jusqu'à la demande. »

Pourvoi pour excès de pouvoir et fausse application de l'art. 397 c. pr., en ce que l'arrêt attaqué a prononcé la péremption de l'instance; quoique la procédure eût été discontinuée du consentement respectif des parties et en vue d'une transaction projetée. On invoque la jurisprudence retracée ci-dessus et l'on ajoute que, pendant le projet d'arrangement, les parties ont dû s'abstenir de tout acte de procédure; que c'est en vain que l'arrêt attaqué objecte que l'instance concernait les droits immobiliers de la dame de Walsh-Serrant et que le projet de transaction lui était étranger. On ne peut contester, en effet, que le mari n'eût qualité, aux termes de l'art. 1549 c. civ., pour poursuivre les détenteurs des biens dotaux. Il était partie nécessaire dans l'instance, et, comme toute instance est indivisible quant à la péremption (Limoges, 8 juill. 1823; Pau, 13 mars 1836, V. n°s 246 et 267), il suffisait que le projet de transaction produisît un effet interruptif relativement au mari pour que l'interruption profitât à la femme. — Les demandeurs reprochent ensuite à l'arrêt attaqué un défaut de motifs. — Arrêt.

La cour; — Attendu que, lors de la demande en péremption d'instance, aucun acte de procédure n'avait eu lieu, dans la cause, depuis plus de trois ans; que, dans l'appréciation des faits et du projet de transaction intervenu entre les parties, la cour royale d'Amiens s'est renfermée dans les limites de ses attributions, et qu'en ne s'arrêtant pas à cette transaction et en déclarant, par suite, que la péremption n'avait pas été interrompue, l'arrêt attaqué n'a fait qu'une juste application de la loi; — Attendu, quant au défaut de motifs, que la cour d'Amiens, en déclarant que la transaction, présentée comme acte interruptif de la péremption, ne pouvait valoir, à l'égard de la dame de Walsh-Serrant, dont elle concernait les biens dotaux, parce qu'elle y était demeurée étrangère, a suffisamment fait connaître les motifs de sa décision et a satisfait aux dispositions de la loi; — Rejette.

Du 26 avr. 1842.-C. C., ch. civ.-MM. Portalis, 1er pr.-Chardel, rap.-Hello, av. gén., c. conf.-Latruffe, Roger et Desmurs, av.

(4) (Godrie C. Houdez.) — La cour; — Attendu qu'il est constant au procès que, depuis le 11 fév. 1829, date d'un jugement préparatoire rendu dans l'instance jusqu'à la demande en péremption, il s'est écoulé plus de trois ans de discontinuation de poursuites; — Attendu que les projets ou propositions d'arrangement, tels qu'ils sont vantés au procès par les intimés, n'ont point les caractères d'actes judiciaires de poursuite ou de procédure, dans le sens de l'art. 399 c. pr., pour couvrir la péremption; — Que de ces projets ou propositions on ne peut pas même induire une intention de la part des parties de suspendre ou d'inter-

vent être prouvés non-seulement par des actes authentiques ou sous seing-privé, mais même par de simples lettres missives. Bouhier sur Menelet, p. 116, pensait également que de simples lettres missives pourraient servir de titre et couvrir la péremption. — Il a été jugé en ce sens que des tentatives réciproques d'arrangement à l'amiable, justifiées par des lettres missives, interrompent la péremption (Florence, 28 juin 1812) (1). — V. nº 236.

250. Quant à la preuve testimoniale, elle ne serait admissible qu'autant que l'intérêt en litige serait au-dessous de 150 fr. — Il a été jugé du reste, d'une manière générale, qu'à supposer que des propositions d'arrangement, dans le cours d'une instance, en interrompent la péremption, au moins faut-il qu'elles soient prouvées autrement que par témoins :—« Attendu que les opposants soutiennent que la péremption a été interrompue par des propositions d'arrangement qui auraient eu lieu entre les parties, mais qu'ils ne rapportent aucune preuve écrite de ces propositions, et qu'ils ne peuvent être admis à les prouver par témoins » (Limoges, 1re ch., 23 juill. 1838, M. Tixier Lachassagne, pr., aff. Dézémard *C.* Lauly).

251. Les payements partiels faits par le débiteur à son créancier interrompent également la péremption; ces payements, comme le dit fort bien un arrêt, sont autant d'acquiescements à l'action formée contre lui, autant de prières de ne pas poursuivre (Bourges, 28 juill. 1823) (2).

252. Si une cause a été rayée du rôle, du consentement des parties, la péremption continue-t-elle à courir? — Non, car l'instance est présumée avoir été terminée à l'amiable, à moins qu'il n'y ait eu qu'une tentative de transaction non suivie d'effet, ou que les parties n'aient exprimé que ce n'était là qu'une suspension momentanée du procès. — Il a été jugé dans le sens de la cessation de l'instance: 1º que lorsque, sur la déclaration des avoués que l'affaire est terminée par arrangement, la cause a été retirée du rôle, la péremption cesse de courir tant que la déclaration n'a pas été rétractée ou désavouée (Bruxelles, 29 déc. 1821 (3); 10 juill. 1830, même aff., V. nº 256; Montpellier, 9 août 1851, aff. Yence, D. P. 54. 5. 566); — 2º Que lorsque, sur la déclaration des parties, une cause a été biffée du rôle comme terminée, il ne peut plus y avoir lieu à une demande en péremption..., et cela encore bien que cette déclaration eût été faite à une chambre qui était dessaisie de l'affaire, laquelle avait été distribuée à une autre chambre (Bruxelles, 13 fév. 1841) (4).

253. D'autre part, et dans le sens d'une simple suspension, il a été décidé: 1º que le retrait du rôle consenti par toutes les parties, sauf à ramener la cause par avenir, suspend la péremption (Bruxelles, 29 mai 1833, aff. Ghende *C.* Spruyt. — *Contrà*, Bruxelles, 30 mars 1821) (5); — 2º Que la radiation de la cause du rôle, comme arrangée, est interruptive de la péremption, et que le délai ne commence à courir que du jour où la partie est replacée dans la possibilité d'agir utilement (Montpellier, 16 mars 1848, aff. Mialhe, D. P. 48. 2. 74).

254. Mais il a été jugé: 1º que la demande en péremp-

---

rompre le cours du terme de la péremption ou d'y renoncer ou d'empêcher qu'il ne fût fait quelque acte valable de poursuite interruptive; — Attendu que le fait que les parties auraient été volontairement sur les lieux avec leurs avocats, à raison de l'objet litigieux, a été dénié devant la cour; qu'il n'est pas prouvé et qu'on n'en offre point la preuve; — Que de tout ce qui précède il suit que l'on doit tenir, dans l'espèce, que la demande en péremption était bien fondée; — Par ces motifs, déclare l'instance périmée, etc.

Du 7 nov. 1838.-C. d'appel de Bruxelles, 3e ch.

(1) *Espèce :* — (Orsini *C.* Orsini.) — Louis Orsini interjette appel d'un jugement rendu au profit de Fabrice Orsini, son frère. — Il se passe ensuite plus de trois ans sans qu'il soit fait aucun acte de procédure.—Fabrice demande la péremption de l'instance d'appel. Louis allègue que n'ayant discontinué ses poursuites que parce qu'il lui a été fait des propositions d'arrangement, ce qu'il prouve par des lettres de son frère, la péremption a été par là interrompue. — Arrêt.

LA COUR; — Attendu que, quoique, depuis l'appel interjeté par le sieur Louis Orsini, le délai de trois ans et six mois fixé par le code de procédure, pour opérer la péremption, se soit écoulé; cependant cette péremption ne peut avoir lieu, puisque l'intention de l'intimé de terminer tout différend avec son frère est prouvée par écrit, et puisque, par sa lettre du 18 mai 1804, il déclare formellement renoncer à toutes demandes judiciaires par lui formées contre l'appelant, et nommer deux arbitres pour prononcer définitivement et à titre de transaction sur toutes les difficultés qui les divisent; — Considérant que, dans ces circonstances, le cours de la péremption a été interrompu, parce qu'il ne serait pas juste que l'appelant éprouvât quelque préjudice de la suspension des poursuites provoquée par son frère, et dans la vue de parvenir à un arrangement à l'amiable; — Considérant que l'intention de l'intimé s'est manifestée jusqu'en 1809, ainsi qu'il résulte d'une de ses lettres du 16 avril de la même année; — Rejette la demande en péremption, etc.

Du 28 juin 1812.-C. de Florence.

(2) *Espèce :* — (Lobbé *C.* Nolin.) — En 1815, Lobbé est assigné par Nolin en payement de billets. — 13 novembre 1815, jugement par défaut qui tient les écritures pour reconnues. — Depuis, Lobbé paya plusieurs de ces billets à Nolin, notamment les 20 mars et 28 déc. 1817; enfin le 9 mars 1820, il lui fit sommation de donner mainlevée d'une inscription, et de lui faire la remise d'un billet de 1420 fr.; il invoquait également une compensation de 600 fr.; Nolin offrit de donner la mainlevée et de remettre les titres et billets demandés, pourvu qu'on lui payât le restant de sa créance. Mais le 3 juin 1820, Lobbé, se fondant sur ce que Nolin avait discontinué ses poursuites pendant plus de trois ans, demanda la péremption de l'instance. Nolin lui opposa les payements qu'il avait reçus de lui, la sommation du 9 mars 1820, qu'il soutenait être autant d'actes qui protestaient contre l'abandon présumé de l'action, et qui empêchaient ou couvraient la péremption. Lobbé répondait que la péremption n'était qu'une prescription de la procédure, que les actes valables dont parle l'art. 339 c. pr. civ. étaient des actes de procédure faits par l'une ou l'autre des parties avant la demande en péremption; que les payements faits par lui, la sommation du 9 mars, n'étaient que des actes extra-judiciaires étrangers aux poursuites de l'instance, et incapables de s'opposer à la péremption. — Rejet de la demande en péremption par jugement du 6 août 1821. — Appel. — Arrêt.

LA COUR; — Considérant que le motif de la loi, en admettant la péremption de l'instance, a été la présomption que la partie qui ne suit pas une action l'abandonne; mais que le créancier a reçu dans le cours de l'instance, et jusqu'au 28 déc. 1817, puisque le créancier ne peut être présumé négliger ou abandonner les poursuites quand le débiteur emploie toutes les ressources pour se libérer; — Qu'en effet, les payements que fait le débiteur sont autant d'acquiescements à l'action formée contre lui, autant de prières de ne pas poursuivre; — Que toutes les propositions faites entre les parties, pour terminer à l'amiable, interrompent la péremption, et qu'on les trouve dans la sommation faite par l'appelant, le 9 mars 1820, dont l'objet était de compter chez un notaire et d'obtenir sa quittance; — Confirme, etc.

Du 28 juill. 1823.-C. de Bourges.

(3) *Espèce :* — (Kessel *C.* Wappers.) — Sur l'appel du sieur Wappers contre un jugement du tribunal d'Anvers, la cour, réformant ce jugement comme prématuré, avait admis Wappers à faire une preuve. — La cause ayant été appelée à l'audience du 9 oct. 1817, et les avoués des parties ayant déclaré que l'affaire était arrangée, elle fut retirée du rôle. — 3 nov. 1821, le sieur Van Kessel, intimé, fit signifier une requête en péremption. — Le sieur Wappers a soutenu que la péremption n'avait pu courir, la cause ayant été retirée du rôle. — Arrêt.

LA COUR; — Attendu que les procès se terminent par les arrangements ou transactions des parties comme par le prononcé du juge; — Attendu qu'à l'audience du 9 oct. 1817, sur l'exposé des avoués des deux parties que la cause était terminée par arrangement, ainsi qu'ils en sont convenus à l'audience de ce jour, elle a été retirée du rôle de la cour; — D'où résulte qu'aussi longtemps que la déclaration des deux avoués existe, ce qui sera aussi longtemps que cette déclaration est rendue inopérante par désaveu, la cause est censée non existante; — Déclare le demandeur non recevable, le condamne aux dépens, libre à lui, en cas que transaction entre parties n'existe pas réellement, de reprendre l'instance d'après les rétroactes, en se conformant aux lois.

Du 29 déc. 1821.-C. sup. de Bruxelles, 1re ch.

(4) (Bouvy *C.* Lacroix.) — LA COUR; — Attendu qu'un extrait de la feuille d'audience de la deuxième chambre de cette cour, du 10 nov. 1838, porte: « Sur la déclaration des parties que la cause, nº 614, est terminée, la cour ordonne qu'elle soit biffée du rôle; » que bien que la deuxième chambre fût alors dessaisie de cette cause qui avait été distribuée à la troisième, il était néanmoins en son pouvoir de constater la déclaration faite devant elle; — Attendu, dès lors, qu'il faut tenir pour vérité que les intimés, aujourd'hui demandeurs en péremption, ont déclaré, à l'époque prérappelée du 10 nov. 1833, que la cause était terminée, et ont ainsi fait croire à la partie adverse que tout acte de poursuite était à l'avenir inutile; que dans ces circonstances les demandeurs en péremption ne sauraient être recevables en leur demande; — Par ces motifs, déclare les demandeurs non recevables en leur demande, etc.

Du 13 fév. 1841.-C. d'appel de Bruxelles, 1re ch.

(5) *Espèce :* — (Thielens *C.* Limminghe.) — Arrêt par défaut de la cour de Bruxelles, du 23 janv. 1821, qui admet la demande en péremption. — Opposition fondée: 1º sur ce que la cause d'entre parties a été retirée du rôle de leur consentement et pour être ramenée par l'une

tion ne peut être repoussée par cette raison qu'il est intervenu une décision arrêtant que la cause serait retirée du rôle, les avoués ayant refusé de poser qualité (Bruxelles, 1re ch., 14 avril 1815, aff. Gobart C. Dolez);—2° Que la déclaration des avoués de toutes les parties qu'ils consentent, quant à présent, à la radiation de la cause, n'étant pas émanée de celles-ci, ne peut être réputée acte interruptif de la péremption (Besançon, 12 juill. 1848, aff. fab. de Vy-les-Rupt, D. P. 51. 2. 42).

255. Si, par suite d'une déclaration frauduleuse, le demandeur a été empêché de continuer les poursuites, la péremption ne peut l'atteindre : la fraude fait exception à toutes les règles. — Il a été jugé que la déclaration d'un avoué, de concert avec son client, faite devant le président d'un tribunal, que les parties sont en arrangement, a pu être considérée comme un fait frauduleux faisant obstacle à la péremption de l'instance, si cette déclaration a empêché la mise au rôle de la cause et fait écouler ainsi les trois années sans poursuites (Req. 18 nov. 1815) (1).— C'est d'après les principes généraux sur le dol et la fraude, que la question a été résolue.

256. Si, dans une instance d'appel, la cour, en rejetant la demande en péremption sur la déclaration des avoués qu'une transaction est intervenue entre les parties, a déclaré que, dans le cas où il n'existerait pas de transaction, les parties seraient libres de reprendre l'instance en se conformant à la loi, cet arrêt doit être entendu en ce sens que l'instance doit être reprise en l'état où elle était lorsqu'elle a été rayée du rôle, et non que les parties doivent procéder par nouvelle action devant les premiers juges (Bruxelles, 10 juill. 1830) (2).

257. Les événements de force majeure qui auraient rendu impossible la signification de tout acte de procédure, auraient pour résultat, non pas d'interrompre la péremption, mais de la *suspendre*. C'est là un principe reconnu par tous les auteurs. — Mais il a été jugé : 1° qu'il ne suffit pas, pour empêcher la péremption d'une instance d'appel, que les communications entre le domicile de l'appelant et le siége de la cour d'appel aient été interrompues, ou du moins rendues très-difficiles, par des événements de force majeure, spécialement par la présence des troupes étrangères, pourvu que les audiences de la cour n'aient pas été interrompues, et que les avoués des parties aient pu agir librement (Cass. 29 juin 1818) (3).—M. Berriat, p. 355, note 8, critique cette décision; il se fonde sur ce que l'avoué, quoiqu'il soit le *dominus litis*, ne peut cependant agir sans un ordre ou un avis de son client. M. Carré, n° 1421, déclare adhérer à cette opinion. Cependant MM. Merlin, v°Erempt., sect. 1, § 2, n° 2-2°; Favard, t. 4, p. 197; Chauveau, n° 1421, note; Raynaud, n° 43, adoptent la jurisprudence de la cour. Et c'est à ce sentiment que nous devons nous ranger. L'avoué, comme le dit M. Reynaud, a toujours mandat de faire des actes de son ministère;—2° Que la péremption pouvant être interrompue par tout acte, même frustratoire, la suspension momentanée du cours de la justice n'a point interrompu le cours de la péremption, si l'on ne prouve l'impossibilité de faire aucun acte de procédure même frustratoire (Paris, 25 avril 1815) (4).

258. Du reste, c'est aux tribunaux à apprécier les cas de force majeure desquels il peut résulter un obstacle à la marche du procès.—Ainsi, il a été jugé que la péremption d'une instance d'appel a pu être déclarée interrompue par des difficultés locales résultant de la présence des troupes étrangères, par exemple lors de l'invasion de 1815, sans que cette appréciation des faits puisse tomber sous la censure de la cour suprême (Req. 25 nov. 1819) (5).

---

d'elles, convention qu'ils soutenaient exclusive de la péremption; 2° que depuis cette époque l'une des parties, appelante, est morte; que la succession n'a été acceptée que sous bénéfice d'inventaire, et que pendant le délai pour délibérer la péremption a dû être suspendue; 3° que l'arrêt ordonne que le jugement dont est appel sera exécuté, ce dont il ne pouvait être question sur la demande en péremption. — Arrêt.

La cour; — Attendu que le plumitif de la chambre des appels de police correctionnelle fait foi que l'affaire a été retirée du rôle, sauf à ramener par avenir; — Que cette réserve n'emporte pas une convention de ne pas poursuivre dans le délai utile pour empêcher la péremption; — Que tant le sens de l'art. 397 c. pr. que la jurisprudence sur ce point ne laissent aucun doute que dans tous les cas possibles le terme de la péremption le plus prolongé est de trois ans six mois; — Attendu que la cour, en ordonnant que ce dont est appel sortira effet, loin d'avoir renouvelé la discussion au fond, s'est littéralement conformée à l'art. 469 c. pr.; — Déboute, etc.

Du 30 mars 1821.-C. d'appel de Bruxelles, 1re ch.

(1) (Lemarrois C. Haut-Marais.) — La cour; — Attendu que la cour impériale de Caen (arrêt du 24 juin 1812) n'a point méconnu les principes établis par le code Napoléon sur la péremption, mais qu'elle s'est déterminée par les faits reconnus d'astuce, emportant le caractère de dol, et que le dol fait exception à toute règle; — Rejette.

Du 18 nov. 1815.-C. C., sect. req.-MM. Henrion, pr.-Lasaudade, r.

(2) (N... C. N...)—La cour;—Considérant que, sur la demande en péremption formée par l'intimé par requête en date du 3 nov. 1821, et sur la contestation qui a eu lieu à cet égard entre parties, la cour a, par arrêt du 29 déc. même année (V. n° 252), déclaré en substance que, puisque la cause, sur le dire des avoués respectifs que les parties avaient transigé à l'amiable, avait été rayée du rôle dans l'audience du 9 oct. 1817, elle devait être regardée comme n'étant plus existante tant que ladite déclaration des avoués ne serait pas dépouillée de ses effets par la voie du désaveu, et que, par suite, l'intimé n'était pas recevable en sa demande en péremption, ledit arrêt ayant laissé l'intimée libre, pour le cas où il n'existerait pas de transaction, de reprendre l'instance selon les rétroactes, et en se conformant au prescrit de la loi; que, par ledit arrêt, la cour a eu évidemment pour but de laisser, dans le cas prévu, à l'intimé la faculté de reprendre et de poursuivre l'instance dans l'état où elle se trouvait pendante le 9 oct. 1817, jour où elle a été rayée du rôle, mais nullement celui de décider que l'intimé, pour pouvoir faire valoir ses prétentions à charge de l'appelant, serait tenu de soumettre de nouveau la cause à un autre examen et à une seconde décision en première instance, et par suite que, dans l'état de la cause, il n'y a pas termes à un renvoi des parties devant un premier juge.

Du 10 juill. 1830.-C. sup. de Bruxelles.

(3) (Treillard C. Perrin.)—La cour (ap. délib. en ch. du cons.);— Vu l'art. 397 c. pr. civ.;—Attendu que l'exception que la cour royale de Grenoble a voulu faire résulter de la force majeure n'aurait été admissible qu'autant qu'elle aurait mis les avoués chargés des pouvoirs des parties dans l'impossibilité d'agir pour la conservation de leurs intérêts; — Attendu qu'il ne suffisait pas, comme l'a fait cette cour, de déclarer, par son arrêt, qu'une partie du département de l'Isère était occupée par les troupes des puissances alliées, et que les communications entre le canton de Voiron et la ville de Grenoble étaient interrompues, ou du moins rendues très-difficiles, pour qu'elle pût rejeter la demande en péremption acquise à Treillard, aux termes de l'art. 397 c. pr. civ.; qu'il aurait encore fallu qu'elle déclarât que Grenoble était occupé; que les audiences de la cour étaient empêchées, et que les avoués institués pour exercer leurs fonctions près d'elle, dans l'intérêt de leurs mandataires, étaient condamnés au silence; — Attendu que cette déclaration n'a point été faite par l'arrêt attaqué; qu'il résulte au contraire de cet arrêt que Grenoble était libre; que la cour royale ouvrait ses audiences comme à l'ordinaire, et que rien ne s'opposait à ce que l'avoué de Perrin, qui avait tous les pouvoirs nécessaires pour agir, arrêtât le cours de la péremption par une simple signification faite à l'avoué du sieur Treillard; — Attendu que de là il suit qu'en rejetant, dans l'espèce, la demande en péremption, la cour royale de Grenoble a fait une fausse application de l'exception qu'elle a cru pouvoir tirer, pour motiver son rejet de la demande en péremption de Treillard, de l'existence d'une force majeure qui ne paralysait pas et ne pouvait pas paralyser le ministère de l'avoué de Perrin qui, constamment maître d'agir pour la conservation des intérêts de son commettant, pouvait aussi les compromettre par son silence, et que, par voie de conséquence, cette même cour a violé l'art. 397 c. pr. civ.; — Casse.

Du 29 juin 1818.-C. C., sect. civ.-MM. Desèze, 1er pr.-Minier, r.

(4) *Espèce* :—(Issautier C. Audiger.)—Les héritiers Audiger avaient demandé contre Issautier : 1° la nullité de deux contrats de vente pour dol et fraude; 2° la rescision pour lésion. — Le 20 mai 1811, jugement de Nogent-sur-Seine, qui rejette la demande en nullité, et, admettant celle en rescision, ordonne une expertise.—Ce jugement n'a point été signifié à Issautier, qui a en demandé la péremption le 28 mai 1814.—Les héritiers Audiger répondent : 1° qu'il y a eu jugement qui a terminé l'instance; 2° que d'ailleurs le cours de la justice a été suspendu par l'occupation de la ville de Nogent par les troupes étrangères; qu'ainsi la péremption n'a pu courir. — Le 4 juillet 1814, jugement qui déclare la péremption acquise.—Appel.—Arrêt.

La cour; — Attendu que la péremption peut s'interrompre par tout acte de procédure, même frustratoire, et qu'on ne justifie pas qu'il ait été impossible de signifier un pareil acte pendant la guerre, malgré l'interruption momentanée du cours de la justice dans la ville de Nogent;— Met l'appel au néant.

Du 25 avril 1815.-C. de Paris.

(5) (Salary C. Turgan.) — La cour; — Attendu que l'arrêt attaqué est fondé sur des circonstances locales et sur l'existence de certaines difficultés que la cour royale pouvait seule apprécier; — Rejette le pourvoi contre l'arrêt de la cour de Bordeaux, du 3 avril 1818.

Du 25 nov. 1819.-C. C., sect. req.-MM. Henrion, pr.-Brillat, rap.

259. A plus forte raison, l'interruption de la péremption ne résulterait-elle point d'un changement dans l'organisation judiciaire. Dans ce cas, en effet, les parties n'en sont pas moins libres d'agir (Merlin, Rép., vº Perempt., sect. 1, § 1, nº 21, et Quest. t. 4, p. 710; Carré, nº 1443; Berriat, nº 356, note; Reynaud, nº 165). — Ainsi, il a été jugé que la péremption n'a point été interrompue par la substitution d'un autre tribunal à celui devant lequel l'instance était pendante (Cass. 23 niv. an 8 (1); Rej. 6 pluv. an 8, MM. Rataud, pr., Target, rap., aff. Bosruel *C.* Bosruel; 21 mess. an 13, MM. Muraire, 1er pr., Genevois, rap., aff. Pollart *C.* Lepoivre; Bourges, 26 juin 1811, aff. Cartier, V. nº 124-3º; Orléans, 3 juill. 1817, aff. N..., V. nº 159-3º; Rennes, 16 juin 1818, aff. Brilland, V. nº 224-1º); ...ni par les changements survenus dans l'organisation judiciaire avant le code de procédure (Amiens, 5 avril 1824, aff. Delannoy; sous rej. 18 fév. 1828, nº 102-2º); ...ni par la suppression des avoués (Rej. 28 flor. an 4, MM. Lalonde, pr., Seignette, rap., aff. Jean Paul; 20 brum. an 14, MM. Muraire, pr., Rousseau, rap., aff. Picque).

260. Et il a été jugé, spécialement : 1º que les cours d'appel substituées, par la loi de l'an 8, aux anciennes cours et aux tribunaux de district, créés par la loi du 24 août 1790, ont été saisies de plein droit des procès pendants devant ces cours et tribunaux, sans qu'il ait été besoin d'une assignation en reprise d'instance; qu'en conséquence, il n'a pas été besoin qu'une assignation ait été préalablement donnée pour que la péremption d'une instance anciennement pendante en appel devant l'un des siéges de la table de marbre, ait pu être valablement demandée devant la cour dans le ressort de laquelle ce siége se trouvait placé, et cela, encore bien qu'aucune instance n'ait été portée devant les tribunaux de district (Rej. 21 nov. 1826, aff. com. de Culles, nº 144-5º. — Conf. Bruxelles, 21 mars 1817, aff. Dehut, V. nº 157-4º); — 2º Que la péremption n'est pas suspendue non plus pendant le temps des vacances occasionnées par l'installation des cours spéciales (Grenoble, 2e ch., 21 juin 1811, aff. Amat *C.* Barral).

261. Toutefois, des arrêts ont décidé, en sens contraire : 1º qu'après la suppression des anciens tribunaux, la péremption d'une instance qui y était pendante ne peut être demandée, qu'autant que cette instance a été reprise devant les nouveaux tribunaux; que l'art. 397 c. pr., quel que soit le délai écoulé sous ce code, n'est pas applicable à ce cas (Req. 21 janv. 1812 (2).—Conf. Paris, 3e sect., aff. Lebon *C.* Duflos);—2º Que si, dans le ressort du parlement de Bordeaux, il suffisait du décès ou de la démission d'un des procureurs ou du décès des rapporteurs, la suppression d'un tribunal entier a dû *à fortiori* suspendre la cause de la péremption dans ce ressort, et avant l'émission du code de procédure (Limoges, 18 nov. 1812, aff. N... *C.* N...).

262. En tout cas, lorsque la péremption demandée devant les nouveaux juges, est repoussée par la partie adverse qui conclut, en outre, à ce que le tribunal ordonne que les parties instruisent et défendent au fond, l'instance se trouve engagée par ces conclusions, et si, depuis, trois années s'écoulent sans poursuites, la péremption est acquise (Req. 10 janv. 1810, aff. com. de Saint-Ouen, V. Commune, nº 1595).

263. L'exception qui résulte, contre une demande en péremption, d'actes interruptifs produits dans l'instance, doit-elle être suppléée d'office par le juge, lorsque la partie intéressée à s'en prévaloir ne la propose pas? — L'affirmative est enseignée par Merlin, vº Pérempt., sect. 1, § 2, nº 4-10º. « De ce que la péremption n'a pas lieu de droit, dit-il, il suit nécessairement qu'elle ne peut être suppléée d'office par le juge, et qu'elle ne peut être prononcée qu'autant que la demande en est formée par des conclusions expresses. Mais il n'en est pas de même de l'exception qui tend à neutraliser cette demande; elle rentre dans la règle générale qui oblige le juge d'appliquer aux faits dont la preuve lui est légalement fournie, la loi qui s'y adapte, n'importe que la partie intéressée à s'en prévaloir la cite ou ne la cite pas » (Conf. M. Reynaud, nº 82). — Cette opinion semble aussi avoir prévalu devant la cour de cassation qui a décidé que lorsqu'un arrêt, contre lequel un pourvoi a été formé en ce qu'il a repoussé une demande en péremption par des motifs sans fondement, reconnaît en fait que la péremption n'a été opposée qu'après une assignation en reprise d'instance, ce dernier moyen, bien qu'il n'ait pas été proposé devant les juges du fond, suffit pour faire rejeter le pourvoi (Rej. 26 oct. 1812) (3).—C'est également celle à laquelle on doit s'arrêter. Les juges ne peuvent admettre les conclusions d'une partie qu'autant qu'elles leur paraissent justifiées. Si donc la péremption est requise avant que le délai légal soit accompli, c'est là une demande mal fondée que les juges ne doivent pas admettre, alors même que la partie adverse ne se défendrait pas sur ce point.

Art. 8. — *Des formes de la demande en péremption. — Compétence, Degré de juridiction, etc.*

264. La péremption doit, d'après l'art. 400 c. pr., être demandée par requête d'avoué à avoué, à moins que l'avoué ne soit

(1) (Rougier *C.* Michaud.) — Le tribunal; —Vu l'art. 15 de l'ord. de Roussillon de 1563; — Et considérant qu'il s'était écoulé, depuis les derniers errements de l'instance, plus de trois ans, lorsque le sieur Rougier a formé sa demande en péremption; que la loi du 3 brum. an 2, qui supprime les avoués, et celle du 19 vend. an 4, qui établit des tribunaux de district, ne prescrivent pas de reprise d'instance qui doit être poursuivie par la partie elle-même devant le nouveau tribunal sur une simple citation; en sorte que la péremption n'ayant pas été interrompue, l'art. 15 de l'ordonnance de 1563 sur les péremptions d'instance a dû être exécuté; d'où il suit que le tribunal civil du département de la Vienne, en déboutant le sieur Rougier de sa demande en péremption, sur le fondement de la fausse induction tirée des lois des 3 brum. an 2 et 19 vend. an 4, a violé cet art. 15 de l'ord. de 1563; —Casse.

Du 23 niv. an 8.-C. C., sect. civ.-M. Target, rap.

(2) (Blanc, etc. *C.* Bosviel.) — La cour; — Attendu que l'instance en appel qui existait entre les parties en la sénéchaussée de Clermont, ayant été appointée en droit, au rapport d'un juge commis à cet effet, et les deux appelants étant décédés en 1788 et 1789, l'instance fut prorogée pour trente ans suivants les anciens principes; que, d'ailleurs, la suppression des anciens tribunaux, qui fut prononcée en 1789, mit aussi l'instance hors des termes de la péremption, tant qu'elle n'a pas été portée et reprise devant les nouveaux tribunaux qui ont remplacé les anciens, et qu'ainsi les lois relatives à la péremption des instances ne sont pas applicables à l'instance dont il s'agit; — Rejette.

Du 21 janv. 1812.-C. C., sect. req.-MM. Henrion, pr.-Chabot, r.

(3) *Espèce* : — (Chassaignac *C.* Gouyon-Bayot.)— Une instance entre Gouyon-Bayot et Chassaignac, commencée en 1785, interrompue et reprise en 1790, est interrompue de nouveau par suite des changements qui surviennent dans l'organisation des tribunaux. Le 8 therm. an 10, Gouyon-Bayot fait assigner Chassaignac en reprise d'instance. Celui-ci oppose la péremption pour discontinuation de poursuites pendant plus de trois années (ord. de 1563, art. 15). — Au lieu de répondre que la péremption n'est pas de droit et qu'elle a été couverte par l'exploit du 8 therm. an 10, Gouyon-Bayot se retranche dans une exception tirée de ce que la péremption a été interrompue par la substitution des nouveaux tribunaux aux anciens.—12 mess. an 13, jugement qui, adoptant ce moyen, rejette la demande en péremption. — Appel, et le 19 déc. 1809 arrêt de la cour de Limoges qui, par le même motif, confirme.— Pourvoi par Chassaignac, qui établit sans peine que l'arrêt dénoncé est motivé sur un faux principe, puisqu'il est bien reconnu que les changements survenus dans l'organisation des tribunaux n'ont pas interrompu la péremption (V. nº 259). — Gouyon-Bayot, tout en convenant que l'arrêt est mal motivé, soutient qu'il doit être maintenu, parce qu'il est juste au fond; que pour rejeter la demande en péremption les juges auraient dû se fonder sur l'acte interruptif du 8 therm. an 10.—M. Thuriot, avocat général, a pensé que la péremption est couverte par tout acte de reprise d'instance; qu'elle n'est jamais acquise de plein droit, à moins que la péremption ne concoure avec la prescription de l'action; que dans l'espèce soumise à la cour, les parties ne se trouvaient point dans le cas de l'exception, et que la fin de non-recevoir tirée de ce qu'il y avait eu reprise d'instance était de nature à être suppléée d'office par les juges du fond. Ainsi, la cour d'appel devait rejeter la demande formée par Chassaignac, et son arrêt, quoique mal motivé, doit être maintenu.—Arrêt.

La cour; — Attendu, en droit, que la péremption d'instance, quand elle ne concourt pas avec la prescription de l'action, ne peut pas être opposée par voie d'exception, et qu'elle se trouve couverte par tout acte valable de procédure intervenu avant qu'elle ait été formellement demandée; — Attendu qu'il est reconnu en fait, par l'arrêt attaqué, que, dans l'espèce, la péremption d'instance n'a été opposée par le demandeur en cassation, qu'après la reprise d'instance formée en l'an 10 par Bayot; qu'ainsi cet acte de procédure, dont la régularité n'a pas été contestée, s'opposait suffisamment et sans autre motif à l'admission de la péremption; — Rejette, etc.

Du 26 oct. 1812.-C. C., sect. civ.-MM. Muraire, 1er pr.-Boyer, rap.

décédé, ou interdit, ou suspendu depuis le moment où elle a été acquise.—La section du tribunat avait proposé, au lieu de ces mots : *par requête d'avoué à avoué*, de dire *par acte de conclusion*; mais sa proposition ne fut pas admise.

265. Remarquons d'abord que, du principe que la demande en péremption, bien que se rattachant à l'instance principale, en est cependant distincte, il suit que la péremption d'une instance introduite avant la promulgation du code de procédure, mais demandée depuis ce code, est régie, quant à la forme, par la loi nouvelle (V. nos 143 et suiv.).—Mais à l'égard des demandes en péremption introduites avant la publication du code de procédure, elles ont dû être *continuées* conformément aux lois anciennes.—V. Lois, nos 343 et suiv.; V. aussi *eod*, nos 336 et suiv.

266. Il résulte de l'art. 400 c. pr. que, s'il y a avoués en cause, la demande en péremption doit être formée par requête d'avoué à avoué ; mais cet article ne prononce pas la peine de nullité. De là, la question de savoir si la demande en péremption serait recevable, bien qu'elle aurait été introduite dans une autre forme que celle prescrite par l'art. 400. — La négative résulte d'une jurisprudence constante. — Ainsi, il a été jugé que la demande en péremption qui n'est pas formée par requête d'avoué à avoué doit être rejetée (Metz, 4 mai 1813 ; Grenoble, 30 déc. 1816 (1); 17 août 1819, aff. N..., V. n° 267);—Qu'en conséquence, est nulle la demande en péremption formée : 1° par assignation à comparaître dans le délai et la forme de l'ord. de 1667 (Grenoble, 22 fév. 1821) (2); — 2° Par un simple avenir (Req. 27 oct. 1813) (3); —3° Par simple libelle (Toulouse, 13 juin 1832, aff. Brun, V. n° 218); —4° Par des conclusions à l'audience (Montpellier, 3 déc. 1832, aff. Pradal, v° Avoué, n° 101); — 5° Par une citation en conciliation (Paris, 11 fév. 1811, aff. Foulon, V. n° 219). — M. Bourbeau pense au contraire qu'un simple acte de conclusions remplirait le vœu de la loi ; mais V. n° 264.

267. Il a même été décidé que la demande en péremption doit être annulée si elle est formée par acte signifiée au domicile de la partie (Rennes, 3 avr. 1813 ; Pau, 13 mars 1836 (4) ;

(1) 1re *Espèce* : —(Schaudeler C. Schandeler.)—La cour;—Attendu qu'aux termes de l'art. 397 c. pr. civ., l'instance n'est périmée que par la discontinuation des poursuites pendant trois années de la part des deux parties, lequel délai doit même être de six mois en sus, quand il y a constitution de nouvel avoué ; — Attendu qu'au 4 juin 1812, date de la citation en péremption de Henri Schandeler, il n'y avait que vingt-huit mois qu'il avait lui-même interrompu la péremption en faisant signifier le jugement interlocutoire du 22 déc. 1792, avec assignation devant la cour pour faire déclarer définitives les condamnations prononcées par ce jugement; d'où il suit que la péremption n'était point acquise, et que la demande formée pour la faire déclarer doit être rejetée ; — Attendu, d'ailleurs, que cette demande est nulle et irrégulière dans la forme pour n'avoir point été, suivant l'art. 400 même code, formée par requête d'avoué à avoué, Grisel s'étant constitué pour Chrétien Schandeler, dès le 22 fév. 1810 ; que, conséquemment, l'arrêt par défaut qui a été surpris par suite de cette demande nulle, doit être rapporté sans refusion de dépens ; — Que les frais de cette demande et de l'audience à laquelle a été rendu l'arrêt par défaut, doivent rester à la charge de Henri Schandeler, qui les a mal à propos engagés sans instruire son second avoué qu'un premier avait été par lui constitué, et qu'il avait couvert la péremption par une citation valable ; — Qu'il n'en est pas de même de ceux de levée et signification de cet arrêt et des qualités données à tort par le second avoué pour obtenir la rédaction dudit arrêt ; que les jugements et arrêts par défaut sont réputés non avenus par l'art. 156 même code, s'ils ne sont exécutés dans les six mois de leur prononciation ; — Qu'au 6 fév. 1813, date du dépôt au greffe des qualités données par le second avoué de Henri Schandeler, il y avait huit mois moins deux jours que l'arrêt par défaut par lui obtenu était resté sans exécution ; — Qu'étant réputé non avenu par le code, les frais de ces qualités données après les six mois, et, à plus forte raison, ceux de levée et expédition du même arrêt, et ceux de sa signification qui n'a eu lieu que le 22 mars 1813, plus de huit mois après l'obtention, doivent être personnellement supportés par le second avoué de Henri Schandeler, qui les a inutilement exposés, au mépris de la disposition du code, qui lui défendait de réclamer après six mois l'exécution d'un arrêt par défaut ;—Que cette décision est commandée par l'art. 1031 même code, qui met à la charge personnelle des officiers ministériels les procédures et les actes nuls ou frustratoires ; — Par ces motifs, ordonne le rapport de son arrêt par défaut, du 8 juill. 1812, sans refusion de dépens dont les frais de levées, expédition et signification, et ceux des qualités déposées, resteront à la charge personnelle du second avoué constitué ; — Déboute de la demande en péremption, etc.

Du 4 mai 1813.-C. de Metz.-M. Voysin de Gartempe, 1er pr.

2e *Espèce* : — (Chareyre C. Paturel.) — La cour ; — Attendu qu'aux termes de l'art. 400 c. pr., la péremption ne peut être demandée que par requête d'avoué à avoué ; que les héritiers Chareyre ne se sont point conformés à cette disposition ; — Rejette la demande en péremption.

Du 30 déc. 1816.-C. de Grenoble, ch. civ.

(2) (Madeleine Gay C. Benoît-Sail.) — La cour ; — Attendu que l'assignation en péremption d'instance dont il s'agit ayant été formée dans la forme et les délais voulus par l'ordonnance de 1667, et non dans la forme et les délais prescrits par le code de procédure civile, se trouve irrégulière et nulle ; qu'ainsi la demande en péremption doit être rejetée ; — Sans s'arrêter à l'assignation en péremption de l'instance, du 24 déc. 1814, qui est rejetée, ordonne qu'il sera procédé au principal, ainsi qu'il appartiendra.

Du 22 fév. 1821.-C. de Grenoble, 2e ch.-M. Chenevay, pr.

(3) (Legrain C. Cheron.) — La cour ; — Considérant qu'aux termes de l'art. 400 c. pr., la péremption doit être demandée par acte d'avoué à avoué, et qu'en décidant qu'elle ne peut l'être par un simple avenir, le premier arrêt attaqué, loin de violer la loi, en a fait une juste application ; — Rejette le pourvoi contre l'arrêt de la cour de Rouen, du 15 déc. 1812.

Du 27 oct. 1813.-C. C., sect. req.-MM. Lasaudade, pr.-Favard, rap.

(4) 1re *Espèce* :—(Lebigot C. Dubois.)—La cour ;—Considérant qu'il est reconnu et constaté que Gaudon s'était, dès le 27 mars 1806, constitué avoué d'Alexandre Dubois, appelant ; que, dès lors, la demande en péremption de Lebigot et femme aurait dû être notifiée audit Gaudon, aux termes de l'art. 400 c. pr., qui dispose que cette demande sera formée par requête d'avoué à avoué, à moins que l'avoué ne soit décédé ou interdit depuis le moment où la péremption a été acquise ; que cependant la demande en péremption a été notifiée au domicile d'Alexandre Dubois au Mont-Marin, commune de Pleurtuit, le 18 mars 1811 ; — Considérant que dans cet état, par acte d'avoué à avoué, du 28 du même mois, Gaudon, en sa qualité d'avoué d'Alexandre Dubois, fit sommation à celui des intimés de communiquer dans trois jours toutes les pièces dont ce dernier entendait se servir pour la plaidoirie de la cause ; que cet acte de procédure a couvert la péremption, suivant la disposition de l'art. 399 c. pr., portant que la péremption n'a pas lieu de plein droit, et qu'elle se couvre par les actes valables faits par l'une ou l'autre des parties, avant la demande en péremption, dernières expressions qui ne peuvent s'entendre que d'une demande notifiée dans la forme de l'article suivant ; — Déclare la péremption couverte par la sommation de communiquer, du 28 mars 1811 ; déboute en conséquence Lebigot et femme de leur exception et ordonne aux parties de plaider au fond.

Du 3 avril 1813.-C. de Rennes.

2e *Espèce* : — (Cassou et consorts C. com. de Louang et Benac.) — 3 mai 1820, jugement du tribunal de Tarbes, qui ordonne, entre plusieurs communes et divers particuliers, le partage de la forêt dite de Mouret. — 19 juill. 1820, appel de la part des communes. Les intimés ne constituent pas d'avoué. — Par acte du 20 mars 1835, signifié aux communes appelantes, les intimés demandent la péremption de l'instance d'appel, restée impoursuivie depuis 1820. — L'avoué des communes somme alors l'avoué des demandeurs en péremption de communiquer son dossier pour rédiger les griefs d'appel. Le 25 avr. 1835, les intimés renouvellent la demande en péremption par requête d'avoué à avoué. — Les communes soutiennent que la demande en péremption, formée le 20 mars 1835 est nulle, n'ayant pas été faite par requête d'avoué à avoué ; que, dès lors, la péremption a été interrompue par la sommation de communiquer les pièces du procès, et qu'enfin la péremption n'a pu courir, attendu que l'interruption des poursuites a eu lieu du commun accord des parties, et dans l'objet de prendre des arrangements amiables. — Arrêt.

La cour ; — Attendu, sur le premier moyen présenté pour repousser la demande en péremption, que l'art. 400 indique le mode à suivre pour former cette demande ; qu'ainsi les parties devaient s'y conformer ; qu'en intentant leur action en péremption, par un acte signifié à la partie, elles n'ont pas rempli le vœu de la loi ; que, s'il y avait quelque doute à cet égard, il serait levé par les modifications insérées à la fin du même article ; qu'en effet le législateur a si bien voulu que la demande en péremption fût formée par requête d'avoué à avoué, qu'il indique, d'une manière spéciale, les circonstances dans lesquelles l'action pourrait être intentée par assignation ; qu'ainsi l'action en péremption n'a pas été intentée régulièrement par le premier acte, et que l'instance en péremption n'a réellement commencé que du jour de la requête signifiée conformément à la loi ; — Attendu que, pour décider si l'acte en communication de pièces, fait par Casaubon, et antérieur à la requête, a interrompu la péremption, il est essentiel d'examiner le mérite de la constitution de Me Castelnau ; — Attendu, sur cette question, que les parties de Me Castelnau ont constitué leur avoué dans l'objet de pour-

Lyon, 20 déc. 1827, aff. Filière, V. le second arrêt qui suit. Conf. MM. Carré et Chauveau, n° 1444, 1446; *Contrà*, M. Bourbeau, p. 668);—...Ou par une assignation au défendeur laissée à la mairie (Grenoble, 31 juill. 1824 (1);—Et il en est ainsi bien que l'avoué du demandeur en péremption ait cessé d'occuper pour lui (Lyon, 20 déc. 1827) (2);—...Ou même que la partie qui la réclame n'ait point originairement constitué avoué (Metz, 17 août 1819) (3), car il lui est facile de constituer avoué en formant sa demande.—V. n° 271.

268. Toutefois, il a été jugé en sens contraire : 1° qu'une demande en péremption d'instance peut être formée par exploit signifié à la partie, encore bien que ce dernier ait avoué en cause, attendu que cette forme est plus favorable que si elle était faite par requête (Limoges, 19 déc. 1826 (4); Conf. Liége, 1re ch., 9 déc. 1834, aff. N... *C.* M...); — 2° Que la demande tendant à la péremption d'une instance en saisie-arrêt et à la nullité de l'acte qui a servi de base à cette saisie, est régulièrement formée par exploit signifié au domicile élu dans le commandement qui a précédé cette voie d'exécution; ce n'est pas ici une demande principale qui doive être signifiée à personne ou domicile (c. pr. 68, 70; Rej. 20 juin 1838, aff. Becq, V. Domicile élu, n° 21-8°).— Mais, dans cette dernière espèce, les parties ne se sont nullement

---

suivre la demande en péremption; qu'à la vérité, il y a vers la fin de l'acte quelques expressions dont on veut induire que Me Castelnau aurait été constitué, soit sur la demande en péremption, soit sur le fond de l'appel; — Attendu, à cet égard, que l'on doit interpréter un acte dans son principal objet et dans le sens de la demande qu'on veut intenter; or, dans l'espèce, il impliquerait une contradiction manifeste de la part du demandeur, de constituer un avoué, dans l'objet de faire déclarer qu'une instance n'existe plus, et de le constituer à l'effet de poursuivre cette même instance; que, dès lors, on doit considérer que cette constitution d'avoué n'avait trait qu'à l'instance en péremption; qu'au surplus, l'addition aux conclusions principales, et dont on veut exciper, peut aisément s'appliquer aussi à cette même demande; — Qu'il en résulterait, sous ce premier point de vue, que l'acte de la partie de Casaubon a été signifié à un avoué qui n'avait pas qualité pour recevoir un acte relatif au fond de l'appel; que, lors même que l'on voulût trouver dans la constitution de Me Castelnau le pouvoir de défendre sur l'appel, au fond, on doit convenir que cette faculté n'était qu'hypothétique, et ne devait avoir son effet qu'autant que l'instance en péremption serait évacuée, et la demande rejetée; — Que, même dans cette hypothèse, l'acte signifié ne pourrait produire l'effet d'interrompre la péremption, puisque le pouvoir donné à Castelnau de poursuivre au fond se trouvait suspendu par l'instance en péremption, et que les actes signifiés par la partie de Casaubon ne pouvaient être relatifs qu'à cette même instance; qu'il résulterait d'un système contraire, qu'une demande en péremption deviendrait inutile, puisque, dès que la notification de la constitution serait connue, la partie adverse pourrait faire un acte interruptif; — Attendu, en fait, qu'il s'est écoulé un temps plus que suffisant pour que l'instance soit déclarée périmée; que, dès lors, la demande en péremption serait fondée; — Attendu néanmoins que les parties de Casaubon prétendent que l'interruption de l'instance n'a eu lieu que du commun accord des parties, et dans l'objet de prendre des arrangements amiables sur le mérite du jugement entrepris; qu'à cet égard, les parties de Castelnau rapportent une lettre émanée d'une des parties; qu'on a allégué, sans contradiction, que le signataire est décédé depuis plus de dix ans, et qu'il résulterait de cette lettre que les parties avaient l'intention de prendre des voies amiables; que, quoique cette lettre n'émane que de l'une des parties, elle doit servir à toutes, puisque l'instance est indivisible, et qu'elle ne peut pas subsister pour l'une et être périmée pour les autres; — Attendu que les faits que l'on demande à prouver sont pertinents et admissibles.

Du 13 mars 1836.-C. de Pau.-M. de Charitte, pr.

(1) (Murat *C.* Plazanet.)—LA COUR;—Considérant qu'aux termes de l'art. 400 c. pr. toute demande en péremption doit être formée par requête d'avoué à avoué, lorsque l'avoué du défendeur à cette demande n'est ni décédé, ni interdit, ni suspendu;—Que, dans l'espèce, le sieur Urtin, qui, en qualité d'avoué, occupait pour le sieur Murat, sur la demande originaire de ce dernier, contre les représentants de François Plazanet, exerçait encore les mêmes fonctions devant le tribunal civil de Valence à l'époque de la demande en péremption des consorts Plazanet;—Que, dès lors, cette demande aurait dû être formée par requête, dont la signification aurait dû être faite à l'avoué du sieur de Murat;—Que cette voie n'ayant point été suivie, mais celle d'une assignation laissée à la mairie de Lens-Lestang, il s'ensuit que la demande en péremption des consorts Plazanet devait nécessairement être rejetée;—Sans s'arrêter à la demande en péremption des consorts Plazanet, statuant au fond, permet, etc., etc.

Du 31 juillet 1824.-C. de Grenoble, 4e ch.

(2) *Espèce*:—(Filière *C.* Filière.)—Jugement du tribunal de Trévoux ainsi conçu :—«Considérant, sur la première question, que, le 20 mai 1820, par acte signifié par l'huissier Archer, Claude Filière, défendeur en péremption, a constitué Me Ducouder pour avoué, au lieu et place de Me Brachet, démissionnaire, et qui avait occupé pour lui dans l'instance dont la péremption est demandée; que si Claude Filière (dit Larcher), son adversaire, voulait exciper du bénéfice de l'art. 397 c. pr., et demander la péremption de cette instance, il devait se conformer à la disposition de l'art. 400 du même code, qui veut que la péremption soit demandée par requête d'avoué à avoué, à moins que l'avoué ne soit décédé, ou interdit, ou suspendu, depuis le moment où elle a été acquise, et devait introduire son action par requête d'avoué à avoué; que cette manière de procéder, qui est la seule admise par le code de procédure civile, n'éprouvait aucun obstacle de la démission de Me Burellier, occupant pour Filière, demandeur actuel en péremption, attendu que l'avoué de Filière, défendeur, était connu, et n'était dans aucun des cas d'exception prévus par l'art. 400, et qu'il était libre et facile audit Filière, demandeur, en constituant un avoué quelconque, de faire signifier sa requête à fin de péremption à Me Ducouder, qui existait, n'était ni interdit ni suspendu, et s'était constitué pour Claude Filière, défendeur; que l'exception proposée par Filière, demandeur en péremption, ne se trouvait pas comprise dans l'art. 400 c. pr., et ne peut être admise, et qu'il suffit à ce dernier que sa partie adverse eût un avoué constitué pour introduire son action conformément à cet article et par requête signifiée à cet avoué;

Considérant, sur la deuxième question, que, bien que l'art. 400 c. pr. ne prononce pas la peine de nullité, la procédure suivie par Claude Filière, demandeur en péremption, n'en est pas moins irrégulière pour avoir introduite contre le vœu et le sens de la disposition de cet article et en opposition à sa volonté; que, comme telle, elle ne peut être accueillie, subsister et produire d'effet; que, dès lors, la demande en reprise d'instance qui a procédé du chef de Claude Filière, défendeur en péremption, doit être admise;—Par ces motifs, rejette la demande en péremption. —Appel.—Arrêt.

LA COUR; — Adoptant les motifs des premiers juges, confirme.

Du 20 déc. 1827.-C. de Lyon, 1re ch.-M. Reyre, pr.

(3) (N... *C.* N...)—LA COUR;—Considérant que la péremption n'a pas lieu de plein droit, malgré la discontinuation de poursuites pendant trois ans; qu'elle doit être demandée dans la forme voulue par la loi;—Que le code de procédure exige en termes impératifs que la demande en soit formée par requête d'avoué à avoué; qu'il ne dispense de former la demande de cette manière que dans le cas où l'avoué de la partie contre laquelle elle est dirigée serait décédé, interdit ou suspendu depuis le moment où la péremption a été acquise; — Considérant que, dans l'espèce, l'intimé n'a pas formé sa demande par requête d'avoué à avoué; que la circonstance qu'il n'aurait pas lui-même d'avoué constitué est un fait qui lui est propre, et dont il ne saurait exciper; — Qu'ainsi sa demande en péremption n'existe pas aux yeux de la loi...;—Sans s'arrêter à la demande en péremption, et statuant sur l'appel..., etc.

Du 17 août 1819.-C. de Metz.

(4) *Espèce*: —(Bonnaud *C.* Bardoulat.)— Une instance engagée devant le tribunal d'Ussel, par Bardoulat, contre Bonnaud, était restée sans poursuites depuis trois ans. Bonnaud en demande la péremption par exploit signifié à Bardoulat, au lieu de former sa demande par requête signifiée à l'avoué de celui-ci. — Bardoulat soutient, par ce motif, la demande en péremption non recevable. — Jugement qui accueille ce système. — Appel. — Arrêt.

LA COUR; — Attendu qu'aux termes de l'art. 397 c. pr., toute instance, encore qu'il n'y ait pas eu de constitution d'avoué, est éteinte par discontinuation de poursuites pendant trois ans; qu'il est reconnu entre les parties et constaté par les pièces du procès, qu'au moment où la demande en péremption fut formée, le temps nécessaire pour la faire prononcer était expiré; — Qu'il est vrai que l'art. 400 du même code prescrit que la demande en péremption sera formée par requête d'avoué à avoué, à moins que l'avoué ne soit décédé, interdit ou suspendu depuis le moment où elle a été acquise; que, par ces mots, on doit entendre l'avoué du défendeur à la péremption, le demandeur étant toujours maître de constituer avoué à la place de celui qui serait décédé ou suspendu; — Mais, attendu que cette manière de procéder n'est pas prescrite, à peine de nullité; qu'elle n'est pas substantielle; qu'il importe peu que la péremption soit demandée par requête ou par exploit; que la première méthode est très-expéditive; qu'en cela même elle est moins favorable au défendeur à la péremption; que les nullités sont de droit étroit; — Attendu que, lorsque le législateur a attaché à l'omission de la présentation d'une requête un effet capable de faire rejeter l'action, il s'en est formellement expliqué, comme on le peut voir dans l'art. 161 du même code; — Faisant droit sur l'appel, met l'appellation et le jugement dont est appel au néant, décharge l'appelant des condamnations prononcées contre lui, etc.

Du 19 déc. 1826.-C. de Limoges.-M. de Gaujal, 1er pr.

préoccupées des règles qui régissent spécialement la péremption. Du reste, une demande en péremption régulière n'est pas annulée par une nouvelle demande aux mêmes fins de péremption, alors surtout que cette dernière a été faite seulement par surabondance et en se référant à la précédente (Bastia, 25 janv. 1842, aff. Morandi, n° 290).

269. La péremption ne peut être demandée que par l'avoué qui représente légalement la partie, c'est-à-dire qui a été constitué par elle; mais il suffit quelquefois d'un mandat implicite. — Il a été décidé, par exemple, qu'une requête en péremption signée, pour cinq intimés solidaires, par l'avoué constitué par trois seulement de ces intimés, n'en est pas moins valable, lorsque d'ailleurs les parties qui n'ont pas constitué d'avoué adhèrent, par acte formel, à la requête en péremption : en un tel cas, il y a présomption suffisante de constitution d'avoué pour toutes les parties (c. pr. 75; Nîmes, 23 mai 1832, aff. Bonnard, V. Avoué, n° 158).

270. La demande en péremption formée par requête d'avoué à avoué doit être donnée nominativement à l'avoué et non à la partie elle-même au domicile de son avoué (Paris, 8 avril 1809 (1); Bruxelles, 25 avril 1821, aff. N... C. N...; — Conf. Pigeau, Comment., t. 1, p. 687; Carré, n° 1444; Merlin, Rép., v° Péremption, sect. 1, § 2, n° 5-1°; Reynaud, n° 114). — « Cette question, dit M. Merlin, n'en est pas une; » il est clair qu'un acte d'avoué n'est pas un acte qui doit être signifié à la partie elle-même au domicile de son avoué. — Il n'est pas nécessaire non plus que la requête d'avoué à avoué soit suivie d'une assignation donnée devant le tribunal à l'avoué de la partie contre laquelle la demande est formée (Bruxelles, 26 avril 1831) (2).

271. L'art. 400 c. pr. admet une exception lorsque l'avoué est décédé, interdit ou suspendu. Dans ce cas, la demande en péremption devra être formée par exploit à personne ou à domicile (V. observations de la section du tribunat, Locré, t. 21, p. 503). — Il a été jugé à cet égard que si l'avoué de la partie contre laquelle on demande la péremption est décédé, ou interdit, ou suspendu depuis la péremption acquise, dans tous ces cas, la péremption doit être demandée par exploit signifié à personne ou à domicile, avec assignation à comparaître devant le tribunal où la poursuite a été faite, pour voir prononcer la péremption d'instance (Orléans, 27 mai 1808, aff. N...; Rej. 19 août 1816, aff. Payen, V. n° 163-1°). — Peu importe, malgré même les termes de l'art. 400, que la péremption soit ou non acquise à l'époque où l'avoué a cessé ses fonctions. Il n'est pas nécessaire de faire précéder la demande d'une assignation en constitution de nouvel avoué (Conf. MM. Merlin, Rép., v° Perempt., sect. 1, § 2, n° 5-2°; Reynaud, p. 173, et Chauveau, quest. 1443). —Il est clair que l'art. 400 n'entend parler ici que de l'avoué de la partie contre laquelle la demande est introduite; car le demandeur en péremption a toujours la faculté de constituer avoué en formant sa demande (Conf. Carré, n° 1445; Pigeau, t. 1, p. 687; V. en ce sens Metz, 17 août 1819, aff. N..., n° 267; Limoges, 19 déc. 1826, aff. Bonnard, n° 268; Lyon, 20 déc. 1827, aff. Filière, n° 267).

272. La demande en péremption devra encore, bien que le

(1) *Espèce :* — (Debrale C. Lavianne.)—Lavianne et Debrale étaient en instance devant la cour de Paris. Après les expirations des délais, Debrale forma une demande en péremption par requête signifiée d'avoué à avoué. Lavianne contesta la régularité de cette forme de procédure : il convenait qu'en matière de péremption, l'assignation pouvait être donnée au domicile de l'avoué, mais il soutenait que c'était la partie elle-même qu'il fallait assigner à ce domicile, parce que la demande en péremption était une action nouvelle, à laquelle la partie seule avait qualité pour répondre. — Arrêt.

La cour; — Attendu que la demande en péremption n'étant point une nouvelle demande, mais un moyen de faire cesser l'instance, il suffit qu'elle soit formée par requête d'avoué à avoué, conformément à l'art. 400 c. pr. civ.; — Attendu que la requête dont s'agit, faite au nom de Debrale, a été notifiée de la manière voulue par cet article, etc.

Du 8 avril 1809.-C. de Paris.

(2) (Domaines C. Lavary.)— La cour; — En ce qui concerne la forme : — Attendu que l'art. 400 c. pr. la détermine clairement en disant que la péremption sera demandée par requête d'avoué à avoué, à moins que l'avoué ne soit décédé, interdit ou suspendu; — Attendu qu'exiger quelque chose de plus que cette requête, c'est vouloir ajouter à la loi et lui faire dire ce qu'elle ne dit pas en réalité; — Attendu qu'il n'est pas exact de dire que les juges ne peuvent être saisis d'une demande judiciaire que par assignation; car, si cela est vrai pour les demandes principales et introductives d'intances, cela ne l'est pas pour les demandes incidentes ou exceptionnelles qui se forment dans le cours d'une instance déjà existante, et à l'égard desquelles il ne faut qu'une requête signifiée, ou même un simple acte d'avoué à avoué, selon que la loi prescrit l'une ou l'autre de ces formes; — Attendu qu'une demande en péremption étant de sa nature incidente, puisqu'elle ne peut exister sans une instance principale à laquelle elle se rapporte, et exceptionnelle, puisqu'elle a pour but l'extinction et l'anéantissement de cette même instance principale à l'occasion de laquelle elle reçoit l'être, celui qui la forme en saisit le juge du moment qu'il signifie sa requête, conformément au prescrit de l'art. 400 c. pr.; — Attendu que l'avenir que l'on a coutume de donner, soit en signifiant la requête, soit postérieurement, ne constitue pas une partie essentielle de la demande en péremption, puisque, pouvant être donné par l'une ou par l'autre des parties, son but n'est que de prévenir l'adversaire que l'on portera la cause au rôle, ou que l'on demandera droit sur la demande dont le juge a été saisi par la signification de la requête même; — Au fond, attendu que toute instance se périme par discontinuation de poursuites pendant les délais prescrits par l'art. 397 c. pr., si la péremption n'est pas couverte par des actes valables faits avant la demande; — Attendu que les parties sont d'accord que, depuis le 10 mars 1826, jour où Me Spruyt s'est constitué pour l'intimé Lavary, jusqu'au 15 déc. 1829, date de la demande en péremption, il n'a été fait aucun acte de poursuite dans l'instance formée par le syndicat, par son acte d'appel du 14 fév. 1826; —Attendu que l'avenir donné le 16 déc. 1829 est tardif, et qu'ainsi il ne peut ôter à la partie Spruyt le droit qu'elle avait acquis à la péremption par la signification de sa requête du 15 du même mois; — Attendu que la règle : *Contrà non valentem agere nulla currit præscriptio*, ne peut recevoir son application à l'espèce, puisque de même que rien n'a empêché l'administration du syndicat de signifier son acte d'appel du 14 fév. 1826, de même rien ne l'a empêchée de poursuivre l'instance d'appel, soit conjointement avec l'appel interjeté par Lavary, soit séparément; — Attendu que la circonstance que l'appel du syndicat n'a été fait que pour le cas où il serait décidé que les arrêtés dont Lavary se prévalait avaient le caractère de chose jugée en premier ressort, ne change rien aux droits de la partie Spruyt, sous le rapport de la péremption; car, ainsi qu'on vient de le dire, rien n'empêchait que cet appel, tel qu'il était, ne fût poursuivi conjointement avec celui de Lavary, ou séparément, et il suffit que l'on n'ait pas fait ce que l'on pouvait et devait faire pour que l'extinction de l'instance soit encourue par l'effet de cette discontinuation d'acte de procédure; — Attendu que l'argument tiré de la disposition de la première partie de l'art. 2257 c. civ. n'est pas plus fondé; car, dans le fait, c'est moins conditionnellement que subsidiairement que l'appel du syndicat a été fait, et le supposât-on conditionnel, comme alors la condition n'aurait été apposée que par une seule des parties, sans que l'autre s'y fût soumise en aucune manière, la condition ne pourrait nuire à celle-ci, ni dispenser l'autre de faire des actes interruptifs de la péremption; car, s'il en était autrement, il dépendrait du demandeur ou de l'appelant de prolonger indéfiniment le procès, en apposant à sa demande ou à son appel une condition dépendante d'un évènement plus ou moins éloigné; et par là il pourrait toujours éluder les lois qui ont établi la péremption dans des vues d'ordre public, celles de diminuer le nombre des procès et d'en abréger la durée; — Attendu que la déclaration ou réserve que l'avoué du syndicat a faite en concluant, le 10 déc. 1827, dans la cause de Lavary, appelant, contre le syndicat, intimé, en ces termes : « sans préjudice à l'appel interjeté contre les arrêtés du conseil de préfecture, pour le cas où le jugement dont Lavary avait appelé serait réformé, » ne peut être considérée comme un acte interruptif de la péremption de l'instance formée par le syndicat, puisque, 1° cette déclaration ou réserve a été faite dans une autre instance que celle de la péremption de laquelle s'agit; et 2° cette déclaration prouve bien qu'en concluant sur l'appel de Lavary, le syndicat n'avait pas l'intention de nuire à son propre appel; mais comme la manifestation de l'intention de ne pas nuire ne peut ici tenir lieu d'un acte de poursuite requis par la loi pour conserver, il résulte que la péremption, qui déjà courait alors dans cette instance formée par le syndicat, n'a pas été interrompue par cette déclaration de réserve faite dans l'instance formée par Lavary; — Attendu qu'en laissant l'administration maîtresse entière de donner suite comme elle avisera à l'appel qu'elle dit avoir interjeté contre les décisions du conseil de préfecture, la cour, par son arrêt du 19 déc. 1827, n'a pas non plus interrompu la péremption de cette instance; car, d'une part, cet arrêt du 19 déc. 1827 est rendu dans une instance autre que celle dont il s'agit ici, et, d'autre part, en laissant le syndicat entièrement libre de donner suite à son appel, la cour n'a pas changé l'état de cet appel ni anéanti l'effet; que l'inaction était prolongée jusqu'à l'expiration du terme requis pour donner lieu à une demande en extinction de l'instance, ce qui est arrivé; — Déclare l'instance d'appel éteinte et périmée, etc.

Du 26 avr. 1831.-C. sup. de Bruxelles, 3e ch.

code ne s'en explique pas, être formée par assignation à la partie, soit dans le cas où l'avoué de la partie contre laquelle la péremption est demandée, a cessé ses fonctions par suite de démission (Cass. 12 mars 1851, aff. Giron, D. P. 54. 5. 565), **soit dans tous les cas où il n'a plus qualité pour la représenter dans l'instance, par exemple lorsqu'il a été révoqué. — Il a été jugé, notamment, que lorsque l'une des parties défenderesses vient, dans le cours de l'instance, à succéder à l'une des parties demanderesses, l'avoué qu'elle avait constitué comme défenderesse n'est pas censé de plein droit occuper pour elle en sa nouvelle qualité de demanderesse; qu'en conséquence, la demande en péremption d'instance dirigée contre elle en cette dernière qualité, ne peut être valablement formée par requête signifiée à l'avoué qui occupait pour elle comme défenderesse** (Dijon, 6 mai 1831, aff. Lagrelet, V. Avoué, nº 148).

273. Il est nécessaire, toutefois, que le défendeur ait été légalement informé de la cessation des pouvoirs de l'avoué. — Ainsi, il a été jugé que la demande est valablement formée au domicile de l'avoué primitivement constitué, si le demandeur principal n'a pas notifié au défendeur son changement d'avoué (Dijon, 26 mai 1830, aff. Guillet, V. nº 169).

274. Au surplus, celui qui, par forme d'exception à une demande en péremption d'instance, oppose qu'il y a eu cessation des fonctions de l'avoué du demandeur en péremption, doit en justifier, alors que cet avoué n'a connaissance d'aucun fait qui eût pu mettre fin à son mandat (Bruxelles, 11 janv. 1834) (1).

275. Pareillement, dans les matières de régie, où le ministère des avoué n'est pas toujours nécessaire, la demande en péremption est valablement formée par une assignation à personne ou domicile. — Il a même été jugé que si, dans une instance où l'administration de l'enregistrement est intéressée, l'une des parties, renonçant à la faculté qui lui appartient de ne pas constituer d'avoué, en a cependant choisi pour être représentée dans l'instance, cette constitution étant une superfétation, doit être regardée comme inutile, et, par suite, la péremption peut être demandée par assignation à la partie, et c'est à tort qu'on verrait une nullité dans cette circonstance qu'elle n'aurait pas été signifiée par acte d'avoué (Bruxelles, 17 oct. 1821) (2). — Cette décision est critiquée par Merlin, Rép., vº Péremption, sect. 1, § 2, nº 5-4º : il est impossible, dit-il, que cet arrêt fasse jurisprudence. — **Mais Merlin ne paraît pas avoir remarqué que, dans** l'espèce, une seule des parties avait constitué avoué; sa critique ne peut, en effet, s'appliquer qu'au cas ou chaque partie s'est fait représenter par un avoué : on comprend qu'alors les formes tracées par l'art. 400 soient obligatoires. Mais, s'il n'y a qu'un avoué dans la cause, on ne peut certainement obliger la partie qui n'en a pas à en constituer un pour former sa demande en péremption, et il doit lui être permis de l'introduire par exploit à domicile. C'est là ce que la cour de Bruxelles a jugé : son arrêt est donc bien rendu.

276. L'art. 400 ne parle pas non plus du décès des parties. Que décider à cet égard? — Aux termes de l'art. 344 c. pr., les procédures faites contre l'avoué de la partie décédée avant la notification du décès sont valables (V. Reprise d'instance; V. aussi vº Avoué, nº 203). Il en résulte donc que tant que cette notification n'a pas eu lieu, la demande en péremption peut être formée par requête signifiée à l'avoué de la partie décédée; car, bien qu'on la qualifie souvent de demande nouvelle, elle n'en forme pas moins, à raison des rapports intimes qui l'unissent à l'instance principale, un incident, une des *procédures* qui composent cette instance; si cela n'était pas, comment pourrait-elle être formée par un acte d'avoué à avoué (Conf. Merlin, vº Pérempt., sect. 1, § 2, nº 5-3º; Chauveau, nº 1445 *bis*)?—C'est aussi ce qui a été jugé (Nîmes, 2 fév. 1825 (3); Montpellier, 17 janv. 1831, aff. Pasturel, V. Avoué, nº 203; Paris, 25 août 1832, aff. Pierreclau, V. nº 198; Riom, 6 nov. 1847, aff. Lairgue, D. P. 48. 2. 194).

277. La demande en péremption, en cas de décès de l'avoué, doit être formée par assignation à la partie (V. nº 271); mais si cette partie elle-même est décédée, et que son décès n'ait pas été notifié, la demande en péremption devra, par application de la règle posée au numéro précédent, être signifiée au domicile de la partie décédée, et non à celui de ses héritiers. C'est ce qui a été jugé (Liége, 3 avr. 1824) (4).

278. Toutefois, il a été jugé : 1º que le décès de la partie met fin au mandat de l'avoué; qu'en conséquence, dans un tel cas, la demande en péremption ne doit pas être introduite contre l'avoué, mais doit être dirigée contre la partie (Nîmes, 26 avr. 1813) (5). — Cet arrêt ne fait pas connaître si, dans l'espèce, le décret avait ou n'avait pas été notifié; — 2º Que lorsque la cause n'étant point en état, il y a lieu à reprise d'instance et constitution d'avoué, la demande en péremption formée, non par

---

(1) (M... C. N...) — La cour; — Attendu que l'appelant ayant lié et suivi l'instance d'appel contradictoirement avec la société intimée et son avoué, a par cela même alors reconnu l'existence de cette société et du mandat qui qualifiait son avoué pour toute cette instance, et par conséquent à effet même, le cas échéant, de conclusions en péremption de l'instance, puisque la péremption étant un moyen de l'anéantir doit être considérée comme incident dans cette même instance; — Que l'avoué susdit ne reconnaissant l'existence et ne se trouvant dûment notifié d'aucun fait ou cause capable de mettre fin à son mandat, reste donc suffisamment qualifié pour agir ainsi qu'il l'a fait, et si l'appelant suppose ou prétend qu'il existe une cause de cette nature, ce serait à lui à en justifier; — Or, attendu qu'aucune cause de cette nature n'est établie au procès, puisque la seule pièce vantée par l'appelant à cet égard, l'acte du 20 nov. 1816, n'est qu'une vente de la propriété du charbonnage du Petit Grisœil par des individus sur le chef desquels cette propriété existait, ce qui n'emporte et ne prouve pas nécessairement la dissolution de la société du Petit Grisœil ou de l'être moral partie intimée en cause.

Du 11 janv. 1834.-C. de Bruxelles, 2ᵉ ch.-MM. Stevens et Duvigneaud, a.

(2) (Enreg. C. Gillet.) — La cour; — ...Attendu qu'on objecte en vain que la demande en péremption aurait dû être formée par requête d'avoué à avoué, au vœu de l'art. 400 c. pr., et non par exploit signifié à domicile; que pour répondre à cette objection, il faut observer que l'instance dont il s'agit, n'étant pas de la nature de celles qui s'instruisent par le ministère d'avoués, et que, dans le fait, l'administration n'en ayant pas constitué, elle n'a pas dû signifier la demande en péremption à l'avoué constitué par Gillet, qui ne peut être considéré comme un officier ministériel, maître de la procédure, mais comme une superfétation, ayant été constitué tandis que la loi n'exigeait pas le ministère d'avoues dans l'instance dont il s'agissait; d'où il suit que la demande en péremption a dû être faite dans la forme voulue pour le cas où la partie, contre laquelle on demande la péremption, n'a pas d'avoué constitué, c'est-à-dire par exploit donné au domicile de la partie; — Déclare l'appel périmé, etc.

Du 17 oct. 1821 (ou 1822).-C. de Bruxelles.-M. Destoop, c. conf.

(3) (Hérit. Saut C. Pitot.) — La cour; — Attendu que l'art. 400 c. pr. dispose d'une manière générale que la demande en péremption d'instance doit être formée par acte d'avoué à avoué, et ne fait d'exception que pour le cas de décès, interdiction ou suspension de l'avoué; — Que si le législateur avait entendu étendre cette exception au cas de décès de l'une des parties, il est d'autant plus naturel de croire qu'il s'en serait expliqué, que, dans l'art. 397 du même code, il a fait pour ce cas une disposition particulière; — Attendu qu'il résulte de l'art. 344 que, nonobstant la disposition générale du droit, le mandat de l'avoué ne prend fin, par le décès de la partie, qu'autant qu'il a été notifié; — De tout quoi il suit que, d'après la combinaison des art. 400 et 344, la demande en péremption a été régulièrement introduite par requête signifiée à l'avoué qui était dans la cause. — Déclare l'instance périe; rejette la reprise, etc.

Du 2 fév. 1825.-C. de Nîmes, 1ʳᵉ ch.-M. de Cassaignolles, 1ᵉʳ pr.

(4) (Proesman C. hosp. de Maestricht.) — La cour; — Attendu que la demande en péremption d'instance n'est point une demande nouvelle, en ce sens qu'elle dût subir deux degrés de juridiction; mais qu'elle n'est qu'une continuation des actes de la procédure, puisqu'elle peut se faire d'avoué à avoué; — Attendu qu'aucun changement d'état n'a été notifié de la part des appelants avant l'assignation en péremption, et que cette assignation a été faite à tous les appelants; — Attendu qu'aux termes de l'art. 397, toute instance, encore qu'il n'y ait pas eu constitution d'avoué, est éteinte par la discontinuation des poursuites pendant trois ans et six mois au plus; — Attendu qu'il résulte des débats, dans l'espèce, qu'il y a eu discontinuation de poursuites pendant dix ans au moins; — Par ces motifs, déclare l'instance périmée, etc.

Du 3 avril 1824.-C. sup. de Liége.

(5) (N... C. hérit. Liquière.) — La cour; — Attendu que Jean Liquière père, étant décédé le 13 avril 1811, le mandat de son avoué avait pris fin; que l'instance nouvelle en déclaration de péremption ne devait pas dès lors être introduite contre un avoué sans caractère, mais devait être dirigée contre la partie; — Attendu que la demande n'étant pas régulièrement formée, la péremption est couverte par les conclusions prises sur l'audience par l'avoué des trois Liquière tendantes à la reprise de l'ancienne instance; — Par ces motifs, reprend l'instance.

Du 26 avril 1813.-C. de Nîmes.

requête d'avoné à avoué, mais par exploit à personne ou domicile contre les héritiers de la partie décédée, est valable, attendu que c'est la seule voie qui puisse compéter au demandeur en péremption (Riom, 30 nov. 1840) (1);— 3° Que la demande en péremption est irrégulièrement formée par acte d'avoué à avoué, quoique, dans une affaire où il y avait lieu à reprise d'instance par suite du décès du demandeur, ce décès n'ait pu être notifié, si d'ailleurs la cause ne se trouvait pas en état (Bruxelles, 3 nov. 1820, aff. Grenier, V. n° 161-3°).

279. Si, malgré le défaut de dénonciation, il est constaté que le demandeur en péremption a eu connaissance du décès de sa partie adverse, la requête signifiée à l'avoué de cette partie sera-t-elle valable? — Il a été jugé, d'une part: 1° que la demande en péremption formée contre la partie décédée n'est pas régulièrement formée par acte d'avoué à avoué, lorsqu'un acte passé devant notaire constate que le demandeur en péremption avait connaissance de ce décès; que, dans ce cas, elle doit l'être par action principale contre les héritiers (Lyon, 16 mai 1817) (2). — 2° Qu'il en est encore ainsi lorsque les termes mêmes de la demande en péremption constatent que la partie avait connaissance du décès (Bruxelles, 25 nov. 1840) (3);— 3° Qu'il suffit que la cause qui donne lieu à une reprise d'instance ait été connue du demandeur en péremption pour que sa demande n'ait pu être formée par acte d'avoué à avoué, encore bien que cette connaissance ne lui serait arrivée que par simple lettre (arg. Bruxelles, 3 nov. 1820, aff. Grenier, V. n° 161-3°).

280. Mais il a été décidé, d'autre part, que l'on peut former la demande en péremption par requête d'avoué à avoué, alors même que la partie aurait eu connaissance du décès dans une instance pendante devant un autre tribunal, parce qu'il ne s'ensuit pas que cette connaissance soit parvenue à son avoué (Bruxelles, 28 juill. 1831) (4). — V. v° Reprise d'inst.

281. Du reste, à supposer que cette dernière voie soit régulière, ce ne serait toujours, pour le demandeur en pé-

(1) *Espèce :* — (Girandon C. hérit. Morel.) — La dame Morel avait interjeté appel, le 30 mars 1835, d'un jugement obtenu par Girandon, et celui-ci avait constitué avoué : nul autre acte de procédure ne fut fait jusqu'au 18 mars 1840, époque où Girandon demanda la péremption contre les héritiers Morel, par exploit à personne ou domicile. Ceux-ci arguent de nullité cette demande, comme ayant été proposée dans une autre forme que celle indiquée par l'art. 400 c. pr. — Arrêt.

La cour; — Considérant que, d'après l'art. 400 c. pr., la demande en péremption doit être formée par requête d'avoué à avoué, sauf les cas de décès, interdiction et suspension de l'avoué; — Considérant qu'aux termes de l'art. 397, toute instance, encore qu'il n'y ait pas eu constitution d'avoué, est éteinte par discontinuation de poursuites pendant trois ans, avec augmentation d'un délai de six mois dans le cas où il y aurait lieu à reprise d'instance ou constitution de nouvel avoué; — Considérant qu'au moment où la demande en péremption a été formée par Girandon contre les héritiers Morel, à la date du 18 mars 1840, le dernier acte de la procédure émanant de l'avoué de la partie de Godemel était un simple acte de constitution d'avoué; qu'aucunes conclusions postérieures n'avaient été prises à l'audience, et que, dès lors, d'après les dispositions de l'art. 345 c. pr., l'affaire n'était point en état; — Considérant que la veuve Morel, partie principale, appelante, est décédée le 25 avr. 1836; que, dans ce moment, la cause n'étant point en état, il y avait lieu à reprise d'instance et constitution de nouvel avoué; — Considérant, dès lors, que la partie de Godemel devait former sa demande en péremption par assignation au domicile des parties de Rouher aîné, et qu'en prenant cette voie, qui seule pouvait lui compéter, elle ne lui préjudiciait en rien; — Considérant que depuis le 29 avr. 1835, date de la constitution de l'avoué de l'intimé, jusqu'au 18 mars 1840, époque de la demande en péremption, il s'est écoulé plus de cinq ans, et que, dans l'intervalle, il n'est intervenu aucun acte de la part des parties, et que, dès lors, la demande en péremption formée par Girandon est régulière et fondée; — Déclare l'instance d'appel périmée; ordonne, que le jugement dont appel sortira son plein et entier effet.

Du 30 nov. 1840.-C. de Riom, 3° ch.-M. Molin, pr.

(2) (Hubert, etc., C. Grillet, etc.) — La cour; — Attendu que la cause a été retirée du rôle le 10 juill. 1819, et qu'à cette époque, Grillet père, l'une des parties, était décédé; — Attendu que par acte reçu par Montidessert, notaire, les parties de Claret, la veuve Marchand et les héritiers du défunt Grillet, ont passé un compromis pour être jugés par des arbitres, dont la durée s'étendait au 10 août suivant; — Attendu que, par cet acte, les parties de Clairet ayant légalement reconnu le décès de Grillet, elles ne pouvaient à son égard former une demande en péremption, que par action principale; — Attendu que, dans l'intervalle, Claude Marchand est aussi décédé; — Attendu que, du 10 avr. au 18 janv. 1817, jour de la demande en péremption, il ne s'est pas écoulé trois ans et six mois accordés par le § 32 de l'art. 397 c. pr. civ. pour acquérir la péremption toutes les fois qu'il y a lieu à reprise d'instance; — Déboute les parties de Claret de leur demande en péremption.

Du 16 mai 1817.-C. de Lyon.

(3) (Luppens C. Loudez.) — La cour; — Attendu que l'art. 400 c. civ., en permettant de demander la péremption d'instance par requête d'avoué à avoué, hors des cas d'exception y indiqués, n'a pas entendu déroger aux règles générales tracées par le même code pour la validité des procédures; — Attendu que l'art. 344 c. pr., dans les affaires qui ne sont pas en état, ne reconnaît comme valables, en cas de décès de l'une des parties, que les procédures faites avant la notification de ce décès; — Attendu que la deuxième disposition de cet article dispense de toute notification les décès, démissions, interdictions ou destitutions des avoués, et frappe de nullité ce qui a été fait depuis, à moins de constitution de nouvel avoué; — Attendu que le motif de cette disposition n'est autre que la connaissance que la loi présume qu'on doit nécessairement avoir de ces circonstances par la publicité qui les accompagne dans le lieu où réside l'avoué; — Attendu qu'en combinant cette disposition avec la première, il est évident que le motif qui a fait maintenir par celle-ci les procédures faites avant la notification du décès de l'une des parties, a été la présomption de l'ignorance dans laquelle on était relativement à cet événement et le respect dû à des actes posés de bonne foi dans cette circonstance; — Attendu que là où la présomption qui sert de base à l'art. 344 est démentie par la partie elle-même en faveur de laquelle elle était admise, là où elle convient elle-même avoir eu connaissance de la mort de son adversaire, et ainsi du fait qui privait l'avoué de celui-ci de toute qualité pour faire ou recevoir aucune procédure valable, l'absence de toute signification ne peut être invoquée pour valider l'acte, puisque l'information que cette signification avait pour objet existe, est avouée, et que *certioratus non est certiorandus;* — Attendu qu'une interprétation contraire blesserait non-seulement l'esprit de la loi, mais encore l'équité, puisqu'il ferait recueillir à celui qui avait sciemment notifié une demande à une personne sans qualité, et par suite sans pouvoirs pour la contredire, tous les effets qu'on n'a voulu attribuer qu'aux actes signifiés de bonne foi et dans l'ignorance d'un fait qui ne pouvait se supposer et que rien n'avait tendu à faire connaître; — Attendu que, dans la requête aux fins d'obtenir la péremption, le demandeur expose « que l'appelant Luppens étant décédé dans l'intervalle, il y avait lieu à reprise d'instance, ce qui, pour accomplir la péremption, a nécessité l'augmentation de six mois requise par l'art. 397 c. pr.; »—Attendu que cette pièce, base de sa demande, porte avec elle la preuve que le demandeur savait que le mandat de l'avoué avait cessé, et par suite qu'aucune notification ne pouvait lui être faite; qu'il en résulte que la demande est nulle dans la forme, etc.

Du 25 nov. 1840.-C. de Bruxelles, 1re ch.-M. d'Anethan, av. gén., c. conf.

(4) (Defrise.) — La cour; — Attendu que les parties sont d'accord qu'aucune poursuite n'a été faite depuis les 4 et 5 juill. 1825, dates des significations de l'acte d'appel jusqu'au 7 avr. 1830, date de la requête en péremption; qu'ainsi il y a eu discontinuation de poursuites pendant plus de trois ans; — Attendu qu'aucune notification du décès de J.-J. Caillaux, l'un des appelants, n'a été faite aux intimés dans l'instance d'appel pendante devant la cour, et dont la péremption est demandée par ces derniers; que par suite et par argument *à contrario* de l'art. 344 c. pr. civ., toutes les procédures faites par les intimés en l'absence de pareille notification et ainsi dans l'ignorance légale de ce décès sont valables; — Attendu que la circonstance que les demandeurs en péremption auraient eu, dans un autre procès ventilant devant un tribunal de première instance, et antérieurement à la demande en péremption dont s'agit, connaissance du décès de J. Caillaux, l'un des appelants, peut d'autant moins avoir l'effet de la notification dont parle l'art. 344 précité, qu'il n'en résulte pas que cette même connaissance ait été communiquée à Me Spruyt, leur avoué en cette, lequel, comme maître du procès, a pu faire valablement tous actes qu'il a jugé être de son ministère; — Attendu que la demande en péremption est incontestablement un acte de procédure dans la cause, puisqu'elle n'est dans cette même cause qu'un incident qui se rattache à la demande principale dont elle doit suivre le sort, enfin, qu'une continuation de la procédure qu'elle tend à faire déclarer éteinte, qu'elle doit être formée par une simple requête d'avoué à avoué, qu'elle est par conséquent comprise sous la dénomination générale des procédures dont se compose une instance, et ne forme pas une demande, une instance nouvelle; que par une conséquence ultérieure toute demande en péremption est comprise dans les procédures dont parle l'art. 344; — Attendu qu'il suit en outre de ce qui précède que la signification de la requête de la demande en péremption ne doit point contenir les noms, demeure et immatricule de l'huissier instrumentant, ainsi que cela est prescrit pour les ajournements; — Attendu qu'aucune disposition de la loi ne prescrit que la copie d'un acte d'avoué porte la signature de ce même avoué, qu'il suffit que cette

remption, qu'une simple faculté et non une obligation; de sorte que si, par suite de la connaissance qu'il a eue du décès non notifié de sa partie adverse, il a formé sa demande par assignation à domicile, il n'en peut résulter de nullité.— V. en ce sens Caen, 16 avril 1849, aff. Leroux, D. P. 53. 5. 333.

282. La demande en péremption faite à la requête d'une partie décédée, est nulle (Bordeaux, 11 mars 1835, aff. Thilhac, V. n° 163-4°). — V. toutefois, Montpellier, 17 nov. 1829, aff. Caumels, n° 37).

283. Du reste, suivant un arrêt, l'héritier d'une partie qui demande la péremption d'instance peut et doit employer le ministère de l'avoué déjà constitué: il n'est pas besoin d'une nouvelle constitution de cet avoué (Toulouse, 16 février 1815) (1).

284. Les héritiers du défendeur décédé peuvent-ils former leur demande en péremption sans être tenus de reprendre l'instance?— On a vu n° 211 que la demande en reprise d'instance est interruptive de la péremption. Si l'on exigeait des héritiers cette formalité, ce serait leur interdire la faculté d'obtenir la péremption de l'instance, puisqu'ils l'auraient couvert avant d'avoir pu la demander.—Aussi a-t-il été jugé qu'il n'est pas nécessaire que des héritiers qui demandent la péremption reprennent l'instance qu'ils veulent faire déclarer périmée; qu'ils se sont suffisamment substitués à leur auteur en formant leur demande en qualité de ses héritiers (Req. 3 fév. 1835; 19 fév. 1837 (2); Di-

---

copie porte la mention que cette signature se trouve sur l'original, ce qui a eu lieu dans l'espèce; que s'il en était autrement, la copie serait elle-même un original; — Déclare l'instance d'appel périmée.

Du 28 juill. 1831.-C. de Bruxelles, 4e ch.

(1) (Balard C. Sudré.) — La cour; — Attendu qu'en combinant les art. 397 et 400 c. pr., on voit que, dans tous les cas, la demande en péremption doit être formée par requête d'avoué à avoué; qu'il suit que dans le cas où le demandeur en péremption est l'héritier de la partie décédée, il peut et doit employer le ministère de l'avoué déjà constitué; qu'il n'est donc pas besoin d'une nouvelle constitution; — Attendu que l'immatricule de l'huissier n'est pas nécessaire pour les simples significations d'avoué à avoué, et qu'il suffit que l'huissier qui a instrumenté soit véritablement huissier audiencier de la cour; — Attendu que les moyens de nullité proposés par le sieur Balard étant mal fondés, on ne peut qu'accueillir la demande en péremption, etc.

Du 16 fév. 1815.-C. de Toulouse.-M. Désazars, 1er pr.

(2) 1re *Espèce :* — (Lattier C. Rivière.)—24 déc. 1832, arrêt de la cour de Nîmes qui porte : .... « Attendu que les demandeurs en péremption, en leur qualité d'héritiers des frères Lacoste, ont été subrogés de plein droit à toutes les actions qui reposaient sur leur tête; qu'en déclarant agir comme héritiers, ils se sont suffisamment substitués à leurs auteurs et ont pu former directement, à ce titre, une demande que les frères Lacoste auraient pu intenter eux-mêmes; qu'il y aurait une contradiction manifeste à exiger, de la part d'un héritier, la reprise d'une instance en péremption; qu'un acte de cette nature, qui devrait nécessairement précéder la demande en péremption, serait toujours valablement opposé à l'héritier comme un acte interruptif de la péremption, et le mettrait par là dans l'impossibilité de faire accueillir sa demande; qu'il est impossible de concilier deux actions divergentes, puisque l'une présente l'idée de la conservation d'une procédure existante, et que l'autre a pour objet l'annulation d'une instance anéantie; — Attendu qu'il n'est pas justifié que la cause ait été mise au rôle; que son inscription, faite en l'an 12, sur un registre tenu dans le greffe de la cour, ne pouvait produire l'effet que le règlement en vigueur au parlement de Toulouse attachait à cette formalité; qu'en supposant, d'ailleurs, que ce règlement eût force de loi pour tous les tribunaux inférieurs, la cause dont s'agit ayant été tirée du rôle par l'effet des renouvellements successifs qui ont eu lieu depuis l'an 12, et n'ayant plus été rétablie sur le rôle fait depuis la promulgation du code de procédure, on doit la considérer comme n'ayant jamais été inscrite au rôle, etc. »

Pourvoi. — .... 2° Violation de l'art. 399 c. pr., en ce que l'arrêt attaqué déclare que des héritiers ont pu, sans reprendre personnellement l'instance où figuraient leurs auteurs, demander la péremption de cette instance. — 3° Violation de l'art. 399, en ce que l'arrêt a refusé à l'enrôlement de la cause la force interruptive de la péremption.—Arrêt.

La cour;—...Sur le deuxième moyen :—Attendu qu'il est repoussé par le texte même de l'art. 397 c. pr., qui porte que toute instance, encore qu'il n'y ait pas eu de constitution d'avoué, sera éteinte par discontinuation de poursuites pendant trois ans, sauf l'augmentation du délai pendant six mois, dans tous les cas où il y aura lieu à demande en reprise d'instance ou constitution de nouvel avoué; d'où il suit, ainsi que l'a conclu l'arrêt attaqué, que, faute de poursuites par le demandeur depuis plus de trois ans et six mois, à raison du décès de la partie défenderesse, qui eût pu donner lieu à la reprise d'instance, les hoirs de cette partie étaient fondés à demander et à obtenir la péremption de l'instance impoursuivie, d'autant que si, comme le prétendait le demandeur, pour former cette action, ils eussent repris l'instance, ce serait précisément le moyen de ne pouvoir la former, puisque la péremption eût été couverte par la demande en reprise (art. 399 c. pr.). — Sur le troisième moyen : — Attendu qu'il pèche d'abord en fait, puisque la cour royale déclare que la cause n'a pas été inscrite au rôle depuis le code de procédure; — Attendu, d'ailleurs, qu'il ne serait pas fondé en droit, puisque aujourd'hui l'inscription au rôle, qui se fait, dès l'ingrès des causes, n'est pas un de ces actes de procédure qui, aux termes du code de procédure, interrompent ou suspendent la péremption, lesquels ne peuvent être que des actes d'avoué à avoué servant à l'instruction du procès; — Rejette, etc.

Du 3 fév. 1835.-C. C., ch. req.-MM. Zangiacomi, pr.-Gartempe, rap.

2e *Espèce :* — (Labrillantais C. Garreau.) — M. Labrillantais père se prétendait propriétaire de diverses pièces de terre, situées sur le bord de la mer (arrond. de Marennes). — Le 26 juin 1824, il actionne M. le baron Garreau père, en délaissement des portions de ces immeubles dont il se trouvait alors détenteur. — D'autres individus, entre autres les sieurs Videau et Archambault, sont actionnés aux mêmes fins. — 26 avril 1825, jugement du tribunal de Marennes, au profit de M. Garreau père, qui déclare la demande de Labrillantais mal fondée. — Les deux autres détenteurs obtiennent, chacun de leur côté, des jugements séparés qui les relaxent de la demande formée contre eux. — Le 9 août 1825, M. Labrillantais, par *un seul et même exploit,* relève appel de ces trois jugements devant la cour de Poitiers. — 25 mars 1827, décès de M. Pierre Garreau père. — 14 avril 1829, décès de M. Labrillantais père. — Il n'avait point été donné suite à l'appel interjeté par ce dernier, lorsqu'au mois de juill. 1834, M. Pierre Garreau, fils de l'adversaire de M. Labrillantais père, forma, contre les héritiers de ce dernier, une demande en péremption de l'instance d'appel. — Les héritiers de Labrillantais s'opposent à cette action. — Ils prétendent que M. Garreau aurait dû reprendre l'instance d'appel, pour pouvoir former sa demande en péremption; — Que cette demande était indivisible; qu'elle ne pouvait être exercée par M. Garreau fils seul, puisque l'appel a été interjeté, non-seulement contre celui-ci, mais encore contre les sieurs Videau et Archambault. — 2 juin 1835, arrêt de la cour de Poitiers, qui rejette ces exceptions et déclare l'instance périmée.

Pourvoi. — 1° Violation de l'art. 344 c. pr., en ce que la cour d'appel a admis la demande en péremption, quoique le demandeur n'eût pas au préalable, déclaré reprendre l'instance comme héritier de son père, ni cité non plus les défendeurs en reprise comme héritiers de leur auteur. — Le principe général, disait-on, posé par l'art. 344 c. pr., est que, dans les affaires qui ne sont pas en état, toutes les procédures faites postérieurement à la notification du décès de l'une des parties, sont nulles, tant qu'il n'y a pas eu reprise d'instance avec les héritiers. — L'arrêt n'a point contesté la nécessité de cette reprise dans les cas ordinaires; mais il a supposé qu'il y avait exception pour les demandes en péremption d'instance; or, cette exception n'est pas écrite dans la loi; il n'y avait donc pas lieu de restreindre la disposition générale et absolue de l'article précité. — On doit reprendre l'instance pour pouvoir demander régulièrement la péremption. Car tout héritier qui veut se substituer à son auteur, doit, alors même qu'aucun changement n'est survenu dans la position de la partie adverse, faire connaître en vertu de quel droit il intervient. Or, ce n'est qu'après avoir pris part à la cause d'appel, qu'il peut demander à exercer les droits dont son auteur aurait pu se prévaloir. — Dans l'espèce, il y avait lieu à reprise d'instance, non-seulement vis-à-vis du demandeur qui représentait son père, mais encore vis-à-vis des défendeurs dont l'auteur était décédé. Car cette reprise préalable pouvait seule constater légalement que ces derniers avaient qualité pour représenter leur père et défendre à la demande en péremption. — 2° Fausse application de l'art. 397 c. pr., et violation des principes sur l'indivisibilité des procédures, en ce que la cour royale a déclaré la péremption acquise au profit de M. Garreau seul, alors qu'elle était commune à lui et aux sieurs Videau et Archambault. — Arrêt.

La cour;— Sur le premier moyen ; — Attendu que la demande en péremption d'instance est, par son caractère, une demande principale, spéciale et nouvelle; qu'aux termes de l'art. 399 c. pr., la péremption se couvre par les actes valables faits par l'une ou l'autre des parties, avant la demande en péremption; que, mal fondée sur ce principe, la cour royale a justement décidé qu'il y aurait contradiction de reprendre une instance pour en demander la péremption;

Sur le deuxième moyen : — Attendu que, si en droit, la demande en péremption d'instance est, de sa nature, indivisible, l'arrêt attaqué constate, en fait, qu'en appel, la procédure, dans tout son cours, fut suivie séparément à l'égard du sieur Garreau et que le jugement déféré depuis à la cour royale, ne concernait que lui; — Rejette.

Du 19 janv. 1837.-C. C., ch. req.-MM. Zangiacomi, pr.-Jaubert, rap.-Hervé, av. gén., c. conf.-Dalloz, av.

jon, 23 déc. 1824, aff. com. de Culles *C.* Coutençon; Metz, 24 fév. 1826, M. Gérard d'Hannoncelles, 1er pr., aff. Demeaux *C.* Justine; Rouen, 20 mai 1826, aff. Champigny, V. n° 191; Bordeaux, 7 août 1827, Journ. de Bordeaux, t. 2, p. 392; Montpellier, 17 janv. 1831, aff. Pasturel, V. Avoué, n° 203; Bordeaux, 22 août 1833, aff. Lassus, V. n° 184; Riom, 6 nov. 1847, aff. Lavigne, D. P. 48. 2. 194; Liége, 1re ch., 11 mai 1826, aff. Populaire; 4 juill. 1839, aff. Vanberwaert, V. n° 53. — Conf. M. Chauveau, n° 1424 *bis*).—V. aussi n° 212.

285. Toutefois, il a été jugé que des héritiers qui n'ont pas repris en leur nom personnel l'instance existante entre une partie et leur auteur décédé, sont non recevables à en demander la péremption; tant que la reprise n'a pas eu lieu, ils ne sont pas parties dans l'instance (Bordeaux, 12 mai 1824) (1). — Mais la cour de Bordeaux elle-même a abandonné cette jurisprudence, comme on le voit par les arrêts indiqués précédemment.

286. Lorsqu'une demande en péremption d'instance est formée par requête d'avoué à avoué, est-il nécessaire que cette requête, pour être valable, soit revêtue d'une autorisation du président? — L'affirmative a été jugée (Riom, 17 avril 1826, V. sous l'arrêt qui suit). — Mais cette opinion ne devait pas prévaloir; elle ne reposait, comme le dit fort bien M. Chauveau, n° 1443 *bis*, que sur des raisonnements entièrement opposés à notre système de procédure.—Aussi l'arrêt précité de la cour de Riom a-t-il été cassé (Cass. 14 fév. 1831 (2). — Conf. Lyon, 25 mars 1829, aff. com. de Malix, V. n° 160). — Cette solution ne nous paraît pas pouvoir faire de doute (V. ce qui est dit sur une question analogue, vis Intervention, n° 116; Jugement par défaut, nos 271 et suiv.).—Du reste, M. Chauveau, *loc. cit.*, qui a développé largement cette thèse, l'établit sur des considérations inattaquables.

287. Quelles sont les formes de la requête en péremption? —Celles suivies à l'égard des actes d'avoué à avoué.—Ainsi, ces actes n'étant pas soumis aux formalités de l'art. 61 c. pr. (V. Exploit, nos 652 et suiv.), il s'ensuit, ainsi que cela a été jugé, que la requête en péremption n'y est pas non plus assujettie (Req. 13 nov. 1834; C. C. belge, 6 mars 1833 (3); Montpellier, 17 janv. 1831, aff. Pasturel, V. Avoué, n° 203; Bastia, 25 janv.

(1) (Lamerat *C.* Imbaud.) — LA COUR; — Attendu que, pour être admis à demander la péremption d'une instance, il est de principe qu'il faut être partie dans cette instance; — Attendu que si après le décès de la partie instanciée, l'héritier veut se prévaloir de tous les moyens et exceptions qui étaient acquis à son ayant cause, ce n'est qu'autant qu'il aura repris l'instance en son nom personnel, parce que, sans cela, il est sans qualité, et que, d'après les règles de la procédure, nul ne peut obtenir en justice une utilité quelconque, s'il n'est pas légalement en cause; — Attendu, dans le fait, que la veuve et les héritiers Imbaud n'ont repris ni demandé à reprendre l'instance pendante en la cour entre Lamerat et leur auteur; d'où il suit qu'ils ne sont pas recevables à demander la péremption; — Déclare la demande en péremption non recevable.

Du 12 mai 1824.-C. de Bordeaux, 2e ch.-M. Desèze, pr.

(2) *Espèce:* — (Faure *C.* Legroing.) — Le 17 avril 1826, arrêt de la cour de Riom ainsi conçu: — « Attendu que, toutes les fois que la loi prescrit ou autorise une demande quelconque par la voie de la requête d'avoué à avoué, elle suppose nécessairement que la requête doit être suivie d'une ordonnance signée du juge, et que, dès lors, l'art. 400 c. pr. doit être entendu en ce sens; — Attendu que ce ne peut être que par l'effet d'une autorisation particulière, faisant exception à la règle générale sur la forme des ajournements, par lesquels toute instance doit être introduite, qu'une demande peut l'être par requête, et que cette autorisation prend son principe et sa force dans l'ordonnance du juge dont la requête doit être répondue;—Attendu que, dans la cause, cette ordonnance n'existe point, et que la procédure en péremption, tenue par Viroulet et consorts, a été formée irrégulièrement et contre le vœu de la loi. »—Pourvoi pour violation des art. 400 et 1030 c. pr.—Arrêt.

LA COUR;— Vu les art. 400 et 1030 c. pr.;—Attendu que l'art. 400 ne prescrit point que la requête d'avoué à avoué qui contient la demande en péremption soit revêtue de l'ordonnance du juge; — Attendu que, dans les cas où la loi exige cette ordonnance du juge, elle en prononce la nécessité, comme dans plusieurs articles du même code (art. 72, 558, 199, 750);—Attendu, d'ailleurs, que, dans l'espèce, il n'y a rien à soumettre au juge pour obtenir de lui une autorisation, mais une demande adressée au tribunal entier qui peut seul prononcer sur sa validité; que la demande en péremption est une demande incidente, une exception préjudicielle à la demande principale;—Attendu que l'art. 1030 prohibe toute admission de nullité non prononcée formellement par la loi; — Attendu que l'arrêt de la cour de Riom, en prononçant la nullité de la demande en péremption d'instance formée d'avoué à avoué, a commis un excès de pouvoir et violé les art. 400 et 1030 c. pr.; — Par ces motifs, casse.

Du 14 fév. 1831.-C. C., ch. civ.-MM. Portalis, 1er pr.-Bonnet, rap.-Nicod, av. gén., c. conf.-A. Chauveau et Grand-Jean, av.

(3) 1re *Espèce:* —(Curie-Seimbres *C.* hérit. Larroche, etc.) — Arrêt du 23 août 1831 de la cour de Pau ainsi conçu: — « Attendu que si la demande en péremption est une demande principale et nouvelle, elle n'en est pas moins une action entre les même parties ou leurs ayants cause, de l'instance qu'elle a pour objet d'éteindre aussi, à la différence de ce qui se pratique dans les instances ordinaires; que l'art. 400 c. pr. disposant pour les cas généraux, ne prescrit d'autre formalité pour l'introduction, en justice, d'une pareille action, qu'une demande formée par requête d'avoué à avoué, s'en remettant sur le caractère de ces deux officiers ministériels qu'elle considère avoir, par leur qualité, une connaissance antérieure des véritables intéressés et en être également connus; qu'ainsi la pièce fondamentale du procès étant la requête présentée par l'avoué, il est sensible que l'exploit de signification de cette requête ne comporte pas plus de solennité que l'on n'en exige en thèse générale pour la signification des actes entre pareils officiers ministériels, et dont on considère l'objet rempli dès qu'ils constatent le bail de copie de la part de l'avoué demandeur à celui des défendeurs; qu'en ce cas l'exploit de signification se réfère à la requête, tout comme la requête se réfère elle-même, quant aux avoués et aux parties, à l'instance dont on demande la péremption, et que de la corrélation de ces actes, s'induit, comme conséquence forcée, l'impossibilité d'une méprise sur les véritables parties du litige, parce qu'il n'est nouveau pour elles que relativement à son objet, ce qui amène à dire que le vœu de la loi a été rempli, etc....

» Qu'au surplus, la validité des exploits de signification des requêtes en péremption dût-elle être jugée avec toute la sévérité imposée par l'art. 61, il demeurerait encore que les objections du sieur Curie-Seimbres ne seraient pas mieux fondées, par la raison que les héritiers de Larroche figurent au procès comme héritiers et successeurs de Jean de Larroche, donataire, contre lequel fut dirigée, en 1777, et renouvelée en 1781, l'action en révocation de la donation dont il s'agit en l'instance principale et que, de l'aveu de Curie-Seimbres, les héritiers Larroche ont satisfait, dans leur requête en péremption et dans l'exploit de signification, à toutes les exigences de l'art. 61, au titre des ajournements, et que l'huissier exploiteur en a fait de même en ce qui lui est particulier dans cet exploit, et parce que les héritiers Larroche étant demeurés, en leur qualité de successeurs du donataire, les parties principales du procès, il importe peu, quant aux conséquences de leur action, que les héritiers Tardos, intervenants, aient procédé plus ou moins régulièrement; le fait de ceux-ci est sans influence sur leur propre situation et ne saurait leur nuire; — Que, si le même huissier n'est pas entré dans des détails aussi complets, quand il s'est agi des héritiers Tardos, c'est en ce qui le regarde lui-même; que ces parties n'étant intervenues au procès que comme acquéreurs, à leurs périls et risques, de la totalité des biens donnés, il demeurait évident qu'elles n'avaient de droit à faire valoir que celui résultant de la donation; qu'elles plaidaient leur propre cause par l'entremise des parties principales, des saisies de leurs droits en leur faveur, et qu'il s'ensuit qu'elles se trouvaient ainsi forcément représentées dans tous les actes ayant pour objet de faire valider la donation et que leur présence, comme auxiliaires, était devenue d'autant plus inutile, que les moyens employés pour les parties, de qui procédaient leurs droits, étaient mieux établis...

» Considérant que l'action en péremption étant régulièrement engagée, et rien n'établissant qu'il ait été fait des actes interruptifs dans les trois ans et six mois qui ont précédé la requête, il y a lieu d'accueillir cette demande et de déclarer périmée l'instance qu'elle a pour objet d'éteindre. »

Pourvoi. — 1° Fausse interprétation de l'art. 400 c. pr. et violation de l'art. 61 du même code, en ce que la cour a dispensé la demande en péremption des formalités essentielles à tous exploits. — 2° Fausse application du principe de l'indivisibilité de la péremption. — 3° Violation de l'art. 397 c. pr. civ. et du principe que les jugements ou arrêts doivent contenir eux-mêmes la preuve de leur régularité, en ce que l'art. 397 augmentant le délai ordinaire de la péremption de six mois dans le cas où il y a lieu à reprise d'instance, l'arrêt attaqué ne devait pas seulement énoncer qu'il n'y avait pas eu d'actes interruptifs dans les trois ans et les six mois, mais bien indiquer dans la supputation des six mois écoulés, si le point de départ remontait au jour de l'événement qui donna lieu au supplément de délai. — Arrêt.

LA COUR; — Attendu 1° que la demande en péremption d'instance formée, aux termes de l'art. 400 c. pr., par requête d'avoué à avoué, n'a point été assujettie, par cet article, aux formalités prescrites par l'art. 61 pour les exploits d'ajournement;—2° Que la péremption ayant été régulièrement prononcée, le second moyen, qui avait sa nullité pour base, ne peut plus se soutenir; — 3° Que si, aux termes de l'art. 397, le délai de trois ans a dû être augmenté de six mois au cas de reprise d'instance qui s'est présenté dans l'espèce, c'est aussi après le délai de

1842, aff. Morandi, V. n° 290; Bruxelles, 25 avril 1821, aff. N... *C.* N...;— Conf. M. Chauveau, n° 1444. — *Contrà*, Rennes, 10 juin 1816, aff. Desaunays, V. n° 154), ...et qu'il suffit pour sa validité qu'elle contienne les énonciations admises par l'usage dans les actes d'avoué à avoué en général (Bruxelles, 11 janv. 1832)(1).

288. A l'égard des énonciations que doit contenir la requête, il a été jugé d'abord en ce qui touche les noms et prénoms du demandeur ou du défendeur : 1° qu'une erreur de prénom dans une demande en péremption n'est pas une cause suffisante du rejet de la demande, alors surtout que cette erreur a été commune avec les défendeurs (Grenoble, 22 déc. 1824, aff. Dutrait-Desayes, V. n° 131.—Conf. v° Exploit, n° 653-12°; V. d'ailleurs *eod.*, n°s 80 et s., 174);—2° Que l'omission du nom de l'un des demandeurs en péremption, dans l'exploit de signification à avoué de la requête, ne vicie pas cet exploit de nullité, si ce nom se trouve avec celui de toutes les autres parties en tête de la requête (Montpellier, 17 janv. 1831, aff. Pasturel, V. Avoué, n° 203; V. aussi Exploit, n°s 84 et s.);—3° Que lorsque la requête en péremption énonce avec précision les noms de tous les demandeurs, et ceux de toutes les personnes contre qui leur demande est formée, il est indifférent que l'acte d'avoué compris dans la même pièce, qui requiert la notification de cette requête, ne désigne plus les parties que par le nom de l'une d'elles en indiquant les autres par le nom collectif de *consorts* (Bruxelles, 11 janv. 1832, aff. N..., V. n° 287). — A l'égard de l'emploi du mot *consorts*, V. Exploit, n° 91.

289. Néanmoins il a été jugé qu'après le décès de l'une des parties, la demande en péremption d'instance formée par un des héritiers du défunt, tant pour lui que pour ses cohéritiers, sans indication, soit des noms, soit des qualités, soit du nombre des cohéritiers, n'est point valable, et doit être rejetée, même à l'égard de celui qui a agi personnellement (Caen, 12 mars 1824) (2).

290. En ce qui concerne la mention de la profession ou de la qualité, on a décidé : 1° que l'omission de la profession du demandeur en péremption dans l'exploit de signification à avoué de la requête n'est pas une cause de nullité de l'exploit, alors que le demandeur y est du reste suffisamment désigné (Bastia, 25 janv. 1842 (3), V. Exploit, n°s 104 et suiv.); — 2° Que l'ex-

---

trois ans et six mois que l'arrêt attaqué a déclaré la péremption acquise; et quant à la question de savoir si l'augmentation de délai a été calculée à partir du fait qui aurait donné lieu à la reprise d'instance, attendu qu'aucune réclamation sur ce point n'ayant été faite devant les premiers juges, la cour n'a point à s'en occuper; — Rejette.

Du 13 nov. 1834.-C. C., ch. req.-MM. Zangiacomi, pr.-Hua, rap.

2° *Espèce :* — (Dom. *C.* Lavary.) — La cour (après dél. en ch. du cons.); — Vu les art. 400, 59, 61 et 397 c. pr., 2257 c. civ.; — Attendu, sur le premier moyen, que le code de procédure a, par une disposition spéciale, réglé les formalités de la demande en péremption d'instance; qu'en conséquence, les art. 59 et 61 dudit code ne sont pas applicables à cette demande; — Que le défendeur en cassation a observé ces formalités; qu'ainsi l'arrêt attaqué n'a pas violé les art. 69 et 61 et a fait une juste application; — Attendu, sur le second moyen, que les délais fixés dans l'art. 397 c. pr.; courent à moins qu'il n'y ait impossibilité d'agir; — Que l'arrêt attaqué a décidé qu'il n'y en a pas eu et en ce faisant n'a violé aucune loi; que l'art. 2257 c. civ. est relatif à une espèce d'une nature différente de celle du procès, et qu'en conséquence il n'a pas non plus été contrevenu à cet article; — Rejette.

Du 6 mars 1833.-C. C. belge, ch. civ.-M. de Sauvage, pr.

(1) (N... *C.* N...)—La cour;—Attendu que l'art. 400 c. pr. civ., en statuant que la péremption sera demandée par requête d'avoué à avoué, indique assez (comme cela est d'ailleurs aujourd'hui reconnu en jurisprudence), que semblable demande n'est pas introductive d'une instance nouvelle et principale, mais qu'elle n'est au contraire qu'incidente à une instance déjà pendante qu'elle a pour but de faire déclarer éteinte;—Qu'il suffit donc pour que la requête dont parle l'art. 400 soit valable, qu'elle contienne les énonciations admises par l'usage dans les actes d'avoué à avoué en général, et que c'est ajouter à la loi que de soutenir, ainsi que le font les défendeurs, qu'elle devrait en outre contenir toutes les formalités prescrites par l'art. 61 du code précité, pour la validité des assignations, lorsqu'il s'agit de demandes principales introductives d'instance;

En ce qui concerne les vices reprochés à la demande en péremption dont il s'agit: — Attendu que la requête en péremption, l'acte d'avoué mis au bas et qui en requiert la signification et l'acte de signification lui-même, ne forment qu'un seul tout indivisible, dont les différentes parties se combinent nécessairement entre elles; — Attendu, dans l'espèce, que quoique la requête des demandeurs ne soit pas datée, il suffit que l'acte de signification qui la suit le soit, pour qu'il ait été satisfait au vœu de la loi, puisque ce n'est qu'à partir de cette signification que la requête produit son effet; — Attendu que la requête en péremption énonce avec précision les noms de tous les demandeurs et ceux de toutes les personnes contre qui leur demande est formée; qu'ainsi il est indifférent que l'acte d'avoué qui requiert la notification de cette requête ne désigne plus les parties que par le nom de l'une d'elles, en indiquant les autres par le mot collectif de consorts, aucun doute ne pouvant naître de cette expression relativement aux personnes, puisque l'indication de tous les consorts se trouve quelques lignes plus haut dans la même pièce; —Attendu finalement qu'aucune loi n'ordonne, à peine de nullité, que les significations d'actes d'avoués à avoués mentionnent l'immatricule de l'huissier instrumentant; — Que d'ailleurs cette mention serait inutile dans ces sortes d'actes, puisque ces significations devant être faites par un huissier audiencier près d'une cour ou un tribunal, à un avoué attaché au même siége, celui-ci ne peut se tromper relativement à l'officier ministériel avec qui ses fonctions le mettent en relation journalière; qu'il résulte de ce qui précède que c'est sans fondement que les défendeurs soutiennent que la demande en péremption dont il s'agit serait nulle des trois chefs repris ci-dessus; — Attendu, en fait, que les parties sont d'accord que dans l'instance pendante devant cette cour, sur l'appel du jugement du tribunal de Charleroy, en date du 21 oct. 1820, aucun acte de procédure n'a été fait depuis la prononciation de l'arrêt du 13 fév. 1826; qu'ainsi plus de trois ans se sont écoulés depuis cette époque jusqu'au 7 juillet 1830, date de la demande en péremption; —Vu l'art. 397 c. pr. civ.;—Déclare valable en la forme la demande en péremption.

Du 11 janv. 1832.-C. de Bruxelles, 3° ch.-M. Plaisant, c. conf.

(2) (Oriot *C.* Vallée.) — La cour; — Considérant que toute instance est indivisible en ce sens qu'elle ne peut être anéantie par la péremption tant qu'elle n'est point acquise par toutes les parties figurantes au procès; — Qu'aux termes de l'art. 399 c. pr., la péremption n'a pas lieu de plein droit par la discontinuation des poursuites pendant le temps déterminé par la loi; mais qu'au contraire, elle se couvre par les actes valablement faits par l'une ou par l'autre des parties avant la péremption; — Qu'il suit de ce que dessus que la condition essentielle à toutes demandes en péremption est qu'elles soient formées par ceux qui veulent s'en procurer le bénéfice contre toutes les parties qui ont liste dans la procédure, à défaut de quoi il n'en résulte aucun obstacle aux actes interruptifs, relativement à celles des parties auxquelles la demande n'a point été adressée, ni, par conséquent, aucune annulation même partielle de l'instance qui, vu son caractère d'indivisibilité, subsiste en entier, par cela que les mesures propres à la faire cesser ont été omises, ne fût-ce qu'avec un seul des individus entre lesquels s'agite le procès; — Que, dans l'espèce soumise à la cour, la demande en péremption a été formée par Pierre Oriot, tant pour lui que pour les cohéritiers, en la succession de Jean Oriot père, sans que ces cohéritiers aient été nommés, et sans qu'ils pussent être plus amplement indiqués par des actes de procédure antérieurs, puisque jusque-là ils avaient été tout à fait étrangers à l'instance qui n'avait point, après le décès de leur auteur, été reprise à leur égard; — Qu'une telle demande ne peut être regardée comme régulière du chef desdits cohéritiers, par la double raison, 1° qu'en France, où nul n'est admis à plaider par procureur, il faut que les parties se présentent en nom direct, et non sous le nom d'un tiers, se disant agir pour elles; 2° qu'une demande, quelle qu'elle soit, ne procède bien qu'autant que ceux qui l'intentent sont désignés de manière à être reconnus et responsables de toutes les suites dont elle est susceptible, ce qui est loin de se rencontrer ici, où une désignation aussi vague que celle des cohéritiers Jean Oriot, sans indication, soit des noms, soit des qualités, soit du nombre de ces cohéritiers, et sans relation possible à des actes précédents à l'aide desquels il soit possible d'y suppléer, n'auraient pas même placé l'avoué dans le cas d'un désaveu, si l'un ou plusieurs desdits cohéritiers avaient dans la suite voulu prétendre n'avoir point donné de mandat pour le représenter; — Que si, comme cela vient d'être établi, les deux cohéritiers Pierre Oriot ne peuvent être envisagés comme valablement demandeurs en péremption, ils n'ont été non plus l'objet d'aucune demande tendant à la faire admettre; que, dès lors, la péremption a toujours pu être couverte à leur égard par un acte utile dirigé contre eux; — Que cet acte existe dans la reprise d'instance, à eux notifiée par Vallée, avant qu'ils l'aient attaqué pour voir prononcer la péremption, et qu'il a valablement couvert l'interruption des procédures et mainteuu, par conséquent, à cause de l'indivisibilité, le procès entre les intéressés...; — Dit à tort la demande en péremption...

Du 12 mars 1824.-C. de Caen.

(3) (Morandi *C.* Pallavicini.) — La cour; — Attendu que la péremption de l'instance d'appel pendante entre les parties a été demandée par acte du 27 juillet 1841; — Que par un autre acte du 30 du même mois, la péremption dont il s'agit a été de nouveau demandée avec l'expresse déclaration que c'était sans préjudicier en aucune manière à la

ploit d'assignation en péremption d'une instance d'appel, dans lequel les demandeurs prennent seulement la qualité d'*intimés*, sans mentionner leur profession, est valable, puisque cette profession avait été désignée par l'appelant lui-même dans l'exploit d'appel (Liége, 1re ch., 5 mai 1818, aff. Schockmel.—V. *eod.*, no 105).

291. Quant à la date, il a été jugé : 1o que l'erreur de date dans la copie notifiée d'une requête en péremption, par exemple l'énonciation du 5 avril au lieu du 5 mai, exprimée dans l'original, n'empêche pas le juge de déclarer la demande en péremption valable en se fondant sur ce que la véritable date est celle de l'original, surtout lorsque cette date est fixée dans le corps de la requête elle-même (Paris, 24 août 1810, aff. Lugot, V. Exploit, no 63-1o; Toulouse, 4 fév. 1825 (1), V. Exploit, nos 57 et suiv., Date, no 21); — 2o Que, quoique la requête ne soit pas datée, il suffit que l'acte de signification qui la suit et qui forme avec elle un tout indivisible, la relate, pour qu'il soit satisfait au vœu de la loi (Bruxelles, 11 janv. 1832, aff. N..., V. no 287).

292. Relativement à l'immatricule de l'huissier, il a été décidé que la signification à avoué d'une requête en péremption est valable quoiqu'elle ne contienne pas l'immatricule de l'huissier. Il suffit que l'officier ministériel qui a instrumenté soit véritablement huissier audiencier du tribunal devant lequel la demande en péremption est portée (Toulouse, 16 fév. 1815, aff. Balard, V. no 283; Bruxelles, 2 fév. 1825, aff. N...,V. Exploit, no 353; 28 juill. 1831, aff. Defrise, V. no 280; 11 janv. 1832, aff. N..., V. no 287; Montpellier, 15 mai 1847, aff. Vassas, D. P. 49. 5. 183.—Conf. MM. Chauveau, no 1444; Reynaud, no 116).—Jugé, au contraire, qu'elle est nulle si elle ne contient pas l'immatricule de l'huissier qui l'a notifiée (Rennes, 10 juin 1816, aff. Desaunays, V. no 154).

293. Mais si la demande en péremption a été formée par assignation à la partie elle-même, dans le cas où ce mode est autorisé, il n'y a pas de raison pour s'écarter des règles prescrites par l'art. 61.—C'est en ce sens que nous paraît devoir être entendu un arrêt, dont les recueils ne font connaître ni les faits ni les motifs, et qui a décidé qu'un exploit d'ajournement en péremption est nul lorsque l'huissier n'a pas déclaré sa demeure dans la copie de l'assignation, et que rien dans cette copie ne remplace la déclaration de l'accomplissement de cette formalité (Besançon, 16 janv. 1821, aff. N...).

294. Relativement au *parlant à*, il a été jugé que la signification d'une requête en péremption faite en parlant au *substitut* de l'avoué est nulle (Nîmes, 16 août 1819, aff. Bouvet, no 302).

295. En ce qui touche la signification, il a été décidé : 1o qu'on doit regarder comme valable la demande en péremption, formée contre deux époux séparés de biens, à leur domicile, et qui n'aurait pas été signifiée en double copie, lorsque, sur cette seule copie, il y a eu, de la part des deux époux, constitution d'avoué ultérieure, sans réserves (Paris, 15 nov. 1806) (2); — 2o Que, lorsqu'un appel a été interjeté par plusieurs, par un même exploit contenant les mêmes conclusions pour tous, avec constitution d'un seul avoué, l'un des appelants ne peut, sous prétexte qu'il a déclaré dans cet exploit faire ses faits distincts et séparés des autres appelants, opposer que la requête en péremption est nulle comme n'ayant pas été faite par deux actes ou copies séparés (Bruxelles, 1re ch., 14 avr. 1815, aff. Gobart *C.* Dolez); — 3o Que la demande en péremption d'instance dirigée contre une partie qui a plusieurs qualités, doit lui être signifiée sous chacune de ses qualités (Liége, 31 juill. 1811, aff. Gaillard de Frassignies *C.* Dalemède); —4o Qu'une demande en péremption n'est point nulle pour avoir été signifiée à avoué un jour de fête légale (Bastia, 25 janv. 1842, aff. Morandi, no 290). — MM. Favard, vo Nullité, § 1, et Carré, Comment., art. 63, se prononcent, dans

---

précédente demande pour surabondance seulement, et à telles fins que de droit;

Attendu que l'acte du 30 juill. 1841 n'a pas annulé celui du 27 du même mois, auquel il s'est au contraire référé; que par conséquent, si ce dernier acte est valable en sa forme, on ne saurait lui refuser l'effet que la loi attribue aux demandes en péremption régulièrement introduites; — Attendu que la demande en péremption devant être faite par requête d'avoué à avoué (art. 450 c. pr.), elle ne se trouve pas assujettie à toutes les formalités prescrites par l'art. 61 dudit code; que d'ailleurs, et malgré la non-indication de la profession des demandeurs en péremption, lesdits demandeurs sont désignés de manière à ne pas laisser le moindre doute sur leurs personnes ; — Attendu qu'aux termes de l'art. 1030 c. pr. civ., aucun exploit ou acte de procédure ne peut être déclaré nul, si la nullité n'en est pas formellement prononcée par la loi; — Que l'art. 1037 du même code, en déclarant qu'aucune signification ne pourrait être faite les jours de fête légale sans la permission du juge, ne prononce pas la peine de nullité ; — Que, dès lors, la demande en péremption du 27 juillet ne peut être déclarée nulle; — Attendu qu'il y a eu discontinuation de poursuites pendant plus de trois ans ; — Déclare éteinte et périmée l'instance d'appel intentée par les parties de Proyher, au moyen de leur exploit en date du 28 juin 1831, ordonne que le jugement attaqué sortira à effet.

Du 25 janv. 1842.-C. de Bastia.-M. Colonna-d'Istria, 1er pr.

(1) (Mage *C.* Bonnet et Maurel.) — La cour ; — Attendu, sur la première question, que le premier moyen proposé par l'appelant, pour prouver qu'on ne doit pas déclarer l'instance périe, pris de ce que la demande en a été formée avant l'expiration du délai nécessaire pour opérer la péremption, serait fondé en droit ; mais qu'il manque en fait, parce que la requête en péremption a été notifiée seulement le 5 mai 1823, et qu'il importe peu que la copie de cette notification porte la date du 5 avr. 1823, puisque ce n'est là qu'une erreur ou une inadvertance, et que la véritable date fut fixée même pour Antoine Mage, par les énonciations de la requête ;

Attendu que le moyen pris du principe que la demande en péremption ne doit pas être formée avant l'expiration du délai requis, est reproduit sous un second rapport par l'appelant ; — Qu'il soutient que les enfants Morel étant devenus majeurs avant l'accomplissement des trois années et avant toute demande en péremption, ce changement d'état a prorogé de six mois le terme de la péremption ; — Mais que les dispositions combinées des art. 345 et 397 c. pr. résistent à une pareille prétention, puisqu'il n'y a lieu à la prorogation de six mois que lorsqu'il y a lieu à reprise d'instance, ou à constitution de nouvel avoué, et que le simple changement d'état de l'une des parties n'exige ni reprise d'instance ni constitution de nouvel avoué;

Mais attendu qu'une instance est un tout indivisible ; qu'elle ne peut pas périmer pour les uns et subsister pour les autres ; que la demande en péremption ne doit être accueillie qu'autant qu'elle a pour résultat d'anéantir l'entier procès ;—Que, dans l'espèce, il y avait plusieurs défendeurs ; qu'un seul a formé une demande en péremption, et que les autres ont été assignés en reprise, avant d'avoir formé eux-mêmes une pareille demande en péremption ; qu'ainsi la procédure, n'étant pas périmée à leur égard, ne peut être déclarée périmée pour aucun ; — Qu'à la vérité, le demandeur en péremption argumente de la citation du 12 déc. 1823, par laquelle il étendit sa demande en péremption aux autres défendeurs, et de l'adhésion donnée à cette demande par Antoine Maurel, mais qu'en fait, les conclusions prises par Antoine Maurel, à l'audience du 5 fév. 1824, ne renferment pas cette adhésion, qu'au surplus, les enfants Maurel, qui étaient les véritables défendeurs, étaient majeurs le 12 déc. 1823; que la citation donnée ce jour-là, au lieu d'être signifiée à leur ex-tuteur, aurait dû leur être signifiée personnellement ; que si le changement d'état de l'une des parties n'empêche pas la continuation des poursuites, cette disposition de la loi n'est pas applicable au cas d'une demande en péremption ; qu'une telle demande, loin d'être une simple continuation de poursuites, est une demande nouvelle et principale, qui tend à anéantir les poursuites déjà faites ; qu'elle doit donc être signifiée à la personne même des parties intéressées, et non aux parties intéressées, en la personne d'un tuteur qui a cessé de l'être ; — Qu'ainsi le troisième moyen proposé par l'appelant, subsiste dans toute sa force ;

Attendu, sur la deuxième question, que si l'appel est fondé, il faut néanmoins considérer que les pièces justificatives du moyen qui a été accueilli n'ont été signifiées qu'en dernier lieu ; — Par ces motifs, réformant, déclare n'y avoir lieu de déclarer périe l'instance en partage, etc.

Du 4 fév. 1825.-C. de Toulouse, 1re ch.-M. de Feydel, pr.

(2) (Villemenant *C.* Berthier de Bizy.)—La cour ; — Attendu que l'ordonnance, dans le cas d'une séparation de biens, ne prescrit point d'assigner séparément le mari et la femme ; que, d'ailleurs, toute question de domicile et de nullité d'ajournement devient superflue en matière de péremption, dont la demande est valablement formée d'avoué à avoué ; que, dans l'espèce, le but de la loi se trouve parfaitement rempli par la connaissance que la femme Berthier et son mari ont eue de la demande en péremption, puisque sur cette demande, formée d'abord par exploit du 22 germ. an 13, et depuis réitérée par une assignation donnée le 20 floréal suivant, au mari et à la femme Berthier, ils ont l'un et l'autre constitué avoué, et se sont défendus ; — Attendu qu'il est constant et reconnu qu'il y a eu discontinuation absolue de poursuites pendant trois années, depuis le 4 germ. an 10 jusqu'au 22 germ. an 13 ; Émendant, déclare l'instance périmée, etc.

Du 15 nov. 1806.-C. de Paris, 1re sect.-M. Seguier, 1er pr.

ce dernier cas, pour la validité de l'exploit. M. Pigeau, t. 1, p. 185, est d'opinion contraire.—V. Exploit, nos 351 et s., Jour férié, no 30.

296. La copie de l'exploit de demande en péremption supplée, pour celui qui l'a reçue, l'original pour faire annuler l'exploit, si d'après cette copie il n'est pas régulier, alors même qu'il le serait d'après l'original (Lyon, 13 janv. 1825, aff. Guillon, V. Exploit, no 385-4o).—Toutefois, il a été jugé qu'il n'est pas nécessaire que la copie d'une requête d'avoué à avoué, signifiée à l'avoué requis, soit signée par l'avoué requérant, alors que cette signature se trouve sur l'original (Montpellier, 3 déc. 1832 (1); Bruxelles, 28 juill. 1831, aff. Defrise, V. no 280).

297. La péremption d'une demande en péremption d'instance peut être demandée par la même requête qui contient constitution de nouvel avoué et sommation d'audience : « Considérant, porte un jugement dont les motifs ont été adoptés, que la demande en péremption a été formée par le sieur Martin dans un acte d'avoué à avoué, et que si cette requête contient d'ailleurs constitution d'avoué et sommation d'audience, la loi ne s'oppose nullement à ce que l'avoué cumule trois actes dans un seul, sans compter qu'à l'égard des requêtes, il n'y a pas de forme particulière prescrite à peine de nullité » (Montpellier, 30 déc. 1828, aff. Bourges *C.* Martin).

298. Du reste, l'avoué constitué dans une instance n'est pas tenu d'occuper sur la demande en péremption (Liége, 8 janv. 1840) (2).

299. *Compétence. — Degré de juridiction, exceptions.* — La demande en péremption doit toujours être portée devant la juridiction saisie de l'instance, qu'elle soit du premier ou du dernier degré. — Ainsi, il a été jugé que la demande en péremption d'un appel, à la suite duquel a été rendu un arrêt préparatoire qui commet un tribunal du ressort pour procéder à une enquête, doit être formée devant la cour saisie de l'appel, et non devant le tribunal (Lyon, 2 mars 1830) (3).

300. Devant quel tribunal ont dû être portées les demandes en péremption d'instance pendantes devant les juridictions supprimées par suite des réformes apportées à l'organisation judiciaire? — Il a été jugé à cet égard : 1o que la demande en péremption d'un appel pendant devant un tribunal de district, lequel a été, d'après nos lois nouvelles, remplacé par le tribunal

---

(1) (Pradal *C.* Picou.) — La cour ; — Attendu qu'aucune loi n'exige que la copie d'une requête d'avoué à avoué, signifiée à l'avoué requis, soit signée par l'avoué requérant; — Attendu que l'exploit de l'huissier Miquel, en date du 4 avril 1825, fait pleine foi que l'original de la requête en péremption dont copie est baillée, a été signée par Me Sabatier; — Attendu, dès lors, que la demande en péremption, formée par ledit Me Sabatier, avoué de Jean-Louis Picou, contre les enfants Roque, a été régulièrement engagée; — Attendu que l'instance en reddition de compte tutélaire, introduite par lesdits héritiers Roque, contre ledit sieur Jean-Louis Picou, est demeurée impoursuivie depuis le 24 juill. 1819, date de l'assignation introductive, jusqu'audit jour 4 avril 1825, date de l'exploit de signification de la requête en péremption ;—Attendu, en fait, que d'après l'art. 400 c. pr., toute demande en péremption doit être formée par requête d'avoué à avoué; qu'ainsi on ne peut admettre la demande en péremption de l'instance en péremption faite par les héritiers Roque, par simples conclusions à l'audience ; — Par ces motifs, réformant, sans s'arrêter à la demande en péremption de l'instance en péremption, et la rejetant, déclare éteinte et périmée l'instance en reddition de compte tutélaire, etc.

Du 3 déc. 1832.-C. de Montpellier.-M. de Trinquelague, 1er pr.

(2) (Chapelle *C.* Dumont.) — La cour ; — Attendu que la demande en péremption constitue une instance nouvelle, que l'avoué qui a occupé dans l'instance périmée peut refuser son ministère dans cette nouvelle instance; qu'il y a donc lieu de donner acte à M. Robert de son refus de postuler pour l'appelant assigné en péremption ; — Par ces motifs, donne acte au sieur Robert de la déclaration qu'il fait, qu'attendu que feu M. Raikem, frère, a rendu, depuis 1831, les actes de la cause dont il s'agit à un sieur Collard, fondé de pouvoirs du sieur Dumont, il ne veut plus occuper sur la demande en péremption, etc.

Du 8 janv. 1840.-C. de Liége.-M. Brixhe, av. gén., c. conf.

(3) (Peurière *C.* Robert.) — La cour ; — En ce qui touche le moyen que l'on fait résulter de ce que la demande en péremption aurait été portée devant la cour royale, au lieu de l'avoir été devant le tribunal de Montbrison : — Attendu que la cour a été saisie de la contestation qui existe entre les parties, par l'appel du 22 mars 1806 ; — Que l'arrêt rendu le 4 mai 1808, a commis, il est vrai, le tribunal de Montbrison pour procéder à l'enquête ordonnée par ledit arrêt, et pour nommer des experts, aux fins d'estimer la valeur des immeubles délaissés par Jean Morel; mais que la cour n'a point été dessaisie de la contestation pendante par-devant elle ;—D'où il suit que c'est bien par-devant la cour, que la demande en péremption a dû être intentée, et qu'il est inutile, dès lors, de s'occuper de celle formée par-devant le tribunal de Montbrison, qui ne peut être considérée que comme surabondante dans la cause;

Sur le second moyen, résultant de ce qu'ayant formé plusieurs demandes en péremption, il fallait, d'abord, faire prononcer sur la première, avant de s'occuper de la dernière : — Attendu qu'aucune loi n'assujettit une partie qui a formé successivement plusieurs demandes en péremption, à donner suite à l'une préférablement aux autres; qu'elle peut, à son gré, faire prononcer sur l'une d'elles, et qu'il suffit qu'il y ait interruption de procédures, pendant trois ans sur l'une ou l'autre de ces demandes, pour que le juge soit dans le cas de prononcer;

Sur le troisième moyen, résultant de ce que c'était aux intimés à rapporter l'enquête ordonnée par l'arrêt du 4 mai 1808 : — Attendu que, quoiqu'une partie soit chargée de faire une enquête, qui aurait même été ordonnée dans son intérêt, rien n'empêche à l'autre partie de rapporter cette enquête, si elle le juge convenable, de poursuivre sur icelle, et de faire tous autres actes de procédure capables d'interrompre la péremption;

Sur le quatrième moyen, qui consiste à décider si l'arrêt du 4 mai 1808 a pu empêcher la péremption : — Attendu que, pour apprécier ce moyen principal de la contestation, il est nécessaire de qualifier cet arrêt, c'est-à-dire, d'examiner, d'après les dispositions qu'il renferme, s'il est définitif en tout ou en partie, ou seulement interlocutoire ;—Attendu que cet arrêt est ainsi conçu: « ordonne qu'avant rendre droit aux parties, tous leurs moyens leur demeurant respectivement réservés, et sans que rien leur puisse nuire ni préjudicier, les intimés seront tenus de prouver par enquête de commune renommée la consistance de la succession mobilière de François Moulin, et que, par un ou trois experts, estimation sera faite de la moitié des immeubles délaissés par Jean Morel, père de Françoise, suivant la valeur qu'avaient lesdits immeubles en 1732, époque du mariage de François Moulin, sur laquelle valeur néanmoins déduction sera faite de la moitié du montant des dettes, légitimes et charges apposées sur lesdits immeubles, desquelles dettes, légitimes et charges, les intimés sont autorisés à fournir état qui pourra être contredit par les appelants, pour, après lesdites enquête et estimation à nous rapportées, être statué sur ce qu'il appartiendra, les dépens réservés; » — Attendu qu'il résulte de cet arrêt, qu'il ne renferme aucune disposition définitive, puisqu'il ne réforme aucun chef de la sentence des premiers juges: qu'il réserve formellement aux parties tous leurs moyens, pour être statué ce qu'il appartiendra après la confection de l'enquête et de l'expertise ordonnées par ledit arrêt; et qu'enfin il réserve les dépens, et n'ordonne pas la restitution de l'amende; — Attendu que tel est le sens et le caractère de cet arrêt, qu'il ne lie en aucune manière les juges, et que, s'ils eussent eu à prononcer en définitive sur son exécution, ils auraient pu n'y avoir aucun égard, sans blesser la chose jugée; — Qu'à la vérité, il préjuge que, dans l'état, l'on ne tient pas pour suffisamment vérifiée la recette portée à 10,200 fr., par les mariés Robert, et fixée à cette quotité par les premiers juges ; — Qu'il préjuge également que, dans l'état, les imputations résultant des reprises de Françoise Morel, sur la succession de François Moulin, peuvent être admises, sauf à en régler la quotité d'après l'estimation des immeubles délaissés par Jean Morel ; mais que cet arrêt ne décide rien définitivement ni par rapport à l'admission de ces imputations, ni par rapport aux quotités des sommes articulées de part et d'autre, et qu'il est hors de doute que les juges, nonobstant ce préjugé, auraient toujours eu la faculté de n'y avoir aucun égard en définitive, et de ne s'arrêter ni à l'arrêt qu'ils avaient rendu, ni à l'exécution que cet arrêt aurait reçu; — Attendu qu'il est de l'essence d'un interlocutoire de préjuger une décision à rendre, mais que cette circonstance ne peut jamais lui donner le caractère d'une décision définitive ; — Attendu que l'art. 397 c. proc. dispose que toute instance est éteinte par cessation de poursuites pendant trois ans ; — Que cette disposition générale de la loi comprend évidemment le cas où il est intervenu, comme dans l'espèce, un arrêt interlocutoire, et qu'il s'est écoulé postérieurement à cet arrêt, un délai de trois ans sans poursuites, à compter dudit acte; — Attendu qu'il est constant au procès, qu'il n'a été fait sur l'appel aucune procédure, depuis le 2 fév. 1825, jusqu'au 22 fév. 1828, époque à laquelle, pour la troisième fois, les consorts Robert ont demandé la péremption d'instance: d'où il suit qu'il y a eu sur l'appel discontinuation de poursuites pendant trois ans ; — Attendu que l'art. 469 c. proc., déclare que la péremption en cause d'appel, a l'effet de donner au jugement de première instance la force de la chose jugée;—Attendu que les consorts Peurière ont à s'imputer d'avoir laissé écouler trois années sans poursuites ; — Par tous ces motifs, — déclare l'appel du 22 mars 1806, éteint et périmé ; — Prononce, en conséquence, que le jugement du 6 frim. an 14 a acquis l'autorité de la chose jugée

Du 2 mars 1830.-C. de Lyon, 2e ch.-M. Dugueyt, pr.

de première instance, doit être portée, non pas devant ce dernier tribunal, mais devant le cour d'appel (Cass. 18 avril 1827, MM. Brisson, pr., Quéquet, rap., aff. com. de la Grand-Combe C. com. des Combes); — 2° Que ces cours ont été saisies de plein droit, et sans qu'il y ait eu besoin d'une assignation en reprise d'instance (Cass. 21 nov. 1826, aff. com. de Culles, V. n° 144-5°). — Dans le cas où la demande en péremption d'une instance pendante au parlement de Paris, interrompue depuis la nouvelle organisation judiciaire, aurait été portée devant un juge incompétent, elle n'en serait pas moins valable (Req. 30 juin 1825) (1).

301. La demande en péremption formée devant le tribunal du premier degré est-elle susceptible d'appel? — Il a été jugé, d'une part, que la demande en péremption doit suivre le sort de la demande principale (Agen, 19 déc. 1812, aff. Labadie, v° Degré de jur., n° 248; Cass. 26 fév. 1823, aff. Reymond, V. *eod.* —Conf. MM. Merlin, v° Perempt., sect. 1, § 2, n° 2-15°; Favart, t. 4, p. 197, n° 14; Reynaud, n° 99; Chauveau, n° 1427-5°), et, d'autre part, que la demande en péremption étant une action principale, tout à fait distincte de la demande originaire, ne doit pas suivre le sort de celle-ci, et qu'on peut en interjeter appel comme de toute demande dont la valeur est indéterminée (Colmar, 18 mars 1837) (2).

302. L'art. 173 c. pén. s'applique à la demande en péremption. — Ainsi, il a été décidé que les nullités de forme d'une requête en péremption d'instance doivent être proposées avant toute défense au fond, encore que ces nullités soient péremptoires, en ce sens que la nullité de la requête aurait emporté déchéance de la demande en péremption (Nîmes, 16 août 1819) (3), et que cette nullité proposée pour la première fois en appel n'est pas recevable (même arrêt) — V. Exception, n° 308 et suiv.

ART. 9. — *Effets de la péremption. — Indivisibilité.*

303. « La péremption, porte l'art. 401 c. pr., n'éteint pas l'action; elle emporte seulement extinction de la procédure, sans qu'on puisse, dans aucun cas, opposer aucun des actes de la procédure éteinte ni s'en prévaloir. » — La péremption est à l'instance ce que la prescription est au fond du droit; celle-ci éteint l'action; celle-là ne porte que sur la procédure: c'est là une règle de droit commun sur laquelle le législateur a cru cependant qu'il était utile de s'expliquer (V. Locré, t. 21, p. 307). — La péremption une fois obtenue emporte *tous* les actes de la procédure, jusques et y compris l'exploit introductif. Les parties se trouvent replacées dans la position où elles auraient été si l'instance n'avait jamais été introduite; et, si leurs droits sont encore entiers, l'action pourra être portée de nouveau devant les tribunaux.

304. La péremption, en détruisant les actes de la procédure, anéantit également tous les effets qu'ils ont produits. La citation en justice avait interrompu la prescription, cette interruption sera considérée comme non avenue. — De là il résulte

(1) (De Nesmy C. Boulin.) — LA COUR; — Attendu qu'une assignation devant un tribunal ordinaire, qui ne se trouve incompétent qu'en raison soit du domicile des personnes, soit de la situation de la chose litigieuse, n'est ni nulle ni invalide, et constitue au contraire une véritable interpellation judiciaire, d'où résulte une action régulière, précise et formelle (L. 5, au ff., *De judiciis*); — Attendu que, si l'art. 2246 c. civ. attribue à la citation même devant un juge dont l'incompétence serait absolue et matérielle, l'effet d'interrompre la prescription, pourvu que la citation soit régulière dans sa forme, et si ensuite la demande qui en est l'objet n'est pas rejetée, il faut bien en conclure que telle citation a introduit une véritable action, qui demeure subsistante tant qu'elle n'a pas été évacuée au fond; — Attendu, dès lors, qu'en décidant que la demande en péremption de l'instance d'appel, pendante au parlement de Paris, formée en 1816 et 1819, et portée mal à propos devant la cour royale de Poitiers (par ignorance sur la vraie délimitation d'une partie du ressort de l'ancien parlement, entre les cours de Poitiers et d'Orléans), reprise ensuite devant cette dernière cour en vertu d'un arrêt de renvoi de la cour royale de Poitiers, avait constitué une instance régulière en péremption, dont la poursuite avait lieu par continuation, devant elle, la cour royale d'Orléans n'a ainsi violé aucune loi, et a fait, au contraire, une juste application des art. 397, 399 et 400 c. pr., par son arrêt qui juge que l'assignation en reprise d'instance, postérieure à la demande originaire en péremption, ne couvrait pas celle-ci, et ne pouvait empêcher l'extinction de l'instance d'appel, périmée, à défaut de poursuites valables dans les délais de la loi; — Rejette.

Du 30 juin 1825.-C. C., sect. req.-MM. Botton, pr.-Gartempe, rap.

(2) (Daniel See C. Weyh.) — LA COUR; — Considérant que la demande en péremption est une demande nouvelle et principale dont l'importance doit être appréciée indépendamment de l'instance dont elle a pour but de faire prononcer l'extinction; qu'envisagée ainsi en elle-même, la demande en péremption renferme un objet d'une valeur indéterminée; que de là résulte la double conséquence que les premiers juges ont mal à propos qualifié leur jugement de jugement en dernier ressort, et que la fin de non-recevoir opposée à ce jugement n'est pas fondée; — Que cette conséquence est d'autant plus vraie, dans l'espèce où l'on voulait faire appliquer la péremption à une procédure sur saisie-arrêt, que, si l'instance en validité était restreinte à une somme inférieure à 1,000 fr., la demande en déclaration vis-à-vis du tiers saisi portait sur un objet incertain, indéterminé, ce qui suffisait pour élever la cause au-dessus du taux du dernier ressort;

Considérant, sur le fond de cette partie de la cause, que la péremption est de sa nature indivisible; qu'elle n'est utile et efficace qu'autant qu'elle entraîne l'anéantissement de toute la procédure; que, si une partie en a été couverte par des actes faits en temps opportun, l'autre partie a été affranchie des effets de la péremption; que l'instance en déclaration sur saisie-arrêt et l'instance en validité, desquelles il s'agit au procès, sont connexes, corrélatives, constituent deux branches d'une même procédure, puisque d'ordinaire elles s'instruisent simultanément devant le même tribunal, et que, dans tous les cas, elles tendent au même but, le recouvrement de la part du créancier de ce qui lui est dû; que, de l'aveu des parties, l'instance en déclaration a été conservée par l'effet d'un acte de reprise et en constitution de nouvel avoué du 8 mars 1836; qu'il suivait de là que l'instance en validité, contre laquelle seule la demande en péremption a été dirigée, avait aussi été conservée, et que c'est mal à propos que le jugement dont est appel a été frappé d'extinction.

Du 18 mars 1837.-C. de Colmar.-M. Dumoulin, pr.

(3) (Bouvet C. Astay.) — LA COUR; — Attendu qu'il résulte des termes du code de procédure civile, art. 400, que la forme substantielle d'une demande en péremption d'instance est qu'elle soit formée par requête d'avoué à avoué, toutes les fois que l'avoué n'est ni décédé, ni interdit, ni suspendu, au moment où elle a été acquise; — Attendu que les appelants, demandeurs en péremption, qui ont reconnu qu'il n'y avait pas lieu à l'exception portée par l'art. 400, ainsi que l'intimé, ont suivi la forme substantielle déterminée par ledit article, ainsi qu'on le voit dans la requête par eux adressée au tribunal de première instance d'Uzès, signée par B..., leur avoué, signifiée à D..., avoué de Gabriel Astay, mari et maître des biens et droits de Marthe Bouvet, le 16 fév. 1818; — Que la signification de ladite requête faite à D..., en parlant à son substitut trouvé dans son étude, était irrégulière et même nulle à cause de ce *parlant*, d'après les dispositions du code de procédure, art. 68; que cette irrégularité ou nullité aurait dû être proposée avant toute autre défense ou exception sur la demande en péremption, d'après l'art. 173 dudit code; — Que cependant ledit Astay, en sa qualité, a contesté, devant le tribunal de première instance, sur la demande en péremption, sans opposer contre cette demande aucun moyen de nullité, ainsi qu'il résulte du jugement, rendu entre les parties le 14 mai dernier, dont est appel; que ce n'est que devant la cour que Marthe Bouvet a excipé de la nullité résultant dudit *parlant*; mais qu'elle n'y était point admissible, parce que ce moyen était couvert d'après l'art. 173; — Attendu que ce fut sous l'empire du nouveau code de procédure civile, et par exploit du 26 juill. 1813, qu'Astay, en sadite qualité, assigna les appelants devant le tribunal de première instance d'Uzès, en reprise de l'instance par lui introduite, contre feu Joseph-Simon Bouvet, devant le tribunal civil du Gard, par exploit du 25 fruct. an 6, déjà reprise devant le tribunal d'Uzès le 22 niv. an 9 et le 2 déc. 1808; — Qu'il est convenu par les parties que depuis la citation en reprise du 26 juill. 1813, jusqu'à la requête en péremption de l'instance, signifiée le 16 fév. 1818, il n'y a eu aucune autre poursuite, ainsi qu'il est mentionné dans le jugement dont est appel; — Attendu que cette citation en reprise du 26 juill. 1813, ayant resté impoursuivie pendant plus de quatre ans et demi, est incontestablement périmée, d'après les dispositions de l'art. 397 c. pr.; — Attendu d'ailleurs que, d'après le dernier état de la jurisprudence du parlement de Toulouse, la péremption de la citation en reprise entraînait toujours celle de l'instance principale; que ce principe est consacré par la disposition de l'art. 397, qui veut que toute instance soit éteinte par discontinuation des poursuites, après le délai de trois ans, augmenté de six mois dans le cas où il y a lieu à reprise d'instance ou constitution de nouvel avoué; — Attendu, par suite, que la demande en péremption des appelants, formée par ladite requête, était bien fondée, que le tribunal de première instance a mal jugé et qu'il y a lieu de réformer son jugement; — Déclare périmées tant la citation en reprise que l'instance principale, etc.

Du 16 août 1819.-C. de Nîmes.

que, bien que la péremption ne produise pas par elle-même l'effet d'anéantir l'action, elle peut quelquefois contribuer à l'éteindre; ainsi, par exemple, lorsque le délai de la prescription s'est accompli pendant la durée de l'instance périmée, l'exploit introductif étant censé n'avoir jamais existé, la prescription est acquise et le droit éteint; c'est, du reste, ce qui résulte virtuellement de l'art. 2247 c. nap., et ce que l'art. 15 de l'ord. de 1563 décidait formellement (Conf. MM. Delaporte, t. 1, p. 371; Pigeau, t. 1, p. 452; Merlin, v° Périmpt., sect. 1, § 2, n° 6-1°; Carré et Chauveau, n° 1448; Reynaud, n° 123; Boitard, t. 2, p. 315; Bourbeau, t. 2, p. 554; Troplong, Prescript., n°s 603, 683).

305. L'interpellation judiciaire avait également fait courir les intérêts; si l'instance périt, ces intérêts ne sont pas conservés pour le demandeur. C'est aussi ce qu'enseigne Pothier, et après lui MM. Pigeau, t. 1, p. 475; Berriat, p. 359; Carré et Chauveau, n° 1450. — Les intérêts qui auraient couru depuis le préliminaire de conciliation ne peuvent non plus être exigés. C'est encore l'avis des auteurs précités qui se fondent, avec raison, sur ce que la citation en conciliation ne fait courir les intérêts qu'autant que la demande a été formée dans le mois, et que lorsque la demande est périmée, c'est comme s'il n'y en avait pas eu.— Toutefois, ce qui vient d'être dit ne s'appliquerait pas au cas où la dette serait reconnue, dans le procès-verbal de conciliation, par le débiteur, qui aurait pris l'engagement de payer ces intérêts. Ce serait une obligation qui devrait être exécutée, nonobstant les difficultés qui pourraient s'élever sur les autres parties de la demande en conciliation (Conf. Pigeau, *loc. cit.*).

306. En est-il autrement à l'égard de la restitution des fruits? Doit-on, par exemple, conserver à la demande judiciaire périmée, l'effet de constituer en mauvaise foi celui dont la possession était originairement de bonne foi?— La négative nous paraît devoir être enseignée; une citation à laquelle le demandeur n'a pas donné suite, qu'il a laissé périmer, ne saurait à elle seule constituer le possesseur en mauvaise foi (Conf. M. Bourbeau, p. 548. — *Contrà*, Toullier, t. 5, n° 76; M. Chauveau, n° 1450). — V. du reste v° Propriété.

307. La disposition de l'art. 401 est si générale, qu'on ne pourrait plus admettre l'ancienne jurisprudence d'après laquelle les actes de l'instance n'étaient atteints que comme procédure et non comme preuve; *probata remanent*, disait-on (V. Menelet, n° 76; Lamoignon, arrêtés, art. 9; Pothier pr. civ., part. 1, ch. 4, § 5; Pigeau, Pr. du Châtelet, t. 1, p. 357; V. aussi Louet, lett. P, nomb. 38, qui cite deux arrêts rendus aux grands jours de Clermont). Au reste, plusieurs cours avaient demandé que l'on conservât cette distinction; mais on n'a pas admis ces observations. Aussi tous les auteurs enseignent-ils que la procédure est éteinte en entier, et sous tous les rapports, sans que l'on puisse se prévaloir des aveux et des reconnaissances intervenues dans l'instance périmée (Pigeau, t. 1, p. 476, et Comm., t. 1, p. 688; Carré, n° 1451; Merlin, Rép., v° Périmpt., sect. 1, § 2, n° 6; Berriat, t. 1, p. 359, n° 15; Favard, t. 4, p. 397; Demiau, p. 292; MM. Reynaud, n° 122; Bourbeau, p. 548). — La section du tribunat voulait, pour éviter toute difficulté, une rédaction plus précise. «Cette disposition, disait-elle en parlant de l'art. 401, à laquelle la section adhère sans difficulté, fera cesser la diversité de jurisprudence sur le point de savoir si les actes probatoires faits pendant le temps de l'instance, tels que les enquêtes et autres, devaient subsister; mais ne serait-il pas à craindre que, si l'on se bornait à dire *aucun des actes de la procédure*, on vînt encore prétendre qu'il faut du moins excepter les *aveux*, les *reconnaissances* qui sont moins des *actes de procédure* que *des faits*? La section, qui est bien convaincue que la péremption doit détruire absolument toutes les traces de l'instance, en telle sorte que sous tous les rapports généralement quelconques, les choses se retrouvent dans l'état où elles seraient si l'instance n'avait jamais eu lieu, désire, pour détruire jusqu'à l'ombre du doute, que l'article se termine ainsi : Et sans qu'on puisse dans aucun cas opposer aucun des actes de la procédure éteinte, ni *se prévaloir en manière quelconque de ce qui a été fait, dit ou écrit* » (Locré, Lég. de la France, t. 21, p. 503).— « Mais, dit Locré, Esprit du c. de proc., art. 401, cette explication a paru inutile; les mots *aucun des actes* détruisent, dans leur généralité, les aveux et les reconnaissances, puisqu'ils anéantissent les actes qui les constatent. » — « Cette expression générique, dit-il encore ailleurs, Législ. de la France, t. 21, p. 150, embrasse les enquêtes, les aveux, etc. En conséquence, on n'a pas cru devoir admettre la proposition de s'en expliquer faite par la section du tribunat. »

308. Cependant, si le tribunal a donné acte d'un aveu, d'une déclaration, d'une prestation de serment, cet acte devra-t-il tomber avec la procédure? Carré pense que non; que l'on doit regarder cet acte comme un véritable jugement définitif, lequel accorde aux parties un droit qui ne peut plus leur être ravi; il trouverait choquant qu'un tel aveu n'eût pas autant de pouvoir qu'un aveu extrajudiciaire. — Cependant l'opinion de Carré, partagée par Boitard, t. 2, p. 329, a été vivement attaquée par Demiau, p. 292; Pigeau, Comm., t. 1, p. 688; Favard, t. 4, p. 197, n° 13; Thomine, t. 1, p. 618; Reynaud, p. 192; Bourbeau, p. 548 et suiv., et surtout par M. Chauveau, son annotateur, quest. 1451. — « Cette opinion, dit ce dernier auteur en se fondant sur les passages de Locré qu'on vient de reproduire, est d'autant moins admissible qu'elle contrarie l'opinion formée par le législateur lors de la confection de la loi... En effet, ajoute-t-il, l'aveu, quoique constaté si l'on veut par un jugement, est de la même nature que les autres éléments de preuve qui peuvent avoir été acquis dans le cours de l'instance, tels que les enquêtes et les expertises, etc. Il a été fait dans la procédure à son occasion, et n'existerait pas si la procédure n'avait pas eu lieu; il ne doit pas exister davantage du moment qu'elle est anéantie; autrement il n'y aurait point de différence entre l'aveu judiciaire et l'aveu extrajudiciaire. » — Cette opinion ne nous paraît devoir être admise que sous une distinction. Si le jugement qui a donné acte d'un aveu ou d'une reconnaissance laisse encore subsister la contestation tout entière, s'il n'a d'autre valeur que celle que pourrait avoir une enquête, une expertise, etc., il doit tomber, ce semble, avec l'instance. Dans ce cas, l'exploit introductif périmé étant réputé n'avoir jamais existé, les juges sont censés pareillement n'avoir jamais été saisis. Comment comprendre, en effet, qu'un jugement puisse produire des résultats, alors qu'il n'existe plus aucun acte en vertu duquel le tribunal ait reçu le pouvoir de juger. Bien plus, si l'on admet que le jugement constatant un aveu survit à la procédure, il faudra reconnaître, non pas seulement qu'il pourra être invoqué dans une autre instance, mais encore qu'il sera susceptible d'interrompre la prescription, ce que ni la citation en justice, dont il est la conséquence, ni aucun acte de la procédure ne peut plus faire. Et, s'il en était ainsi d'un tel jugement, pourquoi les jugements interlocutoires et même les jugements préparatoires n'auraient-ils pas un effet semblable? Un jugement qui donne acte à une partie ne doit pas être assimilé aux jugements définitifs; ceux-ci, en effet, par cela qu'ils sont à l'abri de la péremption, protégent l'instance qui les a précédés; ceux-là, au contraire, dépendent de l'instance dont ils font partie.—D'ailleurs les aveux et les reconnaissances, qu'ils soient ou non constatés par jugement, peuvent avoir été inspirés par certains actes de la partie adverse; ils se rattachent donc essentiellement à l'ensemble de la procédure. Or, leur faire produire effet, alors que cette procédure est éteinte, c'est placer les parties dans une inégalité que rien ne justifie. — Ajoutons qu'une interprétation pareille tend à augmenter l'intérêt des parties à poursuivre rapidement le procès et à ne pas le laisser s'anéantir par la péremption; elle est, dès lors, plus conforme au but que le législateur s'est proposé en instituant ce mode d'extinction des procès.

Mais si, par exemple, l'aveu constaté par jugement prenait le caractère de convention et mettait hors de tout débat une partie de la demande, de telle sorte que le procès se trouvât désormais réduit à ce qui n'est pas compris dans l'aveu, il n'en saurait plus être ainsi; et il nous semble que, dans une telle hypothèse, le jugement pourrait être considéré comme un jugement définitif qui éteindrait partiellement l'instance, et qui, suivant les règles tracées plus haut, n° 127, serait à l'abri de la péremption. En un mot, il en devrait être de ce jugement comme de celui qui, après contestation, ferait droit à une partie seulement des conclusions. —Puis, à supposer même qu'il n'en fût pas ainsi, on conçoit aisément des cas où le jugement doit au moins avoir la force d'une convention privée. En effet, si, en dehors de l'instance, les parties convenaient, par acte authentique ou même par un simple acte sous seing privé, que telle fraction de la demande portée devant le tribunal ne serait plus désormais contestable, qui pourrait dénier les effets d'une telle convention, alors qu'ils seraient clairement déterminés?

309. Que décider à l'égard des qualités d'héritiers ou autres qui seraient prises dans un acte de l'instance depuis atteinte par la péremption? — V. Succession.

310. La péremption atteint les actes qui font partie de l'instance périmée, mais non pas ceux qui ont été seulement produits dans le cours de cette instance. Cela est de toute évidence. — Aussi a-t-il été jugé : 1° que la péremption d'une procédure dans le cours de laquelle a été produit un certificat de vie n'entraîne pas la péremption de ce certificat (Rej. 19 nov. 1817, aff. Tardif, V. Certificat de vie, n° 20); — 2° Que le jugement qui, dans une instance ayant pour objet une action en pétition de légitime et qui a été déclarée périe, ordonne le payement d'une provision déjà antérieurement accordée, et le commandement fait en vertu de ce jugement au bas duquel a été insérée une réponse contenant reconnaissance de la dette, ne sont pas des actes qui font partie de la procédure éteinte; que, par conséquent, malgré la péremption de l'instance, ils peuvent être invoqués comme ayant interrompu la prescription (Toulouse, 11 mai 1821) (1).

311. A l'égard des effets de la péremption sur les jugements rendus dans le cours de l'instance, tels que jugements préparatoires, interlocutoires, provisionnels, V. n° 124 et s., 133. — Quant aux jugements définitifs, V. nos 126 et s.

312. La péremption n'atteint que l'instance dont la péremption est demandée. — Et si c'est de la demande en péremption elle-même que la péremption est requise, l'effet de la réquisition se limite à cette demande. On prétendrait en vain que la demande en péremption ne forme qu'un incident de l'instance principale, et que celle-ci ne peut tomber pour partie; qu'en conséquence, la péremption de la première entraîne la péremption de la seconde. — Ainsi, il a été jugé que la demande en péremption formant une instance nouvelle et distincte de l'instance préexistante, la péremption de cette nouvelle instance ne saurait amener celle de l'instance primitive (Montpellier, 30 déc. 1828, aff. Bourges, V. n° 121).

313. L'instance atteinte par la péremption périt tout entière et non pour partie seulement. Par suite, dans le cas où l'instance a été reprise, on ne pourrait demander que la péremption portât seulement sur la reprise d'instance, et laissât subsister la procédure antérieure. Cela, ce semble, ne peut faire aucun doute (Conf. M. Reynaud, n° 126). — Il a été jugé en effet que la péremption de l'action en reprise d'instance entraîne celle de l'instance principale (Nîmes, 16 août 1819, aff. Bouvet, V. n° 302). — V. aussi en ce sens le réquisitoire de M. Delangle lors de l'arrêt du 6 janv. 1841, aff. Prost, n° 331-4°. — Par la même raison, l'intimé, qui demande la péremption de l'appel principal, ne peut en même temps demander le maintien de son appel incident; car ces deux appels ne forment qu'une seule instance, laquelle ne peut être éteinte pour une partie et existante pour l'autre partie (Bordeaux, 17 déc. 1840) (2). — Demander l'utilité de l'appel incident, c'est reconnaître que l'instance existe encore; en conséquence, la demande en péremption est inadmissible (même arrêt).

314. De même encore, il faut reconnaître que, lorsqu'un jugement par défaut a été frappé d'opposition, la péremption, s'il y a lieu de la prononcer, s'applique à l'instance tout entière et non à la procédure sur l'opposition seule, car la péremption n'atteint pas quelques actes séparés, mais toute une procédure (Conf. Denisart, v° Péremption; Merlin, Rép., v° Péremption, sect. 1, § 6; Favard, t. 4, p. 292, n° 3; Berriat, p. 357, note 12, n° 5; Reynaud, n° 11; Carré et Chauveau, n° 1422; Bourbeau, p. 603). — C'est à tort que l'on voudrait considérer l'opposition comme la cause productive, le principe d'une instance nouvelle dirigée contre le jugement par défaut; elle n'est qu'une suite, une conséquence de l'action principale; les parties y restent avec leurs qualités primitives de demandeur ou de défendeur. — Il a été jugé en ce sens que l'opposition à un jugement

(1) (Lasbaysses C. Lasbaysses.) — La cour; — Attendu que s'il est vrai qu'une action en pétition de légitime se prescrit par trente ans, il est vrai aussi que le cours de cette prescription trentenaire peut être interrompu par des actes émanés du légitimaire ou par des reconnaissances émanées de l'héritier; que, dans l'espèce, le père du demandeur avait engagé une première instance en expédition de sa légitime; — Qu'à la vérité, cette instance a été déclarée périe par arrêt du 28 août 1818, et qu'en droit l'instance périe n'a pas l'effet d'interrompre la prescription; mais que le demandeur soutient qu'un jugement du 25 fév. 1793 ordonnait le payement d'une provision de 100 liv. déjà accordée par une sentence du 13 août 1784; que le commandement fait en vertu de ce jugement, qu'une réponse mise par les dames Lasbaysses au bas de l'un de ces commandements, et contenant reconnaissance de la dette, n'ont pas été atteints par l'arrêt du 28 août 1818, d'où le demandeur conclut que ces actes ont interrompu la prescription, et n'ont pas cessé de produire cet effet; — Attendu que l'arrêt du 28 août 1818 se bornant à déclarer l'instance périe, laisse entière la question de savoir quels sont les actes compris dans cette disposition; — Attendu qu'en droit la péremption d'une instance ne produit que l'extinction des actes de la procédure; qu'on n'envisage pas comme tels les jugements ou sentences de provision qui sont distincts du fond de la contestation; qu'on n'envisage pas comme tels les commandements, puisque ces sortes d'actes ont seuls la force d'interrompre la prescription : ce qui est vrai, *à fortiori*, quand ils sont faits en vertu d'un jugement de provision, basé sur l'examen et la reconnaissance des droits du demandeur au fond; qu'ainsi la disposition de l'arrêt du 28 août 1818 ne s'étendant ni au jugement du 25 fév. 1793, ni au commandement du 25 avril suivant, le sieur Lasbaysses peut encore les invoquer pour en induire l'interruption civile de la prescription et le non-accomplissement de cette même prescription; — Attendu qu'indépendamment de ces actes, le demandeur oppose la réponse faite et signée par les dames Lasbaysses au bas du commandement du 25 avril 1793, réponse dans laquelle ces dames reconnaissent que la provision et conséquemment la légitime sont dues; qu'il est impossible d'imaginer que cette réponse ait pu périr avec l'instance durant le cours de laquelle elle fut faite; qu'au contraire cette réponse constitue une reconnaissance du droit du demandeur, reconnaissance qui, faite moins de trente ans avant la nouvelle instance suffirait pour écarter la fin de non-recevoir; — Par ces motifs, réformant, etc.

Du 11 mai 1821.-C. de Toulouse, 1re ch.

(2) (Manan C. Chatry.) — La cour; — Attendu, quant au moyen pris de l'arrêt du 29 avril 1837, que cet arrêt, étant purement interlocutoire, n'a pu faire obstacle à la péremption de l'instance; — Attendu que l'enregistrement de cet arrêt n'est point un acte de poursuite, et que, pour ce motif, il ne peut être interruptif de la prescription; — Attendu que, si Chatry s'est rendu appelant du jugement du tribunal civil de Bordeaux du 4 juill. 1835, les époux Manan ont formé appel incident de ce même jugement par acte du 12 nov. 1836; — Attendu que, par l'appel principal et par l'appel incident, l'instance avait un double objet, et que les parties étaient réciproquement demanderesses et défenderesses sur les appels interjetés; — Attendu que, par son arrêt de défaut du 12 nov. 1836, la cour a mis au néant l'appel principal de Chatry, et, faisant droit de l'appel incident des époux Manan, leur a adjugé les intérêts du capital de 1,130 fr., depuis le 1er mai 1833, jour où la reconnaissance fut souscrite; — Attendu que, Chatry ayant formé opposition envers cet arrêt, il en fut rendu un autre, le 29 avril 1837, qui, statuant sur l'opposition, ordonna qu'avant dire droit, il serait procédé à la vérification de la signature ou des signatures de Chatry père, apposées sur les prétendus arrêtés de compte invoqués par les époux Manan; — Attendu que, Chatry ayant laissé écouler trois années sans poursuites depuis cet arrêt, les époux Manan firent signifier, le 30 avril 1840, une requête par laquelle ils demandaient la péremption de l'instance pendante en la cour, sur les demandes de Chatry, ce qui sembla signifier qu'ils demandaient la péremption de l'instance quant à l'appel principal, et non quant à l'appel incident; — Attendu que, par leurs conclusions prises à l'audience et déposées sur le bureau, les époux Manan ont levé tous les doutes qui auraient pu s'élever à cet égard; qu'ils ont demandé la péremption de la procédure d'appel dirigée par Chatry contre l'arrêt par défaut du 12 nov. 1836, ainsi que de la procédure précédente faite sur l'appel principal, et que, pour fruit de cette péremption, il fut reconnu que cet arrêt par défaut avait acquis l'autorité de la chose jugée; — Attendu qu'il résulte nécessairement de ces conclusions qu'en demandant la péremption de l'instance sur l'appel principal, les époux Manan entendent qu'elle subsiste quant à leur appel incident; — Attendu qu'il n'y a qu'une seule instance, quoiqu'elle embrasse un appel principal et un appel incident; qu'une instance ne peut pas être éteinte pour une partie et existante pour une autre partie; qu'alors que les époux Manan demandent l'utilité de leur appel incident, c'est reconnaître que cette instance existe encore; d'où il suit que leur demande en péremption est inadmissible; — Déclare les époux Manan non recevables et mal fondés dans leur demande en péremption.

Du 17 déc. 1840.-C. de Bordeaux, 1re ch.-M. Roullet, 1er pr.

par défaut ne forme pas une instance distincte de l'instance principale; qu'en conséquence un tribunal ne peut déclarer l'opposition périmée pour discontinuation de poursuites, et, par suite, attribuer à ce jugement l'autorité de la chose jugée : s'il y a lieu à péremption, elle doit s'étendre à l'instance principale comme à celle d'opposition (Cass. 23 oct. 1810; 27 avril 1825 (1); Toulouse, 12 déc. 1821, aff. Dupuy, V. n° 315; Paris, 3e ch., 27 juill. 1826, M. Lepoitevin, pr., aff. Gaillet C. Martin).

315. Toutefois, il est une distinction à faire : ce n'est qu'au-

(1) 1re *Espèce* :—(Labastiole C. Marcilliac.)—Le 14 juin 1792, Marcilliac obtint au tribunal de Toulouse un jugement par défaut, qui condamna Labastiole à lui payer la somme de 800 liv.—Labastiole y forma opposition le 10 juill. suivant; les choses en restèrent là pendant plus de trois ans. — Le 18 sept. 1807, Marcilliac fit assigner Labastiole devant le tribunal civil de Toulouse, pour voir déclarer périmée l'instance sur l'opposition formée au jugement par défaut. — 2 mai 1808, jugement en ces termes qui prononce la péremption : — « Attendu qu'il a été rendu un jugement par défaut le 14 juin 1792; que ce jugement fut signifié au défaillant le 2 juill. suivant; que le 10 du même mois il se pourvut en rétractement ou opposition envers ledit jugement; qu'il fut cité en l'an 2 en démis, et que cette instance en démis de l'opposition ou rétractement est périmée par la cessation des poursuites pendant plus de trois ans. »

Pourvoi pour fausse application de l'art. 15 de l'ord. de Roussillon de 1563. — Cette ordonnance et le code de procédure, disait le demandeur, en déclarant que toute instance discontinuée durant trois ans sera sans effet, et par conséquent périe, ont compris dans cette disposition la totalité de l'instance. — Le tribunal de Toulouse a supposé que l'opposition du défaillant à un jugement par défaut donne lieu à une instance nouvelle, autre que l'instance principale. — Un jugement par défaut ne termine l'instance que conditionnellement et en tant qu'il ne sera pas suivi d'opposition. Si l'opposition survient, il n'y a rien de terminé, et l'instance se retrouve existante. — Voilà l'effet de l'opposition à un jugement par défaut.—Aussi se forme-t-elle par simple requête à l'avoué de la partie qui a obtenu le jugement par défaut, sans qu'elle soit accompagnée d'aucune des formalités qui sont nécessaires pour introduire une instance. — La péremption en cause d'appel a bien l'effet d'anéantir l'appel; mais pourquoi? parce que l'appel est le principe d'une instance toute nouvelle et devant d'autres juges. —Au contraire, l'opposition ne déplace rien et n'introduit pas une instance distincte de celle dont le jugement par défaut a été le dernier errement. — Denisart, au mot *péremption*, cite à cet égard un arrêt bien précis, rendu par le parlement de Paris, le 2 avril 1727. — « Il fut jugé, dit cet arrêtiste, que la péremption anéantissait non-seulement l'opposition formée dans la huitaine à une sentence par défaut, mais qu'elle anéantissait tant la sentence et la procédure que la demande, tant il est vrai que l'opposition continue l'instance et n'en crée pas une nouvelle. »

L'opposition, a répondu le défendeur, ne détruit pas, ne réduit pas au néant le jugement par défaut; l'exécution en est simplement suspendue jusqu'à ce qu'il ait été prononcé sur l'opposition. — Si l'opposition est reconnue mal fondée, le juge ne rend pas un nouveau jugement sur le fond; il déboute de l'opposition; il ordonne l'exécution du jugement par défaut. —Cependant, si ce jugement était anéanti par l'opposition, il serait indispensable de rendre un nouveau jugement sur le fond. — Il n'y a aucune raison pour que la péremption de la seconde instance emporte celle de la première dont le jugement par défaut a été le terme. — Le jugement par défaut produisait autrefois hypothèque du jour de sa signification, lors même qu'il avait été attaqué par l'opposition. On ne peut donc supposer que l'opposition ne fût pas le commencement d'une nouvelle instance, et que la péremption de l'instance qu'elle introduit emportât celle du jugement par défaut et de ce qui l'a précédé. Enfin il opposait à la jurisprudence du parlement de Paris la jurisprudence contraire du parlement de Toulouse, en matière de péremption d'instance. —Arrêt (ap. délib. en ch. du cons.).

La cour; — Vu l'art. 15 de l'ord. 1563; — Attendu que Labastiole n'a jamais adhéré à la prétendue distinction des deux instances alléguées, et qu'il s'y est formellement opposé, ainsi qu'il résulte des fins et conclusions par lui prises devant le tribunal civil; que l'opposition formée par Labastiole au jugement rendu contre lui par défaut en premier et dernier ressort, le 14 juin 1792, ne fournit point une instance séparée de celle sur laquelle ce jugement est intervenu; mais qu'elle en est la suite immédiate et qu'elle se rattache à tous les actes antérieurs pour n'en former qu'une seule et même instance; qu'aux termes de l'art. 15 de l'ord. de 1563, la péremption devait s'appliquer, si elle était acquise, à tous les actes de l'instance, sans qu'il fût permis aux juges de la restreindre à certains actes particuliers; qu'il suit de là que le tribunal civil de Toulouse, en scindant une même instance pour ne faire porter la péremption que sur les derniers actes, à partir de l'opposition, et au profit du demandeur Marcilliac, a commis un excès de pouvoir, faussement appliqué et violé l'art. 15 de l'ord. de 1563; — Casse, etc.

Du 23 oct. 1810.-C. C., sect. civ.-MM. de la Coste, pr.-Sieyes, rap.-Pons, av. gén., c. contr.-Chabroud et Mailhe, av.

2e *Espèce* : — (Jaulas C. Cames.) — En 1711, le sieur Cames se constitua débiteur d'une rente de 260 fr. au profit du sieur Jaulas, pour cession de fonds consistant en bains, bâtiments. — En 1725, décès de Cames laissant pour héritiers trois enfants, Blaise, Marie et autre Marie. — Ces héritiers ne servirent pas exactement la rente. — En 1744, Jaulas les assigna en payement des arrérages ou délaissement des biens. — Un jugement par défaut les condamna à ce payement, et ordonna le délaissement. Un seul des héritiers, Blaise Cames, forma opposition au jugement; il déclara répudier la succession de son père, à laquelle il ne s'était jamais immiscé. Il lui fut donné acte de sa déclaration par un jugement du 21 juin 1749. Des débats s'élevèrent alors au sujet de la validité de cette répudiation entre Jaulas et Blaise. Cette instance a été interrompue plusieurs fois et reprise par suite de décès survenus. Un dernier acte de cette procédure est de 1760. Depuis cette époque jusqu'en 1800, il y a eu une nouvelle interruption. — En février 1800, François Cames, fils de Blaise, déclara rétracter la répudiation que son père avait faite; et en 1802, il forma, contre Jaulas ou son petit-fils, une demande en délaissement des fonds dont Jaulas s'était mis en possession en 1765 ou en 1769, en vertu de jugement de 1744. Cette nouvelle instance a été le sujet de longs débats. Un jugement du tribunal de Bagnères, du 12 fév. 1812, accueillit la demande principale de François Cames, mais il restreignit ses prétentions pour la restitution des fruits. — Il y eut appel des deux parties. — François Cames étant décédé, Rosalie Cames, sa fille, reprit l'instance. Jaulas fondait son appel, entre autres moyens, sur ce que l'instance d'opposition formée par Blaise Cames au jugement de 1744 était périmée, et sur ce que son motif d'opposition étant tiré de la répudiation que celui-ci avait faite de la succession de son père, il était évident qu'il n'avait point querellé la disposition du jugement relative au délaissement; qu'ainsi, sous tous les rapports, ce jugement de 1744 avait acquis l'autorité de la chose jugée. — Le 28 août 1823, arrêt de la cour de Pau qui accueille ces moyens.

Pourvoi de Rosalie Cames pour violation de l'art. 15 de l'ordonnance de 1563 et des art. 397 et 401 c. pr., en ce que la cour de Pau a décidé qu'une opposition à un jugement par défaut formait une instance nouvelle, distincte du premier jugement, et qui pouvait tomber en péremption sans annuler le jugement.

Le défendeur a prétendu que la péremption dont il était fait mention dans l'arrêt se rattachait bien plus à son moyen de prescription qu'à celui de la péremption, par le laps ordinaire de trois ans, qu'un arrêt ne pouvait être cassé parce qu'il renfermait un motif erroné, lorsque, d'ailleurs, il était justifié par d'autres motifs, et que la cour de Pau, interprétant l'acte d'opposition, avait reconnu que cette opposition ne portait pas contre la disposition relative au délaissement, mais uniquement contre les autres dispositions, d'où il suivait que le jugement de 1744 avait acquis la force de chose jugée dans la disposition qui ordonnait, en faveur de Jaulas, le délaissement des biens. — Arrêt (apr. dél. en ch. du conseil.)

La cour; — Vu les art. 5, tit. 27, et 3, tit. 35 de l'ordonnance de 1667; l'art. 15 de l'ordonnance de 1563 et les art. 1350 et 1351 c. civ.; — Attendu que, par l'arrêt attaqué, la demoiselle Rosalie Cames a été déclarée non recevable dans ses demandes, uniquement par deux motifs : le premier tiré de ce que Blaise Cames, aïeul de la demanderesse, n'avait point, par son opposition du 12 nov. 1747, querellé le jugement par défaut, du 20 juin 1744, dans sa disposition relative au délaissement des bâtiments et bains dont il s'agit; le second résultant de ce que l'opposition de ce sieur Blaise Cames à ce jugement par défaut était périmée, et avait, par là, donné à ce jugement l'autorité de la chose jugée, dans la disposition non querellée; — Attendu que le premier de ces motifs n'a d'autre base que de simples présomptions et n'est appuyé sur aucun acte contenant acquiescement à la disposition relative à ce délaissement; — Que l'effet légal d'une opposition formée dans les délais et selon les formes prescrites par la loi, à un jugement par défaut, est d'ôter à toutes les dispositions de ce jugement la force de la chose jugée qu'il aurait pu acquérir sans l'opposition; — Que cet effet légal ne peut être restreint à une disposition spéciale qu'autant que l'acte d'opposition renferme, de la part de l'opposant, cette restriction formelle; — Que, dans l'espèce, l'arrêt attaqué a restreint les effets de l'opposition générale et indéfinie formée par le sieur Blaise Cames, non par interprétation de l'acte qui la contenait, puisque cet acte ne paraît point avoir été représenté par les parties, mais par des inductions non fondées sur la loi; — Attendu que le second motif repose sur une distinction entre l'instance d'opposition et celle principale sur laquelle est intervenu le jugement par défaut, attaqué par l'opposition, distinction que la loi n'admet pas, et que s'il est vrai qu'il y eût, dans l'espèce, lieu à la péremption, ou extinction de l'instance par discontinuation de poursuites pendant trois ans, elle s'étendrait à l'instance principale, comme à celle d'opposition, qui n'en est que l'accessoire et ne forme point une instance séparée de celle sur laquelle le jugement est intervenu; —

tant que l'opposition est régulière et valable qu'elle peut produire cet effet d'anéantir le jugement par défaut et de faire revivre l'instance : dans ce cas la péremption entraîne toute la procédure, même celle qui est antérieure au jugement.—Si l'opposition est irrégulière, comme elle n'a pu porter aucune atteinte à ce jugement, il n'y aurait pas lieu de prononcer la péremption (Conf. M. Chauveau sur Carré, nº 1421).—Cependant il a été jugé, en sens contraire, que la péremption d'une instance dans laquelle est intervenu un jugement par défaut frappé d'opposition peut être prononcée, bien que cette opposition soit tardive (Toulouse, 12 déc. 1821) (1).

316. Il ne faut pas confondre la péremption dont il est parlé ici avec celle des jugements par défaut faute de comparaître, non suivis d'exécution dans les six mois, conformément à l'art. 156 c. pr. Cette péremption atteint le jugement seul et laisse subsister la procédure. C'est ce qui a été jugé par de nombreux arrêts indiqués vº Jugem. par déf., nº 415, et auxquels on doit ajouter ceux-ci : Grenoble, 2 fév. 1813, aff. N... *C.* N... ; Bourges, 2ᵉ ch., 30 juin 1829, M. Trottier, pr., aff. Savoie *C.* Mathieu.

317. Mais la péremption ne s'étend pas au préliminaire de conciliation ; par suite, on peut renouveler la demande sans qu'il soit nécessaire de réitérer la tentative de conciliation (Grenoble, 16 mars 1823 (2). — *Contrà*, M. Bourbeau, p. 582). — V. Conciliation, nº 41.

318. « En cas de péremption, porte le § 2 de l'art. 401, le demandeur principal est condamné à tous les frais de la procédure périmée. » — Toutefois un arrêt, en admettant la demande en péremption dirigée par un appelant contre l'intimé qui avait formé un appel incident, a condamné l'appelant demandeur en péremption aux dépens de l'instance sur l'appel, et a mis les frais relatifs à la contestation sur la demande en péremption à la charge des intimés (Bruxelles, 23 janv. 1813, aff. Baudet, V. nº 52). — Cette décision, qui ne semble tenir aucun compte du § 2 de l'art. 401, est la conséquence de l'erreur commise par la cour de Bruxelles, qui a admis, contrairement aux principes, la demande en péremption de l'appel formée par l'appelant lui-même.— V. nº 52.

319. Pigeau, Comm., t. 1, p. 684, enseigne que, nonobstant les termes de l'art. 401 c. pr., qui portent que la partie contre laquelle la péremption est prononcée sera condamnée à *tous* les frais, cette partie ne doit cependant que les frais légitimes qui entrent en taxe : les frais frustratoires ne pourraient être mis à sa charge. Cela ne paraît pas douteux.—Conf. M. Chauveau, nº 1450 *bis*.

320. Les effets de la péremption en appel sont régis par l'art. 469 c. pr. ainsi conçu : « La péremption en cause d'appel aura l'effet de donner au jugement dont est appel la force de chose jugée. » —Il n'en est pas de l'appel comme de l'opposition à un jugement par défaut (V. nº 314). L'acte d'appel ne fait pas revivre l'instance primitive ; il forme le principe d'une instance nouvelle. Et si cette instance reste impoursuivie, la péremption qui fait tomber l'acte d'appel et toute la procédure qui l'a suivi, ne peut remonter au delà. Le jugement attaqué, dont l'acte d'appel avait paralysé les effets, reprend son empire, et obtient force de chose jugée. — Il a été jugé que la cour qui, en admettant une demande en péremption, ordonne que ce dont est appel sortira ses effets, ne fait que se conformer littéralement à l'art. 469 c. pr. (Bruxelles, 30 mars 1821, aff. Thielens, V. nº 253).

321. Les effets de la péremption en cause d'appel doivent-ils, comme ceux de la péremption en première instance, être limités aux actes de la procédure, ou doivent-ils, au contraire, s'étendre sur le fond du droit lui-même ? En d'autres termes, la péremption de l'appel emporte-t-elle pour la partie condamnée par les premiers juges, extinction de son droit d'appel, alors même qu'elle se trouverait encore dans les délais pour appeler ? — On admet assez généralement qu'en appel la péremption porte à la fois sur la procédure et sur le droit, et que la force de chose jugée, attachée à la sentence des premiers juges, par suite de la péremption de l'appel, est un effet propre à cette péremption et qui dérive de sa nature même. — On invoque l'ancien droit à l'appui de cette opinion. Il est vrai qu'aux parlements de Bordeaux et de Toulouse, la péremption de l'instance d'appel n'empêchait pas de former un nouvel appel (V. Merlin, Rép., vº Pérempt., sect. 1, § 1, nº 9) ; mais cette règle n'était pas reçue au parlement de Paris. L'arrêt de règlement du 28 mars 1692 porte que les appellations tomberont en péremption et emporteront *de plein droit* la confirmation des sentences (Merlin, *loc. cit.*, nº 8). L'ord. de 1667, tit. 27, art. 5, en disant : « Les sentences ou jugements passés en force de chose jugée sont ceux... dont *l'appel n'est pas recevable*,... soit que *l'appel ait été déclaré péri*, » décide virtuellement que la péremption de la procédure sur l'appel emporte le droit d'appeler lui-même.—Les auteurs professaient également la même doctrine.— Pothier, 3ᵉ part., sect. 1, art. 5, § 4 disait : « L'effet de la péremption de l'instance d'appel est

---

Qu'en décidant que ce jugement par défaut du 20 juin 1744, attaqué par l'opposition indéfinie de 1747, avait acquis l'autorité de la chose jugée par l'effet de cette péremption, et en déclarant, par suite de ces deux seuls motifs, la demoiselle Rosalie Cames non recevable dans ses demandes, la cour royale de Pau a violé les articles de loi ci-dessus cités et fait une fausse application de l'autorité de la chose jugée ; — Casse.

Du 27 avr. 1825.-C. C., sect. civ.-MM. Brisson, pr.-Jourde, rap.-Cahier, av. gén., c. conf.-Guillemin et Teysseyre, av.

(1) (Dupuy.)—LA COUR ;—Attendu qu'en décidant que l'opposition envers un jugement par défaut ne forme qu'une seule et même instance avec l'ajournement primitif et avec toute la procédure qui l'a précédée, le jugement attaqué a fait une juste application de l'art. 15 de l'ordon. de 1563, suivant lequel cette opposition n'est effectivement qu'un accessoire et une dépendance de l'instance dans laquelle est intervenu le jugement par défaut ;—Attendu que, pour échapper à l'application de cette règle, les appelants ont vainement soutenu que l'opposition étant non recevable, comme faite tardivement, elle n'avait pu anéantir le jugement par défaut, lequel, ayant acquis l'autorité de la chose jugée, devait faire maintenir la procédure antérieure, et la mettre à l'abri de la péremption ; que cette exception des appelants rentre, en effet, dans la défense qu'ils auraient pu invoquer en répondant à l'opposition du jugement par défaut ; mais que le tribunal de commerce, taxativement appelé à juger la question relative à la péremption, n'a pas dû juger de l'intérêt d'une exception sur laquelle il n'aurait pu statuer que dans le cas où les actes de l'instance n'auraient pas été anéantis par la péremption ; — Par ces motifs, a démis et démet lesdits Dupuys et Richard de leur appel envers le jugement du 29 déc. 1820.

Du 12 déc. 1821.-C. de Toulouse.

(2) *Espèce* : — (Lattier *C.* Pouzet, etc.) — Après avoir rempli les préliminaires de conciliation, le sieur Lattier fit assigner, en 1814, les sieurs Pouzet et Giraud devant le tribunal civil de Montélimart. — Plus de trois ans s'écoulent sans poursuite. — Le 5 déc. 1819, demande en péremption de l'instance est formée par Pouzet, tant contre Lattier que contre la dame Girard, héritière bénéficiaire de son mari. — Sur cette demande, Lattier déclare se désister de l'instance périmée ; et, par exploit des 10 et 14 oct. 1820, il signifie le procès-verbal de non-conciliation de 1814, et assigne de nouveau le sieur Pouzet et la dame Girard. —Ceux-ci soutiennent que la demande de Lattier est non recevable, en ce qu'elle n'a pas été précédée du préliminaire de conciliation. Ils prétendent que la citation en conciliation donnée lors de sa première demande et le procès-verbal de non-conciliation ont été, comme tous les autres actes de l'instance, frappés de péremption ; qu'ainsi, il y avait nécessité de tenter de nouveau la conciliation. Ils invoquent l'opinion de MM. Lepage, p. 99, et Carré, Analyse, nº 148, p. 82. — Ils insistent surtout sur ce que, à l'égard de la dame Girard, cette tentative de conciliation était indispensable, puisqu'elle n'avait pas été partie dans la première instance.

Le 2 août 1821, jugement par défaut qui déboute le sieur Lattier de sa nouvelle demande : — Attendu que Lattier n'a point épuisé le préliminaire de la conciliation, principalement envers la dame Girard ; qu'ainsi, admettant même que le procès-verbal de non-conciliation qui a précédé la demande faite en 1814 puisse servir contre Pouzet, pour celle de 1820, il n'est point suffisant contre la dame Girard qui peut avoir d'autres motifs que son mari, dont elle est héritière, pour accueillir ou non des propositions de conciliation.

Appel par Lattier. — Il soutient : 1º que le préliminaire de conciliation n'est pas atteint par la péremption ; qu'il a pu renouveler sa demande sans le réitérer, et que telle est l'opinion de MM. Demiau, p. 55, et Pigeau, t. 1, p. 47 ; — 2º Que la dame Girard étant héritière bénéficiaire, il a été dispensé d'employer envers elle cette tentative, et que telle est encore l'opinion de M. Pigeau. — Arrêt.

LA COUR ; — Attendu que le préliminaire de conciliation n'est pas un acte de procédure dans l'instance, qu'il est au contraire destiné à prévenir, et que, d'ailleurs, la veuve Girard, comme héritière bénéficiaire, ne devait pas être citée en conciliation ; — Ordonne que les parties continueront de procéder sur les fins de l'assignation des 10 et 14 oct. 1820.

Du 16 mars 1823.-C. de Grenoble.-M. Dubois, pr.

qu'elle emporte la confirmation de la sentence dont est appel; c'est pourquoi, sur la demande en péremption, le juge doit prononcer l'instance périmée, en conséquence ordonner que la sentence dont est appel sera exécutée. *L'appelant ne peut plus interjeter un nouvel appel* » (V. également dans le même sens, Brodeau sur Louet, 2e part., p. 155, Brillon, dict. des arrêts, vo Pérempt., p. 153; Basnage, sur l'art. 499 de la coutume de Normandie; Despeisses; Jousse sur l'ord. de 1667, tit. 27, art. 5). — « Lorsque l'appel est péri faute de poursuites, dit Despeisses, il n'est pas permis d'appeler de nouveau, car ce serait rendre l'effet de la péremption illusoire, et on ne peut pas dire que l'appelant n'ait appelé, parce qu'il a relevé son appel. » —L'appel n'était donc pas précisément anéanti par la péremption : il était plutôt épuisé que détruit; et l'arrêt qui prononçait la péremption, emportant de plein droit confirmation de la sentence des premiers juges, était assimilé à un arrêt confirmatif. De là, un obstacle nécessaire et insurmontable à ce qu'un second appel fût levé.

322. Ces principes ont-ils été suivis par le code de procédure?—On a soutenu l'affirmative en se fondant sur les termes de l'art. 469 dont la disposition, a-t-on dit, est évidemment la même que celle de l'ord. de 1667, et sur un passage de l'exposé des motifs (V. Appel civ., p. 17, no 26).—Et il a été jugé en ce sens 1o que la péremption d'une instance d'appel est un obstacle à ce que l'on puisse relever un second appel, bien que le jugement de première instance n'ayant pas été signifié, les délais pour appeler ne soient pas expirés (Toulouse, 19 fév. 1816; Bruxelles, 18 avril 1826 (1); Lyon, 23 nov. 1829, aff. Lapoire, V. no 73; Conf. Thomine, t. 1, p. 710; Chauveau sur Carré, no 1686-6o); — 2o Que la péremption d'une instance d'appel demandée à la fois par l'intimé et l'un de ses créanciers, partie intervenante, et prononcée au profit de ce dernier seul par suite du désistement de l'intimé, fait acquérir au jugement dont est appel l'autorité de la chose jugée, et s'oppose en conséquence à ce qu'un nouvel appel en soit recevable à l'encontre de ce créancier, sous le prétexte que celui-ci n'aurait point signifié le jugement (Cass. 9 janv. 1843) (2).

Mais nous ne pouvons partager cette opinion : le code ne nous

---

(1) 1re *Espèce* :—(Pons, etc. *C.* Labroquère.)—LA COUR;—Considérant que le premier appel relevé par les parties d'Astre contre le jugement du 15 mai 1807 rendu par le tribunal civil de Villefranche a été déclaré péri par arrêt du 21 juill. 1815; ce jugement a, dès lors, acquis la force de la chose jugée, suivant le texte de l'art. 469 c. pr.; — Considérant qu'on ne peut échapper aux dispositions de cet article, sous prétexte que le jugement du tribunal de première instance n'aurait jamais été signifié à la requête dudit Labroquère, et que le délai de l'appel n'ayant pu courir, les parties d'Astre sont toujours à temps d'en relever un second; l'art. 469 précité décide au contraire, sans aucune distinction, que la péremption de l'appel donne au jugement de première instance la force de la chose jugée. Le défaut de signification du jugement de première instance ne peut ôter cet effet à la péremption déclarée dans tous les cas sans exception; — Par ces motifs, rejette le second appel.

Du 19 fév. 1816.-C. de Toulouse.-M. Hocquart, 1er pr.

2e *Espèce* : — (N... *C.* N...) — LA COUR; — Attendu que, suivant la disposition de l'art. 469 c. pr. civ., la péremption en cause d'appel a l'effet de donner au jugement dont est appel la force de chose jugée; qu'il n'importe que ledit jugement dont était appel n'ait pas été signifié, parce que l'appelant ayant formé son acte d'appel sans attendre la signification du jugement, a lié l'instance et a saisi le juge d'appel dont l'arrêt, qui prononce la péremption d'instance, donne au jugement dont était appel, la force de la chose jugée; — Attendu qu'il résulte de là que le second appel n'est nullement recevable; — Par ces motifs, sans s'arrêter à la demande de reprise d'instance consignée dans l'acte d'avoué du 25 déc. 1825, déclare les défendeurs non recevables dans leur dernier appel.

Du 18 avril 1826.-C. de Liége.

(2) *Espèce* :—(Belhomme *C.* Gency.)—Folleville avait été condamné à payer à Gency, 26,000 fr., par jugement par défaut du tribunal de commerce de la Seine, du 28 sept. 1827, en vertu duquel des inscriptions hypothécaires furent prises sur les biens du débiteur. En 1828, Folleville poursuivit la péremption du jugement par défaut précédemment obtenu contre lui, faute d'exécution dans les six mois, et par suite, la radiation des inscriptions hypothécaires prises en vertu de ce jugement. Belhomme, créancier hypothécaire de de Folleville, intervint dans l'instance comme intéressé à cette radiation qui fut prononcée le 24 déc. 1828, par jugement du tribunal de Bernay. Folleville signifia seul ce jugement, et seul aussi, il fut intimé sur l'appel de Gency. Cependant, comme en première instance, Belhomme intervint devant la cour pour soutenir le bien jugé de la décision du tribunal : l'appel ne fut point poursuivi, et Gency déclara même s'en désister, après transaction passée entre lui et Folleville. Belhomme qui était resté étranger à cette transaction et qui demeurait seul en cause par suite de la désertion de Folleville, voulut profiter du jugement du tribunal de Bernay, et de la radiation d'inscriptions qu'il prononçait; en conséquence il demanda que l'instance d'appel abandonnée par le sieur Gency fût déclarée périmée à son profit, et il obtint cette péremption contre le sieur Gency par arrêt de la cour de Rouen, du 14 mai 1835.—Belhomme considérant dès lors que le jugement du tribunal de Bernay avait acquis en sa faveur l'autorité de la chose jugée, provoqua, en vertu de ce jugement, la radiation des inscriptions hypothécaires de Gency. Mais celui-ci contesta que Belhomme pût invoquer l'autorité de la chose jugée résultant d'un jugement qu'il n'avait point personnellement fait signifier, et se fondant sur ce que ce défaut de signification avait suspendu les délais d'appel quant à Belhomme, il se porta de nouveau appelant du jugement du tribunal de Bernay, mais cette fois contre Belhomme seulement. La fin de non-recevoir opposée par Belhomme à cet appel a été écartée par arrêt de la cour de Rouen, du 2 déc. 1835, dans les termes suivants :

« Considérant que le sieur Belhomme était créancier inscrit sur M. de Folleville, et qu'ayant des droits personnels à défendre contre le sieur Gency, autre créancier inscrit, il ne pouvait être représenté par M. de Folleville; que, sous ce rapport, son intervention procédait bien, surtout dans la prévision qu'un arrangement pourrait intervenir entre son débiteur et les autres créanciers inscrits parties au procès; que cette prévision s'est trouvée justifiée, mais qu'on ne peut induire de l'arrêt du 14 mai 1835, que, vu la désertion de Lesens de Folleville, Belhomme fût dispensé de signifier à Gency le jugement du 24 déc. 1828, afin de lui faire acquérir l'autorité de la chose jugée, parce que la péremption d'instance n'éteint pas le droit d'action; que ce droit a toujours été conservé par Gency à l'égard de Belhomme, tant que celui-ci ne lui a pas fait connaître le titre en vertu duquel il voulait faire accorder une préférence à son inscription sur celle de Gency;— Que, d'ailleurs, on ne peut s'arrêter à ce moyen de forme, puisqu'il ferait triompher la surprise sur la justice et l'équité résultant des documents géminés et justificatifs que la créance de Gency était sincère, que le jugement du 28 sept. 1827 avait été exécuté dans les six mois de son obtention, tant par les saisies-arrêts conduites aux mains des fermiers et débiteurs de Lesens de Folleville, suivies de dénonciations à ce dernier, que par le procès-verbal de carence du 26 oct. 1827, et enfin, par l'acte du 18 juin 1830, dans lequel Lesens de Folleville a reconnu la sincérité de la créance de Gency, a consenti l'exécution du jugement du 28 sept. 1827, et s'est désisté de l'appel qu'il en avait interjeté; que le sieur Gency, sur la foi de l'acte qu'il avait passé authentiquement avec son débiteur, qui était son véritable adversaire, et sur l'exécution par celui-ci donnée audit acte, en abandonnant son appel, a pensé et dû croire, en effet, que le jugement du 28 sept. 1827 était inattaquable, ou au moins qu'il serait mis à portée légalement de le défendre, si un tiers venait attaquer son titre; qu'enfin, dans de pareilles circonstances, et le sieur Belhomme voulant se prévaloir du jugement par défaut du 24 déc. 1828 contre Gency, sans le lui avoir signifié, ce dernier a été forcé d'en interjeter appel au respect du sieur Belhomme. »

Pourvoi pour violation des art. 1350 et 1351 c. civ., sur l'autorité de la chose jugée résultant du jugement du tribunal de Bernay dont l'appel a été déclaré périmé au profit de Belhomme par l'arrêt de Rouen du 14 mars 1835. — En vain, dit-on pour le demandeur, l'arrêt attaqué objecte-t-il, que le sieur Belhomme n'ayant point été intimé sur l'appel de ce jugement, ne peut invoquer le bénéfice de la péremption de cet appel; car, que l'on ne l'oublie pas, c'est précisément à son profit que cette péremption a été prononcée; elle a eu pour effet de donner au jugement de première instance la force de chose jugée (c. pr. 469), et là se trouve la réponse à cette seconde objection, que la péremption n'éteint pas l'action. Qu'importe en outre que Belhomme n'ait point fait personnellement signifier le jugement : ce jugement était indivisible dans son exécution; et la signification faite par de Folleville devait suffire; elle eût été frustratoire de la part de Belhomme. En terminant, le demandeur fait remarquer que, si le système de l'arrêt attaqué était maintenu, on arriverait à cette conséquence bizarre que le jugement du tribunal de Bernay, maintenu par l'effet de la péremption de l'appel qui l'avait frappé, ne profiterait cependant à personne, puisque, d'une part, de Folleville n'a pas le droit de se prévaloir d'une péremption qu'il n'a point obtenue, et que, d'autre part, Belhomme seul demeuré en cause, et le seul au profit de qui la péremption ait été prononcée, n'est pas admis à exercer les droits résultant du jugement qu'il a ainsi conservés.—Arrêt.

LA COUR; — Vu les art. 1350 c. civ. et 469 c. pr. civ.; — Attendu que, par arrêt du 14 mai 1835, rendu contradictoirement entre Belhomme et Gency, l'instance pendante devant la cour royale de Rouen sur l'appel interjeté par Gency à l'égard de Lesens de Folleville du jugement du 24 déc. 1828, a été déclarée périmée; — Que Belhomme était intervenu dans cette instance, et que c'est avec lui et à son profit que la pé-

paraît pas assez explicite pour que l'on doive attribuer à la péremption en appel des effets différents de ceux qui résultent de la péremption prononcée par les tribunaux de première instance. On dit qu'elle serait illusoire si l'appelant avait encore le droit d'interjeter appel; mais n'est-ce pas de la nature de la péremption d'être illusoire, quant à l'action elle-même; est-ce qu'elle n'est pas illusoire en première instance, lorsqu'elle laisse au demandeur le droit de renouveler son action? Pourquoi n'en serait-il pas de même en appel, lorsque la partie qui a obtenu ce jugement n'a rien fait pour faire périr le droit d'appeler, c'est-à-dire n'a fait aucune signification du jugement? Si l'art. 469 dit d'une manière générale que le jugement de première instance acquiert force de chose jugée, c'est que le législateur s'est préoccupé surtout de la brièveté des délais de l'appel comparés à ceux de la péremption, et qu'il a supposé que lorsque la péremption est prononcée, les délais de l'appel sont depuis longtemps expirés; c'est en effet ce que dit en propres termes le tribun Albisson dans son rapport au tribunat. — « Au lieu qu'en première instance, lit-on dans ce rapport, la péremption n'éteint que la procédure et laisse subsister l'action, à moins que celle-ci ne soit anéantie par quelque autre moyen, en cause d'appel, non-seulement elle éteint la procédure, mais elle donne au jugement attaqué la force de chose jugée *parce que, au moment où la péremption peut être acquise, les délais de l'appel sont expirés depuis longtemps* » (V. Appel civ., p. 18, n° 50).—Et en effet, il sera bien rare que le délai de l'appel soit encore ouvert après la péremption d'un premier appel.

323. De cette assimilation des effets de la péremption devant les deux degrés de juridiction, se tire encore cette conséquence que l'art. 401 c. pr. est applicable en appel comme en première instance; que, par suite, tous les actes de la procédure, y compris l'acte d'appel, étant anéantis, ni l'une ni l'autre des parties ne peut s'en prévaloir. Ainsi, l'acte d'appel périmé est réputé non avenu, et l'effet suspensif qu'il a pu produire est censé n'avoir jamais existé. — Toutefois, nous devons reconnaître que la jurisprudence est peu favorable à ce système. — Ainsi, il a été décidé : 1° que l'art. 401 c. pr., sur les effets de la péremption en première instance, est inapplicable à la péremption en cause d'appel, laquelle est exclusivement régie, quant à ses effets, par l'art. 469 du même code (Rej. 20 fév. 1839, aff. com. de Culles, V. n° 325-4°; 15 juill. 1839, aff. hab. de Sagy, n° 325-3°); — 2° Que l'art. 469 c. pr. civ., ayant déterminé spécialement les effets de la péremption de l'instance d'appel, on ne peut, pour anéantir rétroactivement l'effet suspensif attribué à l'appel par l'art. 457 de ce code, appliquer à cette péremption l'art. 401 du même code, qui règle les effets de la péremption d'une première instance; et qu'un arrêt de péremption, de même qu'un arrêt confirmatif, ne fait cesser l'effet suspensif de l'appel que pour l'avenir; qu'on peut toujours s'en prévaloir pour le passé (C. C. de Belgique, 30 déc. 1842, et, sur renvoi, Gand, 21 mars 1844; Bruxelles, 31 mai 1837 (1).— *Contrà*, Bruxelles, 24 nov. 1841,

---

remption a été prononcée; — Attendu qu'aux termes de l'art. 469 c. pr. civ., la péremption en cause d'appel a l'effet de donner au jugement de première instance la force de chose jugée;—Attendu que l'arrêt attaqué a reçu l'appel du jugement du 24 déc. 1828, par le motif que la péremption d'instance n'éteint pas le droit d'action, lequel avait été conservé à Gency, à l'égard de Belhomme qui ne lui avait pas fait signifier le jugement; — Mais, attendu que, loin de pouvoir être, dans son application, restreint à Gency et de Folleville, l'arrêt du 14 mai 1835 dit qu'il n'y a rien à prononcer entre eux; qu'en déclarant périmée l'instance pendante sur l'appel de Gency, il ne statue à cet égard qu'entre Belhomme et Gency;—Que Belhomme n'avait point à faire signifier un jugement qui, par l'effet de la péremption, avait acquis l'autorité de la chose jugée, et contre lequel un nouvel appel ne pouvait plus être interjeté;—D'où il suit qu'en recevant l'appel du jugement du 24 déc. 1828 et en infirmant ce jugement, l'arrêt attaqué a expressément violé l'autorité de la chose jugée par l'arrêt du 14 mai 1835, l'art. 1350 c. civ. et l'art. 469 c. pr.;—Casse.

Du 9 janv. 1843.-C. C., ch. civ.-MM. Legonidec, pr.-Miller, rap.-Laplagne-Barris, 1er av. gén., c. conf.-Piet et Fabre, av.

(1) 1re *Espèce :* (Silez C. Carnières.) — La cour; — Sur le moyen unique de cassation consistant dans la prétendue violation des art. 401, 457 et 469 c. pr. civ. et 1257, 1258 et 1259 c. civ.;—Attendu qu'en règle générale, aux termes de l'art. 457 c. pr. civ., l'appel est suspensif; — Attendu que la péremption en cause d'appel ne peut être astreinte aux règles établies pour les tribunaux de première instance, qu'en tant qu'elle n'a pas été spécifiée par la loi;—Attendu que, d'après l'art. 469 c. pr. civ., cette péremption a pour effet de donner au jugement dont est appel la force de chose jugée; — Qu'elle n'emporte donc pas extinction de la procédure au point de l'anéantir rétroactivement toute entière, et y compris l'acte d'appel, comme si elle n'avait jamais existé, ainsi que l'a décidé à tort l'arrêt dénoncé, sur le fondement de l'art. 401 c. pr. civ.; que s'il s'opérait un anéantissement aussi absolu, il s'ensuivrait forcément que la voie de l'appel serait ouverte de nouveau, alors que le délai n'en serait pas expiré, tandis que la volonté de la loi est en général, soit que le délai de l'appel soit expiré ou non, que le jugement ait force de chose jugée; que la péremption en cause d'appel, de même que la confirmation du jugement, ne fait donc que lever pour l'avenir l'obstacle légal, qui jusque-là en avait empêché l'exécution, et qu'enfin l'appel qui est déclaré périmé ne conserve pas moins au passé son effet suspensif que celui qui est mis à néant par un arrêt confirmatif; — Attendu que l'arrêt attaqué décide que le délai accordé par le jugement du 4 nov. 1826, pour remplir les mises sociales auxquelles il a condamné l'auteur des demandeurs, a couru pendant l'appel que celui-ci a interjeté de ce jugement, et que par suite la déchéance de son droit dans la société, comminée pour le défaut du payement dans le délai, a été encourue, par le motif que l'appel étant tombé en péremption n'a pas eu d'effet suspensif; d'où il suit que l'arrêt a faussement interprété et appliqué l'art. 401 c. pr. civ., et a expressément contrevenu aux art. 457 et 469 du même code; — Par ces motifs, casse l'arrêt de la cour de Bruxelles, du 24 nov. 1841.

Du 30 déc. 1842.-C. C., de Belgique, ch. civ.-MM. De Gerlache, pr.-Khnopff, rap.-Dewandre, 1er av. gén., c. conf.

Devant la cour de Gand saisie du renvoi, M. le procureur général Ganser a soutenu la thèse admise par l'arrêt de cassation qui précède, en s'appuyant sur l'autorité de nombreuses citations empruntées aux jurisconsultes antérieurs au code de procédure (n° 321). Suivant lui, le code a admis les anciens principes à l'égard de la péremption en cause d'appel, et il a rejeté complétement l'application de l'art. 401 que M. Ganser considère comme incompatible avec l'art. 469; de là cette conséquence que l'acte d'appel, malgré la péremption, n'est anéanti que pour l'avenir et nonpour le passé; que, par suite, l'appelant qui laisse périmer son appel ne pourrait en interjeter un nouveau. — Ce système a été accueilli par la cour de Gand, dont l'arrêt ne fait que reproduire les motifs de l'arrêt de cassation ci-dessus.

Du 21 mars 1844.-C. de Gand.-M. Ganser, pr. gén., c. conf.

2e *Espèce :* — (Eberhard C. Peeters-Gillis.)— La cour; — Attendu que l'art. 401 c. pr. détermine les effets de la péremption d'une instance pendante devant le premier juge, tandis que l'art. 469 règle les effets de la péremption de l'instance d'appel; — Attendu que si l'art. 401 défend d'opposer dans aucun cas des actes de la procédure périmée ou de s'en prévaloir, c'est évidemment parce qu'en première instance la péremption n'éteignant que la procédure et non l'action, le législateur, dans la prévoyance d'une procédure nouvelle, a voulu empêcher les parties de tirer aucun fruit des actes par elle faits dans l'instance périmée et leur infliger ainsi une peine de leur négligence; — Attendu que cette disposition, non-seulement ne se trouve plus reproduite au titre de l'appel, mais y est remplacée par une disposition spéciale consignée dans l'art. 469, qui donne au jugement dont l'appel est périmé la force de la chose jugée; — Attendu qu'il résulte de ce qui précède que l'art. 469 donne à la péremption de l'instance d'appel les effets d'un arrêt confirmatif du jugement; que c'est l'arrêt qui la déclare acquise qui fait cesser l'effet suspensif produit par l'appel interjeté, et par conséquent que l'exécution du jugement ne peut, dans ce cas comme dans celui d'un arrêt confirmatif, être poursuivie qu'après notification de l'arrêt qui lui donne la force de chose jugée; — Attendu que le délai accordé par le jugement pour l'exécution de la condamnation prononcée ne peut nécessairement prendre son cours que du jour de la signification qui la rend définitive, puisqu'on ne peut être contraint à exécuter un jugement contre lequel on a employé une voie de réformation admise par la loi; — Attendu qu'on ne peut argumenter de ce que l'appel interjeté après l'expiration du délai déterminé par l'art. 257 c. pr., ne relèverait pas l'appelant de la forclusion d'enquête qu'il aurait encourue, parce que cet article, relatif à des actes d'instruction de la procédure, fixe le délai endéans lequel il doit être commencé, pose pour point de départ la signification du jugement et prononce formellement la nullité des actes faits après le délai, sans accorder aucune exception pendant les délais d'appel, comme le paragraphe du même article l'accorde pour l'opposition; qu'ainsi il est juste que dans ce cas l'emploi tardif d'une voie qui aurait pu tout tenir en suspens et prévenir toute forclusion, ne relève pas l'appelant de celle qu'il a encourue par sa faute et ne prive pas l'autre partie d'un droit qui lui est acquis; — Attendu que, dans l'espèce, il s'agit de l'exécution d'une condamnation; que l'option laissée à la partie condamnée ne peut en changer les effets; que par conséquent l'appel qui en a été interjeté a tenu toute la condamnation en suspens, a remis toute la demande en question, comme si la disposition du juge eût été pure et simple, et enfin que l'art. 457 c. pr., auquel aucune disposition

arrêt cassé par celui du 30 déc. 1842); ...et spécialement, qu'il n'y a pas lieu de déclarer tardives les offres d'une somme faites en vertu d'un jugement qui condamne à la payer dans un délai fixé, sous peine de la déchéance d'un droit, si les offres n'ont eu lieu qu'après que l'appel interjeté avant l'expiration du délai avait été déclaré périmé : ici l'appelant, nonobstant la péremption, peut se prévaloir de l'effet suspensif de son appel (mêmes arrêts de 1842 et de 1844); — 3° Et, par application des mêmes principes, que lorsqu'un jugement prononce une condamnation laissant une option à faire dans un délai fixé et sous une peine déterminée, le délai ne prend cours, en cas de péremption prononcée en instance d'appel, que du jour de la signification de l'arrêt qui déclare celle-ci acquise (même arrêt du 31 mai 1837). — Mais ces solutions ne nous paraissent pas devoir être admises. L'effet suspensif n'est attaché à l'acte d'appel que sous la condition qu'il sera mené à bonne fin. Lorsqu'une partie reste inactive, et que, par sa négligence ou parce qu'elle reconnaît le peu de fondement de ses moyens, elle laisse périmer l'appel qu'elle a formé, à quel titre peut-elle réclamer le bénéfice d'un acte qu'elle n'a pas su ou n'a pas voulu entretenir? Tout est éteint. L'acte qui n'existe plus ne peut produire aucun effet.

324. Et il nous semble que la solution doit être la même, lorsque c'est l'intimé qui invoque à son profit les effets suspensifs de l'acte d'appel. Supposons, par exemple, qu'après une discontinuation de poursuites pendant trente ans, l'appel soit déclaré péri, le jugement de première instance se trouvera en même temps anéanti par la prescription : l'intimé prétendrait vainement que son droit, suspendu par l'acte d'appel, s'est perpétué pendant toute la durée de l'instance. Dès l'expiration du délai de la péremption, il a recouvré sa liberté d'agir, puisqu'il pouvait faire anéantir l'instance qui mettait obstacle à l'exercice de son droit : il ne peut même pas invoquer la maxime *contrà non valentem*, etc.—Il a été jugé en ce sens que lorsque, sous une législation qui déclarait l'instance périmée de plein droit par discontinuation de poursuites pendant trois ans, un appel est resté impoursuivi pendant plus de trente ans, la péremption de l'instance d'appel entraîne la prescription de la sentence des premiers juges (Cass. 11 germ. an 6; 5 mai 1834 (1); décis. anal., Rej. 13 oct. 1813, aff. Bury, V. Prescription).

325. Toutefois, il a été décidé en sens contraire : 1° que quoiqu'il se soit écoulé trente ans depuis la notification de la sentence ou du jugement dont est appel jusqu'au jour de la péremption,

---

du même code n'a dérogé pour le cas de condamnation alternative, doit sortir tous ses effets; — Par ces motifs, infirme.

Du 31 mai 1837.-C. Bruxelles, 3e ch.-M. d'Anethan, av. gén., c. conf.

(1) 1re *Espèce* :—(Mathieu *C.* com. de Donnoux.)—LA COUR (ap. dél. en ch. du cons.);—Vu l'art. 1, tit. 11, ord. de nov. 1707, pour l'instruction de la procédure civile dans la Lorraine; l'art. 4 du même titre; l'art. 15, tit. 13, même ord. et l'art. 24 du même titre;—Vu aussi l'art. 9, sect. 4, L. 10 juin 1793; — Considérant qu'aux termes des articles de l'ordonnance de novembre 1707, il n'y avait que les instances ou procès, en état d'être jugés dans les compagnies souveraines en Lorraine, qui n'étaient pas sujets à la péremption de trois ans; que, n'ayant été justifié au procès d'aucun autre acte de procédure du ci-devant conseil souverain de Nancy, depuis le jugement du 13 déc. 1749, où, sur l'appel relevé par les citoyens Mathieu et consorts de la sentence du bailliage de Remiremont, du 24 mai 1749, les parties furent appointées à fournir griefs et réponses de quinzaine à autre; il faut conclure que le procès n'y a jamais été en état d'être jugé; circonstance qui a laissé à la péremption son cours légal, par conséquent l'effet d'anéantir l'instance d'appel, par défaut de poursuites pendant trois ans continus; — Considérant que la péremption de l'instance a été acquise de droit, par défaut de poursuites pendant trois ans continus, sans qu'il ait été besoin d'obtenir un jugement pour la faire déclarer, suivant l'ordonnance de nov. 1707, et que, d'ailleurs, il ne s'est pas agi de savoir si l'art. 11 de la même ordonnance, en établissant la nécessité de faire déclarer, par un jugement, l'appel péri ou désert, avait limité cette formalité au seul cas où l'appel n'a été qu'interjeté et non relevé en forme, comme l'avait été celui des citoyens Mathieu et consorts;—Considérant qu'au moyen de la péremption d'instance acquise, la possession des citoyens Mathieu et consorts du terrain contentieux n'a pas été interrompue depuis la sentence du bailliage de Remiremont, du 24 mai 1649; que, depuis cette époque jusqu'à celle du 4 août 1789, désignée et fixée dans l'art. 9, sect. 4, loi du 10 juin 1793, il s'est écoulé quarante années, temps suffisant pour opérer la prescription en faveur des citoyens Mathieu et consorts; que les arbitres, en décidant que cette prescription n'avait pu commencer à courir que depuis le 13 déc. 1749, date du jugement du conseil souverain de Nancy, ont violé l'ordonnance de nov. 1707, et, par suite, l'art. 9, sect. 4, loi du 10 juin 1793;—Casse, etc.

Du 11 germ. an 6.-C. C., sect. civ.-M. Lombard, rap.

2e *Espèce* : — (Fournier *C.* hérit. Roussel-Lavalette.) — Par décret du 24 mai 1776, les biens de Privat Fournier furent adjugés à Roussel-Lavalette, qui, par procès-verbal du 13 juin de la même année, en prit possession. — En 1782, la fille de Fournier, décédé, appela du décret d'adjucation, mais elle s'en désista; puis elle interjeta un deuxième appel par acte du 6 juin 1786. — En 1793, la demoiselle Fournier, mariée à un sieur Vital Fournier, prit possession des biens adjugés à Roussel-Lavalette. Ce ne fut que par acte du 25 avr. 1811, contenant assignation à cet effet devant le tribunal civil de Mende, que Roussel-Lavalette demanda à être réintégré dans ces mêmes biens. — Le 28 fév. 1820, ses héritiers (Roussel-Lavalette était décédé) reprirent l'instance contre Jean-Fournier, héritier de Vital et Anne Fournier, ses père et mère, et assignèrent en même temps les tiers détenteurs. — Le 21 nov. 1820, jugement qui relaxe Fournier et les tiers détenteurs de l'action, attendu qu'il existe un appel du 6 juin 1786, non jugé ni déclaré périmé, qui est suspensif. — Les héritiers Roussel-Lavalette demandèrent alors devant la cour de Nîmes la péremption de cet appel. — Le 31 mars 1834, arrêt qui déclare que l'appel de 1786 avait été périmé de plein droit.—Les héritiers Roussel-Lavalette demandèrent aussitôt, par acte du 1er sept. 1824, la reprise de l'instance introduit en 1811 et le délaissement des immeubles litigieux, avec restitution des fruits. Fournier demanda d'abord la nullité de l'assignation du 1er sept. 1824, attendu que tout était jugé par le jugement du 21 nov. 1820; subsidiairement, il opposa la prescription trentenaire. — Le 31 août 1826, jugement du tribunal de Mende, qui déclare qu'il n'y avait lieu à reprendre l'instance, attendu qu'elle avait été définitivement close par le jugement de 1820, qui se bornait à faire réserve aux parties de leurs moyens respectifs.

Sur l'appel, arrêt de la cour de Nîmes du 14 juill. 1829, qui ordonne le délaissement des biens, par les motifs suivants : — « Attendu au fond, que la cause est en état de recevoir sa décision définitive, et que toutes parties la demandent; — Attendu que les immeubles revendiqués font partie de ceux qui furent adjugés en faveur de Lavalette père, par décret du 24 mai 1776;—Attendu que l'exception de prescription opposée par les enfants de Jean Fournier est mal fondée;—Attendu, en effet, que, sans avoir besoin d'examiner à quelle époque les hoirs Fournier se remirent en possession des immeubles adjugés à Lavalette, et dont il avait lui-même pris possession, ainsi qu'il appert du procès-verbal du 13 juin 1776, il est certain qu'il ne s'est pas écoulé trente ans d'une possession de leur part revêtue de tous les caractères prescrits par la loi; que des pièces produites, il résulte que la sentence du décret fut attaquée par deux appels successifs; qu'il y eut désistement du premier par acte reçu Michel, notaire à Villefort, le 9 déc. 1782, et que le deuxième, relevé le 6 juin 1786, ne périma qu'à pareil jour de l'année 1789; qu'en droit, l'appel est suspensif; qu'ainsi, jusqu'à la péremption acquise, l'adjudicataire était inhibé d'agir, et n'a, par conséquent, pas pu rester passible de la prescription, d'après la maxime *contrà non valentem agere non currit prescriptio*; qu'en fait, il ne s'était pas écoulé trente ans depuis la péremption acquise lors de la citation de 1811; qu'ainsi la prescription n'est point acquise, si d'ailleurs cette citation est considérée comme un acte interruptif;—Attendu, à cet égard, qu'une citation en justice interrompt la prescription; qu'à la vérité, l'interruption est regardée comme non avenue, si la demande est rejetée; mais que le jugement de 1820 n'a pas rejeté la demande de 1811; qu'il s'est borné à relaxer les défendeurs en l'état sous la réserve de tous leurs droits; qu'ainsi l'action est restée entière, et que la demande a subsisté, ce qui a suffi pour opérer l'interruption; que le jugement de 1820, loin de la faire cesser, a, au contraire, déclaré que les héritiers Roussel-Lavalette étaient inhibés d'agir, tant qu'ils n'avaient pas fait évacuer l'appel relevé en 1786; qu'il a ajouté à l'interruption opérée par la citation une suspension nouvelle à la prescription; d'où il suit que ce jugement, acquiescé pour toutes les parties, et passé en force de chose jugée, s'élève contre le moyen de prescription, loin de le favoriser; — Attendu qu'il suit de ce qui précède que les preuves respectivement offertes relativement à la prise de possession des hoirs Fournier sont ou frustratoires ou surabondantes, et qu'il n'y a pas lieu de s'y arrêter; —Par ces motifs, condamne Fournier et les tiers détenteurs à délaisser les immeubles, etc. »

Pourvoi pour violation des lois romaines, et notamment de la loi 4, § 32, cod. *De præscript.*, 30 *vel* 40 *ann.*; de l'art. 15 de l'ordonnance de Roussillon du mois de janvier 1563, et des art. 2247 et 2262 c. civ., qui n'en sont que la répétition. Il est de principe, a-t-on dit, que les actions de toute espèce se prescrivent par trente ans; que le titre, tout comme l'action, sont passibles de cette prescription. Les auteurs ne reconnaissent, en effet, de force exécutoire à des titres, à des jugements, que pendant trente ans (V. Berriat, titre des règles générales sur l'exécution, n° 6). Mais, dans la cause, y a-t-il eu interruption de la prescription proposée, ainsi que le déclare l'arrêt attaqué? Non, sans doute.—

cette sentence n'est pas éteinte par la prescription, parce que la prescription ne court point contre un jugement pendant l'instance d'appel (Grenoble, 27 août 1817) (1); — 2° Que, par la péremption de l'appel, le jugement acquiert force de chose jugée, tellement qu'il ne peut être déclaré atteint par la prescription, quoique, depuis qu'il a été rendu, il se soit écoulé plus de trente ans sans qu'il ait été exécuté (Poitiers, 26 janv. 1827) (2); — 3° Que l'instance d'appel conserve la demande et l'instance principale introduite par l'intimé et en suspend la prescription pendant sa durée, sans que cet effet suspensif soit détruit dans le cas où l'instance d'appel vient à être déclarée éteinte par péremption (Rej. 15 juill. 1839) (3); — 4° Que, par exemple, le possesseur qui,

---

D'abord, l'appel de 1786 ne peut être considéré comme l'ayant interrompue; car, d'après les anciens principes et la cour de Nîmes elle-même, cet appel était périmé de plein droit, et *quod nullum est nullum producit effectum*. D'ailleurs, cet appel eût-il subsisté, qu'il serait impossible d'invoquer la maxime *contrà non valentem agere*, parce que Roussel-Lavalette avait toujours le droit de faire juger cet appel. Et comment, au surplus, serait-il possible de ne pas admettre la prescription d'un jugement, lorsqu'il est l'objet d'une protestation judiciaire, tandis qu'on l'admet sans difficulté, même quand il y a chose jugée.—En second lieu, l'instance de 1811 ne peut non plus être considérée comme ayant interrompu la prescription; car dans le cas où le jugement qui l'a terminée aurait prononcé, non pas d'une manière définitive, mais avec des réserves, l'interruption n'en est pas moins non avenue, quand une fois l'action a été rejetée (art. 2247). D'ailleurs, le jugement du 21 nov. 1820 a positivement et définitivement rejeté la demande en délaissement; et cela est si vrai, que l'arrêt attaqué prend pour point de départ l'assignation du 1er sept. 1824.—Arrêt.

La cour; — Vu les art. 2247 et 2262 c. civ., et l'art. 15 de l'ord. de janvier 1563 (dite de Roussillon);—Attendu que le titre, en vertu duquel les défendeurs réclamaient les immeubles adjugés à leur auteur est la sentence du 24 mai 1776, signifiée le 30 du même mois et suivie d'un procès-verbal de mise en possession du décrétiste, en date du 13 juin de la même année;—Attendu que, s'il fut interjeté appel de ladite sentence, le 6 juin 1786, il est souverainement jugé entre les parties que cet appel, interjeté dans le ressort du parlement de Toulouse, périma de plein droit le 6 juin 1789, et qu'il dut être, dès lors, considéré comme s'il n'eût pas existé, et sans qu'on pût prétendre que la prescription eût été interrompue, aux termes de l'art. 15 de l'ordonnance de Roussillon;—Attendu que, si le sieur Roussel-Lavalette cita en justice le sieur Fournier, par exploit du 23 avril 1811, et si les héritiers ont repris cette instance le 28 fév. 1820, il est aussi constant que, par jugement contradictoire du 21 nov. 1820, le sieur Fournier a été relaxé des demandes à lui faites, fins et conclusions contre lui prises par les héritiers Roussel-Lavalette, avec dépens et sans réserves aucunes, ce qui ne laissa plus d'instance subsistante entre lui et lesdits héritiers au tribunal civil de Mende;—Attendu que l'arrêt lui-même reconnait que ce jugement est passé en force de chose jugée entre les parties; que les héritiers Roussel, loin de l'attaquer, y ont implicitement acquiescé, en suivant les errements qu'il leur indiquait, et en formant, par suite, leur action en péremption de l'acte d'appel de 1786, qui leur était représenté comme formant obstacle à leur demande en revendication des immeubles litigieux; mais cette demande fut elle-même rejetée comme frustratoire et sans objet, par arrêt de la cour royale de Nîmes, du 31 mars 1824, avec les seules réserves de se pourvoir ainsi qu'ils aviseraient, sur la question de propriété par eux réclamée;—Attendu que ce fut à la suite de ces jugement et arrêt que, par un nouvel exploit du 1er sept. 1824, les héritiers Roussel assignèrent Fournier devant le tribunal civil de Mende, pour voir ordonner l'exécution de la sentence du décret du 24 mai 1776, et, par suite, leur réintégration dans les biens adjugés à leur père par ladite sentence; qu'ils signifièrent même avec ledit exploit tous les titres justificatifs de propriété de leur père; mais qu'à l'époque de cet exploit introductif de l'instance nouvelle, un intervalle de plus de trente années séparait la sentence de 1776 de la demande en exécution, formée le 1er sept. 1824; — Qu'en ne faisant même courir, avec l'arrêt attaqué, la prescription que du 6 juin 1789, la prescription trentenaire aurait encore éteint toute action pour obtenir l'exécution de cette sentence, aux termes de l'art. 2262 c. civ., et qu'en jugeant le contraire, l'arrêt attaqué a violé les art. 2247 et 2262 ci-dessus cités, ainsi que l'art. 15 de l'ordonnance de 1563;—Casse, etc.

Du 5 mai 1834.-C. C., ch. civ.-MM. Portalis, 1er pr.-Legonidec, rap.-Laplagne-Barris, 1er av. gén., c. conf.-A. Chauveau et Jousselin, av.

(1) (Isnard C. N...) — La cour; — Considérant que la péremption de l'instance est reconnue par Isnard, appelant; qu'ainsi la sentence dont est appel doit être mise à exécution comme ayant acquis force de chose jugée; qu'il est indifférent qu'il se soit écoulé plus de trente ans depuis la signification de la sentence, dès que l'appel et les poursuites ensuivies ne permettaient pas l'exécution, et étaient par conséquent interruptives de toute prescription;—Admet la péremption, etc.

Du 27 août 1817.-C. de Grenoble.-M. Anglès, 1er pr.

(2) (Nesmy C. Grimault.) — La cour; — Attendu qu'il s'agit de statuer sur les effets d'une péremption prononcée en cause d'appel; que l'art. 469 c. pr. règle exclusivement la matière;—Attendu que cet article dispose que la péremption en cause d'appel aura l'effet de donner au jugement dont est appel la force de la chose jugée; que la conséquence nécessaire de ces expressions sont que la péremption emporte confirmation du jugement dont est appel, et qu'il doit obtenir son exécution; qu'ainsi la sentence du 1er sept. 1786 doit recevoir sa pleine et entière exécution en ce qui concerne les héritiers Jean-François Grimault, comme en ce qui concerne ceux de René Grimault; — Confirme.

Du 26 janv. 1827.-C. de Poitiers, 1re ch.

(3) *Espèce*: — (Habit. de Sagy *C.* habit. de Charcubles.) — Le 14 mars 1762, les habitants du hameau de Charcubles assignèrent, devant la maîtrise de Châlons, les habitants du hameau de Sagy pour les faire condamner aux dommages-intérêts résultant de leur immixtion dans le bois la Grange-du-Mont, qui serait déclaré appartenir aux demandeurs, du moins quant à l'usage, en vertu de titres de 1449 et 1696, suivis d'une longue possession. — Les habitants de Sagy opposèrent leur possession trentenaire. Une sentence du 18 août 1763 ordonna qu'ils prouveraient cette possession depuis plus de trente ans avant l'instance commencée, et notamment qu'ils avaient fait les trois dernières coupes réglées sans interruption. — Comme ils se voyaient, à ce qu'il paraît, dans l'impossibilité de produire la preuve de ces trois coupes réglées, ils appelèrent de la sentence devant la table de marbre, par acte du 5 avr. 1764. — Cette instance d'appel, portée en 1793 devant le tribunal de district de Dijon, a été déclarée éteinte et périmée, sur la demande des habitants de Charcubles, par arrêt de la cour de Dijon du 17 mars 1826. — Aussitôt après cet arrêt, et par exploit du 24 avr. 1826, les habitants de Charcubles ont assigné ceux de Sagy devant le tribunal de Mâcon, pour voir déclarer reprise l'instance engagée devant la maîtrise de Châlons, et faute par les habitants de Sagy d'avoir fait la preuve ordonnée par la sentence interlocutoire du 18 août 1763, voir adjuger aux requérants leurs conclusions originaires. — Les habitants de Sagy ont invoqué de nouveau leur possession ancienne; ils ont prétendu que la sentence interlocutoire de 1763 devait être considérée comme non avenue et sans influence dans la cause. — Après avoir ordonné une adaptation de titres par des experts, le tribunal de Mâcon a déclaré les habitants de Charcubles propriétaires du bois litigieux. Dans les motifs de son jugement, ce tribunal considère que les habitants de Sagy étaient déchus du droit d'établir leur propriété sur le bois de la Grange-du-Mont au moyen de la possession, parce que la péremption de l'appel interjeté de la sentence interlocutoire de 1763 a fait acquérir à cette sentence l'autorité de la chose jugée. — Sur leur appel, les habitants de Sagy ont conclu à ce que l'action principale de leurs adversaires fût déclarée prescrite par suite de la péremption prononcée par l'arrêt de 1826, et que, par voie de conséquence, la possession par eux continuée pendant l'instance périmée fût réputée leur avoir fait acquérir la propriété du bois litigieux. — 6 fév. 1834, arrêt de la cour de Dijon qui repousse ces exceptions.

Pourvoi pour violation des art. 2262, 2222, 2224 c. civ., et fausse application de l'art. 469 c. pr., en ce que l'arrêt attaqué a refusé d'accueillir la prescription de l'action principale invoquée par les demandeurs. —Arrêt (ap. délib. en ch. du cons.).

La cour; — Attendu que le litige soulevé, en 1762, par les habitants de Charcubles contre les habitants de Sagy, consistait en une question de propriété d'un bois que les habitants de Charcubles soutenaient leur appartenir, du moins quant à l'usage, en vertu des titres de 1449 et de 1696, suivis d'une longue possession, propriété dont ils demandaient la reconnaissance contre les habitants de Sagy, avec dommages-intérêts pour l'indue immixtion de ces derniers;—Que, sur cette demande, une sentence interlocutoire, du 18 août 1763, avait mis à la charge des habitants de Sagy de prouver qu'ils étaient en possession du bois litigieux, depuis plus de trente ans avant la demande, et notamment qu'ils en avaient fait, sans interruption, les trois dernières coupes réglées; — Que les habitants de Sagy, ayant appelé, en 1764, de cette sentence, leur instance d'appel, portée successivement par eux devant la table de marbre et le tribunal de district de Dijon, est ensuite restée impoursuivie par eux et a été déclarée éteinte et périmée par arrêt du 17 mars 1826, rendu contre eux, sur la demande des habitants de Charcubles; —Que c'est en cet état que lesdits habitants de Charcubles ont repris leur instance principale, le 24 avril 1826, devant le tribunal civil de Mâcon; — Attendu que l'appel que les habitants de Sagy avaient interjeté de la sentence du 18 août 1763 a manifestement conservé la demande et l'instance des habitants de Charcubles, tant que l'instance d'appel a subsisté, et par conséquent jusqu'au 17 mars 1826, date de l'arrêt qui en a prononcé la péremption; — Attendu que la règle générale établie par l'art. 469 c. pr. civ., quant à la péremption en cause d'appel, est que cette péremption a pour effet de donner au jugement dont est appel l'autorité de la chose jugée; qu'en cette matière, l'art. 401 du même code est inapplicable; — Que l'art. 469 ne distingue pas entre les jugements interlocutoires et les jugements définitifs;

Attendu que, dans l'espèce, les habitants de Sagy n'ont nullement

après avoir été condamné au délaissement par jugement exécutoire par provision, obtient sur appel un arrêt de défense, ne peut, dans le cas où le jugement acquiert plus tard l'autorité de la chose jugée, par suite de la péremption de l'instance d'appel, se prévaloir de la possession qu'il a continuée pendant plus de trente ans, en vertu de l'arrêt de défense, et prétendre avoir prescrit la propriété de l'immeuble contre le jugement : en pareil cas, la possession conservée entre le jugement et la péremption de l'appel doit être regardée comme inefficace pour prescrire (Rej. 20 fév. 1839) (1); — 5° Que la péremption en cause d'appel n'attribue au jugement l'autorité de la chose jugée que pour l'avenir et à compter de l'arrêt qui la prononce; qu'ainsi elle ne peut consolider,

---

offert de faire la preuve mise à leur charge par la sentence interlocutoire; — Qu'ils ont prétendu avoir le droit d'invoquer rétroactivement la prescription de leur propre appel, ou faire dériver de la péremption de leur instance d'appel la péremption de l'instance principale de leurs adversaires, et établir ainsi, par voie de conséquence, la prescription de ladite instance principale;—Système que l'arrêt attaqué a repoussé avec raison ;—Attendu que la possession qui a pu avoir lieu postérieurement à la demande introductive et pendant le litige, était subordonnée au jugement sur le fond;—Que, par conséquent, les habitants de Sagy n'ont pas pu s'en prévaloir à titre de prescription: — D'où il suit qu'en écartant l'exception de prescription qui était invoquée devant elle, par lesdits habitants de Sagy, et en jugeant la question de propriété d'après les titres respectifs, la cour royale de Dijon n'a violé aucune loi; — Rejette.

Du 15 juill. 1859.-C. C., ch. civ.-MM. Portalis, 1er pr.-De Broé, rap.-Laplagne-Barris, 1er av. gén., c. conf.-De Gatines et Lucas, av.

(1) *Espèce :* — (Com. de Culles *C.* Dubessey.) — Le 11 fév. 1854, arrêt de la cour de Besançon, ainsi conçu : — « ... Attendu, 2° que toute appellation, comme toute demande, tombe en péremption par cessation de poursuites et de procédures pendant le temps que détermine la loi; que la péremption est régie, quant à sa forme, à ses effets, aux conditions nécessaires pour qu'elle soit reconnue et déclarée acquise, par les lois sous l'empire desquelles elle est demandée; que le juge n'a point à se reporter aux dispositions législatives existantes antérieurement à l'époque de l'introduction de l'instance à laquelle elle se rattache; que telle est sur ce point la décision textuelle et précise d'un grand nombre d'arrêts émanés des cours royales et de celle de cassation; — Qu'il est de principe que la loi régit les faits qui se passent sous son empire, lors même qu'ils se rattachent à un contrat fait sous une autre législation; que la cour de cassation l'a expressément décidé, en cassant un arrêt intervenu entre les veuve et héritiers Jumilhac, les sieurs de Scey père et fils; qu'elle règle les effets des actes et jugements intervenus à l'occasion de faits passés depuis sa promulgation; — Qu'aux termes de l'art. 469 c. pr. civ., la péremption d'instance donne au jugement dont appel la force de la chose jugée; que l'article suivant, en se référant aux autres règles établies pour les tribunaux inférieurs, a ainsi démontré jusqu'à l'évidence que le législateur a voulu que la péremption sur appel produisît des effets tout différents de celle qui serait prononcée en première instance; — Que, par sa nature, la péremption sur appel ne peut produire les mêmes résultats qu'en première instance, et ne peut lui être assimilée; — Que la péremption d'instance, introduite en faveur du défendeur, ne peut lui conférer aucune espèce de droit, puisqu'il n'est intervenu aucune décision en sa faveur, et ne peut préjudicier aux exceptions qu'il serait fondé à faire valoir; — Que celle sur appel tend à faire déclarer éteinte et périe l'appellation, sans porter atteinte à la sentence dont elle paralysait les effets; que l'on ne peut supposer que l'intimé, en demandant la péremption au lieu de faire st*tuer sur l'appellation, ait voulu se priver des droits, des avantages que lui accordait la décision intervenue; — Que la renonciation à un droit acquis ne se présume jamais; qu'il faut qu'elle soit expresse; — Que la péremption sur appel, introduite en faveur de l'intimé dans le but de mettre un terme au procès, loin d'atteindre ce but, s'en éloignerait complètement, puisque, prononcée sur la demande de l'intimé, elle le priverait des droits qui lui étaient acquis, et l'obligerait à recommencer une nouvelle instance; que ce résultat forcé et inévitable du système soutenu par les appelants, démontre jusqu'à l'évidence que le législateur, en déclarant par l'art. 469 que la péremption sur appel ferait acquérir à la sentence l'autorité de la chose jugée, en renvoyant par l'article suivant aux règles tracées pour les tribunaux d'instance, ne l'a fait ni voulu faire qu'autant qu'elles n'avaient rien d'opposé à la décision qu'il venait de porter; — Que, par arrêt de la cour royale de Dijon, l'instance introduite sur l'appel qu'avait émis la commune de Culles de la sentence rendue en faveur des intimés, par le lieutenant des eaux et forêts de Mâcon, a été déclarée périmée et éteinte, pour discontinuation des poursuites; que, par suite de cet arrêt, les droits que conférait la sentence sont devenus définitifs et irrévocables; que tous les obstacles que pouvait apporter à leur exercice l'appellation qui en avait été émise, ont cessé et totalement disparu; qu'elle doit, dès lors, sortir son plein et entier effet; — Qu'en admettant, ainsi que l'a prétendu la commune de Culles, que l'art. 469 c. pr. civ. fût inapplicable, ses prétentions ne seraient pas mieux fondées; que l'ordonnance de 1669 régissait le ressort du parlement de Paris, dans lequel était compris le Mâconnais, dont faisait partie la commune de Culles; que ses dispositions, semblables à celles du code de procédure, accordaient à la péremption sur appel les mêmes effets que l'art. 469; que tel est, sur ce point, la doctrine de Rodier, dans son commentaire sur cette ordonnance; que, sous quelque aspect que l'on considère les prétentions de la commune de Culles, quant aux effets qui dérivent de l'arrêt de péremption dont se prévalent les intimés, on ne peut les accueillir;

» Attendu, 3° que l'appel est suspensif; que, jusqu'à ce qu'il ait été prononcé par le juge supérieur, le jugement ne peut recevoir d'exécution, et reste sans effet; que, si, dans quelques cas, les premiers juges, autorisés par une disposition spéciale, peuvent ordonner l'exécution de leur jugement, si même elle peut l'être sur appel, lorsqu'ils ne l'ont pas fait, cette exécution, faite provisoirement, reste toujours subordonnée, quant à ses résultats définitifs, à la décision qui statuera sur l'appellation; — Que, par sa nature, l'appel remet de nouveau en litige les prétentions respectives des parties, les soumet à l'appréciation des magistrats; que ce n'est que pour l'avenir, et à partir de la décision des juges supérieurs, que les droits des intéressés restent fixés; qu'avant, aucune des parties n'en a d'acquis irrévocablement; que l'arrêt définitif qui intervient imprime donc au jugement l'autorité de la chose jugée; qu'il ne se réfère et ne peut pas se référer au passé; qu'en faisant disparaître l'obstacle qui s'oppose à l'exécution de la sentence, il ne le fait qu'à partir du jour où il intervient; que le juge d'appel, autorisé à apprécier le bien ou le mal jugé que contient le jugement, ne peut, pour le passé, lui donner une force dont l'avait privé l'appel qui en avait été interjeté; — Que l'arrêt qui déclare acquise la péremption, qui imprime à la décision rendue en premier ressort l'autorité de la chose jugée, ne peut produire d'effets plus étendus que celui qui aurait prononcé contradictoirement et définitivement; qu'en déclarant l'instance périmée, il décide que l'appel sera, à l'avenir, sans effet; qu'il ne se réfère point au passé, ne dispose que pour le temps futur; que l'on ne peut décider que la sentence était susceptible d'une exécution qui ne permettait pas l'appellation émise;

» Attendu, 4° qu'aucune prescription ne peut commencer ni courir contre celui qui ne peut pas agir; que le cours en est suspendu, si elle a pris naissance antérieurement, et que celui contre lequel on veut prescrire ne puisse pas s'opposer et interrompre la jouissance du possesseur qui veut prescrire; que l'on doit, à plus forte raison, le décider lorsque celui qui veut se prévaloir de la prescription a mis dans l'impuissance d'agir contre lui, en interdisant expressément ou tacitement l'exercice des actions qui auraient pu être intentées pour revendiquer la chose qu'il détient, et s'en faire mettre en jouissance; — Qu'il est constant, en fait, que le lieutenant particulier de la maîtrise de Mâcon avait, par sa sentence, attribué aux intimés ou à leurs auteurs la propriété de la forêt litigieuse entre eux et la commune de Culles; qu'il avait même ordonné que cette sentence irait avant, nonobstant toute opposition et appellation; que depuis la commune de Culles émit appel par-devant le tribunal supérieur; que, non contente de cette mesure, qui remettait en litige ce qui avait été jugé, et que les intimés pouvaient regarder comme suspensive, cette commune obtint sur requête un arrêt de défense, le fit notifier aux intimés, se maintint, à ce prétexte, dans la possession de la forêt litigieuse; que la possession qu'invoque la commune ne peut être opposée aux intimés, ni les priver de la propriété que leur avait assurée la sentence dont la commune avait émis appel; qu'elle n'était exercée qu'en vertu d'un arrêt de défense, le plaids pendant; qu'elle était précaire et ne pouvait opérer la prescription; qu'à aucune époque, la commune de Culles n'avait eu une possession paisible, non interrompue, suffisamment prolongée pour opérer la prescription et lui transférer la propriété assurée aux intimés, par une sentence passée en force de chose jugée; que, dès lors, elle doit être déboutée de ses conclusions; que, tant par ces motifs que par ceux qui ont déterminé les premiers juges, il convient de confirmer la sentence; — Qu'en attribuant aux intimés la propriété de la forêt litigieuse, tant en vertu de la sentence du lieutenant particulier de la maîtrise, que des titres sur lesquels se sont appuyés les premiers juges, il devient superflu d'examiner le mérite de la donation primitive faite à Léonard de Sémur, des reconnaissances et ratifications qui auraient suivi, des autres titres dont la commune veut faire prononcer la nullité, des procès-verbaux des 4, 8, 10, 16 oct. 1773... »

Pourvoi pour contravention aux art. 401 et 469 c. pr. civ. — De ces deux dispositions, il résulte, a-t-on dit, que la péremption entraîne l'extinction complète de l'appel et de ses effets. Ce principe est cependant contesté par l'arrêt attaqué : il prétend que l'art. 401 n'est pas applicable à l'instance d'appel. Mais dire que la péremption n'éteint pas tous les actes de cette instance, c'est nier la péremption elle-même, et que le jugement a acquis l'autorité de la chose jugée; car on ne saurait concevoir ce dernier caractère dans un jugement frappé d'un appel, dont les effets subsisteraient encore en partie. — Par suite de la péremption prononcée dans l'espèce, la sentence du lieutenant de la maîtrise a acquis

par la prescription, sur la tête de l'appelant, la possession qu'il a continuée dans le temps intermédiaire (Besançon, 11 février 1834, aff. com. de Culles, V. l'arrêt qui précède). — MM. Chauveau, n° 1689; Reynaud, n° 127; Troplong, Prescript., n°s 684 et suiv., enseignent aussi la doctrine consacrée par ces arrêts, doctrine que nous ne pouvons admettre.

326. Bien plus, il nous semble que les trois années nécessaires pour acquérir la péremption, et pendant lesquelles l'intimé, il est vrai, n'a pu agir, ne doivent pas même être retranchées du délai de la prescription; car, dans les prescriptions à long terme, on ne doit pas tenir compte des causes qui mettent un obstacle momentané à l'exercice de l'action (V. implicitement en ce sens Req. 5 mai 1834, aff. Fournier, n° 324). — M. Troplong, Prescription, n° 686, *in fine*, se prononce en sens contraire. —V. du reste v° Prescription.

327. Sous l'ancien droit, il en eût été autrement, du moins dans le ressort des parlements où le délai de la péremption était de trente ans comme celui de la prescription. La cause de cette différence s'explique aisément : l'intimé n'a pu ni mettre à exécution le jugement qui, en première instance, lui avait donné gain de cause, car l'acte d'appel y mettait obstacle, ni demander la péremption de l'instance, puisqu'il fallait trente ans pour qu'elle pût être invoquée. On ne peut donc pas lui reprocher de ne pas avoir agi pour interrompre la prescription. Son intérêt, au contraire, était de laisser cette instance s'éteindre par la péremption, afin de faire acquérir force de chose jugée à la sentence des premiers juges. — Il a été jugé, dans le sens de cette observation, et, à l'égard d'une instance d'appel introduite au parlement de Bordeaux, devant lequel les instances se périmaient par trente ans, que l'appel a suspendu l'exécution de la sentence des premiers juges, de telle sorte que la prescription n'a pas couru contre cette sentence pendant l'instance d'appel, bien qu'elle eût été déclarée éteinte par la péremption (Bordeaux, 31 juill. 1826 (1); V. dans le même sens un arrêt de Nancy, du 26 juin 1833, rapporté par M. Troplong, Prescript., n° 684).

328. Au surplus, on a jugé que s'il est de règle qu'une demande en péremption d'instance soit une instance nouvelle qui est soumise à la loi en vigueur au moment où elle est formée, cela ne peut s'entendre que de la manière dont cette demande doit être introduite, instruite et jugée, et non du droit qui doit servir de base au jugement; qu'en conséquence, si une instance d'appel introduite sous une jurisprudence telle que celle de Bordeaux, qui ne déclarait l'acte d'appel prescriptible que par trente ans, est restée impoursuivie sous le code pendant plus de trois années et demie depuis les derniers actes de procédure, la péremption qui en est demandée, ne peut éteindre que l'instance seulement, et non l'acte d'appel, lequel conserve son effet pendant trente ans : ici ne pourrait s'appliquer l'art. 469 c. pr. sans effet rétroactif (Bordeaux, 23 juill. 1831) (2).

---

l'autorité de la chose jugée, c'est-à-dire que les parties se sont respectivement trouvées dans la même position que s'il n'y avait jamais eu d'appel. Donc, la commune de Culles soutient avec raison que, par sa possession paisible, publique et non précaire pendant plus de trente ans, elle a prescrit contre la sentence, de même qu'on prescrit contre tout titre. — L'arrêt attaqué oppose : 1° que l'arrêt de défense du 4 juin 1776 mettait les adversaires de la commune dans l'impossibilité d'agir; mais rien ne les empêchait de suivre l'instance et de faire juger l'appel; ils ne peuvent donc invoquer la maxime *Contrà non valentem*, etc.; — 2° Que la péremption ne peut tourner contre celui qui la demande : mais la loi n'a pas fait cette distinction; les effets de la péremption sont les mêmes à l'égard de toutes les parties; c'est à celui qui la demande à examiner si elle est contraire à ses intérêts, car elle n'est jamais prononcée d'office; — 3° Que la possession de la commune, fondée sur l'arrêt de défense, n'a été que précaire, et n'a ainsi pu lui faire acquérir la prescription : mais cet arrêt de défense, qui faisait partie de l'instance d'appel, a été anéanti avec elle, et ne conserve plus d'effet; c'est comme si la commune avait possédé, ses adversaires le sachant et le voulant bien; par suite de la péremption, toute cause qui suspendait le cours de la prescription est censée n'avoir jamais existé. — Arrêt (ap. dél. en ch. du cons).

LA COUR; — Sur le moyen tiré de la contravention alléguée aux art. 401 et 469 c. pr. civ. : — Attendu, 1° que, s'agissant au procès des effets de la péremption prononcée en cause d'appel, l'art. 401 était inapplicable; — Que, par conséquent, l'arrêt attaqué n'a pu y contrevenir;

Attendu, 2° que l'art. 469 statuant que « la péremption en cause d'appel aura l'effet de donner au jugement dont est appel la force de chose jugée, » la cour royale de Besançon s'est conformée à cet article, en décidant que la possession qui a été la suite de l'arrêt de défense obtenu sur l'appel de la sentence de 1773 (passée en force de chose jugée par la péremption prononcée), a été inefficace pour faire acquérir à la commune de Culles, par voie de prescription, la propriété des bois dont, par la même sentence, l'adversaire de cette commune avait été jugé propriétaire; — Rejette.

Du 20 fév. 1839.-C. C., ch. civ.-MM. Portalis, 1er pr.-Quéquet, rap.-Laplagne-Barris, 1er av. gén., c. conf.-Parrot et Mandaroux, av.

(1) (Gramache C. Montfayou.) — LA COUR; — Attendu que la sentence définitive de la sénéchaussée de Guyenne, rendue en faveur de la veuve Gramache le 6 sept. 1781, n'était pas exécutoire par provision; que l'appel qu'en avait interjeté la dame de Montfayou, le 14 sept. était suspensif; que la prescription n'a pas pu courir contre cette sentence pendant tout le temps qu'il en a légalement arrêté l'exécution; que cela résultait dans notre ancien droit de la règle *Contrà non valentem agere non currit præscriptio*, et que les art. 2251 c. civ., et 457 c. pr., établissent les mêmes principes; — Attendu que, dans le ressort du parlement de Bordeaux, l'appel durait trente ans, nonobstant la péremption de l'instance, qui, dans les siéges inférieurs, s'acquérait de plein droit par la discontinuation de poursuites pendant trois ans, sauf quelques cas d'exception; qu'au parlement, où l'appel de la dame de Montfayou avait été relevé, l'instance durait autant que l'appel; qu'au 1er janv. 1807, date de la mise en activité du code civil, il n'y avait ni prescription de l'appel, ni péremption de l'instance de la dame de Montfayou, puisqu'il ne s'était écoulé, depuis le 14 sept. 1781, qu'un peu plus de vingt-cinq ans; qu'ainsi la péremption n'a été acquise que sous le code de procédure, et qu'ayant été prononcée conformément à ses dispositions, elle a donné à la sentence l'autorité de la chose jugée, enlevant l'obstacle légal qui jusqu'alors en avait empêché l'exécution; — Attendu qu'on ne doit pas confondre l'interruption civile de la prescription avec les causes qui la suspendent; que la première n'en arrête pas le cours, et qu'elle ne peut pas en avoir effacé les temps antérieurs, quand la loi la considère comme non avenue; que c'est par ce motif qu'une instance périmée n'a pas empêché que la prescription commencée contre l'action ne continuât et ne s'accomplît; qu'à l'égard des secondes, telles que l'appel d'un jugement, leur extinction ne fait que rendre un libre cours à la prescription qui, dans l'intervalle, n'a pas pu s'acquérir contre le jugement, parce qu'elle ne pouvait pas en même temps sommeiller et courir; qu'au surplus lors même qu'on devrait remonter au 14 sept. 1811, époque où l'appel de la dame de Montfayou aurait été prescrit, suivant l'ancienne jurisprudence, il ne se serait pas écoulé un temps suffisant pour prescrire contre l'exécution de la sentence de 1781; — Emendant, déboute les frères de Montfayou de la demande par eux formée en radiation de l'inscription prise sur leurs biens, etc.

Du 31 juill. 1826.-C. de Bordeaux.-M. Ravez, 1er pr.

(2) *Espèce* : — (Du Chatenet C. hérit. Bodin.) — An 11, du Chatenet appela d'un jugement rendu au profit de la dame Bodin : an 12, celle-ci assigna en anticipation de délai. — Il y eut des actes de poursuites jusqu'en janvier 1824. — Depuis, l'instance demeura impoursuivie. — 13 sept. 1828, les héritiers Bodin demandent la péremption de l'instance d'appel. — Du Chatenet répond qu'à supposer que la péremption pût frapper l'instance, quoique cette instance eût pris naissance avant le code de procédure, elle ne pouvait atteindre l'acte d'appel lui-même, puisque, suivant la jurisprudence du parlement de Bordeaux, sous laquelle il a été interjeté; l'appel durait trente ans.—Arrêt.

LA COUR; — Attendu que, s'il est de règle qu'une demande en péremption d'instance est une demande nouvelle qui est soumise à la loi en vigueur au moment où elle est formée, cela ne peut s'entendre que de la manière dont cette demande doit être introduite, instruite et jugée, et non du droit qui doit servir de base au jugement; — Que, s'il en était autrement, on s'exposerait à donner à la loi un effet rétroactif et à enlever aux parties des droits justement acquis; — Attendu que, dans l'espèce, la dame Bodin, représentée par les intimés, obtint, le 30 messid. an 11 (19 juill. 1803), au tribunal civil de Ribérac, un jugement par défaut dont le sieur du Chatenet interjeta appel purement et simplement et sans assignation, le 5 fruct. suivant (23 août 1803); mais que l'instance sur cet appel fut engagée au moyen de l'assignation en anticipation signifiée à la requête de la dame Bodin, de la présentation d'un avoué pour le compte du sieur du Chatenet, et de divers actes de procédure faits tant par l'avoué de la dame Bodin, que par celui du sieur du Chatenet; — Qu'après ces divers actes, l'instance resta impoursuivie pendant longtemps, et qu'enfin plus de trois ans et six mois s'étaient écoulés depuis la publication du nouveau code de procédure civile, sans qu'il eût été fait aucune poursuite, lorsque les intimés, par leur requête présentée à la cour, et signifiée le 13 sept. 1828, ont formé leur demande en péremption d'instance contre le sieur du Chatenet; — Attendu que cette demande ayant été régulièrement formée et instruite d'après les dispositions de ce code, il est juste qu'elle soit accueillie, et que la péremption de l'instance soit

329. Lorsque, après avoir fait cesser l'arrêt confirmatif d'un jugement rendu contre elle, l'une des parties a, sur le renvoi de l'affaire devant une nouvelle cour, laissé acquérir par son adversaire la péremption de l'instance d'appel, l'effet de cette péremption est de donner au jugement de première instance l'autorité de la chose jugée; et la partie contre laquelle elle a été prononcée, prétendrait en vain que la péremption n'a d'autre effet que d'annuler l'instance portée devant la cour de renvoi, sans remonter au delà, ni porter atteinte à l'arrêt rendu par la cour de cassation; qu'en conséquence, elle aurait encore la faculté de réclamer un nouvel arrêt de renvoi devant une autre cour (Paris, 18 avril 1831) (1).

330. Lorsque le délai de la péremption est écoulé, aucune considération ne peut empêcher de la prononcer. — Ainsi, il a été jugé que la péremption d'une instance d'appel a dû être prononcée, bien que, s'agissant d'une contestation relative à des droits féodaux abolis depuis que le jugement attaqué a été rendu, cette péremption ait pour effet, en donnant l'autorité de la chose jugée à la sentence des premiers juges, de faire revivre le droit féodal d'une manière indirecte (Req. 29 fév. 1820) (2).

331. Toutefois, il a été jugé que la péremption de l'instance d'appel ne doit pas être prononcée, lorsqu'elle laisserait subsister l'instance devant les premiers juges, et, par exemple, que si un jugement par défaut a été frappé à la fois d'opposition et d'appel, on ne peut prononcer la péremption de l'instance d'appel tant que les premiers juges sont saisis de l'opposition (Riom, 30 janv. 1815) (3).

332. L'art. 469, dans sa disposition qui donne force de

---

prononcée; — Mais que c'est à l'instance seule que doit se borner l'effet de cette péremption, et non à l'acte d'appel en lui-même, qui ne saurait être atteint par une telle mesure;

Attendu, en effet, que cet appel a été fait sous l'empire de la jurisprudence du parlement de Bordeaux, suivant laquelle l'appel durait trente ans, soit qu'il eût été fait avec ou sans assignation; — Que la durée de cet appel pendant trente ans était un droit que la loi du pays accordait à tout appelant, et qui était acquis au sieur du Chatenet, lorsque le code de procédure a été publié; — Qu'il ne pourrait en être privé qu'autant que la loi nouvelle l'en aurait nettement dépouillé; — Mais que, loin de là, le code civil contient, au contraire, une disposition formelle pour la conservation de ce droit;—Qu'en effet, l'art. 2287 dispose que les prescriptions commencées antérieurement à sa publication, doivent être réglées conformément aux lois anciennes; — Que cet article s'applique évidemment aux péremptions d'appel, comme aux autres prescriptions, puisque les péremptions ne sont elles-mêmes que des prescriptions d'une espèce particulière; — Qu'il suit de là que l'appel dont s'agit ayant été interjeté le 5 fruct. an 11 (23 août 1803), les trente ans de durée que lui accordait l'ancienne jurisprudence n'étant pas expirés, lorsque la demande en péremption a été formée, le sieur du Chatenet est fondé à lui donner suite; — Que vainement on a opposé l'art. 469 c. pr., suivant lequel la péremption en cause d'appel a l'effet de donner au jugement dont est appel la force de chose jugée; — Que cet article sainement entendu ne peut s'appliquer qu'aux appels interjetés postérieurement à la publication de ce code; que c'est la seule interprétation raisonnable qu'on puisse lui donner; c'est le seul moyen d'éviter l'anomalie qui paraît exister entre ces deux dispositions contraires du code civil et du code de procédure, et de rendre exécutoire ces deux dispositions; mais que vouloir appliquer cet article 469 aux appels antérieurs à la publication du code de procédure, ce serait, comme on l'a déjà observé, donner à la loi un effet rétroactif et se mettre en opposition directe avec l'art. 2281 c. civ., ce que le législateur n'a certainement pas entendu faire;—Par ces motifs: Vu les pièces déposées sur le bureau, disant droit de la demande en péremption formée par les sieurs Meslon contre le sieur du Chatenet, déclare éteinte et périmée l'instance sur l'appel interjeté par ledit sieur du Chatenet du jugement par défaut rendu par le tribunal civil de Ribérac, le 30 mess. an 11 (19 juill. 1803), sans préjudice néanmoins au sieur du Chatenet de se pourvoir pour procéder sur ledit appel, ainsi et comme il avisera.

Du 23 juill. 1831.-C. de Bordeaux, 2e ch.-M. Duprat, pr.

(1) *Espèce:* — (Chocat C. Dumottet.) — En l'an 6, le tribunal d'Auxerre avait rendu, au profit de Dumottet, un jugement de condamnation contre Chocat. Un premier arrêt de la cour de Paris, confirmatif de ce jugement, fut cassé par la cour suprême. Un second arrêt rendu, sur renvoi, par la cour d'Orléans, fut également déclaré nul. — L'affaire renvoyée devant la cour de Rouen, Chocat laisse passer trois ans sans poursuite. Dumottet fait prononcer, par arrêt, la péremption de l'instance d'appel, et reprend ses poursuites en vertu de jugement de l'an 6. — — Opposition de la part de Chocat; il soutient que la péremption, dont se prévaut Dumottet, n'a d'autre effet que d'annuler l'instance portée devant la cour de Rouen, sans remonter au delà, ni porter aucune atteinte à l'arrêt de renvoi rendu par la cour de cassation; d'où Chocat conclut qu'il a encore la faculté de réclamer un troisième arrêt de renvoi devant une nouvelle cour.

Jugement du tribunal d'Auxerre qui « Considérant que le commandement du 2 avril 1828 n'est que la reprise des poursuites déclarées valables par le jugement de l'an 6; que, dès lors, il a suffi à Dumottet de la signification de ce jugement, et de l'arrêt de la cour de Rouen, qui a déclaré périmé l'appel interjeté par Chocat .» — Ordonne la continuation des poursuites. — Appel. — Arrêt.

La cour; — Attendu qu'un arrêt de cassation n'a d'autre effet que d'annuler l'arrêt de la cour royale qu'il a cassé;—Adoptant, au surplus, les motifs des premiers juges, met l'appel au néant.

Du 18 avr. 1831.-C. de Paris, 2e ch.-M. Deherain, pr.

(2) *Espèce:* — (Brouais, etc. C. Taillard, etc.) — En 1778, le seigneur du fief de Retz afféagea un canton de terres vaines et vagues, en nature de marais, à divers individus. — Les riverains, prétendant que ce marais leur appartenait, en qualité de *dessécheurs*, détruisirent la clôture dont les afféagistes l'avaient entouré.—18 sept. 1782, sentence qui condamne les riverains à relever les fossés et à payer 3,600 fr. de dommages-intérêts aux afféagistes. — Appel. — Le procès, appointé en la grande chambre du parlement, y était encore pendant en 1790, lors du dernier acte de la procédure, et alors que le décret de 1789 avait aboli tous les droits féodaux. — Les choses restèrent en cet état jusqu'en 1813. A cette époque, les héritiers des afféagistes relevèrent les fossés et clôture qui avaient été de nouveau détruits.—Protestation de la part des propriétaires riverains.—Alors Taillard, Aubinois et consorts, héritiers des afféagistes, assignent les riverains devant la cour de Rennes en péremption de l'instance d'appel de la sentence de 1782, et pour voir dire que ce dont est appel sortirait son plein et entier effet, c'est-à-dire que les afféagistes seraient déclarés seuls propriétaires et possesseur du marais en question.—Les sieurs Brillaud-Laujardière et cons. demandent à intervenir. — 16 juin 1818, arrêt de la cour de Rennes qui 1° déclare non recevable la demande en intervention, en ce que Brillaud-Laujardière n'ayant pas été en cause en première instance, la demande en péremption ne pouvait l'intéresser; 2° et au fond déclare la péremption de l'instance acquise, et, par suite, les parties non fondées à pouvoir agiter aucune question relative à la contestation qui faisait l'objet de c tte instance.

Pourvoi de la part de Brouais et cons. : 1° violation des art. 466, 474 c. pr., en ce que l'arrêt attaqué, en rejetant la demande en intervention de Brillaud-Laujardière, par le motif qu'il n'avait pas été partie en première instance, a créé une distinction qui n'est pas dans la loi; que, d'ailleurs, la péremption d'instance peut très-bien intéresser d'autres personnes que celles qui ont figuré dans cette instance; — 2° Fausse application de l'art. 397 c. pr., violation des art. 399, 469 même code, et des lois de 1791 et 1793 abolitives du régime féodal. En premier lieu, par suite de l'abolition du régime féodal, la demande en intervention était non recevable, parce qu'elle était frustratoire; elle était frustratoire, parce que le procès était éteint par les lois citées, puisque ce procès avait trait à des terres *vaines et vagues* qui avaient été enlevées de droit aux seigneurs et à leurs ayants cause, pour les donner aux habitants des communes. Sous un autre point de vue, la péremption d'instance ne pouvait être accueillie par la cour de Rennes, parce que, aux termes de l'art. 469 c. pr., cette péremption, en cause d'appel, doit avoir pour effet de donner au jugement dont est appel l'autorité de la chose jugée. Or, comment la sentence de 1782 pourrait-elle acquérir l'autorité de la chose jugée, puisque cette même sentence et le titre d'afféagement qui en est la base sont *formellement abolis* par les lois de la matière? — Autrement ce serait, à l'aide d'un moyen indirect, faire revivre le régime féodal. — Arrêt.

La cour; — Sur le premier moyen que les demandeurs fondent sur la violation de l'art. 466 c. pr., combiné avec l'art. 474 même code : — Attendu que ce reproche, en supposant qu'il fût fondé, ne pourrait être proposé par les demandeurs, puisqu'ils n'ont pas figuré au procès comme *parties intervenantes;* et que, sous ce rapport, ils sont sans qualité pour exciper de ce moyen; —Attendu que les sieurs Brillaud-Laujardière, Bruneteau et autres qui étaient intervenus dans l'*instance de péremption* n'ont point déclaré se pourvoir en cassation contre l'arrêt qui les a déboutés de leur demande en intervention : d'où il suit que l'arrêt a acquis à leur égard l'autorité de la chose jugée; — Sur le deuxième moyen, pris de la fausse application des art. 397, 399 et 469 c. pr., et de la contravention aux lois abolitives de la féodalité : — Attendu qu'il est de principe, consacré par l'art. 401 c pr., que la péremption n'éteint pas l'action; qu'elle emporte seulement l'extinction de la procédure, sans qu'on puisse, en aucun cas, opposer aucun des actes de la procédure éteinte, ni s'en prévaloir; — Rejette.

Du 29 fév. 1820.-C. C., sect. req.-MM. Henrion, pr.-Léger, rap.

(3) *Espèce:* — (Furnon C. Furnon.) — 1er juill. 1802, jugement par défaut au profit de Marcelin Furnon contre Jean Furnon. — 31 août suivant, ce dernier forme opposition et constitue avoué, sans donner assignation, et par le même acte il déclare que dans le cas où son oppo-

chose jugée au jugement de première instance, ne s'applique pas non plus au cas où ce jugement n'était pas susceptible d'appel, en ce que ce jugement était émané d'arbitres, nommés par un compromis dans lequel il est stipulé qu'ils jugeraient sans appel, et il ne s'oppose pas à ce que ce jugement soit attaqué par une autre voie, et par exemple par voie d'action en nullité (V. Rej. 27 mai 1818, aff. Huvier, v° Arbitr., n° 1339.— Conf. Merlin, v° Orempt., sect. 1, § 2, n° 7-1°).

333. Suivant un arrêt, la péremption d'une instance d'appel n'a pas pour effet de donner l'autorité de la chose jugée à la disposition du jugement frappé d'appel qui prononce la contrainte par corps : ce chef du jugement reste susceptible d'appel, conformément à l'art. 7 de la loi du 13 déc. 1848, dans les trois jours de l'emprisonnement ou de la recommandation (Req. 29 nov. 1852, aff. Huet, D. P. 53. 1. 269). — La péremption de l'instance d'appel ne peut pas avoir plus d'effet que n'en aurait un acquiescement donné par l'appelant au jugement de première instance, ni imprimer au jugement plus de force que ne lui en ferait obtenir l'expiration des délais de l'appel. Or, l'art. 7 de la loi du 13 déc. 1848 permet à la partie contre laquelle la contrainte par corps a été prononcée par jugement des tribunaux civils ou de commerce, d'interjeter appel du chef de la contrainte lors même qu'elle aurait acquiescé au jugement, et que les délais ordinaires de l'appel seraient expirés. La disposition d'un jugement qui prononce la contrainte par corps ne cesse d'être attaquable par la voie d'appel que lorsque trois jours se sont écoulés depuis que cette disposition a reçu son exécution par un emprisonnement ou une recommandation. C'est alors seulement que la mesure rigoureuse de la contrainte par corps est protégée par l'autorité de la chose jugée, et qu'elle ne peut plus être remise en question. Jusque-là la partie condamnée est relevée de tout acte par lequel elle aurait renoncé expressément ou tacitement à recourir contre un mode d'exécution qui s'attaque à la liberté de sa personne. La décision précitée est une application de ces principes.

334. La péremption de l'appel d'un jugement purement interlocutoire ne donne pas au jugement force de chose jugée. C'est l'avis de M. Merlin, t. 17, p. 242, n° 2. D'Aguesseau, t. 5, p. 188, donnait à cette jusrisprudence les deux motifs que voici : « 1° Dans les sentences définitives, il n'y a rien à imputer à l'intimé; bien loin d'être obligé d'agir pour faire juger l'appel, il peut au contraire demeurer en repos, parce que le temps seul juge quelquefois la cause; il n'en est pas de même dans l'appel d'une sentence interlocutoire; le droit est encore *in pendente*; donc l'intimé doit agir comme l'appelant. — 2° Dans le cas des sentences définitives, il n'y a plus d'instance principale; au contraire, dans les cas d'une sentence interlocutoire; donc l'intimé a dû poursuivre comme l'appelant. Si l'appel n'était pas suspensif, rien ne l'empêchait d'agir; et si l'appel était suspensif, il devait agir pour lever cet obstacle; n'ayant point agi, il suit que la péremption court contre lui et contre l'appelant. » — Toutefois, il a été jugé que la péremption en cause d'appel a pour effet de donner au jugement dont est appel l'autorité de la chose jugée, soit qu'il s'agisse d'un jugement interlocutoire ou d'un jugement définitif; à cet égard, il n'y a aucune distinction à faire (Rej. 15 juill. 1839, aff. hab. de Sagy, V. n° 323-3°).

335. Cependant la péremption de l'appel n'entraînerait pas nécessairement celle du jugement interlocutoire et de l'instance principale; cette péremption devrait être demandée expressément, et jusque-là elle pourrait être couverte par des actes valables; c'est encore l'avis de M. Merlin, *loc. cit.* A cet égard, on rejetterait la jurisprudence adoptée dans les pays où la péremption s'acquerrait de plein droit après un certain délai. Dans ces pays et suivant trois arrêts du parlement de Paris, de 1603, 1607 et 1700, conformes au sentiment de Rodier et de D'Aguesseau, on tenait que la péremption de l'appel d'un interlocutoire emportait de plein droit la péremption de l'instance principale.

336. La disposition de l'art. 401 qui met les frais à la charge de la partie contre laquelle la péremption est prononcée, est applicable en appel. — Il a été jugé spécialement que la partie de dépens réservée par un arrêt qui, après avoir déclaré mettre à néant le jugement dont appel, a donné gain de cause à l'appelant sur un point, et quant à l'autre a ordonné à la partie la plus diligente de mettre un tiers en cause, doit être supportée par l'appelant contre lequel la péremption est ultérieurement demandée et prononcée (Liége, 16 mars 1824) (1).

337. En matière de requête civile, deux époques sont à considérer pour déterminer les effets de la péremption. Est-elle acquise avant que le jugement attaqué soit rétracté, elle porte seulement sur les actes de la procédure en requête civile; elle n'atteint pas le jugement qui subsiste toujours. — Si au contraire la discontinuation de poursuites a lieu après la prononciation du rescindant, et avant qu'une nouvelle décision ait pris la place de celle qui a été rétractée, la péremption anéantit à la fois la procédure en requête civile et l'instance originaire (Conf. M. Bourbeau, p. 610).

338. Ici se présente une controverse fort difficile sur les effets de la péremption considérée au point de vue de l'*indivisibilité*, suivant qu'il s'agit de convention et de droit solidaire ou indivisible, ou suivant qu'on prétend que l'indivisibilité tient à la nature même de la procédure, envisagée dans son ensemble et dans le but que les plaideurs se proposent, qui est la fin du contrat judiciaire en son entier.

339. D'abord, lorsqu'il y a *solidarité* entre des parties au profit de leurs adversaires, on conçoit que les divers actes d'instance se tiennent, à l'égard des parties, liées par la solidarité. Celui qui a deux obligés solidaires a le droit de les poursuivre simultanément ou individuellement, sans affaiblir en rien ses droits. En cas pareil, les deux individus liés solidairement agissent l'un pour l'autre ou l'un avec l'autre, ce qui est indifférent. Dès lors donc que l'action est entretenue à l'égard d'un des obligés solidaires, elle est censée l'être à l'égard de tous. — Il a été jugé en ce sens que l'exécution d'un jugement par défaut, dans le délai légal, contre un débiteur solidaire, empêche la péremption à l'égard de l'autre codébiteur (Rej. 2 fév. 1841, aff. Decaindry, V. Jug. par défaut, n° 425-5°).

340. S'il était convenu entre des parties, soit judiciairement, soit extrajudiciairement, que le procès agité entre elles ou

---

sition ne serait pas recevable, il entend interjeter appel; en conséquence, il constitue aussi un avoué devant la cour. — Aucune poursuite n'a lieu jusqu'en 1814. — A cette époque, Marcelin forme une demande en péremption de l'instance d'appel. — Jean Furnon répond que la péremption ne doit être admise que lorsqu'elle peut avoir pour effet d'éteindre le procès; or, dans l'espèce, elle ne peut remplir ce but, puisque l'instance ne laisserait pas de subsister devant les premiers juges, au moyen de l'opposition formée le 31 août 1802. — Marcelin réplique qu'il n'existe pas d'instance sur l'opposition, par cela même qu'il y a eu instance sur l'appel; que, dès lors, celle-ci peut être déclarée périmée. — Arrêt.

La cour ;— Attendu que la demande en péremption n'éteint pas l'instance qui subsiste encore devant les premiers juges, au moyen de l'opposition, déclare la demande en péremption non recevable.

Du 30 janv. 1815.-C. de Riom, 1re ch.

(1) *Espèce :* — (Delvaux C. Wilgot.) — Delvaux, contre qui la péremption avait été prononcée dans les circonstances indiquées dans la notice ci-dessus, soutenait que les intimés, en ne donnant aucune suite à l'arrêt qui ordonnait à la partie la plus diligente de mettre en cause la veuve Détienne, étaient censés y avoir renoncé; qu'ainsi lui, défendeur à la péremption, ne pouvait être tenu d'autres dépens que de ceux de la requête en péremption, de l'arrêt qui avait prononcé cette péremption et de sa signification, et non des deux tiers des dépens réservés. — Arrêt.

La cour ; — Attendu que, par arrêt du 7 fév. 1817, le jugement du 9 fév. 1815 n'a été mis au néant ni émendé définitivement, qu'en ce qui concerne les fermages de la pièce de terre de 35 verges, la cour s'étant expressément réservé de statuer sur le chef des fermages des autres pièces de terre en question et sur deux tiers des dépens, après que la veuve Détienne ou ses représentants seraient mis en cause par la partie diligente; d'où il suit que la contestation entre parties, quant auxdits fermages et dépens réservés, est restée pendante en instance d'appel; — Attendu que cette instance a été déclarée périmée par l'arrêt de défaut, du 22 juill. 1822, sans qu'il y ait été formé opposition de la part du défendeur en péremption ; — Attendu que cette péremption en cause d'appel a l'effet de donner la force de chose jugée audit jugement dont est appel, quant aux points qui n'ont pas été émendés par l'arrêt du 7 fév. 1817 ; — Par ces motifs, déclare la partie Brixhe non fondée dans l'opposition formée à l'exécution dont il s'agit, etc.

Du 16 mars 1824.-C. de Liége.

prêt à s'engager entre elles serait indivisiblement suivi et jugé, nous croyons que cette convention serait valable. — Ce serait un mandat que chaque partie serait censée donner à ses consorts et recevoir d'eux, pour agir au procès ou recevoir les exploits ou actes de procédure les uns pour les autres à titre de mandataires. — Et l'effet d'un tel contrat serait, suivant nous, de faire produire, soit à l'acte interruptif d'instance émané de l'un des demandeurs, soit à la demande en péremption formée légalement par l'un des défendeurs, un effet indivisible.

341. Pareillement, la jonction de deux instances ordonnées par le juge a pour résultat de rendre ces instances indivisibles; et il a été jugé : 1° que la péremption de l'une (la première) ne pourrait s'étendre à l'autre, qui aurait été conservée (Riom, 6 janv. 1818) (1); — 2° Que lorsque plusieurs instances ont été jointes, elles deviennent indivisibles quant à la péremption, de sorte que, tant que le jugement qui a prononcé la jonction n'a pas été rétracté, l'acte fait utilement pour l'une d'elles profite aux autres; que tel serait l'acte par lequel une partie, sans avoir préalablement demandé la disjonction des instances, aurait demandé la péremption des deux instances où elle était défenderesse, et conclu à la reprise des deux autres (Bordeaux, 22 fév. 1834) (2).

342. Toutefois, il en serait autrement si, après la jonction de plusieurs instances, les intérêts de quelques-unes des parties étaient demeurés distincts, ou si plus tard était intervenue une disjonction. — Ainsi, il a été jugé : 1° que lorsque la péremption d'une instance d'appel demandée contre deux parties est admise par un arrêt par défaut qui, dans son dispositif, ne statue qu'à l'égard de l'une d'elles, bien que l'autre partie fût mise en qualité, l'instance se trouve divisée de telle sorte que si la partie omise dans l'arrêt demande la péremption de l'instance en péremption, sa requête doit être accueillie, mais ne profite pas à l'autre partie qui peut seulement former opposition à l'arrêt par défaut (Bruxelles, 16 janv. 1820) (3); — 2° Que, dans le cas où des demandes exercées contre des parties distinctes ont été jointes en

---

(1) (Tassy C. Chatonier.) — LA COUR; — Considérant que l'instance de 1784, dans laquelle Chatonier, partie de Bernet, était demandeur contre Tassy, et celle de 1812, dans laquelle les héritiers dudit Tassy étaient demandeurs à leur tour contre Chatonier, avaient l'une et l'autre pour objet des entreprises sur la ruelle dont il s'agit, et des droits respectivement prétendus sur icelle; — Considérant que lorsqu'on en vint à l'audience des premiers juges, le 21 oct. 1812, sur la dénonciation de nouvel œuvre sur ladite ruelle (dénonciation alors faite par les Tassy contre Chatonier), leur défenseur proposa la jonction des deux instances de 1784 et de 1812, comme étant connexes, n'ayant qu'un même fond à juger, et se soumit en même temps d'en venir au fond sur le tout, à la première audience; — Considérant que les premiers juges en ne rejetant point la demande en jonction, en ordonnant (après avoir autorisé la continuation des constructions commencées) que les parties feraient diligence pour en venir sur le fond à la première audience, prononcèrent virtuellement la jonction, et reconnurent que le fond des deux instances devait leur être à la fois soumis, comme étant les deux instances connexes, susceptibles de venir sur mêmes plaidoiries, à la même audience, et susceptibles enfin d'une seule décision pour terminer le fond des deux instances; — Considérant que si l'on admettait la péremption, isolément demandée, de l'ancienne instance de 1784, le fond de cette instance resterait toujours subsistant, en vertu de l'instance de 1812, nonobstant sa liaison avec l'instance éteinte de 1784; — Considérant que tels ne sauraient être le but et la fin des demandes en péremption, et que là où l'objet d'une instance subsiste d'un côté, ce même objet ne peut être anéanti de l'autre, et cependant toujours entre les mêmes parties, sans violer le principe de l'indivisibilité admis en matière de péremption; — Met l'appel au néant, etc.

Du 6 janv. 1818.-C. de Riom, 2e ch.-M. Deval de Guymont, pr.

(2) *Espèce* : — (Rodrigues C. Bonnamy.) — Par un jugement du 16 mai 1823, quatre instances, dont deux introduites par les mariés Bonnamy et les deux autres par les mariés Rodrigues, avaient été jointes du consentement de toutes parties. — La signification de ce jugement fut faite, par acte d'avoué à avoué, le 9 juill. 1823. — En 1832 seulement, et le 9 juin, les mariés Rodriguess signifièrent un acte par lequel ils déclaraient reprendre les instances par eux formées, et demandaient la péremption de celles introduites contre eux par les époux Bonnamy. — Jugement qui déclare les mariés Rodrigues non recevables dans leur demande en péremption, attendu que la disjonction n'ayant pas été demandée avant la reprise d'instance, cette péremption était couverte. — Appel. — On soutient que le jugement de jonction était un simple préparatoire qui avait eu pour effet de rendre indivisible, non pas les instances réunies, mais la procédure ou l'instruction, afin d'éviter aux parties des frais multipliés et inutiles; que, malgré cette jonction, chacune des instances peut, indépendamment des autres, tomber en péremption, aux termes de l'art. 397 c. pr. — On repousse l'objection tirée de ce que la disjonction aurait dû être demandée préalablement à la demande en péremption, en disant que cette demande avait été formée implicitement, et que demander la péremption d'une instance jointe à une autre instance que l'on a intérêt à conserver et à faire juger, c'était, par la force même des choses, demander la disjonction des deux. — Arrêt.

LA COUR; — Attendu que les quatre instances engagées entre les conjoints Rodrigues et les conjoints Bonnamy, furent jointes du consentement de toutes parties, par jugement du 16 mai 1823; — Attendu que les demandes, respectivement formées, quoique distinctes en ce sens que chacune d'elles conservait le caractère qui lui était attribué par l'exploit originaire avaient néanmoins été soumises à une seule instruction, à une procédure unique; — Que, bien que cette procédure ne formât pas un tout indivisible puisque le tribunal pouvait, en tout état de cause, séparer ce qu'il avait uni, son jugement, tant qu'il n'était pas rétracté, n'en avait pas moins pour effet direct et immédiat de réunir les quatre instances en une seule, de telle sorte qu'un acte utilement fait par l'une d'elles, profitait aux autres; — Attendu que des principes ci-dessus posés, il résulte que les conjoints Rodrigues auraient dû préalablement demander la disjonction des instances, dans l'objet de faire déclarer éteintes et périmées celles dirigées contre eux par les exploits des 24 août 1822 et 5 mars 1823, — Attendu que cette demande en disjonction, formée le 18 janv. 1833, l'a été tardivement et lorsque la péremption était déjà couverte par les défenses que les mariés Bonnamy avaient fait signifier au fond, dès le 19 juill. précédent, et dans lesquelles ils opposaient à leurs adversaires, comme obstacle aux conclusions en péremption, l'acte par lequel ces derniers avaient déjà eux-mêmes déclaré les instances introduites à leur requête; qu'ils ne pouvaient, en effet, tant que subsistait le jugement de jonction, demander la péremption des deux instances où ils étaient défendeurs, et conclure à la reprise des deux autres; — Par ces motifs, met l'appel au néant, etc.

Du 22 fév. 1834.-C. de Bordeaux, 2e ch.-M. Gerbeaud, pr.

(3) *Espèce* : — (Flameng C Spitaels.) — Un appel interjeté par Marie et Pierre Flameng reste plusieurs années sans être poursuivi. — Spitaels en demande la péremption. — 8 déc. 1808, arrêt par défaut qui prononce la péremption contre Pierre Flameng, sans rien statuer à l'égard de Marie, bien qu'elle fût mise en qualité. — Cet arrêt est signifié le 15 juill. 1811; Marie et Pierre y forment opposition. Mais Marie s'apercevant de l'omission commise à son égard, se désiste de son opposition, et le 30 janv. 1812 requiert la péremption de l'instance en péremption.—Arrêt.

LA COUR; — Attendu que l'arrêt par défaut contre lequel étaient dirigées les oppositions dont il s'agit, signifiées les 24 et 26 juill. 1811, est étranger à Marie Flameng; que cet arrêt n'a été porté qu'entre Jean Spitaels et Pierre Flameng; qu'ainsi ces oppositions étaient sans objet, à l'égard de Marie Flameng, et par conséquent sans effet; outre que, par conclusions du 20 déc. 1819, elle s'en est désistée; — Que ces actes d'opposition ainsi retranchés de la procédure, on n'y trouve plus aucun acte valable dans l'intervalle du 23 nov. 1808, époque de la signification de la requête en péremption faite au nom de l'intimé, jusqu'au 30 janv. 1812, lorsque ladite Marie Flameng a conclu, de son côté, à ce que cette instance en péremption fût elle-même déclarée périmée; — Attendu que l'art. 397 c. pr. déclare, en termes généraux, que dans le cas de semblable discontinuation, il y a lieu à péremption; — Qu'on peut d'autant moins faire pour l'espèce une exception à la règle générale, que la demande en péremption est de sa nature demande principale et nouvelle; — Attendu que l'art. 469 ne peut être relatif qu'à l'instance qui fait l'objet de l'appel; qu'il ne peut donc être applicable au cas; — Attendu que par le susdit arrêt du 8 déc. 1808, la cour a mis les appelants dans une position à faire leurs faits distincts et séparés; que, dans cet état de choses, leur défense n'étant pas commune, il n'y a pas lieu à s'occuper de la question, si, dans tout autre cas que celui de l'alinéa de l'art. 397, la procédure doit être considérée comme indivisible sous le rapport de la péremption.

En ce qui concerne les représentants Pierre Flameng : — Attendu que les qualités de l'arrêt du 8 déc. 1808 produit en expédition par l'intimé présentaient à la décision de la cour une cause ventillante entre Pierre et Marie Flameng, d'une part, et Jean Spitaels, d'autre part; que cependant le dispositif de cet arrêt qui, aux termes de l'art. 141 c. pr., a dû être le complément de ses qualités, n'a pas prononcé à l'égard de ladite Marie Flameng, qui n'a dû déférer qu'à un arrêt qui aurait eu toutes ses parties, n'a donc pu être constitué en retard par la signification de l'arrêt susdit; que partant il était encore dans le terme utile fixé pour l'opposition, lorsque les 21 et 26 juill. 1811 il fit signifier celles dont il s'agit;

Par ces motifs, déclare périmée l'instance en péremption, à l'égard de Marie Flameng; sursoit de disposer sur la demande de plaider au fond, jusqu'à ce qu'il ait été statué sur l'opposition de Pierre Flameng

première instance, et qu'après le jugement, chacune de ces parties en a interjeté séparément appel, la péremption de l'instance d'appel peut être valablement demandée contre une seule de ces parties, sans qu'il soit nécessaire de la demander contre les autres (Bordeaux, 26 fév. 1844, aff. Russel, V. n° 346-4°); —3° Que la péremption dont le délai n'a commencé à courir que par la signification d'un arrêt (de cassation ou autre) faite à la requête d'une seule de diverses parties dont les intérêts sont distincts, ne profite pas à celles qui sont demeurées étrangères à la signification; qu'il importe peu que l'arrêt ait ordonné la jonction de diverses instances, si, nonobstant cette jonction, les intérêts sont restés séparés; en un tel cas, il y a divisibilité (Nancy, 11 avr. 1826) (1).

343. Au reste, d'après un arrêt, si, sur l'appel interjeté contre deux intimés, il a été passé entre l'un des intimés et l'appelant un traité dans lequel on a stipulé que l'instance demeurera éteinte entre les contractants, l'autre intimé peut seul demander la péremption, car désormais celui qui a traité n'est plus partie à l'instance (Riom, 3 mai 1816) (2).

344. Ici se présente, sur les effets de la péremption, une théorie fort grave dans le cas où plusieurs parties étant demanderesses ou défenderesses dans l'instance, la péremption n'est proposée que par un ou quelques-uns des défendeurs et contre quelques-uns des demandeurs seulement. —Même ordre de difficultés lorsque l'instance est poursuivie irrégulièrement, ou que la demande en péremption contient une nullité ou est irrégulière à l'égard de quelques-uns des demandeurs ou défendeurs. — Bientôt, et sous toutes sortes de faces, a été agitée la question de savoir si la péremption d'instance est *indivisible*, bien qu'il n'y ait ni solidarité ni indivisibilité entre les parties par lesquelles ou contre lesquelles l'action est dirigée. — C'est, suivant nous, pour s'être éloignée des règles ordinaires, que la controverse est arrivée sur ces points à des solutions qui n'ont aucune base fixe et certaine. — La subtilité et la contradiction ont été si grandes, et, disons-le, elles étaient si inévitables, qu'on s'est même vu dans la nécessité de ne point rechercher le caractère des intérêts litigieux pour ne s'attacher qu'à celui des instances ou des procédures qu'on a déclarées indivisibles par leur nature ou leur essence !— Toutefois, nous serions disposés à croire qu'il n'y a que l'indivisibilité des intérêts qui puisse créer l'indivisibilité dans les actes de procédure, à supposer même que la seule indivisibilité des intérêts puisse produire un semblable résultat. Mais lorsque nul lien n'existe entre les intérêts, et que la chose jugée à l'égard de l'un des consorts ne saurait être opposée aux autres, ou qu'aucune jonction de procédure n'a été ordonnée ou convenue, on ne comprend plus le motif qui ferait considérer le procès comme indivisible. — D'après Pigeau, il faut, pour la péremption comme pour la prescription, considérer si l'objet de l'instance est ou n'est pas indivisible. Si l'objet est indivisible, l'instance l'est aussi ; mais si cet objet peut être divisé, chacune des parties n'ayant droit qu'à sa part, l'action se divisant entre elles, il en doit être de même de l'instance qui n'est que l'exercice de cette action. Dans ce système, l'instance peut être scin-

---

à l'arrêt par défaut porté le 8 déc. 1808; faisant droit à l'égard des représentants de ce dernier, les reçoit opposants au susdit arrêt par défaut; ordonne aux parties de plaider sur l'opposition, etc.

Du 16 janv. 1820.-C. d'appel de Bruxelles, 2e ch.

(1) *Espèce :* — (Pâris, etc. C. com. de Maubert-Fontaine.) — Un arrêt de la cour de Metz avait condamné Pâris et consorts à délaisser certains immeubles à la commune de Maubert-Fontaine; mais cet arrêt fut cassé le 1er déc. 1817, et la cause renvoyée à la cour de Nancy. L'arrêt de renvoi fut signifié à avoué le 1er janv. 1818 et à la commune de Maubert-Fontaine, au domicile de son maire, parlant à sa femme, à la requête de Pâris seul, par exploit, en date du 28 fév. suivant. — L'exploit de signification ne fut pas visé par le maire. — Le 29 nov. 1823, Pâris, Barbière et consorts assignèrent la commune devant la cour de Nancy, pour faire prononcer contre elle la péremption de son instance. — Ils soutenaient, 1° que la péremption était acquise, parce qu'il s'était écoulé plus de trois ans sans poursuites de la part de la commune, à dater de la signification de l'arrêt; 2° que l'instance étant indivisible, la péremption devait profiter à tous les intéressés en cause. — La commune répondait, 1° que la signification etait nulle pour défaut du visa du maire; 2° qu'au reste, la péremption ne pouvait profiter qu'à Pâris, et non aux autres parties dont les intérêts étaient distincts. — Arrêt.

La cour;— Attendu que, par le renvoi fait par la cour de cassation, par son arrêt en date du 1er déc. 1817, la cour royale de Nancy a été substituée à celle de Metz, et est devenue le tribunal naturel et compétent des parties, par la subrogation que cet arrêt a opérée; — Que, par l'effet de cette subrogation, l'instance s'est trouvée pendante devant la cour de Nancy, comme elle l'était devant la cour de Metz, par la seule signification de l'arrêt de renvoi; qu'il aurait suffi d'un simple acte de constitution devant cette nouvelle cour, pour régulariser la procédure et continuer l'instance; — Qu'il résulte des pièces produites au procès que l'arrêt de cassation a été signifié à avoué le 28 janv. 1818, et à partie le 28 fév. suiv., et que, depuis ce moment, toutes les parties en cause ont gardé le silence jusqu'au 29 nov. 1823, c'est-à-dire pendant cinq ans neuf mois; — Que, c'est après ce délai, et par acte dudit jour, 29 nov. 1823, que les parties de Poirel ont ajourné celle de Châtillon devant la cour, pour voir prononcer la péremption de l'instance qui existait entre elles; — Attendu que, d'après les règles de la procédure, l'arrêt de renvoi n'ayant pu saisir la cour et faire courir le délai de la péremption qu'après avoir été signifié, il faut examiner si le vœu de la loi a été rempli par les actes des 28 janv. et 28 fév. 1818, puisque la cour de cassation, prononçant une condamnation de dépens exécutoire contre la commune, son arrêt a dû, aux termes de l'art. 147 c. pr. civ., être signifié à partie; — Que l'acte du 28 janvier ne donne lieu à aucune critique sérieuse; mais que les efforts de la commune tendent à faire prononcer la nullité de celui du 28 fév., en invoquant les dispositions des art. 60 et 70 c. pr., pour défaut de visa sur l'original de l'exploit; — Qu'à la vérité, ce dernier acte n'est point régulier, puisque l'huissier ne trouvant point le maire à son domicile, et ne pouvant en obtenir le visa prescrit par l'art. 1039, aurait dû en présenter l'original au visa du procureur du roi près le tribunal de première instance; mais que l'art. 1029, relatif aux significations, ne prononçant point de nullité, à la différence de l'art. 70, qui s'applique aux assignations, et l'art. 1030, défendant aux tribunaux d'annuler aucun exploit ou acte de procédure hors des cas spécialement énoncés par la loi, cet exploit doit être déclaré valable, nonobstant son irrégularité; — Qu'il s'agit maintenant d'examiner quelle influence cet acte doit opérer dans la cause, et si toutes les parties de Poirel sont fondées à s'en aider pour appuyer leur demande en péremption, quoiqu'il n'ait été signifié qu'à la requête de Pierre Pâris seul; — Qu'à la vérité, il est un principe, généralement reconnu, qu'une instance forme un tout indivisible, et que le but de la loi, en établissant la péremption, a été d'éteindre l'instance tout entière en sorte que qu'il ne fût plus possible aux parties, dans aucun cas, d'opposer aucun des actes de la procédure éteinte, ni de s'en prévaloir, mais qu'il faut appliquer ce principe avec discernement, et eu égard aux faits de la cause;

Qu'il est constant, en fait, qu'à l'origine du procès, le maire de la commune de Maubert-Fontaine, s'apercevant qu'un grand nombre d'habitants avaient commis des usurpations sur des biens communaux, pour des portions et dans des localités différentes, avait, par des actes séparés et distincts, assigné huit de ces habitants devant le tribunal civil de Rocroy, pour se voir, chacun individuellement, condamner au désistement des portions par eux usurpées, et que le tribunal, pour modérer les frais de toutes des instances, en ordonna la jonction; — Que, cependant, les intérêts des parties demeurèrent toujours distincts malgré cette jonction, puisqu'il n'existait entre elles aucune indivision ni aucune communauté; d'où il résulte, au cas particulier, que l'instance actuelle renferme autant d'instances qu'il y a de parties en cause, et qu'en admettant la péremption pour une ou quelques-unes des parties, la procédure se trouvera entièrement éteinte au regard de celles en faveur de qui elle sera prononcée; — Mais attendu que Pierre Pâris seul, a fait signifier à partie l'arrêt de renvoi, et que cette signification étant indispensable pour faire courir le délai de la péremption, lui seul aussi doit profiter du bénéfice de la loi; c'est le prix de la diligence; il n'avait aucun lien de communauté avec les autres parties, ses démarches ne pouvaient ni leur nuire ni leur servir, et elles doivent s'imputer à elles-mêmes d'avoir négligé de veiller à leurs intérêts; — Sans s'arrêter au moyen de nullité contre la signification de l'arrêt de cassation, déclare l'instance périmée seulement à l'égard du sieur Pâris, etc.

Du 11 avr. 1826.-C. de Nancy.-M. Breton, pr.

(2) (Faye C. Faye.) — La cour; — Attendu que la partie de Marie, en notifiant à François Faye, partie d'Allemand, le traité que ladite partie de Marie a passé avec Hilaire Faye, leur frère commun, le 17 therm. an 8, a déclaré, dans les conclusions de sa requête signifiée le..., qu'au moyen dudit traité, l'instance qui était pendante entre la partie de Marie, d'une part, et lesdits François et Hilaire Faye, d'autre part, ne devait plus subsister qu'avec ledit François Faye, et que depuis cette déclaration, il n'y a plus eu d'actes de procédure qu'entre la partie de Marie et ledit François Faye, partie d'Allemand; — Attendu qu'il s'est écoulé depuis plus de trois ans et six mois, sans nouvelle procédure de la part d'aucune des parties; qu'ainsi, il y a lieu d'accueillir la demande en péremption formée par la partie d'Allemand; — Déclare l'instance pendante entre lesdites parties éteinte et périmée, etc.

Du 3 mai 1816.-C. de Riom, 1re ch.-M. Redon, pr.

dée; elle existera pour l'un et s'éteindra pour l'autre (V. vº Chose jugée, nº 255 et 259). — Jugé qu'en ce cas, le principe d'indivisibilité n'est pas admissible (Grenoble, 14 février 1822, V. nº 351-1º; Nancy, 11 avril 1826, nº 342-3º). — Quant à M. Bourbeau, p. 662 et s., il enseigne même qu'y eût-il indivisibité des intérêts, l'instance n'est point indivisible, et qu'en conséquence les effets de la péremption, demandée ou interrompue, doivent être restreints aux personnes qu'elle concerne.

Supposez qu'un individu limite à une seule partie l'action qu'il aurait le droit d'intenter contre deux ou plusieurs parties ayant des intérêts communs, mais sans solidarité entre elles : pourrait-il opposer à celles-ci le jugement qu'il aura obtenu contre celle-là? Non, évidemment. — S'il peut n'intenter un procès que contre une seule partie, il lui sera donc permis de renoncer à l'instance qu'il aura formée contre les autres, et celles-ci, qui pouvaient n'être point mises en cause, doivent, ce semble, être fondées à faire déclarer périmée l'instance qui n'aura point été continuée à leur égard.—Il est bien vrai que cette péremption peut être sans valeur réelle, lorsque, par exemple, l'action ne sera point prescrite. Mais l'omission ou le retard de procédure, pendant un certain temps, ont été regardés par le législateur comme propres à faire périr l'instance, sans préoccupation aucune du fond du droit. Il n'est donc pas permis de baser sur cette considération que l'action au fond n'est pas prescrite et sur le défaut d'intérêt, une fin de non-recevoir contre une demande en péremption par laquelle le législateur a voulu qu'on pût anéantir une instance abandonnée.

345. Au reste, par application du principe de la divisibilité des droits, même en matière de péremption, on a jugé que la demande en péremption formée contre des héritiers appelants et en matière divisible, doit être admise contre ceux à l'égard desquels elle est régulière, quoiqu'elle soit nulle à l'égard de l'un d'eux (Rennes, 10 juin 1830) (1).

346. De même encore, quand les parties ont des intérêts distincts ou qu'un appel n'a été interjeté que contre une seule des parties qui ont obtenu le jugement, la péremption a pu n'être demandée que par celle-ci. — Jugé en ce sens : 1º que la circonstance que plusieurs appels ont été interjetés par des parties ayant des intérêts distincts (comme si, par exemple, il y a appel du demandeur originaire contre le garanti, et de la part du garant contre le demandeur originaire), ne fait pas obstacle à ce que la péremption soit demandée par le garanti contre le demandeur originaire, encore bien qu'elle ne serait pas acquise entre ce dernier et le garant : on se prévaudrait en vain du principe de l'indivisibilité (Poitiers, 8 juill. 1825, aff. Dupin, V. nº 67-3º); — 2º Qu'il suffit que l'appel d'un jugement rendu en faveur d'une partie qui avait assigné un tiers en garantie n'ait été signifié qu'au garanti, pour que la demande en péremption de l'instance d'appel formée par ce garanti, alors seul intimé, ne puisse être repoussée sous le prétexte que, depuis, l'appelant aurait signifié l'appel au garant et aurait valablement entretenu l'instance vis-à-vis de ce dernier, et, par suite, en vertu du principe de l'indivisibilité d'instance, vis-à-vis du garanti, lequel ne serait pas fondé à se prévaloir de sa demande en péremption (Bordeaux, 27 juin 1834) (2); — 3º Que, de ce qu'il n'a été formé qu'un seul acte d'appel contre trois jugements distincts, rendus au profit de trois individus, la péremption d'instance ne cesse pas de pouvoir être demandée par un seul de ces individus, dans son propre intérêt, alors, d'ailleurs, que la procédure, dans tout son cours, a été suivie contre lui séparément; et c'est à tort que, sous prétexte que la péremption est indivisible, on prétendrait qu'elle aurait dû être demandée simultanément par les trois intimés (Req. 19 janv. 1837, aff. Labriantais, V. nº 284); — 4º Que, bien que la requête en péremption n'ait été signifiée, à une tierce partie appelée en garantie, que postérieurement à la mise au rôle, laquelle, elle-même, a suivi la demande en péremption, cette demande n'en produit pas moins son effet entre les parties principales (Bordeaux, 26 fév. 1844) (3).

---

(1) (Martin et autres C. hér. Olivier.) — La cour; — Considérant que depuis le 7 avril 1808, date de l'exploit par lequel les héritiers Olivier avaient déclaré se porter appelants des jugements rendus contre eux par le tribunal de Savenay, le 19 août 1807, ils n'ont donné aucunes suites audit appel, et qu'ainsi l'instance qu'ils avaient introduite par l'exploit susdaté, se trouve éteinte, aux termes de l'art. 397, c. pr.; qu'inutilement opposent-ils à la demande en péremption formée par les époux Martin, que leur inaction a été forcée par la transaction passée entre parties, le 6 fév. 1810, et enregistrée le 16 février; que les intimés leur ont avec raison répondu que cet acte n'ayant pas été revêtu de l'homologation prescrite par l'art. 467 c. civ., dans l'intérêt de Jeanne Cormier, alors mineure, n'avait, conformément au même article, aucune validité, ne présentait que les caractères d'un simple projet, et ne pouvait, par conséquent, les empêcher de donner suite à l'instance qu'elle avait eu pour objet d'éteindre; — Considérant qu'il n'est au surplus intervenu de la part de la femme Martin, depuis qu'elle a atteint sa majorité, aucun acte emportant renonciation, soit expresse, soit tacite, au droit d'opposer la nullité de la transaction dont il s'agit; — Considérant que l'assignation donnée à Pierre Glaumé, pour déclarer la péremption acquise, est nulle, comme ayant été notifiée non à son tuteur, mais à lui personnellement, quoiqu'il fût encore mineur, ainsi que le justifie son acte de naissance; que depuis cette notification et avant qu'il lui en eût été fait une autre en forme régulière, il a couvert la péremption, en assignant lui-même les époux Martin devant la cour, pour y voir statuer sur l'appel interjeté contre eux par Charles Olivier, son aïeul, et que, dès lors, la péremption ne peut, aux termes de l'art. 399 c. pr., être déclarée acquise contre lui; — Mais, considérant que rien ne s'oppose à ce qu'entre plusieurs individus, procédant conjointement et dans un intérêt commun, l'instance qu'ils avaient introduite soit regardée comme encore existant, par rapport à l'un d'eux, et comme éteinte par la péremption à l'égard des autres, lorsque, comme dans l'espèce, l'objet de la contestation est, de sa nature, divisible; — Que la doctrine de l'indivisibilité de toute instance judiciaire, qu'ont essayé d'établir les appelants, n'a aucun fondement; que de même qu'entre plusieurs individus qui s'étaient réunis pour former une réclamation en justice, l'un d'eux peut ensuite se désister et se retirer du procès, sans que pour cela les autres soient empêchés d'y donner suite en ce qui les concerne; de même aussi, et par la même raison, lorsque l'instance qui se trouve périmée relativement à quelques-uns d'entre eux, ne l'est pas à l'égard d'un ou de plusieurs des autres, par un motif particulier et qui leur est personnel, ces derniers peuvent continuer de suivre l'effet de la demande qu'ils avaient formée, quant à la portion d'intérêt pour laquelle ils y étaient fondés, et nonobstant la déchéance encourue par ceux concurremment avec lesquels ils avaient originairement procédé; — Déclare éteinte par péremption l'instance d'appel introduite par les héritiers Olivier, sauf en ce qui touche Pierre Glaumé, à l'égard et dans l'intérêt duquel seulement elle continue de subsister; — Ordonne, en conséquence, que le jugement dont est appel recevra, relativement aux autres appelants, sa pleine et entière exécution, etc.

Du 10 juin 1830.-C. de Rennes, 2e ch.-M. Duporzou, pr.

(2) *Espèce* : — (Rallion C. Dumayne, etc.) — Rallion avait interjeté appel en 1830 contre les époux Dumayne, assignés en désistement d'un fonds de terre, et contre les héritiers Varache que ceux-là avaient cités en garantie.—La procédure est interrompue jusqu'au 20 fév. 1834, époque à laquelle les époux Dumayne demandent la péremption. — Alors l'appelant signifie l'appel aux héritiers Varache, et il prétend que les époux Dumayne n'ayant pu demander aussi la péremption contre les héritiers Varache, c'est le cas, par suite de l'entretien de l'appel contre ceux-ci et de l'indivisibilité de l'instance, de déclarer la péremption inapplicable. — Arrêt.

La cour; — Attendu que Rallion (appelant), qui était étranger à la garantie exercée devant les premiers juges contre les héritiers Varache par les mariés Dumayne, n'a pas notifié à ces derniers l'appel du 21 sept. 1830; — Qu'on ne peut, dès lors, se prévaloir de ce qu'ils n'ont pas demandé la péremption d'un appel qui n'était pas lié avec eux et dont ils étaient légalement censés ignorer l'existence; — Que, par suite, la règle d'après laquelle l'indivisibilité d'une instance ne permet pas de la déclarer éteinte et périmée pour partie, ne peut, dans l'espèce actuelle, recevoir aucune atteinte, puisqu'il n'existait, à l'égard des conjoints Dumayne, qu'une seule instance, celle formée par l'exploit d'appel du 8 sept. 1830; — Confirme.

Du 27 juin 1834.-C. de Bordeaux, 2e ch.-M. Gerbeaud, pr.

(3) (Russel C. Maulde.) — La cour; — Attendu que la présentation d'un placet pour faire distribuer la cause, n'est point un acte de procédure, et que, dès lors, elle ne peut interrompre la péremption, alors même que la date en serait certaine; — Attendu que l'exploit d'appel est du 7 sept. 1839; que la demande en péremption a été faite par requête signifiée le 18 avril 1843, et que, dans l'intervalle, les appelants n'ont fait aucun acte de procédure; — Attendu que la mise au rôle n'a eu lieu que le lendemain de la demande en péremption; que les appelants invoquent deux moyens pour établir que cette mise au rôle a empêché la péremption; le premier serait pris de ce que le sieur Valleteau-Mouillac (appelé en garantie), curateur à la succession vacante de David Duportal, avait été assigné pour procéder sur l'appel; que la demande en péremption ne lui avait été notifiée que le 19 avril, et que, ce même jour, la péremption se trouvait empêchée par la requête des appelants et par

347. Sous une législation où le décès de l'une des parties formait un obstacle à la péremption, il a été jugé que l'effet de ce décès profitait à ses consorts, et que la péremption était interrompue dans l'intérêt de tous (Req. 27 germ. an 13, MM. Muraire, 1er pr., Genevois, rap., aff. Depape). —Néanmoins on a décidé sous le code : 1° que celui des deux appelants qui a laissé passer trois ans sans poursuites peut être atteint par la demande en péremption des intimés sans être fondé à se prévaloir de l'addition de six mois acquise à son coappelant dont l'avoué s'est démis ; et, par exemple, que si, en cas de démission de l'avoué de deux parties appelantes d'un jugement qui les condamne à payer une certaine somme, un autre avoué s'est constitué pour un seul des appelants, la péremption de l'instance demandée contre cet appelant pour discontinuation de poursuites pendant trois années à partir de cet acte de constitution, a pu être prononcée contre lui, encore bien qu'à l'égard de l'autre appelant, il y ait lieu à l'augmentation du délai supplémentaire de six mois par suite de la démission de son avoué ; et celui contre lequel la péremption est demandée prétendrait en vain que, soit à cause de l'indivisibilité prétendue de l'instance, soit parce qu'il y a eu aussi démission d'avoué à son égard, il doit profiter de l'augmentation du délai acquis à son coappelant ; qu'il importerait peu encore que ce dernier ait été mentionné dans la demande en péremption, si les conclusions ne portent que contre le premier (Rej. 9 juill. 1828) (1) ; — 2° Que lorsqu'une instance poursuivie contre plusieurs cohéritiers a pour objet le payement d'une chose divisible, la péremption peut être acquise au profit de l'un d'eux, quoique des actes interruptifs l'aient empêchée à l'égard des autres (Toulouse, 26 fév. 1834, aff. Lissençon, V. Effet de com., n° 832).

348. Malgré ces décisions, la doctrine qui a vu un principe d'indivisibilité dans les procédures dirigées par ou contre plusieurs parties, est fondée sur des autorités plus nombreuses encore. — D'abord il a été posé en principe : 1° que la péremption d'instance est, de sa nature, *indivisible*, lors même que l'objet du procès serait susceptible de *division* (Riom, 26 juin 1820 ; Req. 13 juill. 1830 (2) ; Rej. 8 juin 1813, aff. Mahy, n° 353. —

---

la mise au rôle ; que le second moyen résulterait de ce que plusieurs autres parties qui figuraient dans l'instance devant le tribunal d'Angoulême, dans le jugement dont est appel, s'étaient aussi rendues appelantes ; que la demande en péremption n'était pas formée contre elles, et qu'elle n'était pas admissible contre les époux Maulde, parce que, devant le tribunal d'Angoulême, les instances avaient été jointes et qu'il y avait été statué par un seul et même jugement ;

Attendu, sur le premier moyen, que Valleteau-Mouillac n'a point interjeté appel ; qu'il n'a fait aucun acte devant la cour ; qu'il est sans intérêt pour s'opposer à la péremption ; que l'assignation qui lui a été donnée pour voir rendre commun avec lui l'arrêt à intervenir sur la demande en péremption, ne change pas la situation des appelants à l'égard des intimés ; qu'il reste toujours que les appelants ont laissé passer plus de trois ans sans poursuites ; que si la péremption est acquise à leur égard, il ne peut y être fait obstacle par l'ajournement donné à Mouillac dans le seul but de la voir déclarer ;

Attendu, sur le deuxième moyen, que les divers détenteurs poursuivis devant le tribunal d'Angoulême par l'action hypothécaire, exerçaient chacun un droit spécial et particulier ; que si les instance ont été jointes devant le tribunal d'Angoulême, et s'il y a été statué par un seul jugement, il n'est pas moins vrai que les intérêts des parties étaient distincts et séparés ; que l'appel individuel qu'elles ont fait, forme autant d'instances particulières, et que ces instances n'ont point été jointes ; que, dès lors, les époux Maulde ne peuvent en exciper et ne peuvent faire valoir que des exceptions qui leur sont propres ; — Donne, comme autrefois, défaut contre Valleteau-Mouillac, au nom qu'il est pris, et statuant sur le profit du défaut joint au fond par arrêt du 27 nov. 1843, déclare périmée l'instance d'appel introduite par les époux Maulde.

Du 26 fév. 1844.-C. de Bordeaux, 1re ch.

(1) (Beaujour *C.* hérit. Vallerand.) — La cour (apr. délib. en ch. du cons.) ; — Attendu en droit que, d'après la disposition de l'art. 397 c. pr., toute instance est éteinte par discontinuation de poursuites pendant trois ans ; — Attendu en fait, 1° qu'à l'époque du 10 août 1822, jour auquel la demande en péremption dont il s'agit a été formée, il s'était écoulé plus de trois ans, à compter du 4 août 1819, date du dernier acte de la procédure, par lequel Me Daullé avoué, s'était constitué, au lieu et place de Me Machard, démissionnaire, pour la dame veuve Beaujour sur l'assignation du 18 juin 1810 ; — 2° Que, depuis cet acte, les demandeurs en cassation ne s'étaient trouvés ou n'avaient pas fait connaître qu'ils fussent, soit par eux, soit par leur coappelant, dans aucun des deux cas prévus par la deuxième disposition du susdit art. 397 relative à l'augmentation de six mois ; — 3° Que quoique, dans la requête du 10 août 1822, introductive de la demande en péremption, il eût été parlé du sieur Pierre-Jacques-Joseph Duhamel, comme coappelant avec les sieur et dame Beaujour, du jugement du 11 mars 1809, les conclusions prises par cette requête, ainsi que celles prises à l'audience de la cour royale d'Amiens, ne portaient que contre la dame veuve Beaujour, et qu'aucunes observations ni réclamations n'ont été présentées à l'audience de ladite cour sur ce qui pouvait être relatif à ce sieur Duhamel, dont le domicile en France paraissait être inconnu ; — Que dans de semblables circonstances, les juges de la cour royale d'Amiens ont pu, sans violer aucune des dispositions du susdit art. 397, ni aucun autre article de loi, déclarer atteint et périmé l'appel interjeté par la dame Beaujour et son mari le 28 juin 1809, du jugement rendu contre eux le 11 mars précédent par le tribunal civil de Péronne ; — Par ces motifs, sans qu'il soit besoin de statuer sur les fins de non-recevoir opposées par les défendeurs ; — Rejette le pourvoi contre l'arrêt de la cour d'Amiens, du 24 août 1825.

Du 9 juill. 1828.-C. C., ch. civ.-MM. Brisson, pr.-Jourde, rap.

(2) 1re *Espèce* : — (Lambert *C.* Planeix.) — La cour ; — Attendu que l'exploit du 5 juin 1819, contenant demande et assignation en péremption est nul, au moins en ce qui concerne François Planeix, l'une des parties de Roullion, compris, tant en son nom qu'en qualité de tuteur de Catherine et d'Elisabeth Planeix, ses deux sœurs, par le défaut absolu de mention de la personne à qui la copie a été laissée, puisque le parlant à est en blanc, laquelle nullité est établie par le § 2, art. 61, c. pr. ;

Attendu que par l'exploit du 18 août 1770, introductif de l'instance sur laquelle est intervenue la sentence du 9 juill. 1790, dont l'appel a formé l'instance dont la péremption est demandée, tous les auteurs respectifs des parties de Roullion furent assignés conjointement comme communs et solidaires pour le fait dont il était question, par les auteurs des parties de Foulhoux ; qu'ils furent assignés à raison d'une demande de même nature, qui consistait en une action hypothécaire sur des immeubles provenant de la succession de la femme Marmesse, dont les droits étaient exercés par les auteurs des parties de Foulhoux, comme étant créanciers de ladite succession ; que, dès lors, il y a entre les demandeurs et tous les défendeurs unité d'instance ; qu'ainsi les défendeurs ont tous été condamnés pour la même cause par la sentence de la sénéchaussée d'Auvergne, à Riom, du 9 juill. 1790 ; — Attendu, le principe résultant des art. 397 et 400 c. pr., que toute instance, sous le rapport de la procédure, est indivisible, quoique les actions qui font l'objet de l'instance puissent se diviser, et que de ce principe il résulte qu'il ne peut y avoir de peremption à l'égard de certaines parties d'une même instance, lorsqu'il n'y en a pas à l'égard des autres, principe qui a été suivi de tout temps ; — Par ces motifs, déboute les parties de Foulhoux de leur demande, etc.

Du 26 juin 1820.-C. de Riom, 1re ch.-M. Grenier, 1er pr.

2e *Espèce* : — (Dasque *C.* Page.) — Le sieur Dasque avait assigné le sieur Page en rescision d'un acte de vente pour cause de lésion. — Un jugement de l'an 6 ordonna une expertise pour déterminer la lésion. — Les experts commencèrent leur opération ; mais depuis l'an 7 jusqu'en 1823, il ne fut donné aucune suite à l'instance. — En avril de cette année, Dasque assigna les enfants et héritiers Page, au nombre de quatre, en reprise d'instance. — Ceux-ci prétendirent qu'elle était périmée par discontinuation de poursuites depuis plus de trois années. — Dasque répondit que la péremption ne pouvait être prononcée dans l'espèce. — 28 déc. 1826, jugement qui ordonne que l'instance sera reprise. — Appel par l'un des héritiers Page. Les autres déclarent adhérer à cet appel. — 2 fév. 1828, arrêt de la cour de Toulouse qui infirme, tant dans l'intérêt de l'appelant que dans l'intérêt de ses consorts, qui avaient adhéré à ses conclusions.

Pourvoi de Dasque. — 1°... ; 2° Violation des art. 443, 444 et 456 c. pr., et des art. 1350, 1351, 1217, 870, 875, 1672 et 1685 c. civ. On disait que la cour d'appel ne pouvait, sans contrevenir aux règles sur l'appel, faire profiter sa décision à celles des parties qui n'avaient point appelé et qui s'étaient bornées à adhérer aux conclusions de l'appelant ; — Que c'était avoir en même temps contrevenu aux art. 1350 et 1351, parce que tout jugement dont il n'y a pas appel de la part de toutes les parties contre lesquelles il a été rendu, acquiert la force de la chose jugée à l'égard de celles qui n'ont point appelé. — On terminait en soutenant que la cour d'appel s'était à tort appuyée sur l'indivisibilité de l'action, puisqu'au fond il s'agissait d'une action en rescision divisible de sa nature. — Arrêt.

La cour ; — Sur le deuxième moyen : — Attendu que l'appel d'une des parties doit profiter aux autres, quand l'objet du procès est une chose indivisible ; — Attendu qu'ici l'objet immédiat du procès n'était pas l'action en rescision pour lésion, laquelle est divisible par sa nature mais la péremption d'instance, que la législation a voulu rendre indivisible ; — Rejette.

Du 13 juill. 1830.-C. C., ch. req.-MM. Dunoyer, pr.-Cassini, r.-Nicod, av.

Conf. Carré, n° 1427; Berriat, p. 357; Merlin, Quest., v° Péremption, § 6); — 2° Que la demande en péremption est indivisible de sa nature (Req. 19 janv. 1837, aff. Lebrillantais, n° 284); — 3° Que le principe de l'indivisibilité de la procédure doit profiter aux *défendeurs* aussi bien qu'aux *demandeurs* (motif de l'arrêt, Req. 6 janv. 1841, aff. Prost, n° 351-4°).

349. Ce point établi, le principe de l'indivisibilité ne reste pas sans difficultés aucune dans l'application. — D'abord, c'est chaque partie qui l'invoque, en ce sens qu'il suffit que l'un des demandeurs ait entretenu l'instance, même contre un seul des défendeurs, pour qu'en vertu du principe d'indivisibilité tous les demandeurs se croient fondés à prétendre que le procès a été entretenu dans l'intérêt de tous. — De leur côté, les défendeurs élèvent des prétentions semblables : dès qu'il y a péremption acquise au profit de l'un d'eux, tous ces litisconsorts fondent sur l'indivisibilité de l'instance le droit de l'invoquer pareillement. — C'est donc là une arme à deux tranchants. — Aussi aucune partie ne paraissant mériter un accueil plus favorable, la jurisprudence paraît, en définitive, avoir compris la nécessité de consacrer l'indivisibilité et toutes ses conséquences au profit soit de la partie qui continue le procès avant toute demande en péremption, soit au profit du défendeur ou intimé qui, dans un temps où le délai de la péremption a couru au profit de tous, a formé une demande en péremption de l'instance. — C'est dans ces termes, en effet, que se trouve une solution équitable et possible dès que l'on consacre le principe de l'indivisibilité de la procédure, même dans les matières où rien d'indivisible n'existe dans les intérêts. M. A. Dalloz avait déjà fait cette remarque dans son Dictionnaire général, v° Péremption, et plusieurs arrêts l'ont depuis consacrée (V. n°s 351 et suiv.). — Voyons les résultats que la jurisprudence a admis sur ce terrain si plein d'embarras et de subtilités.

350. A l'égard des *défendeurs* ou intimés formant la demande en péremption de l'instance pour discontinuation de procédure, il a été jugé : 1° que la péremption doit être demandée par tous les défendeurs en cause, et qu'elle ne peut être déclarée acquise sur la demande de quelques-uns d'entre eux seulement (Riom, 1er juill. 1825) (1), alors que les autres ont été assignés en reprise d'instance avant d'avoir formé une demande en péremption (Toulouse, 4 fév. 1825, aff. Mage, V. n° 291); — 2° Que le principe de l'indivisibilité de l'instance est tel, que la demande en péremption qui n'a pas été formée par toutes les parties qui ont intérêt à la réclamer, est nulle, encore bien que l'objet du litige soit divisible; qu'en un tel cas, pour couvrir cette nullité, il ne suffirait pas de notifier la demande aux parties qui y ont été omises, surtout si elles ne concluaient et n'y adhéraient par aucun acte, avant la reprise d'instance; et que la circonstance que la partie qui a été omise, a cédé ses droits à l'un des demandeurs en péremption, ne suffirait même pas pour faire décider autrement, si l'acte de cession n'avait pas été signifié, et si l'on n'avait pas agi en cette qualité (Riom, 27 mai 1830) (2); — 3° Que si la demande en péremption formée au nom de deux pupilles par leur tuteur, est nulle à l'égard de l'un d'eux en ce qu'il était majeur et que c'était à tort que son tuteur avait agi pour lui, cette nullité rend, par suite du principe d'indivisibilité, même en matière divisible, la demande sans valeur à l'égard de l'un et de l'autre...; tellement que si la procédure a été, depuis cette demande, entretenue vis-à-vis de la partie au nom de laquelle la demande était illégalement formée, l'instance doit, en vertu du même principe d'indivisibilité, être réputée entretenue à l'égard des deux défendeurs (Bordeaux, 15 nov. 1838, aff. Revoux, V. Except., n° 534).

351. On voit que, dans ces cas où l'indivisibilité est invoqué par les défendeurs ou intimés, il n'y a pas harmonie dans les systèmes qu'on propose. — Depuis, il a été jugé avec plus d'uniformité : 1° que, lorsque les délais de la péremption étant accomplis, elle a été régulièrement demandée au nom de tous les coïntéressées, il ne peut pas dépendre de l'un d'eux de priver ses consorts, par un désistement postérieur, d'un droit qui leur était irrévocablement acquis; qu'au reste, le principe de l'indivisibilité de l'instance n'est applicable qu'aux actes ou aux faits antérieurs à la demande en péremption (Grenoble, 14 fév. 1822) (3); — 2° Que, de ce que quelques-uns des défendeurs ou intimés, au nom

(1) Court C. Court.) — LA COUR; — Attendu que Jean Chapus et Marie-Anne Court sont compris et figurent dans l'appel interjeté par Jean Court, le 13 déc. 1817; qu'en conséquence, la péremption devait être demandée par eux conjointement avec leurs cohéritiers; — Attendu que Jeanne-Marie Valour avait été comprise dans l'exploit d'appel de la partie d'Allemand (Jean Court), et que, par conséquent, elle avait été intimée sur l'appel, et que les parties de Puray ne pouvaient l'ignorer, puisque ladite Valour est comprise dans la copie d'appel qui est au pouvoir des parties de Puray; — Que de cela seul il résulte que les parties de Puray devaient considérer ladite Valour comme partie sur l'appel; qu'en supposant que ladite Valour eût été follement intimée, ce moyen n'était relatif qu'à elle seule, et qu'il n'appartenait qu'à elle de faire valoir, à cet égard, tous moyens qu'elle aviserait; — Que de là il suit que la demande en péremption intéressait ladite Valour comme les parties de Puray, et que, dès lors, cette demande aurait dû être formée par elle comme par les parties de Puray; — Qu'aussi, lesdites parties de Puray l'on reconnu, puisqu'elles ont compris ladite Valour dans la demande en péremption; mais attendu que, lors de cette demande, et depuis l'appel, elle était décédée, cette demande en péremption, formée en son nom, est nulle, et doit être considérée comme n'existant pas; — Attendu le principe de l'indivisibilité de la péremption, qu'elle doit avoir lieu nécessairement pour toutes les parties, et non pour aucune d'elles seulement, une instance ne pouvant être partiellement éteinte ou consommée; — Par ces motifs, déboute les parties de Puray de leur demande en péremption, etc.

Du 1er juill. 1825.-C. de Riom, 1re ch.-M. Grenier, 1er pr.

(2) (Mauson C. Girard.) — LA COUR; — Attendu que sous l'ancienne comme sous la nouvelle législation, la péremption a été introduite pour éteindre l'instance pendante entre toutes les parties qui sont en cause; qu'il y a, dès lors, nécessité que la demande en soit formée par toutes les parties qui ont un égal intérêt à la réclamer, et contre toutes celles contre lesquelles on veut la faire prononcer; qu'il serait même impossible d'admettre une demande en péremption formée seulement par quelques-unes des parties de l'instance; qu'elle doit l'être nécessairement par toutes celles qui y sont intéressées, d'après le principe qu'une instance ne peut pas être périmée pour quelques-unes des parties, et ne pas l'être pour les autres; — Et attendu, en fait, que Rose Girard et Antoine Figeon, son mari, étaient parties dans la procédure dont la péremption a été demandée le 7 juin 1826, d'après un jugement de jonction qui avait été obtenu contre eux le 2 fév. 1811, et avec lesquels la cause avait été appointée, sur le fond, par autre jugement du 2 janv. 1822, qui leur avait été signifié le 25 du même mois; — Attendu néanmoins que les parties de Salveton ont seules formé la demande en péremption dont il s'agit, sans y comprendre les mariés Figeon, leurs coïntéressés; — Que si, par exploit du 18 du même mois de juin 1826, les parties de Salveton ont notifié cette demande aux époux Figeon, ce n'est qu'à l'audience du 23 janv. 1829, à laquelle a été rendu le jugement dont est appel, que ces derniers se sont présentés et ont déclaré s'en remettre à droit sur la péremption demandée, sans y conclure de leur chef; — Mais attendu qu'avant cette dernière époque et dès le 3 juill. 1826, la dame Mauson avait repris l'instance sur le fond contre les parties de Salveton et contre les mariés Figeon; — Qu'ainsi, il faut tenir pour constant que non-seulement les époux Figeon n'ont pas été parties dans la demande en péremption, que les parties de Salveton ont formée par leur requête du 7 juin 1826, mais qu'ils n'y ont ni conclu ni adhéré par une aucun acte, aucune déclaration de leur part, avant que l'instance ait été reprise par la dame Mauson, tant contre eux que contre les parties de Salveton;

Attendu que lesdites parties de Salveton pouvaient d'autant moins se dispenser, dans l'espèce, de comprendre les mariés Figeon dans la demande en péremption qu'elles ont formée que l'une d'elles, André Girard, a excipé en la cour d'une cession qu'elle a prétendu lui avoir été consentie le 4 pluv. an 9, des droits de Rose Girard, sa sœur; cession toutefois, qu'elle n'a fait notifier dans aucun temps, mais d'après laquelle ledit André Girard aurait dû agir tant en son nom qu'en qualité de cessionnaire de ladite Rose Girard, ce qu'il n'a pas fait; — Qu'il suit de ce que dessus, que la demande en péremption dont il s'agit est demeurée totalement étrangère aux mariés Figeon; que c'est même ainsi qu'elle a été considérée par les premiers juges, ce qui devait les déterminer à la rejeter; — Attendu, au surplus, et sur la divisibilité des actions invoquée par les parties de Salveton, que si en général les droits et actions se divisent entre cohéritiers ou coïntéressés, le principe qui ne s'appliquerait qu'aux droits et actions personnels, recevrait une exception dans la cause, à raison de l'hypothèque, dont les parties de Salveton et les mariés Figeon seraient tenus envers la partie d'Allemand pour raison des créances qui font l'objet de l'instance d'entre les parties sur le fond; — Qu'en aucun cas, cette exception de divisibilité ne saurait être admise en matière de péremption de procédure dont l'unité et l'indivisibilité forment le caractère essentiel quels que soient la nature et l'objet de l'action qui a donné lieu à l'instance.

Du 27 mai 1830.-C. de Riom, 2e ch.-M. Thevenin, pr.

(3) *Espèce :* — (Blache et Reynaud C. Faure.) — Antoine Reynaud père et Antoine Blache obtinrent, le 22 fruct. an 2, au tribunal de Die,

desquels une demande en péremption est formée, étaient décédés, et qu'ainsi il n'y a pas eu de demande dans leur intérêt, leurs héritiers ne sont pas moins fondés, en vertu du principe d'indivisibilité de l'instance, à se prévaloir de la demande formée par leurs coïntéressés (Liége, 3 nov. 1828) (1); — 3° Qu'il suffit que la demande en péréremption formée par deux parties soit régulière à l'égard de l'une, pour que la péremption se trouve acquise au profit des deux.... surtout lorsque celle dont la demande est régulière est partie principale et non simplement intervenante (Req. 13 nov. 1834, aff. Curie-Seimbre, V. n° 287); — 4° Que lorsque le délai de la péremption est acquis contre les demandeurs, il suffit qu'un seul des défendeurs (ou intimés) demande qu'elle soit prononcée, pour que cette demande produise l'extinction de l'instance au profit de tous les défendeurs sans exception, attendu que le silence de l'un d'eux ne peut nuire à ses litisconsorts, tandis, au contraire, que l'activité ou la demande en péremption formée par ceux-ci doit profiter à celui ou à ceux qui sont restés dans l'inaction (Colmar, 20 déc. 1839, et sur pourvoi Req. 6 janv. 1841) (2); — 5° Que la péremption d'instance est indivisible en ce sens que,

---

un jugement contre Joseph Faure, qui en interjeta appel dans les délais; cet appel fut porté en l'an 4 devant le tribunal de l'Isère, où diverses poursuites eurent lieu. La dernière est une communication de pièces du 24 flor. an 4.—Postérieurement, les intimés étant décédés, les héritiers ont, en 1821, assigné Joseph Faure devant la cour de Grenoble, pour voir prononcer la péremption de l'instance d'appel.—Le 17 janv. 1822, Antoine Reynaud, l'un des demandeurs en péremption, délivra à Joseph Faure un certificat attestant qu'il n'avait donné aucun pouvoir à Me Accarier, avoué des demandeurs, pour poursuivre en son nom une demande en péremption contre Joseph Faure; qu'il désapprouvait toutes les assignations qui avaient pu être faites en son nom relativement à ladite péremption, et qu'il entendait qu'à l'avenir aucune poursuite ne fût faite en son nom à ce sujet; cet acte fut signifié à Me Accarier.—Arrêt.

La cour;—Considérant qu'au moment où la demande en péremption a été formée par les parties d'Accarier, il s'était écoulé plus de trois ans et six mois depuis le dernier acte de procédure ; qu'ainsi la péremption se trouvait acquise à cette époque au profit des parties d'Accarier ; — Considérant que le principe d'indivisibilité, admis par la jurisprudence, n'est applicable que pour les actes et les faits antérieurs à la demande en péremption, et qu'il n'est point applicable à l'espèce ;—Considérant qu'il ne peut dépendre d'une partie, qui a un intérêt commun avec d'autres, de venir, par un désistement postérieur à cette demande, priver ses communistes d'une péremption acquise ;—Déclare l'instance dont il s'agit périmée, à l'égard des parties d'Accarier, autres néanmoins qu'Antoine Reynaud.

Du 14 fév. 1822.-C. de Grenoble, 2e ch.-M. Chenevaz, pr.

(1) *Espèce :* — (Domaine C. hérit. d'Hemricourt.)—En l'an 13, la veuve d'Hemricourt gagne un procès pécuniaire contre le domaine. — Appel par celui-ci.—L'instance reste impoursuivie.—En 1826, la veuve décède. — Une demande en péremption est intentée au nom de ses dix enfants, dont deux étaient morts avant cette demande.—Le domaine reprend l'instance contre les héritiers des défunts et soutient, à la faveur du principe d'indivisibilité de l'instance, que la péremption n'étant pas acquise aux héritiers, n'est acquise à aucun des héritiers de la veuve. —Arrêt.

La cour; —Y a-t-il lieu à déclarer l'instance d'appel périmée au profit des demandeurs?—Considérant que l'instance d'appel dont il s'agit était restée impoursuivie depuis nombre d'années, lorsque la péremption en a été demandée par exploit du 14 déc. 1826; — Considérant qu'Alexandre Bacquelaine alors décédé a été compris et se trouve en nom dans l'exploit ; qu'à la vérité la veuve Hoyoux et ses enfants étaient ses héritiers testamentaires, mais qu'ils n'ont pas pris cette qualité dans la demande où ils ne figurent que comme cohéritiers de leur mari et père, et en outre la veuve en propre et privé nom; qu'ainsi l'on doit reconnaître que cette demande n'a pas été valablement donnée du chef de feu Alexandre Bacquelaine, dont les héritiers ont été assignés en reprise d'instance à la requête de la partie défenderesse par exploit du 8 mai 1827 ; — Considérant néanmoins que la péremption d'instance a été introduite pour mettre fin aux procès; que suivant une jurisprudence fondée sur l'esprit de la loi, on doit considérer la péremption comme une chose indivisible de sa nature; que, dès lors, la demande qui en est faite par l'une des parties pour l'avantage commun doit tourner au profit de ses consorts; qu'il n'y a point d'analogie à établir dans ce cas avec celui où la péremption n'a pas été demandée envers tous les défendeurs, car alors le demandeur doit s'imputer de n'avoir pas agi régulièrement, et ne peut par son fait scinder l'instance, ce qu'il ferait en provoquant l'extinction de la procédure contre les uns, tandis qu'il devrait en reprendre les errements contre les autres;— Considérant que la péremption n'est en soi que la prescription ordinaire de l'action elle-même; que si en matière de solidarité, l'interpellation faite à l'un des débiteurs interrompt la prescription à l'égard de l'autre, d'un autre côté, chacun d'eux est en droit d'opposer la prescription et toutes les exceptions qui sont communes à ses codébiteurs. Or, en fait de péremption, l'instance étant regardée comme un tout indivisible entre les parties, chacune est habile à faire valoir l'exception qui anéantit la procédure dans son intérêt et celui de ses consorts;— Considérant que, dans l'espèce, la péremption a été demandée par la majeure partie des intéressés pour le profit commun, et que tous se réunissent pour en réclamer l'application ; —Déclare éteinte et périmée l'instance introduite devant la cour de Liége par le domaine français contre la veuve d'Hemricourt de Seron par exploit du 5 brum. an 13; — Condamne la commission du syndicat aux dépens tant de l'instance périmée que de celle en péremption.

Du 3 nov. 1828.-C. de Liége.-MM. Teste et Forgeur, av.

(2) *Espèce :* — (Hérit. Prost C. hérit. Schættel.) — 10 nov. 1830, demande des héritiers Prost contre Mathias Schættel, en payement des arrérages d'une rente foncière colongère. Schættel décède après avoir constitué avoué; il laisse cinq enfants. —26 et 29 oct. 1833, assignations à ces derniers en reprise d'instance.—Un seul d'entre eux, Louise Schættel, femme Bodemer, constitue avoué sur cette assignation. — Plus de trois ans s'écoulent sans aucun acte de procédure. —1er mars 1837, requête de la femme Bodemer en péremption de l'instance introduite par l'assignation du 29 oct. 1833. Cette assignation était particulière à elle et à Madeleine Schættel, sa sœur; celle du 26 octobre était adressée aux trois autres cohéritiers. — Madeleine se joint à sœur pour demander aussi la péremption. — Les héritiers Prost font immédiatement assigner ceux des défendeurs qui gardaient encore le silence; puis ils opposent aux demanderesses en péremption une fin de non-recevoir tirée de l'indivisibilité. — 17 août 1837, jugement qui admet la péremption.

Appel.— 20 déc. 1839, arrêt confirmatif de la cour de Colmar, ainsi conçu : — « Attendu qu'aux termes de l'art. 397 c. pr. civ., la demande en péremption est acquise aux parties litigantes, sous l'unique condition de la cessation des poursuites à leur encontre pendant le laps de trois années; — Attendu qu'il suit de là que le demandeur en péremption d'instance n'a, pour étayer le fondement de sa demande, d'autre justification à faire, si ce n'est qu'à son égard, ou à l'encontre de ses consorts, les poursuites ont cessé depuis trois années; — Attendu que cette justification est produite au cas particulier, et qu'elle n'est ni contestable ni contestée, — Attendu que vainement objecte-t-on que deux seulement des cinq codéfendeurs dans l'instance dont la péremption est demandée ayant introduit cette demande, elle ne saurait être accueillie, par la raison qu'une instance, formant un tout indivisible, ne peut être fractionnée, c'est-à-dire rester debout quant à quelques-uns des coïntéressés, libres de refuser le bénéfice de la péremption, et crouler en ce qui concerne ceux qui ont formé cette demande; — Attendu, en effet, que, si nul ne peut par son fait préjudicier à autrui, il est indubitable que l'inertie ou la mauvaise volonté de ceux qui se sont abstenus de la demande en péremption ne saurait ravir à leurs litisconsorts, demandeurs en icelle, un droit qui était acquis à ces derniers par l'accomplissement de la seule condition exigée en pareil cas par la loi; — Attendu qu'en outre il est certain que cette abstention, les défendeurs en péremption ne sauraient en argumenter en leur faveur et en tirer avantage, puisque cette abstention leur étant étrangère, ne procédant point de leur chef, ils ne peuvent en revendiquer les effets; — Attendu que l'instance dont la péremption est demandée forme un tout indivisible, d'où suit que cette demande, introduite régulièrement, exercée à droit, et dès lors non contestable, doit refluer dans ses avantages sur tous ceux qui y ont intérêt, et ce, par cet autre principe encore qu'en matière de prescription et de solidarité, l'action utile de l'un des coïntéressés profite à tous les autres; — Mais attendu que la cour n'est appelée à prononcer que sur l'appel qui lui est soumis et sur les intérêts des seules parties en instance; — Par ces motifs, et sans adopter ceux des premiers juges, met l'appel au néant. »

Pourvoi des héritiers Prost pour violation des art. 397, 399 et 401 c. pr., en ce que l'arrêt attaqué a accueilli une demande en péremption formée par une partie seulement des héritiers du défendeur originaire, et en ce qu'il a prononcé la péremption d'un simple incident, c'est-à-dire de l'instance reprise par l'assignation du 29 oct. 1833, en laissant subsister l'instance principale introduite par l'assignation du 10 nov. 1830. — Les actions, dit-on, sont divisibles, mais les instances ne le sont pas. La péremption de l'instance est indivisible comme l'instance elle-même, qui ne peut être éteinte pour une partie et subsister pour l'autre. — Les dispositions des art. 397 et 401 c. pr. ont pour but d'éteindre d'un seul coup la procédure tout entière. Si l'on admettait a péremption partielle, il faudrait dire qu'il y a autant d'instances dans une procédure qu'il y a de parties en litige. Or cela est contraire à l'esprit du code de procédure, qui veut l'unité et l'indivisibilité de l'instance, quelle que soit la nature et l'objet de l'action, ainsi qu'on le voit par les articles précités et les art. 59, 151, 153 et 175. — L'art. 399 porte que la péremption sera couverte par tout acte valable fait avant la demande par l'une ou l'autre des parties. Or l'interruption de la péremption à pour

lorsqu'elle est demandée par une partie seulement des défendeurs originaires, elle profite aux autres défendeurs ; qu'en conséquence, le demandeur originaire est non recevable à soutenir que l'instance se trouve maintenue avec ces derniers, et, par suite, avec tous les défendeurs, en vertu du principe de l'indivisibilité...., surtout si la péremption était dirigée aussi contre les défendeurs qui ne la réclamaient pas (Montpellier, 23 mars 1841) (1) ; — 6° Que la péremption demandée par l'un des défendeurs en cause contre un seul ou contre la totalité des demandeurs, profite aux autres défendeurs alors surtout que ceux-ci ont déclaré postérieurement vouloir profiter de la péremption.... Vainement on se fonderait sur le même principe

---

effet de couvrir, non pas une partie de la procédure, mais la procédure tout entière ; ce qui prouve que la péremption est une et indivisible comme l'instance, encore bien qu'il y ait plusieurs parties pour la demande et plusieurs pour la défense. — Le principe de l'indivisibilité a été consacré par deux arrêts de la cour, des 8 juin 1815 et 13 juill. 1830, et par plusieurs cours royales (V. Riom, 1er juill. 1825 ; Bordeaux, 15 nov. 1838 ; Riom, 27 mai 1830). — Dans l'espèce, l'arrêt attaqué a divisé l'instance, puisqu'il n'a prononcé la péremption qu'au profit de deux des cohéritiers, laissant ainsi subsister l'instance à l'égard des trois autres. Il ne statue que sur l'exploit du 29 octobre et conserve toute sa force à celui du 26 du même mois. Sans doute, il reconnaît aux défaillants le droit de réclamer la péremption en ce qui les concerne ; mais jusque-là l'instance subsiste à leur égard, et cependant elle aurait dû être anéantie d'un seul coup et en entier. — Ceci prouve que la péremption ne pouvait être prononcée que sur la demande simultanée de tous les défendeurs, et que, faute par quelques-uns de n'avoir pas agi, l'instance devait être maintenue à l'égard de tous. — Au surplus, dit-on en terminant, l'arrêt attaqué n'a déclaré éteinte que la reprise d'instance, qui était un simple incident ; il ne prononce rien sur l'instance principale introduite par l'exploit du 10 nov. 1830. Or la péremption ne peut s'appliquer à un simple incident, qui n'est qu'un accessoire, une partie de l'instance.

M. l'avocat général Delangle a conclu au rejet. — « La première des questions soulevées par le pourvoi, a-t-il dit, est grave. La jurisprudence spéciale des cours l'a diversement résolue, et l'on peut dire qu'elle est entière devant la cour de cassation, qui ne l'a qu'effleurée dans son arrêt du 2 mai 1822, cité par M. le rapporteur. — De la combinaison des art. 59, 151, 155, 175, 397, 399 et 401 c. pr., on a conclu que la procédure forme un tout indivisible ; que, si la péremption n'atteint et ne détruit pas l'instance à l'égard de toutes les parties, elle ne peut être prononcée : ainsi, l'un des demandeurs originaires est-il, par une exception particulière, à l'abri de la péremption, elle profite à la partie que ne protégerait pas la même circonstance. — Le motif qu'on en a donné, motif péremptoire, c'est que la péremption ayant pour but d'éteindre le procès, et ce résultat étant impossible quand, à l'égard de certaines parties, l'instance subsiste, quand un des demandeurs originaires n'a pas compromis son droit par une assez longue négligence, à quelque cause que tienne la différence des positions entre lui et son cointéressé, il n'y a pas d'intérêt à rendre une décision qui ne fait que diminuer le nombre des parties en cause.

» Maintenant ce qui a été jugé, ce qui est accepté quand il s'agit des demandeurs originaires, quand l'un d'eux peut, par un moyen qui lui est personnel, écarter la péremption et maintenir l'instance, peut-il et doit-il s'appliquer au cas où la péremption étant acquise, elle n'a été demandée que par quelques-uns des défendeurs, et qu'avant toute réclamation de ceux qui n'ont pas agi, elle a été couverte par un acte valable à leur égard ? — Si l'on s'attache à des considérations d'équité, il est difficile de comprendre comment, dans une matière divisible, quand le droit de demander la péremption est acquis d'une manière absolue, plus de trois ans s'étant écoulés sans poursuites, l'inaction des uns nuirait aux autres ; comment celui qui veille sera lié au sort de celui qui laisse son droit inerte dans sa main ; comment on exigerait du premier qu'il obtînt, à peine de se voir enlever le bénéfice de la loi, un concours qu'il ne peut forcer.

» On dit qu'il suffira, pour parer à cet inconvénient, de mettre en cause les défendeurs négligents ou peu soucieux de leur intérêt ; mais sans rechercher jusqu'à quel point on peut imposer au défendeur qui agit l'obligation d'appeler le défendeur qui sommeille, quand il n'a aucunes conclusions à prendre contre lui, quand il n'a d'adversaire réel que le demandeur originaire, quand la loi ne lui impose que la preuve du défaut de poursuites pendant trois années, il est sensible que le remède est inefficace, si le défendeur assigné refuse de s'associer à la demande ; s'il déclare n'en vouloir profiter, l'instance subsistera, et par application du principe de l'indivisibilité, la péremption sera refusée. Ainsi un droit certain sera paralysé dans ses effets par l'inaction, le caprice, la collusion peut-être d'un des intéressés. Il ne suffira pas d'avoir raison selon la loi et avec la loi ; il faudra encore obtenir un concours que mille causes peuvent empêcher.

» A ces considérations d'équité se joint une raison de droit tirée des entrailles mêmes de la loi. Dans l'espèce des arrêts de la cour de cassation, lorsque, par une circonstance particulière, l'instance continuait de subsister au profit de l'un des demandeurs originaires, il était tout simple que la péremption ne fût pas prononcée, parce qu'il existait une instance, et que la procédure étant indivisible, le fait qui la maintenait envers l'un devait la maintenir à l'égard des autres ; que, les choses prises dans leur ensemble, il n'y avait pas eu discontinuation de poursuites. Tel est l'effet de l'indivisibilité, que si, par une raison quelconque, le droit contesté a été conservé, il l'est pour le tout. Ainsi, la partie défaillante de l'instance se réchauffe, se ranime à la partie qui n'a pas cessé de vivre. La loi ne considère pas les parties en cause, leur nombre, la diversité de leurs intérêts ; elle ne voit, quant à la péremption, que l'état de l'instance : s'il est une partie qui ait conservé la vie, elle la communique au reste de l'instance. — Voilà bien la règle et sa cause. Or comment l'appliquer, quand la discontinuation embrasse toute l'instance, abandonnée, éteinte, et qu'en réclamant la péremption, les défendeurs exercent un droit incontesté ? Il ne s'agit plus de raviver à un principe de vie une procédure partiellement abandonnée ; car il n'y a plus rien : le jour où la demande en péremption est signifiée, il n'y a plus d'instance, le passé est effacé sans retour.

» Pour profiter du bénéfice de la loi, le concours de tous les défendeurs n'est nullement nécessaire : le principe de l'indivisibilité assure l'effet de la demande formée par un seul. Lorsqu'un défendeur seul demande la péremption, c'est à l'instance tout entière qu'il s'adresse. Il n'attaque pas la procédure en ce qui le concerne personnellement, mais en ce qu'elle crée l'instance. Une demande restreinte serait insignifiante. Par la force des choses, elle embrasse tous les intérêts, car l'intérêt individuel ne se peut, en pareille matière, séparer des intérêts communs. Ainsi, par la puissance du principe d'indivisibilité, la réclamation individuelle suffit à l'entier exercice du droit. Comment, sans injustice, adopter une autre solution ? La situation des plaideurs est égale aux yeux de la loi. Ne restreignons donc pas aux demandeurs originaires, et pour se soustraire à la péremption, le bénéfice de l'indivisibilité. Demandeurs ou défendeurs, il appartient à tous au même titre : le principe est le même, les conséquences doivent être les mêmes. »

M. l'avocat général réfute ensuite l'objection des demandeurs, consistant à dire que la demande en péremption, dans l'espèce, ne s'appliquait qu'à une reprise d'instance et par suite à un incident- — « C'est une prétention erronée, dit-il, que de soutenir qu'une demande en péremption doit être tellement restreinte à son objet, qu'en demandant la péremption d'une citation en reprise d'instance, on ne soit pas censé demander la péremption de l'instance principale. Quel est, en effet, le but de la demande, et comment faire des distinctions ? Est-ce que la reprise d'instance ne se rattache pas à l'instance originaire ? Est-ce qu'elle n'a pas pour objet de la rendre commune aux héritiers ? Est-ce qu'elle ne forme pas enfin le titre contre ces héritiers ? Lors donc qu'ils en demandent la péremption, par la force des choses, la demande s'étend à la demande principale que la reprise suppose, avec laquelle elle se confond et dont elle devient inséparable. » — Arrêt.

LA COUR ; — Attendu que le principe de l'indivisibilité de la procédure doit profiter aussi bien aux défendeurs comme aux demandeurs ; — Que le seul point à rechercher, pour se fixer sur les effets de cette indivisibilité, consiste à savoir si l'instance subsiste encore à l'égard de l'une des parties, ou si elle est éteinte vis-à-vis de toutes ; d'où il suit que, si la péremption est acquise à l'égard d'un des demandeurs, tandis que l'instance subsiste encore à l'égard de l'autre, parce qu'un délai lui est accordé par la loi, à raison d'un décès ou pour toute autre cause exceptionnelle, la péremption ne peut être prononcée contre personne, l'instance étant indivisible ; — Attendu, au contraire, que si la péremption est acquise vis-à-vis de tous les demandeurs, et qu'un des défendeurs demande qu'elle soit prononcée par la justice, l'instance est éteinte. On ne peut plus la faire revivre et le principe de l'indivisibilité profite à tous les défendeurs, parce que le silence de l'une des parties ne peut nuire à son litisconsort, tandis qu'au contraire son activité lui profite ; — Attendu qu'en le jugeant ainsi, l'arrêt, loin de violer les principes en matière de péremption, en a fait une juste application ; — Rejette.

Du 6 janv. 1841.-C. C., ch. req.-MM. Zangiacomi, pr.-Bayeux, rap.-Delangle, av. gén., c. conf.-Bonjean, av.

(1) (Llaurens C. Simon.) — LA COUR ; — Attendu que les mariés Simon, en formant leur demande en péremption, ont usé d'un droit qui leur était propre et légalement acquis ; que ce droit ne saurait recevoir aucune atteinte par l'effet de l'inertie ou de la mauvaise volonté de leur cointimé, qui se serait abstenu de participer à cette demande en péremption et aurait refusé de la former de son chef ; — Que, par application du principe de l'indivisibilité qu'on invoque, la demande en péremption devrait plutôt profiter, dans l'espèce, au sieur Coste lui-même ; mais qu'il n'est nullement besoin d'aller jusque là, puisqu'il a été reconnu que cette demande avait été dirigée contre lui, et qu'en la formant ainsi contre toutes les parties, les demandeurs ont fait tout ce qui était humainement possible, et ont pleinement satisfait au vœu de la loi.

Du 23 mars 1841.-C. de Montpellier.

d'indivisibilité, pour soutenir que la péremption a été couverte à l'aide d'un acte régulier signifié à ces derniers, avant leur adhésion à la péremption (Cass. 8 fév. 1843) (1); — 7° Que la péremption d'instance acquise à l'un des défendeurs doit, en vertu du principe d'indivisibilité, être déclarée commune à tous les autres défendeurs, bien qu'aucune sommation n'ait été faite par celui-là à ses colitigants, que ceux-ci prétendent avoir des intérêts séparés et déclarent même ne pas adhérer à la demande en péremption (Nîmes, 27 janv. 1845, aff. Bayle, D. P. 49. 2. 30).

352. Relativement aux *demandeurs* ou aux appelants contre lesquels la péremption est demandée, des propositions différentes, toujours dans le principe de l'indivisibilité, ont été soutenues suivant : que quelques actes propres à entretenir l'instance ont été faits valablement par quelques-uns d'eux; ou que la demande en péremption n'est valable ou proposable qu'à l'égard de quelques-uns d'eux. — Il a été jugé, dans la première hypothèse : 1° que les poursuites faites par l'un des demandeurs forment obstacle à ce que la péremption soit prononcée contre les autres litisconsorts qui sont demeurés dans l'inaction; et, par exemple, qu'il suffit qu'un acte de procédure ait été fait, au nom de l'un des demandeurs ou appelants, avant la demande en péremption formée par les intimés, pour qu'en vertu du principe d'indivisibilité de l'instance, la péremption doive être écartée même au profit de ceux contre lesquels elle était régulièrement formée (C. C. Bruxelles, 19 août 1814 (2); V. aussi Toulouse, 4 fév. 1825, aff. Mage, n° 291); — 2° Que la péremption étant indivisible dans ses effets, l'interruption de la péremption faite par l'une des parties en cause, profite à toutes les autres parties, ayant le même intérêt, sans distinguer si l'objet du procès est susceptible de division, alors, d'ailleurs, que l'acte interruptif (citation en reprise d'instance) a été signifié par l'un des demandeurs à son litisconsort : cette notification entretient la procédure vis-à-vis de ce dernier, bien qu'elle n'émane pas du demandeur en péremption (Montpellier, 27 décembre 1838) (3); — 3° Que l'acte par lequel l'un des demandeurs a couvert la péremption de l'instance, profite aux autres demandeurs, et que ceux-ci ne peu-

---

(1) (Hérit. Rouveure *C.* hérit. Deprat.) — Ces solutions ont été données sur le pourvoi formé par les héritiers Rouveure contre l'arrêt infirmatif de la cour de Nîmes, du 30 nov. 1837, rendu au profit des héritiers Deprat, et conçu en ces termes : « Attendu que toute instance est de sa nature indivisible; que ce principe, consacré par une jurisprudence constante, doit être appliqué à des demandes en péremption comme à toutes les autres; — Attendu que la péremption n'a pas lieu de plein droit; qu'elle doit être demandée en justice et peut être couverte par des actes réguliers de procédure; — Attendu, en fait, qu'il s'était écoulé plus de trois ans depuis la discontinuation des poursuites; que, dès lors, les successeurs de Suzanne Rouveure étaient fondés à invoquer la péremption, mais que cette demande ne fut formée que par l'un d'eux (Jean-Jacques Foriel); que non-seulement ses consorts y restèrent étrangers, mais encore qu'ils ne furent pas par lui appelés en cause, et que plus tard ces derniers demandèrent, il est vrai, à intervenir; mais qu'à cette époque, la péremption était valablement couverte par un acte de reprise à eux signifié le 5 fév. 1835; que, dès lors, aucune péremption n'ayant pu être acquise aux intervenants, on doit décider, par suite du principe d'indivisibilité, qu'elle n'est pas acquise non plus audit sieur Foriel. » — Pourvoi des héritiers Rouveure, fondé sur la fausse application des lois en matière de péremption, en ce que l'arrêt a tiré du principe de l'indivisibilité de l'instance en péremption la conséquence qu'elle ne peut être accordée, par cela seul qu'elle n'est demandée que par un seul des demandeurs, alors même que les autres défendeurs interviennent et demandent à profiter du bénéfice de la péremption. — Arrêt.

La cour; — Vu les art. 397 et 401 c. pr. civ.; — Attendu que le code de procédure civile ne reconnaît pas de péremption d'instance partielle; — Attendu que la volonté de la loi, sur ce point, résulte clairement d'abord de l'art. 397 de ce code qui déclare, sans faire aucune distinction entre les parties relativement soit à leur nombre, soit à la diversité des intérêts qu'elles soutiennent, que l'instance sera éteinte par la discontinuation de poursuites pendant le délai qu'il détermine, et ensuite de l'art. 401 qui prononce, également d'une manière générale, que la péremption emporte l'extinction de la procédure, c'est-à-dire son anéantissement tout entier, puisqu'il ajoute qu'on ne pourra alors, *dans aucun cas, opposer aucun des actes de la procédure éteinte, ni s'en prévaloir*; — Attendu qu'il suit de là que, si une instance existante entre plusieurs individus pouvait être périmée pour ou contre quelques-uns d'eux seulement, il ne serait plus vrai que la péremption aurait nécessairement pour effet l'extinction de la procédure et l'impossibilité de faire usage des actes qui la constituent; — Attendu qu'au moment où les conditions exigées par la loi pour qu'il puisse y avoir lieu à péremption sont accomplies, chacun des défendeurs a incontestablement le droit de la faire prononcer; que, si l'un d'eux vient à en faire usage, c'est l'instance entière que son action a pour objet de faire tomber, et qu'on ne pouvait, sans méconnaître ce droit et les effets indivisibles de la péremption, prétendre ou qu'il n'a pu agir utilement sans le concours de ses litisconsorts, ou que sa demande ne peut être admise qu'en ce qui le concerne personnellement; qu'ainsi la péremption, embrassant toute l'instance, est acquise, dès qu'elle a été proposée, non-seulement à ce dernier, mais encore à tous les autres défendeurs;

Attendu qu'il est constant, dans l'espèce, que Jacques Foriel a demandé la péremption de l'instance pendante au tribunal civil de Tournon, entre lui et ses cohéritiers comme défendeurs et les héritiers Deprat, comme demandeurs; que son action a été formée, lorsque les conditions nécessaires pour la faire accueillir existaient, et que ses codéfendeurs, intervenant dans cette demande, ont déclaré vouloir en profiter; — Attendu qu'au lieu de décider, dans ces circonstances, que l'instance était périmée, l'arrêt attaqué l'a tenue, au contraire, pour reprise, en se fondant sur le motif que la péremption n'avait pas d'abord été provoquée par tous les défendeurs, et qu'elle avait été couverte par un acte régulier, signifié de la part des héritiers Deprat, avant que ceux qui ne l'avaient pas proposée eussent manifesté la volonté de se réunir au défendeur qui l'avait demandée; — Qu'en statuant ainsi, en faisant dépendre la validité d'une action en péremption d'instance du concours de tous les défendeurs, cet arrêt a manifestement violé les articles de lois précités; — Casse.

Du 8 fév. 1843.-C. C., ch. civ.-MM. Portalis, 1er pr.-Bryon, rap.-Hello, av. gén., c. conf.-MM. Chambaud et Béchard, av.

(2) *Espèce* : — (Desmet, etc. *C.* Vespieren.) — En 1774, procès entre Desmet et consorts, possesseurs des biens du curé Moen, et les Vespieren revendiquant ces biens. — En 1790, jugement en faveur de ceux-ci. — Appel par les Desmet. — Il y a des décès parmi toutes les parties. — La procédure est suspendue. — En novembre 1811, les Vespieren demandent la péremption contre les Desmet et consorts, parmi lesquels se trouvent six enfants assignés *comme héritiers* de leur mère mariée sous le régime de la communauté et décédée le 28 août précédent. — Les appelants assignent les intimés en reprise d'instance. — Alors ceux-ci s'imaginent, pour écarter les six enfants qu'ils ont qualifiés d'*héritiers* de leur mère et qui, en cette qualité, étaient dans le délai additionnel de six mois, de leur signifier un exploit de désistement de la demande en péremption formée entre eux, comme ayant été donnée par erreur et étant sans objet, par la considération qu'Anne Dubois, femme Desmet, leur mère, n'a jamais été partie au procès engagé contre ce dernier sur des biens qu'il possédait comme propres. — Arrêt.

La cour; — Attendu que Desmet père étant en instance, tant de son propre chef que comme chef de la communauté entre lui et son épouse, à raison des fruits perçus tant antérieurement que pendant la communauté, l'épouse même, à cause de l'intérêt qu'elle avait dans la communauté, était implicitement en cause; que cette communauté étant dissoute par la mort de son épouse, les enfants, héritiers de leur mère, ont remplacé celle-ci dans l'instance dont il s'agit, à raison des fruits dont on demandait la restitution à la communauté; que d'ailleurs au décès de l'épouse Desmet, indépendamment de l'intérêt qu'elle avait dans le procès à l'occasion de la dissolution de la communauté, l'intérêt des enfants exigeait qu'ils pussent faire partie du procès dans lequel leur intérêt était compromis; que si l'on supposait qu'ils n'étaient primitivement en cause, il était nécessaire qu'ils pussent reprendre et faire vivre ainsi le procès, la reprise étant ici l'équivalent de l'intervention; d'où suit que l'arrêt attaqué a contrevenu aux lois sur la reprise d'instance, en écartant les enfants Desmet; — Attendu que les enfants Desmet ayant droit d'être au procès par la volonté qu'ils avaient manifestée en temps utile d'en faire partie, il existe un acte de procédure de la part d'une des parties litigantes avant que la demande en péremption ait été légalement faite contre tous; que pareils actes existaient encore de la part d'autres consorts;

Attendu qu'il résulte de la combinaison des art. 397 et 401 du code de procédure, que le but de la péremption est d'éteindre toute la procédure; que ce but n'est pas atteint aussi longtemps que la procédure, telle qu'elle est intentée, peut être censée existante; — Que dans le cas l'action tendait de la part de tous les demandeurs à revendiquer de tous les défendeurs, comme détenteurs de tout ou partie des biens délaissés par le curé de Moen, l'universalité des biens fonds dépendant de cette succession; que l'instance doit être censée durer aussi longtemps que l'on n'en a pas désisté, ou qu'il n'est fait droit sur cette demande en revendication; d'où il suit que l'arrêt attaqué a contrevenu aux articles précités, en écartant une partie des demandeurs de l'instance, tandis qu'icelle instance devait continuer d'exister; — Casse et annule l'arrêt du 25 mai 1815, etc.

Du 19 août 1814.-C. C. Bruxelles, aud. sol.-M. Daniels, pr. gén., c. conf.

(3) *Espèce* : — (Gourgulle *C.* Gourgulle.) — 28 mars 1820, Assiscle et François Gourgulle forment contre Noël Gourgulle, leur frère, une demande en délaissement de biens héréditaires. Cette demande, une fois

vent pas, dès lors, si cet acte leur a été notifié, en perdre le bénéfice, même en cas de désistement de son auteur, alors d'ailleurs qu'ils ont refusé formellement d'accepter ce désistement ; qu'en conséquence, l'instance ainsi maintenue à l'égard de quelques-unes des parties, continue à subsister également pour celle qui s'était désistée de son acte interruptif, le principe de l'indivisibilité des instances ne permettant pas que la péremption conserve partiellement son effet (Rej. 4 mai 1853, aff. Casale, D. P. 53. 1. 164). — Et cette décision présente ceci de remarquable que l'interruption, une fois acquise aux codemandeurs qui n'avaient point agi, a été considérée, d'une part, comme ayant conservé sa force à leur égard, nonobstant le désistement ultérieur de l'auteur de cet acte, et d'autre part comme rendant sans effet le désistement, même pour celui qui l'avait consenti. C'est là que conduit nécessairement la règle qu'une instance n'est pas susceptible d'extinction partielle.

353. De même, nulle à l'égard d'un des demandeurs ou appelants, la demande en péremption a été déclarée nulle à l'égard des autres. — Décidé en ce sens : 1° que lorsque plusieurs parties ayant le même intérêt figurent dans une instance, il suffit que la péremption n'ait pas été légalement demandée contre l'une d'elles pour qu'elle n'ait pu s'acquérir contre les autres, quoique l'objet du procès fût divisible (Rej. 8 juin 1813) (1) ; — 2° Qu'est nulle la demande en péremption qui n'a pas été formée contre toutes les parties qui sont en cause (Riom, 28 nov. 1818) (2) ; — 3° Que la demande en péremption d'instance formée contre plusieurs individus est indivisible, en sorte que si elle est nulle à l'égard des uns, elle l'est également à l'égard des autres (Metz, 26 avril 1820 ; Poitiers, 15 nov. 1822 (3) ; Besançon, 16 janv. 1821, aff. Pacauld C. Crestin) ; — 4° Que la demande en péremption formée par l'un des défendeurs seulement contre un seul des demandeurs (en nullité d'une vente d'immeu-

---

introduite, n'est pas suivie ; François décède, et, le 18 juill. 1637 ; les héritiers de François signifient un acte de reprise d'instance. — Noël demande contre Assiscle la péremption de l'instance. Assiscle prétend que l'interruption de la péremption, faite par les héritiers de son codemandeur, doit lui profiter.—Jugement qui déclare la péremption acquise contre Assiscle. — Appel de celui-ci. — Arrêt.

La cour ;—Attendu qu'il est inutile d'examiner s'il est des instances divisibles et d'autres qui ne le sont pas, de cela que les effets d'un jugement peuvent, dans certains cas, être divisés, puisque la seule question du procès consiste à savoir d'une manière spéciale si l'instance est divisible au point de vue particulier de la péremption ; — Attendu que, dans l'ancien droit, on tenait pour certain que la péremption était indivisible, et qu'on se conformait en cela à l'origine même de la péremption qui n'avait été admise que pour éteindre les procès ; — Attendu que le code de procédure ne laisse aucun doute sur ce point ; — Que le législateur moderne a entendu consacrer l'ancienne doctrine ; — Qu'en effet, les mots *toute instance*, qui commencent l'art. 395, embrassent dans leur généralité les instances divisibles comme celles qui ne le sont pas, et que cet article ajoute que toute instance sera éteinte par discontinuation de poursuites ; il parle aussi d'une cessation absolue d'actes de poursuites, sans distinguer entre les diverses parties qui figurent dans un procès ; d'où la conséquence que, quand il y a plusieurs parties, il n'y a pas discontinuation dans le sens de la loi, si l'une d'elles a fait des actes de poursuites ; — Que le second paragraphe du même article amène à la même conclusion, puisqu'il en résulte que, lorsqu'il y a lieu à constitution de nouvel avoué, la prorogation de délai que produit ce fait profite à toutes les parties, sans distinguer entre celles qui ont besoin de constituer nouvel avoué, et celles qui n'en ont pas besoin ; — Que cette interprétation est en outre pleinement confirmée par l'article 399 qui parle des actes faits par l'une ou l'autre des parties, et par l'article 401, qui veut que la péremption emporte extinction de toute la procédure, et cela sans exception, c'est-à-dire en regard de toutes les parties qui figurent dans la même instance ; — Attendu qu'il est constant, dans l'espèce, que la péremption n'est pas acquise contre les héritiers de François Gourgulle ; qu'ainsi il n'y a pas lieu à la prononcer contre Assiscle Gourgulle ; — Attendu, surabondamment, qu'en fait, il n'y a pas discontinuation de poursuites même vis-à-vis d'Assiscle, puisque la citation en reprise lui a été notifiée avant la demande en péremption ; que cette notification entretient évidemment la procédure quant à lui, quoiqu'elle n'émane pas du demandeur en péremption ; — Infirme.

Du 27 déc. 1838.-C. de Montpellier, 1re ch.-M. Viger, 1er pr.

(1) *Espèce :* — (De Mahy C. Quinard.) — Le chanoine Vanderbergh mourut en 1750, après avoir institué pour ses héritiers le sieur Quinard et les enfants de Mahy.—Mais le testament fut attaqué par un sieur de Mahy, avocat, le 16 août 1786 ; le conseil de Namur en prononça l'annulation, et adjugea la moitié de la succession au sieur de Mahy. — Les héritiers testamentaires appelèrent de cette sentence devant le grand conseil de Malines ; l'avocat de Mahy interjeta aussi appel, prétendant qu'il avait droit à toute la succession.—En 1794, intervint un arrêt qui admit les parties à la preuve de certains faits respectivement articulés ; mais, au mois de mai de la même année, les poursuites cessèrent de part et d'autre. - En 1811, c'est-à-dire environ dix-sept ans après, les héritiers de l'avocat de Mahy ont demandé la péremption de l'instance. —Ultérieurement, les successeurs des héritiers institués ont, au contraire, demandé la reprise de l'instance ; en conséquence, ils ont assigné les héritiers de Mahy devant la cour de Liége : — « Attendu que la copie laissée à l'un d'eux de l'exploit par lequel la péremption d'instance avait été demandée ne portait aucune date ; qu'ainsi la demande en péremption, étant nulle relativement à l'un d'eux, était nulle à l'égard des autres, parce qu'une instance est, de sa nature, indivisible ; qu'ainsi l'instance légalement reprise par l'une des parties avait été, par une conséquence nécessaire, légalement reprise par ses consorts. » — Le

3 juillet 1811, arrêt qui déclare l'instance non périmée à l'égard de toutes les parties, attendu qu'il faut considérer l'instance comme une chose indivisible, alors même que l'action ou l'objet du procès serait de sa nature indivisible ; que l'instance et l'action sont deux choses différentes ; qu'il résulte des art. 344, 397 et suiv. c. pr., que le législateur a considéré la procédure ou l'instance comme une chose indivisible, et que c'est pour cette raison que les changements d'état, la prorogation de délai et les actes formant interruption en faveur d'une partie profitent à tous ses cointéressés ; — Enfin, qu'en admettant la divisibilité de l'instance, il s'ensuivrait que la péremption pourrait être acquise contre l'une des parties et non contre l'autre ; d'où la conséquence que la partie contre laquelle la péremption serait acquise pourrait intenter une nouvelle action ou interjeter un nouvel appel, si elle se trouvait encore dans le délai utile ; ce qui serait en opposition directe avec l'intention du législateur, qui, en établissant la péremption, a eu pour but d'anéantir les procédures, et non de les multiplier inutilement et au grand préjudice des plaideurs » —Pourvoi pour contravention à l'art. 397 c. pr. civ. —Arrêt (après délib. en ch. du cons.).

La cour ;—Attendu que la péremption n'a été établie que pour éteindre les instances auxquelles elle peut être appliquée, et qu'elle ne peut avoir lieu que dans les cas où l'instance peut être déclarée éteinte ; puisqu'elle était conservée au profit de Julie Marbaix du Graty, femme de Fassignies, et qu'ainsi l'arrêt n'est point contrevenu à l'art. 397 c. pr. ; —Rejette, etc.

Du 8 juin 1813.-C. C., sect. civ.-MM. Muraire, 1er pr.-Gandon, rap.

(2) (Morin C. Tartière.) — La cour ; — Attendu que la demande en péremption, indivisible de sa nature, doit être intentée par (ou contre) toutes les parties intéressées à la conservation de leurs droits ; —Attendu, dans le fait, qu'il est constant que J.-J. Morin a un intérêt réel dans la cause dont la péremption est demandée ;—Déboute les parties de Godemel de leur demande en péremption, etc.

Du 28 nov. 1818.-C. de Riom, 2e ch.-M. Verny, pr.

(3) 1re *Espèce :* — (Varsberg C. Schoumacker.) — Les sieurs Schoumacker et consorts, condamnés par jugement du 12 nov. 1791, à servir une rente à Varsberg, ont interjeté appel de cette décision, le 23 décembre de la même année ; mais la procédure a été totalement abandonnée jusqu'en 1818. — A cette époque, Varsberg étant décédé, ses héritiers ont formé une demande en péremption de l'instance, pour discontinuation de poursuites. — Les défendeurs à la péremption ont d'abord requis que les héritiers Varsberg, en leur qualité d'étrangers fussent tenus de fournir caution. — Ils ont soutenu ensuite que deux des copies qui leur avaient été données étaient nulles pour vice de forme ; que cette irrégularité entraînait la nullité de la demande en péremption, et que, l'instance étant indivisible, cette nullité devait profiter à chacun d'eux.—Arrêt.

La cour, - Considérant que l'exploit de reprise d'instance et de demande en péremption, signifié au mois de juill. 1818, est nul à l'égard de Nicolas Schoumacker et de Nicolas Théobald, en ce qu'il ne contient pas de date, et ne désigne pas les personnes auxquelles les copies ont été laissées ; que cette nullité profite à tous les défendeurs, parce que la raison ni les principes de la procédure ne permettent pas de prononcer une péremption partielle ; — Considérant, d'ailleurs, que cette nullité n'a point été couverte par la demande à fin de caution, parce que l'ordre naturel des actes de la procédure et celui des dispositions du code exigeaient naturellement que les défendeurs commençassent par demander la caution ; — Renvoie, etc.

Du 26 avril 1820.-C. de Metz.-MM. Belot et Crousse, av.

2e *Espèce :* — (Dubuisson C. Butaud.) — La cour ; — Attendu, en fait, que la demande en péremption n'a point été formée contre les sieurs Joseph et Alexandre Bousquet de la Clavière ; — Attendu, en droit, que la péremption n'a été introduite que pour éteindre les procès ; qu'aussi elle ne peut être prononcée qu'autant que l'instance peut être déclarée éteinte en entier, et qu'il suffit qu'elle subsiste à l'égard de quelques-

bles) doit, par suite du principe d'indivisibilité de l'instance, être déclarée sans effet à l'égard des demandeurs (Limoges, 21 fév. 1821) (1); — 5° Que l'instance ne peut être déclarée périmée à l'égard de l'un des demandeurs, et non périmée à l'égard des autres; que la fin de non-recevoir existant au profit de l'un, et résultant du bénéfice du délai additionnel de six mois, profite aux autres (Lyon, 29 nov. 1822, aff. Chol, n° 244-3°; Bordeaux, 11 août 1828, aff. Lynch, n° 168-2°);—6° Qu'elle doit être rejetée lorsqu'elle n'est pas dirigée contre toutes les parties en cause; qu'elle est sans effet même à l'égard de ceux contre lesquels elle a été dirigée, peu importe que l'objet du procès soit divisible (Liége, 2° ch., 31 juill. 1811, aff. Gaillard *C.* Dalemède; Lyon, 13 janv. 1825, aff. Guillon, V. Exploit, n° 385-4°; Bordeaux, 27 juin 1834, aff. Rallion, V. *suprà*, n° 346-2°); — 7° Que la nullité de la demande en péremption, signifiée à l'un des litisconsorts profite à tous, alors surtout qu'il s'agit d'une instance sur l'appel d'un jugement qui ordonne des justifications et des productions (Bastia, 19 juin 1839) (2).

354. D'après une jurisprudence semblable, il faut que la péremption soit proposable contre *tous* les *demandeurs*. — Et il a été jugé : 1° que l'instance est indivisible, de telle sorte que la péremption ne peut être prononcée contre l'une des parties, quoique les délais soient expirés à son égard, si elle n'est pas acquise contre un ou plusieurs de ses consorts (Liége, 27 déc. 1811) (3);—2° Qu'il suffit que la péremption ne puisse être invoquée contre l'une des parties adverses ou demandeurs originaires, pour qu'elle ne puisse l'être contre les autres (Limoges, 8 juill. 1823, aff. Rougier, n° 246); — 3° Que si la péremption n'est pas acquise contre l'une des parties (un appelant), elle ne l'est point contre les autres (Amiens, 29 juin 1826, aff. Torchon de Libu, n° 361).

355. Il a été jugé encore qu'il faut que la péremption soit proposable ou soit acquise contre *tous* les *demandeurs* (ou appelants) pour qu'elle puisse être prononcée, de telle sorte que si l'un de ces demandeurs se trouve protégé par une exception quelconque qui proroge à son égard le délai de la péremption, cette exception doit profiter à tous ses consorts, tellement que la péremption proposée contre ceux-ci par les défendeurs (ou intimés) sera écartée (motif Req. 6 janv. 1841, aff. Prost, n° 351-4°).

356. Toutefois, contrairement à cette jurisprudence en faveur des demandeurs ou appelants dans l'instance, il a été décidé : 1° que lorsqu'une instance soutenue par plusieurs appelants ayant le même intérêt, mais représentés par des avoués divers, a été terminée par un arrêt définitif obtenu par quelques-uns d'entre eux, et restée discontinuée à l'égard des autres pendant plus de trois ans, ces derniers ne peuvent se prévaloir de l'arrêt obtenu par leurs consorts pour repousser la péremption invoquée contre eux (Lyon, 17 janv. 1844, aff. Dames Ursulines, D. P. 45. 2. 45); — 2° Que l'héritier contre lequel est formée la demande en péremption ne peut se prévaloir de l'existence d'un autre héritier non compris dans la demande (Metz, 11 mai 1834, aff. com. d'Hangenviller, D. P. 54. 2. 244).

357. Quel est l'effet des *actes* de l'instance ou de la procédure périmée? D'après MM. Carré, n° 1427, Berriat, p. 371, Pigeau, Comment., t. 1, p. 677, et Reynaud, n°s 10 et 101, l'anéantissement des actes de l'instance périmée n'est pas restreint à une seule des parties; il a lieu contre toutes, et aucune d'elles ne peut plus les invoquer. C'est là la disposition de l'art. 401 appliqué, abstraction faite du principe de l'indivisibilité.

358. A l'égard des actes de la procédure, le principe de l'indivisibilité doit être entendu en ce sens que la demande en péremption n'est efficace qu'autant qu'elle entraîne l'anéantissement de *toute la procédure*; que dès lors la demande en validité de la saisie-arrêt et celle en déclaration affirmative formant deux branches d'une même procédure, les actes interruptifs de la péremption à l'égard de la demande en déclaration empêchent cette péremption à l'égard de la demande en validité (Colmar, 18 mars 1837, aff. Daniel Sée, V. n° 301).

---

unes des parties pour qu'elle soit conservée à l'égard de toutes; — Rejette la demande en péremption formée par le sieur Tournac-Dubuisson, etc.

Du 15 nov. 1822.-C. de Poitiers, 2° ch.-M. Bodin, pr.

(1) *Espèce :*—(Delaporte et Parry *C.* Gagnol, etc.)—En 1806, procès entre les mariés Paillard et Pierre Gagnol, d'une part, et les sieurs Alexandre Parry et Jacques Delaporte, de l'autre.—L'objet du litige était divers immeubles achetés séparément par les sieurs Parry et Delaporte. — Les mariés Paillard demandaient la nullité de la vente, par le motif que ces immeubles étaient dotaux. — Trois ans s'écoulent sans poursuites.—24 oct. 1817, demande en péremption d'instance formée par le sieur Delaporte; cette demande n'est signifiée qu'aux époux Paillard; elle ne l'est point aux sieurs Gagnol et Parry, parties dans l'instance. — Les époux Paillard demandent la nullité de l'action en péremption, par le motif que cette action est indivisible de sa nature, et qu'elle aurait dû être formée contre toutes les parties en cause. — 29 août 1820, jugement du tribunal d'Aubusson, qui déboute le sieur Delaporte de sa demande en péremption : « Attendu que la demande en péremption est indivisible, quand bien même l'action ou l'objet du procès serait divisible de sa nature; que, d'après ce principe, la demande formée par Delaporte était incomplète, insuffisante et nulle, pour n'avoir pas été signifiée à Gagnol et à Parry, parties instanciées au procès. »—Appel de Delaporte.—Arrêt.

LA COUR; — Considérant que l'instance liée entre toutes les parties, et jointe par le jugement du 12 mai 1806, était de sa nature indivisible; qu'ainsi la demande en péremption du sieur Delaporte ne pouvait produire effet qu'autant qu'elle aurait été formée contre toutes les parties en cause, et que ne l'ayant été que contre l'avoué de l'un des intimés, l'instance a subsisté à leur égard comme à l'égard des autres parties contre lesquelles la péremption n'a pas été demandée;—Met l'appel au néant, etc.

Du 21 fév. 1821.-C. de Limoges, 2° ch.-M. Bernard, pr.

(2) *Espèce :* —(Mattei *C.* hér. Renucci.)—Sur une assignation donnée par le sieur Mattei, au sieur Gratien, devant le tribunal de commerce de Bastia, pour la restitution de 1,188 fr. escomptés deux fois dans un compte courant, ce dernier met en cause le sieur Barthélemy Renucci, au nom duquel il disait avoir escompté avec le sieur Mattei, le 18 juill. 1809.—Jugement qui, avant dire droit, ordonne certaines productions et justifications. Le sieur Renucci seul interjette appel. Après quelques actes de procédure, dont le dernier remonte à 1815, l'instance demeure sans poursuites. Le sieur Renucci étant décédé postérieurement, le sieur Mattei signifie, en décembre 1838, une demande en péremption d'instance d'appel aux héritiers Renucci. Arrêt de défaut qui accueille cette demande; mais ceux-ci ne tardent pas à former opposition, et excipent la nullité de la demande en péremption en se fondant sur ce que l'un d'eux n'avait pas été assigné à son véritable domicile. Le sieur Mattei, tout en convenant de cette nullité, prétendait qu'elle ne pouvait profiter qu'à celui des héritiers envers lequel elle avait été commise, et que l'instance ayant pour objet la répétition d'une somme, ne pouvait être considérée comme indivisible. Mais ce système a été repoussé par l'arrêt suivant.—Arrêt.

LA COUR; — Attendu que le but de la péremption étant de détruire toute la procédure et d'éteindre l'instance, il s'ensuit que son objet est de sa nature indivisible, et que, par conséquent, elle ne peut être admise qu'autant qu'elle a été valablement demandée à l'encontre de toutes les parties;—Attendu que la demande dirigée contre Vincent Renucci, aux fins de péremption de l'instance d'appel introduite par feu Barthélemy Renucci, auteur dudit Vincent Renucci et des autres parties de M° Lusinki, l'a été nullement, puisqu'elle a été signifiée à Corte, tandis qu'elle devait l'être à Ajaccio, où ledit Vincent Renucci a établi légalement son domicile depuis l'année 1835; — Attendu, au surplus, que l'appel dont la partie de M° Pellegrini a demandé la péremption, est intervenu contre un jugement qui ordonne des justifications et des productions, ce qui ne peut se diviser, et ne pourrait subsister pour l'un des litisconsorts seulement;—Disant droit à l'opposition de la partie de M° Lusinki, contre l'arrêt de défaut, en date du 18 mars dernier, et par nouveau jugé, déclare nulle et comme non avenue la demande en péremption de la partie de M° Pellegrini, et la condamne aux dépens.

Du 19 juin 1839.-C. de Bastia.-MM. Colonna d'Istria, pr.

(3) (Goffin *C.* Duchateau.)— LA COUR; — Attendu, en fait, que ladite demande en péremption a été formée après une discontinuation de poursuites pendant trois années et deux mois environ, et qu'au nombre des intimés il s'en trouve deux qui, pendant cet intervalle, ont changé d'état en devenant majeurs et en passant sous puissance d'un mari; qu'ainsi il y avait, de ce chef, lieu à reprise d'instance; — Attendu, en droit, qu'il résulte de l'art. 397 c. pr. civ., que l'instance est éteinte par discontinuation de poursuites pendant trois années, et que ce délai doit être augmenté de six mois, dans tous les cas où il y a lieu à demande en reprise d'instance; que, dans l'espèce, l'instance ayant été reprise avant la fin des trois années et six mois, la demande en péremption formée avant ce délai écoulé ne peut être accueillie; — Attendu que, l'instance devant être considérée, en matière de péremption, comme un objet indivisible, la demande ne peut être reçue contre l'un des adversaires, lorsqu'elle n'est pas admissible contre tous; — Par ces motifs, met l'appellation au néant.

Du 27 déc. 1811.-C. de Liége.

359. Le principe de l'indivisibilité ne s'appliquerait, suivant un arrêt, qu'aux actes et aux faits qui seraient *antérieurs* à la demande en péremption (Grenoble, 14 fév. 1822, aff. Blanche, n° 196). Mais sur quel motif repose cette distinction ou cette solution? Il est difficile de le comprendre.

360. Là se borne la jurisprudence sur ce point si controversé et si inextricable du principe de l'indivisibilité en matière de péremption d'instance. Il faut croire qu'une législature comprendra un jour le besoin d'éteindre, dès leur apparition, des foyers si actifs de procès, ou plutôt de procurer à la France une commission composée de jurisconsultes chargés exclusivement de la préparation des lois; car ceux-là seuls peuvent travailler aussi efficacement que cela est possible à l'amélioration constante et progressive du droit pratique (V. à ce sujet les observations de M. A. Dalloz placées en tête du Suppl. au Dict. gén., p. 31).

361. La *rétractation*, ordonnée sur *tierce opposition* d'une partie, d'un arrêt qui a prononcé la péremption au préjudice d'une autre partie, peut-elle être invoquée par celle-ci? — Il a été jugé, dans le sens affirmatif, que lorsqu'un arrêt a déclaré périmée une instance d'appel, et ordonné l'exécution de la décision des premiers juges, la rétractation de cet arrêt, faite au profit d'une partie qui y a formé tierce opposition, profite également à la partie contre laquelle la péremption avait été prononcée (Amiens, 29 juin 1826) (1).

Mais, en sens contraire, on a décidé que l'arrêt qui, sur la tierce opposition d'une partie, rétracte un précédent arrêt qui avait déclaré périmée une instance d'appel, ne profite pas aux autres parties contre qui la péremption avait été ordonnée, surtout en matière divisible, et, par exemple, au sujet de la propriété d'immeubles (Besançon, 12 juill. 1828) (2), solution qui nous semble plus légale et plus explicable que celle qui précède.

ART. 10. — *De la péremption devant les justices de paix.*

362. La nature de la juridiction des juges de paix, le peu d'importance des intérêts qui s'agitent devant elle, la simplicité et la rapidité de ses formes, tout appelle un prompt jugement. — Dans ce but, la loi d'organisation des justices de paix des 18-26 oct. 1790 (V. Org. jud.), avait limité la durée des instances soumises à ces juges et les avait assujetties à une péremption très-brève et très-rigoureuse. L'art. 7, tit. 7, de cette loi, voulait que les parties missent leur cause en état d'être jugée définitivement, au plus tard dans le délai de *quatre mois*, à partir du jour de la notification de la citation, à peine de péremption et même *d'extinction de l'action*. — Il a été jugé : 1° que cette péremption était d'ordre public et ne pouvait être couverte par le fait des parties (Rej. 16 germ. an 11) (3); — 2° Que la loi du 18 oct. 1790, ne faisant aucune distinction, la péremption était acquise dans le cas où le juge avait prononcé un interlocutoire, comme dans celui où il n'y avait pas eu lieu de le faire; qu'en conséquence, les incidents de la procédure, les interlocutoires et l'instruction qu'ils nécessitent n'empêchaient pas le cours de la péremption de quatre mois prononcée par cette loi : « Attendu, se borne à dire la cour de cassation, que le tribunal de première instance de la Seine, en déclarant l'instance périmée, a fait une juste application de l'art. 7, tit. 7, loi du 18 oct. 1790, et n'a violé aucune autre loi; rejette » (13 flor. an 10, sect. civ., M. Maleville, rap., aff. Robertson C. Clisorius).

363. Mais une interprétation moins sévère a été admise par d'autres arrêts. Ainsi, il a été décidé : 1° que l'art. 7, tit. 7, de la loi du 18 oct. 1790, n'autorise point le juge à prononcer la péremption, au préjudice d'une partie, lorsque le délai fatal est expiré, non par son fait ou celui des fonctionnaires qu'elle a employés, mais par celui de son adversaire (Cass. 13 brum. an 10) (4); — 2° Qu'il n'y avait pas péremption, aux termes de la loi de 1790, par cela seul que le juge de paix n'avait point rendu de décision dans l'espace de quatre mois, si d'ailleurs les parties n'avaient pas négligé de mettre la cause en état dans ce délai (Cass. 20 août 1806) (5); — 3° Que la partie qui a empêché l'instruction

---

(1) (Torchon de Lihu C. Lagrené.) — Considérant que la péremption n'a été établie que pour éteindre les instances auxquelles elle peut s'appliquer; qu'elle ne peut avoir lieu que dans le cas où l'instance peut être éteinte en entier, et que, si la péremption n'est point acquise contre l'une des parties, elle ne l'est point contre les autres; — Considérant que les époux Levavasseur et le sieur Torchon de Choqueuse, ayant fait juger, par l'arrêt du 19 août 1825, que la péremption de l'instance d'appel de la sentence arbitrale attaquée n'avait pas éteint cette instance à leur égard, il s'ensuit qu'elle ne l'a pas non plus éteinte quant aux héritiers Lagrené, qui y étaient parties, et avec lesquels a été rendu l'arrêt du 19 août dernier, obtenu par les époux Levavasseur et Torchon de Choqueuse; qu'ainsi l'effet de cet arrêt a été de faire cesser, pour les héritiers Lagrené, l'autorité de la chose jugée, acquise à la sentence arbitrale, et de faire revivre pour eux, comme pour les époux Levavasseur et Torchon de Choqueuse et les autres parties, l'instance d'appel de cette sentence; — Sans s'arrêter aux fins de non-recevoir, opposées contre la demande des héritiers Lagrené, déclare commun avec ceux-ci l'arrêt du 19 août 1825, etc.

Du 29 juin 1826. C. d'Amiens.-M. Hanocq, pr.

(2) *Espèce :* — (Departon et autres, Lavenir, etc., C. Corcelles.) — Departon et autres avaient appelé d'un jugement rendu contre eux et d'autres consorts non appelants, touchant la propriété de certains immeubles. — Discontinuation de cette instance. — 29 déc. 1827, arrêt par lequel les héritiers de Corcelles, intimés, en font prononcer la péremption, ce qui donne au jugement force de chose jugée à l'égard des appelants. — En cet état, les sieurs Lavenir et Cartelier qui, bien que parties à ce jugement, n'avaient été ni parties ni appelés à l'arrêt du 29 déc. 1827, forment opposition à cet arrêt et en obtiennent la rétractation. — Alors Departon et autres, contre qui cet arrêt avait été rendu, prétendent qu'il doit leur profiter puisque la demande en péremption est indivisible. — Arrêt.

LA COUR; — Sur la demande de Departon et consorts, tendant à ce que l'arrêt rendu par la cour, le 29 déc. 1827, soit rétracté dans leur intérêt comme dans celui des tiers opposants, attendu l'indivisibilité de l'instance; — Considérant qu'aux termes de l'art. 469 c. pr., la péremption en cause d'appel a l'effet de donner aux jugements la force de chose jugée; que ledit arrêt, en prononçant la péremption, déclare que les jugements rendus par le tribunal de Villefranche auront leur pleine et entière exécution comme ayant acquis la force de chose jugée; qu'aucune loi n'autorise la réformation d'un arrêt qui a acquis l'autorité de la chose jugée, sous le prétexte que cet arrêt est, par l'effet d'une tierce opposition, rétracté en faveur d'un tiers qui n'y a été ni partie ni représenté; — Que l'objet de toute espèce d'action ne peut être que de faire déclarer le droit personnel de celui qui l'exerce; que ce principe ne reçoit d'autre exception que celle dérivant de la nature des choses, de l'impossibilité d'exécution simultanée, de dispositions inconciliables; — Que les jugements de Villefranche ordonnant à chacun des détenteurs de délaisser, chacun en ce qui le concerne, les immeubles revendiqués, rien ne s'oppose à ce que ces jugements soient exécutés à l'égard de Departon et consorts, et qu'ils ne le soient pas à l'égard des tiers opposants, puisque la demande originaire a pour objet des choses divisibles de leur nature et divisées depuis 1794, — Que le but du législateur, en établissant la péremption, a été d'éteindre les instances, et que ce serait en quelque sorte les perpétuer que d'admettre que la tierce opposition dont l'objet peut n'être passible que de la prescription de trente ans, a l'effet d'anéantir, à l'égard des parties jugées en dernier ressort, l'autorité de la chose jugée; — Déboute Departon et consorts de leur demande, etc.

Du 12 juill. 1828.-C. de Besançon, ch. civ.-M. Monnot-Arbilleur, pr.

(3) (Jouenne C. le Cœur-Lachenaie.) — LA COUR; — Attendu que le tribunal dont le jugement est attaqué a été fondé à reconnaître que c'était par le fait du demandeur que la cause n'avait pas été mise en état d'être jugée dans le délai de quatre mois; que ce tribunal, en déclarant d'ailleurs, d'après l'art. 7 du tit. 7 de la loi du 26 oct. 1790, que ni les parties ni les juges n'avaient le droit d'étendre ce délai, a fait une application exacte des dispositions de cette loi; — Rejette, etc.

Du 16 germ. an 11.-C. C., sect civ.-MM. Maleville, pr.-Vergès, rap.

(4) (Paillard C. Petit.) — LA COUR; — Vu l'art. 7 du tit. 7 de la loi du 14 oct. 1790, sur la juridiction et compétence des juges de paix; — Considérant que la loi exige seulement des parties qu'elles mettent leur cause en état d'être jugées dans le délai de quatre mois, et que l'extinction n'a lieu qu'autant que ce qui était à leur charge n'a pas été fait; — Que les actes de la procédure attestent que Ruffray et Paillard avaient satisfait à la loi, malgré les obstacles qu'ils ont rencontrés de la part de Petit et Balandreau; — Que le tribunal du département de la Nièvre l'a reconnu lui-même, en écartant la péremption d'action qu'ils faisaient résulter de ce que la cause n'avait pas été jugée définitivement dans les quatre mois, et qu'en l'admettant sur le fondement de la nullité du jugement du 9 brum. an 7, nullité qui n'était du fait ni de la partie ni des fonctionnaires employés par elle, il s'est écarté de la loi, puisque l'obligation imposée à la partie de mettre la cause en état dans quatre mois, n'avait pas moins été remplie, ce qui devait la garantir d'une déchéance qui ne doit pas être étendue hors du cas pour lequel elle a été créée; — Par ces motifs, casse, etc.

Du 13 brum. an 10.-C. C., sect. civ.-M. Coffinhal, rap.

(5) (Coste C. Sanet.) — LA COUR; — Vu l'art. 7, tit. 7, de la loi du

d'un procès devant la justice de paix, ne peut pas se plaindre de ce qu'il n'a pas été jugé dans le délai de quatre mois (Cass. 4 fév. 1807) (1).

364. La disposition de la loi de 1790 a été remplacée par l'art. 15 c. pr., ainsi conçu : « Dans les cas où un interlocutoire aurait été ordonné, la cause sera jugée définitivement, au plus tard, dans le délai de quatre mois du jour du jugement interlocutoire; après ce délai, l'instance sera périmée de droit : le jugement qui serait rendu sur le fond sera sujet à l'appel, même dans les matières dont le juge de paix connait en dernier ressort, et sera annulé sur la réquisition de la partie intéressée. — Si l'instance est périmée par la faute du juge, il sera passible de dommages et intérêts. » — L'art. 15 c. pr. a sagement modifié la disposition de la loi de 1790, car, en ne reproduisant pas cette règle que la péremption de l'instance entraîne l'extinction de l'action, il décide virtuellement que cette péremption, comme celle des instances devant les tribunaux supérieurs, ne porte que sur la procédure, et qu'en conséquence l'action pourrait être renouvelée, à moins qu'elle ne fût prescrite (Conf. Pratic., t. 1, p. 16; Levasseur, p. 54 et 55, n° 97; Demiau, p. 22; Pigeau, Com., t. 1, p. 32; Thomine, t. 1, p. 73; Boitard, t. 2, p. 403; Chauveau et Carré, n° 67; Biret, t. 2, p. 96).

365. Mais l'art. 15 ne parait pas avoir introduit une modification aussi heureuse, quand il a restreint cette péremption aux seules instances dans lesquelles il y aurait eu un jugement interlocutoire, et où le jugement définitif n'aurait pas été rendu dans les quatre mois, à compter du jour de ce jugement; car cette péremption ayant pour objet d'accélérer la décision d'affaires le plus souvent d'un faible intérêt, ce but était mieux atteint par la loi précitée que par l'art. 15. — Il est vrai qu'on pouvait reprocher à la loi de 1790 de fixer un délai trop court pour le jugement définitif, et de ne faire aucune différence entre les causes qui nécessitaient une enquête, une expertise, un accès de lieux ou d'autres mesures d'instruction préparatoire, et celles qui étaient susceptibles d'être instruites par le simple débat de l'audience. Mais l'art. 15 c. pr., qui, au lieu de se borner à corriger cet inconvénient, n'admet la péremption de quatre mois que pour les instances dans lesquelles a été rendu un jugement interlocutoire et en affranchit toutes les autres, c'est-à-dire celles qui sont de nature à être le plus promptement jugées, présente en cela une disposition dont nous ne saurions apercevoir aucune raison plausible. — Carré, n° 58, explique ce silence par ce motif que l'art. 13, obligeant le juge à prononcer sur-le-champ ou à la première audience, il arrivera fort rarement qu'il y ait lieu à péremption, s'il n'y a un interlocutoire. — M. Treilhard disait aussi au conseil d'État : « Aucune des affaires qui sont portées devant le juge de paix n'est susceptible de durer quatre mois, lorsqu'il n'y a pas d'interlocutoire. »

366. Quelque rare que cela soit, il peut se faire cependant qu'une instance dans laquelle le juge de paix n'a pas prononcé d'interlocutoire reste impoursuivie. Quel sera dans ce cas le délai de la péremption? Les auteurs du Praticien, t. 1, p. 159, pensent que le code ne se prononçant pas à cet égard, on doit encore appliquer la loi de 1790; qu'en conséquence la péremption de quatre mois est applicable lors même qu'il n'a pas été rendu d'interlocutoire. Mais cette opinion est rejetée par tous les auteurs. Carré, n° 58, fait observer notamment que la cour de Grenoble dans ses observations sur le projet du code, avait proposé de renouveler, à quelques modifications près, la disposition de la loi de 1790, et qu'on n'a pas eu égard à cette proposition (V. Pigeau, Comm., t. 1, p. 30; Carré, n° 58; Lepage, Quest., p. 75; Levasseur, p. 54, n° 97; Biret, v° Pérempt., t. 2, p. 969, Merlin, Rép., v° Pérempt., sect. 1, § 3, n° 4; V. aussi Cass. 12 fév. 1822, aff. Chosson, n° 367). — Suivant Pigeau, Comm., t. 1, p. 30, et Carré, n° 58, les instances dans lesquelles il n'a pas été rendu d'interlocutoire ne peuvent s'éteindre que par la prescription, c'est-à-dire par trente ans, quand même l'action se fût prescrite par un temps moindre si elle n'eût pas été intentée. — Merlin, Rép., v° Pérempt., sect. 1, § 3, n° 4, ne s'explique pas positivement sur ce point; cependant il semble pencher vers cette dernière opinion, laquelle néanmoins ne nous paraît pas devoir être admise : nous croyons, par des raisons analogues à celles exprimées plus haut, n°s 95 et s., que, dans le silence du code, on doit appliquer aux justices de paix, de même qu'aux tribunaux de commerce, les règles posées par les art. 397 et suiv., dans ce qu'elles ont de compatible avec les formes suivies devant cette juridiction. Le législateur n'a pu vouloir que les instances qui exigent le plus de célérité fussent précisément celles qui pussent se perpétuer indéfiniment (Conf. MM. Boitard, t. 2, p. 403; Chauveau sur Carré, n° 58; Bourbeau, t. 5, p. 563).

367. Ensuite on s'est demandé si, sous la dénomination du jugement interlocutoire, le législateur n'a pas entendu comprendre les jugements préparatoires ou de simple instruction, et les considérer également comme point de départ de la péremption. — La négative est généralement enseignée. On ne peut, sous le prétexte que la péremption de quatre mois établie par l'art. 15 c. pr. a pour objet la célérité des procédures instruites devant les justices de paix, appliquer cette péremption à toute interruption de poursuites pendant quatre mois, à compter d'un jugement préparatoire, quand ce même article a disposé qu'elle ne serait encourue qu'en cas de discontinuation de poursuites après un jugement *interlocutoire* que l'art. 452 c. pr. ne permet de confondre avec un jugement de simple instruction (Conf. Lepage, p. 76; Bibl. du barr., 1re part. 1810, p. 213; Pigeau, Comm., t. 1 p. 30; Merlin, *loc. cit.*; Thomine, t. 1, p. 72; Carré et Chauveau, n° 61; Reynaud, n° 131). — Et il a été jugé en ce sens que la péremption établie par l'art. 15 c. pr. n'est point applicable dans le cas où il est intervenu un simple jugement préparatoire (Cass. 31 août 1813; 12 fév. 1822) (2).

368. On ne doit pas non plus considérer comme un interlocutoire, susceptible de faire courir le délai de l'art. 15 c. pr., le jugement par lequel un juge de paix renvoie les parties, d'après

---

14 oct. 1790; — Considérant, 1° qu'il résulte de cet article que la péremption est encourue, non quand le juge diffère de statuer dans les quatre mois, mais seulement quand les parties négligent de mettre leur cause en état d'être jugée dans ce délai, et que, dans l'espèce, on ne reproche aucune négligence de ce genre au demandeur; — Considérant, 2° que si l'on calcule, selon les règles de droit, le temps employé devant la justice de paix, la péremption n'a été encourue sous aucun rapport; — Qu'en effet, en supposant qu'on doive compter la durée des premières poursuites pendant lesquelles on n'a traité ni pu traiter le fond, il s'est écoulé un mois; — Qu'à l'égard des secondes poursuites, elles ont eu lieu en exécution du jugement du 28 niv., qui a ressaisi le juge de paix de l'affaire; mais que, d'après le dispositif même de ce jugement, le renvoi ne devait être effectué qu'après sa signification, ce qui est conforme aux principes; — Que du 8 germ., jour de cette signification, au 5 mess., époque du jugement définitif, il ne s'est écoulé que trois mois moins trois jours; qu'en ajoutant le mois des premières poursuites, on ne trouve que quatre mois moins trois jours; — Qu'ainsi le délai fatal fixé par la loi ci-dessus citée n'était pas accompli; — D'où il suit que le jugement attaqué a faussement appliqué cette loi et commis un excès de pouvoir en créant arbitrairement une nullité; — Casse, etc.

Du 20 août 1806.-C. C., sect. civ.-MM. Gandon, pr.-Zangiacomi, r.

(1) (Mancini C. Rocca-Serra.) — La cour; — Attendu qu'il n'a point dépendu des demandeurs que la cause fût instruite dans les quatre mois mentionnés dans l'art. 7, tit. 7, de la loi du 26 oct. 1790; qu'au contraire ce sont les diverses récusations intentées par le défendeur qui, en désorganisant et le tribunal de paix et le tribunal civil de Sartine, ont empêché l'instruction du procès; d'où il suit qu'en déclarant l'instance périmée et l'action des demandeurs éteinte, par son jugement du 15 prair. an 12, le tribunal civil d'Ajaccio a fait la plus fausse application de l'art. 7 du tit. 7 de la loi du 26 oct. 1790; — Casse.

Du 4 fév. 1807.-C. C., sect. civ.-MM. Viellart, pr.-Doutrepont, rap.

(2) 1re *Espèce* : — (De la Briffe C. Dergère.) — Les époux de la Briffe, propriétaires d'un étang situé sur le territoire de Villeneuve-lès-Charleville, intentèrent contre Dergère une action en réintégrande d'une partie des terres qui environnent cet étang, et devant le juge de paix du canton de Montmirail.

Dergère, à l'audience du 29 juillet 1809, sans avouer ni contester l'usurpation alléguée par les époux de la Briffe, demanda la continuation de la cause à quatre mois, pour qu'il fût procédé au mesurage des terres des parties, et que l'étendue de leurs propriétés fût ainsi déterminée. — Mais le juge de paix, sans s'arrêter à cette demande, renvoya la cause à quinzaine, afin que Dergère fût tenu de s'expliquer, par aveu ou désaveu, sur l'usurpation dont se plaignaient les époux de la Briffe. — A l'audience du 12 août, Dergère observa qu'il n'était pas certain que la pièce de terre litigieuse fût située dans le canton de Montmiral plutôt que dans le canton de Sezanne; qu'ainsi, avant de se déclarer com-

leur consentement, devant un expert pour les entendre et les concilier si faire se peut; un tel jugement présente tous les caractères d'un compromis, et ne peut servir de point de départ du délai de la péremption (Req. 7 nov. 1822) (1).

369. Le délai de la péremption ne court pas lorsque l'instance est suspendue (V. n° 228). — Il en est ainsi, par exemple, lorsqu'une inscription de faux ou une vérification d'écriture a été renvoyée devant le tribunal d'arrondissement, ou lorsqu'un sursis a été prononcé (Conf. MM. Carré et Chauveau, n° 62; Levasseur, p. 54, n° 96). — Il a été jugé, notamment, que lorsque la question de savoir si le terrain litigieux est situé dans le ressort du juge de paix, a été renvoyée devant l'autorité administrative, la

---

pétent, le juge de paix devait ordonner aux époux de la Briffe de prouver que le terrain par eux réclamé faisait partie du territoire de Villeneuve, et était situé, par conséquent, dans le canton de Montmirail. — Par un second jugement du même jour, le juge de paix ordonna de nouveau que le sieur Dergère serait tenu de denier ou d'avouer le fait allégué par les époux de la Briffe. — La cause portée à l'audience du 21 octobre, le sieur Dergère soutint que le terrain dont il s'agissait était situé dans le canton de Sezanne, et que si les époux de la Briffe prétendaient le contraire, ils devaient en faire la preuve, puisqu'ils étaient demandeurs. — Il intervint alors un jugement qui a ordonné au sieur Dergère de prouver que le terrain litigieux était situé dans la commune de Montgiroux, canton de Sezanne, sauf aux époux de la Briffe à faire la preuve contraire.—Enfin le juge de paix rendit un jugement, le 18 novembre, par lequel il ordonna que la partie la plus diligente se pourvoirait devant l'autorité administrative pour faire déterminer la limite des cantons de Montmirail et de Sezanne.

Le 10 mars 1810, les époux de la Briffe produisirent un procès-verbal dressé par les commissaires nommés par le préfet, en exécution du jugement du 18 novembre précédent, duquel il résultait que le terrain litigieux était situé dans le canton de Montmirail; et ils ont demandé, en conséquence, que l'exception du sieur Dergère fût rejetée, et que les conclusions qu'ils avaient prises au fond leur fussent adjugées. —Le sieur Dergère prétendit que, depuis le 21 octobre, époque à laquelle le juge de paix avait rendu un jugement interlocutoire, il s'était écoulé plus de quatre mois, et qu'ainsi l'instance était périmée, aux termes de l'art. 15 c. pr. civ. — 14 mars 1810, jugement par lequel le juge de paix déclare que l'instance n'est point périmée, se déclare compétent pour statuer sur la contestation, et prononçant sur le fond, maintient les époux de la Briffe en possession du terrain dont il s'agit : — « Attendu que les jugements des 21 oct. et 18 nov. 1809 n'ont pour objet que de vérifier si le terrain en litige est, ou non, situé dans le canton de Montmirail; que cette question du fait de la situation du lieu contentieux est indépendante du fait de la possession que présente la demande; — Qu'ainsi la question relative à la possession du terrain contentieux est jusqu'ici réellement intacte; que le sieur Dergère n'a encore avoué ni dénié celle prétendue par le sieur de la Briffe; d'où il suit que les jugements précités n'ayant rien ordonné qui préjuge le fond de la demande, lesdits jugements ne sont que préparatoires, et ne peuvent être réputés interlocutoires, suivant la définition etablie par l'art. 452 c. pr.; — Que l'art. 15 du même code ne déclare l'instance périmée après quatre mois, que dans le cas où un interlocutoire aurait été ordonné; que la loi n'a point prononcé la péremption des jugements préparatoires, et qu'on ne peut transporter l'application de la loi d'un cas à un autre; que cette transposition serait d'autant plus injuste dans l'espèce, que l'exécution du jugement préparatoire du 18 novembre dernier dépendait de l'action de l'autorité administrative, qu'aucune des parties n'a le moyen d'activer ni de contraindre. »

Appel, et le 18 juillet 1811, jugement du tribunal d'Epernay, qui infirme la décision du juge de paix, et déclare l'instance périmée : — Attendu que le juge de paix, par son jugement du 12 août 1809, a épuisé son pouvoir sur la compétence, relativement à la situation de l'immeuble contentieux; qu'il n'a pu remettre en question ce point déjà jugé; que l'instance s'est prorogée devant lui jusqu'au 14 mars, date de son jugement définitif, et qu'alors il était hors des délais fixés par les art. 15 et 15 c. pr. pour statuer sur le fond, l'instance étant périmée.—Pourvoi pour violation des art. 15, 15 et 452 c. pr.—Arrêt.

La cour; — Attendu, 1° que le sieur de la Briffe s'étant pourvu par action en maintenue possessoire devant la justice de paix du canton de Montmirail, contre le sieur Dergère, une pareille instance ne pouvait, aux termes de l'art. 15 c. pr. civ., être périmée qu'après un intervalle de quatre mois, à compter du jour où un jugement interlocutoire aurait été rendu dans cette cause, relativement à l'instruction du fond du procès; —Attendu, 2° que ledit sieur Dergère, sans s'expliquer sur l'objet principal de la demande dirigée contre lui, avait affecté, dès ses premières défenses, de décliner la juridiction du juge de paix du canton, sous prétexte que le terrain litigieux n'était pas assis dans l'étendue du territoire de Villeneuve-lès-Charleville, ce qui l'aurait placé dans les limites du canton de Montmirail, mais qu'il était incertain qu'il ne fût pas situé dans l'étendue du territoire de Montgiroux, ce qui alors l'eût placé dans l'étendue du canton de Sezanne, dont faisait partie ledit lieu de Montgiroux; —Attendu, 3° que toutes les procédures préliminaires faites dans la vue de parvenir à la connaissance du fait, qui consistait à savoir préalablement dans l'étendue duquel de ces deux cantons ledit terrain contentieux pouvait être situé, étaient indépendantes du procès principal, et étrangères à la question relative au possessoire qui s'y trouvait agitée : d'où il suit que le délai de quatre mois pour consommer la péremption de cette instance au principal, n'aurait pu courir que du jour où, en exécution de l'arrêté du conseil de préfecture du département de la Marne, auquel cette question préjudicielle avait été renvoyée, et qui a décidé que ledit terrain était situé sur le territoire de Villeneuve-lès-Charleville, formant une dépendance du canton de Montmirail, il aurait été rendu, par la justice de paix du canton, un jugement interlocutoire relatif au fond du procès; — Attendu, 4° que le jugement du 12 août 1809, par lequel le juge de paix du canton avait simplement ordonné audit sieur Dergère de déclarer s'il était ou n'était pas l'auteur du trouble à lui imputé par ledit sieur de la Briffe, loin de pouvoir être considéré comme interlocutoire, n'est, au contraire, autre chose qu'un simple jugement préparatoire, puisqu'il ne préjuge rien sur le fond du procès; — Attendu, enfin, que depuis l'arrêté du conseil de préfecture, il n'a pas été rendu à la justice de paix d'autre jugement que celui qui a prononcé définitivement sur le fond du procès : d'où il suit encore que la péremption n'a pu courir au préjudice du sieur de la Briffe, et qu'en jugeant le contraire le tribunal de l'arrondissement d'Epernay a fait un fausse application dudit art. 15, auquel il a même directement contrevenu, en l'appliquant à un fait non prévu et étranger audit article; — Casse, etc.

Du 31 août 1813.-C. C., sect. civ.-MM. Gandon, pr.-Cochard, rap.

2e *Espèce* : — (Chosson C. Teillard.) — La cour (ap. dél. en ch. du cons.); — Vu l'art. 15 c. pr. civ.; — Attendu que la loi du 26 oct. 1790 sur la manière de procéder dans les justices de paix, est abrogée par l'art. 1041 c. pr. civ.; — Attendu que l'art. 15 dudit code, le seul qui soit aujourd'hui applicable à l'espèce, n'admet que pour le cas où un jugement interlocutoire aurait été rendu, la péremption particulière de quatre mois, que l'art. 7, tit. 7 de la loi, du 26 octobre, avait introduite généralement et sans exception d'aucun cas; — Attendu que cette péremption de quatre mois est une disposition extraordinaire qui doit être restreinte au cas pour lequel elle est établie; — Attendu qu'il résulte formellement des art. 31 et 452 du même code, d'abord qu'on ne peut plus assimiler le jugement interlocutoire au jugement préparatoire, ni les confondre l'un avec l'autre; ensuite, que le jugement du 22 juin 1816, par lequel le juge de paix de Rive-de-Gier a ordonné un délibéré de registres avec remise de pièces, n'est pas un jugement interlocutoire, mais bien un jugement préparatoire; — Qu'ainsi ce n'était pas le cas d'admettre la péremption dont parle ledit art. 15, et qu'en la prononçant, le tribunal de Saint-Etienne a faussement interprété et violé cet article; — Casse.

Du 12 fév. 1822.-C. C., sect. civ.-MM. Brisson, pr.-Rupérou, rap.

(1) 1re *Espèce* : — (D'Aligre C. Blanchard.) — Le 29 août 1820, demande par Blanchard contre le marquis d'Aligre en payement de 36 fr. pour dégâts causés à son champ par ses vaches le 21 mai précédent. — Sur l'opposition du défendeur, le 5 septembre 1820, jugement qui nomme le sieur Trumeau, arpenteur, pour entendre les parties et fixer le dommage. — Le 4 déc. 1820, le sieur Blanchard se désiste du rapport fait par Trumeau, par ce motif qu'il est entaché de nullités, et demande une nouvelle expertise. — Le 12 décembre suivant, jugement par défaut qui accueille ses conclusions. — Le 6 janv. 1821, après expertise du juge de paix et audition de témoins, jugement qui condamne le marquis d'Aligre à 30 fr. de dommages-intérêts. — Appel fondé sur l'art. 15 c. pr., en ce que le jugement a été rendu plus de quatre mois à dater du jugement du 5 sept. 1820. — Le 16 janv. 1821, jugement du tribunal de Versailles, qui confirme et rejette l'exception proposée par le motif que le jugement du 5 septembre n'est pas celui qui, par l'effet des circonstances, a dû être dans les quatre mois suivi d'un jugement définitif, mais celui du 12 décembre, qui l'a remplacé et qui a dû être suivi du jugement définitif dans les quatre mois, ce qui a eu lieu; — Que vainement conteste-t-on au juge de paix le droit de rendre deux jugements qu'il qualifie d'interlocutoires, puisque la loi ne le lui défend pas.

Pourvoi. Violation de l'art. 15 c. pr. civ., en ce que le tribunal a déclaré que le délai de quatre mois ne commençait à courir que de la date du dernier jugement interlocutoire rendu par lui, tandis que le vœu de la loi était de le faire courir du jour du premier, dans l'intérêt général des parties. — Arrêt.

La cour; — Attendu que le jugement du 5 sept. 1820, époque d'où le demandeur veut faire partir le délai fixé par l'art. 15 c. pr. civ., fut rendu sur la demande et d'après le consentement des parties; — Que ce jugement n'a fait autre chose que les renvoyer devant un expert qui les entendrait et les concilierait s'il pouvait y réussir, et qu'un jugement de ce genre n'est point interlocutoire, mais présente les caractères d'un compromis; — Rejette.

Du 7 nov. 1822.-C. C., sect. req.-MM. Henrion, pr.-Botton, rap.

2e *Espèce* : — (D'Aligre C. Mauget.) — Le même jour, arrêt identique.

péremption n a pu courir tant que cette autorité n'a pas rendu sa décision (Cass. 31 août 1813, aff. de la Briffe, V. n° 367).

370. Si l'interlocutoire est frappé d'appel, la péremption cesse également de courir pendant l'instance d'appel (V. n° 233). — Ainsi, il a été décidé que, quand un interlocutoire est rendu par un juge de paix, l'appel de cet interlocutoire interrompt le cours de la péremption établie par l'art. 15 c. pr. (Req. 11 juin 1834(1).—Conf. MM. Thomine, t. 1, p. 65 *bis*; Chauveau, n° 65 *bis*). — Pigeau, Com., t. 1, p. 32, distingue à tort si l'interlocutoire a été confirmé ou infirmé.

371. ...Et, dans ce cas, le délai recommence à courir, non pas du jour du jugement d'appel, mais seulement à dater de la signification à avoué, le jugement d'appel ne pouvant être exécuté, aux termes de l'art. 31 c. pr., qu'après cette signification (même arrêt).—Conf. M. Chauveau, n° 65 *bis*).—V. aussi n° 151.

372. Lorsque, dans une même cause, il a été rendu par le juge de paix plusieurs jugements interlocutoires, est-ce le premier ou le dernier de ces jugements qui sert de point de départ pour le délai de la péremption? Suivant la généralité des auteurs, c'est à partir du premier interlocutoire (MM. Carré et Chauveau, n° 63; Thomine, t. 1, p. 72; Curasson, t. 1, p. 167, n° 5). — Toutefois il a été jugé que le délai court à partir du dernier jugement (C. C. belge, 17 avr. 1833) (2).—La question s'est présenté devant la cour supême, mais elle n'a point été résolue. — V. Req. 7 nov. 1822, aff. d'Aligre, n° 368.

373. La péremption ne court toutefois, à partir du jugement interlocutoire, qu'autant qu'il a été rendu sur le fond et non sur un incident (Conf. MM. Carré et Chauveau, n° 59; Curasson, t. 1, p. 496, n° 4). — Carré cite l'arrêt du 31 août 1813 (V. n° 367) comme ayant jugé en ce sens; mais il ne nous paraît pas que cette question se soit présentée dans l'espèce.

374. Le délai de la péremption court à partir du jugement interlocutoire aussi bien dans le cas où il est rendu par défaut que lorsqu'il est contradictoire. Peut-être eût-il été préférable de ne le faire courir qu'après la signification du jugement par défaut; mais la loi n'a pas fait de distinction. Du reste, ainsi que le dit Carré, n° 61 *bis*, « la rigueur de ce texte trouve une excuse dans la considération que le demandeur contre lequel court la péremption est en faute de s'être laissé juger par défaut, sur sa propre citation; dès lors, il ne peut alléguer aucune surprise » (Conf. Pigeau, Com., t. 1, p. 31; Chauveau, *loc. cit.*).

375. Carré, n° 64, pense que si l'instance est suspendue par le décès d'une partie, la péremption ne continue son cours que par la reprise de l'instance ou après le délai de six mois à dater du jour du décès. Tel est aussi l'avis de MM. Thomine, t. 1, p. 73; Chauveau, n° 64.

376. La péremption établie par l'art. 15 c. pr. s'applique-t-elle aux instances à l'égard desquelles le juge de paix serait incompétent, *ratione materiæ?* — Dans le sens de la négative, il a été décidé, sous la loi du 18 oct. 1790, que la péremption, établie par cette loi, ne s'applique pas au cas où le juge de paix s'est déclaré incompétent après l'expiration du délai de quatre mois, et que le tribunal saisi de l'appel ne peut pas alors prononcer la nullité du jugement d'incompétence (Cass. 24 frim. an 9) (3). — Cette question n'offre pas, sous le code de procédure, autant d'intérêt que sous la loi de 1790, car la péremption n'entraîne plus, comme le voulait cette loi, l'anéantissement du droit lui-même. Elle pourrait cependant avoir de l'utilité pour le cas où l'assignation, donnée devant un juge incompétent, serait nécessaire pour interrompre la prescription, laquelle se trouverait accomplie, si l'on devait réputer non avenue l'instance engagée devant le juge de paix. — Il nous semble que la solution devrait être aujourd'hui la même que sous la loi de 1790. Toutefois, cette décision a été vivement critiquée. « On ne saurait, a-t-on dit, admettre cette doctrine qui tend à fausser la loi. L'instance est de droit éteinte, elle n'est plus; il n'y a donc

---

(1) (Fleuriel C. ville de Falaise.) — LA COUR; — Vu les art. 15, 31 et 147 du code procédure; — Attendu que si, aux termes de l'art. 15, les causes portées devant les juges de paix doivent, dans le cas où un interlocutoire a été ordonné, être jugées définitivement au plus tard dans le délai de quatre mois du jour du jugement interlocutoire, et l'instance périmée de droit, cela ne doit s'entendre que des instances non interrompues par un appel et restées pendantes en la justice de paix; l'art 31 permet en effet l'appel du jugement interlocutoire jusqu'au jugement définitif, et il en résulte évidemment que l'appel interrompt le cours de la péremption;

Attendu qu'aucun article du code de procédure n'étend à la cause d'appel la règle consacrée par l'art. 15, pour la justice de paix seulement; que l'instance d'appel, le jugement à rendre sur l'appel et l'exécution de ce jugement restent soumis au droit commun, et qu'aux termes de l'art. 147, un jugement contradictoire ne peut être exécuté qu'après avoir été signifié à avoué, à peine de nullité; d'où la conséquence que la péremption admise pour les justices de paix ne peut pas reprendre son cours du jour de la prononciation du jugement qui a statué sur l'appel;

Attendu, en fait, que le jugement interlocutoire, rendu le 7 nov. 1831, fut attaqué par la voie de l'appel le 2 décembre suivant; qu'il fut statué sur l'appel le 21 mars 1832; que le jugement d'appel fut signifié à avoué le 9 juin suivant et à domicile le 18 juillet; que la péremption n'était pas accomplie devant la justice de paix lors de l'appel du jugement interlocutoire, puisque l'appel a été interjeté vingt-cinq jours après ce jugement, et qu'en jugeant que la péremption n'avait pas pu être opposée par le sieur Fleuriel, demandeur en cassation, malgré le délai de quatre mois et trois jours, écoulés depuis la prononciation du jugement d'appel, le tribunal de Falaise, loin de violer les art. 15, 31 et 147 c. pr., en a fait au contraire une juste application, et que son jugement doit être maintenu par les motifs ci-dessus exprimée; — Rejette.

Du 11 juin 1834.-C. C., ch. req.-MM. Zangiacomi, pr.-Mestadier, r.

(2) (Manbourg C. Benevie.) — LA COUR; — Attendu que s'il est dit dans l'art. 15 que, dans le cas où un interlocutoire aurait été ordonné par le juge de paix, la cause sera jugée définitivement au plus tard dans le délai de quatre mois, à partir du jour du jugement interlocutoire, et qu'après ce délai, l'instance sera périmée de droit, il ne s'ensuit pas que cette péremption, d'après les principes admis en cette matière, ne puisse pas être couverte par le fait des parties, lorsque celles-ci consentent à procéder volontairement sur l'instance introduite, après l'expiration du délai, et qu'il ne résulte pas davantage du texte de cet article que cette péremption doive être comptée à dater du premier jugement interlocutoire, lorsque la cause en a nécessité plusieurs; — Attendu que le tribunal civil de Charleroy, jugeant au degré d'appel, a décidé, pour faire à l'espèce l'application de l'art. 15 c. pr. civ., qu'il faut partir du premier jugement interlocutoire du 23 janv. 1828, pour compter le délai de la péremption; et ce, sans avoir égard aux actes géminés de procédure, que les parties ont respectivement posés dans cet intervalle, actes qui doivent être considérés comme constituant des renonciations formelles à la péremption acquise, et en annuler les effets, et qu'en le décidant ainsi, ledit tribunal a expressément contrevenu à l'art. 15 c. pr. civ.; — Sans qu'il soit besoin d'examiner les autres moyens proposés à l'appui du pourvoi; — Casse.

Du 17 avril 1833.-C. C. de Belgique.

(3) (Puvis C. Landry.) — LE TRIBUNAL; — Attendu que les art. 5 et 7 du tit. 7 de la loi du 26 oct. 1790 font partie d'une loi spécialement et exclusivement destinée à régler la procédure dans les justices de paix; — Que les dispositions sagement employées par le législateur dans une pareille loi pour accélérer l'instruction des contestations soumises aux juges de paix, ne doivent pas être appliquées à la forme de procéder prescrite par les autres tribunaux; — Attendu qu'il résulte des faits et de la procédure, ainsi que du jugement prononcé, le 9 vend. an 5, par le juge de paix, que la demande d'une somme de 2,726 fr. pour abatis de bois, dérivait d'une imputation d'atteinte aux propriétés du demandeur; que conséquemment cette répétition n'était pas de la compétence de la justice de paix; — Que cette justice n'est assujettie aux formes et aux délais prescrits par la loi du 26 oct. 1790, que pour les cas où elle peut valablement prononcer sur le fond de la contestation; — Que l'art. 7 du tit. 7 de cette loi, en prononçant la peine de la péremption d'instance et même l'extinction de l'action, suppose nécessairement une instance de la nature de celles qui sont admissibles devant un tribunal de paix, et une action dont ce tribunal peut connaître; — Que la fin de cet article démontre cette intention de la loi, puisqu'il porte que le jugement que le juge de paix rendrait ensuite (des quatre mois) sur le fond, serait sujet à l'appel, même dans les matières où il a droit de prononcer en dernier ressort, et annulé par le tribunal de district; — Que, d'après ce complément de l'article employé par le tribunal d'appel dont le jugement est dénoncé, pour annuler le jugement du juge de paix dont était appel, il devait paraître évident que ce n'était pas le cas d'appliquer cet article, puisque d'un côté, le juge de paix n'avait pas prononcé sur le fond; et que, de l'autre, il n'est pas possible de supposer que la loi ait voulu faire annuler un jugement par lequel ce juge de paix s'est simplement déclaré incompétent; — Qu'il résulte de là que les articles cités sont faussement appliqués; — Casse, etc.

Du 24 frim. an 9.-C. C, sect. civ.-MM. Liborel, pr.-Delacoste, rap.

plus matière à jugement : voilà ce que porte l'art. 15. Pourquoi donc un jugement? Parce que, dit-on, l'art. 15, en prononçant la peine de la péremption, suppose nécessairement une instance de la nature de celles qui sont de la compétence d'un tribunal de paix. Soit. Mais, en fait, devant le juge, c'est la question à résoudre. Supposer le droit de déclarer l'incompétence, n'est-ce pas nécessairement supposer celui de déclarer la compétence? Un autre inconvénient de ce système, c'est qu'il porte atteinte à l'action du demandeur, c'est qu'il lui enlève le droit de la représenter devant le même juge.» — Ce qui précède revient à dire qu'après le délai de la péremption, l'incompétence ne peut plus être déclarée, et que, dès lors, l'instance, étant réputée avoir été régulièrement portée devant le juge de paix, reste sous l'application de l'art. 15 c. pr. — Mais c'est là ce semble une erreur. Il s'agit ici d'une incompétence *ratione materiæ*. Or, une telle incompétence peut être prononcée en tout état de cause, et même pour la première fois en appel. Peu importe donc que le juge de paix n'ait plus été en temps utile pour se déclarer incompétent, l'affaire ne s'en trouve pas moins placée en dehors de ses attributions, et il n'est pas possible de la soumettre à une disposition qui n'est faite que pour les instances rentrant dans juridiction des juges de paix.

377. Aux termes de l'art. 15, la péremption est acquise de plein droit après l'expiration du délai de quatre mois; mais de ce que la fin de cet article porte : « *sur la réquisition de la partie intéressée,* » on en a naturellement conclu que la péremption ne touchait pas tellement à l'ordre public que les parties ne pussent s'abstenir de la demander ou même y renoncer.—Ainsi, Dumoulin, Bibl. du bar., 1810, 1re partie, p. 224; Pigeau, Comment., t. 1, p. 31; Chauveau sur Carré, quest. 68; Boitard, t. 2, p. 403, sont unanimes pour reconnaître qu'au juge n'appartient pas de suppléer d'office le moyen de la péremption quand les parties continuent à procéder devant lui. Ce seul fait emporte la renonciation de la partie apte à se prévaloir de la péremption, et cette renonciation est valable quoique tacite. Disons cependant que MM. Thomine, p. 41, et Curasson, t. 1, p. 200, n° 6, sont d'un avis contraire, et que Lepage, Quest., p. 76, tout en admettant le principe de la renonciation, pense qu'elle doit être constatée par une déclaration positive; mais la jurisprudence n'a pas admis ces dernières opinions.—Ainsi, il a été jugé : 1° que la péremption de l'art. 15 n'est pas d'ordre public et qu'elle est couverte par le consentement à ce que le jugement soit rendu après quatre mois (Req. 7 janv. 1835, aff. com. de Lainsecq, V. Commune, n° 1578; C. C. belge, 17 avril 1833, aff. Manbourg, V. n° 372; Cass. 23 fév. 1848, aff. Almaric, D. P. 48. 1. 37); — 2° Qu'elle est couverte par la renonciation même implicite à s'en prévaloir (Req. 22 mars 1837) (1); — 3° Qu'il y a renonciation implicite, au bénéfice de cette péremption, de la part du défendeur qui, après les quatre mois expirés, demande, dans son propre intérêt, une nouvelle visite d'experts, dont le résultat lui est profitable (même arrêt).

378. A plus forte raison, doit-on déclarer encore applicables aujourd'hui les décisions qui, sous la loi de 1790, admettaient que la péremption ne courait pas si le retard provenait du fait de la partie qui l'invoquait (V. n° 363. — Conf. MM. Carré et Chauveau, n° 65; Pigeau, Com., t. 1, p. 32; Thomine, t. 1, p. 73). — Mais les juges ne devront jamais étendre le délai de la péremption qu'avec la plus grande réserve, et lorsque les faits seront d'une nature telle qu'il y aurait une iniquité flagrante à prononcer la péremption demandée (Conf. mêmes auteurs).

379. La péremption a lieu, alors même que le retard provient de la faute du juge, sauf le recours des parties en dommages-intérêts (c. pr. 15). — Une proposition avait été faite au conseil d'Etat, d'une part, de limiter la péremption au cas seulement où les poursuites sont discontinuées par le fait des parties, et, d'autre part, de leur permettre d'interrompre la péremption par des actes de procédure; mais il fut observé, sur le premier point, qu'il est trop difficile de constater qu'il y a faute du juge, et, sur le second point, que ce serait transporter les formes de la procédure ordinaire devant les justices de paix et dénaturer leur institution. En conséquence, la proposition fut rejetée. — On accorda seulement au plaideur le droit de prendre le juge à partie après avoir constaté par une sommation ou réquisition son refus de juger (V. Locré, t. 21, p. 181 et suiv., V. aussi les observations du tribunat, *eod.*, p. 381).

380. Aux termes de l'art. 15, le jugement rendu hors du délai de quatre mois depuis l'interlocutoire est susceptible d'appel (V. à cet égard v° Appel civ., nos 164 et suiv.). — Si, dans une matière qui appartient au dernier ressort, le juge de paix, précipitant sa décision, prononce avant que l'instruction soit complète, son jugement est-il susceptible d'appel? Non : il ne peut être attaqué que par la voie de la cassation (Conf. Carré, n° 69; Cass. 6 avril 1807, aff. Bouvroy, V. Appel civ., n° 168). — M. Chauveau (*loc. cit.*) pense, mais à tort, suivant nous, que la loi du 25 mai 1838, article 14, a rendu dans cette hypothèse l'appel recevable.

---

(1) *Espèce :* — (Cardavac C. Tétart.) — Le pourvoi contre un jugement du tribunal d'Arras, du 15 mars 1836, était fondé sur ... 2° Violation de l'art. 15 c. pr., en ce que, dans l'espèce, il y avait péremption de l'instance, à défaut de jugement définitif, dans les quatre mois du jugement interlocutoire, du 8 janvier, péremption qui devait être prononcée de droit et ne pouvait être couverte comme étant d'ordre public. — On citait la discussion au conseil d'Etat (V. Locré, t. 21, p. 182; V. aussi Carré, n° 68).

3° Violation de l'art. 473 c. pr. civ., en ce que les juges d'appel ne peuvent évoquer le fond que lorsque la cause est en état d'être jugée. Or, disait-on, la demande en péremption est une demande nouvelle et principale, car elle n'est *nec eadem res, nec eadem causa petendi,* relativement à la demande originaire. — On citait les arrêts des 5 janv. 1808, 12 juill. 1810, 19 août 1816. — Dès lors, la question de péremption, dans l'espèce, était une question préjudicielle qui devait recevoir une décision distincte : le fond ne pouvait être évoqué, dès que le jugement, frappé d'appel, n'était pas interlocutoire. — Arrêt.

LA COUR; — Sur le deuxième moyen : — Attendu qu'en supposant que le délai de quatre mois, dont parle l'art. 15 c. pr. civ., fût expiré à la fin de juill. 1835, le demandeur en cassation prit alors des conclusions positives qui impliquaient la renonciation au bénéfice de la péremption, si aucune était acquise, puisque, dans son propre intérêt, il demanda une nouvelle visite d'experts, dont le résultat lui a été profitable; — Sur le troisième moyen : — Attendu que la disposition finale de l'art. 473 c. pr. civ. est générale, et qu'elle s'applique à tous jugements de première instance qui ont prononcé définitivement sur des exceptions opposées par l'une ou l'autre des parties; — Attendu, d'ailleurs, que le tribunal d'Arras a déclaré la cause en état d'être jugée au fond, et qu'elle l'était en effet, puisqu'elle avait reçu toute l'instruction dont elle était susceptible; — Rejette.

Du 22 mars 1837.-C. C., ch. req.-MM. Zangiacomi, pr.-Joubert, rap.-Nicod, av. gén., c. conf.-De Tourville, av.

Table sommaire des matières.

Table des articles du code de procédure et du code Napoléon.

Table chronologique des lois, arrêts, etc.

—14 mars 209. —28 mars 192. —2 mai 46. —6 juin 236. —17 juin 161-1°. —19 juin 115. —8 août 138-2°. —30 août 118. —7 nov. 368, 372 c. —15 nov. 353-3°. —29 nov. 244-3°, 353-5° c. —3 déc. 298.
1823. 3 janv. 97, 156 c. —10 janv. 144-3°. —22 janv. 145-2° c., 169. —26 fév. 301 c. —27 fév. 197. —16 mars 112, 317. —27 mars 130. —2 avr. 141-2° c., 167. —4 juin 251. —4 juill. 191. —8 juill. 87 c., 246, 354-2° c. —28 juill. 251. —12 août 155-2°, 220. —13 nov. 8. —25 nov. 124-2° c., 143, 144-3° c. —17 déc. 161-1°, 167 c.
1824. 4 fév. 12-1°. —28 fév. 119 c., 124. —12 mars 289. —16 mars 336. —29 mars 56, 129-1° c. —3 avr. 102-2°, 259 c., 277. —12 mai 285. —7 juin 192 c., 193 c., 206 c. —16 juin 79 c. —31 juill. 267. —6 août 136 c., 137, 191 c. —7 déc. 125-2°. —22 déc. 75 c., 131-1°, 288-1° c. —23 déc. 284.
1825. 5 janv. 129-2°. —11 janv. 6-2°, 18. —13 janv. 296 c., 353-6° c. —2 fév. 276, 292 c. —4 fév. 159-2° c., 291, 350-1° c., 352-1° c. —15 fév. 116. —22 fév. 129-3°. —24 fév. 284. —2 mars 102-1°. —5 avr. 12-1°. —25 avr. 225, 287. —27 avr. 314. —9 mai 124-2° c., 133-2°. —30 mai 152-2° c., 245. —30 juin 219 c., 300. —1er juill. 350-1°. —8 juill. 346-1° c. —20 août 127-3°. —30 août 89.
1826. 3 janv. 164, 168-1° c. —11 janv. 11-2°. —1er mars 217. —11 avr. 342-3°, 344 c. —12 avr. 38 c., 168-1° c., 172, 217 c. —17 avr. 286. —18 avr. 322. —11 mai 284. —20 mai 191, 201 c., 284 c. —22 mai 127-4°, 129 c. —29 mai 227 c. —21 juin 205-2°. —28 juin 95 c., 185, 224-8° c. —29 juin 354-3° c., 361. —27 juill. 314. —31 juill. 19, 327. —12 oct. 163-1°. —21 nov. 144-3° c., 5° c., 260-1° c., 300-2° c. —19 déc. 268-1°.
1827. 7 janv. 224-3° c. —26 janv. 325-2°. —18 avr. 300-1°. —17 mai 200. —12 juin 102-1°, 197. —12 juill. 9. —17 juill. 6-4°, 128-1°. —26 juill. 154. —7 août 284 c. —11 déc. 62-2°. —12 déc. 224-4°. —20 déc. 267, 271 c.
1828. 12 janv. 163-2°. —17 janv. 162, 169 c. —26 janv. 78-1°. —2 fév. 9, 127-4°. —18 fév. 102-2° c., 3° c., 103 c., 144-3° c. —7 mars 129-4°. —15 mars 102-1°. —10 avr. 186-2°. —14 juin 201. —5 juill. 138-2°. —8 juill. 67-3°, 245 c. —9 juill. 133-2°, 347-1°. —12 juill. 361. —11 août 167 c., 168-2°, 353-5° c. —20 sept. 147-4° c. —27 sept. 147-4° c. —3 nov. 351-2°. —2 déc. 153-1°. —19 déc. 9, 184, 224-5° c. —30 déc. 121-1°, 297 c., 312 c.
1829. 26 fév. 17, 65, 69. —25 mars 160, 286 c. —1er avr. 15. —7 avr. 175-3° c., 230. —18 mai 111. —9 juin 188. —16 juin 127-5°, 163-4°, 215 c. —30 juin 316. —28 août 72 c. —31 août 135 c. —16 oct. 98 c. —3 nov. 228. —17 nov. 37, 153-2° c., 282 c. —23 nov. 73, 322 c.
1830. 12 janv. 145-3°, 171. —2 fév. 62-2°, 133-3° c. —4 fév. 136-3°. —2 mars 63-1° c., 124-4° c., 232 c., 299. —18 mars 153-3°, 154 c., 244-4°. —30 mars 44-1°, 192, 193 c., 195 c. —19 avr. 136-1°. —12 mai 167. —26 mai 169, 273 c. —27 mai 350-2°. —10 juin 345. —23 juin 100-1°, 2°. —10 juill. 252 c., 256. —13 juill. 348-1°.
1831. 17 janv. 284 c., 287 c., 288 c. —2 fév. 200, 217 c. —1er mars 135. —8 mars 238 c., 239-1°. —18 avr. 329. —19 avr. 11 c., 30 c. —23 avr. 108 c. —26 avr. 91-2° c., 224-6° c., 270. —2 mai 236 c. —6 mai 272 c. —17 juin 276 c. —29 juin 43. —23 juill. 328. —28 juill. 280, 292 c., 296 c. —23 août 287.
1832. 9 janv. 194. —11 janv. 287, 288 c., 291-2° c., 292 c. —23 mai 269 c. —29 mai 230. —13 juin 218, 266-3° c. —28 juin 224-7°. —10 juill. 102-4°. —25 août 198, 276 c. —12 nov. 50 c., 183 c., 184, 211-1° c. —3 déc. 266-4° c. —20 déc. 128-2°. —24 déc. 284.
1833. 6 mars 146 c., 287. —27 mars 127-2°. —17 avr. 372, 377-1° c. —29 mai 253. —15 juin 202 c., 205-4°. —26 juin 327 c. —4 août 228. —14 août 150. —22 août 184, 284 c.
1834. 11 janv. 274. —11 fév. 143 c., 325-4°, 5° c. —22 fév. 341-2°. —25 fév. 148, 223 c. —26 fév. 95, 130 c., 347-2° c. —27 fév. 78-2°, 136-1° c. —19 avr. 168-3°. —5 mai 324, 326 c. —2 juin 136-2°. —5 juin 206. —11 juin 370, 371 c. —27 juin 346-2°, 353-6° c. —12 juill. 193. —13 nov. 287, 351-3° c. —9 déc. 268-1°.
1835. 7 janv. 35 c., 179-1° c., 377-1° c. —17 janv. 132. —3 fév. 191 c., 284. —5 mars 203, 204 c. —11 mars 163-1° c., 4°, 282 c. —24 mars 43. —6 juill. 144-4°. —14 nov. 131-2°. —23 nov. 183. —2 déc. 322. —23 déc. 213.
1836. 20 fév. 198. —13 mars 222 c., 244-3° c., 267. —23 avr. 58. —24 mai 209-2°. —25 mai 42-3°, 59-1° c. —1er juin 129-5°. —15 juin 192. —21 juin 116, 213 c. —16 juill. 128-3°. —9 août 163-1°, 3° c., 167 c., 192 c. —22 août 122. —23 sept. 100. —8 déc. 100-2° c. —19 déc. 271 c. —21 déc. 95.
1837. 16 janv. 101 c. —19 janv. 346-3° c., 348-2° c. —31 janv. 240 c. —19 fév. 284. —18 mars 301, 358 c. —22 mars 377-2°, 3° c. —31 mai 323-2°, 3° c. —14 juin 63-2°, 124-2° c., 134 c. —16 juin 57 c. —1er août 217. —9 août 124-2° c., 181 c., 202 c., 205-4°. —14 août 193. —21 nov. 23 c. —19 déc. 121-1°, 129-5°, 176.
1838. 26 janv. 247. —12 mai 192. —18 mai 168-5°, 124-4° c., 207 c. —28 mai 145-2°, 168-3°. —20 juin 268-2° c. —23 juill. 250. —20 août 218, 231 c. —7 nov. 218. —15 nov. 49 c., 350-3° c. —29 nov. 102-1°. —27 déc. 352-2°.
1839. 19 fév. 106-1° c. —20 fév. 323-1° c., 325-4°. —6 mars 110. —8 mars 226. —10 avr. 102-1°. —19 juin 353-7°. —4 juill. 53, 66 c., 284 c. —15 juill. 323-1° c., 325-3°, 334 c. —10 déc. 58. —20 déc. 351-4°.
1840. 8 janv. 298. —21 janv. 239-2°. —7 juill. 206. —25 nov. 279-2°. —30 nov. 278-2°. —9 déc. 136-4°. —16 déc. 67-5° c. —17 déc. 119 c., 124-2° c., 205-1° c., 313.
1841. 6 janv. 313 c., 348-3° c., 351-4°, 355 c. —2 fév. 339 c. —6 fév. 32 c. —13 fév. 252. —14 fév. 286. —18 mars 193, 194 c. —23 mars 351-5°. —26 mars 124-2°, 196 c. —15 avr. 196 c. —25 mai 162-2°. —9 juin 116. —2 août 146 c. —30 août 34. —17 nov. 151. —24 nov. 323-2°. —4 déc. 71.
1842. 3 janv. 8. —25 janv. 268 c., 287 c., 290, 295-4° c. —10 fév. 115, 196 c. —15 fév. 9. —17 fév. 135. —26 avr. 247 c. —9 juin 192. —10 août 71, 157 c., 163-1° c. —30 déc. 323-2°.
1843. 9 janv. 322-2°. —30 janv. 44-2°. —8 fév. 351-6°. —16 mars 192 c., 193 c. —28 mars 178. —11 mai 167, 168-4°. —10 juin 193. —20 juill. 71, 163-1°.
1844. 10 janv. 242-2° c. —17 janv. 246 c., 356-1° c. —6 fév. 237 c., 238 c., 239-3°. —26 fév. 342-2° c. —21 mars 323-2°. —12 juin 110 c. —9 nov. 137, 234 c. —12 nov. 95 c.
1845. 27 janv. 351-7° c. —21 fév. 245 c.
1846. 24 juill. 197 c.
1847. 15 mai 292 c. —6 nov. 276 c., 284 c. —1er déc. 179-2° c.
1848. 23 fév. 377-1° c. —16 mars 253 2° c. —12 juill. 254 c. —23 nov. 212 c.
1849. 16 avr. 281 c. —5 juill. 88 c.
1851. 8 mars 115 c., 135 c., 197 c., 199 c. —12 mars 128-4° c., 272 c. —9 août 32 c., 252 c.
1852. 24 mars 129-6° c. —26 mars 206. —2 août 203 c. —29 nov. 333 c.
1853. 4 mai 352-3° c. —16 août 161-3° c., 164 c.
1854. 11 mai 356-2° c.

PERFECTIONNEMENT. — V. Brevet d'invention, nos 17 et s., 95, 160 et s., 226.

PÉRIL. — Se dit de toute espèce de danger, menaçant à la fois les hommes et les choses (V. Commiss. de police, no 42; Commune, nos 669, 887 s.; Jour férié, no 101; Mines, nos 367 et s.). — La loi parle de la dot en péril (art. 1446 c. nap., V. Contrat de mariage, nos 1631 et s.), — du péril en la demeure (c. pr. 155, 1037, V. Exploit, nos 352 et s.; Jugement, nos 587, 645, 649, 653; Obligat., Respons., Transact.).

PÉRIODICITÉ. — V. Presse.

PERMIS D'ASSIGNER. — V. Forêt, nos 1108 et s., 1143.

PERMIS DE CHASSE. — V. Chasse, nos 104 s.; Douanes, nos 236 s., 326, 346; Dr. marit., nos 79, 409, 413; Faux, no 362.

PERMIS DE SÉJOUR. — V. Commune, no 1198-2°; Passeport, nos 8, 57; Peine, no 711.

PERMISSION. — V. Affiche, nos 24, 113, 135, 158; Armes, nos 4, 16, 68; Associat. illicite, no 51; Boucher, nos 21, 112; Boulanger, nos 13, 87 et s.; Chasse, nos 48, 272; Chose jugée, no 315; Commune, nos 849 et s.; 870, 1177 s.; Concession, nos 46, 53, 62; Contravention, no 221; Défense, no 35; Dépôt, nos 62 s.; Douanes, Droit civil, Effet de comm., Eau, nos 421, 464; Enregistr., no 4919; Exploit, no 15; Forêt, no 1936; Impôt indir., nos 300, 418; Industrie, no 1565; Jour férié, nos 61, 80 s.; Louage à cheptel, no 36; Organ. adm., Organ. milit., Pêche fluviale, no 83 s.; Place de guerre, nos 2, 104; Procès-verbaux, Travaux publics.

PERMISSION DU JUGE. — V. Acte conservat., no 30; Délai, nos 102 s.; Exploit, no 352; Privil. et hyp., Saisie-arr., Saisie-exécut., Saisie-gag., Scellés, Vente jud. d'imm., Vente publ.

PERPÉTUELLE DEMEURE. — V. Biens, nos 61 et s., 106 et s.

PERPÉTUITÉ. — V. Louage emphyt., no 6; Peines, nos 20, 44, 52, 80, 82, 602 s.; Servitude.

PERQUISITION. — V. Absent, no 85; Affiche, no 52; Aliéné, no 216; Archives, no 69; Avocat, no 312; Avoué, no 213; Brev. d'invent., no 353; Chasse, no 223; Commiss. de police, no 8; Commune, nos 1188, 1240, 1246; Compuls., no 20; Effets de commerce, nos 543 et s.; Enreg., nos 5321 s.; Exploit, no 447; Forêts, nos 964, 969; Frais et dépens, nos 1144 s.; Gendarme, no 26; Impôts indir., no 592; Instr. crim., nos 278, 352, 353, 554 et s., 680 et s.; Procès-verbaux.

PERRUQUIER. — V. Jour férié, no 87-1°; Patente, no 77.

PERSONNE. — Se dit ici des individus considérés quant aux droits civils ou politiques que la loi leur accorde. — V. Droit civil, Droits polit.; V. aussi Action possess., no 236; Arbitrage, nos 958 s.; Cautionn., no 120; Cons. d'Et., nos 209, 241 s.; Contr. par corps, nos 189 s., 193, 286 s.; Exploit, nos 50, 360 s., 387 s.; Forêts, nos 451 s.; Frais et dépens, nos 53 et s.; Interdiction, nos 169 s.; Louage, nos 293 s.

PERSONNE INCERTAINE. — Se dit des êtres ou corporations qui ne sont désignés par aucune dénomination certaine. — V. Dispos. entre-vifs et test., Substitution.

PERSONNE INTERPOSÉE. — Se dit en général de celui qui prête son nom pour faire échapper quelqu'un à une prohibition quelconque. — V. Contr. de mar., n° 971, 1162; Dépôt, n° 67, 91; Discipline, n° 6; Dispos. entre-vifs et testamentaires; Emigré, n° 286 s.; Forêts, n° 1083 s., 1093 s.; Forfaiture, n° 82 s., 88 s.; Grains, n° 61 s.; Jeu-pari, n° 43 s.; Notaire, n° 409, 428; Obligation, Paternité, n° 744; Servitude, Succession, Vente.

PERTE. — Se dit de la privation d'une chose. — V. Absent, n° 596, 617; Accessoire, n° 64; Acte de commerce, n° 184; Acte de l'état civil, n° 15, 113 s., 128 s., 141; Action possessoire, n° 252 s., Archives, n° 8; Assurances terrestres, n° 199 et s., 210 s., 226; Avocat, n° 336; Banque, n° 99, 101, 155; Bourse de commerce, n° 313; Cautionnement, n° 119, 299; Certificat de vie, n° 47; Commissionn., n° 260 s., 345, 352, 419 s., 450 s., Compte courant, n° 49; Dépôt, n° 58 s., 95, 114, 121; Distribution par contrib., n° 1, 5; Domaine engagé, n° 55; Douanes, n° 552; Droit civil, n° 45, 80, 156, 504, 561, 590 s.; Droit marit., n° 41, 722 s., 940, 1014 s., 1022, 1025 s., 1034, 1071, 1175, 1400, 1773, 1801, 1835, 1987 s., 2027 s., 2044 s., 2056 s., 2063, 2094 s., 2243; Droit politique, n° 29 et suiv., 115 et suiv.; Échange, n° 14; Effets de commerce, n° 20, 541 s., 547 s., 554 s., 666; Enregistrement, n° 2847, 5203; Exploit, n° 32-5°; Expropr. publ., n° 229; Force majeure, n° 11, 17-4°, 32-6°, 37; Garde nat., n° 267; Jugem., n° 209, 836; Louage, n° 786, 822; Louage à cheptel, n° 64, 90 s., 101; Louage à colon. part., n° 16; Louage d'ouvrage, n° 75, 127 et s.; Louage emphyt., n° 8-7°; Mandat, n° 364, 367 et s.; Marché de fournit., n° 40 et s., Mariage, n° 416 s.; Nullité, n° 50; Obligation, Pension, n° 99; Prescription, Société, Surenchère, Usage, Vente, Vente administ.

PERTE DE LA CHOSE DUE (c. nap. 1234). — V. Obligation; V. aussi Cautionnement, n° 231; Contr. de mar., n° 2923; Dépôt, n° 18, 58, 64, 85; Forêt, n° 993; Louage, n° 20, 52, 194, 198 s., 289, 346, 525, 545, 774 s., 808 s., 813 s., 820; Louage à cheptel, n° 23 s., 60; Louage à colon. part., n° 34; Louage d'ouvrage, n° 124 s., 133 s., 256 s.; Nantissement, n° 153, 184 s.

PERTE PARTIELLE OU TOTALE. — V. Assurances terrestres, n° 291, Droit maritime, n° 41, 725; Force majeure, n° 20; Louage, n° 52, 198 s.; Louage à cheptel, n° 23, 28; Louage emphyt., n° 30.

PERTINENCE DES FAITS. — V. Enquête, n° 52 et s.; V. aussi Dispos. entre-vifs et test., n° 256; Oblig. [preuve], Interrogat. de faits et art., n° 26 s., 56, 96-2°.

PERTUIS. — Partie d'un cours d'eau laissée libre pour la navigation. — V. Eau, n° 324; Voirie par eau.

PESAGE. — V. Poids et mesures; V. aussi v° Boulanger, n° 37 s., 44, 102 s., 507 s., 760; Procès-verbal, Vente.

PESTE. — V. Salubrité publique; V. aussi Commune, n° 94, 946 s., 984, 1310 et s.

PÉTARDS. — V. Commune, n° 1047, 1301; Contrav., n° 84 s.

PETITES MAISONS. — V. Aliéné, n° 17.

PÉTITION. — **1**. On appelle pétition une demande adressée par un ou plusieurs citoyens à une autorité constituée pour en obtenir une décision ou une mesure quelconque. — « On adresse des pétitions aux législateurs pour les engager à porter une loi nouvelle, dit M. Berriat-Saint-Prix, Théor. du dr. const., n° 540; aux administrateurs pour les déterminer à prendre certaines mesures ou à modifier la manière dont ils exécutent la loi.»

2. Le droit de pétition dérive à la fois du droit naturel et de la nécessité des choses. Sous l'ancienne monarchie, il n'était pas positivement reconnu par les lois; mais la faculté de pétitionner s'exerçait sous la forme d'humbles suppliques ou de placets adressés, soit au roi, soit aux ministres, soit aux autres autorités. Les pétitions ne concernaient alors en général que des intérêts privés ou locaux, et lorsqu'elles s'élevaient jusqu'aux questions générales et aux questions politiques en s'adressant à la couronne, elles n'étaient tolérées qu'autant qu'elles se manifestaient par l'organe du parlement ou des états généraux; elles se confondaient alors avec les remontrances ou les doléances qui constituaient une des plus précieuses garanties qui fussent laissées aux citoyens. — En déplaçant le principe même du pouvoir, en proclamant la souveraineté de la nation, l'égalité politique, la liberté de pensée et le droit pour les citoyens, non seulement de réclamer publiquement le redressement des griefs dont ils peuvent avoir à se plaindre de la part du pouvoir, mais encore celui de critiquer ses actes, de lui adresser leurs conseils et leurs idées, la révolution de 1789 rangea parmi les droits constitutionnels le droit de pétition. — Ce droit s'appliqua non-seulement aux réclamations d'intérêt purement privé, mais il embrassa aussi les intérêts généraux et les intérêts politiques. Il appartint également à tous les citoyens, et n'eut de limites que dans les lois répressives de l'abus qui pouvait en être fait; dès lors se dessina d'une manière tranchée la distinction qui existe entre le droit de pétition considéré dans ses rapports avec les garanties constitutionnelles des citoyens, et le droit de pétition considéré comme moyen d'obtenir, soit de l'action purement gracieuse de l'administration la satisfaction d'une demande, soit de sa juridiction contentieuse le redressement des actes administratifs qui blessent des intérêts collectifs ou privés. « Le droit de pétition, dit fort bien M. Serrigny, t. 2, p. 510, n'est pas seulement une voie ouverte à tous les Français pour intervenir régulièrement dans les affaires publiques... Il sert aussi, et principalement, à exprimer les plaintes de ceux qui pourraient être opprimés par l'action des agents du gouvernement, sans avoir pu obtenir le redressement de leurs griefs par une autre voie légale. » — Ce droit, appartenant à tous les Français sans distinction d'âge ou de sexe, doit être regardé comme un droit absolu, qui sert de garantie aux autres droits publics, dont il est en quelque sorte, suivant la judicieuse remarque de l'auteur précité, comme la procédure ou la mise en action, car il est le dernier recours constitutionnellement organisé pour protéger et défendre tous les autres droits publics, le droit de résistance nationale n'étant et ne pouvant être prévu et organisé dans aucune constitution sérieuse.

3. Des pétitions peuvent être adressées, soit aux chambres législatives, soit au pouvoir exécutif et à ses agents.

4. 1° *Des pétitions adressées aux chambres législatives.* — Le droit de pétition, considéré dans ses rapports avec les garanties constitutionnelles des citoyens, a subi depuis 1789 plusieurs modifications sous l'influence des divers événements politiques. — L'art. 62 du décret du 14 déc. 1789, relatif à la constitution des municipalités, reconnaît aux citoyens actifs le droit de se réunir paisiblement et sans armes pour rédiger des adresses et pétitions, sous la condition de donner avis aux officiers municipaux du temps et du lieu de ces assemblées, et de ne pouvoir députer que dix citoyens pour apporter et présenter des adresses et pétitions (V. Commune, n° 71). — Cet article fut reproduit textuellement par l'art. 60 du décret des 21 mai-27 juin 1790, relatif à l'organisation de la municipalité de Paris (V. Commune, n° 75). Seulement ce dernier article élève de dix à vingt le nombre des citoyens actifs qui pourront être chargés de porter les adresses et pétitions. — Un autre décret des 22 déc. 1789-janv. 1790, dispose que les assemblées primaires et celles des électeurs peuvent adresser directement au corps législatif les pétitions et instructions qu'elles voudront lui faire parvenir (tit. 1, art. 34).

5. On s'aperçut bientôt qu'il y avait des inconvénients à permettre aux corps constitués ou aux sociétés politiques de présenter collectivement des pétitions. — En conséquence, un décret des 18-22 mai 1791, déclare que le droit de pétition ne peut être délégué ni exercé en nom collectif (art. 1, V. Commune, n° 77). — V. ci-après l'exception qui fut introduite à cette règle quant aux autorités constituées. — L'art. 3 du décret des 14-17 juin 1791, relatif aux assemblées d'ouvriers, interdit aussi à tous corps administratifs ou municipaux de recevoir aucune adresse ou pétition sous la dénomination d'un état ou profession (V. Industrie, p. 664). — Un autre décret des 29 et 30 sept.-9 oct. 1791 punit de six mois de radiation du tableau civique les membres des clubs et sociétés populaires qui font des pétitions en nom collectif (V. Assoc. illic., n° 7). — Le même principe se trouve consacré par le tit. 1 de la constit. du 3 sept. 1791, qui porte « que les citoyens ont la liberté d'adresser aux autorités constituées des pétitions signées individuellement. » — Par ces mots *signées individuellement*, la loi voulant dire que les citoyens même en grand nombre pouvaient signer comme individus la même pétition, mais qu'ils ne pouvaient la signer en qualité de membres d'un corps ou d'une société collective.—V. nº 12.

6. En 1793, on revint aux principes absolus : la déclaration des droits de l'homme et du citoyen, du 24 juin 1793, portait : Art. 32. « Le droit de présenter des pétitions aux dépositaires de l'autorité publique ne peut en aucun cas être interdit, suspendu ni *limité*. »—L'art. 122 de la constitution, en date du même jour, contient le même principe (V. Droit constit., p. 297). — Mais ce droit illimité ne fut pas de longue durée, et un décret du 25 vend. an 3 défendit de nouveau les pétitions collectives et exigea qu'elles fussent individuellement signées (V. Associat. illic., nº 8), principe reproduit dans l'art. 364 de la constit. du 5 fruct. an 3, qui excepta néanmoins de cette règle les pétitions adressées par les *autorités constituées* et seulement pour les objets propres à leurs attributions (V. Dr. const., p. 303). — La constit. du 22 frim. an 8 porte également art. 83 : « Toute personne a le droit d'adresser des pétitions individuelles à toute autorité constituée, et spécialement au tribunat » (V. *eod.*, p. 312).

7. Sous l'empire, l'examen des pétitions fut enlevé au corps législatif. Un décret du 20 sept. 1806, établit une commission des pétitions composée de deux conseillers d'Etat, quatre maîtres des requêtes, quatre auditeurs, qui devait être renouvelée tous les trois mois, et devant laquelle les pétitions devaient être portées.

8. Pendant la période révolutionnaire, les pétitions pouvaient être présentées à la barre de l'assemblée par les pétitionnaires eux-mêmes. — Ce droit remontait à l'assemblée constituante elle-même dont le règlement, à la date du 29 juill. 1789, disposait sur ce point : — « Les pétitions seront ordinairement présentées à l'assemblée par ceux de ses membres qui en seront chargés; néanmoins, les personnes étrangères qui, ayant des pétitions à présenter, voudraient parvenir immédiatement à l'assemblée, s'adresseront à l'un des huissiers qui les introduira à la barre, où l'un des secrétaires ira recevoir directement leurs requêtes. » — Cette disposition fut reproduite textuellement par le règlement de l'assemblée législative du 18 oct. 1791, chap. 5. — On voit quelle latitude cet article donnait au droit de pétition. — Ce règlement n'est pas sans analogie avec ce qui se passe en Angleterre. Là le peuple en personne exerce le droit de pétition comme il lui plaît et comme il l'entend. — Une discussion publique s'ouvre sur les questions qu'il lui convient de soulever. L'orateur de la pétition (après, toutefois, que les autorités ont été averties du lieu où il doit se rendre, afin de pouvoir assurer la répression du désordre si cela était nécessaire) parcourt les rues et les communes; il la présente à la délibération des citoyens assemblés; ces votes du peuple peuvent être ensuite apportés par lui-même au parlement. Et tel est le respect des Anglais pour la loi que la baguette du constable suffit pour apaiser les scènes tumultueuses auxquelles ces réunions peuvent donner lieu. Nous sommes bien loin en France d'une telle liberté et de telles mœurs politiques (Dict. polit., vº Pétition).—L'histoire constate les abus qui résultèrent de l'extension donnée au droit de pétition par l'assemblée constituante et surtout de l'usage qui s'introduisit d'accueillir à la barre des assemblées nationales des troupes de pétitionnaires, qui finirent par porter le désordre, la violence et la mort dans le sanctuaire des lois.—Aussi, dès que les moments les plus orageux de la révolution furent passés, on chercha à restreindre dans des limites convenables l'exercice du droit de pétition : et bien que la constitution du 5 fruct. an 3 ne contienne aucune disposition précise à cet égard, il est certain que l'on ne vit pas se reproduire devant le conseil des cinq cents et le conseil des anciens les scènes affligeantes qui marquèrent le règne de la convention. — C'est la charte du 4 juin 1814 qui, la première, présente sur ce point une prohibition formelle. Elle exige que les pétitions faites aux chambres soient présentées par écrit, et interdit d'en apporter en personne à la barre (art. 53). — V. Droit constit., p. 326.

9. Le droit de former des pétitions individuelles que le sénat dans son projet de constitution présenté le 6 avril 1814 à Louis XVIII, avait consacré (*eod.*, p. 325), fut encore reconnu aux citoyens par l'art. 65 de l'acte additionnel aux constitutions de l'empire du 22-23 avril 1815 (V. Droit const., p. 327), et par la charte du 14 août 1830, dont l'art. 45 reproduit les termes de l'art. 53 de la charte de 1815.—V. Droit const., p. 334.

10. A la suite de la révolution de 1848, on vit se reproduire une partie des désordres de 1793. Les rues étaient sillonnées de masses considérables portant leurs vœux au gouvernement provisoire, et l'on connaît l'attentat commis dans la journée du 15 mai contre l'assemblée nationale, sous le prétexte d'une pétition présentée par le peuple en faveur de la Pologne.—Pour éviter le retour de semblables désordres, le règlement de l'assemblée nationale des 20-27 mai 1848 interdit la présentation à la barre de toute pétition (art. 66; D. P. 48. 4. 100).— Et le décret des 28 juill.-2 août 1848, sur les clubs, a complété cette disposition en interdisant toute pétition collective de clubs sous peine d'une amende de 100 à 500 fr., et suivant les cas, d'un emprisonnement de quinze jours à trois mois et de la privation des droits civiques de un à cinq ans, contre les présidents, secrétaires, et en outre contre tous ceux qui y auraient pris part (art. 7 et 10; D. P. 48. 4. 130).

11. La constitution du 4 nov. 1848 reconnut de nouveau le droit des citoyens de s'assembler paisiblement et sans armes et de pétitionner (art. 8, D. P. 48. 4. 218).—Aujourd'hui, d'après l'art. 45 de la constitution des 14-22 janv. 1852, le droit de pétition s'exerce auprès du sénat et aucune pétition ne peut être adressée au corps législatif (D. P. 52. 4. 33). — Un décret des 31 déc. 1852-13 janv. 1853 règle le mode d'examen des pétitions par le sénat (art. 30; D. P. 52. 4. 228).

12. Peut-on aujourd'hui former des pétitions collectives, c'est-à-dire présentées au nom d'un corps, d'une association? Les chartes de 1814 et de 1830 ne reproduisaient pas la défense insérée dans les constitutions antérieures; de là on avait induit que cette défense n'existait plus, et qu'en conséquence les pétitions pouvaient légalement être individuelles et collectives, et, par exemple, que les corps constitués comme les tribunaux, les conseils de département, de communes pouvaient adresser des pétitions aux chambres (Comment. de la charte, p. 322; MM. Cormenin, *loc. cit.*; Mahul, Tabl. de la const., p. 447; — *Contrà*, M. Serrigny, t. 2, p. 516). — La même doctrine semble adoptée par M. Berriat-Saint-Prix dans son commentaire de la constitution de 1848, nº 545. — La constitution de 1852 ne contenant non plus aucun texte à cet égard, l'opinion de ces auteurs conserve toute sa force. — Néanmoins, nous ne pensons pas qu'elle doive être suivie. On vient de voir de nombreuses lois rendues pendant la révolution interdire les pétitions collectives; ces lois, n'ayant été abrogées ni formellement ni implicitement, car elles ne sont pas inconciliables avec les diverses constitutions qui nous ont régi, nous semblent toujours être en vigueur; et on sent bien que nul ne doit s'arroger le droit de parler au nom des autres. C'est là un de ces droits qui, comme le dit le décret du 18 mai 1791, ne peut être délégué (V. nº 5). — De là il suit qu'aucune pétition ne peut être formée collectivement, soit par la garde nationale, soit par l'armée, nul corps armé ne pouvant délibérer (V. Garde nat., nº 18; Organ. milit.), soit par les conseils généraux : la loi leur permet d'exprimer des vœux, mais non de former des pétitions (V. Organ. admin.). — Les membres de ces divers corps devront donc apposer chacun individuellement leur signature sur la pétition. — Du reste, le nombre des signatures d'une pétition n'est pas limité.

13. Les citoyens peuvent-ils se réunir publiquement pour rédiger une pétition? — Cela ne paraît pas être dans l'esprit de la constitution et il n'est pas probable que le gouvernement le permette. — V. du reste vº Réunions politiques; V. aussi vº Associat. illic., nº 23.

14. Les pétitions au sénat peuvent aussi bien être *imprimées* que manuscrites (Arg. Comment. sur la charte, p. 321). Elles ne sont pas assujetties au *timbre* (L. 13 brum. an 7, art. 16; V. Enreg., nº 6062).

15. Le droit de pétition est un droit constitutionnel qui appartient à tout le monde, aux étrangers aussi bien qu'aux nationaux (M. Cormenin, Droit adm., 5ᵉ éd., t. 2, p. 395), sans distinction d'âge ni de sexe (M. Serrigny, t. 2, p. 511).

16. On peut établir, non pas comme règle obligatoire, mais comme chose raisonnable et motivée : 1º que l'on ne peut attaquer par voie de pétition, en matière administrative, un arrêté de maire ou de préfet, parce que les pétitionnaires peuvent le faire annuler dans le premier cas par le préfet, et dans le second par le ministre, ou devant le conseil d'État s'il s'agit d'un abus de pouvoir; 2° qu'en matière contentieuse, on ne peut attaquer un arrêté du conseil de préfecture, parce que la voie du recours leur est ouverte devant le conseil d'État; 3° qu'on ne peut demander l'annulation d'un jugement, parce que le sénat n'est pas un tribunal; ni l'annulation d'un arrêt définitif, parce qu'il y a chose jugée; ni l'annulation d'une décision du conseil d'État, parce que le sénat n'est pas juge des décisions du conseil d'État définitives, ou par défaut; ni le renvoi d'un procès devant le ministre de la justice, parce que le sénat ne recommande pas les procès; ni l'obtention d'un emploi, d'une décoration, d'une concession, d'une faveur, parce que le sénat n'est pas un bureau de grâces; ni l'application d'une pénalité contre l'agent dénoncé, parce que les pouvoirs exceptionnels que le sénat exerce sont définis et limités, et que celui-là ne s'y trouve pas compris (Conf. M. Cormenin, t. 2, p. 396).

17. 2° *Des pétitions adressées au pouvoir exécutif et à ses agents.*—Nous ne connaissons aucune loi qui détermine les formes dans lesquelles doivent être conçues les pétitions adressées à l'empereur.—L'usage et des convenances généralement connues nous paraissent les seules règles à indiquer à cet égard. — Le décret des 18-27 déc. 1852, prescrit la formation dans le sein du conseil d'État d'une commission de pétition, à laquelle devront être transmises toutes les pétitions adressées à l'empereur (D. P. 52. 4. 221).

18. Un décret des 19-25 déc. 1790 règle la forme dans laquelle les autorités administratives doivent recevoir les pétitions et statuer sur les objets de demandes qu'elles contiennent. Il porte qu'il sera tenu dans les directoires de district et de département un registre contenant extrait sommaire des requêtes et pétitions qui leur seront adressées et la transcription en entier des avis, décisions ou ordonnances qui y interviendront. Les avis des directoires des districts seront mis au bas des requêtes et pétitions; les décisions et ordonnances des départements seront mises à la suite, pour le tout être rendu aux parties intéressées en original après que le registre du greffe en aura été chargé. — L'arrêté du directoire exécutif du 21 fruct. an 4 détermine les formes à suivre pour les pétitions adressées aux autorités constituées (1).

19. Ces pétitions doivent être écrites sur papier *timbré* (L. 13 brum. an 7, tit. 2, art. 12, V. Enreg., n° 6062).—Par arrêté du 15 fruct. an 8, le gouvernement a rejeté une pétition pour défaut de timbre. — Plusieurs décisions ministérielles, et notamment celles des 18 et 23 vent. an 10, chargent les directeurs et autres préposés de l'administration de se concerter avec les préfets et autres magistrats à l'effet que les pétitions et mémoires soient rejetés si l'accomplissement de la formalité du timbre n'a pas été remplie.

20. Sont exemptées du timbre, 1° les pétitions qui ont pour objet des demandes de congés absolus et limités et de secours, et les pétitions des déportés et réfugiés des colonies tendant à obtenir des certificats de résidence, passe-ports et passages pour retourner dans leur pays (L. 13 brum. an 7, art. 16-1°, V. Enregistr., n° 6062); — 2° Les réclamations ou pétitions concernant les inscriptions sur les listes des électeurs et des jurés (L. 2 mai 1827, art. 4, V. Droit polit., n° 455; Inst. crim., n° 1517). — Les pétitions en décharge ou réduction de cotisation, soit de contribution personnelle et mobilière, soit de portes et fenêtres ayant pour objet une cote moindre de 30 fr. (L. 21 avril 1832, art. 28, V. Impôts dir., n° 454).

21. M. Favard, Rép., v° Injure, § 1, n° 2, cite, sous la date du 25 sept. 1808, un arrêt de cassation qui aurait décidé : 1° que celui qui présente à une autorité supérieure une pétition contenant des imputations injurieuses à un tiers ne doit pas être poursuivi judiciairement en réparation d'injures, parce qu'en dénonçant des abus réels ou supposés, on ne fait qu'user du droit de pétition, droit inviolable et sacré sans le libre exercice duquel il serait quelquefois difficile de faire parvenir la vérité jusqu'au trône; — 2° Que si l'auteur des imputations injurieuses les répète en présence de plusieurs personnes, ou les fait imprimer, ou les divulgue d'une manière quelconque, il peut être justement poursuivi en réparation d'injure.—Mais cet arrêt ne se trouve pas dans les recueils.

22. Il n'y a pas crime de faux dans le fait d'avoir signé le nom de plusieurs personnes au bas d'une pétition sans intention de nuire (Crim. rej. 16 mai 1806, aff. Huel, V. Faux, n° 128, mais V. *eod.*, n°s 135, 137).

23. Le fait de colporter une pétition pour y faire apposer des signatures constitue-t-il le délit de colportage d'écrits? — V. Presse-outrage.

24. La partie qui, après avoir intenté une action contre l'administration des douanes, adresse une pétition au ministre pour lui soumettre la difficulté, n'est pas réputée par là avoir renoncé à sa demande judiciaire (Rej. 10 janv. 1842, aff. préfet du Doubs, V. Propriété féodale); et la réponse du ministre à cette pétition n'est qu'un simple acte d'administration qui ne fait pas obstacle à la décision des tribunaux (même arrêt).

Table sommaire des matières.

PÉTITION D'HÉRÉDITÉ. — V. Succession; V. aussi Absent, n° 613; Compét. civ. des trib. d'arr., n°s 66 s.

PÉTITOIRE. — V. Actions possess.; V. aussi Appel civil, n° 190; Chose jugée, n°s 126 s.

PETITS-ENFANTS.—V. Absent, n° 604; Adoption, n°s 47, 50, 187; Dispos. entre-vifs et test., Interdiction, n° 192; Substitution, Succession.

PETITS OISEAUX. — V. Chasse, n°s 36, 110.

PHARAON. — V. Jeu-pari, n° 11.

PHARE. — V. Droit marit., Organis. marit.

PHARMACIE-PHARMACIEN.— V. Médecine, n°s 105 et s.; V. aussi Acte de commerce, n°s 106 s.; Brevet d'invent., n°s 85

(1) 21 fruct. an 4 (7 sept. 1796). — Arrêté du Directoire exécutif, qui établit un nouveau mode dans la correspondance des autorités constituées.

Art. 1. A compter du 1er vendémiaire prochain, il ne pourra être adressé, aux ministres, aux administrations départementales et municipales, aux bureaux centraux des cantons de Paris, de Marseille, de Lyon et de Bordeaux, aux accusateurs publics, aux commissaires du directoire exécutif près les administrations et les tribunaux, à la régie de l'enregistrement, à la régie des douanes, à l'administration générale des postes et messageries, à la direction générale de la liquidation, à la commission établie à Paris pour la liquidation de la dette des émigrés du département de la Seine, et au bureau du domaine national du même département, aucun mémoire, pétition ou lettre, qu'il ne soit écrit à mi-marge, sur double feuille, et étiqueté, en tête de chacune des deux feuilles, d'un ou deux mots indicatifs de la nature d'affaire à laquelle il appartient, et d'un numéro.

2. Dans le cas où le mémoire, lettre ou pétition, serait susceptible d'être réduit à une série de questions, il suffira qu'il soit écrit sur une simple feuille, sauf à y joindre, sur feuille double, la série de questions à laquelle il donnera lieu.

3. La disposition des articles précédents s'applique aux mémoires, lettres et pétitions, que les autorités s'écriront entre elles, comme à ceux que leur adresseront les citoyens. Elle ne s'applique pas aux pièces jointes à ces mémoires, lettres ou pétitions.

4. Chaque autorité à laquelle aura été adressé un mémoire, lettre ou pétition, consignera la minute de sa réponse à la marge de chacun des doubles qu'elle aura par devers elle. — Elle gardera l'un de ces doubles par devers elle, pour minute, et enverra l'autre à l'autorité ou au citoyen qui les lui aura adressés tous deux.

5. Si le mémoire, lettre ou pétition, contient plusieurs articles, la réponse sera couchée à la marge de chacun.

6. Tout mémoire, lettre ou pétition, qui contiendrait plusieurs objets distincts, qui ne serait pas écrit à mi-marge, ou qui ne serait pas étiqueté, ainsi que le prescrit l'art. 1, sera renvoyé sans réponse à celui ou ceux de qui il proviendra.

7. Les ministres et les autres autorités désignés dans l'art. 1 réformeront ceux de leurs employés dont les services leur deviendront inutiles, d'après les dispositions du présent arrêté.

PLACE DE GUERRE. — 1. C'est un lieu protégé par des fortifications et destiné à recevoir des troupes ou des forces pour la défense de l'Etat. — On distingue les places de guerre des postes militaires. — V. nos 9 et suiv.

Division.

Art. 1. — *Historique et législation.*

2. Les places de guerre ont donné naissance à une législation particulière qui, en certaines circonstances, peut affecter gravement la propriété des citoyens, et qui, en tout temps, soumet les propriétés voisines à des servitudes plus ou moins gênantes. — La plus ancienne disposition législative sur cette matière est l'ord. du 16 juill. 1670, qui défendit à qui que ce fût de faire édifier aucune maison dans les faubourgs des places frontières sans en avoir la permission du roi (M. Delalleau, vo Servitudes des places de guerre, p. 126). — Différentes ord. des 9 déc. 1713, 25 juin 1750, 5 mai 1758, 10 mars 1759, 1er mars 1768, 31 déc. 1776, eurent encore pour objet de régler ce qui était relatif aux places de guerre. — L'ord. de 1713 est celle à laquelle remonte en réalité l'établissement des servitudes militaires, et l'on verra qu'elle est encore souvent invoquée par le domaine militaire.

3. L'ancienne législation ne contenait pas formellement la prohibition de lever le plan des places de guerre; néanmoins cette prohibition existait virtuellement, car M. Dumay sur Proudhon, Dom. pub., t. 1, p. 445, note *a*, nous fait connaître qu'en 1573, le premier président du parlement de Bourgogne ayant demandé un dessin des antiquités de Dijon et une description des fortifications, la chambre du conseil de police les lui refusa par une délibération approuvée par le gouverneur de la province. Il fallut la permission du roi Charles IX, qui l'accorda l'année suivante. Le gouverneur ayant reçu la lettre du roi transmit l'autorisation au mayeur en ces termes: « Monsieur Desbarres, à ce coup que j'ai lettre expresse du roi qu'on fasse le pourtraict de la ville de Dijon, je ne veux plus l'empêcher; et si le peintre qui voulait l'entreprendre y veut besoigner, vous le laisserez faire. »

4. Au moment de la révolution du 1789, les prohibitions des anciennes ordonnances étaient presque tombées en désuétude, et un grand nombre de constructions s'étaient élevées à une petite distance des places de guerre. Ces abus donnèrent lieu au décret des 8-10 juill. 1791, qui régla les dispositions dont devaient dépendre à l'avenir tous les intérêts de la défense, et donna un caractère légal aux servitudes précédemment établies. — Cette loi n'a pas été abrogée; mais toutes les règles qu'elle contient sur les servitudes militaires ont été coordonnées et complétées par les règlements postérieurs, lesquels, ne recevant d'autorité que de la loi dont ils règlent l'exécution, laissent encore au décret de 1791 toute sa force légale (V. ci-après). — De nombreux décrets dont on trouvera l'énumération dans le tableau de la législation ci-après, ont été rendus dans l'intervalle du décret de 1791 au gouvernement impérial. La plupart de ces décrets ont pour objet la défense des places fortes; inspirés par les circonstances, ils n'ont eu, pour ainsi dire, qu'une existence éphémère. Néanmoins ils sont encore utiles à consulter, non-seulement au point de vue historique, mais comme énonçant quelques règles qui, à un moment donné, pourraient être tirées de l'oubli.

5. Sous le gouvernement impérial, plusieurs décrets furent publiés, parmi lesquels on doit remarquer ceux des 9 et 24 déc. 1811, le premier qui aggrave les servitudes militaires; le deuxième, relatif à l'organisation et au service des états-majors de place,

qui ordonne les mesures les plus rigoureuses pour la défense des places fortes. — Le régime créé par ces décrets n'était plus en rapport avec l'état de paix qui suivit la chute de l'empire. De nombreuses réclamations s'étant élevées, une ord. du 24 déc. 1817 apporta d'abord un léger adoucissement aux servitudes imposées par le décret du 9 déc. 1811; puis la loi du 17 juill. 1819, rendue dans le même esprit, vint régler de nouveau tout ce qui concerne les servitudes imposées aux propriétés particulières pour la défense de l'Etat. Il résulte de la discussion de cette loi que celle du 10 juill. 1791 n'a pas cessé d'être en vigueur (V. M. Delalleau, Servit. milit., p. 161).—Quant au décret du 9 déc. 1811, la loi de 1819 ne l'abroge pas formellement; mais cette abrogation est virtuelle. En effet, le rapporteur déclarait à la chambre des députés que l'objet de la loi était d'*abroger* le décret du 9 déc. 1811, comme injuste, illégal et évidemment trop rigoureux. — Il est à remarquer que cette loi ne fut pas votée par la majorité exigée par la charte de 1814 (observ. de M. Paixhans dans la discussion de la loi du 7 juill. 1833, Mon. 9 fév. 1833, p. 330, col. 2). — Suit-il de là qu'elle soit atteinte d'un vice radical qui ne puisse être couvert par l'exécution? M. Duvergier, Coll. des lois, 2e édit., t. 22, p. 212, semble pencher pour l'affirmative. Mais nous ne pouvons admettre cette opinion : la loi de 1819 a été votée par les deux pouvoirs, chambre des pairs et chambre des députés; elle a été sanctionnée par le roi et publiée en la forme accoutumée, et non-seulement l'exécution n'en a jamais été contestée, mais encore aucune réclamation ne s'est fait entendre ni devant la chambre des pairs, ni devant le pouvoir exécutif, ni devant le pouvoir judiciaire. Il ne nous paraît guère possible qu'on puisse aujourd'hui invoquer, avec quelque raison, pour contester l'application de la loi de 1819, une irrégularité qui, si elle existe, est couverte par l'accord unanime de tous les pouvoirs et de tous les citoyens. —L'ord. du 1er août 1821, rendue pour l'exécution de la loi du 17 juill. 1819, a développé les règles établies par cette loi, et diverses circulaires des 4 janv. 1824, 8 sept. 1828 et 25 fév. 1830 en ont déterminé sur divers points le mode d'application.

6. Quant aux règles relatives à l'expropriation et à l'occupation temporaire, en cas d'urgence, des propriétés privées, nécessaires aux travaux de fortification, V. la loi du 30 mars 1831, v° Expropr. pub., n° 25.

7. La loi du 10-20 juill. 1851 a apporté à la législation qui précède quelques modifications que nous ferons connaître dans le cours du présent travail (V. notamment nos 13 et suiv.). Elle décide en outre qu'un règlement d'administration publique réunira et coordonnera dans leur ensemble toutes les dispositions des lois concernant les servitudes imposées à la propriété autour des fortifications, et précisera les mesures d'exécution (art. 8). —Ce règlement, qui a été rendu le 10 sept. 1853 (D. P. 53. 4. 216), abroge formellement l'ordon. de 1821 dont il reproduit presque toutes les dispositions. Bien supérieur dans sa rédaction à l'ordonnance qu'il remplace, il classe les matières dans un ordre plus méthodique, offre souvent une rédaction plus précise et comble plusieurs lacunes que présentait l'ordonnance et que la jurisprudence avait déjà indiquées.—La loi de 1851 et le décret de 1853 sont suivis l'un et l'autre d'un tableau de classement des places de guerre et postes militaires. Ces nouveaux tableaux, qu'on trouvera au Bulletin des lois, années 1851, p. 48 et suiv. 1853, p. 455 et suiv., rendent inutiles toutes les ordonnances et décrets antérieurs portant classement ou déclassement des places de guerre : aussi ne les a-t-on pas fait figurer dans le tableau de la législation ci-après.

8. L'état de siége avait été réglé par le décret du 8 juill. 1791, les lois des 10 et 19 fruct. an 5, le décr. du 24 déc. 1811. Mais ces lois, marquées du caractère propre à l'époque à laquelle elles appartiennent, ne pouvaient embrasser la solution des questions que les institutions nouvelles ont fait naître : elles ont donc, dans leur application, nécessité aux gouvernements postérieurs des difficultés et des embarras. Ainsi le roi Louis-Philippe avait déclaré en état de siége certaines communes et même plusieurs départements de la Bretagne et de la Vendée, ainsi que la ville de Paris (ord. 1er, 3 et 6 juin 1832). — Mais un des effets les plus importants de l'état de siége, la substitution des tribunaux militaires aux tribunaux ordinaires fut déclaré par la cour de cassation inconciliable avec les art. 49, 53, 54, 56 de la charte (V. n° 33). Le gouvernement de 1830, préoccupé de la sûreté et de la paix publique, présenta vers la fin de 1832, à la chambre des pairs, un projet de loi destiné à conserver et à étendre autant qu'il était possible les effets de l'état de siége que la cour de cassation avait laissé subsister. Mais ce projet, que l'opposition repoussait toujours malgré des concessions qui tendaient à créer toutes sortes d'embarras au pouvoir, fut prudemment retiré et ne fut point converti en loi.

En 1848, l'état de siége fut proclamé de nouveau à Paris, non plus par le pouvoir exécutif, mais par l'assemblée constituante elle-même qui, en consacrant dans la constitution de 1848, art. 106, le droit de mettre une commune en état de siége, lui a imprimé le caractère d'une haute mesure de gouvernement. — En 1849, l'état de siége fut encore déclaré à Paris, à Lyon et dans d'autres localités : les circonstances n'étaient plus les mêmes qu'en 1832, aussi à ces époques, l'état de siége fut-il maintenu dans tous ses effets (V. n° 33).—Néanmoins, il paraissait nécessaire de réunir et de compléter les diverses dispositions éparses dans nos lois sur l'état de siége, en prenant pour point de départ l'art. 106 de la constitution de 1848. — Tel fut l'objet de la loi des 9-11 août 1849, qui détermine les cas dans lesquels l'état de siége pourra être déclaré, les formes et les effets de l'état de siége (V. nos 28 et s.).—Enfin, la constitution de 1852 rendit au pouvoir exécutif la mise en état de siége que la loi de 1849 avait attribuée à l'assemblée nationale, et autorisa la mise en état de siége de plusieurs départements (art. 12, V. n° 31).

Tableau de la législation relative aux places de guerre.

20-25 févr. 1791.—Décret portant suppression des gouverneurs de places de toutes classes.

17 av. 1791. — Décret portant que sur les quarante-deux capitaines destinés à être employés au service des places de guerre, quatorze seulement seront de la troisième classe et vingt-huit de la quatrième.

8 juill. (24 mai, 25, 27, 30 juin, 4, 5 et)-10 juill. 1791. — Décret concernant la conservation et le classement des places de guerre et postes militaires, la police des fortifications et d'autres objets y relatifs.

Art. 1. Les places de guerre et postes militaires seront partagés en trois classes, suivant leur degré d'importance, et conformément au tableau qui sera réglé et annexé au présent décret. — Les places et postes de la première classe seront non-seulement entretenus avec exactitude, mais encore renforcés dans toutes celles de leurs parties qui l'exigeront, et constamment pourvus des principaux moyens nécessaires à leur défense. — Ceux de la seconde classe seront entretenus sans augmentation, si ce n'est par l'achèvement des ouvrages commencés; et ceux de la troisième classe seront conservés en masse, pour valoir au besoin, sans démolition et sans autre entretien que celui des bâtiments qui seront conservés pour le service militaire, et des ouvrages relatifs aux manœuvres des eaux.

2. Ne seront réputés places de guerre et postes militaires que ceux énoncés au tableau annexé au présent décret.

3. Dans le nombre des places de guerre et postes militaires désignés en l'article précédent, si un examen ultérieur prouvait que quelques forts, citadelles, tours ou châteaux sont absolument inutiles à la défense de l'État, ils pourraient être supprimés ou démolis en tout ou en partie, et leurs matériaux et emplacements aliénés au profit du trésor public.

4. Nulle construction nouvelle de places de guerre ou postes militaires, et nulle suppression ou démolition de ceux actuellement existants, ne pourront être ordonnées que d'après l'avis d'un conseil de guerre, confirmé par un décret du corps législatif, sanctionné par le roi.

5. Les places de guerre et postes militaires seront considérés sous trois rapports, savoir : dans *l'état de paix*, dans *l'état de guerre* et dans *l'état de siége*.

6. Dans les places de guerre et postes militaires, lorsque ces places et postes seront en *état de paix*, la police intérieure et tous autres actes du pouvoir civil n'émaneront que des magistrats et autres officiers civils, préposés par la constitution pour veiller au maintien des lois, l'autorité des agents militaires ne pouvant s'étendre que sur les troupes, et sur les autres objets dépendant de leur service, qui seront désignés dans la suite du présent décret.

7. Dans les places de guerre et postes militaires, lorsque ces places et postes seront en *état de guerre*, les officiers civils ne cesseront pas d'être chargés de l'ordre et de la police intérieure; mais ils pourront être requis, par le commandant militaire, de se prêter aux mesures d'ordre et de police qui intéresseront la sûreté de la place : en conséquence, pour assurer la responsabilité respective des officiers civils et des agents militaires, les délibérations du conseil de guerre, en vertu desquelles les réquisitions du commandant militaire auront été faites, seront remises et resteront à la municipalité.

8. *L'état de guerre* sera déterminé par un décret du corps législatif, rendu sur la proposition du roi, sanctionné et proclamé par lui.

9. Et dans le cas où le corps législatif ne serait pas assemblé, le roi pourra, de sa seule autorité, proclamer que telles places ou postes sont en

état de guerre, sous la responsabilité personnelle des ministres; mais, lors de la réunion du corps législatif, il délibérera sur la proclamation du roi, à l'effet de la valider ou de l'infirmer par un décret.

10. Dans les places de guerre et postes militaires, lorsque ces places et postes seront en *état de siége*, toute l'autorité dont les officiers civils sont revêtus par la constitution, pour le maintien de l'ordre et de la police intérieurs, passera au commandant militaire, qui l'exercera exclusivement, sous sa responsabilité personnelle.

11. Les places de guerre et postes militaires seront en *état de siége*, non-seulement dès l'instant que les attaques seront commencées, mais même aussitôt que, par l'effet de leur investissement par des troupes ennemies, les communications du dehors au dedans et du dedans au dehors seront interceptées, à la distance de 1,800 toises des crêtes des chemins couverts.

12. *L'état de siége* ne cessera que lorsque l'investissement sera rompu, et, dans le cas où les attaques auraient été commencées, qu'après que les travaux des assiégeants auront été détruits, et que les brèches auront été réparées ou mises en état de défense.

13. Tous terrains de fortifications des places de guerre ou postes militaires, tels que remparts, parapets, fossés, chemins couverts, esplanades, glacis, ouvrages avancés, terrains vides, canaux, flaques ou étangs dépendant des fortifications, et tous autres objets faisant partie des moyens défensifs des frontières du royaume, tels que lignes, redoutes, batteries, retranchements, digues, écluses, canaux et leurs francs-bords, lorsqu'ils accompagnent les lignes défensives ou qu'ils en tiennent lieu, quelque part qu'ils soient situés, soit sur les frontières de terre, soit sur les côtes et dans les îles qui les avoisinent, sont déclarés *propriétés nationales*: en cette qualité, leur conservation est attribuée au ministre de la guerre, et, dans aucun cas, les corps administratifs ne pourront en disposer, ni s'immiscer dans leur manutention, d'une autre manière que celle qui sera prescrite par la suite du présent décret, sans la participation dudit ministre, lequel, ainsi que ses agents, demeureront responsables, en tout ce qui les concerne de la conservation desdites propriétés nationales, de même que de l'exécution des lois renfermées au présent décret.

14. L'assemblée nationale n'entend point annuler les conventions ou règlements en vertu desquels quelques particuliers jouissent des productions de certaines parties de lignes, redoutes, retranchements ou francs-bords de canaux; mais elle renouvelle, en tant que de besoin, la défense de les dégrader, d'en altérer les formes ou d'en combler les fossés, les dispositions ci-dessus ne concernant point les jouissances à titre d'émoluments, et ne dérogeant point à ce qui est prescrit *art. 59 du tit. 3 du présent décret*.

15. Dans toutes les places de guerre et postes militaires, le terrain compris entre le pied du talus du rempart et une ligne tracée du côté de la place, à 4 toises du pied dudit talus, et parallèlement à lui, ainsi que celui renfermé dans la capacité des redans, bastions, vides, ou autres ouvrages qui forment l'enceinte, sera considéré comme terrain militaire national, en fera rue le long des courtines et des gorges des bastions ou redans. Dans les postes militaires qui n'ont point de remparts, mais un simple mur de clôture, la ligne destinée à limiter intérieurement le terrain militaire national sera tracée à 5 toises du parement intérieur du parapet ou mur de clôture, et fera également rue.

16. Si, dans quelques places de guerre et postes militaires, l'espace compris entre le pied du talus du rempart ou le parement intérieur du mur de clôture et les maisons ou autres établissements des particuliers, était plus considérable que celui prescrit par l'article précédent, il ne serait rien changé aux dimensions actuelles du terrain national.

17. Les agents militaires veilleront à ce qu'aucune usurpation n'étende à l'avenir les propriétés particulières au delà des limites assignées au terrain national; et cependant toutes personnes qui jouissent actuellement de maisons, bâtiments ou clôtures qui débordent ces limites, continueront d'en jouir sans être inquiétées; mais, dans le cas de démolition desdites maisons, bâtiments ou clôtures, que cette démolition soit volontaire, accidentelle, ou nécessitée par le cas de guerre et autres circonstances, les particuliers seront tenus, dans la restauration de leurs maisons, bâtiments et clôtures, de ne point outre-passer les limites fixées au terrain national par l'art. 15 ci-dessus.

18. Les particuliers qui, par les dispositions de l'art. 17 ci-dessus, perdront une partie du terrain qu'ils possèdent, en seront indemnisés par le trésor public, s'ils fournissent le titre légitime de leur possession; l'assemblée nationale n'entendant d'ailleurs déroger en rien aux autres conditions, en vertu desquelles ils seront entrés en jouissance de leur propriété.

19. Les dispositions des art. 15, 16, 17 et 18 ci-dessus seront susceptibles d'être modifiées dans les places où quelques portions de vieilles enceintes non bastionnées font partie des fortifications; dans ce cas, les corps administratifs et les agents militaires se concerteront sur l'étendue à donner au terrain militaire national, et le résultat de leurs conventions, approuvé par le ministre de la guerre, deviendra provisoirement obligatoire pour les particuliers, lesquels demeureront néanmoins réservés aux indemnités qui pourront leur être dues, et qui seront réglées à l'amiable, s'il se peut, par les départements, sur l'avis des districts, et, en cas de désaccord, par le tribunal du lieu.

20. Les terrains militaires nationaux et extérieurs aux places et postes seront limités par des bornes, toutes les fois qu'ils ne se trouveront pas l'être déjà par des limites naturelles, telles que chemins, rivières ou canaux, etc. Dans le cas où le terrain militaire national ne s'étendrait pas à la distance de 20 toises de la crête des parapets des chemins couverts, les bornes qui devront en fixer l'étendue seront portées à cette distance de 20 toises, et les particuliers légitimes possesseurs seront indemnisés, aux frais du trésor public, de la perte du terrain qu'ils pourront éprouver par cette opération.

21. Dans les postes sans chemins couverts, les bornes qui fixeront l'étendue du terrain militaire national seront éloignées du parement extérieur de la clôture de 15 à 20 toises, suivant que cela sera jugé nécessaire.

22. Tous terrains dépendant des fortifications qui, sans nuire à leur conservation, seront susceptibles d'être cultivés, ne le seront jamais qu'en nature d'herbages, sans labour quelconque et sans être pâturés, à moins d'une autorisation du ministre de la guerre.

23. Le ministre de la guerre désignera ceux desdits terrains qui seront susceptibles d'être cultivés, et dont le produit pourra être récolté sans inconvénients; il indiquera pareillement ceux des fossés, canaux, flaques ou étangs qui seront susceptibles d'être pêchés. Il adressera les états de ces divers objets aux commissaires des guerres, qui, conjointement avec les corps administratifs, et de la manière qu'il est prescrit aux art. 5, 6, 7, 8, 9 et 10 du tit. 6, les affermeront à l'enchère, en présence des agents militaires qui auront été chargés par le ministre de prescrire les conditions relatives à la conservation des fortifications.

24. Les fermiers de toutes les propriétés nationales dépendant du département de la guerre seront responsables de toutes les dégradations qui seront reconnues provenir de la faute d'eux ou de leurs agents. Et lorsque le service des fortifications obligera de détériorer, par des dépôts de matériaux, ou des emplacements d'ateliers, ou de toute autre manière, les productions de quelques parties de terrains qui leur seront affermées, l'indemnité à laquelle ils auront droit de prétendre sera estimée par des experts, et il leur sera fait, sur le prix de leurs baux, une déduction égale au dédommagement estimé.

25. Toutes dégradations faites aux fortifications ou à leurs dépendances, telles que portes, passages d'entrée des villes, barrières, ponts-levis, ponts-dormants, etc., seront dénoncées par les agents militaires aux officiers civils chargés de la police, lesquels seront tenus de faire droit, suivant les circonstances et les caractères du délit.

26. Nulle personne ne pourra planter des arbres dans le terrain des fortifications, émonder, extirper ou faire abattre ceux qui s'y trouvent plantés, sans une autorisation du ministre de la guerre: ceux desdits arbres qu'il désignera comme inutiles au service militaire seront vendus à l'enchère, conformément à ce qui est prescrit à l'art. 23 ci-dessus, pour l'affermage des terrains.

27. Tous les produits provenant des propriétés nationales dépendant du département de la guerre seront perçus par les corps administratifs et versés par eux au trésor public, ainsi que cela sera réglé par les lois concernant l'organisation des finances.

28. Pour assurer la conservation des fortifications et la récolte des fruits des terrains affermés, il est défendu à toutes personnes, sauf aux agents militaires et leurs employés nécessaires, de parcourir les diverses parties desdites fortifications, spécialement leurs parapets et banquettes; n'exceptant de cette disposition que le seul terre-plein du rempart du corps de place, et les parties d'esplanade qui ne sont pas en valeur, dont la libre circulation sera permise à tous les habitants, depuis le soleil levé jusqu'à l'heure fixée pour la retraite des citoyens, et laissant aux officiers municipaux, de concert avec l'autorité militaire, le droit de restreindre cette disposition toutes les fois que les circonstances l'exigeront.

29. Il ne sera fait aucun chemin, levée ou chaussée, ni creusé aucun fossé dans l'étendue de 500 toises autour des places, et 300 toises autour des postes militaires, sans que leur alignement et leur position aient été concertés avec l'autorité militaire.

30. Il ne sera, à l'avenir, bâti ni reconstruit aucune maison ni clôture de maçonnerie autour des places de première et de seconde classe, même dans leurs avenues et faubourgs, plus près qu'à 250 toises de la crête des parapets des chemins couverts les plus avancés; en cas de contravention, ces ouvrages seront démolis aux frais des propriétaires contrevenants. Pourra néanmoins, le ministre de la guerre, déroger à cette disposition, pour permettre la construction de moulins et autres semblables usines, à une distance moindre que celle prohibée par le présent article, à condition que lesdites usines ne seront composées que d'un rez-de-chaussée, et à charge par les propriétaires de ne recevoir aucune indemnité pour démolition en cas de guerre.

31. Autour des places de première et de seconde classe, il sera permis d'élever des bâtiments et clôtures en bois et en terre, sans y employer de pierres ni de briques, même de chaux ni de plâtre, autrement qu'en crépissage, mais seulement à la distance de 100 toises de la crête du parapet du chemin couvert le plus avancé, et avec la condition de les démolir, sans indemnité, à la réquisition de l'autorité militaire, dans le cas où la place, légalement déclarée en état de guerre, serait menacée d'une hostilité.

32. Autour des places de troisième classe et des postes militaires de toutes les classes, il sera permis d'élever des bâtiments et clôtures de construction quelconque, au delà de la distance de 100 toises des parapets des chemins couverts les plus avancés, ou des murs de clôture des postes, lorsqu'il n'y aura pas de chemins couverts. — Le cas arrivant où ces places et postes seraient déclarés dans l'*état de guerre*, les démolitions qui seraient jugées nécessaires, à la distance de 250 toises, et au-dessous de la crête des parapets des chemins couverts et des murs de clôture, n'entraîneront aucune indemnité pour les propriétaires.

33. Les indemnités prévues par les art. 30, 31 et 32, seront dues néanmoins aux particuliers, si, lors de la construction de leurs maisons,

bâtiments et clôtures, ils étaient éloignés des crêtes des parapets des chemins couverts les plus avancés, de la distance prescrite par les ordonnances.

34. Les décombres provenant des bâtisses et autres travaux civils et militaires ne pourront être déposés à une distance moindre de 500 toises de la crête des parapets des chemins couverts les plus avancés des places de guerre, si ce n'est dans les lieux indiqués par les agents de l'autorité militaire; exceptant de cette disposition ceux des détriments qui pourraient servir d'engrais aux terres, pour les dépôts desquels les particuliers n'éprouveront aucune gêne, pourvu qu'ils évitent de les entasser.

35. Les écluses dépendant des fortifications, soit dedans, soit dehors des places de guerre de toutes les classes, ne pourront être manœuvrées que par les ordres de l'autorité militaire, laquelle, dans l'état de paix, sera tenue de se concerter avec les municipalités ou les directeurs des corps administratifs, pour diriger les effets desdites écluses de la manière la plus utile au bien public.

36. Lorsqu'une place sera en *état de guerre*, les inondations qui servent à sa défense ne pourront être tendues ou mises à sec sans un ordre exprès du roi; il en sera de même pour les démolitions des bâtiments ou clôtures qu'il deviendrait nécessaire de détruire pour la défense desdites places; et, en général, cette disposition sera suivie pour toutes les opérations qui pourraient porter préjudice aux propriétés et jouissances particulières.

37. Dans le cas d'urgente nécessité, qui ne permettrait pas d'attendre les ordres du roi, le commandant des troupes assemblera le conseil de guerre à l'effet de délibérer sur l'état de la place et de la défense de ses environs, et d'autoriser la prompte exécution des dispositions nécessaires à sa défense.

38. Dans les cas prévus par les art. 35, 36 et 37 ci-dessus, les particuliers dont les propriétés auront été endommagées seront indemnisés aux frais du trésor public, sauf pour les maisons, bâtiments et clôtures existant à une distance moindre de 250 toises de la crête des parapets des chemins couverts.

39. Dans les places et postes de troisième classe, où il y a des municipalités il ne sera fourni aucuns fonds par le trésor public, pour l'entretien des ponts, portes et barrières, ces diverses dépenses devant être à la charge des municipalités, si elles désirent conserver lesdits ponts, portes et barrières.

40. Les municipalités des places et postes de troisième classe pourront, si elles le jugent convenable, supprimer les ponts sur les fossés, et leur substituer des levées en terre, avec des ponceaux, pour la circulation des eaux dont lesdits fossés peuvent être remplis, à la charge à elles de déposer dans les magasins militaires les matériaux susceptibles de service, tels que les plombs, les fers et les bois sains provenant de la démolition desdits ponts, et à charge encore de ne pas dégrader les piles et culées de maçonnerie sur lesquels ces ponts seront portés.

41. Il est défendu à tout particulier autre que les agents militaires désignés à cet effet par le ministre de la guerre, d'exécuter aucune opération de topographie sur le terrain, à 500 toises d'une place de guerre, sans l'aveu de l'autorité militaire. Cette faculté ne pourra être refusée lorsqu'il ne s'agira que d'opérations relatives à l'arpentement des propriétés. — Les contrevenants à cet article seront arrêtés et jugés conformément aux lois qui seront décrétées sur cet objet dans le code des délits militaires.

SUITE DU TIT. I. — DES EMPLOYÉS DES FORTIFICATIONS.

Art. 1. Tous les employés des fortifications, connus ci-devant sous les noms d'*inspecteurs de casernes*, de *casserniers*, de *fontainiers*, de *citerniers*, d'*éclusiers*, de *gardes des fortifications*, *de digues*, *lignes*, *épis*, *jetées*, *etc.*, seront désignés dorénavant sous les noms de *gardes des fortifications* et d'*éclusiers des fortifications*.

2. Les emplois de gardes et d'éclusiers des fortifications, dans les places de première et de seconde classe, ne pourront être donnés qu'à des sujets qui aient été employés six ans au service des fortifications.

3. Nul ne pourra exercer les fonctions de garde et d'éclusier des fortifications, qu'en conséquence de la nomination du roi et d'un brevet de Sa Majesté.

4. Les gardes et éclusiers des fortifications seront divisés en quatre classes, quant aux appointements dont ils doivent jouir, savoir : — Vingt de la première classe, aux appointements de 720 liv.; quatre-vingts de la seconde classe, aux appointements de 540 liv.; cent vingt de la troisième classe, aux appointements de 360 liv.; quatre-vingts de la quatrième classe, aux appointements de 240 liv. : en tout trois cents gardes ou éclusiers des fortifications, coûtant ensemble 120,000 liv. par an. — Cette somme de 120,000 liv. sera ajoutée annuellement aux fonds destinés à l'entretien des fortifications et des bâtiments militaires qui en dépendent.

5. Les gardes et éclusiers des fortifications ne seront soumis qu'à l'autorité militaire dans tout ce qui dépendra de leurs fonctions, et ils ne recevront d'ordres pour leur service que de ceux des agents de cette autorité, qui leur seront désignés à cet effet par les règlements militaires.

6. Les trois cents gardes et éclusiers des fortifications, désignés à l'art. 4 ci-dessus, seront répartis par le ministre de la guerre dans les places et postes militaires, suivant les besoins du service, pour y exercer les fonctions qui leur seront assignées par leur brevet.

7. Les employés actuels des fortifications continueront à exercer leurs fonctions comme ci-devant et ils n'éprouveront aucune réduction sur les traitements dont ils jouissent. Quant à l'excédant des fonds affectés à la présente organisation sur ceux qui étaient affectés à l'ancienne, il sera réparti par le ministre de la guerre, tant à ceux des anciens employés dont les fonctions seront augmentées, qu'aux gardes et éclusiers des fortifications qui seront créés suivant la nouvelle organisation, soit pour satisfaire aux besoins du service dans les lieux où ils deviennent nécessaires, soit à mesure de l'extinction des emplois.

8. Tous les gardes et éclusiers des fortifications d'ancienne ou de nouvelle création seront tenus de résider dans les lieux de leur service, ainsi que d'y porter l'uniforme qui leur sera affecté : faute de se conformer à cette injonction, il sera nommé à leur emploi.

9. Les gardes et éclusiers des fortifications recevront un logement en argent ou en nature, au lieu fixé pour leur résidence.

10. Les gardes et éclusiers des fortifications ne pourront exercer aucun emploi ou charge de communauté, dont le service empêcherait celui qui leur est confié en qualité de gardes et d'éclusiers des fortifications.

11. Tous priviléges et exemptions, de quelque espèce qu'ils soient, dont ont joui ou pu jouir les employés des fortifications aux entrées des villes sur les objets de consommation, seront et demeureront supprimés, à dater de l'époque de la publication du présent décret.

TIT. 2. — *Suppression des états-majors des places et retraites accordées à ceux qui les composent.*

Art. 1. Tous les emplois d'officiers d'état-major des places de guerre, citadelles, châteaux et autres postes militaires ou villes de l'intérieur, de quelque grade que soient ces officiers, et sous quelque dénomination qu'ils existent, et toutes leurs fonctions en cette qualité, seront et demeureront supprimés, à dater du 1er août de la présente année.

2. Sont également supprimés et compris dans les dispositions du présent décret les lieutenants de roi militaires des bailliages.

3. Il sera accordé auxdits officiers des retraites dont la valeur sera déterminée, tant en conséquence du traitement dont ils jouissent que de l'ancienneté de leurs services, ainsi qu'il sera expliqué ci-après.

4. A l'effet d'évaluer le traitement en retraite dont devra jouir chacun desdits officiers, on prendra pour base le tarif annexé à l'ordonnance du 18 mars 1776.

5. La pension de retraite dont devra jouir chaque officier d'état-major réformé par le présent décret sera réglée conformément aux dispositions du décret du 3 août 1790, sauf les modifications qui seront ci-après détaillées.

6. Les officiers des états-majors de place, désignés dans l'ordonnance du 18 mars 1776 sous les dénominations de gouverneurs à charge de résidence, de commandants, de lieutenants de roi, de majors commandants, de majors, d'aides-majors, de sous aides-majors, et les lieutenants de roi militaires des bailliages, qui auront plus de vingt ans de service, tant dans la ligne que dans les fonctions d'officiers d'états-majors, compteront dix ans en sus de leur service effectif, c'est-à-dire que celui qui n'aura que vingt ans de service en comptera trente, que celui qui n'en aura que trente-cinq en comptera quarante-cinq, et ainsi de suite.

7. A vingt ans de service, lesdits officiers obtiendront en retraite le quart du traitement attribué à leurs places, par l'ordonnance du 18 mars 1776 : les trois quarts restants seront partagés en vingt parties, dont il leur en reviendra une pour chaque année de service qu'ils auront au delà de vingt ans, tellement qu'à quarante ans de service révolus, ils auront en retraite la totalité de leur traitement actuel.

8. Quant à ceux qui ont moins de vingt ans de service, leur retraite sera réglée ainsi qu'il suit : à dix ans de service, leur retraite sera d'un huitième ou dix quatre-vingtièmes de leur traitement actuel; pour chaque année de service, de dix ans jusqu'à vingt, il leur sera accordé un quatre-vingtième du même traitement, en sorte qu'à vingt ans de service, il leur reviendra vingt quatre-vingtièmes ou le quart dudit traitement, conformément à l'article précédent.

9. Ceux desdits officiers qui ont le grade de maréchal de camp seront traités comme l'ont été les autres officiers généraux en activité qui ont obtenu des pensions de retraite.

10. Tout officier d'état-major de place qui aura perdu un membre à la guerre aura en retraite le montant du traitement total dont il jouit.

11. Les officiers retirés à la suite des places, payés de leurs retraites sur les revues de commissaires, et qui avaient obtenu des logements dans les places à la suite desquelles ils étaient retirés, conserveront lesdits logements, soit en nature, soit en argent, conformément à leur grade.

12. Tout officier d'état-major de place sera libre de demander que son traitement en retraite soit réglé d'après le grade qu'il avait en activité dans la ligne, s'il croit y trouver quelque avantage, et l'on ne pourra le lui refuser.

13. Les officiers d'état-major de place n'entreront en jouissance des retraites qui leur sont accordées par le présent décret qu'au 1er août 1791; en conséquence, ils continueront à jouir de leur traitement actuel jusqu'audit jour exclusivement.

14. Les officiers pourvus de provisions ou de commissions, en adjonction ou en survivance des officiers actuels des états-majors de place, conserveront les traitements dont ils jouissent jusqu'à la mort des titulaires.

15. En cas de mort des titulaires, lesdits adjoints ou survivanciers perdront les traitements dont ils jouissent et seront substitués aux droits des titulaires; en conséquence, leur nouveau traitement en retraite sera calculé d'après celui affecté à l'emploi dont ils ont la survivance ou l'adjonction, et conformément aux règles prescrites par le présent décret. Dans

l'évaluation de leurs services, ils compteront leur temps de survivancier ou d'adjoint, comme s'ils avaient été en activité dans la ligne.

16. Les officiers qui, lorsqu'ils ont obtenu des emplois dans les états-majors des places, avaient depuis dix ans le grade de lieutenants-colonels, recevront le brevet de maréchal de camp, conformément aux décrets des 15 fév. et 3 mars 1791. Quant à ceux qui, lorsqu'ils sont entrés dans les états-majors des places, n'étaient pas lieutenants-colonels depuis dix ans, il leur sera tenu compte, pour obtenir le brevet de maréchal de camp, de leurs services dans lesdits états-majors, à raison de neuf mois pour chaque année qu'ils auront passée dans ce dernier service.

17. Les officiers des états-majors de place qui n'ont pas plus de cinquante ans d'âge, et ceux d'entre eux qui sont officiers généraux, seront susceptibles d'être employés en activité dans le même grade qu'ils avaient dans la ligne, ou dans le grade immédiatement supérieur, moyennant qu'ils soient pourvus de ce premier depuis plus de deux ans. Dans le cas de leur remplacement, ils cesseront de jouir de la pension de retraite qui leur est attribuée par le présent décret.

18. Ceux des officiers des états-majors de place qui, depuis l'époque du 14 juill. 1789, ont été privés, soit en totalité, soit en partie, des émoluments qui leur étaient affectés par les ordonnances, seront indemnisés, jusqu'au jour de leur réforme, d'après l'évaluation qui en sera faite et constatée; ils seront de plus payés de tout ce qui leur sera dû d'arriéré sur leur traitement; lesdites indemnités et payements seront fournis par les fonds de la guerre.

19. Les corps et officiers civils qui avaient le privilége d'exercer les fonctions d'officiers d'états-majors de place les cesseront à dater du 1er août 1791.

20. Les dispositions précédentes, et toutes autres du présent décret, ne concernent point les colonies françaises hors d'Europe, l'assemblée nationale se réservant de prononcer ultérieurement sur le régime auquel elles devront être soumises.

TIT. 3. — *Du commandement et du service des troupes en garnison; des rapports entre le pouvoir civil et l'autorité militaire, ainsi qu'entre les gardes nationales et les troupes de ligne dans les places de guerre, postes militaires et garnisons de l'intérieur.*

Art. 1. Le service que faisaient les officiers des états-majors des places sera rempli par les officiers de la ligne, conformément à ce qui sera prescrit à cet égard par les règlements militaires; quant au commandement des troupes en garnison, il sera décerné ainsi qu'il sera expliqué ci-après.

2. Il sera formé des divisions ou arrondissements comprenant un certain nombre de places, postes ou garnisons. Dans l'un de ces points pris pour chef-lieu, résidera un officier général chargé de surveiller et de maintenir l'ordre et l'uniformité du service dans toutes les places, postes et garnisons de son arrondissement.

3. Dans chaque garnison de place de guerre, poste militaire ou ville de l'intérieur, le commandement des troupes sera dévolu, sous les ordres de l'officier général chef de l'arrondissement, à celui des officiers employés en activité dans ladite garnison, qui se trouvera le plus ancien dans le grade le plus élevé sans distinction d'armes.

4. Dans les places de guerre qui auront des citadelles ou châteaux, ainsi que des forts détachés, dépendant du système militaire de ces places, le commandant militaire de la place le sera également de ces citadelles, forts et châteaux qui en dépendent.

5. Le commandant sera pris, conformément à l'art. 3 ci-dessus, parmi tous les officiers composant les garnisons particulières desdites places, citadelles et dépendances, et sera tenu de faire son domicile habituel dans la place.

6. Dans les citadelles, forts et châteaux dépendant d'une place de guerre, il y aura des commandants particuliers subordonnés au commandant de la place.

7. Ces commandants particuliers seront pris chacun dans leurs garnisons respectives, conformément à l'art. 5 ci-dessus.

8. Nul officier général ne pourra exercer l'autorité militaire dans les places, postes ou garnisons de son arrondissement, que préalablement il n'ait fait enregistrer ses lettres de services au directoire de chacun des départements compris dans son arrondissement.

9. Dans chaque arrondissement, l'officier général commandant, chargé de tenir la main à l'exécution des règlements militaires, sera, de plus, obligé de se concerter avec toutes les autorités civiles, à l'effet de procurer l'exécution de toutes les mesures ou précautions qu'elles auront pu prendre pour le maintien de la tranquillité publique, ou pour l'observation des lois, ainsi que d'obtempérer à leurs réquisitions, toutes les fois qu'elles seront dans les cas prévus par les lois.

10. Nul officier ne pourra prendre ou quitter le commandement des troupes dans une place, qu'après l'avoir notifié au corps municipal.

11. Seront tenus à la même formalité les officiers en résidence dans les places, et y faisant fonctions de chefs dans leurs parties respectives, tels qu'officiers du génie, de l'artillerie et les commissaires des guerres. La même notification sera faite par eux aux autres corps administratifs, s'il existe entre ces corps et ces officiers quelques relations pour le service public.

12. Tout officier auquel le commandement sera dévolu par son grade et par son ancienneté ne pourra refuser de l'exercer.

13. Les commandants particuliers se conformeront, dans leurs places respectives, à ce qui est prescrit, art. 9 du présent titre, pour l'officier général commandant dans l'arrondissement, ainsi qu'aux ordres qu'ils recevront dudit officier général.

14. Dans tous les objets qui ne concerneront que le service purement militaire, tels que la défense de la place, la garde et la conservation de tous les établissements et effets militaires, comme hôpitaux, arsenaux, casernes, magasins, prisons, vivres, effets d'artillerie ou de fortifications, et autres bâtiments, effets ou fournitures à l'usage des troupes, la police des quartiers, la tenue, la discipline et l'instruction des troupes, l'autorité militaire sera absolument indépendante du pouvoir civil.

15. Il ne pourra être préjugé de l'article précédent, ni de tous autres du présent décret, que, dans aucun cas, les terrains, bâtiments et établissements confiés à la surveillance de l'autorité militaire, puissent devenir des lieux d'exception ou d'asile, et soustraire le crime, la licence, les délits ou les abus à la poursuite des tribunaux; l'action des lois devant être également libre et puissante dans tous les lieux, sur tous les individus, et nul ne pouvant, sans forfaiture, pour aucun cas civil ou criminel, se prévaloir de son emploi et de ses fonctions dans la société pour suspendre ou détruire l'effet des institutions qui la gouvernent.

16. Dans toutes les circonstances qui intéresseront la police, l'ordre, la tranquillité intérieure des places, et où la participation des troupes serait jugée nécessaire, le commandant militaire n'agira que d'après la réquisition par écrit des officiers civils, et, autant que faire se pourra, qu'après s'être concerté avec eux.

17. E conséquence, lorsqu'il s'agira, soit de dispositions passagères, soit de mesures de précaution permanentes, telles que patrouilles régulières, détachements pour le maintien de l'ordre ou l'exécution des lois, police des foires, marchés ou autres lieux publics, etc., les officiers civils remettront au commandant militaire une réquisition signée d'eux, dont les divers objets seront clairement expliqués et détaillés, et dans laquelle ils désigneront l'étendue de surveillance qu'ils croiront nécessaire; après quoi, l'exécution de ces dispositions, et toutes mesures capables de la procurer, telles que consignes, placement des sentinelles, bivouac, conduite et direction des patrouilles, emplacement des gardes et des détachements, choix des troupes et des armes, et tous autres modes d'exécution, seront laissés à la discrétion du commandant militaire, qui en sera responsable jusqu'à ce qu'il lui ait été notifié par les officiers civils que ces soins ne sont plus nécessaires, ou qu'ils doivent prendre une autre direction.

18. La force des garnisons sera réglée de manière à ce que, dans le cas du service ordinaire, chaque soldat d'infanterie ait huit nuits de repos et jamais moins de six, et chaque homme de troupe à cheval, douze nuits de repos et jamais moins de dix.

19. Nulle troupe ne pourra être changée de la garnison qui lui aura été affectée par le roi, que par un ordre contraire de Sa Majesté; ou dans les cas urgents, par ceux des agents de l'autorité militaire auxquels le roi en aura délégué la faculté.

20. Nulles dispositions de police ne seront obligatoires pour les citoyens et pour les troupes, qu'autant qu'elles auront été préalablement publiées; elles seront même affichées si leur importance ou leur durée l'exige. Les publications et affiches seront faites par les municipalités, et les frais en seront supportés par elle.

21. Pour faciliter le service des places, il y aura cinquante officiers qui, sous le nom d'*adjudants de place*, seront distribués dans les forteresses les plus considérables, au nombre de deux au plus par chaque place. Trente de ces officiers auront le grade de capitaine, et seront partagés en deux classes. Quant à leurs appointements, les quinze plus anciens auront 2,400 livres, et les quinze moins anciens, 1,800 livres par an. Les vingt autres adjudants de place auront le grade de lieutenant, et 1,200 livres d'appointements par an: les uns et les autres, pour cette première formation, seront choisis parmi les officiers des états-majors de place actuellement existants.

22. En cas de mort, retraite ou démission desdits adjudants de place, ils seront remplacés par des officiers choisis dans la ligne. Les lieutenants en activité dans la ligne ne pourront être faits adjudants de place, avec brevet de capitaine, qu'autant qu'ils seraient parvenus par les grades, et qu'ils auraient dix ans de service de lieutenant. Les adjudants de place lieutenants seront susceptibles d'être faits adjudants-capitaines, au choix du roi, après deux ans d'exercice comme adjudants-lieutenants.

23. Dans chaque place de guerre où il y aura garnison habituelle, à l'exception des citadelles et autres postes militaires qui n'ont point de municipalités, et dans les principales garnisons de l'intérieur, il y aura un secrétariat militaire, où seront déposés les décrets et règlements concernant l'armée, et en originaux, les ordres, consignes, réquisitions et autres objets de ce genre relatifs au service de la place.

24. La garde et le soin de ce secrétariat seront confiés à un secrétaire-écrivain nommé par le roi, et assermenté par-devant le commissaire des guerres.

25. Autant que faire se pourra, l'emploi de secrétaire-écrivain ne sera donné qu'à des sujets qui auront été sous-officiers dans les troupes de ligne.

26. Ces secrétaires-écrivains ne recevront des ordres, quant à leur service, que de l'autorité militaire; et, pour tous les objets qui n'intéresseront que le service, ils ne seront justiciables que des tribunaux militaires.

27. Les secrétaires-écrivains, jouiront d'appointements proportionnés à l'étendue des fonctions qu'ils auront à remplir dans les places, postes ou garnisons auxquels ils seront attachés.

28. En conséquence, ils seront répartis, quant aux appointements, en trois classes, ainsi qu'il suit: — Vingt de première classe, aux appointements de 900 livres, 18,000 livres; — Quarante de seconde classe, aux appointements de 600 livres, 24,000 livres; — Soixante de troisième classe;

aux appointements de 450 livres, 27,000 livres. — Cent vingt secrétaires-écrivains coûtant ensemble par an la somme de 69,000 livres.

29. Il sera désigné, dans les bâtiments militaires de chaque place, un emplacement suffisant pour le secrétariat et le logement du secrétaire-écrivain.

30. Lorsqu'une troupe arrivera dans une place, elle ne pourra prendre possession des logements qui lui seront destinés, qu'après que le commissaire des guerres aura fait publier les bans à ladite troupe, en sa présence, par le secrétaire-écrivain.

31. Ces bans rappelleront non-seulement les lois générales de police et de discipline, mais encore celles particulières à la place.

32. Les officiers municipaux seront tenus de donner connaissance de ces bans aux habitants de la place.

33. Le plus ancien des régiments d'infanterie française qui se trouveront en garnison avec des régiments d'infanterie étrangère, prendra toujours le rang sur ces derniers. Les autres régiments d'infanterie française et étrangère, dans la même garnison, prendront ensuite rang entre eux, selon la date de leur création.

34. Ne seront réputés régiments d'infanterie étrangère que ceux qui, en vertu de traités, seront fournis ou avoués par une puissance étrangère. Lorsque lesdits régiments se trouveront en garnison avec des régiments d'infanterie française, le commandement militaire de la garnison appartiendra, à grade égal, à l'officier des troupes françaises, quelle que soit son ancienneté dans ce grade.

35. Dans tous les cas où les gardes nationales serviront avec les troupes de ligne, les gardes nationales prendront le rang sur toutes les troupes de ligne.

36. Lorsque les gardes nationales serviront avec les troupes de ligne, l'honneur du rang, qui est réservé aux premières, n'empêchera pas que le commandement général ne soit toujours déféré à l'officier le plus ancien dans le grade le plus élevé desdites troupes de ligne.

37. Toutes les fois que les gardes nationales seront mises en activité, elles ne pourront être rassemblées qu'au préalable les officiers civils n'en aient averti le commandant militaire.

38. Les commandants militaires, dans les places où les gardes nationales feront le service, demanderont à qui il appartiendra le nombre d'officiers et de soldats desdites gardes nationales nécessaires au service militaire; mais lesdits commandants ne pourront s'ingérer dans le détail des officiers, sous-officiers et gardes nationales qui devront marcher, toutes les difficultés de ce genre devant être portées à la décision de leurs officiers supérieurs ou des municipalités, selon ce qui sera réglé à cet égard par le décret concernant l'organisation des gardes nationales.

39. Lorsque les gardes nationales feront le service militaire, les honneurs militaires se rendront réciproquement entre elles et les troupes de ligne, suivant ce qui sera réglé pour ces dernières.

40. Les honneurs militaires étant dans l'armée un acte de discipline, un signe extérieur destiné à rappeler et à conserver sans cesse parmi les troupes la soumission à l'autorité légitime, la considération nécessaire pour les chefs et le respect pour les objets du service, seront, par ces mêmes raisons, accordés hors du corps militaire, à titre d'honneur ou de distinction publique, aux objets du culte, à la personne du roi, à celle de l'héritier présomptif du trône, lorsqu'il aura atteint l'âge de majorité fixé par les lois; dans le cas de minorité du roi, au régent du royaume, aux corps administratifs, judiciaires et municipaux, aux officiers municipaux individuellement pris, lorsque, revêtus du signe distinctif de leurs places, ils seront dans l'exercice de leurs fonctions; et aux princes régnants, ainsi qu'à leurs ambassadeurs ou ministres, lorsque le roi aura spécialement donné des ordres à cet effet.

41. Les honneurs qui se rendront aux corps et aux individus agents du pouvoir civil seront, savoir: pour les corps administratifs, judiciaires et municipaux, les mêmes qui seront affectés aux maréchaux de camp employés; et, pour les officiers municipaux individuellement pris, les mêmes que pour les capitaines.

42. Les fonctions de la gendarmerie nationale étant essentiellement distinctes du service purement militaire des troupes en garnison, la gendarmerie nationale ne sera jamais regardée comme portion de la garnison des places dans lesquelles elle sera répartie.

43. En conséquence de la disposition précédente, les officiers de la gendarmerie nationale ne concourront point au commandement militaire dans les places.

44. Dans les places de guerre et postes militaires, l'ordre et le mot seront toujours donnés par le commandant militaire; et, dans le cas où les gardes nationales feront quelque service dans la place, le mot sera porté par l'officier ou le sous-officier des gardes nationales qui l'aura reçu à l'ordre, au principal officier municipal ou au commandant des gardes nationales, selon ce qui sera réglé à cet égard par le décret d'organisation des gardes nationales.

45. Dans les garnisons de l'intérieur, et dans tous les lieux qui ne seront ni places de guerre ni postes militaires, lorsque les troupes de ligne seront requises pour faire le service conjointement avec les gardes nationales, ou que lesdites troupes de ligne en seront chargées seules, le commandement, l'ordre et le mot seront donnés conformément à ce qui est prescrit aux articles ci-dessus.

46. Mais lorsque, dans les villes ou autres lieux qui ne sont ni places de guerre ni postes militaires, les gardes nationales seront seules chargées de la garde et de la police desdits lieux, sans participation des troupes de ligne, alors le mot sera, selon l'usage, composé de deux autres mots, dont le premier sera donné par le principal officier municipal ou par le commandant des troupes nationales, selon ce qui sera ultérieurement réglé, et le second par le commandant des troupes de ligne.

47. Dans les places de guerre et postes militaires en état de paix, et dans les garnisons de l'intérieur, lorsque les autorités civiles et militaires seront dans le cas de faire battre la générale ou sonner le boute-selle pour le rassemblement des gardes nationales ou des troupes de ligne, elles devront au préalable s'en prévenir réciproquement, sauf le cas de surprise, d'incendie ou d'inondation.

48. Les clefs de toutes les portes, poternes, vannages, aqueducs et autres ouvertures qui donnent entrée dans les places de guerre ou postes militaires, seront toujours confiées au commandant militaire.

49. Et cependant, pour la facilité du commerce et la commodité des habitants et voyageurs il y aura, dans chaque place et poste de guerre, un certain nombre de portes par lesquelles la communication du dedans au dehors et du dehors au dedans pourra se faire, dans l'état de paix, à toutes les heures de la nuit, comme de jour. Les officiers civils et le commandant militaire se concerteront sur celles desdites portes qui seront affectées à cette destination, sur les formalités à remplir et les précautions à prendre pour éviter les abus : l'exécution de ces dispositions appartiendra toujours au commandant militaire.

50. Lorsque les circonstances exigeront une surveillance plus particulière de la part des officiers civils et militaires, il pourra y avoir à chaque porte des places de guerre un préposé choisi par la municipalité, lequel sera chargé de recevoir de tous particuliers arrivant dans la place la déclaration de leurs noms et qualités, ainsi que de l'auberge ou maison particulière dans laquelle ils se proposeront de loger. Ces renseignements seront portés aux officiers municipaux, et le commandant militaire pourra ordonner aux commandants des gardes des portes de faire assister un sous-officier aux déclarations qui seront faites par lesdits particuliers arrivant dans la place, et de lui en rendre compte.

51. Tout particulier qui sera arrêté pour fait de désordre, de contravention aux lois ou à la police, sera remis sans délai, le citoyen à la police civile, le militaire à la police militaire, pour être chacun, suivant les circonstances et la nature du délit, renvoyé aux tribunaux civils ou militaires.

52. Toutes femmes ou filles notoirement connues pour mener une vie débauchée, qui seront surprises avec les soldats dans leurs quartiers lorsqu'ils seront de service, ou après la retraite militaire, seront arrêtées et remises sans délai à la police civile, pour être jugées conformément aux lois.

53. Les prisons militaires, autant qu'il sera possible, seront toujours séparées des prisons civiles.

54. Le commandant d'une troupe en marche sera tenu d'informer la municipalité du lieu où couchera sa troupe, de l'heure à laquelle il la fera partir le lendemain. Une heure après son départ, les citoyens ne pourront plus porter de plaintes contre elle; et si, pendant ce temps, il n'y en a aucune de portée, la municipalité ne pourra refuser un certificat de bien vivre à l'officier de ladite troupe qui aura dû rester à cet effet.

55. Toute troupe en marche ou prête à marcher, en conséquence d'un ordre du roi, ne pourra, soit en totalité, soit en partie, être détournée de sa destination que par un ordre contraire du roi ou de ceux auxquels il en aura délégué la faculté.

56. Aucun corps administratif ne pourra disposer des munitions de guerre, subsistances et d'aucune espèce d'effets, armes ou fournitures confiées au département de la guerre, ni changer leur destination ni empêcher leur transport légalement ordonné, qu'en vertu d'une autorisation expresse du pouvoir exécutif.

57. Les fonds affectés au département de la guerre étant à la seule disposition du ministre, sous sa responsabilité, les corps administratifs ne pourront, dans aucun cas, disposer des fonds versés entre les mains des trésoriers du département de la guerre, ni ordonner aucune dépense sur lesdits fonds.

58. Nul officier en activité ne sera tenu de payer sa part des impositions directes et personnelles dans sa garnison, qu'autant qu'elle serait, en même temps, le lieu de son domicile habituel ou de ses propriétés.

59. Tous les émoluments accordés par les anciennes ordonnances militaires aux officiers, de quelques grades et armes qu'ils puissent être, sont et demeureront supprimés.

60. Tout militaire en activité ne pourra porter d'autre habit que son uniforme, dans les lieux de son service.

61. Les officiers, les sous-officiers et les soldats ne pourront donner des repas de corps ni en recevoir, sous quelque prétexte et de quelque part que ce soit.

62. Il ne pourra être fait aucune retenue sur les appointements des officiers, sous-officiers et soldats, sous prétexte de dépenses de corps, de quelque nature qu'elles soient, excepté celles qui seraient destinées à payer les dégradations commises par les troupes dans leur logement, ou toutes autres indemnités dues, soit à l'État soit aux particuliers, pour réparations de dommages, désordres ou excès commis par lesdites troupes.

63. Tout militaire en activité qui, étant majeur, aura contracté des engagements pécuniaires, par lettre de change ou par toute autre espèce d'obligation emportant la contrainte par corps, et qui s'étant laissé poursuivre pour le payement de semblables dettes, aura, par jugement définitif, été condamné par corps, ne pourra rester au service si, dans le délai de deux mois, il ne satisfait pas à ses engagements : dans ce cas, la sentence portée contre lui équivaudra, après le délai de deux mois, à une démission précise de son emploi.

64. Les actions résultant d'obligations contractées par un militaire en

activité ne pourront être poursuivies que par-devant les magistrats civils, et seront par eux jugées conformément aux lois civiles, sans que les officiers ni les juges militaires puissent en prendre connaissance, si ce n'est à l'armée et hors du royaume, sans qu'ils puissent non plus apporter aucun obstacle soit à la poursuite soit à l'exécution du jugement.

65. Ne pourront être compris dans les saisies et ventes qui auront lieu en exécution des jugements rendus contre des militaires en activité, leurs armes et chevaux d'ordonnance, ni leurs livres et instruments de service, ni les parties de leur habillement et équipement, dont les ordonnances imposent à tous militaires la nécessité d'être pourvus. Leurs appointements ne pourront non plus être saisis que pour ce qui excédera la somme de 600 liv., laquelle leur demeurera réservée, sans préjudice aux créanciers à exercer leurs droits sur les autres biens meubles et immeubles de leur débiteur, suivant les règles et les formes prescrites par la loi.

TIT. 4. — *Des bâtiments et établissements militaires, meubles, effets, fournitures et ustensiles qui en dépendent, tant dans les places de guerre et postes militaires, que dans les garnisons de l'intérieur.*

Art. 1. Tous les établissements et logements militaires, ainsi que leurs ameublements et ustensiles, actuellement existant dans lesdits logements et établissements, ou en magasin, soit que ces divers objets appartiennent à l'Etat ou aux ci-devant provinces et aux villes; tous les terrains et emplacements militaires, tels qu'esplanades, manéges, polygones, etc., dont l'Etat est légitime propriétaire, seront considérés désormais comme propriétés nationales, et confiés en cette qualité au ministre de la guerre, pour en assurer la conservation et l'entretien.

2. Ne seront point compris dans l'article précédent les bâtiments et emplacements que le ministre de la guerre ne jugerait pas nécessaires au service de l'armée, lesquels seront, dans ce cas, remis aux corps administratifs, pour faire partie des propriétés nationales aliénables, s'ils appartenaient ci-devant à l'Etat; et, dans le cas où ils auraient appartenu aux ci-devant provinces ou aux villes, elles continueront d'en être propriétaires.

3. Il sera dressé des procès-verbaux de tous les terrains, bâtiments et établissements conservés pour le service de l'armée, ainsi que des ameublements, effets et fournitures qu'ils contiennent, soit qu'ils appartiennent actuellement à l'Etat, soit qu'ils appartiennent aux ci-devant provinces ou aux villes. Une expédition desdits procès-verbaux sera déposée au département de la guerre, une autre sera remise au directoire du département dans lequel se trouvent les objets ci-dessus mentionnés, et bornée pour chaque département à ce qui le concerne; et la troisième expédition sera déposée dans les secrétariats militaires des différentes places. Celle-ci sera bornée, pour chaque place en particulier, aux objets renfermés dans ladite place, ou qui en sont dépendants.

4. Au moyen de ce qui précède, les dépenses d'entretien, réparations, constructions ou augmentations de bâtiments, renouvellement d'effets et fournitures concernant le service de l'armée, qui, jusqu'à ce moment, avaient été supportées par les ci-devant provinces et par les villes, cesseront d'être à leur charge du jour de la remise qui en sera faite, lesdites dépenses devant, à compter de ce même jour, être supportées par la partie du trésor public affectée au département de la guerre.

5. Le ministre de la guerre devenant responsable du bon emploi et de la conservation des établissements et bâtiments militaires, et des effets qu'ils renferment ou qui en sont dépendants, les corps administratifs ne pourront, dans aucun cas, en disposer, ni s'immiscer dans leur manutention, d'une autre manière que celle indiquée par le présent décret.

6. Dans les places et garnisons qui manquent de bâtiments militaires, le ministre de la guerre désignera ceux des bâtiments nationaux qui peuvent y suppléer, afin que, s'il y a lieu, il soit sursis à leur aliénation, et que, par l'assemblée nationale, ils puissent être déclarés affectés au département de la guerre, comme bâtiments militaires.

7. Toutes les fois qu'un terrain, appartenant à une municipalité ou à quelque particulier, sera nécessaire pour un établissement militaire, le département de la guerre en fera l'acquisition de gré à gré; et, dans le cas où le propriétaire refuserait de céder sa propriété, les directoires des corps administratifs seront consultés, et chargés de l'estimation de l'objet demandé.

TIT. 5. — *Du logement des troupes.*

Art. 1. Les bâtiments et établissements militaires dont la remise aura été faite au département de la guerre ne pourront être affectés qu'au logement des troupes, des employés attachés à l'administration de la guerre, et à contenir ou conserver les munitions, subsistances ou effets militaires.

2. Dans aucune place de guerre, poste militaire ou ville de l'intérieur, les municipalités ne pourront être tenues de fournir ni logement, ni emplacement, ni magasins pour l'usage des troupes, qu'autant que ceux actuellement existants ne seraient pas suffisants.

3. Il sera remis aux municipalités de tous les lieux où se trouveront des bâtiments militaires conservés un état détaillé des logements que ces bâtiments renferment, afin que lesdites municipalités puissent toujours connaître si les logements qui leur seront demandés sont proportionnés aux besoins réels du service.

4. Dans les places de guerre, postes militaires et villes de garnison habituelle de l'intérieur, il sera fait, par les officiers municipaux, un recensement de tous les logements et établissements qu'ils peuvent fournir, sans fouler les habitants, à l'effet d'y avoir recours au besoin et momentanément, soit dans le cas de passage des troupes, soit dans les circonstances extraordinaires, lorsque les établissements militaires ne suffiront pas.

5. Lorsqu'il y aura nécessité de loger chez les habitants les troupes qui devront tenir garnison, si leur séjour doit s'étendre à la durée d'un mois, les seuls logements des sous-officiers et soldats, et les écuries pour les chevaux, seront fournis en nature; à l'égard des officiers, ils ne pourront prétendre à des billets de logement pour plus de trois nuits; et, ce terme expiré, ils se logeront de gré à gré chez les habitants, au moyen de la somme qui leur sera payée suivant leurs grades, ainsi qu'il sera décrété par l'assemblée nationale.

6. Les municipalités veilleront à ce que les habitants n'abusent point, dans le prix des loyers, du besoin de logement où se trouveront les officiers.

7. Toutes les fois qu'il sera pourvu à l'établissement du logement d'une troupe, excepté le cas de passage, le logement des sous-officiers et soldats, et les fournitures d'écuries pour les chevaux, seront faits au complet et non à l'effectif.

8. Faute de bâtiments affectés au logement des troupes destinées à tenir garnison dans un lieu quelconque, il y sera pourvu, autant que faire se pourra, en établissant lesdites troupes dans des maisons vides et convenables, et il y sera, en outre, fourni aux troupes à cheval des écuries suffisantes pour leurs chevaux. Ces maisons et écuries seront choisies et louées par les commissaires des guerres, qui seront autorisés à requérir les soins et l'intervention des municipalités, pour leur faciliter l'établissement des logements dont ils seront chargés. De plus, les agents militaires désignés à cet effet par les règlements feront, en présence d'un ou plusieurs officiers municipaux, la reconnaissance des maisons et écuries qui seront louées, afin de constater l'état dans lequel elles se trouveront, et afin de pouvoir, au départ des troupes, estimer, s'il y a lieu, des indemnités dues aux propriétaires, pour les dégradations qu'auraient éprouvées lesdites maisons et écuries.

9. Dans les cas de marche ordinaire, de mouvements imprévus, et dans tous ceux où il pourra être fourni aux troupes des logements isolés, tels qu'ils ont été indiqués dans l'art. 8 précédent, les troupes seront logées chez les habitants, sans distinction de personnes, quelles que soient leurs fonctions et leur qualité, à l'exception des dépositaires de caisse pour le service public, lesquels ne seront point obligés de fournir de logement dans les maisons qui renferment lesdites caisses, mais seront tenus d'y suppléer, soit en fournissant des logements en nature chez d'autres habitants, avec lesquels ils s'arrangeront à cet effet, soit par une contribution proportionnée à leurs facultés, et agréée par les municipalités. La même exception aura lieu, et à la même condition, en faveur des veuves et des filles; et les municipalités veilleront à ce que la charge du logement ne tombe pas toujours sur les mêmes individus, et que chacun y soit soumis à son tour.

10. Les troupes seront responsables des bâtiments qu'elles occuperont, ainsi que des écuries qui leur seront fournies pour leurs chevaux.

11. L'assemblée nationale statuera ultérieurement sur la somme à attribuer à chaque officier ou employé de l'armée, selon son grade et son emploi, pour lui tenir lieu du logement qui ne pourra lui être fourni en nature dans les établissements militaires.

12. Nul officier en garnison ne recevra un logement en argent, qu'autant qu'il ne pourrait lui être fourni un logement en nature dans les bâtiments militaires; en conséquence, à l'époque du départ des semestriers, les logements qu'ils laisseront vacants dans lesdits bâtiments seront remplis par ceux qui devront passer l'hiver à la garnison.

13. Lorsque les officiers de troupes de ligne recevront leur logement en argent, il ne leur en sera fait le décompte que pour le temps qu'ils seront présents au corps; quant aux officiers en résidence, tels que ceux du génie, de l'artillerie et les commissaires des guerres, ils recevront leur logement, absents comme présents, tout le temps qu'ils seront employés dans une place.

14. Il sera tenu compte, sur les fonds de la guerre, aux officiers de tout grade auxquels les ordonnances affectaient des logements en argent, des sommes dont ils n'ont pas été payés sur lesdits logements, pendant les années 1789 et 1790. Cette indemnité ne sera accordée que pour les logements dont ont dû jouir lesdits officiers, dans le lieu de leur résidence militaire.

15. Les officiers, dans leur garnison ou résidence, et les employés de l'armée, dans leur résidence, ne logeront point les gens de guerre dans le logement militaire qui leur sera fourni en nature; et, lorsqu'ils recevront leur logement en argent, ils ne seront tenus à fournir le logement aux troupes, qu'autant que celui qu'ils occuperont excédera la proportion affectée à leur grade ou à leur emploi. Quant aux officiers en garnison dans le lieu de leur habitation ordinaire, ils seront tenus à fournir le logement dans leur domicile propre, comme tous les autres habitants.

TIT. 6. — *Administration des travaux militaires.*

Art. 1. Les fonds destinés à l'augmentation, à l'entretien et aux réparations des fortifications, ainsi que des bâtiments et établissements militaires quelconques, dans les places de guerre, postes militaires et garnisons de l'intérieur, seront dorénavant fournis en entier par la partie du trésor public affectée au département de la guerre; en conséquence, les départements et les villes seront déchargés de toute imposition ou contribution particulière relative à cet objet.

2. Le ministre de la guerre répartira, entre les différentes places, postes militaires et garnisons de l'intérieur, selon leur classe et selon leurs besoins, les fonds accordés au département de la guerre pour les travaux militaires.

3. Tous les travaux de construction, entretien ou réparation des fortifications, bâtiments et établissements militaires quelconques, et de tout ce

qui en dépend, seront faits par entreprise, d'après une adjudication au rabais. Cette adjudication ne sera jamais passée en masse, mais elle comprendra le détail des prix affectés à chaque nature d'ouvrages et de matériaux qui seront employés.

4. Lorsqu'il s'agira de passer le marché pour les travaux militaires, le ministre adressera au commissaire des guerres :—1° L'ordre de procéder à l'adjudication ; —2° Un état par aperçu des travaux à exécuter pendant la durée du marché ;—3° Les devis et conditions qui auront été fournis par les agents militaires préposés à cet effet.

5. Suivant que les travaux, objet du marché, intéresseront toute l'étendue d'un département, ou seulement celle d'un district, ou, enfin, qu'ils se borneront à l'étendue d'une municipalité, le commissaire des guerres informera le directoire du département ou celui du district, ou les officiers municipaux, des ordres qu'il aura reçus, et les requerra de procéder, dans un délai dont ils conviendront, à l'adjudication du marché.

6. D'après l'époque convenue entre les corps administratifs et le commissaire des guerres, celui-ci fera poser, dans la place et dans les lieux circonvoisins, des affiches signées de lui, et indicatives de l'objet, de la durée du devis et des conditions du marché, ainsi que du jour et du lieu où il sera passé, de manière que les particuliers puissent être informés à temps, et se mettre en état de concourir à l'adjudication qui sera faite.

7. Le commissaire des guerres sera tenu de donner, à ceux qui se présenteront à cet effet, connaissance des devis et conditions du marché, et tous autres renseignements qui dépendront de lui. On pourra, pour se procurer les mêmes indications, s'adresser au secrétariat du département, du district ou de la municipalité.

8. Le jour fixé pour l'adjudication, les membres du directoire du département ou de celui du district, ou de la municipalité, conformément à l'art. 5 ci-dessus, se rendront, ainsi que le commissaire des guerres, au lieu d'assemblée de celui desdits corps administratifs par-devant lequel devra se passer le marché, et là, en leur présence et celle des agents militaires préposés à cet effet par le ministre de la guerre, l'adjudication sera faite par le commissaire des guerres, au rabais, publiquement, et passée à celui qui fera les meilleures conditions, avec les formalités qui seront prescrites ; et, en attendant, celles usitées jusqu'à ce jour continueront d'avoir lieu.

9. Nul ne pourra être déclaré adjudicataire du marché, que préalablement il n'ait justifié de sa solvabilité, ou donné caution suffisante.

10. Tous les frais dépendant de l'adjudication seront bornés aux frais de publication et d'affiches, et seront supportés par l'adjudicataire.

11. Les différents ouvrages à exécuter par les entrepreneurs adjudicataires seront surveillés dans tous leurs détails par les agents militaires, qui en feront les toisés particuliers en présence desdits entrepreneurs ou de leurs commis avoués, à mesure des progrès desdits ouvrages. Ces toisés particuliers seront signés par les entrepreneurs ou par leurs commis, avoués, et certifiés par les agents militaires chargés de la direction des travaux.

12. Chaque année, au terme des travaux, les toisés partiels seront réunis en un seul toisé général, en présence de l'entrepreneur, par les agents militaires qui auront surveillé et dirigé tous les détails des travaux. Ce toisé sera signé par l'entrepreneur, certifié par lesdits agents, et visé par ceux d'entre eux qui auront inspecté les travaux.

13. Le toisé général, certifié et visé ainsi qu'il a été dit dans l'article précédent, sera remis au commissaire des guerres, pour être arrêté par lui, après en avoir vérifié les calculs. Ledit toisé sera ensuite soumis au visa de celui des corps administratifs par-devant lequel aura été passé le marché.

14. Les parfaits payements des travaux militaires exécutés par les entrepreneurs ne leur seront dus et ne pourront être ordonnés à leur profit, par le ministre de la guerre, que préalablement les formalités prescrites par les art. 11, 12 et 13 n'aient été remplies. Lesdits payements ne seront exigibles par les entrepreneurs que trois mois après la confection du toisé général.

15. Pourront néanmoins lesdits entrepreneurs, à mesure de l'avancement des ouvrages, recevoir, sur les certificats des agents militaires, et d'après les ordres du ministre de la guerre, des à-compte proportionnés à la portion du travail exécuté, et ce, jusqu'à la concurrence des trois quarts des travaux entrepris.

16. Les marchés qui seront passés après la publication du présent décret ne seront plus sujets à la retenue de 4 deniers pour livre ; quant à ceux antérieurs à ladite époque, et qui sont grevés de cette clause, ils resteront chargés de ladite retenue, dont le montant sera déduit de celui du toisé général.

17. Les travaux militaires des garnisons de l'intérieur ne pouvant être soumis à la surveillance des agents militaires d'une manière aussi exacte et aussi constante que dans les places de guerre et postes militaires, le roi nommera et instituera, dans chaque garnison de l'intérieur, un conservateur chargé de veiller à l'entretien journalier des bâtiments militaires, aux réparations de détail, et qui sera tenu d'en rendre compte aux agents militaires désignés à cet effet. Les conservateurs seront amovibles, à la volonté du roi.

18. Les conservateurs des bâtiments militaires seront logés, autant que faire se pourra, dans les bâtiments confiés à leurs soins ; et, sur les fonds destinés à l'entretien des établissements militaires, il leur sera accordé un traitement annuel proportionné à l'étendue des objets dont ils seront chargés, mais qui ne pourra jamais excéder 300 liv.

19. Dans les garnisons habituelles de l'intérieur, les places de secrétaires-écrivains ne seront point incompatibles avec celles de conservateurs des bâtiments militaires ; mais, lorsqu'elles seront réunies, celui qui en sera revêtu n'emportera pas nécessairement la totalité du traitement affecté à chacune d'elles ; il pourra même n'avoir, pour les deux, que le traitement affecté à la place de secrétaire-écrivain.

20. Les agents militaires, chargés sur les frontières de la direction des travaux militaires, étendront leur surveillance sur les établissements de l'intérieur. D'après les ordres qu'ils en recevront du ministre de la guerre, ils indiqueront les principales réparations, dresseront les devis des marchés, les états de dépense, et tiendront la main à tout ce qui peut contribuer à la conservation desdits bâtiments et établissements militaires, comme pour ceux des places de guerre. Lorsque les agents militaires ne seront employés dans les garnisons de l'intérieur que momentanément, et pour constater l'état des bâtiments militaires, il leur sera tenu compte, sur les fonds de la guerre, des frais de leur déplacement.

21. Les entrepreneurs des travaux militaires seront tenus de se conformer, pour leur exécution, non-seulement aux conditions des devis et marchés, mais encore aux mesures, aux formes, aux distributions et emplacements d'ateliers, aux dépôts de matériaux, et autres dispositions qui leur seront prescrites par les agents militaires chargés de la direction des travaux. Lesdits entrepreneurs et leurs préposés seront également tenus à l'obéissance envers les agents militaires, dans tout ce qui concernera l'exécution desdits travaux.

22. Tous particuliers non militaires, employés aux travaux militaires, seront, en cette qualité, et pour tout ce qui concernera l'exécution de ces travaux, soumis graduellement à l'obéissance envers les officiers et autres préposés chargés de surveiller et de diriger lesdits travaux ; sauf, en cas de prétentions pécuniaires ou de toutes autres plaintes qu'ils auraient à faire valoir à la charge les uns des autres, à se pourvoir par-devant les tribunaux civils, supposé qu'après en avoir référé à l'agent militaire chargé de la conduite des travaux, celui-ci n'ait pas pu les concilier ou les apaiser.

23. Les particuliers non militaires, employés aux travaux militaires, seront, en cette qualité, soumis à la police des agents militaires chargés de la direction des travaux ; et, en cas d'arrestation d'aucuns d'eux, ils seront remis aux tribunaux civils.

24. Lorsque des travaux indispensables exigeront la plus grande célérité, après que les troupes en garnison auront fourni toutes les ressources qu'on en peut attendre, les corps administratifs d'après la réquisition des agents militaires, seront tenus d'employer tous les moyens légalement praticables qui seront en leur pouvoir, pour procurer le supplément d'ouvriers nécessaires à l'exécution des travaux. Dans ce cas, le salaire desdits ouvriers sera fixé par les corps administratifs.

25. Dans le cas de travaux pressés, les agents militaires chargés de leur direction pourront ne point les interrompre les jours de dimanches et fêtes chômées, à la charge par eux d'en prévenir les municipalités.

26. Les ouvriers employés aux travaux militaires seront payés par les entrepreneurs, au plus tard toutes les trois semaines, d'après les toisés particuliers des ouvrages, et toutes les semaines pour le nombre des journées de travail. Il ne pourra être fait aucune retenue sur les salaires, si ce n'est pour les soldats ouvriers, celle nécessaire pour payer leur service de garnison et leur habillement de travail, s'ils n'y ont pas satisfait ; l'assemblée nationale n'entendant point, d'ailleurs, déroger aux lois concernant les actions et oppositions des créanciers envers leurs débiteurs.

27. Lorsque les travaux des fortifications, ou tous autres objets de service militaire, exigeront, soit l'interruption momentanée de communications publiques, soit quelques manœuvres d'eaux extraordinaires, ou toute autre disposition non usitée qui intéresserait les habitants, les agents militaires ne pourront les ordonner qu'après en avoir prévenu la municipalité, et pris avec elle les mesures convenables pour que le service public n'en reçoive aucun dommage.

SUITE DU TIT. 6. — *Comité des fortifications.*

Art. 1. Attendu l'importance des travaux de fortifications, et la nécessité d'employer les fonds qui leur sont destinés de manière à concilier l'économie des deniers de l'État avec l'intérêt de sa défense, il sera formé un comité des fortifications, lequel s'assemblera tous les ans près du ministre de la guerre, dans l'intervalle du 1er janvier au 1er d'avril, en sorte que les objets dont il devra s'occuper soient terminés à cette dernière époque.

2. Ce comité, formé d'officiers du génie désignés et appelés par le ministre de la guerre, sera toujours composé de deux inspecteurs généraux et trois directeurs des fortifications, auxquels pourront être adjoints tels officiers généraux supérieurs, ou autres du corps du génie, que le ministre jugera nécessaires. Il sera toujours présidé par le plus ancien des inspecteurs appelés.

3. Le président du comité prendra les ordres du ministre sur tous les objets à proposer à la délibération des membres, et ces objets pourront être les projets généraux et particuliers des différentes places de guerre du royaume, la répartition des fonds qui leur seront affectés, l'instruction de l'école du génie, les progrès et la perfection des différentes branches de l'art des fortifications, ou tels autres objets de théorie ou de pratique militaire que le ministre jugera à propos de donner à discuter au comité.

4. Le résultat motivé des délibérations du comité sera remis au ministre par le président du comité, et chacun de ses membres sera libre de joindre à ces résultats les motifs de son opinion particulière, dans le cas où elle serait contraire à la majorité.

5. Lorsque le comité discutera des questions qui embrasseront le système général de la défense d'une ou de plusieurs parties des frontières, le ministre pourra, s'il le croit utile, lui adjoindre des officiers généraux, su-

périeurs ou particuliers de la ligne, en tel nombre qu'il croira convenable.

6. Pour faciliter les opérations de ce comité, et lui donner le degré d'utilité dont il peut être susceptible, il sera formé un dépôt de tous les mémoires, plans, cartes et autres objets provenant des travaux du corps du génie relatifs aux places de guerre et établissements militaires, ou à la défense des frontières. Ce dépôt, sous le nom d'*Archives des fortifications*, sera dirigé par un lieutenant-colonel du corps du génie, sous le nom de *directeur*, lequel, secondé d'un ou de deux officiers, au plus, du même corps, surveillera les objets confiés à sa garde, classera les papiers et les dessins. Cet officier et ses adjoints seront aussi chargés de la conservation et de l'entretien des plans en relief, et le ministre de la guerre proposera le supplément d'appointements qu'il croira nécessaire de leur accorder pendant la durée de leurs fonctions, ainsi que l'organisation et la dépense de ce dépôt.

7. Les officiers du génie attachés aux archives des fortifications seront nommés par le roi, amovibles à sa volonté, et ne pourront continuer à être employés aux fonctions qui leur sont assignées par l'art. 6 précédent, lorsqu'ils passeront à un grade supérieur à celui dont ils sont revêtus. (Suit 1° l'état des places et postes de l'intérieur dont les parties fortifiées étant reconnues inutiles à la sûreté des frontières, peuvent être supprimées, dès ce moment même, et aliénées par les corps administratifs; 2° l'état des places de guerre et postes militaires, divisés en trois classes suivant leurs degrés d'importance.)

25 sept.-6 oct. 1791. — Code pénal portant des peines contre ceux qui livrent les places à l'ennemi (2e partie, tit. 1, sect. 1, art. 4). — V. Lois codifiées, p. 235.

12-16 mai 1792. — Décret qui, dérogeant, quant à présent, à l'art. 3 du tit. 3 du decret du 8-10 juill. 1791, autorise provisoirement les généraux d'armée à nommer, dans les places ou postes de guerre situés dans l'étendue de leur commandement, et qu'ils croiraient nécessaires, des commandants amovibles.

26-31 mai 1792. — Décret qui déclare plusieurs places et postes militaires en état de guerre, et dispose : « Art. 3, les généraux d'armée sont autorisés à déclarer et à faire proclamer que tels ou tels postes qu'ils occuperont sont en état de guerre, toutes les fois qu'ils le jugeront nécessaire à la sûreté et à la police de l'armée ; ils feront également proclamer lorsque cet état devra cesser. Le pouvoir exécutif demeure chargé d'en rendre compte au corps législatif. »

25-26 juill. 1792. — Décret relatif aux moyens de conserver les places fortes.

L'assemblée nationale, après avoir entendu le rapport de son comité militaire, considérant que, dans une guerre défensive, les places fortes deviennent la sûreté de l'empire, et qu'il importe de prendre les mesures les plus instantes et les plus fermes pour assurer leur existence, décrète qu'il y a urgence.

Art. 1. Tout commandant de place forte ou bastionnée, qui la rendra à l'ennemi avant qu'il y ait brèche accessible et praticable au corps de ladite place, et avant que le corps de place ait soutenu au moins un assaut, si toutefois il y a un retranchement intérieur derrière la brèche, sera puni de mort, à moins qu'il manque de munitions ou de vivres.

2. Les places de guerre étant la propriété de tout l'empire, dans aucun cas les habitants ni les corps administratifs ne pourront requérir un commandant de place de la rendre, sous peine d'être traités comme des révoltés et des traîtres à la patrie.

3. Lorsqu'une ville assiégée aura brèche accessible et praticable au corps de la place, et qu'elle aura soutenu au moins un assaut, dans le cas prévu par l'art. 1, le commandant de ladite place ne pourra néanmoins la rendre ni capituler que du consentement du conseil général de la commune et des corps administratifs réunis, s'il y en a dans la place.

26-27 août 1792. — Décret qui prononce la peine de mort contre tout citoyen qui, dans une ville assiégée, parlerait de se rendre.

31 août-5 sept. 1792. — Décret relatif à la reddition de la place de Longwi.

L'assemblée nationale, considérant qu'il importe à l'honneur de la nation française et à la sûreté générale de l'État de prévenir, par tous les moyens qui sont en son pouvoir, des trahisons pareilles à celle qui a livré la place de Longwy aux ennemis, décrète qu'il y a urgence.— L'assemblée nationale, après avoir décrété l'urgence, considérant que la reddition de la place de Longwy est due en partie à la lâcheté des administrateurs du district, des officiers municipaux et des habitants de la place; — Considérant que les places des frontières appartiennent à la nation entière, puisqu'elles ont été élevées pour sa défense, et que, les livrer aux ennemis pour conserver les propriétés particulières, c'est sacrifier l'intérêt de tous à celui de quelques citoyens; — Considérant enfin qu'il ne reste même pas de prétexte à l'intérêt personnel, puisque l'indemnité due à chaque citoyen dont les propriétés pourront souffrir des hasards de la guerre a été placée au rang des dettes les plus sacrées de l'État, décrète ce qui suit :

Art. 1. Les commandants de toute place assiégée et bombardée sont autorisés à faire démolir la maison de tout citoyen qui parlerait de rendre la place pour éviter le bombardement.

2. Aussitôt que la ville de Longwi sera rentrée au pouvoir de la nation française, toutes les maisons de cette ville, à l'exception des maisons nationales, seront détruites et rasées.

3. L'assemblée nationale déclare infâmes et indignes d'exercer jamais les droits de citoyens français tous les habitants de la ville de Longwi à l'époque où cette ville a été livrée.

4. Le pouvoir exécutif est chargé de faire poursuivre devant les tribunaux ordinaires les administrateurs du district de Longwi et les officiers municipaux de cette ville.

5. Le pouvoir exécutif fera passer sans délai à la cour martiale chargée de juger le commandant et la garnison de Longwi toutes les pièces saisies sur le sieur Lavergne, et adressées à l'assemblée nationale par les administrateurs du district de Bourmont.

7 sept. 1792. — Décret relatif aux mesures de police pour la sûreté des places assiégées, et qui autorise les commandants à en faire sortir les citoyens lâches ou suspects.

16-19 juin 1793. — Décret qui punit de mort tout Français ou étranger convaincu d'espionnage dans les places de guerre ou dans les armées.

23-26 juill. 1793. — Décret qui accorde des indemnités aux citoyens dont les propriétés ont été détruites pour démasquer les défenses de la place de Thionville.

6 août 1793. — Décret qui ordonne la démolition des forts et châteaux de l'intérieur.

9 août 1793. — Décret portant que les commandants des places répondent sur leur tête de la surveillance et de la sûreté des arsenaux, magasins et établissements publics qui leur sont confiés.

1er brum. an 2 (22 oct. 1793). — Décret par lequel la convention « déclare qu'elle ne dérogera jamais à la loi qui ordonne la démolition de toute ville qui se rendra sans avoir soutenu l'assaut. »

13-17 pluv. an 2 (1-5 fév. 1794). — Décret qui prescrit le mode d'exécution de celui du 6 août 1793, relatif à la démolition des châteaux forts et forteresses de l'intérieur.

3 brum. an 4 (25 oct. 1795). — Code des délits et des peines qui punit tout envahissement de ville, forteresse, magasin, arsenal, etc. (art. 613). — V. Lois codifiées, p. 254.

20 pluv. an 4 (9 fév. 1796). — Décret qui prescrit aux commandants amovibles des places de se rendre chaque jour, *à une heure réglée*, chez les commissaires du pouvoir exécutif pour recevoir d'eux les réquisitions relatives à l'exécution des jugements ou des actes de l'autorité, et pour leur communiquer les renseignements qu'ils pourraient avoir sur tout ce qui intéresse l'ordre public.

15 niv. an 5 (4 janv. 1797). — Arrêté du directoire exécutif, concernant la nomination aux places de secrétaires des commandants amovibles des places de guerre, etc.

Art. 1. Les secrétaires des commandants amovibles des places de guerre, désignés dans l'arrêté du 11 brum. dernier; les portiers ou consignes des places de guerre, et les concierges des prisons militaires, ne pourront à l'avenir être choisis que parmi les militaires qui auront servi dans la guerre actuelle, et qui auront droit à une retraite.

2. Les uns et les autres seront commissionnés par le ministre de la guerre, les premiers sur la proposition qui lui en sera faite par les commandants amovibles, et les autres par les commandants des divisions militaires.

16 pluv. an 5 (4 fév. 1797). — Arrêté additionnel à celui du 20 pluv. an 4, qui prescrit des mesures pour en assurer l'exécution.

10 fruct. an 5 (27 août 1797). — Loi qui détermine la manière dont les communes de l'intérieur de la république pourront être mises en état de guerre ou de siége.

Art. 1. Le directoire exécutif ne pourra déclarer en état de guerre les communes de l'intérieur de la république, qu'après y avoir été autorisé par une loi du corps législatif.

2. Les communes de l'intérieur seront en état de siége, aussitôt que, par l'effet de leur investissement par des troupes ennemies ou des rebelles, les communications du dedans au dehors et du dehors au dedans seront interceptées à la distance de 3,502 mètres (1,800 toises) des fossés ou des murailles : dans ce cas, le directoire exécutif en préviendra le corps législatif.

19 fruct. an 5 (5 sept. 1797). — Loi qui rend au directoire le droit de déclarer une commune en état de siége (art. 39). — V. Sûreté publique.

11 frim. an 6 (1er déc. 1797). — Loi qui institue des conseils de guerre et de révision dans les places de guerre investies et assiégées. — V. Organisation militaire.

16 mess. an 7 (4 juill. 1799).— Arrêté du directoire exécutif concernant la défense des places fortes.

Le directoire exécutif, informé que plusieurs des places occupées par les troupes de la République française ont été rendues à l'ennemi sans avoir fait la résistance que prescrivent les lois militaires et l'honneur français; — Considérant la liaison qui existe entre les combinaisons de la guerre extérieure et la résistance des places qui doivent appuyer les armées; vivement affecté de l'oubli de ces principes essentiels de la guerre, et voulant donner satisfaction aux braves armées qui, malgré les vigoureux combats qu'elles ont rendus, n'ont pu réparer complétement les malheurs qui ont résulté de ces redditions prématurées, — Arrête :

Art. 1. Tout commandant de place forte qui, à dater de l'ouverture de cette campagne, aurait capitulé avec l'ennemi pour rendre la place qui lui était confiée, sans avoir forcé les attaquants de passer par les travaux lents et successifs des siéges, et avant d'avoir repoussé au moins un assaut au corps de place sur des brèches praticables, sera traduit à un conseil de guerre, pour y être jugés conformément aux lois.

2. Les membres du conseil de guerre qui auront signé ces honteuses capitulations, et ceux qui, ayant droit d'y assister, n'auraient pas protesté contre, seront également traduits au conseil de guerre, pour y être jugés conformément aux lois.

3. Le ministre de la guerre désignera le conseil de guerre qui devra connaître de ces délits, et demeure chargé de l'exécution prompte du présent arrêté, qui sera imprimé au Bulletin des lois.

23 fruct. an 9 (9 sept. 1799). — Loi qui détermine la composition et la solde de l'état-major des places (art. 5). — V. Organ. milit.

26 niv. an 8 (16 janv. 1800). — Arrêté qui détermine les pouvoirs du général commandant en chef l'armée de l'ouest dans les lieux où la constitution est suspendue. — V. Droit constit., p. 315.

26 germ. an 8 (16 avril 1800). — Arrêté relatif à l'établissement de commandants d'armes, d'adjudants et de secrétaires dans les places de guerre.

3 fruct. an 8 (21 août 1800). — Arrêté relatif aux états-majors des places de guerre. — V. Organ. milit.

6 therm. an 11 (25 juill. 1803).— Arrêté sur la nomination et l'entretien des portiers, concierges des villes de guerre et des villes ouvertes.

Art. 1. Dans les villes ouvertes, les portiers-consignes seront nommés par les municipalités, et entièrement à leur charge.

2. Dans les places et postes de guerre, les portiers-consignes seront uniquement à la charge du département de la guerre, nommés par le ministre, et choisis parmi les sous-officiers qui, sachant lire et écrire, auront servi pendant quinze ans au moins, dont cinq depuis 1792.

3. Les portiers-consignes, dans les places et postes de guerre, seront logés, autant que faire se pourra, dans des bâtiments ou édifices militaires : il ne sera fourni aucune espèce d'ameublement. — Lorsque les portiers-consignes ne pourront être logés dans des bâtiments ou édifices militaires, ils recevront l'indemnité déterminée pour les conservateurs des casernes ; mais, dans aucun cas, ils ne jouiront d'une indemnité d'ameublement.

13 fruct. an 13 (31 août 1805). — Décret qui statue à l'égard des travaux publics civils qui traversent les fortifications, ou à effectuer dans la zone frontière, des écluses d'inondation, etc.— V. Trav. pub.

29 mars-8 avril 1806. — Loi qui prescrit des mesures pour la répression des délits commis dans les établissements militaires.

Art. 1. Les lois qui ont pour but la conservation de domaines nationaux, des eaux et forêts, édifices et établissements publics, seront applicables à la conservation des fortifications et de leurs dépendances, des casernes, hôpitaux, magasins, arsenaux, et en général de tout ce qui constitue le domaine militaire de l'État dans les places de guerre et les garnisons de l'intérieur.

2. Les gardes du génie seront, pour l'exécution du précédent article, assimilés aux gardes-forestiers et champêtres et autres agents conservateurs. Leurs procès-verbaux feront foi auprès de toutes les autorités, jusqu'à inscription de faux. — Les procureurs impériaux sont chargés, sous leur responsabilité personnelle, de poursuivre au nom du gouvernement, par voie de police correctionnelle, et sans préjudice de poursuites extraordinaires, s'il y a lieu, la réparation des délits constatés par ces procès-verbaux, sur la simple transmission qui leur en sera faite par le directeur des fortifications.

3. Tous les procès-verbaux que les gardes du génie dresseront dans les cas prévus par l'art. 1 relateront, afin d'être admis en justice, la date du jour et du lieu de l'enregistrement, et de la prestation du serment ; ces procès-verbaux seront visés pour timbre et enregistrés en débet, ainsi que les actes et jugements qui interviendront sur lesdits procès-verbaux, conformément à la loi du 13 brum. an 7, et à l'art. 70, § 1, nos 4 et 5 du tit. 2 de celle du 22 frim. suiv.

23 avril 1810. — Décret portant donation aux villes des bâtiments militaires. — V. Organ. milit.

25 mars 1811. — Décret qui attribue à la dotation de l'hôtel des invalides tous les produits quelconques des terrains des fortifications des places et postes de guerre, et les terrains des fortifications des places abandonnées (art. 2, §§ 8 et 9). — V. Organ. milit.

4 août 1811. — Décret relatif aux travaux d'entretien des routes et chemins qui traversent les fortifications, etc. — V. Trav. pub.

16 sept. 1811. — Décret qui règle le mode d'administration des bâtiments militaires appartenant aux communes dans les places de guerre. — V. Organ. milit.

9 déc. 1811. — Décret qui détermine les limites dans lesquelles il ne peut être élevé aucune construction autour des places de guerre et ports militaires (ce décret est abrogé virtuellement par la loi du 17 juill. 1819, V. n° 5).

24 déc. 1811. — Décret relatif à l'organisation et au service des états-majors des places.

TIT. 1. — Organisation de l'état-major des places.

Chap. 1. — *Institution et traitement des emplois.*

§ 1. — *Dispositions générales.*

Art. 1. L'état-major des places fait partie de l'état-major des divisions territoriales, et forme une section de l'état-major général de l'armée.

2. Il y aura dans chaque place de guerre un état-major permanent et ordinaire, composé d'un *commandant d'armes* et du nombre d'officiers et employés nécessaire au service et au détail de la place.

3. En cas de siége ou de circonstances particulières, le commandement en chef pourra, comme par le passé, être confié à des *gouverneurs* ou *commandants supérieurs*, pour la durée du siége ou des circonstances.

§ 2. — *Des gouverneurs et commandants supérieurs.*

4. Les gouverneurs sont nommés par l'empereur et reçoivent des lettres-patentes qui déterminent leur rang et leur traitement.

Les formules de ces lettres patentes seront déterminées et soumises à notre approbation par notre ministre de la guerre.

5. Les généraux en chefs, dans le rayon de leur armée, pourront, en cas d'urgence et de motifs graves dont ils rendront compte, donner des commandants supérieurs aux places menacées. Hors ce cas, les commandants supérieurs sont nommés par l'empereur. Ils reçoivent de simples lettres de service, qui leur assignent leur rang et leur traitement. Ils ne peuvent recevoir ni prendre le titre de gouverneur.

§ 3. — *De l'état-major permanent et ordinaire des places.*

6. Les emplois de l'état-major des places sont déterminés et classés, et les traitements et frais de bureau attachés à ces emplois sont et demeurent fixés comme il suit (suit le tableau, V. Bull., n° 7543).

7. Dans les citadelles, forts et châteaux où nous ne jugerons point convenable d'établir des commandants d'armes, il continuera d'être détaché des adjudants de place, avec le simple titre et les fonctions de commandant. — Dans les places de première et deuxième classes, un adjudant de première ou de deuxième classe sera chargé de détails du service, avec le rang et le titre de major de place. — Dans les places de troisième et de quatrième classes où il ne sera point établi d'adjudant, les secrétaires-archivistes en feront les fonctions, autant que le service du secrétariat le permettra.— Dans les citadelles, forts ou châteaux qui ne sont commandés que par des adjudants, un portier-consigne de première ou de seconde classe remplira les fonctions de secrétaire-archiviste. — Dans les places hors d'entretien, et considérées comme simples postes, et dans les citadelles, forts et châteaux où nous ne jugerons point convenables d'établir à demeure des commandants d'armes ni des adjudants, il sera établi un portier-consigne de première ou de seconde classe, pour y remplir les fonctions de secrétaire-archiviste sous les commandants temporaires, et rendre compte de tout ce qui intéresse la police militaire et la conservation du poste, soit au commandant d'armes de la place voisine, si le poste en dépend, ou au commandant du département, si le poste est isolé.—Dans les places où la manœuvre des portes d'eau et la police des passages de canaux et rivières obligent de donner aux portiers-consignes des aides-bateliers, ces aides seront nommés par décision spéciale du ministre de la guerre, et recevront un traitement égal à la moitié de celui des portiers-consignes auxquels ils sont attachés.

8. La répartition des emplois dans les places de guerre, citadelles, forts et châteaux, aura lieu conformément au tableau qui nous sera incessamment présenté par notre ministre de la guerre. — Les villes de garnison non fortifiées, ou non conservées sur le tableau des places de guerre, dans lesquelles il sera entretenu des états-majors, seront classées particulièrement, conformément à un second tableau qui nous sera semblablement présenté par notredit ministre.

9. Les frais de bureau des commandants sont spécialement affectés à la dépense des effets et fournitures de bureau de leur cabinet, du secrétariat et des archives de la place, des corps de garde et des aubettes de portiers-consignes.

10. Dans les places en état de siége, les traitements et frais de bureau sont augmentés d'une moitié en sus.

11. Dans ce même cas, et sauf les réductions déterminées par la durée du siége et l'état des magasins, ils reçoivent les rations de vivres, chauffage et fourrages, déterminées ci-après (Suit le tableau. V. Bull., n° 7543) :

Chap. 2. — *Du logement et de l'indemnité de logement.*

12. Lorsque nous aurons nommé un gouverneur dans une des principales places de guerre ou villes de notre empire, notre ministre de la guerre en donnera sur-le-champ avis au préfet du département, qui transmettra de suite au sous-préfet et au maire les ordres nécessaires pour qu'il soit préparé au gouverneur, dans une maison particulière et meublée, un logement conforme aux instructions du ministre, en suivant, autant que possible, les règles établies par notre décret du 27 fév. 1811, sur le logement dû aux présidents de cour d'assises. — Des ordres analogues seront adressés aux directeurs des fortifications, pour les forteresses non habitées, ou dans lesquelles la commune est hors d'état de fournir un logement convenable. — Les mêmes dispositions sont applicables au logement des commandants supérieurs, tel qu'il sera déterminé par notre ministre de la guerre.

13. Le logement du commandant d'armes, celui du secrétaire-archiviste, le secrétariat et les archives de la place seront établis dans un bâtiment militaire, domanial ou communal, situé sur la place d'armes ou près des casernes et des points de rassemblement des troupes.

14. Les autres officiers et employés de l'état-major des places seront, autant que possible, logés en nature ; les adjudants, près du commandant ; les portiers-consignes et les aides-bateliers, dans le voisinage des portes.

15. Les commandants et secrétaires-archivistes, jusqu'à l'exécution de

l'art. 13 seulement, et les autres officiers ou employés de l'état-major des places, lorsqu'ils ne pourront être logés en nature, recevront les indemnités de logement suivantes (V. Bull., n° 7543) :

16. Les commandants, officiers et employés qui seraient logés en nature, mais sans meubles, recevront, pour indemnité d'ameublement, le tiers de l'indemnité de logement.

CHAP. 3. — *De l'uniforme, des honneurs et préséances, et de l'enregistrement des lettres et commissions.*

§ 1. — *De l'uniforme.*

17. L'uniforme de l'état-major des places restera tel qu'il est déterminé par le règlement général du 1er vend. an 12 (ch. 4, pl. 6), sauf les modifications indiquées dans les articles suivants.

18. Le fond de l'uniforme de l'état-major des places, quant aux étoffes, coupes et couleurs, sera le même pour tous les emplois.

19. Les commandants, officiers et employés de l'état-major des places, seront distingués par des broderies ou galons du dessin et de la largeur déterminés par le règlement de l'an 12, sans aucune marque distinctive des grades.

20. Les gouverneurs porteront le grand uniforme des commandants d'armes de première classe, brodé sur toutes les tailles, avec l'écharpe de soie blanche moirée, à franges d'or, et semée d'étoiles d'or. — Les commandants supérieurs porteront l'uniforme des commandants d'armes de la classe déterminée dans leurs lettres de service, avec la ceinture de soie blanche moirée, à franges d'or, sans étoiles.— Les commandants d'armes porteront la ceinture de commandement, en soie rouge moirée, à franges d'or. — Les adjudants de place commandant les citadelles, forts et châteaux, porteront la même ceinture unie, avec les franges de leur grade.— Les secrétaires-archivistes seront distingués par une épée et une plume en sautoir, brodées en or et sans cadre, sur le sein gauche. — Les portiers-consignes auront sur la poitrine un médaillon portant une épée et une clef en sautoir.

§ 2. — *Des honneurs et préséances.*

21. Les gouverneurs et les commandants supérieurs seront traités, pour les préséances et les honneurs civils et militaires, comme les officiers généraux ou supérieurs de leur grade en activité de service et employés dans les divisions militaires, suivant la hiérarchie des emplois et du commandement, et d'après les règles spéciales qui seront déterminées, soit dans les lettres-patentes et de service, soit dans les instructions de notre ministre de la guerre. — Les commandants d'armes des places de première classe auront une sentinelle tirée des grenadiers; pour ceux des autres classes, elle sera tirée des fusiliers. Les honneurs et préséances des commandants et adjudants demeurent réglés, pour tout le reste, par notre décret du 24 mess. an 12, tit. 18.

§ 3. — *De l'enregistrement des lettres et commissions.*

22. Les lettres patentes des gouverneurs seront enregistrées, à leur présentation, au greffe de la cour impériale et au secrétariat de la préfecture. — Les lettres de service et commissions des commandants supérieurs, commandants d'armes, officiers et employés de l'état-major des places, seront enregistrées, à leur présentation, au greffe du tribunal de première instance et au secrétariat de la sous-préfecture. — Lorsque les gouverneurs, commandants, officiers ou employés de l'état-major des places, seront envoyés dans une place en état de siége ou menacée, les lettres et commissions seront simplement enregistrées au greffe des principales autorités civiles et judiciaires qui se trouveront dans la place. — Les portiers-consignes, en leur qualité de consignes ou agents de la police militaire, de gardiens des clefs et des portes, et de concierges des forts où il ne se trouve ni commandants ni adjudants, prêteront serment devant le tribunal; et foi sera ajoutée en justice à leurs rapports et procès-verbaux dûment affirmés, conformément à ce qui est prescrit pour les gardes des fortifications et autres gardes du domaine de l'État.—Les autorités supérieures informeront celles qui leur sont subordonnées de l'accomplissement des formalités prescrites par le présent article, et leur recommanderont, en même temps, de se conformer aux dispositions du présent décret et des ordonnances qui s'y trouvent rappelées, dans tout ce qui concerne les rapports de la police militaire avec la police judiciaire ou civile.

CHAP. 4. — *De l'avancement et des retraites.*

23. Les commandants, officiers et employés de l'état-major des places seront pris, soit parmi ceux d'un emploi ou d'une classe inférieure, soit parmi les officiers généraux ou de l'état-major, et les officiers ou sous-officiers des troupes qui se seront le plus distingués dans la guerre de siége ou dans le commandement des places conquises. — Les commandants, officiers et employés de l'état-major des places seront récompensés de leur service, en cas de siége, par leur avancement à un emploi ou à une classe supérieure, ou par les décorations militaires.

24. Ils pourront passer d'une place à l'autre sur leur demande ou d'après les besoins du service. — Notre ministre de la guerre, spécialement en temps de guerre et dans les places de première ligne, fera remplacer, sans délai, les commandants, officiers et employés, qui ne conserveraient pas toute l'activité nécessaire au service, à la police, et contre les surprises ou les attaques auxquelles la place est exposée.

25. Les commandants d'armes, officiers et employés de l'état-major des places seront admis à la retraite, dans les mêmes cas et suivant les mêmes règles que les autres militaires. Le temps de leur service dans les places leur sera compté comme temps d'activité : chaque siége ou blocus, comme une campagne; et chaque attaque de vive force, s'ils la repoussent, comme action d'éclat.

TIT. 2. — DU COMMANDEMENT ET DE LA SUBORDINATION.

CHAP. 1. — *Des gouverneurs et commandants supérieurs.*

26. Les gouverneurs ou commandants supérieurs des places y prennent le commandement en chef, de droit et en vertu de leur titre, quand même leurs lettres-patentes ou de service n'en contiendraient point la mention expresse.—Le commandant d'armes conserve, sous leurs ordres et d'après leurs instructions, le commandement de l'état-major ordinaire, et tout le détail du service et de la police; ils ne peuvent en être privés que par une décision expresse de notre ministre de la guerre, si ce n'est en cas d'urgence et de motifs graves, et à la charge d'en informer sur-le-champ notredit ministre.

27. Les rapports de subordination des gouverneurs et commandants supérieurs sont les mêmes que ceux qui seront réglés, au chapitre suivant, pour les commandants d'armes, sauf les exceptions déterminées dans les lettres-patentes ou de service.

CHAP. 2. — *Des commandants d'armes.*

§ 1. — *Rapports avec les généraux des divisions territoriales.*

28. Les généraux commandant la division territoriale ou le département peuvent, lorsqu'ils se trouvent ou résident dans une place de guerre, en prendre le commandement supérieur, suivant les règles établies ci-dessus, art. 26.

29. Lorsque ces officiers généraux ne se trouvent pas ou ne résident pas dans la place, le commandant d'armes correspond habituellement avec le général commandant le département. — En temps de guerre, si la place est assiégée, bloquée ou menacée d'un siége, d'un blocus ou d'une attaque de vive force, le commandant d'armes correspond, par tous les moyens qui sont en son pouvoir, soit avec le général de la division, soit avec le ministre de la guerre, à qui, dans ce cas, il doit des comptes directs et journaliers.

30. Lorsque le général commandant le département quitte ou s'absente, et n'a point de successeur désigné, le général divisionnaire en réunit le commandement à celui des autres généraux de brigade employés dans la division. — A défaut de généraux de brigade, le général divisionnaire réunit le commandement des départements à celui de la division, et correspond directement avec les commandants d'armes. — S'il ne reste que des officiers supérieurs dans une division où il y ait un ou plusieurs commandants d'armes de première classe, ce commandant, et, s'ils sont plusieurs, le plus ancien de grade ou d'emploi, prend le commandement par intérim de la division, jusqu'à ce que le ministre y ait envoyé un officier général. — Mais, dans ce cas, il ne quitte point sa place; et si quelque événement imprévu, tel qu'une descente, une invasion ou un rassemblement illicite, oblige à faire marcher les troupes, il se borne à donner ses ordres à l'officier de la ligne ou de l'état-major le plus élevé ou le plus ancien en grade qui prend le commandement des troupes. — Les mêmes règles s'appliqueront au cas où, par un concours de circonstances imprévues, il ne se trouverait dans les divisions militaires que des officiers d'un grade inférieur à celui des commandants d'armes des autres classes.

§ 2. — *Rapports avec les généraux des armées et les commandants des troupes autres que celles de la garnison.*

31. Lorsqu'un général commandant une armée, un corps d'armée, une division ou une brigade, aura une place de guerre dans son commandement, et s'y trouvera, il pourra y prendre le commandement supérieur, conformément à ce qui est prescrit par l'art. 26.— Lorsque ces officiers généraux ne se trouveront point dans la place, le commandant correspondra avec eux, en même temps qu'avec les généraux de la division territoriale, et suivant les mêmes règles.

32. Lorsqu'un officier général ou supérieur commandant un corps de troupes se trouvera à leur tête dans l'intérieur ou dans le rayon d'une place forte, sans lettre de commandement, il n'y prendra point le commandement supérieur. — Il conservera le commandement immédiat et la police directe de sa troupe dans l'intérieur du casernement, du camp ou du cantonnement qu'elle occupera; mais il fera, sur la demande du commandant d'armes, publier les bans, établir les postes, et donner les consignes nécessaires à la conservation et à la police de la place. Ces postes passeront sous les ordres du commandant; les officiers ou soldats isolés seront soumis à sa surveillance; en cas de désordre, il les fera arrêter et en préviendra le général commandant. — Si la place est assiégée ou bloquée, l'officier général ou supérieur ne prendra point le commandement; il se bornera à déférer aux demandes du commandant d'armes, pour l'emploi de ses troupes en faveur de la défense, et, le siége ou le blocus levé, il suivra sa destination.

33. Les dispositions précédentes s'appliqueront aux officiers généraux et supérieurs qui ne commandent point de troupes, et passent ou se trouvent renfermés dans une place; ils n'y prendront le commandement supérieur qu'autant qu'ils y seraient autorisés par leurs lettres de service.

§ 3. — *Rapports avec les commandants de troupes de la garnison, de l'artillerie et du génie, et avec les commissaires des guerres.*

34. Les commandants des troupes de la garnison, tant que la place n'est

point assiégée, en conservent l'administration intérieure; ils en exercent immédiatement la police dans l'enceinte du casernement, sous la surveillance du commandant d'armes et conformément aux ordonnances; hors des casernes, ils sont, ainsi que leur troupe, soumis aux ordres et à l'autorité immédiate du commandant d'armes, dans tout ce qui tient à la conservation, au service et à la police de la place. — En cas de plainte, si le commandant de la troupe est d'un grade supérieur, le commandant d'armes en fait son rapport, et le général commandant la division ou le département inflige, s'il y a lieu, les peines de discipline, ou ordonne les poursuites relatives au délit. — Il n'est rien changé, d'ailleurs, à l'ordonnance du 1er mars 1768, à la loi du 8-10 juill. 1791, et aux autres lois et règlements concernant le service des troupes dans les places et quartiers, et la police des casernes, cantonnements et logements chez l'habitant.

35. Les directeurs d'artillerie et du génie, l'inspecteur ou sous-inspecteur aux revues et le commissaire-ordonnateur, lorsqu'ils résident dans une place de guerre, sans être attachés au service unique et spécial de la place, n'y sont soumis qu'aux consignes générales. Le commandant ne peut ni les empêcher de vaquer au service des autres places, ni, en cas de plainte, leur infliger aucune peine de discipline; dans le dernier cas, il se borne à rendre compte au général commandant le département, qui en réfère au général divisionnaire, lequel en écrit, s'il y a lieu, à notre ministre de la guerre. — Les mêmes dispositions s'appliquent aux officiers d'un grade supérieur, chefs de service et autres fonctionnaires militaires qui passent, séjournent ou résident dans les places sans y être attachés.

36. Les commandants d'artillerie et du génie attachés à la place, tant qu'elle n'est point assiégée, y conservent la surveillance et direction d'artillerie et des fortifications, et l'administration des travaux qui s'y exécutent d'après le budget ou d'après les ordres de notre ministre de la guerre. — Mais ils doivent au commandant d'armes: — 1° De lui remettre la situation de leur personnel et de leur matériel aux époques déterminées par les règlements, et plus souvent, si le service l'exige; — 2° De l'accompagner dans les visites des ouvrages, établissements ou magasins, et de lui mettre sous les yeux tous les documents propres à l'éclairer; — 3° De le prévenir toutes les fois qu'ils doivent commencer de nouveaux ouvrages, et de ne les entreprendre, lorsqu'ils ouvrent la place, qu'après qu'il a fait toutes les dispositions qu'exige la police ou la sûreté; — 4° De le prévenir semblablement et de lui désigner l'officier qui les supplée, lorsqu'ils sont forcés de s'absenter pour vaquer à un service extérieur, tel que la visite des forts, batteries de côtes et autres ouvrages éloignés qui dépendent de la place. — En cas de plainte, si le commandant de l'artillerie ou du génie est d'un grade supérieur, ou si le sujet de la plainte est relatif aux travaux, le commandant d'armes en réfère au général commandant le département, et ce dernier au général de division, lequel, après avoir pris l'avis du directeur d'artillerie ou des fortifications, requiert d'eux, s'il y a lieu, la punition, ou rend compte du tout à notre ministre de la guerre.

37. Le commissaire des guerres attaché à la place conserve, suivant les mêmes règles, et sous l'autorité de l'ordonnateur, la direction des services qui lui sont confiés. — En cas de plainte, le commandant d'armes en rend compte au général commandant le département, et ce dernier au général divisionnaire, lequel, s'il y a lieu, requiert l'ordonnateur de le punir, ou en réfère à notre ministre directeur de l'administration de la guerre.

38. En cas de siége, l'autorité du gouverneur, du commandant supérieur ou du commandant d'armes est absolue, et s'étend même sur l'administration intérieure des corps, sur les travaux et les divers services; en conséquence, les commandants des troupes, d'artillerie et du génie, et le commissaire des guerres, sont tenus de prendre les mesures d'administration intérieure, d'exécuter les travaux, et de faire toutes les dispositions de service que le commandant juge à propos de leur prescrire, dans l'intérêt de la défense.

§ 4. — *Rapports avec les commandants des citadelles, forts et châteaux.*

39. Les commandants d'armes des places de guerre exercent les fonctions de commandant supérieur à l'égard des commandants d'armes des citadelles, forts, châteaux et autres fortifications qui dépendent de la place. Les commandants titulaires desdites citadelles et autres postes de même nature y conservent le commandement immédiat, suivant les règles établies par l'art. 26 du présent décret, et par le tit. 34 de l'ordonnance du 1er mars 1768 sur le service des places.

CHAP. 3. — *Du commandement provisoire ou temporaire des places.*

40. En cas d'absence ou de départ du commandant d'armes, sans qu'il y ait de successeur désigné par les lettres de service, les majors de place et les adjudants commandent avant tous les officiers du même grade.

41. Lorsqu'il se trouve dans la place des officiers d'un grade supérieur au major ou aux adjudants, le commandement est réglé par le grade et l'ancienneté du grade, sauf les exceptions suivantes.

42. Conformément aux anciennes ordonnances (Henri III, Etats de Blois, art. 276;—Louis XIII, janvier 1629), nul ne peut commander dans une place française, s'il n'est Français. — Dans les garnisons composées de troupes françaises et auxiliaires, les officiers français concourent seuls et entre eux pour le commandement.

43. Dans les garnisons composées d'infanterie et de troupes à cheval, à grade égal, l'officier d'infanterie commande.

44. Dans tous les cas, le secrétaire-archiviste conserve ses fonctions, et ne concourt jamais pour le commandement.

CHAP. 4. — *Du commandement et de la subordination des officiers et employés de l'état-major des places.*

45. Les adjudants de place commandant des citadelles, forts et châteaux, y exercent, dans les limites de leur grade, conformément aux règles des chapitres précédents, les mêmes fonctions que les commandants d'armes.

46. Les majors de places commandent aux autres adjudants.

47. Les adjudants donnent les ordres et consignes au nom du commandant; ils peuvent, en cas d'urgence, donner d'eux-mêmes, et sauf à rendre compte sur-le-champ, des ordres et consignes provisoires, et les chefs des postes ou des corps sont tenus de s'y conformer.

48. Les secrétaires-archivistes, pour tout ce qui tient au service de la place, sont sous les ordres immédiats du commandant d'armes, et du major, d'après les ordres ou en l'absence du commandant. —Pour la conservation et la comptabilité des papiers de la place, ils sont sous la surveillance immédiate de notre ministre de la guerre, qui déterminera, dans un règlement spécial, le mode de surveillance et de comptabilité des archives de l'état-major des places et leurs rapports avec les archives générales de la guerre et des fortifications.

49. Les portiers-consignes sont sous les ordres des majors et adjudants, pour le service et la police des portes, et sous la surveillance des secrétaires-archivistes, pour tout ce qui concerne les rapports écrits, et la tenue des registres de consigne.—Les chefs de postes sont tenus de déférer aux appels et réquisitions des portiers-consignes, dans tout ce qui tient à l'exécution des ordres et consignes pour la police des portes et passages.

TIT. 3. — DES FONCTIONS ET OBLIGATIONS.

CHAP. 1. — *Dispositions générales.*

50. Les places de guerre, relativement à leur service et à leur police, continueront d'être considérées sous trois rapports, savoir : dans l'*état de paix*, dans l'*état de guerre* et dans l'*état de siége*, conformément aux art. 5, 6, 7, 8, 9, 10, 11 et 12, tit. 1, de la loi du 8-10 juillet 1791, et sauf les modifications établies ci-après.

51. L'*état de paix* a lieu toutes les fois que la place n'est point constituée en état de guerre ou de siége par un décret de l'empereur, ou par l'effet des circonstances prévues dans les articles suivants. — Les fonctions et obligations des commandants d'armes et de leurs états-majors sont alors soumises aux règles établies ci-après, chap. 2.

52. L'*état de guerre* est déterminé par l'une des circonstances suivantes : —1° En temps de guerre, lorsque la place est en première ligne sur la côte, ou à moins de cinq journées de marche des places, camps et positions occupés par l'ennemi ;—2° En tout temps, par des travaux qui ouvrent la place, lorsqu'elle est située sur les côtes ou en première ligne ; — Par des rassemblements formés dans le rayon de cinq journées de marche, sans l'autorisation des magistrats ; — Par un décret de l'empereur, lorsque les circonstances obligent de donner plus de force et d'action à la police militaire, sans qu'il soit nécessaire de mettre la place en état de siége. — Dans ces différents cas, les fonctions et obligations des commandants d'armes sont soumises aux règles établies ci-après, chap. 3.

53. L'*état de siége* est déterminé par un décret de l'empereur, ou par l'investissement, ou par une attaque de vive force, ou par une surprise, ou par une sédition intérieure, ou enfin par des rassemblements formés dans le rayon d'investissement, sans l'autorisation des magistrats.— Dans le cas d'une attaque régulière, l'état de siége ne cesse qu'après que les travaux de l'ennemi ont été détruits, et les brèches mises en état de défense. — Dans ces différents cas, les fonctions et obligations des commandants d'armes sont soumises aux règles établies ci-après, chap. 4.

CHAP. 2. — *De l'état de paix.*

§ 1. — *Du service et de la police des places sur le terrain militaire.*

1° *Définition et limites du terrain militaire.*

54. Dans les places de guerre et dans les faubourgs, postes et camps retranchés qui font partie des fortifications permanentes, le *terrain militaire* comprend : — 1° La zone des fortifications entre les limites intérieures de la rue du rempart et les bornes extérieures des glacis, conformément aux art. 13, 14, 15, 16, 17, 18, 19, 20 et 21, tit. 1, de la loi du 8-10 juill. 1791 ; — 2° Les bâtiments, établissements et terrains militaires désignés dans l'art. 14, tit. 3, et dans l'art. 1, tit. 4, de ladite loi.

55. Dans les citadelles, forts et châteaux, et dans les ouvrages extérieurs ou détachés des places de guerre, le *terrain militaire* comprend tout l'espace occupé ou renfermé par les fortifications, jusqu'aux bornes extérieures des glacis, conformément aux art. 20 et 21, tit. 1, de la même loi.

2° *Du service et de la police des portes et autres issues de la place.*

56. Conformément à l'art. 48, tit. 3, de la loi du 8-10 juill. 1791, les clefs de toutes les portes, poternes, vannages et autres ouvertures qui donnent entrée dans la place, sont sous la garde et la responsabilité personnelle du commandant d'armes.

57. Il veille et pourvoit, sous sa responsabilité, à la stricte observation des règles prescrites par l'ordonnance du 1er mars 1768, tit. 11 et 12 : — 1° Pour la garde des clefs, et l'ouverture ou la fermeture des portes et autres issues de la place; — 2° Pour le service et la police desdites portes et issues pendant leur ouverture.

58. Nous nous réservons de déterminer, sur le rapport de notre ministre de la guerre : — 1° Les places de troisième classe dont les ponts,

portes et barrières, conformément à l'art. 29, tit. 1, de la loi du 8-10 juill. 1791, seront entretenus par les communes, et celles où, en vertu de l'art. 40, elles pourront substituer aux ponts des levées en terre; — 2° Les places où, conformément à l'art. 49, tit. 3, de ladite loi, la communication pourra, dans l'état de paix, être établie à certaines portes, de nuit comme de jour, pour la facilité du commerce et pour la commodité des voyageurs et des habitants; — 3° Les places aux portes desquelles il sera établi des consignes civiles, conformément à l'art. 50 du même titre et de a même loi.

3° Du service et de la police des fortifications, bâtiments, établissements et terrains militaires.

59. Le commandant d'armes donne les ordres et consignes, établit les postes et sentinelles, prescrit les rondes et patrouilles, et fait lui-même les visites nécessaires à la conservation et à la police des fortifications, bâtiments, établissements et terrains militaires, de l'artillerie et de tout le matériel qui s'y trouve, conformément à l'ordonnance du 1er mars 1768 sur le service des places, aux tit. 1 et 2 de la loi du 8-10 juill. 1791, au règlement du 22 germ. an 4, et à nos décrets des 23 avr. 1810 et 16 sept. 1811, sur la police des fortifications et des bâtiments militaires.

60. Le commandant d'armes tient la main, et veille en personne et par les officiers de son état-major, à l'exécution des lois, ordonnances et règlements sur l'assiette et la police du casernement, sur le service des hôpitaux et des autres établissements militaires.

4° Du service et de la police des travaux militaires.

61. Le commandant d'armes, conformément à l'art. 3, tit. 35, de l'ordonnance de 1768, ne laissera construire aucune pièce nouvelle de fortification, ni ouvrir la place, ni en interrompre l'entrée pour des réparations, qu'après avoir pris, de concert avec le commandant du génie, les mesures nécessaires à la police ou à la sûreté de la place et à la discipline de la garnison.

62. Le commandant d'armes pourvoit, en ce qui le concerne, à la police, à la protection et à la plus prompte exécution des travaux militaires, conformément à l'ordonnance du 1er mars 1768, au titre 6 de la loi du 8-10 juill. 1791, et aux règlements du 3 avr. 1744 et du 25 frim. an 2.

63. Le commandant d'armes tiendra la main à ce qu'il ne soit construit sur le terrain militaire aucuns bâtiments ou autres travaux publics ou particuliers, qu'après avoir été prévenu d'office par le commandant du génie que lesdits travaux sont bien et dûment autorisés, et en avoir réglé l'exécution sous le rapport de la conservation et de la police de place, conformément à ce qui est prescrit pour les routes par notre décret du 4 août 1811. — Réciproquement, lorsque les travaux des fortifications ou tous autres objets du service militaire, exigeront soit l'interruption momentanée des communications publiques, soit quelques manœuvres d'eau extraordinaires, ou toute autre disposition non usitée qui intéressera les habitants, le commandant d'armes et le commandant du génie ne pourront les ordonner, hors le cas d'urgence, qu'après en avoir prévenu le maire, et pris avec lui les mesures convenables pour que le service public n'en reçoive aucun dommage.

5° Des rapports de la police militaire avec la police judiciaire et civile. De la police et des délits militaires.

64. Le commandant d'armes fait arrêter sur le terrain militaire, et punit des peines de discipline, ou renvoie devant les tribunaux militaires, les personnes qui, par leur qualité ou par la nature des délits, sont soumises à cette discipline ou justiciables de ces tribunaux.

65. Le commandant d'armes fait arrêter, en cas de flagrant délit, les particuliers qui dégradent les ouvrages ou bâtiments militaires, ou qui commettent sur le terrain militaire des délits contre la police de la place et la discipline des garnisons. — Il donne les ordres et consignes nécessaires pour faire mettre en fourrière les animaux qui dégradent les fortifications, ou qui s'y trouvent en contravention à l'art. 12, tit. 1, de la loi du 8-10 juill. 1791. — Les prévenus, en cas d'arrestation, et, dans tous les cas, les rapports et procès-verbaux constatant les délits dont il s'agit, seront renvoyés par le commandant d'armes aux officiers de police civile ou judiciaire, qui feront sur le-champ l'instruction. — Les maires, juges de paix et tribunaux prononceront, sans délai, les peines portées par le code pénal pour les délits ordinaires, dans les cas analogues, savoir : — Pour les dégradations commises aux ouvrages et bâtiments, les peines portées contre les dégradations des monuments, ouvrages et autres dépendances du domaine public; — Pour les autres délits contre la police de la place ou la discipline de la garnison, les peines portées contre les contraventions ou délits qui tendent à troubler l'ordre public ou à exciter la sédition. — Nos cours impériales, nos procureurs impériaux et nos préfets tiendront la main à l'exécution de ces dispositions.

66. Lorsque la garnison recevra un ordre subit de départ, ou quand elle sera faible et ne pourra fournir les postes et sentinelles indispensables à la police et à la conservation de la place, le service de la place se fera, en tout ou en partie, par la garde municipale ou par la garde nationale de la commune et de l'arrondissement. — Les maires et sous-préfets seront tenus de déférer aux réquisitions des commandants d'armes, provisoirement et jusqu'à ce qu'un ordre définitif de service ait pu être concerté entre le général commandant la division et le préfet. — Les postes et détachements fournis par la garde municipale ou par la garde nationale, en conséquence du présent article, passeront sous les ordres du commandant d'armes pendant toute la durée de leur service.

De la police et des délits ordinaires.

67. Pour les délits ordinaires, toute personne prise en flagrant délit ou poursuivie par la clameur publique, aux portes de la ville ou sur toute autre partie du terrain militaire, y sera sur-le-champ arrêtée, soit par les postes et sentinelles, soit par les officiers de police civile et judiciaire, soit même par les particuliers, sans qu'il soit besoin d'une autorisation préalable du commandant d'armes, lequel en sera d'ailleurs et de suite informé.

68. Hors les cas prévus dans l'article précédent, nul ne peut pénétrer, sans l'autorisation du commandant d'armes, dans l'intérieur des bâtiments ou établissements militaires et des terrains clos qui en dépendent, ni sur les parties des fortifications autres que celles qui sont réservées à la libre circulation des habitants, en vertu de l'art. 28 de la loi du 8-10 juill. 1791. — En conséquence et hors lesdits cas, les officiers de police civile et judiciaire s'adresseront, pour la poursuite des délits ordinaires, au commandant d'armes, qui prendra de suite, et de concert avec eux, les mesures nécessaires pour la répression du désordre, et, s'il y a lieu, pour l'arrestation des prévenus.

69. Le commandant d'armes veille lui-même et de son propre mouvement, et pourvoit, conformément à l'art. 15, tit. 3, de la loi du 8-10 juill. 1791, à ce qu'aucune partie du terrain militaire ne devienne un lieu d'asile pour le crime et le désordre; en conséquence, il donne les ordres et consignes nécessaires pour y prévenir les délits de toute espèce; il y fait arrêter les prévenus, et les renvoie, s'il y a lieu, devant les officiers de police judiciaire ou civile, conformément aux dispositions de ladite loi, et spécialement des titres 3, 4 et 6.

§ 2. — Du service et de la police des places dans l'intérieur et dans le rayon d'attaque.

1° Définition et limites du rayon extérieur des places.

70. Le *rayon d'attaque* des places s'étend sur la zone du terrain extérieur, comprise entre les bornes des glacis et les points où seraient établis, en cas de siège, les dépôts et la queue des tranchées de l'ennemi, à la distance d'un kilomètre (500 toises) de la crête intérieure du parapet des chemins ouverts les plus avancés, conformément aux art. 29 et 31, tit. 1, de la loi du 8-10 juill. 1791, à notre décret du 13 fruct. an 13 et à notre décret du 9 déc. 1811.

71. Dans l'état de paix, le rayon ordinaire ou d'attaque est le seul qui soit soumis à la police militaire, conformément aux règles établies dans le reste du présent paragraphe. — Mais le commandant d'armes doit étudier le terrain, ses accidents ou ses ressources en cas de siège, et rendre compte au général commandant la division ou le département de tous les événements qui intéressent l'État : — 1° Dans le rayon d'investissement, jusqu'aux limites du terrain le plus favorable à l'assiette du camp, du parc et des lignes de circonvallation de l'ennemi; — 2° Dans le rayon d'activité de la garnison, jusqu'aux points où le commandant peut et doit, quand la place est menacée, envoyer des partis ou pousser des reconnaissances, suivant les règles prescrites par le tit. 17, de l'ordonnance du 1er mars 1768 sur le service des places; — 3° Sur la frontière, dans les cas prévus par l'art. 26, tit. 5, de l'ordonnance du 31 déc. 1776, et par notre décret du 13 fruct. an 13.

2° Police des constructions et autres travaux civils ou particuliers.

72. Le commandant d'armes veille à ce qu'il ne soit fait, dans le rayon d'attaque de la place, ni fouilles, ni constructions ou reconstructions, ni levées ou dépôts de terres et décombres, quels qu'en soient l'objet et la nature, si ce n'est avec les autorisations et dans les cas prévus par les art. 29, 30, 31, 32, 34 de la loi du 8-10 juill. 1791, par nos décrets du 13 fruct. an 13 et des 20 fev. et 20 juin 1810, et par notre décret du 9 déc. 1811.

73. Lorsqu'en vertu de l'art. 28, tit. 5, de l'ordonnance de 1776, de l'art. 30, tit. 1, de la loi du 8-10 juill. 1791 et de notre décret du 9 déc. 1811, notre ministre de la guerre aura ordonné la démolition des constructions, le comblement des fouilles, ou l'enlèvement des dépôts faits dans le rayon d'attaque, au préjudice de la défense et en contravention aux lois, le commandant d'armes prendra sur-le-champ les mesures nécessaires pour l'exécution desdits ordres, et la protégera par tous les moyens qui sont en son pouvoir.

74. Nos commandants d'armes donneront les ordres et consignes nécessaires pour faire arrêter, et conduire devant eux, tout individu qui, en contravention à l'art. 41, tit. 1, de la loi du 8-10 juill. 1791, exécuterait des opérations de topographie dans le rayon kilométrique, ou qui ferait la reconnaissance de la place, de ses ouvrages extérieurs et de ses approches. — Si la personne arrêtée est domiciliée, et justifie qu'elle opère pour le service public ou pour celui des propriétaires, elle sera simplement renvoyée au commandant du génie, pour lui communiquer l'objet des opérations et en recevoir l'autorisation d'usage. — Dans le cas contraire, elle sera détenue et jugée conformément au code pénal militaire.

75. Dans l'intérieur de la place, en deçà de la rue du rempart ou du terrain qu'elle doit occuper, les constructions, fouilles, dépôts, opérations et autres objets du service public ou particulier, sont uniquement réglés par les lois et ordonnances de voirie et de police municipale. — Seulement l'autorité civile ne peut supprimer ou retracer les rues qui servent de communication directe entre la place d'armes, les bâtiments ou établissements militaires et la rue du rempart, qu'après que les projets en ont été concertés conformément aux règles établies par nos décrets du 13 fruct. an 13 et des 20 fév. et 20 juin 1810. — La même disposition

s'applique aux rues, carrefours et places qui environnent les bâtiments ou établissements militaires, ou qui sont consacrés, par le temps et l'usage, aux exercices ou rassemblements des troupes.

3° Police des rassemblements et passages.

76. Le commandant d'armes exerce, de concert avec l'autorité civile, la police des rassemblements et passages ordinaires dans l'intérieur et le rayon de la place, conformément aux règles établies par les titres 11 et 19 de l'ord. du 1er mars 1768, et par le titre 3 de la loi du 8-10 juill. 1791.

77. Dans les rassemblements ou passages extraordinaires ou imprévus, mais licites et déterminés par des événements ou des circonstances qui ne constituent point la place en état de guerre, le commandant d'armes, outre les mesures prescrites et rappelées dans l'article précédent, fera, de concert avec l'autorité civile, toutes les dispositions nécessaires à la police militaire de la place.

78. Dans les cas prévus par les articles précédents, le maire et le sous-préfet mettront à la disposition du commandant d'armes le nombre d'hommes de la garde municipale ou de la garde nationale nécessaire pour suppléer au défaut ou à l'insuffisance de la garnison.

79. Le service et la police de la place, en cas d'incendie, seront prévus et concertés à l'avance entre le maire et le commandant d'armes.—Outre les dispositions prescrites ou rappelées dans les articles précédents, le commandant d'armes prendra toutes les mesures nécessaires soit à la police et à la sûreté de la place, soit à l'ordre et à la protection des manœuvres et travaux qui ont pour objet d'éteindre et de couper l'incendie. — A cet effet, il mettra à la disposition du commandant du génie les travailleurs de la garnison que ce dernier lui demandera.— Les travaux des troupes et des ouvriers militaires seront dirigés par le commandant du génie, de concert avec l'ingénieur civil, l'architecte de la commune et le chef des pompiers, s'il en existe. — Le commandant d'armes et le maire veilleront et pourvoiront à ce qu'aucune autre personne ne s'immisce dans l'indication ou la direction des travaux et manœuvres, et ne trouble ou n'entrave celles qu'ils auront ordonnées.

80. Les dispositions de l'article précédent s'appliqueront aux inondations et autres accidents publics, spécialement dans les places sujettes au débordement périodique des fleuves et rivières.

4° Relations de la police militaire avec la police judiciaire et civile.

81. Les délits qui, par leur nature ou par la qualité des prévenus, sont du ressort de la police ou des tribunaux militaires, seront poursuivis, dans l'intérieur et dans le rayon de la place, par le commandant d'armes, de concert avec les officiers de police civile et judiciaire, qui feront arrêter conformément aux lois, et renverront devant lui les prévenus, lorsqu'ils se seront réfugiés dans l'intérieur des établissements publics ou des maisons particulières.

82. Sur la réquisition des officiers de police civile ou judiciaire, le commandant prêtera main-forte pour la répression des délits ordinaires, et pour l'exécution des ordonnances et jugements des tribunaux. — Hors ce cas, il ne s'immiscera point dans l'exercice de la police et de la justice ordinaire.

§ 3. — *Devoirs des commandants d'armes relatifs à la défense de la place.*

83. Tout commandant doit considérer sa place comme susceptible d'être attaquée ou insultée à l'improviste, et de passer subitement de l'état de paix à l'état de guerre ou de siége. — En conséquence, il établira, même dans l'état de paix, son plan de service et de défense, suivant les hypothèses d'attaque les plus probables, et déterminera, pour les principaux cas, ses postes et ses réserves, les mouvements de troupes, l'action et le concours de tous les corps et de tous les services. — Il rédigera, d'après ces bases, ses instructions en cas d'alarmes, et s'assurera de leur exécution, conformément au tit. 18 de l'ord. du 1er mars 1768.

84. Il réunira, dans ce même but, les divers éléments de sa défense, et s'attachera particulièrement à bien connaître la situation : — 1° De l'intérieur de la place, des fortifications, bâtiments ou établissements militaires, et du terrain extérieur dans les rayons d'attaque, d'investissement et d'activité; — 2° De la garnison, de l'artillerie et des munitions ou approvisionnements de toute espèce; — 3° De la population à nourrir en cas de siége, des hommes capables de porter les armes, des maîtres et compagnons ouvriers susceptibles d'être employés en cas d'incendie ou pour les travaux, et des subsistances, des matériaux, des outils et des autres ressources que la ville et le pays qui l'environne peuvent fournir, ou dont il convient de s'assurer dans l'état de siége.

85. Les renseignements concernant la population et les ressources de la place seront donnés par le maire au commandant d'armes.

86. Notre ministre de la guerre prendra les mesures nécessaires pour qu'il soit déposé successivement au secrétariat de nos places, pour le service des commandants d'armes : — 1° Un plan de la place contenant tous les détails de l'intérieur, de la fortification et du terrain extérieur dans le rayon d'attaque;—2° Une carte des environs, dans le rayon d'investissement; — 3° Une carte générale (gravée ou manuscrite) qui s'étende non-seulement dans le rayon d'activité de la place; mais encore jusqu'aux places voisines, et jusqu'à la frontière ou à la côte, s'il s'agit d'une place de première ligne; — 4° Un mémoire de situation et de défense qui fasse connaître l'état et les propriétés de la place et de ses ouvrages, et ses rapports avec les places voisines, et avec la guerre offensive ou défensive; — 5° Un exemplaire de l'instruction du 14 therm. an 7, et des meilleurs ouvrages connus sur la défense des places; — 6° Un exemplaire du présent décret que notre ministre de la guerre fera imprimer à cet effet, avec l'extrait des ordonnances, lois et décrets en vigueur qui s'y trouvent rappelés ou qui s'y rapportent.

87. Ces plans, mémoires, instructions et ouvrages, ainsi que les états de situation et les autres documents relatifs au service et à la défense de la place, seront enregistrés sur les inventaires de la place, conservés et communiqués, conformément aux ordonnances et règlements sur les plans et papiers des fortifications.

88. Les commandants s'assureront fréquemment et par eux-mêmes : — 1° Que toutes les portes et issues de la place sont dans un bon état de fermeture; — 2° Qu'il n'existe ni brèche aux ouvrages, ni ouverture praticables dans les murs extérieurs des souterrains et casemates, et des portes ou poternes condamnées. — En cas de brèche et d'ouverture, ils requerront le commandant du génie de pourvoir à la clôture de la place par des travaux définitifs ou provisionnels, et feront, de leur côté, placer les postes et les sentinelles nécessaires à la police et à la sûreté de la place.

89. Ils tiendront la main à l'exécution du tit. 22 de l'ord. du 1er mars 1768, et des art. 57 et 58, tit 5 de l'ord. du 31 déc. 1776, pour les exercices et manœuvres ordinaires des troupes, et, toutes les fois que les circonstances le permettront, pour les exercices et simulacres d'attaque et de défense.

90. Le commandant d'armes, étant personnellement responsable de la conservation de la place et de la tranquillité de la garnison et des habitants, ne peut, même dans l'état de paix, coucher hors des barrières, ni s'éloigner le jour hors de la portée du canon, si ce n'est avec la permission du général commandant la division, laquelle désignera toujours l'officier qui doit commander par intérim. — Lorsque les commandants d'armes seront admis à la retraite ou appelés à d'autres fonctions, ils ne pourront semblablement quitter leur place qu'après avoir remis le commandement à leur successeur ou à l'officier qui sera désigné pour les remplacer, soit par notre ministre de la guerre, soit par le général commandant la division.

Chap. 3. — *De l'état de guerre.*

91. Dans les places en *état de guerre*, le service et la police sont soumis aux mêmes règles que dans l'état de paix, sauf les exceptions et les modifications suivantes.

92. Dans les places en état de guerre, la garde nationale et la garde municipale passent sous le commandement du gouverneur ou commandant, et l'autorité civile ne peut ni rendre aucune ordonnance de police sans l'avoir concertée avec lui, ni refuser de rendre celles qu'il juge nécessaires à la sûreté de la place ou à la tranquillité publique.

93. Dans toute place en état de guerre, l'autorité civile est tenue de concerter avec le commandant d'armes les moyens de réunir dans la place, en cas de siége : — 1° Les ressources nécessaires à la subsistance des habitants et de la garde nationale; — 2° Les ressources que le pays peut fournir pour les travaux militaires et pour les besoins de la garnison.

94. Dans toute place en état de guerre, les gardes-pompiers, s'il en est établi, passent avec les pompes, machines et ustensiles, sous l'autorité du commandant d'armes. — Les ouvriers charpentiers et autres, qui peuvent servir à couper les incendies, sont syndiqués, et formés, sous leurs syndics et quatre maîtres, en compagnies, sections et ateliers. — Le service d'incendie, en cas de siége ou de bombardement, est réglé par le gouverneur ou commandant, de concert avec le commandant du génie et l'autorité civile.

95. Dans toute place en *état de guerre*, si le ministre ou le général d'armée en donne l'ordre, ou si les troupes ennemies se rapprochent à moins de trois journées de marche de la place, le gouverneur ou commandant est sur-le-champ, et sans attendre l'*état de siége*, investi de l'autorité nécessaire : — 1° Pour faire sortir les bouches inutiles, les étrangers, et les gens notés par la police civile ou militaire; — 2° Pour faire rentrer dans la place, ou empêcher d'en sortir, les ouvriers, les matériaux et autres moyens de travail, les bestiaux, denrées et autres moyens de subsistance; — 3° Pour faire détruire, par la garnison et la garde nationale, tout ce qui peut, dans l'intérieur de la place, gêner la circulation de l'artillerie et des troupes; à l'extérieur, tout ce qui peut offrir quelque couvert à l'ennemi, et abréger ses travaux d'approche.

96. Le général commandant une armée, dans le tableau de laquelle la garnison d'une place sera comprise, veillera : — 1° A ce qu'il reste dans la place la garnison nécessaire pour la garder, conjointement avec les gardes municipales et nationales; — 2° A ce qu'il s'y trouve, dans l'état de siége, une garnison suffisante.

97. Les généraux commandant nos armées, s'ils n'y sont autorisés, ne toucheront aux munitions et aux approvisionnements des places que dans le cas d'extrême urgence; ils y remplaceront, le plus tôt possible, ce qu'ils en auront distrait; ils les feront compléter, par tous les moyens en leur pouvoir, lorsque la place sera menacée d'un siége.

98. Les gouverneurs, commandants d'armes, d'artillerie et du génie, et les chefs des divers services, ne pourront jamais être détachés de la place sans un ordre du ministre de la guerre.

99. Les gouverneurs ou commandants ne pourront détacher des officiers et des partis au delà du rayon d'investissement que pour les reconnaissances qui importent à la sûreté de la place. — Ils ne choisiront jamais ces officiers parmi les chefs de corps ou de service; et ces partis seront toujours assez faibles pour que leur perte n'influe pas sensiblement sur la force de la garnison.

100. Les gouverneurs et commandants d'armes ne pourront, dans l'état de guerre, coucher hors des barrières, ni s'éloigner de leur place de plus d'une portée de canon, sans un ordre formel de notre ministre de la guerre.

CHAP. 4. — *De l'état de siége.*

101. Dans les places en état de siége, l'autorité, dont les magistrats étaient revêtus pour le maintien de l'ordre et de la police, passe tout entière au commandant d'armes, qui l'exerce, ou leur en délègue telle partie qu'il juge convenable.

102. Le gouverneur ou commandant exerce cette autorité ou la fait exercer en son nom et sous sa surveillance, dans les limites que le décret détermine; et, si la place est bloquée, dans le rayon de l'investissement.

103. Pour tous les délits dont le gouverneur ou le commandant n'a pas jugé à propos de laisser la connaissance aux tribunaux ordinaires, les fonctions d'officier de police judiciaire sont remplies par un prévôt militaire, choisi, autant que possible, parmi les officiers de gendarmerie; et les tribunaux ordinaires sont remplacés par les tribunaux militaires.

104. Dans l'état de siége, le gouverneur ou commandant détermine le service des troupes, de la garde nationale et celui de toutes les autorités civiles et militaires, sans autre règle que ses instructions secrètes, les mouvements de l'ennemi et les travaux de l'assiégeant.

105. Le gouverneur ou commandant consulte les commandants des troupes, de l'artillerie et du génie; l'inspecteur aux revues et le commissaire des guerres, seuls ou réunis en conseil de défense. — Dans ce dernier cas, le secrétaire-archiviste tient la plume, et constate, dans le registre des délibérations du conseil, l'avis commun ou les opinions respectives de ses membres, qui peuvent y consigner, sous leur signature, tous les développements qu'ils jugent à propos d'ajouter au procès-verbal. — Mais le gouverneur ou commandant décide seul, et contre les avis du conseil ou de ses membres, lesquels restent secrets. — Faisons au conseil et à ses membres défense expresse de laisser transpirer aucun objet de délibération ou leur opinion personnelle sur la situation de la place.

106. Indépendamment du registre des délibérations du conseil de défense, il sera tenu particulièrement par le gouverneur ou commandant de la place, par les commandants de l'artillerie et du génie, et par les chefs des divers services, un journal sur lequel seront transcrits, par ordre de dates, et sans aucun blanc ni interligne, les ordres donnés et reçus, la manière dont ils ont été exécutés, leur résultat, et toutes les circonstances, toutes les observations qui peuvent éclairer sur la marche de la défense.— Notre ministre de la guerre déterminera, dans une instruction spéciale, la manière dont ces journaux doivent être tenus, et les formalités nécessaires afin qu'ils aient, ainsi que le registre du conseil de défense, la régularité et l'authenticité nécessaires pour servir à l'enquête prescrite ci-après (art. 114).

107. Outre ces registres et journaux, il y aura dans le cabinet du gouverneur ou commandant, une carte directrice des environs de la place, un plan directeur de la place et un plan spécial des fronts d'attaque, sur lesquels le commandant du génie tracera lui-même ou fera tracer en sa présence et successivement: — 1° Les positions occupées et les travaux exécutés par l'ennemi, à commencer de l'investissement; — 2° Les travaux de contre-approche ou de défense, et les dispositifs successifs de l'artillerie et des troupes, à mesure des progrès de l'ennemi.

108. Le gouverneur ou commandant défendra successivement ses ouvrages et ses postes extérieurs, sa contrescarpe, ses dehors, son enceinte et ses derniers retranchements. — Il ne se contentera pas de déblayer le pied de ses brèches, et de les mettre en état de défense par des abattis, des fougasses, des feux allumés, et par tous les moyens usités dans les siéges, mais, en outre, il commencera de bonne heure, en arrière des bastions ou des fronts d'attaque, les retranchements nécessaires pour soutenir au corps de place un ou plusieurs assauts. Il y emploiera les habitants. Il y fera servir les édifices, les maisons et les matériaux de celles que les bombes auront ruinées.

109. Mais, dans ces défenses successives, le gouverneur ménagera sa garnison, les munitions de guerre et ses subsistances, de manière, — 1° Qu'il ait, pour les assauts et la reprise de ses dehors, et spécialement pour l'assaut au corps de place, une réserve de troupes fraîches et choisies parmi les vieux corps et les vieux soldats de sa garnison; — 2° Qu'il lui reste les munitions et les subsistances nécessaires pour soutenir vigoureusement les dernières attaques.

110. Tout gouverneur ou commandant à qui nous avons confié l'une de nos places de guerre doit se ressouvenir qu'il tient dans ses mains un des boulevarts de notre empire, ou l'un des points d'appui de nos armées, et que sa reddition avancée ou retardée d'un seul jour peut être de la plus grande conséquence pour la défense de l'Etat et le salut de l'armée. — En conséquence, il sera sourd à tous les bruits répandus par l'ennemi, ou aux nouvelles directes et indirectes qu'il lui ferait parvenir, lors même qu'il voudrait lui persuader que les armées sont battues et la France envahie; il résistera à ses insinuations comme à ses attaques; il ne laissera point ébranler son courage ni celui de la garnison.

111. Il se rappellera que les lois militaires condamnent à la peine capitale tout gouverneur ou commandant qui livre sa place sans avoir forcé l'assiégeant de passer par les travaux lents et successifs des siéges, et avant d'avoir repoussé au moins un assaut au corps de place sur des brèches praticables (circulaire de Louis XIV, du 6 avr. 1705; loi du 26 juill. 1791; loi du 21 brum. an 5, tit. 3, art. 1 et 2; arrêté du 16 mess. an 7).

112. Lorsque notre gouverneur ou commandant jugera que le dernier terme de sa défense est arrivé, il consultera le conseil de défense sur les moyens qui restent de prolonger le siége. — Le présent paragraphe y sera lu d'abord à haute et intelligible voix. — L'avis du conseil ou les opinions de ses membres seront consignés sur le registre des délibérations. — Mais le gouverneur ou commandant seul prononcera, et suivra le conseil le plus ferme et le plus courageux, s'il n'est absolument impraticable. — Dans tous les cas, il décidera seul de l'époque, du mode et des termes de la capitulation. — Jusque-là, sa règle constante doit être de n'avoir avec l'ennemi que le moins de communication possible, et de n'en tolérer aucune. — Dans aucun cas, il ne sortira lui-même pour parlementer, et n'en chargera que des officiers dont la constance, la fermeté, le courage d'esprit et le dévouement lui seront personnellement connus.

113. Dans la capitulation, le gouverneur ou commandant ne se séparera jamais de ses officiers ni de ses troupes; il partagera le sort de sa garnison après comme pendant le siége; il ne s'occupera que d'améliorer le sort du soldat et des malades et blessés, pour lesquels il stipulera toutes les clauses d'exception et de faveur qu'il lui sera possible d'obtenir.

114. Tout gouverneur ou commandant qui aura perdu une place que nous lui aurons confiée sera tenu de justifier de la validité de ses motifs devant un conseil d'enquête.

115. Si le conseil d'enquête trouve qu'il y a lieu à accusation, le prévenu sera traduit devant le tribunal compétent pour y être jugé conformément aux lois.

116. Si le conseil d'enquête déclare que le gouverneur ou commandant est sans reproche, et qu'il a prolongé sa défense par tous les moyens en son pouvoir jusqu'à la dernière extrémité, il sera acquitté honorablement, et le jugement du conseil publié sur-le-champ et mis à l'ordre de l'armée et des places.

117. Tout gouverneur et commandant qui, d'après la déclaration des conseils d'enquête, et d'après les comptes particuliers qui nous en seront parvenus, aura défendu sa place en homme d'honneur, en bon Français et en sujet fidèle, nous sera présenté par notre ministre de la guerre dans un jour de grande parade, avec les chefs de corps et de service, et les militaires qui se seront le plus signalés dans la défense, nous réservant de leur donner nous-mêmes, et en présence des troupes, les témoignages publics et les marques de notre satisfaction. — A cet effet, notre ministre de la guerre hâtera l'échange de ceux qui seraient prisonniers, et qui seront, à leur retour, rappelés de leur solde d'activité sans aucune retenue.

118. Tout gouverneur tué sur la brèche, ou mort de ses blessures après une défense honorable, sera inhumé avec les mêmes honneurs que les grands officiers de la Légion d'honneur; son traitement de retraite sera réversible sur sa famille, et ses enfants obtiendront les premières places vacantes dans les institutions publiques. — Nous nous réservons de pensionner et de placer dans les mêmes institutions les enfants des militaires tués ou morts de leurs blessures dans la défense des places.

119. Les batteries, dehors et ouvrages extérieurs des fronts d'attaque de nos places de terre recevront, à l'avenir, les noms des généraux, commandants et autres militaires qui se seront illustrés dans la défense des places.

120. Dans les places de guerre qui sont en même temps ports de notre marine impériale, il n'est rien changé aux lois et usages qui règlent le service des états-majors des places dans ses rapports avec le service de la marine. — Notre ministre de la guerre nous proposera, de concert avec notre ministre de la marine, les changements qu'il serait nécessaire de faire à cette partie de la législation, pour la mettre en harmonie avec les dispositions du présent décret.

1er mai 1812. — Décret qui détermine les cas dans lesquels il est permis à un commandant de place de capituler. — V. Organisation militaire.

22 déc. 1812. — Décret relatif au mode d'exécution du décret du 25 mars 1811 ci-dessus.—V. Organisation militaire.

31 janv. 1813. — Décret relatif aux travaux d'entretien et de réparation des ponts dormants et des ponts-levis établis sur des routes qui traversent des fortifications.—V. Trav. publ.

17 déc. 1813. — Décret relatif à l'organisation des cohortes pour la garde des places de guerre à l'égard desquelles il n'y aurait pas été pourvu, et pour le maintien de la tranquillité, etc.

13-18 avril 1814. — Arrêté du gouvernement provisoire qui ordonne la réduction des approvisionnements et travaux extraordinaires prescrits pour la défense des places de guerre.

24 déc. 1817-7 janv. 1818. — Ordonnance du roi relative à l'entretien et réparation des bâtiments, clôtures et autres constructions situés autour des places de guerre au delà de la distance y déterminée.

LOUIS, etc.; — La loi du 10 juill. 1791, tit. 1, art. 29 et 30, confirmant en ce point les ordonnances de nos prédécesseurs, avait fixé à 1,000 mètres, comptés de la crête des chemins couverts les plus avancés, la distance à laquelle il était défendu de faire, autour des places de guerre de première classe, des levées en terre ou fossés; et à 500 mètres, la distance à laquelle il était défendu de construire ou réparer sans permission les bâtiments et clôtures. — Un décret réglementaire du 9 déc. 1811, assimilant aux levées et fossés les bâtiments et clôtures, a porté à la distance de 1,000 mètres la limite en deçà de laquelle il est défendu d'élever ou de réparer lesdites constructions. — Un autre règlement du 14 déc. 1811, en rappelant cette disposition, a fait d'autres modifications à la loi du 10 juill. 1791. — Plusieurs propriétaires de bâtiments, clôtures ou terrains situés entre les deux limites de 1,000 et de 500 mètres, ont réclamé contre lesdits règlements, principalement en ce qui concerne la défense de réparer les bâtiments et clôtures existant avant leur publication. D'autres ont demandé à bâtir entre ces limites sur les terrains nus qu'ils y possèdent. Quelques-uns enfin ont demandé qu'on levât les restrictions même apportées par la loi du 10 juill. 1791, principalement autour des places maritimes et de quelques places frontières.— Quel que soit no re désir de concilier les besoins de l'industrie locale avec la défense de l'Etat, nous ne pouvons, sans un examen plus approfondi, prendre une détermination sur l'ensemble des dispositions que renferment la loi du 10 juill. 1791 et les règlements des 9 et 24 déc. 1811. — Mais il nous a paru que nous pouvions, sans trop affaiblir l'action qu'il importe de conserver à la défense des places, permettre la simple réparation des bâtiments et clôtures qui existent entre la nouvelle et l'ancienne limite, et faire ainsi droit, dès ce moment, à celles des réclamations de nos sujets qui offrent le moins de difficultés et qui exigent une plus prompte décision : — A ces causes; — Sur le rapport, etc.

Art. 1. Les bâtiments, clôtures et autres contructions situées autour de nos places de guerre, au delà des 500 mètres comptés de la crête de leurs chemins couverts les plus avancés, pourront être entretenus et réparés dans leur état actuel et sans aucune augmentation quelconque. — En cas de difficulté sur la distance ou la nature des travaux, la distance sera mesurée, l'ancien état des lieux sera constaté, et il sera statué sur le tout conformément aux lois et règlements. — Hors ce cas, les propriétaires ne seront soumis, pour lesdites réparations, à aucune condition ou formalité.

17-25 juill. 1819. — Loi relative aux servitudes imposées à la propriété pour la défense de l'Etat.

Art. 1. Lorsque le roi aura ordonné, soit des constructions nouvelles de places de guerre ou postes militaires, soit la suppression ou démolition de ceux actuellement existants, soit des changements dans le classement ou dans l'étendue desdites places ou postes, les effets qui résulteraient de ces mesures dans l'application des servitudes imposées à la propriété en faveur de la défense par la loi du 10 juill. 1791, ne pourront avoir lieu qu'en vertu d'une ordonnance du roi publiée dans les communes intéressées, et d'après les formes prescrites par la loi du 8 mars 1810.

2. Le terrain militaire appartenant à l'Etat, tel qu'il a été défini par la loi du 10 juill. 1791, sera limité par des bornes plantées contradictoirement avec les propriétaires des terrains limitrophes. Ces bornes seront rattachées à des points fixes, et rapportées sur un plan spécial de circonscription, dont une expédition sera déposée à la sous-préfecture, afin que chacun puisse en prendre connaissance. — L'opération de ce bornage sera exécutée aux frais du gouvernement.

3. La tolérance spécifiée par l'art. 30 du tit. 1 de la loi du 10 juill. 1791, en faveur des moulins et usines, pourra, lorsqu'il n'en résultera aucun inconvénient pour la défense, s'étendre à toute espèce de bâtiments ou clôtures situés hors des places ou postes, ou sur l'esplanade des citadelles; le tout sous les conditions qui seront déterminées par le roi, relativement à la nature des matériaux ou à la dimension des contructions. — Les terrains auxquels la présente exception pourra être appliquée seront limités par des bornes, et rapportés sur le plan spécial de circonscription mentionné à l'art. 2 et homologué par une ordonnance du roi. Il ne sera accordé aucune permission quelconque, ni avant la confection de ce plan, ni hors de ces limites, quand il aura été dressé.

4. La distance fixée à 100 toises par les art. 31 et 32 du tit. 1 de la loi du 10 juill. 1791, sera portée à 250 mètres, sans néanmoins que la prohibition qui en résulte puisse s'étendre aux constructions existantes, lesquelles pourront être entretenues dans leur état actuel. Pourront aussi, entre ladite limite et celle du terrain militaire, être établies librement des clôtures en haies sèches ou en planches à claire-voie, sans pans de bois ni maçonnerie.

5. Les ouvrages détachés auront sur leur pourtour, suivant leur degré d'importance et les localités, des rayons égaux, soit aux rayons de l'enceinte des places et des ouvrages qui en dépendent immédiatement, soit à ceux des simples postes militaires. — Seront considérés comme ouvrages détachés les ouvrages de fortifications qui se trouveraient à plus de 250 mètres des chemins couverts de la place à laquelle ils appartiennent.

6. Les distances fixées par la loi du 10 juill. 1791 et par la présente loi, pour l'exercice des servitudes imposées à la propriété en faveur de la défense, seront mesurées à partir des lignes déterminées par lesdites lois, sur les capitales de l'enceinte et des dehors. Leurs points extrêmes seront marqués par des bornes qui, réunies de proche en proche par des lignes droites, serviront de limites extérieures au terrain soumis auxdites servitudes. — Les procès-verbaux de bornage seront dressés par les ingénieurs civils et militaires, en présence des maires ou adjoints des communes intéressées, et ces fonctionnaires pourront y faire inscrire leurs avis ou observations.

7. Autour des places et postes qui n'ont ni chemin couvert, ni mur de clôture, les distances susdites seront mesurées à partir de la crête intérieure de leur parapet.

8. Les bornes plantées en exécution des articles précédents seront, comme celles du terrain militaire appartenant à l'Etat, rattachées à des points fixes, et rapportées sur le plan de circonscription mentionné en l'art. 2. — Les bâtiments, clôtures et autres constructions existant en dedans des limites déterminées ci-dessus, ainsi que toutes les bâtisses et constructions qui seront faites en vertu des exceptions ci-dessus déterminées, seront aussi rapportés avec un numéro d'ordre sur ledit plan de circonscription. — Ce plan sera accompagné d'un état descriptif des dimensions et de la nature desdites constructions, d'après la vérification qui en sera faite en présence des propriétaires et du maire de la commune, dûment requis à cet effet.

9. Les distances et dimensions fixées par le plan et par l'état descriptif ci-dessus mentionnés seront notifiées à chaque partie intéressée, par l'intermédiaire des gardes des fortifications dûment assermentés. — Si, dans les trois mois de ladite notification, les propriétaires intéressés réclament contre l'application des limites légales, il sera statué à cet égard, sauf tout recours de droit, comme en matière de grande voirie, d'après une vérification faite sur les lieux par les ingénieurs civils et militaires. — Les propriétaires intéressés y seront présents ou dûment appelés, et pourront s'y faire assister par un arpenteur. Leurs avis et observations seront consignés au procès-verbal.

10. Les travaux ou constructions qui pourront devenir, en vertu de la présente loi ou de celle du 10 juill. 1791, l'objet d'une tolérance spéciale, ne seront entrepris qu'après que les particuliers ou les communes auront pris l'engagement de remplir les conditions qui leur seront prescrites. — Cette soumission ne sera assujettie qu'au droit fixe de 1 fr., et son effet subsistera indéfiniment sans qu'il soit besoin de la renouveler.

11. Les contraventions à la présente loi seront constatées par les procès-verbaux des gardes des fortifications et réprimées conformément à la loi du 19 mai 1802 (29 flor. an 10) relative aux contraventions en matière de grande voirie.

12. Dans le cas où, nonobstant la notification faite par les gardes des fortifications, des procès-verbaux de contravention, les contrevenants ne rétabliraient pas l'ancien état des lieux dans le délai qui leur sera fixé, l'autorité militaire transmettra lesdits procès-verbaux au préfet du département; elle y joindra, avec un fragment du plan dont il est fait mention dans l'art. 2 de la présente loi, un extrait de l'état descriptif et un mémoire sommaire de discussion, pour être sur le tout statué en conseil de préfecture, sauf les vérifications qui pourront être jugées nécessaires. — Toutefois, si, après la notification faite en vertu du présent article, les contrevenants poursuivaient leur infraction, le conseil de préfecture ordonnerait sur-le-champ la suspension des travaux.

13. Outre la démolition de l'œuvre nouvelle, aux frais des contrevenants, ils encourront, selon les cas, les peines applicables aux contraventions analogues en matière de grande voirie.

14. Tout jugement de condamnation rendu en exécution des deux articles précédents fixera le délai dans lequel le contrevenant sera tenu de démolir, enlever les décombres, et rétablir à ses frais l'ancien état des lieux. — Il sera notifié à la partie intéressée par les gardes des fortifications, avec sommation d'exécuter; faute de quoi il y sera procédé d'office. — A défaut d'exécution après l'expiration des délais, la démolition aura lieu, à la diligence de l'autorité militaire, en présence du maire ou de son adjoint, requis à cet effet. — Les démolitions, déblais et remblais seront effectués et la dépense constatée dans les formes établies pour les travaux des fortifications : le compte de ces dépenses sera transmis par le directeur des fortifications au préfet du département, qui en fera poursuivre le recouvrement, conformément à la loi du 19 mai 1802.

15. Les indemnités prévues par les art. 18, 19, 20, 24, 33 et 38 de la loi du 10 juill. 1791, seront fixées dans les formes prescrites par la loi du 8 mars 1810 et préalablement acquittées, conformément à l'art. 10 de la charte constitutionnelle.

16. Les dispositions des lois existantes auxquelles il n'est pas formellement dérogé par la présente loi continueront d'avoir leur plein et entier effet.

1er août-20 sept. 1821. — Ordonnance du roi qui fixe le mode d'exécution de la loi du 17 juillet 1819, sur les servitudes imposées à la propriété pour la défense de l'Etat.

Louis, etc.; — Sur le rapport de notre ministre de la guerre; — Vu l'ord. du 9 déc. 1713, portant défense de construire en maçonnerie dans le rayon de 250 toises des places de guerre, et les ordonnances subséquentes, notamment celle du 31 déc. 1776, sur la composition et le service du corps royal du génie; — Vu, en ce qui concerne la conservation et le classement des places et postes de guerre, la loi du 10 juillet 1791, et le décret du 9 déc. 1811, qui en avait étendu les dispositions, ainsi que la loi du 17 juillet 1819, relative aux servitudes imposées à la propriété pour la défense de l'Etat; — Vu la loi du 19 mai 1802 sur les contraventions en matière de grande voirie, et la loi du 29 mars 1806, qui assimile les gardes du génie aux gardes-forestiers et champêtres et autres agents conservateurs; — Vu aussi l'art. 10 de la charte et les dispositions non abrogées de la loi du 8 mars 1810, sur les expropriations pour cause d'utilité publique; — Considérant qu'il importe également à la défense des places de guerre et à l'intérêt des propriétés qui les avoisinent, que l'exécution des lois relatives aux servitudes militaires soit ramenée à un mode uniforme, et qu'il soit donné, sur tous les points, des bases régulières à l'application de ces mêmes servitudes, par la publication, dans les formes légales, d'un tableau de classement des places et postes de guerre; qu'en conséquence il est nécessaire, 1° de rapprocher plusieurs des dispositions de la loi du 17 juillet 1819, de celles des lois antérieures auxquelles il n'a pas été dérogé par ladite loi, et que l'art. 16 maintient en vigueur; 2° de régler les formes à suivre dans l'action de l'autorité militaire sur la propriété privée, en coordonnant ceux des articles de la loi du 17 juillet 1819 qui seront relatifs aux prohibitions, à la répression des contraventions, ainsi qu'à la fixation et au payement des indemnités résultant de dépossession ou de simple privation de jouissance, avec les lois d'exécution auxquelles lesdits articles se réfèrent expressément; 3° de désigner spécialement les localités dans lesquelles il devient indispensable, pour la sûreté de l'Etat, que l'usage de la propriété soit légalement soumis, par la publication du tableau de classement ci-dessus mentionné, aux restrictions que comporte l'application des servitudes militaires; à ces causes, et de l'avis de notre conseil d'Etat, nous avons, etc.:

TIT. 1. — SERVITUDES IMPOSÉES A LA PROPRIÉTÉ POUR LA DÉFENSE DES PLACES.

SECT. 1. — *Prohibitions.*

Art. 1. Dans l'étendue de *deux cent cinquante mètres* autour des places de guerre de toutes les classes, et des postes militaires, il ne sera bâti aucune maison ni clôture de construction quelconque, à l'exception des clôtures en haies sèches ou en planches à claire voie, *sans pans de bois ni maçonnerie ;* lesquelles pourront être établies librement entre ladite limite et celle du terrain militaire. — Les reconstructions totales de maisons, clôtures et autres bâtisses, sont également prohibées dans la même zone de servitudes, quelle qu'ait pu ou que puisse être à l'avenir la cause de leur destruction.

2. Dans l'étendue de 487 mètres (250 toises) autour des places de première et de seconde classe, il ne sera bâti ni reconstruit aucune maison ni clôture de *maçonnerie;* mais, au delà de la première zone de 250 mètres, il sera permis d'élever des bâtiments et clôtures en *bois* et en *terre,* sans y employer de pierres ni briques, même de chaux ni de plâtre, autrement qu'en crépissage, et avec la condition de les démolir immédiatement et d'enlever les décombres et matériaux sans indemnité, à la première réquisition de l'autorité militaire, dans le cas où la place, déclarée en *état de guerre,* serait menacée d'hostilité.

3. Autour des places de troisième classe et des postes militaires, il sera permis d'élever des bâtiments et clôtures de construction quelconque au delà de la distance de 250 mètres.—Le cas arrivant où ces places et postes seraient déclarés en *état de guerre,* les démolitions qui seraient jugées nécessaires à la distance 487 mètres, ne donneront lieu à aucune indemnité en faveur des propriétaires.

4. Dans l'étendue de 974 *mètres* (500 toises) autour des places de guerre, et de 584 *mètres* (300 toises) autour des postes militaires, il ne sera fait aucun chemin, levée ou chaussée, ni creusé aucun fossé, sans que leur alignement et leur position aient été concertés avec les officiers du génie; et d'après ce concert, notre ministre de la guerre déterminera, et, au besoin, nous *proposera de déterminer* les conditions auxquelles ces divers travaux devront être assujettis dans chaque cas particulier, afin de concilier les intérêts de la défense avec ceux de l'industrie, de l'agriculture et du commerce. — Dans la même étendue, les décombres provenant des bâtisses et autres travaux quelconques ne pourront être déposés que dans les lieux indiqués par les officiers du génie. Sont exceptés de cette disposition, ceux des détriments qui pourraient servir d'engrais aux terres, et pour les dépôts desquels les particuliers n'éprouveront aucune gêne, pourvu qu'ils évitent de les entasser. — Dans la même étendue, il est défendu d'exécuter aucune opération de topographie sans le consentement de l'autorité militaire; ce consentement ne pourra être refusé, lorsqu'il ne s'agira que d'opérations relatives à l'arpentage des propriétés.

5. Les ouvrages détachés auront sur leur pourtour, suivant leur degré d'importance et les localités, des rayons égaux, soit aux rayons de l'enceinte des places et des ouvrages qui en dépendent immédiatement, soit à ceux des simples postes militaires. Cette fixation sera déterminée par nous pour chaque localité.—Seront considérés comme ouvrages détachés, les ouvrages de fortification qui se trouveraient à plus de 250 *mètres* des chemins couverts de la place à laquelle ils appartiennent.—Les digues qui servent à soutenir les inondations d'une place seront également considérées comme ouvrages détachés, lorsqu'elles auront en même temps un but et des formes défensifs.

6. Les citadelles et les châteaux auront à l'extérieur les mêmes limites de prohibition que celles des places fortes dont les unes et les autres font partie. Les limites de leurs esplanades du côté des villes pourront être réduites, selon les localités, par des fixations spéciales que nous nous réservons d'arrêter sur la proposition de notre ministre de la guerre.

SECT. 2. — *Exceptions.*

7. Notre ministre de la guerre pourra permettre, par exception aux articles précédents, la construction de *moulins et autres semblables usines* en bois, et même en maçonnerie, à condition que lesdites usines ne seront composées que d'un rez-de-chaussée, et à charge par les propriétaires de ne recevoir aucune indemnité pour démolition en cas de guerre. Les permissions de cette nature ne pourront toutefois être accordées qu'après que le chef du génie, l'ingénieur des ponts et chaussées et le maire auront reconnu de concert et constaté par procès-verbal que l'usine qu'on se propose de construire est d'utilité publique, et que son emplacement est déterminé par quelque circonstance locale qui ne peut se rencontrer ailleurs.

8. La tolérance spécifiée par l'article précédent pourra, lorsqu'il n'en résultera aucun inconvénient pour la défense, s'étendre à toute espèce de bâtiments ou clôtures situés hors des places ou postes, ou sur l'esplanade des citadelles ou châteaux, sous les conditions qui seront déterminées par nous, relativement à la nature des matériaux et à la dimension des constructions. — La présente exception ne pourra être appliquée qu'aux terrains que nous aurons déterminés pour chaque place ou poste, selon les localités, et qui seront limités par des bornes.

9. Les administrations, les communes ou les particuliers qui désireront obtenir des *permissions spéciales,* en vertu des deux articles précédents, adresseront leur demande à notre ministre de la guerre, lequel, après avoir pris l'avis du directeur des fortifications, accordera, s'il y a lieu, les permissions demandées, en prescrivant aux pétitionnaires toutes les conditions qu'il jugera convenables pour que les constructions ne puissent nuire à la défense de la place.

10. Les permissions accordées immédiatement ou subséquemment d'après les exceptions prévues par les art. 7 et 8 ne pourront avoir leur effet, et les constructions nouvelles autorisées conditionnellement par les art. 1, 2 et 3 de la présente ordonnance ne pourront être entreprises, qu'après que les administrations, les communes ou les particuliers auront souscrit l'engagement de remplir les conditions qui leur seront prescrites, et notamment celle de démolir immédiatement à leurs frais les constructions autorisées, ou d'en supporter la démolition sans indemnité, dans les cas prévus par les art. 2 et 3. — Ces soumissions seront conformes au modèle n° 1 annexé à la présente ordonnance. Elles seront faites sur papier timbré, et enregistrées moyennant le droit fixe d'un franc. Il sera fourni, aux frais de la partie intéressée, trois expéditions authentiques au chef du génie de la place : l'une de ces expéditions restera déposée dans les archives du génie de ladite place; la seconde sera déposée aux archives de la direction, et la troisième sera transmise à notre ministre de la guerre.

11. Dans les vingt-quatre heures qui suivront l'accomplissement des formalités ci-dessus prescrites, le chef du génie délivrera à la partie intéressée, pour le cas de *permission spéciale,* copie certifiée de la lettre de notre ministre de la guerre, contenant l'énoncé des clauses et conditions de ladite permission; et pour le cas d'*autorisation générale,* un certificat conforme au modèle n° 2, afin de constater que toutes les conditions desquelles résulte ladite autorisation ont été remplies.

SECT. 3. — *Mode de détermination des limites.*

12. Les distances mentionnées dans les divers articles qui précèdent seront comptées à partir de la crête des parapets des chemins couverts les plus avancés, ou des murs de clôture, lorsqu'il n'y aura pas de chemins couverts, ou enfin, lorsqu'il n'y aura ni chemins couverts ni murs de clôture, à partir de la crête intérieure du parapet des ouvrages.

13. Ces distances seront mesurées sur les capitales de l'enceinte et des dehors. Leurs points extrêmes, pour celle de 250 *mètres,* comme pour celle de 487 *mètres,* seront fixés par des bornes qui, réunies de proche en proche par des lignes droites, serviront de limites extérieures aux terrains soumis aux prohibitions respectivement déterminées pour ces deux distances. — Les capitales sur lesquelles seront prises ces mesures seront choisies de manière que les lignes qui réuniront leurs extrémités forment des polygones le moins irréguliers possible, et que nulle part les limites ne se trouvent sensiblement plus rapprochées d'aucun point des chemins couverts, murs de clôture ou parapets, que les distances respectivement fixées par la loi pour les trois limites.

14. Les points qui déterminent la troisième limite ne seront point marqués par des bornes ; mais ils seront, ainsi que les bornes qui déterminent les deux premières limites, rattachés à des points fixes et rapportés sur un plan spécial de circonscription.

15. Ce plan sera fait à l'échelle de 1 *millième,* sur plusieurs feuilles se rattachant par des lignes communes. Il comprendra tout le terrain soumis aux servitudes et prohibitions mentionnées dans les articles précédents. Il comprendra en outre tout le terrain militaire, tant intérieur qu'extérieur, en distinguant celui qui appartient à l'État de celui qui serait à acquérir ou à revendiquer, d'après les limites prescrites par les art. 15, 16, 17, 19, 20 et 21 de la loi du 10 juill. 1791. — Ledit plan ne contiendra d'ailleurs aucune indication du tracé des fortifications, non plus que de la forme et des accidents du terrain.

16. Les trois limites de 250 *mètres,* de 487 *mètres,* et de 974 ou de 584 *mètres,* selon qu'il s'agit d'une place ou d'un poste, ainsi que les limites des ouvrages détachés et des digues d'inondation, et celles des citadelles et châteaux, seront tracées sur ledit plan spécial de circonscription, sur lequel le terrain d'exception mentionné dans l'art. 8 sera également rapporté et indiqué par une couleur particulière.

17. Les bâtiments, clôtures et autres constructions, existant en dedans des deux premières limites, ainsi que toutes les bâtisses et constructions qui seront faites en vertu des autorisations ou des exceptions ci-dessus spécifiées, seront rapportés, avec un numéro d'ordre, sur ledit plan de circonscription. — Ce plan sera accompagné d'un état descriptif des dimensions et de la nature desdites constructions, et faisant connaître leur origine et les conditions auxquelles elles ont été élevées. Les numéros d'ordre du plan, relatés dans cet état, établiront la correspondance entre ces deux pièces.

18. Une expédition du plan et de l'état descriptif qui doit l'accompagner sera déposée dans le bureau du chef du génie de chaque place ; une autre expédition de chacune de ces deux pièces sera déposée à la sous-préfecture, une troisième sera adressée à notre ministre secrétaire-d'État de la guerre. — Il est défendu, sous les peines portées par les lois et ordonnances, aux sous-préfets et à leurs agents, de laisser, par quelques motifs et sous quelque prétexte que ce soit, déplacer lesdits plans, et d'en laisser prendre aucune copie ou extrait. — En temps de guerre, si le chef-lieu de la sous-préfecture est dans une ville ouverte, ledit plan sera transporté dans la place de guerre la plus voisine, et déposé dans le bureau du chef du génie. Il en sera de même, en cas de siége, pour les plans qui seraient habituellement déposés dans une sous-préfecture située dans une place de guerre.

19. Sur l'invitation des directeurs des fortifications, les maires des communes devront prêter appui à toutes les opérations relatives à la confection du plan spécial de circonscription et de l'état descriptif qui doit l'accompagner. — En conséquence, ils fourniront aux agents de l'autorité militaire toutes les indications et documents qui pourraient être réclamés.

20. Les propriétaires des bâtiments, clôtures et autres constructions existant dans les zones de servitudes seront dûment requis d'assister à la vérification qui sera faite, en présence du maire, de la nature et des dimensions desdites constructions. — Leur origine et les conditions auxquelles elles ont été élevées seront portées, respectivement à leur numéro d'ordre, sur l'état descriptif, d'après la simple déclaration affirmée de chacun des propriétaires, sans préjudice toutefois du droit réservé au département de la guerre de contredire lesdites déclarations, ou d'en poursuivre à tout besoin la justification sur titres et preuves judiciaires.

21. Après la confection du plan et de l'état descriptif, les détails en seront relevés et notifiés à chaque partie intéressée par l'intermédiaire des gardes du génie dûment assermentés. — Les notifications seront faites par écrit et dûment enregistrées, afin de leur donner une date certaine : elles relateront exactement la distance et les dimensions extraites du plan et de l'état descriptif. Il en sera fait deux expéditions, qui seront visées et certifiées par le chef du génie, et dont l'une sera remise à la partie intéressée : l'autre expédition sera classée aux archives de la direction, et la minute restera déposée au bureau du génie de la place.

22. Si, dans les trois mois de ladite notification, les propriétaires intéressés réclament contre l'application des limites légales, il sera statué à cet égard (sauf tout recours de droit), comme en matière de grande voirie, d'après une vérification faite sur les lieux par les ingénieurs civils et militaires. — Les propriétaires intéressés y seront présents ou dûment appelés, et pourront s'y faire assister par un arpenteur. Leurs avis et observations seront consignés au procès-verbal.

23. Les opérations de bornage et de détermination des limites ne seront faites qu'à l'expiration du délai de trois mois ci-dessus fixé pour les réclamations. Il y sera procédé contradictoirement avec les maires et les propriétaires présents ou dûment appelés, qui n'auraient point élevé de réclamations. L'opération se poursuivra, relativement aux réclamants, au fur et à mesure des décisions qui seront rendues. — L'opération du bornage sera exécutée aux frais du gouvernement.

24. Après l'exécution complète de cette opération, le plan spécial de circonscription et l'état descriptif rectifié, si les réclamations et décisions y ont donné lieu, seront définitivement arrêtés et homologués par une ordonnance spéciale qui les rendra exécutoires.

Sect. 4. — *Réparations et entretien des bâtisses existantes.*

25. Les bâtisses, clôtures et autres constructions en bois et en terre, quelle que soit leur distance de la fortification autour des places de toutes les classes et des postes militaires pourront être entretenues, *dans leur état actuel*, par des réparations et des reconstructions partielles, mais sans aucun changement dans leurs dimensions extérieures, et sous la condition expresse : — 1° Que les matériaux de réparation ou de reconstruction partielle seront de même nature que ceux précédemment mis en œuvre ; — 2° Que la masse des constructions existantes ne sera point accrue par des bâtisses faites dans des cours, jardins et autres lieux clos, à ciel ouvert.

26. Les dispositions de l'article précédent s'appliqueront aux maisons, clôtures et autres constructions en maçonnerie situées au delà de la première zone de 250 mètres des places de troisième classe et des postes militaires, ou qui seraient comprises, quelle que soit d'ailleurs la classe de la place, dans le terrain d'exception que nous aurons spécialement déterminé.

27. Les bâtiments, clôtures et autres constructions en maçonneries, qui ne seraient pas compris dans le terrain d'exception dont il vient d'être parlé, ou qui seraient situés, soit dans la première zone de 250 mètres des places et postes, soit sur l'esplanade que nous aurons spécialement déterminée pour les citadelles et les châteaux, soit dans la seconde zone des places des deux premières classes, ne pourront être entretenus qu'avec les restrictions légalement prescrites en matière de voirie urbaine, c'est-à-dire sous la condition expresse de ne point faire à ces constructions de reprises en sous-œuvre, ni même de grosses réparations, ou toute autre espèce de travaux confortatifs ;— Soit à leurs fondations et à leur rez-de-chaussée, s'il s'agit de bâtiments d'habitation ; — Soit, pour les simples clôtures, jusqu'à moitié de leur hauteur, mesurée sur leur parement extérieur ;—Soit, pour toutes autres constructions, jusqu'à 3 mètres au-dessus du sol extérieur.

28. Les restrictions prescrites par l'article précédent seront appliquées aux maisons, bâtiments et clôtures (autres que celles en haies sèches ou en planches à claire-voie), qui, dans l'intérieur des places de toutes les classes et des postes militaires, se trouvent, entièrement ou partiellement, sur le terrain de la rue militaire établie ou à établir pour la libre communication le long du rempart ou du mur de clôture.— Dans le second cas, les restrictions ne porteront que sur les parties de bâtiments ou de clôtures qui dépassent l'alignement de ladite rue.

29. Toute construction quelconque, quelle que soit d'ailleurs sa situation dans l'une ou l'autre des deux zones extérieures de servitudes, ou par rapport à l'alignement de la rue militaire, pourra néanmoins être entretenue dans son état actuel, sous les seules restrictions que comporte l'art. 25 ci-dessus, si le propriétaire fournit la preuve légale, lors de la vérification prescrite par les art. 22 et 23, savoir : — Pour les bâtisses extérieures, que ladite construction existait, dans sa nature et ses dimensions actuelles, avant la publication de l'ord. du 9 déc. 1713, ou qu'à l'époque de son érection elle se trouvait à plus de 487 mètres de l'un des points fixés par l'art. 12 ci-dessus ;— Pour les bâtisses intérieures, avant la publication de la loi du 10 juill. 1791, qui a prescrit l'établissement de la rue militaire parallèlement au pied du talus du rempart, ou du parement intérieur du parapet ou mur de clôture. — Dans l'un ou l'autre cas, le propriétaire qui n'aura pu fournir la preuve légale jouira de la même faculté pour l'entretien de sa construction, s'il justifie d'une permission spéciale en vertu de laquelle il l'aurait établie dans sa nature et ses dimensions actuelles, à la charge de démolition ; ou s'il souscrit la soumission de remplir cette condition à ses frais et sans indemnité, dans le même cas que celui prévu par l'art. 2 de la présente ordonnance.

30. Tout propriétaire d'un bâtiment, maison, clôture ou autre construction quelconque existant dans l'une des zones de servitudes, ou en deçà de l'alignement de la rue militaire, qui voudra y faire exécuter des réparations, sera tenu d'en faire préalablement la déclaration au chef du génie, et ne pourra les faire commencer qu'après que celui-ci lui aura délivré un certificat portant qu'elles sont dans l'un des cas où l'exécution en est autorisée par la présente ordonnance. Ce certificat sera conforme au modèle n° 3.

TIT. 2. — Répressions des contraventions.

31. Les contraventions aux dispositions du titre précédent seront constatées par les procès-verbaux des gardes du génie, et réprimées conformément à la loi du 19 mai 1802 (29 flor. an 10), relative aux contraventions en matière de grande voirie.—A cet effet, les gardes du génie dûment assermentés agiront comme officiers de police judiciaire : leurs procès-verbaux feront foi jusqu'à inscription de faux.

32. Lorsque les gardes du génie auront connaissance d'une construction ou d'une réparation indûment faite dans l'intérieur d'un enclos ou d'un bâtiment, ils en rendront compte sur-le-champ au chef du génie, qui requerra, soit le juge de paix ou son suppléant, soit le commissaire de police, soit le maire ou l'adjoint du lieu, d'accompagner dans sa visite le garde chargé de constater la contravention. Le procès-verbal dressé à cette fin sera signé par l'officier de police civile en présence duquel il aura été dressé.

33. Avant de dresser les procès-verbaux de contravention, les gardes du génie feront viser pour timbre le papier destiné à ces actes, lesquels, après leur rédaction, seront enregistrés en débet.

34. Les gardes du génie mentionneront exactement, en tête du procès-verbal, la date de leur commission, ainsi que celle du jour et du lieu de l'enregistrement de cette commission et de leur prestation de serment. — Cet enregistrement doit avoir lieu à chaque changement de résidence, tant au greffe du tribunal de l'arrondissement qu'à la mairie du lieu de l'exercice actuel de leurs fonctions.—Les procès-verbaux seront conformes au modèle n° 4.

35. Les procès-verbaux de contravention resteront déposés entre les mains du chef du génie. Les gardes du génie en dresseront copie, et la notifieront au domicile du contrevenant, avec sommation de rétablir l'ancien état des lieux dans le délai que le chef du génie aura fixé.—La copie et la sommation seront expédiées à la suite l'une de l'autre, sur du papier que les gardes du génie feront préalablement viser pour timbre, ainsi qu'il a été dit pour la rédaction de la minute du procès-verbal. — La notification du procès-verbal de contravention, ainsi que la sommation dont cette notification doit être suivie, seront conformes au modèle n° 5.

36. Dans le cas où, nonobstant la notification faite par les gardes du génie, des procès-verbaux de contravention, les contrevenants ne rétabliraient pas l'ancien état des lieux dans le délai fixé par la sommation, le directeur des fortifications, après avoir visé lesdits procès-verbaux, les transmettra au préfet du département ; il y joindra un fragment du plan de circonscription et un extrait de l'état descriptif, relatifs aux lieux contentieux, ainsi qu'un mémoire sommaire de discussion, pour être sur le tout statué en conseil de préfecture, sauf les vérifications qui pourraient être ultérieurement nécessaires.

37. Si, après la notification du procès-verbal de contravention, les propriétaires poursuivaient leur infraction, le préfet, sur l'avis que lui en donnera le directeur des fortifications, assemblera le conseil de préfecture, lequel ordonnera sur-le-champ la suspension des travaux. Le préfet assurera l'exécution de cet arrêté par tous les moyens de droit.

38. Outre la démolition de l'œuvre nouvelle, aux frais des contrevenants, ils encourront, selon les cas, les peines applicables aux contraventions analogues en matière de grande voirie.

39. Tout jugement de condamnation fixera le délai dans lequel le contrevenant sera tenu de démolir, enlever les décombres et rétablir à ses frais l'ancien état des lieux. Il sera notifié à la partie intéressée, avec *sommation d'exécuter*.

40. Les gardes du génie seront chargés de la notification des jugements de condamnation. Elle aura lieu dans les formes prescrites ci-dessus pour la notification des procès-verbaux de contravention. — La notification du jugement de condamnation, et la sommation dont cette notification doit être suivie, seront conformes au modèle n° 6.

41. A défaut d'exécution par la partie condamnée, après l'expiration des délais fixés par le jugement, il y sera procédé d'office, à la diligence de l'autorité militaire, en présence du maire ou de son adjoint requis à cet effet. — En conséquence, le chef du génie se concertera, sur les moyens et l'époque de l'exécution, avec le commandant de la place. Il préviendra ensuite par écrit le maire de la commune, du jour et de l'heure où le jugement devra être exécuté d'office, en présence de la partie condamnée, laquelle y sera dûment appelée par la notification qui lui sera faite à domicile d'y assister, par un garde du génie.

42. Les démolitions, déblais et remblais, et transports, seront effectués, et la dépense constatée, dans les formes établies pour les travaux des fortifications. Le compte des dépenses et frais de l'exécution du jugement

de condamnation sera déterminé par un procès-verbal que le sous-intendant militaire dressera conjointement avec le chef du génie, en présence du maire et de la partie condamnée, si elle assiste à l'opération.

43. A défaut par la partie condamnée d'acquitter le montant des dépenses portées au procès-verbal, sur la présentation qui lui en sera faite par le sous-intendant militaire, le directeur des fortifications transmettra le compte desdites dépenses au préfet du département, lequel en fera poursuivre le recouvrement, conformément à la loi du 19 mai 1802. — Le tout, sans préjudice des poursuites relatives au payement des amendes, s'il y avait lieu.

44. Toutes les fois que, dans le cas d'hostilité prévu par l'art. 2 de la présente ordonnance, le gouvernement aura fait procéder d'office à la démolition d'une construction autorisée par ledit article ou par l'art. 3, ou d'une construction permise par exception, en vertu des art. 7 et 8, les frais de cette démolition seront constatés, et le recouvrement en sera poursuivi, ainsi qu'il est prescrit par les art. 42 et 43.

TIT. 3. — INDEMNITÉS.

SECT. 1. — *Des circonstances qui donnent lieu à indemnité.*

45. Les travaux et opérations relatifs aux places de guerre ou postes militaires peuvent donner lieu à indemnité, soit pour cause de dépossession, soit pour démolition d'édifice, soit pour privation de jouissance.

46. Il y a lieu à indemnité pour cause de *dépossession*, lorsque des constructions nouvelles de places de guerre ou postes militaires, des changements ou augmentations dans ceux actuellement existants, des réunions nécessaires pour donner au terrain militaire, intérieur et extérieur, l'étendue qui lui est légalement assignée, mettent le domaine militaire dans le cas d'exiger la cession de propriétés particulières.

47. Il y a lieu à indemnité pour *démolition d'édifices*, lorsque, pour la sûreté d'une place de guerre, l'autorité militaire requiert la destruction d'une bâtisse située dans une des zones de servitudes légales, pourvu, toutefois, qu'il soit justifié, sur titres, que cette bâtisse existait antérieurement à la fixation du rayon militaire qui a soumis à la prohibition l'étendue de la zone dans laquelle son sol se trouve compris. — L'indemnité, dans ce cas, ne se réglera que sur la valeur des constructions, sans y comprendre l'estimation du sol, lequel ne sera point acquis par le domaine militaire, si ces constructions ne sont que l'accessoire d'une propriété territoriale : dans le cas contraire, et lorsque le sol tout entier sera couvert par les constructions, ou sera employé pour leur service, l'indemnité pourra comprendre la valeur du sol.

48. Il y a lieu à indemnité, pour *privation de jouissance*, toutes les fois que, par suite de travaux ou d'opérations relatives à la défense d'une place de guerre, l'autorité militaire occupe temporairement une propriété privée, de manière à y porter dommage, ou à en diminuer le produit.

SECT. 2. — *Du règlement des indemnités.*

49. Les indemnités à payer par le gouvernement, dans les cas qui viennent d'être déterminés, s'arbitreront d'abord par expertise contradictoire; elles se régleront ensuite définitivement, soit à l'amiable, en cas d'accord entre le ministre de la guerre et les propriétaires, soit par voie judiciaire, en cas de dissentiment.

50. Dans les cas prévus par les art. 46 et 47 de la section précédente, l'État exigeant le sacrifice d'une propriété pour cause d'intérêt public, il y a lieu, aux termes de l'art. 10 de la charte constitutionnelle, à une indemnité préalable. — En conséquence, les formalités d'expertise contradictoire et de règlement définitif de l'indemnité, soit à l'amiable, soit par voie judiciaire, telles qu'elles seront déterminées par la sect. 3 du présent titre, devront précéder tout acte de propriété de la part du domaine militaire. — Il en sera de même du payement intégral de l'indemnité, sauf les justifications à la charge des propriétaires, conformément à ce qui sera déterminé à la sect. 4 du présent titre.

51. Dans le cas prevu par l'art. 48, d'une privation temporaire de jouissance qui n'emporte point le sacrifice d'une propriété, l'indemnité doit avoir pour base d'évaluation la durée de cette privation et la reconnaissance du dommage qui en est résulté : en conséquence, elle ne sera réglée qu'à l'époque où le propriétaire sera rentré dans sa jouissance. — Toutefois, lorsque l'occupation d'une propriété par l'autorité militaire se prolongera au delà de la rentrée ordinaire des revenus, l'indemnité devra se régler et s'acquitter, tous les six mois, si elle s'applique à une propriété bâtie, et chaque année, s'il s'agit d'une propriété rurale.

52. Il n'est point dérogé aux clauses et conditions portées dans les baux souscrits par les fermiers et locataires des terrains et bâtiments militaires. En conséquence, les indemnités de non-jouissance auxquelles lesdits fermiers pourraient avoir droit donneront lieu seulement à ce qu'il soit fait, sur le prix de leurs baux, une déduction égale au dédommagement estimé. Ces conditions continueront à être stipulées dans les baux qui seront passés à l'avenir par le département de la guerre.

SECT. 3. — *Des expertises de la cession volontaire ou forcée.*

53. Toutes les fois que, dans l'intérêt de la défense des places de guerre, la réunion au domaine militaire, d'une ou plusieurs propriétés particulières, ne pourra s'effectuer que par voie d'expropriation, une ordonnance spéciale, rendue sur le rapport de notre ministre de la guerre, constatera l'*utilité publique*, par la spécification des motifs de l'expropriation, et la désignation précise des terrains ou édifices dont l'acquisition devra se faire dans les formes ci-après déterminées. — Cette ordonnance sera publiée et affichée dans les communes intéressées.

54. Le directeur des fortifications fera lever un plan terrier, lequel devra figurer l'étendue des propriétés bâties ou non bâties dont la cession aura été ordonnée, sans contenir aucune indication sur le tracé des ouvrages de défense. — Ce plan indicatif des noms de chaque propriétaire et certifié par le directeur des fortifications sera envoyé par lui au préfet du département.

55. Le préfet, pour en donner communication aux parties intéressées, transmettra ledit plan au maire de la commune où les propriétés cessibles sont situées. Il restera déposé pendant huit jours à la mairie, afin que chacun puisse en prendre connaissance. — Le délai de huitaine ne courra qu'à dater de l'avertissement qui aura été collectivement donné aux parties intéressées de prendre communication du plan. — Cet avertissement sera publié à son de trompe ou de caisse dans la commune, et affiché tant à la principale porte de l'église du lieu qu'à celle de la mairie; lesdites publications ou affiches seront certifiées par le maire.

56. A l'expiration du délai, et pour procéder à l'estimation des propriétés cessibles, il sera nommé des experts contradictoires pour le gouvernement et les propriétaires. — L'expert du gouvernement sera choisi par le sous-intendant militaire entre deux personnes de l'art présentées par le chef du génie.

57. Les propriétaires pourront désigner collectivement un seul et même expert, ou les nommer individuellement, suivant que chacun d'eux le jugera convenable. — Dans l'un ou l'autre cas, ils devront notifier conjointement ou séparément, au maire de la commune, le choix qu'ils auront fait dans le délai de huitaine à compter de l'expiration du délai de publication.

58. Faute par les propriétaires de satisfaire à cette dernière disposition, le préfet y pourvoira d'office par le choix d'une personne de l'art, qui opérera pour les propriétaires en défaut.

59. Les personnes que les deux parties auront commises à l'estimation seront tenues de justifier préalablement de leur prestation de serment pardevant le juge de paix du canton.

60. Les experts s'entoureront de tous les documents qui tendront à éclairer leur opération. Ils seront tenus de relater avec précision, dans leurs rapports, et comparativement entre elles, les différentes bases d'évaluation qu'ils auront suivies.

61. Le préfet, après avoir visé les procès-verbaux d'expertise, en fera l'envoi au directeur des fortifications, lequel fera dresser deux tableaux séparés, dans les formes ci-après déterminées. — Le premier présentera sommairement les résultats des estimations sur lesquelles les experts seront d'accord : il y sera réservé trois colonnes, dont deux seront destinées à l'insertion des avis du chef du génie et du sous-intendant militaire sur les divers motifs de l'adoption des expertises, ou des réductions qu'ils jugeraient convenable de proposer. — Le second tableau présentera les résultats des estimations sur lesquelles les experts seraient en dissidence, soit par rapport au métrage des propriétés, soit relativement aux bases d'évaluation, soit pour tous autres motifs ; il aura la même forme que le premier, et sera revêtu des mêmes avis motivés. — Le directeur des fortifications, après avoir rempli la troisième colonne de ses observations, transmettra ces tableaux à notre ministre de la guerre, en les accompagnant d'extraits, dûment légalisés par le préfet, des procès-verbaux d'expertise qui se rapportent à chacun d'eux.

62. Lorsque notre ministre de la guerre, sur l'examen du premier tableau, aura approuvé les fixations d'indemnité établies d'accord entre les experts, il fera connaître au préfet sa décision, à l'effet d'acquérir aux conditions déterminées.

63. Notre ministre de la guerre fera aussi faire des offres relativement aux résultats du second tableau. — Le préfet mettra chaque propriétaire en demeure d'accepter ou de refuser l'offre du ministre de la guerre.

64. Lorsque les parties seront d'accord, l'acte de vente sera immédiatement passé, par-devant notaires, entre le préfet et les propriétaires, en présence du chef du génie. — L'acte de vente sera toutefois passé par le préfet, quand il s'agira d'immeubles qui, sans avoir été précédemment des propriétés privées, appartiendraient à des communes ou au département, à des hospices ou à tout autre établissement public. Le département de la guerre sera représenté, en ces cas, par le sous-intendant militaire, assisté du chef du génie. — Dans l'un et l'autre cas, le contrat sera visé pour timbre et enregistré gratis; la grosse exécutoire, s'il en a été délivré, et, dans le cas contraire, une expédition du contrat avec mention au bas qu'il n'a pas été délivré de grosse, sera déposée aux archives de la préfecture.

65. Si les propriétaires n'acceptent pas l'offre du ministre, il sera passé outre au règlement des indemnités et à l'expropriation par voie judiciaire.

66. Dans tous les cas où le règlement d'indemnité devra être porté devant les tribunaux, par le refus de traiter à l'amiable, soit du ministre de la guerre, soit des propriétaires, le préfet, sur les ordres de notre ministre et au nom du département de la guerre, fera poursuivre l'instance, selon ce qui est ordonné par les art. 16, 17 et 18 de la loi du 8 mars 1810, lesquels doivent également s'appliquer, par analogie, au règlement des indemnités dues pour simple privation de jouissance.

SECT. 4. — *De la purgation d'hypothèques et du payement.*

67. A dater du jour où le jugement du tribunal sera signifié à la partie intéressée, elle aura quatre-vingt-dix jours pour produire un certificat de radiation ou de non-existence d'hypothèques judiciaires ou conventionnelles. — Le délai sera le même relativement aux cessions volontaires.

68. Dès que les propriétaires auront satisfait à ladite justification, et que les hypothèques légales auront été purgées ainsi qu'il sera dit ci-

après, le montant intégral de l'indemnité, tel qu'il aura été stipulé au contrat ou réglé par le tribunal, devra leur être acquitté par le département de la guerre, sauf les atermoiements dont les parties pourraient convenir à l'amiable, moyennant le payement des intérêts légaux.

69. Si, après le délai de quatre-vingt-dix jours, les propriétaires n'ont pu faire la justification demandée, ou s'il existe des saisies-arrêts ou oppositions formées par des tiers à la délivrance des deniers, le montant de l'indemnité sera versé à la caisse des dépôts et consignations, pour être ultérieurement pourvu à son emploi ou distribution, dans l'ordre et suivant les règles du droit commun.

70. Immédiatement après la passation de l'acte de vente, si la cession est volontaire, et le jugement du tribunal, si elle est forcée, le préfet devra requérir le procureur du roi de faire purger d'office, au nom et pour le compte du gouvernement, les hypothèques légales sur tous les biens acquis au domaine militaire, suivant les formalités prescrites par le code civil.

Sect. 5. — *Dispositions générales.*

71. Lorsque nous aurons ordonné, soit des constructions nouvelles de places de guerre ou postes militaires, soit la suppression ou démolition de ceux actuellement existant, soit des changements dans le classement ou dans l'étendue desdites places ou postes, les effets qui résulteront de ces mesures dans l'application des servitudes imposées à la propriété, pour la défense de l'Etat, par les lois des 10 juill. 1791 et 17 juill. 1819, ne pourront avoir lieu qu'en vertu d'une ordonnance spéciale rendue sur le rapport de notre ministre de la guerre, et qui sera publiée et affichée dans les communes intéressées.

72. Si, par le résultat des dispositions qui précèdent, il y a création de servitudes ou extension de celles déjà existantes, le directeur des fortifications fera dresser ou rectifier le plan spécial de circonscription, de la manière et suivant les diverses formalités prescrites par la sect. 3 du tit. 1 de la présente ordonnance; sauf néanmoins les modifications à faire dans l'application des art. 17 et 20, l'état descriptif à joindre au plan de circonscription ne pouvant avoir pour objet, dans l'un ou l'autre des cas ci-dessus énoncés, que de constater la nature et les dimensions des constructions comprises dans les nouveaux rayons de servitudes ou dans l'extension que ceux préexistants auraient reçue.

73. Toutes les questions de propriété entre le domaine militaire et les particuliers, et toutes contestations qui pourraient s'élever sur la preuve légale de la priorité d'existence des constructions situées dans les zones de prohibition intérieure et extérieure, soit à la création, soit à l'augmentation de la place ou du poste, soit à la promulgation de la loi du 10 juill. 1791, doivent être portées devant les tribunaux.

74. Les directeurs des fortifications ne provoqueront aucune action en justice, sans en avoir préalablement référé à notre ministre de la guerre. Ils lui rendront compte d'urgence de celles qui seraient intentées contre le département de la guerre.

75. Toutes les fois qu'il y aura lieu de recourir aux tribunaux, la procédure s'instruira sommairement comme en matière domaniale. L'enregistrement des actes qui y sont sujets aura lieu gratis. — Notre procureur près le tribunal interviendra exclusivement pour l'Etat, sur les mémoires et conclusions du préfet, qui les établira d'après les plans, rapports et autres documents que le directeur des fortifications devra lui transmettre.— Il sera toujours entendu avant les jugements tant préparatoires que définitifs.

76. Pour assurer la défense de l'Etat dans le juste degré de ses besoins réels, et afin de déterminer spécialement les localités dans lesquelles la propriété doit être soumise à l'application des servitudes militaires suivant les règles qui précèdent, le tableau général de classement des places et postes de guerre, annexé à la présente ordonnance, sera publié et affiché par extraits dans les communes intéressées de chaque département, à la diligence des préfets, selon ce qui est prescrit par l'art. 1 de la loi du 17 juill. 1819, et prévu par la présente ordonnance.

Tableau des places, citadelles, forts, châteaux et postes militaires, dont la répartition en deux séries détermine l'application des servitudes imposées à la propriété, pour la défense de l'Etat, par la loi du 17 juill. 1819.

La prohibition générale prescrite par l'art. 1 de l'ordonnance qui précède (sous la seule réserve des clôtures légères et des cas d'exception prévus par les art. 7 et 8), étant, par cela même, commune aux places de toutes les classes et aux postes militaires, la distinction à établir entre ces différents points fortifiés, pour l'application des autres servitudes, ne comporte que deux séries, qui comprennent, savoir :

La première, les places de première et deuxième classe, pour la défense desquelles l'autorisation générale accordée par l'art. 2 de cette ordonnance est subordonnée (hors les cas d'exception dont il vient d'être parlé) aux conditions prescrites par le même article;

La deuxième, les places de troisième classe et les postes militaires auxquels s'applique indistinctement, et par le même motif, l'autorisation générale accordée conditionnellement aussi par l'art. 3 de ladite ordonnance; moyennant toutefois la désignation spéciale des postes par un astérisque, afin d'assurer l'effet des modifications spécifiées par les art. 4 et 5 de la même ordonnance, pour cette dernière espèce des points fortifiés. (Suit le tableau.)

31 mai-10 juin 1829. — Ordonnance relative à la composition et à l'organisation du personnel des états-majors des places de guerre.— V. Organ. milit.

3-5 avr. 1841. — Loi qui affecte une somme de 140 millions aux travaux des fortifications de Paris.

Art. 1. Une somme de 140 millions de francs est spécialement affectée aux travaux des fortifications de Paris.

2. Ces travaux comprendront : 1° une enceinte continue, embrassant les deux rives de la Seine, bastionnée et terrassée, avec 10 mètres d'escarpe revêtue ; — 2° Des ouvrages extérieurs casematés.

3. Les fonds affectés à ces travaux seront employés simultanément à l'exécution de l'enceinte et des ouvrages extérieurs, et répartis entre divers exercices, dans les proportions ci-après déterminées.

4. La somme de 140 millions de francs, allouée en vertu de l'art. 1 de la présente loi, comprend celle de 13 millions de francs, formant le montant des crédits déjà ouverts sur le budget de 1840, aux ministères de la guerre et des travaux publics, par les ordonnances royales des 10 septembre, 4 et 25 octobre derniers.—Sur la somme de 127 millions de francs restant à allouer, il est affecté la somme de 35 millions de frans pour les travaux à exécuter en 1841; 20 millions de francs pour les travaux à exécuter en 1842. — La portion de ces crédits qui n'aurait pu être employée pendant l'exercice auquel elle est affectée sera reportée sur l'exercice suivant.

5. Il sera pourvu à ces divers crédits au moyen des ressources ordinaires et extraordinaires des exercices 1840, 1841 et 1842.

6. Les dépenses opérées par le département des travaux publics, en vertu des ordonnances des 10, 19, 29 septembre, 4, 8 et 19 octobre 1840, seront liquidées par le ministre de ce département, et soldées sur le crédit de 7 millions de francs qui lui est resté ouvert, jusqu'à concurrence du montant de ce crédit.— L'excédant, s'il y en a, sera, après la liquidation, acquitté sur les ordonnances du ministre de la guerre et sur les crédits ouverts par la présente loi.

7. La ville de Paris ne pourra être classée parmi les places de guerre du royaume qu'en vertu d'une loi spéciale.

8. La première zone des servitudes militaires, telle qu'elle est réglée par la loi du 17 juill. 1819, sera seule appliquée à l'enceinte continue et aux forts extérieurs. Cette zone unique de 250 mètres sera mesurée sur les capitales des bastions et à partir de la crête de leurs glacis.

9. Les limites actuelles de l'octroi de la ville de Paris ne pourront être changées qu'en vertu d'une loi spéciale.

10. Il sera, tous les ans, rendu compte aux chambres de l'exécution des travaux ordonnés par la présente loi.

20-23 juin 1845. — Loi relative à l'armement des fortifications de Paris (D. P. 45. 3. 135).

29 juill.-1er sept. 1846.— Ordonnance du roi qui place, pour le temps de paix, le canal de Neuffossé (Pas-de-Calais) dans les attributions du département des travaux publics (D. P. 46. 3. 159).

25-29 fév. 1848.—Proclamation relative à la reddition des forts de Paris (D. P. 48. 4. 36).

8-14 mars 1848. — Décret instituant une commission de défense nationale, présidée par M. Arago, membre du gouvernement provisoire (D. P. 48. 4. 46).

24 juin-5 juill. 1848.—Décret relatif à la mise en état de siége de la ville de Paris (D. P. 48. 4. 117).

19-20 oct. 1848.— Décret relatif à la levée de l'état de siége de la ville de Paris (D. P. 48. 4. 181).

4-10 nov. 1848. — Constitution dont l'art. 106 porte qu'une loi déterminera les cas dans lesquels l'état de siége pourra être déclaré, et réglera les formes et les effets de cette mesure (D. P. 48. 4. 551).

13-14 juin 1849.—Loi qui met en état de siége la ville de Paris et toute la circonscription comprise dans la première division militaire (D. P. 49. 4. 110).

15-19 juin 1849. — Décret qui met en état de siége la ville de Lyon et toute la circonscription comprise dans la sixième division militaire (D. P. 49. 4. 110).

9-11 août 1849.—Loi sur l'état de siége (D. P. 49. 4. 135).

9-11 août 1849.—Loi relative à la levée de l'état de siége de la ville de Paris et dans toute la circonscription comprise dans la première division militaire (D. P. 49. 4. 143).

11-13 juill. 1850. — Loi relative à la mise en état de siége de la Guadeloupe (D. P. 50. 4. 149).

7-11 avril 1851.—Loi relative à la délimitation de la zone frontière (D. P. 51. 4. 64).—V. Travaux publics.

10-20 juill. 1851. — Loi relative au classement des places de guerre et aux servitudes militaires (D. P. 51. 4. 129).

14-22 janv. 1852.—Constitution qui attribue au chef de l'Etat le droit de déclarer l'état de siége (art. 12; D. P. 52. 4. 33).

10 août-23 sept. 1853. — Décret impérial sur le classement des places de guerre et des postes militaires, et sur les servitudes imposées à la propriété autour des fortifications (D. P. 53. 4. 216).

16 août-14 oct. 1853.— Décret impérial sur la délimitation de la zone frontière, l'organisation et les attributions de la commission mixte des travaux publics (D. P. 53. 4. 227).

29 oct.-11 nov. 1853.— Décret impérial relatif aux fortifications du Havre (D. P. 54. 4. 3).

21 oct.-28 déc. 1854. — Décret qui homologue les plans de délimitation et les procès-verbaux de bornage des zones de servitudes et des polygones exceptionnels des places de guerre et des postes militaires y désignés (D. P. 55. 4. 8).

20 Janv.-25 fév. 1855. — Décret ayant le même objet que le précédent (D. P. 55. 4. 18).

Art. 2. — *Dispositions générales. — Création, classement des places de guerre et postes militaires.*

9. La nécessité de sauvegarder le territoire contre les éventualités de la guerre a fait établir, sur nos lignes de frontières les plus exposées aux attaques extérieures, des points fortifiés, destinés surtout à créer des obstacles aux opérations d'une armée offensive, à soutenir l'armée de défense et à lui donner le temps de rassembler ses forces. —Le système de fortification s'est transformé avec les instruments de guerre et les combinaisons stratégiques commandées par les procédés matériels d'attaque et de défense. L'invention de la poudre et son application aux armes de guerre y a apporté de grandes modifications, que l'expérience a graduellement perfectionnées. Par suite d'améliorations successives, la fortification a pris une forme régulière, dont les types ont été trouvés dans le seizième siècle et au commencement du dix-septième, et qui se reproduisent dans les ouvrages défensifs de toutes nos places de guerre, avec les diversités que nécessitent l'étendue de la place et la nature du terrain où elle est située. — V. M. Allent, Précis des arts et instit. milit., nos 24, 33.

10. Les points défendus par des fortifications sont rangés suivant leur degré d'importance, sous des dénominations diverses, et sont plus particulièrement désignés comme *places*, *forts* ou *forteresses*, *châteaux*, *citadelles*, *postes militaires*, etc. : ils se composent d'un ensemble d'ouvrages défensifs, dont quelques-uns sont communs à tous ces points fortifiés. — Les ouvrages principaux employés dans les fortifications modernes sont : 1° le *rempart*, levée de terre qui entoure la place de tous ses côtés accessibles : une élévation de terre d'environ 2 mètres 1/2, qu'on nomme *parapet*, y met le soldat à l'abri du feu ennemi ; au pied du parapet se trouve la *banquette*, espèce de degré construit sur le rempart pour élever le soldat et lui donner la facilité de tirer par-dessus le parapet. Au pied du *talus* extérieur du rempart, appelé aussi *escarpe*, est le *fossé*, dont le côté opposé se nomme *contre-escarpe*; au pied du talus intérieur est la *rue du rempart*, voie de communication entre toutes les parties de l'enceinte; en avant du *fossé*, et le long de la *contre-escarpe* est le *chemin-couvert*, espace de 10 à 12 mètres, protégé par une élévation de terre qui lui sert de *parapet*, et qui va se perdre dans la campagne par une pente douce, qu'on appelle *glacis*. La *crête du parapet* est la ligne d'intersection du *parapet* et du *glacis*. La crête du parapet étant donc en même temps la ligne du glacis, ces deux expressions s'emploient indifféremment l'une pour l'autre;—2° Les *bastions*, tours pentagonales formant saillie au corps d'une place et découvrant toutes les parties de l'enceinte ;—3° Les *courtines*, parties de rempart comprises entre deux bastions : deux demi-bastions unis par une courtine forment le *front*, ou l'un des côtés symétriques d'un corps de place;—4° Les *redans*, pièce de fortification à angles saillants et rentrants, dont les faces se flanquent réciproquement;—5° Les *dehors*, nom général qu'on donne à tous les ouvrages qui se construisent au delà du fossé de la place. Quelques-uns, tels que les ouvrages à *cornes* ou à *couronnes*, se placent indifféremment en deçà ou au delà des *chemins couverts*; d'autres, comme les *tenaillons* et les *contre-gardes*, sont toujours établis en arrière des chemins couverts. Les *flèches*, les *lunettes*, les *redoutes* et les *forts* se placent en avant de ces chemins couverts, et sont considérés comme ouvrages *avancés* ou comme ouvrages *détachés*, suivant qu'ils sont plus ou moins éloignés de la place (V. M. Delalleau, Servitudes milit., p. 419). La loi considère seulement comme *ouvrages détachés* ceux qui se trouvent à plus de 250 mètres des chemins couverts (L. 17 juill. 1819, art. 5; 10 juill. 1851, art. 4), et comme *dehors* tous les ouvrages qui sont enveloppés par la même contrescarpe que le corps de la place (L. 10 juill. 1851, art. 4); — 6° Les *citadelles* qui sont des ouvrages fortifiés du côté de la ville et de celui de la campagne, destinés, soit à maintenir au besoin les habitants de la ville dans le devoir, soit à donner un refuge à la garnison en cas de prise de la place. Un grand espace de terrain laissé vide autour des citadelles, pour qu'on ne puisse en approcher sans être aperçu, se nomme *esplanade*. De vieux *châteaux* servent de citadelles aux places dont ils dépendent, en conservant néanmoins leur ancienne dénomination; c'est seulement à ceux-là que s'applique l'art. 6 de l'ord. du 1er août 1821. D'autres châteaux forment des forteresses isolées, et sont rangés parmi les places de guerre ou postes militaires, suivant leur force relative; — 7° Enfin on désigne sous le nom de *redoutes*, *fortins*, *batteries* des ouvrages de fortification isolés de faible importance, et qui peuvent être considérés comme de petits postes militaires, lorsqu'ils sont revêtus ou formés de tours crenelées, qui ne peuvent être enlevés qu'avec le canon (instr. min. 4 déc. 1812).

11. L'utilité des places fortes est depuis longtemps l'objet de vives controverses, et a été contestée par des esprits distingués, au nombre desquels on peut citer le général Lamarque et d'autres écrivains versés dans la science militaire. Il faudrait assurément renoncer à la conservation de ces places s'il était vrai qu'elles dussent imposer à la fortune publique et privée des sacrifices qui ne fussent point commandés par la loi suprême de la nécessité; mais la plupart des hommes de guerre expérimentés repoussent une semblable opinion. La question de l'utilité des forteresses a été débattue à fond par les hommes les plus compétents, lors de la discussion des lois des 10 juill. 1791 et 17 juill. 1819, et il a été reconnu qu'un système défensif de places fortes était indispensable à la sûreté d'un grand État. Cependant cette question a été agitée de nouveau plus vivement que jamais lorsqu'il s'est agi de fortifier Paris en 1841; mais l'opposition que rencontra alors le projet du gouvernement ne fut si ardente que parce qu'on y crut voir moins une précaution contre l'ennemi du dehors qu'une arme contre la liberté intérieure. C'était, d'ailleurs, le système des partis de tout incriminer, comme c'est celui de l'ignorance de détruire même les institutions les meilleures. Au reste, et quant aux places de guerre, Sébastopol prouve en ce moment (juin 1855) qu'elles ne sont pas si inutiles à la défense des Etats qu'on a voulu le prétendre.

12. Les places de guerre étant soumises à une législation spéciale, il était nécessaire que les points du territoire ainsi placés dans des conditions exceptionnelles fussent exactement déterminés. La désignation légale des villes et localités grevées, à titre de places de guerre, de servitudes militaires est surtout importante alors qu'il s'agit de places qui ont cessé d'être armées et approvisionnées comme places de guerre, et qu'on pourrait, par ce motif, croire sous le régime du droit commun, mais qui peuvent être appelées d'un instant à l'autre à devenir des points de défense. Il ne paraît pas cependant qu'avant la loi du 10 juill. 1791 aucun acte du pouvoir souverain ait fait connaître les lieux qu'on devait considérer comme places de guerre. Cette loi a, la première, établi une distinction entre les places de guerre et les simples postes militaires, et a divisé les unes et les autres en *trois classes*, selon leur degré d'importance. — On considère comme simples *postes* les points fortifiés qui ne paraissent pas susceptibles de pouvoir soutenir un siége régulier.

13. En conformité de la loi de 1791, l'état des places de guerre et des postes militaires, ainsi que leur classement, avait, dans l'origine, été fixé par un tableau annexé à ladite loi. Des modifications ultérieures, des classements et déclassements nouveaux ont fait dresser un nouveau *tableau* qui a été annexé à l'ord. du 1er août 1821. Ce même tableau a été encore successivement modifié par de nombreuses ordonnances. Il a été remplacé par le tableau annexé à la loi du 10 juill. 1851; et, enfin, par celui qui a été joint au décret du 10 août 1853. — La division en trois classes a disparu de ces derniers tableaux, qui ne divisent plus les places de guerre qu'en *deux séries* : la première série correspond aux première et deuxième classes de la loi de 1791 et ne comprend aucun *poste*; la deuxième série correspond à la troisième classe et comprend *tous les postes* (L. 10 juill. 1851, art. 5; décr. 10 août 1853, art. 1). — La première et la deuxième classe de la loi de 1791 ne se distinguaient que par l'importance plus ou moins grande des travaux dont elles devaient être l'objet; les servitudes applicables aux deux classes étaient d'ailleurs identiques.

14. Les places de guerre sont un élément très-important de la puissance militaire d'une nation. Il importe au plus haut point qu'elles ne soient ni trop rares, ni trop nombreuses, qu'elles soient convenablement réparties, que leur développement et leur importance s'adaptent au rôle qui leur est destiné.—Trop rares, elles laissent sans point d'appui et sans base d'opération les corps qui manœuvrent et tiennent la campagne; sans abri, les dépôts de recrutement et de remonte, les hôpitaux, les approvisionnements en vivres, habillements, armes, munitions; sans protection, les convois qui, partis de trop loin, courent le risque d'être enlevés par l'ennemi.—Trop nombreuses et mal réparties, elles enchaînent à la défense de leurs remparts un trop grand nombre de combattants; elles immobilisent une partie trop considérable de l'armée; elles raccourcissent l'influence de son feu et de ses baïonnettes, cette influence que transporte partout avec elle l'armée qui marche et qui manœuvre; elles multiplient les charges de l'Etat non pas seulement par leur construction et leur entretien, mais par l'accroissement rendu nécessaire du matériel de l'artillerie et de l'effectif de l'armée, et deviennent ainsi la cause incessamment agissante de la ruine du trésor, cette autre machine de guerre, et la plus puissante de toutes. — Entre ces deux extrêmes, on conçoit une combinaison calculée pour éviter toute déperdition des forces militaires et financières de l'Etat, pour donner aux divers éléments de sa puissance des proportions précises, et pour obtenir du concours de ces éléments l'effet utile le plus énergique.—Aussi, le décret du 8 juill. 1791, tit. 1, art. 4, exigeait-il, pour toute construction, suppression ou démolition d'une place de guerre, l'intervention du pouvoir législatif : cette disposition avait pour but « de donner des garanties aux finances de l'Etat, des garanties pour le maintien du système de défense du pays, des garanties contre les dépenses exagérées qui pourraient résulter d'une législation moins sévère et moins scrupuleuse, et en même temps de pourvoir aux intérêts particuliers en ne permettant pas que des servitudes puissent être établies autrement qu'en vertu d'une loi » (rapport, D. P. 51. 4. 129).—Mais sous la restauration, on pensa que la disposition de la loi de 1791 avait été abrogée soit par les constitutions impériales, soit par l'art. 14 de la charte qui attribuait au chef du gouvernement le commandement de toutes les forces militaires. Et en effet, il résulte explicitement de l'art. 1 de la loi de 1819, que les places de guerre sont établies, classées ou supprimées par ordonnance. — Il a été jugé en ce sens, que l'art. 4, tit. 1 du décret de 1791 a été abrogé virtuellement par les constitutions de l'empire, ou au moins par l'art. 14 de la charte de 1814 (Metz, 5 juill. 1836, aff. préfet de la Moselle, V. n° 19).

La loi du 10 juill. 1851 enleva de nouveau au pouvoir exécutif le droit qui lui avait été reconnu par la loi de 1819, et voulut que nulle *construction* de nouvelles places de guerre ou de nouvelles enceintes fortifiées, et nulle suppression ou démolition de celles existantes ne puissent être ordonnées qu'en vertu d'une loi (art. 1). Mais cette disposition a été abrogée par la constitution de 1852, qui renferme une disposition analogue à celle de la charte de 1814, de même que celle du décret de 1791 l'avait été par les constitutions impériales et monarchiques; et en effet, le décret du 10 août 1853 n'exige plus qu'un décret inséré au Bulletin des lois pour la construction et le classement de nouvelles places de guerre et enceintes fortifiées (art. 2 et 3).

15. Au surplus, il a été jugé que l'art. 4 du décret des 8-10 juill. 1791, qui exige une loi pour la construction nouvelle de places de guerre ou postes militaires, ne s'applique pas à la construction d'un simple ouvrage de fortification en avant d'une place de guerre déjà existante (Metz, 5 juill. 1836, aff. préfet de la Moselle, V. n° 19).

16. Le décret de classement doit être accompagné d'un plan indiquant, avec le tracé de la fortification, les limites des terrains qui doivent être soumis aux servitudes (décr. de 1853, art. 3, V. n° 68). — Les *servitudes* sont applicables du jour de la publication du décret de classement (décr. 10 août 1853, art. 3; V. aussi L. 10 juill. 1851, art. 7).

17. Les décrets relatifs à des constructions, suppressions, classements ou déclassements des places de guerre doivent être insérés au Bulletin des lois et publiés dans les communes intéressées (décr. de 1853, art. 4). — L'art. 71 de l'ord. de 1821 exigeait à cet égard une ordonnance *spéciale*. Mais cette expression ne doit pas être entendue en ce sens restreint qu'une ordonnance ne puisse s'appliquer spécialement qu'à une seule place de guerre. La même ordonnance peut comprendre plusieurs places. —Par suite, l'insertion au Bulletin des lois de l'ord. du 1er août 1821 et du tableau des places de guerre y annexé, a suffi pour rendre les lois de 1791 et 1819, exécutoire dans toutes les places y désignées, et par exemple, soit dans la ville de Sédan (ord. c. d'Et. 19 août 1829 (1); 2 sept. 1829, M. Hutteau d'Origny, rap., aff. Villette-Gridaine et aff. Henri Jean; 9 juin 1830, M. d'Origny, rap., aff. Labrosse-Béchet; 15 oct. 1830, M. Brière, rap., aff. hosp. de Sedan; 26 déc. 1830, M. Brière, rap., aff. Vitelle-Gridaine). — ... Soit dans la ville de Chaumont (ord. cons. d'Et. 26 août 1829, M. Jauffret, rap., aff. Remy); — ... Soit dans la ville de Valence (ord. c. d'Et. 6 mai 1829, M. d'Origny, rap., aff. hab. de Valence; 2 sept. 1829, M. Hutteau-d'Origny, rap., aff. Maillet, etc.). — Et il a été jugé spécialement : 1° que les décrets des 26 brum. an 13 et 31 août 1810 qui avaient mis la place de Valence hors d'entretien, et qui avaient concédé la jouissance du terrain militaire à la ville, ont été abrogés par la loi du 17 juill. 1819 et l'ord. du 1er août 1821 (ord. cons. d'Et. 21 sept. 1827, M. Hutteau-d'Origny, rap., aff. Castre et aff. Garin); — 2° Que c'est à tort qu'un conseil de préfecture décide que la loi de 1819 et l'ord. de 1821 ne peuvent recevoir d'application aux places et ouvrages qui n'existaient point à l'époque du décret du 8 juill. 1791, qu'autant que la création en aurait été autorisée par une ordonnance spéciale (ord. cons. d'Et. 2 sept. 1829, M. d'Origny, rap., aff. Rund-Benninger).

18. L'établissement de servitudes militaires, bien qu'il porte atteinte à la propriété privée, ne peut être considéré comme une expropriation pour cause d'utilité publique (V. n° 135, et v° Servitude). — Il suit de là qu'il n'est pas nécessaire que le gouvernement observe dans cet établissement les formes prescrites par la loi du 8 mars 1810 sur l'expropriation publique. L'insertion au Bulletin des lois de l'ord. de 1821 a donc suffi pour rendre obligatoires les servitudes imposées à la propriété dans l'intérêt de la défense de l'Etat : c'est ce qu'ont jugé toutes les ordonnances citées au numéro précédent et la plupart des décisions qui suivent.

19. Du reste, de ce principe que les lois ne peuvent être rétroactives, il suit que si un ouvrage de fortification a été construit antérieurement à la loi de 1819, en avant d'une place de guerre déjà existante, on ne peut, pour soustraire les terrains soumis par la loi aux servitudes défensives dans le rayon de cet ouvrage, prétendre qu'il n'a pas été rendu une ordonnance spéciale qui en

(1) *Espèce :* — (Min. de la guerre C. Roncin-Duval.) — Le conseil de préfecture avait motivé sa décision, 1° sur ce qu'une ordonnance royale spéciale n'avait pas déclaré Sedan place de guerre; 2° sur ce que le plan de circonscription et l'état descriptif n'avait pas été homologué par le roi.

Charles, etc.;—Vu les art. 15, 16 et 17 de la loi du 10 juill. 1791, relatifs à la délimitation du terrain militaire de la rue du Rempart; — Vu les art. 25, 29, 38 et 76, de l'ord. royale du 1er août 1825, relatifs au mode de réparation des constructions situées sur le terrain militaire, à la répression des contraventions auxquelles elles pourront donner lieu, et à l'homologation du tableau de classement des places de guerre y annexé; — Considérant que l'insertion au Bulletin des lois de l'ord. royale du 1er août 1821 et du tableau des places de guerre y annexé a suffi pour rendre exécutoires dans les places y désignées les lois de 1791 et 1819 susvisées; — Considérant que la loi du 17 juill. 1819, en prescrivant la délimitation du terrain militaire tel qu'il est défini par la loi du 10 juill. 1791, n'a pas subordonné à cette opération l'application des règles de ladite loi de 1791 sur les constructions enclavées dans le terrain militaire; que cette application ne dépendait, dans l'espèce, que de la vérification particulière de la distance, qui n'est pas contestée; qu'il résulte des procès-verbaux et des plans que le sieur Roncin a fait sans autorisation, des constructions nouvelles à la maison située à la gorge du bastion de Turenne, en deçà les limites assignées à la rue du Rempart par la loi du 10 juill. 1791; que dès lors le conseil de préfecture des Ardennes devait faire l'application de cette loi aux constructions du sieur Roncin.

Art. 1. L'arrêté du conseil de préfecture du département des Ardennes en date du 2 oct. 1828 est annulé.—Art. 2. Le sieur Roncin-Duval est condamné à la démolition des constructions par lui faites en contravention aux lois des 10 juill. 1791 et 17 juill. 1819.

Du 19 août 1829.-Ord. cons. d'Et.-M. Barthélemy, rap.

autorise l'établissement (Metz, 5 juill. 1836) (1), puisqu'à l'époque de sa création aucune loi n'exigeait une pareille ordonnance.

20. Toutefois, pour que les servitudes militaires soient régulièrement imposées à la propriété privée par suite de la création ou d'un changement de classe d'une place de guerre, d'un poste ou d'un ouvrage de fortification, il faut un acte formel du pouvoir exécutif. — Ainsi il a été jugé : 1° que l'ouvrage construit dans l'intervalle de la charte à la loi du 17 juill. 1819, doit, pour grever de servitudes les propriétés voisines, avoir été régulièrement et légalement établi, c'est-à-dire par la volonté et d'après l'ordre du pouvoir exécutif (Metz, 5 juill. 1836, aff. préf. de la Moselle, V. n° 19),... et qu'en cas de doute, les tribunaux doivent surseoir jusqu'à la division de l'autorité administrative (même arrêt); — 2° Qu'en l'absence d'une ordonnance qui ait classé un ouvrage détaché parmi ceux qui donnent lieu à des servitudes défensives, les ouvrages militaires détachés non compris dans le tableau annexé à l'ordonnance du 1er août 1821, et indépendants des fortifications d'une place de guerre, n'assujettissent pas les propriétés voisines aux servitudes défensives (ord. cons. d'Et. 27 mai 1839) (2).

21. Le classement d'une place de guerre ou d'un poste militaire s'étend à tous les ouvrages extérieurs situés à moins de 250 mèt. des chemins couverts ou des dehors quand il n'y a pas de chemins couverts (L. 10 juill. 1851, art. 4). — Ces ouvrages sont considérés comme *dépendances* de la place et n'ont pas besoin d'être désignés nominativement dans le décret de classement. C'est ainsi qu'il a été jugé, avant la loi de 1851 : 1° qu'une lunette élevée en 1794, à moins de 250 mèt. d'une place, est comprise virtuellement, par l'ord. du 1er août 1821, au nombre des dépendances de cette place; qu'il n'était pas besoin de l'annoncer au tableau, comme on a fait des forts, châteaux et postes militaires qui ont un système particulier de défense (ord. cons. d'Et. 30 nov. 1832, aff. Gibou, V. n° 111); — 2° Que, dès qu'il résulte des plans et documents produits par le ministre de la guerre qu'une lunette construite en 1814 a été depuis conservée comme faisant partie des fortifications permanentes d'une place, il y a lieu d'appliquer les lois des 10 juill. 1791 et 17 juill. 1819 aux contraventions régulièrement constatées résultant des constructions établies à des distances prohibées (ord. cons. d'Et. 2 sept. 1829, M. d'Origny, rap., aff. Rund-Renninger); — 3° Que l'ord. de 1821 ayant placé dans la première classe la place de Brest et ses dépendances, elle a maintenu pour lesdites dépendances l'exercice des mêmes servitudes que pour la place elle-même; qu'en conséquence, quel que soit l'état de dégradation d'un ouvrage dépendant de cette place, il n'appartient pas au conseil de préfecture d'apprécier l'importance que cet ouvrage peut avoir dans le système de défense de la place pour affranchir les terrains qui l'avoisinent des servitudes défensives (ord. cons. d'Et. 20 juill. 1832) (3); — 4° Que l'ord. du 1er août 1821, qui dési-

(1) (Préf. de la Moselle C. Delavie.) — La cour; — Au fond : — Attendu que l'établissement de la lunette A, ou lunette Rogniat, remonte à 1815; — Qu'à cette époque, il n'existait aucune loi qui, comme celle du 17 juill. 1819, exigeât que de pareils ouvrages ne pussent être entrepris qu'en vertu d'une ordonnance du roi publiée dans les communes intéressées, et d'après les formes prescrites par la loi du 8 mars 1810; — Attendu qu'on ne pourrait, sans porter atteinte au principe de la non-rétroactivité des lois, appliquer à l'établissement de la lunette Rogniat les formalités prescrites par ladite loi du 17 juill. 1819; — Que, dès lors, les premiers juges n'ont pu, ainsi qu'ils l'ont fait, imposer à l'Etat l'obligation de produire l'ordonnance spéciale qui a autorisé l'établissement de ladite lunette et les actes de publications de cette ordonnance, dans les communes de Metz et de Montigny-les-Metz;

Sur l'exception tirée de la loi du 10 juill. 1791 et consistant à soutenir que l'ouvrage dont il s'agit n'a pu être établi qu'en vertu d'une loi : — Attendu que l'art. 4 de ladite loi ne dispose que relativement à la construction nouvelle de places de guerre ou postes militaires, et qu'il ne peut s'appliquer, dès lors, à la construction sur le terrain de la fortification d'une simple lunette, en avant d'une place de guerre ou d'un poste militaire déjà existants; — Que, d'un autre côté, si cette disposition de la loi des 8-10 juill. 1791 n'avait pas déjà été abrogée virtuellement par les lois de l'empire, il faut au moins reconnaître qu'elle n'a pu survivre à la promulgation de l'art. 14 de la charte constitutionnelle de 1814; — Qu'aussi ne remarque-on pas que, lorsque fut discutée la loi du 17 juill. 1819, on considéra comme étant encore en vigueur les dispositions de la loi des 8-10 juill. 1791 qui avaient restreint les droits du pouvoir exécutif, relativement à la construction de places de guerre ou de postes militaires; — Que, par conséquent, en 1815, il n'a pas fallu une loi pour autoriser l'établissement de la lunette Rogniat; — Attendu, cependant, que, pour entraîner à l'égard des propriétés voisines les conséquences onéreuses que veut en faire résulter le génie militaire, un pareil ouvrage doit avoir été régulièrement et légalement établi, c'est-à-dire par la volonté et d'après l'ordre du pouvoir exécutif; — Attendu que les actes produits par l'Etat, et, notamment l'ord. royale du 1er août 1821, sur laquelle il se fonde principalement pour établir que la lunette Rogniat est un ouvrage régulier et légal, ne sont point assez explicites; — Qu'ils ne mentionnent en aucune façon la lunette Rogniat, comme faisant partie intégrante des fortifications de la place de Metz; — Que, si, dans le tableau annexé à ladite ordonnance, on trouve ces mots : *Metz et dépendances*, cette indication, toutefois, n'est pas assez formelle pour déterminer la cour à décider, dès à présent, que ladite ordonnance considère comme régulier et légal l'ouvrage dont il s'agit; — Attendu que, dans cet état de choses, il y a lieu, comme le demande l'Etat, à surseoir à statuer sur le fond de la demande, jusqu'après que l'autorité administrative, c'est-à-dire le roi, en son conseil d'Etat, aura décidé, soit par interprétation de l'ord. du 1er août 1821, soit de toute autre manière légale, que la lunette A ou Rogniat est un ouvrage régulier, légal et permanent des fortifications de la place de Metz; — Attendu que ce n'est que plus tard que pourra être examinée, s'il y a lieu, la prétention d'une indemnité préalable élevée par Delavie;

Par ces motifs, met l'appellation et ce dont est appel au néant, émendant, décharge l'Etat des condamnations contre lui prononcées, avant faire droit au principal et adoptant les conclusions subsidiaires de l'Etat, sursoit à statuer pendant quatre mois, pendant lequel temps l'Etat se pourvoira en interprétation de l'ord. du 1er août 1821, et fera décider si la lunette A ou Rogniat est un ouvrage régulier, légal et permanent des fortifications de la place de Metz; renvoie la cause et les parties devant le tribunal de Thionville, que la cour délègue à cet effet.

Du 5 juill. 1836.-C. de Metz, ch. civ.-MM. Charpentier, 1er pr.

(2) (Min. de la guerre C. Lahirigoyen.) — Louis-Philippe, etc; — Vu les lois des 10 juill. 1791 et 17 juill. 1819; — Vu l'ord. du 1er août 1821; — Sans qu'il soit besoin de statuer sur la fin de non-recevoir proposée par le sieur Labirygoyen; — Considérant qu'il résulte du fragment de plan produit par le génie militaire que le camp de Pratz, construit en 1815, est à plus de 250 mètres des chemins couverts de la place de Bayonne; — Que, dès lors, aux termes de l'art. 5 de la loi du 17 juill. 1819, il s'agit, dans l'espèce, d'un ouvrage détaché et non d'un ouvrage faisant partie des fortifications de la place; — Que le tableau des places, citadelles, forts, châteaux et postes militaires, annexé à l'ord. du 1er août 1821, pour l'application des servitudes imposées à la propriété, porte : *Bayonne* (ville et citadelle), sans autre désignation; — Qu'ainsi le camp de Pratz n'est pas au nombre des ouvrages auxquels ladite ordonnance ait attribué l'exercice des servitudes défensives; — Que notre ministre de la guerre ne justifie d'aucune ordonnance spéciale postérieure à ladite ordonnance de 1821, et antérieure aux constructions élevées par le sieur Lahirigoyen, qui ait classé le camp de Pratz parmi les ouvrages de fortifications donnant lieu à des servitudes défensives; — D'où il suit que c'est avec raison que le conseil de préfecture des Basses-Pyrénées a déclaré n'y avoir lieu de condamner le sieur Lahirigoyen, à raison des constructions dénoncées par le procès-verbal du 5 mai 1836. — Art. 1. Les conclusions de notre ministre de la guerre sont rejetées.

Du 27 mai 1839.-Ord. cons. d'Et.-M. Ferri-Pisani, rap.

(3) *Espèce :* — (Garanton.) — Le sieur Garanton avait fait construire un mur qui pénétrait d'une longueur de 14 mètres dans la deuxième zone de servitude de la place de Brest, ou ses dépendances. — Plainte. — Le conseil de préfecture le renvoie, attendu, 1° que le génie militaire n'a encore exécuté aucune des dispositions prescrites par la loi du 17 juill. 1719 et l'ord. du 1er août 1821, relativement à la détermination des limites du rayon de servitudes, tant autour de la place de Brest qu'autour des ouvrages extérieurs et détachés de ladite place, ce qui ne permet pas de statuer sur les réclamations du génie militaire, sans s'exposer à porter atteinte au droit de propriété; 2° que les ouvrages exécutés par le génie ne sont, vu leur état d'abandon et de dégradation, que des masses informes, et, comme telles, non susceptibles d'exercer une servitude quelconque sur les propriétés environnantes. — Recours par le ministre de la guerre.

Louis-Philippe, etc.; — Vu les lois du 10 juill. 1791 et du 17 juill. 1819; — Vu l'ord. du 1er août 1821; — Considérant que la place de Brest et ses dépendances ont été rangées, par la loi du 10 juill. 1791, dans la série des places de guerre de première classe; — Que l'ord. du 1er août 1821, rendue en exécution de la loi du 17 juill. 1819, a maintenu, pour lesdites dépendances, l'exercice des mêmes servitudes militaires que pour la place de Brest, ainsi qu'il résulte du tableau annexé à ladite ordonnance; — Considérant que, quelle que soit aujourd'hui la prétendue dégradation de la lunette 210 et du cavalier de Korioll, ouvrages

gne parmi les places de guerre le port militaire de Cherbourg et ses *dépendances*, y a compris le fort du Roule qui existait à cette époque et était entretenu et administré par le département de la guerre, comme dépendance du système défensif du port (ord. cons. d'Et. 14 juill. 1838, aff. Marie et aff. Lebuhotel, V. n° 146); — 5° Que bien qu'un poste militaire n'ait pas été nommément désigné dans l'état des places de guerre annexé à la loi du 8-10 juill. 1791, il n'en est pas moins compris sous le nom de dépendances d'une autre place de guerre qui figure dans cet état, alors surtout qu'une ordonnance postérieure rendue en exécution d'une loi, le place expressément parmi les places de guerre (Bastia, 12 janv. 1835, aff. préf. de la Corse, V. Dom. publ., n° 44). — Quant aux forts qui sont situés à plus de 250 mèt., ils sont considérés comme ouvrages détachés (L. 17 juill. 1819, art. 5) et doivent être classés séparément (L. 10 juill. 1851, art. 4).—V. n° 10-5°.

Art. 3. — *Organisation du service des places de guerre et postes militaires; — Police intérieure; — État de paix, de guerre et de siége.*

22. Le décret du 24 déc. 1811 et l'ord. du 31 mai 1829 ont organisé les états majors et réglé le service intérieur des places de guerre. Les *commandements* de places de guerre sont divisés en trois classes : les commandements de première classe sont exercés par des colonels; ceux de deuxième classe par des lieutenants colonels, des chefs de bataillon ou d'escadron ou par des majors; ceux de troisième classe par des capitaines (ord. 31 mai 1829, art. 4). — Le commandement des postes militaires, citadelles, forts et châteaux, qui ne sont compris dans aucunes des trois classes ci-dessus déterminées, peut être conféré à des adjudants de place avec le titre de commandant (*ibid.*, art. 5). — En cas de siége ou de circonstances particulières, le commandement en chef des places et postes militaires peut être confié à *des gouverneurs* ou *commandants supérieurs* pour la durée du siége et des circonstances (décret 24 déc. 1811, art. 3). — V. Organ. milit.

23. Les places et postes militaires ont été considérés par la loi sous trois rapports : en temps de *paix*, en temps de *guerre* et en temps de *siége* (décr. 8 juill. 1791, art. 3; décr. 24 déc. 1811, art. 50).—L'*état de paix* a lieu toutes les fois que la place n'est point constituée en état de guerre ou de siége par un décret du chef de l'Etat ou par l'effet des circonstances qui seront indiquées ci-après (décr. 24 déc. 1811, art. 51; 10 août 1853, art. 37). — Lorsque les places et postes militaires sont en état de paix, la police intérieure et tous autres actes du pouvoir civil ne doivent émaner que des magistrats et autres officiers civils, l'autorité des agents militaires ne pouvant s'étendre que sur la troupe et sur les autres objets dépendant de leur service (décr. 8 juill. 1791, art. 6). — Le chap. 2 du tit. 3 du décr. du 24 déc. 1811 a particulièrement pour objet de régler en temps de paix les attributions de la police militaire et ses rapports avec la police judiciaire et civile. Ces attributions de la police militaire sont, en général, limitées à tout ce qui, soit à l'intérieur, soit dans le rayon d'attaque, intéresse la répression des délits militaires, la conservation des fortifications, bâtiments, établissements et terrains qui dépendent de la place, la prohibition des travaux qui peuvent compromettre sa sûreté ou nuire à sa défense.

24. L'*état de guerre* est déclaré par une loi ou par un décret, toutes les fois que les circonstances obligent à donner à la police militaire plus de force et d'action que pendant l'état de paix. Il résulte en outre de l'une des circonstances suivantes : 1° en temps de guerre, lorsque la place ou le poste est en première ligne ou sur la côte, à moins de cinq journées de marche des places, camps et positions occupés par l'ennemi; — 2° En tout temps, quand on fait des travaux qui ouvrent une place ou un poste situé sur la côte ou en première ligne; — 3° Lorsque des rassemblements sont formés dans le rayon de cinq journées de marche, sans l'autorisation des magistrats (décr. 24 déc. 1811, art. 52; 10 août 1853, art. 38). — Le *service* et la *police* des places est soumise en temps de guerre aux mêmes règles que dans les temps de paix, sauf les exceptions et modifications portées au ch. 3, tit. 3 du décr. de 1811, d'où il résulte notamment que l'autorité *civile* ne peut rendre aucune ordonnance de police sans l'avoir concertée avec l'autorité militaire, ni refuser de rendre celle que celle-ci juge nécessaire à la sûreté de la place ou à la tranquillité publique (art. 92).—La *garde nationale* passe sous les ordres du commandant militaire (même article). Il en est de même des *pompiers* et de leur matériel; le service d'incendie en cas de siége ou de bombardement est réglé par le gouverneur ou commandant, de concert avec le commandant du génie et l'autorité civile; à cet effet, les ouvriers charpentiers et autres qui peuvent servir à couper les incendies sont organisés en compagnies, sections et ateliers (même décr. art. 94).

25. Si le ministre ou le général d'armée en donne l'ordre, ou si les troupes ennemies se rapprochent à moins de trois journées de marche, le gouverneur ou commandant est, sur-le-champ et sans attendre l'état de siége, investi de l'autorité nécessaire : 1° pour faire sortir les bouches *inutiles*, les *étrangers* et les gens *notés* par la police civile ou militaire;—2° Pour faire rentrer dans la place, ou empêcher d'en sortir, les ouvriers, les matériaux et autres moyens de travail, les bestiaux, denrées et autres moyens de subsistance; — 3° Pour faire détruire par la garnison et la garde nationale, tout ce qui peut, dans l'intérieur de la place, gêner la circulation de l'artillerie et des troupes; à l'extérieur, tout ce qui peut offrir quelque couvert à l'ennemi et abréger ses travaux d'approche (même décr. art. 95).

26. Les inondations ou occupations de terrains nécessaires à la défense ne peuvent, lorsqu'une place est déclarée en état de guerre, avoir lieu qu'en vertu d'un décret ou en cas d'*urgence*, c'est-à-dire lorsque les troupes ennemies se rapprochent à moins de trois journées de marche de la place ou du poste, d'après les ordres du gouverneur ou du commandant de la place, sur l'avis du conseil de défense, après avoir fait constater autant que possible l'état des lieux (décr. de 1853, art. 38; décr. de 1791, art. 37). — Il a été décidé 1° que le conseil de guerre et les gouverneurs des places fortes ont le droit de détruire tout ce qui pourrait nuire à la défense de la place, sans exclure l'incendie des moyens qu'ils sont autorisés à prendre (ord. cons. d'Et. 11 fév. 1824, M. Maillard, rap., aff. Bonnabel; 4 mai 1825, M. Maillard, rap., aff. Pirmez; 11 mai 1825, M. Maillard, rap., aff. Coulon; 15 juin 1825, aff. Bonnabel); — 2° Qu'aux termes des art. 37, 38 du décr. du 8 juill. 1791, et 95 du décr. du 24 déc. 1811, toute construction à une distance moindre de 250 toises de la crête des parapets et des chemins couverts des places de guerre, peut être détruite, sans que l'incendie soit exclu des moyens de destruction : il importe peu aussi que les constructions soient en bois ou en maçonnerie (ord. cons. d'Et. 7 fév. 1834) (1). — En ce qui concerne l'indemnité due en pareil cas, V. nos 131 et s.

27. Les *officiers civils* ne cessent pas, quand la place est en

---

dépendants de la place de Brest, il n'appartenait pas au conseil de préfecture d'apprécier l'importance que ces ouvrages peuvent avoir dans le système de défense de la place; — Considérant que l'application des règles relatives aux contraventions, en matière de servitudes militaires, n'est pas subordonnée à l'exécution du plan de délimitation prescrit par les art. 6 et suivants de la loi du 17 juill. 1819, et que, jusqu'à la confection définitive de ce plan, il y a contravention toutes les fois que des constructions sont élevées aux distances prohibées par la loi; que, dans l'espèce, il n'a pas été contesté que la construction, telle qu'elle est détaillée au procès-verbal, ait été faite à la distance mentionnée au même procès-verbal; — Art. 1. L'arrêté du conseil de préfecture du département du Finistère, en date du 28 juill. 1830, est annulé. — Art. 2. Le sieur Garanton démolira, dans le mois à compter de la présente ordonnance, la construction par lui faite en contravention aux lois ci-dessus visées, et rétablira l'ancien état des lieux.

Du 20 juill. 1832.-Ord. cons. d'Et.-MM. Ferri-Pisani, rap.

Même jour, quatre ordonnances en termes identiques.-M. Pisani, r.

(1) *Espèce* :—(Dengler C. min. de la guerre.)—En 1814, les bâtiments du sieur Dengler, maître de poste, furent incendiés par suite de la défense de la place de Schelestadt. — Il réclama une indemnité de 50,000 fr. pour ses pertes immobilières et de 20,000 fr. pour ses pertes mobilières. — Le comité de révision de la guerre rejeta cette demande, sur le motif que les bâtiments incendiés, construits postérieurement à l'ord. de 1713, étaient situés dans le rayon de défense.—Un sieur Loichot, mandataire du maître de poste, se pourvut devant le conseil d'État et se borna à réclamer une indemnité pour les pertes mobilières. Le ministre

état de guerre, d'être chargés de l'ordre et de la *police intérieure*; mais comme ils peuvent, ainsi qu'on l'a vu, être requis de se prêter aux mesures d'ordre et de police ugées nécessaires à la sûreté de la place par l'autorité militaire, ces *réquisitions* doivent, pour assurer la responsabilité de chacun, être remises par *écrit* et déposées à la municipalité.

28. *Etat de siége.* — On a indiqué plus haut, nº 8, dans l'ordre chronologique, les différentes lois qui ont réglementé cette matière. On va examiner ici 1º dans quelles localités l'état de siége peut être déclaré: 2º pour quelles causes il peut l'être; 3º par quelle autorité; 4º quels sont les effets de la déclaration de l'état de siége; 5º comment il cesse.

29. Dans quelles localités l'état de siége peut-il être déclaré? — Le décr. du 8 juill. 1791, le premier qui règle l'état de paix, de guerre et de siége dans les places et postes militaires, ne s'occupe ni des villes ouvertes, ni des autres parties du territoire. L'état de siége qu'il prévoit et définit est un fait de guerre qui se manifeste et produit ses conséquences, sans qu'aucune déclaration ait besoin d'intervenir pour le constater. — Mais lorsque le gouvernement révolutionnaire eut acquis une certaine régularité, il sentit que les troubles dont la France était le théâtre ne pouvaient être efficacement réprimés qu'au moyen de pouvoirs exceptionnels. En conséquence, une loi du 10 fruct. an 5 autorisa la mise en état de siége des communes de l'intérieur. — La constitution du 22 frim. an 8 alla plus loin encore, elle permit, dans le cas de révolte à main armée ou de troubles menaçant la sûreté de l'Etat, de *suspendre* l'empire de la constitution dans les lieux et pendant le temps qui seraient déterminés (art. 92, V. Droit constit., p. 314). — Cette faculté ne fut pas longtemps à être exercée : une loi du 23 niv. an 8 suspendit pendant trois mois la constitution dans les départements de l'Ouest, et un arrêté du 26 niv. an 8 détermina les pouvoirs de l'autorité militaire dans ces départements, pouvoirs qui dépassaient de bien loin ceux qui lui sont déférés en cas d'état de siége, puisque le commandant en chef pouvait faire des règlements portant peine de mort (V. Droit constit., p. 315). — Ce droit de mise hors la constitution fut maintenu sous l'empire, et, en outre, il resta toujours pour le gouvernement le droit reconnu par la loi du 10 fruct. an 5, de mettre en état de siége toute commune agitée par des troubles, droit dont on ne voit pas du reste que le gouvernement impérial ait fait usage. Mais les divers gouvernements qui lui ont succédé déclarèrent plusieurs fois l'état de siége dans les villes de l'intérieur. — Aujourd'hui, l'état de siége peut être déclaré dans toutes les parties du territoire; l'art. 12 de la constitution du 14 janv. 1852 permet même la mise en état de siége de un ou plusieurs départements.

30. Dans quels cas l'état de siége peut-il être déclaré? — A l'égard des places de guerre et postes militaires, il fallait, d'après l'art. 11, tit. 1, décr. 8 juill. 1791, pour déterminer l'état de siége en cas d'investissement, que, par suite de cet investissement, les communications du dedans au dehors et du dehors au dedans fussent interceptées à une distance de 1,800 toises. Cette disposition a été étendue, par la loi du 10 fruct. an 5, aux communes de l'intérieur, lorsqu'elles sont investies, soit par des troupes ennemies, soit par des rebelles. — Mais le décret du 24 déc. 1811 apporta des modifications à ces règles. D'après l'art. 53 de ce décret, l'état de siége est déterminé, dans les places et postes militaires, soit par l'investissement, soit par une surprise, soit par une sédition intérieure, soit par des rassemblements formés *dans le rayon d'investissement*, sans l'autorisation des magistrats. — Enfin, la loi du 13 août 1849, voulant embrasser tous les cas où l'action ordinaire des lois ne suffit pas pour assurer la paix publique, dispose, en termes généraux, que l'état de siége peut être déclaré en cas de *péril imminent pour la sûreté intérieure ou extérieure* (art. 1, V. sur ce point les rapports, D. P. 49. 4. 137 et 139, nºs 12, 13, 31). — Il a été jugé que les nombreux incendies qui ont successivement éclaté dans diverses localités d'une colonie française, peuvent être considérés comme constituant un péril imminent de nature à motiver la mise en état de siége de cette colonie par le gouverneur (Crim. rej. 12 juill. 1850, aff. Isery, D. P. 50. 1. 254).

31. A quelle autorité appartient-il de déclarer l'état de siége? — Sous les décrets de 1791 et de 1811, l'état de siége, dans les places de guerre et postes militaires, n'avait pas besoin d'être déclaré par l'autorité alors qu'il résultait des circonstances de faits déterminées par ces loi et décret. — Mais il en était autrement lorsque la mise en état de siége était prononcée dans d'autres circonstances. La loi du 10 fructidor attribuait au pouvoir législatif seul le droit de mettre une commune de l'intérieur en état de siége; quelques jours après, une loi du 19 fruct., intitulée loi de salut public, rendit ce pouvoir au directoire exécutif. — Quant à la mise hors la constitution, autorisée par la constitution du 22 frim. an 8, elle ne pouvait d'abord être prononcée que par une loi ou, en cas de vacance du corps législatif, par un arrêté du gouvernement (const. 22 frim. an 8, art. 92), puis ensuite ce droit fut remis au sénat (sén. cons. organ. 16 therm. an 10, art. 55). — Mais ces dispositions ne régissaient pas l'état de siége, lequel, suivant l'art. 53 du décret du 24 déc. 1811, pouvait être déclaré par un décret de l'empereur. — Du reste, déjà avant cette époque, en 1807, Napoléon avait, par deux décrets impériaux, déclaré en état de siége les places de Brest et d'Anvers, bien qu'elles ne fussent ni attaquées ni investies par des troupes ennemies ou par des rebelles (V. du reste, sur tous ces différents points, le rapport sur la loi du 19 août 1849, D. P. 49. 4. 135). — Quoique le décret du 24 déc. 1811 n'ait point parlé des villes et communes autres que les places de guerre et postes militaires, les divers gouvernements qui se sont succédé ont constamment, sous l'empire de cette loi, pensé qu'il entrait dans leurs attributions de mettre en état de siége, en des circonstances graves, les villes et localités de l'intérieur. Il ne paraît pas que le décret de 1811 ait été appliqué pendant les dernières années de l'empire ou pendant la restauration. — Une ordonnance de Charles X, du 28 juill. 1830, mit la ville de Paris en état de siége, mais cette ordonnance ne fut pas exécutée : déjà Charles X avait cessé de régner. — Louis-Philippe au contraire usa plusieurs fois du droit que le décret de 1811 reconnaissait au chef de l'Etat (V. nº 8), droit qui cependant lui fut vivement contesté (V. la plaidoirie de M. Odilon-Barrot, D. P. 32. 1. 265, et M. Le Sel-

---

de la guerre accorda 20,000 fr. non pas pour les pertes mobilières, mais pour la perte des approvisionnements dont Dengler était chargé en sa qualité de maître de poste. — Recours au conseil d'Etat. — Dengler soutient : 1º que l'ord. de 1715 n'exige la démolition que des constructions en maçonnerie; 2º que les bâtiments élevés dans le rayon de défense peuvent bien être démolis sans indemnité, mais non incendiés sans réquisition ; 3º que du silence même de la loi résulte que l'Etat doit indemniser les particuliers pour les pertes mobilières ; que le ministre, en accordant une indemnité pour les approvisionnements, s'était mis en une contradiction évidente en la refusant pour les autres objets mobiliers. — Le ministre répondait subsidiairement, que l'acquiescement du mandataire de Dengler, rendait tout pourvoi non recevable.

Louis-Philippe, etc.; — Vu l'ord. du 29 déc. 1715, les art. 37 et 38 de la loi du 10 juill. 1791, l'art. 95 du décr. du 24 déc. 1811 ; — Sur la fin de non-recevoir opposée par notre ministre de la guerre et fondée sur ce que le pourvoi du sieur Dengler, dirigé contre la lettre du 27 août 1830, a été tardif, puisque cette lettre ne faisait que rappeler la décision du 2 janv. 1822 ; — Considérant que le ministre ne justifie pas que ladite décision de 1822 ait été régulièrement notifiée au sieur Dengler à une date qui le constitue en demeure; — Sur la fin de non-recevoir, résultant de ce que le sieur Loichot, mandataire du requérant, aurait, par sa lettre du 19 août 1826, renoncé à l'indemnité pour pertes immobilières : — Considérant que cette renonciation constitue l'aliénation d'un droit de propriété, et qu'elle ne pouvait être faite qu'en vertu d'un mandat exprès dont le sieur Loichot n'a pas justifié; — En ce qui touche les pertes immobilières : — Considérant 1º qu'il est constant, en fait, que l'ord. de 1715 a été publiée et affichée immédiatement dans toutes les places fortes du royaume, et est, par conséquent, devenue exécutoire depuis cette publication; 2º que l'art. 37 de la loi du 10 juill. 1791, et l'art. 95 du décr. du 24 déc. 1811, donnent aux conseils de guerre et aux gouverneurs des places, le droit de détruire tout ce qui pourrait nuire à la défense, sans que l'incendie soit exclu des moyens qu'ils sont autorisés à prendre, et que l'art. 38 de la loi de 1791 précitée, dispose qu'aucune indemnité ne sera due pour les dommages causés aux constructions situées à une distance de deux cent cinquante toises de la crête des parapets des chemins couverts; — En ce qui touche les pertes mobilières : — Considérant que la loi n'accorde pas d'indemnité pour les pertes de cette nature; — Art. 1. La requête du sieur Dengler est rejetée.

Du 7 fév. 1834. — Ord. cons. d'Et. — M. de Luçay, rap.

lyer, n° 1811). — Aujourd'hui, dans les places de guerre et postes militaires, soit de la frontière, soit de l'intérieur, la déclaration de l'état de siége peut être faite par le commandant militaire, dans les cas prévus par les décrets des 8 juill. 1791 et 24 déc. 1811, à la charge d'en rendre compte immédiatement au gouvernement (L. 9 août 1849, art. 5).—Dans les villes autres que les places de guerre ou postes militaires, la déclaration de l'état de siége appartient à l'empereur, sauf à en référer au sénat dans le plus bref délai. — Telle est la disposition de l'art. 12 de la constitution du 14 janv. 1852, qui abroge sur ce point l'art. 2 de la loi du 9 août 1849, d'après lequel le droit de déclarer l'état de siége appartenait à l'assemblée nationale seule. — Enfin, l'art. 39 du décret du 10 août 1853 dispose que l'état de siége est déclaré par une loi *ou* par un décret. — Dans les *colonies*, la déclaration de l'état de siége appartient au gouverneur (L. 9 août 1849, art. 4).

32. Les *effets* de l'état de siége sont réglés par l'art. 10 du décret du 8 juill. 1791, le chap. 4 du tit. 3 du décret du 24 déc. 1811, et par les art. 7 et suiv. de la loi du 9 août 1849. — Le premier et le plus incontesté des effets de l'état de siége est de faire passer à l'autorité militaire tous les pouvoirs dont l'autorité civile est revêtue pour le maintien de l'ordre et de la police intérieure. — Le second est l'établissement pour la répression des crimes et délits d'une juridiction spéciale, mise entre les mains de l'autorité militaire. — Sous ce double rapport cependant le régime de l'état de siége a subi des modifications; ses effets ne sont pas les mêmes sous l'empire du décret de 1811 qu'en vertu du décret de 1791, et diffèrent aussi de ceux déterminés par la loi du 9 août 1849. — Le commandant militaire, sous le décret du 8 juill. 1791, exerçait exclusivement, sous sa responsabilité personnelle, l'autorité dont les officiers de police judiciaire sont revêtus pour le maintien de l'ordre et de la police intérieure (art. 10). Le décret du 24 déc. 1811 lui laisse la faculté d'en déléguer telle partie qu'il juge convenable (art. 101). Aux termes de la loi du 9 août 1849, l'autorité civile continue à exercer les pouvoirs dont l'autorité militaire ne l'a pas dessaisie (art. 7).—Le décret de 1791 ne s'explique pas sur la juridiction; le décret du 24 déc. 1811 remplace les tribunaux ordinaires par des tribunaux militaires, et attribue à un prévôt les fonctions d'officier judiciaire pour tous les délits dont le commandant ne juge pas à propos de laisser la connaissance aux tribunaux ordinaires (art. 103).—La loi du 9 août 1849 restreint la compétence des tribunaux militaires pour les villes et localités de l'intérieur mises en état de siége aux seuls crimes contre la sûreté de la république, contre la constitution, contre l'ordre et la paix publique (art. 8 et 10 combinés). — Enfin, dans tous les lieux en état de siége l'autorité militaire a le droit : 1° de faire des perquisitions de jour et de nuit dans le domicile des citoyens; 2° d'éloigner les repris de justice et les individus qui n'ont pas leur domicile dans les lieux soumis à l'état de siége; 3° d'ordonner la remise des armes et munitions, et de procéder à leur recherche et à leur enlèvement; 4° d'interdire les publications et les réunions qu'elle juge de nature à exciter ou à entretenir le désordre (L. 9 août 1849, art. 9).

33. La charte de 1830, art. 53 et 54, disposait, comme celle de 1814, que nul ne pourrait être distrait de ses juges naturels et qu'il ne pourrait, en conséquence, être créé de *commissions* et *tribunaux extraordinaires*, à quelque titre et sous quelque dénomination que ce pût être. De là s'était élevée la question de savoir si ces dispositions n'avaient pas virtuellement abrogé le décret du 24 déc. 1811, en ce qui touche la substitution de la juridiction militaire à la juridiction civile, à l'égard des individus non militaires. — Pour l'affirmative, il a été jugé que l'art. 103 du décret du 24 déc. 1811, qui, en cas de déclaration de l'état de siége, porte que les tribunaux ordinaires seront remplacés par les tribunaux militaires, est inconciliable avec le texte comme avec l'esprit des art. 53, 54, 56 et 59 de la charte de 1830; qu'en conséquence, les individus non militaires saisis, pendant l'état de siége, en rébellion armée contre la garde nationale et contre le gouvernement, ne sont justiciables que des cours d'assises et non des conseils de guerre; et c'est en vain que, pour traduire ces individus devant des conseils de guerre, on prétendrait les assimiler à des militaires (Crim. cass. 29 juin 1832 (1); 30 juin 1832, aff. Colombat; 7 juill. 1832, MM. Bastard, pr., Isambert, rap., aff. Poiron; MM. Bastard, pr., Mérilhou, rap., aff. N...). — Ces décisions, qui étaient dans le sens d'une opposition tracassière à l'époque où elles furent rendues, étaient fort contestables, ainsi que cela fut démontré par M. A. Dalloz (D. P. 32. 1. 265, note). Aussi, et bien que la constitution de 1848 reproduisît ce principe des chartes de 1814 et de 1830, que nul ne peut être distrait de ses juges naturels, la cour suprême, revenant sur sa jurisprudence, a décidé, en sens contraire des arrêts qui précèdent, que, dans les lieux mis en état de siége depuis cette constitution, et avant la loi du 19 août 1849, les individus non militaires sont passibles de la juridiction des conseils de guerre, à raison des crimes ou délits contre l'ordre ou la paix publique, et ne peuvent, dès lors, déférer à la cour de cassation les condamnations contre eux prononcées, alors, d'ailleurs, qu'ils ne se plaignent d'aucun excès de pouvoirs (Crim. rej. 20 déc. 1849, aff. Couturier, D. P. 49. 1. 313; 16 mars 1850, aff. Mesoniat, D. P. 50. 5. 82; 9 fév. 1850, aff. Bovion, *eod.*; 16 mars 1850, aff. Lardet, *eod.*; 29 mars 1850, aff. Champagnon, *eod.*; 29 nov. 1850, aff. Jeannette, *eod.*).—Mais en présence de la loi du 9 août 1849, qui a formellement consacré la substitution de juridiction, à l'égard seulement de certains crimes et délits, quelle que soit la qualité des auteurs principaux et des complices (art. 8), la controverse a perdu tout son intérêt (V. au surplus la discussion à l'assemblée législative sur cet article, D. P. 49. 4. 141).— Créée en vue de circonstances exceptionnelles, cette loi, en armant le pouvoir d'une dictature formidable, et en supprimant les garanties ordinaires de la liberté, peut avoir, on ne saurait se le dissimuler, ses inconvénients et ses dangers; mais elle a du moins l'avantage de fixer tous les doutes sur la matière, en déterminant exactement quelles seraient, à l'avenir, les conséquences politiques, administratives et judiciaires de l'état de siége.

34. On a prétendu qu'elle était contraire à la constitution de 1848, et, par suite, non obligatoire. — Mais il a été décidé, avec raison, que l'art. 8 de la loi du 9 août 1849 qui, pendant l'état de siége, permet aux tribunaux militaires de se saisir de la connaissance des crimes et délits commis même par des citoyens non militaires, contre la sûreté de la République, la constitution ou l'ordre et la paix publique, n'est pas entaché d'inconstitutionnalité (Crim. rej. 15 mars 1851, aff. Gauthier, D. P. 51. 1. 143).

35. Quelle est l'étendue de la compétence des conseils de guerre en cas d'état de siége? Aux termes de l'art. 8 de la loi du 9 août 1849, la juridiction des conseils de guerre s'étend seulement aux crimes et délits contre la sûreté de l'Etat, contre la constitution, contre l'ordre et la paix publique. — Il a été

(1) (Geoffroy C. min. pub.) — La cour (après un long délibéré); — Attendu que la charte ni aucune loi postérieure ne se sont occupées des lois et décrets qui régissent l'état de siége; — Que ces lois et ces décrets doivent être exécutés dans toutes les dispositions qui ne sont pas contraires au texte formel de la charte; — Vu l'art. 77 de la loi du 27 ventôse an 8;—Vu l'art. 1 de la loi du 22 mess. an 4; —Vu les art. 53, 54, 56, 69 de la charte;—Vu la loi du 8 oct. 1830; —Vu également l'art. 103 du décr. du 24 déc. 1811 : — Attendu que cet art. 103 du décret précité est inconciliable avec le texte comme avec l'esprit des articles précités de la charte; que les conseils de guerre ne sont des tribunaux ordinaires que pour le jugement des crimes et des délits commis par des militaires ou par des individus qui leur sont assimilés par la loi; — Qu'ils deviennent des tribunaux extraordinaires, lorsqu'ils étendent leur compétence sur des crimes ou des délits commis par des citoyens non militaires; — Et attendu que Geoffroy, traduit devant le 2e conseil de la 1re division militaire, n'est ni militaire, ni assimilé aux militaires; que, néanmoins, ce tribunal a déclaré implicitement sa compétence et statué au fond; — Qu'en cela, il a commis un excès de pouvoir, et violé les règles de sa compétence et les dispositions des art. 53 et 54 de la charte; — Par ces motifs, casse et annule la procédure instruite contre le demandeur devant le 2e conseil de guerre, et tout ce qui s'en est suivi, et notamment le jugement de condamnation du 18 juin; — Et pour être procédé conformément à la loi, le renvoie en état de mandat de dépôt par-devant le juge d'instruction du tribunal de première instance de Paris à ce déterminé par la délibération spéciale de la chambre du conseil.

Du 29 juin 1832.-C. C., ch. crim.-MM. Bastard, pr.-Des Voisins, rap.-De Gartempe, av. gén., c. contr.-Odilon-Barrot, av.

jugé : 1° que les conseils de guerre, saisis en vertu d'une déclaration d'état de siége, sont compétents pour connaître d'une tentative d'assassinat commise sur un agent de la force publique, dans l'exercice de ses fonctions, lorsque cette tentative se rattache aux circonstances qui ont motivé la déclaration d'état de siége (Crim. rej. 17 janv. 1852, aff. Manoit, D. P. 52. 5. 130); — 2° Que la compétence des conseils de guerre s'applique également à un délit d'association secrète qui se rattacherait à une accusation de complot, encore que le jugement du conseil de guerre n'aurait point expressément déclaré que l'association s'est formée dans le territoire soumis à l'état de siége, si cette circonstance résulte de l'ensemble des énonciations qui y sont renfermées (Crim. rej. 17 nov. 1851, aff. Gent, D. P. 51. 1. 333).

36. Les crimes et délits de droit commun restent soumis à la juridiction ordinaire.—Toutefois, si ces crimes et délits sont *connexes* à des faits d'insurrection ayant eu pour but de changer la forme du gouvernement, les tribunaux militaires saisis en vertu de l'état de siége de la connaissance de ces derniers faits, sont également compétents à l'égard des premiers (Crim. rej. 10 avr. 1852, aff. Millelot, D. P. 52. 1. 188). — Il a été jugé également que, dans une localité mise en état de siége, les conseils de guerre sont compétents pour connaître des crimes et délits communs qui se rattachent directement aux crimes et délits dont la répression leur est attribuée comme intéressant le salut public; qu'ainsi, une accusation de subornation de témoins entendus dans un procès d'incendie dont la juridiction militaire a été saisie par suite d'une déclaration d'état de siége, doit être portée devant cette juridiction (Crim. rej. 9 mai 1851, aff. Sainte-Marie, D. P. 51. 5. 109).

Mais un arrêt déjà ancien décide que l'autorité militaire n'est investie, dans les places et forts en état de siége, que des attributions des officiers et tribunaux de la juridiction ordinaire auxquels elle est momentanément subrogé; elle est conséquemment sans caractère pour connaître, au préjudice d'un tribunal étranger à la place en état de siége, d'une affaire dont il était ou devait être saisi, et sur laquelle la juridiction ordinaire de la place en état de siége n'aurait elle-même aucun droit de poursuite, ou aurait consommé ceux qui pouvaient lui appartenir : ainsi, par exemple, si, depuis qu'un prévenu a été renvoyé par un tribunal de première instance devant la cour d'appel, puis mis en accusation devant la cour d'assises qui l'a condamné par contumace, il arrive que la place où réside le tribunal de première instance soit mise en état de siége, cette circonstance ne confère point au conseil de guerre le pouvoir de statuer sur l'action par laquelle le condamné demande à purger sa contumace (Crim. règl. de jug. 21 sept. 1815) (1).

37. Ensuite on s'est demandé si la mise de l'état de siége a pour effet de saisir la juridiction militaire des délits commis antérieurement à la déclaration? — Il a été jugé, dans le sens de l'affirmative : 1° que le principe de la non-rétroactivité des lois ne s'applique qu'au fond du droit et ne s'étend pas aux lois de procédure et de compétence; qu'ainsi la juridiction militaire substituée aux tribunaux répressifs ordinaires, par l'effet de la mise en état de siége d'une ville investie (Rome), est compétente de tous les faits qui se rattachent à la déclaration d'état de siége, encore qu'ils auraient été commis antérieurement à l'investissement de la place (Crim. cass. 13 mars 1850, aff. Capanna, D. P. 50. 1. 95. — Conf. Crim. rej. 12 oct. 1848, aff. Legenissel, D. P. 48. 1 215; 12 juill. 1850, aff. Isery, D. P. 50. 1. 234); ...que, d'ailleurs, l'état de siége est un fait indépendant de la déclaration qui le constate; qu'en conséquence, cette déclaration atteint d'une manière indivisible tous les faits qui s'y rattachent, à quelque époque qu'ils se soient accomplis (même arrêt du 12 oct. 1848); — 2° Que la déclaration d'état de siége, motivée par les nombreux incendies qui ont éclaté dans une colonie, rend justiciables des tribunaux militaires les auteurs de propos séditieux qui présentent le caractère de délits contraires à l'ordre et à la paix publique, bien que ces propos soient antérieurs à la mesure de l'état de siége, et qu'ils ne se rattachent pas directement aux incendies qui l'ont rendue nécessaire (Crim. rej. 21 sept. 1850, aff. Castera, D. P. 50. 1. 335); — 3° Que les sociétés secrètes doivent, en cas de déclaration d'état de siége, être déférées à la juridiction militaire, encore qu'elles auraient été formées et auraient cessé d'exister avant cette déclaration (Crim. cass. 23 janv. 1852, aff. Lescuyer, D. P. 52. 1. 62; V. notre observ., *eod.*, et D. P. 49. 1. 53). — Cette jurisprudence est conforme à l'opinion exprimée dans le rapport du conseil d'État au président de la République (D. P. 49. 4. 135). — On y lit : « Tous les crimes et délits de cette nature (c'est-à-dire ceux qui sont déterminés par l'art. 8) qui se rattacheront aux faits de l'insurrection pourront être déférés aux conseils de guerre, lors même qu'ils auraient été commis avant la déclaration de l'état de siége.—Les circonstances qui motivent l'état de siége et qui forcent à le déclarer constituent un ensemble indivisible dont le caractère légal, quant aux effets judiciaires de l'état de siége, remonte jusqu'au moment où ces circonstances ont commencé à se produire.—Le principe de non-rétroactivité ne s'applique, d'ailleurs, qu'au fonds du droit; les lois de procédure et d'instruction, celles qui modifient soit la composition, soit la compétence des tribunaux, sont obligatoires le jour où elles commencent à être appliquées, non-seulement pour les procès à naître, mais pour les procès commencés et pour la poursuite des crimes et délits antérieurement commis. »

38. La compétence des conseils de guerre, et c'est là un des principaux effets de l'état de siége, s'étend sur les citoyens non militaires, telle est la disposition formelle de l'art. 8 de la loi de 1849. Cette extension de compétence avait été vivement combattue, à l'assemblée législative, par M. Charamaule, qui demandait le retranchement de ces mots de l'art. 8 : « quelle que soit la qualité des auteurs principaux ou des complices; » mais sur les observations pleines de force de M. Dufaure, alors ministre de l'intérieur, l'assemblée maintint l'article tel qu'il était présenté par la commission (D. P. 49. 4. 141). — Il a été jugé que les conseils de guerre sont compétents, en cas de déclaration d'état

(1) (Min. pub. C. Delatre.) — La cour; — Vu l'art. 10 de la loi du 10 juill. 1791 et l'art. 101 du décret du 24 déc. 1811, sans examiner si, d'après la loi du 10 juill. 1791 et le décret du 24 déc. 1811, l'autorité militaire peut exercer, dans les places en état de siége, les attributions de la juridiction ordinaire, relativement à tous les crimes et délits, sans égard à leur nature ou à l'époque à laquelle ils peuvent avoir été commis; — Attendu qu'il est du moins constant, d'après lesdits loi et décret, articles ci-dessus cités, que l'autorité militaire n'est investie, dans les places et forts en état de siége, que des attributions des officiers et tribunaux de la juridiction ordinaire qui exercent leurs fonctions dans ces places et forts; que, subrogée à leurs droits, elle ne peut pas dépasser le cercle que la loi lui a tracé, et conséquemment qu'elle est sans caractère pour connaître, au préjudice d'un tribunal étranger à la place ou au fort en état de siége, d'une affaire dont il est saisi, ou qui est de sa compétence, et sur laquelle la juridiction ordinaire de la ville ou du fort en état de siége n'aurait elle-même aucun droit de poursuite, ou aurait consommé ceux qui pouvaient lui appartenir; que, dans l'espèce, la juridiction ordinaire de Thionville avait épuisé ses attributions sur la prévention portée contre Delatre; que le prévenu avait été renvoyé devant la chambre d'accusation de la cour royale de Metz, qui, par arrêt du 22 oct. 1814, l'avait mis en état d'accusation et l'avait renvoyé devant la cour d'assises de la même ville, pour y être jugé sur le crime de faux dont il était accusé; que la cour d'assises de Metz, ainsi légalement saisie, avait rendu, le 2 mars 1815, un arrêt de condamnation par contumace; que cette cour ne pouvait point être dépouillée du droit de juger contradictoirement, au cas que l'accusé fût arrêté ou se constituât volontairement; que, néanmoins, le conseil de guerre, établi à Thionville, sous le prétexte que le crime de faux avait été commis dans cette ville, et que l'accusé y était domicilié, s'est permis d'instruire et de prononcer sur le crime, d'après les attributions conférées à l'autorité militaire dans les villes en état de siége, par ledit décret du 24 déc. 1811; qu'en exerçant ainsi une juridiction qui n'appartenait point aux officiers civils de ladite ville de Thionville, l'autorité militaire a usurpé des attributions que ne lui donnait, ni le décret du 24 déc. 1811, ni la loi du 10 juill. 1791; qu'elle a agi conséquemment sans caractère, et par un abus manifeste de pouvoir; qu'en s'appropriant illégalement une juridiction qui était irrévocablement dévolue à la cour d'assises de Metz, elle n'a pu détruire l'attribution précédemment conférée à cette cour, et que le jugement qu'elle a rendu ne saurait être un obstacle à l'exercice de cette attribution; qu'à cet effet, il y a lieu par la cour de statuer par voie de règlement de juges; — D'après ces motifs, statuant en vertu des art. 525, 526 et 527 c. inst. crim., sans avoir égard au jugement rendu par le conseil de guerre séant à Thionville, lequel est déclaré nul, etc.

Du 21 sept. 1815.-C. C., sect. crim.-MM. Barris, pr.-Rataud, rap.

de siége, pour connaître des crimes et délits commis contre la sûreté de l'Etat, ou l'ordre et la paix publique, encore que les auteurs de ces crimes et délits ne seraient point militaires : la déclaration d'état de siége autorise cette dérogation au principe constitutionnel, d'après lequel nul ne peut être distrait de ses juges naturels (Crim. rej. 17 nov. 1851, aff. Gent, D. P. 51. 1. 333). — La compétence des conseils de guerre s'étend même à ceux qui ne résideraient pas et n'auraient pas été arrêtés dans l'étendue du territoire soumis à l'état de siége (Crim. rej. 17 nov. 1851, aff. Gent, D. P. 51. 1. 333).

39. L'attribution aux tribunaux militaires de la connaissance des crimes spécifiés par l'art. 8 de la loi du 9 août 1849, et commis par des non militaires, est purement facultative : cela résulte des termes de cet article : « Les tribunaux militaires *peuvent* être saisis... » — En conséquence, les tribunaux ordinaires restent saisis de l'instruction et du jugement de ces crimes, lorsque la connaissance n'en est pas revendiquée par l'autorité militaire (Crim. règl. de jug. 26 août 1852, aff. Valat, D. P. 52. 5. 129).

40. Il suit de là que les tribunaux de droit commun ne sont pas dessaisis par la déclaration même de l'état de siége, et qu'ils restent compétents pour purger même les crimes et délits déférés à la juridiction militaire par l'art. 8 de la loi de 1849, tant qu'ils ne sont pas dessaisis par l'autorité militaire. C'est ce qui s'induit des art. 7 et 8 de cette loi. — Il a été jugé sur ce point : 1° que le droit accordé à l'autorité militaire de dessaisir les tribunaux ordinaires, durant l'état de siége, de la connaissance des crimes et délits prévus par l'art. 8 de la loi du 9 août 1849, peut être exercé pour une affaire spéciale, et quel que soit le temps écoulé depuis la déclaration d'état de siége; qu'il n'est pas nécessaire que le dessaisissement soit proclamé par une mesure générale et immédiatement après la mise en état de siége (Crim. rej. 15 mars 1851, aff. Gauthier, D. P. 51. 1. 142); — 2° Que le dessaisissement de l'autorité judiciaire par l'autorité militaire, dans le cas prévu par l'art. 8 de la loi du 9 août 1849, peut être opéré, même après l'arrêt de la chambre d'accusation portant renvoi des prévenus devant la cour d'assises; que l'effet attributif de juridiction, produit par ce renvoi, ne peut être opposé à l'autorité militaire exerçant le droit de dessaisissement que lui confère une déclaration d'état de siége (même arrêt); — 3° Que ce droit de dessaisissement peut être exercé par le général commandant la division militaire dans le ressort de laquelle est située la ville frappée d'état de siége, encore que les tribunaux ordinaires auraient été saisis sur la dénonciation d'un de ses subordonnés, et, par exemple, du général commandant le département (même arrêt);—4° Que l'arrêt d'une chambre d'accusation qui dessaisit le pouvoir judiciaire, dans une localité mise en état de siége, de la connaissance d'un délit revendiqué par l'autorité militaire, peut être rendu sans que les prévenus aient été entendus ni appelés (même arrêt).

41. Les décisions des conseils de guerre rendues pendant l'état de siége à l'égard d'individus non militaires sont-elles susceptibles d'être attaquées en cassation pour cause d'incompétence ou excès de pouvoir, conformément à l'art. 77 de la loi du 27 vent. an 8? — Il a été jugé, dans le sens de l'affirmative, que les décisions rendues par les tribunaux militaires contre les citoyens non militaires traduits devant ces tribunaux, en vertu d'une déclaration d'état de siége, peuvent être déférées à la cour de cassation pour incompétence ou excès de pouvoir, « attendu que la loi du 9 août 1849, sur l'état de siége, en déférant dans les cas qu'elle prévoit les crimes et délits commis par des citoyens non militaires aux tribunaux militaires, n'a apporté aucune restriction au droit que l'art. 77 de la loi du 27 vent. an 8 confère aux prévenus de se pourvoir en cassation pour cause d'incompétence ou d'excès de pouvoir » (Crim. rej. 12 juill. 1850, aff. Isery, D. P. 50. 1. 254; V. aussi Crim. rej. 12 oct. 1848, aff. Legenissel, D. P. 48. 1. 215, et l'opinion conforme exprimée par M. Dupin dans son réquisitoire; Crim. rej. 16 mars 1850, aff. Maysonlat, D. P. 50. 5. 82, et les autres arrêts cités *eod.* — V. cependant Crim. rej. 3 nov. 1848, aff. Langlois, D. P. 48. 5. 39).

42. Lorsque l'état de siége résulte d'une attaque régulière, il ne *cesse* qu'après que les travaux de l'ennemi ont été détruits et les brèches mises en état de défense (décr. 24 déc. 1811, art. 53). — Dans les autres cas, l'état de siége est levé par l'autorité qui l'a déclaré (V. L. 9 août 1849, art. 12).—Après la levée de l'état de siége, les tribunaux militaires continuent de connaître des crimes et délits dont la poursuite leur avait été déférée (*eod.*, art. 13).

43. Le commandant d'une place de guerre assiégée ne doit *capituler*, c'est-à-dire livrer la place à l'armée qui en fait le siége, qu'après avoir épuisé tous les moyens de défense. « Toute capitulation, dit Merlin, Rép. v° Capitul., qui n'est pas en quelque sorte arrachée au commandant par une nécessité impérieuse et irrésistible, est de sa part un crime grave contre lequel les lois se sont armées d'une grande rigueur. » — Déjà, sous Louis XIV, une circ. du 6 avr. 1705 rappelait aux commandants que celui qui livrait une place assiégée sans avoir forcé l'ennemi à passer par les travaux lents et successifs des siéges, et avant d'avoir repoussé un assaut au corps de la place sur des brèches praticables, encourait la peine de mort. — La législation actuellement en vigueur n'est pas moins sévère : elle frappe également de la peine de mort le commandant qui livre la place à l'ennemi sans avoir soutenu au moins un assaut (V. décr. 25 juill. 1792 *suprà*, p. 935; 21 brum. an 5, tit. 3, art. 2-8°, V. Organ. milit.; arrêté 16 mess. an 7, *suprà*, p. 935; décr. 24 déc. 1811, art. 111, *suprà*, p. 941; 1er mai 1812, art. 5, v° Organ. milit.). Le code militaire du 12 mai 1793, tit. 1, sect. 2, art. 1 et 2, exige même trois assauts pour autoriser la reddition de la place.—Les lois révolutionnaires ont été plus loin encore: elles prononcent la peine de mort contre le citoyen, même non attaché aux armées, qui, dans une ville assiégée, parlerait de se rendre (décr. 26 août 1792); enfin, un décret du 31 août 1792 autorise le commandant de la place à faire démolir la maison de tout citoyen qui parlerait de rendre la place pour éviter le bombardement (V. *suprà*, p. 935).

Art. 4. — *De la zone des fortifications ou terrain militaire, et de sa délimitation.*

44. Il faut distinguer, dans les terrains soumis à la législation spéciale qui régit les places de guerre, la *zone* des fortifications de la zone des servitudes. — La zone des *fortifications* ou terrain militaire comprend 1° le sol sur lequel repose les fortifications, 2° ces fortifications elles-mêmes et 3° les terrains accessoires indispensables au service de la défense. — Quant à la zone des *servitudes*, il en sera parlé nos 59 et suivants. — La zone des fortifications forme une partie du domaine public; elle est inaliénable et *imprescriptible* : les constructions particulières y sont prohibées (décr. 10 août 1853, art. 22; V. aussi décr. 22 nov. 1790, art. 5, V. Dom. de l'Et., p. 89; décr. 8 juill. 1791, art. 13, V. *suprà*, p. 929, c. nap., art. 540; et v° Dom. publ., n° 12). — Il a été décidé que la loi de 1791 qui déclare propriété nationale tout terrain dépendant des fortifications s'applique aux places de guerre de création ancienne comme aux nouvelles (Cass. 24 mai 1841, aff. préf. du Haut-Rhin, V. n° 50).

Les conventions ou règlements en vertu desquels quelques particuliers jouissent des productions de certaines parties de lignes, redoutes, retranchements ou francs-bords des canaux, continuent néanmoins de subsister (décr. 8 juill. 1791, art. 14).

Comment cesse l'affectation publique et par suite l'imprescriptibilité des terrains militaires ? —V. à cet égard vis Domaine publ., n° 62, et Prescription.

45. En ce qui concerne les autorités dans les attributions desquelles sont placés les travaux publics civils qui traversent les fortifications, et la zone des servitudes, les travaux des rades et ports militaires, ceux des forts et batteries à la mer, les écluses d'inondation, etc., soit dans l'état de paix, soit dans l'état de siége, V. les décrets des 13 fruct. an 13, 4 août 1811, 31 janv. 1813, 16 août 1853, v° Travaux publics et D. P. 53. 4. 227.

46. La zone des fortifications est limitée à l'intérieur par la *rue militaire* ou *rue du rempart* (décr. 10 août. 1853, art. 22). — Cette rue est établie pour assurer intérieurement une libre communication le long des remparts, parapets ou murs de clôture des ouvrages de fortification. — Les habitants en ont l'usage en se conformant aux règlements concernant la police de la place et la voirie urbaine (même art.). — Les art. 15, 16, 17, 18 et 19 du décret du 8 juill. 1791 traçaient la *limite intérieure*, c'est-à-dire la ligne qui, dans l'intérieur de la place, doit séparer le terrain des fortifications d'avec les propriétés privées qu'elles enveloppent. Les dispositions de ces articles ont été reprises par les art. 23 et suiv. du décret de 1853. — L'art. 23 détermine la largeur de la rue militaire, laquelle diffère selon que cette rue est bordée par un talus ou par un simple mur de clôture (D. P. 53. 4. 216). — Si, sur quelques fronts, la place avait un *rempart* avec *talus*, et sur d'autres un simple mur de *clôture*, il semble que la largeur de la rue militaire devrait être diversement réglée sur ces deux dimensions (V. M. Delalleau, Serv. lég., 69). — Toutefois, si l'espace compris entre le pied du talus du rempart ou le parement intérieur du mur de clôture et les maisons ou autres établissements des particuliers était plus considérable que celui prescrit par l'art. 23 précité, il ne serait rien changé aux dimensions actuelles de la rue du rempart (décr. 10 août 1853, art. 23). — Les autorités civiles peuvent aussi lui assigner des limites plus étendues, par voie d'*alignement*, dans l'intérêt de la circulation, en se conformant aux prescriptions de la loi du 16 sept. 1807 et du décret du 24 mars 1852 (même art.).

Du principe que le domaine militaire est placé dans les attributions du ministre de la guerre, il suit, ainsi que cela a été jugé, que dans les places de guerre, ce n'est pas à l'autorité municipale, mais au génie militaire que les propriétaires contigus aux terrains dépendant du domaine militaire doivent s'adresser pour obtenir l'alignement (Crim. rej. 25 juill. 1845, aff. Astre, D. P. 45. 1. 345).

47. La rue militaire, telle qu'elle est définie ci-dessus, peut être réduite, par un décret rendu sur le rapport du ministre de la guerre (même art. 23; L. 10 juill. 1851, art. 6). — Toutefois, un particulier ne peut soutenir, pour excuser une contravention aux servitudes pesant sur les propriétés qui bordent la rue militaire, qu'une portion du rempart est susceptible de réduction, alors que dans le plan arrêté pour servir de base à la délimitation du terrain militaire, cette portion du rempart a été maintenue sans extension ni retranchement (ord. cons. d'Et. 21 sept. 1827) (1).

48. L'art. 15 du décret du 8 juill. 1791 portait que « le terrain renfermé dans la capacité des redans, bastions vides ou autres ouvrages sera considéré comme terrain militaire national et *fera rue* le long des courtines et des bastions ou redans. » Le sens de cet article n'est pas équivoque. Il résulte du dernier membre de phrase que ce n'est pas dans l'intérieur mais en dehors des bastions ou redans que doit être mesurée la largeur de la rue du Rempart. Le but de la loi, qui a été d'établir une communication prompte entre les diverses parties des fortifications ne serait pas atteint si cette voie de circulation devait être prise dans la capacité des redans ou bastions qui sont particulièrement destinés à des dépôts de munitions et à des manœuvres (M. Delalleau, p. 70).

49. Tout ce qui dans la ville est en deçà de la limite de la rue du Rempart est considéré comme propriété privée, et les particuliers peuvent y élever, réparer ou construire des édifices et clôtures, en se conformant seulement aux règles de la voirie, à l'égard desquelles cependant l'autorité civile est soumise au contrôle de l'autorité militaire (décr. 4 août 1811, art. 7; 24 déc. 1811, art. 75; V. v° Voirie, et M. Jousselin, Servit. d'ut. pub., t. 1, p. 134).

50. Quant à la *limite extérieure* de la zone des fortifications, le décret de 1853, art. 22, dit que cette zone s'étend jusqu'aux lignes qui terminent les glacis, et comprend, s'il y a lieu, les terrains extérieurs annexes de la fortification, tels que les esplanades, avant-fossés et autres ayant une destination défensive. — L'art. 20 du décret de 1791 porte sur ce point que les terrains militaires nationaux et extérieurs aux places et postes, sont limités et déterminés par des bornes, toutes les fois qu'ils ne se trouvent pas l'être déjà par des limites naturelles, telles que chemins, rivières ou canaux, etc. Dans le cas où le terrain militaire ne s'étend pas à la distance de vingt toises de la crête des parapets des chemins couverts, les bornes qui doivent en fixer l'étendue sont portées à cette distance de 20 toises, et les particuliers sont indemnisés, aux frais du trésor public, de la perte du terrain qu'ils peuvent éprouver par cette opération. — Il a été décidé que lorsqu'à la distance de 20 toises de la crête des parapets des chemins couverts d'une place de guerre, se trouve une limite naturelle, telle qu'une rivière dont l'existence remonte à l'époque de la création de la place, il y a présomption légale, à défaut d'un bornage spécial, que la zone des fortifications s'étend jusqu'à cette limite naturelle, alors même que, dans l'espace intermédiaire, il existerait des chemins publics à une moindre distance; que, par suite, l'Etat doit être réputé propriétaire, jusqu'à preuve contraire, et sans qu'il ait à produire aucun titre, des terrains compris entre la place et la rivière (Cass. 24 mai 1841) (2).

51. Dans les postes sans chemins couverts, les *bornes* qui

---

(1) (Vermond.) — CHARLES, etc.; — Vu les art. 2, 9, 10 et 15 de la loi du 17 juill. 1819; et les art. 15, 16, 17 et 18 (tit. 1) de la loi du 10 juill. 1791, relatifs à la délimitation des terrains militaires; — Considérant que le sieur Vermond convient d'avoir fait des constructions, autres que celles qui étaient autorisées par ses permissions de bâtir, et spécifiées dans ses propres soumissions; — Qu'il se borne à soutenir que les constructions non autorisées ne constituent point une contravention, parce que la rue du Rempart n'a pas encore été délimitée à Péronne, dans les formes prescrites par la loi du 17 juill. 1819, et que, dans cette délimitation, la portion du rempart appelée le Mont-du-Paon est susceptible de réduction; — Considérant que, dans le plan arrêté, sous le rapport de la défense, pour servir de base à la délimitation du terrain militaire à Péronne, la portion du rempart appelée le Mont-du-Paon a été maintenue sans extension ni retranchement; d'où il suit que la rue du Rempart doit, conformément à la loi du 10 juill. 1791, être tracée parallèlement audit rempart, à quatre toises du pied du mur de terrasse dudit rempart qui remplace le talus intérieur; — Que la loi du 17 juill. 1819, en prescrivant la délimitation du terrain militaire, tel qu'il a été défini par la loi du 10 juill. 1791, n'a pas subordonné à cette opération l'application des règles de ladite loi de 1791, sur les constructions enclavées dans le terrain militaire; — Que le conseil de préfecture, dans ses deux arrêtés des 9 fév. et 24 août 1826, a fait aux constructions du sieur Vermond une juste application de la loi du 10 juill. 1791; — Que l'exécution desdits arrêtés doit seulement être différée, jusqu'à ce que la rue du Rempart ait été tracée et bornée, au droit de la propriété du sieur Vermond, conformément aux plans ci-dessus visés, et dans les formes prescrites par la loi du 17 juill. 1819;

Sur les questions de propriété; — Considérant que les droits de propriété relatifs au terrain militaire ou aux constructions élevées sur ce terrain se résolvent, d'après les lois des 10 juill. 1791 et 17 juill. 1819, en un droit à indemnité; que le conseil de préfecture n'a rien statué à cet égard, et que ses arrêtés ne font point obstacle à ce que le sieur Vermond porte lesdites questions de propriété et d'indemnité devant les tribunaux, quand et comme il avisera;

Sur les conclusions subsidiaires du sieur Vermond, tendantes à ce qu'il nous plaise lui permettre de conserver les constructions non autorisées, jusqu'à l'établissement de la rue militaire, sous l'offre qu'il fait de les démolir alors sans indemnité; — Considérant que cette demande n'est pas susceptible de nous être présentée par la voie contentieuse.

Art. 1. Les requêtes du sieur Vermond, contre les arrêtés du conseil de préfecture du département de la Somme, des 9 fév. et 24 août 1826, sont rejetées; sauf à lui à se pourvoir devant les tribunaux, comme il avisera, sur les questions de propriété et d'indemnité. — Art. 2. Lesdits arrêtés seront exécutés, après qu'il aura été procédé, au droit de la propriété du sieur Vermond, au tracé et au bornage de la rue du Rempart, conformément aux plans ci-dessus visés, dans les formes prescrites par la loi du 17 juill. 1819.

Du 21 sept. 1827. - Ord. cons. d'Et. - M. Hutteau d'Origny, rap.

(2) (Préfet du Haut-Rhin C. ville de Belfort.) — LA COUR; — Vu les art. 15 et 20, tit. 1, de la loi du 10 juill. 1791; — Attendu que l'art. 15, tit. 1, de la loi du 10 juill. 1791, qui déclare propriété nationale tous terrains de fortifications des places de guerre, dépendants des fortifications, est applicable aux fortifications déjà existantes lors de la promulgation de cette loi, aussi bien qu'à celles qui seraient établies à l'avenir; — Attendu qu'il était allégué par l'Etat, demandeur, que la rivière la Savoureuse avait été, lors de l'ancienne confection des travaux, détournée de son cours, et que son lit actuel a été creusé pour servir de limite naturelle à la zone des fortifications, d'où l'on concluait que les terrains litigieux avaient été enfermés dans cette zone antérieurement à la loi de 1791; — Attendu qu'au lieu d'apprécier cette allégation et de décider si les terrains en litige avaient, dès l'époque ancienne de la confection des travaux, été compris dans la zone des

fixent l'étendue du terrain militaire national sont éloignées du parement extérieur de la clôture, de 15 ou 30 toises, selon que cela est jugé nécessaire (décr. de 1791, art. 21).—A l'égard des *citadelles*, *forts* et *châteaux*, et des *ouvrages détachés* en avant des places de guerre, tout a été réglé par les art. 3 et 5 de la loi du 17 juill. 1819, ainsi que par l'ord. du 1er août 1821 et par l'art. 4 de la loi du 10 juill. 1851, qui ont ainsi rempli la lacune qui se trouvait dans la loi de 1791.

52. L'art. 2 de la loi du 17 juill. 1819 veut que le terrain militaire soit limité par des bornes plantées contradictoirement avec les propriétaires des terrains limitrophes.—Les opérations relatives au bornage des terrains militaires et l'homologation du plan de circonscription sont les mêmes que celles qui ont pour objet la délimitation de la zone des servitudes (décr. 1853, art. 25; V. à cet égard, nos 65 et s.).—Ce plan, du reste, ne donne aucun détail sur les constructions existantes, non plus que sur la propriété des terrains, et peut être fait et homologué par parties (même article). — Le décret d'homologation rend exécutoire le plan de circonscription et l'état descriptif, en ce sens que tous les terrains appartenant à des tiers et compris dans le plan sont réunis au domaine de l'Etat, sans qu'il soit besoin de déclaration d'utilité publique. Les droits des propriétaires se résolvent en un droit à une indemnité (décr. 10 août 1853, art. 24; V. aussi *infrà*, nos 126 et s.).— Il n'y a d'exception que pour les parcelles comprises dans les limites extérieures du terrain militaire et qui servent de base à des *constructions*, ou qui sont renfermées par des *clôtures*. Les possesseurs continuent d'en jouir, et peuvent les entretenir dans leur *état actuel*. Mais, s'ils veulent faire des réparations, ils doivent, suivant l'art. 24 du décret de 1853, se conformer aux prescriptions des art. 11, 12, 26 et suiv. du même décret (V. aussi Favard, *loc. cit.*, p. 219, n° 11, et ord. de 1821, art. 25). — V. nos 91 et suiv.

53. Ainsi, la délimitation prescrite par l'art. 23 ci-dessus, n'est susceptible d'une exécution immédiate qu'à l'égard des terrains libres : la réunion au domaine militaire des terrains clos ou bâtis ne devient exécutoire que dans les cas éventuels d'une démolition par une cause quelconque (même décr., art. 24).—Le décret de 1791 (art. 17) contient la même disposition, si ce n'est qu'elle parle d'une démolition *volontaire, accidentelle ou nécessaire*. Par ce mot *nécessaire*, elle entend la démolition déterminée par le cas de guerre ou par d'autres circonstances (même art. 17). — Le nouveau décret, en employant l'expression *pour quelque cause que ce soit*, renferme tous les cas prévus par la loi de 1791. — Il a été jugé que les propriétaires de maisons, bâtiments ou clôtures existant avant le décret du 8 juill. 1791, et débordant les limites soit anciennes, soit nouvelles, du terrain militaire des places de guerre, ne peuvent être troublés dans la jouissance des servitudes qu'ils exercent sur le terrain militaire, tant que n'a pas eu lieu la démolition volontaire, accidentelle ou forcée de ces maisons, bâtiments ou clôtures (Rej. 19 fév. 1840) (1).

54. Quelle que soit la cause de la démolition, sous le décret de 1791 comme sous celui de 1853, et alors même que cette démolition a eu lieu par le fait du génie militaire, la reconstruction est interdite. — Ainsi, il a été jugé que la reconstruction d'un édifice ou d'un mur de clôture qui se trouve sur le terrain militaire, ne peut être autorisée, alors même que c'est par le fait du génie militaire, et hors les cas de guerre, ou de force majeure, qu'il a été renversé (Cass. 8 avril 1834) (2).

55. Le droit accordé aux propriétaires par l'art. 17 précité,

---

fortifications, cas auquel ils auraient dû, de plein droit, être déclarés propriété nationale, sans que l'Etat fût tenu de produire des titres de propriété, l'arrêt attaqué a repoussé la demande de l'Etat, par le motif qu'il ne produisait pas de titres de propriété; — Attendu que l'art. 20 de la même loi, en indiquant la distance de 20 toises, c'est-à-dire d'un peu moins de 39 mètres, comme étant celle à laquelle seraient portées les bornes des terrains militaires nationaux et extérieurs aux places, excepte de cette obligation de bornage les terrains qui se trouveront être déjà déterminés par des limites naturelles, telles que chemins, rivières et canaux; — Attendu qu'il résulte de cet article qu'il ne répute limites naturelles que celles qui se trouveraient portées jusqu'à la distance d'environ 39 mètres de la crête des parapets des chemins couverts; — Attendu qu'il est constaté, en fait, que la limite de la route royale et du chemin communal indiqué par l'arrêt attaqué comme bordant naturellement la zone des fortifications, ne laisserait à cette zone qu'une étendue beaucoup moindre que 38 mètres : d'où il suit que cette route et ce chemin ne pouvaient être considérés comme formant la limite naturelle prévue et définie par l'art. 20 de la loi de 1791; — Attendu qu'il suit de ce qui précède que l'arrêt attaqué, en déclarant les terrains litigieux non dépendants de la zone des fortifications et en les attribuant comme vains et vagues à la ville de Belfort, a faussement appliqué l'art. 9 de la loi du 28 août 1792, et formellement violé les art. 13 et 20, tit. 1, de la loi du 10 juill. 1791; — Casse.

Du 24 mai 1841.-C. C., ch. civ.-MM. Dunoyer, f. f. de pr.-Renouard, rap.-Hébert, av. gén., c. conf.-Coffinières et Scribe, av.

(1) *Espèce :* — (Préfet du Nord C. hérit. Vandamme.) — La veuve Vandamme, ou ses héritiers, sont propriétaires d'une maison, à Lille, attenant par derrière au rempart de la place. Cette maison a dans le mur qui fait face au rempart diverses portes ou fenêtres; de plus, l'égout de ses toits déverse les eaux de ce même côté. — Le préfet du Nord a fait assigner la veuve Vandamme devant le tribunal de Lille, pour voir dire que, faute par elle d'avoir obéi à la sommation que lui avait faite le génie militaire, de justifier par titres du droit de jouir sur le domaine militaire des servitudes ci-dessus énoncées, elle serait condamnée à supprimer ces servitudes. — 19 août 1836, jugement interlocutoire qui, avant faire droit, ordonne une expertise afin de constater si l'existence des ouvertures et l'égout dont il s'agit remontent à quarante ans avant 1791. — Appel principal du préfet; — Appel incident de la veuve Vandamme, qui conclut à ce que, sans recourir à l'interlocutoire, elle soit relaxée de la demande du préfet. — 16 déc. 1837, arrêt de la cour royale de Douai, qui infirme, et évoquant le principal, déclare le préfet du Nord, ès noms qu'il agit, non recevable et mal fondé dans sa demande en suppression des jours, portes et égouts des toits de la veuve Vandamme. — Pourvoi pour fausse application de la loi du 8 juill. 1791, et violation du principe de l'imprescriptibilité du domaine militaire. — Arrêt.

La cour : — Attendu que la loi du 8 juill. 1791, après avoir, par son art. 15, déterminé la largeur du terrain militaire national au pied du talus des remparts des places de guerre, a, par son art. 17, déclaré maintenir en paisible jouissance les personnes qui avaient alors des maisons, bâtiments ou clôtures qui débordaient les limites fixées par l'art. 15, et prescrit que ce ne serait que dans le cas de démolition volontaire, accidentelle ou nécessitée par le cas de guerre, que les propriétaires de ces maisons seraient tenus de ne point outrepasser lesdites limites; — Attendu que cette loi, spéciale pour son objet, statue d'une manière générale et s'applique à toutes les propriétés limitrophes du terrain militaire des places de guerre, et sans aucune distinction entre celles qui se trouvaient alors à l'ancienne ou à la nouvelle distance : d'où il suit que les propriétaires, dont les constructions dépassaient les limites de ce terrain, au moment de la promulgation de la loi, ont dû et doivent en conserver la jouissance pleine, entière et avec les servitudes actives y attachées, jusqu'à leur démolition opérée dans les cas prévus, sans qu'il soit permis à l'Etat de les troubler jusque-là dans cette jouissance; — Attendu que l'art. 2226 c. civ., qui déclare imprescriptible le domaine des choses qui ne sont pas dans le commerce, ne peut porter atteinte aux droits de possession reconnus par la loi du 8 juill. 1791 qui, par sa spécialité et son autorité, régit exclusivement les cas pour lesquels elle a été promulguée;

Attendu qu'il est constaté, en fait, par l'arrêt attaqué, que la maison des héritiers Vandamme touchant immédiatement aux remparts de la ville de Lille, existait à l'époque où la loi de 1791 fut rendue, et qu'elle était alors, sous le rapport de ses jours, portes et égouts des toits, dans l'état où elle est aujourd'hui; — Que, dès lors, la cour royale de Douai, qui a maintenu la veuve Vandamme dans la jouissance des vues, portes et égouts de ladite maison, et qui a déclaré le préfet du Nord non recevable dans sa demande, non-seulement n'a violé aucune loi, mais encore a fait une juste application de celle du 8 juill. 1791; — Rejette.

Du 19 fév. 1840.-C. C., ch. civ.-MM. Portalis, 1er pr.-Bérenger, rap.-Laplagne-Barris, 1er av. gén., c. conf.-Scribe, av.

(2) *Espèce :* — (Préfet du Finistère C. Malassis.) — Le jardin du sieur Malassis est séparé des remparts de la ville de Brest par un mur de clôture. — Ce mur s'écroule sous le poids des remblais que le génie militaire y a adossés, et entraîne dans sa chute les arbres fruitiers dont il était garni. — Sur l'assignation donnée au préfet comme représentant l'Etat, il intervient un jugement ainsi conçu : « En ce qui concerne la propriété et la reconstruction du mur de clôture, objet de la contestation : — Attendu que les demandeurs justifient, tant par titre remontant en 1694, que par une possession conforme par eux et leurs auteurs, leurs droits de propriété sur divers héritages situés à Brest, rue du Rempart, bornés à l'est par le mur de clôture dont la reconstruction est demandée; — Attendu qu'il est appris et avoué par l'administration elle-même que l'écroulement de ce mur provient des travaux de terrassement exécutés dans le bastion de Landerneau; — Attendu, cependant, que l'art. 17 du titre 1 de la loi du 10 juill. 1791, sur les fortifications

s'étend-il à un souterrain creusé sous les remparts d'une place de guerre et aboutissant à une propriété particulière? — Il a été jugé, dans le sens de la négative, qu'un tel souterrain n'est pas compris dans la tolérance de jouissance exprimée par la loi du 8 juillet 1791, au profit des propriétaires des maisons, bâtiments et clôtures, débordant les limites du terrain national des places de guerre; qu'en conséquence, ce terrain est placé sous la règle de l'imprescriptibilité du domaine de l'Etat, et que c'est avec raison que le détenteur n'est point admis à prouver sa possession (Rej. 23 avril 1845, aff. Roussel, D. p. 45. 1. 270. V. aussi en ce sens M. Jousselin, Servit. d'util. pub., t. 1, p. 128). — Toutefois, il a été décidé, dans un autre sens, que les villes de guerre et communautés, aussi bien que les particuliers, doivent être maintenues dans les droits de servitude, tels que prises d'eau, égouts et canaux d'assainissement, qu'elles justifient leur appartenir depuis une époque antérieure au décret du 8 juill. 1791, sur les terrains et objets de fortification des places de guerre, déclarés propriété nationale par ledit décret; que l'existence de ces servitudes n'est pas inconciliable avec l'attribution faite exclusivement au ministre de la guerre pour la conservation et la manutention des remparts, fossés, canaux, etc., qui forment une dépendance des fortifications (Rej. 28 déc. 1840) (1). — Du reste,

---

des places de guerre, autorisait les demandeurs à jouir, sans être inquiétés, des propriétés et clôtures qu'ils possédaient dans la zone du terrain national, à l'époque de la promulgation de ladite loi; que cet article imposait donc à l'administration de la guerre l'obligation de ne rien faire qui pût porter atteinte aux droits qu'il établissait en faveur des demandeurs; — Attendu qu'elle ne saurait se faire un titre de sa propre contravention pour s'opposer aujourd'hui à la réédification du mur dont il s'agit; que la défense de reconstruire ne peut équitablement et conformément aux règles d'une saine interprétation, s'appliquer qu'aux cas de démolition étrangers aux faits du génie; — En ce qui concerne les frais de reconstruction et les dommages-intérêts réclamés par les héritiers Malassis : — Attendu que, si les parties ne s'accordent pas sur leur évaluation, il doit être procédé à cette estimation par experts convenus entre elles ou nommés d'office par le tribunal; qu'il n'y a pas lieu, dès lors, à s'arrêter à l'expertise effectuée d'après les ordres de l'administration et sans le concours des autres parties intéressées; — Par ces motifs, le tribunal maintient les demandeurs dans la propriété et possession du mur de clôture, ordonne qu'il sera reconstruit aux frais de l'État, etc. » — Appel. — 7 avr. 1832, arrêt de la cour de Rennes qui adopte ces motifs.

Pourvoi pour violation de l'art. 17, tit. 1 de la loi des 8-10 juill. 1791, en ce que l'arrêt autorise la reconstruction d'un mur de clôture dans l'enceinte du terrain national affecté à l'usage d'une place de guerre. — Arrêt.

La cour; — Vu les art. 15 et 17 de la loi du 10 juill. 1791; — Attendu que, s'il résulte des dispositions des articles ci-dessus, que les constructions placées au delà de certaines limites dans l'enceinte des fortifications militaires, doivent être conservées jusqu'à ce qu'elles tombent de vétusté et ne doivent être nécessairement reculées jusqu'à cette époque, il en résulte également qu'elles ne doivent et ne peuvent être réparées et reconfortées par des œuvres nouvelles qui retarderont indéfiniment l'époque de leur démolition; ce qui résulte des termes généraux de l'art. 17 de la loi... démolition volontaire, accidentelle... ou nécessitées par autres circonstances; — D'où il suit que, lors même que, dans l'espèce, la chute du mur litigieux n'aurait pas été purement accidentelle, et aurait pu donner lieu à une indemnité en faveur du propriétaire dudit mur, la reconstruction ne pouvait, sous aucun prétexte, être ordonnée sur un terrain que la loi a déclaré national et qui doit demeurer vide de toute construction, dans l'intérêt de la défense militaire, de l'Etat, et qu'en ordonnant cette reconstruction, l'arrêt attaqué a expressément violé la loi précitée; — Casse

Du 8 avr. 1834.-C. C., ch. civ.-MM. Portalis, pr.-Bonnet, rap.-Voysin de Gartempe fils, av. gén., c. conf.-Dalloz, av.

(1) *Espèce :* — (Préfet du Nord C. ville de Douai.) — En 1834, le préfet du Nord, agissant au nom de l'administration de la guerre, a assigné le maire de la ville de Douai, tant en cette qualité que comme chef de l'administration des hospices, pour voir dire que la ville et l'hospice général ne jouissaient qu'à titre de simple tolérance de divers conduits, égouts et aqueducs, établis sous le terrain des fortifications de la place de Douai, et voir ordonner en conséquence la suppression de ces conduits, égouts et aqueducs.

16 avr. 1836, jugement qui décide que c'est à titre de droit et comme propriétaire, que la ville jouit des aqueducs de la porte de Valenciennes et du Barlet, des égouts des portes de Valenciennes, de Paris, du Polygone et de Lille, et relativement à l'égout du Point du Jour ordonne un plus ample informé.

Le 11 août 1836, il est intervenu un nouveau jugement qui, par des motifs analogues, a reconnu les mêmes droits au profit de la ville de Douai sur l'égout du Point du Jour.

Appel par le préfet du Nord de ces deux jugements. — 4 avril 1838, arrêt confirmatif de la cour royale de Douai qui, aux motifs des premiers juges, qu'elle adopte, ajoute les suivants : — « Considérant que l'art. 13 de la loi du 10 juill. 1791 n'est point tellement absolu dans sa disposition, qu'il ne respecte l'existence des droits privés sur le terrain militaire par lui déclaré propriété nationale; que cette réserve consacrée par différents articles de ladite loi et plus spécialement par les art. 17 et 18, renferme bien moins une exception rigoureuse qu'un rappel au droit commun; qu'elle ne saurait être évidemment restreinte, ainsi qu'on l'a prétendu, aux simples particuliers et aux habitations possédées dans les limites du terrain militaire, mais qu'elle s'applique à tout possesseur, et à des droits surtout constatés par d'anciens travaux incorporés dans les ouvrages de la place, et qui ne sont point incompatibles avec l'usage ou la destination militaire; que telle est ici la position de la ville de Douai qui, antérieurement et depuis la dépossession de ses fortifications, a joui distinctement et à titre de propriétaire, des égouts, canaux et aqueducs, objet du litige; que l'art. 35 de la susdite loi de 1791, dont le but est de régler la manœuvre des eaux de la place en temps de guerre comme en temps de paix, ne porte aucune atteinte au droit de servitude en lui-même, et ne saurait amener une conséquence utile pour l'appelant; qu'il suit de là que le préfet du Nord est mal fondé dans ses prétentions; — Cet arrêt examine ensuite le droit des hospices et leur reconnaît une servitude semblable à celle de la ville.

Pourvoi du préfet du Nord, pour violation de l'art. 13, tit. 1 de la loi du 10 juill. 1791 et des art. 540 et 2226 c. civ., fausse application de l'art. 17 de ladite loi, violation des art. 538 c. civ., et 35 de la même loi, en ce que l'arrêt attaqué a reconnu des droits de servitude et de propriété au profit de la ville de Douai sur des propriétés déclarées nationales par l'art. 13 de la loi du 10 juill. 1791. — Si, dit le directeur des fortifications, les villes de guerre étaient déclarées propriétaires des aqueducs à travers leurs remparts pour l'écoulement des eaux pluviales et ménagères dans les fossés de l'enceinte, l'administration de la guerre ne pourrait supprimer ces aqueducs et les reporter ailleurs sans payer aux villes une indemnité préalable, ce qui grèverait de servitudes onéreuses les fortifications qui font partie du domaine public et entraverait le perfectionnement des ouvrages de défense. Mais l'article précité a aboli toutes ces servitudes, sans distinction de celles qui auraient été acquises avant 1791. — Les communautés ainsi dépossédées ne peuvent prétendre à l'indemnité dont le principe a été consacré par les art. 14, 17, 19, 20 et 38 au profit des simples particuliers. La loi de 1791 n'a pas voulu indemniser les communes à raison des terrains et objets de fortifications qu'elle leur enlevait pour les réunir au domaine de l'Etat; ce qui le prouve, c'est qu'elle a réservé aux particuliers leurs droits de propriété et qu'elle n'a réservé les mêmes droits à l'égard des villes que pour les terrains et bâtiments qui, à l'avenir, seraient nécessaires au service militaire. En témoignant moins de respect pour les propriétés des communes que pour celles des particuliers, le législateur est parti d'une idée dont il n'appartient pas aux tribunaux d'examiner la justesse; il suffit que sa volonté soit clairement exprimée. — Enfin l'arrêt attaqué, en disposant par voie de servitude des eaux de la Scarpe, rivière navigable, qui alimentait les canaux dont il s'agit, a violé les principes de l'inaliénabilité du domaine public dont ces eaux font partie — Arrêt (apr. dél. en ch. du cons.)

La cour; — Attendu que la loi du 10 juill. 1791 déclare tous terrains de fortifications des places de guerre ou postes militaires, tels que remparts, fossés..., canaux, flaques ou étangs dépendant des fortifications, propriétés nationales; qu'en cette qualité, elle attribue la conservation de ces objets au ministre de la guerre, à l'exclusion de tous corps administratifs qui ne peuvent en disposer, ni s'immiscer dans leur manutention d'une autre manière que celle réglée par ladite loi; — Attendu néanmoins que, par son art. 18, la loi précitée décide qu'il n'est dérogé en rien aux conditions en vertu desquelles les particuliers qui prétendraient droit sur une partie du terrain militaire national, seraient entrés en jouissance de la propriété et qu'ils seront indemnisés sur le trésor public, s'ils fournissent le titre légitime de leur possession au cas où ils perdraient une partie du terrain qu'ils possèdent; — Attendu que les communes sont des personnes civiles qui ont la propriété des biens ou droits sur lesquels leurs habitants ont un droit acquis; — Que la loi du 10 juill. 1791 ne les exclut point du bénéfice des dispositions de son art. 18; — Attendu qu'en appréciant les faits et les actes de la cause, l'arrêt attaqué a jugé que la ville de Douai et l'hôpital général avaient, antérieurement à la promulgation de la loi du 10 juill. 1791, un droit acquis aux prises d'eau, aqueducs et égouts dont il s'agissait au procès, et que ce droit constituait une servitude du terrain militaire national envers ladite ville et ledit hôpital; — Que cette déclaration n'est point inconciliable avec le principe général posé par la loi du 10 juill. 1791 sur la propriété nationale de terrain militaire; qu'elle n'est qu'une simple application de l'exception établie par l'art. 18 de la même loi; qu'elle ne fait point obstacle à l'exercice des droits de conservation et de ma-

Il est bien entendu, et cela n'a pas été contesté dans l'espèce, que les villes pourraient être dépossédées, sauf indemnité, de leurs droits de servitude, si l'intérêt du service militaire l'exigeait.

56. La disposition de l'art. 17 du décret de 1791, qui autorise la reconstruction des maisons ou clôtures démolies sur l'alignement de la rue militaire, ne s'applique pas à des constructions qui couvrent un terrain dont le caractère domanial est fondé, non sur la présomption légale résultant de son affectation à la route militaire, mais sur des titres anciens établissant que ce terrain a toujours fait partie intégrante du rempart (décr. 8 juill. 1791, art. 13, 15 et 17; c. nap. 544); en conséquence, de telles constructions ne peuvent, après démolition volontaire, être rétablies sur le même terrain, même en dehors des limites de la route militaire à laquelle ce terrain aboutit (Cass. 6 avril 1852, aff. Dom. milit. de l'État, D. P. 52. 1. 107).

57. Au fur et à mesure que les emplacements ainsi occupés par des particuliers cessent d'être bâtis ou clos, ils sont réunis de plein droit à la fortification, sans qu'il soit besoin d'un décret déclaratif d'utilité publique, et les particuliers sont indemnisés de la valeur du sol, s'ils justifient qu'ils en sont possesseurs à titre légitime (Décr. de 1853, art. 24, § 3). — Quant à l'entretien des constructions qui existent sur l'alignement de la rue militaire, il est soumis à des restrictions qui sont plus ou moins étendues, selon que leur existence est antérieure ou postérieure à cet alignement, et dont il sera parlé ci-après en traitant des servitudes. V. *infrà*, n°s 87 et suiv.

58. Les servitudes qui pèsent sur la propriété privée par suite de l'établissement de la rue militaire existent indépendamment des plans de délimitation. — V. à cet égard, n°s 69 et s.

ART. 5. — *De la zone des servitudes.*

59. La défense de la patrie est un immense intérêt commun, devant lequel les intérêts et les droits privés, même en ce qu'ils ont de plus légitime, doivent s'effacer. L'un des effets légaux attachés à l'existence des places de guerre et postes militaires, est d'assujettir les terrains qui les avoisinent, dans un rayon déterminé, jugé nécessaire à la libre action des forces défensives, à des servitudes très-rigoureuses, et, par suite, de modifier profondément, dans cette même circonscription, l'exercice du droit de propriété. C'est principalement sous ce point de vue que nous avons à considérer ici les places de guerre.

On va parler : 1° de l'étendue et de la délimitation de la zone des servitudes; — 2° Des différentes servitudes imposées à la propriété privée pour la défense des places; — 3° Des contraventions aux lois sur les servitudes défensives; — 4° Des indemnités dues pour les dommages éprouvés par la propriété privée par suite des mesures de défense.

§ 1. — *De l'étendue et de la délimitation de la zone des servitudes.*

60. A partir de la limite extérieure du terrain militaire commence la zone des servitudes. — Cette zone comprend tous les terrains situés dans un rayon déterminé autour des places de guerre, postes militaires, etc., auxquels le voisinage des fortifications impose certaines servitudes d'utilité publique. — L'ord. du 9 déc. 1713 avait établi autour des places fortes un seul rayon d'enceinte, et avait assujetti toutes les propriétés situées dans ce rayon à une restriction uniforme, qui consistait dans la prohibition d'élever des constructions en maçonnerie à la distance de 250 toises. — Il a été décidé : 1° que l'ord. de 1713, sur les servitudes militaires, a été publiée et affichée dans toutes les places et forts du royaume, et est devenue obligatoire depuis cette promulgation (ord. cons. d'Ét. 4 mai 1825, M. Maillard, rap., aff. Pirmez; 15 juin 1825, M. Maillard, rap., aff. Bonnabel); — 2° Que la prohibition portée par cette ordonnance de bâtir dans un rayon de 250 toises étant antérieure au décret du 8 juill. 1791, le propriétaire qui avait construit une maison dans ce rayon ne pouvait invoquer la disposition de ce dernier décret pour réclamer une indemnité : — « Considérant que l'ord. du 9 déc. 1713 a prohibé la construction d'édifices et bâtiments, autour des places de guerre, dans un rayon déterminé, et que ceux des requérants dont les maisons étaient construites à la distance prohibée ne peuvent se prévaloir des dispositions de la loi du 10 juill. 1791 pour réclamer une indemnité, puisque cette loi s'est référée aux anciennes ordonnances, en ce qui touche la fixation du rayon dans l'étendue duquel il était défendu de bâtir autour des places de guerre, d'où il suit que notre ministre de la guerre a dû appliquer les dispositions de cette ordonnance, relativement à l'appréciation des indemnités réclamées par les maisons détruites à Schelestadt, en 1814 » (ord. cons. d'Ét. 11 fév. 1824, M. Maillard, rap., aff. Bonnabel).

61. Le décret du 8 juill. 1791 a créé autour des places de guerre trois zones de circonscription, et a subordonné l'exercice du droit de propriété, dans ces diverses limites, à des servitudes de différente nature (tit. 1, art. 31 et 32). — La loi du 17 juill. 1819, conçue sur des bases analogues, a conservé la division en trois zones créées par le décret de 1791, en reculant seulement jusqu'à 250 mètres la limite de la première zone, fixée à 100 toises par le décret (art. 4). — D'après cette loi et l'art. 5 du décret du 10 août 1853, la limite des différentes zones des servitudes s'étend, dans les places de guerre, la première à 250 mètres des fortifications, la deuxième à 487 mètres et la troisième à 974 mètres; dans les postes militaires, la première à 250 mètres, la seconde à 487 mètres et la troisième à 584 mètres. — Lorsqu'il est possible de réduire l'étendue des zones de servitudes du côté de quelque centre important de population, sans compromettre la défense ou porter atteinte aux intérêts du trésor, cette réduction est prononcée par un décret inséré au Bulletin des lois, et publié dans les communes intéressées (décr. 10 août 1853, art. 6). — Indépendamment de ces réductions, des décrets peuvent déterminer, dans l'étendue des zones de servitudes, des terrains pour lesquels, à raison des localités, il est possible, sans nuire à la défense, de tolérer par exception l'exécution de bâtiments, clôtures et autres ouvrages (même décret, art. 15, V. n°s 98 et suiv.). — On donne à l'enclave ainsi restreinte le nom de *polygone exceptionnel*.

62. Les distances mentionnées à l'art. 5, pour la détermination des zones de servitudes, sont comptées à partir de la crête des parapets des chemins couverts les plus avancés, ou des murs de clôture ou d'escarpe, lorsqu'il n'y a pas de chemin couvert, ou enfin quand il n'y a ni chemin couvert ni mur de clôture ou d'escarpe, à partir du mur de la crête intérieure des parapets des ouvrages (décr. de 1853, art. 17). — Ces distances sont mesurées sur les capitales de l'enceinte, des dehors et des ouvrages extérieurs. Leurs points extrêmes sont fixés par des bornes, qui, réunies de proche en proche par des lignes droites, servent de limites extérieures aux zones de servitudes (ord. de 1821, art. 13; décr. de 1853, art. 18). — Ce mode de détermination des limites, qui consiste à mesurer les distances légales de circonscription extérieure sur les capitales de l'enceinte et des dehors des ouvrages fortifiés, est une innovation de la loi du 17 juill. 1819, qui a substitué ce dernier système au mode prescrit par le décret de 1791, d'après lequel les limites des zones de circonscription étaient déterminées par les distances légales mesurées uniformément sur tous les points de l'enceinte, à partir de la crête des parapets des chemins couverts les plus avancés. « Dans le système établi par la loi de 1791, l'application uniforme de la distance limitait chaque zone de servitudes par des parallèles et des arcs de cercle dont la suite formait un polygone mixtiligne. La loi du 17 juill. 1819 y substitue un polygone rectiligne, que l'on détermine en mesurant la distance sur les capitales seulement. Ce polygone enveloppe, vers les rentrants, quelques terrains situés au delà de la distance; mais, vers les saillants, il laisse en dehors des terrains que l'application rigoureuse de la distance eût soumis à la servitude » (Allent, Hist. du corps du génie, 2e part. inédite : comité de la guerre, *manuscrit*). — Il a été décidé qu'après l'accomplissement de toutes les formalités prescrites par la loi du 17 juill. 1819, pour la levée du plan de circonscription, et son homologation par une ordon-

---

ntention attribués exclusivement par la loi à l'administration, et que, dès lors, l'arrêt qui la contient n'a violé aucune loi; — Rejette.

Du 28 déc. 1840.-C. C., ch. civ.-MM. Portalis, 1er pr.-Piet, rap.-Laplagne-Barris, 1er av. gén., c. conf.-Coffinières, av.

nance royale, toutes les propriétés comprises dans la première zone par le tracé du polygone de circonscription, sont soumises aux servitudes *défensives*, alors même qu'elles seraient situées à plus de 250 mètres du parapet des ouvrages les plus avancés (arg. ord. cons. d'Ét. 16 déc. 1835, aff. Fourdin, V. nº 70).

63. L'art. 13, § 2 de l'ord. du 1er août 1821 portait : — « Les capitales sur lesquelles seront prises ces mesures, seront choisies de manière que les lignes qui réuniront leurs extrémités forment des polygones le moins irréguliers possible, et que nulle part les limites ne se trouvent sensiblement plus rapprochées d'aucun point des chemins couverts, mur de clôture ou parapet, que les distances respectivement fixées par la loi pour les trois limites.» —La loi de 1819 ni l'ord. de 1821 ne déterminant les capitales qui devaient être prises pour base de la délimitation, il en résultait que le choix de ces capitales avait été abandonné aux officiers du génie militaire. Telle était en effet l'interprétation admise par les circ. min. des 4 janv. 1824 et 25 fév. 1830, de sorte qu'il arrivait souvent que des terrains qui n'auraient pas été grevés de servitude, si l'on avait mesuré les distances à partir de toutes les capitales sans exception, se sont trouvées comprises dans les zones de prohibition, parce qu'on avait omis d'en mesurer quelques-unes.—Ce mode de procéder souleva des réclamations, malgré lesquelles il fut décidé que l'art. 13 de l'ord. de 1821 n'a rien de contraire au texte de l'art. 6 de la loi de 1819 qui désigne les capitales de l'enceinte et des dehors sans prescrire de les employer toutes; que, par suite, il appartient au ministre de la guerre de désigner dans l'intérêt de la défense les capitales sur lesquelles doivent être mesurées les distances légales, et que le conseil de préfecture ne peut sans excéder son pouvoir modifier le bornage opéré sur ces bases par l'autorité militaire (ord. cons. d'Ét. 2 nov. 1832 (1); Conf. 22 mars 1833, M. Ferri-Pisani, rap., aff. Crépin). — L'art. 18 du décret du 10 août 1853, a fait cesser la difficulté en déterminant quelles lignes peuvent être considérées comme *capitales*, et en en laissant le choix au ministre de la guerre.

64. Il a été décidé que du moment que le *bornage* des limites des zones extérieures des places de guerre est réclamé, il doit être effectué sans exception, conformément au prescrit de l'art. 6 de la loi du 17 juill. 1819 : « En ce qui touche la demande faite par la ville de Verdun qu'il soit procédé au bornage de la troisième zone extérieure de la place, porte la décision du conseil d'État, considérant que l'art. 6 de la loi du 17 juill. 1819 prescrit sans exception le bornage des limites des servitudes imposées à la propriété en faveur de la défense, et que, du moment où ce bornage est réclamé comme mesure d'ordre et d'intérêt commun, il doit être effectué, sauf à notre ministre de la guerre à déterminer, dans l'intérêt de la défense, la nature des bornes à planter » (ord. cons. d'Ét. 11 oct. 1833, M. Tarbé, rap., aff. ville de Verdun).

65. Quant à la confection du plan et de l'état descriptif, de la notification de ce plan et des réclamations, on suit les règles tracées par les art. 19 et 20 du décret de 1853. — Le chef du génie et l'inspecteur des ponts et chaussées procèdent au bornage en présence du maire (ord. de 1821, art. 20; décr. de 1853, art. 19). — Il a été décidé que les *procès-verbaux* de bornage devant être dressés en présence des maires ou adjoints des communes intéressées, il s'ensuit qu'un *maire* a qualité pour faire ses observations tant sur les opérations de bornage que sur la vérification du plan de circonscription, encore bien qu'on ait substitué à la limite légale une limite exceptionnelle; mais que ce droit ne peut être exercé par le maire qu'à l'époque de la plantation des bornes (ord. cons. d'Ét. 11 oct. 1833) (2).

---

(1) (Gellé-Pierard.) — Louis-Philippe, etc.; — Vu la loi du 17 juill. 1819; — Vu l'ord. du 1er août 1821; — En ce qui touche l'arrêté du conseil de préfecture : — Considérant que, dans l'exercice des servitudes défensives, l'art. 9 de la loi du 17 juill. 1819 n'ouvre de recours aux propriétaires intéressés, devant les conseils de préfecture, que sur l'application des limites légales; — Que cette application est subordonnée à la détermination desdites limites prescrite par l'art. 6 de ladite loi; — Que cet article a modifié les dispositions de la loi du 10 juill. 1791 (tit. 1, art. 29, 30, 31, 32, 33, 34) d'après lesquelles les limites légales des zones de servitude étaient déterminées par les distances légales mesurées sur tous les points de l'enceinte, à partir de la crête du parapet des chemins couverts les plus avancés; — Qu'aux termes de l'art. 6 de la loi du 17 juill. 1819, les distances légales doivent être mesurées seulement sur les capitales de l'enceinte et des dehors; que les points extrêmes de ces capitales doivent être marqués par des bornes qui, réunies de proche en proche par des lignes droites, déterminent les limites légales des zones de servitude; — Que la suite de ces lignes constitue, pour chacune desdites zones, un polygone de circonscription; — Que ce polygone laisse en dehors, vers les angles saillants de la fortification, des segments de cercle dont les points, situés en deçà de la limite légale, cessent néanmoins d'être soumis aux servitudes défensives; — Que ce même polygone renferme au contraire, vers les angles rentrants, des espaces dont les points situés au delà des limites légales se trouvent néanmoins soumis auxdites servitudes; — Que ce double résultat a lieu dans les places régulières, en mesurant les distances légales sur toutes les capitales de l'enceinte et du dehors; — Mais que, dans les places irrégulières, l'emploi de toutes les capitales donnerait des polygones trop irréguliers et des résultats préjudiciables à la défense ou à la propriété;

Que l'art. 13 de l'ordonnance du 1er août 1821 prescrit, en ce cas, de choisir les capitales de manière que les lignes qui réuniront leurs extrémités forment des polygones le moins irréguliers possible, et que nulle part les limites ne se trouvent sensiblement plus rapprochées d'aucun point des chemins couverts que les limites légales; — Que cette règle n'a rien de contraire au texte de l'art. 6 de la loi du 17 juill. 1819, qui désigne les capitales de l'enceinte et des dehors, sans prescrire de les employer toutes, et qu'elle tend à concilier les intérêts de la défense et de la propriété; — Mais que cet objet même prouve que le choix des capitales est un acte d'administration publique étranger aux attributions des conseils de préfecture; — Considérant, dans l'espèce, que le conseil de préfecture du département du Nord ne s'est pas renfermé dans les attributions qui lui sont conférées par l'art. 9 de la loi du 17 juill. 1819; qu'en modifiant le choix des capitales, il s'est immiscé dans les opérations du bornage administratif prescrit par l'art. 6, et qu'en cela il a excédé ses pouvoirs;

En ce qui touche la décision du ministre de la guerre, du 5 juill. 1826; — Considérant qu'il appartient à notre ministre de la guerre, dans l'intérêt de la défense, de désigner les capitales sur lesquelles doivent être mesurées les distances légales, et placées les bornes dont la plantation est prescrite par l'art. 6 de la loi du 17 juill. 1819; — Mais qu'aux termes dudit article, les procès-verbaux de bornage doivent être dressés par les ingénieurs civils et militaires, en présence des maires et adjoints des communes intéressées, et que ces fonctionnaires peuvent y faire insérer leurs avis ou observations; — Que les particuliers peuvent aussi nous présenter leurs réclamations contre le choix des capitales, dans l'intérêt de la propriété; — Qu'il nous appartient de statuer sur ces observations et réclamations dans les formes prescrites pour le jugement des oppositions aux mesures d'administration publique qui ont pour objet de concilier les intérêts publics et privés; — Que ces oppositions peuvent nous être présentées jusqu'à l'ordonnance spéciale qui, aux termes de l'ordonnance du 1er août 1821, doit arrêter définitivement, et peut seule rendre exécutoire le plan de circonscription, relativement aux espaces circonscrits qui se trouvent au delà de la distance légale; — Mais que lesdites oppositions ne peuvent nous être présentées par la voie contentieuse; — Considérant, dans l'espèce, que le procès-verbal de bornage prescrit par l'art. 6 de la loi du 17 juill. 1819 a été dressé, pour la place de Valenciennes, le 26 août 1819; que deux opposants, dont l'un est le sieur Gellé-Pierard, y ont consigné leurs réclamations, et que les ingénieurs civils et militaires ont sursis à la plantation des bornes litigieuses jusqu'à ce qu'il ait été statué sur ces oppositions; — Qu'il n'est point intervenu d'ordonnance qui les ait admises ou rejetées, et qui ait ensuite modifié ou homologué le bornage; d'où il suit que ledit bornage n'est pas encore applicable à la portion de terrain du sieur Gellé-Pierard, qui est situé au delà de la distance de 487 mètres;

Art. 1. L'arrêté du conseil de préfecture du département du Nord, du 4 mars 1829, est annulé pour incompétence; — Art. 2. Les conclusions du sieur Gellé-Pierard contre la décision de notre ministre de la guerre sont rejetées.

Du 2 nov. 1832.-Ord. cons. d'Ét.-M. Tarbé, rap.

(2) (Ville de Verdun C. min. de la guerre.) — Louis-Philippe, etc.; — Sur le chef relatif à la délimitation de l'esplanade de la citadelle : — Considérant, sur la fin de non-recevoir, qu'aux termes du second paragraphe de l'art. 6 de la loi du 17 juill. 1819, les procès-verbaux de bornage seront dressés par les ingénieurs civils et militaires, en présence des maires ou adjoints des communes intéressées, et que ces fonctionnaires peuvent y faire inscrire leurs avis ou observations; que, d'après l'art. 8 de la même loi, les propriétaires et le maire de la commune doivent être présents à la vérification du plan et de l'état descriptif, que cette règle est également applicable lorsque, comme dans l'espèce, on substitue à la limite légale une limite exceptionnelle; d'où il suit que le maire de la ville de Verdun, dans un intérêt communal, a qualité pour faire ses observations tant sur les opérations de bornage que sur la vé-

66. Le procès-verbal du bornage est déposé à la mairie pendant trois mois pour que chacun puisse en prendre connaissance. Avis de ce dépôt est donnée aux parties intéressées par voies d'affiches ou autres moyens de publication en usage (décr. de 1853, art. 20). — Ces publications ont pour objet de mettre les parties intéressées à même d'attaquer le procès-verbal. Le recours est formé devant le conseil de préfecture dans les trois mois de l'avis précité, mais seulement contre l'*opération matérielle* du bornage (décr. de 1853, art. 20, § 2).— L'art. 9 de la loi de 1819 autorisait également le recours contre le procès-verbal, mais ne le limitait pas d'une manière spéciale aux opérations matérielles; néanmoins, on décidait que les réclamations que les propriétaires intéressés ont droit de former devant le conseil de préfecture, en vertu de l'art. 9 de la loi du 17 juill. 1819, ne peuvent concerner que l'application matérielle des limites légales et non le plan de circonscription dont résultent ces limites, et qui doit être rendu exécutoire par une ordonnance spéciale du chef de l'État (ord. cons. d'Et. 22 mars 1833, M. Ferri Pisani, rap., aff. Crepin et aff. Renard; Conf. 2 nov. 1832, aff. Gellé, V. n° 63). —Toutefois, et bien que la loi ne le dise pas, le recours serait également recevable, à notre avis, s'il était basé sur une omission des formalités exigées par la loi, par exemple si le maire n'avait pas été convoqué pour assister au bornage, si le dépôt du plan à la mairie n'avait pas été effectué, si les publications exigées n'avaient pas été faites, etc.

67. Les art. 9 de la loi du 17 juill. 1819, 22 de l'ord. du 1er août 1821, et 20 du décret du 10 août 1853, n'ouvrent aux parties lésées que le recours devant le *conseil de préfecture*. Cependant il n'est pas douteux que s'il s'élevait, à l'occasion de la notification des plans descriptifs, quelques questions de propriété, elles ne dussent être portées devant les juges civils. L'art. 73 de l'ord. du 1er août 1821 reconnaît qu'on doit porter devant les tribunaux toutes les questions de propriété qui peuvent s'élever entre le domaine militaire et les particuliers.

68. D'après l'art. 3 de la loi du 10 juill. 1851 et l'art. 3 du décret du 10 août 1853, le *plan* indiquant, avec le tracé des fortifications, les limites des terrains soumis aux servitudes, doit être joint au décret de classement. Ces articles contiennent une innovation importante dont le rapport de la loi de 1851 fait connaître la portée en ces termes : « Jusqu'à ce jour, en vertu de la loi de 1819, les distances fixées pour les servitudes étaient mesurées à partir du tracé tel qu'il est établi sur le terrain, tracé quelquefois très-différent de celui qui figure sur le papier, à raison des difficultés qui motivent la modification en cours d'exécution. Ces modifications ont lieu par suite d'une simple décision ministérielle ou sur l'ordre de l'inspecteur général en tournée, qui ont suffi souvent pour faire entrer dans les zones de servitude des propriétés qui, sans cela, seraient restées en dehors. Désormais, en vertu de la rédaction ministérielle que nous vous proposons d'adopter, il n'en sera plus ainsi : si le tracé de la fortification varie en cours d'exécution, le tracé des zones ne variera pas, il restera tel qu'il est sur le papier, au risque, d'ailleurs peu important, de raccourcir de quelques mètres, dans des circonstances exceptionnelles, les distances réglementaires. » — En outre de ce plan il doit être fait un état descriptif servant à constater les constructions préexistantes à l'établissement des servitudes et donnant lieu à une indemnité en cas de démolition (V. nos 87 et suiv.).

69. Les servitudes militaires sont la conséquence nécessaire et forcée du décret portant création ou classement d'une place de guerre ou d'un poste, et existent à partir de l'insertion de ce décret au Bulletin des lois, indépendamment de la confection des plans de circonscription et des états descriptifs et de la notification de ces plans. C'est ce qui résulte d'une jurisprudence constante (ord. cons. d'Et. 15 oct. 1826, M. Feutrier, rap., aff. Roux; 21 sept. 1827, aff. Vermond, n° 47; même jour, M. d'Origny, rap., aff. Castre et aff. Garin; 24 déc. 1828, M. de Rozière, rap., aff. villes de Langres et de Chaumont; 19 août 1829, M. Barthelemy, rap., aff. Roncin-Duval; 26 août 1829, M. Jauffret, rap., aff. Remy; 20 juill. 1832, M. Ferri-Pisani, rap., aff. Combot, aff. Garanton, aff. Arnaud, aff. Rendu, aff. Gorju, aff. Lecerf; 27 août 1833, M. Tarbé, rap., aff. Lavollée; 4 nov. 1835, M. Ferri-Pisani, rap., aff. Martin; 16 déc. 1835, aff. Fourdin, V. n° 70; 4 juill. 1837, aff. Lebrun, V. n° 90-1°; 14 juill. 1838, aff. Marie, V. n° 146; 23 juill. 1840, aff. Lahirigoyen, V. n° 135; 9 avr. 1849, aff. ville de Dax). — Et il a été jugé spécialement : 1° que la loi du 17 juill. 1819, en prescrivant la délimitation du terrain militaire, tel qu'il est défini par la loi du 8 juill. 1791, n'a pas subordonné à cette opération l'application des règles de ladite loi de 1791 sur les constructions enclavées dans le terrain militaire (ord. cons. d'Et. 6 janv. 1830, M. Cormenin, rap., aff. Roncin-Duval); ...qu'ainsi le particulier qui, avant la délimitation de la rue militaire, élève des constructions sur cette rue sans autorisation du génie, est justement condamné par le conseil de préfecture à la démolition de ses ouvrages (ord. cons. d'Et., 21 sept. 1827, aff. Vermond, V. n° 47);—2° Que les règles relatives aux contraventions en matière de servitude militaire peuvent être appliquées, même en l'absence des plans de circonscription, des états descriptifs et des notifications prescrites par le même article (ord. cons. d'Et. 4 juill. 1837, M. Ferri-Pisani, rap., aff. Legall-Kerven, aff. Mayer-Cerf, aff. Lebrun, aff. Sabine; 14 juill. 1838, aff. Marie et aff. Lebuhotel, V. n° 146; Conf. 20 juill. 1832, aff. Garanton, V. n° 21-3°; 30 nov. 1832, aff. Gibou, V. n° 111; 20 déc. 1836, aff. Nel, V. n° 110); — 3° Que les publication et homologation de plans ne sont nécessaires que pour exercer les actions résultant de l'établissement des polygones de circonscription contre les propriétés situées au delà de la distance légale, et qui se trouveraient grevées de servitudes par l'effet du choix des capitales, ou pour exempter des servitudes les propriétés situées en deçà de la même distance et que le polygone affranchirait (ord. cons. d'Et. 30 nov. 1832, aff. Gibou, V. n° 111); —4° Que, réciproquement, s'il n'existe point de tracé des polygones de circonscription, il suffit qu'une construction soit située à plus de 250 mètres du parapet des ouvrages les plus avancés, pour qu'elle ne se trouve point légalement comprise dans la première zone des servitudes militaires (ord. cons. d'Et. 16 déc. 1835, aff. Fourdin, V. n° 70). — Il est à remarquer que la loi de 1851 et le décret de 1853 exigeant que le plan de circonscription soit joint au décret de classement, la difficulté ne peut plus s'élever qu'à l'égard des places de guerre dont la création ou le classement serait antérieur à ces actes.—Du reste, deux décrets récents ont homologué les plans de délimitation, ainsi que les procès-verbaux de bornage des zones de servitudes et des polygones exceptionnels d'un grand nombre de places de guerre et de postes militaires (décr. 21 oct. 1854, 20 janv. 1855, D. P. 55. 4. 8, 18).—Le nombre des places dont la délimitation n'est pas opérée, diminuant de jour en jour, la difficulté ne paraît plus guère susceptible de se présenter.

70. Quoi qu'il en soit, et à l'égard des plans dont le tracé des polygones de circonscription ne serait pas encore effectué, les zones des servitudes résultent, ainsi que cela a été jugé, de la simple application des distances fixées par la loi du 17 juill. 1819 ou par celle du 8 juill. 1791 (ord. cons. d'Et. 16 déc. 1835) (1).

---

rification du plan de circonscription et de l'état descriptif; mais qu'aux termes dudit art. 6 de la loi du 17 juill. 1819, ce droit ne peut être exercé par le maire qu'à l'époque de la plantation des bornes; — Considérant, d'ailleurs, que, dans tous les cas, le maire est sans qualité pour réclamer, en faveur de la masse des propriétaires, le payement d'une indemnité qui, si elle est due, ne peut être réglée qu'individuellement et contradictoirement avec chacune des parties intéressées;

Art. 1. Il sera procédé au bornage de la troisième zone de la servitude de la place de Verdun. — Art. 2. Les conclusions prises par le maire de Verdun en ce qui concerne la délimitation de l'esplanade de la citadelle de Verdun sont rejetées, etc.

Du 11 oct. 1833.-Ord. cons. d'Et.-M. Tarbé, rap.

(1) (Min. de la guerre C. Fourdin.) — Louis-Philippe, etc.; — Vu la loi du 10 juill. 1791; — Vu celle du 17 juill. 1819; — Vu l'ord. du 1er août 1821; — Considérant que les zones de servitudes imposées à la propriété pour la défense de l'État résultent soit du tracé des polygones de circonscription déterminés conformément à la loi du 17 juill. 1819, soit, à défaut dudit tracé, de la simple application des distances fixées par ladite loi, ou par celle du 10 juill. 1791; — Que, dans l'espèce, il résulte du plan produit par notre ministre de la guerre, que le hangar du sieur Fourdin est situé à plus de 250 mètres de la crête du parapet des ouvrages les plus avancés; d'où il suit qu'il n'est pas compris dans la première zone des servitudes défensives, par la simple application de l'art. 4 de la loi du 17 juill. 1819; — Que, dès lors, il ne pourrait être

—Il suffit de vérifier ces distances (ord. cons. d'Et. 8 avr. 1829, M. Barthélemy, rap., aff. Brunet; 6 mai 1829, M. d'Origny, rap., aff. hab. de Valence; 19 août 1829, M. Barthélemy, rap., aff. Roncin-Duval), ...en les calculant à partir de tous les points de la crête des parapets des chemins couverts (ord. cons. d'Et. 30 nov. 1832, aff. Gibou, V. n° 111).

71. Si les servitudes avaient dû être suspendues jusqu'à l'émission des ordonnances d'homologation des plans spéciaux de circonscription, il était évident que c'eût été placer l'autorité militaire dans un état d'inertie qui aurait rendu toute répression ultérieure impossible. C'est pour éviter ces inconvénients que le moyen de suppléer à ces plans a été établi par une circulaire ministérielle du 9 avr. 1821, ainsi conçue : — « Afin d'assurer l'effet des mesures répressives, en attendant l'homologation des plans spéciaux de circonscription, il sera suppléé à l'extrait qui, aux termes de l'art. 36, doit être joint aux procès-verbaux de contravention, par un fragment de plan avec échelle, dûment certifié, qui indiquera d'une manière précise la distance, l'objet et les dimensions, s'il y a lieu, de l'œuvre nouvelle dont l'entreprise aura constitué la contravention, sauf, en cas de contravention sur la distance, à procéder avec le concours de l'autorité civile, et par une exécution anticipée de l'art. 22, à la vérification contradictoire prévue par cet article, pour y être statué ce que de droit par le conseil de préfecture, à qui le jugement de ces sortes de questions est légalement attribué. » — En conséquence, le conseil de préfecture doit, sur la production d'un simple fragment de plan, produit par le chef du génie et visé par le directeur des fortifications (et sauf vérification contradictoire des distances, en cas de contestation), ordonner la démolition des constructions élevées dans la zone de défense, et condamner les contrevenants à l'amende (ord. cons. d'Et. 24 déc. 1828 (1); 15 oct. 1826, M. Feutrier, rap., aff. Roux; 21 sept. 1827, M. d'Origny, rap., aff. Castre; 26 août 1829, M. Jauffret, rap., aff. Remy); ...et s'il résulte des procès-verbaux et des plans que des constructions nouvelles ont été ajoutées, sans autorisation, à une maison située dans le rayon militaire, la démolition de ces constructions doit être ordonnée (ord. cons. d'Et. 19 août 1829, M. Barthélemy, rap., aff. Roncin-Duval).

72. Toutefois, il a été jugé : 1° qu'on doit différer l'exécution de l'arrêt de condamnation jusqu'à la délimitation définitive de la rue militaire vis-à-vis de la propriété du contrevenant (ord. cons. d'Et. 21 sept. 1827, aff. Vermond, V. n° 47); — 2° Qu'encore bien que la délimitation d'une place de guerre ne soit pas faite, si les constructions élevées sont situées dans le rayon militaire, et que procès-verbal ait été dressé de la contravention, le conseil de préfecture peut ordonner qu'il sera sursis à la continuation des constructions jusqu'après l'accomplissement des formalités prescrites pour la délimitation de la place, et qu'elles seront détruites si, par l'effet de la délimitation, elles se trouvent encore dans le rayon militaire (ord. cons. d'Et. 17 août 1825, M. Tarbé, rap., aff. Bazard).

73. La prohibition de bâtir dans la première zone des servitudes militaires n'est pas subordonnée non plus à la délimitation des communes, mais à la distance des constructions de la place de guerre; ainsi peu importe que les constructions soient élevées sur une commune autre que celle dont la place dépend. — « Considérant qu'en admettant, à l'égard du sieur Maillet, que ces constructions se trouvassent sur le territoire d'une commune autre que celle de Valence, l'application des servitudes n'est point subordonnée à la délimitation communale, mais à la distance où les constructions sont de la place de guerre » (ord. cons. d'Et. 2 sept. 1829, M. d'Origny, rap., aff. Maillet).

74. Tous les ouvrages situés dans le rayon de 250 mètres des fortifications principales sont des dépendances de la place (V. n° 21) et entraînent l'application des mêmes servitudes que la place de guerre elle-même. — C'est ce qui a été décidé (ord. cons. d'Et. 20 juill. 1832, aff. Garanton, V. n° 21-3°). — Quant aux *ouvrages détachés*, c'est-à-dire établis à plus de 250 mètres des chemins couverts de la place (V. n° 10-5°), ils ont, sur leur pourtour, suivant leur degré d'importance et les localités, des rayons de servitude égaux, soit aux rayons de l'enceinte des places et des ouvrages qui en dépendent immédiatement, soit à ceux des simples postes militaires (L. 17 juill. 1819, art. 5; ord. 1er août 1821, art. 5). Cette fixation ne pouvant être l'objet d'une règle tracée à l'avance, est déterminée, pour chaque localité, par un décret du pouvoir exécutif. — V. n° 21.

§ 2. — *Servitudes militaires. — En quoi elles consistent. — Exceptions. — Autorisation, formes.*

75. L'intérêt de l'Etat exigeait que rien ne pût nuire à la défense des places de guerre. De là la nécessité de débarrasser le voisinage de ces places de toute construction qui pourrait favoriser les attaques de l'ennemi. Tel est l'objet des servitudes militaires. — On va passer en revue, dans l'ordre adopté par le nouveau décret de 1853 : 1° les servitudes relatives aux nouvelles constructions; — 2° Les servitudes concernant les constructions existantes; — 3° Les exceptions admises par le législateur; — 4° Les formalités à remplir par ceux qui élèvent ou font élever des constructions dans la zone des servitudes.

76. 1° *Servitudes relatives aux nouvelles constructions.* — L'ord. de 1713 interdisait, dans le rayon de 250 toises, les constructions en *maçonnerie*, seulement elle autorisait par cela même implicitement les constructions en *terre* et en *bois*, à quelque proximité que ce fût de l'enceinte fortifiée. Le décret de 1791 et la loi de 1819 furent plus sévères et ont grevé les propriétés situées dans la première zone de servitudes beaucoup plus onéreuses qu'elles ne l'étaient auparavant. — L'art. 7 du décret du

compris dans ladite zone que par le tracé du polygone de circonscription qui doit en former la limite légale; — Considérant qu'il résulte de l'art. 6 de la loi du 17 juill. 1819, du § 1 de l'art. 8, de l'art. 2, auquel l'art. 6 se réfère, et de l'art. 3, qui en est le complément : — 1° Que les distances fixées par ladite loi, et par celle du 10 juill. 1791, doivent être mesurées à partir des lignes déterminées par lesdites lois, sur les capitales de l'enceinte et des dehors; que les points extrêmes de ces capitales doivent être marqués par des bornes qui, réunies de proche en proche par des lignes droites, servent de limites extérieures au terrain soumis auxdites servitudes; que les procès-verbaux de ce bornage doivent être dressés par les ingénieurs civils et militaires, en présence des maires et adjoints des communes intéressées, et que ces fonctionnaires peuvent y faire inscrire leurs avis et observations; — 2° Que ces bornes doivent être rattachées à des points fixes, et rapportées sur le plan de circonscription; — 3° Que ce plan doit être déposé en expédition à la sous-préfecture, et homologué par une ordonnance du roi, qui statue en même temps sur les polygones exceptionnels autorisés par l'art. 3, et, s'il y a lieu, sur les avis et observations mentionnés en l'art. 6; qu'après l'accomplissement de ces formalités, toutes les propriétés comprises dans la première zone, doivent être soumises aux servitudes défensives, alors même qu'elles seraient situées à plus de 250 mètres; — Que l'exercice desdites servitudes n'est point subordonné à la rédaction des plans parcellaires et des états descriptifs prescrits par les deux derniers paragraphes de l'art. 8, ni à la notification ordonnée par l'art. 9 de la loi du 17 juill. 1819, formalités qui n'ont pour objet que de constater l'état des constructions existantes et de rendre plus facile la vérification des œuvres nouvelles; — D'où il suit : 1° que le conseil de préfecture du département du Nord, en établissant dans ses motifs que l'exercice des servitudes défensives était subordonné à cette notification, a fait une fausse application de la loi de 1819; 2° mais qu'il a bien et justement décidé que les formalités prescrites par les art. 2, 3 et 6, et par le § 1 de l'art. 8, n'ayant pas été remplies pour la place de Lille, le hangar du sieur Fourdin, situé à plus de 250 mètres du parapet des ouvrages les plus avancés, ne se trouvait pas légalement compris dans la première zone des servitudes militaires; — Que, dès lors, sans adopter tous les motifs dudit conseil de préfecture, il y a lieu de maintenir la disposition de son arrêté; — Le pourvoi de notre ministre de la guerre est rejeté.

Du 16 déc. 1835.-Ord. cons. d'Et.-M. Ferri-Pisani, rap.

(1) (Ville de Langres et de Chaumont.) — Charles, etc.; — Considérant que l'exercice de la servitude, établie dans l'intérêt de la défense par l'art. 4 de la loi du 17 juill. 1819, n'est pas subordonné à l'exécution du plan spécial de circonscription prescrit par l'art. 2 de ladite loi; — Que, dans les cas dont il s'agit, les fragments de plan produits par les chefs du génie et visés par le directeur des fortifications, déterminent les distances auxquelles les nouvelles constructions se trouvent des remparts existants, et qu'ils suffisaient pour que le conseil de préfecture pût appliquer l'art. 4 de la loi aux constructions litigieuses, et, en cas de contestation, ordonner la vérification contradictoire de la distance, dans les formes prescrites par ladite loi; — Considérant, d'ailleurs, que les distances ne sont point contestées; — L'arrêté du conseil de préfecture est annulé.

Du 24 déc. 1828.-Ord. cons. d'Et.-M. de Rozières, rap.

10 août 1853, a reproduit les règles déjà posées dans l'art. 4 de la loi de 1819 et 1 de l'ord. du 1er août 1821, dans les termes suivants : « dans la *première zone* (qui s'étend autour des places de guerre et des postes classés, à partir des fortifications jusqu'à la distance de 250 mètres), il ne peut être fait aucune construction de quelque nature qu'elle puisse être, à l'exception, toutefois, de clôtures ou haies sèches ou en planches à claire-voie, sans pans de bois ni maçonnerie, lesquelles peuvent être établies librement. »

77. Il a été décidé : 1° qu'il y a lieu de condamner à la démolition les particuliers qui, en contravention à l'art. 4 de la loi du 17 juill. 1819 élèvent des constructions dans le rayon de 250 mètres autour des places fortes (ord. cons. d'Ét. 6 mai 1829, M. d'Origny, rap., aff. ville de Valence; 9 juin 1830, M. d'Origny, rap., aff. Doré, etc.); — 2° Qu'il suffit que des constructions en maçonnerie aient été élevées, depuis le décret du 8 juill. 1791, dans la première zone des servitudes des places de guerre, pour qu'on ait dû en ordonner la destruction, alors même que, d'après un ancien arrêt du conseil, rendu en faveur de ses auteurs, le contrevenant eût pu élever de pareilles constructions : — « Considérant que, quelle que soit l'interprétation dont l'arrêt du conseil du 29 déc. 1790, invoqué par le sieur Vidal, serait susceptible, les dispositions de cet arrêt ne sauraient prévaloir contre les dispositions générales et absolues de la loi précitée » (ord. cons. d'Ét. 13 nov. 1835, M. Ferri Pisani, rap., aff. Vidal). — En effet, un titre privé ne peut déroger aux prohibitions prononcées par les lois de 1791 et 1819, les servitudes militaires étant d'*utilité publique* (ord. cons. d'Et. 7 déc. 1832, aff. Lecocq, V. n° 111-2°); — 3° Que la démolition des constructions établies, dans le rayon de la première zone, par une ville classée comme ville de guerre, doit être ordonnée, si mieux elle n'aime souscrire la soumission de détruire ces constructions à la première réquisition de l'autorité militaire, bien que l'ordonnance de classement oblige l'Etat à racheter les terrains compris dans les anciennes fortifications et dont il n'est pas propriétaire, et que ce rachat n'ait pas été opéré : — « Considérant que l'application des lois sus-visées (arrêt du conseil 27 fév. 1765; L. 8 juill. 1791 et 17 juill. 1819; ord. 1er août 1821) est indépendante de toute question de propriété de la part de l'Etat » (ord. cons. d'Et. 6 août 1840, M. Gomel, rap., aff. ville de Carignan; du même jour, huit décisions identiques).

78. L'interdiction porte sur toute espèce de construction; *de quelque nature qu'elle puisse être*, dit l'art. 7 précité. Ainsi sont interdits et doivent être démolis s'ils se trouvent dans le rayon de 250 mètres autour de la place : 1° un appentis en charpente couvert d'ardoises : il ne pourrait être toléré sous le prétexte de son peu d'importance et de son ancienneté (ord. cons. d'Et. 8 juin 1832, M. Brière, rap., aff. Hennequin); — 2° La construction d'un hangar en planche et sans maçonnerie (ord. cons. d'Et. 8 avril 1829, M. d'Origny, rap., aff. Fournier), ...encore bien qu'il ne consiste qu'en quelques planches superposées, non clouées, et soutenues par six soliveaux appuyés contre un mur de clôture préexistant, et que le tout pourrait être enlevé à la main en quelques instants (ord. cons. d'Et. 2 ou 27 oct. 1837, M. Ferri-Pisani, rap., aff. Mollot); — 3° Des tringles en bois posées sur des claires-voies, ajoutées à des hangars dont la construction avait été autorisée, et des cheminées en maçonnerie de briques (ord. cons. d'Et. 29 juin 1844, M. Bouchené, rap., aff. Orange); — 4° Une clôture en pierres sèches, même superposées sans régularité (ord. cons. d'Et. 31 déc. 1838, M. Fumeron d'Ardeuil, rap., aff. Labbé); — 5° Un barrage établi dans un cours d'eau (ord. cons. d'Et. 5 fév. 1841, M. Gomel, rap., aff. Roubo).

79. Les *haies* vives et les plantations d'*arbres* ou d'arbustes formant haies sont spécialement interdites dans cette zone (mêmes articles). — Décidé que la plantation de haies vives, dans la première zone des servitudes militaires et des ouvrages en bois mort garnis de bois vivaces semblables aux haies, sont interdits, même dans le cas où il ne s'agit que d'entretenir les haies vives existant lors de la promulgation de la loi du 17 juill. 1819, et de l'ord. du 1er août 1821 (ord. cons. d'Et. 2 (ou 3) mai 1837, M. Dode, rap., aff. Cuvelier; V. M. Foucart, Droit admin., t. 2, n° 47 et suiv.).

80. « Au delà de la première zone jusqu'à la limite de la *deuxième* (487 mètres des fortifications), il est également interdit, autour des places de la *première série*, d'exécuter aucune construction quelconque en maçonnerie ou en pisé. Mais il est permis d'élever des constructions en bois et en terre, sans y employer de pierres ni de briques, même de chaux ni de plâtre, autrement qu'en crépissage, et à la charge de les démolir immédiatement, et d'enlever les décombres et matériaux, sans indemnité, à la première réquisition de l'autorité militaire, dans le cas où la place, déclarée en état de guerre, serait menacée d'hostilités » (ord. 1er août 1821, art. 2; décr. 10 août 1853, art. 8). — Il a été jugé : 1° que la prohibition de bâtir n'est pas applicable à une maison située à 281 mètres de distance du mur d'enceinte, sauf la charge de démolition sans indemnité dans le cas où la place serait déclarée en état de guerre (ord. cons. d'Et. 2 sept. 1829, M. d'Origny, rap., aff. Maillet); — 2° Qu'il suffit que les travaux exécutés dans la deuxième zone de servitudes défensives d'une place de guerre de première classe constituent une œuvre nouvelle, et ne puissent être considérés comme de simples réparations, pour qu'on ait dû en ordonner la démolition (ord. cons. d'Et. 27 nov. 1835, aff. Delontaine, V. n° 109).

81. L'art. 31 du décret du 8 juill. 1791, permettait d'élever autour des places de guerre de première et de deuxième classe, des bâtiments et clôtures en bois et en terre, sans y employer de chaux ni de plâtre autrement qu'en crépissage; cet article autorisait-il, par cela même, des constructions en pisé, c'est-à-dire en terre desséchée? L'affirmative avait été adoptée (ord. cons. d'Et. 31 juill. 1843, M. Gomel, rap., aff. Bonnier, V. M. Jousselin, t. 1, p. 100 et suiv.). — Mais cette jurisprudence n'a pas été consacrée par le décret de 1853, qui défend formellement les constructions en pisé.

82. Les servitudes sont moins rigoureuses à l'égard des *places* de la deuxième série et des *postes* militaires. Ainsi, « dans la même étendue, c'est-à-dire entre les limites de la première et de la deuxième zone, il est permis, tout autour des places de la deuxième série et des postes militaires, d'élever des constructions quelconques. Mais, le cas arrivant où ces places et postes sont déclarés en état de guerre, les démolitions qui sont jugées nécessaires n'entraînent aucune indemnité pour les propriétaires » (ord. 1er août 1821, art. 3; décr. 10 août 1853, art. 8).

83. « Dans la troisième zone de servitudes (qui s'étend à 974 mètres pour les places et 584 mètres pour les postes), il ne peut être fait aucun chemin, aucune levée ni chaussée, aucun exhaussement de terrain, aucune fouille ou excavation, aucune exploitation de carrière, aucune construction au-dessous du niveau du sol, avec ou sans maçonnerie, enfin aucun dépôt de matériaux ou autres objets, sans que leur alignement ou leur position n'aient été concertés avec les officiers du génie, et que, d'après ce concert, le ministre de la guerre n'ait déterminé ou fait déterminer par un décret les conditions auxquelles les travaux doivent être assujettis dans chaque cas particulier, afin de concilier les intérêts de la défense avec ceux de l'industrie, de l'agriculture et du commerce. — Dans la même étendue, les décombres provenant des bâtisses et autres travaux quelconques ne peuvent être déposés que dans les lieux indiqués par les officiers du génie; sont exceptés toutefois de cette disposition ceux des détriments destinés à servir d'engrais aux terres, et pour les dépôts desquels les particuliers n'éprouvent aucune gêne, pourvu qu'ils évitent de les entasser. — Enfin, dans la même zone, il est défendu d'exécuter aucune opération de topographie sans le consentement de l'autorité militaire. Ce consentement ne peut être refusé, lorsqu'il ne s'agit que d'opérations relatives à l'arpentage des propriétés » (ord. 1er août 1821, art. 4; décr. 10 août 1853, art. 9). — La rédaction des art. 4 de l'ordonnance de 1821 et 9 du décret de 1853 pourrait faire croire, au premier abord, que les prohibitions qu'ils contiennent ne s'appliquent que dans la troisième zone, et que, dans les zones plus rapprochées de la place, ces prohibitions cessent d'exister. Mais il n'en est pas ainsi. Cet ordre de servitudes grève toute l'étendue de la zone des servitudes, depuis les fortifications jusqu'à ses limites les plus reculées. Du reste la rédaction de la loi de 1791, plus claire à cet égard, fait mieux comprendre la volonté du législateur : « Il ne sera fait aucun chemin, dit l'art. 29 de cette loi, ni creusé aucun fossé, *dans l'étendue de* 500 *toises autour des places.* » — C'est, du reste, ce qui résulte des motifs de la plupart des ordonnances qui suivent (V. aussi M. Jousselin, Servit. d'ut. pub., t. 1, p. 98). — A plus forte raison, encore, cette prohibition s'applique-t-elle aux dépôts faits sur le terrain militaire intérieur (ord. cons. d'Et. 10 juill. 1833 (1); 25 août 1835, M. Ferri-Pisani, rap., aff. Mongrard; 13 nov. 1835, M. Ferri-Pisani, rap., aff. Fisson; 2 juill. 1836, M. Ferri-Pisani, rap., aff. Poitet), les particuliers n'ayant sur ce terrain aucune espèce de droits.

84. Tous les *dépôts* de matériaux autres que les *engrais* sont prohibés dans les lieux qui n'ont pas été indiqués par les officiers du génie. — Ainsi, il a été décidé : 1° que les dépôts de charbon et de cendre fossile opérés dans le rayon d'attaque des places de guerre constituent une contravention (ord. cons. d'Et. 28 juill. 1824) (2); — 2° Qu'il en est de même d'un dépôt de bois de menuiserie, bien que s'évacuant journellement (ord. cons. d'Et. 13 nov. 1835, M. Ferri-Pisani, rap., aff. Fisson); — 3° Que les dépôts de décombres faits sans la permission des autorités militaires, constituent des contraventions, même alors qu'ils auraient pour objet de faire disparaître des causes d'insalubrité (ord. cons. d'Et. 6 avril 1836) (3); — 4° Que l'individu qui fait élever sans autorisation, sur le terrain qu'il tient à loyer, et dans le rayon prohibé, une rampe en remblais, à l'effet d'accéder à une route qui confine ce terrain, commet une contravention (ord. cons. d'Et. 6 avril 1836, M. de Luçay, rap., aff. Frapart et aff. Taupin); — 5° Qu'il y a double contravention dans le fait d'un propriétaire d'avoir, sur son terrain, et sans autorisation, fait dans le rayon prohibé d'une place militaire des excavations et des dépôts de briques (ord. cons. d'Et. 20 déc. 1836, aff. Nel, V. n° 110).

85. A l'égard des *travaux publics* à exécuter dans l'étendue de la zone des servitudes, V. Travaux publics.

86. 2° *Servitudes concernant les constructions existantes.* —Malgré la nécessité de dégager les environs des places de guerre de toutes espèces de constructions, le législateur n'a point ordonné la destruction immédiate de celles qui existaient dans les zones de prohibition avant l'établissement des servitudes militaires. Seulement elles sont soumises à des dispositions particulières.—Il est à remarquer que ces constructions sont, aussi bien que celles élevées avec permission postérieurement à l'établissement des servitudes, susceptibles d'être démolies par l'autorité militaire en cas de guerre; mais il existe entre elles cette différence que celles qui sont antérieures à l'existence des servitudes donnent lieu, en cas de démolition pour la défense de la place, à une indemnité, tandis que les constructions élevées postérieurement n'y donnent aucun droit.

87. Les §§ 2 et 3 de l'art. 8 de la loi du 17 juill. 1819 voulaient que le plan de circonscription contînt sans exception toutes les bâtisses existant dans les zones de servitude au moment où il était dressé, et qu'il fût tenu au courant de toutes celles qui étaient élevées par la suite en vertu d'autorisations. Ce plan devait être accompagné d'un état descriptif, dont l'art. 9 ordonnait la notification aux parties intéressées.—Ces dispositions avaient de grands inconvénients qui ont été signalés dans un rapport du 14 janv. 1851 fait par le général en chef du génie au ministre de la guerre (V. rapport de la loi de 1851, D. P. 51. 4. 132).— Aussi ont-elles été abrogées par l'art. 8 de la loi du 10 juill. 1851. — Il suffit aujourd'hui de rapporter sur le plan les constructions antérieures à l'établissement des servitudes et qui donnent droit à une indemnité en cas de démolition.

88. Les règles relatives à la confection de ce plan et de l'état descriptif, aux formes à suivre pour établir la priorité d'existence des constructions, à la juridiction appelée à statuer sur les difficultés, aux voies de recours, etc., sont déterminées par les art. 30 et suiv. du décret de 1853 (D. P. 53. 4. 216). — Quant aux questions de compétence, V. n°s 144 et suiv.

89. La preuve de l'antériorité d'existence est toujours à la charge des propriétaires. Ainsi jugé que la maison située dans la première zone et sur un terrain soumis aux servitudes défensives, d'après l'ord. de 1713, doit être démolie, alors que le propriétaire ne produit aucun titre ou document constatant l'existence de sa maison antérieurement à cette ordonnance (ord. cons. d'Et. 14 déc. 1832 (4); V. aussi n° 132; Conf. M. Jousselin, t. 1, p. 110; — *Contrà*, M. Delalleau, n° 289).

90. La conservation des maisons qui existaient avant l'éta-

---

(1) *Espèce :* — (Ville de Sedan *C.* le min. de la guerre.) — La ville de Sedan avait fait un dépôt de pavés dans les rayons de servitude militaire. Le procès-verbal de cette contravention est dressé, le conseil de préfecture des Ardennes reconnaît le droit de la ville, par le motif que la loi, en autorisant dans l'étendue des servitudes de guerre un dépôt de décombres, avait *à fortiori* permis un dépôt de pavés. — Recours du ministre de la guerre; il soutient que le conseil de préfecture fait une distinction contraire à la loi du 10 juill. 1791 et à la législation subséquente.

Louis-Philippe, etc.; — Vu les lois des 10 juill. 1791 et 19 juill. 1819; — Vu l'ordonnance royale du 13 août 1821, qui fixe le mode d'exécution de ladite loi du 19 juill. 1819; — Considérant qu'aux termes de l'art. 34 de la loi du 10 juill. 1791, et l'art. 4 de l'ordonnance royale du 1er août 1821, tous les dépôts ont été prohibés d'une manière générale, dans l'étendue des trois zones de servitude, et à plus forte raison sur le terrain militaire; d'où il suit qu'en renvoyant la ville de Sédan des faits des procès-verbaux dressés le 9 juin 1832, le conseil de préfecture a fait, par les deux arrêtés attaqués, une fausse application de la loi et de l'ordonnance royale ci-dessus visées;

Art. 1. Les arrêtés du conseil de préfecture des Ardennes, du 14 août 1832, sont annulés;

Art. 2. La ville de Sedan est condamnée à faire enlever les dépôts de pavés, qui font l'objet des procès-verbaux du 9 juin 1832, s'ils ne l'ont pas été dans les huit jours de la signification de la présente ordonnance.

Du 10 juill. 1833.-Ord. cons. d'Et.-M. Boivin, rap.

(2) (Leleu.) — Louis, etc.; — Vu la loi du 29 flor. an 10; l'art. 34, tit. 1, loi du 10 juill. 1791; l'art. 72, décr. du 24 déc. 1811; les art. 11 et 13, loi 17 juill. 1819; — Considérant qu'aux termes des lois ci-dessus visées le conseil de préfecture était compétent pour connaître des contraventions imputées au sieur Henry Leleu; — Considérant que les arrêtés attaqués ne s'appliquent qu'aux dépôts de charbons de terre, et non aux engrais; — Considérant que, sur les réclamations faites par le sieur Henry Leleu, contre l'ordre à lui donné d'enlever les dépôts dont il s'agit, notre ministre de la guerre lui avait accordé successivement deux délais pour en effectuer le déplacement, et que ce n'est qu'après l'expiration desdits délais qu'il a été dressé des procès-verbaux par suite desquels la contravention a été déférée au conseil de préfecture;—Considérant que ce conseil a fait une juste application des lois et règlements militaires, en ce qui concerne leur analogie avec les règlements de voirie; — Art. 1. La requête... est rejetée.

Du 28 juill. 1824.-Ord. cons. d'Et.-M. Tarbé, rap.

(3) *Espèce :* — (Min. de la guerre *C.* Bachelet, etc.) — Les dépôts de matériaux avaient eu lieu, dans l'espèce, pour combler des criques dont la suppression avait été approuvée et prescrite par les autorités locales, pour faire disparaître des eaux dormantes et infectes, et comme mesure sanitaire, lors de l'invasion du choléra. — Le ministre de la guerre soutenait d'abord que les travaux exécutés pouvaient avoir une grande influence sur la défense de la ville du Havre, parce que, s'ils se multipliaient, ils paralyseraient l'inondation de la partie nord-est de cette place; ensuite que, fussent-ils sans aucun inconvénient, ils ne pouvaient être faits sans le consentement de l'autorité militaire.

Louis-Philippe, etc.; — Vu la loi du 8-10 juill. 1791, celle du 17 juill. 1819, l'ordonnance du 1er août 1821; — Considérant qu'aux termes de l'art. 34 de la loi du 8-10 juill. 1791, sus-visée, il est interdit, dans un rayon de 500 toises (974 mètres) de la crête des parapets des chemins couverts les plus avancés des places de guerre, de déposer aucuns décombres dans des lieux autres que ceux indiqués par les agents de l'autorité militaire; — Qu'il résulte du procès-verbal sus-visé du garde du génie des fortifications du Havre, que le sieur Bachelet a fait remblayer, au moyen de terres ou décombres, et sans autorisation desdits agents, une crique située le long de sa propriété et comprise dans les limites prohibées de ladite place; — Qu'ainsi c'est à tort que le conseil de préfecture n'a point ordonné la répression de cette contravention; — Art. 1. L'arrêté du conseil de préfecture de la Seine-Inférieure, du 15 fév. 1833, est annulé; — Art. 2. Le sieur Bachelet sera tenu de rétablir, sur la notification de la présente ordonnance, la crique située le long de sa propriété et par lui comblée.

Du 6 avr. 1836.-Ord. cons. d'Et.-M. Luçay, rap.

(4) (Min. de la guerre *C.* Levesque.) — Louis-Philippe, etc.; — Considérant que, du fragment du plan et du procès-verbal ci-dessus visés, il résulte qu'en prenant pour ligne de départ la nouvelle ou l'ancienne enceinte, la maison du sieur Levesque est dans la première zone des terrains soumis aux servitudes défensives; — Considérant que cette maison est bâtie sur un terrain soumis aux servitudes défensives, depuis l'ordonnance de 1713; — Que, si le sieur Levesque produisait des titres de propriété ou autres documents propres à établir l'antériorité d'existence de sa maison, l'appréciation de ces titres devrait être renvoyée

blissement des servitudes est une simple tolérance et ne confère aucun droit. Il suit de là que si ces maisons sont démolies, pour quelque cause que ce soit, il n'est permis au propriétaire de les reconstruire, qu'en se conformant aux règles qui régissent la propriété privée dans l'étendue des zones de prohibition.—Telle est la disposition de l'art. 10 du décret de 1853, ainsi conçu : « Les reconstructions totales de maisons, clôtures et autres bâtisses sont soumises aux mêmes prohibitions que les constructions neuves, quelle qu'ait pu ou que puisse être la cause de la destruction. — Les restaurations de bâtiments, clôtures et autres ouvrages tombant par vétusté ou pour une cause quelconque constituent des reconstructions totales, lors même qu'on voudrait, dans ces restaurations, conserver quelques parties des anciennes constructions. » — Le § 1 de cet article est conçu dans les mêmes termes que le § 2 de l'art. 1 de l'ordonnance du 1er août 1821. — Il a été jugé par application de ce dernier article : 1° que la prohibition s'applique même à une maison en pièces de bois chevillées pour être démontées facilement, substituée à des ouvrages en maçonnerie, et bien qu'elle soit située dans une excavation profonde, hors des feux des remparts (ord. cons. d'Ét. 4 juill. 1837) (1); — 2° Que la loi, en défendant les constructions autour des places de guerre, dans un rayon de 250 mètres, comprend aussi bien la reconstruction totale que la construction neuve, et la démolition volontaire, que celle qui est opérée par une autre cause : on dirait en vain que la construction nouvelle est la même que celle qui existait (ord. cons. d'Ét. 10 juill. 1837, M. Ferri-Pisani, rap., aff. Legall-Kerven et aff. Mayer Cerf); — 3° Que la construction de fourneaux, cuviers et voûtes en maçonnerie, dans les bâtiments d'un établissement industriel situé dans la première zone des servitudes militaires, ne peut avoir lieu sans autorisation préalable (ord. c. d'Ét. 30 juill. 1840) (2);—4° Qu'il en est de même soit du rétablissement de la couverture d'un moulin en forme de terrasse, ainsi que dans la reconstruction et l'exhaussement d'un des murs de face de ce moulin et du mur de clôture de la propriété dont il dépend (ord. cons. d'Ét. 27 avril 1847, aff. Leandri),... soit de la reconstruction en maçonnerie de moellons et mortiers de chaux des parties en pisé des façades d'une écurie (décis. cons. d'Ét. 1er juin 1849, aff. Mac-Auleffe); — 5° Que si les travaux faits par le contrevenant constituent une consolidation de sa propriété, située dans le rayon d'une place militaire, et excèdent les bornes d'une simple réparation, il y a lieu de le condamner à remettre les lieux dans leur premier état en démolissant les travaux par lui faits, alors d'ailleurs qu'ils ont été opérés sans une autorisation préalable (ord. cons. d'Ét. 30 nov. 1832, aff. Gibou, V. n° 111).

91. Néanmoins, ces constructions peuvent être entretenues dans leur état actuel.—A cet égard, le décret de 1853 distingue les bâtisses en *bois* ou en *bois et terre*, et les bâtisses en *maçonnerie*. — A l'égard des premières, l'art. 11 du décret dispose : « Les bâtisses en *bois* ou *en bois et terre*, existant dans la limite de 487 mètres ne peuvent être entretenues dans leur état actuel qu'autant qu'il n'est apporté aucun changement dans leurs formes et leurs dimensions, et que sous les restrictions expresses : 1° que les matériaux de réparation et de reconstruction partielle sont de même nature que ceux précédemment mis en œuvre; — 2° Que la masse des constructions existantes n'est point accrue. » — Cet article reproduit, avec quelques changements de rédaction, les dispositions de l'art. 25 de l'ord. de 1821. — L'art. 12 du décret a pour objet l'entretien des *bâtisses en maçonnerie*, il est ainsi conçu : « La disposition qui précède s'applique aussi, pour les places de la deuxième série et des postes militaires, aux constructions en maçonnerie situées au delà de la première zone, jusqu'à la limite de 487 mètres. — Les bâtisses en maçonnerie situées dans la zone de 250 mètres des places et des postes, ou dans celle de 487 mètres des places de la première série, ne peuvent être entretenues librement, dans leur état actuel, qu'à la charge expresse de les soumettre aux restrictions mentionnées à l'art. 11, et de ne faire en outre aucun des travaux de la nature de ceux qui sont légalement prohibés en matière de voirie, c'est-à-dire de reprises en sous-œuvre, de grosses réparations et autres travaux confortatifs, soit à leurs fondations ou à leur rez-de-chaussée, s'il s'agit de bâtiments d'habitation; soit, pour les simples clôtures, jusqu'à moitié de leur hauteur, mesurée sur leur parement extérieur; soit, pour toutes les autres constructions, jusqu'à 3 mètres au-dessus du sol extérieur. — Ces derniers travaux ne peuvent être exécutés qu'autant que le propriétaire fournit la preuve que la bâtisse existait, dans sa nature et ses dimensions actuelles, antérieurement à l'époque de l'établissement des servitudes dont elle est grevée, ou justifie qu'elle a déjà fait l'objet d'un engagement de démolition sans indemnité, pour le cas prévu à l'art. 8, ou, enfin, à défaut de l'une ou de l'autre de ces justifications, souscrit préalablement

---

aux tribunaux; — Mais que le sieur Levesque n'a excipé devant le conseil de préfecture, ni excipé devant nous, d'aucun titre ou document de cette espèce; — Qu'il est, dès lors, non recevable à réclamer le bénéfice des art. 25 et 29 de l'ordonnance du 1er août 1821; — Considérant qu'au lieu de juger cette question, le conseil de préfecture a statué sur la priorité d'existence, et qu'en cela il a excédé sa compétence;

Art. 1. L'arrêté du conseil de préfecture de la Manche, en date du 17 mai 1831, est annulé pour cause d'incompétence; — Art. 2. Le sieur de Sainte-Croix, propriétaire actuel de la maison dont il s'agit, démolira, dans les trois mois du jour de la notification de la présente ordonnance, les constructions mentionnées au procès-verbal ci-dessus visé, et rétablira l'ancien état des lieux, si mieux il n'aime faire, dans ledit délai, la soumission de démolir lesdites constructions, dans le même cas que celui prévu par l'art. 2 de l'ordonnance du 1er août 1831.

Du 14 déc. 1832.-Ord. cons. d'Et.-M. Ferri-Pisani, rap.

(1) (Lebrun.) — LOUIS-PHILIPPE, etc.; — Vu les lois des 10 juill. 1791 et 17 juill. 1819; — Vu l'ordonnance du 1er août 1821; — Vu le décret du 22 juill. 1806; — Au fond : — Considérant que la place de Brest et ses dépendances ont été rangées, par la loi du 10 juill. 1791, dans la série des places de guerre de première classe; — Que l'ordonnance du 1er août 1821, rendue en exécution de la loi du 17 juill. 1819, a maintenu, pour lesdites dépendances, l'exercice des mêmes servitudes militaires que pour la place de Brest; — Considérant que l'application des règles relatives aux contraventions en matière de servitudes militaires n'est pas subordonnée à l'exécution du plan de délimitation, prescrit par les art. 6 et suiv. de la loi du 17 juill. 1819, et que, jusqu'à la confection définitive de ce plan, il y a contravention toutes les fois que des constructions ont été élevées à la distance prohibée par la loi; — Considérant que les lois ci-dessus visées n'ont pas distingué la reconstruction totale d'une construction neuve, ni la démolition volontaire de celle qui est opérée par une autre cause, et qu'elles n'ont point eu égard au rapport que la nouvelle construction peut avoir avec l'ancienne, en dimension et en solidité; — Considérant qu'il est établi, par le procès-verbal du 20 août 1830, que la construction litigieuse a été élevée sur le bord de la grande route, et que, dans tous les cas, la formalité prescrite par les art. 32 et 34 de l'ordonnance royale du 1er août 1831 n'est pas exigée à peine de nullité; — Art. 1. L'opposition du sieur Lebrun est rejetée.

Du 4 juill. 1837.-Ord. cons. d'Et.-M. Ferri-Pisani, rap.

(2) *Espèce* : — (Rampal.) — Le sieur Rampal, propriétaire d'une savonnerie située à Marseille, sur la zone de servitude du fort Saint-Nicolas, avait fait reconstruire des fourneaux établis dans un hangar dépendant de cette savonnerie, réparer à neuf les voûtes qui les recouvraient, et placer sur ces voûtes des cuviers en pierre. — Il fut condamné à la démolition de ces travaux comme faits sans autorisation. — Recours au conseil d'Etat. Il soutient que l'autorisation n'était pas nécessaire, en raison de la nature des travaux attaqués, et qu'il avait simplement encouru une amende pour n'avoir pas fait la déclaration prescrite par l'art. 30 de l'ordonnance du 1er août 1821.

LOUIS-PHILIPPE, etc.; — Vu les lois des 8 juill. 1791 et 17 juill. 1819; — Vu l'ordonnance du 1er août 1821; vu l'arrêt du conseil du 27 fév. 1765; — Considérant que les forts de Marseille ont été classés comme places de guerre par l'ordonnance du 1er août 1821, rendue pour l'exécution de la loi du 17 juill. 1819; — Que l'étendue de la zone des servitudes du fort Saint-Nicolas, à Marseille, a été fixée du côté de la ville par une décision du 9 janv. 1828; — Considérant qu'il résulte du procès-verbal ci-dessus visé que le sieur Rampal a fait sans autorisation des constructions et reconstructions dans sa propriété située à Marseille, dans le rayon des servitudes déterminé par ladite décision; que, dès lors, il a contrevenu aux dispositions des lois des 8 juill. 1791 et 17 juill. 1819, et de l'ordonnance du 1er avr. 1821; — Considérant qu'il y a lieu, à raison des circonstances de l'affaire, de modérer l'amende fixée par l'arrêt du conseil du 27 fév. 1765; — Art. 1. La requête du sieur Rampal est rejetée; — Art. 2. L'amende prononcée contre le sieur Rampal par l'arrêté du conseil de préfecture est réduite à 25 fr.

Du 30 juill. 1840.-Ord. cons. d'Et.-M. Gomel, rap.

l'engagement dont il s'agit » (V. les art. 26 et 27 de l'ord. de 1821).

92. La prohibition consacrée par ces articles s'applique à toute espèce de modifications aux constructions existantes, alors même que les réparations auraient pour objet d'en diminuer l'étendue ou la hauteur.—Ainsi il a été jugé : 1° que le propriétaire d'une masure qui, autorisé par le génie militaire à la couvrir en planches, la couvre en ardoise et y pratique une porte, contrevient aux lois des 10 juill. 1791, 17 juill. 1819 et à l'ord. du 1er août 1821, et peut, en conséquence, être condamné à démolir cette toiture, bien que par cette transformation la hauteur de la masure soit considérablement abaissée; il dirait en vain qu'elle constitue une simple réparation (ord. cons. d'Et. 7 déc. 1825) (1); — 2° Que les circonstances que la maison construite par un propriétaire sur son terrain, situé dans la première zone des servitudes militaires d'une place de guerre, aurait remplacé une autre construction plus considérable, ou que d'autres propriétés subsistantes seraient plus nuisibles à la place que la nouvelle construction, ne sauraient suffire pour autoriser le conseil de préfecture à tolérer la contravention commise : seulement, on pourrait, s'il y avait lieu, ordonner la fixation de polygones exceptionnels, dans les cas déterminés par les art. 1 de la loi du 17 juill. 1819, et 7 et 8 de l'ord. du 1er août 1821 (ord. cons. d'Et. 16 août 1832) (2).

93. La prohibition de changer l'état actuel des lieux s'oppose à ce que les constructions existantes soient exhaussées. — Il a été jugé par exemple, 1° que le particulier qui, sans en avoir préalablement obtenu l'autorisation, établit dans le rayon militaire une couverture en planches, supportée par poutres et chevrons, sur une vieille maçonnerie, doit être condamné à la démolition et à l'amende (ord. cons. d'Et. 13 juin 1830) (3); — 2° Que l'exhaussement, même en charpente, des murs d'une maison, dans la première zone des servitudes militaires, opéré d'ailleurs sans autorisation, ne peut être considéré comme simple réparation; qu'il y a lieu, dès lors, à ordonner la démolition (ord. cons. d'Et. 16 août 1832, M. Vivien, rap., aff. Sabine; du même jour, deux autres ordonnances identiques); — 3° Que les lois et règlements relatifs aux servitudes militaires interdisent l'exhaussement des bâtisses existantes, quelles que soient les dimensions de cet exhaussement; et, par exemple, s'il est fait au moyen de montants en bois pour la réparation de la toiture de la maison : on dirait en vain qu'il ne sert qu'à garantir de la pluie et non à consolider (ord. cons. d'Et. 4 juill. 1837 (4); du même jour, aff. Legall-Kerven).

94. Les dispositions qui précèdent s'appliquent aux maisons, bâtiments et clôtures qui se trouvent sur le terrain de la rue militaire. — Et spécialement la prohibition d'accroître par des bâtisses nouvelles, les constructions existantes sur l'alignement d'une rue militaire, s'oppose à ce que ces constructions puissent être surélevées (ord. cons. d'Et. 24 déc. 1844, aff. Meyer-Lippmann, D. P. 45. 3. 80).

95. M. Delalleau, p. 262, pense que, quant à l'intérieur de ces bâtiments, le propriétaire peut faire tous les changements de distribution qu'il lui plaît. Nous ajouterons : pourvu que, dans les cloisons et dans les constructions intérieures, on observe l'art. 13, § 4, du décret de 1853.

96. Quant aux constructions élevées dans l'intervalle de la loi de 1819 à l'ordonnance de 1821, elles sont soumises aux règles établies par cette ordonnance, laquelle n'a été rendue que pour l'exécution de la loi de 1819 : il n'y a pas ici violation de la règle de non-rétroactivité (ord. cons. d'Et. 7 déc. 1825, aff. Pichard, V. n° 92-1°).

97. La loi de 1819 a agrandi, comme on l'a vu n° 61, le rayon de la première zone des servitudes. — Quant aux constructions qui, par suite de cette mesure, sont passées de la deuxième zone dans la première, l'art. 4 de cette loi en permet la conservation : là seulement se borne la tolérance établie par cet article. En conséquence, et ainsi que cela a été décidé, il ne peut être invoqué pour faire maintenir une construction élevée en contravention, avant la loi de 1819, dans l'étendue de la deuxième zone, et au delà des limites nouvelles apportées à la première zone par cette loi : — « Considérant, porte l'ordonnance, que l'exception portée à l'art. 4 de la loi du 17 juill. 1819 ne s'applique qu'aux maisons situées dans le rayon ajouté par cette loi à la première zone

(1) *Espèce* :—(Pichard C. génie militaire.)—Pichard possédait, auprès des fortifications de Granville, une vieille masure haute de 25 pieds.— Il la réduisit à 9 pieds, et obtint, en 1820, du génie militaire l'autorisation de réparer de vieux murs, de les couvrir de planches pour en faire un magasin.—Il les couvrit d'ardoise, et pratiqua une porte au mur.— Le génie militaire l'actionna devant le conseil de préfecture pour qu'il eût à détruire cette toiture, qui excédait les limites de son autorisation. —9 juillet 1824, arrêté du conseil de préfecture de la Manche, adoptant ces conclusions. — Recours par Pichard; il a dit, en substance: 1° Que les lois du 10 juillet 1791 et du 17 juillet ne soumettaient à la nécessité d'une autorisation que les constructions et reconstructions; que, quant aux réparations, elles en étaient exemptées implicitement par la première, et expressément par la seconde; — 2° Que l'ord. du 1er août 1821, qui soumet les réparations à cette formalité, étant postérieure au fait en question, ne saurait y être appliquée sans rétroagir; — 3° Que, fût-elle applicable, le défaut d'autorisation ne pourrait entraîner la destruction des travaux qu'autant que l'autorité administrative aurait, après examen, décidé que les réparations faites sont nuisibles au service de la place; qu'en tout cas, l'autorisation du génie militaire n'avait pas été enfreinte, quoiqu'on eût couvert en ardoise au lieu de couvrir en planches; que cela était sans importance, et que de même l'autorisation emportait virtuellement la faculté d'ouvrir une porte.

Charles, etc.;—Considérant que le sieur Pichard, et par la situation de sa propriété et par la nature de ses travaux, se trouvait dans le cas de l'application des dispositions des lois ci-dessus (10 juillet 1819, et l'ord. du 1er août 1821), que ce fait n'était pas contesté; que le sieur Pichard l'avait lui-même reconnu en se pourvoyant auprès de l'autorité militaire...—La requête du sieur Pichard est rejetée.

Du 7 déc. 1825.-Ord. cons. d'Ét.-M. Hutteau d'Origny, rap.

(2) (Min. de la guerre C. Lebrun.)—Louis-Philippe, etc.;—Vu les lois des 10 juillet 1791 et 17 juillet 1819, art. 3, et l'ord. du 1er août 1821, art. 1 et 30;—Considérant qu'il résulte du procès-verbal que le sieur Lebrun a, sans autorisation, fait construire une maison sur son terrain, situé dans la première zone des servitudes militaires; que cette contravention devait nécessairement être réprimée par le conseil de préfecture, en vertu des dispositions formelles de la loi, et que les considérations particulières à des propriétés spéciales ne peuvent jamais autoriser les conseils de préfecture à tolérer les contraventions à la loi, et peuvent seulement, dans les cas déterminés par les art. 3 de la loi du 17 juillet 1819, et 7 et 8 de l'ord. du 1er août 1821, donner lieu à la fixation de polygones exceptionnels, ce qui n'a pas eu lieu dans l'espèce; Art. 1. L'arrêté du conseil de préfecture du dép. du Finistère, du 10 nov. 1830, est annulé. — Art. 2. Le sieur Lebrun est condamné à démolir, dans les trois mois de la signification de la présente ordonnance, les constructions par lui faites sur le terrain énoncé au procès-verbal du 26 fév. 1830. — Art. 3. Le sieur Lebrun est condamné à 5 fr. d'amende.

Du 16 août 1832.-Ord. cons. d'Et.-M. Vivien, rap.

(3) (Penna.)—Charles, etc.; —Vu les lois des 10 juillet 1791 et 17 juillet 1819, spécialement l'art. 11 de ladite loi; —Vu l'ord. du 1er août 1821; — Considérant qu'il résulte du procès-verbal ci-dessus visé, que le sieur Penna a, sans en avoir préalablement obtenu l'autorisation, établi une couverture en planches, supportée par poutres et chevrons sur vieille maçonnerie, et maçonnerie assez nouvellement construite, dans la propriété qu'il possède à Ajaccio, faisant angle sur le glacis du bastion 29;—Considérant que le sieur Penna a ainsi contrevenu aux dispositions de l'art. 30 de la loi du 10 juillet 1791, à l'art. 3 de la loi du 17 juillet 1819, et aux art. 2, 25, 29 et 30 de l'ordonnance royale du 1er août 1821;—Art. 1. L'arrêté pris par le conseil de préfecture du département de la Corse, le 4 août 1829, est annulé. — Art. 2. Le sieur Penna est condamné à démolir, dans les trois mois de la signification de la présente ordonnance, les nouvelles constructions par lui faites et qui sont détaillées dans le susdit procès-verbal du 8 juin 1829, comme aussi, et dans ledit délai, à remettre les lieux dans leur premier état.—Art. 3. Le sieur Penna est condamné en 5 fr. d'amende.

Du 13 juin 1830.-Ord. cons. d'Et.-M. Hutteau d'Origny, rap.

(4) (Veuve Sabine.)—Louis-Philippe, etc.;—Vu les lois des 10 juillet 1791 et 17 juillet 1819;—Vu l'ord. du 1er août 1821;—Vu le décret du 22 juillet 1806;—Au fond:—Considérant que les lois et règlements ci-dessus visés, en interdisant d'une manière absolue les exhaussements des bâtisses existantes, n'ont point fait de distinction, relativement aux dimensions des exhaussements exécutés;—Considérant qu'il est établi, par le procès-verbal du 20 août 1830, que la construction litigieuse a été élevée sur le bord de la grande route, et que, dans tous les cas, la formalité prescrite, par les art. 32 et 34 de l'ord. royale du 1er août 1821, n'est pas exigée à peine de nullité;—Art. 1. L'opposition de la dame veuve Sabine est rejetée.

Du 4 juillet 1837.-Ord. cons. d'Et.-M. Ferri-Pisani, rap.

militaire déterminée par les art. 31 et 32 de la loi du 10 juill. 1791; — Que les constructions du sieur Lambinet ne sont pas situées dans cette zone, mais dans la deuxième zone de servitudes militaires de la place de Charleville; et que dès lors l'exception invoquée par le sieur Lambinet n'est pas applicable à ses constructions» (ord. cons. d'Ét. 8 sept. 1830, M. Maillard, rap., aff. Lambinet). — Il n'est pas douteux que l'art. 4 précité ne doit pas non plus protéger les constructions qui, comprises dans la première zone par la loi de 1819, étaient bâties en contravention aux règles qui régissent la deuxième zone.

98. 3° *Exceptions aux prohibitions de bâtir dans l'étendue des zones de servitudes.* — L'esprit de la législation actuelle sur les places de guerre, conforme aux tendances du gouvernement, est, autant que possible, mais sans dépasser les limites des besoins de la défense, d'exonérer la propriété privée des charges que les servitudes défensives font peser sur elle. — D'une part, en effet, le rapporteur de la loi de 1851 (D. P. 51. 4. 130) constatait qu'un grand nombre de places avaient été déclassées et transportées de la première série dans la deuxième. — D'autre part, on a vu, n° 61, qu'il est permis au gouvernement de réduire l'étendue de la rue militaire, des esplanades et même des zones de servitudes. — Enfin, on va voir que, même dans le rayon légal, le gouvernement peut, sous certaines conditions, lever les prohibitions établies par la loi. — D'abord, le décret du 8 juill. 1791 autorise le ministre de la guerre à permettre, dans le rayon de la première zone, l'établissement de moulins ou usines, à condition qu'ils ne seront composés que d'un rez-de-chaussée, et à charge de démolition sans indemnité en cas de guerre. Le décret du 9 déc. 1811, art. 9, ajoute cette autre condition : qu'il y ait utilité publique constatée dans des formes spéciales. Puis, cette tolérance fut étendue par la loi de 1819, art. 3, à toute espèce de bâtiments et clôtures situés hors des places ou postes, ou sur l'esplanade des citadelles, lorsqu'il n'en résulte aucun inconvénient pour la défense, sous les conditions déterminées par le gouvernement, relativement à la nature des matériaux ou à la dimension de ces constructions. — Les art. 7 et suiv. de l'ord. de 1821, qui ont réglé le mode d'exécution de l'art. 3 de la loi de 1819, sont remplacés aujourd'hui par les art. 13 et suiv. du décret de 1853. — Ce décret détermine avec plus de précision que l'ordonnance les exceptions qui pouvaient être apportées aux prohibitions légales. Nous n'en reproduirons pas ici le texte qui contient une assez longue énumération des constructions qui peuvent être autorisées par exception : on le trouvera D. P. 53. 4. 216. —Disons seulement, quant aux moulins et usines, qu'ils peuvent être autorisés dans toute l'étendue des zones de servitudes, sous les conditions imposées par les décrets de 1791 et de 1811, indiqués ci-dessus, et qu'il faut, en outre, que l'emplacement de l'usine soit déterminé par quelque circonstance locale qui ne peut se rencontrer ailleurs (décr. de 1853, art. 14). — Du reste, la permission n'est valable qu'en ce qui concerne le service militaire, et ne dispense pas de l'accomplissement des formalités à remplir vis-à-vis des autres administrations publiques et des tiers intéressés (même article). — Ainsi, la permission du ministre de la guerre ne préjuge rien sur ce que l'usine pourrait avoir de contraire au service de la navigation, des ponts et chaussées, aux intérêts privés des propriétaires, et généralement à tout autre intérêt étranger au département de la guerre (circ. du dir. gén. des ponts et chaussées, 30 janv. 1822; MM. Tarbé, Dict., p. 332; de Gerando, t. 2, p. 294).

99. L'art. 3 de la loi de 1819 exigeait qu'il fût fait un plan spécial des terrains auxquels l'exception pouvait s'appliquer, et aucune permission ne pouvait être accordée ni avant la confection de ces plans, ni hors de ses limites quand il aurait été dressé. Toutefois, sous la restauration, une décision royale du 22 mars 1827 autorisa le ministre à accorder des permissions avant l'homologation du plan, sur ce motif que ce plan spécial de circonscription devant comprendre l'ensemble des délimitations légales et exceptionnelles, les opérations du bornage auraient entraîné des lenteurs préjudiciables à la propriété privée s'il avait fallu ajourner les autorisations de construire jusqu'à l'époque où elles auraient été terminées. — M. Delalleau, n° 312, blâme ce mode de procéder, et pense que les autorisations accordées dans de telles circonstances sont illégales; que la loi n'exige pas que tout le travail relatif à la délimitation d'une place soit compris dans une seule ordonnance d'homologation; que toute difficulté pouvait donc être évitée en faisant homologuer séparément le plan des polygones exceptionnels (V. *eod.*, n°s 430 et s.). — Sans doute cette opinion est exacte au point de vue du droit rigoureux; mais il nous semble difficile que l'on puisse considérer comme étant en contravention et par conséquent susceptible d'être condamné à la démolition le propriétaire qui, avec l'approbation ministérielle, aura élevé une construction avant l'homologation des plans. C'est l'autorité elle-même qui, à tort ou à raison, a reconnu l'impossibilité d'exécuter la loi à la lettre; elle serait donc bien mal vue, si, se fondant sur l'illégalité de ses actes, elle voulait atteindre celui qui s'est livré à des dépenses sur la foi de l'autorisation qui lui a été accordée. — Du reste, le décret de 1853 autorisant la construction des moulins et usines sous les conditions indiquées ci-dessus, *dans toute l'étendue des zones de servitudes*, la formalité du plan spécial et de son homologation nous paraissent aujourd'hui surabondantes.

100. Lorsqu'une esplanade a été réduite par décision ministérielle, conformément à la décision royale du 27 mars 1827 précitée, les propriétés situées dans le terrain d'exception ne sont pas pour cela affranchies de toute servitude; des constructions peuvent sans doute y être élevées, mais seulement à titre de tolérance et sous la condition que le propriétaire fera la soumission de les démolir à la première réquisition de l'autorité militaire (ord. cons. d'Ét. 26 déc. 1830) (1). — Et, bien que la décision ministérielle ne soit que provisoire, le conseil de préfecture devant lequel a été traduit le propriétaire qui a élevé une bâtisse sans faire la soumission de démolir, ne peut ajourner la démolition des constructions jusqu'à la publication de l'ordonnance royale qui fixera la réduction de l'esplanade : il doit ordonner la démolition immédiate, si mieux n'aime le contrevenant faire la soumission exigée (même décision).

---

(1) (Min. de la guerre C. Vilette-Gridaine.) — Louis-Philippe, etc.; — Vu l'arrêté du conseil de préfecture attaqué, lequel porte : 1° que le sieur Vilette-Gridaine est condamné à démolir les constructions par lui faites à sa teinturerie détaillées au procès-verbal du 11 avr. 1829, et à remettre les lieux dans leur premier état, lors de la publication de l'ordon. royale de réduction de l'esplanade du château de Sedan, si ces constructions se trouvent encore dans le rayon de servitude que déterminera cette ordonnance; 2° que le sieur Vilette-Gridaine est condamné aux dépens; — Vu la décision royale du 22 mars 1827, portant autorisation au ministre de la guerre d'accorder des permissions de bâtir dans l'étendue des polygone exceptionnels ou hors des limites des ouvrages détachés des esplanades provisoirement établies par les approbations qu'il a successivement données sur les avis spéciaux du conseil du génie, relatifs à ce travail de délimitation exceptionnelle; — Vu les lois des 10 juill. 1791 et 17 juill. 1819; — Vu l'ordonnance royale du 1er août 1821, qui fixe le mode d'exécution de ladite loi du 17 juill. 1819;

Considérant que, par l'ordonn. royale du 1er août 1821, rendue pour l'exécution de la loi du 17 juill. 1819, le château de Sedan a été maintenu et la ville rétablie au nombre des places de guerre de première classe, et qu'il a suffi de la publicité donnée à ladite ordonnance, par son insertion au Bulletin des lois, pour rendre obligatoires les servitudes imposées à la propriété dans l'intérêt de la défense de l'Etat; — Considérant qu'il est reconnu par le génie militaire et qu'il n'est pas contesté par le sieur Vilette-Gridaine que les constructions mentionnées dans le procès-verbal du 11 avr. 1829 ont été élevées dans la partie de l'esplanade du château de Sedan, qui a été classée par le ministre de la guerre comme terrain d'exception, en exécution de la décision royale du 22 mars 1827;

Mais considérant qu'aux termes de l'art. 3, L. 17 juillet 1819, les constructions situées sur le terrain de ladite esplanade ne peuvent être autorisées qu'à titre de tolérance, et qu'ainsi le conseil de préfecture n'aurait pas dû ajourner la démolition des ouvrages indûment faits par le sieur Vilette-Gridaine, jusqu'à la publication de l'ordonnance royale qui fixera la réduction de l'esplanade du château de Sedan;

Art. 1. L'arrêté du conseil de préfecture du département des Ardennes, du 22 oct. 1829, est annulé; — Art. 2. Le sieur Vilette-Gridaine est condamné à démolir, dans le mois de la signification de la présente ordonnance, les constructions nouvelles mentionnées dans le procès-verbal du 11 avr. 1829 et à rétablir les lieux dans leur premier état, si mieux il n'aime souscrire, dans le même délai, la soumission d'effectuer ladite démolition à la première réquisition de l'autorité militaire, etc.

Du 26 déc. 1830.-Ord. cons. d'Ét.-M. Brière, rap.

101. Celui à qui il a été permis de construire une usine dans le rayon prohibé, doit se renfermer rigoureusement dans les limites de son autorisation. — Ainsi, il a été décidé que le particulier qui, autorisé à construire une usine, élève sans autorisation à 33 mètres du mur d'enceinte une maison indépendante de cette usine, doit être condamné à la démolir (ord. cons. d'Ét. 6 mai 1829, M. d'Origny, rap., aff. ville de Valence).

102. *Déclarations, demandes, permissions, soumissions et certificats.* — Les travaux qui sont l'objet d'une autorisation générale, aux termes des art. 7, 8, 11, 12, 13 et 24 du décret de 1853, et même ceux de simple entretien ne peuvent être entrepris qu'après que la *déclaration* en a été faite au chef du génie et qu'elle a été accompagnée d'une soumission de démolition sans indemnité dans les cas prévus par l'art. 8 du même décret (décr. de 1853, art. 26). — L'art. 30 de l'ord. de 1821 exigeait une *déclaration* semblable du propriétaire qui voulait faire exécuter des réparations à ses bâtiments ou clôtures. — Il a été jugé, par application de ce dernier article : 1° que le propriétaire d'une maison, située à une certaine distance d'une forteresse du royaume, doit se borner à l'entretenir dans l'état où elle se trouve; qu'il ne peut exécuter des constructions, comme un mur de refend, et la réédification à neuf de la couverture et d'une cheminée, avant d'en faire la déclaration prescrite par l'art. 30 de l'ord. du 20 août (ord. cons. d'Ét. 8 avr. 1829, M. Barthélemy, rap., aff. Brunet); — 2° Que le propriétaire qui veut bâtir en dehors d'une ville de guerre, dans le rayon prohibé, doit, avant de commencer les travaux, faire la déclaration prescrite, et obtenir l'autorisation exigée par l'art. 30 de l'ord. du 1er août 1821, sous peine d'être condamné à l'amende et à la démolition (ord. cons. d'Ét. 24 déc. 1828, M. de Rozières, rap., aff. villes de Langres et de Chaumont).

103. L'art. 10 de la loi du 17 juill. 1819 porte : « Les travaux ou constructions qui pourront devenir, en vertu de la présente loi ou de celle du 10 juill. 1791, l'objet d'une *tolérance spéciale*, ne seront entrepris qu'après que les particuliers ou les communes auront pris l'engagement de remplir les conditions qui leur seront prescrites. » — Les art. 10 et 11 de l'ordonnance de 1821, se conformant à cette disposition, exigèrent la soumission à l'égard seulement des propriétaires à qui il était accordé *exceptionnellement* la permission de bâtir. Mais l'administration avait généralisé cette formalité, et la rendait obligatoire, même lorsqu'il s'agissait de constructions nouvelles ou de réparations non prohibées par la loi. C'est ce qui résulte de la circulaire du 9 août 1821 qui décide que, dans un tel cas, il n'y aurait pas moins une contravention punissable, quant à la forme, si l'une ou l'autre de ces œuvres était entreprise avant l'accomplissement des formalités prescrites par les art. 10, 11 et 30 de l'ordonnance de 1821. — Et il a été décidé en ce sens que tout particulier qui construit dans la seconde zone avant d'avoir fait soumission de démolir à ses frais et sans indemnité à la première réquisition de l'autorité militaire, doit être condamné à la démolition et à l'amende (ord. cons. d'Ét. 6 mai 1829, M. d'Origny, rap., aff. ville de Valence; 9 juin 1830, M. d'Origny, rap., aff. Doré, etc.). — Le décret de 1853 a consacré cette pratique dans l'art. 26 précité (V. n° 102). — La soumission n'est assujettie qu'au droit fixe de 1 fr., et son effet subsiste indéfiniment sans qu'il soit besoin de la renouveler (L. 17 juill. 1819, art. 10).

104. Quant aux formalités relatives aux autorisations spéciales, elles sont l'objet de l'art. 27 du décret de 1853; l'art. 28 détermine les formes de la soumission, et l'art. 29 se réfère au certificat qui doit être délivré par le chef du génie. Ces articles ne soulèvent l'examen d'aucune difficulté; il suffit de se référer au texte D. P. 53. 4. 216. — Disons seulement qu'en cette matière l'autorisation doit être toujours expresse et que jamais elle ne peut être tacite (arg. ord. cons. d'Ét. 3 déc. 1846, aff. Salasc, D. P. 47. 3. 67).

§ 3. — *Répression des contraventions aux lois sur les servitudes militaires.*

105. Les contraventions aux lois sur les servitudes relatives aux places de guerre sont constatées par les procès-verbaux des gardes du génie (L. 17 juill. 1819, art. 11), qui opèrent sous l'autorité des officiers du génie, chargés des poursuites (décr. de 1853, art. 40). A cet effet, les gardes dûment *assermentés* agissent comme *officiers de police judiciaire* (ord. 1821, art. 31). — Il a été jugé que le procès-verbal de contravention est nul, faute d'avoir été dressé par un garde du génie assermenté près le tribunal du ressort, bien qu'il ait prêté *serment* devant un autre tribunal (ord. cons. d'Ét. 2 sept. 1829, M. d'Origny, rap., aff. Beuninger).

106. L'art. 32 de l'ordonnance de 1821 voulait que le garde du génie fût *assisté* par un officier de police civile. Cette disposition n'a pas été reproduite par le décret de 1853. Mais déjà avant ce décret, on décidait que la présence d'un officier civil au procès-verbal dressé par un garde du génie, à l'occasion de construction élevée dans la zone des servitudes militaires, n'est pas exigée à peine de nullité (ord. cons. d'Ét. 10 juill. 1837, M. Ferri-Pisani, rap., aff. Legall-Kerven).

107. Aux termes de l'art. 40 du décret de 1853, les procès-verbaux doivent être *affirmés*, dans les vingt-quatre heures, devant le juge de paix ou le maire du lieu où la contravention a été commise. — Cette disposition n'existait pas dans l'ord. de 1821; néanmoins, on a jugé que le procès-verbal qui n'a pas été affirmé dans les vingt-quatre heures est nul (ord. c. d'Ét. 2 sept. 1829, M. d'Origny, rap., aff. Beuninger). — Mais lorsque l'affirmation du procès-verbal de contravention a été faite devant le juge de paix, le lendemain de la date de ce procès-verbal, la présomption légale, à défaut d'indication d'heure, est que cette affirmation a été faite dans le délai de la loi : — « Considérant, porte la décision, que si l'affirmation du procès-verbal dressé le 25 mars 1823, et qui a donné lieu audit arrêté, ne porte pas d'indication de l'heure, cette affirmation ayant été faite le lendemain 26, devant le juge de paix, la présomption légale est qu'elle a lieu dans le délai de la loi : d'où il suit que c'est à tort que le conseil de préfecture a déclaré ledit procès-verbal nul et de nul effet » (ord. cons. d'Ét. 9 juin 1830, M. de Rozière, rap., aff. Gauthier, etc.). — D'un autre côté, il a été décidé qu'aucune loi n'ayant déterminé le mode d'affirmation, le procès-verbal est valable, bien qu'il n'indique pas la personne qui l'a affirmé, et qu'il ne soit pas revêtu de sa signature (ord. cons. d'Ét. 27 nov. 1835, aff. Defontaine, V. n° 109).

108. Les procès-verbaux des gardes du génie sont *visés* pour timbre et *enregistrés* en débet dans les quatre jours de leur date (décr. de 1853, art. 40).

109. Un procès-verbal de contravention aux lois relatives aux places de guerre peut valablement être dressé et signifié par les gardes du génie un jour de fête (ord. cons. d'Ét. 27 nov. 1835 (1). — V. Jour férié, nos 27, 37 et s.), et la *notification* de ce procès-verbal peut régulièrement être faite au domicile du contrevenant parlant à son neveu (même décision). — V. du reste, quant aux règles générales qui régissent la rédaction des procès-verbaux, leur affirmation, notification, etc., v° Procès-verbal.

110. Le procès-verbal dressé par les gardes du génie fait *foi* jusqu'à inscription de faux (ord. de 1821, art. 31 ; décr. de 1853, art. 40). — Il a été jugé qu'un conseil de préfecture ne peut refuser de réprimer les contraventions mentionnées dans un procès-verbal, à l'occasion de constructions élevées dans la zone

(1) (Defontaine.) — Louis-Philippe, etc.; — Vu la loi du 10 juill. 1791; — Vu celle du 17 juill. 1819; — Vu l'ordonnance du 1er août 1821; — En ce qui touche les nullités reprochées au procès-verbal du 7 juill. 1835 : — Considérant qu'aucune loi n'a prononcé la peine de nullité à l'égard des procès-verbaux de contravention dressés et signifiés par les gardes du génie un jour de fête; — Qu'aucune loi n'a déterminé non plus le mode d'affirmation desdits procès-verbaux; — Que la notification faite au domicile du réclamant, parlant à son neveu, est régulière; — Au fond : — Considérant qu'il résulte du procès-verbal ci-dessus visé que le sieur Defontaine a fait construire en maçonnerie de briques, un mur de refend dans sa maison située dans la deuxième zone de servitudes défensives de la place de Lille; — Que, ne s'étant pas inscrit en faux contre ledit procès-verbal, il n'y a pas lieu d'ordonner la vérification qu'il demande; — Considérant que les travaux dont il s'agit constituent une œuvre nouvelle, et ne sauraient être considérés comme de simples réparations; — En ce qui touche l'amende : — Considérant que, d'après les circonstances de l'affaire, il y a lieu de la modérer; — Art. 1. La requête du sieur Defontaine est rejetée; — art. 2. Néanmoins l'amende est réduite à 25 fr.

Du 27 nov. 1835.-Ord. cons. d'Ét.-M. Ferri-Pisani, rap.

des servitudes militaires d'une place de guerre, par le motif que l'état des lieux, antérieurement à ces travaux, n'y est pas constaté, si le prévenu ne s'est point inscrit en faux contre le procès-verbal (ord. cons. d'Et. 18 janv. 1831, M. Brière, rap., min. de la guerre *C.* Gendarme). — Et il a été décidé que la demande en visite de lieux, formée devant un conseil de préfecture, à l'occasion d'une contravention aux servitudes militaires, doit être considérée comme un moyen d'instruction et non comme une inscription de faux contre le procès-verbal de constatation, sur laquelle ce conseil doive statuer (ord. cons. d'Et. 20 déc. 1836) (1).

111. Les contraventions aux lois sur les servitudes militaires sont réprimées conformément à la loi du 29 flor. an 10, relative aux contraventions en matière de grande voirie (L. 17 juill. 1819, art. 11), c'est-à-dire en la forme administrative et par les conseils de préfecture. — Ainsi il a été jugé : 1° que les *conseils de préfecture* seuls sont *compétents*, à l'exclusion des tribunaux, pour statuer sur les contraventions relatives aux servitudes défensives; qu'en un tel cas, les réclamations formées par les parties intéressées doivent être jugées comme en matière de grande voirie (ord. cons. d'Et. 30 nov. 1832) (2); — 2° Qu'un conseil de préfecture ne peut se déclarer incompétent pour prononcer sur la contravention qui lui est soumise, telle que l'établissement, dans le rayon prohibé, d'une barrière en bois, à claires-voies, la construction au pied ou au mur d'une maison d'un contre-fort ou socle, et des réparations en maçonneries sous prétexte que le contrevenant invoque des titres de propriété, aucun titre privé ne pouvant prévaloir sur les servitudes militaires qui sont des servitudes d'utilité publique (ord. cons. d'Et. 7 déc. 1832) (3).

112. Toutefois, lorsqu'il est nécessaire de vérifier si les bâtiments qui ont donné lieu aux contraventions ont été construits avant ou après l'établissement des servitudes, le conseil de préfecture doit renvoyer le propriétaire devant les tribunaux pour faire juger cette question de priorité d'existence, et *surseoir* à statuer jusqu'après le jugement de cet incident (ord. cons. d'Et. 14 déc. 1832) (4). Cette attribution de compétence résulte formellement de l'art. 73 de l'ord. de 1821, et 32 du décr. de 1853

---

(1) (Nel.) — Louis-Philippe, etc.; — Vu la loi du 29 flor. an 10 et l'arrêt du conseil du 27 fév. 1765; — Vu les lois du 10 juill. 1791 et du 17 juill. 1819; — Vu l'ord. du 1er août 1821; — Considérant que la demande en visite des lieux formée par le sieur Nel, devant le conseil de préfecture de la Seine-Inférieure, ne constituait pas une inscription de faux sur laquelle ledit conseil de préfecture dût statuer, mais avait seulement pour objet un moyen d'instruction qui pouvait être admis ou rejeté, selon l'état et les circonstances de l'affaire, et que c'est avec raison que le conseil de préfecture, regardant l'instruction comme complète, n'a pas recouru à la vérification demandée; — Au fond : — Considérant qu'il résulte du procès-verbal du 24 mai 1830, et de l'aveu du sieur Nel, qu'il a fait sur son terrain et sans autorisation, dans le rayon prohibé, des excavations et des dépôts de briques, et qu'il a ainsi doublement contrevenu aux art. 29 et 34 de la loi du 10 juill. 1791 et à l'art. 4 de l'ord. du 1er août 1821; — Considérant que l'application des règles relatives aux contraventions en matière de servitudes militaires n'est pas subordonnée à l'exécution du plan de délimitation prescrit par les art. 6 et suiv. de la loi du 17 juill. 1819; — Art. 1. Les requêtes du sieur Nel sont rejetées.

Du 20 déc. 1836.-Ord. cons. d'Et.-M. Macarel, rap.

(2) (Min. de la guerre *C.* Gibou.) — Louis-Philippe, etc.; — Vu les lois des 8 juill. 1791 et 17 juill. 1819, l'ordonnance du 1er août 1821 et le tableau des places y annexé; — En ce qui touche le renvoi prononcé par le conseil de préfecture, pour faire statuer préjudiciellement par le tribunal compétent sur la question de servitude : — Considérant qu'aux termes des art. 1 et 6 de la loi du 17 juill. 1819, il nous appartient de déterminer, par des ordonnances, les places de guerre ou postes militaires, et de déterminer les polygones de circonscription qui donneront lieu à l'établissement de servitudes défensives; — Qu'aux termes des art. 9 et 11 de la même loi, les réclamations formées par les parties intéressées, dans les cas énoncés auxdits articles, doivent être jugées comme en matière de grande voirie; — Qu'il résulte de ces dispositions que si, dans les matières ordinaires, les tribunaux sont seuls compétents pour prononcer sur les questions de servitude, cette règle ne saurait être appliquée aux servitudes défensives, que la loi a soumises à une juridiction spéciale; — Que, dès lors, le conseil de préfecture, saisi du jugement de la contravention imputée au sieur Dominé Gibou, était seul compétent pour reconnaître si la lunette de Bertancourt avait été comprise dans l'ordonnance du 1er août 1821, comme faisant partie de la place de Mézières;

Sur cette question : — Considérant qu'elle est suffisamment instruite et qu'il y a lieu d'y statuer; — Considérant que la ville de Mézières et sa citadelle ont été désignées dans le tableau des places de guerre annexé à l'ordonnance du 1er août 1821; que la lunette de Bertancourt qui existait à cette époque s'est trouvée nécessairement comprise dans l'énonciation de la place à laquelle elle tient comme faisant partie de ses ouvrages extérieurs, et formant un des éléments du système de défense; — Que le tableau annexé à l'ordonnance n'énonce expressément que les forts, châteaux et postes militaires, qui, situés près de certaines places, ont leur système de défense particulier, et constituent des forteresses détachées qui avaient besoin d'une mention spéciale pour donner lieu à l'établissement des servitudes; qu'en aucun cas, les ouvrages extérieurs ne sont l'objet d'aucune désignation séparée;

En ce qui touche l'exception fondée sur le défaut de publication et de notification des plans de délimitation arrêtés par le ministre de la guerre : — Considérant que la loi du 17 juill. 1819 établit les servitudes militaires sur toutes les propriétés situées dans les distances qu'elle indique; que la publication et l'homologation du plan de circonscription ne sont nécessaires que pour exercer les actions résultant de l'établissement du polygone de circonscription contre les propriétés situées au delà de la distance légale, et qui se trouveraient grevées de servitudes par l'effet du choix des capitales et de l'établissement du polygone, ou pour exempter desdites servitudes les propriétés qui se trouvent en deçà de la même distance, et que le polygone en affranchirait; — Qu'il ne s'agit, dans l'espèce, d'appliquer ni l'une ni l'autre de ces mesures exceptionnelles;

En ce qui touche la question de savoir si tous les angles de la lunette de Bertancourt pouvaient servir de base au calcul des distances; — Considérant qu'il n'a encore été rendu aucune ordonnance qui ait homologué le polygone de circonscription de la place de Mézières; — Qu'en l'absence d'un polygone établi dans les formes tracées par la loi, les distances doivent être calculées de tous les points de la crête des parapets des chemins couverts; — Que, dans l'espèce, il résulte de calculs ainsi faits, que la propriété du sieur Dominé Gibou est grevée de la servitude militaire;

En ce qui touche, au fond, les faits consignés au procès-verbal du 9 nov. 1830 : — Considérant que les travaux faits par le sieur Dominé Gibou constituent une consolidation de la propriété; qu'ils ont excédé les bornes d'une simple réparation, et que, d'ailleurs, ils ont été opérés sans autorisation préalable;

Art. 1. L'arrêté du conseil de préfecture du département des Ardennes, du 16 juin 1831, est annulé. — Le sieur Dominé Gibou est condamné à démolir, dans les trois mois de la signification de la présente ordonnance, les travaux par lui faits à sa propriété, lesquels sont indiqués au procès-verbal de visite, et à remettre les lieux dans leur premier état, si mieux il n'aime déposer aux bureaux du génie de la place de Mézières, en conformité de l'art. 10 de l'ordonnance du 1er août 1821, la soumission que comportent lesdits travaux.

Du 30 nov. 1832.-Ord. cons. d'Et.-M. Vivien, rap.

(3) (Min. de la guerre *C.* Lecoq.) — Louis-Philippe, etc.; — Vu la loi du 10 juill. 1791 et celle du 17 juill. 1819; — Vu l'ord. du 1er août 1821; — Considérant que les prohibitions prononcées par les lois des 10 juill. 1791 et 17 juill. 1819 constituent des servitudes d'utilité publique; qu'aucun contrat ne peut déroger aux obligations qui résultent de ces lois; — Considérant qu'il ne s'agissait pas, dans l'espèce, d'apprécier les titres de propriété du sieur Lecoq, mais d'examiner si l'établissement de la barrière dont il s'agit, et les autres constructions mentionnées au procès-verbal du garde du génie, constituent des contraventions aux lois sur les servitudes militaires; — Qu'ainsi, c'est à tort que le conseil de préfecture s'est déclaré incompétent pour statuer sur la contravention imputée au sieur Lecoq pour la barrière par lui élevée; — Considérant que ledit conseil de préfecture a omis de statuer sur les autres chefs de contravention. — Art. 1. L'arrêté du conseil de préfecture du Calvados, en date du 11 déc. 1830, est annulé. — Art. 2. L'affaire est renvoyée par-devant ledit conseil pour être par lui statué, conformément aux lois relatives aux servitudes militaires, sur chacune des contraventions imputées au sieur Lecoq, en raison des constructions par lui faites, telles qu'elles sont détaillées au procès-verbal rédigé par le garde du génie, le 30 oct. 1830.

Du 7 déc. 1832.-Ord. cons. d'Et.-M. Ferri-Pisani, rap.

(4) (Levesque.) — Louis-Philippe, etc.; — Vu l'ord. du 9 déc. 1713, les lois du 10 juill. 1791 et du 17 juill. 1819; — Vu l'ord. du 1er août 1821; — Considérant que, du fragment du plan et du procès-verbal ci-dessus visés, il résulte qu'en prenant pour ligne de départ la nouvelle ou l'ancienne enceinte, la maison du sieur Levesque est dans la première zone des terrains soumis aux servitudes défensives; — Considérant que cette maison est bâtie sur un terrain soumis aux servitudes défensives, depuis l'ord. de 1713; — Que si le sieur Levesque produisait des titres de propriété ou autres documents propres à établir l'antériorité d'existence de sa maison, l'appréciation de ces titres devrait être renvoyée aux tribunaux; — Mais que le sieur Levesque n'a excipé devant le con-

(V. n° 152). — Mais, si le propriétaire qui prétend que sa maison préexistait à l'établissement des servitudes définitives n'excipe d'aucun titre ou document propre à établir l'antériorité d'existence de sa maison, le conseil de préfecture doit passer outre et statuer sur la contravention (même décision).

113. La forme des poursuites tendant à la répression des contraventions est réglée par les art. 41 et suiv. du décret de 1853, qui règlent le mode d'exécution de l'art. 32 de la loi de 1819 et qui ont remplacé les art. 32 et suiv. de l'ord. de 1821. — Les procès-verbaux sont *notifiés* sans délai aux contrevenants avec sommation de suspendre et de démolir les travaux, et de rétablir les lieux dans leur état. Semblable sommation est faite à l'architecte, à l'entrepreneur ou au maître ouvrier qui dirige les travaux (décr. de 1853, art. 41). — Si les travaux ne sont pas interrompus dans les vingt-quatre heures de la notification, le conseil de préfecture, convoqué d'urgence par le préfet auquel le directeur du génie envoie l'acte de notification, ordonne, par provision, la suspension des travaux, nonobstant toute inscription de faux. L'arrêté du conseil de préfecture est immédiatement notifié au contrevenant, et l'exécution en est assurée au besoin par la force publique (art. 42). — Si le contrevenant ne démolit pas les travaux exécutés, il est cité devant le conseil de préfecture avec sommation de présenter, dans le mois, ses moyens de défense. Le conseil de préfecture statue dans le mois suivant, sauf le cas d'inscription de faux (art. 43).

114. La *nullité* ou l'*irrégularité* du procès-verbal n'influe pas sur la validité des poursuites. Si le procès-verbal est irrégulier, et que le conseil de préfecture ne possède pas les renseignements nécessaires, il peut faire vérifier les lieux par les officiers du génie et les ingénieurs des ponts et chaussées, et prononce dans le mois du procès-verbal de vérification (décr. de 1853, art. 43). — Il a été jugé en ce sens : 1° que lorsque le procès-verbal d'un garde du génie d'une place de guerre constate l'élévation de constructions contraires aux lois sur les servitudes militaires, sans indiquer ni le point de départ ni la distance de ces constructions, il doit être ordonné, sur la demande du propriétaire, une expertise contradictoire pour suppléer à l'insuffisance du procès-verbal, et la démolition des ouvrages, ordonnée en vertu d'une décision par défaut, doit être suspendue jusqu'à ce que le conseil d'État ait statué définitivement (ord. cons. d'Ét. 4 juill. 1837) (1) : — 2° Que lorsque le conseil de préfecture pense que le procès-verbal n'établit pas suffisamment la contravention il peut, sans porter atteinte à la foi due au procès-verbal, ordonner une *enquête* pour constater la nature des travaux exécutés par le contrevenant, et le renvoyer des fins de la plainte si les résultats de l'enquête lui sont favorables : — « Considérant qu'il ne résulte pas du procès-verbal dressé contre le sieur Boisson que les réparations par lui faites à l'éperon de son moulin aient excédé les limites qui lui avaient été fixées par la décision ministérielle qu'il avait obtenue en 1825 » (ord. cons. d'Ét. 28 août 1837, M. de Jouvencel, rap., aff. min. de la guerre *C.* Boisson).

115. Si l'arrêté du conseil de préfecture fait droit aux conclusions du directeur des fortifications, celui-ci le fait notifier avec sommation d'exécuter ; dans le cas contraire, il en réfère au ministre de la guerre (art. 45). — En cette matière, les notifications sont faites par les gardes du génie et non par le ministère d'huissier (arg. ord. cons. d'Ét. 19 janv. 1832, aff. Mayer Cerf, V. Conseil d'État, n° 234-2°).

116. Le conseil de préfecture doit fixer le *délai* dans lequel son jugement doit être *exécuté* (décr. de 1853, art. 44). — A défaut d'exécution volontaire dans le délai fixé, il y est procédé par l'autorité militaire, suivant les formes indiquées dans l'art. 45, les dépenses faites pour constater, poursuivre et réprimer une contravention sont à la charge du contrevenant. Le compte des dépenses, dressé par l'officier du génie, est arrêté et déclaré exécutoire par le préfet, qui en fait poursuivre le remboursement, conformément à la loi du 29 flor. an 10 (art. 46).— Les frais de timbre et d'enregistrement sont poursuivis par les agents de l'enregistrement (art. 47). — V. aussi l'art. 14 de la loi de 1819.

117. La décision par défaut du conseil d'État qui ordonne la démolition de constructions élevées dans les zones de servitudes militaires, est susceptible d'opposition (ord. cons. d'Ét. 4 juill. 1837, aff. Garanton, V. n° 114). — Le recours devant le conseil d'État est également ouvert contre les décisions définitives des conseils de préfecture, tant de la part du ministre de la guerre que de la part des propriétaires.

118. Quant aux *peines* qui doivent être prononcées contre les contrevenants, ce sont, outre la démolition de l'œuvre nouvelle, aux frais de ces derniers, les peines applicables aux contraventions analogues en matière de grande voirie (L. 17 juill. 1819, art. 13 ; ord. de 1821, art. 38 ; décr. de 1853, art. 48), c'est-à-dire l'amende, conformément à l'arrêt du conseil du 27 fév. 1765 (V. Voirie ; V. aussi *eod.*, la loi du 23 mars 1842).— La démolition doit être ordonnée et l'amende prononcée contre le contrevenant, dès qu'il est établi qu'une maison a été bâtie sur le terrain soumis aux servitudes défensives de la place sans autorisation (ord. cons. d'Ét. 24 déc. 1828, M. de Rozière, rap., aff. ville de Langres ; 8 avr. 1829, M. Barthelemy, rap., aff. Brunet ; 13 oct. 1830, M. Brière, rap., aff. N... ; 14 déc. 1832, aff. Levesque, V. n° 112 ; 4 nov. 1835, M. Ferri-Pisani, rap., aff. Martin ; 18 juin 1846, aff. Delédique).

119. Ces peines doivent être également prononcées si les travaux faits par le contrevenant constituent une consolidation de sa propriété, et excèdent les bornes d'une simple réparation (ord. cons. d'Ét. 30 nov. 1832, aff. Gibou, V. n° 111).

120. Le particulier qui, dans la construction d'une maison, a dépassé la hauteur déterminée par le chef du génie militaire en conformité de la loi et des règlements militaires, a justement encouru l'amende et la peine de démolition, surtout si, dans sa soumission, il s'était engagé à se conformer à la fixation de hauteur qui lui avait été donnée (ord. cons. d'Ét. 15 oct. 1826) (3).

121. Mais un conseil de préfecture ne pourrait, sans excès

---

seil de préfecture, ni excipé devant nous, d'aucun titre ou document de cette espèce ; — Qu'il est dès lors non recevable à réclamer le bénéfice des art. 25 et 29 de l'ord. du 1er août 1821 ; — Considérant qu'au lieu de juger cette question, le conseil de préfecture a statué sur la priorité d'existence, et qu'en cela il a excédé sa compétence.

Art. 1. L'arrêté du conseil de préfecture du département de la Manche, en date du 17 mai 1831, est annulé pour cause d'incompétence. — Art. 2. Le sieur de Sainte-Croix, propriétaire actuel de la maison dont il s'agit, démolira, dans les trois mois du jour de la notification de la présente ordonnance, les constructions mentionnées au procès-verbal ci-dessus visé, et rétablira l'ancien état des lieux, si mieux il n'aime faire, dans ledit délai, la soumission de démolir lesdites constructions, dans le même cas que celui prévu par l'art. 2 de l'ord. du 1er août 1831.

Du 14 déc. 1832.-Ord. cons. d'Et.-M. Ferri-Pisani, rap.

(1) (Garanton.) — Louis-Philippe, etc. ; — Vu les lois des 10 juill. 1791 et 17 juill. 1819 ; — Vu l'ord. du 1er août 1821 ; — Vu le décret du 22 juill. 1806 ; — En la forme : — Considérant que notre ord. du 20 juill. 1832 a été rendue par défaut ; — Considérant, toutefois, que le procès-verbal dressé, le 20 août 1830, par le garde du génie employé dans la place de Brest, n'indique ni le point de départ, ni la distance à laquelle les constructions dont il s'agit ont été élevées, et qui, seule, à défaut du plan de circonscription légalement dressé et du bornage contradictoire, peut servir de règle pour l'application des lois relatives aux contraventions en matière de servitudes militaires ;—Art. 1. Le sieur Garanton est reçu opposant à notre ord. du 20 juill. 1832 ; — Art. 2. Il sera procédé, à la diligence de la direction du génie, et contradictoirement avec le sieur Garanton, à une vérification ayant pour objet de constater quelle est la distance précise à laquelle tout ou partie des constructions élevées par le requérant se trouvent des lunettes 209 et 210, pour être ensuite, sur le vu du procès-verbal contenant le résultat de ladite vérification, statué ce qu'il appartiendra. — Art. 3. Il est sursis, jusqu'à la décision définitive à intervenir, à la démolition des ouvrages.

Du 4 juill. 1837.-Ord. cons. d'Et.-M. Ferri-Pisani, rap.

(2) (Ponte.) — Charles, etc. ; — Vu la loi du 17 juill. 1819, les instructions ministérielles spéciales pour la ville d'Ajaccio, sous les dates des 12 oct. 1820 et 15 janv. 1821 ; — Considérant que la hauteur donnée par le chef du génie au sieur Ponte, pour l'élévation de sa maison, a été déterminée conformément à la loi et aux règlements ; — Que le sieur Ponte, dans sa soumission du 27 juill. 1824, a souscrit l'engagement de se conformer à ladite fixation ; — Que le procès-verbal, dressé le 11 nov. 1825, constate que ledit sieur Ponte a dépassé, dans sa construction, la hauteur ainsi fixée ;— Art. 1er. L'arrêté pris par le conseil de préfecture de la Corse, le 10 janv. 1826, est annulé. —

de pouvoirs, prononcer une amende contre un particulier, pour défaut d'exécution d'un arrêté précédemment rendu par ce conseil, qui ordonnait la suspension de constructions commencées dans le rayon prohibé (ord. cons. d'Ét. 17 août 1825, M. Tarbé, rap., aff. Bazard).

122. Du reste, il est admis que le conseil d'État peut, à raison des circonstances, réduire l'amende (V. notamment ord. cons. d'Et. 27 nov. 1835, aff. Defontaine, n° 109; 30 juill. 1840, aff. Rampal, n° 90).—V. Eaux, n° 524; Voirie.

123. Aucune excuse n'est admissible contre la contravention régulièrement établie. — Ainsi, il a été jugé que le contrevenant ne pourrait être renvoyé de la plainte, sous prétexte que les travaux que le génie militaire auraient fait élever, seraient dans un état trop informe et trop dégradé pour qu'ils pussent exercer une servitude sur les propriétés environnantes (ord. cons. d'Ét. 20 juill. 1832, aff. Garanton, V. n° 21-3°). — De même, l'alignement donné par le préfet à un particulier pour la construction d'un bâtiment dans le rayon d'une place de guerre, ne fait pas obstacle à ce que le conseil de préfecture statue sur un procès-verbal du garde du génie, constatant que la construction est une contravention à la loi du 17 juill. 1819, et n'en ordonne la démolition (ord. cons. d'Ét. 21 sept. 1827, M. d'Origny, rap., aff. Castre). —Il en est de même de l'alignement donné par un maire pour la construction d'un mur (ord. cons. d'Ét. 21 sept. 1827, M. d'Origny, rap., aff. Garin).

124. Lorsque, pendant le recours au conseil d'Etat, formé par un propriétaire, contre un arrêté du conseil de préfecture, qui ordonne la démolition de constructions élevées dans la zone des servitudes d'un château fort, est intervenue une décision ministérielle qui réduit la zone des servitudes de ce château, de manière que la construction se trouve en dehors de toutes servitudes, il y a lieu de déclarer cet arrêté comme non avenu (ord. cons. d'Et. 23 avr. 1837, M. Robillard, rap., aff. Duportail).

125. Aux termes de l'art. 49 du décr. de 1853, « l'action publique en ce qui concerne la peine de l'amende qui serait prononcée par application de l'arrêt du conseil du 27 fév. 1765 est prescrite après une année révolue, à compter du jour auquel la contravention a été commise. Mais l'action principale, à l'effet de faire prononcer la démolition des travaux indûment entrepris, est imprescriptible, dans l'intérêt toujours subsistant de la défense de l'Etat. » — Ces dispositions, qui n'existaient pas dans l'ord. de 1821, avaient été consacrées par la jurisprudence, qui décidait : 1° que l'existence de constructions prohibées par les lois sur les servitudes militaires, constituant une infraction permanente, leur destruction a dû être ordonnée, encore bien que la peine encourue par le fait de ces constructions eût été prescrite, à défaut de poursuites dans l'année à compter du jour où la contravention avait été commise (ord. cons. d'Et. 27 fév. 1836) (1); —2° Que l'action en répression des contraventions aux servitudes militaires est prescrite après un an à dater de la contravention (c. inst. crim. 640), sauf à l'administration à ordonner la démolition des travaux subsistants contrairement à la loi (ord. cons. d'Et. 28 août 1844, aff. Gérard, D. P. 45. 3. 18; 3 déc. 1846, aff. Salasc, D. P. 47. 3. 67). — V. Voirie et D. P. 45. 1. 17 et 18.

§ 4. — *Des indemnités.*

126. « La construction des fortifications et les mesures prises pour la défense des places de guerre et des postes militaires peuvent donner lieu à des *indemnités* pour cause de dépossession, de privation de jouissance et de destruction ou de démolition, dans les cas et suivant les conditions mentionnées dans les articles suivants. » — Telle est la disposition de l'art. 35 du décr. de 1853.

127. Lorsque, par suite de contructions nouvelles de places ou postes de guerre, ou des changements ou augmentations à ceux qui existent, le gouvernement se trouve dans la nécessité d'acquérir le sol lui-même, il y a lieu à allouer des indemnités de *dépossession*. Dans ce cas, l'Etat procède par voie d'expropriation pour cause d'utilité publique, et l'indemnité est réglée dans les formes établies par la loi du 3 mai 1841 (décr. de 1853, art. 36, V. décr. de 1791, art. 18, 19, 20; L. 17 juill. 1819, art. 15; ord. de 1821, art. 46).—V. Expropr. publ., n°s 373 et s.

128. L'art. 7 du tit. 4 de la loi de 1791 disposait que toutes les fois qu'un terrain appartenant à une municipalité ou à un particulier serait nécessaire pour un établissement militaire, le département de la guerre en ferait l'acquisition de gré à gré ou, à défaut, suivant l'estimation fixée par les directoires des corps administratifs. — Il a été jugé, par application de cet article, que l'Etat qui s'est mis en possession de fait d'une maison particulière et l'a convertie en hôpital militaire, en vertu de la loi des 8-10 juill. 1791, a dû, pour en acquérir légitimement la propriété, en payer le juste prix à l'ancien propriétaire, d'après une fixation de gré à gré, ou, en cas de refus, d'après une estimation par le directoire administratif; qu'en conséquence, il doit justifier du titre de cette acquisition, si sa possession n'est point protégée par la prescription (Req. 11 déc. 1838) (2).

129. Du reste, il suffit que l'administration de la guerre ne

---

Art. 2. Le sieur Ponte sera tenu de réduire sa maison aux hauteurs déterminées dans sa soumission du 27 juill. 1824; faute de ce faire, il y sera procédé, à ses frais, par les voies de droit. — Le sieur Ponte est, en outre, condamné à 10 fr. d'amende.

Du 15 oct. 1826.-Ord. cons. d'Et.-M. Feutrier, rap.

(1) (Min. de la guerre C. Pozzo di Borgo.) — Louis-Philippe, etc. ; — Vu les lois des 10 juill. 1791 et 17 juill. 1819, l'ord. du 1er août 1821; — Vu les art. 1, 2 et 640 c. inst. crim.;—Considérant qu'aux termes des articles ci-dessus visés du code d'instruction criminelle, l'action publique, en ce qui concerne l'application de la peine, est prescrite après une année révolue, à compter du jour où a été commise la contravention;—Mais considérant que l'existence de constructions prohibées par les lois sur les servitudes militaires constitue une infraction permanente, dont la répression peut et doit, nonobstant l'expiration dudit délai, être poursuivie dans l'intérêt toujours subsistant de la défense de l'Etat; — Qu'ainsi, et malgré l'intervalle de plus d'une année écoulée entre la constatation du fait même de construction, et la dénonciation à lui faite de l'existence prétendue illégale de la portion de bâtiment dont il s'agit, le conseil de préfecture devait, sauf à ne prononcer aucune peine, examiner si ladite partie de bâtiment dont il s'agit se trouve frappée d'interdiction par les lois de la matière, et, dans le cas de l'affirmative, en ordonner la démolition;—Art. 1. L'arrêté du conseil de préfecture de la Corse, du 27 sept. 1834, est annulé; — Art. 2. L'affaire est renvoyée devant le même conseil, pour y être établi si le maintien de la construction dont il s'agit est contraire aux prohibitions légales, et, dans le cas de l'affirmative, la destruction en être ordonnée par le conseil.

Du 27 fév. 1836.-Ord. cons. d'Et.-M. Bouchené-Lefer, rap.

(2) *Espèce* :—(Préfet des Basses-Pyrénées C. Renaud.)—En 1793, l'établissement d'un hôpital militaire dans la place de Saint-Jean-Pied-de-Port ayant été reconnu indispensable, une maison particulière fut désignée pour cette destination. — En 1829, la dame Renaud, héritière de l'ancien propriétaire de la maison dont l'État s'était emparé, intenta une action pour obtenir l'indemnité qu'elle soutenait n'avoir jamais été payée à son auteur. — Cette action, restée impoursuivie pendant quelque temps, fut reprise en 1833 par le sieur Renaud fils, par suite du décès de sa mère. — Un premier jugement du 16 août 1834 admit l'Etat à prouver tant par titres que par témoins que la maison dont il s'agit avait été achetée et payée par lui, moyennant le prix de 6,000 fr.—La cause reportée à l'audience, le préfet des Basses-Pyrénées présenta, sinon un titre formel d'acquisition, du moins divers documents qui, suivant lui, établissaient que l'Etat était légitime propriétaire de l'immeuble objet du litige. — Mais un jugement du tribunal de Saint-Palais, du 18 mars 1837, ne trouvant pas suffisantes les preuves d'acquisition apportées par l'Etat, condamna le préfet à délaisser au sieur Renaud, représentant l'ancien propriétaire, tous les bâtiments composant l'hôpital militaire de Saint-Jean-Pied-de-Port, avec restitution des jouissances depuis le mois de juin 1793. — Sur l'appel, arrêt confirmatif de la cour royale de Pau, en date du 3 fév. 1838.

Pourvoi.—Violation de l'art. 7, tit. 4, de la loi du 8-10 juill. 1791 et des décrets de déchéance de 1808 et de 1809; en ce que la loi de 1791 justifiait la possession de l'Etat, qui n'aurait pas pu se continuer paisiblement et à titre de propriétaire depuis 1793 jusqu'en 1829, sans interruption, si l'ancien propriétaire n'avait pas été désintéressé. Comment supposer, disait-on, que la maison Renaud eût pu, sans le consentement du propriétaire, être convertie en établissement public et conserver cette destination pendant un si long espace de temps, si l'Etat ne s'était pas conformé aux dispositions si faciles à exécuter, de la loi du 8-10 juillet 1791? — Dans tous les cas, disait le préfet, l'action du sieur Renaud ne pouvait plus avoir pour objet le délaissement d'un immeuble dont la

réclame point l'occupation de tout ou partie d'un terrain, pour que le propriétaire ne puisse, sous le prétexte du préjudice causé à sa propriété par l'existence d'un établissement militaire, demander qu'il soit procédé à l'expropriation de ce terrain pour cause d'utilité publique (ord. cons. d'Et. 18 fév. 1836) (1).

130. Toutes les fois que, pendant l'Etat de paix, l'autorité militaire occupe ou fait occuper temporairement, pour l'exécution des travaux, une propriété privée de manière à y porter atteinte ou à en diminuer le produit, une indemnité doit encore être allouée. — Cette occupation ne peut avoir lieu que dans les circonstances et dans les formes déterminées par les lois des 16 sept. 1807, 30 mars 1831 et 3 mai 1841, et l'indemnité est réglée en conformité des prescriptions de ces mêmes lois (décr. de 1853, art. 37; V. aussi décr. de 1791, art. 24; 17 juill. 1819, art. 15; ord. de 1821, art. 48). — V. Expropr. publ., n° 822; Travaux publ.

131. Il est encore dû une indemnité pour dommages causés à la propriété privée par suite des mesures prises pour la défense de la place, après qu'elle a été déclarée en état de siége, et, par exemple, soit pour les inondations ou occupations de terrains (dans ce cas l'indemnité est réglée aussitôt après que l'occupation a cessé), soit pour détérioration, destruction ou démolition de maisons, si les constructions existaient dans leur nature et dimension actuelle avant l'établissement des servitudes défensives (V. n° 86) : l'indemnité se règle sur la valeur des bâtisses, le sol n'étant acquis par l'Etat qu'exceptionnellement. — Telles sont, en substance, les diverses dispositions de l'art. 38 du décret de 1853 (V. aussi décr. de 1791, art. 33, 38; L. 17 juill. 1819, art. 15; ord. de 1821, art. 47). — Il a été jugé qu'il est dû par l'Etat une indemnité, tant au propriétaire qu'au locataire, à raison de la destruction de bâtiments, nécessitée pour la défense d'une place forte (ord. cons. d'Et. 20 mai 1831, M. Janet, rap., aff. Boiteux).

132. Si la place a été construite avant l'ordonnance de 1713, le propriétaire de la maison démolie doit prouver, pour fonder son droit à l'indemnité, que sa maison existait avant l'ordonnance. — Il a été jugé : 1° que lorsqu'une maison détruite se trouvait dans le rayon de défense d'une ancienne place de guerre, et que, loin d'être justifié par le propriétaire qu'elle avait été bâtie avant l'ordonnance de 1713, il est prouvé qu'elle ne figure sur le rôle de la contribution foncière que depuis 1795, il n'y a pas lieu d'accorder une indemnité (ord. cons. d'Et. 22 juin 1825, M. Maillard, rap., aff. Brun); — 2° Que la loi de 1791 s'est référée aux anciennes ordonnances en ce qui touche la fixation du rayon des servitudes militaires, qu'en conséquence, il n'y a pas lieu à allouer une indemnité pour des maisons détruites par suite des nécessités de la défense, bien que ces maisons existassent avant cette loi de 1791, si elles sont postérieures à l'ordonnance de 1713 : — « Considérant, porte l'ordonnance, que l'ordonnance du 9 déc. 1713 a prohibé la construction d'édifices et de bâtiments, autour des places de guerre, dans un rayon déterminé, et que ceux des requérants dont les maisons étaient construites à la distance prohibée ne peuvent se prévaloir des dispositions de la loi du 10 juill. 1791 pour réclamer une indemnité, puisque cette loi s'est référée aux anciennes ordonnances, en ce qui touche la fixation du rayon dans l'étendue duquel il était défendu de bâtir autour des places de guerre, d'où il suit que notre ministre de la guerre a dû appliquer les dispositions de cette ordonnance, relativement à l'appréciation des indemnités réclamées pour les maisons détruites à Schelestadt en 1814 » (ord. cons. d'Et. 11 fév. 1824, M. Maillard, rap., aff. Bonabel); — 3° Que l'ord. du 9 déc. 1713 était obligatoire pour les habitants de Schelestadt; qu'en conséquence, ceux dont les bâtiments, situés dans le périmètre de la place, ont été incendiés en 1814, ne sont pas fondés à demander des indemnités (même décis. et cons. d'Et. 26 août 1824, M. Maillard, rap., aff. Desgranges, etc.); — 4° Que les propriétaires de maisons en bois élevées dans la première zone, ne sont pas fondés à réclamer une indemnité en cas de démolition : — « Considérant, porte la décision, que si l'ordonnance de 1713, en prohibant la construction de tous édifices en maçonnerie, dans le rayon déterminé, a gardé le silence sur la construction de bâtiments en bois, il n'en résulte pas que les propriétaires des bâtiments de cette nature soient fondés à réclamer une indemnité en cas de démolition; que si la loi du 10 juill. 1791 a permis d'élever des constructions en bois, à la distance de 100 toises de la crête du parapet du chemin couvert, elle n'accorde cette permission que sous la condition de démolir, sans indemnité, à la réquisition de l'autorité militaire; qu'ainsi notre ministre n'a pas dû établir, dans son règlement d'indemnités, une distinction entre les constructions en maçonnerie et les constructions en bois » (ord. cons. d'Et. 11 fév. 1824, M. Maillard, rap., aff. Bonabel).

133. L'Etat doit une indemnité pour tous les dommages causés par suite des mesures prises pour la défense de la place, alors même que ces dommages auraient été causés à des propriétés situées hors du rayon des servitudes. — C'est en ce sens qu'il a été jugé en Belgique, où la loi de 1791 est en vigueur, que l'Etat doit réparation pour les dommages causés, en temps de guerre, par des inondations effectuées sur d'autres parties du territoire qu'aux *alentours* des places fortes, si ces inondations n'ont eu lieu que par simple mesure de *prévoyance* sans que le péril fût

---

département de la guerre avait eu le droit de s'emparer, en vertu de la loi précitée, pour cause d'utilité publique. La demande ne pouvait tendre qu'à une indemnité, en supposant que l'ancien propriétaire ne l'eût pas reçue, et cette demande était frappée de déchéance par les décrets de 1808 et de 1809, concernant l'arriéré. Ainsi, violation, tout à la fois, de ces décrets et de la loi de 1791. — Arrêt.

La cour; — Sur le premier moyen : Attendu que la seule question qui se présentait à juger était celle de savoir si l'Etat justifiait qu'il eût acheté, en vertu de la loi du 8-10 juill. 1791, la maison en litige; — Attendu que l'art. 7, tit. 4 de cette loi, accordait bien à l'Etat le droit de s'emparer d'une maison nécessaire pour le service du ministère de la guerre, et d'en faire fixer le prix par les corps administratifs; mais il ne suffit pas que l'Etat ait eu ce droit, il faut encore prouver qu'il en a usé suivant les conditions exigées par la loi; — Attendu que l'Etat ne représentait aucun titre et ne pouvait plus exciper de la prescription, puisqu'elle avait été écartée par un arrêt passé en force de chose jugée; — Que, dès lors, il n'y a eu aucune violation de la loi du 8-10 juill. 1791; — Sur le deuxième moyen : Attendu que la déchéance résultant des décrets des 25 fév. 1808 et 13 déc. 1809 n'a point été formellement opposées dans les conclusions soumises aux juges de la cause; — Que, par conséquent, on ne peut exciper de ce moyen devant la cour de cassation; — Rejette, etc.

Du 11 déc. 1838.-C. C., ch. req.-MM. Zangiacomi, pr.-Bayeux, rap.-Hervé, av. gén., c. conf.

(1) *Espèce* : — (De Narbonne-Lara.) — En 1824, le sieur de Narbonne-Lara, propriétaire du château de Perpan, a adressé au ministre de la guerre une réclamation à l'effet d'obtenir que des précautions fussent prises pour éviter que les exercices d'instruction, pratiqués au polygone de Toulouse, ne nuisissent à sa propriété. — Les précautions ordonnées par le ministre de la guerre ayant paru insuffisantes au sieur de Narbonne, celui-ci s'est adressé au conseil d'Etat pour obtenir : 1° qu'il fût formé une commission pour examiner s'il était possible ou non de garantir le château de Perpan des effets du tir qui a lieu au polygone de Toulouse, et d'indiquer, en cas de possibilité, les précautions propres à procurer ce résultat; 2° qu'il fût procédé, pour le cas où le dommage serait impossible à éviter, à l'expropriation du domaine pour cause d'utilité publique; 3° subsidiairement, qu'il fût accordé une indemnité pour les dommages éprouvés.

Louis-Philippe, etc.; — Vu le décret du 15 oct. 1810 et l'ordonn. royale du 14 janv. 1815, sur les établissements dangereux; — Vu la loi du 17 juill. 1819 et l'ordonn. royale du 1er août 1821, sur les servitudes imposées à la propriété pour la défense de l'Etat; — Vu les lois des 16 sept. 1807, 8 mars 1810 et 7 juill. 1833, sur les indemnités pour dommages et expropriations pour cause d'utilité publique; — Sur la compétence : — Considérant que la décision du ministre de la guerre, du 12 mars 1825, n'a eu pour objet que de prescrire les dispositions qui lui ont paru propres à préserver de tout danger les propriétés voisines de la butte du polygone de Toulouse; — Considérant que les dispositions prises par le gouvernement pour la formation ou le maintien des établissements qui intéressent la sûreté ou la défense du territoire ne peuvent être attaquées par la voie contentieuse; — Sur la demande en expropriation : — Considérant que l'administration de la guerre ne réclame pas l'occupation de tout ou partie de la propriété du sieur de Narbonne-Lara; — Sur la question d'indemnité : — Considérant que la réclamation de l'exposant ne repose que sur la crainte d'un danger; qu'il n'a allégué aucun préjudice provenant d'un dommage réellement éprouvé par lui, et qu'ainsi le ministre de la guerre a dû, par sa décision du 1er avr. 1825, repousser la demande en indemnité; — La requête du sieur de Narbonne-Lara est rejetée.

Du 18 fév. 1836.-Ord. c. d'Et.-M. Tarbé, rap.

imminent et en vertu d'ordres émanés des chefs des autorités militaires investis des pouvoirs les plus illimités (Bruxelles, 14 août 1835) (1).

134. Mais aucune indemnité n'est due lorsque le dommage éprouvé par les particuliers a été le résultat, non d'une mesure générale de défense, mais d'un fait accidentel produit par les événements de la guerre. Cette règle, bien qu'elle ne fût pas énoncée dans les lois et ordonnances, avait été introduite par la jurisprudence. — Ainsi, il a été décidé : 1° que les dommages causés en 1814 à un domaine situé en dehors d'un rayon militaire d'une place de guerre, ne résultant pas des mesures prises pour la défense de la place, rentrent dans la catégorie des maux généraux de la guerre qui ne donnent pas droit à une indemnité, mais pour la réparation desquels un secours a été mis à la disposition de l'autorité civile (ord. cons. d'Et. 6 décembre 1820, M. Tarbé, rap., aff. Guevel); — 2° Que la loi n'accorde l'indemnité que pour les démolitions qui ont lieu dans l'état de guerre, en vertu des ordres du roi ou d'une délibération du conseil de défense; mais que l'indemnité n'est pas due lorsque la destruction a eu lieu pendant l'état de siége et en présence de l'ennemi : c'est là un fait de guerre qui ne peut donner lieu à une indemnité (ord. c. d'Et. 7 août 1835, M. Jouvencel, rap., aff. Forcatère; Conf. ord. cons. d'Et. 7 fév. 1834, M. Boulay, rap., aff. Gervaise); — 3° Que les désastres accidentels occasionnés par la lutte même et les combats sont des événements de force majeure qui ne produisent aucune action contre le trésor public, soit que les dommages causés proviennent du fait des ennemis, soit qu'ils proviennent des armées nationales (Bruxelles, 14 août 1835) (2); — 4° Que la distinction entre les pertes qui résultent de l'attaque et celles qui naissent de la défense, entre les pertes qui résultent des guerres défensives et étrangères, et celles qui sont nées des guerres offensives, des guerres intestines, des commotions politiques, des révolutions, n'est pas admissible, pas plus que la distinction entre les guerres où la nation a triomphé et dont elle a recueilli les avantages et celles où elle a succombé (même arrêt). — L'art. 39 du décret de 1853 a consacré cette jurisprudence en ces termes : « Toute occupation, toute privation de jouissance, toute démolition, destruction et autre dommage résultant d'un fait de guerre ou d'une mesure de défense prise, soit par l'autorité militaire pendant l'état de siége, soit par un corps

---

(1) (Soc. d'assur. réunies *C.* l'Etat.) — La cour ; — Attendu que la loi du 10 juill. 1791, publiée en Belgique en vertu de l'arrêté du directoire exécutif du 7 pluv. an 5, dispose par son art. 38, combiné avec l'art. 36, que lorqu'une place est en état de guerre, les particuliers dont les propriétés ont été endommagés, par suite des inondations qui servent à sa défense, doivent être indemnisés aux frais du trésor public; — Attendu que cette loi consacre ainsi le principe respectivement aux places fortes, que la circonstance de l'existence de la guerre n'affranchit pas la nation de l'obligation de réparer le dommage causé aux propriétés privées, par les inondations effectuées par mesure de prévoyance et de prudence, pour empêcher les abords d'une forteresse en état de guerre et avant qu'elle soit en état de siége; — Attendu que la disposition de cette loi, qui oblige l'Etat, au cas prévu, à réparer le dommage causé par les inondations, n'est point une aberration de droit, mais se trouve au contraire en harmonie avec les lois qui régissent les propriétés et les droits qui en dérivent, et avec les principes relatifs à la force majeure qui ne permettent pas de considérer comme émanés d'elle des dommages causés même en temps de guerre, mais librement et par précaution, hors de la lutte flagrante; d'où il suit que cette disposition doit être étendue aux cas non compris dans son texte auxquels sont applicables les motifs qui l'ont dictée (L. 12 et 13, D. *De legibus*); — Attendu que les motifs de cette disposition, puisés uniquement dans les principes généraux du droit, l'équité et le respect pour la propriété, sont également applicables au cas où les dommages ont été causés en temps de guerre par des inondations effectuées sur d'autres parties du territoire qu'aux alentours des places fortes et qui auraient été effectués, comme on soutient que cela a eu lieu dans l'espèce, par simple mesure de prudence, sans que le péril fût imminent, et en vertu d'ordres émanés des chefs des autorités militaires investis des pouvoirs les plus illimités ; — Attendu, en conséquence, que les faits posés par la société appelante dans ses conclusions prises devant la cour sont pertinents et relevants ; — Et attendu qu'ils sont déniés, et qu'il est permis de poser de nouveaux faits en appel, il y a lieu, avant de statuer définitivement, d'en admettre préalablement la preuve ; — Par ces motifs, avant faire droit, admet la compagnie à prouver, etc.

Du 14 août 1835.-C. de Bruxelles.-2e ch.

(2) (L'Etat *C.* Cautineau.)—La cour ;—Attendu que dans les temps antérieurs à la législation actuelle, il était généralement reconnu que les désastres de la guerre occasionnés par la lutte même et les combats, devaient être mis sur la même ligne que les cas fortuits et devaient être considérés comme des événements de force majeure ne produisant aucune action contre le trésor public, soit que les dommages causés aux propriétés privées provinssent du fait des ennemis, soit qu'ils provinssent du fait des armées nationales; que ce n'est qu'à l'égard des dommages causés librement pendant la guerre par l'effet des mesures de prévoyance ou de précaution prises par le gouvernement même auquel est soumis celui qui a éprouvé le préjudice, que Vattel enseigne, que le particulier a action pour obtenir la réparation;

Attendu que la loi du 10 juill. 1791, publiée en Belgique en vertu de l'arrêté du directoire exécutif du 7 pluv. an 5, en sanctionnant par ses art. 35, 36 et 38 combinés le droit des particuliers lésés à une indemnité pour les dommages occasionnés par toutes les opérations qui, s'exécutant dans l'intérêt de la défense des places fortes, peuvent porter un préjudice aux propriétés, ne sanctionne cependant ce droit à l'indemnité qu'à l'égard des faits perpétrés aux abords des forteresses lorsqu'elles sont encore en état de guerre; termes, *en état de guerre*, qui prouvent qu'il ne s'agit dans ces articles que des mesures que la prudence a pu suggérer pour la défense des places et non des faits qui se passent pendant le siége, puisque suivant l'art. 11 de la même loi les forteresses cessent d'être en état de guerre, et sont en état de siége, dès l'instant que les attaques sont commencées contre elles ou que par l'effet de leur investissement par des troupes ennemies, les communications du dehors au dedans ou du dedans au dehors sont interceptées à la distance de 1,800 toises des crêtes des chemins couverts ; — Attendu que la défense faite aux commandants des places fortes par les art. 36 et 37, de n'exécuter aucune opération pouvant porter préjudice aux propriétés, sans avoir pris les ordres du roi, ou en cas d'urgente nécessité qui ne permet pas d'attendre les ordres du roi sans y avoir été autorisé par un conseil de guerre, démontre de plus en plus que le droit à l'indemnité n'est reconnu que pour les dommages occasionnés librement et par précaution, et non pour ceux occasionnés pendant le siége et par suite de l'attaque même ; — Attendu que la loi en excluant ces derniers de la disposition favorable aux particuliers et en restreignant de cette manière le droit accordé à une indemnité, parait bien adopter, à l'occasion des places fortes, le principe déjà généralement admis que l'Etat n'est et ne doit point être légalement tenu de réparer les pertes essuyées par suite de faits nécessités pendant le conflit même ; — Attendu que ce principe, qui acquiert ainsi une nouvelle force des dispositions de la loi de 1791, doit continuer à être appliqué aux désastres de la guerre produits par les combats sur toutes les parties du territoire ; aussi le conseil d'État de France en a-t-il constamment fait l'application à ces désastres, sans distinction de lieux, distinction comme il se voit notamment de la décision qu'il a rendue le 26 mars 1823 et de celle rendue sur la demande formée par le sieur Desevre ; — Attendu que la distinction que l'on cherche à faire admettre entre les pertes qui résultent de l'attaque, d'avec celles qui naissent de la défense, entre les pertes qui résultent des guerres défensives et étrangères d'avec celles qui sont nées des guerres offensives, des guerres intestines, des commotions politiques, des révolutions, n'est écrite dans aucune loi, appuyée d'aucune autorité, d'aucune jurisprudence, et a au contraire été repoussée quand l'occasion s'en est présentée; qu'il en est de même de la distinction que l'on cherche à faire admettre entre les guerres où la nation a triomphé, et dont elle a recueilli des avantages d'avec celles où elle a succombé ;

Attendu que si à raison de la communauté où sont entrés les membres d'un même Etat, les dommages qui, pendant les guerres arrivent aux uns ou aux autres devraient équitablement retomber sur la communauté entière, cependant il faut reconnaître qu'une impérieuse nécessité commandait au législateur de ne point donner action en justice aux particuliers lésés par les désastres de la guerre flagrante ; en effet les ressources nécessaires à l'existence de la société pourraient bientôt être épuisées si le trésor public était légalement tenu de dédommager tous ceux qui perdent de cette manière ; — Attendu que ce puissant motif s'applique également aux divers cas ci-dessus énoncés et ne permet point par conséquent, pour quelques-uns d'entre eux, de priver l'Etat des immunités attachées à la force majeure ;

Attendu, dans l'espèce, que l'occupation de la maison de l'intimé par les volontaires belges en sept. 1830 n'a eu lieu que pendant le combat et a été nécessitée par la lutte même; que dès lors les dommages qui ont été la suite de cette occupation ne sont point le résultat d'une mesure de prévoyance ou de précaution, mais bien d'un fait ordinaire de guerre qui, d'après ce qui vient d'être établi, ne produit aucune action en justice réglée pour obtenir la réparation du dommage essuyé ;—Par ces motifs, émendant, etc.

Du 14 août 1835.-C. de Bruxelles, 2e ch.-M. Delebecque, av. gén., c. conf.

d'armée ou un détachement en face de l'ennemi, n'ouvre aucun droit à indemnité. »

135. L'établissement des servitudes militaires, bien qu'il frappe la propriété privée d'une dépréciation considérable ne donne droit à aucune indemnité (ord. cons. d'Et. 23 juillet 1840 (1); Conf. avis com. de la guerre, 23 août 1826; MM. Husson, Travaux publics, t. 2, p. 393; Delalleau, p. 538; *Contrà*, M. de Gérando, Droit admin., t. 4, p. 329).—V. du reste v° Servitudes, où l'on examine, d'une manière générale, s'il y a lieu a indemnité pour l'établissement de servitudes d'utilité publique; V. aussi M. Jousselin, Tr. des servit. d'util. pub., t. 1, p. 63 et s.

136. Ainsi, quels que soient les inconvénients qui résultent pour les propriétaires des travaux exécutés par l'Etat pour la défense du territoire, il n'y a lieu à aucune indemnité, tant que la propriété reste intacte. — C'est ainsi qu'il a été jugé que l'établissement sur un quai d'un mur crénelé ne donne point droit à une indemnité à celui dont la propriété est située entre ce quai et la rivière, bien qu'en certains endroits, la distance entre le mur et cette propriété n'ait pas six pieds, et que de graves inconvénients résultent de ce voisinage (ord. c. d'Et. 22 nov. 1836) (2).

137. A plus forte raison, la demande en indemnité, formée par le propriétaire voisin d'une place de guerre, ne doit pas non plus être accueillie, alors que sa réclamation n'est fondée que sur la crainte d'un danger éventuel, et qu'il n'allègue aucun préjudice provenant d'un dommage réellement éprouvé par lui (ord. cons d'Et. 18 fév. 1836, aff. Narbonne-Lara, V. n° 129).

138. Aux termes de l'art. 15 de la loi du 17 juill. 1819, les indemnités prévues par les art. 18, 19, 20, 24, 33 et 38 de la loi du 8 juill. 1791, sont fixées dans les formes prescrites par la loi du 8 mars 1810 (aujourd'hui 3 mai 1841) et préalablement acquittées, conformément à l'art. 10 de la charte de 1814.

139. Quant à l'expropriation et l'occupation temporaire, en cas d'urgence, des propriétés privées nécessaires aux travaux de fortification, on doit se conformer aux dispositions de la loi du 30 mars 1831.—V. Expropriation publique, n°s 23, 756 et s.

140. La demande en indemnité doit être présentée dans les délais fixés par l'art. 5 de la loi de finances du 25 mars 1817, à peine de déchéance (V. Trésor public). — Il a été décidé que la réclamation doit être rejetée si les réclamants ne justifient du dépôt de leurs titres de créance en temps utile, que par le certificat d'un maire qui avait depuis longtemps cessé ses fonctions : un pareil certificat ne pouvant être considéré comme prouvant suffisamment le dépôt en temps utile, ils ont encouru la déchéance aux termes de la loi de 1817 (cons. d'Ét. 26 août 1824, M. Maillard, rap., aff. Desgranges, etc.). — Mais on ne peut appliquer cette déchéance, si le procès-verbal de l'estimation de l'indemnité due aux réclamants a été déposé en temps utile; peu importe qu'il ait été rectifié par des procès-verbaux subséquents qui n'ont été déposés qu'après l'expiration des délais (ord. cons. d'Ét. 15 juin 1825) (3).

141. Les indemnités sont distinctes des secours accordés par le chef de l'État à ceux dont les propriétés ont souffert des maux

---

(1) *Espèce:* — (Lahirigoyen.) — Le sieur Lahirigoyen soutenait que pour les servitudes militaires ayant pris naissance après la promulgation du code civil, l'Etat ne pouvait en requérir l'exercice sans indemnité préalable. — Le conseil de préfecture avait consacré ce système en se fondant sur ce que les servitudes militaires « sont soumises à toutes les conditions résultant soit de la charte, soit de la loi du 17 juill. 1819, soit enfin de l'ord. du 1er août 1821; — Or ces lois déclarent formellement que toutes les décisions qui produiraient un effet quelconque dans l'application des servitudes militaires seraient exécutées dans les formes prescrites par la loi du 8 mars 1810, qui était alors la loi d'expropriation, à la condition de l'indemnité préalable; — Que la loi a assez manifesté sa pensée à cet égard quand elle a décidé qu'en cas de guerre, les démolitions qui seraient jugées nécessaires à la distance de 487 mèt. des places et postes ne donneraient lieu à aucune indemnité; — Qu'il est à remarquer d'abord que cette mesure exorbitante ne peut avoir lieu qu'en cas de guerre; — Qu'on voit, en outre, que, quand la loi a autorisé une dépossession sans indemnité elle l'a formellement déclaré; — D'où il faut conclure que, lorsqu'elle a dû porter atteinte au droit de propriété, et qu'il n'y a dans ses termes ni restrictions, ni réserves, ni exceptions, c'est qu'elle a voulu réserver l'application du droit commun; — Attendu qu'une servitude est un démembrement de la propriété; — Que la jurisprudence atteste par une multitude de décisions que ce démembrement, opéré dans l'intérêt de l'Etat, doit donner lieu à une indemnité préalable à toute prohibition; — Que cette indemnité n'a point été proposée au sieur Lahirigoyen; — Qu'on n'a donc pu lui interdire l'usage exclusif et absolu de sa propriété; — Arrête, etc. » — Recours du ministre de la guerre.

LOUIS-PHILIPPE, etc.; — Vu les lois des 8-10 juill. 1791 et 17 juill. 1819; — Vu l'ord. royale du 1er août 1821 et celle du 7 oct. 1836; — Vu la loi du 29 mars 1806, art. 2; — Considérant que le camp retranché de Mousseroles a été classé par notre ord. du 7 oct. 1836 dans la série des postes militaires; — Considérant qu'aux termes de l'art. 32 de la loi du 18 juill. 1701, et de l'art. 4 de la loi du 17 juill. 1819, il ne peut être élevé des bâtiments et clôtures de construction quelconques au delà de la distance de 250 mèt., qu'avec l'autorisation de notre ministre de la guerre; considérant que l'application des règles relatives aux contraventions en matière de servitudes militaires n'est pas subordonnée à la confection des plans de circonscription et états descriptifs; — Considérant que l'art. 4 de la loi de 1784 et l'art. 1 de celle de 1819, en autorisant la construction et le classement de nouvelles places de guerre, n'ont pas ouvert au profit des personnes dont les propriétés se trouvaient soumises aux servitudes militaires un droit à l'indemnité; — Que les art. 1 et 15 de la loi de 1819, en renvoyant aux formalités prescrites par la loi du 8 mars 1810, pour la fixation des indemnités, ont stipulé les cas où il en serait dû, et n'ont fait que rappeler les articles de la loi du 10 juill. 1791 qui ne concernent que les cessions et occupations de terrain, les démolitions de constructions existantes et les dommages causés par des inondations, dans l'intérêt de la défense; — Que les art. 45 et suiv. du tit. 3 de l'ord. du 1er août 1821, qui a eu pour objet de fixer le mode d'exécution de la loi du 17 juill. 1819 et d'en rapprocher les dispositions de celles des lois antérieures maintenues en vigueur, ne reconnaissent également comme donnant lieu à indemnité que les cas de dépossession, de démolition d'édifices et de privation de jouissance; — Qu'aux termes de l'art. 48 de ladite ordonnance, il n'y a privation de jouissance que dans les circonstances où l'autorité militaire occupe temporairement une propriété privée; — Considérant qu'il résulte du procès-verbal ci-dessus visé que le sieur Lahirigoyen a fait exhausser sans autorisation le mur de clôture de sa propriété, située à Mousserolles dans la seconde zone des servitudes militaires de l'ouvrage de Pratz; — Que le procès-verbal est régulier, et que le sieur Lahirigoyen ne s'étant pas inscrit en faux, foi est due à toutes ses énonciations; — Que, dès lors, c'est à tort que le conseil de préfecture des Basses-Pyrénées a renvoyé le sieur Lahirigoyen des fins du procès-verbal dressé contre lui.

Art. 1. L'arrêté du conseil de préfecture des Basses-Pyrénées, en date du 5 mars 1840, est annulé. — Art. 2. Le sieur Lahirigoyen fera démolir l'exhaussement du mur de clôture de son jardin, constaté par le procès-verbal du 30 déc. 1839, dans le délai d'un mois, à compter de la signification de la présente ordonnance, si mieux il n'aime souscrire la soumission de démolir à ses frais et sans indemnité ladite construction, et ce à la première réquisition de l'autorité militaire.

Du 23 juill. 1840.-Ord. cons. d'Et.-M. Gomel, rap,

(2) *Espèce;* — (Guerlin-Houel *C.* min. de la guerre.) — Pour faire rejeter la demande en indemnité formée par le sieur Guerlin, le ministre soutenait que la loi n'accordait aucune indemnité aux propriétaires dans le cas où la construction des places fortes produit des inconvénients aux propriétés voisines, ou lorsqu'il est élevé des ouvrages nouveaux pour soutenir les anciens, comme aussi lorsque, par suite de ces travaux, il est ajouté de nouvelles zones aux servitudes militaires; que la loi n'accordait d'indemnité que dans le cas d'expropriation totale ou partielle; enfin que le trésor public ne pourrait suffire à payer les indemnités de cette nature.

LOUIS-PHILIPPE, etc.; — Vu la loi des 10 juill. 1791 et 17 juill. 1819; — Considérant que les travaux exécutés par l'Etat, dans l'intérêt de la défense, ont laissé intacte la propriété du sieur Guerlin-Houel, et que les inconvénients dont il se plaint ne sont point de nature à donner droit à une indemnité; — Art. 1. La requête du sieur Guerlin-Houel est rejetée.

Du 22 nov. 1836.-Ord. cons. d'Et.-M. Ferri-Pisani, rap.

(3) (Bonnabel, etc.) — CHARLES; — Considérant, sur les trois réclamations, au nom des sieurs Louis Fournier, Michel Theru et veuve Petit et fils, rejetées sur le motif qu'elles n'ont été présentées qu'après les délais fixés par la loi du 25 mars 1817; — Que si les procès-verbaux d'estimation des indemnités auxquelles les réclamants pouvaient avoir droit n'ont été déposées à la mairie que le 21 fév. 1821, ces procès-verbaux, qui portent la date des 23, 24 et 26 mai 1816, ne contiennent que des rectifications des sommes portées au procès-verbal du 31 mars, clos le 20 mai 1816, et déposé dans les délais de la loi du 25 mars 1817; — Qu'ainsi, on ne peut appliquer à ces réclamations la déchéance prononcée par ladite loi; — Art. 1. La décision de notre ministre de la guerre, en date du 17 juin 1822, est annulée dans la partie par laquelle il applique la déchéance prononcée par la loi du 25 mars 1817 aux réclamations des sieurs Fournier, etc. Elle est confirmée dans toutes ses autres dispositions.

Du 15 juin 1825,-Ord. cons. d'Et.-M. Maillard, rap.

de la guerre; l'indemnité est un droit, le secours une simple faveur. En conséquence, il a été décidé que les secours accordés par le roi sur la liste civile aux particuliers endommagés, ne doivent pas être imputés sur les indemnités auxquelles ils peuvent avoir droit (ord. c. d'Ét. 11 fév. 1824, M. Maillard, rap., aff. Bonabel).

142. Un maire est sans qualité pour réclamer, en faveur de la masse des propriétaires, le payement d'une indemnité. Cette action ne peut être exercée que par chacune des parties (cons. d'Ét. 11 oct. 1833, aff. ville de Verdun, V. n° 65).

143. Les communes où il y a garnison doivent procurer un champ de manœuvres et en supporter la dépense, à moins que ce ne soit une place de guerre. Quand il y a lieu à indemnité, elle est réglée conformément aux dispositions qu'on vient de faire connaître.—V. M. Lerat de Magnitot, v° Champ de manœuvres.

Art. 6. — *Compétence.*

144. Les dispositions prises par le gouvernement pour la formation ou le maintien des établissements qui intéressent la sûreté ou la défense du territoire sont des actes purement administratifs qui ne peuvent être attaqués par la voie contentieuse. Ainsi la réclamation formée par cette voie contre l'établissement d'un polygone ne serait pas recevable (ord. cons. d'Ét. 18 fév. 1836, aff. Narbonne-Lara, V. n° 129).—De même, il a été jugé : 1° que la demande tendante à ce que le roi, usant de la faculté qui lui est réservée par l'art. 3 de la loi de 1819 (V. n° 98), réduise l'étendue de l'esplanade du château sur les points où les maisons de la ville sont voisines des fortifications, n'est pas susceptible d'être présentée par la voie contentieuse (ord. cons. d'Ét. 2 sept. 1829, M. Hutteau d'Origny, rap., aff. Henry Jean); — 2° Que l'opposition aux choix des capitales devant servir de base au tracé du polygone de circonscription, ne peut être présentée par la voie contentieuse (ord. cons. d'Ét. 2 nov. 1832, aff. Gellé-Pierrard, V. n° 63).

145. Les constructions qui, aux termes de l'art. 3 de la loi du 17 juill. 1819, peuvent être autorisées dans le rayon prohibé, ne le sont qu'à titre de tolérance et sous les conditions que le gouvernement peut juger convenables : il suit de là que les demandes relatives à ces constructions ne peuvent être formées par la voie contentieuse (ord. cons. d'Ét. 9 juin 1830, M. d'Origny, rap., aff. Labrosse). — Par suite, il a été jugé que lorsque des constructions ont été faites par un particulier avant la délimitation de la rue militaire, la demande du contrevenant tendante à conserver ces constructions jusqu'à l'établissement de cette rue, sous l'offre de les démolir alors sans indemnité, ne peut être présentée par la voie contentieuse (ord. cons. d'Ét. 21 sept. 1827, aff. Vermond, V. n° 47).

146. En cas de doute sur le point de savoir si un ouvrage de fortifications est régulier, légal ou permanent, c'est à l'autorité administrative seule qu'il appartient de décider la question (Metz, 5 juill. 1836, aff. préfet de la Moselle, V. n° 19). — Il a été jugé dans ce sens que l'autorité administrative est seule compétente pour statuer sur la question de savoir si un fort à la proximité duquel des constructions ont été effectuées, avait, à l'époque de leur confection, une existence légale comme place de guerre ou dépendance d'une place de guerre (ord. cons. d'Ét. 14 juill. 1838 (1); 30 nov. 1832, aff. Gibou, V. n° 111.—Conf. M. Jousselin, Servit. d'util. pub., t. 1, p. 96). — Pareillement, les tribunaux sont incompétents pour décider, par interprétation des actes de délimitation des fortifications d'une ville, jusqu'où doivent s'étendre ces fortifications, et, par exemple, si certains points des promenades d'une ville sont ou non compris dans les terrains affectés au domaine militaire; ils doivent, lorsqu'ils en sont requis, surseoir à statuer et renvoyer l'interprétation de ces actes devant l'autorité administrative (Cass. 1er avr. 1845, aff. ville de Besançon, D. P. 45. 1. 195).

147. Aux termes de l'art. 1 du tit. 4 de la loi du 8 juill. 1791, les établissements et logements militaires appartenant aux villes et nécessaires au service de l'armée, ont été déclarés propriété de l'État. — Il a été décidé que la question de savoir si un bâtiment revendiqué par une ville a été réuni au domaine de l'État en vertu de la loi de 1791, ne pouvant être résolue que par l'application d'actes administratifs, échappe à la juridiction des tribunaux ordinaires (ord. cons. d'Ét. 13 août 1828) (2). — V. du reste sur la propriété des casernes et bâtiments militaires, v° Organisation militaire. — Quant à la répression des contra-

(1) 1re *Espèce :* — (Marie C. ministre de la guerre.) — Louis-Philippe, etc.; — Vu la loi des 8-10 juill. 1791, celle du 17 juill. 1819, l'ordonnance royale du 1er août 1821, relatives aux servitudes militaires, ensemble les tableaux annexés à la loi du 10 sept. 1791 et à l'ordonnance du 1er août 1821; la loi du 29 flor. an 10, le décret du 16 déc. 1811, l'arrêt du conseil du 27 fév. 1765 sur la grande voirie, les lois des 16-24 août 1790 et 16 fruct. an 3 sur la séparation des pouvoirs; — Sur la compétence : — Considérant que, aux termes des art. 9 et 11 de la loi du 17 juill. 1819, les contraventions aux lois sur les servitudes militaires et les réclamations formées par les parties intéressées dans les cas énoncés aux articles précités, doivent être jugées comme en matière de grande voirie; qu'il résulte de ces dispositions que, si, dans les matières ordinaires, les tribunaux sont seuls compétents pour prononcer sur les questions de servitude, cette règle ne saurait être appliquée aux servitudes défensives que la loi a soumises à une juridiction spéciale; que, dès lors, le conseil de préfecture de la Manche, saisi des contraventions imputées au requérant, était compétent pour reconnaître si le fort du Roule avait une existence légale comme place de guerre ou dépendance d'une place de guerre à l'époque où les constructions du sieur Marie avaient été effectuées; — Au fond : — En ce qui touche la condition légale du fort du Roule : — Considérant que le port militaire de Cherbourg et ses dépendances ont été désignées dans le tableau des places de guerre annexé à l'ord. du 1er août 1821, et que le fort du Roule, qui existait à cette époque et était entretenu et administré par le département de la guerre, s'est trouvé nécessairement compris dans les dépendances du susdit port militaire, comme faisant partie de ses ouvrages extérieurs et formant un des éléments de son système de défense; — En ce qui touche les contraventions imputées au sieur Marie : — Considérant que l'application des règles relatives aux contraventions en matière de servitudes militaires n'est subordonnée ni à la confection des plans de circonscription et états descriptifs, ni aux notifications prescrites par l'art. 9 de la loi du 17 juill. 1819; que c'est sans autorisation, et contrairement aux lois des 10 juill. 1791 et 17 juill. 1819, et de l'ord. du 1er août 1821, que les constructions en maçonnerie dont il s'agit ont été effectuées dans la 2e zone des servitudes militaires du fort du Roule; que, dès lors, le conseil de préfecture de la Manche a fait application desdites lois et ordonnance, en décidant que lesdites constructions devaient être détruites, sauf au sieur Marie à souscrire telle soumission que de droit pour en obtenir le maintien;— Rejette.

Du 14 juill. 1838.-Ord. cons. d'Et.-M. de Jouvencel, rap.

2e *Espèce :* —(Le Buhotel C. min. de la guerre.) —Même jour, décision identique.

(2) (Ville de Calvi.) — Charles, etc.; — Vu les art. 17 et suiv. du tit. 1 de la loi du 10 juill. 1791; — Vu l'art. 1 du tit. 4 de ladite loi; — Vu l'art. 15 de la loi du 17 juill. 1819, portant que les indemnités prévues par les art. 18, 19, 20, 24, 33 et 38 de la loi du 10 juill. 1791, sont fixées dans la forme prescrite par la loi du 8 mars 1810;—Considérant qu'aux termes des art. 1, 2, 3, 4, tit. 4, de la loi du 10 juill. 1791, les établissements et logements militaires qui appartenaient aux villes, et qui seraient jugés nécessaires au service de l'armée, ont été déclarés propriétés de l'Etat, sous la seule condition que les dépenses d'entretien et autres à la charge desdites villes, seraient supportées par l'Etat, à compter de la remise desdits établissements et logements qui serait faite aux agents militaires et constatée par des procès-verbaux; — Que la question de savoir si le bâtiment revendiqué par la ville de Calvi a été réuni au domaine de l'Etat, en vertu des dispositions ci-dessus transcrites, ne peut être résolue que par l'application des actes administratifs, faits en vertu et pour l'exécution de la loi du 10 juill. 1791;— Et qu'à cet égard le conflit est bien élevé; — Considérant que, dans les cas où il résulterait de la décision à intervenir sur cette question préjudicielle, que le bâtiment litigieux n'a pas été réuni au domaine de l'Etat, en vertu des art. 1, 2, 3, 4, tit. 4, de la loi du 10 juill. 1791, les plans et autres pièces produites démontrent que le bâtiment est enclavé, de toutes parts, dans le terrain militaire de la place de Calvi;— Que, dès lors, aux termes des art. 17, 18 et 19, tit. 1, de la loi du 10 juill. 1791, la ville de Calvi n'aurait conservé la jouissance dudit bâtiment que sous la condition que, dans le cas de démolition nécessaire, volontaire ou accidentelle, le terrain serait réuni, de plein droit, au terrain militaire, et la ville indemnisée dudit terrain, si elle fournissait le titre légitime de sa possession; — Que, d'après l'art. 15 de la loi du 17 juill. 1819, ces questions de propriété et d'indemnité sont de la compétence des tribunaux, et qu'à cet égard le conflit est mal élevé; — Art. 1. Le conflit est confirmé en tant qu'il revendique, pour l'autorité administrative, la question préjudicielle de savoir si le bâtiment réclamé pour la ville de Calvi a été réuni au domaine de l'Etat, en vertu des art. 1, 2, 3, 4, tit. 4, de la loi du 10 juill. 1791. — Le conflit est annulé en tant qu'il revendique, pour l'autorité administrative, le jugement des questions subsidiaires de propriété et d'indemnité. — Le ju-

ventions elle appartient au conseil de préfecture. — V. n° 111.

148. L'autorité judiciaire est également incompétente pour connaître de l'exécution de décisions administratives rendues en matière de servitudes militaires (V. Compét. admin., nos 295 et suiv.).— Par suite, il a été jugé que lorsque des arrêtés, rendus contre le propriétaire, ordonnent la démolition de constructions élevées par le locataire, celui-ci, contre lequel le génie militaire poursuit l'exécution de ces arrêtés sans les lui avoir fait notifier, ne peut, après avoir formé tierce opposition, s'adresser au président du tribunal civil, par voie de référé, pour qu'il ordonne la discontinuation des poursuites, ce juge étant incompétent pour statuer sur une telle demande (Rouen, 30 août 1843) (1).

149. Mais, toutes les contestations qui soulèvent des questions de propriété ou d'indemnité sont du ressort des tribunaux ordinaires. — Ainsi, il a été jugé que c'est aux tribunaux ordinaires qu'il appartient de juger, sur une question de propriété, entre un particulier et l'État, si les objets litigieux ont cessé ou non de faire partie d'une place de guerre (Req. 30 juill. 1839, aff. préf. de la Drôme, V. Domaine pub., n° 62).

150. Si un particulier revendique la propriété d'un terrain faisant partie des fortifications, cette question de propriété, qui doit se résoudre en une indemnité, ne peut être jugée par les tribunaux administratifs. — Il a été jugé, ce qui ne paraît pas souffrir la moindre difficulté : 1° qu'un conseil de préfecture est sans attribution, soit pour confirmer un jugement des tribunaux, soit pour statuer entre l'État et un particulier, sur la propriété d'un terrain faisant partie des glacis d'une place de guerre (ord. cons. d'Ét. 15 oct. 1826, M. de Rozière, rap., aff. Desescaux); —2° Que le conseil d'État ne peut infirmer ce jugement si le conflit n'a pas été élevé par le préfet; qu'il n'y a de recours que par la voie judiciaire, s'il en est encore susceptible (même décision); —3° Enfin qu'au cas contraire, il doit servir de base au règlement de l'indemnité qui peut être due pour l'expropriation du terrain, comme compris dans les limites légales du terrain militaire (même décision).

151. Mais lorsque, dans une instance devant le conseil de préfecture entre l'État et un particulier, ce conseil a renvoyé les parties devant les tribunaux pour faire fixer, d'après les titres anciens et les règles du droit, la limite d'une propriété qui confrontait le rempart, l'administration militaire ne peut introduire devant les tribunaux une demande tendant à la délimitation et au bornage des biens vendus et du rempart de la place, et du délaissement du terrain usurpé et la démolition des constructions faites sur ce même terrain, la fixation des limites du rempart et du terrain militaire, ainsi que la poursuite des contraventions aux lois sur les servitudes militaires, appartenant exclusivement à l'autorité administrative, sauf les droits des propriétaires à obtenir devant les tribunaux une indemnité pour le terrain dont ils seraient dépossédés (ord. cons. d'Ét. 28 nov. 1834, M. Macarel, rap., aff. préf. de l'Aude *C.* Cauquil).

152. Si les contestations qui peuvent s'élever sur la preuve légale de la *priorité d'existence* des constructions situées dans les zones de prohibition intérieure et extérieure nécessitent l'appréciation des titres de propriété, elles sont de la compétence des juges ordinaires (ord. 1er août 1821, art. 73; circ. du min. de la guerre, 25 fév. 1830, § 3, n° 2; décr. 10 août 1853, art. 32).— Il a été jugé en ce sens que la question de savoir si une maison qui se trouve sur le terrain soumis aux servitudes défensives d'une place de guerre est plus ancienne que cette place, et si, par suite, le propriétaire a pu y faire des constructions, est du ressort des tribunaux et non de l'autorité administrative (ord. cons. d'Ét. 14 déc. 1832, aff. Levesque, V. n° 89, V. aussi n° 112). — Lorsqu'il s'agit de contestations relatives à l'interprétation des titres administratifs, c'est, au contraire, le conseil de préfecture qui est seul compétent.

153. Les tribunaux sont encore compétents pour statuer sur les demandes en indemnité relatives aux expropriations de jouissance ou aux dommages matériels (ord. cons. d'Ét. 15 juin 1832) (2). — Ainsi il a été jugé : 1° que le point de savoir si un pont élevé et entretenu aux frais du département de la guerre, dans une place forte, afin de rétablir la communication entre les propriétés des habitants, lequel avait été supprimé pour quelques travaux, sera reconstruit aux frais de la commune, s'il vient à être détruit, offre à résoudre une question d'indemnité de la compétence des tribunaux (ord. cons. d'Ét. 24 oct. 1827) (3); — 2° Que les questions d'indemnité que présente la réunion au domaine militaire des terrains riverains de la rue du rempart, par suite de démolition volontaire ou accidentelle, sont de la compétence des tribunaux civils (ord. cons. d'Ét. 13 août 1828, aff. ville de Calvi, V. n° 147); — 3° Que les arrêtés du conseil

---

gement du tribunal de Calvi sera considéré comme non avenu, dans les dispositions qui ordonnent la remise à la ville de Calvi, du bâtiment dont il s'agit, ainsi que des payements des loyers.

Du 13 août 1828.-Ord. cons. d'Et.-M. de Cormenin, rap.

(1) *Espèce* : — (D'Aligre *C.* préfet de la Seine-Inférieure.) — Picard, propriétaire de terrains situés dans le voisinage des fortifications du Havre, les donne en location au marquis d'Aligre. Celui-ci y fait élever des constructions. — Poursuites du génie militaire contre Picard. Deux arrêtés du conseil de préfecture des 27 sept. et 5 oct. 1839 ordonnent la démolition des constructions. — En 1843, seulement, l'autorité militaire prévient le marquis d'Aligre auquel les arrêtés n'avaient pas été notifiés, que la démolition des constructions sera opérée par l'autorité militaire, si, dans le délai de vingt jours il n'y procède pas lui-même. — Tierce opposition contre ces arrêtés, et en même temps assignation en référé par le marquis d'Aligre, au préfet et au génie militaire devant le président du tribunal, afin de faire ordonner la discontinuation des poursuites. — Ordonnance qui rejette la demande en référé : « Attendu que la démolition des maisons dont il s'agit a été ordonnée par l'autorité administrative; qu'elle est poursuivie en vertu de deux arrêtés du conseil de préfecture en date des 27 sept. et 5 oct. 1839 notifiés conformément à la loi; que l'autorité judiciaire est incompétente pour suspendre l'exécution de ces titres; — Attendu, d'ailleurs, qu'il est reconnu par le marquis d'Aligre que le terrain sur lequel les constructions ont été élevées, est la propriété du sieur Picard, contre lequel les arrêtés précités ont été rendus; que le marquis d'Aligre, en se reconnaissant locataire du sieur Picard, ne peut prétendre avoir plus de droits à exercer que celui-ci n'en aurait lui-même; qu'il ne s'agit pas d'appliquer une peine personnelle, mais de faire détruire des constructions qui sont en quelque sorte une contravention permanente. »

Appel. — On soutient que les contestations qui s'élèvent sur l'exécution forcée des décisions des tribunaux administratifs doivent être portées devant les tribunaux civils, conformément au principe écrit dans l'art. 553 c. pr.; que, dans l'espèce, il y avait urgence, et que la demande devait en conséquence être portée en référé; qu'une tierce opposition ayant été formée devant le conseil de préfecture, le président était saisi des points de savoir si les décisions attaquées par cette voie peuvent être mises à exécution contre le tiers opposant, question qui appartient à l'autorité judiciaire seule (V. MM. Macarel, t. 1, nos 4 et 50; Chevalier, t. 2, p. 359). — Arrêt.

La cour ; — Attendu qu'il s'agit au procès de l'exécution de décisions administratives intervenues en matière de servitudes militaires; que l'autorité judiciaire est par là même incompétente; — Se déclare incompétente, etc.

Du 30 août 1843.-C. de Rouen, 1re ch.-M. Frank-Carré, 1er pr.

(2) *Espèce* :—(Labrosse Béchet *C.* min. pub.)—Labrosse Béchet assigne le préfet devant le tribunal de Sedan en payement d'indemnités : 1° pour pertes de constructions dans le rayon militaire de Sedan et condamnées à être démolies ; 2° pour interruption de l'exercice de sa fabrique; 3° pour dépréciation de ses ateliers ; 4° pour dommages résultant de l'empêchement d'user librement de sa propriété.—Arrêté de conflit.

Louis-Philippe, etc.; — Vu les lois des 10 juill. 1791, 17 juill. 1819 et 8 mars 1810 ; — Vu les ord. des 1er août 1821 et 1er juin 1828 ; — Considérant qu'il ne s'agit ici que d'une appréciation résultant de la prohibition de bâtir dans le rayon de servitudes militaires; —Que, d'après les lois antérieures à la loi du 17 juill. 1819, le ministre de la guerre a été seul compétent pour prononcer sur les demandes d'indemnité pour dommages causés aux particuliers par l'établissement des places fortes et autres moyens de défense du royaume; — Que l'art. 15 de cette loi du 17 juill. 1819 ne renvoie aux tribunaux civils que les demandes en indemnité relatives aux expropriations de jouissance ou aux dommages matériels; — D'où il suit, aux termes de l'art. 16 de la même loi, que notre ministre de la guerre est resté investi du droit de statuer, sauf recours à nous en notre conseil d'État, sur les demandes en indemnité que des particuliers se croiraient fondés à former pour les autres cas non prévus dans ladite loi; — Art. 1. L'arrêté de conflit est confirmé; en conséquence, le jugement rendu par le tribunal de Sedan, le 29 mars 1832, sera considéré comme non avenu, ainsi que celui du 17 août 1831, mais seulement dans celles de ses dispositions qui sont relatives à l'indemnité dont il s'agit, etc.

Du 15 juin 1832.-Ord. cons. d'Et.-MM. Macarel, pr.

(3) (Bion et cons. *C.* min. de la guerre.)—Charles, etc.;—Considérant que les exposants n'attaquent pas la décision de notre ministre de la guerre, dans les dispositions qui ont, sous le rapport de la défense de la place, 1° maintenu la suppression de la portion du pont situé au point A;

de préfecture qui prononcent sur la contravention ne font pas obstacle à ce que le réclamant porte devant les tribunaux les questions de propriété et d'indemnité (ord. cons. d'Ét. 21 sept. 1827, aff. Vermond, V. n° 47).

154. A l'égard des demandes en indemnité pour dommages causés aux particuliers par les constructions défensives de l'État, dans tous les cas non prévus par l'art. 15 de la loi du 17 juill. 1819, elles doivent être portées devant le ministre de la guerre qui statue sauf recours au conseil d'État (ord. cons. d'Ét. 15 juin 1832, aff. Labrosse-Béchet, V. n° 152 ; 7 avr. 1835) (1). — Et spécialement la demande en indemnité, pour dépréciation dans la valeur d'une maison masquée par un mur crénelé construit à peu de distance, est de la compétence du ministre de la guerre (même ord. du 7 avril 1835).

2° indiqué le point B pour l'établissement d'un nouveau pont, destiné à rétablir la communication supprimée en A; — Qu'ils prétendent seulement que ce nouveau pont est destiné à remplacer un pont qui avait été construit et entretenu aux frais du département de la guerre, pour tenir lieu aux propriétaires du Pré-l'Évêque d'une communication interceptée par la construction de la nouvelle enceinte; — Que de cette prétention résulte une question d'indemnité qui est du ressort des tribunaux; — Art. 1. La décision de notre ministre de la guerre, du 8 mars 1826, est annulée, seulement dans la disposition qui décide que le nouveau pont doit être construit aux frais de la commune ou des propriétaires intéressés; et les parties sont renvoyées devant les tribunaux, sur la question de savoir si la suppression des anciennes communications peut donner lieu à une indemnité à la charge du département de la guerre.

Du 24 oct. 1827.-Ord. cons. d'Et.-M. Feutrier, rap.

(1) (Guerlin-Houel C. préfet de l'Aisne.) — LOUIS-PHILIPPE, etc.; —Vu les lois des 10 juill. 1791 et 17 juill. 1819, et les ord. des 1er août 1821, 1er juin 1828 et 12 mai 1831; — Considérant que, jusqu'à la loi du 17 sept. 1819, le ministre de la guerre a été seul compétent pour prononcer sur les demandes d'indemnité pour dommages causés aux particuliers par l'établissement de places fortes et autres moyens défensifs du royaume; — Que l'art. 15 de la loi du 17 juill. 1819 ne renvoie aux tribunaux civils que les demandes en indemnité relatives aux cas spécifiés par les art. 18, 19, 20, 24, 33 et 38 de la loi du 10 juill. 1791, articles qui ne comprennent que les expropriations, les privations de jouissance pour occupation momentanée et les dommages matériels; — D'où il suit, aux termes de l'art. 16 de la même loi de 1819, que notre ministre de la guerre est resté investi du droit de statuer en première instance, et sauf recours à nous, en notre conseil d'État, sur les demandes en indemnité pour les autres cas non prévus par la loi; — Considérant, dans l'espèce, qu'il résulte de la demande introductive d'instance du 19 juin 1834, que le sieur Guerlin-Houel fonde uniquement sa demande en indemnité sur la dépréciation dans la valeur vénale de sa maison, qu'il fait résulter de l'établissement d'un mur crénelé construit en face et à peu de distance de ladite maison, et que le tribunal de Soissons ne pouvait se saisir d'une demande de cette nature;—Est approuvé l'arrêté de conflit.

Du 7 avril 1835.-Ord. cons. d'Et.-M. Macarel, rap.

Table sommaire des matières.

Table des articles de la loi du 10 juill. 1851 et du décret du 10 août 1853.

Table chronologique des lois, décrets, arrêts, etc.

—2 sept. 97.
—13 oct. 118.
—15 oct. 17.
—26 déc. 17, 100.
1831. 18 janv. 110.
—18 fév. 144 c.
—20 mai 131.
1832. 19 janv. 115 c.
—7 avr. 54.
—8 juin 78-1°.
—15 juin 153, 154 c.
—29 juin 33.
—30 juin 33.
—7 juill. 33.
—20 juill. 21-3°, 69, 69-2° c., 74 c., 123 c.
—16 août 92-2°, 93-2°.
—2 nov. 63, 66 c., 144 c.
—30 nov. 21-1° c., 69-2° c., 3° c., 70 c., 90-5° c., 111-1°, 119 c., 146 c.
—7 déc. 77-2° c., 111-2°.
—14 déc. 89, 112, 118 c., 152 c.
1833. 22 mars 63 c., 66.
—10 juill. 83.
—27 août 69.
—11 oct. 64, 65, 142 c.
1834. 7 fév. 26-2°, 134-2°.
—8 avr. 54.
—28 nov. 151.
1835. 12 janv. 21-5° c.
—7 avr. 154 c.
—7 août 134-2°.
—14 août 133, 134-3°, 4°.
—25 août 83.
—4 nov. 69, 118.
—13 nov. 77-2°, 83, 84-2°.
—27 nov. 80-2° c., 107 c., 109, 122 c.
—16 déc. 62 c., 69 c., 69-4° c., 70.
1836. 18 fév. 129, 137 c.
—27 fév. 125-1°.
—6 avr. 84-3°, 4°.
—2 juill. 83.
—5 juill. 14 c., 15 c., 19, 20 c., 146 c.
—22 nov. 136.
—20 déc. 69-2° c., 84-5° c., 110.
1837. 23 avr. 124.
—2 mai 79.
—3 mai. V. 2 mai.
—4 juill. 69 c., 90-1°, 93-3°, 114-1°, 117 c.
—10 juil. 90-2°, 106.
—28 août 114-2°.
—2 oct. 78-2°.
—27 oct. V. 2 oct.
1838. 4 avr. 55.
—14 juill. 21-4° c., 89 c., 146.
—11 déc. 128.
—31 déc. 78-4°.
1839. 27 mai 20-2°.
—30 juill. 149 c.
1840. 19 fév. 53
—23 juill. 69 c., 135.
—30 juill. 90-3°, 122 c.
—6 août 77-3°.
—28 déc. 55.
1841. 5 fév. 78-5°.
—3 avr. p. 946.
—24 mai 44 c., 50.
1843. 31 juill. 81.
—30 août 148.
1844. 29 juin 78-3°.
—28 août 125-2° c.
—24 déc. 94 c.
1845. 1er avr. 146 c.
—23 avr. 55 c.
—20 juin p. 946.
—25 juill. 46 c.
1846. 18 juin 118.
—29 juill. p. 946.
—3 déc. 104 c., 125-2° c.
1847. 27 avr. 90-4°.
1848. 25 fév. p. 946.
—8 mars p. 946.
—25 juin p. 946.
—12 oct. 37-1° c., 41 c.
—19 oct. p. 946.
—3 nov. 41 c.
—4 nov. p. 946.
1849. 9 avr. 69.
—1er juin 90-4°.
—13 juin p. 946.
—15 juin p. 946.
—9 août p. 946.
—20 déc. 33 c.
1850. 9 fév. 33 c.
—13 mars 37-1° c.
—16 mars 33 c., 41 c.
—29 mars 33 c.
—11 juill. p. 946.
—12 juill. 30 c., 37-1° c., 41 c.
—21 sept. 37-2° c.
—29 nov. 33 c.
1851. 15 mars 34 c., 40 c., 946.
—9 mai 36 c.
—10 juill. p. 946.
—17 nov. 33-2° c., 38 c.
1852. 17 janv. 35-1° c.
—23 janv. 37-2°.
—6 avr. 50 c.
—10 avr. 36 c.
—14 juin p. 946.
—26 août 39 c.
1853. 10 août p. 946.
—16 août p. 946.
—29 oct. p. 946.
1854. 21 oct. p. 946.
1855. 20 janv. p. 947.

PLACE PUBLIQUE. — V. Action possess., nos 318 s.; Commune, nos 1831 s.; Dom. pub., no 23; Enreg., nos 3347 s.; Impôt dir., no 49; Monument, no 8, Prescription, Voirie.

PLACEMENT. — V. Prêt à intérêts, V. aussi Minorité-tutelle, nos 447 s.

PLACEMENT DES CAUSES. — V. Instr. civile, nos 20, 33; Organ. jud.

PLACET. — V. Instr. civile, no 31.

PLACITÉS. — V. Normandie, Souveraineté.

PLAGIAT. — V. Propriété littéraire.

PLAIDER PAR PROCUREUR. — V. Action, nos 265 et s.; Cassation, nos 1425, 1855; Mandat, nos 46 s., 313.

PLAIDOIRIE. — V. Appel civil, nos 1272, 1275; Avocat, nos 10, 219 s., 511 s.; Avoué, nos 67, 73, 113; Conclusions, no 41; Défense, nos 5, 115, 165, 198, 229, 233; Droit politique, no 509; Enreg., nos 5771 s.; Expropr. pub., no 488; Frais et dép., nos 160, 649; Imp. indir., nos 473 s.; Instr. civ. nos 25, 72; Instr. par écrit, nos 42, 116 s.; Jugement, nos 54 s., 61 s., 925; Matière sommaire, no 75; Min. pub., nos 75, 98; Organ. jud., Récusation.

PLAIDS. — V. Org. jud., Souveraineté.

PLAINTE. — V. Instr. crim., no 488, V. aussi Adultère, no 70; Appel civil, no 352; Appel crim., nos 30, 165 s., 323; Bourse de commerce, no 272; Chasse, nos 52, 401, 406 s., 420, 423 s.; Compét. crim., no 310; Frais et dép., nos 993 s.; Imp. dir., no 414; Mise en jug., nos 164 s., 208.

PLAN. — V. Crimes contre la sûreté de l'Etat, nos 55 s.; Expert, no 20; Expropr. pub., nos 20, 40, 55-5°, 89, 103, 105 s., 114 s., 193, 199, 213 s., 486 s.; Forfaiture, no 8; Impôts directs, no 86; Instruction criminelle, nos 2193, 2283; Louage d'ouvrage, nos 102 s., 112 s.; Marais, nos 15, 23, 84; Mines, nos 82, 247 s., 268, 380 s., 605 s.; Places de guerre, nos 52, 68, 87 s.; Vente administrative.

PLANTATION. — V. Dom. de l'État, no 51; Eaux, no 336-2°, 323-5°; Impôt dir., no 78; Voirie.

PLANTS. — V. Dommage-destruction, nos 235 s.; Droit rural, no 187; Forêts, nos 823, 831 s.

PLAQUE. — V. Contravention, no 306, Voitures pub.

PLAQUÉ. — V. Mat. d'or et d'arg., no 112.

PLATINE. — V. Matière d'or et d'arg. no 1, 13; Mines, no 1; Monnaie, no 29.

PLEIN DROIT. — V. Frais et dépens, no 32; Jugement, nos 190, 311 s, 426, 462; Jugement par défaut, no 333; Louage, nos 427, 527 s., 579, 847; Nullité, nos 12, 56 s.; Obligat., Peine, nos 682 s.; Péremption, nos 6, 175 s.; Récusation, Succession, Vente.

PLUMITIF. — V. Jugement, nos 121 s., 204, 213, 220, 317.

PLUS-VALUE. — Valeur d'une chose au delà de son estimation. — V. Expropr. pub., nos 372 s.; Marais, nos 5, 34, 43, 46 s., 56 s., 99; Marché de fournit., no 49-9°; Nantissement, nos 194, 280, Priv. et hypoth., Propriété.

POIDS ET MESURES. — **1**. Le *poids* est un corps d'une pesanteur connue et qui sert, par le moyen d'une balance, à faire connaître ce que pèsent les autres corps (Merlin, Rép., vo Poids et mesures, p. 321). — La *mesure* est ce qui sert de règle pour déterminer la longueur ou le volume des corps (Merlin, Rép., vo Mesure).

Division.

Art. 1. — *Historique et législation.*

2. Le système d'uniformité des poids et mesures, depuis si longtemps réclamé, comme l'attestent les cahiers de tous les anciens états généraux, et tenté infructueusement par l'autorité depuis des siècles, ainsi qu'on le voit par plus de vingt édits, dont les premiers remontent à Charlemagne, a enfin triomphé de l'ignorance routinière.—Après les projets non exécutés de Charlemagne à cet égard, les inutiles efforts de quelques rois qui vinrent ensuite (Philippe le Long, Louis XI, François Ier, Charles IX, Henri IV et Louis XIV), il était réservé à l'assemblée constituante de faire jouir la France de ce bienfait. Ce fut les 8 mai et 8 déc. 1790 qu'elle adopta des moyens pour arriver à l'établissement de l'uniformité des poids et mesures. — L'assemblée constituante substitua à l'ancien système des poids et mesures un système tout nouveau parfaitement rationnel et en même temps d'une commodité extrême pour la pratique. C'est le système métrique, dont la supériorité est bien constatée aujourd'hui. Outre les divisions décimales qui le caractérisent, il offre cet avantage qu'il repose tout entier sur une seule base, l'unité de longueur, le mètre. Toutes les autres unités qui servent à mesurer les surfaces, les solides, les liquides, l'unité de poids, l'unité monétaire elle-même, répondent aux fractions décimales du mètre ou à ses multiples. — Mais une pensée plus haute encore a présidé à l'établissement de notre nouveau système des poids et mesures, c'est qu'il a été conçu en dehors de toute idée spéciale à la France, et avec l'intention expresse de le rendre acceptable par toutes les nations étrangères. En effet, l'assemblée constituante décréta qu'un congrès de savants de tous les pays serait appelé à y coopérer. Des Sardes, des Danois, des Espagnols, des Suisses, des Génois, des Italiens ont concouru à l'œuvre. Ce fut même un étranger, M. Trallès, délégué par la République helvétique, qui, en qualité de rapporteur, présenta au pouvoir législatif les prototypes en platine du mètre. — Si l'Angleterre n'a pas pris part à l'élaboration du système métrique, la faute n'en est pas à la France, car elle fut spécialement invitée, dès le début, à y exercer l'influence qui lui appartient.—V. le décret du 8 mai 1790, p. 980.

3. L'unité de mesure du système décimal a été tiré des dimensions mêmes de notre planète. Le décret du 26 mars 1791 a pris pour base de ce système le quart du méridien terrestre. On trouvait là, en effet, une unité de mesure naturelle et invariable, ne renfermant rien d'arbitraire ni de particulier à la situation d'aucun peuple sur le globe. C'était le seul moyen d'étendre l'uniformité des poids et mesures aux nations étrangères et de les engager à convenir d'un système commun (V. le décret précité du 26 mars; V. aussi le rapport d'Arbogast, Merlin, Rép., v° Poids et mesures, § 2). —Toutefois, on a reproché au système métrique d'être entaché d'erreur. L'astronome, qui fut chargé d'une partie des opérations, fit une faute de calcul; mais l'erreur est si petite qu'elle n'a aucune portée pratique. Elle est de la trentième ou de la quarantième partie d'une ligne de l'ancien pied de roi, selon l'astronome Delambre.

4. Le décret du 26 mars 1791, qui se bornait à poser la base du système, a été suivi de quelques décrets préparatoires dont on trouvera l'indication dans le tableau de la législation ci-après. C'est la convention qui, par décret du 1er août 1793, organisa d'une manière complète le système métrique décimal. Mais les dénominations adoptées par ce décret n'ont pas passé pour la plupart dans la pratique. Entièrement nouvelles et étrangères aux usages, elles avaient de plus le tort d'être trop multipliées. Outre le nom donné à l'unité de poids et des diverses mesures de longueur et de capacité, il y avait encore des noms différents pour les multiples et les fractions de ces unités, lesquels ne faisaient nullement connaître les rapports de ces différentes mesures entre elles. Ainsi, quand aux mesures de longueur, le *mètre* était l'unité de mesure, 1,000 mètres portaient le nom de *millaire*, 100,000 mètres celui de *grade*. — Dans les mesures de capacité, l'unité de mesure était la *pinte*, 1,000 pintes formaient un *cade*, 100 pintes un *décicade*, 10 pintes un *centicade*.—Pour les poids c'étaient le *grave* qui était le point de départ; il se divisait en *décigrave, centigrave, gravet, décigravet, centigravet*. 1,000 graves formaient un *bar*, qui se divisait à son tour en décibar et en centibar. Ce système, comme on le voit, était très-compliqué et cette multitude de dénominations bizarres et inconnues devait le rendre peu acceptable dans la pratique.

5. Aussi, moins de deux années après et avant que le décret du 1er août 1793 eût reçu son exécution, les dénominations qu'il consacrait ont été abandonnées. — Le décret du 18 germ. an 3 y substitua un nouveau système de dénomination dont la simplicité ne peut être trop louée. Chaque série de mesures, longueur, superficie, capacité, poids, a une seule unité portant une dénomination particulière : *mètre, are, litre* ou *gramme*. Les dénominations des multiples et des fractions de ces différentes unités sont formées régulièrement et d'après un système commun. Pour les fractions on se sert d'une dénomination tirée du latin, *deci*, dixième; *centi*, centième; *milli*, millième, que l'on fait suivre du nom de l'unité : *décimètre, centimètre*, dixième, centième du mètre; *déciare, centiare*, dixième, centième de l'are, *décilitre, centilitre*, dixième, centième du litre; *décigramme, centigramme*, dixième, centième du gramme, etc. — Les multiples reçoivent une dénomination tirée du grec, *deca*, dix, *hecto*, cent, *kilo*, mille, *myria*, dix mille, suivie également du nom de l'unité : *décamètre, kilomètre*, dix mètres, mille mètres; *décalitre*, dix litres; *décagramme, hectogramme, kilogramme*, dix, cent, mille grammes, etc. — On adopta en outre un nom particulier pour la mesure destinée aux bois de chauffage : le *stère* égal à un mètre cube, lequel se divise et se multiplie conformément au système général. — Le décret du 18 germinal ordonna aussi l'apposition d'un poinçon sur les poids et mesures, les soumit à une vérification et institua des vérificateurs.

6. Il était plus aisé de décréter l'établissement d'un nouveau système de poids et mesures, que de briser une routine séculaire et de le faire pénétrer dans la pratique. Il a fallu bien des années et bien des concessions au sentiment populaire avant de pouvoir songer à supprimer radicalement l'ancien système; et encore, de nos jours, l'usage des dénominations nouvelles n'a-t-il pu entièrement prévaloir contre des habitudes invétérées. La législation relative aux poids et mesures va nous montrer combien la lutte a été vive et quelles ont été les difficultés que le législateur a rencontrées dans l'établissement du système métrique décimal.

7. D'abord, un décret du 1er vend. an 4 ordonne la substitution du mètre à l'aune dans le commerce de Paris et dans le département de la Seine, et déclare que le renouvellement des anciens poids et mesures sera provisoirement exécuté dans toute la France. Il contient, en outre, certaines prescriptions pour assurer l'usage des nouvelles mesures.

Viennent ensuite quelques actes qui ont pour but la mise en exécution du nouveau système. Nous citerons entre autres 1° l'arrêté du 23 pluv. an 6, relatif aux mesures du bois de chauffage; — 2° Ceux des 19 germ. et 11 therm. an 7 qui se réfèrent au mesurage des grains et des liquides dans le département de la Seine : ces arrêtés contiennent des dispositions contre la possession de poids et mesures anciens, que la jurisprudence a longtemps appliquées (V. nos 128, 138);—3° La loi du 19 frim. an 8 qui fixe la longueur du mètre et déclare que le mètre et le kilogramme en platine déposés le 4 messidor précédent au corps législatif par l'Institut des sciences et arts, sont les étalons définitifs des mesures de longueur et de poids;—4° L'arrêté du 7 flor. an 8, relatif à la forme à donner aux poids, qui permet de leur donner celle que ceux qui en font usage voudront adopter.

8. Malgré les efforts du législateur, le système métrique décimal éprouvait des obstacles presque insurmontables. Les dénominations systématiques, étrangères, par leur origine, à la langue française, difficiles à distinguer à raison de leur ressemblance et de l'uniformité de leurs désinences, n'entraient pas facilement dans le langage usuel, et surtout dans le langage populaire. D'un autre côté, l'on se plaignait que les diverses unités métriques ne répondissent pas aux besoins du peuple et ne représentassent pas exactement les quantités ou les valeurs que ses besoins lui rendent nécessaires. Quel que fût le peu de fondement de ces plaintes, le gouvernement crut cependant devoir en tenir compte. Il espéra tout concilier en modifiant pour un temps le système métrique.—D'abord, un arrêté du 13 brum. an 9 donna le tableau des noms français par lesquels on pourrait traduire les noms systématiques des poids et mesures dans les actes publics et les usages habituels (V. p. 983). Plus tard, un décret du 12 fév. 1812 (p. 986) autorisa le ministre de l'intérieur à faire confectionner, pour l'usage du commerce, des instruments de pesage et de mesurage, présentant soit les fractions, soit les multiples des unités métriques le plus en usage dans le commerce et *accommodés aux besoins du peuple*. En exécution de ce décret, le ministre, par un arrêté du 28 mars 1812, créa, pour le commerce de détail et les usages journaliers, des mesures dites *usuelles*, auxquelles on donna plusieurs des noms des anciennes mesures, et qui furent composées de fragments décimaux ajoutés ou enlevés aux types principaux des mesures légales. Ainsi on établit une *toise* de deux mètres, un double *boisseau* d'un quart d'hectolitre, une *livre* d'un demi kilogramme, une *aune* de cent vingt centimètres. Mais ces concessions n'eurent point les résultats qu'on en avait attendus. Non-seulement le système bâtard introduit en 1812 ne servit pas à mieux faire connaître le système décimal métrique, mais ce fut un nouveau système ajouté à tous ceux qui existaient déjà. C'est-à-dire qu'une nouvelle gêne, de nouveaux embarras en résultèrent pour le commerce.

La cessation de ce régime provisoire se fit encore longtemps attendre. Une ordonnance du 18 déc. 1825, sans introduire aucune nouvelle disposition dans la législation des poids et mesures, régularisa le mode de vérification des instruments de pesage et de mesurage, et détermina les droits à payer aux vérificateurs. En ce qui touche ce dernier point, l'ord. de 1825, modifiée par celles des 21 déc. 1832 et 18 mai 1838, a été provisoirement maintenue en vigueur par l'ord. du 17 avr. 1839 dont on va parler.

9. La révocation des concessions faites en 1812 était, disons-nous, réclamée depuis longtemps. La loi du 4 juill. 1837 a satisfait à ce vœu, en revenant au système métrique tel qu'il est consacré par les lois de l'an 3 et de l'an 8. Seulement, en le rendant obligatoire à partir du 1er janv. 1840, elle a donné au public un temps suffisant pour apprendre le changement des mesures et se préparer à les remplacer par d'autres. Cette loi laisse au pouvoir exécutif le soin de régler par des ordonnances la vérification des poids et mesures.

Une première ord. du 18 mai 1837 décide que la vérification première sera faite gratuitement à partir du 1er janv. 1839, et que les droits établis pour la vérification annuelle continueront à être perçus conformément à l'ord. du 18 déc. 1825 et à celle du 21 déc. 1832 (V. n° 77), une autre ordonn. du 17 avr. 1839 a réglé définitivement tout ce qui concerne la vérification des poids et mesures.

10. Disons maintenant quelques mots de la législation pénale relative aux poids et mesures. — L'usage de faux poids et de fausses mesures était prévu par la loi romaine qui donnait, contre l'auteur de la fraude, l'action *de dolo* ou l'action *furti* (V. L. 18, D., *De dolo malo*; L. 53, § 22, D., *De furtis*). Un décret de l'empereur Adrien ordonnait, en outre, la relégation de celui qui falsifiait les poids et les mesures (L. 32, § 1, D., *Ad leg. Corn., de fals.*). — Dans l'ancien droit français on assimilait en général à des faussaires ceux qui vendraient à faux poids et à fausses mesures, ainsi que ceux qui en fabriquaient (V. MM. Chauveau et Hélie, 3e éd., t. 6, p. 7).—On voit encore la trace de cette assimilation dans la législation intermédiaire. La loi des 19-22 juill. 1791 punissait, il est vrai, d'une simple amende et d'un emprisonnement, en cas de récidive, l'infidélité des poids et mesures dans la vente des denrées et autres marchandises (tit. 1, art. 22, 23; tit. 2, art. 40); mais une disposition du code pénal, du 25 sept. 1791, placée sous la section du faux, prononçait la peine de *quatre années de fers*, lorsque le délinquant avait déjà encouru une double condamnation par voie de police (art. 46). — Ces lois ne prévoyaient pas la simple détention de poids et mesures faux; l'art. 11 de la loi du 1er vend. an 4 combla cette lacune. — Plus tard, des arrêtés des 19 germ. et 11 therm. an 7, rendus seulement pour le département de la Seine, assimilèrent à des poids et mesures faux ceux qui n'étaient pas conformes au système métrique, et ceux qui n'étaient pas régulièrement poinçonnés. — Le code pénal vint ensuite, et, bien qu'il laissât encore à désirer, il sut mieux distinguer les diverses infractions; il punit de peines correctionnelles l'emploi de faux poids et fausses mesures pour tromper l'acheteur (art. 423), et de peines de simple police la possession de telles mesures (art. 479-5°). — Quant à l'emploi des poids et mesures non reconnus par la loi, c'est un délit s'il y a fraude (art. 424), et une simple contravention de police s'il y a absence de mauvaise foi (art. 479-6°). — Le code pénal ne punissait d'une manière spéciale, ni la possession de poids et mesures prohibés, ni l'usage et la possession de poids et mesures non vérifiés. Pour ne pas laisser ces infractions sans répression, la jurisprudence appliqua longtemps les arrêtés des 19 germ. et 11 therm. an 7 précités (V. nos 128, 138). Mais la loi du 4 juill. 1837 vint combler la lacune laissée par le code pénal (V. art. 4), et l'ord. du 17 avril 1839 abrogea les arrêtés de l'an 7.—Les fraudes dans les ventes au poids et à la mesure se multiplièrent à tel point qu'elles attirèrent de nouveau l'attention du législateur. La loi du 27 mars 1851, sans abroger ni modifier l'art. 423 c. pén., en élargit beaucoup les dispositions (V. nos 83 et s.); puis, considérant que la détention de poids et mesures faux indiquait déjà par elle seule une intention frauduleuse qui appelait une répression sévère, elle abrogea l'art. 479, n° 5, c. pén., et remplaça les peines de simple police prononcés par cet article par des peines correctionnelles (V. nos 108 et s.).—Tel est aujourd'hui l'état de la législation.

11. En Angleterre, les poids et mesures doivent être les mêmes dans tout le royaume; pour cela il faut recourir à un étalon ou modèle fixe. Les anciennes lois ont donné à la couronne le droit de déterminer cette pièce de comparaison. Dans l'origine, l'étalon se conservait à Winchester. La plupart des peuples l'ont établi par comparaison avec une partie du corps humain, par exemple, la palme, le pied, la coudée, etc.; mais ces parties du corps variant essentiellement, suivant les individus, Henri Ier détermina un nouvel étalon pour la mesure de longueur, en ordonnant qu'on fît sur la longueur de son propre bras, l'*ulna*, ou aune, qui répond à l'*yard* d'aujourd'hui; c'est une mesure de 3 pieds anglais, ou 0,914,4 millimètres. Les autres mesures de longueur se déduisent de la première par la multiplication ou la division des valeurs; 5 *yards* ou verges et demie font une perche; la verge est divisée en 3 pieds, le pied en 12 pouces, chaque pouce doit être de la longueur de 3 grains d'orge. Les mesures de superficie se déduisent du carré des longueurs; celles de capacité, du cube des longueurs (Blakstone, liv. 1, chap. 7).

L'étalon des poids se tirait, dans l'origine, des grains de blé; de là vient que le poids le plus faible a conservé le nom de grains. 32 grains composaient un *penny weight*; le *penny weight* se divise aujourd'hui en 24 grains; 20 *pennys weight* font une once, 12 onces une livre. Les règlements sur cette matière, primitivement faits par la couronne, ont été, depuis, arrêtés en parlement. Cela se voit déjà sous le roi Richard Ier, dans le parlement tenu à Westminster, en 1197. — Les étalons, appelés autrefois *pondus regis*, *mensura domini regis*, doivent être gardés à l'échiquier, et tous les poids et mesures doivent y être conformes. Mais, malgré les actes multipliés émanés du parlement, cette conformité n'a jamais été établie, tant les coutumes ont gardé d'empire (Blackstone, liv. 1, chap. 7). — D'après deux statuts de Georges III sur les faux poids et fausses balances, les juges peuvent, dans les sessions spéciales, nommer une ou plusieurs personnes pour examiner les poids et balances dans leur district. Ces inspecteurs doivent prêter serment. Ils entrent, si les juges le prescrivent, dans les établissements de vendeurs en détail et au poids, pour visiter les poids et balances, les saisir, s'ils ne sont pas conformes aux étalons de l'échiquier, et les représenter aux juges; si le délinquant est convaincu, il paye une amende de 5 schellings au moins, de 20 au plus, outre les frais; il est contraint par saisie. Les faux poids et balances sont brisés et vendus. L'opposition aux inspecteurs dans leurs fonctions entraîne une amende de 5 sch. à 40 sch. Les habitants d'une paroisse qui ont fait l'acquisition de poids conformes aux étalons, peuvent nommer les inspecteurs, avec l'approbation des juges; ceux-ci fixent les salaires à prendre sur les taxes du comté, qui servent aussi à l'acquisition des poids conformes aux étalons. On les dépose dans un lieu convenable, chez des personnes qui les représentent à toutes demandes, moyennant un prix raisonnable (Blackstone, liv. 4, chap. 12, not. de M. Christian).

12. « La supériorité de notre système métrique, lit-on dans un article de M. Armand Bertin, inséré dans le Journal des débats du 4 avr. 1853, n'a pas échappé aux étrangers; plusieurs gouvernements, après s'en être fait rendre compte, en ont médité l'adoption ou même y ont procédé. Depuis quelque temps le mouvement se prononce d'une manière remarquable: la Belgique, qui avait pu apprécier par expérience les mérites du système métrique, se l'est approprié de toutes pièces; le Piémont en a pris au moins une partie; de même la Suisse. Le gouvernement espagnol et le gouvernement portugais en ont récemment décrété d'une manière impérative l'adoption entière; les différents Etats du Zollverein l'ont pris pour base d'un système commun de mesures, en faisant leur livre de 500 grammes, leur pied de 3 décimètres, et leur pot d'un litre et demi; dans le Nouveau-Monde, plusieurs des ci-devant colonies espagnoles ont répudié de même le système imparfait que leur avait légué leur ancienne métropole, pour y substituer le système métrique. Dans un écrit tout récent, M. Silbermann, l'un des fonctionnaires du conservatoire des arts et métiers, mentionne encore la Pologne, la Grèce, le duché de Modène comme ayant jusqu'à un certain point fait de même. » — L'Angleterre et les Etats-Unis ont aussi manifesté l'intention de réformer leur système de poids et mesures : déjà, du reste, aux Etats-Unis, on a adopté dans le système monétaire de ce pays, la division du dollar en 100 parties. L'Angleterre a même fait un grand pas dans cette voie. La chambre des communes vient d'adopter, en principe, malgré une forte opposition, l'établissement du système décimal (V. la Presse du 16 juin 1855). Si les Anglais persistent dans leur projet de réformer leurs poids et mesures, il est permis de croire que le raisonnement et le sentiment de l'intérêt public les conduiront à préférer à toute autre combinaison celle qui consisterait à s'approprier le système français. Ce serait entre eux et nous un rapprochement de plus, une nouvelle facilité donnée au commerce international. Après eux, cette uniformité aurait la plus grande chance de devenir universelle. Et il n'est pas douteux que si les Etats-Unis et l'Angleterre se ralliaient d'un commun accord au système métrique, tout le monde à peu près les imiterait.

Tableau de la législation relative aux poids et mesures.

15-28 mars 1790. — Décret qui supprime sans indemnité les droits féodaux relatifs aux poids et mesures (tit. 2, art. 17, 18, 21). — V. Propriété féodale.

8 mai-22 août 1790. — Décret concernant l'unité des poids et mesures en France.

L'assemblée nationale, désirant faire jouir à jamais la France entière de l'avantage qui doit résulter de l'uniformité des poids et mesures, et voulant que les rapports des anciennes mesures avec les nouvelles soient clairement déterminés et facilement saisis, décrète que Sa Majesté sera suppliée de donner des ordres aux administrations des divers départements du royaume, afin qu'elles se procurent et qu'elles se fassent remettre par chacune des municipalités comprises dans chaque département, et qu'elles envoient à Paris, pour être remis au secrétaire de l'Académie des sciences, un modèle parfaitement exact des différents poids et des mesures élémentaires qui y sont en usage.—Décrète ensuite que le roi sera également supplié d'écrire à Sa Majesté britannique, et de la prier d'engager le parlement d'Angleterre à concourir avec l'assemblée nationale à la fixation de l'unité naturelle de mesures et de poids; qu'en conséquence, sous les auspices des deux nations, des commissaires de l'Académie des sciences de Paris, pourront se réunir en nombre égal avec les membres choisis de la société royale de Londres, dans le lieu qui sera jugé respectivement le plus convenable, pour déterminer la latitude de 45 degrés, ou toute autre latitude qui pourrait être préférée, la longueur du pendule, et en déduire un modèle invariable pour toutes les mesures et pour les poids; qu'après cette opération, faite avec toute la solennité nécessaire, Sa Majesté sera suppliée de charger l'Académie des sciences de fixer avec précision pour chaque municipalité du royaume les rapports de leurs anciens poids et mesures avec le nouveau modèle, et de composer ensuite, pour l'usage de ces municipalités, des livres usuels et élémentaires où seront indiqués avec clarté toutes ces proportions. — Décrète, en outre, que ces livres élémentaires seront adressés à la fois dans toutes les municipalités, pour y être répandus et distribués; qu'en même temps il sera envoyé à chaque municipalité un certain nombre de nouveaux poids et mesures, lesquels seront délivrés gratuitement par elles à ceux que ce changement constituerait dans des dépenses trop fortes; enfin, que six mois après cet envoi, les anciennes mesures seront abolies et remplacées par les nouvelles.

12-20 août 1790. — Instruction qui donne aux municipalités le droit de fixer le tarif du pesage et du mesurage dans les places et marchés (chap. 3, § 2; V. aussi le chap. 6). — V. Organ. admin.

26-30 mars 1791. — Décret relatif aux moyens d'établir l'uniformité des poids et mesures.

L'assemblée nationale, considérant que, pour parvenir à établir l'uniformité des poids et mesures, conformément à son décret du 8 mai 1790, il est nécessaire de fixer une unité de mesure naturelle et invariable, et que le seul moyen d'étendre cette uniformité aux nations étrangères, et de les engager à convenir d'un même système de mesure, est de choisir une unité qui, dans sa détermination, ne renferme rien ni d'arbitraire ni de particulier à la situation d'aucun peuple sur le globe; considérant de plus que l'unité proposée dans l'avis de l'Académie des sciences du 19 mars de cette année, réunit toutes ces conditions, a décrété et décrète qu'elle adopte la grandeur du quart du méridien terrestre, pour base du nouveau système de mesures; qu'en conséquence les opérations nécessaires pour déterminer cette base telles qu'elles sont indiquées dans l'avis de l'Académie, et notamment la mesure d'un arc du méridien, depuis Dunkerque jusqu'à Barcelone, seront incessamment exécutées; qu'en conséquence, le roi chargera l'Académie des sciences de nommer des commissaires qui s'occuperont sans délai de ces opérations, et se concertera avec l'Espagne pour celles qui doivent être faites sur son territoire.

19-22 juill. 1791. — Décret portant des peines contre l'emploi des faux poids et des fausses mesures (tit. 1, art. 22; tit. 2, art. 40), et qui donne aux officiers de police le droit de faire des visites chez les marchands pour la vérification des poids et mesures (tit. 1, art. 9). — V. Lois codifiées, p. 229.

25 sept. 6 oct. 1791. — Décret qui punit de quatre années de fer la double récidive du délit de vente à faux poids et à fausses mesures (2e part., tit. 2, sect. 2, art. 46). — V. Lois codifiées, p. 238.

8 avr. 1792. — Décret relatif au compte à rendre du travail de l'Académie des sciences sur les poids et mesures.

10 juin 1792. — Proclamation du roi concernant les observations et expériences à faire par les commissaires de l'Académie des sciences, pour l'exécution de la loi du 22 août 1790 qui a ordonné l'uniformité des poids et mesures.

31 mars 1793. — Proclamation relative à l'exécution des opérations géodésiques des commissaires chargés de déterminer la longueur du méridien terrestre.

1er-2 août 1793. — Décret qui établit l'uniformité et le système général des poids et mesures.

La convention nationale, convaincue que l'uniformité des poids et mesures est un des plus grands bienfaits qu'elle puisse offrir à tous les citoyens français. — Après avoir entendu le rapport de son comité d'instruction publique sur les opérations qui ont été faites par l'Académie des sciences, d'après le décret du 8 mai 1790, — Déclare qu'elle est satisfaite du travail qui a déjà été exécuté par l'Académie, sur le système des poids et mesures; qu'elle en adopte les résultats pour établir ce système dans toute la république, sous la nomenclature du tableau annexé à la présente loi, et pour l'offrir à toutes les nations. — En conséquence, la convention nationale décrète ce qui suit :

Art. 1. Le nouveau système des poids et mesures, fondé sur la mesure du méridien de la terre et la division décimale, servira uniformément dans toute la république.

2. Néanmoins pour laisser à tous les citoyens le temps de prendre connaissance de ces nouvelles mesures, les dispositions de l'article précédent ne seront obligatoires qu'au 1er juillet 1794; les citoyens sont seulement invités d'en faire usage avant cette époque.

3. Il sera fait, par des artistes au choix de l'Académie des sciences, des étalons des nouveaux poids et mesures qui seront envoyés à toutes les administrations de département et de district.

4. L'Académie des sciences nommera quatre commissaires pris dans son sein, et le comité d'instruction publique en nommera deux pour surveiller la construction des étalons; ils en constateront l'exactitude, et signeront les instructions destinées à accompagner les envois qui seront faits par le ministre de l'intérieur.

5. L'Académie des sciences enverra au comité d'instruction publique un devis estimatif des frais qu'exigera la construction des étalons, pour que la convention en puisse décréter les fonds nécessaires.

6. Ces étalons seront conservés avec le plus grand soin dans un lieu destiné à cet objet, dont la clef restera entre les mains d'un des commissaires de chaque corps administratif.

7. Afin d'empêcher la dégradation des étalons, les corps administratifs nommeront, dans chaque chef-lieu de département ou de district, une personne éclairée pour assister à la communication que les artistes prendront de ces étalons dans la vue de construire des instruments de mesure et de poids à l'usage des citoyens.

8. Dès que les nouveaux étalons seront parvenus aux administrations de district, toutes les municipalités de chaque district seront tenues de faire construire des instruments de mesure et de poids, qui resteront déposés à la maison commune.

9. Le recueil des différents mémoires, rédigé jusqu'à présent par les commissaires de l'Académie, qui comprend les détails des opérations faites pour parvenir au nouveau système des poids et mesures, sera imprimé, et accompagnera l'envoi des étalons.

10. La convention charge l'Académie de la composition d'un livre à l'usage de tous les citoyens, contenant des instructions simples sur la manière de se servir des nouveaux poids et mesures, et sur la pratique des opérations arithmétiques relatives à la division décimale.

11. Des instructions sur les nouvelles mesures et leurs rapports aux anciennes les plus généralement répandues, entreront dans les livres élémentaires d'arithmétique qui seront composés pour les écoles nationales.

Tableau du nouveau système des poids et mesures et de leurs dénominations.

Mesures linéaires.

			Valeurs en toises et pieds de Paris.		
			Toises.		
Unité prise dans la nature.	10000000	Quart du méridien. . .	513,243,0		
	1000000	. . . .	513243		
	100000	Grade ou degré décimal du méridien.	51324		
	10000	. . . .	5132		
	1000	Milliaire.	513		
			Pieds.	Pouc.	Lign.
	100	. . . .	307	11	4
	10	. . . .	30	9	6,4
Unité linéaire, Dix-millionième partie du quart du méridien.	1	Mètre.	3	»	11,44
	1/10	Décimètre.	»	3	8,344
	1/100	Centimètre.	»	»	4,434
	1/1000	Millimètre.	»	»	0,443

Nota. Les besoins de la société n'exigeant point nécessairement des noms particuliers pour tous les multiples décimaux du mètre, on s'est abstenu de leur en donner. Ainsi, au-dessus du mètre, on compte, sans aucune nouvelle dénomination, jusqu'à 1,000 mètres, que l'on prend, sous le nom de milliaire, pour l'unité des grandes distances ou des mesures itinéraires.

Mesures de superficie.

			Valeurs rapportées au mètre.	Valeurs en pieds carrés.
			Mètres carrés.	Pieds carrés.
Unité des mesures de superficie agraire. Carré dont le côté est de 100 mètres.	1	Are.	10000	94831
Rectangle dont un des côtés est de 100 mètres et l'autre de 10 mètres.	1/10	Déciare . . .	1000	9483,1
Carré dont le côté est de 10 mètres	1/100	Centiare. . .	100	948,31

Nota. L'are ayant pour côté 100 mètres ou 307 pieds 11 pouces 4 lignes, contient 94,831 pieds carrés. Le grand arpent, qui est de 100 perches carrées, chaque perche étant de 22 pieds, contient 48,400 pieds carrés; d'où l'on trouve que l'are est à l'arpent, à très-peu près, dans le rapport de 49 à 25.

Mesures de capacité.

			Valeurs en pintes de Paris.	Valeurs en boisseaux.
			Pintes.	Boisseaux.
Mètre cubique.	1000	Cade. . . .	1051 1/3	78,9
	100	Décicade. .	105 1/7	7,89
	10	Centicade.	10 1/2	0,789
Unité des mesures de capacité. Décimètre cubique.	1	Pinte. . .	1 1/20	0,0789

Poids.

			Valeurs en livres poids de marc.
			Livres.
Poids du mètre cubique d'eau.	1000	Bar ou millier. . .	2044,4
	100	Décibar.	204,44
	10	Centibar.	20,444

			Liv.	Onc.	Gros.	Grains.
Unité des poids. Poids du décim. cubique d'eau.	1	Grave. . . .	2	11	5	49
	1/10	Décigrave. .		5	2	12,1
	1/100	Centigrave .			2	44,41
Poids du centim. cubique d'eau.	1/1000	Gravet. . .				18,841
	1/10000	Décigravet .				1,8841
	1/100,000	Centigravet.				0,18841

Unité monétaire.

			Valeurs en poids de marc.
			Grains.
Pièce d'argent qui pèse la centième partie du grave.	1	Franc d'argent. . . .	188,41

Nota. L'écu de 6 livres pèse, en prenant un terme moyen, 553 grains 1,100, poids de marc; la nouvelle uniformité monétaire, supposée au même titre, et d'après la valeur actuelle, vaut 40 sous 10 deniers 3/5.

17 août 1793. — Décret qui ordonne la déformation des poinçons qui sont au dépôt de la commission générale des monnaies, pour en marquer les poids et balances.

11 sept. 1793. — Décret qui crée une commission temporaire pour la suite des opérations relatives à l'établissement des mesures uniformes dans toute l'étendue de la France.

1er brum. an 2 (22 oct. 1793). — Décret qui ordonne la fabrication d'étalons prototypes des poids et mesures pour toute la France.

29 brum. an 2 (19 nov. 1793). — Décret relatif à la construction des nouveaux étalons des poids et mesures.

28 frim.-5 niv. an 2 (18-25 déc. 1793). — Décret relatif à la division des poids au-dessus du grave.

Art. 1. La division des poids au-dessus du grave sera la même dans toute l'étendue de la république.

2. Ces poids seront de deux, de cinq, de dix et de vingt graves.

3. La commission générale des monnaies est autorisée à faire fabriquer le nombre nécessaire de poids d'un, de deux, de cinq, de dix et de vingt graves, pour l'usage des ateliers monétaires.

4. La commission des poids et mesures est chargée de vérifier et d'étalonner les nouveaux poids destinés aux ateliers monétaires.

30 niv. an 2 (19 janv. 1794). — Décret portant que la mesure appelée *pinte* sera nommée *cadil.*

18 germ. an 3 (7 avr. 1795). — Décret relatif aux poids et mesures.

Art. 1. L'époque prescrite par le décret du 1er août 1793, pour l'usage des nouveaux poids et mesures, est prorogée, quant à la disposition obligatoire, jusqu'à ce que la convention nationale y ait statué de nouveau. en raison des progrès de la fabrication; les citoyens sont cependant invités à donner une preuve de leur attachement à l'unité et à l'indivisibilité de la République, en se servant dès à présent des nouvelles mesures dans leurs calculs et transactions commerciales.

2. Il n'y a qu'un seul étalon des poids et mesures pour toute la République : ce sera une règle de platine sur laquelle sera tracé le *mètre*, qui a été adopté pour l'unité fondamentale de tout le système des mesures. Cet étalon sera exécuté avec la plus grande précision, d'après les expériences et les observations des commissaires chargés de sa détermination, et il sera déposé près du corps législatif, ainsi que le procès-verbal des opérations qui auront servi à le déterminer, afin qu'on puisse les vérifier dans tous les temps.

3. Il sera envoyé, dans chaque chef-lieu du district, un modèle conforme à l'étalon prototype dont il vient d'être parlé, et, en outre un modèle de poids exactement déduits du système des nouvelles mesures. Ces modèles serviront à la fabrication de toutes les sortes de mesures employées aux usages des citoyens.

4. L'extrême précision qui sera donnée à l'étalon en platine ne pouvant pas influer sur l'exactitude des mesures usuelles, ces mesures continueront d'être fabriquées d'après la longueur du mètre adoptée par les décrets antérieurs.

5. Les nouvelles mesures seront distinguées dorénavant par le surnom de *républicaines;* leur nomenclature est définitivement adoptée comme il suit : — On appellera *mètre* la mesure de longueur égale à la dix-millionième partie de l'arc du méridien terrestre compris entre le pôle boréal et l'équateur; — *Are*, la mesure de superficie pour les terrains, égale à un carré de 10 mètres de côté ; — *Stère*, la mesure destinée particulièrement au bois de chauffage, et qui sera égale au mètre cube; — *Litre*, la mesure de capacité, tant pour les liquides que pour les matières sèches, dont la contenance sera celle du cube de la dixième partie du mètre; — *Gramme*, le poids absolu d'un volume d'eau pure égal au cube de la centième partie du mètre, et à la température de la glace fondante ;— Enfin, l'unité des monnaies prendra le nom de *franc*, pour remplacer celui de *livre* usité jusqu'aujourd'hui.

6. La dixième partie du mètre se nommera *décimètre;* et sa centième partie, *centimètre.* — On appellera *décamètre* une mesure égale à 10 mètres, ce qui fournit une mesure très-commode pour l'arpentage. — *Hectomètre* signifiera la longueur de 100 mètres. — Enfin, *kilomètre* et *myriamètre* seront des longueurs de 1,000 et de 10,000 mètres, et désigneront principalement les distances itinéraires.

7. Les dénominations des mesures des autres genres seront déterminées d'après les mêmes principes que celles de l'article précédent. — Ainsi, *décilitre* sera une mesure de capacité dix fois plus petite que le litre; *centigramme* sera la centième partie du poids de 1 gramme. — On dira de même *décalitre* pour désigner une mesure contenant 10 litres, *hectolitre* pour une mesure égale à 100 litres : un *kilogramme* sera un poids de 1,000 grammes. — On composera d'une manière analogue les noms de toutes les autres mesures. — Cependant, lorsqu'on voudra exprimer les dixièmes ou les centièmes du franc, unité des monnaies, on se servira des mots *décime* et *centime*, déjà reçus en vertu des décrets antérieurs.

8. Dans les poids et les mesures de capacité, chacune des mesures décimales de ces deux genres aura son double et sa moitié, afin de donner à la vente des divers objets toute la commodité que l'on peut désirer : il y aura donc le *double-litre* et le *demi-litre*, le *double hectogramme* et le *demi-hectogramme*, et ainsi des autres.

9. Pour rendre le remplacement des anciennes mesures plus facile et moins dispendieux, il sera exécuté par partie et à différentes époques. Ces époques seront décrétées par la convention nationale, aussitôt que les mesures républicaines se trouveront fabriquées en quantités suffisantes, et que tout ce qui tient à l'exécution de ces changements aura été disposé. Le nouveau système sera d'abord introduit dans les assignats et monnaies, ensuite dans les mesures linéaires ou de longueur, et progressivement étendu à toutes les autres.

10. Les opérations relatives à la détermination de l'unité des mesures de longueur et de poids, déduite de la grandeur de la terre, commencées par l'académie des sciences, et suivies par la commission temporaire des mesures, en conséquence des décrets des 8 mai-22 août 1790 et 1er août 1793, seront continuées, jusqu'à leur entier achèvement, par des commissaires particuliers choisis principalement parmi les savants qui y ont concouru jusqu'à présent, et dont la liste sera arrêtée par le comité d'instruction publique. Au moyen de ces dispositions, l'administration dite *commission temporaire des poids et mesures* est supprimée.

11. Il sera formé en remplacement une agence temporaire, composée de trois membres, et qui sera chargée, sous l'autorité de la commission d'instruction publique, de tout ce qui concerne le renouvellement des poids et mesures, sauf les opérations confiées aux commissaires particuliers dont il est parlé dans l'article précédent. — Les membres de cette agence seront nommés par la convention nationale, sur la proposition de son comité d'instruction publique. Leur traitement sera réglé par ce comité en se concertant avec celui des finances.

12. Les fonctions principales de l'agence temporaire seront : — 1° De rechercher et employer les moyens les plus propres à faciliter la fabrication des nouveaux poids et mesures pour les usages de tous les citoyens; — 2° De pourvoir à la confection et à l'envoi des modèles qui doivent servir à la vérification des mesures dans chaque district; — 3° De faire composer et de répandre les instructions convenables pour apprendre à connaître les nouvelles mesures et leurs rapports avec les anciennes, — 4° De s'occuper des dispositions qui deviendraient nécessaires pour régler l'usage des mesures républicaines, et de les soumettre au comité d'instruction publique, qui en fera rapport à la convention nationale; — 5° D'arrêter les états de dépenses de toutes les opérations qu'exigeront la détermination et l'établissement des nouvelles mesures, afin que ces dépenses

puissent être acquittées par la commission d'instruction publique; — 6° Enfin, de correspondre avec les autorités constituées et les citoyens dans toute la République, sur tout ce qui sera utile pour hâter le renouvellement des poids et mesures.

13. La fabrication des mesures républicaines sera faite, autant qu'il sera possible, par des machines, afin de réunir à l'exactitude la facilité et la célérité dans les procédés, et par conséquent de rendre l'achat des mesures d'un prix médiocre pour les citoyens.

14. L'agence temporaire favorisera la recherche des machines les plus avantageuses; elle en commandera, s'il est besoin, aux artistes les plus habiles, ou les proposera au concours, suivant les circonstances. Elle pourra aussi accorder des encouragements en avances, matières ou machines, aux entrepreneurs qui prendraient des engagements convenables pour quelque partie importante de la fabrication des nouveaux poids et mesures. Mais, dans tous ces cas, l'agence sera tenue de prendre l'autorisation du comité d'instruction publique.

15. L'agence temporaire déterminera les formes des différentes sortes de mesure, ainsi que les matières dont elles devront être faites, de manière que leur usage soit le plus avantageux possible.

16. Il sera gravé sur chacune de ces mesures leur nom particulier; elles seront marquées, en outre, du poinçon de la République, qui en garantira l'exactitude.

17. Il y aura à cet effet, dans chaque district, des vérificateurs chargés de l'apposition du poinçon. La détermination de leur nombre et de leurs fonctions fera partie des règlements que l'agence préparera pour être ensuite soumis à la convention nationale par son comité d'instruction publique.

18. Le choix des mesures appropriées à chaque espèce de marchandise aura lieu de manière que, dans les cas ordinaires, on n'ait pas besoin de fractions plus petites que les centièmes. L'agence recherchera les moyens de remplir cet objet, en s'écartant le moins possible des usages du commerce.

19. Au lieu des tables de rapports entre les anciennes et les nouvelles mesures, qui avaient été ordonnées par le décret du 8 mai-22 août 1790, il sera fait des échelles graphiques pour estimer ces rapports sans avoir besoin d'aucun calcul. L'agence est chargée de leur donner la forme la plus avantageuse, d'en indiquer la méthode, et de la répandre autant qu'il sera nécessaire.

20. Pour faciliter les relations commerciales entre la France et les nations étrangères, il sera composé, sous la direction de l'agence, un ouvrage qui offrira les rapports des mesures françaises avec celles des principales villes de commerce des autres peuples.

21. Pour subvenir à toutes les dépenses relatives à l'établissement des nouvelles mesures, ainsi qu'aux avances indispensables pour le succès de cette opération, il y sera affecté provisoirement un fonds de 500,000 livres, que la trésorerie nationale tiendra à cet effet à la disposition de la commission d'instruction publique.

22. La disposition de la loi du 4 frim. an 2, qui rend obligatoire l'usage de la division décimale du jour et de ses parties, est suspendue indéfiniment.

23. Les articles des lois antérieures au présent décret, et qui y sont contraires, sont abrogés.

24. Aussitôt après la publication du présent décret, toute fabrication des anciennes mesures est interdite en France, ainsi que toute importation des mêmes objets venant de l'étranger, à peine de confiscation et d'une amende du double de la valeur desdits objets. — La commission des administrations civiles, police et tribunaux, et celle des revenus nationaux, sont chargées de l'exécution du présent article.

25. Dès que l'étalon prototype des mesures de la République aura été déposé au corps législatif par les commissaires chargés de sa confection, il sera élevé un monument pour le conserver et le garantir de l'injure des temps. — L'agence temporaire s'occupera d'avance du projet de ce monument, destiné à consacrer de la manière la plus indestructible la création de la république, les triomphes du peuple français, et l'état d'avancement où les lumières sont parvenues dans son sein.

26. Le comité d'instruction publique est chargé de prendre tous les moyens de détail nécessaires pour l'exécution du présent décret et l'entier renouvellement des poids et mesures dans toute la République. — Il proposera successivement à la convention les dispositions législatives qui devront en dépendre.

27. L'agence temporaire rendra compte de ses opérations à la commission d'instruction publique, et au comité de ce nom, avec lequel elle pourra correspondre directement pour la célérité des opérations.

28. Il est enjoint à toutes les autorités constituées, ainsi qu'aux fonctionnaires publics, de concourir de tout leur pouvoir à l'opération importante du renouvellement des poids et mesures.

28 flor. an 3 (17 mai 1795). — Décret relatif à l'examen de la question, s'il ne conviendrait pas de fixer, pour toute l'étendue de la République, un mètre fixe et invariable pris dans la nature.

5 fruct. an 3 (22 août 1795). — Constitution portant qu'il y a, dans la République, uniformité de poids et mesures (art. 371). — V. Droit const., p. 311.

1er vend. an 4 (23 sept. 1795). — Décret relatif aux poids et mesures.

Art. 1. Au 1er nivose prochain, l'usage du mètre sera substitué à celui de l'aune dans la commune de Paris, et dix jours après dans tout le département de la Seine.

2. En conséquence, tous les marchands en gros et en détail sédentaires et ambulants, qui se servent de l'aune, seront tenus de se procurer des mètres, comme il est dit ci-après :

3. L'agence temporaire des poids et mesures adressera, sous le plus bref délai, d'abord aux administrations municipales de Paris, et ensuite à celles des autres communes du département de la Seine, le nombre de mètres ou demi-mètres convenablement divisés, que l'administration du département aura indiqué être nécessaire respectivement pour les arrondissements desdites municipalités. — Ces administrations en donneront leur reçu à l'agence temporaire des poids et mesures, et nommeront un préposé à la garde et à la délivrance desdites mesures.

4. Avant la fin de frimaire prochain, les marchands se servant de l'aune remettront à l'administration municipale tout ce qu'ils ont entre leurs mains de ces anciennes mesures; et, sur l'exhibition de leur patente, il leur sera donné en échange un mètre pour chaque aune, et un demi-mètre pour chaque demi-aune. Néanmoins, il ne sera d'abord délivré à chacun desdits marchands qu'une seule mesure de chaque espèce, et il leur sera donné une reconnaissance pour l'excédant, qui leur sera fourni ultérieurement.

5. Il sera en même temps remis à chacun desdits marchands une affiche explicative, contenant le rapport de l'ancienne aune au mètre et partie de mètre, rendu sensible par des échelles graduées, au moyen desquelles chacun pourra facilement faire les évaluations de quantités ou prix qui l'intéressent.

6. Le renouvellement des anciens poids et mesures de toute espèce sera progressivement exécuté dans toute la France, en conformité de l'art. 9 de la loi du 18 germinal dernier, et des dispositions du présent décret. — A cet effet, dès que la fabrication des nouvelles mesures et les autres moyens préparatoires permettront d'opérer le remplacement dans une partie déterminée de la République, il en sera rendu compte au directoire exécutif, qui fera une proclamation pour annoncer les moyens de ce remplacement et rappeler ce qui est prescrit par les lois à ce sujet.

7. Deux mois après la publication et l'affiche de cette proclamation, l'usage des mesures républicaines qui en seront l'objet deviendra obligatoire pour tous les marchands dans l'étendue du territoire désigné.

8. Les dispositions de l'art. 4 de la présente loi seront appliquées aux diverses parties de la République lorsqu'il s'agira d'y introduire les nouvelles mesures de longueur.

9. A compter de l'époque à laquelle chaque espèce de mesure républicaine sera devenue obligatoire, il est enjoint à tous notaires et officiers publics des lieux où cette obligation sera en activité, d'exprimer en mesures républicaines toutes les quantités de mesures qui seront à énoncer dans les actes que lesdits notaires ou officiers publics passeront ou recevront. — Les actes qui seraient en contravention avec le présent article seront sujets à un excédant de droit d'enregistrement de la valeur de 50 fr.: cette somme sera payée comme une amende par le notaire ou l'officier public qui aura passé l'acte, sans que, sous aucun prétexte, elle puisse être imputée aux parties pour qui l'acte aura été passé.

10. Semblablement, aucun papier de commerce, livre et registre de négociant, marchand ou manufacturier, aucune facture, compte, quittance, même lettre missive, faits ou écrits dans les lieux où l'usage des mesures républicaines sera en activité, ne pourront être produits et faire foi en justice qu'autant que les quantités de mesures exprimées dans lesdits livres, papiers, lettres, etc., le seraient en mesures républicaines, ou du moins la traduction en sera faite préalablement, et constatée aux frais des parties par un officier public.

11. Les municipalités et les administrations chargées de la police feront, dans leurs arrondissements respectifs, et plusieurs fois dans l'année, des visites dans les boutiques et magasins, dans les places publiques, foires et marchés, à l'effet de s'assurer de l'exactitude des poids et mesures. — Les contrevenants seront punis de la confiscation des mesures fausses; et s'ils sont prévenus de mauvaise foi, ils seront traduits devant le tribunal de police correctionnelle, qui prononcera une amende dont la valeur pourra s'élever jusqu'à celle de la patente du délinquant.

12. L'agence temporaire des poids et mesures enverra à chaque administration de département des modèles de mètres, ainsi que des modèles de mesures de capacité et de poids, autant qu'il sera nécessaire pour diriger la fabrication ou la vérification des diverses sortes de mesures républicaines.

13. Il y aura, dans les principales communes de la République, des vérificateurs chargés d'apposer sur les nouvelles mesures le poinçon de la République et leur marque particulière. Le pouvoir exécutif déterminera, d'après les localités et les besoins du service, le nombre des vérificateurs, leurs fonctions et leur salaire: ces vérificateurs seront nommés par les administrations de département, trois mois après que l'usage des nouvelles mesures aura été rendu obligatoire dans leur arrondissement. Jusqu'à cette époque, la vérification sera faite gratuitement par des artistes commis à cet effet par l'agence temporaire.

14. Au moyen des dispositions des deux derniers articles qui précèdent, et attendu la suppression des districts, les art. 3 et 17 de la loi du 18 germinal dernier demeurent sans effet.

15. Pendant les six premiers mois après l'obligation proclamée des mesures républicaines dans un lieu, les marchands qui se servent de ces mesures seront tenus d'exposer à la vue des acheteurs les échelles graduées, pour la comparaison des quantités et des prix, ainsi que l'explication, qui seront publiées à cet effet, afin que chacun puisse y recourir au besoin.

16. Aussitôt que l'usage du mètre sera devenu obligatoire pour les marchands dans une commune, les ouvriers, artistes ou agents, sous quelque

dénomination que ce soit, qui s'y trouvent, et qui emploient le pied, la toise, les mesures de superficie ou d'arpentage, ou autres anciennes mesures analogues, ne pourront produire en justice aucun titre dans lequel seraient rapportées des quantités de ces mesures, à moins qu'elles ne soient traduites concurremment en expressions de mesures républicaines.

17. Le gouvernement, les ministres, chacun en leur partie, les administrations de département, et généralement tous les fonctionnaires publics, donneront des ordres et prendront tous les moyens qui dépendent d'eux pour que, le plus tôt possible, les employés, ouvriers ou agents qui travaillent sous leur autorité, n'emploient d'autres mesures que les mesures républicaines, tant pour les ouvrages à faire que pour les comptes à rendre.

18. A compter du 1er brumaire prochain, les quantités de mesures, dans les décrets et procès-verbaux du corps législatif, seront exprimées concurremment en mesures anciennes et en mesures républicaines, jusqu'à ce que celles-ci puissent être exclusivement employées sans inconvénient. — Le comité des décrets est chargé de faire ajouter la traduction en nouvelles mesures sur les minutes et expéditions où elles auraient été oubliées.

19. Le pouvoir exécutif donnera des ordres pour que le même usage soit suivi dans les autres actes de l'autorité publique, aussitôt que le permettra la propagation des nouvelles mesures.

20. La disposition de l'art. 3 de la loi du 17 frim. an 2 concernant l'obligation d'exprimer par émargement, dans les comptes des dépenses publiques, les sommes en francs, décimes et centimes, est prorogée pendant les six premiers mois. — La trésorerie nationale et le bureau de comptabilité ne recevront plus à l'avenir de pièces qui seraient en contravention avec ladite loi et les subséquentes.

21. L'agence temporaire continuera ses fonctions sous l'autorité du ministre qui aura la partie des travaux publics. Ce ministre tiendra la main à l'exécution des lois sur les nouveaux poids et mesures, et prendra tous les moyens les plus propres à accélérer leur établissement : il fera en sorte qu'il soit entièrement terminé avant le 1er vendémiaire de l'an 6. Il prendra, sur les fonds affectés annuellement aux travaux publics, les sommes nécessaires pour acquitter les dépenses indispensables auxquelles cette opération donnera lieu.

22. En attendant l'organisation du ministère, il est affecté, par le présent décret, une somme de 500,000 fr. pour continuer les opérations relatives au renouvellement des poids et mesures. La trésorerie nationale tiendra, à cet effet, cette somme à la disposition de la commission d'instruction publique.

23. Le directoire exécutif présentera, chaque année, au corps législatif, le compte des progrès du renouvellement des poids et mesures, et de tout ce qui aura été fait pour parvenir à l'uniformité prescrite par la constitution.

3 niv. an 6 (23 déc. 1797).—Décret relatif à la confection des échelles graphiques servant à déterminer les rapports des anciennes mesures de longueur, de capacité et de poids avec les nouvelles mesures.

27 pluv. an 6 (15 fév. 1798). — Proclamation du directoire exécutif relative à l'emploi du nouveau système de mesure pour le bois de chauffage dans le département de la Seine, qui déclare fausses et illégales les anciennes mesures de la voie, de la demi-voie et autres servant audit usage, quand même elles auraient été vérifiées et poinçonnées précédemment, ainsi que les mesures nouvelles qui n'auraient pas été poinçonnées (art. 3).

27 brum. an 7 (17 nov. 1798). — Arrêté portant que les administrations municipales pourront organiser des bureaux de poids publics où les citoyens seront libres de faire peser les marchandises et denrées. Elles fixeront aussi le tarif de la rétribution à percevoir par ces bureaux et payable par moitié entre le vendeur et l'acheteur.

19 germ. an 7 (8 avr. 1799). — Proclamation du directoire exécutif qui prescrit l'usage, dans le département de la Seine, à dater du 1er vend. an 8, des mesures nouvelles pour le mesurage des grains et des matières sèches, et qui déclare qu'à compter de ladite époque, les anciennes mesures, même vérifiées et poinçonnées, et les nouvelles mesures non poinçonnées, sont réputées fausses et illégales (art. 4).

28 mess. an 7 (16 juill. 1799). — Proclamation du directoire aux habitants de plusieurs départements sur l'introduction des nouvelles mesures de longueur.

11 therm. an 7 (29 juill. 1799). — Proclamation du directoire aux citoyens du département de la Seine, sur l'établissement des nouvelles mesures de capacité pour les liquides, dont l'art. 5 contient, à l'égard de ces mesures, une disposition analogue à celle de l'art. 4 de la proclamation du 19 germ. an 7.—V. ci-dessus.

19 frim. an 8 (10 déc. 1799). — **Loi qui fixe définitivement la valeur du mètre et du kilogramme.**

La commission du conseil des anciens, créée par la loi du 19 brum. an 8, délibérant sur la proposition formelle de la commission consulaire exécutive contenue dans son message du 4 de ce mois, d'adopter définitivement le mètre et le kilogramme déposés au corps législatif par l'Institut national des sciences et des arts, et de frapper une médaille qui transmette à la postérité l'opération qui lui sert de base; — Considérant qu'on ne peut trop s'empresser de fixer la valeur du mètre et du kilogramme avec toute la précision que lui assurent les travaux des savants qui l'ont déterminée, et de consacrer l'époque glorieuse, pour la nation française, à laquelle a été consommée une opération aussi vaste et d'un aussi grand intérêt....., approuve l'acte d'urgence et la résolution suivante :

Art. 1. La fixation provisoire de la longueur du mètre, à 3 pieds 11 lignes 44 centièmes, ordonnée par les lois des 1er août 1793 et 18 germ. an 3, demeure révoquée et comme non-avenue. Ladite longueur, formant la dix-millionième partie de l'arc du méridien terrestre compris entre le pôle nord et l'équateur, est définitivement fixée, dans son rapport avec les anciennes mesures, à 3 pieds 11 lignes 296 millièmes.

2. Le mètre et le kilogramme en platine déposés le 4 messidor dernier au corps législatif par l'Institut national des sciences et des arts, sont les étalons définitifs des mesures de longueur et de poids dans toute la République. Il en sera remis à la commission consulaire des copies exactes, pour servir à diriger la confection des nouvelles mesures et des nouveaux poids.

3. Les autres dispositions de la loi du 18 germ. an 3, concernant tout ce qui est relatif au système métrique, ainsi qu'à la nomenclature et à la confection des nouveaux poids et des nouvelles mesures, continueront à être observées.

4. Il sera frappé une médaille pour transmettre à la postérité l'époque à laquelle le système métrique a été porté à sa perfection, et l'opération qui lui sert de base. L'inscription du côté principal de la médaille sera : *A tous les temps, à tous les peuples;* et dans l'exergue : *République française, an 8*. Les consuls de la République sont chargés d'en régler les autres accessoires.

7 flor. an 8 (27 avr. 1800). — Arrêté relatif à la forme des poids.

Il est permis aux balanciers de donner aux poids telle forme que ceux qui en font usage voudront adopter : en conséquence, le bureau de vérification des poids et mesures sera tenu de les faire poinçonner aussitôt qu'ils lui auront été présentés, pourvu que ces poids soient exacts, que les subdivisions de l'unité principale soient des multiples du gramme ou de ses subdivisions décimales, et que chaque subdivision porte la valeur de son poids.

12 mess. an 8 (1er juill. 1800). — Arrêté qui charge le préfet de police, à Paris, de faire exécuter les lois sur les poids et mesures et de faire faire des visites chez les marchands et fabricants, pour vérifier les instruments de pesage et de mesurage (art. 26). — V. Préfet de police.

5 brum. an 9 (27 oct. 1800). — Arrêté qui contient, à l'égard des commissaires généraux de police, une disposition semblable à celle de l'arrêté qui précède (art. 21).—V. Comm. de police, n° 22.

7 brum. an 9 (29 oct. 1800).—Arrêté relatif à l'établissement de bureaux de pesage, mesurage et jaugeage publics.

Art. 1. Dans toutes les villes où le besoin du commerce l'exigera, il sera établi par le préfet, sur la demande des maires et adjoints, approuvée par le sous-préfet, des bureaux de pesage, mesurage et jaugeage publics, où tous les citoyens pourront faire peser, mesurer et jauger leurs marchandises, moyennant une rétribution juste et modérée, qui, en exécution de l'art. 21 de la loi du 15-28 mars 1790, sera proposée par les conseils généraux des municipalités et fixée au conseil d'État, sur l'avis des sous-préfets et préfets.

2. Nul ne pourra exercer les fonctions de peseur, mesureur et jaugeur, sans prêter le serment de bien et fidèlement remplir ses devoirs : ce serment sera reçu par le président du tribunal de commerce, ou devant le juge de police du lieu.

3. Dans les lieux où il ne sera pas nécessaire d'établir des bureaux publics, les fonctions de peseur, mesureur et jaugeur seront confiées, par le préfet, à des citoyens d'une probité et d'une capacité reconnues, lesquels prêteront serment.

4. Aucune autre personne que lesdits employés ou préposés ne pourra exercer, dans l'enceinte des marchés, halles et ports, la profession de peseur, mesureur et jaugeur, à peine de confiscation des instruments destinés au mesurage.

5. L'enceinte desdits marchés, halles et ports, sera déterminée et désignée d'une manière apparente par l'administration municipale, sous l'approbation du sous-préfet.

6. Les citoyens à qui les bureaux ou les fonctions de peseurs ou mesureurs publics seront confiés seront obligés de tenir les marchés, halles et ports garnis d'instruments nécessaires à l'exercice de leur état, et d'employés en nombre suffisant; faute de quoi, il y sera pourvu à leurs frais par la police, et ils seront destitués. — Ils ne pourront employer que des poids et mesures dûment étalonnés, certifiés, et portant l'inscription de leur valeur.

7. Il sera délivré aux citoyens qui le demanderont, par les peseurs et mesureurs publics, un bulletin qui constatera le résultat de leurs opérations.

8. L'infidélité dans les poids employés au pesage public sera punie, par voie de police correctionnelle, des peines prononcées par les lois contre les marchands qui vendent à faux poids ou fausse mesure.

13 brum. an 9 (4 nov. 1800).—Arrêté relatif au mode d'exécution du système décimal des poids et mesures.

Art. 1. Conformément à la loi du 1er vend. an 4, le système décimal des poids et mesures sera définitivement mis à exécution, pour toute la République, à compter du 1er vend. an 10.

2. Pour faciliter cette exécution, les dénominations données aux mesures et aux poids pourront, dans les actes publics comme dans les usages habituels, être traduites par les noms français qui suivent :

NOMS SYSTÉMATIQUES.	TRADUCTION.	VALEUR.
Mesures itinéraires.		
Myriamètre } pourra être traduit par le mot }	Lieue.	10,000 mètres.
Kilomètre.	Mille.	1,000 mètres.
Mesures de longueur.		
Décamètre.	Perche.	10 mètres.
MÈTRE.	«	*Unité fondamentale des poids et mesures;* dix-millionième partie du 1/4 du mérid. terrestre.
Décimètre.	Palme (le).	10e de mètre.
Centimètre.	Doigt.	100e de mètre.
Millimètre.	Trait.	1000e de mètre.
Mesures agraires.		
Hectare.	Arpent.	10,000 mètres carrés.
Are.	Perche carrée.	100 mètres carrés.
Centiare.	Mètre carré.	
Mesures de capacité pour les liquides.		
Décalitre.	Velte.	10 décimètres cubes.
Litre.	Pinte.	Décimètre cube.
Décilitre.	Verre.	10e de décimètre.
Mesures de capacité pour les matières sèches.		
Kilolitre.	Muid.	1 mètre cube ou 1000 décimètres cubes.
Hectolitre.	Setier.	100 décimètres cubes.
Décalitre.	Boisseau.	10 décimètres cubes.
Litre.	Pinte.	Décimètre cube.
Mesures de solidité.		
STÈRE.	«	Mètre cube.
Décistère.	Solive.	10e de mètre cube.
Poids.		
«	Millier.	1,000 livres (poids du tonneau de mer).
«	Quintal.	100 livres.
Kilogramme.	Livre.	Poids de l'eau sous le volume du décimètre cube, contient 10 onces.
Hectogramme.	Once.	10e de la livre, contient 10 gros.
Décagramme.	Gros.	10e de l'once, contient 10 deniers.
Gramme.	Denier.	10e du gros, contient 10 grains.
Décigramme.	Grain.	10e du denier.

3. La dénomination *mètre* n'aura point de synonyme dans la désignation de l'unité fondamentale des poids et mesures : aucune mesure ne pourra recevoir de dénomination publique qu'elle ne soit un multiple ou un diviseur décimal de cette unité.

4. Le mesurage des étoffes sera fait par mètre, dixième et centième de mètre.

5. La dénomination *stère* continuera d'être employée dans le mesurage du bois de chauffage et dans la désignation des mesures de solidité : dans les mesures des bois de charpente, on pourra diviser le stère en dix parties, qui seront nommées solives.

6. Les dénominations énoncées dans l'art. 2 pourront être inscrites à côté des noms systématiques sur les mesures et les poids déjà fabriqués; elles pourront être inscrites ou seules ou à côté des premiers noms, sur les poids et mesures qui seront fabriqués par la suite.

7. Dans tout acte public d'achat ou de vente, de pesage ou de mesurage, on pourra, suivant les dispositions précédentes, se servir de l'une ou de l'autre nomenclature.

8. Le ministre de l'intérieur adressera, dans le plus bref délai, à tous les préfets et sous-préfets, des mesures-matrices pour servir de modèles; elles seront déposées au secrétariat. Ces mesures-modèles seront prises dans les poids et mesures aujourd'hui appartenant à la République : le surplus sera vendu, et toute fabrication pour le compte du gouvernement cessera.

9. Le ministre de l'intérieur présentera aux consuls, dans le plus court délai, d'après l'avis des préfets, le tableau des communes dans lesquelles il doit être établi des vérificateurs, en exécution de l'art. 13 de la loi du 1er vend. an 4.—Il fera rédiger et publier les tableaux et instruments nécessaires à l'exécution des articles précédents.

29 prair. an 9 (18 juin 1801). — Arrêté relatif à la vérification des poids et mesures.

Art. 1. Les sous-préfets chargés de la garde des étalons des poids et mesures, par l'art. 8 de la loi du 13 brumaire dernier, rempliront les fonctions de vérificateur des poids et mesures, ordonnées par l'art. 13 de la loi du 1er vendémiaire.

2. Aucun fabricant ne pourra vendre et aucun citoyen ne pourra employer, pour peser et mesurer les matières de commerce, que des poids et mesures vérifiés et étalonnés par les sous-préfets de leur arrondissement.

3. Les sous-préfets assigneront les jours et heures de la décade où ils procéderont ou feront procéder à la vérification et à l'étalonnage des poids et mesures qui leur seront apportés.

4. La vérification consistera dans une comparaison exacte des poids et mesures qui seront présentés, avec les étalons confiés à la garde des sous-préfets, et elle sera faite conformément à l'instruction qui leur sera adressée par le ministre de l'intérieur.

5. Chaque sous-préfet est autorisé à prendre un employé pour l'aider dans cette vérification. Le traitement de cet employé sera pris sur la rétribution perçue pour la vérification.

6. Sur chaque poids et sur chaque mesure trouvés exacts seront apposés le poinçon de la République et un poinçon particulier à chaque sous-préfecture.

7. Il sera tenu un registre du nombre des vérifications faites chaque jour qui y sera destiné, et des rétributions qui auront été perçues.

8. Les sous-préfets ou leurs employés seront tenus de se transporter dans les chantiers pour y faire vérifier les membrures servant au mesurage du bois de chauffage.

9. D'ici au 1er vend. an 10, le ministre de l'intérieur enverra à chaque sous-préfet les poinçons nécessaires à la vérification des poids et mesures. Chaque sous-préfet fera faire les poinçons particuliers qui lui seront nécessaires; les frais de cette dernière fabrication seront pris d'abord sur les centimes additionnels d'arrondissement, et remboursés sur le produit des rétributions affectées à l'étalonnage.

10. A Paris, la vérification des poids et mesures sera faite à la préfecture de police, par des employés et sous la surveillance du préfet de police.

11. Il ne pourra être exigé des citoyens qui présenteront des poids et mesures à la vérification aucune indemnité au delà de la rétribution fixée dans le tarif annexé au présent arrêté. Ce tarif sera imprimé et affiché dans chaque bureau de vérification.

12. Le produit de la rétribution fixée pour la vérification et le poinçonnage des poids et mesures sera affecté à la dépense de fabrication et d'entretien des poinçons, au traitement des personnes employées à ce travail dans les sous-préfectures, et à celui des inspecteurs dont il va être parlé.

13. Tous les trois mois, chaque sous-préfet adressera au préfet de son département l'état des sommes perçues pour la vérification et le poinçonnage des poids et mesures. — Les préfets enverront, à la fin de chaque trimestre, au ministre de l'intérieur, l'état général des sommes perçues dans leur département. Ils proposeront au ministre le traitement des employés à la vérification près des sous-préfectures.

14. Le compte de ce produit sera rendu chaque année aux consuls. Si la rétribution est moindre que les frais auxquels elle est destinée, il sera pourvu à l'acquittement de ces frais sur les dépenses du ministère de l'intérieur affectées aux poids et mesures : si le produit de la rétribution est supérieur à ces frais, les consuls détermineront l'emploi de ce surplus par un arrêté particulier.

15. Il sera nommé par le ministre de l'intérieur vingt-cinq inspecteurs, lesquels seront uniquement chargés, sous l'autorité des préfets, de surveiller l'exécution du présent arrêté, chacun dans quatre départements au moins; à l'effet de quoi, ils parcourront tous les lieux où les marchés exigent un emploi journalier des poids et mesures. Les consuls fixeront, d'après un rapport du ministre de l'intérieur, le traitement de ces inspecteurs.

16. Les commissaires et officiers de police veilleront, de leur côté, à ce que les nouveaux poids et mesures soient seuls employés dans le commerce à l'époque déterminée, à ce qu'on n'en emploie pas d'autres que ceux qui auront été poinçonnés aux sous-préfectures. Ils seront tenus d'assister les inspecteurs dans l'exercice de leurs fonctions, et d'obtempérer à leur réquisition pour les visites et la rédaction des procès-verbaux de contravention.

(Suit le tarif de la rétribution pour la vérification des poids et mesures de chaque espèce).

29 flor. an 10 (19 mai 1802). — Loi relative à l'établissement de bureaux de pesage, mesurage et jaugeage.

Art. 1. Il sera établi, dans les communes qui en seront jugées susceptibles par le gouvernement, des bureaux de pesage, mesurage et jaugeage publics. Nul ne sera contraint à s'en servir, si ce n'est dans le cas de contestation.

2. Les tarifs des droits à percevoir dans ces bureaux, et les règlements y relatifs, seront proposés par les conseils des communes adressés aux sous-préfets et aux préfets, qui donneront leur avis, et soumis au gouvernement, qui les approuvera, s'il y a lieu, en la forme usitée pour les règlements d'administration publique.

3. Un dixième des produits nets de ces droits servira à compléter l'acquittement des frais de vérification des poids et mesures, et le traitement des agents préposés à cette vérification.

4. Le surplus des produits sera employé aux dépenses des communes et des hospices exclusivement, et ce suivant les règles prescrites pour les octrois de bienfaisance.

25 vent. an 11 (16 mars 1803). — Loi qui prescrit aux notaires de se servir dans leurs actes de la numération décimale à peine d'amende (art. 17). — V. Notaire, p. 576.

6 prair. an 11 (26 mars 1803). — Arrêté relatif à l'établissement des bureaux de pesage et mesurage dans la ville de Paris.

Art. 1. La loi du 29 flor. dernier, relative au pesage, mesurage et jaugeage public, sera exécutée dans la ville de Paris.

2. En conséquence, il sera établi dans les divers quartiers de cette ville où les besoins du commerce l'exigeront, des bureaux publics de pesage, mesurage et jaugeage.

3. Il en sera particulièrement établi dans les halles et marchés, et sur les ports.

4. Aux termes de la loi du 29 flor., nul ne sera contraint d'employer le ministère des préposés desdits bureaux, sinon de gré à gré ou en cas de contestation.

5. Néanmoins tout acheteur ou vendeur qui, achetant ou vendant dans l'une des halles, dans l'un des marchés, ou sur l'un des ports de la ville de Paris, voudra, selon la nature de l'objet d'achat ou de vente, se soumettre au pesage, mesurage ou jaugeage, sera tenu d'employer, pour cette opération, le ministère du préposé public du bureau établi dans lesdits marchés ou halles, ou sur les ports.

6. En conséquence, il est défendu à tout individu d'établir des bureaux ou maisons de pesage, ou d'exercer les fonctions de jaugeur ou mesureur, dans l'étendue de la ville, et à tous acheteurs ou vendeurs de les employer, à peine de poursuites par voie correctionnelle, conformément à l'arrêté du gouvernement du 7 brum. an 9.

7. Les droits à percevoir pour les opérations de pesage, mesurage et jaugeage, faites soit dans les bureaux publics des halles, marchés et ports, soit dans ceux placés sur tous autres points où il aura été nécessaire d'en établir, soit enfin dans les magasins, boutiques et autres lieux particuliers où les préposés publics auront été requis de se transporter pour opérer, seront réglés ainsi qu'il suit :

1° *Droit de pesage.* — Le droit de pesage sera de 20 cent. p. 100 kilog., pour toutes les espèces de marchandises ou denrées.

2° *Droit de mesurage.* — 1° Le droit de mesurage au mètre sera de 1 cent. par mètre pour toute espèce de marchandises qui se vendent aux mesures de longueur ; — 2° Le droit de mesurage au stère du bois de chauffage sera de 15 cent. par stère ; et nulle autre perception ne pourra avoir lieu dans les chantiers à raison du mesurage, sous peine d'exaction ; — 3° Le droit de mesurage au litre sera de 2 cent. par boisseau ou décalitre, pour les grains, graines et grenailles, et de 10 cent. par voie ou sac pour le charbon.

3° *Droit de jaugeage.* — Le droit de jaugeage sera de 1 cent. par velte ou décalitre pour toute espèce de liquides.

8. Relativement aux opérations de mesurage et jaugeage, le droit sera perçu sur la fraction de mètre, de stère, de boisseau, de voie et de velte, comme pour l'entier.

Quant au pesage, dont le droit est fixé par 100 kilog. pris pour unité, la fraction de 1 à 25 sera considérée comme 25, de 25 à 50 comme 50, de 50 à 75 comme 75, et de 75 à 100 comme unité ou entier.

9. Les droits ci-dessus seront payés moitié par le vendeur, moitié par l'acheteur, à moins qu'il n'y ait convention contraire.

10. Il n'est rien innové à ce qui se pratique relativement à la perception de l'octroi, pour laquelle le jaugeage, mesurage et pesage continuera d'être fait par les peseurs de la régie, sauf le cas de contestation.

11. Le mode de perception des droits fixés par les articles ci-dessus sera proposé par les préfets de département et de police au ministre de l'intérieur, et soumis par lui à l'approbation du gouvernement.

1er vend. an 12 (24 sept. 1803). — Arrêté portant que les étalons du mètre et du kilogramme, et de toutes les règles qui ont servi aux diverses mesures de la terre par les astronomes français seront déposés à l'observatoire national.

2 niv. an 12 (24 déc. 1803). — Arrêté relatif à l'établissement provisoire de bureaux de pesage et mesurage dans les communes.

Art. 1. Le ministre de l'intérieur fera exécuter les tarifs et les règlements présentés par les conseils des communes, avec les modifications qu'il jugera convenables, conformément aux principes déterminés par la loi et les règlements intervenus sur la matière.

2. L'autorisation du ministre, tant pour les bureaux établis que pour ceux à établir, sera considérée comme décision provisoire du gouvernement.

16 juin 1808. — Décret impérial concernant les droits de pesage, mesurage et jaugeage de la ville de Paris.

Sect. 1. — *Réformation du tarif.*

Art. 1. Le droit de pesage, fixé uniformément, par le tarif du 6 prair. an 11, à 20 cent. par 100 kilog. de toute espèce de marchandises, ne sera perçu désormais qu'à raison de 10 cent. par 100 kilog., en ce qui concerne les marchandises ci-après désignées, savoir : blé, orge, avoine, farine de toute espèce, beurre frais ou salé, huiles communes à brûler, charbons, cendres, bourre, étoupes, filasses, blanc d'Espagne, blanc de céruse, craie, fruits frais, herbes potagères, ocre, brai, houblon, graisse, goudron, foin, paille, fer en verge, ferraille, fonte en gueuse, potasse, soude, son, recoupe, remoulage, suif, poix-résine, poix blanche, noire et grasse, plomb en saumon, étain, sel ordinaire.

2. Le droit de mesurage, fixé uniformément à 2 cent. par boisseau ou décalitre de grains, graines et grenailles, et autres marchandises qui se vendent au litre, ne sera perçu désormais, savoir : qu'à raison d'un demi-centime par boisseau ou décalitre, pour avoine, son, recoupe et remoulage, charbon de terre, plâtre et chaux, et à raison de 1 cent. par boisseau ou décalitre, pour blé, orge, graines et grenailles.

3. Le droit de cubage, dont la fixation n'a pas été arrêtée dans le tarif du 6 prair. an 11, sera perçu à raison de 5 cent. par mètre cube.

4. Le droit de jaugeage, fixé uniformément par le tarif du 6 prair. an 11 à 1 cent. par décalitre, sera perçu à l'avenir dans les proportions suivantes : — Les vins de France, la bière, le cidre, le vinaigre et les huiles communes payeront, savoir : — Pour une pièce de 150 lit. et au dessous, 20 cent.; — Pour une pièce de 150 à 200 lit., 25 cent.; — Pour une pièce de 201 à 300 lit., 30 cent.; — Pour une pièce de 301 à 400 lit., 40 cent.; — Pour une pièce de 401 à 500 lit., 50 cent.; — Pour une pièce de 501 à 600 lit. et au-dessus, 60 cent.

Les vins étrangers, les esprits, eaux-de-vie, liqueurs et huiles fines, payeront, savoir : — Pour une pièce de 100 lit. et au-dessous, 20 cent.; — Pour une pièce de 101 à 150 lit., 25 cent.; — Pour une pièce de 151 à 200 lit., 30 cent.; — Pour une pièce de 201 à 300 lit., 40 cent.; — Pour une pièce de 301 à 400 lit., 50 cent.; — Pour une pièce de 401 à 500 lit., 60 cent.; — Pour une pièce de 501 à 600 lit. et au-dessus, 70 cent.

5. Les droits à percevoir pour les opérations de pesage et mesurage des marchandise ou denrées non désignées dans les articles précédents continueront à être payés conformément au tarif du 6 prair. an 11.

Sect. 2. — *Dispositions réglementaires sur l'exercice et la perception du droit.*

6. Le préposé public ne peut intervenir dans les ventes qui se font dans les maisons, boutiques ou magasins des particuliers, s'il n'y est appelé par l'une des parties contractantes, et si le pesage se fait par un des intéressés à la vente ou à l'achat.

7. Il intervient nécessairement, et sans pouvoir être suppléé, sauf l'exception ci-après, pour toutes les ventes qui se font au poids avec de grandes balances, à la mesure d'hectolitre, le stère, le mètre et la jauge, dans les halles, places, marchés, chantiers de bois à brûler, ports, bateaux, et autres lieux publics soumis à la surveillance permanente de la police municipale. En conséquence, nul marchand ne peut avoir dans les lieux publics susdésignés, des balances à fléaux ou romaines, ni des hectolitres, stères ou jauges, servant à peser pour les particuliers.

8. Sont exceptées, sauf d'ailleurs au préposé public l'obligation d'y intervenir lorsqu'il y est requis par l'une des parties intéressées, les ventes en détail qui se font dans les lieux publics susdésignés, avec des balances à la main, quant aux marchandises qui se vendent au poids ; celles qui se font au boisseau ou décalitre, quant aux graines et autres marchandises qui se vendent à la mesure de capacité ; et les ventes de liquides, lorsque les pièces sont prises de gré à gré pour leur contenance, sans être mesurées ou jaugées.

9. L'acheteur et le vendeur sont passibles, chacun pour moitié, des droits établis par les articles précédents ; mais ils sont solidaires envers le préposé public, et les marchandises ne peuvent être enlevées, si les droits n'ont été préalablement acquittés.

10. Le préposé public fournira les poids, balances, mesures, et généralement tous les instruments nécessaires aux opérations du pesage mesurage et jaugeage. — Il fournira de même les gens de service pour le transport et desserte de ces instruments ; mais, quant aux gens de service pour transporter les marchandises de la place dans les mesures ou membrures et sur les plateaux, ils seront fournis et salariés par les parties pour le compte desquelles se feront les opérations. — Le salaire de ces gens de service sera réglé par un arrêté du ministre de l'intérieur.

11. Il sera établi des préposés de pesage, mesurage et jaugeage dans les halles et marchés, et sur les ports et places de notre bonne ville de Paris, qui seront désignés par notre ministre de l'intérieur, sur l'avis des préfets du département et de police.

12. Il sera de plus établi, pour le service du public, et pour satisfaire aux demandes du commerce, un bureau central de pesage, mesurage et jaugeage, dont l'emplacement sera déterminé par le préfet du département.

13. Enfin, dans les lieux et places où il se tient des foires et marchés à diverses époques de l'année, il sera établi, pendant la durée seulement desdites foires et marchés, des bureaux assortis à la nature des objets exposés en vente.

14. Le service, dans les divers marchés publics, se composera des opérations de pesage, mesurage et jaugeage qui doivent y être faites aux termes de l'art. 7 du présent décret, ou qui peuvent y être requises conformément à l'art. 8 de ce décret. — Ce service sera fait par des préposés nommés par le préfet de police. Ces préposés pourront être les mêmes que ceux actuellement employés sous ses ordres, dans les halles, marchés, places, chantiers de bois à brûler, sur les ports et bateaux. Le tableau de leur nombre et de leurs traitements sera dressé par le préfet de police, communiqué au préfet du département, et arrêté par le ministre de l'intérieur provisoirement, jusqu'à la fixation du budget.

15. Le préfet de police déterminera et assignera les emplacements que lesdits employés devront occuper dans les lieux qui seront indiqués en conséquence de l'art. 13, et les bureaux qu'ils auront, s'il est besoin.

16. Le service du bureau central se composera principalement des opérations qui se requièrent volontairement par une seule partie ou de gré à gré par plusieurs. — Il en sera de même de celles qui doivent se faire, soit par suite de contestation, soit par suite de saisie-exécution, ou de décès et inventaire, s'il y a des absents ou s'il y a des mineurs, à moins que le tuteur ne soit autorisé à faire procéder au pesage et mesurage par l'avis de parents, conformément à l'art. 588 c. pr. civ. — Ce service sera fait par des agents et employés qui seront nommés par le préfet du département, et dont le nombre et les traitements seront, sur sa proposition, fixés par notre ministre de l'intérieur, comme il est dit à l'art. 14 ci-dessus.

17. Le service extraordinaire dans les foires et marchés qui n'ont lieu

qu'à diverses époques de l'année sera fait à l'instar de celui des halles et marchés ordinaires.

18. Au moyen de l'établissement des divers employés publics de pesage, mesurage et jaugeage ci-dessus désignés, nul ne pourra faire, dans Paris, les fonctions de peseur pour autrui, à peine d'être poursuivi par voie de police correctionnelle, par la confiscation, tant des poids et mesures que des marchandises trouvées dans son domicile ou bureau, conformément aux lois et règlements concernant l'octroi municipal et de bienfaisance de la ville de Paris, lesquels lois et règlements sont déclarés communs à la perception des droits de pesage, mesurage et jaugeage publics. — Les marchands fréquentant les halles et marchés publics ne pourront, sous la même peine, avoir dans lesdites halles et marchés ou lieux voisins d'iceux d'autres poids et mesures que ceux dont l'usage leur est permis par le présent décret.

19. Dans toutes les contestations relatives au défaut de poids ou de mesures, les bulletins délivrés par les préposés du poids public, et certifiés conformes aux registres, feront foi en justice.

20. Les préposés du poids public pourront porter, dans l'exercice de leurs fonctions, une marque distinctive.

Sect. 3. — *De la comptabilité et de l'inspection des perceptions.*

21. Le montant des perceptions du droit de pesage et mesurage sera versé, chaque semaine, entre les mains du receveur municipal de notre bonne ville de Paris.

22. A cet effet, il sera arrêté par notre ministre de l'intérieur, sur l'avis des deux préfets : 1° un mode de tenue de registres ; 2° une proportion de cautionnement de la part des receveurs, s'il y a lieu ; 3° une forme de comptabilité pour les employés à la perception.

23. Il sera nommé, par le préfet du département, un inspecteur général et quatre inspecteurs particuliers du pesage, mesurage et jaugeage, chargés d'inspecter et de vérifier, dans les divers bureaux, les registres de perception, la régularité de leur tenue et l'exactitude de la comptabilité et des versements. Leur traitement sera fixé par notre ministre de l'intérieur, sur la proposition du même préfet, comme il est dit art. 14. — L'inspecteur général sera le chef du bureau central.

Sect. 4. — *De la suppression de la régie actuelle.*

24. La régie existante sera supprimée à compter du 1er juill. prochain. — Les administrateurs et les régisseurs sont renvoyés, pour leurs demandes en indemnité, devant le préfet de la Seine, qui prononcera sur l'avis du conseil municipal.

25. Les ustensiles, instruments et mobilier appartenant aux régisseurs seront par eux cédés à la ville de Paris. Le prix en sera payé sur la représentation des mémoires ou factures quittancés ; et pour les objets qui ne pourront être justifiés de cette manière, conformément à l'estimation qui sera faite par experts, dont l'un sera nommé par le préfet du département, le second par les régisseurs, et le troisième par le préfet du département, en cas de partage.

26. Les dispositions de l'arrêté du 6 prair. an 11, auxquelles il n'a point été dérogé par les articles précédents, sont maintenues.

3 août 1810. — Décret contenant des dispositions relatives au fonds commun qui devra être formé des produits du dixième des droits de pesage, mesurage et jaugeage publics, et dont l'art. 4 porte. — « Le nombre des inspecteurs des poids et mesures, qui avait été fixé à 25, pourra être augmenté pour le service tant des nouveaux départements que des anciens, mais sans qu'il puisse y en avoir plus de 34 pour tout l'empire.

15 fév. 1811. — Décret impérial qui approuve une ordonnance du maire de Dieppe, relative aux mesures servant à la livraison du hareng frais.

11 juin 1811. — Règlement relatif au mesurage des pierres destinées aux constructions publiques et particulières de la ville de Paris.

26 sept. 1811. — Décret portant : Les dispositions du décret du 15 nov. 1810, qui ordonne que le recouvrement des recettes de l'octroi sera poursuivi par voie de contrainte, sont applicables aux fermiers du droit de pesage et de mesurage.

12 fév. 1812. — Décret concernant les poids et mesures.

Art. 1. Il ne sera fait aucun changement aux unités des poids et mesures de l'empire, telles qu'elles ont été fixées par la loi du 19 frim. an 8.

2. Notre ministre de l'intérieur fera confectionner pour l'usage du commerce, des instruments de pesage et mesurage qui présentent, soit les fractions, soit les multiples desdites unités le plus en usage dans le commerce, et accommodés aux besoins du peuple.

3. Ces instruments porteront sur leurs diverses faces la comparaison des divisions et des dénominations établies par les lois, avec celles anciennement en usage.

4. Nous nous réservons de nous faire rendre compte, après un délai de dix années, des résultats qu'aura fournis l'expérience sur le perfectionnement que le système des poids et mesures serait susceptible de recevoir.

5. En attendant, le système légal continuera à être seul enseigné dans toutes les écoles de notre empire, y compris les écoles primaires, et à être seul employé dans toutes les administrations publiques, comme aussi dans les marchés, halles, et dans toutes les transactions commerciales et autres entre nos sujets.

18-28 déc. 1825. — Ordonnance concernant les poids et mesures.

Charles, etc. ; — Sur le rapport de notre ministre de l'intérieur ; — Vu les lois des 24 août 1790 et 28 juill. 1791, la loi du 23 sept. 1793 (1er vend. an 4), et l'arrêté du 18 juin 1801 (29 prair. an 9) ; — Notre conseil d'État entendu, etc.

TIT. 1. — Des attributions générales.

Art. 1. Les préfets et les sous-préfets continueront à exercer leur surveillance sur l'uniformité et la légalité des poids et mesures répandus dans le commerce ; l'inspection en sera faite sous leurs ordres par des vérificateurs préposés par les préfets.

2. Les maires, adjoints, commissaires et officiers de police, prêteront toute assistance aux vérificateurs dans l'exercice des fonctions qui leur sont déléguées. Ils constateront et poursuivront devant les tribunaux de simple police, soit d'office, soit à la réquisition des vérificateurs, les contraventions commises par les marchands et fabricants qui emploieraient à l'usage de leur commerce, ou conserveraient dans leurs dépôts, boutiques et magasins, des mesures et poids différents de ceux qui sont établis par les lois en vigueur. — Les vérificateurs sont tenus de leur faire connaître les infidélités dans l'emploi et l'usage des poids et mesures que leurs fonctions leur feraient découvrir.

TIT. 2. — Inspection sur l'uniformité des poids et mesures.

§ 1. — *Des bureaux de vérification et des vérificateurs.*

3. Dans chaque arrondissement communal, il y aura un vérificateur, dont le bureau sera placé au chef-lieu, et, autant que possible, dans le local de la préfecture ou de la sous-préfecture.

4. Si les convenances locales exigent qu'il y ait plusieurs bureaux dans un même arrondissement, ou qu'au contraire plusieurs arrondissements n'aient qu'un bureau commun, ces dispositions pourront être proposées par le préfet, après avoir pris l'avis du conseil général du département, et définitivement arrêtées par notre ministre de l'intérieur.

5. Chaque bureau sera pourvu de l'assortiment nécessaire d'étalons vérifiés et poinçonnés au bureau du dépôt des prototypes établi près du ministre de l'intérieur. Lesdits étalons devront être vérifiés de nouveau au même bureau, une fois en dix ans, et plus souvent s'il en est besoin. — Tous les poinçons nécessaires aux vérifications dans les départements seront fabriqués à Paris, par les ordres de notre ministre de l'intérieur. — Ils porteront des marques distinctes pour chaque année d'exercice ; et ceux de la vérification des poids et mesures nouvellement fabriqués ou rajustés seront différents de ceux qui sont destinés à constater les vérifications périodiques successives.

6. Il sera tenu la main, autant que la situation financière des communes le permettra, à l'exécution de l'art. 8 de la loi du 1er août 1793, qui prescrit à toutes les mairies de se pourvoir d'étalons et de les conserver à la maison commune.

7. Les étalons des bureaux de vérification sont, sous la surveillance des préfets et sous-préfets, gardés par les vérificateurs, lesquels sont responsables de leur conservation.

8. Les vérificateurs sont nommés et révocables par les préfets, sous l'approbation de notre ministre de l'intérieur.

9. Le traitement des vérificateurs sera réglé par notre ministre de l'intérieur, sur l'avis des préfets. Il comprendra par abonnement les frais de tournée ordinaire, ceux de bureau, ceux d'entretien et de transport des instruments de vérification. On aura égard, dans la fixation de l'abonnement, à la facilité locale ou à la difficulté des transports. — Les étalons, les poinçons, les registres, et l'ameublement des bureaux, seront seuls fournis aux vérificateurs. — S'il y a lieu de prescrire des tournées extraordinaires, les frais en seront remboursés aux vérificateurs. Les préfets pourront proposer, suivant le besoin, soit d'ordonner lesdites tournées, soit de donner au vérificateur un suppléant en son absence, ainsi qu'un ou plusieurs aides, dans les bureaux qui en auraient une nécessité indispensable. Notre ministre de l'intérieur en décidera.

§ 2. — *Mode de vérification et comptabilité.*

10. Les poids et mesures nouvellement fabriqués ou rajustés seront vérifiés et poinçonnés conformément à l'arrêté du 18 juin 1801. Les poids et mesures à l'usage et entre les mains des commerçants ou employés en toute industrie ou entreprise, pour règle entre le marchand ou l'entrepreneur et le public, continueront, comme par le passé, à être soumis à une vérification périodique, pour reconnaître si la conformité avec les étalons n'a pas été altérée. Chacune de ces vérifications continuera à être constatée par le moyen d'un poinçon nouveau. — Lesdites vérifications dans l'intérêt de l'uniformité du système sont sans préjudice de l'action qui appartient à la police municipale, pour la surveillance de la fidélité du débit des marchandises qui se vendent à la mesure ou au poids.

11. La rétribution pour la vérification des poids et mesures, établie par l'arrêté du 18 juin 1801, sera versée directement à notre trésor royal, et classée distinctement parmi les produits divers du budget de l'État ; elle continuera à être perçue, toutefois avec les modifications apportées au tarif annexé à la présente ordonnance, et dans les formes et suivant les dispositions ci-après.

12. Tous les ans, il sera ouvert à notre ministre de l'intérieur un crédit général pour les dépenses de la vérification des poids et mesures dans tout le royaume, comprenant la fourniture et le transport des étalons et des poinçons, le traitement des vérificateurs de chaque arrondissement, loyers, ameublements et frais de leurs bureaux, tournées et inspections extraordinaires, traitements et frais de bureau et dépôt central pour la conservation et le service des étalons prototypes au ministère de l'intérieur, le tout conformément aux états que nous aurons approuvés pour faire partie du budget du département de l'intérieur. — Le montant du crédit ne

pourra être supérieur au produit de la rétribution de l'année précédente; quand il sera reconnu que la totalité de la recette n'est pas absorbée par la dépense nécessaire, il sera pourvu à une réduction sur la quotité du tarif pour l'avenir, en observant ce qui est dit au dernier paragraphe de l'art. 16.

13. Tous les fonds provenant des rétributions pour la vérification des poids et mesures existant au 31 décembre courant, soit au trésor royal, sous l'intitulé de *cotisations municipales* ou autrement, soit dans les départements, en quelque dépôt ou en quelques mains que ce soit, seront réunis au trésor royal en un compte général et commun, conformément à l'art. 14 de l'arrêté du 18 juin 1801. Les fonds réunis en ce compte seront mis à la disposition de notre ministre secrétaire d'Etat de l'intérieur, pour être employés, après l'apurement des dépenses courantes de ce service pour 1825, à compléter l'assortiment d'étalons et poinçons nécessaires dans chaque arrondissement. A la clôture de l'exercice 1826, le reliquat qui n'aura pas été employé restera au trésor royal, comme recette extraordinaire et revenu accidentel de l'Etat.

14. Pour procéder aux vérifications et au recouvrement des rétributions, chaque préfet se fera représenter par les vérificateurs de son département le tableau de leurs opérations dans le courant de la présente année, accompagné de leurs observations et explications; le tout sera communiqué au directeur des contributions directes, lequel dressera sur ces documents, et pour la perception de l'exercice suivant, le rôle des personnes qui, par leur profession, sont tenues d'être munies de poids et mesures poinçonnés et assujetties à la vérification périodique, et, en conséquence, à en acquitter la rétribution.

15. Outre le nom des assujettis, le rôle portera la somme de la rétribution due par chacun d'eux, à raison du minimum de l'assortiment des poids ou mesures dont chacun doit être pourvu suivant sa profession. Les conseils d'arrondissement et les conseils généraux pourront être consultés sur les professions à assujettir et sur la fixation du minimum, relativement aux besoins et usages locaux.

16. Dans les communes d'un commerce considérable, la vérification périodique se fera tous les ans, et de deux ans en deux ans dans les autres lieux, le tout suivant le tableau qui en sera dressé par le préfet, et où sera réglé l'ordre dans lequel les divers cantons du département seront alternativement vérifiés. — Dans les lieux où la vérification périodique n'aura lieu que tous les deux ans, la quotité de chaque contribuable sera réduite à la moitié. — Quand il y aura lieu à une réduction du tarif, conformément à l'art. 12, le premier dégrèvement sera spécial en faveur des lieux où, la vérification étant annuelle, le tarif est perçu en entier tous les ans.

17. Pour la première fois, et par mesure transitoire, les fabricants de poids et mesures seront tenus de déclarer à la préfecture de leur département ou à la mairie de la commune, d'ici au 30 janvier prochain, le nombre de poids et mesures neufs qu'ils se proposent de fabriquer dans l'année 1826. Le rôle de la rétribution sera fait pour 1826, en ce qui les concerne, sur le nombre d'instruments ainsi déclaré; mais le rôle de 1827 sera fait sur le nombre effectif des poids et mesures qu'ils auront présentés à la vérification dans le courant de l'année, tel que l'auront constaté les vérificateurs, et ainsi de suite d'année en année.—Ceux qui auront rajusté des poids ou mesures seront portés au rôle de la rétribution d'après les mêmes bases. Les uns et les autres ne pourront mettre en vente ou livrer aucun instrument neuf ou rajusté qu'il n'ait été revêtu du poinçon de la vérification primitive, sous les peines portées par les art. 479, 480 et 481 c. pén. — Pour faire jouir les fabricants de poids et mesures de la modération promise par l'article final de l'arrêté du 18 juin 1801, le tarif sera réduit, à leur égard, de moitié.

18. Les rôles faits par perception seront arrêtés et rendus exécutoires par le préfet, pour être mis en recouvrement avec ceux des contributions directes, par les mêmes voies et avec les mêmes termes de recours, en cas de réclamation, que pour l'impôt des portes et fenêtres.

19. Le vérificateur sera tenu, à peine de toute responsabilité et de destitution, d'accomplir la visite qui lui aura été assignée pour chaque année, et de se transporter au domicile de chacun de ceux qui sont portés au rôle dont copie lui aura été délivrée. Il sera accompagné par le maire, l'adjoint, ou un commissaire ou officier de police; il vérifiera et poinçonnera les instruments qui lui seront exhibés, tant ceux qui composent l'assortiment obligatoire au minimum, que ceux que le commerçant posséderait de surplus. Il fera note du tout sur un registre portatif qu'il fera émarger par la partie, si elle sait ou veut signer; à défaut, le vérificateur fera certifier ses opérations par l'officier de police.

20. Indépendamment des tournées à domicile, le bureau du vérificateur sera ouvert aux personnes qui préféreraient y accomplir l'obligation de faire vérifier les poids et mesures. Ces opérations seront consignées sur la copie des rôles par émargement.

21. Les opérations justifiées des vérificateurs, tant dans leurs tournées que dans leurs bureaux, serviront de documents pour dresser les rôles de l'exercice ou des deux exercices suivants; et, à cet effet, ils seront tenus de faire parvenir au préfet de leur département leurs tableaux et procès-verbaux avant le 31 octobre de chaque année.

22. Il est défendu aux vérificateurs de s'ingérer dans le recouvrement de la rétribution, et de percevoir ou accepter aucun salaire de la part de ceux dont ils vérifient les poids et mesures, à peine de concussion.

23. Les poids et mesures des bureaux d'octroi et autres offices publics où les préposés comptent avec les contribuables au poids ou à la mesure, seront soumis à la vérification. Là où la rétribution serait à la charge directe du gouvernement, elle sera gratuite.

24. Les balances, romaines ou autres instruments de pesage autorisés ou tolérés, seront soumis à la vérification primitive et poinçonnés avant d'être exposés en vente ou livrés au public, afin de constater que leur première construction ne renferme pas de vices qui nuisent à leur exactitude. Ils ne seront pas susceptibles de la vérification périodique; mais les poids spéciaux qui y seraient employés y seront soumis comme tout autre poids.

TIT. 3. — DE L'INSPECTION SUR LE DÉBIT DES MARCHANDISES AU POIDS OU A LA MESURE.

25. Conformément à la loi du 23 sept. 1795, les maires, adjoints et officiers de police sont chargés de faire dans leurs arrondissements respectifs, et plusieurs fois dans l'année, des visites dans les boutiques et magasins, dans les places publiques, foires et marchés, à l'effet de s'assurer de l'exactitude et du fidèle usage des poids et mesures. — Ils sont particulièrement chargés de surveiller les bureaux publics de pesage et de mesurage dépendant de l'administration municipale. — Ils s'assureront, 1° si les poids et mesures portent les marques et poinçons de vérification; 2° si, depuis la vérification que ces marques constatent, ces instruments n'ont point souffert de variations, soit accidentelles, soit frauduleuses; 3° et essentiellement si les marchands font réellement usage de ces poids et mesures, et non d'aucun autre.

26. Ils vérifieront fréquemment les balances, romaines et autres instruments de pesage autorisés ou tolérés. Ils s'assureront de leur justesse et de la liberté de leurs mouvements.

27. Les maires et officiers de police veilleront à la fidélité dans le débit des marchandises qui, étant fabriquées au moule ou à la forme, se vendent à la pièce ou au paquet comme correspondant à un poids déterminé, telles que les pains de certaines espèces, les bougies, chandelles et autres semblables. Néanmoins, les formes ou moules propres aux fabrications de ce genre ne seront jamais réputés instruments de pesage, ni assujettis à la vérification.

28. Les vases ou futailles servant de récipient aux boissons, liquides ou autres matières, ne seront pas réputés mesures de capacité ou de pesanteur. La police municipale veillera à ce que, dans le débit en détail, les boissons et autres liquides ne soient pas vendus à raison d'une certaine mesure présumée, sans avoir été mesurés effectivement.

29. Il n'est apporté aucun changement dans l'usage de vendre à la pièce, et sans rapport avec les mesures légales, les liqueurs ou les vins venant de l'étranger ou de crus particuliers, d'un prix supérieur à celui des vins de vente courante.

TIT. 4. — DISPOSITIONS GÉNÉRALES.

30. Le prix vénal des denrées et marchandises pourra être établi sur tout multiple et fraction décimale d'unité du système métrique des poids et mesures, sans préjudice de l'usage, dans la vente en détail, des mesures dites usuelles, permises en vertu du décret du 12 fév. 1812.— La même règle est applicable dans les cas où les bases du cours légal doivent être déterminées par l'autorité: elle s'appliquera également à la composition des assortiments obligatoires des poids et mesures, soit pour les particuliers, suivant l'art. 15 ci-dessus, soit pour les bureaux de pesage et mesurage, ainsi que pour le service des halles et marchés. Toute disposition contraire est annulée.

31. En matière de poids et mesures, les arrêtés pris par les préfets, et les ordonnances de police rendues par les maires, ne seront exécutoires qu'après avoir reçu l'approbation de notre ministre de l'intérieur.

32. Toutes les contraventions auxdits règlements et arrêtés, de la compétence des tribunaux de simple police, seront poursuivies conformément aux articles du code pénal relatifs à l'usage des poids et mesures, et à l'art. 606 de la loi du 24 oct. 1794, sur les contraventions aux règlements de police en général.

33. Les dispositions de l'arrêté du 18 juin 1801 non modifiées par la présente ordonnance continueront à être exécutées.

(Suit le tarif des rétributions à percevoir pour la vérification des poids et mesures, et des instruments de pesage et de mesurage de chaque espèce, autorisés ou tolérés, sauf la remise accordée aux fabricants par l'art. 17 de l'ordonnance qui précède). — Après le tarif se trouvent les dispositions suivantes :

Instruments de pesage.

La rétribution pour la vérification primitive des instruments de pesage est fixe et sans remise.

Balances de magasin, 50 c. chacune.

Balances de comptoir, 25 c. chacune.

Seront réputées balances de magasin, et indistinctement, toutes balances dont les fléaux auront plus de 65 centimètres de longueur, et comme balances de comptoir, toutes celles de la plus petite dimension, jusqu'à 65 centimètres.

Balances-bascules autorisées dans le commerce en gros, de la portée de 50 à 100 kilogrammes inclusivement, 1 fr. chacune.

Les mêmes balances, quelle que soit leur portée au-dessus de 100 kilogrammes et indistinctement, 2 fr. chacune.

Les poids spéciaux à l'usage desdites balances-bascules étant susceptibles de la révision périodique (art. 24 de l'ordonnance), il sera perçu pour chacun d'eux la rétribution analogue à celle de tout autre poids de la même nature et de la même valeur. Pour la vérification primitive de ces poids, la remise de la moitié du droit sera accordée aux fabricants.

Romaines tolérées divisées au poids décimal ou usuel, et indistinctement, quelle que soit leur portée, jusqu'à 40 kilogrammes inclusivement, 50 c. chacune.

La rétribution sur chaque romaine tolérée dans le commerce en gros, dont la portée s'élèvera de 40 à 200 kilogrammes, sera calculée à raison de 25 c. pour chacun des doubles myriagrammes qui constituent sa plus forte portée, et sans qu'il soit tenu compte des divisions en kilogrammes qui excéderaient un nombre rond de doubles myriagrammes.

Romaines tolérées de 200 kilogrammes et au-dessus, quelle que soit leur portée, 2 fr. 50 c.

Si d'autres instruments de pesage et de mesurage venaient à être autorisés, le droit serait fixé, suivant l'analogie, par le ministre secrétaire d'État de l'intérieur.

7 juin-1er juill. 1826. — Ordonnance relative à la vérification périodique des poids et mesures, prescrite par l'art. 19 de l'ord. royale du 18 déc. 1825.

Art. 1. La vérification périodique des poids et mesures, prescrite au domicile des assujettis par l'art. 19 de notre ord. du 18 déc. 1825, pourra être faite aux chefs-lieux et aux siéges des mairies, dans les localités où notre ministre secrétaire d'État de l'intérieur, sur la proposition des préfets, jugerait ce mode d'une plus facile exécution, sans préjudice du droit d'exercice à domicile, si l'autorité locale le reconnaît nécessaire.

21-29 déc. 1832. — Ordonnance relative à la vérification des poids et mesures.

Louis-Philippe, etc.; — Sur le rapport de notre ministre secrétaire d'État au département du commerce et des travaux publics (d'Argout); — Vu l'ord. du 18 déc. 1825, relative à la fixation et au recouvrement des rétributions pour subvenir aux frais de la vérification des poids et mesures; — Vu l'art. 1 de la loi de finances, du 21 avril 1832; — Notre conseil d'État entendu, — Nous avons ordonné, etc. :

Art. 1. Conformément à l'art. 12 de l'ordonnance ci-dessus visée, un dégrèvement du dixième de la rétribution attachée à la vérification des poids et mesures, est accordé, à partir du 1er janvier prochain, dans les communes où la révision périodique des instruments de pesage et de mesurage est annuelle.

2. Dans les autres localités, la rétribution ne sera plus réduite à la moitié, ni levée annuellement, aux termes de l'art. 16 de l'ordonnance précitée; elle sera intégralement perçue une fois tous les deux ans seulement, sur un rôle publié et recouvrable dans le courant de l'exercice pendant lequel la vérification aura été faite.

3. A l'avenir, les rôles ne seront plus établis avant l'accomplissement des opérations; les états-matrices seront, en conséquence, dressés par les agents des poids et mesures sur le résultat des vérifications exécutées en conformité des art. 10, 15 et 23 de l'ordonnance précitée.

4. Pour accélérer la mise en recouvrement desdits rôles, la révision périodique commencera au 1er janvier de chaque année, et devra être terminée au 1er août suivant : les états-matrices seront confectionnés et remis aux directeurs des contributions directes, à mesure que les opérations seront terminées dans les communes, et, pour les villes, dans chaque quartier ou arrondissement de perception.

5. Les préfets fixeront, par des arrêtés pour chaque commune, l'époque où la vérification commencera, et celle où elle devra être terminée. A l'expiration du dernier délai ci-dessus, et après que la vérification aura eu lieu dans la commune, ceux qui, dans leur commerce, entreprise ou industrie, faisant usage de mesures ou de poids dans leurs achats, ventes et marchés, n'auraient pas soumis lesdits instruments à la vérification et au poinçon de l'année, seront poursuivis comme employant des poids et mesures différents de ceux qui sont légalement établis.

6. Avant la fin de chaque année, il sera dressé et publié des rôles supplémentaires, à raison des vérifications postérieures à l'expiration des délais fixés.

7. Le montant intégral des rôles sera exigible dans la quinzaine de leur publication.

8. Pour assurer l'effet des art. 24 et 26 de l'ord. du 18 déc. 1825, les balances, romaines, ou autres instruments de pesage autorisés ou tolérés, seront non-seulement poinçonnés à leur fabrication, et inspectés dans leur usage, mais ces instruments seront désormais soumis à la vérification annuelle et au poinçonnage comme les autres poids et mesures.

La rétribution fixée par le tarif annexé à l'ordonnance ci-dessus, pour la vérification primitive des balances-bascules et romaines tolérées, sera respectivement appliquée à la vérification périodique de ces sortes d'instruments, sous la remise du dixième, dans les communes où elle doit avoir lieu, suivant l'art. 1 de la présente ordonnance : cette rétribution sera réduite à moitié pour les balances à bras égaux.

La vérification annuelle et la marque des balances et romaines n'auront lieu qu'à partir du 1er janv. 1834.

9. La vérification imposée aux bureaux d'octroi ou autres offices publics, par l'art. 23 de l'ordonnance précitée, sera gratuite pour les établissements dépendants de l'administration municipale, y compris les hôpitaux et établissements de bienfaisance.

10. Les contraventions en matière de vérification des poids et mesures seront poursuivies conformément aux art. 471, n° 15, 479, 480 et 481 du nouveau code pénal.

11. Continueront d'être exécutées les dispositions de l'ordonnance royale du 18 déc. 1825, auxquelles il n'a pas été dérogé par la présente.

4-8 juill. 1837. — Loi relative aux poids et mesures.

Art. 1. Le décret du 12 fév. 1812, concernant les poids et mesures, est et demeure abrogé.

2. Néanmoins, l'usage des instruments de pesage et de mesurage confectionnés en exécution des art. 2 et 5 du décret précité sera permis jusqu'au 1er janv. 1840.

3. A partir du 1er janv. 1840, tous poids et mesures autres que les poids et mesures établis par les lois des 18 germ. an 3 et 19 frim. an 8, constitutives du système métrique décimal, seront interdits sous les peines portées par l'art. 479 c. pén.

4. Ceux qui auront des poids et mesures autres que les poids et mesures ci-dessus reconnus, dans leurs magasins, boutiques, ateliers ou maisons de commerce, ou dans les halles, foires ou marchés, seront punis comme ceux qui les emploieront, conformément à l'art. 479 c. pén.

5. A compter de la même époque, toutes dénominations de poids et mesures autres que celles portées dans le tableau annexé à la présente loi, et établies par la loi du 18 germ. an 3, sont interdites dans les actes publics, ainsi que dans les affiches et les annonces. — Elles sont également interdites dans les actes sous seing privé, les registres de commerce et autres écritures privées produites en justice. — Les officiers publics contrevenants seront passibles d'une amende de 20 fr., qui sera recouvrée sur contrainte comme en matière d'enregistrement. L'amende sera de 10 fr. pour les autres contrevenants : elle sera perçue pour chaque acte ou écriture sous signature privée; quant aux registres de commerce, ils ne donneront lieu qu'à une seule amende pour chaque contestation dans laquelle ils seront produits.

6. Il est défendu aux juges et arbitres de rendre aucun jugement ou décision en faveur des particuliers sur des actes, registres ou écrits dans lesquels les dénominations interdites par l'article précédent auraient été insérées, avant que les amendes encourues aux termes dudit article aient été payées.

7. Les vérificateurs des poids et mesures constateront les contraventions prévues par les lois et règlements concernant le système métrique des poids et mesures. Ils pourront procéder à la saisie des instruments de pesage et de mesurage dont l'usage est interdit par lesdites lois et règlements. — Leurs procès-verbaux feront foi en justice jusqu'à preuve contraire. — Les vérificateurs prêteront serment devant le tribunal d'arrondissement.

8. Une ordonnance royale règlera la manière dont s'effectuera la vérification des poids et mesures.

TABLEAU DES MESURES LÉGALES (loi du 18 germ. an 3).

NOMS SYSTÉMATIQUES ET LEUR VALEUR.

Mesures de longueur.

Myriamètre, dix mille mètres.
Kilomètre, mille mètres.
Hectomètre, cent mètres.
Décamètre, dix mètres.
MÈTRE, *unité fondamentale des poids et mesures* (dix-millionième partie du quart du méridien terrestre).
Décimètre, dixième du mètre.
Centimètre, centième du mètre.
Millimètre, millième du mètre.

Mesures agraires.

Hectare, cent ares ou dix mille mètres carrés.
Are, cent mètres carrés, carré de dix mètres de côté.
Centiare, centième de l'are, ou mètre carré.

Mesures de capacité pour les liquides et les matières sèches.

Kilolitre, mille litres.
Hectolitre, cent litres.
Décalitre, dix litres.
Litre, décimètre cube.
Décilitre, dixième du litre.

Mesures de solidité.

Décastère, dix stères.
Stère, mètre cube.
Décistère, dixième du stère.

Poids.

. . . . . mille kilogrammes, poids du mètre cube d'eau et du tonneau de mer.
. . . . . cent kilogrammes, quintal métrique.
Kilogramme, mille grammes, poids dans le vide d'un décimètre cube d'eau distillée à la température de quatre degrés centigrades.
Hectogramme, cent grammes.
Décagramme, dix grammes.
Gramme, poids d'un centimètre cube d'eau à quatre degrés centigrades.
Décigramme, dixième de gramme.
Centigramme, centième du gramme.
Milligramme, millième du gramme.

Monnaie.

Franc, cinq grammes d'argent au titre de neuf dixièmes de fin.
Décime, dixième du franc.
Centime, centième du franc.

Conformément à la disposition de la loi du 18 germ. an 3, concernant les poids et les mesures de capacité, chacune des mesures décimales de ces deux genres a son double et sa moitié.

18 mai-1er juin 1838. — Ordonnance relative à la vérification des poids, mesures et instruments de pesage.

Louis-Philippe, etc.; — Sur le rapport de notre ministre secrétaire d'État au département des travaux publics, de l'agriculture et du commerce; — Vu l'ord. roy. du 18 déc. 1825, relative à la fixation des droits de vérification des poids et mesures; — Vu les art. 12 et 16 de ladite ordonnance, portant que la quotité du tarif des droits pourra être réduite lorsque le montant de la perception excédera les dépenses du service ; — Vu l'art. 15 de la loi des finances du 20 juill. 1837 ; — Vu l'avis de notre ministre secrétaire d'État des finances, — Nous avons ordonné, etc. :

Art. 1. La vérification première des poids, mesures et instruments de pesage autorisés ou tolérés, sera faite gratuitement à partir du 1er janv. 1839. Il en sera de même des poids, mesures et instruments de pesage rajustés qui seraient soumis à une nouvelle vérification.

2. Les droits établis pour la vérification annuelle des poids, mesures et instruments de pesage, continueront d'être perçus conformément à l'ord. roy. du 18 déc. 1825 et à notre ord. du 21 déc. 1832.

3. Notre ministre secrétaire d'État au département des travaux publics, de l'agriculture et du commerce, et notre ministre secrétaire d'État des finances, sont chargés, chacun en ce qui le concerne, de l'exécution de la présente ordonnance, qui sera insérée au Bulletin des lois.

27 mai-1er juin 1838. — Loi qui ouvre un crédit extraordinaire pour l'achat des étalons des poids et mesures décimaux.

17 avr.-1er mai 1839. — Ordonnance relative à la vérification des poids et mesures.

Louis-Philippe, etc. ; — Sur le rapport de notre ministre des travaux publics, de l'agriculture et du commerce ; — Vu : 1° l'art. 3, n° 4, du titre 11 de la loi du 16-24 août 1790, l'art. 11 de la loi du 1er vend. an 4, la loi du 28 pluv. an 8 et l'art. 46 de la loi du 19-22 juill. 1791 ; — 2° L'art. 8 de la loi du 4 juill. 1837 ; — Notre conseil d'État entendu ; — Avons, etc. :

Tit. 1. — *Des vérificateurs.*

Art. 1. — La vérification des poids et mesures destinés et servant au commerce est faite, sous la surveillance des préfets et sous-préfets, par des agents nommés et révocables par notre ministre secrétaire d'État des travaux publics, de l'agriculture et du commerce.

2. Un vérificateur est nommé par chaque arrondissement communal ; son bureau est établi, autant que possible, au chef-lieu. — Néanmoins, si les besoins du service exigent qu'il y ait plusieurs bureaux dans un arrondissement, le préfet peut proposer cette disposition à notre ministre secrétaire d'État des travaux publics, de l'agriculture et du commerce, qui l'arrête définitivement, s'il le juge convenable. — Il peut, en outre, être nommé, par notre ministre, des vérificateurs adjoints, soumis aux mêmes conditions et ayant les mêmes attributions que les vérificateurs.

3. Nul ne peut exercer l'emploi de vérificateur s'il n'est âgé de vingt-cinq ans accomplis, et s'il n'a subi des examens spéciaux d'après un programme arrêté par notre ministre des travaux publics, de l'agriculture et du commerce.

4. L'emploi de vérificateur est incompatible avec toutes autres fonctions publiques et toute profession assujettie à la vérification.

5. Les vérificateurs ne peuvent entrer en fonctions qu'après avoir prêté, devant le tribunal de première instance de l'arrondissement pour lequel ils sont commissionnés, le serment prescrit par la loi du 31 août 1830.—Dans le cas d'un changement de résidence ou de mission temporaire, ils sont tenus seulement de faire viser leur commission et leur acte de serment au greffe du tribunal dans le ressort duquel ils sont envoyés.

6. Chaque bureau de vérification sera pourvu de l'assortiment nécessaire d'étalons vérifiés et poinçonnés au dépôt des prototypes établi près du ministère des travaux publics, de l'agriculture et du commerce ; ces étalons devront être vérifiés de nouveau au même dépôt au moins une fois en dix ans. — Les poinçons nécessaires aux vérifications dans les départements seront fabriqués sur les ordres de notre ministre des travaux publics, de l'agriculture et du commerce ; ils porteront des marques distinctes pour chaque année d'exercice. — Les poinçons destinés à la vérification des poids et mesures nouvellement fabriqués ou rajustés seront différents de ceux qui sont destinés à constater les vérifications périodiques successives.

7. Les étalons et les poinçons des bureaux de vérification sont conservés par les vérificateurs, sous la responsabilité et sous la surveillance des préfets et sous-préfets.

8. Le traitement des vérificateurs est réglé par notre ministre des travaux publics, de l'agriculture et du commerce ; il comprend par abonnement les frais de tournées ordinaires, ceux de bureaux, ceux d'entretien et de transport des instruments de vérification, et les frais de confection de matrices de rôles. — Les étalons seront conservés, et les opérations seront faites dans le local à ce destiné par l'administration. —Les étalons, les poinçons, les registres et l'ameublement des bureaux sont fournis aux vérificateurs par l'administration. — Les frais de tournées extraordinaires hors de leur arrondissement leur sont remboursés.

9. Les vérificateurs peuvent être suspendus par les préfets : il est immédiatement rendu compte de cette mesure à notre ministre des travaux publics, de l'agriculture et du commerce.

Tit. 2. — *De la vérification.*

10. Les poids et mesures nouvellement fabriqués ou rajustés seront présentés au bureau du vérificateur, vérifiés et poinçonnés avant d'être livrés au commerce.

11. Aucun poids ou aucune mesure ne peut être soumis à la vérification, mis en vente ou employé dans le commerce, s'il ne porte d'une manière distincte et lisible le nom qui lui est affecté par le système métrique. — Notre ministre du commerce pourra excepter de l'exécution du présent article les poids ou mesures dont la dimension ne s'y prêterait pas.

12. La forme des poids et mesures servant à peser ou mesurer les matières de commerce sera déterminée par des règlements d'administration publique, ainsi que les matières avec lesquelles ces poids et mesures seront fabriqués.

13. Indépendamment de la vérification primitive dont il est question dans l'art. 10, les poids et mesures dont les commerçants compris dans le tableau indiqué à l'art. 15 font usage ou qu'ils ont en leur possession sont soumis à une vérification périodique, pour reconnaître si la conformité avec les étalons n'a pas été altérée.—Chacune de ces vérifications est constatée par l'apposition d'un poinçon nouveau.

14. Les fabricants et marchands de poids et mesures ne sont assujettis à la vérification périodique que pour ceux dont ils font usage dans leur commerce. — Les poids, mesures et instruments de pesage et mesurage, neufs ou rajustés, qu'ils destinent à être vendus, doivent seulement être marqués du poinçon de la vérification primitive.

15. Les préfets dressent, pour chaque département, le tableau des professions qui doivent être assujetties à la vérification. — Ce tableau indique l'assortiment des poids et mesures dont chaque profession est tenue de se pourvoir.

16. L'assujetti qui se livre à plusieurs genres de commerce doit être pourvu de l'assortiment de poids et mesures fixé pour chacun d'eux, à moins que l'assortiment exigé pour l'une des branches de son commerce ne se trouve déjà compris dans l'une des autres branches des industries qu'il exerce.

17. L'assujetti qui, dans une même ville, ouvre au public plusieurs magasins, boutiques ou ateliers distincts et placés dans des maisons différentes et non contiguës, doit pourvoir chacun de ces magasins, boutiques ou ateliers, de l'assortiment exigé pour la profession qu'il y exerce.

18. La vérification périodique se fait tous les ans dans les chefs-lieux d'arrondissement et dans les communes désignées par le préfet, et tous les deux ans dans les autres lieux ; toutefois, en 1840, elle aura lieu dans toutes les communes indistinctement. — Le préfet règle l'ordre dans lequel les diverses communes du département sont vérifiées.

19. Le vérificateur est tenu d'accomplir la visite qui lui a été assignée pour chaque année, et de se transporter au domicile de chacun des assujettis inscrits au rôle qui sera dressé conformément à l'art. 58.— Il vérifie et poinçonne les poids, mesures et instruments qui lui sont exhibés, tant ceux qui composent l'assortiment obligatoire au minimum que ceux que le commerçant posséderait de surplus. — Il fait note de tout sur un registre portatif qu'il fait émarger par l'assujetti, et si celui-ci ne sait ou ne veut signer, il le constate.

20. La vérification périodique pourra être faite au siége des mairies dans les localités où, conformément aux usages du commerce et sur la proposition des préfets, notre ministre des travaux publics, de l'agriculture et du commerce, jugerait cette opération d'une plus facile exécution, sans toutefois que cette mesure puisse être obligatoire pour les assujettis, et sauf le droit d'exercice à domicile. — Les vérificateurs peuvent toujours faire, soit d'office, soit sur la réquisition des maires et du procureur du roi, soit sur l'ordre du préfet et des sous-préfets, des visites extraordinaires et inopinées chez les assujettis.

21. Les marchands ambulants qui font usage de poids et mesures sont tenus de les présenter dans les trois premiers mois de chaque année ou de l'exercice de leur profession, à l'un des bureaux de vérification dans le ressort desquels ils colportent leurs marchandises.

22. Les balances, romaines ou autres instruments de pesage sont soumis à la vérification primitive, et poinçonnés avant d'être exposés en vente ou livrés au public. — Ils sont, en outre, inspectés dans leur usage et soumis sur place à la vérification périodique.

23. Les membrures du stère et double stère destinées au commerce du bois de chauffage sont, avant qu'il en soit fait usage, vérifiées et poinçonnées dans les chantiers où elles doivent être employées. — Elles y sont également soumises à la vérification périodique.

24. Les poids et mesures des bureaux d'octroi, bureaux de poids publics, ponts à bascule, hospices et hôpitaux, prisons et établissements de bienfaisance, et tous les autres établissements publics, sont soumis à la vérification périodique.

25. Les poids et mesures employés dans les halles, foires et marchés, dans les étalages mobiles, par les marchands forains et ambulants, sont soumis à l'exercice des vérificateurs.

26. Les visites et exercices que les vérificateurs sont autorisés à faire chez les assujettis ne peuvent avoir lieu que pendant le jour.—Néanmoins, ils peuvent avoir lieu chez les marchands et débitants pendant tout le temps que les lieux de vente sont ouverts au public.

27. Les préfets fixent par des arrêtés, pour chaque commune, l'époque où la vérification de l'année commence et celle où elle doit être terminée. — A l'expiration du dernier délai ci-dessus et après que la vérification aura eu lieu dans la commune, il est interdit aux commerçants, entrepreneurs et industriels d'employer et de garder en leur possession des poids, mesures et instruments de pesage qui n'auraient pas été soumis à la vérification périodique et au poinçon de l'année.

Tit. 3. — *De l'inspection sur le débit des marchandises qui se vendent au poids et à la mesure.*

28. L'inspection du débit des marchandises qui se vendent au poids ou à la mesure est confiée spécialement à la vigilance et à l'autorité des préfets, sous-préfets, maires, adjoints et commissaires de police.

29. Les maires, adjoints, commissaires et inspecteurs de police feront, dans leurs arrondissements respectifs, et plusieurs fois dans l'année, des visites dans les boutiques et magasins, dans les places publiques, foires

et marchés, à l'effet de s'assurer de l'exactitude et du fidèle usage des poids et mesures. — Ils surveilleront les bureaux publics de pesage et de mesurage dépendant de l'administration municipale.—Ils s'assureront que les poids et mesures portent les marques et poinçons de vérification, et que, depuis la vérification constatée par ces marques, ces instruments n'ont point souffert de variations, soit accidentelles, soit frauduleuses.

30. Ils visiteront fréquemment les romaines, les balances et tous les autres instruments de pesage; ils s'assureront de leur justesse et de la liberté de leurs mouvements et constateront les infractions.

31. Les maires et officiers de police veilleront à la fidélité dans le débit des marchandises qui, étant fabriquées au moule ou à la forme, se vendent à la pièce ou au paquet comme correspondant à un poids déterminé. Néanmoins, les formes ou moules propres aux fabrications de ce genre ne seront jamais réputés instruments de pesage ni assujettis à la vérification.

32. Les vases ou futailles servant de récipient aux boissons, liquides ou autres matières, ne seront pas réputés mesure de capacité ou de pesanteur. — Il sera pourvu à ce que, dans le débit en détail, les boissons et autres liquides ne soient pas vendus à raison d'une certaine mesure présumée, sans avoir été mesurés effectivement.

33. Les arrêtés pris par les préfets, en matière de poids et mesures, à l'exception de ceux qui sont pris en exécution de l'art. 18, ne seront exécutoires qu'après l'approbation du ministre du commerce.

Tit. 4. — *Des infractions et du mode de les constater.*

34. Indépendamment du droit conféré aux officiers de police judiciaire par le code d'instruction criminelle, les vérificateurs constatent les contraventions prévues par les lois et règlements concernant les poids et mesures dans l'étendue de l'arrondissement pour lequel ils sont commissionnés et assermentés. Ils sont tenus de justifier de leur commission aux assujettis qui le requièrent. — Leurs procès-verbaux font foi en justice jusqu'à preuve contraire, conformément à l'art. 7 de la loi du 4 juill. 1837.

35. Les vérificateurs saisissent tous les poids et mesures autres que ceux maintenus par la loi du 4 juill. 1837. — Ils saisissent également tous les poids, mesures, instruments de pesage et mesurage altérés ou défectueux ou qui ne seraient pas revêtus des marques légales de la vérification. — Ils déposent à la mairie les objets saisis, toutes les fois que cela est possible.

36. Ils doivent recueillir et relater les circonstances qui ont accompagné, soit la possession, soit l'usage des poids ou des mesures dont l'emploi est interdit.

37. S'ils trouvent des mesures qui, par leur état d'oxydation, puissent nuire à la santé des citoyens, ils en donnent avis aux maires et aux commissaires de police.

38. Les assujettis sont tenus d'ouvrir leurs magasins, boutiques et ateliers, et de ne pas quitter leur domicile, après que, par un ban publié dans la forme ordinaire, le maire aura fait connaître, au moins deux jours à l'avance, le jour de la vérification. — Ils sont tenus de se prêter aux exercices toutes les fois qu'ont lieu les visites prévues par les art. 19 et 20.

39. Dans le cas de refus d'exercice, et toutes les fois que les vérificateurs procèdent chez les débitants, avant le lever et après le coucher du soleil, aux visites autorisées par l'art. 26, ils ne peuvent s'introduire dans les maisons, bâtiments ou magasins, qu'en présence soit du juge de paix ou de son suppléant, soit du maire, de l'adjoint ou du commissaire de police.

40. Les fonctionnaires dénommés en l'article précédent ne peuvent se refuser à accompagner, sur-le-champ, les vérificateurs, lorsqu'ils en sont requis par eux, et les procès-verbaux qui sont dressés, s'il y a lieu, sont signés par l'officier en présence duquel ils ont été faits, sauf aux vérificateurs, en cas de refus, d'en faire mention auxdits procès-verbaux.

41. Les vérificateurs dressent leurs procès-verbaux dans les vingt-quatre heures de la contravention par eux constatée; ils les écrivent eux-mêmes, ils les signent, affirment au plus tard le lendemain de la clôture desdits procès-verbaux, par-devant le maire ou l'adjoint, soit de la commune de leur résidence, soit de celle où l'infraction a été commise: l'affirmation est signée tant par les maires et adjoints que par les vérificateurs.

42. Leurs procès-verbaux sont enregistrés dans les quinze jours qui suivent celui de l'affirmation, et conformément à l'art. 74 de la loi du 25 mars 1817, ils sont visés pour timbre et enregistrés en débet, sauf à suivre le recouvrement des droits contre le condamné.

43. Dans le même délai, les procès-verbaux sont remis au juge de paix, qui se conforme aux règles établies par les art. 20, 21 et 139 c. inst. crim.

44. Les vérificateurs des poids et mesures sont sous la surveillance des procureurs du roi, sans préjudice de leur subordination à l'égard de leurs supérieurs dans l'administration.

45. Si des affiches ou annonces contiennent des dénominations de poids et mesures autres que celles portées dans le tableau annexé à la loi du 4 juill. 1837, les maires, adjoints et commissaires de police sont tenus de constater cette contravention, et d'envoyer immédiatement leurs procès-verbaux au receveur de l'enregistrement. — Les vérificateurs et tous autres agents de l'autorité publique sont tenus également de signaler au même fonctionnaire toutes les contraventions de ce genre qu'ils pourront découvrir. — Les receveurs d'enregistrement, soit d'office, soit d'après ces dénonciations, soit sur la transmission qui leur est faite des procès-verbaux ou rapports, dirigent, contre les contrevenants, les poursuites prescrites par l'art. 5 de la loi précitée.

Tit. 5. — *Des droits de vérification.*

46. La vérification première des poids, mesures et instruments de pesage, est faite gratuitement. — Il en est de même pour les poids, mesures et instruments de pesage rajustés, qui sont soumis à une nouvelle vérification.

47. Les droits de la vérification périodique seront provisoirement perçus, conformément au tarif annexé à l'ordonnance du 18 déc. 1825, modifié par celles du 21 déc. 1832 et du 18 mai 1838.

48. La vérification périodique des poids, mesures et instruments de pesage, appartenant aux établissements publics désignés par l'art. 24, est faite gratuitement. — Il en est de même pour les poids, mesures et instruments de pesage présentés volontairement à la vérification par des individus non assujettis.

49. Les droits de la vérification périodique sont payés pour les poids et mesures formant l'assortiment obligatoire de chaque assujetti, et pour les instruments de pesage sujets à la vérification. — Les poids et mesures excédant l'assortiment obligatoire sont vérifiés et poinçonnés gratuitement.

50. Les états matrices des rôles sont dressés par les vérificateurs des poids et mesures, d'après le résultat des opérations qui doivent être consommées avant le 1er août. — Ces états sont remis aux directeurs des contributions directes, à mesure que les opérations sont terminées dans les communes dépendant de la même perception, et, au plus tard, le 1er août de chaque année.

51. Les directeurs des contributions directes, après avoir vérifié et arrêté les états matrices mentionnés à l'article précédent, procèdent à la confection des rôles, lesquels sont rendus exécutoires par le préfet, pour être mis immédiatement en recouvrement par les mêmes voies et avec les mêmes termes de recours en cas de réclamation, que pour les contributions directes.

52. Avant la fin de chaque année, il sera dressé et publié des rôles supplémentaires pour les opérations qui, à raison de circonstances particulières, n'auraient pu être faites que postérieurement au délai fixé par l'art. 50.

53. La perception des droits de vérification est faite par les agents du trésor public. — Le montant intégral des rôles est exigible dans la quinzaine de leur publication.—L'art. 3 de l'ordonnance du 21 déc. 1832 continuera à être exécuté.

54. Les remises auxquelles ont droit les agents du trésor pour le recouvrement des contributions, ainsi que les allocations revenant aux directeurs des contributions directes pour les frais de confection des rôles sont réglés par notre ministre secrétaire d'état des finances.

Tit. 6. — *Dispositions générales.*

55. Les contraventions aux arrêtés des préfets, à ceux des maires et à la présente ordonnance, sont poursuivies conformément aux lois.

56. Sont abrogés les proclamations et arrêtés des 27 pluv. an 6, 19 germ., 28 mess. et 11 therm. an 7, l'arrêté du 7 flor. an 8, les arrêtés des 13 brum. et 29 prair. an 9, et les ordonnances royales des 18 déc. 1832 et 18 mai 1838, sauf les dispositions des ordonnances des 18 déc. 1825, 21 déc. 1832 et 18 mai 1838, rappelées aux art. 47 et 53 de la présente ordonnance. — Tous arrêtés ministériels pris en vertu du décret du 12 fév. 1812, cesseront de recevoir leur exécution au 1er janv 1840.

16-28 juin 1839. — Ordonnance relative aux poids, mesures et instruments de pesage et de mesurage.

Louis-Philippe, etc.; — Sur le rapport de notre ministre du commerce et de l'agriculture; — Vu la loi du 4 juill. 1837; — Vu le tableau annexé à ladite loi; — Vu l'art. 12 de l'ord. du 17 avr. 1839; — Notre conseil d'Etat entendu, — Nous avons, etc. :

Art. 1. A dater du 1er janv. 1840, les poids, mesures et instruments de pesage et de mesurage, ne seront reçus à la vérification première qu'autant qu'ils réuniront les conditions d'admission indiquées dans les tableaux annexés à la présente ordonnance.

2. Les poids, mesures et instruments de pesage portant la marque de vérification première, et qui réuniront d'ailleurs les conditions exigées jusqu'ici, seront admis à la vérification périodique, savoir: les mesures décimales de longueur, après qu'on aura fait disparaître les divisions et les noms relatifs aux anciennes dénominations; — Les mesures décimales pour les matières sèches, quelle que soit l'espèce de bois dont elles seront construites; — Les mesures décimales en étain, quel que soit leur poids; — Les poids décimaux, en fer et en cuivre, quelle que soit leur forme, après qu'on aura fait disparaître l'indication relative aux anciennes dénominations, et pourvu qu'ils portent sur la surface supérieure les noms qui leur sont propres; — Les poids décimaux, en fer et en cuivre, portant uniquement leurs noms exprimés en myriagrammes, kilogrammes, hectogrammes ou décagrammes; — Les poids décimaux à l'usage des balances-bascules, pourvu qu'ils ne portent pas d'autre indication que celle de leur valeur réelle; — — Enfin les romaines, dont on aura fait disparaître les anciennes divisions et dénominations, pourvu qu'elles soient graduées en divisions décimales et reconnues oscillantes. — Les poids et mesures décimaux placés dans une des catégories qui précèdent ne pourront être conservés par les assujettis qu'autant qu'ils auront subi, avant l'époque de la vérification périodique de l'année 1840, les modifications exigées. Ces poids et mesures pourront être rajustés, mais ils ne devront pas être remontés à neuf.

3. Tous les poids et mesures autres que ceux qui sont provisoirement permis par l'art. 2 de la présente ordonnance seront mis hors de service, à partir du 1er janv. 1840,

4. Il sera déposé, dans tous les bureaux de vérification, des modèles ou des dessins des poids et mesures légalement autorisés, pour être communiqués à tous ceux qui voudront en prendre connaissance.

N° 1. — *Mesures de longueur.*

NOMS DES MESURES.

Double décamètre.	Mètre.
Décamètre.	Demi-mètre.
Demi-décamètre.	Double décimètre.
Double mètre.	Décimètre.

Ces mesures devront être construites en métal, en bois ou autre matière solide. — Elles pourront être établies dans la forme qui conviendra le mieux aux usages auxquels elles sont destinées. — Indépendamment des mesures d'une seule pièce, il est permis de faire des mesures brisées, pourvu que le nombre de leurs parties soit deux, cinq ou dix. — Les mesures devront être construites avec solidité. — Des garnitures en métal devront être adaptées aux extrémités des mesures en bois, du mètre, de son double et de sa moitié. — Les divisions en centimètres ou millimètres devront être exactes, déliées et d'équerre avec la longueur de la mesure. — Le nom propre à chaque mesure sera gravé sur la face supérieure de la mesure, qui devra porter aussi le nom ou la marque du fabricant. — Le décamètre, son double et sa moitié, construits en forme de chaîne, devront avoir des chaînons d'une force suffisante et de la longueur de 2 ou de 5 décimètres; les anneaux, à chaque mètre, seront exécutés avec un métal d'une couleur différente de celui employé pour les autres anneaux.

N° 2. — *Mesures de capacité pour les matières sèches.*

NOMS DES MESURES.

Hectolitre.	Litre.
Demi-hectolitre.	Demi-litre.
Double décalitre.	Double décilitre.
Décalitre.	Décilitre.
Demi-décalitre.	Demi-décilitre.
Double litre.	

Les mesures de capacité pour les matières sèches devront être construites dans la forme cylindrique, et auront intérieurement le diamètre égal à la hauteur. — Les mesures en bois ne pourront être faites qu'en bois de chêne; elles devront être établies avec solidité dans toutes leurs parties. — Pour les mesures qui seront garnies intérieurement de potences ou autres corps saillants, la hauteur sera augmentée proportionnellement au volume de ces objets. — Les mesures en bois devront être formées d'une éclisse ou feuille courbée sur elle-même et fixée par des clous. — Toutes les mesures en bois devront être garnies à la partie supérieure d'une bordure en tôle rabattue. — Les mesures depuis et compris le double décalitre jusqu'à l'hectolitre devront, en outre, être ferrées; on pourra, suivant l'usage auquel elles sont destinées, y adapter les pieds fixés avec boulons et écrous. — Les mesures en bois de plus petite dimension pourront être garnies de bandes latérales en tôle. — On pourra fabriquer des mesures pour les matières sèches, en cuivre ou en tôle, pourvu qu'elles soient établies avec solidité, et dans la forme ci-dessus prescrite. — Chaque mesure doit porter le nom qui lui est propre; le nom ou la marque du fabricant sera appliqué sur le fond de la mesure.

N° 3. — *Mesures de capacité pour les liquides.*

Les noms et la forme affectés aux mesures de capacité pour les matières sèches, dans le tableau n° 2, serviront de règle pour la construction des mêmes mesures employées pour les liquides, depuis l'hectolitre jusqu'au demi-décalitre inclusivement; elles pourront être établies en cuivre, tôle ou fonte, mais sous la réserve expresse de prévenir, par l'étamage ou un autre procédé analogue, toute altération ou oxydation de nature à présenter des dangers dans l'usage de ces sortes de mesures. — Les mesures du double litre et au-dessous devront être construites exclusivement en étain, et auront intérieurement la hauteur double du diamètre; elles auront le poids déterminé ci-après comme minimum obligatoire pour chacune des espèces de mesures.

NOMS DES MESURES.	POIDS ET MESURES (en grammes).		
	sans anses ni couvercle.	avec anses sans couvercle.	avec anses et couvercle.
Double litre.	1,350 gr.	1,700 gr.	2,200 gr.
Litre.	900	1,100	1,350
Demi-litre.	525	650	820
Double décilitre.	280	335	420
Décilitre.	145	180	240
Demi-décilitre.	85	110	140
Double centilitre.	45	60	85
Centilitre.	25	35	50

Le titre de l'étain employé pour la fabrication des mesures reste fixe à 83 centièmes 5 millièmes, avec une tolérance de 1 centième 5 millièmes, ainsi le métal dont les mesures seront fabriquées ne doit pas contenir moins de 82 centièmes d'étain pur, et plus de 18 centièmes d'alliage. — Ces mesures devront conserver intérieurement, et sur le bord supérieur, la venue du moule; elles devront être sans soufflures ni autres imperfections. — Le nom propre à chaque mesure devra être inscrit sur le corps de la mesure. Le nom ou la marque du fabricant devra être apposé sur le fond. — On pourra construire des mesures en fer-blanc, depuis le double litre jusqu'au décilitre; mais ces sortes de mesures, exclusivement réservées pour le lait, devront être établies dans la forme cylindrique, ayant le diamètre égal à la hauteur, conformément à ce qui est prescrit dans le tableau n° 2 pour les mesures destinées aux matières sèches; elles seront garnies d'une anse ou d'un crochet également en fer-blanc, et porteront le nom qui leur est propre sur le cercle supérieur, rabattu et servant de bordure. On aura soin de placer, pour recevoir les marques de vérification, deux gouttes d'étain aplaties, l'une au bord supérieur, l'autre à la jonction du fond de chaque mesure, qui devra porter aussi le nom ou la marque du fabricant.

N° 4. — *Poids en fer.*

Les poids devront être construits en fonte de fer; leurs noms sont indiqués ci-après, ainsi que la dénomination abréviative qui devra être inscrite sur chacun d'eux, en caractères lisibles.

NOMS DES POIDS.	ABRÉVIATIONS qui devront être indiquées sur la surface supérieure.	NOMS DES POIDS.	ABRÉVIATIONS qui devront être indiquées sur la surface supérieure.
Cinquante kilogram..	50 kilog.	Kilogramme.	1 kilog.
Vingt kilogrammes.	20 kilog.	Demi-kilogramme.	Demi-kilog.
Dix kilogrammes.	10 kilog.		5 hectog.
		Double hectogramme.	2 hectog.
Cinq kilogrammes.	5 kilog.	Hectogramme.	1 hectog.
Double kilogramme.	2 kilog.	Demi-hectogramme.	1/2 hectog.

Les poids en fer de 50 et de 20 kilogrammes devront être établis en forme de pyramide tronquée, arrondie sur les angles, et ayant pour base un parallélogramme. — Les autres poids en fer, depuis celui de 10 kilogrammes jusqu'au demi-hectogramme inclusivement, devront être établis en forme de pyramide tronquée ayant pour base un hexagone régulier. — Les anneaux dont les poids sont garnis devront être placés de manière à ne pas dépasser l'arête des poids. — Chaque anneau devra être en fer forgé rond et soudé à chaud. — Chaque anneau, attaché par un lacet, devra entrer sans difficulté dans la rainure pratiquée sur le poids pour le recevoir. — Chaque lacet devra être en fer forgé et construit solidement, tant au sommet qui embrasse l'anneau qu'aux extrémités de ses branches, lesquelles doivent être rabattues et enroulées par-dessous, pour retenir le plomb nécessaire à l'ajustage. — Les poids en fer ne doivent présenter à leur surface ni bavures, ni soufflures, et la fonte ne doit être ni aigre ni cassante. — Chaque poids doit être garni aux extrémités du lacet d'une quantité suffisante de plomb coulé d'un seul jet, destiné à recevoir les empreintes des poinçons de vérification première et périodique, ainsi que la marque du fabricant, qui doit y être apposée.

N° 5. — *Poids en cuivre.*

Les poids en cuivre sont indiqués ci-après, ainsi que la dénomination qui devra être inscrite sur chacun d'eux.

NOMS DES POIDS.	DÉNOMINATIONS qui doivent être appliquées sur la surface supérieure.
Vingt kilogrammes.	20 kilogrammes.
Dix kilogrammes.	10 kilogrammes.
Cinq kilogrammes.	5 kilogrammes.
Double kilogramme.	2 kilogrammes.
Kilogramme.	1 kilogramme.
Demi-kilogramme.	500 grammes.
Double hectogramme.	200 grammes.
Hectogramme.	100 grammes.
Demi-hectogramme.	50 grammes.
Double décagramme.	20 gram.
Décagramme.	10 gram.
Demi-décagramme.	5 gram.
Double gramme.	2 gram.
Gramme.	1 gram.
Demi-gramme.	5 décig.
Double décigramme.	2 décig.
Décigramme.	1 décig.
Demi-décigramme.	5 centig.
Double centigramme.	2 C. G.
Centigramme.	1 C. G.
Demi-centigramme.	5 M. G.
Double milligramme.	2 M.
Milligramme.	1 M.

La forme des poids en cuivre, depuis et compris celui de 20 kilogrammes jusqu'au gramme, sera celle d'un cylindre surmonté d'un bouton. La hauteur du cylindre sera égale à son diamètre pour tous les poids, jusqu'à celui de 5 grammes inclusivement; la hauteur de chaque bouton sera égale à la moitié du diamètre du cylindre qui le supporte. Ces dispositions ne seront pas applicables aux poids de 1 et de 2 grammes, qui auront le diamètre plus fort que la hauteur.—Les poids, depuis et compris le 5 décigrammes jusqu'au milligramme, se feront avec des lames de laiton mince, coupées carrément.—Les poids en cuivre cylindriques et à bouton pourront être massifs ou contenir dans leur intérieur une certaine quantité de plomb; mais ils devront toujours présenter le même volume. Ces poids peuvent être faits d'un seul jet ou formés de deux pièces seulement, savoir: le cylindre et le bouton; mais, dans ce dernier cas, le bouton devra être monté à vis sur le corps du poids et fixé invariablement par une cheville ou petite vis à fleur de la surface. Cette cheville sera en cuivre rouge, afin de la distinguer facilement.—On pourra aussi construire des poids en cuivre de 1 kilogramme ou d'un de ses sous-multiples dans la forme de godets coniques qui s'empilent les uns dans les autres, et se trouvent ainsi renfermés dans une boîte qui est elle-même un poids légal.—La surface des poids en cuivre devra être nette et ne laisser apercevoir aucun corps étranger qu'on aurait chassé dans le cuivre, ni aucune soufflure qui permettrait d'en introduire.—Les dénominations seront inscrites en creux et en caractères lisibles sur la surface supérieure des poids. Chaque poids devra porter le nom ou la marque du fabricant.

N° 6. — *Instruments de pesage.*

Les instruments de pesage sont: 1° Les balances à bras égaux; 2° les balances-bascules; 3° les romaines.

Les balances à bras égaux, désignées sous le nom de balances de magasins ou de comptoir, devront être solidement établies. Les fléaux devront être plus larges qu'épais, principalement au centre occupé par les couteaux ou pivots qui les traversent perpendiculairement, et dont les arêtes devront former une ligne droite. Les points extrêmes de suspension devront être placés à égale distance de ces couteaux. Les fléaux ne devront pas vaciller dans les chapes. Les balances devront être oscillantes. Leur sensibilité demeure fixée à un deux-millième du poids d'une portée.—Les balances-bascules devront être aussi oscillantes et établies de manière à donner, quel que soit le poids dont on charge le tablier, un rapport exact de un à dix. Ces instruments, dont la portée ne peut être moindre que 100 kilogrammes, devront être solidement construits. Il ne pourra être employé à leur usage que des poids fabriqués suivant les formes et dénominations prescrites dans le tableau n° 4.—L'indication de la force de chaque balance-bascule sera exprimée en kilogrammes, sur une plaque de cuivre incrustée dans le montant en bois. La sensibilité pour ces sortes d'instruments demeure fixée à un millième du poids d'une portée.— Les romaines devront être solidement construites. Les couteaux auxquels elles sont suspendues devront avoir une arête assez fine pour faciliter les mouvements du fléau; les leviers devront être assez forts pour ne pas fléchir sous le poids curseur qui les accompagne. L'aiguille dont chaque levier est traversé par le haut ne devra pas frotter dans la chape. — Les romaines devront être oscillantes. Toute autre espèce est prohibée.—La sensibilité pour ces instruments demeure fixée à un cinq-centième du poids d'une portée.—Les romaines porteront seulement les divisions décimales représentant les poids légaux. Toute autre division est interdite. Leur portée sera exprimée en kilogrammes sur chacune des faces divisées.—Tout instrument de pesage devra porter le nom ou la marque du fabricant.

N° 7. — *Instruments de mesurage pour les bois de chauffage.*

Les membrures qui représentent des mesures de solidité, du demi-décastère, du double stère, du stère, et destinées à mesurer le bois de chauffage, seront construites en bon bois; les pièces qui les composent devront être bien dressées et assemblées solidement.—Chaque membrure sera fermée d'une sole, de deux montants et de deux contre-fiches; elle doit avoir de plus deux sous-traits.—La longueur de la sole entre les montants est fixée ainsi qu'il suit, savoir: Demi-décastère, 3 mètres; double stère, 2 mètres; stère, 1 mètre.—Pour les bois coupés à un mètre de longueur, la hauteur des montants sera: Demi-décastère, 1 mètre 667 millimètres; double stère et stère, 1 mètre. — Cette hauteur variera suivant la longueur des bois, de manière à toujours reproduire un solide de 1, 2 ou 5 mètres cubes.—On pourra construire aussi des membrures en fer du double stère et du stère, pourvu qu'elles réunissent les conditions de justesse et de solidité nécessaires, et qu'elles soient garnies de rondelles adhérentes, en étain ou en plomb, pour faciliter l'application des marques de vérification.

10 août 1839. — Loi portant fixation du budget des recettes pour 1840, qui décide que les dispositions de l'art. 3 de la loi du 4 juill. 1837, sur les poids et mesures, ne seront appliquées aux monnaies en circulation qu'en vertu d'une loi spéciale (art. 14).

27 mars-1 avril 1851. — Loi qui punit la vente à faux poids et à fausses mesures (D. P. 51. 4. 57).

5-20 nov. 1852.—Décret relatif à la fabrication des mesures de capacité destinées au mesurage des matières sèches et des liquides (Bull., n° 4525; D. P. 52. 4. 207).

15-30 juill. 1853.—Décret impérial qui soumet les fabricants et les marchands de poids et mesures à l'obligation de présenter, dans le délai de trois mois, au bureau de vérification, pour y recevoir un numéro d'ordre, les poids, mesures et instruments de pesage neufs et déjà revêtus de la marque première (D. P. 53. 4. 156).

ART. 2. — *Substitution des nouvelles mesures aux anciennes.*

13. On a vu ci-dessus avec quelle difficulté s'est opérée l'introduction du nouveau système décimal. Le législateur avait rencontré de telles résistances qu'il avait dû céder à l'empire d'habitudes invétérées. — Le décret de 1812, imaginant un système mixte, avait autorisé la confection d'instruments de pesage et mesures présentant des *fractions* ou des *multiples* des unités du nouveau système, les plus en usage dans le commerce et accommodés aux besoins du peuple (art. 5). Un arrêté du ministre de l'intérieur, du 28 mars 1812, rendu pour l'exécution du décret avait déterminé le poids, la capacité et la dénomination de ces mesures, qu'il appelait *poids et mesures usuels.* La coexistence des poids établis suivant le système décimal et des poids usuels, donna lieu à des fraudes nombreuses. En conséquence, un arrêté du ministre de l'intérieur, du 21 fév. 1816, confirmant l'usage des poids et mesures usuels, défendit de se servir des fractions décimales. — Et il a été jugé que les arrêtés ministériels des 28 mars 1812 et 21 fév. 1816, rendus pour l'exécution du décret du 12 fév. 1812, étaient obligatoires; qu'en conséquence, les poids et mesures usuels devaient être considérés comme les seuls légaux pour le détail, et que les marchands qui se servaient des fractions décimales des poids et mesures métriques, étaient passibles des peines portées par l'art. 479, n° 6, c. pén. (Crim. cass. 29 janv. 1819, MM. Barris, pr., Busschop, rap., aff. Galle, etc.).

14. Toutefois, il a été décidé: 1° que l'usage des mesures usuelles n'était qu'une simple tolérance qu'on ne pouvait étendre aux actes d'administration; qu'ainsi les mots *quintal métrique*, employés dans le tarif d'un octroi, devaient être entendus comme indiquant un poids de cent et non de cinquante kilogrammes (ord. cons. d'Et. 28 mai 1838) (1);—2° Que quelles que soient les dénominations des mesures employées dans un tarif d'octroi, la perception des droits ne peut être établie que d'après les mesures légalement consacrées; spécialement, que bien que, dans la colonne du tarif d'octroi d'une ville, placée en regard de l'indication des mesures, il soit dit que les bois de toute espèce seront assujettis à un droit déterminé par *double stère*, *moule* ou *corde*, les droits ne peuvent être perçus que par stère, seule mesure reconnue par la loi, et non d'après la signification des anciennes mesures moule et corde (Crim. cass. 18 juill. 1842) (2).

(1) (Ginestet *C.* com. de Villefranche.) — LOUIS-PHILIPPE, etc.; — Vu l'art. 136 du décret du 17 mai 1809; — Vu la loi du 18 germ. an 3, l'arrêté du gouvernement du 13 brum. an 9, et le décret du 12 fév. 1812; — Vu le règlement du conseil d'État du 22 juill. 1806; — Considérant que les mesures décimales prescrites par les lois et arrêts ci-dessus cités, sont les seules dont il ait pu être fait usage dans les actes d'administration; — Que le décret du 12 fév. 1812, en permettant la confection de mesures usuelles d'après un fractionnement des mesures décimales qui se rapprochait des mesures anciennes, prescrivait lui-même, par son art. 5, que le système légal continuerait à être seul employé dans toutes les administrations, dans les halles et marchés et dans toutes les transactions commerciales; — Que, dès lors, les mots *quintal métrique*, employé au tarif annexé à l'ordonnance du 5 juin 1825 par l'octroi de Villefranche, ne peuvent être entendus que comme indiquant un poids de 100 kilogrammes; — Art. 1. La requête du sieur Ginestet est rejetée.

Du 28 mai 1838.-Ord. cons. d'Et.-M. Fumeron d'Ardeuil, rap.

(2) (Thibaudet, etc. *C.* Crestin, etc.) — LA COUR; — Vu l'art. 34 du décret du 17 mai 1809; l'art. 23 de l'ordon. royale du 9 déc. 1814; — Attendu que le tarif joint au règlement pour l'octroi de la ville de Gray, approuvé le 13 avr. 1824, assujettit au droit de 1 fr. 50 c. les bois de toute espèce, par double stère, moule ou corde; — Attendu que le sens de ces expressions est clairement fixé par le sens légal du mot *double-stère*; que l'emploi des anciennes mesures était formellement interdit par les lois précitées: d'où il suit que la signification ancienne et locale des mots *moule* et *corde* n'a pu être conservée depuis l'adoption du système métrique, seul aujourd'hui en vigueur; — Attendu que, dans la colonne du tarif placée en regard de l'indication de mesure désignée par les mots *double-stère*, *moule* ou *corde*, il est dit que les voitures de bois dites de pavé payeront comme double-stère, et que, si elles passent cette quantité, elles payeront comme deux: ce qui démontre que la mesure du double-stère est la seule dont le tarif ait entendu faire acception, conformément aux lois; — Attendu que le jugement attaqué, en donnant aux expressions de *moule* et de *corde* employées par le tarif la signifi-

15. Quoiqu'il en soit, le système décimal, bien que nominalement le seul légal, ne se trouvait pas moins fortement ébranlé par suite des concessions que le décret de 1812 avait faites à la routine. Au lieu de rendre commun et populaire le système métrique, ce décret ne faisait que perpétuer les anciennes habitudes; il augmentait même la confusion par le mélange des nouvelles et des anciennes mesures. Il était donc urgent de faire cesser un pareil état de choses. Tel fut l'objet de la loi du 4 juill. 1837 qui, dans son art. 1, abroge le décret du 12 fév. 1812.—Mais, pour ménager la transition entre le système qu'elle renverse et celui qu'elle fait prévaloir, elle autorise l'usage des instruments de pesage et de mesurage confectionnés en exécution des art. 2 et 3 du décret précité jusqu'au 1er janv. 1840 (art. 2). A partir de cette dernière époque, tous poids et mesures autres que les poids et mesures établis par les lois des 18 germ. an 3 et 19 frim. an 8, constitutives du système métrique décimal, ont été interdits sous les peines portées par l'art. 479 c. pén. (art. 3).—V. nos 129 et suiv.

16. Les poids médicinaux avaient survécu dans l'usage à l'établissement du système métrique, bien qu'aucune exception légale n'eût été faite en leur faveur. — Ainsi, on jugeait que le pharmacien qui, conformément à un arrêté du préfet, faisait usage d'anciens poids pour ses prescriptions, n'était point passible de peine (Crim. cass. 21 mars 1828, MM. Bailly, pr., Mangin, rap., aff. Derondelle). — Toutefois, il avait été décidé, en thèse générale, qu'ils étaient, comme tous autres marchands, assujettis aux dispositions des lois relatives aux poids et mesures, et qu'il importait peu qu'il fût parlé, à leur égard, dans la loi du 21 germ. an 11, du poids médicinal (Crim. cass. 14 août 1834, MM. Bastard, pr., Freteau, rap., aff. min. pub. *C.* Duvigneau). —Pour faire cesser toute difficulté, on avait introduit, dans le projet primitif de la loi de 1837, une disposition expresse pour interdire l'usage des poids médicinaux; mais cette disposition a pu être retranchée par suite de la nouvelle rédaction de l'art. 3 précité, conçu dans des termes généraux. Au reste, dans le codex, les formules pharmaceutiques sont exprimées en poids anciens et en poids nouveaux.

17. La loi de 1837 est suivie d'un tableau qui contient les diverses dénominations du système décimal, adoptées par la loi du 18 germ. an 3. — On a reproduit à la fin de ce tableau l'art. 8 de cette dernière loi, qui permet, pour les poids et mesures de capacité, l'emploi des instruments représentant le *double* et la *moitié* de leurs mesures décimales : la division par 2 et par 4 n'a rien de contraire au système métrique. Mais un député (M. Gay-Lussac) avait proposé, en outre, pour la commodité du commerce, d'autoriser la division par demi-quarts, ou par huitièmes. Cette proposition n'a point été adoptée. « Je persiste à penser, a dit M. le rapporteur, qu'il faut se borner à la division par 2, par 4, par 5 et par 10. La division par 2 donne 50 centièmes, la division par 4 donne 25 centièmes : ce sont des nombres entiers de centièmes qui répondent à des unités de mesures. Mais la division par 8 donnerait 12 centièmes et demi ou 125 millièmes. Il est impossible d'admettre ce diviseur. Ce serait rentrer dans le malheureux système créé en 1812. La division par 8 n'est qu'une affaire d'habitude : on s'accoutumera tout aussi bien à prendre un dixième qu'un huitième. »

18. La loi de 1837 ne doit pas être appliquée à certains appareils, tels que pièces, feuillettes, barils, etc., dont la capacité est déterminée par les usages locaux, bien que la demande en ait été faite à la chambre des pairs, par M. de Morogues, qui s'exprimait ainsi : « Il faut atteindre à la source des abus pour les arrêter; c'est à l'origine même de la production et à celle de la fabrication qu'il faut remonter en appliquant la loi pour en obtenir un résultat général et utile. Tant qu'il sera permis de fabriquer, pour débiter nos vins, nos bières, nos huiles, nos eaux-de-vie, des barils qui ne seront nullement en rapport exact de capacité avec les mesures métriques, on ne pourra comparer qu'avec beaucoup de peine la valeur de ces liquides dans deux localités différentes, de sorte que le but du système métrique sera manqué. » En conséquence, il avait présenté un amendement tendant à rendre obligatoire l'application du système métrique « aux dimensions et poids des contenants préparés ou fabriqués pour être vendus avec les marchandises renfermées. » — Mais cette proposition, qui n'a pas été appuyée, a été rejetée sans discussion.

Il faut en conclure que les usages du commerce, à cet égard, doivent continuer à être respectés. Du reste, on peut dire que lorsque l'on vend une feuillette ou une pièce de vin, un baril d'huile, etc., il n'y a pas vente au poids ou à la mesure, mais vente en bloc d'un corps certain dont les dimensions et la contenance sont réputées connues du vendeur et de l'acheteur. Telle est aussi l'opinion de M. Duvergier sous la loi du 4 juill. 1837 (p. 167 et 168). —L'art. 32 de l'ord. du 17 avril 1839 est conforme à cette solution. Il porte : « Les vases ou futailles servant de récipient aux boissons, liquides ou autres matières, ne sont pas réputés mesures de capacité ou de pesanteur. — Il sera pourvu à ce que, dans le débit en détail, les boissons et autres liquides ne soient pas vendus à raison d'une certaine mesure présumée, sans avoir été mesurée effectivement. »

19. Ainsi, encore la vente du vin à la bouteille d'une capacité qui n'est ni le litre ni le demi-litre, est ostensiblement pratiquée dans le commerce et même consacrée par les usages de la régie (V. Imp. ind., no 224).—Toutefois il a été jugé que le cabaretier qui vend du vin dans des bouteilles qui n'ont pas la contenance d'un litre, fait usage de mesures autres que celles établies par les lois en vigueur et encourt les peines portées par l'art. 479, no 6, c. pén. (Crim. cass. 27 mars 1823) (1).— Du reste, l'autorité municipale a le droit, conformément à l'art. 32 précité, d'imposer aux débitants l'obligation de se servir de bouteilles d'une contenance légale.—Jugé, en ce sens, avant la loi de 1837, qu'un règlement municipal qui défend aux aubergistes débitant leurs boissons dans des bouteilles d'en avoir qui n'aient point la capacité des mesures légales de litre et de demi-litre, est obligatoire (arg. Crim. cass. 23 déc. 1825, aff. Lippert, V. no 128).

20. Au surplus, les débitants sont soumis, relativement à la capacité des vases dont ils se servent dans le commerce, à certaines obligations déterminées par les lois sur les contributions indirectes (V. Impôts ind., nos 214 et s.).—Il a été jugé, par application de cette législation spéciale, que les bouteilles ou tout autre vase, d'une contenance moindre qu'un hectolitre, ne sont pas interdits aux débitants de vins pour servir les consommateurs, et transporter les boissons au lieu du débit, bien que l'art. 26 du décret du 5 mai 1806 interdise à tout vendeur en détail de se servir de vaisseaux d'une capacité moindre qu'un hectolitre; mais leur usage est défendu, si elles sont destinées à conserver des boissons pendant plus d'un jour (décr. cons. d'Et. 8 mai 1813) (2). — Ces obligations, on le comprend, ont uniquement pour objet de faciliter la surveillance de la régie : elles

---

cation qu'avaient les anciennes mesures locales dont la contenance excédait celle du double-stère, a fait de ces mots une interprétation incompatible, tant avec l'indication expresse que le tarif fait du double-stère qu'avec les lois sur le système décimal en vigueur au moment de l'adoption de ce tarif; — Qu'en jugeant ainsi, il a fait du tarif une fausse application, et ouvertement violé les lois précitées; — Casse.

Du 18 juill. 1842.-C. C., ch. civ.-MM. Boyer, pr.-Renouard, rap.-Laplagne-Barris, 1er av. gén., c. conf.-Piet, av.

(1) (Min. pub. *C.* Constantin.) — La cour; — Vu 1° l'art. 424, dernier alinéa, c. pén., d'après lequel la peine de l'emploi des poids et mesures prohibés sera déterminée par le liv. 5 de ce code, contenant les peines de simple police; 2° l'art. 479, no 6, même code, punissant de l'amende de 11 à 15 fr. ceux qui emploieraient des poids ou des mesures différents de ceux établis par les lois en vigueur; 3° la loi du 1er vend. an 4, fixant le délai à l'expiration duquel l'usage des nouvelles mesures deviendrait obligatoire dans toute la France; — Attendu que de la disposition générale de la loi du 1er vend. an 4 résultait la prohibition de vendre des boissons à d'autres mesures que le litre; — Que les bouteilles avec lesquelles le prévenu vendait son vin n'avaient point la contenance d'un litre, et par conséquent ne pouvaient lui être assimilées; — Que, dès lors, il restait constant qu'il avait vendu son vin à des mesures autres que celles établies par les lois en vigueur, fait constituant la contravention prévue par l'art. 424, et punie par l'art. 479, no 6, c. pén.; — Que, néanmoins, le jugement attaqué, au lieu de prononcer contre le prévenu la peine portée par ce dernier article, l'a renvoyé de l'action exercée contre lui; en quoi ce jugement a violé la disposition de l'art. 7, L. 1er vend. an 4, et les art. 424 et 479, no 6, c. pén.; — Par ces motifs, casse et annule, etc.

Du 27 mars 1823.-C. C., sect. crim.-MM. Barris, pr.-Ollivier, rap.

(2) (Pelletier.) — Napoléon, etc.; — Vu les requêtes qui nous ont

n'ont donc pas de rapport direct avec les lois qui prescrivent l'uniformité des poids et mesures.

21. Il a été décidé, avant la loi de 1837, et il en serait de même aujourd'hui, que les lois relatives au nouveau système des poids et mesures n'abrogent pas les anciens règlements déterminant le barillage de certaines denrées (Crim. rej. 10 juin 1808) (1). — On ne considère pas non plus comme instruments de pesage assujettis à la vérification les formes ou moules propres à la fabrication de marchandises qui se vendent à la pièce ou au paquet comme correspondant à un poids déterminé (ord. 17 avril 1839, art. 31).

22. Pour protéger efficacement l'introduction du système décimal, il fallait proscrire d'une manière absolue, et sous une sanction pénale, l'usage et la possession des anciens poids et mesures. Cette prohibition résulte de l'art. 479 c. pén. et de l'art. 4 de la loi du 4 juill. 1837. On parlera plus loin de ces diverses dispositions (V. nos 119 et suiv.). — Avant la loi de 1837, des maires et des préfets avaient, pour assurer l'exécution de leurs arrêtés relatifs à l'emploi des poids et mesures métriques, ordonné à tous les particuliers ayant des poids et mesures différents de ceux établis par la loi de les déposer dans les vingt-quatre heures à la mairie.—Il a été jugé que ces arrêtés étaient pris dans le cercle des attributions de l'autorité municipale et étaient obligatoires (Crim. cass. 26 mars 1825, MM. Portalis, pr., Busschop, rap., intérêt de la loi, aff. Lechartier).

ART. 3. — *Professions assujetties à se munir de poids et mesures. — Formes des poids, règlements administratifs.*

23. La loi du 4 juill. 1837 est conçue en termes généraux, c'est-à-dire que son application ne souffre aucune exception. Tout industriel, tout commerçant, toute entreprise ou administration publique sont assujettis à l'emploi du système décimal. C'est ainsi que l'art. 1 de l'ordonnance du 17 avr. 1839 parle de la vérification des poids et mesures *destinés* et *servant au commerce*; que l'art. 21 de cette ordonnance a trait aux *marchands ambulants* et l'art. 29 aux *bureaux d'octroi*, de *poids publics*, aux *hospices* et *hôpitaux*, aux *prisons* et *établissements de bienfaisance* et *à tous les autres établissements publics*; c'est ainsi que dans les actes sous seing privé, dans les écritures de commerce, dans les actes authentiques publics et judiciaires, il est défendu d'employer d'autres dénominations que les dénominations légales (L. 4 juill. 1837, art. 4, 5, V. nos 168 et s.). —Mais précisément en raison de la généralité des termes de la loi et des difficultés que leur application eût soulevées, il a paru prudent d'abandonner à l'autorité administrative le soin de désigner les personnes assujetties à l'usage des poids et mesures légaux. Or l'art. 15 de l'ord. du 17 avr. 1839 porte : « Les préfets dressent, pour chaque département, le tableau des professions assujetties à la vérification. — Ce tableau indique l'assortiment des poids et mesures dont chaque profession est tenue de se pourvoir. »

24. Avant la loi de 1837 on reconnaissait le même droit aux préfets et aux maires, bien qu'aucune disposition légale ne le leur eût attribué d'une manière expresse. On se fondait sur la loi des 16-24 août 1790, qui chargeait l'autorité municipale de veiller à la fidélité du débit des denrées.—Ainsi il a été jugé que l'arrêté d'un préfet qui ordonne aux négociants et marchands du département de se pourvoir de tous les poids et mesures nécessaires pour la vente de leurs marchandises et de les soumettre annuellement à la vérification rentre dans l'application de la loi des 16-24 août 1790 et rend les contrevenants passibles des peines de simple police (Crim. cass. 6 août 1825, MM. Portalis, pr., Busschop, rap., aff. hab. de Bayonne; V. aussi dans le même sens un grand nombre d'arrêts cités vo Commune, no 1219).

25. Les arrêtés du préfet ne sont exécutoires qu'après l'approbation du ministre du commerce (ord. 17 avr. 1839, art. 33). — Néanmoins, il a été jugé qu'un assujetti à la vérification, contre lequel un procès-verbal en forme constate qu'il ne s'est pas muni de poids et balances exigés pour l'exercice de sa profession (boulanger ou marchand de pain sans être boulanger), ne peut être renvoyé de la poursuite, sous prétexte que l'approbation ministérielle qui pouvait seule rendre exécutoire l'arrêté du préfet qui détermine le tableau des assujettis, avait été vainement recherchée (Crim. cass. 6 juill. 1844, M. Jacquinot-Godard, rap., aff. Leroux).

26. Celui qui se prétend indûment compris dans le tableau dressé par le préfet, peut, suivant les règles générales, se pourvoir par la voie gracieuse devant l'autorité supérieure, c'est-à-dire devant le ministre. Le recours au conseil d'État contre les arrêtés préfectoraux n'est admis qu'en cas d'excès de pouvoir.— V. Organ. admin.

27. L'autorité administrative a donc le droit de déterminer par ses règlements les classes d'individus qui, à raison de leur profession, leur industrie et leur commerce, doivent être pourvus de poids et mesures. — Ainsi, on doit considérer comme légal et obligatoire l'arrêté préfectoral qui assujettit à l'obligation d'être pourvu de poids ou de mesures légaux : 1° les colporteurs (Crim. cass. 12 juill. 1822, aff. Carré, V. no 111); — 2° Les fripiers et les revendeurs d'objets achetés dans les ventes publiques (Ch. réun. cass., 7 nov. 1833, aff. Laplace, V. no 33-2°); — 3° Les maréchaux-ferrants (Crim. cass. 21 déc. 1832, et ch. réun., 7 nov. 1833, aff. Fageot, V. no 33-2°); — 4° Les menuisiers, serruriers et taillandiers (Crim. cass. 20 juin 1834, aff. Thoré, V. no 33-2°); — 5° Les individus tenant des fromageries (Crim. cass. 25 juill. 1845, aff. Meunier, D. P. 45. 4. 394); — 6° Les tailleurs d'habits : et l'arrêté est applicable aux tailleurs à façon comme aux marchands tailleurs (Crim. cass. 17 août 1850, aff. Tixier, D. P. 50. 5. 355).— Mais V. no 31.

28. Pareillement il a été jugé : 1° que l'on doit regarder comme rendu dans les attributions de l'autorité administrative, l'arrêté par lequel un préfet a ordonné à tous les marchands de soie de son département de se munir d'instruments de poids et mesures conformes à un tableau qu'il a dressé; et, par suite, les marchands qui ne se conforment pas à ces dispositions, doivent être punis des peines de simple police (Crim. cass. 30 mai 1828, MM. Bailly, pr., Crouseilhes, rap., aff. min. pub. *C.* Francezon);

été présentées par le sieur Pelletier et soixante-dix autres marchands de vins traiteurs établis hors des barrières de Paris, pour qu'il nous plaise : 1° réformer l'art. 78 de l'instruction de notre directeur général des droits réunis, en date du 29 mai 1806, approuvé par notre ministre des finances, et qui, interprétant l'art. 26 de notre décret du 5 du même mois, leur interdit la vente du vin en bouteilles, à moins que les bouteilles ne soient goudronnées et empreintes du cachet de la régie, le tout aux frais du débitant; — 2° Dans le cas où il nous paraîtrait nécessaire de maintenir l'exécution de l'art. 78 de ladite instruction, ordonner que les frais de ces opérations seront supportés par la régie; — Vu notre décret du 5 mai 1806 et l'instruction du 29 du même mois, approuvée par notre ministre des finances; — Considérant, d'après le texte littéral de l'art. 26 dudit décret, portant que tout vendeur en détail ne pourra avoir de boissons dans des vaisseaux d'une contenance moindre qu'un hectolitre, que si les bouteilles et tout autre vase servant au débit ne sont pas interdits pour servir les consommateurs, et transporter les boissons de la cave au lieu du débit, leur usage est défendu toutes les fois que les bouteilles et autres vases d'une capacité moindre qu'un hectolitre sont destinés à conserver pendant plus d'un jour les boissons qu'ils contiennent; — Considérant que si, pour donner plus de facilité aux marchands, la régie des droits réunis consent à ne pas s'en tenir au texte littéral de l'art. 26 de notre décret, elle peut et doit prendre des précautions telles que la perception des droits n'en souffre pas, et que les frais qu'entraînent les précautions ordonnées par l'art. 78 de l'instruction approuvée par notre ministre des finances doivent être à la charge des requérants, puisque cette tolérance est dans leur intérêt personnel; —Art. 1. La requête du sieur Pelletier et consorts est rejetée.

Du 8 mai 1813.-Décr. cons. d'Et.

(1) (Breton *C.* min. pub.) — LA COUR; — Attendu que l'arrêt de règlement du 23 mai 1765 du parlement de Rouen n'a point établi pour les villes qui y sont désignées une mesure de capacité proprement dite; que son but et son effet ont été de déterminer, pour l'intérêt du commerce et la conservation même de la marchandise, les quantités de harengs et de saumures qui devaient se trouver dans les barils destinés à les contenir; que la fixation de ces proportions n'a rien de contraire ni d'inconciliable avec les lois générales rendues pour l'uniformité des poids et mesures; qu'ainsi les dispositions dudit arrêt de règlement n'ayant été abrogées par aucune loi particulière ni par aucun acte de l'autorité administrative, n'ont pas cessé d'être obligatoires pour les marchands, et qu'il en a été fait une juste application à la contravention dont le sieur Breton a été déclaré coupable; — Rejette.

Du 10 juin 1808.-C. C., sect. crim.-M. Rataud, rap.

—2° Que l'arrêté préfectoral qui astreint les marchands de soie à se munir de poids et mesures, s'étend au commissionnaire en soierie, par cela seul qu'il fait parfois usage de poids dans son commerce, pour reconnaître, par exemple, la qualité intrinsèque des étoffes (Crim. cass. 13 nov. 1828) (1).

29. Les marchands et fabricants en gros peuvent-ils être, comme les marchands et débitants en détail, obligés, par arrêté du préfet, d'avoir des poids et mesures? — Il a été jugé, dans le sens de la négative, que les marchands en gros *qui ne débitent ni ne détaillent aucune marchandise*, ne peuvent être astreints par l'administration à avoir des poids et mesures (Crim. rej. 24 sept. 1829) (2). — Mais il a été décidé en sens contraire et avec plus de raison : 1° qu'un marchand de papier en gros est dûment astreint par un arrêté préfectoral à l'obligation d'être pourvu de poids et mesures (Crim. cass. 9 mai 1834) (3); — 2° Qu'un boucher qui fabrique des chandelles avec le suif provenant des bestiaux par lui abattus, doit être considéré comme chandelier en gros, et, par suite, comme tel, assujetti à se munir de la série des poids et mesures prescrits aux commerçants de cette profession (Crim. cass. 18 déc. 1846, D. P. 47. 4. 372).

30. Les personnes qui ne font pas le trafic de marchandises ou d'objets destinés à être appréciés à l'aune, au poids ou à la mesure, peuvent-elles être soumises, par règlement de l'autorité administrative, à l'obligation de se munir de poids et de mesures? — La négative a été décidée par un arrêt, duquel il résulte que les architectes, tant qu'ils se renferment dans l'exercice de cette profession, ne faisant point le trafic dans le sens des lois de 1790 et 1791, ne peuvent être astreints par le préfet à se pourvoir de certaines mesures, ni être soumis à la vérification périodique (Crim. cass. 18 janv. 1834, aff. Dubreuil, V. Commune, n° 1218). — Mais il a été jugé, en sens contraire, et avec raison, que le règlement de police qui comprend les architectes parmi les individus qui doivent être nantis de certaines mesures linéaires, assujetties à la vérification, est obligatoire (Crim. cass. 3 avril 1835) (4). — V. v° Commune, n° 1218.

31. Mais les propriétaires et cultivateurs qui vendent les produits de leur culture ne sont pas assujettis à l'obligation d'être pourvus de l'assortiment de poids et mesures exigé, par

(1) (Min. pub. *C.* Gambon.) — La cour; — Vu l'art. 479 c. pén., la loi du 1er vend. an 4, et les arrêtés des 13 brum. et 29 prair. an 9, rendus pour son exécution;—Attendu qu'un arrêté du préfet du Rhône, portant règlement sur les poids et mesures, assujettissait à la vérification annuelle, par son art. 3, tous ceux qui, dans leur commerce ou profession, font usage de poids ou de mesures;—Attendu que le sieur Gambon est commissionnaire en soierie; qu'ainsi que cela résulte du jugement attaqué, il fait parfois usage de poids dans son commerce pour reconnaître la qualité intrinsèque des étoffes; —Que, dès lors, la susdite disposition de l'arrêté du préfet du Rhône lui était applicable; — Attendu qu'il résulte d'un procès-verbal régulier qu'il a été trouvé dans les magasins du sieur Gambon, des poids qu'il n'avait pas fait revêtir du poinçon annuel, dans le délai prescrit par l'arrêté du préfet;—Attendu que, par les lois et arrêtés ci-dessus rappelés, les poids non poinçonnés sont réputés faux et illégaux; — Attendu que le sieur Gambon avait dès lors encouru la peine prononcée par l'art. 479 c. pén., § 5, contre ceux qui auront de faux poids ou de fausses mesures dans leurs magasins, boutiques, ateliers ou maisons de commerce, et qu'en n'appliquant pas ladite peine (*a*), le tribunal de police, par son jugement du 3 sept. 1828, est contrevenu aux dispositions dudit article; — Casse ce jugement.

Du 13 nov. 1828.-C. C., ch. crim.-MM. Bailly, pr.-Crouseilhes, r.

Nota. Le même jour, arrêt semblable.

(2) *Espèce :* —(Min. pub. C. Bergmiller.)—Le 21 août 1829, un jugement du tribunal de simple police du Havre a statué en ces termes : —« Considérant que les lois du 24 août 1790 et de juillet 1791, en confiant à la vigilance et à l'autorité des municipalités l'inspection sur la fidélité du débit des denrées qui se vendent au poids, à l'aune ou à la mesure, ainsi que sur la salubrité des comestibles exposés en vente publique, a fixé la compétence du tribunal de police municipale, qui ne peut donc connaître que des contraventions commises par les débitants des marchandises livrées aux consommateurs, et de la justesse des poids vérifiés annuellement, qui la garantissent; — Que c'est d'après l'exactitude de cette inspection que les consommateurs reçoivent avec confiance les marchandises de détail, assurés qu'ils ne peuvent être trompés ni sur leur quotité ni sur leur qualité;—Que, dans le commerce en gros, l'intérêt public n'exige point cette inspection vigilante de la police, comme dans le commerce en détail; dans celui-ci, c'est la masse entière des consommateurs, c'est-à-dire le public, qu'il faut protéger et défendre contre la fraude et la ruse des détaillants de mauvaise foi, et dans celui-là, c'est un spéculateur ou un commissionnaire, dont la vigilance et les connaissances mercantiles découvriraient facilement la mauvaise foi d'un vendeur; pour le détail, la vigilance est dans le ministère public, et pour la vente en gros, elle est dans l'intérêt seul de l'acquéreur; — Qu'ainsi, d'après l'esprit et la lettre des lois organiques, la compétence des municipalités et les jugements des tribunaux de police ne doivent et ne peuvent se porter que sur les débitants : assujettir les négociants en gros aux mêmes obligations, serait se permettre de donner une extension à une loi, outre-passer les bornes du devoir, détruire la nécessité d'un poids public, et priver les municipalités d'une partie de leurs revenus; — Attendu, en outre, que la preuve n'est pas rapportée au procès que l'arrêté de M. le préfet, en date du 24 avril 1828, en vertu duquel les sieurs Bergmiller et compagnie sont poursuivis, ait obtenu, à l'époque où le procès-verbal qui fait la base de la prétendue contravention a été dressé, l'approbation du ministre de l'intérieur, ainsi que l'exige impérieusement l'art. 31 de l'ordonnance du roi du 18 déc. 1825, portant : « En matière de poids et mesures, les arrêtés pris par les préfets et les ordonnances de police rendues par les maires ne seront exécutoires qu'après avoir reçu l'approbation de notre ministre de l'intérieur; » — Attendu, d'ailleurs, qu'il est constant, en fait, que les sieurs Bergmiller et compagnie sont des négociants en gros; qu'ils ne débitent et ne détaillent aucune marchandise; qu'ainsi le § 4 de l'art. 3 de la loi des 16-24 août 1790 ne leur est pas applicable; — Que l'arrêté de M. le préfet, qui comprend au nombre des personnes qui doivent avoir des poids les négociants qui ne débitent et ne détaillent pas, est, en ce chef, sans effet légal, puisque ce n'est que de ce débit que l'administration municipale est chargée de surveiller la fidélité, aux termes de l'article ci-dessus cité; — Que de tout quoi, il résulte que lesdits sieurs Bergmiller et compagnie n'ont contrevenu à aucune loi, en ne représentant pas de poids à l'autorité lors de la demande qui leur en fut faite; qu'ainsi il n'y a lieu à leur faire l'application d'aucune peine; — Par ces motifs, reçoit lesdits sieurs Bergmiller et compagnie opposants au jugement rendu contre eux par défaut, en ce tribunal, le 29 déc. dernier; et statuant sur ladite opposition, rapporte ledit jugement comme surpris à la religion du tribunal, remet les parties au même et semblable état qu'elles étaient avant son obtention, etc. » — Pourvoi. — Arrêt.

La cour; — Attendu que le jugement attaqué déclare qu'il est constant, en fait, que Bergmiller et compagnie sont des négociants en gros; qu'ils ne débitent et ne détaillent aucune marchandise; — Attendu que, dans cet état des faits, le jugement n'a violé ni aucune loi, ni aucun règlement de police; — Rejette, etc.

Du 24 sept. 1829.-C. C., ch. crim.-MM. de Bastard, pr.-Gary, rap.

(3) (Min. pub. *C.* Adel-Durand.) — La cour; — Vu la loi du 1er vend. an 4, les arrêtés rendus pour son exécution, l'ordonnance sur les poids et mesures du 18 déc. 1825; — Vu pareillement les art. 65 et 471, § 15, c. pén., et l'art. 408 c. inst. crim.; — Attendu que l'ordonnance portant règlement sur la vérification des poids et mesures ci-dessus visée, rendue pour l'exécution des lois des 24 août 1790 et 1er vend. an 4, et de l'arrêté du gouvernemen, du 29 prair. an 9, établit, par son art. 19, que c'est au domicile des commerçants assujettis à la vérification, que doivent se transporter les vérificateurs; que cette ordonnance non plus que les lois précitées relatives aux obligations des commerçants, en ce qui touche les poids et mesures, n'établissent aucune distinction entre les fabricants ou marchands en gros et les débitants en détail; — Attendu qu'il est constant et reconnu par le jugement attaqué que le sieur Adel-Durand est fabricant et marchand de papier en gros, et que, d'après la nomenclature jointe à l'arrêté du préfet, du 15 juin 1833, les fabricants de papier sont assujettis à se munir de la série de poids qui y est déterminée; — Attendu qu'un procès-verbal qui n'est pas contesté ayant constaté que, lors de la vérification faite au domicile du sieur Adel-Durand, il n'avait pas représenté les poids dont il devait être muni, le sieur Adel-Durand se trouvait en contravention à l'arrêté qui vient d'être rappelé, et aurait encouru les peines de l'art. 471, § 15, c. pén.; — Attendu, toutefois, que le tribunal de simple police de Vire l'a renvoyé de la plainte sur le motif que les fabricants ou marchands en gros ne sont pas assujettis aux mêmes obligations que les marchands en détail, et qu'il aurait transporté ses magasins dans un lieu autre que Vire, lieu de son domicile; en quoi le tribunal de police a créé une distinction qui n'existe ni dans les lois et règlements précités, ni dans l'arrêté rendu pour leur exécution; méconnu les dispositions expresses de l'ordonnance du 18 déc. 1825, et violé, en outre, l'art. 65 c. pén., qui défend d'admettre une excuse qui ne se trouve pas dans la loi;—Attendu, en outre, qu'en ne statuant point sur les conclusions du ministère public qui demandait subsidiairement à prouver que le sieur Adel-Durand avait son habitation principale et ses magasins à Vire, le tribunal a violé les dispositions de l'art. 408 c. inst. crim.;—Par ces motifs, casse, etc.

Du 9 mai 1834.-C C., ch. crim.-MM. Bastard, pr.-Crouseilhes, rap.

(4) Min. pub. *C.* Philippon.) — La cour; — Vu l'art. 471, § 15,

(*a*) Voici le motif d'excuse : « Considérant que les commissionnaires ne se trouvant, sous aucun rapport ni sous aucune analogie, compris dans le rôle annexé à l'arrêté du 22 mars 1826, ils s'en trouvent exclus. »

les règlements préfectoraux, des marchands et fabricants qui exploitent les mêmes produits (ord. 17 avril 1839, art. 13 et 38).—Ainsi, il a été jugé 1° que les propriétaires, qui ne vendent que les fromages fabriqués avec le laitage provenant du bétail qu'ils élèvent sur les terrains qui leur appartiennent ou qui sont par eux exploités, ne doivent pas être considérés comme marchands de fromages et soumis en cette qualité aux droits de vérification des poids et mesures (ord. cons. d'Ét. 1er mai 1846) (1); — 2° Que les cultivateurs qui vendent le chanvre provenant du produit de leurs champs ne peuvent être qualifiés marchands de chanvre, ni être soumis aux obligations imposées à cette classe d'individus par l'arrêté du préfet, ...alors d'ailleurs qu'ils n'ont ni boutique ni magasin (Crim. rej. 17 mars 1855, aff. Potentiers, D. P. 55. 1. 125). — Toutefois, il a été décidé que celui qui se borne à débiter le vin de son cru peut être assujetti par un arrêté préfectoral à se munir d'un assortiment de mesures (Crim. cass. 17 juill. 1840, aff. Allard, V. n° 129); et que l'arrêté d'un préfet qui ordonne à tous les marchands et débitants de boissons de se pourvoir d'une série de mesures légales, s'applique à celui qui se borne à débiter le vin de son cru (Crim. cass. 15 avr. 1826, aff. Mourlet, V. Imp. ind., n° 281). — Mais il est à considérer, sur ce dernier point, que la loi du 28 avril 1816, sur les contributions indirectes, soumet les débitants de boissons de leur cru à toutes les obligations imposées aux autres débitants. — V. Imp. ind., n° 281.

32. Les arrêtés des préfets, dûment approuvés, qui indiquent les poids et mesures dont chaque profession est tenue de se pourvoir, sont obligatoires, à tel point que les marchands qui y sont mentionnés doivent être munis des poids indiqués, alors même qu'ils les prétendraient inutiles à l'exercice de leur profession. — Néanmoins il a été jugé, avant l'ord. de 1839, qu'il faut que les poids et mesures soient nécessaires au débit de l'individu exerçant l'une des professions comprises dans l'arrêté, pour que le refus de s'y conformer fasse encourir la peine; qu'ainsi le tisserand, à qui des poids sont inutiles (puisque ses tissus se débitent à la mesure linéaire), ne peut être condamné pour ne s'être point procuré ces poids (Crim. cass. 6 mai 1826, aff. Carreté, V. Commune, n° 1218).

33. Au contraire, il a été décidé, avant comme depuis l'ord. de 1839 : 1° qu'on ne peut refuser de faire l'application à un tisserand, d'un arrêté du préfet, sous le prétexte que les tisserands n'emploient ni poids ni mesures, lorsqu'il est, d'ailleurs, constaté par des certificats de maires, qu'ils en font usage (Crim. cass. 4 mars 1830, MM. Bastard, pr., Ricard, rap., aff. min. pub. *C.* Darrieux); — 2° Qu'il appartient à l'autorité administrative de déterminer les classes d'individus qui, par leur profession ou leur industrie, doivent être tenus de se munir de poids ou mesures, et qu'un tribunal de police ne peut, sous le prétexte que des poids sont inutiles à des citoyens, les renvoyer d'une action dirigée contre eux, lorsque l'état qu'exercent les prévenus (maréchal-ferrant et fripier) se trouve compris, dans un arrêté du préfet approuvé par le ministre, au nombre de ceux qui sont obligés d'avoir des poids, et assujettis à la vérification périodique (Crim. cass. 21 déc. 1832, MM. Ollivier, f. f. pr., Rives, rap., aff. min. pub. *C.* Fageot, aff. min. pub. *C.* Laplace, et sur un nouveau pourvoi, Ch. réun. cass. 7 nov. 1833) (2). — Décision semblable à l'égard de menuisiers, serruriers, taillandiers (Crim. cass. 20 juin 1834, M. Dehaussy, rap., int. de la loi, aff. Thoré, etc.); — 3° Qu'un commerçant qui, assujetti à la vérification, a été poursuivi pour refus, constaté par procès-verbal, de représenter ses poids et mesures, ne peut être renvoyé de la poursuite sous prétexte que sa profession (marchand de pains

---

c. pén., les art. 3 et 4, tit. 11, de la loi des 16-24 août 1790, l'art. 46, tit. 1, de la loi des 19-22 juill. 1791 ;—Vu la loi du 16 fruct. an 3, sur la séparation des pouvoirs administratif et judiciaire; — Attendu qu'aux termes des lois ci-dessus rappelées, l'autorité administrative est investie du droit de faire les règlements nécessaires pour assurer la surveillance du débit et des achats ou ventes des objets pour le commerce desquels il faut recourir à l'usage des poids et mesures ;—Attendu que, par suite, et dans l'objet d'arriver à une exacte vérification des instruments de pesage ou de mesurage employés dans les achats ou ventes, cette même autorité peut aussi, par des arrêtés, déterminer les classes d'individus qui, d'après leur commerce, leur profession ou leur industrie, doivent être pourvus de poids et mesures, et que ces règlements sont obligatoires, tant qu'ils n'ont pas été réformés ou modifiés par l'autorité administrative supérieure ; — Attendu, dès lors, que le préfet de police a pu, dans son arrêté du 27 mars 1833, dûment approuvé, comprendre les architectes parmi les individus qui doivent être nantis de certaines mesures linéaires assujetties à la vérification ; — Attendu toutefois que le jugement du tribunal de simple police de Paris, en date du 6 mars 1834, a renvoyé le sieur Philippon, architecte, de la plainte formée contre lui, pour inexécution de l'arrêté du 27 mars 1833, sur le motif que les règlements de cette nature ne peuvent être applicables qu'aux marchands ou débitants de denrées, et non à des architectes, qui n'emploieraient des poids et mesures que pour se rendre compte de leurs travaux ; — Attendu que la contravention reprochée au sieur Philippon était constatée par un procès-verbal régulier ; — Attendu que le jugement attaqué, en refusant force obligatoire à la disposition dont il s'agit, a violé les articles des lois des 24 août 1790 et 22 juillet 1791, ci-dessus citées, ainsi que l'art. 471, § 15, c. pén. ; — Par ces motifs, casse, etc.

Du 3 avr. 1835.-C. C., ch. crim.-MM. Bastard, pr.-Crouseilhes, r.

(1) (Chevassus et autres.) — Louis-Philippe, etc. ; — Vu la loi du 24 juill. 1843, art. 6, et notre ordonnance du 17 avr. 1839 ; — Vu la loi du 1er brum. an 7, art. 29 ; — Considérant qu'il résulte de l'instruction que les requérants ne vendent que les fromages fabriqués avec le laitage provenant du bétail qu'ils élèvent sur les terrains qui leur appartiennent ou par eux exploités ; que, dès lors, c'est à tort que le conseil de préfecture du Jura les a maintenus, en qualité de marchands de fromages, aux droits de vérification des poids et mesures pour l'exercice 1844 ; — Art. 1. L'arrêté du conseil de préfecture du Jura en date du 4 fév. 1845 est annulé ; — Art. 2. Il est accordé décharge aux requérants des droits de vérification des poids et mesures auxquels ils ont été assujettis, sous le nom de Société de fromagerie de Montépile, au rôle de la commune de Sept-Moncel, pour 1844.

Du 1er mai 1846. -Ord. cons. d'Et.-M. Aubernon, rap.

(2) (Min. pub. *C.* Fageot.) — La cour ; — Vu le § 15 de l'art. 471 c. pén., les art. 3 et 4, tit. 11 de la loi du 16-24 août 1790, et 46, tit. 1 de la loi du 19-22 juill. 1791 ; l'art. 13, tit. 2 de la même loi de 1790, la loi du 16 fruct. an 3 ; les art. 9, 57 et 72 de l'arrêt du préfet du département de l'Aisne, en date du 22 mars 1824, ainsi que les tableaux y annexés des professions, arts et métiers qui doivent être munis de poids et de mesures et soumis à la vérification ; les art. 6 et 7 d'un autre arrêté de ce fonctionnaire administratif du 3 fév. 1832, pris en exécution de l'ordonnance royale du 18 déc. 1825, concernant les poids et mesures, lesquels arrêtés ont été approuvés par le ministre compétent, selon le vœu de ladite ordonnance ; enfin, les art. 1, 14, 15, 18, 31 et 32 de la même ordonnance ; — Attendu qu'aux termes des dispositions ci-dessus rappelées, les contrevenants aux règlements administratifs qui ont pour objet la surveillance de la fidélité du débit des marchandises qui se vendent au poids ou à la mesure, sont soumis à la peine de police prononcée par la loi ; — Que c'est à l'autorité administrative qu'appartient le droit de faire les règlements qu'elle juge nécessaires pour cet objet, et par suite de déterminer les classes d'individus qui, par leur profession, leur industrie ou leur commerce, doivent être pourvus de poids et mesures, et assujettis à la vérification périodique ; — Que ces règlements sont obligatoires, tant qu'ils n'ont pas été réformés et modifiés par l'autorité administrative supérieure ; — Attendu que les arrêtés des 22 mars 1824, et 3 fév. 1832, pris par les préfets du département de l'Aisne, pour la vérification des poids et mesures, et pour la nomenclature et le classement des professions, arts et métiers soumis à cette vérification, ont compris les marchands revendeurs et les fripiers parmi les individus sur lesquels doit s'exercer, en ce point, la surveillance de l'autorité locale et celle des préposés à l'exécution des lois rendues sur système métrique ; que ces arrêtés ont été approuvés par l'autorité administrative supérieure et avaient été pris conformément aux lois de la matière ; qu'aucune réclamation n'a été élevée à cet égard par Fageot devant l'autorité qui seule aurait pu en connaître ; — Attendu que la contravention aux arrêtés ci-dessus rappelés avait été légalement constatée par le procès-verbal dressé contre Fageot, le 11 oct. 1832, par le commissaire de police de Soissons, et par le vérificateur des poids et mesures ; que cette contravention n'a pas été déniée par le délinquant ; — Que, dans cet état de choses, le tribunal de police de Vic-sur-Aisne, n'a pu, sans violer les dispositions des lois précitées, renvoyer Fageot, maréchal à Soissons, de l'action formée contre lui par le ministère public (a) ; — Casse, etc., renvoie devant la cour d'Amiens et ordonne qu'il en sera référé au roi.

Du 7 nov. 1833.-C. C., ch. réun.-MM. Portalis, pr.-Jourde, rap.-Dupin, proc. gén.

Nota. Le même jour arrêt semblable dans l'affaire J.-F.-L. Delaplace, marchand revendeur fripier à Soissons.

(a) Le tribunal de police avait motivé le renvoi du prévenu sur ce que les poids lui étaient complétement inutiles et que, par suite, il n'avait pas besoin de s'en munir.

à cacheter) lui permettait de se passer de balance, et que, quand il en avait accidentellement besoin, il se servait de celles de ses voisins (Crim. cass. 22 juin 1844, aff. min. pub. *C.* Benoist); — 4° Que, par cela seul qu'un individu a été assujetti, à raison de sa profession, à se munir, par un règlement administratif, dûment approuvé, de poids et mesures d'un genre déterminé, et, par exemple, d'une romaine, le tribunal de police ne peut, en cas de contraventions, le renvoyer des poursuites, sous prétexte que les poids et mesures déterminés par le règlement n'étaient pas utiles à sa profession (Crim. cass. 27 fév. 1846, aff. Comte, D. P. 46. 4. 400); — 5° Que l'individu qui ne s'est pas muni des poids et mesures exigés, pour sa profession, par des règlements administratifs légalement intervenus, ne peut être relaxé des poursuites, sous prétexte que les instruments de pesage dont il était dépourvu n'avaient aucune utilité pour son industrie, celle de commissaire-priseur (Crim. cass. 23 mars 1849, aff. Simon, D. P. 49. 5. 309).

34. La désobéissance à l'arrêté du préfet ne peut être excusée sous aucun prétexte. — En conséquence, il a été jugé : 1° que, lorsqu'un arrêté administratif a ordonné à tous les marchands d'un département de se pourvoir de poids et mesures propres au commerce qu'ils exercent, les contrevenants, passibles des peines de police prononcées par les lois des 24 août 1790 et 22 juillet 1791, ne peuvent être excusés, par le motif qu'ils ne sont point *patentés* (Crim. cass. 25 février 1825) (1); — 2° Qu'un marchand de charbon, qui n'a pas les poids et mesures exigés pour son commerce, est passible des peines de l'art. 471, n° 15 c. pén., et ne peut être excusé sous le prétexte qu'il n'aurait pas été averti de ce qui était relatif aux poids et mesures (Crim. cass. 17 oct. 1832) (2); — 3° Que, de même, le commissaire-priseur qui, depuis la loi de 1837, ne représente au vérificateur, pour être poinçonnées, ni les mesures usuelles dont il est tenu de se nantir, en vertu d'un arrêté réglementaire du préfet, dûment approuvé, et rendu avant cette loi, ni les mesures métriques, ne peut être excusé de la contravention sous le prétexte que les mesures usuelles ne sont plus tolérées depuis la loi du 4 juill. 1837 (Crim. cass. 7 juin 1839) (3); — 4° Qu'un revendeur, convaincu, par procès-verbal régulier et par son propre aveu, de n'avoir pas été muni d'une mesure de longueur telle qu'elle est prescrite par les règlements de l'autorité administrative locale, doit être condamné à raison de cette contravention, et ne peut être excusé, par le motif que, postérieurement au procès-verbal dressé contre lui, il s'est mis en règle, et a acheté une aune telle que celle exigée par le préfet (Crim. cass. 21 mars 1828) (4). — V. aussi n° 25.

35. Mais il a été décidé que le fait par l'individu qui a mis des denrées en vente sur le marché, de ne s'être pas muni de poids, ne peut être regardé comme une contravention, s'il n'est pas déclaré au procès-verbal qui constate ce fait, que les denrées

(1) (Min. pub. *C.* Diétrich.) — La cour; — Vu les art. 1, 2, 3 et 5, tit. 11, de la loi des 16-24 août 1790, sur l'organisation judiciaire, et l'art. 46, tit. 2, de la loi des 19-22 juill. 1791, sur la police municipale et correctionnelle, d'après lesquels les contraventions aux règlements de police qui ont pour objet la surveillance de la fidélité dans le débit des marchandises qui se vendent au poids ou à la mesure, doivent être poursuivies et punies d'une peine qui, d'après ledit art. 5, combiné avec les art. 600 et 606 c. 3 brum. an 4, est d'une amende égale à la valeur d'une à trois journées de travail, ou d'un emprisonnement d'un à trois jours; — Considérant que, par son arrêté du 23 mai 1824, le préfet du département du Haut-Rhin a ordonné à tous les marchands de se pourvoir des poids et mesures propres au commerce qu'ils exercent, conformément au tableau annexé audit arrêté, dans lequel sont nominativement compris les marchands de chandelles, comme tenus de se pourvoir d'une série complète de poids usuels, et d'une réunion de poids formant un ensemble au moins de 25 liv.; que cet arrêté rentre donc, par son objet, dans l'application des lois précitées de 1790 et 1791; — Considérant qu'il a été constaté et reconnu au procès que le sieur Diétrich faisait le commerce de chandelles, sans s'être pourvu des instruments de pesage ordonnés par ledit arrêté, et qu'ainsi il était passible des peines de police portées par lesdites lois; — Que, néanmoins, le tribunal de police de Colmar, devant lequel le sieur Diétrich a été traduit, ne l'a condamné à aucune peine, sur l'unique motif qu'il n'était point patenté; mais que le défaut de patente, qui est lui-même une contravention à la loi, ne peut servir d'excuse à une autre contravention; d'où il suit qu'en renvoyant le sieur Diétrich de l'action du ministère public, le tribunal de police de Colmar a formellement violé les lois pénales de la matière; — D'après ces motifs, faisant droit au pourvoi du commissaire de police, casse.

Du 25 fév. 1825.-C. C., sect. crim.-MM. Bailly, pr.-Busschop, rap.

(2) (Min. pub. *C.* Bodot.) — La cour; — Vu la loi du 1er vend. an 4, relative aux poids et mesures, et les proclamations et arrêtés du gouvernement intervenus pour l'exécution de cette loi, les 27 pluv. an 6, 19 germ. et 11 therm. an 7; — Vu les art. 1, 2, 3 et 5, tit. 11, de la loi du 24 août 1790, l'art. 46, tit. 11 de la loi du 22 juill. 1791; — Vu l'art. 471, § 15, c. pén., et l'art. 479 du même code : — Attendu qu'il résulte du procès-verbal (non contredit par preuve contraire) du commissaire de police de Lyon, en date du 1er sept. 1831, que Bodot ne s'était point muni de la série de mesures dont il était tenu de se pourvoir en sa qualité de marchand de charbon en détail et d'épicier, aux termes de l'arrêté du préfet du Rhône, du 22 mars 1826; — Attendu, dès lors, que Bodot se trouvait en contravention à un règlement qui rentre dans les attributions conférées à l'autorité administrative, d'après les lois des 24 août 1790 et 22 juill. 1791, et devenait passible d'une peine de police, laquelle est déterminée par l'art. 471, § 15 c. pén.; — Attendu, toutefois, que le tribunal de police a renvoyé Bodot de la plainte, sur le motif qu'il n'avait point été informé de ce qui était relatif aux poids et mesures, en quoi il a violé les dispositions de loi ci-dessus rappelées; — Attendu qu'il résulte du même procès-verbal, que du charbon était exposé en vente sur le seuil de la porte de Bodot, dans des mesures d'osier, autres que les mesures prescrites par les lois et règlements; — Attendu, dès lors, que ce fait devenait passible de la peine prononcée par l'art. 479, § 5, c. pén., et qu'en renvoyant Bodot de la plainte sur le motif que ledit sieur Bodot n'avait point vendu du charbon à mesure, ce jugement est contrevenu audit art. 479, § 5, qui est applicable à ceux qui auront de faux poids ou de fausses mesures dans leurs boutiques, magasins ou maisons de commerce; et attendu que, par la loi du 1er vend. an 4, et les actes ci-dessus rappelés intervenus pour son exécution, les mesures autres que les mesures légales doivent être réputées fausses et illégales; — Attendu, dès lors, que, sous ce deuxième point de vue, le jugement attaqué a violé ces lois et règlements, ainsi que l'art. 479, § 5, c. pén.; — Par ces motifs, casse.

Du 17 oct. 1832.-C. C., ch. crim.-MM. Bastard, pr.-Crouseilhes, r.

(3) (Min. pub. *C.* Boutier.) — La cour; — Vu la loi du 1er vend. an 4 et les arrêtés rendus pour son exécution, les 13 brum. an 9 et 29 prairial même année; — Vu pareillement l'ordon. du 18 déc. 1825; d'où il résulte que, pour toutes les opérations de commerce, il ne peut être employé que des mesures dûment poinçonnées et vérifiées, et que toute personne qui pèse ou mesure des matières de commerce doit être nantie des poids ou mesures que comporte la nature de ce commerce; — Vu la loi du 4 juill. 1837 et le décret du 12 fév. 1812; — Attendu que l'arrêté du préfet d'Ille-et-Vilaine, approuvé en 1834 par le ministre du commerce, portait sur une matière touchant laquelle l'autorité administrative est appelée à faire des règlements aux termes des lois générales des 24 août 1790, 22 juill. 1791, et des lois particulières qui régissent la matière; — Attendu qu'en vertu de ce règlement, les commissaires-priseurs devaient représenter, pour qu'elles fussent poinçonnées, les mesures nécessaires à l'exercice de leur profession; — Qu'au moment où le sieur Boutier a été interpellé par le vérificateur, il n'a représenté ni l'aune métrique autorisée pour les usages du commerce de détail par le décret du 12 fév. 1812, ni le mètre dont il était obligé de se nantir, d'après les dispositions générales de la loi du 1er vend. an 4, des arrêtés des 13 brum. et 29 prair. an 9; — Que, dès lors, il était en contravention à l'arrêté réglementaire du préfet et aux lois qui lui servaient de base; et qu'il n'y a lieu d'examiner, dans l'espèce, si la possession d'un mètre pouvait remplacer l'aune métrique prescrite par le règlement, ou si la tolérance établie à l'égard de l'aune, par le décret du 12 février, était abrogée par la loi du 4 juill. 1837; — Attendu, toutefois, que le sieur Boutier a été renvoyé de la poursuite, quoiqu'il n'eût représenté aucune mesure, sur le motif que l'aune exigée par l'arrêté réglementaire n'était plus tolérée depuis la loi du 4 juill. 1837; en quoi il a été fait une fausse application de cette loi et commis une violation de la loi du 1er vend. an 4, des arrêtés des 13 brum. et 29 prair. an 9; — Casse.

Du 7 juin 1839.-C. C., ch. crim.-MM. Bastard, pr.-Crouseilhes, rap.

(4) (Min. pub. *C.* Derondelle.) — La cour; — Attendu, sur le ch. de ce jugement relatif à Pierre Derondelle, revendeur, qu'il est régulièrement constaté, par un procès-verbal du commissaire de police, que cet individu n'était point muni d'une mesure de longueur telle qu'elle est prescrite par les règlements; que cette contravention était non-seulement prouvée, mais avouée par le contrevenant qui ne s'est excusé qu'en déclarant qu'il s'était, postérieurement au procès-verbal, mis en règle et avait acheté une aune telle qu'ele est exigée par l'arrêté du préfet; — Qu'une pareille excuse était inadmissible; que, bien loin de détruire la contravention, elle en corroborait la preuve; que cependant le jugement attaqué a admis cette excuse et a renvoyé l'inculpé des poursuites; — Casse.

Du 21 mars 1828.-C. C., ch. crim.-MM. Bailly, pr.-Mangin, rap.

mises en vente étaient vendues au poids, et si, au contraire, il est établi qu'elles étaient vendues à la mesure (Crim. rej. 12 oct. 1850, aff. Beylie, D. P. 50. 5. 354).

36. L'assujetti qui se livre à plusieurs genres de commerce doit être pourvu de l'assortiment de poids et mesures fixé pour *chacun* d'eux, à moins que l'assortiment exigé pour l'une des branches de son commerce ne se trouve déjà compris dans l'une des autres branches des industries qu'il exerce (ord. 17 avril 1839, art. 16). — De même « celui qui, dans une même ville, ouvre au public plusieurs *magasins*, boutiques ou ateliers distincts et placés dans des maisons différentes et non contiguës, doit pourvoir chacun de ces magasins, boutiques ou ateliers, de l'assortiment exigé pour la profession qu'il y exerce ». (*eod.*, art. 17).

37. Les règlements de police d'un département, sur les poids et mesures, sont obligatoires pour les marchands qui, domiciliés hors de ce département, y ont momentanément un étalage (Crim. cass. 8 oct. 1836) (1).

38. L'individu assujetti, par sa profession, à être possesseur d'une série de poids et mesures, un boulanger, notamment, n'est pas astreint à emporter ces poids avec lui sur tous les marchés où il fait des achats : il suffit qu'il justifie de la possession desdits poids à son domicile, et qu'il ne soit pas établi que les marchandises achetées aient été pesées ou mesurées avec d'autres poids et mesures que les mesures légales (Crim. rej. 26 fév. 1846, aff. Legoff, D. P. 46. 1. 90; le même jour, trois arrêts identiques). — Mais V. v° Boulanger, n° 103.

39. Les arrêtés des préfets peuvent également déterminer de quels poids et mesures devront être nantis les individus exerçant certaines professions et assujetties à la vérification.—Un tel arrêté est légal, puisqu'il porte sur la fidélité du débit des choses qui se vendent au poids ou à la mesure, matière spécialement confiée à la surveillance de l'autorité administrative, et par suite est obligatoire sous la sanction de l'art. 471, n° 15, c. pén. (Crim. cass. 10 juin 1842, M. de Crouseilhes, rap., aff. min. pub. *C.* Galeron).

40. La forme des poids et mesures servant à peser ou mesurer les matières de commerce est déterminée par des règlements d'administration publique, ainsi que les matières avec lesquelles ces poids et mesures seront fabriqués (ord. de 1839, art. 12).— Ces différents points ont été réglés d'une manière complète par l'ord. du 16 juin 1839 (V. p. 990).—Il a été jugé, avant l'ord. de 1839, que les commerçants qui emploient, contrairement à un arrêté du préfet, des poids en forme de cloches, qui ont l'apparence d'une pesanteur plus grande que les poids légaux, doivent être considérés comme faisant usage de faux poids, encore bien qu'ils auraient été vérifiés, pourvu, toutefois, que cette vérification ait été faite dans un lieu où la même prohibition existait (Crim. cass. 3 avril 1830 (2); V. du reste, n°s 128 et suiv., 138 et suiv., ce qui est dit relativement à cette assimilation de poids irréguliers à des faux poids). — Toutefois, il a été décidé qu'un poids non plombé, ni revêtu de sa chape et de son anneau, peut être déclaré ne pas constituer un poids proprement dit, mais n'être qu'une simple fonte, laquelle a besoin de l'addition de ces parties pour devenir poids, et être soumis, comme tel, à la vérification périodique (Crim. rej. 18 juin 1835, aff. Pavie, V. n° 58; V. aussi n° 145).

41. Lorsqu'un règlement préfectoral prescrit que les plateaux ou bassins des balances devront être à une hauteur au-dessus des tables ou comptoirs, savoir : de 3 centimètres pour les balances de comptoir, et de 6 centimètres pour celles de magasin, il y a contravention si chaque bassin n'est à la hauteur prescrite, aucune compensation ne pouvant s'établir entre la hauteur respective des bassins ; tel serait le cas où les bassins seraient élevés, l'un de 1 centimètre de plus, l'autre de 1 centimètre de moins (Crim. cass. 13 mai 1837) (3).—Il y a aussi contravention à ce règlement si les balances étant de comptoir, ne sont pas suspendues au-dessus du comptoir proprement dit, et spéciale-

---

(1) (Min. pub. *C.* Nantet.) — La cour ; — Vu la loi du 1er vend. an 4 sur les poids et mesures, et les arrêtés rendus pour son exécution ; l'ordonnance réglementaire du 18 déc. 1825 ; l'art. 471, § 15, c. pén. ; — Attendu qu'il est constant et reconnu que le sieur Nantet, marchand de rouenneries, avait, à Saint-Denis, un étalage de ses marchandises, et qu'une aune dont il était nanti pour son commerce n'était point revêtue du poinçon de vérification prescrit, pour l'année 1835, par l'arrêté du préfet de police de la Seine, du 26 janv. 1835 ; — Attendu que, dès lors, Nantet était passible de la peine prononcée en l'art. 471, § 15, c. pén. ; — Attendu qu'il importait peu que le sieur Nantet (ainsi que le déclare le jugement attaqué), demeurant et domicilié à Groslay (Seine-et-Oise), n'ait pas été mis en demeure, dans ce département, de faire poinçonner l'aune dont il s'agit ; que, dès le moment où il avait boutique ouverte et vendait dans le département de la Seine, il était assujetti aux règlements de police concernant les poids et mesures dans ce département, et que, se trouvant en contravention au règlement du préfet de police, du 26 janvier, il devait lui être fait application de l'art. 471, § 15, c. pén. ; — Casse le jugement du tribunal de simple police de Saint-Denis, du 22 janv. 1836.

Du 8 oct. 1836.-C. C., ch. crim.-MM. Bastard, pr.-Crouseilhes, rap.

(2) (Min. pub. *C.* Dumesnil, etc.) — La cour ; — Vu l'art. 3, tit. 11, de la loi du 24 août 1790, et l'art. 479, § 5, c. pén. ; — Attendu qu'un arrêté du préfet de police de Paris, en date du 16 mai 1827, défend aux marchands, quelle que soit la nature de leur commerce, de se servir de poids en forme de cloches ou de toutes autres formes, qui, par leurs dimensions, semblent, au premier aspect, être d'une pesanteur double, ou au moins de beaucoup plus forte que ne le sont les poids légaux et équivalents ; que cette disposition a été reproduite dans un arrêté du préfet de la Seine-Inférieure, en date du 2 mars 1829, et que ces arrêtés ont été pris dans le cercle des attributions de l'autorité administrative ; — Attendu que des procès-verbaux, régulièrement dressés à la date du 20 janv. 1830, constatent que des poids, en forme de cloches, ont été trouvés dans les boutiques de divers marchands de la ville de Rouen, et que le jugement attaqué a relaxé ces marchands, sur le motif que ces poids avaient été vérifiés à Paris pour l'année 1829 ;— Attendu que cette vérification, de quelque manière qu'elle ait pu avoir lieu, n'a pu être faite qu'en contravention à l'arrêté précité du préfet de police de Paris, et n'a pu, conséquemment, donner un caractère légal à ces poids, qui doivent, dès lors, être considérés comme faux poids ; que les prévenus étaient donc en contravention à l'art. 479, § 5, c. pén., et qu'en refusant de leur en faire l'application, le jugement attaqué en a violé les dispositions ; — Par ces motifs, casse le jugement rendu par le tribunal de police de Rouen, le 28 janvier dernier.

Du 3 avr. 1830.-C. C., ch. crim.-MM. Bastard, pr.-Ricard, rap.

Nota. Le même jour, autre arrêt semblable.

(3) (Min. pub. *C.* Molis.) — La cour ; — Vu l'art. 10 du règlement sur les poids et mesures, fait par le préfet du Tarn, le 27 fév. 1836, ledit arrêté dûment approuvé ; — Vu l'art. 471, § 15, c. pén. ; — Attendu que l'arrêté ci-dessus visé, dans son art. 10, prescrit que les plateaux ou bassins des balances, dont feront usage les assujettis, devront être à une hauteur au-dessus des tables ou comptoirs, savoir : de 3 centimètres pour les balances de comptoirs, et de 6 centimètres pour celles de magasin ; — Attendu qu'il résulte d'un procès-verbal régulier, en date du 14 février : 1° que les balances de Molis n'étaient point suspendues réellement au-dessus des tables ou comptoirs, sur lesquelles elles pussent se reposer ; 2° que ces balances n'étaient point à la distance prescrite du mur de devanture et de la planche au-dessus desquels elles étaient suspendues ; — Attendu que ces faits constituaient une contravention à l'art. 10 du règlement et, par suite, à l'art. 471, § 15, c. pén. ; — Attendu qu'au lieu d'appliquer ces dispositions au sieur Molis, le tribunal de simple police de Gaillac l'a renvoyé de la plainte : 1° sur le motif que les balances étaient balances de comptoir, non de magasin ; — Qu'elles étaient à une hauteur, savoir : l'un des bassins de 2 centimètres, l'autre de 4 centimètres, ce qui donnait un terme moyen de 3 centimètres et satisfaisait au règlement ; 2° sur cet autre motif que les balances étaient placées au-dessus d'un banc ou table faisant suite à un petit mur d'une largeur et d'une longueur convenables ; — Attendu, quant au premier point, que, si le tribunal, après avoir examiné les balances qui avaient été produites à l'audience, a pu déclarer qu'elles étaient balances de comptoir, non de magasin, les distances auxquelles se trouvaient leurs bassins ne satisfaisaient point au règlement ; — Qu'on ne saurait admettre la compensation qu'établit le jugement entre les hauteurs des deux bassins ou plateaux ; — Qu'en effet, par cela même qu'il y avait inégalité entre les deux plateaux, ces balances n'offraient point la garantie requise, et que cette circonstance ne pouvait détruire la contravention ; — Attendu, sur le second chef, que le procès-verbal portait, en termes formels, que les balances, au lieu d'être suspendues au-dessus du comptoir proprement dit, ne reposent que sur un bout de mur et une planche ; — Que, d'après le jugement lui-même, elles reposeraient sur un banc à hauteur d'appui, placé derrière le petit comptoir de la boutique ; — Attendu, dès lors, que, sous ce second point de vue, le sieur Molis ne s'était point exactement conformé aux dispositions de l'art. 10 du règlement ; — Attendu qu'en ne prononçant point contre le sieur Molis les peines portées par l'art. 471, § 15, c. pén., le jugement attaqué a violé ledit article ; — Casse.

Du 13 mai 1837.-C. C., ch. crim.-MM. Choppin, pr.-Crouseilhes, r.

ment s'il est reconnu qu'elles reposaient sur un banc à hauteur d'appui placé derrière le comptoir (même arrêt).

Art. 4. — *Des vérificateurs et vérificateurs adjoints et des autres agents chargés de la surveillance des poids et mesures.*

42. Le service de la vérification des poids et mesures avait été organisé d'une manière assez complète par l'ordonnance du 18 déc. 1825. Aussi, bien que cette ordonnance ait cessé d'être en vigueur, les décisions administratives ou judiciaires auxquelles elle a donné lieu ont conservé presque toute leur autorité.—La loi du 4 juill. 1837 dispose dans son art. 8 : — « Une ordonnance royale réglera la manière dont s'effectuera la vérification des poids et mesures. » — Cette ordonnance a été rendue le 17 avril 1839 (V. p. 989). On va en faire connaître les principales dispositions.

43. Aux termes de l'art. 1 de cette ordonnance, « la vérification des poids et mesures destinés et servant au commerce est faite, sous la surveillance des préfets et sous-préfets, par des *agents* nommés et révocables par notre ministre secrétaire d'Etat des travaux publics, de l'agriculture et du commerce. » — Ces agents sont les *vérificateurs* et les *vérificateurs adjoints*, qui, aux termes de l'art. 2 de l'ordonnance, ont les mêmes attributions. Aux termes du décret du 25 mars 1852, art. 5-10° (D. P. 52. 4. 90), les *préfets* ont été investis du droit de nomination, au lieu et place du ministre. — Dans les bureaux où il existe un vérificateur et un vérificateur adjoint, la part qu'ils doivent prendre respectivement aux opérations et aux travaux est déterminée par le préfet, au moyen d'un arrêté soumis à l'approbation ministérielle et remis en expédition à chacun d'eux (circ. 31 déc. 1825).—Le vérificateur est chargé de la signature, de la production des pièces de sa gestion et des justifications qui s'y rapportent, de la garde et de la conservation du matériel, sans préjudice de la responsabilité du vérificateur adjoint, pour les faits qui lui sont propres. L'adjoint signe les actes relatifs à la partie du service qui lui est confiée. Il est tenu de remettre au vérificateur toutes les notes et documents en sa possession, dont ce dernier déclare avoir besoin (M. A. Magné, Nouveau code du vérificateur, p. 8, n° 5). Tout cas de collision doit être déféré au préfet : lorsqu'il y a urgence, le vérificateur peut, sans attendre la décision du préfet, et sous sa responsabilité, enjoindre au vérificateur adjoint de lui prêter son concours (même auteur, p. 9, n° 6).

44. Aux termes de l'art. 2 de l'ordonnance, « un vérificateur est nommé par chaque arrondissement communal; son bureau est établi, autant que possible, au chef-lieu. — Néanmoins, si les besoins du service exigent qu'il y ait plusieurs bureaux dans un arrondissement, le préfet peut proposer cette disposition au ministre des travaux publics, de l'agriculture et du commerce, qui l'arrête définitivement s'il le juge convenable. » — Hors le cas de mission extraordinaire, les vérificateurs n'ont le droit de procéder que dans la circonscription de leur arrondissement. Ils ne peuvent être suppléés dans leurs fonctions que par un autre vérificateur, et avec l'autorisation expresse du préfet (M. A. Magné, p. 10, n° 9). Ils doivent résider effectivement dans le lieu où est établi leur bureau, dit encore M. Magné (*eod.*). Ceux qui habiteraient une autre commune seraient considérés comme absents sans autorisation, et seraient passibles de la retenue de tout ou partie de leur traitement, sans préjudice des peines plus graves. Sont réputés ne pas résider au lieu où est situé leur bureau ceux qui n'y habitent pas d'une manière permanente, bien qu'y ayant un domicile, et cela par analogie de l'art. 1067 de l'instruction générale du ministre des finances, sur la comptabilité des receveurs des finances. Enfin, ils ne peuvent s'absenter de leur poste qu'en vertu d'une autorisation préfectorale.

45. « Nul ne peut exercer l'emploi de vérificateur s'il n'est âgé de vingt-cinq ans accomplis, et s'il n'a subi des examens spéciaux d'après un programme arrêté par notre ministre des travaux publics, de l'agriculture et du commerce » (art. 3).—Cette disposition n'est pas applicable aux vérificateurs qui étaient en fonctions le 1er janv. 1840 (Circ. 15 janvier et 30 août 1839). Nul doute que le vérificateur adjoint nommé antérieurement à l'ordonnance ne soit admissible aux fonctions supérieures, sans être tenu de subir l'examen (M. A. Magné, p. 9, note). Le programme des examens a été arrêté le 30 août 1839. — « Les fonctions de vérificateur sont incompatibles avec toutes autres fonctions publiques et toute profession assujettie à la vérification » (art. 4).—Ils doivent s'abstenir également de toute occupation de nature à les distraire de leurs fonctions ou à les placer dans une position incompatible avec le caractère public qui leur appartient (inst. 30 août 1839). — Leurs femmes ne peuvent non plus exercer aucune profession soumise à la vérification dans l'arrondissement de leurs maris (M. A. Magné, p. 12, n° 20).

46. Avant d'entrer en fonctions, les vérificateurs doivent prêter *serment* (L. 4 juill. 1837, art. 7; ord. 17 avr. 1839, art. 5, V. Serment).—Dans le cas d'un changement de résidence ou de mission temporaire, ils sont tenus seulement de faire *viser* leur commission et leur acte de serment au greffe du tribunal dans le ressort duquel ils sont envoyés » (ord. de 1839, art. 5).

47. Chaque bureau de vérification est pourvu de l'assortiment nécessaire d'*étalons* vérifiés et poinçonnés au dépôt des prototypes établi près du ministère des travaux publics, de l'agriculture et du commerce; ces étalons doivent être vérifiés de nouveau au même dépôt au moins une fois en dix ans. — Les poinçons nécessaires aux vérifications dans les départements sont fabriqués sur les ordres du ministre des travaux publics, de l'agriculture et du commerce; ils portent des marques distinctes pour chaque année d'exercice. — Les poinçons destinés à la vérification des poids et mesures nouvellement fabriqués ou rajustés sont différents de ceux qui sont destinés à constater les vérifications périodiques successives » (art. 6). — « Les étalons et les poinçons des bureaux de vérification sont conservés par les vérificateurs, sous la responsabilité et sous la surveillance des préfets et sous-préfets » (art. 7).—Les vérificateurs en sont personnellement responsables (circ. 31 déc. 1825, p. 10). Un inventaire en triple original, dont un pour le vérificateur, un pour le préfet, un pour le sous-préfet, est dressé dans chaque bureau.

48. L'art. 8, § 1, de l'ordonnance porte : « Le traitement des vérificateurs est réglé par notre ministre des travaux publics, de l'agriculture et du commerce; il comprend, par abonnement, les frais de tournées ordinaires, ceux de bureaux, ceux d'entretien et de transport des instruments de vérification, et les frais de confection des matrices de rôles. »—Ce traitement a toujours été réglé, pour chaque vérificateur, par l'ordonnance qui le nomme à ses fonctions. — « Les étalons, ajoute le § 2 du même article, seront conservés et les opérations seront faites dans le local à ce destiné par l'administration. » — Lorsque le local ne peut être fourni par l'administration, il y est pourvu par voie de location et le vérificateur en est couvert, s'il y a lieu, par une allocation distincte de son traitement (circ. 15 janv. 1839, n° 2). — Enfin, les §§ 3 et 4 de l'art. 8 disposent : « Les étalons, les poinçons, les registres et l'ameublement des bureaux sont fournis aux vérificateurs par l'administration. — Les frais de tournées extraordinaires hors de leur arrondissement leur sont remboursés. »

49. Dans les bureaux où il existe un vérificateur et un vérificateur adjoint, le vérificateur est chargé de tous les frais compris dans l'abonnement (M. A. Magné, p. 13, n° 2). Le traitement des vérificateurs adjoints n'étant calculé que sur le pied du service sédentaire, c'est aux vérificateurs à indemniser ceux-ci des frais de tournée et autres (M. A. Magné, *eod.*, note).

50. D'après l'art. 9 de l'ordonnance, les préfets pouvaient suspendre les vérificateurs, sous l'obligation d'en rendre compte immédiatement au ministre. Cette obligation n'existe plus aujourd'hui, puisque ce sont les préfets qui nomment directement les agents (V. n° 43); ils peuvent donc les révoquer de même sans l'intervention du gouvernement.

51. Les vérificateurs des poids et mesures sont sous la surveillance des procureurs impériaux, sans préjudice de leur subordination à l'égard de leurs supérieurs dans l'administration (ord. 1839, art. 44). — Ils ne peuvent être mis en jugement qu'avec l'autorisation du conseil d'Etat.—V. Mise en jugem., n° 91.

Art. 5. — *Vérifications des poids et mesures. — Surveillance — Visites. — Procès-verbaux. — Saisie. — Droits.*

52. Les poids et mesures sont soumis à une vérification première dans les mains de ceux qui les fabriquent, les ajustent ou les rajustent avant d'être livrés au commerce, afin de savoir s'ils réunissent les conditions de solidité et de justesse nécessaires, et de constater leur parfaite identité avec les types légaux ou étalons.—C'est ce qui résulte des art. 10, 11, 22 et 23 de l'ord. de 1839. — V. p. 989.

53. Cette première vérification est faite au bureau même du vérificateur, et n'a lieu qu'autant que les poids et mesures à vérifier portent la marque du fabricant, marque dont l'empreinte a dû être déposée préalablement au bureau (M. A. Magné, p. 33). Le fabricant doit, s'il en est requis, justifier de son domicile dans l'arrondissement, soit au moyen de sa patente, soit au moyen d'un certificat du maire de la commune, soit même au moyen d'une déclaration écrite de sa main; car s'il s'adresse à un vérificateur d'un autre arrondissement que le sien, il est à présumer que ce n'est que dans une intention de fraude (même auteur, p. 34).

54. Lorsqu'il s'agit de poids fabriqués à l'étranger, le *possesseur* direct est admis à les présenter à la vérification, qu'il soit fabricant, commissionnaire, ou simple marchand, mais il doit les frapper de sa marque et en déposer l'empreinte au bureau (même auteur, p. 34, n° 53). Le vérificateur doit aussi exiger la preuve de l'origine de la fabrication.

55. Tous les instruments admis à la marque sont inscrits sur un registre spécial où le vérificateur consigne les observations particulières sur l'opération à laquelle il s'est livré (M. A. Magné, p. 35, n° 57).

56. La loi n'eût été qu'imparfaitement exécutée, si l'on n'eût pas soumis à une surveillance périodique tous ceux qui, par leur commerce, se servent de poids et mesures. Cette opération a donc pour but de constater que depuis la vérification première, les poids et mesures n'ont subi aucune altération accidentelle ou intellectuelle; qu'ils continuent à présenter les mêmes garanties, et enfin de rechercher tous les instruments défectueux et illusoires. — Chacune de ces vérifications est constatée par l'apposition d'un poinçon nouveau. — Telles sont les dispositions de l'art. 13 de l'ord. de 1839.

57. Cette mesure est générale. Ainsi, sont soumis à la vérification périodique, les poids et mesures des bureaux d'octroi, bureaux de poids publics, hospices et hôpitaux, prisons et établissements de bienfaisance, et tous les autres établissements publics (ord., art. 24), les poids et mesures employés dans les halles, foires et marchés, dans les étalages mobiles, par les marchands forains et ambulants (ord., art. 23). — Jugé également que les agents des subsistances militaires sont soumis à la vérification des poids et mesures (Crim. cass. 19 oct. 1836) (1). — Une instruction du ministre de la guerre, du 8 mai 1828, assujettit les établissements dépendant de ce département à la surveillance des vérificateurs, sous l'assistance d'un officier de l'administration.—V. aussi Crim. cass. 5 déc. 1833, aff. Watellier, n° 73.

58. Toutefois, « les fabricants et marchands de poids et mesures ne sont assujettis à la vérification périodique que pour ceux dont ils font usage dans leur commerce.—Les poids, mesures et instruments de pesage et mesurage, neufs ou rajustés, qu'ils destinent à être vendus, doivent seulement être marqués du poinçon de la vérification primitive » (ord., art. 14). — Décidé, avant l'ord. de 1839, que les revendeurs ne sont tenus qu'à une vérification primitive pour les poids et mesures qu'ils revendent, de même que les fabricants ou rajusteurs pour ceux qu'ils fabriquent ou rajustent, et nullement à la vérification périodique à laquelle sont astreints les marchands (Crim. rej. 18 juin 1835) (2). — V. n° 145.

59. Aux termes de l'art. 18 de l'ord. de 1839, « la vérification périodique se fait tous les ans dans les chefs-lieux d'arrondissement et dans les communes désignées par le préfet, et tous les deux ans dans les autres lieux; toutefois, en 1840, elle aura lieu dans toutes les communes indistinctement. Le préfet règle l'ordre dans lequel les diverses communes du département sont vérifiées. » Et l'art. 19 ajoute : « Le vérificateur est tenu d'accomplir la visite qui lui a été assignée pour chaque année, et de se transporter au domicile de chacun des assujettis inscrits au rôle qui sera dressé conformément à l'art. 50 (V. n°s 78 et s.). — Il vérifie et poinçonne les poids, mesures et instruments qui lui sont exhibés, tant ceux qui composent l'assortiment obligatoire au minimum, que ceux que le commerçant posséderait de surplus. — Il fait note de tout sur un registre portatif qu'il fait émarger par l'assujetti, et si celui-ci ne sait ou ne veut signer, il le constate. »

60. Il résulte de ces dispositions que la vérification a lieu *à domicile*, et c'est toujours ainsi qu'il en a été. — Jugé, sous l'ancienne législation, que les vérificateurs ont le droit et sont

---

(1) (Min. pub. *C.* Tamain.) — LA COUR; — Vu la loi du 1er vend. an 4 et les arrêtés rendus pour son exécution, notamment celui du 29 prair. an 9;— Vu l'art. 479, § 5, c. pén., qui punit d'une amende ceux qui auront de faux poids ou de fausses mesures dans leurs magasins, boutiques, ateliers, etc.;— Attendu qu'aux termes de la loi du 1er vendémiaire et des arrêtés ci-dessus rappelés, les poids et mesures anciens sont dépourvus de toute garantie et réputés faux ; — Attendu qu'il s'agit, dans l'espèce, de la vérification faite dans les magasins d'un agent des subsistances militaires, dont le service consiste à recevoir et livrer des denrées qui se pèsent et se mesurent; — Attendu que, dès lors, il ne peut employer ou conserver dans ces magasins que des poids et mesures conformes à la loi;—Attendu que ces poids et mesures ne peuvent avoir de garantie légale que par l'effet des vérifications opérées par les fonctionnaires compétents; — Attendu que les instructions particulières du ministre de la guerre (décisions du 8 mai 1821) assujettissent les établissements dépendant de ce département à la surveillance des vérificateurs; que, si ces instructions prévoient l'assistance d'un officier de l'administration de la guerre, cette assistance n'est pas requise, à peine de nullité de la vérification, et que rien n'indique, d'ailleurs, que, dans l'espèce, aucune opposition ait été formée à l'exercice de la vérification;

Attendu qu'il résulte, d'un procès-verbal régulier, qu'il avait été trouvé, dans les magasins du sieur Tamain, plusieurs poids anciens de 50 livres, qui sont réputés faux par les lois et règlements ci-dessus rappelés; — Attendu qu'au lieu de faire à cette cette contravention l'application de l'art. 479, § 5, c. pén., le tribunal de simple police a renvoyé le sieur Tamain de la plainte, sur le motif qu'il n'était point commerçant, n'était point, par suite, soumis à la vérification, et que, d'ailleurs, le ministre de la guerre n'avait point autorisé la poursuite; — Attendu qu'il ne s'agissait point, dans l'espèce, d'un acte commis par un agent du gouvernement dans l'exercice de ses fonctions et dont la poursuite pourrait exiger des autorisations préalables, mais bien d'une simple contravention aux lois de police qui obligent personnellement tous les citoyens compris dans leurs prévisions; — Attendu qu'en refusant de faire application de la disposition précitée, et en admettant des excuses qui ne sont point dans la loi, le jugement attaqué a violé l'art. 479, § 5, et l'art. 65 c. pén.;—Par ces motifs, casse le jugement du tribunal de simple police de Morlaix, du 14 avril dernier.

Du 19 oct. 1836.-C. C., ch. crim.-MM. Bastard, pr.-Crouseilhes, r.

(2) (Min. pub. *C.* Pavie, etc.)— LA COUR ; — Vu l'art. 2 de l'arrêté des consuls du 29 prair. an 9, et les art. 5, 10 et 17 de l'ord. du 18 déc. 1825; — Attendu que de la combinaison de ces articles il résulte clairement qu'il y a deux sortes de vérification des poids et mesures applicables à deux classes de personnes différentes: la vérification primitive à laquelle les fabricants et rajusteurs sont tenus de soumettre les poids et mesures nouvellement fabriqués ou rajustés, et la vérification périodique à laquelle sont assujettis les marchands, commerçants et entrepreneurs pour les poids qu'ils emploient dans leur commerce, et qui servent de règle entre le public et eux ; qu'aucune disposition de lois ou règlements ne soumet les fabricants de poids et mesures à cette dernière vérification; — Que ceux qui achètent des poids et des mesures pour les revendre doivent, en l'absence de dispositions formelles à leur égard, être assimilés aux fabricants, puisque les poids et les mesures sont dans leurs mains, comme dans celles des fabricants, une véritable marchandise, et non le moyen avec lequel se règlent l'achat et la vente des marchandises; — Attendu, d'un autre côté, qu'un poids ne peut être soumis à la vérification et au poinçonnage que lorsqu'il est plombé et revêtu de sa chape et de son anneau; que, jusque-là, toute vérification est même impossible, puisque l'on ne peut savoir ce que pèse un poids complet, tel qu'il est employé dans le commerce, que lorsque toutes les parties qui le composent sont réunies; — Et attendu, en fait, que les sieurs Pavie frères ont été poursuivis comme ayant dans leurs magasins des poids revêtus seulement du poinçon de la vérification primitive et des poids non poinçonnés; qu'à l'égard des premiers, le jugement attaqué déclare qu'ils existaient dans leurs mains comme marchandises, dont ils font un commerce habituel; qu'à l'égard des seconds, le même jugement déclare que ce ne sont pas des poids, mais simplement des fontes ayant besoin de l'addition de certaines parties pour devenir poids; que, dans cet état, le renvoi des sieurs Pavie frères n'a été qu'une juste application des lois et ordonnances sur les poids et mesures; — Rejette.

Du 18 juin 1835.-C. C., ch. crim.-MM. Bastard, pr.-Vincens, rap.

tenus de se transporter au domicile des marchands et fabricants, afin d'y vérifier s'ils sont munis des poids et mesures légaux (Crim. cass. 9 mai 1834, aff. Adel-Durand, V. n° 29-1°); ...et que ceux-ci ne peuvent être tenus de les porter chez le vérificateur pour les faire vérifier; qu'en tout cas, le refus d'un négociant d'obtempérer à l'invitation à lui faite par un garde champêtre d'apporter ses poids chez le vérificateur, a pu être déclaré ne présenter aucune violation des art. 19 et 20 de l'ord. du 18 déc. 1825, ni d'aucune loi (Crim. rej. 7 sept. 1833) (1). — Décidé également, sous la loi nouvelle, que le commerçant chez lequel ont été saisis des poids et mesures non revêtus du poinçon de l'année, ne peut être déclaré en contravention s'il est établi que le vérificateur ne s'est pas présenté à son domicile durant l'année et notamment à l'époque fixée par le règlement du préfet pour la vérification (Crim. rej. 3 août 1854, aff. Tavant, D. P. 55. 1. 000).

61. Par le mot *domicile*, la loi entend évidemment le siége de l'établissement, c'est-à-dire le lieu où se trouvent les poids et mesures soumis à la vérification, et non le domicile réel du négociant.—Toutefois, il a été jugé qu'un tribunal de police ne peut renvoyer des poursuites le négociant prévenu de n'avoir pas représenté au vérificateur les poids dont il devait être muni en vertu de l'arrêté du préfet, sous prétexte qu'il aurait transporté ses magasins dans un lieu autre que celui de son domicile (Crim. cass. 9 mai 1834, aff. Adel-Durand, V. n° 29). — Cette décision ne paraît pas exacte : on ne peut pas plus forcer le commerçant de transporter ses poids et mesures de son établissement commercial à son domicile, qu'il ne pourrait refuser la vérification dans ses magasins et renvoyer les préposés à ce même domicile.

62. L'assujetti pourrait il se refuser à porter ses poids au bureau de vérification, si l'invitation de se rendre chez le vérificateur était faite par proclamation ou par arrêté municipal? — Il a été décidé, avant l'ordonnance de 1839, que les détenteurs de poids et mesures soumis à la vérification ne sont pas obligés de porter leurs poids et mesures à la vérification; que les vérificateurs doivent se transporter chez les assujettis, encore bien que l'autorité supérieure eût pris un arrêté contraire (Crim. rej. 3 avril 1835 (2); 15 mai 1835, MM. Choppin, pr., Vincens, rap., aff. min. pub. *C.* Louis Léonce : ces deux arrêts sont conçus en termes identiques; 15 déc. 1838, MM. Bastard, pr., Crouseilhes, rap., aff. min. pub. *C.* Michaux, etc.). — Cette solution devrait, ce semble, être encore suivie aujourd'hui. C'est, en effet, ce que l'on peut induire de l'art. 20 de l'ord. de 1839, ainsi conçu : « La vérification périodique pourra être faite au siége des mairies dans les localités où, conformément aux usages du commerce et sur la proposition des préfets, notre ministre des travaux publics, de l'agriculture et du commerce, jugerait cette opération d'une plus facile exécution, *sans toutefois que cette mesure puisse être obligatoire pour les assujettis*, et sauf le droit d'exercice à domicile. »

63. La règle que la vérification périodique a lieu à domicile, ne comporte d'exception qu'à l'égard des marchands ambulants qui font usage de poids et mesures. Ils sont tenus de les présenter dans les trois premiers mois de chaque année ou de l'exercice de leur profession, à l'un des bureaux de vérification dans le ressort desquels ils colportent leurs marchandises (ord. de 1839, art. 21). — Il a été décidé, avant l'ordonnance de 1839, que la vérification et le poinçonnage d'instruments de pesage anciens qui ne sont que tolérés ne doivent point nécessairement avoir lieu au domicile des assujettis à cette mesure; que, par suite, et à défaut par les détenteurs qui ont continué de s'en servir, de les avoir fait vérifier et poinçonner dans le délai fixé par le maire ils ne peuvent être renvoyés de la poursuite sur le motif qu'ils se sont présentés plusieurs fois au bureau du préposé sans l'y trouver. ...Ni sous le prétexte que ces instruments de pesage, qui étaient défectueux, ont depuis été rajustés (Crim. cass. 23 fév. 1839, MM. Bastard, pr., Rives, rap., aff. min. pub. *C.* Fabre).

64. M. Magné enseigne (p. 36, note) que les assujettis auxquels des instruments défectueux ont été laissés, sous le sceau de la mairie, pour être rajustés, doivent, quand ces instruments ont été réparés, les porter au bureau du vérificateur, s'ils veulent s'en servir, le vérificateur ne pouvant supporter la conséquence d'un fait personnel à l'assujetti.

65. « Les préfets fixent par des arrêtés, pour chaque commune, porte l'art. 27 de l'ord. de 1839, l'époque où la vérification de l'année commence et celle où elle doit être terminée. — A l'expiration du dernier délai ci-dessus et après que la vérification aura eu lieu dans la commune, il est interdit aux commerçants, entrepreneurs et industriels d'employer et de garder en leur possession des poids, mesures et instruments de pesage qui

(1) *Espèce :* — (Min. pub. *C.* Delattre.) — Delattre et consorts, fabricants de papier à Hainneville (Somme), furent traduits devant le tribunal de simple police d'Ailly, pour contravention aux lois et règlements sur les poids et mesures; mais ils furent renvoyés de l'action du ministère public, par jugement du 27 juin 1833, ainsi conçu : — « Considérant que le procès-verbal ne constate pas que les défendeurs aient refusé d'exhiber leurs poids à leur domicile, au vérificateur qui s'y serait présenté pour en faire la vérification; que ce procès-verbal établit, au contraire, que le vérificateur ne s'est point présenté à leur domicile, puisqu'il y est dit que c'est le garde champêtre qui a été les prévenir; — Attendu que l'art. 19 de l'ord. du 18 déc. 1825 prescrit au vérificateur de se transporter au domicile de chacun de ceux dont les poids doivent être vérifiés; que le vérificateur ne s'étant point transporté au domicile des défendeurs, ceux-ci ne pouvaient lui représenter leurs poids; qu'ainsi, ils ne peuvent être en contravention. » — Pourvoi par le ministère public. Devant la cour, M. l'avocat général Tarbé a conclu au rejet du pourvoi, en faisant remarquer surtout que, si l'on pouvait légalement imposer aux citoyens de se transporter chez le vérificateur, l'exécution d'une pareille obligation serait pour la plupart du temps impraticable. — Arrêt.

LA COUR; — Vu l'ordonnance relative aux poids et mesures, en date du 18 déc. 1825, et celle du 21 décembre dernier; — Attendu que, dans l'état des faits consignés au procès-verbal, reconnus et déclarés par le jugement attaqué, ce jugement n'a commis aucune violation de la loi; — Rejette.

Du 7 sept. 1833.-C. C., ch. crim.-MM. de Bastard, pr.-De Crouseilhes, rap.-Tarbé, av. gén., c. conf.

(2) (Min. pub. *C.* Lepinteur-Morel.) — LA COUR; — Vu la loi des 16-24 août 1790, tit. 11, art. 3, n° 4; celle du 1er vend. an 4 et l'art. 479, n° 5, c. pén.; — Attendu qu'il résulte de l'ensemble de ces dispositions que la surveillance de l'autorité municipale, sur le débit des denrées qui se vendent à l'aune, au poids ou à la mesure, et l'action du pouvoir exécutif pour la vérification des poids et mesures, doivent s'exercer dans les magasins, boutiques, ateliers, maisons de commerce, halles, foires, marchés et autres lieux où il est fait usage de poids et mesures; — Attendu que, si l'arrêté consulaire du 29 prair. an 9 avait ordonné aux détenteurs de poids et mesures, assujettis à la vérification périodique, de porter aux chefs-lieux des sous-préfectures les poids et mesures à vérifier, l'ordonnance royale du 18 déc. 1825 a formellement abrogé cette disposition, 1° en ordonnant que les vérificateurs (sous leur responsabilité ou sous peine de destitution) se transporteraient au domicile des assujettis; 2° en augmentant par suite, et comme indemnité des frais des tournées ordinaires et extraordinaires de ces agents de l'administration, la rétribution que ledit arrêté du 29 prair. an 9 avait imposée aux assujettis; — Attendu que l'ordonnance du roi, en date du 7 juin 1826, n'a eu d'autre but que de dispenser, le cas échéant, et avec l'autorisation expresse du ministre, les vérificateurs d'une obligation annuelle, à laquelle, dans l'intérêt général, ils étaient soumis sous peine de destitution, mais que certaines circonstances de localités, indiquées par la circulaire ministérielle du 8 juin de la même année, pouvaient rendre plus ou moins pénibles ou difficiles; que cette ordonnance n'a, ni directement, ni indirectement, imposé aux assujettis une obligation nouvelle, qui serait contraire au texte et à l'esprit des lois précitées et de l'ord. du 18 déc. 1825; — Attendu que les arrêtés de l'autorité administrative ne peuvent entraîner, contre les contrevenants, l'application de l'art. 471, n° 15, c. pén., qu'autant qu'ils sont légalement pris dans le cercle des pouvoirs confiés soit à l'autorité municipale, soit au pouvoir exécutif, et qu'ils se rattachent à l'exécution d'une loi préexistante; — Et attendu, en fait, que la poursuite dirigée contre les prévenus n'avait d'autre fondement que l'imputation de n'avoir pas porté à la vérification les poids et mesures dont, à cause de leur profession, ils doivent être pourvus; — Que l'arrêté pris, le 17 juin 1833, par le préfet du Calvados, et approuvé, le 10 du même mois (sans doute en minute) par le ministre du commerce et des travaux publics, ne pouvait imposer aux assujettis une obligation dont le principe n'est dans aucune loi, dont ils étaient expressément dispensés par l'ord. du 18 déc 1825, et que l'ord. du 7 juin 1826 n'a pas eu pour but et pour effet de créer à leur charge; — Qu'en déclarant, dans l'état de ces faits, que l'art. 471, n° 15, c. pén., n'était pas applicable à la contravention prétendue, en raison de laquelle la poursuite était exercée, le jugement dénoncé n'a violé expressément aucune loi; — En conséquence, rejette.

Du 3 avr. 1835.-C. C., ch. crim.-MM. de Bastard, pr.-Rives, rap.

n'auraient pas été soumis à la vérification périodique et au poinçon de l'année. » — Il a même été jugé que les commerçants ne peuvent détenir dans leur magasin des poids et mesures achetés dans l'intervalle d'une vérification périodique à l'autre, qu'après les avoir présentés à l'examen du vérificateur; et que c'est à tort qu'on considérerait comme suffisant, à défaut du poinçon de l'année, le poinçon primitif dont ils auraient reçu l'empreinte, avant leur livraison au commerce (Crim. cass. 24 mai 1855, aff. Chevreuil, D. P. 55. 1. 271).— Quant à la sanction de la disposition de l'art. 27 précité, V. n°s 137 et suiv.

66. Le vérificateur ne doit commencer sa tournée que lorsque l'arrêté préfectoral relatif à la vérification périodique et contenant son itinéraire lui a été notifié revêtu de l'approbation ministérielle. Toutefois l'insertion de cet arrêté au recueil ou mémorial administratif équivaut à sa notification officielle, et il est à remarquer que la publicité donnée à l'arrêté, aux termes de l'art. 27 de l'ordonnance, ne dispense pas le vérificateur d'aviser chaque maire de son arrivée dans la commune (M. Magné, p. 37, n°s 60 et 61). Le maire prévient alors ses administrés par un ban publié deux jours à l'avance (ord., art. 38). Si le vérificateur est dans l'impossibilité de se rendre dans la commune à l'époque indiquée, il doit en aviser, à ses frais, le maire et le sous-préfet (inst. 31 déc. 1825, p. 27).

67. Les assujettis sont tenus d'ouvrir leurs magasins, boutiques et ateliers, et de ne pas quitter leur domicile après le ban publié dans la forme ordinaire.—Ils sont tenus de se prêter aux exercices toutes les fois qu'ont lieu les visites prévues par les art. 19 et 20 de l'ordonnance (art. 38).—Jugé : 1° qu'un boucher qui refuse de représenter ses balances à un commissaire de police qui lui en fait la demande, est passible des peines de police; qu'en conséquence, est nul un jugement qui, sur un procès-verbal régulier, constatant cette contravention, se borne à condamner le contrevenant aux dépens, sans lui infliger aucune peine (Crim. cass. 31 juill. 1830) (1); — 2° Que l'obligation, pour les assujettis, de ne point sortir de leur domicile aux jours annoncés pour la vérification, doit être entendue en ce sens que ces assujettis doivent tenir ouverts, et à la disposition du vérificateur, les lieux où il se présente pour exercer sa vérification; — Que, par suite, le commerçant qui a tenu ses magasins fermés, et a mis ainsi le vérificateur dans l'impossibilité de se livrer à la vérification est passible de contravention, quand bien même il ne serait pas sorti de son domicile, si ce domicile est différent du lieu où sont situés ses magasins (Crim. cass. 25 sept. 1847, aff. Dubreil, D. P. 47. 4. 372).

68. Les visites et exercices ne peuvent avoir lieu que pendant le jour.—Néanmoins elles sont autorisées chez les marchands et débitants pendant tout le temps que les lieux de vente sont ouverts au public (art. 26). — Dans le cas de refus d'exercice, et si les visites ont lieu avant le lever et après le coucher du soleil, les vérificateurs doivent se faire accompagner, soit par le juge de paix ou son suppléant, soit par le maire, l'adjoint ou le commissaire de police (art. 39). — Ces fonctionnaires ne peuvent s'y refuser et doivent signer les procès-verbaux, sauf aux vérificateurs, en cas de refus, d'en faire mention auxdits procès-verbaux (art. 40). —Il a été jugé, avant 1839, que, malgré le silence de la loi du 21 mars 1831 sur l'organisation municipale, les maires ne conservent pas moins le droit de déléguer leurs fonctions aux conseillers municipaux en l'absence des adjoints, pour accompagner et assister les vérificateurs des poids et mesures, droit que leur confère le décret du 4 juin 1806 (Crim. cass. 26 mai 1836) (2). — V. n° 74, *in fine*.

69. Le vérificateur commence par s'assurer si l'assujetti est pourvu de son assortiment et prend note sur le portatif des quantités qui lui sont représentées. Si l'assortiment n'est pas complet et s'il juge admissibles les motifs d'excuse allégués par l'assujetti, il lui assigne un délai pour se pourvoir, sinon il constate l'infraction par un procès-verbal. Il procède ensuite à la vérification des instruments, prend note sur son portatif de ceux qui doivent être soumis au rajustage, s'assure si les balances sont suspendues à la hauteur prescrite, etc., et lorsque l'opération est terminée, il invite l'assujetti à signer, sauf à constater son refus (M. A. Magné, p. 40, n° 67). Quand il a terminé toutes ses visites, le vérificateur se rend auprès du maire, qui constate qu'il ne reste plus d'assujetti à exercer, et il remet, s'il y a lieu, à ce dernier un extrait du portatif concernant les injonctions faites aux assujettis (*eod.*, p. 41 et 42, n°s 68 et 69). Dès que les opérations sont terminées dans une perception, le vérificateur dresse un état motivé pour cette perception, et il en fait l'envoi au sous-préfet, après avoir pris note du nombre d'articles qui s'y trouvent compris et du montant des droits. Pendant tout le temps des opérations, il est tenu de produire, le 1er de chaque mois, pour le mois précédent, une situation indiquant les communes vérifiées et la date du dépôt ou de l'envoi des états matrices (inst. 28 déc. 1832, M. A. Magné, p. 43 et 44, n°s 71 et 73). Enfin il établit en dernier lieu l'état sommaire des rôles.

70. Il lui est défendu de se faire accompagner par des rajusteurs. Toute infraction à cette règle entraînerait sa révocation (inst. 31 déc. 1825, p. 21). De même, il doit apposer lui-même

---

(1) (Min. pub. *C.* Vidal.) — La cour; — Vu les art. 1, 2, 3 et 5, tit. 1, de la loi du 24 août 1790 et l'art. 46, tit. 11, de la loi du 22 juill. 1791; — Attendu, en droit, qu'aux termes des dispositions ci-dessus rappelées, les contraventions aux règlements administratifs qui ont pour objet la surveillance de la fidélité du débit des marchandises qui se vendent au poids et à la mesure, doivent être punies d'une peine de police; que ladite peine a été déterminée par les art. 600 et 606 c. 3 brum. an 4; — Attendu, en fait, qu'un procès-verbal dont les énonciations n'ont pas été contestées, constate que, le 14 juin dernier, Vidal, boucher en la ville du Puy, a été sommé par le commissaire de police de représenter les poids et autres instruments de pesage attachés à sa profession, conformément aux règlements de police locale sur les poids et mesures, et que, sur sa réponse qu'il n'avait pas de balance, il lui a été déclaré procès-verbal; — Que ce boucher devait donc être condamné en l'amende par lui encourue, et qu'en supposant même que le tribunal, saisi de la poursuite exercée contre lui, eût pu regarder comme excusable un prévenu dont la contravention était légalement établie, ce n'était pas un motif suffisant pour le dispenser de l'amende encourue, puisqu'aux termes de l'art. 65 c. pén., aucune excuse ne peut être admise que dans le cas où la loi déclare le fait excusable; — Que, cependant, le tribunal de police, tout en reconnaissant que Vidal Giraud était en contravention, sans excuses pour n'avoir pas déféré à la demande d'exhibition de balances qu'il déclarait ne pas avoir, l'a, néanmoins, renvoyé de l'action du ministère public, et, au lieu de prononcer contre lui l'amende qu'il avait encourue, s'est borné à le condamner aux dépens; en quoi il a commis un excès de pouvoir, méconnu les règles de sa compétence, et violé l'art. 5, tit. 11, de la loi du 24 août 1790, l'art. 46, tit. 1, de celle du 22 juill. 1791, et les art. 600 et 606 c. 3 brum. an 4, dont il avait à faire l'application; — Par ces motifs, casse le jugement du tribunal de police du Puy, du 18 juin dernier.

Du 31 juill. 1830.-C. C., ch. crim.-MM. Bastard, pr.-Chantereyne, av.

(2) (Min. pub. *C.* Falcimagne.) — La cour; — Vu la loi sur l'organisation municipale du 21 mars 1831, l'art. 5 du décret du 4 juin 1806, qui autorise le maire à déléguer à ses adjoints une partie de ses fonctions; — Attendu que la loi de 1831, en déterminant, par son art. 5, de quelle manière le maire sera remplacé en cas d'absence ou d'empêchement, n'a pas statué sur la délégation de certaines parties de ses fonctions, qui peut devenir nécessaire en certain cas; — Attendu, particulièrement, qu'en matière de poids et mesures, des officiers de police doivent, aux termes des lois et règlements, accompagner et assister les vérificateurs des poids et mesures dans leurs opérations; que de telles fonctions, essentiellement distinctes de l'exercice habituel du pouvoir municipal, doivent le plus souvent être conférées par délégation spéciale;

Attendu, dès lors, que cette délégation doit s'opérer conformément aux prescriptions de l'article 5 du décret du 4 juin 1806; — Attendu que cet article comprend nécessairement dans ses prévisions les conseillers municipaux, appelés toujours à remplacer les adjoints en cas d'absence ou d'empêchement de ceux-ci; — Et attendu que, dans l'espèce, il a été constaté par une délégation du maire qu'il n'appelait un conseiller municipal qu'à défaut de l'adjoint absent; — Et attendu que cette délégation était régulière; — Attendu que l'officier de police, ainsi délégué, avait, de concert avec le vérificateur des poids et mesures, dressé contre la demoiselle Falcimagne un procès-verbal qui lui imputait diverses contraventions; — Attendu qu'au lieu de statuer sur les faits de ce procès-verbal, le tribunal de simple police d'Ardes, Puy-de-Dôme, a déclaré nul ce procès-verbal, sur le motif que le maire aurait dû suivre, dans sa délégation, l'ordre du tableau des conseillers municipaux; — Attendu que cette obligation n'est point imposée au maire par le décret du 4 juin 1806; — Attendu, dès lors, que le tribunal a violé ce décret et aussi l'art. 154 c. inst. crim.; — Par ces motifs, casse le jugement du tribunal de police d'Ardes, du 22 sept. 1835.

Du 26 mai 1836.-C. C., ch. crim.-MM. Bastard, pr.-M. Crouseilhes, r.

la marque : l'abandon des poinçons de sa part serait puni de révocation et même de peines correctionnelles (*eod.*).

71. La sollicitude de l'autorité ne se borne pas à cette visite périodique. Les vérificateurs et leurs adjoints doivent faire, en outre, des tournées dites de surveillance. L'instruction du 28 déc. 1832 leur prescrit même formellement de les faire dans le quart au moins des communes de leur arrondissement, non compris le chef-lieu. Ils en établissent la nomenclature à la fin de l'année, au moyen d'un état adressé au sous-préfet et approuvé par le préfet. — L'autorité locale n'est pas avertie de ces visites particulières, sans quoi la surveillance serait inefficace; mais le maire de chacune des communes où s'est présenté le vérificateur vise la nomenclature.

72. Enfin, en dehors de ces tournées de surveillance, « les vérificateurs peuvent toujours faire, soit d'office, soit sur la réquisition des maires et du procureur, soit sur l'ordre du préfet et des sous-préfets, des visites extraordinaires et inopinées chez les assujettis (ord. de 1839, art. 20; V. M. Magné, p. 48, n° 83). —Quand les visites ont été provoquées par le maire, il est convenable que le vérificateur avise ce fonctionnaire qu'il s'est conformé à sa réquisition. S'il ne le juge pas à propos, au moins doit-il en faire connaître les motifs au sous-préfet. Dans tous les autres cas, il adresse un rapport au fonctionnaire qui l'a requis.

73. Les vérificateurs constatent les contraventions prévues par les lois et règlements concernant le système métrique des poids et mesures. Leurs procès-verbaux font foi en justice jusqu'à preuve contraire (L. 4 juill. 1837, art. 7; ord. 17 avr. 1839, art. 34, paragraphe final). — Cette attribution donnée aux vérificateurs est dans l'intérêt du service. Elle évite des lenteurs et des embarras. L'on a pensé, d'ailleurs, qu'ils devaient se borner à constater les contraventions prévues par les lois et règlements concernant le système métrique, et que la constatation des infractions constituant, non plus des contraventions, mais des délits, comme, par exemple, l'infidélité du débit (V. n° 85), devait rester dans les attributions de la police municipale. — Du reste, déjà avant la loi de 1837, il avait été jugé que les vérificateurs des poids et mesures ont qualité pour constater les contraventions, commises par les entrepreneurs de fournitures de fourrage aux troupes, ou par leurs employés; et que c'est à tort qu'un juge de police s'était déclaré incompétent, sous le prétexte qu'il n'appartenait qu'aux sous-intendants militaires de constater ces contraventions (Crim. cass. 5 déc. 1833 (1); V. aussi Crim. cass. 19 décembre 1836, aff. Tamain, n° 57), et que le local où les denrées ou fourrages sont reçus et livrés doit être assimilé aux magasins, et que le vérificateur a le droit d'y exercer ses fonctions (même arrêt).

74. Ce ne sont pas seulement les vérificateurs en titre qui sont chargés de veiller à l'observation des prescriptions de la loi, mais encore les préfets, les sous-préfets, les maires les adjoints, les commissaires de police, les officiers de police judiciaire. Cela résulte des principes généraux du droit et surabondamment des art. 28, 29, 30, 31, 32 et 34 de l'ord. du 17 avr. 1839 (V. aussi l'ord. du 18 déc. 1825, art. 2, et v° Procès-verbal). —Toutefois, il a été jugé qu'un garde champêtre est sans qualité pour assister le vérificateur des poids et mesures, et dresser procès-verbal des contraventions aux lois sur cette matière (Crim. rej. 4 déc. 1835) (2).

75. Les procès-verbaux sont dressés dans les vingt-quatre heures de la constatation de l'infraction, signés par les vérificateurs, et affirmés par eux le lendemain de leur clôture (ord., art. 41), enregistrés dans la quinzaine, ils sont visés pour timbre et enregistrés en débet (art. 42) puis remis dans la quinzaine au juge de paix qui se conforme aux règles établies par les art. 20, 21 et 139 c. inst. crim. (ord., art. 43).—V. Procès-verbal.

76. Aux termes de l'art. 7 de la loi du 4 juill. 1837, les *vérificateurs* des poids et mesures peuvent procéder à la saisie des instruments de pesage et de mesurage dont l'usage est interdit par lesdites lois et règlements. — L'art. 35 de l'ordonnance leur prescrit également de saisir tous les poids et mesures autres que ceux maintenus par la loi du 4 juill. 1837, ainsi que tous les poids, mesures, instruments de pesage et mesurage altérés ou défectueux ou qui ne seraient pas revêtus des marques légales de la vérification, et de déposer à la mairie les objets saisis toutes les fois que cela est possible. Enfin, d'après l'art. 36, ils doivent recueillir et relater les circonstances qui ont accompagné, soit la possession, soit l'usage des poids ou des mesures dont l'emploi est interdit.—Jugé que ce ne sont pas seulement les poids et mesures non revêtus des poinçons de la vérification qui sont susceptibles de saisie, mais aussi ceux qui, bien que marqués du poinçon d'une vérification primitive, sont trouvés altérés ou défectueux, quelle que soit d'ailleurs la cause du vice; qu'ils peuvent être saisis même chez le fabricant, s'ils y ont été trouvés exposés en vente (Crim. cass. 17 janv. 1845, aff. Chardon, D. P. 45. 1. 116). — S'il est trouvé des mesures qui, par leur état d'oxydation, puissent nuire à la santé des citoyens, il en est donné avis aux maires et aux commissaires de police (ord., art. 37).

77. Un mot maintenant sur les frais qu'entraine la surveillance des poids et mesures. L'art. 46 de l'ord. de 1839 dispose que la vérification première des poids et mesures dont il a été question n° 52 et suiv. est gratuite. — Il en est autrement de la vérification périodique qui est à la charge des assujettis, et dont les droits sont provisoirement perçus, conformément au tarif annexé à l'ord. du 18 déc. 1825, modifié par celles du 21 déc. 1832 et du 18 mai 1838 (ord., art. 47). — Cependant la vérification est *gratuite* pour les bureaux d'octroi, bureaux de poids publics, hospices, établissements de bienfaisance et tous autres établissements publics (art. 21). Il en est de même de

(1) (Min. pub. C. Watellier.) — LA COUR; — Vu l'art. 479, § 5, c. pén., qui prononce des peines de police contre ceux qui auront de faux poids ou de fausses mesures dans leurs magasins, boutiques, ateliers ou maisons de commerce; — Vu l'art. 481 du même code, la loi du 1er vend. an 4, sur les poids et mesures, et l'arrêté du 29 prair. an 9, rendu pour son exécution; — Attendu, en droit, que l'art. 479, § 5, c. pén. embrasse dans ses prévisions les magasins, boutiques, ateliers ou maisons de commerce; — Attendu que le local où se trouvent déposées les denrées qu'un fournisseur du département de la guerre achète et revend est un véritable magasin, et est soumis, par suite, aux vérifications des poids et mesures que peuvent opérer les agents à ce préposés; — Attendu que les mesures qui peuvent être ordonnées par le ministre de la guerre pour que des vérifications particulières soient opérées, ou pour que des officiers de l'administration de la guerre assistent aux vérifications, ne peuvent entraver les opérations ordinaires de la vérification auxquelles il doit être procédé dans un intérêt public et général, et la constatation des contraventions qui peuvent avoir été commises à la loi commune; — Attendu, en fait, qu'un procès-verbal régulier d'un vérificateur des poids et mesures de l'arrondissement de Moulins, et du commissaire de police de cette ville, constate que le plateau des balances servant à recevoir et peser l'avoine fournie à la garnison de la ville de Moulins, par le sieur Watellier, agent responsable de la compagnie Blanchard, adjudicataire de la fourniture des fourrages et avoines, était plus pesant de trois livres et demie que celui qui recevait les poids; — Attendu que, dès lors, le sieur Watellier se trouvait dans le cas prévu par l'art. 479, § 5, c. pén., et devenait passible des peines portées, soit par cet article, soit par l'art. 481 du même code; — Attendu, toutefois, que le tribunal de simple police de Moulins s'est déclaré incompétent et a renvoyé le sieur Watellier de la plainte, sur le motif que les sous-intendants militaires ont seuls le droit de constater les contraventions aux lois sur les poids et mesures; en quoi ce tribunal a méconnu les règles de sa compétence et violé la loi du 1er vend. an 4, l'arrêté du 29 prair. an 9, rendu pour son exécution, et les art. 479, § 5, et 481 c. pén.; — Par ces motifs, casse.

Du 5 déc. 1833.-C. C., ch. crim.-MM. de Bastard, pr.-Crouseilhes, r.

(2) (Martin.) — LA COUR; — Vu l'art. 2 de la loi du 18 déc. 1825 et l'art. 16 c. instr. crim.; — Attendu que l'ordonnance du 18 déc. 1825, dans la disposition ci-dessus rappelée, conforme en ce point à l'arrêté du 29 prair. an 9, charge les maires, adjoints, commissaires et officiers de police, d'assister les vérificateurs des poids et mesures dans l'exercice de leurs fonctions; mais ne donne pas la même attribution aux gardes champêtres, attendu que ceux-ci ne sont point des officiers de police proprement dits, mais des officiers de police judiciaire, dont les attributions spéciales sont déterminées par l'art. 16 c. inst. crim.; — Attendu que, dès lors, le garde champêtre d'Authon était sans qualité pour assister le vérificateur des poids et mesures, dresser procès-verbal d'une infraction aux règlements sur les poids et mesures, et qu'en le décidant ainsi le tribunal de simple police d'Authon n'a commis aucune violation de la loi; — Attendu que, dans le surplus de ses dispositions, le jugement est régulier et a fait une application légale de l'art. 479, § 5, c. pén.; — Par ces motifs, rejette, etc.

Du 4 déc. 1835.-C. C., ch. crim.-M. de Crouseilhes, rap.

la vérification des poids, mesures et instruments de pesage présentés volontairement à la vérification par des individus non assujettis (ord., art. 48). — Décidé que l'adjudicataire d'une fabrique d'acier, encore bien qu'immédiatement après son acquisition il ait fait cesser les travaux de fabrication, n'est pas moins soumis à la contribution des poids et mesures, pour tout le temps où il est constaté qu'il a continué à faire le commerce des objets précédemment manufacturés, et en faisant usage du matériel sur lequel cette rétribution était antérieurement assise (ord. cons. d'Et. 25 avr. 1834, M. Caffarelli, rap., aff. Yvelin). — Enfin, d'après les textes en vigueur, les droits de la vérification périodique sont payés pour les poids et mesures formant l'assortiment obligatoire de chaque assujetti, et pour les instruments de pesage sujets à la vérification. — Ceux qui excèdent l'assortiment obligatoire sont vérifiés et poinçonnés gratuitement (ord., art. 49).

78. Les états matrices des rôles sont dressés par les vérificateurs des poids et mesures, d'après le résultat des opérations qui doivent être consommées avant le 1er août. — Ces états sont remis aux directeurs des contributions directes, à mesure que les opérations sont terminées dans les communes dépendant de la même perception, et, au plus tard, le 1er août de chaque année (ord., art. 50).—Les directeurs des contributions directes, après avoir vérifié et arrêté les états matrices mentionnés à l'article précédent, procèdent à la confection des rôles, lesquels sont rendus exécutoires par le préfet, pour être mis immédiatement en recouvrement par les mêmes voies et avec les mêmes termes de recours, en cas de réclamation, que pour les contributions directes (ord., art. 51).—L'art. 18 de l'ord. du 18 déc. 1825 contenait une disposition semblable, et il a été jugé qu'aux termes de cet art. 18, les réclamations relatives à la contribution des poids et mesures doivent avoir lieu par les mêmes voies que pour les portes et fenêtres (ord. cons. d'Et. 25 avr. 1834, M. Caffarelli, rap., aff. Yvelin).— Ainsi, s'il s'agit d'une demande en décharge ou en réduction, c'est le conseil de préfecture qui statue, sauf recours au conseil d'Etat; s'il s'agit d'une demande en remise ou en modération, le préfet est seul compétent, sauf recours au ministre des finances (M. A. Magné, p. 111 et 112, nos 159, 160 et 161). Les premières doivent être formées dans les trois mois de la publication des rôles, les autres dans l'année. — V. Impôts directs, nos 438, 490 et s.

79. Il a décidé que la rétribution fixée pour la vérification et le poinçonnage des poids et mesures n'étant que le payement des frais de surveillance de cette opération, ne constituait pas une contribution directe qui pût être comptée pour le cens électoral (L. 19 avr. 1831, art. 4; Douai, 16 nov. 1840, M. Colin, pr., aff. Petit-Cormon).

80. L'art. 53 de l'ord. de 1839 porte : « La perception des droits de vérification est faite par les agents du trésor public. — Le montant intégral des rôles est exigible dans la quinzaine de leur publication. — L'art. 3 de l'ord. du 21 déc. 1832 continuera à être exécuté » (V. cet art. 3 ci-dessus, p. 988). — « Les remises auxquelles ont droit les agents du trésor pour le recouvrement des contributions, dit l'art. 54, ainsi que les allocations revenant aux directeurs des contributions directes pour les frais de confection des rôles sont réglés par notre ministre secrétaire d'Etat des finances. » — Enfin, aux termes de l'art. 52, « avant la fin de chaque année, il sera dressé et publié des rôles supplémentaires pour les opérations qui, à raison de circonstances particulières, n'auraient pu être faites que postérieurement au délai fixé par l'art. 50. » — V. no 78.

Art. 6. — *Inspection du débit des marchandises se vendant au poids ou à la mesure.*

81. L'ord. du 17 avr. 1839 a réglé non-seulement l'inspection des poids et mesures, mais encore celles du débit des marchandises se vendant au poids et à la mesure. Elle a confié spécialement cette inspection à la vigilance et à l'autorité des préfets, sous-préfets, maires, adjoints et commissaires de police (art. 28). Elle recommande aux maires, adjoints, commissaires et inspecteurs de police de faire des visites dans les boutiques, magasins, etc., à l'effet de s'assurer soit de l'exactitude et du fidèle usage des poids et mesures et des instruments de pesage, soit de l'apposition régulière des marques de vérification : ils constatent les infractions (art. 29, 30, V. no 74).

82. Les maires et officiers de police sont aussi chargés, par l'art. 31 de l'ord. du 17 avr. 1839, de veiller à la fidélité dans le débit des marchandises qui, étant fabriquées au moule ou à la forme, se vendent à la pièce ou au paquet comme correspondant à un poids déterminé. Ce pouvoir rentre dans celui plus général accordé aux maires relativement à l'inspection sur la fidélité du débit des denrées qui se vendent au poids, à l'aune et à la mesure, par la loi du 16 août 1790, tit. 11, art. 3, no 4, et dont il est parlé longuement vo Commune, nos 1211 et s., 1220 et s. — Il doit aussi être combiné avec les dispositions soit de l'art. 423 c. pén., soit de la loi du 27 mars 1851, dont il sera parlé plus bas, nos 85 et suiv. (V. notamment no 105), et dont il doit seconder, mais non empêcher l'exécution.

Disons seulement ici qu'il a été jugé sur un point particulier, la vente des chandelles au paquet : 1° que le fait d'avoir mis en vente des paquets de chandelles, enveloppées avec un papier et avec des ficelles dont le poids excède celui prévu par un règlement de l'autorité administrative, constitue, non pas la vente commise par l'emploi de faux poids, punie par l'art. 423 c. pén., mais une contravention aux règlements de police, passible des peines de simple police (Crim. règl. de jug. 12 juin 1828) (1); — 2° Que celui qui a fabriqué et le marchand qui a mis en vente des chandelles, ne peut être renvoyé de la prévention d'avoir contrevenu aux règlements sur la fidélité du débit des denrées qui se vendent au poids ou à la mesure, sur le motif que d'autres paquets de chandelles auraient le poids prescrit par le règlement, ou que le déficit qui se trouverait dans les paquets visités proviendrait d'une détérioration particulière à la matière dont les chandelles sont confectionnées, ou serait trop peu considérable (une once et demie à deux onces) pour constituer une contravention (Crim. cass. 20 juin 1828) (2); — 3° Que la mise en

(1) *Espèce :* — (Min. pub. *C.* Denizet, etc.) — Denizet et Rocard furent traduits devant le tribunal correctionnel de Fontainebleau, pour avoir mis en vente des paquets de chandelles dont le poids du papier et de la ficelle excédait le poids voulu par des arrêtés préfectoraux, sous la prévention de vente de marchandises à faux poids. Le tribunal correctionnel se déclara incompétent, attendu que ce n'est pas vendre à faux poids que de vendre des denrées qui n'ont pas le poids déterminé par les règlements, et que les peines prononcées par l'art. 423 c. pén. ne sont applicables à celui qui trompe les acheteurs sur la qualité des marchandises que lorsque la fraude a été commise par l'emploi de faux poids ou de fausses mesures. — Le tribunal de simple police, saisi de cette contravention, se déclara aussi incompétent. — Pourvoi en règlement de juges. — Arrêt.

La cour; — Attendu que le cours de la justice se trouve interrompu, et qu'il importe de le rétablir; — Attendu que le fait qui sert de base aux poursuites ne constitue qu'une simple contravention aux arrêtés des préfets de la Seine et Seine-et-Marne, qui ont déterminé le poids que devaient avoir les paquets de chandelles et le papier qui leur sert d'enveloppe; que ces arrêtés ont été pris dans les limites tracées par le no 6 de l'art. 3, tit. 11, de la loi du 24 août 1790; que les infractions à ces arrêtés sont punis des peines de police déterminées par l'art. 606 c. 3 brumaire an 4; — Qu'on ne saurait voir dans le fait reproché aux prévenus le délit prévu par l'art. 423 c. pén., puisque, dans la vente qu'ils ont faite, il n'a été fait emploi d'aucun faux poids. — Règlement de juges; — Renvoie devant le tribunal de simple police de Nemours.

Du 12 juin 1828.-C. C., ch. crim.-MM. Bailly, f. f. pr.-Mangin, rap.

(2) (Min. pub. *C.* Delarue, etc.) — La cour; — Vu l'art. 3, tit. 11, de la loi du 24 août 1790, qui confie à l'autorité municipale l'inspection sur la fidélité du débit des denrées qui se vendent au poids, à l'aune et à la mesure; — Vu l'art. 46, tit. 1, de la loi du 22 juill. 1791; les art. 65 c. pén. et 161 c. inst. crim.; — Attendu que les tribunaux de police doivent réprimer toutes les atteintes portées aux règlements faits par le pouvoir municipal dans l'ordre de ses attributions et de ses devoirs; qu'ils ne peuvent méconnaître ou modifier les dispositions de ces règlements sans violer les lois qui règlent les attributions respectives de l'autorité judiciaire et de l'autorité administrative; — Attendu, en fait, qu'il est établi par un procès-verbal régulier, par l'aveu des sieurs Delarue et Lecomte prévenus, et par le jugement attaqué, que ces prévenus ont, l'un fabriqué et l'autre mis en vente, au mépris de deux règlements de police des 18 avr. 1818 et 27 déc. 1814, des paquets de chandelles dites de six et de huit, qui avaient 1 once 1/2 à 2 onces moins que le poids prescrit par ces règlements, d'où résultait une con-

vente, par un marchand épicier, de paquets de chandelles n'ayant pas le poids fixé par un règlement de police constitue, contre celui qui les a fabriquées, une contravention à ce règlement (Crim. cass. 15 juin 1839) (1).—Mais V. nos 100 et suiv.

Art. 7. — *Législation pénale.*

83. On va parler sous cet article : 1° de la vente à faux poids et à fausses mesures (c. pén., art. 423, L. 27 mars 1851, art. 1, § 3, V. nos 84 et s.) ; — 2° De la possession de faux poids et de fausses mesures (c. pén. 479-5° et L. 27 mars 1851, art. 3, V. nos 108 et s.); — 3° De l'emploi et de la détention de mesures prohibées (c. pén. 479-6°; L. 4 juill. 1837, art. 4, V. nos 119 et s.) ; — 4° De l'emploi et de la détention de poids et mesures irréguliers, c'est-à-dire non poinçonnés ni vérifiés, ou n'ayant pas la forme légale (mêmes articles, V. nos 137 et s.); — 5° Du caractère de l'infraction et de la compétence (V. nos 146 et s.); — 6° Des peines applicables aux différentes infractions et des excuses (V. nos 151 et s.).

§ 1. — *Vente à faux poids et à fausses mesures;— Tentative; —Exposition en vente.*

84. La loi du 19 juill. 1791 portait qu'en cas d'infidélité des poids et mesures dans la vente des denrées ou autres objets qui se débitent à la mesure, au poids ou à l'aune, il y aurait confiscation des faux poids et fausses mesures, lesquels seraient brisés; elle établissait une amende qui, pour la première fois, était de 100 liv. au moins et de la quotité du droit de patente du vendeur si ce droit était de plus de 100 liv. (tit. 1, art. 22, V. Lois codif., p. 230) ; le délinquant était, en outre, condamné à la détention de police municipale (art. 23, V. *cod.*); ces peines étaient appliquées par la police municipale.—En cas de récidive il y avait renvoi à la police correctionnelle, confiscation des marchandises saisies, ainsi que des faux poids et mesures (tit. 2, art. 40). — V. à l'égard des règles de compétence établies par ces lois, n° 146.

85. Les dispositions de la loi du 19 juill. 1791 ont été remplacées par l'art. 423 du code pénal, ainsi conçu : — « Quiconque, par usage de faux poids ou de fausses mesures, aura trompé sur la quantité des choses vendues, sera puni de l'emprisonnement pendant trois mois au moins, un an au plus, et d'une amende qui ne pourra excéder le quart des restitutions et dommages-intérêts, ni être au-dessous de 50 fr.—Les objets du délit ou leur valeur, s'ils appartiennent encore au vendeur, seront confisqués : les faux poids et les fausses mesures seront aussi confisqués, et de plus, seront brisés. » —Cet article, dont la rédaction était insuffisante et avait donné lieu à plusieurs difficultés, a été complété par la loi du 27 mars 1851 dont l'art. 1, érigeant en dispositions légales plusieurs décisions de la jurisprudence, porte :— « Seront punis des peines portées par l'art. 423 c. pén., ...3° ceux qui auront trompé ou tenté de tromper sur la quantité des choses livrées, les personnes auxquelles ils vendent ou achètent, soit par l'usage de faux poids ou de fausses mesures, ou d'instruments inexacts servant au pesage ou mesurage, soit par des manœuvres ou procédés tendant à fausser l'opération du pesage ou mesurage, ou à augmenter frauduleusement le poids ou le volume de la marchandise, même avant cette opération, soit enfin par des indications frauduleuses tendant à faire croire à un pesage ou mesurage antérieur et exact. » —V. le rapport de M. Riché, D. P. 51. 4. 60, nos 6 et suiv.

86. D'abord, et en ce qui touche la vente à faux poids et à fausses mesures prévue par l'art. 423 c. pén. et l'art. 3 de la loi de 1851, l'intention frauduleuse est un élément essentiel du délit. Là ou cette intention n'existe pas, le délit cesse également d'exister (V. n° 104). Ainsi, ne serait pas passible des peines portées par ces articles, celui qui ferait usage de poids et mesures altérées, sans avoir conscience de cette altération, ou qui tiendrait compte à l'acheteur de la différence entre le poids réel et le poids légal, ou qui se servirait de poids et mesures non poinçonnés ni vérifiés, mais conformes au type légal, ou enfin qui emploierait sans fraude des poids et mesures anciens : dans ces divers cas, il y aurait lieu seulement à l'application des peines qui atteignent la simple contravention (V. nos 108 et s.).—Ainsi il a été jugé que l'usage d'un instrument de pesage inexact, continué malgré l'avis du vérificateur, peut bien n'être pas puni comme tromperie, s'il a été tenu compte à l'acheteur de la différence; mais il n'en constitue pas moins la contravention de détention de faux poids ou de fausses mesures, que réprime l'art. 3 de la loi du 27 mars 1851 (Bourges, 9 avril 1853, aff. Pichon, D. P. 53. 2. 225).

87. A quels caractères reconnaît-on la fausseté des poids et mesures? — Il a été jugé que des poids sont faux, par cela seul qu'ils n'ont pas la *pesanteur* exigée par la loi, encore bien qu'ils seraient revêtus du poinçon du vérificateur (V. n° 110). Cette marque, en effet, ne peut être une excuse du délit, alors que l'intention frauduleuse est démontrée. — V. du reste, en ce qui touche l'intention frauduleuse, le rapport de M. Riché sur la loi du 27 mars 1851 (D. P. 51. 4. 59, nos 2 et suiv., 19).

88. D'un autre côté, pour qu'on ait trompé, il faut qu'il y ait eu *déficit* sur la quantité de la marchandise vendue, et que ce déficit ait été opéré à l'aide de l'un des moyens indiqués dans l'article 1, § 3, de la loi du 27 mars 1851 (V. n° 97).—Mais remarquons avec un arrêt, que la tromperie sur la quantité relative de la marchandise vendue, consistant à présenter mensongèrement cette quantité comme suffisante pour l'usage déterminé qu'a en vue l'acheteur, et la tromperie sur la qualité de cette marchandise, laquelle se rencontre lorsqu'on donne pour bon ce qui est défectueux, ne tombent pas sous l'application de l'art. 1, § 3, de la loi du 27 mars 1851 : cette disposition ne prévoit d'une manière restrictive que la tromperie sur la quantité pesée ou mesurée et la tromperie sur la nature de la marchandise (Crim. cass. 3 déc. 1853, aff. Meyer-Levy, D. 54. 1. 365).

89. L'art. 1 de la loi du 27 mars 1851 punit l'usage d'*instruments inexacts servant au pesage*. Or, il paraît certain que l'emploi de *fausses balances* rentre dans les termes généraux de cet

travention manifeste qui les rendait passibles des peines de police déterminées par la loi; — Attendu néanmoins que le tribunal de police de Paris, dans son jugement du 22 avril dernier, s'est abstenu de reconnaître et de réprimer cette contravention, sous prétexte que d'autres paquets de chandelles fabriqués ou mis en vente par les prévenus ne présentaient pas le même déficit; que la chandelle qui est une marchandise molle peut se détériorer facilement et perdre de son poids; que les déficit reconnus ne paraissent pas assez considérables pour établir une contravention ; que la chandelle se faisant dans des moules, il est difficile de trouver le poids juste exigé par les règlements; — En quoi le tribunal de police a admis des excuses non autorisées par la loi, et a violé par suite l'art. 65 c. pén. ; en quoi il a modifié les règlements de police précités, en se livrant à des considérations qui, au surplus, ont été bien certainement appréciées lors de la rédaction de ces règlements, et a conséquemment franchi les limites de sa juridiction et enfreint les dispositions des lois qui séparent le pouvoir judiciaire du pouvoir administratif : en quoi enfin il a violé les lois des 24 août 1790 et 22 juill. 1791, ainsi que l'art. 161 c. inst. crim. ; — Attendu qu'il importe de maintenir la sévérité et la stricte exécution des règlements contre les fabricants ou débitants qui seraient tentés de surprendre la bonne foi, et d'abuser de la sécurité des consommateurs; — Casse.

Du 20 juin 1828.-C. C. ch. crim.-MM. Bailly, f. f. pr.-Gary, rap.

(1) (Min. pub. *C.* Ruelle.) — La cour ; — Vu les art. 10 de la loi du 18 juillet 1837, 3, n° 4, du titre 11 de la loi des 16-24 août 1790, et 46, titre 1, de celle des 19-22 juillet 1791 ;—L'ordonnance du 18 avr. 1818, par laquelle le préfet de police a réglé que tout paquet de chandelles mis en vente doit peser exactement 2 kilogrammes et demi, y compris l'enveloppe, et que les papiers et ficelles employés à celle-ci ne pourront excéder, pour chaque paquet, le poids de 6 décagrammes; — L'art. 640 c. inst. crim. et l'art. 471, n° 15, c. pén. ; — Attendu qu'il est constaté et reconnu par le jugement dénoncé que les paquets de chandelles trouvés dans la boutique d'André-Alexandre Collard, épicier, rue de Sèvres, n° 37, le 15 oct. 1838, présentent un déficit sur le poids fixé par l'ordonnance de police susdatée, et que les chandelles qu'ils contiennent ont été fabriquées par Ruelle, demeurant rue de Vaugirard, 36;

Attendu, en droit, que ce fait constitue à la charge dudit Ruelle une contravention à l'ordonnance dont il s'agit ; —Qu'à quelque époque qu'il ait fabriqué et vendu audit Collard les chandelles saisies, la prescription de l'action résultant de ce fait ne peut commencer à courir que du jour où il a été constaté par l'inspecteur des poids et mesures ; — D'ou il suit qu'en décidant le contraire, sur le motif que la date de la vente n'est pas établie, le jugement dénoncé a commis une violation expresse des dispositions ci-dessus visees ;—Casse.

Du 15 juin 1839.-C.C. ch. crim.-MM. Bastard, pr.-Rives, rap.

article. — Cela pouvait faire difficulté sous le code pénal, en ce que l'art. 423 punissant seulement l'emploi de poids et mesures faux, on pouvait dire que des balances ne sont, à proprement parler, ni des poids ni des mesures. — Et cependant il a été jugé, même sous ce code, que les fausses balances ayant pour effet de rendre faux des poids même légaux, doivent, à cause de leur corrélation indivisible avec les poids, être considérées comme faux poids (Crim. cass. 11 nov. 1826) (1).—La même jurisprudence a été admise quant à l'application de l'art. 479-5°, relatif à la *détention* de faux poids et fausses mesures. — V. n° 111.

90. Il semblait plus douteux encore que l'art. 423 pût s'appliquer au cas où le pesage, fait au moyen de poids et de balances exacts, était rendu inexact ou faux par l'introduction d'un corps étranger dans la balance. L'un des éléments du délit prévu par l'art. 423 n'est-ce pas, disait-on, l'usage de faux poids et de fausses mesures? Or la balance et les poids étant individuellement exacts, on peut se demander où sont, dans l'espèce, les faux poids (V. MM. Chauveau et Hélie, t. 6, p. 15). — Mais la jurisprudence ne s'est pas arrêtée devant cette objection, et elle a décidé : 1° que celui qui, tout en faisant usage de poids justes et légaux, fausse ces poids et trompe l'acheteur sur la quantité des choses vendues, en ajoutant au plateau de la balance où il place la marchandise un objet étranger dont le poids diminue d'autant, à chaque pesée le poids réel de la marchandise, se rend coupable du délit prévu et puni par l'art. 423 c. pén., et non pas seulement, si c'est un boulanger ou boucher, de la contravention prévue par l'art. 479, n° 6 (Crim. cass. 8 fév. 1839) (2); — 2° Que le marchand qui, pendant le pesage d'un objet vendu au poids, a placé un corps pesant sous le plateau de la balance, a consommé le délit de vente à faux poids, prévu par l'art. 423 c. pén., et n'est pas seulement coupable de la simple tentative de ce délit, encore que l'acheteur ait découvert la fraude avant le pesage terminé (Paris, 25 fév. 1841) (3). — Ces décisions nous paraissent fort exactes; car l'introduction d'un corps étranger dans la balance a évidemment pour effet d'altérer les poids, de les rendre faux. C'est une altération par addition qui nous semble rentrer sous l'application de l'art. 423 tout aussi bien que l'altération par soustraction. — Du reste, la loi de 1851 prévoit formellement les cas dont il s'agit ici. Elle punit « ceux qui auront trompé... par des *manœuvres* ou *procédés* tendant à fausser l'opération du pesage ou mesurage. »

91. Cette loi va encore plus loin, elle atteint le fait de tromperie tendant à *augmenter frauduleusement le poids* ou le *volume* de la marchandise, même avant cette opération. « Il n'est pas inutile, lit-on, à cet égard, dans le rapport de M. Riché (D. P. 51. 4. 62, n° 26), d'indiquer expressément l'homme qui, sans agir sur l'appareil de pesage ou de mesurage, sans même agir sur la marchandise pendant l'opération, a, d'avance, augmenté frauduleusement le poids ou le volume de la marchandise, a, par exemple, invoqué à l'aide de sa ruse le secours d'une humidité tout à fait artificielle (rapp. de M. Riché, D. P. 51. 4. 62, n° 26). — Et, une circulaire du préfet de police, du 20 juin 1855, considère comme constituant le délit prévu par le paragraphe précité de la loi de 1851, le fait par des marchands de vendre des fruits secs destinés à des boissons préparées, et qui auraient été exposés à l'humidité ou mouillés pour augmenter leur poids.

92. Enfin, la loi de 1851 prévoit la tromperie sur la quantité de la marchandise vendue à l'aide *d'indication frauduleuse* tendant à faire croire à un pesage ou mesurage antérieur et exact. — « Sans opération matérielle de pesage ou de mesurage, dit M. Riché dans son rapport (D. P. 54. 4. 62, n° 27), il peut y avoir des fraudes que la préfecture de police a signalées à l'attention de votre commission. Il est des marchandises dont le poids est présumé d'après le nombre qui compose leur collection (comme la chandelle), d'après leur nom, d'après certaines indications. Si le marchand vend, sachant que ces signes sont fallacieux, il dérobe une partie du poids dont ces signes étaient l'expression. Dans d'autres cas, la facture peut chercher à persuader faussement à l'acheteur l'existence d'un pesage ou mesurage antérieur et exact, base du prix : soit qu'elle veuille couvrir le déficit ou échapper au contrôle, cette espèce d'escroquerie est vraiment une vente à faux poids. »

93. Cette disposition de la loi de 1851 est une innovation : la jurisprudence avait en effet refusé d'appliquer à ce cas particulier les peines de l'art. 423 c. pén. — Ainsi, il avait été décidé : 1° que des sacs contenant un poids déterminé, dont on est dans l'usage de se servir, dans une localité, pour le commerce des farines, mais qui ne sont ni autorisés par un règlement administratif, ni poinçonnés et étalonnés, ne peuvent être considérés comme des instruments légaux de pesage ni comme une mesure faite à l'avance; que, par suite, la vente de tels sacs qui ne contiennent pas le poids fixé par l'usage, ne peut être réputée vente à faux poids, ni, par suite, déclarée passible de la peine de l'art. 423 c. pén. (Crim. cass. 19 mai 1837) (4);—2° Que, de même, le

(1) (Int. de la loi.—Aff. Bibard, etc.)—La cour;—Vu les art. 423 et 479, § 5, c. pén.;—Considérant que les balances sont des instruments nécessaires et indispensables pour l'emploi des poids; que les poids, fussent-ils exacts et légaux en eux-mêmes, deviendraient de faux poids par l'emploi de fausses balances; que de cette corrélation indivisible entre les poids et les balances, il résulte que les fausses balances et les faux poids doivent nécessairement être considérés comme une seule et même chose;—Qu'il s'ensuit, 1° que les marchands qui ont de fausses balances dans leurs boutiques, magasins ou lieux de débit, sont en contravention à l'art. 479, § 5, c. pén., et passibles des peines de police portées par cet article;—2° Que tout individu quelconque qui a trompé sur la quantité des choses vendues, par l'emploi de fausses balances, est coupable du délit prévu par l'art. 423 du même code pénal, et doit être puni des peines correctionnelles établies par le même article; — Et attendu que Bibard et sa femme ont été traduits devant le tribunal de police du canton de Cérisais, comme prévenus : 1° d'avoir eu de fausses balances dans la boutique où ils débitaient du tabac; 2° d'avoir, par l'emploi de ces fausses balances, trompé sur la quantité du tabac vendu;—Que, relativement à ce dernier fait, le tribunal de police s'est conformé aux règles de sa compétence en refusant d'en connaître; — Que, relativement au premier, il a refusé de prononcer aucune peine, sur le motif que le fait n'était prévu par aucune loi pénale, et qu'en cela il a violé l'art. 479, § 5, du code pénal; — D'après ces motifs, casse, dans l'intérêt de la loi.

Du 11 nov. 1826.-C. C., ch. crim.-MM. Portalis, pr.-Busschop, rap.

(2) (Min. pub. *C.* Perdreau)—La cour;—Vu l'art. 423 c. pén.; —Attendu que le jugement dénoncé déclare, en fait, qu'Augustin Perdreau, boulanger, lorsqu'il vend aux sous-officiers et soldats de la 6e compagnie du 15e régiment de ligne le pain qu'ils sont dans l'habitude d'acheter chez lui pour leur soupe, ajoute un demi-kilogramme en fer au plateau de la balance qui le contient, et diminue d'autant, à chaque pesée, le poids réel de ce pain;—Attendu, en droit, que ce fait caractérise le délit prévu et puni par la disposition précitée, puisqu'il a eu pour but et pour résultat de vendre, au prix du poids placé dans l'autre bassin de la balance, du pain qui n'était pas réellement l'équivalent ou la représentation exacte de ce poids;—Qu'en décidant donc le contraire, et en ne considérant la fraude du prévenu que comme une contravention au n° 6 de l'art. 479 du code, par les motifs que ladite disposition s'applique, non à celui qui fausse momentanément un poids ou une mesure juste, mais uniquement à celui qui fait usage de poids ou mesures constamment faux, le tribunal correctionnel de Toulon a mal appliqué ce numéro et a commis une violation expresse de l'article ci-dessus visé;—Casse.

Du 8 fév. 1839.-C. C., ch. crim.-MM. de Bastard, pr.-Rives, rap.

(3) (Min. pub. *C.* Rongier.)—La cour; — Considérant qu'il résulte de l'instruction et des débats qu'à la date portée dans la plainte, le sieur Deville est entré dans le magasin de la femme Rongier; que les parties sont tombées d'accord du prix et de la chose vendue, et qu'ainsi le contrat était consommé; — Considérant qu'il résulte de l'instruction et des débats qu'un morceau de plomb apposé par la femme Rongier sous le plateau de la balance où elle faisait peser la grille achetée par Deville, augmentait le poids de la marchandise et ajoutait une valeur considérable au prix fixé entre les parties, mais que la grille était déjà vendue par la consommation du contrat, et qu'il ne s'agissait plus que de la vérification du nombre d'hectogrammes;—Considérant que Deville, devenu propriétaire de la grille, a été réellement trompé sur la valeur de la marchandise, et qu'il y a eu délit consommé aux termes de l'art. 423 c. pén.; — Emendant, condamne, etc.

Du 25 fév. 1841.-C. de Paris, ch. corr.-M. Silvestre, pr.

(4) (Pupin, etc. *C.* min. pub.)—La cour; — Sur le moyen tiré de la violation de l'art. 423 c. pén.; — En ce que le fait de la livraison de vingt sacs de farine, opérée le 21 janv. 1837 par Pupin, marchand farinier, par l'intermédiaire de Laurent, charretier dudit Pupin, à la veuve Renault, boulangère au Pont-de-Larche, n'a pu constituer le délit prévu par l'article précité, parce que, pour opérer ladite livraison, il n'a pas été fait usage de faux poids ou de fausses mesures, pour tromper l'acheteur sur la quantité de la farine vendue, puisque les sacs qui contenaient cette farine ne pouvaient être considérés comme une mesure légale, et que les quantités manquantes dans chacun de ces sacs n'étaient pas le résultat

brasseur qui a vendu de la bière dans des tonnelets d'une contenance moindre que celle qu'ils indiquaient, n'est pas coupable d'avoir fait usage de fausses mesures, dans le sens de l'art. 423 c. pén. (Colmar, 25 juill. 1838) (1); — 3° Que la vente de paquets de chandelles n'ayant pas le poids fixé par les règlements de police constitue une simple contravention aux règlements, et non le délit prévu par l'art. 423 c. pén. (V. n° 82); — 4° Qu'il en est de même de la vente de pains n'ayant pas le poids indiqué par la forme (V. n° 100-2° et v° Boulanger, n°s 39 et suiv.).

94. Toutefois, un arrêt avait décidé en sens contraire que l'art. 423 atteint toute espèce de tromperie sur la quantité de la chose vendue, à l'aide de faux poids ou de fausses mesures, soit qu'il s'agisse de poids et mesures légaux, soit qu'il s'agisse de poids et mesures *arrêtés conventionnellement d'avance*, prohibés ou non; qu'ainsi, toutes les fois qu'en faussant une mesure choisie par les parties contractantes, l'une d'elles trompe l'autre sur la quantité de la chose vendue, il y a lieu d'appliquer la pénalité de l'art. 423; et spécialement, que les sacs de charbon devant, suivant les usages du commerce de Paris, et aux termes de l'art. 28 d'une ordonnance de police de 1834, contenir 2 hectolitres (200 litres), il y a délit de tromperie sur la quantité de marchandises vendues de la part du marchand qui vend des sacs ne contenant que 174 litres (Paris, ch. corr., 31 août 1850, M. Lechanteur, pr., aff. Bouvret-Chevet).

95. Mais depuis la loi de 1851, il ne pouvait plus y avoir de doute sur la solution, aussi a-t-il été décidé : 1° que la tromperie sur la quantité de marchandises vendues à l'aide de mesures falsifiées est punissable, encore qu'il s'agisse non de mesures légales, mais de mesures simplement locales et de convention ; et spécialement que l'on doit déclarer passible des peines de l'art. 423, celui qui vend du fruit en panier suivant l'usage local, en combinant les compartiments du panier, de manière à faire croire que ces deux compartiments ont une contenance égale, tandis que l'un d'eux contiendrait moins de fruits que l'autre (Bordeaux, 31 juill. 1851) (2); — 2° Que le fait d'avoir vendu comme contenant 72 grammes d'argenture par douzaine (même après les avoir achetés comme tels, si, d'ailleurs, on n'a pu être dupe de cette indication), des couverts qui n'en contenaient, en réalité, que 22, tombe sous l'application du troisième paragraphe de l'art. 1 de la loi du 27 mars 1851, qui punit la tromperie du vendeur sur la quantité de la marchandise à l'aide d'indications frauduleuses tendant à faire croire à un pesage ou mesurage antérieur et exact, et qu'on ne saurait y voir le délit de tromperie sur la nature de la marchandise que réprime l'art. 423 c. pén., les couverts n'en ayant pas moins; dans ce cas, la qualité de couverts argentés pour laquelle ils ont été vendus (Bordeaux, 18 fév. 1853, aff. Gillion, D. P. 53. 2. 156); — 3° Que lorsqu'un usage ou un règlement local a affecté aux pains d'un certain poids une forme particulière, le fait par un boulanger d'avoir livré, sans le peser devant l'acheteur mais en le donnant comme ayant le poids voulu, un pain d'un poids moindre que celui indiqué par sa forme, constitue le délit de tromperie dans le poids de la marchandise vendue prévu par l'art. 1, § 3 de la loi du 27 mars 1851 (Bourges, 18 juill. 1851, aff. Rosette, D. P. 52. 2. 228), ...Alors surtout que ce pain ne portait pas la marque exigée pour les pains soumis à la taxe (même arrêt); — 4° Que le boulanger ne peut objecter, pour sa justification, que la vente a été faite, non par lui, mais par sa femme, s'il résulte des circonstances de la cause que la femme n'a agi que pour le compte de son mari et comme préposée à la vente,

de l'emploi d'un instrument de pesage ou de mesurage poinçonné et étalonné, propre à inspirer confiance et sécurité à l'acheteur : — Attendu qu'il est constant, en fait, d'après l'arrêt attaqué, que, le 21 janv. 1837, l'agent secondaire de police ou appariteur de la ville du Pont-de-Larche a constaté par un procès-verbal qu'ayant été appelé par la dame veuve Renault, boulangère, pour être présent à la livraison de vingt sacs de farine que le sieur Pupin, marchand farinier, lui avait envoyés par sa voiture et son charretier, nommé Laurent; — Que vérification faite par cet agent de police, il a été constaté qu'il y avait un déficit total de 59 kilogrammes de farine sur les vingt sacs de farine dont il s'agit, dont aucun n'avait de poids réglé; les uns présentant un manquant de 3, 4, 5, 6, 7, 8 et 9 liv., et d'autres un manquant de 10, 11 et 12 liv.; — Attendu que l'arrêt attaqué constate, en fait, que, sur la place de Louviers où Pupin exerce son état de meunier, la farine se vend au sac, et que, dans ce genre de commerce, il y a deux sortes de sacs, dits, l'un le grand, l'autre le petit sac; — Que le grand sac, qui est celui dans lequel Pupin faisait ses livraisons à la veuve Renault, devait contenir 159 kilogrammes de farine; — Que cet arrêt ajoute que le sac de la contenance ci-dessus indiquée était la mesure fixe d'après laquelle se faisaient, dans le pays, toutes les livraisons de farines vendues au grand sac; — Attendu néanmoins que l'arrêt attaqué ne constate pas que le grand sac fût une mesure poinçonnée et étalonnée, dont un règlement local émané de l'autorité compétente ait déterminé et fixé la contenance et le poids d'une manière obligatoire pour le commerce de farine sur le marché de la ville de Louviers; — Que, par conséquent, le grand sac ne pouvait être considéré comme un instrument légal de mesurage, ni comme une mesure faite, devant contenir un poids déterminé d'avance de la farine qu'il contient; d'où il suit que la vente faite d'un ou plusieurs sacs de farine, sans qu'il ait été fait usage de faux poids ou de fausses mesures, ne constitue pas le délit prévu par l'art. 423 c. pén.; — Attendu que l'arrêt n'a pas constaté, en fait, que, pour effectuer la vente des vingt sacs de farine dont il s'agit, il ait été fait usage, soit par Pupin, soit par Laurent, de faux poids ou de fausses mesures, et qu'en admettant qu'il y ait eu tromperie sur la quantité de la chose vendue, ce fait isolé de l'emploi de faux poids ou de fausses mesures ne suffirait pas pour constituer le délit spécifié et prévu par l'article précité; — Casse.

Du 19 mai 1837.-C. C., ch. crim.-MM. Choppin, pr.-De Haussy, rap.

(1) *Espèce :* — (Min. pub. *C.* Derendinger.) — Derendinger, brasseur, avait vendu de la bière dans des tonneaux d'une contenance moindre que celle qu'ils annonçaient. Le ministère public poursuit Derendinger comme coupable d'avoir fait emploi de fausses mesures, et demande contre lui l'application des peines portées par l'art. 423 c. pén. — Jugement du tribunal de Strasbourg qui renvoie Derendinger de la prévention, sur les motifs suivants : — « Attendu qu'avant d'examiner la cause en point de fait, il s'agit de savoir si les faits reprochés au prévenu étant constants, il existe une loi pénale qui lui serait applicable; — Attendu que, sous ce rapport, la seule disposition pénale invoquée par le ministère public contre le prévenu se trouve consignée dans l'art. 423, qui punit de l'emprisonnement et de l'amende quiconque a trompé l'acheteur par usage de faux poids ou de fausses mesures; — Attendu qu'il est vrai qu'on impute au prévenu d'avoir vendu de la bière à ses pratiques dans des tonneaux d'une contenance moindre que celle indiquée sur ces tonneaux, et toute l'instruction a eu pour objet de constater ce fait; — Que même, jusqu'à un certain point, il n'a pu être nié par le prévenu, qui se bornait à se défendre de toute intention trompeuse; — Attendu que, dès lors, les faits admis sous ce point de vue, il ne s'ensuit pas encore que le prévenu, s'en fût-il rendu coupable, eût, pour les consommer, fait emploi de fausses mesures dans le sens dudit art. 423, s'étant borné à mentionner sur les tonneaux dans lesquels il a envoyé à ses pratiques la bière vendue la quantité de litres que, selon lui, ces tonneaux devaient contenir, en abandonnant à celles-ci de vérifier si cette indication était exacte; — Que cette vérification dépendait pleinement de leur volonté, et qu'elles ne se trouvaient pas dans le cas de cette nécessité de confiance que l'art. 423 a seul entendu protéger. » — Appel. — Arrêt.

La cour; — Adoptant les motifs des premiers juges, confirme.

Du 25 juill. 1838.-C. de Colmar, ch. correct.-M. André, pr.

(2) (Lacassagne *C.* Gouerne.) — La cour; — Attendu qu'il résulte clairement des faits de la cause et des aveux formels des prévenues qu'elles étaient dans l'habitude de vendre leurs fraises dans des paniers; — Attendu que ces paniers étaient construits de manière qu'un enfoncement pratiqué sur l'un des côtés ne pouvait pas être deviné par l'acheteur; que cet enfoncement, en rétrécissant la contenance du panier, diminuait la quantité des fraises renfermées dans cette division; — Attendu que l'autre division, entièrement vide, offrait à l'œil des acheteurs une surface concave qu'il devait croire exister également dans l'autre côté du panier; qu'ainsi l'instrument de la vente, le panier, dont les deux compartiments peuvent être assimilés aux deux bassins d'une balance, étaient inexacts et trompeurs, de telle sorte que l'acheteur, abusé, croyait acheter beaucoup plus de fraises qu'il n'en achetait réellement; — Attendu qu'une pareille tromperie est prévue par la loi du 27 mars dernier, qui renvoie pour la pénalité à l'art. 423 c. pén.; — Attendu que les prévenues ont inutilement prétendu que la loi de 1851 ne leur était pas applicable, parce qu'un panier ne pouvait être assimilé à une mesure légale, les seules qui puissent être reconnues par les tribunaux; — Attendu qu'il existe dans chaque localité des mesures de convention, et qu'à Bordeaux, pour la vente des fraises, cette mesure est le panier; qu'en préparant ceux dont s'agit comme l'avaient fait les inculpées, elles voulaient évidemment, à l'aide d'indications frauduleuses, faire naître dans l'esprit des acheteurs l'idée d'un mesurage antérieur exact et loyal, tandis que ce mesurage était en réalité l'œuvre de la fraude; qu'il y a donc lieu de rejeter l'appel des femmes Lacassagne et Gouerne; — Par ces motifs, etc.

Du 31 juill. 1851.-C. de Bordeaux, ch. cor.-M. Degranges, pr.

...alors, d'ailleurs, que la forme donnée au pain, ainsi que son exposition en vente, qui sont le fait du mari, avaient déjà pour but de tromper l'acheteur (même arrêt).

96. Néanmoins, il a été décidé que, dans les villes où, comme à Paris, les règlements locaux se bornent à prescrire la vente du pain au poids constaté entre l'acheteur et le vendeur, et où le prix du pain est fixé par l'autorité municipale au kilogramme, et non par pains de tel ou tel poids, le fait par un boulanger d'avoir vendu, sans pesage devant l'acheteur, un pain n'ayant pas le poids donné dans l'usage à ceux de la même forme, et qu'il a néanmoins présenté comme tel, constitue, non le délit de tromperie dans le poids de la chose vendue prévu par la loi de 1851, mais simplement une contravention aux dispositions qui prescrivent le pesage du pain au moment de la vente (Paris, 5 juill. 1851, aff. Boulangers de Paris, D. P. 52. 2. 229), décision qui nous paraît contraire au texte de la loi nouvelle dont l'exécution doit être rendue plus facile et plus certaine, mais ne peut être entravée ou paralysée par les règlements de l'autorité municipale ou administrative.

97. L'art. 1, § 3, de la loi de 1851 est, comme toutes les dispositions pénales, limitatif et non démonstratif, malgré une certaine généralité de ses termes : on ne peut donc appliquer les peines prononcées par cet article qu'autant que la tromperie sur la quantité de la marchandise vendue a été opérée à l'aide de l'un des moyens qu'il énumère, et qui tous impliquent l'idée de *manœuvres*, de *procédés*, d'*indications* visibles et perceptibles, en un mot, d'agents extérieurs employés dans le but de faire impression sur l'esprit.—Il a été décidé, en ce sens, que l'affirmation mensongère, faite par un vendeur, que le poids qu'il attribue à la marchandise livrée et dont il perçoit le prix a été vérifié à l'avance et se trouve exact, ne peut, lorsqu'elle n'est accompagnée d'aucune circonstance spéciale calculée pour faire croire à la réalité du pesage annoncé (par exemple, celle d'un volume apparent donné à la marchandise), constituer le délit de tromperie, à l'aide d'indications frauduleuses, que réprime l'art. 1 de la loi du 27 mars 1851; qu'on verrait à tort dans ce mensonge l'indication frauduleuse dont a entendu parler ladite disposition (Crim. cass. 28 avril 1855, aff. Fouger, D. P. 55. 1. 272; 27 avril 1855, aff. Delpech, *eod.*). — Cela nous semble bien jugé. Ce que la loi veut principalement atteindre, c'est la fraude commise à l'aide d'une indication extérieure et en quelque sorte permanente qui frappe les yeux de l'acheteur, et qui, par la facilité de la vérification ou du contrôle, accrédite l'idée d'un mesurage ou d'un pesage antérieur, et, par suite, la présomption de la sincérité et de l'exactitude des quantités annoncées.

Mais en quoi consiste cette indication? D'abord elle résulte de l'apparence, de la forme donnée à la marchandise, comme on le voit dans les espèces indiquées nos 95 et 103. On peut encore la voir dans une inscription écrite ou imprimée sur la marchandise elle-même ou sur l'enveloppe par laquelle on en annonce le poids ou la mesure. Par exemple, il y aurait, suivant nous, tromperie punissable aux termes de la loi de 1851, dans le fait par un marchand d'écrire frauduleusement sur les paquets de denrées vendues par lui l'indication inexacte du poids qu'ils contiennent, alors même qu'aucun usage ne déterminerait la forme de ces paquets ni la quantité qu'ils doivent contenir. Enfin, on peut voir, au n° 95-2°, un exemple assez remarquable de la portée qu'on peut attribuer à l'expression d'indication frauduleuse employée par la loi de 1851.

Mais lorsque l'indication n'est plus adhérente à la marchandise, qu'elle en est totalement indépendante, comme serait celle qui résulterait des énonciations contenues dans une facture, peut-être serait-il plus difficile d'y voir l'indication frauduleuse telle que l'exige la loi de 1851.—Cependant M. Riché, dans son rapport (V. n° 32), mentionne, avec raison, ce fait et l'assimile à une véritable vente à faux poids. Il nous semble, en effet, que l'on peut aller jusque-là. La loi ne détermine pas avec précision ce qu'elle entend par indication frauduleuse. Il faut donc, sans étendre cette expression hors de ses limites, ne pas chercher à la restreindre en deçà de la pensée du législateur. L'indication du poids ou du mesurage dans la facture fait bien certainement croire à l'acheteur qu'un pesage ou mesurage antérieur et exact a eu lieu. Si cette indication est frauduleuse, elle rentre nécessairement dans les termes de la loi qui, d'ailleurs, par l'emploi des mots *procédés*, *manœuvres*, *indications frauduleuses*, a voulu donner une grande latitude à l'interprétation.

98. La loi du 27 mars 1851 a rendu la rédaction de l'art. 423 applicable, non-seulement lorsque l'*acheteur* est trompé par le vendeur, mais aussi au cas où c'est le *vendeur* qui est trompé par l'acheteur.—Du reste, déjà avant cette loi, il avait été décidé que l'art. 423 c. pén. est applicable à l'acheteur qui a trompé le vendeur par l'emploi de fausses mesures; qu'en conséquence, l'acheteur qui, dans un marché, substitue de fausses mesures à celles du vendeur et mesure lui-même les quantités achetées, se rend coupable du délit prévu par l'art. 423 c. pén., et non de la filouterie plus gravement punie par l'art. 401 du même code (Crim. rej. 13 fév. 1845, aff. Rousseau, D. P. 45. 1. 164). —Le vendeur peut encore éprouver un préjudice par le fait de l'acheteur lorsqu'il apporte ses marchandises chez ce dernier qui, par son méfait, rend le mesurage infidèle.—V. le rapport de la loi de 1851, D. P. 51. 4. 62, n° 28.

L'art. 423 c. pén. s'applique également à l'entreposeur de tabacs qui trompe, par l'emploi de faux poids, les débitants auxquels il livre des tabacs pour le compte de l'Etat : cette livraison est faite à titre de vente, dans le sens de l'art. 423 c. pén. (Crim. cass. 9 janv. 1852, aff. Vocances, D. P. 52. 1. 63).

99. La loi de 1851 punit non-seulement le délit effectué, mais encore la *tentative* du délit : « Ceux qui auront trompé ou *tenté* de tromper, » dit l'art. 1, § 3 de cette loi. M. Riché expliquait ainsi, dans son rapport, le but de cette innovation à l'art. 423 c. pén. « Les tentatives de filouterie, d'escroquerie, sont assimilées au fait accompli. L'équité, d'accord avec le besoin d'une répression plus facile, nous ont conduit à vous proposer d'étendre cette règle à la tentative de tromperie par faux poids ou mesure. Celui qui tend un tel piége à l'acheteur n'est pas plus honorable parce que l'acheteur a été très-clairvoyant ou que la police est intervenue. On essayera moins souvent quand on n'essayera plus impunément » (D. P. 51. 4. 62, n° 29). — V. aussi sur le caractère de la tentative, *eod.*, nos 20 et 21, et plus bas, n° 103.

100. Doit-on considérer comme une tentative dans le sens de la loi de 1851, le fait par un marchand d'exposer en vente des marchandises qu'il annonce comme ayant un poids ou une mesure déterminé et dont la quantité est inférieure au pesage ou mesurage annoncé? — On a vu n° 93, que, sous l'empire de l'art. 423 c. pén., la jurisprudence paraissait peu portée à considérer la vente de telles marchandises comme rentrant sous l'application de cet article; à plus forte raison, l'exposition en vente devait-elle échapper à la pénalité portée par l'art. 423.— En effet, on décidait, 1° que le fait d'avoir exposé en vente du blé dans des sacs qui ne contenaient pas l'hectolitre, sur un marché où le blé se vend à la mesure faite, ne constitue pas le délit prévu par les art. 423 et 424 c. pén., et qui consiste à tromper l'acheteur par de faux poids ou de fausses mesures; qu'un tel fait ne devait être puni que de peines de police, comme constituant la possession de faux poids ou de fausses mesures, dont parle l'art. 479, § 5 du même code, si, toutefois, les sacs étaient considérés comme des mesures (Crim. régl. de jug. 18 avril 1828) (1);— 2° Que le boulanger, qui expose en vente des

(1) (Min. pub. *C.* Taillefer.) — La cour; — Vu les art. 423, 424 et 479 c. pén.; — Attendu que Jean Taillefer fut prévenu, par un procès-verbal du maire de la Réole du 27 oct. 1827, d'avoir exposé et mis en vente, sur le marché de la Réole, deux sacs de blé qui ne contenaient pas l'hectolitre, quoique, suivant le procès-verbal, le blé se vendait à la mesure faite; — Que Taillefer fut traduit devant le tribunal correctionnel de la Réole qui, par jugement du 21 déc. 1827, se fondant sur ce que Taillefer n'était prévenu que d'une contravention de simple police prévue et punie par l'art. 479, n° 5, c. pén., s'est déclaré incompétent; — Que ce jugement ayant passé en force de chose jugée, le prévenu fut traduit devant le tribunal de simple police du canton de la Réole; que le ministère public conclut à l'acquittement du prévenu, sur le motif qu'un sac ne pouvait être regardé comme une mesure, et qu'aucun acte de l'administration n'en déterminait la capacité; — Que, néanmoins, le tribunal de police, considérant que le prévenu était passible des peines portées par l'art. 423 c. pén., combiné avec l'art. 424, s'est déclaré incompétent par jugement du 4 fév. 1828, passé en dernier ressort; — Qu'en cet état, y ayant, dans la même affaire, deux jugements contraires

pains n'ayant pas le poids déterminé par les règlements municipaux, est passible seulement de peines de simple police, conformément au tit. 11 de la loi des 16-24 août 1790, et non de celles déterminées par l'art. 423 c. pén., cet article ne s'appliquant pas indistinctement à tous les cas où l'acheteur a été trompé sur la quantité des marchandises à lui vendues, mais seulement au cas où cette fraude aurait été commise par l'emploi de faux poids ou de fausses mesures (Crim. cass. 12 août 1813, MM. Barris, pr., Busschop, rap., aff. Brunissen *C.* min. pub.; Crim. règl. de jug. 12 janv. 1821, MM. Barris, pr., Busschop, rap., aff. Bialet, V. cependant n° 146-2°); — 3° Que la mise en vente de paquets de chandelles n'ayant pas le poids fixé par les règlements, constitue une simple contravention à ce règlement.— V. n° 82.

101. Une difficulté s'était élevée sur le point de savoir quelle peine était applicable au cas particulier de l'exposition en vente de pains n'ayant pas le poids déterminé par les règlements locaux. Devait-on considérer ce fait comme une vente ou au moins comme une tentative de vente au delà du prix fixé par la taxe, ou comme une simple contravention à l'arrêté municipal?— La jurisprudence présente des solutions contradictoires. — Ainsi, il a été jugé d'une part, avant le code pénal, que la mise en vente de pains inférieurs au poids fixé ne caractérise point le délit prévu par l'art. 22 de la loi du 19 juill. 1791, mais constitue seulement la mise en vente de pains à un prix supérieur à la taxe, contravention prévue par l'art. 605, n° 6, c. du 3 brum. an 4, dont la connaissance appartient, aux termes de l'art. 150 du même code, au tribunal de simple police (Crim. cass. 2 vent. an 13, MM. Vermeil, pr., Lachèze, rap., aff. min. pub. *C.* Jouzeau).—Et, sous le code, que l'exposition en vente de pains d'une livre, présentant un déficit de deux onces, constitue la contravention prévue et punie par l'art. 479, n° 6 c. pén., c'est-à-dire vente au-dessus de la taxe, que le juge ne peut se dispenser de réprimer sous aucun prétexte (Crim. cass. 21 avril 1837, MM. Choppin, pr., Rives, rap., aff. min. pub. *C.* Merle).—V. ce qui est dit sur ce point v° Boulanger, n° 40.

102. Mais d'autre part, il a été décidé 1° que le boulanger qui expose en vente des pains n'ayant pas le poids prescrit par les règlements de police, ne doit pas être assimilé à celui qui vend le pain au delà du prix fixé par la taxe; et que cette contravention est seulement passible des peines de l'art. 471, n° 15 c. pén., et non de celles de l'art. 479, n° 6, 2e alin. (Crim. rej. 1er fév. 1833, MM. Bastard, pr., Rives, rap., aff. min. pub. *C.* Guilbaud; 28 fév. 1839, MM. Bastard, pr., Rives, rap., aff. min. pub. *C.* Isard);—2° « Que l'art. 479, n° 6 c. pén., ne punit que les boulangers et bouchers qui vendent le pain ou la viande au delà du prix fixé par la taxe; que la tentative d'une contravention n'est assimilée par aucune loi à la contravention; qu'ainsi, l'exposition en vente de pains n'ayant pas le poids fixé par les règlements ne peut être assimilée à la vente de ces mêmes pains pour le poids qu'ils devraient avoir, vente qui seule pourrait rentrer dans les dispositions dudit art. 479, n° 6; que cette exposition ne peut être punie, lorsqu'elle a lieu au mépris d'un règlement de police, que suivant l'art. 471, n° 15 c. pén. » (Crim. rej. 4 oct. 1839, MM. Bastard, pr., Vincens, rap., aff. min. pub. *C.* Poissonnier). — V. aussi dans le même sens les arrêts indiqués, v° Boulanger, n° 40.

103. Mais, depuis la loi de 1851, qui assimile le fait d'avoir tenté de tromper à la tromperie elle-même, il ne doit plus en être ainsi : la simple *mise en vente* de marchandises n'ayant pas le poids annoncé peut constituer la *tentative* du délit de tromperie prévu par cette loi, en dehors même, ainsi que le dit un arrêt, de tout rapprochement entre le vendeur et l'acheteur; car les conditions exigées par l'art. 2 c. pén. et notamment celle qui veut que la tentative n'ait manqué son effet que par des circonstances indépendantes de la volonté de son auteur, ne sont pas applicables aux tentatives de délit qui, aux termes de l'art. 3 c. pén., sont régies par les dispositions des lois spéciales (Crim. cass. 6 nov. 1854, aff. Collin, D. P. 55. 1. 186; V. aussi Orléans, 11 nov. 1851, aff. boulangers d'Orléans, D. P. 51. 2. 228). — Un grand nombre d'arrêts ont appliqué ce principe.— Toutefois, comme on va le voir, il résulte de ces arrêts que l'exposition en vente de marchandises n'ayant pas le poids annoncé ne constitue une tentative punissable qu'autant qu'elle a eu lieu avec intention frauduleuse. Ainsi, lorsqu'il s'agit de la mise en vente de pains, le boulanger serait admis, pour justifier sa bonne foi, à exciper de l'usage qui tolérerait un certain déficit, à raison d'une cuisson ou d'un événement extraordinaire. A la vérité, un tel usage n'eût pas fait disparaître la contravention à la taxe qu'on voyait autrefois dans l'existence de tout déficit (V. n° 101 et v° Boulanger, n° 34); mais c'est qu'il s'agissait de contravention, tandis que, depuis la loi de 1851, le même fait a été classé parmi les délits, et n'est plus, dès lors, punissable qu'autant qu'il y a intention frauduleuse.—Cependant, le déficit de tolérance ne serait pas toujours utilement invoqué, pour exclure l'intention coupable. Il arrive parfois qu'en prévision de semblables déchets, des règlements imposent aux boulangers l'obligation d'*écroûter* les pains mis en vente, et, par conséquent, lui font un devoir de peser non pas seulement la pâte de chaque pain, avant de le soumettre à la cuisson, mais encore de vérifier le poids du pain, après qu'il a été cuit, et avant de le livrer à la vente (V. plus bas 5°). En cas pareil, l'inobservation de ces règlements ne permettrait pas au boulanger de se prévaloir d'un usage dont l'appréciation est souvent délicate, et que l'autorité a elle-même pris le soin d'écarter.

Il a été jugé, d'une part : 1° que lorsqu'un usage local a affecté aux pains d'un certain poids une forme particulière, le fait, par un boulanger, d'exposer dans sa boutique, pour la mise en vente, un pain d'un poids moindre que celui que sa forme fait présumer, constitue la tentative de vente délictueuse punie par l'art. 1, § 3, de la loi du 27 mars 1851 (Bordeaux, 3 août 1853, aff. Bernard, D. P. 53. 2. 218); lorsqu'il y a intention frauduleuse (Crim. rej. 30 juin 1854, aff. Pelletier, D. P. 54. 4. 75), — 2° Que lorsqu'un usage ou un règlement local a affecté aux pains d'un certain poids une forme particulière, le fait par un boulanger d'exposer en vente un pain d'un poids moindre que celui indiqué par sa forme dans la case réservée aux pains de même forme qui ont le poids indiqué par le règlement, constitue, aux termes de l'art. 1, § 3, de la loi du 27 mars 1851, la tentative de ce délit (Orléans, 11 nov. 1851, aff. boulangers d'Orléans, D. P. 52. 2. 228); ...Alors surtout que le déficit constaté dans le poids du pain est tel qu'on ne peut le considérer comme un simple déchet opéré par la cuisson (même arrêt d'Orléans);—3° Que lorsqu'un règlement municipal dans lequel la vente du pain est fixée à la forme, prescrit aux boulangers d'apposer sur les pains ayant le poids légal une marque indicative de ce poids, et d'écroûter ceux ne l'ayant pas afin d'avertir l'acheteur, le fait de mise en vente de pains non écroûtés et d'un poids inférieur à leur marque, constitue la tentative de tromperie punie par l'art. 1, § 3, de la loi du 27 mars 1851 (Crim. rej. 4 fév. 1854, aff. Lerefait, D. P. 54. 1. 135); ...Et qu'il n'est pas nécessaire, en pareil cas, de constater qu'il y a eu de la part du boulanger intention de tromper, cette intention ressortant implicitement et nécessairement de la contravention aux dispositions de l'arrêté (même arrêt); — 4° Que la mise en vente de pains n'ayant pas le poids marqué doit être considérée comme un commencement de livraison de ce pain, et, par suite, constitue nécessairement, si la marque a été apposée dans une intention frauduleuse, la tentative de vente délictueuse, prévue et punie par l'art. 1 de la loi du 27 mars 1851 (Crim. rej. 10 fév. 1854, aff. Delgranche; D. P. 54. 5. 93); — 5° Que lorsqu'un arrêté prescrit de ne vendre à la halle de la commune certains produits agricoles, tels que le foin, que par paquets ou bottes d'un poids déterminé déjà consacré par l'usage local, le fait de mettre en vente à ce marché des bottes d'un poids inférieur, constitue, non une simple contravention à l'arrêté, mais bien une tentative de tromperie sur la quantité de

passés tous les deux en force de chose jugée, le cours de la justice est interrompu, et qu'il importe de le rétablir; — Attendu que le fait dont Taillefer est prévenu ne rentre point dans l'application des art. 423 et 424 c. pén.; qu'il ne serait prévu et puni que par l'art. 479, n° 5, c. pén., s'il était jugé qu'un sac doit être considéré comme une mesure, et qu'il ne serait alors que de la compétence du tribunal de simple police; — Sans avoir égard au jugement rendu par le tribunal de police de la Réole....., renvoie les parties devant le tribunal de simple police pour être, s'il y a lieu, fait application de l'art. 479, n° 5, c. pén.

Du 18 avr. 1828.-C. C., ch. crim.-MM. Bailly, pr.-Bernard, rap.

la marchandise, si les boîtes ont été confectionnées de manière à faire croire à l'acheteur qu'elles ont le poids réglementaire (Crim. cass. 6 oct. 1854, aff. Collin, D. P. 55. 1. 186); — 6° Que lorsque les usages constants du commerce ont fait adopter, pour la vente d'une marchandise (de la bougie), la livraison par paquets d'un poids déterminé, l'exposition en vente de paquets d'un poids moindre, mais auxquels ont été donnés la forme et l'apparence des paquets ayant le poids usuel, peut être considéré comme tentative de tromperie à l'aide d'une indication frauduleuse tendant à faire croire à un pesage antérieur et exact (Crim. rej. 14 avril 1855, aff. Durand, D. P. 55. 1. 187); — 7° Que la détention en magasin, de paquets d'une marchandise sur lesquels existe une indication destinée à tromper le consommateur au sujet du poids, constitue, de la part du marchand en gros ou fabricant, bien qu'il ne vende pas au consommateur, aussi bien que de la part du détaillant, la tentative de tromperie réprimée par la loi du 27 mars 1851 (même arrêt).

104. Il a été décidé, d'autre part, que si, dans une localité où, d'après l'usage, la forme et la dénomination des pains en déterminaient le poids, survient un arrêté prescrivant le pesage des pains au moment de la vente pour servir désormais de base unique à la perception du prix, la forme cesse d'être indicative du poids, et que, par suite, la simple exposition en vente de pains d'un poids inférieur à celui que l'ancien usage attachait à leur forme, ne constitue plus le délit de tentative de tromperie prévue par l'art. 1, § 3, de la loi de 1851 (Angers, 13 fév. 1854, aff. Doire, D. P. 54. 2. 42; Conf. Angers, 23 sept. 1853, aff. N..., *eod.*, note 2); ...Que du moins la décision qui se fonde sur les effets d'un tel arrêté pour déclarer la bonne foi du prévenu, et, par suite, l'inexistence du délit, échappe à la censure de la cour de cassation comme contenant une appréciation souveraine de faits et d'intention (Crim. rej. 17 mars 1854, aff. Doire, D. P. 54. 1. 299; V. notre observation D. P. 54. 5. 76).

105. Du reste, les tribunaux sont souverains pour apprécier si l'intention frauduleuse se rencontre dans la mise en vente (Crim. rej. 30 juin 1854, aff. Pelletier, D. P. 54. 4. 75). — Par suite il a été jugé : 1° que l'arrêt qui condamne un boulanger aux peines prononcées par la loi du 27 mars 1851, pour exposition en vente de pains n'ayant pas le poids que leur forme faisait présumer d'après l'usage local, n'est pas susceptible d'être déféré à la cour de cassation, s'il se fonde, en fait, sur la constatation de marques devant faire croire à un pesage antérieur et exact et sur l'existence de l'intention de tromper (Crim. rej. 30 juin 1854, aff. Pelletier, D. P. 54. 5. 75); — 2° Et réciproquement, que la mise en vente de marchandises d'un poids inférieur à celui indiqué n'étant punissable qu'autant qu'elle a eu lieu dans une intention frauduleuse, la décision qui fonde sur l'absence de cette intention le renvoi d'un individu poursuivi à raison d'une telle mise en vente, est suffisamment motivée, et renferme, d'ailleurs, une appréciation souveraine de faits, qui ne permet pas de la déférer à la cour de cassation (Crim. rej. 14 juill. 1854, aff. Greland, D. P. 54. 1. 385; 11 fév. 1854, aff. Facques et aff. Drovelle, *eod.* 386). — V. notre observation D. P. 54. 5. 76.

106. Les règles de la *complicité* s'appliquent au délit prévu par la loi de 1851. En effet, il a été jugé qu'au cas où des paquets revêtus d'une indication destinée à tromper le consommateur sur la quantité de la marchandise qu'ils renferment, ont été saisis dans le magasin d'un détaillant, le marchand en gros qui a fourni les paquets ainsi confectionnés, peut être poursuivi à raison de ce fait, en même temps que le détaillant pour la mise en vente qui lui est reprochée, devant le tribunal dont ce dernier est justiciable; c'est là, en effet, un cas de complicité de délit régi par l'art. 63 c. inst. crim. (Crim. rej. 4 nov. 1854, aff. Jaillon, D. P. 55. 1. 187).

107. La *détention* de faux poids ne constitue pas une tentative du délit, mais un délit particulier.—V. le paragraphe qui suit.

§ 2. — *Détention de faux poids et de fausses mesures.*

108. L'art. 479, n° 5, c. pén. dispose :—« Seront punis d'une amende de 11 à 15 fr. inclusivement... ; 5° ceux qui *auront* de faux poids ou de fausses mesures dans leurs magasins, boutiques, ateliers ou maisons de commerce, ou dans les halles, foires ou marchés, sans préjudice des peines qui seront prononcées par les tribunaux de police correctionnelle contre ceux qui auraient fait usage de faux poids ou de fausses mesures. » A l'amende prononcée par cet article, l'art. 480 ajoute la peine facultative de l'emprisonnement.—Cette pénalité n'était pas assez sévère : sans doute, la possession de faux poids et de fausses mesures n'est pas punissable au même degré que l'emploi qui en est fait dans le but de tromper l'acheteur, « mais, ainsi que le dit M. Riché dans son rapport sur la loi du 27 mars 1851 (D. P. 54. 4. 62, n° 30), elle est le dangereux véhicule de cet usage, et ne s'explique guère que comme en étant le préliminaire : en la frappant, on préviendra souvent cet usage, difficile à saisir. » — « On voit reparaître ici, ajoute M. Riché, les motifs qui avaient déjà déterminé votre commission à ériger en *présomption* de délit la *possession*, auprès du centre de la vente, de marchandises viciées, quand les motifs légitimes de leur conservation ou l'ignorance de leurs vices ne seraient pas justifiés. »—En conséquence, la loi du 27 mars 1851, abrogeant l'art. 479, n° 5, c. pén. (art. 9), a fortement aggravé la pénalité portée contre les détenteurs de faux poids et de fausses mesures.—L'art. 3 de cette loi porte : — « Seront punis d'une amende de 16 à 25 fr. et d'un emprisonnement de six à dix jours, ou de l'une de ces deux peines seulement, suivant les circonstances, ceux qui, *sans motifs légitimes*, auront dans leurs magasins, boutiques, ateliers ou maisons de commerce, ou dans les halles, foires ou marchés, soit des poids ou mesures faux, ou autres appareils inexacts servant au pesage ou au mesurage... »

109. La loi de 1851, en élevant ainsi la peine, a modifié la nature de l'infraction et a erigé en délit ce qui, suivant le code pénal, constituait une simple contravention. De là, une conséquence importante, l'intention frauduleuse devient un des éléments du délit prévu par la loi nouvelle : c'est ce qui résulte de ces mots : « ceux qui *sans motifs légitimes*...., » tandis qu'en matière de contravention, la bonne foi n'est pas une excuse admissible (V. n°s 102 et s.). — Toutefois, il est à considérer que les poids et mesures faux trouvés en la possession d'un marchand le constituent en présomption de fraude. Ce ne serait donc pas au ministère public à faire la preuve de l'intention frauduleuse; mais ce serait au contraire au prévenu à prouver sa bonne foi en se fondant, par exemple, soit sur ce que, à raison des circonstances, il n'y aurait pas eu une véritable détention, soit sur ce que ces poids auraient été placés chez lui par un tiers sans qu'il ait pu le savoir ni l'empêcher, etc. Mais il ne suffirait pas, à cet égard, d'une simple allégation, il faut une preuve complète.—Du reste il a été jugé, avant la loi de 1851, et il nous semble que ces espèces devraient encore aujourd'hui recevoir la même solution : 1° que celui dans le magasin duquel des faux poids ont été saisis ne peut être acquitté par le motif que, parmi les poids saisis, il s'en trouvait dont les anneaux avaient été cassés, dans l'intention de les fondre; la détention des autres poids non rendus impropres au service, suffit pour constituer la contravention prévue par l'art. 479, n° 5, c. pén. (Crim. cass. 3 juin 1836) (1); — 2° Qu'il ne peut être renvoyé sous le prétexte que le défaut de pesanteur des poids provient d'altération causée par l'usage (Crim. cass. 23 sept. 1826, aff. Bordage, n° 110), ...Ou que l'altération provient de l'emploi même des poids et que le possesseur de ces poids n'a pas eu l'intention de tromper (Crim. cass. 28 août 1829, MM. Bastard, pr., Gary, rap., aff. Gicquel *C.* min. pub.), ... Ou qu'il était de bonne foi (Crim. cass. 23 sept. 1826, aff. Bordage, n° 110); — 3° Que le fondeur, sur le comptoir de la boutique duquel ont été trouvés de faux poids, ne peut être af-

(1) (Min. pub. *C.* Mabire.) — La cour; — Vu l'art. 479, n° 5, c. pén.; — Attendu que le jugement attaqué constate que, parmi les poids saisis chez Mabire, il en est dont les anneaux ont été cassés dans l'intention de les fondre; que si ces poids, rendus impropres au service, ne peuvent être considérés comme faux poids, il n'en est pas de même des autres poids trouvés chez ledit Mabire; que la détention de ces poids dans son magasin constituait la contravention prévue par l'art. 479, n° 5, c. pén., et le rendait passible des peines prononcées par ledit article; d'où il suit qu'en l'acquittant de l'action contre lui intentée, le jugement attaqué a violé l'article du code pénal précité; — Par ces motifs, casse.

Du 3 juin 1836.-C. C., ch. crim.-MM. Bastard, pr.-Ricard, rap.

franchi des peines de l'art. 479, § 5, c. pén., par le motif qu'ils étaient destinés à la fonte, et qu'il n'en a fait aucun usage (Crim. cass. 10 déc. 1824, MM. Portalis, pr., Busschop, rap., aff. min. pub. C. Kress).—En effet, ces excuses, à supposer même qu'elles fussent prouvées, ne suffirait pas pour faire disparaître le délit.

110. Le second élément du délit, c'est le fait matériel de la détention de poids et mesures *faux* ou d'instruments de pesage et mesurage *inexacts* indépendamment de l'usage qui pourrait en avoir été fait (V. n° 148). — L'art. 479-5° c. pén. ne parlait, de même que l'art. 423, que de poids et mesures faux, de là les mêmes difficultés qu'à l'égard de ce dernier article sur le point de savoir ce que l'on devait entendre par poids et mesures *faux*.— D'abord, et ce qui ne pouvait faire aucun doute, il a été jugé : 1° que des poids sont faux, par cela seul qu'ils n'ont pas la pesanteur exigée par la loi, encore bien qu'à la dernière vérification ils aient été revêtus du poinçon (Crim. cass. 23 sept. 1826 (1); 8 sept. 1842, M. Rives, rap., aff. Chapy; 17 janv 1845, aff. Chardon, D. P. 45. 1. 116); — 2° Qu'il en est de même des mesures qui n'ont pas la capacité fixée par les règlements (Crim. cass. 23 déc. 1825, aff. Lippert, n° 19).

Et il importe peu que le poids faux, ou inexact, selon l'addition faite par la loi de 1851, appartienne à l'ancien ou au nouveau système.—Ainsi, il a été décidé que, lorsqu'un poids à l'ancien système (une livre), saisi chez un marchand, se trouve être inexact, il y a lieu d'appliquer, non les peines de police prononcées par l'art. 479-6° c. pén. contre les infractions aux règles du système métrique, mais les peines correctionnelles édictées par l'art. 3 de la loi du 27 mars 1851 contre toute détention de faux poids sans distinction entre l'ancien et le nouveau système (Orléans, 10 nov. 1852, aff. Beaudoin, D. P. 53. 2. 89). — Mais, le fait de réunir par un lien deux poids, l'un de 100 grammes, l'autre de 20 grammes, avec l'intention de s'en servir comme représentant le quart du kilogramme ou 125 grammes, ne saurait constituer, indépendamment de l'usage qui en aurait été fait pour tromper sur la quantité des choses vendues, la détention de faux poids prévue par l'art. 479, n° 5, c. pén. (Crim. rej. 31 mars 1848, aff. Colombe, D. P. 48. 5. 283). — En effet, les poids, dans l'espèce, sont individuellement exacts, et la simple intention de se servir de poids réguliers de manière à tromper les acheteurs, ne constitue pas un délit puni par la loi.

111. Ensuite, on s'est demandé (avant la loi de 1851) si la détention de *balances inexactes* rentrait sous l'application de l'art. 479-5°.—L'affirmative a été décidée (Crim. cass. 26 mars 1825, MM. Portalis, pr., Busschop, rap., int. de la loi, aff. Lechartier; 11 nov. 1826, aff. Bibard, V. n° 89; V. aussi les arrêts cités n° 148-4°).—Et il a été jugé : 1° que le colporteur qui a été trouvé porteur de fausses balances, ne peut être affranchi de la peine établie par cet article, sous le prétexte qu'il n'a pas fait usage des balances en question (Crim. cass. 12 juill. 1822) (2); — 2° Que le marchand chez lequel on a trouvé des balances dont

---

(1) *Espèce :* — (Int. de la loi.—Aff. Bordage.) — 18 mai 1826, procès-verbal constatant que l'épicier Bordage avait dans sa boutique un poids d'un 1/2 kilogramme auquel il manquait une 1/2 once. — De là citation pour contravention à l'art. 479, n° 5, c. pén. — Bordage excipe de ce que le poids est poinçonné, de ce qu'il a été trouvé juste à la dernière vérification, et de ce que, s'il est altéré, ce ne peut être que l'effet du temps. — Cependant, jugement qui, considérant que ce qui constitue la fausseté d'un poids est d'être au-dessous de la valeur réelle de sa dénomination, déclare le poids confisqué, et condamne Bordage à 11 fr. d'amende et aux dépens. — Appel. — On entend le vérificateur qui confirme l'explication donnée par Bordage. — Le 17 juin 1826, jugement du tribunal correctionnel de Bourbon-Vendée qui infirme, par les motifs qui se trouvent rappelés dans les moyens du demandeur.

Pourvoi de M. le procureur général dans l'intérêt de la loi, pour fausse application de la loi du 1er vend. an 4, et violation de l'art. 479, n° 5, c. pén. Ce magistrat a dit : « Il est inexact de dire que la loi ne considère comme faux poids que ceux qui sont dépourvus du signe extérieur de vérification destiné à en constater la légalité; les faux poids sont d'abord et essentiellement tous ceux qui n'ont pas la pesanteur exigée par les lois et règlements, qu'ils aient été ou non revêtus, à une époque plus ou moins rapprochée, de la marque du poinçon de vérification; en effet, cette marque n'établit jamais qu'une présomption de la conformité des poids et mesures avec les étalons, présomption qui disparaît nécessairement devant la preuve contraire; si la loi déclare ensuite faux poids et fausses mesures, non-seulement les mesures et les poids anciens, mais encore ceux qui sont justes et décimaux, mais qui ne sont pas marqués du poinçon prescrit, ce n'est que par extension et parce qu'elle les assimile aux poids et mesures essentiellement faux par le déficit qu'ils présentent dans leur pesanteur comparée à la pesanteur légale. — S'il en était autrement, si l'on ne pouvait jamais considérer comme faux des poids et mesures revêtus de la marque destinée à en constater la légalité, il s'ensuivrait que tout marchand pourrait, après avoir soumis ses poids ou ses mesures à la vérification, les altérer impunément sous la garantie du signe destiné à prévenir cette altération, de sorte que la précaution de la loi contre la fraude tournerait tout entière au profit de la fraude même. — Il est vrai que, dans l'espèce, le tribunal a déclaré, en fait, qu'il n'y avait pas eu de fraude dans l'altération du poids dont il s'agit; mais cette circonstance ne saurait soustraire son jugement à la censure de la cour. Aucune excuse ne peut être admise que dans les cas où la loi déclare le fait excusable. Ce principe, établi à l'égard des crimes et délits dans l'art. 65 c. pén., est applicable aux contraventions, ainsi que la cour l'a jugé par plusieurs arrêts. Or l'art. 479 c. pén., en prononçant une amende de 11 à 15 fr. contre ceux qui auraient de faux poids ou de fausses mesures dans leurs magasins, boutiques, etc., ne fait point dépendre l'application de cette peine de la preuve de l'intention frauduleuse du contrevenant; il ne s'attache qu'au fait matériel. L'existence de ce fait seul suffit donc pour necessiter la condamnation, et toute distinction fondée sur l'ignorance, la bonne foi ou le défaut d'intention frauduleuse, est arbitraire et contraire à la loi; c'est ce qu'ont jugé de nombreux arrêts de la cour, non-seulement en matière de contravention aux lois sur les douanes, sur les contributions indirectes et sur les eaux et forêts, mais encore au sujet de contravention d'une nature différente, notamment en matière de poids et mesures, et sur l'application de l'art. 479, n° 5, c. pén. dont il s'agit dans l'espèce. » — Arrêt.

La cour; — Vu le réquisitoire ci-dessus et l'art. 441 c. inst. crim., faisant droit audit réquisitoire; — Casse, dans l'intérêt de la loi.

Du 23 sept. 1826.-C. C., ch. crim.-MM. Ollivier, f. f. pr.-Busschop, r.

(2) *Espèce :* — (Int. de la loi. — Nicolas Carré.) — Le procureur général expose..... — Le 17 avr. 1822, le maire de Villers-devant-Lethour, assistant le vérificateur des poids et mesures de l'arrondissement, rencontra, dans les rues de sa commune, le nommé Nicolas Carré, marchand de sel, colporteur. Carré était porteur d'une balance à fléau non oscillant et fausse ; le maire dressa procès-verbal. — Carré fut traduit devant le tribunal de simple police, qui rendit le jugement suivant : — « Considérant que le fait rapporté ne caractérise point une contravention ; que le procès-verbal, pour défaut d'affirmation, est irrégulier et ne peut rien constater; l'annulons et renvoyons Nicolas Carré de la demande sans dépens. » — Tel est le jugement que l'exposant est chargé de soumettre à la censure de la cour. — Aucune loi n'oblige les maires à soumettre à la formalité de l'affirmation les procès-verbaux qu'ils dressent en matière de poids et mesures; ils n'agissent que comme officiers de police judiciaire, et ils usent du pouvoir qui leur est conféré par l'art. 11 c. inst. crim. Cet article porte, § 3 : « Ils (les maires) consigneront dans les procès-verbaux qu'ils rédigeront à cet effet, la nature et les circonstances des contraventions, le temps et le lieu où elles auront été commises, les preuves ou indices à la charge de ceux qui en seront présumés coupables. » La loi n'en exige pas davantage; dès lors, c'est à tort que, dans l'espèce, le tribunal d'Asfeld a refusé au procès-verbal du maire de Villiers la foi qui était due. Il y a plus : quand même le procès-verbal aurait été nul, cette nullité n'était pas exclusive de toute autre preuve. — Au fond, on comprend difficilement comment le tribunal de police n'a point reconnu une contravention dans le fait rapporté au procès-verbal du maire et avoué par le prévenu, dont la seule excuse était qu'il n'avait pas fait usage des balances en question ; qu'il n'était point en vente, en boutique, en foire ni marché. La simple lecture de l'art. 479, n° 5, c. pén., suffisait pour se convaincre que le fait constaté par le procès-verbal était positivement de la nature de ceux indiqués dans cet article. — Le tribunal aurait-il donc pu penser que la saisie n'ayant été faite, ni dans un magasin, ni dans une boutique, atelier ou maison de commerce, ni dans une halle, foire ou marché, il s'ensuivait qu'il n'y avait point de délit? Ce serait une étrange erreur dans laquelle il serait tombé. Le marchand colporteur vend non-seulement dans les halles, foires ou marchés, mais plus souvent encore dans les rues et dans les maisons particulières. Sa boutique est partout : porteur de faux poids ou de fausses mesures, il est au moins aussi coupable que le marchand stationnaire. On ne peut raisonnablement admettre que les marchands colporteurs puissent avoir impunément de faux poids ou de fausses mesures; ce serait encourager et soutenir la fraude. — Ce considéré, il plaise à la cour casser et annuler, etc. — *Signé* Mourre.

La cour; — Vu l'art. 441 c. inst. crim.; — Faisant droit audit réquisitoire, et d'après les motifs y énoncés; — Casse et annule, dans l'intérêt de la loi et sans préjudice de son exécution, le jugement du tribunal de police d'Asfeld, du 15 mai 1822, rendu au profit de Nicolas Carré.

Du 12 juill. 1822.-C. C., sect. crim.-MM. Barris, pr.-Busschop, r.

les plateaux étaient inégaux en poids, n'a pu être renvoyé de la prévention, sous le prétexte que l'un des plateaux était cassé, et que, n'ayant pas eu le temps de recevoir les balances par lui commandées pour remplacer celles en contravention, il s'est trouvé accidentellement en apparence en possession de faux poids (Crim. cass. 8 déc. 1832) (1); ...ou sous le prétexte qu'il n'existe qu'une légère différence dans le poids des plateaux, et que le marchand ne vend que des denrées (des fruits) qu'on est dans l'usage de peser à bon poids (Crim. cass. 8 déc. 1832) (2). — Cette jurisprudence doit être suivie, à plus forte raison, sous la loi de 1851 qui, après avoir parlé des poids faux, ajoute : « et autres *appareils inexacts servant au pesage ou au mesurage,* » avec cette différence, toutefois, que l'excuse présentée par le prévenu devra être appréciée par le juge, conformément à ce qui est dit n° 109.

112. Il est sans difficulté que le marchand dont les plateaux ont été déclarés inégaux par procès-verbal peut être renvoyé de la plainte, si, après vérification au bureau, ils ont été reconnus parfaitement justes, et si, d'ailleurs, le fait constaté par procès-verbal ne préjudiciait qu'au vendeur, en ce que c'était le plateau destiné à mettre les poids qui était déclaré peser quelques gros de plus que celui où se dépose la viande (Crim. rej. 5 déc. 1839) (3).

113. La présence d'un corps étranger dans une balance constitue-t-elle une infraction tombant sous l'application, soit de l'art. 479-5° c. pén., soit, aujourd'hui, de l'art. 3 de la loi de 1851? La jurisprudence antérieure à cette dernière loi s'est prononcée d'une manière formelle pour l'affirmative; et, comme il s'agissait d'une contravention, elle n'admettait aucune excuse. —Ainsi, il a été jugé : 1° que le fait de la part d'un charcutier d'avoir placé, d'une manière cachée, un paquet de papier dans le plateau de la balance où se mettaient les marchandises à peser, ce qui occasionnait une tombée de 3 grammes au préjudice des acheteurs, constitue une contravention à l'art. 479, n° 5 c. pén., laquelle ne peut être excusée par le tribunal de police, sous le prétexte que ce papier, n'étant ni fixé ni collé, avait été mis par mégarde (Crim. cass. 29 avr. 1831) (4); — 2° Que la circonstance qu'il a été trouvé sur la balance d'un boucher ou d'un boulanger un crochet en métal ou tout autre objet étranger fixé à l'un des chaînons de cette balance, du côté du plateau où se pose la viande ou le pain, de manière à ajouter le poids de cet objet à celui de la chose vendue, constitue à elle seule, et alors qu'on ne reproche pas à ce boucher ou boulanger d'avoir fait usage de sa balance ainsi faussée (car, dans ce cas, l'art. 423 c. pén. serait applicable), la contravention prévue par l'art. 479, n° 5 c. pén. (Crim. cass. 16 fév. 1839) (5); —3° Que le fait qu'une pièce d'un sou s'est trouvée sous un papier dans le plateau de la balance où se met la marchandise, ce qui occasionnait de ce côté une assez forte tombée, entraîne contre le prévenu l'application de l'art. 479, n° 5 c. pén., et il ne saurait être renvoyé des fins de la plainte sous le prétexte qu'il n'est pas prouvé qu'il ait placé la pièce dans cette balance avec l'intention de s'en servir pour fausser le poids, et qu'elle n'a pu s'y trouver que par l'effet d'un pur acci-

(1) (Min. pub. *C.* Hubert.) — LA COUR; — Vu les art. 479, n° 5, 481 et 65 c. pén.; — Attendu qu'il est constaté et reconnu que, le 25 septembre dernier, le commissaire de police de la ville de Mortagne et le vérificateur des poids et mesures de cet arrondissement trouvèrent, chez Hubert, marchand fruitier, et sur quelques paniers de fruits placés en étalage, une balance avec deux plateaux en bois, dont l'un était beaucoup plus pesant que l'autre; que le tribunal de simple police, devant lequel le prévenu a été traduit à ce sujet, devait donc lui infliger les peines dont cette contravention l'a rendu passible, et prononcer la confiscation des balances dont il s'agit; d'où la conséquence qu'en le renvoyant de la poursuite, sur le motif que l'un des plateaux de ces balances était cassé récemment, sans qu'il eût eu le temps d'obtenir celles par lui commandées pour les remplacer, et qu'il ne s'est trouvé qu'accidentellement en apparence de faux poids, le jugement attaqué a commis un excès de pouvoir et violé les articles précités; — Casse, etc.

Du 8 déc. 1832.-C. C., ch. crim.-MM. de Bastard, pr.-Rives, rap.

(2) (Min. pub. *C.* Olivier.) — LA COUR; — Vu les art. 479, n° 5, 481 et 65 c. pén.; — Et attendu qu'il est constaté au procès que, le 25 septembre dernier, le commissaire de police de la ville de Mortagne et le vérificateur des poids et mesures de cet arrondissement trouvèrent, chez Olivier, marchand fruitier, et sur divers paniers de fruits placés en étalage, une paire de balance avec deux mauvais plateaux en bois, dont l'un fut reconnu beaucoup plus lourd que l'autre; que le tribunal saisi de cette contravention devait tout à la fois, dès lors, et condamner le prévenu à l'amende dont elle le rend passible, et prononcer la confiscation de la balance en question; d'où il suit qu'en le renvoyant de l'action exercée contre lui, par le motif que cette balance ne présente qu'une légère différence, d'un plateau sur l'autre, pour être égale; que ledit Olivier ne vend que des fruits dont l'usage est de les peser à bon poids, et que tous ceux qu'il a servis n'ont eu aucun motif de se plaindre, le jugement attaqué a commis un excès de pouvoir et violé les articles précités; — En conséquence, casse.

Du 8 déc. 1832.-C. C., ch. crim.-MM. Bastard, pr.-Rives, rapporteur.

(3) *Espèce:* — (Min. pub. *C.* Poncelet.) — Poncelet, boucher, est prévenu d'avoir étalé un plateau de balances, destiné à mettre les poids, pesant 3 gros de plus que celui où se dépose la viande. C'est ce qu'a constaté le vérificateur requis au moment de la contravention par le commissaire de police. Cependant, le prévenu ayant allégué que les plateaux de ses balances étaient d'un poids égal, elles sont déposées sur le bureau, essayées et reconnues parfaitement justes, même après que les plateaux ont été changés de côté. — Le ministère public, malgré cette vérification, requiert l'application de l'art. 479, n° 5, c. pén. — 8 nov. 1839, jugement du tribunal de police de Sedan, qui renvoie le prévenu en ces termes : — « Attendu que, de l'examen des balances saisies sur le prévenu, il résulte que les plateaux placés successivement de chaque côté du fléau sont dans toutes ces positions d'une égalité parfaite; que toutes les parties de ces balances sont en métal, et par conséquent peu susceptibles d'être impressionnées par l'humidité ou par une condition atmosphérique différente; qu'elles sont hors des mains du prévenu, depuis l'instant même où procès-verbal lui a été déclaré; qu'il n'est pas dit que, lors de la visite qui en a été faite sur la place du marché, il y eût un corps quelconque attaché soit au fléau, soit aux chaînes, soit au plateau trouvé le plus lourd; qu'ainsi la présente vérification détruit entièrement le fait constaté par le procès-verbal; fait qui, du reste, ne pouvant préjudicier qu'au vendeur, donnerait difficilement matière à condamnation, puisqu'il manque du caractère nécessaire pour motiver l'application d'une loi pénale... » — Pourvoi. — Arrêt.

LA COUR; — Attendu que le jugement dénoncé est régulier en la forme, et qu'il n'a commis, dans l'état des faits qui l'ont déterminé, aucune violation de l'art. 154 c. inst. crim., ni du n° 5 de l'art. 479 c. pén.; — Rejette.

Du 5 déc. 1839.-C. C., ch. crim.-MM. de Bastard, pr.-Rives, rap.

(4) (Min. pub. *C.* Viannet.) — LA COUR; — Vu les art. 479, n° 5, 481, n° 1, et 65 c. pén.; — Attendu que, par procès-verbal régulier, en date du 2 mars dernier, le commissaire de police de l'arrondissement du port du Temple, en la ville de Lyon, agissant sur la réquisition du vérificateur en chef des poids et mesures, dont il était accompagné, constate avoir trouvé, ce même jour, dans la boutique de J. Viannet, charcutier, une balance placée sur un comptoir, laquelle avait, du côté où l'on place les marchandises, une tombée qui fut reconnue provenir d'un paquet de papiers caché sous la feuille tenue dans les bassins pour la propreté, et que cette tombée était de 3 grammes au préjudice de l'acheteur; que ce fait constitue la contravention prévue et punie par les premiers des articles précités; d'où il suit qu'en renvoyant le prévenu de la poursuite, sous le prétexte que les papiers dont il s'agit n'étant ni fixés, ni collés à la balance, pouvaient s'y être trouvés accidentellement, et qu'il n'a, d'ailleurs, pas été prouvé qu'il y eût volonté de commettre une fraude, le jugement attaqué a commis un excès de pouvoir en admettant des motifs d'excuse qui ne sont pas établis par la loi, et violé les articles ci-dessus cités; — En conséquence, casse.

Du 29 avril 1831.-C. C., ch. crim.-MM. Ollivier, pr.-Rives, rap.

(5) (Min. pub. *C.* Haëner.) — LA COUR; — Vu les art. 479, n° 5; 481, n° 1, et 65 c. pén.; — Attendu que, par procès-verbal régulier, en date du 6 août dernier, le commissaire de police de la ville d'Alkirch, agissant sur la réquisition du vérificateur des poids et mesures, constate avoir remarqué, ce même jour, dans la boutique de François Haëner, boucher, qu'à l'un des chaînons de la balance placée au-dessus de son étal se trouvait fixé un crochet du poids de 50 grammes, qui faisait pencher d'autant le plateau servant à recevoir la viande destinée à l'acheteur; — Attendu que ce fait ne pouvait constituer le délit prévu par l'art. 423 c. pén., puisqu'il n'était pas reproché au sieur Haëner d'avoir, en employant cette balance, rendue fausse par l'adjonction d'un objet étranger, trompé un acheteur sur le poids de la chose vendue; — Mais qu'il constituait la contravention prévue par l'art. 479, n° 5, qui punit d'une amende le marchand dans le magasin ou la boutique duquel ont été trouvés de faux poids ou de fausses balances, même avant qu'il en ait été fait usage et indépendamment de leur emploi; — Que la circonstance que le crochet pouvait être détaché du chaînon auquel, selon le jugement, il n'était fixé qu'accidentellement, ne détruisait pas la contravention, et qu'en renvoyant le prévenu de la poursuite, sous le prétexte que la balance ne péchait pas dans ses parties essentielles et constitutives, le jugement attaqué a commis un excès de pouvoir, en admettant des motifs d'excuse qui ne sont pas établis par la loi, et violé les articles précités, en refusant de les appliquer; — Casse.

Du 16 fév. 1839.-C. C., ch. crim.-MM. Bastard, pr.-Gartempe fils, rap.

dent (Crim. cass. 29 nov. 1839) (1) : —4° Que le boucher chez lequel on trouve une balance dont l'un des plateaux pèse 20 grammes de plus que l'autre au moyen de papiers posés à demeure dans ce plateau, commet la contravention prévue par l'art. 479, n° 5 c. pén. (Crim. cass. 16 oct. 1841) (2);—5° Que la détention, par un marchand, de balances dont les plateaux sont de poids inégal par suite de l'addition d'un papier dans l'un d'eux, constitue une contravention qui ne peut être excusée sous prétexte que ce papier devait être vu de l'acheteur qui pouvait le faire retirer (Crim. cass. 11 avr. 1851, aff. Feubrey, D. P. 51. 5. 396). — Depuis la loi de 1851, il faudrait que l'intention frauduleuse fût constatée conformément à ce qui est dit n° 109.

114. La jurisprudence antérieure à la loi de 1851 considérait encore comme faux, dans le sens de l'art. 479 c. pén., les poids et mesures anciens dont l'usage était prohibé (V. n° 128), et les poids et mesures légaux non revêtus de la *marque* de vérification (V. n° 138). Mais ces fictions qui n'auraient pas dû être admises en matière pénale, doivent être complétement repoussées aujourd'hui. — V. ce qui est dit à cet égard *loc. cit.*

115. La détention de poids et mesures faux est punissable lorsque ces poids sont trouvés dans les magasins, boutiques, ateliers ou maisons de commerce, ou dans les halles, foires ou marchés (c. pén. 479-5°; L. 27 mars 1851, art. 3). — Cette disposition est générale et absolue. Elle comprend tous les magasins, boutiques et ateliers quelconques dans lesquels il y aurait de faux poids et de fausses mesures, et ne peut être restreinte aux seuls ateliers, magasins et boutiques où se fait la vente et la fabrication des instruments de pesage et de mesurage.—Jugé, en conséquence, 1° que le jugement d'un tribunal de police qui refuse d'appliquer cet article à un débitant de vins chez lequel des mesures fausses ont été saisies, doit être cassé (Crim. cass. 22 août 1822) (3);—2° Que le colporteur sur lequel on a saisi de fausses balances ne *peut* être excusé sous prétexte qu'il n'était point en vente en boutique, ni foire ni marché, sa boutique étant partout où il se transporte (Crim. cass. 12 juill. 1822, aff. Carré, V. n° 111-1°. — Conf. MM. Chauveau et Hélie, t. 6, p. 25); — 3° Qu'on doit aussi considérer comme un magasin, dans le sens de l'art. 479, n° 5, c. pén., le local où se trouvent déposées les denrées qu'un fournisseur du département de la guerre achète et revend (Crim. cass. 5 déc. 1833, aff. Watelier, V. n° 73).—V. aussi nos 131 et suiv., 143.

116. Il a été jugé également que l'on doit condamner à la peine portée par l'art. 479, n° 5 c. pén., l'individu dans le magasin duquel on trouve une fausse mesure, soit que ce magasin lui appartienne ou qu'il le gère pour le compte d'autrui (Crim. cass. 3 sept. 1842) (4).

117. Mais la disposition de l'art. 479, n° 5, n'est pas applicable aux *non-commerçants*.— Ainsi, il a été jugé que l'individu non marchand et non propriétaire des magasins où ont été trouvés de faux poids n'est point passible des peines portées en l'art. 479, § 5 c. pén. (Crim. rej. 7 juin 1839, aff. Chartier, V. n° 149); — 2° Que les propriétaires et cultivateurs qui vendent le produit de leurs récoltes, mais qui n'ont ni boutiques ni magasins, ne sont passibles d'aucune poursuite pour détention dans leur maison, de faux poids ou de fausses mesures (Crim. rej. 17 mars 1855, aff. Potentiers, D. P. 55. 1. 125).

118. Ne serait pas non plus punissable, le commerçant qui détiendrait des poids et mesures faux, non dans ses magasins, ateliers, etc., mais dans ses appartements particuliers tout à fait indépendants et éloignés de sa maison de commerce, ou qui en serait trouvé porteur sur la voie publique (V. n° 144). C'est l'usage présumé que la loi veut atteindre, et cette présomption n'existe que dans les termes où la loi l'a posée. Cela ne nous semble pas douteux, surtout depuis l'aggravation de pénalité qui résulte de la loi nouvelle (Conf., sous la loi ancienne, MM. Chauveau et Hélie, t. 6, p. 25). — V. aussi, n° 131.

§ 3. — *Emploi et détention de mesures prohibées.*

119. La loi, en créant un nouveau système de poids et mesures, devait, pour en assurer l'exécution, défendre sous une sanction pénale l'emploi et même la simple détention des instruments de pesage et de mesurage confectionnés suivant l'ancien système ou suivant tout système qui ne serait pas en harmonie avec le nouveau. — Occupons-nous d'abord de l'*emploi* de ces mesures, prévu et puni par les art. 424, 479-6° et 480 c. pén.

120. D'abord, l'art. 424 porte : « Si le vendeur et l'acheteur

(1) (Min. pub. *C.* Fremy.)—LA COUR;—Vu l'art. 161 c. inst. crim., l'art. 65 c. pén., et le n° 5 de l'art. 479 du même code;—Attendu que le procès-verbal dressé à la charge d'Auguste Fremy, le 29 octobre dernier, constate que le rédacteur de cet acte ayant remarqué que les balances qui se trouvaient dans sa boutique avaient une assez forte tombée du côté où il met la marchandise, et voulant examiner d'où provenait la différence, leva un papier qui était dans la coupe du côté où la balance penchait, et qu'il y aperçut un sou à l'effigie de Ferdinand VII, roi d'Espagne;—Que ce fait, qui établit que la balance était fausse, entraînait donc contre le prévenu l'application de l'art. 479, n° 5, c. pén.; d'où il suit qu'en refusant de la lui infliger, sous le prétexte qu'il n'est point prouvé que ledit Fremy ait placé la pièce dont il s'agit dans cette balance avec l'intention de s'en servir pour fausser le poids, et qu'elle n'a pu s'y trouver que par l'effet d'un pur accident et d'une cause étrangère à sa volonté, le jugement dénoncé a créé une excuse qui n'est pas établie par la loi, et commis une violation expresse des dispositions ci-dessus visées;—Casse.

Du 29 nov. 1839.-C. C., ch. crim.-MM. de Ricard, pr.-Rives, rap.

(2) (Min. pub. *C.* Galzy.)—LA COUR;—Vu les art. 3 et 4 de la loi du 4 juillet 1837 sur les poids et mesures;—Vu l'art. 479, § 5, c. pén.; —Attendu qu'il résulte d'un procès-verbal régulier et non contredit par les voies légales qu'un des plateaux des balances trouvées dans la boucherie du sieur Galzy, boucher, pesait 20 grammes de plus que l'autre; —Que cette différence entre les plateaux constituait un poids irrégulier et faux, qui, ayant été trouvé dans une maison de commerce, rendait le sieur Galzy passible des peines portées en l'art. 479, § 5, c. pén.; qu'il importait peu que la différence de pesanteur provînt d'un corps étranger ajouté au plateau de la balance, puisqu'il résulte aussi du procès-verbal que les papiers qui formaient ce poids étaient placés à demeure dans ce plateau;—Attendu toutefois que, sans avoir détruit les faits consignés au procès-verbal, le jugement attaqué a renvoyé le sieur Galzy de la plainte sur le motif que les balances en elles-mêmes étaient régulières, et que le fait incriminé pouvait seulement constituer une vente à faux poids s'il venait à être fait usage de la balance ainsi disposée;—En quoi il a été commis une violation des art. 3 et 4 de la loi du 4 juillet 1837, et 479, § 5, c. pén.;—Casse.

Du 16 oct. 1841.-C. C., ch. crim.-MM. Bastard, pr.-Crouseilhes, rap.

(3) (Min. pub. *C.* Jandard et Corneloup.)—LA COUR;—Vu les art. 408, 413 et 416 c. inst. crim.;—Vu aussi l'art. 138 du même code et l'art. 479-5° c. pén.;—Considérant que la première disposition de ce numéro est générale et absolue; qu'elle comprend donc tous les magasins, boutiques et ateliers quelconques, dans lesquels il y aurait de faux poids ou de fausses mesures; que cette première disposition ne peut donc, comme l'a dit le jugement dénoncé, être restreinte aux seuls ateliers, magasins et boutiques où se fait la vente ou la fabrication des instruments de pesage et de mesurage;—Que l'existence de faux poids ou de fausses mesures dans les magasins, boutiques et ateliers en général, constitue donc une contravention de police dont la connaissance et le jugement appartiennent aux tribunaux de police. — Que la deuxième disposition dudit n° 5 de l'art. 479 c. pén. n'est point restrictive de la première; qu'elle se rapporte à un fait d'un caractère différent, prévu par l'art. 423 du même code, qui punit de peines correctionnelles ceux qui, abstraction faite des faux poids ou des fausses mesures qui seraient dans leur possession, auraient, par leur emploi, trompé sur la quantité de choses vendues;—Mais que tel n'est point le caractère du fait qui est rapporté dans le procès-verbal du 1er juillet 1822, que l'adjoint du maire de la commune d'Ozolles a dressé contre les sieurs Jandard et Corneloup, débitants de vins;—Que le fait contre eux constaté, et pour lequel ils ont été poursuivis, est seulement d'avoir eu dans leurs boutiques ou lieux de débit, de fausses mesures de litre;—Que ce fait rentrait donc dans la première disposition du n° 5 de l'art. 479 c. pén.; que le tribunal de police de Charolles, dans le ressort duquel ce fait avait été constaté, en était donc légalement saisi, et qu'en refusant d'en connaître, sous prétexte qu'il était de la compétence des tribunaux correctionnels, il a violé les règles de sa propre compétence et les articles de la loi précités;—D'après ces motifs, casse.

Du 22 août 1822.-C. C., sect. crim.-MM. Barris, pr.-Busschop, rap.

(4) (Min. pub. *C.* Plantier.)— LA COUR; — Vu l'art. 4 de la loi du 4 juill. 1837, et l'art. 479, n° 5, c. pén.; — Attendu que par un procès-verbal régulier il a été constaté qu'on avait trouvé dans le magasin de la maison de Plantier père une romaine fausse; — Que le jugement attaqué contient l'aveu de Plantier qu'il avait un entrepôt de marchandises pour le compte de son fils, avec une certaine quantité de balles de laine; que, dès lors, le magasin dont il s'agit était assujetti à la vérification; — Que le tribunal de police, en renvoyant Plantier de la poursuite, a donc violé l'art. 4 de la loi précitée, et l'art. 479, § 5, c. pén.; — Casse.

Du 3 sept. 1842.-C. C., ch. crim.-MM. Bastard, pr.-Isambert, rap.

se sont servis, dans leurs marchés, d'autres poids ou d'autres mesures que ceux qui ont été établis par les lois de l'État, l'acheteur sera privé de toute action contre le vendeur qui l'aura trompé par l'usage de poids ou de mesures prohibés, sans préjudice de l'action pour la punition, tant de cette fraude que de l'emploi même des poids et mesures prohibés. — La peine, en cas de fraude, sera celle portée par l'article précédent. — La peine, pour l'emploi des mesures et poids prohibés, sera déterminée par le liv. 4 du précédent code, contenant les peines de simple police. » — Cet article, dont on donne ci-dessous l'exposé (1), comprend sous les mots poids et mesures *prohibés*, les poids et mesures *anciens*, quelle qu'en soit la forme. Il s'occupe de l'emploi de ces instruments, c'est-à-dire du fait consommé, et non de leur détention, que d'autres dispositions prévoient et punissent (V. nº 129). — Examinons l'économie de la loi. Le vendeur et l'acheteur y sont également atteints. Pour le *vendeur*, pas de difficulté. En se servant de mesures prohibées, il commet une contravention de simple police, réprimée par le nº 6 de l'art. 479 c. pén., dont on parlera plus loin. Puis, comme il peut arriver qu'il ait en même temps trompé l'acheteur sur la quantité de la marchandise vendue, alors la loi le déclare coupable du délit de tromperie prévu par l'art. 423 c. pén., et il devient passible de la peine établie par cet article.

121. Reste maintenant l'*acheteur*. Notons, avant tout, que cet acheteur n'est en faute, et, par conséquent punissable, que s'il donne son consentement à l'emploi des mesures prohibées. L'exposé des motifs le dit formellement. Il n'importe que la présence de l'acheteur au pesage ou au mesurage ne puisse avoir, quant à lui, que le caractère d'une simple contravention (la tromperie sur la quantité de la marchandise vendue n'existant nécessairement que du côté du vendeur), et qu'il soit de principe qu'en matière de contravention, il n'y a pas à se préoccuper de l'intention, c'est-à-dire du point de savoir si l'auteur de l'infraction savait ou ignorait qu'il faisait un acte prohibé. Mais, d'abord, la participation de l'acheteur à l'usage de mesures prohibées, est-elle bien véritablement une contravention? C'est ce qu'on va examiner bientôt; et, dans tous les cas, la loi l'eût-elle traitée comme contravention, qu'il faudrait y voir une contravention d'une nature spéciale; la raison comme la volonté du législateur, telle qu'elle nous est révélée par M. Faure, prescrivant de ne rendre l'acheteur responsable que d'un *concours sciemment* donné au pesage ou au mesurage illicites opérés par le vendeur, et avec les poids ou les mesures du vendeur. — Ceci posé, quelle situation l'art. 424 a-t-il faite à l'acheteur qui consent ainsi, en connaissance de cause, à ce que des instruments prohibés servent au mesurage ou au pesage de la marchandise dont il prend livraison. S'il a été trompé par le vendeur, l'art. 424 lui refuse toute action en répétition. Il ne peut pas prétendre *que la loi vienne à son secours* (exposé des motifs). — Mais est-ce là toute la pénalité qui le frappe, de sorte qu'il se trouvera absolument impuni s'il a reçu livraison après un pesage ou un mesurage loyalement exécutés? Encourt-il, au contraire, en toute hypothèse, la peine de simple police édictée par l'art. 479, nº 6, c. pén.? L'exposé des motifs exprime que l'acheteur est passible d'une peine de simple police, comme *complice* de la contravention; et la même solution se retrouve dans les motifs d'un arrêt de la cour de cassation (Crim. cass., 21 mai 1824, aff. Desfieux, nº 128). Mais c'est là, ce semble, une erreur; car il n'existe pas de complicité en matière de contravention (V. vis. Complicité, nº 17; Contravention, nº 479, et Crim. cass. 16 oct. 1840, aff. Stocannes, *infrà*, nº 129-2º). — Dira-t-on que l'acheteur est puni comme *auteur* de la contravention, en vertu de la disposition générale qui termine l'art. 424, et non pas comme complice? Mais cette disposition parle de l'*emploi* des mesures et poids prohibés. Or, consentir à l'usage d'un instrument prohibé, ou en d'autres termes, consentir à une contravention, ce n'est pas se rendre auteur de la contravention. Pour assimiler le consentement à la perpétration de l'infraction elle-même, il serait besoin d'un texte précis; et l'art. 424, qu'on invoque, se borne à renvoyer à l'art. 479, nº 6, où n'apparaît aucune trace d'une pareille assimilation. Concluons donc que, pour l'acheteur, il n'existe aucune peine proprement dite, et que la loi l'a simplement déclaré déchu du droit de réclamer en justice la réparation du préjudice qu'a pu lui causer l'opération illicite à laquelle il a donné son adhésion (Conf. MM. Chauveau et Hélie, t. 6, p. 14). — Peut être eût-il été mieux, d'une part, de ne point refuser à l'acheteur une action en restitution dont la suppression enrichit le vendeur qui s'est conduit dolosivement, et d'autre part, de lui infliger, pour avoir participé sciemment à une infraction à la loi, cette peine de simple police qu'on s'efforcerait vainement de faire sortir des art. 424 et 479 combinés. La déchéance de l'action en répétition a, en effet, le grand inconvénient de faire subir à l'acheteur une perte qui, variant avec l'importance de l'opération et l'étendue de la tromperie commise, peut être sans proportion aucune avec la criminalité du fait reproché à cet acheteur. Quoi qu'il en soit à cet égard, la possibilité d'un tel préjudice suffit certainement pour mettre l'acheteur en garde contre l'usage qu'on tenterait de faire, avec son consentement, de poids ou mesures prohibées, et on doit le dire, il serait vraiment excessif, en un pareil état de la législation, d'y ajouter encore une autre pénalité que rien n'expliquerait et à laquelle résistent les principes les plus constants en matière de contravention. Aussi est-il presque sans exemple qu'on dirige des poursuites contre les acheteurs.

122. Au reste, si c'est l'acheteur qui s'est servi de poids et mesures anciens *à lui appartenant*, c'est lui alors qui est en faute. S'il a agi sans fraude, il encourt les peines de l'art. 479; si, au contraire, il a trompé le vendeur au moyen des poids et mesures anciens dont il s'est servi, c'est l'art. 423 qui devra lui être appliqué (V. nº 97). — Mais le vendeur, dans une telle hypothèse, ne devra pas être privé de l'action en restitution. L'art. 424 contient une disposition exceptionnelle qui ne doit pas être étendue hors de ses termes.

123. Venons maintenant à l'art. 479-6º c. pén., cet article punit d'une amende à laquelle l'art. 480 permet d'ajouter un *emprisonnement facultatif*, « ceux qui emploieront des poids et mesures différents de ceux qui sont établis par les lois en vigueur. » — A la différence du nº 5 de l'art. 479, qui prévoit la *possession* de poids et mesures faux, le nº 6 de ce même article punit seulement l'*emploi* des mesures illégales. — Mais il atteint l'emploi de toute mesure non conforme au système décimal, quelle qu'elle soit. — Ainsi, il a été jugé que le fait de vendre pour un prix déterminé, au moyen d'une manne en osier, des légumes pris dans une quantité plus considérable étendue sur le marché, tombe sous le coup des §§ 5 et 6 de l'art. 479 c. pén. (Crim. cass. 28 déc. 1849, aff. Huz-Jonio, D. P. 51. 5. 396), à moins cependant qu'il ne s'agisse d'une de ces mesures de convention dont la loi n'a pas prohibé l'usage. — V. nos 18 et 171.

124. A un autre point de vue, le nº 6 de l'art. 479 diffère encore du nº 5. Celui-ci se sert d'expressions qui impliquent

(1) Extrait de l'exposé des motifs présenté par M. Faure, sur les art. 423 et 424 c. pén.

Le code contient aussi des dispositions non-seulement contre ceux qui font usage de faux poids ou de fausses mesures, mais encore contre ceux qui se servent d'autres poids ou d'autres mesures que ceux qui ont été établis par les lois de l'État. Ces deux actes n'étant pas susceptibles d'une assimilation parfaite, il a dû être établi quelque différence dans les peines : un mot suffira pour en faire sentir la nécessité. — En effet, l'usage de faux poids ou de fausses mesures comprend nécessairement une fraude. Il n'en est pas de même de l'usage des poids ou mesures anciennes : celui-ci peut n'être pas accompagné de fraude; et si la fraude n'existe pas, ce n'est point un délit, c'est une contravention. Sans doute cette contravention doit être réprimée; car la loi sur l'uniformité des poids et mesures est d'une utilité qui ne peut être méconnue que par l'ignorance et les préjugés : et ceux qui ne s'empressent pas de se conformer à cette loi, s'étonneront un jour d'avoir pu douter de sa sagesse. Au reste, lorsqu'ils sont trompés, ils ne peuvent prétendre que la loi doit venir à leur secours, comme s'ils l'avaient été par l'usage de faux poids ou de fausses mesures, ayant la forme légale. Dans ce dernier cas, la loi les considérerait comme victimes d'une fraude dont ils n'ont pas dû se défier. Mais lorsqu'ils consentent à ce qu'on emploie à leur égard des poids et mesures que la loi prohibe, ils se rendent complices d'une contravention : ils ont dû prévoir les risques auxquels ils se sont exposés, et la loi leur refuse toute action pour en obtenir la réparation. Ainsi le vendeur, et même l'acheteur, quoique trompé, seront punis; le premier pour avoir commis une fraude et une contravention, et on lui appliquera la peine relative à l'usage des faux poids et des fausses mesures : quant au second, c'est-à-dire à l'acheteur, il sera condamné pour sa contravention à une peine de simple police.

l'idée qu'il n'est applicable qu'aux marchands, dans les lieux de vente et de fabrication; celui-là, au contraire, est général et absolu et frappe non-seulement les marchands qui, dans leur commerce, font usage de poids et mesures non reconnus par la loi, mais même les particuliers. En effet, l'objet de la loi n'est pas ici de réprimer ou de prévenir des fraudes, mais de favoriser l'établissement et la pratique du système décimal, et cela non pas seulement chez les marchands, mais aussi auprès du public.—Il a été jugé, en ce sens, que l'individu, quoique non commerçant, qui livre, même sur son terrain, les produits de sa récolte, en faisant usage d'une mesure non autorisée, devient passible de la peine portée en l'article précité, alors même que cette mesure aurait été convenue entre lui et son acheteur (Crim. cass. 11 août 1836) (1).

125. L'emploi des poids et mesures anciens dans toute opération commerciale est prohibé par l'art. 479-6°; cela n'est pas douteux. — Aussi, a-t-il été jugé que l'art. 479 du code pénal est applicable : 1° à des marchands de bois qui, pour recevoir la délivrance du bois faisant l'objet de leur commerce, emploient des mesures différentes de celles établies par la loi (Crim. cass. 24 déc. 1818) (2); — 2° au marchand de charbon de terre qui a fait emploi, dans la vente de cette marchandise, d'une mesure ancienne dite feuillette (Crim. cass. 27 mars 1823, MM. Barris, pr., Busschop, rap., aff. min. pub. *C.* Lamothe); — 3° Au marchand de vins qui vend du vin dans des bouteilles n'ayant pas la contenance d'un litre (Crim. cass. 27 mars 1823, aff. Constantin, V. n° 19-1°).

126. Mais, quelle que soit la généralité du mot *emploi* de l'art. 479-6°, il ne faudrait pas en induire que tout emploi, alors même qu'il ne s'agirait ni de vente, ni d'achat, ni d'aucune sorte d'opérations de commerce, doit tomber sous l'application de cet article. — La jurisprudence est constante sur ce point.—Ainsi, il a été décidé : 1° que le commerçant qui fait usage de poids anciens dans l'intérieur de son domicile et dans son intérêt particulier, sans qu'il s'en serve pour l'objet de son commerce, n'encourt aucune des peines prescrites par la loi contre ceux qui font usage de poids anciens (Crim. rej. 22 déc. 1808) (3); — 2° Qu'un marchand d'objets qui ne se vendent pas au poids, par exemple un tailleur qui, sur la demande de femmes entrées dans sa boutique a pesé le beurre qu'elles lui ont présenté et s'est servi d'anciens poids, n'est point en contravention à l'art. 479, § 6, alors qu'il n'est point dit dans le procès-verbal que ces femmes vendissent et les autres achetassent le beurre et que le ministère public n'a prouvé ni offert de prouver que le pesage eût été la base de la vente et de l'achat de cette denrée (Crim. rej. 11 déc. 1812) (4); — 3° que le marchand qui a en sa possession des poids anciens, mais qui ne s'en sert que pour presser des cuirs, et qui n'emploie dans son commerce que des poids nouveaux, n'est passible d'aucune peine (Metz, 16 déc. 1820) (5);— 4° Qu'il n'y a pas contravention dans

(1) *Espèce :* — (Int. de la loi. — Aff. Benoit.) — Le 22 oct. 1835, jugement qui renvoie des poursuites dirigées contre lui, sur le motif qu'il n'était ni marchand ni fabricant, le sieur Benoit, convaincu d'avoir fait usage de mesures différentes de celles établies par les lois. — Pourvoi dans l'intérêt de la loi. — « Le tribunal, dans cette décision, a dit le procureur général, a confondu la disposition du n° 5 de l'art. 479 c. pén. avec le n° 6 du même article. — Le n° 5 punit le simple fait de la possession par les marchands, fabricants, etc., dans les magasins, ateliers, boutiques, foires ou marchés, de faux poids ou de fausses mesures. Ce fait est puni comme une contravention, abstraction faite de tout emploi de ces faux poids et de ces fausses mesures; s'il en a été fait pour tromper sur la quantité des choses vendues, le fait n'est plus une simple contravention, c'est un délit que l'art. 423 punit d'un emprisonnement de trois mois au moins et d'un an au plus. — Le n° 6 du même art. 479 prévoit un fait tout différent. Faisant abstraction, comme l'observe la cour de cassation dans un arrêt du 21 mai 1824, des boutiques, magasins et autres lieux destinés à la vente, au pesage et mesurage des marchandises, il s'applique d'une manière générale à tous individus qui feraient emploi sans fraude, de poids et mesures, autres que ceux qui sont légalement établis, même lorsque l'emploi en serait fait de gré à gré entre l'acheteur et le vendeur; cette disposition pénale n'est autre chose que le complément d'une disposition précédente du même code, celle de l'art. 424 qui avait spécialement déterminé le cas dont il s'agit, et renvoyé à des dispositions ultérieures pour la fixation de la peine. C'est précisément cette fixation que contient le § 6 de l'art. 479. — Ceci posé, dès lors qu'il était reconnu, dans l'espèce, que Benoit avait fait usage d'une mesure différente de celles établies par les lois en vigueur, qu'importait que le mesurage ne fût, comme le dit le jugement attaqué, qu'un mesurage de convention entre celui qui, sur son terrain, livre le produit de sa récolte et celui qui l'achète; qu'importait que Benoit ne fût ni marchand ni fabricant, ni patenté; qu'importait qu'il n'opérât ni dans une boutique ni dans un dépôt public, halle, foire ou marché, mais bien sur le terrain dont la propriété ne lui était pas contestée? Aucune de ces circonstances n'empêchait qu'il n'y eût de sa part la contravention prévue par le n° 6 de l'art. 479 c. pén... — En conséquence, etc. — *Signé* Dupin. » — Arrêt.

LA COUR; — Attendu que l'art. 479 c. pén., dans son sixième paragraphe, défend à toutes personnes de faire usage de poids ou de mesures autres que ceux établis par la loi; que cette défense est absolue et n'admet aucune modification;—Attendu que le jugement dont il s'agit a reconnu, en fait que Benoit avait fait usage d'une mesure non autorisée par la loi; que, dès lors, il était inutile d'examiner, comme l'a fait le jugement, quelle était la qualité de Benoit, et dans quel lieu ou dans quelles circonstances il avait fait usage de la mesure illégale dont il s'agit; — Qu'en se déterminant, par des considérations de cette nature, à relaxer Benoit des poursuites dirigées contre lui, le jugement attaqué a faussement appliqué le § 5 de l'art. 479 c. pén., et violé le § 6 du même article; — Casse dans l'intérêt de la loi, etc.

Du 11 août 1836.-C. C., ch. crim.-MM. Choppin, pr.-Fréteau, rap.

(2) (Int. de la loi. — Delaunay, etc.) — LA COUR; — Vu les art. 424 et 479, n° 6, c. pén.; — Considérant qu'il a été constaté par procès-verbal du commissaire de police de la ville d'Angers, du 29 nov. 1817, et qu'il a reconnu par le tribunal correctionnel de la même ville, que plusieurs marchands avaient, pour recevoir la délivrance du bois qui faisait l'objet de leur commerce, employé des mesures différentes de celles qui sont établies par les lois en vigueur; — Que ce fait ainsi constaté et reconnu, forme de la part desdits marchands, une contravention formelle aux articles précités du code pénal; que, conséquemment, ils devaient être condamnés aux peines établies par ledit art. 479; d'où il suit qu'en renvoyant lesdits marchands des poursuites intentées à leur charge à raison de ladite contravention, le tribunal correctionnel d'Angers a manifestement violé la loi; — Casse dans l'intérêt de la loi le jugement du tribunal correctionnel d'Angers du 31 janv. 1818.

Du 24 déc. 1818.-C. C., sect. crim.-MM. Barris, pr.-Busschop, rap.

(3) (Min. pub. *C.* femme Brédaels.) — LA COUR; — Attendu qu'il a été déclaré constant en fait, par le jugement attaqué, que la femme Brédaels n'a fait usage des anciens poids saisis que dans l'intérieur de son domicile et dans son intérêt particulier, sans qu'il fût prouvé qu'elle s'en fût servi pour l'objet de son commerce; et qu'en déclarant, en conséquence, qu'il n'y avait aucune contravention à reprocher à ladite Brédaels, le tribunal de police n'a ouvertement violé aucune loi; — Rejette.

Du 22 déc. 1808.-C. C., sect. crim.-MM. Barris, pr.-Carnot, rap.

(4) (Min. pub. *C.* Vanderleemen.) — LA COUR; — Attendu que le jugement attaqué déclare qu'il est de notoriété publique que Vanderleemen est tailleur sans autre profession; que, d'après une telle déclaration, il doit être pris pour constant que ce particulier n'est pas marchand d'objets qui se vendent au poids; qu'il est établi par le procès-verbal du commissaire de police qu'à l'époque qui y est indiquée des femmes sont entrées dans la boutique de Vanderleemen et lui ont présenté du beurre qu'il a pesé avec un poids ancien; mais qu'il n'est pas dit que de ces femmes les unes vendissent et les autres achetassent ce beurre, et que le ministère public n'a ni fait ni même demandé à faire la preuve que le pesage opéré par le prévenu eût été la base de la vente et de l'achat de cette denrée; — Que dans cet état le tribunal, à qui il n'apparaissait pas qu'il eût été fait usage d'un poids ancien dans une opération de commerce, a pu ne pas voir dans l'action imputée au prévenu une contravention à l'art. 479, n° 6, c. pén., et qu'en refusant de prononcer contre lui l'amende déterminée par cet article, il ne saurait avoir contrevenu aux lois de la matière; — Que dès que du fait, tel qu'il est établi par le procès-verbal, ne résulte pas la contravention prévue par l'art. 479 c. pén., il devient sans objet de s'occuper du moyen pris de ce que dans l'un des considérants de son jugement le tribunal dit que le procès-verbal du commissaire de police ne forme pas une preuve suffisante du fait qui y est consigné; — Rejette.

Du 11 déc. 1812.-C. C., sect. crim.-MM. Barris, pr.-Aumont, rap.

(5) (Humbert *C.* min. pub.) — LA COUR; — Attendu que l'instruction a seulement prouvé que la veuve Humbert avait cherché à soustraire à la saisie quatre poids anciens trouvés chez elle, en s'en emparant sans violence ni voies de fait, en présence du vérificateur, à qui elle objectait qu'il n'avait pas le droit de les saisir, puisqu'elle n'en faisait aucun usage; — Attendu, relativement à la contravention aux lois sur les poids et mesures, qu'il résulte de l'instruction que la veuve Humbert a la collection complète des nouveaux poids; que c'est avec ceux là seuls qu'elle fait ses ventes; qu'elle n'a pas employé dans son commerce les anciens poids dont il s'agit, et qu'elle ne s'en servait que pour presser ses cuirs, de même qu'elle aurait pu se servir à cet effet de tous autres objets; — Attendu que la veuve Humbert a même offert de briser ses poids lors de la visite faite par le vérificateur; — Attendu que ces renseigne-

l'usage de poids et mesures illégaux, quand cet usage n'a pas eu lieu pour la consommation d'une vente; qu'ainsi la prohibition, par un arrêté de préfet dans le mesurage de pommes, de l'usage des mesures vulgaires appelées *bacholes*, *mannequins*, avec injonction de se servir de l'hectolitre, peut être déclarée n'avoir pas été enfreinte par l'emploi d'anciennes mesures uniquement pour se rendre compte de la récolte des fruits d'une propriété achetés en bloc, sans qu'il résulte de là une violation de la loi (Crim. rej. 6 avr. 1838) (1); — 5° Que le fait par un marchand de cochons d'avoir fait usage d'une carte (mesure ancienne) pour distribuer à ses cochons du blé qu'il avait acheté à la mesure légale, ne constitue pas une contravention qui le rende passible de l'amende, alors surtout que la mesure dont il s'agit est en si mauvais état qu'elle ne peut être utilisée : « La cour; attendu que le jugement dénoncé est régulier en la forme, et que, dans l'état des faits qui l'ont déterminé, il ne présente la violation d'aucune loi; rejette » (23 mai 1840, ch. crim., MM. Bastard, pr., Rives, rap., aff. min. pub. *C.* Huguon).—V. toutefois, n° 128-3°.

127. Du reste, il a été jugé que, pour qu'il y ait lieu à l'application du § 6 de l'art. 479 c. pén., il n'est pas besoin que les rédacteurs du procès-verbal aient vu le contrevenant faire usage des poids et mesures défendus; cet usage résulte suffisamment de la déclaration du contrevenant qu'il n'a en sa possession ni poids ni mesures légales (Crim. cass. 13 oct. 1836) (2).

128. Le n° 6 de l'art. 479 ne punit, comme on le voit, que celui qui *emploie* des poids et mesures différents de ceux établis par les lois en vigueur, mais il se tait sur la simple *possession* ou *détention* de ces poids et mesures.—De là est née, avant la loi de 1837 (V. n° 129), la question de savoir si cette possession était prévue et punie par une autre disposition légale. — D'abord, il a été décidé que lorsqu'un arrêté préfectoral a défendu de conserver des poids et mesures anciens, la détention de ces poids et mesures constitue une contravention à l'arrêté du préfet, passible seulement des peines portées par l'art. 606 du code du 3 brum. an 4 (Crim. cass. 10 septembre 1819, MM. Bailly, pr., Busschop, aff. Hériot; 13 sept. 1822, M. Busschop, rap., aff. Morel).

Mais, plus tard, la jurisprudence, s'appuyant sur deux arrêtés qui ordonnent l'emploi exclusif des nouvelles mesures dans le département de la Seine, et d'après lesquels les anciennes mesures servant au mesurage des matières sèches et liquides, sont *réputées fausses et illégales* quand même elles auraient été poinçonnées et vérifiées précédemment (arrêtés 19 germ. an 7, art. 4; 11 therm. an 7, art. 5), assimila les poids et mesures prohibés aux poids et mesures faux, et les fit rentrer ainsi sous l'application du § 5 de l'art. 479 dont on a parlé n°s 108 et s.—Ainsi, il a été jugé : 1° que « c'est à ces dispositions (des arrêtés de l'an 7) non abrogées, et d'ailleurs indispensables pour ne pas rendre l'exécution du nouveau système des poids et mesures illusoires, que s'applique le § 5, art. 479, c. pén. dans lequel les mots *faux poids* et *fausses mesures* désignent tous les poids et mesures illégaux et prohibés quelconques » (Crim. cass. 21 mai 1824 (3); 23 juill. 1824, MM. Ollivier, pr., Buschop, rap., aff. Gendronneau; 19 fév. 1825, aff. Mesplet, V. n° 154; 26 mars 1826, MM. Portalis, pr., Busschop, rap., int. de la loi, aff. Lechartier); — 2° Que, de même, les anciens poids et mesures sont réputés faux aussi bien que les poids et mesures métriques qui ont été altérés; et que, dès lors, la détention de ces poids dans les magasins ou lieux de débit, doit être assimilée à la possession de faux poids ou de fausses mesures, et rentre dans la prévision du § 5 de l'art. 479 c. pén. (Crim. cass. 9 août 1828, aff. Granger, V. n° 165; 10 sept. 1831, MM. Bastard, pr., Crouseilhes, rap., aff. Cardose; 6 mai 1837, aff. Héraud, V. n° 162; 9 juin 1837, M. Isambert, rap., aff. Cloutès); — 3° Que la seule possession de mesures anciennes et non poinçonnées, dans sa boutique, de la part d'un marchand, constituant, quoique ces mesures ne doivent être ni vérifiées ni poinçonnées, et quoiqu'il n'en soit fait aucun usage, la contravention prévue par l'art. 479, § 5, c.

---

ments certains et suffisants, fournis dans la cause, rendent inutiles l'examen des moyens de nullité proposés contre le procès-verbal par la prévenue; — Attendu que la loi ne regardant comme contravention que l'existence de faux poids ou fausses mesures, etc., ou l'usage, l'emploi des poids ou mesures différents de ceux établis par les lois en vigueur, ainsi qu'il est clairement exprimé aux art. 479 et 480 c. pén., il en sort la conséquence que les faits reprochés à la veuve Humbert ne donnent lieu contre elle à l'application d'aucun article de loi; — Par ces motifs, sans s'arrêter à l'appel incident du ministère public, dans lequel il est déclaré mal fondé; statuant sur l'appel de la veuve Humbert, y faisant droit, met l'appellation et ce dont est appel au néant; — Émendant, décharge la veuve Humbert des condamnations prononcées contre elle; la renvoie sans frais de toutes poursuites, etc.

Du 16 déc. 1820.-C. de Metz, ch. correct.-M. Colchen, pr.

(1) *Espèce :* — (Min. pub. *C.* Cardon.) — Le jugement s'était fondé pour renvoyer le prévenu des poursuites, sur ce que l'arrêté du préfet ne pouvait concerner les ventes en bloc sur les grandes propriétés, qui ne sont jamais faites à la mesure.—Pourvoi.—Arrêt.

La cour; — Attendu que, dans l'état des faits tels qu'ils sont établis et déclarés par le jugement attaqué, ce jugement n'a commis aucune violation de la loi, sans en adopter les motifs; — Rejette.

Du 6 avr. 1838.-C. C., ch. crim.-MM. Bastard, pr.-Crouseilhes, rap.

(2) (Min. pub. *C.* Audren.) — La cour; — Vu l'art. 479, § 6; — Et attendu qu'il a été constaté par un procès-verbal régulier : 1° que la femme Audren, cabaretière, n'était point nantie des mesures prescrites par un arrêté du préfet du Finistère; 2° qu'elle n'avait pas d'autres mesures que des vases en terre connus sous le nom de chopines; et que, sur les représentations à elle faites par le vérificateur, elle aurait répondu qu'elle n'en avait pas et qu'elle n'en aurait pas d'autres; d'où il résulte nécessairement qu'elle employait ces mesures pour le débit de ses boissons; — Attendu que ces faits demeurés constants devaient entraîner contre l'inculpée l'application du § 6 de l'art. 479, la plus forte de celles qui étaient encourues par la double contravention; que, néanmoins, le tribunal de simple police, sans qu'aucune preuve contraire eût atténué les faits exposés au procès-verbal, a renvoyé l'inculpée des fins de la plainte quant à cette seconde contravention, sur le motif que les rédacteurs du procès-verbal ne l'avaient pas vue faire usage des vases en terre ou chopines; en quoi ledit jugement a créé une excuse qui n'est pas dans la loi, violé l'art. 65 c. pén. et l'art. 479, § 6, du même code; — Casse.

Du 13 oct. 1836.-C. C., ch. crim.-MM. Bastard, pr.-Crouseilhes, rap.

(3) (Min. pub. *C.* Desfieux, etc.) — La cour; — Vu les art. 424 et 479, §§ 5 et 6, c. pén.; — Vu aussi les art. 6 et 11 de la loi du 1er vend. an 4; — Vu également les proclamations et arrêtés du gouvernement faits en exécution de ladite loi, des 27 pluv. an 6, 19 germ. et 11 therm. an 7; — Considérant que, d'après ces lois, proclamations et arrêtés, tous les poids et mesures anciens et illégaux sont considérés comme faux poids et fausses mesures, lorsqu'ils se trouvent dans les boutiques, magasins, ateliers, maisons de commerce, halles, foires et marchés; — Que c'est à ces dispositions non abrogées, et d'ailleurs indispensables, pour ne pas rendre l'exécution du nouveau système des poids et mesures illusoire, que s'applique le § 5 de l'art. 479 c. pén., dans lequel les mots *faux poids* et *fausses mesures* désignent tous les poids et mesures illégaux et prohibés quelconques; que cette manière d'entendre ledit § 5 n'est pas contredit par le § 6 du même article, lequel faisant abstraction des boutiques, magasins et autres lieux destinés à la vente, au pesage et mesurage des marchandises, s'applique d'une manière générale à tous marchés dans lesquels serait fait emploi, sans fraude, de poids et mesures autres que ceux qui sont légalement établis, même lorsque l'emploi en serait fait de gré à gré entre l'acheteur et le vendeur; que le cas particulier de ces marchés, que les lois antérieures n'avaient soumis à aucune peine, a été spécialement prévu par l'art. 424 c. pén., qui a voulu que le vendeur et l'acheteur qui se seraient servis, dans leurs marchés, d'autres poids ou d'autres mesures que ceux établis par les lois de l'Etat, encourussent l'un et l'autre les peines de police déterminées par le liv. 4 du même code pour la répression des contraventions aux lois sur les poids et mesures; — Que cette nouvelle disposition, qui a eu pour objet d'étendre les moyens d'assurer dans le commerce l'exécution de ces lois, repousse ainsi toute idée de restriction que le code pénal aurait apportée à ceux qui auraient été pris, dans le même objet, par les lois et règlements antérieurs; — Qu'on ne peut donc pas admettre, comme l'a fait le jugement attaqué, que le § 5 de l'art. 479 c. pén. soit exclusif des poids et mesures anciens ou simplement illégaux, que le marchand qui les a dans sa boutique ne soit passible d'aucune peine, et qu'il n'y aurait lieu à le punir que dans le cas où il serait prouvé qu'il en a fait réellement usage; qu'une telle interprétation est directement contraire au but et à l'esprit de la loi; — Et attendu, dans l'espèce, qu'il a été constaté, par procès-verbal du commissaire de police, avoué par les prévenus et reconnu par le jugement dénoncé, que les marchands y dénommés avaient eu respectivement dans leurs boutiques, magasins et étalages d'anciens poids et mesures prohibés par la loi; que ces marchands se trouvaient donc dans le cas de l'application du § 5 de l'art. 479 c. pén., et devaient ainsi être condamnés aux peines de police portées par cet article; que, néanmoins, et sur l'unique motif qu'il n'était pas prouvé que les prévenus eussent réellement fait usage desdits poids et mesures, le tribunal de police de Figeac les a renvoyés de toutes poursuites; que ce tribunal a ainsi faussement interprété et violé ledit art. 479 c. pén.; — Casse.

Du 21 mai 1824.-C. C., sect. crim.-MM. Bailly, pr.-Busschop, rap.

pén., il résulte de là que le marchand, et, spécialement, le grènetier, dans la boutique duquel a été saisie une ancienne mesure en bois contenant des clous, laquelle n'avait pas été soumise à la vérification, ne peut être renvoyé de cette contravention, soit sur le motif que, si elle n'a point été vérifiée, c'est qu'elle n'était pas dans les dimensions de la nouvelle division du système métrique, soit sous le prétexte qu'étant remplie de clous, elle ne servait point à l'usage pour lequel elle avait été primitivement faite (Crim. cass. 12 juin 1828, aff. Anseaume, MM. Bailly, pr., Brière, rap.); — 4° Qu'une aune à crochet doit être réputée fausse, quoiqu'elle serve plutôt au pliage qu'au mesurage, et que la possession d'une telle mesure constitue la contravention prévue par l'art. 479, n° 5, c. pén., et non une infraction à l'arrêté préfectoral qui défend l'usage et la conservation des anciennes mesures (Crim. cass. 1er août 1828, MM. Bailly, pr., Crouseilhes, rap., aff. min. pub. *C.* Say); — 5° Que l'existence, chez un boulanger, de poids anciens, tels qu'une romaine, doit être punie des peines portées par la loi pour la possession de faux poids (Crim. cass. 12 fév. 1829, MM. Bailly, pr., Crouseilhes, rap., aff. min. pub. *C.* Lavigne; 25 avril 1833, MM. Crouseilhes, rap., aff. min. pub. *C.* Gabert; même jour, aff. Sciaux et aff. Bonnardel); —6° Que le seul fait, de la part d'un marchand de charbon, d'avoir exposé en vente du charbon dans des mesures d'osier, autres que celles prescrites par les règlements, constitue la contravention prévue par l'art. 479, § 5, c. pén., et ne peut être excusé par le motif que ce marchand n'aurait pas vendu son charbon à la mesure (Crim. cass. 17 oct. 1832, aff. Bodot, V. n° 34-2°); — 7° Que le dépôt, dans le domicile d'un mesureur de vins d'anciennes mesures, doit être assimilé à l'existence de fausses mesures dans la boutique d'un négociant, et constitue la contravention prévue et punie par l'art. 479, § 5, c. pén.; qu'en conséquence, on ne peut renvoyer le prévenu de l'action dirigée contre lui, sous prétexte que les mesures saisies n'avaient pas été trouvées dans une maison de commerce, et ne pouvaient être employées à aucun usage relatif à la profession du prévenu (Crim. cass. 14 fév. 1833, MM. Bastard, pr., Crouseilhes, rap., aff. min. pub. *C.* Seailles); — 8° Que les mesures anciennes, et spécialement celles dites pieds de roi, non reconnues ni poinçonnées, sont réputées fausses et illégales; et que leur existence, dans des magasins, donne lieu à l'application des art. 479, § 5, et 481 c. pén., et non à celle de l'art. 471, § 15 du même code (Crim. cass. 6 avril 1833, aff. Blanchet, V. n° 145); — 9° Qu'un individu qui expose en vente, sur un marché, de l'étoffe, et ne possède d'autre mesure qu'un bâton sur lequel il existe des entailles, doit être puni comme détenteur d'une fausse mesure (Crim. cass. 25 août 1836, MM. Crouseilhes, pr., Rives, rap., aff. Crochard; V. d'ailleurs Crim. cass. 25 avril 1822, aff. Dabboni, n° 144); — 10° Que le marchand d'huile dans le magasin duquel une mesure ancienne, dépourvue de garantie, a été trouvée, est passible des peines prononcées par l'art. 479, § 5, c. pén., comme détenteur d'une mesure illégale assimilée à une mesure fausse dans le sens de la loi (Crim. cass. 6 mai 1837) (1); — 11° Que le débitant de vins qui possède des bouteilles n'ayant pas la capacité légale de litre ou de demi-litre, doit être condamné comme ayant de fausses mesures à l'amende fixée par l'art. 479, n° 5, c. pén. (Crim. cass. 23 déc. 1825) (2).

On pourrait, à la rigueur, dire, au soutien de ces décisions, que la loi ne reconnaissant que les poids et mesures dont la pesanteur, la longueur ou la capacité sont conformes à l'étalon légal, tous les poids et mesures qui diffèrent de ce type sont également faux, quelle que soit la dénomination qu'on leur donne. Mais cette raison n'est que spécieuse, et la jurisprudence dont on vient d'analyser les nombreux documents doit être repoussée. —Telle est aussi l'opinion de Merlin, Quest., v° Poids et mesures, § 3, et de MM. Chauveau et Hélie, t. 6, p. 19.—Ces auteurs disent en substance : la nature des choses ne permet pas de considérer comme fausse une mesure qui, sans présenter dans son extérieur toute l'apparence d'une mesure légale, a cependant la contenance indiquée par le nom qu'elle porte. La prétendue identité entre les mesures illégales et les mesures fausses n'est pas écrite dans l'art. 479, dont les nos 5 et 6 au contraire mettent les poids et les mesures faux en opposition avec les poids et les mesures qui ne sont pas établis par la loi. Elle ne l'est pas davantage dans les art. 423 et 424. Enfin la loi du 1er vend. an 4, pour l'exécution de laquelle les arrêtés de l'an 7 ont été rendus, ne consacrait nullement cette assimilation. Ces arrêtés n'étaient donc pas obligatoires pour les tribunaux; car, en ajoutant ainsi à la loi, le directoire avait excédé ses pouvoirs, la constitution du 5 fruct. an 3, art. 144, lui donnant seulement le droit de faire des proclamations conformes aux lois et pour leur exécution. — La jurisprudence semble donc avoir, dans un intérêt d'ordre public, il est vrai, consacré pendant longtemps, une interprétation erronée du n° 5 de l'art. 479 c. pén.

129. Au reste, la loi du 4 juill. 1837 a fait cesser la controverse sur ce point; elle dispose, art. 4 : « Ceux qui *auront* des poids et mesures autres que les poids et mesures ci-dessus reconnus dans leurs magasins, boutiques, ateliers ou maisons de commerce, ou dans les halles, foires ou marchés, seront punis comme ceux qui les emploieront, conformément à l'art. 479 c. pén. » — Cet article a été ajouté au projet du gouvernement dont l'art. 3 portait que les poids et mesures *illégaux* seraient considérés comme *faux*; mais ces mots qui, comme on vient de le voir, établissaient une assimilation inexacte, ont été remplacés par le présent article, qui fait de la simple détention des poids et mesures illégaux une contravention passible des mêmes peines que l'emploi de ces instruments. Il n'est donc plus nécessaire, depuis cette loi, de réputer faux des poids et mesures dont les différentes parties sont exactes et dont la pesanteur ou la capacité est conforme à leur dénomination : il suffit de décider qu'ils ne sont pas reconnus par la loi. D'ailleurs, l'ordonnance du 17 avr. 1839 abroge formellement les arrêtés de l'an 7 sur lesquels reposait la jurisprudence. — Il a été décidé, par application de l'art. 4 de la loi de 1837 : 1° que le fait seul de la possession d'anciennes mesures dans la cave d'un propriétaire débitant le vin provenant de son cru, alors que, par arrêté préfectoral, il était tenu, en cette qualité, de se munir de mesures légales, le constitue en contravention à l'art. 4 de la loi du 14 juill. 1837 (Crim. cass. 17 juill. 1840) (3); — 2° Que, dans le mesurage du bois de

(1) (Min. pub. *C.* Héraud.) — La cour; — Vu l'art. 154 c. inst. crim., l'art. 479, §§ 5 et 6, c. pén.; — Attendu qu'il résultait de deux procès-verbaux réguliers que Héraud était marchand d'huile; — Que la saisie avait eu lieu dans son magasin; — Que l'objet saisi était une ancienne mesure servant au mesurage de l'huile, encore empreinte d'huile; — Attendu, dès lors que ce fait rentrait parmi les cas prévus par l'art. 479, § 5, c. pén., et devenait passible des peines qu'il prononce, puisque, d'après les lois et règlements sur les poids et mesures, les anciennes mesures qui n'offrent aucune garantie sont assimilées aux mesures fausses, quand on les trouve dans les boutiques ou magasins; — Et attendu, toutefois, que, sans détruire par une preuve contraire les faits des deux procès-verbaux, le jugement attaqué a renvoyé Héraud de la plainte, sur le motif que l'on ne faisait pas usage de ce vase, qui ne paraîtrait être qu'un vieux baquet impropre à contenir un liquide quelconque; — En quoi ce jugement a méconnu la foi due à ces procès-verbaux, et violé l'art. 154 c. inst. crim., ainsi que l'art. 479 c. pén.; — Par ces motifs, casse.

Du 6 mai 1837.-C. C., ch. crim.-MM. Choppin, pr.-Crouseilhes, r.

(2) *Espèce :* — (Min. pub. *C.* Lippert.) — Par un règlement municipal du maire de Strasbourg, du 29 avril 1816, il avait été défendu aux aubergistes de cette ville qui débitaient leurs boissons dans des bouteilles, d'en avoir qui n'eussent point la capacité des mesures légales de litre et demi-litre. — Des bouteilles d'une contenance inférieure à ces mesures ayant été saisies dans l'auberge du sieur Lippert, à Strasbourg, il fut traduit devant le tribunal de police, lequel, au lieu de lui appliquer une amende de 11 à 15 fr., d'après l'art. 479 c. pén., ne le condamna qu'à une amende de 3 fr.—Pourvoi.—Arrêt.

La cour; — Vu l'art. 479, § 5, c. pén.; — Considérant qu'il a été légalement constaté et reconnu au procès, que le sieur Lippert a eu, dans son auberge, des bouteilles qui devaient servir de mesure pour le débit de ses boissons, et qui n'avaient pas la capacité prescrite par les lois et règlements; que ces bouteilles étaient donc de fausses mesures, et constituaient ainsi le sieur Lippert en contravention audit art. 479, qui prononce une amende de 11 à 15 fr.;—Que, néanmoins, le tribunal de police n'a condamné le sieur Lippert qu'à une amende de 3 fr.; d'où il suit qu'il a formellement violé ledit article; — Casse, etc.

Du 23 (ou 24) déc. 1825.-C. C., sect. crim.-MM. Portalis, pr.-Busschop, rap.

(3) (Min. pub. *C.* Allard.) — La cour; — Vu les art. 3 et 4 de la loi du 4 juill. 1837, l'art. 479 c. pén.; — Attendu qu'il résulte d'un procès-verbal régulier dressé le 26 fév. 1840, par le vérificateur des poids et mesures de l'arrondissement de Sartène, que, ledit jour, trois

chauffage, et à partir de 1840, il n'est pas permis d'employer d'autre mesure que le stère et ses fractions, mesures de solidité qui doivent être vérifiées et poinçonnées avant qu'il en soit fait usage; et spécialement, que le fait par un agent chargé du mesurage par l'autorité d'avoir mesuré un lot de bois au moyen de deux piquets en fer qui maintenaient les extrémités du tas de bois, d'une ficelle qui servait à apprécier sa hauteur, et d'un mètre au moyen duquel on mesurait les différentes dimensions de ce bois, constitue la contravention punie par l'art. 479 c. pén. : peu importe que l'on ait employé, pour quelque partie de l'opération, une mesure légale, telle que le mètre, lequel n'est point permis par la loi pour le mesurage des solides (Crim. cass. 16 oct. 1840) (1); — 3° Qu'admettre pour les poids et mesures d'autres divisions que celles portées dans les nomenclatures de la loi, c'est introduire au système décimal une dérogation qui tend à faire revivre les tolérances autorisées par le décret du 11 fév. 1812, abrogé par l'art. 1 de la loi du 4 juill. 1837, et à créer des dénominations que cette loi ne reconnaît plus; que, par suite, la détention de poids anciens portant la dénomination de 250 et 125 grammes, constitue une contravention, bien que ces poids aient été antérieurement soumis à la vérification (Crim. cass. 9 déc. 1842, M. Isambert, rap., int. de la loi, aff. N...); — 4° Que le fait, par un négociant, d'être trouvé détenteur de mesures nouvelles sur lesquelles des subdivisions correspondantes aux mesures anciennes ont été marquées à l'encre, constitue une contravention à l'art. 4 de la loi du 4 juill. 1837 (Crim. cass. 4 juill. 1845, aff. Fabre, D. P. 45. 4. 395); — 5° Que le marchand sur lequel on saisit des mesures anciennes non conformes au système décimal, doit, même lorsqu'il est constaté qu'il se proposait uniquement de les employer à reconnaître une livraison à lui faite, être condamné comme détenteur de mesures irrégulières (Crim. rej. 2 juin 1854, aff. Bouthelier, D. P. 54. 5. 569); — 6° Qu'enfin toute livraison de marchandises faite au moyen d'une mesure qui n'est plus conforme au système métrique, constitue l'emploi d'une fausse mesure (Crim. cass. 28 déc. 1849, aff. Huz-Jonio, D. P. 51. 5. 396). — Mais, sur la qualification de fausse mesure qui se trouve dans ce dernier arrêt, V. ce qui est dit n°s 140 et suiv.

130. La loi du 4 juill. 1837, en reproduisant les termes du n° 5 de l'art. 479, *magasins, boutiques*, etc. (V. n°s 108 et 129), indique bien expressément que les particuliers, surtout ceux qui ne se livrent à aucune vente de leurs denrées ou produits, sont en dehors de l'application de la loi. — En effet, il a été décidé que la détention, par un individu non assujetti à la vérification, d'un vase en métal, dont la capacité est arbitraire, et qui, suivant l'usage du pays, sert à transporter l'eau puisée à la fontaine, ne constitue pas une contravention aux lois relatives à l'observation des mesures décimales (Crim. rej. 19 avril 1845, aff. Mazin, D. P. 45. 1. 224). — L'arrêt du n° 129-1° n'est contraire qu'en apparence à ce principe, car il s'agissait, dans l'espèce, d'un propriétaire assimilé par les lois spéciales aux débitants de vins (V. n° 20).—V. aussi n°s 143 et suiv.

131. Quant aux marchands, bien que la loi ne parle que des magasins, boutiques, ateliers, la prohibition s'étend à la maison entière qu'ils habitent; sans cela, il leur serait trop aisé de soustraire les poids et mesures prohibés à l'inspection des agents.— Il a été jugé en ce sens qu'un épicier chez lequel on a trouvé des poids anciens et des mesures anciennes renfermés dans une ar-

---

mesures connues sous les dénominations de Mezza, Mezetta et Boccale, ont été trouvées dans la cave du sieur Antoine Allard, propriétaire, débitant de vin provenant de ses biens, que deux mesures légales consistant en un litre et un demi-litre ont aussi été trouvées dans ladite cave; — Attendu que, par suite du susdit procès-verbal, ledit Allard a été cité devant le tribunal de simple police du canton de Sartène, comme inculpé de contravention à la loi du 4 juill. 1837 sur les poids et mesures; et que, par jugement du 15 juin 1840, ce tribunal a relaxé le prévenu des fins du procès-verbal et de la citation, par le motif que le sieur Allard propriétaire, vendant et débitant le vin provenant de son cru, peut, à ce titre, être obligé de se munir des mesures légales, il ne s'ensuit pas qu'il n'eût pas le droit de conserver dans sa maison, pour ses usages particuliers, ne constituant ni ventes ni achats, des mesures pouvant être à sa convenance; que les lois relatives aux poids et mesures n'ont eu en vue d'assujettir à l'uniformité que ceux qui font le commerce; que ces lois ne peuvent être étendues à des particuliers dont les caves ne sauraient être considérées comme des magasins; que si l'arrêté préfectoral du 3 nov. 1839 a, par son art. 1, n° 9, soumis les particuliers débitant le vin de leur cru, à se munir d'un litre, d'un demi-litre, d'un double litre et d'un double décalitre, il n'a pas entendu par là que les propriétaires vendant le vin de leur cru n'auraient d'autres ustensiles pour leur usage particulier que ceux par lui indiqués; qu'enfin le jugement attaqué s'est fondé sur ce qu'il n'est pas constaté que l'inculpé ait fait usage des anciennes mesures saisies chez lui;

Attendu que le jugement attaqué n'a pas méconnu que l'inculpé, en sa qualité de propriétaire, débitant le vin provenant de son cru, ne fût assujetti à être muni des mesures légales prescrites pour ce genre de débit, par l'arrêté préfectoral précité; que cette qualité soumettait le sieur Allard à la visite et à l'inspection de l'inspecteur des poids et mesures; et que, par conséquent, ce propriétaire, par cela seul qu'il débitait du vin de son cru au public, ne pouvait, sans être en contravention à l'art. 4 de la loi du 4 juill. 1837, détenir dans sa cave des mesures anciennes telles que celles que le procès-verbal du 26 février, constate y avoir été trouvées; qu'en effet la cave d'un propriétaire débitant du vin de son cru doit être considérée comme un magasin dans ce genre de débit; que la circonstance qu'il n'a pas été constaté que l'inculpé ait fait usage des anciennes mesures saisies chez lui, ne pouvait détruire la contravention résultant du fait seul de la possession des anciennes mesures de la part d'un propriétaire débitant; que, par conséquent, en jugeant ainsi qu'il l'a fait, le jugement attaqué a formellement violé les art. 3 et 4 de la loi du 4 juillet 1837, et 479 c. pén.; — Casse.

Du 17 juill. 1840.-C. C., ch. crim.-MM. Bastard, pr.-Dehaussy, r.

(1) (Min. pub. C. Stocannes.) — La cour; — Vu la loi du 4 juillet 1837; —Les ordonnances rendues pour l'exécution de cette loi les 17 avril 1839 et 16 juin de la même année; —Vu l'art. 479, § 6, c. pén.; —En ce qui regarde Gervalle : — Attendu qu'il est constant et reconnu qu'il n'a pas commis personnellement une contravention proprement dite, puisqu'il est déclaré, en fait, qu'il a simplement assisté comme manœuvre Stocannes dans l'opération matérielle à laquelle il se livrait, et qu'aucune disposition de loi ne punit la simple complicité de la contravention dont il s'agit; — Que dès lors, en renvoyant Gervalle de la plainte, le jugement attaqué n'a commis aucune violation de la loi; — Par ces motifs, rejette le pourvoi en ce qui touche Gervalle;

Mais en ce qui regarde Stocannes; —Attendu qu'il est reconnu, en fait, par le jugement attaqué, que Stocannes, agent indiqué par l'autorité municipale pour aider au mesurage du bois de chauffage, aurait mesuré dans une rue de Sedan un lot de bois, au moyen de deux piquets en fer qui maintenaient les extrémités du tas, d'une ficelle qui servait à apprécier la hauteur de ce tas, et d'un mètre au moyen duquel on mesurait les différentes dimensions de ce bois; —Attendu que l'art. 5 de la loi du 4 juillet 1837 porte « qu'à partir du 1er janv. 1840 tous poids et mesures autres que les poids et mesures établis par les lois des 18 germ. an 3 et 19 frim. an 8, constitutives du système métrique décimal, seront interdits sous les peines portées par l'art. 479 c. pén.; » —Attendu que, d'après le tableau des poids et mesures annexé à la loi du 4 juill. 1837, la loi a établi des « mesures de longueur, des mesures agraires, des mesures de capacité et des mesures de solidité; —Que ces mesures de solidité sont le décastère, le stère et le décistère; » — Attendu que d'après l'art. 23 de l'ordonnance du 17 avril 1839, rendue pour l'exécution de cette loi, « les membrures du stère et du double stère, destinés au commerce du bois de chauffage, sont, avant qu'il en soit fait usage, vérifiées et poinçonnées dans les chantiers où elles doivent être employées; » — Attendu que l'ordonnance du 16 juin de la même année porte qu'on ne pourra « vérifier que des mesures qui réuniront les conditions d'admission indiquées dans le tableau qui y est annexé, » et que, dans ce tableau, le n° 7 détermine le mode d'établissement des diverses pièces du *stère* qui doivent être en *bon bois ou en fer*; —Attendu que d'après ces dispositions, Stocannes ne pouvait employer que le stère et ses fractions pour procéder dans une rue de Sedan à un mesurage de bois de chauffage; — Qu'il ne pouvait suppléer à cette mesure légale par un instrument équivalent, composé de parties informes, telles que deux piquets et une ficelle; — Qu'il importe peu que, pour quelque portion de son opération, Stocannes ait employé un *mètre*, mesure légale; que la loi ne permet pas cet expédient, et exige d'une manière absolue, pour tout mesurage de bois de chauffage, l'usage du stère établi en conformité des ordonnances réglementaires ci-dessus rappelées, qui règlent le mode d'employer le stère selon les diverses longueurs du bois; — Attendu que le § 6 de l'art. 479 c. pén. prévoit et punit la contravention commise par ceux qui « emploieront des poids et mesures différents de ceux qui sont établis par les lois en vigueur; » — Attendu, dès lors, que Stocannes avait encouru les peines prononcées par l'art. 479, § 6, c. pén.; —Que néanmoins le jugement attaqué l'a renvoyé de la plainte sur le motif qu'il n'a employé qu'une seule mesure proprement dite, le mètre, mesure légale, au moyen duquel il aurait reconnu les diverses dimensions du tas de bois dont il s'agit; en quoi il a été créé une distinction que ne renferment pas la loi et les ordonnances rendues pour son exécution, et violé l'art. 479, § 6, c. pén., et l'art. 5 de la loi sur les poids et mesures du 4 juillet 1837; — Casse.

Du 16 oct. 1840.-C. C., ch. crim.-MM. Bastard, pr.-Crouseilhes, rap.

moire de sa cuisine, doit être condamné aux peines de simple police, quoiqu'il soit constant qu'il n'en a pas fait usage, alors qu'un arrêté du préfet défendait aux marchands de conserver dans leur domicile d'anciens poids et d'anciennes mesures (Crim. cass. 12 janv. 1809) (1);— 2° Que le marchand trouvé possesseur d'anciens poids non vérifiés, et dont il convient même avoir fait usage, est passible d'amende, bien que ces poids n'aient été découverts que fortuitement dans le corridor de la maison, et non par suite d'une perquisition spéciale dans la boutique ou le magasin (Crim. cass. 13 nov. 1841) (2).

132. Du reste, la cave d'un propriétaire débitant le vin de son cru doit être considérée comme un magasin dans le sens de la loi du 4 juill. 1837 (Crim. cass. 17 juill. 1840, aff. Allard, V. n° 129).—V. n°s 115, 143.

133. La détention de poids et mesures anciens est-elle une contravention, indépendamment de l'usage qui pourrait en être fait, et dans le cas notamment où ils seraient inutiles au commerce ou à l'industrie de celui qui en est possesseur.—La jurisprudence ne paraît pas fixée sur ce point.—D'une part, il a été jugé : 1° que le commerçant (un aubergiste), trouvé possesseur de mesures ou poids anciens et non légaux, ne peut être excusé sous prétexte qu'il ne les détenait pas comme instruments effectifs de son commerce, pour l'exercice duquel ils auraient été inutiles :—« Attendu que les dispositions des l'art. 4 de la loi du 4 juill. 1837 sont générales et absolues; qu'elles ne permettent pas de distinguer entre les cas où l'emploi de ces mesures prohibées est ou n'est pas nécessaire à l'industrie de celui qui les détient; qu'il suffit, dans les termes, soit dudit article, soit de l'art. 479 auquel il se réfère, que ces mesures ou poids prohibés soient trouvés dans la maison de commerce, où l'on pourrait en abuser dans l'intérêt d'une industrie autre que celle qui y est habituellement exercée, pour nécessiter l'application de la pénalité que la loi prononce, et la confiscation prescrite par l'art. 481 c. pén. » (Crim. cass. 23 juin 1854, aff. Bérenger, D. P. 54. 5, 569); — 2° Que l'aubergiste chez lequel il a été trouvé des poids non métriques, ne peut être renvoyé de la prévention sous le prétexte que ces poids ne sont pas à l'usage de sa profession, et qu'il est seulement tenu d'avoir des mesures métriques : il suffit qu'en raison de sa profession, il soit assujetti à se munir de mesures pour que les poids trouvés dans sa maison de commerce, et dont il pourrait être fait abus pour une industrie autre que celle par lui habituellement exercée, le constituent en contravention (Crim. cass. 8 juill. 1842, M. Isambert, rap., aff. Picot; Conf. 3 déc. 1842, M. Vincens, rap., aff. Poncet).

134. Mais il a été décidé d'autre part que la détention de poids et mesures non conformes au système métrique, ne constitue par elle-même une contravention que dans les halles et marchés (Crim. rej. 14 avril 1855, aff. Besnard, D. P. 55. 1. 176); —2° Que quant à cette détention dans les magasins, boutiques, ateliers et maisons de commerce, elle ne donne lieu à l'application de l'amende qu'au cas où il y a possibilité pour le détenteur de se servir, pour les opérations de sa profession, des poids et mesures non légaux qui ont été trouvés chez lui, circonstance qui est laissée à l'appréciation du juge du fait; qu'ainsi, l'industriel (un caparaçonnier) qui ne fabrique et ne vend qu'à la mesure, et qui, par conséquent, n'a jamais à employer, dans les opérations de sa profession, des instruments de pesage, n'est passible d'aucune poursuite dans le cas où des instruments de pesage trouvés dans son magasin sont reconnus non conformes au système métrique (même arrêt).

135. Au reste, lorsqu'il est constaté par procès-verbal qu'il a été trouvé des poids anciens chez un marchand épicier, le juge ne peut, sans qu'il ait été allégué de preuve contraire à cette constatation, et sur le seul motif qu'il n'est pas justifié que le prévenu exerce la profession de marchand, le renvoyer de la prévention (Crim. cass. 10 sept. 1831, MM. Bastard, pr., Crouseilhes, rap., aff. min. pub. *C.* Cardose).

136. L'ord. du 16 juin 1839 détermine la forme et le mode de fabrication des nouveaux poids et mesures, ainsi que les matières dont ils doivent être composés (V. p. 990). Toutefois, elle admet à la vérification les mesures confectionnées et en usage avant la loi du 4 juill. 1837, pourvu qu'elles réunissent les conditions exigées par les règlements antérieurs, qu'elles portent la marque de vérification première, et qu'elles soient conformes au système décimal. — Il a été décidé que toute mesure ancienne qui ne réunit pas ces conditions est illégale et place le marchand qui en est détenteur sous le coup de l'art. 479 c. pén. (Crim. cass. 26 juin 1841) (3).

---

(1) *Espèce* :—(Min. pub. *C.* Devos.)—Un arrêté du préfet de la Dyle, du 18 déc. 1807, défendait expressément aux marchands de conserver d'anciens poids et mesures soit dans leurs boutiques, soit hors leurs boutiques ou magasins. Le sieur Devos fut traduit devant le tribunal de simple police de Bruges, pour contravention aux lois sur les poids et mesures et à l'arrêté précité, parce que l'on avait trouvé chez lui dans une armoire à côté de sa boutique, d'anciens poids et d'anciennes mesures. Mais il fut acquitté sous prétexte que les lois sur le nouveau système des poids et mesures ne défendaient pas aux marchands de conserver d'anciens poids et mesures dans leur domicile, hors leurs boutiques ou magasins.—Pourvoi.—Arrêt.

LA COUR; — Vu l'art. 16 du règlement administratif, en date du 18 déc. 1807;—Vu également l'art. 19;—Et attendu qu'il a été déclaré, en fait, par le jugement attaqué, qu'il a été saisi dans une armoire de la cuisine de Joseph Devos, épicier à Bruges, d'anciens poids et d'anciennes mesures, ce qui suffisait pour constituer une contravention de la part dudit Devos à l'arrêté dont il s'agit;—Que cependant, et par une fausse application des lois relatives à l'établissement du nouveau système métrique, sans prendre égard audit arrêté, dont il n'appartenait point au tribunal de police de critiquer les dispositions, ce tribunal a prononcé le renvoi du prévenu, sur le motif que les anciens poids et mesures saisis ne l'avaient point été dans la boutique ou magasin de Devos;—Qu'en jugeant de la sorte, le tribunal de police de Bruges a excédé ses pouvoirs et commis un attentat aux actes de l'autorité administrative;—Par ces motifs, casse le jugement rendu par le tribunal de police du canton de Bruges, le 26 septembre dernier.

Du 12 janv. 1809.-C. C., sect. crim.-MM. Barris, pr.-Carnot, rap.

Nota. Le même jour, arrêt semblable.

(2) (Min. pub. *C.* Normand.)—LA COUR; —Vu l'art. 4 de la loi du 4 juillet 1837 et l'art. 479, n° 6, c. pén.;— Vu aussi l'art. 154 c. inst. crim.; — Attendu qu'il est constaté par un procès-verbal régulier d'un officier de police judiciaire compétent, que d'anciens poids non soumis à la vérification prescrite par l'ordonnance royale du 17 avril 1839, rendue en exécution de la loi précitée de 1837, ont été trouvés au domicile de la demoiselle Normand, et que celle-ci et sa domestique ont fait l'aveu que ces poids servaient à peser du riz et de la cassonade;—Que ce fait constituait donc l'infraction à la loi de 1838, punie par l'art. 479, n° 6, c. pén.;—Que la circonstance que ces poids n'ont été découverts que fortutement dans le corridor de la maison, et non par suite d'une perquisition spéciale dans la boutique ou le magasin, n'est point destructive de la contravention, puisque la défense de la loi s'étend à la maison tout entière occupée par les marchands, qui, autrement, pourraient soustraire les poids et mesures prohibés à l'inspection des agents; —Attendu aussi que la clandestinité du débit de quelques denrées ne justifie nullement la possession de poids nécessaires à ce débit;—Attendu, d'un autre côté, qu'aucune preuve n'a été faite ni même offerte contre la foi due au procès-verbal, et que c'est arbitrairement que le jugement attaqué s'est permis de jeter des doutes sur la régularité de ce procès-verbal, sans les préciser;—Casse.

Du 13 nov. 1841.-C. C., ch. crim.-MM. Bastard, pr.-Isambert, rap.

(3) (Min. pub. *C.* Marassé.)—LA COUR; — Vu la loi du 4 juill. 1837; — L'ord. du 16 juin 1839; — Le décret du 12 fév. 1812; — L'arrêté du ministre de l'intérieur, pris le 28 mars suivant, pour l'exécution de ce décret; — Vu enfin l'arrêté du 11 therm. an 7, celui du 15 brum. an 9; — Attendu que la loi du 4 juill. 1837 porte, en son art. 3....; — Attendu que si l'ord. du 16 juin 1839, relative à la vérification, et faite pour l'exécution de la loi de 1837, renferme une exception d'après laquelle des poids et mesures existants peuvent être admis à la vérification, il importe de remarquer que cette exception est restreinte aux poids et mesures qui réuniront les conditions exigées jusqu'ici, et qu'il est dit, de plus, en cette même ordonnance, que notamment les mesures pour les matières sèches ne seront admises à la vérification qu'autant qu'elles seront décimales; — Attendu que si l'on recherche quelles étaient, antérieurement à la loi de 1837, les conditions exigées pour la régularité des mesures de capacité destinées aux matières sèches, on voit dans l'arrêté ministériel du 28 mars 1812, rendu pour l'exécution du décret du 12 février précédent, que les mesures tolérées pour la vente des grains et autres matières sèches doivent, d'après l'art. 6 de cet arrêté être construites en bois dans la forme cylindrique, et qu'elles auront le diamètre égal à la hauteur;—Attendu qu'il a été constaté par un procès-verbal régulier, que les sieurs Marassé et Lordon avaient, dans un magasin à grains, plusieurs mesures en forme de cône tronqué et entre elles de dimensions différentes; — Que ces mesures ne peuvent être considérées comme réunissant les conditions exigées, soit par la loi de 1837 ou les ordonnances rendues pour son exécution, soit par les règlements antérieurs auxquels se réfèrent

§ 4. — *Emploi et détention de mesures irrégulières ou non poinçonnées.*

137. On a vu, nos 52 et suiv., que, pour assurer la régularité et l'exactitude des instruments destinés au pesage et au mesurage, la loi exige que ces instruments soient présentés à la vérification et qu'ils reçoivent l'empreinte des poinçons des vérificateurs. Il s'agit maintenant d'examiner les dispositions légales qui servent de sanction à cette prescription.—Distinguons d'abord, ainsi que nous l'avons fait dans les paragraphes précédents, l'*emploi* des poids et mesures non poinçonnés ni vérifiés, de leur *détention* ou possession. — Aucun texte ne dispose d'une manière spéciale relativement à leur emploi, mais la loi ne reconnaissant, ainsi qu'on va le voir (n° 139), comme poids légaux que ceux qui, conformes au système décimal, ont été vérifiés et poinçonnés suivant les règlements, on doit appliquer à l'emploi des poids et mesures non étalonnés, l'art. 479, n° 6, c. pén., qui punit l'emploi de poids et mesures différents de ceux établis par la loi en vigueur. C'est en effet ce qui a été jugé (Crim. cass. 18 oct. 1822) (1).

138. Quant à la *possession* de poids et mesures non vérifiés, elle n'était, avant la loi de 1837, prévue par aucune disposition spéciale.—D'abord il a été jugé que lorsqu'un règlement préfectoral soumet les poids et mesures à une vérification et à un poinçonnement annuel, le fait de détenir des poids ou mesures dépourvus de la marque de vérification annuelle, constitue un simple infraction à l'arrêté, passible des peines établies par l'art. 606 c. 3 brum. an 4 (Crim. cass. 10 sept. 1819, MM. Bailly, pr., Busschop, rap., aff. Heriot). Mais la jurisprudence, suivant en cela l'interprétation qu'elle avait admise à l'égard des poids et mesures prohibés (V. n° 128), s'était fondée sur les arrêtés de l'an 7, qui réputaient fausses et illégales les mesures nouvelles ou présentées comme telles qui n'auraient pas été poinçonnées (V. p. 983), pour assimiler aux poids et mesures faux les poids et mesures non revêtus des poinçons de vérification, et elle appliquait aux détenteurs le § 5 de l'art. 479 c. pén. — Ainsi, il a été décidé : 1° que l'on doit réputer faux poids et fausses mesures les poids et mesures non poinçonnés qui se trouvent dans des étaux de bouchers ou dans des boutiques de marchands (Crim. cass. 20 mai 1825, MM. Portalis, pr., Busschop, rap., int. de la loi, aff. Lemonnier, etc.; 1er août 1828, aff. Laurin, V. n° 142-1°; 8 déc. 1832, MM. Bastard, pr., Rives, rap., aff. Lemoine; du même jour, trois autres arrêts semblables; 25 avr. 1833, MM. Bastard, pr., Crouseilhes, r., aff. Gabert; 4 mars 1837, aff. Jacob, V. n° 145);—... Et cela qu'ils soient anciens ou non (Crim. cass. 9 déc. 1831, MM. Bastard, pr., Crouseilhes, rap., aff. Guénet);—2° Qu'ainsi, lorsqu'un procès-verbal régulier constate qu'il a été trouvé dans le magasin d'un marchand un mètre portant d'un côté l'ancienne dénomination, et de l'autre les décimales, et qui n'était revêtu d'aucun poinçon, le jugement par lequel le prévenu, poursuivi à raison d'un fait qui aurait constitué la contravention exprimée par le n° 5 de l'art. 479 c. pén., est renvoyé de la prévention sans qu'il en ait été donné aucun motif, encourt la cassation (Crim. cass. 6 juill. 1844, MM. Laplagne, pr., Jacquinot, rap., aff. min. pub. *C.* Lamotte); — 3° Que l'art. 13 de la loi du 1er vend. an 4, exigeant que les poids et mesures soient revêtus du poinçon général de l'État et du poinçon spécial servant à la vérification locale, il résulte de cette disposition combinée avec les proclamations et arrêtés des 27 pluv. an 6, 19 germ. et 11 therm. an 7, que les poids et mesures qui ne sont pas marqués du poinçon de l'année prescrit par l'autorité locale, sont considérés comme faux poids et fausses mesures, relativement au marchand qui les a dans sa boutique ou dans un lieu de débit; que, dès lors, ce marchand est passible des peines d'amende et de confiscation portées par les art. 479 et 481 c. pén., et qu'il y a lieu de casser l'arrêt qui, voyant dans cette omission une contravention à un règlement de l'autorité municipale, n'applique que les peines inférieures (par exemple, 2 fr. d'amende) portées par les art. 5, tit. 11, de la loi du 24 août 1790 et 606 c. 3 brum. an 4 (Crim. cass. 9 sept. 1826, MM. Portalis, pr., Busschop, rap., aff. Descours); — 4° Qu'il suffit que des mesures dites pieds de roi soient trouvées dans un magasin, non encore poinçonnées ou vérifiées, pour qu'on doive appliquer l'art. 479, § 5, c. pén.; et que cette contravention ne pourrait être excusée sous le prétexte qu'un délai aurait été accordé par le préfet pour la vérification des poids et mesures, cet arrêté ne devant s'appliquer qu'au poinçonnage des poids et mesures déjà vérifiés (Crim. cass. 9 août 1828, aff. Granger, V. n° 165); — 5° Qu'un marchand de bois chez lequel on trouve un stère non poinçonné ni étalonné, doit être puni des peines portées par le § 5 de l'art. 479 c. pén. contre ceux qui sont détenteurs de fausses mesures, et non des peines prévues par l'art. 471, § 15 (Crim. cass. 20 oct. 1832) (2); — 6° Que les poids et mesures sont faux, par cela seul qu'ils ne sont point vérifiés et étalonnés (Crim. cass. 3 mars 1837, aff. Lamothe, V. n° 143); — 7° Que des mesures (litre et demi-litre) non revêtues de la marque des poinçons doivent être considérées comme fausses et donner lieu à l'application de l'art. 479 c. pén. (Crim. cass. 28 avril 1826, MM. Portalis, pr., Busschop, rap., aff. Foltz).—La même jurisprudence a été étendue aux poids qui n'ont pas la forme légale : on les a également considérés comme faux poids (Crim. cass. 3 avril 1830, aff. Dumesnil, V. n° 40).

ces ordonnances; qu'elles n'avaient pas, notamment, la forme et les dimensions prescrites par l'arrêté ministériel du 28 mars 1812; qu'elles n'étaient point décimales, puisqu'elles étaient de dimensions diverses et qu'elles n'offraient aucune garantie légale de leur exactitude; qu'elles ne pouvaient, dès lors, rentrer dans la catégorie des mesures dont la conservation et la vérification sont autorisées par l'ordonnance du 16 juin 1839; qu'il y avait lieu, par conséquent, dans l'espèce, à l'application de l'art. 5 de la loi du 4 juill. 1837;—Attendu que, néanmoins, le tribunal de simple police de Bayonne a renvoyé les sieurs Marassé et Lordon de la plainte, sur le motif que l'art. 2 de l'ord. du 16 juin maintient les mesures précédemment employées, pourvu qu'elles soient conformes aux prescriptions légales antérieures, et qu'il n'a été cité aucune disposition législative antérieure qui astreignît à donner aux mesures de capacité pour les matières sèches, la forme cylindrique; en quoi, il y a eu violation formelle de l'art. 5 de la loi du 4 juill. 1837, et de l'art. 479 c. pén.; — Casse.

Du 26 juin 1841.-C. C., ch. crim.-MM. Bastard, pr.-Crouseilhes, r.

(1) *Espèce :* — (Int. de la loi, de Livry, etc.) — Par exploits du 6 sept. 1822, plusieurs marchands épiciers, marchands de vin, boulangers et charcutiers, furent cités devant le tribunal de simple police de Gonesse, comme prévenus d'avoir fait usage de poids et mesures non étalonnés, ainsi que cela avait été constaté par deux procès-verbaux. — Les faits furent avoués à l'audience par les contrevenants; et, par jugement du 9 sept. 1822, ils furent condamnés chacun à 1 fr. d'amende; il leur fut enjoint de se mettre en règle vis-à-vis du vérificateur des poids et mesures, dans le délai d'un mois, et il fut ordonné que, faute par eux de le faire, les poids et mesures désignés dans les procès-verbaux seraient confisqués. — Pourvoi dans l'intérêt de la loi : 1° le juge de paix ne condamne chacun des contrevenants qu'à un fr. d'amende, et cependant ceux qui font usage de poids ou mesures non vérifiés, se trouvent virtuellement placés dans l'art. 479 c. pén., n° 6; 2° le juge de paix n'a prononcé qu'une confiscation éventuelle, tandis que la contravention était existante et reconnue au moment du jugement. Il a méconnu la volonté du législateur, exprimée dans l'art. 481 c. pén.; volonté absolue, qui ne donne aucun pouvoir discrétionnaire au tribunal; qui veut la punition, et la punition immédiate. La confiscation est un élément essentiel et indivisible; la suspension, un acte arbitraire et formellement contraire à la loi. — Arrêt.

La cour; — Vu l'art. 442 c. inst. crim.; — Faisant droit audit réquisitoire, et d'après les motifs y énoncés, casse et annule dans l'intérêt de la loi, etc.

Du 18 oct. 1822.-C. C., sect. crim.-MM. Barris, pr.-Busschop, rap.

(2) (Min. pub. *C.* Chorot.) — La cour; — Vu la loi du 1er vend. an 4 et les arrêtés rendus pour son exécution les 27 pluv. an 6, 19 germ. et 11 therm. an 7, d'après lesquels doivent être réputés faux les poids et mesures non poinçonnés qui se trouvent dans les boutiques et magasins; — Vu l'art. 479, § 5, c. pén.; — Attendu qu'il résulte d'un procès-verbal non contredit d'un commissaire de police de Grenoble, et qu'il est reconnu par le jugement attaqué, qu'un stère non poinçonné ni étalonné, servant au mesurage du bois, a été trouvé plein de bois, appartenant à Chorot, marchand de bois; — Attendu que ce stère devait, dès lors, vu que Chorot était marchand, et indépendamment de toute autre vérification, être réputé fausse mesure, et donner lieu à l'application de la peine prononcée par l'art. 479, § 5, c. pén.; — Attendu que le tribunal de police de Grenoble, s'étant borné à appliquer au sieur Chorot la peine prononcée par l'art. 471, § 15, contre ceux qui ne se conforment pas aux règlements de police, sur le motif que le stère dont il s'agit avait les dimensions prescrites, a violé les lois et règlements ci-dessus rappelés et l'art. 479, § 5, c. pén.; — Casse.

Du 20 oct. 1832.-C. C., ch. crim.-MM. Bastard, pr.-Crouseilhes r.

139. Cette jurisprudence nous paraît moins admissible encore que celle qui se réfère aux mesures prohibées (V. n° 128). Quelque argument que l'on invoque, on ne pourra jamais faire que ce qui est exact soit faux. Sans doute, la formalité du poinçonnage est une garantie; mais, de ce que les poids et mesures privés de cette garantie pourraient plus aisément être falsifiés, s'ensuit-il qu'ils le soient? Ne voit-on pas ce qu'il y a d'arbitraire dans cette création de poids et mesures faux de différentes natures, les uns qui le sont en réalité, les autres qui ne le sont que par fiction? Ce sont là des théories que, suivant nous, la rigueur de la loi pénale repousse.

Du reste, la loi de 1837 nous semble avoir fait cesser la difficulté sur ce point de même qu'elle l'a fait à l'égard des poids et mesures prohibés. On a vu, n° 120, que l'art. 4 de cette loi punit la détention de poids et mesures non reconnus légalement. Par cette expression, on doit entendre non-seulement les poids et mesures qui ne sont pas conformes au système décimal, mais aussi les poids et mesures irréguliers ou qui ne sont pas poinçonnés. En effet, le poinçonnage des poids et mesures prescrit par la loi du 1er vend. an 4, art. 13, est maintenu virtuellement par la loi de 1837, qui abandonne seulement à un règlement d'administration publique le soin de régler la manière dont s'effectuera la vérification. Il n'y a donc, aux termes de ces lois, de poids et mesures également reconnus que les seuls poids et mesures conformes au système décimal, et qui en outre ont été revêtus des marques de vérification.—Il a été jugé en ce sens que, de la combinaison des art. 3, 4 et 8 de la loi de 1837, il résulte que les seuls poids et mesures reconnus par la loi sont ceux qui, conformes au système métrique décimal, ont été en outre revêtus des poinçons de vérification périodique; qu'en conséquence, la détention dans un marché de mesures dépourvues de ce contrôle tombe sous l'application de l'art. 4 de la loi du 18 juill. 1837 (Crim. cass. 3 août 1849, aff. Guyot, D. P. 49. 5. 310).

140. Malgré la loi de 1837, la cour suprême a continué encore de décider que les mesures dépourvues de marques de vérification sont réputées fausses (même arrêt, et Crim. cass. 22 juin 1844, aff. Perrier, V. n° 159), et que la détention de ces mesures tombe sous l'application de l'art. 479, n° 5 (Crim. cass. 10 mai 1851, aff. Croc et aff. Lahallec, D. P. 51. 5. 398). — Ces décisions manquent d'exactitude; pourquoi persister dans cette assimilation erronée des poids et mesures irréguliers avec les poids et mesures faux, assimilation repoussée par le législateur lui-même (V. n° 129), alors surtout que les arrêtés de l'an 7, sur lesquels on la faisait reposer, ont cessé d'être en vigueur? — V. *eod.*

141. Enfin, cette assimilation est impossible aujourd'hui en présence de la loi de 1851 qui a abrogé l'art. 479, n° 5, c. pén.; car si les poids et mesures anciens ou irréguliers devaient continuer à être réputés des poids et mesures faux, on ne pourrait faire autrement que d'appliquer à la détention des uns ou des autres l'aggravation de pénalité qui résulte de la loi nouvelle, ce qui serait évidemment contraire à la pensée et au but du législateur. — En effet, on lit dans le rapport de M. Riché : — « La possession de signes de pesage ou mesurage irréguliers, et *non faux*, exacts et non conformes au système décimal, restera dans le domaine de la loi du 4 juill. 1837, qui renvoie aux peines de simple police.» — En conséquence, il a été décidé que la loi du 27 mars 1851, qui, abrogeant l'art. 479, § 5, c. pén., frappe de peines correctionnelles la possession de poids et mesures faux, dans les magasins, boutiques, etc., est inapplicable à la simple détention de mesures non décimales ou de mesures décimales non poinçonnées; que cette détention, qui a cessé d'être assimilée à la possession de mesures fausses depuis que la loi du 4 juill. 1837 l'a fait rentrer dans l'application de l'art. 479, n° 6, relatif à l'emploi de mesures non reconnues, reste passible des peines de police établies par cette dernière disposition (Crim. cass. 26 août 1852, aff. Bellenger, D. P. 52. 5. 422. — Conf. Crim. rej. 11 déc. 1851, aff. Dry Urbain, D. P. 51. 5. 397; 23 janv. 1852, aff. Barjolles, D. P. 52. 1. 64).

142. Les poids et mesures sont soumis à un *double poinçonnage.* D'abord chez le fabricant ils reçoivent l'empreinte des poinçons de l'Etat, puis, chez les marchands qui en font usage, ils sont marqués à chaque vérification périodique du poinçon local (V. n°s 32 et s.).—Les poids et mesures dépourvus seulement de cette dernière marque tombent-ils sous l'application de l'art. 4 de la loi de 1837 et de l'art. 479 c. pén., aussi bien que ceux qui n'ont pas la marque de vérification première? MM. Chauveau et Hélie, t. 6, p. 21 et suiv., ne le pensent pas. Suivant ces auteurs, la vérification périodique étant ordonnée par les maires ou par les préfets en vertu des pouvoirs qui leur sont accordés soit par la loi des 16-24 août 1790, soit par l'ord. du 17 avril 1839 (art. 27, 33), le défaut de la marque locale constitue une simple infraction à un arrêté municipal ou préfectoral passible des peines de l'art. 471, n° 15, et non une contravention à la loi du 4 juill. 1837 et à l'art. 479 c. pén. — Cela ne nous semble pas exact. La vérification périodique est prescrite par la loi de 1837, aussi bien que la vérification première. Cette loi abandonne seulement à un règlement d'administration publique le soin de régler la manière dont s'effectue la *vérification* (art. 8). Le projet de loi portait même *vérification périodique*, et ce mot n'a été supprimé qu'afin que le règlement pût ordonner des vérifications à des époques indéterminées que les détenteurs de poids et mesures ne pussent prévoir. L'ord. du 17 avril 1839, rendue en exécution de la loi de 1837, en posant les règles relatives à ces vérifications, ne donne aux préfets d'autres droits que de déterminer les professions assujetties à la vérification (art. 15) et de fixer l'époque à laquelle elle a lieu (art. 27). — Il ne nous paraît donc pas douteux que celui qui détient des poids et mesures non marqués du poinçon local enfreint, non pas seulement l'arrêté préfectoral qui fixe l'époque de la vérification, mais la loi elle-même qui interdit la possession de poids non marqués. Il n'y a donc pas lieu dans l'espèce à l'application de l'art. 471, n° 15. — C'est en ce sens qu'il a été décidé, soit avant, soit depuis la loi de 1837: 1° que les poids et mesures ne pouvant être regardés comme légaux qu'autant qu'ils sont revêtus et du poinçon général de l'État, et du poinçon servant à la vérification annuelle ou locale, on doit réputer faux, non-seulement les poids ou mesures non revêtus de ces deux poinçons, mais même ceux qui ne manquent que du poinçon de vérification annuelle (Crim. cass. 1er août 1828) (1); —2° Que le fait d'avoir des poids ou mesures non revêtus du poinçon de vérification annuelle ou locale, ne constitue pas une simple infraction à l'arrêté qui prescrit cette vérification, mais une infraction prévue et punie par l'art. 479, § 5, c. pén. (Crim. cass. 5 mars 1813, MM. Barris, pr., Aumont, rap., aff. Fosse; du même jour, deux autres arrêts semblables; 9 sept. 1826, aff. Descours, V. n° 138-2°; 13 nov. 1828, aff. Gambon, V. n° 28-2°; 8 déc. 1832, MM. Bastard, pr., Rives, rap., aff. Lemoine; du même jour, trois autres arrêts semblables); — 2° Que l'usage de mesures non soumises à la vérification périodique de l'année, dans le délai fixé par un arrêté du maire, est une contravention punissable d'amende et de confiscation, aux termes du

(1) (Min. pub. *C.* Laurin, etc.)—La cour;—Vu les art. 479, § 5, c. pén., la loi du 1er vend. an 4, relative aux poids et mesures ainsi que les arrêtés du gouvernement faits en exécution de la même loi, des 27 pluv. an 6, 19 germ. et 11 therm. an 7, et l'art. 1 de l'arrêté du 29 brum. an 9; — Considérant que, d'après ces lois et arrêtés, tous les poids et mesures, tant anciens que nouveaux, qui ne seraient point revêtus des poinçons prescrits par l'autorité pour en constater la légalité et l'exactitude, doivent être considérés comme faux poids et fausses mesures, lorsqu'ils se trouvent dans les boutiques, magasins et autres lieux de débit; — Considérant que, d'après l'art. 13 de la loi du 1er vend. an 4, les poids et mesures doivent être revêtus non-seulement du poinçon général de l'Etat, mais aussi du poinçon spécial servant à la vérification locale; que les poids et mesures ne peuvent donc être considérés comme légaux, s'ils ne portent point les marques de ces deux poinçons; — Considerant qu'il est constaté par des procès-verbaux réguliers qu'il a été trouvé dans les boutiques des prévenus des poids et mesures non revêtus de la marque de la vérification annuelle; que conséquemment ces poids et mesures étaient illégaux et réputés faux; — Que cette contravention ne constituait pas une simple infraction à l'arrêté du préfet qui prescrit la vérification annuelle, punissable d'après le code du 3 brumaire an 4; mais que cette contravention était prévue et punie par l'art. 479, § 5, c. pén. : d'où il résulte qu'en refusant de prononcer la peine qu'il prescrit, les jugements attaqués ont faussement appliqué le code du brumaire an 4, et violé ledit art. 479, § 5, c. pén.; — Par ces motifs, casse les jugements du tribunal de simple police de Lyon, du 24 octobre dernier.

Du 1er août 1828.-C. C., ch. crim.-MM. Bailly, pr.-Mangin, rap.

n° 6 de l'art. 479 c. pén., et non simplement une contravention à un arrêté municipal n'entraînant que l'amende (Crim. cass. 27 déc. 1839) (1); — 4° Que le marchand qui n'a pas fait apposer, à l'époque déterminée par un arrêté municipal, pour la commune où il réside, le poinçon de vérification sur les poids dont il est nanti, se rend passible de la peine appliquée par l'art. 479, n° 6, c. pén., à la détention de poids et mesures autres que ceux reconnus par la loi, et non de la peine établie par l'art. 471, n° 15, pour le cas de contravention aux arrêtés légalement pris par l'autorité municipale (Crim. cass. 11 mars 1852, aff. Dupré, D. P. 52. 5. 424); — 5° Que les marchands qui vont vendre leurs denrées au marché d'une ville, avec des poids non revêtus du poinçon annuel dont l'apposition est obligatoire dans cette ville, sont passibles de la peine portée par l'art. 479, n° 6, c. pén., encore qu'ils seraient domiciliés dans une commune où la vérification n'a lieu que tous les deux ans (même arrêt, *eod.*, p. 423). — Mais il en serait autrement si l'arrêté municipal ou préfectoral portait sur des objets étrangers à la vérification.—V. n°s 24, 33, 34, et v° Commune, n° 1219.

143. La détention de mesures non poinçonnées n'est passible des peines de l'art. 479 que si elle a lieu dans les *boutiques, ateliers, maisons de commerce*, etc., etc. (L. 4 juill. 1837, art. 4, V. n° 129). — Il a été jugé sur ce point que, bien que l'exploitation des mines ne soit pas considérée comme un commerce, les magasins où sont déposés les produits de ces mines, pour être livrés au commerce au poids où à la mesure, sont soumis aux lois et règlements sur les poids et mesures, et il en est de même d'une pièce attenant à ces magasins (Crim. cass. 3 mars 1837 (2). V. n°s 115, 131 et s.).—La cour de Liége a également jugé que l'arrêté du 20 mars 1827, qui règle en Belgique les poids et mesures, est applicable au meunier dans l'usine duquel on a trouvé des mesures non revêtues de la marque annuelle de vérification, quoiqu'il ne se livre ni à la vente ou au commerce des grains ni à celui des farines, et qu'il ne soit pas patenté (Liége 27 juin 1835, aff. Fiesch *C.* min. pub.).

144. Mais, d'un autre côté, il a été jugé: 1° qu'un individu trouvé sur une place publique, portant une mesure de longueur (une toise, par exemple) ne peut pas être condamné aux peines portées par l'art. 479, n°s 5 et 6, c. pén., sous le prétexte qu'elle ne serait pas revêtue de la marque de vérification prescrite pour assurer l'exactitude de pareilles mesures (Crim. cass. 23 avr. 1822 (3), mais V. Crim. cass. 25 août 1826, aff. Crochard, n° 128-9°); —2° Que lorsqu'une profession (celle de lamier et encolleur) n'est pas comprise dans l'arrêté du préfet portant la nomenclature des professions assujetties à la vérification, et qu'il n'est pas justifié que l'individu qui exerce cette profession fasse usage de poids ou mesures, il ne peut être poursuivi à raison de poids trouvés chez lui, quoique non reconnus ou non revêtus des signes légaux (Crim. rej. 23 fév. 1839) (4).

145. La prohibition d'avoir, dans ses magasins ou bouti-

(1) (Min. pub. *C.* Caremel.) — La cour; — Sur le deuxième et le troisième moyen: — Vu l'arrêté du préfet du Var, en date du 4 déc. 1838, portant que la vérification périodique des poids et mesures devra être effectuée à Grasse, pour l'année 1839, du 1er au 31 juillet; — Vu pareillement l'art. 479 c. pén.; — Attendu que le jugement dont il s'agit reconnaît et déclare qu'Étienne Caremel a fait usage dans son commerce, postérieurement au 31 juillet dernier, de mesures qu'il n'avait pas encore soumises à la vérification périodique de l'année 1839, conformément à l'arrêté précité; — Que le tribunal de simple police l'avait légalement condamné, pour ce fait, à l'amende portée par le n° 6 de l'art. 479 c. pén., en déclarant que ces mesures resteraient confisquées; — Qu'en ne voyant dans la prévention dont il était saisi qu'une simple contravention à cet arrêté, et en ordonnant la restitution desdites mesures saisies dans sa boutique, le tribunal correctionnel de Grasse a donc faussement appliqué à la cause le n° 15 de l'art. 471 du même code, et commis une violation expresse des deux dernières dispositions ci-dessus visées; — Casse.

Du 27 déc. 1839.-C. C., ch. crim.-MM. de Bastard, pr.-Rives, rap.

(2) (Min. pub. *C.* Lamothe.) — La cour; — Vu l'art. 479, § 5, c. pén., qui punit d'une amende ceux qui auront de faux poids et de fausses mesures dans leurs magasins, boutiques, ateliers ou maisons de commerce; — L'art. 2 de l'arrêté du 29 prair. an 9, portant qu'aucun citoyen ne pourra employer, pour peser et mesurer les matières de commerce, que des poids et mesures vérifiés et étalonnés; — Vu l'art. 154 c. inst. crim.; — Attendu que, si la loi de 1810 sur les mines porte que l'exploitation des mines n'est pas considérée comme un commerce et n'est pas sujette à patente, on ne peut pas conclure de cette disposition que le pesage et le mesurage du produit des mines, lorsqu'il est livré au commerce, puisse être affranchi de la surveillance et de la vérification prescrite par les règlements généraux sur les poids et mesures; —Attendu que la loi fondamentale des 16-24 août 1690 comprenait expressément, au nombre des objets confiés particulièrement à la surveillance de l'autorité municipale et administrative, l'inspection sur la fidélité du débit des objets qui se vendent au poids, à l'aune ou à la mesure; — Attendu que l'arrêté du 29 prair. an 9, ci-dessus visé, qui avait pour objet d'ordonner la mise en vigueur du système métrique, dans toute la France, portait qu'aucun citoyen ne pourrait employer, pour peser et mesurer les matières de commerce, que des poids et mesures vérifiés et étalonnés, et que, d'une autre part, l'art. 479, § 5, porte aussi, en termes généraux, que l'existence des faux poids et des fausses mesures sera punie de l'amende qu'il prononce, quand on les trouvera dans les magasins; — Et attendu que, du rapprochement de ces deux dispositions, il résulte que la vérification des faux poids et des fausses mesures doit s'étendre à tous les magasins renfermant des marchandises livrées au commerce; — Et attendu que les poids et mesures dépourvus du poinçon de vérification, n'offrant aucune garantie, doivent être déclarés faux et illégaux; — Attendu, en fait, qu'il résulte d'un procès-verbal régulier que le sieur Rabusson-Lamothe avait sur le port de Brassac un magasin de houille, et que son garde-magasin avait représenté, comme servant à son commerce, quatre hectolitres non revêtus de la vérification première, et qui n'avaient pas la dimension voulue; — Attendu qu'à la vérité, le tribunal de simple police déclare, en fait, que, d'après les dépositions des témoins, il ne demeure pas certain que les hectolitres fussent dépourvus des marques du poinçonnage ou d'une capacité inexacte; mais que les doutes manifestés par un juge (qui d'ailleurs n'aurait pas vérifié par lui-même les mesures dont il s'agit) n'équivalent pas à la preuve formelle d'un fait contraire au procès-verbal, qui devait être établi et déclaré pour que ce procès-verbal pût être infirmé; — Attendu, quant aux mesures anciennes, dites Laraze, trouvées dans une pièce attenante au magasin, que ces mesures, qui n'offraient non plus aucune garantie, devaient être considérées aussi comme fausses et illégales, comprises, dès lors, dans les prévisions de l'art. 479, § 5; — Attendu, en effet, que le magasin de houille dont il s'agit renfermait des houilles destinées au commerce, qui se débitent à la mesure, et était, par suite, assujetti à la vérification; —Que la pièce où ont été trouvées les mesures dites Laraze dépendait de ce magasin, et qu'il importe peu que le tribunal de simple police déclare qu'il n'est pas fait emploi de ces mesures, puisque leur seule existence, dans un magasin, est prévue et réprimée par l'art. 479, § 5, c. pén.; — Attendu, toutefois, que le tribunal de simple police de Jumeaux a renvoyé le sieur Rabusson-Lamothe de la plainte contre lui formée; en quoi il a commis une violation de la foi due au procès-verbal, par suite de l'art. 154 c. inst. crim., et de l'art 479, § 5, c. pén.; — Casse.

Du 3 mars 1837.-C. C., ch. crim.-MM. Bastard, pr.-Crouseilhes, rap.

(3) (Dabboni.) — La cour; — Vu l'art. 410 c. inst. crim.; — Considérant que le fait pour lequel André Dabboni a été poursuivi devant le tribunal de police de Bastia est d'avoir été trouvé sur la place de la citadelle de cette ville, portant une mesure qualifiée toise, non revêtue de la marque de vérification prescrite pour constater l'exactitude des mesures; — Que ce fait ne rentre nullement dans l'application soit de l'art. 479, n°s 5 et 6, c. pén. de 1810, soit de toute autre loi pénale; — Que le tribunal de police de Bastia a donc faussement appliqué ledit art. 479 et l'art. 481 du même code, en déclarant la mesure saisie sur André Dabboni confisquée, et en condamnant celui-ci aux dépens; — D'après ces motifs, vu l'art. 441 c. inst. crim., casse et annule dans l'intérêt de la loi seulement.

Du 23 avr. 1822.-C. C., sect. crim.-MM. Barris, pr.-Busschop, r.

(4) *Espèce*: — (Min. pub. *C.* Ragault.) — Un procès-verbal du commissaire de police dressé contre Ragault, profession de lamier et encolleur à Louviers, constate qu'on a trouvé chez lui six poids, savoir: un ancien et cinq autres non marqués de la lettre L, adoptée par les règlements pour l'exercice 1838. — Ragault prétend devant le tribunal de police: 1° que sa profession ne se trouve pas comprise dans l'arrêté du préfet du département, du 20 fév. 1822; 2° qu'achetant à Paris, tout pesés, les cuirs nécessaires pour faire la colle, il ne fait aucun usage, pour l'exercice de sa profession, de poids ni de mesures, ni d'aucun instrument de mesurage ou de pesage; que, d'ailleurs, connaissant la capacité de ses chaudières, il n'a besoin de recourir ni à un poids ni à une mesure quelconque pour se rendre compte de ses opérations.— 2 nov. 1838, jugement du tribunal de police qui accueille cette défense.

Pourvoi du ministère public pour violation des art. 471, n° 15, et 481 c. pén., en ce que, bien que l'arrêté du préfet ne comprît pas nommément dans son énumération la profession de lamier et encolleur, elle se trouvait nécessairement assujettie à la vérification d'après la disposition finale de l'art. 2 de cet arrêté, qui soumet à cette obligation « ceux qui se servent de poids et mesures dans l'exercice de leurs professions, non-seulement pour acheter ou vendre, mais pour se rendre compte de leurs opérations commerciales. » —Or il est certain que Ra-

ques, des poids et mesures non vérifiés et poinçonnés, s'applique à celui qui possède ces objets à titre de marchandises, aussi bien qu'à celui qui en fait usage pour les opérations de son commerce (Crim. cass. 4 mars 1837) (1). — Néanmoins, il a été décidé que la loi du 1er vend. an 4, les arrêtés rendus pour son exécution et l'art. 479, § 5, c. pén. ne sont applicables qu'aux instruments de pesage et de mesurage complets et en état de fonctionner, et non à quelques parties destinées à composer ces instruments, et, par exemple, un débitant n'est pas en contravention, par cela qu'il a dans son magasin des paquets de fléaux non poinçonnés (Crim. cass. 6 avr. 1833 (2); V. aussi nos 58, 129 et s.

§ 5. — *Compétence; caractères de l'infraction.*

146. Les lois des 19 juill. 1791 et 1er vend. an 4 avaient établi deux ordres de compétence : celle du tribunal de simple police pour l'infidélité des poids et mesures dans la vente des denrées et marchandises, lorsqu'il n'y avait pas mauvaise foi, et celle du tribunal correctionnel en cas d'usage de faux poids ou de fausses mesures avec mauvaise foi, c'est-à-dire sciemment ou en récidive (V. no 84). — Ces règles ont été modifiées par le code du 3 brumaire an 4, dont l'art. 153, limitant d'une manière générale la compétence du juge de simple police aux faits qui n'entraînent pas une amende supérieure à la valeur de trois journées de travail, a enlevé à ce juge la connaissance du délit prévu par les lois des 15 juill. 1791 et 1er vend. an 4, la pénalité établie par ces lois excédant le chiffre fixé par le code de l'an 4. — En effet, il a été jugé, sous ce code, 1° que le marchand qui vend avec des poids faux ou des mesures trop courtes est justiciable des tribunaux correctionnels et non des tribunaux de simple police (Crim. cass. 28 vend. an 9, MM. Viellart, pr., Liger, rap., aff. min. pub. *C.* Vaisse; Crim. règl. de jug., 22 germ. an 9, M. Boyer, rap., aff. Gannat); — 2° Que la mise en vente de paquets de chandelles qu'il est d'usage de prendre de confiance pour le poids annoncé, et qui n'ont pas ce poids, est aussi bien le cas prévu par l'art. 22 de la loi du 19 juill. 1791 que celui de la vente avec de faux poids; que la peine applicable à ce délit étant, aux termes de cet article, une amende de 100 fr., ce qui excède la compétence des tribunaux de simple police, l'action n'a pu être portée que devant le tribunal correctionnel (Crim. cass. 27 germ. an 10, MM. Viellart, pr., Seignette, rap., aff. Rayé).

147. La législation en vigueur a été plus prévoyante et a mieux classé les infractions relatives aux poids et mesures. Elle a considéré comme délit, et a placé, par conséquent, dans les attributions du tribunal correctionnel : 1° la vente à faux poids et à fausses mesures (c. pén., art. 423, V. no 85); — 2° L'emploi frauduleux de poids et mesures prohibés (c. pén., art. 424; V. no 120); — 3° La détention de poids et mesures faux (L. 27 mars 1851, art. 3, V. no 108). — Sont ensuite rangés au nombre des contraventions de la compétence du tribunal de simple police : 1° l'emploi de poids et mesures différents de ceux établis par la loi en vigueur (c. pén. 479-6°), c'est-à-dire de poids et mesures non conformes au système décimal, ou qui n'ont pas la forme légale, ou enfin qui ne sont ni poinçonnés, ni étalonnés (V. nos 123, 137); — 2° La détention de ces mêmes poids et mesures (L. 4 juill. 1837, art. 4; V. nos 129, 138). — Il suit de là, ainsi que cela a été jugé : 1° que le fait d'avoir, par l'emploi de fausses balances, trompé sur la quantité des choses vendues, constituant le délit puni de peines correctionnelles par l'art. 423 c. pén., est de la compétence des tribunaux correctionnels (Crim. cass. 11 nov. 1826, aff. Bibard, V. no 89); —

gault est obligé de se servir de poids pour connaître la quantité de cuirs qu'il jette dans ses chaudières pour les transformer en colle. — Arrêt.

La cour; — Attendu que le jugement dénoncé est régulier en la forme, et qu'en relaxant le prévenu, il n'a point expressément violé l'art. 2 de l'arrêté du préfet de l'Eure, en date du 20 fév. 1822, puisque cet article ne comprend nullement, dans la nomenclature qu'il contient des professions assujetties à la vérification annuelle des poids et mesures, celle de lamier et encolleur; — Rejette.

Du 25 fév. 1839.-C. C., ch. crim.-MM. Bastard, pr.-Rives, rap.

(1) (Min. pub. *C.* Jacob.) — La cour; — Vu la loi du 1er vend. an 4, sur les poids et mesures, et les arrêtés rendus pour son exécution, les 27 pluv. an 6, 19 germ. et 11 therm. an 7, 29 prair. et 15 brum. an 9; — Vu l'art. 479, § 5, c. pén., qui punit des peines de police ceux qui auront de faux poids ou de fausses mesures dans leurs magasins, boutiques, ateliers ou maisons de commerce; — Attendu que, d'après les lois et arrêtés sur les poids et mesures ci-dessus visés, ceux qui ne sont revêtus d'aucun poinçon de vérification doivent être réputés faux et illégaux, puisqu'ils n'offrent aucune garantie de leur régularité; — Attendu que, dans ces mêmes règlements, aucun fabricant ne peut vendre, et aucun citoyen ne peut employer, à l'usage de son commerce, que des poids et mesures vérifiés; — Attendu que rien, dans cette disposition, ne justifie la distinction établie dans le jugement attaqué entre les fabricants qui livreraient directement des poids et mesures au commerce et les marchands proprement dits; — Qu'au contraire, ces derniers rentreraient plus directement encore dans l'esprit de cette disposition, puisque ce sont eux qui, le plus souvent, livrent au commerce les poids et mesures qu'ils ont reçus des fabricants; — Attendu, en outre, que l'art. 479, § 5, ne distingue pas entre ceux qui ont de faux poids ou mesures dans leurs magasins ou boutiques, pour les vendre, et ceux qui les emploieraient dans leur commerce particulier, et qu'il est même à remarquer que le législateur a dû nécessairement faire porter sa prévision sur les poids et mesures qui se trouvent en grand nombre dans les magasins et boutiques pour y être vendus; — Que les instruments de pesage ou de mesurage sont, en effet, destinés à servir de règle à un très-grand nombre d'achats et ventes, et doivent être assujettis à la nécessité du poinçon, aussi bien que ceux qui servent aux opérations personnelles d'un commerçant; — Attendu qu'il résulte d'un procès-verbal régulier, et qu'il est reconnu, d'ailleurs, que cinq paquets de pieds de roi non poinçonnés avaient été exposés en vente dans le magasin du sieur Jacob; — Attendu qu'au lieu de lui faire l'application des dispositions ci-dessus rappelées, le jugement attaqué l'a renvoyé de la plainte, sur le motif que les lois de la matière réprimaient l'usage de faux poids et de fausses mesures, et n'atteignaient pas ceux qui ne se trouvaient dans les magasins que comme marchandises; — En quoi le tribunal de simple police a créé une distinction qui ne se trouve pas dans la loi, et, par suite, violé la loi du 1er vend. an 4, les règlements rendus pour son exécution, notamment celui du 29 prair. an 9, et l'art. 479, § 5, c. pén.; — Par ces motifs, casse.

Du 4 mars 1837.-C. C., ch. crim.-MM. Bastard, pr.-Crouseilhes, r.

(2) (Min. pub. *C.* Blanchet.) — La cour; — Vu la loi du 1er vend. an 4, et les arrêtés rendus pour son exécution les 27 pluv. an 6, 19 germ. et 11 therm. an 7; les art. 471 et 479, § 5, c. pén.; — Vu l'art. 481 du même code; — En ce qui touche les paquets de fléaux de balances non poinçonnés, trouvés chez la veuve Blanchet, les sieurs Bec et Mounier-Billat : — Attendu que la loi du 1er vend. an 4, et les arrêtés rendus pour son exécution, ainsi que l'art. 479, § 5, c. pén., dans les dispositions qui statuent sur les faux poids et les fausses mesures, ne peuvent être applicables qu'aux instruments de pesage et de mesurage complets, et en état de fonctionner; qu'en effet, en ce qui touche particulièrement les balances, on ne saurait admettre que les règles relatives à la nécessité du poinçonnage, puissent, quant à ces sortes d'instruments, s'appliquer à chacune des parties qui doivent la composer; que, si les fléaux concourent à la régularité de la balance, leur bonne confection ne suffit pas pour l'assurer; que cette régularité ne peut provenir que d'un équilibre parfait existant entre les fléaux, les chaînes et les bassins; que l'examen de la sincérité de la balance ne peut être efficace et utile que lorsque toutes les parties réunies permettent d'apprécier l'instrument dans son ensemble, tel qu'il doit être employé; — Que, dès lors, le poinçonnage seul des balances montées et complètes, a pu être exigé par la loi, et que l'existence dans des magasins ou boutiques de quelqu'une des parties destinées à composer la balance, sans que ces objets fussent poinçonnés, ne peut être assimilée à l'existence auxdits magasins des faux poids et des fausses mesures; — Rejette quant à ce chef.

Mais en ce qui touche les mesures anciennes, dites *pied de roi*, trouvées dans le magasin de la dame veuve Blanchet : — Attendu qu'il est déclaré par le jugement du tribunal de police de Grenoble, que ces mesures n'étaient pas poinçonnées; — Attendu que, par la loi de l'an 4, ci-dessus rappelée, et les règlements rendus pour son exécution, ces sortes de mesures, qui ne peuvent offrir aucun caractère d'authenticité, sont réputées fausses et illégales; — Attendu, dès lors, que la veuve Blanchet devenait passible de l'application du § 5 de l'art. 479 c. pén., qui prévoit le cas où de faux poids et de fausses mesures seraient trouvés dans les magasins, boutiques, ateliers, etc.; — Attendu, néanmoins, que le tribunal de Grenoble a fait à la contravention par lui reconnue l'application de l'art. 471, § 15; en quoi il a violé le susdit art. 479, § 5, c. pén., et fait une fausse application des lois et règlements ci-dessus rappelés; — En ce qui touche la confiscation desdits paquets de pieds de roi : — Attendu qu'aux termes de l'art. 481 c. pén., les faux poids et les fausses mesures doivent être saisis et confisqués; — Attendu que les paquets de pieds de roi trouvés chez la veuve Blanchet devaient, par les motifs ci-dessus exprimés, être déclarés fausses mesures, et devenaient passibles de l'art. 479, § 5, et que, dès lors, les saisie et confiscation ordonnées par l'art. 481 étaient obligatoires; et, qu'en se refusant à les prononcer, le tribunal de police de Grenoble a violé ledit article; — Par ces motifs, casse le jugement en chef.

Du 6 avril 1833.-C. C., ch. crim.-MM. Bastard, pr.-Crouseilhes, r.

2° Que l'emploi et l'usage d'une fausse mesure à l'effet de tromper les acheteurs sur la quantité de la chose vendue, est un délit de la compétence des tribunaux correctionnels : et que c'est avec raison qu'un tribunal de simple police se déclare incompétent pour en connaître (Crim. rej. 22 août 1828) (1); — 3° Que lorsque le prévenu est poursuivi à la fois comme détenteur d'une fausse mesure et comme ayant trompé les acheteurs par l'emploi de cette fausse mesure, son absolution, quant au chef relatif à la contravention, n'en laisse pas moins subsister le délit de tromperie sur la quantité de la marchandise vendue, lequel doit être porté devant les tribunaux correctionnels (même arrêt). —4° Que, sous la loi de 1851, le fait d'avoir livré sur le marché une quantité de denrées inférieure à celle réellement vendue, constituerait, s'il était établi avec les caractères de fraude spécifiés par l'art. 1, § 3, de la loi du 27 mars 1851, une tromperie sur la quantité de la chose livrée, passible des peines correctionnelles établies par cette loi; qu'en conséquence, la connaissance de ce délit ne peut être déférée au tribunal de simple police, sous prétexte qu'il aurait le caractère d'une contravention à l'art. 479, § 5, c. pén., cette dernière disposition ayant été abrogée par la loi du 27 mars 1851 (Crim. cass. 20 sept. 1851, aff. Gaudens, D. P. 52. 1. 48).

148. Aux termes de l'art. 479, n° 5, c. pén., la simple détention de poids et mesures faux, lorsqu'il n'était pas constaté qu'il en eût été fait usage, constituait une contravention de la compétence des tribunaux de simple police. — Et il avait été jugé, par application de cet article : 1° que la possession d'une fausse mesure, indépendamment de l'usage qui en aurait été fait, constitue une contravention de police (Crim. cass. 21 mai 1824, MM. Bailly, pr., Busschop, rap., aff. min. pub. *C.* Deffieux ; Crim. rej. 22 août 1828, aff. Deslons, V. n° 147; Crim. cass. 17 oct. 1832, aff. Bodot, V. n° 34-2°; 25 avril 1833, M. Crouseilhes, rap., aff. min. pub. *C.* Gobert; 28 sept. 1837, MM. Bastard, pr., Rives, rap., aff. min. pub. *C.* André); — 2° Que les marchands dans les magasins ou boutiques desquels il a été trouvé de faux poids ou de fausses mesures, sans qu'il soit constaté qu'ils en aient fait usage, sont justiciables des tribunaux de simple police (Crim. cass. 22 août 1822, aff. Jandard, V. n° 115); — 3° Qu'il y a simple contravention dans la détention par un marchand, dans sa boutique, de faux poids, lorsqu'il n'est pas prouvé qu'il en ait fait usage, encore bien qu'il y eût triple récidive de la part de ce prévenu (Crim. cass. 14 août 1829) (2); — 4° Que la possession d'une fausse balance par un marchand, dans sa boutique et sur son comptoir, et sans qu'il soit d'ailleurs constaté que ce marchand en ait fait usage, ne constitue pas le délit de vente à faux poids prévu par l'art. 423 c. pén., mais la contravention réprimée par l'art. 479, § 5, c. pén., de la compétence du tribunal de simple police (Crim. règl. de jug. 3 mars 1827 (3); Crim. cass. 17 nov. 1832, M. Crouseilhes, rap., aff. Sèbe; Paris, ch. cor., 5 juill. 1843, M. Simonneau, pr., aff. Malot).

Aujourd'hui ces infractions doivent être poursuivies devant le tribunal correctionnel (V. l'art. 3 de la loi de 1851, n° 108).

149. Du reste, il a été décidé que lorsqu'un procès-verbal constate qu'un individu a *dû* faire usage de faux poids trouvés dans ses magasins, et qu'il y est néanmoins déclaré que cet individu est contrevenu à l'art. 479, § 5, c. pén., relatif seulement à la détention et non à l'usage des faux poids, le ministère public n'est pas recevable à demander son renvoi devant les tribunaux correctionnels, s'il a lui-même saisi de l'affaire le tribunal de police, et s'il est signataire du procès-verbal, bien que rédigé par un autre (Crim. rej. 7 juin 1839) (4).

150. La mise en vente de marchandises, n'ayant pas le poids fixé par les règlements, constituant la tentative du délit prévu par l'art. 1 de la loi de 1851, appartient à la juridiction correctionnelle.— V. à cet égard, n°ˢ 103 et suiv.

(1) (Min. pub. *C.* Deslous.) — La cour ; — Attendu que les deux prévenus ont été traduits devant le tribunal de simple police, pour avoir fait emploi et usage d'une fausse mesure, et trompé les acheteurs sur la quantité des choses vendues; que ce fait était prévu et puni par l'art. 423 c. pén.; qu'il constituait un délit de la compétence des tribunaux correctionnels, et que c'est avec raison que le tribunal de simple police s'est déclaré incompétent; — Attendu que Deslous était, en outre, prévenu d'une contravention de simple police résultant de la simple possession d'une fausse mesure; que ce n'est qu'à cette contravention que s'applique la partie du jugement qui le relaxe de la poursuite; que cette absolution est étrangère au délit d'avoir trompé les acheteurs par l'emploi d'une fausse mesure; que la prévention, quant à ce délit, continue à subsister, sauf aux tribunaux compétents à y statuer; — Rejette.

Du 22 août 1828.-C. C., ch. crim. MM. Bailly, pr.-Mangin, rap.

(2) *Espèce :* — (Int. de la loi.—Thomin.) — « Le procureur général pose, etc.— De faux poids ont été trouvés dans la boutique de la veuve Thomin, marchande bouchère. Elle a été traduite devant le tribunal de simple police, qui a prononcé en ces termes : — « Attendu que la prévenue a pour habitude de vendre à faux poids, puisque deux précédents jugements ont déjà été rendus contre elle, par le même tribunal, pour même contravention, et dans les douze mois; qu'une première et deuxième leçon ne peuvent suffire pour la corriger de ce défaut ; — Disons ne pouvoir connaître de cette affaire en triple récidive dans l'année ; — Vu l'art. 160 c. inst. crim.; renvoyons la prévenue devant M. le procureur du roi, avec inventaire, tant des pièces de la procédure que de celles de conviction, pour y être jugée conformément à la loi, dépens réservés. » — Il faut d'abord observer, sur ce jugement, que ce n'est pas sous le point de vue de l'habitude de vendre à faux poids qu'il faut le considérer, car, s'il s'agissait véritablement de l'usage de faux poids, nul doute que la matière ne fût correctionnelle; mais le procès-verbal porte seulement qu'il est présumable que la veuve Thomin s'en sert. Dès lors le tribunal de simple police était compétent, et il ne reste plus qu'à examiner si, parce qu'il y a triple récidive, il a cessé de l'être. — La loi ne distingue pas en fait de récidive, et, quel qu'en soit le nombre, c'est toujours la récidive qu'il faut punir. — Ce considéré, etc. *Signé* Mourre. » — Arrêt.

La cour ;— Vu le réquisitoire du procureur général en la cour ; statuant sur ce réquisitoire, et adoptant les motifs qui y sont énoncés ; — Casse, dans l'intérêt de la loi, etc.

Du 14 août 1829.-C. C., ch. crim.-MM. Bastard, pr.-Crouzeilhes, r.

(3) (Min. pub. *C.* Trochon.) — La cour ; — Vu la requête en règlement de juges; — Attendu que Jacques Trochon, marchand à Jonzac, a été traduit devant le tribunal de police de cette ville, comme prévenu d'avoir eu, dans sa boutique, des balances défectueuses servant au débit de ses marchandises; — Que ledit tribunal ayant trouvé, dans ce fait, le caractère du délit de vente à faux poids, prévu par l'art. 423 c. pén., a, par jugement du 15 sept. 1826, déclaré son incompétence et renvoyé l'affaire au procureur du roi près le tribunal de police correctionnel de l'arrondissement de Jonzac; — Que ce tribunal ayant reconnu, d'après l'instruction faite devant lui, que le prévenu n'avait jamais fait un usage frauduleux de ses balances, et n'apercevant ainsi, dans le fait, qu'une contravention de police prévue par l'art. 479, § 5, c. pén., s'est dessaisi de l'affaire et l'a renvoyée devant le juge compétent; — Que, de la contrariété desdits jugements passés en force de chose jugée, il résulte un conflit négatif de juridiction qui arrête l'action de la justice, à laquelle il importe de rendre son libre cours, etc.

Du 5 mars 1827.-C. C., ch. crim.-MM. Portalis, pr.-Busschop, .

(4) *Espèce :* — (Min. pub. *C.* Chartier fils.)— Un procès-verbal constate qu'il a été trouvé de faux poids dans les magasins de Chartier fils et en outre qu'il avait dû en faire usage, attendu qu'ils avaient été trouvés près de la balance où il pesait ses marchandises. Cependant il est déclaré dans le procès-verbal que Chartier a commis une contravention à l'art. 479, § 5, c. pén., relatif seulement à la détention de faux poids et non à l'usage, cas prévu par l'art. 423 c. pén., et qui rentre dans la compétence des tribunaux correctionnels. Il faut observer que le procès-verbal, quoique rédigé par le vérificateur des poids et mesures, l'a été en présence du commissaire de police lui-même qui l'a signé. Celui-ci remplissant les fonctions de ministère public, assigne Chartier devant le juge de police, comme ayant contrevenu aux dispositions de l'art. 479, § 5, c. pén. Mais, devant le juge, cherchant à s'appuyer sur le procès-verbal, en ce qu'il est dit que Chartier avait dû faire usage des poids et mesures, il conclut à ce qu'il soit renvoyé devant le tribunal correctionnel, conformément à l'art. 423 c. pén. — Jugement du tribunal de police qui rejette l'exception d'incompétence, et, statuant au fond, renvoie Chartier de la plainte, par le motif que les magasins où les faux poids ont été trouvés n'appartiennent pas au prévenu, mais à son père qui a quitté le commerce depuis quelques années; que le prévenu n'est pas marchand, et que, dès lors, l'art. 479 qui ne concerne que les marchands, lui est inapplicable. — Pourvoi du ministère public. — Il prétend que, n'ayant pas rédigé le procès-verbal, l'erreur qui y est renfermée ne peut lui être imputée; que la contravention reprochée au prévenu n'est pas une contravention de simple police, mais un délit qui doit être soumis aux tribunaux correctionnels. — Il induisait ensuite de plusieurs circonstances, déjà rejetées par le tribunal de police, que ce prévenu était marchand. — Arrêt.

La cour ; — Attendu que le jugement dénoncé est régulier en la forme, et qu'il n'a, dans l'état des faits qui l'ont déterminé, expressément violé aucune disposition de loi ; — Rejette.

Du 7 juin 1839.-C. C., ch. crim.-MM. Bastard, pr.-Rives, rap.

§ 6. — *Peines.* — *Excuses.*

151. *Peines.*—Les peines diffèrent suivant les cas. Elles sont correctionnelles lorsqu'il y a eu *tromperie* avec des poids et mesures *faux*, irréguliers ou réguliers (c. pén. 423; L. 27 mars 1851, art. 1, n° 3, art. 4, n° 85 et suiv.), ou même simple *détention* de poids et mesures *faux* ou *inexacts* (V. même loi, art. 3, n°s 108 et suiv.). — Elles ne sont que de simple police, lorsqu'il y a eu emploi ou détention de poids et mesures anciens ou de poids et mesures qui, sans être faux ou inexacts, ne sont vicieux qu'en ce qu'ils n'ont pas été poinçonnés ni vérifiés (c. pén. 479-6°; L. 4 juill. 1837, art. 4, V. n°s 123 et suiv., 137 et suiv.). Nous ne retraçons pas ici toutes ces peines qui ont déjà été indiquées ci-dessus et qu'on aura à citer encore plus bas sans revenir toutefois sur ce qui a trait aux fraudes et tromperies. — Disons, en terminant, sur ce point général, que la confiscation des poids et mesures faux ou irréguliers, doit être prononcée dans tous les cas (c. pén. 480; L. 27 mars 1851, art. 5; V. n°s 156 et s.).

152. La peine de l'amende et de l'emprisonnement, prononcée par l'art. 423 c. pén., est indépendante de la *saisie* des faux poids et des fausses mesures. — Dès lors, elle doit être appliquée, alors même que les poids, à l'aide desquels un marchand a trompé l'acheteur sur la quantité de la chose vendue, n'auraient pas été mis sous la main de la justice (Crim. cass. 9 janv. 1852, aff. Vocances, D. P. 52. 1. 63). — V. aussi n° 157-1°.

153. La peine applicable aux infractions prévues par l'art. 479, n° 6, c. pén. et l'art. 4 de la loi de 1837 est une *amende* de 11 à 15 fr. Cette amende ne peut être *réduite* par le juge.—En conséquence, il a été jugé qu'on ne peut se borner à punir l'usage des poids et mesures prohibés d'une amende, soit de 1 fr. (Crim. cass. 26 sept. 1823, M. Busschop, rap., aff. Martin; 19 fév. 1825, aff. Mesplet, n° 154; 20 janv. 1826, MM. Portalis, pr., Busschop, rap., aff. Bethe; 18 oct. 1822, aff. Livry, n° 137), ... soit de 2 fr. (V. Crim. cass. 9 sept. 1826, aff. Descours, n° 138-3°; 18 juin 1835, MM. Bastard, pr., Vincens, rap., aff. min. pub. *C.* Lecompte), ...soit de 3 fr. (Crim. cass. 23 déc. 1825, aff. Lippert, V. n° 128); — Surtout si le jugement ne donne pas de motifs à l'appui de cette réduction (mêmes arrêts des 26 sept. 1823, 20 janv. 1826).—Toutefois il a été décidé que lorsqu'il existe des circonstances atténuantes, le juge peut réduire l'amende même à 1 fr. (Crim. rej. 25 sept. 1840, aff. Bruyet, V. Peine, n° 570). — V. en ce qui concerne les circonstances atténuantes, v° Contravention, n°s 62 et s.; Peine, n°s 569 et s.

154. L'amende de 11 à 15 serait applicable alors même qu'il serait intervenu un arrêté municipal et préfectoral sur la matière. En effet, la prohibition de détenir ou d'employer des poids et mesures prohibés ou irréguliers, est inscrite dans la loi elle-même dont l'arrêté ne fait qu'exiger l'exécution (V. n° 142).—Il a donc été jugé 1° que, bien que la contravention dans une matière rentrant dans les dispositions du code pénal, telle que la marque des poids et mesures, ait été prévue par un règlement de l'autorité administrative qui aurait rappelé, pour la peine, les art. 600 et 606 du code du 3 brum. an 4 (avant la loi de 1832, qui a ajouté le n° 15 de l'art. 471 c. pén., la jurisprudence appliquait les art. 600 et 606 c. du 3 brum. an 4 aux infractions à un règlement de police : V. Commune, n° 707), c'est le code pénal, art. 479, et non le code du 3 brum. an 4, qui doit être appliqué (Crim. cass. 28 avril 1826, MM. Portalis, pr., Busschop, rap., aff. Foltz; 26 mars 1825, MM. Portalis, pr., Busschop, rap., intérêt de la loi, aff. Lechartier); — 2° Que les art. 3 et 5, tit. 11 de la loi des 16-24 août 1790, sur la police municipale, ne s'appliquent point à la contravention résultant de la possession de poids ou mesures prohibés, nominativement prévue et punie par le § 5, art. 479 c. pén., qui doit être exclusivement appliqué par les tribunaux, indépendamment de tous règlements municipaux et arrêtés administratifs (Crim. cass. 19 fév. 1825 (1); 1er août 1828, MM. Bailly, pr., Crouseilhes, rap., aff. min. pub. *C.* Say).

155. L'art. 480 ajoute à l'amende la peine *facultative* de l'emprisonnement pendant cinq jours au plus « ... 2° contre les possesseurs de faux poids ou de fausses mesures;—3° Contre ceux qui emploient des poids ou mesures différents de ceux que la loi en vigueur a établis. »

156. « Les objets du délit, ou leur valeur, porte le § 2 de l'art. 423 c. pén., s'ils appartiennent encore au vendeur seront *confisqués :* les *faux* poids et les *fausses* mesures seront aussi confisqués et de plus seront *brisés.* » — Toutefois, il a été jugé que le juge n'est pas tenu d'ordonner la confiscation et le bris des faux poids, lorsque à défaut de saisie, ils ne se trouvent pas sous la main de la justice (Crim. cass. 9 janv. 1852, aff. Vocances, D. P. 52. 1. 63).

157. L'art. 481 c. pén. porte également : « Seront de plus *saisis* et *confisqués*, les faux poids, les fausses mesures, ainsi que les poids et les mesures différents de ceux que la loi a établis. » — Cette disposition est générale et absolue; le juge ne peut sous aucun prétexte se dispenser de prononcer la confiscation indépendamment de l'amende ; et elle s'applique aux poids et mesures faux, de même qu'aux poids et mesures *prohibés* ou non *poinçonnés.* —Ainsi, il a été jugé 1° que la confiscation des faux poids ou des fausses mesures trouvées en la possession d'un assujetti, doit être prononcée comme conséquence inévitable de la contravention constatée à la charge du délinquant; on ne peut se dispenser d'ordonner cette confiscation par suite de l'admission de circonstances atténuantes (Crim. cass. 12 sept. 1846, aff. Troye, D. P. 46. 4. 398). — Et il importerait peu que la saisie préalable n'eût pas eu lieu (Crim. cass. 14 nov. 1850, aff. Lacouture, D. P. 50. 5. 353; Conf. n° 151 et v[is] Contravent., n° 50; Peine, n° 834); — 2° Que le juge ne peut se dispenser d'ordonner la confiscation d'une mesure ancienne, et se borner à ordonner qu'on effacerait les dénominations anciennes, sous prétexte que, de l'autre côté de ces mesures, se trouve l'indication des mesures nouvelles (Crim. cass. 25 sept. 1840, aff. Bruyet, V. Peine, n° 570). — V. du reste v° Contrav., n°s 49 et suiv., 68; Peine, n° 846.

158. La confiscation a été aussi déclarée applicable aux poids et mesures non poinçonnés (Crim. cass. 17 nov. 1832, M. Crouseilhes, r., aff. Sèbe; 8 déc. 1832, MM. Bastard, pr., Rives, r.,

(1) (Min. pub. C. Mesplet, etc.) — La cour; — Vu les art. 424, 479, § 5 et 6, c. pén.; — Vu aussi les art. 6 et 11 de la loi du 1er vend. an 4; — Vu également les proclamations et arrêtés du gouvernement faits en exécution de ladite loi, des 27 pluv. an 6, 19 germ. et 11 therm. an 7; — Considérant que, d'après ces lois, proclamations et arrêtés, tous les poids et mesures anciens et illégaux sont considérés comme faux poids et fausses mesures, lorsqu'ils se trouvent dans les boutiques, magasins et ateliers, maisons de commerce, halles, foires et marchés; — Que c'est à ces dispositions, non abrogées et d'ailleurs indispensables pour ne pas rendre l'exécution du nouveau système des poids et mesures illusoire, que s'applique le § 5 de l'art 479 c. pén., dans lequel les mots *faux poids* et *fausses mesures* désignent tous les poids et mesures illégaux et prohibés quelconques; que ledit § 5 comprend donc tous les marchands qui auraient conservé, dans leurs boutiques et magasins, des poids et mesures anciens; — Et attendu, dans l'espèce, qu'il a été saisi dans le magasin de la dame Mesplet, épicière à Dax, deux mesures anciennes servant à la vente de l'huile; qu'il a été également saisi, sur le comptoir de la boutique du sieur Guilhaume, épicier dans la même ville, une mesure et trois poids anciens; que ces marchands se trouvaient donc dans le cas de l'application du § 5 de l'art. 479 c. pén., et qu'ainsi l'amende à prononcer contre chacun d'eux ne pouvait, aux termes dudit article, être au-dessous de 11 fr.; — Que néanmoins le tribunal de police de Dax ne les a condamnés qu'à 1 fr. d'amende, en se fondant sur la loi du 24 août 1790, rapprochée de l'arrêté du préfet du département des Landes du 17 fév. 1824, qui ordonne à tous les particuliers, ayant des poids et mesures différents de ceux établis par la loi, de les déposer dans les vingt-quatre heures à la mairie; — Qu'à la vérité, ledit arrêté doit être classé parmi les règlements portant sur un objet de police spécifié dans le n° 4 de l'art. 3, tit. 11, de la loi du 24 août 1790, et que, d'après l'art. 5 du même titre et les modifications qui y ont été faites par les art. 600 et 606 c. 3 brum. an 4, les contraventions à ces sortes de règlements ne doivent être punies que d'une amende égale à la valeur d'une à trois journées de travail ou d'un emprisonnement d'un à trois jours; — Mais que ces dispositions générales ne peuvent s'appliquer aux contraventions de police, nominativement prévues et punies par le code pénal; que ce code, indépendant de tous règlements municipaux et arrêtés administratifs, doit être exclusivement appliqué par les tribunaux; — Qu'il s'en suit donc qu'en ne condamnant les prévenus qu'à 1 fr. d'amende, le tribunal de police de Dax a faussement appliqué la loi du 24 août 1790, et formellement violé l'art. 479 c. pén.; — D'après ces motifs, casse.

Du 19 fév. 1825.-C. C., sect. crim.-MM. Portalis, pr.-Busschop, rap.

aff. Bigot et aff. Lemoine; 6 avril 1833, aff. Blanchet, V. n° 154). — Et le juge ne peut se dispenser de prononcer cette confiscation, soit sous le prétexte qu'il n'est pas prouvé que les poids non revêtus du poinçon légal soient d'anciens poids (Crim. cass. 9 déc. 1831, MM. Bastard, pr., Crouseilhes, rap., aff. min. pub. *C.* Guénet),..., soit sous prétexte que ces poids ont été reconnus être justes et revêtus du signe légal depuis la saisie, «attendu que cette circonstance postérieure à la saisie ne pouvait détruire le fait de contravention reconnu et constaté lors dudit procès-verbal; qu'au moment de la saisie, la contravention se trouvait opérée, et que, dès lors, tous les effets en étaient acquis, sous le rapport de toutes les peines encourues » (Crim. cass. 21 fév. 1817, MM. Barris, pr., Rataud, rap., int. de la loi, aff. Tante-Baratz)..., soit sur ce motif qu'il existait des circonstances atténuantes (V. Contrav., n° 68), et qu'il n'était pas justifié qu'il eût été fait usage de ces poids (Crim. cass. 27 sept. 1833, M. de Crouseilhes, rap., aff. Cailleux)..., soit sur le motif que la mesure qui a donné lieu aux poursuites est juste (Crim. cass. 8 oct. 1836 (1); 18 juin 1835, MM. Bastard, pr., Vincens, rap., aff. Lecompte)..., soit sur ce qu'il serait constaté que ces poids ne sont pas différents de ceux établis par la loi (Cass. 10 mai 1851, aff. Croc et aff. Lehallec, D. P. 51. 5. 398).

159. Il a encore été jugé : 1° que le tribunal de simple police qui, après avoir reconnu l'absence d'un poinçon sur des mesures et avoir réprimé cette contravention, se borne, au lieu d'en prononcer la confiscation et la saisie, à ordonner que les mesures seront soumises à la formalité, sous prétexte qu'elles y avaient été soumises les années précédentes et qu'elles étaient dès lors de la capacité exigée par la loi, commet un excès de pouvoir (Crim. cass. 22 juin 1844, M. Jacquinot-Godard, rap., aff. Perrier); — 2° Que l'ordonnance du roi, en date du 17 avr. 1839, a pour sanction de ses dispositions les peines prononcées par les art. 479 et 481 c. pén.; qu'en conséquence, on ne peut se dispenser de confisquer des balances non poinçonnées dont il a été fait usage, et se borner à appliquer l'art. 471, n° 15, c. pén., sur le motif que la confiscation n'est pas prescrite par l'ordonnance (Crim. cass. 8 sept. 1842) (2).

160. L'omission de prononcer contre le contrevenant la confiscation des poids et mesures trouvés en sa possession, emporte la nullité du jugement de condamnation (Crim. cass. 10 janvier 1846, aff. Lejeune, D. P. 46. 4. 399); et il ne suffirait pas que la confiscation fût prononcée éventuellement : elle doit l'être purement et simplement (Crim. cass. 18 oct. 1822, aff. Livry, V. n° 137).

161. Avant la loi de 1851, il a été jugé que la confiscation ne doit pas être prononcée contre le boulanger qui vend du pain au-dessous du poids fixé par les règlements de police (Crim. rej. 31 janv. 1833, aff. Izard, V. Contrav., n° 51 ; V. aussi v° Boulanger, n° 44).—Mais depuis cette loi, cette solution ne doit pas être admise dès qu'il y a fausseté ou inexactitude dans le poids ou la mesure.—V. n° 151.

162. *Excuses.* — L'individu ou marchand, dans les magasins, boutiques et ateliers duquel ont été trouvés des poids ou mesures faux ou anciens, ne peut être renvoyé des poursuites sous aucun prétexte, sauf, à notre avis, celui tiré de la force majeure (V. cependant n° 162-8°), dans laquelle, au reste, on ne devrait point placer un usage antérieur à la loi (V. n° 163-3°), mais où l'on devrait comprendre, suivant nous, l'usage que l'autorité aurait laissé s'introduire généralement sans le réprimer C'est ce qui résulte du principe que les excuses ne sont pas admises en matière de contravention.—V. ce mot.

Il a été décidé en ce sens, et par une longue jurisprudence, qu'un marchand ne peut être excusé ou acquitté, sous le prétexte 1° que des poids anciens ne sont pas faux, mais seulement illégaux (Crim. cass. 21 mai 1824, aff. Desfieux, V. n° 128);—...2° Ou que les acheteurs ne peuvent pas s'accoutumer à l'usage des nouvelles mesures (Crim. cass. 4 fév. 1819, MM. Barris, pr., Busschop, rap., aff Laborde);—...3° Ou que le prévenu n'en a pas fait usage, ou qu'en tout cas, il n'est pas justifié qu'il en ait fait usage (Crim. cass. 15 mars 1828, MM. Bailly, pr., Gary, rap., intérêt de la loi, aff. Lafontaine ; 21 mai 1824; aff. Desfieux, V. n° 128; 3 mars 1837, aff. Lamothe n° 143; 28 sept. 1837, MM. Bastard, pr., Rives, rap., aff. André);— ...4° Ou que les poids n'auraient pas été apportés dans la boutique par lui-même, mais par une personne de confiance, qui en son absence occupait le comptoir : « Attendu que l'admission d'une pareille excuse anéantirait les mesures de prévoyance que la loi a prises pour assurer, dans les actes de commerce, l'usage exclusif des poids et mesures légaux, et prévenir ainsi les fraudes que les marchands pourraient commettre par l'emploi des poids et mesures prohibés » (Crim. cass. 27 janv. 1826, MM. Portalis, pr., Busschop, rap., aff. min. pub. *C.* Poirret);—...5° Ou par cette considération, que les objets existant dans l'atelier où ont été saisis des poids anciens étaient des tissus fabriqués, qui ne se débitent pas au poids, mais à l'aune : « Attendu que si cette circonstance pouvait ne pas soumettre le sieur Lachaume à l'obligation de se pourvoir de poids légaux, inutiles pour la vente de ses tissus, elle ne l'autorisait cependant pas d'en avoir de faux dans son atelier » (Crim. cass. 1er déc. 1827, MM. Portalis, pr., Busschop, rap., aff. min. pub. *C.* Lachaume);—6° Ou sous le prétexte que le marchand ne les employait qu'à des usages personnels (Crim. cass. 18 oct. 1836, MM. Bastard, pr., Crouseilhes, rap., aff. min. pub. *C.* Copifoli);—...7° Ou que la mesure saisie ne servait pas à son commerce, alors que le contraire est constaté par un procès-verbal régulier, dont la forme probante n'a pas été détruite (Crim. cass. 6 mai 1837) (1);—...8° Ou que le marchand était de bonne foi (Crim. cass. 22 fév. 1840, M. Ricard, rap., aff. Marais; 18 avril 1833, M. de Crouseilhes, rap., aff. Cailleux); —...9° Ou qu'à l'époque fixée pour l'exécution de la loi, les marchands de poids et mesures n'étaient pas assez approvisionnés pour satisfaire à toutes les demandes « Attendu que la loi du 4 juill. 1837 est générale et ne renferme

(1) (Min. pub. *C.* Croc.) — La cour; — Vu l'art. 481 c. pén., qui prononce que les faux poids et les fausses mesures seront saisis et confisqués;—Attendu que le jugement attaqué a reconnu et déclaré qu'une mesure non poinçonnée, n'offrant, par conséquent, aucune garantie et devant être assimilée aux faux poids et aux fausses mesures, avait été trouvée chez le sieur Croc, marchand; que, par suite, et admettant des circonstances atténuantes, le tribunal a prononcé, contre le sieur Croc, 3 fr. d'amende;

Mais attendu qu'après avoir ainsi réprimé la contravention, le tribunal de simple police, au lieu de prononcer la saisie et confiscation de la mesure réputée fausse, a ordonné que cette mesure serait examinée et rendue au sieur Croc, si elle était trouvée juste et poinçonnée; en quoi ce tribunal a créé une distinction qui n'est pas dans la loi, et faussement appliqué l'art. 481 c. pén. ; — Casse le jugement du tribunal de simple police de Rennes, du 15 avril 1834.

Du 8 oct. 1836.-C. C., ch. crim.-MM. Bastard, pr.-Crouseilhes, rap.

(2) (Min. pub. *C.* Richard.) — La cour;—Vu les art. 3 et 8 de la loi du 4 juillet 1837 ; — Attendu que l'ord. du roi, en date du 17 avril 1839, a été rendue en vertu de l'art. 8 de cette loi ; qu'elle a donc pour sanction de ses dispositions, d'après le premier des articles précités, les peines prononcées par les art. 479 et 481 c. pén. ;—Qu'il est reconnu par le jugement dénoncé que Léon Richard, marchand de poisson, a fait usage, contrairement à cette ordonnance, d'une balance non poinçonnée; —Que le tribunal saisi de la contravention s'est néanmoins borné à lui infliger l'art. 471, n° 15, de ce code, et a refusé de prononcer la confiscation de la balance saisie, sur le motif qu'elle n'est point prescrite par ladite ordonnance ; — D'où il suit qu'en statuant ainsi, le jugement a faussement appliqué cet art. 471, et a commis une violation expresse des susdits art. 479 et 481 ;—Casse.

Du 8 sept. 1842.—C. C., ch. crim.-MM. de Bastard, pr.-Rives, rap.

(3) (Min. pub. *C.* Héraud.)—La cour;—Vu l'art. 154 c. inst. crim., l'art. 479, §§ 5 et 6, c. pén. ;—Attendu qu'il résultait de deux procès-verbaux réguliers que Héraud était marchand d'huile ; — Que la saisie avait eu lieu dans son magasin ; — Que l'objet saisi était une ancienne mesure servant au mesurage de l'huile, encore empreinte l'huile;

Attendu, dès lors, que ce fait rentrait parmi les cas prévus par l'art. 479, § 5, c. pén., et devenait passible des peines qu'il prononce, puisque, d'après les lois et règlements sur les poids et mesures, les anciennes mesures qui n'offrent aucune garantie sont assimilées aux mesures fausses, quand on les trouve dans les boutiques ou magasins ; —Et attendu, toutefois, que, sans détruire par une preuve contraire les faits des deux procès-verbaux, le jugement attaqué a renvoyé Héraud de la plainte, sur le motif que l'on ne faisait pas usage de ce vase, qui ne paraîtrait être qu'un vieux baquet impropre à contenir un liquide quelconque;—En quoi ce jugement a méconnu la foi due à ces procès-verbaux et violé l'art. 154 c. inst. crim., ainsi que l'art. 479 c. pén.; — Par ces motifs, casse.

Du 6 mai 1837.-C. C., ch. crim.-MM. Choppin, pr.-Crouseilhes, rap.

aucune exception qui permette d'excuser ceux qui ne s'y seraient pas conformés » (Crim. cass. 8 août 1840, MM. Bastard, pr., Crouseilhes, rap., aff. Leguay);—...10° Et cela, quand même les poids et mesures saisis ne manqueraient pas du poinçon de la vérification primitive (V. n° 110).—V. aussi nos 109, 111, 113.

163. Il a été jugé pareillement : 1° que lorsqu'un individu a une pharmacie contiguë à une boutique d'épicerie, et que dans cette dernière on a trouvé des poids et mesures anciens, cette contravention ne peut être excusée par le motif que, comme il se sert, dans l'usage, des mesures du nouveau système métrique, il est à présumer que c'est par mégarde que les mesures anciennes ont été apportées de la pharmacie dans la boutique (Crim. cass. 15 mars 1828, MM. Bailly, pr., Gary, rap., int. de la loi, aff. Lafontaine); — 2° Que l'existence, chez un marchand de toiles, d'une table sur laquelle est marquée une mesure ancienne, constitue, à sa charge, une contravention qui ne peut être excusée sur le motif que cette mesure ne sert qu'au pliage de toiles fabriquées par ce marchand, et qu'il vend seulement à des commerçants en gros (Crim. cass. 21 fév. 1834, MM. Bastard, pr., Crouseilhes, rap., aff. Larcher); — 3° Que le marchand de chaux détenteur de futailles (anciennes mesures), qui lui servent à débiter sa chaux, est coupable de contravention à la loi sur les poids et mesures, bien qu'il soit établi qu'il possède les mesures légales : on admettrait à tort, comme excuse à cette contravention, qu'il est d'usage constant que les marchands de chaux vendent ainsi la chaux à la pièce sans garantie de quantité ou de mesure légale (Crim. cass. 18 juill. 1846, aff. Chevallier, D. P. 46. 4. 399).—V. encore nos 128, 133 plusieurs arrêts qui ont décidé que la simple possession de poids illégaux constitue une contravention qui ne saurait être excusée.

164. Peu importerait encore que le prévenu prétendît que les poids anciens trouvés en sa possession n'étaient pas à l'usage de son commerce, et que ces poids étaient autres que ceux à la possession desquels il était assujetti par l'arrêté du préfet. — V. n° 133, V. toutefois n° 134.

165. La circonstance que des poids et mesures anciens seraient destinés à l'exportation pourrait-elle être un moyen d'excuse? — Il a d'abord été décidé, dans le sens de la négative, que celui dans le magasin duquel ont été trouvés des mesures anciennes dites *pieds de roi*, lesquelles mesures doivent être réputées fausses, aux termes des lois, ne peut être exempté des peines portées par l'art. 479, § 5, c. pén., sous le prétexte qu'elles étaient destinées à l'étranger (Crim. cass. 9 août 1828 [et non 1827], MM. Bailly, pr., Crouseilhes, rap., aff. Granger et Veyron). — Mais, sur un nouveau pourvoi formé dans la même affaire, il a été jugé, en sens contraire, que les dispositions des lois relatives aux faux poids et aux fausses mesures, ne sont point applicables aux poids et mesures destinés, non pour en être fait usage en France, mais pour une expédition à l'étranger ; qu'en conséquence, le marchand, dans les magasins duquel ont été trouvés exposés, soit des poids non contrôlés, soit des mesures anciennes, doit être renvoyé de la plainte, s'il est constaté que ces objets étaient véritablement destinés pour une exportation (Ch. réun. rej. 17 juin 1829) (1).

166. Il n'est admis non plus aucune excuse, à l'égard de l'emploi ou de la détention de poids et mesures non *poinçonnés* ni *vérifiés*. — Ainsi, il a été décidé : 1° qu'un tribunal de police viole la loi, lorsqu'il renvoie des poursuites du ministère public des individus prévenus de garder des poids et mesures illégaux ou non poinçonnés, en se fondant sur des certificats de voisins, sur des allégations d'occupations et de soins qui avaient empêché les prévenus d'aller soumettre leurs poids et mesures à la vérification, sur ce que les moyens employés pour leur défense étaient péremptoires; sur ce qu'ils étaient malades ou absents lors de la publication de l'arrêté de l'administration sur l'étalonnage des poids et mesures ; sur ce que l'éloignement de leurs habitations les avait empêchés d'entendre les publications; sur ce que, ne faisant que le commerce d'épingles, ils n'étaient pas marchands ; sur ce que leur état de misère les avait empêchés de se conformer aux arrêtés (Crim. cass. 20 janv. 1826, MM. Portalis, pr., Busschop, rap., aff. min. pub. *C.* Bèthe, etc.); — 2° Que le boucher et charcutier, sur le comptoir duquel il a été trouvé des poids non marqués de l'année écoulée, ne peut être acquitté sous le prétexte qu'il ne s'en servait que pour son usage personnel, et quand la série en forme dont il se disait en possession ne suffisait pas ; la loi défend absolument aux marchands d'avoir des poids non poinçonnés, sous quelque prétexte que ce soit (Crim. cass. 9 juin 1832, MM. Ollivier, pr., Rives, rap., aff. min. pub. *C.* Dubut); — 3° Que la possession, dans un magasin, de mesures non soumises à la vérification périodique ne peut être excusée sur le motif que le possesseur les aurait achetées depuis un mois seulement, d'un fabricant qui lui aurait dit qu'elles avaient été vérifiées, et qu'ainsi il était de bonne foi (Crim. cass. 22 mars 1839, MM. Bastard, pr., Rives, rap., aff. min. pub. *C.* Exbrayat); — 4° Que la bonne foi ne constitue pas une excuse (Crim. cass. 5 mars 1831, MM. Bastard, pr., Crouseilhes, rap., aff. min. pub. *C.* Chaumet; Conf. Crim. cass. 18 avril 1833, M. de Crouseilhes, rap., aff. Cailleux); — 5° Que l'individu à la charge duquel un fait de détention de mesures non poinçonnées a été constaté par un procès-verbal régulier, ne peut être renvoyé de la poursuite, sur le motif que les objets saisis (un hectolitre et un demi-hectolitre) seraient de simples instruments de travail de cet individu, si, d'ailleurs, le procès-verbal constatant la contravention n'a été débattu par aucune preuve contraire (Crim. cass. 26 août 1852, aff. Bellenger, D. P. 52. 5. 422); — 6° Que le prévenu ne peut prétendre, pour excuser sa contravention, qu'il a acheté les poids non revêtus du poinçon de vérification locale, dans l'intervalle d'une vérification à l'autre, et qu'ils ont reçu l'empreinte du poinçon primitif (Crim. cass. 24 mai 1855, aff. Chevreuil, D. P. 55. 1. 271). —V. aussi n° 138.

167. Il a été jugé pareillement que la vente d'une romaine non poinçonnée constitue une contravention qui ne peut être excusée sur le motif tiré de la bonne foi du vendeur (Crim. cass. 16 mai 1834, M. de Crouseilhes, rap., aff. Parent). Toutefois, il n'y a pas de contravention si le vérificateur a négligé de se *transporter* au domicile de l'assujetti (V. n° 60.). — Enfin, le fait par un marchand de ne pas être muni de poids et mesures exigés par l'arrêté du préfet, constitue aussi une contravention qui ne peut être excusée.—V. nos 25, 33 et s., 40.

Art. 8. — *Mention des poids et mesures dans les actes publics et privés, affiches, annonces, etc.*

168. Dès l'instant où le système décimal a été rendu obligatoire, il a été enjoint, sous peine d'amende, aux notaires et officiers publics, d'exprimer en mesures nouvelles les quantités à énoncer dans leurs actes (décr. 1er vend. an 4, art. 9). — Cette prohibition, reproduite à l'égard des notaires seulement dans l'art. 17 de la loi du 25 vent. an 11 sur le notariat (V. Notaire, p. 576), a été renouvelée d'une manière générale par la loi du 4 juill. 1837, dont l'art. 5 est ainsi conçu : — « A compter de la même époque (1er juill. 1840), toutes dénominations de poids et mesures autres que celles portées dans le tableau annexé à la présente loi, et établies par la loi du 18 germ. an 3, sont interdites dans les actes publics, ainsi que dans les affiches et les annonces. — Elles sont également interdites dans les actes sous seing privé, les registres de commerce et autres écritures privées produites en justice.—Les officiers publics contrevenants seront passibles d'une amende de 20 fr., qui sera recouvrée sur contrainte comme en matière d'enregistrement. L'amende sera de 10 fr. pour les autres contrevenants : elle sera perçue pour chaque acte ou écriture sous signature privée; quant aux registres de commerce, il ne don-

(1) (Min. pub. C. Veyron et Granger)—La cour;—Attendu, en fait, qu'il a été constaté, par le jugement attaqué du tribunal de simple police de Ville-Franche, du département du Rhône, que les mesures saisies chez les sieurs Granger, Veyron, marchands quincailliers à Lyon, étaient destinées pour une expédition à l'étranger, et qu'elles faisaient partie d'une commande à eux faite par un marchand du pays de Vaud ;—Qu'ainsi, les dispositions des lois relatives aux poids et mesures, n'étaient pas applicables à l'espèce dont il s'agit, et qu'en renvoyant lesdits Granger et Veyron de la plainte contre eux portée, le tribunal de police de Ville-Franche n'a violé aucune loi;—Par ces motifs;—Rejette.

Du 17 juin 1829.-C. C., ch. réun.-MM. Favard, pr.-De Ricard, rap.-Mourre, pr. gén., c. conf.

neront lieu qu'à une seule amende pour chaque contestation dans laquelle ils seront produits. »

169. Il n'y a de mesures légales que celles dont la nomenclature a été fixée par la loi fondamentale du 18 germ. an 3 et par la loi du 4 juill. 1837. — Toutefois, il a été décidé que le notaire qui reçoit un testament, étant obligé d'écrire textuellement ce que lui dicte le testateur, celui qui a exprimé, sous la dictée du testateur, une certaine mesure de bois par le mot *corde*, ne commet point la contravention et ne peut être soumis à l'amende : l'art. 942 c. civ. est trop impératif pour que le notaire ait pu ne pas s'y conformer (délib. cons. d'adm. 25 janv. 1833). —V. une décision analogue vº Notaire, nº 298.

170. Les mesures décimales doivent seules figurer dans les écritures publiques ou privées ; cependant, chacun est libre d'adopter, comme base de marché, transaction commerciale ou autre, toute unité, multiple ou sous-multiple des poids et mesures établis par la loi. Ainsi, on peut énoncer 10 kilogrammes au lieu d'un myriagramme, 1,000 mètres pour 1 kilomètre, 100 ares pour 1 hectare, 10 décilitres pour 1 litre, 10 décimètres pour 1 mètre, etc. (circ. min. 30 nov. 1832). — Mais on ne peut se servir de fractions autres que les fractions décimales, sauf l'exception indiquée nº 17. — Ainsi, un notaire qui s'est servi dans ses actes des dénominations de *trois quarts d'hectolitres*, *trois huitièmes d'hectolitres*, est passible d'amende (trib. de Lisieux, 23 déc. 1842) (1).

171. Du reste, il a été jugé qu'un notaire ne contrevient pas à la loi sur les poids et mesures, en se servant, dans ses actes, pour la désignation de pièces de terre ou de vigne, des dénominations de *sillons* et *rangs*, attendu que les mots *sillons* et *rangs de vigne* ne présentent pas l'idée d'une contenance déterminée, qu'ils ne sont pas l'expression d'une mesure soit linéaire, soit agraire, que ce sont de purs termes d'agriculture dont la loi n'a pas entendu prohiber l'usage (trib. de Saint-Jean-d'Angély, 23 juill. 1840, aff. contributions indirectes *C.* Taffoireau). — Il en faut dire autant des expressions qui s'appliquent à un vaisseau ou à une quantité quelconque dont la mesure et le poids ne sont pas déterminés, comme une bouteille, un tonneau, un baril de vin, une voiture, une botte de foin, cent fagots ou bourrées, un tombereau, une brouette de sable, enfin de toutes les expressions qui ne déterminent pas expressément une certaine quantité fixe de poids et mesures (délib. 6 avr. 1832 ; solut. 30 avr. 1832 ; Journ. de l'enreg., nº 10345). — Cette décision, quoique rendue avant la loi de 1837, devrait, ce semble, encore être suivie.—Et, en effet, il a été jugé, sous la loi de 1837, qu'un notaire ne contrevient pas à la loi sur les poids et mesures en se servant dans un inventaire des dénominations de pièce, feuillette, demi-pièce de vin (trib. d'Avesnes, 8 août 1844, aff. N..., D. P. 45. 4. 396 ; V. nº 18). — Il n'est pas à craindre qu'un mode pareil passe en usage ; et, s'il devait être pratiqué, ce ne serait qu'à la longue, et le pouvoir ne manquerait pas de moyens pour le faire cesser. — Enfin, une fois que, dans une localité, les termes indiqués deviendraient l'expression de mesures ou poids usuels, les tribunaux seraient compétents pour réprimer un tel usage qui alors deviendrait illégal. — Il n'y aurait pas contravention non plus dans l'énonciation que contiendrait une procuration de mesures usitées en pays étranger où l'acte devrait être exécuté : la loi n'est pas applicable aux conventions qui doivent avoir leur exécution en pays étranger, ou qui sont stipulées en valeurs étrangères (solut. 14 janv. 1832). —Quant à la vente en bloc de denrées, marchandises ou immeubles, elle dispense, par sa nature, de toute énonciation de numération, de mesures ou de poids (circ. 30 nov. 1832).

172. Le régime mixte, établi par le décret du 12 fév. 1812, avait donné lieu à des difficultés. — Les instruments de pesage et de mesurage autorisés par ce décret (V. nºˢ 13 et s.) devaient-ils être restreints aux usages du commerce, de telle sorte que les officiers publics, qui énonçaient ces mesures dans leurs actes en leur conservant leur dénomination usuelle, dussent être déclarés en contravention au décret de l'an 4 et à la loi de l'an 11 ? — L'administration décidait, dans le sens de l'affirmative, que les officiers publics devaient toujours exprimer en mesures métriques toutes les quantités de mesures énoncées dans leurs actes ; qu'ils ne pouvaient se contenter d'indiquer les anciennes dénominations, bien qu'elles eussent pu redevenir en usage, d'après les dispositions de l'art. 2 du décret du 12 fév. 1812 (délib. cons. d'adm. 30 mars 1832). — Mais cela devait s'entendre en ce sens que le notaire était en contravention dans le cas seulement où la dénomination usuelle consacrée par le décret de 1812 n'était pas accompagnée de sa valeur, suivant le système décimal. — C'est ainsi qu'il a été jugé qu'il n'était pas besoin d'énoncer d'abord, dans les actes, la mesure nouvelle et de mettre à la suite la mesure ancienne ; qu'on pouvait commencer par celle-ci et exprimer ensuite son équivalent dans la mesure nouvelle ; qu'ainsi, l'instrument employé pouvait être énoncé, par le notaire, en ces mots : *aune de cent vingt centimètres* (Req. 7 janv. 1834) (2). — Et que dès qu'une fois il avait employé cette locution dans son acte ou inventaire, il pouvait, dans la suite de l'acte, se servir seulement du mot *aune* (même arrêt).

173. Les notaires peuvent-ils, après avoir exprimé une quantité en mesures nouvelles, en donner la traduction en mesures anciennes ? — L'affirmative avait été consacrée avant la loi de 1837. Ainsi il avait été décidé : 1º que des notaires n'étaient pas passibles d'une amende pour avoir ajouté à l'énonciation de nouvelles mesures prescrites par la loi celle des anciennes (Aix, 23 janvier 1834, et sur pourvoi, Req. 12 novembre 1834 (3) ; Amiens, 12 juillet 1834, aff. enregistrem.

(1) (Mᵉ Hélie *C.* min. pub.) — Le tribunal ; — Considérant que le système métrique actuel des poids et mesures établi par les lois des 18 germ. an 3 et 4 juill. 1837 est essentiellement fondé sur le calcul décimal ; — Qu'en établissant l'unité décimale, et en proscrivant l'ancien système, le législateur a nécessairement entendu qu'il ne se trouvait plus en rapport aujourd'hui avec l'unité reconnue par le nouveau système adopté ; — Qu'admettre le mélange de l'unité décimale avec les anciennes fractions ordinaires, ce serait consacrer l'accouplement de deux systèmes qui reposent sur des bases essentiellement différentes, détruire toute l'économie de la loi et manquer le but que le législateur s'est proposé ; — Que si la fraction du demi ou de la moitié, établie par l'art. 8 de la loi du 18 germ. an 3, a été maintenue par la loi du 4 juill. 1837, ce n'a été qu'à titre d'exception, et que cette exception, qui ne peut s'étendre d'un cas à un autre, vient ici confirmer la règle générale, qui proscrit toute autre énonciation des anciennes fractions ordinaires ; — Qu'il suit de là que Mᵉ Hélie, en employant dans son procès-verbal de vente des 5, 7 et 12 juin dernier les énonciations de deux hectolitres trois quarts et de quatre hectolitres trois huitièmes, a contrevenu aux dispositions de la loi du 4 juillet 1837 et a encouru l'amende de 20 fr. qu'elle prononce.

Du 23 déc. 1842.-Trib. de Lisieux.

(2) (Min. pub. *C.* Sauvet.) — La cour ; — Considérant, en droit, que le décret du 12 fév. 1812 ordonne la confection, pour l'usage du commerce, d'instruments de pesage et de mesurage qui présentent, soit les fractions, soit les multiples des unités fixées par la loi du 19 frim. an 8 ; que cette modification dans les dispositions des lois précédentes ayant pour objet de faciliter et accélérer l'établissement de l'universalité des poids et mesures, comportait la faculté d'énoncer lesdites fractions ou multiples des unités autorisées comme mesures légales ; — Considérant, en fait, qu'il est constaté, tant par le jugement attaqué que par l'inventaire dressé le 18 août 1832 par Sauvet, notaire au Pont-Saint-Esprit, art. 2, que les marchandises inventoriées contenaient tant d'aunes composées de 120 centimètres chacune ; que cette dimension est celle de l'instrument de mesurage autorisé par le décret du 12 fév. 1812 ; — Considérant que si, dans les articles dudit inventaire qui suivent ledit art. 2, cette énonciation de la mesure légale n'est point répétée avec la même précision, il est évident que l'expression première contient une définition applicable aux articles subséquents, et qu'ainsi l'énonciation de la mesure légale contenue audit inventaire remplit le vœu des art. 9 et 10 de la loi du 1ᵉʳ vend. an 4, combinés avec l'art. 2 dudit décret de 1812 ; — Rejette.

Du 7 janv. 1834.-C. C., ch. req.-MM. Zangiacomi, pr.-Borel de Brétizel, rap.-Tarbé, av. gén., c. conf.

(3) (Not. de Digne et de Sisteron.) — La cour ; — Attendu que la question soulevée par le pourvoi du procureur général près la cour royale d'Aix, se réduit, en dernière analyse, à celle de savoir si la prohibition d'une énonciation, dans les actes, des mesures anciennes, après celle des mesures métriques, est renfermée dans les lois relatives au nouveau système métrique, et spécialement dans l'art. 5 du décret du 12 fév. 1812, portant « que le système légal continuera à être seul enseigné, et à être seul employé dans toutes les administrations publiques, comme aussi dans les marchés, halles, et dans toutes les transactions commerciales et autres ; » — Attendu que, de toutes les lois introductives du système métrique, il résulte que la volonté du législateur a été de rendre successi-

C. Depoilly); — 2° Que les mesures nouvelles pouvaient être traduites dans les actes notariés par les dénominations anciennes consacrées par le décret du 13 brum. an 9; qu'ainsi, il a pu se servir du nom de mesure *boisseau métrique*, sans qu'il y eût contravention (Rennes, 5 mai 1834, aff. min. publ. *C.* Pinot). — Mais, suivant une décision ministérielle, le notaire qui, dans un acte de son ministère, exprimait les mesures anciennes avant les nouvelles, commettait une contravention passible de l'amende. — « Ce n'est qu'à la mesure légale, porte cette décision, qu'il est permis de stipuler, quand la vente n'est pas faite en bloc, mais au poids ou à la mesure. Toute stipulation contraire serait une infraction; d'où il suit que la dénomination légale étant la base réelle de la transaction, doit nécessairement figurer avant l'ancienne. Les art. 1582, 1586 et 1617 c. civ. ne permettent d'élever le moindre doute à cet égard. Si la jurisprudence de la cour suprême permet de tolérer, en seconde ligne, l'énonciation de l'ancienne mesure, ce n'est qu'à titre de renseignement et de simple traduction, sans que cette énonciation secondaire puisse être considérée comme représentative de la surface, de la longueur ou du poids de la chose vendue. Il n'est donc rien moins qu'indifférent de souffrir dans les actes l'énonciation de l'ancienne mesure avant la nouvelle. Considérée comme base des conventions, cette énonciation est une contravention formelle et qu'il importe d'autant plus de réprimer que ces sortes de stipulations peuvent donner ouverture à des contestations que préviendrait l'exécution des lois sur l'uniformité des poids et mesures » (décis. min. fin. et com. 6 et 25 mai 1837).—Aujourd'hui la traduction des mesures nouvelles en mesures anciennes est formellement prohibée. C'est ce qui résulte de l'art. 5 de la loi de 1837, reproduit n° 168, et de la discussion devant les chambres. — A ces mots : *toutes dénominations des poids et mesures autres que celles portées dans le tableau annexé à la présente loi... sont interdites*, on a proposé d'ajouter : « Si ce n'est à titre de renseignement et comme moyen de concordance. » Cet amendement a été rejeté. « Il ne suffit pas, a dit M. le rapporteur, de prescrire dans la pratique l'emploi des nouveaux instruments des poids et mesures, il faut encore imposer l'obligation d'employer leurs dénominations à l'exclusion de toutes autres, et user ainsi de l'influence du langage comme du moyen le plus efficace pour lutter contre l'empire des anciennes habitudes et triompher de l'esprit de routine qui s'attache aux vieilles traditions. »

174. Lorsqu'un officier public, procédant à un acte, un inventaire, par exemple, analyse ou décrit un titre ancien, peut-il, sans se mettre en contravention, reproduire les dénominations anciennes contenues dans ce titre? Avant la loi de 1837, la régie décidait que les officiers publics pouvaient, mais pour le cas seulement où ils avaient à relater dans des actes des stipulations résultant de conventions antérieures au nouveau système métrique, et pour éviter la comparaison fautive, ou la traduction infidèle des anciennes mesures en nouvelles, se servir des dénominations abrogées, sous la condition d'en indiquer pour renseignement la concordance en mesures nouvelles (circ. min. 30 nov. 1832).—Cela paraissait de toute équité; néanmoins, depuis la loi nouvelle, l'administration, considérant comme abrogée l'instruction précitée du 30 nov. 1832, et ne voyant que la lettre de la loi, a prétendu que l'interdiction que cette loi établit est générale, absolue et sans exception. Plusieurs condamnations ont été prononcées par les tribunaux conformément à ce système.—Toutefois, d'autres tribunaux l'ont repoussé et ont décidé « que les dispositions de la loi du 4 juill. 1837 n'ont pour objet que de prohiber dans la rédaction des actes qui seraient dressés à l'avenir, l'énonciation des nouvelles mesures et ne sauraient s'appliquer à la reproduction, textuellement faite, dans un acte postérieur, d'un acte antérieur dans lequel seraient relatées les anciennes mesures alors en vigueur » (trib. de la Seine, 9 déc. 1840, aff. Lagarde *C.* enreg.; 6 janv. 1841, aff. N... *C.* enreg.), pourvu qu'il soit indiqué dans l'acte nouveau qu'en employant les anciennes dénominations on analyse l'ancien titre (trib. de Meaux, 28 mai 1840; de Coulommiers, 14 août 1840; d'Orléans, 18 déc. 1840).

A l'appui de cette dernière opinion, on a dit, non sans quelque raison, que le système contraire aurait pour effet de donner à la loi de 1837 un caractère de rétroactivité qu'aucune loi ne peut emporter avec elle; qu'aucun notaire, aucun fonctionnaire n'a le droit de dénaturer les anciens titres, et que ce serait les dénaturer que de leur donner une autre mesure nominale que celle qu'ils expriment. Ne serait-ce pas, en effet, un singulier anachronisme que celui qui consisterait à insérer, par traduction légale, les mots d'hectares, d'ares et de centiares dans des actes du quatorzième et du quinzième siècle?—Il y a plus, dans plusieurs cas, notamment dans celui de saisie immobilière, le titre doit être transcrit littéralement. La chose serait-elle possible si une simple énonciation constitue une contravention? — La chambre des députés elle-même a été saisie de la question par voie de pétition; mais la commission de la chambre, pensant qu'elle n'était pas appelée à donner son avis sur une loi, encore moins à l'interpréter, proposa l'ordre du jour qui fut adopté (séance du 4 juin 1842, D. P. 42. 3. 197).—Peu de temps après, l'administration, revenant sur sa décision, a reconnu la justesse des réclamations élevées contre elle, et a décidé, conformément à une décision rendue par le ministre des finances, de concert avec le ministre du commerce, le 15 août 1842, que les officiers publics peuvent, sans contravention, reproduire dans les copies, extraits ou analyses d'actes antérieurs au 1er janv. 1840, les anciennes dénominations de poids, mesures et monnaies, à la condition d'indiquer dans l'acte nouveau qu'en employant les anciennes dénominations on analyse l'acte ancien (instr. de la régie, 20 août 1842) (1).

vement obligatoire, soit l'usage, soit l'énonciation dans les actes, des nouvelles mesures, au fur et à mesure des progrès de la fabrication des instruments de pesage et de mesurage, et de la connaissance des nouvelles mesures; que les termes de l'art. 5 du décret du 12 fév. 1812, quoique génériques, puisqu'ils ordonnent l'emploi exclusif du système légal, s'appliquent plus spécialement à l'usage des nouvelles mesures qu'aux énonciations des actes; — Qu'à l'égard de ces énonciations, c'est dans le sens de la concurrence et non dans celui de la prohibition, que les lois introductives du système, sous les dates des 1er août 1793, 18 germ. an 3, 1er vend. an 4 et 13 brum. an 9, ont été constamment interprétées et appliquées, et que le décret de 1812, qui prescrit la continuation du système légal, n'a pas révoqué la loi du 1er vend. an 4, dont l'art. 18 admet les énonciations des mesures républicaines et des mesures anciennes concurremment, jusqu'à ce que les premières puissent être exclusivement employées sans inconvénient; époque dont l'art. 19 de la même loi confie la fixation au pouvoir exécutif et non aux tribunaux; — Attendu qu'en se refusant à prononcer des amendes contre les notaires qui ont admis les énonciations des anciennes mesures, après avoir exprimé en première ligne les mesures du nouveau système, la cour d'Aix (arrêt du 23 janv. 1834) n'a violé aucune des lois citées; — Rejette.

Du 12 (et non 18) nov. 1834.-C. C., ch. req.-MM. Zangiacomi, pr.-Borel, rap.-Nicod, av. gén., c. conf.

(1) Cette instruction est ainsi conçue : « L'art. 5 de la loi du 4 juill 1837 porte qu'à compter du 1er janv. 1840, toutes dénominations de poids et mesures, autres que celles énoncées dans le tableau annexé à cette loi, sont interdites, soit dans les actes publics, soit sous seing privé. — Cette interdiction avait été appliquée d'une manière absolue : suivant l'instruction n° 1594, on devait considérer comme abrogée la disposition d'une circulaire du ministre du commerce, du 30 nov. 1832, transcrite dans l'instruction n° 1415, et qui tolérait les dénominations d'anciennes mesures dans les actes où se trouvaient relatées des conventions antérieures à l'établissement du nouveau système métrique. — Cependant les tribunaux n'ont point adopté cette interprétation exclusive; leurs décisions ont d'ailleurs varié relativement aux limites de la défense faite par l'art. 5 de la loi du 4 juill. 1837. En général, ils ont admis qu'elle ne s'étend pas à la copie textuelle d'actes ou de clauses d'actes antérieurs à l'exécution de la loi du 4 juill. 1837, et dans lesquels les dénominations des anciennes mesures sont employées. Mais les uns ont accordé, les autres ont refusé la faculté de les énoncer dans l'analyse des titres anciens, faite notamment dans les inventaires. — La question a été examinée : on a considéré que prohiber l'emploi des anciennes dénominations de poids et mesures dans la reproduction littérale ou analytique d'actes ou de clauses antérieurs à l'exécution de la loi du 4 juill. 1837, ce serait en quelque sorte donner à cette loi un effet rétroactif; que la conversion des anciennes mesures, énoncées dans ces actes, outre qu'elle serait dans ce cas une espèce d'atteinte à l'authenticité, serait souvent difficile, parfois même impossible, à cause de la diversité des dénominations, de l'éloignement des temps et des lieux, qu'elle pourrait à la fois compromettre les intérêts des parties et la responsabilité des officiers publics. Quant à la distinction de la copie littérale et de l'analyse, elle n'a point paru fondée : les mêmes raisons de tolérance existent pour l'une et pour l'autre, dans l'analyse comme dans la copie; la reproduction des anciennes dénominations de poids et mesures est nécessairement textuelle. — D'après ces motifs, M. le ministre

175. Aux termes de l'art. 17 de la loi du 25 vent. an 11, modifié par l'art. 10 de la loi du 16 juin 1824, les notaires n'étaient passibles que d'une amende de 20 fr., tandis que les autres officiers publics restaient soumis à un supplément de droit d'enregistrement de 50 fr., en vertu de l'art. 9 du décret du 1er vend. an 4. — L'art. 5 de la loi de 1837 a fait disparaître cette inégalité qui n'était pas justifiée, en prononçant une amende de 20 fr. contre *tous officiers publics* qui contreviendraient aux lois sur les poids et mesures.

176. Les dénominations anciennes sont également interdites dans les *affiches et annonces* par l'art. 5 précité de la loi de 1837; et il a été jugé qu'il y a contravention à la loi du 4 juill. 1837 qui défend, sous peine d'une amende de 10 fr., d'employer dans les affiches et annonces d'autres dénominations monétaires que le franc, le décime et le centime, de la part du marchand qui expose devant son magasin des marchandises avec des étiquettes indiquant leur prix en sous (Crim. cass. 17 avr. 1841) (1). — Les contraventions à l'art. 5 de la loi de 1837, en ce qui concerne les affiches et annonces, sont constatées par les maires, adjoints et commissaires de police, ou signalées par le vérificateur au receveur de l'enregistrement chargé de la poursuite (ord. 17 avr. 1839, art. 45, V. p. 990).

177. Le même art. 5 de la loi du 4 juill. 1837 défend encore, sous peine d'une amende de 10 fr., l'usage des dénominations anciennes des poids et mesures dans les actes privés produits en justice. Une disposition analogue existait dans le décret du 1er vend. an 4, art. 19 (V. p. 983), si ce n'est qu'il ne prononçait aucune amende : il exigeait seulement la traduction aux frais des parties des dénominations prohibées. — L'amende de 10 fr. prononcée par l'art. 5 précité n'est encourue que si l'acte privé est produit en justice : c'est ce qui ressort des termes de cet article. — De là il suit qu'aujourd'hui comme sous le décret du 1er vend. an 4, la simple présentation à l'enregistrement d'un acte sous seing privé contenant des dénominations de mesures anciennes, ne pourrait donner lieu à aucune poursuite (V. observat. du contrôleur, art. 2626).

178. Lors de la discussion de cette loi à la chambre des pairs, M. Mousnier ayant fait remarquer qu'on pourrait abuser de la loi pour l'appliquer aux lettres les plus confidentielles qui postérieurement et par l'effet du hasard pourraient être produites en justice, M. le ministre du commerce répondit que telle n'était pas la pensée du projet de loi ni du gouvernement; que l'intention avait été seulement de reproduire avec une meilleure rédaction l'art. 10 de la loi du 1er vend. an 4; d'obliger une certaine classe de citoyens, ceux qui font le commerce et qui par la nature même de leur profession doivent avoir les connaissances nécessaires pour exécuter les lois, soit dans la tenue de leurs livres de commerce, soit dans la délivrance de leurs factures, soit même dans les lettres qu'ils écriraient relativement à leurs opérations de commerce, de se servir des dénominations nouvelles. — Il résulte de cette observation du ministre que la pénalité de l'art. 5 ne s'appliquerait qu'au cas où l'écriture privée produite en justice émanerait d'un commerçant. Mais les termes généraux de la loi ne paraissent pas admettre cette restriction, et M. Duvergier, t. 37, p. 171, pense que l'amende devrait être prononcée même dans le cas où il s'agirait d'une lettre missive invoquée dans une contestation entre particuliers non-commerçants, solution parfaitement logique, mais d'une rigueur qui n'est pas moins absurde que n'annonçait d'ignorance de la matière l'explication du ministre, à moins qu'on ne voie dans cette explication un de ces expédients que nos hommes d'Etat emploient pour se tirer de difficultés et empêcher le rejet d'une disposition qu'ils croient utile aux intérêts du fisc.

M. Duvergier, *eod.*, ajoute que, dans l'une et l'autre hypothèse, il n'y a lieu à l'application de l'art. 5 qu'autant que l'écriture privée est présentée comme constituant des droits et des obligations, que l'énonciation illégale touche directement à l'intérêt du procès, et enfin qu'autant que cette énonciation fait partie de la clause dont les juges sont appelés à donner l'interprétation ou à faire l'application; qu'enfin, une énonciation illégale tout à fait étrangère à l'objet en litige, ne serait pas punissable. — Tout cela serait fort raisonnable; mais où en trouver la justification.

179. Enfin, aux termes de l'art. 6 de la loi de 1837, il est défendu aux juges et arbitres de rendre aucun jugement ou décision en faveur des particuliers sur des actes, registres ou écrits dans lesquels les dénominations interdites par l'article précédent auraient été insérées, avant que les amendes encourues aux termes dudit article aient été payées.

180. L'amende encourue pour contravention à l'art. 5 de la loi de 1837, est recouvrée sur *contrainte* (même art. 5). Avant la loi de 1837, ce mode était employé à l'égard de tous les officiers publics contrevenants, excepté les notaires, qui, d'après l'art. 53 de la loi du 25 vent. an 9, devaient être poursuivis disciplinairement devant le tribunal civil. On a pensé qu'il n'y avait pas de motifs pour mettre les notaires dans une position exceptionnelle. La peine sera à la fois moins rigoureuse et plus efficace, si l'amende est recouvrée, dans tous les cas sur une simple contrainte. L'opposition à la contrainte doit être portée devant le tribunal civil. — Il a été jugé : 1° que les tribunaux de police sont incompétents pour réprimer les contraventions à l'art. 5 de la loi du 4 juill. 1837, sur les poids et mesures; que c'est aux receveurs d'enregistrement et par voie de contrainte qu'il appartient de poursuivre les contrevenants (Crim. rej. 30 mai 1844) (2); — 2° Qu'en admettant que l'annonce verbale, par cri sur la voie publique, de marchandises vendues avec dénomination d'anciennes mesures, *à tant l'aune*, par exemple, constitue une contravention à l'art. 5 de la loi du 4 juill. 1837, c'est au tribunal civil, et non au tribunal de simple police, qu'il appartient d'en connaître (Crim. cass. 1er avr. 1848, aff. Goux, D. P. 48. 5. 284).

Art. 9. — *Des poids publics.*

181. On appelle ainsi un bureau établi par l'autorité publique pour peser et mesurer, moyennant une rétribution, les dif-

des finances, de concert avec M. le ministre de l'agriculture et du commerce, a décidé, le 15 août courant, que la loi du 4 juill. 1837 ne s'oppose pas à la reproduction textuelle des anciennes dénominations de poids, mesures et monnaies, dans les copies, extraits et analyses que font les officiers publics d'actes antérieurs au 1er janv. 1840, époque de la mise à exécution de cette loi. Toutefois, afin d'empêcher les abus, il devra être indiqué dans l'acte nouveau, qu'en employant les anciennes dénominations on analyse l'acte ancien. — Conformément à cette décision, les réclamations d'amendes pour emploi des anciennes dénominations de poids, mesures et monnaies, dans la reproduction littérale ou analytique d'actes ou de clauses d'actes antérieurs au 1er janv., devront être abandonnées.

Du 20 août 1842. — Inst. de la régie, n° 1672.

(1) (Min. pub. *C.* Lambinet.) — La cour; — Vu les dispositions de l'art. 5 de la loi du 4 juill. 1837; — Ensemble, le tableau précité des mesures légales, lequel n'admet pour noms systématiques de monnaie, que le franc, le décime et le centime; — Attendu, en droit, que cet article a pour but de rendre absolument exclusif et universel, dans toutes les circonstances où il l'exige, l'usage des dénominations concernant le système métrique des poids et mesures; — Qu'en le prescrivant spécialement dans les annonces, le législateur n'a point restreint la signification de cette expression générique; que son intention a donc été de comprendre dans sa généralité tout mode employé pour apprendre au public ce qu'on a intérêt à lui faire savoir, ou ce qu'il peut lui être utile de connaître; — Et attendu qu'il est constant, dans l'espèce, que Lambinet a placé au devant de la porte de son magasin des étiquettes indiquant, d'après les anciennes dénominations monétaires, le prix des marchandises qu'il vend; — Que ce fait constitue une contravention manifeste aux dispositions de l'art. 5 de la loi du 4 juill. 1837; — D'où il suit qu'en décidant le contraire, par le motif que ces étiquettes ne peuvent rigoureusement être considérées comme annonces dans le sens de cet article, le tribunal de simple police de Versailles l'a expressément violé; — Casse.

Du 17 avr. 1841.-C. C., ch. crim.-MM. de Bastard, pr. Rives, rap.

(2) (Min. pub. *C.* Plessis.) — La cour; — Attendu que si, aux termes de l'art. 5 de la loi du 4 juill. 1837, toute dénomination autre que celle portée au tableau annexé à cette loi est interdite dans les affiches et les annonces, les poursuites contre les contrevenants ne peuvent être dirigées que dans les formes prescrites par l'art. 5 de l'ordonnance précitée, ainsi qu'il est expressément déterminé d'ailleurs par l'art. 45 de la loi du 17 avr. 1839; — D'où il suit qu'en déclarant son incompétence par la décision attaquée, le juge de police n'a violé aucune loi et s'est au contraire exactement conformé aux dispositions précitées; — Rejette le pourvoi formé contre le jugement du tribunal de police de Redon, du 28 déc. 1843.

Du 30 mai 1844.-C. C., ch. crim.-M. Jacquinot-Godard, rap.

férentes denrées et marchandises qui y sont présentées par les parties intéressées. — Avant 1789, le droit de peser et de mesurer était presque partout un attribut exclusif de la puissance publique, et il appartenait ou aux seigneurs ou au domaine de l'Etat; alors personne ne pouvait avoir chez soi des balances et des poids au-dessus d'un certain nombre de livres, de telle sorte que toutes les marchandises au-dessus d'un certain poids devaient être pesées ou mesurées par les employés des poids publics. — L'art. 17 du décret du 15 mars 1790 (V. Propriété féodale) a aboli cet état de choses. Depuis cette époque les citoyens ont pu peser ou mesurer dans les maisons particulières les denrées et marchandises, à condition de se servir des poids légaux. — Ce décret a seulement exigé que, dans les marchés, il y eût un bureau des poids publics. Ce ne fut cependant que le 27 brum. an 7 et le 7 brum. an 9 que le gouvernement prit des mesures pour organiser les poids publics dans les marchés; toutefois il n'en ordonna l'établissement que sur la demande des municipalités (V. les textes ci-dessus, p. 983). — Mais une loi du 29 flor. an 10 (V. p. 984) introduisit un autre ordre de choses. — Cette loi ordonna l'établissement dans les communes qui en seraient *jugées susceptibles par le gouvernement* des bureaux de pesage, mesurage et jaugeage publics. — Elle pose en principe que nul ne sera contraint à se servir des poids publics, si ce n'est en cas de contestation. — Elle règle ensuite les droits à percevoir et leur emploi. Des arrêtés subséquents ont établi ces bureaux dans certaines villes. Ils mettent, presque tous, les droits à payer moitié à la charge du vendeur et moitié à la charge de l'acheteur. — D'après un arrêté du 2 niv. an 12 (V. p. 985), le ministre de l'intérieur a le droit d'approuver le tarif des droits à percevoir présenté par les communes. — Il a été jugé que la contravention au règlement municipal sur le péage public n'est pas punissable lorsque ce règlement et les tarifs établis pour la perception des droits, n'ont pas reçu l'approbation du ministre de l'intérieur (Crim. rej. 12 mars 1847, aff. Roucou, D. P. 47. 4. 374). — V. aussi v° Commune, n°s 1224 et suiv., 1230.

182. Les difficultés que présente cette matière sont très-restreintes; elles consistent principalement à déterminer dans quelles circonstances et en quels lieux les employés des poids publics peuvent exercer leurs fonctions. — La jurisprudence présente sur ces points beaucoup de confusion et d'incertitude, ce qui, du reste, ne doit pas étonner, en raison de l'obscurité et de l'insuffisance de la législation. — D'une part, l'art. 4 de l'arrêté du 7 brum. an 9 dispose : — « Aucune autre personne que lesdits employés ou préposés ne pourra exercer *dans l'enceinte des marchés, halles et ports*, la profession de peseur, mesureur et jaugeur, à peine de confiscation des instruments destinés au mesurage; » et d'autre part, on lit dans la loi du 29 flor. an 10, art. 1 : — « Il sera établi, dans les communes qui en seront jugées susceptibles par le gouvernement, des bureaux de pesage, mesurage et jaugeage publics. *Nul ne sera contraint à s'en servir, si ce n'est dans les cas de contestation.* » — On pourrait induire de la généralité des termes de ce dernier article que la loi de l'an 10 déroge à l'arrêté de l'an 9 et qu'il n'oblige à recourir au ministère des préposés du poids public, *même dans les halles et marchés*, que dans le cas unique où il y a contestation. — Ce n'est pas ainsi que la dernière jurisprudence de la cour de cassation interprète ces dispositions. Suivant elle, l'art. 4 de l'arrêté de l'an 9 n'a été modifié en rien par l'art. 1 de la loi du 29 floréal, et conserve son empire relativement aux bureaux des poids publics établis dans les halles et marchés. La loi de l'an 10 régirait uniquement les lieux situés en dehors de leur enceinte. — Ainsi, dans les marchés, la profession de mesureur et de jaugeur appartient exclusivement aux préposés du poids public, même dans les cas où il n'existerait aucune contestation et où il ne s'agirait pas d'une vente, la disposition de l'art. 4 de l'arrêté de brumaire étant générale et ne distinguant pas entre le mesurage qui a lieu à la suite d'une vente et celui qui a lieu pour toute autre cause (V. Ch. réun. cass. 4 nov. 1850, aff. Patissier, D. P. 50. 1. 333). — Par suite, il a été jugé : 1° que celui qui, au mépris de la prohibition portée par un arrêté municipal, s'entremet entre le vendeur et l'acheteur, et se livre dans l'enceinte des ports et marchés, sans être revêtu de la qualité de peseur public, au mesurage des marchandises achetées, est passible de contravention (Crim. rej. 8 avr. 1847, aff. Charrier, D. P. 47. 4. 373);— 2° Que l'arrêté municipal qui interdit d'une manière absolue l'immixtion des personnes privées dans l'exercice du pesage ou mesurage public est obligatoire et s'applique notamment au mesurage sur un quai, par un portefaix, de marchandises reçues en consignation (Crim. cass. 7 déc. 1849, et sur nouveau pourvoi, Ch. réun. cass. 4 nov. 1850, aff. Patissier, D. P. 50. 1. 333; V. aussi v° Industrie, n° 242). — Toutefois, cette jurisprudence n'a pas toujours été suivie. Il existe un arrêt ancien en sens contraire (V. Crim. cass. 29 juill. 1808, aff. Vermylen, v° Commune, n° 1225), et plusieurs autres arrêts semblent appliquer la loi de l'an 10 à l'enceinte des marchés de même qu'aux lieux situés en dehors de cette enceinte (V. Crim. cass. 7 mars 1835, aff. Millet, *eod.*, n° 1226; Crim. rej. 15 déc. 1820, aff. David, V. ci-après, n° 184). — Ces dernières décisions nous paraissent moins exactes. L'arrêté de l'an 9 n'étant pas abrogé par la loi de l'an 10, il faut lui conserver sa valeur : c'est ce que fait l'arrêt des chambres réunies, par une combinaison bien entendue des deux textes.

183. Au surplus, il ne faudrait pas dépasser le but. Ce que l'arrêté de l'an 9 interdit, c'est la profession de peseur, mesureur ou jaugeur par d'autres que par des individus commissionnés. Mais celui qui, par lui-même ou par les gens à son service, pèse ses propres marchandises, n'exerce pas profession de peseur ou mesureur; il use d'un droit qui lui appartient dans l'enceinte des marchés aussi bien que dans tout autre lieu; il n'est donc pas en contravention. — C'est en ce sens qu'il a été jugé qu'un marchand de charbon qui fait mesurer sa marchandise sur le port, pour se rendre compte et non pour la vendre, peut, sans contravention, employer pour cette opération ses propres ouvriers (Crim. rej. 20 juill. 1837 (1). — Conf. Crim. cass. 26 vend. an 13, aff. Duguey, V. Commune, n° 1225; Crim. rej. 16 mai 1834, aff. Millet, *eod.*, n° 1226; Ch. réun. cass. 4 nov. 1850, aff. Patissier, D. P. 50. 1. 333; V. cependant Req. 2 août 1820, aff. Disnard, v° Indust., n° 243). — On lit aussi dans une décision ministérielle : « Nul n'est forcé de faire mesurer sa marchandise; nul n'est empêché de la mesurer lui-même. La régie ne peut percevoir le prix d'un mesurage, s'il n'est effectué par ses agents » (décis. min. int. ...therm. an 12).

184. Cette solution nous semble devoir encore être admise, même lorsqu'il s'agit d'une vente. L'arrêté de l'an 9 ne peut mettre obstacle au droit qui appartient à chaque citoyen de peser lui-même les marchandises qu'il vend, à moins qu'un décret spécial ayant force de loi n'étende jusque-là l'intervention des préposés, ainsi que cela a lieu notamment à Paris et à Rouen en vertu des décrets des 6 juin 1808, et 11 juillet 1812. — L'arrêté d'un maire qui tendrait à interdire cette faculté empiéterait sur la liberté des citoyens, et ne serait pas obligatoire suivant nous. — Il a été jugé, conformément à cette opinion, que les particuliers ne peuvent être tenus, alors qu'il n'y a aucune contestation à cet égard, de faire peser leurs denrées au bureau du poids public de leur localité; qu'ils peuvent les *peser eux-mêmes* pour les vendre au public, bien que ces denrées se trouvent exposées sur un marché, et que le décret du 6 juin 1808, qui impose aux marchands qui fréquentent les halles de Paris de recourir, pour le mesurage de leurs denrées, aux préposés du poids public, n'est pas obligatoire pour les autres villes (Crim.

(1) (Min. pub. C. Lange Blot.) — La cour; — Attendu qu'il ne résulte pas du procès-verbal qui a servi de base aux poursuites qu'il y eût contestation née ou à naître, qu'il y eût même vente et achat au moment où le sieur Lange Blot faisait mesurer du charbon dans un bateau amarré sur le port de la Poissonnerie, par les ouvriers qu'il employait à transporter le charbon dans son domicile; — Attendu que le jugement attaqué déclare, en fait, que c'était pour se rendre compte, et pour sa saisfaction particulière, que le sieur Lange Blot faisait mesurer cette marchandise; — Attendu qu'il suit de là que l'art. 12 du cahier des charges de l'adjudication du pesage et du mesurage de la ville de Tours, rédigé en exécution de l'arrêté du 7 brum. an 9 et de la loi du 29 flor. an 10, et qui défend, en cas de contestation et de vente, dans les marchés ou sur les ports de la ville de Tours, à tous autres qu'aux employés du mesureur public, de peser et mesurer les objets vendus, était sans application; — Rejette.

Du 20 juill. 1837.-C. C., ch. crim.-MM. Bastard, pr.-Gartempe fils, r.

rej. 15 déc. 1820 (1).—Conf. 7 mars 1833, aff. Millet, V. Commune, n° 1226). — Néanmoins un arrêt plus récent a consacré une solution contraire (Crim. cass. 12 nov. 1842, aff. Chaunolte, V. Commune, n° 1226); mais cette décision nous a paru devoir être critiquée. — V. *eod.*

185. En ce qui touche les rapports des négociants avec la douane, il a été jugé : 1° que la dispense accordée par un arrêté municipal, aux négociants, de s'adresser aux préposés du pesage public, lorsqu'ils font procéder, en présence de la douane, pour le règlement des droits d'entrée, au pesage des marchandises importées à leur consignation par navires de cabotage, et déchargées sur les quais et cales du port, existe même à l'égard des opérations de pesage faites à bord de navires de cabotage, pourvu qu'elles aient lieu en présence des employés de la douane et sur leur contrôle (Crim. cass. 26 nov. 1852, aff. Jouvellier, D. P. 53. 1. 318, 1re espèce);—2° Que la disposition d'un arrêté municipal portant que le pesage des sels assujettis aux droits de douane, sera exercé par des agents spéciaux à la nomination de la direction des douanes, ne met pas obstacle à ce que ce pesage soit opéré par des personnes du choix des particuliers, mais agréées par l'administration des douanes (Crim. cass. 26 nov. 1852, aff. Jouvellier, D. P. 53. 1. 318, 2e espèce).

186. Des difficultés se sont élevées sur les lieux qui doivent être considérés comme compris dans l'enceinte des halles et marchés ou des ports.— V. à cet égard v° Commune, nos 1233, 1234; Industrie, n° 242, *in fine.* — Du reste, il a été jugé que l'enceinte des marchés où s'exerce l'industrie privilégiée des peseurs publics doit être renfermée dans les limites déterminées par l'autorité administrative; et spécialement, qu'une rue aboutissant au marché ne peut être considérée comme faisant partie de son enceinte, sous prétexte qu'elle n'en serait qu'une suite et une continuation, si elle n'y a pas été comprise administrativement, et, dès lors, l'industrie du pesage est libre dans les maisons, même contiguës au bureau du peseur public, qui ont leur entrée sur cette rue (Cass. 17 juill. 1855, aff. Boulaud, D. P. 55. 1. 287).

187. La loi du 29 flor. an 10, n'a trait, comme on l'a dit, qu'au pesage et mesurage qui a lieu en dehors des marchés et ports : dans ce cas, les commerçants peuvent, lorsqu'il n'existe aucune contestation, peser ou mesurer leurs marchandises par eux-mêmes ou les faire peser et mesurer soit par leurs employés, soit même par d'autres personnes de leur choix; le ministère des préposés du poids public n'est obligatoire que lorsqu'il y a contestation : cela est admis généralement. — Ainsi il a été jugé : 1° que les employés du poids public ne peuvent imposer leur ministère que lorsqu'il y a contestation entre les parties ; qu'ainsi un négociant peut faire jauger ses eaux-de-vie par toute personne, lorsqu'elles ne donnent lieu à aucune discussion (Crim. rej. 17 avr. 1806) (2); —2° Qu'un particulier peut faire mesurer lui-même ses denrées par des gens à son service, alors surtout que ces denrées n'ont pas été achetées dans la ville où se trouve établi le poids public dont on voulait qu'il fît usage (Crim. rej. 29 mars 1822) (3);—3° Que le pesage et mesurage des denrées, dans les maisons particulières, est libre dans tout le royaume, à la seule condition de n'employer que des poids légaux; qu'en conséquence le règlement municipal, qui, pour des pesages ou mesurages, autres que ceux qui ont lieu dans les marchés, halles ou ports, ou, en cas de contestation, ordonnerait de se servir du ministère d'individus institués peseurs ou mesureurs, ne serait pas obligatoire pour les tribunaux (Crim. cass. 21 août 1829 (4).—Conf. v° Com-

(1) (David.) — La cour ; — Considérant que le fait imputé au sieur Jean Fains dit Espalion est d'avoir, dans un lieu servant de port et marché public par la destination qu'il a reçue à cet effet par l'autorité municipale, pesé lui-même les charbons qu'il y avait amenés dans une barque et qu'il vendait au public; — Que ce fait n'est nullement défendu ni par la loi du 29 flor. an 10 ni par les règlements généraux d'administration publique qui ont été faits pour l'exécution de cette loi, d'après les dispositions desquels nul n'est contraint d'employer les préposés au mesurage et pesage publics, si ce n'est en cas de contestation ou lorsque l'une des parties entre lesquelles il s'est fait un marché dans une halle, marché ou port publics, demande la vérification du poids ou de la mesure des objets vendus; — Que le cahier des charges, d'après lequel le demandeur s'est rendu adjudicataire du poids et mesurage publics dans la ville de Montpellier, ne contient rien de contraire à ces dispositions; — Que l'art. 12 du même cahier des charges, en cela conforme auxdits règlements généraux, défend seulement à toutes personnes autres que les employés au mesurage et pesage publics d'exercer dans l'enceinte des marchés, halles et ports la profession de peseur ou de mesureur; mais que cette qualification ne peut être donnée au marchand qui, comme le sieur Jean Fains, s'est borné à peser ses propres marchandises, sur le poids ou la mesure desquelles il n'y a eu d'ailleurs ni contestation ni demande d'en faire la vérification; — Que si le décret du 16 juin 1808, cité dans le mémoire en cassation, et spécial pour la ville de Paris, oblige les marchands venant aux marchés, halles et ports publics d'employer le ministère des préposés pour peser, mesurer et jauger les marchandises qu'ils y vendent, rien ne prouve que ce décret ait été rendu commun aux autres villes du royaume et encore moins à celle de Montpellier en particulier; — Que dans cet état de faits et circonstances, le renvoi du sieur Jean Fains dit Espalion des poursuites intentées à sa charge par le demandeur en cassation n'est en contravention à aucune loi; — Rejette.

Du 15 déc. 1820.-C. C., sect. crim.-MM. Barris, pr.-Busschop, rap.

(2) (Poids pub. de Bordeaux *C.* Becquerisse.) — La cour ; — Considérant que, d'après la loi du 29 flor. an 10, le ministère des jaugeurs, peseurs et mesureurs publics n'est obligatoire que dans le cas de contestation relativement aux objets soumis au jaugeage, pesage et mesurage, et que, dans toute autre circonstance, ce ministère est purement facultatif, en sorte que toute personne indistinctement peut se livrer à cette opération; — Considérant que, dans l'espèce, il a été reconnu que les eaux-de-vie vergées par Becquerisse ne donnaient lieu à aucune contestation, et qu'ainsi, en déclarant que Becquerisse avait pu faire le vergeage de ces eaux-de-vie, le jugement attaqué, loin de contrevenir à la loi du 29 flor. an 10, s'est au contraire conformé à ses dispositions; —Par ces motifs, rejette.

Du 17 avril 1806.-C. C., sect. crim.-MM. Viellart, pr.-Babille, rap.

(3) (Min. pub. *C.* Vasseur.)—La cour ;—Considérant qu'il a été reconnu au procès que les grains que le sieur Alavoure a fait mesurer par Louis Vasseur, son ouvrier, n'avaient point été achetés ou vendus dans la ville de la Bassie; que ces grains lui avaient été expédiés d'Arras, et qu'il les avait fait mesurer pour son propre compte; — Que dans cet état de fait le renvoi de Louis Vasseur des poursuites intentées à sa charge n'est point une contravention à l'art. 4 combiné avec les art. 2 et 3 de l'arrêt du préfet du département du Nord, du 12 déc. 1807, relatif à l'établissement d'un bureau de pesage, jaugeage et mesurage public dans ladite ville de la Bassie;—Rejette.

Du 29 mars 1822.-C. C., sect. crim.-MM. Barris, pr.-Busschop, rap.

(4) (Guis, etc. *C.* min. pub.) — La cour ; — Vu, 1° l'art. 21, tit. 2 de la loi du 15 mars 1790; 2° l'art. 4 de l'arrêté du 7 brum. an 9; 3° l'art. 1 de la loi du 29 flor. an 10; 4° les nos 3 et 4 de l'art. 3, tit. 11 de loi du 24 août 1790; — Vu aussi les art. 3 et 4 de l'arrêté du préfet des Bouches-du-Rhône, sur l'établissement du pesage et mesurage dans la ville d'Auriol; — Attendu que, d'après l'art. 21, précité, de la loi du 15 mars 1790, le mesurage des farines, grains, denrées et marchandises dans les maisons particulières, était libre dans toute l'étendue du royaume, sous la seule condition de ne pouvoir se servir que de poids et mesures étalonnés et légaux; — Que l'art. 4 de l'arrêté du 7 brum. an 9 n'avait apporté aucune modification à cette liberté, puisque, s'il interdisait à toute personne, autres que les employés du pesage et mesurage, l'exercice de la profession de peseur et mesureur, ce n'était que dans l'enceinte des marchés, halles ou ports ; — Que l'art. 1 de la loi du 29 flor. an 10, ne l'avait restreinte que dans le cas de contestation, le seul pour lequel il rendait l'emploi du ministère des jaugeurs et mesureurs publics obligatoire ; — Que l'art. 3 du règlement de l'octroi d'Auriol n'imposait l'obligation d'employer les préposés que dans le cas de contestation, ou lorsque, dans les halles ou marchés, l'acheteur ou le vendeur voulaient se soumettre au pesage ou mesurage, ce qui, hors ces deux cas, laissait toujours subsister la liberté d'employer, dans les maisons particulières, tels peseurs ou mesureurs que l'on jugeait convenables; — Que, si l'art. 4 de ce règlement défendait d'établir des bureaux de pesage et mesurage, et à tout individu d'exercer les fonctions de peseur et mesureur dans la commune d'Auriol, et à tous vendeurs ou acheteurs de les employer, cette prohibition, quant à l'exercice des fonctions de peseur et mesureur, et à l'emploi de ceux qui pesaient et mesuraient, ne pouvait se référer qu'au cas où le recours aux préposés du pesage et mesurage était obligatoire, et qu'on ne pouvait l'étendre aux cas des ventes faites dans des maisons particulières, pour lesquelles l'emploi de ces préposés n'était pas exigé par le règlement, non plus que par les lois de la matière ; — Qu'une pareille extension serait manifestement contraire aux dispositions combinées des lois des 15 mars 1790, 29 flor. an 10, et de l'arrêté du 7 brum. an 9 ; — Qu'on ne pourrait la justifier, en la supposant prescrite par l'autorité municipale ou administrative, en vertu des attributions que conféraient à cette autorité les nos 3 et 4 de l'art. 3, tit. 11 de la loi du 24 août 1790 ; — Qu'en effet, le n° 3 ne parle que des mesures à prendre pour le maintien du bon ordre, dans les lieux où il se fait de grands rassemblements, ce qui n'a rien de commun avec l'emploi des préposés au pesage ou me-

mune, nos 1227, 1228, 1232); — 4° Que l'industrie du pesage et du mesurage publics est libre, si ce n'est dans les cas où ce pesage a pour but de constater une contravention au poids indiqué dans les marchés; que, par suite, le pesage de marchandises accompli par un simple particulier sur la demande de l'acheteur, et pour la seule satisfaction de celui-ci, ne constitue pas une contravention, dans le cas surtout où ce pesage a eu lieu hors de l'enceinte des halles et marchés (Crim. rej. 17 mars 1848, aff. Cremesy, D. P. 48. 4. 284). — V. aussi dans le même sens, Cass. 17 juill. 1855, aff. Boulaud, D. P. 55. 1. 287. — V. cependant vo Industrie, n° 242.

188. Toutefois, une décision ministérielle se prononce, mais à tort, pour l'opinion contraire : « Il est défendu, y est-il dit, à tous autres que les préposés de la régie de faire les fonctions de peseur, mesureur et jaugeur public, *soit à domicile*, soit dans les halles, marchés, places et ports, soit gratuitement, soit moyennant salaire, sous les peines portées par les règlements (décis. min. therm. an 12).

189. De la règle adoptée au n° 187, il suit même que les denrées ou marchandises exposées en vente dans les foires et marchés peuvent être transportées hors du marché pour être pesées dans une maison particulière, sans qu'il y ait contravention, bien qu'un arrêté municipal défendrait indistinctement de peser et mesurer ailleurs que sur les foires et marchés les marchandises qu'on y a exposées en vente, l'autorité municipale ne pouvant resteindre l'exercice d'un droit reconnu par la loi (Crim. rej. 29 août 1850, aff. Bousquet, D. P. 50. 5. 398).

190. Les bulletins des préposés du poids public doivent, suivant M. Pardessus, t. 1, n° 114, faire foi jusqu'à inscription de faux.—Le même auteur pense encore qu'en cas de contestation devant les tribunaux, les juges ne peuvent admettre d'autres preuves que ces bulletins, et qu'ils ne pourraient nommer pour procéder à un mesurage des personnes non commissionnées.

191. Aucune disposition spéciale ne règle la compétence des tribunaux pour la répression des contraventions en cette matière. Les art. 4 et 8 de l'arrêté du 7 brum. an 9 ne portent que des peines à appliquer aux individus qui exercent la profession de mesureur, poseur ou jaugeur, sans avoir été nommés par le préfet et sans avoir prêté serment, et aux employés des poids publics qui se servent de faux poids ou de fausses mesures. — Mais du reste la loi n'indique nulle part devant quel tribunal on doit traduire les individus qui, obligés de recourir au poids public, refusent de s'y soumettre, ni quelle peine on doit leur appliquer pour de telles contraventions.— La jurisprudence ne dissipe pas non plus l'incertitude sur ce point, car on voit dans le petit nombre d'arrêts rendus en cette matière que les contrevenants ont été poursuivis devant les tribunaux de police, devant les tribunaux correctionnels et devant les tribunaux civils. — Cependant on peut tenir pour certain que les tribunaux de police seuls sont compétents pour condamner un individu à subir l'exercice des employés des poids publics, et que le juge de paix en premier ressort et les tribunaux civils en dernier ressort sont compétents pour ordonner le payement des droits de pesage ou mesurage que les contrevenants auraient dû payer s'ils avaient agi légalement, lorsque les employés des poids publics se bornent à ne réclamer que ces droits, c'est du moins ce qui résulte implicitement des arrêts indiqués ci-dessus et vo Commune, nos 1224 et suiv.

192. Du reste, il a été jugé d'une manière formelle que les tribunaux correctionnels ne sont pas compétents pour connaître des contraventions aux règlements relatifs aux pesages, mesurages et jaugeages publics, s'il ne s'agit pas d'infidélité commise dans les poids et mesures : lorsque la loi n'a point prononcé contre ces contraventions de peines excédant la compétence des tribunaux de simple police, elles doivent être portées devant ces tribunaux (Crim. cass. 16 mars 1822, aff. Jacolin, V. Commune, n° 1230).

193. Les tribunaux sont-ils compétents pour apprécier la légalité de l'établissement des droits de pesage? (V. à cet égard vo Compét. adm., nos 193 et s.).—Jugé que lorsque, sur l'appel d'un jugement qui a acquitté un individu de la prévention d'opposition à l'exercice des préposés de la régie du poids public, le prévenu a fait valoir contre cet appel diverses fins de non-recevoir; si la cour, en rejetant ces exceptions, déclare qu'elle n'entend point préjuger *si le droit de pesage pouvait être légalement exercé*, et ordonne de plaider au fond, c'est-à-dire tant sur la prévention de contravention que sur la légalité du droit de pesage, son arrêt ne peut être attaqué, sous le prétexte que la cour s'y est reconnue compétente pour connaître de la légalité du droit de pesage (Crim. rej. 5 sept. 1828, aff. Perron, V. Octroi, Rébellion).

194. Quant aux peines applicables aux contrevenants, l'arrêté du 7 brum. an 9 prononce seulement la confiscation des instruments destinés au mesurage; mais certains règlements particuliers ont élevé cette pénalité. Il n'est pas douteux que ces règlements ne seraient obligatoires pour les tribunaux que s'ils avaient force de loi. — Il a été jugé que le décret du 22 avril 1811 qui règle la perception des droits de pesage, mesurage et jaugeage dans la ville de Bordeaux, bien que n'ayant pas été publié dans le bulletin officiel, a force de loi; qu'en conséquence, l'arrêt qui prononce contre les contrevenants à ce décret et conformément à ses dispositions, la peine de 100 fr. d'amende et la confiscation des marchandises illicitement mesurées, ne viole pas l'arrêt du 7 brum. an 9 et la loi du 29 flor. an 10 (Crim. rej. 25 mars 1854, aff. Constantin, D. P. 54. 5. 568).—Ce décret, il faut en convenir, prononce des peines d'une sévérité excessive, les marchandises dont il prononce la confiscation pouvant parfois s'élever à une valeur très-considérable. Et, tandis que dans certaines localités le législateur montre tant de rigueur, ailleurs le même fait est atteint de peines presque insignifiantes. — Ainsi, dans les communes où les bureaux de poids publics ont été simplement organisés par un règlement municipal approuvé par le ministre, la peine ne pourrait être autre que celle édictée par l'art. 471, n° 15, outre la confiscation prononcée par l'arrêté de l'an 9.—Cette inégalité dans la sanction pénale, relativement à un fait identiquement le même, montre mieux que tout ce que l'on pourrait dire, combien la législation qui régit le pesage et le mesurage publics aurait besoin d'une révision législative.

195. Les bureaux de poids publics sont généralement affermés. On suit, à l'égard des contestations que le bail fait naître, soit entre la commune et les fermiers, soit entre ceux-ci et les citoyens, les règles qui régissent les baux administratifs (V. Commune, nos 2520 s.; Compét. admin., nos 458 s.; Louage adm., nos 22 et s.; Octroi).—Il a été décidé d'une part : 1° que les questions qui peuvent s'élever sur la validité ou l'exécution d'un bail du

surage dans des maisons particulières; — Que, dans le n° 4, il s'agit de l'inspection de la fidélité du débit des denrées qui se vendent au poids, à l'aune ou à la mesure, et de la salubrité des comestibles exposés en vente publique; — Que, de ces deux objets, le premier ne concerne que la surveillance à exercer sur la nature et l'exactitude des poids et mesures, ou sur le poids des denrées, vendues à un poids ou une mesure déterminés; le deuxième, que l'inspection de la bonne qualité des comestibles exposés en vente publique; mais que ni l'un ni l'autre n'ont aucun rapport avec l'obligation de se servir, dans les maisons particulières, des préposés au pesage ou mesurage; — Qu'ainsi, cette obligation, à la supposer prescrite par l'art. 4 du règlement ne serait fondée, ni sur les dispositions des lois spéciales de la matière, ni sur les attributions données aux corps municipaux par la loi du 24 août 1790; — Que, dès lors, les tribunaux ne devaient pas la considérer comme légalement établie, ni par conséquent faire exécuter la disposition qui l'aurait prescrite, ni prononcer aucune peine ni condamnation, à raison de son infraction;

Et attendu que, dans l'espèce, le fait imputé aux demandeurs, tel qu'il est énoncé dans le procès-verbal, et déclaré dans le jugement attaqué, était d'avoir, sans être préposés du pesage et mesurage, mesuré dans des maisons particulières, du vin vendu par les propriétaires habitant ces maisons; — Que, d'après les lois spéciales sur la matière, ce fait ne constituait ni délit, ni contravention; — Qu'il ne constituait pas non plus l'infraction à une disposition d'un règlement municipal ou administratif, prescrite en vertu des attributions générales, portées par les nos 3 et 4 de la loi du 24 août 1790; que, néanmoins, c'est en supposant que ce fait constituait une contravention aux lois précitées, ou à la disposition légale d'un arrêté municipal ou administratif, que le jugement attaqué a confirmé celui du tribunal de première instance, qui condamnait les demandeurs à une amende de trois journées de travail, et qu'il a porté à 1,000 fr. la condamnation à 500 fr. de dommages-intérêts, portée par ce même jugement; — En quoi le jugement attaqué a violé l'art. 21 de la loi du 15 mars 1790, tit. 2, l'art. 4 de l'arrêté du 7 brum. an 9, l'art. 1 de la loi du 29 flor. an 10, et faussement appliqué les nos 3 et 4 tit. 11 de la loi du 24 août 1790; — Casse, etc.

Du 21 août 1829.-C. C., ch. crim.-MM. Bastard, pr.-Ollivier, rap.

mesurage public sont du ressort des tribunaux (ord. cons. d'Et. 20 juin 1821, M. Maillard, rap., aff. Gaubin *C.* com. de Manosque); — 2° Que toute contestation tant sur l'interprétation que sur l'exécution d'un bail, alors même qu'il aurait été passé par l'administration, est du ressort de l'autorité judiciaire, et qu'il appartient aussi à cette autorité de décider, soit d'après le texte du bail, soit d'après les faits relatifs à son exécution, s'il y a lieu de procéder à une nouvelle adjudication sur folle enchère (ord. cons. d'Et. 21 mars 1821, MM. Maillard, rap., aff. com. de Vaise *C.* Gaillard); — 3° Qu'il n'appartient qu'aux tribunaux de prononcer sur la résiliation d'un bail de pesage, peu importe que les parties soient ou non convenues de la juridiction administrative, puisqu'on ne peut, par des conventions privées, déroger à l'ordre des juridictions (ord. cons. d'Et. 18 oct. 1833, M. Germain, rap., aff. Boyer *C.* com. d'Ollioules).

196. Il a été décidé, d'autre part, qu'il n'appartient qu'à l'autorité administrative de décider si un procès-verbal d'adjudication du bail à ferme des droits de pesage, mesurage et jaugeage publics dans une commune, remplit les conditions prescrites par les lois et règlements pour sa régularité, sauf à renvoyer, s'il y a lieu, devant l'autorité judiciaire pour statuer sur l'inscription de faux qui aurait pu être formée contre ledit acte (ord. cons. d'Et. 21 janv. 1847) (1).

197. Enfin, il résulte d'une décision du conseil d'Etat que les fermiers du mesurage public ne sont pas fondés à réclamer une indemnité pour le préjudice éprouvé par l'immixtion des particuliers dans le mesurage des halles et marchés, s'ils ne justifient d'aucune plainte ni poursuite relatives à ces contraventions, et que si l'adjudication ne leur donne le droit de faire le mesurage chez les particuliers qu'autant qu'ils en sont requis par eux, ils ne sont pas recevables à se plaindre de ce qu'il est fait par d'autres (ord. cons. d'Et. 2 fév. 1821) (2).

(1) (Doumas *C.* com. de Saumanes.) — LOUIS-PHILIPPE, etc.; — Vu l'arrêté de conflit, etc.; — Sur la compétence : — Considérant que l'action intentée par le sieur Doumas contre la commune de Saumanes avait pour objet de faire déclarer nul et de nul effet le procès-verbal d'adjudication du bail à ferme des droits de pesage, mesurage et jaugeage publics dans ladite commune, et de faire annuler le commandement signifié audit sieur Doumas en vertu dudit acte; — Considérant que le procès-verbal précité constituerait un acte administratif, et qu'il n'appartenait qu'à l'autorité administrative de décider s'il remplissait les conditions prescrites par les lois et règlements pour sa régularité, sauf à elle à renvoyer les parties, s'il y avait lieu, devant l'autorité judiciaire pour statuer sur l'inscription de faux qui aurait pu être formée contre ledit acte; — Art. 1. L'arrêté de conflit pris par le préfet du département de Vaucluse, le 1er août 1846, est confirmé. — Art. 2. Sont considérés comme non avenus l'exploit introductif d'instance du 7 janv. 1843, le jugement du tribunal de première instance d'Avignon du 4 mars 1844, l'acte d'appel du 25 sept. 1844 et l'arrêt de notre cour de Nîmes du 25 mai 1846.

Du 21 janv. 1847.-Ord. cons. d'Ét.-MM. Reverchon, rap.

(2) *Espèce :* — (David *C.* ville d'Avignon.) — Les fermiers du pesage public à Avignon forment contre la ville une demande en indemnité fondée sur ce que des particuliers s'étaient immiscés dans le mesurage; ils soutiennent que la ville doit, aux termes de l'art. 1719 c. civ., les faire jouir paisiblement; qu'elle s'y est obligée par l'adjudication, et qu'un arrêté municipal de 1818, dont elle n'avait jamais exigé l'exécution, tout en reconnaissant à tout particulier le droit de mesurer lui-même sa marchandise, avait défendu le mesurage dans les halles, marchés, places, rues, ports et *même à domicile*, et que la ville d'Avignon était responsable envers eux de cette inexécution.

LOUIS, etc.; — Vu l'art. 11 du cahier des charges, par lequel la ville et les fermiers stipulent qu'en cas de contestations elles seront jugées par le conseil de préfecture; — Vu les art. 2 et suivants dudit cahier, qui déterminent les droits et obligations des fermiers, relativement au mesurage dans les lieux publics et chez les particuliers; — Vu le procès-verbal d'adjudication du mesurage des grains pour l'année 1819; — Considérant, sur le mesurage dans les lieux publics, que les fermiers ne justifient d'aucunes plaintes et poursuites relatives aux contraventions qu'ils prétendent leur avoir causé un dommage; — Considérant, sur le mesurage chez les particuliers, que l'art. 4 du cahier des charges ne donne aux fermiers le droit de faire ce mesurage que quand ils en sont requis; — Qu'ainsi, sous aucun de ces rapports, les fermiers ne sont fondés à réclamer une indemnité; — Art. 1 La requête est rejetée.

Du 2 fév. 1821.-Ord. cons. d'Ét.-M. Brière, rap.

Table sommaire des matières.

Table des articles du code pénal et des lois relatives aux poids et mesures.

Table chronologique des lois, décrets, arrêts, etc.

POIDS PUBLIC. — V. Poids et mesures, nos 181 et s.

POINÇON. — V. Matières d'or et d'argent, nos 17 et s.; Poids et mesures, nos 47, 56 et s., 70; V. aussi Greffier, no 60.

POINT DE DROIT ET DE FAIT. — V. Jugement, nos 205-2°, 219, 263, 287 s., 299-7°, 837; V. aussi Impôt indir., no 478.

POINT D'HONNEUR. — V. Duel, nos 33 et s.

POIRÉS. — V. Impôt indir., nos 21 et s.

POISON. — V. Crimes contre les personnes, nos 113 et s.; V. aussi Médecine, no 175; Peine, no 51; Substances vénéneuses, Ventes de marchandises.

POISSONS. — V. Dommage-destr., no 271; Droit rural, no 179; Eau, no 416; Halle, no 18 s.; Pêche, nos 13 s., 99 s., 112 s., 119 s., 139 s., 147 s., 185 s.; Substances vénéneuses.

POLDERS. — Dans les anciens départements français de l'Escaut, de la Lys, des Deux-Nèthes, des Bouches-du-Rhin, on appelle *polders* l'assemblage de travaux nécessaires au maintien, à l'écoulement des eaux et au dessèchement des terres qui avoisinent la mer. Outre les règlements spéciaux des anciennes coutumes du pays, deux décrets particuliers ont été rendus pour l'administration d'entretien des polders, ainsi que sur la destination des *schoores*, c'est-à-dire des terres qui se trouvent en avant des polders. Ces décrets, qui sont l'un du 11 janvier et l'autre du 16 déc. 1811, se trouvent cités vo Domaine de l'État, p. 94, 95. Aux termes de l'art. 1 du décret prémentionné de janvier 1811, les « schoores qui sont, couvertes et découvertes par la marée, sont, comme lais et relais de la mer, aux termes de l'art. 538 c. nap., des *dépendances du domaine public.* » — V. ce mot.

POLICE. — V. Organ. admin.; V. aussi Eau, nos 64, 81 s., 392 s., 427, 430-5°, 461, 473; Gendarme, nos 5, 53 s.; Grains, nos 11 s.; Greffier, no 22; Halle, nos 8, 75 s., 98 s.; Lois codifiées, p. 129 s.; Normandie, no 1; Passe-port, no 29; Pêche, nos 82 s.

POLICE ADMINISTRATIVE. — V. Instr. crim., nos 235 et s.

POLICE CORRECTIONNELLE. — V. Compét. crimin., nos 415 et s., et Organ. judic.

POLICE D'AFFRÈTEMENT. — V. Droit maritime, nos 782 s.

POLICE D'ASSURANCES. — V. Assurances terrestres, nos 148 et s.; Droit maritime, nos 1458 et s.

POLICE DE L'AUDIENCE. — V. Organ. judic.

POLICE DES CHEMINS DE FER. — V. Voirie par chemins de fer.

POLICE JUDICIAIRE. — V. Instr. crim., nos 230 et suiv.; Min. publ., nos 240 s.; Salubrité publique.

POLICE MUNICIPALE. — V. Commune, nos 325 et suiv.; Droit rural, nos 158 s.; Organ. admin., Règlement administr.

POLICE RURALE. — V. Droit rural, no 157.

POLICE SANITAIRE. — V. Salubrité publique; V. aussi Médecine, no 1; Min. publ., no 361.

POLICE SIMPLE. — V. Compét. crim., nos 231 et s.; Contravention, nos 8 s., 16.

POLLICITATION. — V. Obligation.

POLYGAMIE. — V. Droit naturel, nos 48 s.; Mariage, nos 5, 24; V. aussi Culte, no 723.

POMPES FUNÈBRES. — V. Louage adm., no 22-1o; Culte, nos 650, 739, 754, 771, 773.

POMPIERS. — V. Sapeur-pompier; V. aussi Commune, no 1309; Contravention, no 80; Garde nat., nos 251 et suiv.

PONCTUATION. — V. Obligation.

PONDICHÉRY. — Possess. françaises.

PONT. — V. Voirie; V. aussi Expropriat. publ., nos 18-2o, 78 et s.; Forfaiture, no 65-2o; Impôt dir., no 48; Normandie, no 14.

PONTS ET CHAUSSÉS. — V. Trav. publ., Voirie; V. aussi Instr. crim., no 261-2o; Marais, no 12; Mise en jugem., no 101.

POPULATION. — V. Frais et dép., no 167; Impôt direct, no 322; Impôt indir., no 120; Recensement.

PORCS. — Il est défendu d'élever ces sortes d'animaux dans la ville de Paris (décr. 15 oct. 1810; ord. 14 janv. 1815; ord. de police 3 déc. 1829). — V. Ville de Paris; V. aussi Contravention, no 337; Louage à cheptel, no 7.

PORT. — V. Organ. maritime; V. aussi Droit naturel, no 79; Eau, no 46; Halles, no 23; Impôt indir., no 125; Passe-port, no 9.

PORT D'ARMES. — V. Chasse, nos 11, 14, 101, 104, 155.

PORT FRANC. — V. Douanes.

PORT ILLÉGAL DE COSTUME. — V. Costume et uniforme, Ordres civils et militaires.

PORT PERMIS. — Ce qu'il est permis de charger sur un navire sans fret. — V. Droit marit., nos 652 et s., 1180.

PORTES ET FENÊTRES. — V. Impôt direct, nos 257, 264 s., 288, 316, 327; Louage, no 332.

PORTEFAIX. — V. Commissionn. de place, Commune, nos 1069 s.; Halle, nos 97 s.; Industrie, nos 156, 223 s.; V. aussi ord. 19 oct. 1821, vo Eaux, p. 333.

PORTEFEUILLE. — V. Organ. admin.

PORTE-FORT. — Celui qui stipule pour un tiers en promettant la ratification de celui-ci. — V. Obligat.; V. aussi Contrat de mar., nos 234, 264, 475, 1350; Jugement, no 630; Notaire, no 388-4o.

PORTEUR. — V. Effets de commerce.

PORTEUR DE CONTRAINTE. — V. Expropr. publ., no 454; Forfaiture, no 68-3o; Garde nat., no 709; Huissier, no 21; Imp. dir., no 403 s., 415, 528; Instruction crim., no 261-17o; Mise en jugem., no 128.

PORTEUR D'EAU. — V. Ville de Paris; V. aussi Patente, no 286.

PORTIER. — Portier, concierge, suisse. — **1.** Ces expressions, qui s'emploient selon l'importance des habitations, servent toutes à désigner un préposé établi par le propriétaire pour la surveillance et l'entretien de sa maison, ainsi que pour l'utilité des différents locataires qui peuvent l'habiter. Sous ce double point de vue, les portiers et concierges ont un caractère particulier et différentes obligations à remplir. On les considère tout à la fois et comme les mandataires et comme les serviteurs à gages des propriétaires et des locataires.

2. Au mot Commune, nos 994 et suiv., on parle du *balayage* et nettoiement de la voie publique qui, imposé aux propriétaires, peut être exécuté par les portiers et concierges (V. aussi Contravention, no 119). — Au mot Louage, nos 86, 122, on explique comment le contrat de location des appartements peut se former par la dation aux portiers ou concierges d'un *denier à Dieu*, de la part du locataire éventuel. — Enfin, au mot Exploit, nos 266 et suiv., on établit que les portiers et concierges sont tenus, en leur qualité de *serviteurs à gages* tant du propriétaire que des locataires, de recevoir la copie de toutes les significations d'actes et d'exploits qui sont faites à ceux-ci.

3. Cette qualité des portiers et concierges, de mandataires, de serviteurs à gages des propriétaires et locataires, a été consacrée dans d'autres circonstances. C'est ainsi qu'il a été jugé : 1o que le portier est tenu de recevoir les *lettres* adressées aux locataires; 2o que son refus le rend passible de dommages-intérêts, et que le propriétaire peut, en ce cas, être considéré comme civilement responsable (trib. de paix de Paris, 11e arrond., 10 mars 1840, V. le Droit, 12 mars. — Conf. M. Agnel, Manuel des propriét., p. 430). La seule excuse, dit M. Agnel, *loc. cit.*, que le portier pourrait alléguer pour motiver son refus de recevoir les lettres des locataires, serait la négligence mise par ceux-ci à lui en rembourser le port au moment où il leur fait la remise de ces lettres.

4. Le portier doit aussi recevoir les autres *papiers* adressés aux locataires, et les leur remettre exactement; l'inexécution de cette obligation pourrait également donner ouverture contre le portier et même, suivant les circonstances, contre le propriétaire, comme civilement responsable, à une action en dommages-intérêts (Conf. M. Agnel. *loc. cit.*). — V. Responsabilité.

5. Il a été jugé : 1o que le portier doit *ouvrir la porte* aux locataires à telle heure du jour et de nuit qu'ils se présentent, à moins qu'une clause formelle d'un bail ne stipule le contraire (trib. mun. de Paris, 20 sept. 1835, V. Gaz. des trib., 1er oct. 1835, et le journal le Droit du 12 janv. 1840); — 2o Qu'on ne peut considérer comme exclusive, pour les locataires, du droit de rentrer pendant la nuit, la clause qui stipule que l'éclairage cessera à dix heures du soir (même jugement); — 3o Qu'en cas d'*impolitesse* de la part du portier, ou lorsqu'il ne remplit pas son devoir envers le locataire, le propriétaire peut être tenu de le renvoyer, sous peine de dommages-intérêts pour chaque jour de retard (trib. de la Seine, 10 juill. 1836, V. Gaz. des trib. du même jour); — 4o Que, dans certains cas même, l'impolitesse du portier, ou le manquement à ses devoirs, pourrait être, si le propriétaire ayant connaissance des faits avait refusé d'y mettre ordre, une cause de *résiliation de bail* (Paris, 23 juin 1836; trib. de la Seine 30 août et 19 déc. 1840, V. Gaz. des trib. des mêmes jours); — 5o Que le propriétaire ou le principal locataire ne peut empêcher un locataire de déposer son flambeau dans la loge du portier (trib. de paix de Paris du 11e arrond., 9 déc. 1827, V. Gaz. des trib. du même jour); — 6o Que les portiers qui, bien que connaissant la *nouvelle adresse* d'un locataire déménagé, refusent de l'indiquer, peuvent, suivant les circonstances, être passibles de dommages-intérêts, et le propriétaire poursuivi comme civilement responsable (trib. de paix, 3e arrond., 6 sept. 1837, V. Gaz. des trib. du même jour); — 7o Que le portier qui empêche de monter chez les locataires des personnes qui y viennent, sous prétexte que ces personnes salissent les escaliers, peut être poursuivi et condamné pour ce fait à des dommages-intérêts envers les locataires (trib. corr. de la Seine, 1er fév. 1834, V. Gaz. trib. du même jour).

6. Mais le portier serait dans son droit, et même remplirait son devoir, s'il empêchait de monter dans la maison, soit des personnes notoirement de mauvaise vie, soit des individus suspects et de nature à troubler le repos des locataires. — C'est surtout la nuit que le portier doit exercer plus scrupuleusement encore sa vigilance à cet égard, et on ne saurait lui faire un reproche même d'un excès de scrupule, pourvu que sa vigilance ne dégénérât pas en abus (Conf. M. Agnel, *loc. cit.*).

PORTION. — Se dit des fractions dont une chose est composée. — V. Obligation.

PORTION DISPONIBLE. — V. Dispos. entre-vifs et test.; V. aussi Contr. de mar., nos 85, 667, 790, 2905 s., 3055 s.; Mariage, no 605; Normandie, nos 40, 52 s.; Paternité, nos 639, 731 s.

PORTION VIRILE. — V. Succession.

PORTRAIT DE FAMILLE. — V. Contrat de mar., no 665.

FIN DU TRENTE-CINQUIÈME VOLUME.

www.ingramcontent.com/pod-product-compliance
Lightning Source LLC
LaVergne TN
LVHW020951300926
849160LV00007B/118
9782012675445